🏠 ✗✗ le guide
MICHELIN
2016

LES ENGAGEMENTS DU GUIDE MICHELIN

L'EXPÉRIENCE AU SERVICE DE LA QUALITÉ

Qu'il soit au Japon, aux Etats-Unis, en Chine ou en Europe, l'inspecteur du guide MICHELIN respecte exactement les mêmes critères pour évaluer la qualité d'une table ou d'un établissement hôtelier, et il applique les mêmes règles lors de ses visites. Car si le guide peut se prévaloir d'une notoriété mondiale, c'est notamment grâce à la constance de son engagement vis-à-vis de ses lecteurs. Un engagement dont nous voulons réaffirmer ici les principes :

La visite anonyme

Première règle d'or, les inspecteurs testent de façon anonyme et régulière les tables et les chambres, afin d'apprécier pleinement le niveau des prestations offertes à tout client. Ils paient donc leurs additions ; après quoi ils pourront révéler leur identité pour obtenir des renseignements supplémentaires. Le courrier des lecteurs nous fournit par ailleurs de précieux témoignages, autant d'informations qui sont prises en compte lors de l'élaboration de nos itinéraires de visites.

L'indépendance

Pour garder un point de vue parfaitement objectif – dans le seul intérêt du lecteur –, la sélection des établissements s'effectue en toute indépendance, et l'inscription des établissements dans le Guide est totalement gratuite. Les décisions sont discutées collégialement par les inspecteurs et le rédacteur en chef, et les plus hautes distinctions font l'objet d'un débat au niveau européen.

Le choix du meilleur

Loin de l'annuaire d'adresses, le Guide se concentre sur une sélection des meilleurs hôtels et restaurants, dans toutes les catégories de confort et de prix. Un choix qui résulte de l'application rigoureuse d'une même méthode par tous les inspecteurs, quel que soit le pays où il œuvre.

Une mise à jour annuelle

Les informations pratiques, les classements et distinctions sont tous revus et mis à jour chaque année, afin d'offrir l'information la plus fiable.

✿✿✿ TROIS ÉTOILES MICHELIN
Une cuisine unique. Vaut le voyage !

La signature d'un très grand chef ! Produits d'exception, pureté et puissance des saveurs, équilibre des compositions : la cuisine est ici portée au rang d'art. Les assiettes, parfaitement abouties, s'érigent souvent en classiques.

✿✿ DEUX ÉTOILES MICHELIN
Une cuisine d'exception. Vaut le détour !

Les meilleurs produits magnifiés par le savoir-faire et l'inspiration d'un chef de talent, qui signe, avec son équipe, des assiettes subtiles et percutantes, parfois très originales.

✿ UNE ÉTOILE MICHELIN
Une cuisine d'une grande finesse. Vaut l'étape !

Des produits de première qualité, une finesse d'exécution évidente, des saveurs marquées, une constance dans la réalisation des plats.

⊛ BIB GOURMAND
Nos meilleurs rapports qualité-prix.

Un moment de gourmandise à moins de 32 € (36 € à Paris) : de bons produits bien mis en valeur, une addition mesurée, une cuisine d'un excellent rapport qualité-prix.

⊪○ L'ASSIETTE MICHELIN
Une cuisine de qualité.

Qualité des produits et tour de main du chef : un bon repas tout simplement.

L'homogénéité de la sélection

Les critères de classification sont identiques pour tous les pays couverts par le guide MICHELIN. A chaque culture sa cuisine, mais la qualité se doit de rester un principe universel...

« L'aide à la mobilité » :
c'est la mission
que s'est donnée
Michelin.

 Suivez les inspecteurs
du guide MICHELIN :
@guideMichelinFR

CHER LECTEUR,

Un classement repensé, une meilleure lisibilité, un look nouveau : vous l'aurez sans doute remarqué en feuilletant cette édition 2016 : le guide MICHELIN a fait peau neuve ! Pour le concevoir, nous nous sommes appuyés, d'une part, sur les résultats d'une enquête réalisée par nos soins, et d'autre part sur les nombreux courriers que vous nous adressez tout au long de l'année.

Premier changement adopté, donc : les restaurants, que vous recherchez en priorité, apparaissent en tête de liste, suivis des hôtels et des maisons d'hôtes. La qualité de la cuisine est désormais le critère principal de classement des tables, avec les distinctions que vous connaissez déjà (les étoiles ⭐, le Bib gourmand 🙂) et une petite nouvelle : l'assiette 🍽. Ce symbole vous indique les restaurants proposant eux aussi une bonne cuisine, « un bon repas, tout simplement ». Car vous le savez : le fait d'être sélectionné par les inspecteurs du guide MICHELIN est déjà un gage de qualité !

Nous avons ensuite voulu faciliter votre recherche avec l'utilisation de deux mots-clés pour décrire chaque établissement. Cuisine bourguignonne, méditerranéenne, traditionnelle ou créative ; décor rustique, industriel ou design... Ce tandem vous permet d'avoir, en un coup d'œil, une idée de ce qui vous attend.

Dans les villes dotées d'un grand nombre d'adresses, la rubrique « On aime » fait son apparition. Nos inspecteurs y mettent en avant les incontournables de la localité : l'hôtel offrant une vue imprenable sur la mer, la table idéale pour déguster les spécialités du coin... des conseils d'amis, en quelque sorte, pour que vous ne passiez pas à côté de l'essentiel. Enfin, l'année 2016 est celle d'un nouveau look pour le guide MICHELIN : des pages plus aérées visuellement, des couleurs modernisées, qui assurent une lecture plus fluide !

Alors, ce millésime est-il une révolution ? En partie seulement. Car si le contenu et la présentation évoluent, notre mission, elle, est toujours la même : vous guider des vallées savoyardes au littoral breton, de la Côte d'Azur au Bassin parisien, vers la meilleure table, vers la meilleure chambre... En cela, nous n'avons pas changé !

SOMMAIRE

Introduction

Les engagements du guide MICHELIN 2

Cher lecteur 4

Mode d'emploi... comment utiliser le guide 8

L'actualité gastronomique 10

2016... Le palmarès ! 13

Choisir le bon vin... 16

Associer mets & vins 17

Cartes régionales · · · · · · · · · · · · · · · · · · 26

Distances entre les principales villes · · · · · · · · · · · · · · 77

Restaurants & hôtels · · · · · · · · · · · · 84

● Lyon · 943

● Paris · 1237

○ Autour de Paris · 1426

● Principauté de Monaco · · · · · · · · · · · · · · · 2033

Index Thématiques · · · · · · · · · · · · 2052

Cartes des tables étoilées 2016 · · · · · · · · · · · · · 2054

Les tables étoilées · 2058

Bib Gourmand · 2070

Hôtels & maisons d'hôtes de charme · · · · · · · · · · 2083

Les spas · 2101

Légende des plans de ville · · · · · 2110

Consultez le guide MICHELIN sur :
www.restaurant.michelin.fr
et écrivez-nous à :
leguidemichelin-france@tp.michelin.com

MODE D'EMPLOI...
COMMENT UTILISER LE GUIDE

RESTAURANTS

Les restaurants sont classés par qualité de cuisine :

Étoiles

❀❀❀ Une cuisine unique. Vaut le voyage !

❀❀ Une cuisine d'exception. Vaut le détour !

❀ Une cuisine d'une grande finesse. Vaut l'étape !

Bib Gourmand

☺ Nos meilleurs rapports qualité-prix.

Assiette Michelin

⑩ Une cuisine de qualité.

Dans chaque catégorie de qualité de cuisine, les établissements sont classés par standing (de 𝕏𝕏𝕏𝕏𝕏 à 𝕏) et par ordre de préférence de l'inspecteur.

En rouge ? Nos plus belles adresses ! Du charme, du caractère, un supplément d'âme...

HÔTELS

Les hôtels sont classés par catégories de confort, de 🏨🏨🏨 à 🏠, et par ordre de préférence de l'inspecteur.

🏡 Maison d'hôtes.

En rouge ? Nos plus belles adresses ! Du charme, du caractère, un supplément d'âme...

Localiser l'établissement

Les établissements sont situés sur les plans de ville, et leurs coordonnées indiquées dans leur adresse.

QUIMPER

✉ 29000 – 63 235 hab. – Agglo. 79 124
🚗 Paris 564 km – Brest 73 km – Lorient
Carte Michelin 308-G7 – Guide Vert Mich

❀ **Mariontan** (Éric Mariontan)
CRÉATIVE · ÉLÉGANT 𝕏𝕏 Dans
soigné : l'accueil et le service, la c
étoffée et la jolie terrasse... Les g
→ Œuf de poule cuit à 65°C, pu
tous ses états. Dessert blanc.
Menu 27 € (déj. en semaine), 50/
Plan : AY-s – 25 r. L.-Vivent – ☎
Fermé 25 avril-3 mai, 31 oct.-7 nov

☺ **Le Margeron**
CRÉATIVE · RUSTIQUE 𝕏𝕏 Insta
charme ancien séduit d'emblée a
des touches plus actuelles. Côté
d'huîtres au safran, ris de veau po
Menu 17 € (déj. en semaine), 26/
Plan : AY-e – 52 r. des Gentilshom
– www.lemargeron.com – Fermé 2

⑩ **Ty Coat**
RÉGIONALE · AUBERGE 𝕏 Une
où l'on se régale de viandes rôti
Bretagne et organise des soiré
agréables et originales : leur thèr
Menu 13 € ♥ (déj. en semaine), 3
3 chambres – ♦85 € ♦♦85 € – ⌑
Plan : BZ-g – 23 r. R.-d'Helbingue
– www.tycoat.fr – Fermé 19 janv.-2

🏨🏨 **Manoir de Locmaria**
CHÂTEAU · GRAND STYLE Villé
cette belle demeure à l'architect
et des chambres garnies de mo
qui change avec les marées...
18 chambres – ♦159/320 € ♦♦159
Plan : C5-f – 3 venelle de la Poter
– www.manoir-de-locmaria.com –

Mots-clés

Deux mots-clés pour identifier en un coup d'œil le type de cuisine (pour les restaurants), et le style (décor, ambiance...) de l'établissement.

lt. 41m– Carte régionale n° 9-B2
Rennes 215 km
tagne Sud

🍷 ♨ ⚘ AC 🔄 🅿

aison de maître du 19e s., tout est raffiné et
e saison – fine et subtile –, la carte des vins
s agenais sont séduits ; les autres aussi !
omme de terre aux truffes. Canard dans

° 99 77 – www.restaurant-mariontan.com –
idi, dim. soir et lundi

AC

cœur de la vieille ville, ce restaurant au
olie salle qui mêle le charme de l'ancien et
les plats rivalisent de saveurs : marinière
c ses petits légumes... Prix doux en prime.
arte 41/56 €
°02 53 48 11 55
ars, août, 23 déc.-3 janv., midi, dim. et lundi

♨ 🔄 🏠

le auberge, accueillante et chaleureuse,
roche. Le propriétaire a vécu en Grande-
aises et écossaises. Les chambres sont
nande celui... du petit-déjeuner !

4 47 99 00 (réservation conseillée)
30 sept., mardi midi, dim. soir et lundi

🍃 🏠 ⟨ ⚘ 🍴 ❌ ⚘ 🅿

a la bretonne... Dans son ravissant jardin,
que domine l'odet. De l'enfilade de salons
cien, on a tout loisir d'admirer le paysage

4 suites – ⬜21 € ◄
97 76 76 76
janvier-12 février

Équipements & services

🍷	Carte des vins particulièrement intéresssante
☗	Hôtel avec restaurant
⟸	Restaurant avec chambres
🍃 ⟨	Au calme • Belle vue
⚘ ✕	Parc ou jardin • Court de tennis
▣	Golf
🔼	Ascenseur
⚓	Aménagements pour personnes handicapées
AC	Air conditionné
🏠	Repas servi au jardin ou en terrasse
❌	Accès interdit aux chiens
🌊 🔲	Piscine de plein air/couvert
♨	Spa
♨ 🔥	Sauna • Salle de fitness
🏛	Salle de conférences
♨	Salon pour repas privés
🚗	Service voiturier
🅿 🚗	Parking • Garage dans l'hôtel
🚫	Cartes de paiement non acceptées
Ⓜ	Station de métro la plus proche
Ⓝ	Nouvel établissement dans le guide

Prix

Restaurants

Formule 18 €	Repas servi le midi et seulement en semaine
Menu 35/60 €	Prix mini/maxi des menus
Carte 20/35 €	Prix mini/maxi à la carte
🍷	Boisson comprise

Hôtels

⬜● 85/110 €	Prix mini/maxi d'une
⬜●● 120/150 €	chambre pour une et deux personne(s), petit-déjeuner compris
⬜10 €	Petit-déjeuner en sus
½ P	L'hôtel propose la demi-pension

L'ACTUALITÉ GASTRONOMIQUE

Sur les routes de France en toutes saisons, les inspecteurs du guide MICHELIN saisissent un peu de l'air du temps... Qu'ont-ils à nous apprendre cette année ? Que Paris se révèle toujours aussi attractive pour les restaurateurs ; que la réouverture du Ritz sera l'un des grands événements du printemps ; enfin, que la cuisine locavore n'en finit pas de faire de nouveaux émules...

Paris attire toujours les talents

L'année 2016 se révèle particulièrement faste pour la capitale. La vague des néo-bistrots de l'Est parisien, apparue il y a quelques années, déferle encore. Au bord du canal Saint-Martin, autour des Buttes-Chaumont et sur les pentes de la butte Montmartre, de plus en plus de jeunes chefs s'associent pour créer des tables branchées, où l'assiette fleure bon le retour à la nature... faisant ainsi le bonheur de Parisiens en mal d'air pur. À tous les niveaux, Paris tire son épingle du jeu ! On y compte deux nouveaux restaurants triplement étoilés (Alain Ducasse au Plaza Athénée et Le Cinq de Christian Le Squer), et pas moins de cinq nouveaux inscrits obtiennent directement deux étoiles dans le guide 2016 : un exploit suffisamment rare pour être signalé, qui montre – s'il en était besoin – le talent et la maîtrise des jeunes chefs français... mais aussi l'attractivité et le dynamisme de la capitale, pour ces cuisiniers qui sont aussi des entrepreneurs.

Une institution renaît

Fermé depuis plusieurs années pour travaux (mobilisant près de 800 artisans et 45 corps de métier, excusez du peu !), le Ritz Paris ne devrait finalement rouvrir ses portes qu'au mois de mars 2016. Il n'apparaît donc pas dans ces pages, à notre grand regret ! Tout, ici, respire la légende. Son fondateur, César Ritz, s'associa au chef

Michelin

Michelin

Auguste Escoffier pour créer un grand hôtel de luxe sur la place Vendôme, au cœur de Paris. Le succès fut immédiat. Pendant la seconde guerre mondiale, le prestigieux établissement fut en partie réquisitionné par l'occupant et servit de quartier général pour la Luftwaffe ; après-guerre, de nombreuses célébrités, comme Ernest Hemingway et Coco Chanel, y eurent leurs habitudes. Le Ritz continuera donc, dès 2016, d'incarner l'art de vivre à la française, y compris à table : il accueillera, aux fourneaux, le chef Nicolas Sale. Inutile de préciser que nous attendons avec impatience la renaissance de cet hôtel de légende !

Dis-moi ce que tu cuisines, je te dirai qui tu es !

Haricots verts et pois gourmands du Kenya, fraises d'Argentine, asperges péruviennes... En France, nos assiettes regorgent de ces produits, souvent peu savoureux, importés de l'autre bout du monde au mépris de toute considération environnementale. Face à ces pratiques, certains chefs ont trouvé la parade : le locavore ! Favoriser les circuits courts (en s'imposant une limite géographique de 150 km autour de l'établissement, par exemple), nouer des partenariats avec les producteurs locaux, entretenir ainsi des filières mises à mal par la concurrence internationale : voici le pari de ces aventuriers d'un genre nouveau. Nulle utopie régressive là-dedans, mais la simple volonté pour les restaurateurs de respecter la planète qui les nourrit et de se réinstaller au sein de leur écosystème. On le sait bien, la table n'est pas que le lieu où l'on mange ; c'est aussi là que l'on partage avec les autres sa vision du monde...

2016... LE PALMARÈS !

3 ÉTOILES... ✿✿✿

Chagny (71)	**Maison Lameloise**
Eugénie-les-Bains (40)	**Les Prés d'Eugénie-Michel Guérard**
Fontjoncouse (11)	**Auberge du Vieux Puits**
Illhaeusern (68)	**Auberge de l'Ill**
Laguiole (12)	**Bras**
Lyon (69)	**Paul Bocuse**
Marseille (13)	**Le Petit Nice**
Megève (74)	**Flocons de Sel**
Monte-Carlo (MC)	**Le Louis XV-Alain Ducasse**
Paris 4ᵉ	**L'Ambroisie**
Paris 6ᵉ	**Guy Savoy**
Paris 7ᵉ	**Arpège**
Paris 8ᵉ	**Alain Ducasse au Plaza Athénée N**
Paris 8ᵉ	**Le Cinq N**
Paris 8ᵉ	**Épicure au Bristol**
Paris 8ᵉ	**Pavillon Ledoyen**
Paris 8ᵉ	**Pierre Gagnaire**
Paris 16ᵉ	**Astrance**
Paris 16ᵉ	**Le Pré Catelan**
Reims (51)	**L'Assiette Champenoise**
Roanne (42)	**Troisgros**
Saint-Bonnet-le-Froid (43)	**Régis et Jacques Marcon**
Saint-Martin-de-Belleville (73)	**La Bouitte**
Saint-Tropez (83)	**La Vague d'Or**
Valence (26)	**Pic**
Vonnas (01)	**Georges Blanc**

Découvrez toutes les étoiles 2016 en fin de guide, page 2058.

Le Cinq - Four Seasons George V

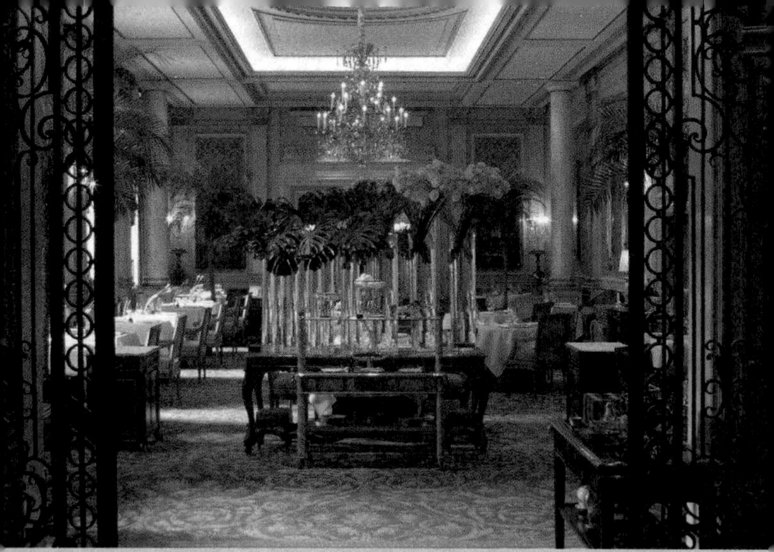

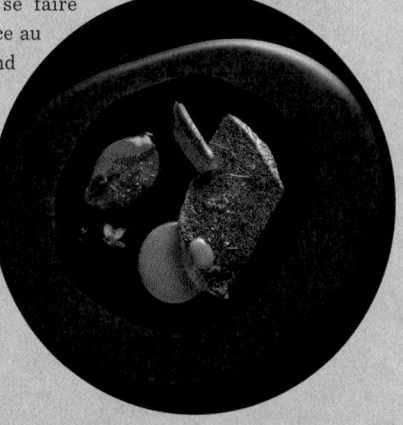

Les nouveaux 3 étoiles...

Le Cinq – Christian Le Squer

Après de magnifiques années passées chez Ledoyen, Christian Le Squer a repris les rênes de cette maison de renom. Quel parcours sans faute pour ce fils d'agriculteurs bretons qui s'est forgé lui-même et est déjà passé par Le Divellec, Lucas Carton, Taillevent ou encore le Ritz ! De sa Bretagne natale, il a conservé avant tout le goût du large – signant de superbes hommages au poisson – mais aussi des plats terriens. Riche d'un savoir-faire d'exception, il démontre une connaissance peu commune des préparations et des produits, toujours sélectionnés parmi les meilleurs. Pour autant, cette science et cette virtuosité ont l'art de savoir se faire oublier... pour mieux laisser place au plaisir de la dégustation. Du grand art ! Quant à l'élégance du décor, inspiré du Grand Trianon et réinterprété par l'architecte Pierre-Yves Rochon, elle reste entière : harmonie de tons ivoire, dorés et gris, colonnes altières, moulures, tableaux, hautes gerbes de fleurs, etc. Sans oublier la douce lumière provenant du jardin intérieur...

Le Cinq - Four Seasons George V

Pierre Monetta

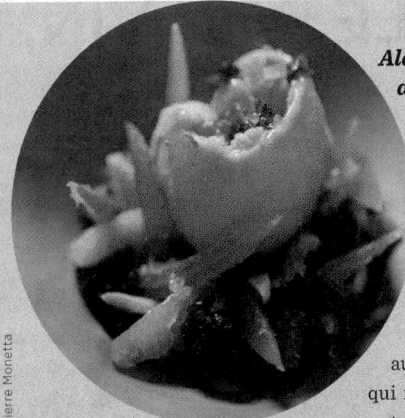

Alain Ducasse au Plaza Athénée

La magnificence de la salle – dont le décor Régence a été revu et corrigé par Patrick Jouin et Sanjit Manku – subjugue ! Alain Ducasse jouit ici d'un superbe écrin pour faire découvrir sa cuisine. Le grand chef a repensé cette table autour du concept de « naturalité », qui représente une forme d'aboutissement de ses recherches : atteindre la vérité même du produit. Choix audacieux et... tout naturel : la carte est fondée sur la trilogie poisson-légumes-céréales. Un terrain d'investigation qui permet des mariages de saveurs inédits – avec certaines recettes d'anthologie – et porte toute une philosophie : du producteur (tels les jardiniers du Potager du Roi, à Versailles, qui sont mis à l'honneur) au cuisinier, le respect des ingrédients est total, et la virtuosité technique semble devoir s'effacer devant la recherche des saveurs. Une manière de délivrer la quintessence de la haute cuisine ; un graal de cuisinier, qui vient récompenser le travail de toute une vie... Mention particulière, enfin, pour l'équipe en salle, dirigée par Denis Courtiade, qui met en scène ces œuvres culinaires avec beaucoup de professionnalisme et d'élégance.

Pierre Monetta

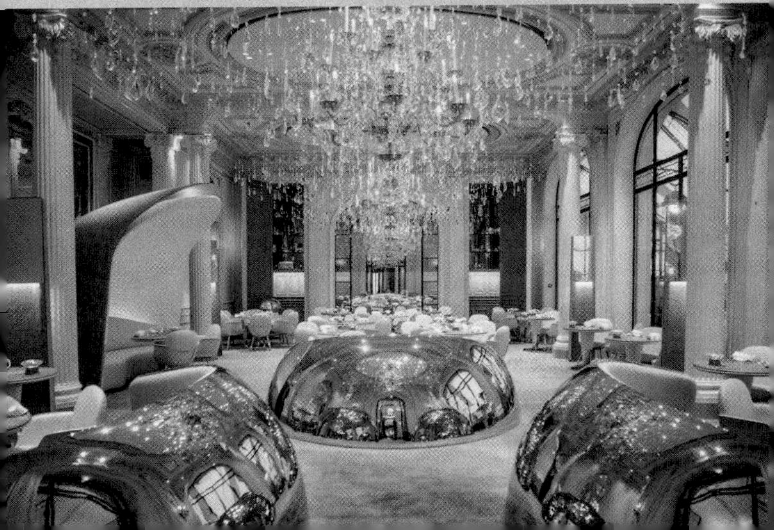

CHOISIR LE BON VIN...

 Grandes années

 Bonnes années

 Années moyennes

Les grandes années depuis 1970 :
1970 • 1975 • 1982 • 1985 • 1989 •
1990 • 1996 • 2005 • 2009 • 2010

	2004	2005	2006	2007	2008	2009	2010	2011	2012	2013	2014
Alsace	🍇	🍇	🍇	🍇	🍇	🍇	🍇	🍇	🍇	🍇	🍇
Bordeaux rouge	🍇	🍇	🍇	🍇	🍇	🍇	🍇	🍇	🍇	🍇	🍇
Bourgogne blanc	🍇	🍇	🍇	🍇	🍇	🍇	🍇	🍇	🍇	🍇	🍇
Bourgogne rouge	🍇	🍇	🍇	🍇	🍇	🍇	🍇	🍇	🍇	🍇	🍇
Beaujolais	🍇	🍇	🍇	🍇	🍇	🍇	🍇	🍇	🍇	🍇	🍇
Champagne	🍇	🍇	🍇	🍇	🍇	🍇	🍇	🍇	🍇	🍇	🍇
Côtes du Rhône septentrionales	🍇	🍇	🍇	🍇	🍇	🍇	🍇	🍇	🍇	🍇	🍇
Côtes du Rhône méridionales	🍇	🍇	🍇	🍇	🍇	🍇	🍇	🍇	🍇	🍇	🍇
Jura	🍇	🍇	🍇	🍇	🍇	🍇	🍇	🍇	🍇	🍇	🍇
Provence	🍇	🍇	🍇	🍇	🍇	🍇	🍇	🍇	🍇	🍇	🍇
Languedoc	🍇	🍇	🍇	🍇	🍇	🍇	🍇	🍇	🍇	🍇	🍇
Roussillon	🍇	🍇	🍇	🍇	🍇	🍇	🍇	🍇	🍇	🍇	🍇
Sud-Ouest	🍇	🍇	🍇	🍇	🍇	🍇	🍇	🍇	🍇	🍇	🍇
Val de Loire *Anjou-Touraine*	🍇	🍇	🍇	🍇	🍇	🍇	🍇	🍇	🍇	🍇	🍇
Val de Loire - Centre	🍇	🍇	🍇	🍇	🍇	🍇	🍇	🍇	🍇	🍇	🍇

Classification Officielle

AOP Appellation d'Origine Protégée
Protected Designation of Origin

IGP Indication Géographique Protégée
Protected Geographic Indication

ASSOCIER LES METS & LES VINS

	Région vinicole	Appellation
Crustacés & coquillages Blancs secs	Alsace	Riesling
	Bordeaux	Entre-deux-Mers
	Bourgogne	Chablis • Mâcon Villages
	Côtes du Rhône	St Joseph
	Provence	Cassis • Palette • Provence blanc
	Languedoc-Roussillon	Picpoul de Pinet
	Val de Loire	Muscadet • Montlouis • Quincy • Reuilly
Poissons Blancs secs	Alsace	Riesling
	Bordeaux	Pessac-Léognan • Graves
	Bourgogne	Meursault • Chassagne-Montrachet • St Véran
	Côtes du Rhône	Hermitage • Condrieu
	Provence	Bellet • Bandol
	Corse	Patrimonio
	Languedoc-Roussillon	Coteaux du Languedoc • Côtes de Roussillon blanc
	Val de Loire	Sancerre • Menetou-Salon
Volailles & Charcuteries Blancs et rouges légers	Alsace	Pinot gris • Pinot noir
	Champagne	Coteaux Champenois blanc et rouge
	Bordeaux	Côtes de Bourg • Blaye • Castillon • Fronsac
	Bourgogne	Mâcon • St Romain
	Beaujolais	Beaujolais Villages
	Côtes du Rhône	Tavel (rosé) • Côtes du Ventoux
	Provence	Coteaux d'Aix-en-Provence • Côtes de Provence blanc et rouge
	Corse	Coteaux d'Ajaccio • Porto-Vecchio
	Languedoc-Roussillon	Faugères • Côteaux du Languedoc
	Val de Loire	Anjou/Vouvray
Viandes Rouges	Bordeaux/Sud-Ouest	Médoc • St Émilion • Buzet • Pécharmant
	Bourgogne	Volnay • Hautes Côtes de Beaune
	Beaujolais	Moulin à Vent • Morgon
	Côtes du Rhône	Vacqueyras • Gigondas
	Provence	Bandol • Côtes de Provence
	Languedoc-Roussillon	Fitou • Minervois • Côtes du Roussillon village
	Val de Loire	Bourgueil • Saumur
Gibier Rouges corsés	Bordeaux/Sud-Ouest	Pauillac • St Estèphe • Madiran • Cahors
	Bourgogne	Pommard • Gevrey-Chambertin
	Côtes du Rhône	Côte-Rotie • Cornas
	Languedoc-Roussillon	Corbières • Collioure
	Val de Loire	Chinon
Fromages Blancs et rouges	Alsace	Gewurztraminer
	Bordeaux	St Julien • Pomerol • Margaux • Moulis
	Bourgogne	Pouilly-Fuissé • Santenay
	Beaujolais	St Amour • Fleurie
	Côtes du Rhône	Hermitage • Châteauneuf-du-Pape
	Languedoc-Roussillon	St Chinian
	Jura/Savoie	Vin Jaune • Chignin
	Val de Loire	Pouilly-Fumé • Valençay
Desserts Vins de desserts	Alsace	Muscat d'Alsace • Crémant d'Alsace
	Champagne	Champagne blanc et rosé
	Bordeaux/Sud-Ouest	Sauternes • Monbazillac • Jurançon
	Bourgogne	Crémant de Bourgogne
	Jura/Bugey	Vin de Paille • Cerdon
	Côtes du Rhône	Muscat de Beaumes-de-Venise
	Languedoc-Roussillon	Banyuls • Maury • Muscats • Limoux
	Val de Loire	Coteaux du Layon • Bonnezeaux

Région vinicole

Appellation

THE MICHELIN GUIDE'S COMMITMENTS

EXPERIENCED IN QUALITY!

Whether they are in Japan, the USA, China or Europe, our inspectors apply the same criteria to judge the quality of each and every hotel and restaurant that they visit. The Michelin guide commands a worldwide reputation thanks to the commitments we make to our readers – and we reiterate these below:

Anonymous inspections

Our inspectors make regular and anonymous visits to hotels and restaurants to gauge the quality of products and services offered to an ordinary customer. They settle their own bill and may then introduce themselves and ask for more information about the establishment. Our readers' comments are also a valuable source of information, which we can follow up with a visit of our own.

Independence

To remain totally objective for our readers, the selection is made with complete independence. Entry into the guide is free. All decisions are discussed with the Editor and our highest awards are considered at a European level.

Selection and choice

The guide offers a selection of the best hotels and restaurants in every category of comfort and price. This is only possible because all the inspectors rigorously apply the same methods.

Annual updates

All the practical information, classifications and awards are revised and updated every year to give the most reliable information possible.

Consistency

The criteria for the classifications are the same in every country covered by the MICHELIN guide.

❀❀❀ THREE STARS MICHELIN
Exceptional cuisine, worth a special journey!
Our highest award is given for the superlative cooking of chefs at the peak of their profession. The ingredients are exemplary, the cooking is elevated to an art form and their dishes are often destined to become classics.

❀❀ TWO STARS MICHELIN
Excellent cooking, worth a detour!
The personality and talent of the chef and their team is evident in the expertly crafted dishes, which are refined, inspired and sometimes original.

❀ ONE STAR MICHELIN
High quality cooking, worth a stop!
Using top quality ingredients, dishes with distinct flavours are carefully prepared to a consistently high standard.

☺ BIB GOURMAND
Good quality, good value cooking
'Bibs' are awarded for simple yet skilful cooking for under 32€ (36€ in Paris).

ⅢO THE PLATE MICHELIN
Good cooking
Fresh ingredients, capably prepared: simply a good meal.

The sole intention of Michelin is to make your travels safe and enjoyable.

Follow our anonymous inspectors
MICHELIN : @guideMichelinFR

DEAR READER

Flicking through the pages of the 2016 edition, you may have noticed that the MICHELIN Guide has a different look. The new format and improved layout make it easier to use and are the result of the many letters you sent us during the year, along with a reader survey that we conducted.

The most significant change is that our restaurants – which are your favourite part – now appear at the front of each listing, with the hotels and guesthouses following after. They are now also ordered according to the quality of their food rather than the comfort of the establishment, with the awards that you already know and love (Three Stars ✿✿✿, Two Stars ✿✿, One Star ✿ and Bib Gourmand ☺) being placed at the top. The rest of our selection is then identified by a new symbol: The Plate ✸○. Being selected by the MICHELIN Guide inspectors is a guarantee of quality in itself and the plate symbol indicates restaurants where you will have a good meal.

We have also worked on making the guide easier to use. Two key words now sum up each restaurant at a quick glance: the first describes the food and the second gives an idea of the establishment's style – so the food could be 'Mediterranean', 'traditional' or 'creative' and the decor 'rustic', 'industrial' or 'designer'.

In the major cities, we have also introduced "We love". Here our inspectors highlight their favourite places – maybe a hotel with stunning sea views or a restaurant offering local specialities.

The format and presentation may have changed but our mission is still the same: to guide you to the best restaurants and hotels, from the Savoyard valleys to the Breton coast, from the Côte d'Azur to the Paris Basin.

CONTENTS

Introduction

The MICHELIN guide's commitments 18

Dear reader 20

Seek and select: how to use this guide 24

Gastronomic news 10

2016... The three stars 13

Choosing a good wine 16

Suggestions for complementary dishes and wines 17

Regional maps   26

Distances between major towns 77

Restaurants & hotels   84

- ● Lyons 943
- ◐ Paris 1237
- ○ Around Paris 1426
- ● Principality of Monaco 2033

Thematic index   2052

Map of location with awards 2016 2054

Starred restaurants 2058

Bib Gourmand 2070

The most pleasant accommodation 2083

The Spas 2101

Town plan key   2110

Consult the MICHELIN guide at:
www.restaurant.michelin.fr
and write to us at:
leguidemichelin-france@tp.michelin.com

SEEK AND SELECT...
HOW TO USE THIS GUIDE

RESTAURANTS

Restaurants are classified by the quality of their cuisine:

Stars

- ✸✸✸ Exceptional cuisine, worth a special journey!
- ✸✸ Excellent cooking, worth a detour!
- ✸ High quality cooking, worth a stop!

Bib Gourmand

- 🅱 Good quality, good value cooking.

The Plate Michelin

- ⅠO Good cooking.

Within each cuisine category, restaurants are listed by comfort, from XXXXX to X, and in order of preference by the inspectors.

Red: Our most delightful places.

HOTELS

Hotels are classified by categories of comfort, from 🏨 to 🏠 and in order of preference by the inspectors.

- 🏠 Guesthouses

Red: Our most delightful places.

Locating the establishment

Location and coordinates on the town plan, with main sights.

QUIMPER

✉ 29000 – 63 235 hab. – Agglo. 79 124
🚉 Paris 564 km – Brest 73 km – Lorient
Carte Michelin 308-G7 – Guide Vert Mich

✸ **Mariontan** (Éric Mariontan)
CRÉATIVE · ÉLÉGANT XX Dans c
soigné : l'accueil et le service, la cu
étoffée et la jolie terrasse... Les go
→ Œuf de poule cuit à 65°C, pu
tous ses états. Dessert blanc.
Menu 27 € (déj. en semaine), 50/
Plan : AY-s – 25 r. L.-Vivent – 🕿 C
Fermé 25 avril-3 mai, 31 oct.-7 nov.,

🅱 **Le Margeron**
CRÉATIVE · RUSTIQUE XX Insta
charme ancien séduit d'emblée a
des touches plus actuelles. Côté
d'huîtres au safran, ris de veau po
Menu 17 € (déj. en semaine), 26/3
Plan : AY-e – 52 r. des Gentilshomr
– www.lemargeron.com – Fermé 2

ⅠO **Ty Coat**
RÉGIONALE · AUBERGE X Une
où l'on se régale de viandes rôtie
Bretagne et organise des soirée
agréables et originales : leur thèm
Menu 13 €♈ (déj. en semaine), 31/
3 chambres – ♦85 € ♦♦85 € – ⌒6
Plan : BZ-g – 23 r. R.-d'Helbingue –
– www.tycoat.fr – Fermé 19 janv.-2

🏠 **Manoir de Locmaria**
CHÂTEAU · GRAND STYLE Villég
cette belle demeure à l'architectu
et des chambres garnies de mob
qui change avec les marées...
18 chambres – ♦159/320 € ♦♦159/
Plan : CS-r – 3 venelle de la Poterie
– www.manoir-de-locmaria.com – F

Key words

Each entry now comes with two key words, making it quick and easy to identify the type of establishment and/or the food that it serves.

t. 41m– Carte régionale n° 9-B2
Rennes 215 km
:agne Sud

🕸 🖼 & 🖪 ⇔ 🅿

ison de maître du 19ᵉ s., tout est raffiné et
saison – fine et subtile –, la carte des vins
agenais sont séduits ; les autres aussi !
omme de terre aux truffes. Canard dans

' 99 77 – www.restaurant-mariontan.com –
'di, dim. soir et lundi

🖼

cœur de la vieille ville, ce restaurant au
lie salle qui mêle le charme de l'ancien et
les plats rivalisent de saveurs : marinière
c ses petits légumes... Prix doux en prime.
arte 41/56 €

02 53 48 11 55
ars, août, 23 déc.-3 janv., midi, dim. et lundi

🕸 ⇔ 🖼

le auberge, accueillante et chaleureuse,
roche. Le propriétaire a vécu en Grande-
laises et écossaises. Les chambres sont
nande celui... du petit-déjeuner !

4 47 99 00 (réservation conseillée)
30 sept., mardi midi, dim. soir et lundi

🏠 ⇔ ⬳ 🖪 🏊 ⚙ 🅿

à la bretonne... Dans son ravissant jardin,
que domine l'odet. De l'enfilade de salons
:ien, on a tout loisir d'admirer le paysage

4 suites – 🛏21 € ◀
97 76 76 76
janvier-12 février

Facilities & services

🕸	Particularly interesting wine list
🏠	Hotel with a restaurant
⇆	Restaurant or pub with bedrooms
🦢	Peaceful establishment
≼	Great view
🎏 ❀	Garden or park • Tennis court
🏴	Golf course
🖪	Lift (elevator)
♿	Wheelchair access
🖼	Air conditioning
🏮	Outside dining available
🐕	No dogs allowed
🏊 🔲	Swimming pool: outdoor or indoor
🌐	Wellness centre
♨ 🛋	Sauna • Exercise room
🏛	Conference room
⇔	Private dining room
🚗	Valet parking
🅿 🚘	Car park • Garage
⊘	Credit cards not accepted
Ⓜ	Nearest Underground station
Ⓝ	New establishment in the guide

Prices

Restaurants		Hotels		
Formule 18 €	Meal served at lunchtime on weekdays only	🛏👤85/110 €		Lowest/highest price
		🛏👥 120/150 €		for single and double room, breakfast included
Menu 35/60 €	Fixed price menu. Lowest/highest price	🛏10 €		Breakfast price where not included in rate.
Carte 20/35 €	A la carte menu. Lowest/highest price	½ P		Establishment also offering half board
🍷	Includes drinks (wine)			

Cartes régionales

Regional Maps

Localité possédant au moins...

- • un hôtel ou un restaurant
- ✿ une table étoilée
- ⊕ un restaurant « Bib Gourmand »
- ⌂ un hôtel ou une maison d'hôtes de charme

Place with at least...

- • a hotel or a restaurant
- ✿ a starred establishment
- ⊕ a restaurant « Bib Gourmand »
- ⌂ a particularly pleasant accommodation

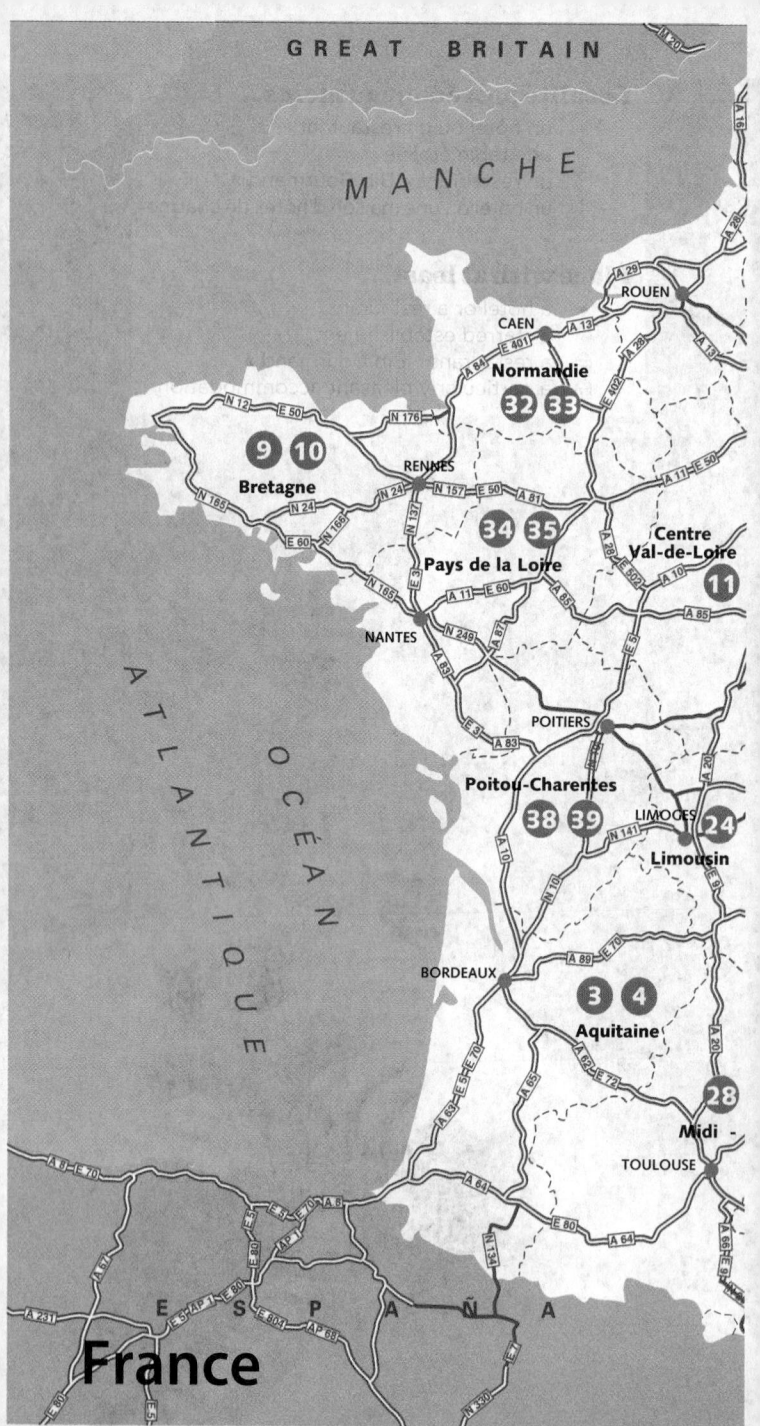

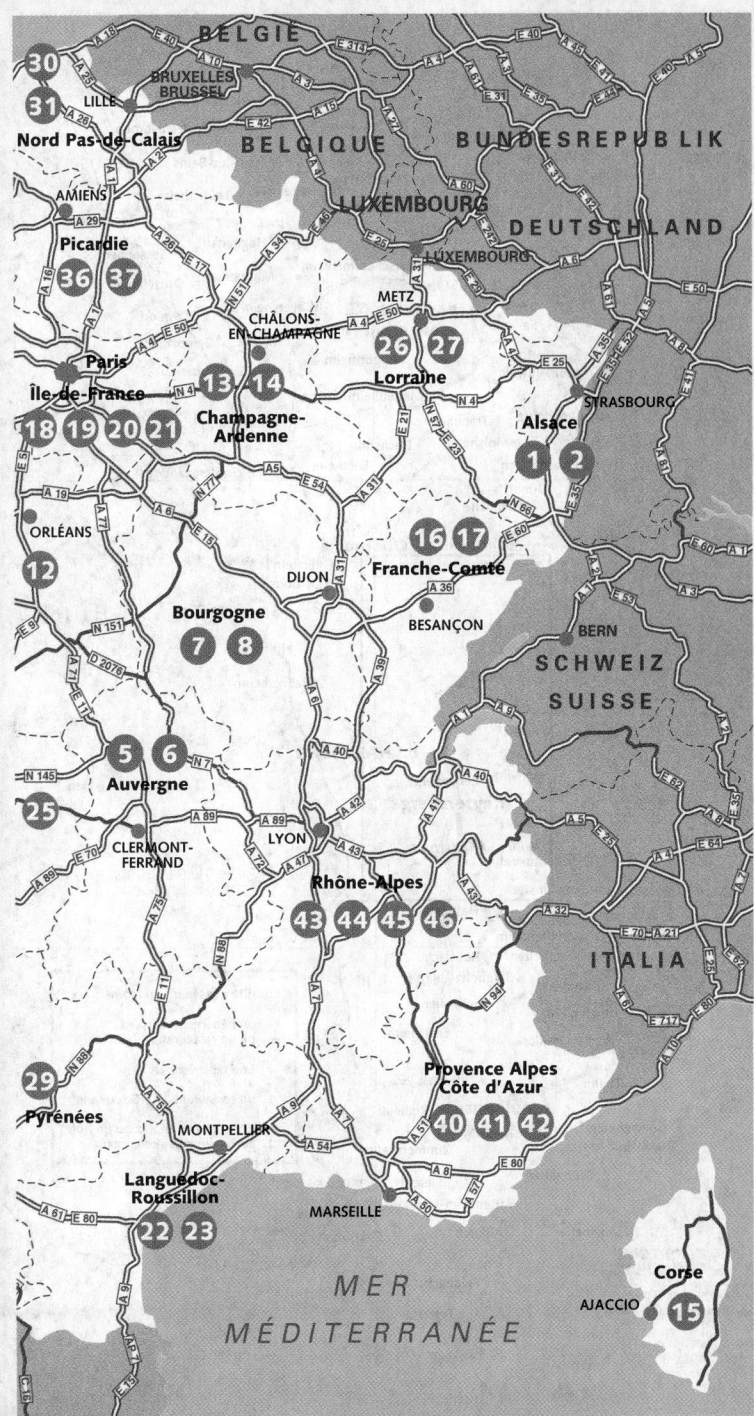

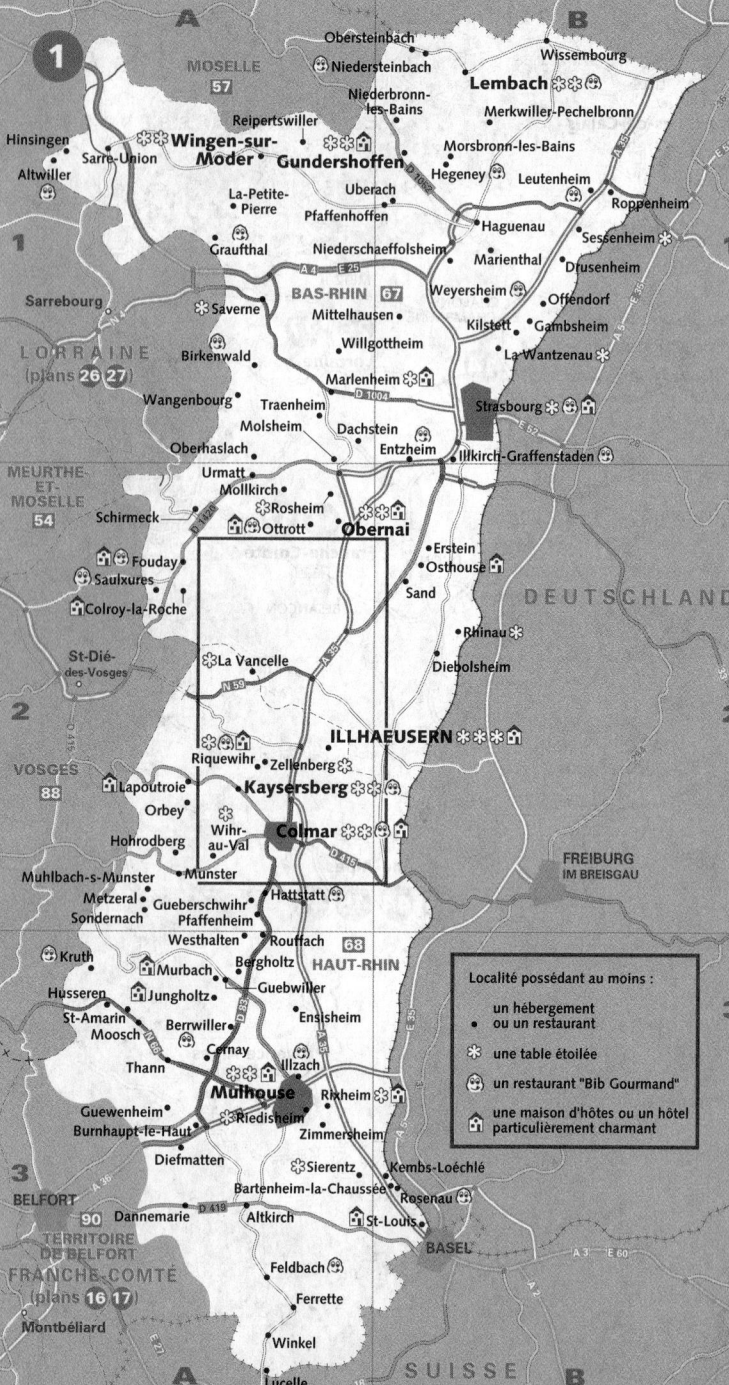

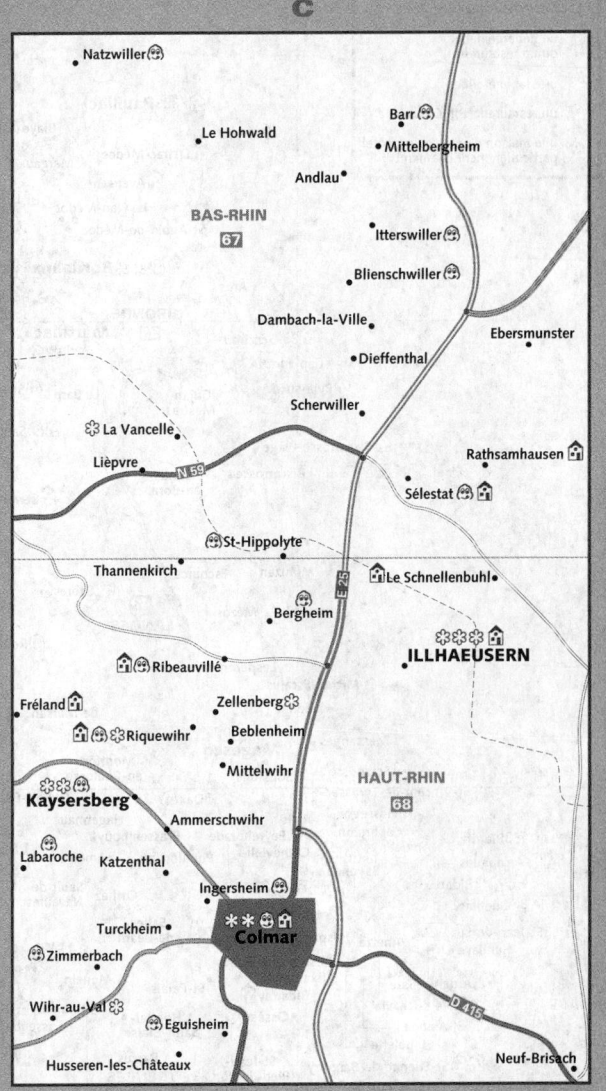

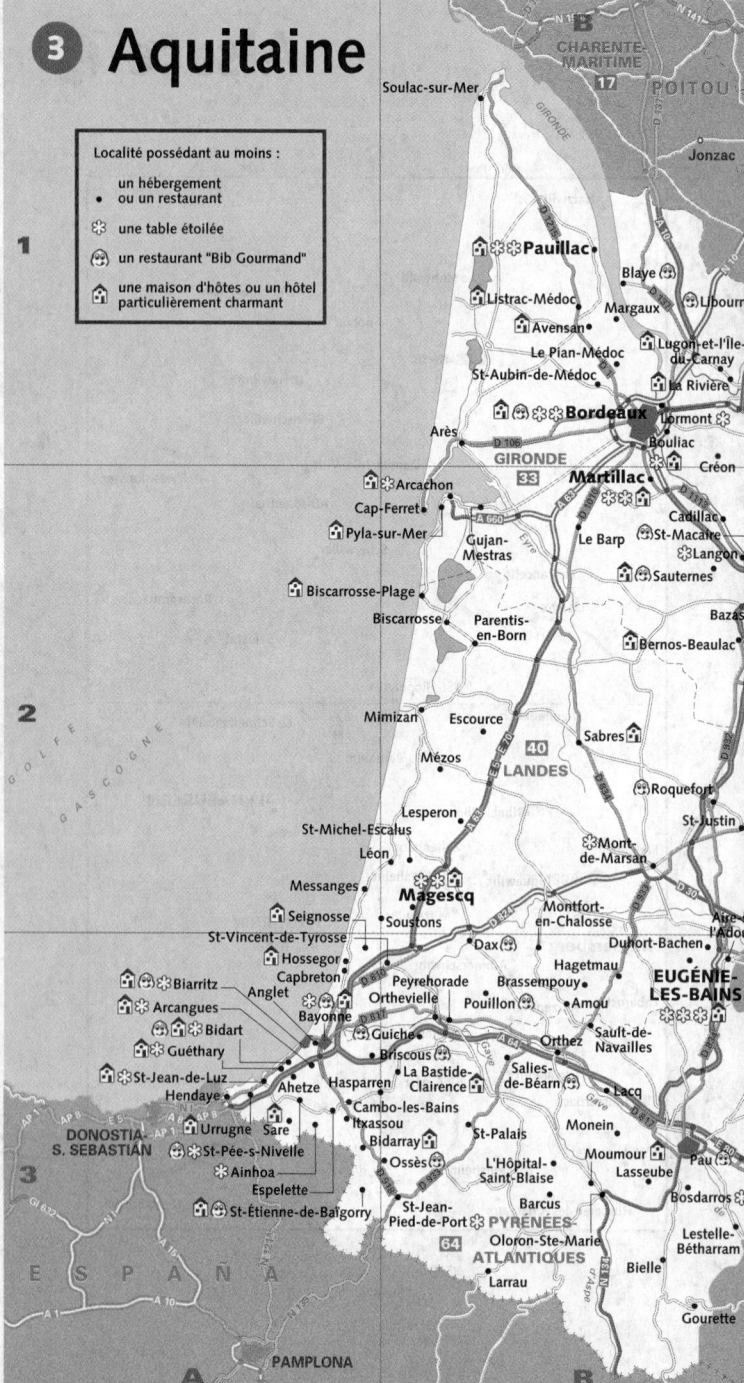

3 Aquitaine

Localité possédant au moins :
- un hébergement
- ou un restaurant
- une table étoilée
- un restaurant "Bib Gourmand"
- une maison d'hôtes ou un hôtel particulièrement charmant

CHARENTE-MARITIME 17
POITOU
Soulac-sur-Mer
GIRONDE
Jonzac
Pauillac
Blaye
Margaux
Libourne
Listrac-Médoc
Avensan
Lugon-et-l'Île-du-Carnay
Le Pian-Médoc
La Rivière
St-Aubin-de-Médoc
Bordeaux
Lormont
Arès
Bouliac
GIRONDE 33
Martillac
Créon
Arcachon
Cadillac
Cap-Ferret
St-Macaire
Pyla-sur-Mer
Le Barp
Langon
Gujan-Mestras
Sauternes
Biscarrosse-Plage
Bazas
Biscarrosse
Parentis-en-Born
Bernos-Beaulac
Mimizan
Escource
Mézos
Sabres
LANDES 40
Roquefort
St-Justin
Lesperon
St-Michel-Escalus
Léon
Mont-de-Marsan
Messanges
Magescq
Seignosse
Soustons
Montfort-en-Chalosse
Aire-s l'Adour
St-Vincent-de-Tyrosse
Hossegor
Dax
Duhort-Bachen
Capbreton
Peyrehorade
Brassempouy
Hagetmau
EUGÉNIE-LES-BAINS
Biarritz
Anglet
Orthevielle
Pouillon
Amou
Arcangues
Bayonne
Guiche
Bidart
Briscous
Orthez
Sault-de-Navailles
Guéthary
St-Jean-de-Luz
Ahetze
Hasparren
La Bastide-Clairence
Salies-de-Béarn
Lacq
Hendaye
Urrugne
Sare
Cambo-les-Bains
Monein
Moumour
DONOSTIA-S. SEBASTIÁN
St-Pée-s-Nivelle
Itxassou
St-Palais
Lasseube
Ainhoa
Bidarray
L'Hôpital-Saint-Blaise
Pau
Espelette
Ossès
Bosdarros
St-Étienne-de-Baïgorry
St-Jean-Pied-de-Port
Barcus
Lestelle-Bétharram
PYRÉNÉES ATLANTIQUES 64
Oloron-Ste-Marie
Bielle
ESPAÑA
Larrau
Gourette
PAMPLONA

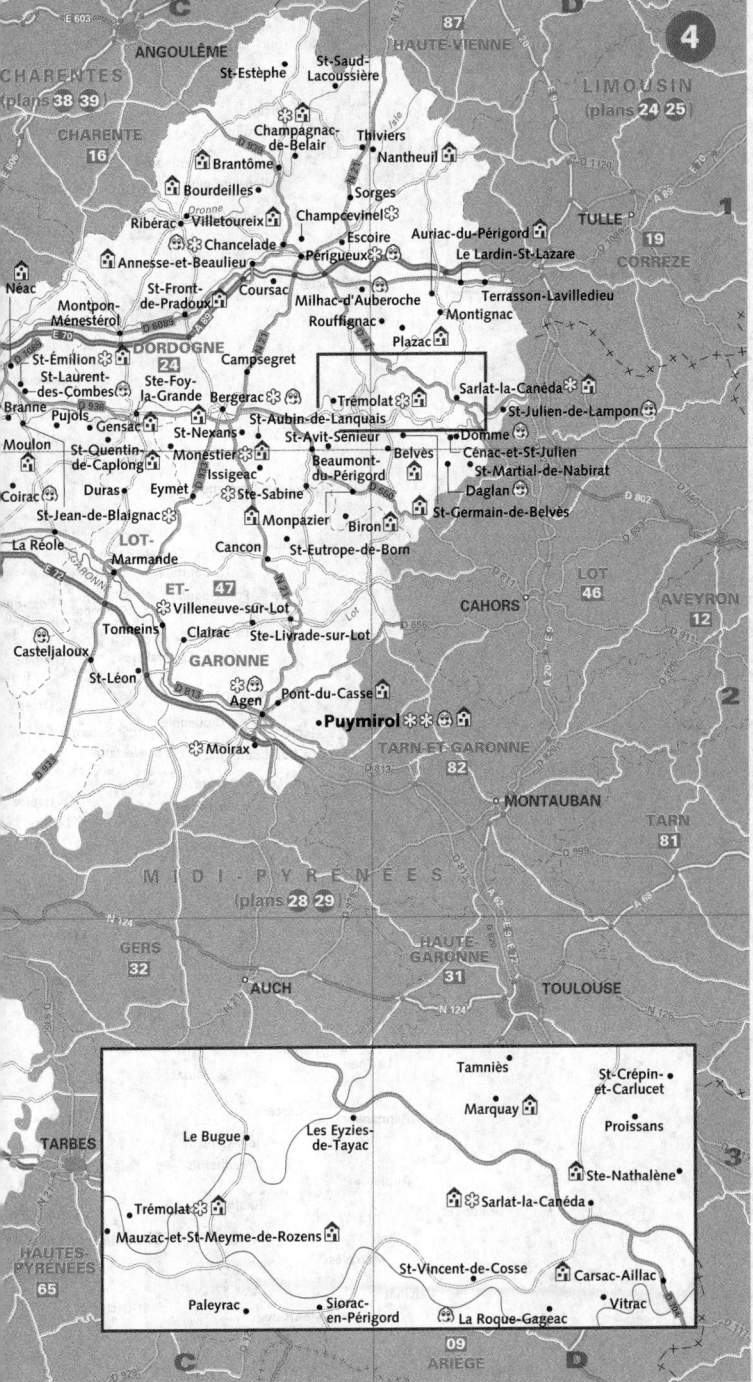

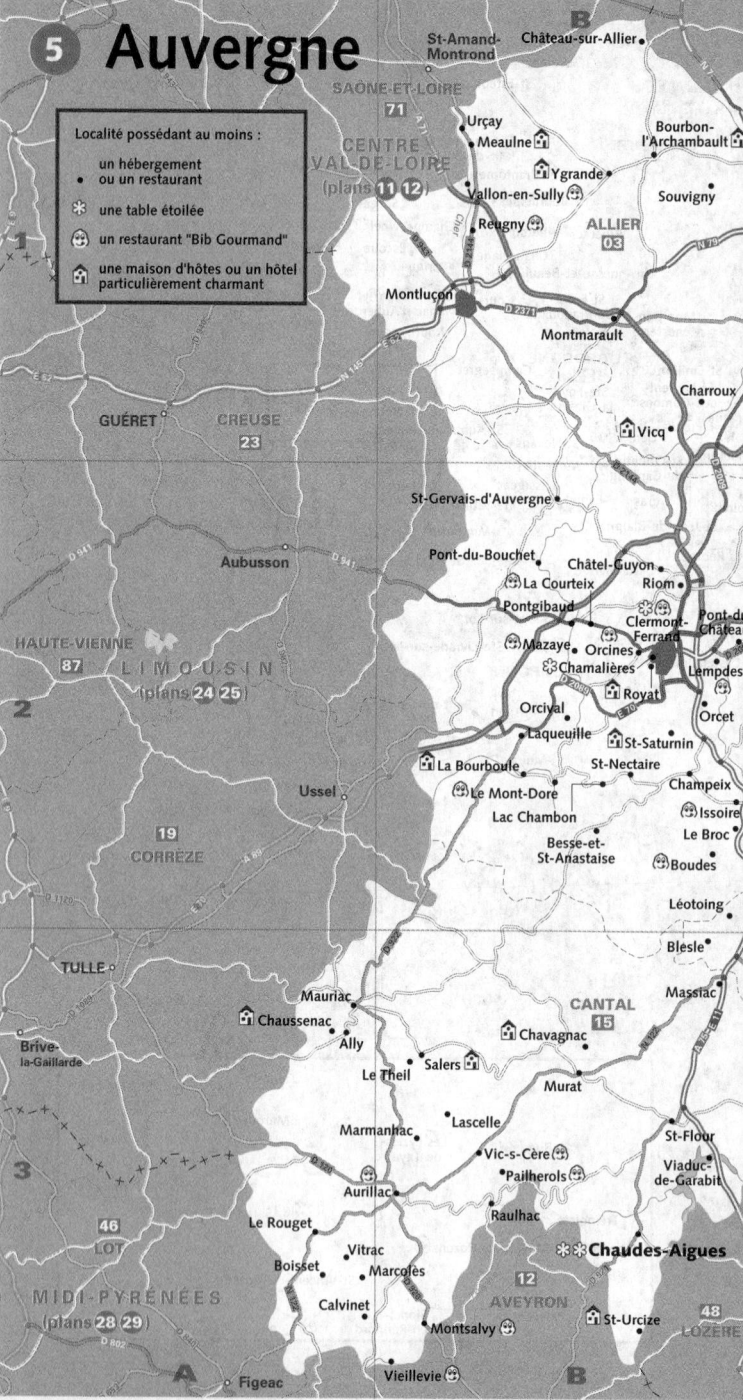

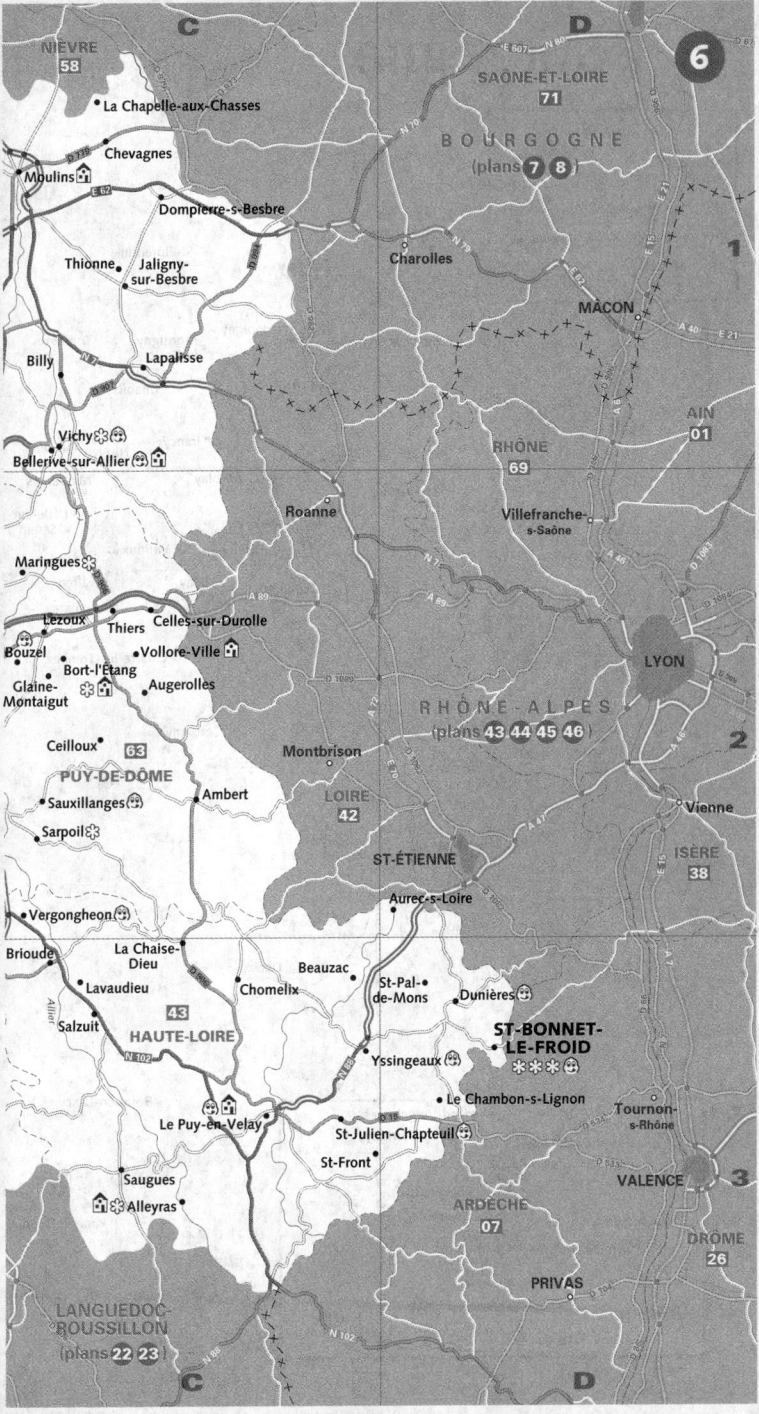

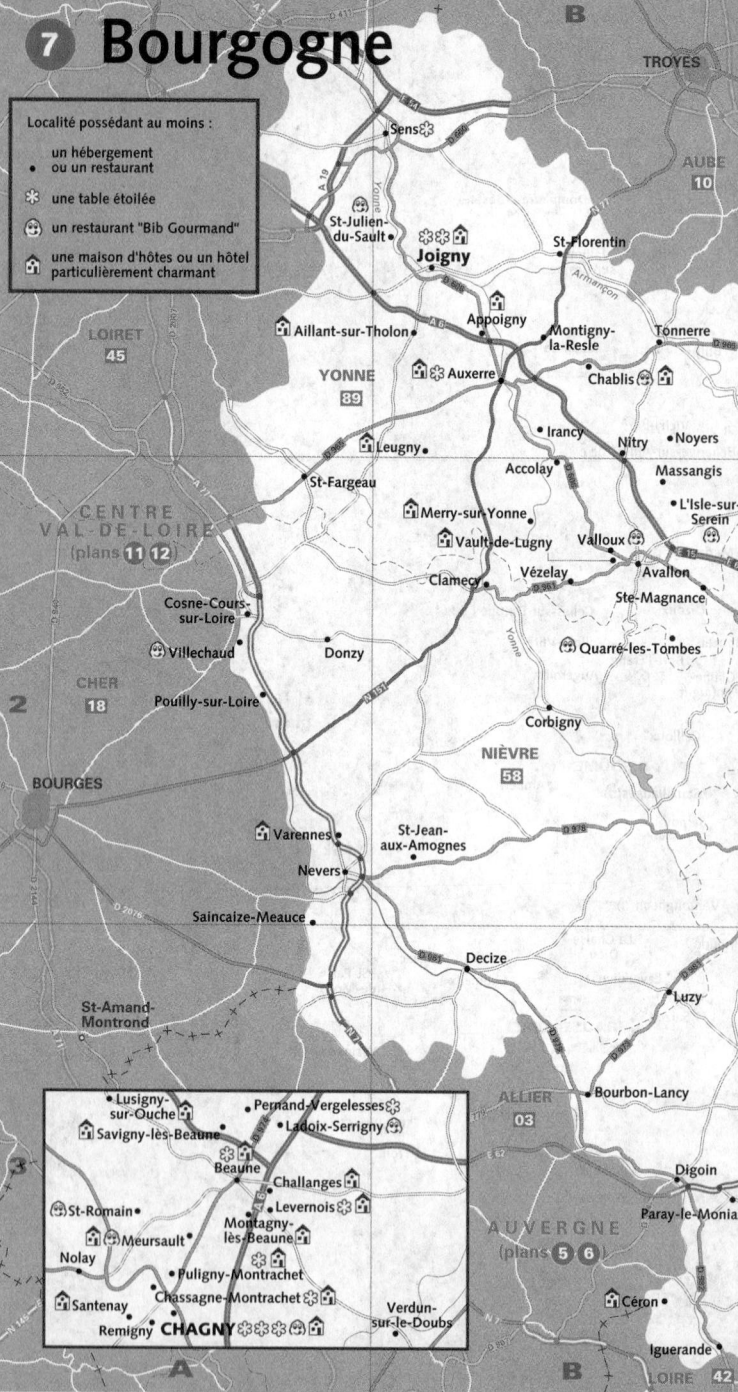

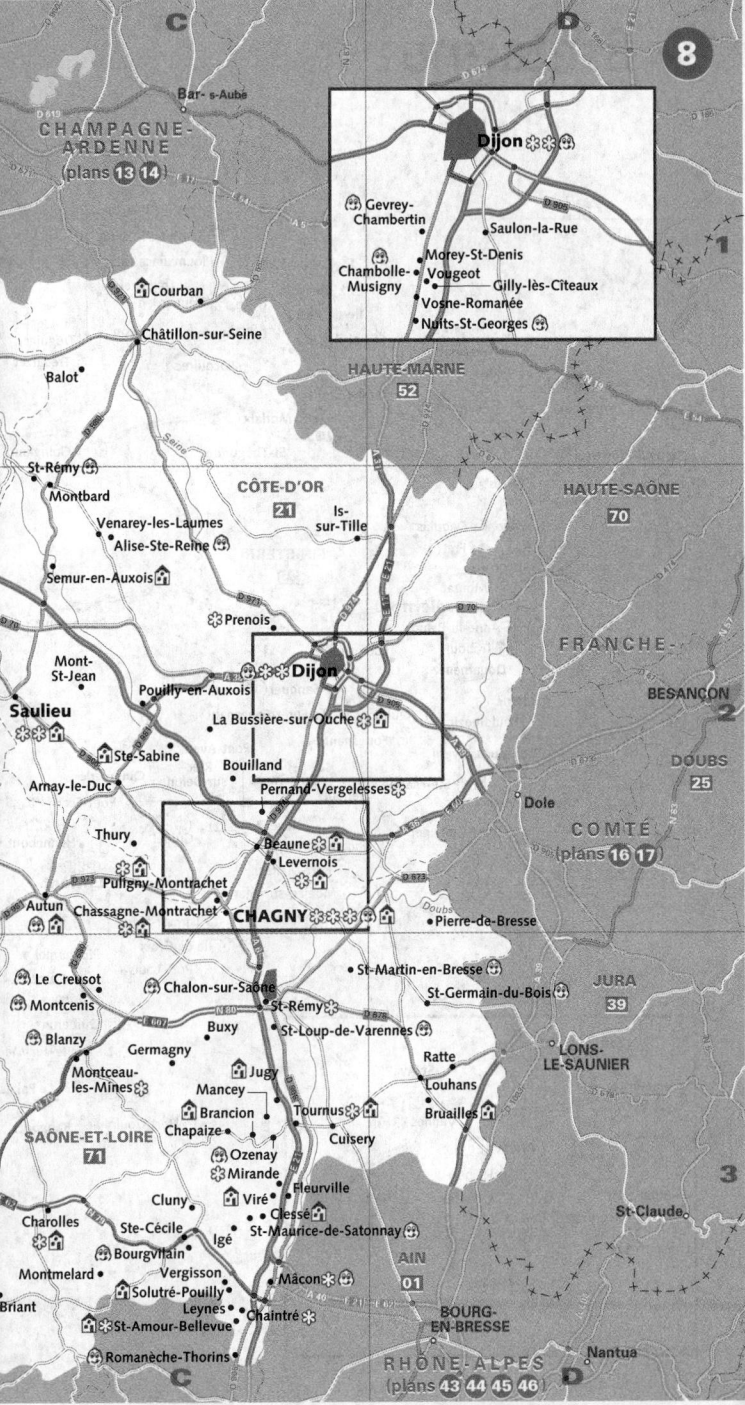

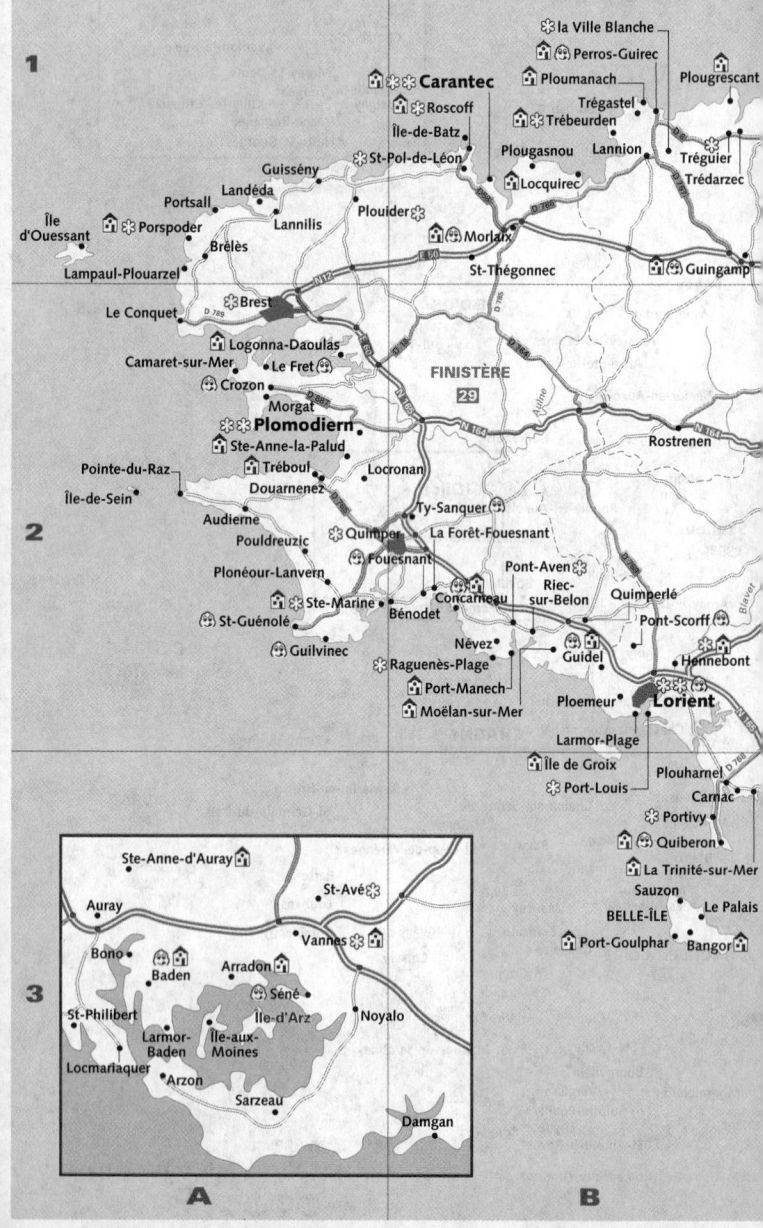

9 Bretagne

B

1

la Ville Blanche
Perros-Guirec
Ploumanach
Plougrescant
Carantec
Roscoff
Trégastel
Île-de-Batz
Trébeurden
St-Pol-de-Léon
Plougasnou
Lannion
Tréguier
Trédarzec
Guissény
Landéda
Locquirec
Portsall
Lannilis
Plouider
Morlaix
Île
d'Ouessant
Porspoder
Brélès
St-Thégonnec
Guingamp
Lampaul-Plouarzel
Brest
Le Conquet
Logonna-Daoulas
FINISTÈRE
29
Camaret-sur-Mer
Le Fret
Crozon
Morgat
Rostrenen
Plomodiern
Ste-Anne-la-Palud
Tréboul
Locronan
Pointe-du-Raz
Douarnenez
Ty-Sanquer
Île-de-Sein
La Forêt-Fouesnant
2
Audierne
Quimper
Pouldreuzic
Fouesnant
Plonéour-Lanvern
Pont-Aven
Concarneau
Riec-sur-Belon
Quimperlé
Ste-Marine
Pont-Scorff
St-Guénolé
Bénodet
Guidel
Honnebont
Guilvinec
Névez
Raguenès-Plage
Port-Manech
Lorient
Moëlan-sur-Mer
Ploemeur
Larmor-Plage
Île de Groix
Plouharnel
Port-Louis
Carnac
Portivy
Quiberon
La Trinité-sur-Mer
Sauzon
Le Palais
BELLE-ÎLE
Port-Goulphar
Bangor

Ste-Anne-d'Auray
St-Avé
Auray
Vannes
Bono
Arradon
Baden
Séné
3
St-Philibert
Île-d'Arz
Larmor-Baden
Île-aux-Moines
Noyalo
Locmariaquer
Arzon
Sarzeau
Damgan

A

B

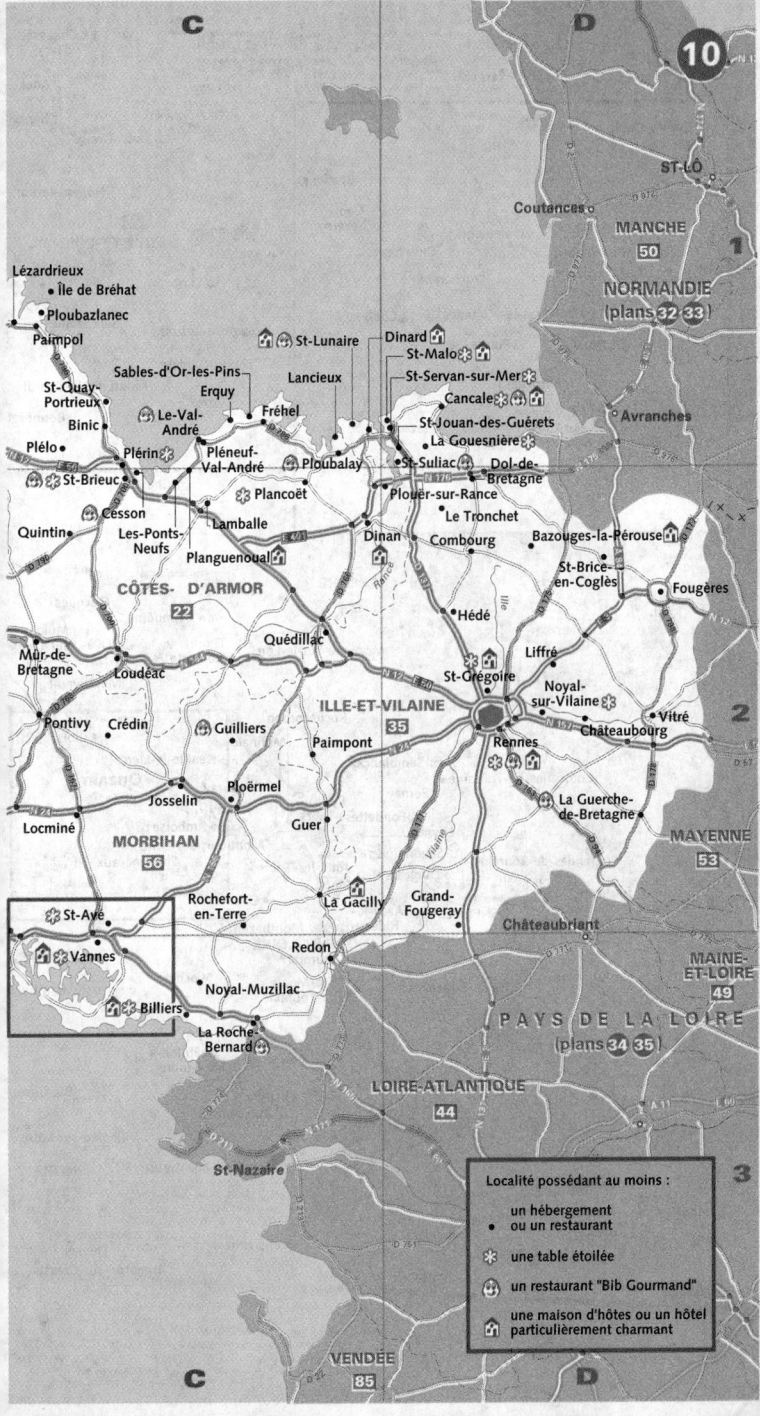

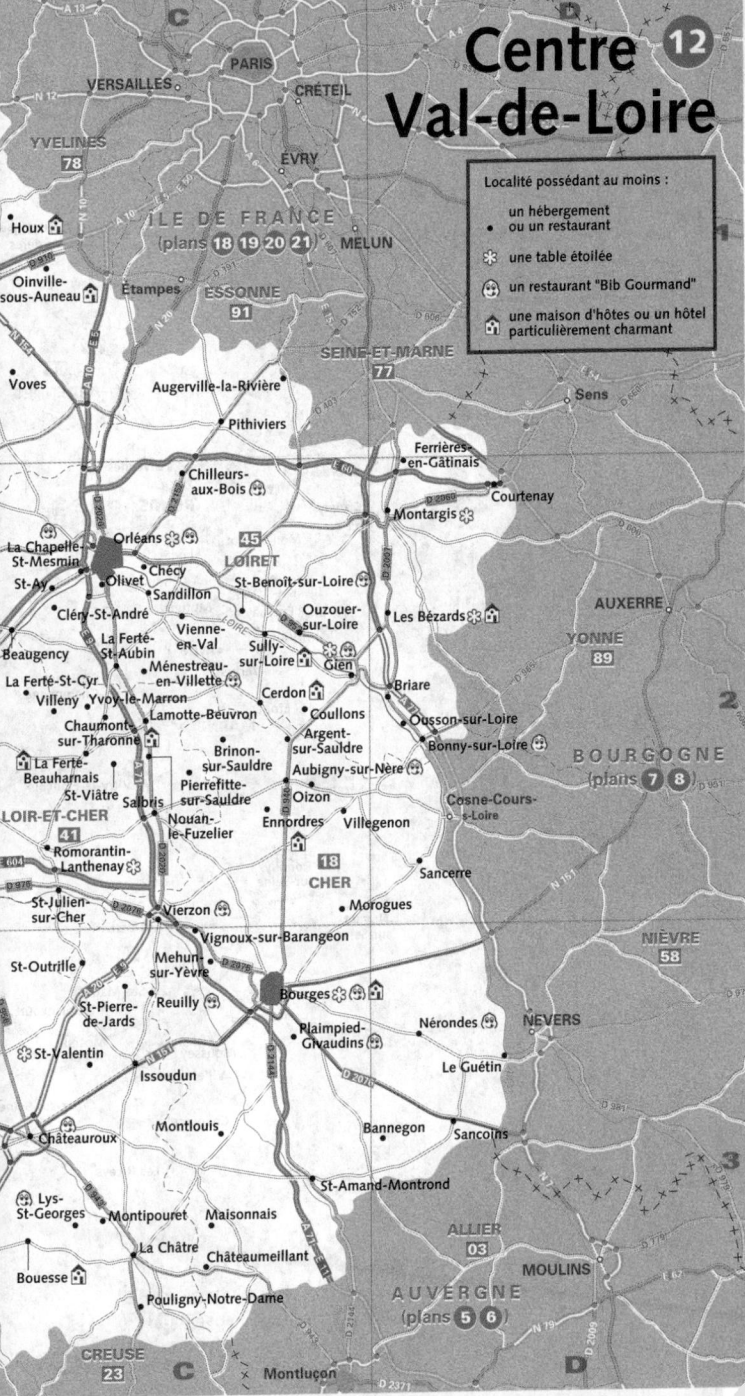

Centre
Val-de-Loire ⑫

Localité possédant au moins :

• un hébergement
  ou un restaurant

✳ une table étoilée

☺ un restaurant "Bib Gourmand"

⌂ une maison d'hôtes ou un hôtel
  particulièrement charmant

PARIS
VERSAILLES
N 12
YVELINES 78
ÎLE DE FRANCE
(plans ⑱ ⑲ ⑳ ㉑)
CRÉTEIL
Houx ⌂
EVRY
MELUN
Oinville-sous-Auneau ⌂
Étampes
ESSONNE 91
SEINE-ET-MARNE 77
Voves
Augerville-la-Rivière
Sens
Pithiviers
Ferrières-en-Gâtinais
Chilleurs-aux-Bois ☺
Montargis ✳
Courtenay
La Chapelle-St-Mesmin
Orléans ✳☺
LOIRET 45
St-Benoît-sur-Loire ☺
AUXERRE
St-Ay
Chécy
Olivet
Sandillon
Ouzouer-sur-Loire
Les Bézards ✳⌂
YONNE 89
Cléry-St-André
Vienne-en-Val
Sully-sur-Loire ⌂
La Ferté-St-Aubin
Beaugency
Ménestreau-en-Villette
Gien ☺
La Ferté-St-Cyr
Cerdon ⌂
Briare
Villeny
Yvoy-le-Marron
Lamotte-Beuvron
Coullons
Ousson-sur-Loire
BOURGOGNE
(plans ⑦ ⑧)
Chaumont-sur-Tharonne
Brinon-sur-Sauldre
Argent-sur-Sauldre
Bonny-sur-Loire ☺
La Ferté-Beauharnais ⌂
Pierrefitte-sur-Sauldre
Aubigny-sur-Nère ☺
St-Viâtre
Salbris
Oizon
Cosne-Cours-s-Loire
LOIR-ET-CHER 41
Nouan-le-Fuzelier
Ennordres ⌂
Villegenon
Romorantin-Lanthenay ✳
CHER 18
St-Julien-sur-Cher
Vierzon ☺
Sancerre
NIÈVRE 58
St-Outrille
Vignoux-sur-Barangeon
Moroges
Mehun-sur-Yèvre
St-Pierre-de-Jards
Reuilly
Bourges ✳☺⌂
✳ St-Valentin
Plaimpied-Givaudins ☺
Nérondes ⌂
NEVERS
Issoudun
Le Guétin
Montlouis
Bannegon
Sancoins
Châteauroux
St-Amand-Montrond
Lys-St-Georges
Montipouret
Maisonnais
ALLIER 03
Bouesse ⌂
La Châtre
Châteaumeillant
MOULINS
Pouligny-Notre-Dame
AUVERGNE
(plans ⑤ ⑥)
CREUSE 23
Montluçon

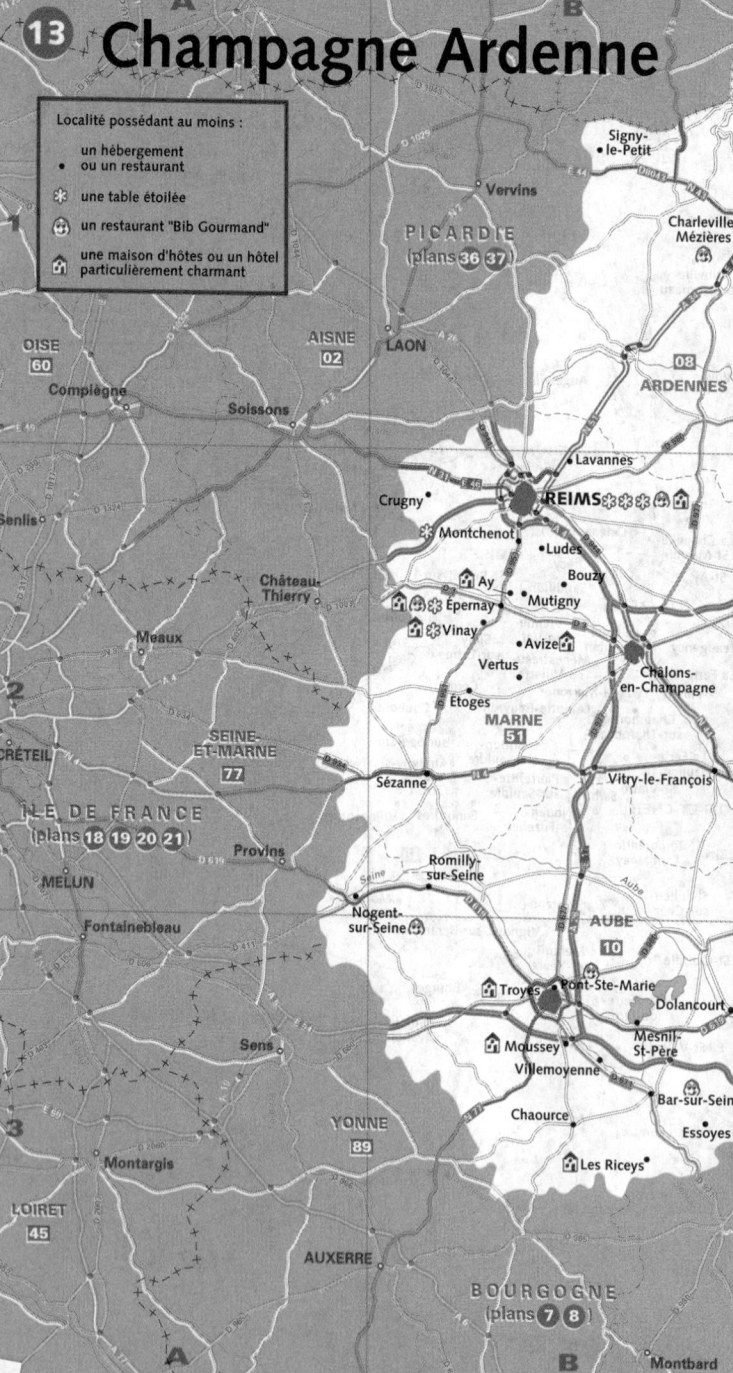

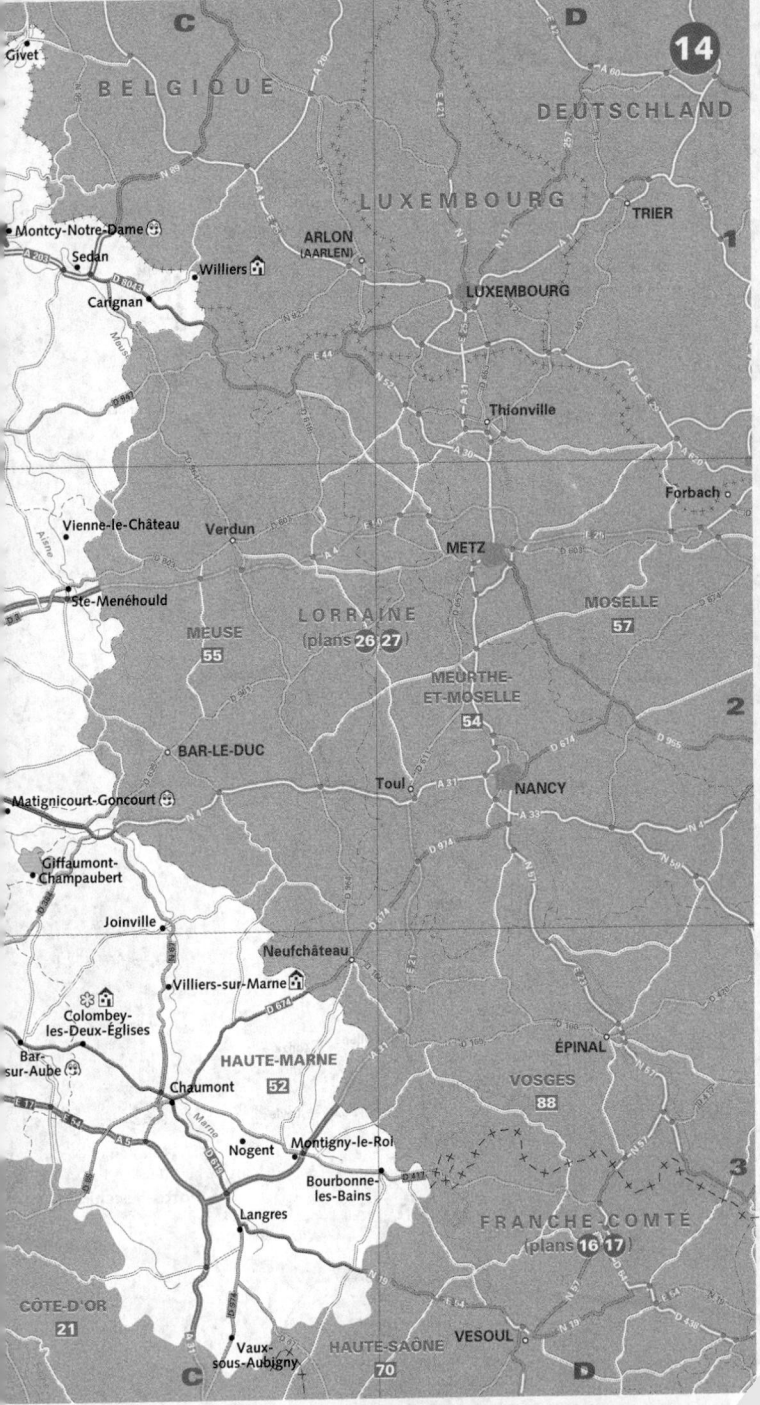

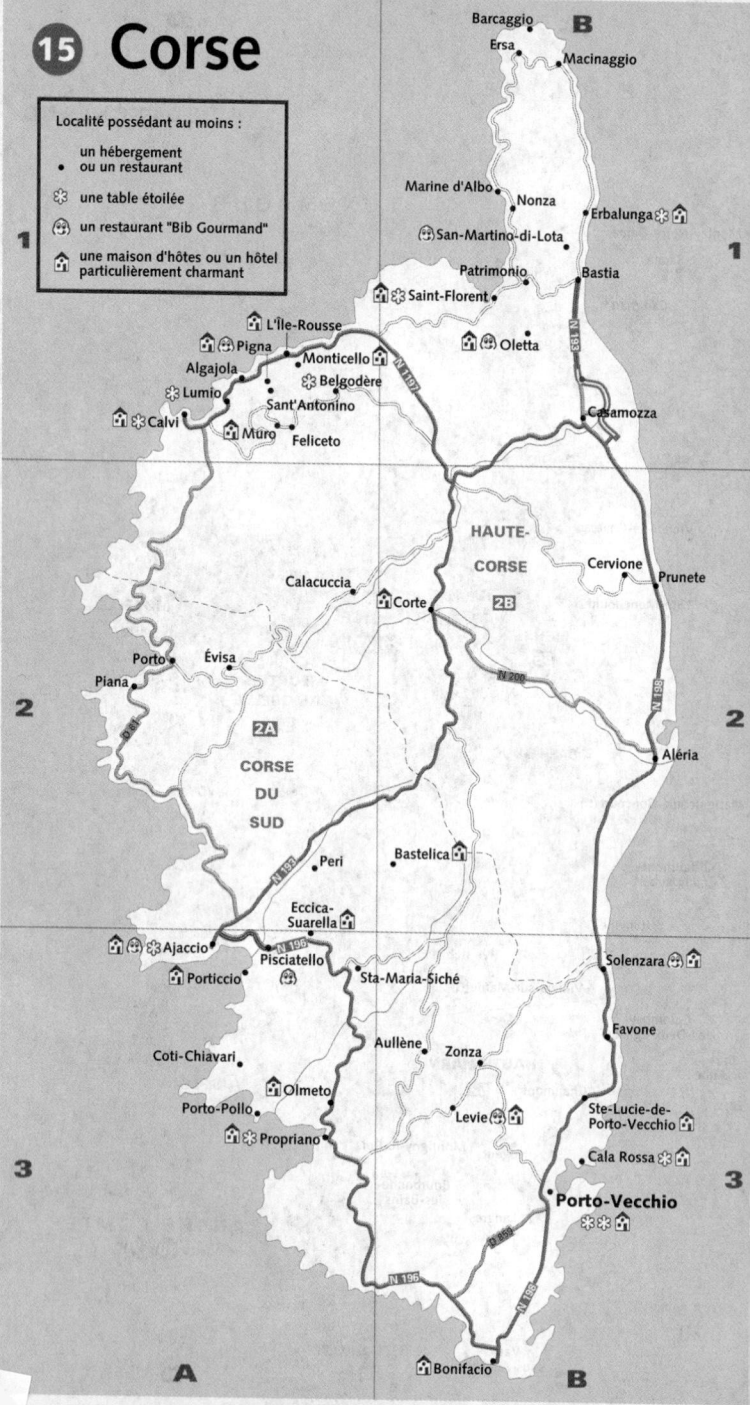

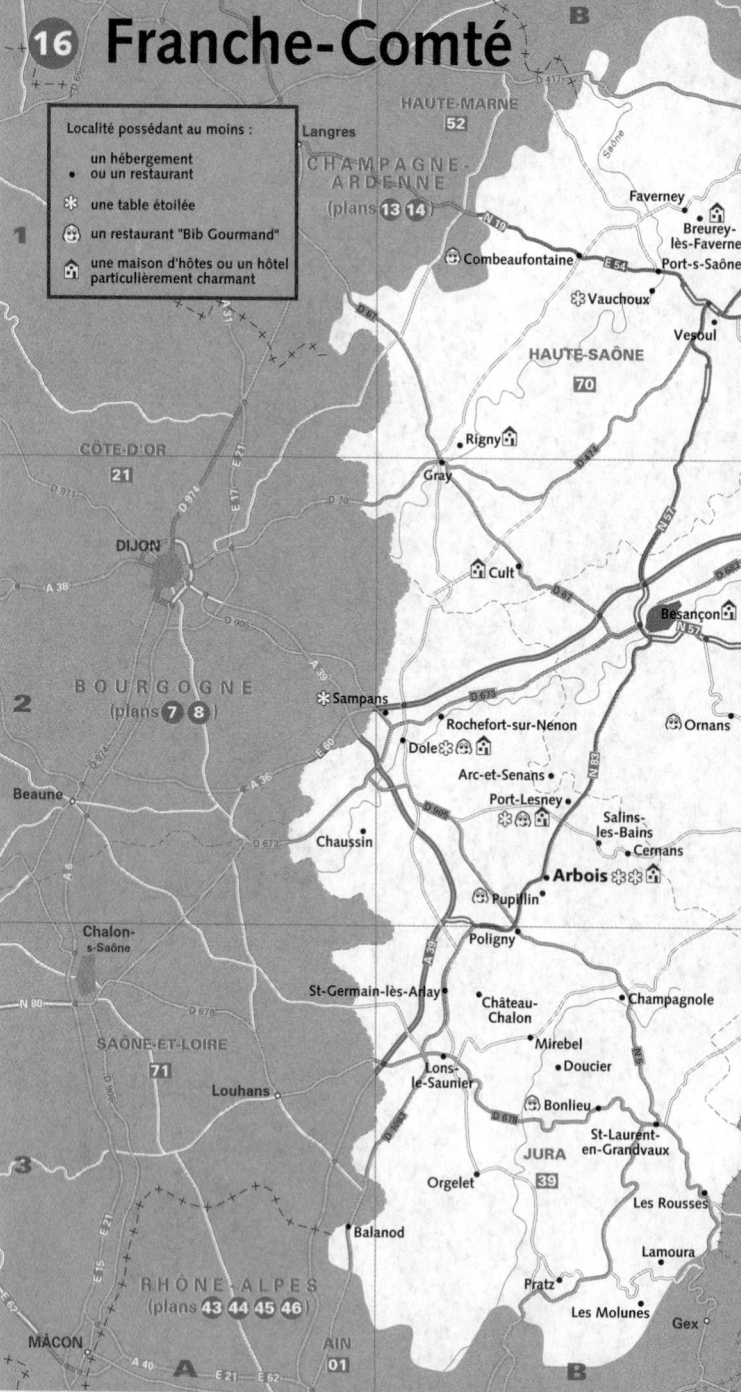

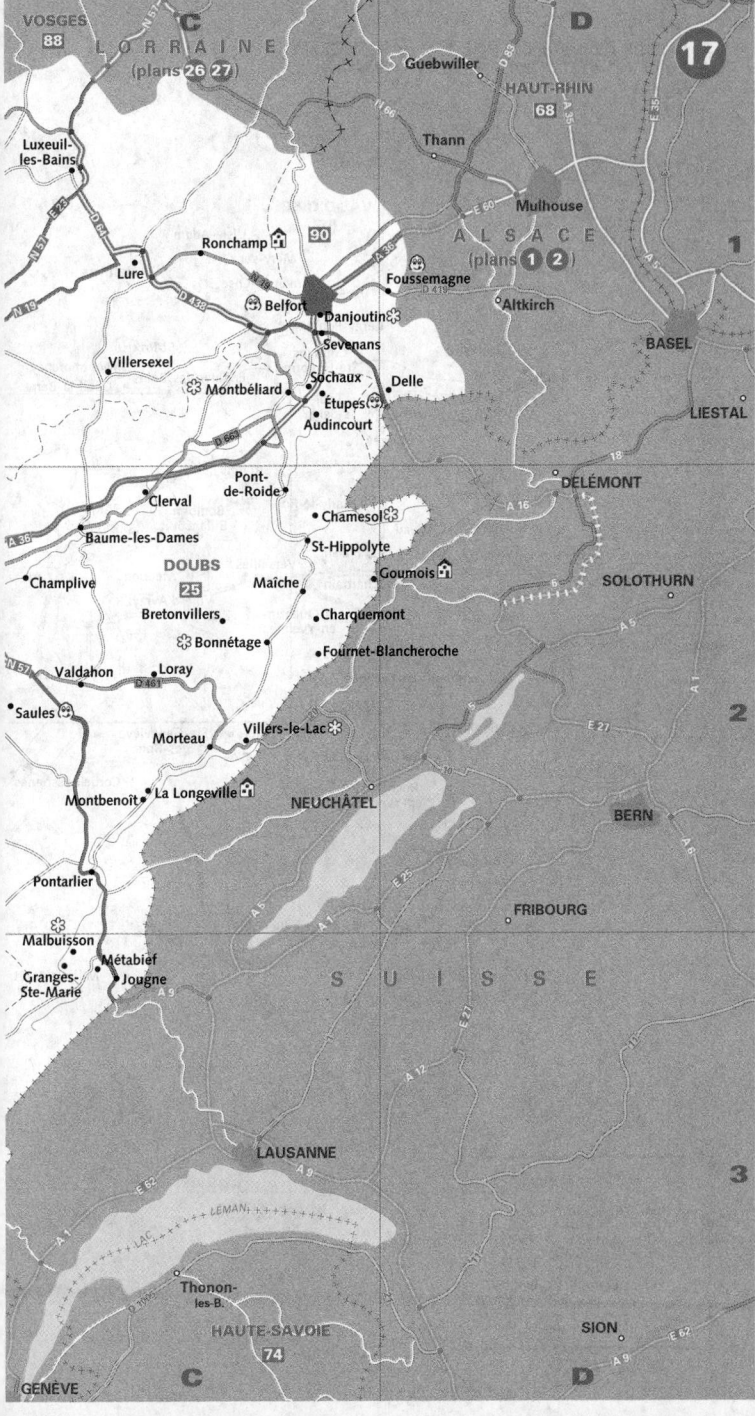

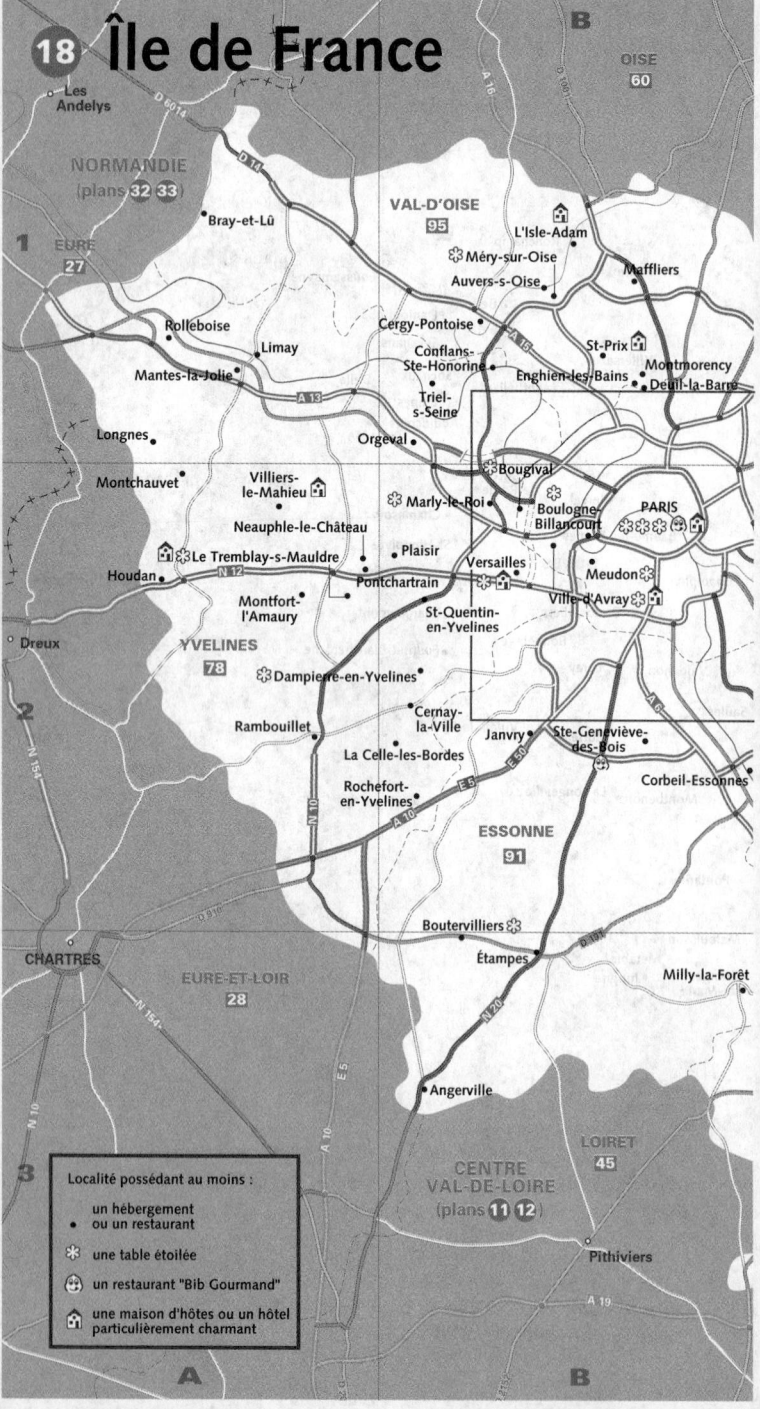

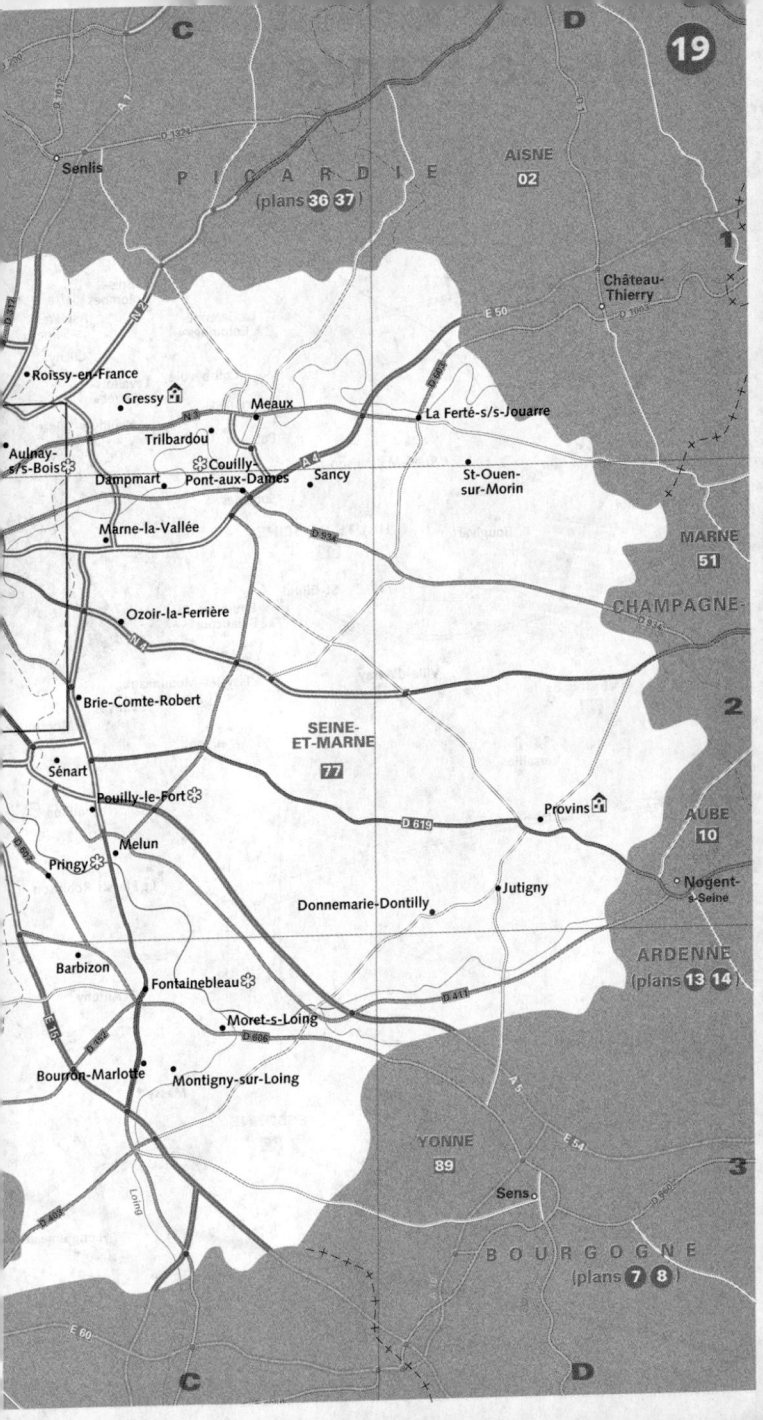

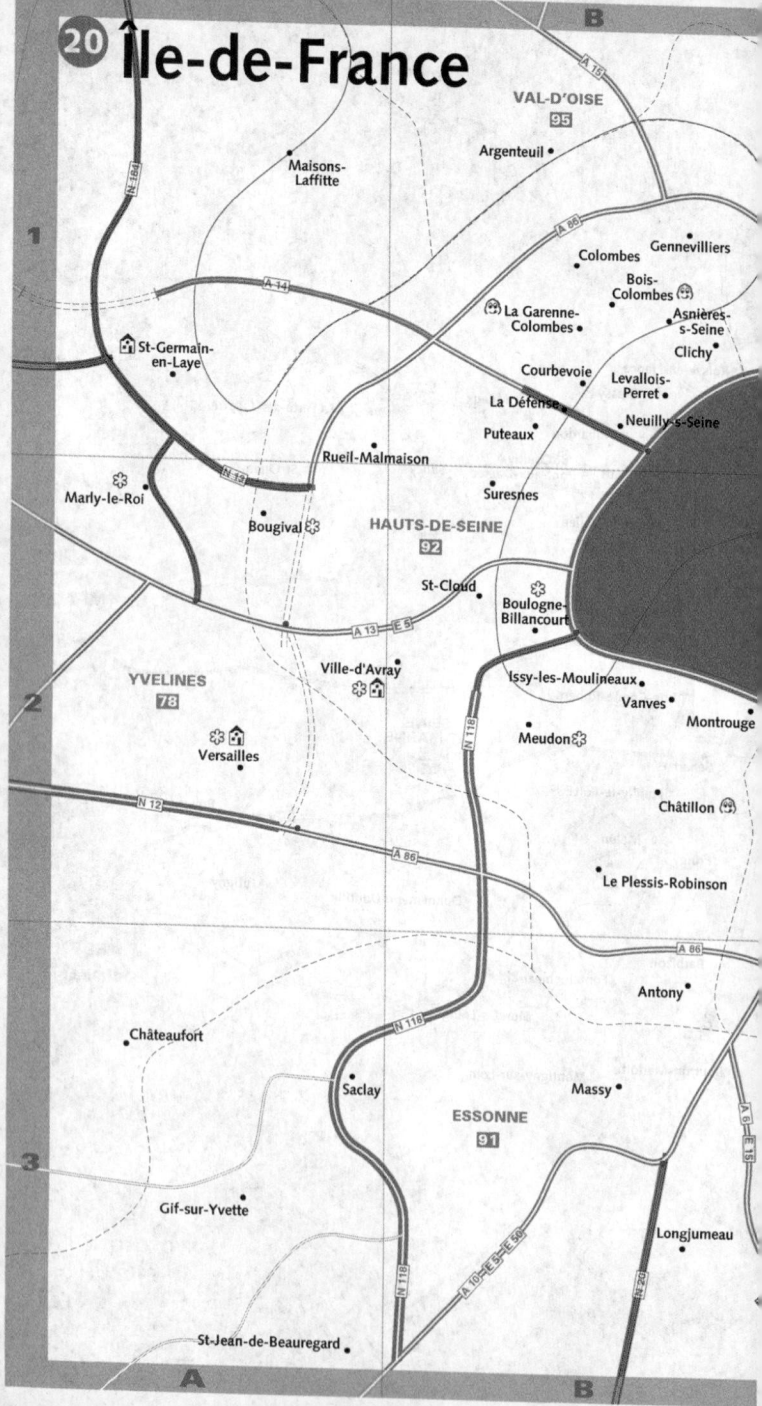

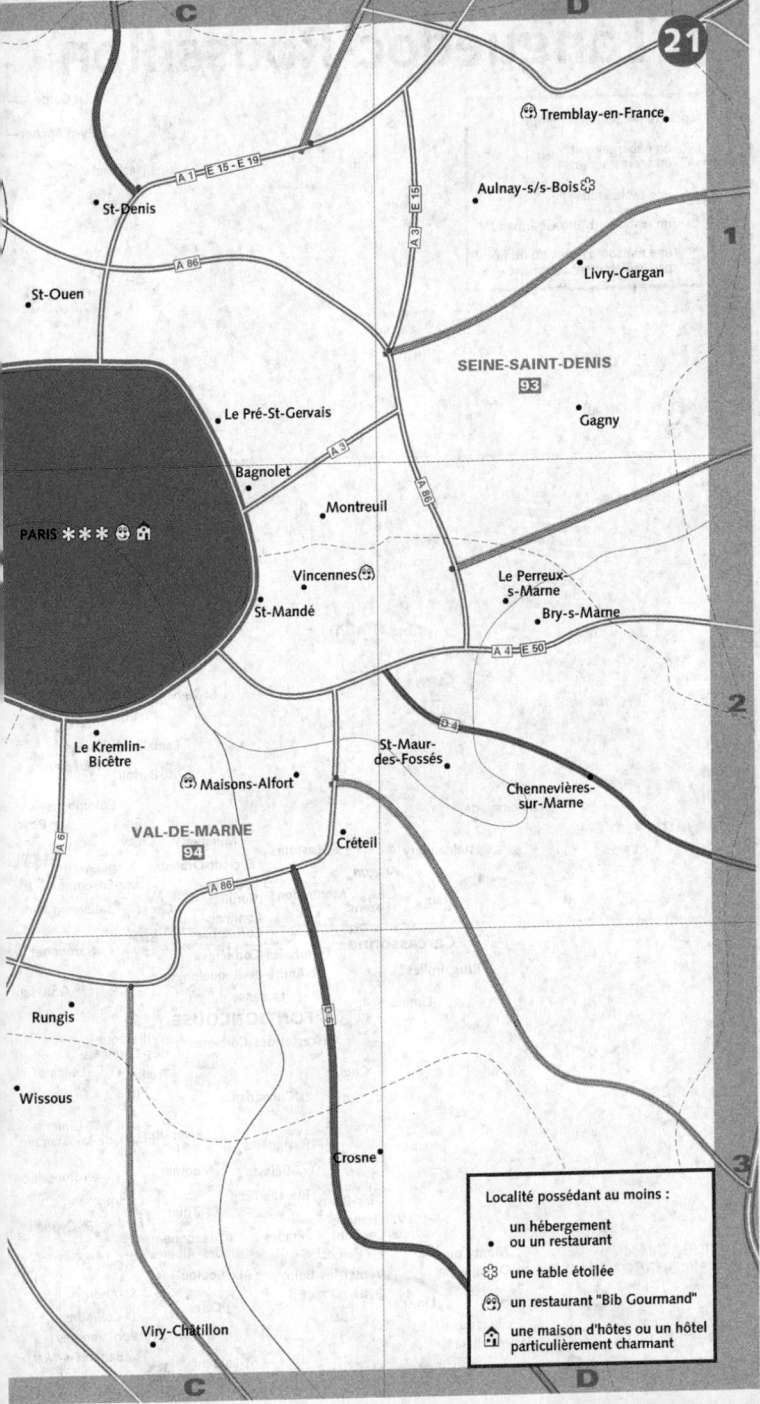

Languedoc-Roussillon

Localité possédant au moins :

- **•** un hébergement
  ou un restaurant
- **✽** une table étoilée
- **🙂** un restaurant "Bib Gourmand"
- **🏠** une maison d'hôtes ou un hôtel
  particulièrement charmant

La Garde
St-Chély-d'Apcher
Nasbinals

CANTAL
15

Figeac

Banassac

Villefranche-
de-Rouergue

RODEZ

Le Rozier

TARN-ET-GARONNE
82

AVEYRON
12

Millau

MONTAUBAN

ALBI

MIDI-PYRÉNÉES
(plans 28 29)

Bédarieux
St-Gervais-sur-Mare
Combes
Lamalou-les-Bains
Berlou   Hérépian

TOULOUSE

TARN
81

Castres

Colombiers
Le Bosc
Minerve   Cruzy
Béziers
La Pomarède
Lastours
Luc-sur-Orbieu
Nissan-
Lez-Enserune
Aragon   Montredon   Lézignan-
Corbières
Castelnaudary
Canet   Sallèles-d'Aude
Bram   Pezens   Conilhac-
Corbières
Carcassonne   Bizanet
Ferrals-les-Corbières   Narbonne
Brugairolles   St-André-de-Roquelongue
Lagrasse   Gruissan
Limoux
FONTJONCOUSE
Cascastel-des-Corbières
AUDE   Villesèque-
des-Corbières
Couiza   11   Treilles   Leucate
Cucugnan   Fitou

HAUTE-GARONNE
31

Muret

31

Pamiers

FOIX

ARIÈGE
09

Rasiguères
Gincla   Rivesaltes   St-Laurent-
de-la-Salanque
Bélesta
Montner   Canet-
en-Roussillon
Molitg-
les-Bains   Ille-sur-Têt   Thuir   Perpignan
Villefranche-   Prades   Elne   St-Cyprien
de-Conflent   Laroque-
des-Albères   Argelès-s-Mer
PYRÉNÉES-
Vernet-les-Bains   Le Boulou   St-André
Mont-Louis   ORIENTALES   Céret   Collioure
Font-Romeu-Odeillo-Via   66   Port-Vendres
Llo   Banyuls-s-Mer
Saillagouse
Valcebollère
Prats-de-Mollo-la-Preste   St-Laurent-
des-Cerdans

PRINCIPAUTÉ-
D'ANDORRE

ESPAÑA

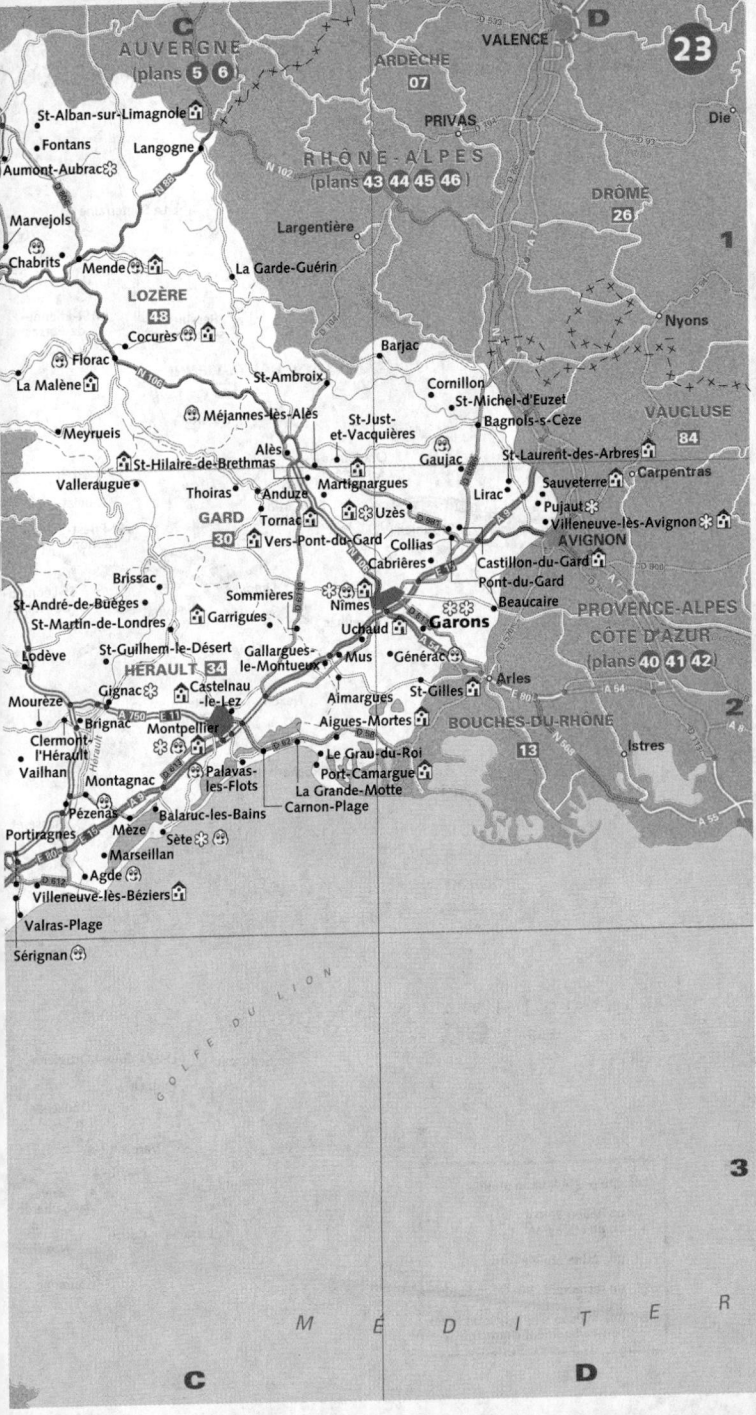

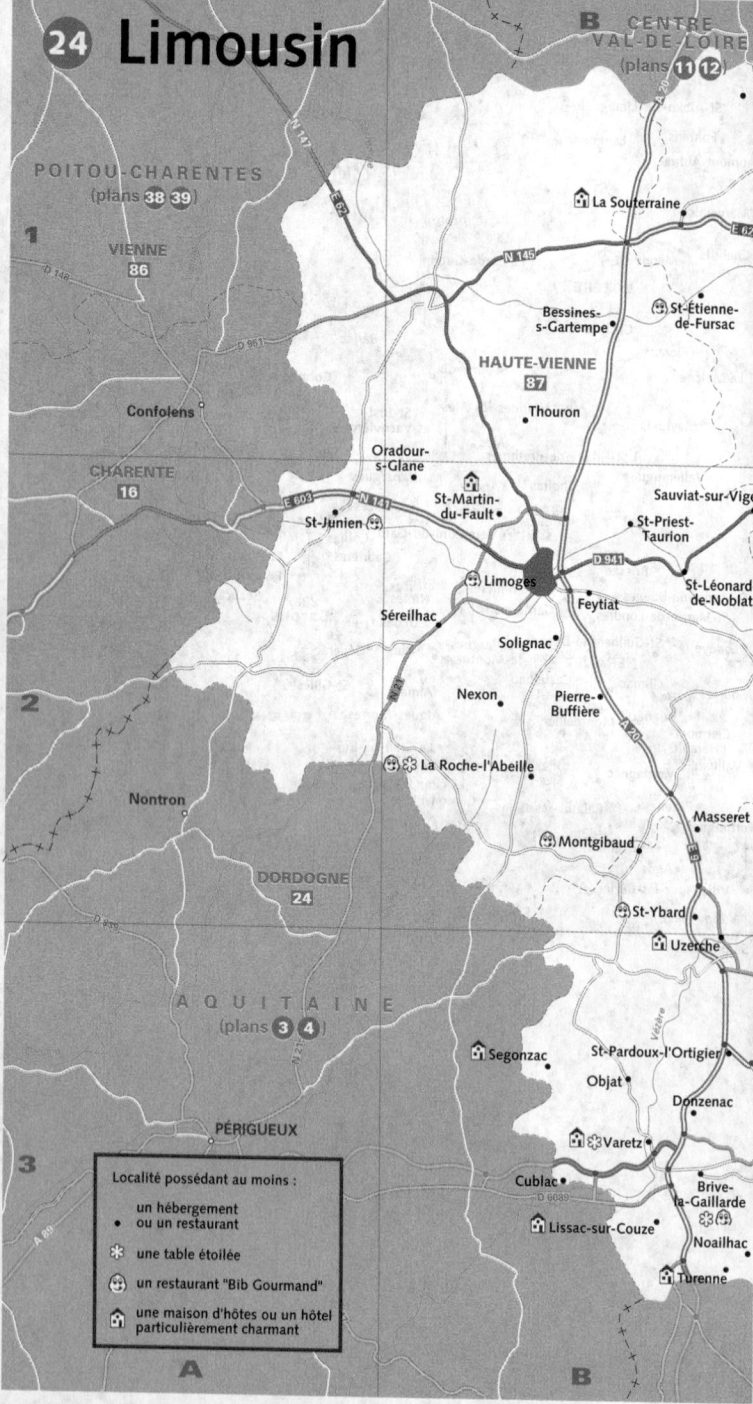

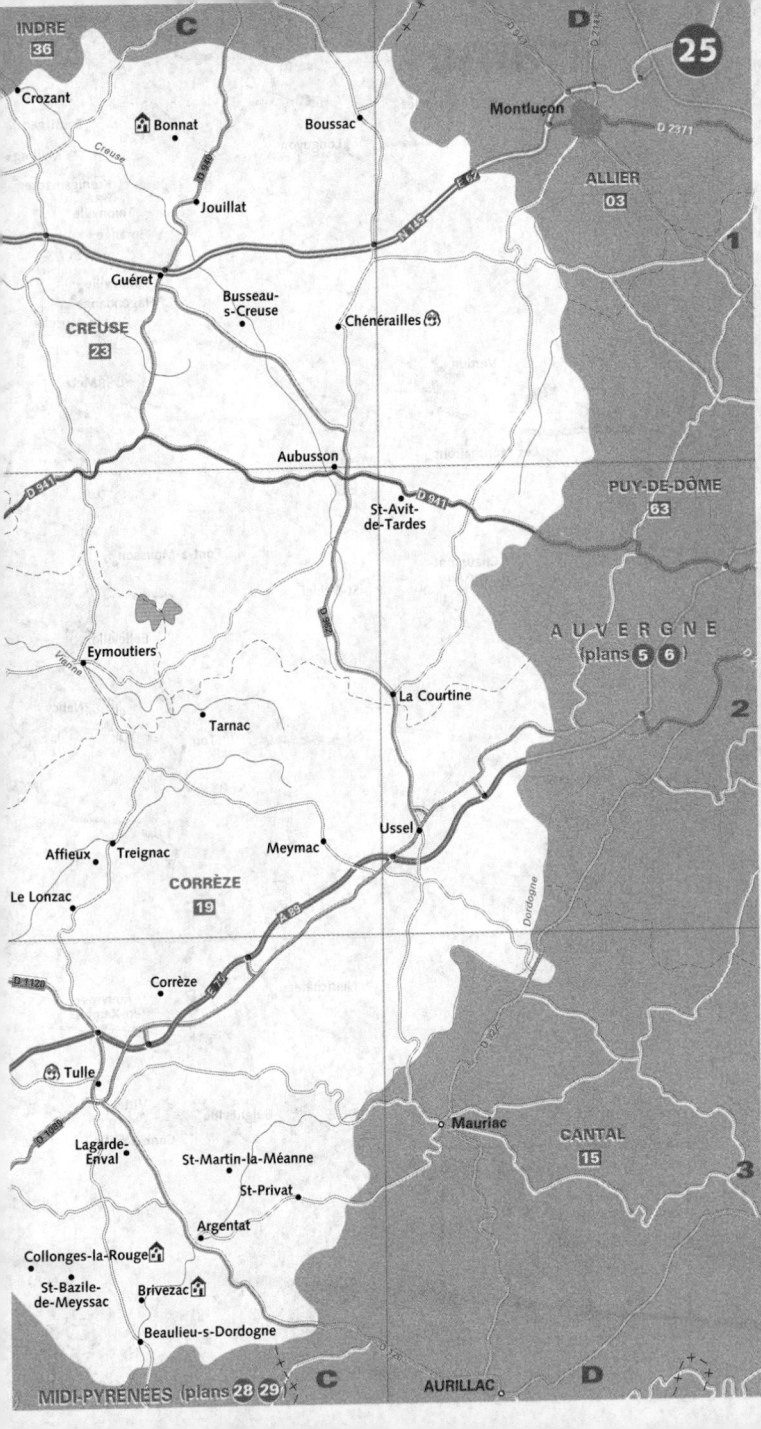

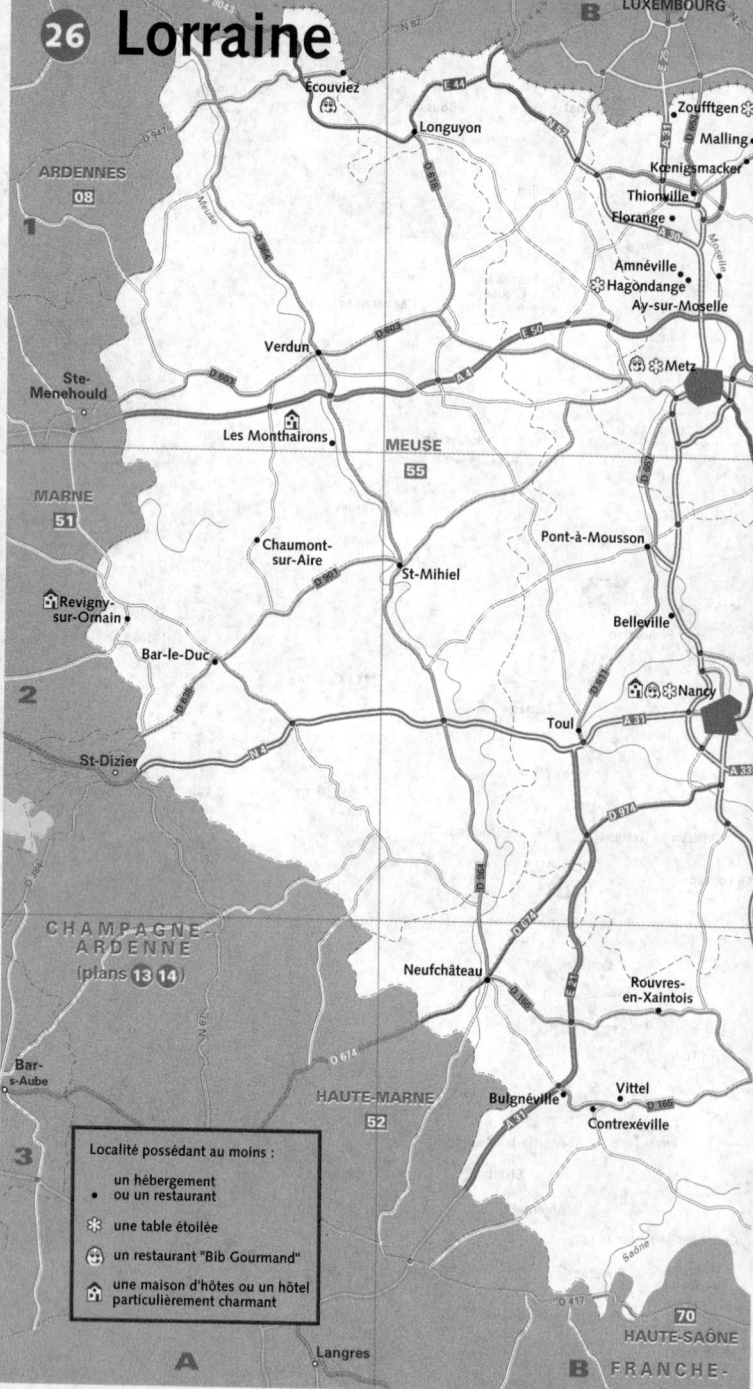

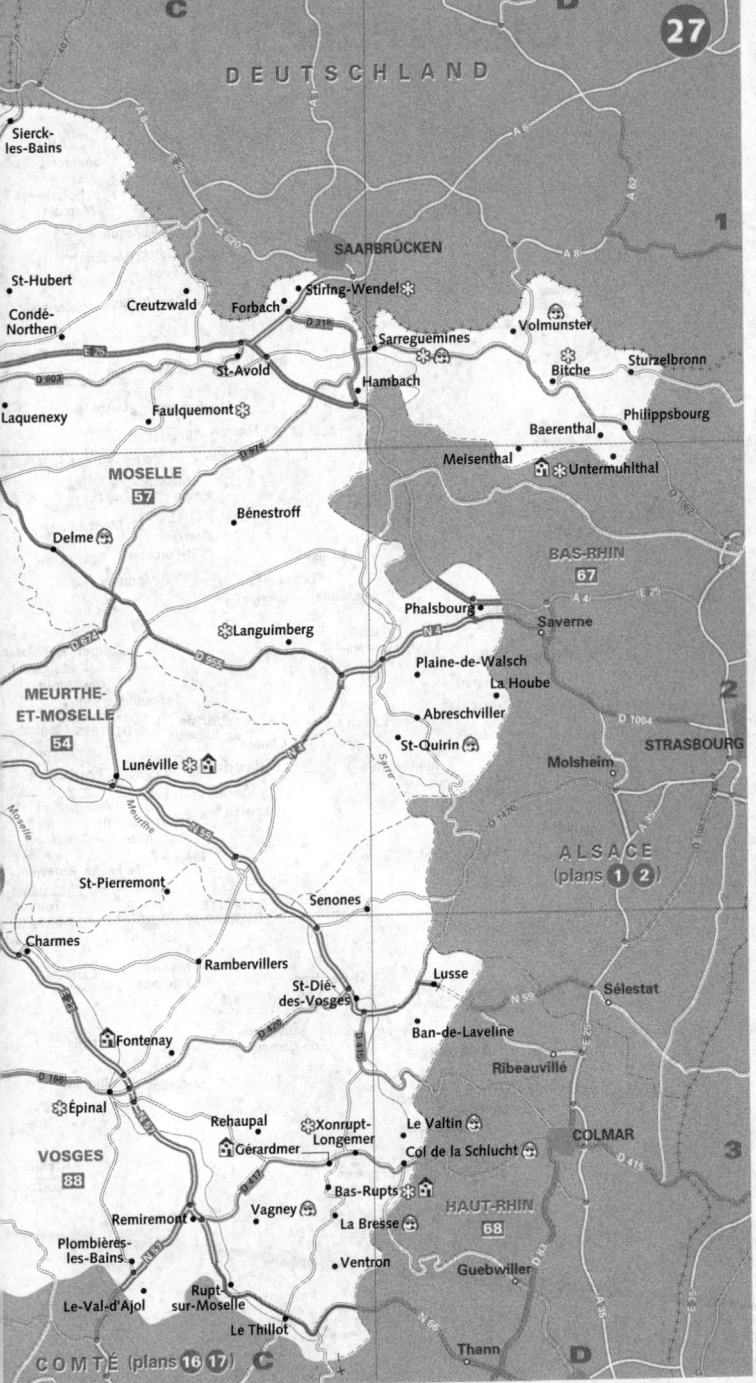

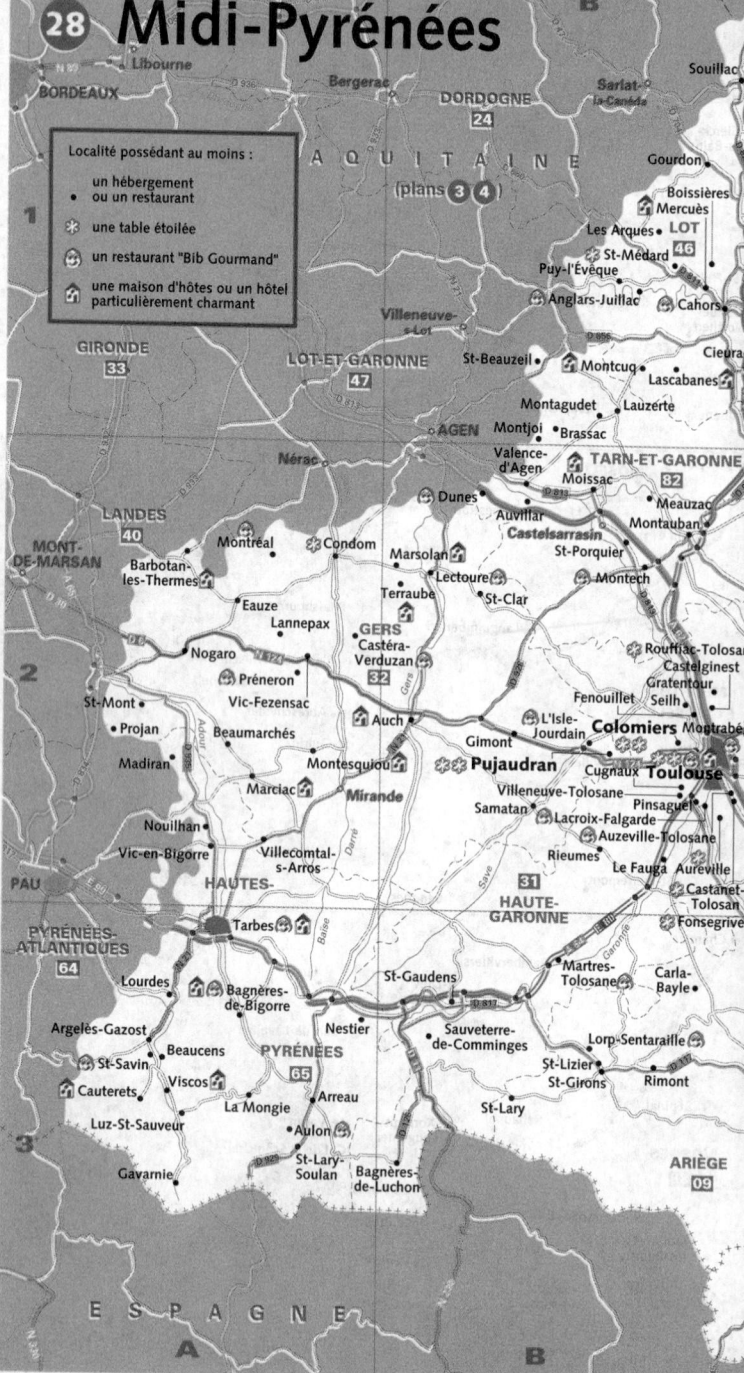

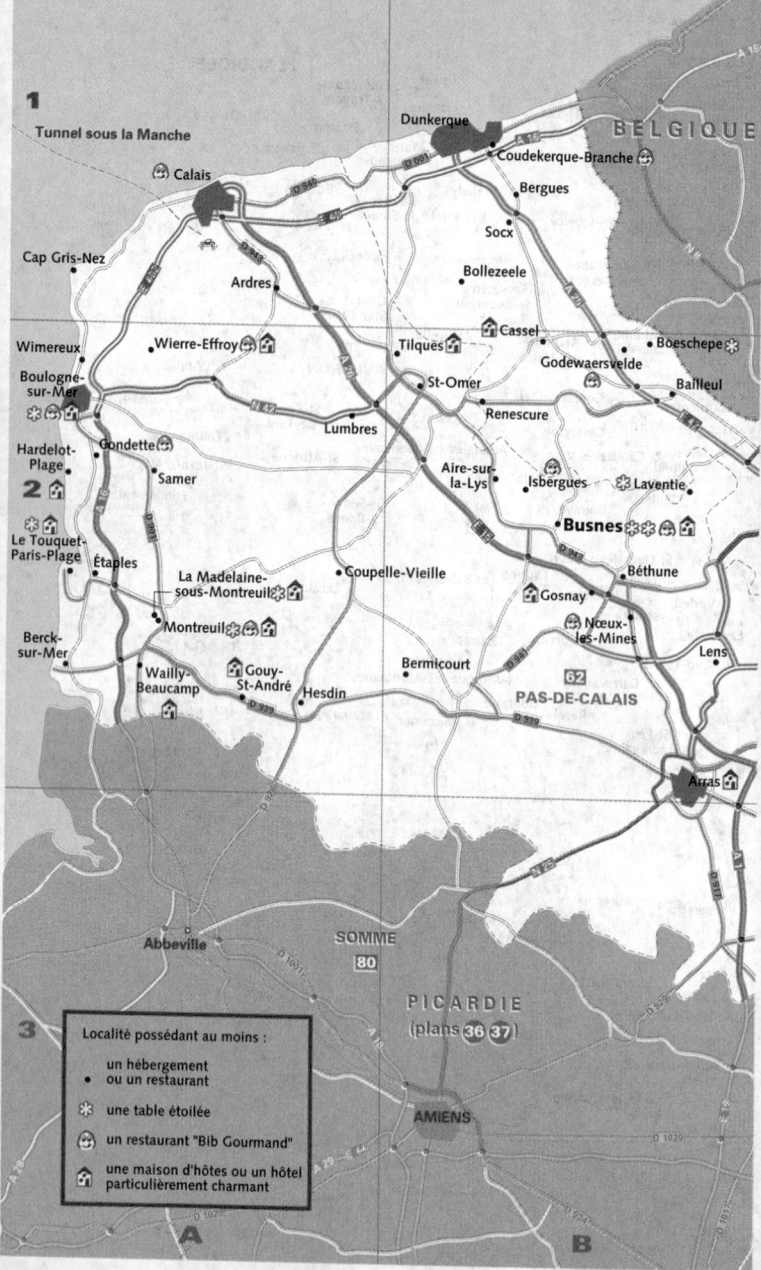

③⓪ Nord Pas-de-Calais

1

Tunnel sous la Manche

BELGIQUE

Dunkerque
Coudekerque-Branche
Bergues
Socx
Calais
Bollezeele
Cap Gris-Nez
Ardres
Cassel
Wimereux
Wierre-Effroy
Tilques
Böeschepe
Godewaersvelde
Bailleul
Boulogne-sur-Mer
St-Omer
Renescure
Lumbres
Gondette
2
Hardelot-Plage
Samer
Aire-sur-la-Lys
Isbergues
Laventie
Le Touquet-Paris-Plage
Étaples
Busnes
La Madelaine-sous-Montreuil
Coupelle-Vieille
Béthune
Berck-sur-Mer
Montreuil
Gosnay
Nœux-les-Mines
Wailly-Beaucamp
Gouy-St-André
Bermicourt
Lens
Hesdin
62
PAS-DE-CALAIS

Arras

Abbeville
SOMME
80

3
PICARDIE
(plans ③⑥ ③⑦)

Localité possédant au moins :

un hébergement
• ou un restaurant

✵ une table étoilée

😊 un restaurant "Bib Gourmand"

🏠 une maison d'hôtes ou un hôtel
particulièrement charmant

AMIENS

A   **B**

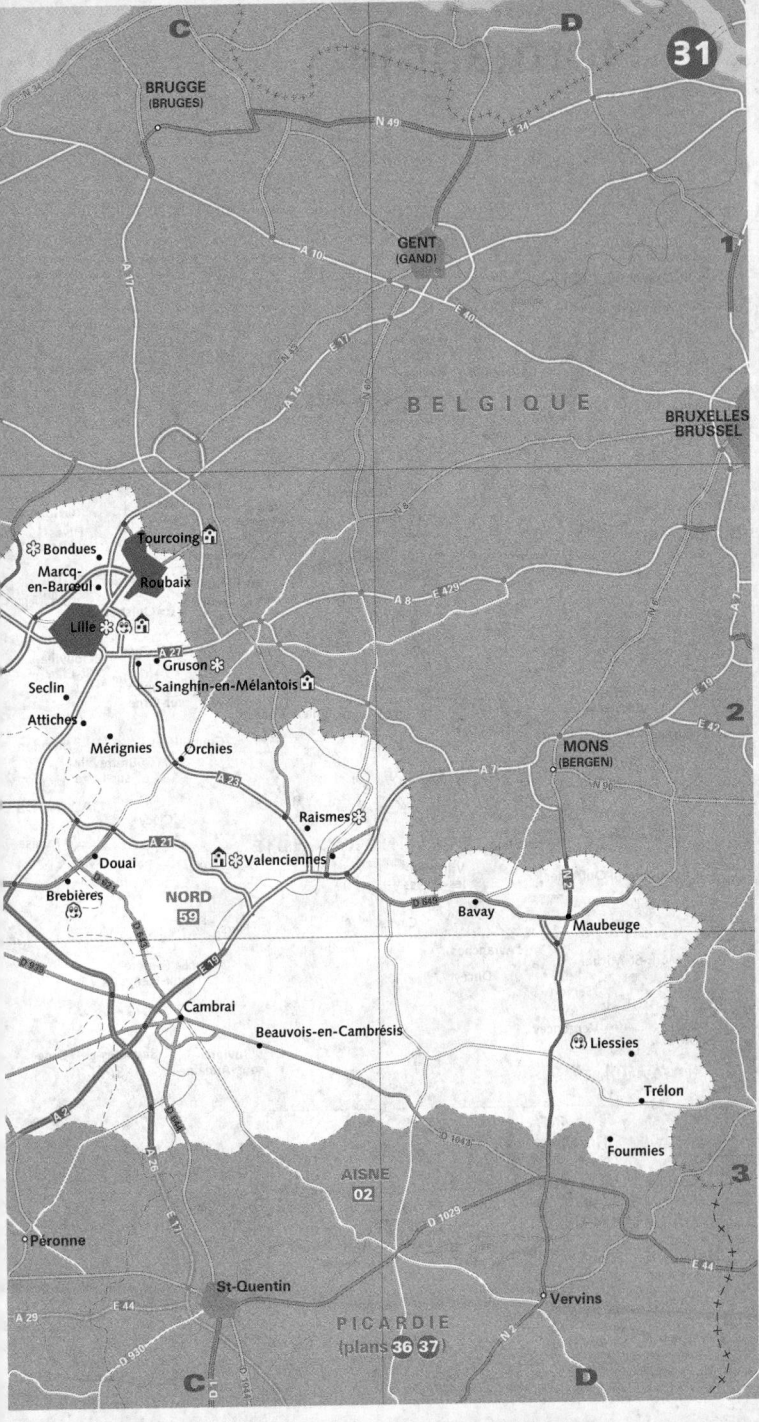

32 Normandie

Auderville
St-Germain-des-Vaux
Omonville-la-Petite
Cherbourg-Octeville
Barfleur
La Pernelle
Réville
St-Vaast-la-Hougue
Flamanville
Négreville
Valognes
Bricquebec
Carteret
Barneville-Carteret
St-Pierre-du-Mont
Bernières-sur-Mer
Douvres-la-Délivrande
Grandcamp-Maisy
Port-en-Bessin
Courseulles-sur-Mer
Houlgate
Dives-sur-Mer
Arromanches-les-Bains
Luc-sur-Mer
Cabourg
La Cambe
Crépon
St-Germain-sur-Ay
Bayeux
Creully
Ouistreham
MANCHE
50
Balleroy
Audrieu
Caen
Hérouville-St-Clair
St-Lô
Fleury-sur-Orne
Blainville-sur-Mer
Airan
Coutances
Villers-Bocage
Heugueville-sur-Sienne
Mézidon
St-Denis-le-Vêtu
Goupillières
Bretteville-sur-Laize
Hambye
CALVADOS
NORMANDIE
14
Granville
Beauchamps
Clécy
La Lucerne-d'Outremer
Villedieu-les-Poêles
Vire
Falaise
Cuves
Flers
Le Mont-St-Michel
Avranches
Servon
Ducey
La Ferrière-aux-Étangs
ILLE-ET-VILAINE
35
Vergoncey
BRETAGNE
(plans 9 10)
Juvigny-sous-Andaine
Bagnoles-de-l'Orne
Honfleur
Conteville
MAYENNE
53
Deauville
Barneville-la-Bertran
Bourneville
Trouville-sur-Mer
St-Maclou
Mayenne
St-Gatien-des-Bois
Beuzeville
Villers-sur-Mer
Pont-Audemer
Glanville
Pont-l'Évêque
Épaignes
PAYS DE LA LOIRE
(plans 34 35)
Beaumont-en-Auge
Drubec
Cormeilles

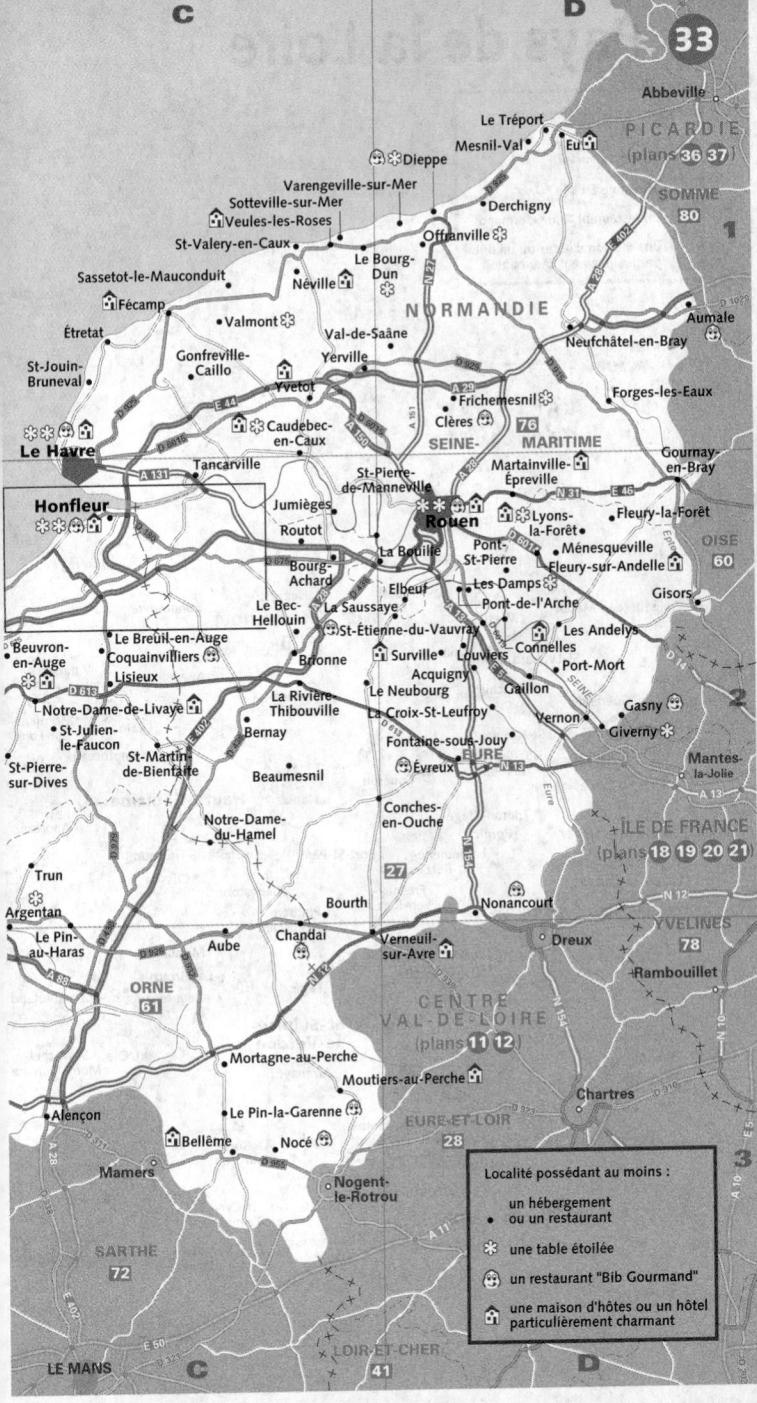

Pays de la Loire

34

Localité possédant au moins :

- un hébergement ou un restaurant
- ✱ une table étoilée
- 🏠 un restaurant "Bib Gourmand"
- 🏠 une maison d'hôtes ou un hôtel particulièrement charmant

B

Fougères

Ernée

N 12

RENNES

ILLE-ET-VILAINE
35

CÔTES-D'ARMOR
56

BRETAGNE
(plans 9 10)

Redon

Segré

Loiré

La Chapelle-des-Marais
Guenrouet
Nozay

Herbignac
Missillac
LOIRE-
ATLANTIQUE
44

Bonnœuvre

Mesquer
St-Lyphard
Pontchâteau

2

La Turballe
St-Joachim
Ancenis
Varades

Pen-Bron
Guérande
Sucé-sur-Erdre
Montjean-sur-Loire

Le Croisic
St-Nazaire
Drain

Batz-sur-Mer
Pornichet
St-Brevin-les-Pins
Champtoceaux

La Baule
Couëron
Nantes
Haute-Goulaine

Tharon-Plage
Andrezé

La Plaine-sur-Mer
Pornic
Château-Thébaud
Cholet

La Bernerie-en-Retz
Port-St-Père
Clisson

L'Herbaudière
Geneston

ÎLE DE NOIRMOUTIER
Noirmoutier-en-l'Île
Fresnay-en-Retz
St-Philbert-de-Grand-Lieu

Bois-de-la-Chaize
Montaigu

Bouin
Les Brouzils
Chambretaud

Beauvoir-sur-Mer
Beaurepaire

La Garnache
Legé

Challans
St-Sulpice-
le-Verdon

St-Jean-de-Monts
L'Oie
St-Michel-Mont-Mercure

Port-Joinville
Aizenay

ÎLE D'YEU
Coëx
Chantonnay

St-Gilles-Croix-de-Vie
La Mothe-Achard
85

3

Brétignolles-sur-Mer
La Roche-sur-Yon
VENDÉE

Brem-sur-Mer
Ste-Hermine

L'Île-d'Olonne
St-Cyr-en-Talmondais
Fontenay-le-Comte

Les Sables-d'Olonne
Château-d'Olonne
Luçon
Velluire

La Tranche-sur-Mer
St-Michel-en-l'Herm

A   **B**

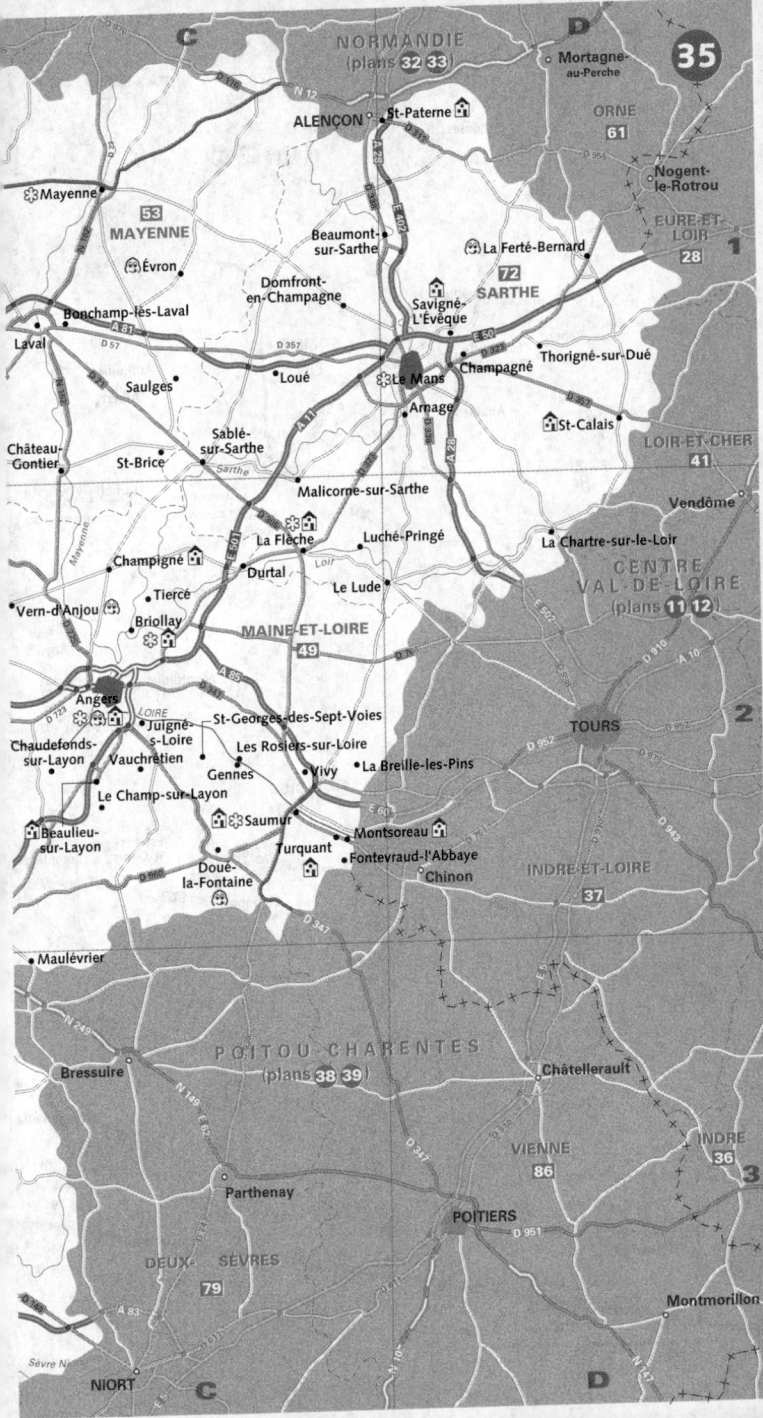

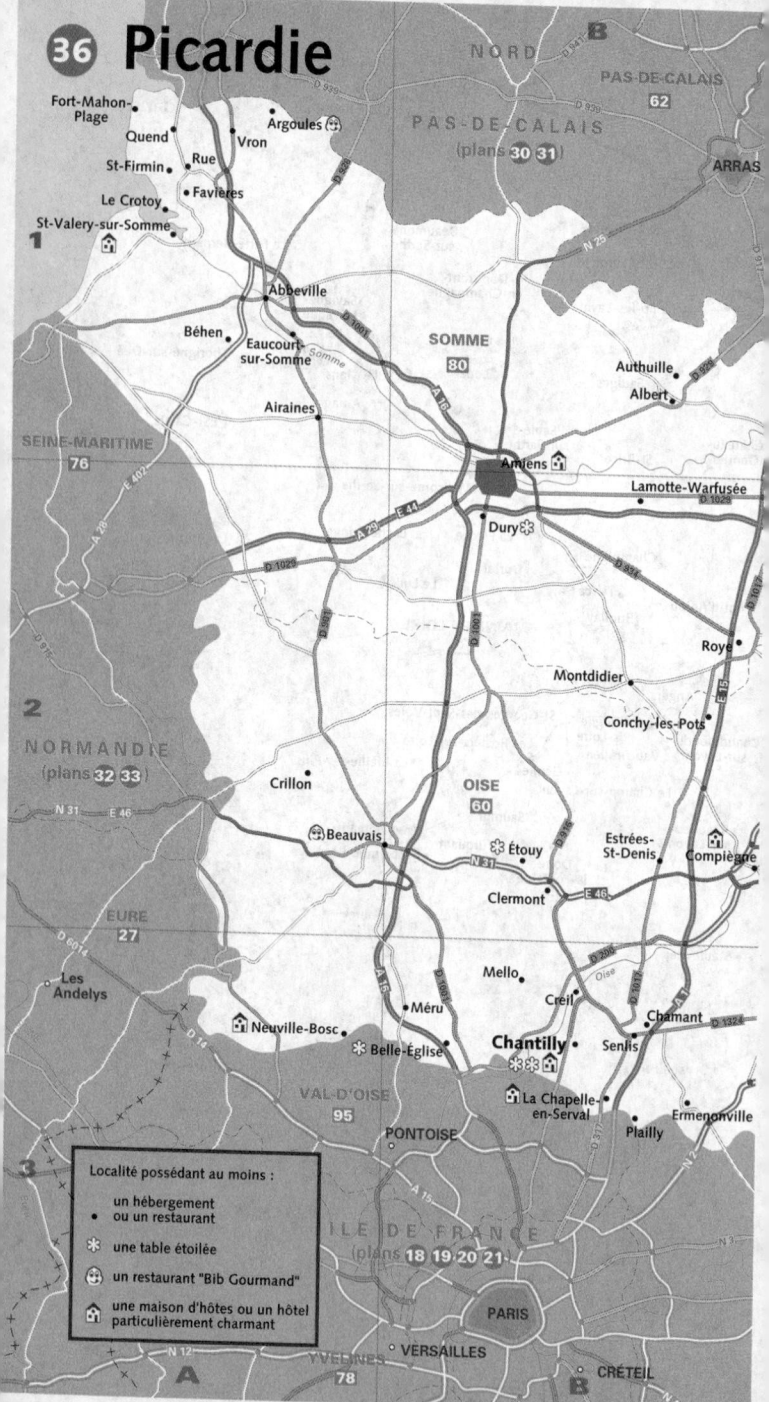

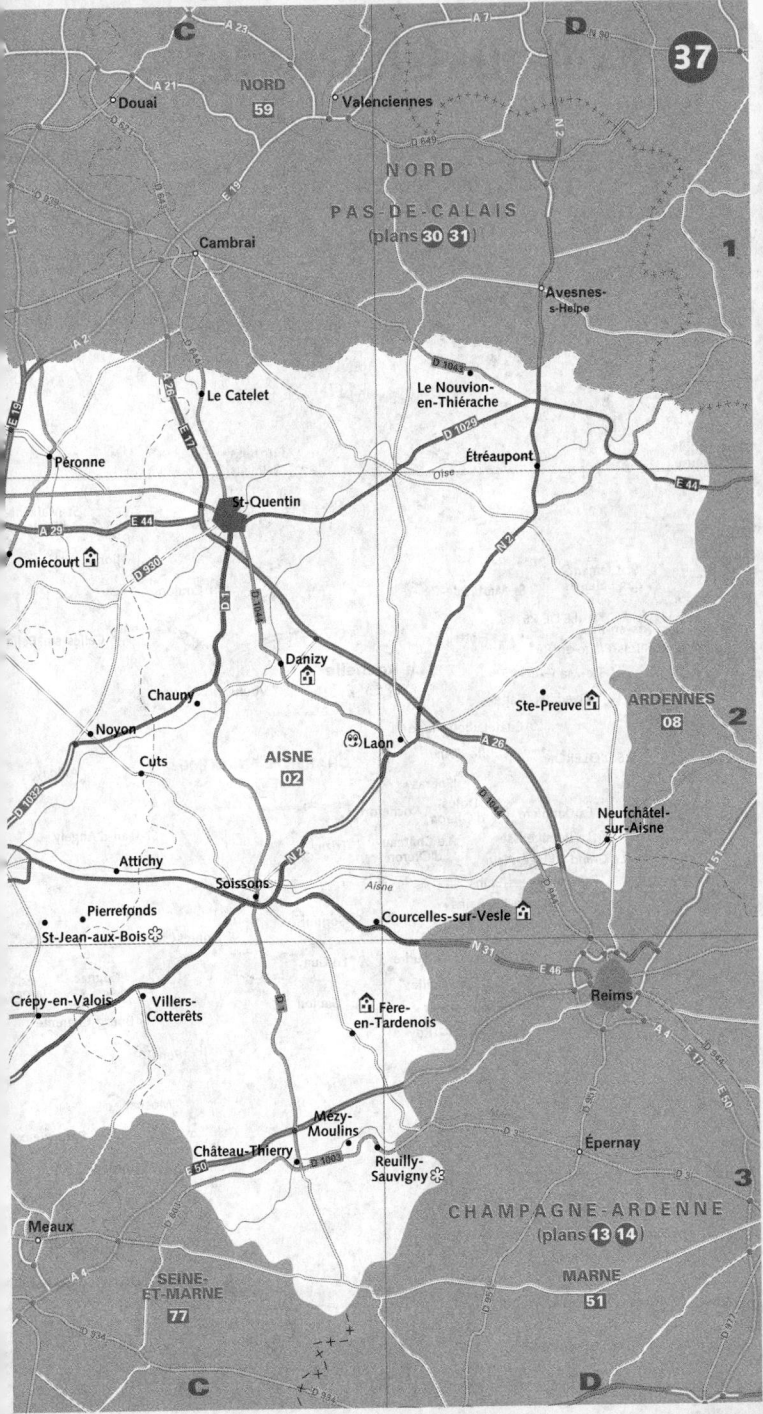

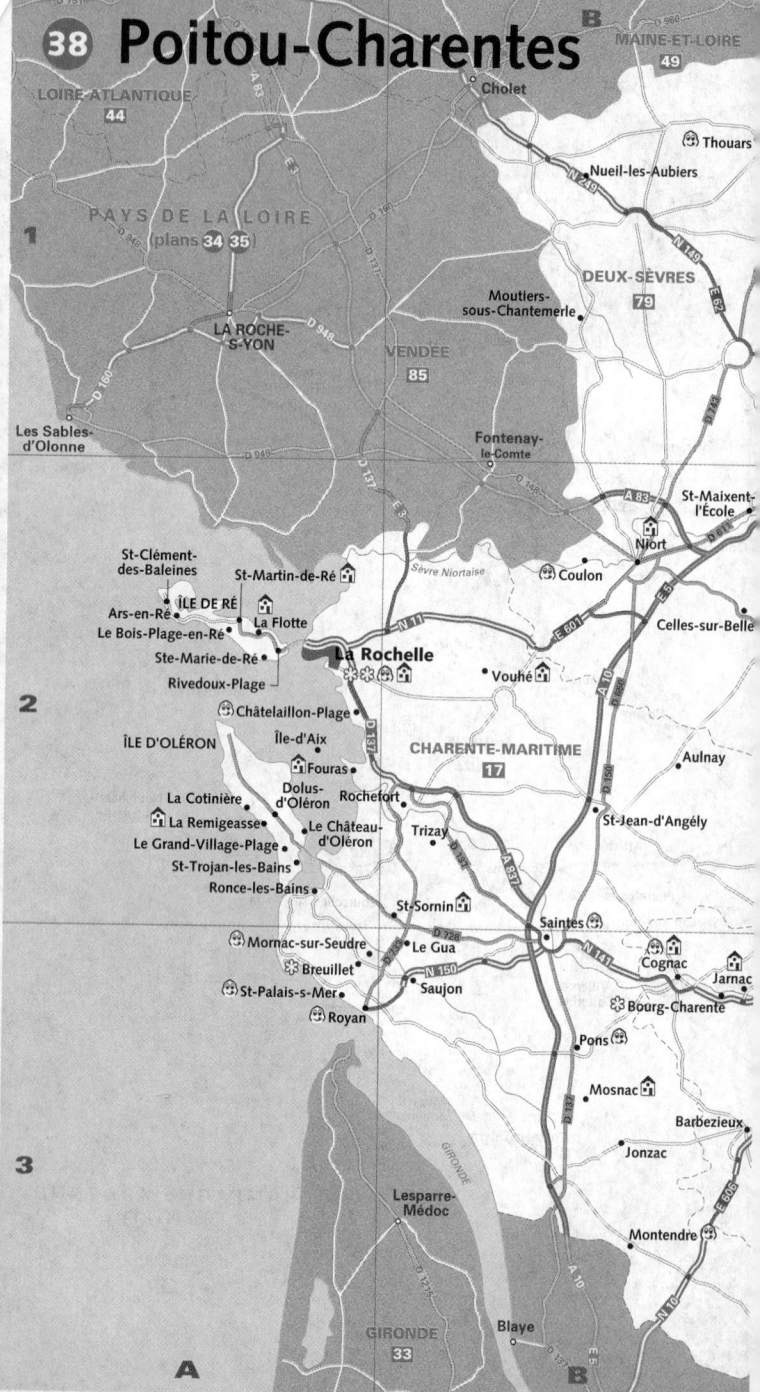

B

MAINE-ET-LOIRE
49

Cholet

Thouars

Nueil-les-Aubiers

N 249

N 149

E 62

DEUX-SÈVRES
79

LOIRE-ATLANTIQUE
44

PAYS DE LA LOIRE
(plans **34 35**)

Moutiers-
sous-Chantemerle

LA ROCHE-
S-YON

VENDÉE
85

St-Maixent-
l'École

Fontenay-
le-Comte

Niort

Les Sables-
d'Olonne

Sèvre Niortaise

Coulon

St-Clément-
des-Baleines

St-Martin-de-Ré

N 11

Celles-sur-Belle

Ars-en-Ré   ÎLE DE RÉ

La Flotte

Le Bois-Plage-en-Ré

La Rochelle

E 601

Ste-Marie-de-Ré

Vouhé

Rivedoux-Plage

Châtelaillon-Plage

2

Île-d'Aix

CHARENTE-MARITIME
17

ÎLE D'OLÉRON

Fouras

Aulnay

La Cotinière   Dolus-
d'Oléron

Rochefort

La Remigeasse

St-Jean-d'Angély

Le Grand-Village-Plage   Le Château-
d'Oléron

Trizay

St-Trojan-les-Bains

Ronce-les-Bains

St-Sornin

Saintes

Mornac-sur-Seudre   Le Gua

Cognac

Jarnac

Breuillet

N 150

St-Palais-s-Mer   Saujon

Bourg-Charente

Royan

Pons

Mosnac

Barbezieux

3

Jonzac

GIRONDE

Lesparre-
Médoc

Montendre

GIRONDE
33

Blaye

A

B

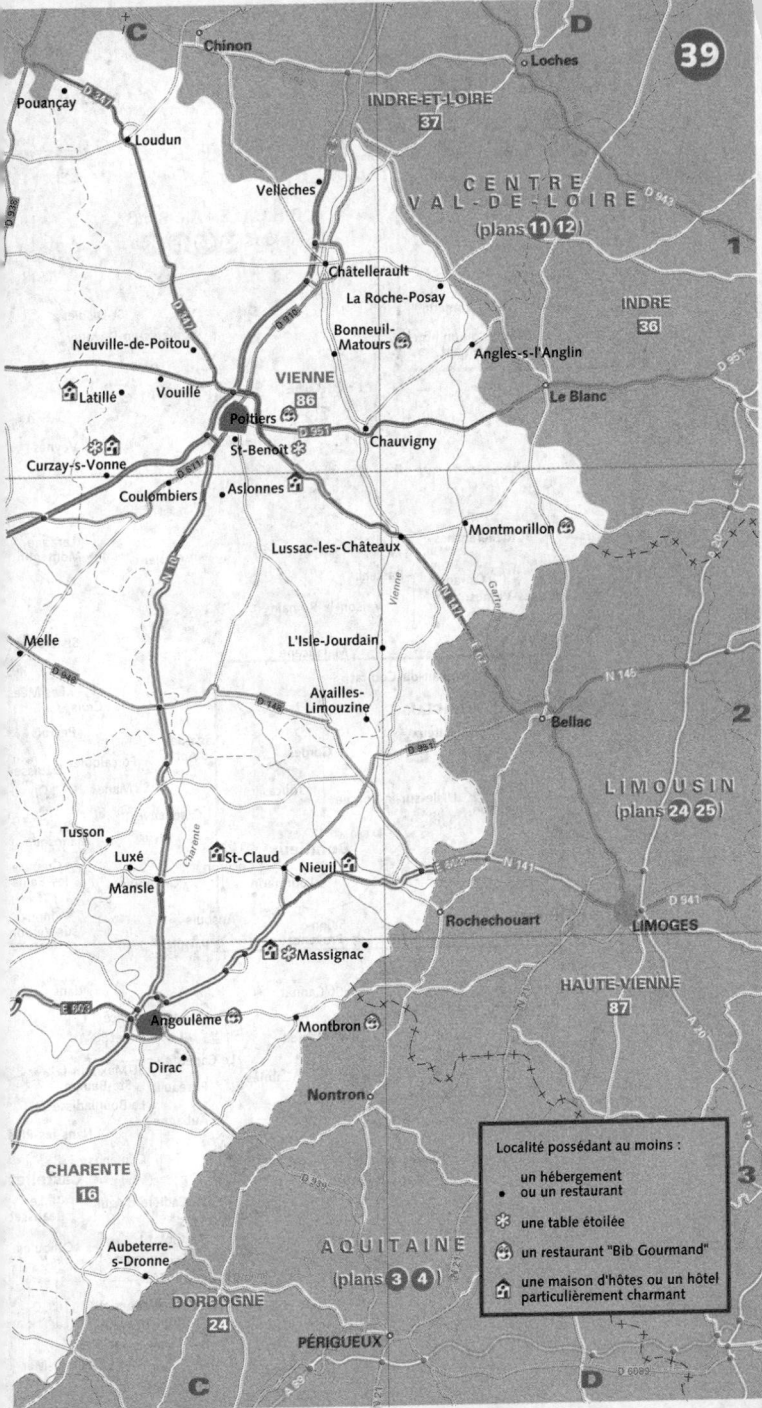

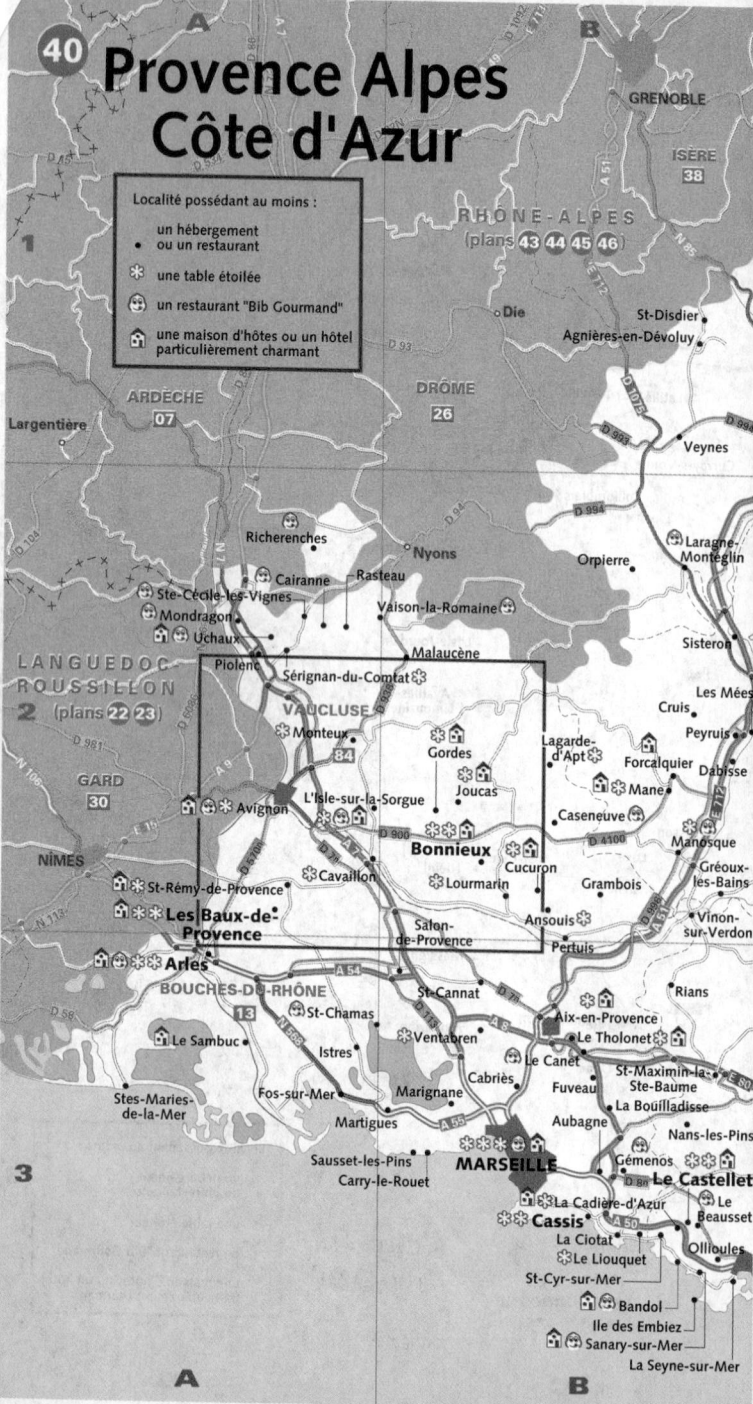

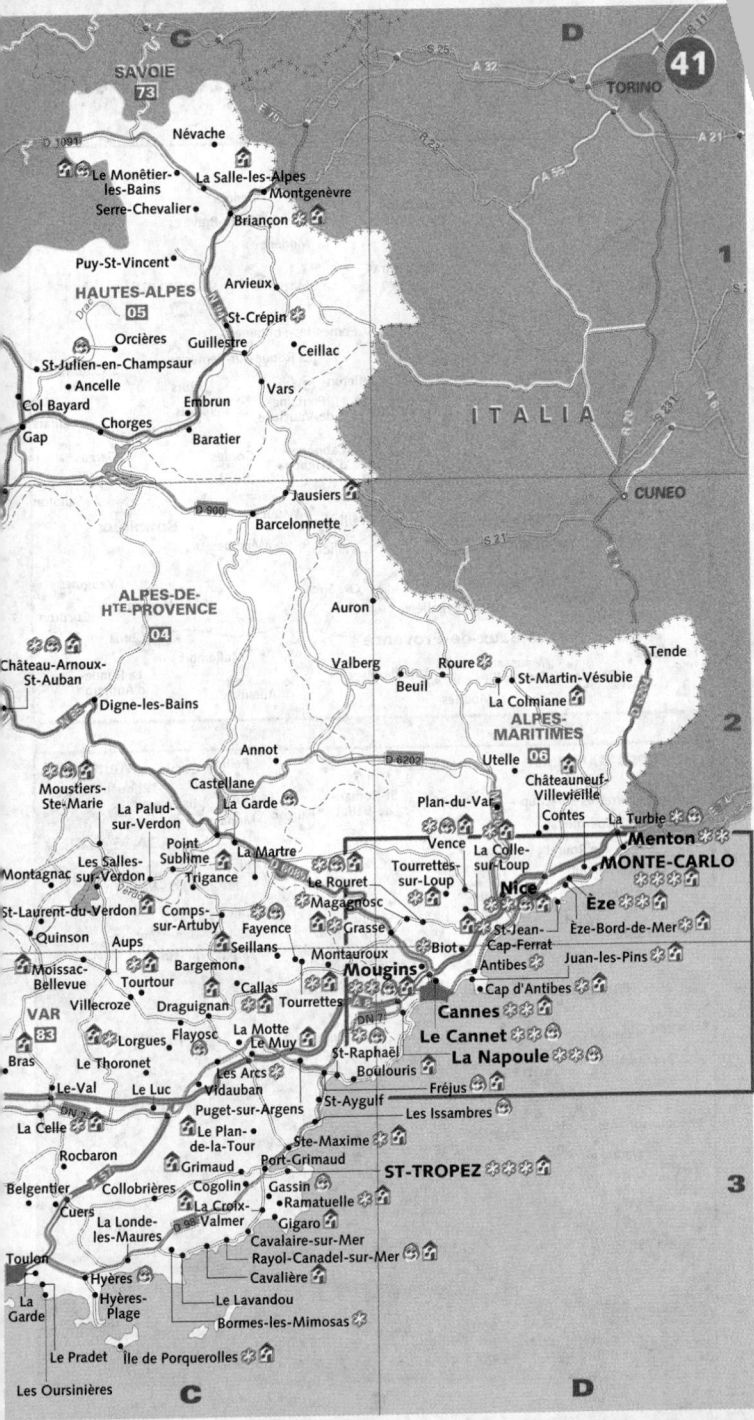

TORINO

SAVOIE
73

Névache

Le Monêtier-
les-Bains
Serre-Chevalier

La Salle-les-Alpes
Montgenèvre
Briançon

Puy-St-Vincent

Arvieux

HAUTES-ALPES
05

Orcières

St-Julien-en-Champsaur
Ancelle

St-Crépin

Ceillac

Guillestre

Col Bayard

Embrun

Vars

Gap

Chorges

Baratier

ITALIA

CUNEO

Jausiers

Barcelonnette

ALPES-DE-
Hᵀᴱ-PROVENCE
04

Auron

Château-Arnoux-
St-Auban

Valberg
Beuil

Roure

St-Martin-Vésubie
La Colmiane

Tende

Digne-les-Bains

Annot

ALPES-
MARITIMES
06

Utelle

Moustiers-
Ste-Marie

Castellane
La Garde

Plan-du-Var

Châteauneuf-
Villevieille

Contes

La Turbie

La Palud-
sur-Verdon

Point
Sublime

La Martre

Vence

La Colle-
sur-Loup

MONTE-CARLO

Menton

Montagnac-
sur-Verdon

Les Salles-
sur-Verdon

Trigance

Le Rouret
Magagnosc

Tourrettes-
sur-Loup

Nice

Èze

St-Laurent-du-Verdon

Comps-
sur-Artuby

Fayence

Grasse

St-Jean-
Cap-Ferrat

Èze-Bord-de-Mer

Quinson

Aups

Seillans

Biot

Antibes

Juan-les-Pins

Moissac-
Bellevue

Bargemon
Tourtour

Montauroux

Mougins

Cap d'Antibes

Villecroze

Callas

VAR
83

Lorgues

Draguignan

Tourrettes

Cannes

Flayosc

La Motte

Le Cannet

Bras

Le Thoronet

Le Muy

St-Raphaël

La Napoule

Le-Val

Le Luc

Les Arcs
Vidauban

Boulouris

La Celle

Puget-sur-Argens

St-Aygulf

Fréjus

Rocbaron

Le Plan-
de-la-Tour

Les Issambres

Belgentier

Collobrières

Grimaud

Ste-Maxime

Cuers

Cogolin

Port-Grimaud

ST-TROPEZ

La Londe-
les-Maures

La Croix-
Valmer

Gassin
Ramatuelle
Gigaro

Toulon

Hyères

Cavalaire-sur-Mer
Rayol-Canadel-sur-Mer

La
Garde

Hyères-
Plage

Cavalière

Le Lavandou

Bormes-les-Mimosas

Le Pradet

Île de Porquerolles

Les Oursinières

E

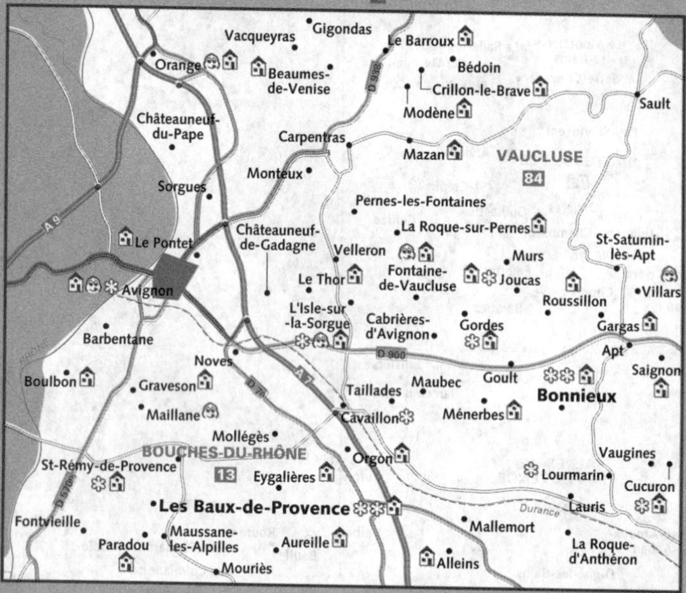

Top map

Vacqueyras
Gigondas
Le Barroux
Orange
Beaumes-de-Venise
Bédoin
Crillon-le-Brave
Modène
Sault
Châteauneuf-du-Pape
Carpentras
Mazan
VAUCLUSE
84
Sorgues
Monteux
Le Pontet
Châteauneuf-de-Gadagne
Pernes-les-Fontaines
La Roque-sur-Pernes
St-Saturnin-lès-Apt
Velleron
Fontaine-de-Vaucluse
Murs
Joucas
Villars
Avignon
Le Thor
Roussillon
L'Isle-sur-la-Sorgue
Cabrières-d'Avignon
Gordes
Gargas
Barbentane
Apt
Saignon
Noves
Taillades
Maubec
Goult
Bonnieux
Boulbon
Graveson
Cavaillon
Ménerbes
Maillane
Mollégès
Vaugines
St-Rémy-de-Provence
BOUCHES-DU-RHÔNE
13
Eygalières
Orgon
Lourmarin
Cucuron
Lauris
Les Baux-de-Provence
Mallemort
Fontvieille
Maussane-les-Alpilles
Aureille
La Roque-d'Anthéron
Paradou
Alleins
Durance
Mouriès

Bottom map

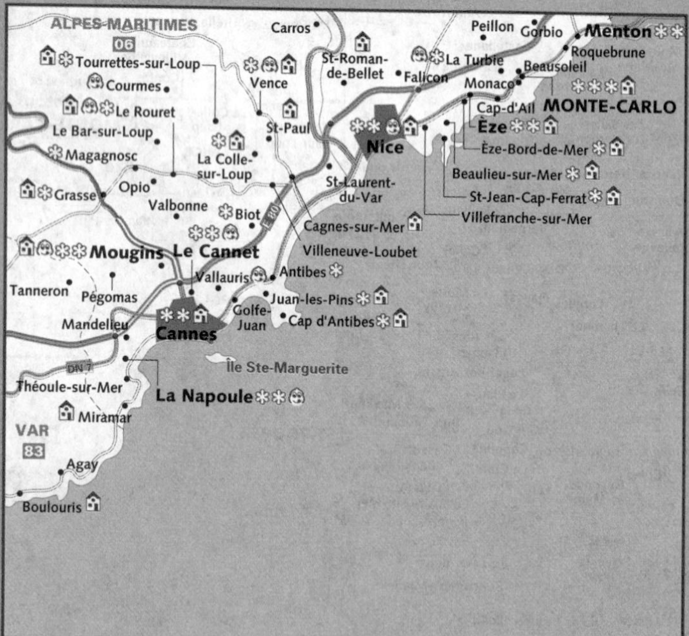

ALPES-MARITIMES
06
Carros
Peillon
Gorbio
Menton
Tourrettes-sur-Loup
St-Roman-de-Bellet
La Turbie
Roquebrune
Courmes
Vence
Falicon
Beausoleil
Le Rouret
Monaco
MONTE-CARLO
Le Bar-sur-Loup
St-Paul
Cap-d'Ail
Èze
Magagnosc
La Colle-sur-Loup
Nice
Èze-Bord-de-Mer
Grasse
Opio
Valbonne
Biot
St-Laurent-du-Var
Beaulieu-sur-Mer
St-Jean-Cap-Ferrat
Mougins
Le Cannet
Cagnes-sur-Mer
Villefranche-sur-Mer
Tanneron
Vallauris
Villeneuve-Loubet
Pégomas
Antibes
Mandelieu
Golfe-Juan
Juan-les-Pins
Cannes
Cap d'Antibes
Île Ste-Marguerite
Théoule-sur-Mer
La Napoule
VAR
Miramar
83
Agay
Boulouris

E

Rhône-Alpes

E

Localité possédant au moins :

- un hébergement
  ou un restaurant
* une table étoilée
- un restaurant "Bib Gourmand"
- une maison d'hôtes ou un hôtel
  particulièrement charmant

Jullié • Juliénas

Chénas

Fleurie •

Villié-Morgon

Lancié

Pizay

VONNAS •
✸✸✸⌂

Buellas •

Corcelles-en-Beaujolais

Belleville

Châtillon-
s-Chalaronne

St-Georges-
de-Reneins

• Montmerle-s-Saône

AIN
01

Vaux-en-Beaujolais ✸

Bouligneux

Villefranche-
s-Saône •

Ambérieux-
en-Dombes

Villars-
les-Dombes

Jassans-
Riottier

Pommiers •

Rancé

Montbleux

Anse

St-Didier-
de-Formans

Bagnols

Légny ✸⌂

Chasselay

Les Échets

Montluel

COLLONGES-
AU-MONT-D'OR •
✸✸✸

Rillieux-
la-Pape

Jons

Charbonnières-
les-Bains ✸⌂

Ecully

Villeurbanne

Aéroport de
Lyon-Saint-Exupéry

Tassin-la-Demi-Lune

RHÔNE
69

Brindas •

Lyon
✸✸⌂⌂

Genas

Saint-Priest

St-Laurent-
de-Mure

E

Bressieux

Serrières

St-Rambert-
d'Albon

Hauterives •

ISÈRE
38

St-Antoine-
l'Abbaye

Sarras •
St-Vallier

Margès

St-Marcellin

St-Donat-s-l'Herbasse ✸

St-Lattier

Tain-l'Hermitage

Granges-
les-Beaumont
✸✸

Pont-
en-Royans

Tournon-
s-Rhône

Romans-s-Isère ⌂

St-Jean-
en-Royans

ARDÈCHE
07

Pont-de-l'Isère ✸

DRÔME
26

Montélier •

VALENCE ✸✸✸⌂⌂

E

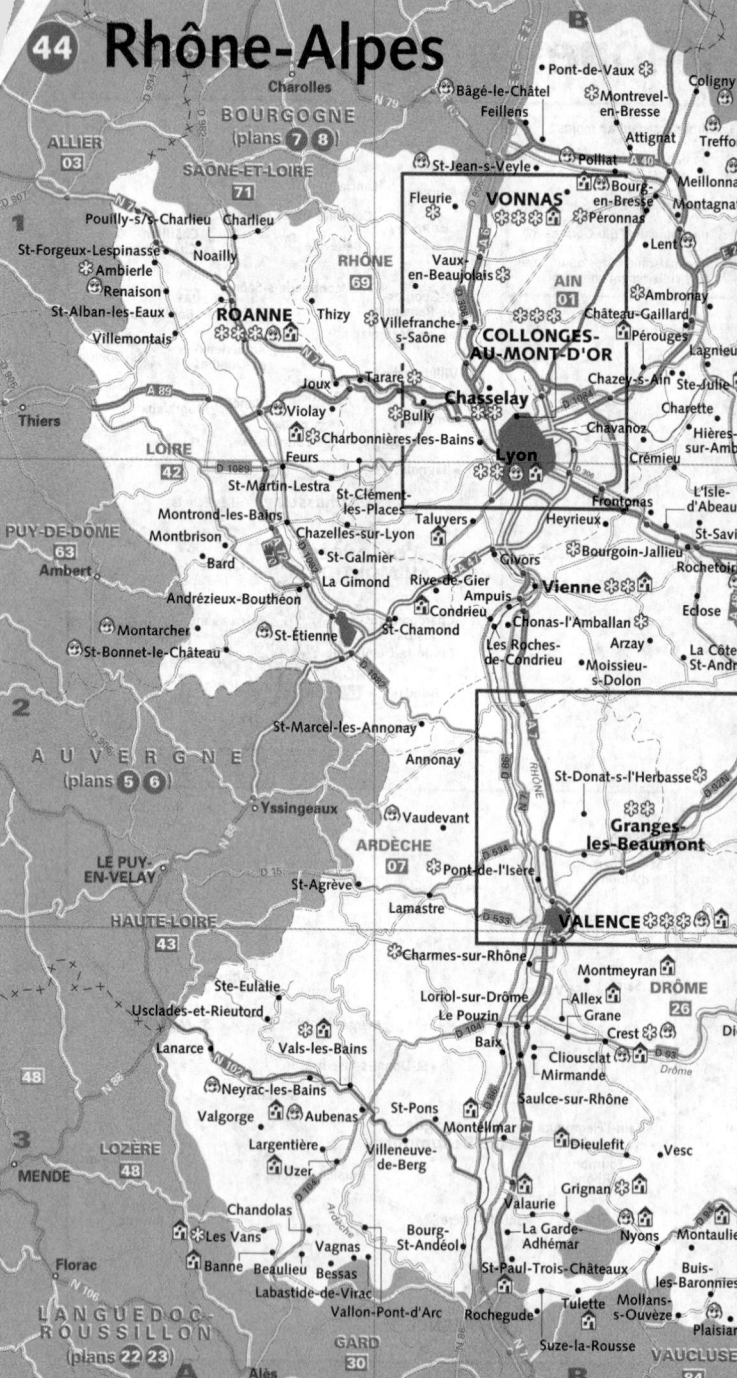

F

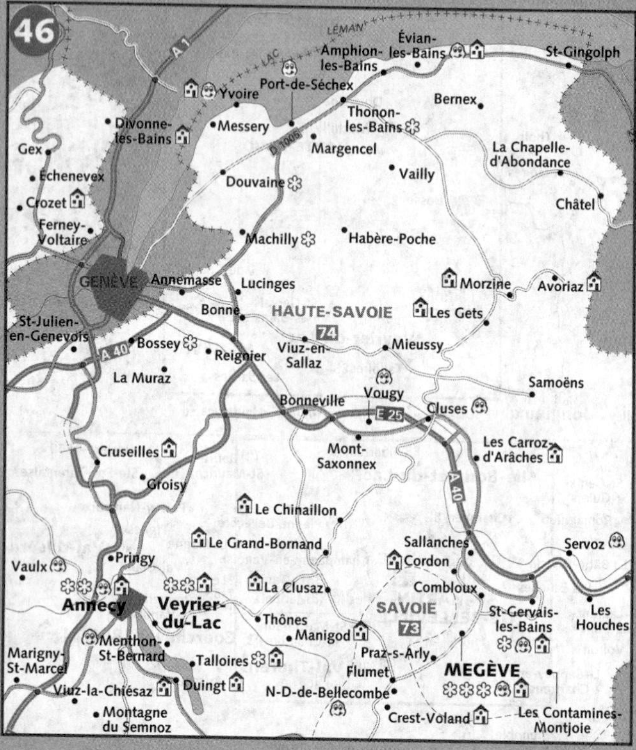
46
LÉMAN
LAC
A 1
Évian-les-Bains
Amphion-les-Bains
St-Gingolph
Port-de-Séchex
Yvoire
Bernex
Thonon-les-Bains
Divonne-les-Bains
Messery
Margencel
D 1005
Gex
La Chapelle-d'Abondance
Échenevex
Vailly
Douvaine
Crozet
Châtel
Ferney-Voltaire
Machilly
Habère-Poche
GENÈVE
Annemasse
Lucinges
Morzine
Avoriaz
Bonne
HAUTE-SAVOIE
Les Gets
74
St-Julien-en-Genevois
Bossey
Viuz-en-Sallaz
Mieussy
A 40
Reignier
La Muraz
Samoëns
Vougy
Bonneville
Cluses
E 25
Les Carroz-d'Arâches
Mont-Saxonnex
Cruseilles
A 40
Groisy
Le Chinaillon
Sallanches
Servoz
Le Grand-Bornand
Pringy
Cordon
Vaulx
La Clusaz
Combloux
Annecy
Veyrier-du-Lac
SAVOIE
St-Gervais-les-Bains
Les Houches
Thônes
73
Menthon-St-Bernard
Manigod
Marigny-St-Marcel
Talloires
Praz-s-Arly
Flumet
MEGÈVE
Viuz-la-Chiésaz
Duingt
N-D-de-Bellecombe
Montagne du Semnoz
Crest-Voland
Les Contamines-Montjoie

1 1

F

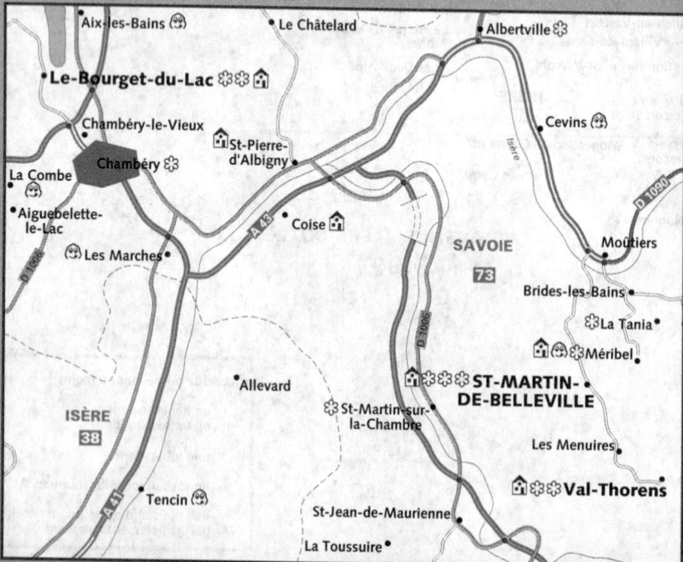
Aix-les-Bains
Le Châtelard
Albertville
Le-Bourget-du-Lac
Chambéry-le-Vieux
St-Pierre-d'Albigny
Cevins
Isère
Chambéry
La Combe
D 1090
Aiguebelette-le-Lac
A 43
Coise
D 1006
Les Marches
SAVOIE
Moûtiers
73
Brides-les-Bains
La Tania
D 1006
Méribel
Allevard
ST-MARTIN-DE-BELLEVILLE
ISÈRE
St-Martin-sur-la-Chambre
38
Les Menuires
Val-Thorens
A 41
Tencin
St-Jean-de-Maurienne
La Toussuire

2 2

F

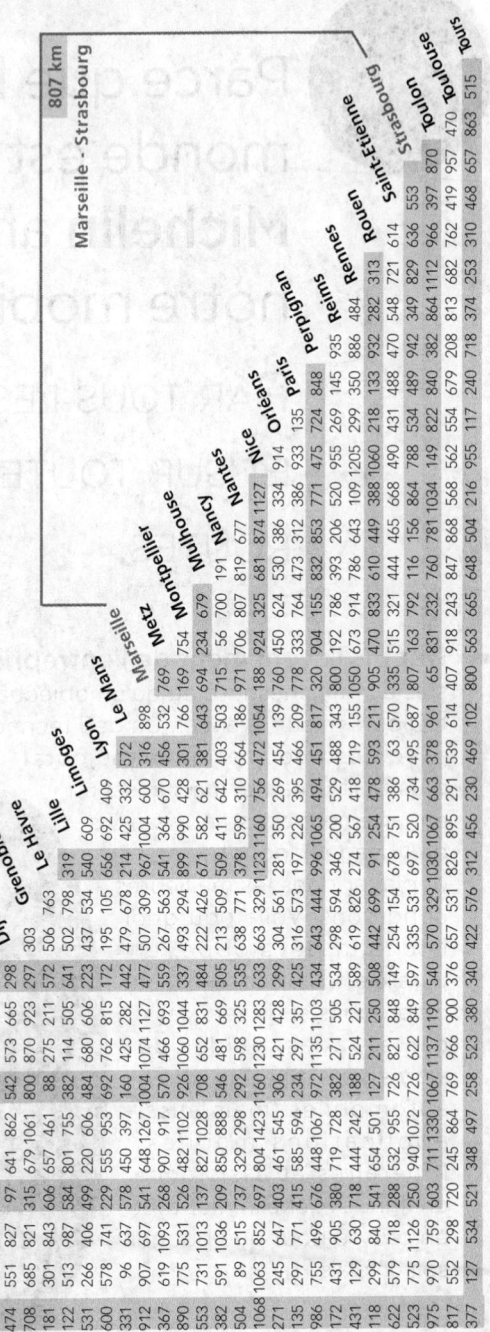

Distances entre les principales villes
Distances between major towns

Marseille - Strasbourg 807 km

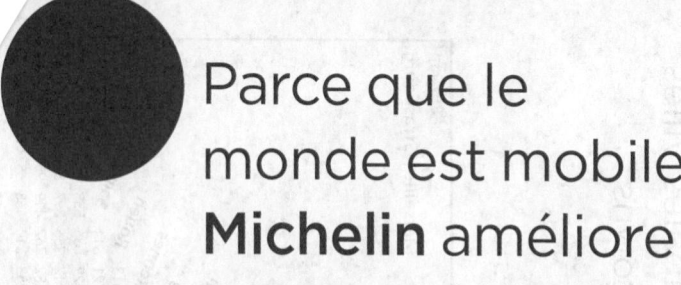

Parce que le monde est mobile, **Michelin** améliore notre mobilité.

PAR TOUS LES MOYENS ET SUR TOUTES LES ROUTES.

Depuis l'avènement de l'entreprise – il y a plus d'un siècle ! –, Michelin n'a eu qu'un objectif : aider l'homme à toujours mieux avancer. Un défi technologique, d'abord, avec des pneumatiques toujours plus performants, mais aussi un engagement constant vis-à-vis du voyageur, pour l'aider à se déplacer dans les meilleures conditions. Voilà pourquoi Michelin développe, en parallèle, toute une collection de produits et de services : cartes, atlas, guides de voyage, accessoires automobiles, mais aussi applications mobiles, itinéraires et assistance en ligne : Michelin met tout en œuvre pour que bouger soit un plaisir !

→ Michelin Apps

Parce que le confort et la sécurité sont des notions essentielles, pour vous comme pour nous, MICHELIN a créé un bouquet de 6 applications mobiles gratuites. Un équipement complet pour que la route soit un plaisir !

→ *MICHELIN MyCar • Pour obtenir le meilleur de vos pneus, des services et des infos pour préparer sereinement vos trajets.*

→ *MICHELIN Navigation • Une nouvelle approche de la navigation : le trafic en temps réel avec une nouvelle fonctionnalité de guidage connecté.*

→ *ViaMichelin • Calcul d'itinéraires et données cartographiques : un incontournable pour se déplacer sans perdre de temps.*

→ *Michelin Restaurants • Parce que la route doit être un plaisir, retrouvez un très large choix de restaurants, en France et en Allemagne, dont la sélection complète du Guide MICHELIN.*

→ *Michelin Hôtels • Pour réservez votre chambre d'hôtel au meilleur tarif, partout dans le monde !*

→ *Michelin Voyage • 85 pays et 30 000 sites touristiques sélectionnés par le Guide Vert Michelin. Et un outil pour réaliser votre propre carnet de route.*

Un pneu
→ c'est quoi ?

Rond, noir, à la fois souple et solide, le pneumatique est à la roue ce que le pied est à la course. Mais de quoi est-il fait ? Avant tout de gomme, mais aussi de divers matériaux textiles et / ou métalliques... et d'air ! Ce sont les savants assemblages de tous ces composants qui assurent aux pneumatiques leurs qualités : adhérence à la route, amortissement des chocs, en deux mots : confort et sécurité du voyageur.

1 BANDE DE ROULEMENT
Une épaisse couche de gomme assure le contact avec le sol. Elle doit évacuer l'eau et durer très longtemps.

2 ARMATURE DE SOMMET
Cette double ou triple ceinture armée est à la fois souple verticalement et très rigide transversalement. Elle procure la puissance de guidage.

3 FLANCS
Ils recouvrent et protègent la carcasse textile dont le rôle est de relier la bande de roulement du pneu à la jante.

4 TALONS D'ACCROCHAGE À LA JANTE
Grâce aux tringles internes, ils serrent solidement le pneu à la jante pour les rendre solidaires.

5 GOMME INTÉRIEURE D'ÉTANCHÉITÉ
Elle procure au pneu l'étanchéité qui maintient le gonflage à la bonne pression.

  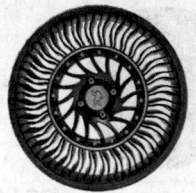

Michelin
→ *l'innovation en mouvement*

Créé et breveté par Michelin en 1946, le pneu radial ceinturé a révolutionné le monde du pneumatique. Mais Michelin ne s'est pas arrêté là : au fil des ans, d'autres solutions nouvelles et originales ont vu le jour, tel le pneu diagonal, confirmant Michelin dans sa position de leader en matière de recherche et d'innovations, pour répondre sans cesse aux exigences des nouvelles technologies des véhicules.

→ *la juste pression !*

L'une des priorités de Michelin, c'est une mobilité plus sûre. En bref, innover pour avancer mieux. C'est tout l'enjeu des chercheurs, qui travaillent à mettre au point des pneumatiques capables de "freiner plus court" et d'offrir la meilleure adhérence possible à la route. Aussi, pour accompagner les automobilistes, Michelin organise, partout dans le monde, des campagnes de sensibilisation à la sécurité routière : les opérations "Faites le plein d'air" rappellent à tous que la juste pression des pneumatiques est un facteur essentiel de sécurité.

La stratégie Michelin :
➔ *des pneumatiques multiperformances*

Qui dit Michelin dit sécurité, économie de carburant et capacité à parcourir des milliers de kilomètres. Un pneumatique MICHELIN, c'est tout cela à la fois.

Comment ? Grâce à des ingénieurs au service de l'innovation et de la technologie de pointe. Leur challenge : doter tout pneumatique – quel que soit le véhicule (automobile, camion, tracteur, engin de chantier, avion, moto, vélo et métro !) – de la meilleure combinaison possible de qualités, pour une **performance globale optimale**.

Ralentir l'usure, réduire la dépense énergétique (et donc l'émission de CO_2), améliorer la sécurité par une tenue de route et un freinage renforcés : autant de qualités dans un seul pneu, c'est cela Michelin Total Performance.

Chaque jour, **Michelin** innove en faveur de la mobilité durable.

DANS LE TEMPS ET LE RESPECT DE LA PLANÈTE.

La mobilité durable
➔ *c'est une mobilité propre...*
et pour tous

La mobilité durable c'est permettre aux hommes de se déplacer d'une façon plus propre, plus sûre, plus économique et plus accessible à tous, quel que soit le lieu où ils vivent.

Tous les jours, les 113 000 collaborateurs que Michelin comptent dans le monde innovent :

• en créant des pneus et des services qui répondent aux nouveaux besoins de la société,

• en sensibilisant les jeunes à la sécurité routière,

• en inventant de nouvelles solutions de transport qui consomment moins d'énergie et émettent moins de CO_2.

➔ *Michelin Challenge Bibendum*

La mobilité durable, c'est permettre la pérennité du transport des biens et des personnes, afin d'assurer un développement économique, social et sociétal responsable. Face à la raréfaction des matières premières et au réchauffement climatique, Michelin s'engage pour le respect de l'environnement et de la santé publique. De manière régulière, Michelin organise ainsi le Michelin Challenge Bibendum, le seul événement mondial axé sur la **mobilité routière durable.**

Restaurants & hôtels

Restaurants & Hotels

Par localités de A à Z

Lyon 943
Paris 1237
Autour de Paris 1426
Principauté de Monaco 2033

Establishments by town from A to Z

Lyons 943
Paris 1237
Around Paris 1426
Principality of Monaco 2033

ABBEVILLE

✉ 80100 (Somme) – 24 237 hab. – Alt. 8 m – Carte régionale n° **36**-A1
▶ Paris 186 km – Amiens 51 km – Boulogne-sur-Mer 79 km – Rouen 106 km
Carte Michelin 301-E7 – Guide Vert Michelin Picardie

🏨 Mercure   ☆ 🖥 ⓵ 🎧 💆

HÔTEL DE CHAÎNE · MODERNE En plein centre-ville, cette bâtisse en brique rouge en impose. À l'intérieur, chambres contemporaines, junior suite avec baignoire balnéo, et bar feutré. Un ensemble confortable et bien tenu.
72 chambres – 🛏85/145 € 🛏🛏85/145 € – ⭤16 €
19 pl. du Pilori – ℰ 03 22 24 00 42 – www.mercure.com

L'ABERGEMENT-CLÉMENCIAT – 01 (Ain) ➡ voir Châtillon-sur-Chalaronne

ABRESCHVILLER

✉ 57560 (Moselle) – 1 527 hab. – Alt. 340 m – Carte régionale n° **27**-D2
▶ Paris 433 km – Baccarat 46 km – Lunéville 62 km – Phalsbourg 23 km
Carte Michelin 307-N7

🍽 Auberge de la Forêt   🚗 🏡 🎧 ⓵ 🅿

CUISINE MODERNE · ÉLÉGANT 🍴🍴🍴 Une élégante auberge, au cœur de la vallée d'Abreschviller. Subtile alliance de classicisme et de modernité, le décor, chic et cossu, avec une belle terrasse face au jardin verdoyant, se prête à un agréable moment de gastronomie. Et dire que l'affaire n'était qu'un bistrot de campagne quand la famille le créa en 1963 !
🍴 Menu 15 € (déj. en semaine), 31/60 € – Carte 43/62 €
*276 r. des Verriers, 0,5 km à Lettenbach – ℰ 03 87 03 71 78
– www.aubergedelaforet57.com – Fermé 27 déc.-13 janv., mardi soir et lundi*

ACCOLAY

✉ 89460 (Yonne) – 416 hab. – Alt. 125 m – Carte régionale n° **7**-B2
▶ Paris 188 km – Avallon 31 km – Auxerre 23 km – Tonnerre 40 km
Carte Michelin 319-F6 – Guide Vert Michelin Bourgogne

🍽 Hostellerie de la Fontaine   🚗 🏡

CUISINE TRADITIONNELLE · RUSTIQUE 🍴🍴 Maison bourguignonne au cœur d'un paisible village de la vallée de la Cure. On y sert une cuisine traditionnelle dans les anciens chais ou, si le temps le permet, dans l'agréable jardin fleuri.
Formule 16 € – Menu 32/47 € – Carte 35/50 €
16 r. de Reigny – ℰ 03 86 81 54 02 – www.hostelleriedelafontaine.fr – Ouvert 14 fév.-15 déc. et fermé dim. soir, mardi hors saison et lundi

ACQUIGNY

✉ 27400 (Eure) – 1 529 hab. – Alt. 19 m – Carte régionale n° **33**-D2
▶ Paris 105 km – Évreux 22 km – Mantes-la-Jolie 54 km – Rouen 38 km
Carte Michelin 304-H6 – Guide Vert Michelin Normandie Vallée de la Seine

🍽 L'Hostellerie d'Acquigny   ⇦ 🏡 🍽 🅿

CUISINE MODERNE · ÉLÉGANT 🍴🍴 Le bel exemple d'une auberge de village qui a su prendre le train de la modernité, sans oublier les fondamentaux : tons et aménagements contemporains d'un côté, recettes dans l'air du temps de l'autre, réunis par le savoir-faire d'un chef amoureux des beaux produits et de la nouveauté. Quelques chambres confortables.
Formule 23 € – Menu 27 € (déj. en semaine), 36/87 € 🍷 – Carte 42/91 €
3 chambres ⭤ – 🛏75/95 € 🛏🛏75/95 €
1 r. d'Évreux – ℰ 02 32 50 20 05 – www.hostellerie-acquigny.fr – Fermé 12-29 juil., 3 semaines en janv., dim. soir, lundi et mardi

AGAY

☒ 83530 (Var) – Alt. 20 m – Carte régionale n° **42**-E2

▶ Paris 880 km – Cannes 34 km – Draguignan 43 km – Fréjus 12 km

Carte Michelin 340-Q5 – Guide Vert Michelin Côte d'Azur

¶O Les Flots Bleus   ⇐ ⇐ ⌂ & AC P

CUISINE MODERNE • MÉDITERRANÉEN XX Au-dessus des flots bleus de la
calanque d'Anthéor – seulement troublés par le passage des trains sur l'impressionnant viaduc voisin –, cet hôtel-restaurant joue la carte des saveurs régionales
ou plus créatives, du farniente en terrasse et des nuits en toute simplicité. Salade
niçoise et soupe de poisson sont à l'honneur !

Formule 22 € – Menu 29/61 € – Carte 33/67 €

17 chambres ☐ – ♦74/82 € ♦♦84/115 €

83 rte St-Barthélémy, Anthéor Plage – ℰ 04 94 44 80 21
– www.hotel-cote-azur.com – Ouvert 1ᵉʳavril-1ᵉʳ oct.

¶O Villa Matuzia   ⌂

CUISINE TRADITIONNELLE • ROMANTIQUE X En escapade au fil de la côte et de
l'Esterel ? Cette villa de 1928 saura vous lancer des œillades en bord de route :
avec sa terrasse noyée dans la verdure – et éclairée à la bougie le soir – et son
allure de bonbonnière bohème, elle permet une halte sympathique, autour de
recettes traditionnelles qui ont le parfum du Sud.

Formule 22 € – Menu 31/65 € – Carte 45/85 €

15 bd Ste-Guitte – ℰ 04 94 82 79 95 (réservation conseillée) – http://matuzia.com
– Fermé 1 semaine en mars, 2 semaines en nov., dim. soir, jeudi soir de nov.
à mai et lundi

AGDE

☒ 34300 (Hérault) – 24 651 hab. – Alt. 5 m – Carte régionale n° **23**-C2

▶ Paris 754 km – Béziers 24 km – Lodève 60 km – Millau 118 km

Carte Michelin 339-F9

🐸 Le Bistrot d'Hervé   ⌂ & AC

CUISINE MODERNE • BISTRO XX Voilà un sympathique bistrot ! Dans un décor
contemporain, on déguste une appétissante cuisine d'aujourd'hui : terrine de foie
gras et son chutney de figue, pièce de thon snackée et sa galette de socca, etc.
Aux beaux jours, profitez de la terrasse à l'ombre des parasols et de la glycine.

Formule 16 € – Menu 32 € – Carte 44/57 €

47 r. Brescou – ℰ 04 67 62 30 69 (réservation conseillée) – http://
hervedds.wix.com/le-bistro-d-herve – Fermé 22 déc.-2 janv., dim. et lundi

¶O La Table de Stéphane   🍴 ⌂ AC

CUISINE MODERNE • MÉDITERRANÉEN XX Dans la zone industrielle des Sept
Fonts, une table dans l'air du temps, proposant notamment poissons et produits
de la mer locaux. Bon choix de vins du Languedoc-Roussillon.

Formule 18 € – Menu 25 € (déj. en semaine), 32/75 € – Carte 40/82 €

2 r. des Moulins-à-Huile, (ZI Les Sept Fonts) – ℰ 04 67 26 45 22
– www.latabledestephane.com – Fermé 14-26 nov., 4-17 janv., sam. midi, dim.
soir et lundi

au Grau d'Agde 4 km au Sud-Ouest par D32ᴱ – ☒ 34300

¶O L'Envie   ⌂ AC

CUISINE CLASSIQUE • ÉLÉGANT XX Étagères garnies de vieilles casseroles, de
bocaux à bonbons – fraises Tagada et guimauve – et de casiers à bouteilles :
autant de clins d'œil aux cafés d'antan qui donnent à cette adresse un look
unique ! Dans l'assiette, une bonne cuisine bistronomique qui assume l'association des produits de la mer et du terroir.

◉ Menu 16 € (semaine), 27/36 € – Carte 35/60 €

3 quai Cdt-Méric – ℰ 04 67 21 13 00 – www.lenvie-herault.fr – Fermé lundi et mardi

LE CAP D'AGDE

Acadiens (Allée des) . . . . . . **CX** 3
Alfonse (Av. du Chevalier d') . . **AX** 4
Alizés (Av. des) . . . . **AXY**
Antilles (Rd-Pt des) . . . . **AY** 6
Beaupré (Quai du) . . . . **CX** 7
Belle Isle (Av. de) . . . . **ABX**
Bon Accueil (Rd-Pt du) . . . . . **BX** 9
Bouteillou (Rd-Pt du) . . . . . . **CX** 10
Cantinières (Av. des) . . . . . . **CX**
Capelet (Quai du) . . . . **AX** 12
Challiès (Av. du Passeur) . . . **ABY**
Chandelles (R. des) . . . . **BX** 15
Contrebandiers (Av. des) . . . **BCX**
Corsaires (R. des) . . . . **AY**
Courette (R. de la) . . . . **CX** 17
Dominico (Quai Di) . . . . **BX** 18
Estacade (R. de l') . . . . **BY** 19
Falaise (R. de la) . . . . **CY** 21
Flânerie (Allée de la) . . . . . . **CX** 23
Fouquet (Rd-Pt Nicolas) . . . . **BX** 24
Gabelle (R. de la) . . . . **BX** 26
Galères (Av. des) . . . . **CX**
Gallo-Romains (R. des) . . . . . **AX**
Garnison (R. de la) . . . . **CXY**
Gentilshommes (Cours des) . **CXY**
Gouverneur (R. du) . . . . **CX**
Grenadiers (R. des) . . . . **CX** 31
Hallebardes (Av. des) . . . . . . **CX** 32
Hune (R. de la) . . . . **BX** 34
Iles-d'Amérique (Av. des) . . . **AY** 36
Ile (Av. de l') . . . . **BCY**
Jetée (Av. de la) . . . . **CY**
Joutes (Quai des) . . . . **BX** 39
Labech (R. du) . . . . **BX**
Louisiane (Allée de la) . . . . . **CX** 40
Méditerranée (Av. de la) . . . . **CX**
Miquel (Quai Jean) . . . . **BCX**
Outre-Mer (Av. d') . . . . **AY**
Pacifique (R. du) . . . . **AY**
Phocéens (Quai des) . . . . . . **CY** 42
Radoub (Rd-Pt du) . . . . **CY** 43
St-Martin-des-Vignes (R.) . . . **AX**
St-Martin (Quai) . . . . **BX** 48
Sarret-de-Coussergue (R.) . . **ABX**
Sergents (Av. des) . . . . **BCX**
Soldats (Av. des) . . . . **CX**
Surintendant (Av. du) . . . . . . **BX**
Tambour (R. du) . . . . **BX** 51
Tirème (Quai de la) . . . . **CXY** 56
Tours-de-St-Martin
(Rd-Pt des) . . . . **AX** 53
Trinquette (Quai de la) . . . . . **CX** 54
Vaisseaux (R. des) . . . . **CX**
Vent-des-Dames (R. du) . . . . **BX**
Vieux Cap (Quai du) . . . . **BY**
Volvire-de-Brassac (R.) . . . . . **AX**
2-Frères (R. des) . . . . **CY**
4-Cantons (Allée des) . . . . . . **CX** 60

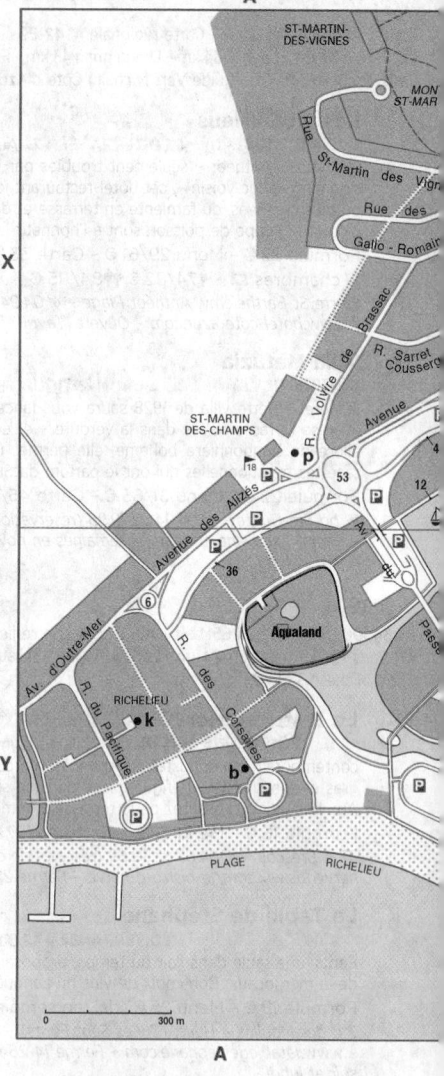

Les Vagues

CUISINE MODERNE · CONVIVIAL Que l'on se rassure : nulle vague ne viendra à bout de cette paillote installée sur l'une des plus belles plages de la station ! Évidemment, poissons et fruits de mer sont les stars de l'endroit, souvent cuisinés à la plancha ; on se régale de la précision et de la maîtrise du chef, qui fait parler son expérience...

Carte 43/61 €

chemin du Littoral-Prolongé – ℰ 04 67 39 08 63 – Ouvert de mi-fév. à fin sept. et fermé dim. soir et lundi hors saison

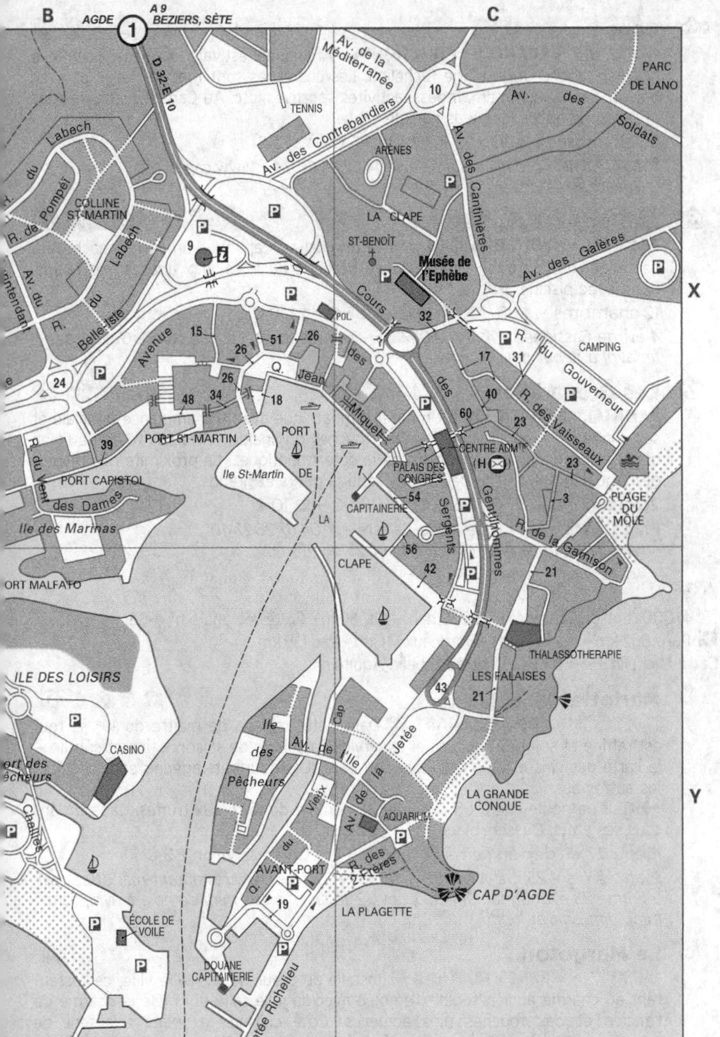

au Cap d'Agde 5 km au Sud-Est par D32^{E10} – ✉ 34300

Palmyra Golf Hôtel

TRADITIONNEL · ÉLÉGANT Une architecture assez soignée de style méditerranéen (tons ocre, arcades) et un environnement très calme : les chambres, spacieuses, ouvrent sur le grand patio ou le golf... Jacuzzi, salles de massage et hammam vous attendent au sous-sol.

32 chambres – 🚹135/269 € 🚹🚹135/455 € – 2 suites – ☕17 €

Plan : AX-p – *4 av. des Alizés – ✆ 04 67 01 50 15 – www.palmyragolf.com – Ouvert de fin mars à début nov.*

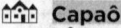

Capaô

HÔTEL DE VACANCES · FONCTIONNEL Ambiance estivale dans ce complexe hôtelier proche de la plage Richelieu. Les chambres sont fonctionnelles et avec balcon. Sauna, hammam, fitness, activités sportives, etc. Au Capaô Beach, salades et poissons grillés les pieds dans le sable...

55 chambres – †90/195 € – ††90/195 € – ☐ 13 €

Plan : AY-b – *r. des Corsaires* – *℘ 04 67 26 99 44* – *www.capao.com*
– *Ouvert avril-oct.*

La Bergerie du Cap

FAMILIAL · MÉDITERRANÉEN Un lieu original au Cap, avec un certain cachet : à l'extérieur de la station, une ancienne bergerie du 18ᵉ s., aux abords très fleuris. Patio avec piscine.

12 chambres – †118/160 € – ††139/285 € – ☐ 18 €

4 av. de Cassiopée – *℘ 04 67 01 71 35* – *www.labergerieducap.com* – *Ouvert de fin avril à début nov.*

Les Grenadines

FAMILIAL · FONCTIONNEL Un hôtel sympathique avec son ambiance familiale et ses chambres rehaussées de petites touches originales, telles ces têtes de lit en bois flotté signées par un artiste de la côte Atlantique... La proximité des plages, de l'Aqualand et de l'île des Loisirs séduira petits et grands.

20 chambres – †60/165 € – ††60/165 € – ☐ 10 €

Plan : AY-k – *6 impasse Marie-Céleste* – *℘ 04 67 26 27 40*
– *www.hotelgrenadines.com* – *Ouvert 25 fév.-1ᵉʳ nov.*

AGEN

✉ 47000 (Lot-et-Garonne) - 33 730 hab. - Alt. 50 m - Carte régionale nᵒ **4**-C2
▶ Paris 662 km - Auch 74 km - Bordeaux 141 km - Pau 159 km
Carte Michelin 336-F4 - Guide Vert Michelin Aquitaine

Mariottat (Éric Mariottat)

CUISINE MODERNE · ÉLÉGANT XxX Dans cette maison de maître du 19ᵉ s., tout est raffiné et soigné : l'accueil et le service, la cuisine de saison – fine et subtile –, la carte des vins étoffée et la jolie terrasse... Les gourmets agenais sont séduits ; les autres aussi !

→ Œuf de poule cuit à 65°C, purée de pomme de terre aux truffes. Canard dans tous ses états. Dessert blanc.

Menu 27 € (déj. en semaine), 50/88 € – Carte environ 85 €

Plan : AY-s – *25 r. L.-Vivent* – *℘ 05 53 77 99 77* – *www.restaurant-mariottat.com*
– *Fermé 25 avril-3 mai, 31 oct.-7 nov., 2-18 janv., merc. midi de nov. à avril, sam. midi, dim. soir et lundi*

Le Margoton

CUISINE MODERNE · RUSTIQUE XX Installé au cœur de la vieille ville, ce restaurant au charme ancien séduit d'emblée avec sa jolie salle qui mêle le charme de l'ancien et des touches plus actuelles. Côté cuisine, les plats rivalisent de saveurs : marinière d'huîtres au safran, ris de veau poêlés avec ses petits légumes... Prix doux en prime.

⊕ Menu 17 € (déj. en semaine), 26/35 € – Carte 41/56 €

Plan : AY-e – *52 r. Richard-Cœur-de-Lion* – *℘ 05 53 48 11 55*
– *www.lemargoton.com* – *Fermé 15-22 fév., 17 juil.-1ᵉʳ août, 23 déc.-3 janv., sam. midi, dim. et lundi*

L'Atelier

CUISINE MODERNE · SIMPLE X Dans cet atelier-là, c'est Marjorie qui cuisine et Stéphane qui veille sur la salle. Est-ce la touche féminine ? La cuisine est légère, tout en étant généreuse. De fait, ses petits plats ne laissent pas indifférent : salade de lentilles et rocamadour chaud, lomo cuit au grill et pommes grenaille... Gourmand !

Formule 17 € – Menu 25 € – Carte environ 40 €

Plan : AY-g – *14 r. du Jeu-de-Paume* – *℘ 05 53 87 89 22* – *Fermé sam. midi et dim.*

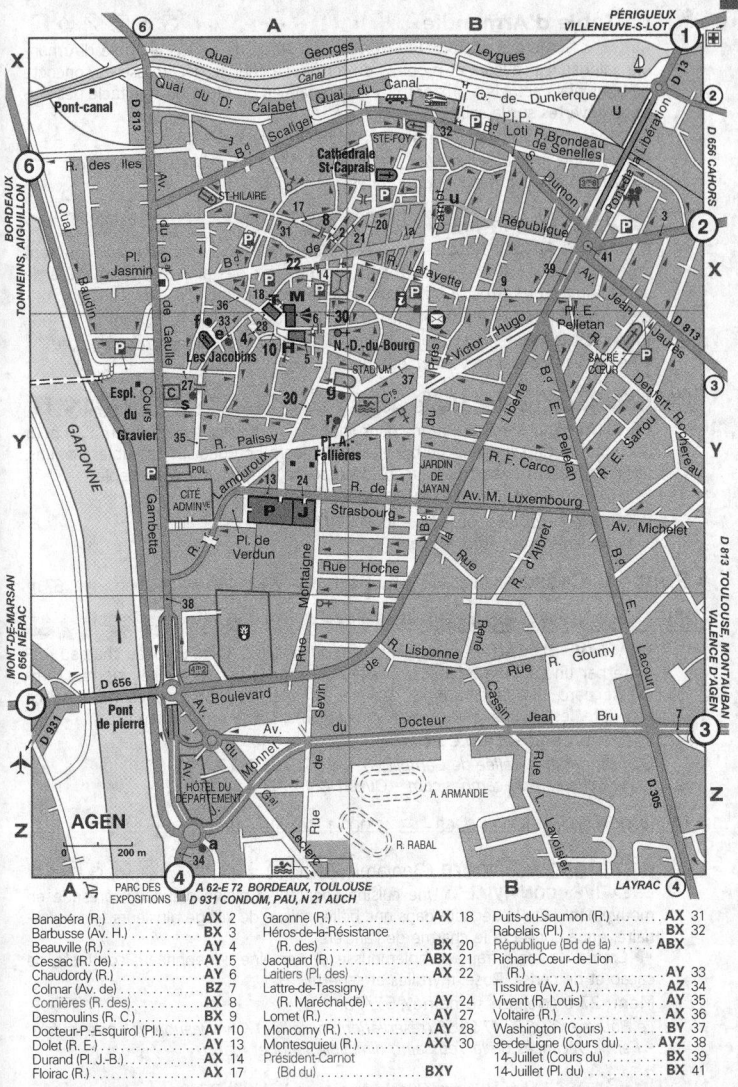

Banabéra (R.)	**AX** 2	Puits-du-Saumon (R.)	**AX** 31
Barbusse (Av. H.)	**BX** 3	Rabelais (Pl.)	**BX** 32
Beauville (R.)	**AY** 4	République (Bd de la)	**ABX**
Cessac (R. de)	**AY** 5	Richard-Cœur-de-Lion	
Chaudordy (R.)	**AY** 6	(R.)	**AY** 33
Colmar (Av. de)	**BZ** 7	Tissidre (Av. A.)	**AZ** 34
Cornières (R. des)	**AX** 8	Vivent (R. Louis)	**AY** 35
Desmoulins (R. C.)	**BX** 9	Voltaire (R.)	**AX** 36
Docteur-P.-Esquirol (Pl.)	**AY** 10	Washington (Cours)	**BY** 37
Dolet (R. E.)	**AY** 13	9e-de-Ligne (Cours du)	**AYZ** 38
Durand (Pl. J.-B.)	**AX** 14	14-Juillet (Cours du)	**BX** 39
Floirac (R.)	**AX** 17	14-Juillet (Pl. du)	**BX** 41
Garonne (R.)	**AX** 18		
Héros-de-la-Résistance			
(R. des)	**BX** 20		
Jacquard (R.)	**ABX** 21		
Laitiers (Pl. des)	**AX** 22		
Lattre-de-Tassigny			
(R. Maréchal-de)	**AY** 24		
Lomet (R.)	**AY** 27		
Moncorny (R.)	**AY** 28		
Montesquieu (R.)	**AXY** 30		
Président-Carnot			
(Bd du)	**BXY**		

⅋○ Le Washington

🏠 🅰🅲 ♻

CUISINE CLASSIQUE · FAMILIAL ✗✗ Dans cette demeure bourgeoise édifiée par l'architecte Charles Garnier, on redécouvre notamment la lamproie à la borde-laise, les pibales (des alevins d'anguille) ou l'omelette aux truffes, en saison. Une agréable adresse traditionnelle.

Formule 17 € ⅌ - Menu 34 €

Plan : AY-r - *7 cours Washington -* ℰ *05 53 48 25 50 - www.le-washington.com - Fermé août, lundi et le soir sauf sam.*

❚❍ La Table d'Armandie   🛋 ⴕ 🅰🅒 ⌀ ⟲ 🅿

CUISINE MODERNE • DESIGN ✗✗ Non loin du stade de rugby, la Table d'Arman-die valorise les saveurs et produits du terroir. Le chef se décarcasse et concocte de bons plats actuels à prix doux ; on se régale en profitant du spectacle des cuisines ouvertes sur la salle.

😋 Menu 18 € (déj. en semaine), 22/58 € – Carte 53/76 €

Plan : AZ-a – *1350 av. du Midi* – *𝒞 05 53 96 15 15* – *www.latabledarmandie.fr*
– *Fermé 7-22 août, dim., lundi et fériés*

❚❍ La Part des Anges   🛋

CUISINE TRADITIONNELLE • CONVIVIAL ✗ Ici, les couleurs de la salle mettent déjà en appétit ! On se sent un peu comme chez des amis et l'on savoure de copieux plats du terroir, à prix doux. Jolie terrasse intime.

😋 Menu 15 € (déj. en semaine)/27 € – Carte 25/40 €

Plan : BX-u – *14 r. Émile-Sentini* – *𝒞 05 53 68 31 00* – *www.lapartdesanges.eu*
– *Fermé vacances de fév., dim. et lundi*

🏚 Château des Jacobins   🐾 🅰🅒 ⌀ 🅿

FAMILIAL • CLASSIQUE Il règne dans cet hôtel particulier (construit en 1830 pour le comte de Cassaigneau) un bel esprit "demeure bourgeoise" : meubles anciens, tissus raffinés et chambres joliment décorées, d'une tenue irréprochable.

13 chambres – ♦80/90 € ♦♦130/140 € – ⌀ 10 €

Plan : AY-f – *pl. des Jacobins* – *𝒞 05 53 47 03 31*
– *www.chateau-des-jacobins.com*

à Pont-du-Casse 6 km au Nord-Est par D656 – ✉ 47480 – 4 269 hab. – Alt. 67 m

🏚 Château de Cambes   🐾 ⩽ 🛏 🛋 ⌀ 🅿

CHÂTEAU • ÉLÉGANT À seulement 6 km du centre d'Agen, un beau château restauré par un couple de jeunes retraités passionnés par les vieilles pierres. L'immense parc, l'élégance subtile des très grandes chambres, le calme, l'espace bien-être, les balades à vélo (prêt au château)... On se sent si bien !

5 chambres ⌀ – ♦160 € ♦♦160 €

Lieu-dit Cambes, (allée de Gambillou) – *𝒞 05 53 95 38 73*
– *www.chateau-de-cambes.com* – *Ouvert 12 fév.-13 nov.*

à Moirax 9 km par N21 et D268 – ✉ 47310 – 1 166 hab. – Alt. 154 m

✿ Auberge Le Prieuré (Benjamin Toursel)   🎴 🛋 ⴕ 🅰🅒 ⟲

CRÉATIVE • CONVIVIAL ✗✗ Une cuisine spontanée, pleine d'audace, presque en mouvement ! On la déguste dans une belle maison de village plusieurs fois centenaire, qui a conservé le charme de l'ancien.

➔ Crème de maïs frais, pamplemousse et verveine. Pigeonneau, contraste de cacao et de cerise. Rose, myrtilles et sariette.

Menu 27 € (déj. en semaine), 57/73 €

Le Bourg – *𝒞 05 53 47 59 55 (réservation conseillée)* – *www.aubergeleprieure.fr*
– *Fermé vacances de la Toussaint, dim. soir, lundi et mardi*

au Sud-Ouest 12 km au Nord-Ouest, rte d'Auch N21 puis D268 – ✉ 47310 Laplume :

🏚 Château de Lassalle   🖤 🐾 🛏 🛋 ⴕ 🅰 🅿

HISTORIQUE • PERSONNALISÉ Une belle demeure du 18ᵉ s. nichée dans un parc de 8 ha, très prisée lors des mariages. Chambres douillettes et classiques (mobilier de style, pierre, tons clairs), restaurant traditionnel avec des touches de modernité... Quiétude, charme et caractère !

18 chambres – ♦129/159 € ♦♦159/219 € – ⌀ 11 €

Brimont – *𝒞 05 53 95 10 58* – *www.chateaudelassalle.com* – *Fermé vacances de Noël et 1 semaine vacances de fév.*

à Boé 4 km au Sud-Ouest par N21 – ⊠ 47550 – 5 458 hab. – Alt. 46 m

⅋O Imagine ⩽ 🏠 🛋 & ♻ 🅿

CUISINE MODERNE · CONVIVIAL X Imaginez une jolie maison épurée au bord du lac et au milieu de la verdure, où les gens se sentent bien... Non, ce n'est pas un rêve, et ici la carte fait la part belle au poisson et aux produits de saison, avec une touche méditerranéenne. Frais et bon.

🍴 Formule 14 € – Menu 18 € (déj. en semaine), 28/42 € – Carte 40/53 €
au Lac de Passeigne, par rte du Lac – 𝒞 05 53 68 58 16
– www.untraiteurengascogne.com/imagine – Fermé dim. soir et lundi

AGNIÈRES-EN-DEVOLUY

⊠ 05250 (Hautes-Alpes) – 270 hab. – Alt. 1 263 m – Carte régionale n° **40**-B1
▶ Paris 690 km – Gap 42 km – Marseille 204 km – Vizille 73 km
Carte Michelin 334-D4

🏠 Le Refuge de l'Eterlou ⩽ 🏠 & 🅿

FAMILIAL · RUSTIQUE Sur les hauteurs de cette station reliée à Superdévoluy, ce chalet moderne a tout de la bonne étape pour un séjour à la montagne, en toute simplicité et à prix doux. Avis aux skieurs : les pistes sont à deux pas !

29 chambres ⌑ – †70/85 € ††95/120 €
La Joue du Loup, 4 km à l'Est – 𝒞 04 92 23 33 80 – www.hotel-eterlou.com
– Ouvert 28 juin-31 août et 21 déc.-21 avril

AHETZE

⊠ 64210 (Pyrénées-Atlantiques) – 1 899 hab. – Alt. 28 m – Carte régionale n° **3**-A3
▶ Paris 767 km – Bordeaux 207 km – Pau 127 km – Donostia-San Sebastián 52 km
Carte Michelin 342-C2

⅋O La Ferme Ostalapia ⇦ 🐕 🛋 🅿

BASQUE · RUSTIQUE X Ancienne ferme du pays dont la réputation locale n'est plus à faire. On y sert une bonne cuisine du terroir dans un décor typiquement basque. Terrasse au pied des vignes, face aux montagnes. Chambres coquettes et rustiques, bien tenues.

Carte 44/72 €
8 chambres – †70/160 € ††70/160 € – ⌑ 10 €
chemin d'Ostalapia, 3 km au Sud par D855 – 𝒞 05 59 54 73 79
– www.ostalapia.fr – Fermé en janv., merc. sauf juil.-août et le midi du lundi au sam. en juil.-août

AIGUEBELETTE-LE-LAC

⊠ 73610 (Savoie) – 249 hab. – Alt. 410 m – Carte régionale n° **46**-F2
▶ Paris 552 km – Belley 34 km – Chambéry 22 km – Grenoble 76 km
Carte Michelin 333-H4 – Guide Vert Michelin Alpes du Nord

à St-Alban-de-Montbel (rive Ouest) 7 km par D921 – ⊠ 73610
– 623 hab. – Alt. 400 m

🏠 Les Lodges du Lac ❀ 🏠 🍸 🌿 & 🅿

FAMILIAL · FONCTIONNEL Hôtel situé en retrait du lac. Chambres joliment décorées dans le bâtiment principal ; celles de l'annexe, plus simples, donnent de plain-pied sur le jardin. Cuisine traditionnelle et spécialités savoyardes... à apprécier sous la véranda l'été venu.

13 chambres – †125/175 € ††125/175 € – ⌑ 9 €
La Curiaz, D921 – 𝒞 04 79 36 00 10 – www.leslodgesdulac.com

à la Combe (rive Est) 4 km par D921ᵈ – ⊠ 73610

ⓒ Chez Michelon   🏵 ⇦ ❧ ⇇ 🎇 P

CUISINE TRADITIONNELLE · FAMILIAL XX La vue sur le lac d'Aiguebelette y est imprenable... En cuisine, on valorise de superbes produits régionaux – dont les poissons des lacs d'Annecy et du Bourget –, pour un résultat généreux et plein de saveurs. Mention spéciale pour le chariot de fromages et la carte des vins qui fait honneur aux domaines savoyards !

Formule 20 € – Menu 24/45 € – Carte 37/56 €

5 chambres – 🛏62/74 € 🛏🛏62/87 € – �8 €

La Combe – ℘ 04 79 36 05 02 – www.chez-michelon.fr – Fermé de mi-déc. à fin janv., mardi sauf le midi d'avril à sept. et merc.

AIGUEBELLE – 83 (Var) → voir Le Lavandou

AIGUES-MORTES

⊠ 30220 (Gard) – 8 565 hab. – Alt. 3 m – Carte régionale n° **23**-C2

▶ Paris 745 km – Arles 49 km – Montpellier 38 km – Nîmes 42 km

Carte Michelin 339-K7 – Guide Vert Michelin Languedoc

⅃🔾 La Table   🍽 🎇 ⅃ AC 🍴

CUISINE MODERNE · ÉLÉGANT XX Bel esprit baroque dans ce restaurant, pour une cuisine fine et goûteuse. Filets de saint-pierre marinés à l'huile d'olive et au citron, pigeonneau des Corbières délicatement rôti... La carte met déjà en appétit !

Menu 26 € – Carte 40/80 €

Hôtel Villa Mazarin, 35 bd Gambetta – ℘ 04 66 73 90 48 – www.villamazarin.com – Fermé 1 semaine en fév., 2 semaines en oct., jeudi midi en juil.-août, mardi et lundi

⅃🔾 Le Particulier   🎇 AC 🍴

CUISINE MODERNE · À LA MODE X Dans une ruelle du centre-ville, un petit restaurant au cadre contemporain, tenu par un jeune couple : elle en salle, lui en cuisine. Les recettes sont volontiers "fusion", inspirées par les voyages du chef, et le produit frais a la part belle. Aux beaux jours, on profite de la terrasse. Accueil tout sourire.

Menu 23 € (semaine), 27/48 €

5 r. Sadi-Carnot – ℘ 04 66 73 37 29 (réservation conseillée) – Fermé dim. soir, sam. midi et merc.

🏨 Villa Mazarin   🎇 🍽 🖻 🛁 ⅃ AC 🛋 🚗

LUXE · ÉLÉGANT Au cœur d'Aigues, une demeure du 15ᵉ s. tout en pierre blonde. Escalier à balustres, mobilier ancien, piscine intérieure, jardinet... on apprécie l'élégance et la discrétion des lieux.

23 chambres – 🛏140/380 € 🛏🛏140/380 € – ⊡18 €

35 bd Gambetta – ℘ 04 66 73 90 48 – www.villamazarin.com

⅃🔾 **La Table** – voir les restaurants ci-dessus

🏨 Canal   ⅃ ⅃ AC 🍴 🛋 🚗

URBAIN · MODERNE À l'entrée de la ville, face au canal (hors les murs, donc), un hôtel moderne assez agréable : décor sobre, piscine, solarium, copieux petit-déjeuner...

25 chambres – 🛏89/157 € 🛏🛏89/157 € – ⊡13 €

440 rte de Nîmes – ℘ 04 66 80 50 04 – www.hotel-canal.fr – Fermé 15 nov.-20 déc. et 5 janv.-6 fév.

🏨 St-Louis   🎇 AC 🚗

FAMILIAL · FONCTIONNEL Intra-muros, à deux pas de la tour de Constance, cette bâtisse du 18ᵉs. allie simplicité et charme de l'ancien : un joli escalier dessert les chambres, apprêtées aux couleurs de la Provence. Au restaurant, décor vert amande, agréable patio et saveurs du Sud...

22 chambres – 🛏80/103 € 🛏🛏92/120 € – ⊡10 € – ½ P

10 r. Amiral-Courbet – ℘ 04 66 53 72 68 – www.lesaintlouis.fr – Ouvert d'avril à oct.

🏠 Les Arcades

TRADITIONNEL · PERSONNALISÉ Une maison à arcades du 16ᵉ s. dans le centre de la cité. Vieilles pierres, poutres, tons clairs et détails déco contemporains créent un joli ensemble, alliant cachet et ambiance reposante... Original : chaque chambre est dédiée à un oiseau marin (mouette, aigrette, souffleur), à l'unisson de la Camargue toute proche.

9 chambres – †107/115 € ††113/117 € – ⌒ 12 €

23 bd Gambetta – ✆ 04 66 53 81 13 – www.les-arcades.fr

AILLANT-SUR-THOLON

✉ 89110 (Yonne) – 1 385 hab. – Alt. 112 m – Carte régionale n° **7**-B1
▶ Paris 144 km – Auxerre 20 km – Briare 70 km – Clamecy 61 km
Carte Michelin 319-D4

au Sud-Ouest 7 km par D955, D57 et rte secondaire

🏠 Domaine du Roncemay

MAISON DE CAMPAGNE · PERSONNALISÉ Idéal pour les golfeurs, au cœur d'un 18-trous, cet élégant château et ses dépendances assez pittoresques. Les chambres sont d'un grand confort, certaines avec des salles de bains en pierre de Bourgogne. Le hammam est superbe.

16 chambres – †139/265 € ††139/265 € – 2 suites – ⌒ 18 €

✉ 89110 Chassy – ✆ 03 86 73 50 50 – www.roncemay.com
– *Ouvert de mars à nov.*

AIMARGUES

✉ 30470 (Gard) – 4 822 hab. – Alt. 6 m – Carte régionale n° **23**-C2
▶ Paris 740 km – Aigues-Mortes 16 km – Alès 62 km – Montpellier 40 km
Carte Michelin 339-K6

🍽️ Un Mazet sous les Platanes

CUISINE MODERNE · MÉDITERRANÉEN Xx Une petite maison basse sur un cours planté de... platanes. Son décor comme sa cuisine sont chaleureux, entre recettes camarguaises et produits de la mer. Belle terrasse.

⌖ Formule 14 € – Menu 19 € (déj.)/38 € – Carte 38/49 €

3 bd St-Louis – ✆ 04 66 51 73 03 – Fermé 21 déc.-14 janv., dim. et lundi

Une bonne table sans se ruiner ? Repérez les Bib Gourmand ⊕.

AINHOA

✉ 64250 (Pyrénées-Atlantiques) – 669 hab. – Alt. 130 m – Carte régionale n° **3**-A3
▶ Paris 791 km – Bayonne 28 km – Biarritz 29 km – Cambo-les-Bains 11 km
Carte Michelin 342-C5 – Guide Vert Michelin Pays Basque et Navarre

⭐ Ithurria (Xavier Isabal)

CUISINE TRADITIONNELLE · RUSTIQUE XxX Tomettes, poutres, cuivres et assiettes anciennes, vieux fourneaux... La couleur, mais aussi le goût du Pays basque : ici, on déguste une cuisine classique qui fait la part belle aux produits du terroir et du marché, travaillés avec grand soin.

→ Rossini de pied de porc, escalope de foie gras poêlée. Ragoût de queues de langoustines aux pâtes fraîches. Parfait glacé à l'Izarra.

Menu 42/85 € – Carte 60/85 €

Hôtel Ithurria, pl. du Fronton – ✆ 05 59 29 92 11 (réservation conseillée)
– www.ithurria.com – Ouvert 8 avril-1ᵉʳ nov. et fermé jeudi midi et merc. hors saison

🍴 Argi Eder

CUISINE CLASSIQUE · TRADITIONNEL XX Œuf piperade, ventrèche et boudin fermier ; véritable axoa de veau de lait, émulsion de pomme de terre et piment vert ; gâteau basque maison... Au menu de ce restaurant au cadre soigné, une fine cuisine aux accents du terroir basque, signée par un chef passionné par les produits locaux. Joli choix de vins et armagnacs.

Menu 31/69 € – Carte 35/60 €

Hôtel Argi Eder, rte de la Chapelle - quartier Boxate – ℰ 05 59 93 72 00
– www.argi-eder.com – Ouvert 25 mars-2 nov. et fermé merc. sauf le soir
en juil.-août, lundi midi, mardi midi et vend. midi

🍴 La Maison Oppoca

CUISINE TRADITIONNELLE · COSY XX En rouge et blanc, une belle demeure typique (17ᵉ s.), idéale pour déguster une cuisine joliment ancrée dans la tradition régionale et renouvelée au fil des saisons : chipirons et anchois, gâteau basque revisité... Avec en complément un sympathique bistrot et des chambres confortables et spacieuses.

Formule 22 € – Menu 28/65 € – Carte 40/56 €

10 chambres – †87/97 € ††97/157 € – ☲ 11 € – ½ P

r. Principale – ℰ 05 59 29 90 72 – www.oppoca.com – fermé vendredi midi
d'octobre à mars, dimanche soir sauf juillet-août et jeudi – Fermé 5 janv.-12 fév.

🏠 Ithurria

FAMILIAL · PERSONNALISÉ Un village typique, son incontournable fronton de pelote et... juste en face, cette ancienne ferme rouge et blanche (17ᵉ s.). On voudrait se coiffer d'un béret basque dans ce décor ! Belle parenthèse traditionnelle, donc, entre les murs de ce confortable hôtel-restaurant... À noter : un sympathique bistrot.

28 chambres – †100/165 € ††135/300 € – ☲ 14 € – ½ P

pl. du Fronton – ℰ 05 59 29 92 11 (réservation conseillée) – www.ithurria.com
– Ouvert 8 avril-1ᵉʳ nov.

🍴 **Ithurria** – voir les restaurants ci-dessus

🏠 Argi Eder

FAMILIAL · CLASSIQUE À flanc de colline, une grande bâtisse régionale et sa piscine dans un parc arboré et fleuri. Vastes chambres d'esprit classique, avec balcon, et joli salon-bar (collection d'armagnacs). Pour l'anecdote, Argi Eder signifie "belle lumière".

19 chambres – †100/170 € ††100/170 € – 7 suites – ☲ 14 € – ½ P

rte de la Chapelle-quartier Boxate – ℰ 05 59 93 72 00 – www.argi-eder.com
– Ouvert 25 mars -2 nov.

🍴 **Argi Eder** – voir les restaurants ci-dessus

AIRAINES

✉ 80270 (Somme) – 2 363 hab. – Alt. 30 m – Carte régionale n° **36**-A1
▶ Paris 172 km – Abbeville 22 km – Amiens 30 km – Beauvais 69 km
Carte Michelin 301-E8

à Allery 5 km à l'Ouest par D936 – ✉ 80270 – 806 hab. – Alt. 50 m

🍴 Relais Forestier du Pont d'Hure

CUISINE TRADITIONNELLE · RUSTIQUE X Atmosphère pavillon de chasse (trophées, mobilier rustique) pleine de charme après une balade en forêt... Au programme, rôtisserie et grillades au feu de bois.

Formule 19 € – Menu 24 € (semaine), 26/40 €

rte du Tréport – ℰ 03 22 29 42 10 – www.pontdhure.com
– Fermé 1ᵉʳ-19 août, 1ᵉʳ-19 janv., mardi et le soir sauf sam.

AIRAN

✉ 14370 (Calvados) – 690 hab. – Alt. 25 m – Carte régionale n° **32**-B2

▶ Paris 243 km – Alençon 124 km – Caen 22 km – Rouen 137 km

Carte Michelin 303-L5

🏠 Domaine de la Hurel

MAISON DE CAMPAGNE · COSY Touristes, randonneurs ou... cavaliers, cette adresse convient à tous ; les derniers pouvant y loger leurs chevaux. Une adresse très nature donc, avec de belles chambres cosy, un espace détente, un parc avec un étang pour pêcher, bref : de quoi prendre un grand bol d'air !

5 chambres ☕ - 🛏80 € 🛏🛏95/180 €

30 hameau de Coupigny – ☎ 02 31 44 68 85 – www.domainedelahurel.com

AIRE-SUR-L'ADOUR

✉ 40800 (Landes) – 6 136 hab. – Alt. 80 m – Carte régionale n° **3**-B3

▶ Paris 722 km – Auch 84 km – Condom 68 km – Dax 77 km

Carte Michelin 335-J12 – Guide Vert Michelin Aquitaine

à Ségos 9 km par N134 et D260 – ✉ 32400 – 245 hab. – Alt. 111 m

🏰 Domaine de Bassibé

FAMILIAL · FONCTIONNEL Bassibé : "Là où l'on est bien" en patois. En pleine campagne, cette ferme devenue hôtel offre un charmant tableau : toits de tuile, cascades de vigne vierge, environnement verdoyant, ancien pressoir transformé en restaurant... Les chambres, champêtres et romantiques, invitent à une douce paresse !

6 chambres - 🛏120/215 € 🛏🛏140/215 € – 4 suites – ☕14 €

838 chemin de Bassibé – ☎ 05 62 09 46 71 – www.bassibe.fr – Ouvert de Pâques à mi-nov. et fermé mardi et merc. sauf juil.-août

🏠 Minvielle et Les Oliviers

FAMILIAL · CAMPAGNARD À l'entrée de ce village du Gers situé sur l'axe Bordeaux-Pau, un hôtel-restaurant de construction récente – mais dans l'esprit de la région –, pratiquant des tarifs intéressants. Avant de profiter de sa chambre (plus de confort côté annexe), passage obligé au restaurant avec sa généreuse cuisine traditionnelle.

18 chambres - 🛏45/51 € 🛏🛏52/59 € – ☕8 €

239 rte de Lannux – ☎ 05 62 09 40 90

AIRE-SUR-LA-LYS

✉ 62120 (Pas-de-Calais) – 10 006 hab. – Alt. 30 m – Carte régionale n° **30**-B2

▶ Paris 236 km – Arras 56 km – Boulogne-sur-Mer 68 km – Calais 60 km

Carte Michelin 301-H4

🍽️ Les Saveurs du Parc

CUISINE MODERNE · ÉLÉGANT 🍴🍴 Dos de saumon mi-fumé aux baies roses et aneth, suprême de volaille cuit à basse température au vin jaune... Le chef n'a pas froid aux yeux : il prend le parti d'une cuisine ambitieuse mais n'oublie jamais la tradition. Parfois surprenant mais toujours savoureux !

Formule 20 € – Menu 23 € (semaine), 31/78 € – Carte 49/71 €

Hostellerie des 3 Mousquetaires, Château de la Redoute, rte de Béthune (D943) – ☎ 03 21 39 01 11 – www.hostelleriedes3mousquetaires.com – Fermé dim. soir, lundi midi et fériés le soir

⌂⌂ Hostellerie des 3 Mousquetaires ☆ 🛏 ⅃𝔞 🛁 🅿

CHÂTEAU · CLASSIQUE Construite sur les ruines d'une fortification de Vauban, cette belle demeure du 19e s. en briques et colombages dispose d'un joli parc aux arbres centenaires, avec un plan d'eau. La décoration des chambres respire la douceur d'antan. Et l'on est très bien accueilli !

25 chambres – †98/188 € ††118/188 € – 2 suites – ⬓ 15 € – ½ P

Château de la Redoute, rte de Béthune (D943) – ✆ *03 21 39 01 11*
– www.hostelleriedes3mousquetaires.com – Fermé dim.

🍽 **Les Saveurs du Parc** – voir les restaurants ci-dessus

à Isbergues 6 km au Sud-Est par D187 – ✉ 62330 – 9 119 hab. – Alt. 25 m

☺ Le Buffet ⇦ 🛏 ⅃𝔞 & 🄰🄲 🛁

CUISINE MODERNE · ÉLÉGANT ✕✕ L'ancien buffet de la gare a aujourd'hui fière allure ! Dans un cadre élégant et cosy, on déguste une savoureuse cuisine créative et maîtrisée, qui suit le rythme des saisons : le chef, Thierry Wident, travaille avec les meilleurs producteurs locaux. Si besoin, de coquettes petites chambres permettent de prolonger l'étape.

🍴 Formule 17 € – Menu 20 € (semaine), 31/90 € 🍷 – Carte 52/68 €

5 chambres – †62 € ††70 € – ⬓ 11 €

22 r. de la Gare – ✆ *03 21 25 82 40 – www.le-buffet.com – Fermé 1er-21 août, dim. soir et lundi*

AIX (ÎLE-D') – 17 (Charente-Maritime) → voir Île-d'Aix

© P. Jacques/hemis.fr

AIX-EN-PROVENCE

✉ 13100 (Bouches-du-Rhône) – 141 148 hab. – Alt. 206 m – Carte régionale n° **40**-B3
▶ Paris 752 km – Avignon 82 km – Marseille 30 km – Nice 177 km
Carte Michelin 340-H4 – Guide Vert Michelin Provence

Restaurants

✿ L'Esprit de la Violette (Marc de Passorio)   🛋 ⅋ 🅰🄲 ⟷

CUISINE MODERNE · ROMANTIQUE 🟫🟫🟫 Sur les hauteurs d'Aix, l'ancien Clos de la Violette a fait peau neuve ! Cette grande villa bourgeoise, dont le jardin est planté d'arbres séculaires, est désormais le "fief" du chef Marc de Passorio : il décline ici une cuisine moderne et colorée, créative en diable, qui nous mène de belle surprise en belle surprise...

➡ Homard sauvage, vieux rhum agricole, mangue verte et piment d'Espelette. Carré d'agneau des Hautes-Alpes. After-eight revisité.

Menu 49 € (déj. en semaine), 59/128 € – Carte 81/107 €

Plan : BV-a – *10 r. de la Violette* – ℰ *04 42 23 02 50*
– *www.lespritdelaviolette.com – Fermé 2 semaines en août, dim. et lundi*

‖◯ La Table du Pigonnet   🛋 🛋 🅰🄲 ⟷ 🅿

CUISINE MODERNE · ÉLÉGANT 🟫🟫🟫 Un endroit superbe ! La salle, élégante et immaculée, ouvre grand sur le charmant jardin, ses allées ombragées et ses massifs bien taillés... L'incarnation d'un bel art de vivre, dont témoigne aussi à sa manière la carte, inspirée par la tendance bistronomique.

Menu 35 € (déj. en semaine) – Carte 48/88 €

Plan : AV-a – *Hôtel Le Pigonnet, 5 av. du Pigonnet* – ℰ *04 42 59 61 07*
– *www.hotelpigonnet.com*

‖◯ Villa Gallici   ⟨ 🛋 🅰🄲 ⅋ 🅿

CUISINE TRADITIONNELLE · COSY 🟫🟫 Luxe et tradition, sans ostentation. Un décor raffiné et élégant au service d'une cuisine classique gorgée de soleil, réalisée par un chef amoureux des bons produits. On déguste ses plats sur les tables basses des superbes salons, ou près des platanes sur la jolie terrasse... L'esprit du Sud !

Formule 55 € – Menu 75 € (déj.), 98/120 € – Carte environ 104 €

Plan : BV-k – *Hôtel Villa Gallici, 18 bis av. de la Violette* – ℰ *04 42 23 29 23* (*réservation conseillée*) – *www.villagallici.com – Fermé 19-26 déc., 2-30 janv., lundi midi et merc. midi sauf en juil.*

AIX-EN-PROVENCE

Berger (Av. G.) . . . . **BV** 7
Brossolette (Av.) . . . . **AV** 13
Club Hippique (Av.) . . . . . . **AV** 18
Dalmas (Av. J.) . . . . **AV** 23
Ferrini (Av. F.) . . . . **AV** 30
Fourane (Av. de la) . . . . . . **AV** 32
Galice (Rte de) . . . . **AV** 33
Isaac (Av. J.) . . . . **BV** 41
Malacrida (Av. H.) . . . . **BV** 48
Minimes (Crs des) . . . . **AV** 52
Moulin (Av. J.J.) . . . . **BV** 56
Pigonnet (Av. du) . . . . **AV** 62
Poilus (Bd des) . . . . **BV** 67
Prados (Av. E.) . . . . **AV** 68
Solari (Av. Ph.) . . . . **AV** 76

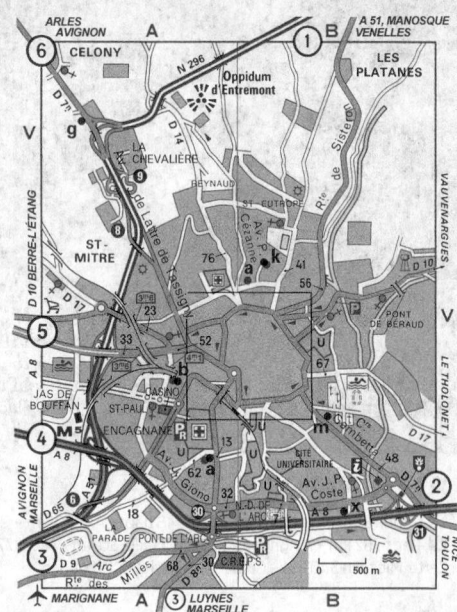

▮○ Mickaël Féval ⓝ ⒶⒸ

CUISINE MODERNE · ÉLÉGANT XX Ancien chef d'Antoine – l'une des références parisiennes pour la cuisine de la mer –, Mickaël Féval a posé ses valises dans cette maison du cœur d'Aix. Le décor est résolument moderne ; en partenariat avec les producteurs locaux, il conçoit de subtiles assiettes, dans lesquelles terre et mer vont main dans la main.

Menu 35 € (déj. en semaine), 55/75 €

Plan : CY-a – *11 Petite-Rue-St-Jean* – ℰ *04 42 93 29 60 (réservation conseillée)*
– www.mickaelfeval.com – Fermé 2 semaines en août, dim. et lundi

▮○ Le Formal Les Caves Henri IV ⒶⒸ ⌘

CUISINE MODERNE · COSY XX Une adresse installée dans de belles caves voûtées du 15ᵉ s. Le chef propose une cuisine d'inspiration provençale avec un grand souci de la qualité.

Formule 26 € – Menu 32 € (déj.), 42/79 € – Carte environ 55 €

Plan : BY-w – *32 r. Espariat* – ℰ *04 42 27 08 31 (réservation conseillée)*
*– www.restaurant-leformal.com – Fermé 1 semaine début janv., 1 semaine en août,
1 semaine en sept., vacances de Noël, sam. midi, dim. et lundi*

▮○ Côté Cour ⌂ ⒶⒸ

CUISINE MODERNE · À LA MODE XX Originale, cette verrière dans la cour d'un hôtel particulier ! C'est le domaine de Ronan Kernen, qui s'est fait connaître à travers l'émission Top Chef en 2011. L'hiver, sa noix de veau de l'Aveyron aux salsifis et poire aigre-douce est un "must" pour les habitués... Une cuisine qui ne manque pas de personnalité.

Formule 19 € – Menu 43/70 € – Carte 47/95 €

Plan : BY-c – *19 cours Mirabeau* – ℰ *04 42 93 12 51 – www.restaurantcotecour.fr*
– Fermé dim.

AIX-EN-PROVENCE

Agard (Passage) . . . . **CY** 2
Albertas (Pl.) . . . . **BY** 3
Aude (R.) . . . . **BY** 4
Bagniers (R. des) . . . . **BY** 5
Bellegarde (Pl.) . . . . **CX** 7
Bon Pasteur (R.) . . . . **BX** 9
Boulégon (R.) . . . . **BX** 12
Brossolette (Av.) . . . . **AZ** 13
Cardeurs (Pl. des) . . . . **BY** 16
Clemenceau (R.) . . . . **BY** 18

Cordeliers (R. des) . . . . **BY** 20
Couronne (R. de la) . . . . . . **BY** 21
Curie (R. Pierre-et-Marie) . . **BX** 22
Espariat (R.) . . . . **BY** 26
Fabrot (R.) . . . . **BY** 28
Foch (R. du Maréchal) . . . . **BY** 30
Hôtel de Ville (Pl.) . . . . **BY** 37
Italie (R. d') . . . . **CY** 42
Lattre-de-Tassigny (Av. de) . **AY** 46
De-la-Roque (R. J.) . . . . . . **BX** 25
Matheron (R.) . . . . **BY** 49
Méjanes (R.) . . . . **BY** 51
Minimes (Crs des) . . . . **AY** 52

Mirabeau (Cours) . . . . **BCY**
Montigny (R. de) . . . . **BY** 55
Napoléon-Bonaparte (Av.) . **AY** 57
Nazareth (R.) . . . . **BY** 58
Opéra (R. de l') . . . . **CY** 62
Pasteur (Av.) . . . . **BX** 64
Paul-Bert (R.) . . . . **BX** 66
Prêcheurs (Pl. des) . . . . . . **CY** 70
Richelme (Pl.) . . . . **BY** 72
Saporta (R. G.-de) . . . . **BX** 75
Thiers (R.) . . . . **CY** 80
Verdun (Pl. de) . . . . **CY** 85
4-Septembre (R.) . . . . **BZ** 87

🍴 Yamato

JAPONAISE · EXOTIQUE 🍴 Cette table japonaise promet aux amateurs une cuisine fine et soignée, réalisée avec des produits frais de qualité, tant du côté du poisson que de celui des bons desserts "fusion". De la salle à manger d'inspiration asiatique à la propriétaire qui assure l'accueil en costume traditionnel, le dépaysement est garanti !

Menu 45/98 € – Carte 51/80 €

Plan : AZ-e – *21 av. des Belges – ✆ 04 42 38 00 20*
– *www.restaurant-yamato.com – Fermé mardi midi et lundi*

Un important déjeuner d'affaires ou un dîner entre amis ?
Le symbole ⇔ vous signale les salons privés.

‖○ **Ze Bistro** ⏣ ⏣

CUISINE MODERNE • BISTRO ✕ Un sympathique bistrot contemporain, au décor sobre et moderne. La cuisine joue la carte de la qualité : le jeune chef s'approvisionne au marché et auprès des producteurs locaux, et sait mettre les ingrédients en valeur...

Formule 23 € – Menu 26 € (déj. en semaine), 40/55 €

Plan : CY-n – *31 bis r. Manuel – ℰ 04 42 39 81 88 (réservation conseillée) – www.zebistro.com – Fermé 1 semaine en fév., 2 semaines en août, vacances de Noël, sam. et dim.*

‖○ **Le Poivre d'Ane** ⏣

CUISINE MODERNE • À LA MODE ✕ Sur cette grande place touristique et bordée de restaurants en tous genres, une petite adresse qui gagne à être connue ! On y apprécie le cadre coloré, l'entrain de la jeune équipe en salle, la grande terrasse pour profiter du soleil provençal... Et, bien sûr, la bonne cuisine au goût du jour et à petit prix.

Menu 38/46 € – Carte environ 53 €

Plan : AY-u – *40 pl. des Cardeurs – ℰ 04 42 21 32 66 (réservation conseillée) – www.restaurantlepoivredane.com – Fermé 18-27 déc., 8 janv.-début fév., merc. et le midi*

‖○ **Le Petit PiR** ⏣

CUISINE TRADITIONNELLE • À LA MODE ✕ Quel souvenir d'école plus marquant que le nombre Pi ? Pour créer ce bistrot (en complément à sa table gastronomique), Pierre Reboul a replongé en enfance : la déco, colorée et emplie de clins d'œil, cultive une joyeuse nostalgie, et la carte ressuscite – entre autres – ses souvenirs de petit garçon, tel ce pain perdu au cassis !

Formule 19 € – Menu 27/39 € – Carte 41/58 €

Plan : CY-a – *11 bis Petite-Rue-St-Jean – ℰ 04 42 52 30 42 – www.restaurant-pierre-reboul.com – Fermé dim. et lundi*

‖○ **Le Vintrépide** ⏣

CUISINE TRADITIONNELLE • SIMPLE ✕ Une agréable petite adresse tenue par deux associés qui ont le souci de bien faire. L'un, en cuisine, prépare de délicieux plats de saison : ravioles de joue de bœuf, sole aux légumes du moment, tarte au citron déstructurée... L'autre, sommelier, a toujours le bon conseil pour le choix des vins. Un duo gagnant !

Menu 65 € (dîner) – Carte 42/57 €

Plan : BX-z – *48 r. du Puits-Neuf – ℰ 09 83 88 96 59 – www.vintrepide.com – Fermé 2 semaines en fév., 2-22 août, dim. et lundi*

Hôtels

🏠 **Villa Gallici** ⏣ ⏣ ⏣ ⏣ ⏣ ⏣ ⏣ ⏣ ⏣ ⏣

LUXE • PERSONNALISÉ Cyprès, fontaine, piscine, cigales... Un morceau de Provence idyllique en cette discrète villa juchée sur les hauteurs d'Aix. Les chambres, raffinées, distillent un charme très 19e s. Ravissant !

16 chambres – †245/860 € ††245/860 € – 6 suites – ⏢ 32 € – ½ P

Plan : BV-k – *18 bis av. de la Violette – ℰ 04 42 23 29 23 – www.villagallici.com – Fermé 18-26 déc. et 2-30 janv.*

‖○ Villa Gallici – voir les restaurants ci-dessus

🏠 **Renaissance** ⏣ ⏣ ⏣ ⏣ ⏣ ⏣ ⏣ ⏣ ⏣ ⏣

HÔTEL DE CHAÎNE • DESIGN Renaissance, voilà un nom qui colle bien à cet hôtel flambant neuf, situé non loin du centre-ville. La décoration s'inspire du patrimoine aixois : sculptures, tableaux, photos... combinés à un design dernier cri. Un ensemble sobre et élégant.

132 chambres – †180/1500 € ††180/1500 € – 1 suite – ⏢ 18 €

Plan : AV-b – *320 av. Wolfgang-Amadeus-Mozart – ℰ 04 86 91 55 00 – www.renaissanceaixenprovencehotel.com*

Grand Hôtel Roi René

BUSINESS · MODERNE Ce Grand Hôtel inspiré de l'architecture régionale des 17e et 18e s. est né en 1929 mais il n'a pas pris une ride ! Les chambres y sont cossues et très contemporaines – préférez celles donnant sur le patio et la piscine – et le restaurant arbore des accents lounge...

131 chambres – ♥130/340 € ♥♥140/380 € – 3 suites – ☐ 25 €

Plan : BZ-b - *24 bd du Roi-René* - *℘ 04 42 37 61 08*
- *www.grand-hotel-roi-rene-aix-en-provence.com*

Le Pigonnet

VILLA · PERSONNALISÉ En périphérie d'Aix, dans un beau parc verdoyant, une imposante bastide dont les chambres cultivent le romantisme et l'élégance ; celles situées dans la partie "Résidence" adoptent un style moderne et chaleureux. Cézanne lui-même s'imprégna ici des parfums et couleurs de la Provence !

44 chambres – ♥120/460 € ♥♥180/990 € – 4 suites – ☐ 25 €

Plan : AV-a - *5 av. du Pigonnet* - *℘ 04 42 59 02 90* - *www.hotelpigonnet.com*
♥♥ **La Table du Pigonnet** – voir les restaurants ci-dessus

Hôtel de Gantès

HISTORIQUE · DESIGN Emplacement rêvé sur le célèbre cours Mirabeau pour cet hôtel particulier de 1671. Surprise en haut de l'escalier d'honneur : les chambres se révèlent très contemporaines et sont autant de variations sur des thèmes originaux (cinéma, théâtre, Picasso, etc.), avec terrasse au dernier étage... Un fort bel ensemble.

11 chambres – ♥169/270 € ♥♥199/650 € – ☐ 19 €

Plan : BY-q - *1 r. Fabrot* - *℘ 04 42 90 31 60* - *www.hoteldegantes.fr*

Cézanne

URBAIN · PERSONNALISÉ De belles chambres design pour cet hôtel situé entre la gare et le centre-ville. Business center, open bar, garage payant sur réservation, et petit-déjeuner maison servi jusqu'à midi. Accueil et service aux petits soins.

53 chambres – ♥130/340 € ♥♥155/365 € – 2 suites – ☐ 20 €

Plan : BZ-h - *40 av. Victor-Hugo* - *℘ 04 42 91 11 11* - *www.hotelaix.com*

Escale Océania

BUSINESS · FONCTIONNEL À deux pas de l'autoroute et du centre-ville, des chambres fonctionnelles et bien insonorisées – même côté route. Envie de vous détendre après une réunion de travail dans l'une des salles de séminaire ? Faites donc quelques brasses dans la piscine !

90 chambres – ♥89/149 € ♥♥89/194 € – ☐ 11 €

Plan : BV-x - *12 av. de la Cible* - *℘ 04 42 37 58 58* - *www.oceaniahotels.com*

Mozart

TRADITIONNEL · FONCTIONNEL Ici, point de notes de musique ou de partitions, mais des chambres d'inspiration provençale, sobres et bien tenues. Aux beaux jours, prenez donc votre petit-déjeuner sur la terrasse. Une adresse parfaite pour un séjour à prix sages.

48 chambres – ♥68/96 € ♥♥81/96 € – ☐ 10 €

Plan : BV-m - *49 cours Gambetta* - *℘ 04 42 21 62 86* - *www.hotelmozart.fr*
- *Fermé 8-31 janv.*

Hôtel du Globe

URBAIN · FONCTIONNEL Accueil sympathique dans ce petit hôtel proposant des chambres fonctionnelles et bien insonorisées. Terrasse-solarium sur le toit d'où se déploie une belle vue.

46 chambres – ♥69/93 € ♥♥89/93 € – ☐ 9 €

Plan : AY-e - *74 cours Sextius* - *℘ 04 42 26 03 58* - *www.hotelduglobe.com*
- *Fermé de mi-déc. à mi-janv.*

au Tholonet 5 km à l'Est par D17 – ⊠ 13100 – 2 289 hab. – Alt. 178 m

Le Saint-Estève　　　　　　　　　　　⊰ 🕌 & 🗚 ⇦ 🅿

CUISINE MODERNE · ÉLÉGANT 🟪🟪🟪 C'est donc dans ce domaine luxueux que l'on retrouve Mathias Dandine, chef provençal dont le talent est déjà bien connu. Sa philosophie peut se résumer ainsi : les meilleurs produits de saison, une certaine simplicité et des parfums marqués. Tout l'éclat des saveurs de la région !
→ Fleur de courgette, mousseline truffée, velouté d'herbes et fricassée de girolles. Homard bleu, spaghettis, marmelade de tomate, citron confit et olives. Crousti-feuilles à la vanille, fraises des bois et sorbet.

Formule 45 € – Menu 89/149 € – Carte 125/200 €

Hôtel Les Lodges Sainte-Victoire, 2250 rte Cézanne – 🞉 *04 42 27 10 14*
– www.leslodgessaintevictoire.com

Les Lodges Sainte-Victoire　　🏠 🐾 ⊰ 🍴 🍸 🗔 📶 🛗 🔁 & 🗚

MAISON DE CAMPAGNE · MODERNE Sur la route de la mon-　　　🛁 🅿
tagne Ste-Victoire chère à Cézanne, ce domaine inauguré en 2013 cultive une quiétude toute provençale... Dans la belle bastide du 18ᵉ s. comme dans les superbes lodges indépendants (avec piscine privée) règne la même alliance de modernité et d'esprit bourgeois : une montagne de confort !

27 chambres – 🛏230/990 € 🛏🛏230/990 € – 8 suites – 🍽 24 €

2250 rte Cézanne – 🞉 *04 42 24 80 40 – www.leslodgessaintevictoire.com*

🏵 **Le Saint-Estève** – voir les restaurants ci-dessus

au Canet 8 km au Sud-Est par D7n – ⊠ 13100 Beaurecueil

L'Auberge Provençale　　　　　　　　🏵 🕌 🗚 🅿

CUISINE TRADITIONNELLE · RUSTIQUE 🟪🟪 Dans cette jolie auberge provençale, proche de la N 7, on apprécie une cuisine traditionnelle soignée, ancrée dans la région – les produits d'une ferme voisine ont la préférence du chef – et accompagnée d'un beau choix de vins issus de la France entière.

Menu 29/50 € – Carte 54/67 €

imp. de Provence, au lieu-dit Le Canet-de-Meyreuil – 🞉 *04 42 58 68 54*
– www.auberge-provencale.fr – Fermé 14-29 juil., 24-30 déc., mardi sauf le midi de nov. à avril et merc.

à Beaurecueil 10 km par N 7 et D 58 – ⊠ 13100 – 551 hab. – Alt. 254 m

La Table de Beaurecueil　　　　　🕌 & 🗚 🥂 ⇦ 🅿

CUISINE MODERNE · MINIMALISTE 🟪🟪 Dans une ancienne bergerie au décor résolument contemporain, on apprécie une cuisine dans l'air du temps teintée de notes régionales.

Formule 25 € – Menu 35 € (semaine), 55/70 € – Carte environ 60 €

66 rte de Meyreuil, allée des Muriers – 🞉 *04 42 66 94 98*
– www.latabledebeaurecueil.com – Fermé dim. soir, lundi et merc.

au Sud-Ouest 5 km par D9 ou A 51, sortie Les Milles – ⊠ 13546 Aix-en-Provence

Château de la Pioline　　　　　🏠 🐾 🍴 🍸 & 🗚 🛁 🅿

CHÂTEAU · GRAND STYLE On accède par une allée de platanes à cette belle et vaste demeure classée du 18ᵉs. Jardin à la française, escalier d'honneur, terrasse sous les tilleuls, belle piscine... et des chambres qui cultivent cette forme de simplicité qui va si bien à l'esprit provençal.

31 chambres – 🛏168/360 € 🛏🛏168/360 € – 🍽 20 € – ½ P

260 r. Guillaume-du-Vair – 🞉 *04 42 52 27 27 – www.chateaudelapioline.com*

à Celony 3 km par D7n – ⊠ 13090 Aix en Provence

🏠🏠🏠 Le Mas d'Entremont   ✿ ⅋ 🗄 🎴 ₤ ❌ 🔼 AK 🎐 🅿

MAISON DE CAMPAGNE · RUSTIQUE Sur les hauteurs d'Aix, une bastide nichée dans un parc avec bassin, colonnes et jets d'eau. Les chambres y sont confortables et bien tenues ; plus spacieuses et modernes dans les maisonnettes du parc. Carte classique au restaurant.

20 chambres – ♦165/195 € ♦♦165/300 € – 6 suites – ⊑ 20 € – ½ P

Plan : AV-g – *315 rte d'Avignon – 𝒞 04 42 17 42 42 – www.masdentremont.com – Ouvert 15 mars-31 oct.*

AIX-LES-BAINS

⊠ 73100 (Savoie) – 28 729 hab. – Alt. 200 m – Carte régionale n° **46**-F2
▶ Paris 539 km – Annecy 34 km – Bourg-en-Bresse 115 km – Chambéry 18 km
Carte Michelin 333-I3 – Guide Vert Michelin Alpes du Nord

☺ Auberge St-Simond   🍴 & 🅿

CUISINE TRADITIONNELLE · CONVIVIAL ✕✕ Une déco plutôt soignée, une jolie vue sur le jardin planté d'oliviers, de platanes et de lavande... Dans cette auberge, la tradition comme la fraîcheur sont à l'honneur ; le tout accompagné d'une bonne sélection de vins légers. Rien que des plaisirs simples...

Formule 19 € – Menu 23 € (déj. en semaine), 32/45 € – Carte 39/49 €

Plan : AX-e – *Auberge St-Simond, 130 av. St-Simond – 𝒞 04 79 88 35 02 – www.saintsimond.com – Fermé 15 déc.-26 janv., lundi midi d'oct. à avril et dim. soir*

❚⃝ La Bonne Fourchette   🍴 AK ⅋

CUISINE TRADITIONNELLE · COSY ✕✕ Au sein du Grand Hôtel du Parc, dans un cadre confortable et stylé (alliance de références victoriennes et de mobilier contemporain), une table de qualité, mettant en valeur de beaux produits frais : cromesquis de cochon et brochette de homard au chorizo, omble chevalier sauvage aux amandes, parfait glacé au chocolat blanc...

Formule 20 € – Menu 27 € (déj. en semaine), 33 € ☍/79 €
– Carte 48/72 €

Plan : CZ-n – *Grand Hôtel du Parc, 2 av. de Tresserve – 𝒞 04 79 61 29 11 – www.labonne-fourchette.com – Fermé 20 déc.-11 janv., merc. midi hors saison, dim. soir et lundi*

🏠🏠🏠 Golden Tulip   ✿ ⅋ 🗄 🖥 📶 ₤ 🔼 & AK 🎐 🚗

BUSINESS · MODERNE À deux pas du casino où se produisirent jadis Sarah Bernhardt et Luis Mariano, cet hôtel totalement rénové propose des chambres fonctionnelles et très confortables. De quoi faire des rêves de paillettes... À moins que vous ne préfériez vous détendre dans le jardin japonais, ou au spa !

91 chambres – ♦95/280 € ♦♦95/380 € – 10 suites – ⊑ 15 € – ½ P

Plan : CZ-x – *av. Ch.-de-Gaulle – 𝒞 04 79 34 19 19 – www.goldentulipaixlesbains.com*

🏠🏠🏠 Mercure Domaine de Marlioz   ✿ ⅋ 🗄 🖥 📶 ₤ 🔼 & AK 🎐 🅿

HÔTEL DE CONFÉRENCE · FONCTIONNEL Dans le parc des thermes de Marlioz, planté d'arbres centenaires, ce complexe hôtelier associe chambres spacieuses et balnéothérapie : salles de soins, fitness, piscine couverte, hammam, etc., le tout décoré à la manière d'un bateau.

60 chambres – ♦114/206 € ♦♦142/206 € – ⊑ 19 € – ½ P

Plan : AX-a – *111 av. de Marlioz, à Marlioz : 1,5 km – 𝒞 04 79 61 79 79 – www.mercure.com*

AIX-LES-BAINS

Bains (R. des) . . . . **CZ** 2
Berthollet (Bd) . . . . **CZ** 3
Boucher (Sq. A.) . . . . **CY** 5
Carnot (Pl.) . . . . **CZ** 6
Casino (R. du) . . . . **CZ** 8
Chambéry (R. de) . . . . **CZ** 9
Charcot (Bd J.) . . . . **AX** 10
Clemenceau (Pl.) . . . . **BY** 12
Dacquin (R.) . . . . **CZ** 13
Davat (R.) . . . . **CZ** 15
Fleurs (R. des) . . . . **CZ** 16
Garibaldi (Bd) . . . . **AX** 17
Garrod (R. Sir-A.) . . . . **CZ** 18
Gaulle (Av. de) . . . . **CZ** 19
Georges-1er (R.) . . . . **CZ** 21
Lamartine (R.) . . . . **CZ** 22
Lattre-de-Tassigny
  (Bd. Mar.-de) . . . . . **AX, BY** 23
Liège (R. de) . . . . **CZ** 24
Marlioz (Av. de) . . . . **AX** 25
Mollard (Pl. M.) . . . . **CZ** 26
Monard (R. S.) . . . . **CZ** 27
Petit Port (Av. du) . . . **AX, BYZ** 28
Pierpont-Morgan (Bd) . . . . . **BY** 29
Près-Riants (R.) . . . . **BY** 30
République (R.) . . . . **CY** 32
Revard (Pl. du) . . . . **CZ** 33
Roche-du-Roi (Bd de la) . . . **CZ** 34
Roosevelt (Av. F.) . . . . **AX** 35
Rops (Av. D.) . . . . **AX** 37
Russie (Bd de) . . . . **AX** 39
Seyssel (R. C.-de) . . . . **CZ** 40
Temple-de-Diane (Sq.) . . . . **CZ** 45
Temple (R. du) . . . . **CZ** 43
Verdun (Av. de) . . . . **BZ** 46
Victoria (Av.) . . . . **CZ** 47

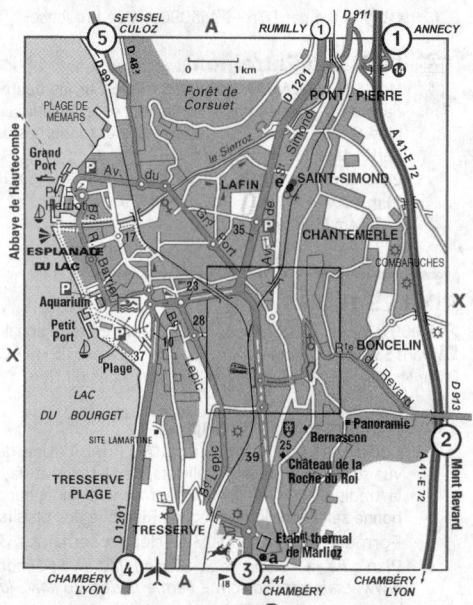

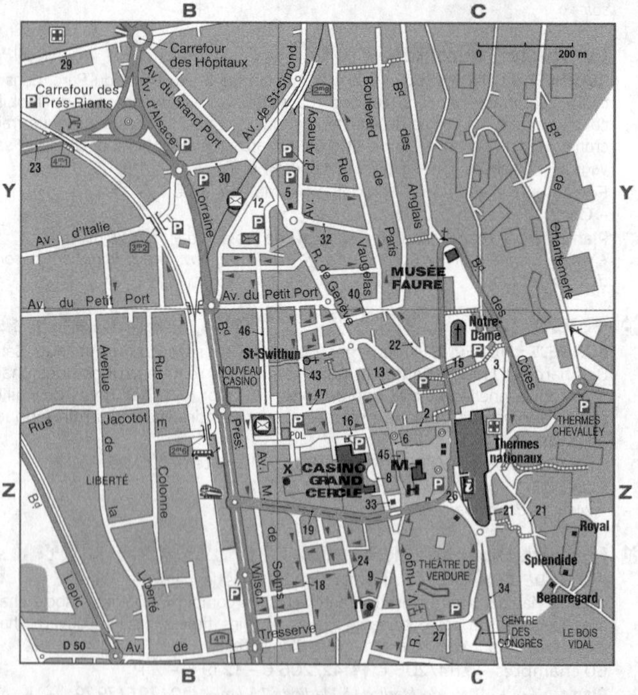

🏨 Grand Hôtel du Parc   ⌂ 🖥 🚗

FAMILIAL · FONCTIONNEL Style contemporain, baroque ou victorien... Dans cet immeuble de 1817, on aime le mélange des genres ! Les chambres se révèlent spacieuses et fonctionnelles : une bonne option pour résider à proximité des thermes.

39 chambres – ♦72/140 € ♦♦85/150 € – ⌷ 13 €

Plan : CZ-n – *28 r. de Chambéry* – *✆ 04 79 61 29 11*
– www.grand-hotel-du-parc.com – Fermé 20 déc.-11 janv.

🍴○ **La Bonne Fourchette** – *voir les restaurants ci-dessus*

🏠 Auberge St-Simond   ⌂ 🖙 🍽 & 🎿 🅿

FAMILIAL · FONCTIONNEL Une auberge située non loin de la voie ferrée, appréciée pour son ambiance conviviale, ses chambres confortables et bien tenues – entièrement rénovées dans le bâtiment principal –, et son jardin avec une jolie piscine.

25 chambres – ♦70/120 € ♦♦75/120 € – ⌷ 12 € – ½ P

Plan : AX-e – *130 av. St-Simond* – *✆ 04 79 88 35 02* – *www.saintsimond.com*
– Fermé 15 déc.-26 janv., lundi midi d'oct. à avril et dim. soir

🥢 **Auberge St-Simond** – *voir les restaurants ci-dessus*

AIZENAY

✉ 85190 (Vendée) – 8 494 hab. – Alt. 62 m – Carte régionale n° **34**-B3
▶ Paris 435 km – Challans 26 km – Nantes 60 km – La Roche-sur-Yon 18 km
Carte Michelin 316-G7

🥢 La Sittelle   & ⇔ 🅿

CUISINE CLASSIQUE · CLASSIQUE ✕✕ La sittelle ? C'est l'oiseau qui vit dans la forêt avoisinante. Pour tenter de l'entendre, faites une halte dans cette agréable demeure bourgeoise. La cuisine, classique, savoureuse et juste, témoigne du bien joli parcours du chef... et ravit les gourmands, tout simplement !

Formule 21 € – Menu 28/40 €

33 r. du Mar.-Leclerc – *✆ 02 51 34 79 90 (réservation conseillée)* – *Fermé 1 semaine début mai, 8-31 août, 2-8 janv., lundi, mardi et le soir sauf sam.*

AJACCIO – 2A (Corse-du-Sud) ➜ voir Corse

ALBERT

✉ 80300 (Somme) – 9 899 hab. – Alt. 65 m – Carte régionale n° **36**-B1
▶ Paris 156 km – Amiens 30 km – Arras 50 km – St-Quentin 53 km
Carte Michelin 301-I8

à **Authuille** 5 km au Nord par D50 – ✉ 80300 – 168 hab. – Alt. 85 m

🍴○ Auberge de la Vallée d'Ancre   🍴 🆑 ⇔

CUISINE TRADITIONNELLE · CONVIVIAL ✕✕ Perdue en pleine campagne, cette sympathique auberge de pays n'en est pas moins prisée ! L'accueil y est charmant, et dans sa cuisine ouverte – où le saluent les clients – le chef prépare une généreuse cuisine traditionnelle. Beau plateau de fromages.

Menu 24/39 € – Carte 35/55 €

6 r. du Moulin – *✆ 03 22 75 15 18* – *Fermé vacances de fév., 2 semaines en sept., merc. soir, dim. soir et lundi*

ALBERTVILLE

✉ 73200 (Savoie) – 19 271 hab. – Alt. 344 m – Carte régionale n° **46**-F2
▶ Paris 581 km – Annecy 46 km – Chambéry 51 km – Chamonix-Mont-Blanc 64 km
Carte Michelin 333-L3 – Guide Vert Michelin Alpes du Nord

✿ Million (José de Anacleto)

CUISINE CLASSIQUE · ÉLÉGANT XXX Distinguée et feutrée, voilà une délicate table de tradition. Sauces savoureuses, jus parfaitement réduits, produits nobles, etc. Le chef rappelle que le bel ouvrage est la condition de la finesse... et du plaisir. Cadre classique à l'unisson.

→ Caille au foie gras, asperges vertes et œuf de caille poché, bouillon de poule. Goujonnette de Saint-pierre rôtie au beurre demi-sel, lentilles aux coques et écrevisses. Charlotte aux poires, sérac de Savoie, griottes et glace vanille.

Menu 38 € (semaine), 65/95 € – Carte 95/115 €

Hôtel Million, 8 pl. de la Liberté – ℰ *04 79 32 25 15 – www.hotelmillion.com*
– Fermé 1er-28 mai, sam. midi, dim. soir et lundi

Million

FAMILIAL · CLASSIQUE Cette belle bâtisse de 1770 illustre une certaine tradition de l'hôtellerie française, cossue et bourgeoise. Deux types de chambres : certaines au cachet d'antan (cheminée, mobilier en bois, parquet...) ; d'autres un peu plus modernes.

25 chambres ⌧ – †107/140 € ††169/205 € – ½ P

8 pl. de la Liberté – ℰ *04 79 32 25 15 – www.hotelmillion.com – Fermé 1er-28 mai*
✿ **Million** – voir les restaurants ci-dessus

à Monthion 7 km au Sud par rte de Chambéry (sortie 26) et D64 – ⌧ 73200
– 503 hab. – Alt. 375 m

⅋○ Les 16 Clochers

CUISINE MODERNE · RUSTIQUE XX Qui dit mieux ? Ce restaurant gastronomique jouit d'une vue sur les seize clochers de la vallée ! C'est en terrasse que l'on profite le mieux du panorama, mais on appréciera aussi la salle, rustique et chaleureuse. Cuisine de bonne facture, accueil charmant.

Formule 21 € – Menu 27 € (déj. en semaine), 39/57 € – Carte 44/71 €

91 chemin des 16-Clochers – ℰ *04 79 31 30 39 – http://les16clochers.fr*
– Fermé dim. soir, lundi et mardi

ALBI

⌧ 81000 (Tarn) – 49 231 hab. – Alt. 174 m – Carte régionale n° **29-C2**
▶ Paris 694 km – Béziers 150 km – Clermont-Ferrand 286 km – Toulouse 76 km
Carte Michelin 338-E7

⊛ La Table du Sommelier

CUISINE MODERNE · BISTRO X Père et fils travaillent en duo dans ce sympathique bistrot contemporain. Le résultat ? Une cuisine savoureuse, qui revisite habilement le terroir, un imposant choix de vins au verre (près de 400 références !), et, l'été, deux terrasses au choix : sous la pergola ou à ciel ouvert... Une adresse hautement recommandable !

Formule 17 € – Menu 27/50 € ♟ – Carte 40/51 €

Plan : Y-m *- 20 r. Porta –* ℰ *05 63 46 20 10 – www.latabledusommelier.com*
– Fermé dim. et lundi

⅋○ La Réserve

CUISINE MODERNE · ÉLÉGANT XXX De grandes baies vitrées donnant sur le parc verdoyant baigné par le Tarn, une belle terrasse et une cheminée qui nous réchauffe en hiver : cette Réserve est élégante, et l'on y savoure une cuisine attrayante, dans l'air du temps.

Menu 55/99 € – Carte 95/110 €

Hôtel La Réserve, 81 rte de Cordes, 3 km au Nord par D600 – ℰ *05 63 60 80 80*
– www.lareservealbi.com – Ouvert d'avril à oct. et fermé merc. midi, sam. midi et mardi

ALBI

Alsace-Lorraine (Bd) V
Andrieu (Bd Ed.) . . . . X 2
Archevêché (Pl. de l') . . . . . Y 3
Berchère (R. de la) . . . . Z
Bodin (Bd P.) . . . . X 5
Cantepau (R. de) V
Carnot (Bd) X
Castelviel (R. du) . . . . X 7
Choiseul (Quai) . . . . Y 8
Croix-Blanche (R. de la) . . . . Z 9
Croix-Verte (R.) . . . . V, YZ 12
Dembourg (Av.) . . . . V 13
Dr-Camboulives (R. du) . . . . Z 14
Empeyralots (R. d') . . . . Z 15
Foch (Av. Mar.) X
Gambetta (Av.) X
Gaulle (Av. Gén.-de) X
Genève (R. de) . . . . Z 17
Gorsse (Pl. H. de) . . . . Y 18
Grand (R. E.) . . . . Y
Hôtel-de-Ville (R. de l') . . . . Z 19
Jean-Jaurès (Pl.) . . . . Z
Joffre (Av. Mar.) . . . . X 22
Lacombe (Bd) . . . . X 23
Lamothe (R. de) . . . . V, Y
Lapérouse (Pl.) . . . . Z
Lattre-de-Tassigny
 (Av. Mar.-de) . . . . V 24
Loirat (Av. du) V
Lude (Bd du) X
Malroux (R. A.) . . . . Y 25
Maquis (Pl. du) . . . . Z 26
Mariès (R.) . . . . Y
Montebello (Bd) . . . . X 27
Moulin (Lices J.) . . . . Z
Nobles (R. des) . . . . Z 28
Oulmet (R. de l') . . . . Z 29
Palais (Pl. du) . . . . Z 30
Palais (R. du) . . . . Z 31
Partisans (Espl. des) . . . . . . Y
Pénitents (R. des) . . . . Z 33
Peyrolière (R.) . . . . YZ 34
Pompidou (Lices G.) . . . . . . YZ
Porta (R.) . . . . Y
Porte-Neuve (R. de la) . . . . . Z 35
Puech-Bérenguier (R.) . . . . . Z 37
République (R. de la) . . V, Y
Rinaldi (R.) . . . . Y
Rivière (R. de la) . . . . Z 40
Roquelaure (R.) . . . . Z 41
Ste-Cécile (Pl.) . . . . Z 46
Ste-Cécile (R.) . . . . Z 47
Ste-Claire (R.) . . . . Y 48
St-Afric (R.) . . . . Y 42
St-Amarand (Pl.) . . . . V 69
St-Antoine (R.) . . . . Z 43
St-Clair (R.) . . . . Z 44
St-Julien (R.) . . . . Z 45
Saunal (R. de) . . . . Z 49
Savary (R. H.) . . . . Z 51
Sel (R. du) . . . . Z 52
Séré-de-Rivière (R.) . . . . Z 53
Sibille (Bd Gén.) . . . . Z
Soult (Bd) VX
Strasbourg (Bd de) . . . . V, X 54
Teyssier (Av. Col.) X
Thomas (Av. A.) . . . . X 57
Timbal (R.) . . . . Z 58
Toulouse-Lautrec (R. H.-de) . Z 60
Valmy (Bd) VX
Verdier (Av. F.) . . . . X 62
Verdun (Pl. de) . . . . X 63
Verdusse (R. de) . . . . Z 64
Vigan (Pl. du) . . . . Z 65
Visitation (R. de la) . . . . Y 67
8-Mai-1945 (Pl. du) X

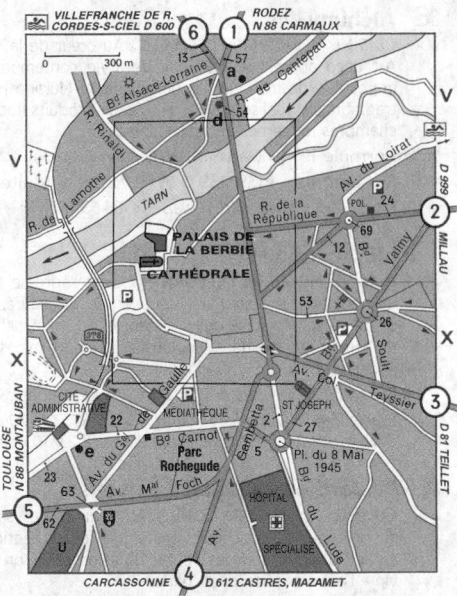

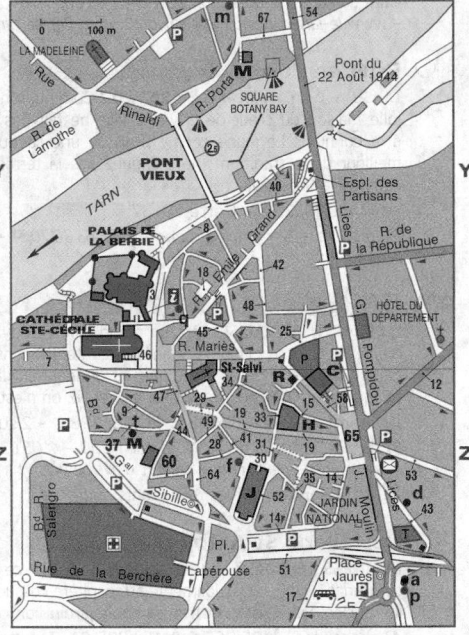

🍴 Alchimy 🆕   ⇦ 🛏 ⬆ 🔲 AC

CUISINE MODERNE · ÉLÉGANT 🗙🗙 Au cœur de la vieille ville, cette belle bâtisse Art déco abrite une brasserie de style contemporain, sous une jolie verrière : impossible de manquer l'imposant lustre Murano ! Dans l'assiette, de bons plats traditionnels réalisés avec de beaux produits locaux ; pour l'étape, quelques chambres modernes et confortables.

Formule 19 € – Carte 31/53 €

5 chambres – 🛉139/159 € 🛉🛉139/219 € – 1 suite – 🖵 15 €

Plan : Z-f – *10-12 pl. du Palais* – ✆ 05 63 76 18 18 – *www.alchimyalbi.fr*

🍴 L'Épicurien   🛏 🔲 AC ⬚

CUISINE MODERNE · ÉLÉGANT 🗙🗙 C'est l'adresse branchée d'Albi, et à raison ! Ce n'est pas un hasard si la déco, au design épuré, témoigne d'un bel esprit nordique : le chef est d'origine suédoise, et il concocte de jolies assiettes dans l'air du temps, gourmandes, copieuses et bien ficelées. De quoi satisfaire plus d'un épicurien...

Formule 19 € – Menu 21 € (déj. en semaine), 30/50 € – Carte 40/58 €

Plan : Z-p – *42 pl. Jean-Jaurès* – ✆ 05 63 53 10 70
– *www.restaurantlepicurien.com* – *Fermé 23-30 déc., dim. et lundi*

🍴 Le Jardin des Quatre Saisons   🎱 AC ⬚

CUISINE CLASSIQUE · CONVIVIAL 🗙🗙 En toutes saisons, un restaurant toujours aussi agréable... La cuisine, généreuse et authentique, ressemble au patron, un enfant du pays. Sous les voûtes du salon privé, on organise des dégustations de vin – l'autre passion dudit patron !

Formule 16 € – Menu 29/41 €

Plan : V-d – *5 r. de la Pompe* – ✆ 05 63 60 77 76
– *www.le-jardin-des-quatre-saisons.com* – *Fermé dim. soir et lundi*

🍴 Bruit en Cuisine 🆕   🛏 ✑

CUISINE TRADITIONNELLE · BISTRO 🗙 Comme son nom ne l'indique pas, cette jolie maison du cœur de la vieille ville ne fait pas de bruit... mais elle gagne à être connue ! Le jeune chef y propose une savoureuse cuisine du marché, au meilleur de la tradition ; ne manquez pas la terrasse, et sa vue superbe sur la cathédrale Ste-Cécile...

🍴 Menu 15/25 € – Carte 29/37 €

Plan : Y-q – *22 r. de la Souque* – ✆ 05 63 36 70 31 – *Fermé 1ᵉʳ janv.-10 fév., dim. et lundi soir*

🏨 La Réserve   🍷 🐾 ⇦ 🛏 ⌫ 🛋 ✕ ⬆ 🔲 AC ✑ 🛁 🅿

LUXE · PERSONNALISÉ Dans un grand parc verdoyant au bord du Tarn, une villa pleine de charme ! Meubles chinés et contemporains, tissus et papiers peints élégants : les chambres sont raffinées et donnent sur la jolie piscine ou la rivière. Et quand l'heure des gourmandises est venue, on n'est pas dépourvu...

18 chambres – 🛉258/498 € 🛉🛉298/598 € – 2 suites – 🖵 20 € – ½ P

81 rte de Cordes, 3 km au Nord par D600 – ✆ 05 63 60 80 80
– *www.lareservealbi.com* – *Ouvert d'avril à oct.*

🍴 **La Réserve** – voir les restaurants ci-dessus

🏨 Hostellerie St-Antoine   🛏 ⌫ 🔲 AC 🛁 🅿

BUSINESS · ÉLÉGANT Cet hôtel fondé en 1734 – ce qui en fait l'un des plus vieux de France – cultive très joliment l'atmosphère cossue des maisons d'antan... Mobilier ancien, jolies tissus et très agréable jardin : un cocon très confortable !

41 chambres – 🛉95/165 € 🛉🛉115/225 € – 3 suites – 🖵 15 €

Plan : Z-d – *17 r. St-Antoine* – ✆ 05 63 54 04 04
– *www.hotel-saint-antoine-albi.com* – *Fermé 1ᵉʳ déc.-15 mars*

🏨 Grand Hôtel d'Orléans 🍴 🗔 🖵 AC 🚗

URBAIN · FONCTIONNEL Depuis 1902, de père en fils, on prend soin des voyageurs venus chercher la tranquillité au pays de Toulouse-Lautrec ! Les chambres sont fonctionnelles, dans un esprit contemporain, et, pour les hôtes studieux, on compte aussi de nombreuses salles de réunion.

54 chambres – 🛏82/115 € 🛏🛏92/132 € – 2 suites – 🖵 11 € – ½ P

Plan : X-e – *1 pl. Stalingrad* – *𝒞 05 63 54 16 56* – *www.hotel-orleans-albi.com*

🏨 Ibis Styles  🍴 📻 🖵 ♿ AC 🚗

BUSINESS · FONCTIONNEL Un hôtel central bienvenu dans une ville qui connait un essor touristique depuis le classement de la cité épiscopale au patrimoine mondial de l'UNESCO. Les chambres, fonctionnelles, offrent une vue panoramique sur la ville. Petite restauration et bar à vin où le Gaillac est à l'honneur.

76 chambres 🖵 – 🛏55/155 € 🛏🛏65/165 €

Plan : Z-a – *48 pl. Jean-Jaurès* – *𝒞 05 63 43 20 20* – *www.ibis.com*

🏨 Cantepau 🖵 P

BUSINESS · SIMPLE Un petit hôtel familial et accueillant, dans une rue tranquille. Côté déco, beaucoup de rotin, des tons crème et tabac, d'inspiration coloniale... Au petit-déjeuner, on profite des confitures maison.

33 chambres – 🛏49/104 € 🛏🛏49/104 € – 🖵 10 €

Plan : V-a – *9 r. Cantepau* – *𝒞 05 63 60 75 80* – *www.hotel-cantepau-albi.com*

🏨 Le Pigné 🚫

URBAIN · COSY Atelier, Cheminée ou Tour ? Votre cœur risque de balancer ! À deux pas de la cathédrale, les chambres de cette belle demeure en brique distillent un charme indéniable. L'accueil est charmant et, l'été, on prend son petit-déjeuner sur la terrasse donnant sur le jardin. Idéal pour une escapade dans la capitale du Tarn.

3 chambres 🖵 – 🛏100/145 € 🛏🛏115/155 €

Plan : Z-t – *8 r. du Chanoine-Birot* – *𝒞 06 11 04 55 07*
– *www.chambresdhotesalbi.fr*

à Castelnau-de-Lévis 7 km au Nord par D600 et D1 – ✉ 81150

– 1 545 hab. – Alt. 221 m

🍴 La Taverne Besson 🛬 🏠 🖵 ♿ AC

CUISINE MODERNE · BRANCHÉ 🍴🍴 Voici une Taverne originale avec son décor lumineux, d'une élégance toute contemporaine, et sa terrasse ouverte sur la campagne... On y déguste une cuisine séduisante, associant bons produits locaux et notes originales. On peut également réserver l'une des chambres, aménagées avec soin.

Formule 20 € – Menu 54/72 € – Carte 35/70 €

8 chambres – 🛏78/98 € 🛏🛏78/98 € – 🖵 12 €

r. Aubijoux – *𝒞 05 63 60 90 16* – *www.tavernebesson.com* – *fermé dimanche soir hors saison, mardi midi et lundi* – *Fermé vacances de fév.*

ALENÇON

✉ 61000 (Orne) – 26 305 hab. – Alt. 135 m – Carte régionale n° **33**-C3

▶ Paris 190 km – Chartres 119 km – Évreux 119 km – Laval 90 km

Carte Michelin 310-J4 – Guide Vert Michelin Normandie Cotentin

🍴 Au Petit Vatel

CUISINE TRADITIONNELLE · CLASSIQUE 🍴🍴 Des recettes indémodables, des produits de la région – dont un incontournable plateau de fromages... Le classicisme est de mise dans cette maison de ville en pierre du pays, dans le droit fil de la belle tradition !

Menu 23/46 € – Carte 43/69 €

Plan : BZ-s – *72 pl. du Cdt-Desmeulles* – *𝒞 02 33 26 23 78* – *www.aupetitvatel.fr*
– *Fermé 1 semaine fin fév., 25 juil.-9 août, dim. soir, mardi soir et merc.*

ALENÇON

Argentan (R. d') . . . . **AY** 2
Basingstoke (Av. de) . . . . **AY** 3
Bercail (R. du) . . . . **BZ** 4
Capucins (R. des) . . . . **CZ** 6
Clemenceau (Cours) . . . . . . **BCZ**
Duchamp (Bd) . . . . **AY** 8
Écusson (R. de l') . . . . **AY** 9
Fresnay (R. de) . . . . **BZ** 13
Grandes-Poteries (R. des) . . **BZ** 14
Grande-Rue . . . . **BZ** 15
Halle-au-Blé (Pl. de la) . . . . . **BZ** 17
Lattre-de-Tassigny
  (R. du Mar.-de) . . . . **BCZ** 19
Leclerc (Av. du Gén.) . . . . . . **AY** 20
La Magdeleine (Pl.) . . . . **CZ** 18
Mans (R. du) . . . . **AY** 24
Marguerite-de-Lorraine (Pl.) **BZ** 25
Porte-de-la-Barre (R.) . . . . . . **BZ** 30
Poterne (R. de la) . . . . **CZ** 33
Quakenbruck (Av. de) . . . . . **AY** 34
Rhin-et-Danube (Av.) . . . . . . **AY** 35
Sieurs (R. aux) . . . . **BZ**
Tisons (R. des) . . . . **AY** 39
1er Chasseurs (Bd) . . . . **AY** 40
14e Hussards (R. du) . . . . . . **AY** 42

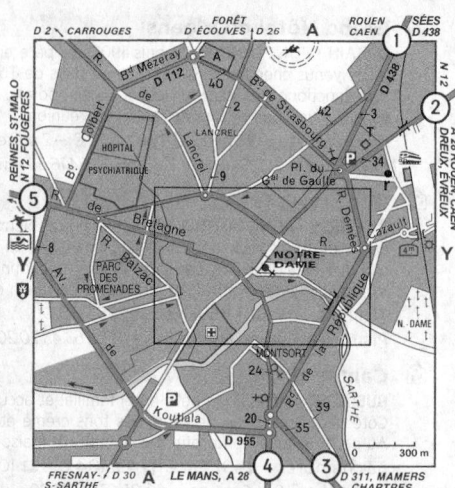

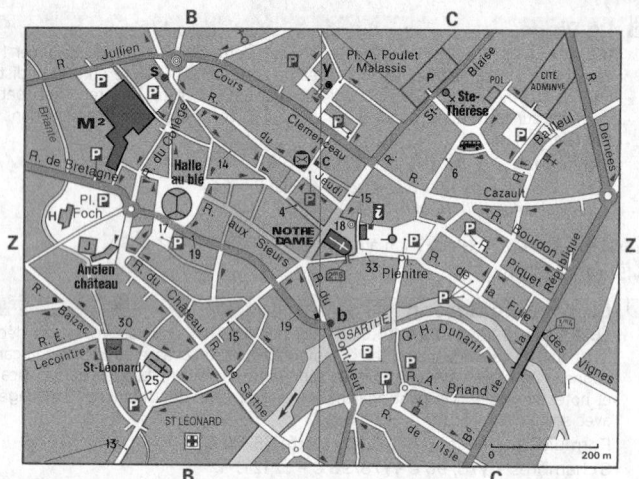

🍴 Rive Droite

🏖 👌 💬

CUISINE MODERNE · COSY ✕✕ Cette maison en pierres datant du 18ᵉ s. fut le QG du maréchal Leclerc lors de la libération d'Alençon en août 1944. Devenue le Rive Droite, elle continue d'écrire son histoire... culinaire, en proposant des assiettes voyageuses et bien dans l'air du temps. Le tout servi par une jeune équipe dynamique !

Formule 20 € – Menu 23 € (déj.)/32 €

Plan : CZ-b – *31 r. du Pont-Neuf* – ✆ 02 33 27 79 73
– *www.rivedroiterestaurant.com* – *Fermé dim. et lundi*

Amateurs de bons vins ? Le symbole 🍷 signale une belle carte des vins.

⌂ Mercure

BUSINESS · FONCTIONNEL En périphérie de la ville (direction Le Mans), un Mercure fort utile pour une étape. Les chambres du 2e étage, mansardées, sont plus particulièrement adaptées aux familles.

53 chambres – ♦85/90 € ♦♦89/139 € – ⌷ 13 €

187 av. du Gén-Leclerc, 2 km au Sud – ℰ 02 33 28 64 64 – www.mercure.com – Fermé 19 déc.-5 janv.

⌂ Hôtel des Ducs

FAMILIAL · FONCTIONNEL Un bon petit hôtel, face à la gare, dans un immeuble datant de l'après-guerre. Les chambres sont fonctionnelles et bien tenues, assez spacieuses dans la catégorie supérieure ; on profite d'un agréable jardin.

28 chambres – ♦70/80 € ♦♦80/90 € – ⌷ 10 €

Plan : AY-r *- 50 av. du Prés.-Wilson – ℰ 02 33 29 03 93 - www.hoteldesducs-alencon.fr*

⌂ Ibis

HÔTEL DE CHAÎNE · FONCTIONNEL En plein centre, tout près des commerces, cafés et restaurants, un Ibis moderne parfait pour la clientèle d'affaires ou de passage. L'ensemble est très bien tenu. À noter : au bar, on vous propose plus de 80 whiskys !

52 chambres – ♦69/107 € ♦♦69/107 € – ⌷ 10 €

Plan : CZ-y *- 13 pl. Poulet-Malassis – ℰ 02 33 80 67 67 – www.ibishotel.com*

au Nord 3 km par D438 et rte secondaire

⌂ Château de Sarceaux

MAISON DE CAMPAGNE · CLASSIQUE Dans un parc de 12 ha, un ancien pavillon de chasse (18e s.) mais surtout une véritable demeure de famille, au décor classique à souhait : tissus imprimés, boiseries pastel, parquets, tableaux et mobilier des aïeux... La noble et sobre élégance du pays d'Alençon.

5 chambres ⌷ – ♦135/180 € ♦♦135/250 €

r. des Fourneaux ⌧ 61250 Valframbert – ℰ 02 33 28 85 11 - www.chateau-de-sarceaux.com – Fermé fév., nov. et vacances de Noël

à St-Paterne (72 Sarthe) 4 km au Sud par D311 – ⌧ 72610 – 1 586 hab. – Alt. 160 m

⌂ Château de Saint-Paterne

CHÂTEAU · PERSONNALISÉ Des toits élancés, de hautes cheminées : ce château est né entre Moyen Âge et Renaissance ! Jusqu'à nos jours il devait témoigner d'un certain art de vivre, car son décor plein de style a été porté à la pointe du goût contemporain... Le dîner est servi aux chandelles. Superbement romantique !

11 chambres – ♦145/260 € ♦♦145/260 € – ⌷ 14 €

4 r. de la Gaieté – ℰ 02 33 27 54 71 – www.chateau-saintpaterne.com – Fermé 17 déc.-1er mars

ALÉRIA - 2B (Haute-Corse) ➔ voir Corse

ALÈS

⌧ 30100 (Gard) – 41 031 hab. – Alt. 136 m – Carte régionale n° **23**-C1

▶ Paris 706 km – Albi 226 km – Avignon 72 km – Montpellier 70 km

Carte Michelin 339-J4 – Guide Vert Michelin Languedoc

⦿ Le Riche

CUISINE CLASSIQUE · RÉTRO ✕✕ Dans ce bel immeuble du début du 20es., l'Art nouveau flamboie de tous ses stucs, dorures et miroirs. On déguste ici aussi bien des involtinis au pélardon que du lapin aux cèpes. Des chambres contemporaines permettent de ne pas refermer trop vite cette jolie parenthèse culinaire.

Formule 19 € – Menu 26/60 € – Carte 30/44 €

17 chambres – ♦64/75 € ♦♦64/95 € – ⌷ 10 €

Plan : B-n *- 42 pl. Sémard – ℰ 04 66 86 00 33 – www.leriche.fr – Fermé août*

ALÈS

Albert-1er (R.) . . . . B 2
Audibert (R. Cdt) . . . . A 3
Avéjan (R. d') . . . . B
Barbusse (Pl. Henri) . . . . B 4
Docteur-Serres (R.) . . . . B
Edgar-Quinet (R.) . . . . B
Hôtel-de-Ville (Pl. de l') . . . . . . A 5
Lattre-de-Tassigny (Av. de) . . . B 6
Leclerc (Pl. Gén.) . . . . B 8
Louis-Blanc (Bd) . . . . B
Martyrs-de-la-Résistance (Pl.) . B 9
Michelet (R.) . . . . B 10
Paul (R. Marcel) . . . . B 12
Péri (Pl. Gabriel) . . . . B 13
Rollin (R.) . . . . A 14
St-Vincent (R.) . . . . B 15
Semard (Pl. Pierre) . . . . B 16
Soleil (R. du Faubourg du) . . . . B 17
Stalingrad (Av. de) . . . . B 18
Taisson (R.) . . . . B 19
Talabot (Bd) . . . . B 20

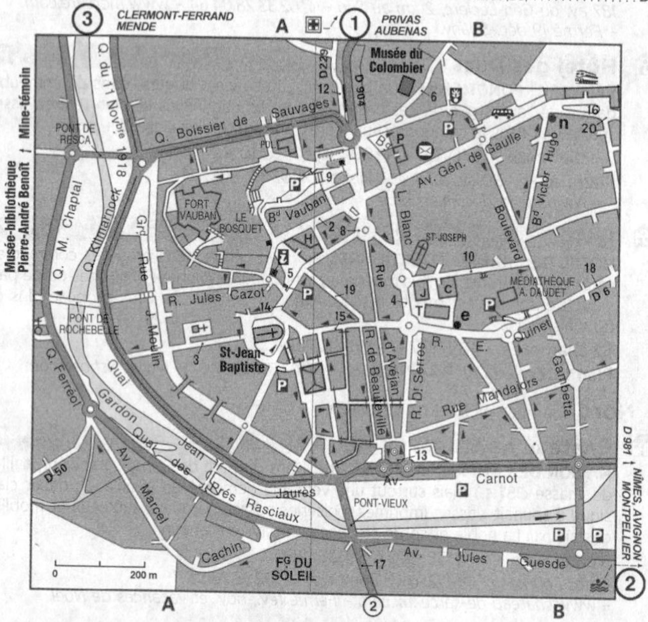

L'Esprit des Mets

CUISINE MODERNE • CONVIVIAL X La première affaire d'un jeune chef originaire de Marseille. Il l'a voulue bien dans son époque et conviviale, avec des cuisines ouvertes sur la salle pour ne pas se couper des clients ! Ses recettes sont à l'image des lieux : pleines de peps, fraîches et précises, elles ne manquent ni de goût ni d'esprit.

Formule 16 € – Menu 24/29 € – Carte 39/50 €

148 av. d'Anduze – ✆ 04 66 52 21 80 – Fermé janv., sam. midi, dim. soir et lundi

Ibis

HÔTEL DE CHAÎNE • FONCTIONNEL Bâtiment des années 1970 au cœur d'Alès. Les chambres sont fonctionnelles. Local à vélos et garage souterrain bien pratiques.

75 chambres – 🚹51/91 € 🚹🚹51/91 € – ☕10 €

Plan : B-e – *18 r. Edgar-Quinet – ✆ 04 66 52 27 07 – www.ibishotel.com*

à St-Martin-de-Valgalgues 2 km au Nord – ✉ 30520

– 4 244 hab. – Alt. 148 m

Le Mas de la Filoselle

MAISON DE CAMPAGNE • PERSONNALISÉ On se sent très vite chez soi dans cette ancienne magnanerie perchée sur les hauteurs du village. Les chambres, thématiques (Lavande, Olivier, etc.), sont ravissantes, et l'on profite d'un beau jardin en terrasses, courant vers un bois de pins et de châtaigniers. Table d'hôte le soir.

4 chambres ☕ – 🚹79 € 🚹🚹93 €

344 r. du 19-mars-1962 – ✆ 06 61 23 19 75 – www.filoselle.free.fr – Fermé en fév.

à St-Hilaire-de-Brethmas 3 km par D936 – ⊠ 30560 – 4 253 hab. – Alt. 125 m

⌂ Comptoir St-Hilaire　　　　　　　☆ ⅏ ⩤ ⍾ ⤮ ✕ 🅿

LUXE · PERSONNALISÉ La décoratrice Catherine Painvin a entièrement repensé ce mas du 17ᵉs. : chambres et suites follement originales, luxe omniprésent mais discret, à l'unisson du superbe parc avec les Cévennes à perte de vue... À la table d'hôte, on apprécie la cuisine régionale dont quelques spécialités mettant la truffe à l'honneur.

5 chambres ⌷ – ♦250/425 € ♦♦250/425 €
Mas de la Rouquette, 2 km à l'Est – 𝒞 *06 04 59 94 66*
– www.comptoir-saint-hilaire.com

ALFORTVILLE – 94 (Val-de-Marne) → voir Autour de Paris

ALGAJOLA – 2B (Haute-Corse) → voir Corse

ALISE-STE-REINE – 21 (Côte-d'Or) → voir Venarey-les-Laumes

ALLAS-LES-MINES – 24 (Dordogne) → voir St-Cyprien

ALLEINS

⊠ 13980 (Bouches-du-Rhône) – 2 428 hab. – Alt. 180 m – Carte régionale n° **42**-E1
◲ Paris 725 km – Aix-en-Provence 34 km – Avignon 47 km – Marseille 63 km
Carte Michelin 340-F3 – Guide Vert Michelin Provence

⌂ Domaine de Méjeans　　　　　　　⅏ ⍾ ⤮ 🄰🄲 ⅏ 🅿

FAMILIAL · PERSONNALISÉ Une allée de peupliers mène à ce domaine paisible et raffiné : parc luxuriant, étang, piscine, cuisine d'été et... chambres aux noms et aux coloris délicats de friandises (calisson, nougat, etc.). Le tout idéalement situé entre le massif du Luberon et celui des Alpilles !

5 chambres ⌷ – ♦170/210 € ♦♦170/315 €
quartier des Méjeans, 3 km par rte de Sénas D71B – 𝒞 *04 90 57 31 74*
– www.domainedemejeans.com

ALLERY – 80 (Somme) → voir Airaines

ALLEVARD

⊠ 38580 (Isère) – 3 881 hab. – Alt. 470 m – Carte régionale n° **46**-F2
◲ Paris 593 km – Albertville 50 km – Chambéry 33 km – Grenoble 40 km
Carte Michelin 333-J5 – Guide Vert Michelin Alpes du Nord

au Sud 17 km par D525A et rte secondaire

⌂ Auberge Nemoz　　　　　　　　☆ ⅏ ⩤ ⍾ ⅏ 🅿

FAMILIAL · ALPIN Dans la vallée du Haut-Bréda, ce chalet en bois a su se parer de meubles anciens et d'objets de famille. Au programme, la convivialité d'une cuisine rustique (raclette), des promenades à cheval, et en hiver, tous en raquettes !

5 chambres ⌷ – ♦89/100 € ♦♦99/110 € – ½ P
au hameau "La Martinette" ⊠ 38580 Allevard – 𝒞 *04 76 45 03 10*
– www.auberge-nemoz.com – Fermé 2 semaines en avril et nov.

ALLEX

⊠ 26400 (Drôme) – 2 474 hab. – Alt. 160 m – Carte régionale n° **44**-B3
◲ Paris 588 km – Lyon 126 km – Romans-sur-Isère 46 km – Valence 24 km
Carte Michelin 332-C5 – Guide Vert Michelin Ardèche Drôme

La Petite Aiguebonne 🐾 🍴 🛏 P

FAMILIAL · PERSONNALISÉ Zanzibar, Pondichéry, Louisiane... Dans cette ferme du 13ᵉs., la déco des chambres parcourt le monde ; tandis que dans le jardin une roulotte attend les plus téméraires. Et si, au réveil, vous avez envie de partir à l'aventure, pensez aux sentiers de la réserve naturelle de Ramières.

5 chambres 🖵 – 🛉105/125 € 🛉🛉115/145 €

chemin d'Aiguebonne, 2 km à l'Est par D93 – 𝒞 04 75 62 60 68
– www.petite-aiguebonne.com – Fermé 5 janv.-15 mars

ALLEYRAS

✉ 43580 (Haute-Loire) – 166 hab. – Alt. 779 m – Carte régionale n° **6**-C3
▣ Paris 549 km – Brioude 71 km – Langogne 43 km – Le Puy-en-Velay 32 km
Carte Michelin 331-E4

❀ **Le Haut-Allier** (Philippe Brun) 🍴 ♿ AC P

CUISINE MODERNE · À LA MODE 🏵🏵🏵 Dans ces rudes contrées, le cadre, raffiné et élégant, ne manque pas d'étonner. La cuisine est inventive, volontiers recherchée, et met en valeur de très beaux produits du terroir avec quelques touches asiatiques. Un régal !

➜ Asperges vertes et morilles. Suprême de pigeonneau en crumble de cèpes, sauce Albuféra au vinaigre de genièvre. Ultra rouge et ultra noir aux perles des monts du Velay.

Menu 48 € (semaine), 62/98 € – Carte 70/100 € dîner

2 km au Pont d'Alleyras, au Nord par D40 – 𝒞 01 02 03 04 05
– www.hotel-lehautallier.com – Ouvert 21 mars-15 nov. et fermé mardi sauf le soir en août et lundi

 Le Haut-Allier 🏠 🐾 ← 🌳 ⬆ ♿ 🛁 P

HÔTEL DE VACANCES · MODERNE Aux confins des gorges de l'Allier, comme au bout du monde... Dans cet environnement, cet hôtel fait preuve d'un confort bourgeois sans ostentation, d'une tenue parfaite et d'un calme salutaire. Et il serait dommage de se priver du restaurant !

12 chambres – 🛉95/135 € 🛉🛉95/135 € – 🖵 16 € – ½ P

2 km au Pont d'Alleyras, au Nord par D40 – 𝒞 04 71 57 57 63
– www.hotel-lehautallier.com – Ouvert 21 mars-15 nov. et fermé mardi sauf le soir en juil.-août et lundi

❀ **Le Haut-Allier** – voir les restaurants ci-dessus

LES ALLUES – 73 (Savoie) ➜ voir Méribel

ALLY

✉ 15700 (Cantal) – 643 hab. – Alt. 720 m – Carte régionale n° **5**-A3
▣ Paris 532 km – Aurillac 46 km – Clermont-Ferrand 119 km – Tulle 71 km
Carte Michelin 330-B3

 Château de La Vigne 🐾 🍴 P

CHÂTEAU · PERSONNALISÉ Un beau jardin à la française face au panorama des monts du Cantal, des murs robustes remontant au 15ᵉ s., des fresques médiévales, de délicieux décors 18ᵉ s. ou Directoire : ce château invite à un véritable voyage dans le temps. Visitez le "studiolo", cabinet de curiosités à l'italienne, récemment restauré : un exemple rarissime en France !

3 chambres – 🛉120/130 € 🛉🛉130/140 € – 🖵 10 €

1 km au Nord-Est par D680 – 𝒞 04 71 69 00 20 – www.chateaudelavigne.com
– Ouvert de Pâques à la Toussaint

ALOXE-CORTON – 21 (Côte-d'Or) ➜ voir Beaune

ALPE D'HUEZ

✉ 38750 (Isère) – 1 479 hab. – Alt. 1 860 m – Carte régionale n° **45**-C2
▶ Paris 625 km – Le Bourg-d'Oisans 12 km – Briançon 71 km – Grenoble 63 km
Carte Michelin 333-J7 – Guide Vert Michelin Alpes du Nord

ⅠⅠO Au Chamois d'Or

FRANÇAISE CLASSIQUE · ÉLÉGANT XXX Cette jolie table n'est pas le moindre atout de l'hôtel Chamois d'Or : dans le décor chaleureux et feutré d'une salle tout en bois, on apprécie une belle cuisine classique – à tendance brasserie le midi –, composée avec un soin indéniable. L'atmosphère de l'endroit se fait même romantique le soir venu...

Menu 38 € (déj.), 50/60 € – Carte 52/84 €
*Hôtel Au Chamois d'Or, 169 r. Fontbelle, (rd-pt des pistes) – ℰ 04 76 80 31 32
– www.chamoisdor-alpedhuez.com – Ouvert 15 déc.-20 avril*

ⅠⅠO Au P'tit Creux

CUISINE TRADITIONNELLE · RUSTIQUE X Loin de combler seulement les p'tits creux, ce chalet du vieux village fait œuvre de gastronomie : risotto aux cèpes, montgolfière d'escargots, selle d'agneau farcie aux aromates, ou encore tagliatelles de navets au miel et pavot... De jolies saveurs dans un décor régional.

Formule 19 € – Carte 30/60 €
*chemin des Bergers – ℰ 04 76 80 62 80 (réservation conseillée) – www.ptitcreux.fr
– Fermé mai, nov., lundi soir et mardi soir hors saison et lundi midi et mardi midi en saison*

🏠 Au Chamois d'Or

LUXE · PERSONNALISÉ Un grand chalet en bois aux balcons ciselés : sous la neige, une véritable image d'Épinal... Des feux crépitent, le décor évoque une demeure particulière, les enfants peuvent s'amuser dans "leur" salon (jeux, TV, etc.) et leurs parents profiter du spa : un vrai havre au cœur des Alpes...

40 chambres – 🛏295/560 € 🛏🛏295/560 € – 5 suites – ⊊ 20 € – ½ P
*169 r. Fontbelle, (rd-pt des pistes) – ℰ 04 76 80 31 32
– www.chamoisdor-alpedhuez.com – Ouvert 15 déc.-20 avril*

ⅠⅠO **Au Chamois d'Or** – voir les restaurants ci-dessus

🏠 Royal Ours Blanc

HÔTEL DE VACANCES · DESIGN À 100 m des pistes, cet imposant hôtel tout en hauteur a été entièrement rénové en 2014. La déco, moderne et design, multiplie les clins d'œil aux ursidés (pattes d'ours sur la moquette, imitations de nids d'abeilles)... Original et très accueillant !

44 chambres – 🛏109/349 € 🛏🛏109/349 € – 2 suites – ⊊ 17 €
65 av. des Jeux – ℰ 04 76 80 35 50 – www.hotelroyaloursblanc.com – Ouvert 15 déc.-24 avril et juil.-août

🏠 Alpenrose

HÔTEL DE VACANCES · MODERNE Au cœur du quartier des Bergers, près de l'altiport, un imposant chalet à la fois moderne et confortable. On pose ses valises dans des chambres spacieuses et lumineuses, avant d'aller profiter de la piscine chauffée ou de la salle de massage... Pour voir les Alpes en rose !

25 suites – 🛏🛏276/540 € – 2 chambres – ⊊ 17 €
*rte de Fond-Morelle - Les Bergers – ℰ 04 27 04 28 04
– www.alpen-rose-hotel.com – Ouvert 20 déc.-10 avril et 28 juin- 26 août*

ALPUECH – 12 (Aveyron) ➜ voir Laguiole

ALTENSTADT – 67 (Bas-Rhin) ➜ voir Wissembourg

ALTKIRCH

✉ 68130 (Haut-Rhin) – 5 747 hab. – Alt. 312 m – Carte régionale n° **1**-A3
▶ Paris 457 km – Basel 33 km – Belfort 35 km – Montbéliard 52 km
Carte Michelin 315-H11 – Guide Vert Michelin Alsace Vosges

🕮 **Auberge Sundgovienne**   🏠 🕭 AC ↻ P

CUISINE MODERNE · ÉLÉGANT XX Ce restaurant d'hôtel est très sympathique :
tout y est avenant, contemporain et cosy, et l'on y apprécie une bonne cuisine
d'aujourd'hui, concoctée par un chef soucieux de bien faire.

🍴 Menu 16 € (semaine), 26/59 € – Carte 32/61 €

1 rte de Belfort, 4 km à l'Ouest par D419 – ℰ 03 89 40 97 18
– www.auberge-sundgovienne.fr – Fermé 17-26 juil., 22 déc.-22 janv., mardi
midi, dim. soir et lundi

🏠 **Auberge Sundgovienne**   ⚡ 🖻 🕭 AC 🐾 P

URBAIN · SIMPLE La belle façade contemporaine invite à pousser les portes de
cet établissement coquet et chaleureux. Le parc paysagé est idéal pour se mettre
au vert, les chambres, urbaines et contemporaines, sont plaisantes et raffinées ;
quant au restaurant, il se prête à la gourmandise.

27 chambres – ♦63/105 € ♦♦80/125 € – 1 suite – ♾13 € – ½ P

1 rte de Belfort, 4 km à l'Ouest par D419 – ℰ 03 89 40 97 18
– www.auberge-sundgovienne.fr – Fermé 17-26 juil. et 22 déc.-22 janv.

🕮 **Auberge Sundgovienne** – voir les restaurants ci-dessus

à Wahlbach 10 km à l'Est par D419 et D19ᴮ – ✉ 68130 – 492 hab. – Alt. 320 m

🕮 **Auberge de la Gloriette**   ↩ 🍴 🏠 AC 🐾 P

CUISINE TRADITIONNELLE · CLASSIQUE XX Dans cette maison ancienne règne
une sympathique atmosphère familiale. On y sert une cuisine traditionnelle simple
et l'on propose aussi des chambres d'esprit rustique, fonctionnelles et colorées.

Formule 15 € – Menu 29/55 € – Carte 40/65 €

8 chambres – ♦55/85 € ♦♦65/95 € – ♾9 €

9 r. Principale – ℰ 03 89 07 81 49 – www.lagloriette68.com – Fermé 2 semaines
en sept., lundi et mardi

ALTWILLER

✉ 67260 (Bas-Rhin) – 418 hab. – Alt. 220 m – Carte régionale n° **1**-A1
▶ Paris 412 km – Le Haras 10 km – Metz 86 km – Nancy 73 km
Carte Michelin 315-F3

🕮 **L'Écluse 16**   🍴 AC ↻ P

CUISINE MODERNE · À LA MODE XX Escargots alsaciens de Hirschland, sponge
cake à l'ail des ours et crémeux noisette ; filet de canette rôti, croque-morilles et
sauce poulette au vin jaune... On se régale de belles saveurs dans cet ancien
relais de chevaux de halage, bordant le canal des houillères de la Sarre à quelques pas... d'une écluse.

Formule 20 € – Menu 32/48 €

Bonne Fontaine, 3,5 km au Sud-Est – ℰ 03 88 00 90 42 – www.ecluse16.com
– Fermé 28 août-14 sept., 27 déc.-13 janv., mardi et merc.

AMBERT

✉ 63600 (Puy-de-Dôme) – 6 852 hab. – Alt. 535 m – Carte régionale n° **6**-C2
▶ Paris 438 km – Brioude 63 km – Clermont-Ferrand 77 km – Thiers 53 km
Carte Michelin 326-J9 – Guide Vert Michelin Auvergne

ⅠⅠ◯ Les Copains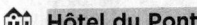

CUISINE TRADITIONNELLE · SIMPLE XX En face de la pittoresque mairie en rotonde célébrée par Jules Romains dans *Les Copains*. Le décor, gris et rouge, est d'inspiration japonaise. Au menu : spécialités régionales, dont l'incontournable fourme d'Ambert. Les assiettes sont généreuses.

🍴 Menu 14 € (déj. en semaine), 33/60 € – Carte 41/49 €

11 chambres – †58/70 € ††58/70 € – ☑ 8,50 €

42 bd Henri-IV – ℰ 04 73 82 01 02 – www.hotelrestaurantlescopains.com
– Fermé 20-28 fév., 16-24 avril, 10 sept.-10 oct., dim. soir, sam. et fériés le soir

AMBIALET

✉ 81430 (Tarn) – 451 hab. – Alt. 220 m – Carte régionale n° **29**-C2
▶ Paris 718 km – Albi 23 km – Castres 55 km – Lacaune 52 km
Carte Michelin 338-G7

🏠 Hôtel du Pont

FAMILIAL · FONCTIONNEL Au bord du Tarn, un hôtel-restaurant tenu par la même famille depuis sept générations ! Jolie vue sur Ambialet, son église et son prieuré ; chambres donnant sur la campagne ou sur la rivière, et bungalows familiaux (plus simples mais plus spacieux) : une bonne étape.

20 chambres – †60/75 € ††60/75 € – ☑ 9 €

La Moulinquié – ℰ 05 63 55 32 07 – www.hotel-du-pont.com – Ouvert de mi-fév. à mi-nov.

AMBIERLE

✉ 42820 (Loire) – 1 806 hab. – Alt. 467 m – Carte régionale n° **44**-A1
▶ Paris 379 km – Lapalisse 33 km – Roanne 18 km – Thiers 81 km
Carte Michelin 327-C3 – Guide Vert Michelin Lyon et sa région

❀ Le Prieuré (Thierry Fernandes)

CUISINE MODERNE · ÉLÉGANT XXX Au centre de ce village de vignerons, on se laisse surprendre par le terroir revu et corrigé selon Thierry Fernandes, chef créatif et inspiré. Quels que soient les plats proposés, la technique est au rendez-vous et les saveurs tout autant. Pour profiter de la jolie terrasse, pensez à réserver ! Quelques chambres cosy pour la nuit.

→ Saint-Jacques de Bretagne grillées à la plancha, arc en ciel de légumes croquants et acidulés. Ris de veau rôti et caramélisé dans un jus au vin de la côte Roannaise. Sphère de chocolat noir.

Formule 24 € – Menu 42/90 € – Carte 65/105 €

5 chambres ☑ – †120 € ††120/160 €

r. de la Mairie – ℰ 04 77 65 63 24 – www.leprieureambierle.com – Fermé dim. soir, mardi et merc.

AMBOISE

✉ 37400 (Indre-et-Loire) – 13 157 hab. – Alt. 60 m – Carte régionale n° **11**-A1
▶ Paris 223 km – Blois 36 km – Loches 37 km – Tours 27 km
Carte Michelin 317-O4 – Guide Vert Michelin Châteaux de la Loire

❀ Château de Pray

CUISINE MODERNE · ÉLÉGANT XXX Décor châtelain et... salle troglodytique pour cet ancien chai proposant désormais une cuisine qui flirte joliment avec notre époque. Finesse d'exécution, équilibre des saveurs, approvisionnement auprès de producteurs locaux... en un mot, c'est bon !

→ Blanc de seiche nacré, parfait glacé à l'huile d'olive et oxalis. Selle d'agneau rôtie, chou pointu et ail des ours. Soufflé chaud au cassis de Touraine, sorbet cassis.

Menu 58/130 € – Carte 90/105 €

Hôtel Château de Pray, r. du Cèdre, 3 km, rte de Chargé au Nord-Est et D751
– ℰ 02 47 57 23 67 – www.chateaudepray.fr – Fermé 5 janv.-5 fév., 17 nov.-11 déc., mardi sauf le soir de mai à sept., merc. midi d'avril à oct. et lundi

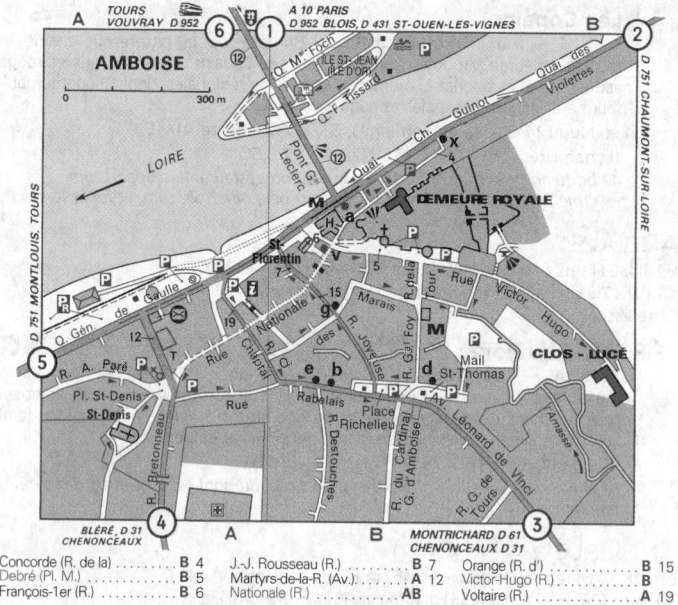

Concorde (R. de la) . . . . **B** 4
Debré (Pl. M.) . . . . **B** 5
François-1er (R.) . . . . **B** 6
J.-J. Rousseau (R.) . . . . **B** 7
Martyrs-de-la-R. (Av.) . . . . . . **A** 12
Nationale (R.) . . . . **AB**
Orange (R. d') . . . . **B** 15
Victor-Hugo (R.) . . . . **B**
Voltaire (R.) . . . . **A** 19

🍴 Le Patio 🏠 &. AC

CUISINE MODERNE · BISTRO 𝕏 Crème de panais, homard canadien ; pastilla de pigeonneau aux fruits secs et jus court ; millefeuille de crêpes au chocolat... Au cœur de la ville, dans un décor d'atelier – poutres métalliques, murs blancs –, le chef réalise une cuisine du marché simple et bonne, avec des produits locaux triés sur le volet. Plaisant !

∞ Formule 17 € – Menu 19 € (déj.), 30 € – Carte 40/69 €

Plan : B-v – *14 r. Nationale* – ℰ *02 47 79 00 00* – *Fermé 1er janv.-7 fév., mardi et merc.*

🍴 Le Lion d'Or &. AC ↩

CUISINE MODERNE · CONVIVIAL 𝕏 Au pied du célèbrissime château d'Amboise, ce restaurant résolument contemporain est niché dans une grande maison datant de 1880. Le chef y compose des assiettes dans l'air du temps, parfumées et colorées, où les beaux produits sont légion. Le tout dans une ambiance conviviale !

Formule 17 € – Menu 21 € (semaine), 27/50 € – Carte 45/55 €

Plan : B-a – *17 quai Charles-Guinot* – ℰ *02 47 57 00 23*
– www.liondor-amboise.com – Fermé 22 mars-4 avril, 17 nov.-7 déc., jeudi hors saison, dim. soir et lundi

🏨 Le Manoir Les Minimes ⇐ 🛏 &. AC 🕸 P

LUXE · PERSONNALISÉ Cette demeure du 18e s. située en bord de Loire vous accueille avec élégance. De superbes meubles de style habillent ses beaux salons bourgeois et ses chambres raffinées.

13 chambres – ♦139/320 € ♦♦139/320 € – 2 suites – ⌂ 17 €

Plan : B-x – *34 quai Charles-Guinot* – ℰ *02 47 30 40 40*
– www.manoirlesminimes.com – Fermé 24 janv.-10 fév.

Le Manoir St-Thomas

FAMILIAL · PERSONNALISÉ Ce manoir Renaissance met tout en œuvre pour le confort de ses clients. Jardin avec piscine, agréables salons et chambres de caractère (antiquités, poutres apparentes ou plafonds peints, etc.).

8 chambres – ♦145/275 € ♦♦145/275 € – 2 suites – ☖17 €

Plan : B-d – *1 Mail St-Thomas* – *𝒞 02 47 23 21 82* – *www.manoir-saint-thomas.com* – *Fermé 17 janv.-1ᵉʳ fév.*

Novotel

HÔTEL DE CHAÎNE · FONCTIONNEL Ce bâtiment domine Amboise et la vallée de la Loire. Chambres spacieuses et de style actuel, à l'image du dernier concept de la chaîne ; certaines ont vue sur le château. Salle trendy et carte "Novotel Café", conformes au nouveau look de l'enseigne.

121 chambres – ♦115/170 € ♦♦115/170 € – ☖17 €

17 r. des Sablonnières, 2 km au Sud par D31 rte de Chenonceaux – *𝒞 02 47 57 42 07* – *www.novotel.com*

Le Pavillon des Lys

TRADITIONNEL · PERSONNALISÉ À deux pas du château d'Amboise et du Clos-Lucé, cette belle demeure du 18ᵉ s. abrite des chambres joliment décorées. Il fait bon se détendre sur l'agréable terrasse ou dans l'un des salons raffinés. Une bonne adresse.

9 chambres – ♦110/310 € ♦♦110/310 € – 1 suite – ☖15 €

Plan : B-g – *9 r. d'Orange* – *𝒞 02 47 30 01 01* – *www.pavillondeslys.com*

Château de Pray

CHÂTEAU · HISTORIQUE D'imposantes tours rondes, un grand parc arboré, quelques lits à baldaquin... Sur des fondations médiévales, ce petit château date essentiellement du 17ᵉ s. : à la croisée des époques, caractère et agrément !

19 chambres – ♦139/240 € ♦♦139/290 € – ☖19 €

r. du Cèdre, 3 km au Nord-Est, rte de Chargé et D751 – *𝒞 02 47 57 23 67* – *www.chateaudepray.fr* – *Fermé 17 nov.-4 déc. et 6-28 janv.*

❀ **Château de Pray** – voir les restaurants ci-dessus

Le Clos d'Amboise

TRADITIONNEL · PERSONNALISÉ Un beau parc avec piscine chauffée et de coquettes chambres font l'attrait de cette maison de maître proche du château. Il fait bon se détendre devant la cheminée du salon et dans l'agréable sauna ; un espace restauration est mis à disposition des résidents.

18 chambres – ♦95/164 € ♦♦120/264 € – 2 suites – ☖15 € – ½ P

Plan : B-b – *27 r. Rabelais* – *𝒞 02 47 30 10 20* – *www.leclosamboise.com*

Domaine de l'Arbrelle

FAMILIAL · FONCTIONNEL Au cœur d'un parc et en lisière de forêt, une ferme restaurée, au grand calme. Les chambres, confortables à souhait, ont un petit côté chalet à la campagne.

21 chambres – ♦74/165 € ♦♦74/165 € – ☖13 € – ½ P

523 r. de la Berthellerie, au Sud par D31 – *𝒞 02 47 57 57 17* – *www.arbrelle.fr* – *Fermé 1ᵉʳ déc.-15 fév.*

Le Vinci Loire Valley

TRADITIONNEL · MODERNE Dans les faubourgs de la ville, cet hôtel est idéalement situé sur la route des châteaux de la Loire. Les chambres sont confortables et bien équipées ; l'ensemble est fonctionnel et parfaitement entretenu.

26 chambres – ♦85/151 € ♦♦85/151 € – ☖13 €

12 av. Émile-Gounin, 1 km au Sud par D31 – *𝒞 02 47 57 10 90* – *www.vinciloirevalley.com*

🏠 Au Charme Rabelaisien   🚗 ⌂ 🅰️ 🌿 🅿️

FAMILIAL · PERSONNALISÉ Cette demeure bourgeoise qui abrita banque, école et étude notariale, propose aujourd'hui des chambres soignées. Accueil familial et tranquillité ; petit jardin avec piscine.

4 chambres ☲ – †82/92 € ††159/179 €

Plan : B-e – *25 r. Rabelais* – *𝒞 02 47 57 53 84* – *www.au-charme-rabelaisien.com* – *Ouvert 1er avril-15 nov.*

à **Limeray** 7 km au Nord par D952 – ✉ 37530 – 1 229 hab. – Alt. 70 m

🍽️ Auberge de Launay   ⇔ 🚗 🌳 🅰️ 🅿️

CUISINE MODERNE · AUBERGE ✕✕ Dans cette ancienne ferme du 18e s., le chef cuisine de délicieux produits du terroir – dont certains bio –, et les accompagne avec les herbes aromatiques du jardin. Le tout se déguste avec un petit vin de Loire, dans la véranda ou sur la terrasse aux beaux jours. Chambres sobres, tenues avec un soin méticuleux.

Formule 19 € – Menu 31/43 €

15 chambres – †68/91 € ††68/91 € – ☲ 11 €

9 r. de la Rivière – *𝒞 02 47 30 16 82* – *www.aubergedelaunay.com* – *Fermé de mi-déc. à mi-janv.*

à **St-Ouen-les-Vignes** 6,5 km au Nord par D431 – ✉ 37530

– 1 022 hab. – Alt. 80 m

🍽️ L'Aubinière   🎋 🚗 ♿ 🅰️ 🌿 ⇔ 🅿️

CUISINE MODERNE · DESIGN ✕✕ Une belle salle contemporaine et lumineuse, une terrasse donnant sur un jardin, une cuisine de saison qui ne triche pas sur la qualité des produits et une cave riche en vins régionaux : le restaurant de l'Aubinière a vraiment tout pour plaire !

Formule 20 € – Menu 28 € (déj. en semaine), 38/72 € – Carte 50/75 €

29 r. Jules-Gautier – *𝒞 02 47 30 15 29* – *www.aubiniere.com* – *Fermé 4 janv.-12 fév., mardi soir de fév. à mai, merc. midi et mardi de juin à sept., dim. soir et lundi*

🏠 L'Aubinière   🎋 🌿 🚗 ☲ 🌐 🛗 ♿ 🅰️ 🌿 🏊 🅿️

HÔTEL DE VACANCES · FONCTIONNEL Six nouvelles chambres contemporaines spacieuses et confortables, un espace bien-être (sauna, hammam, spa à débordement) et une piscine chauffée... L'auberge de l'Aubinière évolue avec son temps et demeure une étape agréable dans le Val de Loire.

12 chambres – †125/315 € ††125/315 € – ☲ 17 € – ½ P

29 r. Jules-Gautier – *𝒞 02 47 30 15 29* – *www.aubiniere.com* – *Fermé 4 janv.-12 fév.*

🍽️ **L'Aubinière** – voir les restaurants ci-dessus

à **St-Règle** 3 km au Sud-Est par D31 – ✉ 37530 – 520 hab. – Alt. 80 m

🏰 Château des Arpentis   🌿 ⇔ 🚗 ☲ 🌐 ♿ 🅰️ 🌿 🅿️

CHÂTEAU · PERSONNALISÉ Un château entouré de douves, dans un parc de 30 ha, au grand calme. Les chambres sont raffinées et tendues de superbes tissus. On accède à la piscine par l'un des souterrains !

12 chambres – †170/190 € ††170/190 € – ☲ 10 €

– *𝒞 02 47 23 00 00* – *www.chateaudesarpentis.com* – *Fermé janv. et fév.*

AMBRONAY

✉ 01500 (Ain) – 2 437 hab. – Alt. 250 m – Carte régionale n° **44**-B1

▶ Paris 463 km – Belley 53 km – Bourg-en-Bresse 28 km – Lyon 59 km

Carte Michelin 328-F4 – Guide Vert Michelin Franche-Comté Jura

☼ **Auberge de l'Abbaye** (Ivan Lavaux)

CUISINE MODERNE · À LA MODE ✕✕ Une auberge contemporaine intime et lumineuse, dont le décor mêle murs gris pâle, chaises rouge vif, œuvres d'art, etc. Le chef annonce de vive voix le menu du jour, à choix unique, très souvent élaboré autour d'un plat principal à base de poisson sauvage. Beaucoup de soin, point de superflu : savoureux !

➜ Cuisine du marché.

Formule 34 € ♟ – Menu 50/96 € ♟

47 pl. des Anciens-Combattants – ℰ 04 74 46 42 54 (réservation conseillée) – www.aubergedelabbaye-ambronay.com – Fermé 24 juil.-17 août, dim. soir, merc. soir et lundi

---

L'AMÉLIE-SUR-MER – 33 (Gironde) ➜ voir Soulac-sur-Mer

AMIENS

✉ 80000 (Somme) – 132 727 hab. – Agglo. 162 698 hab. – Alt. 34 m
– Carte régionale n° **36**-B2
▶ Paris 142 km – Lille 123 km – Reims 173 km – Rouen 122 km
Carte Michelin 301-G8 – Guide Vert Michelin Picardie

🍴 **Le Vivier**

POISSONS ET FRUITS DE MER · CONVIVIAL ✕✕✕ Un vivier à crustacés, au centre de ce restaurant, donne le ton ! Ici, on célèbre la mer et ses saveurs avec raffinement : salade de foie gras aux langoustines, blanc de turbot aux girolles... Le cadre pour ce délicieux moment pourra être, au choix, un élégant jardin d'hiver, une salle bistrot ou plus feutrée.

Formule 22 € – Menu 26 € (déj.), 34/85 € – Carte 26/105 €

Plan : AZ-d – *593 rte de Rouen – ℰ 03 22 89 12 21 – www.restaurantlevivier-amiens.com – Fermé 24 juil.-22 août, 25 déc.-4 janv., dim. et lundi*

🍴 **La Table du Marais**

CUISINE MODERNE · CONVIVIAL ✕✕ Un paysage de verdure, une terrasse tournée vers les étangs... Aux portes de la ville, on est déjà à la campagne ! La carte, dans l'air du temps, change régulièrement, pour le plaisir des gourmands.

Formule 24 € – Menu 33 € – Carte 45/65 €

472 chaussée Jules-Ferry, au Sud-Est par D1029 – ℰ 03 22 46 17 44 – www.latabledumarais.fr – Fermé vacances de fév., 30 juil.-20 août, vacances de Noël, dim. et lundi

🍴 **L'Orée de la Hotoie**

CUISINE TRADITIONNELLE · FAMILIAL ✕✕ Il fait bon se restaurer dans cette maison aux abords du joli parc de la Hotoie. On y savoure une cuisine de saison, généreuse et soignée, concoctée par un chef passionné, qui sait révéler l'âme des bons produits.

Menu 26 € (semaine), 37/48 € – Carte 40/55 €

Plan : BY-f – *17 r. Jean-Jaurès – ℰ 03 22 91 37 05 – www.loreedelahotoie.fr – Fermé 26 juil.-19 août, 21-27 déc., sam. midi, dim. soir et lundi*

🍴 **Les Orfèvres**

CUISINE MODERNE · CONVIVIAL ✕✕ À deux pas de la célèbre cathédrale, un restaurant chic et contemporain, à l'ambiance feutrée. Au menu : une cuisine d'aujourd'hui alliant références traditionnelles et notes originales.

Formule 28 € – Menu 44/69 € – Carte 54/99 €

Plan : CY-m – *14 r. des Orfèvres – ℰ 03 22 92 36 01 – www.lesorfevres.com – Fermé 2-15 janv., dim. soir et lundi*

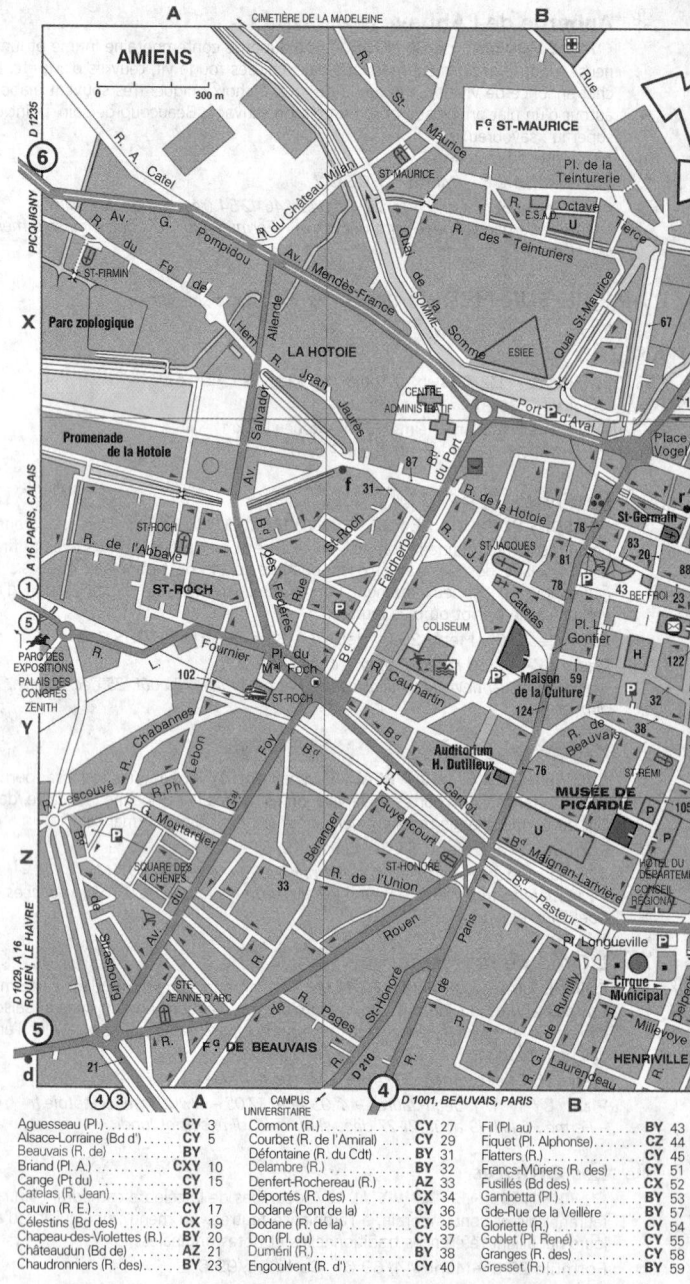

AMIENS

Aguesseau (Pl.)	CY	3
Alsace-Lorraine (Bd d')	CY	5
Beauvais (R. de)	BY	
Briand (Pt. A.)	CXY	10
Cange (Pt du)	CY	15
Catelas (R. Jean)	BY	
Cauvin (R. E.)	CY	17
Célestins (Bd des)	CX	19
Chapeau-des-Violettes (R.)	BY	20
Châteaudun (Bd de)	AZ	21
Chaudronniers (R. des)	BY	23

Cormont (R.)	CY	27
Courbet (R. de l'Amiral)	CY	29
Défontaine (R. du Cdt)	BY	31
Delambre (R.)	BY	32
Denfert-Rochereau (R.)	AZ	33
Déportés (R. des)	CX	34
Dodane (Pont de la)	CY	36
Dodane (R. de la)	CY	35
Don (Pl. du)	CY	37
Duméril (R.)	BY	38
Engoulvent (R. d')	CY	40

Fil (Pl. au)	BY	43
Fiquet (Pl. Alphonse)	CZ	44
Flatters (R.)	CY	45
Francs-Mûriers (R. des)	CY	51
Fusillés (Bd des)	CX	52
Gambetta (Pl.)	BY	53
Gde-Rue de la Veillère	BY	57
Gloriette (R.)	CY	54
Goblet (Pl. René)	CY	55
Granges (R. des)	CY	58
Gresset (R.)	BY	59

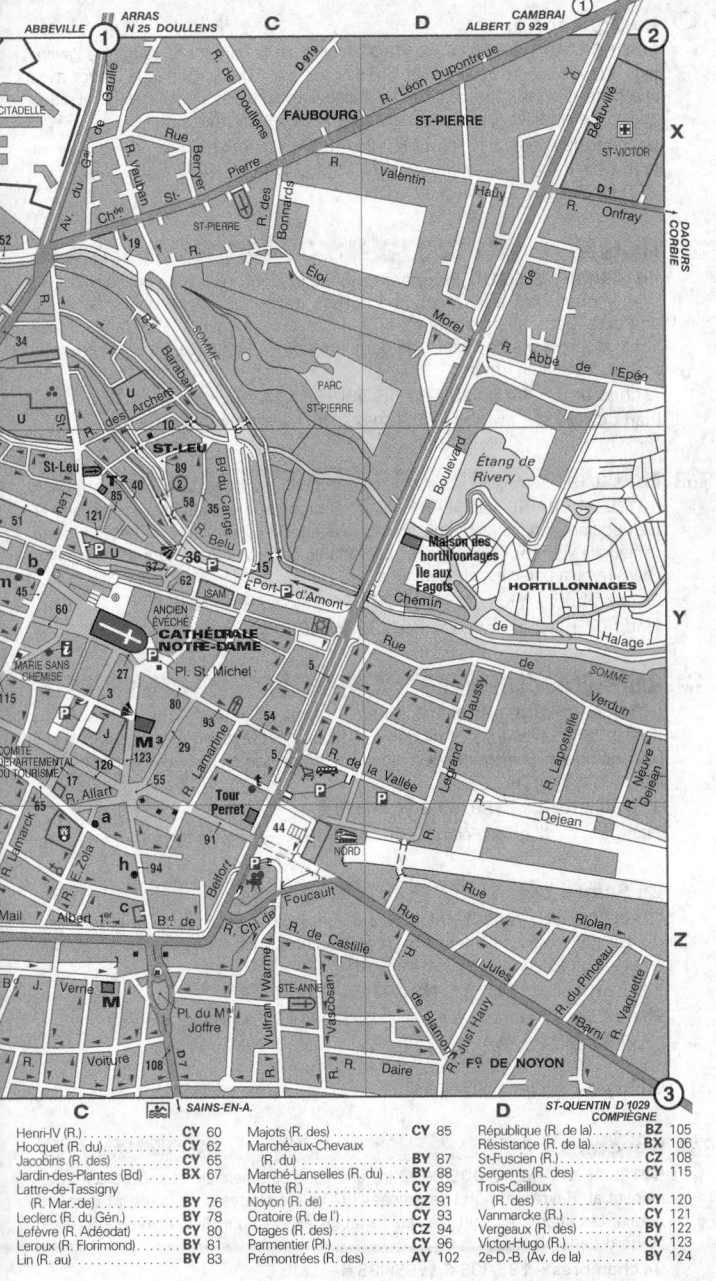

Henri-IV (R.)	**CY** 60
Hocquet (R. du)	**CY** 62
Jacobins (R. des)	**CY** 65
Jardin-des-Plantes (Bd)	**BX** 67
Lattre-de-Tassigny (R. Mar.-de)	**BY** 76
Leclerc (R. du Gén.)	**BY** 78
Lefèvre (R. Adéodat)	**CY** 80
Leroux (R. Florimond)	**BY** 81
Lin (R. au)	**BY** 83

Majots (R. des)	**CY** 85
Marché-aux-Chevaux (R. du)	**BY** 87
Marché-Lanselles (R. du)	**BY** 88
Motte (R.)	**CY** 89
Noyon (R. de)	**CZ** 91
Oratoire (R. de l')	**CY** 93
Otages (R. des)	**CZ** 94
Parmentier (Pl.)	**CY** 96
Prémontrées (R. des)	**AY** 102

République (R. de la)	**BZ** 105
Résistance (R. de la)	**BX** 106
St-Fuscien (R.)	**CZ** 108
Sergents (R. des)	**CY** 115
Trois-Cailloux (R. des)	**CY** 120
Vanmarcke (R. des)	**CY** 121
Vergeaux (R. des)	**BY** 122
Victor-Hugo (R.)	**CY** 123
2e-D.-B. (Av. de la)	**BY** 124

Le Bouchon

CUISINE TRADITIONNELLE · BISTRO ⅋ Proche de la gare, ce restaurant a l'avantage d'être toujours ouvert, sauf le dimanche soir ! Un sympathique bistrot avec une carte réjouissante : recettes traditionnelles, suggestions du marché et quelques plats canailles. De quoi satisfaire bien des gourmands.

Menu 19 € (déj. en semaine), 29/48 € – Carte 32/65 €

Plan : CY-t – *10 r. Alexandre-Fatton* – ℰ *03 22 92 14 32 – www.lebouchon.fr – Fermé dim. soir sauf juil.-août*

Marotte

HISTORIQUE · ÉLÉGANT Bel établissement inauguré fin 2012 au cœur de la ville. Il prend ses aises dans une bâtisse de brique rouge du 19e s. (avec une extension contemporaine), dont il conserve le cachet – boiseries, moulures, etc. – et même l'esprit de demeure privée. Élégance, atmosphère feutrée et accueil charmant...

12 chambres – ♦145/320 € ♦♦165/500 € – ⌑ 22 €

Plan : CZ-a – *3 r. Marotte* – ℰ *03 60 12 50 00 – www.hotel-marotte.com*

Mercure

HÔTEL DE CHAÎNE · MODERNE Cet hôtel propose des chambres spacieuses et bien équipées, dont le design chaleureux rappellerait presque les vitraux de la cathédrale voisine ; l'ensemble est confortable et conviendra autant à des familles en visite qu'à une clientèle d'affaires.

98 chambres – ♦106/225 € ♦♦106/225 € – 3 suites – ⌑ 16 €

Plan : CY-b – *21 r. Flatters* – ℰ *03 22 80 60 60 – www.mercure.com*

Ibis Styles Cathédrale

HÔTEL DE CHAÎNE · MODERNE En plein centre-ville, le charme d'un bel édifice du 18e s. avec le confort du 21e s ! Les chambres, contemporaines, sont bien équipées et insonorisées. Une bonne adresse pour une escapade dans la capitale picarde.

47 chambres ⌑ – ♦89/119 € ♦♦99/129 €

Plan : BY-r – *17 pl. au Feurre* – ℰ *03 22 22 00 20 – www.ibisstyles.com*

Le Saint-Louis

TRADITIONNEL · PERSONNALISÉ Entre la maison de Jules Verne et la tour Perret, cet hôtel est idéalement situé. Les chambres sont plutôt spacieuses et bien tenues. Agréable salle de petit-déjeuner.

24 chambres – ♦74/98 € ♦♦80/135 € – ⌑ 12 €

Plan : CZ-h – *24 r. des Otages* – ℰ *03 22 91 76 03 – www.amiens-hotel.fr – Fermé 24 déc.-4 janv.*

rte de Roye 7 km par N29 et D934

Novotel

HÔTEL DE CHAÎNE · MODERNE Dans une zone commerciale et proche de l'A 29 menant au Havre, cet hôtel des années 1970 a été rénové dans un esprit contemporain. Les chambres sont très confortables et fonctionnelles. Agréable terrasse au bord de la piscine.

94 chambres – ♦95/185 € ♦♦95/185 € – ⌑ 16 €

7 r. des Indes-Noires, (Pôle Jules Verne) ✉ *80440 Boves* – ℰ *03 22 50 42 42 – www.novotel.com*

à Dury 6 km au Sud par D1001 – ⊠ 80480 – 1 222 hab. – Alt. 115 m

❀ **L'Aubergade** (Eric Boutté)

CUISINE MODERNE • À LA MODE 𝕏𝕏𝕏 Une collection de guides MICHELIN, une salle mêlant blancheur immaculée et tons chauds... Voilà pour le cadre de cette adresse considérée, à juste titre, comme la bonne table de la région. Le chef privilégie les produits de saison ; sa cuisine est actuelle, fine et savoureuse.

➜ Marbré de foie gras de canard, jambon serrano, jeunes poireaux, vinaigrette d'herbes. Véritable chou farci en hommage à Jean Delaveyne. Soufflé fruit de la passion, coulis et sorbet.

Menu 44/81 € – Carte 70/100 €

78 rte Nationale – 𝒞 03 22 89 51 41 – www.aubergade-dury.com
– Fermé 3-18 avril, 7-22 août, 24 déc.-9 janv., dim. et lundi

🍽○ **La Bonne Auberge**   ⅙

CUISINE MODERNE • AUBERGE 𝕏 Dans cette pimpante auberge, point de carte : on choisit parmi les suggestions de l'ardoise, gage de fraîcheur. Bons produits, assaisonnements et cuissons au poil : on ne regrette pas son choix ! Le dressage des tables, simple et soigné, est à l'image de la décoration des lieux. Tarifs doux, recettes plus ambitieuses le soir.

Formule 16 € – Menu 30/45 €

63 rte Nationale – 𝒞 03 22 95 03 33 (réservation conseillée)
– www.labonneauberge80.com – Fermé 1er-16 août, 2-22 janv., dim. soir, mardi soir et lundi

AMMERSCHWIHR

⊠ 68770 (Haut-Rhin) – 1 773 hab. – Alt. 215 m – Carte régionale n° **2**-C2
▶ Paris 441 km – Colmar 9 km – Gérardmer 49 km – St-Dié 44 km
Carte Michelin 315-H8

🍽○ **Aux Armes de France**   🐾 🖘 🛋 ♨ 🅿

CUISINE CLASSIQUE • ÉLÉGANT 𝕏𝕏𝕏 Dans ce beau village de la route des vins, une grande maison blanche qui cultive un certain esprit de tradition, entre décor bourgeois et cuisine classique (pressé de grenouilles au riesling, gratin de homard, choucroute garnie...). À l'étage, les chambres de style rustique permettent de faire étape.

Formule 19 € – Menu 30 € (déj. en semaine), 45/55 € – Carte 50/91 €

10 chambres – ♦74/94 € ♦♦74/94 € – ☷ 12 €

1 Grand'Rue – 𝒞 03 89 47 10 12 – www.armesfrance.fr – fermé merc. et jeudi

AMNÉVILLE

⊠ 57360 (Moselle) – 10 069 hab. – Alt. 162 m – Carte régionale n° **26**-B1
▶ Paris 319 km – Briey 17 km – Metz 21 km – Thionville 16 km
Carte Michelin 307-H3

au Parc Thermal et de Loisirs 2,5 km au Sud, bois de Coulange –
⊠ 57360 Amnéville :

🍽○ **La Forêt**   🐾 🏡 ⅙ 🄰🄲

CUISINE TRADITIONNELLE • CONVIVIAL 𝕏𝕏 "Penser, c'est chercher des clairières dans une forêt." On pourra méditer cette trouvaille de Jules Renard en s'attablant dans cette maison conviviale, face au bois de Coulange. Les recettes y sont empreintes de classicisme (foie gras maison, salade de homard, bourride, etc.) et s'accompagnent de jolis crus.

Menu 21 € (semaine), 35/45 € – Carte 36/67 €

1 r. de la Source – 𝒞 03 87 70 34 34 – www.restaurant-laforet.com
– Fermé 25 juil.-8 août, 23 déc.-6 janv., dim. soir, fériés le soir et lundi

⌂⌂⌂ Amnéville Plaza ⟵ 🛁 🖥 ♿ AC 🚫 🛋 P

LUXE · MODERNE Cet hôtel, situé en plein cœur du parc thermal et de loisirs du bois de Coulange, est directement relié à une salle de spectacle. Le parti pris est contemporain, voire avant-gardiste : chambres et suites design, casino, espace détente, salles de séminaire, restaurant...

78 chambres – ♥99/259 € ♥♥99/259 € – 5 suites – ⌂ 17 €

Parc de Coulange – ✆ *03 87 71 82 86 – www.amneville-plaza.com*

⌂⌂ Diane ♨ 🖥 ♿ 🛋

FAMILIAL · FONCTIONNEL Au cœur du parc de loisirs, près des thermes, cet hôtel a pour avantage d'être parfaitement intégré à la forêt. Le style contemporain, très "green", est traversé de quelques touches design. L'endroit parfait pour prendre son petit-déjeuner en regardant la verdure...

48 chambres – ♥82/91 € ♥♥82/91 € – 3 suites – ⌂ 12 €

r. de la Source – ✆ *03 87 70 16 33 – www.hotels-amneville.com*

⌂⌂ Marso ⌂ 🖥 ♿ AC 🛋 P

TRADITIONNEL · FONCTIONNEL Le point fort de cet hôtel récent ? Sa situation, à proximité des attractions du parc (piste de ski artificielle, zoo, cinéma, etc.). Avec des chambres fonctionnelles (avec terrasse), un salon de coiffure, un restaurant et un bar, nul besoin de ressortir...

50 chambres – ♥69/128 € ♥♥69/220 € – ⌂ 14 € – ½ P

bois de Coulange – ✆ *03 87 15 15 40 – www.hotel-marso.com*

⌂ St Eloy ⌂ ♿ 🛋

FAMILIAL · ACTUEL Un hôtel entouré de verdure, et rénové dans un esprit contemporain. Il abrite de petites chambres bien aménagées (douches à l'italienne, écrans plats), avec un mobilier design. Au restaurant, les charcuteries sont faites maison !

47 chambres – ♥70/75 € ♥♥78/83 € – ⌂ 11 €

r. des Thermes – ✆ *03 87 70 32 62 – www.hotels-amneville.com*

AMOU

✉ 40330 (Landes) – 1 523 hab. – Alt. 44 m – Carte régionale n° **3**-B3

▶ Paris 760 km – Aire-sur-l'Adour 51 km – Dax 31 km – Mont-de-Marsan 47 km

Carte Michelin 335-G13 – Guide Vert Michelin Aquitaine

⫶◯ Le Commerce ⟵ 🏠 🚗

CUISINE TRADITIONNELLE · RUSTIQUE 🗶 Le charme des anciennes auberges de village, la touche contemporaine en plus... Pâté maison, foie gras chaud aux piquillos, lamproie en matelote, anguilles persillées, tourtière flambée aux pommes : à la carte, la cuisine landaise et les bonnes recettes sont à l'honneur ! Quelques jolies chambres pour passer la nuit.

🍴 Menu 18 € (semaine), 22/29 € – Carte 29/55 €

15 chambres – ♥69/90 € ♥♥69/110 € – ⌂ 7 €

2 pl. de la Poste, (près de l'église) – ✆ *05 58 89 02 28*

– www.hotel-lecommerceamou.com – Fermé 21 fév.-6 mars, 13 nov.-5 déc., dim. soir sauf juil.-août et lundi

AMPHION-LES-BAINS

✉ 74500 (Haute-Savoie) – Carte régionale n° **46**-F1

▶ Paris 573 km – Annecy 81 km – Évian-les-Bains 4 km – Genève 40 km

Carte Michelin 328-M2 – Guide Vert Michelin Alpes du Nord

⫶◯ Le Tilleul

CUISINE CLASSIQUE · AUBERGE ✕✕ N'hésitez pas à entrer dans cette auberge de bord de route qui ne paie pas de mine, mais dans laquelle on mange bien. Le cadre est rustique – meubles en bois ciré et cuivres polis – et les plats 100 % faits maison ; spécialités de perche et féra du Léman. Pour l'étape, des chambres fonctionnelles et bien insonorisées.

⭕ Menu 19 € (semaine), 35/45 € – Carte 45/65 €

19 chambres – 🛆65/120 € 🛆🛆75/120 € – ⌸ 9 €

252 av. de la Rive – ☏ 04 50 70 00 39 – www.letilleul.com – Fermé dim. soir et lundi sauf juil.-août

⌂ La Plage

TRADITIONNEL · CLASSIQUE Une hostellerie tenue par la même famille depuis quatre générations, au grand calme. Les chambres y sont confortables et bien tenues. Autres avantages de cet établissement : le jardin au bord du lac, le charmant restaurant traditionnel sur pilotis, face à la Suisse... Et le must : la plage, tout près !

39 chambres – 🛆76/110 € 🛆🛆85/185 € – ⌸ 13 € – ½ P

431 r. de la Plage – ☏ 04 50 70 00 06 – www.hotelplage74.com
– Fermé 30 nov.-10 mars

AMPUIS

✉ 69420 (Rhône) – 2 680 hab. – Alt. 150 m – Carte régionale n° **44**-B2

▶ Paris 492 km – Condrieu 5 km – Givors 17 km – Lyon 37 km

Carte Michelin 327-H7 – Guide Vert Michelin Lyon et sa région

⌂ Le Domaine des Vignes

FAMILIAL · MODERNE Une bonne adresse que ce petit hôtel récent, au cœur du célèbre vignoble de Côte-Rôtie. Les chambres sont d'un agréable style contemporain. Ne manquez pas les dégustations de vins du domaine.

12 chambres – 🛆79 € 🛆🛆96 € ⌸ 7 €

41 rte Taquière, D386 – ☏ 04 74 59 21 24 – www.hoteldomainedesvignes.com

ANCELLE

✉ 05260 (Hautes-Alpes) – 883 hab. – Alt. 1 340 m – Carte régionale n° **41**-C1

▶ Paris 671 km – Digne-les-Bains 104 km – Gap 19 km – Marseille 199 km

Carte Michelin 334-F5 – Guide Vert Michelin Alpes du Sud

⌂ Les Autanes

RURAL · RUSTIQUE Une vraie affaire de famille ! Cet hôtel-restaurant a été créé par l'aïeul des actuels propriétaires, qui a également œuvré à la création de la station de ski. Tout près des pistes, le refuge est chaleureux, mêlant décor montagnard, espace bien-être et restaurant traditionnel. Un cadre bien agréable.

32 chambres – 🛆87/122 € 🛆🛆87/122 € – ⌸ 12 € – ½ P

le village – ☏ 04 92 50 82 82 – www.hotel-les-autanes.com – Fermé 11 nov.-20 déc.

ANCENIS

✉ 44150 (Loire-Atlantique) – 7 504 hab. – Alt. 13 m – Carte régionale n° **34**-B2

▶ Paris 347 km – Angers 55 km – Châteaubriant 48 km – Cholet 49 km

Carte Michelin 316-I3 – Guide Vert Michelin Pays de la Loire

⫶⫶ La Toile à Beurre

CUISINE MODERNE · RUSTIQUE ✕ Pierres, poutres et tomettes font le cachet rustique de cette maison de 1750, bordée d'une jolie terrasse. Le chef, Pierre-Yves Ladoire, y revisite la cuisine du terroir en y mêlant sa patte personnelle. Résultat : des recettes gourmandes, mettant notamment à l'honneur le poisson de la Loire. Service aimable.

Formule 16 € – Menu 26/55 € – Carte 37/47 €

82 r. St-Pierre – ☏ 02 40 98 89 64 – www.latoileabeurre.com – Fermé vacances de Pâques et de la Toussaint, dim. soir, mardi soir, merc. soir et lundi

Hôtel de La Loire

TRADITIONNEL · FONCTIONNEL Aux portes de la ville, cet hôtel abrite des chambres fonctionnelles et bien tenues (quelques familiales), la plupart avec balcon ou terrasse privative côté jardin. Cadre moderne au restaurant, cuisine traditionnelle.

42 chambres – †73/83 € ††73/105 € – ☐ 11 € – ½ P

2 km à l'Est, par D723 rte d'Angers – ℰ 02 40 96 00 03 – www.hotel-loire.net

LES ANDELYS

✉ 27700 (Eure) – 8 179 hab. – Alt. 28 m – Carte régionale n° **33**-D2
▣ Paris 93 km – Évreux 38 km – Gisors 30 km – Mantes-la-Jolie 54 km
Carte Michelin 304-I6 – Guide Vert Michelin Normandie Vallée de la Seine

 La Chaîne d'Or

CUISINE CLASSIQUE · ÉLÉGANT XXX Une hostellerie couverte de vigne vierge au bord de la Seine... Entre charme de l'ancien et belle vue sur le fleuve, le cadre ne manque pas de noblesse pour un repas gastronomique qui épouse joliment l'air du temps. Et les chambres, décorées avec goût, se prêtent à une nuit reposante...

Formule 23 € – Menu 30 € (déj. en semaine), 49/65 € – Carte 58/80 €

25 r. Grande – ℰ 02 32 54 00 31 – www.hotel-lachainedor.com

– Fermé vacances de fév., 20-28 déc., dim. soir et mardi du 15 oct. au 15 avril et merc.

ANDLAU

✉ 67140 (Bas-Rhin) – 1 799 hab. – Alt. 215 m – Carte régionale n° **2**-C1
▣ Paris 501 km – Erstein 25 km – Le Hohwald 8 km – Molsheim 25 km
Carte Michelin 315-I6

 Zinckhotel

FAMILIAL · MODERNE Sur la route des Vins, dans le village d'Andlau, un ancien moulin et son extension moderne et spacieuse. Chambres zen, pop, jazzy, Empire... Insolite et décalé !

18 chambres – †65/111 € ††65/111 € – ☐ 9 €

13 r. de la Marne – ℰ 03 88 08 27 30 – www.zinckhotel.com

– Fermé 23 déc.-3 janv.

ANDREZÉ

✉ 49600 (Maine-et-Loire) – 1 847 hab. – Alt. 87 m – Carte régionale n° **34**-B2
▣ Paris 371 km – Angers 80 km – Nantes 62 km – La Roche-sur-Yon 84 km
Carte Michelin 317-D5

 Le Château de la Morinière

CHÂTEAU · PERSONNALISÉ Ce petit château Napoléon III domine la vallée du Beuvron. Ses propriétaires ont su capter toute l'essence raffinée et mystérieuse de son style néogothique : les chambres sont décorées sur le thème des fées... Passionnés de gastronomie et auteurs de livres sur le sujet, ils proposent aussi une belle table d'hôte et des cours. L'alliance du surnaturel et... du naturel.

5 chambres ☐ – †85/109 € ††85/138 €

– ℰ 02 41 75 40 30 – www.chateau-de-la-moriniere.com

ANDUZE

✉ 30140 (Gard) – 3 323 hab. – Alt. 135 m – Carte régionale n° **23**-C2
▣ Paris 718 km – Alès 15 km – Florac 68 km – Montpellier 60 km
Carte Michelin 339-I4

au Nord-Ouest par rte de St-Jean-du-Gard – ✉ 30140 Anduze

🏠 La Porte des Cévennes

FAMILIAL · FONCTIONNEL Non loin de la superbe Bambouseraie de Prafrance, cette paisible maison propose des chambres fonctionnelles, spacieuses et bien tenues, pour la moitié tournées vers la vallée du Gardon. Carte traditionnelle au restaurant, avec terrasse panoramique.

34 chambres – †95/99 € – ††95/99 € – ☕ 12 € – ½ P

2300 rte de St-Jean-du-Gard, à 3 km – ☎ 04 66 61 99 44
– www.porte-cevennes.com – Ouvert 1ᵉʳ avril-17 oct.

à Thoiras 8,5 km au Nord-Ouest par D907 et D258 – ✉ 30140
– 440 hab. – Alt. 200 m

🏠 Le Mas de Prades

MAISON DE CAMPAGNE · PERSONNALISÉ En pleine campagne, aux portes du parc national des Cévennes, ce mas tout en pierre est un vrai refuge. La belle piscine dans le parc parfaitement entretenu, les chambres très cosy, les salons où il fait bon prendre un livre, les vélos à disposition : tout invite à lâcher prise...

5 chambres ☕ – †90/110 € – ††100/120 €

au hameau de Prades, 3 km au Nord-Ouest par D57 – ☎ 04 66 85 09 00
– www.masdeprades.com – Ouvert de début avril à fin sept.

ANET

✉ 28260 (Eure-et-Loir) – 2 673 hab. – Alt. 73 m – Carte régionale n° **11**-B1
▶ Paris 76 km – Chartres 51 km – Dreux 16 km – Évreux 37 km
Carte Michelin 311-E2 – Guide Vert Michelin Normandie Vallée de la Seine

🍴 Le Manoir d'Anet

CUISINE TRADITIONNELLE · RUSTIQUE XX Un restaurant traditionnel idéalement située face au château de Diane de Poitiers ! Dans la salle, rustique et coquette, on se régale des classiques du genre comme la blanquette. Une offre snacking est également proposée.

Menu 27 € (semaine), 38/52 € – Carte 49/73 €

3 pl. du Château – ☎ 02 37 41 91 05 – www.lemanoirdanet.com – Fermé mardi et merc.

© FoodCollection/Photononstop

ON AIME...

En plein centre-ville, **la Maison Bossoreil**, ses chambres d'hôtes tendance et son ambiance conviviale. **Autour du Cep**, un restaurant à la gloire des petits producteurs de la région. L'hôtel **Loire et Sens**, tant pour ses chambres confortables que pour sa bonne table...

ANGERS

✉ 49000 (Maine-et-Loire) – 149 017 hab. – Agglo. 217 399 hab. – Alt. 41 m
– Carte régionale n° **35**-C2
▶ Paris 294 km – Laval 79 km – Le Mans 97 km – Nantes 88 km
Carte Michelin 317-F4 – Guide Vert Michelin Pays de la Loire

Restaurants

❀ **Le Favre d'Anne** Ⓝ (Pascal Favre d'Anne) 🍴 🌿 & AC ✧

CRÉATIVE · ÉLÉGANT ✕✕ Sis au premier étage de cet ancien hôtel particulier du 19ᵉ s., le Favre d'Anne s'offre une nouvelle jeunesse ! Pascal, le chef, y associe avec bonheur les produits du terroir angevin aux saveurs qu'il a glanées en voyage. Finesse et technicité vont main dans la main : on en sort ravi.
→ Langoustines, haricots verts et mangue verte. Duo de veau, asperges vertes et chanterelles. Croustillant d'abricot et chocolat lacté.
Menu 49 € (semaine), 65/95 €

Plan : CZ-g – Hôtel 21 Foch, 21 bd du Mar.-Foch, (1ᵉʳ étage) – ☏ 02 41 36 12 12 (réservation conseillée) – www.lefavredanne.fr – Fermé août, 1 semaine vacances de Noël, dim., lundi et mardi

❀ **Une Île** (Gérard Bossé) 🍴 & AC

CUISINE MODERNE · DESIGN ✕✕ Une île en forme de loft contemporain, sobre et épurée, comme la cuisine : le chef cultive le goût du produit, dans la simplicité et la précision. Madame, sommelière, suggère les accords mets et vins.
→ Foie gras grillé et consommé de canard. Ris de veau braisé à la ciboulette chinoise. Millefeuille à la vanille Bourbon.
Formule 38 € – Menu 52/95 € – Carte 70/90 €

Plan : AZ-g – 9 r. Max-Richard – ☏ 02 41 19 14 48 (réservation conseillée) – www.une-ile.fr – Fermé 2 semaines en mai, 2 semaines fin août-début sept., dim. et lundi

Pour bien utiliser votre guide, consultez son mode d'emploi situé en pages d'introduction : symboles, classements, abréviations et autres signes n'auront plus de mystère pour vous !

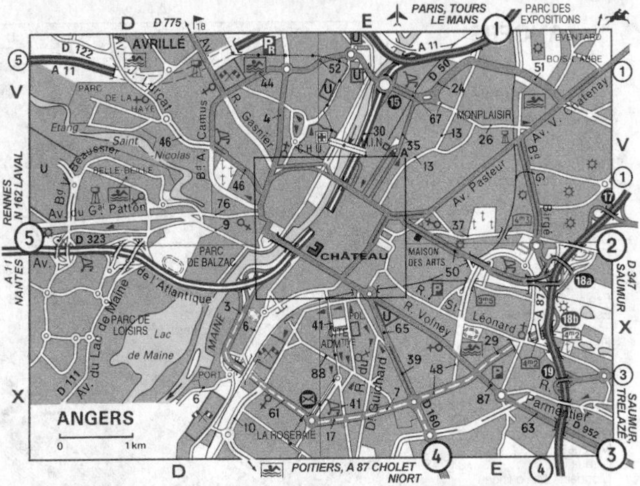

Barangé (Bd Ch.)	**DX** 3	
Barra (R.)	**DV** 4	
Baumette (Pr. de la)	**DX** 6	
Bedier (Bd J.)	**EX** 7	
Bon-Pasteur (Bd)	**DV** 9	
Bouchemaine (Rte de)	**DX** 10	
Chalouère (R. de la)	**EV** 13	
Chaumin (Bd E.)	**EX** 17	
Doyenné (Bd du)	**EV** 24	
Dunant (Bd H.)	**EV** 26	

Estienne d'Orves (Bd)	**EX** 29
Félix-Faure (Q.)	**EV** 30
Joxe (Av. J.)	**EV** 35
Larevellière (R.)	**EV** 37
Lattre-de-Tassigny (Bd de)	**EX** 39
Letanduère (R. de)	**EX** 41
Lizé (R. du Gén.)	**DV** 44
Meignanne (R. de la)	**DV** 46
Millot (Bd J.)	**EX** 48

Monplaisir (Bd de)	**EV** 51
Montaigne (Av.)	**EX** 50
Moulin (Bd J.)	**DEV** 52
Portet (Bd J.)	**DX** 61
Pyramide (Rte de la)	**EX** 63
Rabelais (R.)	**EX** 65
Ramon (Bd G.)	**EX** 67
St-Jacques (R.)	**DV** 76
Saumuroise (R.)	**EX** 87
Strasbourg (Bd de)	**DEX** 88

⊛ Autour d'un Cep

CUISINE TRADITIONNELLE · BISTRO ✗ Ce "restaurant à vins" met le Val de Loire à l'honneur, autour des crus de petits propriétaires locaux et d'une "ardoise du jour" réécrite par le chef au gré du marché. Dans l'assiette, les produits ont le goût de ce qu'ils sont, dans le droit fil de la bonne tradition. Pourquoi faire compliqué quand on peut faire simple ?

Menu 31/45 €

Plan : BY-a – 9 r. Baudrière – ℰ 02 41 42 61 00 (réservation conseillée) – www.facebook.com/autourduncep2 – Fermé 1ᵉʳ-15 juin, 2-15 sept., 2-15 janv., le midi et dim.

⊛ Le Petit Comptoir

[A/C]

CUISINE CLASSIQUE · BISTRO ✗ Sa façade rouge carmin cache une petite salle bistrot avec tables serrées et ambiance bon enfant. Au menu : de belles recettes classiques et quelques plats canailles. Le rapport qualité-prix est excellent : ce Petit Comptoir a l'âme d'un grand !

⊗ Formule 14 € – Menu 17 € (déj. en semaine)/31 €

Plan : CZ-d – 40 r. David-d'Angers – ℰ 02 41 43 32 00 – Fermé dim. et lundi

---

ⅠO La Salamandre

CUISINE CLASSIQUE · ÉLÉGANT ✗✗✗ La Salamandre, c'est une carte traditionnelle et un décor François Iᵉʳ : fresques, plafond à la française, sans oublier... des représentations de salamandre, l'emblème du roi.

Formule 22 € – Menu 29/36 € – Carte 45/76 €

Plan : CZ-h – Hôtel D'Anjou, 1 bd Mar.-Foch – ℰ 02 41 88 99 55 – www.restaurant-lasalamandre.fr – Fermé dim. soir

ANGERS

Alsace (R. d') .... **CZ**
Aragon (Av. Yolande d') .**AY** 2
Baudrière (R.) ....**BY** 5
Beaurepaire (R.) ....**AY**
Bichat (R.) ....**AY** 8
Bon-Pasteur (Bd du) ....**AY** 9
Bout-du-Monde
  (Prom. du) ....**AY** 12
Bressigny (R.) ....**CZ**
Chaperonnière (R.) .....**BYZ** 15
Commerce (R. du) ......**CY** 19
David-d'Angers (R.) ....**CY** 21
Denis-Papin (R.) ....**BZ** 22
Droits-de-l'Homme
  (Av. des) ....**CY** 25
Espine (R. de l') ....**CY** 27
Estoile (Sq. J. de l') ...**AY** 28
Foch (Bd du Mar.) .....**BCZ**
Freppel (Pl.) ....**BY** 31
Gare (R. de la) ....**BZ** 32
Laiterie (Pl.) ....**AY**
Lenepveu (R.) ....**CY** 40
Lices (R. des) ....**BZ**
Lionnaise (R.) ....**AY**
Lise (R. P.) ....**CY** 43
Marceau (R.) ....**AZ** 45
Mirault (Bd) ....**BY** 49
Mondain-Chanlouineau
  (Sq.) ....**BY** 51
Oisellerie (R.) ....**BY** 53
Parcheminerie (R.) .....**BY** 54
Pasteur (Av.) ....**CY** 55
Pilori (Pl. du) ....**CY** 56
Plantagenêt (R.) ....**BY** 57
Pocquet-de-Livonnières
  (R.) ....**CY** 58
Poëliers (R. des) ....**CY** 59
Pompidou (Allées) .....**CY** 60
Prés.-Kennedy (Place du)**AZ** 62
Ralliement (Pl. du) .....**BY** 66
Résistance-et-de-la-Déport.
  (Bd) ....**CY** 68
Robert (Bd) ....**BY** 69
La Rochefoucauld Liancourt
  (Pl.) ....**ABY** 38
Roë (R. de la) ....**BY** 70
Ronceray (Bd du) ......**AY** 71
Ste-Croix (Pl.) ....**BZ** 86
St-Aignan (R.) ....**AY** 72
St-Aubin (R.) ....**BZ** 73
St-Étienne (R.) ....**CY** 75
St-Julien (R.) ....**BCZ**
St-Laud (R.) ....**BY** 77
St-Lazare (R.) ....**AY** 79
St-Martin (R.) ....**BZ** 80
St-Maurice (Mtée) .....**BZ** 82
St-Maurille (R.) ....**BZ** 83
St-Michel (Bd) ....**CY** 84
St-Samson (R.) ....**CY** 85
Talot (R.) ....**BZ** 89
Tonneliers (R. des) .....**AY** 90
Ursules (R. des) ....**CY** 91
Voltaire (R.) ....**BZ** 93
8-Mai-1945 (Av. du) ...**CZ** 94

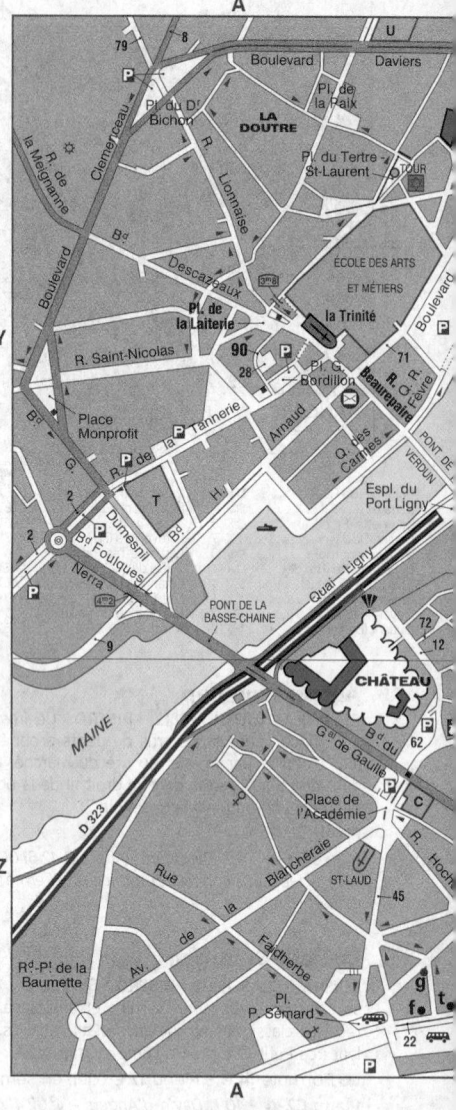

🍽 **Le Relais** 🍴

CUISINE TRADITIONNELLE · BRASSERIE XX Banquettes, sol en mosaïque, belles fresques sur le thème du vin et du "bien vivre" ajoutent à la chaleur de ce lieu élégant. Cuisine traditionnelle accompagnée d'une sélection de vins de Loire.

Formule 15 € – Menu 21 € – Carte 27/78 €

Plan : BZ-k – 9 r. de la Gare – ✆ 02 41 88 42 51 – www.lerelaisangers.fr
– Fermé 30 avril-10 mai, 13-30 août, 23 déc.-4 janv., sam. et dim.

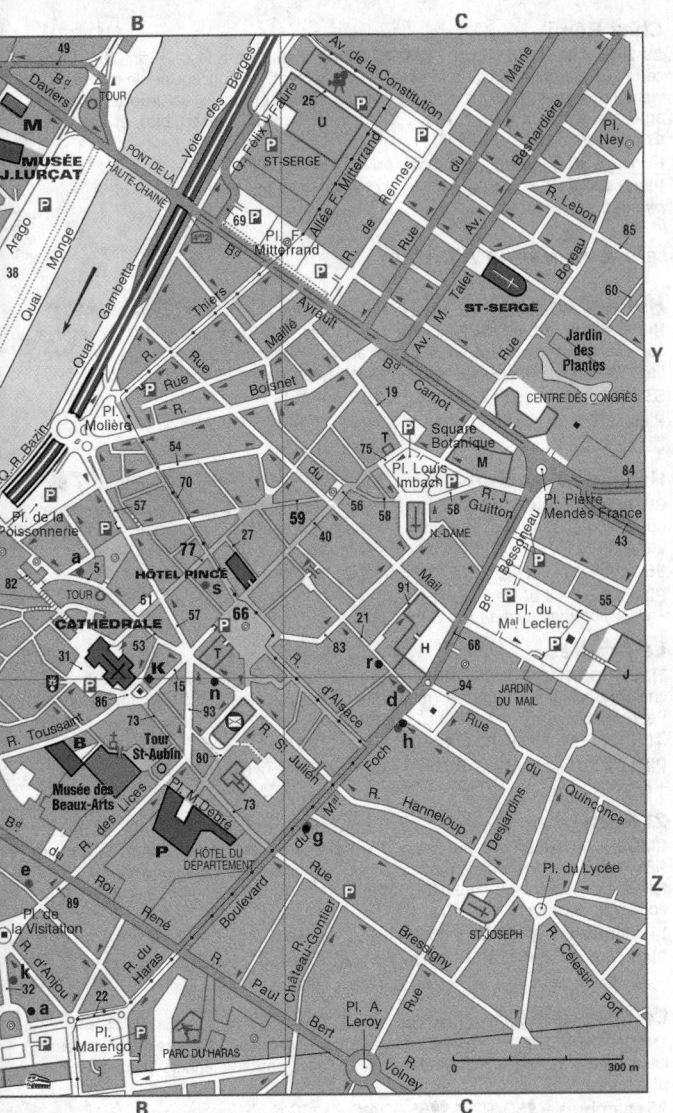

🍴 Le Crèmet d'Anjou   ♿ AC

CUISINE TRADITIONNELLE · BISTRO ✗ Du nom d'un fameux dessert régional, une bonne petite adresse réputée pour son ambiance conviviale et ses robustes plats traditionnels (produits fermiers, préparations maison).

🍽 Formule 14 € – Menu 17 € ♟ (déj. en semaine), 26 € – Carte 26/39 €

Plan : BZ-e – *21 r. Delaâge* – ☏ *02 41 88 38 38*
– www.cremetdanjou-restaurant49.com – Fermé 15-31 juil., sam. et dim.

ⅈ◯ Chez Rémi

CUISINE TRADITIONNELLE · BISTRO ✗ Chez Rémi s'est installé fin 2013 dans cette rue piétonne, près de la place du Ralliement. Le concept est le même : on vient se régaler de bons petits plats de saison, proposés à l'ardoise dans un agréable décor de bistrot. Tout est fait maison (produits frais, bio), et le succès est toujours au rendez-vous !

Formule 18 € – Menu 21 € (déj. en semaine)/31 €

Plan : BY-s – 5 r. des Deux-Haies – ☏ 02 41 24 95 44 – Fermé de mi-juil. à mi-août, sam., dim. et lundi

Hôtels & maisons d'hôtes

🏠 Hôtel d'Anjou   ☆ ⬛ 🆎 🐾 🚗 🚱

HISTORIQUE · CLASSIQUE Au cœur d'Angers, cet hôtel né en 1845 conserve son cadre historique, mêlant les inspirations Renaissance, classique et Art déco. Les chambres sont cossues et bien insonorisées. Patine et confort...

53 chambres – ♦95/205 € ♦♦95/205 € – ☷ 18 € – ½ P

Plan : CZ-h – 1 bd Mar.-Foch – ☏ 02 41 21 12 11 – www.hoteldanjou.fr

ⅈ◯ **La Salamandre** – voir les restaurants ci-dessus

🏠 Hôtel de France   ⬛ ♿ 🆎 🚱 🐾

BUSINESS · FONCTIONNEL Face à la gare, derrière une belle façade classique, hôtel tenu en famille depuis 1893. Chambres cossues, contemporaines au dernier étage. Produits locaux et bio au petit-déjeuner.

55 chambres – ♦83/189 € ♦♦83/189 € – ☷ 20 €

Plan : AZ-t – 8 pl. de la Gare – ☏ 02 41 88 49 42
– www.hoteldefrance-angers.com

🏠 Le Progrès   ⬛

TRADITIONNEL · FONCTIONNEL À deux pas de la gare, adresse accueillante aux chambres claires et simples (murs blancs, tissus colorés, mobilier fonctionnel). Petit-déjeuner servi devant une courette fleurie.

41 chambres – ♦55/82 € ♦♦60/95 € – ☷ 10 €

Plan : AZ-f – 26 r. Denis-Papin – ☏ 02 41 88 10 14 – www.hotelleprogres.com
– Fermé 1er-17 août et 21 déc.-4 janv.

🏠 21 Foch   ☆ ⬛ ♿ 🆎 🚱

URBAIN · ACTUEL Face au passage du tramway, cet ancien hôtel particulier (1850) a pris le virage de la modernité : sous l'impulsion de ses nouveaux propriétaires, il est devenu un hôtel ultracontemporain, décoré avec goût et confort. Une adresse à découvrir.

14 chambres – ♦85/180 € ♦♦85/180 € – ☷ 14 €

Plan : CZ-g – – ☏ 02 30 31 41 00 – www.21foch.fr

❀ **Le Favre d'Anne** – voir les restaurants ci-dessus

🏠 Le Continental   ⬛ 🆎 🚱

TRADITIONNEL · FONCTIONNEL Situation très centrale, chambres aux couleurs ensoleillées, bonne insonorisation, salle des petits-déjeuners lumineuse et prix sages.

25 chambres – ♦50/97 € ♦♦55/104 € – ☷ 10 €

Plan : BYZ-n – 14 r. Louis-de-Romain – ☏ 02 41 86 94 94
– www.hotellecontinental.com

🏠 Grand Hôtel de la Gare   ⬛ 🚱

TRADITIONNEL · FONCTIONNEL Un artiste-peintre a égayé de fresques les couloirs et la salle des petits-déjeuners. Coquettes chambres contemporaines tournées vers le jet d'eau qui trône devant la gare.

52 chambres – ♦59/90 € ♦♦59/90 € – ☷ 10 €

Plan : BZ-a – 5 pl. de la Gare – ☏ 02 41 88 40 69 – www.hotel-angers.fr
– Fermé 29 juil.-22 août, et 16 déc.-2 janv.

🏠 Maison Bossoreil 🌿 🍴

VILLA · PERSONNALISÉ En plein cœur de la ville, cette maison d'hôtes est installée dans un hôtel particulier du 18ᵉ s., auquel on accède par une cour pavée ; à l'intérieur, des chambres colorées portant des noms inspirants (Délicatesse, Sérénité, Félicité...), où le confort est la règle. Plaisant !

5 chambres ⬜ – †60/120 € ††65/120 €

Plan : CY-r – 34 r. David-d'Angers – 𝒞 06 20 41 75 03 – www.maison-bossoreil.fr

à Trélazé au Sud-Est par D952 – ⌧ 49800 – 12 929 hab. – Alt. 20 m

🏠 Hôtel de Loire 🏠 🅿 🔉 🏧 🍴 🚐

BUSINESS · FONCTIONNEL Cet hôtel situé sur un axe assez fréquenté, en périphérie d'Angers, abrite des chambres fonctionnelles et bien tenues, mais préférez celles – plus calmes – sur l'arrière du bâtiment. Carte brasserie au restaurant.

49 chambres – †87/128 € ††94/135 € – ⬜ 10 € – ½ P

328 r. Jean-Jaurès – 𝒞 02 41 81 89 18 – www.hoteldeloire.com

à Beaucouzé 7 km à l'Ouest par D323 – ⌧ 49070 – 4 889 hab. – Alt. 54 m

🍴 L'Hoirie 🐾 🍴 🔉 🏧 🔄 🅿

CUISINE MODERNE · CONVIVIAL XxX Dans une zone commerciale en périphérie de la ville, la présence de cette belle demeure angevine est presque incongrue... Mais dans l'assiette, la cohérence est totale : la cuisine, inventive, met en valeur des produits bien choisis. Et la carte des vins (surtout du Val de Loire) ravira les amateurs !

Menu 27 € (semaine), 38/57 € – Carte 48/57 €

2 r. Henri-Faris, zone commerciale, D723 – 𝒞 02 41 72 06 09 – www.lhoirie.com – Fermé dim. soir et lundi

à St-Jean-de-Linières 8 km à l'Ouest par D323 et D723 – ⌧ 49070
– 1 779 hab. – Alt. 75 m

🍴 Auberge de la Roche 🔉 🅿

CUISINE MODERNE · AUBERGE XX Bavarois de poivron et sa crème d'ail, caviar d'aubergine... une cuisine dans l'air du temps dans une maison ancienne. Côté véranda, ardoise plus simple le midi.

Formule 19 € – Menu 23 € (semaine), 30/40 € – Carte 39/63 €

rte Nationale – 𝒞 02 41 39 72 21 – www.auberge-de-la-roche.com – fermé dim. soir et lundi

à Juigné-sur-Loire 10 km au Sud-Est par N260, D751 et rte secondaire –
⌧ 49610 – 2 580 hab. – Alt. 25 m

🍴 Loire et Sens 🍴 🔉 🌿 🅿

CUISINE MODERNE · ÉLÉGANT XX Ouvert en juin 2014 en pleine nature, cet ancien relais de chasse tout de schiste, d'ardoise et de bois s'intègre idéalement dans son environnement... et sait parler à nos papilles ! Fraîcheur et qualité des produits (foie gras, saumon ou filet mignon de veau, mais aussi légumes), précision des cuissons : c'est tout bon !

Menu 22 € (déj. en semaine), 29/46 € – Carte 44/64 €

11 chemin du Bois-Guillou – 𝒞 02 41 66 45 54 – www.loireetsens.com – Fermé dim. soir sauf juil.-août

🏨 Loire et Sens 🏠 🍴 🌊 🔉 🌿 🍴 🅿

HÔTEL DE VACANCES · FONCTIONNEL Au milieu d'un parc arboré, cet ancien relais de chasse du 17ᵉ s. en impose : conçu avec des matériaux de construction locaux (schiste, ardoise et bois), il comprend un auditorium, une salle de fitness, une grande piscine couverte et de belles chambres dont certaines en duplex. Un bel ensemble !

23 chambres – †130/160 € ††140/250 € – 12 suites – ⬜ 15 € – ½ P

11 chemin du Bois-Guillou – 𝒞 02 41 66 30 03 – www.loireetsens.com

🍴 **Loire et Sens** – voir les restaurants ci-dessus

ANGERVILLE

✉ 91670 (Essonne) – 4 137 hab. – Alt. 141 m – Carte régionale n° **18**-B3
▶ Paris 70 km – Ablis 29 km – Chartres 46 km – Étampes 21 km
Carte Michelin 312-A6

🏠 Hôtel de France ⚲ 🔄 🛗 🅿

AUBERGE • PERSONNALISÉ Dans cette petite bourgade, l'ancien Relais royal de Poste – fondé en 1715 – a traversé les âges, et appartient à la même famille depuis le 19ᵉ s. Belles tomettes, objets chinés : l'intérieur a le charme des vieilles demeures bourgeoises, jusqu'aux chambres, coquettes et confortables.

20 chambres – ♦85/119 € ♦♦120/154 € – ⌑15 €

2 pl. du Marché – ☏ 01 69 95 11 30 – www.hotelfrance3.com – Fermé dim.

ANGLARS-JUILLAC – 46 (Lot) → voir Puy-l'Évêque

ANGLES-SUR-L'ANGLIN

✉ 86260 (Vienne) – 377 hab. – Alt. 100 m – Carte régionale n° **39**-D1
▶ Paris 336 km – Châteauroux 78 km – Châtellerault 34 km – Montmorillon 34 km
Carte Michelin 322-L4 – Guide Vert Michelin Poitou-Charentes

🏠 Le Relais du Lyon d'Or ⚲ 🐾 🛏 🍴 🅿

AUBERGE • RUSTIQUE Une maison du 14ᵉ s. avec un délicieux jardin et des chambres pleines de cachet (mobilier chiné, tissus choisis, etc.). Le soir, autour de l'âtre et de petits plats traditionnels, règne une sympathique atmosphère "auberge"...

10 chambres – ♦79/149 € ♦♦89/159 € – ⌑13 € – ½ P

4 r. d'Enfer – ☏ 05 49 48 32 53 – www.lyondor.com

ANGLET

✉ 64600 (Pyrénées-Atlantiques) – 39 223 hab. – Alt. 20 m – Carte régionale n° **3**-A3
▶ Paris 769 km – Bayonne 5 km – Biarritz 4 km – Cambo-les-Bains 18 km
Carte Michelin 342-C4 – Guide Vert Michelin Pays Basque et Navarre

Plan : voir Biarritz-Anglet-Bayonne

🍽 La Fleur de Sel 🍴 ⇔

CUISINE TRADITIONNELLE • ÉLÉGANT XX Cette belle villa avenante et conviviale abrite une salle spacieuse et lumineuse, ouverte sur une terrasse. Le décor est chic et chaleureux ; la cuisine, traditionnelle, évolue en fonction du marché : galette de pieds de cochon et oreilles craquantes, ravioles océanes à la chair de crabe... Vraiment bon !

Formule 15 € – Menu 38/46 €

Plan : BX-a – *5 av. de la Forêt – ☏ 05 59 63 88 66 – www.lafleurdeselanglet.fr – Fermé 16 fév.-3 mars, 1 semaine en juin, 16-30 nov., mardi midi, merc. midi et lundi en saison, dim. soir hors saison*

🏨 Hôtel de Chiberta et du Golf

HÔTEL DE CONFÉRENCE • ÉLÉGANT Situé le long du presti- gieux golf de Chiberta, ce bâtiment des années 1920 abrite des chambres confortables et bien tenues. Cuisine basque servie dans la véranda ou sur la jolie terrasse ombragée, face au lac.

88 chambres – ♦129/319 € ♦♦144/349 € – ⌑15 € – ½ P

Plan : ABX – *104 bd des Plages – ☏ 05 59 58 48 48 – www.hotel-chiberta-biarritz.com – Fermé 13-25 déc.*

🏨 Atlanthal

SPA ET BEAUTÉ • MODERNE Un temple du bien-être : centre de thalasso, véritable club de sport dans un cadre contemporain. Vue sur l'Atlantique depuis certaines chambres. Cuisine traditionnelle dans une salle d'esprit bistrot. Plats basques et bar à tapas pour les petites faims.

99 chambres – ♦103/348 € ♦♦136/348 € – ⌑17 € – ½ P

Plan : ABX – *153 bd des Plages – ☏ 08 25 12 64 64 – www.biarritz-thalasso.com*

ANGOULÊME

✉ 16000 (Charente) – 42 014 hab. – Agglo. 108 304 hab. – Alt. 98 m
– Carte régionale n° **39**-C3
▶ Paris 447 km – Bordeaux 119 km – Limoges 105 km – Niort 116 km
Carte Michelin 324-K6 – Guide Vert Michelin Poitou-Charentes

ANGOULÊME

Aguesseau (Rampe d')	**Y** 2
Arsenal (R. de l')	**Z** 4
Basseau (R. de)	**X** 6
Beaulieu (Rempart de)	**Y** 8
Belat (R. de)	**Z** 10
Bouillaud (Pl.)	**Z** 12
Briand (Bd A.)	**Y** 14
Chabasse (Bd R.)	**X** 17
Churchill (Bd W.)	**Z** 20
Corderie (R. de la)	**Y** 24
Desaix (Rempart)	**Z** 26
Dr-E.-Roux (Bd du)	**Z** 28
Fontaine-du-Lizier (R.)	**Y** 30
Frères-Lumière (R. des)	**Y** 32
Gambetta (Av.)	**Y** 34
Gaulle (Av. du Gén.-de)	**Y** 36
Guérin (R. J.)	**Y** 37
Guillon (Pl. G.)	**Y** 38
Iéna (R. d')	**Z** 40
Lattre-de-Tassigny (Av. du Mar. de)	**X, Y** 42
Liedot (Bd)	**Y** 44
Louvel (Pl. F.)	**Y** 46
Marengo (Pl.)	**YZ** 47
Midi (Rempart du)	**Y** 48
Monlogis (R.)	**X** 50
Papin (R. D.)	**Y** 52
Paris (R. de)	**Y**
Pasteur (Bd)	**Y** 53
Périgueux (R. de)	**X** 55
Postes (R. des)	**Y** 57
Renoleau (R. A.)	**Z** 58
République (Bd de la)	**X, Y** 59
La Rochefoucauld (R. de la)	**Y** 41
Saintes (R. de)	**X**
St-André (R.)	**Y** 60
St-Antoine (R.)	**X** 61

St-Martial (Pl. et R.)	**Z** 65
St-Roch (R.)	**X, Y** 67
Soleil (R. du)	**Y** 70
Tharaud (Bd J. et J.)	**Z** 72
Turenne (R. de)	**Y** 73
3-Fours (R. des)	**Y** 75
8-Mai-1945 (Bd du)	**X** 80

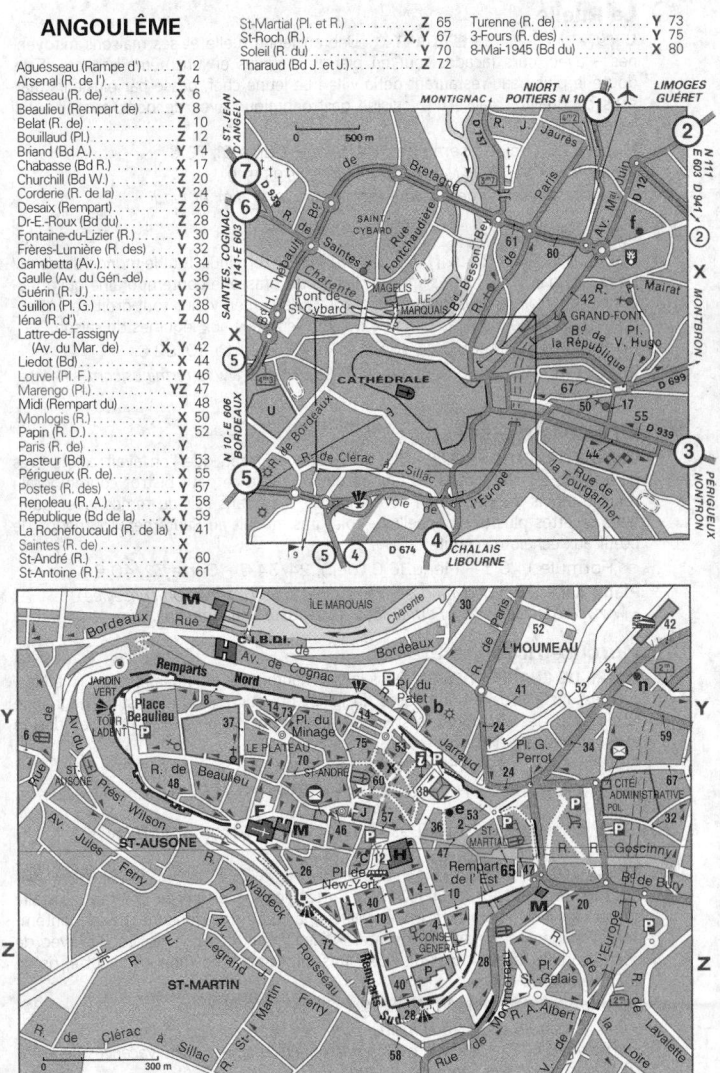

139

⊛ Agape

CUISINE MODERNE · BISTRO X Un bistrot chic dans une petite rue entre les remparts et la Charente. Formé dans de belles maisons, le chef propose un joli programme gourmand en se reposant sur des produits du marché. La carte est relativement courte mais bien ficelée, pour une expérience fraîche, délicate et parfumée... Douces agapes !

Formule 20 € – Menu 32/69 €

Plan : Y-b – *16 pl. du Palet* – 𝒸 *05 45 95 18 13 (réservation conseillée)*
– www.l-agape.com – Fermé 2 semaines en août, 1 semaine en nov., 2-9 janv., sam. midi, dim. et lundi

ⅠⓄ La Ruelle ✧

CUISINE MODERNE · ÉLÉGANT XXX Une ancienne ruelle et ses maisons mitoyennes – avec leurs façades tout en pierre – réunies en un même espace... Sans doute le plus beau restaurant de la ville ! Le jeune chef, passé par plusieurs maisons de qualité, réalise une cuisine gastronomique avec de bons produits. Joli repas en perspective...

Menu 23 € (déj. en semaine), 44/54 € – Carte 51/76 €

Plan : Y-x – *6 r. Trois-Notre-Dame* – 𝒸 *05 45 95 15 19*
– www.restaurant-laruelle.com – Fermé sam. midi, dim. et lundi

ⅠⓄ Le Terminus 🛋 AK ✧

POISSONS ET FRUITS DE MER · BRASSERIE XX Terminus, tout le monde descend ! Devant la gare, une halte s'impose dans cette brasserie contemporaine qui affectionne le terroir, et plus encore les produits de la mer, venus tout droit de l'Atlantique (tartare de bar à la coriandre fraîche, lieu grillé aux légumes de saison...).

Formule 15 € – Menu 22 € (déj.), 27/34 € – Carte 50/82 €

Plan : Y-n – *3 pl. de la Gare* – 𝒸 *05 45 95 27 13 – www.le-terminus.com – Fermé 2-9 janv. et dim.*

ⅠⓄ L'Art des Mets N

CUISINE TRADITIONNELLE · BISTRO X Fabrice Salzat, que l'on avait connu près de la gare, a installé dans les faubourgs de la ville ce petit bistrot contemporain pour le moins sympathique ! Sa cuisine est bien dans l'air du temps, avec quelques recettes plus traditionnelles – foie gras mi-cuit au Sauternes, tournedos de bœuf aux échalotes confites...

 Formule 14 € Ⓨ – Menu 16 € (déj.), 24/34 € – Carte 32/40 €

Plan : X-f – *178 r. de Limoges* – 𝒸 *05 45 94 81 99 (réservation conseillée)*
– www.lartdesmets.net – Fermé août, le soir sauf vend. et sam., dim. et sam. midi

🏨 Mercure Hôtel de France 🌤 🛏 ⊡ & AK 🛎 🚗

HÔTEL DE CHAÎNE · DESIGN Dans la ville haute, tout près des remparts, ce Mercure est installé dans une bâtisse du 19ᵉ s., qui ouvre à l'arrière sur un agréable jardin. Dans les chambres, le style est résolument contemporain, tout en design et en élégance. Une belle réussite.

86 chambres – 🛏95/159 € 🛏🛏95/159 € – 3 suites – ⊑ 16 €

Plan : Y-e – *1 pl. des Halles-Centrales* – 𝒸 *05 45 95 47 95 – www.mercure.com*

à Soyaux 4 km au Sud-Est par D939 – ✉ 16800 – 9 570 hab. – Alt. 133 m

ⅠⓄ La Cigogne ⋞ 🛋 ✧ Ⓟ

CUISINE MODERNE · À LA MODE XX Cette Cigogne pleine de charme a installé son nid sur les hauteurs, face à la vallée, à la sortie d'Angoulême. Cadre contemporain élégant, terrasse verdoyante, et une cuisine fraîche concoctée avec de bons produits locaux : filet de bœuf Rossini, tranche de thon en cocotte, ris de veau flambé au cognac...

Formule 20 € Ⓨ – Menu 30/55 € – Carte 52/91 €

5 imp. Cabane-Bambou, à la mairie, prendre r. A.-Briand et 1,5 km
– 𝒸 05 45 95 89 23 – www.la-cigogne-angouleme.com – Fermé vacances de la Toussaint, merc. soir, dim. soir et lundi

à Dirac 8 km au Sud-Est par D939, D101 et rte secondaire – ✉ 16410
– 1 532 hab. – Alt. 147 m

⊪○ Domaine du Châtelard

CUISINE MODERNE · INTIME ✕✕ Dans cette belle "maison de campagne", le chef choisit bien ses produits et réalise une cuisine dans l'air du temps, fraîche et fine, avec parfois d'intéressantes influences italiennes. Le must ? Déjeuner sur la terrasse, avec vue sur le lac.

Formule 26 € – Menu 42/62 €

1079 rte du Châtelard – ℰ 05 45 70 76 76 – www.domaineduchatelard.com – Fermé vacances de la Toussaint, 2-28 janv., lundi sauf le soir en juil.-août et dim. soir

⌂ Domaine du Châtelard

MAISON DE CAMPAGNE · COSY Des bois, des prairies, un lac... Le domaine est superbe (80 ha) et cette "gentilhommière" pleine de cachet ! Une véritable ode à la vie, au grand air et à la nature, avec des chambres mêlant classicisme et douceur champêtre... et un accueil charmant.

12 chambres – ♦79/150 € ♦♦92/176 € – ☐ 14 €

1079 rte du Châtelard – ℰ 05 45 70 76 76 – www.domaineduchatelard.com – Fermé vacances de la Toussaint et 2-28 janv.

⊪○ **Domaine du Châtelard** – voir les restaurants ci-dessus

à Roullet 14 km au Sud-Ouest par N10, dir. Bordeaux – ✉ 16440
– 4 109 hab. – Alt. 50 m

⌂ La Vieille Étable

TRADITIONNEL · FONCTIONNEL Une "Vieille Étable" charentaise du 18ᵉ s., confortablement installée dans un grand parc arboré. Les chambres, à la fois rustiques et fonctionnelles, sont aménagées dans les dépendances, un peu à la manière d'un motel. Accueil familial.

31 chambres – ♦75/110 € ♦♦75/260 € – ☐ 15 €

Les Plantes, 16 rte de Mouthiers – ℰ 05 45 66 31 75 – www.hotel-vieille-etable.com – Fermé dim. soir d'oct. à mi-mai

© P. Jacques/hemis.fr

ON AIME...

La Rotonde, ses plats créatifs et sa salle à manger avec vue plongeante sur le lac. L'élégance majestueuse de **l'Impérial Palace**. **L'Auberge du Lac**, ses multiples terrasses au-dessus de l'eau. La belle cuisine japonaise du **Minami**, agrémentée de quelques touches françaises...

ANNECY

✉ 74000 (Haute-Savoie) – 50 943 hab. – Agglo. 159 124 hab. – Alt. 448 m
– Carte régionale n° **46**-F1
▶ Paris 536 km – Aix-les-Bains 34 km – Genève 42 km – Lyon 138 km
Carte Michelin 328-J5 – Guide Vert Michelin Alpes du Nord

Restaurants

❀❀ **Le Clos des Sens** (Laurent Petit)   ❀ ❀ ฿ ⇔

CRÉATIVE · DESIGN ✕✕✕ Épuré et raffiné, le cadre sert à merveille la cuisine sub-tile et inventive de Laurent Petit, qui la résume ainsi : "végétale, lacustre et singu-lière". Il fait la part belle aux produits régionaux, et l'on accompagne tout cela de vins bien choisis. Jolie terrasse dominant Annecy ; quelques chambres luxueuses et design.
→ Polenta soyeuse, caviar de féra. Omble chevalier, sarrasin torréfié. Bataille de boules de neige.

Menu 50 € (déj. en semaine), 100/180 € – Carte 130/140 €

Plan : CU-u – *Hôtel Le Clos des Sens, 13 r. Jean-Mermoz*
– ℰ 04 50 23 07 90 – www.closdessens.com
– Fermé 30 août-14 sept., 1ᵉʳ-15 janv., dim. sauf vacances scolaires et sauf le soir en juil.-août, mardi midi et lundi

❀ **La Ciboulette** (Georges Paccard)   ❀ ฿

CUISINE MODERNE · ÉLÉGANT ✕✕✕ Boiseries contemporaines en chêne, verrière, cour fleurie... Ce lieu feutré et élégant, presque intemporel, met en valeur une remarquable cuisine de saison, dont le beau classicisme n'a rien de figé. Très riche carte des vins avec 400 références. Un excellent moment !
→ Homard bleu en marinade végétale acidulée. Carré d'agneau de lait de montagne au pimpiolet sauvage. Soufflé chaud des Pères Chartreux aux framboises.

Menu 40 € (déj. en semaine), 62/78 € – Carte 85/100 €

Plan : EY-v – *10 r. Vaugelas, (cour du Pré Carré)*
– ℰ 04 50 45 74 57 – www.laciboulette-annecy.com
– Fermé 13-22 fév., 1ᵉʳ-24 juil., vacances de la Toussaint, dim. et lundi

ANNECY

Aléry (Av. d') . . . . **BV** 4
Aléry (Gde-R. d') . . . . **BV** 7
Balmettes (Fg des) . . . . **CV** 10
Beauregard (Av. de) . . . . . . **BV** 13
Bel-Air (R. du) . . . . **CU** 15
Bordeaux (R. Henry) . . . . . **CU** 18
Boschetti (Av. Lucien) . . . . **BCV** 21
Chambéry (Av. de) . . . . . . **BV** 23
Chevène (Av. de) . . . . **BV** 29

Corniche (Bd de la) . . . . **CV** 32
Crète (R. de la) . . . . **BU** 38
Crêt-de-Maure (Av. du) . . . . **CV** 35
Fins Nord (Ch. des) . . . . . **BCU** 45
Hirondelles (Av. des) . . . . . **BV** 52
Leclerc (R. du Mar.) . . . . . **BV** 59
Loverchy (Av. de) . . . . **BV** 63
Martyrs-de-la-Déportation
(R. des) . . . . **CU** 64
Mendès-France (Av. Pierre). **BV** 65
Mermoz (R. Jean) . . . . **CU** 66
Novel (Av. de) . . . . **CU** 69

Perréard (Av. Germain) . . . . **BU** 73
Pont-Neuf (Av. du) . . . . . . **BV** 77
Prélevet (Av. de) . . . . **BV** 79
Prés-Riants (R. des) . . . . . **CU** 81
Saint-Exupéry (R. A.-de) . . **CU** 86
Stade (Av. du) . . . . **BCU** 92
Theuriet (R. André) . . . . . . **CV** 93
Thônes (Av. de) . . . . **CU** 94
Trésum (Av. de) . . . . **CV** 97
Trois-Fontaines
(Av. des) . . . . **BV** 98
Val-Vert (R. du) . . . . **BV** 99

☘ L'Esquisse (Stéphane Dattrino)

CUISINE MODERNE · INTIME ✃ Le décor ? Sobre et feutré, avec d'exquises esquisses... celles du père de Magali, la femme du chef. Sa cuisine ? Mûrie dans de grandes maisons, délicieusement épurée, délicate et privilégiant le goût simple et vrai des produits du marché. Une exquise Esquisse !

➜ Foie gras, tomate confite et basilic. Suprême de pigeonneau servi rosé, cuisse laquée. Tout choc'.

Formule 25 € – Menu 34 € (déj. en semaine), 39/65 €

Plan : DY-f – *21 r. Royale* – ☎ *04 50 44 80 59 (réservation conseillée)* – *www.esquisse-annecy.fr* – *Fermé vacances de Pâques, 15 août-4 sept., 22-26 déc., merc. et dim.*

Chambéry (Av. de) . . . . **DY** 23
Chappuis (Q. Eustache) . . . . **EY** 26
Filaterie (R.) . . . . **EY** 43
Grenette (R.) . . . . **EY** 51

Hôtel-de-Ville (Pl. de l') . . . . . **EY** 53
Jean-Jacques-Rousseau (R.) **DY** 55
Lac (R. du) . . . . **EY** 57
Libération (Pl. de la) . . . . **EY** 61
Pâquier (R. du) . . . . **EY** 71
Pernière (R.) . . . . **EY** 75
Pont-Morens (R. du) . . . . **EY** 76

Poste (R. de la) . . . . **DY** 78
République (R.) . . . . **DY** 83
Royale (R.) . . . . **DY** 85
Ste-Claire (Fg et R.) . . . . **DY** 91
St-François-de-Sales (Pl.) . . . **EY** 87
St-François-de-Sales (R.) . . . **DY** 89
Tour-la-Reine (Ch.) . . . . **EY** 95

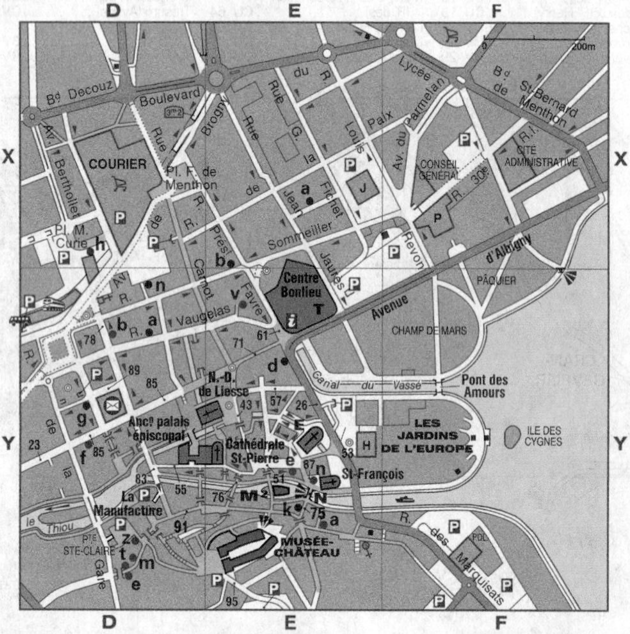

Minami

JAPONAISE · MINIMALISTE ✗ Ce petit restaurant japonais fait le bonheur des habitués ! Le cadre est tout en épure et la cuisine, japonaise, se permet quelques incursions françaises. Un exemple : ces croustillants de lotte panée aux biscuits japonais, agrémentés d'une délicieuse sauce pimentée... Quelques tables en terrasse aux beaux jours.

◉ Menu 20 € (déj.), 28/34 € – Carte 32/39 €

Plan : DY-e – *19 fbg Ste-Claire* – ✆ *04 50 45 75 42 (réservation conseillée) – Fermé dim. et lundi*

Arômatik'

CUISINE MODERNE · CONVIVIAL ✗ Dans une rue piétonne, ce restaurant ne paye peut-être pas de mine mais mérite à coup sûr attention. Dans sa cuisine ouverte sur la salle, le jeune chef – passé par de belles maisons – réalise des recettes avec les produits du marché. Dans l'assiette, c'est soigné et goûteux... On ne s'appelle pas Arômatik' par hasard !

Menu 22 € (déj.), 31/50 € – Carte 46/55 €

Plan : DY-z – *1 passage des Clercs* – ✆ *04 50 51 87 68 (réservation conseillée) – www.restaurant-aromatik.com – Fermé dim. et lundi*

 Il fait beau ? Repérez le symbole ⌂ et attablez-vous en terrasse...

⊛ Le Denti   ♿ 🆎 🍴 🅿

CUISINE MODERNE · TRADITIONNEL Ⅹ Ce restaurant, devenu la coqueluche des Annéciens, est tenu par un jeune couple d'amateurs de denti (poisson méditerranéen), deux fins cuisiniers tout-terrain ; ils proposent une savoureuse cuisine du marché, valorisant le poisson, suivant le rythme des saisons, loin de l'agitation touristique de la ville... Courez-y !

Menu 21 € (semaine), 32/43 € – Carte 35/52 €

Plan : BV-a - *25 bis av. de Loverchy* - ℰ *04 50 64 21 17 (réservation conseillée) - Fermé dim. soir, mardi et merc.*

⊛ Café Brunet   🏛 🍴 ♿

CUISINE TRADITIONNELLE · BISTRO Ⅹ Un vrai havre de paix que ce café de 1875 qui a su conserver son âme de bistrot authentique et convivial. On laisse le temps filer en savourant une sympathique cuisine canaille et de bons petits plats mijotés servis en cocotte... Plaisirs intemporels !

Menu 31 €

Plan : CU-a - *18 pl. Gabriel-Fauré* - ℰ *04 50 27 65 65* - *www.cafebrunet.com - Fermé 21 déc.-4 janv., dim. sauf en juil.-août et lundi*

⊛ Contresens   🍴 🆎 ✿

CUISINE MODERNE · À LA MODE Ⅹ À Contresens ? Comme la déco design de ce bistrot dont le plafond ressemble à un sol dallé tel un échiquier, avec des lampes de chevet suspendues en guise de lustres ! Même esprit côté cuisine : le chef mixe terroir et inventivité de manière toujours ludique, avec de bons produits et... un vrai sens du goût.

Formule 26 € – Menu 31 €

Plan : DY-b - *10 r. de la Poste* - ℰ *04 50 51 22 10* - *www.closdessens.com - Fermé 1ᵉʳ-15 janv., dim. et lundi*

ⅠⅠ◯ La Rotonde   🏛 ≤ 🍸 🍴 ♿ 🍴 ✿ 🅿

CUISINE MODERNE · ÉLÉGANT ⅩⅩ La grande verrière est un véritable belvédère surplombant le lac. Dans un décor chic – lustres en verre de Murano, salons avec piano –, on déguste une cuisine fine et créative : petits pois et féra sauvage, crozets et langoustines, ou canard de la Dombes... Et la plupart des produits proviennent de la filière locavore !

Menu 37 € (déj. en semaine), 49/129 € – Carte 89/100 €

Plan : CV-f - *Hôtel les Trésoms, 15 bd de la Corniche* - ℰ *04 50 51 43 84 - www.lestresoms.com - Fermé le midi en août, dim. soir et lundi*

ⅠⅠ◯ Le Belvédère   ≤ 👤 ≤ 🍴 🅿

CRÉATIVE · ÉLÉGANT ⅩⅩⅩ Une maison perchée sur les hauteurs, une terrasse avec une vue superbe sur le lac, un cadre contemporain... et aussi la cuisine créative d'un chef bien dans son époque. Pour prolonger l'étape, d'agréables chambres tendance.

Menu 40 € (déj. en semaine), 65/115 €

4 chambres - 🛏95/200 € 🛏🛏95/200 € – ⌥ 12 €

Plan : CV-t - *7 chemin du Belvédère, 2 km, rte Semnoz au Sud-Est par r. Marquisat* - ℰ *04 50 45 04 90* - *www.belvedere-annecy.com* - *Fermé 1 semaine en nov., janv., dim. soir, mardi et merc.*

ⅠⅠ◯ La Voile   ≤ 🍴 ♿ 🆎 🍴 ✿ 🅿

CUISINE MODERNE · ÉLÉGANT ⅩⅩⅩ Un restaurant élégant et lumineux, situé dans une charmante petite rotonde. Selle d'agneau du Bourbonnais, œuf mollet et asperges vertes : ces plats joliment dressés se dégustent au rythme des saisons, en profitant de la jolie vue sur le lac.

Formule 32 € – Menu 40 € (déj. en semaine), 55/95 €

Plan : CV-s - *Hôtel L'Impérial Palace, allée de l'Impérial* - ℰ *04 50 09 31 08 - http://www.hotel-imperial-palace.com/fr/la-voile-149* - *Fermé 4-19 janv., mardi de nov. à mars, dim. soir et lundi de sept. à mai*

⑪○ Auberge de Savoie

CUISINE MODERNE · ÉLÉGANT ✗✗ Des tableaux abstraits se découpent sur les murs en blanc et bleu pâle de cette auberge adossée à l'église Saint-François. La carte fait toujours la part belle au poisson : tartare de daurade, filet de féra au beurre blanc citronné...

Menu 26 € (semaine), 32/69 € – Carte 65/94 €

Plan : EY-n – *1 pl. St-François-de-Sales* – *✆ 04 50 45 03 05*
– www.auberge-de-savoie.fr – Fermé vacances de la Toussaint, 1 semaine en janv., mardi sauf juil.-août et merc.

⑪○ La Brasserie

CUISINE TRADITIONNELLE · CONVIVIAL ✗✗ Une grande terrasse offrant une jolie vue sur les jardins et le lac, une salle contemporaine taillée pour les grands rendez-vous : imposante, la nouvelle brasserie de l'Impérial Palace ! À la carte, on trouve un buffet d'entrées et de desserts, des plats mijotés en hiver et des grillades de l'été. Séduisant brunch le dimanche.

Formule 22 € – Menu 26 € – Carte 30/60 €

Plan : CV-s – *Hôtel Impérial Palace, allée de l'Impérial* – *✆ 04 50 09 32 32*
– www.hotel-imperial-palace.com

⑪○ Le Bilboquet

CUISINE TRADITIONNELLE · À LA MODE ✗✗ Dans les rues piétonnes de l'ancienne ville, laissez-vous porter jusqu'à cet accueillant Bilboquet. La cuisine du chef y est partagée entre la tradition (tendance gastronomique) et les bonnes recettes du marché, au gré des saisons : on se délecte par exemple d'un poisson du lac, ou d'un foie gras maison...

Menu 23 € (déj.), 32/63 € – Carte 44/67 €

Plan : DY-m – *14 fg Ste-Claire* – *✆ 04 50 45 21 68 – www.restaurant-lebilboquet.fr*
– Fermé dim. sauf le soir en juil.-août et lundi

⑪○ Le 7367 🅝

CUISINE MODERNE · SIMPLE ✗ Cet établissement du vieil Annecy joue la carte des saisons, avec d'agréables surprises comme ce bœuf de Kobé, autour d'une carte courte et d'une cuisine conviviale. Sur les tables, un post-it vous permettra de commenter votre expérience... et, si le cœur vous en dit, de féliciter le chef ! Agréable terrasse.

Formule 18 € – Menu 21 € (déj. en semaine), 29/69 € – Carte 42/132 €

Plan : DY-t – *22 fg Ste-Claire* – *✆ 04 50 65 00 25 – www.restaurant-le-7367.com*
– Fermé 16 fév.-3 mars, lundi et mardi

⑪○ Le 20 sur Vins

CUISINE MODERNE · CONVIVIAL ✗ Dans le centre historique d'Annecy, ce restaurant propose un concept original de bar à vins. Ici, le client se sert lui-même un verre parmi la quarantaine de références allant des nectars de pays aux grands crus bordelais... Le tout accompagné de tapas réalisées avec des produits frais. Ambiance conviviale.

Menu 28 € – Carte 30/40 €

Plan : EY-a – *1 passage Golliardi* – *✆ 04 50 23 50 15 – www.20-sur-vins.com*
– Fermé 18 oct.-10 nov., 21-28 déc., dim. midi, mardi midi et lundi

⑪○ 1er Mets 🅝

CUISINE MODERNE · SIMPLE ✗ Tout près de l'hôtel de ville, ce restaurant de poche a été repris par un jeune couple de la région. Lui, en cuisine, compose une bonne cuisine dans l'air du temps : taboulé de chou-fleur à l'huile d'Argan et crevettes ; maquereau mariné et snacké, tombée de chou chinois... Elle, en salle, assure un accueil charmant.

Formule 25 € – Menu 31/55 €

Plan : EY-e – *2 pl. St-Maurice* – *✆ 04 50 51 46 64 – Fermé 2 semaines en août, 1 semaine à Noël, dim. soir, mardi soir et merc.*

Hôtels & maisons d'hôtes

L'Impérial Palace

LUXE · ART DÉCO 1913 : l'année de naissance de ce grand hôtel qui trône majestueusement dans un vaste parc, au bord du lac. L'Art déco et la sobriété contemporaine se mêlent harmonieusement ; les chambres, spacieuses, donnent pour la plupart sur les flots et tout est pensé pour votre agrément : casino, institut de beauté...

91 chambres – ♦240/350 € ♦♦240/350 € – 8 suites – ⌂ 25 € – ½ P

Plan : CV-s – *allée de l'Impérial* – ℰ 04 50 09 30 00
– *www.hotel-imperial-palace.com*

○ **La Brasserie** • ○ **La Voile** – voir les restaurants ci-dessus

Le Clos des Sens

LUXE · PERSONNALISÉ Beaux matériaux, équipements dernier cri, vue sur le lac ou la ville d'Annecy : on se sent comme chez soi dans les chambres de ce Clos des Sens. Le petit coin salon, avec sa cheminée et ses fauteuils clubs, ravira les lecteurs ; quant au beau couloir de piscine, il fera la joie de tous !

10 chambres – ♦160/360 € ♦♦216/360 € – ⌂ 25 €

Plan : CU-u – *13 r. Jean-Mermoz* – ℰ 04 50 23 07 90 – *www.closdessens.com*
– *Fermé 30 août-14 sept., 1ᵉʳ-15 janv., dim. et lundi hors juil.-août*

❀❀ **Le Clos des Sens** – voir les restaurants ci-dessus

Les Trésoms

TRADITIONNEL · ART DÉCO Au-dessus du lac, dans un environnement boisé, cette demeure des années 1930 se modernise sans rien perdre de son charme Art déco ! Spa et piscines sont propices à la détente. Capteurs solaires ou places pour recharger sa voiture électrique : ici, la responsabilité écologique n'est pas un vain mot.

52 chambres – ♦109/300 € ♦♦129/350 € – ⌂ 25 € – ½ P

Plan : CV-f – *15 bd de la Corniche* – ℰ 04 50 51 43 84 – *www.lestresoms.com*

○ **La Rotonde** – voir les restaurants ci-dessus

Splendid

TRADITIONNEL · ÉLÉGANT Idéalement situé entre le centre historique et le lac, cet hôtel d'esprit Art déco se révèle très attachant. Les chambres, spacieuses, sont bien insonorisées ; elles ont été entièrement rénovées dans un style mêlant classicisme et esprit contemporain. Chic et chaleureux !

47 chambres – ♦99/180 € ♦♦99/180 € – ⌂ 14 €

Plan : EY-d – *4 quai Eustache-Chappuis* – ℰ 04 50 45 20 00
– *www.splendidhotel.fr*

Le Pré Carré

BUSINESS · MODERNE Près de la vieille ville et du lac, cet ancien cinéma est désormais un bel hôtel sobre et feutré. Les chambres, très confortables, disposent presque toutes d'un balcon. Design, élégance et farniente sont au rendez-vous dans ce lieu dont on ferait volontiers son Pré Carré.

27 chambres – ♦174/224 € ♦♦204/254 € – 2 suites – ⌂ 16 €

Plan : EX-b – *27 r. Sommeiller* – ℰ 04 50 52 14 14 – *www.hotel-annecy.net*
– *Fermé 23-26 déc.*

Novotel Atria

HÔTEL DE CHAÎNE · MODERNE Idéalement situé dans la vieille ville, à proximité des rues piétonnes et du lac, ce Novotel chaleureux propose de belles chambres, spacieuses et confortables.

93 chambres – ♦109/205 € ♦♦109/205 € – 2 suites – ⌂ 17 €

Plan : DX-h – *1 pl. Marie-Curie* – ℰ 04 50 33 54 54 – *www.novotel.com*

Allobroges Park

BUSINESS · MODERNE Du nom d'une ancienne tribu gauloise de la région, cet établissement en centre-ville bénéficie d'une bonne situation. Les chambres misent sur une déco chaleureuse et chic : bois wengé, coloris rouge, chocolat et beige... Idéal pour un déplacement professionnel ou pour une escapade touristique.

49 chambres – †69/139 € ††79/159 € – ☷ 10 €

Plan : DY-n – *11 r. Sommeiller* – ⌀ *04 50 45 03 11* – *www.allobroges.com*

Carlton

FAMILIAL · MODERNE Tout près de la gare, un hôtel début 20ᵉ s. est tenu par la même famille depuis plus de 50 ans ! Les chambres, propres et confortables, ont été pour la plupart rénovées dans un style sobre et contemporain.

55 chambres – †77/300 € ††77/300 € – ☷ 16 €

Plan : DY-g – *5 r. des Glières* – ⌀ *04 50 10 09 09* – *www.bestwestern-carlton.com*

Mercure

HÔTEL DE CHAÎNE · FONCTIONNEL Au cœur de la ville – vous êtes à deux pas des canaux et de la cathédrale –, un Mercure confortable et bien tenu, dans la veine fonctionnelle et contemporaine propre à la chaîne.

39 chambres – †97/220 € ††97/220 € – ☷ 16 €

Plan : DY-a – *26 r. Vaugelas* – ⌀ *04 50 45 59 80*
– *www.mercure-annecy-centre.com*

Bonlieu

BUSINESS · MODERNE Dans une rue calme du centre-ville, un petit hôtel d'affaires sympathique, tenu en famille. Les chambres, plaisantes et de bon confort, affichent un style résolument contemporain. Une bonne adresse à prix doux.

35 chambres – †102/116 € ††112/134 € – ☷ 11 €

Plan : EX-a – *5 r. Bonlieu* – ⌀ *04 50 45 17 16* – *www.annecybonlieuhotel.fr*
– *Fermé 6-13 nov.*

🏠 Palais de L'Isle

TRADITIONNEL · FONCTIONNEL Au cœur du quartier historique, un lieu atypique. Il y a d'abord ce dédale de couloirs – héritage de l'architecture ancienne du bâtiment –, puis des chambres design (mobilier Starck, Knoll...), dont certaines donnent sur le canal. Buffet au petit-déjeuner.

34 chambres – †79/135 € ††99/298 € – ☷ 14 €

Plan : EY-k – *13 r. Perrière* – ⌀ *04 50 45 86 87* – *www.palaisannecy.com*

à Veyrier-du-Lac 5,5 km à l'Est par D909 – ⊠ 74290 – 2 327 hab. – Alt. 504 m

✿✿ Yoann Conte

CRÉATIVE · ÉLÉGANT ✗✗✗ Yoann Conte écrit une nouvelle page de cette institution du lac d'Annecy. À la suite de Marc Veyrat, qui en fit la renommée, le chef érige cette villa bleue en véritable fief de la grande cuisine, en symbiose avec les produits du lac, les herbes et fleurs des alpages... Un travail inspiré, d'une qualité irréprochable !

→ La carotte dans tous ses états. Poitrine de pigeon, coulis à l'ail des ours et escargots de Haute-Savoie. "Choc'au'lac".

Menu 80 € (déj. en semaine), 120/189 € – Carte 115/200 €

13 Vieille-Route-des-Pensières – ⌀ *04 50 09 97 49* – *www.yoann-conte.com*
– *Fermé lundi et mardi*

⅃◯ Auberge du Lac

TERROIR · CONVIVIAL ✗✗ Ce restaurant situé en bordure du lac joue sur les tons marins, que ce soit dans la décoration de la salle à manger, comme dans l'assiette, à l'instar de ce maquereau mariné, légumes crus et cuits et saladine de saison. Aux beaux jours, le déjeuner en terrasse sur le ponton est un instant privilégié.

Menu 32/42 € – Carte 37/75 €

2 rte du Port – ⌀ *04 50 60 10 15* – *www.au-bord-du-lac.com* – *fermé du 12 nov. au 13 fév., dim. soir, mardi soir et merc. hors saison*

🏠 Yoann Conte

VILLA · ALPIN Cette superbe maison couleur lavande, accoudée à la montagne, se mire dans le lac d'Annecy. Les chambres et les suites, d'un style montagnard chic, possèdent toutes balcon et vue sur le lac. Terrasse somptueuse, sauna extérieur, bain norvégien, ponton avec transat, bateaux pour le ski nautique ou les navettes vers Annecy : l'élégance absolue, sans fausse note.

6 chambres – 🛏220/350 € 🛏🛏350/450 € – 2 suites – 🍴 34 €

13 Vieille-Route-des-Pensières – ✆ 04 50 09 97 49 – www.yoann-conte.com

❀❀ **Yoann Conte** – voir les restaurants ci-dessus

🏠 Le Clos du Lac

VILLA · DESIGN Une vue à couper le souffle sur le lac et... cette belle villa d'architecte, au luxe épuré. Asia, Vintage, Riva ou Pop Art : les chambres ont toutes leur personnalité et toutes sont élégantes et feutrées. Un lieu tendance, idéal pour se ressourcer.

4 chambres – 🛏160/198 € 🛏🛏160/198 € – 🍴 13 €

50 r. de la Corniche, 2 km par rte de Mont-Veyrier – ✆ 06 20 60 04 58
– www.annecycleclosdulac.com – Fermé 4 janv.-31 mars et 2 nov.-19 déc.

à Sévrier 6 km au Sud par D1508 – ✉ 74320 – 4 078 hab. – Alt. 456 m

🍴 B. Collon

CUISINE TRADITIONNELLE · ÉLÉGANT ❌❌❌ Féra du lac d'Annecy, asperges vertes et burratina, maquereaux et calamars – un plat inspiré au chef par son voyage au Japon –, foie gras de canard et rhubarbe... une belle cuisine traditionnelle, que l'on savoure en contemplant le lac, joyau d'Annecy !

Menu 46/65 € – Carte 73/89 €

Auberge de Létraz, 921 rte d'Albertville – ✆ 04 50 52 40 36
– www.auberge-de-letraz.com – Fermé de mi-nov. à mi-déc.

🍴 921 Bistrot ⓝ

CUISINE TRADITIONNELLE · BRANCHÉ ❌ Une salle claire et moderne, une très belle vue sur le lac d'Annecy, une ambiance sympathique... Le 921 Bistrot nous fait du gringue ! Chaque jour, de beaux produits du marché y atterrissent dans l'assiette, révélant de belles saveurs. Un exemple : ce dos de cabillaud et risotto aux herbes, tout simplement délicieux.

🍴 Formule 16 € – Menu 19 € (déj. en semaine)/31 € – Carte environ 40 €

921 rte d'Albertville – ✆ 04 50 52 40 36 – auberge-de-letraz.com – Fermé de mi-nov. à mi-déc., le dim. et le soir

🏠 Auberge de Létraz

TRADITIONNEL · CLASSIQUE Un jardin face au lac et cette belle auberge aux jolis airs de chalet. Dans les chambres, claires, confortables et dont certaines donnent sur les flots, tout invite au repos ! À l'heure du déjeuner et du dîner, place à la gourmandise...

23 chambres 🍴 – 🛏90/172 € 🛏🛏109/181 €

921 rte d'Albertville – ✆ 04 50 52 40 36 – www.auberge-de-letraz.com

🍴 **B. Collon** • 🍴 **921 Bistrot** – voir les restaurants ci-dessus

à Pringy 8 km au Nord par D1203 et rte secondaire – ✉ 74370
– 4 080 hab. – Alt. 483 m

🍴 Le Clos du Château

CUISINE MODERNE · À LA MODE ❌❌ Un lieu contemporain et confortable, des serveurs aux petits soins et, last but not least, une cuisine bien dans son époque, délicate et goûteuse, mitonnée par un jeune chef talentueux. À noter, un menu du marché à prix très doux et... une agréable terrasse à l'ombre des platanes.

Formule 22 € – Menu 27 € (déj. en semaine), 37/60 € – Carte 49/63 €

70 rte de Cuvat, à Promery – ✆ 04 50 66 82 23 – www.le-clos-du-chateau.com
– Fermé 2-24 août, 21 déc.-5 janv., dim. soir, merc. soir et lundi

rte du Semnoz 3,5 km au Sud-Est par D41 et rte forestière

⑪○ Les Terrasses du Lac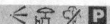

CUISINE MODERNE · SIMPLE 🍴 Pour information, depuis la terrasse de ce restaurant, vous aurez l'une des plus belles vues sur le lac d'Annecy ! Et en prime, vous pourrez vous régaler d'une sympathique cuisine dans l'air du temps faisant la part belle aux produits locaux. Rapport qualité-prix intéressant.

Formule 25 € – Menu 32/40 €

7 rte du Semnoz ⊠ 74000 Annecy – ℰ 04 50 45 34 86
– www.terrasse-annecy.com – Fermé nov.-janv., mardi soir, dim. soir et lundi

---

ANNEMASSE

⊠ 74100 (Haute-Savoie) – 33 166 hab. – Agglo. 106 673 hab. – Alt. 432 m
– Carte régionale n° **46**-F1
🚗 Paris 538 km – Annecy 46 km – Bonneville 22 km – Genève 8 km
Carte Michelin 328-K3 – Guide Vert Michelin Alpes du Nord

⑪○ L'Amaryllis

CUISINE MODERNE · À LA MODE 🍴 Un restaurant en plein centre-ville, c'est déjà un atout ; et si en prime, on y mange bien, que dire ? Derrière les fourneaux, le chef réalise une cuisine bien dans son temps et respectueuse des saisons. Le tout à apprécier dans un cadre contemporain... Évidemment !

🍽 Formule 18 € – Menu 20 € (déj.), 46/63 € – Carte 55/65 € dîner

5 r. Courriard – ℰ 04 50 87 17 27 – www.restaurant-lamaryllis.com – Fermé 27 avril-6 mai, 2 semaines en août, 2 semaines en janv., lundi soir, sam. midi et dim.

🏠 La Place

BUSINESS · FONCTIONNEL Un beau salon design, des chambres d'esprit contemporain, sobres et toutes climatisées, et un accueil des plus sympathiques, voici une étape centrale, agréable sur la route de la Suisse.

45 chambres – †59/67 € ††59/80 € – 😐 8 €

10 pl Jean-Deffaugt – ℰ 04 50 92 06 44 – www.laplacehotel.com

à Gaillard 3 km au Sud-Ouest – ⊠ 74240 – 11 303 hab. – Alt. 425 m

⑪○ La Pagerie

CRÉATIVE · COSY 🍴🍴 Le chef de ce restaurant feutré et charmant est un passionné ! Originaire de Perpignan, il a fait ses classes à Genève et s'inspire des produits de la région (poissons du Léman, légumes, bœuf Simmental, escargots de Magland) pour réaliser une cuisine créative, fine et soignée. Menu mystère en 3,4 ou 5 plats.

Menu 31 € (déj. en semaine), 57/98 €

12 r. de la Libération – ℰ 04 50 38 34 00 – www.restaurant-lapagerie.com – Fermé mardi midi, dim. et lundi

ANNESSE-ET-BEAULIEU – 24 (Dordogne) ➜ voir Périgueux

ANNONAY

⊠ 07100 (Ardèche) – 15 983 hab. – Alt. 350 m – Carte régionale n° **44**-B2
🚗 Paris 529 km – St-Étienne 44 km – Valence 56 km – Yssingeaux 57 km
Carte Michelin 331-K2 – Guide Vert Michelin Ardèche Drôme

au Golf de Gourdan 6,5 km au Nord par D519 et D820 – ⊠ 07430 Annonay :

🏠 Domaine de Saint Clair

BUSINESS · ACTUEL Sur le site du golf 18 trous, très tranquille, ce complexe moderne dispose de chambres spacieuses et confortables, la plupart avec balcon. Espace bien-être. Restauration traditionnelle.

48 chambres – †115/135 € ††115/165 € – 6 suites – 😐 12 € – ½ P

rte du Golf – ℰ 04 75 67 01 00 – www.domainestclair.fr

à St-Marcel-lès-Annonay 8,5 km au Nord-Ouest par D206 et D820 –
✉ 07100 – 1 404 hab. – Alt. 450 m

⭑○ Auberge du Lac   ⫷ 🕭 ♿ ⚙ ♻ P

CUISINE MODERNE · SIMPLE ✕✕ Velouté de petits pois, quenelles de volaille aux
morilles et carottes glacées au romarin ; suprême de poulet fermier farci au foie
gras et cannellonis de champignon : une cuisine de belle facture, dans un cadre
élégant. Le must : s'attabler en terrasse, en surplomb du lac du Ternay et de ses
rives arborées.
Formule 33 € – Menu 39/53 €
*Le Ternay – ℰ 04 75 67 12 03 – www.aubergedulac.fr – Fermé vacances de la
Toussaint, en janv., dim. soir, mardi midi et lundi*

🏠 Auberge du Lac   ⫸ ⫷ ⫴ 🖵 ♿ 🅰 ⚙ ♨ P

FAMILIAL · PERSONNALISÉ Un site superbe : cette grande villa ocre est nichée
parmi les pins, à flanc de rocher au-dessus du lac du Ternay, avec pour horizon
les collines verdoyantes du parc naturel du Pilat... Les chambres, décorées sur le
thème des fleurs, la piscine à débordement et le petit espace bien-être prêtent à
une agréable villégiature.
12 chambres – ♦85/97 € ♦♦125/165 € – ☷ 14 € – ½ P
*Le Ternay – ℰ 04 75 67 12 03 – www.aubergedulac.fr – Fermé vacances de la
Toussaint et en janv.*
   ⭑○ **Auberge du Lac** – voir les restaurants ci-dessus

ANNOT

✉ 04240 (Alpes-de-Haute-Provence) – 1 082 hab. – Alt. 708 m – Carte régionale n° **41**-C2
▶ Paris 812 km – Castellane 31 km – Digne-les-Bains 69 km – Manosque 112 km
Carte Michelin 334-I9 – Guide Vert Michelin Alpes du Sud

🏠 L'Avenue   ⚙ ♨

FAMILIAL · FONCTIONNEL Posez vos valises dans ce sympathique établissement
familial à la tenue irréprochable. Les chambres sont agréables – et pratiques pour
randonner aux Grès d'Annot ! Le soir, le chef propose une goûteuse cuisine avec
l'accent du Midi.
9 chambres – ♦70/90 € ♦♦70/90 € – ☷ 9 € – ½ P
*av. de la Gare – ℰ 04 92 83 22 07 – www.hotel-avenue.com – Ouvert d'avril à
fin oct.*

ANSE

✉ 69480 (Rhône) – 6 450 hab. – Alt. 170 m – Carte régionale n° **43**-E1
▶ Paris 436 km – Bourg-en-Bresse 57 km – Lyon 27 km – Mâcon 51 km
Carte Michelin 327-H4

🕭 Au Colombier   ⫷ 🕭 ♿ ♻ P

CUISINE MODERNE · INDIVIDUEL ✕ En bord de Saône, une belle bâtisse du 18ᵉ s.,
entre guinguette branchée et maison de pays. La cuisine est résolument dans l'air
du temps : carpaccio de daurade royale à la citronnelle, râble de lapin farci à la
sarriette... sans oublier les classiques, telles ces belles cuisses de grenouille poêlées. Du goût et du caractère !
Formule 22 € – Menu 31/62 € – Carte 40/70 €
*126 allée Colombier, (Pont St-Bernard) – ℰ 04 74 67 04 68
– www.aucolombier.com – Fermé janv., dim. soir et lundi de sept. à mai*

ANSOUIS

✉ 84240 (Vaucluse) – 1 157 hab. – Alt. 380 m – Carte régionale n° **40**-B2
▶ Paris 751 km – Aix-en-Provence 35 km – Avignon 79 km – Marseille 63 km
Carte Michelin 332-F11 – Guide Vert Michelin Provence

ఢ **La Closerie** (Olivier Alemany) ⌂ ⇄

PROVENÇALE · CONVIVIAL ✗✗ Cette Closerie est un hymne à la Provence ! Au piano, le chef compose des recettes riches en saveurs avec des produits d'une grande fraîcheur, que l'on accompagne de bons vins du Sud de la France. Une douce mélodie que les gourmands ne manquent pas d'apprécier, d'autant que l'accueil est charmant.

→ Salade de homard bleu et haricots verts du jardin. Turbot sauvage rôti aux oignons nouveaux, sucs de volaille. Pain perdu caramélisé à la vanille, sabayon glacé à la fleur d'oranger.

Menu 30 € (déj. en semaine), 45/70 € – Carte 65/80 €
bd des Platanes – 𝒞 04 90 09 90 54 (réservation conseillée)
– www.laclinerieansouis.com – Fermé 3 fév.-3 mars, dim. soir, merc. et jeudi

ANTHY-SUR-LÉMAN – 74 (Haute-Savoie) → voir Thonon-les-Bains

© CABH

ANTIBES

✉ 06600 (Alpes-Maritimes) – 75 568 hab. – Alt. 2 m – Carte régionale n° **42**-E2
▶ Paris 909 km – Aix-en-Provence 160 km – Cannes 11 km – Nice 21 km
Carte Michelin 341-D6 – Guide Vert Michelin Côte d'Azur

Restaurants

❀ **Le Figuier de St-Esprit** (Christian Morisset)   🛖 AC 🕳

PROVENÇALE · COSY XXX Dans le vieil Antibes, cette maison de pays embaume la Provence : avec de beaux produits locaux, le chef réalise des plats d'aujourd'hui. Saveurs fines, joli patio... Une bonne adresse.
➜ Cannellonis de supions et palourdes à l'encre de seiche, jus de coquillages au basilic. Selle d'agneau des Alpilles cuite en terre d'argile de Vallauris, gnocchis aux truffes. Moelleux mi-cuit au chocolat noir Caraïbes.
Menu 82/122 € – Carte 105/205 €

Plan : DX-a – 14 r. St-Esprit – ✆ 04 93 34 50 12 – www.christianmorisset.fr
– Fermé 1 semaine en févier, 1 semaine fin juin, 2 semaines en nov., merc. sauf le soir de mai à oct., lundi midi de mai à oct. et mardi

🍴⃝ **Mamo - Le Michelangelo**   🛖 AC 🕳 soir,

ITALIENNE · AUBERGE XX Qui ne connaît pas Mamo ? Plein de faconde et de gentillesse, ce passionné a fait de son restaurant un rendez-vous incontournable à Antibes. Un pizzaiolo sicilien y exécute de superbes pizzas ; les pâtes sont maison et les légumes – courgettes, aubergines, tomates, artichauts – viennent tout droit d'Italie. Un régal !
Carte 51/108 €

Plan : DX-m – 3 r. des Cordiers – ✆ 04 93 34 04 47
– www.michelangelo-mamo.com – Fermé dim. et lundi

🍴⃝ **Nacional - Beef & Wine**   🛖 ⭐ AC ⟳

VIANDES · À LA MODE XX Les amateurs de saveurs carnées trouveront dans ce restaurant contemporain leur paradis (mais on y propose aussi quelques plats de poisson et des salades). En tartare, en carpaccio ou grillées, les viandes sont de grande qualité – elles sont même saisies sur un gril à haute température importé des États-Unis !
Formule 24 € ⃢ – Menu 29 € ⃢ (déj. en semaine) – Carte 40/160 €

Plan : DX-u – 61 pl. Nationale – ✆ 04 93 61 77 30
– www.restaurant-nacional-antibes.com – Fermé dim. soir et lundi midi sauf juil.-août

ANTIBES

Châtaignier (Av. du) . . . . . . **AU** 13
Contrebandiers (Ch. des) . . . . **BV** 16
Ferné (Av. Gén.) . . . . **AU** 26
Gardiole-Bacon (Bd) . . . . . **BUV** 31

Garoupe (Bd de la) . . . . **BV** 33
Garoupe (Ch. de la) . . . . **BV** 34
Grec (Av. Jules) . . . . **ABU** 38
Malespine (Av.) . . . . **BV** 50
Phare (Rte du) . . . . **BV** 62
Raymond (Ch.) . . . . **BV** 64
Reibaud (Av.) . . . . **AU** 65

Salis (Av. de la) . . . . **BV** 77
Sella (Av. André) . . . . **BV** 78
Tamisier (Ch. du) . . . . **BV** 79
Tour-Gandolphe
(Av. de la) . . . . **BV** 82
Vautrin (Bd. du Gén.) . . . . . **BU** 84
11-Novembre (Av. du) . . . . . **BU** 91

Flèche noire Sens unique en saison

Oscar's

ITALIENNE · MÉDITERRANÉEN ✕✕ Avec ses sculptures à la mode antique, le cadre un peu kitsch ravira les amateurs du genre ! L'accueil est charmant et, côté papilles, les spécialités italiennes et provençales vous font de bien gourmands appels du pied ; les pâtes sont faites maison. Si le temps le permet, on peut aller dîner sur la petite terrasse.

Formule 19 € ☂ – Menu 29/56 € – Carte 76/114 €

Plan : DX-s – 8 r. du Dr-Rostan – ✆ 04 93 34 90 14 (réservation conseillée) – www.oscars-antibes.fr – Fermé 1er-15 juin, 20 déc.-5 janv., dim. et lundi

ANTIBES

Albert 1er (Bd) .... **CDY**
Alger (R. d') .... **CX**
Arazy (R.) .... **DXY** 3
Barnaud (Pl. Amiral) ...... **DY** 6
Barquier (Av.) .... **DY** 8
Bas-Castelet (R. du) ...... **DY** 9
Bateau (R. du) .... **DX** 10
Clemenceau (R. G.) ...... **DX** 14
Dames-Blanches (Av. des). **CY** 19

Directeur Chaudon (R.) .... **CY** 20
Docteur Rostan (R. du) ... **DX** 24
Gambetta (Av.) .... **CX** 30
Gaulle (Pl. du Gén.-de).... **CXY**
Grand-Cavalier (Av. du).... **CX** 37
Guynemer (Pl.) .... **CX** 40
Haut-Castelet (R. du) ..... **DY** 42
Horloge (R. de l') .... **DX** 43
Martyrs-de-la-Résistance
    (Pl. des) .... **CDX** 51
Masséna (Cours) .... **DX** 52
Meissonnier (Av.)........ **CDY** 54

Nationale (Pl.) .... **DX** 55
Orme (R. de l') .... **DX** 57
République (R. de la).... **CDX** 67
Revely (R. du) .... **DX** 68
Revennes (R. des) ...... **DY** 69
St-Roch (Av.)............ **CX** 72
Saleurs (Rampe des) .... **DX** 75
Tourraque (R. de la) .... **DY** 83
Vautrin (Bd. du Gén.) .... **CX** 84
8-Mai 1945
    (Square du) .... **DX** 90
24-Août (Av. du) .... **CY** 92

Le Don Juan Chez Florent

POISSONS ET FRUITS DE MER · CONVIVIAL XX Spécialité de ce Don Juan : les produits de la mer, plus particulièrement le poisson de Méditerranée en provenance de la criée de Sète. On le savoure dans une atmosphère contemporaine et... marine !

Menu 25/39 € – Carte 50/65 €

Plan : DX-b – *17 r. Thuret –* ℰ *04 93 34 58 63 – www.restaurantdonjuan.com – Fermé 2 semaines fin déc., mardi et merc. de sept. à mai*

Le Vauban ⓝ   🔥 AC

CUISINE MODERNE · ÉLÉGANT ✕✕ Dans une rue animée du vieil Antibes, ce Vauban nous sert une bonne cuisine française dans l'air du temps, réalisée avec une technique sans faille, et évoluant au fil des saisons. La bonne réputation du restaurant n'est plus à faire et il affiche souvent complet : pensez à réserver !

🍴 Menu 20 € (déj.), 35/56 € – Carte 48/71 €

Plan : DX-v – 7 bis r.Thuret – ☎ 04 93 34 33 05 (réservation conseillée)
– www.levauban.fr – fermé lundi midi, merc. midi et mardi

Les Vieux Murs   ≤ 🏠 AC ⇔ 🍽

MÉDITERRANÉENNE · CONVIVIAL ✕✕ Original, ce restaurant qui fait aussi office d'épicerie-galerie-boutique, de quoi satisfaire toutes les envies... Dans l'assiette ? Une sympathique cuisine méridionale mettant en valeur les produits de la mer. Et que dire de la belle terrasse face à la Méditerranée ? Le rêve !

Menu 36/80 € – Carte 60/75 €

Plan : DY-f – 25 promenade Amiral-de-Grasse – ☎ 04 93 34 06 73
– www.lesvieuxmurs.com

Hôtels

Royal   🌳 ≤ 🕙 🔥 🏠 🔥 AC 🏊 🚗

URBAIN · DESIGN Ouvert en 2011, cet établissement épouse les dernières normes des grands hôtels internationaux : esprit contemporain, spa, restaurants, plage aménagée... Une certaine idée des séjours en bord de mer, le tout au calme.

39 chambres – 🛏100/500 € 🛏🛏100/500 € – 25 suites – ⌂ 15 €

Plan : DY-b – 16 bd Mar.-Leclerc – ☎ 04 83 61 91 91 – www.royal-antibes.com

Josse   ≤ 🔥 AC 🚗

HÔTEL DE VACANCES · MODERNE Près de la plage du Ponteil – un emplacement privilégié –, dans une construction des années 1970 toute blanche, des chambres très contemporaines et confortables, celles du premier étage ont même un balcon... et vue sur la Grande Bleue !

27 chambres – 🛏95/169 € 🛏🛏125/199 € – 2 suites – ⌂ 16 €

Plan : BU-s – 8 bd James-Wyllie – ☎ 04 92 93 38 38 – www.hoteljosse.com
– Fermé 23 nov.-20 déc.

Mas Djoliba   🌿 🏠 🏊 AC 🍽 P

HÔTEL DE VACANCES · CLASSIQUE Relaxez-vous entre palmiers et bougainvillées, à la piscine ou dans les jolies chambres de cette villa 1920 ; celle du dernier étage dispose d'une agréable terrasse offrant une vue exquise sur le cap. Atmosphère familiale.

13 chambres – 🛏80/130 € 🛏🛏120/220 € – 1 suite – ⌂ 14 €

Plan : CY-d – 29 av. de Provence – ☎ 04 93 34 02 48 – www.hotel-djoliba.com
– Ouvert 14 mars-2 nov.

La Place   AC 🍽

URBAIN · MODERNE Sur cette place animée du centre d'Antibes, une agréable petite adresse, au décor moderne et lumineux. Les chambres, confortables et bien tenues, voient leurs couleurs varier selon l'étage (parme, vert anis, gris...).

14 chambres – 🛏99/190 € 🛏🛏99/190 € – ⌂ 14 €

Plan : CY-p – 1 av. du 24-Août – ☎ 04 97 21 03 11 – www.la-place-hotel.com

Le Petit Castel   🔥 AC 🍽 P

FAMILIAL · COSY Un jeune couple est désormais à la barre de ce petit pavillon blanc, à mi-chemin entre Antibes et Juan-les-Pins. Les chambres, petites et bien tenues, ont été rénovées avec goût ; on profite pleinement du solarium panoramique installé sur le toit !

16 chambres – 🛏78/158 € 🛏🛏88/168 € – ⌂ 10 €

Plan : BU-b – 22 chemin des Sables – ☎ 04 93 61 59 37 – www.lepetitcastel.fr
– Fermé janv.

rte de Nice par D6007 – ⊠ 06600 Antibes :

🏨 Baie des Anges - Thalazur 🎐 🐕 ⟨ 🏊 🏖 👶 🦶 🖼 ⬛ 🛗 🎿 **P**

HÔTEL DE CHAÎNE · MODERNE Sur les hauteurs de la ville, dominant la baie, ces deux bâtiments contemporains ont fière allure. À l'entrée, un vaste lobby moderne et lumineux ; à l'étage, de belles chambres colorées et bien agencées, dont une partie possède une terrasse avec vue sur la mer... Angélique !

164 chambres – ♦89/299 € – ♦♦89/314 € – 18 suites – ☲ 18 € – ½ P

770 chemin Moyennes-Breguières, (près du centre hospitalier de la Fontonne)
– ☏ 04 92 91 82 00 – www.hotel-baiedesanges-antibes.com – Fermé 2 semaines début déc.

Cap d'Antibes

⊠ 06160 Juan les Pins – Carte régionale n° **42**-E2

▶ Paris 922 km – Antibes 6 km – Marseille 174 km – Nice 35 km

✿ Bacon ⟨ 🏠 🖼 ⅍ 🥢 soir, **P**

POISSONS ET FRUITS DE MER · MÉDITERRANÉEN 🍴🍴🍴 Une grande salle habillée de blanc, des œuvres d'art contemporain et une vue superbe sur la baie des Anges... La Méditerranée est reine ici, et plus encore dans l'assiette : l'un des plus beaux choix de poissons sur la Côte d'Azur, cuisinés avec art, dans leur prime fraîcheur. Une institution.

→ Délices de loup aux truffes du Haut Var. Bouillabaisse. Millefeuille tiède.

Menu 55 € (déj. en semaine)/85 € – Carte 85/280 €

Plan : BU-m *– 664 bd Bacon – ☏ 04 93 61 50 02*
– www.restaurantdebacon.com – Ouvert 1ᵉʳ mars-31 oct. et fermé mardi midi et lundi

✿ Les Pêcheurs ⟨ 🏠 🛗 🖼 🥢

MÉDITERRANÉENNE · ÉLÉGANT 🍴🍴🍴 Superbement ancrés au bord des flots, ces Pêcheurs mettent évidemment à l'honneur le poisson de la Méditerranée... et plus largement toutes les belles saveurs du Sud, délicatement ciselées ; on se régale dans l'élégante salle à manger, ou sur la magnifique terrasse panoramique. Un petit paradis très Côte d'Azur !

→ Asperges de Pégomas aux morilles, émulsion vin jaune. Saint-pierre et palourdes, fleur de courgette à l'aubergine blanche. Soufflé à l'orange et glace Madarine impériale.

Menu 85/125 € – Carte 85/130 €

Plan : BV-u *– Cap d'Antibes Beach Hôtel, 10 bd du Maréchal-Juin*
– ☏ 04 93 93 13 30 – www.lespecheurs-lecap.com – Ouvert 1ᵉʳ avril-19 oct. et fermé le midi

🍽 Eden Roc 🏖 ⟨ 🏠 🖼 ⅍ **P**

CUISINE CLASSIQUE · LUXE 🍴🍴🍴🍴 Superbe villa isolée sur un roc, en bordure de mer. Atmosphère huppée, cuisine méridionale subtile et terrasse exquise donnant sur la baie de Cannes... Tellement French Riviera !

Menu 76 € (déj.), 154/190 € – Carte 122/224 €

Plan : BV-z *– Hôtel du Cap-Eden-Roc, bd JF-Kennedy – ☏ 04 93 61 39 01*
– www.hotel-du-cap-eden-roc.com – Ouvert 15 avril-18 oct.

🍽 Le Pavillon 🛎 🏠 🛗 🖼 ⅍

CUISINE MODERNE · ROMANTIQUE 🍴🍴🍴 La terrasse sous les arbres est un hymne au romantisme, surtout éclairée à la bougie la nuit venue... Moment d'exception porté par une cuisine originale et inspirée, très respectueuse des produits de saison.

Menu 58/130 € – Carte 80/110 €

Plan : BV-r *– Hôtel Impérial Garoupe, 770 chemin de la Garoupe*
– ☏ 04 92 93 31 64 – www.imperial-garoupe.com – Ouvert 24 avril-12 oct. et fermé le midi de juin à sept. et merc. sauf juil.-août

⁌○ Le Pavillon Beach ⟨⟨ ⌂ ⌕ & ♥ **P**

MÉDITERRANÉENNE · CONVIVIAL ✗✗ Une carte méditerranéenne fraîche et raffi-née, pour un restaurant de plage séduisant et huppé... et l'on est très vite happé par la vue sublime sur la Grande Bleue.

Carte 70/100 €

Plan : BV-r – *Hôtel Impérial Garoupe, 770 chemin Garoupe –* ☏ *04 92 90 23 97 – www.imperial-garoupe.com – Ouvert juin-sept. et fermé le soir sauf juil.-août, vend. et sam.*

⁌○ Le César ⓝ ⌕ AC 🛏

MÉDITERRANÉENNE · ÉLÉGANT ✗✗ Posé sur une belle plage de sable fin de la Garoupe, avec une vue imprenable sur la méditerranée, cette table de plage chic et élégante fait (à juste titre !) l'unanimité chez les Antibois. On y travaille de bons produits frais – et notamment de beaux poissons, préparés simplement et assai-sonnés avec justesse. Avis aux amateurs !

Carte 46/126 €

Plan : BV-a – *1035 chemin de la Garoupe, (plage Keller) –* ☏ *04 93 61 28 23 – www.plagekeller.com – Ouvert 10 mars- 10 oct.*

⁌○ Le Cap ⌕ AC

CUISINE MODERNE · MÉDITERRANÉEN ✗ Sur la plage privée du Cap d'Antibes Beach Hôtel, une agréable option pour un repas face à la baie de Cannes et aux îles de Lérins. Au déjeuner : salades, sandwichs chic, burgers gourmands et... poisson grillé ; le soir, une carte internationale plus enlevée, autour du wok notamment, et toujours de beaux produits de la mer.

Carte 45/105 €

Plan : BV-a – *Cap d'Antibes Beach Hôtel, 10 bd du Maréchal-Juin –* ☏ *04 92 93 13 30 – www.ca-beachhotel.com – Ouvert 1ᵉʳ avril-19 oct. et fermé le soir sauf du 1ᵉʳ juin au 14 sept.*

🏨 Hôtel du Cap-Eden-Roc ⟨ ⟩ ⌕ 🛏 ⌂ ⊕ ⟨⟨ ✗ ⊡ & AC ♥

GRAND LUXE · GRAND STYLE Passage obligé de la jet-set 🏋 🛏 🚗 et des stars de cinéma, ce majestueux palace du 19ᵉ s. est niché dans un parc de 9 ha verdoyant et paisible, face à la mer. S'il ne fallait retenir qu'elle : la pis-cine à débordement, idyllique. Classicisme, luxe et raffinement... Un lieu mythique et magique.

109 chambres � – 🛏550/1750 € 🛏🛏2100/6800 € – 9 suites

Plan : BV-x – *bd JF-Kennedy –* ☏ *04 93 61 39 01 – www.hotel-du-cap-eden-roc.com – Ouvert 15 avril-18 oct.*

⁌○ **Eden Roc** – voir les restaurants ci-dessus

🏨 Impérial Garoupe ⟨ ⟩ 🛏 ✗ ⊡ & AC 🏋 🚗

LUXE · PERSONNALISÉ Au bout du cap, la Garoupe, son phare, sa chapelle de pêcheurs et cette belle demeure méditerranéenne au cœur d'une végétation luxuriante (superbes cactus et plantes grasses). Contemporaines ou classiques, les chambres sont agréables et bien tenues ; toutes possèdent un balcon, une terrasse ou un jardinet privé.

31 chambres – 🛏340/860 € 🛏🛏340/860 € – 4 suites – ⊄ 58 €

Plan : BV-r – *770 chemin de la Garoupe –* ☏ *04 92 93 31 61 – www.imperial-garoupe.com – Ouvert 24 avril-12 oct.*

⁌○ **Le Pavillon** • ⁌○ **Le Pavillon Beach** – voir les restaurants ci-dessus

🏨 Cap d'Antibes Beach Hôtel ⟨ ⟩ ⟨ 🛏 ✗ AC 🚗

LUXE · DESIGN Chic balnéaire contemporain, design épuré, jardin noyé sous les essences méditerranéennes, plage privée de sable fin et, depuis les chambres des étages supérieurs, une vue imprenable sur le cap et les îles de Lérins : une certaine idée du luxe...

27 chambres ⊄ – 🛏390/910 € 🛏🛏390/2400 €

Plan : BV-e – – ☏ *04 92 93 13 30 – www.ca-beachhotel.com*

⁌ **Les Pêcheurs** • ⁌○ **Le Cap** – voir les restaurants ci-dessus

🏨 Beau Site 🔲 🔲 🔲 🔲 🅿️

HÔTEL DE VACANCES · FONCTIONNEL Terrasse ombragée d'essences méditerranéennes, agréable piscine et chambres d'esprit classique ou provençal : un joli pavillon blanc aux volets bleus, pour un séjour très Sud !

28 chambres – 🛉85/235 € 🛉🛉90/235 € – 2 suites – ⌁ 13 €

Plan : BV-t – *141 bd JF-Kennedy* – ℰ *04 93 61 53 43* – *www.hotelbeausite.net*
– *Ouvert 1ᵉʳ avril-15 oct.*

🏨 La Garoupe et Gardiole 🔲 🔲 🔲 🔲 🅿️

HÔTEL DE VACANCES · MÉDITERRANÉEN Piscine, jardin et belle terrasse sous une pergola où l'on sert le petit-déjeuner : le charme typique des jolies maisons balnéaires des années 1920... Chambres fraîches à la Garoupe et rustiques à la Gardiole.

37 chambres – 🛉85/185 € 🛉🛉105/205 € – ⌁ 13 €

Plan : BV-k – *60 chemin de la Garoupe* – ℰ *04 92 93 33 33*
– *www.hotel-lagaroupe-gardiole.com* – *Ouvert début avril à mi-oct.*

ANTONNE-ET-TRIGONANT – 24 (Dordogne) → voir Périgueux

ANTONY – 92 (Hauts-de-Seine) → voir Autour de Paris

ANZIN-ST-AUBIN – 62 (Pas-de-Calais) → voir Arras

AOSTE

✉ 38490 (Isère) – 2 767 hab. – Alt. 221 m – Carte régionale n° **45**-C2
▶ Paris 512 km – Belley 25 km – Chambéry 37 km – Grenoble 55 km
Carte Michelin 333-G4 – Guide Vert Michelin Alpes du Nord

à la Gare de l'Est 2 km au Nord-Est par D1516 – ✉ 38490 Aoste :

🍴 Au Coq en Velours 🔲 🔲 🔲 🔲 🅿️

CUISINE TRADITIONNELLE · ÉLÉGANT 𝖝𝖝𝖝 Entre Bresse et Dauphiné, cette bonne auberge de village est tenue par la même famille depuis 1900. Ne passez pas à côté de la spécialité de la maison, le "coq en velours", un délicieux coq au vin servi dans une sauce crémeuse, au grain de... velours. Quelques chambres pour la nuit, bien au calme face au jardin.

Formule 25 € – Menu 31/61 € – Carte 37/55 €

7 chambres – 🛉75/85 € 🛉🛉75/102 € – ⌁ 10 €

1800 rte de St-Genix – ℰ *04 76 31 60 04* – *www.au-coq-en-velours.com*
– *Fermé janv., 24-31 août, jeudi soir, dim. soir et lundi*

APPOIGNY – 89 (Yonne) → voir Auxerre

APREMONT – 78 (Yvelines) → voir Chantilly

APT

✉ 84400 (Vaucluse) – 11 979 hab. – Alt. 250 m – Carte régionale n° **42**-E1
▶ Paris 728 km – Aix-en-Provence 56 km – Avignon 54 km – Digne-les-Bains 91 km
Carte Michelin 332-F10 – Guide Vert Michelin Provence

🏠 Sainte Anne 🔲 🔲 🔲

URBAIN · ACTUEL Cette maison du 19ᵉ s. abrite des chambres confortables et bien tenues. À noter, le délicieux petit-déjeuner avec pain, confitures et gâteaux maison. Une adresse parfaite pour partir à la découverte de la ville et visiter la Maison du parc régional du Lubéron toute proche.

7 chambres – 🛉79/89 € 🛉🛉119/139 € – ⌁ 10 €

62 pl. Faubourg-du-Ballet – ℰ *04 90 74 18 04* – *www.apt-hotel.fr*

Le Couvent

HISTORIQUE • PERSONNALISÉ Cet ancien couvent (17e s.) typiquement provençal a perdu en austérité ce qu'il a gagné en sobre élégance. Chambres de charme, petit-déjeuner sous les voûtes du réfectoire.

5 chambres ☕ - 🚹95/130 € 🚹🚹98/140 €

36 r. Barriol - ✆ 04 90 04 55 36 - www.loucouvent.com

à Saignon 4 km au Sud-Est par D48 - ✉ 84400 - 1 017 hab. - Alt. 450 m

La Petite Cave

CUISINE MODERNE • BISTRO X Au cœur de Saignon, un Petit Café de village version 21e s. ! Le chef britannique signe un très court menu inspiré par le marché : soupe de petits pois aux écrevisses, chowder de haddock fumé... Ainsi que des salades et autres assiettes de tapas, pour les plus pressés ! Bonne sélection de crus de la région.

Carte 52/73 €

pl. de l'Horloge - ✆ 04 90 76 64 92 (réservation conseillée) - www.lapetitecave-saignon.com - Fermé en janv. et fév.

Chambre de Séjour avec Vue

FAMILIAL • MODERNE Dans un charmant village, une maison d'hôtes atypique, à la fois lieu d'échange culturel et résidence d'artistes : la décoration évolue au gré des œuvres exposées ! De confortables chambres design, chic et sobrement meublées.

5 chambres ☕ - 🚹100 € 🚹🚹120 €

r. de la Burgade - ✆ 04 90 04 85 01 - www.chambreavecvue.com - Ouvert de mars à nov.

ARAGON - 11 (Aude) ➜ voir Carcassonne

ARBOIS

✉ 39600 (Jura) - 3 537 hab. - Alt. 350 m - Carte régionale n° **16**-B2

Paris 407 km - Besançon 46 km - Dole 34 km - Lons-le-Saunier 40 km

Carte Michelin 321-E5 - Guide Vert Michelin Franche-Comté Jura

Jean-Paul Jeunet

CRÉATIVE • ÉLÉGANT XXX À l'origine, l'établissement n'était qu'un simple bistrot de village fondé par le père de Jean-Paul Jeunet... Celui-ci en a fait une véritable institution jurassienne, tout à la fois étape chaleureuse et ode gourmande au terroir brillamment mêlée d'inventivité. Avec une superbe carte des vins, pour ne rien gâcher !

➜ Pommes de terre charlotte et truffe. Poulette de Bresse au vin jaune et morilles. Chocolat et sapin.

Menu 73 € (déj.), 120/150 € - Carte 95/125 €

12 chambres - 🚹105/185 € 🚹🚹143/190 € - ☕ 18 €

9 r. de l'Hôtel-de-Ville - ✆ 03 84 66 05 67 - www.jeanpauljeunet.com - Fermé déc., janv., mardi et merc. sauf le soir de juil. à mi-sept.

Les Caudalies

CUISINE MODERNE • ÉLÉGANT XXX A la tête de cette maison bourgeoise sise au cœur des vignobles, œuvre un savant sommelier, Meilleur Ouvrier de France en 2015. Il a constitué une carte des vins de plus de 500 références, superbe contrepoint à une cuisine tout en finesse, à l'instar de cette volaille fermière de l'Ain aux morilles.

Formule 16 € - Menu 19 € (déj. en semaine), 41/77 € 🍷 - Carte 45/66 €

Hôtel Les Caudalies, 20 av. Pasteur - ✆ 03 84 73 06 54 - www.lescaudalies.fr - Fermé 15 fév.-1er mars, vacances de la Toussaint, mardi sauf le soir en juil.-août et lundi

Le Caveau d'Arbois

CUISINE TRADITIONNELLE • CONVIVIAL XX Dans cette maison de pays, à la sortie de la ville sur la route de Besançon, le chef - un ancien ingénieur textile - sait tisser de beaux liens entre sa cuisine du terroir jurassien et les crus régionaux... Sympathique et chaleureux !

Formule 16 € 🍷 - Menu 27/36 € - Carte 28/51 €

3 rte de Besançon - ✆ 03 84 66 10 70 - www.caveau-arbois.com - Fermé 28 juin-13 juil., merc. et jeudi

🍴○ La Balance Mets et Vins   🎎 🎐 ♻

CUISINE MODERNE · CONVIVIAL XX Des mets en accord avec les vins du Jura, de jolis plats végétariens à base de produits bio, le tout relevé de quelques épices du monde et d'un cadre chaleureux... Ne passez pas à côté du coq au vin jaune accompagné de belles morilles, la spécialité de la maison. Ça balance pas mal, à Arbois !

æ Formule 18 € – Menu 20 € (déj. en semaine), 29/69 € – Carte 43/65 €
47 r. de Courcelles – 𝒞 03 84 37 45 00 – www.labalance.fr
– Fermé 12-18 avril, 26 juil.-1 août, 16 déc.-début fév., dim. sauf juil.-août et lundi

🍴○ Le Bistronome 🆕   🎐 ♿ ♻

CUISINE CLASSIQUE · BISTRO X Ce nouveau venu charme les papilles des bistronomes grâce à des produits de qualité et des plats goûteux, comme ce pressé de lapin et poitrine de cochon. Les plats s'accompagnent d'une belle sélection de vins natures du Jura, à déguster sur la jolie terrasse qui domine la Cuisance... Une affaire sérieuse et sympathique !

Formule 17 € – Menu 25/33 € – Carte 40/60 €
62 r. de Faramand – 𝒞 03 84 53 08 51 – Fermé lundi soir et mardi sauf juil.-août et dim. soir

🏠 Les Caudalies   🏔 🚪 ♿ 🅿

FAMILIAL · ÉLÉGANT Accueil courtois, chambres romantiques et bien décorées (parquets clairs, beaux meubles) : voici quelques-uns des attraits de ces Caudalies. L'ensemble est bien entretenu : une agréable étape.

9 chambres – †57/85 € ††75/116 € – ⌷ 12 € – ½ P
20 av. Pasteur – 𝒞 03 84 73 06 54 – www.lescaudalies.fr – Fermé 15 fév.-1er mars, vacances de la Toussaint et lundi d'oct. à mars

🍴○ **Les Caudalies** – voir les restaurants ci-dessus

🏠 Hôtel des Cépages   🏔 📺 🧖 🅿

BUSINESS · SIMPLE Cet hôtel moderne abrite des chambres avant tout fonctionnelles ; côté route, elles bénéficient d'une bonne insonorisation. Belle surprise au réveil : le petit-déjeuner est copieux, et met à l'honneur les produits régionaux.

33 chambres – †69 € ††79 € – ⌷ 13 € – ½ P
rte de Villette-les-Arbois – 𝒞 03 84 66 25 25 – www.hotel-des-cepages.com

🏡 Closerie les Capucines   🚪 ⚒

HISTORIQUE · PERSONNALISÉ Ce couvent du 17e s. se niche dans une ruelle calme du centre-ville. Charme authentique, épure contemporaine dans les chambres, patio, jardin exquis... Un moment béni, une coupure salutaire !

5 chambres ⌷ – †125/140 € ††125/180 €
7 r. de la Bourgogne – 𝒞 03 84 66 17 38 – www.closerielescapucines.com
– Fermé 18 déc.-31 janv.

à Pupillin 3 km au Sud par D469 et D248 – ✉ 39600 – 247 hab. – Alt. 450 m

😊 Le Grapiot   🎎 🎐 ♿ 🆎 🍴 ♻ 🅿

CUISINE MODERNE · DESIGN XX Grapiot, vous avez dit grapiot ? Oui, une "grimpette" ou un "petit chemin montant" en patois local. Le jeune chef, passionné de couleurs et de saveurs, travaille autant la déco que les beaux produits, comme avec ce pavé de cabillaud rôti et beurre rouge. La carte change tous les mois ; chaque passage donne envie de revenir !

Formule 20 € ♟ – Menu 32/65 € ♟ – Carte 38/57 €
r. Bagier – 𝒞 03 84 37 49 44 – www.legrapiot.com – Fermé 1 semaine vacances de printemps, 3-14 juil., 24 déc.-10 janv., mardi hors saison et merc.

ARBONNE – 64 (Pyrénées-Atlantiques) → voir Biarritz

ARCACHON

✉ 33120 (Gironde) – 11 307 hab. – Alt. 5 m – Carte régionale n° **3**-B2
🚗 Paris 650 km – Agen 196 km – Bayonne 181 km – Bordeaux 67 km
Carte Michelin 335-D7 – Guide Vert Michelin Aquitaine

Le Patio (Thierry Renou)

CUISINE MODERNE · ÉLÉGANT XX Asperge des Landes, agneau de Pauillac, huîtres du bassin, etc. Cette table honore les beaux produits aquitains, avec finesse et esthétisme. L'œuvre d'un chef passionné et généreux ! Décor contemporain raffiné... assorti d'un agréable patio couvert.
→ Cannelloni de Comté, tartare de canard fumé, gribiche d'huîtres et truffe noire. Poitrine de pigeon à la truffe, lard de Colonnata et les cuisses en jambonettes. Chocolat fondant et croustillant, crémeux de glace chocolat.
Menu 42 € (semaine), 68/105 € – Carte 95/130 €
Plan : BX-t – *10 bd de la Plage* – ☎ *05 56 83 02 72*
– *www.lepatio-thierryrenou.com* – *Fermé 2-20 mars, 3-20 nov., dim. soir, mardi midi et lundi*

Ville d'Hiver

CUISINE TRADITIONNELLE · CONVIVIAL XX Dans l'un des meilleurs hôtels de la ville, un restaurant agréable et sympathique : le petit menu et les suggestions sont présentés à l'ardoise, et l'on profite d'une cuisine au goût du jour de bonne qualité... À déguster à l'intérieur – contemporain et épuré – ou sur la belle terrasse.
Menu 25 € (semaine) – Carte 33/60 €
Plan : BZ-f – *Hôtel Ville d'Hiver, 20 av. Victor-Hugo* – ☎ *05 56 66 10 36*
– *www.hotelvilledhiver.com*

Café de la Plage " Chez Pierre "

CUISINE CLASSIQUE · BRASSERIE XX Sur le front de mer, près du palais des congrès, cette brasserie de luxe est une véritable institution locale. Un chef expérimenté, une brigade formée dans des restaurants étoilés : chacun est au service d'une cuisine de la mer inventive, où le poisson du bassin joue les premiers rôles... Incontournable.
Formule 25 € – Menu 30 € – Carte 45/65 €
Plan : BZ-a – *1 bd Veyrier-Montagnères* – ☎ *05 56 22 52 94*
– *www.cafedelaplage.com*

Chez Yvette

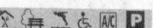

POISSONS ET FRUITS DE MER · BRASSERIE X Une institution locale, gérée par une famille d'ostréiculteurs depuis une quarantaine d'années et réputée pour ses produits de la mer. Le cadre est nautique, et l'ambiance animée.
🍽 Menu 19 € (semaine)/29 € – Carte 38/60 €
Plan : BZ-b – *59 bd Gén.-Leclerc* – ☎ *05 56 83 05 11*
– *www.restaurant-chez-yvette-arcachon.fr* – *Fermé dim. soir et lundi du 1ᵉʳ nov. au 31 janv.*

Ville d'Hiver

VILLA · PERSONNALISÉ Dans un quartier plein de cachet, un hôtel bourré de charme au cœur d'un beau jardin. À l'image de la station, il cultive un style balnéaire à la fois chic et décontracté... Les chambres sont douillettes, l'espace détente bien reposant ; on peut même déjeuner les pieds dans le sable pendant l'été !
18 chambres – †140/245 € ††140/245 € – ☐ 13 €
Plan : BZ-f – *20 av. Victor-Hugo* – ☎ *05 56 66 10 36*
– *www.hotelvilledhiver.com*
🍴 **Ville d'Hiver** – voir les restaurants ci-dessus

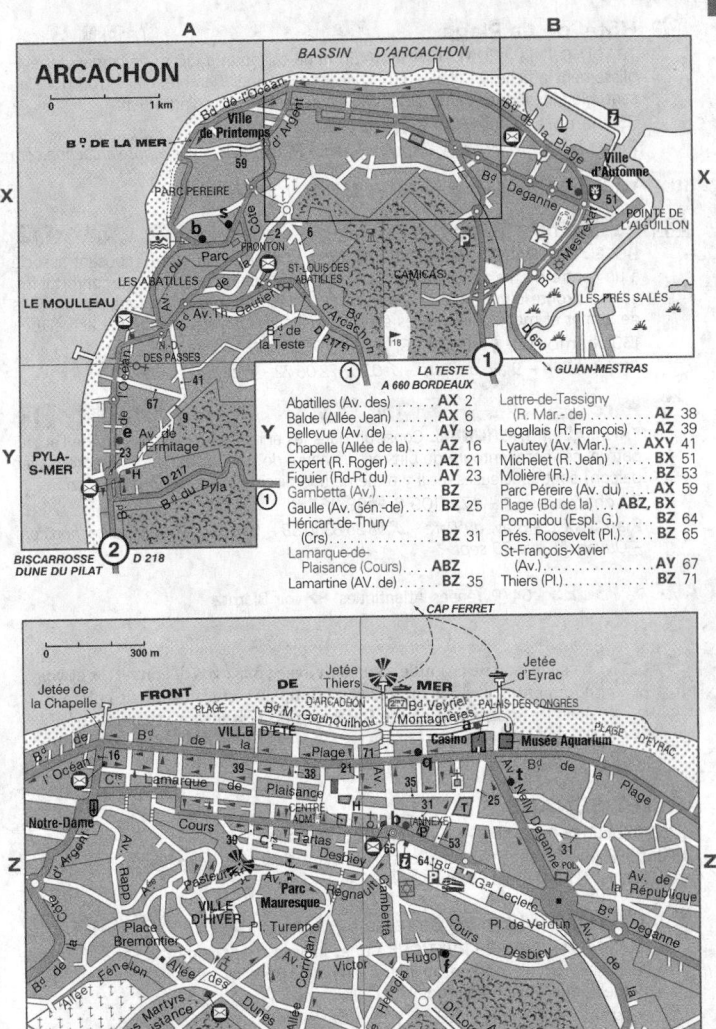

ARCACHON

BASSIN D'ARCACHON

Abatilles (Av. des) . . . . **AX** 2	Lattre-de-Tassigny
Balde (Allée Jean) . . . . . . **AX** 6	(R. Mar.- de) . . . . **AZ** 38
Bellevue (Av. de) . . . . . . **AY** 9	Legallais (R. François) . . . **AZ** 39
Chapelle (Allée de la) . . . **AZ** 16	Lyautey (Av. Mar.) . . . . . **AXY** 41
Expert (R. Roger) . . . . . **AZ** 21	Michelet (R. Jean) . . . . . **BX** 51
Figuier (Rd-Pt du) . . . . . **AY** 23	Molière (R.) . . . . **BZ** 53
Gambetta (Av.) . . . . **BZ**	Parc Péreire (Av. du) . . . **AX** 59
Gaulle (Av. Gén.-de) . . . **BZ** 25	Plage (Bd de la) . . **ABZ, BX**
Héricart-de-Thury	Pompidou (Espl. G.) . . . . **BZ** 64
(Crs) . . . . **BZ** 31	Prés. Roosevelt (Pl.) . . . **BZ** 65
Lamarque-de-	St-François-Xavier
Plaisance (Cours) . . . **ABZ**	(Av.) . . . . **AY** 67
Lamartine (Av. de) . . . . . **BZ** 35	Thiers (Pl.) . . . . **BZ** 71

CAP FERRET

DE MER

🏠 Point France

HÔTEL DE VACANCES · CLASSIQUE Juste derrière le front de mer et à proximité du palais des congrès, un agréable hôtel avec des chambres fraîches, spacieuses et bien insonorisées, toutes avec balcon. Petit plus bien sympathique : le petit-déjeuner généreux.

34 chambres – 👤100/265 € 👥100/265 € – 🍽16 €

Plan : BZ-q – *1 r. Grenier* – 📞 *05 56 83 46 74* – *www.hotel-point-france.com* – *Ouvert 14 mars-10 nov.*

🏨 Hôtel de La Plage

TRADITIONNEL · FONCTIONNEL À 50 m du casino et à 150 m de la mer, cet établissement affiche un chaleureux style bord de mer (lambris clairs, rotin)... Plaisant, bien insonorisé : idéal pour un séjour d'affaires ou d'agrément.

55 chambres – ♦84/139 € ♦♦89/290 € – ☐ 13 €

Plan : BZ-t – *10 av. Nelly-Deganne* – ✆ 05 56 83 06 23 – www.hotelarcachon.com

aux Abatilles 2 km au Sud-Ouest – ✉ 33120 Arcachon

🏨 Les Bains d'Arguin

HÔTEL DE CHAÎNE · MODERNE Entre mer et pinède, un hôtel imposant associé à un centre de thalassothérapie. Les chambres, refaites à neuf, sont confortables, et l'on profite d'une belle piscine et d'un solarium. Côté restaurant, les produits de la mer et menus diététiques sont à l'honneur, autour d'une cuisine actuelle.

139 chambres – ♦130/290 € ♦♦130/290 € – ☐ 18 € – ½ P

Plan : AX-b – *9 av. du Parc* – ✆ 05 57 72 06 72 – www.thalazur.fr

🏨 Parc

FAMILIAL · FONCTIONNEL Construit dans les années 1970 par le père de l'actuel patron, cet hôtel entouré de pins est un havre de tranquillité ; les chambres (avec balcon) sont spacieuses, et il y a même une piscine couverte et un jacuzzi.

30 chambres ☐ – ♦79/109 € ♦♦88/166 €

Plan : AX-s – *5 av. du Parc* – ✆ 05 56 83 10 58 – www.hotelduparc-arcachon.com – *Ouvert 1er mai-30 sept.*

ARCANGUES – 64 (Pyrénées-Atlantiques) → voir Biarritz

La sélection de ce guide s'enrichit avec vous : vos découvertes et vos commentaires nous intéressent ! Coup de cœur ou coup de colère, écrivez-nous sur Michelin Restaurants : restaurant.michelin.fr

ARC-ET-SENANS

✉ 25610 (Doubs) – 1 537 hab. – Alt. 231 m – Carte régionale n° **16**-B2
◨ Paris 396 km – Besançon 37 km – Pontarlier 62 km – Salins-les-Bains 16 km
Carte Michelin 321-E4 – Guide Vert Michelin Franche-Comté Jura

ⓘⓄ Le Relais d'Arc et Senans

CUISINE MODERNE · RUSTIQUE Ⅹ Une maison franc-comtoise à 800 m de la Saline royale (classée au patrimoine de l'Unesco). Salle rustique et cuisine actuelle privilégiant les produits locaux.

Formule 17 € – Menu 26/58 € ♈ – Carte environ 43 €

9 pl. de l'Église – ✆ 03 81 57 40 60 – www.relaisdarcetsenans.fr – *Fermé 10-16 oct., 23 déc.-26 janv., dim. soir et lundi*

ARCHAMPS – 74 (Haute-Savoie) → voir St-Julien-en-Genevois

ARCINS – 33 (Gironde) → voir Margaux

ARCIZANS-AVANT – 65 (Hautes-Pyrénées) → voir Argelès-Gazost

LES ARCS

✉ 83460 (Var) – 6 971 hab. – Alt. 80 m – Carte régionale n° **41**-C3
◨ Paris 848 km – Cannes 59 km – Draguignan 11 km – Fréjus 25 km
Carte Michelin 340-N5

🕸 **Le Relais des Moines** (Sébastien Sanjou)　　🏠 🛜 AC P

CUISINE MODERNE · AUBERGE XXX Une cuisine colorée et imaginative : voici la proposition du chef, Sébastien Sanjou, dans cette ancienne bergerie (16ᵉ s.) élégante et chaleureuse. Au cœur de chaque assiette trône un beau produit, travaillé avec soin dans le respect du goût ! La terrasse, digne d'un nid de verdure, ajoute au plaisir du moment.

→ Collection de "bleda-raba", lard de Colonnata, gingembre, poire, noisette et truffe. Caneton mi-sauvage, navets de pays, chou rouge et bigarrade. Sphère choco-or et crumble aux framboises.

Menu 42 € 🍷 (déj. en semaine), 60/108 € – Carte environ 85 €

1 km à l'Est par rte de Ste-Roseline – 𝓒 *04 94 47 40 93*
– www.lerelaisdesmoines.com – Fermé 7 nov.-2 déc., 2-8 janv., mardi de sept. à juin et lundi

🍴 **Logis du Guetteur**　　🔄 🐟 ⟨ 🛜 ⌕ P

CUISINE TRADITIONNELLE · RUSTIQUE XX Une robuste demeure médiévale (11ᵉ s.), perchée à l'aplomb du village... En terrasse, où l'on guette le panorama à loisir, ou sous les voûtes séculaires du bâtiment, on savoure une cuisine généreuse, marquée par le terroir. De petites chambres pour l'étape.

Menu 38/110 € – Carte 67/102 €

16 chambres – 🛏90/160 € 🛏🛏90/190 € – ⌑17 €

pl. du Château, (au village médiéval) – 𝓒 *04 94 99 51 10*
– www.logisduguetteur.com

ARDRES

✉ 62610 (Pas-de-Calais) – 4 268 hab. – Alt. 11 m – Carte régionale n° **30**-A1
▶ Paris 273 km – Arras 93 km – Boulogne-sur-Mer 38 km – Calais 18 km
Carte Michelin 301-E2 – Guide Vert Michelin Nord Pas-de-Calais

🍴 **Le François 1er**

CUISINE CLASSIQUE · ÉLÉGANT XX En 1520, la ville accueillit une entrevue entre Henri VIII et François 1ᵉʳ... d'où le nom du restaurant. Dans un cadre historique, la cuisine joue la carte de la tradition : croustillant de crustacés, carré d'agneau en croûte d'herbes, etc.

Menu 29 € (semaine)/49 € – Carte 49/66 €

pl. d'Armes – 𝓒 *03 21 85 94 00 (réservation conseillée) – www.lefrancois1er.com*
– Fermé 28 août-14 sept., 24 déc.-10 janv., lundi et le soir

ARÈS

✉ 33740 (Gironde) – 5 674 hab. – Alt. 6 m – Carte régionale n° **3**-B1
▶ Paris 627 km – Arcachon 47 km – Bordeaux 48 km
Carte Michelin 335-E6 – Guide Vert Michelin Pays Basque et Navarre

🍴 **St-Éloi**　　🕸 🔄 🛜

CUISINE MODERNE · À LA MODE XX Ici, le vin a son importance... La patronne, sommelière, a composé méticuleusement sa carte, qui compte près de 180 références : les amateurs seront servis ! Ils accompagnent idéalement la bonne cuisine actuelle que la chef réactualise chaque semaine au gré du marché et de ses envies. Une adresse attachante.

🍽 Formule 15 € – Menu 18 € (déj. en semaine), 32/60 €
– Carte 38/66 €

8 chambres – 🛏55/98 € 🛏🛏55/98 € – ⌑8 €

11 bd Aérium – 𝓒 *05 56 60 20 46 – www.le-saint-eloi.com – Fermé 4 janv.-2 fév., sam. midi et dim. soir de sept. à mi-juil. et lundi sauf le soir en saison*

ARGELÈS-GAZOST

✉ 65400 (Hautes-Pyrénées) – 3 069 hab. – Alt. 462 m – Carte régionale n° **28**-A3
▶ Paris 863 km – Lourdes 13 km – Pau 58 km – Tarbes 32 km
Carte Michelin 342-L6

🍽 Restaurant Des Petits Pois Sont Rouges ⬛🚗🛋️♿ℳ P

CUISINE MODERNE · CONVIVIAL ✗✗ Pas besoin d'être résident de l'hôtel Miramont pour apprécier la cuisine de son chef. Ce dernier rend hommage au terroir pyrénéen, bien sûr, mais n'hésite pas à faire quelques concessions à la modernité. Côté déco, on baigne dans une ambiance résolument contemporaine : table centrale rehaussée, mobilier design...

Formule 17 € – Menu 22/28 € – Carte 37/52 €

Hôtel Le Miramont, 44 av. des Pyrénées – ℰ 05 62 97 01 26 (réservation conseillée) – www.des-petits-pois-sont-rouges.com – Fermé de mi-nov. à mi-déc. et merc.

🏠 Le Miramont 🌲⬛🔲🏵️♿ P

FAMILIAL · SIMPLE Cet hôtel-restaurant des années 1930 dénote par rapport au style architectural régional. Avec son joli jardin et ses chambres confortables, c'est un bon point de départ pour la visite de la vallée des Gaves ou une cure thermale.

18 chambres – ▮70/165 € ▮▮70/165 € – ☲ 13 € – ½ P

44 av. des Pyrénées – ℰ 05 62 97 01 26 – www.hotelmiramont.com – Fermé de mi-nov. à mi-déc.

🍽 **Restaurant Des Petits Pois Sont Rouges** – voir les restaurants ci-dessus

🏠 Les Cimes 🌲🐾⬛🔲🔲♿ P

FAMILIAL · SIMPLE Dans un quartier tranquille de la ville basse, un sympathique hôtel, aménagé dans un esprit contemporain. Chambres confortables, joli patio vitré – pour boire un verre ou prendre le petit-déjeuner –, piscine couverte et chauffée... L'ensemble est agréable et parfaitement entretenu.

29 chambres – ▮55/59 € ▮▮70/80 € – ☲ 10 € – ½ P

1 pl. d'Ourout – ℰ 05 62 97 00 10 – www.hotel-lescimes.com – Fermé 1-22 nov., 4-17 janv.

🏠 Soleil Levant 🌲⬛🔲 P

FAMILIAL · FONCTIONNEL Derrière la grande façade blanche, une adresse tenue par la même famille depuis trois générations ! Les chambres sont fonctionnelles et pratiques ; certaines ont vue sur les montagnes d'Hautacam ou le mont de Gez. Terroir et tradition au restaurant.

32 chambres – ▮57/66 € ▮▮57/66 € – ☲ 10 € – ½ P

17 av. des Pyrénées – ℰ 05 62 97 08 68 – www.hotel-soleil-levant-argeles.fr – Fermé 2 janv.-2 fév. et 30 nov.-23 déc.

à St-Savin 3 km au Sud par D101 – ✉ 65400 – 381 hab. – Alt. 580 m

😊 Le Viscos ⬅️🚗♿ℳ P

CUISINE MODERNE · ÉLÉGANT ✗✗✗ Sous l'impulsion des fils du patron – dont l'un est aux fourneaux –, le restaurant s'est offert une nouvelle jeunesse : on se régale de délicieux plats célébrant le terroir : terrine de bœuf, crépinette de porc noir de Bigorre, moelleux à l'orange... C'est fin, juste et toujours travaillé dans le respect du produit.

Formule 17 € – Menu 29/75 € – Carte 42/121 €

10 chambres – ▮92/135 € ▮▮109/135 € – ☲ 14 €

1 r. Lamarque – ℰ 05 62 97 02 28 – www.hotel-leviscos.com – Fermé 3 semaines en janv., lundi sauf le soir en juil.-août et dim. soir

à Arcizans-Avant 4,5 km au Sud par D101 et D13 – ⊠ 65400
– 375 hab. – Alt. 640 m

⅋O Auberge Le Cabaliros ⇦⇐⊟⛱🅿

CUISINE TRADITIONNELLE · AUBERGE ✗ Cette sympathique auberge villageoise, à mi-chemin entre les célèbres cols d'Aubisque et du Tourmalet, tutoie les sommets pyrénéens. Dans l'assiette, de bonnes recettes de tradition – pavé de porc noir de Bigorre, ris de veau braisé –, goûteuses et joliment présentées. Et de petites chambres coquettes pour l'étape !

Menu 23/35 € – Carte 36/62 €

7 chambres – †49/86 € ††69/98 € – ☑ 10 €

16 r. de l'Église – ℰ 05 62 97 04 31 – www.auberge-cabaliros.com – Fermé de nov. à fév., mardi sauf le soir en juil.-août et merc. de sept. à juin

à Beaucens 6 km au Sud-Est par D913 – ⊠ 65400 – 421 hab. – Alt. 450 m

🏠 Eth Béryè Petit ⇧⇘⇐⅋🅿⇥

FAMILIAL · RUSTIQUE Ce petit verger ("Eth Beryè petit" en basque) est une accueillante maison bigourdane de 1790. Chambres cosy (parquet, tapis, mobilier ancien) ménageant un splendide panorama sur la vallée. Dîner et petit-déjeuner dans un joli salon au coin du feu ou en terrasse.

3 chambres ☑ – †70 € ††75 €

15 rte de Vielle – ℰ 05 62 97 90 02 – www.beryepetit.com – Fermé 24 déc.-2 janv.

ARGELÈS-SUR-MER

⊠ 66700 (Pyrénées-Orientales) – 9 901 hab. – Alt. 19 m – Carte régionale n° **22**-B3
▶ Paris 872 km – Céret 28 km – Perpignan 22 km – Port-Vendres 9 km
Carte Michelin 344-J7

🌰 La Bartavelle ⓝ

CUISINE MODERNE · COSY ✗ C'est une adresse que les amoureux de la bonne chère s'échangent avec gourmandise – et pour cause : le chef, Thibaut Lesage, et son épouse Stéphanie, pâtissière, ravissent les papilles et revisitent les classiques avec une inspiration constante. Un régal ! Attention : réservation indispensable.

Menu 28/37 € – Carte 44/51 €

Plan : CY-e – *24 r. de la République – ℰ 06 19 25 70 13 (réservation conseillée) – www.restaurant-labartavelle.fr – Fermé 10 jours en mars, 10 jours en nov., 10 jours en janv., dim. et lundi sauf en été, le midi sauf merc. et le sam. hors saison*

⅋O La Table de Valmy ⓝ ⇐⛱⟳

CUISINE TRADITIONNELLE · ÉLÉGANT ✗ Niché au cœur du domaine viticole du château de Valmy, le restaurant occupe une partie des anciens chais. La cuisine joue le jeu des saisons et des produits locaux. Aux beaux jours, la terrasse dévoile un panorama magnifique sur les vignes. Un joli prétexte pour goûter les vins du domaine !

Formule 25 € – Menu 35/45 € ♈

Plan : AX-v – *chemin de Valmy – ℰ 04 68 95 95 25 – www.chateau-valmy.com – Ouvert d'avril à nov. et fermé du dim. soir au merc. sauf en été*

⅋O Le Coup de Fourchette du Cayrou A/C

CUISINE MODERNE · SIMPLE ✗ Cette jolie maison doit son nom à la brique rouge traditionnelle fabriquée dans ces contrées catalanes... Dans l'agréable salle, simple et épurée, on déguste une bonne cuisine qui évolue au fil des saisons.

Menu 22 € (déj. en semaine), 25/42 €

Plan : CY-b – *18 r. du 14-Juillet – ℰ 04 68 81 34 08 – www.le-cayrou.net – Fermé dim.*

ARGELÈS-SUR-MER

Albères (Bd des) . . . . **BV** 2
Arrivée (Rond-Point de l') . . . . **BV** 6
Buisson (Allée Ferdinand) . . . . **AV** 10
Charlemagne (Av. de) . . . . **BX** 16
Corbières (Av. des) . . . . **BV** 17
Gaulle (Av. du Gén.-de) . . . . . . **BV** 21
Grau (Av. du) . . . . **BX** 24
Méditerranée (Bd de la) . . . . . . **BV** 29
Mimosas (Av. des) . . . . **BV** 30
Pins (Allée des) . . . . **BV** 37
Pins (Av. des) . . . . **BV** 38
Platanes (Av. des) . . . . **BV** 39
Port (R. du) . . . . **BX** 40
Racou (Allée du) . . . . **BVX** 42
Ste-Madeleine (Chemin) . . . . . . **AX** 43
Trabucaires (R. des) . . . . **AV** 44
14-Juillet (R. du) . . . . **AV** 49

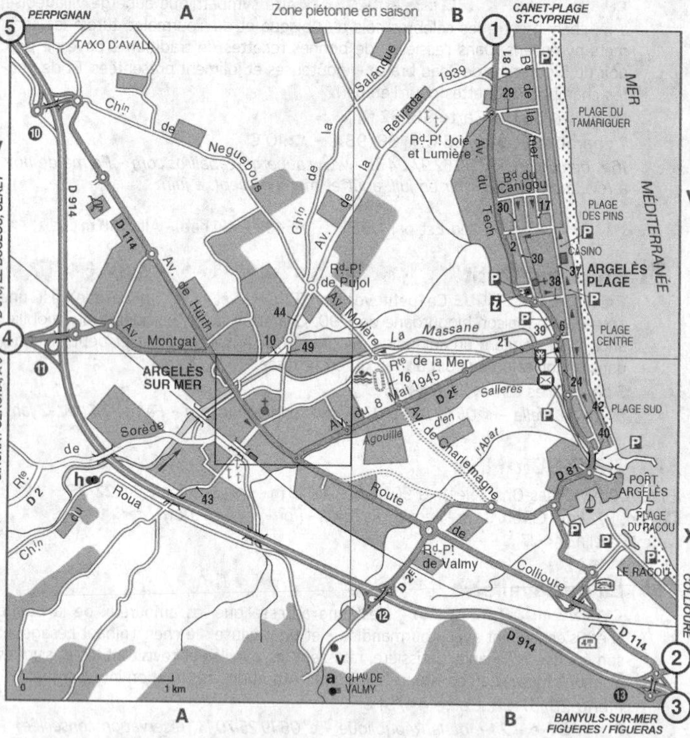

Le Cottage

HÔTEL DE VACANCES • FONCTIONNEL Dans une zone résidentielle, un hôtel avec des chambres coquettes, lumineuses et calmes, très souvent avec un balcon ou une terrasse donnant sur le joli jardin. Côté détente : un espace bien-être avec piscine, jacuzzi et hammam.

27 chambres – 🚹79/245 € 🚹🚹79/245 € – 6 suites – ☕13 €

Plan : DY-a – *21 r. Arthur-Rimbaud – ✆ 04 68 81 07 33 – www.hotel-lecottage.com – Ouvert de mi-mars à mi-oct.*

Château Valmy

CHÂTEAU • ÉLÉGANT Pour l'anecdote, ce beau château à l'allure majestueuse et peu commune a été érigé en 1900 par un architecte... danois. Aujourd'hui, c'est une maison de charme pour hôtes chic, au cœur d'un vignoble de 30 ha. Superbes chambres zen et épurées, vue splendide sur la mer et dégustation de vins au chai : quel style !

5 chambres ☕ – 🚹190/370 € 🚹🚹190/370 €

Plan : AX-a – *chemin de Valmy – ✆ 04 68 95 95 25 – www.chateau-valmy.com – Ouvert d'avril à nov.*

ARGELÈS-SUR-MER

Albert (R. Marcelin) .... CY 3
Bel Air (R. de) .... CY 7
Blanqui (R.) .... CY 9
Castellans (Pl. des) .... CY 13
Castellans (R.) .... CY 14
Desclot (R.) .... CY 18
Gambetta (R.) .... CDZ 20
Gendarmerie (R. de la) .... CDZ 22
Jean-Jaurès (R.) .... CY 26
Libération (Av. de la) .... CDYZ
Majorque (R. de) .... CY 27
Morata (R. Juan) .... CY 32
Nationale (Rte) .... CYZ
Notre-Dame-de-Vie (Rte) .... CZ 33
Paix (R. de la) .... CY 35
Remparts (R. des) .... CY 41
République (Pl. de la) .... CY 42
République (R. de la) .... CY
Travail (R. du) .... CY 45
Wilson (R.) .... CZ 47
11-Novembre (Av. du) .... CY 48

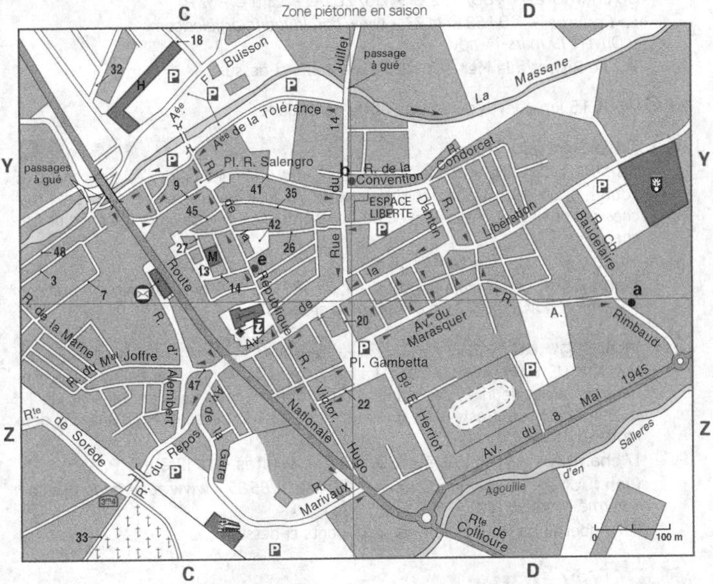

rte de Collioure 4 km au Sud-Est par rte de Collioure et D114 -

✉ 66700 Argelès-sur-Mer :

Le Bistrot à la Mer

CUISINE MODERNE • DESIGN Dans ce restaurant, situé à l'intérieur d'un hôtel dominant la route de la Corniche en allant vers Collioure, on se régale de bons produits locaux et de saison, au fil d'un menu d'inspiration méditerranéenne. Le cadre, une jolie salle lumineuse, est à la hauteur de la cuisine.

Formule 19 € - Menu 24 € (déj. en semaine), 31/39 € - Carte 44/56 €

Grand Hôtel du Golfe, La Corniche - ✆ 04 68 81 14 73 - www.hoteldugolfe-argeles.com - Ouvert 19 mars-1er nov.

Les Mouettes

HÔTEL DE VACANCES • FONCTIONNEL Face à la mer, au-dessus de la route de Collioure, un hôtel chaleureux, de facture classique, situé dans un beau jardin. Les chambres et studios ont tous une terrasse ou une loggia et, pour la détente, on profite du jacuzzi, du hammam et de la piscine.

31 chambres - †75/299 € ††75/299 € - ☕ 14 €

La Corniche - ✆ 04 68 81 82 83 - www.hotel-lesmouettes.com - Ouvert 25 mars- 2 nov.

Budget serré ? Profitez des menus déjeuners (déj.) à prix ajustés.

Grand Hôtel du Golfe

HÔTEL DE VACANCES · ACTUEL Un bel hôtel sur la route de Collioure, face à la plage. Les chambres, récemment rénovées, disposent de petits balcons offrant une vue imprenable sur la mer. De quoi faire des rêves de grandes traversées ou de voyages au long cours ! Espace détente (spa, hammam) et grande piscine chauffée.

36 chambres – †85/262 € ††85/262 € – ☐ 11 € – ½ P
La Corniche – ℰ 04 68 81 14 73 – www.hoteldugolfe-argeles.com
– *Ouvert 19 mars-1er nov.*

⑪○ **Le Bistrot à la Mer** – voir les restaurants ci-dessus

à l'Ouest 1,5 km par rte de Sorède et rte secondaire

⑪○ **Auberge du Roua**

CUISINE MODERNE · COSY 🕱🕱 Dans un cadre vraiment intime (pierres, poutres, voûtes...), on déguste une cuisine au goût du jour, personnalisée de petites touches régionales, et réalisée avec de bons produits... Des saveurs franches et fraîches !

Menu 27/57 € – Carte 47/64 €

Plan : AX-h – *46 chemin du Roua* – ℰ 04 68 95 85 85 – www.aubergeduroua.com
– *Fermé 11 nov.-6 fév., le midi sauf dim. et fériés*

Auberge du Roua

MAISON DE CAMPAGNE · COSY La campagne, les vignes, une délicieuse piscine dans un jardin fleuri et... le calme ! Un joli programme pour un joli mas du 17e s., qui joue le contraste de l'authenticité et de l'épure contemporaine. En deux mots : du Sud et du style !

17 chambres – †89/159 € ††89/159 € – 4 suites – ☐ 12 € – ½ P

Plan : AX-h – *46 chemin du Roua* – ℰ 04 68 95 85 85 – www.aubergeduroua.com
– *Fermé 11 nov.-6 fév.*

⑪○ **Auberge du Roua** – voir les restaurants ci-dessus

ARGENTAN

✉ 61200 (Orne) – 14 219 hab. – Alt. 160 m – Carte régionale n° **33**-C2
🅿 Paris 191 km – Alençon 46 km – Caen 59 km – Dreux 115 km
Carte Michelin 310-I2 – Guide Vert Michelin Normandie Cotentin

❀ **La Renaissance** (Arnaud Viel)

CUISINE MODERNE · ÉLÉGANT 🕱🕱🕱 Cette maison élégante et feutrée est incontestablement la meilleure table d'Argentan. Originaire de la région, Arnaud Viel signe une cuisine créative, à la fois sophistiquée et esthétique, en s'appuyant sur d'excellents produits – homard de Carteret, lotte de Port-en-Bessin, etc. Une perpétuelle Renaissance !

➔ Homard de Carteret, tourteau et chou-fleur. Lotte de Port-en-Bessin, carpaccio de pied de cochon et bigorneaux. Vanille de Tahiti, mangue, passion et framboise.

Formule 21 € – Menu 30 € (semaine), 52/80 € – Carte environ 70 €

20 av. de la 2e-Division-Blindée – ℰ 02 33 36 14 20 – www.hotel-larenaissance.com
– *Fermé 15-22 fév., 1er-15 août, sam. midi, dim. soir et lundi*

La Renaissance

FAMILIAL · ACTUEL Non loin du centre de la cité, cette imposante demeure d'après-guerre cache un hôtel confortable et feutré. Toutes les chambres ont été récemment rénovées dans un style contemporain et non moins cosy – préférez celles au calme, côté piscine. Une étape plaisante !

18 chambres – †89/135 € ††89/135 € – ☐ 13 €

20 av. de la 2e-Division-Blindée – ℰ 02 33 36 14 20 – www.hotel-larenaissance.com
– *Fermé 15-22 fév. et 1er-15 août*

❀ **La Renaissance** – voir les restaurants ci-dessus

au Nord-Est 11 km par D926 et D729

ⅰ○ Pavillon de Gouffern

CUISINE MODERNE · À LA MODE ✕✕ Au cœur de cette belle propriété, un cadre feutré avec baies ouvrant sur le parc et la forêt. La courte carte rend hommage aux produits de saison.

Formule 15 € – Menu 25 € – Carte 30/46 €

l'Orée du bois – ℰ 02 33 36 64 26 – www.pavillondegouffern.com
– *Fermé janv., dim. soir et lundi*

🏠 Pavillon de Gouffern

MAISON DE CAMPAGNE · PERSONNALISÉ Dans son vaste parc, ce pavillon de chasse tout en colombages (19e s.) exprime la noble richesse du pays d'Argentan, où abondent les prairies grasses et les bois touffus... Salons, chambres, restaurant : les lieux respirent l'aisance, dans une agréable veine contemporaine.

20 chambres – †110/150 € ††130/250 € – ☲ 15 €

l'Orée du bois – ℰ 02 33 36 64 26 – www.pavillondegouffern.com
– *Fermé janv., dim. soir et lundi*

ⅰ○ **Pavillon de Gouffern** – voir les restaurants ci-dessus

à Fontenai-sur-Orne 4,5 km au Sud-Ouest – ✉ 61200 – 246 hab. – Alt. 65 m

ⅰ○ La Table de Catherine

CUISINE TRADITIONNELLE · AUBERGE ✕✕ Surprise derrière la façade traditionnelle : des couleurs vives et de grandes fleurs sur les murs... Un décor d'une certaine fraîcheur, à l'unisson de la cuisine de la chef, Catherine, ambassadrice des produits de la région. Sa spécialité : la tarte fine à l'andouille de Vire et au camembert !

Formule 16 € – Menu 25 € (semaine), 30/40 € – Carte 38/52 €

Hôtel Le Faisan Doré – ℰ 02 33 67 18 11 – www.latabledecatherine.com
– *Fermé lundi midi, sam. midi et dim. soir*

🏠 Le Faisan Doré

FAMILIAL · PERSONNALISÉ Sur l'axe Argentan-Flers, on reconnaît cette auberge traditionnelle à sa façade à colombages. Les chambres sont peu à peu rénovées dans un style plus cosy et feutré ; préférez donc les plus récentes. Et dans le salon, vous pourrez même jouer du piano ! En résumé, l'adresse est tout indiquée pour une étape dans le pays d'Auge ornais.

15 chambres – †75/110 € ††85/180 € – ☲ 10 € – ½ P

– ℰ 02 33 67 18 11 – www.lefaisandore.com – *Fermé 1 semaine en août*

ⅰ○ **La Table de Catherine** – voir les restaurants ci-dessus

ARGENTAT

✉ 19400 (Corrèze) – 3 005 hab. – Alt. 183 m – Carte régionale n° **25**-C3
▶ Paris 503 km – Aurillac 54 km – Brive-la-Gaillarde 45 km – Mauriac 49 km
Carte Michelin 329-M5 – Guide Vert Michelin Limousin Berry

ⅰ○ Saint-Jacques

CUISINE MODERNE · ÉLÉGANT ✕✕ Une équipe jeune et motivée, un chef passionné par son métier, une cuisine à l'avenant, pleine de trouvailles, et réalisée avec de bons produits frais... Ce restaurant ne manque pas d'atouts pour nous séduire !

🕸 Formule 15 € – Menu 20 € (semaine), 35/65 € – Carte 64/83 €

39 av. Foch – ℰ 05 55 28 89 87 – www.lesaintjacques-argentat.fr
– *Fermé 22 fév.-15 mars, 3-24 oct., dim. soir d'oct. à juin et lundi*

Le Sablier du Temps

TRADITIONNEL · FONCTIONNEL Ici, le temps s'écoule lentement... Cet hôtel proche du centre-ville est à la fois convivial et familial, avec son jardin, sa piscine et ses chambres modernes et colorées. Côté restaurant, le patron œuvre lui-même en cuisine. Une bonne adresse.

24 chambres – ♦55/96 € ♦♦58/96 € – ☐ 10 €

13 av. Joseph-Vachal – ℰ 05 55 28 94 90 – www.sablier-du-temps.com
– Fermé 5 janv.-5 fév.

ARGENTEUIL – 95 (Val-d'Oise) ➜ voir Autour de Paris

ARGENTIÈRE – 74 (Haute-Savoie) ➜ voir Chamonix-Mont-Blanc

ARGENTON-SUR-CREUSE
☒ 36200 (Indre) – 5 021 hab. – Alt. 100 m – Carte régionale n° **11**-B3
🖸 Paris 297 km – Châteauroux 32 km – Limoges 93 km – Montluçon 103 km
Carte Michelin 323-F7 – Guide Vert Michelin Limousin Berry

Le Cheval Noir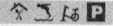

CUISINE TRADITIONNELLE · CONVIVIAL ✕✕ Envie de tradition ? Sous ce nom qui fit autrefois florès sur les routes de France, un décor de bistrot contemporain et une carte qui fait la part belle aux produits du marché. Depuis la salle, on peut voir le chef s'affairer en cuisine ; aux beaux jours, on s'installe en terrasse. Formule déjeuner très attractive.

➾ Formule 17 € – Menu 19 € (déj. en semaine), 27/35 € – Carte 25/40 €

27 r. Auclert-Descottes – ℰ 02 54 24 00 06 – www.le-chevalnoir.fr – Fermé
vacances de Noël et dim. soir hors saison

Le Cheval Noir

AUBERGE · PERSONNALISÉ Cet ancien relais de poste – sa jolie façade ne trompe pas – appartient à la même famille depuis plus d'un siècle. Les chambres sont agréables, dans une veine actuelle pleine de fraîcheur. Une étape toujours bien vivante !

19 chambres – ♦48/70 € ♦♦60/80 € – ☐ 9 € – ½ P

27 r. Auclert-Descottes – ℰ 02 54 24 00 06 – www.le-chevalnoir.fr
🍴 **Le Cheval Noir** – voir les restaurants ci-dessus

Au Vivier 2 km au Sud-Est par D48 – ☒ 36200 – 1 930 hab. – Alt. 130 m

L'Escapade

FAMILIAL · FONCTIONNEL Prenez le temps d'une petite escapade dans cette belle maison au milieu de la verdoyante vallée de la Creuse... Les chambres sont confortables (climatisation, wifi, etc.) ; dans le jardin, on profite d'une piscine et d'un jacuzzi, couverts tous les deux.

15 chambres – ♦80/105 € ♦♦90/120 € – ☐ 10 € – ½ P

2 r. du Chêne – ℰ 02 54 24 26 10 – www.l-escapade.fr – Fermé 2-10 janv.

ARGENT-SUR-SAULDRE
☒ 18410 (Cher) – 2 156 hab. – Alt. 171 m – Carte régionale n° **12**-C2
🖸 Paris 171 km – Bourges 57 km – Cosne-Cours-sur-Loire 46 km – Gien 22 km
Carte Michelin 323-K1 – Guide Vert Michelin Limousin Berry

🍴 Relais du Cor d'Argent

CUISINE TRADITIONNELLE · RÉTRO ✕✕ Un Cor d'Argent fleuri et rustique... On s'installe dans une des salles, décorées dans un esprit relais de chasse, ou sur l'agréable terrasse pour savourer une cuisine traditionnelle variant selon le marché et les saisons. À moins que vous ne préfériez le menu végétarien... Petites chambres fonctionnelles pour l'étape.

Menu 21 € (semaine), 31/60 € – Carte 44/64 €

7 chambres – ♦46/50 € ♦♦46/58 € – ☐ 8 €

39 r. Nationale – ℰ 02 48 73 63 49 – www.lecordargent.com
– Fermé 16 fév.-18 mars, 28 juin-6 juil., 18-27 oct., mardi et merc. sauf fériés

ARGOULES

✉ 80120 (Somme) - 326 hab. - Alt. 18 m - Carte régionale n° **36**-A1
▶ Paris 217 km - Abbeville 34 km - Amiens 82 km - Calais 93 km
Carte Michelin 301-E5

Auberge du Coq-en-Pâte

CUISINE TRADITIONNELLE • AUBERGE X Dans les années 1930, cette auberge typiquement régionale fut offerte par le châtelain d'Argoules à sa cuisinière. Plusieurs décennies plus tard, on perpétue l'amour de la bonne chère avec des plats qui magnifient le terroir picard, entre tradition et modernité. Une adresse sympathique.

Menu 20 € - Carte 26/44 €

37 Grande-Rue, (rte de Valloires) - ☎ 03 22 29 92 09 (réservation conseillée) - Fermé 6-13 avril, 31 août-14 sept., 2 semaines en janv., dim. soir, lundi et mardi

ARLES

✉ 13200 (Bouches-du-Rhône) - 52 439 hab. - Alt. 13 m - Carte régionale n° **40**-A3
▶ Paris 719 km - Aix-en-Provence 77 km - Avignon 37 km - Marseille 94 km
Carte Michelin 340-C3 - Guide Vert Michelin Provence

L'Atelier de Jean-Luc Rabanel

CRÉATIVE • DESIGN XX Plus qu'un repas, une expérience ! Pour ce chef qui s'est fait une spécialité des légumes et du bio, cultiver le goût de la nature est un sacerdoce... qui n'interdit pas la plus grande créativité. Le menu unique (en 7 ou 13 plats) allie à l'envi l'insolite et la métamorphose...

➜ Betterave blanche cuite en croûte de sel et betterave pourpre rôtie, glace au thym. Écrasé de pommes de terre à l'ail confit, carpaccio de Taureau de Camargue fumé aux herbes sauvages des Alpilles. "Pom, pom, pommes".

Menu 85/125 €

3 chambres - 🚹160/295 € 🚹🚹160/295 € - ☕ 27 €

Plan : Z-k - *7 r. des Carmes - ☎ 04 90 91 07 69 (réservation conseillée) - www.rabanel.com - Fermé lundi et mardi*

Bistro À Côté

PROVENÇALE • CONVIVIAL X À côté de son bel Atelier, Jean-Luc Rabanel a ouvert ce bistrot où règne une atmosphère décontractée : les plats sont souvent présentés dans leur poêle de cuisson ou à partager, et on expose fièrement vins et jambons. D'une recette à l'autre, on pense Espagne, Provence ou Italie ; c'est la Méditerranée que l'on célèbre !

Menu 31/37 € - Carte environ 54 €

Plan : Z-u - *21 r. des Carmes - ☎ 04 90 47 61 13 - www.bistro-acote.com*

Lou Marquès

CUISINE CLASSIQUE • RÉTRO XXX Au sein du superbe hôtel Jules César redécoré par Christian Lacroix - Arlésien s'il en est -, une table chic et raffinée, où la gastronomie prend les belles couleurs du Sud. Voilà qui ne manque ni de caractère ni de piquant...

Formule 29 € - Menu 39 € (déj. en semaine), 55/75 € - Carte 64/111 €

Plan : Z-v - *Hôtel Jules César, 9 bd des Lices - ☎ 04 90 52 52 52 - www.hotel-julescesar.fr*

Le Gibolin

CUISINE TRADITIONNELLE • BAR À VIN X "Est-ce que t'as pris ton Gibolin ?" La boisson-star des Deschiens a servi d'inspiration à ce sympathique bistrot arlais. La cuisine familiale du chef - pieds et paquets à la provençale, foie de veau persillade - est accompagnée de bons vins régionaux (de préférence sans sulfites) choisis par la patronne. On se régale.

Formule 27 € - Menu 34 €

Plan : Z-a - *13 r. des Porcelets - ☎ 04 88 65 43 14 - Fermé fév., 1 semaine en sept., mardi d'oct. à mars, dim. et lundi sauf juil.*

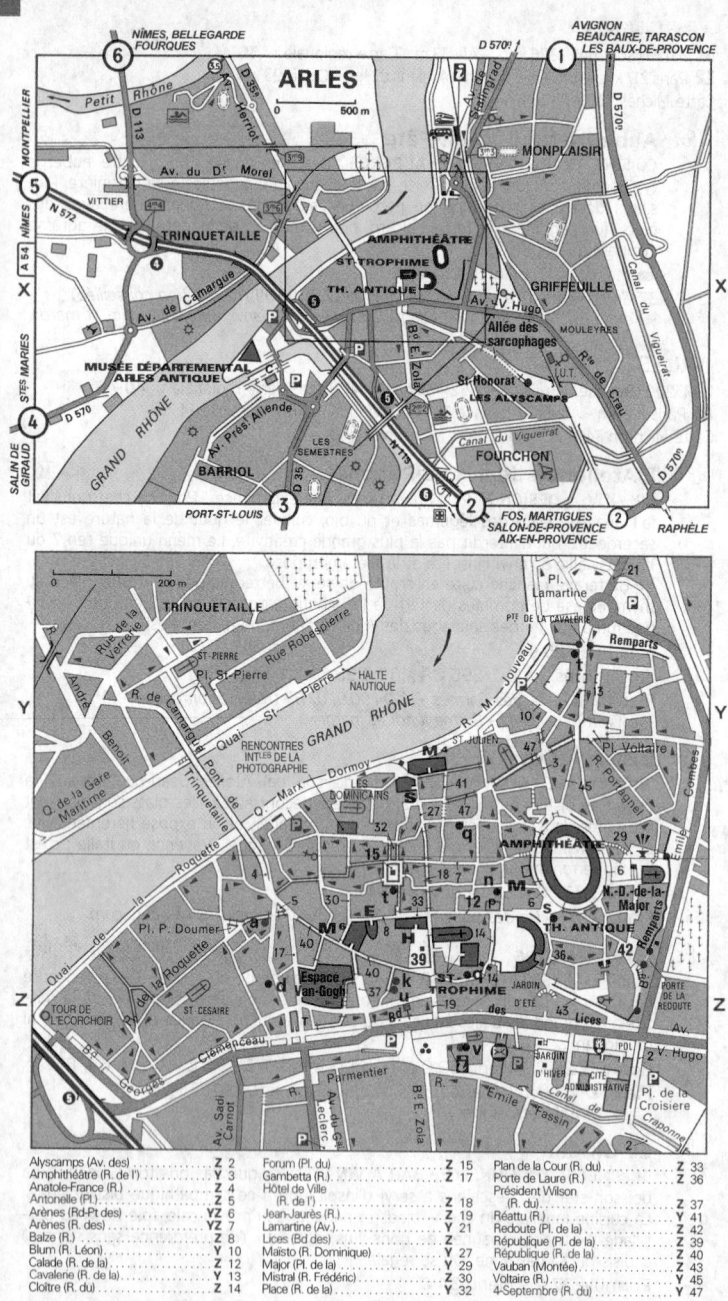

Alyscamps (Av. des)	**Z** 2
Amphithéâtre (R. de l')	**Y** 3
Anatole-France (R.)	**Z** 4
Antonelle (Pl.)	**Z** 5
Arènes (Rd-Pt des)	**YZ** 6
Arènes (R. des)	**YZ** 7
Balze (R.)	**Z** 8
Blum (R. Léon)	**Y** 10
Calade (R. de la)	**Z** 12
Cavalerie (R. de la)	**Y** 13
Cloître (R. du)	**Z** 14
Forum (Pl. du)	**Z** 15
Gambetta (R.)	**Z** 17
Hôtel de Ville (R. de l')	**Z** 18
Jean-Jaurès (R.)	**Z** 19
Lamartine (Av.)	**Y** 21
Lices (Bd des)	**Z** 29
Maisto (R. Dominique)	**Y** 27
Major (Pl. de la)	**Y** 29
Mistral (R. Frédéric)	**Z** 30
Place (R. de la)	**Y** 32
Plan de la Cour (R. du)	**Z** 33
Porte de Laure (R.)	**Z** 36
Président Wilson (R. du)	**Z** 37
Réattu (R.)	**Y** 41
Redoute (Pl. de la)	**Z** 42
République (Pl. de la)	**Z** 39
République (R. de la)	**Z** 40
Vauban (Montée)	**Z** 43
Voltaire (R.)	**Y** 45
4-Septembre (R. du)	**Y** 47

Jules César

LUXE · HISTORIQUE Christian Lacroix, l'enfant du pays, a fait souffler un vent de fraîcheur sur le vénérable Jules César. Avalanche de couleurs vives (52 teintes en tout), jeux avec les formes et le style du mobilier, des escaliers et des luminaires... tout en respectant l'esprit des lieux. D'une fantaisie impériale !

47 chambres – ▪185/295 € ▪▪245/609 € – 5 suites – ☲20 € – ½ P

Plan : Z-v – 9 bd des Lices – ☎ 04 90 52 52 52 – www.hotel-julescesar.fr

⦿ **Lou Marquès** – voir les restaurants ci-dessus

L'Hôtel Particulier

LUXE · PERSONNALISÉ Sous le soleil arlésien, on pousse la porte de ce superbe hôtel particulier du quartier de la Roquette, mariant l'ancien et le moderne avec élégance. Les chambres claires et luxueuses, sont tournées vers les jardins ; massages et soins.

16 chambres – ▪289/429 € ▪▪289/429 € – 5 suites – ☲23 €

Plan : Z-d – 4 r. de la Monnaie – ☎ 04 90 52 51 40 – www.hotel-particulier.com – Fermé janv. et fév.

Nord Pinus

HISTORIQUE · PERSONNALISÉ Le superbe décor de cette institution arlésienne (mobilier signé du 20e siècle, collection de photographies) distille une atmosphère rétro. Idéal pour se balader en ville.

24 chambres – ▪180/290 € ▪▪250/420 € – 2 suites – ☲18 €

Plan : Z-t – pl. du Forum – ☎ 04 90 93 44 44 – www.nord-pinus.com – Ouvert 1er mars-1er nov.

Cloître

URBAIN · DESIGN Montez dans la machine à remonter le temps ! Jouxtant le cloître de l'église St-Trophime, cet hôtel revisite le style des années 1950 : mobilier et coloris sont très séduisants. En prime, la terrasse sur le toit offre une belle vue sur la ville. Très bon rapport charme-prix.

19 chambres – ▪80/105 € ▪▪95/185 € – ☲14 €

Plan : Z-q – 18 r. du Cloître – ☎ 04 88 09 10 00 – www.hotel-cloitre.com

Le Calendal

TRADITIONNEL · MÉDITERRANÉEN "Central, cool et chic" : ainsi se revendique le Calendal ! Ses petites chambres provençales donnent sur les fameuses arènes ou sur le jardin. Restauration traditionnelle et superbe micocoulier tricentenaire dans la cour intérieure...

38 chambres – ▪79/99 € ▪▪99/209 € – ☲12 €

Plan : Z-s – 5 r. Porte-de-Laure – ☎ 04 90 96 11 89 – www.lecalendal.com

Amphithéâtre

TRADITIONNEL · PERSONNALISÉ Chambres colorées (bois peint, fer forgé) dans un bel immeuble du 17e s., plus grandes et raffinées dans l'hôtel particulier mitoyen. Jolie salle des petits-déjeuners.

30 chambres – ▪57/149 € ▪▪69/149 € – 3 suites – ☲11 €

Plan : Z-n – 5 r. Diderot – ☎ 04 90 96 10 30 – www.hotelamphitheatre.fr

Muette

FAMILIAL · PERSONNALISÉ À deux pas des arènes, un petit hôtel qui doit son nom à sa première propriétaire, originaire de la porte de la Muette, à Paris. On y trouve de jolies chambres avec poutres apparentes – dont certaines en duplex –, et l'on prend, en été, son petit déjeuner sur la terrasse.

18 chambres – ▪58/74 € ▪▪65/85 € – ☲9 €

Plan : Y-q – 15 r. des Suisses – ☎ 04 90 96 15 39 – www.hotel-muette.com – Fermé fév.

Les Acacias

FAMILIAL · FONCTIONNEL Hôtel au pied de la porte de la Cavalerie. Atmosphère camarguaise dans le hall et décor provençal dans les chambres, fonctionnelles et bien tenues.

33 chambres – ♦60/80 € – ♦♦60/80 € – ☐ 8 €

Plan : Y-t – 2 r. de la Cavalerie – 𝒞 04 90 96 37 88 – www.hotel-acacias.com – Ouvert 24 mars-18 oct.

rte du Sambuc 17 km au Sud-Ouest par D570 et D36 – ✉ 13200 Arles

☼ **La Chassagnette** (Armand Arnal)

CUISINE MODERNE · À LA MODE ☓ Un lieu magique que ce mas isolé ! Le chef mise sur une cuisine épurée, dans le respect des saisons et des produits du potager et du verger, pour une explosion de saveurs naturelles. Il réalise même son pain lui-même, avec de la farine de riz camarguais !
➔ Velouté d'herbes sauvages et cultivées, brousse de chèvre du Rove. Pigeon des Costières laqué, figues rôties du jardin. Fenouil confit aux agrumes..
Menu 55 € (déj. en semaine), 75/95 € – Carte 70/100 €

– 𝒞 04 90 97 26 96 (réservation conseillée) – www.chassagnette.fr – Fermé fév., 2 semaines en nov., 24 déc.-1er janv., mardi et merc. sauf juil.-août et lundi de nov. à avril

ARNAGE – 72 (Sarthe) ➔ voir Le Mans

ARNAY-LE-DUC

✉ 21230 (Côte-d'Or) – 1 547 hab. – Alt. 375 m – Carte régionale n° **8**-C2
▶ Paris 285 km – Autun 28 km – Beaune 36 km – Chagny 38 km
Carte Michelin 320-G7 – Guide Vert Michelin Bourgogne

 Chez Camille

CUISINE TRADITIONNELLE · AUBERGE ☓☓ Cette maison régionale (1800) perpétue la tradition sans se soucier des modes... et c'est tant mieux ! On (re-)découvre recettes typiques de la Bourgogne et classiques de la cuisine bourgeoise, à l'instar de ce jambon persillé d'Arnay-le-Duc. Décor champêtre, avec quelques chambres simples pour la nuit.
Menu 25 € (semaine), 38/120 € – Carte 40/76 €
10 chambres – ♦90/130 € ♦♦95/130 € – ☐ 12 €
1 pl. Édouard-Herriot – 𝒞 03 80 90 01 38 – www.chez-camille.fr

LES ARQUES

✉ 46250 (Lot) – 219 hab. – Alt. 254 m – Carte régionale n° **28**-B1
▶ Paris 569 km – Cahors 28 km – Gourdon 27 km – Villefranche-du-Périgord 19 km
Carte Michelin 337-D4

 La Récréation

CUISINE MODERNE · SIMPLE ☓ L'école est finie ! Dans cette sympathique maison, l'ancienne salle de classe est devenue celle du restaurant, et le préau, une jolie terrasse. Mais ici point de nostalgie : le décor tout comme la cuisine sont bien dans l'air du temps.
Menu 26 € (déj.), 37/49 €
le bourg – 𝒞 05 65 22 88 08 – www.restaurant-traiteur-lot.com – Ouvert 14 fév.-15 nov. et fermé jeudi sauf juil.-août et merc.

ARRADON – 56 (Morbihan) ➔ voir Vannes

ARRAS

✉ 62000 (Pas-de-Calais) – 41 239 hab. – Agglo. 86 519 hab. – Alt. 72 m
– Carte régionale n° **30**-B2
▶ Paris 179 km – Amiens 69 km – Calais 110 km – Charleville-Mézières 159 km
Carte Michelin 301-J6

¶O La Faisanderie

CUISINE MODERNE · ÉLÉGANT XXX À l'angle de la Grand'Place, la cave de cette maison du 17e s. est le repaire des gourmands ! En sous-sol, dans une belle salle voûtée tout en briques rouges et colonnes de pierres, on sert une cuisine actuelle.

Menu 32/49 €

Plan : CY-f – 45 Grand'Place – ℰ 03 21 48 20 76
– www.restaurant-la-faisanderie.com – Fermé 15-29 fév., 1er-22 août, mardi midi, jeudi midi, dim. soir, lundi et soirs fériés

¶O La Bulle d'O

CUISINE MODERNE · INTIME X Après avoir travaillé dans des tables renommées de la région, Olivier Lainé a choisi de s'installer dans sa ville d'origine, à laquelle il a ainsi offert une vraie... bulle de fraîcheur. La carte est courte et renouvelée chaque mois : priorité au produit. Et l'accueil de Capucine, son épouse, n'est que sourire...

Formule 21 € ♀ – Carte 40/53 €

Plan : CZ-r – 1 bd de Strasbourg – ℰ 03 21 16 19 47 (réservation conseillée)
– www.labulledo.com – Fermé 3 semaines en août, 2 semaines en janv., dim. et lundi

⌂ Mercure Atria

HÔTEL DE CHAÎNE · FONCTIONNEL Derrière sa façade de verre et de brique, cet hôtel du centre d'affaires - tout proche de la gare - abrite des chambres fonctionnelles et contemporaines. Le lieu est parfait pour organiser des séminaires. Restauration traditionnelle.

80 chambres – ♦90/300 € ♦♦90/300 € – ⛶ 16 €

Plan : CZ-b – 58 bd Carnot – ℰ 03 21 23 88 88 – www.mercure.com

⌂ Hôtel de l'Univers

TRADITIONNEL · PERSONNALISÉ Dans une petite rue à deux pas du beffroi de la ville, cette élégante demeure du 17e s. abrita jadis un monastère, puis un hôpital... On s'y repose dans des chambres spacieuses et feutrées, avec trois niveaux de confort différents.

38 chambres – ♦85/165 € ♦♦125/205 € – ⛶ 16 € – ½ P

Plan : BZ-v – 3 pl. de la Croix-Rouge – ℰ 03 21 71 34 01 – www.univers.najeti.fr

⌂ Holiday Inn Express

HÔTEL DE CHAÎNE · FONCTIONNEL Bâtiment moderne à proximité immédiate de la gare, cet Holiday Inn propose des chambres assez spacieuses et de bon confort. L'établissement se prête parfaitement à un voyage d'affaires.

98 chambres ⛶ – ♦89/200 € ♦♦99/210 €

Plan : CZ-t – 3 r. du Dr-Brassart – ℰ 03 21 60 88 88 – www.holidayinn-arras.com

⌂ Ibis

HÔTEL DE CHAÎNE · FONCTIONNEL Entre la Grand'Place et celle des Héros, cet hôtel est idéalement situé. Les chambres, de dimensions modestes, sont fonctionnelles et bien insonorisées. Une bonne adresse pour une escapade dans la capitale de l'Artois.

63 chambres – ♦69/130 € ♦♦69/130 € – ⛶ 10 €

Plan : CZ-n – 11 r. de la Justice – ℰ 03 21 23 61 61 – www.ibis.com

⌂ La Corne d'Or

FAMILIAL · PERSONNALISÉ Au cœur de la cité, savourez l'atmosphère romantique et le doux raffinement de cet hôtel particulier dont la structure actuelle date du 18e s. En haut du magnifique escalier à tête de lion, on découvre de coquettes chambres classiques ou contemporaines ainsi qu'un loft mansardé. De belles nuits en perspective...

5 chambres ⛶ – ♦102/125 € ♦♦125/155 €

Plan : CY-a – 1 pl. Guy-Mollet – ℰ 03 21 58 85 94 – www.lamaisondhotes.com
– Fermé 22 déc.-19 janv.

ARRAS

Adam (R. Paul)	**AY**	2
Agaches (R. des)	**BY**	3
Albert-1er-de-Belgique (R.)	**BY**	4
Ancien-Rivage (Pl. de l')	**BY**	5
Barbot (R. du Gén.)	**BY**	6
Baudimont (Rd-Pt)	**AY**	7
Carabiniers-d'Artois (R. des)	**AY**	8
Cardinal (R. du)	**CZ**	9
Delansorne (R. D.)	**BZ**	10
Doumer (R. P.)	**BY**	11
Droits de l'Homme (Av. des)	**CY**	12
Ernestale (R.)	**BZ**	13
Ferry (R. J.)	**AY**	15
Foch (R. Maréchal)	**CZ**	16
Gambetta (R.)	**BCZ**	
Gouvernance (R. de la)	**BY**	18
Guy Mollet (Pl.)	**CY**	19
Kennedy (Av. J.)	**AZ**	24
Legrelle (R. E.)	**BCZ**	25
Madeleine (Pl. de la)	**BY**	28
Marché-au-Filé (R. du)	**BY**	30
Marseille (Pl. de)	**BZ**	31
Robespierre (R.)	**BZ**	34
Ronville (R.)	**CZ**	35
Ste-Claire (R.)	**AZ**	37
Ste-Croix (R.)	**CY**	39
St-Aubert (R.)	**BY**	
Strasbourg (Bd de)	**CZ**	42
Taillerie (R. de la)	**CY**	43
Teinturiers (R. des)	**BY**	45
Théâtre (Pl. et R.)	**BZ**	47
Verdun (Cours de)	**AZ**	49
Victor-Hugo (Pl.)	**AZ**	51
Wacquez-Glasson (R.)	**CZ**	52
Wetz-d'Amain (Pl. du)	**BY**	53
29-Juillet (R. du)	**BY**	54
33e (Pl. du)	**BY**	55

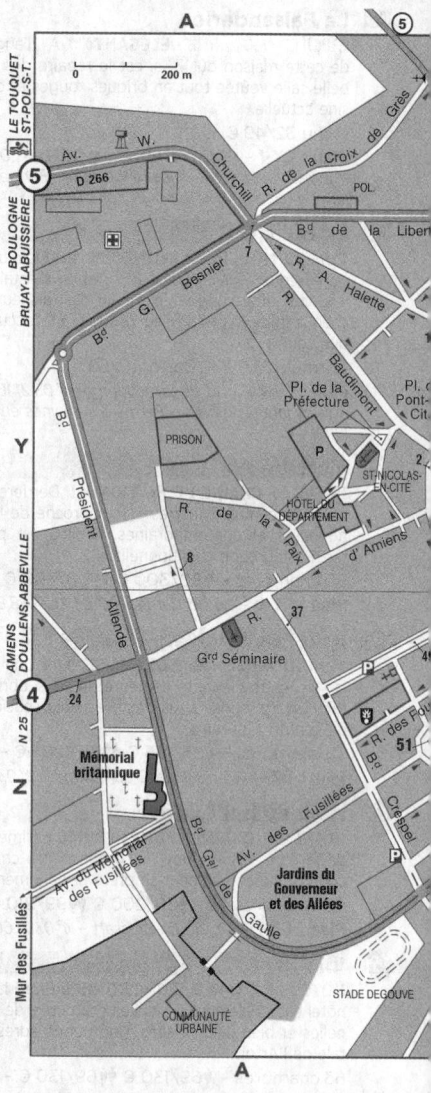

à Mercatel 8 km au Sud par D917 et D34 – ⊠ 62217 – 611 hab. – Alt. 88 m

🍴○ **Mercator**   🎿 🚗 ⅄ ✿

CUISINE TRADITIONNELLE · AUBERGE ✕✕ À dix minutes du centre d'Arras, cette inusable auberge est le repaire d'un couple vraiment sympathique ! Elle, seule en cuisine, mitonne de bons plats traditionnels – quasi de veau aux champignons et porto, magret de canard aux nectarines ; lui, en salle, a façonné au fil des ans une superbe carte des vins.

Formule 26 € – Menu 30/42 € – Carte 40/70 €

24 r. de la Mairie – ℰ 03 21 73 48 33 – www.le-mercator.fr – Fermé 7-13 avril,
4-20 août, mardi soir, merc. soir, jeudi soir, dim. soir, sam. midi et lundi

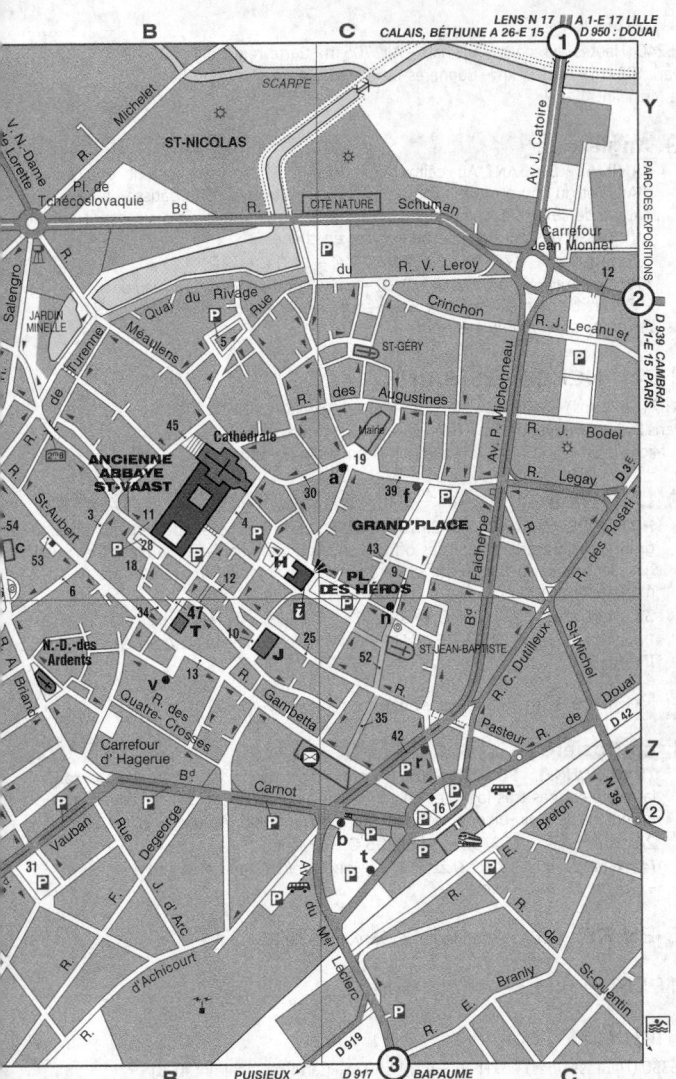

à Anzin-St-Aubin 5 km au Nord-Ouest par D341 – ✉ 62223

– 2 734 hab. – Alt. 71 m

🏨 Hôtel du Golf d'Arras

HÔTEL DE CONFÉRENCE · FONCTIONNEL À l'entrée d'un golf 27 trous, cette bâtisse en bois clair évoque La Nouvelle-Orléans. Les chambres, classiques ou plus contemporaines, sont raffinées et donnent pour la plupart sur le green. Idéal pour se reposer tout en s'adonnant à son sport favori !

62 chambres – †99/129 € – ††99/159 € – ☑ 15 € – ½ P

r. Briquet-Tallandier – ☎ 03 21 50 45 04 – www.arrasgolfresort.fr

ARREAU

✉ 65240 (Hautes-Pyrénées) – 813 hab. – Alt. 705 m – Carte régionale n° **28**-A3
▶ Paris 818 km – Auch 91 km – Bagnères-de-Luchon 34 km – Lourdes 81 km
Carte Michelin 342-O7

🏠 Angleterre   ⇪ ⅋ 🛏 ⌇ ⊡ ⅄ ⅋ ⚒ 🅿

FAMILIAL · ÉLÉGANT Au calme d'un village à l'embranchement des vallées d'Aure et du Louron, sur la route des pistes, on trouve cette bâtisse de caractère datant de 1812. Les chambres, confortables et décorées dans un esprit actuel, sont desservies par un superbe escalier en chêne.

18 chambres – 🛏75/160 € 🛏🛏80/170 € – ⌇ 11 € – ½ P
18 rte de Luchon – ℰ 05 62 98 63 30 – www.hotel-angleterre-arreau.com
– Ouvert de mi-mai à mi-oct., week-ends, vacances scolaires de Noël, de fév. et fermé lundi en mai-juin et sept.

ARROMANCHES-LES-BAINS

✉ 14117 (Calvados) – 546 hab. – Alt. 15 m – Carte régionale n° **32**-B2
▶ Paris 266 km – Bayeux 11 km – Caen 34 km – St-Lô 46 km
Carte Michelin 303-I3 – Guide Vert Michelin Normandie Cotentin

🏠 La Marine   ⇪ ⪪ ⊡ ⅄

HÔTEL DE VACANCES · PERSONNALISÉ Dans cet hôtel idéalement situé, la grande majorité des chambres offrent une vue imprenable sur la mer et les vestiges de l'immense port artificiel de 1944. Un ensemble bien tenu, dans un style marin accueillant.

33 chambres – 🛏61/106 € 🛏🛏61/106 € – ⌇ 12 € – ½ P
1 quai du Canada – ℰ 02 31 22 34 19 – www.hotel-de-la-marine.fr – Fermé 11 nov.-6 fév.

à La Rosière 3 km au Sud-Ouest par rte de Bayeux – ✉ 14117 Tracy sur Mer

🏠 La Rosière   🛏 ⅄ 🅿

TRADITIONNEL · FONCTIONNEL Un hôtel moderne en léger retrait de la route ; la mer n'est pas très loin. Les chambres sont agréables, très bien tenues, majoritairement de plain-pied, et donnent sur le jardin fleuri. Amabilité et discrétion.

24 chambres – 🛏52/95 € 🛏🛏52/95 € – ⌇ 10 €
14 rte de Bayeux – ℰ 02 31 22 36 17 – www.hotellarosierebayeux.com
– Ouvert 22 mars-11 nov.

ARS-EN-RÉ – 17 (Charente-Maritime) ➜ voir Île de Ré

ARTRES – 59 (Nord) ➜ voir Valenciennes

ARVIEUX

✉ 05350 (Hautes-Alpes) – 371 hab. – Alt. 1 550 m – Carte régionale n° **41**-C1
▶ Paris 782 km – Briançon 55 km – Gap 80 km – Marseille 254 km
Carte Michelin 334-I4 – Guide Vert Michelin Alpes du Sud

🏠 La Ferme de l'Izoard   ⇪ ⅋ ⪪ 🛏 🖾 ⅄ 🚗

AUBERGE · ALPIN Cette ferme queyrassine traditionnelle abrite de grandes chambres décorées dans une veine locale ; celles-ci jouissent d'un balcon ou d'une terrasse avec vue sur la vallée. Jacuzzi et hammam. Spécialités du terroir au restaurant.

23 chambres – 🛏66/171 € 🛏🛏66/171 € – 3 suites – ⌇ 12 € – ½ P
La Chalp, rte du Col – ℰ 04 92 46 89 00 – www.laferme.fr – Fermé avril et de nov. à mi-déc.

ARZ (ÎLE-D') – 56 (Morbihan) → voir Île-d'Arz

ARZAY

✉ 38260 (Isère) – 216 hab. – Alt. 500 m – Carte régionale n° **44**-B2

▶ Paris 538 km – Bourg-en-Bresse 132 km – Grenoble 62 km – Lyon 80 km

Carte Michelin 333-E5

🏠 Château d'Arzay

CHÂTEAU · CLASSIQUE Avec leurs meubles chinés, linge brodé et ciels de lit, les chambres de cette grande maison de maître du 19ᵉ s. allient cachet et romantisme... Au fond du parc, à la lisière de la forêt, se cache une ravissante chapelle (1750). Tout est réuni pour une charmante escapade, à mi-chemin entre Lyon et Grenoble.

3 chambres ⌂ – ♦130/150 € ♦♦130/150 €

156 r. de Vienne – ℰ 04 74 57 06 02 – www.chateaudarzay.fr – Fermé 24 déc.-2 janv.

ARZON

✉ 56640 (Morbihan) – 2 103 hab. – Alt. 9 m – Carte régionale n° **9**-A3

▶ Paris 487 km – Auray 52 km – Lorient 94 km – Quiberon 81 km

Carte Michelin 308-N9 – Guide Vert Michelin Bretagne Sud

au Port du Crouesty 2 km au Sud-Ouest – ✉ 56640 Arzon

🏨 Miramar Crouesty

HÔTEL DE VACANCES · ACTUEL Arrimé à la pointe de la presqu'île de Rhuys, cet hôtel profilé comme un paquebot dispose de vastes chambres tournées vers l'océan. Centre de thalassothérapie et spa. Cuisine de produits au Ruban Bleu et inventive au Diététique.

100 chambres – ♦118/276 € ♦♦146/354 € – 13 suites – ⌂ 21 € – ½ P

– ℰ 02 97 53 49 00 – www.miramarcrouesty.com – Fermé janv.

🏠 Le Crouesty

HÔTEL DE VACANCES · PERSONNALISÉ Idéalement situé sur la presqu'île de Rhuys, tout près du port de plaisance d'Arzon et des plages. Les chambres sont décorées avec bon goût – ambiance jeune et moderne – et très bien tenues.

26 chambres – ♦69/189 € ♦♦79/189 € – ⌂ 12 €

r. du Croisty – ℰ 02 97 53 87 91 – www.hotellecrouesty.com – Ouvert de mars à mi-nov.

à Port Navalo 3 km à l'Ouest – ✉ 56640 Arzon

🍽 Grand Largue

POISSONS ET FRUITS DE MER · CLASSIQUE XX À l'étage de cette villa, on savoure aussi bien la vue panoramique sur le golfe du Morbihan qu'une cuisine gastronomique basée sur les beaux produits de la mer (homard, bar de ligne, coquillages). Au rez-de-chaussée, un vent marin souffle sur le bistrot Le P'tit Zeph.

Formule 29 € – Menu 39 € (semaine), 58/89 € – Carte 50/80 €

à l'embarcadère – ℰ 02 97 53 71 58 – www.grandlargue.fr – Fermé 11 nov.-18 déc., 3 janv.-9 fév., lundi et mardi sauf juil.-août et sauf fériés

ASLONNES – 86 (Vienne) → voir Poitiers

ASNIÈRES-SUR-SEINE – 92 (Hauts-de-Seine) → voir Autour de Paris

ATTICHES

✉ 59551 (Nord) – 2 270 hab. – Alt. 52 m – Carte régionale n° **31**-C2

▶ Paris 218 km – Arras 44 km – Lille 18 km – Mons 84 km

Carte Michelin 302-G4

L'Essentiel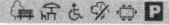

CUISINE MODERNE · À LA MODE XX Une belle bâtisse en brique rouge au croisement de deux rues, dans le hameau de Petit-Attiches. Photos en noir et blanc, terrasse et joli jardin à l'arrière : l'atmosphère est plaisante. Dans l'assiette, de belles présentations et des plats actuels réalisés avec soin ; bref : une cuisine qui va... à l'essentiel !

Menu 25 € 🍷 (déj. en semaine), 37/67 €

19 r. de Neuville, (à Petit-Attiches) – ℰ 03 20 90 06 97
– www.essentiel-restaurant.fr – Fermé 3 semaines en août, dim. soir, mardi soir, sam. midi et lundi

ATTICHY

✉ 60350 (Oise) – 1 887 hab. – Alt. 73 m – Carte régionale n° **37**-C2
▶ Paris 101 km – Compiègne 18 km – Laon 62 km – Noyon 26 km
Carte Michelin 305-J4

La Croix d'Or

CUISINE MODERNE · TRADITIONNEL XX Un restaurant installé dans un relais de poste datant du 19ᵉs., au cœur d'un petit village proche de Compiègne. On y savoure une bonne cuisine régionale, mâtinée de touches actuelles.

🍴 Formule 15 € – Menu 18 € (semaine), 36/47 €

13 r. Tondu-de-Metz – ℰ 03 44 42 15 37 – www.croixdor.fr – Fermé dim. soir, lundi et mardi

ATTIGNAT

✉ 01340 (Ain) – 3 110 hab. – Alt. 227 m – Carte régionale n° **44**-B1
▶ Paris 420 km – Bourg-en-Bresse 13 km – Lons-le-Saunier 76 km – Louhans 46 km
Carte Michelin 328-D3

Laurent Perréal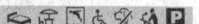

CUISINE TRADITIONNELLE · CLASSIQUE XX Grenouilles, volailles de Bresse, carpes, agneau du pays, crème d'Étrez... les incontournables de la région dans votre assiette ! Le chef a un beau parcours et cela se sent. Quelques chambres pour prolonger l'étape.

Formule 25 € – Menu 32/73 € – Carte 56/80 €

12 chambres – †78/84 € ††84 € – ☲ 10 €

481 Grande-Rue, D975 – ℰ 04 74 30 92 24 – www.llperreal.com
– Fermé 1ᵉʳ-9 mai, 25 juil.-7 août, 2-13 janv. et dim. soir

AUBAGNE

✉ 13400 (Bouches-du-Rhône) – 45 243 hab. – Alt. 102 m – Carte régionale n° **40**-B3
▶ Paris 788 km – Aix-en-Provence 39 km – Brignoles 48 km – Marseille 18 km
Carte Michelin 340-I6 – Guide Vert Michelin Provence

Souléia

BUSINESS · FONCTIONNEL Cet hôtel moderne abrite des chambres fonctionnelles et bien tenues, certaines adaptées aux familles. Une option utile pour résider au cœur de la capitale du santon.

71 chambres ☲ – †77/128 € ††84/135 €

4 cours Voltaire – ℰ 04 42 18 64 40 – www.hotel-souleia.com

AUBE

✉ 61270 (Orne) – 1 358 hab. – Alt. 230 m – Carte régionale n° **33**-C3
▶ Paris 144 km – L'Aigle 7 km – Alençon 55 km – Argentan 47 km
Carte Michelin 310-M2 – Guide Vert Michelin Normandie Vallée de la Seine

⊩◯ Auberge St-James

CUISINE TRADITIONNELLE · AUBERGE XX Le fait est méconnu : c'est dans ce village ornais que la comtesse de Ségur écrivit la plupart de ses romans. Sophie n'aurait sans doute pas été malheureuse dans cette auberge traditionnelle qui cultive le goût des terroirs de France (noix de Saint-Jacques et sauce Noilly, crème brûlée chocolat et menthe, etc.).

Formule 16 € – Menu 21/29 € – Carte 30/45 €

62 rte de Paris – ℰ 02 33 24 01 40 – Fermé dim. soir, merc. soir, lundi et mardi

AUBENAS

✉ 07200 (Ardèche) – 11 505 hab. – Alt. 330 m – Carte régionale n° **44**-A3

▶ Paris 627 km – Alès 76 km – Montélimar 41 km – Privas 32 km

Carte Michelin 331-I6 – Guide Vert Michelin Ardèche Drôme

🕸 M Restaurant

CUISINE MODERNE · À LA MODE X Vous aimez être étonné ? Dans ce cas, cette sympathique adresse, tout de blanc et rouge vêtue, devrait vous plaire... Dans ses cuisines, le jeune chef, Michaël Dumas, signe des recettes originales et pleines de parfums, proposées dans un menu unique. Bon choix de vins au verre. Et l'on M aussi les petits prix !

🍴 Menu 20/32 €

17 r. Champalbert – ℰ 04 75 36 41 66 (réservation conseillée)
– www.m-restaurant.fr – Fermé le midi, 1 semaine mi-août, dim. et lundi

⊩◯ La Villa Tartary

CUISINE MODERNE · BRANCHÉ X De belles voûtes en pierres de taille, un mobilier design, une terrasse face au château d'Aubenas... Cet ancien moulin à eau – qui intervenait dans la fabrication de la soie – ne manque pas de charme ! Belles saveurs à la carte.

Formule 19 € – Menu 22 € (déj. en semaine), 32/56 €

64 r. de Tartary – ℰ 04 75 35 23 11 – www.restaurant-ardeche.com
– Fermé 1 semaine début juil. , 1 semaine en sept., 24 déc.-7 janv., dim. et lundi sauf fériés

⊩◯ Notes de Saveurs

CUISINE MODERNE · TRADITIONNEL X Assis dans la salle voûtée en pierre, face aux ruines de l'ancien couvent bénédictin, on savoure une cuisine où les produits de qualité ont la part belle : dans l'assiette, c'est généreux, gourmand, parfumé et original. Une adresse conviviale et agréable, qui mérite amplement son succès !

🍴 Formule 15 € – Menu 19/42 €

16 r. Nationale – ℰ 04 75 93 94 46 (réservation conseillée) – Fermé vacances de fév., 1 semaine début juin, vacances de la Toussaint, dim. et le soir

🏠 Villa Elisa M

TRADITIONNEL · PERSONNALISÉ Une jolie maison de style Art déco, datant des années 1930. Les chambres sont spacieuses et répondent chacune d'un thème précis : la cerise, le vin ou même la montagne... en hommage à Jean Ferrat, qui était un ami des propriétaires ! Un ensemble tout en raffinement.

8 chambres – ▪95/190 € ▪▪115/190 € – ⊊ 14 €

r. Jean-Beaussier – ℰ 06 71 34 61 90 – www.villa-elisa-m.com

🏠 Ibis

HÔTEL DE CHAÎNE · FONCTIONNEL À la sortie sud de la ville, des chambres conformes aux normes de la chaîne. Petite restauration possible.

63 chambres – ▪74/105 € ▪▪74/105 € – ⊊ 10 €

42 rte de Montélimar – ℰ 04 75 35 44 45 – www.ibishotel.com

à **Mercuer** 6 km au Nord-Ouest par N102 et D223 – ✉ 07200 – 1 163 hab. – Alt. 230 m

⁙○ **Aux Vieux Arceaux**

CUISINE TRADITIONNELLE · CONVIVIAL ✕✕ Benoit Court a pour ainsi dire grandi dans cette auberge en pierre créée par ses parents. Très impliqué dans la défense de la gastronomie régionale, il porte le terroir avec passion, puisant à l'envi dans l'impressionnant potager de la maison. Une adresse sympathique, où l'on peut aussi faire une agréable étape pour la nuit !

Formule 19 € ▾ – Menu 26/52 €

6 chambres – ♦85 € ♦♦85 € – ⌤ 9 €

quartier Farges – ☎ 04 75 93 70 21 – www.auxvieuxarceaux.com

AUBETERRE-SUR-DRONNE

✉ 16390 (Charente) – 416 hab. – Alt. 72 m – Carte régionale n° **39**-C3

▶ Paris 494 km – Angoulême 48 km – Bordeaux 90 km – Périgueux 54 km

Carte Michelin 324-L8 – Guide Vert Michelin Poitou-Charentes

⁙○ **Hostellerie du Périgord**

CUISINE TRADITIONNELLE · COSY ✕✕ Au pied d'un des plus beaux villages de France – à découvrir –, un hôtel-restaurant familial dont la façade arbore volets colorés et vigne vierge... La tradition est à l'honneur à table (produits locaux) ; les chambres se révèlent confortables, dans une veine coquette et assez fraîche.

⬤⬤ Formule 14 € – Menu 19 € (déj. en semaine), 30/38 € ▾

11 chambres – ♦65/78 € ♦♦65/78 € – ⌤ 10 €

(quartier Plaisance) – ☎ 05 45 98 50 46 – www.hostellerie-perigord.com – *Fermé 2 semaines en janv., dim. soir et lundi*

AUBIGNY-SUR-NÈRE

✉ 18700 (Cher) – 5 590 hab. – Alt. 180 m – Carte régionale n° **12**-C2

▶ Paris 180 km – Orléans 67 km – Bourges 48 km – Cosne-Cours-sur-Loire 41 km

Carte Michelin 323-K2 – Guide Vert Michelin Limousin Berry

⬤ **La Chaumière**

CUISINE TRADITIONNELLE · ROMANTIQUE ✕✕ Ne vous fiez pas à la sobriété extérieure de cette chaumière. Sitôt le pas-de-porte franchi, murs en brique et colombages composent un décor des plus chaleureux. Aux fourneaux, le chef concocte une cuisine fort agréable, qui met en valeur les saisons et les produits du marché.

Menu 23 € (semaine), 31/64 € – Carte 42/63 €

Hôtel La Chaumière, 2 r. Paul-Lasnier – ☎ 02 48 58 04 01 – *www.hotel-restaurant-la-chaumiere.com* – *Fermé 15 fév.-13 mars, dim. soir et lundi*

⁙○ **Le Bien Aller**

CUISINE TRADITIONNELLE · CONVIVIAL ✕ Le Bien Aller et... le bien manger ! Que vous aimiez l'esprit bistrot ou le baroque (deux atmosphères originales), composez votre menu à partir des suggestions proposées sur l'ardoise. Autant de recettes marquées par la tradition et où le terroir a la part belle.

Menu 27 € (dîner), 29/34 €

3 r. des Dames – ☎ 02 48 58 03 92 – *Fermé mardi et merc. sauf juil.-août*

⌂ **La Chaumière**

TRADITIONNEL · PERSONNALISÉ Une belle maison ancienne qui soigne son image champêtre : les chambres, habillées de pierre et de bois, sont confortables et cosy. Cerise sur le gâteau, l'accueil est charmant.

19 chambres – ♦65/94 € ♦♦87/146 € – ⌤ 10 €

2 r. Paul-Lasnier – ☎ 02 48 58 04 01 – www.hotel-restaurant-la-chaumiere.com – *Fermé 15 fév.-13 mars, dim. soir et lundi*

⬤ **La Chaumière** – voir les restaurants ci-dessus

🏠 Villa Stuart ☆ 🛏 🗜 🕺 🏊 🅿

VILLA · PERSONNALISÉ Agréable séjour dans cette belle demeure bourgeoise. Chambres spacieuses et claires, décorées selon des thèmes variés (voyage, art, histoire...). Chefs en herbe, réjouissez-vous ! Le propriétaire réalise ses propres confitures et propose des cours de cuisine.

5 chambres ☲ – 🛉76 € 🛉🛉89/110 €

12 av. de Paris – 𝒞 02 48 58 93 30 – www.villastuart.com

AUBUSSON

✉ 23200 (Creuse) – 3 699 hab. – Alt. 440 m – Carte régionale n° **25**-C2
▶ Paris 387 km – Clermont-Ferrand 91 km – Guéret 41 km – Limoges 89 km
Carte Michelin 325-K5 – Guide Vert Michelin Limousin Berry

🏠 Hôtel de France ☆ 🖺 💺 🕭 🏊

BUSINESS · PERSONNALISÉ Près de l'église Ste-Croix, cette jolie demeure du 17ᵉ s. dispose de chambres confortables et aménagées avec goût : meubles chinés, tissus choisis, etc. Cuisine du terroir au restaurant et agréable petit espace détente (sauna, hammam...).

21 chambres – 🛉75/106 € 🛉🛉75/164 € – ☲10 €

*6 r. des Déportés – 𝒞 05 55 66 10 22 – www.aubussonlefrance.com
– Fermé 24 déc.-4 janv.*

🏠 La Beauze 🍃 🖺 💺 🕺 🚗

BUSINESS · MODERNE C'est une maison en pierre, typique du pays creusois. Les chambres sont décorées avec goût, dans un style contemporain, et donnent toutes sur le jardin, en bordure de rivière, avec des arbres – séquoia, épicéa – plus que centenaires. Quiétude, sans aucun doute !

10 chambres – 🛉69/85 € 🛉🛉69/85 € – ☲9 €

14 av. de la République – 𝒞 05 55 66 46 00 – www.hotellabeauze.fr

AUCH

✉ 32000 (Gers) – 21 960 hab. – Alt. 169 m – Carte régionale n° **28**-B2
▶ Paris 713 km – Agen 74 km – Bordeaux 205 km – Tarbes 74 km
Carte Michelin 336-F8

🍽 France ✧

CUISINE MODERNE · CLASSIQUE 🕽🕽 Cette institution du centre-ville reprend aujourd'hui vie sous l'égide d'une jeune équipe – trois frères réunis ici après diverses expériences internationales ! Si le cadre reste hautement classique, la cuisine joue une partition contemporaine fine et soignée. C'est un plaisir de voir cette nouvelle page s'écrire...

Menu 28 € (dîner)/60 € – Carte 46/64 €

Plan : AZ-f – *2 pl. de la Libération – 𝒞 05 62 61 71 71
– www.hoteldefrance-auch.com – Fermé dim. soir, lundi et le midi sauf dim.*

🍽 Le Bartok 🍴 🅰🅲 ✧

CUISINE MODERNE · À LA MODE 🕽 À deux pas de la cathédrale, entre des murs du 14ᵉ s., vieilles pierres et esprit contemporain s'allient avec cachet... Ce Bartok fonde sa partition sur les produits du marché, le fil des saisons et l'invention : il dévoile de beaux accords de saveurs, à l'image de ce ris de veau à l'algue wakame et millas de maïs.

🍤 Formule 12 € – Menu 14 € (déj. en semaine), 26/42 €

Plan : AY-a – *1 r. Gambetta – 𝒞 05 62 05 87 82 – www.le-bartok.com
– Fermé 11-31 août, 1ᵉʳ-6 janv., dim., lundi et fériés*

AUCH

Alsace (Av. d')	**BY**	2
Caillou (Pl. du)	**AZ**	4
Caumont (R.)	**AZ**	5
Convention (R. de la)	**AZ**	7
Daumesnil (R.)	**BY**	9
David (Pl. J.)	**AY**	8
Dessoles (R.)	**AY**	12

Espagne (R.)	**AZ**	13
Fabre d'Églantine (R.)	**AZ**	14
Gambetta (R.)	**AY**	
Lagarrasic (Allées)	**ABZ**	17
Lamartine (R.)	**AY**	15
Lartet (R. Ed.)	**AZ**	16
Lissagaray (Q.)	**BYZ**	18
Marceau (R.)	**BY**	19
Marne (Av. de la)	**BY**	22
Montebello (R.)	**BZ**	23

Pasteur (R.)	**BZ**	25
Pont-National (R. du)	**AZ**	27
Pouy (R. du)	**BY**	28
Prieuré (Pt du)	**AZ**	29
Rabelais (R.)	**BZ**	31
République (Pl. de la)	**AZ**	33
Rousseau (R. A.)	**AZ**	35
Salleneuve (R.)	**AY**	38
Somme (R. de la)	**BY**	40

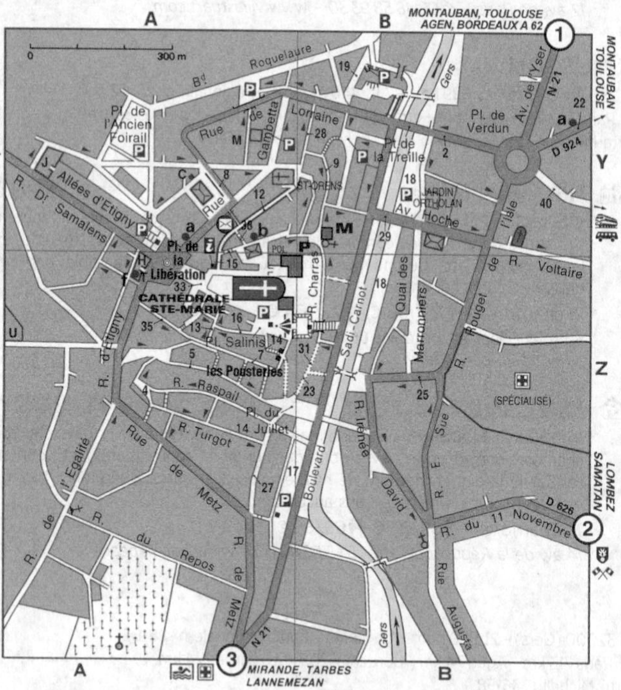

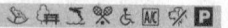

🍴 La Table d'Oste

CUISINE TRADITIONNELLE · RUSTIQUE X Près de la cathédrale, ce restaurant familial joue la carte de la cuisine régionale, avec des recettes du terroir gascon et des spécialités de canard (magret, daube, confit, etc.). Authentique.

Menu 18 € (déj. en semaine), 28/43 € – Carte 33/64 €

Plan : AY-b – 7 r. Lamartine – ✆ 05 62 05 55 62 (réservation conseillée)
– www.table-oste-restaurant.com – Fermé 1 semaine en avril, 1 semaine en juin,
1 semaine en oct., 1 semaine fin janv., sam. soir, lundi midi et dim.

🏠 Château les Charmettes

CHÂTEAU · COSY Luxueux manoir ocre et bleu : chaque chambre est décorée selon une thématique différente (blues, fugue, concerto...). Suites avec jacuzzi. Parc, piscine... Une belle adresse.

6 chambres – ♦160/200 € ♦♦400 € – ⚏ 20 €
21 rte de Duran, 2 km à l'Ouest par D924 et D148 – ✆ 05 62 62 10 10
– www.chateaulescharmettes.com – Ouvert 1er avril-15 nov.

rte d'Agen 7 km au Nord par N21

❌◯ **Le Papillon**　　　　　　　　　　　　🛏 🛏 AK 🔄 🅿

CUISINE TRADITIONNELLE · CONVIVIAL ✕✕ Ravioles de mousserons au foie gras, cassoulet, quasi de veau aux morilles, pastis gascon, etc. : une bonne cuisine par un vrai chef artisan, adepte du fait-maison et défenseur des produits du terroir gersois. Cadre lumineux – dans un bâtiment en forme de papillon –, avec une agréable terrasse pour les beaux jours.

Formule 15 € – Menu 29/50 € – Carte 41/51 €

✉ *32810 Montaut-les-Créneaux* – ✆ *05 62 65 51 29*
– *www.restaurant-lepapillon.com* – *Fermé 2 semaines en mars, 2 semaines en juil., dim. soir et lundi*

à St-Jean-le-Comtal 10 km au Sud-Ouest par N21 et D150 – ✉ 32550
– 397 hab. – Alt. 190 m

❌◯ **Le Château de Camille**　　　　　　　　　　　　🛏 🅿

CUISINE MODERNE · BRANCHÉ ✕✕ Une belle bâtisse du 17ᵉ s., très élégante, dans un parc planté d'essences anciennes. Porc noir gascon, foie et magret de canard pour le terroir, et cuisine du marché.

🍴 Menu 15 € 🍷 (déj. en semaine)/27 € – Carte 30/45 €

– ✆ *05 62 05 34 58* – *www.lechateaudecamille.com* – *Fermé mardi soir, merc. soir, jeudi soir et dim. soir d'oct. à mai, et lundi*

AUDERVILLE

✉ 50440 (Manche) – 259 hab. – Alt. 55 m – Carte régionale n° **32**-A1
▶ Paris 382 km – Caen 149 km – Cherbourg 29 km – Saint-Lô 113 km
Carte Michelin 303-A1 – Guide Vert Michelin Normandie Cotentin

❌◯ **La Malle aux Épices**

INFLUENCES ASIATIQUES · BISTRO ✕ Atmosphère conviviale et invitation au voyage dans ce repaire villageois qui fait aussi office de point presse et café. De l'une des salles, on peut même voir le chef concocter ses plats savoureux aux délicieuses senteurs venues d'ailleurs... Un périple gastronomique qui donne une folle envie de se faire la malle !

Formule 26 € – Menu 28/38 € – Carte 27/40 €

71 r. de l'Eglise – ✆ *02 33 52 77 44 (réservation conseillée)*
– *www.lamalleauxepices.com* – *Fermé de mi-janv. à mi-fév., sam. midi, dim. soir, lundi soir et mardi*

AUDIERNE

✉ 29770 (Finistère) – 2 151 hab. – Alt. 5 m – Carte régionale n° **9**-A2
▶ Paris 599 km – Douarnenez 21 km – Pointe du Raz 16 km – Pont-l'Abbé 32 km
Carte Michelin 308-D6 – Guide Vert Michelin Bretagne Sud

❌◯ **L'Iroise**　　　　　　　　　　　　🎏 🛏 ♿ 🔄

POISSONS ET FRUITS DE MER · ÉLÉGANT ✕✕✕ À l'abri des embruns de l'Iroise (la mer qui borde l'ouest de la Bretagne), on est accueilli dans une salle confortable, associant murs en pierre et toiles modernes. Père et fils proposent ici une cuisine où fruits de mer et produits locaux tiennent les premiers rôles... et le chariot de fromages ravira les amateurs !

Formule 17 € 🍷 – Menu 31 €

8 quai Camille-Pelletan – ✆ *02 98 70 15 80* – *www.restaurantliroise.com* – *Fermé 16 janv.-17 fév., 11-21 nov., dim. soir et mardi sauf du 13 juil. au 31 août et lundi*

❌◯ **Le Goyen**　　　　　　　　　　　　◁ 🛏

CUISINE MODERNE · ÉLÉGANT ✕✕✕ Le restaurant, tout en conservant son élégance, a été relooké dans un style actuel et lumineux, tout à fait en harmonie avec le travail du chef : ce dernier réalise une cuisine au goût du jour, qui met à l'honneur les artisans locaux et les produits de la mer achetés à la criée.

Formule 19 € – Menu 25 € (déj. en semaine), 35/83 € – Carte 55/65 €

Hôtel Le Goyen, pl. Jean-Simon – ✆ *02 98 70 08 88* – *www.le-goyen.fr*
– *Ouvert 1ᵉʳ avril-11 nov. et 27 déc.-3 janv.*

L'Auberge

CUISINE TRADITIONNELLE • AUBERGE X Cette demeure des 17e-18e s., c'est le coup de cœur de Jane, Anglaise amoureuse de la France, longtemps chef à Paris et... devenue bretonne en épousant Alexis. Elle concocte une cuisine traditionnelle très goûteuse, d'esprit bio. So pretty !

Carte 30/45 €

24 r. Guezno – ☎ 02 98 70 59 58 (réservation conseillée) – Fermé janv. et fév. et ouvert merc. soir et jeudi soir en juil.-août, vend. soir et sam. soir

Le Goyen

TRADITIONNEL • CLASSIQUE On repère facilement cette bâtisse imposante plantée sur les quais, face au port et à l'estuaire du Goyen. Les chambres, dont certaines ont un balcon, ont été rénovées dans un agréable style contemporain... Une étape de choix dans cette charmante localité.

20 chambres – 🚹105/125 € 🚹🚹150/180 € – 1 suite – ☕15 € – ½ P

pl. Jean-Simon – ☎ 02 98 70 08 88 – www.le-goyen.fr – Ouvert 1er avril-11 nov. et 27 déc.-3 janv.

Le Goyen – voir les restaurants ci-dessus

Hôtel de la Plage

TRADITIONNEL • FONCTIONNEL L'hôtel a bonne mine, juste en face de la plage et de l'océan. Les chambres, bien tenues, sont principalement orientées vers la baie d'Audierne. Restaurant panoramique, promenades à l'île de Sein : la douceur de vivre version bretonne.

22 chambres – 🚹74/121 € 🚹🚹74/121 € – ☕12 € – ½ P

21 bd Manu-Brusq, (à la plage) – ☎ 02 98 70 01 07 – www.hotel-finistere.com – Ouvert d'avril à nov.

Au Roi Gradlon

HÔTEL DE VACANCES • ACTUEL Un hôtel cubique, tout blanc, vraiment bien situé face à l'Atlantique ; d'ailleurs, la totalité des chambres – éblouissantes de blancheur – ont vue sur la mer. L'occasion de faire de belles balades et de s'oxygéner... La table met à l'honneur les produits de l'océan.

19 chambres – 🚹64/110 € 🚹🚹64/110 € – ☕11 € – ½ P

3 bd Manu-Brusq, (à la plage) – ☎ 02 98 70 04 51 – www.auroigradlon.com – Fermé de mi-déc. à début fév.

AUDINCOURT

✉ 25400 (Doubs) – 14 787 hab. – Alt. 323 m – Carte régionale n° **17**-C1

▶ Paris 476 km – Basel 96 km – Belfort 21 km – Besançon 75 km

Carte Michelin 321-L2 – Guide Vert Michelin Franche-Comté Jura

Voir plan de Montbéliard agglomération.

à Taillecourt 1,5 km au Nord, rte de Sochaux – ✉ 25400 – 1 044 hab. – Alt. 330 m

Auberge La Gogoline

CUISINE TRADITIONNELLE • AUBERGE XxX Un grand jardin, un toit de chaume, un décor à la fois rustique et bourgeois : cette grande maison est digne d'une chaumière. La cuisine, ancrée dans la tradition et accompagnée de bons vins, va bien au lieu.

Menu 28 € (semaine), 38/58 € – Carte 52/83 €

Plan : Y-k – *20 r. Croisée – ☎ 03 81 94 54 82 – www.aubergelagogoline.net – Fermé 22 fév.-10 mars, sam. midi, dim. soir, lundi et mardi*

AUDRIEU – 14 (Calvados) → voir Bayeux

AUGEROLLES

✉ 63930 (Puy-de-Dôme) – 858 hab. – Alt. 540 m – Carte régionale n° **6**-C2

▶ Paris 411 km – Clermont-Ferrand 61 km – Montluçon 149 km – Roanne 65 km

Carte Michelin 326-I8

⅋○ Les Chênes   🍽 ⅊ ♿ 🅿

CUISINE TRADITIONNELLE · CONVIVIAL 🍴 Les Chênes, c'est l'histoire d'une famille. Celle du chef qui, comme ses parents et grands-parents, défend les produits de sa région (viande label Rouge, miel, myrtilles, etc.). Les années passent, la tradition se perpétue... avec la certitude qu'il ne pouvait en être autrement !

👄 Formule 13 € 🍷 – Menu 20 € (déj. en semaine), 26/44 €

rte de Courpière, 1 km à l'Ouest par D42 – ℰ 04 73 53 50 34
– www.restaurant-les-chenes.com – Fermé 30 juin-13 juil., 21 déc.-3 janv., tous les soirs sauf vend.

AUGERVILLE-LA-RIVIÈRE

✉ 45330 (Loiret) – 232 hab. – Alt. 100 m – Carte régionale n° **12**-C1
▶ Paris 92 km – Corbeil-Essonnes 62 km – Évry 59 km – Orléans 76 km
Carte Michelin 318-L2

🏰🏠 Château d'Augerville   🏕 🐾 🛏 🔼 ♿ 🆎 🧖 🅿

CHÂTEAU · MODERNE Des chambres signées par l'architecte Patrick Ribes, un domaine de 100 ha et un parcours 18 trous : ce superbe château Renaissance (16e-17e s.) prête à mener grand train – que l'on soit golfeur ou non. Cuisine de saison au restaurant.

38 chambres – 🛏164/407 € 🛏🛏164/407 € – 2 suites – ⌂ 19 € – ½ P

pl. du Château – ℰ 02 38 32 12 07 – www.chateau-augerville.com – Fermé 19 déc.-12 janv. et 15 fév.-2 mars

AUJOLS

✉ 46090 (Lot) – 331 hab. – Alt. 200 m – Carte régionale n° **29**-C1
▶ Paris 599 km – Agen 145 km – Cahors 18 km – Toulouse 114 km
Carte Michelin 337-F5

🏠 Lou Repaou   🏕 🐾 🛏 🏊 ♿ 🅿 🚫

FAMILIAL · PERSONNALISÉ Déconnexion totale dans cette ancienne ferme baptisée Lou Repaou : "le repos" en patois. Les chambres sont spacieuses et confortables, et les maîtres des lieux se sont inspirés de leurs voyages pour les décorer : Pérou, Mali, Australie... Dépaysement garanti.

5 chambres ⌂ – 🛏105/125 € 🛏🛏115/135 € – ½ P

r. de la Croix-Blanche – ℰ 05 65 22 03 47 – www.lourepaou.fr

AULLÈNE – 2A (Corse-du-Sud) → voir Corse

AULNAY

✉ 17470 (Charente-Maritime) – 1 431 hab. – Alt. 63 m – Carte régionale n° **38**-B2
▶ Paris 424 km – Angoulême 66 km – Niort 41 km – Poitiers 87 km
Carte Michelin 324-H3 – Guide Vert Michelin Poitou-Charentes

🏠 Hôtel du Donjon   🛏 ♿

FAMILIAL · CLASSIQUE Charmante maison saintongeaise non loin de l'église St-Pierre. Les chambres, impeccablement tenues, ont le charme de l'ancien : pierres apparentes, poutres, mobilier rustique, etc. Quant au jardin, il se révèle bien agréable aux beaux jours. On peut même y prendre son petit-déjeuner !

10 chambres – 🛏63/92 € 🛏🛏63/92 € – ⌂ 9 €

4 r. des Hivers – ℰ 05 46 33 67 67 – www.hoteldudonjon.com – Fermé 1 semaine en oct. et vacances de Noël

AULNAY-SOUS-BOIS – 93 (Seine-Saint-Denis) → voir Autour de Paris

AULON

✉ 65240 (Hautes-Pyrénées) – 80 hab. – Alt. 1 213 m – Carte régionale n° **28**-A3
▶ Paris 830 km – Bagnères-de-Luchon 44 km – Col d'Aspin 24 km – Lannemezan 38 km
Carte Michelin 342-N7

Auberge des Aryelets

CUISINE TRADITIONNELLE · AUBERGE X Prêt pour une ascension gourmande ? Dans ce village haut perché des Pyrénées, les bons petits plats se méritent ! Dans une salle au décor on ne peut plus rustique, on déguste une généreuse cuisine de pays où les produits de première qualité ont la part belle. Ambiance conviviale.

Formule 19 € – Menu 25/39 € – Carte 44/52 €

pl. du Village – ☎ 05 62 39 95 59 – Fermé de mi-nov. à mi-déc., dim. soir, lundi et mardi sauf vacances scolaires et jours fériés

AUMALE

✉ 76390 (Seine-Maritime) – 2 279 hab. – Alt. 130 m – Carte régionale n° **33**-D1
▶ Paris 136 km – Amiens 48 km – Beauvais 49 km – Dieppe 69 km
Carte Michelin 304-K3 – Guide Vert Michelin Normandie Vallée de la Seine

Villa des Houx

CUISINE CLASSIQUE · CONVIVIAL XX Quel cachet ! L'architecture tout en colombages (19ᵉ s.), l'enceinte de verdure, le calme... Au menu, une cuisine généreuse et savoureuse, amie du terroir : terrine de ris de veau, caille désossée en croûte de sel... Côté décor, on joue la carte du classicisme, que ce soit dans la salle à manger ou en terrasse.

Formule 17 € – Menu 26/48 € – Carte 47/72 €

6 av. du Gén.-de-Gaulle – ☎ 02 35 93 93 30 – www.villa-des-houx.com – Fermé janv., dim. soir et lundi midi du 15 sept. au 15 juin

Villa des Houx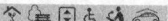

TRADITIONNEL · RUSTIQUE Cette bâtisse en impose avec sa belle façade à colombages ! Une petite rivière coule paisiblement dans le parc... Une impression de calme que l'on retrouve dans les chambres, de facture classique.

30 chambres – ♥75/110 € ♥♥85/140 € – ☕ 9 €

6 av. du Gén.-de-Gaulle – ☎ 02 35 93 93 30 – www.villa-des-houx.com – Fermé janv., dim. soir du 15 sept. au 15 juin

⊕ **Villa des Houx** – voir les restaurants ci-dessus

AUMONT-AUBRAC

✉ 48130 (Lozère) – 1 097 hab. – Alt. 1 040 m – Carte régionale n° **23**-C1
▶ Paris 549 km – Aurillac 115 km – Espalion 57 km – Marvejols 25 km
Carte Michelin 330-H6

Cyril Attrazic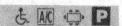

CUISINE MODERNE · À LA MODE XXX Un restaurant élégant et bien dans son époque... pour un chef inspiré. Cyril Attrazic signe une belle cuisine créative, franche et expressive, colorée et parfumée, avec de magnifiques produits locaux (telles les viandes de son beau-père). Quant au décor, chic et chaleureux, il ne manque pas de séduire. Vive l'Aubrac !

➜ Nouilles de céleri rave, champignons et jus à l'huile de truffe. Galette de bœuf cuite au barbecue, beurre de pomme de terre muscade et velouté d'oignon brûlé. Sphère croustillante au chocolat noir et thé d'Aubrac.

Menu 38 € (déj. en semaine), 52/92 € – Carte 65/85 €

10 rte du Languedoc – ☎ 04 66 42 86 14 – www.camillou.com – Ouvert 1ᵉʳ avril-31 déc. et fermé mardi et merc. sauf le soir en juil.-août

⏹◯ **Le Gabale** – voir les restaurants ci-dessus

Le Gabale

CUISINE TRADITIONNELLE · BRASSERIE X Cyril Attrazic tient avec cette brasserie le complément idéal à sa table gastronomique. Le décor moderne, paré de photos panoramiques des paysages d'Aubrac, est un bel écrin pour déguster des assiettes franches et bien réalisées ; on se régale le plus simplement du monde, à l'intérieur ou sur la jolie terrasse.

⊗ Menu 18 € (déj.), 27/35 € – Carte 35/55 €

Restaurant Cyril Attrazic, 10 rte du Languedoc – ☎ 04 66 42 86 14 – www.camillou.com – Fermé dim. soir et lundi de mi-nov. à fin mars

🏠 Chez Camillou 　　　　　　🍸 🈸 ఉ 🖴 🅿

FAMILIAL · ACTUEL En léger retrait de la nationale, un hôtel récent avec des chambres agréables, d'esprit contemporain et frais. Les plus qui font la différence : un petit-déjeuner copieux (charcuteries et fromages locaux), et un accueil à la fois gentil et pro !

35 chambres – ♦83/169 € ♦♦83/169 € – 2 suites – 🖙 12 €

10 rte du Languedoc – 𝒞 04 66 42 80 22 – www.camillou.com – Ouvert 28 mars-11 nov.

AUPS

✉ 83630 (Var) – 2 113 hab. – Alt. 496 m – Carte régionale n° **41**-C3
▶ Paris 818 km – Aix-en-Provence 90 km – Digne-les-Bains 78 km – Draguignan 29 km
Carte Michelin 340-M4 – Guide Vert Michelin Côte d'Azur

🍽️〇 Restaurant des Gourmets 　　　　　　🆎

CUISINE TRADITIONNELLE · CONVIVIAL X Agréable petite adresse familiale dans ce village célèbre pour son marché aux truffes. Cadre coloré (fresques évoquant la Provence), goûteuse cuisine traditionnelle où la "perle noire" est à l'honneur en saison.

🍮 Menu 20 € (semaine), 23/38 €

*5 r. Voltaire – 𝒞 04 94 70 14 97 – www.restaurantdesgourmets.fr
– Fermé 20 juin-8 juil., 7-23 nov., mardi midi, dim. soir et lundi*

à Moissac-Bellevue 7 km à l'Ouest par D9 – ✉ 83630 – 302 hab. – Alt. 599 m

🍽️〇 Bastide du Calalou 　　　　　　≤ 🛏 🏠 ♻ 🅿

MÉDITERRANÉENNE · CONVIVIAL XX Le décor est provençal mais on retient surtout la vue plongeante sur la campagne, dans cette salle aux allures de balcon. Gâteau de topinambours, filet de bœuf aux légumes oubliés, etc. : la carte explore la tradition.

Menu 32/80 € – Carte 43/66 €

rte de Baudinard, D9 – 𝒞 04 94 70 17 91 – www.bastide-du-calalou.com – Fermé 4-14 janv.

🏠 Bastide du Calalou 　　　　　🏠 ⚄ ≤ 🛏 🍸 🍽️ 🈸 ⚑ 🅿

FAMILIAL · PERSONNALISÉ Une grande bastide dans un écrin de verdure. Les chambres distillent un joli esprit d'antan, avec leurs mobilier et tableaux chinés ; il fait bon se prélasser sous les oliviers, près de la belle piscine. Un cadre bucolique idéal pour la détente !

28 chambres – ♦89/140 € ♦♦125/335 € – 4 suites – 🖙 16 € – ½ P

rte de Baudinard, D9 – 𝒞 04 94 70 17 91 – www.bastide-du-calalou.com – Fermé 4-14 janv.

🍽️〇 **Bastide du Calalou** – voir les restaurants ci-dessus

AURAY

✉ 56400 (Morbihan) – 12 771 hab. – Alt. 35 m – Carte régionale n° **9**-A3
▶ Paris 477 km – Lorient 41 km – Pontivy 54 km – Quimper 102 km
Carte Michelin 308-N9 – Guide Vert Michelin Bretagne Sud

🍽️〇 Closerie de Kerdrain 　　　　🐌 🛏 🏠 ఉ ♻ 🅿

CUISINE MODERNE · CLASSIQUE XXX Classique et raffiné : tel est ce beau manoir breton du 17ᵉ s. Le chef aime utiliser les herbes et les fleurs du jardin, pour accompagner de beaux produits de la mer : huîtres creuses, Saint-Jacques en chaud-froid de cresson, turbot de petit bateau... Bien sûr, le tout s'accompagne de beaux flacons !

Menu 28 € (déj. en semaine), 43/90 € – Carte 62/108 €

*20 r. Louis-Billet – 𝒞 02 97 56 61 27 – www.lacloseriedekerdrain.com
– Fermé 7-21 mars, 2 semaines en oct., dim. soir et lundi*

⅋○ Terre-Mer

CUISINE MODERNE • CONVIVIAL ✕✕ Après un joli parcours international, Anthony Jehanno a repris cette adresse avec son épouse Anne-Sophie, et ce duo complice ne cesse de la faire évoluer. Dans un élégant décor contemporain (nouveauté 2014), on déguste une cuisine très aromatique et soignée. La terre épouse la mer... pour le meilleur !

Formule 21 € – Menu 25 € (déj. en semaine), 35/55 €

16 r. du Jeu-de-Paume – ℰ 02 97 56 63 60 – www.restaurant-terre-mer.fr
– Fermé 1 semaine fin juin, 2 semaines en oct., 23 déc.-4 janv., sam. midi, dim. soir et lundi

⅋○ La Chebaudière

CUISINE MODERNE • FAMILIAL ✕ Un néobistrot de quartier, où l'on aime à se retrouver autour d'un bon petit plat de saison : tartare de saumon aux algues bretonnes, pavé de cabillaud aux petits légumes et jus à la fève de tonka... À choisir à l'ardoise ! Le décor, joliment coloré, ajoute au plaisir du repas.

Carte 26/55 €

6 r. Abbé-Joseph-Martin – ℰ 02 97 24 09 84 – Fermé 1 semaine en fév., 1 semaine en juin, 1 semaine en oct., dim. soir, mardi soir et merc.

🏠 Best Western Auray le Loch

BUSINESS • MODERNE Le matin, loin du tumulte, on prend son petit-déjeuner dans la véranda, avec vue sur la forêt et la rivière. Les chambres, ornées de tissus originaux peints par une artiste locale, sont confortables. Enfin, le service est efficace et souriant !

30 chambres – ⋔59/155 € ⋔⋔59/155 € – ⌧ 13 € – ½ P

2 r. Guhur, (La Forêt) – ℰ 02 97 56 48 33 – www.bestwesternaurayleloch.com

au golf de St-Laurent 10 km à l'Ouest par D22 et rte secondaire –
✉ 56400 Auray :

🏠 Hôtel du Golf de St-Laurent

HÔTEL DE VACANCES • PERSONNALISÉ Sauna, jacuzzi, billard et piscine à deux pas du golf : dans cet hôtel, la détente n'est pas en option ! Chambres fonctionnelles, avec balcon ou terrasse.

42 chambres – ⋔84/135 € ⋔⋔84/135 € – ⌧ 11 € – ½ P

– ℰ 02 97 56 88 88 – www.hotel-golf-saint-laurent.com
– Fermé 20 déc.-17 janv.

AUREC-SUR-LOIRE

✉ 43110 (Haute-Loire) – 5 804 hab. – Alt. 435 m – Carte régionale n° **6**-D2
▶ Paris 536 km – Firminy 11 km – Le Puy-en-Velay 56 km – St-Étienne 22 km
Carte Michelin 331-H1

🏠 Les Cèdres Bleus

TRADITIONNEL • FONCTIONNEL Entre les gorges de la Loire et le lac de Grangent, un joli jardin où s'épanouissent des cèdres bleus, mais aussi une maison bourgeoise, son restaurant traditionnel et trois chalets en bois. Ces derniers abritent les chambres, bien tenues et très paisibles.

15 chambres – ⋔49/78 € ⋔⋔49/78 € – ⌧ 9 € – ½ P

23 r. de la Rivière – ℰ 04 77 35 48 48 – www.lescedresbleus.com
– Fermé 2 janv.-2 fév. et dim. soir

AUREILLE

✉ 13930 (Bouches-du-Rhône) – 1 544 hab. – Alt. 134 m – Carte régionale n° **42**-E1
▶ Paris 719 km – Aix-en-Provence 59 km – Avignon 38 km – Marseille 73 km
Carte Michelin 340-E3

🍴◯ La Table des Alpilles

CUISINE MODERNE · SIMPLE 𝕏 Pain perdu d'asperges vertes rôties et foie gras de canard poêlé, tartine d'agneau confit et son jus, baba au rhum et sa raviole d'ananas... On doit cette belle cuisine du marché à Stéphane Tougay, un enfant du pays ! La sobriété du décor, les chaises en paille et la simplicité du service ajoutent au plaisir du repas.

Formule 20 € – Menu 32/53 € – Carte 40/52 €

10 r. de l'Armistice – ℰ 04 88 04 07 29 – fermé merc. soir, dim soir et lundi

🏠 Le Balcon des Alpilles

FAMILIAL · PERSONNALISÉ Ici les chambres portent des noms de fleurs. Le mas est décoré avec style ; oliviers, pins et lavandins parfument le jardin : tout est paisible. Superbe petit-déjeuner où tout est fait maison : confitures, jus de fruits frais, cake et gâteaux...

5 chambres ☲ – ♦130/140 € ♦♦140/150 €

rte de Mouriès, par D24ᴬ – ℰ 04 90 59 94 24 – www.lebalcondesalpilles.fr – Ouvert 15 avril-15 oct.

🏠 La Table Alonso 🔆

AUBERGE · COSY Après une belle carrière dans la restauration, Gérard et Josette Alonso ont pris leur retraite dans la région... avant de créer – à force d'ennui, disent-ils – cette maison d'hôtes. La bâtisse, du 17ᵉ s., allie charme et caractère, et la table d'hôte est incontournable : les produits du marché sont superbement travaillés par le chef qui n'a pas perdu la main... loin de là !

3 chambres ☲ – ♦80 € ♦♦80 €

22 r. de la Poste – ℰ 04 90 55 79 07 – www.latablealonso.fr – Ouvert jeudi soir, vend. soir, sam. et dim. sauf le soir d'oct. à avril

AUREVILLE

✉ 31320 (Haute-Garonne) – 779 hab. – Alt. 260 m – Carte régionale n° **28**-B2

▶ Paris 697 km – Foix 75 km – Montauban 73 km – Toulouse 18 km

Carte Michelin 343-G4

✿ En Marge (Frank Renimel)

CRÉATIVE · ÉLÉGANT 𝕏𝕏𝕏 Cette ferme du 19ᵉ s., transformée en élégant restaurant, est le repaire du jeune chef Franck Renimel. Dans ce coin de campagne "En Marge" de la ville, il montre qu'il a toujours la même envie de surprendre : avec talent et audace, il jongle avec les saveurs et les textures... et fait mouche, sans dérouter !

→ Cappuccino de champignons, foie gras, émulsion de volaille. Bœuf gascon et légumes . Tatin "En Marge".

Menu 34 € (déj. en semaine), 60/130 € – Carte 90/155 €

1204 rte de Lacroix-Falgarde, (lieu-dit Birol - sur D24) – ℰ 05 61 53 07 24 – www.restaurantenmarge.com – Fermé 24-30 déc., dim. et lundi

AURIAC-DU-PÉRIGORD

✉ 24290 (Dordogne) – 411 hab. – Alt. 143 m – Carte régionale n° **4**-D1

▶ Paris 516 km – Bordeaux 174 km – Périgueux 42 km – Tulle 70 km

Carte Michelin 329-H5

🏠 Le Moulin de Mitou

HÔTEL DE VACANCES · COSY À deux pas des grottes de Lascaux, cet ancien moulin à eau, datant du 17ᵉ s., est un havre de confort... Les chambres, avec leur mobilier classique et leurs beaux tissus, ont ce supplément de caractère qui fait la différence, et la piscine et le parc nous éloignent encore davantage de l'âge de pierre.

17 chambres – ♦100/160 € ♦♦100/160 € – ☲ 14 € – ½ P

La Borie, rte de Montignac – ℰ 05 53 50 37 53 – www.hotel-lemoulindemitou.com – Fermé janv.

AURILLAC

✉ 15000 (Cantal) – 27 074 hab. – Alt. 610 m – Carte régionale n° **5**-B3

▶ Paris 557 km – Brive-la-Gaillarde 98 km – Clermont-Ferrand 158 km – Montauban 174 km
Carte Michelin 330-C5 – Guide Vert Michelin Auvergne

⚄ **Quatre Saisons**   ♿ 🅰️

CUISINE MODERNE · TRADITIONNEL X Fine et maline : telle est la cuisine de
Didier Guibert, qui ne travaille qu'avec des produits ultrafrais. La viande est fournie par ses deux frères, bouchers de leur état, et les légumes proviennent du
potager des beaux-parents. Comment mieux célébrer les quatre saisons ? Une
maison fort bien tenue !

Formule 15 € – Menu 27/68 € – Carte 47/57 €

Plan : BY-t – *10 r. Champeil* – ℰ *04 71 64 85 38* – *www.quatresaisons.onlc.fr*
– Fermé 19-25 août, 25 oct.-2 nov., 1 semaine en fév., dim. soir, mardi midi et lundi

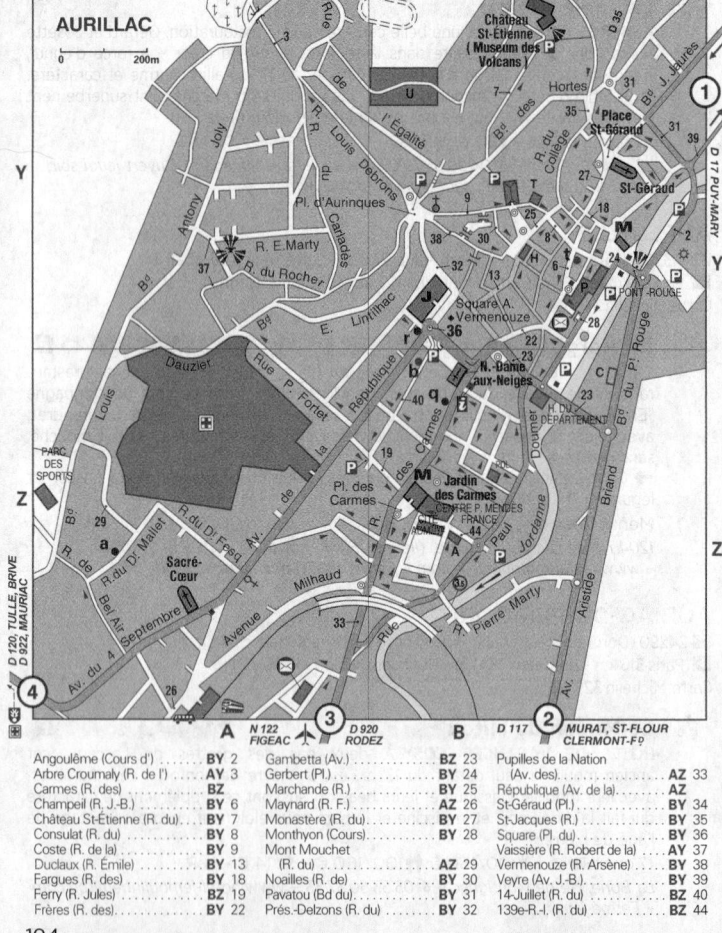

Angoulême (Cours d')	**BY** 2	Gambetta (Av.)	**BZ** 23	Pupilles de la Nation
Arbre Croumaly (R. de l')	**AY** 3	Gerbert (Pl.)	**BY** 24	(Av. des)	**AZ** 33
Carmes (R. des)	**BZ**	Marchande (R.)	**BY** 25	République (Av. de la)	**AZ**
Champeil (R. J.-B.)	**BY** 6	Maynard (R. F.)	**AZ** 26	St-Géraud (Pl.)	**BY** 34
Château St-Étienne (R. du)	**BY** 7	Monastère (R. du)	**BY** 27	St-Jacques (R.)	**BY** 35
Consulat (R. du)	**BY** 8	Monthyon (Cours)	**BY** 28	Square (Pl. du)	**BY** 36
Coste (R. de la)	**BY** 9	Mont Mouchet		Vaissière (R. Robert de la)	**AY** 37
Duclaux (R. Émile)	**BY** 13	(R. du)	**AZ** 29	Vermenouze (R. Arsène)	**BY** 38
Fargues (R. des)	**BY** 18	Noailles (R. de)	**BY** 30	Veyre (Av. J.-B.)	**BY** 39
Ferry (R. Jules)	**BZ** 19	Pavatou (Bd du)	**BY** 31	14-Juillet (R. du)	**BZ** 40
Frères (R. des)	**BY** 22	Prés.-Delzons (R. du)	**BY** 32	139-e-R.-I. (R. du)	**BZ** 44

ⅼⓄ L'Oh à la Bouche !　　　　　　　　　　　　　　　AC

CUISINE MODERNE · CONVIVIAL ✗ On aime le charme discret de cette petite adresse, dans une ruelle proche du centre-ville. Dans le secret de sa petite cuisine, le chef concocte des plats inventifs et bien parfumés, au goût du jour, jouant parfois sur les épices...

Formule 12 € – Menu 29/38 €

Plan : BZ-b – *4 r. du 14-Juillet – ℰ 04 71 48 27 17 – www.lohalabouche.com – Fermé sam. midi ,merc. et dim.*

🏨 Grand Hôtel de Bordeaux　　　　　　　　　🅿 & AC 🛁 🚗

BUSINESS · FONCTIONNEL C'est sans doute le meilleur établissement de la ville : dans ce bel immeuble du début du 20ᵉ s. aux chambres claires et agréables, tout n'est qu'élégance et raffinement, avec une pointe d'originalité. À noter : la qualité de l'accueil.

36 chambres – ♟72/160 € ♟♟72/160 € – 2 suites – ⌑ 12 €

Plan : BY-r – *2 av. de la République – ℰ 04 71 48 01 84 – www.hotel-de-bordeaux.fr – Fermé 21 déc.-1ᵉʳ janv.*

🏠 La Thomasse　　　　　　　　　　　　　🏡 🛁 🛋 🅿

AUBERGE · PERSONNALISÉ Un bâtiment couvert de lierre, dans un quartier résidentiel, loin de l'agitation du centre. Les chambres imposent leur style, à la fois coloré et actuel ; un cachet qui plaira à la clientèle d'affaires, pour laquelle une salle de réunion a été créée.

21 chambres – ♟88/149 € ♟♟88/149 € – ⌑ 12 €

Plan : AZ-a – *28 r. du Dr-Louis-Mallet – ℰ 04 71 48 26 47 – www.hotel-la-thomasse.com – Fermé 25 juin-3 juil. et 23 déc.-3 janv.*

à Vézac par 10 km au sud par D920 – ✉ 15130 – 1 196 hab. – Alt. 650 m

🏰 Château de Salles　　　　　　🏯 🐾 🍴 🏡 🛁 🎱 🖥 & 🛋 🅿

CHÂTEAU · CLASSIQUE Nouveau départ pour ce château du 15ᵉ s. et son parc, qui dévoilent une vue ravissante sur les monts du Cantal. Les chambres, au calme, sont réparties dans plusieurs bâtiments ; on trouve aussi piscine, espace fitness, billard, restaurant et salle de réception. Pour les amateurs, le château surplombe le golf de Vézac.

23 chambres – ♟75/145 € ♟♟75/235 € – 10 suites – ⌑ 15 €

rte du Château – ℰ 04 71 62 41 41 – www.chateausalles.com

AURON

✉ 06660 St-Etienne-de-Tinee (Alpes-Maritimes) – Alt. 1 100 m

– Carte régionale n° **41**-C-D2

▶ Paris 914 km – Marseille 263 km – Nice 93 km – Borgo San Dalmazzo 206 km

Carte Michelin 341-C2 – Guide Vert Michelin Alpes du Sud

🏠 Le Chalet d'Auron　　　　　　　　　🏯 🐾 🍴 🏡 🛁 🅿

FAMILIAL · ALPIN Un vrai chalet, douillet et confortable à souhait. Du bois, encore du bois, des tons chauds et des petits plats du terroir bien sympathiques après une journée de ski. La plupart des chambres bénéficient d'une jolie vue sur les massifs montagneux. Terrasse solarium.

15 chambres – ♟120/200 € ♟♟170/390 € – 2 suites – ⌑ 18 € – ½ P

voie du Berger – ℰ 04 93 23 00 21 – www.chaletdauron.com – Ouvert 19 juil.-25 août et 14 déc.-31 mars

AUSSOIS

73500 (Savoie) – 646 hab. – Alt. 1 489 m – Carte régionale n° **45**-D2

Paris 670 km – Albertville 97 km – Chambéry 110 km – Lanslebourg-Mont-Cenis 17 km

Carte Michelin 333-N6 – Guide Vert Michelin Alpes du Nord

Hôtel du Soleil

HÔTEL DE VACANCES · MINIMALISTE Ce plaisant hôtel abrite des chambres rétro – neuf d'entre elles sont plus modernes et cosy –, tournées vers la montagne. Sur la terrasse panoramique, l'espace bien-être (sauna, bain nordique) vous tend les bras. Cuisine traditionnelle au restaurant.

22 chambres – †54/102 € – ††69/126 € – ⊊ 12 € – ½ P

15 r. de l'Église – ℰ 04 79 20 32 42 – www.hotel-du-soleil.com – Fermé vacances de printemps et de la Toussaint

AUTHUILLE – 80 (Somme) → voir Albert

AUTRANS

38880 (Isère) – 1 628 hab. – Alt. 1 050 m – Carte régionale n° **45**-C2

Paris 586 km – Grenoble 36 km – Romans-sur-Isère 58 km – St-Marcellin 47 km

Carte Michelin 333-G6 – Guide Vert Michelin Alpes du Nord

Les Tilleuls

CUISINE MODERNE · AUBERGE ✗ Le patron et son beau-fils forment un duo efficace : ils concoctent à quatre mains une sympathique cuisine au goût du jour en utilisant de bons produits du terroir – avec une spécialité maison, la caillette ! On apprécie ces petits plats dans une grande salle où l'esprit montagnard se fait contemporain et lumineux...

Formule 21 € – Menu 26/50 € – Carte 38/64 €

111 r. de Puilboreau, (La Côte) – ℰ 04 76 95 32 34 – www.hotel-tilleuls.com – Fermé 4-28 avril, 3-27 oct., mardi soir et merc. hors saison sauf vacances scolaires

La Poste

CUISINE TRADITIONNELLE · AUBERGE ✗ Ravioles du Dauphiné à l'émulsion de Vercorais, ballotin de volaille et cœur de foie gras, tête de veau, gratin dauphinois... Le chef, souriant et dynamique, est un véritable passionné qui concocte une bonne cuisine ponctuée de notes régionales. Elle va comme un gant à l'élégant décor montagnard de la salle !

Menu 27/48 € – Carte 35/52 €

Hôtel la Poste, 1 pl. Julien-Bertrand – ℰ 04 76 95 31 03 – www.hotel-barnier.com – Fermé 15 avril-12 mai, 15 oct.-3 déc., dim. soir, lundi et mardi hors saison

Les Tilleuls

FAMILIAL · ALPIN Dans une zone résidentielle assez tranquille, cette imposante maison de style régional compte de nombreux habitués. Suites familiales, bonne literie, rénovations régulières : une vraie satisfaction pour les clients.

18 chambres – †70/78 € – ††74/98 € – 2 suites – ⊊ 11 € – ½ P

111 r. de Puilboreau, (La Côte) – ℰ 04 76 95 32 34 – www.hotel-tilleuls.com – Fermé 4-28 avril et 3-27 oct.

Les Tilleuls – voir les restaurants ci-dessus

La Poste

FAMILIAL · ALPIN Au cœur de ce village du Vercors, un sympathique hôtel-restaurant qui respire la tradition : il est tenu par la même famille depuis quatre générations ! Partout le bois domine, avec chaleur et... non sans fraîcheur.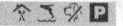

28 chambres – †70/110 € – ††74/120 € – ⊊ 10 € – ½ P

1 pl. Julien-Bertrand – ℰ 04 76 95 31 03 – www.hotel-barnier.com – Fermé 15 avril-12 mai et 15 oct.-3 déc.

La Poste – voir les restaurants ci-dessus

AUTUN

✉ 71400 (Saône-et-Loire) – 14 124 hab. – Alt. 326 m – Carte régionale n° **8**-C2
▶ Paris 287 km – Avallon 78 km – Chalon-sur-Saône 51 km – Dijon 85 km
Carte Michelin 320-F8 – Guide Vert Michelin Bourgogne

🏵 Le Chapitre   ৬

CUISINE MODERNE · INTIME 🍴 Installé au pied de la cathédrale, ce restaurant nous accueille dans un intérieur épuré et design, dans des tons anthracite et fuchsia ; la cuisine, fine et soignée, innove à partir de produits de qualité (ravioles de lapereau à la pistache et tomate confite, épaule d'agneau confite aux dattes et abricots). Prix doux !
Formule 15 € – Menu 31/50 € – Carte 46/54 €
Plan : BZ-d – *13 pl. du Terreau – ℰ 03 85 52 04 01*
– www.restaurantlechapitre.com – Fermé 20 déc.-5 janv., lundi et mardi

AUTUN

Arbalète (R. de l')	**BZ**	2
Arquebuse (R. de l')	**BZ**	3
Cascade (R. de la)	**BZ**	4
Chauchien (Gde-Rue)	**BZ**	6
Cocand (R.)	**AZ**	7
Cordeliers (R. des)	**BZ**	9
Cordiers (R. aux)	**BZ**	12
Dijon (R. de)	**BY**	13
Dr-Renaud (R.)	**AZ**	15
Eumène (R.)	**AY**	16
Gaillon (R. de)	**BY**	18
Gaulle (Av. Ch.-de)	**AYZ**	19
Grange-Vertu (Rue de la)	**AY**	21
Guérin (R.)	**BY**	23
Jeannin (R.)	**BZ**	26
Lattre-de-Tassigny (R. de)	**BZ**	27
Laureau (Bd)	**BY**	28
Marbres (R. des)	**BZ**	29
Martin (R. Maître G.)	**BY**	43
Notre-Dame (R.)	**AZ**	31
Paris (R. de)	**ABY**	32
Passage couvert	**BZ**	33
Pernette (R.)	**AZ**	35
Raquette (R.)	**BZ**	37
St-Saulge (R.)	**AZ**	40
Vieux-Colombier (R. du)	**BZ**	42

ⅡO Le Monde de Don Cabillaud

POISSONS ET FRUITS DE MER · COSY ✗ Dans une agréable rue pavée, au cœur du pays charolais, ce petit restaurant est dédié... au poisson. L'ardoise évolue en fonction des arrivages de Bretagne, et le chef n'obéit qu'à deux règles : du poisson frais et des légumes bio ! Un résultat savoureux, et une excellente réputation amplement méritée.

Formule 28 € – Menu 32 €

Plan : BZ-a – 4 r. des Bancs – ℰ 07 60 94 21 10 – Fermé 1er-15 janv. , 1er-15 juin, dim. et lundi

La Tête Noire

FAMILIAL · FONCTIONNEL Dans le centre-ville, un hôtel classique et familial dont les chambres, colorées et lumineuses, s'avèrent pratiques et bien insonorisées. Le petit-déjeuner est vraiment copieux : charcuterie, fromage, fruits et bonnes confitures !

31 chambres – ♦78/100 € ♦♦86/120 € – ☲ 12 € – ½ P

Plan : BZ-n – 3 r. Arquebuse – ℰ 03 85 86 59 99 – www.hoteltetenoire.fr
– Fermé 1 semaine en juil. et 18 déc.-24 janv.

Moulin Renaudiots

HISTORIQUE · PERSONNALISÉ Un magnifique moulin couvert de vigne vierge, avec un jardin à la française. L'intérieur est élégamment minimaliste ; plusieurs fois par semaine, les propriétaires font table d'hôte, exprimant ainsi leur amour d'une chère raffinée. Beau fitness pour les sportifs.

5 chambres ☲ – ♦130/165 € ♦♦130/165 €

chemin du Vieux-Moulin, 5 km au Sud-Est par N80 et D978 – ℰ 03 85 86 97 10
– www.moulinrenaudiots.com – Ouvert d'avril à nov.

Maison Sainte-Barbe

HISTORIQUE · COSY Cette ancienne maison canoniale (15e-18e s.) attend ses hôtes au pied de la cathédrale, un lieu chargé d'histoire que les propriétaires ne cessent d'embellir (vieux meubles, esprit familial, joli jardin...). Prochaine étape : l'aménagement de la belle chapelle attenante qui date du 12e s.

4 chambres ☲ – ♦77/79 € ♦♦82/102 €

Plan : BZ-t – 7 pl. Ste-Barbe – ℰ 03 85 86 24 77 – www.maisonsaintebarbe.com

AUVERS – 77 (Seine-et-Marne) ➜ voir Milly-la-Forêt (Essonne)

AUVERS-SUR-OISE – 95 (Val-d'Oise) ➜ voir Autour de Paris

AUVILLAR

✉ 82340 (Tarn-et-Garonne) – 949 hab. – Alt. 141 m – Carte régionale n° **28**-B2
▶ Paris 652 km – Agen 28 km – Auch 62 km – Montauban 42 km
Carte Michelin 337-B7

ⅡO L'Horloge

CUISINE MODERNE · FAMILIAL ✗✗ Jouxtant l'élégante tour de l'Horloge, cette maison est ravissante, avec ses volets vert tendre et sa terrasse sous les platanes... Le chef privilégie les producteurs locaux et concocte une jolie cuisine de saison, saine et savoureuse. Pour l'étape, des chambres agréables.

☜ Formule 16 € – Menu 20/38 € – Carte 30/100 €

10 chambres – ♦65/95 € ♦♦65/95 € – ☲ 12 €

2 pl. de l'Horloge – ℰ 05 63 39 91 61 – www.lhorlogeauvillar.com
– Fermé 20 déc.-10 janv., sam. midi et vend.

à Bardigues 4 km au Sud par D11 – ✉ 82340 – 264 hab. – Alt. 160 m

⍩⃝ **Auberge de Bardigues**   🏡 ₰ AC

CUISINE MODERNE · BRANCHÉ ✕✕ Au cœur du village, cette bâtisse contemporaine est une sympathique halte bistronomique. En cuisine, Ciril concocte de
bons petits plats, et son frère Fabien, sommelier, vous conseille de jolis crus.
Aux beaux jours, on s'installe sur la grande terrasse ouverte sur la campagne.

  ⊗ Formule 15 € – Menu 20 € (semaine), 32/65 € – Carte 24/55 €
au bourg – *⌀ 05 63 39 05 58* – *www.aubergedebardigues.com* – *Fermé dim. soir
et lundi*

AUXERRE

✉ 89000 (Yonne) – 35 096 hab. – Alt. 130 m – Carte régionale n° **7**-B1
▶ Paris 166 km – Bourges 144 km – Chalon-sur-Saône 176 km – Dijon 152 km
Carte Michelin 319-E5 – Guide Vert Michelin Bourgogne

✿ **L'Aspérule** (Keigo Kimura)   AC ⍤

CUISINE MODERNE · MINIMALISTE ✕ L'Aspérule, jolie fleur des bois, a donné son
nom à ce restaurant qui ne manque ni de fraîcheur ni de délicatesse. D'origine
japonaise, formé dans de belles maisons de l'Hexagone, Keigo Kimura signe une
cuisine millimétrée, très épurée, aux accords de saveurs et de textures harmonieux et limpides... Menu unique le soir.
➔ Cuisine du marché.

Formule 26 € – Menu 32 € (déj.), 60/80 €

Plan : BZ-a – *34 r. du Pont* – *⌀ 03 86 33 24 32 (réservation conseillée)*
*– www.restaurant-asperule.fr – Fermé 2 semaines en janv., 1 semaine en sept.,
dim. et lundi*

⍩⃝ **Le Jardin Gourmand**   🏦 🍴 🏡 ₰

CUISINE MODERNE · ÉLÉGANT ✕✕ Cette ancienne maison de vigneron distille charme classique et fantaisie contemporaine... On y savoure une bonne cuisine du marché, qui varie avec les saisons. Raffiné.

Formule 49 € – Menu 59 € (déj. en semaine), 65/125 € – Carte 96/141 €

Plan : AY-d – *56 bd Vauban* – *⌀ 03 86 51 53 52 (réservation conseillée)*
*– www.lejardingourmand.com – Fermé 11-19 avril, 13-28 juin, 29 août-6 sept.,
14-29 nov., lundi et mardi*

⍩⃝ **La Salamandre**   AC ⟷

POISSONS ET FRUITS DE MER · CONVIVIAL ✕✕ Poissons (sauvages), coquillages
et crustacés : dans ce restaurant du vieil Auxerre, on respire le bon air de la mer !
Décor contemporain.

Menu 31/49 € – Carte 60/94 €

Plan : AY-a – *84 r. de Paris* – *⌀ 03 86 52 87 87 – www.lasalamandre-auxerre.fr*
– Fermé merc. soir, sam. midi, dim. et fériés

⍩⃝ **Le Bourgogne**   🏡 ₰ AC P

CUISINE TRADITIONNELLE · À LA MODE ✕ Cadre élégant et feutré, belle terrasse
et petits plats du marché aussi appétissants sur l'ardoise que dans l'assiette :
reconversion réussie pour cet ancien garage !

Menu 32/44 € – Carte 50/75 €

Plan : BZ-e – *15 r. de Preuilly* – *⌀ 03 86 51 57 50 (réservation conseillée)*
– www.lebourgogne.fr – Fermé 1er-15 août, vacances de Noël, dim. et lundi

⍩⃝ **La Folie**   🍴 🏡 ₰ P

CUISINE MODERNE · INTIME ✕ Sur la route de Lyon, dans un parc bordant
l'Yonne, cette petite folie baroque du 19e s., flanquée d'une tourelle crénelée, se
révèle délicieusement romantique. La cuisine revisite la Bourgogne mais pas seulement : au fil des inspirations du chef, elle se fait aussi voyageuse, inventive et
très visuelle... Un joli endroit !

Formule 25 € – Menu 35 € (déj. en semaine), 58/85 € – Carte environ
64 €

6 av. Maréchal-Juin – *⌀ 03 86 33 76 79 (réservation conseillée)*
– www.restaurantlafolie.fr – Fermé 2 semaines en mars, 1 semaine à Noël et merc.

AUXERRE

Boucheries (R. des) . . . . **BZ** 3
Bourbotte (Av.) . . . . **BY** 4
Chesnez (R. M. des) . . . . **AZ** 5
Coche-d'Eau (Pl. du) . . . . **BY** 8
Cochois (R.) . . . . **BY** 9
Diderot (R.) . . . . **AZ** 10
Dr-Labosse (R. du) . . . . **BY** 11
Draperie (R. de la) . . . . **AZ** 12
Eckmühl (R. d') . . . . **AZ** 14

Fécauderie (R.) . . . . **AZ** 16
Foch (Av.) . . . . **AZ** 18
Grand-Caire (R. du) . . . . **AY** 20
Horloge (R. de l') . . . . **AZ** 22
Hôtel-de-Ville (Pl. de l') . . . . **AZ** 23
Jean-Jaurès (Av.) . . . . **BY** 26
Jean-Jaurès (Pl.) . . . . **BZ** 27
Leclerc (Pl. du Mar.) . . . . **AZ** 34
Lepère (Pl. Ch.) . . . . **AZ** 35
Maison-Fort (R.) . . . . **BY** 36
Marine (R. de la) . . . . **BY** 37

Mont-Brenn (R. du) . . . . **BY** 38
Paris (R. de) . . . . **AY**
Puits-des-Dames (R. du) . . . . **BZ** 40
St-Germain (R.) . . . . **ABY** 44
St-Nicolas (Pl.) . . . . **BY** 45
Schaeffer (R. René) . . . . **AZ** 46
Surugue (Pl. Ch.) . . . . **AZ** 47
Temple (R. du) . . . . **AZ**
Tournelle (Av. de la) . . . . **BY** 48
Yonne (R. de l') . . . . **BY** 52
24-Août (R. du) . . . . **AZ** 54

Le Rendez-Vous

CUISINE TRADITIONNELLE · CONVIVIAL ⊠ Amateurs de la tradition, ce restaurant est pour vous ! Au pied de l'église St-Pierre, le chef concocte de savoureuses spécialités bourguignonnes : jambon persillé, croustillant de pied de veau et autres plats mijotés... La générosité comme les saveurs sont au rendez-vous.

Formule 23 € – Menu 35/49 € – Carte 31/73 €

Plan : BZ-r – 37 r. du Pont – ✆ 03 86 51 46 36
– www.restaurant-le-rendez-vous.com – Fermé 14-28 juil., 24 déc.-6 janv., le soir sauf vend. de nov. à mi-mai, sam., dim. et fériés

> Un important déjeuner d'affaires ou un dîner entre amis ?
> Le symbole ✿ vous signale les salons privés.

🏠 Le Parc des Maréchaux   ⬚ ⬚ ⬚ AC P

VILLA · HISTORIQUE Demeure Napoléon III aux jolies chambres cosy, meublées dans le style Empire ; plus de calme côté parc. Bar feutré habillé de velours rouge.

25 chambres – ♦91 € ♦♦121/156 € – ⬚ 13 €

Plan : AZ-u – *6 av. Foch* – ℰ *03 86 51 43 77* – *www.hotel-parcmarechaux.com*

🏠 Normandie   ⬚ ⬚ ⬚ AC ⬚ ⬚

FAMILIAL · PERSONNALISÉ Cette demeure bourgeoise du 19e s. a tout pour plaire : cour paisible, chambres coquettes et colorées, billard, fitness, salon et salle de petit-déjeuner d'esprit Art déco...

47 chambres – ♦84/99 € ♦♦91/139 € – ⬚ 10 €

Plan : AY-b – *41 bd Vauban* – ℰ *03 86 52 57 80* – *www.hotelnormandie.fr*
– *Fermé 16 déc.-2 janv.*

🏠 Le Maxime   ⬚ AC ⬚ P

BUSINESS · PERSONNALISÉ Au 19e s., ce grenier à sel des bords de l'Yonne s'est mué en hôtel. Chambres coquettes et feutrées (tons gris, taupe...), avec vue sur le fleuve ou la cour.

26 chambres – ♦86/145 € ♦♦119/190 € – ⬚ 13 €

Plan : BY-f – *2 quai de la Marine* – ℰ *03 86 52 14 19* – *www.hotel-lemaxime.com*

à Vincelottes 16 km à l'Est par D606 et D38 – ✉ 89290 – 316 hab. – Alt. 110 m

🍽 Auberge Les Tilleuls   ⬚ ⬚ ⬚

CUISINE TRADITIONNELLE · AUBERGE XX Pause bucolique au bord de l'Yonne. Ici, le chef mise sur les bons produits et concocte une savoureuse cuisine traditionnelle ou des recettes plus actuelles. Terrasse à fleur d'eau et bon choix de bourgognes. Chambres pour l'étape.

Formule 15 € – Menu 31 € ⬚/68 € – Carte 52/93 €

5 chambres ⬚ – ♦78/98 € ♦♦130 € – 1 suite

12 quai de l'Yonne – ℰ *03 86 42 22 13* – *www.auberge-les-tilleuls.com*
– *Fermé 20 déc.-12 fév., lundi soir d'oct. à Pâques, mardi et merc.*

à Lindry 14 km à l'Ouest par D89 et D22 – ✉ 89240 – 1 359 hab. – Alt. 182 m

🍽 Les Grés   ⬚ AC

CRÉATIVE · SIMPLE X L'esprit des cantines arty des quartiers branchés de Paris a gagné cette localité de l'Yonne ! Le café du village est devenu un véritable repaire bistronomique avec l'arrivée du jeune chef, autodidacte – hier artiste-peintre –, inspiré et décomplexé. Respect du produit local et harmonie des saveurs : ses créations sonnent juste.

Menu 29 € (déj.), 54/85 € ⬚

9 r. du 14-Juillet – ℰ *09 52 31 64 10 (réservation conseillée)* – *Fermé 20 déc.-10 janv., dim. soir, lundi et mardi*

à Appoigny 8 km au Nord par D606 – ✉ 89380 – 3 117 hab. – Alt. 110 m

🏠 Le Puits d'Athie   ⬚ ⬚ ⬚ ⬚ P

MAISON DE CAMPAGNE · PERSONNALISÉ Grand calme et confort sont les atouts principaux de cette demeure bourguignonne, dont les chambres sont toutes originales, telles "Mykonos", en bleu et blanc, et "Porte d'Orient", décorée d'une porte du Rajasthan. Pour la table d'hôte, l'aimable propriétaire affectionne les recettes régionales ou méditerranéennes.

5 chambres ⬚ – ♦89/180 € ♦♦89/180 €

1 r. de l'Abreuvoir – ℰ *03 86 53 10 59* – *www.puitsdathie.com*
– *Ouvert 1er mars-30 nov.*

AUZEVILLE-TOLOSANE – 31 (Haute-Garonne) ➜ voir Toulouse

AVAILLES-LIMOUZINE

✉ 86460 (Vienne) – 1 289 hab. – Alt. 142 m – Carte régionale n° **39**-C2

▶ Paris 413 km – Chauvigny 61 km – Poitiers 66 km – Saint-Junien 40 km

Carte Michelin 322-J8

La Chatellenie

AUBERGE • FONCTIONNEL Sortez des sentiers battus : ce petit relais de poste, tenu par un jeune couple dynamique, se prête à une escapade à l'ancienne, sur les chemins détournés qui relient Poitiers et Limoges. Viande et légumes du pays : au restaurant, la tradition aussi a du bon. Parfait pour une étape qui sort de l'ordinaire.

8 chambres – 🛉58/65 € 🛉🛉58/65 € – ⌂ 9 €

1 r. du Commerce – ☏ 05 49 84 31 31 – www.lachatellenie.fr – Fermé 1 semaine en nov. et 13-29 fév.

AVALLON

✉ 89200 (Yonne) – 7 210 hab. – Alt. 250 m – Carte régionale n° **7**-B2
▶ Paris 222 km – Auxerre 51 km – Beaune 103 km – Chaumont 134 km
Carte Michelin 319-G7 – Guide Vert Michelin Bourgogne

 ### Le Gourmillon

CUISINE TRADITIONNELLE • À LA MODE X Dans cette ancienne quincaillerie, les saveurs ne sont pas... en toc ! Au cœur de la cité, le Gourmillon décline produits du terroir et saveurs traditionnelles avec générosité (joues de porc braisées, couronne de Saint-Jacques au gingembre et baies roses, etc.). Prix doux, accueil et service aux petits soins.

Formule 14 € – Menu 24/36 € – Carte 26/38 €

8 r. de Lyon – ☏ 03 86 31 62 01 – www.legourmillon.com – Fermé 2 semaines en janv., jeudi soir hors saison et dim. soir

à Pontaubert 5 km à l'Ouest par D606 et D957 – ✉ 89200 – 393 hab. – Alt. 160 m

 ### Les Fleurs

CUISINE TRADITIONNELLE • AUBERGE XX Ah, le pouvoir des Fleurs... Voici une maison pleine de mérite, où l'on travaille avec sérieux de bons produits frais. Jambon persillé maison, cabillaud aux échalotes confites : sur des bases traditionnelles, le chef concocte de bons petits plats qui ont la grâce de la simplicité. Le tout servi avec le sourire !

Menu 24/45 € – Carte 33/57 €

7 chambres – 🛉73 € 🛉🛉73/77 € – ⌂ 10 €

*69 rte de Vézelay – ☏ 03 86 34 13 81 – www.hotel-lesfleurs.com
– Fermé 15 déc.-31 janv., le midi sauf le vend., sam., dim. et fériés*

dans la Vallée du Cousin 4 km à l'Ouest par D957, rte de Vézelay –
✉ 89200 Avallon :

Hostellerie du Moulin des Ruats

HÔTEL DE VACANCES • CLASSIQUE Au calme dans la vallée du Cousin, ce joli moulin du 18es. invite à la détente : atmosphère feutrée dans le salon-bibliothèque d'esprit british et dans les chambres, bien tenues, donnant côté jardin ou rivière – la vue sur le cours d'eau étant la plus appréciable. Carte classique au restaurant.

25 chambres – 🛉88/160 € 🛉🛉88/160 € – ⌂ 14 € – ½ P

23 r. des Isles-Labaumes – ☏ 03 86 34 97 00 – www.moulindesruats.com – Ouvert de mi-fév. au 30 nov.

à Vault de Lugny 6 km au Nord-Ouest par D606 et D128 – ✉ 89200
– 318 hab. – Alt. 148 m

Château de Vault de Lugny

CUISINE MODERNE • INTIME XX Un cadre majestueux – dont une salle dans les anciennes cuisines du château ! – pour une carte élégante ; le chef, d'origine mauricienne, rend un juste hommage aux légumes du magnifique potager du domaine, et aux produits nobles en général, mâtinés de quelques touches exotiques... La carte des bourgognes est remarquable.

Menu 30 € (déj. en semaine), 65/98 € – Carte 82/105 €

*11 r. du Château – ☏ 03 86 34 07 86 (réservation conseillée) – www.lugny.fr
– Ouvert 18 mars-1er nov.*

🏯 Château de Vault de Lugny

HISTORIQUE · GRAND STYLE Dans son immense parc aux arbres centenaires, à l'abri derrière ses douves en eau et ses tours crénelées, ce château du 16e s. n'est que raffinement : tentures, lits à baldaquin, objets d'art... sans oublier la piscine logée sous des voûtes de pierre séculaires. Mémorable !

14 chambres – 📍250/710 € – 📍📍250/710 € – 1 suite – ☑ 18 €

11 r. du Château – ☎ 03 86 34 07 86 – www.lugny.fr – Ouvert 18 mars-1er nov.

🍴 **Château de Vault de Lugny** – voir les restaurants ci-dessus

à **Valloux** 6 km au Nord-Ouest par D606 – ✉ 89200

🐧 Auberge des Chenêts

CUISINE TRADITIONNELLE · À LA MODE 🕱🕱 On oublie vite la route toute proche, lorsque l'on s'attable près de la cheminée de cette agréable auberge ! Au menu : de bons petits plats d'inspiration bourguignonne, joliment tournés et parfumés. La belle carte des vins fait honneur à la région.

Formule 20 € – Menu 29/63 € – Carte 55/70 €

*10 rte Nationale 6 – ☎ 03 86 34 23 34 – Fermé 1 semaine vacances de fév.,
27 juin-11 juil., 14 nov.-6 déc., mardi de sept. à avril, dim. soir et lundi*

à l'**Est** 6 km par D606 – ✉ 89200 Avallon :

🍴 Le Relais Fleuri

CUISINE TRADITIONNELLE · RUSTIQUE 🕱🕱 Un certain esprit champêtre (cheminée, poutres, cuivres) règne dans cet ancien relais de poste, devenu le Relais Fleuri. On y apprécie une cuisine régionale soignée, traversée d'inspirations actuelles, et accompagnée si l'on souhaite de bons bourgognes. Un charme indéniable !

Menu 27/68 € – Carte 34/67 €

La Cerce – ☎ 03 86 34 02 85 – www.hotel-relais-fleuri.com

🏠 Le Relais Fleuri

BUSINESS · FONCTIONNEL Il suffit de sortir de l'autoroute A 6 (direction Avallon) pour trouver le repos dans ce Relais aux airs de motel de campagne (chambres de plain-pied, parc de 4 ha, piscine chauffée). Idéal pour une étape revigorante.

48 chambres – 📍93/128 € 📍📍93/128 € – ☑ 14 € – ½ P

La Cerce – ☎ 03 86 34 02 85 – www.hotel-relais-fleuri.com

🍴 **Le Relais Fleuri** – voir les restaurants ci-dessus

AVENSAN

✉ 33480 (Gironde) – 2 501 hab. – Alt. 25 m – Carte régionale n° **3**-B1
🚗 Paris 589 km – Bordeaux 30 km – Mérignac 28 km – Pessac 34 km
Carte Michelin 335-G4

🏠 Le Clos de Meyre

CHÂTEAU · PERSONNALISÉ Entre vignobles de Margaux et de Haut-Médoc, ce château du 18e s. a de l'allure. On y produit du vin depuis trois siècles, mais on y cultive aussi le sens de l'accueil. Chambres de caractère (plus fonctionnelles à l'annexe), piscine, roseraie...

9 chambres ☑ – 📍90/250 € 📍📍105/250 €

*16 rte de Castelnau – ☎ 05 56 58 22 84 – www.chateaumeyre.com – Ouvert 1er
mars-31 oct.*

© P. Jacques/hemis.fr

ON AIME...

Le restaurant **L'Essentiel**, une valeur sûre de la ville. Le menu déjeuner de **Christian Étienne**, un vrai bon plan juste à côté du palais des papes. Les cours de cuisine de **La Mirande**, accompagnés d'un verre de châteauneuf-du-pape. L'agréable terrasse ombragée de l'**Auberge de la Treille**, sur l'île de Piot.

AVIGNON

✉ 84000 (Vaucluse) – 89 380 hab. – Agglo. 445 501 hab. – Alt. 21 m
– Carte régionale n° **42**-E1
▶ Paris 682 km – Aix-en-Provence 82 km – Arles 37 km – Marseille 98 km
Carte Michelin 332-B10 – Guide Vert Michelin Provence

Restaurants

❀ **Christian Étienne**   ⚛ ⌂ AC

CUISINE CLASSIQUE · ÉLÉGANT XxX Le poids des ans ne semble avoir aucune prise sur cette belle table, qui comme le bon vin paraît se bonifier... Fidèle à son art, Christian Étienne rend un vibrant hommage à sa Provence natale, sans cesser de se renouveler. Le tout dans un cadre rare : celui d'une demeure médiévale chargée d'histoire.
➜ Tartare tricolore de tomates anciennes. Pigeon en pot-au-feu . Saveurs autour du chocolat.
Menu 35 € (déj.), 75/130 €

Plan : EY-h – *10 r. Mons –* 𝒞 *04 90 86 16 50 – www.christian-etienne.fr – Fermé vacances de la Toussaint, dim. et lundi sauf en juil.*

❀ **Le Diapason** (Erwan Houssin)   ⌂ AC

CRÉATIVE · À LA MODE XxX Aux portes de la ville... et déjà à la campagne ! L'escapade prend des accents champêtres, mais sachez que la maison est résolument contemporaine et même minérale. Esprit d'avant-garde également en cuisine, où règne un couple passionné - lui au chaud, elle à la pâtisserie. Deux talents au diapason !
➜ Mulet de Méditerranée cuit au sel de yuzu, radis et poutargue. Filet de taureau de Camargue saisi à la plancha, os à moelle farci d'une gardiane et jus court. Calisson au lait d'amande, abricots de Provence et glace à l'huile d'olive.
Menu 32 € (déj. en semaine), 55/85 €

1764 av. du Moulin-Notre-Dame, (Plan : BX) – 𝒞 *04 90 81 00 00*
– www.lediapason-restaurant.com – Fermé 15-31 août, 3 semaines en janv., dim. et lundi

☺ **L'Essentiel**   ⌂ ♿ AC

CUISINE MODERNE · CONVIVIAL Xx Comme son nom l'indique, cette table va à l'essentiel... des saveurs, et réjouira les amateurs d'une cuisine généreuse et ensoleillée. Le décor, lui, joue la carte de la modernité épurée. Aux beaux jours, on s'installe dans le joli patio. Quant au service et à l'accueil, ils sont irréprochables !
Menu 32/45 € – Carte 50/63 €

Plan : EY-y – *2 r. Petite-Fusterie –* 𝒞 *04 90 85 87 12 – www.restaurantlessentiel.com*
– Fermé vacances de la Toussaint et de fév., dim. et lundi

ⓐ Hiély-Lucullus   AC ⌀

CUISINE MODERNE · RÉTRO ✕✕ Une institution depuis 1938 ! La carte préserve jalousement les spécialités d'André et Pierre Hiély qui firent la renommée du lieu (pieds et paquets à la provençale, baba Lucullus, etc.). Le décor, lui, distille le charme de la Belle Époque version Art nouveau. Indémodable et toujours à la recherche de la qualité.

Menu 32/55 € – Carte 50/70 €

Plan : EY-n – 5 r. de la République, (1er étage) – ☏ 04 90 86 17 07
– www.hiely-lucullus.com – Fermé mardi et merc.

ⓐ L'Agape   🏠 AC

CUISINE MODERNE · BISTRO ✕ Julien Gleize a établi, en juin 2014, ses quartiers sur cette place sympathique au cœur de la cité des papes. C'est en chef totalement épanoui qu'on le retrouve en cuisine, composant des assiettes gourmandes et judicieusement pensées, dans lesquelles les produits de saison sont bien mis en valeur.

Formule 19 € – Menu 24 € (déj.), 32/45 € – Carte 57/69 €

Plan : EZ-n – 21 pl. des Corps-Saints – ☏ 04 90 85 04 06
– www.restaurant-agape-avignon.com – Fermé dim. et lundi

⫶◯ La Mirande   🐾 🍴 🏠 AC ⌀ 🔁 🚗

CUISINE CLASSIQUE · ÉLÉGANT ✕✕✕ L'œuvre du soleil, le chatoiement des couleurs, la générosité des saveurs : les assiettes respirent le Sud, ses produits et ses traditions. Le décor est délicieux : superbe salle 18e s. ou ravissant jardin...

Menu 42 € (déj.), 75/115 € – Carte environ 70 €

Plan : EY-g – Hôtel La Mirande, 4 pl. Amirande – ☏ 04 90 14 20 20
– www.la-mirande.fr – Fermé 5 janv.-11 fevrier, mardi et merc.

⫶◯ La Vieille Fontaine   AC 🔁 🚗

CUISINE MODERNE · CLASSIQUE ✕✕✕ Boiseries, moulures et cheminée composent l'élégance provençale de ce restaurant. Le chef propose des menus surprise imaginés au gré du marché... à déguster aux beaux jours – ils sont nombreux en Avignon ! – sous le platane centenaire de la jolie terrasse.

Menu 39 € (déj. en semaine), 58/99 € – Carte environ 73 €

Plan : EY-d – Hôtel d'Europe, 12 pl. Crillon – ☏ 04 90 14 76 76
– www.heurope.com – Fermé 7 fév.-10 mars, 31 juil.-23 août,
24 oct.-2 nov., 2-10 janv., dim. et lundi

⫶◯ Auberge La Treille   🏠 AC 🔁 🅿

CUISINE TRADITIONNELLE · CLASSIQUE ✕✕ Sur l'île Piot, cette jolie maison est installée dans la quiétude et le repos des bords du Rhône. On y sert une cuisine respectueuse des saisons, dans laquelle on devine au premier coup de fourchette la patte d'un chef passionné. En hiver, la cheminée crépite à l'intérieur ; aux beaux jours, on profite de la terrasse !

Formule 25 € – Menu 32/75 € – Carte 53/76 €

Plan : DY-a – 26 chemin de l'Ile-de-Piot – ☏ 04 90 16 46 20
– www.latreille-avignon.fr – Fermé vacances de fév., 22-28 août, vacances de la Toussaint, dim. soir et lundi

⫶◯ Le Numéro 75   🏠 🔁

CUISINE MODERNE · CONVIVIAL ✕✕ Une demeure bourgeoise du 19e s. noyée sous la glycine : joli décor pour un repas en terrasse... Cette adresse connaît un franc succès dans la ville : la faute à son cadre chaleureux et à sa cuisine du marché pleine de sincérité !

Menu 32 € (déj.)/37 € – Carte 32/41 €

Plan : FZ-b – 75 r. Guillaume-Puy – ☏ 04 90 27 16 00 – www.numero75.com
– Fermé 25 déc.-1er janv. et dim.

AVIGNON

Amandier (Av. de l').... **CX**
Aulnes (Av. des)....... **CX**
Avignon (Av. d')....... **CX**
Croix Rouge (Av. de la) **BX**
Docteur-Pons
  (Rte Touristique)... **BV**
Eisenhower (Av.)...... **AX**
Europe (Pont de l')... **AX**
Ferry (Bd J.)......... **AX**
Folie (Av. de la).... **BCX** 29
Foncouverte (Av. de) **BCX** 31
Gaulle
  (Rocade Ch.-de)... **ABX**
Lyon (Rte de)........ **BV**
Marseille (Rte de)... **BCX** 51
Monclar (Av.)........ **AX**
Monod (Bd J.)........ **AX** 58
Montfavet (Rte de).. **BCX** 60
Morières (Rte de)... **BCV**
Moulin Notre-Dame
  (Av. du)........... **BX** 61
Réalpanse (Carr.).... **CV**
Reine-Jeanne
  (Av. de la)........ **BX** 81
Royaume (Pont du)... **AV** 92
St-Chamand (Av.).... **BX** 95
St-Ruf (Av.)..........
Semard (Av. P.).... **BX**
Sixte-Isnard (Bd)... **BX** 112
Souspirous (Av.).... **CX**
Tarascon (Av. de)... **AX**
1re Division Blindée
  (Bd de la)......... **BX** 125

LES ANGLES

Pinède (Ch. de la)... **CV**

LE PONTET

Delorme (Av. Th.)... **CV**
Gaulle (Av. Ch. de). **CV**
Goutarel (Av. G.)... **CV** 38
Lascours (Av. F.)... **CV**
Pasteur (Av. L.).... **CV**

VILLENEUVE-LÈS-AVIGNON

Camp de Bataille (R.) **AV** 15
Chartreux (Ch. des).. **AV** 16
Ducros (Bd Edmond). **AV**
Fort St-André
  (Montée du)....... **AV** 32
Gaulle (Av. Ch.-de).. **AV** 36
Hôpital (Av. de l').. **AV** 43
Joffre (Rte)..........
Leclerc (Av. Gén.)... **AV**
Monnaie (R. de la)... **AV** 57
Pasteur (Av.)....... **AV**
Péri (Av. G.)....... **AV**
Ravoux (Av. Paul)... **AV**
République (R. de la). **AV** 87
Tour (Montée de la).. **AV** 115
Verdun (Av.)........ **AV** 117

ARLES, BEAUCAIRE-TARASCON, D 570n
ST-RÉMY-DE-P. D 571

🍽 Les 5 Sens

CUISINE MODERNE · EXOTIQUE ⅩÀ l'écart sur une placette discrète, un restaurant gastronomique au cadre original, chaleureux et feutré. Meilleur Ouvrier de France Traiteur, le chef travaille en artisan. À noter : il propose un bon menu végétarien (céréales, légumes frais...), mais aussi, en hommage à ses racines du Sud-Ouest... un cassoulet !
Formule 22 € – Menu 39 € (semaine), 42/59 € – Carte environ 68 €
Plan : EY-a – 18 r. Joseph-Vernet, (pl. Plaisance) – 𝒞 04 90 85 26 51
– www.restaurantles5sens.com – Fermé merc. et jeudi

🍽 La Fourchette

CUISINE TRADITIONNELLE · BISTRO ⅩCollection de fourchettes et de guides MICHELIN, vieilles photos, bibelots, etc. : un bistrot au décor chargé, charmant et très chaleureux. Au menu, une cuisine traditionnelle aux savoureux accents du Sud : daube, pieds et paquets sont les spécialités de la maison. L'adresse affiche souvent complet !
Menu 37 € – Carte 34/42 €
Plan : EY-u – 17 r. Racine – 𝒞 04 90 85 20 93 (réservation conseillée)
– www.la-fourchette.net – Fermé 30 janv.-7 fév., 30 juil.-22 août, sam. et dim.

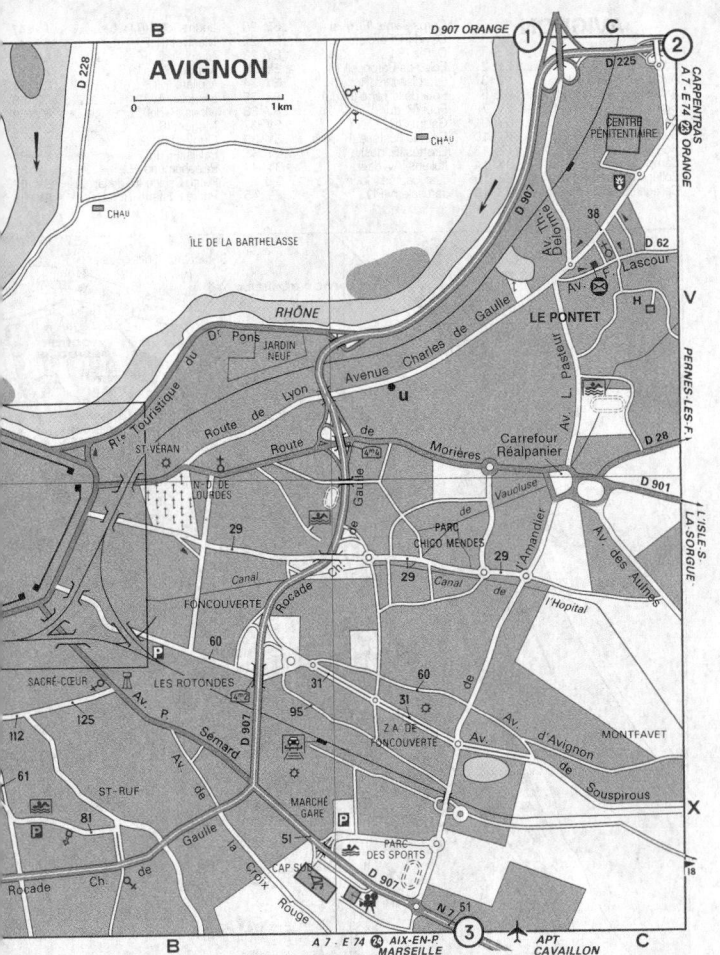

AVIGNON

Le Moutardier du Pape

CUISINE MODERNE · CONVIVIAL X Une adresse pour tous, y compris les vaniteux, ceux qui se croient le premier Moutardier du Pape... Mais trêve de plaisanterie : on se régale ici d'une bonne cuisine au goût du jour, et l'on en prend plein les mirettes en s'installant sur la terrasse ombragée, qui fait face au palais des Papes. Magique !

Formule 25 € – Menu 35/49 € – Carte 40/55 €

Plan : EY-z - 15 pl. du Palais-des-Papes - 𝒞 04 90 85 34 76
– www.lemoutardierdupape.fr – Fermé déc.-fév.

C O 2

CUISINE MODERNE · CONVIVIAL X Pile dans la tendance, un néobistrot convivial dans des tons gris et rouge, parfait pour une bouffée de bonheur (et pas de dioxyde de carbone) autour de bons petits plats bistrotiers : terrine de lapin ou salade d'ananas, c'est simplement bon ! Excellent rapport qualité-prix au déjeuner.

Formule 20 € – Menu 23 € (déj. en semaine)/39 €

Plan : EY-r - 3 bis r. de la Petite-Calade - 𝒞 04 90 86 20 74
– www.restaurant-lacuisinedolivier.fr – Fermé 21-29 août, dim. et lundi sauf juil.

AVIGNON

Amirande (Pl. de l')	**EY** 2	Corps Saints (Pl. des)	**EZ** 20	Ledru-Rollin (R.)	**FY** 47
Arroussaire (Av. de l')	**FZ** 3	David (R. Félicien)	**EY** 22	Manivet (R. P.)	**EFZ** 48
Aubanel (R. Théodore)	**EZ** 5	Dorée (R.)	**EY** 23	Marchands (R. des)	**FY** 49
Balance (R. de la)	**EY** 7	Folco-de-Baroncelli (R.)	**EY** 28	Masse (R. de la)	**FZ** 52
Bancasse (R.)	**EY** 9	Fourbisseurs (R. des)	**EY** 34	Molière (R.)	**EY** 54
Bertrand (R.)	**FY** 10	Four de la Terre (R. du)	**FZ** 35	Monclar (Av.)	**EZ** 55
Bon Martinet (R. du)	**FZ** 13	Four (R. du)	**FY** 33	Mons (R. de)	**EY** 59
Campane (R.)	**FY** 14	Galante (R.)	**EY** 37	Muguet (R.)	**GY** 62
Collège d'Annecy (R.)	**EZ** 18	Grande Fusterie (R. de la)	**EY** 39	Ortolans (R. des)	**EZ** 63
Collège du Roure (R. du)	**EY** 19	Grottes (R. des)	**EY** 41	Palais (Pl. du)	**EY** 64
		Italiens (Av. des)	**GY** 44	Palaphamene (R.)	**EY** 66
		Jean-Jaurès (Cours)	**EZ**	Petite Calade (R. de la)	**EY** 67
		Jérusalem (Pl.)	**FY** 45	Petite Fusterie (R. de la)	**EY** 68

Petite Saunerie (R. de la)	FY	70
Pétramale (R.)	EZ	72
Peyrollerie (R.)	EY	73
Pont (R. du)	EY	74
Président-Kennedy (Cours)	EZ	76
Prévot (R.)	EZ	77
Rascas (R. de)	GY	79
Rempart de l'Oulle (R. du)	DY	82
Rempart du Rhône (R. du)	EY	83
Rempart St-Michel (R. du)	FZ	84
Rempart St-Roch (R. du)	DEZ	86
République (R. de la)	EYZ	
Rhône (Pte du)	EY	88

Rouge (R.)	EY	90
Ste-Catherine (R.)	FY	109
St-Agricol (R.)	EY	94
St-Christophe (R.)	FZ	97
St-Dominique (Bd)	DZ	98
St-Etienne (R.)	EY	99
St-Jean le Vieux (Pl.)	FY	101
St-Jean le Vieux (R.)	FY	102
St-Joseph (R.)	FY	104
St-Michel (R.)	EZ	105
St-Pierre (Pl.)	EY	106
St-Ruf (Av.)	FZ	108

Sarailterie (R. de la)	EYZ	110
Taulignan (R. de)	EY	113
Tour (R. de la)	GY	116
Vernet (R. Horace)	EYZ	118
Vernet (R. Joseph)	EYZ	
Viala (R. Jean)	EY	119
Vice-Légat (R.)	EY	120
Vieux Sextier (R. du)	EFY	122
Vilar (R. Jean)	EY	123
Violette (R.)	EZ	124
3 Faucons (R. des)	EZ	126
3 Pilats (R. des)	FY	127

🍽️ Italie là-bas

ITALIENNE • FAMILIAL 🍴 Aux manettes, un couple d'Italiens passionnés : pendant qu'il s'occupe du service en salle, elle est en cuisine et prépare de bons plats transalpins, à base de produits frais. Flan de parmesan aux tagliatelles de carotte, ragoût d'agneau aux artichauts et mozzarella "di bufala"... On se régale, tout simplement !

Formule 22 € – Carte 36/58 € dîner

Plan : EY-x – *23 r. de la Bancasse* – ✆ *04 86 81 62 27*
– *www.facebook.com/italielabas* – *Fermé lundi et mardi*

🍽️ Le 46 　　　　　　　　　　　　　　　　🏠 AC

CUISINE MODERNE • BAR À VIN 🍴 Plancher en bois, suspensions en métal, chaises Starck, etc. : mi-resto, mi-bistrot, ce 46 se montre agréable... et sans faire son numéro ! Côté assiette également, la simplicité est de mise : on propose une carte de saison attractive, aux doux accents de Provence, à base de bons produits frais. Le goût est au rendez-vous !

Carte 25/35 €

Plan : EY-e – *46 r. de la Balance* – ✆ *04 90 85 24 83* – *www.le46avignon.com*
– *Fermé vacances de Noël et dim. sauf juil.*

Hôtels & maisons d'hôtes

🏨 La Mirande 　　　　　🌿 🐾 ⇐ 🛎️ 🖥️ AC ♨️ 🛁 🚗

GRAND LUXE • PERSONNALISÉ Cet hôtel particulier du 17e s. est absolument superbe : pierres ouvragées, déluge d'objets d'art et de tentures dans l'esprit provençal du 18e s. et un délicieux jardin clos, qui s'épanouit à l'ombre du palais des Papes. Raffinement exquis !

26 chambres – 🛏️380/660 € 🛏️🛏️380/660 € – 1 suite – ☕ 28 €

Plan : EY-g – *4 pl. Amirande* – ✆ *04 90 14 20 20* – *www.la-mirande.fr*
🍽️ **La Mirande** – voir les restaurants ci-dessus

🏨 Hôtel d'Europe 　　　　　　　　🔥 🖥️ AC 🛁 🚗

HISTORIQUE • GRAND STYLE Près des remparts, cet hôtel particulier du 16e s. s'ouvrit à la clientèle dès 1799. Bonaparte, Hugo ou encore Dalí y séjournèrent. Les chambres se révèlent classiques et soigneusement tenues. Au dernier étage, les suites toisent le palais des Papes...

39 chambres – 🛏️225/590 € 🛏️🛏️225/1100 € – 5 suites – ☕ 22 €

Plan : EY-d – *12 pl. Crillon* – ✆ *04 90 14 76 76* – *www.heurope.com*
– *Fermé 7 fév.-11 mars*
🍽️ **La Vieille Fontaine** – voir les restaurants ci-dessus

🏨 Cloître St-Louis 　　　　　🔥 🐾 🏊 🖥️ AC 🛁 🅿️

BUSINESS • MODERNE Un bâtiment du 16e s. doublé d'une aile ultracontemporaine. Quel alliage ! S'il conserve beaucoup de son atmosphère recueillie d'antan, cet ancien noviciat jésuite – et son cloître tout en pierre – tutoie la modernité avec réussite. Belle escale à la croisée des époques, au cœur d'Avignon.

80 chambres – 🛏️82/339 € 🛏️🛏️82/339 € – ☕ 16 €

Plan : EZ-s – *20 r. Portail-Boquier* – ✆ *04 90 27 55 55*
– *www.cloitre-saint-louis.com*

🏨 Novotel Centre 　　　　🔥 🏊 🌐 🍴 🖥️ ♿ AC 🛁 🚗

HÔTEL DE CHAÎNE • FONCTIONNEL Créé fin 2011, un établissement évidemment très contemporain, séduisant par la qualité de ses prestations (espaces lumineux, spa, etc.) et sa situation, au pied des remparts, non loin du centre-ville.

130 chambres – 🛏️130/250 € 🛏️🛏️130/250 € – 3 suites – ☕ 16 €

Plan : EZ-t – *20 bd St-Roch* – ✆ *04 32 74 70 10* – *www.accorhotels.com*

⌂ Mercure Pont d'Avignon

HÔTEL DE CHAÎNE · FONCTIONNEL Voilà qui s'appelle être au cœur du sujet : ce Mercure récemment rénové se trouve à mi-chemin entre le palais des Papes et le "pont d'Avignon" (le pont St-Bénézet de son vrai nom). Parfait pour découvrir la ville, donc.

87 chambres – ♦120/190 € ♦♦120/190 € – ⬜16 €

Plan : EY-r – *r. Ferruce, (quartier Balance)* – *✆ 04 90 80 93 93*
– www.mercure.com

⌂ Bristol

TRADITIONNEL · MODERNE Au cœur de l'animation urbaine, un hôtel très engageant avec sa façade aux accents bourgeois. Les chambres allient sobriété et confort. Une bonne option pour qui veut pouvoir parcourir la ville à pied.

65 chambres – ♦75/131 € ♦♦90/131 € – 2 suites – ⬜13 €

Plan : EZ-m – *44 cours Jean-Jaurès* – *✆ 04 90 16 48 48*
– www.bristol-avignon.com

⌂ Le Lavarin

BUSINESS · FONCTIONNEL En retrait de l'agitation du centre-ville, entouré de verdure, un établissement entièrement rénové en 2013. Chambres confortables, agréable piscine, beaux espaces pour les séminaires d'entreprise, restaurant traditionnel : autant d'atouts.

29 chambres – ♦95/195 € ♦♦95/225 € – ⬜14 € – ½ P

Plan : AX-b – *1715 chemin du Lavarin* – *✆ 04 90 89 50 60*
– www.hotel-du-lavarin.fr

⌂ Hôtel de l'Horloge

Au cœur de la vie touristique et culturelle avignonnaise, un établissement à la fois classique et chaleureux. Une préférence pour les chambres qui ouvrent sur la jolie place de l'Horloge et celles qui jouissent d'une terrasse privative...

66 chambres – ♦91/204 € ♦♦98/259 € – ⬜18 €

Plan : EY-z – *1 r. F.-David, (pl. de l'Horloge)* – *✆ 04 90 16 42 00*
– www.hotel-avignon-horloge.com

⌂ Le Colbert

FAMILIAL · COSY Murs patinés, affiches du festival, quelques objets chinés, un agréable patio... Dans cet hôtel traditionnel, la simplicité est vertu et l'on se sent un peu comme à la maison ! Prix doux pour la ville.

12 chambres – ♦68/120 € ♦♦68/140 € – ⬜9 €

Plan : EZ-a – *7 r. Agricol-Perdiguier* – *✆ 04 90 86 20 20*
– www.avignon-hotel-colbert.com – *Ouvert 1er avril-31 oct.*

⌂ Hôtel de Garlande

FAMILIAL · SIMPLE Dans une rue piétonne du centre historique, un petit hôtel convivial... à l'accent provençal. La maison est ancienne car elle date du 18e s. Bon rapport qualité-prix.

11 chambres – ♦58/122 € ♦♦58/122 € – ⬜10 €

Plan : EY-h – *20 r. Galante* – *✆ 04 90 80 08 85* – www.hoteldegarlande.com
– *Fermé fév.*

⌂ La Banasterie

FAMILIAL · COSY Derrière le palais des Papes, une jolie demeure en pierre blonde datant du 16e s. Intimes et cosy, les chambres se révèlent romantiques – certaines ont même un balcon... Un vrai nid douillet.

5 chambres ⬜ – ♦100/145 € ♦♦155/190 €

Plan : EY-d – *11 r. de la Banasterie* – *✆ 06 87 72 96 36*
– www.labanasterie.com

au Pontet 6 km à l'Est par rte de Lyon – ⊠ 84130 – 17 002 hab. – Alt. 40 m

⅏○ Auberge de Cassagne   ⅏ 🖨 ⅗ AC ⅌ P

CUISINE CLASSIQUE · RUSTIQUE XXX Poutres, tomettes, cheminée... Dans la tradition de ces auberges bourgeoises dédiées aux plaisirs de la table, le classicisme est ici de mise, de même les produits nobles et certaines recettes plus rustiques.

Formule 39 € – Menu 58/100 € – Carte 79/109 €

Hôtel Auberge de Cassagne & Spa, 450 allée de Cassagne – 𝒞 04 90 31 04 18 – www.aubergedecassagne.com – Fermé 3-27 janv.

🏠 Auberge de Cassagne & Spa   ⅏ 🕭 🖨 ⅃ 🔲 ⊕ 🖧 ⅗ AC ⅌

LUXE · MODERNE Atmosphère chaleureuse dans cette bastide   ⅙ P
de 1850, qui préserve son charme champêtre aux abords d'Avignon – abords aujourd'hui urbanisés. Patio verdoyant, décors classiques, esprit provençal ou contemporain dans les chambres, spa de qualité, souci du client... Un havre fort agréable à l'écart de la ville.

38 chambres – ♦194/598 € – ♦♦194/598 € – 5 suites – � 26 € – ½ P
450 allée de Cassagne – 𝒞 04 90 31 04 18 – www.aubergedecassagne.com – Fermé 3-27 janv.

ⅉ○ **Auberge de Cassagne** – voir les restaurants ci-dessus

🏠 Les Agassins   ⅏ 🕭 🖨 ⅃ 🖻 ⅗ AC ⅙ P

BUSINESS · CLASSIQUE Une grande maison d'inspiration régionale dans un jardin fleuri protégé par de hauts murs – un vrai cocon au bord de la piscine... Les chambres, contemporaines, bénéficient presque toutes d'une petite terrasse.

26 chambres – ♦121/459 € – ♦♦121/459 € – � 25 € – ½ P

Plan : CV-u – *52 av. Charles-de-Gaulle – 𝒞 04 90 32 42 91 – www.hotel-agassins.com – Ouvert 21 mars-30 sept. et fermé dim. et lundi*

à l'aéroport 8 km au Sud par D907 et N7 – ⊠ 84140

🏠 Paradou   ⅏ 🖨 ⅃ ⅗ AC ⅙ P

HÔTEL DE CHAÎNE · FONCTIONNEL Dans une rue discrète à proximité de l'aéroport et du palais des expositions, cet hôtel-restaurant, né dans les années 1980 et agrandi en 2014, joue à la fois la carte de l'esprit provençal et du contemporain. Un ensemble confortable et tenu avec soin.

98 chambres – ♦85/250 € – ♦♦85/250 € – � 14 € – ½ P
137 allée de la Chartreuse – 𝒞 04 90 84 18 30 – www.hotel-paradou.fr

*Voir aussi ressources hôtelières de **Villeneuve-lès-Avignon***

AVIZE – 51 (Marne) ➔ voir Épernay

AVORIAZ

(Haute-Savoie) – Carte régionale n° **46**-F1
🅳 Paris 608 km – Annecy 96 km – Lausanne 118 km – Lyon 216 km
Carte Michelin 328-N3 – Guide Vert Michelin Alpes du Nord

⅏○ Les Enfants Terribles 🅽

CUISINE CLASSIQUE · COSY X Contre toute attente, ces Enfants Terribles se révèlent plutôt... chaleureux et accueillants ! Bœuf Black Angus ou Simmental, demi-homard, bar, féra et sole : on se régale de bons produits cuisinés avec précision, dans un décor intime où le rouge prédomine.

Carte 51/97 €

Hôtel les Dromonts, 40 pl. des Dromonts, (accès piétonnier) – 𝒞 04 56 44 57 00 – www.hoteldesdromonts.com – Ouvert 16 déc.-10 avril et fermé le midi

🍴 La Réserve ⓝ

TERROIR · SIMPLE ⅹ A mi-chemin entre le cœur de la station et le quartier de la "falaise", cet établissement est devenu un incontournable. Un succès à mettre sur le compte d'une gastronomie appétissante à dominante savoyarde (châtaignes, potée), et d'une belle terrasse tournée vers le domaine skiable.

Carte 40/75 €

Immeuble Epicéa – ✆ 04 50 74 02 01 – Ouvert 1ᵉʳ déc. à fin avril

🏨 Les Dromonts ⓝ

HÔTEL DE VACANCES · ALPIN Un nouveau départ pour cet hôtel mythique d'Avoriaz, qui allie avec brio le style des années 1960 et l'esprit de chalet montagnard. Laine d'Italie et pierre de Morzine habillent élégamment les chambres, en faisant de véritables oasis de confort. Et les skieurs sont les bienvenus au restaurant Le Festival !

28 chambres ⌫ – ♦204/494 € ♦♦204/564 € – 6 suites – ½ P

40 pl. des Dromonts, (accès piétonnier) – ✆ 04 56 44 57 00
– www.hoteldesdromonts.com – Ouvert 16 déc.-10 avril

🍴 **Les Enfants Terribles** – voir les restaurants ci-dessus

AVRANCHES

✉ 50300 (Manche) – 7 915 hab. – Alt. 108 m – Carte régionale n° **32**-A3
▶ Paris 337 km – Caen 105 km – Rennes 85 km – St-Lô 58 km
Carte Michelin 303-D7 – Guide Vert Michelin Normandie Cotentin

🍴 La Croix d'Or

CUISINE CLASSIQUE · RUSTIQUE ⅩⅩ Le chef, "ancien" de l'établissement, connaît sa partition sur le bout des spatules. Connaisseur ou non, on se retrempe avec bonheur dans l'esprit de la région, et l'on trempe avec encore plus de plaisir son pain dans les plats en sauce de la carte, évidemment traditionnelle.

🍴 Menu 19 € (déj. en semaine), 28/58 € – Carte 44/76 €

Hôtel La Croix d'Or, 83 r. de la Constitution – ✆ 02 33 58 04 88
– www.hotel-restaurant-avranches-croix-dor.com – Fermé 1ᵉʳ-23 janv. et dim. soir du 15 oct. au 1ᵉʳ avril

🏨 La Ramade

VILLA · PERSONNALISÉ Une demeure bourgeoise des années 1950, sur la route de Granville. Les chambres, douillettes, portent des noms de fleurs ou, pour les plus récentes, de hauts lieux de la région : Chausey, Cancale, St-Malo... Salon de thé l'après-midi, cocktails et vins en soirée.

21 chambres – ♦75/150 € ♦♦75/150 € – ⌫ 13 €

2 r. de la Côte, 1 km au Nord-Ouest, à Marcey-les-Grèves
– ✆ 02 33 58 27 40 – www.laramade.fr – Fermé 29 déc.-25 janv. et dim. de nov. à mars

🏨 La Croix d'Or

TRADITIONNEL · CLASSIQUE Façade à colombages, cuivres, mobilier ancien... un relais de poste du 17ᵉ s., une certaine image de la Normandie. Le décor des chambres (aménagées en partie dans les anciennes écuries) est plus actuel. Choisissez-les côté jardin.

27 chambres – ♦75/95 € ♦♦89/125 € – ⌫ 11 € – ½ P

83 r. de la Constitution – ✆ 02 33 58 04 88
– www.hotel-restaurant-avranches-croixdor.fr – Fermé 1ᵉʳ-23 janv. et dim. soir du 15 oct. au 1ᵉʳ avril

🍴 **La Croix d'Or** – voir les restaurants ci-dessus

à St-Martin-des-Champs 3 km au Sud-Est par D47 – ✉ 50300

– 2 268 hab. – Alt. 100 m

🍽 La Toque aux Vins Ⓝ 🌳 ♿ ⊡ 🅿

CUISINE MODERNE • DESIGN ✗✗ Trois associés – un frère, une sœur et un cousin ! – se sont associés pour ouvrir ce restaurant dans un village à deux pas d'Avranches. La lumineuse salle donne sur un parc joliment aménagé, avec des jeux pour les enfants ; la cuisine, soignée, se révèle parfaitement dans l'air du temps et change chaque semaine.

Formule 18 € – Menu 22/52 €

8 r. de la Mairie – ✆ 02 33 79 28 00 – www.latoqueauxvins.fr – Fermé lundi et mardi

à St-Quentin-sur-le-Homme 5 km au Sud-Est par D78 (Plan : BZ) –

✉ 50220 – 1 221 hab. – Alt. 55 m

🍽 Le Gué du Holme 🌳 ⛱ ♿

CUISINE MODERNE • ÉLÉGANT ✗✗ Une maison en pierres de pays et sa façade en bois située juste en face de l'église. Dans une salle de style classique ou en terrasse, on apprécie des recettes dans l'air du temps qui suivent le rythme des saisons. Dans l'assiette, c'est bien réalisé et savoureux. Une bonne adresse.

Formule 15 € – Menu 23 € (déj. en semaine), 27/52 € – Carte 41/61 €

14 r. des Estuaires – ✆ 02 33 60 63 76 – www.le-gue-du-holme.com – Fermé 12-21 mars, 6-28 nov., sam. midi, dim. soir et lundi

🏠 Le Gué du Holme ⌂ 🪑 🌳 ♿ 🅿

TRADITIONNEL • ÉLÉGANT Cet établissement, aux portes de la baie du Mont-Saint-Michel, propose des chambres dans un style cosy et feutré. Toutes sont impeccablement tenues et donnent sur un joli jardin. Une étape au grand calme !

10 chambres – 🚹78/128 € 👫78/128 € – ☕ 12 € – ½ P

14 r. des Estuaires – ✆ 02 33 60 63 76 – www.le-gue-du-holme.com – Fermé 12-21 mars et 6-28 nov.

🍽 **Le Gué du Holme** – voir les restaurants ci-dessus

AX-LES-THERMES

✉ 09110 (Ariège) – 1 318 hab. – Alt. 720 m – Carte régionale n° **29**-C3

▶ Paris 803 km – Andorra-la-Vella 59 km – Carcassonne 106 km – Foix 44 km

Carte Michelin 343-J8

☺ Le Chalet ⛱ ⊘ ⊡

CUISINE MODERNE • CONVIVIAL ✗✗ Asperges blanches et jambon noir de Bigorre, épaule d'agneau confite, croquant au chocolat amer... Dans ce Chalet contemporain, Frédéric Debèves revisite le terroir avec talent, jouant sur les saveurs et les textures, signant des assiettes fortement dosées en goût ! L'été, direction la terrasse, au-dessus de la rivière.

Menu 30/60 € – Carte environ 45 €

Hôtel Le Chalet, 4 av. Durandeau – ✆ 05 61 64 24 31 – www.le-chalet.fr – Fermé 8 avril-5 mai, 13 nov.-7 déc., dim. soir et lundi soir hors vacances scolaires et lundi midi

🏠 Le Chalet ⌂ ⇕ ♿

FAMILIAL • FONCTIONNEL Un hôtel sympathique à deux pas des télécabines conduisant aux pistes. Les chambres y sont fonctionnelles et confortables – certaines, plus récentes, offrent davantage d'espace ; pour prendre un grand bol d'air, préférez celles avec un balcon.

19 chambres – 🚹60/85 € 👫60/85 € – ☕ 10 € – ½ P

4 av. Durandeau – ✆ 05 61 64 24 31 – www.le-chalet.fr – Fermé 8 avril-5 mai, 13 nov.-7 déc., dim. soir et lundi soir hors vacances scolaires et lundi midi

☺ **Le Chalet** – voir les restaurants ci-dessus

AY – 51 (Marne) → voir Épernay

AYGUESVIVES

✉ 31450 (Haute-Garonne) – 2 440 hab. – Alt. 164 m – Carte régionale n° **29**-C2
▶ Paris 704 km – Colomiers 36 km – Toulouse 25 km – Tournefeuille 38 km
Carte Michelin 343-H4

🏠 La Pradasse

MAISON DE CAMPAGNE · RÉTRO Dans cette grange superbement restaurée, les chambres rivalisent de charme : brique, bois, fer forgé, baignoire sur pieds ou douche à l'italienne… Et le parc est délicieux, avec son étang.
5 chambres ⌷ – ♦95/99 € ♦♦109/119 €
39 chemin de Toulouse, D16^G – ℰ 06 19 21 36 71 – www.lapradasse.com

AY-SUR-MOSELLE

✉ 57300 (Moselle) – 1 506 hab. – Alt. 160 m – Carte régionale n° **26**-B1
▶ Paris 327 km – Briey 31 km – Metz 17 km – Saarlouis 56 km
Carte Michelin 307-I3

🍽 Le Martin Pêcheur

CUISINE TRADITIONNELLE · RÉTRO ✕✕ Entre le canal Camifémo et la Moselle, une ancienne maison de pêcheurs (1928) où règne un bel esprit d'auberge de campagne, avec un agréable jardin où l'on s'attable en été. Grenouilles, écrevisses, médaillons de chevreuil… la tradition se mêle aux tendances actuelles, et la cave est bien fournie !
Formule 30 € – Menu 40 € (déj. en semaine), 52 € ♀/100 € ♀
– Carte 54/73 €
1 rte d'Hagondange – ℰ 03 87 71 42 31 – www.restaurant-martin-pecheur.fr
– Fermé 20-27 fév., 4-11 avril, 16 août-1^{er}sept., 24 oct.-1^{er}nov., merc. soir, sam. midi, dim. soir et lundi

AZAY-LE-RIDEAU

✉ 37190 (Indre-et-Loire) – 3 431 hab. – Alt. 51 m – Carte régionale n° **11**-A2
▶ Paris 265 km – Châtellerault 61 km – Chinon 21 km – Loches 58 km
Carte Michelin 317-L5 – Guide Vert Michelin Châteaux de la Loire

⊛ L'Aigle d'Or

CUISINE MODERNE · TRADITIONNEL ✕✕ À quelques centaines de mètres du château, voilà une adresse en or ! Dans cette maison de pays, on s'installe au coin de la cheminée ou sur la terrasse ombragée pour déguster une belle cuisine qui revisite la tradition. Au piano, le chef joue une savoureuse mélodie ! Le tout à petits prix.
Formule 22 € – Menu 31/76 € ♀ – Carte 38/61 €
10 av. A.-Riché – ℰ 02 47 45 24 58 (réservation conseillée) – www.laigle-dor.fr
– Fermé 31 août-7 sept., 16 nov.-2 déc., 4 janv.-12 fév., lundi soir de déc. à avril, mardi soir sauf juil.-août, dim. soir et merc.

🍽 Côté Cour

CUISINE MODERNE · CONVIVIAL ✕ Œuf poché et huile de truffe, fricassée de veau et petits légumes, moelleux au chocolat et framboises, etc. Autant de recettes goûteuses et bien ficelées ! Et la maison est plutôt jolie, tout en pierres apparentes et poutres, avec une agréable terrasse juste devant… les grilles du parc du château.
Formule 18 € – Menu 23 € (déj.)/30 €
19 r. Balzac – ℰ 02 47 45 30 36 – www.cotecour-azay.com – Ouvert
16 fév.-14 nov. et fermé dim. soir, lundi soir et jeudi soir d'oct. à mars, mardi soir et merc.

Le Grand Monarque

TRADITIONNEL · PERSONNALISÉ À deux pas du château et au cœur de la ville, ce Grand Monarque cultive joliment son charme tourangeau : pierres et poutres apparentes, mobilier ancien, cour ombragée pour prendre le frais ou salon avec cheminée... Les résidents apprécient également le restaurant (cuisine au goût du jour).

25 chambres – ♦70/150 € ♦♦80/150 € – ☐ 12 €

3 pl. de la République – ℰ 02 47 45 40 08 – www.legrandmonarque.com
– Fermé de début déc. à mi-fév.

Hôtel de Biencourt

FAMILIAL · MODERNE Près du château, une maison tourangelle du 18ᵉ s., autre-fois école primaire. Les chambres sont sobres, avec de beaux planchers. Agréable patio fleuri et bon petit-déjeuner.

17 chambres – ♦72/95 € ♦♦72/125 € – ☐ 11 €

7 r. Balzac – ℰ 02 47 45 20 75 – www.hotelbiencourt.com
– Ouvert 31 mars-3 nov.

Hôtel des Châteaux

FAMILIAL · MODERNE Une étape idéale sur la route des châteaux de la Loire ! Cet hôtel rénové dans un esprit contemporain dispose de chambres confortables et bien tenues. Au dîner, on savoure les petits plats traditionnels de la maîtresse de maison. Accueil aimable et très bon petit-déjeuner.

26 chambres – ♦65/95 € ♦♦70/95 € – ☐ 11 € – ½ P

2 rte de Villandry – ℰ 02 47 45 68 00 – www.hoteldeschateaux.com
– Ouvert 7 mars-31 oct.

à Saché 6,5 km à l'Est par D17 – ⊠ 37190 – 1 309 hab. – Alt. 78 m

Auberge du XIIe Siècle

CUISINE CLASSIQUE · AUBERGE XX À deux pas du château qui l'accueillit si sou-vent, Balzac avait ses habitudes dans cette vénérable auberge à colombages. Dans ce cadre historique préservé, on apprécie une cuisine empreinte de classi-cisme. Une superbe terrasse en été, une agréable cheminée pour l'hiver : on se sent ici comme chez soi !

Menu 28/95 € – Carte 92/102 €

1 r. du Château – ℰ 02 47 26 88 77 (réservation conseillée)
– Fermé 6-20 janv., 1ᵉʳ-10 juin, 1ᵉʳ-9 sept., dim. soir, mardi midi et lundi

au Nord-Ouest 4 km par D57 et rte secondaire – ⊠37190 Azay-le-Rideau

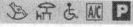 Auberge Pom'Poire

CUISINE MODERNE · CONVIVIAL X Au milieu des poiriers et des pommiers se cache parfois une bonne adresse... Un joli fruit coloré et acidulé : voilà ce qui pourrait symboliser la cuisine du chef. Du peps, de la justesse, de la subtilité : ses assiettes, composées avec de beaux produits fermiers, débordent de saveurs ! Un hôtel-restaurant à croquer.

Formule 21 € – Menu 31/63 € – Carte 39/69 €

6 chambres – ♦75/85 € ♦♦80/115 € – ☐ 10 €

21 rte de Vallères – ℰ 02 47 45 83 00 – www.aubergepompoire.com
– Fermé 4 janv.-3 fév., dim. soir sauf juil.-août, lundi sauf le soir d'avril à oct., mardi midi et jeudi midi

BACH

⊠ 46230 (Lot) – 165 hab. – Alt. 300 m – Carte régionale n° **29**-C1

▶ Paris 602 km – Cahors 32 km – Montauban 65 km – Toulouse 117 km
Carte Michelin 337-G5

🖤 Auberge Lou Bourdié

CUISINE TRADITIONNELLE · RUSTIQUE 🍴 Monique Valette est la patronne dont rêvent tous les gourmands de France et de Navarre ! Accueillante, respirant la joie de vivre, elle nous régale d'une cuisine authentique et généreuse, réalisée "à la fortune du pot" : civet, poule farcie, confit... On retrouve les saveurs d'antan. Une adresse comme on n'en fait plus !

🍴 Menu 15 € (semaine), 20/50 € – Carte 20/35 €

– ✆ 05 65 31 77 46 (réservation conseillée) – Fermé 22 août-8 sept., 23 déc.-6 janv., 1 semaine en fév., merc., sam. et le soir

BADEN

✉ 56870 (Morbihan) – 4 260 hab. – Alt. 28 m – Carte régionale n° **9**-A3

▶ Paris 473 km – Auray 9 km – Lorient 52 km – Quiberon 40 km

Carte Michelin 308-N9

🖤 Le Gavrinis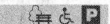

CUISINE MODERNE · CLASSIQUE 🍴🍴 L'enseigne rend hommage à l'île de Gavrinis toute proche. Il faut dire qu'ici on cultive l'âme bretonne et la fierté d'un terroir riche et vivant : millefeuille de sardines et pissaladière ; poitrine de porc fermier confite et laquée... À savourer dans un décor soigné où dominent le bois flotté et les teintes douces.

🍴 Formule 17 € – Menu 20 € (déj. en semaine), 32/50 € – Carte 42/61 €

Hôtel Le Gavrinis, 1 r. de L'Île-Gavrinis, à Toulbroch, 2 km par rte de Vannes – ✆ 02 97 57 00 82 – www.gavrinis.com – Fermé 15-30 nov., 2 janv.-5 fév., dim. soir de mi-sept. à mi-juin, lundi sauf le soir de mi-juin à mi-sept. et sam. midi

🏠 Le Gavrinis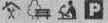

HÔTEL DE VACANCES · ACTUEL Cette maison néobretonne des années 1970, ceinte d'un beau jardin, dispose de chambres fraîches (bois blond, teintes claires), ou plus simples mais bien tenues.

18 chambres – ♦55/112 € ♦♦55/112 € – 立12 € – ½ P

1 r. de L'Île-Gavrinis, à Toulbroch, 2 km par rte de Vannes – ✆ 02 97 57 00 82 – www.gavrinis.com – Fermé 15-30 nov. et 2 janv.-5 fév.

🖤 **Le Gavrinis** – voir les restaurants ci-dessus

🏠 Le Val de Brangon

HÔTEL DE VACANCES · PERSONNALISÉ Avant d'embarquer pour l'île aux Moines, arrêtez-vous dans cette longère de 1824 admirablement restaurée. Décoration élégante (pierres d'origine, objets chinées, œuvres d'art), grand jardin et piscine chauffée. Cuisine de saison fraîche et légère.

5 chambres 立 – ♦160/210 € ♦♦170/220 €

Lieu-dit Brangon, 2 km à l'Est par D101 et C204 – ✆ 02 97 57 06 05 – www.levaldebrangon.com

🏠 Lueur des Îles

MAISON DE CAMPAGNE · MODERNE Dans un ravissant jardin paysager, au grand calme à 300 m de la côte, cette grande maison d'architecte resplendit dans la lumière du golfe du Morbihan. Tout est soigné et agréable, tout semble simple – mais tout a été pensé avec beaucoup de goût et un parfait sens du confort. Idéal pour un "break" de quelques jours...

5 chambres 立 – ♦100/142 € ♦♦105/150 €

39 r. du Lenn – ✆ 06 07 50 10 17 – www.lueur-des-iles.com – Fermé 1 semaine en nov.

BAERENTHAL

✉ 57230 (Moselle) – 780 hab. – Alt. 220 m – Carte régionale n° **27**-D1

▶ Paris 449 km – Bitche 15 km – Haguenau 33 km – Strasbourg 62 km

Carte Michelin 307-Q5

Le Kirchberg

FAMILIAL · FONCTIONNEL Envie d'un peu de calme et d'air pur ? Cet hôtel des années 1990, sur les hauteurs d'un paisible village du parc naturel des Vosges du Nord, vous procurera les deux. Les chambres y sont fonctionnelles, certaines avec kitchenette. Préférez celles sur l'arrière, avec une jolie vue.

20 chambres – 46/55 € – 68/75 € – ☐ 8,50 €

8 imp. de la Forêt – ℰ 03 87 98 97 70 – www.le-kirchberg.com
– Fermé 3 janv.-11 fév.

à Untermuhlthal 4 km au Sud-Est par D87 – ⊠ 57230 Baerenthal

❀ **L'Arnsbourg**

CUISINE MODERNE · ÉLÉGANT XxxX Prendre la succession de Jean-Georges Klein aux fourneaux de cette belle maison n'a pas dû être chose aisée : Philippe Labbé s'en sort avec les honneurs ! La qualité des produits, la précision des préparations et la variété des saveurs font que l'on passe un excellent moment.

→ Fricassée de grenouilles persillées aux couteaux, purée de panais à la poire. Turbot rôti au jus de rôti. Canard sauvage façon royale, betteraves de couleur et purée de mûres sauvages grillées.

Menu 55 € (déj. en semaine), 98/175 € – Carte 102/179 €

18 Untermuhlthal – ℰ 03 87 06 50 85 (réservation conseillée)
– www.arnsbourg.com – Fermé 25 juil.-9 août, 16-31 janv., lundi et mardi

K

GRAND LUXE · MINIMALISTE Ses lignes contemporaines et épurées constituent un magnifique contraste dans ce paysage où le bois domine. Les chambres, spacieuses et zen, avec balcon privatif, sont la promesse d'un doux repos. Une communion hi-tech avec la nature environnante...

6 chambres – 270/600 € – 270/600 € – 6 suites – ☐ 29 €

5 Untermuhlthal – ℰ 03 87 27 05 60 – www.hotel-k.fr – Fermé 23 août-7 sept.,
31 déc.-19 janv., mardi et merc.

BÂGÉ-LE-CHÂTEL

⊠ 01380 (Ain) – 829 hab. – Alt. 209 m – Carte régionale n° **44**-B1
▶ Paris 396 km – Bourg-en-Bresse 35 km – Mâcon 11 km – Pont-de-Veyle 7 km
Carte Michelin 328-C3

❀ **La Table Bâgésienne**

CUISINE MODERNE · COSY XX La façade de cet ancien relais de poste est bien engageante ! Une fois passée la porte, on découvre une déco contemporaine (tons gris, lin et cacao) et une généreuse cuisine bressane que le chef n'hésite pas à interpréter à sa façon.

Menu 21 € (déj. en semaine), 30/75 € – Carte 49/77 €

19 Grande-Rue – ℰ 03 85 30 54 22 – www.latablebagesienne.com – Fermé
15-24 fév., 27 juil.-12 août, 19-30 déc., dim. soir de sept. à mai, lundi et mardi

BAGNÈRES-DE-BIGORRE

⊠ 65200 (Hautes-Pyrénées) – 7 769 hab. – Alt. 551 m – Carte régionale n° **28**-A3
▶ Paris 829 km – Lourdes 24 km – Pau 66 km – St-Gaudens 65 km
Carte Michelin 342-M4

❀ **Le Jardin des Brouches**

CUISINE MODERNE · BISTRO XX Une fois franchi le portail et la petite cour, on découvre cette paisible maison avec son potager sur l'arrière ; l'intérieur est coloré, fleuri, et l'on s'y sent comme chez soi. Dans l'assiette, on trouve de bons produits frais et pleins de saveurs, préparés avec amour par un chef épris d'herbes et d'épices. Séduisant !

Menu 21 € (déj. en semaine), 31/65 € – Carte 42/62 €

22 bd Carnot – ℰ 05 62 91 07 95 – www.lejardindesbrouches.fr – Fermé merc. hors
vacances scolaires et dim. soir

🏠 Les Petites Vosges

FAMILIAL · PERSONNALISÉ Pimpante maison où meubles chinés et contemporains s'harmonisent avec originalité. Les chambres y sont confortables et bien tenues. La propriétaire saura vous conseiller de belles randonnées dans les environs.

4 chambres 🖙 – †82 € ††87/102 €

17 bd Carnot – 𝒞 05 62 91 55 30 – www.lespetitesvosges.com – Fermé 10-30 oct.

à Lesponne 8 km au Sud par D935 et D29 – ⊠ 65710 Campan

🏠 Domaine de Ramonjuan

FAMILIAL · FONCTIONNEL Ferme de montagne muée en hôtel disposant de bons équipements de loisirs. Chambres claires et joliment arrangées, beaucoup de matières et teintes naturelles (lin, rotin...). Cuisine régionale dans la véranda ou sur la terrasse d'été.

15 chambres – †65/98 € ††65/98 € – 🖙 10 €

Par Dé Arribarat – 𝒞 05 62 91 75 75 – www.ramonjuan.com

BAGNÈRES-DE-LUCHON

⊠ 31110 (Haute-Garonne) – 2 574 hab. – Alt. 630 m – Carte régionale n° **28**-B3
▶ Paris 814 km – St-Gaudens 48 km – Tarbes 98 km – Toulouse 141 km
Carte Michelin 343-B8

🍽️ L'Heptaméron des Gourmets

CUISINE CLASSIQUE · ÉLÉGANT XX Original : le chef et sa femme vous reçoivent... chez eux, au rez-de-chaussée de leur maison, dans une atmosphère très raffinée. Monsieur concocte un menu unique du marché (en sept services) et vous propose de choisir votre vin à la cave.

Menu 60 €

3 bd Charles-de-Gaulle – 𝒞 05 61 79 78 55 (réservation indispensable)
– www.heptamerondesgourmets.com

🏠 Hôtel d'Étigny

FAMILIAL · RÉTRO En face des thermes, cet ancien hôtel particulier (19°s.) est tenu par la même famille depuis quatre générations. Chambres classiques, peu à peu rénovées dans un style contemporain ; au restaurant, la carte est classique, elle aussi.

63 chambres – †60/135 € ††70/165 € – 5 suites – 🖙 12 € – ½ P

– 𝒞 05 61 79 01 42 – www.hotel-etigny.com – Ouvert 22 mai-30 sept.

🏠 Alti

URBAIN · MODERNE En plein centre-ville, cet hôtel répond aux attentes de la clientèle d'affaires et des vacanciers. Chambres agréables et bien équipées ; piscine intérieure idéale après le ski.

47 chambres – †50/88 € ††66/109 € – 🖙 10 €

19 allées d'Etigny – 𝒞 05 61 79 56 97 – www.altiluchon.com

🏠 La Recluse

AUBERGE · ACTUEL Une sympathique auberge familiale non loin du centre-ville, sur la route de l'Espagne. Les chambres, de style montagnard, sont régulièrement rénovées ; certaines offrent une jolie vue sur les sommets. L'été, on s'installe sous la pergola pour déguster des plats traditionnels.

23 chambres – †59/110 € ††59/110 € – ½ P

à St-Mamet – 𝒞 05 61 79 02 81 – www.hotel-larecluse.com
– Ouvert 30 mai-12 oct. et vacances de fév.

à St-Paul-d'Oueil 8 km par D618 et D51 – ⊠ 31110 – 44 hab. – Alt. 1 000 m

🏠 Maison Jeanne

MAISON DE CAMPAGNE · PERSONNALISÉ La montagne, un jardin et cette belle maison de pays, idéale pour se ressourcer. L'accueil est chaleureux et les chambres vraiment jolies (poutres apparentes, meubles anciens...).

4 chambres 🖙 – †80/89 € ††89/149 €

– 𝒞 05 61 79 81 63 – www.maison-jeanne-luchon.com – Ouvert fév.-oct.

BAGNOLES-DE-L'ORNE

✉ 61140 (Orne) – 2 377 hab. – Alt. 140 m – Carte régionale n° **32**-B3
▶ Paris 236 km – Alençon 48 km – Argentan 39 km – Domfront 19 km
Carte Michelin 310-G3 – Guide Vert Michelin Normandie Cotentin

❀ **Le Manoir du Lys** (Franck Quinton)   🚴 🛏 🏡 ⇄ 🅿

CUISINE MODERNE · COSY XXX De la pierre, des boiseries claires et une terrasse
agréable pour une atmosphère élégante et chaleureuse... Le chef concocte
une cuisine fine et goûteuse qui valorise les beaux produits régionaux – en particulier les champignons de la forêt des Andaines !

➔ Andouille de Vire en papillote et foin vert, crème au camembert et langoustine. Suprêmes de pigeonneau rôtis, les cuisses en pastilla, miel des Andaines. Macaron aux champignons des bois, sorbet trompette.

Menu 46/99 € – Carte 70/85 €

Hôtel Le Manoir du Lys, 2 km rte de Juvigny-sous-Andaine au Nord-Ouest
– ℰ 02 33 37 80 69 – www.manoir-du-lys.fr – Fermé 2 janv.-13 fév., dim. soir sauf
de mai à oct., merc. midi de mai à oct., mardi midi et lundi

🐸 **Ô Gayot**   🏡 ⑆ ⌾

FRANÇAISE · BISTRO X Une jolie maison en pierre et son bistrot, pile dans l'air du
temps. Dans l'assiette, on trouve de bonnes recettes... bistrotières, comme il se
doit ! Pavé de cabillaud à la plancha, fricassée de cocos ; tartare de bœuf coupé
au couteau ; sablé au beurre et sa glace au caramel... Une certaine idée de la
gourmandise.

Formule 18 € – Menu 22 € (semaine), 27/31 € – Carte 28/46 €

Plan : A-u *– Hôtel Ô Gayot, 2 av. de la Ferté-Macé – ℰ 02 33 38 44 01*
– www.ogayot.net – Fermé dim. soir et lundi midi du 15 nov. au 1er avril et jeudi

BAGNOLES-DE-L'ORNE

Casinos (R. des)	**A** 3
Château (Av. du)	**A** 4
Dr-Pierre-Noal (Av. du)	**A** 7
Dr-Poulain (Av. du)	**A** 8
Gaulle (Pl. Général-de)	**B** 9
Hartog (Bd G.)	**A** 13
Lemeunier-de-la-Raillère (Bd)	**B** 14
Rozier (Av. Ph.-du)	**A** 15
Sergenterie-de-Javains (R.)	**A** 18
Bois-Motté (Bd du)	**A** 2

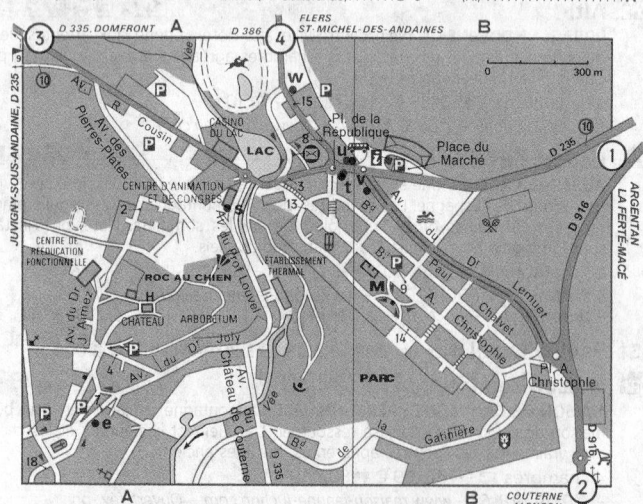

Bistrot Gourmand

CUISINE MODERNE · À LA MODE X La chef de ce sympathique Bistrot Gourmand compose de bonnes spécialités... bistrotières, et fait évoluer sa cuisine au fil du marché et les saisons. Fraîcheur et gourmandise sont au programme !

Formule 12 € – Menu 19/26 € – Carte 30/45 €

Plan : A-t – *Bagnoles Hôtel, 6 pl. de la République* – 02 33 37 86 79
– *www.bagnoles-hotel.com*

 Le Manoir du Lys

TRADITIONNEL · PERSONNALISÉ Au milieu des bois et dans un superbe parc, cette belle demeure normande est empreinte de quiétude... Les chambres du manoir affichent un raffinement classique ou plus contemporain, toujours chaleureux ; dans le pavillon, des suites spacieuses.

23 chambres – 95/240 € 95/300 € – 7 suites – 18 € – ½ P
2 km rte de Juvigny-sous-Andaine au Nord-Ouest – 02 33 37 80 69
– *www.manoir-du-lys.fr* – *Fermé 2 janv.-13 fév., dim. soir et lundi sauf de mai à oct.*

 Le Manoir du Lys – voir les restaurants ci-dessus

Bois Joli

VILLA · CLASSIQUE Élégante villa anglo-normande (19e s.) dans un parc arboré. Avec ses meubles anciens, ses lambris d'origine et ses chambres si romantiques, elle distille une vraie atmosphère rétro... Près de la cheminée en bois sculpté, on savoure une agréable cuisine traditionnelle.

20 chambres – 99/179 € 139/179 € – 12 € – ½ P

Plan : A-w – *12 av. Philippe-du-Rozier* – 02 33 37 92 77 – *www.hotelboisjoli.com*

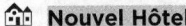 Nouvel Hôtel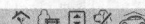

VILLA · FONCTIONNEL Une jolie villa de 1912 avec des chambres pratiques, plaisantes et bien insonorisées, ainsi qu'un restaurant adapté aux curistes (menus traditionnels, diététiques et végétariens). Petits plus charmants : le salon avec son piano et le jardin, si paisible.

30 chambres – 59/82 € 59/120 € – 10 € – ½ P

Plan : A-e – *8 av. Dr-Pierre-Noal* – 02 33 30 75 00 – *www.lenouvelhotel.fr*
– *Ouvert de mi-mars à fin oct.*

Bagnoles Hôtel

TRADITIONNEL · FONCTIONNEL Au cœur de la station, un hôtel avec des chambres avant tout fonctionnelles mais agréables et colorées, le plus souvent avec balcon ou terrasse. Celles du 3e étage sont mansardées : bien plaisant.

20 chambres – 79/110 € 79/130 € – 9 € – ½ P

Plan : A-t – *6 pl. de la République* – 02 33 37 86 79 – *www.bagnoles-hotel.com*

 Bistrot Gourmand – voir les restaurants ci-dessus

Ô Gayot

TRADITIONNEL · ACTUEL Au centre de la station thermale, hôtel au concept "tout en un" : chambres épurées sur le thème de l'eau ou de la forêt ; bar, salon de thé, boutique de produits régionaux et même un bistrot pour les gourmands.

16 chambres – 55/70 € 55/110 € – 10 € – ½ P

Plan : A-u – *2 av. de la Ferté-Macé* – 02 33 38 44 01 – *www.ogayot.net* – *Fermé dim. soir du 15 nov. au 1er avril*

 Ô Gayot – voir les restaurants ci-dessus

Le Normandie

TRADITIONNEL · ACTUEL Cet ancien relais de poste a su s'adapter au 21e s. avec une déco moderne et feutrée. Chambres confortables et bien dans l'air du temps (mobilier en bois patiné, couleurs pastel). Au restaurant, on apprécie les recettes d'aujourd'hui avec des produits de saison.

22 chambres – 60/140 € 60/140 € – 11 € – ½ P

Plan : B-v – *2 av. du Dr-Lemuet* – 02 33 30 71 30
– *www.hotel-le-normandie.com* – *Fermé déc. et janv.*

Le Roc au Chien

TRADITIONNEL · PERSONNALISÉ La comtesse de Ségur aurait séjourné dans ce sympathique hôtel-restaurant. La bâtisse principale, du 19e s., abrite une jolie tourelle en brique et des chambres cosy et coquettes à souhait. Agréable jardin.

36 chambres – ♦52/110 € ♦♦52/110 € – ☲ 10 € – ½ P

Plan : A-s – *10 r. du Prof.-Louvel – ℰ 02 33 37 97 33 – www.hotelrocauchien.fr – Ouvert 5 mars-6 nov.*

BAGNOLET – 93 (Seine-Saint-Denis) → voir Autour de Paris

BAGNOLS

✉ 69620 (Rhône) – 656 hab. – Alt. 400 m – Carte régionale n° **43**-E1
▶ Paris 444 km – Lyon 30 km – Tarare 20 km – Villefranche-sur-Saône 14 km
Carte Michelin 327-G4 – Guide Vert Michelin Lyon et sa région

✿ 1217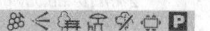

CUISINE MODERNE · CLASSIQUE XX Un cadre d'exception que ce superbe château médiéval, qui semble cultiver des fastes immémoriaux... Sous le patronage d'une immense cheminée gothique délicatement sculptée, le repas se fait festin d'une belle finesse, et la tradition s'en trouve renouvelée.

→ Ormeaux du pays des Abers cuits meunière. Sole de petite pêche parfumée à l'estragon, garniture grenobloise, coussinets de poireaux et andouille. Framboises tulamené rafraîchies, sablé breton aux pignons de pin.

Menu 70/120 € – Carte 87/158 €

Hôtel Château de Bagnols, le bourg – ℰ 04 74 71 40 00 – www.chateaudebagnols.com – Fermé dim. soir, merc. midi, jeudi midi, vend. midi, lundi et mardi

॥○ Café du Château ⓝ

CUISINE TRADITIONNELLE · CONVIVIAL XX C'est dans la cour intérieure du château, recouverte d'un dôme de verre, que l'on découvre ce bistrot à la solide réputation. Le chef, originaire de La Réunion, y compose une cuisine raffinée et goûteuse, qui met en avant les bons produits – notamment charcuteries et fromages – du terroir.

Formule 24 € – Menu 28 € (déj. en semaine) – Carte 43/71 €

Hôtel Château de Bagnols, le bourg – ℰ 04 74 71 40 00 – www.chateaudebagnols.com

🏰 Château de Bagnols

GRAND LUXE · HISTORIQUE Les mots manqueraient presque pour décrire la magnificence de ce château du 13e s. dominant le vignoble beaujolais. L'accès par le pont-levis au-dessus des douves, les décors historiques (mobilier d'art, cheminées monumentales...), le superbe parc et son verger : tout est unique... jusqu'au nouveau spa, agencé à la manière d'une cuverie !

27 chambres – ♦250/1300 € ♦♦250/1300 € – ☲ 25 € – ½ P

le bourg – ℰ 04 74 71 40 00 – www.chateaudebagnols.com

✿ **1217** • ॥○ **Café du Château** – voir les restaurants ci-dessus

BAGNOLS-SUR-CÈZE

✉ 30200 (Gard) – 18 375 hab. – Alt. 51 m – Carte régionale n° **23**-D1
▶ Paris 653 km – Alès 54 km – Avignon 34 km – Nîmes 56 km
Carte Michelin 339-M4

🏠 Château du Val de Cèze

TRADITIONNEL · CLASSIQUE Ce château du 17e s. et son parc sont très prisés par la clientèle d'affaires (séminaires, réunions...). Les chambres, sobres et confortables, disposent toutes d'une terrasse. Bonne option pour organiser un repas que le restaurant, dont le chef propose une cuisine assez soignée.

22 chambres – ♦70/139 € ♦♦90/250 € – 1 suite – ☲ 9 €

69 r. Léon-Fontaine, 1 km rte d'Avignon – ℰ 04 66 89 61 26 – www.chateauvaldeceze.fr

BAIE DES TRÉPASSÉS - 29 (Finistère) → voir Pointe du Raz

BAILLARGUES - 34 (Hérault) → voir Montpellier

BAILLEUL
✉ 59270 (Nord) – 14 564 hab. – Alt. 44 m – Carte régionale n° **30**-B2
▶ Paris 244 km – Armentières 13 km – Béthune 31 km – Dunkerque 44 km
Carte Michelin 302-E3

🏠 Belle Hôtel   ♿ 🅿

TRADITIONNEL · CLASSIQUE Près de la frontière belge, deux jolies maisons typiquement flamandes. Les chambres sont spacieuses et raffinées (meubles de style) dans l'une ; plus fonctionnelles mais tout aussi confortables dans l'autre. Un ensemble méticuleusement tenu.

31 chambres – †78/99 € ††78/180 € – ☲ 11 €
19 r. de Lille – ℰ 03 28 49 19 00 – www.bellehotel.fr – Fermé 2 semaines en août et 20 déc.-1ᵉʳ janv.

BAIX
✉ 07210 (Ardèche) – 1 047 hab. – Alt. 80 m – Carte régionale n° **44**-B3
▶ Paris 588 km – Crest 30 km – Montélimar 22 km – Privas 18 km
Carte Michelin 331-K5

🏠 Les Quatre Vents   🐾 🛏 ♿ 🅿

FAMILIAL · FONCTIONNEL Une bonne affaire que cet hôtel qui pratique des prix très compétitifs pour la région. Les chambres sont simples mais fort bien tenues, l'accueil est agréable et, l'été, on peut prendre son petit-déjeuner en terrasse.

20 chambres – †59/68 € ††68 € – ☲ 8 €
rte de Chomérac, 2 km au Nord-Ouest – ℰ 04 75 85 80 64 – www.hotel-les4vents.fr – Fermé 20 déc.-20 janv.

BALANOD
✉ 39160 (Jura) – 341 hab. – Alt. 250 m – Carte régionale n° **16**-A3
▶ Paris 447 km – Besançon 123 km – Bourg-en-Bresse 33 km – Lons-le-Saunier 33 km

🍴 Philippe Bouvard   ♿ 🅿

CUISINE TRADITIONNELLE · RUSTIQUE ✕✕ Une petite auberge chaleureuse et conviviale, portée par le chef Philippe Bouvard, passionné et généreux, qui... n'a pas la grosse tête ! Parmi ses spécialités, le soufflé au comté, mais il cherche à donner au terroir des accents de nouveauté. Une adresse où l'on se sent bien.
🍴 Menu 13 € � (déj. en semaine), 28/65 € – Carte 40/60 €
Grande-Rue – ℰ 03 84 48 73 65 – Fermé dim. soir, mardi soir, merc. soir et lundi

BALARUC-LES-BAINS
✉ 34540 (Hérault) – 6 886 hab. – Alt. 3 m – Carte régionale n° **23**-C2
▶ Paris 781 km – Agde 32 km – Béziers 52 km – Frontignan 8 km
Carte Michelin 339-H8

🍴 Le St-Clair   ⋐ 🍸 🅰🄲

POISSONS ET FRUITS DE MER · ÉLÉGANT ✕✕✕ Une maison élégante sur les quais ; la terrasse sous les palmiers ouvre sur le bassin de Thau... On y apprécie une bonne cuisine de la mer.

Formule 25 € – Menu 29 € (semaine), 39/95 € – Carte 46/114 €
quai du Port – ℰ 04 67 48 48 91 – www.restaurant-saintclair.com

BALDERSHEIM - 68 (Haut-Rhin) → voir Mulhouse

BALLEROY

✉ 14490 (Calvados) – 985 hab. – Alt. 70 m – Carte régionale n° **32**-B2

▶ Paris 276 km – Bayeux 16 km – Caen 42 km – St-Lô 23 km

Carte Michelin 303-G4 – Guide Vert Michelin Normandie Cotentin

🍴○ **Manoir de la Drôme**

CUISINE CLASSIQUE • ÉLÉGANT XxX Cette demeure de caractère (17ᵉ s.) fut la propriété d'un maître de forge. D'une élégance incontestable avec son agréable jardin fleuri où passe la Drôme, c'est le cadre parfait pour un repas d'un beau classicisme.

Menu 26 € (déj. en semaine), 49/70 € – Carte 70/76 €

129 r. des Forges – ☎ 02 31 21 60 94 – www.manoir-de-la-drome.com – Fermé 2 janv.-5 fév., dim. soir, lundi et merc.

BALOT

✉ 21330 (Côte-d'Or) – 79 hab. – Alt. 272 m – Carte régionale n° **8**-C1

▶ Paris 235 km – Auxerre 74 km – Chaumont 74 km – Dijon 82 km

Carte Michelin 320-G3

🏠 **Auberge de la Baume**

AUBERGE • FONCTIONNEL Une auberge de village typique, en face de l'église... Accueil prévenant, chambres simples et bien tenues et, pour le cachet, une belle collection de soupières anciennes.

10 chambres – †50/64 € ††50/64 € – ☑ 8 € – ½ P

r. d'en haut – ☎ 03 80 81 40 15 – www.aubergedelabaume.com – Fermé 24 déc.-4 janv.

BANASSAC

✉ 48500 (Lozère) – 876 hab. – Alt. 525 m – Carte régionale n° **22**-B1

▶ Paris 588 km – Florac 55 km – Mende 47 km – Millau 52 km

Carte Michelin 330-H8

🏠🏠 **Les 2 Rives**

TRADITIONNEL • MODERNE Aux confins de la Lozère et de l'Aveyron, à deux minutes de la sortie de l'autoroute, on trouve cette imposante bâtisse en pierre du pays. On pose ses valises dans des chambres modernes, bien équipées, dont la plupart donnent sur le Lot : sympathique !

29 chambres – †50/115 € ††50/115 € – ☑ 9 €

La Mothe, Sortie n°40 sur A75 – ☎ 04 66 32 99 97 – www.hotel-les2rives.com – Fermé 1ᵉʳ janv.-8 fév.

BAN-DE-LAVELINE

✉ 88520 (Vosges) – 1 321 hab. – Alt. 427 m – Carte régionale n° **27**-D3

▶ Paris 411 km – Colmar 59 km – Épinal 67 km – St-Dié 14 km

Carte Michelin 314-K3

🍴○ **Auberge Lorraine**

CUISINE TRADITIONNELLE • AUBERGE XX Cette auberge du pays vosgien, tenue par un jeune couple, propose une cuisine traditionnelle en prise sur les saisons (dos de cabillaud sauce grenobloise, joue de veau façon blanquette). À l'étage, on trouve des chambres assez spacieuses et douillettes.

Formule 14 € – Menu 21 € (semaine), 24/45 € – Carte 37/54 €

7 chambres – †54 € ††64 € – ☑ 11 €

5 r. du 8-mai – ☎ 03 29 51 78 17 – www.auberge-lorraine.biz – Fermé 21 août-5 sept., 24 janv.-8 fév., dim. soir et lundi

BANDOL

✉ 83150 (Var) – 7 622 hab. – Alt. 1 m – Carte régionale n° **40**-B3

▶ Paris 818 km – Aix-en-Provence 68 km – Marseille 48 km – Toulon 18 km

Carte Michelin 340-J7 – Guide Vert Michelin Côte d'Azur

L'Espérance

CUISINE MODERNE • COSY XX Légèrement en retrait du front de mer et de son agitation touristique, on s'attable dans ce petit restaurant discret, tenu par un couple charmant ; le chef, Gilles Pradines, y concocte une cuisine soignée et parfumée : dorade grise et fondue de tomates, veau rôti et purée de pomme de terre aux morilles... Un régal !

Menu 31/70 € – Carte 56/65 €

21 r. du Dr-Marçon – 𝒞 04 94 05 85 29 (réservation conseillée) – Fermé 1 semaine en nov., 2 semaines en janv., mardi de sept. à juin et lundi

L'Atelier du Goût

CUISINE MODERNE • DESIGN X Clafoutis de pleurotes et asperges, dos de lieu jaune aux carottes, cumin et coriandre, tarte aux poires façon Bourdaloue... Voilà le type de recettes goûteuses et gourmandes que l'on retrouve au menu de ce charmant petit restaurant, à deux sons de cloche de l'église. À midi, un menu plus simple est proposé à l'ardoise.

Formule 26 € ℗ – Menu 52 € (dîner), 58/75 €

2 r. Pons – 𝒞 04 89 66 61 37 – www.atelierdugout-bandol.fr – Fermé mardi soir, merc. sauf juil.-août, vacances scolaires et le midi en juil.-août

Île Rousse

LUXE • MODERNE Une situation idéale pour cet hôtel chic, zen et les pieds dans l'eau ! Tout séduit : le décor contemporain, le superbe centre de thalasso, le hall d'accueil ouvert sur la piscine d'eau de mer... sans oublier les deux plages privées où l'on prend le soleil en toute tranquillité.

62 chambres – 🛏199/1009 € 🛏🛏199/1009 € – 5 suites – ☖ 28 € – ½ P

25 bd Louis-Lumière – 𝒞 04 94 29 33 00 – www.ile-rousse.com

Golf Hôtel

FAMILIAL • FONCTIONNEL Une accueillante villa des années 1900 ancrée dans le sable fin, les pieds dans l'eau... Les chambres sont décorées avec sobriété, et certaines d'entre elles disposent d'une loggia ou d'un balcon. Restaurant de plage en saison.

24 chambres – 🛏69/132 € 🛏🛏69/132 € – ☖ 11 € – ½ P

10 promenade de la Corniche, sur plage Renécros par bd L.-Lumière – 𝒞 04 94 29 45 83 – www.golfhotel.fr – Ouvert 1ᵉʳ avril-6 nov.

BANGOR – 56 (Morbihan) ➜ voir Belle-Île-en-Mer

BANNE

✉ 07460 (Ardèche) – 708 hab. – Alt. 250 m – Carte régionale n° **44**-A3

▶ Paris 680 km – Lyon 217 km – Nîmes 78 km – Privas 72 km

Carte Michelin 331-G7 – Guide Vert Michelin Ardèche Drôme

Auberge de Banne

CUISINE TRADITIONNELLE • BISTRO X S'asseoir en terrasse, près de la fontaine, sur cette place du marché dominée par les ruines du château... Quel bonheur ! Dans l'assiette, une planche ardéchoise – caillette, saucisson, jambon et terrine –, une souris d'agneau confite, un tiramisu à la crème de marron : de la bonne tradition, franche et bien troussée.

Formule 16 € – Menu 30/37 € – Carte 38/65 €

pl. du Fort – 𝒞 04 75 36 66 10 – www.aubergedebanne.fr

Auberge de Banne

AUBERGE • ÉLÉGANT Sur sa colline à la frontière de l'Ardèche et du Gard, le village de Banne a tout d'une carte postale : un panorama superbe, un climat délicieux et... une ravissante auberge. Tombés amoureux de l'endroit, ses propriétaires ont tout repensé dans un bel esprit à la fois contemporain et rétro. Une réussite, à découvrir !

11 chambres – 🛏125/425 € 🛏🛏125/425 € – ☖ 15 €

pl. du Fort – 𝒞 04 75 89 07 78 – www.aubergedebanne.fr

🍴 **Auberge de Banne** – voir les restaurants ci-dessus

BANNEGON

✉ 18210 (Cher) – 251 hab. – Alt. 180 m – Carte régionale n° **12**-C3
▶ Paris 284 km – Bourges 43 km – Moulins 70 km – St-Amand-Montrond 22 km
Carte Michelin 323-M6

⫘O **Moulin de Chaméron**　　　　　　　⇦ 🛋 ⅙ ⅍ 🅿

CUISINE MODERNE · ROMANTIQUE XX Dans un cadre bucolique à souhait, ce moulin du 18ᵉ s. abrite un agréable restaurant et son musée de la meunerie. Derrière les fourneaux, le chef réalise une cuisine d'aujourd'hui avec de bons produits. Aux beaux jours, au décor cosy des salles, on préfère la terrasse en bordure de rivière. Une bonne adresse.

Formule 30 € – Menu 39 € (semaine), 45/100 € – Carte 70/176 €
2,5 km par rte de Neuilly-en-Dun et rte secondaire – ℰ 02 48 61 83 80
– www.moulindechameron.com – Ouvert 25 mars-1ᵉʳ nov. et fermé lundi sauf le soir en saison, mardi midi, merc. midi et jeudi midi

🏠 **Moulin de Chaméron**　　　　　⇞ 🐾 ⇦ 🛋 ⅙ ⅍ 🅿

TRADITIONNEL · CAMPAGNARD Entendez-vous le doux clapotis de l'eau ? Dans cette construction récente, à côté d'un ancien moulin, on se repose dans des chambres de caractère, au grand calme. Celles en rez-de-jardin disposent d'une petite terrasse avec vue sur la piscine. Idéal pour un séjour au vert !

13 chambres – ♦79/216 € ♦♦79/216 € – ⛌ 14 € – ½ P
2,5 km par rte de Neuilly-en-Dun et rte secondaire – ℰ 02 48 61 83 80
– www.moulindechameron.com – Ouvert 25 mars-1ᵉʳ nov.

⫘O **Moulin de Chaméron** – voir les restaurants ci-dessus

BANYULS-SUR-MER

✉ 66650 (Pyrénées-Orientales) – 4 652 hab. – Alt. 1 m – Carte régionale n° **22**-B3
▶ Paris 887 km – Cerbère 11 km – Perpignan 37 km – Port-Vendres 7 km
Carte Michelin 344-J8

🕸 **Le Fanal** (Pascal Borrell)　　　　　　⋖ 🛋 🆂

CUISINE MODERNE · COSY XX Juste devant le port de Banyuls, laissez-vous guider par les lumières de ce Fanal ! Pascal Borrell y signe des recettes créatives et épurées, pleines de relief, qui s'appuyent sur des produits de première fraîcheur : le matin, les poissons sont livrés encore vivants en cuisine... À découvrir d'urgence.

→ Langoustine mi-cuite en ceviche aux épices douces, royale d'oursin à la fleur de caviar et agrumes. Baudroie saisie sur un risotto de fregola sarda aux parfums d'une paella. Sablé pistache, crémeux au citron et huile d'olive.

Formule 19 € – Menu 29/75 € – Carte environ 90 €
17 av. du Fontaulé – ℰ 04 68 98 65 88 (réservation conseillée)
– www.pascal-borrell.com – Fermé 2 semaines en fév., dim. soir, lundi soir et merc. de nov. à mars

⫘O **La Littorine**　　　　　　　　🎇 🛋 ⅙ 🆂 🅿

MÉDITERRANÉENNE · À LA MODE XX Le pari de cette Littorine ouverte sur la mer ? "Entraîner le client dans un voyage gustatif aux saveurs méditerranéennes". À la carte, un œuf bio mollet et son crémeux au lard, ou encore un poisson du jour rôti aux légumes confits à l'huile d'olive. Fraîcheur des produits, mariages de saveurs : le pari est tenu !

Formule 24 € – Menu 28 € (déj. en semaine), 32/58 € – Carte 46/68 €
Hôtel les Elmes, plage des Elmes – ℰ 04 68 88 03 12
– www.restaurant-la-littorine.fr

BARATIER

✉ 05200 (Hautes-Alpes) – 499 hab. – Alt. 855 m – Carte régionale n° **41**-C1
▶ Paris 705 km – Gap 40 km – Grenoble 143 km – Marseille 215 km
Carte Michelin 334-G5

⌂ Les Peupliers 🏊 ⚓ ≼ 🍴 ⊡ & 🅿

RURAL · FONCTIONNEL Dans un village tranquille, ce chalet aux abords verdoyants est très avenant avec ses chambres coquettes et montagnardes (certaines avec balcon et vue sur le lac), son espace détente et son restaurant. Et il y règne un vrai esprit familial !

25 chambres – ♦58/80 € ♦♦72/98 € – ⌷11 € – ½ P

chemin de Lesdier – ℰ 04 92 43 03 47 – www.hotel-les-peupliers.com
– Fermé 3-21 avril et 16 oct.-10 nov.

BARBENTANE

✉ 13570 (Bouches-du-Rhône) – 3 877 hab. - Alt. 40 m – Carte régionale n° **42**-E1
▶ Paris 692 km – Avignon 10 km – Arles 33 km – Marseille 103 km
Carte Michelin 340-D2 – Guide Vert Michelin Provence

⌂ Castel Mouisson 🚲 🛏 🍴 🆎 ⊗ 🅿

FAMILIAL · FONCTIONNEL Cette maison provençale, au pied de la Montagnette, dispose de chambres proprettes, ouvertes sur le beau et vaste jardin arboré.

17 chambres – ♦57/84 € ♦♦57/84 € – ⌷10 €

247 chemin sous les Roches – ℰ 04 90 95 51 17 – www.hotel-castelmouisson.com
– Ouvert 16 mars-14 oct.

BARBERAZ – 73 (Savoie) ➜ voir Chambéry

BARBEZIEUX-ST-HILAIRE

✉ 16300 (Charente) – 4 823 hab. – Alt. 100 m – Carte régionale n° **38**-B3
▶ Paris 480 km – Angoulême 36 km – Bordeaux 84 km – Cognac 36 km
Carte Michelin 324-J7 – Guide Vert Michelin Poitou-Charentes

à La Magdeleine 8 km au Nord-Ouest par D1 et D151 – ✉ 16240

– 134 hab. – Alt. 153 m

⌂ Le Logis du Paradis 🏊 🚲 🛏 🍴 ⊗ 🅿

FAMILIAL · PERSONNALISÉ Idéale pour s'initier à l'art du cognac, une ancienne distillerie datant de 1712, au cœur du vignoble. Sally, l'accueillante propriétaire de la maison, l'a rénovée avec passion : atmosphère cosy et feutrée ; dégustation près des vieux alambics.

5 chambres ⌷ – ♦95/150 € ♦♦95/150 €

– ℰ 05 45 35 39 43 – www.logisduparadis.com – Fermé 5 janv.-28 fév.

BARBIZON

✉ 77630 (Seine-et-Marne) – 1 331 hab. – Alt. 80 m – Carte régionale n° **19**-C3
▶ Paris 56 km – Étampes 41 km – Fontainebleau 10 km – Melun 13 km
Carte Michelin 312-E5 – Guide Vert Michelin Île-de-France

⫶◯ L'Ermitage Saint-Antoine 🎪 & ⌂

CUISINE TRADITIONNELLE · BISTRO ✗ On peut aimer la cuisine et être passionné par... les deux-roues ! À l'image du chef de ce sympathique bistrot qui expose certaines de ses pièces très rétro. Côté assiette, on se régale d'une bonne cuisine de bistrot : terrine de lapin, tortilla de confit de canard... Jolie terrasse dans le patio.

Carte 34/40 €

51 Grande-Rue – ℰ 01 64 81 96 96 – www.lermitagesaintantoine.com – Fermé mardi et merc. de déc. à fév.

⌂ Hôtellerie du Bas-Bréau 🏊 🚲 🛏 🍴 🆎 🎿 🐾

HISTORIQUE · CLASSIQUE Les séjours de R. L. Stevenson et de grands peintres ont fait la réputation du lieu. Les chambres sont d'une élégance classique, avec des meubles anciens et de jolis papiers peints et tissus imprimés, et donnent sur un parc abondamment fleuri.

17 chambres – ♦180/250 € ♦♦250/550 € – 3 suites – ⌷21 €

22 r. Grande-Rue – ℰ 01 60 66 40 05 – www.bas-breau.com

⌂⌂⌂ Les Pléiades

SPA ET BEAUTÉ · DESIGN Après une balade dans ce village aimé de Corot et de Millet, laissez-vous tenter par cet hôtel paisible et accueillant, dans une veine très contemporaine : design minimaliste, lignes épurées, espace bien-être et piscine, expositions diverses... Arty !

15 chambres – ♦179/799 € ♦♦179/799 € – 6 suites – ⬜ 19 €

21 Grande-Rue – ℰ 01 60 66 40 25 – www.hotel-les-pleiades.com

BARBOTAN-LES-THERMES

✉ 32150 Cazaubon (Gers) – Carte régionale n° **28**-A2
▶ Paris 703 km – Aire-sur-l'Adour 37 km – Auch 75 km – Condom 37 km
Carte Michelin 336-B6

ⓘⓞ La Bastide

CUISINE MODERNE · ÉLÉGANT ✕✕✕ Un lieu élégant, qui a une âme, et deux concepts culinaires : d'une part une cuisine santé destinée aux curistes (carte renouvelée tous les jours) ; de l'autre des mets "d'appétit" mêlant avec raffinement terroir et air du temps.

Menu 49/75 € – Carte environ 57 €

Hôtel La Bastide, av. des Thermes – ℰ 05 62 08 31 00
– www.bastide-gasconne.com – Fermé 8 déc.-24 fév.

⌂⌂⌂ La Bastide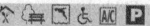

LUXE · ÉLÉGANT Omniprésence de l'eau (avec de superbes fontaines dans les jardins à l'andalouse, une galerie menant aux thermes et au centre de balnéo) ; décor raffiné mêlant brique, bois, marbre et pierre ; chambres douillettes : cette bastide a un charme fou !

18 chambres – ♦195/225 € ♦♦195/290 € – 7 suites – ⬜ 24 €

– ℰ 05 62 08 31 00 – www.bastide-gasconne.com

ⓘⓞ **La Bastide** – voir les restaurants ci-dessus

⌂ Beauséjour

FAMILIAL · PERSONNALISÉ Grande maison de style régional renfermant des chambres classiques, coquettement rénovées, et un petit salon d'esprit british. Joli jardin arboré. Un menu unique (cuisine traditionnelle) est prévu pour les pensionnaires. Réservation obligatoire pour les autres.

24 chambres – ♦65/80 € ♦♦70/80 € – ⬜ 9 € – ½ P

6 av. des Thermes – ℰ 05 62 08 30 30 – www.hotel-barbotan.com
– Ouvert de mars à nov.

à Cazaubon 5 km au Sud-Ouest par N524 – ✉ 32150 – 1 727 hab. – Alt. 131 m

⌂⌂ Château Bellevue

CHÂTEAU · CLASSIQUE Dans un parc aux jolies frondaisons, ce castel du 19ᵉ s. dessine un havre tranquille et élégant. Derrière sa façade classique, les chambres associent tissus imprimés, mobilier de style et confort bourgeois. Quant au restaurant, il met à l'honneur les produits du terroir gascon.

20 chambres – ♦85/133 € ♦♦85/133 € – ⬜ 13 € – ½ P

19 r. Joseph-Cappin – ℰ 05 62 09 51 95 – www.chateaubellevue.org – Fermé 2 janv.-13 fév.

BARCELONNETTE

✉ 04400 (Alpes-de-Haute-Provence) – 2 634 hab. – Alt. 1 135 m – Carte régionale n° **41**-C2
▶ Paris 733 km – Briançon 86 km – Cannes 161 km – Digne-les-Bains 88 km
Carte Michelin 334-H6 – Guide Vert Michelin Alpes du Sud

⌂⌂ Azteca

FAMILIAL · PERSONNALISÉ Jolie villa où meubles et objets artisanaux mexicains composent un décor original évoquant l'épopée des Barcelonnettes au Mexique (19ᵉ s.). Une partie des chambres décline ce thème.

27 chambres – ♦61/118 € ♦♦61/118 € – ⬜ 10 €

3 r. François-Arnaud – ℰ 04 92 81 46 36 – www.azteca-hotel.fr – Fermé 15-30 nov.

à St-Pons 2 km au Nord-Ouest par D900 et D9 – ⊠ 04400 – 721 hab. – Alt. 1 157 m

🏠 Domaine de Lara ⟨symbols⟩

FAMILIAL · PERSONNALISÉ Dans un parc avec une belle vue sur les sommets, une bastide provençale et de caractère, datant du 15ᵉ s. (poutres, tomettes, vieilles pierres, mobilier de famille, style cosy). Petit-déjeuner soigné.

5 chambres ☲ – ♦86/96 € ♦♦92/102 €

D609 – ✆ 04 92 81 52 81 – www.domainedelara.com – Fermé 25 juin-4 juil. et 12 nov.-19 déc.

au Sauze 4 km au Sud-Est par D900 et D209 – ⊠ 04400 Enchastrayes

🏠 Montana Chalet ⟨symbols⟩

FAMILIAL · MODERNE Un beau chalet en bois blond juste au pied des pistes, une cheminée où un feu crépite, des chambres chaleureuses avec balcon, des recettes traditionnelles au restaurant : l'équation montagnarde parfaite !

20 chambres – ♦98/168 € ♦♦98/268 € – ☲ 13 €

au centre de la station – ✆ 04 92 81 05 97 – www.montana-chalet.com – Ouvert de mi-juin à mi-sept. et de mi-déc. à mi-avril

à Jausiers 8 km au Nord-Est par D900 – ⊠ 04850 – 1 135 hab. – Alt. 1 240 m

ⅠⓄ Villa Morelia ⟨symbols⟩

CUISINE MODERNE · CONVIVIAL XX Cette Villa Morelia distille un certain charme bourgeois… Un écrin flatteur pour une cuisine du marché fine, inventive et séduisante. De la fraîcheur, de belles saveurs : un moment gourmet et gourmand.

Menu 36/54 €

9 av. des Mexicains – ✆ 04 92 84 67 78 (réservation conseillée) – www.villa-morelia.com – Fermé 29 mars-29 avril, 2 nov.-28 déc., dim. et lundi sauf de juin à sept. et le midi

🏠 Villa Morelia ⟨symbols⟩

VILLA · PERSONNALISÉ Construite en 1903, cette fière villa anglo-normande a conservé son cachet et propose des chambres chic, plus contemporaines à l'annexe. Au spa, pur moment de détente en perspective…

24 chambres – ♦120/230 € ♦♦150/280 € – ☲ 18 € – ½ P

9 av. des Mexicains – ✆ 04 92 84 67 78 – www.villa-morelia.com – Fermé 29 mars-29 avril et 2 nov.-28 déc.

ⅠⓄ **Villa Morelia** – voir les restaurants ci-dessus

BARCUS

⊠ 64130 (Pyrénées-Atlantiques) – 693 hab. – Alt. 230 m – Carte régionale n° **3**-B3

▶ Paris 813 km – Mauléon-Licharre 14 km – Oloron-Ste-Marie 18 km – Pau 52 km

Carte Michelin 342-H5 – Guide Vert Michelin Pays Basque et Navarre

ⅠⓄ Chilo ⟨symbols⟩

CUISINE MODERNE · AUBERGE XX C'est ici, entre les murs de cette belle maison blanche aux volets bleus, que le destin de la famille Chilo s'écrit depuis 1937. Le chef réalise une cuisine traditionnelle avec les produits du terroir local ; à déguster dans une salle ouverte sur le jardin et la piscine, face aux montagnes. Chambres coquettes.

Formule 15 € – Menu 32/44 € – Carte 48/70 €

8 chambres – ♦55/75 € ♦♦65/99 € – ☲ 10 €

68 r. Principale – ✆ 05 59 28 90 79 – www.hotel-chilo.com – Fermé 5-20 janv., dim. soir, lundi sauf le soir de juin à sept. et mardi midi d'oct. à mai

BARD

⊠ 42600 (Loire) – 629 hab. – Alt. 750 m – Carte régionale n° **44**-A2

▶ Paris 474 km – Clermont-Ferrand 135 km – Lyon 102 km – St-Étienne 46 km

Carte Michelin 327-D6

🍴 Auberge de la Grand'Font

CUISINE MODERNE · AUBERGE X Jolie surprise que cette auberge rustique nichée à côté d'une belle église du 12ᵉ s. que l'on peut admirer depuis la véranda. Aux commandes, un chef passionné et exigeant – il a été récemment finaliste au concours du Meilleur Ouvrier de France – signe une cuisine appétissante, à la fois simple et originale...

🍽 Formule 17 € – Menu 20 € (déj. en semaine), 27/70 € ▼
– Carte 48/71 €

*1 r. de la Grand'Font – 𝒞 04 77 76 21 40 – www.auberge-lagrandfont-42.com
– Fermé 15-29 fév., 16 août-5 sept., lundi et mardi*

BARDIGUES – 82 (Tarn-et-Garonne) → voir Auvillar

BARFLEUR

⊠ 50760 (Manche) – 641 hab. – Alt. 5 m – Carte régionale n° **32**-A1

▶ Paris 355 km – Carentan 48 km – Cherbourg 29 km – St-Lô 75 km

Carte Michelin 303-E1 – Guide Vert Michelin Normandie Cotentin

🏠 Le Conquérant

TRADITIONNEL · FONCTIONNEL À deux pas du port, cette belle demeure en granit (17ᵉ s.) et son joli jardin à la française. Charmant accueil familial ; chambres classiques parfaitement tenues, plus au calme sur l'arrière.

10 chambres – ♦79/123 € ♦♦79/123 € – ⌷ 12 €

*18 r. St-Thomas-Becket – 𝒞 02 33 54 00 82 – www.hotel-leconquerant.com
– Ouvert 1ᵉʳ avril-1ᵉʳ nov.*

BARGEMON

⊠ 83830 (Var) – 1 529 hab. – Alt. 550 m – Carte régionale n° **41**-C3

▶ Paris 883 km – Marseille 137 km – Monaco 108 km – Toulon 99 km

Carte Michelin 340-O4 – Guide Vert Michelin Côte d'Azur

🍴 La Pescalune

CUISINE TRADITIONNELLE · MINIMALISTE X Ce bistrot de poche – seulement 15 couverts ! – est tenu par Virginie Martinetti, une jeune autodidacte pleine de vie, passée par la case Top Chef en 2013. Dans sa cuisine ouverte, elle réalise une cuisine du marché pleine de fraîcheur, dans un esprit "bistronomie" bien dans l'air du temps... Voilà qui donne le sourire !

Carte 35/52 €

*13 r. de la Résistance – 𝒞 06 29 94 66 64 (réservation conseillée)
– www.la-pescalune.fr – Fermé début nov. à mi-mars, dim., lundi et le midi*

BARJAC

⊠ 30430 (Gard) – 1 552 hab. – Alt. 171 m – Carte régionale n° **23**-D1

▶ Paris 666 km – Alès 34 km – Aubenas 45 km – Mende 114 km

Carte Michelin 339-L3

🍴 Le Carré des Saveurs

CUISINE TRADITIONNELLE · À LA MODE X De belles voûtes du 18ᵉ s., un aménagement contemporain aux notes baroques, une agréable terrasse dans une jolie cour intérieure : un cadre charmant que celui de cette ancienne magnanerie cernée par les vignes. La cuisine cultive l'esprit du terroir et de la tradition, tout à l'honneur des produits locaux : le plaisir est complet.

Formule 19 € – Menu 29/44 € – Carte 49/58 €

*4 km au Sud-Est par D901 et rte secondaire – 𝒞 04 66 24 56 31
– www.le-carre-des-saveurs.com – Ouvert mars-déc.*

🏠 **Le Mas du Terme** ⤢ 🏊 🛏 🍴 🔌 AC P

HÔTEL DE VACANCES · PERSONNALISÉ Un jardin entouré de vignes et d'oliviers, de jolies piscines... Qu'il fait bon paresser au soleil de cette ancienne magnanerie et prendre le frais dans une chambre provençale, ou contemporaine (annexe récente).

26 chambres – ♦80/190 € ♦♦80/450 € – ☞ 16 € – ½ P

4 km au Sud-Est par D901 et rte secondaire – ℰ 04 66 24 56 31
– www.masduterme.com – Ouvert mars-déc.

🍴 **Le Carré des Saveurs** - voir les restaurants ci-dessus

BAR-LE-DUC

✉ 55000 (Meuse) – 15 759 hab. – Alt. 188 m – Carte régionale n° **26**-A2
▶ Paris 255 km – Metz 97 km – Nancy 84 km – Reims 113 km
Carte Michelin 307-B6

🍴 **Bistro St-Jean** 🔛 AC

CUISINE MODERNE · BISTRO ✗ Vous ne pouvez pas rater l'endroit : sa vitrine et sa devanture verte sont reconnaissables entre mille ! Cette ancienne épicerie est devenue un bistrot contemporain plein de saveurs et de couleurs, pile dans la tendance. Son chef signe une cuisine fine et bien ficelée, qui respecte joliment les produits.

Formule 28 € – Menu 34 € – Carte 43/50 €

132 bd de La Rochelle – ℰ 03 29 45 40 40 – www.bistrosaintjean.fr – Fermé 30 janv.-8 fév., 16 juil.-4 août, jeudi soir, sam. midi, dim. soir et lundi

BARNEVILLE-CARTERET

✉ 50270 (Manche) – 2 259 hab. – Alt. 47 m – Carte régionale n° **32**-A2
▶ Paris 356 km – Carentan 43 km – Cherbourg 39 km – Coutances 47 km
Carte Michelin 303-B3 – Guide Vert Michelin Normandie Cotentin

à Carteret – ✉ 50270 – 2 324 hab.

❀ **La Marine** (Laurent Cesne) 👥 ⬅ 🔌 AC P

CUISINE MODERNE · ÉLÉGANT ✗✗✗ Contemporain, chic et très bord de mer. Vue panoramique sur les flots et superbe terrasse, au service d'une cuisine bien iodée et très soignée. Le chef, talentueux et créatif, révèle son savoir-faire... Un beau moment de gastronomie !

➜ Huîtres en nage glacée de cornichon. Sole de canot meunière, condiment câpre et citron. Tarte à la rhubarbe, glace vanille.

Menu 42/79 € – Carte 70/110 €

Hôtel La Marine, 11 r. de Paris – ℰ 02 33 53 83 31 – www.hotelmarine.com
– Ouvert de mi-mars au 11 nov. et fermé dim. soir, jeudi midi et lundi en mars, oct. et nov., lundi midi et jeudi midi en avril, mai, juin et sept.

🏨 **La Marine** ⤢ 🏊 ⬅ 🔼 🔌 🏋 P

HÔTEL DE VACANCES · ÉLÉGANT Quasiment les pieds dans l'eau ! Dans cette élégante maison immaculée, tenue par la même famille depuis 1876, les chambres sont très contemporaines, dans un esprit bains de mer chic et épuré. Et côté plage, elles ont toutes une jolie terrasse... Du style, indéniablement.

26 chambres – ♦105/285 € ♦♦105/285 € – ☞ 17 € – ½ P

11 r. de Paris – ℰ 02 33 53 83 31 – www.hotelmarine.com – Fermé 10 déc.-15 fév.

❀ **La Marine** - voir les restaurants ci-dessus

🏠 **Hôtel des Ormes** ⤢ 🏊 ⬅ 🛏

VILLA · COSY Face au port de plaisance, cette jolie demeure du 19ᵉ s. a été rénovée avec raffinement. Les chambres, assez petites, sont délicieusement cosy (tons beige et ivoire, meubles patinés), sans parler du salon et du jardin verdoyant... Une belle adresse.

12 chambres – ♦129/189 € ♦♦129/189 € – ☞ 14 € – ½ P

prom. Barbey-d'Aurevilly – ℰ 02 33 52 23 50 – www.hoteldesormes.fr
– Fermé janv.-fév.

BARNEVILLE-LA-BERTRAN – 14 (Calvados) ➜ voir Honfleur

LE BARP

⊠ 33114 (Gironde) – 4 908 hab. – Alt. 72 m – Carte régionale n° **3**-B2
▶ Paris 604 km – Bordeaux 45 km – Mérignac 41 km – Pessac 32 km
Carte Michelin 335-G7

ᵗᴵ◯ Le Résinier

CUISINE TRADITIONNELLE · ÉLÉGANT 𝕏 Cette maison de pays, conviviale et sympathique avec sa terrasse sous une vigne, a des airs d'auberge d'autrefois ; on y sert une cuisine de tradition où le canard landais est roi... Confit, magret, foie gras : on ne sait que choisir. Quant aux chambres, d'esprit chaleureux et nature, elles sont bien agréables.

Formule 15 € – Menu 24/75 € – Carte 46/53 €

13 chambres – ♦85/115 € ♦♦115/170 € – 3 suites – 🖙 15 €

68 av. des Pyrénées, D10 – ℰ 05 56 88 60 07 – www.leresinier.com – Fermé dim. soir sauf juil.-août

LE BARROUX

⊠ 84330 (Vaucluse) – 669 hab. – Alt. 325 m – Carte régionale n° **42**-E1
▶ Paris 684 km – Avignon 38 km – Carpentras 12 km – Vaison-la-Romaine 16 km
Carte Michelin 332-D9 – Guide Vert Michelin Provence

ᵗᴵ◯ Gajulea

PROVENÇALE · ÉLÉGANT 𝕏𝕏 Dans cet ancien entrepôt mué en restaurant cossu, on se régale de belles saveurs provençales renouvelées au plus près des saisons (avec un menu truffe l'hiver et un menu homard l'été) et l'on peut boire un verre à l'Entre'Potes, bistrot à vin proposant des petites recettes traditionnelles... Vue sur la garrigue en terrasse !

Menu 44/79 €

201 cours Louise-Raymond – ℰ 04 90 62 36 94 (réservation conseillée) – www.gajulea.fr – Fermé 3 semaines en mars, 3 semaines en nov., dim. soir sauf en juil.-août et lundi

🏠 L'Aube Safran

VILLA · PERSONNALISÉ Marie et François ont tout quitté pour s'installer dans ce joli mas, au pied du mont Ventoux. L'endroit est idyllique, les chambres raffinées et spacieuses. Cuisine à disposition pour les hôtes.

5 chambres 🖙 – ♦160/190 € ♦♦170/205 €

450 chemin du Patifiage par rte de Suzette – ℰ 04 90 62 66 91 – www.aube-safran.com – Ouvert 25 mars-16 oct.

BAR-SUR-AUBE

⊠ 10200 (Aube) – 5 145 hab. – Alt. 190 m – Carte régionale n° **14**-C3
▶ Paris 230 km – Châtillon-sur-Seine 60 km – Chaumont 41 km – Troyes 53 km
Carte Michelin 313-I4 – Guide Vert Michelin Champagne Ardenne

😊 La Toque Baralbine

CUISINE TRADITIONNELLE · FAMILIAL 𝕏𝕏 Inventer à partir de bases classiques, c'est le défi que relève le chef de ce restaurant chaleureux. Une cuisine en mouvement, où priment les saveurs franches de beaux produits : suprême de volaille fermière avec une sauce au champagne, carpaccio de tête de veau, tian d'andouillette... On se régale !

Formule 22 € – Menu 28/48 € – Carte 40/67 €

18 r. Nationale – ℰ 03 25 27 20 34 – www.latoquebaralbine.com – Fermé dim. soir et lundi sauf fériés

LE BAR-SUR-LOUP

⊠ 06620 (Alpes-Maritimes) – 2 926 hab. – Alt. 320 m – Carte régionale n° **42**-E2
▶ Paris 916 km – Grasse 10 km – Nice 31 km – Vence 15 km
Carte Michelin 341-C5 – Guide Vert Michelin Côte d'Azur

⑪○ L'École des Filles 🏠 ℙ

CUISINE MODERNE · FAMILIAL ✗✗ Des ardoises et des plumiers évoquent la rentrée des classes au siècle dernier : un cadre coloré très sympathique ! Désormais, filles – et garçons – viennent ici déguster une cuisine ensoleillée, qui révise les parfums de la Provence. Aux beaux jours, direction la terrasse verdoyante… dans l'ancienne cour de récréation.

Formule 26 € – Menu 42 € – Carte environ 52 €

380 av. Amiral-de-Grasse – ☏ 04 93 09 40 20 – www.restaurantecoledesfilles.fr – Fermé merc. et jeudi

BAR-SUR-SEINE

✉ 10110 (Aube) – 3 193 hab. – Alt. 157 m – Carte régionale n° **13**-B3
▶ Paris 197 km – Bar-sur-Aube 37 km – Châtillon-sur-Seine 36 km – St-Florentin 57 km
Carte Michelin 313-G5 – Guide Vert Michelin Champagne Ardenne

près échangeur 9 km autoroute A5, Nord-Est par D443

⊛ Le Val Moret 🛎 🏠 ⅋ 🗚 ⌀ ↻ ℙ

CUISINE MODERNE · CONVIVIAL ✗✗ Derrière des atours de restaurant traditionnel, apprécié pour une étape – l'échangeur est tout proche –, c'est avant tout une table sérieuse, menée par un jeune chef au bon parcours. Il aime revisiter les recettes du terroir, en cuisinant notamment les produits de la ferme attachée à l'établissement, comme les viandes.

◎ Formule 17 € – Menu 19 € (semaine), 27/65 € – Carte 30/61 €

r. du Mar.-Leclerc – ☏ 03 25 29 85 12 – www.le-val-moret.com – Fermé janv.

🏠 Le Val Moret ⌂ 🛎 🗖 ⅋ ⌀ ℙ

FAMILIAL · FONCTIONNEL Près de l'autoroute (mais sans nuisances sonores), quatre bâtiments de type motel, aux chambres fonctionnelles et plutôt grandes. Espace détente, salle de séminaire, aire de jeux : un hôtel adapté aux familles comme aux hommes d'affaires.

49 chambres – 🛏78/110 € 🛏🛏78/110 € – ⌂ 11 € – ½ P

r. du Mar.-Leclerc – ☏ 03 25 29 85 12 – www.le-val-moret.com – Fermé janv.

⊛ **Le Val Moret** – voir les restaurants ci-dessus

à Bourguignons 4 km au Nord par N71 – ✉ 10110 – 279 hab. – Alt. 156 m

⑪○ Domaine de Foolz ⇔ ⌀ 🛎 🏠 🗖 ⅋ 🗚 ⅏ ℙ

CUISINE TRADITIONNELLE · COSY ✗✗ Un corps de ferme champenois, dans un domaine verdoyant bordant la Seine. Le champagne est évidemment à l'honneur au restaurant, qui joue la carte de la tradition mais aussi des saveurs exotiques. Côté hébergement, on découvre, alignés dans le parc, des chalets tout en rondins de bois : ambiance canadienne garantie !

Formule 18 € – Menu 28/57 € – Carte 35/70 €

11 chambres – 🛏83 € 🛏🛏83/119 € – ⌂ 10 €

D671 – ☏ 03 25 29 78 86 – www.domainedefoolz.com – Fermé 2-30 janv., dim. soir et lundi

BARTENHEIM-LA-CHAUSSÉE

✉ 68870 (Haut-Rhin) – Carte régionale n° **1**-B3
▶ Paris 493 km – Colmar 55 km – Strasbourg 124 km
Carte Michelin 315-I11

⑪○ Le Colombier ⓝ 🍴 🏠 🗚 ℙ

CUISINE MODERNE · CONVIVIAL ✗ Avec sa cuisine actuelle, saupoudrée de ce qu'il faut d'inventivité, pleine de couleurs et de saveurs, ainsi que ses excellents desserts, le chef de ce Colombier sait parler à nos papilles ! Quant au patron, il a le chic pour toujours nous proposer le vin idéal pour accompagner nos plats… Du bonheur, tout simplement.

Formule 14 € – Menu 36/46 € – Carte 42/62 €

2 r. de la Libération – ☏ 03 89 68 30 66 – www.restaurant-lecolombier.fr – Fermé 3 semaines en août, 1 semaine à Noël, sam. midi, dim. soir et lundi

BAS-RUPTS – 88 (Vosges) ➜ voir Gérardmer

BASSAC – 16 (Charente) ➜ voir Jarnac

BASSE-GOULAINE – 44 (Loire-Atlantique) ➜ voir Nantes

BASTELICA – 2A (Corse-du-Sud) ➜ voir Corse

LA BASTIDE-CLAIRENCE
✉ 64240 (Pyrénées-Atlantiques) – 1 018 hab. – Alt. 50 m – Carte régionale n° **3**-B3
▶ Paris 771 km – Bayonne 27 km – Bordeaux 185 km – Irun 59 km
Carte Michelin 342-E2 – Guide Vert Michelin Pays Basque et Navarre

🏠 Maison Maxana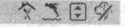
VILLA · DESIGN Rêveries, Voyages... Le nom des chambres de cette maison
basque donne le ton. Mariage réussi de meubles anciens, contemporains et d'objets ethniques, dans un esprit toujours zen. À la table d'hôte (sur réservation),
plats basques mâtinés d'épices.
5 chambres ☲ – †80/110 € ††90/120 €
r. Notre-Dame – 𝒞 05 59 70 10 10 – www.maison-maxana.com

LA BÂTIE-DIVISIN
✉ 38490 (Isère) – 892 hab. – Alt. 521 m – Carte régionale n° **45**-C2
▶ Paris 539 km – Chambéry 41 km – Grenoble 45 km – Lyon 82 km
Carte Michelin 333-G4

⏲○ L'Olivier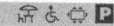
CUISINE MODERNE · À LA MODE L'enseigne évoque l'un des produits préférés
du chef, qui cuisine également à l'huile d'olive. Il cultive également une passion pour les effets visuels, qu'il exprime dans des assiettes très graphiques. Une
bonne auberge d'aujourd'hui, à quelques minutes du lac de Paladru.
⊕ Formule 14 € – Menu 19 € (semaine), 24/50 € – Carte 21/54 €
– 𝒞 04 76 31 00 60 – www.restaurant-l-olivier.com – Fermé dim. soir et lundi

LA BÂTIE-NEUVE – 05 (Hautes-Alpes) ➜ voir Gap

BATZ (ÎLE-DE-) – 29 (Finistère) ➜ voir Île-de-Batz

BATZ-SUR-MER
✉ 44740 (Loire-Atlantique) – 3 030 hab. – Alt. 12 m – Carte régionale n° **34**-A2
▶ Paris 457 km – La Baule 7 km – Nantes 84 km – Redon 64 km
Carte Michelin 316-B4 – Guide Vert Michelin Pays de la Loire

🏠 Le Lichen
TRADITIONNEL · FONCTIONNEL Sur la côte sauvage, vaste villa néobretonne
(1956) jouissant du spectacle unique de l'océan. La moitié des chambres, certaines avec terrasse, donne sur les flots.
17 chambres – †60/260 € ††60/260 € – ☲ 13 €
4 rte de la Govelle, 2 km au Sud-Est par D45 – 𝒞 02 40 23 91 92
– www.le-lichen.com – fermé 15 nov.-15 déc.

LA BAULE
✉ 44500 (Loire-Atlantique) – 15 474 hab. – Alt. 31 m – Carte régionale n° **34**-A2
▶ Paris 450 km – Nantes 76 km – Rennes 120 km – St-Nazaire 19 km
Carte Michelin 316-B4 – Guide Vert Michelin Pays de la Loire

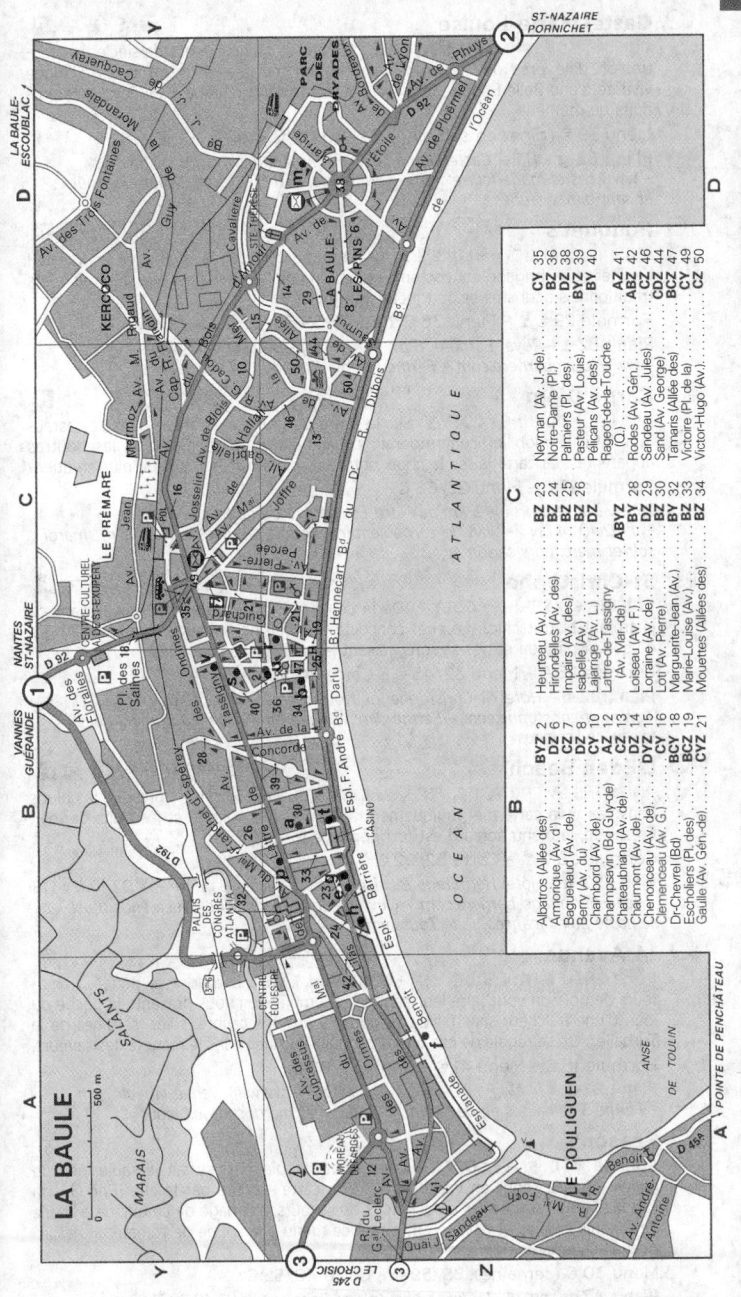

LA BAULE

0   500 m

Albatros (Allée des)	**BYZ**	2
Armorique (Av. d')	**DZ**	6
Baguenaud (Av. de)	**DZ**	7
Berry (Av. du)	**CY**	8
Chambord (Av. de)	**AY**	10
Champsavin (Bd Guy-de)	**CZ**	12
Chateaubriand (Av.)	**DZ**	13
Chaumont (Av. de)	**DYZ**	14
Clemenceau (Av. G.)	**CY**	15
Dr-Chevrel (Bd)	**BCY**	18
Escholiers (Pl. des)	**BCZ**	19
Gaulle (Av. Gén.-de)	**CYZ**	21
Heurteau (Av.)	**BZ**	23
Hirondelles (Av. des)	**BZ**	24
Impairs (Av. des)	**BZ**	25
Isabelle (Av.)	**BZ**	26
Lajarrige (L.)	**DZ**	
Lattre-de-Tassigny (Av. Mar.-de)	**ABYZ**	
Loiseau (Av. F.)	**BY**	28
Lorraine (Av. de)	**CZ**	29
Loti (Av. Pierre)	**BZ**	30
Marguerite-Jean (Av.)	**BY**	32
Marie-Louise (Av.)	**BZ**	33
Mouettes (Allées des)	**BZ**	34
Neyman (Av. J.-de)	**CY**	35
Notre-Dame (Pl.)	**BZ**	36
Palmiers (Pl. des)	**DZ**	38
Pasteur (Av. Louis)	**BYZ**	39
Pescalis (Av. des)	**BY**	40
Ragon-de-la-Touche (Q.)	**AZ**	41
Rodes (Av. Gén.)	**ABZ**	42
Sandeau (Av. Jules)	**CZ**	46
Sand (Av. George)	**CDZ**	47
Tamaris (Allée des)	**BCZ**	48
Victoire (Pl. de la)	**CY**	49
Victor-Hugo (Av.)	**CZ**	50

235

Castel Marie-Louise

CUISINE MODERNE · ROMANTIQUE XXX Dans ce manoir début de siècle très feutré, on dîne près des grandes baies ou en terrasse, sous les pins... L'image vivante d'une Belle Époque, pour une cuisine gastronomique inspirée par les produits du moment.

Menu 39 € (dîner en semaine), 59/110 € – Carte 76/160 €

Plan : BZ-g – *Hôtel Castel Marie-Louise, 1 av. Andrieu* – ℰ 02 40 11 48 38 – www.castel-marie-louise.com – *Fermé 3 janv.-6 fév., le midi sauf juil.-août et sauf dim. et fériés*

Fouquet's

CUISINE CLASSIQUE · LUXE XXX Une Rotonde chic qui satisfait tous les palais ! Le chef et sa brigade concoctent une cuisine diététique, ainsi que de bons mets traditionnels : curistes et gourmets sont ravis.

Formule 29 € ▼ – Menu 36 € ▼ (déj.)/59 € – Carte 48/109 €

Plan : BZ-t – *Royal Barrière, 6 av. Pierre-Loti* – ℰ 02 40 11 48 48 – www.lucienbarriere.com – *Fermé 21 nov.-18 déc.*

Carpe Diem

CUISINE MODERNE · COSY XX Sur la route du golf, faites étape dans ce restaurant ! Ici, le mobilier contemporain cohabite avec la cheminée et les poutres apparentes. La carte laisse le choix entre des plats traditionnels ou plus créatifs.

Formule 17 € – Menu 23/66 €

29 av. Jean-Boutroux, 5 km au Nord-Est par rte du golf de la Baule – ℰ 02 40 24 13 14 – www.le-carpediem.fr – *Fermé vacances de fév., dim., mardi soir et merc. hors saison*

St-Christophe

CUISINE CLASSIQUE · COSY XX De la couleur et beaucoup de fraîcheur dans ce charmant bistrot chic... Le chef concocte une cuisine terre-mer qui varie au gré de son inspiration et des saisons, faisant le bonheur des habitués.

Formule 25 € – Menu 32/45 € – Carte 40/70 €

Plan : BZ-u – *Hôtel St-Christophe, pl. Notre-Dame* – ℰ 02 40 62 40 00 – www.st-christophe.com – *Fermé dim. et lundi du 1er nov. au 31 mars hors vacances scolaires*

L'Eden Beach

POISSONS ET FRUITS DE MER · ÉLÉGANT XX Face à la baie et presque les pieds dans l'eau... la carte met logiquement à l'honneur le poisson et les fruits de mer. En saison, le menu homard est fort apprécié !

Formule 28 € ▼ – Carte 52/92 €

Plan : BZ-h – *Hôtel Hermitage Barrière, 5 espl. Lucien-Barrière* – ℰ 02 40 11 46 16 – www.hermitage-barriere.com – *Ouvert Pâques à fin sept., week-ends d'oct. et 1 semaine par vacances de la Toussaint*

14 Avenue

POISSONS ET FRUITS DE MER · CONVIVIAL X Voilà une adresse dont les amateurs de poisson vont faire leur cantine ! D'emblée, on vous présente la pêche du jour, d'une fraîcheur sans faille : langoustes de gros calibre, soles, sardines de la Turballe... On se régale de ces beaux produits cuisinés dans le respect des saveurs.

Formule 18 € – Menu 41 € – Carte 35/69 €

Plan : BZ-a – *14 av. Pavie* – ℰ 02 40 60 09 21 – www.14avenue-labaule.com – *Fermé 3 semaines en déc., dim. soir, lundi et mardi sauf juil.-août*

Season's

CUISINE MODERNE · COSY X Un restaurant de plage, posé sur le sable, rien de mieux pour se sentir en vacances ! Sur la carte – créée par le chef Éric Guérin (St-Joachim) – on ose les associations de saveurs, à l'image de ce quinoa à l'huile de fenouil, moules et citron vert, ou de ce merlu à la soupe de tomate ail-basilic. Accueil charmant.

Menu 30 € (semaine), 39/59 € – Carte 40/55 €

Plan : AZ-f – *av. du Jardin-Public, (plage Benoît)* – ℰ 02 40 60 71 68 – www.seasons-labaule.com – *Fermé nov., mardi et merc. sauf juil.-août*

ⅱ○ Le Ponton ≤ 🏠 AC P

POISSONS ET FRUITS DE MER · BRASSERIE ✗ Un joli Ponton sur la plage, idéal pour savourer des produits de la mer et une cuisine de brasserie qui joue la carte de la simplicité.

Formule 20 € ▾ – Menu 26 € ▾/39 € – Carte 39/77 €

Plan : BZ-t – *Hôtel Royal-Thalasso Barrière, 6 av. Pierre-Loti – ℰ 02 40 60 52 05 – www.lucienbarriere.com – Fermé 21 nov.-18 déc. et le soir d'oct. à nov.*

🏨🏨 Hermitage Barrière ⚘ 🌿 ≤ 🏠 ⓢ ⓢ 🅵 ⓔ & AC ⚓ P

PALACE · CLASSIQUE Malgré les modes et l'usure du temps, le charme reste intact dans ce palace des années 1920, dont la façade anglo-normande se dresse face à la plage, au milieu des pins. Des vastes chambres pleines de charme à la piscine chauffée et au hammam, tout ici conspire à votre bonheur...

184 chambres – ♦207/937 € ♦♦207/937 € – 16 suites – ☲ 32 € – ½ P

Plan : BZ-h – *5 espl. Lucien-Barrière – ℰ 02 40 11 46 46 – www.hermitage-barriere.com – Ouvert de Pâques à fin sept., week-ends d'oct. et 1 semaine aux vacances de la Toussaint*

ⅱ○ **L'Eden Beach** – voir les restaurants ci-dessus

🏨🏨 Le Royal Barrière ⚘ 🌿 ≤ 🏠 ⓢ ⓢ 🆂🅿🅰 🅵 ⓔ & AC ⚓ P

LUXE · CLASSIQUE Bien-être et confort dans cet hôtel monumental né en 1896 face à la plage et aujourd'hui associé à un centre de thalassothérapie. Une profonde campagne de rénovation est prévue durant l'hiver 2014-2015 : hérité de la Belle Époque, le mythe Royal n'est pas prêt de s'éteindre !

15 chambres – ♦164/920 € ♦♦164/920 € – 14 suites – ☲ 32 € – ½ P

Plan : BZ-t – *6 av. Pierre-Loti – ℰ 02 40 11 48 48 – www.lucienbarriere.com – Fermé 21 nov.-18 déc.*

ⅱ○ **Fouquet's** • ⅱ○ **Le Ponton** – voir les restaurants ci-dessus

🏨🏨 Castel Marie-Louise ⚘ 🌿 ≤ 🏠 ⓔ ⚓ P

LUXE · CLASSIQUE Le lieu reçut son nom en l'honneur d'une femme aimée, et il reste propice à la romance : architecture Belle Époque, tentures, mobilier ancien, table gastronomique, entre jardin arboré et bord de mer... Apposez-y à votre tour le nom de votre élu(e) !

29 chambres – ♦170/839 € ♦♦190/839 € – 2 suites – ☲ 27 € – ½ P

Plan : BZ-g – *1 av. Andrieu – ℰ 02 40 11 48 38 – www.castel-marie-louise.com – Fermé 3 janv.-6 fév.*

ⅱ○ **Castel Marie-Louise** – voir les restaurants ci-dessus

🏨🏨 Mercure Majestic ⚘ ≤ ⓔ & AC ⚓ P

HÔTEL DE CHAÎNE · ART DÉCO Une haute façade blanche signale cet hôtel né en 1930, non loin du casino, en bord de plage. L'esprit Art déco – chic et confort – plane toujours en partie sur les lieux ! Produits de la mer et tradition régionale au restaurant.

83 chambres – ♦98/389 € ♦♦108/389 € – ☲ 16 € – ½ P

Plan : BZ-e – *espl. Lucien-Barrière – ℰ 02 40 60 24 86 – www.hotelmercure-labaule.com*

🏨 Brittany AC

VILLA · PERSONNALISÉ Dans une rue tranquille non loin du front de mer, cette maison des années 1930 abrite des chambres raffinées et bien équipées (salles de bains avec balnéo). Un joli atout : le très agréable solarium sur le toit-terrasse.

19 chambres – ♦89/195 € ♦♦99/195 € – ☲ 13 €

Plan : BZ-b – *7 av. des Impairs – ℰ 02 40 60 30 25 – www.hotelbrittany.com*

🏨 Le St-Christophe ⚘ 🌿 🏠 ⚓ P

VILLA · PERSONNALISÉ Quatre villas nichées au creux d'un jardin verdoyant... Le charme agit : architectures 1900 (tourelles, balcons de bois), mobilier ancien, aquarelles signées par la maîtresse de maison, etc.

44 chambres – ♦76/295 € ♦♦76/295 € – ☲ 14 € – ½ P

Plan : BZ-u – *pl. Notre-Dame – ℰ 02 40 62 40 00 – www.st-christophe.com*

ⅱ○ **St-Christophe** – voir les restaurants ci-dessus

Lutetia & Spa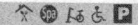

TRADITIONNEL · PERSONNALISÉ Agréable adresse : derrière une façade Art déco, le Lutetia affiche un style contemporain et coloré. Sauna, hammam et jacuzzi font la joie des clients ; en annexe, la Villa St-Bernard joue la thématique sportive (chambres "Golf", "Voile", etc.).

25 chambres – †59/80 € ††75/200 € – ⌒ 13 €

Plan : CZ-r – *13 av. Olivier-Guichard* – *℘ 02 40 60 25 81*
– www.lutetia-labaule.com – Fermé 29 janv.-19 fév.

Alcyon

TRADITIONNEL · FONCTIONNEL Près du marché, façade en angle garnie de balcons, à l'exception du dernier étage. Préférez les chambres rénovées et leur décoration zen et colorée. Bar agréable avec terrasse.

31 chambres – †80/160 € ††80/160 € – ⌒ 12 €

Plan : BY-s – *19 av. des Pétrels* – *℘ 02 40 60 19 37* – *www.alcyon-hotel.com*
– Fermé 4-30 janv.

Villa Cap d'Ail

VILLA · PERSONNALISÉ À 300 m de la plage, cette charmante villa des années 1920, décorée dans un style actuel (bois peint, tons gris), a conservé son charme originel. Les chambres y sont cosy et bien tenues. Accueil familial.

22 chambres – †67/98 € ††72/221 € – ⌒ 11 €

Plan : BZ-p – *145 av. du Mar.-de-Lattre-de-Tassigny* – *℘ 02 40 60 29 30*
– www.villacapdail.com – Fermé 5-21 fév.

Hostellerie du Bois

AUBERGE · FONCTIONNEL On aime le charme vieille France de cette maison à colombages (1923) bien tenue et dont les chambres sont ornées d'objets rapportés de voyage. Petit-déjeuner servi dans une salle rustique et feutrée. Baule oblige : réservez à l'avance !

15 chambres – †62/89 € ††62/89 € – ⌒ 8 € – ½ P

Plan : DZ-m – *65 av. Lajarrige* – *℘ 02 40 60 24 78* – *www.hostellerie-du-bois.com*
– Ouvert 12 mars-14 nov. et vacances de Noël

Hôtel des Dunes

AUBERGE · ACTUEL Cette haute maison à colombages date de 1920 et a été transformée en hôtel en 1950 ; on y trouve des chambres cosy et confortables, joliment meublées par le nouveau propriétaire. Une étape de choix.

32 chambres – †50/100 € ††60/120 € – ⌒ 10 €

Plan : BY-v – *277 av. de Lattre-de-Tassigny* – *℘ 02 51 75 07 10*
– www.hotel-des-dunes.com

BAUME-LES-DAMES

✉ 25110 (Doubs) – 5 291 hab. – Alt. 280 m – Carte régionale n° **17**-C2
🚗 Paris 440 km – Belfort 62 km – Besançon 30 km – Lure 45 km
Carte Michelin 321-I2 – Guide Vert Michelin Franche-Comté Jura

⃝ Hostellerie du Château d'As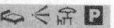

CUISINE MODERNE · RÉTRO XxX Charmante atmosphère d'antan dans cette grande villa 1930 : décor bourgeois, rotonde, lustre en nacre... Aux commandes, deux frères signent à quatre mains une cuisine gastronomique soignée et savoureuse. Pour prolonger l'étape, des chambres spacieuses et fort bien tenues.

Menu 22 € (déj. en semaine), 32/78 € – Carte 53/67 €

7 chambres – †78/125 € ††78/125 € – ⌒ 12 €

24 r. Château-Gaillard – *℘ 03 81 84 00 66* – *www.chateau-das.fr – Fermé dim. soir, mardi midi et lundi*

LES BAUX-DE-PROVENCE

✉ 13520 (Bouches-du-Rhône) – 465 hab. – Alt. 185 m – Carte régionale n° **42**-E1
🚗 Paris 712 km – Arles 20 km – Avignon 30 km – Marseille 86 km
Carte Michelin 340-D3 – Guide Vert Michelin Provence

dans le Vallon

❀❀ L'Oustau de Baumanière

CUISINE MODERNE · ÉLÉGANT XxXxX La majesté de cette bastide du 16ᵉ s. n'interdit pas à l'assiette de briller : le chef concocte une cuisine d'inspiration provençale aux saveurs marquées, à l'image du thon rouge servi en tataki ou de cet épais filet de loup cuit sur peau. À déguster aux beaux jours sur la superbe terrasse ombragée, face aux Alpilles.

→ Rouget onctueux, condiments et sablé au parmesan, en hommage à Raymond Thuilier. Carré de cochon de lait, poitrine fondante, pommes grenailles et jus à l'épis de maïs. Millefeuille tradition Baumanière.

Menu 90 € (déj. en semaine), 130/210 € – Carte 130/190 €

– ✆ 04 90 54 33 07 – www.oustaudebaumaniere.com – Fermé janv., fév., mardi soir, jeudi midi et merc. du 12 oct. au 31 mars

rte de Maussane Sud-Est par D27

Ⅰ○ La Table

CUISINE MODERNE · ÉLÉGANT XxX Au sein du luxueux Domaine de Manville, une table soignée, rendant un vibrant hommage à la tradition régionale – comment pourrait-il en être autrement sur ces terres privilégiées, au pied des Alpilles et des Baux ? La terrasse, sous des platanes centenaires, évoque un roman de Pagnol... Carte plus simple au Bistrot.

Menu 85/130 € – Carte 84/131 €

Hôtel Domaine de Manville, au golf – ✆ 04 90 54 40 20

– www.domainedemanville.fr – Fermé 15 janv.-5 fév. et le midi

🏠 Domaine de Manville

SPA ET BEAUTÉ · MODERNE Dans un ravissant vallon situé entre les Baux-de-Provence et Maussane-les-Alpilles, cet ancien domaine agricole a été magnifiquement reconverti : golf 18 trous, vastes chambres luxueuses, piscine, cinéma privé et spa... L'alliance du luxe, des vieilles pierres et de la nature provençale.

26 chambres – 🛉250/1050 € 🛉🛉250/1050 € – 4 suites – 🖃 28 €

au golf – ✆ 04 90 54 40 20 – www.domainedemanville.fr – Fermé 15 janv.-5 fév.

Ⅰ○ **La Table** – voir les restaurants ci-dessus

rte d'Arles Sud-Ouest par D 27

Ⅰ○ La Cabro d'Or

PROVENÇALE · MÉDITERRANÉEN XxX Un site superbe, avec une terrasse à l'ombre de mûriers-platanes et une jolie vue sur ces éperons rocheux qui ont fait la célébrité de la cité et de ses environs... Quel meilleur cadre pour apprécier une cuisine toute dédiée aux saveurs de la Provence ?

Menu 58 € ♟, 83/130 € – Carte 112/118 €

Hôtel Baumanière – ✆ 04 90 54 33 07 – www.lacabrodor.com – Fermé mardi midi, dim. soir et lundi de mi oct. à début avril

🏠 Baumanière

LUXE · CLASSIQUE L'Oustau, la Guigou, le Manoir, la Flora et la Carita : cinq demeures provençales composent ce domaine exceptionnel, situé aux pieds des rochers qui conduisent au Val d'enfer. Les chambres y sont confortables et raffinées ; on profite aussi d'un beau jardin avec piscine et spa. Mythique !

51 chambres – 🛉200/450 € 🛉🛉250/675 € – 5 suites – 🖃 28 €

à 1 km – ✆ 04 90 54 33 07 – www.oustaudebaumaniere.com

Ⅰ○ **La Cabro d'Or** – voir les restaurants ci-dessus

🏠 Mas de l'Oulivié

VILLA · PERSONNALISÉ Bienvenue dans un mas qui voit la vie en... vert ! Les propriétaires utilisent autant que possible des produits écolo et locaux : mobilier de piscine créé à Maussane-les-Alpilles, savon de bain à l'huile des Baux, etc.

25 chambres – 🛉160/560 € 🛉🛉160/595 € – 2 suites – 🖃 18 €

Les Arcoules, à 2 km, par D78ᶠ – ✆ 04 90 54 35 78 – www.masdeloulivie.com

– Ouvert 25 mars-10 nov.

Benvengudo

TRADITIONNEL · MÉDITERRANÉEN Dans son beau jardin paysager, cette bastide cache des chambres aussi jolies que confortables, déclinant le blanc sur tous les tons et avec fraîcheur... À noter : les chambres situées dans l'annexe sont plus anciennes. Cuisine régionale au restaurant.

20 chambres – ♦165/365 € ♦♦195/365 € – 8 suites – 🖙18 € – ½ P

Vallon de l'Arcoule, à 2 km, par D78ᶠ – 𝒞04 90 54 32 54 – www.benvengudo.com – Ouvert 1ᵉʳ avril-1ᵉʳ nov.

BAVAY

✉ 59570 (Nord) – 3 435 hab. – Alt. 148 m – Carte régionale n° **31**-D2
▶ Paris 229 km – Avesnes-sur-Helpe 24 km – Lille 79 km – Maubeuge 15 km
Carte Michelin 302-K6

🍴 Le Bagacum

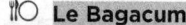

CUISINE TRADITIONNELLE · AUBERGE 🟆🟆 Bagacum : le nom de la cité romaine devenue... Bavay. Pas étonnant que cette jolie grange du 19ᵉ s., rustique et joliment champêtre, cultive le goût de la belle tradition.

Menu 28 € 🍷 (déj. en semaine), 36/53 € 🍷 – Carte 40/60 €

r. d'Audignies – 𝒞03 27 66 87 00 – www.bagacum.com – Fermé jeudi soir, dim. soir et lundi sauf fériés

Ne confondez pas les couverts 🟆 et les étoiles ✿ ! Les couverts définissent une catégorie de confort et de service, tandis que l'étoile couronne uniquement la qualité de la cuisine, quel que soit le standing de la maison.

BAVELLA (COL DE) – 2A (Corse-du-Sud) ➜ voir Corse

BAYARD (COL) – 05 (Hautes-Alpes) ➜ voir Col Bayard

BAYEUX

✉ 14400 (Calvados) – 13 674 hab. – Alt. 50 m – Carte régionale n° **32**-B2
▶ Paris 265 km – Caen 31 km – Cherbourg 95 km – Flers 69 km
Carte Michelin 303-H4 – Guide Vert Michelin Normandie Cotentin

😊 L'Angle Saint-Laurent

CUISINE MODERNE · CONVIVIAL 🟆🟆 Un cadre plein de fraîcheur, à l'angle des rues St-Laurent et des Bouchers : pierres apparentes, poutres peintes, éclairage tamisé. Les produits de la région ont la part belle à la carte (cochon de Bayeux, huîtres normandes...), à travers des recettes savoureuses, originales et joliment ficelées. Voilà un Angle au carré !

Formule 16 € – Menu 30/51 € – Carte 45/62 €

Plan : Z-b – *2 r. des Bouchers – 𝒞02 31 92 03 01 – www.langlesaintlaurent.com – Fermé vacances de fév., dim. soir de nov. à mars, sam. midi, merc. midi et lundi*

😊 La Rapière

CUISINE TRADITIONNELLE · RUSTIQUE 🟆🟆 Cette maison du 15ᵉ s., nichée dans une ruelle pittoresque, s'est forgée une solide réputation. Poissons ruisselant de fraîcheur, belles spécialités normandes ou incursions dans un registre plus ensoleillé, le tout servi dans un restaurant au cadre rajeuni : en garde !

Formule 16 € – Menu 29/52 € – Carte 40/72 €

Plan : Z-p – *53 r. St-Jean – 𝒞02 31 21 05 45 (réservation conseillée) – www.larapiere.net – Fermé 20 déc.-1ᵉʳ fév., lundi sauf le soir de mai à oct., merc. midi et dim.*

BAYEUX

Aure (Bords de l').................Z 2
Bienvenu (R. du)..................Z 3
Bois (Pl. au).......................Z 4
Bouchers (R. des)................Z
Bourbesneur (R.).................Z 6
Bretagne (R. de la)...............Z
Chanoines (R. des)...............Z 7
Chartier (R. A.)....................Z 8
Churchill (Bd W.)..................Y
Clemenceau (Av. G.)............Z
Conseil (Av.).......................Y
Courseulles (R. de)..............Y 9
Cuisiniers (R. des)...............Z 12
Dais (R. Gén.-de)................Z
Dr-Michel (R.)....................Y 13
Eindhoven (Bd)...................Y
Eisenhower (Rond-Point)......Y 14
Foch (R. Mar.)....................Z 15
Franche (R.).......................Z
Gaulle (Pl. Ch.-de)..............Z
Laitière (R.).......................Z 16
Larcher (R.)........................Z
Leclerc (Bd Mar.)................Y 17
Leforestier (R. Lambert).......Z 18
Liberté (Pl. de la)................Z 19
Maîtrise (R. de la)................Z 20
Marché (R. du)....................Z 21
Montgomery (Bd Mar.).........Y 23
Nesmond (R. de)................Z
Pigache (R. de la)...............Z 24
Pont-Trubert (R. du).............Z 25
Poterie (R. de la).................Z 28
Royale (R.).........................Z
Sadi-Carnot (Bd).................Y 29
St-Jean (R.).....................Y, Z
St-Laurent (R.)..................Y, Z
St-Loup (R.)....................Y, Z 30
St-Malo (R.).......................Z
St-Martin (R.).....................Z
St-Patrice (R. et Pl.)............Y 31
St-Quentin (R.)...................Z 41
Schumann (R. M.)...............Z 42
Tardif (R.)..........................Z
Teinturiers (R. des)..............Z 32
Terres (R. des)...................Z 33
Vaucelles (Rond-Point de)....Y 35
Verdun (R. de)...................Y 37
Ware (Bd F.)......................Y 38
6-Juin (Bd du)....................Y

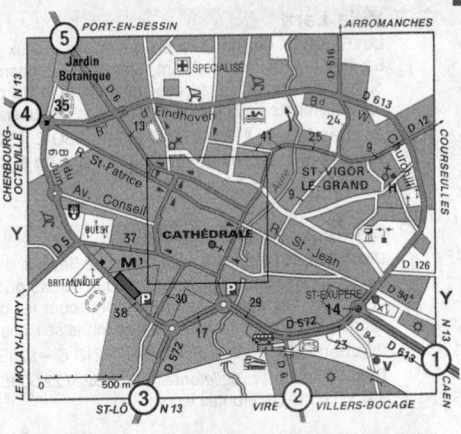

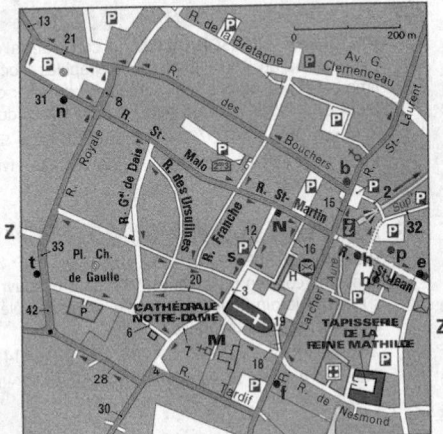

ⓘ○ Le Lion d'Or ⓝ   🍴 ᕕ ♿ ⛛ 🅿

CUISINE TRADITIONNELLE · CONVIVIAL ✗✗ Le Lion d'Or menaçait de s'endormir pour de bon... Un nouveau couple de propriétaires s'attache à lui donner une seconde jeunesse. Le chef travaille les produits du terroir normand de belle manière, faisant preuve d'une bonne maîtrise des cuissons et des assaisonnements. Une vraie renaissance !

🍽 Menu 18 € (déj.), 28/58 €

Plan : Z-e – Hôtel Le Lion d'Or, 71 r. St-Jean – ℰ 02 31 92 06 90
– www.liondor-bayeux.fr – Fermé 23 déc.-15 janv., lundi sauf le soir de mi-mars à mi-nov., dim. soir en hiver, mardi midi et sam. midi

ⓘ○ Le Pommier   🍴 ᕕ

CUISINE TRADITIONNELLE · COSY ✗ Un Pommier très normand ! Dans un joli décor de pierres et colombages, très frais, on déguste un velouté de crustacés à la crème fraîche d'Isigny, des tripes à la mode de Caen, un foie gras à la pomme, etc. Pour ne pas se lasser du goût de la région.

🍽 Formule 15 € – Menu 18 € (déj. en semaine), 25/39 € – Carte 28/52 €

Plan : Z-s – 40 r. des Cuisiniers – ℰ 02 31 21 52 10
– www.restaurantlepommier.com

Villa Lara

LUXE · COSY Cet hôtel récent se trouve à deux pas de la célèbre Tapisserie de Bayeux. Les chambres y sont raffinées et donnent toutes sur la cathédrale. Luxe discret et sens du détail concourent à faire de cette adresse l'un des meilleurs établissements de la ville. Copieux petit-déjeuner.

23 chambres – ♦190/530 € ♦♦190/530 € – 5 suites – 🖙 23 €

Plan : Z-b – *6 pl. de Québec* – *☎ 02 31 92 00 55* – *www.hotel-villalara.com*
– Ouvert de mars à nov.

Château de Bellefontaine

CHÂTEAU · CLASSIQUE Aux portes de Bayeux, dans un parc planté d'arbres centenaires, cette belle demeure classique (18e s.) distille charme bucolique, fraîcheur et confort. Les familles pourront opter pour les duplex créés dans les anciennes écuries. Accueil charmant, restauration le soir pour les résidents.

20 chambres – ♦70/150 € ♦♦90/210 € – 🖙 15 € – ½ P

Plan : Y-v – *49 r. Bellefontaine* – *☎ 02 31 22 00 10*
– www.hotel-bellefontaine.com

Churchill

HISTORIQUE · PERSONNALISÉ Au cœur de la cité, cet hôtel a des allures de petit musée du 6 juin 1944 (photographies, documents, etc.). Les lieux ont une âme et les prestations sont agréables : mobilier de style, bar lumineux, chambres feutrées... Parfait pour un séjour sur les traces du Débarquement.

32 chambres – ♦120/207 € ♦♦130/207 € – 🖙 14 €

Plan : Z-h – *pl. de Québec* – *☎ 02 31 21 31 80* – *www.hotel-churchill.fr* – *Ouvert de mi-fév. à nov.*

Hôtel d'Argouges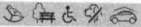

HISTORIQUE · PERSONNALISÉ Un style très hôtel particulier ; on pénètre dans une cour en plein centre-ville pour découvrir une belle bâtisse blanche (18e s.) et son jardin fleuri. L'ensemble est cossu, élégant et de bon ton. Les salons, d'origine, sont magnifiques !

28 chambres – ♦75/115 € ♦♦85/150 € – 🖙 14 €

Plan : Z-n – *21 r. St-Patrice* – *☎ 02 31 92 88 86* – *www.hotel-dargouges.com*
– fermé déc. et janv.

Le Lion d'Or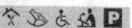

TRADITIONNEL · RÉTRO Un porche, une cour pavée ; vous voilà prêt pour un saut dans le passé. Dans le salon trônent dédicaces et portraits des personnalités passées ici... Les clients d'aujourd'hui apprécient le calme, le restaurant et les chambres, sobres et confortables. Un établissement de tradition, au cœur de la première ville libérée de France.

30 chambres – ♦69/259 € ♦♦99/259 € – 1 suite – 🖙 13 € – ½ P

Plan : Z-e – *71 r. St-Jean* – *☎ 02 31 92 06 90* – *www.liondor-bayeux.fr*

🍴 **Le Lion d'Or** – voir les restaurants ci-dessus

Le Petit Matin

TRADITIONNEL · PERSONNALISÉ Cet hôtel particulier des 17e et 18e s. fait face aux superbes alignements de tilleuls de la place Charles-de-Gaulle – classés monuments naturels en 1932 ! La demeure allie beaux volumes et décors soignés ; les chambres, avec leur plancher de bois et leurs murs pastel, sont très reposantes... jusqu'au petit matin.

5 chambres 🖙 – ♦85/110 € ♦♦85/120 €

Plan : Z-t – *9 r. des Terres, (place Charles-de-Gaulle)* – *☎ 02 31 10 09 27*
– www.lepetitmatin.com

🏠 Tardif Noble Guesthouse

HISTORIQUE · CLASSIQUE Amoureux de demeures historiques, cette adresse est pour vous ! Un parc aux arbres centenaires, une architecture remarquable (18ᵉ s.), le tout près de la belle cathédrale. Une maison très reposante, avec un cachet certain.

5 chambres � – ♦65/175 € ♦♦85/205 €

Plan : Z-f – *57 r. Larcher* – ✆ *02 31 92 67 72* – *www.nobleguesthouses.com*

rte de Port-en-Bessin 3 km au Nord-Ouest

✿ Château de Sully

CUISINE MODERNE · COSY 🕸🕸🕸 Dans le cadre classique et élégant de ce château du 18ᵉ s., on cultive le goût de la nature avec sensibilité : produits locaux – souvent bio –, créativité mesurée, finesse et harmonie… au rythme des saisons et de leurs caprices.

➝ Œuf bio du Bessin, le jaune cuit à 55° et le blanc en mousse de gruyère de Carrouges. Ris de veau normand rôti sous un voile d'agrumes et carottes confites au cumin. Rhubarbe et fraises de pays confites à la vanille.

Menu 59/109 € – Carte 80/95 €

Hôtel Château de Sully, rte de Port-en-Bessin ⊠ *14400 Bayeux* – ✆ *02 31 22 29 48 (réservation conseillée)* – *www.chateau-de-sully.com* – *Fermé 15 nov.-7 fév. et le midi sauf dim.*

🏰 Château de Sully

CHÂTEAU · CLASSIQUE De lourdes grilles, une grande allée ; une très belle entrée en matière pour ce château du 18ᵉ s. plein de charme. Les chambres cultivent un luxe discret et l'on aime à flâner sous les frondaisons du parc. Piscine, jacuzzi… Histoire et détente !

21 chambres – ♦179/249 € ♦♦179/299 € – 2 suites – � 22 €

rte de Port-en-Bessin ⊠ *14400 Bayeux* – ✆ *02 31 22 29 48*
– www.chateau-de-sully.com – *Fermé 15 nov.-7 fév.*

✿ **Château de Sully** – voir les restaurants ci-dessus

à Audrieu 13 km au Sud-Est par D6 – ⊠ 14250 – 1 039 hab. – Alt. 71 m

🍴 Château d'Audrieu

CUISINE MODERNE · ÉLÉGANT 🕸🕸🕸 En ce château du siècle des Lumières, le raffinement du cadre – entre parc et cour d'honneur – convie à un voyage gastronomique empreint de la noblesse des produits de la région, en particulier le poisson de la côte. Créativité et vins de choix sont également au rendez-vous.

Menu 55/95 € – Carte 70/100 €

Hôtel Château d'Audrieu – ✆ *02 31 80 21 52*
– www.chateaudaudrieu.com – *Fermé 29 nov.-13 fév., lundi et le midi sauf week-end et fériés*

🏰 Château d'Audrieu

CHÂTEAU · PERSONNALISÉ Superbe ! Un château du 18ᵉ s., classé monument historique, au sein d'un parc ravissant. Jardin de fleurs blanches, de roses, d'herbes… Ce raffinement végétal n'a d'égal que les beaux salons et les chambres classiques. L'art de vivre à la française.

25 chambres – ♦210/708 € ♦♦210/708 € – 5 suites – ☐ 22 € – ½ P
– ✆ 02 31 80 21 52 – *www.chateaudaudrieu.com*
– Fermé 29 nov.-13 fév.

🍴 **Château d'Audrieu** – voir les restaurants ci-dessus

BAYONNE

✉ 64100 (Pyrénées-Atlantiques) – 45 855 hab. – Agglo. 226 811 hab. – Alt. 3 m
– Carte régionale n° **3**-A3
▶ Paris 765 km – Bordeaux 183 km – Biarritz 9 km – Pamplona 109 km
Carte Michelin 342-D2 – Guide Vert Michelin Pays Basque et Navarre

Accès et sorties : voir Biarritz.

�ุ Auberge du Cheval Blanc (Jean-Claude Tellechea)   AC ✿

CUISINE MODERNE · ÉLÉGANT XX Ce relais de poste du 18ᵉ s. est tenu par la
même famille depuis 1959. La salle arbore les couleurs blanc et rouge du
Pays basque... et la cuisine revisite avec saveur le répertoire régional, au profit des meilleurs produits bayonnais (sel, jambon, chocolat, irouléguy, etc.).
Une valeur sûre.
➔ Œuf coulant sur un lit de cèpes, truffe d'été et écume de foie gras. Parmentier
de xamango au jus de veau truffé. Soufflé chaud au Grand Marnier.
Menu 25 € (semaine), 46/84 € – Carte 55/70 €
Plan : BZ-b – 68 r. Bourgneuf – ℰ 05 59 59 01 33
– www.cheval-blanc-bayonne.com – Fermé 27 juin-7 juil., 27-31 juil., sam. midi,
dim. soir et lundi

☺ François Miura   AC

CUISINE MODERNE · CONVIVIAL XX Dans le vieux Bayonne, une cuisine du marché 100 % maison, simple et goûteuse ! Copieuses et bien ficelées, les assiettes
combinent sans fausse note modernité et authenticité. Un peu comme le décor :
des voûtes en pierres et briques alliées à un mobilier contemporain. Bon rapport
qualité-prix.
Menu 23/34 € – Carte 49/61 €
Plan : BZ-r – 24 r. Marengo – ℰ 05 59 59 49 89 – Fermé mars, 1 semaine en juil.,
24 déc.-2 janv., dim. soir et merc.

ⅼ○ L'Embarcadère   🏠

CUISINE MODERNE · RUSTIQUE X En bord de Nive, le long d'un quai dont les terrasses font le bonheur des passants, on est accueilli avec gentillesse dans cet
embarcadère gourmand. Aux fourneaux, un jeune chef et son beau-père réalisent
une cuisine dans l'air du temps, où le poisson a la part belle. N'hésitez pas
à embarquer...
Carte 30/45 €
Plan : ABZ-e – 15 quai A.-Jauréguiberry – ℰ 05 59 25 60 13
– Fermé 2 semaines en janv., 1 semaine en oct. , dim. soir sauf juil.-août
et lundi

ⅼ○ La Grange   🏠

CUISINE TRADITIONNELLE · RUSTIQUE X Vieilles pierres, tresses de piments et
objets chinés créent une atmosphère d'antan au cœur de la ville... On déguste ici
une savoureuse cuisine du marché et quelques spécialités de bistrot à l'accent
basque. L'été, profitez de la terrasse sous les arcades, au bord de la Nive. Accueil
et service aux petits soins.
Menu 24/40 € – Carte 40/57 €
Plan : BZ-a – 26 quai Galuperie – ℰ 05 59 46 17 84 – Fermé dim. midi

ⅼ○ La Table de Pottoka ⓝ   🏠 ⅒ AC

CUISINE DU SUD-OUEST · BISTRO X Après avoir connu un succès mérité avec
son Pottoka parisien (dans le 7ᵉ arrondissement), le chef revient à ses racines
avec cette adresse bayonnaise. Il compose des plats de bistrot inspirés et bien
ficelés, en s'appuyant sur le meilleur de la production du Sud-Ouest. Nul doute
que les clients seront au rendez-vous !
Formule 20 € – Menu 25 € (déj. en semaine), 35/45 €
21 quai Amiral-Dubourdieu – ℰ 05 59 46 14 94 – www.pottoka.fr – Fermé dim.

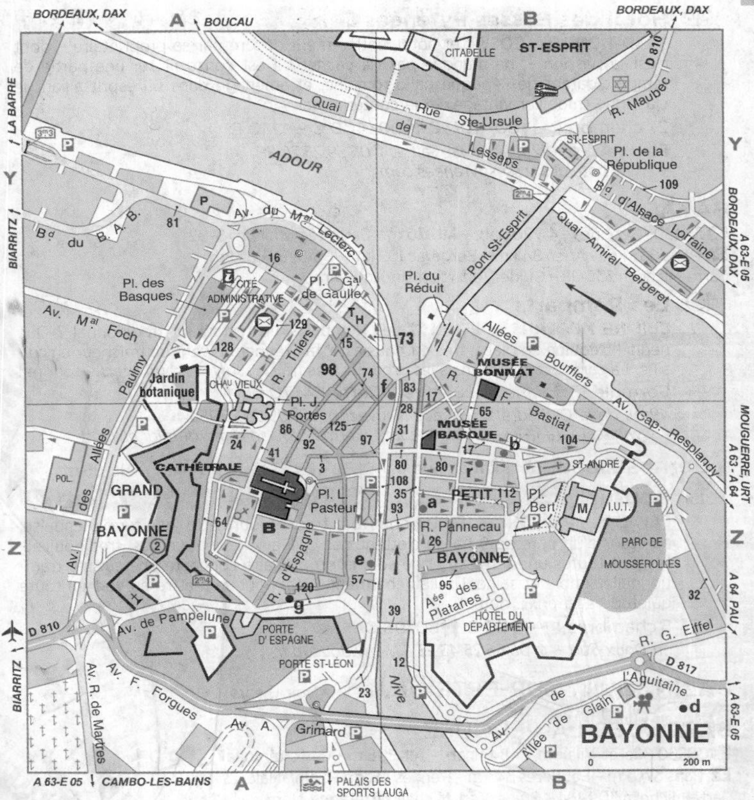

Argenterie (R.)	AZ	3
Bastion Royal (R. du)	BZ	12
Bernède (R.)	AY	15
Bonnat (Av. Léon)	AY	16
Bourgneuf (R.)	BYZ	17
Château-Vieux (Pl.)	AZ	24
Cordeliers (R. des)	BZ	26
Corsaires (Quai des)	BZ	28
Dubourdieu (Q. Amiral)	BZ	31
Duvergier-de-Hauranne (Av.)	BZ	32
Galuperie (Quai)	BZ	35
Génie (Pont du)	BZ	39
Gouverneurs (R. des)	AZ	41
Hugo (R. Victor)	AZ	125
Jaureguiberry (Q.)	AZ	57
Lachepaillet (Bd du Rempart)	AZ	64
Laffitte (R. Jacques)	BYZ	65
Lamarque (Av. du Chanoine)	AZ	23
Liberté (Pl. de la)	BY	73
Lormand (R.)	AY	74
Marengo (Pont et R. de)	BZ	80
Marines (Av. des Allées)	AY	81
Mayou (Pont)	BY	83
Monnaie (R. de la)	AZ	86
Orbe (R.)	AZ	92
Pannecau (Pont)	BZ	93
Pelletier (R.)	BZ	95
Port-de-Castets (R.)	AZ	97
Port-Neuf (R.)	AY	98
Ravignan (R.)	BZ	104
Roquebert (Q. du Cdt)	BZ	108
Ste-Catherine (R.)	BY	109
Thiers (R.)	AY	
Tonneliers (R. des)	BZ	112
Tour-de-Sault (R.)	AZ	120
11-Novembre 1918 (Av.)	AY	128
49e R.I. (R. du)	AY	129

🏠 La Villa Hôtel

♨ 🛋 🕭 AC P

VILLA · PERSONNALISÉ Au calme dans son jardin d'inspiration italienne, cette maison de maître offre une jolie vue sur la Nive et les Pyrénées. On s'y repose dans de belles chambres à la décoration soignée, pourvues de meubles anciens chinés. Idéal pour une escapade au Pays basque.

10 chambres – 🛏65/170 € 🛏🛏90/230 € – ⌂ 12 €

Plan : BZ-d – *12 chemin de Jacquette* – ℰ 05 59 03 01 20
– *www.bayonne-hotel-lavilla.com*

Une bonne table sans se ruiner ? Repérez les Bib Gourmand ⊛.

Hôtel des Basses Pyrénées ✕ 🖼 ⚐ ⎗

TRADITIONNEL · COSY Cet hôtel, entièrement décoré par sa propriétaire – dont c'est la passion –, ne manque pas de cachet ! Il est construit sur une partie de rempart datant de l'époque gallo-romaine, et aménagé dans un esprit alliant le classique (mobilier vintage) et le contemporain.

27 chambres – ▮80/400 € ▮▮90/400 € – ⌁10 €

Plan : AZ-g – 12 r. Tour-de-Salt – ☏ 05 59 25 70 88
– www.hoteldesbassespyrenees.com

BAZAS

✉ 33430 (Gironde) – 4 720 hab. – Alt. 70 m – Carte régionale n° **3**-B2
▶ Paris 637 km – Agen 84 km – Bergerac 105 km – Bordeaux 62 km
Carte Michelin 335-J8 – Guide Vert Michelin Aquitaine

🍴 **Les Remparts** 🏠 ⎗ ⌁

CUISINE MODERNE · DESIGN ✕✕ Les Remparts, un restaurant traditionnel ? Que nenni ! L'équipe en place, très enthousiaste, fait régner un vent de fraîcheur en cuisine. La carte est courte mais les produits très frais et l'on est servi avec le sourire !

Formule 17 € – Menu 28/89 € – Carte 54/70 €

49 pl. de la Cathédrale, (Espace Mauvezin) – ☏ 05 56 25 95 24
– www.restaurant-les-remparts.com – Fermé dim. soir, mardi midi et lundi

à Bernos-Beaulac 6 km au Sud par D932 – ✉ 33430 – 1 171 hab. – Alt. 66 m

🏠 **Dousud** ✕ 🐾 ⇱ ⌁ 🅿

FAMILIAL · PERSONNALISÉ Un nom tout trouvé pour cette jolie ferme landaise, au cœur d'un parc de 9 ha où trottent des chevaux. Les chambres, très douillettes, ont toutes une terrasse et, le soir, la propriétaire concocte une cuisine traditionnelle simple et saine. Un lieu charmant, idéal pour se mettre au vert en toute quiétude et à prix... doux !

5 chambres ⌁ – ▮70 € ▮▮80/95 €

au Doux Sud – ☏ 05 56 25 43 23 – www.dousud.fr

BAZINCOURT-SUR-EPTE – 27 (Eure) ➜ voir Gisors

BAZOUGES-LA-PÉROUSE

✉ 35560 (Ille-et-Vilaine) – 1 844 hab. – Alt. 106 m – Carte régionale n° **10**-D2
▶ Paris 376 km – Fougères 34 km – Rennes 45 km – Saint-Malo 53 km
Carte Michelin 309-M4 – Guide Vert Michelin Bretagne Nord

🏠 **Château de la Ballue** 🐾 ⇱ 🅿

CHÂTEAU · HISTORIQUE De superbes jardins d'esprit baroque et à la française entourent ce château du 17ᵉ s. Grandes chambres raffinées : hauteur sous plafond, boiseries d'époque, mobilier ancien.

5 chambres – ▮200/260 € ▮▮210/305 € – ⌁20 €

4 km au Nord-Est par D91 et rte secondaire – ☏ 02 99 97 47 86
– www.la-ballue.com

BEAUCAIRE

✉ 30300 (Gard) – 15 860 hab. – Alt. 18 m – Carte régionale n° **23**-D2
▶ Paris 703 km – Arles 18 km – Avignon 27 km – Nîmes 24 km
Carte Michelin 339-M6

au Sud-Ouest 6 km (rte de St Gilles) puis à gauche, écluse de Nouriguier

🏠 **Mas de Lafont** 🐾 ⇱ ⌁ ⎗ 🅿 ⇥

FAMILIAL · PERSONNALISÉ Entre vignes et abricotiers, un mas du 17ᵉ s. aux chambres spacieuses, ornées d'un superbe mobilier provençal. Toutes ouvrent sur le jardin. Cuisine à la disposition des hôtes.

3 chambres ⌁ – ▮80/110 € ▮▮80/110 €

chemin du Mas-d'Aillaud ✉ 30300 Beaucaire – ☏ 04 66 59 29 59
– www.masdelafont.com – Ouvert 1ᵉʳ mai-1ᵉʳ oct.

LE BEAUCET – 84 (Vaucluse) → voir Carpentras

BEAUCHAMPS
⊠ 50320 (Manche) – 371 hab. – Alt. 120 m – Carte régionale n° **32**-A2
▶ Paris 323 km – Caen 92 km – St-Lô 57 km
Carte Michelin 303-D7

🍴 **Les Sens à Scion** 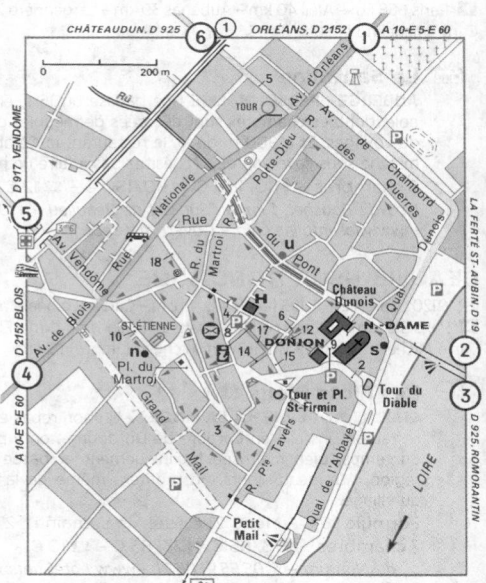   🕭 🅿

    CUISINE MODERNE • **AUBERGE** XX Impossible de manquer cette imposante mai-
son en pierre de pays, installée... en bordure de rond-point. Le chef, pâtissier de
formation, multiplie les clins d'œil au terroir – queue de lotte à la sauce cidre et
crème, turbot rôti et émulsion à l'andouille... et propose, évidement, de délicieux desserts !
    Formule 15 € – Menu 29/48 € – Carte 39/52 €
    8 Le Scion – ℰ 02 33 50 80 54 – Fermé dim. soir, merc. soir et lundi

BEAUCOUZÉ – 49 (Maine-et-Loire) → voir Angers

BEAUGENCY
⊠ 45190 (Loiret) – 7 501 hab. – Alt. 99 m – Carte régionale n° **12**-C2
▶ Paris 152 km – Blois 35 km – Châteaudun 42 km – Orléans 31 km
Carte Michelin 318-G5 – Guide Vert Michelin Châteaux de la Loire

🍴 **Le P'tit Bateau** 🕭

    CUISINE MODERNE • **AUBERGE** XX Un jeune couple plein d'allant a pris le gou-
vernail de ce P'tit Bateau où il signe à quatre mains de bien jolies recettes : tout
est généreux, précis, présenté avec soin et savoureux. À noter : le sympathique
patio pour un repas à l'air libre. Une maison qui respire l'envie de bien faire !
    Formule 35 € – Menu 42/75 € – Carte environ 56 €
    Plan : -u – *54 r. du Pont – ℰ 02 38 44 56 38 – www.restaurant-lepetitbateau.fr
– Fermé lundi et mardi*

BEAUGENCY

Abbaye (R. de l')	2
Bretonnerie (R. de la)	3
Change (R. du)	4
Châteaudun (R. de)	5
Cordonnerie (R. de la)	6
Dr-Hyvernaud (Pl.)	8
Dunois (Pl.)	9
Maille-d'Or (R. de la)	10
Martroi (R. du)	
Pellieux (Passage)	12
Pont (R. du)	
Puits-de-l'Ange (R. du)	14
Sirène (R. de la)	15
Traîneau (R. du)	17
Trois-Marchands (R. des)	18

🏠 L'Écu de Bretagne

TRADITIONNEL · CLASSIQUE Au cœur de la cité médiévale, cet ancien relais de poste du 17ᵉ s. attire encore les voyageurs ! Les chambres, récemment rénovées, sont confortables et joliment décorées. Un petit jardin et une piscine chauffée sont à la disposition des clients.

33 chambres – †94/165 € ††94/165 € – ☐ 12 € – ½ P

Plan : -n – *pl. du Martroi* – ℰ 02 38 44 67 60 – www.ecudebretagne.fr

🏠 Grand Hôtel de l'Abbaye

TRADITIONNEL · HISTORIQUE En bord de Loire, une véritable demeure historique que cette ancienne abbaye des 12ᵉ-17ᵉ s. Vieilles pierres, escalier monumental, tomettes, mobilier de style... et de belles chambres aménagées dans les anciennes cellules des moines !

19 chambres – †89/149 € ††89/229 € – ☐ 16 €

Plan : -s – *2 quai de l'Abbaye* – ℰ 02 38 45 10 10
– *www.grandhoteldelabbaye.com – Fermé 4-31 janv.*

à Tavers 3 km à l'Ouest par A10, E5 et E60 – ✉ 45190 – 1 344 hab. – Alt. 100 m

🏠 La Tonnellerie

TRADITIONNEL · CLASSIQUE De nouveaux propriétaires ont réinvesti cette maison de 1870 bourrée de charme. Leur pari est réussi : le lieu offre désormais tout le confort moderne (isolation et équipements des chambres), mais son charme classique demeure. Agréable jardin avec piscine.

20 chambres – †70/155 € ††70/155 € – 2 suites – ☐ 12 €
12 r. des Eaux-Bleues, (près de l'église) – ℰ 02 38 44 68 15
– *www.latonneriehotel.com – Fermé 22 oct.-1ᵉʳ nov., 16 déc.-18 janv.*

BEAULIEU

✉ 07460 (Ardèche) – 469 hab. – Alt. 130 m – Carte régionale n° **44**-A3
▶ Paris 668 km – Alès 40 km – Aubenas 39 km – Largentière 29 km
Carte Michelin 331-H7

🏠 La Santoline

AUBERGE · PERSONNALISÉ Une bâtisse du 16ᵉ s. entourée par la garrigue cévenole, dont les chambres sont décorées de meubles chinés et d'objets glanés au fil de voyages. Et à 900 m de là, le restaurant la Carabasse propose une cuisine du marché sous cave voûtée... N'hésitez pas à faire un petit plongeon dans la piscine.

6 chambres – †110/180 € ††110/180 € – ☐ 12 €
Lieu-dit Bouchet, 1 km au Sud-Est de Beaulieu – ℰ 04 75 39 01 91
– *www.lasantoline.com – Ouvert mai-sept.*

BEAULIEU-SUR-DORDOGNE

✉ 19120 (Corrèze) – 1 193 hab. – Alt. 142 m – Carte régionale n° **25**-C3
▶ Paris 513 km – Aurillac 65 km – Brive-la-Gaillarde 44 km – Figeac 56 km
Carte Michelin 329-M6 – Guide Vert Michelin Limousin Berry

🍴 Les Flots Bleus ⓝ

CUISINE MODERNE · À LA MODE ✕✕ Un bon repas en perspective dans cet hôtel-restaurant installé en bordure de Dordogne : on y propose une cuisine dans l'air du temps, bien maîtrisée techniquement et basée sur de bons produits de la région. Aux beaux jours, on profitera même de la terrasse donnant sur l'église du village.

Formule 16 € – Menu 21 € (déj. en semaine), 27/55 €
7 chambres – †73/85 € ††73/85 € – ☐ 10 €
pl. du Monturu – ℰ 05 55 91 06 21 – www.hotel-flotsbleus.com – Fermé de fin nov. à début mars et lundi sauf le soir en juil.-août*

Le Turenne

TRADITIONNEL · PERSONNALISÉ Dans cette charmante bourgade médiévale, une superbe bâtisse datant du 12e s., réaménagée en hôtel. Les chambres, modernes et bien équipées, ont été personnalisées avec quelques touches colorées, ethniques ou baroques... et l'ensemble a du cachet !

9 chambres – †73/130 € ††73/150 € – ⌷ 10 €

1 bd St-Rodolphe-de-Turenne – ℰ 05 55 91 94 72 – www.leturenne.com
– Fermé vend. et sam. de nov. à fév.

à Brivezac 4 km rte d'Argentat par D940, D12 et rte secondaire – ✉ 19120
– 175 hab. – Alt. 140 m

Château de la Grèze

CHÂTEAU · PERSONNALISÉ Quel calme... Entourée d'un parc, cette élégante demeure du 18e s. abrite des chambres spacieuses au décor soigné ; les tissus d'Indienne fleurissent sur les murs et la vue sur la vallée est imprenable. Piscine, promenades à pied, à cheval ou à vélo (à disposition), dîners à la table d'hôte : une vraie vie de gentilhomme.

5 chambres ⌷ – †89/116 € ††104/131 €

– ℰ 05 55 91 08 68 – www.chateaudelagreze.com
– Ouvert 15 mars-16 nov.

BEAULIEU-SUR-LAYON

✉ 49750 (Maine-et-Loire) – 1 421 hab. – Alt. 85 m – Carte régionale n° **35**-C2
▶ Paris 316 km – Angers 25 km – Nantes 95 km – Niort 176 km
Carte Michelin 317-F5

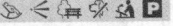 Château Soucherie

CHÂTEAU · PERSONNALISÉ Sur les coteaux du Layon, un château au cœur d'un domaine viticole de 24 ha. Dans les chambres, raffinées à souhait, mobilier ancien et confort moderne se conjuguent à merveille ! Le plus : une visite de la propriété, avec dégustation, est proposée aux nouveaux arrivants. Une belle adresse.

4 chambres ⌷ – †95/115 € ††115/135 €

2,5 km au Nord-Ouest par D54 et D209 – ℰ 02 41 78 31 18
– www.domaine-de-la-soucherie.fr – Fermé dim. d'oct. à mai et fériés

BEAULIEU-SUR-MER

✉ 06310 (Alpes-Maritimes) – 3 764 hab. – Carte régionale n° **42**-E2
▶ Paris 935 km – Menton 20 km – Monaco 10 km – Nice 8 km
Carte Michelin 341-F5 – Guide Vert Michelin Côte d'Azur

 Restaurant des Rois

CUISINE MODERNE · LUXE XxxX Au pied de ce véritable palais de bord de mer, une superbe terrasse face à la Méditerranée et, en guise de salle, une longue galerie au faste classique, ouverte sur les flots... Un superbe écrin pour une cuisine cultivant la délicatesse et la générosité avec une maestria toute particulière !

→ Langoustine saisie aux graines de futaba, émulsion yuzu. Loup sauvage en écailles soufflées, flambé au pastis, tartare de fenouil bio. Soufflé au Grand Marnier, sorbet mandarine.

Menu 125/205 € – Carte 180/250 €

Plan : Z-w – Hôtel La Réserve de Beaulieu & Spa, 5 bd du Mar.-Leclerc
– ℰ 04 93 01 00 01 – www.reservebeaulieu.com
– Fermé 9 oct.-23 déc. et le midi

BEAULIEU-SUR-MER

Albert-1er (Av.)	Z	
Alsace-Lorraine (Bd)	Y	
Bracco (R. J.)	Y	3
Cavell (Av. Edith)	Z	4
Charles II Comte de Provence (Av.)	Z	6
Clemenceau (Pl. et R.)	Y	5
Déroulède (Bd)	Y	
Doumer (R. Paul)	Z	7
Dunan (Av. F.)	Z	
Edouard-VII (Bd)	Y	
Eiffel (R.)	Z	
Gaulle (Pl. Charles-de)	Y	
Gauthier (Bd Eugène)	Y	13
Hellènes (Av. des)	Z	14
Joffre (Bd Maréchal)	Z	
Leclerc (Bd Maréchal)	Z	
Marinoni (Bd)	Y	19
May (Av. F.)	Z	21
Myrtes (Ch. des)	Y	
Orangers (Montée des)	Z	22
Rouvier (Promenade de M.)	Z	
St-Jean (Pont)	Z	
Whitechurch (Quai)	Y	
Yougoslavie (R. de)	Z	27

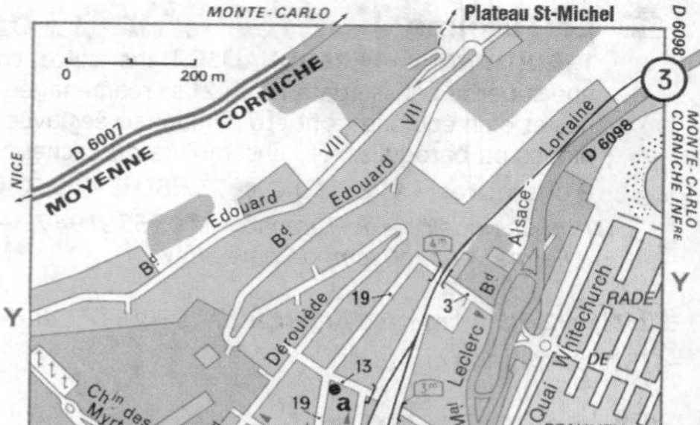

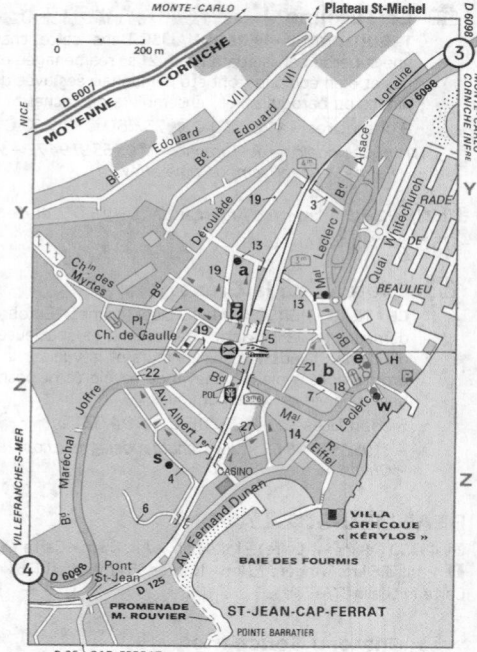

La Table de la Réserve

MÉDITERRANÉENNE • CONVIVIAL Cette Table apporte un plus indéniable à l'offre de restauration de ce superbe établissement. La carte, orientée terroir, fait aussi la part belle à la Méditerranée : terrine de lapin, cannelloni de légumes ou encore daurade royale rôtie... À déguster dans une ambiance conviviale et décontractée.

Carte 45/65 €

Plan : Z-w – *Hôtel La Réserve de Beaulieu & Spa, 5 bd du Mar.-Leclerc – ✆ 04 93 01 00 01 – Fermé 9 oct.-23 déc., mardi et merc.*

L'eSCentiel

CUISINE CLASSIQUE • SIMPLE Charles Séméria, c'est l'enfant du pays : berlugan et fier de l'être. Fini les grands hôtels de la Côte d'Azur, il revient aux fondamentaux dans ce restaurant de poche situé à deux pas du centre. Les plats sont simples et goûteux, pleins de savoir-faire, et réalisés à partir de superbes produits du marché : un régal !

Formule 19 € – Carte 29/45 €

Plan : Z-e – *26 bd du Mar.-Leclerc – ✆ 04 93 01 17 33 (réservation conseillée) – www.lescentielbeaulieu.com – Fermé 23 juin-12 juil., 24 déc.-9 janv., mardi soir, merc. soir, dim. midi et jeudi*

La Réserve de Beaulieu & Spa

GRAND LUXE • GRAND STYLE Entre Nice et Monaco, cette architecture digne d'un palais florentin (1880) se détache magnifiquement sur les falaises tombant dans la Méditerranée... Avec ses décors fastueux (mobilier ancien, tapisseries, boiseries, etc.), sa superbe piscine en balcon sur la Grande Bleue, son ponton privé, etc., voilà bien l'une des plus belles adresses de la Riviera !

34 chambres – 170/1365 € – 170/1365 € – 5 suites – 40 € – ½ P

Plan : Z-w – *5 bd du Mar.-Leclerc – ✆ 04 93 01 00 01 – www.reservebeaulieu.com – Fermé 9 oct.-23 déc.*

Restaurant des Rois • **La Table de la Réserve** – voir les restaurants ci-dessus

🏨 Carlton

VILLA · CLASSIQUE Des chambres classiques au charme rétro, un accueil bienveillant, une jolie piscine, du calme : cette villa des années 1930, dans un quartier résidentiel proche de la plage et du casino, a bien des atouts pour que l'on profite de la Riviera !

34 chambres – ♦80/215 € ♦♦80/215 € – ⌸ 11 €

Plan : Z-s – *7 av. Edith-Cavell* – ℰ *04 93 01 44 70* – *www.carlton-beaulieu.com*
– *Fermé 10 janv.-17 fév.*

🏨 Frisia

HÔTEL DE VACANCES · CLASSIQUE Cet hôtel balnéaire, d'esprit plutôt classique, s'élève sur le port de plaisance. Avec la mer et la montagne pour horizon, la vue est délicieuse depuis le toit, aménagé en solarium, et la piscine nichée sur l'arrière du bâtiment invite à la détente...

34 chambres – ♦65/170 € ♦♦65/170 € – 1 suite – ⌸ 11 €

Plan : Y-r – *2 bd Eugène-Gauthier* – ℰ *04 93 01 01 04* – *www.frisia-beaulieu.com*
– *Fermé 7 nov.-18 déc.*

🏨 Comté de Nice

FAMILIAL · FONCTIONNEL Dans une rue commerçante du centre-ville, cet hôtel fonctionnel, tenu avec soin, offre un bon rapport confort-prix. Certaines chambres jouissent d'une petite échappée sur la Grande Bleue...

32 chambres – ♦69/109 € ♦♦79/139 € – ⌸ 10 €

Plan : Y-a – *25 bd Marinoni* – ℰ *04 93 01 19 70* – *www.hotel-comtedenice.com*
– *Fermé 16-26 déc.*

🏨 Riviera

FAMILIAL · FONCTIONNEL Une jolie villa 1930 et... ses fidèles, qui y séjournent parfois tout l'été ! Pas de secret : les prix sont doux, les chambres – certes petites – pratiques et impeccablement tenues, et l'accueil charmant.

12 chambres – ♦65/130 € ♦♦65/130 € – ⌸ 10 €

Plan : Z-b – *6 r. Paul-Doumer* – ℰ *04 93 01 04 92* – *www.hotel-riviera.fr*
– *Fermé 1er oct.-15 janv.*

*Voir aussi ressources hôtelières à **St-Jean-Cap-Ferrat***

BEAUMARCHÉS

✉ 32160 (Gers) – 679 hab. – Alt. 175 m – Carte régionale n° **28**-A2
▶ Paris 755 km – Agen 108 km – Mont-de-Marsan 65 km – Pau 64 km
Carte Michelin 336-C8

à Cayron 5 km à l'Est par D946 – ✉ 32230

🏨 Relais du Bastidou

FAMILIAL · CAMPAGNARD Calme garanti dans cette ancienne ferme isolée en pleine nature. Les chambres, installées dans la grange, sont joliment décorées dans un style champêtre. Sauna et jacuzzi. Cuisine du terroir, simple et plaisante, faisant honneur aux beaux produits du Gers.

8 chambres – ♦65/72 € ♦♦65/72 € – ⌸ 10 € – ½ P

2 km au Sud par rte secondaire – ℰ *05 62 69 19 94*
– *www.le-relais-du-bastidou.com* – *Fermé 20 nov.-1er mars*

BEAUMES-DE-VENISE – 84 (Vaucluse) ➜ voir Carpentras

BEAUMESNIL

✉ 27410 (Eure) – 562 hab. – Alt. 169 m – Carte régionale n° **33**-C2
▶ Paris 137 km – Bernay 13 km – Dreux 69 km – Évreux 38 km
Carte Michelin 304-E7 – Guide Vert Michelin Normandie Vallée de la Seine

L'Étape Louis 13

CUISINE TRADITIONNELLE · AUBERGE XX Près du château de Beaumesnil, au superbe style Louis XIII, ce presbytère du 17e s. distille une ambiance intemporelle... Sous l'égide de ses jeunes propriétaires, il est idéal pour se mettre au parfum de la tradition normande : huîtres chaudes au camembert, soufflé léger au calvados, etc. Fraîcheur et saveurs sont au rendez-vous.

Formule 25 € – Menu 33/43 €

2 rte de la Barre-en-Ouche – ✆ 02 32 45 17 27 – www.etapelouis13.fr – Fermé lundi soir, mardi et merc. du 1er nov. au 31 mars

BEAUMONT-DU-PÉRIGORD

✉ 24440 (Dordogne) – 1 097 hab. – Alt. 160 m – Carte régionale n° **4**-C1
▶ Paris 602 km – Agen 93 km – Bordeaux 153 km – Périgueux 82 km
Carte Michelin 329-F7 – Guide Vert Michelin Périgord Quercy

Le Coteau de Belpech

FAMILIAL · COSY De quoi être aux anges... Sur un coteau, une chapelle romane du 11es. restaurée par un couple amoureux des vieilles pierres. Chambres soignées, dont l'une dans le clocher avec une vue à 360° ! Cuisine traditionnelle de qualité à la table d'hôte.

4 chambres ☕ – 🚹103/141 € 🚹🚹112/160 € – ½ P

– ✆ 05 53 22 87 58 – www.coteau-belpech.com

BEAUMONT-EN-AUGE

✉ 14950 (Calvados) – 433 hab. – Alt. 90 m – Carte régionale n° **32**-A3
▶ Paris 199 km – Caen 42 km – Deauville 12 km – Le Havre 49 km
Carte Michelin 303-M4 – Guide Vert Michelin Normandie Vallée de la Seine

Le P'tit Beaumont

TERROIR · BISTRO X Noblesse de l'attachement ! Les propriétaires de ce café, situé au centre du village, l'ont racheté pour ne pas le voir disparaître... Après travaux, le vieux troquet s'est mué en un bistrot branché, où l'on sert de bons plats canaille dans un décor mixant bois et métal. Cinq jolies chambres pour l'étape.

Menu 15 € 🍷 (déj. en semaine)/19 €

5 chambres – 🚹75/95 € 🚹🚹75/95 € – ☕ 9 €

20 r. du Paradis – ✆ 02 31 64 80 22 – www.leptitbeaumont.fr – fermé dimanche et le soir sauf vendredi et samedi – Fermé vacances de Noël

BEAUMONT-SUR-SARTHE

✉ 72170 (Sarthe) – 2 066 hab. – Alt. 76 m – Carte régionale n° **35**-D1
▶ Paris 223 km – Alençon 24 km – La Ferté-Bernard 70 km – Mamers 25 km
Carte Michelin 310-J5

Auberge de la Croix Margot

CUISINE TRADITIONNELLE · AUBERGE X Il ne faut pas hésiter à s'arrêter dans cette petite auberge située en bordure de route à la sortie de Beaumont ; deux frères jumeaux y sont à la manœuvre, réalisant une cuisine traditionnelle simple et goûteuse, qui privilégie les produits frais : volaille de Mayenne, canette de Challans...

Menu 26/33 € – Carte 35/60 €

122 av. de la Division-Leclerc – ✆ 02 43 34 13 59 – www.aubergedelacroixmargot.fr – Fermé 2-15 janv., 19 juil.-10 aout, lundi soir, mardi et merc.

© F. Cateloy/Mond Image/age fotostock

ON AIME...

Ma Cuisine, un authentique bistrot de vignerons avec une superbe cave. **Bissoh**, le restaurant japonais dans toute sa splendeur !. Déguster les vins du domaine aux **Jardins de Loïs**, une charmante maison d'hôtes. Enfin, **Moutarde Fallot**, une authentique moutarderie bourguignonne...

BEAUNE

✉ 21200 (Côte-d'Or) – 21 806 hab. – Alt. 220 m – Carte régionale n° **7**-A3
▶ Paris 308 km – Autun 49 km – Chalon-sur-Saône 29 km – Dijon 45 km
Carte Michelin 320-I7 – Guide Vert Michelin Bourgogne

Restaurants

❀ **Le Jardin des Remparts** (Christophe Bocquillon)   ॐ 斎 **P**

CUISINE MODERNE · ÉLÉGANT XXX Dans cette élégante villa bourgeoise des années 1930, au pied des remparts, le jeune chef, Christophe Bocquillon, signe une cuisine tout en netteté et saveurs, où les meilleurs produits de saison dévoilent des accords originaux. Aux beaux jours, sachez que la terrasse est l'une des plus prisées de Beaune !

→ Boule d'escargot de Bourgogne au beurre d'ail frit. Paleron de bœuf rôti, fromage frais, échalotes et pommes de terre ratte confites. Mousse craquante de chocolat fumé et piment doux, glace fromage blanc.

Menu 34 € (déj.), 61/91 € – Carte 70/95 €

Plan : AZ-a – *10 r. Hôtel-Dieu*
– ✆ 03 80 24 79 41 – www.le-jardin-des-remparts.com
Fermé 18-28 déc., 2 janv.-2 fév., lundi sauf juil.-août et dim.

❀ **Loiseau des Vignes**   ॐ 斎 ᴖ ⌘

CUISINE CLASSIQUE · ÉLÉGANT XX La griffe "Loiseau" (sous la houlette de la maison mère de Saulieu), une belle carte des vins – avec un choix rare de 70 vins au verre –, un lieu au cachet sûr (poutres, pierres) et surtout des assiettes pleines de caractère : une multitude d'atouts pour cette bonne table au cœur de la gastronomie bourguignonne !

→ Œufs en meurette façon Bernard Loiseau. Volaille de Bresse en vapeur de cédrat, chayotte et riz soufflé, sauce gribiche au lait de coco. Crêpe soufflée rhubarbe et groseilles glace "caramiel".

Formule 23 € – Menu 29 € (déj.), 59/95 € – Carte 60/120 €

Plan : AZ-z – *31 r. Maufoux*
– ✆ 03 80 24 12 06 – www.bernard-loiseau.com
– *Fermé fév., dim. et lundi*

BEAUNE

Alsace (R. d')	**AZ** 2	Dames (Rempart des)	**AZ** 13	Monge (Pl.)	**AY** 26
Belin (R.)	**AZ** 4	Dr-Jorrot (Pl. du)	**BY** 15	Monge (R.)	**AZ** 28
Bourgelat (R.)	**AZ** 5	Enfant (R. de l')	**AY** 16	Perpreuil (Bd.)	**AZ** 29
Carnot (Petite-Pl.)	**AZ** 6	Enfert (R. d')	**AY** 17	Poterne (R.)	**AZ** 30
Carnot (Pl.)	**AZ** 7	Favart (R.)	**AY** 18	Rolin (R.)	**AZ** 31
Carnot (R.)	**AZ** 9	Fleury (Pl.)	**AZ** 19	Rousseau-Deslandes (R.)	**BY** 32
Château (R. du)	**BY** 10	Fraysse (R. E.)	**AZ** 21	Ste-Marguerite (R.)	**AY** 35
		Halle (Pl. de la)	**AZ** 23	St-Nicolas (R. du Fg)	**AY** 34
		Lorraine (R. de)	**AY**	Tonneliers (R. des)	**AY** 37
		Maufoux (R.)	**AZ** 25	Ziem (Pl.)	**AZ** 40

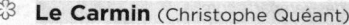

❄ Le Carmin (Christophe Quéant)   ⌖ A/C

CUISINE CLASSIQUE · À LA MODE XX Sur cette place Carnot toute proche de l'Hôtel-Dieu, un vivifiant Carmin ! Le chef, Christophe Quéant, met à profit son expérience pour réaliser de très bons plats au goût du jour, tout en simplicité et en franchise. Avec, en prime, un très bon rapport plaisir-prix.

➜ Tête de veau poêlée aux simples, sauce ravigote aux piquillos. Sole à la plancha, asperges vertes de Mallemort et viennoise à la cazette du Morvan. Ananas Victoria rôti aux épices douces, mousse safranée et son sorbet.

Formule 25 € – Menu 35/95 € – Carte 75/112 €

Plan : AZ-f - *4B pl. Carnot*
- *℘ 03 80 24 22 42 – www.restaurant-lecarmin.com*
- *Fermé 14-29 fév., 16-27 déc., dim. et lundi*

À la recherche d'une chambre au meilleur prix ?
Réservez votre hôtel sur viamichelin.com

ఇ **Le Bénaton** (Keishi Sugimura)

CRÉATIVE · À LA MODE XX Keishi Sugimura, longtemps second de Bruno Monnoir, est désormais seul aux fourneaux. Que l'on se rassure : les beaux produits régionaux et la créativité sont toujours au programme ! Le cadre mêle élégamment bois et pierres apparentes, avec une ravissante terrasse qui donne sur un jardin japonais.

→ Pâté en croûte au cèpe, pigeon, ris de veau et foie gras. Filet de pigeon du Louhanais rôti. Comme un vacherin à la fraise, crème de banane et mascarpone.

Menu 34 € (déj. en semaine), 60/95 € – Carte 85/110 €

Plan : AZ-b – 25 r. du Faubourg-Bretonnière – ℰ 03 80 22 00 26 – www.lebenaton.com – Fermé 18 janv.-7 fév., 27 juil.-2 août, sam. midi d'avril à nov., jeudi sauf le soir d'avril à nov. et merc.

║○ **L'Écusson**

CUISINE MODERNE · CLASSIQUE XXX Un Écusson aux couleurs de la gourmandise ! Le chef, passé par des maisons de renom, concocte une cuisine du marché fraîche, goûteuse et inspirée, à l'image de cette crème mousseuse de grenouilles aux morilles et ris de veau... En prime, la terrasse est agréable et la carte fait honneur aux beaux bourgognes.

Menu 30 € (déj.), 46/90 € – Carte 65/90 €

Plan : BZ-f – 2 r. du Lieutenant-Dupuis – ℰ 03 80 24 03 82 – www.ecusson.fr – Fermé 15 fév.-3 mars, merc. et dim.

║○ **Le Clos du Cèdre**

CRÉATIVE · ÉLÉGANT XXX Une élégante maison de maître, cossue et pleine de cachet, dans un jardin verdoyant où l'on installe quelques tables l'été venu... Un cadre parfait pour déguster une cuisine à la fois bien dans l'air du temps et solidement ancrée dans la tradition française.

Menu 58/94 € – Carte 75/110 €

Plan : AY-t – Hostellerie Le Cèdre, 12 bd Mar.-Foch – ℰ 03 80 24 01 01 – www.lecedre-beaune.com – Fermé 4-26 janv. et le midi sauf dim.

║○ **La Table de Cédric Burtin**

CUISINE MODERNE · ROMANTIQUE XX Un dîner aux chandelles dans une ancienne cave voûtée : voilà qui en ferait rêver plus d'un... Dans une ambiance intime, presque solennelle, on se régale de bons petits plats régionaux, savoureux et variés, au gré d'un menu qui évolue chaque semaine. Une partition ambitieuse, des produits de qualité : bravo !

Menu 49/81 € – Carte 70/83 €

Plan : AY-a – Hôtel Abbaye de Maizières, 19 r. de Maizières – ℰ 03 80 24 74 64 (réservation conseillée) – www.hotelabbayedemaizieres.com – fermé dim., lundi et le midi

║○ **Caveau des Arches**

CUISINE TRADITIONNELLE · CONVIVIAL XX Insolite, ce restaurant logé dans un caveau souterrain en pierre (18e s.) intégrant les soubassements d'un pont du 15e s. Saumon mariné et crème ciboulette, filet de volaille à l'époisses et pâtes fraîches : les spécialités maison s'accompagnent de l'un des nombreux bourgognes sortis de la cave... Une adresse qui a la cote !

Menu 25/54 € – Carte 32/64 €

Plan : ABZ-x – 10 bd Perpreuil – ℰ 03 80 22 10 37 – www.caveau-des-arches.com – Fermé 29 juil.-27 août, 20 déc.-15 janv., dim. et lundi

║○ **Auberge du Cheval Noir**

CUISINE MODERNE · À LA MODE XX Ne vous fiez pas à la façade un peu quelconque de cette maison : derrière, place à un restaurant épuré, intime et convivial tout à la fois. L'assiette, pile dans l'air du temps, s'y montre généreuse et met en valeur les produits régionaux. Et au sous-sol, un caveau voûté parfait pour les repas de groupe !

Menu 23 € (déj. en semaine), 31/63 € – Carte 39/57 €

Plan : AZ-t – 17 bd St-Jacques – ℰ 03 80 22 07 37 – www.restaurant-lechevalnoir.fr – Fermé 15 fév.-9 mars, mardi et merc.

ⅠⅠ◯ Bistro de l'Hôtel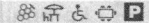

CUISINE TRADITIONNELLE · ÉLÉGANT XX Une élégante salle de style bistrot chic, au service d'une cuisine qui honore la tradition et les très beaux produits. La spécialité de la maison ? La volaille de Bresse rôtie ! Quant à la carte des vins, elle est tout simplement impressionnante...

Menu 85 € – Carte 47/172 €

Plan : AZ-p – L'Hôtel, 3 r. Samuel-Legay – ℰ 03 80 25 94 10
– www.lhoteldebeaune.com – Fermé 20 déc.-3 janv., le midi et dim.

ⅠⅠ◯ L'Air du Temps

BOURGUIGNONNE · TRADITIONNEL X La salle à manger ne manque pas de surprendre, avec ses faux airs de grotte ; pas de quoi nous distraire de la bonne cuisine bourguignonne qu'il y a dans notre assiette – œufs en meurette, bourguignon de joue de bœuf, financier au cassis... L'été, on s'attable sur la grande terrasse pour un repas ensoleillé !

Menu 24/40 € – Carte 33/57 €

Plan : AZ-w – 3 av. de la République – ℰ 03 80 22 41 35
– www.lairdutemps-beaune.fr – Fermé 1ᵉʳ-15 mars, dim. et lundi

ⅠⅠ◯ 21 Boulevard

CUISINE CLASSIQUE · CONVIVIAL X Sur le boulevard circulaire, cet agréable bistrot est installé dans d'anciennes caves en pierre datant du 15ᵉ s. La cuisine – dans la droite ligne de la tradition bourguignonne, comme il se doit ! – suit les saisons, et s'accompagne d'une superbe carte des vins (près de 700 références). Une sympathique adresse.

Formule 18 € – Menu 28/48 € – Carte 45/70 €

Plan : AZ-e – 21 bd St-Jacques – ℰ 03 80 21 00 21
– www.21boulevard.com

ⅠⅠ◯ Bissoh

JAPONAISE · DESIGN X Dans sa cuisine ouverte, entourée d'un comptoir avec une dizaine de couverts, le chef japonais Mikihiko Sawahata s'affaire avec maestria. Couteaux, chou chinois, huîtres ou encore bœuf Ozaki : avec ces produits remarquables, il réalise de superbes assiettes, inventives et parfumées. Réservation indispensable !

Menu 49 € – Carte 21/47 €

Plan : AZ-y – 42 r. Maufoux – ℰ 03 80 24 01 02 (réservation conseillée)
– www.bissoh.com – Fermé janv., lundi et mardi

ⅠⅠ◯ La Ciboulette

CUISINE TRADITIONNELLE · CONVIVIAL X Près de la porte St-Nicolas, un petit restaurant traditionnel, dont la carte se mâtine de touches bourguignonnes. Terrine de volaille aux noisettes, pavé de bœuf charolais et sauce à l'époisses, ou encore poire pochée au vin rouge et sorbet au cassis... L'accueil est chaleureux, le décor frais et simple. Sympathique !

Menu 20/38 € – Carte 31/59 €

Plan : AY-n – 69 r. de Lorraine – ℰ 03 80 24 70 72
– Fermé 1ᵉʳ-25 fév., 1ᵉʳ-17 août, lundi et mardi

ⅠⅠ◯ Bissoh Sushi

JAPONAISE · RUSTIQUE X Pas de luxe ou d'esbroufe dans le décor tout simple de ce restaurant : on vient ici pour manger ! La petite salle abrite, dans un coin, une cheminée pour les grillades ; derrière un comptoir, le chef prépare sashimis, sushis et autres brochettes, dont on se régalera quelques instants plus tard... Sympathique terrasse.

Carte 21/43 €

Plan : AZ-d – 1a r. du Faubourg-St-Jacques – ℰ 03 80 24 99 50
– www.bissoh.com – Fermé janv., lundi et mardi

⏺○ Le Comptoir des Tontons   🏵 ⌖

CUISINE MODERNE · BISTRO ⏹ Dans ce bistrot authentique, la patronne – une autodidacte passionnée – concocte des plats du marché avec de bons produits locaux, souvent bio. Une cuisine saine... et sincère ! Côté cave, de nombreux vins "nature". Le tout se déguste dans une atmosphère conviviale, très "Tontons flingueurs" (affiches, photos).

Menu 37/43 € – Carte environ 51 €

Plan : BZ-r – *22 r. du Faubourg-Madeleine* – ☏ *03 80 24 19 64*
– *www.lecomptoirdestontons.com* – *Fermé août, 1ᵉʳ-16 fév., dim. et lundi*

⏺○ Ma Cuisine   🏵 AC ⌖

CUISINE TRADITIONNELLE · BISTRO ⏹ Un bistrot convivial, où tout tourne autour du vin... avec un choix hors pair de quelque 800 crus. Le chef, fin connaisseur de breuvages, est aussi très à son aise derrière les fourneaux : il régale sa clientèle d'un jambon persillé maison, d'une côte de veau au jus et d'une crème caramel... On peut se resservir ?

Menu 28 € – Carte 42/70 €

Plan : AZ-s – *passage Ste-Hélène* – ☏ *03 80 22 30 22 (réservation conseillée)*
– *Fermé août, 1 semaine à Noël, merc., sam. et dim.*

Hôtels & maisons d'hôtes

🏨🏨 Le Cep   🛥 ⌖ 🔲 ♿ AC 🧖 🚗

LUXE · HISTORIQUE Le Cep ? Une myriade d'hôtels particuliers et de maisons anciennes (16ᵉ et 18ᵉ s.) dont les vastes chambres ont des airs de musée – lustres à pampilles, plafonds à la française et moulures... Avec un service conciergerie particulièrement appréciable !

49 chambres – ♦159/279 € ♦♦199/563 € – 16 suites – ⌑ 21 €

Plan : AZ-z – *27 r. Maufoux* – ☏ *03 80 22 35 48*
– *www.hotel-cep-beaune.com*

🏨🏨 Hostellerie Le Cèdre   ⌂ 🐾 🔲 ♿ AC ⌖ 🧖 🚗

TRADITIONNEL · CLASSIQUE Dans le jardin, un cèdre majestueux et... cette belle demeure bourgeoise (début 20ᵉ s.) empreinte de classicisme. Boiseries, moulures, mobilier de style et sens du confort : rien ne manque.

40 chambres – ♦195/360 € ♦♦195/360 € – ⌑ 20 € – ½ P

Plan : AY-t – *12 bd Mar.-Foch* – ☏ *03 80 24 01 01* – *www.lecedre-beaune.com*

⏺○ **Le Clos du Cèdre** – voir les restaurants ci-dessus

🏨🏨 L'Hôtel   ⌂ ⌖ ♿ AC 🅿

LUXE · CLASSIQUE Dans une rue assez calme du centre-ville, cette demeure bourgeoise du 19ᵉ s. appartenait à Louis Jadot, le négociant en vins. Elle cultive un bel art de vivre avec ses chambres spacieuses, meublées dans le style classique et bien insonorisées... et un service qui fait la différence !

12 chambres – ♦190/550 € ♦♦190/550 € – ⌑ 25 €

Plan : AZ-p – *5 r. Samuel-Legay* – ☏ *03 80 25 94 14* – *www.lhoteldebeaune.com*
– *Fermé 13 déc.-3 janv.*

⏺○ **Bistro de l'Hôtel** – voir les restaurants ci-dessus

🏨🏨 Hôtel de la Poste   ⌂ ⌖ ♿ AC 🧖 🚗

TRADITIONNEL · CLASSIQUE Un relais de poste du 19ᵉ s. intemporel et élégant ! Styles contemporain et Art déco se mêlent harmonieusement, le niveau de confort est très bon : un établissement plaisant à vivre. Au restaurant, la tradition régionale est à l'honneur.

32 chambres – ♦130/290 € ♦♦130/290 € – 4 suites – ⌑ 16 € – ½ P

Plan : AZ-f – *5 bd Clemenceau* – ☏ *03 80 22 08 11*
– *www.poste.najeti.fr*

🏨 Belle Époque   ♿ 🅰️ 🛜 🅿️

TRADITIONNEL · CLASSIQUE Cette maison ancienne a du cachet : verrière 1900, chambres classiques (vieilles poutres et boiseries, tentures, etc.) donnant sur la cour intérieure et bar au charme... rétro, évidemment !

25 chambres – †101/122 € ††101/180 € – 3 suites – 🛏 12 €

Plan : AZ-h – *15 r. du Faubourg-Bretonnière* – ✆ *03 80 24 66 15*
– *www.hotel-belleepoque-beaune.com* – *Fermé 18-22 déc.*

🏨 Abbaye de Maizières    🍴 🌿 🅰️

HISTORIQUE · PERSONNALISÉ On entre dans cette ancienne abbaye cistercienne (12ᵉ s.) par la cave-cellier, avec ses superbes voûtes à ogives : belle entrée en matière ! Escaliers à colimaçon en pierre, chambres portant le nom des moines ayant vécu ici... Un lieu chargé d'histoire.

12 chambres – †169/490 € ††169/490 € – 🛏 20 €

Plan : AY-a – *19 r. de Maizières* – ✆ *03 80 24 74 64*
– *www.hotelabbayedemaizieres.com*

🍽️ **La Table de Cédric Burtin** – voir les restaurants ci-dessus

🏨 Grillon   🌿 🍴 🏊 ♿ 🅰️ 🅿️

FAMILIAL · PERSONNALISÉ Une belle demeure bourgeoise dans un jardin japonisant... et beaucoup de sérénité. Les chambres, d'un entretien sans faille, sont cosy côté maison et ultracontemporaines dans l'annexe. Et pour jouer les grillons, rendez-vous autour de la piscine !

20 chambres – †80/135 € ††80/135 € – 🛏 11 €

21 rte de Seurre, 1 km à l'Est par D973 – ✆ *03 80 22 44 25* – *www.hotel-grillon.fr*
– *Fermé fév. et du 1ᵉʳ-7 déc.*

🏨 Ibis Styles    🛗 📶 ♿ 🅰️ 🚗

BUSINESS · FONCTIONNEL Bien placé en ville, l'hôtel respecte en tous points les standards de la chaîne : couleurs vives, grandes chambres pratiques convenant à la clientèle d'affaires comme aux familles... Et le tarif inclut même l'accès au bassin de nage et au jacuzzi !

69 chambres 🛏 – †99/159 € ††109/169 €

Plan : BZ-a – *7 bd Perpreuil* – ✆ *03 80 20 88 88* – *www.ibisstyles.com*

🏨 Hostellerie de Bretonnière   ♿ 🛜 🅿️

TRADITIONNEL · FONCTIONNEL Situé au bord de la route menant à Pommard, ce relais de poste et ses dépendances cultivent un sympathique esprit motel : chambres sobres et pratiques, pour la plupart en rez-de-jardin, duplex familiaux... Une bonne tenue et des prix raisonnables !

32 chambres – †78/95 € ††78/116 € – 🛏 11 €

Plan : AZ-v – *43 r. du Faubourg-Bretonnière* – ✆ *03 80 22 15 77*
– *www.hotelbretonniere.com* – *Fermé 17 janv.-5 fév.*

🏨 La Villa Fleurie   🚗 🅰️ 🅿️

FAMILIAL · COSY Belles chambres classiques (ou duplex, pour les familles) avec, très souvent, de jolis meubles anciens ; salon cosy et salle des petits-déjeuners vraiment charmante : cette Villa Fleurie a du cachet et... des airs de douillette maison d'hôtes.

10 chambres – †77/107 € ††77/107 € – 🛏 9 €

Plan : BY-s – *19 pl. Colbert* – ✆ *03 80 22 66 00* – *www.lavillafleurie.fr*
– *Fermé janv.*

🏨 Maison Fatien    🌿 🅰️ 🐾 🚗

LUXE · PERSONNALISÉ Mobilier chiné, cheminées, lustres de Murano, baignoires sur pieds... le luxe sans tapage, dans une belle bâtisse en pierre. Au petit-déjeuner, on savoure de bons produits du terroir et, pour la détente, il est même possible de louer des vélos. L'une des meilleures adresses de Beaune !

4 chambres 🛏 – †249/310 € ††249/310 €

Plan : AY-k – *17 r. Ste-Marguerite* – ✆ *03 80 22 82 84* – *www.maisonfatien.com*
– *Fermé 1ᵉʳ déc.-30 janv.*

Les Jardins de Loïs   ⚐ AC P

FAMILIAL · ÉLÉGANT Dans cette élégante propriété du centre-ville (18ᵉ s.), juste derrière les Hospices, les chambres sont spacieuses et charmantes, dans un bel esprit maison de famille (mobilier ancien, tapisseries...). Dehors, un grand jardin (presque un demi-hectare !) planté d'arbres fruitiers... Et l'on déguste avec bonheur les vins du propriétaire.

5 chambres ⌂ – ♦160 € ♦♦160/195 €

Plan : AZ-r – 8 bd Bretonnière – ℰ 03 80 22 41 97
– www.jardinsdelois.com – Fermé janv. et fév.

à Savigny-lès-Beaune 7 km au Nord par D18 et D2 – ⊠ 21420
– 1 347 hab. – Alt. 237 m

🏡 **Le Hameau de Barboron**   🐾 ⅃ 🛁 P

AUBERGE · RUSTIQUE Charmant si... on aime la campagne et le calme ! Au milieu d'une réserve de chasse de 450 hectares, de belles fermes fortifiées (16ᵉ s.) avec des chambres au cachet champêtre préservé.

14 chambres – ♦99/145 € ♦♦145/210 € – ⌂ 15 €

– ℰ 03 80 21 58 35 – www.hameau-barboron.com

à Pernand-Vergelesses 7 km au Nord par D18 – ⊠ 21420
– 261 hab. – Alt. 275 m

❀ **Le Charlemagne** (Laurent Peugeot)   🥢 ⇐ 🏠 ⅃ AC ⇄ P

CRÉATIVE · DESIGN 🕱🕱 Une maison épurée, une terrasse face aux vignes dédiées à la production du corton-charlemagne : c'est dans ce lieu zen et contemporain que s'épanouit le chef, Laurent Peugeot. Il réalise une cuisine créative et inspirée – parfois novatrice ! – qui porte fièrement les marques de son parcours de cuisinier.
➜ Saint-Jacques, couteaux, œufs de truite, balsamique, soja et mirin. Bœuf Wagyu glacé à la moutarde à l'ancienne, pois sucrés, ail noir d'Aomori. Fraises mara des bois, piquillos et huile d'olive.

Menu 32 € (déj. en semaine), 63/105 € – Carte 90/105 €

1 rte des Vergelesses – ℰ 03 80 21 51 45 – www.lecharlemagne.fr
– Fermé 2 semaines en janv., mardi et merc.

rte de Dijon 4 km par D974

⼌◯ **Ermitage de Corton**   🥢 ⚐ 🏠 AC P

CUISINE MODERNE · ÉLÉGANT 🕱🕱 Un établissement élégant au service d'une cuisine de saison et de beaux produits préparés avec soin : œufs en meurette, escargots en coquille, pigeon rôti... On savoure ce moment dans un décor contemporain reposant, ou sur la terrasse donnant sur les vignes.

Formule 23 € – Menu 30 € (déj.), 37/77 € – Carte 52/80 €

⊠ 21200 Chorey-lès-Beaune – ℰ 03 80 22 05 28 – www.ermitagecorton.com
– Fermé semaine de Noël et merc. de nov. à mars

🏠 **Ermitage de Corton**   ⾕ ⇐ ⚐ ⅃ AC P

TRADITIONNEL · PERSONNALISÉ Une vaste auberge entre nationale et vignoble, avec sa piscine, ses chambres et suites spacieuses, mélange harmonieux de style ancien et de facture contemporaine. Une étape bien agréable – et gourmande – sur la route de Dijon.

9 chambres – ♦132/220 € ♦♦132/350 € – 4 suites – ⌂ 18 €

⊠ 21200 Chorey-lès-Beaune – ℰ 03 80 22 05 28 – www.ermitagecorton.com
– Fermé semaine de Noël

⼌◯ **Ermitage de Corton** – voir les restaurants ci-dessus

à Aloxe-Corton 6 km au Nord par A6, E15, E60 – ✉ 21420 – 149 hab. – Alt. 255 m

🏠 Villa Louise   ♨ 🛏 🖼 🔥 ⚐ 🅿

FAMILIAL · PERSONNALISÉ Une belle demeure vigneronne du 17ᵉ s. avec sa piscine nichée dans le pigeonnier et son beau jardin se perdant dans les parcelles de Corton... L'ambiance est cosy à souhait, et les chambres, toutes différentes, dégagent un vrai charme !

13 chambres – 🛏85/176 € 🛏🛏85/225 € – ⬭ 16 €

9 r. Franche – ☏ 03 80 26 46 70 – www.hotel-villa-louise.fr – Fermé 11 janv.-20 fév.

à Ladoix-Serrigny 7 km au Nord par D974 – ✉ 21550 – 1 852 hab. – Alt. 200 m

🎴 Les Terrasses de Corton   ⇔ 🛖 🔥 🅿

CUISINE TRADITIONNELLE · FAMILIAL XX Au cœur d'un petit village viticole, cette auberge familiale est bien attachante... Côté mets et breuvages, la carte affiche un ancrage régional évident, proposant du gibier en saison et mettant en valeur les appellations produites par les vignerons voisins. À l'étage, des chambres simples et bien tenues.

Menu 26/48 € – Carte 29/58 €

10 chambres – 🛏68 € 🛏🛏78/85 € – ⬭ 11 €

38-40 rte de Beaune – ☏ 03 80 26 42 37 – www.terrasses-de-corton.com – Fermé 10 janv.-6 mars, 23-30 déc., dim. soir de nov. à mars, jeudi midi et merc.

🍽 La Gremelle ⓝ   🛏 🛖

BOURGUIGNONNE · TRADITIONNEL X Dans ce coin de campagne entre bois et vignoble, sur la route de Dijon, on trouve cet attachant restaurant tenu en famille. La cuisine régionale est à l'honneur dans l'assiette – œufs en meurette, bourguignon de joue de bœuf, poire au vin rouge sont les classiques de la maison –, avec de bons vins à prix doux.

Formule 18 € – Menu 22 € (déj. en semaine), 26/49 €

6 rte de Dijon – ☏ 03 80 26 40 56 – www.lagremelle.com – Fermé lundi et mardi de fin nov. à mi-avril et sam. midi

à Challanges 4 km à l'Est par D973 puis D111 – ✉ 21200

🏠 Château de Challanges   ♨ 🛏 🔥 🔥 🆎 🌿 🅿

CHÂTEAU · PERSONNALISÉ Cette gentilhommière de 1870 a un charme fou : classicisme, élégance châtelaine ou style néobaroque dans les chambres ; parc ravissant avec un séquoia centenaire et de jolies maisons en bois (idéales pour les familles). Et en été, on organise des vols en montgolfière...

19 chambres – 🛏120/220 € 🛏🛏120/220 € – 5 suites – ⬭ 15 €

478 r. des Templiers – ☏ 03 80 26 32 62 – www.chateaudechallanges.com – Fermé fév., mars sauf week-ends,1ᵉʳ-17 déc. et 3-31 janv.

à Levernois 5 km au Sud-Est par rte de Verdun-sur-le-Doubs, D970 et D111ᴸ - (Plan : BZ) – ✉ 21200 – 296 hab. – Alt. 198 m

🐝 Hostellerie de Levernois   🐝 🛏 🛖 🔥 🆎 🅿

CUISINE CLASSIQUE · ÉLÉGANT XxxX Une cuisine de saison particulièrement raffinée, réalisée sur de belles bases classiques, dans un cadre à l'avenant : la maison est élégante (19ᵉ s.) ; la salle, contemporaine, donne sur le jardin à la française. Boutique et cave de dégustation.

➜ Risotto acquerello au vert, cuisses de grenouilles et escargots de Bourgogne, crème d'ail doux. Bœuf charolais aux truffes d'été, pommes soufflées, sauce pinot noir. Citron de Menton meringué, sablé breton.

Menu 70/105 € – Carte 100/120 €

r. du Golf – ☏ 03 80 24 73 58 – www.levernois.com – Fermé 31 janv.-9 mars et le midi sauf dim.

🍴◯ **Le Bistrot du Bord de l'Eau** 🛋 🏠 ♿ AC P

CUISINE TRADITIONNELLE · RUSTIQUE X Une belle âme rustique – des pierres, des poutres, une cheminée – pour une cuisine traditionnelle et des plats du terroir. Œufs façon meurette, poitrine de cochon, blanquette de veau, à déguster au coin du feu ou sur la terrasse, au bord de la rivière... Gourmand et appétissant !

Menu 29/38 € – Carte environ 34 €

Hostellerie de Levernois, r. du Golf – ℰ 03 80 24 89 58 – www.levernois.com
– Fermé 31 janv.-9 mars , mardi soir et merc. soir d'avril à oct.

🍴◯ **La Garaudière** 🛋 🏠 P

VIANDES · RUSTIQUE X Dans un petit village de la périphérie beaunoise, une grange reconvertie en auberge rustique et sympathique. Terrine persillée de Bourgogne, côte de bœuf charolais grillée à la braise, ou encore poire au vin : tels sont les classiques de la maison ! Et l'été, on s'installe tranquillement sous la tonnelle.

🍴 Menu 19 € (semaine), 25/38 € – Carte 33/54 €

10 Grand'Rue – ℰ 03 80 22 47 70 – Fermé fin nov. à mi-janv., sam. midi, mardi sauf le soir d'avril à fin nov. et lundi

🏨 **Hostellerie de Levernois** ⛲ 🌳 🛋 🍴 ♿ AC 🛁 P

LUXE · PERSONNALISÉ Le chant de la rivière qui traverse le parc, une élégante gentilhommière du 19e s. et ses dépendances, un bistrot au bord de l'eau et un très bon "gastro"... Quant aux chambres, elles mêlent avec beaucoup de finesse le contemporain et l'ancien. Tenue parfaite, fonctionnement excellent, avec du style et du caractère !

25 chambres – ♦135/450 € ♦♦135/450 € – 1 suite – 🍽 22 € – ½ P

r. du Golf – ℰ 03 80 24 73 58 – www.levernois.com – Fermé 31 janv.-9 mars

🌸 **Hostellerie de Levernois** • 🍴◯ **Le Bistrot du Bord de l'Eau** – voir les restaurants ci-dessus

🏨 **Golf Hôtel Colvert**  🌳 ≼ 🎱 📶 AC 🚗

TRADITIONNEL · FONCTIONNEL Construction des années 1980 ouverte sur le golf, au calme. Les chambres, spacieuses et fonctionnelles, ont toutes un balcon côté green, et la plupart d'entre elles sont décorées sur le thème du vin. L'accueil, sympathique, ajoute au plaisir du séjour.

24 chambres – ♦99/155 € ♦♦99/155 € – 🍽 14 €

23 r. du Golf – ℰ 03 80 24 78 20 – www.golf-hotel-beaune.com
– Fermé 4-15 janv.

🏠 **Le Parc** 🌳 🛋 🍴 P

TRADITIONNEL · RUSTIQUE Quiétude champêtre ! Dans cette ferme du 18e s., couverte de lierre, les chambres sont classiques et douillettes, dans un style campagnard chic. Le beau parc, la cour fleurie... c'est plaisant, tout simplement.

17 chambres – ♦75/100 € ♦♦75/100 € – 🍽 8,50 €

13 r. du Golf – ℰ 03 80 24 63 00 – www.hotelleparc.fr – Fermé 31 janv.-9 mars

à Montagny-lès-Beaune 3 km au Sud par D113 – ✉ 21200
– 658 hab. - Alt. 206 m

🏨 **Le Clos** 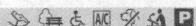 🌳 🛋 ♿ AC 🍴 🛁 P

TRADITIONNEL · CLASSIQUE Dans cette belle propriété vigneronne (1779), le jardin est splendide, abondamment fleuri, et les chambres ont vraiment du cachet (meubles chinés, pierres et poutres). Dans une annexe, on en a même aménagé une autour d'un antique four à pain...

25 chambres – ♦104/180 € ♦♦104/180 € – 🍽 15 €

22 r. Gravières – ℰ 03 80 25 97 98 – www.hotelleclos.com
– Fermé 22 nov.-20 janv.

Adélie

FAMILIAL · ACTUEL Près de la sortie de l'autoroute, un hôtel familial et son paisible jardin, avec piscine et aire de jeux pour les enfants. Les chambres sont fraîches et décorées avec des touches de couleur. Le choix idéal pour une agréable étape à petit budget !

18 chambres – †72 € ††84 € – ♐ 11 €

r. des Gravières – ℰ 03 80 22 37 74 – www.hoteladelie.com – Fermé 24 déc. -20 janv.

à Pommard 4,5 km au Sud-Ouest par D974 – ✉ 21630 – 521 hab. – Alt. 250 m

⑩ Auprès du Clocher

CUISINE MODERNE · À LA MODE XX Au cœur du village, ce restaurant contemporain donne sur... l'église ; c'est charmant, bien sûr, mais on vient et revient surtout pour la fine cuisine actuelle et les quelques recettes bourguignonnes du chef. De plus, la carte des vins met à l'honneur de nombreux vignobles des environs... Simple et agréable !

Menu 26 € (déj.), 34/72 € – Carte 55/76 €

1 r. de Nackenheim – ℰ 03 80 22 21 79 (réservation conseillée) – www.aupresduclocher.com – Fermé 24 déc.-1ᵉʳ janv., mardi et merc.

Le Clos du Colombier

MAISON DE CAMPAGNE · PERSONNALISÉ Une belle demeure de maître (1835) raffinée – beaux parquets et moulures, trumeaux, mobilier ancien – et pleine de personnalité. L'espace bien-être (jacuzzi, sauna) donne directement sur les vignes qui entourent la maison... Nota bene : pas de télé !

12 chambres – †120/240 € ††120/240 € – ♐ 14 €

1 r. du Colombier – ℰ 03 80 22 00 27 – www.closducolombier.com – Fermé 20 déc.-1ᵉʳ fév.

à Bouze-lès-Beaune 6,5 km à l'Ouest par D970 – ✉ 21200 – 331 hab. – Alt. 400 m

⑩ La Bouzerotte

BOURGUIGNONNE · FAMILIAL X Une auberge de campagne à l'entrée d'un petit village. Ici, le chef fait lui-même son marché et prépare une cuisine régionale immuable et alléchante, ainsi que d'appétissants plats de saison. À titre d'exemple, foie gras poêlé et filet de bœuf aux morilles sont deux plats incontournables de la maison !

Menu 25/58 € – Carte 40/64 €

25 rte de Beaune – ℰ 03 80 26 01 37 (réservation conseillée) – www.labouzerotte.fr – Fermé vacances de fév., 23 déc.-4 janv., lundi et mardi

---

BEAURECUEIL – 13 (Bouches-du-Rhône) ➜ voir Aix-en-Provence

BEAUREPAIRE

✉ 85500 (Vendée) – 2 248 hab. – Alt. 95 m – Carte régionale n° **34**-B3
▶ Paris 371 km – Cholet 33 km – Nantes 59 km – La Roche-sur-Yon 51 km
Carte Michelin 316-J6

Château de la Richerie

CHÂTEAU · HISTORIQUE Après trente ans passés en Afrique, les propriétaires ont élu domicile dans ce joli domaine, où bruisse une rivière... Leur petit château (1875) est fort paisible ; les chambres y sont élégantes et toutes différentes (mobilier de style, lits à baldaquin, souvenirs africains, etc.). Un havre de paix !

20 chambres – †70/92 € ††92/173 € – ♐ 12 €

4 km à l'Ouest par D23 et D37 – ℰ 02 51 07 06 06 – www.chateaularicherie.com.

BEAUSOLEIL

✉ 06240 (Alpes-Maritimes) – 13 272 hab. – Alt. 89 m – Carte régionale n° **42**-E2

▶ Paris 947 km – Monaco 4 km – Menton 11 km – Monte-Carlo 2 km

Carte Michelin 341-F5 – Guide Vert Michelin Côte d'Azur

Voir plan de Monaco (Principauté de).

⌂ Capitole   🛎 ⅏ AC ℀

FAMILIAL · FONCTIONNEL Monaco se trouve sur… le trottoir d'en face ! Avec ses tarifs raisonnables – pour la Riviera –, cet hôtel constitue une bonne option pour découvrir la principauté. Derrière sa jolie façade rose (1906), on découvre des chambres classiques, chaleureuses et soigneusement tenues.

19 chambres – ♦109/175 € ♦♦135/175 € – ⌸ 10 €

Plan : DX-t – *19 bd Gén.-Leclerc – ℰ 04 93 28 65 65 – www.hotel-capitole.fr*

LE BEAUSSET

✉ 83330 (Var) – 9 204 hab. – Alt. 167 m – Carte régionale n° **40**-B3

▶ Paris 817 km – Aix-en-Provence 67 km – Marseille 47 km – Toulon 18 km

Carte Michelin 340-J6

🕲 Auberge La Cauquière   🛏 🛪 ℀

CUISINE MODERNE · AUBERGE ✗ Pour cette ancienne auberge, 2014 a été l'année de la renaissance ! Son nouveau chef et propriétaire y mitonne une cuisine au goût du jour, soignée et parfumée : pressé de légumes confits et de brousse de brebis, quasi de veau cuit au sautoir à l'ail confit et artichaut barigoule… De quoi repartir du bon pied !

Formule 18 € – Menu 32/58 € – Carte 48/55 €

7 r. Chanoine-Bœuf – ℰ 04 94 74 98 15 – www.lacauquiere.fr – Fermé 3 semaines en nov., mardi midi hors saison, dim. soir et lundi

BEAUVAIS

✉ 60000 (Oise) – 54 289 hab. – Agglo. 58 095 hab. – Alt. 67 m – Carte régionale n° **36**-B2

▶ Paris 87 km – Amiens 63 km – Boulogne-sur-Mer 182 km – Compiègne 60 km

Carte Michelin 305-D4

🕲 La Baie d'Halong   AC ℀

VIETNAMIENNE · EXOTIQUE ✗ Fermez les yeux, vous êtes en Asie. Dans ce restaurant, le chef prépare une excellente cuisine vietnamienne alliant bons produits frais et savants dosages d'épices. Attention, l'adresse fait souvent salle comble le soir, d'autant que l'accueil, d'une gentillesse exquise, invite à prendre des habitudes…

Formule 20 € – Menu 26 € (semaine), 32/46 €

Plan : -a – *49 r. de la Madeleine – ℰ 03 44 45 39 83 (réservation conseillée) – Fermé 1ᵉʳ-10 mai, 21 août-6 sept., 20 déc.-11 janv., sam. midi, dim. et lundi*

⅋○ Autrement   🛪 ⅏ 🅿

CUISINE MODERNE · À LA MODE ✗✗ Légèrement à l'écart du centre-ville, une petite adresse tranquille qui permet de voir la vie… autrement. Le chef, originaire de la région, maîtrise parfaitement cuissons et assaisonnements et travaille de bons produits : ris de veau en petite brioche laqué aux épices douces, pavé de veau et risotto crémeux…

Formule 29 € – Menu 44/53 €

128 r. de Paris, (quartier Voisinlieu), 1,5 km à l'Est – ℰ 03 44 02 61 60 – www.autrement-restaurant.fr – Fermé 8 août-1ᵉʳ sept., 29 déc.-6 janv., merc. soir de sept. à mars, sam. midi, dim. soir et lundi

⌂ Hostellerie St-Vincent   🌳 🛎 ⅏ 🅢 🅿

BUSINESS · FONCTIONNEL À proximité de l'autoroute, voilà un hôtel fonctionnel avec des chambres bien tenues (de style contemporain dans la partie récente). Une adresse pratique pour prendre l'avion à Beauvais, par exemple.

79 chambres – ♦85/122 € ♦♦85/122 € – 1 suite – ⌸ 12 € – ½ P

241 r. de Clermont, 3 km au Nord-Est (Espace St-Germain) – ℰ 03 44 05 49 99 – www.stvincent-beauvais.com

BEAUVAIS

Beauregard (R.) 2
Brière (Bd J.) 3
Carnot (R.) . . . .
Clemenceau (Pl.) 4
Dr-Gérard (R.) 5
Dr-Lamotte (Bd du) 6
Dreux (R. Ph. de) 7
Gambetta . . . .

Grenier-à-Sel (R.) 8
Guéhengnies (R. de) 9
Hachette (Pl. J.) 10
Halles (Pl. des) 12
Leclerc (R. Mar.) 13
Lignières (R. J. de) 15
Loisel (Bd A.) 16
Malherbe (R. de la) . . . .
(R.) 18
Nully-d'Hécourt 19
République (Av. de la) 20

St-André (Bd) 22
St-Laurent (R.) 23
St-Pierre (R.) 24
Scellier (Cours) 27
Taillerie (R. de la) 29
Tapisserie (R. de la) 30
Villiers-de-l'Isle-Adam . . . .
(R.) 35
Vincent-de-Beauvais (R.) 26
Watrin (R. du Gén.) 36
27-Juin (R. du) 38

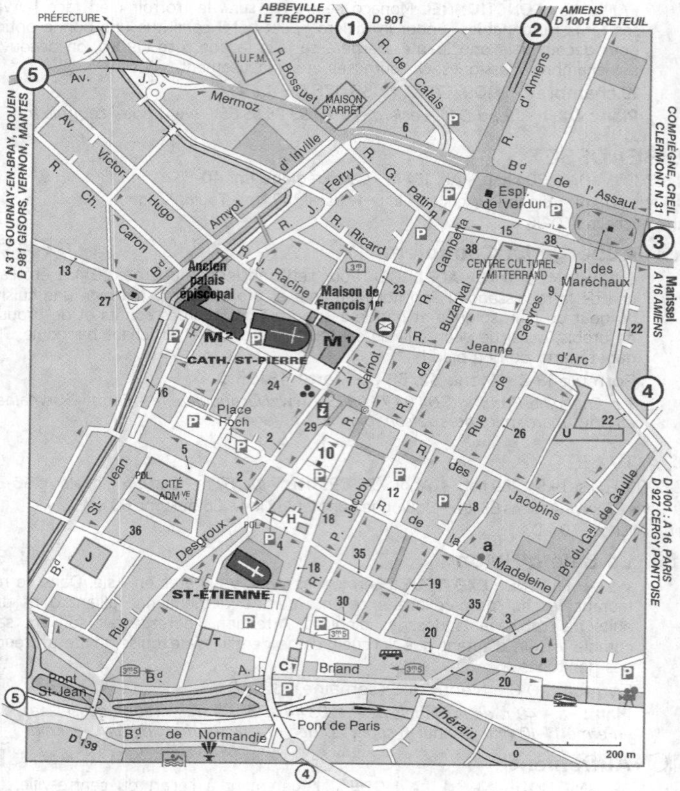

BEAUVOIR-SUR-MER

⊠ 85230 (Vendée) – 3 930 hab. – Alt. 8 m – Carte régionale n° **34**-A3
🄳 Paris 443 km – Challans 15 km – Nantes 59 km – Noirmoutier-en-l'Île 22 km
Carte Michelin 316-D6 – Guide Vert Michelin Poitou Vendée Charentes

🕄 **Auberge des Étiers** 🄝   ⇦ 🛋 ᴛ 🕸 🅿

CUISINE TRADITIONNELLE · RUSTIQUE X Au cœur des marais, cette auberge de pays a été reprise par deux associés aux parcours diamétralement opposés : un cuisinier et un ancien libraire ! La cuisine fait la part belle aux produits du terroir – canette de Challans, jambon de Vendée, anguille –, avec un soin tout particulier dans les présentations des plats.

Formule 15 € – Menu 27/33 € – Carte environ 35 €

3 chambres � – ∮53 € ∮∮69 €

L'Ampan, 4 km au Sud-Ouest par D22, rte de Fromentine – ℰ 02 51 68 75 41 (réservation conseillée) – Fermé 1 semaine en mars et en juin, 2 semaines en oct., jeudi soir et dim. soir de sept. à juin et lundi

BEAUVOIS-EN-CAMBRÉSIS

✉ 59157 (Nord) – 2 153 hab. – Alt. 89 m – Carte régionale n° **31**-C3
▶ Paris 190 km – Arras 48 km – Cambrai 12 km – St-Quentin 40 km
Carte Michelin 302-I7

⅋○ Le Contemporain   🖨 🛋 ♿

CUISINE MODERNE · À LA MODE X Ah, les bonnes petites tomates du jardin rôties, les langoustines sur une tombée de fenouil et leur bouillon coco curry... Voilà le genre de délices que réserve cet établissement né au 19ᵉ s. et tenu par la même famille depuis cinq générations – ce qui ne l'empêche pas d'être contemporain !
Menu 28 € (déj. en semaine), 43/56 € – Carte 53/65 €
4 r. Jean-Jaurès – ℰ 03 27 76 03 17 (réservation conseillée)
– www.restaurant-lecontemporain.fr – Fermé 26 août-8 sept., mardi soir, merc.
soir, sam. midi, dim. soir et lundi

⅋○ La Buissonnière   🛋 ♿ ⇔ 🅿

CUISINE TRADITIONNELLE · COSY XX C'est dans un ancien atelier de tulle que cette confortable auberge prend ses aises. La tradition du Nord infuse la carte, qui s'enrichit également des opportunités du marché et, en semaine, d'une for-mule brasserie (buffet et plats du jour). Nul doute : le chef n'a pas fait l'école buissonnière !
Formule 18 € – Menu 24 € (semaine)/38 € – Carte 35/55 €
92 r. Victor-Watremez – ℰ 03 27 85 29 97
– www.buissonniere-restaurant-beauvois.fr – Fermé 1ᵉʳ-21 août, dim. soir, merc.
soir et lundi

BEAUZAC

✉ 43590 (Haute-Loire) – 2 755 hab. – Alt. 565 m – Carte régionale n° **6**-C3
▶ Paris 556 km – Craponne-sur-Arzon 31 km – Le Puy-en-Velay 45 km – St-Étienne 44 km
Carte Michelin 331-G2

⅋○ L'Air du Temps   ⇦ ♿ 🅰🅲 🛁

CUISINE TRADITIONNELLE · CONVIVIAL XX Dans ce petit hameau de la vallée de la Loire, une accueillante maison de pays, très lumineuse. La chef y concocte une copieuse cuisine régionale ; une étape généreuse que l'on peut prolonger grâce à l'hôtel, coquet et confortable.
🍽 Menu 14 € (déj. en semaine), 24/60 € – Carte 42/65 €
8 chambres – 🛏55/60 € 🛏🛏55/60 € – 🍳 8,50 €
à Confolent, 4 km à l'Est par D461 – ℰ 04 71 61 49 05
– www.airdutemps-restaurant.fr – Fermé vacances de printemps et de la
Toussaint, janv., dim. soir et lundi

BEBLENHEIM

✉ 68980 (Haut-Rhin) – 984 hab. – Alt. 212 m – Carte régionale n° **2**-C2
▶ Paris 444 km – Colmar 11 km – Gérardmer 55 km – Ribeauvillé 5 km
Carte Michelin 315-H8

⅋○ Auberge Le Bouc Bleu   🛋

CUISINE TRADITIONNELLE · FAMILIAL X Livres et objets anciens donnent un air de brocante à ce petit restaurant campagnard situé non loin de l'église. L'endroit est tenu par un couple sympathique, qui travaille en famille et met en avant les bons produits du marché. Quant à la carte des vins, elle fait carrément le tour de France !
Menu 29 € (semaine), 39/49 €
2 r. du 5-Décembre – ℰ 03 89 47 88 21 (réservation conseillée) – Fermé merc.,
jeudi et le midi sauf mardi et dim.

Le Clos des Raisins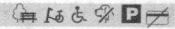

FAMILIAL · CLASSIQUE On a du mal à croire que cette ancienne ferme vigne-ronne date de 1722 tant elle est pimpante... Normal, elle a été entièrement réno-vée il y a quelques années. Les chambres sont élégantes et fonctionnelles, avec un petit côté rustique ; autre avantage, on est au calme et tout près du centre du village !

4 chambres ⌧ – ♦125/210 € ♦♦125/210 €

5 r. des Raisins – ℰ 03 89 79 45 11 – www.clos-des-raisins.com
– Fermé 4 janv.-24 mars

LE BEC-HELLOUIN

⌧ 27800 (Eure) – 420 hab. – Alt. 101 m – Carte régionale n° **33**-C2
▶ Paris 153 km – Bernay 22 km – Évreux 46 km – Lisieux 46 km
Carte Michelin 304-E6 – Guide Vert Michelin Normandie Vallée de la Seine

Auberge de l'Abbaye

AUBERGE · ACTUEL À deux pas de la célèbre abbaye, cette vénérable auberge en colombages accueille les voyageurs depuis 350 ans ! Âme normande et mobilier rustique cohabitent avec des teintes et des équipements contempo-rains, et l'on peut profiter de l'espace bien-être et du restaurant traditionnel. Par-fait pour un séjour dans la région.

10 chambres – ♦75/95 € ♦♦75/145 € – ⌧ 15 € – ½ P

12 pl. Guillaume-le-Conquérant – ℰ 02 32 44 86 02 – www.hotelbechellouin.com
– Fermé 15 déc.-25 janv.

BÉDARIEUX

⌧ 34600 (Hérault) – 6 297 hab. – Alt. 196 m – Carte régionale n° **22**-B2
▶ Paris 723 km – Béziers 34 km – Lodève 29 km – Montpellier 70 km
Carte Michelin 339-D7

⍥ La Forge

CUISINE TRADITIONNELLE · RUSTIQUE ⅩⅩ Les assiettes ont remplacé les che-vaux et l'enclume dans cette ancienne écurie devenue une forge, avant d'être transformée en restaurant ! Sous les hautes voûtes en pierre du 17e s., les gour-mands dégustent une bonne cuisine du terroir. En été, on y apprécie la fraîcheur. Prix raisonnables.

❀ Menu 17/36 € – Carte 45/50 €

22 av. de l'Abbé-Tarroux – ℰ 04 67 95 13 13 – www.restaurantlaforgebedarieux.fr
– Fermé 22-30 déc., 20 janv.-13 fév., dim. soir et merc. soir sauf juil.-août et lundi

à Hérépian 6 km au Sud-Est par D908 – ⌧ 34600 – 1 492 hab. – Alt. 191 m

⍥ L'Ocre Rouge

CUISINE MODERNE · MÉDITERRANÉEN Ⅹ Un relais de poste à la façade... ocre rouge. Sous les voûtes des anciennes écuries ou dans la cour intérieure, on apprécie une cuisine de saison où dominent les produits frais et locaux. Quelques jolies chambres sous les toits.

Formule 23 € ❢ – Menu 30/50 € – Carte environ 50 €

5 chambres ⌧ – ♦63/81 € ♦♦65/90 €

12 pl. de la Croix – ℰ 04 67 95 06 93 – www.locrerouge.fr – Fermé 15 déc.-15 janv.,
mardi midi et merc. midi hors saison, mardi soir de la Toussaint à mi-fév., dim.
soir et lundi

Le Couvent d'Hérépian

LUXE · PERSONNALISÉ Esprit et élégance. Au cœur du village, ce couvent du 17e s. allie charme de l'ancien et confort haut de gamme (tons doux, beaux tissus, équipements high-tech). Idéal pour une romance...

7 chambres – ♦135/195 € ♦♦135/195 € – 6 suites – ⌧ 14 €

2 r. du Couvent – ℰ 04 67 23 36 30 – www.dghotels.com

à Villemagne-l'Argentière 8 km à l'Ouest par D908 et D922 – ✉ 34600 – 440 hab. – Alt. 193 m

Auberge de l'Abbaye

CUISINE TRADITIONNELLE • RUSTIQUE X Un petit village médiéval. Dans un recoin, une tour du 12e s. qui jette son ombre sur un mur en pierres. Et derrière ce mur, cette délicieuse auberge qui gagne à être connue ! On y sert une bonne cuisine traditionnelle qui ne dépare pas l'atmosphère monastique de l'endroit, tout de voûtes et de murs pierreux.

Formule 18 € – Menu 29/42 €

4 pl. de l'Abbaye – ✆ 04 67 95 34 84 (réservation conseillée) – www.aubergeabbaye.com – Fermé de fin déc. à début janv., dim. soir, mardi soir, lundi et merc.

BÉDOIN

✉ 84410 (Vaucluse) – 3 147 hab. – Alt. 295 m – Carte régionale n° **42**-E1

Paris 692 km – Avignon 43 km – Carpentras 16 km – Nyons 36 km

Carte Michelin 332-E9 – Guide Vert Michelin Provence

Hôtel des Pins

HÔTEL DE VACANCES • PERSONNALISÉ Au calme d'une petite forêt de pins, un grand mas provençal, toits de tuile et volets rouges. Le propriétaire, ancien des Beaux-Arts, a fait de chaque chambre un univers singulier : œuvres abstraites de sa main, tons originaux (prune, olive, etc.), mobilier design ou plus classique... Une villégiature agréable et atypique.

26 chambres – †70/120 € ††70/200 € – ☕ 11 €

171 chemin des Crans, 1 km à l'Est par rte secondaire – ✆ 04 90 65 92 92 – www.hoteldespins.net – Ouvert de mi-mars à mi-nov.

rte du Mont-Ventoux 6 km à l'Est

Le Mas des Vignes

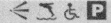

PROVENÇALE • ÉLÉGANT XX Dans ce joli mas, le chef travaille de bons produits frais et concocte une cuisine régionale fort sympathique : foie gras de canard du chef, pain toasté aux fruits secs ; agneau rôti aux herbes de Provence et risotto d'épeautre ; sorbets de fruits frais maison... Et en terrasse, la vue sur la Provence est magnifique !

Menu 38/50 €

15 chemin des Jas, au virage de St-Estève – ✆ 04 90 65 63 91 – www.restaurant-lemasdesvignes.fr – Ouvert d'avril à sept. et fermé le midi en juil.-août sauf dim. et fériés, mardi midi et lundi

à Ste-Colombe 4 km à l'Est par rte du Mont-Ventoux – ✉ 84410

La Garance

FAMILIAL • FONCTIONNEL Dans un hameau entre vignes et vergers, avec le Ventoux en ligne de mire, cette ancienne ferme provençale, simple et bien tenue, est prisée des randonneurs et... des cyclistes, désireux de revivre l'épreuve mythique du Tour de France ! À noter : certaines chambres jouissent de leur propre terrasse de plain-pied.

16 chambres ☕ – †80/96 € ††99/119 €

Ste-Colombe – ✆ 04 90 12 81 00 – www.lagarance.fr – Ouvert de mi-mars à mi-nov.

BÉHEN

✉ 80870 (Somme) – 476 hab. – Alt. 105 m – Carte régionale n° **36**-A1

Paris 195 km – Amiens 77 km – Abbeville 19 km – Berck 59 km

Carte Michelin 301-D7

Château de Béhen

CHÂTEAU • CLASSIQUE Vivez la vie de château dans ce bel édifice du 18e s. au cœur d'un parc verdoyant. Belles boiseries, mobilier de style et chambres de caractère (mansardées au 2e étage). À la table d'hôtes, recettes traditionnelles servies dans la salle à manger classique.

7 chambres ☕ – †115/139 € ††125/149 €

8 r. du Château – ✆ 03 22 31 58 30 – www.chateau-de-behen.com

BELCASTEL

✉ 12390 (Aveyron) – 216 hab. – Alt. 406 m – Carte régionale n° **29**-C1

▶ Paris 623 km – Decazeville 28 km – Rodez 25 km – Villefranche-de-Rouergue 36 km

Carte Michelin 338-G4

❀ **Vieux Pont** (Nicole Fagegaltier et Bruno Rouquier)   🕸 ⇔ 🍸 ⇐

CUISINE MODERNE · CONVIVIAL XX Dans ce ravissant village au ⟨AC⟩ ⟨P⟩
bord de l'Aveyron, un vieux pont de pierre du 15ᵉ s. relie l'hôtel et son restaurant,
au cadre moderne et élégant. Les beaux produits de la région y sont préparés
avec harmonie, fraîcheur et une insolente légèreté ! Une adresse rare où il fait
également bon passer la nuit.

➔ Ris d'agneau poêlé et oseille du jardin, pomme de terre amande. Veau de
l'Aveyron et du Ségala, beurre de combava. Citron meringue.

Menu 33 € (déj. en semaine), 53/90 € – Carte 65/85 €

7 chambres – ♦95/118 € ♦♦95/118 € – ☲ 15 €

– ✆ 05 65 64 52 29 (réservation conseillée) – www.hotelbelcastel.com
– Fermé 2 janv.-14 mars, 27 juin-2 juil., dim. soir sauf juil.-août, mardi midi et lundi

BÉLESTA

✉ 66720 (Pyrénées-Orientales) – 225 hab. – Alt. 390 m – Carte régionale n° **22**-B3

▶ Paris 877 km – Canillo 134 km – Montpellier 181 km – Perpignan 30 km

Carte Michelin 344-G6

❀ **La Coopérative**   🕸 ⇐ 🍽 ⅏ ⟨P⟩

CRÉATIVE · DESIGN XX Cet ancien chai a conservé sa charpente métallique : l'endroit, très spacieux et confortable, a un charme fou ! Côté assiette, le chef nous
régale avec des plats très inventifs, pleins de saveurs, faisant la part belle aux
produits de saison... sans oublier de les accompagner de bons vins du village et
de la région.

➔ Tomates, burrata, parmesan, fraises mara des bois et basilic. Variation d'une
moule-frite. Framboises, polenta, poivrons grillés et coriandre sauvage.

Menu 39/92 € – Carte 70/85 €

Hôtel Riberach, 2A rte de Caladroy – ✆ 04 68 50 30 10 – www.riberach.com
– fermé dimanche soir et lundi hors saison et mardi – Ouvert 1ᵉʳ avril-1ᵉʳ janv.

🏨 **Riberach**   ✿ 🍸 ⇐ 🛋 ⟨AC⟩ 🛁 🚗

HÔTEL DE VACANCES · ÉLÉGANT Au pied du château médiéval, l'ancienne coopérative viticole s'est muée en hôtel de charme. Matériaux bruts, terrasses privatives : les chambres sont zen, design... avec vue sur les vignes. La piscine, filtrée
naturellement, est ravissante.

18 chambres – ♦155/235 € ♦♦155/310 € – 2 suites – ☲ 18 € – ½ P

2A rte de Caladroy – ✆ 04 68 50 30 10 – www.riberach.com
– Ouvert 1ᵉʳ avril-1ᵉʳ janv.

❀ **La Coopérative** – voir les restaurants ci-dessus

BELFORT

✉ 90000 (Territoire de Belfort) – 50 102 hab. – Agglo. 81 415 hab. – Alt. 360 m
– Carte régionale n° **17**-C1

▶ Paris 422 km – Basel 78 km – Besançon 93 km – Épinal 95 km

Carte Michelin 315-F11 – Guide Vert Michelin Franche-Comté Jura

❀ **Les Capucins**   🕸 ⟨AC⟩

CUISINE MODERNE · ÉLÉGANT XX Œuf bio cuit à 63°C, mousseline chou-fleur, fricassée de girolles à l'origan du jardin, médaillon de filet de veau glacé au parmesan, petits pois et jus à la sarriette : que de belles saveurs, que de beaux produits !
On ne se fait pas prier pour entonner les litanies gourmandes de ces Capucins...

Formule 17 € – Menu 30/40 € – Carte 38/55 €

Plan : Z-n – 20 fg de Montbéliard – ✆ 03 84 28 04 60
– www.hotellescapucins.com – Fermé 3 semaines en août, vacances de Noël, sam.
et dim.

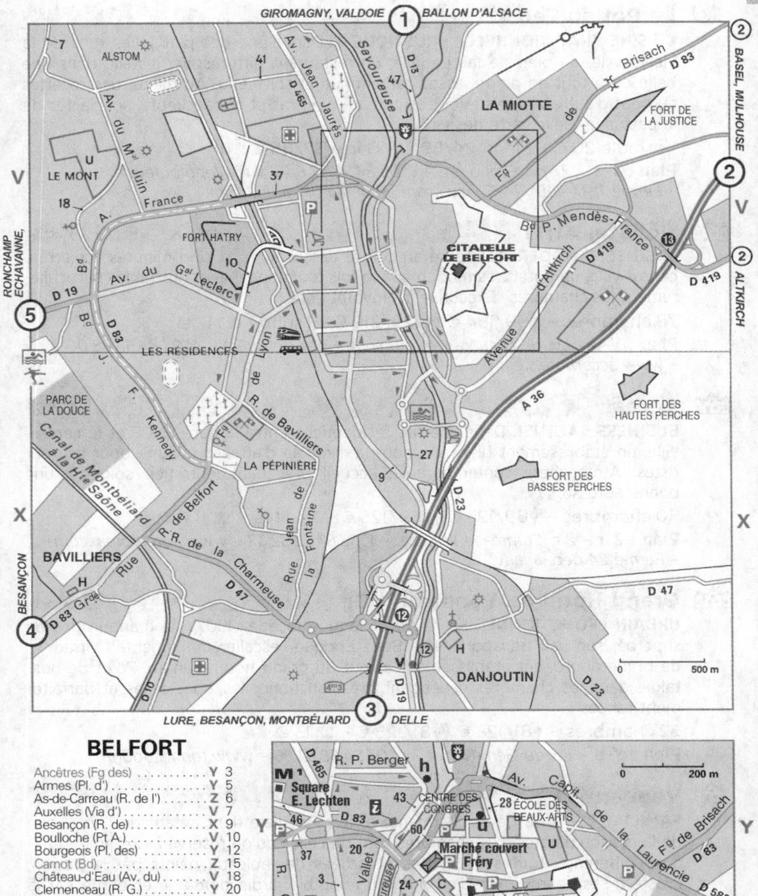

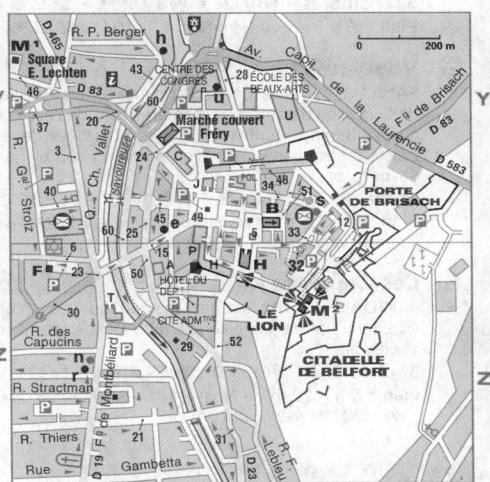

GIROMAGNY, VALDOIE ① BALLON D'ALSACE ②

BASEL, MULHOUSE

ALTKIRCH ②

RONCHAMP ÉCHAVANNE

BESANÇON

LURE, BESANÇON, MONTBÉLIARD ③ DELLE

ALSTOM
LA MIOTTE
FORT DE LA JUSTICE
LE MONT
FORT HATRY
CITADELLE DE BELFORT
LES RÉSIDENCES
PARC DE LA DOUCE
FORT DES HAUTES PERCHES
FORT DES BASSES PERCHES
LA PÉPINIÈRE
BAVILLIERS
DANJOUTIN

Av. du Mal Juin
Av. Jean Jaurès
Savoureuse
Brisach
Bd P. Mendès-France
Av. du Gal Leclerc
Canal de Montbéliard à la Hte Saône
R. de Belfort
R. R. de la Charmeuse
R. de Bavilliers
500 m

BELFORT

Ancêtres (Fg des)	Y 3
Armes (Pl. d')	Y 5
As-de-Carreau (R. de l')	Z 6
Auxelles (Via d')	Y 7
Besançon (R. de)	X 9
Boulloche (Pt A.)	V 10
Bourgeois (Pl. des)	Y 12
Carnot (Bd)	V 15
Château-d'Eau (Av. du)	Y 18
Clemenceau (R. G.)	Y 20
Denfert-Rochereau (R.)	Z 21
Dr-Corbis (Pl. du)	Z 23
Dr-Fréry (R. du)	Y 24
Dreyfus-Schmidt (R.)	Y 25
Dunant (Bd H.)	X 27
Espérance (Av. de l')	Y 28
Foch (Av. Mal.)	Z 29
France (Fg de)	Z 30
Gaulard (R. du Gén.)	Z 31
Grande-Fontaine (Pl. de la)	Z 32
Grande-Fontaine (R.)	Y 33
Grand'Rue	Y 34
Joffre (Bd du Mar.)	VY 37
Kléber (R.)	Y 40
Lille (R. de)	Y 41
Magasin (Q. du)	Y 43
Metz-Juteau (R.)	Y 45
Moulin (Av. J.)	V 47
Mulhouse (R. de)	Y 46
Pompidou (R. G.)	Y 48
République (Pl. de la)	Y 49
République (R. de la)	Z 50
Roussel (R. du Gén.)	Y 51
Sarrail (Av. du Gén.)	Z 52
Vauban (Q.)	Y 60

R. P. Berger
Square E. Lechten
CENTRE DES CONGRÈS
ÉCOLE DES BEAUX-ARTS
Marché couvert Fréry
PORTE DE BRISACH
HÔTEL DU DÉP.
CITÉ ADM.
LE LION
R. des Capucins
CITADELLE DE BELFORT
R. Stractman
R. Thiers
Gambetta
200 m

‖○ Le Pot au Feu

CUISINE TRADITIONNELLE · RUSTIQUE XX Dans l'une des plus jolies rues de la vieille ville, au pied de la citadelle, un restaurant pittoresque, installé dans une belle cave tout en pierre, assez romantique le soir venu. Au menu, des recettes au goût d'autrefois, tels le pot-au-feu au foie gras et le baeckeofe, spécialités de la patronne. Belle carte des vins.

Formule 20 € – Menu 24/59 € – Carte 37/65 €

Plan : Y-s – *27 bis Grand'rue* – *℘ 03 84 28 57 84* – *www.lepotaufeu.fr*
– *Fermé 11-17 août, 1ᵉʳ-5 janv., sam. midi, lundi midi et dim.*

🏨 Novotel Atria

BUSINESS · MODERNE Intégré au centre des congrès, à cinq minutes à pied du centre-ville, un hôtel très moderne, à la fois fonctionnel et confortable (particulièrement les chambres "Executive"). Novotel Café.

78 chambres – †99/184 € ††129/219 € – 1 suite – ⌷ 17 €

Plan : Y-u – *av. de l'Espérance, (au centre des Congrès)* – *℘ 03 84 58 85 00*
– *www.accorhotels.com*

🏨 Boréal

BUSINESS · ACTUEL Dans une rue résidentielle entre la gare SNCF et le centre-ville, un établissement bienvenu pour la clientèle d'affaires comme pour les touristes. Atmosphère contemporaine, accueil prévenant, entretien soigné : une bonne adresse.

50 chambres – †69/125 € ††69/125 € – 2 suites – ⌷ 11 €

Plan : Z-r – *2 r. Comte-de-la-Suze* – *℘ 03 84 22 32 32* – *www.hotelboreal.com*
– *Fermé 24 déc.-3 janv.*

🏨 Grand Hôtel du Tonneau d'Or

URBAIN · FONCTIONNEL Sa haute et longue façade (1907) ne manque pas de superbe, son hall transporte à la Belle Époque (escalier monumental, vitraux) : de prime abord, cet établissement a tout du grand hôtel d'antan. Point de nostalgie dans les chambres cependant, très fonctionnelles, spacieuses et parfaitement tenues.

52 chambres – †81/128 € ††81/128 € – ⌷ 13 €

Plan : Y-e – *1 r. du Gén.-Reiset* – *℘ 03 84 58 57 56* – *www.tonneaudor.fr*

🏨 Vauban

FAMILIAL · SIMPLE Cette charmante affaire familiale tient autant de l'hôtel que de la maison d'hôtes. Les chambres sont de celles qu'on réserve à des amis : chacune différente, toutes douillettes et ornées de tableaux peints par le patron, artiste à ses heures... Avec en prime un paisible jardin ombragé et bordé par la Savoureuse.

14 chambres – †68/73 € ††68/73 € – ⌷ 8,50 €

Plan : Y-h – *4 r. du Magasin* – *℘ 03 84 21 59 37* – *www.hotel-vauban.com*
– *Fermé vacances de Noël et dim. soir*

🏨 Les Capucins Ⓝ

FAMILIAL · ACTUEL Accueil sympathique dans cet hôtel-restaurant du centre-ville, tenu par un jeune couple qui l'a entièrement rénové dans un style moderne et élégant.

37 chambres – †69/119 € ††69/119 € – ⌷ 10 €

Plan : Z-n – *20 fg de Montbéliard* – *℘ 03 84 28 04 60*
– *www.hoteleslcapucins.com*

Petit déjeuner compris ? La tasse ⌷ suit directement le nombre de chambres.

à Danjoutin 3 km au Sud – ✉ 90400 – 3 612 hab. – Alt. 354 m

❀ **Le Pot d'Étain** (Philippe Zeiger)   ⊛ ✿ **P**

CUISINE MODERNE · ÉLÉGANT XX Une vraie maison particulière à la sortie de
Belfort, où il fait bon s'attabler pour un moment de belle gastronomie. Le chef
maîtrise son art, signant une cuisine très précise, osant des mariages de saveurs
inédits (terre/mer par exemple), revisitant les classiques avec brio (au dessert
notamment). Très séduisant.

→ Carpaccio de langoustines aux pointes d'asperges, radis et caviar de mulet. Ris
de veau caramélisé, légumes du moment et jus truffé. Pailleté feuillantine au praliné noisette et chocolat grand cru, glace arabica.

Menu 35 € ♀ (déj. en semaine), 55/90 € – Carte 85/100 €

Plan : X-v – *4 av. de la République* – ☏ *03 84 28 31 95 (réservation conseillée)*
*– www.restaurant-potdetain.fr – Fermé 1 semaine en mai, 2 semaines en juil., 1
semaine en janv., sam. midi, dim. soir et lundi*

à Sevenans 7 km au Sud par D19 – ✉ 90400 – 714 hab. – Alt. 350 m

🍽○ **Auberge de la Tour Penchée**   ⊛ **AC**

CUISINE MODERNE · INTIME XXX Une petite maison toute bleue, au décor délicieusement rococo : déluge de tissus de soie, de lustres à pendeloques, d'angelots peints, de miroirs vénitiens, etc. Beaucoup de chaleur pour déguster les créations d'un chef qui poursuit une démarche exigeante pour sélectionner des
produits de qualité.

Formule 25 € – Menu 55/85 € – Carte 73/111 €

2 r. de Delle – ☏ *03 84 56 06 52 (réservation conseillée) – www.latourpenchee.com
– Fermé 22-29 fév., 14-22 août, sam. midi, dim. soir et lundi*

à Meroux 7 km au Sud-Est par D23 – 830 hab. – Alt. 325 m

🍽○ **CookOvin** ⓝ   🍴 ♿ **AC**

CUISINE MODERNE · BRASSERIE X Ce nouveau restaurant, proche de la gare
TGV de Belfort, propose une attrayante formule déjeuner d'un bon rapport qua-
lité/prix. En soirée, les plats à la carte se font plus ambitieux.

👓 Menu 18 € (déj. en semaine), 32/42 € – Carte 35/50 €

1 av. de la Gare TGV – ☏ *03 84 27 91 10 – www.cookOvin.com – Fermé 2 semaines
en août, lundi soir, sam. midi et dim.*

BELGENTIER

✉ 83210 (Var) – 2 421 hab. – Alt. 152 m – Carte régionale n° **41**-C3
▸ Paris 826 km – Draguignan 71 km – Marseille 62 km – Toulon 23 km
Carte Michelin 340-L6

🍽○ **Le Moulin du Gapeau**   🍴 **AC**

CUISINE MODERNE · RÉTRO XX Dans un moulin à huile du 17ᵉ s., avec de vieilles
meules en décor. Ici, la cuisine est une histoire de famille : père et fils signent une
cuisine savoureuse, à l'accent du Sud.

Menu 32/87 € – Carte 49/81 €

pl. Édouard-Granet – ☏ *04 94 48 98 68 – www.moulin-du-gapeau.com – Fermé
15-30 mars, 15-30 nov., lundi midi en juil.-août, jeudi soir sauf juil.-août, dim. soir
et merc.*

BELGODÈRE – 2B (Haute-Corse) → voir Corse

BELLE-ÉGLISE

✉ 60540 (Oise) – 611 hab. – Alt. 69 m – Carte régionale n° **36**-B3
▸ Paris 53 km – Beauvais 32 km – Compiègne 64 km – Pontoise 29 km
Carte Michelin 305-E5

�֎ **La Grange de Belle-Église** (Marc Duval)   ❀ 🖧 AC P

CUISINE CLASSIQUE · ÉLÉGANT XxX Des mets soignés et savoureux, des produits nobles de grande qualité, quelques notes d'invention, une belle cave de bordeaux et de champagnes : la bonne chère revêt ici ses plus beaux atours. Et le cadre ne manque pas de charmer : feutrée et élégante, la salle ouvre en partie sur un joli jardin...

→ Foie gras chaud aux pousses de navet. Bar de ligne aux girolles. Duo de chocolat et pistaches, glace griotte-chocolat.

Menu 26 € (déj. en semaine), 63/84 € – Carte 105/185 €

28 bd René-Aimé-Lagabrielle – ℰ 03 44 08 49 00 – www.lagrangedebelleeglise.fr – Fermé 15 fév.-1er mars, 15-30 août, dim. soir, mardi midi et lundi

BELLE-ÎLE-EN-MER

✉ 56 (Morbihan) – Carte régionale n° **9**-B3

Carte Michelin 308-L10 – Guide Vert Michelin Bretagne Sud

Bangor

✉ 56360 – 946 hab. – Alt. 45 m

▶ Paris 513 km – Auray 34 km – Rennes 162 km – Vannes 53 km

🍴 **La Table de la Désirade**   🖧 🎋 ⚘ ℅ P

CUISINE MODERNE · CONVIVIAL XX Sans doute l'une des meilleures tables de Belle-Île-en-Mer ! Derrière les fourneaux, le chef signe une cuisine dans l'air du temps en privilégiant les petits producteurs de l'île. Ainsi, dans un charmant décor, tout de bois et pierre vêtu, les désirs des gourmets ne tardent pas à devenir réalité...

Menu 32/79 € – Carte environ 60 €

Hôtel La Désiderade, Le Petit Cosquet, 2 km à l'Ouest par rte Port Goulphar – ℰ 02 97 31 70 70 – www.hotel-la-desirade.com – Ouvert 2 avril-1er nov. et fermé le midi

🏠 **La Désirade**   ❀ ⌂ 🖧 ⚘ Ⅳ ⚘ ♨ P

HÔTEL DE VACANCES · PERSONNALISÉ Un hôtel de charme réparti dans plusieurs maisons récentes de style néobreton. On savoure le calme dans un charmant salon cosy et des chambres habillées de lambris. Espace bien-être.

31 chambres – ♦105/189 € ♦♦105/280 € – 1 suite – ☑ 17 € – ½ P

Le Petit Cosquet, 2 km à l'Ouest par rte Port Goulphar – ℰ 02 97 31 70 70 – www.hotel-la-desirade.com – Ouvert 2 avril-1er nov.

🍴 **La Table de la Désirade** – voir les restaurants ci-dessus

Le Palais

✉ 56360 – 2 578 hab. – Alt. 7 m

▶ Paris 508 km – Lorient 3 km – Rennes 157 km – Vannes 48 km

🍴 **La Table du Gouverneur**   🖧 🎋 ⚘ ℅ P

CUISINE CLASSIQUE · HUPPÉ XxX C'est vrai que l'on se sent l'âme d'un gouverneur dans ce restaurant de la citadelle Vauban ! Dans un cadre d'une luxueuse austérité, on s'adonne au plaisir d'une cuisine d'aujourd'hui où les influences bretonnes ne sont jamais très loin...

Formule 19 € – Menu 35 € (dîner), 55/70 € – Carte 54/84 €

Citadelle Vauban Hôtel-Musée – ℰ 02 97 31 84 17 – www.citadellevauban.com – Ouvert 1er mai-30 sept.

🏛 **Citadelle Vauban Hôtel-Musée**   ❀ ⌂ ⟨ 🖧 Ⅳ 🖼 🖧 🖵 ⚘ 🖧 P

HISTORIQUE · PERSONNALISÉ Cet hôtel-musée a investi la citadelle Vauban. Les chambres, décorées sur le thème de la Compagnie des Indes, donnent presque toutes sur la mer et invitent à des rêves de voyage.

55 chambres – ♦145/355 € ♦♦145/355 € – ☑ 18 € – ½ P

– ℰ 02 97 31 84 17 – www.citadellevauban.com – Ouvert 22 avril-30 sept.

🍴 **La Table du Gouverneur** – voir les restaurants ci-dessus

Le Clos Fleuri   ☐ ⌂ 🅿

HÔTEL DE VACANCES · COSY Sur les hauteurs de la ville, cet hôtel typique de l'architecture locale abrite des petites chambres coquettes, certaines donnant sur le jardin, forcément fleuri !

18 chambres – †72/127 € ††82/145 € – 🖙 12 €

rte de Sauzon, à Bellevue – ℰ 02 97 31 45 45 – www.hotel-leclosfleuri.com – Fermé 13 nov.-17 déc. et 3 janv.-6 fév.

Port-Goulphar

✉ 56360 – ✉ Bangor

▶ Paris 517 km – Auray 38 km – Rennes 166 km – Vannes 57 km

🍴○ **Le 180°**   🕭 ⩽ ☐ 🕭 ⅋ 🅿

CUISINE MODERNE · HUPPÉ ✗✗ Cette expression belliloise veut désigner la couleur indéfinissable de la mer... On pourra en effet ici deviser sur ses belles nuances : la salle offre une vue imprenable sur l'anse de Goulphar ! À la barre de ce bateau, le chef concocte des recettes originales, avec les meilleurs produits de l'île. Une jolie traversée.

Menu 59/140 € – Carte 71/84 €

Hôtel Castel Clara – ℰ 02 97 31 84 21 – www.castel-clara.com – Fermé de mi-nov. à mi-déc. et le midi

🏨🏨 **Castel Clara**   ☆ 🕭 ⩽ ☐ 🔲 🔲 ⊕ ⯂ ✗ 🔲 & 🔲 🅿

LUXE · PERSONNALISÉ Emplacement idyllique sur la côte sauvage, centre "thalasso", chambres et suites raffinées, beau panorama : le luxe discret... au bout du monde. Ou comment respirer l'air du large en gardant les pieds sur terre ! Restaurant gastronomique ; buffets de fruits de mer et de crustacés au Café Clara.

58 chambres – †95/435 € ††135/435 € – 5 suites – 🖙 25 € – ½ P

– ℰ 02 97 31 84 21 – www.castel-clara.com – Fermé de mi-nov. à mi-déc.

🍴○ **Le 180°** – voir les restaurants ci-dessus

🏨 **Le Grand Large**   ☆ 🕭 ⩽ ☐ 🔲 & 🔲 🅿

HÔTEL DE VACANCES · PERSONNALISÉ Ce manoir, posé sur la Côte Sauvage, contemple l'océan et les aiguilles de Port-Coton. Les chambres, dont certaines ont un balcon, donnent sur les flots ou la lande. Restauration dans l'air du temps au Grand Phare ou traditionnelle au Marie Galante.

34 chambres – †68/370 € ††78/438 € – 🖙 17 € – ½ P

chemin des Aiguilles de Port-Coton – ℰ 02 97 31 80 92 – www.hotelgrandlarge.com – Ouvert 12 fév.-2 nov.

Sauzon

✉ 56360 – 909 hab. – Alt. 35 m

▶ Paris 515 km – Lorient 9 km – Rennes 164 km – Vannes 55 km

🍴○ **Roz Avel**   🕭

CUISINE TRADITIONNELLE · FAMILIAL ✗✗ Dans cette maison de pays, le mobilier est bel et bien breton ! Derrière les fourneaux, le chef signe une cuisine joliment tournée qui fait la part belle aux produits de la mer. De quoi en perdre le sens de l'orientation, s'il n'y avait le Roz Avel (rose des vents)...

Formule 25 € – Menu 33/58 € – Carte 51/69 €

r. du Lieutenant-Riau, (derrière l'église) – ℰ 02 97 31 61 48 (réservation conseillée) – Ouvert 16 mars-10 nov., 15-31 déc. et fermé merc.

🍴○ **Café de la Cale**   🕭

POISSONS ET FRUITS DE MER · BISTRO ✗ Face au port, une ancienne sardinerie transformée en bistrot marin. Ici, on joue des coudes pour apprécier la fraîcheur des poissons et des coquillages, issus pour partie de la pêche locale. À la carte, seule une viande subsiste : l'agneau de Belle-Île-en-Mer. Une adresse sympathique et authentique.

Menu 22 € (déj. en semaine) – Carte 28/53 €

quai Guerveur – ℰ 02 97 31 65 74 (réservation conseillée) – http:// cafedelacale.pagecom.fr – Ouvert d'avril à sept. et vacances scolaires d'hiver

BELLÊME

✉ 61130 (Orne) – 1 593 hab. – Alt. 241 m – Carte régionale n° **33**-C3
▶ Paris 168 km – Alençon 42 km – La Ferté-Bernard 23 km – Le Mans 55 km
Carte Michelin 310-M4 – Guide Vert Michelin Normandie Vallée de la Seine

Hôtel de Suhard

HISTORIQUE · PERSONNALISÉ Un magnifique hôtel particulier du 16ᵉ s. au cœur
de Bellême. Les suites portent le nom d'anciens habitants des lieux (Madame de
Suhard) ou de personnages historiques du Perche (Nicolas Chartier). On se prélasse dans un décor de meubles de famille et de literies épaisses, d'une rare élégance... Une adresse précieuse !

5 chambres ⌂ – ♦82/140 € ♦♦82/140 €
*34 r. d'Alençon – ☎ 02 33 83 53 47 – www.hotel-de-suhard.fr – Fermé
20 déc.-30 janv.*

à Nocé 8 km à l'Est par D203 – ✉ 61340 – 775 hab. – Alt. 120 m

Auberge des 3 J

CUISINE MODERNE · AUBERGE ✕✕ Voilà plus de trente ans que le chef, Stéphan
Joly, œuvre aux fourneaux : c'est dire s'il maîtrise son art ! Il signe assurément une belle cuisine, fondée sur la tradition – mais pas seulement – et le terroir local : les saveurs sont au rendez-vous... Et le cadre élégant de l'auberge
ajoute au plaisir du repas.

Menu 27/48 €
*1 pl. du Dr-Gireaux – ☎ 02 33 73 41 03 – www.aubergedes3j.com – Fermé
23 sept.-7 oct., 2-15 janv., dim. soir, lundi et mardi*

BELLERIVE-SUR-ALLIER – 03 (Allier) ➜ voir Vichy

BELLEU – 02 (Aisne) ➜ voir Soissons

BELLEVILLE

✉ 54940 (Meurthe-et-Moselle) – 1 423 hab. – Alt. 190 m – Carte régionale n° **26**-B2
▶ Paris 359 km – Metz 42 km – Nancy 19 km – Pont-à-Mousson 14 km
Carte Michelin 307-H6

Le Bistroquet

CUISINE CLASSIQUE · TRADITIONNEL ✕✕✕ Cette belle auberge a conservé son
cadre bourgeois d'inspiration 1900 (miroirs, affiches et lustres) et une cuisine
classique en hommage aux créations de Marie-France Ponsard qui fit la renommée des lieux.

Formule 25 € – Menu 29 € (déj. en semaine), 58/82 € – Carte 70/95 €
*97 rte Nationale – ☎ 03 83 24 90 12 (réservation conseillée)
– www.le-bistroquet.com – Fermé 15-22 fév., 15-29 août, sam. midi, dim. soir,
mardi soir et lundi*

BELLEVILLE

✉ 69220 (Rhône) – 8 045 hab. – Alt. 192 m – Carte régionale n° **43**-E1
▶ Paris 416 km – Bourg-en-Bresse 43 km – Lyon 45 km – Mâcon 31 km
Carte Michelin 327-H3 – Guide Vert Michelin Lyon et sa région

Le Beaujolais

CUISINE TRADITIONNELLE · AUBERGE ✕ Ce Beaujolais se devait de faire honneur à cette région riche en saveurs et en bons vins ! Le sympathique couple à
la tête de cette maison relève le défi avec une bonne cuisine traditionnelle. Un
exemple ? L'andouillette beaujolaise pur porc cuite en cocotte, avec pommes de
terre rissolées au thym, un incontournable...

Menu 28/38 € – Carte 38/46 €
*40 r. du Mar-Foch, (près de la gare) – ☎ 04 74 66 05 31 (réservation conseillée)
– www.restaurant-le-beaujolais.com – Fermé 9-17 avril, 30 juil.-21 août,
26 déc.-1ᵉʳ janv., dim. soir, lundi soir, mardi soir et merc.*

à Pizay 5 km au Nord-Ouest par D18 et D69 – ⊠ 69220 St Jean d Ardieres

⅋○ Château de Pizay   ⇔ 🍴 AC P

CUISINE MODERNE · CLASSIQUE XXX Le cadre, châtelain, mêle avec élégance charme historique et épure contemporaine. Un lieu majestueux, au service d'une cuisine actuelle, qui mise tout sur la fraîcheur des produits – à déguster l'été sur la terrasse de la cour d'honneur. Tous les vins du domaine sont présents sur la carte des vins.

Menu 55/80 € – Carte 76/109 €

Hôtel Château de Pizay, rte des Crus-du-Beaujolais – ℰ 04 74 66 51 41 – www.chateau-pizay.com – Fermé 18 déc.-4 janv. et le midi en semaine sauf fériés

🏠 Château de Pizay   🐾 🐕 ⇔ 🎿 ☕ ❄ 🦽 AC 🛁 P

CHÂTEAU · CLASSIQUE Passé la grande allée bordée de platanes apparaît ce beau château (15ᵉ-17ᵉ s.) au cœur du vignoble. Ciels de lit et plafonds à la française ou charme plus contemporain : les chambres et suites sont toujours élégantes et soignées. Et pour se détendre, on hésite longtemps : spa, tennis, grande piscine...

62 chambres – 🛏280/420 € 🛏🛏280/420 € – � 23 €

rte des Crus-du-Beaujolais – ℰ 04 74 66 51 41 – www.chateau-pizay.com – Fermé 18 déc.-4 janv.

⅋○ **Château de Pizay** – voir les restaurants ci-dessus

BELLEY

⊠ 01300 (Ain) – 8 870 hab. – Alt. 279 m – Carte régionale n° **45**-C1
▶ Paris 507 km – Aix-les-Bains 31 km – Bourg-en-Bresse 83 km – Chambéry 36 km
Carte Michelin 328-H6 – Guide Vert Michelin Franche-Comté Jura

au Sud-Est 3 km sur rte de Chambéry

⅋○ La Fine Fourchette   ⇐ 🍴 P

CUISINE CLASSIQUE · RÉTRO XX En surplomb de la route, ce pavillon au charme rétro ouvre sur le canal du Rhône et nos appétits. Le chef-patron fait la part belle au poisson frais, comme avec ce Lavaret du lac du Bourget fumé et aubergine en millefeuille, ou ce saint-pierre juste rôti à l'huile d'olive... Une Fine Fourchette pour les fines bouches !

Menu 29/45 € – Carte 56/69 €

N504 – ℰ 04 79 81 59 33 – www.aubergedelafinefourchette.fr – Fermé dim. soir et lundi

à Contrevoz 9 km au Nord-Ouest sur D32 – ⊠ 01300 – 528 hab. – Alt. 320 m

⅋○ Auberge de Contrevoz   ⇔ 🍴 ❄ P

CUISINE TRADITIONNELLE · RUSTIQUE XX Rillettes de truite rose ; fera, vinaigrette de morilles et son risotto... La région et les beaux produits sont à l'honneur, la gourmandise se fait reine et, en saison, on se régale même de truffes du Bugey. C'est simple et généreux : ah, terroir, mon beau terroir !

Formule 15 € – Menu 21 € (déj. en semaine), 27/45 €

rte de Preveyzieu – ℰ 04 79 81 82 54 – www.auberge-de-contrevoz.com – Fermé 4-10 juil., 17-23 oct., 2-13 janv., mardi soir, merc. soir et jeudi soir hors saison, dim. soir et lundi

BELVES

⊠ 24170 (Dordogne) – 1 417 hab. – Alt. 175 m – Carte régionale n° **4**-D1
▶ Paris 552 km – Bergerac 56 km – Bordeaux 197 km – Périgueux 66 km
Carte Michelin 329-H7 – Guide Vert Michelin Périgord Quercy

Clément V · AC

FAMILIAL · PERSONNALISÉ Voilà une adresse que n'aurait certainement pas dédaignée Clément V... Dans ce village médiéval, ancien fief du pape, cette coquette maison propose des chambres de caractère, dont l'une aménagée dans une cave voûtée du 11ᵉs. Petit-déjeuner servi sous la véranda ou dans la petite cour fleurie.

10 chambres – ♦108/135 € ♦♦108/225 € – ☲ 13 €

15 r. J.-Manchotte – ℰ 05 53 28 68 80 – www.clement5.com – Ouvert d'avril à oct.

à Sagelat 2 km au Nord par D53 – ✉ 24170 – 330 hab. – Alt. 78 m

⫷◯ Auberge de la Nauze · ⟵ 🏠 AC P

CUISINE TRADITIONNELLE · RUSTIQUE ✗ Les gourmands des environs ne s'y sont pas trompés... Si bien que la réputation de cette auberge dépasse désormais les frontières du département. Dans cette maison en pierre de pays, on s'attable autour de bons petits plats dans l'air du temps. L'auberge propose aussi des petites chambres, bien tenues.

⊕ Formule 14 € – Menu 18 € (déj. en semaine), 29/55 € – Carte 39/56 €

8 chambres – ♦38/65 € ♦♦38/65 € – ☲ 7 €

Fongauffier – ℰ 05 53 28 44 81 – www.aubergedelanauze.fr – Fermé 27 juin-5 juil., 16 nov.-7 déc., 21 déc.-4 janv., mardi soir et sam. midi de sept. à juin et lundi

à St-Germain-de-Belvès 6 km au Nord-Est par D53 – ✉ 24170

– 176 hab. – Alt. 230 m

⫸ Les Boudines · ⧓ ⟵ 🗲 P ☵

FAMILIAL · ACTUEL En lisière de forêt, une ancienne ferme périgourdine en pierres sèches. Les chambres, décorées avec des matières naturelles, ont toutes une terrasse. Piscine à débordement avec vue imprenable sur la campagne.

5 chambres ☲ – ♦69/105 € ♦♦69/105 €

Les Boudines – ℰ 05 53 29 15 03 – www.lesboudines.com – Fermé mars et 4 nov.-31 déc.

BENERVILLE-SUR-MER – 14 (Calvados) → voir Deauville

BÉNESTROFF

✉ 57670 Benestroff (Moselle) – 545 hab. – Alt. 250 m – Carte régionale n° **27**-C2

▶ Paris 414 km – Grevenmacher 138 km – Metz 89 km – Saarbrücken 59 km

Carte Michelin 307-L5

⫷◯ La Toque Blanche · 🏠 ♿ AC

CUISINE MODERNE · À LA MODE ✗✗ L'ancien café du village a fait place à un lieu contemporain... et l'on peut dire que le chef en a sous sa Toque ! Parmi les spécialités, entre tradition et touches exotiques : fricassée de homard breton, panaché d'agneau du "Jeannot de Guessling". Des soirées jazz sont aussi organisées... de quoi faire swinguer les papilles.

Formule 20 € – Menu 29/58 € – Carte 47/65 €

49 Grand-Rue – ℰ 03 87 01 51 85 – www.latoque-blanche.fr – Fermé 4-12 janv., 25 juil.-5 août, dim. soir, lundi et mardi

BÉNODET

✉ 29950 (Finistère) – 3 453 hab. – Carte régionale n° **9**-A2

▶ Paris 563 km – Concarneau 19 km – Fouesnant 8 km – Pont-l'Abbé 13 km

Carte Michelin 308-G7 – Guide Vert Michelin Bretagne Sud

⫷◯ Escapades · 🏠 AC

CUISINE MODERNE · BISTRO ✗ Au bout de la plage du Trez, ce sympathique bistrot contemporain réunit de nombreux suffrages dans le secteur ! Le menu du jour, qui fait la part belle aux produits du terroir, s'affiche à l'ardoise : plancha de langoustines aux épices douces, suprême de volaille fermière au cidre, etc.

⊕ Formule 14 € – Menu 19 € – Carte 33/51 €

37 r. du Poulquer – ℰ 02 98 66 27 97 – www.escapades-benodet.com – Fermé 13 nov.-8 déc., dim. soir et lundi de sept. à juin

Domaine de Kereven

FAMILIAL · SIMPLE Un grand parc ombragé très paisible, où trône cette belle bâtisse régionale. On se sent bien dans ces chambres coquettes et parfaitement tenues, et l'accueil est charmant : c'est avec le sourire que l'on vous prête un vélo pour découvrir les alentours !

12 chambres – ♦60/80 € ♦♦72/88 € – ⌸ 10 €

2 km par rte de Quimper – ℰ 02 98 57 02 46 – www.kereven.fr – Ouvert 15 avril-30 sept.

Kastel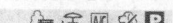

HÔTEL DE VACANCES · ACTUEL À proximité de la plage et du centre de thalassothérapie, cet hôtel joue l'épure contemporaine et c'est réussi. Après un soin à l'Espace Hydromarin, rien ne vaut la vue sur la mer dont on jouit dans chaque chambre !

25 chambres – ♦59/259 € ♦♦79/259 € – ⌸ 15 € – ½ P

1 corniche de la Plage – ℰ 02 98 57 05 01 – www.hotel-kastel.com

à Clohars-Fouesnant 3 km au Nord-Est par D34 et rte secondaire – ⊠ 29950 – 2 188 hab. - Alt. 30 m

La Forge d'Antan

POISSONS ET FRUITS DE MER · AUBERGE ХХ Dans cette plaisante auberge de campagne, on choisit son ambiance selon la saison : cheminée cosy et vieilles pierres à l'intérieur en hiver, véranda et vue sur le jardin aux beaux jours ! Les produits de la mer dominent et ils sont très frais : croustillant de langoustines, velouté froid d'araignées, etc.

Formule 23 € – Menu 29 € (déj. en semaine), 39/75 € – Carte 49/82 €

31 rte de Nors-Vraz – ℰ 02 98 54 84 00 – www.laforgedantan.com – Fermé mardi sauf le soir en juil.-août, dim. soir et lundi

à Ste-Marine 5 km à l'Ouest par pont de Cornouaille – ⊠29120 Combrit

Les Trois Rochers

CUISINE MODERNE · À LA MODE ХХ Face au port de Bénodet, une adresse délicieuse, où la cuisine est fondée sur des produits locaux de belle qualité – langoustines, homard, agneau –, rehaussés d'épices et d'herbes fraîches. Aux beaux jours, on profite de la terrasse, très agréable !

➔ Palourdes en gelée de bouillon umami, shitakés et graines tonburi. Cotriade des Trois Rochers, émulsion de crustacés. Crémeux chocolat-noisette, tube jivara lacté et glace vanille.

Menu 39/79 €

Hôtel Villa Tri Men, 16, r. du Phare – ℰ 02 98 51 94 94 – www.trimen.fr – fermé 3 janv.- 24 mars et 30 oct.-21 déc., le midi et dim.

Bistrot du Bac

POISSONS ET FRUITS DE MER · BISTRO Х Une maison bretonne sur les quais du petit port de Ste-Marine, face à Bénodet – auquel il est relié par un bac en saison. La terrasse avec sa vue pittoresque sur l'estuaire, la salle en bleu et blanc (comme les chambres) et surtout la cuisine qui honore la mer avec fraîcheur et simplicité : l'escale est fort sympathique !

Formule 18 € – Menu 29 € – Carte 32/53 €

11 chambres – ♦95/140 € ♦♦95/140 € – ⌸ 12 €

19 r. du Bac – ℰ 02 98 56 34 79 – www.hoteldubac.fr

Villa Tri Men

VILLA · ÉLÉGANT Le jardin de cette belle villa de 1913 descend en pente douce jusqu'à la mer, et l'on peut, en toute quiétude, y lire ou prendre un verre. L'intérieur, feutré et cossu, donne à l'ensemble un charme indéniable ; les chambres sont spacieuses et élégantes dans leur parti pris minimaliste.

21 chambres – ♦129/315 € ♦♦129/315 € – ⌸ 17 € – ½ P

16 r. du Phare – ℰ 02 98 51 94 94 – www.trimen.fr – Fermé 13 nov.-22 déc.

✿ **Les Trois Rochers** – voir les restaurants ci-dessus

🏠 La Ferme Saint-Vennec   🔥 🍴 ⌁ ⚙ ✏ 🅿

HISTORIQUE · PERSONNALISÉ Un lieu isolé, au grand calme, une vraie bouffée d'oxygène... Cette belle ferme de 1714, au milieu d'un grand parc, est divisée en plusieurs corps de bâtiment répartis autour d'une jolie cour parsemée de massifs de fleurs ; pour se ressourcer, on a le choix entre des chambres ou de superbes cottages bien entretenus. Charmant !

4 chambres – †90/190 € ††90/190 € – ⌇ 13 €

r. de la Clarté – ℰ 02 98 56 74 53 – www.lafermesaintvennec.com – Fermé janv.

BÉNOUVILLE – 14 (Calvados) ➜ voir Caen

BERCK-SUR-MER
✉ 62600 (Pas-de-Calais) – 14 725 hab. – Alt. 5 m – Carte régionale n° **30**-A2
▶ Paris 232 km – Abbeville 48 km – Arras 93 km – Boulogne-sur-Mer 40 km
Carte Michelin 301-C5

à Berck-Plage – ✉ 62600

🍴 La Verrière   🔥 ⚙ 🆎

CUISINE TRADITIONNELLE · COSY ⅩⅩ La gare routière est devenue un casino... et ce dernier abrite un restaurant fort sympathique ! Dans la salle, avec vue sur les cuisines, on regarde le chef et sa brigade concocter de bons petits plats traditionnels : saumon fumé maison, soufflé à l'orange et au Grand Marnier... Accueil et service aux petits soins.

🍸 Formule 17 € – Menu 20 € – Carte 25/35 €

pl. du 18-Juin – ℰ 03 21 84 27 25 – www.casinoberck.com

à Rang-du-Fliers 3 km à l'Est par D317 – ✉ 62180 – 4 125 hab. – Alt. 5 m

🏠 Bienvenue au Tortillard   🔥 🍴 ⚙ ✏ 🅿 🚭

FAMILIAL · PERSONNALISÉ Inutile de se tortiller sur sa chaise, cette maison d'hôtes est une bonne option pour séjourner près de Berck-Plage : accueil charmant de sa propriétaire, décor chaleureux – il s'agit d'une ancienne grange –, sentier de randonnée et petit parc animalier (en libre accès) à deux pas, confitures maison au petit-déjeuner...

4 chambres ⌇ – †70 € ††70/88 €

240 r. Jules-Chochoy – ℰ 03 21 84 15 92 – www.letortillard.com – Fermé 1ᵉʳ-15 juin

BERGERAC
✉ 24100 (Dordogne) – 27 972 hab. – Alt. 37 m – Carte régionale n° **4**-C1
▶ Paris 534 km – Agen 91 km – Angoulême 110 km – Bordeaux 94 km
Carte Michelin 329-D6 – Guide Vert Michelin Périgord Quercy

😊 Le Repaire de Savinien "Nouvelle Ere"   🔥

CUISINE TRADITIONNELLE · BISTRO Ⅹ Nouvelle ère en ce repaire, repris par Vincent Lucas, le chef de la Gentilhommière, table fameuse à Ste-Sabine (à 30 km). La grande cuisine version bistrot ? Il y a de cela lorsque l'on découvre l'ardoise, qui revisite la tradition et le terroir avec une simplicité de bon aloi... et un vrai sens des saveurs.

Formule 19 € – Menu 39 € (dîner) – Carte 26/58 €

Plan : AY-e – *15 r. Mounet-Sully – ℰ 05 53 24 35 46 – www.nouvelleere.jimdo.com – Fermé 24-30 déc., 13-29 fév., 23-30 juin, vacances de la Toussaint, merc. hors saison et lundi*

😊 Le Vin'Quatre   🔥

CUISINE MODERNE · CONVIVIAL Ⅹ Sashimi de longe de veau et espuma tandoori ; dos de cabillaud, risotto de boulgour et sauce homardine ; etc. Dans ce sympathique petit restaurant du Bergerac historique, le jeune chef concocte chaque jour de nouvelles recettes au gré de ses (bonnes) idées. Simple et percutant !

Menu 27/32 € – Carte 36/45 €

Plan : AZ-a – *14 r. St-Clar – ℰ 05 53 22 37 26 – Fermé merc. et le midi en semaine*

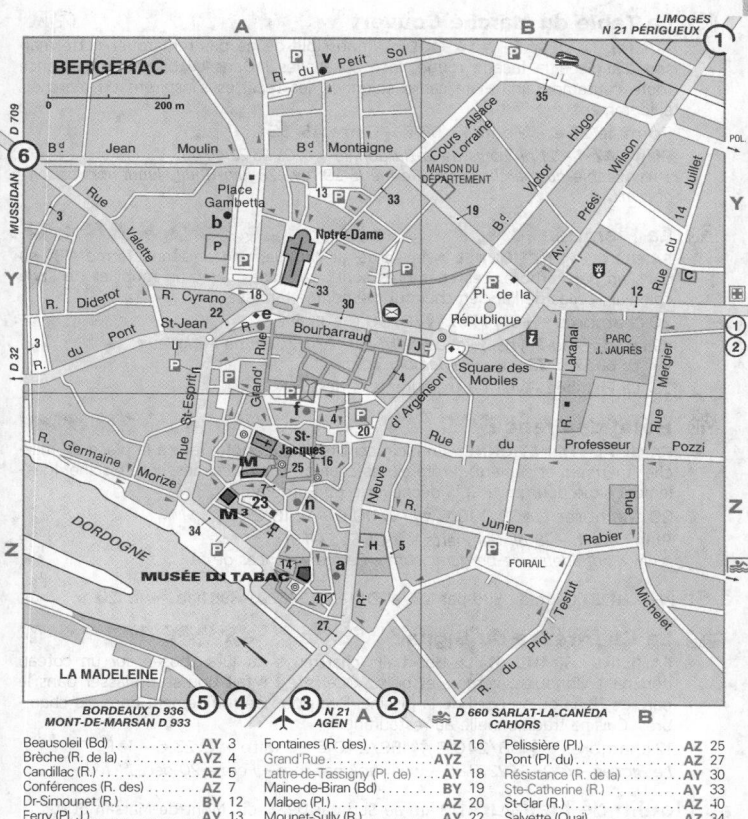

BERGERAC

Beausoleil (Bd)	AY 3	Fontaines (R. des)	AZ 16	Pelissière (Pl.)	AZ 25
Brèche (R. de la)	AYZ 4	Grand'Rue	AYZ	Pont (Pl. du)	AZ 27
Candillac (R.)	AZ 5	Lattre-de-Tassigny (Pl. de)	AY 18	Résistance (R. de la)	AY 30
Conférences (R. des)	AZ 7	Maine-de-Biran (Bd)	BY 19	Ste-Catherine (R.)	AY 33
Dr-Simounet (R.)	BY 12	Malbec (Pl.)	AZ 20	St-Clar (R.)	AZ 40
Ferry (Pl. J.)	AY 13	Mounet-Sully (R.)	AY 22	Salvette (Quai)	AZ 34
Feu (Pl. du)	AZ 14	Myrpe (Pl. de la)	AZ 23	108e-R.-I. (Av. du)	BY 35

🍴 L'Imparfait

CUISINE TRADITIONNELLE · RUSTIQUE ✕✕ Dans cette bâtisse médiévale du vieux Bergerac, l'art culinaire se conjugue au présent ! Cuisine goûteuse inspirée du terroir et teintée d'exotisme. Parfait rapport plaisir-prix.

Menu 29 € (déj.)/49 € – Carte 42/99 €

Plan : AZ-n – 8 r. des Fontaines – ℰ 05 53 57 47 92
– www.imparfait.com

🍴 La Flambée

CUISINE MODERNE · RUSTIQUE ✕✕ Des pierres apparentes, des poutres et... une cheminée ! Dans ce cadre chaleureusement périgourdin, la cuisine a le bel accent du terroir – mais défend aussi le poisson, l'une des spécialités du chef. Amoureux du produit, ce dernier recherche avant tout la qualité : fromages fermiers, légumes bio, viande locale, etc.

🍽 Menu 19 € ᵀ (déj. en semaine), 28/38 € – Carte 32/43 €

Hôtel La Flambée, 49 av. Marceau-Feyry, 3 km au Nord-Est par N21, rte de Périgueux – ℰ 05 53 57 52 33 – www.laflambee.com

🍴 La Table du Marché Couvert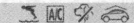

CUISINE MODERNE · À LA MODE ✗ Impossible de ne pas remarquer cette maison d'angle à la façade rouge, face aux halles ! Dans ce bistrot à l'élégance toute contemporaine – un cadre soigné –, les recettes s'inspirent du marché… évidemment.

Formule 23 € – Menu 35/56 € – Carte 45/55 €

Plan : AZ-f – *21 pl. Louis-de-la-Bardonnie* – ℰ 05 53 22 49 46
– www.table-du-marche.com – Fermé 15-29 fév., 28 juin-11 juil., lundi hors saison et dim.

🏠 La Flambée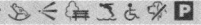

FAMILIAL · FONCTIONNEL À la sortie de la ville, une ancienne ferme (18e s.) dans un parc arboré. Les chambres sont spacieuses, avec un mobilier de style colonial ; celles de l'ancien chai ont même une terrasse !

20 chambres – ♦57/77 € ♦♦70/90 € – ☲ 9 €

*49 av. Marceau-Feyry, 3 km au Nord-Est par N21, rte de Périgueux
– ℰ 05 53 57 52 33 – www.laflambee.com*

🍴 **La Flambée** – voir les restaurants ci-dessus

🏠 Hôtel de France

FAMILIAL · FONCTIONNEL En plein centre-ville, un hôtel face à la place du marché (mercredi et samedi). Préférez les chambres, plus calmes, côté piscine. Idéalement situé pour partir à la découverte de Bergerac.

20 chambres – ♦69/100 € ♦♦79/110 € – ☲ 10 €

Plan : AY-b – *18 pl. Gambetta* – ℰ 05 53 57 11 61
– www.hoteldefrance-bergerac.com – Fermé vacances de fév.

à St-Nexans 10 km au Sud par N21 et D19 – ⌧ 24520 – 898 hab. – Alt. 120 m

🏰 La Chartreuse du Bignac 🍴

FAMILIAL · GRAND STYLE Une belle chartreuse du 18e s., posée sur un coteau dominant vignobles, vergers et bois… Quel site ! Il fait bon se prélasser dans le parc de 12 ha ou au bord de la piscine. Beaucoup de raffinement dans les chambres. Cuisine traditionnelle au restaurant.

12 chambres – ♦158/240 € ♦♦158/240 € – 1 suite – ☲ 23 € – ½ P

Le Bignac – ℰ 05 53 22 12 80 – *www.abignac.com – Fermé 20 déc.-1er fév.*

au Moulin de Malfourat 8 km au Sud par D933, dir. Mont-de-Marsan et rte secondaire

❀ La Tour des Vents 🍴

CUISINE CLASSIQUE · ÉLÉGANT ✗✗ Priorité à la qualité des produits, des cuissons et des assaisonnements : l'ancien second est désormais aux commandes, et il maintient sans peine le cap ! Il propose une belle cuisine traditionnelle, relevée d'une pointe d'originalité. En prime, la salle offre une vue imprenable sur les vignobles de Monbazillac.

➜ Foie gras marbré. Ris de veau doré au sautoir. Soufflé chaud au Grand Marnier.

Formule 24 € – Menu 29 € (déj. en semaine), 44/110 € ▮
– Carte 60/95 €

– ℰ 05 53 58 30 10 – www.tourdesvents.com – Fermé 2 janv.-5 fév., mardi midi sauf juil.-août, dim. soir et lundi

BERGÈRES-LÈS-VERTUS – 51 (Marne) ➜ voir Vertus

BERGHEIM

⌧ 68750 (Haut-Rhin) – 1 941 hab. – Alt. 235 m – Carte régionale n° **2**-C2
▶ Paris 449 km – Colmar 18 km – Ribeauvillé 4 km – Sélestat 11 km
Carte Michelin 315-I7

⊛ Wistub du Sommelier ⚄ 🏠 ♿

CUISINE TRADITIONNELLE · AUBERGE XX Comptoir du 19ᵉ s., boiseries, poêle en faïence et convivialité... Pas de doute, derrière cette jolie façade alsacienne se cache bien une winstub ! On y passe un bon moment autour de vrais plats du terroir assortis des incontournables vins régionaux. Une adresse sympathique à tous points de vue.

Menu 28/42 € – Carte 38/61 €

51 Grand-Rue – ℰ 03 89 73 69 99 – www.wistub-du-sommelier.com – Fermé 3 semaines en janv., merc. et jeudi

ⅠⅠ○ La Bacchante 🏠 🆎 ⇆

CUISINE TRADITIONNELLE · RUSTIQUE X Il faut pousser une grande porte ancienne en bois pour découvrir cette Bacchante, un antre rustique aux airs de chai, niché dans une jolie cour fleurie. Une maison de caractère où l'on déguste de sympathiques plats traditionnels qui ont le parfum de l'Alsace.

Formule 14 € – Menu 27/51 € – Carte 40/50 €

11 Grand-Rue – ℰ 03 89 71 18 91 – www.la-bacchante.fr – Fermé 18 fév.-12 mars, vend. midi et mardi

BERGHOLTZ

✉ 68500 (Haut-Rhin) – 1 063 hab. – Alt. 240 m – Carte régionale n° **1**-A3
▶ Paris 488 km – Basel 55 km – Colmar 31 km – Strasbourg 101 km
Carte Michelin 315-H9

ⅠⅠ○ La Petite Auberge ♿ 🆎 ✎

CUISINE MODERNE · AUBERGE XX Cromesquis de foie gras tiède ; pigeon rôti ; courgette fleur et sauce balsamique ; sphère chocolat et mousse mandarine... Le chef concocte une cuisine gastronomique 100 % maison, avec une envie : "Faire ce qu'on m'a appris depuis que j'ai commencé ce métier." Pari tenu et franc succès !

Formule 22 € – Menu 27 € (déj. en semaine), 42/74 € – Carte 58/69 €

4 r. de l'Église – ℰ 03 89 28 52 90 – www.lapetiteauberge.fr – Fermé mardi et merc.

BERGUES

✉ 59380 (Nord) – 3 910 hab. – Alt. 4 m – Carte régionale n° **30**-B1
▶ Paris 279 km – Calais 52 km – Dunkerque 9 km – Hazebrouck 34 km
Carte Michelin 302-C2

🏠 Au Tonnelier ❀ ♿ 🎢 🅿

AUBERGE · FONCTIONNEL Une agréable hostellerie familiale, au pied de l'église du village – rendu célèbre par le film *Bienvenue chez les Ch'tis*. Les chambres sont fonctionnelles et bien tenues ; préférez les plus récentes dans l'annexe. Cuisine du terroir au restaurant.

40 chambres – ♦70/85 € ♦♦77/90 € – ☲ 12 €

4 r. du Mont-de-Piété, (près de l'église) – ℰ 03 28 68 70 05 – www.autonnelier.com – Fermé 22 déc.-4 janv.

BERLOU

✉ 34360 (Hérault) – 198 hab. – Alt. 140 m – Carte régionale n° **22**-B2
▶ Paris 758 km – Albi 125 km – Carcassonne 77 km – Montpellier 103 km
Carte Michelin 339-C8

⊛ Le Faitout 🏠

FRANÇAISE · COSY X Qu'espérer du faitout d'un chef touche-à-tout ? Un maximum de gourmandise ! Frédéric Révilla, porté par sa passion pour la région, fait feu de tout bois : saveurs du jardin, veau catalan, chevreau du pays, navet de Pardailhan, vin de St-Chinian (le village est voisin) : tout s'associe avec soin et simplicité dans ses recettes à contre-courant, tout a du goût !

Formule 18 € – Menu 30/64 € 🍷 – Carte 37/62 €

pl. du Pont – ℰ 04 67 24 16 99 – www.lefaitout.net – Fermé 1 semaine en fév., vacances de la Toussaint, mardi et merc. d'oct. à avril, dim. soir et lundi

BERMICOURT

✉ 62130 (Pas-de-Calais) – 153 hab. – Alt. 118 m – Carte régionale n° **30**-B2
▶ Paris 234 km – Arras 50 km – Lens 61 km – Lille 100 km
Carte Michelin 301-G5

🏠 La Cour de Rémi   ☆ ⌂ 🛏 ♿ ⅏ 🅿

FAMILIAL · PERSONNALISÉ Nous voici dans les dépendances d'un petit château du 19ᵉ s., au bout d'une allée bordée d'arbres... Les chambres, réparties dans la grange et les écuries, sont sobres et spacieuses. Quant à Rémi, il fut le dernier exploitant de la ferme. Un bien bel hommage !

10 chambres – ♦85/160 € ♦♦85/160 € – ⍩ 13 €
1 r. Baillet – ℰ 03 21 03 33 33 – www.lacourderemi.com

BERNAY

✉ 27300 (Eure) – 10 399 hab. – Alt. 105 m – Carte régionale n° **33**-C2
▶ Paris 155 km – Argentan 69 km – Évreux 49 km – Le Havre 72 km
Carte Michelin 304-D7 – Guide Vert Michelin Normandie Vallée de la Seine

🍴 Hostellerie du Moulin Fouret   🛏 🏠 🅿

CUISINE CLASSIQUE · COSY ✕✕ Du moulin subsistent les rouages... mais on découvre avant tout une belle et grande maison couverte de vigne vierge, au calme d'un cours d'eau. Ravioles de champignons, pigeonneau rôti en cocotte, notre "grand dessert Gustave Chauvel" en souvenir du grand-père du chef, etc. : classique et séduisant.

Menu 26 € (déj. en semaine)/45 € – Carte 72/83 €
2 rte du Moulin-Fouret, 3,5 km au Sud par rte de St-Quentin-des-Isles – ℰ 02 32 43 19 95 – www.moulin-fouret.com – Fermé dim. soir, lundi et mardi sauf fériés

LA BERNERIE-EN-RETZ

✉ 44760 (Loire-Atlantique) – 2 603 hab. – Alt. 24 m – Carte régionale n° **34**-A2
▶ Paris 434 km – Nantes 46 km – St-Herblain 46 km – St-Nazaire 38 km
Carte Michelin 316-D5

🍴 L'Artimon   A/C

CUISINE MODERNE · INTIME ✕ Cet Artimon porte haut les valeurs de la bonne cuisine, attirant de loin les amateurs : il faut dire que le chef travaille en vrai artisan de beaux produits locaux. La petite salle – toute simple et d'esprit marin – ne désemplit pas !

🍴 Menu 20 € (déj. en semaine), 31/42 €
17 r. Jean-du-Plessis – ℰ 02 51 74 61 60 (réservation conseillée) – Fermé mardi sauf le soir en juil.-août, dim. soir et merc. de sept. à juin et lundi

BERNEX

✉ 74500 (Haute-Savoie) – 1 248 hab. – Alt. 955 m – Carte régionale n° **46**-F1
▶ Paris 590 km – Annecy 97 km – Évian-les-Bains 10 km – Morzine 32 km
Carte Michelin 328-N2 – Guide Vert Michelin Alpes du Nord

à La Beunaz 1,5 km au Nord-Ouest par D52 – ✉ 74500 Bernex – Alt. 1 000 m

🏠 Bois Joli   ☆ ⌂ ≤ 🛏 ⎍ ♨ 🏊 🅿

TRADITIONNEL · ALPIN Noyé dans la verdure et tout pimpant, ce beau chalet porte bien son nom... Les chambres, décorées à la mode savoyarde, ont toutes un balcon tourné vers la Dent d'Oche ou le mont Billiat. Espace bien-être, jolie piscine extérieure et restaurant traditionnel.

20 chambres – ♦70/80 € ♦♦88/98 € – 1 suite – ⍩ 10 € – ½ P
210 rte du Chenay – ℰ 04 50 73 60 11 – www.hotel-bois-joli.fr – Ouvert de mai à mi-oct. et de mi-déc. à fin mars

BERNIÈRES-SUR-MER

✉ 14990 (Calvados) – 2 336 hab. – Carte régionale n° **32**-B2

▶ Paris 252 km – Caen 20 km – Hérouville-Saint-Clair 21 km – Le Havre 107 km

Carte Michelin 303-J4 – Guide Vert Michelin Normandie Cotentin

⏱○ L'As de Trèfle

CUISINE MODERNE · COSY ✗✗ Légèrement en retrait des plages du Débarquement, nous voilà dans le repaire d'Anthony Vallette, un chef normand plein d'entrain. Au fil des saisons, il pioche dans le terroir local – poissons de la Manche, andouille de Vire, cochon de Bayeux – et compose des plats bien maîtrisés, avec juste ce qu'il faut d'audace !

Formule 18 € – Menu 25 € (déj. en semaine), 39/59 € – Carte 66/82 €

*420 r. Léopold-Hettier – ℰ 02 31 97 22 60 – www.restaurantasdetrefle.com
– Fermé 25 sept.-7 oct., 7-18 janv., mardi sauf le midi en été et lundi*

BERNOS-BEAULAC – 33 (Gironde) ➜ voir Bazas

BERRWILLER

✉ 68500 (Haut-Rhin) – 1 174 hab. – Alt. 260 m – Carte régionale n° **1**-A3

▶ Paris 467 km – Belfort 45 km – Colmar 31 km – Épinal 99 km

Carte Michelin 315-H9

🛆 L'Arbre Vert

CUISINE MODERNE · ÉLÉGANT ✗✗ Cinquième génération et toujours très Vert ! Cet Arbre pourrait bien être généalogique, tant son histoire se confond avec celle de la famille Koenig... Au menu : toute la fraîcheur du terroir alsacien, avec de beaux vins du cru.

Menu 27/58 € – Carte 47/74 €

*96 r. Principale – ℰ 03 89 76 73 19 – www.restaurant-koenig.com
– Fermé 1er-8 mars, jeudi soir, dim. soir et lundi*

BESANÇON

✉ 25000 (Doubs) – 116 353 hab. – Agglo. 131 739 hab. – Alt. 250 m

– Carte régionale n° **16**-B2

▶ Paris 405 km – Basel 167 km – Bern 180 km – Dijon 91 km

Carte Michelin 321-G3 – Guide Vert Michelin Franche-Comté Jura

⏱○ Le Manège

CUISINE MODERNE · À LA MODE ✗✗✗ Une vraie bonne table que cet ancien manège militaire (au pied de la citadelle) entièrement redécoré en 2013 ; on y déguste une cuisine délicate et savoureuse, signée par un chef autodidacte et amoureux du travail bien fait. Une valeur sûre.

Formule 15 € – Menu 30 € (dîner)/45 € – Carte 36/51 €

Plan : BZ-u – *2 fg Rivotte – ℰ 03 81 48 01 48 – www.restaurantlemanege.com
– Fermé 18-25 mai, 14-29 août, 2-19 janv., sam. midi, dim. soir et lundi*

⏱○ Le St-Pierre

CUISINE TRADITIONNELLE · ÉLÉGANT ✗✗✗ Une cuisine gastronomique mettant le poisson et les bons produits à l'honneur ; beaucoup de finesse relevée d'une pointe d'originalité ; un cadre élégant et cosy (pierres apparentes) : ce Saint-Pierre est un petit paradis des saveurs !

Menu 42 € ▾/75 € – Carte 73/87 €

Plan : AY-t – *104 r. Battant – ℰ 03 81 81 20 99 (réservation conseillée)
– www.restaurant-saintpierre.com – Fermé vacances de printemps, 3 semaines en août, vacances de Noël, sam. midi, dim. et fériés*

BESANÇON

Allende (Bd S.)	**AX** 2	Chaillot (R. de)	**BX** 12	Montrapon (Av. de)	**AX** 34
Belfort (R. de)	**BX**	Clemenceau (Av. Georges)	**AX** 15	Observatoire
Brulard (R. Gén.)	**AX** 5	Clerc (R. F.)	**BX** 16	(Av. de l')	**AX** 35
Carnot (Av.)	**BX** 7	Fontaine-Argent		Ouest (Bd)	**AX** 37
		(Av.)	**BX** 19	Paix (Av. de la)	**BX** 38
		Jouchoux (R. A.)	**AX** 25	Vaite (Av. de la)	**BX** 55
		Lagrange (Av. Léo)	**AX** 27	Voirin (R.)	**BX** 57

☲○ Le Poker d'As   🗚

CUISINE TRADITIONNELLE · RUSTIQUE ✗✗ Cette table tenue par toute une famille (le fils œuvre en cuisine) cultive une certaine identité franc-comtoise : décor rustique (tables sculptées dans le bois, cloches de vache, etc.) et, au menu, saveurs ancrées dans la tradition – mais pas seulement !

Menu 25/55 € – Carte 35/68 €

Plan : BY-u – *14 sq. St-Amour* – ℰ *03 81 81 42 49*
– *www.restaurant-lepokerdas.fr* – *Fermé 12 juil.-11 août, vacances de Noël, dim. et lundi*

🏠🏠 Le Sauvage   ⇱ 🖪 ⅃ ♨ 🄿

HISTORIQUE · ÉLÉGANT Dans la vieille ville, le bâtiment est chargé d'histoire : couvent des minimes depuis le Moyen-Âge, saisi à la Révolution, il a été investi par les sœurs clarisses à partir de 1854... Salons intimes, belles boiseries et mobilier chiné, vues sur le Doubs et les remparts : les lieux ne sont qu'élégance et quiétude.

23 chambres – ♦98/285 € ♦♦98/285 € – ☲14 €

Plan : BZ-m – *6 r. du Chapître* – ℰ *03 81 82 00 21*
– *www.hotel-lesauvage.com*

🏠 Florel   🖪 ⅃ 🗚 ॐ ♨ 🄿

URBAIN · ACTUEL Un hôtel bien confortable et idéalement situé pour les voyageurs : face à la gare et à proximité d'un arrêt de tram, qui permet de rejoindre le centre-ville en un clin d'œil. Un bon point de chute.

46 chambres – ♦69/119 € ♦♦79/149 € – ☲12 €

Plan : BX-n – *6 r. de la Viotte* – ℰ *03 81 80 41 08* – *www.hotel-florel.fr*

BESANÇON

Battant (Pont) . . . . **AY** 3
Battant (R.) . . . . **AY**
Bersot (R.) . . . . **BY**
Carnot (Av.) . . . . **BYX** 7
Castan (Sq.). . . . . **BZ** 8
Chapitre (R. du) . . . . **BZ** 14
Convention (R. de la) . . . . . **BZ** 4
Denfert-Rochereau (Av.). . . **BY** 17
Denfert-Rochereau
(Pont) . . . . **BY** 18

Fusillés-de-la-Résistance
(R. des) . . . . **BZ** 20
Gambetta (R.) . . . . **ABY** 21
Gare-d'eau (Av. de la) . . . . **AZ** 22
Gaulle (Bd Ch.de) . . . . **AZ** 23
Girod-de-Chantrans (R.) . . **AYZ** 24
Grande-Rue . . . . **ABYZ**
Granges (R. des) . . . . **ABY**
Krug (R. Ch.) . . . . **BY** 26
Lycée (R. du) . . . . **AY** 28
Madeleine (R. de la) . . . . . . **AY** 29
Martelots (Pl. des). . . . . **BZ** 30
Mégevand (R.) . . . . **ABZ** 32

Moncey (R.) . . . . **BY** 33
Orme-de-Chamars (R. de l'). **AZ** 36
Pouillet (R. Cl.). . . . . **AY** 39
République (R. de la) . . . . . **ABY** 40
Révolution (Pl. de la) . . . . . . **AY** 41
Rivotte (Faubourg) . . . . **BZ** 42
Ronchaux (R.) . . . . **BZ** 43
Rousseau (R. J. J.) . . . . **AY** 45
Saint-Amour (Sq.) . . . . **BY** 48
Sarrail (R. Gén.) . . . . **ABY** 52
Vauban (Q.) . . . . **AY** 56
1ère-Armée-Française
(Pl. de la) . . . . **BY** 58

🏨 Hôtel de Paris

🛁 ⊞ ♿ 🅰🅲 ♨ 🅿

URBAIN · COSY Un bel établissement, au cœur de la vieille ville bisontine. Murs anciens empreints d'une certaine noblesse, grandes cours intérieures, beaux volumes – le tout mis en valeur dans une veine contemporaine feutrée et élégante...

50 chambres – 🛏70/210 € 🛏🛏90/210 € – ⌑ 12 €

Plan : ABY-a – *33 r. des Granges* – ✆ *03 81 81 36 56*
– *www.besanconhoteldeparis.com*

🏨 Hôtel Vauban

⚐ ⊞ ♿ 🅰🅲 ⚑

URBAIN · FONCTIONNEL À mi-hauteur du superbe quai Vauban, dont les maisons à arcades lui ont valu d'être classé au patrimoine mondial de l'UNESCO, l'hôtel rend hommage au génial architecte militaire et à ses différentes créations. Accueil sympathique, chambres fonctionnelles : une étape agréable.

13 chambres – 🛏72/87 € 🛏🛏87/117 € – ⌑ 10 €

Plan : AY-r – *9 quai Vauban* – ✆ *03 81 82 02 08* – *www.hotel-vauban.fr*

285

à Montfaucon 9 km au Sud-Est par D464 et D146 – ✉ 25660
– 1 496 hab. – Alt. 491 m

🍴○ **La Cheminée** ⩽ 🏠 **P**

CUISINE CLASSIQUE · AUBERGE ❌❌ Pour une bouffée d'air pur en dehors de Besançon, voilà un chalet tout indiqué : sur les hauteurs du village, dominant les reliefs alentour, il offre un joli décor pour apprécier les spécialités régionales. En prime, une piscine ouverte aux clients du restaurant.

Menu 26 € (semaine), 36/60 € – Carte 59/82 €
rte du Belvédère – ✆ 03 81 81 17 48 – www.restaurantlacheminee.fr
– Fermé 28 août-20 sept., 2-24 janv., dim. soir, merc. soir et lundi

à Geneuille 13 km au Nord par N57 et D1 – ✉ 25870 – 1 363 hab. – Alt. 220 m

🍴○ **Château de la Dame Blanche** 🚪 🔥 ♿ **P**

CUISINE MODERNE · HUPPÉ ❌❌❌ Une grande dame que cette demeure à l'abri des regards, dont les décors cultivent un élégant classicisme. Le chef signe une cuisine gastronomique goûteuse et bien maîtrisée, à l'image de ce sandre d'inspiration du Doubs, sabayon au vin jaune et vieux comté râpé... Service courtois.

Formule 22 € – Menu 38 € 🍷 (déj. en semaine), 48/135 € 🍷 – Carte environ 66 €
Hôtel Château de la Dame Blanche, 1 chemin de la Goulotte – ✆ 03 81 57 64 64
– www.chateau-de-la-dame-blanche.com – Fermé 24 déc.-10 janv., sam. midi et dim. soir

🏨 **Château de la Dame Blanche** 🌳 🐾 🚪 📶 📺 ♿ 🛁 **P**

CHÂTEAU · PERSONNALISÉ Une superbe propriété dans la campagne bisontine, digne d'une image d'Épinal : cette belle demeure bourgeoise se dresse dans un grand parc boisé. Un lieu de douce villégiature : spa, grand calme et... pour les amoureux de nature, deux chambres perchées dans des cabanes en haut des arbres !

33 chambres – 🚹85/159 € – 🚹🚹91/189 € – 2 suites – 🛏 15 € – ½ P
1 chemin de la Goulotte – ✆ 03 81 57 64 64
– www.chateau-de-la-dame-blanche.com – Fermé 24 déc.-10 janv.
🍴○ **Château de la Dame Blanche** – voir les restaurants ci-dessus

BESSAS

✉ 07150 (Ardèche) – 192 hab. – Carte régionale n° **44**-A3
▶ Paris 689 km – Lyon 226 km – Nîmes 79 km – Privas 73 km
Carte Michelin 331-H7

🍴○ **Auberge des Granges** 🅰🅲

CUISINE MODERNE · CONVIVIAL ❌ Originaire du village, le chef avait à cœur de revenir sur ses terres natales... Grand bien lui en a pris ! Sa cuisine est pleine de saveurs, et rend hommage au terroir : croustillant de cèpes, magret de canard à l'écorce d'orange... Autant de délices qui s'apprécient dans l'ambiance feutrée d'une ancienne grange.

Menu 25/55 €
au village – ✆ 04 75 38 02 01 – www.aubergedesgranges.com – Fermé début janv.-13 fév., du lundi au jeudi d'oct. à fév., lundi et merc. de mars à juin et en sept.

BESSE-ET-ST-ANASTAISE

✉ 63610 (Puy-de-Dôme) – 1 519 hab. – Alt. 1 050 m – Carte régionale n° **5**-B2
▶ Paris 462 km – Clermont-Ferrand 46 km – Condat 28 km – Issoire 30 km
Carte Michelin 326-E9 – Guide Vert Michelin Auvergne

ⓘ○ Hostellerie du Beffroy

CUISINE MODERNE · RUSTIQUE XX Une maison du 15ᵉs. décorée de meubles patinés par les ans. On y déguste de beaux produits travaillés avec modernité : saumon fumé, agneau, parfait à la gentiane, etc. Chambres, un brin désuètes, mais bien tenues.

Formule 21 € – Menu 30/70 € – Carte 46/66 €

12 chambres – ♦68/75 € ♦♦90/150 € – ☲ 12 €

26 r. Abbé-Blot – ℰ 04 73 79 50 08 (réservation conseillée) – www.lebeffroy.com – Ouvert de Pâques au 30 sept.

⌂ La Gazelle

FAMILIAL · FONCTIONNEL Cet hôtel aux allures de grand chalet moderne offre une belle vue sur Besse "la médiévale" ; ses chambres, de style montagnard, disposent pour certaines d'un balcon. Le tout à quelques minutes des pistes de ski !

36 chambres – ♦69/87 € ♦♦69/87 € – ☲ 8,50 € – ½ P

rte Compains – ℰ 04 73 79 50 26 – www.lagazelle.fr – Fermé 3-25 avril et 12 oct.-19 déc.

BESSINES-SUR-GARTEMPE

✉ 87250 (Haute-Vienne) – 2 830 hab. – Alt. 335 m – Carte régionale n° **24**-B1
▶ Paris 355 km – Argenton-sur-Creuse 58 km – Bellac 29 km – Guéret 55 km
Carte Michelin 325-F4

⛫ Château Constant

VILLA · PERSONNALISÉ Une Salvadorienne, des voyages à travers le monde... et ce joli manoir du 19ᵉ s. dont elle a fait un lieu douillet et accueillant, à son image. Les chambres sont spacieuses et mêlent les styles avec caractère, et on a toujours de quoi s'occuper (instruments de musique, ping-pong), musarder (beau parc) et se repaître (table d'hôte). Sympathique !

5 chambres – ☲ – ♦85 € ♦♦90 €

av. du 11-Novembre-1918 – ℰ 05 55 76 78 42 – www.chateau-constant.com

BÉTHUNE

✉ 62400 (Pas-de-Calais) – 25 694 hab. – Agglo. 353 322 hab. – Alt. 34 m
– Carte régionale n° **30**-B2
▶ Paris 214 km – Arras 34 km – Boulogne-sur-Mer 90 km – Calais 83 km
Carte Michelin 301-I4

ⓘ○ Au Départ

CUISINE MODERNE · À LA MODE XXX La bonne table de Béthune, à deux pas de la gare. La salle, colorée et audacieuse, interpelle, à l'image de la cuisine du chef, Jean-François Buche, généreuse, bien ficelée et en phase avec l'air du temps. Belle carte des vins.

Formule 22 € – Menu 34/60 € – Carte 55/97 €

1 pl. François-Mitterrand – ℰ 03 21 57 18 04 – www.restaurant-depart.fr – Fermé 2-11 mars, 15 août-7 sept., sam. midi, dim. soir, lundi et mardi

à Labourse 4 km au Sud-Est par D943 et D65 – ✉ 62113 – 2 429 hab. – Alt. 25 m

ⓘ○ Terre et Mer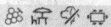

CUISINE TRADITIONNELLE · COSY XX Mur paré de briques, cheminée en marbre et poutres apparentes composent le cadre de ce restaurant familial. On y déguste une cuisine traditionnelle où les jus courts et les émulsions ont la part belle. Saumon fumé maison, ris et rognons de veau aux morilles, sole meunière... On se régale au rythme des saisons !

☙ Formule 16 € – Menu 20 € (déj. en semaine), 30/48 € – Carte 40/60 €

16 r. Achille-Larue – ℰ 03 21 64 03 57 – www.restaurant-terre-et-mer.fr – Fermé 1 semaine en fév., 3 semaines en août, merc. soir, sam. midi, dim. soir et lundi

à Gosnay 5 km au Sud-Ouest par D941 et D181 – ⊠ 62199 – 990 hab. – Alt. 29 m

ⓘO **Robert II**   ⌚ �*📶 & 🅿

CUISINE CLASSIQUE · ÉLÉGANT XXX Le Robert II fait dans l'exercice de style avec la découpe au guéridon et le flambage devant le client. La cuisine privilégie les saisons et les produits nobles : ris de veau, homard, bar, turbot... Quant à la carte des vins, elle est exceptionnelle : plus de 800 appellations !

Menu 40/139 € ♟ – Carte 64/138 €

Hôtel La Chartreuse du Val St-Esprit, 1 r. de Fouquières – ℰ 03 21 62 80 00
– www.ledomainedelachartreuse.com

🏯 **La Chartreuse du Val St-Esprit**   ✿ ☙ 🚑 ⚕ ✄ 🅿

CHÂTEAU · CLASSIQUE Bâti sur les ruines d'une ancienne chartreuse dans un parc de 6 ha, ce château (1762) a beaucoup de charme et d'élégance. Les chambres arborent un style cossu : mobilier ancien, papiers peints et
tentures dans la grande tradition... Un petit coin de paradis !

53 chambres – †155/420 € ††155/480 € – 1 suite – ☲ 25 € – ½ P

1 r. de Fouquières – ℰ 03 21 62 80 00 – www.ledomainedelachartreuse.com

ⓘO **Robert II** – voir les restaurants ci-dessus

🏯 **La Métairie**   🚑 ⚕ ✄ & 🅿

BUSINESS · FONCTIONNEL Une grande façade en briques rouges typiquement
régionale, posée juste au bord de la route : impossible de manquer cette Métairie !
Les chambres sont confortables et fonctionnelles (certaines d'entre elles sont installées dans une ancienne bergerie) et l'ensemble est parfaitement tenu.

40 chambres – †121/238 € ††121/238 € – ☲ 14 €

1 bis r. de Fouquières – ℰ 03 91 80 11 20 – www.hotel-lametairie.com

à Busnes 14 km au Nord-Ouest par D943et D187 – ⊠ 62350 – 1 253 hab. – Alt. 19 m

✿✿ **Meurin** (Marc Meurin)   ⌚ 🚑 & 🆎 ⇄ 🅿

CUISINE MODERNE · ÉLÉGANT XXX Moment de haute gastronomie dans le
décor chic et feutré du Château de Beaulieu... Marc Meurin signe une cuisine d'excellente facture, fine et inventive. Bouillons, jus, produits, accords de saveurs,
etc. Chaque assiette est un plaisir.

→ Carpaccio d'octopus, émulsion à l'ail fumé et caviar de pomme verte. Pigeonneau des Flandres bien élevé et croustille d'abattis. Parfum de rose litchi-framboise.

Menu 80 € (déj. en semaine), 110/160 € – Carte 100/135 €

Hôtel Le Château de Beaulieu, 1098 rte de Lillers – ℰ 03 21 68 88 88
– www.lechateaudebeaulieu.fr – Fermé 1er-22 août, 2-16 janv., le midi sauf vend. et
dim., dim. soir et lundi

✿ **Le Jardin d'Alice**   🚑 🛏 & 🆎 🅿

CUISINE MODERNE · À LA MODE XX La seconde table du chef Marc Meurin, au
sein du Château de Beaulieu, version bistrot coloré et décalé : nul doute que la
pétillante héroïne de Lewis Carroll aurait apprécié l'endroit (déco branchée,
parc) et plus encore la belle cuisine dans l'air du temps. C'est très souvent complet, pensez à réserver...

Menu 32/39 € – Carte 44/62 €

Hôtel Le Château de Beaulieu, 1098 rte de Lillers – ℰ 03 21 68 88 88
– www.lejardindalice.fr

🏯 **Le Château de Beaulieu**   ✿ ☙ 🚑 🖥 & 🆎 ✄ 🅿

CHÂTEAU · ÉLÉGANT Promesse d'un week-end de charme dans cette élégante
demeure en brique de 1680, sise dans un grand parc (jardin aromatique, vignes).
Élégantes et feutrées, les chambres sont très confortables et d'une quiétude
incomparable. Grand espace séminaires.

16 chambres – †170/430 € ††170/430 € – 4 suites – ☲ 22 €

1098 rte de Lillers – ℰ 03 21 68 88 88 – www.lechateaudebeaulieu.fr

✿✿ **Meurin** • ✿ **Le Jardin d'Alice** – voir les restaurants ci-dessus

BEUIL

✉ 06470 (Alpes-Maritimes) – 503 hab. – Alt. 1 450 m – Carte régionale n° **41**-D2
▶ Paris 809 km – Barcelonnette 80 km – Digne-les-Bains 117 km – Nice 79 km
Carte Michelin 341-C3 – Guide Vert Michelin Alpes du Sud

🏠 L'Escapade
FAMILIAL · ALPIN Au cœur du village, un hôtel familial aux airs de bonne auberge de montagne. Sobre, bon marché et accueillante, l'Escapade concocte aussi une généreuse cuisine du terroir... et on aurait tort de se priver de son charme d'antan.

9 chambres – ♦81/100 € ♦♦81/100 € – ☑12 € – ½ P
au village – *✆ 04 93 02 31 27* – *www.hotelescapade.fr*

LA BEUNAZ – 74 (Haute-Savoie) → voir Bernex

BEUVRON-EN-AUGE

✉ 14430 (Calvados) – 242 hab. – Alt. 11 m – Carte régionale n° **33**-C2
▶ Paris 219 km – Cabourg 14 km – Caen 32 km – Lisieux 25 km
Carte Michelin 303-L4 – Guide Vert Michelin Normandie Vallée de la Seine

❀ Le Pavé d'Auge (Jérôme Bansard)
CUISINE CLASSIQUE · ÉLÉGANT XxX Chaleureux et typiquement normand (colombages, cheminée en pierre), ce restaurant occupe les anciennes halles du village. C'est ici une vocation que de susciter l'échange autour de bons produits ! Au menu, de beaux classiques préparés avec finesse et une interprétation savoureuse de la gastronomie régionale.
→ Foie gras de canard poêlé et chutney pomme-boudin. Ris de veau cuit au beurre mousseux, grenobloise. Soufflé au Grand Marnier.
Menu 41/78 €

– ✆ 02 31 79 26 71 – www.pavedauge.com – Fermé 16-23 fév., 24 nov.-26 déc., mardi sauf du 15 juil. au 31 août et lundi

🏠 Le Pavé d'Hôtes
MAISON DE CAMPAGNE · PERSONNALISÉ Pavé d'Hôtes pour Pavé d'Auge, cette charmante ferme normande du 19ᵉ s. est tenue par l'épouse du chef de ce délicieux restaurant. Pourquoi ne pas profiter de l'un et de l'autre ? Les chambres, toutes différentes, conjuguent raffinement et modernité. En plus, le petit-déjeuner y est excellent.

5 chambres ☑ – ♦81/127 € ♦♦88/134 €
– ✆ 02 31 39 39 10 – www.pavedauge.com – Fermé 1 semaine en fév. et 22 nov.-27 déc.

BEUZEVILLE

✉ 27210 (Eure) – 4 409 hab. – Alt. 129 m – Carte régionale n° **32**-A3
▶ Paris 179 km – Bernay 38 km – Deauville 26 km – Évreux 76 km
Carte Michelin 304-C5 – Guide Vert Michelin Normandie Vallée de la Seine

🍽️ Auberge du Cochon d'Or
CUISINE TRADITIONNELLE · AUBERGE Xx Croustillant de livarot, pomme et andouille granvillaise, teurgoule (spécialité régionale de riz au lait cuit plusieurs heures dans une jarre en grès), etc. Tout le goût du terroir dans cette auberge née au début du siècle dernier ! Les amoureux de la tradition – revisitée avec justesse – sont ici à bon port...
Formule 16 € – Menu 21 € (semaine), 32/48 € – Carte 35/83 €
64 r. des Anciens-d'AFN – ✆ 02 32 57 70 46 – www.le-cochon-dor.fr
– Fermé dim. soir sauf du 15 juil. au 15 sept. et lundi

🏠 Le Petit Castel

FAMILIAL · MODERNE Un hôtel qui fait le buzz à Beuzeville : derrière sa façade bourgeoise traditionnelle, on découvre de jolies chambres, cosy et chaleureuses, ainsi qu'un charmant salon commun et un agréable espace bien-être. Autres atouts : Honfleur n'est qu'à 15 km et le pays d'Auge s'offre à vous !

16 chambres – 🛏84/104 € 🛏🛏84/119 € – 🍴10 €

32 r. Constant-Fouché - 𝒞 02 32 20 48 95 - www.lepetitcastel.com

à l'Ouest 3 km par N175 – ⊠ 14130 Quetteville :

🏰 Hostellerie de la Hauquerie-Chevotel

MAISON DE CAMPAGNE · CLASSIQUE Avis aux amoureux du cheval : cet hôtel s'épanouit au sein d'un haras, avec même quelques chambres au-dessus des écuries ! Un endroit chic, cosy et très verdoyant : de quoi se laisser aller à une douce quiétude et piaffer de plaisir.

7 chambres – 🛏110/135 € 🛏🛏135/210 € – 1 suite – 🍴14 €

Lieu-dit La Hocquerie - 𝒞 02 31 65 62 40 - www.chevotel.com - Ouvert 25 mars-15 oct.

LES BÉZARDS

⊠ 45290 (Loiret) – Carte régionale n° **12**-D2

▶ Paris 136 km – Auxerre 79 km – Gien 17 km – Joigny 58 km

Carte Michelin 318-N5

❀ Auberge des Templiers

CUISINE CLASSIQUE · ÉLÉGANT XXX Certaines beautés ne se démodent jamais... Dans un décor de tapisseries, de poutres et de cristal, on savoure une cuisine bien en prise avec son époque. Un savoureux décalage !

→ Ravioles de champignons sauvages, velouté au jus de truffe noire. Ris de veau en teriyaki et sésame, karinto de patate douce. Soufflé Rothschild, glace à la vanille Bourbon.

Menu 49 € (déj.), 82/132 € – Carte 90/165 €

*Boismorand, à 4 km de l'autoroute A77, sortie 19 - 𝒞 02 38 31 80 01
- www.lestempliers.com - Fermé 15 fév.-6 mars*

🏰 Auberge des Templiers

TRADITIONNEL · PERSONNALISÉ Une superbe architecture tout en colombages (17ᵉ s.), du mobilier d'époque, un cottage aux toits de chaume niché au milieu d'un parc, un accueil et des prestations dans la grande tradition française : tels sont les trésors de ces Templiers !

22 chambres – 🛏195/310 € 🛏🛏195/720 € – 7 suites – 🍴25 € – ½ P

*Boismorand, à 4 km de l'autoroute A77, sortie 19 - 𝒞 02 38 31 80 01
- www.lestempliers.com - Fermé 15 fév.-6 mars*

❀ **Auberge des Templiers** - voir les restaurants ci-dessus

BÉZIERS

⊠ 34500 (Hérault) – 72 970 hab. – Agglo. 85 463 hab. – Alt. 17 m
– Carte régionale n° **22**-B2

▶ Paris 758 km – Marseille 234 km – Montpellier 71 km – Perpignan 93 km

Carte Michelin 339-E8

❀ Octopus (Fabien Lefebvre)

CUISINE MODERNE · DESIGN XXX Moment de belle gastronomie au cœur de Béziers, autour d'une savoureuse cuisine de saison, épurée et centrée sur le produit (superbes crustacés et poissons, viande rassie par le chef lui-même, agrumes de choix...), accompagnée d'une belle sélection de vins "nature". Chaleureux décor contemporain et agréable terrasse en prime !

→ Poisson de petite pêche mariné à la poutargue, riz soufflé. Anguille laquée d'un jus d'oignon doux des Cévennes et navet de Pardailhan. Tarte choco-pistou.

Formule 26 € 🍷 – Menu 34 € (déj. en semaine), 52/87 € – Carte 75/105 €

Plan : CY-t - *12 r. Boïeldieu - 𝒞 04 67 49 90 00 - www.restaurant-octopus.com
- Fermé 24 avril-3 mai, 14-31 août, 23 déc.-4 janv., dim. et lundi*

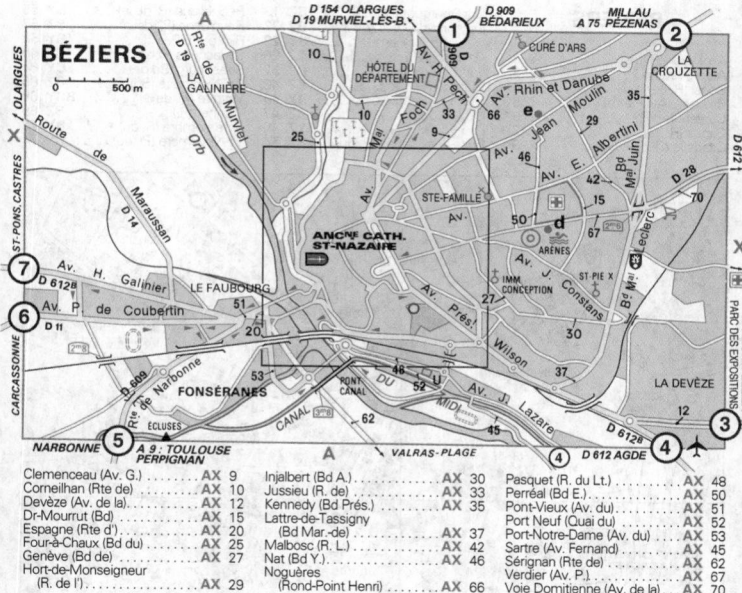

BÉZIERS

0 500 m

Clemenceau (Av. G.)	AX 9	Injalbert (Bd A.)	AX 30	Pasquet (R. du Lt.)	AX 48
Corneilhan (Rte de)	AX 10	Jussieu (R. de)	AX 33	Perréal (Bd E.)	AX 50
Devèze (Av. de la)	AX 12	Kennedy (Bd Prés.)	AX 35	Pont-Vieux (Av. du)	AX 51
Dr-Mourrut (Bd)	AX 15	Lattre-de-Tassigny		Port Neuf (Quai du)	AX 52
Espagne (Rte d')	AX 20	(Bd Mar.-de)	AX 37	Port-Notre-Dame (Av. du)	AX 53
Fourà-Chaux (Bd du)	AX 25	Malbosc (R. L.)	AX 42	Sartre (Av. Fernand)	AX 45
Genève (Bd de)	AX 27	Nat (Bd Y.)	AX 46	Sérignan (Rte de)	AX 62
Hort-de-Monseigneur		Noguères		Verdier (Av. P.)	AX 67
(R. de l')	AX 29	(Rond-Point Henri)	AX 66	Voie Domitienne (Av. de la)	AX 70

ⅠⅠ◯ L'Ambassade

🞊 AC ⇦

CUISINE MODERNE · ÉLÉGANT XxX Une "ambassade" bien nommée, car le chef est très actif dans la promotion de la gastronomie régionale. Au menu, de bons produits locaux interprétés au goût du jour, et une belle carte de vins languedociens.

Menu 30 € (semaine), 45/120 € - Carte 57/103 €

Plan : CZ-n - 22 bd de Verdun, (face à la gare)
- ℰ 04 67 76 06 24 - www.restaurant-lambassade.com
- Fermé dim. et lundi

ⅠⅠ◯ La Maison de Petit Pierre

🛖 ⴷ AC

CUISINE MODERNE · AUBERGE X Comme quoi la médiatisation a du bon ! Dans son restaurant non loin des arènes, Pierre Augé – finaliste de Top Chef 2010 et gagnant de l'édition 2014 – remporte un succès mérité. Les gens se pressent pour déguster sa cuisine, goûteuse et soignée, où les produits frais ont la priorité. Une bonne et sympathique adresse.

Formule 15 € - Menu 23 € 🍷 (déj.), 40/70 €

Plan : AX-d - 22 av. Pierre-Verdier
- ℰ 04 67 30 91 85 - www.lamaisondepetitpierre.fr
- Fermé 18 août-5 sept., lundi soir, mardi soir, merc. soir et dim.

🏠 Mercure

⊕ ⴷ AC 🚗

HÔTEL DE CHAÎNE · MODERNE Situation idéale pour ce Mercure à côté du palais des congrès. Les chambres arborent un style "cabine de péniche du canal du Midi" : boiseries, hublots et formes arrondies !

58 chambres - ♦99/230 € ♦♦99/230 € - ☐ 15 €

Plan : CY-f - 33 av. Camille-St-Saëns - ℰ 04 67 00 19 96
- www.mercure.com

BÉZIERS

Abreuvoir (R. de l') .... **BZ** 2
Albert-1er (Av.) .... **CY** 3
Bonsi (R. de) .... **BZ** 4
Brousse (Av. Pierre) .... **BZ** 5
Canterelles (R.) .... **BZ** 7
Capus (R. du) .... **BZ** 6
Citadelle (R. de la) .... **BZ** 9

Drs-Bourguet (R. des) .... **BZ** 13
Estienne-d'Orves (Av. d') ... **BZ** 22
Flourens (R. Pierre) .... **BY** 23
Garibaldi (Pl.) .... **CZ** 26
Joffre (Av. Mar.) .... **CZ** 32
Massol (R.) .... **BZ** 43
Moulins (Rampe des) .... **BY** 44
Orb (R. de l') .... **BZ** 47
Péri (Pl. G.) .... **BYZ** 49
Puits-des-Arènes (R. du) .... **BZ** 54

République (R. de la) .... **BY** 55
Révolution (Pl. de la) .... **BZ** 57
Riquet (R. P.) .... **BY** 58
St-Jacques (R.) .... **BZ** 60
Strasbourg (Bd de) .... **CY** 64
Tourventouse (Bd) .... **BZ** 65
Victoire (Pl. de la) .... **BCY** 68
Viennet (R.) .... **BZ** 69
4-Septembre (R. du) .... **BY** 72
11-Novembre (Pl. du) .... **CY** 74

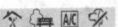

Le Clos de Maussanne

MAISON DE CAMPAGNE · PERSONNALISÉ En pleine nature à 5 km du centre de Béziers, dans un jardin clos de murs, cet ancien couvent abrite de grandes chambres au charme inclassable (meubles de style et antiquités). Table d'hôte où l'on goûte l'art de vivre méditerranéen avec plaisir !

5 chambres ☲ – ♦92 € ♦♦125/155 € – ½ P

5 km au Nord-Est sur N9 – ☎ 04 67 39 31 81 – www.leclosdemaussanne.com – Fermé 23 déc.-4 janv.

à Villeneuve-lès-Béziers 7 km au Sud-Est par D612 et D37 – ⊠ 34420 – 4 149 hab. – Alt. 6 m

La Chamberte

VILLA · PERSONNALISÉ Couvert de verdure, cet ancien chai séduit d'emblée par son beau jardin-patio, véritable havre de paix. Le décor est aussi tendance que chaleureux (influences andalouse, exotique...). Table d'hôte dressée sous une belle charpente (plats du marché).

5 chambres ☲ – ♦73/93 € ♦♦99/109 €

10 r. de la Source – ☎ 04 67 39 84 83 – www.lachamberte.com

© J.-D. Sudres/hemis.fr

ON AIME...

Boire un verre sous le magnifique toit de verre de l'hôtel **Regina**. Goûter les délicieux produits bio de **L'Impertinent**, entouré des sculptures réalisées par la propriétaire. L'originalité du **Sin**, sa conception en forme de vague et sa vue sur l'océan. Déguster un plateau de fruits de mer **Chez Albert**, sur le Port des Pêcheurs...

BIARRITZ

✉ 64200 (Pyrénées-Atlantiques) – 25 330 hab. – Alt. 19 m – Carte régionale n° **3**-A3
▶ Paris 772 km – Bayonne 9 km – Bordeaux 190 km – Pau 122 km
Carte Michelin 342-C4 – Guide Vert Michelin Pays Basque et Navarre

Restaurants

❀ **La Villa Eugénie** ⏣ ≼ 🏠 🍴 🅿

CUISINE MODERNE • **LUXE** XXXX Gastronomie avec vue ! La Villa Eugénie a quitté l'Hôtel du Palais pour s'installer face à l'océan Atlantique. On y retrouve la savoureuse cuisine du chef et M.O.F. Jean-Marie Gautier, jamais figée, conjugant les parfums d'Asie à des produits d'une irréprochable fraîcheur. A déguster les yeux tournés vers l'horizon.

➔ Langoustines à la plancha, légumes, fruits, émulsion mangue et agrumes à l'huile d'olive. Ris de veau poêlé au beurre demi-sel, laqué au gingembre et coriandre. Dentelle croustillante aux framboises, glace vanille.

Menu 95/135 € – Carte 100/135 €

Plan : EY-k – *Hôtel du Palais, 1 av. de l'Impératrice*
– ☎ 05 59 41 64 00 – www.hotel-du-palais.com
– *Fermé 31 déc.-20 mars*

❀ **Les Rosiers** (Andrée et Stéphane Rosier) 🆎

CUISINE MODERNE • **CONVIVIAL** XX Cadre élégant, tout en sobriété, servant d'écrin à une séduisante cuisine "vérité" réalisée à quatre mains, avec une maîtrise technique évidente. Madame a été la première "Meilleure ouvrière de France" !

➔ Fraîcheur de tourteau et fine gelée de concombre au vinaigre balsamique blanc. Ris de veau, crémeux de champignons-truffe, pomme de terre "accrochée". Chocolat moelleux au sésame, quenelle glacée aux épices.

Menu 39 € (déj. en semaine), 85/115 € 🍷 – Carte 65/85 €

Plan : AX-z – *32 av. Beau-Soleil*
– ☎ 05 59 23 13 68 – www.restaurant-lesrosiers.fr
– *Fermé lundi sauf le soir en août et mardi sauf le soir en juil.-août*

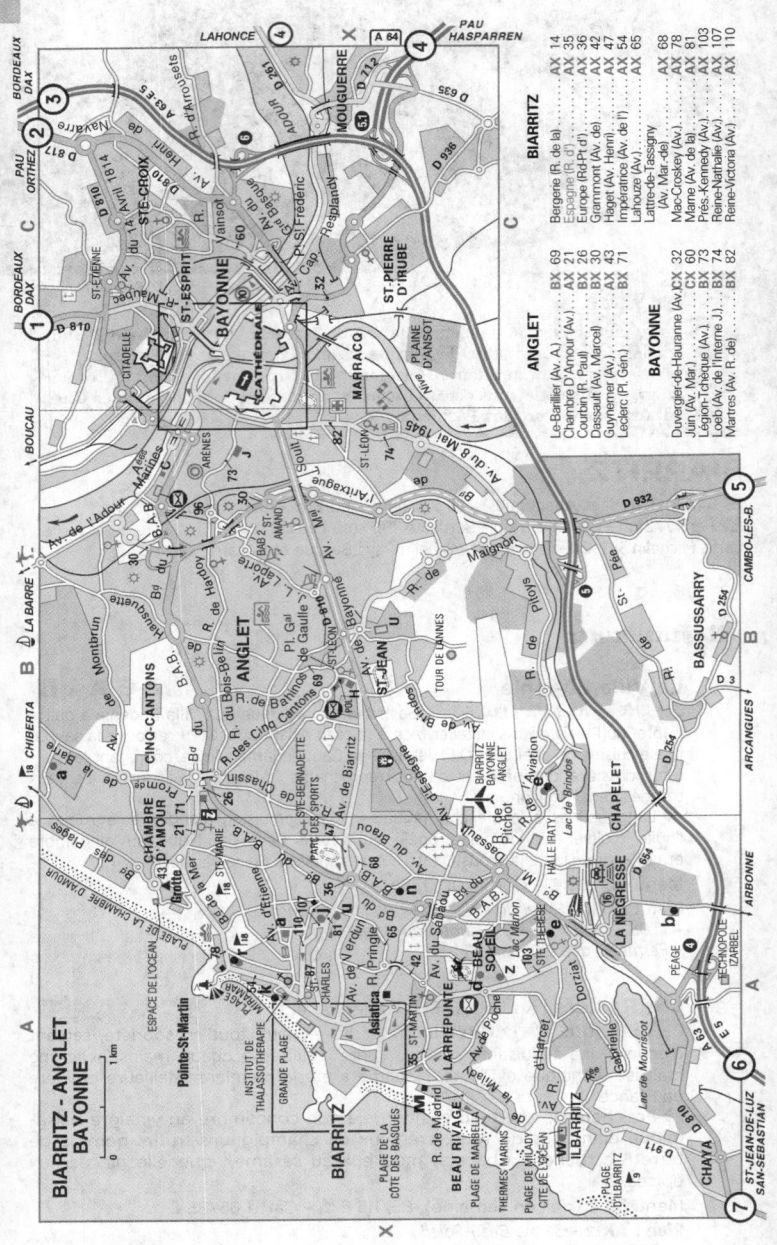

BIARRITZ - ANGLET
BAYONNE

ANGLET

Le-Barillier (Av. A.)	BX	69
Chambre D'Amour (Av.)	AX	21
Courbin (R. Paul)	BX	26
Dassault (Av. Marcel)	BX	30
Guynemer (Av.)	AX	43
Leclerc (Pl. Gén.)	BX	71

BAYONNE

Duvergier-de-Hauranne (Av.)	CX	32
Juin (Av. Mar.)	CX	60
Légion-Tchèque (Av.)	BX	73
Loeb (Av. de l'Interne J.)	BX	74
Martres (Av. R. de)	BX	82

BIARRITZ

Bergerie (R. de la)	AX	14
Espagne (R. d')	AX	35
Europe (Rd-Pt d')	AX	36
Grammont (Av. de)	AX	42
Haget (Av. Henri)	AX	47
Impératrice (Av. de l')	AX	54
Lahouze (Av.)	AX	65
Lattre-de-Tassigny (Av. Mar.-de)	AX	68
Mac-Croskey (Av.)	AX	78
Marne (Av. de la)	AX	81
Prés.-Kennedy (Av.)	AX	103
Reine-Nathalie (Av.)	AX	107
Reine-Victoria (Av.)	AX	110

294

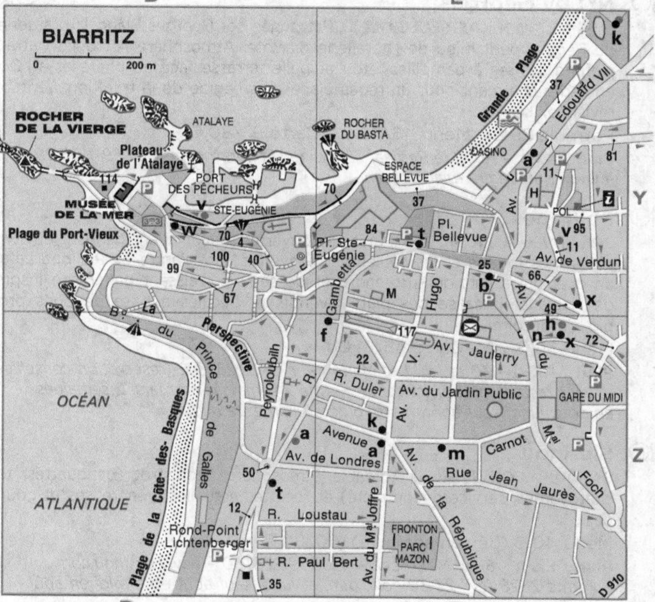

BIARRITZ

0 — 200 m

ROCHER DE LA VIERGE
ATALAYE
Plateau de l'Atalaye
ROCHER DU BASTA
ESPACE BELLEVUE
CASINO
Grande Plage
Édouard VII
PORT DES PÊCHEURS
STE-EUGÉNIE
MUSÉE DE LA MER
Plage du Port-Vieux
Pl. Ste-Eugénie
Pl. Bellevue
Av. de Verdun
Gambetta
Hugo
OCÉAN
La Perspective
du Prince de Galles
Peyroloubilh
R. Duler
Av. du Jardin Public
GARE DU MIDI
ATLANTIQUE
Plage de la Côte-des-Basques
Avenue
Av. de Londres
Carnot
Rue Jean Jaurès
Foch
R. Loustau
Rond-Point Lichtenberger
FRONTON PARC MAZON
Av. du M. Joffre
R. Paul Bert
Av. de la République
D 910

Atalaye (Pl.)	DY 4	Gaulle (Bd du Gén.-de)	EY 37	Mazagran (R.)	EY 84
Barthou (Av. Louis)	EY 11	Goélands (R. des)	DY 40	Osuna (Av. d')	EY 95
Beaurivage (Av.)	DZ 12	Helder (R. du)	EY 49	Port-Vieux (Pl. du)	DY 99
Champ-Lacombe (R.)	EZ 22	Hélianthe (Rd-Pt)	DZ 50	Port-Vieux (R. du)	DY 100
Clemenceau (Pl.)	EY 25	Larralde (R.)	EY 66	Rocher de la Vierge
Édouard-VII (Av.)	EY	Larre (R. Gaston)	DY 67	(Espl. du)	DY 114
Espagne (R. d')	DZ 35	Leclerc (Bd Mar.)	DEY 70	Sobradiel (Pl.)	EZ 117
Foch (Av. du Mar.)	EZ	Libération (Pl. de la)	EZ 72	Verdun (Av. de)	EY
Gambetta (R.)	DEZ	Marne (Av. de la)	EY 81	Victor-Hugo (Av.)	EYZ

☆ **L'Impertinent** (Fabian Feldmann) 🖧 ᴸ 🅰🅺

CRÉATIVE · ÉLÉGANT XX Ici, point de conventions, le chef – d'origine alle-mande – laisse libre cours à sa créativité. Dans l'assiette, les produits, d'une très belle fraîcheur, sont parfaitement cuisinés et assaisonnés avec originalité. On est sur-pris, on se régale. Incontestablement, l'impertinence n'est pas contraire au talent !
➜ Assiette de fruits de mer à notre façon. Pigeonneau fermier cuit à la braise, fèves, asperges vertes, cacao et écume de bière brune. Le curry vert, écume coco, granité citron vert, glace gingembre.

Menu 36 € 🍷 (déj. en semaine), 78/97 € - Carte 75/90 €

Plan : AX-a – 5 r. d'Alsace – ℰ 05 59 51 03 67 – www.l-impertinent.fr – Fermé dim. sauf vacances scolaires et lundi

🛈 **Le Clos Basque** 🖧 🕏

CUISINE MODERNE · RUSTIQUE X Pierres apparentes et azulejos confèrent un esprit ibérique à la petite salle, où l'on mange au coude-à-coude. Derrière les fourneaux, le chef signe une goûteuse cuisine du marché teintée de notes bas-ques. Pensez à réserver, c'est presque toujours complet – et la terrasse est un rendez-vous pour les Biarrots !

Menu 27/32 €

Plan : EY-v – 12 r. Louis-Barthou – ℰ 05 59 24 24 96 (réservation conseillée) – Fermé fin fév. à mi-mars, fin juin-début juil., fin oct. à mi-nov., dim. soir sauf juil.-août et lundi

❚❚○ N°1 by Georges ⬳ AK P

CUISINE MODERNE · ÉLÉGANT XX Patronnée par Georges Blanc, la brasserie chic du Regina, petit bijou de l'hôtellerie biarrote. Atmosphère Art déco (vitraux au plafond, lustres à pampilles, etc.) et belle terrasse face au phare et à l'Océan : un cadre charmant pour un repas placé sous l'égide de la tradition, véritable ou revisitée.

Formule 25 € – Menu 45/68 € – Carte 53/80 €

Plan : AX-r – *Hôtel le Regina, 52 av. de l'Impératrice* – ℰ 05 59 41 33 09
– *www.hotelregina-biarritz.com*

❚❚○ Philippe ❀ 🔝

CRÉATIVE · À LA MODE XX Cuisines ouvertes, décor avant-gardiste et atypique mêlant les formes et les couleurs : bienvenue dans l'antre de Philippe Lafargue, un chef qui a l'art de surprendre et de séduire. Laissant parler son inspiration de l'instant, il réalise des plats inventifs et décalés à base de bons produits bio. Ça décoiffe !

Menu 36/85 € – Carte 48/81 €

Plan : AX-d – *30 av. du Lac-Marion* – ℰ 05 59 23 13 12 *(réservation conseillée)*
– *www.restaurant-biarritz.com* – *Fermé 2 semaines en mars, 2 semaines en nov., lundi sauf août, mardi d'oct. à juin et le midi*

❚❚○ Sissinou AK

BASQUE · CONVIVIAL XX Agréable atmosphère néobistrot (banquettes, teintes chatoyantes, service décontracté) et recettes actuelles, généreuses et gourmandes.

Menu 40 € (déj. en semaine), 60/80 €

Plan : EZ-n – *5 av. Mar.-Foch* – ℰ 05 59 22 51 50 – *www.sissinou.com*
– *Fermé 21-28 fév., 23-30 nov., dim. et lundi sauf août et le midi en août*

❚❚○ La Table d'Aranda AK

CUISINE MODERNE · RUSTIQUE XX Bon bouche à oreille pour cette table vouée à la satisfaction de vos papilles... Ambiance rustique et basque (ancienne rôtisserie) ; cuisine personnelle, autour du sucré-salé.

Formule 16 € – Menu 22 € (déj.), 30/57 € 🍷 – Carte environ 46 €

Plan : AX-j – *87 av. de la Marne* – ℰ 05 59 22 16 04 – *www.tabledaranda.fr*
– *Fermé 1 semaine début juil., 3 semaines en janv., lundi sauf le soir en juil.-août et dim.*

❚❚○ Le Sin ⬳ 🔝 AK P

CUISINE MODERNE · DESIGN X Au sein de la Cité de l'Océan, immanquable avec son architecture en forme de vague – une création de Steven Holl –, le Sin offre une vue magnifique sur la mer et le château d'Ilbarritz. Derrière les fourneaux, le chef surfe joliment sur l'air du temps et valorise de beaux produits. L'été, profitez de la terrasse.

Formule 20 € – Menu 30 € – Carte 45/57 €

Plan : AX-w – *1 av. de la Plage, (au 1ᵉʳ étage de la Cité de l'Océan)*
– ℰ 05 59 47 82 89 – *www.le-sin.com* – *Fermé 6-25 janv., dim. soir et lundi sauf juil.-août*

❚❚○ Le SEn'S 🔝

CUISINE MODERNE · COSY X SEn'S pour Sébastien (le chef, passé par de belles maisons), Emilie (son épouse britannique, qui assure le service) et Saori, leur fille... dont on se dit qu'elle est élevée dans le goût des bonnes choses ! De fait, la table honore les produits de la région, et allie générosité et finesse : les sens sont à la fête.

Formule 15 € – Carte 38/50 €

Plan : DZ-a – *51 bis r. Gambetta* – ℰ 05 59 54 58 35 *(réservation conseillée)*
– *www.restaurant-le-sens-biarritz.fr* – *Fermé 5-12 juil., 4-18 oct., 4-18 janv., sam. midi, dim. et merc.*

ⅡO **Léonie** [AK]

CUISINE MODERNE · BISTRO ✗ Cet ancien restaurant ouvrier, proche du rond-point de l'Europe, est devenu un bistrot moderne, coloré et... gourmand. On y déguste une cuisine fraîche et généreuse, et la carte est renouvelée chaque mois. L'ocassion d'y revenir régulièrement !

Formule 16 € – Menu 26 € – Carte 31/47 €

Plan : AX-u – 7 av. Larochefoucauld – ℰ 05 59 41 01 26
– www.restaurant-leonie.com – Fermé 1 semaine en mars, 23 juin-7 juil.,
23 nov.-7 déc., sam. midi, dim. soir et merc.

ⅡO **Chez Ospi**

CUISINE MODERNE · CONVIVIAL ✗ Dans une petite rue du centre-ville, ce bistrot de quartier tout simple se révèle très gourmand. En cuisine œuvrent deux frères, qui composent une belle cuisine du marché – produits du terroir basque en tête. Ils ont de qui tenir, ils sont de la famille Ospital, célèbre pour sa charcuterie à Hasparren !

🍮 Formule 16 € – Menu 20 € (déj. en semaine), 36/59 € – Carte 38/49 €

Plan : EYZ-h – 6 r. Jean-Bart – ℰ 05 59 24 64 98 – www.chezospi.com – Fermé 1 semaine en mars, 1 semaine en juil., 3 semaines en nov., jeudi midi, mardi et merc. de sept. à juin et le midi en août

ⅡO **Chez Albert** 🏠 🍴

POISSONS ET FRUITS DE MER · RUSTIQUE ✗ Si tous les chemins mènent à Rome, un seul conduit chez Albert. Dans cette adresse animée et décontractée, sur le vieux port des pêcheurs, les produits de la mer sont à l'honneur ! Mention spéciale pour les poissons sauvages.

Carte 40/62 €

Plan : DY-v – au Port-des-Pêcheurs – ℰ 05 59 24 43 84 – www.chezalbert.fr
– Fermé 22 nov.-6 fév. et merc. sauf juil.-août

Hôtels & maisons d'hôtes

🏛 **Hôtel du Palais** 👤 🐕 ← 🍸 ☁ 🗐 🧖 🛗 🖥 🖐 AK 🎾 🅿

PALACE · GRAND STYLE Un véritable palais de bord de mer... Résidence d'été construite par Napoléon III pour son épouse Eugénie, il fut ensuite l'un des hauts lieux de la Belle Époque (il devint hôtel en 1893). Grand escalier magistral, antiquités, confort dans les moindres détails... Luxe intemporel !

122 chambres – ♦320/1000 € ♦♦320/1000 € – 30 suites – ☲ 36 €

Plan : EY-k – 1 av. de l'Impératrice – ℰ 05 59 41 64 00 – www.hotel-du-palais.com
– Fermé 15-29 fév.

❀ **La Villa Eugénie** – voir les restaurants ci-dessus

🏛 **Sofitel Le Miramar Thalassa Sea & Spa** 👤 🐕 ← 🍸 🗐 🧖 🛗 🖐 AK 🎾 🚗

SPA ET BEAUTÉ · MODERNE Cet hôtel, situé face au rocher de la Vierge, abrite un centre de thalasso et un spa. Chambres spacieuses, certaines avec terrasse ouverte sur la mer ; accès direct à la plage. Au B, ambiance moderne ou feutrée. Cuisine gastronomique ou allégée.

109 chambres – ♦180/1390 € ♦♦180/1390 € – 17 suites – ☲ 29 € – ½ P

Plan : AX-k – 13 r. Louison-Bobet – ℰ 05 59 41 30 01 – www.sofitel.com

🏛 **Radisson Blu** 👤 ← 🍸 🧖 🛗 🖐 AK 🎾 🚗

BUSINESS · FONCTIONNEL Agréable séjour dans les chambres spacieuses de cet hôtel qui ravira la clientèle d'affaires. Tout le confort est au rendez-vous, de l'espace bien-être (sauna, hammam) à la grande terrasse avec piscine sur le toit. Cuisine du marché au restaurant.

150 chambres – ♦139/660 € ♦♦139/660 € – ☲ 23 € – ½ P

Plan : DZ-t – 1 carrefour Hélianthe – ℰ 05 59 01 13 13
– www.radissonblu.fr/hotel-biarritz

Beaumanoir

VILLA · GRAND STYLE Mobilier baroque et design, salle à manger d'esprit orangeraie, bar à champagne et suites ! Un charme luxueux règne dans ces anciennes écuries, à deux pas du centre et des plages.

5 chambres – ♦250/550 € ♦♦250/550 € – 3 suites – ☲ 29 €

Plan : AX-n – *10 av. de Tamamès* – ℰ *05 59 24 89 29* – *www.lebeaumanoir.com* – *Ouvert d'avril à mi-nov.*

Le Regina

LUXE · GRAND STYLE Une élégante façade blanche dominant la baie de Biarritz... La quintessence même du grand hôtel Belle Époque ! Après une complète réfection, l'établissement a retrouvé tout son lustre, mêlant âme Art déco et esprit couture – avec des clins d'œil à Coco Chanel. De la chambre "boudoir" au spa dernier cri, tout est superbe...

57 chambres – ♦185/365 € ♦♦185/1060 € – 8 suites – ☲ 26 €

Plan : AX-r – *52 av. de l'Impératrice* – ℰ *05 59 41 33 00* – *www.hotelregina-biarritz.com*

‖○ **N°1 by Georges** – voir les restaurants ci-dessus

Le Café de Paris

LUXE · DESIGN Ambiance jeune et animée dans cette institution de Biarritz au cadre résolument contemporain : mobilier design, murs ornés de peintures d'un artiste basque. Chambres avec vue sur l'Océan et le phare. Restaurant moderne avec belle terrasse ; carte brasserie.

17 chambres – ♦150/380 € ♦♦150/400 € – 2 suites – ☲ 20 € – ½ P

Plan : EY-t – *5 pl. Bellevue* – ℰ *05 59 24 19 53* – *www.hotel-cafedeparis-biarritz.com*

Hôtel de Silhouette

VILLA · COSY Une architecture noble et des décors originaux (notes colorées, papiers peints d'inspiration surréaliste, etc.) : cette demeure du 17e s. – ancienne propriété de la famille de Silhouette – a fait sa mue en 2011. Déco tendance et détente, surtout dans les chambres avec vue sur la mer...

20 chambres – ♦129/259 € ♦♦249/425 € – ☲ 13 €

Plan : EZ-f – *30 r. Gambetta* – ℰ *05 59 24 93 82* – *www.hotelsilhouette.com*

Villa Koegui

HÔTEL DE VACANCES · DESIGN Un hôtel résolument contemporain dans une rue tranquille du centre-ville. Dans les chambres, mobilier design et photos composent un décor assez branché. Aux beaux jours, on prend son petit-déjeuner – avec l'incontournable gâteau basque ! – dans le joli patio...

14 chambres – ♦120/290 € ♦♦126/290 € – 1 suite – ☲ 8 €

Plan : EZ-x – *7 r. de Gascogne* – ℰ *05 59 50 07 77* – *www.hotel-villakoegui-biarritz.fr* – *Fermé dim. soir hors saison*

Édouard VII

VILLA · PERSONNALISÉ Accueil sympathique en cette jolie villa biarrote de la fin du 18e s. Chambres claires, agréablement personnalisées dans un esprit maison bourgeoise.

18 chambres – ♦80/140 € ♦♦80/195 € – ☲ 12 €

Plan : EZ-k – *21 av. Carnot* – ℰ *05 59 22 39 80* – *www.hotel-edouardvii.com*

Saint-Julien

HÔTEL DE VACANCES · PERSONNALISÉ Cet hôtel agréable connaît une seconde jeunesse ! Les chambres y sont joliment décorées et bien insonorisées. Il fait bon laisser sa voiture au parking de l'établissement, à pied, à la découverte de la ville. L'été, petit-déjeuner servi en terrasse.

20 chambres – ♦90/190 € ♦♦90/260 € – ☲ 12 €

Plan : EZ-a – *20 av. Carnot* – ℰ *05 59 24 20 39* – *www.hotel-saint-julien-biarritz.fr* – *Fermé 9 -24 fév.*

Mercure Le Président

HÔTEL DE CHAÎNE · RÉTRO Un hôtel des années 1970, mais une décoration et un confort très actuels : notes vives, surf à l'honneur et dominante de blanc dans les chambres (certaines avec vue sur la baie).

68 chambres – †86/205 € ††86/275 € – ☲ 18 €

Plan : EY-b – *18 pl. Georges-Clemenceau* – ☎ 05 59 24 66 40 – *www.mercure.com*

 Alcyon

HÔTEL DE VACANCES · PERSONNALISÉ Cet hôtel marie charme des maisons anciennes et confort moderne : salon contemporain, salle des petits-déjeuners design et chambres aux tons chauds, dans l'air du temps.

15 chambres – †70/140 € ††70/180 € – ☲ 13 €

Plan : EY-x – *8 r. Maison-Suisse* – ☎ 05 59 22 64 60
– *www.hotel-alcyon-biarritz.com* – Ouvert 1er avril-2 janv.

 Maïtagaria

FAMILIAL · ART DÉCO Demeure de style régional et d'esprit maison d'hôte. Le mobilier chiné des chambres (fonctionnelles ou plus confortables) est largement Art déco. Salon ouvert sur le jardin.

15 chambres – †61/105 € ††70/165 € – ☲ 10 €

Plan : EZ-m – *34 av. Carnot* – ☎ 05 59 24 26 65 – *www.hotel-maitagaria.com*

 Windsor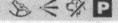

FAMILIAL · DESIGN Océan, ville ou cour : différentes expositions pour les chambres – rénovées en 2012 –, dans cet établissement installé sur la Grande Plage. Copieux buffet de petit-déjeuner et salle de séminaire.

48 chambres – †85/345 € ††85/345 € – ☲ 18 €

Plan : EY-a – *11 av. Edouard-VII* – ☎ 05 59 24 08 52
– *www.hotelwindsorbiarritz.com*

 Villa Le Goëland

VILLA · RÉTRO Grande villa érigée sur l'un des sites les plus agréables de Biarritz : le panorama, superbe, va de l'Espagne à la côte landaise. Certaines chambres ont une terrasse.

4 chambres – †130/250 € ††130/280 € – ☲ 10 €

Plan : DY-w – *12 plateau de l'Atalaye* – ☎ 06 87 66 22 19 – *www.villagoeland.com*
– Ouvert de mars à mi-nov.

Nere-Chocoa

FAMILIAL · COSY Cette maison basque entourée de chênes a hébergé des hôtes illustres, telle l'impératrice Eugénie. Ambiance galerie d'art contemporain (vernissages, expositions), grandes chambres.

5 chambres – †75/130 € ††75/130 € – ☲ 10 €

Plan : AX-e – *28 r. Larreguy* – ☎ 06 08 33 84 35 – *www.nerechocoa.com*

au lac de Brindos 4 km au Sud-Est – ✉ 64600 Anglet

Château de Brindos

CUISINE MODERNE · ÉLÉGANT XXX C'est d'abord un bel endroit – une élégante villégiature créée au début du 20e s. sur les rives d'un lac bucolique –, et c'est aussi une table dont les assiettes sont fines et bien exécutées. Aux beaux jours, profitez de la terrasse au bord de l'eau...

Formule 28 € – Menu 34 € (déj. en semaine), 54/89 € – Carte 68/85 €

Plan : BX-e – *1 allée du Château* – ☎ 05 59 23 89 80
– *www.chateaudebrindos.com* – Fermé dim. soir et lundi sauf de Pâques à la Toussaint

🏯 Château de Brindos   🔥 🐾 ⇐ 🛏 🗲 📠 🖥 ⚐ 🅰🅲 🎿 🅿

CHÂTEAU · PERSONNALISÉ Bel établissement dressé au bord d'un lac privé de 10 ha. Les chambres tutoient la verdure ou les flots, mêlant confort contemporain et architecture éclectique : la bâtisse principale fut bâtie dans les années 1920 comme un lieu de fête.

24 chambres – ♦175/275 € ♦♦250/350 € – 5 suites – ☲ 26 € – ½ P
Plan : BX-e – *1 allée du Château* – ☏ *05 59 23 89 80*
– *www.chateaudebrindos.com*

⏍○ **Château de Brindos** – voir les restaurants ci-dessus

rte d'Arbonne 4 km au Sud par La Négresse et D255 – ✉ 64200 Biarritz :

🏯 Le Château du Clair de Lune   🐾 ⇐ 🗲 🅿

CHÂTEAU · PERSONNALISÉ Dans un joli parc où flâner au clair de lune, charmante demeure bourgeoise (1902) abritant des chambres raffinées ; décor plus contemporain dans le pavillon.

20 chambres – ♦110/205 € ♦♦110/300 € – ☲ 12 €
Plan : AX-b – *48 av. Alan-Seeger* – ☏ *05 59 41 53 20* – *www.hotelclairlune.com*
– *Fermé 12 nov.-10 déc.*

à Arbonne 7 km au Sud par La Négresse et D255 – ✉ 64210 – 2 075 hab. – Alt. 37 m

🏯 Laminak   🐾 ⇐ ⇐ 🗲 ⚐ 🅿

FAMILIAL · PERSONNALISÉ Jolie ferme du 18e s. dans un jardin verdoyant. Chambres au décor soigné ; petits-déjeuners (confitures maison) servis sous la véranda, ouverte sur la piscine.

12 chambres – ♦79/139 € ♦♦79/139 € – ☲ 12 €
3 rte de St-Pée – ☏ *05 59 41 95 40* – *www.hotel-laminak.com*
– *Fermé mi janv.-mi fév.*

à Arcangues 8 km par La Négresse, D254 et D3 – ✉ 64200 – 3 133 hab. – Alt. 80 m

🌸 Le Moulin d'Alotz (Benoit Sarthou)   ⇐ 🍴 🅰🅲 🅿

CUISINE MODERNE · ROMANTIQUE XX Atmosphère bucolique et romantique en ce moulin basque du 17e s. niché dans la verdure... Le chef signe une cuisine raffinée, remplie de sensibilité et d'émotion, qui régale le corps comme l'esprit ! Une belle adresse, très courue : il est parfois difficile d'y obtenir une table en saison.
➜ Homard caramélisé, bisque crémeuse, kadaïf croustillant, pointe acidulée et noix de pécan grillées. Carré de veau de lait, tartare aux morilles épicé et asperges vertes. Crème montée, ganache noisette et pulpe citron.

Carte environ 75 €
chemin Alotz-Errota, 3 km au Sud par rte d'Arbonne et rte secondaire
– ☏ *05 59 43 04 54 (réservation conseillée)* – *www.moulindalotz.com*
– *Ouvert 3 mars-3 déc. et fermé merc. sauf le soir en juil.-août et mardi*

🏡 Les Volets Bleus   🐾 ⇐ 🗲 ⚒ 🅿

VILLA · PERSONNALISÉ Quiétude, verdure, authenticité : les atouts de cette villa basque perdue en pleine campagne. Matériaux nobles, chambres spacieuses aux murs patinés, tomettes et boutis.

5 chambres ☲ – ♦123/172 € ♦♦133/199 €
– ☏ *06 07 69 03 85* – *www.lesvoletsbleus.fr*

*Voir aussi ressources hôtelières à **Anglet***

BIDARRAY

✉ 64780 (Pyrénées-Atlantiques) – 671 hab. – Alt. 110 m – Carte régionale n° **3**-A3
◘ Paris 799 km – Biarritz 37 km – Cambo-les-Bains 17 km – Pau 127 km
Carte Michelin 342-D3 – Guide Vert Michelin Pays Basque et Navarre

‖○ **Ostapé** ≤ 👜 🏠 & AC 🚗

CUISINE CLASSIQUE · ÉLÉGANT XXX Au sein d'un superbe domaine bucolique, entre de nobles murs du 17e s., cette table élégante revisite avec bonheur la gastronomie navarraise. Les recettes sont autant de variations autour des bons produits locaux, à l'unisson de cette grandiose nature basque !

Menu 39/105 € – Carte 39/71 €

rte d'Itxassou, 4 km au Nord par D349 – ℰ 05 59 37 91 91 – www.ostape.com
– Ouvert de mars à nov. et fermé lundi midi, mardi midi et merc. midi
sauf juil.-août

🏠🏠 **Ostapé** ✿ 🅱 ≤ 👜 🏊 🛁 & AC 🛌 🚗

LUXE · PERSONNALISÉ Plusieurs maisons basques parsemées dans un paysage de collines verdoyantes – un domaine de 45 ha que l'on parcourt avec une golfette prêtée pour le séjour ! Avec des chambres spacieuses et raffinées, de belles prestations, une nature préservée et omniprésente, voilà bien un établissement à part...

20 suites – 🛏180/570 € – 2 chambres – ⌑ 22 € – ½ P

rte d'Itxassou, 4 km au Nord par D349 – ℰ 05 59 37 91 91 – www.ostape.com
– Ouvert de mars à nov.

‖○ **Ostapé** – voir les restaurants ci-dessus

BIDART

✉ 64210 (Pyrénées-Atlantiques) – 6 513 hab. – Alt. 40 m – Carte régionale n° **2**-A3
▶ Paris 778 km – Bayonne 17 km – Biarritz 7 km – Pau 122 km
Carte Michelin 342-C4 – Guide Vert Michelin Pays Basque et Navarre

✿ **Table des Frères Ibarboure** (Xabi Ibarboure) 👜 🏠 AC P

CUISINE MODERNE · ÉLÉGANT XXX Entièrement rénovée suite au grave incendie de l'hiver 2015, la table des frères Ibarboure n'a pas tardé à retrouver son rythme de croisière ! Le décor fait la synthèse parfaite de la modernité et de l'élégance ; côté cuisine, les bons produits se succèdent dans des préparations techniques et travaillées.

➜ Fleurs de courgettes de notre jardin soufflées à la langoustine. Déclinaison de cochon kintoa. Pomme granny smith en émulsion, en sucre soufflé, confite et glace caramel au beurre salé.

Menu 41 € (déj. en semaine), 62/99 € – Carte 75/105 €

Hostellerie des Frères Ibarboure, chemin Ttalienea, 4 km au Sud par D810, rte Ahetze et rte secondaire – ℰ 05 59 54 81 64 – www.freresibarboure.com
– Fermé 10 jours fin nov., 3 semaines en janv., lundi sauf le soir d'avril à nov. et merc. de mi-sept. à mi-juil.

✿ **Ahizpak Le Restaurant des Sœurs** 🏠 & AC P

CUISINE MODERNE · CONVIVIAL X C'est ici le repaire de trois *ahizpak* ("sœurs", en basque) absolument charmantes ! La plus jeune d'entre elles, Yenofa, travaille de superbes produits du terroir basque au bon vouloir des arrivages et des saisons ; ses plats, en plus d'être fins et goûteux, témoignent d'une générosité sans faille. Pensez à réserver !

Formule 11 € – Menu 31 € – Carte environ 29 €

av. de Biarritz, (Résidence Océanic) – ℰ 05 59 22 58 81 – Fermé merc. midi et dim.

‖○ **L'Antre** ⓝ

CRÉATIVE · BISTRO X En plein centre du bourg, un bistrot de poche tenu par un couple atypique : elle vient de la région lyonnaise, lui est Australien ! Après leur installation sur la côte basque, ils ont choisi cet Antre pour y proposer des assiettes créatives et bien dans l'air du temps, aux dressages bruts et aux saveurs marquées. On adore !

Menu 45 € – Carte 35/50 €

6 av. de la Grande-Plage – ℰ 05 59 47 78 92 (réservation conseillée) – Fermé 18 déc.-3 fév., mardi en hiver, lundi et le midi sauf juil.-août

Hostellerie des Frères Ibarboure

FAMILIAL · MODERNE Beaucoup de fraîcheur et de calme dans les chambres de cette grande demeure basque, qui est aussi une étape gastronomique reconnue dans la région. Bel atout : l'écrin de verdure du parc. Petit-déjeuner gourmand servi, l'été, au bord de la piscine.

12 chambres – ♦119/259 € ♦♦139/259 € – 立 16 € – ½ P

chemin Ttalienea, 4 km au Sud par D810, rte Ahetze et rte secondaire – ℰ 05 59 54 81 64 – www.freresibarboure.com – Fermé 10 jours fin nov. et 3 semaines en janv.

❀ **Table des Frères Ibarboure** – voir les restaurants ci-dessus

Villa L'Arche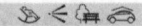

VILLA · ACTUEL Une grande villa ornée de mosaïques bleues, comme une œuvre de Gaudí sur la falaise. L'intérieur a été entièrement refait dans un style design ; accès direct à la plage par un petit chemin.

10 chambres 立 – ♦180/500 € ♦♦180/500 € – 1 suite

chemin Camboénéa – ℰ 05 59 51 65 95 – www.villalarche.com – Ouvert 14 fév.-12 nov.

Itsas Mendia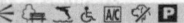

VILLA · DESIGN L'enseigne – "mer et montagne" en basque – ne ment pas ! Dans cet hôtel proche de l'Océan, on aperçoit les Pyrénées... Construit dans les années 1920 par l'arrière-grand-père de la propriétaire actuelle, l'établissement n'a rien d'un musée, comme en témoignent les chambres, résolument design.

15 chambres – ♦130/350 € ♦♦130/350 € – 立 14 €

11 av. de la Grande-Plage – ℰ 05 59 54 90 23 – www.hotelbidart.com – Fermé 11 nov.-20 déc. et 5 janv.-1er mars

Ouessant-Ty

FAMILIAL · FONCTIONNEL Un bâtiment tout blanc avec des volets bleus au centre du village, à deux pas des plages. Grandes chambres meublées de rotin et appart-hôtels à la semaine. Crêperie attenante.

12 chambres – ♦55/130 € ♦♦55/130 € – 立 8,50 €

3 r. Erretegia – ℰ 05 59 54 71 89 – http://hotel.ouessant.ty.free.fr/

Irigoian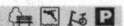

MAISON DE CAMPAGNE · RUSTIQUE Ferme du 17e s. aux colombages bleus, typiquement basque, près d'un golf et de la plage. Jolies chambres simples, spacieuses et habillées de teintes pastel. Accueil convivial.

5 chambres – ♦100/125 € ♦♦100/125 € – 立 10 €

1215 av. de Biarritz – ℰ 05 59 43 83 00 – www.irigoian.com

BIELLE

✉ 64260 (Pyrénées-Atlantiques) – 448 hab. – Alt. 448 m – Carte régionale n° **3**-B3
▶ Paris 803 km – Laruns 9 km – Lourdes 43 km – Oloron-Ste-Marie 26 km
Carte Michelin 342-J6 – Guide Vert Michelin Aquitaine

L'Ayguelade

FAMILIAL · PERSONNALISÉ Cet hôtel accueillant, situé sur la route d'Espagne, abrite des chambres à la fois fonctionnelles et coquettes (tissus et murs colorés, mobilier moderne), fort bien tenues. Restaurant traditionnel.

13 chambres – ♦60/80 € ♦♦60/80 € – 立 8 €

10 quartier de l'Ayguelade, 1 km par rte de Pau – ℰ 05 59 82 60 06 – www.hotel-ayguelade.com – Fermé vacances de la Toussaint et de Noël à fin janv.

BIESHEIM – 68 (Haut-Rhin) ➜ voir Neuf-Brisach

BIGNAN – 56 (Morbihan) ➜ voir Locminé

BILLIERS

✉ 56190 (Morbihan) – 905 hab. – Alt. 20 m – Carte régionale n° **10**-C3
▶ Paris 461 km – La Baule 42 km – Nantes 87 km – Redon 39 km
Carte Michelin 308-Q9

⁂ Domaine de Rochevilaine ⧉ ⪕ 🛏 🏠 ⅏ ⇄ P

CUISINE CLASSIQUE · ÉLÉGANT XXX Envie de saveurs iodées, de fruits de mer rosés et savoureux, de poisson encore nimbé de l'écume de la marée ? Cette table est tout indiquée, qui fait un sacerdoce de respecter le produit, au-dessus de tout. Vue sur les flots.

→ Variation autour de la langoustine. Homard de casier en différentes préparations. Tartelette retournée infiniment chocolat et sorbet cacao.

Menu 42 € (déj. en semaine), 78/110 € – Carte 75/90 €

Hôtel Domaine de Rochevilaine, à la Pointe de Pen Lan, 2 km par D5
– ☏ 02 97 41 61 61 – www.domainerochevilaine.com

🏨 Domaine de Rochevilaine ⚐ 🗟 ⪕ 🛏 🖾 ⓦ 🅻 🖸 ఈ 🅰 P

SPA ET BEAUTÉ · PERSONNALISÉ Sur une pointe rocheuse fendant l'océan : l'âme du granit... alliée au luxe ! Le domaine consiste en un hameau (avec quelques bâtisses très anciennes) mêlant identité bretonne et décors ethniques – notamment au centre de balnéothérapie.

33 chambres – ♦176/486 € ♦♦176/486 € – 4 suites – ☖ 24 € – ½ P
à la Pointe de Pen Lan, 2 km par D5 – ☏ 02 97 41 61 61
– www.domainerochevilaine.com

  ⁂ **Domaine de Rochevilaine** – voir les restaurants ci-dessus

BILLY

✉ 41130 (Loir-et-Cher) – 983 hab. – Alt. 90 m – Carte régionale n° **11**-B1
▶ Paris 252 km – Blois 40 km – Châteauroux 62 km – Orléans 127 km
Carte Michelin 318-G8

ⅠⓄ Le Pont de Sauldre 🏠 ఈ 🆎 P

CUISINE TRADITIONNELLE · CONVIVIAL XX Attention les yeux ! Dans ce restaurant aux murs d'un rouge éclatant, on savoure une cuisine de tradition avec de beaux produits : galantine, jambon de pays, fromages de chèvre de la région, tarte au citron... Le chef fait même son pain ! Une bonne adresse pour se régaler à prix raisonnables.

  🍴 Menu 19 € (semaine), 26/43 € – Carte 38/50 €

2 r. Nationale, 2 km au Nord, rte de Selles-sur-Cher – ☏ 02 54 96 21 65
– www.lepontdesauldre.fr – Fermé dim. soir et lundi

BILLY

✉ 03260 (Allier) – 838 hab. – Alt. 250 m – Carte régionale n° **6**-C1
▶ Paris 344 km – Clermont-Ferrand 83 km – Moulins 47 km – St-Étienne 157 km
Carte Michelin 326-H5 – Guide Vert Michelin Auvergne

ⅠⓄ Auberge du Pont 🏠 ⇄ P

CUISINE MODERNE · BISTRO X Malgré son récent rachat, les fidèles de cette auberge conviviale se pressent toujours à ses portes. Ils viennent se régaler d'une cuisine du marché simple et goûteuse, agrémentée d'herbes fraîches, réalisée par un jeune chef plein d'entrain. Et pour couronner le tout, le prix sont particulièrement attractifs !

Formule 17 € – Menu 30 € (dîner)

1 rte de Marcenat – ☏ 04 70 43 50 09 – www.auberge-du-pont-billy.fr – Fermé
vacances de printemps, 2 semaines fin août, 1 semaine début janv., dim. et lundi

BINIC

✉ 22520 (Côtes-d'Armor) – 3 780 hab. – Alt. 35 m – Carte régionale n° **10**-C1
▶ Paris 463 km – Guingamp 37 km – Lannion 69 km – Paimpol 31 km
Carte Michelin 309-F3 – Guide Vert Michelin Bretagne

🏠 Le Benhuyc ⪕ 🖸 ఈ ⅏

TRADITIONNEL · FONCTIONNEL Au cœur de la station, près du port de plaisance, une bâtisse en pierre du pays, avec une véranda lumineuse en façade... Agréable ! Les chambres, contemporaines et fonctionnelles, raviront autant les clients d'affaires que les amoureux en goguette.

23 chambres – ♦68/115 € ♦♦68/115 € – ☖ 10 €
1 quai Jean-Bart – ☏ 02 96 78 79 79 – www.le-new-benhuyc.com

BIOT

✉ 06410 (Alpes-Maritimes) – 10 054 hab. – Alt. 80 m – Carte régionale n° **42**-E2
▶ Paris 910 km – Antibes 6 km – Cagnes-sur-Mer 9 km – Cannes 17 km
Carte Michelin 341-D6 – Guide Vert Michelin Côte d'Azur

✿ **Les Terraillers** (Michaël Fulci)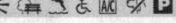

PROVENÇALE · **ÉLÉGANT** XXX Après le départ en retraite de ses parents, Michaël Fulci a pris les commandes de cette authentique poterie du 16ᵉ s., reconvertie en charmant restaurant. En cuisine, il signe des assiettes pleines de saveurs du Sud, raffinées et goûteuses, avec de beaux produits de saison : un rendez-vous à ne pas manquer !
➜ Saint-Jacques cuites à la flamme avec son cannelloni, émulsion iodée. Ris de veau comme une pissaladière, oignons, anchois, citron râpé et jus de veau réduit. Croustillant de fraises des bois, mousseux au thym et sorbet.
Menu 43 € (déj.), 74/120 € – Carte environ 110 €
11 rte du Chemin-Neuf, (au pied du village) – ✆ 04 93 65 01 59
– www.lesterraillers.com – Fermé 24 oct.-30 nov., merc. et jeudi

ⅼ○ **Chez Odile** 🏠

PROVENÇALE · **RUSTIQUE** X Peynet, peintre des années 1960, avait son rond de serviette dans cette auberge rustique élevée au rang d'institution locale. On est accueilli par Odile, joviale et passionnée. Le menu met à l'honneur les recettes régionales, accompagnées de vins locaux... et le tout se déguste en terrasse, bien sûr !
Formule 19 € – Carte 34/50 €
au village, chemin des Bachettes – ✆ 04 93 65 15 63 – Fermé déc., janv., merc. et jeudi sauf juil.-août

⌂ **Domaine du Jas**

FAMILIAL · **FONCTIONNEL** Des chambres immaculées et fonctionnelles (dont trois familiales en duplex) dans de petites villas, avec balcon ou terrasse donnant sur la piscine, le jardin ou le village de Biot : vivez au rythme du Sud !
19 chambres – ♦80/115 € ♦♦90/145 € – ☲ 14 €
625 rte de la Mer, D4 – ✆ 04 93 65 50 50 – www.domainedujas.com – Ouvert de mars à nov.

⌂ **Bastide Valmasque** 🏠

FAMILIAL · **ORIENTAL** Quelque part entre Bollywood et la Provence, il y a cette bastide rouge. De ses voyages, le propriétaire a rapporté des meubles ethniques et le goût des couleurs, pour une déco contemporaine fraîche et inattendue... juste en face du golf.
5 chambres ☲ – ♦70/75 € ♦♦145/150 €
1110 rte d'Antibes, (au Golf de Biot), 1,5 km au Sud – ✆ 04 93 65 21 42
– www.bastidevalmasque.com

BIOULE

✉ 82800 (Tarn-et-Garonne) – 1 090 hab. – Alt. 84 m – Carte régionale n° **28**-B2
▶ Paris 613 km – Cahors 53 km – Montauban 22 km – Toulouse 75 km
Carte Michelin 337-F7

⌂ **Les Boissières**

FAMILIAL · **RUSTIQUE** Au cœur d'un joli parc, cette maison de maître en brique et pierre du pays a de l'allure, sans parler de l'étable du 18ᵉ s., rénovée avec soin. Les chambres, confortables, mélangent avec raffinement le rustique et le moderne. Cuisine au goût du jour au restaurant.
8 chambres – ♦80/120 € ♦♦80/120 € – ☲ 11 € – ½ P
708 rte de Caussade – ✆ 05 63 24 50 02 – www.lesboissieres.com – Fermé 2 semaines en fév., 2 semaines en août, vacances de la Toussaint, sam. midi, dim. soir et lundi

BIRIATOU – 64 (Pyrénées-Atlantiques) ➜ voir Hendaye

BIRKENWALD
✉ 67440 (Bas-Rhin) – 285 hab. – Alt. 295 m – Carte régionale n° **1**-A1
▶ Paris 461 km – Molsheim 23 km – Saverne 12 km – Strasbourg 34 km
Carte Michelin 315-I5

🍽 Au Chasseur   ≼ 🛏 🍴 ⅋ 🏧 🅿

RÉGIONALE · ÉLÉGANT XX Plafond peint, boiseries couleur miel, trophées de chasse... L'Alsace éternelle, toujours à l'affût de plaisirs gourmands et de modernité : risotto aux gambas, champignons et petits légumes, foie gras au gewurztraminer, dampfnudel caramélisé, etc. Sous l'égide de toute une famille amoureuse de son métier !
Menu 31/45 € – Carte 44/60 €
7 r. de l'Église – 𝒞 03 88 70 61 32 – www.chasseurbirkenwald.com – Fermé 26 juin-7 juil., 20 déc.-19 janv., lundi et le midi sauf dim.

🏨 Au Chasseur   ⅋ 🌿 ≼ 🛏 🖥 📶 🔄 ⅋ 🏧 🅿

FAMILIAL · COSY Dans un charmant village, une auberge régionale chaleureuse, proposant de belles chambres contemporaines, certaines tournées vers les Vosges. Parfait pour l'étape comme pour un plus long séjour...
19 chambres – ⁙80/106 € ⁙⁙80/130 € – 2 suites – ⌑ 15 € – ½ P
*7 r. de l'Église – 𝒞 03 88 70 61 32 – www.chasseurbirkenwald.com
– Fermé 26 juin-7 juil. et 20 déc.-19 janv.*
🍽 **Au Chasseur** – voir les restaurants ci-dessus

BIRON
✉ 24540 (Dordogne) – 187 hab. – Alt. 200 m – Carte régionale n° **4**-C2
▶ Paris 625 km – Agen 76 km – Bordeaux 172 km – Périgueux 100 km
Carte Michelin 329-G8 – Guide Vert Michelin Périgord Quercy

🏨 Le Prieuré   🌿 ≼ 🛏 ⅋

HISTORIQUE · ÉLÉGANT Historique ! De belles chambres dans les dépendances d'un château, avec vue imprenable sur la campagne. À noter, la magnifique cheminée en bois dans la "Cardinal".
5 chambres ⌑ – ⁙123/143 € ⁙⁙133/173 €
– 𝒞 05 53 61 93 03 – www.leprieurebiron.com – Ouvert de Pâques à oct.

BISCARROSSE
✉ 40600 (Landes) – 13 391 hab. – Alt. 22 m – Carte régionale n° **3**-B2
▶ Paris 656 km – Arcachon 40 km – Bayonne 128 km – Bordeaux 74 km
Carte Michelin 335-E8 – Guide Vert Michelin Aquitaine

à Ispe 6 km au Nord par D652 et D305 – ✉ 40600 Biscarrosse

🏨 La Caravelle   ⅋ 🌿 ≼ ⅋ 🅿

AUBERGE · PERSONNALISÉ Un bel air de vacances règne sur cette maison blanche posée au bord de l'étang de Cazaux, au cœur de la pinède : des eaux claires, quelques palmiers, des transats et, pour la nuit, des chambres au décor simple et soigné. Restaurant traditionnel.
15 chambres – ⁙79/129 € ⁙⁙79/129 € – ⌑ 10 € – ½ P
5314 rte des Lacs – 𝒞 05 58 09 82 67 – www.lacaravelle.fr – Ouvert 1er mars-1er nov.

à Biscarrosse-Plage 10 km au Nord-Ouest par D146 – ✉ 40600

🏨 Grand Hôtel de la Plage   ⅋ 🌿 ≼ 🍵 🔄 ⅋ 🏧 ⅋ 🏋 🅿

LUXE · DESIGN Telle Aphrodite née de l'écume, cette belle architecture contemporaine semble émaner de l'Océan, dominant les flots de ses lignes originales et surtout de sa blancheur immaculée. Très design, épuré, chic, plein de charme : de la piscine à débordement au restaurant de la mer, l'établissement vaut le coup d'œil... et un séjour !
33 chambres ⌑ – ⁙130/490 € ⁙⁙130/490 € – ½ P
2 av. de la Plage – 𝒞 05 58 82 74 00 – www.legrandhoteldelaplage.fr

BITCHE

✉ 57230 (Moselle) – 5 267 hab. – Alt. 300 m – Carte régionale n° **27**-D1
▶ Paris 438 km – Haguenau 43 km – Sarrebourg 62 km – Sarreguemines 33 km
Carte Michelin 307-P4

Le Strasbourg (Lutz Janisch)   ✲ 🖧 ⅃

CUISINE MODERNE · ÉLÉGANT XX Une véritable auberge du 21e s., sobre et épurée, bien en phase avec son époque. La cuisine est appétissante, soignée et généreuse. Quant aux prix des menus, ils savent rester sages... Les chambres ont chacune leur style (Afrique, Asie, Provence, etc.), qu'elles cultivent avec discrétion.
➔ Omble chevalier du Sparsbach, fromage de chèvre et ses 36 herbes. Tajine d'épaule d'agneau du Bliesgau et gigot cuit à basse température. Pêche pochée, sabayon aux fleurs de tilleul et glace au thym citron.
Formule 28 € – Menu 38/75 € – Carte 50/65 €
13 chambres – ♦60/100 € ♦♦70/110 € – 🍽 12 €
24 r. du Col.-Teyssier – ✆ 03 87 96 00 44 – www.le-strasbourg.fr
– Fermé 1 semaine en oct., 2 semaines en janv., dim. soir, mardi midi et lundi

⅂🍽 La Tour   ⌂ ⟳ P

CUISINE TRADITIONNELLE · RÉTRO XX Entre gare et centre-ville, on reconnaît cette grande bâtisse à sa tourelle. Ses trois salles semblent tout droit sorties de la Belle Époque... On y savoure une bonne cuisine traditionnelle éprise de produits tripiers comme, par exemple, la tête de veau, les rognons, la cervelle, etc. Avis aux amateurs !
😋 Menu 15 € (semaine), 26/65 € 🍷 – Carte 31/65 €
3 r. de la Gare – ✆ 03 87 96 29 25 – www.latour-bitche.fr – Fermé vacances de fév., lundi soir, mardi soir et merc. soir

BIZANET

✉ 11200 (Aude) – 1 451 hab. – Alt. 42 m – Carte régionale n° **22**-B3
▶ Paris 802 km – Beziers 46 km – Carcassonne 49 km – Narbonne 15 km
Carte Michelin 344-I4

La Table du Château   🍴 & 🄰🄲

CUISINE TRADITIONNELLE · AUBERGE XX Au cœur de ce village des Corbières, cette belle bâtisse abrite le restaurant d'un chef passionné et ennemi de la routine ! Il puise son inspiration dans le terroir local qu'il revisite avec gourmandise : viandes cathares, fromage de brebis, herbes fraîches... Jolie cave à vin vitrée et agréable patio-terrasse.
Formule 17 € – Menu 22 € (déj. en semaine), 32/44 € – Carte 48/63 €
16 r. de Paris – ✆ 04 68 93 51 19 – www.latableduchateau.fr – Fermé 15 fév.-16 mars, dim. soir de nov. à mars, mardi sauf le soir en juil.-août et lundi

BIZANOS – 64 (Pyrénées-Atlantiques) ➔ voir Pau

BLAGNAC – 31 (Haute-Garonne) ➔ voir Toulouse

BLAINVILLE-SUR-MER

✉ 50560 (Manche) – 1 564 hab. – Alt. 26 m – Carte régionale n° **32**-A2
▶ Paris 347 km – Caen 116 km – St-Lô 41 km
Carte Michelin 303-C5

Le Mascaret (Philippe Hardy)   ⌂ 🕸 🍴 & 🖧 ⅃ P

CRÉATIVE · ÉLÉGANT XX Un patio, un jardin d'herbes aromatiques et une cuisine précise et créative, mêlant avec bonheur les saveurs "terre et mer" : cette maison de pays a un charme fou ! Et comme il s'agit d'une ancienne pension de jeunes filles, on peut y faire halte très agréablement, dans une chambre originale et baroque.
➔ Ormeaux sauvages, légumes racines, jus au poivre timut. Turbot de ligne, émulsion d'étrilles, risotto de céleri-rave. "Mascarons" et glaces aux parfums insolites.
Menu 25 € (déj. en semaine), 44/89 € – Carte 75/130 €
5 chambres – ♦115/240 € ♦♦145/240 € – 🍽 17 €
1 r. de Bas – ✆ 02 33 45 86 09 – www.lemascaret.fr – Fermé 2-22 janv., dim. soir du 1er sept. au 14 juil. et lundi

BLANQUEFORT – 33 (Gironde) → voir Bordeaux

BLANZY – 71 (Saône-et-Loire) → voir Montceau-les-Mines

BLAYE

⌧ 33390 (Gironde) – 4 710 hab. – Alt. 7 m – Carte régionale n° **3**-B1
🚩 Paris 549 km – Bordeaux 57 km – Mérignac 59 km – Pessac 64 km
Carte Michelin 335-H4

Le Gavroche

CUISINE TRADITIONNELLE · RUSTIQUE X Au pied de la citadelle Vauban, on vient se régaler d'une solide cuisine de tradition, goûteuse et soignée : terrine de lapin, parmentier de canard, tarte fine aux pommes... Côté décor, poutres et pierres apparentes composent un intérieur élégamment rustique ; l'été, on s'installe en terrasse !
Formule 12 € – Menu 25 €
14 r. Neuve – ✆ 05 57 58 21 03 – Fermé 17-25 mars, 15-30 nov., lundi soir, jeudi soir et dim.

BLENDECQUES – 62 (Pas-de-Calais) → voir St-Omer

BLÉNOD-LÈS-PONT-À-MOUSSON – 54 (Meurthe-et-Moselle) → voir
Pont-à-Mousson

BLÉRÉ

⌧ 37150 (Indre-et-Loire) – 5 250 hab. – Alt. 59 m – Carte régionale n° **11**-A1
🚩 Paris 234 km – Blois 48 km – Château-Renault 36 km – Loches 25 km
Carte Michelin 317-O5 – Guide Vert Michelin Châteaux de la Loire

Le Cheval Blanc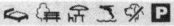

CUISINE CLASSIQUE · INDIVIDUEL XX Velouté de petits pois, jambon serrano et crème de chèvre ; pavé d'esturgeon à la mousseline de carottes... Au cœur de Bléré, dans cette demeure historique du 17ᵉ s. (qui abrite aussi de jolies chambres), le chef réalise une cuisine classique bien troussée, qui montre qu'il maîtrise son affaire. De quoi hennir de plaisir !
Formule 15 € – Menu 32/50 € – Carte 46/59 € dîner
8 chambres – †88/99 € ††88/205 € – ⊡ 12 €
5 pl. Charles-Bidault – ✆ 02 47 30 30 14 – www.lechevalblancblere.fr – Fermé 2-20 janv., lundi et mardi

à l'Ouest 6 km par D976 et rte secondaire – ⌧ 37270 Athee sur Cher
– 2 618 hab. – Alt. 90 m

La Boulaye

CUISINE MODERNE · ROMANTIQUE XX Il faut se perdre un peu dans la campagne pour trouver cette grange du 17ᵉ s., qui se révèle romantique et chaleureuse... C'est la maîtresse des lieux qui cuisine et ses plats sont très personnels ; on la sent inspirée par le terroir. Ses créations sont généreuses, aromatiques et colorées.
Formule 24 € – Menu 31/43 € – Carte 39/47 €
lieu-dit La Boulaye – ✆ 02 47 50 29 21 – www.laboulaye.fr – Ouvert 10 fév.-15 nov. et fermé mardi et merc.

BLESLE

⌧ 43450 (Haute-Loire) – 621 hab. – Alt. 520 m – Carte régionale n° **5**-B3
🚩 Paris 484 km – Aurillac 92 km – Brioude 23 km – Issoire 39 km
Carte Michelin 331-B2 – Guide Vert Michelin Auvergne

ⅡⓄ **La Bougnate**

CUISINE CLASSIQUE · AUBERGE ✕ Elle a du charme cette Bougnate, paisible petite auberge de village aux volets bleus. En terrasse au pied de sa façade parcourue de vigne vierge, ou dans le décor rustique de sa salle, on apprécie une jolie cuisine locavore, concoctée dans le souci de la qualité. Et pour la nuit, les chambres ont le charme de la simplicité...

Formule 17 € – Menu 29 €

12 chambres – ♦85/105 € ♦♦85/125 € – ♀9 €

pl. Vallat – ☏ 04 71 76 29 30 – www.labougnate.fr – Fermé 4 janv.-29 fév., lundi, mardi et merc. d'oct. à déc.

BLIENSCHWILLER

✉ 67650 (Bas-Rhin) – 334 hab. – Alt. 230 m – Carte régionale n° **2**-C1
▶ Paris 504 km – Barr 51 km – Erstein 26 km – Obernai 19 km
Carte Michelin 315-I6

⊛ **Le Pressoir de Bacchus**

CUISINE TRADITIONNELLE · BISTRO ✕ On se presse dans cette jolie maison de la route des vins : le week-end, il convient de réserver très à l'avance. Telle est la renommée de la cuisine de Sylvie Grucker, qui sait en effet accommoder la tradition régionale avec originalité et goût ! Et la carte des vins met à l'honneur les 27 vignerons de la commune...

Formule 15 € – Menu 31/48 € – Carte 38/52 €

50 rte des Vins – ☏ 03 88 92 43 01 (réservation conseillée) – Fermé lundi soir, merc. midi et mardi

⌂ **Winzenberg**

FAMILIAL · SIMPLE Un hôtel familial aménagé dans une ancienne maison de vigneron. Derrière la belle façade fleurie, les chambres sont charmantes avec leur mobilier en bois peint. Un établissement très bien tenu.

10 chambres – ♦47/55 € ♦♦52/85 € – ♀8 €

58 rte des Vins – ☏ 03 88 92 62 77 – www.winzenberg.fr – Fermé 2 semaines mi-fév., 2 semaines mi-juil. et 23 déc.-3 janv.

BLOIS

✉ 41000 (Loir-et-Cher) – 45 903 hab. – Agglo. 67 004 hab. – Alt. 73 m
– Carte régionale n° **11**-A1
▶ Paris 182 km – Le Mans 111 km – Orléans 61 km – Tours 66 km
Carte Michelin 318-E6 – Guide Vert Michelin Châteaux de la Loire

⃝ **L'Orangerie du Château** (Jean-Marc Molveaux)

CUISINE MODERNE · ÉLÉGANT ✕✕✕ Dans une dépendance du château (15ᵉ s.), avec une belle terrasse ouvrant sur le monument... L'esprit de la Renaissance n'est sans doute pas étranger à la cuisine, à la fois fine, légère et soignée.

→ Noix de Saint-Jacques saisies et gaufre parmentière oignon-chorizo. Menu homard. Sphère chocolat Caraïbes, crème légère gianduja et noisette.

Menu 39 € (semaine), 60/85 € – Carte 85/110 €

Plan : Z-e – *1 av. du Dr-Jean-Laigret – ☏ 02 54 78 05 36
– www.orangerie-du-chateau.fr – Fermé 15 fév.-10 mars, dim. et lundi*

⃝ **Assa** (Fumiko et Anthony Maubert)

CRÉATIVE · MINIMALISTE ✕✕ Chaque matin ("assa" en japonais), le jeune chef, Anthony Maubert, et sa compagne, Fumiko (pâtissière de formation), réécrivent le menu du jour... La fraîcheur n'est pas le seul atout de leur table, audacieuse, pleine de savoir-faire et de saveurs ! Et même la vue sur la Loire s'imprègne d'une poésie toute japonaise...

→ Cuisine du marché.

Formule 29 € – Menu 39/65 €

*189 quai Ulysse-Besnard, au Sud par D952, rte de Tours – ☏ 02 54 78 09 01 (réservation conseillée) – www.assarestaurant.com – Fermé
1ᵉʳ-29 mars, 24-30 déc., dim. soir, lundi et mardi*

BLOIS

Abbé-Grégoire (Quai de l'). . Z 2
Anne-de-Bretagne (R.). . . . Z 3
Augustin Thierry (Sq.) . . . . Z 4
Balzac (R. H. de) . . . . Y 5
Beauvoir (R.) . . . . Y 6
Bourg-St-Jean (R. du) . . . . Y 10
Cartier (R. R.) . . . . Y 13
Chemonton (R.) . . . . Y 16
Clouseau (Mail) . . . . Y 17
Commerce (R. du) . . . . Z
Cordeliers (R. des) . . . . . . Z 18
Curie (R. Pierre et Marie) . . X 19
Déportés (Av. des) . . . . . . X 78
Dion (R. R.) . . . . X 20
Dupuis (Bd D.) . . . . X 21
Fontaine-des-Elus (R.) . . . . Z 22
Fossés-du-Château
  (R. des) . . . . X 23
Gambetta (Av.) . . . . X 25
Gaulle (Pont Ch.-de) . . . . . X 26
Gentils (Bd R.) . . . . X 27
Industrie (Bd de l') . . . . . . V 29
Jeanne-d'Arc (R.) . . . . X 30
Laigret (Av. J.) . . . . X 32
Leclerc (Av. du Mar.) . . . . X 33
Lices (Pl. des) . . . . X 34
Lion-Ferré (R. du) . . . . Z 35
Maunoury (Av. du Mar.) . . . Y 39
Monsabre (R. du Père) . . . . Z 41

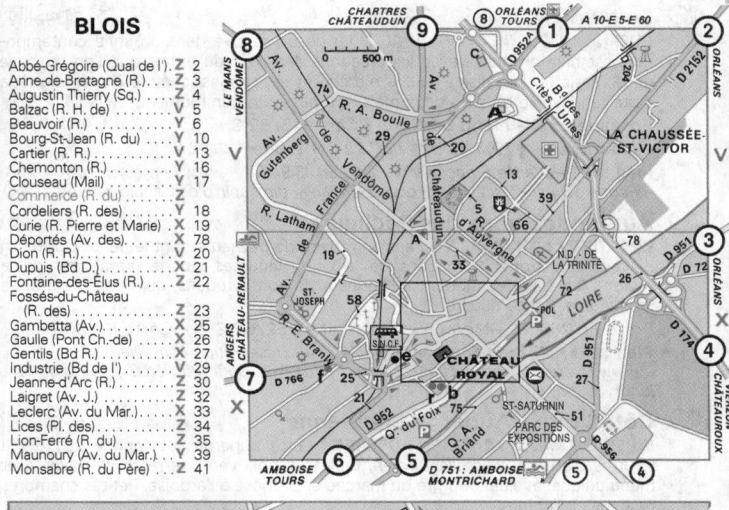

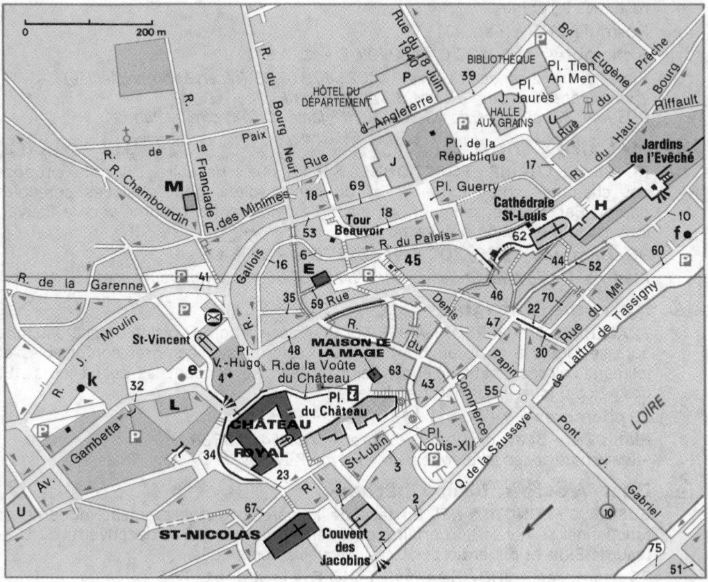

Orfèvres (R. des) . . . . Z 43
Papegaults (R. des) . . . . Y 44
Papin (Escaliers Denis) . . . . . . Y 45
Papin (R. Denis) . . . . Z
Pierre-de-Blois (R.) . . . . Z 46
Poids-du-Roi (R. du) . . . . Z 47
Porte-Côté (R.) . . . . Z 48
Président-Wilson (Av.) . . . . . X, Z 51

Puits-Châtel (R. du) . . . . Y 52
Remparts (R. des) . . . . Y 53
Résistance (Carrefour de la) . . Z 55
Ronsard (R. P. de) . . . . X 58
St-Honoré (R.) . . . . YZ 59
St-Jean (Q.) . . . . Y 60
St-Louis (Pl.) . . . . Y 62
St-Martin (R.) . . . . Z 63

Schuman (Av. R.) . . . . V 64
Signeulx (R. de) . . . . V 66
Trois-Marchands (R. des) . . . . Z 67
Trouessard (R.) . . . . Y 69
Vauvert (R.) . . . . Z 70
Verdun (Av. de) . . . . X 72
Vezin (R. A.) . . . . X 74
Villebois-Mareuil (Q.) . . . . . X, Z 75

ⅱ◯ Le Médicis ⓝ   🏵 ⬅ AC

CUISINE MODERNE · CONVIVIAL XX Le décor, rénové dans un style contemporain, est bien en phase avec les créations dans l'air du temps que l'on retrouve
dans l'assiette. La cuisine suit le marché et les saisons, comme en témoigne la
carte renouvelée tous les deux mois : on passe un bon moment.

Formule 25 € – Menu 34/76 € – Carte 43/82 €

9 chambres – 🛉79/130 € 🛉🛉79/130 € – 1 suite – ⌂ 12 €

Plan : X-f – 2 allée François-1er – ℰ 02 54 43 94 04 – www.le-medicis.com
– Fermé 30 juin-7 juil., 23-29 oct., 2-24 janv., dim. soir d'oct. à juin et lundi

ⅱ◯ Au Rendez-vous des Pêcheurs   AC

CRÉATIVE · CONVIVIAL X Un ancien repaire de pêcheurs dont le décor cultive un
bel esprit bistrotier ! Poissons de la Loire, légumes bio de maraîchers de la
région : les assiettes mettent à l'honneur de bons produits, qui bénéficient de la
longue expérience du chef.

Formule 24 € 🛉 – Menu 35 € (semaine), 52/68 € 🛉 – Carte 80/105 €

Plan : X-r – 27 r. du Foix – ℰ 02 54 74 67 48 (réservation conseillée)
– www.rendezvousdespecheurs.com – Fermé 4-25 août, 25 déc.-3 janv., dim. et
lundi

ⅱ◯ Côté Loire - Auberge Ligérienne   ⬅ 🏠

CUISINE TRADITIONNELLE · AUBERGE X Cette auberge fut fondée au 16e s. !
Poutres d'origine, vaisselier ancien, tables en bois verni, terrasse verdoyante et
menu unique, évoluant au gré du marché et proposé à l'ardoise. Petites chambres
rustiques à l'étage.

Formule 21 € – Menu 31 €

8 chambres – 🛉59/97 € 🛉🛉59/97 € – ⌂ 11 €

Plan : X-b – 2 pl. de la Grève – ℰ 02 54 78 07 86 (réservation conseillée)
– www.coteloire.com – Fermé 30 mars-4 avril,
9-13 juin, 31 août-5 sept., 23-30 nov., 1er janv.-10 fév., dim. et lundi

🏨 Mercure Centre   ✧ ▣ ⊡ 🖰 AC 🧖 🚗

HÔTEL DE CHAÎNE · FONCTIONNEL Sur les quais de Loire, cet hôtel propose
des chambres contemporaines et de belles suites, dont quelques agréables
duplex. Bar, piscine, sauna et hammam. Le restaurant est tourné vers le fleuve ;
intéressante sélection de vins au verre.

96 chambres – 🛉110/200 € 🛉🛉110/200 € – ⌂ 16 €

Plan : Y-f – 28 quai St-Jean – ℰ 02 54 56 66 66 – www.mercure.com

🏠 Anne de Bretagne   🖰

TRADITIONNEL · PERSONNALISÉ Sur une place arborée voisine du château, une
adresse familiale où il fait bon s'arrêter : salon cosy, chambres confortables et
joliment colorées, petit-déjeuner servi en terrasse pendant les beaux jours... Et
des vélos à louer pour partir en balade !

29 chambres – 🛉47/56 € 🛉🛉60/82 € – ⌂ 8,50 €

Plan : Z-k – 31 av. du Dr-Jean-Laigret – ℰ 02 54 78 05 38
– www.hotelannedebretagne.com – Fermé 7-28 fév. et 27 nov.-11 déc.

🏠 Best Western Blois Château   🖰 AC 🚭

BUSINESS · FONCTIONNEL En face de la gare, cet établissement moderne et
fonctionnel se révèle un parfait pied-à-terre pour partir à la découverte du château de Blois et du jardin des Lices. Accueil sympathique.

25 chambres – 🛉80/150 € 🛉🛉90/210 € – 1 suite – ⌂ 12 €

Plan : X-e – 8 av. du Dr-Jean-Laigret – ℰ 02 54 56 85 10 – www.hotelblois-gare.fr

🏠 Le Clos Pasquier   🏵 ⬅ 🚭 P

MAISON DE CAMPAGNE · COSY À l'orée de la forêt – au grand calme ! –,
une belle demeure régionale (16e s.) dans un jardin soigné. Chambres jolies et
cosy, alliant cachet de l'ancien et sobriété contemporaine.

4 chambres ⌂ – 🛉90/190 € 🛉🛉100/190 €

12 imp. de l'Orée-du-Bois, à 5 km par r. Albert-1er – ℰ 02 54 58 84 08
– www.leclospasquier.fr

BOÉ – 47 (Lot-et-Garonne) → voir Agen

BOESCHEPE

✉ 59299 (Nord) – 2 188 hab. – Alt. 74 m – Carte régionale n° **30**-B2

▶ Paris 264 km – Arras 78 km – Lille 41 km

Carte Michelin 302-E3

❀ ### Auberge du Vert Mont (Florent Ladeyn)

CRÉATIVE · BRANCHÉ ✗ Envie de prendre des nouvelles de Florent Ladeyn, finaliste de Top Chef 2013 ? Vous le trouverez aux fourneaux de son auberge familiale, nichée dans la campagne des Flandres, près de la frontière belge ; sa cuisine
respire l'invention, l'audace – sans être hasardeuse – et l'amour pour les produits
de son terroir. Que de cœur !

→ Cuisine du marché.

Menu 21 € (déj. en semaine), 34/50 €

7 chambres – 📶58/70 € 📶📶58/70 € – 🍴 8 €

1318 r. du Mont-Noir – ☏ 03 28 49 41 26 – www.vertmont.fr – Fermé dim. et lundi

BOIS-COLOMBES – 92 (Hauts-de-Seine) → voir Autour de Paris

BOIS-PLAGE-EN-RÉ – 17 (Charente-Maritime) → voir Île de Ré

BOISSET

✉ 15600 (Cantal) – 604 hab. – Alt. 426 m – Carte régionale n° **5**-A3

▶ Paris 559 km – Aurillac 31 km – Calvinet 18 km – Entraygues-sur-Truyère 48 km

Carte Michelin 330-B6

🏠 ### Auberge de Concasty

AUBERGE · FONCTIONNEL Ce domaine donnant sur la campagne cantalienne
offre l'occasion d'une véritable bouffée d'air pur. Esprit nature et bio au restaurant comme dans les chambres spacieuses (certaines avec terrasse ou balcon)
et le petit appartement dans le sécadou. On a l'impression d'être chez soi !

11 chambres – 📶72/158 € 📶📶72/158 € – 1 suite – 🍴 18 €

*3 km au Nord-Est par D64 – ☏ 04 71 62 21 16 – www.auberge-concasty.com
– Ouvert d'avril à nov.*

BOISSIÈRES

✉ 46150 (Lot) – 374 hab. – Alt. 229 m – Carte régionale n° **28**-B1

▶ Paris 573 km – Cahors 16 km – Fumel 43 km – Souillac 64 km

Carte Michelin 337-E4

🏠 ### Michel & Lydia

FAMILIAL · RUSTIQUE Dans cette belle demeure du Quercy, inspirée par l'architecture régionale, Michel et Lydia sont aux petits soins. Les chambres sont
confortables et décorées de mobilier chiné. À table, on apprécie les produits du
terroir dûment accompagnés de vins de Cahors, et surtout, en saison, la truffe
est à l'honneur !

3 chambres 🍴 – 📶80 € 📶📶80 €

*lieu-dit Bertouille, 1 km à l'Est par rte secondaire – ☏ 05 65 21 43 29
– www.micheletlydia.fr – Fermé 1ᵉʳ déc.-10 janv.*

BOLLENBERG – 68 (Haut-Rhin) → voir Rouffach

BOLLEZEELE

✉ 59470 (Nord) – 1 425 hab. – Alt. 40 m – Carte régionale n° **30**-B1

▶ Paris 274 km – Calais 45 km – Dunkerque 24 km – Lille 68 km

Carte Michelin 302-B2

🏠 Hostellerie St-Louis

TRADITIONNEL · CLASSIQUE Imaginez une maison du 19ᵉ s. à l'élégance très rétro, avec un ravissant jardin, un joli bassin et des chambres impeccablement tenues... Voilà une adresse parfaite pour les amateurs de classicisme et de calme ! Cuisine traditionnelle au restaurant.

26 chambres – ♦57/99 € ♦♦73/99 € – ☷ 10 € – ½ P

47 r. de l'Église – ✆ 03 28 68 81 83 – www.hostelleriesaintlouis.com
– Fermé 25 juil.-7 août et 27 déc.-15 janv.

BONCHAMP-LÈS-LAVAL
✉ 53960 (Mayenne) – 5 795 hab. – Alt. 82 m – Carte régionale n° **35**-C1
▶ Paris 278 km – Caen 169 km – Laval 8 km – Le Mans 77 km
Carte Michelin 310-E6

ⅰ◯ L'Alliance des Saveurs ⓝ

CUISINE MODERNE · À LA MODE ✗✗ Ce restaurant, installé dans un quartier pavillonnaire à quelques minutes de Laval, porte bien son nom ! Le chef y compose de belles assiettes entre innovation et tradition, en s'appuyant principalement sur les producteurs locaux.

Formule 22 € – Menu 26 € (déj. en semaine), 39/71 €

7 chambres – ♦125/145 € ♦♦225 € – ☷ 12 €

23 chemin du Préfet, 6 km à l'Est par D57 et rte secondaire – ✆ 02 43 90 05 14
– www.lalliancedessaveurs.fr – Fermé vacances de fév., 10-25 août, 24-30 déc.,
sam. midi, dim. soir et lundi

BONDUES – 59 (Nord) → voir Lille

BONIFACIO – 2A (Corse-du-Sud) → voir Corse

BONLIEU
✉ 39130 (Jura) – 273 hab. – Alt. 785 m – Carte régionale n° **16**-B3
▶ Paris 439 km – Champagnole 23 km – Lons-le-Saunier 32 km – Morez 24 km
Carte Michelin 321-F7 – Guide Vert Michelin Franche-Comté Jura

🏵 La Poutre

CUISINE MODERNE · RUSTIQUE ✗✗ Au cœur du bourg, cette auberge familiale de 1740 cultive son charme rustique. Pour la petite histoire, sachez que la poutre qui soutient le plafond mesure 17 m et provient d'une grume de sapin de 3 m³ ! Quant au chef, il vous régale d'une jolie cuisine d'aujourd'hui, savoureuse et raffinée.

Menu 30/85 € – Carte 53/79 €

25 Grande-Rue – ✆ 03 84 25 57 77 – www.aubergedelapoutre.com
– Ouvert début mai à début nov. et fermé 1 semaine en juin, mardi et merc.
sauf juil.-août et lundi midi en été

🏠 Les Alpages

FAMILIAL · SIMPLE Un établissement familial sur les hauteurs du village. Les chambres y sont fonctionnelles et bien tenues, et l'hiver, on s'installe confortablement au coin de la cheminée... Avant, bien entendu, d'aller gambader dans les alpages !

8 chambres – ½ P seult 74/95 €

1 chemin de la Madone – ✆ 03 84 25 57 53 – www.hotel-lesalpages.com – Ouvert
26 mars-31 oct.

BONNAT
✉ 23220 (Creuse) – 1 300 hab. – Alt. 330 m – Carte régionale n° **25**-C1
▶ Paris 329 km – Châtre 37 km – Guéret 20 km – Montluçon 72 km
Carte Michelin 325-I3

🏠 L'Orangerie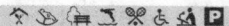

BUSINESS · PERSONNALISÉ Agréables salons, chambres confortables et douillettes, bon petit-déjeuner avec des cakes et des confitures maison, recettes dans
l'air du temps faisant la part belle aux légumes du potager : cette séduisante
demeure bourgeoise tient assurément ses promesses !

30 chambres – ♦92/122 € ♦♦92/122 € – ☲ 14 € – ½ P

*3 bis r. de la Paix – 𝒞 05 55 62 86 86 – www.hotel-lorangerie.fr – Ouvert d'avril
à oct.*

BONNE

✉ 74380 (Haute-Savoie) – 3 038 hab. – Alt. 457 m – Carte régionale n° **46**-F1
▶ Paris 545 km – Annecy 45 km – Bonneville 16 km – Genève 18 km
Carte Michelin 328-K3

🍴 Baud

CUISINE MODERNE · ÉLÉGANT 🟦🟦 Imaginez de beaux produits frais mis en
valeur par de jolies touches d'inventivité : capaccio de cerf légèrement fumé, fraîcheur au poivre du Sichuan ; tournedos de veau snacké au jus court de Mondeuse... Le tout servi sur la terrasse donnant sur le superbe jardin, par une
équipe aimable et professionnelle. Un bon moment !

Menu 27 € (déj.), 47/89 € – Carte 72/85 €

181 av. du Léman – 𝒞 04 50 39 20 15 – www.hotel-baud.com – Fermé dim. soir

🏠 Baud

AUBERGE · MODERNE À quelques minutes de la frontière suisse et des contreforts du Chablais, cet hôtel-restaurant séduit par son design élégant (salons cossus, miroirs imposants, chambres grand confort). On se régale de produits artisanaux dès le petit-déjeuner.

19 chambres – ♦110/145 € ♦♦145/265 € – ☲ 17 €

181 av. du Léman – 𝒞 04 50 39 20 15 – www.hotel-baud.com

🍴 **Baud** – voir les restaurants ci-dessus

au Pont-de-Fillinges 2,5 km à l'Est – ✉ 74250

🍴 Le Pré d'Antoine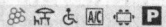

CUISINE MODERNE · ÉLÉGANT 🟦🟦 Un élégant décor contemporain, un service de
qualité : on ne regrette pas d'avoir franchi le seuil de cette belle maison montagnarde, légèrement en retrait de la route. Le chef, Bernard Binaud, met tout son
savoir-faire au service d'une cuisine de saison, savoureuse et sans fioriture. Du
beau travail !

Menu 27 € (déj. en semaine), 46/62 € – Carte 56/77 €

*15 rte de Chez-Radelet – 𝒞 04 50 36 45 06 – www.lepredantoine.com – Fermé 3
semaines en juil., 4-14 janv., dim. soir, mardi midi et lundi*

BONNÉTAGE

✉ 25210 (Doubs) – 822 hab. – Alt. 960 m – Carte régionale n° **17**-C2
▶ Paris 468 km – Belfort 69 km – Besançon 65 km – Biel/Bienne 62 km
Carte Michelin 321-K3

❀ L'Étang du Moulin (Jacques Barnachon) 🟦🟦

CUISINE MODERNE · FAMILIAL 🟦🟦 Comme un écho à un environnement très
préservé, le terroir imprègne toute cette cuisine, de l'entrée jusqu'au dessert
(parfumé à la liqueur de sapin par exemple). À noter : le menu dégustation entièrement dédié au foie gras. Service de qualité.

➔ Ragoût de morilles au vin jaune et crème fraîche de Bonnétage. Ris de veau
au miel et vinaigre balsamique, purée de pomme de terre et navets au curry. Fraîcheur de gentiane et extrait de bourgeons de sapin, croquant aux fruits secs.

Menu 46/148 € – Carte 50/90 €

*Hôtel l'Étang du Moulin, 5 chemin de l'Étang-du-Moulin, 1,5 km par D36 et chemin
privé – 𝒞 03 81 68 92 78 – www.etang-du-moulin.fr – Fermé 19-29 déc., 9-26 janv.,
dim. soir du 15 nov. au 15 mars, mardi midi, merc. midi et lundi*

‖○ Le Bistrot　　　　　　　　　　　　　　　　　　🛋 ♿

CUISINE TRADITIONNELLE · BISTRO ✗ Croûte forestière, entrecôte de veau, filet de truite, saucisse de Morteau : les produits et recettes de tradition sont au menu de cet agréable Bistrot, qui complète idéalement l'offre de restauration de l'Étang du Moulin. Une cuisine simple et bien réalisée : on en redemande !

🍴 Formule 14 € – Menu 19 € (déj. en semaine), 24/34 € – Carte 35/55 €

Hôtel l'Étang-du-Moulin, 5 chemin de l'Étang-du-Moulin, 1,5 km par D236 et chemin privé – 𝒞 03 81 68 92 78 – www.etang-du-moulin.fr – Fermé 19-29 déc., 9-26 janv., dim. soir du 15 nov. au 15 mars, mardi midi et lundi

🏠 L'Étang du Moulin　　　　　🔾 🛁 ← 🛋 📶 🖽 ☐ ♨ 🚿 🧖 ℙ

FAMILIAL · PERSONNALISÉ La nature pour écrin ! Ce grand chalet se dresse au bord d'un étang dont seul le léger clapotis vient troubler le calme des environs... Les chambres ouvrent grand sur la nature (certaines avec balcon) et leur décor contemporain rend zen. Agréable espace bien-être.

20 chambres – ♦90/138 € ♦♦98/198 € – ☲14 € – ½ P

5 chemin de l'Étang-du-Moulin, 1,5 km par D236 et chemin privé – 𝒞 03 81 68 92 78 – www.etang-du-moulin.fr – Fermé 19-29 déc., 9-26 janv., mardi midi et lundi

🍽 **L'Étang du Moulin** • ‖○ **Le Bistrot** – voir les restaurants ci-dessus

BONNEUIL-MATOURS

✉ 86210 (Vienne) – 2 082 hab. – Alt. 60 m – Carte régionale n° **39**-C1

▶ Paris 322 km – Bellac 79 km – Le Blanc 51 km – Châtellerault 17 km

Carte Michelin 322-J4 – Guide Vert Michelin Poitou-Charentes

😊 Le Pavillon Bleu

CUISINE TRADITIONNELLE · AUBERGE ✗✗ Une fière façade ocre, qui tranche avec le bleu des fenêtres, puis à l'intérieur des pierres apparentes, poutres et tons sobres... Ne quittez pas ce village pittoresque sans découvrir sa jolie auberge. Le chef réalise avec talent une cuisine de tradition, avec de très bons produits locaux !

Formule 14 € – Menu 23/43 € – Carte environ 39 €

D749, (face au pont) – 𝒞 05 49 85 28 05 – www.le-pavillon-bleu.fr – Fermé 30 sept.-15 oct., merc. soir de sept. à mai, dim. soir et lundi

BONNEVAL

✉ 28800 (Eure-et-Loir) – 4 757 hab. – Alt. 128 m – Carte régionale n° **11**-B1

▶ Paris 121 km – Chartres 31 km – Lucé 34 km – Orléans 66 km

Carte Michelin 311-E6 – Guide Vert Michelin Châteaux de la Loire

🏠 Hostellerie du Bois Guibert　　　　　　🛁 🛋 ♿ 🧖 ℙ

FAMILIAL · CLASSIQUE Au cœur d'un parc ravissant, une gentilhommière du 18ᵉ s. d'une élégante simplicité ; dans l'annexe, des chambres spacieuses et modernes. La salle des petits-déjeuners s'ouvre sur une charmante terrasse.

12 chambres – ♦71/121 € ♦♦71/121 € – ☲12 €

à Guibert, 2 km au Sud-Ouest – 𝒞 02 37 47 22 33 – www.bois-guibert.com – Fermé 2 semaines en nov. et 2 semaines en janv.

BONNEVILLE

✉ 74130 (Haute-Savoie) – 12 479 hab. – Alt. 450 m – Carte régionale n° **46**-F1

▶ Paris 556 km – Annecy 42 km – Chamonix-Mont-Blanc 54 km – Nantua 87 km

Carte Michelin 328-L4 – Guide Vert Michelin Alpes du Nord

à Vougy 5 km à l'Est par D1205 – ✉ 74130 – 1 492 hab. – Alt. 471 m

😊 Le Bistro du Capucin　　　　　　　　　🛋 ♿ 🅰🅺 🚿 ℙ

CUISINE TRADITIONNELLE · RÉTRO ✗ Dans un décor typique du genre – lambris, affiches publicitaires rétro, tables à touche-touche – le chef de ce bistrot propose de bons plats mettant l'accent sur la région : tartare de féra, quasi de veau et son risotto de légumes... Composez vous-même votre menu ou optez pour les suggestions de la carte.

Formule 15 € – Menu 31 € – Carte 35/54 €

1520 rte de Genève, D1205 – 𝒞 04 50 34 03 50 – www.lecapucingourmand.com – Fermé 7-30 août, 1ᵉʳ-8 janv., sam. midi, dim. et lundi sauf fériés

🍴 **Le Capucin Gourmand**   🅰️ 🍴 ♿ Ⓐ🅚 ⛔ ♻️ 🅿️

CUISINE CLASSIQUE · **ÉLÉGANT** XXX Dans une élégante salle aux tons café, on déguste une cuisine classique proposée à travers une petite carte et deux menus : oeuf bio mi-cuit, purée de haricots tarbais, morilles et émulsion de légumes et champignons... Voilà bien un capucin gourmand !

Menu 45/63 € – Carte 44/62 €

*1520 rte de Genève, D1205 – ℰ 04 50 34 03 50 – www.lecapucingourmand.com
– Fermé 7-30 août, 1ᵉʳ-8 janv., sam. midi, dim. et lundi sauf fériés*

🍴 **Le Bistro du Capucin** – voir les restaurants ci-dessus

BONNIEUX

✉️ 84480 (Vaucluse) – 1 395 hab. – Alt. 400 m – Carte régionale n° **42**-E1
▶ Paris 721 km – Aix-en-Provence 49 km – Apt 12 km – Carpentras 42 km
Carte Michelin 332-E11 – Guide Vert Michelin Provence

🌼🌼 **La Bastide de Capelongue** (Édouard Loubet)   🅰️ < 🛏️ 🛜

CRÉATIVE · **ÉLÉGANT** XXX De l'élégante salle, baignée de 🅰️🅚 🅿️ lumière, on aperçoit les champs de lavande ; Édouard Loubet s'en inspire pour créer ses superbes assiettes, magnifiées par les produits du Luberon, notamment les herbes et les fleurs. Et sa "Table du Chef" permet de s'installer directement... dans sa cuisine, avec vue sur les fourneaux !

➜ Cœur de tournesol en vinaigrette, gaspacho d'herbes à la livèche et rémoulade de céleri. Carré d'agneau fumé au serpolet, gratin de ma grand-mère. Betterave rouge soufflée en sucre et coulis de cassis au laurier.

Menu 58 € (déj. en semaine), 140/190 € – Carte 128/162 €

*Hôtel La Bastide de Capelongue, rte de Lourmarin, (face au pont), 1,5 km par D232 et voie secondaire – ℰ 04 90 75 89 78 – www.capelongue.com
– Fermé 13 nov.-20 déc. et 15 janv.-6 mars*

🍴 **L'Arôme**   🛜

PROVENÇALE · **COSY** X Au pied du village, cette adresse respire l'intimité avec le terroir. De la salle voûtée du 14ᵉ s. à la terrasse, le décor frais et champêtre est des plus charmants. La cuisine elle-même cultive l'authenticité : en témoigne ce porc noir de Bigorre, confit de 8 heures, fruits de saison aux épices et vin de Maury...

Menu 31 € (déj.), 44/56 € – Carte 47/67 €

*2 r. Lucien Blanc – ℰ 04 90 75 88 62 – www.laromerestaurant.com
– Fermé 8 janv.-31 mars, merc. et jeudi*

🍴 **Le Fournil**   🛜

PROVENÇALE · **BRANCHÉ** X Pittoresque et originale, cette maison adossée à la colline avec sa terrasse, sur une placette à l'ombre des platanes, et sa salle tro-glodyte au décor contemporain. Au menu : une cuisine méridionale mettant en valeur de beaux produits, notamment à travers le menu du soir, plus recherché qu'au déjeuner.

Formule 26 € – Menu 31 € (déj.), 50/55 € – Carte 40/58 €

*pl. Carnot – ℰ 04 90 75 83 62 (réservation conseillée)
– www.lefournil-bonnieux.com – Fermé déc., janv., mardi d'oct. à mai, sam. midi de mai à oct. et lundi*

🍴 **La Bergerie**   < 🛜 🅰️🅚 🅿️

CUISINE TRADITIONNELLE · **BISTRO** X La Bastide de Capelongue version bistrot ! À l'unisson de la superbe vue dévoilée par la terrasse, la carte braque les projec-teurs sur les produits de la région : tapenade, gigot d'agneau à la ficelle et plats en cocotte, indémodables marquises au chocolat et œufs à la neige. Et le savoir-faire de l'équipe n'est plus à prouver...

Menu 38 € – Carte 42/60 €

Hôtel La Bastide de Capelongue, rte de Lourmarin, (face au pont), 1,5 km par D232 et voie secondaire – ℰ 04 90 75 89 78 – www.capelongue .com – Fermé dim. soir et lundi

La Bastide de Capelongue 🏠 ⚜ ← 🛏 🗜 AC 🔌 P

LUXE · PERSONNALISÉ Au sommet des collines plantées de cèdres, ce petit hameau est un hymne à la Provence. La plupart des chambres, confortables et raffinées, jouissent d'une terrasse ou d'un balcon. Magnifique bassin de nage parmi la lavande. Idéal pour un bol d'air gorgé de soleil et de senteurs !

18 chambres – ✝140/450 € ✝✝140/450 € – 11 suites – ⊆ 28 € – ½ P

rte de Lourmarin, (face au pont), 1,5 km par D232 et voie secondaire – ℰ 04 90 75 89 78 – www.capelongue.com – Fermé 13 nov.-20 déc. et 15 janv.-6 mars

❀❀ **La Bastide de Capelongue** • ⅡⓄ **La Bergerie** – voir les restaurants ci-dessus

🏠 **Le Clos du Buis** ← 🛏 🗜 🔥 AC 🞩 P

FAMILIAL · PERSONNALISÉ Cette jolie maison datant de 1850 – une ancienne boulangerie – accueille aujourd'hui des chambres confortables et bien tenues. Et, dans le charmant jardin, surprise : une belle cuisine est mise à votre disposition pour préparer votre repas !

8 chambres ⊆ – ✝100/165 € ✝✝100/165 €

r. Victor-Hugo – ℰ 04 90 75 88 48 – www.leclosdubuis.com – Ouvert de mi-mars à mi-nov.

BONNOEUVRE

✉ 44540 (Loire-Atlantique) – 558 hab. – Alt. 46 m – Carte régionale n° **34**-B2
▶ Paris 365 km – Angers 70 km – Nantes 55 km – Rennes 87 km
Carte Michelin 316-I2

 Le Prieuré des Gourmands 🏠 ⚜ 🛏 🖥 🔥 🔌 🞩 P

TRADITIONNEL · MODERNE Sur la place de l'église, un ancien prieuré du 16ᵉ s. transformé en hôtel-restaurant. Les chambres – confortables et épurées – donnent sur la campagne et un joli cours d'eau, pour des nuits au grand calme. Parfait pour une escapade au vert.

10 chambres – ✝82/95 € ✝✝82/95 € – ⊆ 9 € – ½ P

11 r. du Prieuré – ℰ 02 40 56 30 00 – www.prieuredesgourmands.com – Fermé 1 semaine en août

BONNY-SUR-LOIRE

✉ 45420 (Loiret) – 2 009 hab. – Alt. 190 m – Carte régionale n° **12**-D2
▶ Paris 167 km – Auxerre 64 km – Cosne-Cours-sur-Loire 25 km – Gien 24 km
Carte Michelin 318-O6

🙂 **Restaurant des Voyageurs** ← AC P

CUISINE MODERNE · CONVIVIAL ✗✗ Que les personnes de la région se rassurent, inutile d'être en voyage pour se régaler dans cette auberge ! On y savoure une cuisine gourmande, où les produits de saison s'accordent avec justesse. Et si vous n'êtes pas du coin, vous pourrez profiter des quelques chambres, toutes simples, pour la nuit.

Formule 20 € – Menu 27 € (semaine)/32 € – Carte 32/57 €

6 chambres – ✝59 € ✝✝59/73 € – ⊆ 7 €

10 Grande-Rue – ℰ 02 38 27 01 45 – www.hotel-restaurant-des-voyageurs.fr – Fermé vacances de fév., 21 août-4 sept., dim. soir, mardi midi et lundi

LE BONO

✉ 56400 (Morbihan) – 2 124 hab. – Alt. 10 m – Carte régionale n° **9**-A3
▶ Paris 475 km – Auray 6 km – Lorient 49 km – Quiberon 37 km
Carte Michelin 308-N9 – Guide Vert Michelin Bretagne Sud

🏠 **Alicia** 🔥 P

HÔTEL DE VACANCES · FONCTIONNEL À la sortie du village, un hôtel avec terrasse donnant sur la rivière du Bono. Les chambres, décorées dans un style contemporain classique, respirent le confort ; préférez celles avec vue sur le port. Nouvel espace bien-être (jacuzzi, salle de massage).

21 chambres – ✝61/130 € ✝✝61/130 € – ⊆ 10 €

1 r. du Gén.-de-Gaulle – ℰ 02 97 57 88 65 – www.hotel-alicia.com – Fermé de mi-nov. à mi-fév.

© Jacques Palut/Fotolia.com

ON AIME...

Le Quatrième Mur, pour la cuisine de Philippe Etchebest et la situation exceptionnelle, dans une aile du Grand théâtre. **Soléna**, pour les très beaux produits que l'on y travaille. **Garopapilles**, parce que son menu unique est incontournable, tout comme sa cave à vins ! Enfin, le **Bistrot Glouton**, qui n'a pas son pareil dans la catégorie des bistrots bordelais pur jus...

BORDEAUX

✉ 33000 (Gironde) – 241 287 hab. – Agglo. 851 071 hab. – Alt. 4 m – Carte régionale n° **3**-B1
▶ Paris 579 km – Lyon 537 km – Nantes 323 km – Strasbourg 970 km
Carte Michelin 335-H5 – Guide Vert Michelin Aquitaine

Restaurants

✿✿ **La Grande Maison-Joël Robuchon** Ⓝ

CRÉATIVE · LUXE XxxX Le talent de Joël Robuchon ? Investir un lieu et lui offrir une gastronomie digne de son prestige. Le restaurant, sis dans un bel hôtel particulier du 19ᵉ s. au mobilier Napoléon III, propose une cuisine de haute volée, sensible et aérienne, des préparations précises qui témoignent d'une technique parfaite... Saisissant !

➔ Homard, guacamole d'avocat et pousses de légumes printanniers à l'huile de curcuma. Volaille de Bresse en vessie aux morilles et asperges, sauce fleurette. Chocolat tendance, crèmeux au manjari, sorbet cacao et biscuit Oreo.

Formule 95 € – Menu 135/275 €

6 chambres – ♦333/535 € ♦♦333/535 € – ♋30 €

Plan : 2BU-g – *10 r. Labottière* – ✆ *05 35 38 16 16*
– *www.lagrandemaison-bordeaux.com* – *Fermé lundi*

✿ **Le Pressoir d'Argent-Gordon Ramsay** Ⓝ

CUISINE MODERNE · LUXE XxxX Le restaurant doit son nom à la presse à homard Christofle – une pièce rarissime ! – qui trône dans la salle. Gordon Ramsay signe ici une carte alléchante, qui célèbre le terroir aquitain ; elle est mise en œuvre de la plus belle des manières par un chef israélien, et rehaussée par un service de haut-vol.

➔ Œuf de poule bio à la châtaigne fumée. Sole d'Arcachon en écailles de truffe noire et pomme de terre, duxelles de champignons de Paris et vin jaune. Soufflé chaud à la poire williams.

Menu 165 € – Carte 110/185 €

Plan : 3DX-g – *Grand Hôtel de Bordeaux & Spa, 5 Cours de l'Intendance,*
(1ᵉʳ étage) – ✆ *05 57 30 43 04* – *www.ghbordeaux.com*
– *Fermé dim., lundi et le midi*

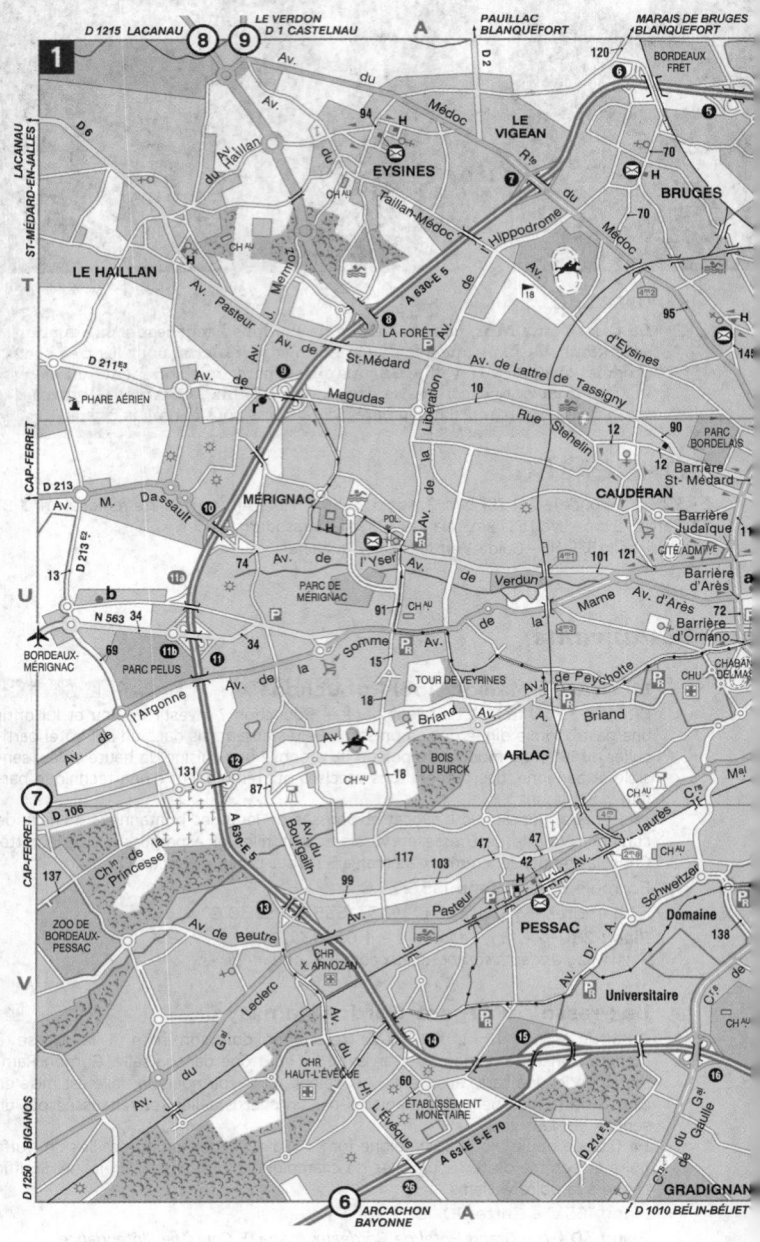

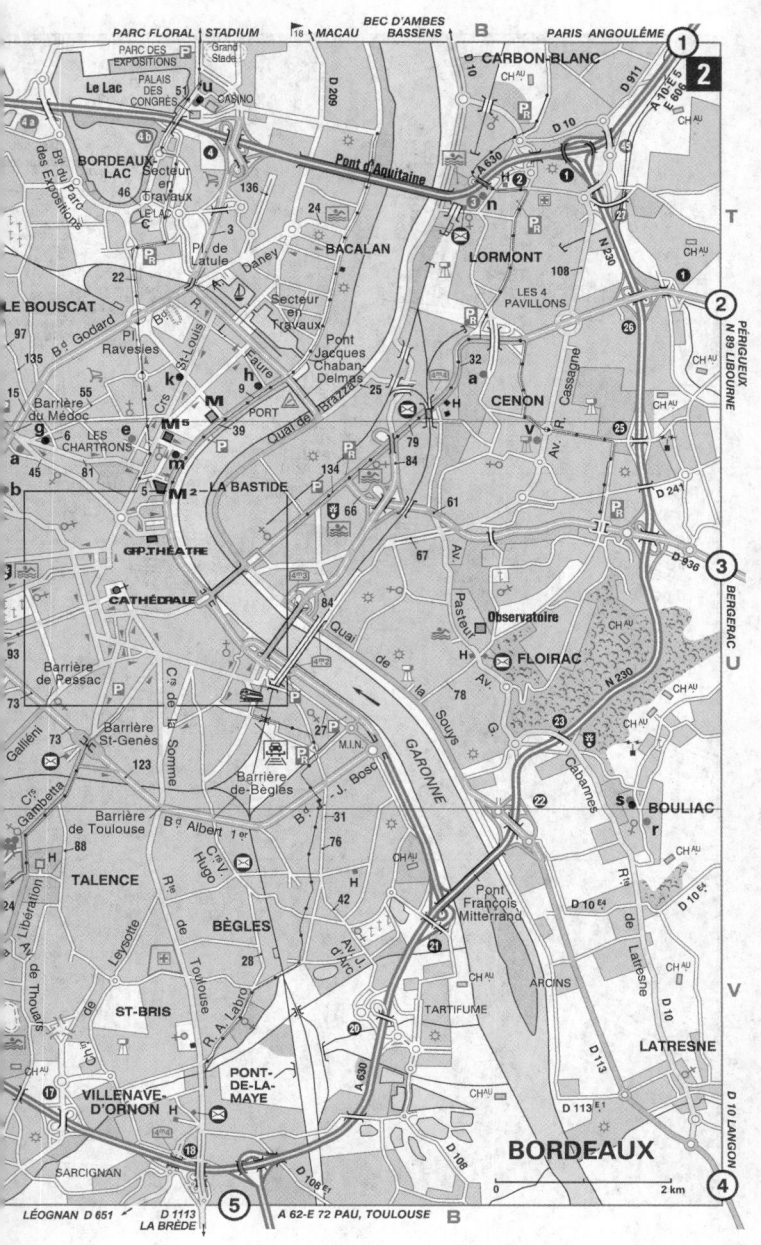

BORDEAUX

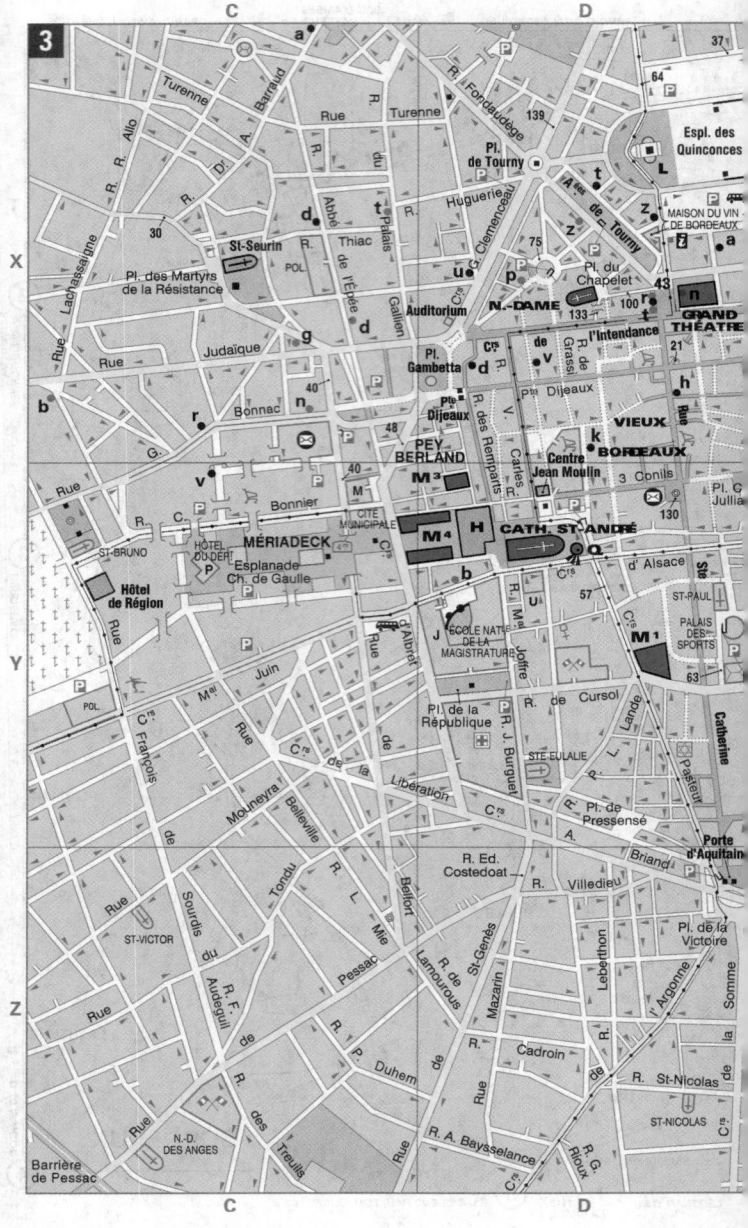

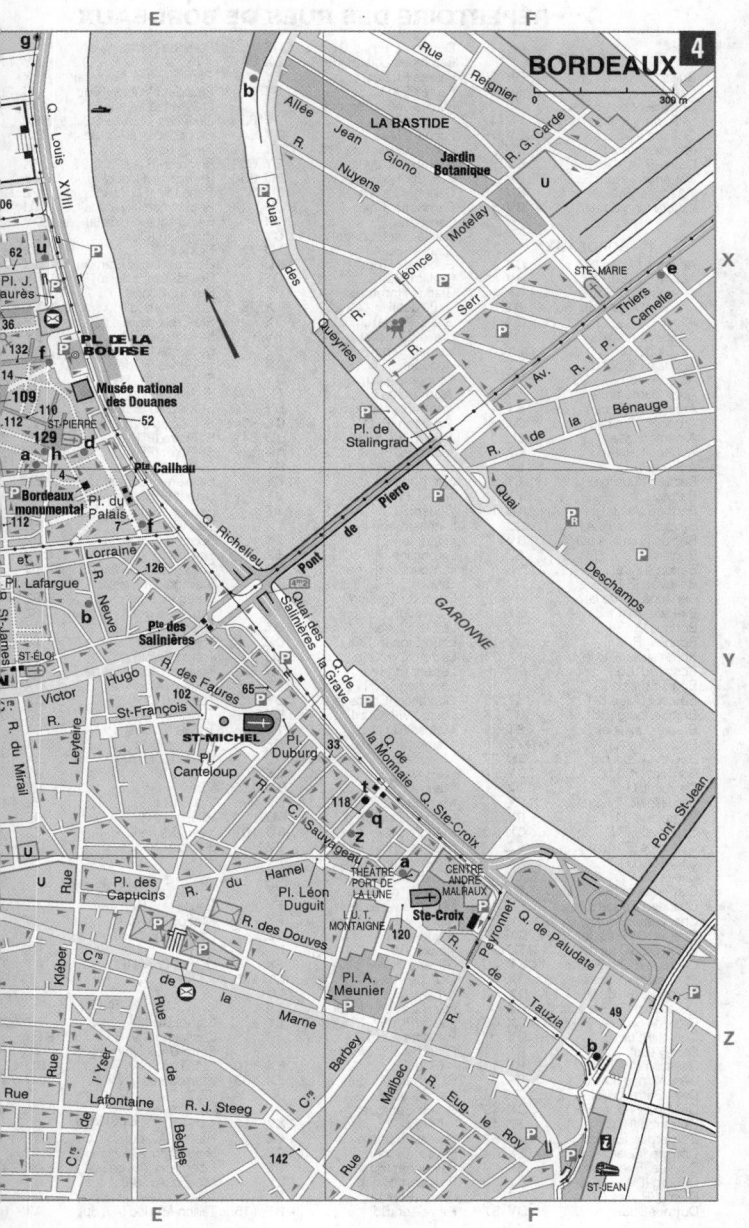

RÉPERTOIRE DES RUES DE BORDEAUX

BÈGLES

Buisson (R. F.) . . . . **BV 28**
Capelle (Av. A.) . . . . **BV 31**
Chevalier-de-la-Barre
 (R. du) . . . . **BV 42**
Guesde (Av. J.) . . . . **BV 76**
Jeanne-d'Arc (Av.) . . . . **BV**
Labro (R. A.) . . . . **BV**
Mitterrand (Pont F.) . . . . . . **BV**
Toulouse (Rte de) . . . . **BV**
Victor-Hugo (Crs) . . . . **BV**

BORDEAUX

Abbé-de-l'Épée (R.) . . . . . **CX**
Albert-1er (Bd) . . . . **BV**
Albret (Crs d') . . . . **CY**
Aliénor-d'Aquitaine (Bd) . . . **BT 3**
Allo (R. R.) . . . . **CX**
Alsace-et-Lorraine
 (Crs d') . . . . **DEY**
Aquitaine (Pont d') . . . . . . **BT**
Arès (Av. d') . . . . **AU**
Arès (Barrière d') . . . . **AU**
Argentiers (R. des) . . . . . . **EY 4**
Argonne (Crs de l') . . . . . . **DZ**
Arsenal (R. de l') . . . . **BU 6**
Audeguil (R. F.) . . . . **CZ**
Ausone (R.) . . . . **EY 7**
Bacalan (Quai de) . . . . **BT 9**
Barbey (Crs) . . . . **EFZ**
Barthou (Av. L.) . . . . **AU 12**
Baysselance (R. A.) . . . . . **DZ**
Bègles (Barrière de) . . . . . **BV**
Bègles (R. de) . . . . **EZ**
Belfort (R. de) . . . . **CYZ**
Belleville (R.) . . . . **CY**
Bénauge (R. de la) . . . . . . **FX**
Bir-Hakeim (Pl. de) . . . . . . **EY**
Bonnac (R. G.) . . . . **CXY**
Bonnier (R.) . . . . **CY**
Bordelaise (Galerie) . . . . . **DX 21**
Bosc (Bd J. J.) . . . . **BU**
Bourse (Pl. de la) . . . . **EX**
Boutaut (Allée de) . . . . . . **BT 22**
Brandenburg (BD) . . . . **BT 24**
Brazza (Quai de) . . . . **BT 25**
Briand (Crs A.) . . . . **DYZ**
Brienne (Quai de) . . . . **BU 27**
Burguet (R. J.) . . . . **DY**
Cadroin (R.) . . . . **DZ**
Camelle (R. P.) . . . . **FX**
Canteloup (Pl.) . . . . **EY**
Capdeville (R.) . . . . **CX 30**
Capucins (Pl. des) . . . . . . **EZ**
Carde (R. G.) . . . . **FX**
Carles (R. V.) . . . . **DXY**
Carpenteyre (R.) . . . . **EFY 33**
Chapeau-Rouge (Crs) . . . . **EX 36**
Chapelet (Pl. du) . . . . **DX**
Chartres (Allées de) . . . . . **DX 37**
Chartrons (Quai des) . . . . **BTU 39**
Château-d'Eau (R. du) . . . **CXY 40**
Clemenceau (Crs G.) . . . . **DX**
Comédie (Pl. de la) . . . . . . **DX 43**
Costedoat (R. E.) . . . . **DZ**
Croix-de-Seguey (R.) . . **BU, CX 45**
Cursol (R. de) . . . . **DY**
Daney (Bd) . . . . **BT**
Dassault (Av. M.) . . . . **BT 46**
Deschamps (Quai) . . . . . . **BT**
Dr-A.-Barraud (R.) . . . . . . **CX**
Dr-Nancel-Pénard (R.) . . . **CX 48**
Domercq (R.) . . . . **FZ 49**
Domergue (Bd J. G.) . . . . **BT 51**
Douane (Quai de la) . . . . . **EX 52**
Douves (R. des) . . . . **EZ**
Duburg (Pl.) . . . . **EY**
Duché (R. des Gén.) . . . . . **BT 55**
Duffour-Dubergier (R.) . . . **DY 57**

Duhen (R. P.) . . . . **CDZ**
Esprit-des-Lois (R. de l') . . **EX 62**
Faures (R. des) . . . . **EY**
Faure (R. L.) . . . . **BT**
Ferme-de-Richemont
 (Pl. de la) . . . . **DY 63**
Foch (R. Mar.) . . . . **DX 64**
Fondaudège (R.) . . . . **CDX**
Fusterie (R. de la) . . . . . . **EY 65**
Galin (R.) . . . . **BU 66**
Gallieni (Crs Mar.) . . . . . . **ABU**
Gambetta (Crs) . . . . **BUV**
Gambetta (Pl.) . . . . **DX**
Gaulle (Espl. Ch.-de) . . . . **CY**
Gautier (Bd A.) . . . . **AU 72**
Georges-V (Bd) . . . . **BU 73**
Godard (Bd) . . . . **BT**
Grands-Hommes
 (Pl. des) . . . . **DX 75**
Grassi (R. de) . . . . **DX**
Grave (Q. de la) . . . . **EFY**
Hamel (R. du) . . . . **EZ**
Huguerie (R.) . . . . **DX**
Intendance (Crs de l') . . . **DX**
Jean-Jaurès (Pl.) . . . . **EX**
Joffre (R. du Mar.) . . . . . . **DY**
Johnston (R. D.) . . . . **BU, CX 81**
Joliot-Curie (Bd) . . . . **BU 84**
Judaïque (Barrière) . . . . . **AU**
Judaïque (R.) . . . . **CX**
Juin (Crs Mar.) . . . . **CY**
Jullian (Pl. C.) . . . . **DY**
Kléber (R.) . . . . **EZ**
Lachassaigne (R.) . . . . . . **CX**
Lafargue (Pl.) . . . . **EY**
Lafontaine (R.) . . . . **EZ**
Lamourous (R. de) . . . . . . **CDZ**
Lande (R. P.-L.) . . . . **DY**
Lattre-de-Tassigny
 (Av. de) . . . . **AT**
Latule (Pl. de) . . . . **BT**
Leberthon (R.) . . . . **DZ**
Leclerc (Av. Gén.) . . . . . . **AU 90**
Leclerc (Bd Mar.) . . . . **BU 93**
Leyteire (R.) . . . . **EYZ**
Libération (Crs de la) . . . . **CDY**
Louis-XVIII (Quai) . . . . . . **EX**
Malbec (R.) . . . . **FZ**
Marne (Crs de la) . . . . . . **EZ**
Martyrs-de-la-Résistance
 (Pl. des) . . . . **CX**
Mautrec (R.) . . . . **DX 100**
Mazarin (R.) . . . . **DZ**
Médoc (Barrière du) . . . . . **BU**
Mérignac (Av. de) . . . . . . **AU 101**
Meunier (Pl. A.) . . . . **FZ**
Meynard (R.) . . . . **EY 102**
Mie (R. L.) . . . . **CZ**
Mirail (R. du) . . . . **EY**
Monnaie (Quai de la) . . . . **FY**
Motelay (R. Léonce) . . . . **FX**
Mouneyra (R.) . . . . **CYZ**
Neuve (R.) . . . . **EY**
Nuyens (R.) . . . . **FX**
Orléans (Allées d') . . . . . . **EX 106**
Ornano (Barrière d') . . . . . **AU**
Palais Gallien (R. du) . . . . **CX**
Palais (Pl. du) . . . . **EY**
Paludate (Quai de) . . . . . . **FZ**
Parlement St-Pierre
 (R. du) . . . . **EX 110**
Parlement (Pl. du) . . . . . . **EX 109**
Pasteur (Crs) . . . . **DY**
Pas-St-Georges
 (R. du) . . . . **EXY 112**
Pessac (Barrière de) . . . . **CZ**
Pessac (R. de) . . . . **CZ**
Peyronnet (R.) . . . . **FZ**
Philippart (R. F.) . . . . **EX 114**
Pierre (Pont de) . . . . **EFY**
Pierre-1er (Bd) . . . . **BT 115**

Porte de la Monnaie
 (R.) . . . . **FY 11**
Porte Dijeaux (R. de la) . . **DX**
Président-Wilson (Bd) . . . . **AU 11**
Pressensé (Pl. de) . . . . . . **DY**
Queyries (Quai des) . . . . . **EFX**
Quinconces (Espl. des) . . . **DX**
Ravesies (Pl.) . . . . **BT**
Reignier (R.) . . . . **FX**
Remparts (R. des) . . . . . . **DXY**
Renaudel (Pl. P.) . . . . **FZ 12**
République (Av. de la) . . . . **AU 12**
République (Pl. de la) . . . . **DY**
Richelieu (Quai) . . . . **EY**
Rioux (R. G.) . . . . **DZ**
Roosevelt (Bd Franklin) . . **BU 12**
Rousselle (R. de la) . . . . . **EY 12**
Roy (R. Eug. le) . . . . **FZ**
Ste-Catherine (R.) . . . . . . **DXY**
Ste-Croix (Quai) . . . . **FY**
St-François (R.) . . . . **EY**
St-Genès (Barrière) . . . . . **BU**
St-Genès (R. de) . . . . **CDZ**
St-James (R.) . . . . **EY**
St-Jean (Pont) . . . . **FY**
St-Médard (Barrière) . . . . **AU**
St-Nicolas (R.) . . . . **DZ**
St-Pierre (Pl.) . . . . **EX 12**
St-Projet (Pl.) . . . . **DY 13**
St-Rémi (R.) . . . . **EX 13**
Salinières (Q. des) . . . . . . **EY**
Sarget (Passage) . . . . **DX 13**
Sauvageau (R. C.) . . . . . . **EFY**
Serr (R.) . . . . **FX**
Somme (Crs de la) . . . . . . **DZ**
Sourdis (R. F. de) . . . . **CYZ**
Souys (Quai de la) . . . . . . **BU**
Stalingrad (Pl. de) . . . . . . **FX**
Steeg (R. J.) . . . . **EZ**
Tauzia (R. de) . . . . **FZ**
Thiac (R.) . . . . **CX**
Thiers (Av.) . . . . **FX, BU 13**
Tondu (R. du) . . . . **CZ**
Toulouse (Barrière de) . . . **BU**
Toumy (Allées de) . . . . . . **DX**
Tourny (Pl. de) . . . . **DX**
Tourville (Av. de) . . . . **BT 13**
Treuils (R. des) . . . . **CZ**
Turenne (R.) . . . . **CDX**
Verdun (Crs de) . . . . **DX 13**
Victoire (Pl. de la) . . . . . . **DZ**
Victor-Hugo (Crs) . . . . . . **EY**
Vilaris (R.) . . . . **EZ 14**
Villedieu (R.) . . . . **DZ**
Yser (Crs de l') . . . . **EZ**
3-Conils (R. des) . . . . **DY**

BRUGES

Gaulle (Av. Gén.-de) . . . . **AT 70**
Médoc (Rte du) . . . . **AT**
Parc des Expositions
 (Bd) . . . . **BT**
Quatre-Ponts (R. des) . . . **AT 12**

CENON

Carnot (Av.) . . . . **BT 32**
Cassagne (Av. R.) . . . . . . **BTU**
Entre-Deux-Mers
 (Bd de l') . . . . **BU 61**
Jean-Jaurès (Av.) . . . . . . **BU 79**

EYSINES

Haillan (Av. du) . . . . **AT**
Hippodrome (Av. de l') . . . **AT**
Libération (Av. de la) . . . . **AT 94**
Médoc (Av. du) . . . . **AT**
Mermoz (Av. J.) . . . . **AT**
Taillon-Médoc (Av. du) . . . **AT**

FLOIRAC

Cabannes
(Av. G.) . . . . **BU**
Gambetta (Crs) . . . . **BU** 67
Guesde (R. J.) . . . . **BU** 78
Pasteur (Av.) . . . . **BU**

GRADIGNAN

Gaulle
(Crs Gén.-de) . . . . **AV**

LATRESNE

Latresne (Rte de) . . . . **BV**

LE BOUSCAT

Ezsines (Av. d') . . . . **AT**
Libération (Av. de la) . . . . . **AT** 95
Louis-Blanc
(Cours) . . . . **BT** 97
Tivoli (Av. de) . . . . **BT** 135
Zola (R. Émile) . . . . **AT** 145

LE HAILLAN

Pasteur (Av.) . . . . **AT**

LORMONT

Paris (Rte de) . . . . **BT** 108

MÉRIGNAC

Argonne (Av. de l') . . . . . . **AU**
Arlac (R. d') . . . . **AU**
Barbusse (Av. H.) . . . . **AT** 10
Beaudésert
(Av. de) . . . . **AU** 13
Belfort (Av. de) . . . . **AU** 15
Bon-Air (Av. de) . . . . **AU** 18
Briand (Av. A.) . . . . **AU**
Cassin (Av. R.) . . . . **AU** 34
Dassault (Av. M.) . . . . **AU**
Garros (Av. Rolland) . . . . . **AU** 69
Gouraud (Pl. du Gén.) . . . . **AU** 74
Kaolack (Av.) . . . . **AU** 87
Leclerc (Av. M.) . . . . **AU** 91
Libération (Av. de la) . . . . . **AU**
Magudas (Av. de) . . . . **AT**
Marne (Av. de la) . . . . **AU**
Princesse (Chemin de la) . . **AV**
St-Médard (Av. de) . . . . . . **AT**
Somme (Av. de la) . . . . **AU**
Souvenir (Av. du) . . . . **AU** 131
Verdun (Av. de) . . . . **AU**
Yser (Av. de l') . . . . **AU**

PESSAC

Beutre (Av.) . . . . **AV**
Bougailh (Av. du) . . . . **AV**
Dr-A.-Schweitzer (Av.) . . . . **AV**
Dr-Nancel-Pénard (Av.) . . . **AV** 47
Eiffel (Av. Gustave) . . . . . **AV** 60
Haut-l'Evêque (Av. du) . . . . **AV**
Jean-Jaurès (Av.) . . . . **AV**
Leclerc (Av. du Gén.) . . . . **AV**
Madran (R. de) . . . . **AV** 99
Montagne (R. P.) . . . . **AV** 103
Pasteur (Av.) . . . . **AV**
Pont-d'Orient (Av. du) . . . . **AV** 117
Transvaal (Av. du) . . . . . . **AV** 137

TALENCE

Gambetta (Crs) . . . . **BV**
Lamartine (R.) . . . . **BV** 88
Libération (Crs de la) . . . . **BV**
Roul (Av.) . . . . **BV** 124
Thouars (Av. de) . . . . **BV**
Université (Av. de l') . . . . . **AV** 138

VILLENAVE D'ORNON

Leysotte (Chemin de) . . . . **BV**
Toulouse (Rte de) . . . . **BV**

☸ **Le Pavillon des Boulevards** (Denis Franc) ⬚ 🈁 AC ॐ ↺

CRÉATIVE · DESIGN XXX Désormais associés à la tête de ce Pavillon, Denis Franc et Thomas Morel composent à quatre mains une cuisine volontiers créative et toujours bien exécutée. Les associations d'arômes et de parfums font encore et toujours mouche : on passe un beau moment gastronomique, d'autant que le service est aimable et efficace.

→ Foie gras à la gelée de soja et au poivre du Sichuan, brioche au miso. Poularde aux tagliatelles de pommes de terre aux truffes. Macaron chocolat noir, sorbet nashi et caramel sel-poivre.

Menu 35 € (déj.), 90/130 € – Carte 95/120 €

Plan : 2BU-a – *120 r. Croix-de-Seguey*
– ℰ 05 56 81 51 02 – www.lepavillondesboulevards.fr
– *Fermé 2-8 mai, 14 août-1er sept., 24 déc.-5 janv., sam. midi, lundi midi et dim.*

☺ **Julien Cruège** 🈁 & ↺

CUISINE MODERNE · COSY X Typiquement bordelaise, cette maison de la Croix-Blanche cache un cadre contemporain séduisant et une terrasse qui est un havre de verdure en ville... De quoi aiguiser son appétit pour déguster la savoureuse cuisine de Julien Cruège : de jolies recettes dans l'air du temps, soignées et d'un bon rapport qualité-prix !

🍴 Menu 20 € (déj.), 31/53 € – Carte 54/60 €

Plan : 2BU-b – *245 r. de Turenne* – ℰ 05 56 81 97 86
– *www.juliencruege.fr – Fermé 2-24 août, 1 semaine vacances de Noël et de fév., sam., dim. et fériés*

☺ **La Table du Quai** 🈁 & AC

CUISINE CLASSIQUE · BISTRO X Un bistrot au décor soigné et contemporain, avec un grand comptoir où l'on peut déjeuner sur le pouce : telle est la création du chef Pierre Bertranet, nouveau venu à Bordeaux. Sa cuisine, entre tradition et touches actuelles, met en avant de bons produits et régale sans artifices. À table !

Menu 32/41 €

Plan : 4EX-g – *17 quai Louis-XVIII* – ℰ 05 57 30 99 05
– *Fermé 1 semaine vacances de Noël, 3 semaines en août, dim. et lundi*

⊕ L'Air de Famille   🅰️🅲

CUISINE TRADITIONNELLE · CONVIVIAL ✕ Non loin du quartier des Chartrons, dans un décor couleur locale avec ses casiers à vin, les gourmands vont se trouver... un air de famille ! De fait, derrière les fourneaux, le chef prouve son amour du produit à chaque instant, et signe une cuisine généreuse et goûteuse, comme on l'aime. Excellent rapport qualité-prix.

Formule 18 € – Menu 21 € (déj.), 30/36 € – Carte 27/48 €

Plan : 2BU-e – *15 r. Albert-Pitres* – ⌀ *05 56 52 13 69*
– *www.lairdefamille.fr* – *Fermé 24 juil.-17 août, 18 déc.-3 janv., sam. midi, mardi midi, dim. et lundi*

⊕ Miraflores 🅽   🍴 ♿ 🅰️🅲 🍽️

PÉRUVIENNE · À LA MODE ✕ Miraflores n'est pas seulement un quartier animé de Lima, c'est aussi le petit royaume gastronomique, plein de vie et de saveurs, de Daniela Lagrola, d'origine péruvienne. Elle a ramené de son pays de bien belles recettes, comme ce ceviche, maïs chupi et patate douce. Un grand et beau voyage à petit prix !

Formule 16 € – Menu 31/38 €

Plan : 4EX-d – *14 r. de la Cour-des-Aides* – ⌀ *05 57 83 58 85* – *www.miraflores.fr* – *Fermé dim. et lundi*

⊕ Dan 🅽   🅰️🅲 🍽️

INFLUENCES ASIATIQUES · EXOTIQUE ✕ Quatre mains pour une symphonie franco-asiatique ! Voilà la surprise que nous réserve Dan ("lampion" en mandarin). Fort d'une expérience de huit ans à Hong Kong, le chef associe le terroir français aux influences hongkongaises, à l'instar de ce cochon de Bigorre, aubergines à la sichuanaise et pickles de légumes.

Menu 29/75 €

Plan : 4EX-a – *6 r. du Cancéra* – ⌀ *05 40 05 76 91 (réservation conseillée)* – *www.danbordeaux.com* – *Fermé le midi, dim. et lundi*

⊕ Racines by Daniel Gallacher 🅽   🅰️🅲

CRÉATIVE · BISTRO ✕ Le nom Racines évoque celles, écossaises, du chef, comme son côté autodidacte. De fait, il signe une cuisine inventive et pétillante, loin des conventions, comme ces ravioles de tourteau au chorizo et betteraves, fromage blanc au corail d'oursin et citron confit... Ces Racines-là sont aussi solides que goûteuses !

🍴 Menu 17 € (déj.), 25/40 €

Plan : 3CX-e – *59 r. Georges-Bonnac* – ⌀ *05 56 98 43 08*
– *Fermé sam. midi et dim.*

⋔⃝ Le Chapon Fin   🕸️ 🅰️🅲 ⟷

CUISINE MODERNE · CLASSIQUE ✕✕✕ Une institution locale, qui ravit par son décor de rocaille créé en 1901, autant que par la finesse de sa cuisine, sagement inventive et joliment acidulée. Quant à la sélection de bordeaux, elle est superbe ! Le plus : un beau salon près de la cave datant du 15e s...

Formule 28 € – Menu 39 € (déj.), 68/98 € – Carte 86/93 €

Plan : 3DX-p – *5 r. Montesquieu* – ⌀ *05 56 79 10 10* – *www.chapon-fin.com*
– *Fermé 25 juil.-25 août, dim., lundi et fériés*

⋔⃝ Jean Ramet   🅰️🅲

CUISINE CLASSIQUE · ÉLÉGANT ✕✕✕ Tout près de la Garonne, une table chaleureuse et élégante. Sur les traces de Jean Ramet – qui fit la renommée de l'adresse il y a trente ans –, le jeune chef concocte une agréable cuisine classique, jouant sur les saisons et les saveurs épicées.

Formule 25 € – Menu 31 € (déj.), 37/85 € – Carte 58/82 €

Plan : 4EX-u – *7 pl. Jean-Jaurès* – ⌀ *05 56 44 12 51*
– *www.restaurant-jean-ramet.com* – *Fermé dim. et lundi*

⅋○ **Le Gabriel**   ⩽ & AC

CUISINE MODERNE · CLASSIQUE XX Cadre d'exception pour cet établissement installé dans le pavillon central de la célèbre place de la Bourse, face au miroir d'eau. Le chef y compose une cuisine volontiers créative, basée sur de bons produits. Joli moment en perspective...

Menu 55 € (déj.), 75/115 € – Carte 80/96 €

Plan : 4EX-f – *10 pl. de la Bourse, (2ème étage)* – ℰ 05 56 30 00 70
– *www.bordeaux-gabriel.fr* – *Fermé dim. et lundi*

⅋○ **Le Bistrot du Gabriel** – voir les restaurants ci-dessous

⅋○ **Le Clos d'Augusta**   ⍾ ㋛ AC P

CUISINE MODERNE · COSY XX Langoustines et leur cappuccino de pistache, turbot rôti et sa mousseline de betterave à la framboise... Voilà un aperçu de la cuisine créative proposée par le chef, qui fait tout maison, y compris les glaces ! Le tout à apprécier dans un cadre feutré et élégant, avec une jolie terrasse pour l'été.

Menu 25 € (semaine), 47/67 € – Carte 55/66 €

Plan : 1AU-a – *339 r. Georges-Bonnac* – ℰ 05 56 96 32 51
– *www.leclosdaugusta.fr* – *Fermé 1er-16 août , 23-30 déc., sam. midi, dim., lundi midi et fériés*

⅋○ **L'Oiseau Bleu**   ㊟ ㋛ & AC

CUISINE MODERNE · DESIGN XX Ce bel oiseau – un ancien poste de police – hébergea peut-être quelque pervenche... C'est désormais un joli nid de gourmands, avec sa cuisine du moment et sa belle cave (300 références) créée dans... l'ancienne cellule de dégrisement !

Formule 22 € – Menu 25 € (déj. en semaine), 43/62 € – Carte environ 66 €

Plan : 4FX-e – *127 av. Thiers* – ℰ 05 56 81 09 39 – *www.loiseaubleu.fr*
– *Fermé 10-18 avril, 1er-22 août, 18-26 déc., dim. et lundi*

⅋○ **Le Bordeaux**   ㋛ & AC

CUISINE TRADITIONNELLE · COSY XX Cette élégante brasserie trône sur la place de la Comédie (belle terrasse). L'endroit tout indiqué pour savourer un bon plateau de fruits de mer ou des spécialités du Sud-Ouest. Tradition et fraîcheur !

Formule 32 € – Menu 42 € – Carte 49/70 €

Plan : 3DX-r – *Grand Hôtel de Bordeaux & Spa, 2 pl. de la Comédie*
– ℰ 05 57 30 43 46 – *www.ghbordeaux.com*

⅋○ **La Tupina**   ㊟ ㋛

CUISINE TRADITIONNELLE · RUSTIQUE XX Cette auberge joliment champêtre a tout le goût d'autrefois... Le truculent patron, pétri de patrimoine gastronomique, défend le terroir avec conviction, et l'on se régale de copieux plats du Sud-Ouest, mais aussi de viandes rôties et de légumes de saison – de beaux produits exposés à la vue des clients et qui mettent en appétit !

⊜ Menu 18 € (déj. en semaine), 39/74 € ⧠ – Carte 38/114 €

Plan : 4FY-q – *6 r. Porte-de-la-Monnaie* – ℰ 05 56 91 56 37 – *www.latupina.com*
– *Fermé lundi*

⅋○ **Le Quatrième Mur**   ㋛

CUISINE MODERNE · BRASSERIE X Au théâtre, le quatrième mur est celui, invisible, qui sépare le public de la scène. Un nom tout choisi pour cette table installée dans les ors du Grand théâtre ! Un produit de qualité, une cuisson précise, une garniture et un jus : Philippe Etchebest va à l'essentiel et nous régale en toute simplicité.

Formule 26 € – Menu 32 € (déj. en semaine)/48 €

Plan : 3DX-n – *2 pl. de la Comédie* – ℰ 05 56 02 49 70
– *www.quatrième-mur.com*

⫟○ C'Yusha ⏹ ⌦

CUISINE MODERNE • CONVIVIAL X Cuisine actuelle relevée d'épices, de plantes et d'herbes, signée par un chef qui travaille seul, sous le regard des gourmands. Et cerise sur le gâteau : les légumes sont ceux de son potager. Côté cadre, le minimalisme et l'intimité (peu de couverts) priment. Au cœur du vieux Bordeaux, un lieu résolument contemporain.

☜ Menu 19 € (déj.), 34/45 € – Carte 56/63 €

Plan : 4EY-f – *12 r. Ausone* – *☏ 05 56 69 89 70 (réservation conseillée)* – *www.cyusha.com* – *Fermé 1 semaine à Pâques, 3 semaines en août, 1 semaine en janv., vend. midi, sam. midi, dim. et lundi*

⫟○ Soléna ⚫ ⏹

CUISINE MODERNE • CONVIVIAL X Après un bon parcours – dont en Californie, où il a rencontré sa compagne qui assure l'accueil –, ce jeune chef bordelais concocte une cuisine gastronomique précise et créative mettant en valeur de beaux produits locaux. Le tout servi dans une jolie salle où la pierre rivalise avec un mobilier moderne.

Menu 39/79 € – Carte 60/78 €

Plan : 3CX-b – *5 r. Chauffour* – *☏ 05 57 53 28 06* – *www.solena-restaurant.com* – *Fermé 15 fév.-2 mars, 15-29 août,1ᵉʳ-7 janv., lundi, mardi et le midi sauf dim.*

⫟○ Garopapilles ⓝ ⚶ ⌂ ⏹ ⌦

CUISINE MODERNE • MINIMALISTE X À la fois cave à vin et restaurant, Garopapilles porte bien son nom. Les plats sont goûteux, les produits frais et de qualité, et la carte des vins, élaborée par l'un des deux associés, propose plus de 300 références, de la région et d'ailleurs. Menu surprise savoureux. Vos papilles peuvent s'y rendre les yeux fermés !

Formule 26 € – Menu 32 € (déj.)/65 €

Plan : 3CX-d – *62 r. Abbé-de-L'Epée* – *☏ 09 72 45 55 36 (réservation conseillée)* – *www.garopapilles.com* – *Fermé 1ᵉʳ-22 août, 25 déc.-6 janv., mardi soir, merc. soir, sam., dim. et lundi*

⫟○ Comptoir Cuisine ⌂ ⏹

CUISINE TRADITIONNELLE • À LA MODE X Chic, un néobistrot avec ses cuisines ouvertes et son atmosphère conviviale autour du comptoir, ou plus intime au premier étage, sur la mezzanine ! La carte est courte mais alléchante, et le choix de vins au verre étoffé. Une bonne adresse.

Formule 20 € – Carte 35/60 €

Plan : 3DX-t – *2 pl. de la Comédie* – *☏ 05 56 56 22 33* – *www.comptoircuisine.com*

⫟○ Le Davoli ⚶

CUISINE MODERNE • CONVIVIAL X Le quartier St-Pierre, ses petites rues, ses bars, ses restaurants et... Le Davoli ! Une adresse où les gourmands apprécient des recettes dans l'air du temps et fortes en goût, réalisées par un chef ayant travaillé dans de belles maisons. De plus, l'accueil est aux petits soins.

Menu 34/52 € – Carte environ 68 €

Plan : 4EX-h – *13 r. des Bahutiers* – *☏ 05 56 48 22 19* – *www.ledavoli.com* – *Fermé 15-23 fév., 7-24 août et lundi sauf d'août à juin*

⫟○ Purple Wine ⌂ ⏹ ⇔

CUISINE MODERNE • BISTRO X Un ancien couvent du 15ᵉ s. au cœur du quartier historique dans... la rue Neuve, cela ne s'invente pas ! Le chef, passionné par son métier et le vin, joue à fond la carte de la "bistronomie", en misant sur des produits du marché de très belle qualité. Un délice... comme la terrasse estivale.

☜ Formule 17 € – Menu 20 € (déj.)/90 € – Carte 45/85 €

Plan : 4EY-b – *23 r. Neuve* – *☏ 05 56 43 17 49* – *www.levinrueneuve.com* – *Fermé sam. midi, dim. et lundi*

ⅠⅠ◯ Kuzina

POISSONS ET FRUITS DE MER · MÉDITERRANÉEN Ⅹ Kuzina ? La cuisine, en grec... Et dans ce petit restaurant au décor sympathique, des centaines de photos évoquent la patrie de Socrate et la Crète, où remontent les origines du propriétaire. À table, on se régale d'une cuisine de la mer – poissons présentés sur la glace – fraîche et inspirée du régime... crétois !

⊕ Menu 17 € (déj. en semaine), 21/27 € – Carte 26/50 €

Plan : 4FY-z – *22 r. Porte-de-la-Monnaie* – ℰ *05 56 74 32 92* – *www.latupina.com – Fermé mardi midi, dim. et lundi*

ⅠⅠ◯ Le Bistrot du Gabriel   🛋 ᴚ AC

CUISINE TRADITIONNELLE · BRASSERIE Ⅹ Idéalement situé sur la place de la Bourse, sous l'égide du restaurant gastronomique Le Gabriel, un bistrot contemporain de grande qualité, où l'on se régale – sans se ruiner – d'un tartare de bœuf au couteau, d'un saumon fumé maison, ou encore d'une entrecôte... Et le chariot des desserts est très appétissant !

Formule 18 € – Menu 30/45 € – Carte 46/57 €

Plan : 4EX-f – *Restaurant Le Gabriel, 10 pl. de la Bourse, (1ᵉʳ étage) – ℰ 05 56 30 00 30 – www.bordeaux-gabriel.fr – Fermé dim. et lundi*

ⅠⅠ◯ Une Cuisine en Ville   🛋 ⅍

FRANÇAISE · À LA MODE Ⅹ De Dax à Bordeaux, il n'y a qu'un pas que le chef, Philippe Lagraula, a franchi... pour le plus grand plaisir des Bordelais ! On peut désormais le retrouver dans ce bistrot à la déco résolument dans l'air du temps ; tout comme ses recettes : bœuf braisé, seiche grillée, gâteau au yuzu, etc. Et les prix sont mini...

⊕ Formule 16 € – Menu 19 € (déj. en semaine), 32/65 €

Plan : 3CX-t – *77 r. du Palais-Gallien* – ℰ *05 56 44 70 93 – www.une-cuisine-en-ville.com – Fermé vacances de Noël et dim.*

ⅠⅠ◯ Café du Théâtre by Hugo Lederer   🛋 ᴚ ⅍

CUISINE MODERNE · CONVIVIAL Ⅹ Du rouge, du noir, un grand comptoir... et une jolie cuisine du marché, soucieuse de révéler les saveurs des produits de saison. Pas de relâche pour le jeune chef, qui assure même un service tardif les soirs de spectacle... le Théâtre national de Bordeaux étant juste à côté. On applaudit !

Formule 17 € – Menu 21 € (semaine), 39 € 🍷/51 € – Carte 47/55 €

Plan : 4FZ-a – *3 pl. Pierre-Renaudel* – ℰ *05 57 95 77 20 – www.le-cafe-du-theatre.fr – Fermé août, 1 semaine en janv., 1 semaine en fév., sam. midi, dim. et lundi*

ⅠⅠ◯ Bistrot Glouton 🆕   🛋 AC

CUISINE CLASSIQUE · BISTRO Ⅹ Avis aux gloutons : ce bistrot leur est dédié ! Atmosphère feutrée pour cet établissement qui joue habilement la carte bistrotière autour de plats gourmands : pomme de terre farcie au pied de porc, parmentier de joue de bœuf. En été, profitez de l'agréable terrasse sur le trottoir, donnant sur une rue calme.

Formule 14 € – Carte 30/42 €

Plan : 3DY-b – *15 r. des Frères-Bonie* – ℰ *05 56 44 36 21 – www.gloutonlebistrot.com – Fermé dim. et lundi*

ⅠⅠ◯ La Petite Gironde   ≼ 🛋 ᴚ AC ⅍ P

CUISINE TRADITIONNELLE · CONVIVIAL Ⅹ Une terrasse sur la rive droite de la Garonne, beaucoup de convivialité et une jolie cuisine régionale saupoudrée de quelques plats bistrotiers : voilà les ingrédients de cette petite adresse girondine.

⊕ Menu 17 € (déj. en semaine), 28/42 € 🍷 – Carte 34/55 €

Plan : 4EX-b – *75 quai des Queyries* – ℰ *05 57 80 33 33 – www.lapetitegironde.fr – Fermé vacances de Noël et dim. soir*

ⅰ○ Akashi

CUISINE MODERNE · SIMPLE ✕ Une bonne surprise ! Sous des dehors a priori sans prétention (petite salle, repas au coude-à-coude), on découvre une vraie bonne table ; elle est menée par Akashi, jeune chef japonais converti à la cuisine française, ses techniques et ses bons produits. Les assiettes, précises et savoureuses, gagnent à être connues.

Menu 43/65 €

Plan : 3CX-g - *5 pl. des Martyrs-de-la-Résistance* - ✆ 05 56 15 53 85
- *www.restaurantakashi.com* - *Fermé le midi, dim. et lundi*

ⅰ○ Miles

CRÉATIVE · CONVIVIAL ✕ Cette table conviviale et branchée, nichée dans une ruelle du centre-ville, ne désemplit pas. Pensez à réserver et laissez-vous porter par l'inspiration du soir...

Menu 24 € (déj.)/43 €

Plan : 4EX - *33 r. Cancera* - ✆ 05 56 81 18 24 - *www.restaurantmiles.com* - *Fermé sam. midi, dim. et lundi*

Hôtels & maisons d'hôtes

🏨 Grand Hôtel de Bordeaux & Spa

GRAND LUXE · PERSONNALISÉ Sa façade néoclassique (1776), en parfaite harmonie avec celle du Grand Théâtre, est un petit joyau. Dans les chambres règne une atmosphère cossue, chatoyante et feutrée ; quant au spa de 1 000 m², il dispose d'une terrasse sur le toit offrant une vue imprenable sur Bordeaux. Un établissement de prestige, au cœur de la capitale du vin.

105 chambres - 🛏330/390 € 🛏🛏605/665 € - 25 suites - ⌂ 38 €

Plan : 3DX-r - *2 pl. de la Comédie* - ✆ 05 57 30 44 44
- *www.ghbordeaux.com*

❀ **Pressoir d'Argent-Gordon Ramsay** • ⅰ○ **Le Bordeaux** - voir les restaurants ci-dessus

🏨 Burdigala

LUXE · ÉLÉGANT Burdigala ? Le nom de l'ancienne cité gallo-romaine ayant donné naissance à la ville et... cet hôtel de grand confort, qui cultive un chic contemporain très affirmé et chaleureux, dans le quartier d'affaires Mériadeck. Burdigala version 21ᵉ s. !

75 chambres - 🛏300/430 € 🛏🛏300/430 € - 8 suites - ⌂ 26 €

Plan : 3CX-r - *115 r. Georges-Bonnac* - ✆ 05 56 90 16 16 - *www.burdigala.com*

🏨 Seeko'o

BUSINESS · MODERNE Seeko'o ? Un "iceberg" en inuit, un incroyable iceberg sur les bords de la Garonne. Design, épuré, pop : Seeko'o est tout cela ! Préférez les chambres du 5ᵉ étage avec vue sur les toits des Chartrons ou sur le fleuve. Les petits plus ? Sauna, hammam et expositions d'art contemporain.

45 chambres - 🛏165/413 € 🛏🛏165/413 € - ⌂ 16 €

Plan : 2BT-h - *54 quai de Bacalan* - ✆ 05 56 39 07 07
- *www.seekoo-hotel.com*

🏨 Hôtel de Sèze

HISTORIQUE · ÉLÉGANT Dans le triangle d'or, ce bâtiment du 18ᵉ s. a bénéficié d'une véritable cure de jouvence. À l'intérieur, élégance et classicisme jouent une partition sans fausse note. Pour se relaxer, on se rend à l'espace détente ou, dans un autre genre, au fumoir. Une adresse idéale pour goûter à l'art de vivre bordelais !

52 chambres - 🛏149/398 € 🛏🛏159/398 € - 3 suites - ⌂ 19 € - ½ P

Plan : 3DX-t - *23 allées de Tourny* - ✆ 05 56 14 16 16 - *www.hotel-de-seze.com*

Normandie

TRADITIONNEL · ACTUEL Élégance intemporelle d'un hôtel né avec le paquebot Normandie, dans les années 1930, et tenu par la même famille depuis les années 1950. Dans la plupart des chambres, on profite d'une vue sublime sur la place des Quinconces... celles des 5ᵉ et 6ᵉ étages disposent même d'un balcon. Belle traversée en perspective !

82 chambres – ♦108/185 € ♦♦128/310 € – ☑ 19 €
Plan : 3DX-z – *7 cours 30-Juillet* – *☏ 05 56 52 16 80*
– *www.hotel-de-normandie-bordeaux.com*

Mercure Bordeaux Centre

BUSINESS · MODERNE Dans le quartier d'affaires Mériadeck, un hôtel de chaîne aux chambres modernes et confortables. Autres atouts : des salles de séminaires très bien équipées et un parking public dans le bâtiment. Idéal pour la clientèle d'affaires.

192 chambres – ♦95/200 € ♦♦95/200 € – 2 suites – ☑ 17 €
Plan : 3CY-v – *5 r. R.-Lateulade* – *☏ 05 56 56 43 43* – *www.mercure.com*

Mercure Château Chartrons

HÔTEL DE CHAÎNE · FONCTIONNEL Derrière cette étonnante façade victorienne (1850), des chambres de facture classique, spacieuses et bien insonorisées. Les plus sportifs apprécieront la salle de fitness ! Au restaurant, convivialité, tradition et, pour les amateurs de vins, une cave de dégustation recélant des petits trésors.

215 chambres – ♦91/322 € ♦♦121/352 € – 1 suite – ☑ 17 €
Plan : 2BT-k – *81 cours St-Louis* – *☏ 05 56 43 15 00*
– *www.hotel-chateau-chartrons-bordeaux.com*

Yndo Ⓝ

URBAIN · DESIGN Cet hôtel particulier de la fin du 18ᵉ s. diffuse une atmosphère feutrée propice au repos et aux confidences. Les chambres, très design, ont chacune leur personnalité. Autres points forts : une salle de réunion au sous-sol et un parking clos de 4 places.

12 chambres – ♦220/880 € ♦♦220/880 € – ☑ 30 €
Plan : 3CX-d – *108 r. Abbé-de-l'Epée* – *☏ 05 56 23 88 88* – *www.yndohotel.fr*

Le Boutique Hôtel

URBAIN · DESIGN Au sein d'un immeuble du 18ᵉ s., à deux pas de la place Gambetta, ce nouvel hôtel allie le charme sûr d'une architecture classique à... un décor hautement contemporain, aussi stylé qu'élégant et design. Une réussite qui semble renouveler l'art de vivre à la bordelaise, en particulier le bar à vins et son agréable patio !

23 chambres – ♦145/435 € ♦♦145/435 € – 4 suites – ☑ 17 €
Plan : 3DX-u – *3 r. Lafaurie-de-Monbadon* – *☏ 05 56 48 80 40*
– *www.hotelbordeauxcentre.com*

Grand Hôtel Français

HISTORIQUE · FONCTIONNEL Dans un bel immeuble du 18ᵉ s., cet hôtel mise sur le caractère de l'ancien (parquet, meubles de style), mais aussi – notamment dans les chambres du 3ᵉ étage – sur une allure plus contemporaine. Un mix qui a du cachet et ne manque pas de séduire !

35 chambres ☑ – ♦137/188 € ♦♦165/223 €
Plan : 3DX-v – *12 r. du Temple* – *☏ 05 56 48 10 35*
– *www.grand-hotel-francais.com* – *fermé 24-27 déc.*

Majestic

HISTORIQUE · CLASSIQUE Un bel immeuble bordelais (18ᵉ s.) dont les chambres, d'esprit feutré, célèbrent sobrement la musique classique... Point d'orgue de cette partition sans défaut : le garage privé, bien utile en centre-ville.

49 chambres – ♦95/235 € ♦♦125/235 € – ☑ 14 €
Plan : 3DX-a – *2 r. Condé* – *☏ 05 56 52 60 44* – *www.hotel-majestic.com*

🏠 Quality Hotel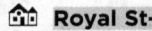

BUSINESS · FONCTIONNEL Un hôtel idéalement situé au cœur du quartier St-Pierre et à deux pas de la rue Ste-Catherine, la plus importante artère commerçante de Bordeaux. Les chambres y sont fonctionnelles et bien tenues. Parfait pour une escapade shopping ou une visite de la cité.

84 chambres – ♦75/250 € ♦♦95/280 € – ☲ 14 €

Plan : 3DX-h – 27 r. Parlement-Sainte-Catherine – ℰ 05 56 81 95 12
– www.qualityhotelbordeauxcentre.com

🏠 Royal St-Jean

BUSINESS · FONCTIONNEL À deux pas de la gare, un hôtel contemporain, coloré et bien insonorisé. Au petit-déjeuner, on savoure de bons canelés, puis l'on saute dans le tramway, tout proche... pour aller découvrir la ville.

37 chambres – ♦75/360 € ♦♦75/360 € – ☲ 14 €

Plan : 4FZ-b – 15 r. Charles-Domercq – ℰ 05 56 91 72 16
– www.bestwestern-hotel-royal-st-jean.com

🏠 La Maison Bord'Eaux

HISTORIQUE · MODERNE De ce relais de poste du 18ᵉ s., proche du Palais-Gallien – l'ancien amphithéâtre romain –, le propriétaire a fait un lieu design, coloré et élégant, d'esprit international et... bordelais. Le luxe raffiné d'un hôtel digne d'une demeure particulière, où l'on peut aussi déguster de grands vins ; le tout à 10mn à pied du cœur de la ville.

14 chambres – ♦109/360 € ♦♦109/360 € – ☲ 16 €

Plan : 3CX-a – 113 r. du Dr.-Albert-Barrau – ℰ 05 56 44 00 45
– www.lamaisonbord-eaux.com – Fermé 3-20 janv.

🏠 Mama Shelter

URBAIN · DESIGN Tout près de la cathédrale Saint-André, on retrouve avec plaisir cette déco très urbaine (béton brut, détails insolites et colorés, etc.) et cette ambiance éclectique (notamment au restaurant) qui font toute la saveur du concept !

97 chambres – ♦69/199 € ♦♦69/199 € – ☲ 16 €

Plan : 3DX-k – 19 r. Poquelin-Molière – ℰ 05 57 30 45 45
– www.mamashelter.com

🏠 L'Avant Scène

URBAIN · DESIGN Murs du 17ᵉ s., poutres, joli patio ; meubles signés Knoll ou Starck, chambres Bauhaus, fifties... Au cœur du quartier des Chartrons, une maison très "particulière", pour les amoureux des vieilles pierres et du design.

9 chambres – ♦94/150 € ♦♦99/160 € – ☲ 15 €

Plan : 2BU-m – 36 r. Borie – ℰ 05 57 29 25 39 – www.lavantscene.fr

🏠 La Tour Intendance

FAMILIAL · PERSONNALISÉ De jolies couleurs du Sud, du parquet, des pierres apparentes pour le cachet bordelais et parfois même une mezzanine... Les chambres, disposées sur 3 bâtiments, s'articulent autour d'une rue semi-piétonne. Dans ce petit hôtel sympathique, on se sent comme chez soi.

35 chambres – ♦95/145 € ♦♦125/175 € – ☲ 12 €

Plan : 3DX-d – 16 r. de la Vieille-Tour – ℰ 05 56 44 56 56
– www.hotel-tour-intendance.com

🏠 Maison Fredon

HISTORIQUE · MODERNE Face au restaurant La Tupina, cette demeure du 18ᵉ s. est un vrai petit bijou. Avec quelle passion son propriétaire a décoré chaque chambre, associant mobilier chiné et pièces de design, tons sobres et œuvres d'art colorées ! Une adresse où vous pourrez même piquer des idées déco...

5 chambres – ♦110/250 € ♦♦110/250 € – ☲ 13 €

Plan : 4FY-t – 5 r. Porte-de-la-Monnaie – ℰ 05 56 91 56 37 – www.latupina.com

à Bordeaux-Lac (près parc des expositions) – ⊠ 33300 Bordeaux

🏨🏨 Pullman ✿ ⌐ 🖳 🕃 🗚 🕸 🅿

BUSINESS · DESIGN Un accès direct au palais des congrès, 2 000 m² de salles de réunion, des chambres design de couleur rouge pour les "Médoc" ou jaune pour les "Sauternes", et un agréable restaurant traditionnel : cet hôtel a plus d'un atout et il est très apprécié par la clientèle d'affaires.

147 chambres – ♦130/300 € ♦♦130/300 € – 19 suites – ☐ 26 € – ½ P

Plan : 2BT-u – *av. J.-G.-Domergue – ℰ 05 56 69 66 66 – www.pullmanhotels.com*

par la rocade A 630 :

à Blanquefort 3 km au Nord, sortie n° 6 – ⊠ 33290 – 15 149 hab. – Alt. 17 m

⅋○ Hostellerie des Criquets ⇦ 🕼 ✿ 🅿

CUISINE MODERNE · FAMILIAL XXX Cet élégant restaurant contemporain s'ouvre sur un joli jardin et une ravissante terrasse ; la carte suit savamment les saisons et, que l'on ne rien gâcher, le chef donne des cours de cuisine. Une agréable étape gastronomique aux portes de Bordeaux.

Formule 18 € – Menu 21 € (déj. en semaine), 45/75 € – Carte 54/82 €

130 av. du 11-Novembre, D210 – ℰ 05 56 35 09 24 – www.lescriquets.com – Fermé sam. midi, dim. soir et lundi

🏨 Hostellerie des Criquets ✿ ⇦ 🖳 🕃 🗚 🕸 🅿

BUSINESS · PERSONNALISÉ Atmosphère familiale et quiétude champêtre chez ces sympathiques Criquets, avec des chambres douillettes pour paresser à la manière des cigales. Et le matin, on prend le petit-déjeuner au bord de la piscine !

21 chambres – ♦85/155 € ♦♦120/180 € – ☐ 14 € – ½ P

130 av. du 11-Novembre, D210 – ℰ 05 56 35 09 24 – www.lescriquets.com

⅋○ **Hostellerie des Criquets** - voir les restaurants ci-dessus

à Lormont Nord-Est, sortie n°2 – ⊠ 33310 – 20 740 hab. – Alt. 60 m

✿ Le Prince Noir - Vivien Durand 🕼 🗚 🕸 🅿

CUISINE MODERNE · DESIGN XX Les écuries d'un château, un cube de verre et béton, une vue sur le pont d'Aquitaine, l'impression d'être suspendu dans la verdure... Un cadre original, pour une cuisine élaborée. Service décontracté.

➔ Foie gras grillé au barbecue. Poulpe de Guetaria au Xipister. Omelette norvégienne.

Menu 32 € (déj.)/82 € – Carte 68/100 €

Plan : 2BT-n – *1 r. du Prince-Noir – ℰ 05 56 06 12 52*
– www.leprincenoir-restaurant.fr – Fermé 2 semaines en août, 1 semaine vacances de Noël, sam. et dim.

à Cenon Est, sortie n° 25 – ⊠ 33150 – 22 385 hab. – Alt. 50 m

⅋○ Ze Rock 🕼 🕃 🗚 🅿

CUISINE TRADITIONNELLE · DESIGN X Béton ciré et chaises Starck : une brasserie design du "clan" Nicolas Magie, attenante au Rocher de Palmer, centre culturel et musical très original. Cochonnaille basque, frites au couteau... la belle tradition apaise les faims de rocker, à prix raisonnables.

🍴 Menu 13 € (semaine), 17/20 € – Carte 30/46 €

Plan : 2BT-a – *1 bis r. Aristide-Briand, (au parc Palmer) – ℰ 05 57 54 12 94*
– www.zerock.fr – Fermé 3 semaines en août, 24-28 déc., dim., lundi et fériés

⅋○ La Cape 🕸 🕼 🗚

CRÉATIVE · À LA MODE X Thomas Brasleret a endossé cette Cape en 2012, mais il travaillait depuis longtemps dans la maison... Esprit de continuité donc, avec toujours le même soin apporté à la cuisine. Au menu : de belles saveurs du marché et une judicieuse sélection de vins bordelais.

Menu 28 € (déj.), 42/59 € – Carte 40/50 €

Plan : 2BU-v – *9 allée de la Morlette – ℰ 05 57 80 24 25*
– www.restaurant-lacape.com – Fermé 3 semaines en août, vacances de Noël, sam., dim. et fériés

à **Bouliac** Sud-Est, sortie n° 23 – ⊠ 33270 – 3 160 hab. – Alt. 74 m

۞ Le Saint-James

CRÉATIVE · DESIGN XXX Un écrin design et baigné de lumière, dominant les environs... Voilà un bel endroit pour un repas de qualité, ancré dans la région : le chef, Nicolas Magie, originaire du Bordelais, rend un bel hommage aux produits aquitains, avec finesse, invention et en accord avec les vins du cru.

➔ Cuisses de grenouilles "Charentaise". Homard bleu entier et truffe melanosporum. Framboise.

Menu 55 € ♀ (déj. en semaine), 70/135 € – Carte 125/190 €

Plan : 2BU-s – *Hôtel Le Saint-James, 3 pl. Camille-Hostein, (près de l'église)*
– *℘ 05 57 97 06 00 – www.saintjames-bouliac.com*
– *Fermé 3-21 janv., dim. et lundi*

⫯○ Café de l'Espérance

GRILLADES · BISTRO X Buffets d'entrées et de desserts, grillades au feu de bois accompagnées de frites... Ici, tout est fait maison. C'est simple, très frais, copieux et bon. Les nostalgiques des troquets de village vont apprécier !

๑ Menu 18 € (déj. en semaine) – Carte 30/60 €

Plan : 2BV-r – *10 r. de l'Esplanade, (derrière l'église)*
– *℘ 05 56 20 52 16 – www.saintjames-bouliac.com*

⫯⫯⫯ Le Saint-James

LUXE · DESIGN Conçue par Jean Nouvel, cette maison surplombant la ville et les vignes – classées premières-côtes-de-bordeaux – s'inspire des séchoirs à tabac typiques de la région. L'épure, la lumière et le design dominent avec élégance et harmonie... Le Bordelais est à vous.

18 chambres – ♦195/545 € ♦♦195/545 € – ☲ 25 € – ½ P

Plan : 2BU-s – *3 pl. Camille-Hostein, (près de l'église)*
– *℘ 05 57 97 06 00 – www.saintjames-bouliac.com*
– *Fermé 3-21 janv.*

۞ **Le Saint-James** – voir les restaurants ci-dessus

à **Martillac** 9 km au Sud, sortie n° 18, D1113 et rte secondaire – ⊠ 33650
– 2 770 hab. – Alt. 40 m

۞۞ La Grand'Vigne

CUISINE MODERNE · ROMANTIQUE XXXX Dans cette orangerie du 18e s., les assiettes ont le goût et les couleurs de la nature : l'œuvre d'un chef inspiré, Nicolas Masse, maître dans l'art d'associer saveurs et textures avec une remarquable précision, pour le plaisir des sens. Un moment d'excellence, porté de surcroît par un service de qualité.

➔ Œuf de ferme, blettes du potager et persillade chlorophylle. Pigeon, artichaut blanc et cardamome. Noisettine du Médoc, tuile et sorbet cacao.

Menu 75/325 € ♀ – Carte 105/145 €

Hôtel Les Sources de Caudalie, chemin de Smith-Haut-Lafitte
– *℘ 05 57 83 83 83 – www.sources-caudalie.com*
– *Fermé 3-27 janv., merc. midi, jeudi midi, vend. midi, lundi et mardi*

⫯○ La Table du Lavoir

TERROIR · RUSTIQUE X Un cadre original que cette superbe halle tout en bois (18e s.), sous laquelle on lavait autrefois les vêtements utilisés pour les vendanges ! La cuisine joue la carte de la bonne tradition : truite marinée, dorade cuite à la plancha, côte de bœuf grillée et sa sauce béarnaise, canelés... Une adresse à voir et à déguster.

Formule 34 € – Menu 38/45 €

Hôtel Les Sources de Caudalie, chemin de Smith-Haut-Lafitte
– *℘ 05 57 83 83 83 – www.sources-caudalie.com*
– *Fermé 3-27 janv.*

Les Sources de Caudalie

LUXE · ÉLÉGANT Au milieu des vignes, ce domaine superbe dédié au bien-être est le berceau de la vinothérapie. Bois brut, meubles chinés, ambiances délicates, plaisirs gastronomiques : le luxe sans ostentation, en harmonie avec la nature. Idéal pour s'enivrer de détente...

43 chambres – †300/450 € ††300/450 € – 18 suites – ⏶ 26 € – ½ P
chemin de Smith-Haut-Lafitte – ℰ 05 57 83 83 83 – www.sources-caudalie.com
– Fermé 3-27 janv.

❀❀ **La Grand'Vigne** • ⏧ **La Table du Lavoir** – voir les restaurants ci-dessus

à Mérignac Ouest, sortie n° 9 – ✉ 33700 – 66 660 hab. – Alt. 35 m

 Kyriad Prestige

BUSINESS · FONCTIONNEL Tout près de l'autoroute, cet établissement dispose de chambres spacieuses et bien insonorisées, et l'on peut profiter de la formule buffet du restaurant. Pratique lors d'une étape familiale ou pour la clientèle d'affaires.

75 chambres ⏶ – †95/127 € ††95/127 € – ½ P
Plan : 1AT-r – 116 av. Magudas – ℰ 05 57 92 00 00 – www.bordeaux-hotels.net

à l'aéroport de Bordeaux-Mérignac – ✉ 33700 Merignac

⏧ **L'Iguane**

CUISINE MODERNE · ÉLÉGANT XxX Un cadre contemporain, feutré et élégant, pour une cuisine qui mêle teintes du temps et nuances exotiques, le tout accompagné d'une cave de 500 références aux jolies robes chatoyantes. De couleur et de piquant, le bistrot L'Olive de Mer n'en manque pas non plus, avec ses saveurs méditerranéennes et son atmosphère design.

Menu 32/75 €
Plan : 1AU-b – 83 av. J.F.-Kennedy – ℰ 05 56 34 07 39 – www.liguane.fr
– Fermé 30 juil.-4 sept., vend. soir, sam., dim. et fériés

LES BORDES – 45 (Loiret) → voir Sully-sur-Loire

BORMES-LES-MIMOSAS

✉ 83230 (Var) – 7 698 hab. – Alt. 180 m – Carte régionale n° **41**-C3
▶ Paris 871 km – Fréjus 57 km – Hyères 21 km – Le Lavandou 4 km
Carte Michelin 340-N7 – Guide Vert Michelin Côte d'Azur

❀ **La Rastègue** (Jérôme Masson)

CUISINE MODERNE · MÉDITERRANÉEN XX Priorité au goût ! Les cuisines, ouvertes sur la salle, permettent d'admirer le travail du chef, qui accommode de bons produits et arômes avec précision et équilibre. Aucun artifice, beaucoup de simplicité et surtout de saveurs... Service attentionné.

→ Sardines de Méditerranée marinées, esquichade de courgettes. Saint-pierre cuit sur sa peau, niçoise, houmous et sauce vierge. Blanc-manger coco et sauce mangue.

Formule 35 € – Menu 49 € – Carte 45/55 €
48 bd du Levant, 2 km au Sud, quartier Le Pin – ℰ 04 94 15 19 41 (réservation conseillée) – www.larastegue.com – Fermé janv., lundi et le midi sauf dim.

au Sud 1 km – ✉ 83230 Bormes-les-Mimosas

 Le Domaine du Mirage

HÔTEL DE VACANCES · FONCTIONNEL Dominant la baie, une belle bâtisse de style victorien entourée d'un jardin fleuri. Les chambres sont contemporaines, et la majorité d'entre elles offrent une vue panoramique sur les flots.

35 chambres – †120/287 € ††120/287 € – ⏶ 14 €
38 r. Vue-des-Iles – ℰ 04 94 05 32 60 – www.domainedumirage.com
– Ouvert 1er avril-30 sept.

au port 5 km au Sud par rte de la Favière puis D198

⅏○ **Cap 120** ⟨ 🏠

CUISINE TRADITIONNELLE · **CLASSIQUE** XX Ce restaurant, repris en 2013 par une famille du Nord, permet de profiter d'une vue superbe sur le port de Bormes, avec ses centaines de yachts et de voiliers. Les recettes marient tradition et touches originales : raviole de céleri aux truffes, homard rôti au beurre de bière, millefeuille aux fruits rouges...

Menu 35 € 𝖸 (déj.) – Carte 40/112 €

quai d'Honneur – ℰ 04 94 92 73 56 – www.cap120.fr – Fermé janv., dim. soir, jeudi midi et merc. de sept. à juin, le midi sauf dim. en juil.-août

BORNY – 57 (Moselle) → voir Metz

BORT-L'ÉTANG – 63 (Puy-de-Dôme) → voir Lezoux

LE BOSC

✉ 34490 (Hérault) – Carte régionale n° **23**-C2

▶ Paris 763 km – Albi 148 km – Carcassonne 95 km – Montpellier 77 km

Carte Michelin 339-F6

⅏○ **La Réserve** 🏠 AC ▣

CUISINE CLASSIQUE · **ÉLÉGANT** XX Tout près du lac du Salagou, cette maison est le repaire d'un jeune chef originaire de Dunkerque, venu s'installer sous le soleil de l'Hérault... Avec talent et imagination, il concocte une cuisine au goût du jour, qui met bien en avant la fraîcheur des produits sélectionnés. Acclimatation réussie !

Formule 18 € – Menu 22 € (semaine), 32/70 € 𝖸 – Carte 38/58 €

hameau de Cartels, 2 km au Sud - A75 sortie 54 direction Lac du Salagou – ℰ 04 67 88 50 22 – www.lareservedubosc.com – Fermé dim. soir, lundi soir et mardi

BOSDARROS

✉ 64290 (Pyrénées-Atlantiques) – 1 023 hab. – Alt. 370 m – Carte régionale n° **3**-B3

▶ Paris 790 km – Lourdes 36 km – Oloron-Ste-Marie 29 km – Pau 14 km

Carte Michelin 342-J5

⅏ **Auberge Labarthe** (Eric Dequin) AC ⅏ ⟷

CUISINE MODERNE · **AUBERGE** XX Voilà une bien belle auberge ! Derrière l'église, arrêtez-vous dans cette accueillante maison à la façade fleurie. Les gourmands y savourent une généreuse cuisine régionale, avec des produits de qualité, dans une salle cosy et sagement contemporaine.

→ Ravioles de girolles, jambon ibérique et bouillon crémeux au parfum d'estragon. Cuisse de pintade farcie au foie gras et suprême aux morilles des pins. Gros macaron, crème au citron, fraises mara des bois et jus au basilic.

Menu 34 € (semaine), 54/78 € – Carte 75/85 €

1 r. P.-Bidau, (pl. de l'École) – ℰ 05 59 21 50 13 (réservation conseillée) – www.auberge-pau.com – Fermé 1 semaine en janv., dim. soir, lundi et mardi

BOSSEY – 74 (Haute-Savoie) → voir St-Julien-en-Genevois

LES BOSSONS – 74 (Haute-Savoie) → voir Chamonix

BOUDES

✉ 63340 (Puy-de-Dôme) – 272 hab. – Alt. 466 m – Carte régionale n° **5**-B2

▶ Paris 462 km – Brioude 29 km – Clermont-Fd 52 km – Issoire 16 km

Carte Michelin 326-G10 – Guide Vert Michelin Auvergne

😊 Le Boudes La Vigne

CUISINE MODERNE · SIMPLE XX Cette sympathique auberge, bâtie sur d'anciennes fortifications, se trouve au cœur de ce village de vignerons où l'on produit... le boudes, l'un des cinq crus des côtes d'Auvergne. Derrière les fourneaux, le chef réalise une cuisine généreuse et parfumée, bien en prise avec son époque. Chambres fonctionnelles à l'étage.

Formule 16 € – Menu 24 € (semaine), 32/57 €

6 chambres – †57 € ††57 € – ☐ 8 €

pl. de la Mairie – ℰ 04 73 96 55 66 – www.leboudeslavigne.franceserv.com
– Fermé 27 juin-7 juil., 27 août-6 sept., 26 déc.-12 janv., dim. soir, lundi et mardi sauf fériés

BOUGIVAL – 78 (Yvelines) ➜ voir Autour de Paris

LA BOUILLADISSE

✉ 13720 (Bouches-du-Rhône) – 6 022 hab. – Alt. 220 m – Carte régionale n° **40**-B3
▶ Paris 776 km – Aix-en-Provence 27 km – Brignoles 43 km – Marseille 31 km
Carte Michelin 340-I5

🏠 La Fenière

FAMILIAL · FONCTIONNEL Un établissement tenu en famille, par une mère et ses deux filles, dont l'une s'occupe de l'hôtel et l'autre du restaurant. Les chambres, contemporaines et toutes différentes, sont très bien tenues. Et l'on profite aussi de la piscine !

12 chambres – †60/100 € ††68/120 € – ☐ 9 € – ½ P

8 r. J. Pourchier – ℰ 04 42 72 38 38 – www.hotelfeniere.com

BOUILLAND

✉ 21420 (Côte-d'Or) – 185 hab. – Alt. 400 m – Carte régionale n° **8**-C2
▶ Paris 295 km – Autun 54 km – Beaune 17 km – Bligny-sur-Ouche 13 km
Carte Michelin 320-I7 – Guide Vert Michelin Bourgogne

🍴 Auberge St-Martin

CUISINE TRADITIONNELLE · AUBERGE X Une accueillante auberge (18e s.), campagnarde à souhait, en plein cœur d'un petit village près de Beaune. On y propose une appétissante cuisine, à la fois traditionnelle et actuelle, avec des spécialités telles que la terrine de faisan ou le coq au vin.

Menu 26/34 € – Carte 29/42 €

17 rte de Beaune – ℰ 03 80 21 53 01 (réservation conseillée)
– www.auberge-saint-martin.net – Fermé 27 juin-7 juil., 11 déc.-5 fév., mardi et merc.

LA BOUILLE

✉ 76530 (Seine-Maritime) – 793 hab. – Alt. 5 m – Carte régionale n° **33**-D2
▶ Paris 132 km – Bernay 44 km – Elbeuf 12 km – Louviers 32 km
Carte Michelin 304-F5 – Guide Vert Michelin Normandie Vallée de la Seine

🍴 Le St-Pierre

CUISINE MODERNE · CONVIVIAL XxX Une cuisine d'aujourd'hui réalisée avec de beaux produits, la Seine et les bateaux pour décor : un moment bien agréable ! Et l'été, on n'hésite pas à se rendre sur la terrasse.

Formule 18 € – Menu 25 € (semaine), 32/67 € – Carte 61/73 €

4 pl. du Bateau – ℰ 02 35 68 02 01 – www.restaurantlesaintpierre.com
– Fermé dim. soir, lundi et mardi

🍴 Les Gastronomes

CUISINE TRADITIONNELLE · RÉTRO XX Foie gras en terrine, tournedos de lotte au jambon, tarte Tatin : dans cette maison de pays, à côté de l'église, les patrons concoctent une jolie cuisine traditionnelle et vous reçoivent avec chaleur.

Menu 23 € (semaine), 32/39 € – Carte 40/53 €

1 pl. du Bateau – ℰ 02 35 18 02 07 – www.lesgastronomes-labouille.eu – Fermé vacances de fév., vacances de la Toussaint, merc. et jeudi

⌂ Le Bellevue ☆ ≤ ⊡ ⅏

AUBERGE · FONCTIONNEL Une demeure (début 20ᵉ s.) située sur une rive de la Seine. Les chambres sont petites mais bien tenues ; préférez celles bénéficiant d'une belle vue sur le fleuve. Au restaurant, généreuse cuisine traditionnelle.

18 chambres – †78/250 € ††78/250 € – ☲ 11 € – ½ P

13 quai Hector-Malot – ℰ 02 35 18 05 05 – www.hotel-le-bellevue.com – Fermé 18 août-1ᵉʳ sept. et 23 déc.-9 janv.

BOUIN

✉ 85230 (Vendée) – 2 177 hab. – Alt. 5 m – Carte régionale n° **34**-A3

▶ Paris 435 km – Challans 22 km – Nantes 51 km – Noirmoutier-en-l'Ile 29 km

Carte Michelin 316-E6 – Guide Vert Michelin Pays de la Loire

Ⅰ○ Le Martinet ♿ ⇔ ℗

CUISINE TRADITIONNELLE · RUSTIQUE Ⅹ Dans cet ancien grenier à sel du 17ᵉ s., le chef réalise une cuisine traditionnelle copieuse et généreuse. Produits de la mer fournis par son propre frère, pêcheur et ostréiculteur, légumes du potager de la maison et saveurs franches : gourmandise assurée !

⊜ Menu 18/39 €

9 r. des Jardins – ℰ 02 51 49 23 48 – www.restaurant-lemartinet.com
– Fermé janv., dim. soir hors saison, lundi midi et mardi midi

⌂⌂ Domaine Le Martinet ⌘ ⌂ ▢ ♿ ⅍ ⅏ ℗

TRADITIONNEL · ACTUEL Dans un bourg tranquille du marais breton vendéen, un hôtel tenu par un jeune couple sympathique. Toutes les chambres sont spacieuses et confortables, mais préférez celles qui ont été rénovées. Plaisant à souhait !

23 chambres – †79/155 € ††79/155 € – ☲ 12 €

pl. du Gén.-Charette – ℰ 02 51 49 23 23 – www.domaine-lemartinet.com – Fermé de nov. à mars

BOULBON

✉ 13150 (Bouches-du-Rhône) – 1 510 hab. – Alt. 18 m – Carte régionale n° **42**-E1

▶ Paris 703 km – Avignon 18 km – Marseille 113 km – Nîmes 34 km

Carte Michelin 340-D2 – Guide Vert Michelin Provence

⌂ La Bastide de Boulbon ☆ ⌘ ⌂ ▤ ♿ AC ℅ ℗

HISTORIQUE · PERSONNALISÉ Au cœur d'un village, cette demeure bourgeoise (1850) aux allures de maison d'hôte invite à la détente, avec son beau jardin aux platanes bicentenaires. Chambres actuelles. Cuisine du marché servie dans une salle intime ou sur la terrasse ombragée.

8 chambres – †150/250 € ††150/250 € – ☲ 17 €

r. de l'Hôtel-de-Ville – ℰ 04 90 93 11 11 – www.labastidedeboulbon.com
– Ouvert 1ᵉʳ avril-31 oct.

BOULIAC – 33 (Gironde) ➜ voir Bordeaux

BOULIGNEUX – 01 (Ain) ➜ voir Villars-les-Dombes

BOULOGNE-BILLANCOURT – 92 (Hauts-de-Seine) ➜ voir Autour de Paris

BOULOGNE-SUR-MER

✉ 62200 (Pas-de-Calais) – 42 785 hab. – Agglo. 88 197 hab. – Alt. 58 m
– Carte régionale n° **30**-A2

▶ Paris 265 km – Amiens 130 km – Arras 122 km – Calais 35 km

Carte Michelin 301-C3

BOULOGNE-SUR-MER

Adam (R. A.) . . . . X 2
Aumont (R. d') . . . . Z 7
Beaucerf (Bd) . . . . Z 8
Beaurepaire (R.) . . . . X 9
Bras-d'Or (R. du) . . . . Z 13
Colonne (R. de la) . . . . X 17
Diderot (Bd) . . . . X 18
Duflos (R. Louis) . . . . X 19
Dutertre (R.) . . . . Y 20
Égalité (R. de) . . . . Z 22
Entente-Cordiale (Pont de l') . . Z 23
Faidherbe (R.) . . . . Y
Grande-Rue . . . . Z
Huguet (R. A.) . . . . X 29
Jean-Jaurès (Bd et Viaduc) . . . X 30
J.-J. Rousseau (Viaduc) . . . . . X 31
Lampe (R. de la) . . . . Z 32
Lattre-de-Tassigny (Av. de) . . . Y 33
Lavocat (R. Albert) . . . . X 34
Liberté (Bd de la) . . . . X 35
Lille (R. de) . . . . Y 37
Marguet (Pont) . . . . Z 38
Michelet (R. J.) . . . . X 39
Mitterrand (Bd F.) . . . . Z 40
Montesquieu (Bd) . . . . X 42
Mont-Neuf (R. du) . . . . X 44
Orme (R. de l') . . . . X 46
Perrochel (R. de) . . . . Z 48
Porte-Neuve (R.) . . . . Y 49
Puits-d'Amour (R.) . . . . Z 53
Résistance (Pl.) . . . . Y 55
Ste-Beuve (Bd) . . . . XY 59
St-Louis (R.) . . . . Y 56
Thiers (R. A.) . . . . YZ 60
Tour-N.-Dame (R.) . . . . Y 61
Victoires (R. des) . . . . Y 63
Victor-Hugo (R.) . . . . YZ
Wicardenne (R. de) . . . . X 64

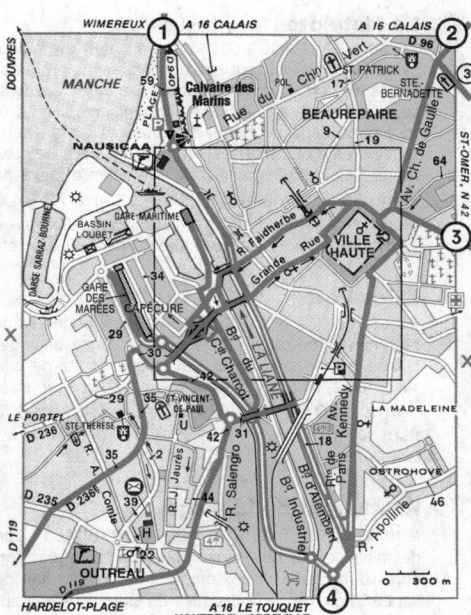

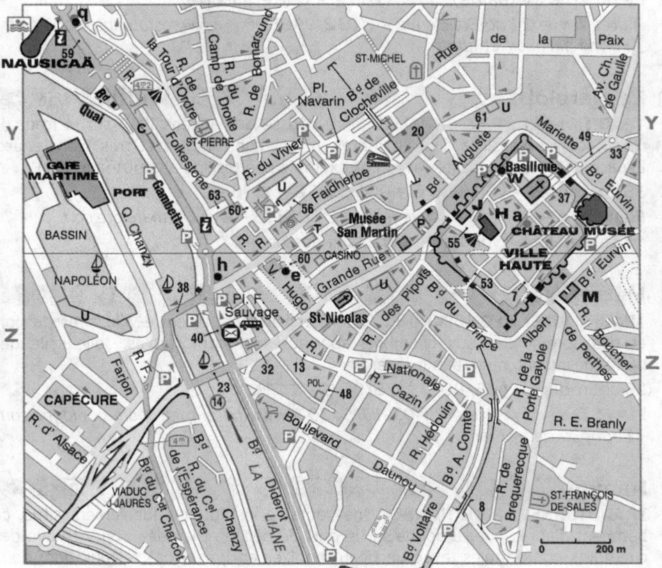

🍃 **La Matelote** (Tony Lestienne)　　　　　　🏡 AC

CUISINE CLASSIQUE · COSY XXX Du nom du fameux plat de poisson cuisiné au vin, cette table est tout entière dédiée aux produits de la mer, travaillés dans les règles de l'art et de la tradition. De belles saveurs iodées au menu ! Le cadre, cossu et feutré, a tout d'une bonbonnière. L'été, profitez de la terrasse.
→ Salade tiède de homard, sauce crustacés. Darne de turbot rôtie sur l'arête, sauce crème aux morilles. Framboises, petit beurre, sorbet framboise et poivron rouge, vinaigrette d'huile d'olive, vinaigre et balsamique.
Menu 35 € (semaine), 65/82 € – Carte 72/94 €

Plan : Y-q – *Hôtel La Matelote, 70 bd Ste-Beuve* – 🕿 *03 21 30 17 97*
– www.la-matelote.com – Fermé 20 déc.-20 janv. et jeudi midi

🌸 **L'Îlot Vert**　　　　　　🏡 ⅙ ♻

CUISINE MODERNE · CONVIVIAL X Une bonne surprise que ce restaurant coloré et convivial, où œuvre un jeune chef formé dans de belles maisons : il signe une cuisine bien d'aujourd'hui – avec une pointe de créativité –, joliment tournée et savoureuse, aux prix mesurés. Sympathique terrasse fleurie côté cour.
Formule 20 € – Menu 24 € (déj. en semaine), 32/48 € – Carte 40/58 €

Plan : Y-a – *36 r. de Lille* – 🕿 *03 21 92 01 62* – *www.lilotvert.fr* – *Fermé 18 déc.-8 janv., merc. et dim.*

🍴 **Restaurant de la Plage**　　　　　　🔀 ♻

POISSONS ET FRUITS DE MER · CONVIVIAL XX Après une petite baignade, rien de mieux qu'un bon repas pour reprendre des forces ! Face à la plage, cette adresse fait honneur aux produits de la mer : filet de sole meunière aux pommes vapeur, noix de Saint-Jacques en saison... Avec, au dessert, des crêpes Suzette flambées en salle devant le client. Délicieux !
Menu 26 € (semaine), 35 € ⬦/68 € – Carte 35/68 €

Plan : X-v – *124 bd Ste-Beuve* – 🕿 *03 21 99 90 90* – *www.restaurantdelaplage.fr – Fermé dim. soir et lundi*

🏨 **La Matelote**　　　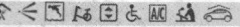

TRADITIONNEL · PERSONNALISÉ Fière bâtisse des années 1930 sur le front de mer, face au Nausicaa. Les chambres y sont confortables et très bien tenues. Espace détente de qualité (avec par exemple une piscine à contre-courant).
35 chambres – ♦88/265 € ♦♦105/265 € – ☲ 16 €

Plan : Y-q – *70 bd Ste-Beuve* – 🕿 *03 21 30 33 33* – *www.la-matelote.com*
🍃 **La Matelote** – voir les restaurants ci-dessus

🏨 **Métropole**　　　　　　🛗 ⬦ AC 🚗

TRADITIONNEL · FONCTIONNEL Hôtel familial dans le centre-ville, près du port et des commerces, aux chambres spacieuses et confortables. Jolie salle des petits-déjeuners, ouverte sur le jardin.
25 chambres – ♦65/80 € ♦♦75/95 € – ☲ 11 €

Plan : Z-e – *51 r. Thiers* – 🕿 *03 21 31 54 30* – *www.hotel-metropole-boulogne.com – Fermé 21 déc.-12 janv.*

🏨 **Hamiot**　　　　　　

TRADITIONNEL · FONCTIONNEL Une véritable institution ! Idéalement situé, ce bâtiment d'après-guerre donne sur le port de pêche et la criée ; on y trouve des chambres confortables, avec un beau mobilier en bois. Côté restauration, deux univers au choix : gastronomique ou brasserie.
12 chambres – ♦68/98 € ♦♦95/110 € – ☲ 10 € – ½ P

Plan : Z-h – *1 r. Faidherbe* – 🕿 *03 21 31 44 20* – *www.hotelhamiot.com*

à Pont-de-Briques 5 km au Sud – ✉ 62360

ⓘ○ Hostellerie de la Rivière   ℬ ⇦ 🖼 🏠 ⅏ 🅿

CUISINE MODERNE · COSY XXX Une bonne cuisine actuelle rythmée par les saisons, à déguster dans un intérieur élégant et feutré, ou sur la terrasse arborée aux beaux jours : voilà ce qui vous attend dans cette sympathique maison tenue en famille. Le midi, une formule "bistrot" permet même de se régaler à moindre coût... Bien vu !

Formule 23 € – Menu 58 € ♚ – Carte 62/87 €
8 chambres – ♦99/129 € ♦♦99/129 € – ☲ 13 €

*17 r. de la Gare – ℰ 03 21 32 22 81 – www.lhostelleriedelariviere.fr
– Fermé 18 août-3 sept., 4-27 janv., dim. soir, mardi midi et lundi*

à Hesdin-l'Abbé 12 km au Sud par D341 et D901 – ✉ 62360
– 1 884 hab. – Alt. 50 m

ⓘ○ Le Berthier   🖼 🅿

CUISINE TRADITIONNELLE · CLASSIQUE XX Le général Berthier aurait séjourné au château pendant le siège de Boulogne par Napoléon. À l'époque, si le restaurant avait existé, sans doute aurait-il apprécié la belle véranda donnant sur le parc et la carte classique : pavé de bar, pigeon des Flandres, etc.

Menu 34/50 € – Carte 50/65 €

*Hôtel Cléry, r. du Château, au village – ℰ 03 21 83 19 83 – www.clery.najeti.fr
– Fermé 5-31 janv. et le midi*

🏰 Cléry   ✿ ℬ 🖼 ℉₆ ⅊ 🔊 🅿

CHÂTEAU · PERSONNALISÉ Un charmant château romantique construit à la fin du 18e s., flanqué d'un cottage et d'une fermette. Il compte un agréable salon de lecture, un parc fleuri et un jardin potager, sans oublier des chambres d'un élégant classicisme.

25 chambres – ♦109/300 € ♦♦109/300 € – 2 suites – ☲ 16 € – ½ P

r. du Château, au village – ℰ 03 21 83 19 83 – www.clery.najeti.fr – Fermé 5-31 janv.
ⓘ○ **Le Berthier** – voir les restaurants ci-dessus

LE BOULOU

✉ 66160 (Pyrénées-Orientales) – 5 520 hab. – Alt. 90 m – Carte régionale n° **22**-B3
▶ Paris 869 km – Argelès-sur-Mer 20 km – Barcelona 169 km – Céret 10 km
Carte Michelin 344-I7

à Montesquieu-des-Albères 4 km à l'Est rte d'Argelès-sur-Mer par D618 –
✉ 66740 – 1 195 hab. – Alt. 260 m

ⓘ○ Le Cabaret   🏠 🅰🅲 ⅏ 🅿 ⇥

CUISINE TRADITIONNELLE · AUBERGE X Des œuvres d'artistes locaux, des objets anciens, un bassin de carpes koï, une jolie terrasse, des cuisines ouvertes sur la salle : un lieu atypique et convivial. Comme le dit le patron, il "chine puis cuisine", au gré du marché et de la criée. Suivez-le sans hésiter.

Menu 32/40 €

*Les Trompettes-Hautes – ℰ 04 68 83 34 57 (réservation conseillée) – Fermé janv.,
mardi hors saison, dim., lundi et le midi*

au Sud-Est 4,5 km par D900, D618 et rte secondaire – ✉ 66160 Le Boulou :

🏰 Relais des Chartreuses   ✿ ℬ 🖼 ⅁ ⅊ 🅰🅲 🅿

AUBERGE · PERSONNALISÉ Une terrasse sous les tilleuls, une piscine, un jardin... et ce mas en pierre (17e s.), édifié à flanc de montagne, au milieu d'une pinède. Dans les chambres, épure contemporaine et cachet de l'ancien se marient à merveille ; au restaurant, les saveurs sont au rendez-vous (uniquement pour les résidents). Bel endroit !

12 chambres – ♦70/155 € ♦♦80/187 € – 2 suites – ☲ 15 € – ½ P

*106 av. d'En-Carbouner – ℰ 04 68 83 15 88 – www.relais-des-chartreuses.fr
– Ouvert 5 mars-2 janv.*

BOURBON-LANCY

✉ 71140 (Saône-et-Loire) – 5 187 hab. – Alt. 240 m – Carte régionale n° **7**-B3
▶ Paris 308 km – Autun 62 km – Mâcon 110 km – Montceau-les-Mines 55 km
Carte Michelin 320-C10 – Guide Vert Michelin Bourgogne

⌂ La Tourelle du Beffroi &

FAMILIAL · PERSONNALISÉ Un emplacement agréable et pratique, près des remparts de la vieille ville et à l'ombre du beffroi, pour ce petit établissement aux allures de maison d'hôtes.

8 chambres – ♦64/80 € ♦♦64/80 € – ⌑ 12 €

17 pl. de la Mairie – ℰ 03 85 89 39 20 – www.hotellatourelle.fr

BOURBON-L'ARCHAMBAULT

✉ 03160 (Allier) – 2 561 hab. – Alt. 367 m – Carte régionale n° **5**-B1
▶ Paris 292 km – Montluçon 53 km – Moulins 24 km – Nevers 54 km
Carte Michelin 326-F3 – Guide Vert Michelin Auvergne

ⅼℴ Le Talleyrand

CUISINE CLASSIQUE · TRADITIONNEL ⅩⅩ À la table de la Montespan et de Talleyrand, le classicisme français et la tradition bourbonnaise sont à l'honneur, dans un cadre raffiné mêlant poutres et pierres. Du caractère !

Formule 14 € – Menu 25/50 € – Carte 43/53 €

Grand Hôtel Montespan-Talleyrand, pl. des Thermes – ℰ 04 70 67 00 24
– www.hotel-montespan.com – Ouvert 9 avril-15 oct.

⌂ Grand Hôtel Montespan-Talleyrand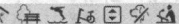

HISTORIQUE · PERSONNALISÉ Mme de Sévigné et Talleyrand y logèrent, la Montespan y mourut... Cet hôtel – 11ᵉ-18ᵉ s. – est au cœur de la station thermale. Décor de caractère et chambres spacieuses. Depuis la piscine, la vue sur le château des ducs de Bourbon est superbe !

38 chambres – ♦78 € ♦♦82/140 € – 2 suites – ⌑ 13 € – ½ P

pl. des Thermes – ℰ 04 70 67 00 24 – www.hotel-montespan.com
– Ouvert 9 avril-15 oct.

ⅼℴ **Le Talleyrand** – voir les restaurants ci-dessus

BOURBONNE-LES-BAINS

✉ 52400 (Haute-Marne) – 2 172 hab. – Alt. 290 m – Carte régionale n° **14**-D3
▶ Paris 313 km – Chaumont 55 km – Dijon 124 km – Langres 39 km
Carte Michelin 313-O6 – Guide Vert Michelin Champagne Ardenne

⌂ Orfeuil

HÔTEL DE CURE · FONCTIONNEL À 200 m des thermes, voilà un établissement parfait pour les curistes. Les chambres y sont fonctionnelles et équipées d'une kitchenette. L'été, au calme d'un joli jardin, on profite de la piscine.

30 chambres – ♦55/75 € ♦♦65/85 € – ⌑ 10 €

29 r. Orfeuil, (près des Thermes) – ℰ 03 25 90 05 71 – Ouvert 10 avril-24 nov.

LA BOURBOULE

✉ 63150 (Puy-de-Dôme) – 1 891 hab. – Alt. 880 m – Carte régionale n° **5**-B2
▶ Paris 469 km – Aubusson 82 km – Clermont-Ferrand 50 km – Mauriac 71 km
Carte Michelin 326-D9 – Guide Vert Michelin Auvergne

ⅼℴ L'Amuse Bouche

CUISINE MODERNE · RUSTIQUE Ⅹ Il est des couples qui se forment en cuisine... Elle a raccroché le tablier pour s'occuper de la salle, lui est resté derrière les fourneaux pour travailler des produits frais et servir bien plus qu'un amuse-bouche. Beaucoup de goût en cette adresse !

Menu 28/45 €

15 r. des Frères-Rozier – ℰ 04 73 21 68 85 – www.restaurant-lamusebouche.fr
– Fermé de mi-nov. à mi-déc., mardi et merc.

🏠 Le Parc des Fées

BUSINESS · FONCTIONNEL Le meilleur hôtel de la ville à la Dordogne pour voisine ! Cette bâtisse de 1874 fait face à la rivière et dissimule sur l'arrière un joli parc. Belle hauteur sous plafond, moulures, un salon où il fait bon lire, un espace bien-être... Le tout très bien tenu.

42 chambres – †67/92 € ††67/132 € – ☲ 12 € – ½ P

107 quai du Mar.-Fayolle – ✆ 04 73 81 01 77 – www.parcdesfees.com
– Fermé 6 nov.-26 déc. et du lundi au jeudi en janv. hors vacances scolaires

🏠 Régina

BUSINESS · FONCTIONNEL Hôtel parfait pour une étape, par exemple, sur la route du Mont-Dore. Un établissement traditionnel et fonctionnel.

19 chambres – †60/70 € ††70/100 € – ☲ 8 € – ½ P

48 av. Alsace-Lorraine – ✆ 04 73 81 09 22 – www.hotelregina-labourboule.com
– Fermé 3-31 janv.

🏠 Aviation

FAMILIAL · FONCTIONNEL Toute proche du parc Fenestre, cette maison du début du 20ᵉ s. propose des chambres assez confortables. Cet établissement familial mise sur les loisirs : piscine, fitness, salle de jeux, billard... Idéal pour les vacances.

40 chambres – †58/100 € ††63/100 € – ☲ 9 €

r. de Metz – ✆ 04 73 81 32 32 – www.hotel-aviation.com – Fermé 1ᵉʳ oct.-20 déc.

🏠 La Lauzeraie

FAMILIAL · PERSONNALISÉ Envie de vous ressourcer à côté des volcans d'Auvergne ? À 12 km de l'A 89, cette maison au toit de lauze est l'endroit rêvé avec son joli jardin et son bassin où cohabitent carpes et poissons rouges. Décoration soignée et accueil de qualité.

5 chambres ☲ – †90/120 € ††90/120 €

577 chemin de la Suchère – ✆ 04 43 10 14 40 – www.lalauzeraie.fr

BOURDEILLES – 24 (Dordogne) → voir Brantôme

BOURG-ACHARD

✉ 27310 (Eure) – 3 066 hab. – Alt. 124 m – Carte régionale n° **33**-C2
▶ Paris 141 km – Bernay 39 km – Évreux 62 km – Le Havre 62 km
Carte Michelin 304-E5 – Guide Vert Michelin Normandie Vallée de la Seine

🍽️○ L'Amandier

CUISINE MODERNE · ÉLÉGANT XXX De bien jolis fruits naissent de cet Amandier, dont le chef cuisine avec justesse et savoir-faire des produits de qualité. Les assiettes se dégustent avec plaisir et l'on passe un agréable moment... À l'heure de l'apéritif et du café, n'hésitez pas à profiter du jardin !

Formule 20 € – Menu 29/53 € – Carte 57/70 €

581 rte de Rouen – ✆ 02 32 57 11 49 – www.lamandier-bourgachard.fr
– Fermé 22 fév.-3 mars, 1ᵉʳ-10 août, dim. soir, mardi et merc.

BOURG-CHARENTE – 16 (Charente) → voir Jarnac

LE BOURG-DUN

✉ 76740 (Seine-Maritime) – 423 hab. – Alt. 17 m – Carte régionale n° **33**-C1
▶ Paris 188 km – Dieppe 20 km – Fontaine-le-Dun 7 km – Rouen 56 km
Carte Michelin 304-F2 – Guide Vert Michelin Normandie Vallée de la Seine

✿ **Auberge du Dun** (Pierre Chrétien)   ✿ 🅿

CUISINE MODERNE · CLASSIQUE XXX Cette petite maison provinciale vous accueille dans deux salles classiques et coquettes, dont l'une avec vue sur les cuisines. Depuis de nombreuses années, le chef et son épouse mettent toute leur passion au service de leurs hôtes ; les assiettes sont fines et savoureuses... Une adresse délicieuse dans son genre !

➜ Hure de lapin à la gelée de tequila, salade printanière et pomme granny smith. Turbot cuit à basse température et parfumé à la citronnelle du jardin. Soufflé "Alexandre Legrand" au confit d'orange.

Menu 30 € (semaine), 54/96 € – Carte 85/105 €

3 rte de Dieppe, (face à l'église) – 𝒞 02 35 83 05 84 (réservation conseillée) – www.auberge-du-dun.fr – Fermé 2 semaines en oct., 1 semaine en janv., merc. sauf le midi du 1er mars au 15 oct., dim. soir et lundi

BOURG-EN-BRESSE

✉ 01000 (Ain) – 40 171 hab. – Agglo. 58 393 hab. – Alt. 251 m – Carte régionale n° **44**-B1
▶ Paris 424 km – Annecy 113 km – Genève 112 km – Lyon 82 km
Carte Michelin 328-E3 – Guide Vert Michelin Bourgogne

⊛ **La Fleur de Sel**

CUISINE MODERNE · CONVIVIAL XX Emmenée tambour battant par Jean-Alexandre Buisset, jeune chef plein de dynamisme et d'ambition, cette table bien connue à Bourg-en-Bresse met à l'honneur les produits du marché, avec une forte dominante méditerranéenne. Ballotines de pintade fermière Miéral, tuile au mascarpone et fruits rouges... Un régal.

Formule 21 € – Menu 31/61 € – Carte 46/61 €

Plan : Z-d – *4 r. de la République – 𝒞 04 74 45 33 18*
– www.restaurant-lafleurdesel.com – Fermé 15 août-6 sept., 2-12 janv., sam. midi, dim. soir et lundi

⊛ **Mets et Vins**   🕭 🆎

CUISINE MODERNE · MINIMALISTE XX Ici œuvre un chef grand adepte des produits du terroir local et du "fait maison" (dont le pain et les sorbets), et qui sait s'extraire des sentiers battus de la tradition. Terrine de taureau de manade aux trompettes-des-Maures, pot-au-feu de cabillaud au jus de coquillages... Une adresse qui sort du lot !

Formule 13 € – Menu 25/60 € – Carte 34/52 €

Plan : Z-b – *11 r. de la République – 𝒞 04 74 45 20 78*
– www.restaurant-metsetvins.com – Fermé 11-20 juil., 2-12 janv., dim. soir, lundi et mardi

⍥ **L'Auberge Bressane**   ✿ ≼ 🕭 🆎 🅿

CUISINE CLASSIQUE · TRADITIONNEL XXX Une table incontournable : la cuisine fait la part belle aux spécialités régionales (volaille de Bresse, cuisses de grenouille, écrevisses...) et les vieux millésimes abondent sur la carte des vins. Terrasse avec vue sur l'église de Brou.

Formule 26 € – Menu 34/84 € – Carte 50/95 €

Plan : X-f – *166 bd de Brou – 𝒞 04 74 22 22 68 – www.aubergebressane.fr – Fermé mardi*

⍥ **Place Bernard**   🕭 🕭

CUISINE TRADITIONNELLE · BRASSERIE XX Une maison 1900 placée sous la houlette du chef étoilé Georges Blanc. Le décor évoque une luxueuse brasserie, rehaussée d'une fresque à la gloire de la dynastie Blanc. Dans l'assiette, le répertoire régional domine : pâté en croûte maison marbré de foie gras ; volaille de Bresse AOP à la crème selon la mère Blanc...

Formule 23 € 🍷 – Menu 29/54 € – Carte 42/66 €

Plan : Y-g – *19 pl. Bernard – 𝒞 04 74 45 29 11 – www.lespritblanc.com*

BOURG-EN-BRESSE

Anciens Combattants
(Av. des) . . . . Z 3
Arsonval (Av. A. d') . . . . . X 4
Bad-Kreuznach (Av. de). . X 5
Basch (R. Victor) . . . . Z 6
Baudin (Av. A.) . . . . Z 7
Belges (Av. des) . . . . Y 9
Bernard (Pl.) . . . . Y 10
Bons Enfants (R. des) . . YZ 12
Bouveret (R.) . . . . Y 13
Champ-de-Foire (Av. du) . Y 14
Citadelle (R. de la) . . . . . X 15
Crêts (R. des) . . . . X 16
Debeney (R. Général) . . . Y 17
Europe (Car. de l') . . . . . Y 19
Foch (R. Maréchal) . . . . . Y 20
Gambetta (R.) . . . . Z 21
Huchet (Bd E.) . . . . X 22
Jean-Jaurès (Av.) . . . . X, Z 23
Joliot-Curie (Bd Irène) . . X 24
Juin (Av. Maréchal) . . . . X 26
Lévrier (Bd A.) . . . . X 27
Lyon (Pont de) . . . . X 28
Mail (Av. du) . . . . X 30
Migonney (R. J.) . . . . X 31
Morgon (R. J.) . . . . X 32
Muscat (Av. A.) . . . . X 33
Neuve (Pl.) . . . . Y 34
Notre-Dame (R.) . . . . Y 35
Palais (R. du) . . . . Y 36
St-Nicolas (Bd) . . . . X 37
Samaritaine (R.) . . . . Y 38
Semard (Av. P.) . . . . X 40
Teynière (R.) . . . . Z 42
Valéry (Bd P.) . . . . X 43
Verdun (Cours de) . . . . . Y 44
Victoire (R. de la) . . . . . . Y 45
4-Septembre (R. du) . . . Y 48
23e-R.I. (R. du) . . . . X 50

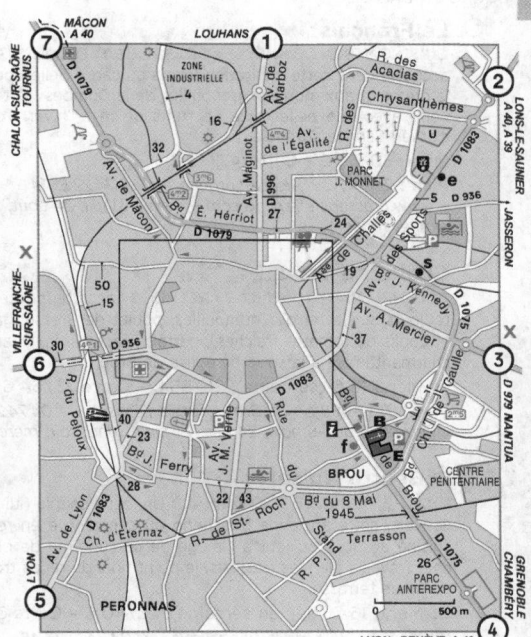

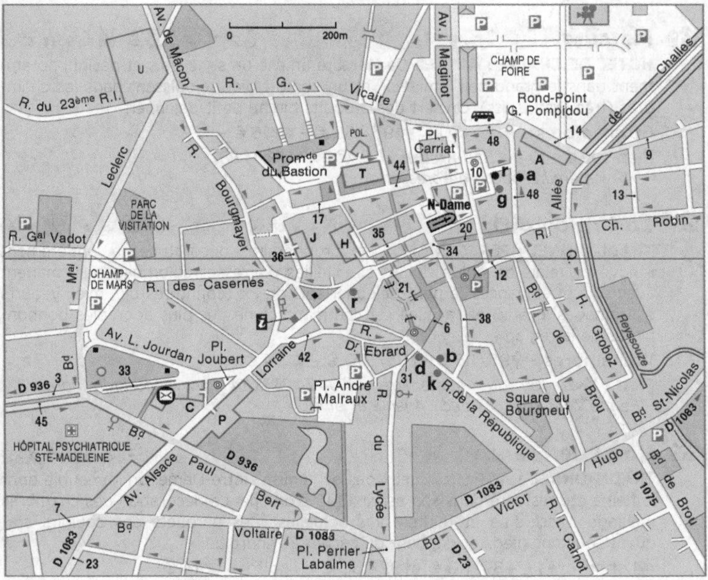

343

⅋◯ Le Français   🏠 AC

CUISINE TRADITIONNELLE · **BRASSERIE** XX Depuis 1932, la même famille vous accueille dans cette institution locale au cadre Belle Époque. Volaille de Bresse à la crème et aux morilles, grenouilles de la Dombes : le terroir régional est à l'honneur, avec une belle carte de fruits de mer l'hiver. Tout cela sous un plafond classé ! Service agréable.

Menu 30/65 € – Carte 47/73 €

Plan : Z-r – 7 av. Alsace-Lorraine – ℰ 04 74 22 55 14
– www.brasserielefrancais.com – Fermé 31 juil.-24 août, 24 déc.-5 janv., sam. soir, dim. et fériés

⅋◯ Chalet de Brou   ≼ 🏠

CUISINE TRADITIONNELLE · **RÉTRO** XX La carte de ce restaurant familial mise toujours sur le terroir (grenouilles, poulet de Bresse, gâteau de foies de volaille et coulis de tomates fraîches), parfois réactualisé... Quant à la terrasse, elle reste charmante face à la superbe église de Brou !

🍴 Menu 18 € (semaine), 26/55 € – Carte 35/64 €

Plan : X-f – 168 bd de Brou, (face à l'église) – ℰ 04 74 22 26 28
– Fermé 26 oct.-6 nov., 24 déc.-1er janv., lundi soir, merc. soir et jeudi

⅋◯ Ô Beurre Noisette ⓝ   🏠 ්

CUISINE MODERNE · **CONVIVIAL** X Un jeune couple (lui en cuisine, elle en salle) a converti cette ancienne boucherie du centre-ville en restaurant et propose une cuisine au goût du jour à l'image de ce suprême de pintade, sauce au miel. Le chef travaille bien les desserts, le point final du repas trop souvent négligé. Sympathique terrasse.

🍴 Menu 16 € (déj. en semaine), 23/40 € – Carte 34/51 €

Plan : Z-k – 16 r. de la République – ℰ 04 74 21 26 45 – Fermé lundi soir, mardi soir, merc. soir et dim.

🏨 Mercure   ✿ 🛏 🖥 ් AC 🍽 🔊 🚗

HÔTEL DE CHAÎNE · **ACTUEL** Ce Mercure affiche un style frais et design, notamment dans le grand hall lumineux, et un confort bien réjouissant dans les chambres (très grands lits). On sert des produits bio au petit-déjeuner.

60 chambres – ♦95/150 € ♦♦95/150 € – ⌗ 16 € – ½ P

Plan : X-e – 10 av. Bad-Kreuznach – ℰ 04 74 22 44 88
– www.mercure-bourg-en-bresse.com

🏨 Le Griffon d'Or   🖥 ් AC 🍽 🚗

TRADITIONNEL · **PERSONNALISÉ** La propriétaire, décoratrice, a entièrement rénové ce relais de poste du 18e s. : vieilles pierres et colombages se marient avec soin et élégance. Le petit-déjeuner sort du lot (confitures bio, miel, yaourts et fromages locaux) et l'accueil est charmant. L'une des plus adorables bonbonnières de la région !

17 chambres – ♦95/115 € ♦♦115/160 € – ⌗ 14 €

Plan : Y-a – 10 r. du 4-septembre – ℰ 04 74 23 13 24 – www.hotelgriffondor.fr
– Fermé 7-28 août, 23 déc.- 4 janv. et dim.

🏨 Hôtel de France   🖥 ් AC 🔊 🚗

TRADITIONNEL · **ACTUEL** À deux pas de l'église Notre-Dame, un immeuble dont le hall a été restauré dans son esprit 1900 d'origine. La décoration des chambres mélange classicisme et teintes plus actuelles ; les parquets des couloirs craquent sous nos pieds et donnent du cachet à l'endroit...

44 chambres – ♦87/110 € ♦♦92/150 € – 1 suite – ⌗ 14 €

Plan : Y-r – 19 pl. Bernard – ℰ 04 74 23 30 24
– www.bestwestern-hoteldefrance.com

🏨 Kyriad ✿ 🛏 🍴 🖥 ♿ 🅰🅲 🏋 🚗

HÔTEL DE CHAÎNE · ACTUEL En retrait du boulevard circulaire, cette construction des années 1980 est devenue un hôtel de chaîne de type contemporain. Les chambres sont sobres et fonctionnelles, et l'arrière donne sur un agréable jardin avec terrasse et piscine.

40 chambres – 🛏65/120 € 🛏🛏65/120 € – ⌑ 10 €

Plan : X-s - bd Kennedy - ☎ 04 74 22 50 88 - www.kyriad.com

à Péronnas 3 km au Sud-Ouest par D1083 – ✉ 01960 – 6 095 hab. – Alt. 281 m

❀ La Marelle (Didier Goiffon) ❀ 🛏 🍴 ♿ 🅿

CRÉATIVE · ÉLÉGANT 🟠🟠 De la terre jusqu'au ciel, retrouvez sur la carte de cette Marelle une séduisante cuisine, inventive et voyageuse : le chef met en avant de beaux produits comme les Saint-Jacques, le homard ou encore le bœuf Wagyu... Quant au cadre, il est chaleureux et raffiné, mêlant rustique et contemporain.

➜ Saint-Jacques cuite et crue et sorbet de corail. Turbot de Bretagne étuvé aux sucrines et émulsion de beurre noisette. Tarte sablée au chocolat.

Menu 42/96 €

1593 av. de Lyon - ☎ 04 74 21 75 21 - www.lamarelle.fr - Fermé 15-22 fév., 1ᵉʳ-18 mai, 15-30 août, 2-12 janv., mardi midi, dim. et lundi

BOURGES

✉ 18000 (Cher) – 66 666 hab. – Agglo. 82 717 hab. – Alt. 153 m – Carte régionale n° **12**-C3
▶ Paris 244 km – Châteauroux 65 km – Dijon 254 km – Nevers 69 km
Carte Michelin 323-K4 – Guide Vert Michelin Limousin Berry

❀ Le Cercle (Pascal Chaupitre et Christophe Lot) 🍴 ♿ 🅰🅲 ♿

CUISINE MODERNE · DESIGN 🟠🟠🟠 À l'écart du centre-ville, une maison bourgeoise revue et corrigée à la mode design. Bienvenue au Cercle, né fin 2011. Deux chefs expérimentés ont décidé d'y associer leurs talents. Leurs créations se révèlent savoureuses, précises, légères, bigarrées... Beau duo !

➜ Foie gras mi-cuit à la pomme, rôti et laqué au soja. Lieu jaune rôti aux chanterelles et émulsion au savagnin. Yaourt glacé de fromage frais de brebis et figues pochées à l'hibiscus.

Menu 26 € (déj. en semaine), **55/90 €** – **Carte environ 70 €**

Plan : X-f - 44 bd Lahitolle - ☎ 02 48 70 33 27 - www.restaurant-lecercle.fr - *Fermé 15-24 fév., 10-19 avril, 15-30 août, 3-12 janv., dim. et lundi*

😊 Le Beauvoir ❀ 🍴 🅰🅲

CUISINE TRADITIONNELLE · ÉLÉGANT 🟠🟠🟠 Une table élégante et accueillante, avec une terrasse sur la cour à l'arrière. Le chef, Didier Guyot, concocte une appétissante cuisine traditionnelle où les produits frais ont la part belle. Une valeur sûre.

☙ Menu 16 € (semaine), **30/47 €** – **Carte 64/82 €**

Plan : Y-e - 1 av. Marx-Dormoy - ☎ 02 48 65 42 44 - *www.restaurant-lebeauvoir.com - Fermé 5-31 août et dim. soir*

🍴 Le Bourbonnoux 🅰🅲

CUISINE MODERNE · CLASSIQUE 🟠🟠 Dans ce restaurant du quartier historique, les gourmands se régalent d'une appétissante cuisine traditionnelle : rognons de veau, ravioles de foie gras, gigolettes de pintade et sauce aux cèpes, etc. Des petits plats à savourer au beau milieu d'une collection de canards en porcelaine... pour un repas sans couacs !

☙ Menu 14 € (semaine), **20/34 €** – **Carte 35/45 €**

Plan : Y-a - 44 r. Bourbonnoux - ☎ 02 48 24 14 76 - www.bourbonnoux.com - *Fermé 28 fév.-8 mars, 25 avril-2 mai, 15 août-6 sept., sam. midi, dim. soir et vend.*

BOURGES

Baffier (R. J.) .... X 3
Bérégovoy (Av. P.) .... X 6
Deux-Ponts (R. des) .... V 16
Dormoy (Av. M.) .... V 19
Farman (Rd-Pt H.) .... X 21
Foch (Bd du Mar.) .... X 23
Frères-Voisin (Av. des) ...... X 25
Industrie (Bd de l') .... X 30
Joffre (Bd du Mar.) .... X 34
J.-J.-Rousseau (R.) .... X 33
Laudier (Av. H.) .... X 38
Liberté (Bd de la) .... X 41
Mitterrand (Av. F.) .... X 47
Orléans (Av. d') .... V 48
Pignoux (R. de) .... X 51
Près-le-Roi (Av. des) .... V 53
Prospective (Av. de la) ..... V 56
Pyrotechnie (Pl. de la) ..... X 57
Santos-Dumont (Bd) .... X 65
Sellier (R. H.) .... V 66
Semard (Av. P.) .... V 68

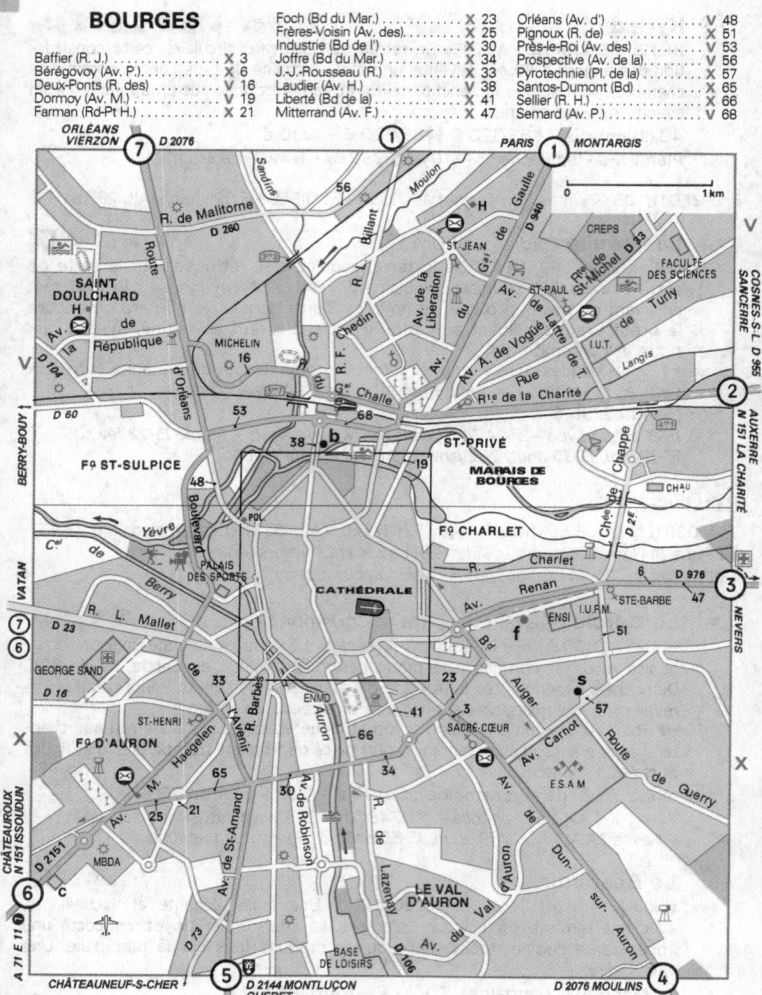

🍽 Les Petits Plats du Bourbon 🅝 🏠 &. 🆔 ⇔ 🅿

CUISINE TRADITIONNELLE · BRASSERIE ✕✕ Au cœur de l'hôtel de Bourbon, le "petit frère" des Petits Plats de Célestin (à Vierzon) décline un concept similaire : un esprit de brasserie chic et une bonne cuisine traditionnelle proposée à l'ardoise. Terrine d'andouillette aux graines de moutarde, gelée de lapereau aux herbes... On passe un bon moment.

🍴 Menu 18/25 € – Carte 32/45 €

Plan : Y-b – *Hôtel De Bourbon, 60-62 av. Jean-Jaurès*
– 𝒞 02 48 70 79 90 – www.lespetitsplatsdubourbon.com
– Fermé dim. et lundi

BOURGES

Armuriers (R. des) .... **Z** 2
Auron (Bd d') .... **Z**
Barbès (R.) .... **Z** 4
Beaux-Arts (R. des) .... **Y** 5
Bourbonnoux (R.) .... **YZ**
Calvin (R.) .... **Y** 7
Cambournac (R.) .... **Y** 8
Champ-de-Foire (R. du) .... **Z** 12
Commerce (R. du) .... **Y** 13
Coursarlon (R.) .... **Y**
Cujas (Pl.) .... **Y** 15
Dr-Témoin (R. du) .... **Y** 17

Dormoy (Av. Marx) .... **Y** 19
Équerre (R. de l') .... **Z** 20
George-Sand (Escalier) .... **Z** 27
Hémerettes (R. des) .... **Z** 29
Jacobins (Cour des) .... **Z** 31
Jacques-Coeur (R.) .... **Z** 32
Jean-Jaurès (Av.) .... **Y**
Joyeuse (R.) .... **Y** 35
Juranville (Pl.) .... **Z** 36
J.-J. Rousseau (R.) .... **Z** 33
Leblanc (R. N.) .... **YZ** 40
Linières (R. de) .... **Z** 42
Louis XI (Av.) .... **Z** 43
Mallet (R. L.) .... **Z** 44
Marceau (Rampe) .... **Z** 45

Mirebeau (R.) .... **Y**
Moyenne (R.) .... **YZ**
Orléans (Av. d') .... **Y** 48
Pelvoysin (R.) .... **Y** 50
Poissonnerie (R. de la) .... **Y** 52
Prinal (R. du) .... **Y** 55
Rimbault (R. J.) .... **Z** 61
Strasbourg (Bd de) .... **Z** 71
Thaumassière
  (R. de la) .... **Y** 72
Tory (R. G.) .... **Y** 73
Victor-Hugo (R.) .... **Y** 74
3-Maillets (R. des) .... **Y** 75
4-Piliers (Pl. des) .... **Y** 76
95e-de-Ligne (Av. du) .... **Z** 78

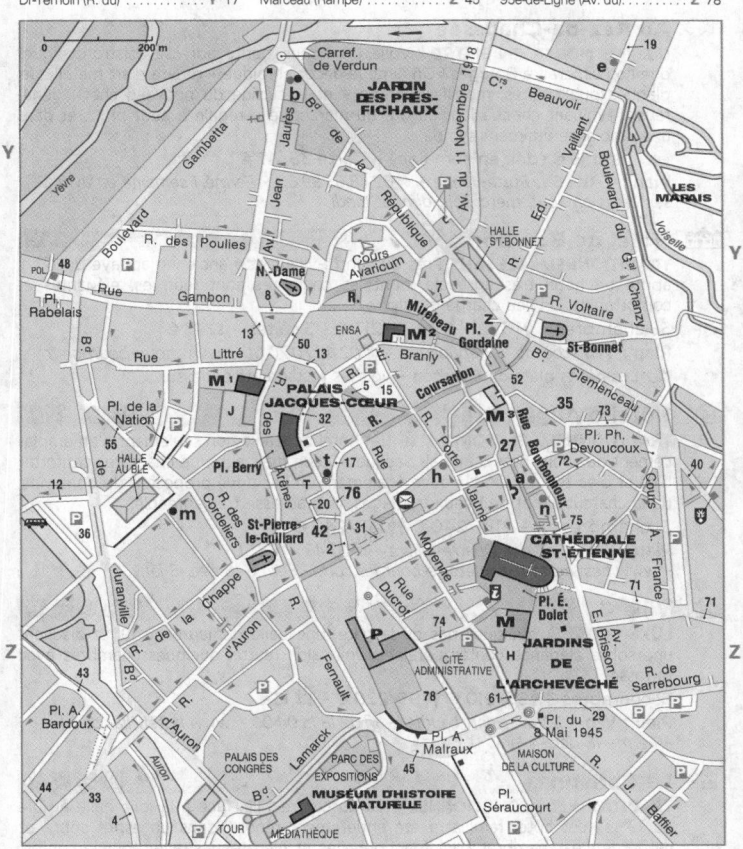

ⅠO La Suite 🕸 A/C

CUISINE MODERNE · À LA MODE X Changement de style pour l'ancien d'Antan Sancerrois : place à un bistrot contemporain chic, avec ses tables en bois brut et son comptoir face à la cuisine ouverte. Évolution aussi du côté de l'assiette, avec une cuisine un brin fusion : suprêmes de cailles en yakitori, taboulé de céréales et graines de couscous...

Formule 20 € – Carte 38/48 €

Plan : Z-n – 50 r. Bourbonnoux – 𝒞 02 48 65 96 26 – www.lasuite-bourges.com – Fermé 1er-21 août, 22 déc.-3 janv., dim. et lundi

Ⅰ○ La Prose 🖼 ♿

CUISINE MODERNE · DESIGN Ⅹ Voilà une prose qui ne plaira pas qu'aux lettrés ! Dans ce restaurant au cadre design, une chef passionnée propose une jolie cuisine pleine de fraîcheur : compression de gambas et chèvre frais aux herbes, magret de canard aux fruits rouges et poêlée de petits légumes au romarin... à accompagner d'un vin bien choisi.

Formule 18 € – Menu 21/39 € – Carte 28/50 €

Plan : Y-z – 7 r. Jean-Girard – ℰ 02 48 70 70 30
– www.restaurant-la-prose.com

Ⅰ○ Au Rez-de-Chaussée

CUISINE MODERNE · BISTRO ⅩVoilà LA bonne petite adresse "bistronomique" que l'on espérait à Bourges ! On aime le décor atypique – œuvre d'art métallique, plaques publicitaires, mobilier vintage – et la cuisine du nouveau chef : généreuse, évoluant chaque jour au gré du marché, elle régale à petit prix... et dans une ambiance vraiment sympa.

∞ Menu 13 € (déj. en semaine) – Carte 35/47 €

Plan : Y-h – 8 r. Porte-Jaune – ℰ 02 48 65 99 60 – Fermé 1 semaine en avril, 2 semaines en août, merc. soir, dim. et lundi

🏨 Hôtel de Bourbon 🗝 🔼 ♿ AC 🛎 P

TRADITIONNEL · ÉLÉGANT Près du centre-ville, cette ancienne abbaye du 17e s. abrite un hôtel très agréable, dont les chambres sont feutrées, élégantes et confortables. Un lieu chargé d'histoire !

58 chambres – †117/217 € ††117/217 € – 3 suites – 🍽 17 €

Plan : Y-b – bd de la République – ℰ 02 48 70 70 00 – www.hotel-bourbon.fr
Ⅰ○ **Les petits plats du Bourbon** – voir les restaurants ci-dessus

🏨 Hôtel d'Angleterre 🔼 AC 🛇 🛎

TRADITIONNEL · PERSONNALISÉ Cet hôtel bénéficie non seulement d'un emplacement de choix, près du palais Jacques-Cœur, mais aussi de chambres confortables et bien tenues. On y trouve également un bar privé proposant de bons vins, de la charcuterie et de beaux fromages. Une adresse très agréable.

31 chambres 🍽 – †114/240 € ††135/240 €

Plan : Y-t – 1 pl. des Quatre-Piliers – ℰ 02 48 24 68 51
– www.bestwestern-angleterre-bourges.com – Fermé 16 déc.-5 janv.

🏨 Villa C 🔼 ♿ AC P

LUXE · COSY À quelques pas de la gare, une belle demeure du 19e s. distillant une sobre élégance contemporaine... Joli salon feutré, quelques chambres avec terrasse.

12 chambres – †95/210 € ††95/220 € – 🍽 13 €

Plan : V-b – 20 av. Henri-Laudier – ℰ 02 18 15 04 00 – www.hotelvillac.com
– Fermé 18 déc.-4 janv.

🏨 Le Christina 🔼 ♿ AC 🛎

TRADITIONNEL · FONCTIONNEL Près du centre-ville, face à la jolie halle au blé du 19e s., cet hôtel familial a été entièrement rénové dans un esprit sobre et moderne. Les chambres sont fonctionnelles et bien tenues, avec tout le confort nécessaire... Une belle évolution !

64 chambres – †60/110 € ††60/110 € – 🍽 10 €

Plan : Z-m – 5 r. de la Halle – ℰ 02 48 70 56 50 – www.le-christina.com

🏨 Les Tilleuls 🛝 ⊃ ♿ AC 🛎 P

URBAIN · ACTUEL Dans les faubourgs, adresse familiale où règne la simplicité. Les chambres sont situées dans une maison de maître (19e s.) et une annexe moderne. Agréable petit jardin et piscine.

38 chambres – †65/91 € ††65/91 € – 🍽 8 €

Plan : X-s – 7 pl. Pyrotechnie – ℰ 02 48 20 49 04 – www.les-tilleuls.com

LE BOURGET-DU-LAC

✉ 73370 (Savoie) – 4 489 hab. – Alt. 240 m – Carte régionale n° **46**-F2
▶ Paris 531 km – Aix-les-Bains 10 km – Annecy 44 km – Belley 23 km
Carte Michelin 333-I4 – Guide Vert Michelin Alpes du Nord

❀❀ Le Bateau Ivre (Jean-Pierre Jacob)   ≤ 🛏 🍴 ℀ 🅿

CUISINE CLASSIQUE · ÉLÉGANT XXX Arthur Rimbaud aurait sans doute apprécié la vue de ce Bateau Ivre, les yeux rivés sur le lac et le mont Revard... La cuisine de Jean-Pierre Jacob a la rigueur et le classicisme d'un poème en alexandrins, mais aussi l'esprit de nouveauté et la fraîcheur d'une œuvre portée par les saisons et l'invention. Une belle table.
→ Foie gras de canard poché, huître et feuilles végétales. Lavaret rôti, bouillon de coquillages et coco. Mousse soufflée au chocolat mi-amer, framboises et sorbet à la rose.
Formule 36 € – Menu 57 € (déj. en semaine), 87/157 € – Carte 95/125 €
Hôtel Ombremont, 2 km au Nord par D1504 – ℰ 04 79 25 00 23
– www.hotel-ombremont.com – Fermé de janv. à mi-fév., jeudi midi de mai à oct., lundi et mardi

---

❀ Auberge Lamartine (Pierre Marin)   ≤ 🛏 🍴 ♿ 🅿

CUISINE MODERNE · COSY XXX Face au lac cher à Lamartine – qui lui dédiera l'un de ses plus célèbres poèmes en souvenir de ses amours passées ("Ô temps, suspends ton vol...") –, cette table est une valeur sûre de la région : un cadre chic et élégant, un service très agréable, et surtout une cuisine toujours inspirée et savoureuse.
→ Truite, pommes de terre ratte, algues de mer, beurre monté à l'échalote et feuille de pain à la fleur de sel. Lavaret du lac, champignons sauvages, légumes verts et purée de pommes de terre au romarin. Citron en déclinaison.
Menu 34 € (déj. en semaine), 55/88 € – Carte 75/100 €
rte du Tunnel du Chat, 3,5 km au Nord par D1504 – ℰ 04 79 25 01 03
– www.lamartine-marin.com – Fermé 18 déc.-21 janv., dim. soir, lundi et mardi sauf fériés

---

❀ Atmosphères (Alain Périllat-Mercerot)   ✿ ⇔ ♨ ≤ 🛏 🍴 ♿ ℀ 🅿

CRÉATIVE · DESIGN XX Atmosphère, atmosphère... La grande bâtisse domine le lac du Bourget, splendide écrin pour une cuisine qui, sans renier des bases classiques, dévoile des recettes créatives et des saveurs délicates. Un très beau travail ! Chambres séduisantes, épurées et colorées.
→ Foie gras de canard épais poêlé, jus citron et gingembre. Lavaret du lac cuit à basse température, blettes et pormonier. Carré chocolat gianduja, croustillant praliné et glace aux noisettes du Piémont.
Menu 32 € (déj. en semaine), 53/95 € – Carte 80/110 €
4 chambres – ♦135/155 € ♦♦135/155 € – 🍽 14 €
618 rte des Tournelles, 2,5 km au Nord-Ouest par D1504 et D42 – ℰ 04 79 25 01 29
– www.atmospheres-hotel.com – Fermé 18 oct.-3 nov., mardi midi et merc. midi en juil.-août, dim. de sept. à juin et lundi

---

⑩ Beaurivage   ⇔ ≤ 🍴 ℀ 🅿

CUISINE MODERNE · FAMILIAL XX Il est des rivages difficiles à quitter ! Tel est le cas de ce restaurant dont la carte étoffée fait la part belle aux produits régionaux et aux poissons du lac. Aux beaux jours, profitez de l'agréable terrasse ombragée ; toute l'année, faites étape dans l'une des chambres, qui jouissent d'une jolie vue.
Formule 22 € – Menu 26 € (déj. en semaine), 38/70 € – Carte 58/72 €
4 chambres – ♦75 € ♦♦79 € – 🍽 10 €
1171 bd du Lac – ℰ 04 79 25 00 38 – www.beaurivage-bourget-du-lac.com – Fermé vacances de la Toussaint, mi-déc. à mi-janv., merc. sauf le midi en juil.-août, dim. soir et jeudi

Ombremont

LUXE · PERSONNALISÉ Dans un superbe parc arboré face au lac et au massif des Bauges, une vaste demeure de 1930. Les chambres, au décor soigné (style contemporain ou raffinement bourgeois), jouissent presque toutes d'une vue magnifique. L'été, profitez de la belle piscine.

14 chambres – †180/370 € ††180/370 € – 3 suites – 立 22 € – ½ P

2 km au Nord par D1504 – ℰ 04 79 25 00 23 – www.hotel-ombremont.com
– Fermé de janv. à mi-fév., lundi et mardi

 ⊛⊛ **Le Bateau Ivre** – voir les restaurants ci-dessus

BOURG-LÈS-VALENCE – 26 (Drôme) → voir Valence

BOURGOIN-JALLIEU

✉ 38300 (Isère) – 26 773 hab. – Alt. 235 m – Carte régionale n° **44**-B2
 ◘ Paris 503 km – Bourg-en-Bresse 81 km – Grenoble 66 km – Lyon 43 km
Carte Michelin 333-E4 – Guide Vert Michelin Lyon et sa région

⊛ Domaine des Séquoias (Eric Jambon)

CUISINE MODERNE · ÉLÉGANT XxX On passe un agréable moment au sein de cette belle maison de maître, d'une élégance toute classique, où de grandes toiles contemporaines projettent leurs couleurs à travers la pièce. Le repas se décline au fil de mets très savoureux et originaux, guidés par le souci du bon produit. Autre atout : l'accueil est charmant.

→ Œuf cuit à 64°, mousse de foin, maïs et mouillette végétale. Ormeau, sauce absinthe, enokis et noisettes. Shortbread millionnaire.

Menu 40 € (déj. en semaine), 65/125 €

Hôtel Domaine des Séquoias, 54 Vie-de-Boussieu, 2,5 km à l'Est par D1006 et rte de Boussieu – ℰ 04 74 93 78 00 – www.domaine-sequoias.com – Fermé 3 semaines en août, 1 semaine fin oct., 21 déc.-6 janv., dim. soir, mardi midi et lundi

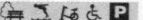 Domaine des Séquoias

MAISON DE CAMPAGNE · PERSONNALISÉ Un hôtel élégant, bien au calme dans un grand parc. Vous pouvez choisir entre les chambres classiques et spacieuses de la Demeure, ou celles plus modernes et design de la Ferme. Indéniablement séduisant.

19 chambres – †125/260 € ††125/260 € – 立 20 €

54 Vie-de-Boussieu, 2,5 km à l'Est par D1006 et rte de Boussieu
– ℰ 04 74 93 78 00 – www.domaine-sequoias.com – Fermé 3 semaines en août, 1 semaine fin oct. et 21 déc.-6 janv.

 ⊛ **Domaine des Séquoias** – voir les restaurants ci-dessus

⌂ Les Dauphins

FAMILIAL · PERSONNALISÉ Dans cette pimpante maison bourgeoise (1910) et ses deux annexes, on découvre des chambres coquettes, aux tons pastel et fort bien tenues. Pour la détente : terrasse face au jardin où trône un beau séquoia centenaire, piscine et petit fitness.

20 chambres – †65/85 € ††65/85 € – 立 9 €

8 r. François-Berrier, 1,5 km à l'Ouest par D312 – ℰ 04 74 93 00 58
– www.hotel-des-dauphins.fr

à La Grive 4,5 km à l'Ouest par D312 – ✉ 38300 Bourgoin Jallieu

ⅠO L'Émulsion

CUISINE MODERNE · ÉLÉGANT XX Une Émulsion à la fois savoureuse et inventive. Le cadre, contemporain et élégant, sert à merveille des recettes telles que le foie gras choc-passion, le pigeonneau de Dominique Berger, côtes de blettes et oignons nouveaux, ou ce millefeuille d'aubergines séchées, crème citron et sorbet basilic – un dessert surprenant...

Formule 18 € – Menu 26 € (déj.), 40/52 € – Carte 52/75 €

– ℰ 04 74 28 19 12 – www.lemulsion-restaurant.com – Fermé 3 semaines en août, 22 déc.-2 janv., dim. et lundi

BOURG-ST-ANDÉOL

✉ 07700 (Ardèche) – 7 203 hab. – Alt. 36 m – Carte régionale n° **44**-B3

▶ Paris 640 km – Aubenas 57 km – Montélimar 26 km – Orange 34 km

Carte Michelin 331-J7 – Guide Vert Michelin Ardèche Drôme

🏠 Le Clos des Oliviers   ☆ AK ᠘

FAMILIAL · FONCTIONNEL Sur la place principale du village, cette maison ancienne, bien rénovée, abrite de petites chambres fonctionnelles et colorées. Celles de l'annexe sont plus calmes. Au restaurant, terrasse au milieu des oliviers et... saveurs du Sud.

24 chambres – ♦45/65 € ♦♦50/75 € – ☑ 8 € – ½ P

20 pl. du Champ-de-Mars – ℰ 04 75 54 50 12 – www.closdesoliviers.fr
– Fermé 20 déc.-4 janv.

BOURG-ST-MAURICE

✉ 73700 (Savoie) – 7 741 hab. – Alt. 850 m – Carte régionale n° **45**-D2

▶ Paris 635 km – Albertville 54 km – Aosta 79 km – Chambéry 103 km

Carte Michelin 333-N4 – Guide Vert Michelin Alpes du Nord

🙂 L'Arssiban   🛖

CUISINE MODERNE · RUSTIQUE ✗ Savez-vous ce qu'est un arssiban ? C'est un "banc-coffre" en pin typique de la Savoie ! Telle est la pièce maîtresse du chaleureux décor de ce chalet : voûtes en pierre, tables en bois... Adepte inconditionnel des produits frais, le chef explore la tradition avec savoir-faire. Une sympathique adresse.

Menu 28/49 € – Carte 42/69 €

253 av. Antoine-Borrel – ℰ 04 79 07 77 35
– Fermé 19 juin-9 juil., 30 oct.-10 nov., merc. soir, dim. soir et lundi

🍴 Le Montagnole   🛖

CUISINE TRADITIONNELLE · FAMILIAL ✗ Les propriétaires, tous deux artistes, exposent leurs œuvres picturales et poétiques dans la salle. Ce n'est pas la moindre coquetterie de ce restaurant pour lequel ils donnent beaucoup. Dans l'assiette : le goût de la tradition.

Formule 16 € – Menu 21/34 € – Carte 42/56 €

26 av. du Stade – ℰ 04 79 07 11 52 – www.restaurantlemontagnole.com
– Fermé 31 mai-15 juin, 15 nov.-7 déc. et mardi hors saison

🏠 L'Autantic   ⊗ ⪽ ⊡ & ᠘ P

BUSINESS · PERSONNALISÉ Authentique, ce chalet en pierre et bois ! Les chambres, mêlant murs immaculés, bois et fer forgé, sont petites et bien tenues. Préférez celles avec terrasse ou balcon. Agréable piscine couverte.

29 chambres – ♦40/135 € ♦♦40/135 € – ☑ 11 €

69 rte d'Hauteville – ℰ 04 79 07 01 70 – www.hotel-autantic.fr

BOURGUEIL

✉ 37140 (Indre-et-Loire) – 3 884 hab. – Alt. 42 m – Carte régionale n° **11**-A2

▶ Paris 281 km – Angers 81 km – Chinon 16 km – Saumur 23 km

Carte Michelin 317-J5 – Guide Vert Michelin Châteaux de la Loire

🍴 La Rose de Pindare   🛖 & ⅌

CUISINE MODERNE · COSY ✗✗ Anagramme de Pierre Ronsard – à deux lettres près –, La Rose de Pindare a conservé toute sa fraîcheur ! On s'installe dans une salle fleurie ou sur la terrasse pour déguster une cuisine dans l'air du temps, concoctée avec de beaux produits. Une bonne adresse.

Menu 21/43 € – Carte 25/55 €

4 pl. Hublin – ℰ 02 47 97 70 50 – www.larosedepindare.com – Fermé 1er-10 fév. et
merc.

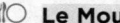 **Le Moulin Bleu**

CUISINE TRADITIONNELLE · RUSTIQUE X Envie de manger dans un lieu insolite ? Dans ce cas, poussez la porte de ce moulin angevin (15e s.) avec vue sur le vignoble de Bourgueil ! Dans une salle rustique, au charme désuet, on déguste une cuisine traditionnelle généreuse et goûteuse. Ambiance chaleureuse.

Formule 21 € – Menu 27/37 € – Carte 36/59 €

7 rte du Moulin-Bleu, 2 km au Nord par rte de Courléon – ℰ 02 47 97 73 13
– www.lemoulinbleu.com – Fermé janv., dim. soir, mardi soir et merc.

BOURGUIGNONS – 10 (Aube) → voir Bar-sur-Seine

BOURGVILAIN

✉ 71520 (Saône-et-Loire) – 328 hab. – Alt. 280 m – Carte régionale n° **8**-C3
◻ Paris 422 km – Dijon 151 km – Lyon 88 km – Mâcon 22 km
Carte Michelin 320-H11

Auberge Larochette **N**

CUISINE TRADITIONNELLE · AUBERGE X Cette sympathique auberge, située au cœur d'un village à quelques kilomètres de Cluny, dévoile une cuisine fraîche et maîtrisée : porchetta de lapin et salade verte, quenelles de brochet au coulis d'écrevisses... La cheminée crépite en hiver, la terrasse ombragée permet de profiter de l'été. Accueil attentionné.

🍴 Menu 18 € (déj. en semaine), 24/43 € – Carte 35/59 €

Le Bourg – ℰ 03 85 50 81 73 – www.aubergelarochette.com – Fermé 16-30 nov.,
13-29 fév., dim. soir, mardi midi et lundi

BOURNEVILLE

✉ 27500 (Eure) – 944 hab. – Alt. 124 m – Carte régionale n° **32**-B3
◻ Paris 155 km – Brionne 25 km – Le Havre 45 km – Rouen 43 km
Carte Michelin 304-D5

Risle Seine

CUISINE TRADITIONNELLE · RUSTIQUE X Au cœur du village, l'une de ces bonnes auberges qui cultivent le goût de cuisiner : rosace d'andouille et de pomme, sauce au cidre ; tendron de veau braisé aux petits oignons ; sablé aux fraises et à la rhubarbe... La tradition, et plus encore.

🍴 Formule 14 € – Menu 19/33 € – Carte 21/38 €

5 pl. de la Mairie – ℰ 02 32 42 30 22 – www.risle-seine.com – Fermé vacances de
la Toussaint, mardi et merc. sauf fériés

BOURRON-MARLOTTE

✉ 77780 (Seine-et-Marne) – 2 647 hab. – Alt. 71 m – Carte régionale n° **19**-C3
◻ Paris 72 km – Fontainebleau 9 km – Melun 26 km – Montereau-Fault-Yonne 26 km
Carte Michelin 312-F5 – Guide Vert Michelin Île-de-France

Les Prémices

CRÉATIVE · À LA MODE XxX Dans les dépendances du château de Bourron (fin 16e-début 17e s.), salle moderne et terrasse fleurie. Cuisine inventive fervente des produits exotiques ; belle carte de vins.

Menu 42/95 € 🍷 – Carte 88/113 €

Château de Bourron – ℰ 01 64 78 33 00 – www.restaurant-les-premices.com
– Fermé 1er-15 août, vacances de Noël, dim. soir, lundi et mardi

BOURTH

✉ 27580 (Eure) – 1 265 hab. – Alt. 182 m – Carte régionale n° **33**-C2
◻ Paris 125 km – L'Aigle 16 km – Alençon 78 km – Évreux 46 km
Carte Michelin 304-E9

Auberge Chantecler

CUISINE TRADITIONNELLE • RUSTIQUE XX Près de l'église, on repère aisément cette auberge avec sa façade en briques chaulées fleurie de géraniums en été. La carte rend hommage à la Normandie et à ses produits, en particulier la spécialité de la maison : le soufflé froid au calvados !

Formule 19 € – Menu 29/42 € – Carte 32/49 €

6 pl. de l'Église – ✆ 02 32 32 61 45 – www.auberge-chanteclerc.fr – Fermé dim. soir, merc. soir et lundi

BOUSSAC

✉ 23600 (Creuse) – 1 300 hab. – Alt. 376 m – Carte régionale n° **25**-C1

▶ Paris 333 km – Aubusson 50 km – La Châtre 37 km – Guéret 41 km

Carte Michelin 325-K2 – Guide Vert Michelin Limousin Berry

à Nouzerines 10 km au Nord-Ouest par D97 – ✉ 23600 – 247 hab. – Alt. 407 m

La Bonne Auberge

CUISINE TRADITIONNELLE • RURAL XX C'est une jolie petite auberge de village, avenante et pittoresque avec ses volets verts. Les gourmands y apprécient une bonne cuisine de tradition qui met à l'honneur les petits producteurs locaux. Et pour le repos, les chambres sont bien pratiques. Un endroit où l'on se rend avec plaisir !

Formule 17 € – Menu 22 € (semaine), 29/52 € – Carte 28/69 €

6 chambres – †66/82 € ††70/85 € – ☕ 10 €

1 r. des Lilas – ✆ 05 55 82 01 18 – www.la-bonne-auberge.net – Fermé 16 fév.-10 mars, 19 sept.-5 oct., mardi midi sauf en été, dim. soir et lundi

BOUTERVILLIERS – 91 (Essonne) ➜ voir Étampes

BOUZEL

✉ 63910 (Puy-de-Dôme) – 706 hab. – Alt. 320 m – Carte régionale n° **6**-C2

▶ Paris 432 km – Ambert 57 km – Clermont-Ferrand 23 km – Issoire 38 km

Carte Michelin 326-G8

L'Auberge du Ver Luisant

CUISINE TRADITIONNELLE • AUBERGE XX Voilà un ver luisant qui brille derrière les fourneaux ! Dans cette jolie maison de pays, on savoure une goûteuse cuisine traditionnelle, où transparaît tout l'amour du chef pour la gastronomie. Service attentionné et petits prix à la clé.

Menu 17 € (déj. en semaine), 29/56 € – Carte 36/64 €

2 r. Breuil – ✆ 04 73 62 93 83 – Fermé 1 semaine vacances de Pâques, 16 août-8 sept., 2-9 janv., merc. soir, jeudi soir, dim. soir, lundi et mardi

BOUZE-LÈS-BEAUNE – 21 (Côte-d'Or) ➜ voir Beaune

BOUZIGUES – 34 (Hérault) ➜ voir Mèze

BOUZY

✉ 51150 (Marne) – 937 hab. – Alt. 111 m – Carte régionale n° **13**-B2

▶ Paris 168 km – Châlons-en-Champagne 29 km – Épernay 21 km – Reims 27 km

Carte Michelin 306-G8

Les Barbotines

FAMILIAL • PERSONNALISÉ Un village viticole, entre Reims et Châlons-en-Champagne, voilà déjà une bonne raison de faire une halte dans cette belle maison de vigneron du 19e s. Joli mobilier chiné dans les chambres, accueil plein de petites attentions : une bonne adresse !

5 chambres ☕ – †88 € ††108 €

1 pl. A.-Tritant – ✆ 03 26 57 07 31 – www.lesbarbotines.com – Fermé 1er-20 août et 15 déc.-1er fév.

BOZOULS

✉ 12340 (Aveyron) – 2 742 hab. – Alt. 530 m – Carte régionale n° **29**-D1
▶ Paris 603 km – Espalion 11 km – Mende 94 km – Rodez 22 km
Carte Michelin 338-I4

❀ Le Belvédère (Guillaume Viala) 🕸 ⇔ 🕸 🅿

CUISINE MODERNE · COSY ⅹ On se laisse volontiers entraîner vers ce Belvédère chaleureux qui domine le "trou de Bozouls", superbe cirque naturel. Guillaume Viala y prépare légumes, herbes et produits du terroir avec beaucoup d'intelligence, créant des mariages malins et pertinents, colorés et parfumés. De la belle ouvrage !
➜ Le "bouillon de cultures". Volailles fermières de Gillorgues. Le gourg d'enfer.
Menu 35 € (déj. en semaine), 59/89 €
9 chambres – ♦69/89 € ♦♦72/89 € – ☑ 17 €
11 rte du Maquis Jean-Pierre, rte de St-Julien – ℰ 05 65 44 92 66 (réservation conseillée) – www.belvedere-bozouls.com – Fermé 29 fév.-18 mars, 14 nov.-9 déc., mardi midi, dim. soir et lundi

ⓐ À la Route d'Argent 🕸 🕭 🖾 ⇔ 🚗

CUISINE TRADITIONNELLE · ÉLÉGANT ⅩⅩ Au rez-de-chaussée de l'hôtel, un restaurant à la décoration moderne et lumineux, où l'on déguste des plats traditionnels généreux et gourmands. Feuilleté aux asperges, ris d'agneau à l'aligot et endive braisée, etc. : la carte varie au gré du marché et les cuissons sont toujours justes... Médaille d'argent !
Menu 21 € (semaine), 32/49 €
*Hôtel À la Route d'Argent, rte d'Espalion – ℰ 05 65 44 92 27
– www.laroutedargent.com – Fermé janv., fév., lundi et mardi sauf le soir en juil.-août, dim. soir, mardi midi et lundi hors saison*

🏠 À la Route d'Argent 🕭 🎿 🕭 🚠 🚗

TRADITIONNEL · FONCTIONNEL Un hôtel-restaurant des années 1970 avec des chambres simples et pratiques, toutes en boiseries et couleurs chaudes, plus agréables encore côté piscine ; celles situées dans l'annexe offrent un confort similaire. Une maison sérieuse !
21 chambres – ♦52/69 € ♦♦59/69 € – ☑ 9 € – ½ P
rte d'Espalion – ℰ 05 65 44 92 27 – www.laroutedargent.com – Fermé janv. et fév.
ⓐ À la Route d'Argent - voir les restaurants ci-dessus

🏠 Hameau des Brunes 🕭 🚃 🕸 🅿

FAMILIAL · PERSONNALISÉ Avec sa tourelle, cette demeure du 18ᵉ s. est charmante, et le propriétaire est aux petits soins pour ses hôtes. Un jardin-verger ravissant, du mobilier ancien, des produits régionaux au petit-déjeuner et la campagne pour bel horizon : du caractère !
5 chambres ☑ – ♦92/158 € ♦♦92/158 €
*hameau les Brunes, 5 km au Sud par D920 et rte secondaire – ℰ 05 65 48 50 11
– www.lesbrunes.com*

BRACIEUX

✉ 41250 (Loir-et-Cher) – 1 259 hab. – Alt. 70 m – Carte régionale n° **11**-B1
▶ Paris 185 km – Blois 19 km – Montrichard 39 km – Orléans 64 km
Carte Michelin 318-G6 – Guide Vert Michelin Châteaux de la Loire

ⓐ Le Rendez-vous des Gourmets 🕸 🕭 ⇔ 🅿

CUISINE TRADITIONNELLE · AUBERGE ⅹ Cette auberge familiale est le repaire du chef Didier Doreau, qui travaille de beaux produits en respectant la tradition (lièvre à la royale, agneau confit aux herbes potagères, gratin d'agrumes, etc.). De fait, l'établissement s'est imposé comme un "rendez-vous des gourmets".
🍴 Formule 17 € – Menu 20 € (semaine), 32/67 € – Carte 49/75 €
20 r. Roger-Brun – ℰ 02 54 46 03 87 – Fermé vacances de printemps, 25 août-5 sept., vacances de la Toussaint, 23 déc.-20 janv., dim. soir, sam. midi et merc.

L'Orée des Châteaux   🚿 **P**

FAMILIAL · FONCTIONNEL Un petit hôtel minimaliste, très prisé par les touristes en route pour les châteaux de la Loire. En plus des chambres, confortables et accueillantes, on peut opter pour un petit appartement équipé.
16 chambres – ♦51/60 € ♦♦64/74 € – ☲ 8,50 €
9 bis rte de Blois – ☏ 02 54 46 40 19 – www.oree-des-chateaux.com

BRAM

✉ 11150 (Aude) – 3 401 hab. – Alt. 134 m – Carte régionale n° **22**-A2
▶ Paris 749 km – Carcassonne 24 km – Castres 67 km – Montpellier 173 km
Carte Michelin 344-D3 – Guide Vert Michelin Languedoc

au Nord rte de Castelnaudary : 4 km par D4, N6113 et rte secondaire - ✉ 11150 Bram

 Château de la Prade

MAISON DE CAMPAGNE · PERSONNALISÉ Des paons, de superbes magnolias, des platanes centenaires... Le parc est ravissant, tout comme cette demeure bourgeoise, classique et élégante sans ostentation. Au petit-déjeuner, on se régale de confitures maison et, à la table d'hôte, d'une cuisine du terroir. Le tout à deux pas du canal du Midi !
4 chambres ☲ – ♦80/110 € ♦♦95/125 €
– ☏ 04 68 78 03 99 – www.chateaulaprade.fr – Ouvert de mi-mars à mi-nov.

LA BRANDE – 36 (Indre) ➔ voir Montipouret

BRANNE

✉ 33420 (Gironde) – 1 323 hab. – Alt. 10 m – Carte régionale n° **4**-C1
▶ Paris 593 km – Bordeaux 35 km – Bergerac 57 km – Libourne 13 km
Carte Michelin 335-J6

 Le Caffé Cuisine   🍴 **AK** ✿

CUISINE TRADITIONNELLE · CONVIVIAL ✗ Simple, frais et sans chichi ! Le chef valorise les produits et le terroir : canard des Landes, pêche du jour, agneau de la région... tout près du pont sur la Dordogne.
⍩ Menu 17 € (déj. en semaine)/30 € – Carte 35/75 €
7 pl. du Marché, (au pont) – ☏ 05 57 24 19 67 – Fermé dim. soir et lundi

 Vous recherchez un hébergement particulièrement agréable, pour un séjour de charme ? Optez pour les établissements en rouge : 🏠 ...🏰 .

BRANTÔME

✉ 24310 (Dordogne) – 2 181 hab. – Alt. 104 m – Carte régionale n° **4**-C1
▶ Paris 470 km – Angoulême 58 km – Limoges 83 km – Nontron 23 km
Carte Michelin 329-E3 – Guide Vert Michelin Périgord Quercy

 Le Moulin de l'Abbaye   ⬑ 🛏 🍴 🌳

CUISINE TRADITIONNELLE · ROMANTIQUE ✗✗✗ Charme contemporain et intemporel, dépaysement en écoutant bruire la Dronne... et une cuisine qui épouse joliment l'air du temps. Pour savourer pleinement l'instant : oubliez votre montre !
Formule 29 € – Menu 39/85 € – Carte 59/109 €
Hôtel Le Moulin de l'Abbaye, 1 rte de Bourdeilles – ☏ 05 53 05 80 22
– www.moulinabbaye.com – Ouvert de fév. à nov. et fermé mardi midi, merc. midi, jeudi midi et lundi

ⅠⅠ◯ Charbonnel

CUISINE MODERNE · CONVIVIAL XX Pigeon, foie gras, cèpes et truffes... des produits du terroir joliment relevés à la sauce contemporaine, pour une cuisine pleine de goût ! Atmosphère cosy et, aux beaux jours, jolie terrasse donnant sur la Dronne.

Menu 34/70 € – Carte 42/88 €

Hôtel Charbonnel, 57 r. Gambetta – ℰ 05 53 05 70 15
– www.lesfrerescharbonnel.com – Fermé 1ᵉʳ fév.-5 mars, 15 nov.-3 déc., dim. soir d'oct. à juin, jeudi soir de janv. à mars et lundi sauf juil.-août

ⅠⅠ◯ Les Jardins de Brantôme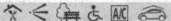

TERROIR · CONVIVIAL XX Dans les Jardins de Brantôme s'épanouit une savoureuse cuisine du terroir. Le chef met un point d'honneur à privilégier les petits producteurs. Ainsi un porc fermier du Périgord caramélisé et ses légumes confits. Joli cadre rustique.

Menu 36/40 € – Carte 41/54 €

Hôtel Les Jardins de Brantôme, 33-37 r. Pierre-de-Mareuil – ℰ 05 53 05 88 16
– www.lesjardinsdebrantome.com – Fermé mi-déc. à fin janv., le midi sauf dim., jeudi hors saison et merc.

⌂⌂⌂⌂ Le Moulin de l'Abbaye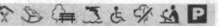

LUXE · PERSONNALISÉ Un ravissant moulin et sa maison de meunier : voilà un cadre bucolique qui laisse rêveur ! Les chambres, empreintes de douceur romantique, sont bercées par le murmure d'une cascade. Quiétude, quand tu nous tiens...

20 chambres – †150/450 € ††150/450 € – ⊡ 17 €

1 rte de Bourdeilles – ℰ 05 53 05 80 22 – www.moulinabbaye.com – Ouvert de fév. à nov.

ⅠⅠ◯ **Le Moulin de l'Abbaye** – voir les restaurants ci-dessus

⌂⌂⌂ Moulin de Vigonac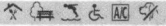

FAMILIAL · COSY Esprit romantique en ce moulin du 16ᵉ s., bercé par la Dronne. Les chambres, confortables et bien tenues, sont joliment décorées. À la belle saison, on profite du parc et de la piscine. Restauration traditionnelle.

10 chambres – †125/300 € ††125/300 € – ⊡ 17 €

– ℰ 05 53 05 87 59 – www.moulindevigonac.com – Ouvert 15 mars-30 nov.

⌂⌂⌂ Les Jardins de Brantôme

TRADITIONNEL · PERSONNALISÉ Au cœur de la "Venise du Périgord", cette demeure du 18ᵉ s. a joui d'une belle réhabilitation : tons apaisants, matériaux de qualité, vieilles pierres et esprit d'aujourd'hui... avec un agréable salon (cheminée), un joli jardin et sa piscine. Une adresse où il fait bon séjourner.

7 chambres – †115/185 € ††115/275 € – ⊡ 14 €

33 r. Pierre-de-Mareuil – ℰ 05 53 05 88 16 – www.lesjardinsdebrantome.com
– Fermé mi-déc. à fin-janv.

ⅠⅠ◯ **Les Jardins de Brantôme** – voir les restaurants ci-dessus

⌂⌂ Charbonnel

FAMILIAL · CLASSIQUE Une maison de tradition qui épouse pleinement son époque : des chambres confortables et douillettes, une terrasse sur la Dronne et un restaurant traditionnel, le tout relooké avec fraîcheur... Une bonne étape !

18 chambres – †60/65 € ††80/105 € – ⊡ 12 € – ½ P

57 r. Gambetta – ℰ 05 53 05 70 15 – www.lesfrerescharbonnel.com
– Fermé 1ᵉʳ fév.-5 mars et 15 nov.-3 déc.

ⅠⅠ◯ **Charbonnel** – voir les restaurants ci-dessus

à Champagnac-de-Belair 6 km au Nord-Est par D78 et D83 - ✉ 24530 - 698 hab. - Alt. 135 m

Le Moulin du Roc (Alain Gardillou)

CUISINE TRADITIONNELLE • **RUSTIQUE** XXX On peut être un Roc et à la fois d'une grande délicatesse : preuve en est cette cuisine subtile, qui puise dans le terroir des saveurs sensibles... mais fortes. L'environnement verdoyant ajoute au plaisir du moment. Ouverture au déjeuner en semaine à travers une formule simplifiée.

➜ Foie gras du Périgord rôti en cocotte, poivre et sel. Pâtes fraîches aux truffes noires du Périgord. Chariot des desserts.

Menu 75/120 € - Carte 80/150 €

- ✆ 05 53 02 86 00 - www.moulinduroc.com - Ouvert 23 mars-6 nov. et fermé le midi sauf dim. et sauf fériés et mardi

Le Moulin du Roc

LUXE • HISTORIQUE Le lieu est magique : un luxueux moulin à huile sur la Dronne, entouré de verdure. Les chambres sont superbes et l'on se perd dans un dédale d'escaliers ou dans le jardin au bord de l'eau...

15 chambres - †150/290 € ††150/350 € - ☕ 18 €

- ✆ 05 53 02 86 00 - www.moulinduroc.com - Ouvert 23 mars-6 nov.

Le Moulin du Roc - voir les restaurants ci-dessus

à Bourdeilles 10 km au Sud-Ouest par D78 - ✉ 24310 - 763 hab. - Alt. 103 m

Hostellerie Les Griffons

FAMILIAL • PERSONNALISÉ Charme des poutres et des vieilles pierres, vue sur la Dronne : au pied du château, cette maison bourgeoise du 16es. cultive avec élégance un certain romantisme rural. Le matin, on prend son petit-déjeuner dans la véranda face à la rivière et au jardin.

10 chambres - †95/115 € ††95/115 € - ☕ 13 €

Le Pont - ✆ 05 53 45 45 35 - www.griffons.fr - Ouvert 29 avril-25 sept.

BRAS

✉ 83149 (Var) - 2 543 hab. - Alt. 280 m - Carte régionale n° **41**-C3

▶ Paris 814 km - Aix-en-Provence 55 km - Marseille 62 km - Toulon 61 km

Carte Michelin 340-K5

Une Campagne en Provence

RURAL • CAMPAGNARD Idéale pour une retraite au plus près de la campagne, cette ancienne ferme des Templiers, remontant au 12es., se dresse parmi les prairies et les vignes. Chaleureux et charmant décor provençal. À la table d'hôte, cuisine régionale et vins de la propriété.

5 chambres ☕ - †98/116 € ††125/190 € - ½ P

Domaine Le Peyrourier, 3 km au Sud-Ouest par D28 et rte secondaire - ✆ 04 98 05 10 20 - www.provence4u.com - Ouvert 25 mars-7 nov.

BRASSEMPOUY

✉ 40330 (Landes) - 285 hab. - Alt. 120 m - Carte régionale n° **3**-B3

▶ Paris 754 km - Bordeaux 175 km - Mont-de-Marsan 39 km - Pau 57 km

Carte Michelin 335-G13 - Guide Vert Michelin Aquitaine

L'Auberge du Laurier

CUISINE TRADITIONNELLE • **AUBERGE** X Tartine de gésiers gratinés, poulet fermier, crépinette de cochon au romarin, pannacotta aux pruneaux d'Agen, pain perdu aux pommes, etc. : une jolie cuisine de tradition, valorisant les produits de la région, au menu de cette auberge d'aujourd'hui chaleureuse et lumineuse, dont la terrasse borde le jardin potager.

Formule 22 € - Menu 29 €

1459 rte d'Amou, 3 km au Nord, rte de St-Cricq-Chalosse par D21 - ✆ 05 58 75 08 05 - www.aubergedulaurier.fr - Fermé 1 semaine en fév., 21-27 déc., mardi et merc.

🏠 La Petite Couronne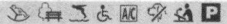

HÔTEL DE VACANCES · DESIGN Défenseurs de la planète, cette adresse est faite pour vous ! En pleine campagne, l'établissement, tout en bois, joue la carte écolo, et les chambres, confortables et bien tenues, respectent les normes environnementales. Petit-déjeuner copieux, servi face à la piscine.

10 chambres ⌂ – ♦78/95 € ♦♦89/110 €

*1459 rte d'Amou, 3 km au Nord, rte de St-Cricq-Chalosse par D21
– ✆ 05 58 79 38 37 – www.lapetitecouronne.fr – Fermé 1 semaine en déc.*

BRAY-ET-LU

✉ 95710 (Val-d'Oise) – 965 hab. – Alt. 28 m – Carte régionale n° **18**-A1
🗺 Paris 70 km – Rouen 61 km – Gisors 26 km – Pontoise 36 km
Carte Michelin 305-A6 et 106

🍽 Les Jardins d'Epicure

CUISINE MODERNE · ÉLÉGANT 🟭🟭 Épicure aurait-il célébré le plaisir d'un repas pris dans le décor pour le moins original de ces Jardins, avec leurs tables réparties autour d'une piscine, dans une grande verrière ouverte sur la verdure ? En cuisine, le jeune chef travaille avec soin de beaux produits de saison, qu'il agrémente au goût du jour.

Formule 29 € – Menu 42/79 € – Carte 68/102 €

16 Grande-Rue – ✆ 01 34 67 75 87 – www.lesjardinsdepicure.com – Fermé dim. soir, mardi midi et lundi

🏠 Les Jardins d'Epicure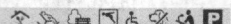

VILLA · PERSONNALISÉ Racheté en 2013 par un couple de trentenaires pleins d'allant, ce groupement de maisons datant du 19e s. s'étend dans un joli parc traversé par une rivière. On s'y prélasse dans des chambres aux ambiances très variées : contemporaines, romantiques ou de style Napoléon III. De quoi satisfaire les épicuriens !

19 chambres – ♦95/320 € ♦♦95/320 € – ⌂ 15 €

16 Grande-Rue – ✆ 01 34 67 75 87 – www.lesjardinsdepicure.com
🍽 **Les Jardins d'Epicure** – voir les restaurants ci-dessus

BREBIÈRES – 62 (Pas-de-Calais) ➜ voir Douai

BRÉHAT (ÎLE-DE) – 22 (Côtes-d'Armor) ➜ voir Île-de-Bréhat

LA BREILLE-LES-PINS

✉ 49390 (Maine-et-Loire) – 585 hab. – Alt. 105 m – Carte régionale n° **35**-C2
🗺 Paris 283 km – Angers 70 km – Baugé 31 km – Chinon 29 km
Carte Michelin 317-J4

🍽 L'Orée des Bois

CUISINE TRADITIONNELLE · AUBERGE 🟭🟭 Au cœur du village, dans un bâtiment des années 1980, le restaurant joue la carte du classicisme, mêlant meubles de style Louis XIII et rustiques. Quant aux assiettes, elles embaument les parfums du terroir. Chambres simples et bien tenues pour l'étape.

🍴 Menu 18 € (semaine), 24/55 € – Carte 34/57 €

7 chambres – ♦62 € ♦♦62/74 € – ⌂ 9 €

*2 r. Saumuroise – ✆ 02 41 38 85 45 – www.hotel-restaurant-loreedesbois.fr
– Fermé 10-23 oct., 2-15 janv., dim. soir et merc.*

BRÉLÈS

✉ 29810 (Finistère) – 846 hab. – Alt. 52 m – Carte régionale n° **9**-A1
🗺 Paris 616 km – Brest 25 km – Quimper 99 km – Rennes 264 km
Carte Michelin 308-C4

🍽️ Auberge de Bel Air ⬅️ 🐟 🛏️ 🍴 🗲 P

CUISINE TRADITIONNELLE • AUBERGE X Une charmante ferme en granit, posée au bord de l'aber Ildut, avec un grand jardin et un étang. Dans l'assiette, une cuisine de la mer typique de la Bretagne, à l'image de ce filet de lieu jaune à la crème de homard. Quant au cadre, rustique, il prête à la tranquillité...

Formule 20 € – Menu 27 €

3 chambres ⌂ – †78/94 € ††84/100 €

rte de Lanildut – ℰ 02 98 04 36 01 (réservation conseillée)
– www.restaubergedebelair.com – Fermé vacances de la Toussaint, janv., fév., dim. soir et lundi

BREM-SUR-MER

✉️ 85470 (Vendée) – 2 599 hab. – Alt. 13 m – Carte régionale n° **3**-A3
▶ Paris 461 km – Nantes 90 km – La Roche-sur-Yon 39 km
Carte Michelin 316-F8 – Guide Vert Michelin Pays de la Loire

🍽️ Les Genêts 🛏️ 🍴 ⅋ ⇔

CUISINE MODERNE • COSY XX Nés en 2014 dans une maison bourgeoise rénovée avec originalité – une passerelle en bois conduit jusqu'à la porte –, ces Genêts s'imposent d'emblée comme une table de qualité. Le jeune chef, Nicolas Coutand, honore les produits de la région à travers de courts menus, d'esprit bistronomique au déjeuner, plus ambitieux le soir !

🍽️ Menu 20 € (déj. en semaine), 29/64 € ▾

21 bis r. de l'Océan – ℰ 02 51 96 81 59 – www.restaurant-les-genets.fr – Fermé lundi sauf le soir en saison, merc. soir de sept. à juin et dim. soir

LA BRESSE

✉️ 88250 (Vosges) – 4 355 hab. – Alt. 636 m – Carte régionale n° **27**-C3
▶ Paris 437 km – Colmar 52 km – Épinal 52 km – Gérardmer 13 km
Carte Michelin 314-J4 – Guide Vert Michelin Alsace Vosges

😊 La Table d'Angèle 🍴 ⅋ 🗲 P

CUISINE MODERNE • À LA MODE X Petits appétits s'abstenir : les portions sont gargantuesques ! Ce bistrot contemporain, tenu par une famille sympathique (un couple et leur fils sommelier), explore le terroir avec générosité. Truite de la Bresse et féra du Léman – fumées maison –, poitrine de cochon confite... La fraîcheur avant tout !

Formule 18 € – Menu 32/55 €

30 Grande-Rue – ℰ 03 29 25 41 97 – Fermé 20 juin-10 juil., 15 nov.-5 déc., dim. soir, lundi et mardi

🏨 Les Vallées 🏷️ 🛏️ 📺 🍽️ 🗄️ 🗲 🛁 �"

HÔTEL DE VACANCES • FONCTIONNEL Au cœur du bourg (à proximité du plus grand domaine skiable des Vosges : la Bresse-Hohneck), un vaste complexe hôtelier fréquenté hiver comme été : chambres fonctionnelles et bien tenues, nombreux équipements (espaces pour séminaires, grande piscine avec sauna, hammam et jacuzzi, restaurant du terroir, etc.).

56 chambres – †68/122 € ††68/122 € – ⌂ 13 € – ½ P

31 r. Paul-Claudel – ℰ 03 29 25 41 39 – www.lesvallees-labresse.com

au Sud 3 km, rte de Cornimont par D486

😊 Le Clos des Hortensias ⇔ P

CUISINE CLASSIQUE • RÉTRO XX Au cœur du Parc régional des Ballons-des-Vosges, une jolie salle bourgeoise, un accueil d'une gentillesse rare et des petits plats traditionnels sans esbroufe – aile de raie sauce ravigote, paleron de bœuf braisé, île flottante – assaisonnés avec justesse... Un Ballon d'or pour cette table vosgienne !

🍽️ Menu 18 € (semaine), 25/43 €

51 rte de Cornimont – ℰ 03 29 25 41 08 (réservation conseillée) – Fermé 7-22 nov., merc. soir, dim. soir et lundi

BRESSIEUX

✉ 38870 (Isère) – 87 hab. – Alt. 510 m – Carte régionale n° **43**-E2
▶ Paris 533 km – Grenoble 50 km – Lyon 76 km – Valence 73 km
Carte Michelin 333-E6 – Guide Vert Michelin Lyon et sa région

🏠 Auberge du Château ⚜ ≤ 🛖 🅿

CUISINE MODERNE · **CONVIVIAL** ❌❌ Christèle et Xavier Vanheule, passionnés de cuisine et de bons vins, donnent le meilleur d'eux-mêmes pour faire de leur auberge une belle maison. Les produits viennent des fermes environnantes et débordent de fraîcheur. Tout en contemplant les monts du Lyonnais, on se régale de plats savoureux aux parfums méridionaux...

Formule 23 € – Menu 30/78 €

67 montée du Château – ℰ 04 74 20 91 01 – www.aubergedebressieux.fr – Fermé 1 semaine en juin, vacances de la Toussaint et de fév., mardi et merc.

BRESSON – 38 (Isère) → voir Grenoble

BREST

✉ 29200 (Finistère) – 139 676 hab. – Agglo. 199 463 hab. – Alt. 35 m
– Carte régionale n° **9**-A2
▶ Paris 596 km – Lorient 133 km – Quimper 72 km – Rennes 246 km
Carte Michelin 308-E4 – Guide Vert Michelin Bretagne Nord

✦ Le M (Philippe Le Bigot) ⚜ 🛏 🛖 �& 🍽 ↺ 🅿

CUISINE MODERNE · **ÉLÉGANT** ❌❌❌ Des associations de saveurs harmonieuses, une vraie maîtrise dans la conception des plats... Dans cette belle maison typiquement bretonne, on déguste une goûteuse cuisine d'aujourd'hui, qui met à contribution les producteurs locaux (poisson, volaille, légumes...). L'été, on met le cap sur l'agréable terrasse. On M !
→ Cannellonis de blanc de seiche à l'émiettée d'araignée de mer. Turbot aux aromates, crème de chou-fleur en chaud-froid. Fruits rouges au vin épicé, nougat et sorbet abricot.

Menu 44 € (déj. en semaine), 54/85 €

Plan : BV-b – *22 r. du Cdt-Drogou – ℰ 02 98 47 90 00 – www.le-m.fr – Fermé 1er-11 mai, 7-31 août, 3-21 janv., dim. et lundi*

✦ L'Armen (Yvon Morvan)

CUISINE MODERNE · **CLASSIQUE** ❌❌ Situé dans une ancienne pâtisserie renommée de la ville, cet Armen s'inscrit dans une vraie tradition de gourmandise ! Le chef, Yvon Morvan, y propose une cuisine gastronomique fine et inspirée, qui met en valeur de beaux produits régionaux. Quant au cadre, cosy et feutré, il ne fait qu'ajouter à notre plaisir...
→ Filet de maquereau, croquant de chou-fleur à l'huile de sésame. Feuilleté de pigeon farci au foie gras, légumes du moment. Gourmandise autour de la reine de Plougastel.

Formule 28 € – Menu 34 € (déj.), 55/95 € – Carte 65/80 €

Plan : EY-p – *21 r. de Lyon – ℰ 02 98 46 28 34 – www.armen-restaurant.fr – Fermé 24 juil.-9 août, 22 janv.-6 fév., dim. et lundi*

ⅠⓄ L'Imaginaire

CRÉATIVE · **À LA MODE** ❌❌ Cadre contemporain pour cette adresse du centre-ville : depuis la salle, teintée de quelques touches rétro, une baie vitrée permet désormais d'observer les cuisiniers à l'œuvre ! On se laisse porter par le menu fixe, en 3, 6 ou 9 plats, proposé par le chef ; les préparations sont élaborées et pleines de saveurs.

Formule 22 € 🍷 – Menu 27 € 🍷 (déj. en semaine), 36/62 €

Plan : EY-e – *23 r. de Fautras – ℰ 02 98 43 30 13 – www.imaginaire-restaurant.blogspot.com – Fermé 8-28 août,1er-16 janv., merc. soir, dim. soir et lundi*

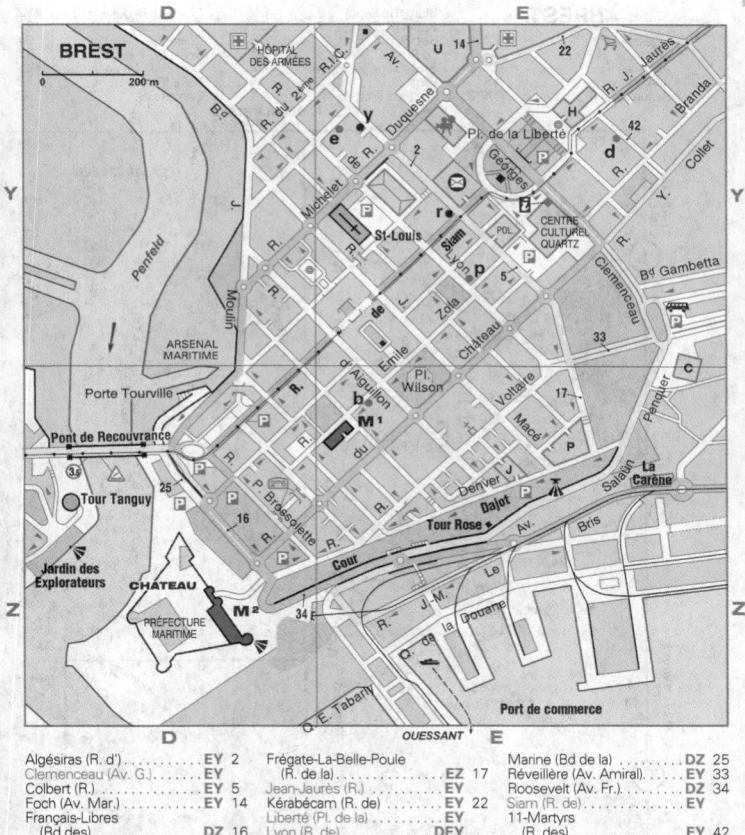

BREST

HÔPITAL DES ARMÉES

Penfeld

ARSENAL MARITIME

Porte Tourville

Pont de Recouvrance

Tour Tanguy

Jardin des Explorateurs

CHÂTEAU

PRÉFECTURE MARITIME

St-Louis

Pl. de la Liberté

CENTRE CULTUREL QUARTZ

Pl. Wilson

Tour Rose

La Carène

Cour

Port de commerce

OUESSANT

Algésiras (R. d') . . . . **EY 2**	Frégate-La-Belle-Poule	Marine (Bd de la) . . . . **DZ 25**
Clemenceau (Av. G.) . . . . . . **EY**	(R. de la) . . . . **EZ 17**	Réveillère (Av. Amiral) . . . . **EY 33**
Colbert (R.) . . . . **EY 5**	Jean-Jaurès (R.) . . . . **EY**	Roosevelt (Av. Fr.) . . . . **DZ 34**
Foch (Av. Mar.) . . . . **EY 14**	Kérabécam (R. de) . . . . **EY 22**	Siam (R. de) . . . . **EY**
Français-Libres	Liberté (Pl. de la) . . . . **EY**	11-Martyrs
(Bd des) . . . . **DZ 16**	Lyon (R. de) . . . . **DEY**	(R. des) . . . . **EY 42**

⛄ Hinoki

JAPONAISE · MINIMALISTE ⊀ Un vrai restaurant japonais sur Brest ? Bingo ! Le Hinoki est tenu par un chef... breton, passionné par la cuisine de l'archipel. Sa technique : profiter de la pêche locale pour obtenir des poissons de première fraîcheur, et réaliser ses sushis et makis devant les regards admiratifs des clients attablés au comptoir !

Menu 60/85 €

Plan : EY-d – 6 r. des Onze-Martyrs – 𝒞 02 98 43 23 68 (réservation indispensable) – www.sushinoki.fr – Fermé le midi, dim. et lundi

⛄ Globulle Rouge ⓝ   🍴 🏠

CUISINE TRADITIONNELLE · BISTRO ⊀ Dans un quartier "arty" à souhait (musée des Beaux-Arts, galeristes, antiquaires), ce bistrot vintage et convivial affiche fièrement son mobilier de récup', ses banquettes usées et son sol en béton brut. À la carte, tradition et produits régionaux : terrine maison, rillettes de sardines, souris d'agneau, riz au lait...

⊛ Formule 17 € – Menu 20 € (déj.) – Carte 27/48 €

Plan : EZ-b – 27 r. Émile-Zola – 𝒞 02 98 33 38 03 – Fermé 1 semaine à Noël, sam. midi, dim. et lundi

BREST

Aiguillon (R. d') .... **EZ**
Albert-1er (Pl.) .... **BZ**
Algésiras (R. d') .... **EY** 2
Anatole-France (R.) .... **AX**
Beaumanoir (R.) .... **AX** 3

Blum (Bd Léon) .... **BV**
Botrel (R. Th.) .... **BV**
Bot (R. du) .... **CV**
Le Bris (R. J.-M.) .... **EZ**
Brossolette (R. Pierre) ... **DZ**
Bruat (R.) .... **BX**
Caffarelli (Porte) .... **AX**

Château (R. du) .... **EYZ**
Clemenceau (Av. G.) ...... **EY**
Colbert (R.) .... **EY** 5
Collet (R. Yves) .... **BX**
Corniche (Rte de la) ..... **AX**
Dajot (Cours) .... **EZ**
Denvers (R.) .... **EZ**

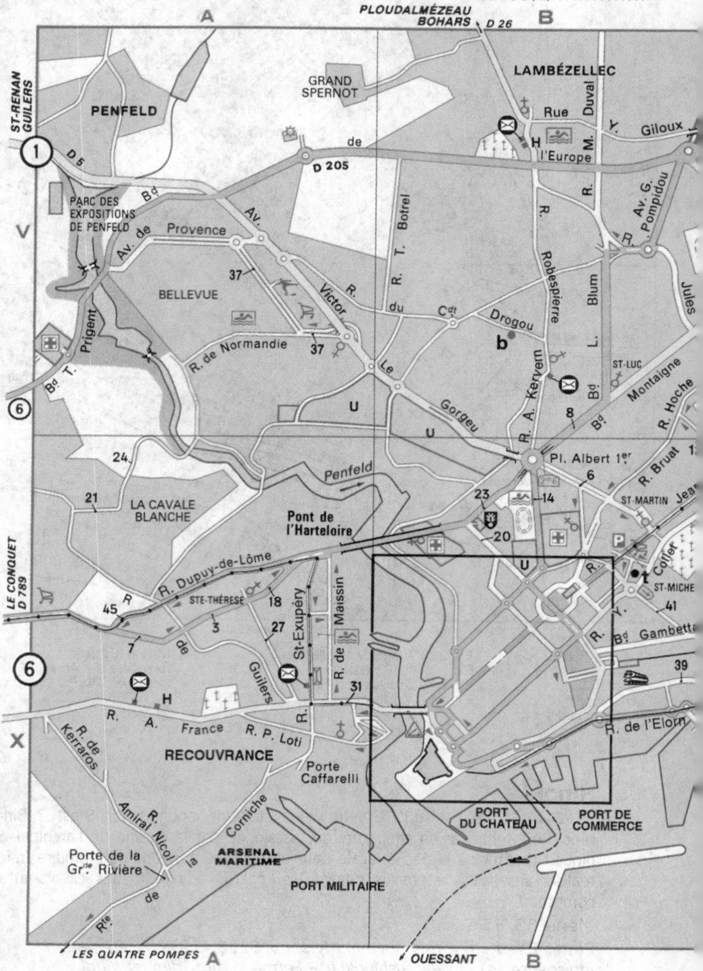

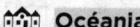

Océania

BUSINESS · MODERNE Au cœur de Brest, entre la gare ferroviaire et le port, cet imposant immeuble abrite des chambres contemporaines, parfaitement insonorisées, ainsi qu'un restaurant. Pour la clientèle d'affaires, un espace séminaire confortable.

82 chambres ☲ – ♥90/170 € ♥♥90/170 €

Plan : EY-r – *82 r. de Siam, (rue piétonne)* – ✆ *02 98 80 66 66*
– *www.oceaniahotels.com*

Desmoulins (Av. C.) .... BX 6
Dr-Kerrien (R. du) .... AX 7
Doumer (R. Paul) .... BV 8
Dourjacq (Rte du) CV
Drogou (R. Com.) .... BV
Dupuy-de-Lôme (R.) .... AX
Duquesne (R.) .... EY

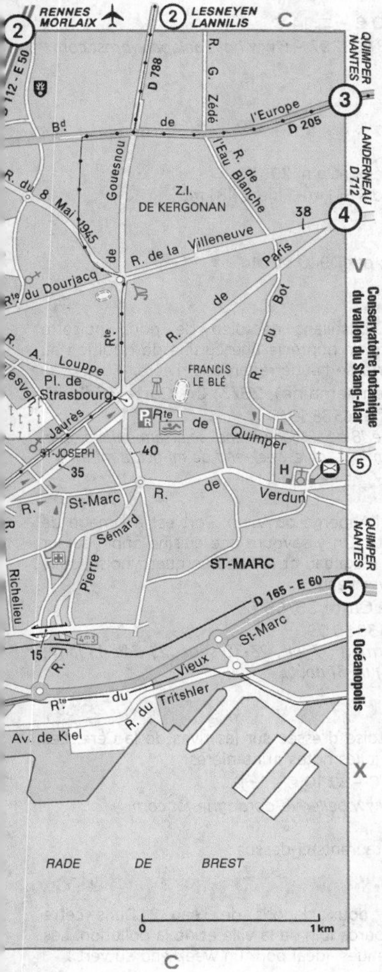

Duval (R. Marcellin) .... BV
Eau-Blanche (R. de l') CV
Elorn (R. de l') .... BX
Europe (Bd de l') .... ACV
Ferry (R. J.) .... BCX 12
Foch (Av. Mar.) .... BX 14
Forestou (Pont du) .... CX 15
Français-Libres (Bd des) .... DZ 16
Frégate-La-Belle-Poule (R. de la) .... EZ 17
Gallieni (R. du Mar.) .... AX 18
Gambetta (Bd) .... BX
Le Gorgeu (Av. Victor) .... AV
Gouesnou (Rte de) CV
Grande-Rivière (Porte de la) .... AX
Guilers (R. de) .... AX
Harteloire (Pt. de l') .... AX
Harteloire (R. de l') .... AX 20
Hoche (R.) .... BV
Jean-Jaurès (R.) .... EY
Kent (R. de) .... AX 21
Kérabécam (R. de) .... EY 22
Kérraros (R. de) .... AX
Kervern (R. Auguste) .... BV
Kiel (Av. de) CX
Lamotte-Picquet (R.) .... BX 23
Lesven (R. Jules) .... BCV
Libération (Av. de la) .... AX 24
Liberté (Pl. de la) .... EY
Loti (R. Pierre) .... AX
Louppe (R. Albert) CV
Lyon (R. de) .... DEY
Macé (R. Jean) .... EZ
Maissin (R. de) .... AX
Marine (Bd de la) .... DZ 25
Michelet (R.) .... DV
Montaigne (Bd) .... BV
Mouchotte (Bd Cdt) .... AX 27
Moulin (Bd Jean) .... DY
Nicol (R. de l'Amiral) .... AX
Normandie (R. de) .... AV
Paris (R. de) CV
Pompidou (R. G.) .... BV
Porte (R. de la) .... AX 31
Prigent (Bd T.) .... AV
Provence (Av. de) .... AV
Quimper (Rte de) CV
Recouvrance (Pt de) .... DZ
Réveillère (Av. Amiral) .... EY 33
Richelieu (R.) CX
Robespierre (R.) .... BY
Roosevelt (Av. Fr.) .... DZ 34
Saint-Exupéry (R.) .... AX
St-Marc (R.) CX
Salaün-Penquer (Av.) .... EZ
Sébastopol (R.) .... CX 35
Semard (R. Pierre) CX
Siam (R. de) .... EY
Strasbourg (Pl. de) CV
Tarente (Av. de) .... AV 37
Tourbihan (R. de) .... CV 38
Tourville (Porte) .... DZ
Tritshler (R. du) CX
Troude (R. Amiral) .... BX 39
Valmy (R. de) .... CX 40
Verdun (R. de) CX
Victor-Hugo (R.) .... BX 41
Vieux-St-Marc (R. du) CX
Villeneuve (R. de la) CV
Voltaire (R.) .... EZ
Wilson (Pl.) .... EZ
Zédé (R. G.) CV
Zola (R. Émile) .... EY
2e-R.C.I. (R. du) .... DY
8-Mai-1945 (R. du) CV
11-Martyrs (R. des) .... EY 42
19-Mars-1962 (R. du) .... AX 45

L'Amirauté

BUSINESS • FONCTIONNEL Un hôtel aux lignes élégantes, avec des chambres spacieuses, bien insonorisées et fonctionnelles, des salles de réunion et un garage privé, très utile dans le quartier ! De plus, rien à redire sur l'entretien : c'est professionnel et très sérieux.

84 chambres – 80/155 € 80/155 € – 15 € – ½ P

Plan : BX-t – *41 r. Branda – ☎ 02 98 80 84 00 – www.oceaniahotels.com*

La Paix

BUSINESS · MODERNE En plein centre-ville, cet hôtel d'affaires propose des chambres de style contemporain, agréables et assez calmes. Les gourmands iront faire un tour du côté du restaurant, qui s'est spécialisé dans les viandes (grillées, en tartare, carpaccio).

28 chambres – ♦59/130 € ♦♦69/150 € – ⊈ 14 €

Plan : EY-y – *32 r. Algésiras* – ℰ *02 98 80 12 97* – *www.hoteldelapaix-brest.com* – *Fermé 17 déc.-2 janv.*

Plans pages 361, 362, 363

BRETENOUX

✉ 46130 (Lot) – 1 352 hab. – Alt. 136 m – Carte régionale n° **29**-C1
▸ Paris 521 km – Brive-la-Gaillarde 44 km – Cahors 83 km – Figeac 48 km
Carte Michelin 337-H2

au Port de Gagnac 6 km au Nord-Est par D940 et D14

Hostellerie Belle Rive

CUISINE MODERNE · CONVIVIAL XX Croustillant de pied de porc, noisette d'agneau, nougat glacé maison, etc. Ici, on apprécie une cuisine de tradition au fil des jours... et de l'eau, car la jolie terrasse regarde la rivière.

⊛ Formule 14 € – Menu 17 € (déj. en semaine), 26/31 € – Carte 36/55 €
Hostellerie Belle Rive, Port-de-Gagnac – ℰ *05 65 38 50 04*
– www.bellerive-dordogne-lot.com – Fermé 18 déc.-4 janv., vend. soir, sam. midi et dim. soir de mi-avril à mi-juil. et de fin août à mi-oct., et le week-end de mi-oct. à mi-avril

Auberge du Vieux Port

TERROIR · CLASSIQUE XX La table de l'Auberge du Vieux Port est à l'image de l'établissement : conviviale et attrayante. On y savoure une cuisine appuyée sur le terroir. Mention spéciale pour les ris d'agneau et la flambée quercynoise. Jolie salle avec cheminée, bien agréable l'hiver venu.

⊛ Menu 16 € (semaine), 25/40 € – Carte 35/55 €
Hôtel Auberge du Vieux Port – ℰ *05 65 38 50 05*
– www.auberge-vieuxport-lot.com – Fermé 1er-7 juil., 23-30 sept., 23 déc.-15 janv., sam. midi, dim. soir et lundi sauf du 14 juil.-31 août

Hostellerie Belle Rive

FAMILIAL · COSY Une belle maison lotoise dressée sur les rives de la Cère. Les chambres y sont confortables, avec de jolies notes printanières.

12 chambres – ♦65/90 € ♦♦80/130 € – ⊈ 10 € – ½ P
Port-de-Gagnac – ℰ *05 65 38 50 04* – *www.bellerive-dordogne-lot.com*
– Fermé 18 déc.-4 janv.

Hostellerie Belle Rive – voir les restaurants ci-dessus

Auberge du Vieux Port

FAMILIAL · ACTUEL Entendez-vous le doux clapotis de l'eau ? Dans cette auberge au bord de la Cère, on se ressource loin de la ville et de la pollution. Les chambres y sont confortables et bien tenues. Idéal pour un week-end au vert !

8 chambres – ♦65/100 € ♦♦65/100 € – ⊈ 10 € – ½ P
– ℰ 05 65 38 50 05 – www.auberge-vieuxport-lot.com – Fermé 1er-7 juil., 23-30 sept. et 23 déc.-15 janv.

Auberge du Vieux Port – voir les restaurants ci-dessus

BRÉTIGNOLLES-SUR-MER

✉ 85470 (Vendée) – 4 256 hab. – Alt. 14 m – Carte régionale n° **34**-A3
▸ Paris 465 km – Challans 30 km – Nantes 86 km – La Roche-sur-Yon 44 km
Carte Michelin 316-E8 – Guide Vert Michelin Pays de la Loire

🏵 **J.-M. Pérochon** (Jean-Marc Pérochon)　　　≤ & AC

FRANÇAISE MODERNE · FAMILIAL XXX Attablé derrière les grandes baies vitrées du restaurant, on admire les reflets du soleil sur l'Atlantique et les quelques gréements qui s'y découpent... Puis on découvre avec plaisir une cuisine savoureuse, sûre de ses fondamentaux, entre mer et terre (tourteau, langoustines, homard, poisson, volaille de Challans, etc.).

→ Sardines de Saint-Gilles-Croix-de-Vie, betterave nouvelle et citron confit. Homard, macaronis et girolles. Fraises, pistache et citronnelle.

Menu 35 € (déj. en semaine), 60/78 € – Carte 76/106 €

Hôtellerie des Brisants, 63 av. de la Grand'Roche – ℰ 02 51 33 65 53
– www.lesbrisants.com – Fermé 15 fév.-13 mars, 14 nov.-15 déc., lundi sauf le soir en juil.-août, dim. soir de sept. à juin et mardi midi

🏠 **Hôtellerie des Brisants**　　　🏠 &

HÔTEL DE VACANCES · ACTUEL Face à l'océan, cette agréable hôtellerie ne redoute nullement les brisants, ces grandes vagues nées au large et qui déferlent sur la côte... Les chambres se révèlent confortables, et l'on est accueilli avec simplicité et gentillesse.

14 chambres – ♦91/120 € ♦♦91/195 € – ⌇ 12 € – ½ P

63 av. de la Grand'Roche – ℰ 02 51 33 65 53 – www.lesbrisants.com – Fermé 15 fév.-13 mars et 14 nov.-15 déc.

🏵 **J.-M. Pérochon** – voir les restaurants ci-dessus

BRETONVILLERS

✉ 25380 (Doubs) – 248 hab. – Alt. 727 m – Carte régionale n° **17**-C2
▶ Paris 479 km – Besançon 67 km – Fribourg 163 km – Neuchâtel 75 km
Carte Michelin 321-J3

🏠 **Hôtel de Gigot**　　　🏠 🐾 P

FAMILIAL · SIMPLE Un chalet en pleine nature, au cœur de la magnifique vallée du Dessoubre, paradis des pêcheurs... Cet hôtel-restaurant familial (troisième génération) a été rénové avec soin et est tenu méticuleusement. À table, la cuisine de tradition est de mise (spécialités : truite et grenouille).

15 chambres – ♦52/70 € ♦♦52/70 € – ⌇ 7 € – ½ P

à Gigot, 4,5 km au Sud-Ouest – ℰ 03 81 68 91 18
– www.hotel-gigot-vallee-dessoubre.com – Fermé vacances de la Toussaint, 15 janv.-28 fév., lundi soir, merc. soir et jeudi de mi-sept. à mi-mai

BRETTEVILLE-SUR-LAIZE

✉ 14680 (Calvados) – 1 692 hab. – Alt. 54 m – Carte régionale n° **32**-B2
▶ Paris 245 km – Caen 18 km – Hérouville-Saint-Clair 23 km – Lisieux 52 km
Carte Michelin 303-C2

🏠 **Château des Riffets**　　　🐾 ⟨ ⟩ 🏊 🦆 P 🍴

CHÂTEAU · CLASSIQUE Ce château du milieu du 19e s. est construit sur les ruines d'un ancien relais de chasse de Guillaume Le Conquérant. On s'y repose, au grand calme, dans des chambres qui ont du cachet : beaux parquets, mobilier d'époque, lits à baldaquin... En prime, le parc – où l'on peut voir gambader des lapins – est superbe !

4 chambres ⌇ – ♦125 € ♦♦125/175 €

– ℰ 02 31 23 53 21 – www.chateau-des-riffets.com – Ouvert 26 mars -3 nov.

LE BREUIL-EN-AUGE

✉ 14130 (Calvados) – 1 002 hab. – Alt. 38 m – Carte régionale n° **33**-C2
▶ Paris 196 km – Caen 55 km – Deauville 21 km – Lisieux 10 km
Carte Michelin 303-N4 – Guide Vert Michelin Normandie Vallée de la Seine

ⅠⅠ◯ Le Dauphin

CUISINE CLASSIQUE · RUSTIQUE XX Avec ses colombages et sa charmante atmosphère, cet ancien relais de poste incarne la Normandie rêvée, vers laquelle on revient toujours avec plaisir... Mathieu Le Guillois, nouveau chef patron, n'y va pas de main morte : les assiettes sont généreuses !

Menu 42/69 € – Carte 55/120 €

*2 r. de l'Église – ℰ 02 31 65 08 11 – www.ledauphin-restaurant.com
– Fermé 28 fév.-14 mars, 13 nov.-4 déc., dim. soir et lundi*

BREUILLET

✉ 17920 (Charente-Maritime) – 2 674 hab. – Alt. 28 m – Carte régionale n° **38**-A3
▶ Paris 509 km – Poitiers 176 km – La Rochelle 69 km – Rochefort 39 km
Carte Michelin 324-D5

❀ L'Aquarelle (Xavier Taffart)   ⇦ ⇐ ⅙ Ⓜ ☜ P

CRÉATIVE · ÉLÉGANT XX L'Aquarelle d'un chef arrivé en pleine maturité : c'est en créateur sage et inspiré que Xavier Taffart travaille ses beaux produits locaux, et réinterprète des recettes bien connues. Dans l'assiette, évidence, couleurs et... plaisir ! Et côté décor, dans la grande salle panoramique, le design prévaut.

➔ Ravioles de tomate sans pâte, burrata fumée et consommé végétal. Quasi de veau de Chalais, cèpes, noisettes et prunes umeboshi. Sablé chocolat nyangbo et sorbet framboise-shiso.

Menu 35 € (déj. en semaine), 49/150 € ☉ – Carte 70/90 €

3 chambres – ∮150 € ∮∮150 € – ☲ 17 €

*71 A rte du Montil, 2 km au Sud par D140 – ℰ 05 46 22 11 38 – www.laquarelle.net
– Fermé 1 semaine en juin, 1 semaine en oct., 1 semaine en janv., dim. soir
sauf juil.-août, mardi midi et lundi*

BREUREY-LES-FAVERNEY – 70 (Haute-Saône) ➔ voir Faverney

BRIANÇON

✉ 05100 (Hautes-Alpes) – 12 301 hab. – Alt. 1 321 m – Carte régionale n° **41**-C1
▶ Paris 681 km – Digne-les-Bains 145 km – Gap 89 km – Grenoble 119 km
Carte Michelin 334-H3 – Guide Vert Michelin Alpes du Sud

❀ Le Péché Gourmand (Sharon et Jimmy Frannais)   ☜ P

CUISINE MODERNE · ÉLÉGANT XX Un restaurant au bord de la Guisane, tenu par un jeune couple franco-australien amoureux de gastronomie. Sharon concocte une belle cuisine de saison, soignée et savoureuse, et Jimmy vous régale de ses pâtisseries, délicates et délicieuses. Péché gourmand et... péché mignon !

➔ Sablé de tomates et aromates aux langoustines rôties et son tartare. Ris de veau croustillant au parmesan et amandes. Cigare mis en scène.

Formule 22 € – Menu 35/65 € – Carte 55/75 €

Plan : A-v *– 2 rte de Gap – ℰ 04 92 21 33 21 – Fermé 1ᵉʳ-15 mai, 15 nov.-7 déc.,
dim. de sept. à juin et lundi*

ⅠⅠ◯ Au Plaisir Ambré

CUISINE MODERNE · ÉLÉGANT XX Dans la cité Vauban, cette ancienne boucherie reste vouée aux bons produits. Fraîcheur : tel est le maître mot du chef, habile cuisinier qui sait révéler les meilleures saveurs. En salle, son épouse assure un accueil des plus souriants. Vous avez dit plaisir ?

Formule 18 € – Menu 23 € (semaine), 32/43 €

Plan : A-x *– 26 Grande-Rue – ℰ 04 92 52 63 46 (réservation conseillée)
– www.auplaisirambre.com – Fermé 2 semaines en juin, 1ᵉʳ-15 déc., jeudi
sauf juil.-août et merc.*

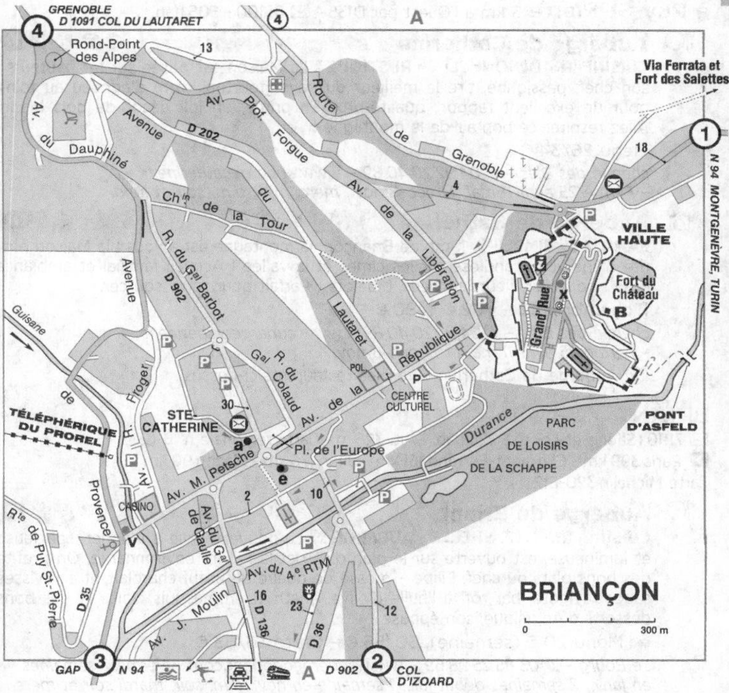

BRIANÇON

Alphand (R.)	A 2	Col-d'Izoard (Av.)	A 12	Italie (Rte d')	A 18
Baldenberger (Av. P.)	A 4	Daurelle (Av. A.)	A 13	Pasteur (R.)	A 23
Centrale (R.)	A 10	Gaulle (Av. Gén.-de)	A 16	159e-R.-I.-A. (Av.)	A 30

🏨 Parc Hôtel

BUSINESS · FONCTIONNEL Cet établissement, certes fonctionnel et sans grand charme, ne manque cependant pas d'atouts : central, il abrite des chambres spacieuses, idéales pour les familles, et pratique des tarifs très attractifs pour la clientèle d'affaires.

69 chambres – ♥77/227 € ♥♥90/250 € – ☑ 20 €

Plan : A-a – *Central Parc* – ℰ 04 92 20 37 47 – www.soleilvacances.com

🏨 La Chaussée

FAMILIAL · COSY D'emblée, on se sent bien dans cet hôtel familial transformé en "refuge montagnard" : meubles patinés par les ans, objets anciens, chambres coquettes et douillettes, belles salles de bains... Un endroit charmant !

16 chambres – ♥70/85 € ♥♥85/100 € – ☑ 11 € – ½ P

Plan : A-e – *4 r. Centrale* – ℰ 04 92 21 10 37 – www.hotel-de-la-chaussee.com
– *Fermé 16 avril-7 mai et 20 oct.-8 nov.*

Les prix indiqués devant le symbole ♥ correspondent au prix le plus bas en basse saison puis au prix le plus élevé en haute saison, pour une chambre single. Même principe avec le symbole ♥♥, cette fois pour une chambre double.

à Puy-St-Pierre 3 km à l'Ouest par D135 – ✉ 05100 – 505 hab.

🍴⭘ **Auberge de Catherine**

CUISINE TRADITIONNELLE · **RUSTIQUE** ⅹ La Maison est posée sur les hauteurs ; son chef, passionné, tire le meilleur du pays (tourton, carré d'agneau au foin), pour un excellent rapport qualité-prix. En prime, un joli décor de bois blond. Allez respirer ce bon air de la montagne !

Menu 26/34 €

chemin des Blés – ✆ 04 92 20 40 89 – www.aubergecatherine.fr
– Fermé 25 avril-11 mai, 17 oct.-8 nov., merc. midi, dim. soir et lundi

🏠 **Auberge de Catherine** ✿ 🕭 ⮜ 🎇 🅿

FAMILIAL · **SIMPLE** À 10mn de Briançon, la montagne est à vous : la Maison profite d'une vue grandiose sur les cimes et la vallée ! Accueil familial et ambiance cosy : bois clair, fleurs séchées, bibelots... Parfait pour se ressourcer.

11 chambres ⌂ – ♦62 € ♦♦80 € – ½ P

chemin des Blés – ✆ 04 92 20 40 89 – www.aubergecatherine.fr
– Fermé 25 avril-11 mai et 17 oct.-8 nov.

🍴⭘ **Auberge de Catherine** – voir les restaurants ci-dessus

BRIANT

✉ 71110 (Saône-et-Loire) – 226 hab. – Alt. 326 m – Carte régionale n° **8**-C3
▶ Paris 399 km – Clermont-Ferrand 161 km – Dijon 176 km – Mâcon 90 km
Carte Michelin 320-E12

🍴⭘ **Auberge de Briant**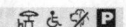

CUISINE TRADITIONNELLE · **AUBERGE** ⅹⅹ La nouvelle salle à manger, spacieuse et lumineuse, est ouverte sur le plan d'eau et la nature environnante. On profite des bons plats du chef, Filipe – pressé de queue de bœuf charolais et écrevisses sauce ravigote, bar rôti à l'huile d'olive, aneth et cromesquis d'ail... et des bons desserts d'Angélique, son épouse !

🍷 Menu 20 € (semaine), 30/55 € – Carte 36/53 €

Le Bourg – ✆ 03 85 25 98 69 – www.aubergedebriant.com – Fermé 2 semaines
en janv., 2 semaines début juil., 1 semaine en nov., dim. soir, mardi soir et merc.

BRIARE

✉ 45250 (Loiret) – 5 760 hab. – Alt. 135 m – Carte régionale n° **12**-D2
▶ Paris 155 km – Auxerre 76 km – Cosne-Cours-sur-Loire 31 km – Gien 10 km
Carte Michelin 318-N6 – Guide Vert Michelin Châteaux de la Loire

🏨 **Le Domaine des Roches**

TRADITIONNEL · **CLASSIQUE** Dans un superbe parc de 18 ha, où prennent place des expositions d'art contemporain, une authentique demeure bourgeoise du 19ᵉ s. : ambiance classique et feutrée, tons doux, confort contemporain... En sus des chambres, plusieurs cottages fonctionnels. Cuisine inventive au restaurant.

13 chambres – ♦120/270 € ♦♦120/320 € – 1 suite – ⌂ 20 € – ½ P

2 r. de la Plaine – ✆ 02 38 05 09 09 – www.domainedesroches.fr

BRICQUEBEC

✉ 50260 (Manche) – 4 238 hab. – Alt. 145 m – Carte régionale n° **32**-A1
▶ Paris 348 km – Caen 115 km – Cherbourg 26 km – St-Lô 76 km
Carte Michelin 303-C3 – Guide Vert Michelin Normandie Cotentin

🏨 **L'Hostellerie du Château**

CHÂTEAU · **CLASSIQUE** Dans l'enceinte même du château médiéval de Bricquebec, au sein d'une belle bâtisse gothique, un établissement de tradition, aux chambres classiques et confortables, apprécié notamment par la clientèle étrangère. À voir : le restaurant occupe l'ancienne salle des chevaliers, avec colonnes en pierre, armures et cheminée.

17 chambres – ♦80/89 € ♦♦89/120 € – ⌂ 12 € – ½ P

Cour du Château – ✆ 02 33 52 24 49 – www.lhostellerie-bricquebec.com
– Fermé 20 déc.-31 janv.

BRIDES-LES-BAINS

✉ 73570 (Savoie) – 541 hab. – Alt. 580 m – Carte régionale n° **46**-F2
▶ Paris 612 km – Albertville 32 km – Annecy 77 km – Chambéry 81 km
Carte Michelin 333-M5 – Guide Vert Michelin Alpes du Nord

🏨 Golf-Hôtel   ✿ ⪻ ⼩ ⊡ ⅋ ⽼ ▣

HÔTEL DE VACANCES · ACTUEL Au cœur de la vallée, un imposant hôtel datant des années 1920, où l'on profite de chambres contemporaines et chaleureuses. Dans la grande salle du restaurant, lumineuse, on peut opter pour une cuisine gourmande ou un menu diététique.
52 chambres ⊂⊃ – ♦71/194 € ♦♦83/248 € – 2 suites – ½ P
av. Greyffié de Bellecombe – ℰ 04 79 55 28 12 – www.golf-hotel-brides.com
– Fermé 30 oct.-25 déc.

🏨 Amélie   ✿ ⪻ ⼩ ⊡ ⅋ 🚗

HÔTEL DE VACANCES · FONCTIONNEL Un hôtel des années 1990, situé au cœur du village, à deux pas de la télécabine menant à Méribel. Chambres bien insonorisées, salles de bains en marbre et agréable bar cosy. Au restaurant, spécialités du terroir et menus diététiques. L'été, barbecue au jardin.
41 chambres – ♦75/132 € ♦♦89/147 € – ⊂⊃13 € – ½ P
r. Émile-Machet – ℰ 04 79 55 30 15 – www.hotel-amelie.com – Fermé 1ᵉʳ nov.-19 déc.

🏨 Le Belvédère   ⼩ ⼩ ⊡ ⅋ ▣

HÔTEL DE VACANCES · RUSTIQUE Voilà 20 ans que cette belle maison de 1830 ne résonne plus du bruit des machines à sous ! Ancien casino devenu hôtel, cet établissement dispose de chambres simples et bien tenues, dans un esprit chalet. Jacuzzi, hammam et piscine d'été chauffée.
28 chambres ⊂⊃ – ♦61/64 € ♦♦98/106 €
r. Émile-Machet, quartier des Sources – ℰ 04 79 55 23 41
– www.hotel-73-belvedere.com – Fermé de fin oct. à mi-déc.

BRIE-COMTE-ROBERT – 77 (Seine-et-Marne) ➜ voir Autour de Paris

BRINDAS

✉ 69126 (Rhône) – 5 651 hab. – Alt. 326 m – Carte régionale n° **43**-E1
▶ Paris 472 km – Bourg-en-Bresse 94 km – Lyon 16 km – Saint-Étienne 51 km
Carte Michelin 327-H5

🍽 La Maison de Franca   ⛲

ITALIENNE · BISTRO ✗ Le décor, montagnard, est un clin d'œil aux origines piémontaises du chef. Speck et San Daniele pour le jambon cru, antipasti en tous genres, pâtes aux truffes ou au pesto... Les produits sont en provenance directe du nord de l'Italie, et l'ambiance, très conviviale, donne envie de revenir souvent.
🍴 Menu 18 € (déj. en semaine)/30 € – Carte 30/40 €
pl. des Ormeaux – ℰ 04 78 45 88 84 (réservation conseillée) – Fermé dim. et lundi

BRINON-SUR-SAULDRE

✉ 18410 (Cher) – 1 006 hab. – Alt. 147 m – Carte régionale n° **12**-C2
▶ Paris 190 km – Bourges 66 km – Cosne-Cours-sur-Loire 59 km – Gien 37 km
Carte Michelin 323-J1 – Guide Vert Michelin Limousin Berry

🍽 La Solognote   ⪻ ⛲ 🄰🄲 ▣

CUISINE MODERNE · AUBERGE ✗✗ Dans la longue rue menant à l'église, cette auberge bien connue des locaux a repris des couleurs, sous l'impulsion d'un jeune couple motivé. Ils ont gardé le cachet rustique des lieux et dépoussiéré l'assiette, avec des préparations simples et bien tournées. Un exemple ? Les asperges à l'œuf poché et sabayon – un délice.
Formule 17 € ▼ – Menu 27/45 €
34 Grande-Rue – ℰ 02 48 58 50 29 – www.hotel-brinonsursauldre.fr – Fermé dim. soir, lundi midi et mardi midi de nov. à mars et merc. midi

🏠 Château des Bouffards ⚘ ⌂ 🍴 ♨ ✕ 🅿

FAMILIAL · CLASSIQUE En pleine campagne et au calme, une maison bourgeoise au cœur d'un joli parc de trois hectares, avec piscine. Les chambres y sont spacieuses et confortables, et les enfants sont les bienvenus : un parc pour bébé et des jouets sont à disposition !

5 chambres ⌂ – ♦80/115 € – ♦♦80/160 € – ½ P

Les Bouffards, 8 km par D923 et rte de Lamotte-Beuvron – ℰ 02 48 58 59 88 – www.bouffards.fr

BRIOLLAY

✉ 49125 (Maine-et-Loire) – 2 751 hab. – Alt. 20 m – Carte régionale n° **35**-C2
▶ Paris 288 km – Angers 15 km – Château-Gontier 44 km – La Flèche 45 km
Carte Michelin 317-F3

par rte de Soucelles 3 km par D109 – ✉ 49125 Briollay :

❀ Château de Noirieux (Gérard Côme) ⊞ ≼ ⌂ 🏡 🅿

CUISINE CLASSIQUE · ÉLÉGANT XxX Dans un cadre éminemment classique, avec une vue dominante sur la campagne angevine... Plaisirs de toujours au gré des saisons et des meilleurs produits du terroir : le chef, Gérard Côme, signe une cuisine d'une très belle facture, subtile, appuyée sur la tradition mais nullement figée !
→ Lasagne d'araignée de mer à la truffe en soupe mousseuse d'écrevisses. Ris de veau de lait braisé aux champignons sauvages et légumes verts primeurs. Soufflé au Cointreau.

Menu 64 € (déj. en semaine), 72/148 € – Carte 80/135 €

26 rte du Moulin – ℰ 02 41 42 50 05 – www.chateaudenoirieux.com – Fermé 17 fév.-18 mars, 6-23 nov., dim. soir d'oct. à mai, mardi midi et lundi

🏰 Château de Noirieux ⚘ ⌂ ≼ ⌂ 🍴 ♨ ✕ 🄰🄲 ⚲ 🅿

CHÂTEAU · PERSONNALISÉ La douceur angevine n'est pas un mythe... Sous les frondaisons du parc, avec au loin le Loir qui apparaît entre des rideaux d'arbres, tout n'est que quiétude. Et dans les chambres – superbes dans le château du 17e s. comme dans le manoir du 15e s. –, l'on voudrait réciter : "Mignonne, allons voir si la rose..."

19 chambres – ♦180/460 € – ♦♦180/460 € – ⌂ 25 € – ½ P

26 rte du Moulin – ℰ 02 41 42 50 05 – www.chateaudenoirieux.com – Fermé 17 fév.-18 mars, 6-23 nov., dim. soir d'oct. à mai et lundi

❀ **Château de Noirieux** – voir les restaurants ci-dessus

BRION – 01 (Ain) → voir Nantua

BRIONNE

✉ 27800 (Eure) – 4 275 hab. – Alt. 56 m – Carte régionale n° **33**-C2
▶ Paris 156 km – Bernay 16 km – Évreux 40 km – Lisieux 40 km
Carte Michelin 304-E6 – Guide Vert Michelin Normandie Vallée de la Seine

🍴 Le Logis ⇦ 🖨 & 🅿

CUISINE MODERNE · CONVIVIAL XxX Asperges vertes à la plancha, vieille mimolette et œuf cuit à 63° : l'une des recettes du chef, Alain Depoix, qui affectionne la nouveauté autant que les produits du cru – et plus encore les légumes de son propre potager, pour lequel il a engagé un jardinier. Une table qui respire la générosité !

❧ Menu 20 € (déj. en semaine), 38/85 € – Carte 55/81 €

14 chambres – ♦85/120 € – ♦♦85/120 € – ⌂ 13 €

1 pl. St-Denis, (angle r. Tragin) – ℰ 02 32 44 81 73 – www.lelogisdebrionne.com – Fermé 2 semaines en août, vacances de Noël, dim. soir et lundi

BRIOUDE

✉ 43100 (Haute-Loire) – 6 616 hab. – Alt. 427 m – Carte régionale n° **6**-C3
▶ Paris 479 km – Clermont-Ferrand 69 km – Le Puy-en-Velay 62 km – St-Flour 52 km
Carte Michelin 331-C2 – Guide Vert Michelin Auvergne

⫶○ Poste et Champanne   AC ⟷ P

CUISINE TRADITIONNELLE · FAMILIAL ⅹ La chef, membre des restauratrices d'Auvergne, ne conçoit pas sa cuisine sans convivialité et fait partager son savoir-faire à travers des plats typiquement régionaux, copieux et goûteux. Dès la première bouchée, on sait que la maison est sérieuse, généreuse et de qualité !

co Menu 19 € (semaine), 26/52 €
Hôtel Poste et Champanne, 1 bd Dr-Devins – ℰ 04 71 50 14 62
– www.hotel-de-la-poste-brioude.com
– Fermé 4-11 nov., vacances de fév., dim. soir et lundi midi

⫟⫟⫟ La Sapinière   ✿ ⑊ ⇦ ⊡ & AC ⅍ P

FAMILIAL · PERSONNALISÉ Comme un air de campagne, en plein cœur de la cité. Cette construction récente s'intègre parfaitement à un joli parc boisé ; les grandes chambres adoptent elles aussi un esprit champêtre. Belle piscine couverte, jacuzzi, restaurant...

11 chambres – ⫯98/124 € ⫯⫯98/124 € – ⊊ 13 € – ½ P
av. Paul-Chambriard – ℰ 04 71 50 87 30 – www.hotel-sapiniere-brioude.com
– Fermé fév.

⫟ Poste et Champanne   ✿ ⊡ & AC ⅍ P

HÔTEL DE VACANCES · ACTUEL Deux sœurs sont à la tête de cette affaire bien connue dans la région. Les chambres, récemment refaites, sont climatisées et confortables ; le service est très attentionné.

16 chambres – ⫯69 € ⫯⫯69/78 € – ⊊ 10 € – ½ P
1 bd Dr-Devins – ℰ 04 71 50 14 62 – www.hotel-de-la-poste-brioude.com
⫶○ **Poste et Champanne** – voir les restaurants ci-dessus

BRISCOUS

✉ 64240 (Pyrénées-Atlantiques) – 2 642 hab. – Alt. 50 m – Carte régionale n° **2**-B3
▣ Paris 780 km – Bordeaux 195 km – Pau 97 km
Carte Michelin 342-D2

☺ Maison Joanto   ⍾ & AC

CUISINE MODERNE · CONVIVIAL ⅹ Joanto, c'est "Petit Jean" en basque... et pourtant, voilà bien une demeure qui ne mérite aucun diminutif ! Sa belle architecture traditionnelle, son décor plein de cachet, son ambiance chaleureuse, tout séduit, et plus encore sa cuisine, où le terroir basque explose de saveurs. Le rapport qualité-prix a tout... d'un grand.

Formule 13 € ⅋ – Menu 26/39 € – Carte 28/39 €
chemin du Village – ℰ 05 59 20 27 70 – www.maisonjoanto-restaurant.fr
– Fermé 1 semaine fin janv., 1 semaine mi-juin, 1 semaine mi-oct., mardi soir et merc. hors saison

BRISSAC

✉ 34190 (Hérault) – 619 hab. – Alt. 145 m – Carte régionale n° **23**-C2
▣ Paris 732 km – Alès 55 km – Montpellier 41 km – Le Vigan 25 km
Carte Michelin 339-H5

⫶○ Jardin aux Sources   ⇦ ⑊ ⍾ ⅍ P

CRÉATIVE · FAMILIAL ⅹⅹ Maison en pierre au cœur d'un pittoresque village. Jolie salle de restaurant voûtée avec vue sur les cuisines, ravissante terrasse et carte inventive. Chambres coquettes.

Formule 23 € ⅋ – Menu 33 € ⅋ (déj. en semaine), 35/75 € ⅋
3 chambres ⊊ – ⫯85/95 € ⫯⫯95/105 €
30 av. du Parc – ℰ 04 67 73 31 16 (réservation conseillée)
– www.lejardinauxsources.com – Fermé 3 semaines à la Toussaint, 3 semaines en janv., dim. soir, lundi et merc. hors saison

BRIVE-LA-GAILLARDE

✉ 19100 (Corrèze) – 47 411 hab. – Alt. 142 m – Carte régionale n° **24**-B3
▶ Paris 480 km – Albi 218 km – Clermont-Ferrand 170 km – Limoges 92 km
Carte Michelin 329-K5 – Guide Vert Michelin Périgord Quercy

❀ **La Table d'Olivier** (Pierre Neveu)   ⅙ AC

CUISINE MODERNE · COSY ⅹ Dans cette maison cosy œuvre un jeune couple passionné : elle, ancienne pâtissière, en tant que maîtresse de salle, lui en tant que chef, tous les deux investis pour le plaisir des clients. La cuisine de Pierre (et non Olivier !) se révèle très gourmande, aussi fine que colorée... et le rapport qualité-prix est renversant !
➜ Homard breton, coco, wasabi et oxalis. Lotte, petit pois et truffe d'été. Abricot Bergeron, lavande, chocolat blanc et wasabi.
Menu 26 € (déj. en semaine), 41/60 € – Carte 55/65 €
Plan : BZ-b – *3 r. St-Ambroise –* ℰ *05 55 18 95 95 (réservation conseillée)*
– Fermé 30 août-15 sept., 1ᵉʳ-25 janv., merc. midi, lundi et mardi

---

☺ **La Toupine**   🎋 AC ⅗ ⇦

CUISINE MODERNE · À LA MODE ⅩⅩ Dans une maison typiquement locale, ce restaurant affirme son look minimaliste chic (inox, pierre et bois exotique). Au menu : galette de pieds de cochon panés et escalope de foie gras ; pavé de veau en croûte de noix et gratin de cèpes, etc. Une savoureuse cuisine du marché, entre tradition et modernité.
Formule 15 € – Menu 22 € (déj.), 30/43 € – Carte 38/45 €
Plan : AX-a – *27 av. Pasteur –* ℰ *05 55 23 71 58 (réservation conseillée)*
– www.latoupine.fr – Fermé 1 semaine vacances de fév., 1 semaine en mai, 3 semaines en août, dim. et lundi

---

BRIVE-LA-GAILLARDE

Blum (Av. L.) . . . . AX 4
Clemenceau (Bd) . . . . . . AX 6
Dalton (R. Gén.) . . . . . . AX 7
Dellessert (R. B.) . . . . . . AX 9
Dr-Marbeau (Bd) . . . . . . AX 10
Dormoy (Bd M.) . . . . AX 13
Dubois (Bd Cardinal). . . . AX 15
Foch (Av. du Mar.) . . . . . AX 17
Germain (Bd Colonel) . . . AX 20
Grivel (Bd Amiral) . . . . . . AX 22
Hériot (Av. E). . . . . AX 24
Leclerc (Av. Mar.) . . . . . . AX 31
Michelet (Bd) . . . . AX 33
Paris (Av. de) . . . . AX 34
Pasteur (Av.) . . . . AX 35
Pompidou (Av. G.) . . . . . AX 37

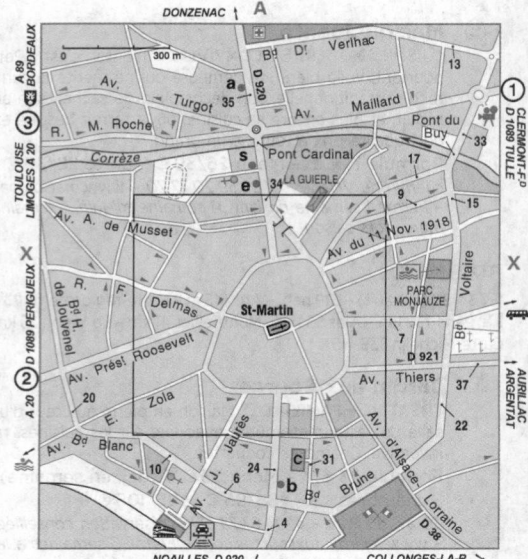

Alsace-Lorraine (Av. d')	**CZ**	2
Anatole-France (Bd)	**CY**	3
Dalton (R. Gén.)	**CY**	7
Dauzier (Pl. J.-M.)	**CY**	8
Dellessert (R. B.)	**CY**	9
Dr-Massénat (R.)	**CY**	12
Échevins (R. des)	**CZ**	14

Faro (R. du Lt-Colonel)	**CZ**	16
Gambetta (R.)	**CZ**	
Gaulle (Pl. Ch. de)	**CZ**	18
Halle (Pl. de la)	**CY**	23
Herriot (Av. E.)	**CZ**	24
Hôtel-de-Ville (Pl. de l')	**CY**	26
Hôtel-de-Ville (R. de l')	**BZ**	27
Latreille (Pl.)	**CZ**	30
Lattre-de-Tassigny (Pl. de)	**CZ**	29
Leclerc (Av. Mar.)	**CY**	31
Lyautey (Bd Mar.)	**BZ**	32

Majour (R.)	**BYZ**	36
Paris (Av. de)	**BY**	
Puyblanc (Bd de)	**CZ**	19
Raynal (R. B.)	**CZ**	40
République (Pl. de la)	**BZ**	42
République (R. de la)	**BZ**	43
Salan (R. du)	**CZ**	45
Ségéral-Verninac (R.)	**BY**	46
Teyssier (R.)	**CY**	47
Toulzac (R.)	**CY**	48
14 Juillet (Av. du)	**CY**	21

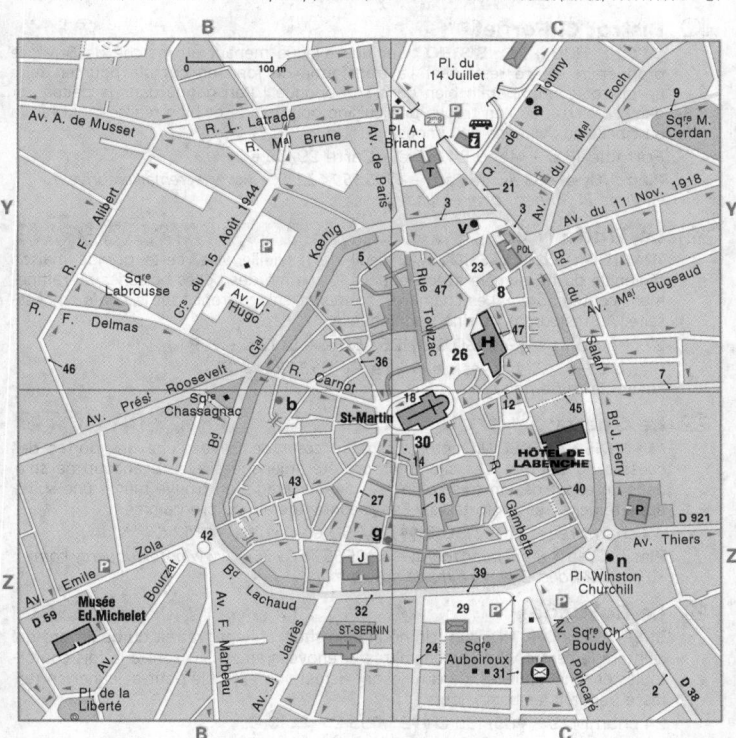

En Cuisine

CUISINE MODERNE · BISTRO ⅹ Prenez un jeune chef passionné, travailleur, entouré d'une équipe à son image. Ajoutez une cuisine raffinée, où les saveurs sont franches et où la présentation des plats met d'emblée l'eau à la bouche. Vous y êtes presque... Saupoudrez le tout d'un service avec le sourire. Vous pouvez savourer !

Formule 24 € – Menu 31/42 €

Plan : AX-b – *39 av. Edmont-Herriot* – *☏ 05 55 74 97 53* – *www.encuisine.net – Fermé 1 semaine début janv., sam. midi, dim. soir et lundi*

Chez Francis

CUISINE MODERNE · BISTRO ⅹ Publicités rétro, objets en tout genre et dédicaces laissées par les clients : la parfaite ambiance d'un bistrot familial. On est tout à son aise pour déguster de bons produits et jolies recettes, tout en gardant un œil sur l'armoire à maturation de belles viandes limousines – une rareté !

Formule 18 € – Menu 21 € (semaine)/28 € – Carte 44/68 €

Plan : AX-s – *61 av. de Paris* – *☏ 05 55 74 41 72 (réservation conseillée) – www.chezfrancis.fr – Fermé 5-13 juin, 29 janv.-3 fév., dim. et lundi*

⅋○ Bistrot Chambon 🛜 & 🅐🅒 ⬦

CUISINE TRADITIONNELLE · BISTRO ⅍ L'ambiance est conviviale dans ce bistrot contemporain haut en couleurs. Le chef se met en quatre pour faire apprécier les spécialités du genre : sole meunière, tête de veau, pied de porc, etc. De bons produits frais, cuisinés avec soin et servis au pas de charge, affluence oblige !

Menu 21 € (déj.)/32 € – Carte 29/66 €

Plan : CZ-g – 8 r. des Échevins – ℰ 05 55 22 36 83 – www.bistrot-chambon.fr
– Fermé 3 semaines en août, dim. et lundi

⅋○ Bistrot C. Forget ⓝ 🛜 ⅍ ⬦

CUISINE MODERNE · BISTRO ⅍ Sur une avenue menant au marché de Brive, le propriétaire de ce restaurant l'a transformé de fond en comble pour en faire un bistrot contemporain bien dans son époque ! Pari gagné dans le décor... et dans l'assiette, où l'on trouve une cuisine gourmande et bien réalisée, qui fait la part belle aux viandes du Limousin.

Formule 18 € – Menu 24/33 € – Carte 29/35 €

Plan : AX-e – 53 av. de Paris – ℰ 05 55 74 32 47 – www.lacremaillerebrive.fr
– Fermé 21-30 déc., dim. et lundi

🏨 La Truffe Noire ☆ 🖭 🅐🅒 ⅍ 🛁 🅟

TRADITIONNEL · CLASSIQUE Au seuil de la vieille ville, cette grande maison régionale du 19ᵉ s. mêle avec élégance le charme des belles boiseries au raffinement contemporain. Les chambres, sobres et chic, offrent tout le confort nécessaire. Au restaurant, cuisine traditionnelle.

27 chambres – †98/130 € ††125/150 € – ☷ 12 € – ½ P

Plan : CY-v – 22 bd Anatole-France – ℰ 05 55 92 45 00
– www.la-truffe-noire.com

🏨 Le Quercy 🖭 & 🅐🅒 ⅍ 🛁

BUSINESS · ACTUEL Un hôtel récent au cœur de Brive (l'une des portes des causses du Quercy). Les chambres ont été aménagées avec beaucoup de soin, dans un esprit design très coloré. Au dernier étage, on trouve même une suite-appartement très confortable... Esprit contemporain au programme !

48 chambres – †100/130 € ††125/150 € – 1 suite – ☷ 12 €

Plan : CY-a – 8 bis quai Tourny – ℰ 05 55 74 09 26 – www.hotelduquercy.com
– Fermé 24 déc.-3 janv., dim. de nov. à mars

🏨 Le Collonges 🖭 ⅍ 🛁

BUSINESS · FONCTIONNEL Un hôtel bien situé, en léger retrait du boulevard qui ceinture le centre-ville. Les chambres – rénovées en 2013 – sont à la fois confortables et fonctionnelles, dans un esprit actuel ; on prend le petit-déjeuner en terrasse pendant les beaux jours !

24 chambres – †85/135 € ††95/155 € – ☷ 10 €

Plan : CZ-n – 3 pl. Winston-Churchill – ℰ 05 55 74 09 58
– www.hotel-collonges.com

à Varetz 10 km au Nord-Ouest par D901 et D152 – ⊠ 19240 – 2 297 hab. – Alt. 109 m

✿ Château de Castel Novel ≤ 🍴 🛜 🅐🅒 🅟

CUISINE MODERNE · ROMANTIQUE ⅍⅍⅍ Difficile de résister au charme de ce joli château... Les amoureux d'histoire et de gastronomie sont comblés. Dans un décor de caractère, ils savourent une belle cuisine d'aujourd'hui, qui met à l'honneur les produits du terroir – à la croisée du Limousin, du Périgord et du Quercy – au fil des saisons... Précis et délicat !

→ Foie gras de canard aux câpres, rhubarbe, pomme golden et moutarde violette de Brive. Filet de bœuf du Limousin rôti, pommes de terre, girolles et sauce barbecue. Soufflé à l'armagnac et orange, granité pamplemousse.

Menu 39 € (déj. en semaine), 55/100 € – Carte 85/100 €

– ℰ 05 55 85 00 01 – www.castelnovel.com – Ouvert de mi-avril à mi-nov. et fermé mardi midi, merc. midi et jeudi midi en juil.-août, lundi sauf le soir en juil.-août, sam. midi et dim. soir

🏰 Château de Castel Novel 🎿 🐾 ⬅ 🛋 ⚒ ❌ 🖨 🆔 ♨ 🅿

CHÂTEAU · HISTORIQUE Pour un séjour au calme, sur les pas de Colette... Cette dernière vécut ici, dans ce château fort en grès rose (13e-15e s.) si joliment romantique. Les chambres, très raffinées, donnent sur le ravissant parc. Du style, c'est indéniable !

35 chambres – ♦120/570 € ♦♦140/590 € – ☲ 22 € – ½ P
- ☏ 05 55 85 00 01 – www.castelnovel.com – Ouvert de mi-avril à mi-nov.

☸ **Château de Castel Novel** – voir les restaurants ci-dessus

BRIVEZAC – 19 (Corrèze) → voir Beaulieu-sur-Dordogne

LE BROC

✉ 63500 (Puy-de-Dôme) – 640 hab. – Alt. 450 m – Carte régionale n° **5**-B2
▶ Paris 459 km – Aurillac 115 km – Clermont-Ferrand 43 km – Le Puy-en-Velay 86 km
Carte Michelin 326-G10

🍴 Le Diapason 🅝 ⬅ ⬅ 🖨 🖱 🆔 ♨ 🅿

CUISINE MODERNE · DESIGN XX Perché à côté d'un château du 14e s., dominant la plaine et l'autoroute, ce bâtiment ultra-moderne est le fief d'un chef savoyard au beau parcours. Ses assiettes font preuve d'une certaine inventivité ; on profite ensuite de quelques chambres confortables, offrant une belle vue sur les environs.

Menu 25 € (semaine), 49/75 € – Carte 60/70 €

6 chambres – ♦120 € ♦♦135 € – ☲ 15 €

r. du clos de la Chaux – ☏ 04 73 71 71 71 *– www.lediapason.fr – Fermé 3 semaines en janv., 2 semaines en sept., dim. soir, lundi et mardi*

BROU

✉ 28160 (Eure-et-Loir) – 3 489 hab. – Alt. 150 m – Carte régionale n° **11**-B1
▶ Paris 142 km – Chartres 38 km – Châteaudun 22 km – Le Mans 86 km
Carte Michelin 311-C6 – Guide Vert Michelin Normandie Vallée de la Seine

☺ L'Ascalier 🏠

CUISINE TRADITIONNELLE · CONVIVIAL X Dans la région, tout le monde – ou presque – connaît cet Ascalier ! Et pour cause, cette adresse a plus d'un atout avec sa terrasse fleurie, son cadre contemporain et pimpant, ses beaux produits régionaux, ses menus à prix doux... et bien entendu son "escalier" du 16e s. qui mène aux salles de l'étage.

Formule 15 € – Menu 21/34 €

9 pl. du Dauphin – ☏ 02 37 96 05 52 *(réservation conseillée) – Fermé dim. soir, lundi soir et mardi*

BROUILLAMNON – 18 (Cher) → voir Charost

LES BROUZILS

✉ 85260 (Vendée) – 2 666 hab. – Alt. 64 m – Carte régionale n° **34**-B3
▶ Paris 427 km – Cholet 77 km – Nantes 46 km – La Roche-sur-Yon 37 km
Carte Michelin 316-I6

🏠 Manoir de la Thébline 🐾 🛋 ⚒ 🍴 🅿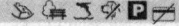

FAMILIAL · COSY Dans un grand parc verdoyant – avec un étang –, une jolie demeure du 15e, 16e et 19e s. Ici, tout est pensé pour la détente : billard, bibliothèque, piscine et, évidemment, des chambres de facture classique, spacieuses, coquettes et parfaitement tenues. Idéal pour un séjour découverte de la région.

3 chambres ☲ – ♦98 € ♦♦98/130 €

2 km au Nord-Ouest par D7, rte de l'Herbergement – ☏ 06 77 71 67 25
– www.manoirthebline.com

BRUAILLES – 71 (Saône-et-Loire) ➔ voir Louhans

BRUÈRE-ALLICHAMPS – 18 (Cher) ➔ voir St-Amand-Montrond

BRUGAIROLLES
✉ 11300 (Aude) – 258 hab. – Alt. 182 m – Carte régionale n° **22**-A3
▶ Paris 770 km – Carcassonne 33 km – Castelnaudary 32 km – Castres 82 km
Carte Michelin 344-D4

⅋○ Domaine Gayda   ⩽ 🅰🅲 ⇔ 🅿
CUISINE MODERNE • ÉLÉGANT XX Au-dessus du chai de ce domaine viticole, on découvre une jolie salle avec une véranda donnant sur les Pyrénées et les vignes. L'assiette varie avec les saisons ; le chef belge mitonne des plats pleins de spontanéité, et n'hésite pas à se montrer créatif à l'occasion ! Bons crus du domaine pour accompagner le tout.
🍴 Menu 20 € (déj. en semaine), 32/42 €
rte de Malviés – 𝒞 *04 68 20 65 87 – www.maisongayda.com – Fermé janv., lundi et mardi*

BRY-SUR-MARNE – 94 (Val-de-Marne) ➔ voir Autour de Paris

BUELLAS
✉ 01310 (Ain) – 1 714 hab. – Alt. 225 m – Carte régionale n° **43**-E1
▶ Paris 424 km – Annecy 120 km – Bourg-en-Bresse 9 km – Lyon 69 km
Carte Michelin 328-D3 – Guide Vert Michelin Lyon et sa région

⅋○ L'Auberge Bressane de Buellas   ⇔ 🍴 🅴 🅰🅲 🅰 🅿
CUISINE TRADITIONNELLE • AUBERGE X Le meilleur de la Bresse, mais aussi de la Provence ! Dans cette auberge (une ex-boulangerie), on se régale de belles recettes du terroir avec un zeste de saveurs du Sud et une dose d'inventivité. En prime, le service est attentionné et les prix raisonnables.
Formule 15 € 🍷 – Menu 22/50 € – Carte 28/46 €
13 chambres – ♦77/159 € ♦♦95/194 € – ☲ 12 €
10 rte de Buesle, (pl. du Prieuré) – 𝒞 *04 74 24 20 20 – www.auberge-buellas.com – Fermé vacances de la Toussaint et merc.*

LE BUGUE
✉ 24260 (Dordogne) – 2 695 hab. – Alt. 62 m – Carte régionale n° **4**-C3
▶ Paris 522 km – Bergerac 47 km – Brive-la-Gaillarde 72 km – Périgueux 42 km
Carte Michelin 329-G6 – Guide Vert Michelin Périgord Quercy

rte de Sarlat 3 km à l'Est par D703 et rte secondaire ✉ 24260

🏠 Maison Oléa   🐚 ⩽ 🐚 ⤢ 🅰🅲 🅿 ⤢
FAMILIAL • PERSONNALISÉ Derrière cette architecture inspirée des anciennes granges à tabac se cache un rêve mauresque ! Chambres avec loggia orientées plein sud et vue sur la vallée de la Vézère.
5 chambres ☲ – ♦75/95 € ♦♦85/105 €
La Combe-de-Leygue – 𝒞 *05 53 08 48 93 – www.olea-dordogne.com – Fermé 21 déc.-4 janv.*

BUIS-LES-BARONNIES
✉ 26170 (Drôme) – 2 257 hab. – Alt. 365 m – Carte régionale n° **44**-B3
▶ Paris 685 km – Carpentras 39 km – Nyons 29 km – Orange 50 km
Carte Michelin 332-E8 – Guide Vert Michelin Alpes du Sud

🏠 Les Arcades-Le Lion d'Or   🐚 ⤢ 🅰🅲 🕸 🐚
FAMILIAL • PERSONNALISÉ Passez sous les arcades de la place principale (15ᵉ s.) pour entrer dans l'hôtel... Les amateurs de couleurs vives apprécieront les chaleureuses chambres provençales. Aux beaux jours, il fait bon profiter de la terrasse, face à la piscine, ou du charmant jardin intérieur à l'ombre d'une glycine.
12 chambres – ♦59/89 € ♦♦69/89 € – 1 suite – ☲ 11 €
pl. du Marché – 𝒞 *04 75 28 11 31 – www.hotelarcades.fr – Ouvert 23 mars-30 nov.*

LE BUISSON-CORBLIN – 61 (Orne) ➜ voir Flers

LE BUISSON-DE-CADOUIN
✉ 24480 (Dordogne) – 2 086 hab. – Alt. 63 m – Carte régionale n° **4**-C3
▶ Paris 532 km – Bergerac 38 km – Brive-la-Gaillarde 81 km – Périgueux 52 km
Carte Michelin 329-G6

ⓄⒾ **Auberge de l'Espérance**
CUISINE TRADITIONNELLE · **CONVIVIAL** X Âmes désespérées, courez dans cette
adresse qui saura vous redonner foi en la vie ! L'accueil de la patronne n'est que
sourire et chaleur, et la cuisine est pleine de jolies attentions, alliant fraîcheur et
franche gourmandise. Voilà qui rappelle que les plaisirs simples sont parfois les
plus marquants...
Formule 17 € – Menu 28 € (semaine)/45 € – Carte 48/57 €
3 av. des Sycomores – ☎ 05 53 74 23 66 – Fermé mardi et merc. sauf juil.-août

à Paleyrac 4 km au Sud-Est par D25 et rte secondaire – ✉ 24480

⚐ **Le Clos Lascazes**
FAMILIAL · **PERSONNALISÉ** Ces trois maisons, issues de trois siècles différents,
abritent des chambres confortables et lumineuses. On s'y repose au grand
calme. Et durant la journée, du premier au dernier rayon de soleil, on profite du
parc et de la piscine. Bon petit-déjeuner.
5 chambres – ♦76/105 € ♦♦76/105 € – ☲ 11 €
– ☎ 05 53 74 33 94 – www.clos-lascazes.com – Ouvert de mars à mi-nov.

BULGNEVILLE
✉ 88140 (Vosges) – 1 477 hab. – Alt. 350 m – Carte régionale n° **26**-B3
▶ Paris 342 km – Belfort 133 km – Épinal 55 km – Langres 71 km
Carte Michelin 314-D3

ⓄⒾ **La Marmite Beaujolaise**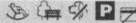
CUISINE TRADITIONNELLE · **RUSTIQUE** XX Cette auberge propose une cuisine
traditionnelle soignée valorisant de beaux produits (pâté en croûte de canard et
foie gras pistaché, lieu jaune en vapeur douce et tajine de légumes). Le cadre est
à la fois rustique et raffiné, le sourire en plus !
⊛ Menu 15 € (déj. en semaine), 23/40 € – Carte 41/56 €
34 r. de l'Hôtel-de-Ville – ☎ 03 29 09 16 58
*– www.restaurant-lamarmitebeaujolaise.com – Fermé 1 semaine en oct., 1 semaine
en janv., dim. soir et lundi*

⚐ **Benoit Breton**
RURAL · **PERSONNALISÉ** Antiquaire de son métier, monsieur Breton a donné
une âme à sa maison : chambres spacieuses, meubles et bibelots raffinés. Petits-
déjeuners campagnards devant la jolie cheminée.
4 chambres ☲ – ♦75 € ♦♦80 €
74 r. des Récollets – ☎ 03 29 09 21 72 – www.benoitbreton.fr

BURCIN
✉ 38690 (Isère) – 426 hab. – Alt. 520 m – Carte régionale n° **45**-C2
▶ Paris 548 km – Bourg-en-Bresse 142 km – Grenoble 40 km – Lyon 80 km
Carte Michelin 333-F5

ⓄⒾ **Relais St-Hubert**
CUISINE TRADITIONNELLE · **À LA MODE** X Sous l'œil de saint Hubert, patron des
chasseurs, on se lance à la poursuite des bonnes saveurs dans cette chaleureuse
ferme dauphinoise transformée en restaurant. Gibier, champignons et autres produits du cru : le jeune chef, passionné, nous régale d'une cuisine traditionnelle
rythmée par les saisons.
Formule 14 € – Menu 24/42 € – Carte 32/46 €
*1 pl. de l'Eglise – ☎ 04 76 65 00 36 – www.relais-sthubert.com – Fermé 3-22 août,
26 déc.-9 janv., mardi soir, merc. soir, jeudi soir et lundi*

BURNHAUPT-LE-HAUT

✉ 68520 (Haut-Rhin) – 1 677 hab. – Alt. 300 m – Carte régionale n° **1**-A3

▶ Paris 454 km – Altkirch 16 km – Belfort 32 km – Mulhouse 17 km

Carte Michelin 315-G10

🏠 Le Coquelicot   余 ⇔ & 🔏 🅿

FAMILIAL · FONCTIONNEL Dans une zone commerciale, non loin d'axes routiers fréquentés, cet hôtel-restaurant dispose de chambres confortables et impeccablement tenues, dans un style hôtelier fonctionnel.

26 chambres – ♦78/98 € ♦♦78/98 € – � 12 € – ½ P

*24 r. du Pont d'Aspach, au Pont d'Aspach, 1 km au Nord – ℰ 03 89 83 10 10
– www.lecoquelicot.fr – Fermé 23 déc.-4 janv.*

BUSNES – 62 (Pas-de-Calais) → voir Béthune

BUSSEAU-SUR-CREUSE

✉ 23150 (Creuse) – ✉ Ahun – Carte régionale n° **25**-C1

▶ Paris 368 km – Aubusson 27 km – Guéret 17 km

Carte Michelin 325-J4 – Guide Vert Michelin Limousin Berry

🍴 Le Viaduc   ⇔ ≤ &

CUISINE MODERNE · RUSTIQUE ✕✕ Rustique et sympathique, cette petite auberge de pays domine la vallée de la Creuse et offre une belle vue sur le viaduc de style Eiffel... On y déguste une cuisine actuelle généreuse et, pour l'étape, les chambres sont bien pratiques !

Formule 14 € – Menu 24/49 € – Carte 38/53 €

5 chambres – ♦48 € ♦♦65 € – ⊣ 7 €

*9 Busseau Gare – ℰ 05 55 62 57 20 – www.restaurant-leviaduc.com
– Fermé 1 semaine en juin, 1 semaine en janv., 2 semaines en fév., dim. soir et lundi*

LA BUSSIÈRE-SUR-OUCHE

✉ 21360 (Côte-d'Or) – 138 hab. – Alt. 320 m – Carte régionale n° **8**-C2

▶ Paris 297 km – Dijon 34 km – Chalon-sur-Saône 63 km – Beaune 34 km

Carte Michelin 320-I6 – Guide Vert Michelin Bourgogne

✿ 1131   🎭 ⇔ & 🅿

CUISINE MODERNE · CLASSIQUE ✕✕✕ Sous les superbes voûtes en ogive de cette ancienne abbaye se joue une partition culinaire particulièrement harmonieuse... Le chef, fou amoureux des beaux produits, honore les saisons. Saveur, fraîcheur et inventivité : on passe un beau moment. Sans oublier la carte des vins qui fait la part belle à la région.

→ Escargots à l'hysope, artichauts poivrades, girolles et jus barigoule au Pontarlier. Suprême de poulette de Bresse rôti, pommes de terre confites et jus à la livèche. Myrtilles sauvages et cassis noir de Bourgogne.

Menu 105 € – Carte 100/115 €

*D33 – ℰ 03 80 49 02 29 – www.abbayedelabussiere.fr – Fermé 3 janv.-11 fév.,
lundi, mardi et le midi sauf dim.*

🏨 Abbaye de la Bussière   余 🎭 ⇔ & 🗚 🔏 🅿

GRAND LUXE · GRAND STYLE Une abbaye cistercienne du 12ᵉ s. noyée dans la verdure. Si le cloître des moines a disparu, la quiétude reste entière : architectures gothiques, pièce d'eau, chambres luxueuses et... gourmandises !

20 chambres – ♦225/600 € ♦♦225/600 € – ⊣ 25 € – ½ P

D33 – ℰ 03 80 49 02 29 – www.abbayedelabussiere.fr – Fermé 3 janv.-11 fév.

✿ **1131** – voir les restaurants ci-dessus

BUXY

✉ 71390 (Saône-et-Loire) – 2 175 hab. – Alt. 263 m – Carte régionale n° **8**-C3

▶ Paris 351 km – Chagny 25 km – Chalon-sur-Saône 17 km – Montceau-les-Mines 33 km

Carte Michelin 320-I9

ⅠⅠ○ **Aux Années Vins** 🏠 🅰 ⇔ 🅿

CUISINE CLASSIQUE · **TRADITIONNEL** XX Dans les anciennes fortifications du village, cette auberge chic est une ode aux jolis nectars. Sans remonter aux années 1920, la cuisine cultive un certain classicisme, avec même un beau choix de fromages affinés. L'hiver, on s'installe au coin du feu pour un repas des plus chaleureux.

Formule 20 € – Menu 29/59 € – Carte 45/75 €

2 Grande-Rue – ℰ 03 85 92 15 76 – www.aux-annees-vins.com – Fermé
22-31 août, vacances de fév., mardi et merc.

BUZANÇAIS

✉ 36500 (Indre) – 4 481 hab. – Alt. 111 m – Carte régionale n° **11**-B3
▶ Paris 286 km – Le Blanc 47 km – Châteauroux 25 km – Chatellerault 78 km
Carte Michelin 323-E5

ⅠⅠ○ **L'Hermitage** 🍴 🏠 🅰 🅿

CUISINE MODERNE · **CLASSIQUE** XX Entouré d'un parc baigné par l'Indre, un Hermitage gourmand pour se régaler d'une jolie cuisine traditionnelle. Le foie gras, notamment, est une réussite ! Et aux beaux jours, on s'installe sous la pergola pour profiter du doux bruissement de la rivière... Une adresse de qualité où les clients sont choyés.

Formule 18 € – Menu 31/60 € – Carte 41/70 €
1 chemin de Vilaine – ℰ 02 54 84 03 90 (réservation conseillée)
– www.lhermitagehotel.com – Fermé janv., dim. soir et lundi midi

🏠 **L'Hermitage** 🖙 🍴 🅿

FAMILIAL · **CLASSIQUE** Cette maison de maître 1900 est bucolique à souhait : les chambres, parfaitement tenues, donnent sur le grand jardin, où coule l'Indre... Apaisant et très accueillant !

10 chambres – 🛏70/90 € 🛏🛏75/100 € – ☲ 11 €
1 chemin de Vilaine – ℰ 02 54 84 03 90 – www.lhermitagehotel.com – Fermé janv.
et dim. soir

ⅠⅠ○ **L'Hermitage** – voir les restaurants ci-dessus

Une bonne table sans se ruiner ? Repérez les Bib Gourmand 🅐.

LES CABANNES

✉ 09310 (Ariège) – 344 hab. – Alt. 535 m – Carte régionale n° **29**-C3
▶ Paris 790 km – Foix 28 km – Toulouse 113 km
Carte Michelin 343-I8

ⅠⅠ○ **À la Montanha-La Maison Lacube** Ⓝ 🏠 🍽

VIANDES · **BISTRO** X Bienvenue à l'ambassade gourmande des produits ariégeois ! Au pied du plateau de Beille, en Haute-Ariège, veille le patron de ce petit établissement, éleveur de bœuf gascon, qui met à l'honneur sa production. Carte simple, produits locavores, convivialité et air vivifiant : le bonheur !

🖙 Formule 15 € – Menu 20/32 € – Carte 26/37 €
3 pl. des Platanes – ℰ 05 34 09 09 09 – www.lamaisonlacube.com – fermé
14-28 nov., dim. soir et lundi soir sauf vacances scolaires

CABESTANY – 66 (Pyrénées-Orientales) ➔ voir Perpignan

✉ 14390 (Calvados) – 3 712 hab. – Alt. 3 m – Carte régionale n° **32**-B2
▶ Paris 220 km – Caen 24 km – Deauville 23 km – Lisieux 35 km
Carte Michelin 303-L4 – Guide Vert Michelin Normandie Vallée de la Seine

Le Balbec ⓝ
≤ 🛋 & ♻

CUISINE TRADITIONNELLE · ÉLÉGANT XxX La belle salle Marcel Proust vous
attend ; y retrouverez-vous le temps perdu ? Le restaurant du Grand Hôtel de
Cabourg met toujours à l'honneur la sole meunière, les rougets en filet ou
encore le lapin ; autant d'assiettes précises et raffinées, qui regorgent de belles
saveurs. Sans oublier les intemporelles madeleines...
Menu 68 € – Carte 70/98 €
Plan : A-s – *Grand Hôtel, prom. Marcel-Proust* – ✆ 02 31 91 01 79
– www.mgallery.com – Fermé le midi sauf sam. et dim.

Le Bouche à Oreille
🛋 ⚘

CUISINE TRADITIONNELLE · ÉLÉGANT XX Le chef de cette élégante maison, face
à la place du marché, travaille avec deux bateaux de pêche de Ouistreham. À la
carte : des produits de la mer d'une éclatante fraîcheur, mais aussi de belles viandes, le tout préparé dans les règles de l'art. Une bonne adresse.
Formule 19 € – Menu 29 € (déj. en semaine)/37 € – Carte environ 48 €
Plan : A-u – *10 av. des Dunettes* – ✆ 02 31 91 26 80
*– www.boucheaoreille-cabourg.fr – Fermé déc., janv., dim. soir et mardi midi
sauf juil.-août et lundi*

Le Beau Site
≤ 🛋 🅐🅒 ⚘ 🅿

CUISINE CLASSIQUE · CONVIVIAL XX Entrez donc dans cette maison superbement située sur le front de mer et profitez de la vue sur la plage ! En toute
logique, le poisson et les crustacés sont ici à l'honneur : le restaurant travaille
avec les mareyeurs de la région... mais n'oublie pas ceux qui n'ont pas le pied
marin avec quelques plats du terroir.
Menu 22/37 € – Carte 43/51 €
Plan : A-n – *30 av. Foch, (promenade Marcel-Proust)* – ✆ 02 31 24 42 88
– www.lebeausite.fr – Fermé 1ᵉʳ déc.-15 janv. et mardi

Le Baligan
🛋 🅐🅒

POISSONS ET FRUITS DE MER · BISTRO X Cannes à pêche, lithographies, fresques, etc. Dans ce bistrot au décor marin, on vous propose les produits de la
criée locale : fraîcheur garantie ! Et pour les amateurs, le chef a fait de la cuisson à la plancha une de ses spécialités. Aux beaux jours, on peut même manger
en terrasse.
👄 Formule 24 € – Menu 19 € (déj. en semaine), 30/43 € – Carte 28/61 €
Plan : A-t – *8 av. Alfred-Piat* – ✆ 02 31 24 10 92 – *www.lebaligan.fr*
– Fermé 30 nov.-27 déc., merc. sauf de juin à sept. et vacances scolaires

Grand Hôtel
🕸 ⚗ ≤ 🖃 & 🅐🅒 🛁

LUXE · CLASSIQUE Ce palace du front de mer, hanté par le souvenir de Proust, a
retrouvé son lustre dans une version ultracontemporaine : lignes épurées, mobilier haut de gamme... Le temps retrouvé ! D'avril à septembre, la Plage propose
salades et poissons sur une superbe terrasse posée sur le sable.
68 chambres – 🛏155/405 € 🛏🛏310/940 € – 3 suites – ⌷ 26 €
Plan : A-s – *prom. Marcel-Proust* – ✆ 02 31 91 01 79 – *www.mgallery.com*
🍴 Le Balbec – voir les restaurants ci-dessus

Les Bains de Cabourg
🕸 ≤ 👜 🔟 🔲 ⊛ 🛁 ⚘ 🖃 & 🅐🅒 🛁 🅿

SPA ET BEAUTÉ · DESIGN Né en 2013, l'établissement a fait l'événement avec
ses 10 000 m² de surface – dont 600 consacrés au spa – dans un parc de 6 ha
face à la mer... Sa belle architecture moderne, ses volumes impressionnants, ses
balcons ouvrant sur la plage (dans la plupart des chambres) : tout inspire bien-
être et confort !
151 chambres – 🛏139/700 € 🛏🛏139/700 € – 14 suites – ⌷ 21 € – ½ P
44 av. Charles-de-Gaulle – ✆ 02 50 22 10 00 – *www.thalazur.fr/hotel-cabourg/
– Fermé 3-8 janv.*

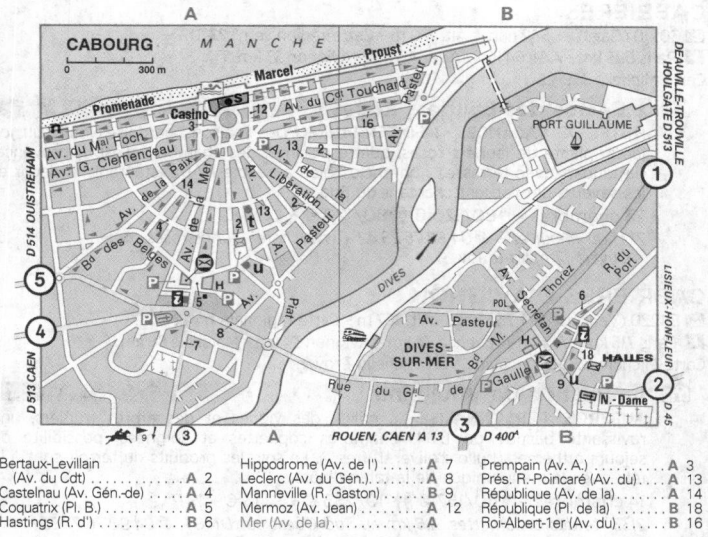

Bertaux-Levillain
(Av. du Cdt) . . . . **A** 2
Castelnau (Av. Gén.-de) . . . . . **A** 4
Coquatrix (Pl. B.) . . . . **A** 5
Hastings (R. d') . . . . **B** 6

Hippodrome (Av. de l') . . . . . . **A** 7
Leclerc (Av. du Gén.). . . . . **A** 8
Manneville (R. Gaston) . . . . . **B** 9
Mermoz (Av. Jean) . . . . **A** 12
Mer (Av. de la) . . . . **A**

Prempain (Av. A.) . . . . **A** 3
Prés. R.-Poincaré (Av. du) . . . . **A** 13
République (Av. de la) . . . . . . **A** 14
République (Pl. de la) . . . . **B** 18
Roi-Albert-1er (Av. du) . . . . . . **B** 16

🏨 Mercure Hippodrome   🦮 🖼 🛗 ♿ 🧖 🅿

HÔTEL DE CHAÎNE · FONCTIONNEL Dans cette région où le cheval est roi, rien d'étonnant à ce que ces deux bâtiments récents – d'inspiration normande – jouxtent l'hippodrome. Certaines chambres donnent même sur le champ de courses ! Et pour se relaxer, il y a l'espace détente.

77 chambres - 🛏80/200 € 🛏🛏80/200 € - ☲ 16 €

av. Michel-d'Ornano, par av. Hippodrome - ℰ 02 31 24 04 04 - www.mercure.com

à Dives-sur-Mer Sud du plan – ⊠ 14160 – 5 867 hab. – Alt. 3 m

🍽 Chez le Bougnat

CUISINE TRADITIONNELLE · BISTRO ✗ Cette ancienne quincaillerie est devenue un bistrot convivial. De vieilles affiches aux murs et un étonnant bric-à-brac d'objets chinés donnent le ton pour une cuisine bistrotière enlevée et généreuse, avec des classiques tels que les harengs pommes à l'huile et la tête de veau. Un conseil : réservez !

🍴 Menu 18 € (semaine)/29 € - Carte 25/55 €

Plan : B-u - *27 r. Gaston-Manneville - ℰ 02 31 91 06 13 - www.chezlebougnat.fr – Fermé 2 semaines en janv. et le soir du dim. au merc. sauf vacances scolaires*

au Hôme 2 km à l'Ouest par D514 – ⊠ 14390

🍽 Au Pied des Marais   ♿

CUISINE TRADITIONNELLE · CONVIVIAL ✗✗ À la sortie de Cabourg, un établissement où l'on s'installe dans une ambiance chaleureuse, près de la cheminée ou dans la véranda. On y apprécie des plats traditionnels, des spécialités (dont de fameux pieds de cochon) et des grillades au feu de bois. Une table où l'on passe un vrai bon moment !

Formule 20 € - Menu 37/57 € - Carte 48/81 €

26 av. du Prés.-Coty ⊠ 14390 Varanville - ℰ 02 31 91 27 55 – www.aupieddesmarais.com – Fermé 26 janv.-10 fév., 20-30 juin, 13-28 déc., mardi et merc. sauf le soir en juil.-août

CABRIÈRES

✉ 30210 (Gard) – 1 542 hab. – Alt. 120 m – Carte régionale n° **23**-D2

▶ Paris 695 km – Alès 64 km – Arles 40 km – Avignon 33 km

Carte Michelin 339-L5

🏠 L'Enclos des Lauriers Roses ⚘ 🐾 🛁 🍽 AC 🚗

HÔTEL DE VACANCES · MÉDITERRANÉEN Des maisons gardoises dans un joli jardin planté de lauriers roses, quatre piscines, des chambres d'esprit provençal (la plupart avec terrasse) : un enclos bien agréable ! Au restaurant, le décor et les saveurs ont l'accent chantant du Sud.

23 chambres – ♦80/120 € ♦♦80/120 € – ⊊15 €

71 r. du 14-Juillet – ☏ 04 66 75 25 42 – www.hotel-lauriersroses.com – Ouvert 12 mars-6 nov.

CABRIÈRES-D'AVIGNON

✉ 84220 (Vaucluse) – 1 734 hab. – Alt. 167 m – Carte régionale n° **42**-E1

▶ Paris 715 km – Aix-en-Provence 74 km – Avignon 34 km – Marseille 88 km

Carte Michelin 332-D10 – Guide Vert Michelin Provence

🏠 La Bastide de Voulonne ⚘ 🐾 🛁 🍽 🕯 P

AUBERGE · PERSONNALISÉ Au milieu des vignes et des arbres fruitiers, une ravissante bastide de 1764. Chambres coquettes et soignées, possibilité de séjours à thèmes (huile d'olive, truffes...). Le soir, les produits du terroir sont à la fête avec le menu unique de la table d'hôte.

14 chambres – ♦110/157 € ♦♦110/255 € – ⊊13 € – ½ P

2133 rte des Beaumettes, 2,5 km au Sud-Ouest par D148 – ☏ 04 90 76 77 55 – www.bastide-voulonne.com – Ouvert de mi-fév. à mi-nov.

CABRIÈS

✉ 13480 (Bouches-du-Rhône) – 9 011 hab. – Alt. 177 m – Carte régionale n° **40**-B3

▶ Paris 773 km – Avignon 100 km – Marseille 21 km – Toulon 86 km

Carte Michelin 340-H5 – Guide Vert Michelin Provence

🍽 La Bastide de Cabriès ⇔ 🐾 🏠 🕯 AC 🍴 🕯 P

CUISINE MODERNE · ÉLÉGANT XXX Cette bastide était autrefois une tisanerie. La quiétude infuse aujourd'hui les lieux – une salle élégante et sa terrasse sous les platanes –, où l'on apprécie une cuisine du marché respectueuse des saisons. Toutes différentes, les chambres se révèlent agréables. Enfin, la gare TGV d'Aix n'est qu'à 1 km !

Menu 35 € (semaine) – Carte 50/75 €

12 chambres – ♦100/140 € ♦♦100/140 € – ⊊13 €

r. du Lac, par la D9 – ☏ 04 42 69 07 81 – www.bastidecabries.com – Fermé 1ᵉʳ-15 août, sam. et dim.

CABRIS – 06 (Alpes-Maritimes) ➡ voir Grasse

LA CADIÈRE-D'AZUR

✉ 83740 (Var) – 5 448 hab. – Alt. 144 m – Carte régionale n° **40**-B3

▶ Paris 815 km – Aix-en-Provence 66 km – Brignoles 53 km – Marseille 45 km

Carte Michelin 340-J6 – Guide Vert Michelin Côte d'Azur

✿ Hostellerie Bérard (Jean-François Bérard) ✿ ⇔ AC 🍴 🚗

CUISINE MODERNE · CLASSIQUE XXX À la suite de son père René, Jean-François Bérard a repris le flambeau de la table familiale. Jus corsés et émulsions subtiles, produits de qualité (dont les légumes et herbes du jardin)... du beau travail au service du goût, entre héritage et nouveauté !

➡ Huître de pleine mer, velouté au foie gras, menthe poivrée et citron confit. Poulette de Bresse farcie à la brousse d'herbes et rôtie à la broche. Calisson glacé comme un parfait à l'orange confite.

Menu 36 € (déj. en semaine), 58/169 € – Carte 90/145 €

6 av. Gabriel-Péri – ☏ 04 94 90 11 43 – www.hotel-berard.com – Fermé 10 janv.-5 fév., mardi sauf le soir du 10 juil. au 15 sept. et lundi

⑪○ Le Bistrot de Jef ≤ 🏠 🅰🅲 🚗

PROVENÇALE · CONVIVIAL ✗ Un bistrot convivial et accueillant, où une jeune équipe dynamique assure notre bonheur. La cuisine sent bon la Provence et la Méditerranée, et ces couleurs du Sud prennent d'autant plus de relief dans la véranda, où l'on jouit d'une vue superbe sur la vallée environnante !

Formule 20 € ▼ – Menu 32 € – Carte 37/57 €

Hostellerie Bérard, 16 av. Gabriel-Péri – ℰ 04 94 90 11 43 – www.hotel-berard.com – Fermé 10 janv.-5 fév., jeudi sauf le soir du 1er juil. au 15 sept. et merc.

🏠🏠🏠 Hostellerie Bérard 🏠 🌳 ≤ 🍴 🎣 ☺ ♨ 🅰🅲 🍴 🚗

FAMILIAL · PERSONNALISÉ Une de ces adresses de tradition de l'hôtellerie française... Elle réunit plusieurs maisons de ce joli village perché : charme des vieilles pierres, de l'esprit provençal et d'un accueil prévenant – sans compter les plaisirs gastronomiques –, sous l'égide de toute une famille animée par le désir de la qualité.

37 chambres – ♦103/212 € ♦♦103/365 € – ⌒ 22 € – ½ P

6 av. Gabriel-Péri – ℰ 04 94 90 11 43 – www.hotel-berard.com – Fermé 10 janv.-5 fév.

❀ **Hostellerie Bérard** • ⑪○ **Le Bistrot de Jef** – voir les restaurants ci-dessus

CADILLAC

✉ 33410 (Gironde) – 2 713 hab. – Alt. 16 m – Carte régionale n° **3**-B2
▶ Paris 607 km – Bordeaux 41 km – Langon 12 km – Libourne 40 km
Carte Michelin 335-J7 – Guide Vert Michelin Aquitaine

⑪○ Château de la Tour 🍴 🏠 🅰🅲 ⚘ 🅿

CUISINE MODERNE · ÉLÉGANT ✗✗ Sous une belle charpente ou dans le joli parc verdoyant donnant sur le château des ducs d'Épernon, on savoure une agréable cuisine actuelle branchée sur le terroir et réglée sur les saisons. Une bonne adresse.

Formule 16 € – Menu 31/50 € – Carte 45/59 €

2 av. de la Libération, D10 – ℰ 05 56 76 92 00 – www.hotel-restaurant-chateaudelatour.com – Fermé 1er-10 janv.

🏠🏠 Château de la Tour 🏠 🍴 🎣 🖵 ♿ 🅰🅲 🍴 🅿

BUSINESS · PERSONNALISÉ Entre le château et la Garonne, au cœur d'un joli parc dominé par quatre cèdres de l'Atlas tricentenaires, cet hôtel propose des chambres contemporaines et fraîches (côté parc). Sauna, belle piscine... On se sent bien !

32 chambres – ♦82/107 € ♦♦97/232 € – ⌒ 11 €

2 av. de la Libération, D10 – ℰ 05 56 76 92 00 – www.hotel-restaurant-chateaudelatour.com

⑪○ **Château de la Tour** – voir les restaurants ci-dessus

ON AIME...

La Manufacture, une double adresse : bistrot convivial d'un côté, "gastro" cosy de l'autre ! **Carlotta**, une brasserie au délicieux cadre rétro.
L'Accolade, le rendez-vous de la jeunesse dans le quartier du Vaugueux.
Initial, son cadre aussi tendance que sa cuisine. **L'Auberge de l'Île Enchantée**, un îlot de fraîcheur et de saveurs...

CAEN

✉ 14000 (Calvados) – 108 365 hab. – Agglo. 196 688 hab. – Alt. 25 m
– Carte régionale n° **32**-B2
▶ Paris 236 km – Alençon 105 km – Cherbourg 125 km – Le Havre 91 km
Carte Michelin 303-J4 – Guide Vert Michelin Normandie Cotentin

Restaurants

✿ Ivan Vautier   🕸 🛖 ᵹ 🏧 🅿

CUISINE MODERNE · DESIGN 𝕏𝕏𝕏 Limpidité, précision, maîtrise : dans ce restaurant élégant, sobre et contemporain, les assiettes ont du style, et ce sans renier la nature et la saveur des produits, au contraire... Ivan Vautier a du talent et sa cuisine de saison en témoigne !
→ Saint-pierre des "Chefs d'État 2014". Turbot en vichyssoise, bigorneaux, petits oignons à la truffe. Carré chocolat-caramel au blé noir, coulis de poire et sorbet.
Menu 31 € (déj. en semaine), 56/95 € – Carte 80/130 €
Plan : AV-v – *Hôtel Ivan Vautier, 3 av. Henry-Chéron –* ℰ *02 31 73 32 71*
– www.ivanvautier.com – Fermé dim. soir et lundi

✿ Stéphane Carbone   🛖 ᵹ 🏧

CRÉATIVE · DESIGN 𝕏𝕏𝕏 Non, cette cuisine ne peut passer "incognito" ! À deux pas du port de plaisance, la table de Stéphane Carbone où une valeur sûre, où la gastronomie se décline avec créativité et délicatesse. Le confort des lieux, élégants et contemporains, ajoute au plaisir du repas.
→ Raviole de tourteau à l'eau de carotte, brunoise de légumes. Ris de veau cuit au beurre, mousseline de pommes de terre à l'huile de tomate. Pomme de chocolat noir, biscuit chocolat mokaya et ganache mangaro.
Formule 26 € – Menu 39/98 € – Carte environ 90 €
Plan : EY-u – *14 r. de Courtonne –* ℰ *02 31 28 36 60 – www.stephanecarbone.fr*
– Fermé 8-21 août, sam. midi, dim. et lundi

✿ Initial (Yohann Lemonnier)   ᵹ

CRÉATIVE · TENDANCE 𝕏 Créé en 2013 dans une ancienne boutique proche de l'Abbaye-aux-Hommes, ce restaurant est né de la volonté de deux jeunes associés. Leur crédo : une cuisine créative et variée, préparée avec beaucoup d'attention, et déclinée au dîner en 4, 6 ou 8 plats. Le tout accompagné de vins bien choisis !
→ Cuisine du marché.
Formule 22 € – Menu 26 € (déj. en semaine), 38/67 €
Plan : CY-z – *24 r. St-Manvieu –* ℰ *02 50 53 69 86 – www.initial-restaurant.com*
– Fermé 3 semaines en août, 1 semaine en janv., dim. et lundi

CAEN

Baladas (Bd des) . . . . **AV** 6
Chemin-vert (R. du) . . . . **AV** 19
Chéron (Av. Henri) . . . . **AV** 20
Clemenceau (Av. G.) . . . . . . **BV** 22
Copernic (Av. N.) . . . . **ABV** 23

Côte-de-Nacre (Av. de la) . . . **AV** 24
Courseulles (Av. de) . . . . . . **AV** 25
Délivrande (R. de la) . . . . . . **AV** 29
Demi-Lune (Pl. de la) . . . . . **BV** 30
Lyautey (Bd Mar.) . . . . **AV** 53
Montalivet (Cours) . . . . **AV** 59
Montgomery (Av. Mar.) . . . . **AV** 60
Mountbatten (Av. Am.) . . . . **AV** 62

Pasteur (R. L.) . . . . **BV** 63
Père-Ch.-de-Foucault (Av.) . . **AV** 64
Poincaré (Bd R.) . . . . **BV** 66
Pompidou (Bd G.) . . . . **AV** 67
Rethel (Bd de) . . . . **BV** 70
Richemond (Bd) . . . . **AV** 71
Rouen (Av. de) . . . . **BV** 95
Trouville (Rte de) . . . . **BV** 84

� Plan map of Caen

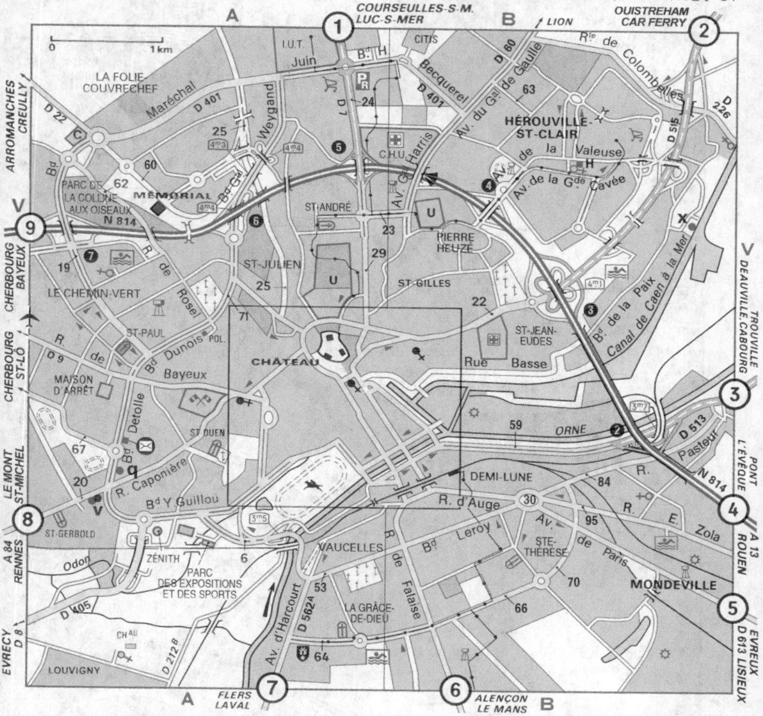

🕮 À Contre Sens (Anthony Caillot) A/C ✄

CUISINE MODERNE · COSY 🍽 Jolie ironie dans le nom de ce bistrot contemporain, qui cultive non pas le contresens, mais bien l'exactitude... et sans doute aussi la malice ! Anthony Caillot est un excellent cuisinier, dont le style en est enlevé, précis et audacieux – sans dérouter. Sa table rencontre un grand succès : réservation impérative !
➜ Bouillon fumant à l'andouille, foie gras poêlé, kimchi et battous de sarrasin. Poulet cuit sur l'os au laurier, cordon bleu au jambon et fromage. Sablé au beurre, framboise, chocolat blanc et avocat.
Menu 25 € (déj.), 44/64 € – Carte environ 60 €

Plan : DY-r - 8 r. des Croisiers - ℰ 02 31 97 44 48 (réservation conseillée) - www.acontresenscaen.fr – Fermé vacances de printemps, mi-juil. à mi-août, début janv., mardi midi, dim. et lundi

---

🕮 Le Dauphin ⬯ P

CUISINE MODERNE · ROMANTIQUE 🍽🍽🍽 Amateurs de produits normands, cette adresse est faite pour vous ! Huîtres de la baie d'Isigny-sur-Mer, pigeon de la Suisse normande, andouille de Vire, etc. Les saveurs de la région ont la part belle, mais le chef sait aussi composer des recettes plus originales... Décor élégant et lumineux.
Formule 20 € – Menu 25/62 € – Carte 55/81 €

Plan : DY-a - Hôtel Le Dauphin, 29 r. Gémare - ℰ 02 31 86 22 26 - www.le-dauphin-normandie.com – Fermé 18 juil.-8 août, sam. midi et dim.

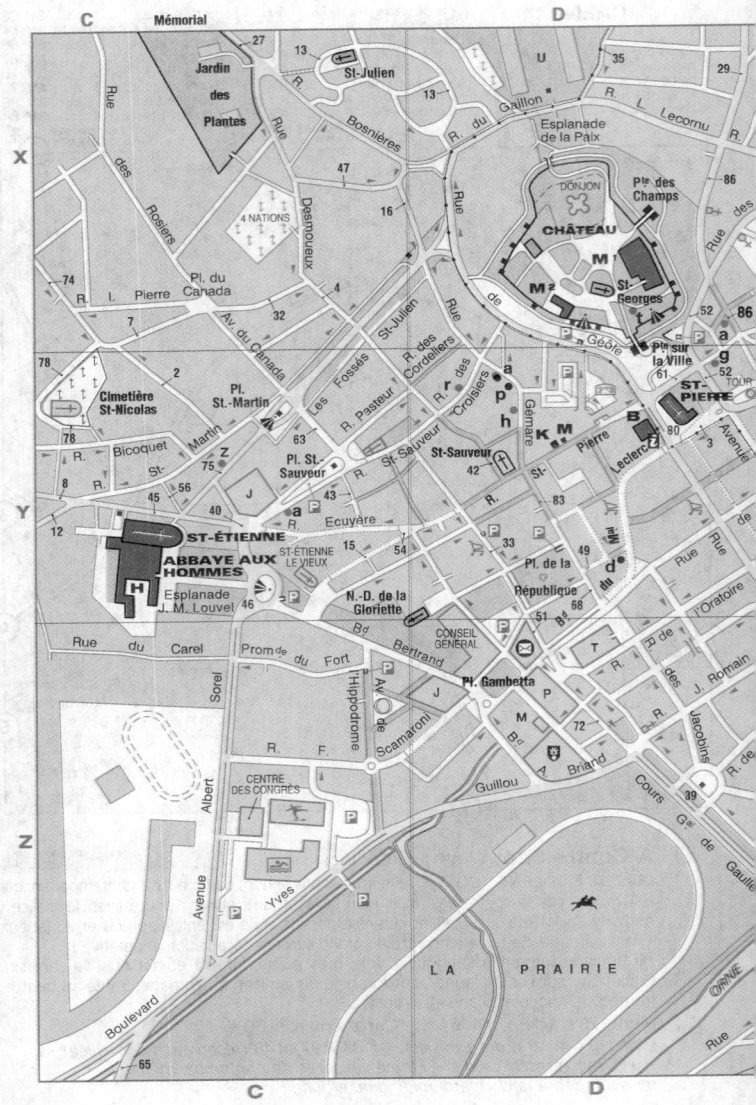

ArchiDona

🍴 ⛓ AC ⟷

CUISINE MODERNE · CONVIVIAL XX ArchiDona ? Du nom du village andalou dont est originaire le propriétaire de cet agréable restaurant. Une toute jeune chef, formée ici même, œuvre dorénavant aux fourneaux : son pressé de joue de bœuf au foie gras ou son lapin farci au pistou confirment la vocation gourmande de la maison !

Formule 16 € – Menu 22 € (semaine), 29/49 € – Carte 37/47 €

Plan : DY-h – 17 r. Gémare – ℰ 02 31 85 30 30 – www.archidona.fr – Fermé dim. et lundi

CAEN

Académie (R. de l')	**CY** 2
Alliés (Bd des)	**DY** 3
Bagatelle (Av. de)	**CX** 4
Barbey-d'Aurevilly (R.)	**CX** 7
Bayeux (R. de)	**CX** 8
Bir-Hakeim (Pont de)	**EZ** 9
Brunet (R. H.)	**EYZ** 10
Caponière (R.)	**CY** 12
Carrières-St-Julien (R. des)	**CDX** 13
Caumont (R. A. de)	**CY** 15
Chanoine X. de St-Paul (R.)	**CDX** 16
Chaussée-Ferrée (R. de la)	**EZ** 18
Churchill (Pont)	**EZ** 21
Courtonne (Pl.)	**EY** 26
Creully (Av. de)	**CX** 27
Decaen (R. Gén.)	**EZ** 28
Délivrande (R. de la)	**DX** 29
Docteur-Rayer (R.)	**CX** 32
Doumer (R. Paul)	**DY** 33
Écuyère (R.)	**CY**
Édimbourg (Av. d')	**DX** 35
Falaise (R. de)	**EZ** 38
Foch (Pl. Mar.)	**DZ** 39
Fontette (Pl.)	**CY** 40
Froide (R.)	**DY** 42
Fromages (R. aux)	**CY** 43
Guillaume-le-Conquérant (R.)	**CY** 45
Guillouard (Pl. L.)	**CY** 46
Juifs (R. aux)	**CX** 47
Lair (R. P.-A.)	**DY** 49
Lebisey (R. de)	**EX** 50
Lebret (R.)	**DYZ** 51
Leclerc (Bd Mar.)	**DYZ**
Libération (Av. de la)	**DXY** 52
Malherbe (Pl.)	**CDY** 54
Manissier (R.)	**EX** 55
Marot (R. J.)	**CY** 56
Meslin (Q. E.)	**CY** 57
Miséricorde (R. de la)	**EYZ** 58
Montalivet (Cours)	**EZ** 59
Montoir-Poissonnerie (R.)	**DY** 61
Pémagnie (R.)	**CX** 63
Petit-Vallerent (Bd du)	**CZ** 65
Pont-St-Jacques (R. du)	**DY** 68
Reine-Mathilde (Pl.)	**EX** 69
Sadi-Carnot (R.)	**DZ** 72
St-Gabriel (R.)	**CX** 74
St-Jean (R.)	**DEYZ**
St-Manvieu (R.)	**CY** 75
St-Michel (R.)	**EZ** 77
St-Nicolas (R.)	**CY** 78
St-Pierre (Pl.)	**DY** 80
St-Pierre (R.)	**DY**
Sévigné (Prom. de)	**EZ** 81
Strasbourg (R. de)	**DY** 83
Vaucelles (R. de)	**EZ** 85
Vaugueux (R. du)	**DX** 86
6-Juin (Av. du)	**DEYZ**
11-Novembre (R. du)	**DEZ** 90

Le Bouchon du Vaugueux

CUISINE MODERNE · BISTRO X Sous des dehors simples, ce bistrot a l'âme d'un vrai bouchon lyonnais (comptoir, repas au coude-à-coude) et son ardoise n'annonce rien que de bons petits plats inspirés par le marché et les saisons. Autre bonne surprise : une jolie sélection de vins de producteurs. On se régale !
Formule 16 € – Menu 22/34 € – Carte 27/37 €

Plan : DY-g – 12 r. Graindorge – 𝒞 02 31 44 26 26 (réservation conseillée)
– www.bouchonduvaugueux.com – Fermé 1er-12 sept., 22 déc.-2 janv., dim. et lundi

⁇○ Villa Eugène

CUISINE MODERNE · BRANCHÉ XX Le décor, original et chaleureux, mêle design contemporain, fauteuils en velours et lumière naturelle ; la terrasse verdoyante est protégée de la rue par des arbustes. Dans l'assiette, tartare de kipper à la bretonne, capuccino de butternut, risotto d'épeautre et potimarron... Délicieux et furieusement tendance !

Formule 17 € – Menu 22 € (déj.) – Carte 35/52 €

Plan : AV-q – 75 bd André-Detolle – ℰ 02 31 75 12 12 – www.villa-eugene.fr – Fermé sam. midi et dim.

⁇○ Le Carlotta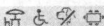

CUISINE TRADITIONNELLE · BRASSERIE XX Agréable adresse que cette grande brasserie d'esprit Art déco, qui fait face au port de plaisance. Tout y respire le sérieux, et en premier lieu la cuisine, qui honore viandes et produits de la mer.

Formule 19 € – Menu 25 € (semaine), 31/40 € – Carte 33/60 €

Plan : EY-m – 16 quai Vendeuvre – ℰ 02 31 86 68 99 – www.lecarlotta.fr – Fermé le dim.

⁇○ La Manufacture ⓝ

CUISINE MODERNE · ÉLÉGANT XX Une équipe jeune et motivée a investi ce bel hôtel particulier et y propose une cuisine parfumée et goûteuse qui n'ennuie jamais, à l'instar de ces encornets, gambas et coques juste snackés. N'hésitez pas à tester le bar et le bistrot contemporain : c'est confortable, chaleureux mais jamais guindé ! Service attentionné.

☜ Formule 14 € – Menu 19 € (déj.), 25/54 € – Carte 25/55 €

Plan : CY-a – 29 pl. St-Sauveur – ℰ 02 31 28 72 01 – www.la-manufacture-caen.fr – Fermé dim. et lundi

⁇○ L'Accolade ⓝ

CUISINE MODERNE · COSY XX Pierre Lefebvre, finaliste de l'émission MasterChef en 2012, a installé son restaurant en plein cœur du quartier piéton du Vaugueux, à deux pas du château. Armé des meilleurs produits du terroir normand (huîtres et fromages, légumes bio de la Manche), il compose une cuisine goûteuse et ingénieuse. Belle sélection de vins.

☜ Formule 16 € – Menu 20 € (déj.), 32/45 € – Carte 35/55 €

Plan : DX-a – 18 r. Porte-au-Berger – ℰ 02 31 80 30 44 – www.laccolade.fr – Fermé 3 semaines en août, sam. et dim.

⁇○ Café Mancel

CUISINE MODERNE · CONVIVIAL X Le café du musée des Beaux-Arts de Caen – lequel vaut le détour – est à l'image de sa vraie gourmandise : sur l'esplanade du château, à l'abri des remparts élevés par Guillaume le Conquérant, le calme est délicieux, et la cuisine regorge de belles saveurs normandes ! À noter : le lieu organise aussi soirées jazz, poésie, etc.

Formule 18 € – Menu 25/36 € – Carte 30/47 €

Plan : DX-t – au Château – ℰ 02 31 86 63 64 – www.cafemancel.com – Fermé vacances de fév., dim. soir et lundi

⁇○ Le Goût des Autres

CUISINE MODERNE · À LA MODE X Au pied de l'église Saint-Jean, ce Goût des Autres est à l'image de son chef, Benoît Majorel : enjoué et plein d'allant ! Dans un décor sobre et épuré, on se régale de recettes parfumées et originales, où la fraîcheur domine. Le tout à des prix réjouissants : le menu déjeuner est la bonne affaire du secteur.

☜ Formule 12 € – Menu 16 € (déj.)/38 € – Carte 20/47 €

Plan : EY-n – 17 r. des Equipes-d'Urgence – ℰ 02 31 86 43 30 – www.legoutdesautrescaen.fr – Fermé 3 semaines en août, dim. et lundi

ⅠⅠ○ Le Chef et sa Femme

CUISINE TRADITIONNELLE · CONVIVIAL Éric et Anne Darcy avaient envie de créer une petite affaire pour travailler tous les deux – et rien que tous les deux : ainsi est né Le Chef et sa Femme... On appréciera la charmante simplicité du décor et les doux parfums de la cuisine, inspirée par le marché. Qualité et petits prix font très bon ménage !

Formule 15 € – Menu 19 € (déj.)/25 €

Plan : EZ-a – *11 r. du 11-Novembre* – *℘ 02 31 84 46 53*
– Fermé 2 semaines en fév., 1 semaine en août, lundi soir, mardi soir, merc. soir et dim.

Hôtels

🏠 Le Dauphin

TRADITIONNEL · PERSONNALISÉ Idéalement situé au cœur de Caen, à deux pas du château de Guillaume le Conquérant, l'établissement prend ses aises dans un ancien prieuré du 15ᵉ s. Les chambres associent charme des vieilles pierres et confort de notre temps ; on profite d'un superbe espace bien-être, le Spa du Prieuré...

37 chambres – †120/220 € ††160/230 € – ⊊ 16 € – ½ P

Plan : DY-a – *29 r. Gémare* – *℘ 02 31 86 22 26* – *www.le-dauphin-normandie.com*
Le Dauphin – voir les restaurants ci-dessus

🏠 Hôtel Moderne

URBAIN · PERSONNALISÉ Dans un immeuble datant des reconstructions de l'après-guerre, à deux pas du théâtre, cet hôtel offre un confort sûr ; tenues avec soin, les chambres jouent la carte du classique ou du contemporain. À noter : au 5ᵉ étage, la salle du petit-déjeuner domine les toits de la ville...

42 chambres – †95/190 € ††145/260 € – ⊊ 15 €

Plan : DY-d – *116 bd du Mar.-Leclerc* – *℘ 02 31 86 04 23*
– www.bestwestern-moderne-caen.com

🏠 Mercure Port de Plaisance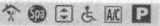

HÔTEL DE CHAÎNE · FONCTIONNEL Très bon confort dans ce Mercure qui jouit d'une belle situation, face au port de plaisance – un quartier aujourd'hui en plein renouveau, à deux pas du centre-ville.

122 chambres – †99/162 € ††99/212 € – 4 suites – ⊊ 16 €

Plan : EY-b – *1 r. de Courtonne* – *℘ 02 31 47 24 24* – *www.mercure.com*

🏠 Ivan Vautier

TRADITIONNEL · DESIGN Certes un peu excentré, cet hôtel cultive le goût d'aujourd'hui avec réussite : on se sent bien dans son décor design et épuré, au chic "so international". L'adresse garde aussi le sens du terroir : dans le hall, la boutique fait la part belle aux produits de Normandie !

19 chambres – †115/230 € ††126/250 € – ⊊ 17 € – ½ P

Plan : AV-v – *3 av. Henry-Chéron* – *℘ 02 31 73 32 71* – *www.ivanvautier.com*
Ivan Vautier – voir les restaurants ci-dessus

🏠 Hôtel des Quatrans

BUSINESS · PERSONNALISÉ Au cœur de la ville, près du château, cet hôtel traditionnel abrite des chambres chaleureuses et très bien tenues – à préférer sur l'arrière pour plus de quiétude. À noter : le restaurant ArchiDona appartient au même propriétaire.

47 chambres – †75/119 € ††75/119 € – ⊊ 10 €

Plan : DY-p – *17 r. Gemare* – *℘ 02 31 86 25 57* – *www.hotel-des-quatrans.com*
– Fermé 24 déc.-3 janv.

⌂ Hôtel de France 🔲 ♿ AC

URBAIN · PERSONNALISÉ À deux pas de la gare, des chambres pratiques et très bien tenues, dont certaines familiales. Parfait pour un voyage d'affaires comme pour une étape d'agrément.

47 chambres – 🛏72/102 € 🛏🛏72/102 € – ⌂ 10 €

Plan : EZ-e – *10 r. de la Gare* – ℘02 31 52 16 99 – *www.hoteldefrance-caen.com*

à Hérouville St-Clair 3 km au Nord-Est – ✉ 14200 – 21 411 hab. – Alt. 20 m

⊕ L'Espérance ⩻ ⌘ ⟺ P

CUISINE MODERNE · AUBERGE ✕✕ Pressé de jarret de veau au foie gras et à la sauce au raifort, paleron de bœuf à l'andouille de Vire, fraises rôties accompagnées d'une onctueuse mousse vanillée : on mange fort bien dans ce restaurant bucolique et charmant. Quant à la vue sur le canal, elle est si reposante...

Formule 17 € – Menu 23 € (semaine), 30/56 € – Carte 40/50 €

Plan : BV-x – *512 r. Abbé-Alix, (au bord du canal)* – ℘02 31 44 97 10
– *www.restaurant-esperance.com* – *Fermé 16-30 août, 2-16 janv., dim. soir, mardi soir et lundi*

à Bénouville 10 km au Nord-Est par D515 – ✉ 14970 – 2 099 hab. – Alt. 8 m

⫶⃝ La Glycine ♿ AC P

CUISINE TRADITIONNELLE · CONVIVIAL ✕✕ Face à l'église de Bénouville, cette auberge traditionnelle se révèle accueillante : derrière une jolie façade en pierre de Caen, on découvre une salle contemporaine et une cuisine valorisant l'esprit du terroir et les produits de la mer. L'étape est intéressante à 7 km de la côte.

⊕ Menu 19 € (semaine), 29/59 € – Carte 35/71 €

11 pl. du Commando-N° 4, (face à l'église) – ℘02 31 44 61 94
– *www.la-glycine.com* – *Fermé 2 semaines à Noël et dim. soir d'oct. à mai*

⫶⃝ Manoir Hastings ⓝ ⛲ ♿ ⌘ ⟺ P

CUISINE MODERNE · COSY ✕✕ Cette belle bâtisse en pierre, datant du 17ᵉ s., a trouvé une seconde jeunesse sous la houlette d'un couple sympathique et travailleur. Le chef travaille de savoureux produits frais qu'il agrémente dans des plats généreux et goûteux ; on se régale dans un intérieur chaleureux, mariant l'ancien et la modernité.

Formule 20 € – Menu 26 € (semaine), 34/44 € – Carte 52/68 €

18 av. de la Côte-de-Nacre – ℘02 31 44 62 43 – *www.manoirdhastings.fr* – *Fermé lundi et mardi*

⌂⌂ La Glycine ⌘ ♿ ⛵ P

AUBERGE · PERSONNALISÉ Près du fameux Pegasus Bridge (où débutèrent les opérations du D-Day), voici une base tout indiquée pour partir à l'exploration des plages du Débarquement. Rien de figé derrière les murs de cette maison en pierre couverte de glycine : toutes les chambres ont été rénovées avec soin (également une annexe moderne).

34 chambres – 🛏68/78 € 🛏🛏78/95 € – ⌂ 8 € – ½ P

11 pl. du Commando-N° 4, (face à l'église) – ℘02 31 44 61 94
– *www.la-glycine.com* – *Fermé 2 semaines à Noël et dim. soir d'oct. à mai*

⫶⃝ **La Glycine** – *voir les restaurants ci-dessus*

à Fleury-sur-Orne 4 km au Sud par D562A – ✉ 14123 – 4 299 hab. – Alt. 33 m

⊕ Auberge de l'Île Enchantée ⩻ ♿ ⟺

CUISINE MODERNE · COSY ✕✕ Face à l'Orne et à une toute petite île sauvage, cette auberge (ancien bar de pêcheur dans les années 1930) a été entièrement rénovée... Outre la jolie vue sur la rivière, on appréciera aussi le sérieux travail du chef, Stéphane Jacq, qui revisite les recettes classiques à l'aide de beaux produits.

⊕ Formule 17 € – Menu 20 € (déj. en semaine), 27/43 € – Carte 45/62 €

1 r. St-André, (au bord de l'Orne) – ℘02 31 52 15 52 – *www.ileenchantee.fr*
– *Fermé dim. soir, lundi et mardi*

CAGNES-SUR-MER

✉ 06800 (Alpes-Maritimes) – 46 686 hab. – Alt. 20 m – Carte régionale n° **42**-E2
▶ Paris 915 km – Antibes 11 km – Cannes 21 km – Grasse 25 km
Carte Michelin 341-D6 – Guide Vert Michelin Côte d'Azur

🏠 Domaine Cocagne   ✿ ✈ 🛏 ⌧ 🖤 AC 🎾 P

HÔTEL DE VACANCES · MODERNE Des palmiers, de la verdure, des chambres d'une blancheur immaculée mais aussi un restaurant design servant une cuisine du marché, et dont la véranda donne sur la piscine... Sud et tendance, ce beau pays de cocagne !

22 chambres ⌧ – ♥120/380 € ♥♥150/380 € – 15 suites – ½ P

30 chemin du Pain-de-Sucre, colline de la rte de Vence – ℰ 04 92 13 57 77
– www.sandton.eu/cocagne/ – Fermé 1ᵉʳ fév.-1ᵉʳ avril

🏠 Tiercé Beach Hotel   ⬆ AC 🖤 P

FAMILIAL · FONCTIONNEL Tiercé gagnant pour cet hôtel près de la plage et de l'hippodrome. Les chambres, de style contemporain, sont fonctionnelles et confortables ; préférez celles avec vue sur la mer.

23 chambres – ♥72/89 € ♥♥88/169 € – ⌧ 10 €

Plan : BX-r – 33 bd Kennedy – ℰ 04 93 20 02 09 – www.hoteltiercebeach.com

au Haut-de-Cagnes - ✉ 06800

🍽 Château Le Cagnard 🅽   ⬅ P

PROVENÇALE · CLASSIQUE XX Simone de Beauvoir, Antoine de Saint-Exupéry, Marcel Pagnol : autant d'hôtes illustres qui aimaient prendre le soleil... au Cagnard, une belle bâtisse du 14ᵉ s. (et ses maisons de village). Les chambres, tout en sobre élégance (boiseries, pierre de Bourgogne) donnent pour la plupart sur la mer.

Menu 52/70 € – Carte 60/80 €

Plan : AZ-d – 54 r. Sous-Barri – ℰ 04 93 20 73 22 (réservation conseillée)
– www.lecagnard.com – Fermé 3 janv.-11 fév., lundi et mardi d'oct. à déc.

🍽 Fleur de Sel   AC

CUISINE TRADITIONNELLE · BISTRO X Dans ce charmant restaurant d'esprit très Sud, on savoure une cuisine méditerranéenne fraîche, colorée et généreuse. Vous vous souviendrez par exemple de cette pintade fermière cuisinée aux agrumes et au chorizo iberico : la création d'un chef expérimenté, qui ne manque pas d'inspiration !

Menu 35/68 € – Carte 45/80 €

Plan : AZ-m – 85 montée de la Bourgade – ℰ 04 93 20 33 33
– www.restaurant-fleurdesel.com – Fermé 11-25 juin, 1ᵉʳ-8 oct., 17-26 déc.,
3-13 janv., jeudi d'oct. à avril, merc. et le midi

🍽 Josy-Jo   🍽 AC

VIANDES · RUSTIQUE X Un endroit rustique et chaleureux, tenu par Josy Bandecchi et sa fille Valérie. Ici, convivialité rime avec simplicité : service sans tralala, fameuses grillades et petits plats provençaux.

Carte 47/134 €

Plan : AZ-a – 2 r. Planastel – ℰ 04 93 20 68 76 – www.restaurant-josyjo.com
– Ouvert 1ᵉʳ mars-31 oct. et fermé dim. sauf juil.-août et le midi

🏠 Château Le Cagnard   ✿ ✈ ⬅ ⬆ AC 🎾 P

HISTORIQUE · PERSONNALISÉ Perchée sur les remparts de ce bourg médiéval, cette belle bâtisse du 13ᵉ s. domine les environs. Chambres et parties communes sont empreintes de caractère et d'élégance, avec des touches provençales. Beauvoir, Saint-Exupéry, Pagnol : ils sont nombreux à s'être laissés séduire...

28 chambres – ♥110/300 € ♥♥150/300 € – 1 suite – ⌧ 20 € – ½ P

Plan : AZ-d – 54 r. Sous-Barri – ℰ 04 93 20 73 22 – www.lecagnard.com – Fermé
3 janv.-11 fév.

🍽 **Château Le Cagnard** – voir les restaurants ci-dessus

CAGNES-VILLE

Béranger (R. Gén.) . . . . **BZ** 3
Chevalier-Martin (R.) . . . . **BZ** 6
Gaulle (Pl. Gén.-de) . . . . **BZ** 15
Giacosa (R. J.-R.) . . . . **BZ** 17
Hôtel-des-Postes (Av. de l') . . **BZ** 19
Hôtel-de-Ville (Av. de l') . . . . . **BZ** 20
Mistral (Av. F.) . . . . **BZ** 24
Renoir (Av. A.) . . . . **BZ**

CROS-DE-CAGNES

Jean-Jaurès (Av.) . . . . **BX** 22
Leclerc (Av. Gén.) . . . . **BX** 23
Nice (Av. de) . . . . **BX** 25
Oliviers (Av. des) . . . . **BX** 26
Serre (Av. de la) . . . . **BX**

HAUT-DE-CAGNES

Château (Montée du) . . . . **AZ** 4
Clergue (R. Denis J.) . . . . **AZ** 7
Dr-Maurel (Pl. du) . . . . **AZ** 8
Dr-Provençal (R. du) . . . . **AZ** 10
Geniaux (R. Ch.) . . . . **AZ** 16

Grimaldi (Pl.) . . . . **AZ** 18
Paissoubran (R.) . . . . **AZ** 27
Piolet (R. du) . . . . **AZ** 28
Planastel (R. du) . . . . **BX** 29
Pontis-Long (R. du) . . . . **AZ** 30
St-Sébastien (R.) . . . . **AZ** 33
Sous-Baous (Montée) . . . . **AZ** 37

à Cros-de-Cagnes 2 km au Sud-Est – ⊠ 06800 Cagnes sur Mer
– 13 041 hab. – Alt. 11 m

❍ Bistrot de la Marine - Jacques Maximin ☐ 🅰️

POISSONS ET FRUITS DE MER • BISTRO X Sous l'égide du chef Jacques Maximin, un sympathique bistrot pensé dans un esprit "marin-malin". Poisson frais (en carpaccio, grillé, etc.), légumes locaux, produits du marché : le règne de la simplicité gourmande.
Formule 30 € – Carte 50/140 €

Plan : BX-n – *96 bd de la Plage –* ℰ *04 93 26 43 46 (réservation conseillée) – www.bistrotdelamarine.com – Fermé dim. soir et lundi*

CAHORS

⊠ 46000 (Lot) – 19 991 hab. – Alt. 135 m – Carte régionale n° **28**-B1
🚩 Paris 575 km – Agen 85 km – Albi 110 km – Brive-la-Gaillarde 98 km
Carte Michelin 337-E5

⬡ L'Ô à la Bouche ☐ 🅰️

CUISINE MODERNE • ÉLÉGANT XX À la tête de ce sympathique restaurant, un couple de passionnés qui a sillonné les contrées et mers lointaines avant de jeter l'ancre à Cahors. Jean-François concocte des plats gourmands, comme ce saumon mariné au fenouil ou le bar sauvage, poêlée de blettes et cromesquis d'ail rose de Lautrec. On en a l'eau à la bouche !
Formule 22 € – Menu 28 € – Carte 35/47 €

Plan : BZ-a – *56 allée Fénelon –* ℰ *05 65 35 65 69 – www.loalabouche-restaurant.com – Fermé vacances de Pâques et de la Toussaint, dim. et lundi*

❍ Le Balandre 🕸️ 🅰️

CRÉATIVE • ÉLÉGANT XXX Vitraux, belle hauteur sous plafond, moulures... Le cadre de ce restaurant familial vaut le détour ! Aux fourneaux, on trouve Alexandre, le fils de la famille : il revisite la cuisine traditionnelle avec brio. Et la cave, supervisée par son père Gilles, recèle des merveilles !
Menu 22 € (déj. en semaine), 42/68 € – Carte 50/65 €

Plan : AY-s – *5 av. Ch.-de-Freycinet –* ℰ *05 65 53 32 00 – www.balandre.com – Fermé 15-30 nov., dim. sauf fériés et lundi*

❍ Le Marché ☐ 🅰️

CUISINE MODERNE • ÉLÉGANT XX Si vous allez au marché – mercredi et samedi matin – profitez-en pour déjeuner à côté ! Dans ce restaurant, où la carte change souvent, on ne sert que des produits frais. À apprécier dans un cadre à l'élégance toute contemporaine.
Formule 20 € – Menu 25 € (déj. en semaine)/42 €

Plan : BZ-d – *27 pl. Jean-Jacques Chapou –* ℰ *05 65 35 27 27 – www.restaurantlemarche.com – Fermé dim. et lundi*

❍ Au Fil des Douceurs ☐ 🅰️

CUISINE TRADITIONNELLE • BRASSERIE XX Après 23 années passées dans son bateau-restaurant sur le Lot, le chef du Fil des Douceurs a finalement posé pied à terre et pris ses quartiers dans cette petite maison colorée, au cadre contemporain, face au superbe pont de Valentré (14ᵉ s.). Sa bonne cuisine traditionnelle, à prix doux, nous fait toujours voyager !
🍴 Menu 15 € (déj. en semaine), 20/34 € – Carte 34/63 €

Plan : AZ-x – *32 av. André-Breton –* ℰ *05 65 22 13 04 – Fermé 2 semaines en juin, 3 semaines en janv., dim. et lundi*

🏠 La Chartreuse ⌂ ⟨ ⤢ ▣ ⅙ 🅰️ 🛋 🚗

BUSINESS • FONCTIONNEL À l'écart de la ville, cette construction récente – qui n'a rien d'une chartreuse – abrite des chambres confortables, pour certaines ouvertes sur le Lot ! Salle de séminaire et restaurant face à la rivière. Parfait pour la clientèle d'affaires.
50 chambres – 🛏78/100 € – 🛏🛏78/140 € – ⌷ 10 € – ½ P

Plan : AZ-e – *chemin de la Chartreuse –* ℰ *05 65 35 17 37 – www.hotel-la-chartreuse.fr*

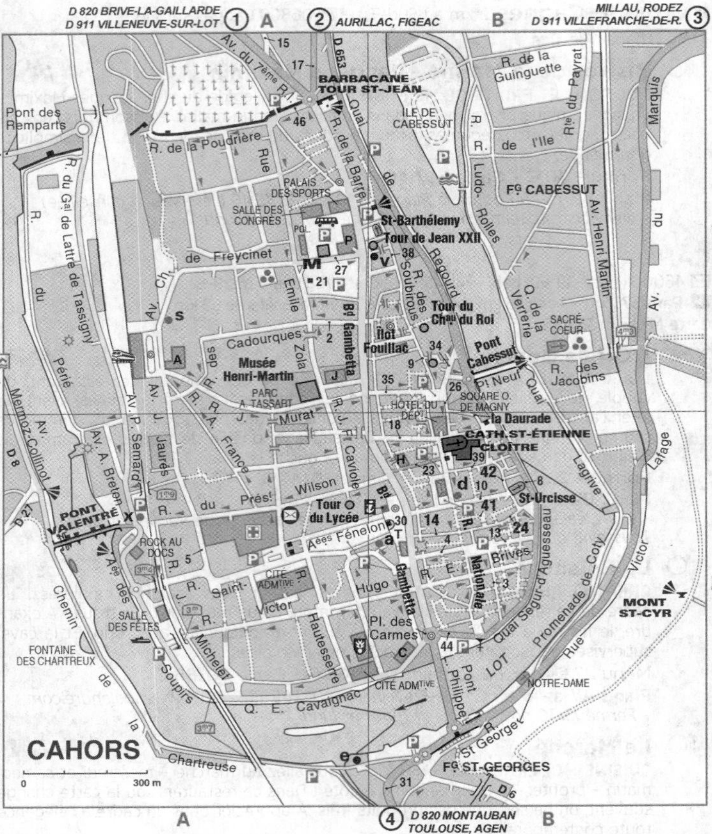

CAHORS

0 ____ 300 m

A ④ D 820 MONTAUBAN B
TOULOUSE, AGEN

Augustins (R. des)	**AY** 2	Évêques (Côtes des)	**AY** 17	Monzie (Av. A.-de)	**BZ** 31

Augustins (R. des) . . . . **AY** 2
Badernes (R. des) . . . . **BZ** 3
Blanqui (R.) . . . . **BZ** 4
Bourthoumieux (R. P.) . . . . **AZ** 5
Champollion (Quai) . . . . **BZ** 8
Château-du-Roi (R. du) . . . . . . **BY** 9
Clemenceau (R. G.) . . . . **BZ** 10
Delmas (R. du Col.) . . . . **BZ** 13
Dr-Bergounioux (R.) . . . . **BZ** 14
Dr-J.-Ségala (R. du) . . . . **AY** 15
Évêques (Côtes des) . . . . **AY** 17
Foch (R. du Mar.) . . . . **BZ** 18
Gambetta (Bd) . . . . **AY, BZ**
Gaulle (Pl. Ch.-de) . . . . **AY** 21
Joffre (R. du Mar.) . . . . **BZ** 23
Lastié (R.) . . . . **BZ** 24
Marot (R. Clément) . . . . **BY** 26
Mendès-France
(R. P.) . . . . **AY** 27
Mitterrand (Pl. F.) . . . . **BZ** 30
Monzie (Av. A.-de) . . . . **BZ** 31
Pelegry (R.) . . . . **BY** 34
Portail-Alban (R. du) . . . . **BY** 35
St-Barthélemy
(R.) . . . . **BY** 38
St-James (R.) . . . . **BZ** 39
St-Priest (R.) . . . . **BZ** 41
St-Urcisse (R.) . . . . **BZ** 42
Vaxis (Cours) . . . . **BZ** 44
Villars (R. René) . . . . **AY** 46

🏠 Jean XXII

FAMILIAL · RUSTIQUE Voici un point de chute pratique et calme, au pied de la tour Jean XXII. Les murs de ce palais (13ᵉ s.), édifié par la famille du pontife, abritent des chambres confortables et fonctionnelles. Vos bagages posés, partez à la découverte de la cité !

9 chambres – 🛏58/69 € 🛏🛏69/78 € – ☑ 8 €

Plan : BY-v - 2 r. E.-Albe - ✆ 05 65 35 07 66 - www.hotel-jeanxxii.com
- *Fermé dim. de la Toussaint à Pâques*

Il fait beau ? Repérez le symbole 🌿 et attablez-vous en terrasse...

394

à Mercuès 10 km au Nord par D811 – ⊠ 46090 – 1 036 hab. – Alt. 133 m

⭐🍽 **Château de Mercuès**   🛎 🏡 ⚲ 🅿

CUISINE MODERNE · CLASSIQUE XXX On peut aller conter l'amour courtois dans ce superbe château du 13ᵉ s., posté sur les hauteurs de Cahors, et aussi chanter les plaisirs d'une fine gastronomie, qui apprête joliment les produits du Quercy...

Menu 69/149 € – Carte 83/137 €

Hôtel Château de Mercuès – ℰ 05 65 20 00 01 – www.chateaudemercues.com – Ouvert 25 mars-15 nov. et fermé le midi sauf dim., dim. soir et lundi

🏰 **Château de Mercuès**   ⚑ 🦢 ← 🛎 ⌁ ⚲ 🖭 🏊 🅿

CHÂTEAU · HISTORIQUE Ses imposantes tours rondes se dressent au-dessus de la vallée du Lot... La majesté de l'Histoire en ce château du 13ᵉ s., encore annobli par les interventions du designer François Champsaur, élégantes et inspirées. Le temps y suspend son vol !

24 chambres – †190/660 € ††190/660 € – 6 suites – ⊡ 27 € – ½ P

– ℰ 05 65 20 00 01 – www.chateaudemercues.com – Ouvert 25 mars-15 nov.

🍽 **Château de Mercuès** – voir les restaurants ci-dessus

🏠 **Le Mas Azemar**   ⚑ 🦢 🛎 ⌁ ⚲ 🅿 🍴

FAMILIAL · RUSTIQUE Les propriétaires de cette maison de maître du 18ᵉ s., ancienne dépendance du château de Mercuès, sont passionnés d'art et de mobilier ancien. Une belle atmosphère... Cuisine traditionnelle familiale dans un cadre chaleureux et rustique : poutres, murs en pierre, cheminée, etc. Une adresse authentique.

5 chambres ⊡ – †117 € ††117 €

r. du Mas-de-Vinssou – ℰ 05 65 30 96 85 – www.masazemar.com

à Caillac 13 km au Nord, rte de Bergerac et D145 – ⊠ 46140 – 592 hab. – Alt. 161 m

🍽 **Le Vinois**   ← 🏡 ⌁

CUISINE MODERNE · DESIGN XX Au cœur du vignoble de Cahors, ne ratez pas cette étonnante auberge au décor résolument contemporain et sa goûteuse cuisine, actuelle et soignée, appuyée sur de solides bases classiques. La spécialité de la maison : le canard à la presse, réalisé sous vos yeux avec une authentique presse en argent du 18ᵉ s.

Formule 23 € – Menu 25 € (déj. en semaine), 38/79 € – Carte 57/73 €
10 chambres – †86/158 € ††97/158 € – ⊡ 11 €

Le bourg – ℰ 05 65 30 53 60 – www.levinois.com – Fermé 10-23 oct., 4-26 janv., dim. soir, mardi midi et lundi

rte de Brive au Nord par D820 – ⊠ 46000 Cahors :

🍽 **La Garenne**   🛎 🏡 🅿

CUISINE TRADITIONNELLE · AUBERGE XX Mangeoires, murs en pierre, charpentes apparentes, objets paysans... Ces anciennes écuries cultivent de glorieux temps oubliés ! Voilà qui se marie harmonieusement avec la cuisine du chef : des recettes tantôt classiques tantôt régionales, tels les magrets de canard ou les escalopes de foie gras poêlées au verjus...

Formule 19 € – Menu 30/42 € – Carte 42/58 €

St-Henri, à 7 km – ℰ 05 65 35 40 67 – www.la-garenne-cahors.com – Fermé fév., 28 juin-6 juil., 16-23 nov., lundi soir, mardi soir et merc.

CAHUZAC-SUR-VÈRE

⊠ 81140 (Tarn) – 1 072 hab. – Alt. 240 m – Carte régionale n° **29**-C2
▶ Paris 655 km – Albi 28 km – Gaillac 11 km – Montauban 60 km
Carte Michelin 338-D7

⅋○ Château de Salettes   ⊛ ≤ 🗦 🕏 ὶ 🆎 ⇆ 🅿

CUISINE MODERNE · ÉLÉGANT XxX Ce restaurant est installé dans un château du 13e s., en plein cœur d'un domaine viticole du gaillacois... Un emplacement de choix ! La cuisine, bien dans l'air du temps, est basée sur de beaux produits ; la jolie carte des vins propose les crus du Château de Salettes. Aux beaux jours, la terrasse ne manque pas de charme.

Menu 46/90 € – Carte environ 90 €

3 km au Sud par D922 – 𝒞 05 63 33 60 60 – www.chateaudesalettes.com – Fermé 22-29 fév., 17-31 oct., 1er-26 janv., dim. soir d'oct. à avril, merc. midi, lundi et mardi

🏠 Château de Salettes   🏖 🚣 ≤ 🗦 ⫞ ὶ 🆎 🦮 ♨ 🅿

CHÂTEAU · DESIGN Il faut rentrer dans la cour pour découvrir ce beau château du 13e s. au milieu des vignes, entièrement remanié au fil du temps. À l'intérieur, une déco résolument contemporaine et design, des chambres spacieuses avec murs en pierres apparentes... Charme et personnalité, en toute quiétude !

15 chambres – ♦145/205 € ♦♦145/290 € – 2 suites – ⌷ 21 € – ½ P

3 km au Sud par D922 – 𝒞 05 63 33 60 60 – www.chateaudesalettes.com – Fermé 22-29 fév., 17-31 oct. et 1er-26 janv.

⅋○ **Château de Salettes** – voir les restaurants ci-dessus

à Donnazac 5 km au Nord-Est par D922 et rte secondaire – ✉ 81170 – 80 hab. – Alt. 291 m

🏠 Les Vents Bleus   🦮 🗦 ⫞ ♨ 🅿 ⇆

FAMILIAL · PERSONNALISÉ Au cœur du vignoble de Gaillac, une fière maison de maître (1844) flanquée d'un pigeonnier. Les chambres, aménagées dans le chai de la propriété, mêlent l'ancien et le confort d'aujourd'hui avec raffinement. Convivial et paisible !

5 chambres ⌷ – ♦90/120 € ♦♦100/160 €

rte de Caussade – 𝒞 05 63 56 86 11 – www.lesventsbleus.com – Ouvert 1er avril-31 déc.

CAILLAC – 46 (Lot) → voir Cahors

CAIRANNE

✉ 84290 (Vaucluse) – 1 013 hab. – Alt. 136 m – Carte régionale n° **40**-A2
▶ Paris 650 km – Avignon 43 km – Bollène 47 km – Montélimar 51 km
Carte Michelin 332-C8 – Guide Vert Michelin Provence

🙂 Coteaux et Fourchettes   ⊛ ≤ 🗦 ὶ 🆎 🅿

CUISINE MODERNE · CONVIVIAL XX Jolie enseigne... Dans cet ancien caveau, le terroir s'exprime aussi bien par l'assiette – savoureuse – que par le flacon – excellent choix de vins locaux. Agréable décor contemporain, terrasse ouverte sur le vignoble.

Formule 21 € – Menu 24 € (déj. en semaine), 32/68 € – Carte 36/58 €

3340 rte de Carpentras, rte de Violès, croisement de la Courançonne (D8 et D975) – 𝒞 04 90 66 35 99 – www.coteauxetfourchettes.com – Fermé 15 fév.-7 mars, 3-13 oct., dim. soir, lundi soir sauf juil.-août et jeudi

⅋○ Le Tourne au Verre   ⊛ 🗦 ὶ 🆎

CUISINE MODERNE · BAR À VIN X Tout tourne autour du verre dans ce sympa-thique bar à vins qui a récemment changé de propriétaires. Et c'est à l'unisson des 200 références proposées que l'on apprécie par exemple sauté de veau à la provençale, tartare de saumon mariné à l'aneth ou encore amandine aux poires... Belle terrasse sous les platanes en prime !

🍴 Menu 16 € (déj.) – Carte 25/45 €

rte de Ste-Cécile – 𝒞 04 90 30 72 18 – www.letourneauverre.com – Fermé 1 semaine fin mars, 1 semaine début nov., 3 semaines en janv., mardi, merc., jeudi de nov. à mars, dim. soir et lundi d'avril à oct. sauf fériés

CAJARC

✉ 46160 (Lot) – 1 138 hab. – Alt. 160 m – Carte régionale n° **29**-C1
▶ Paris 586 km – Cahors 52 km – Figeac 25 km – Rocamadour 59 km
Carte Michelin 337-H5

🙂 Jeu de Quilles

CUISINE MODERNE · BISTRO ⅹ Porc noir gascon, volaille du Gers, agneau et veau aveyronnais... Bien à l'inverse d'un chien dans un Jeu de Quilles, on se lèche les babines devant les délicieux produits dénichés par le chef ! Il les utilise à merveille dans des plats simples et nets, aux cuissons millimétrées. Une vraie cuisine du marché.
Menu 24 €
7 bd Tour-de-Ville – 𝒞 05 65 33 71 40 – Fermé 3 semaines en janv., 1 semaine début juil., dim. et lundi

🍽 L'Allée des Vignes

CUISINE MODERNE · À LA MODE ⅹⅹ Dans cet ancien presbytère, les gourmands sont les nouveaux enfants de chœur... À la tête du restaurant, un couple voyageur et dynamique souhaite faire partager une nouvelle vision de la gastronomie, légère et ludique. Le soir, les plats sont déclinables en bouchées et demi-portions : de quoi démultiplier les plaisirs !
Formule 18 € – Menu 21 € (déj. en semaine), 27/72 € – Carte 36/54 €
32 bd Tour-de-Ville – 𝒞 05 65 11 61 87 – www.alleedesvignes.com – Fermé merc. hors saison, dim. soir, lundi et mardi

🏠 La Ségalière

FAMILIAL · SIMPLE Adresse détente dans ce village qui vit naître Françoise Sagan. Cet hôtel moderne est agréable à vivre, avec ses chambres confortables et bien tenues. Le Lot est à deux pas, et une aire de pique-nique a même été aménagée au bord de la rivière...
24 chambres – ✦68/122 € ✦✦68/122 € – 🍽 11 € – ½ P
380 av. François-Mitterrand, rte de Capdenac – 𝒞 05 65 40 65 35 – www.lasegaliere.com – Ouvert avril-oct.

CALACUCCIA – 2B (Haute-Corse) ➜ voir Corse

CALAIS

✉ 62100 (Pas-de-Calais) – 72 589 hab. – Agglo. 96 571 hab. – Alt. 5 m
– Carte régionale n° **30**-A1
▶ Paris 290 km – Boulogne-sur-Mer 35 km – Dunkerque 46 km – St-Omer 43 km
Carte Michelin 301-E2

🙂 Au Côte d'Argent

POISSONS ET FRUITS DE MER · ÉLÉGANT ⅹⅹ Embarquement immédiat pour un voyage gourmand, riche en saveurs iodées ! Dans un cadre inspiré des cabines de bateau, les amateurs de poisson se régalent de la pêche locale. Intéressante carte des vins, dont une belle sélection de bordeaux.
Menu 21 € (semaine), 31/47 € – Carte 34/66 €
Plan : CX-f *– 1 digue Gaston-Berthe – 𝒞 03 21 34 68 07 – www.cotedargent.com – Fermé 22 août-5 sept., 23 déc.-4 janv., merc. soir de sept. à mars, dim. soir et lundi*

🙂 Histoire Ancienne

CUISINE TRADITIONNELLE · BISTRO ⅹ Au cœur du centre-ville, ce bistrot rétro n'est pas de l'histoire ancienne ! La cuisine traditionnelle et les plats canailles y conservent toute leur fraîcheur : tête de veau sauce gribiche, cassoulet, etc. C'est goûteux, généreux et pas onéreux.
Formule 18 € – Menu 21 € (déj. en semaine)/31 € – Carte 39/54 €
Plan : CX-x *– 20 r. Royale – 𝒞 03 21 34 11 20 – www.histoire-ancienne.com – Fermé lundi sauf le midi hors saison et dim.*

CALAIS

Bossuet (R.) . . . . **BT** 9
Cambronne (R.) . . . . **AU** 12
Chateaubriand (R.) . . . . **BT** 15
Égalité (Bd de l') . . . . **BT** 18
Einstein (Bd) . . . . **AU** 19
La-Fayette (Bd) . . . . **AT** 39

Fontinettes (R. des) . . . . . , . **ATU** 25
Four-à-Chaux
(R. du) . . . . **AU** 27
Gambetta (Bd Léon) . . . . **AT** 28
Gaulle (Bd du Gén.-de) . . . . . **AT** 30
Hoche (R.) . . . . **ATU** 33
Jacquard (Bd) . . . . **AT** 34
Lattre-de-Tassigny
(R. Mar.-de) . . . . **AT** 40

Lheureux (Quai L.) . . . . **BU** 41
Maubeuge (R. de) . . . . **BT** 43
Phalsbourg (R. de) . . . . **BT** 51
Prairies (R. des) . . . . **AU** 52
Ragueneau
(R. de) . . . . **BTU** 57
Valenciennes
(R. de) . . . . **AU** 69
Verdun (R. de) . . . . **AT** 73

‖○ **Le Channel**   ⅍ ⅙ Ⓐ🅒

POISSONS ET FRUITS DE MER · À LA MODE XX À Calais, ce restaurant est une institution. Décor élégant, cuisine classique, produits de la mer issus de la pêche locale, et très belle carte des vins (cave ouverte sur la salle)... Voilà une plaisante escale avant la traversée du "channel" !

Menu 22/58 € – Carte 40/105 €

Plan : CX-e – *3 bd de la Résistance* – ℰ *03 21 34 42 30*
– *www.restaurant-lechannel.com* – *Fermé dim. soir et mardi*

‖○ **Aquar'aile**   ⪭ ⅙ Ⓐ🅒

POISSONS ET FRUITS DE MER · TRADITIONNEL XX L'atout de cet agréable restaurant, situé au 4ᵉ étage d'un immeuble ? Son panorama unique sur la Manche et les côtes anglaises ! La cuisine met en valeur la pêche locale : turbot grillé, sole meunière... À déguster en regardant passer les bateaux.

Formule 26 € – Menu 33 € (semaine)/48 € – Carte 38/65 €

Plan : AT-s – *255 r. Jean-Moulin, (4ᵉ étage)* – ℰ *03 21 34 00 00*
– *www.aquaraile.fr* – *Fermé dim. soir*

> La sélection des hôtels et des restaurants changent tous les ans.
> Chaque année, changez de guide MICHELIN !

CALIAS

Amsterdam (R. d') . . . . **DXY** 3
Angleterre (Pl. d') . . . . **DX** 4
Barbusse (Pl. Henri) . . . . **DX** 6
Bonnigue (R. du Cdt) . . . . **DX** 7
Bruxelles (R. de) . . . . **DX** 10
Chanzy (R. du Gén.) . . . . **DY** 13
Commune-de-Paris (R. de la) **CDY** 16
Escaut (Quai de l') . . . . **CY** 21
La-Fayette (Bd) . . . . **DY**

Foch (Pl. Mar.) . . . . **CXY** 22
Fontinettes (R. des) . . . . **CDY** 24
Gambetta (Bd Léon) . . . . **CY**
Georges-V (Pont) . . . . **CY** 31
Jacquard (Bd) . . . . **CDY**
Jacquard (Pont) . . . . **CY** 36
Jean-Jaurès (R.) . . . . **DY** 37
Londres (R. de) . . . . **DX** 42
Mer (R. de la) . . . . **CX** 45
Notre-Dame (R.) . . . . **CDX** 46
Paix (R. de la) . . . . **CX** 48
Pasteur (Bd) . . . . **DY**

Paul-Bert (R.) . . . . **CDY** 49
Prés.-Wilson (Av. du) . . . . . . **CY** 54
Quatre-Coins (R. des) . . . . . . **CY** 55
Rhin (Quai du) . . . . **CY** 58
Richelieu (R.) . . . . **CX** 60
Rome (R. de) . . . . **CX** 61
Royale (R.) . . . . **CX** 63
Soldat-Inconnu (Pl. du) . . . . . **DY** 64
Tamise (Quai de la) . . . . **CDY** 66
Thermes (R. des) . . . . **CX** 67
Varsovie (R. de) . . . . **DY** 70
Vauxhall (R. du) . . . . **CY** 72

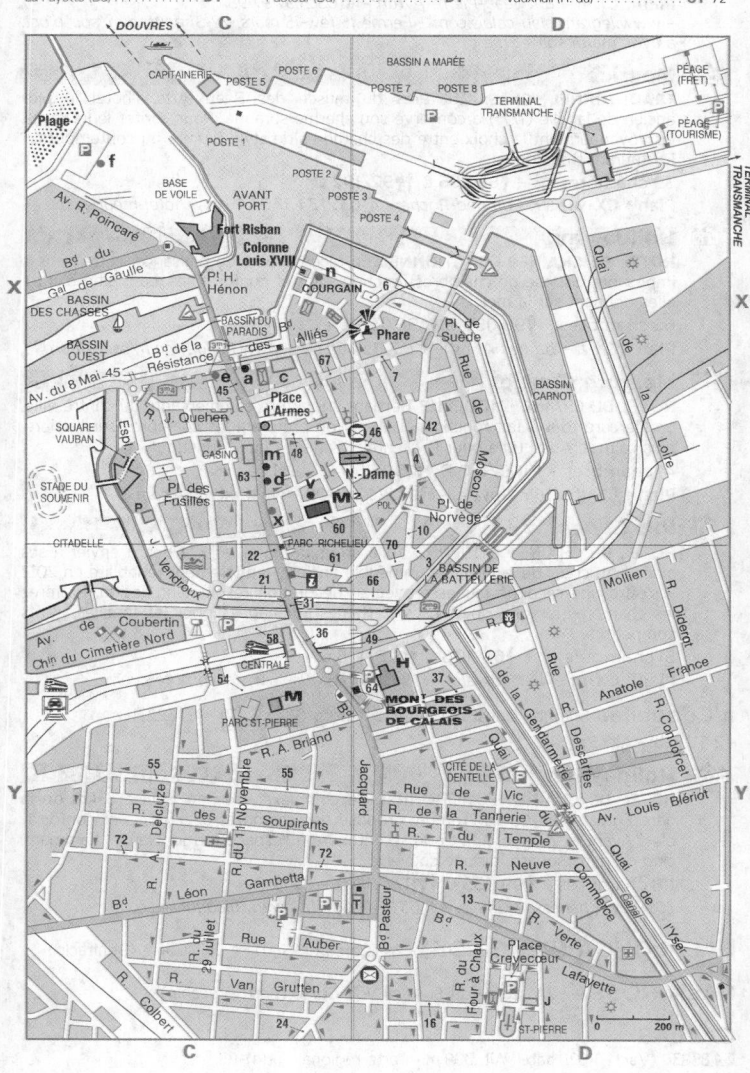

⭕ Le Grand Bleu

CUISINE MODERNE · CONVIVIAL XX Est-ce l'appel du large qui a ramené dans son Calais natal le jeune chef, Matthieu Colin, après de belles expériences dans des maisons étoilées ? Le fait est qu'il rend un joli hommage à la pêche locale, mais aussi aux produits du terroir, à travers des recettes qui aiment cultiver la différence. Accueil charmant de son épouse.

Formule 18 € – Menu 21 € (semaine), 31/47 € – Carte 35/55 €

Plan : CX-n – 8 r. Jean-Pierre-Avron – ✆ 03 21 97 97 98
– www.legrandbleu-calais.com – Fermé 15 fév.-15 mars, 22-31 août, dim. soir d'oct. à avril, mardi soir et merc.

🏨 Meurice

TRADITIONNEL · CLASSIQUE Près du musée des Beaux-Arts, l'hôtel le plus ancien de la ville (1771) a conservé son charme suranné. Pour abriter leurs rêves, les voyageurs ont le choix entre des chambres de style Empire ou contemporain. Restaurant traditionnel.

39 chambres ⬚ – †85/155 € ††92/192 €

Plan : CX-v – 5 r. Edmond-Roche – ✆ 03 21 34 57 03 – www.hotel-meurice.fr

🏨 Holiday Inn

HÔTEL DE CHAÎNE · FONCTIONNEL En face du port de plaisance, cette bâtisse imposante dispose de chambres fonctionnelles et confortables. La moitié d'entre elles donnent sur la mer.

63 chambres – †98/158 € ††98/158 € – ⬚ 15 €

Plan : CX-a – bd des Alliés – ✆ 03 21 34 69 69 – www.holidayinn.fr/calais-nord

🏨 Mercure Centre

HÔTEL DE CHAÎNE · MODERNE Bordant une artère commerçante du centre-ville, un Mercure tout à fait fonctionnel, dont l'on préférera les chambres sur l'arrière, plus calmes. Aussi utile pour la clientèle d'affaires que touristique.

41 chambres – †109/150 € ††109/150 € – ⬚ 15 €

Plan : CX-d – 36 r. Royale – ✆ 03 21 97 68 00 – www.mercure.com

🏨 Ibis Styles

HÔTEL DE CHAÎNE · MODERNE Voilà un jeune hôtel qui n'a rien à envier à ses aînés ! Au cœur de la ville, cet immeuble ancien – entièrement réhabilité en 2012 – s'offre une seconde jeunesse avec sa décoration résolument design. Préférez les chambres les plus spacieuses, certaines aménagées pour les familles. Tarifs compétitifs.

51 chambres ⬚ – †65/105 € ††75/135 €

Plan : CX-m – 46 r. Royale – ✆ 03 21 97 45 00 – www.accorhotels.com

à Coquelles 6 km à l'Ouest par av. R. Salengro (Plan : AT) – ✉ 62231
– 2 311 hab. – Alt. 5 m

🏨 Holiday Inn

HÔTEL DE CHAÎNE · FONCTIONNEL Ce complexe, créé en 1994 à 3 km de la gare Eurostar de Calais-Fréthun, propose des chambres spacieuses et confortables. Avant le voyage, il fait bon se détendre à l'espace forme : sauna, hammam, club de gym, squash, piscine couverte...

118 chambres – †99/135 € ††117/150 € – ⬚ 16 €

2099 av. Charles-de-Gaulle – ✆ 03 21 46 60 60 – www.hicoquelles.com

CALALONGA (PLAGE DE) – 2A (Corse-du-Sud) ➜ voir Corse (Bonifacio)

CALA-ROSSA – 2A (Corse-du-Sud) ➜ voir Corse (Porto-Vecchio)

CALLAS

✉ 83830 (Var) – 1 829 hab. – Alt. 398 m – Carte régionale n° **41**-C3
▶ Paris 872 km – Castellane 51 km – Draguignan 14 km
Carte Michelin 340-O4 – Guide Vert Michelin Côte d'Azur

rte de Muy 7 km au Sud-Est par D25 – ⊠ 83830 Callas :

۞ Hostellerie Les Gorges de Pennafort   😂 ≼ 📠 🛜 🕭 🅰🅲 🅿

CUISINE MODERNE · ÉLÉGANT XX Un élégant décor contemporain, une terrasse sous les platanes... Le cadre séduit, la cuisine plus encore : fleurs, épices, herbes et touches personnelles du chef marient tradition et générosité.

→ Raviolis de foie gras et parmesan. Carré d'agneau rôti aux petits légumes. Ananas poché et pamplemousse rafraîchis au basilic.

Formule 57 € – Menu 80/160 € – Carte 120/185 €

D25 – ☎ 04 94 76 66 51 – www.hostellerie-pennafort.com – Fermé 21 janv.-19 mars, 25 déc.-1ᵉʳ janv., lundi sauf le soir du 18 juil. au 22 août, dim. soir du 17 juil. au 21 août et merc. midi

🏠🏠 Hostellerie Les Gorges de Pennafort   ✿ ≼ 📠 🎋 🕭 🍴 ⅙

LUXE · PERSONNALISÉ Le calme est envoûtant dans ce site   🅰🅲 🍴 🅿
naturel qui ravit l'œil : les gorges de Pennafort, escarpées, rouges et noyées sous la végétation... Un véritable cocon de verdure ! Confort aux couleurs de la Provence ; belle piscine et espace bien-être de l'autre côté de la route.

13 chambres – ♦200/300 € ♦♦200/300 € – 2 suites – ☑ 20 € – ½ P

D25 – ☎ 04 94 76 66 51 – www.hostellerie-pennafort.com – Fermé 21 janv.-19 mars et 25 déc.-1ᵉʳ janv.

۞ **Hostellerie Les Gorges de Pennafort** – voir les restaurants ci-dessus

CALVINET
⊠ 15340 (Cantal) – 506 hab. – Alt. 600 m – Carte régionale n° **5**-A3
◨ Paris 576 km – Aurillac 34 km – Entraygues-sur-Truyère 32 km – Figeac 40 km
Carte Michelin 330-C6

❦○ Beauséjour   😂 ⇔ 🅿

CUISINE CLASSIQUE · ÉLÉGANT XX Le chef, Louis-Bernard Puech, le dit lui-même : il est un enfant du pays passionné par les produits de son terroir. Il aime donc à revisiter la tradition locale au gré de son inspiration ; c'est concocté avec justesse et sans esbroufe... Une table qui cultive l'essentiel !

Formule 19 € – Menu 33/65 €

6 chambres – ♦65/80 € ♦♦65/100 € – 4 suites – ☑ 11 €

r. Châtaigneraie – ☎ 04 71 49 91 68 (réservation conseillée) – www.cantal-restaurant-puech.com – Fermé janv., fév., lundi sauf le soir en juil.-août, dim. soir de sept. à juin et mardi midi

CAMARET-SUR-MER
⊠ 29570 (Finistère) – 2 602 hab. – Alt. 4 m – Carte régionale n° **9**-A2
◨ Paris 597 km – Brest 68 km – Châteaulin 45 km – Crozon 11 km
Carte Michelin 308-D5 – Guide Vert Michelin Bretagne Nord

🏠🏠 Thalassa   ✿ ≼ 🎋 🔢 🕭 🍴 🅿

TRADITIONNEL · MODERNE Thalassa, divinité marine de la mythologie grecque, veille sûrement sur cet hôtel idéalement situé sur le port. L'établissement a été entièrement rénové en 2013 : esprit contemporain et confort sont au rendez-vous. En façade, les chambres offrent une jolie vue sur la mer ; piscine et jacuzzi vous tendent les bras...

49 chambres – ♦59/120 € ♦♦59/138 € – ☑ 12 € – ½ P

quai Styvel – ☎ 02 98 27 86 44 – www.hotel-thalassa.com – Ouvert d'avril à sept.

🏠 Hôtel de France   ✿ ≼ 🔢 🕭 🅿

TRADITIONNEL · FONCTIONNEL Sur le quai, un hôtel familial aux chambres fonctionnelles, bien tenues et insonorisées. On a le choix entre la vue sur les bateaux ou un maximum de calme sur l'arrière du bâtiment. Fruits de mer au restaurant.

20 chambres – ♦68/129 € ♦♦68/129 € – ☑ 11 € – ½ P

quai G.-Toudouze – ☎ 02 98 27 93 06 – www.hotel-france-camaret.com – Ouvert 1ᵉʳ avril-30 nov.

LA CAMBE

✉ 14230 (Calvados) – 636 hab. – Alt. 25 m – Carte régionale n° **32**-B2
▶ Paris 289 km – Bayeux 26 km – Caen 56 km – Saint-Lô 31 km
Carte Michelin 303-F3 – Guide Vert Michelin Normandie Cotentin

🏠 Ferme Savigny

MAISON DE CAMPAGNE · RUSTIQUE Un corps de ferme couvert de vigne vierge (16ᵉ-17ᵉ s.) : dans la tourelle se cache le bel escalier à vis qui dessert les chambres, joliment champêtres. Pour le petit-déjeuner, on se régale de confitures et de madeleines maison.

4 chambres ☐ – ♦55/80 € ♦♦60/85 €

2,5 km par D613 et D113 (direction Grandcamp-Maisy) – ℰ 02 31 21 12 33
– www.ferme-de-savigny.fr

CAMBO-LES-BAINS

✉ 64250 (Pyrénées-Atlantiques) – 6 636 hab. – Alt. 67 m – Carte régionale n° **3**-A3
▶ Paris 783 km – Biarritz 21 km – Pau 115 km
Carte Michelin 342-D4 – Guide Vert Michelin Pays Basque et Navarre

🍴 Auberge Chez Tante Ursule   🔥

BASQUE · RUSTIQUE 🗡 Il est des proches qu'on apprécie plus que d'autres... Chez Tante Ursule, on est sûr de se régaler de bonnes recettes régionales ! Au sein de cette maison basque du 19ᵉs., voisine du fronton, la salle a été aménagée dans un ancien atelier de menuiserie. Original et authentique.

Menu 28 € – Carte 34/40 €

fronton du Bas-Cambo, 2 km au Nord – ℰ 05 59 29 78 23
– www.auberge-tante-ursule.com – Fermé merc.

🏠 Le Bellevue

FAMILIAL · FONCTIONNEL Dans cette maison du 19ᵉs., bien rénovée, on trouve des suites familiales d'esprit contemporain, spacieuses et bien tenues. Jardin verdoyant et transats autour de la piscine. Au restaurant, décor soigné et cuisine dans l'air du temps.

7 suites – ♦♦60/115 € – ☐8 €

r. des Terrasses – ℰ 05 59 93 75 75 – www.hotel-bellevue64.fr
– Fermé 8 janv.-12 fév.

🏠 Ursula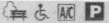

HÔTEL DE VACANCES · PERSONNALISÉ Petit hôtel familial, convivial et coloré, au cœur du pittoresque quartier du Bas-Cambo. Chambres très bien tenues et climatisées. Jambon et confitures maison au petit-déjeuner.

15 chambres – ♦69/79 € ♦♦79/85 € – ☐9 €

quartier Bas-Cambo, 2 km au Nord – ℰ 05 59 29 88 88 – www.hotel-ursula.fr
– Fermé 20 déc.-14 janv.

CAMBRAI

✉ 59400 (Nord) – 32 847 hab. – Alt. 53 m – Carte régionale n° **31**-C3
▶ Paris 179 km – Amiens 98 km – Arras 36 km – Lille 77 km
Carte Michelin 302-H6

🍴 Maison Demarcq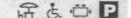

CUISINE MODERNE · ÉLÉGANT 🗡🗡 Cette demeure bourgeoise a été marquée par l'histoire de la ville : Napoléon y a séjourné – tout près de l'endroit où aurait été signée la fameuse Paix des Dames (1529). Le décor cultive un élégant classicisme, et la cuisine se révèle inventive et soignée. Une belle adresse dans la capitale des "bêtises".

Formule 36 € 🍷 – Menu 45/69 €

Plan : AY-a – 2 r. St-Pol – ℰ 03 27 37 77 78 – www.maisondemarcq.com – Fermé 2 semaines en août, mardi soir, sam. midi, dim. soir et lundi

CAMBRAI

Albert-1er (Av.) . . . . **BY** 2
Alsace-Lorraine (R. d') . . . **BYZ** 4
Berlaimont (Bd de) . . . . . . **BZ** 5
Briand (Pl. A.) . . . . **AYZ** 6
Cantimpré (R. de) . . . . . . **AY** 7
Capucins (R. des) . . . . . . **AY** 8
Château-de-Selles (R. du) . . **AY** 10
Clefs (R. des) . . . . **AY** 12
Épée (R. de l') . . . . **AZ** 13
Fénelon (Gde-R.) . . . . . . **AY** 15

Fénelon (Pl.) . . . . **AY** 16
Feutriers (R. des) . . . . . . **AY** 17
Gaulle (R. Gén.-de) . . . . . **BZ** 18
Grand-Séminaire (R. du) . . **AZ** 19
Lattre-de-Tassigny
(R. Mar.-de) . . . . **BZ** 21
Leclerc (Pl. du Mar.) . . . . **BZ** 22
Lille (R. de) . . . . **BY** 23
Liniers (R. des) . . . . **AZ** 24
Moulin (Pl. J.) . . . . **AZ** 25
Nice (R. de) . . . . **AY** 27
Pasteur (R.) . . . . **AY** 29
Porte-de-Paris (Pl. de la) . . **AZ** 32

Porte-Notre-Dame (R.) . . . . **BY** 31
Râtelots (R. des) . . . . **AZ** 33
Sadi-Carnot (R.) . . . . **AY** 35
St-Aubert (R.) . . . . **AY** 36
St-Géry (R.) . . . . **AY** 37
St-Ladre (R.) . . . . **BZ** 39
St-Martin (Mail) . . . . **AZ** 40
St-Sépulcre (Pl.) . . . . **AZ** 41
Selles (R. de) . . . . **AY** 43
Vaucelette (R.) . . . . **AY** 45
Victoire (Av. de la) . . . . . . **AZ** 46
Watteau (R.) . . . . **BZ** 47
9-Octobre (Pl. du) . . . . . . **AY** 48

ⅠⓄ Au Fil de l'Eau ♿

CUISINE TRADITIONNELLE · CONVIVIAL XX Sympathique petit restaurant près d'une écluse du canal de St-Quentin. Ici, convivialité rime avec déco colorée et saveurs traditionnelles iodées. Pour cause, la propriétaire est originaire du Morbihan !

Formule 22 € – Menu 28/52 € – Carte 31/53 €

Plan : AY-f – *1 bd Dupleix* – ℰ 03 27 74 65 31 – www.aufildeleau-cambrai.fr – *Fermé 5-11 Février, 14 juil.-13 août, dim. soir, merc. soir, jeudi soir et lundi*

Beatus

TRADITIONNEL · PERSONNALISÉ Légèrement excentré, cet hôtel familial est niché dans un joli parc fleuri. Ici, on vient et revient pour l'accueil chaleureux et les chambres au calme (les plus récentes étant en outre très cosy). Le soir, les résidents profitent du restaurant traditionnel.

31 chambres – ♦79/118 € ♦♦85/118 € – ☐ 11 € – ½ P
718 av. de Paris, 1,5 km au Sud par D644 – ✆ *03 27 81 45 70*
– www.beatus-cambrai.com

Le Clos St-Jacques

FAMILIAL · PERSONNALISÉ "La maison aurait accueilli la confrérie de St-Jacques-de-Compostelle", dixit monsieur qui est un conteur né et ne manque pas d'anecdotes... Quant à madame, elle a su insuffler une âme "déco" à ce bel hôtel particulier, tout en préservant son cachet originel. En prime, le petit-déjeuner est excellent. Les hôtes sont ravis !

5 chambres – ♦79/119 € ♦♦79/119 € – ☐ 11 €
Plan : BY-e – *9 r. St-Jacques –* ✆ *03 27 74 37 61 – www.leclosstjacques.com*
– Fermé 14-25 août

CAMON

✉ 09500 (Ariège) – 159 hab. – Alt. 349 m – Carte régionale n° **29**-C3
▶ Paris 780 km – Carcassonne 63 km – Pamiers 37 km – Toulouse 103 km
Carte Michelin 343-J6

L'Abbaye-Château de Camon

CHÂTEAU · PERSONNALISÉ Le temps semble s'être arrêté dans ce site enchanteur. L'abbaye s'adosse toujours à l'église mais les chambres n'ont plus rien de monacal, tandis que la beauté du jardin invite à la méditation. Le soir, on se dirige vers le cloître pour célébrer les sens autour d'un menu dégustation...

5 chambres – ♦135/195 € ♦♦135/275 € – ☐ 18 €
– ✆ *05 61 60 31 23 – www.chateaudecamon.com – Ouvert 1er avril-31 oct.*

CAMPAGNE – 24 (Dordogne) → voir Bugue

CAMPIGNY – 27 (Eure) → voir Pont-Audemer

CAMPSEGRET

✉ 24140 (Dordogne) – 390 hab. – Alt. 130 m – Carte régionale n° **4**-C1
▶ Paris 578 km – Agen 103 km – Bordeaux 117 km – Périgueux 36 km
Carte Michelin 329-E6

La Libertie

FAMILIAL · ACTUEL Ouvrir une maison d'hôtes, tel était le rêve de ce couple de Suédois tombé sous le charme du Sud-Ouest... et passionné de gastronomie ! Leur choix s'est porté sur cette belle maison en pierre du pays de Bergerac, où ils proposent des chambres au charme simple (de plain-pied sur le joli jardin), ainsi que... d'intéressants cours de cuisine. Une certaine idée de La Libertie.

5 chambres ☐ – ♦85/95 € ♦♦85/95 €
– ✆ *05 53 61 66 45 – www.lalibertie.com*

CANAPVILLE – 14 (Calvados) → voir Deauville

CANCALE

✉ 35260 (Ille-et-Vilaine) – 5 231 hab. – Alt. 50 m – Carte régionale n° **10**-D1
▶ Paris 398 km – Avranches 61 km – Dinan 35 km – Fougères 73 km
Carte Michelin 309-K2 – Guide Vert Michelin Bretagne Nord

CANCALE

Bricourt (Pl.) . . . . Y 3
Calvaire (Pl. du) . . . . Z 4
Duguay-Trouin (Quai) . . . . . . Z 9
Duquesne (R.) . . . . Y 10
Du-Guesclin (R.) . . . . Y 8
Fenêtre (Jetée de la) . . . . . . Z 12
Gallais (R.) . . . . Y 13
Gambetta (Quai) . . . . Z 14
Hock (R. du) . . . . Z 16
Jacques-Cartier (Quai) . . . . . Z 17
Juin (R. du Mar.) . . . . Z 18
Kennedy (Quai) . . . . Z 19
Leclerc (R. Gén.) . . . . YZ 20
Mennais (R. de la) . . . . Y 22
Port (R. du) . . . .
République (Pl. de la) . . . . . . Z 23
Rimains (R. des) . . . . Y 24
Roulette (R. de la) . . . . Y 25
Stade (R. du) . . . . Y 27
Surcouf (R.) . . . . Y 28
Thomas (Quai) . . . . Z 30

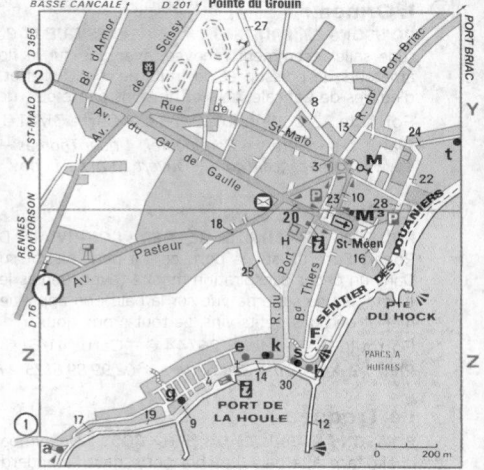

✿ Le Coquillage (Olivier Roellinger)   ⚃ ⩽ ⌂ ⌂ P

POISSONS ET FRUITS DE MER · ÉLÉGANT XX Poissons et coquillages d'une grande fraîcheur, relevés de savants mélanges d'épices : la figure tutélaire d'Olivier Roellinger plane sur cette table – un menu reprend d'ailleurs ses créations. Grande salle lumineuse ouvrant sur le jardin en bord de mer. Belle carte des vins (blancs de Loire).

→ Chair d'araignée de mer, assaisonnement flibustier. Saint-pierre retour des Indes. La roulante des gourmandises.

Menu 35 € (déj. en semaine), 68/139 €

Hôtel Les Maisons de Bricourt, Lieu-dit Le Buot, par rte du Mont-St-Michel : 7 km par D76, D155 et voie secondaire – ℰ 02 99 89 25 25
– www.maisons-de-bricourt.com – Fermé 10 janv.-24 fév.

✿ La Table de Breizh Café

CRÉATIVE · MINIMALISTE X Quand breton rime avec nippon... À l'étage même d'une crêperie à laquelle elle est associée, cette table gastronomique est menée par un chef japonais ! Sa cuisine franco-nippone se révèle aussi soignée que séduisante, comme le cadre qui transporte au Japon... avec vue sur la baie du Mont-St-Michel. Belle expérience.

→ Homard mi-cuit au coulis de sésame et miso blanc. Carré de porc rôti, yuzu cocos de Paimpol et sauce gribiche au wasabi. Mousse de sucre noir d'Okinawa, brownie au café et riz soufflé.

Menu 38 € (déj. en semaine), 48/135 €

Plan : Z-b *– 7 quai Thomas, (1er étage) – ℰ 02 99 89 56 46 (réservation conseillée) – www.breizhcafe.com – Fermé janv., mardi et merc.*

☺ Côté Mer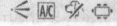

CUISINE MODERNE · CLASSIQUE XX Un charmant petit port, des maisons de pêcheurs, l'air iodé du large... À Cancale, impossible de ne pas regarder Côté Mer ! Dans ce restaurant, face à la baie, les poissons, coquillages et crustacés ont le vent en poupe à travers une cuisine goûteuse et soignée. Un bon rapport qualité-prix.

Formule 24 € – Menu 29/76 € – Carte 41/70 €

Plan : Z-a *– 4 r. E.-Lamort, rte de la corniche – ℰ 02 99 89 66 08*
– www.restaurant-cotemer.fr – Fermé 1 semaine fin juin, 3 semaines en nov., vacances de fév., mardi soir, dim. soir hors saison et merc.

ⅠⅠ○ L'Ormeau

POISSONS ET FRUITS DE MER · CLASSIQUE XX Ce restaurant au cadre élégant (une salle récemment rénovée, avec vue sur la flottille de pêche) comblera les amateurs de poisson et de fruits de mer. En effet, comment refuser un plateau d'huîtres de Cancale, un filet de saint-pierre ou... des ormeaux ?

Formule 23 € – Menu 30/78 € – Carte 31/81 €

Plan : Z-s – *Hôtel Le Continental, 4 quai Thomas –* ℰ *02 99 89 60 16*
– www.hotel-cancale.com – Ouvert 10 mars-15 nov., fermé mardi et merc.

ⅠⅠ○ Le Surcouf

POISSONS ET FRUITS DE MER · CONVIVIAL X Du nom du célèbre corsaire Robert Surcouf, sur le port, ce joli petit bistrot surfe sur le haut de la vague ! Dans un décor d'inspiration marine (avec, depuis les tables les mieux placées du 1er étage, une superbe vue sur la baie), on apprécie une savoureuse cuisine de la mer et de bons petits vins. Le tout à prix doux.

Formule 18 € – Menu 26/44 € – Carte 41/61 €

Plan : Z-k – *7 quai Gambetta –* ℰ *02 99 89 61 75 – Fermé 15 nov.-15 déc. et janv.*

ⅠⅠ○ Le Troquet

POISSONS ET FRUITS DE MER · COSY X Un sympathique petit "Troquet" sur les quais, face à la baie. Le chef porte haut l'étendard du terroir local : poissons et crustacés de premier choix, selon les arrivages, dont les fameuses huîtres de Cancale. Le must : s'installer sur la terrasse et faire des rêves de voyage.

Formule 20 € – Menu 28/60 € – Carte 41/84 €

Plan : Z-e – *19 quai Gambetta –* ℰ *02 99 89 99 42*
– www.restaurantletroquet-cancale.fr – Fermé mi-nov. à fin-janv., jeudi et vend. sauf vacances scolaires

ⅠⅠ○ Breizh Café

BRETONNE · CRÊPERIE X Sur le port de Cancale, ce Breizh Café n'a qu'une devise : "La crêpe autrement." Et pour cause : il est né... au Japon ! Son patron, Bertrand Larcher, a le premier exporté la galette bretonne à Tokyo, et après plusieurs enseignes nippones, a récidivé au sein de la mère patrie. La qualité est au rendez-vous.

Carte 15/37 €

5 chambres ⌑ – ♦98/108 € ♦♦108/118 €

Plan : Z-k – *7 quai Thomas, (rez-de-chaussée) –* ℰ *02 99 89 61 76*
– www.breizhcafe.com – Fermé jeudi et vend. sauf vacances scolaires

🏠🏠🏠 Les Maisons de Bricourt

LUXE · PERSONNALISÉ Dans un parc (plantes aromatiques, animaux) dominant la baie du Mont-St-Michel, superbe villa de 1920 où séjourna Léon Blum. Chambres très raffinées, accueil soigné.

11 chambres – ♦195/379 € ♦♦195/379 € – 2 suites – ⌑ 24 €

Lieu-dit Le Buot, par rte du Mont-St-Michel : 7 km par D76, D155 et voie secondaire – ℰ *02 99 89 64 76 – www.maisons-de-bricourt.com*
– Fermé 10 janv.-24 fév.

🕸 **Le Coquillage** – voir les restaurants ci-dessus

🏠🏠 Hostellerie de la Motte Jean

MAISON DE CAMPAGNE · COSY Au jardin ou au bord de l'étang, profitez des plaisirs de la campagne cancalaise ! Corps de ferme de 1707 doté de chambres classiques et romantiques ; accueil charmant.

13 chambres – ♦98/110 € ♦♦98/160 € – ⌑ 11 €

4 km à l'Ouest et D355 – ℰ *02 99 89 41 99 – www.hotel-mottejean.com – Fermé 1er oct.-1er avril*

Le Continental

HÔTEL DE VACANCES · FONCTIONNEL Une petite adresse sympathique : situation privilégiée face au port, chambres confortables et très bien tenues et, pour les gourmands, confitures maison au petit-déjeuner...

17 chambres – ♦90/170 € ♦♦120/190 € – ☲17 € – ½ P

Plan : Z-s – *4 quai Thomas* – ☏ *02 99 89 60 16* – *www.hotel-cancale.com* – *Ouvert 10 mars-15 nov.*

🍴 **L'Ormeau** – voir les restaurants ci-dessus

Le Manoir des Douets Fleuris

FAMILIAL · PERSONNALISÉ Un manoir du 17ᵉ s. dans la même famille depuis cinq générations. Chambres feutrées (dont une suite avec cheminée en granit), âtre monumental au salon : voilà une demeure qui a une âme !

7 chambres – ♦139/199 € ♦♦139/199 € – 3 suites – ☲13 €

2 km à l'Ouest et D355 – ☏ *02 23 15 13 81* – *www.manoirdesdouetsfleuris.com* – *Ouvert mars-nov.*

Duguay Trouin

FAMILIAL · SIMPLE Hôtel du port de pêche où simplicité et gentillesse sont reines ! Chambres côté baie ou rochers, sobrement marines et décorées d'objets chinés dans de lointaines contrées... Et, agréable surprise, le patron propose des balades en mer sur son bateau !

7 chambres – ♦95/125 € ♦♦100/135 € – ☲10 €

Plan : Z-g – *11 quai Duguay-Trouin* – ☏ *02 23 15 12 07* – *www.hotelduguaytrouin.com*

Le Chatellier

FAMILIAL · COSY Belle demeure bretonne au charme familial préservé. Chambres sobres et cosy (mobilier patiné, parquet...), mansardées à l'étage ; certaines donnent sur l'agréable jardin.

13 chambres – ♦73/88 € ♦♦83/112 € – ☲9 €

2 km à l'Ouest et D355 – ☏ *02 99 89 81 84* – *www.hotellechatellier.com* – *Ouvert mars-nov.*

Les Rimains

MAISON DE CAMPAGNE · COSY Olivier Roellinger a fait de ce ravissant cottage des années 1930 – ceint d'un jardin surplombant la mer et longeant le chemin des douaniers –, une charmante maison d'hôtes. Chambres raffinées (meubles chinés).

4 chambres – ♦195/345 € ♦♦195/345 € – ☲24 €

Plan : Y-t – *62 r. des Rimains* – ☏ *02 99 89 64 76* – *www.maisons-de-bricourt.com* – *Fermé de mi-janv. à fin fév.*

Plan page 405

à la Pointe du Grouin 4,5 km au Nord par D201 – ☒ 35260 Cancale

🍴 La Pointe du Grouin

CUISINE TRADITIONNELLE · ÉLÉGANT ✕✕ Il règne comme un délicieux parfum de bout du monde dans cette demeure bretonne perchée sur la falaise, face aux îles et au Mont-St-Michel ! La carte cultive la tradition, et rend comme on l'attend un hommage particulier aux produits marins...

Menu 26/87 € – Carte 43/69 €

15 chambres – ♦95/168 € ♦♦95/168 € – ☲10 €

– ☏ *02 99 89 60 55* – *www.hotelpointedugrouin.com* – *Ouvert fin mars-11 nov. et fermé jeudi midi sauf du 1ᵉʳ août au 15 sept. et mardi*

CANCON

⊠ 47290 (Lot-et-Garonne) – 1 330 hab. – Alt. 199 m – Carte régionale n° **4**-C2

▶ Paris 581 km – Agen 51 km – Bergerac 40 km – Bordeaux 134 km

Carte Michelin 336-F2

à St-Eutrope-de-Born 9 km au Nord-Est par D124 et D153 – ⊠ 47210
– 692 hab. – Alt. 95 m

Domaine du Moulin de Labique 🏠

FAMILIAL · PERSONNALISÉ Tissus Liberty, toile de Jouy, meubles patinés par les ans... Un beau domaine au bord d'un ruisseau, dans un style "campagne chic" vraiment ravissant. Pour ne rien gâcher, les propriétaires sont très conviviaux et, au petit-déjeuner, rien de meilleur qu'une confiture maison ! Étang pour les amateurs de pêche.

5 chambres ☲ – †85 € ††110/145 €

2 km au Nord-Est, rte de Villeréal – ℰ 05 53 01 63 90 – www.moulin-de-labique.net – Fermé 24-31 déc.

CANDÉ-SUR-BEUVRON

⊠ 41120 (Loir-et-Cher) – 1 514 hab. – Alt. 70 m – Carte régionale n° **11**-A1

▶ Paris 199 km – Blois 15 km – Chaumont-sur-Loire 7 km – Montrichard 21 km

Carte Michelin 318-E7

Auberge de la Caillère 🏠

TRADITIONNEL · PERSONNALISÉ Après avoir travaillé en Australie et au Canada, Aurélie et Éric ont repris en 2013 cet hôtel-restaurant de tradition. Jardin, poutres, cheminée, etc. : cette ancienne fermette conserve son cachet rustique, et les chambres – dans une extension plus récente – sont bien tenues. Parfait pour sillonner le val de Loire.

16 chambres – †70/85 € ††70/85 € – ☲ 11 € – ½ P

36 rte de Montils – ℰ 02 54 44 03 08 – www.aubergedelacaillere.com – fermé 1er janv.-13 fév.

LE CANET – 13 (Bouches-du-Rhône) ➜ voir Aix-en-Provence

CANET

⊠ 11200 (Aude) – 1 546 hab. – Alt. 30 m – Carte régionale n° **22**-B2

▶ Paris 804 km – Carcassonne 48 km – Montpellier 108 km – Perpignan 77 km

Carte Michelin 344-I3

Château des Fontaines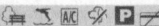

CHÂTEAU · PERSONNALISÉ Pour l'anecdote, le lustre en verre de Murano du grand escalier pèse plus de 400 kg et en dit long sur la magnificence de cette maison de maître, sertie par un superbe jardin ! Tentures, marbres et objets d'art trouvent tout naturellement leur place dans les salons et les chambres. Tout l'art de vivre à la française...

5 chambres ☲ – †120/180 € ††120/200 €

2 av. de la Distillerie – ℰ 04 68 49 72 48 – www.chateau-des-fontaines.com – Ouvert mai-oct.

CANET-EN-ROUSSILLON

⊠ 66140 (Pyrénées-Orientales) – 12 602 hab. – Alt. 11 m – Carte régionale n° **22**-B3

▶ Paris 849 km – Argelès-sur-Mer 21 km – Narbonne 66 km – Perpignan 11 km

Carte Michelin 344-J6

à Canet-Plage - ✉ 66140

⊙ L'Horizon ⟨ 🏠 ⅙ AC ❄ P

MÉDITERRANÉENNE · ÉLÉGANT XxX Envie d'admirer l'horizon ? Rendez-vous dans ce restaurant en bord de mer, d'où la vue est superbe ! En toute logique, les plats sont résolument méditerranéens ; un menu diététique est aussi proposé.

Formule 24 € – Menu 46/65 € – Carte environ 51 €

Hôtel les Flamants Roses, 1 voie des Flamants-Roses, au Sud par D81
– ☎ 04 68 51 60 60 – www.hotel-flamants-roses.com

⊙ Le Don Quichotte ⅏ AC

CUISINE TRADITIONNELLE · SIMPLE X Dans ce restaurant, point de moulins à vent mais une belle cuisine traditionnelle à l'accent catalan ! Et si peu que vous soyez un amateur de vin, vous apprécierez la sélection de crus issus des quatre coins de la France. Bref, tout pour passer un bon moment.

Formule 20 € – Menu 23 € (déj. en semaine), 43/55 €

22 av. de Catalogne – ☎ 04 68 80 35 17 – www.ledonquichotte.com – Fermé le soir d'oct. à mars sauf du vend. au dim.

🏨 Les Flamants Roses

SPA ET BEAUTÉ · MODERNE Cet établissement récent borde la plage et est couplé à un centre de thalasso qui ravira les adeptes du genre : piscines intérieures, hammam et soins de qualité ! Quant aux chambres, ouvertes sur les flots ou le jardin, elles sont très chaleureuses.

60 chambres – 🛏160/760 € 🛏🛏160/760 € – 3 suites – ☲ 19 € – ½ P

1 voie des Flamants-Roses, au Sud par D81 – ☎ 04 68 51 60 60
– www.hotel-flamants-roses.com

⊙ **L'Horizon** – voir les restaurants ci-dessus

CANGEY

✉ 37530 (Indre-et-Loire) – 1 084 hab. – Alt. 85 m – Carte régionale n° **11**-A1
▶ Paris 210 km – Amboise 12 km – Blois 28 km – Montrichard 26 km
Carte Michelin 317-P4 – Guide Vert Michelin Châteaux de la Loire

🏡 Le Fleuray ⟨ 🐾 🏠 ⌇ ❄ ⅙ 🚗

MAISON DE CAMPAGNE · COSY Une ferme restaurée, si charmante avec son verger et sa piscine ! On vous accueille avec le sourire, et les chambres, coquettes, ont des noms de fleurs... Restaurant "Le Colonial" façon jardin d'hiver, avec une belle vue sur la campagne.

24 chambres – 🛏98/162 € 🛏🛏98/162 € – 1 suite – ☲ 15 € – ½ P

7 km au Nord, par D74 rte de Dame-Marie-les-Bois – ☎ 02 47 56 09 25
– www.lefleurayhotel.com – Fermé 2-8 mars, 23-30 nov. et 21-25 déc.

© W. Dieterich/imagebroker/age fotostock

ON AIME...

Déguster de beaux poissons du marché Forville chez **Kashiwa**, dans la plus pure tradition japonaise. Aller s'attabler au **Da Laura** : les meilleures pâtes fraîches de Cannes ! Aller à la rencontre de deux jeunes passionnés à la **Toque d'Or**. Se reposer dans l'une des étonnantes chambres de l'**Idéal Séjour**. Profiter de la vue sur la Croisette depuis la terrasse du **Park 45**...

CANNES

✉ 06400 (Alpes-Maritimes) – 73 603 hab. – Alt. 2 m – Carte régionale n° **42**-E2
▶ Paris 898 km – Aix-en-Provence 149 km – Marseille 160 km – Nice 33 km
Carte Michelin 341-D6 – Guide Vert Michelin Côte d'Azur

Restaurants

✿✿ La Palme d'Or

CRÉATIVE · LUXE XxxX Dans le somptueux cadre Art déco du Martinez, on domine la Croisette et la baie de Cannes... tout en atteignant des hauteurs gastronomiques. Dans ce restaurant au luxe discret et raffiné, le chef, Christian Sinicropi, signe une cuisine très créative et sophistiquée, gorgée de soleil, qui mérite bien sa Palme d'Or !
➔ Araignée de mer en mouvement. L'agneau en mouvement. Chocolat "Palme d'Or" en mouvement.
Menu 74 € ⚑ (déj.), 185/205 € – Carte 160/240 €
Plan : DZ-n – *Hôtel Grand Hyatt Martinez, 73 bd de la Croisette*
– ✆ 04 92 98 74 14 – www.cannesmartinez.grand.hyatt.com
– Fermé 2 janv.-9 mars, mardi sauf de mai à oct., dim. et lundi

✿ Le Park 45

CUISINE MODERNE · ÉLÉGANT XxX Riche d'une belle expérience, le chef exécute une cuisine toute de fraîcheur et de saveurs, et met le produit en valeur avec un plaisir évident. Le décor du restaurant, élégant et plein de couleurs, ajoute encore au plaisir du repas. Et depuis la terrasse, on apprécie la vue sur le parc...
➔ Crabe royal en poupeton de courgette-fleur, tripette et bouillon de piperade. Pigeonneau, foie gras poêlé, crumble de figue et carottes aux agrumes. Biscuit madeleine citron, nougatine sésame et sorbet.
Formule 39 € – Menu 60/130 € – Carte 80/135 €
Plan : CZ-b – *Le Grand Hôtel, 45 bd de la Croisette – ✆ 04 93 38 15 45*
– www.grand-hotel-cannes.com – Fermé 5 déc.-30 janv. et le midi en juil.-août

ⅼ○ Fouquet's Cannes by Pierre Gagnaire

CUISINE TRADITIONNELLE · ÉLÉGANT XxX Fauteuils bleu nuit, dorures et moulures créent une ambiance très chic. La carte, aux accents du sud, célèbre les incontournables des brasseries haut de gamme, sous l'œil toujours avisé de Pierre Gagnaire... À ceci près qu'ici, la terrasse sous le soleil est éminemment cannoise !
Formule 37 € ⚑ – Menu 79 € – Carte 72/157 €
Plan : BZ-n – *Hôtel Majestic Barrière, 10 bd de la Croisette – ✆ 04 92 98 77 05*
– www.majestic-barriere.com – Fermé 19 fév.-11 mars et 4-28 déc.

ⅈ○ Le Mesclun   [AC]

MÉDITERRANÉENNE · COSY XXX Lumière tamisée, boiseries, tableaux peints par la propriétaire elle-même... Une atmosphère cossue et cosy, idéale pour déguster une cuisine méditerranéenne goûteuse et soignée, en prise sur les saisons. Les spécialités ? Calamars en fricassée aux olives et citron, suprême de volaille sauce Albufera, risotto à la truffe, etc.

Menu 49 € – Carte 79/140 €

Plan : AZ-t – *16 r. St-Antoine* – ℰ *04 93 99 45 19*
– www.lemesclun-restaurant.com – Fermé 1ᵉʳ-6 juil., 1ᵉʳ fév.-1ᵉʳ mars, dim. et le midi

ⅈ○ Mantel   [AC]

PROVENÇALE · ÉLÉGANT XX Le nouveau décor, avec cuisine ouverte sur la salle, donne un coup de jeune à cette sympathique table traditionnelle. On y met en avant de bons produits et de jolies saveurs provençales : beignets de fleurs de courgette et sauce légère au safran, tartare de dorade aux agrumes, ou encore saumon mariné à la maison...

Formule 25 € – Menu 35/80 € – Carte 58/107 €

Plan : AZ-c – *22 r. St-Antoine* – ℰ *04 93 39 13 10* – *www.restaurantmantel.com*
– Fermé merc. de nov. à fév.

ⅈ○ La Toque d'Or   [AC]

CRÉATIVE · COSY XX Tout a commencé par un voyage en Thaïlande, et tout a fini... dans l'assiette ! Fasciné par les saveurs asiatiques – mais pas seulement –, le chef imagine une cuisine pleine de peps et d'inventivité, savoureuse et colorée : escalope de foie gras à la fraise, turbot sauvage au jus safrané et vanille de Madagascar...

Formule 16 € – Menu 30 € (déj.), 45/75 € – Carte 55/69 €

Plan : AY-b – *11 r. Louis-Blanc* – ℰ *04 93 39 68 08* (réservation conseillée)
– www.latoquedor-restaurant-cannes.fr – Fermé mardi sauf en saison et lundi

ⅈ○ Da Bouttau - Auberge Provençale   🍽 [AC] ⇔

CUISINE TRADITIONNELLE · MÉDITERRANÉEN XX Sur la route qui monte au Suquet, une auberge fondée par Alexandre Bouttau... en 1860 ! On s'y installe dans l'une des petites salles de style classique pour apprécier de bonnes recettes traditionnelles, bien faites et parfumées. Entre les plats, on regarde des photos de célébrités ayant fréquenté cette table...

Formule 24 € – Menu 33 € – Carte 57/93 €

Plan : AZ-d – *10 r. St-Antoine* – ℰ *04 92 99 27 17* – *www.dabouttau.com*

ⅈ○ Yo'mo Lounge   🍽 ᕫ [AC]

MÉDITERRANÉENNE · COSY XX Un mot, d'abord, sur l'ambiance : la déco mêle mobilier des années 1950, touches asiatiques et art contemporain. C'est réussi ! Du côté des assiettes, le métissage est aussi de rigueur avec des recettes à tendance méditerranéenne qui passent par le Liban, la Grèce ou l'Italie. De quoi donner des envies de grand départ...

🍴 Menu 20 € (déj. en semaine)/44 € – Carte 34/66 €

Plan : BY-y – *25 r. Hoche* – ℰ *04 93 39 50 00* – *www.yomolounge.com* – *Fermé lundi soir hors saison et dim.*

ⅈ○ Le Restaurant Arménien   [AC]

ARMÉNIENNE · CONVIVIAL XX Le menu du jour – un bel assortiment de mezze frais et subtils – mène sur les routes parfumées d'Arménie... Un joli voyage ! En outre, on sert jusqu'à minuit, la carte des vins est attrayante et l'on peut même manger végétarien. Le tout dans un nouvel écrin, actuel et feutré, pour fêter les 30 ans de la maison.

Menu 48 € (dîner)

Plan : DZ-a – *82 bd de la Croisette* – ℰ *04 93 94 00 58*
– www.lerestaurantarmenien.com – Fermé lundi hors saison et le midi sauf dim.

CANNES

Albert-Édouard (Jetée) ..... **BZ**
Alexandre-III (Bd) ..... **X** 2
Alsace (Bd) ..... **BDY**
Anc.-Combattants-d'Afrique-du-Nord
(Av.) ..... **AYZ** 4
André (R. du Cdt) ..... **CZ**
Antibes (R. d') ..... **BCY**
Bachaga-Saïd-Boualam (Av.) ..... **AY** 5
Beauséjour (Av.) ..... **DYZ**
Beau-Soleil (Bd) ..... **X** 10
Belges (R. des) ..... **BZ** 12
Blanc (R. Louis) ..... **AYZ**
Broussailles (Av. des) ..... **X** 16
Buttura (R.) ..... **BZ** 17
Canada (R. du) ..... **DZ**
Carnot (R.) ..... **X**
Carnot (Square) ..... **V** 20
Castre (Pl. de la) ..... **AZ** 21
Chabaud (R.) ..... **CY** 22
Clemenceau (R. G.) ..... **AZ**
Coteaux (Av. des) ..... **V**
Croisette (Bd de la) ..... **BDZ**
Croix-des-Gardes (Bd) ..... **VX** 29
Delaup (Bd) ..... **AY** 30
Dr-Pierre Gazagnaire (R.) ..... **AZ** 32
Dr-R. Picaud (Av.) ..... **X**
Dollfus (R. Jean) ..... **AZ** 33
États-Unis (R. des) ..... **CZ** 35
Favorite (Av. de la) ..... **X** 38
Félix-Faure (R.) ..... **ABZ**
Ferrage (Bd de la) ..... **ABY** 40
Fiesole (Av.) ..... **X** 43
Foch (R. du Mar.) ..... **BY** 44
Gallieni (R. du Mar.) ..... **BY, X** 48
Gaulle (Pl. Gén.-de) ..... **BZ** 51
Gazagnaire (Bd Eugène) ..... **X**
Grasse (Av. de) ..... **VX** 53
Guynemer (Bd) ..... **AY**
Hespérides (Av. des) ..... **X** 55
Hibert (Bd Jean) ..... **AZ**
Hibert (R.) ..... **AZ**
Isola-Bella (Av. d') ..... **X**
Jean-Jaurès (R.) ..... **BCY**
Joffre (R. du Mar.) ..... **BY** 60

Koening (Av. Gén.) ..... **DY**
Lacour (Bd Alexandre) ..... **X** 62
Latour-Maubourg (R.) ..... **DZ**
Lattre-de-Tassigny (Av. de) ..... **AY** 63
Laubeuf (Quai Max) ..... **AZ**
Lérins (Av. de) ..... **X** 65
Liberté-Charles de Gaulle
(A. de la) ..... **AZ** 70
Lorraine (Bd de) ..... **CDY**
Macé (R.) ..... **CZ** 66
Madrid (Av. de) ..... **DZ**
Meynadier (R.) ..... **ABY**
Midi (Bd du) ..... **X**
Mimont (R. de) ..... **BY**
Montfleury (Bd) ..... **CDY** 74
Monti (R. Marius) ..... **AY** 75
Mont-Chevalier (R. du) ..... **AZ** 72
Noailles (Av. J.-de) ..... **X**
Observatoire (Bd de l') ..... **X** 84
Oxford (Bd d') ..... **V** 87
Paillassou (Av. R. et I.) ..... **V** 64
Pantiero (La) ..... **ABZ**
Paradis-Terrestre (Corniches du) **V** 88
Pasteur (R.) ..... **DZ**
Pastour (R. Louis) ..... **AY** 90
Perier (Av.) ..... **V** 91
Pernissol (R. Louis) ..... **AZ** 92
Petit-Juas (Av. du) ..... **VX**
Pins (Bd des) ..... **X** 95
Pompidou (Espl. G.) ..... **BZ**
Prince-de-Galles (Av. du) ..... **X** 97
République (Bd de la) ..... **X**
Riouffe (R. Jean de) ..... **BY** 98
Riou (Bd du) ..... **VX**
Roi-Albert 1er (Av.) ..... **X**
Rouguière (R.) ..... **BY** 100
St-Antoine (R.) ..... **AZ** 102
St-Nicolas (Av.) ..... **BY** 105
St-Pierre (Quai) ..... **AZ**
Sardou (R. Léandre) ..... **X** 108
Serbes (R. des) ..... **BZ** 110
Source (Bd de la) ..... **X** 112
Stanislas (Pl.) ..... **AY**
Strasbourg (Bd de) ..... **CDY**
Teisseire (R.) ..... **CY** 114
Tuby (Bd Victor) ..... **AYZ** 115
Vallauris (Av. de) ..... **VX** 116

Vallombrosa (Bd) ..... **AY** 118
Vautrin (Bd Gén.) ..... **DZ**
Vidal (R. du Cdt) ..... **CY** 120
Wemyss (Av. Amiral Wester) ..... **X** 122
1ère Division-Française
(Bd de la) ..... **BCY** 124

LE CANNET

Aubarède (Ch. de l') ..... **V** 8
Bellevue (Pl.) ..... **V** 13
Bréguières (Rte des) ..... **V** 14
Cannes (R. de) ..... **V** 19
Carnot (Bd) ..... **V**
Cheval (Av. Maurice) ..... **V** 23
Collines (Ch. des) ..... **V**
Doumer (Bd Paul) ..... **V** 31
Écoles (Av. des) ..... **V** 34
Four-à-Chaux (Bd du) ..... **V** 45
Gambetta (Bd) ..... **V** 50
Gaulle (Av. Gén.-de) ..... **V**
Jeanpierre (Av. Maurice) ..... **V** 58
Mermoz (Av. Jean) ..... **V** 67
Monod (Bd Jacques) ..... **V** 68
Mont-Joli (Av. du) ..... **V** 73
N.-D.-des-Anges
(Av.) ..... **V** 79
Olivetum (Bd d') ..... **V** 86
Olivet (Ch. de l') ..... **V** 85
Paris (R. de) ..... **V** 89
Pinède (Av. de la) ..... **V** 94
Pompidou (Av. Georges) ..... **V** 96
République (Bd de la) ..... **V**
Roosevelt (Av. Franklin) ..... **V** 99
St-Sauveur (R.) ..... **V** 106
Victoria (Av.) ..... **V**
Victor-Hugo (R.) ..... **V** 119

VALLAURIS

Cannes (Av. de) ..... **V** 18
Clemenceau (Av. G.) ..... **V** 25
Dr J. Ugo (Bd du) ..... **V** 56
Golfe (Av. du) ..... **V** 52
Picasso (Av. Pablo) ..... **V** 93
Rouvier (Bd Maurice) ..... **V** 102
Tapis-Vert (Av. du) ..... **V** 113

CANNES

0 — 200 m

↓ ÎLES DE LÉRINS

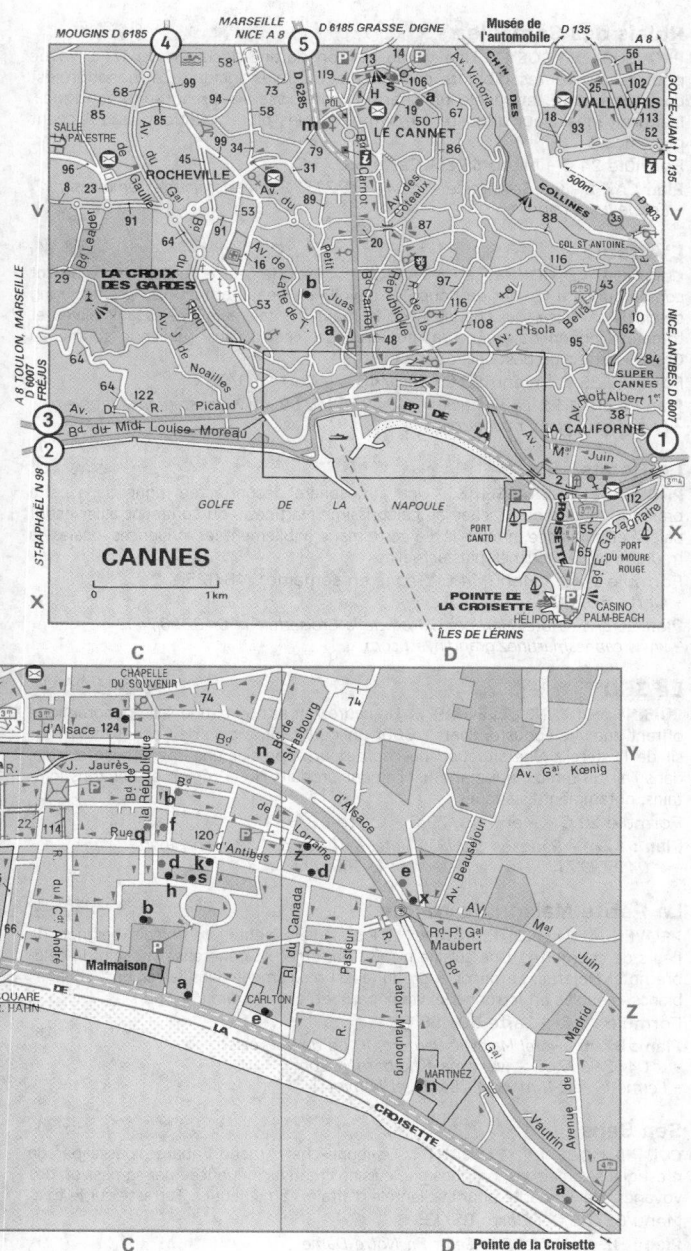

CANNES

0   1 km

ⅼ○ Relais des Semailles

PROVENÇALE · COSY XX Une vieille maison datant de la fin du 17ᵉ s., avec poutres apparentes, bibelots, cheminée et meubles anciens. L'atmosphère est cosy, apaisante, et recèle un charme indéfinissable, presque romantique... L'endroit idéal pour déguster de sympathiques plats traditionnels à l'accent provençal !

Formule 24 € – Menu 35 € – Carte 55/75 €

Plan : AZ-z – 9 r. St-Antoine – ☎ 04 93 39 22 32 – www.lerelaisdessemailles.fr
– Fermé lundi midi

ⅼ○ L'Affable

CUISINE TRADITIONNELLE · À LA MODE XX Dans le centre de Cannes, ce bistrot contemporain a le vent en poupe et dévoile de beaux atouts... au premier rang desquels sa carte, qui change avec le marché : calamars poêlés aux olives et tomates, rognon de veau à la moutarde de Meaux, sans oublier le soufflé au Grand Marnier, un best-seller de la maison !

Formule 25 € – Menu 29 € (déj.)/45 € – Carte 70/95 €

Plan : CZ-d – 5 r. La Fontaine – ☎ 04 93 68 02 09 – www.restaurant-laffable.fr
– Fermé août, sam. midi et dim.

ⅼ○ Le Relais

PROVENÇALE · BRASSERIE XX Une atmosphère décontractée règne dans cette brasserie moderne rattachée au célébrissime Martinez... ou comment allier esprit palace et ambiance informelle. La carte marie habilement les influences locales, la tradition et des touches plus actuelles.

Formule 24 € – Menu 34 € 🍷 (déj. en semaine), 48/125 € 🍷
– Carte 60/110 €

Plan : DZ-n – Hôtel Martinez, 73 bd de la Croisette – ☎ 04 92 98 74 12
– www.cannesmartinez.grand.hyatt.com

ⅼ○ Le 360°

CUISINE MODERNE · ÉLÉGANT XX Un cadre zen et épuré, une salle panoramique offrant une vue époustouflante – 360° oblige ! – sur la baie de Cannes et le massif de l'Esterel... Une situation de choix pour apprécier une savoureuse cuisine, dans l'air du temps, qui marie habilement produits de la région et horizons lointains, notamment asiatiques.

Formule 29 € – Menu 49/79 € – Carte 68/85 €

Plan : AZ-n – Radisson Blu 1835 Hotel & Thalasso, 1 bd Jean-Hibert
– ☎ 04 92 99 73 10 – www.restaurant-le-360.com

ⅼ○ La Petite Maison de Nicole

PROVENÇALE · MÉDITERRANÉEN XX Pissaladière, petits farcis niçois, beignets de fleurs de courgette... Une cuisine niçoise parfumée et généreuse, au sein du célèbre hôtel Majestic. Le décor ancre lui aussi résolument dans la région : voilages blancs, meubles en ferronnerie, vieux parquet, etc. On dirait le Sud !

Formule 43 € – Carte 50/158 €

Plan : BZ-n – Hôtel Majestic Barrière, 10 bd de la Croisette
– ☎ 04 92 98 77 00 – www.majestic-barriere.com
– Fermé 19 fév.-11 mars, 4-28 déc. et le midi

ⅼ○ Sea Sens

CUISINE MODERNE · ÉLÉGANT XX Le jeune chef Arnaud Tabarec, passé par de prestigieuses maisons, propose une cuisine créative, influencée par sa passion des voyages. Menu adapté pour la clientèle d'affaires au déjeuner. Terrasse sur le toit.

Menu 65/115 € – Carte 85/135 €

Plan : BZ-g – Hôtel Five Seas, 1 r. Notre-Dame
– ☎ 04 63 36 05 06 – www.five-seas-hotel-cannes.com
– Fermé 17 déc.-30 janv., dim., lundi et le midi

🍴 Carlton Restaurant 🅝   ⩗ 🛋 ⚫ 🄰🄲 ⚙ 🄿

CUISINE CLASSIQUE · ÉLÉGANT XX Dans l'enceinte du mythique Carlton, ce restaurant distille son charme classique et ensoleillé : véranda, terrasse braquée sur la Croisette. Un bel écrin pour découvrir une agréable cuisine traditionnelle et méridionale, à l'instar de ces fleurs de courgettes farcies, ou de la cocotte de homard Belle Otero...

Formule 39 € – Carte 70/110 €

Plan : CZ-e – *Hôtel InterContinental Carlton, 58 bd de la Croisette* – *☏ 04 93 06 40 21 – www.intercontinental-carlton-cannes.com*

🍴 Da Laura 🅝   🛋

ITALIENNE · CONVIVIAL X Quel bonheur de découvrir ce petit restaurant convivial aux parfums de l'Italie ! Pâtes fraîches, jambons maturés... pas de m'as-tu-vu, rien que du "delicioso" dans un cadre retro. Le chef passionné ne travaille que des produits frais autour d'une carte courte et appétissante. Service adorable et "cucina autentica" garantie !

Carte 28/74 €

Plan : BY-r – *8 r. du 24-Août, (angle r. Hoche) – ☏ 04 93 38 40 51 (réservation conseillée) – Fermé dim. et le soir sauf juil.-août*

🍴 Bistro Les Canailles   ⚫ 🄰🄲

CUISINE TRADITIONNELLE · BISTRO X Ce bistrot est un rendez-vous apprécié des Cannois... Chic ? Oui, mais également décontracté et sympathique. Au comptoir, atmosphère de bar à vins autour de jolis nectars proposés au verre. Et à l'ardoise ? D'incontournables plats bistrotiers et canailles, ainsi qu'une jolie cuisine du marché, fraîche et tout simplement bonne.

Carte 29/48 €

Plan : CY-b – *12 r. Jean-Daumas – ☏ 04 93 68 12 10 – www.bistro-lescanailles.com – Fermé dim. et lundi*

🍴 Caveau 30   🛋 🄰🄲

CUISINE TRADITIONNELLE · BRASSERIE X Ce Caveau, au décor des années 1930, met à l'honneur les plats typiques de la brasserie française – fruits de mer compris ! En été, la vaste véranda devient une terrasse et l'on profite d'autant mieux de l'ambiance animée... Un lieu sympathique.

Formule 18 € – Menu 27/38 € – Carte 37/81 €

Plan : AZ-f – *45 r. Félix-Faure – ☏ 04 93 39 06 33 – www.lecaveau30.com*

🍴 La Table du Chef   🄰🄲

CUISINE TRADITIONNELLE · BISTRO X À deux pas de la rue d'Antibes, ce discret petit bistrot gagne à être connu. Ses principaux atouts : un accueil prévenant et une cuisine de qualité – version bistronomie –, avec une formule du jour au déjeuner et, le soir, un unique "menu surprise" en quatre plats. Une vraie table de chef !

Formule 19 € – Menu 44 €

Plan : CY-f – *5 r. Jean-Daumas – ☏ 04 93 68 27 40 (réservation conseillée) – Fermé 1 semaine en avril, 2 semaines en oct., 1er-15 janv., mardi soir, merc. soir, dim. et lundi*

🍴 L'Antidote - Christophe Ferré   🛋 🄰🄲

MÉDITERRANÉENNE · FAMILIAL X Une ancienne maison de maître du début du 20e s., que l'on rejoint en traversant une petite cour aménagée en terrasse pour les beaux jours. Au menu : des plats d'inspiration méditerranéenne, cuisinés par le chef au gré du marché, avec de nombreuses touches personnelles et modernes. Tout cela dans une ambiance conviviale.

Formule 18 € – Menu 31 € (dîner)/49 € – Carte 24/70 €

Plan : DZ-e – *60 bd d'Alsace – ☏ 04 93 43 32 19 – www.lantidote-christopheferre.fr – Fermé de fin déc. à fin fév., lundi sauf le soir en saison et dim.*

↑○ La Cave   🌿 AC

CUISINE TRADITIONNELLE · BISTRO 🍴 Un vrai petit bistrot convivial, avec banquettes et repas au coude-à-coude de rigueur. Les classiques ne manquent pas à l'appel (chou farci "Mamie Jeanne", ris de veau aux morilles, aïoli aux légumes de saison, etc.) et le chef, passionné de bons crus, a même constitué une admirable cave de près de 250 références !

Formule 21 € – Menu 26 € (déj. semaine)/36 € – Carte 34/86 €

Plan : CY-q – *9 bd de la République* – ℰ 04 93 99 79 87 – www.millesime96.com
– *Fermé lundi midi, sam. midi et dim.*

↑○ Aux Bons Enfants   🌿 AC ⇤

PROVENÇALE · BISTRO 🍴 Le patron de ce sympathique bistrot ? Un vrai passionné, qui cultive avec bonheur l'art de recevoir et concocte une belle cuisine provençale, ainsi que des plats canailles bien gourmands. Pas de téléphone et paiement en liquide, mais les lieux rendent bon enfant !

Formule 23 € – Menu 29/40 € – Carte 35/45 €

Plan : AZ-r – *80 r. Meynadier (réservation conseillée)*
– *www.aux-bons-enfants.com* – *Fermé 27 nov.-2 janv., lundi hors vacances scolaires et dim.*

↑○ Côté Jardin   🌿 AC

CUISINE TRADITIONNELLE · SIMPLE 🍴 Clafoutis tomate, parmesan et basilic ; pavé de thon mariné et crème légère au tandoori ; épaule d'agneau croustillante aux herbes... Installé dans la véranda, côté jardin, on savoure cette cuisine actuelle, réalisée au gré du marché. On peut y revenir à loisir : le menu est renouvelé toutes les deux semaines !

Formule 24 € – Menu 33/43 €

Plan : X-a – *12 av. St-Louis* – ℰ 04 93 38 60 28 – www.restaurant-cotejardin.com
– *Fermé dim. et lundi sauf le soir en juil.-août*

Hôtels

🏨 Grand Hyatt Martinez   ⚡ ⇐ 🏊 📶 🏋 ⊟ 🛗 AC 🧖 🅿

PALACE · ART DÉCO Un véritable monument ! Majestueusement dressée face à la Méditerranée, sa façade Art déco immaculée (1929) porte en elle l'histoire de la villégiature version Côte d'Azur et... du festival de cinéma. Du spa, au dernier étage, jusqu'à la plage, confort exquis et prestations haut de gamme cultivent le mythe de la Croisette !

395 chambres – 🛏 180/1650 € 🛏🛏 180/1650 € – 14 suites – � 40 €

Plan : DZ-n – *73 bd de la Croisette* – ℰ 04 93 90 12 34
– *www.cannesmartinez.grand.hyatt.com*

🌼🌼 **La Palme d'Or** • ↑○ **Le Relais** – voir les restaurants ci-dessus

🏨 Majestic Barrière   ⚡ ⇐ 🏊 📶 🏋 ⊟ 🛗 AC 🧖 🚗

PALACE · GRAND STYLE Face au palais des Festivals, son imposante façade toute blanche évoque le faste des Années folles. Les lieux rivalisent de luxe, de confort et de raffinement contemporain, pour un séjour chic et exclusif, bien à l'image de la cité azuréenne !

258 chambres – 🛏 195/1669 € 🛏🛏 195/1669 € – 91 suites – ⊟ 40 €

Plan : BZ-n – *10 bd de la Croisette* – ℰ 04 92 98 77 00
– *www.majestic-barriere.com* – *Fermé 19 fév.-11 mars et 4-28 déc.*

↑○ **Fouquet's Cannes by Pierre Gagnaire** • ↑○ **La Petite Maison de Nicole** – voir les restaurants ci-dessus

🏨 InterContinental Carlton   ⚡ ⇐ 🏋 ⊟ 🛗 AC 🧖 🚗

GRAND LUXE · GRAND STYLE Faut-il encore présenter le Carlton ? Inauguré en 1913, l'établissement s'est hissé parmi les hôtels mythiques de la Riviera. L'histoire imprègne ses murs, où sont passés plusieurs générations d'hôtes illustres. Le classicisme est la marque des lieux !

304 chambres – ⊟ – 🛏 199/1365 € 🛏🛏 199/1365 € – 39 suites – ½ P

Plan : CZ-e – *58 bd de la Croisette* – ℰ 04 93 06 40 06
– *www.intercontinental-carlton-cannes.com*

↑○ **Carlton Restaurant** – voir les restaurants ci-dessus

⛨ Le Grand Hôtel ⚓ 🏊 ≤ 🛏 🔄 ♿ 🅰 ♨ 🅿

LUXE · DESIGN Un établissement de caractère sur la Croisette, au calme derrière un superbe îlot de verdure... On le sait, les années 1970 sont aujourd'hui à la mode, et les chambres jouent cette carte "revival" avec raffinement et élégance (mobilier design, tons vintage) : une réussite qui convertira même les plus rétifs.

72 chambres – †180/980 € ††180/980 € – 3 suites – ☕ 35 €

Plan : CZ-b – *45 bd de la Croisette* – *✆ 04 93 38 15 45*
– *www.grand-hotel-cannes.com* – *Fermé 4 déc.-30 janv.*

❀ **Le Park 45** – voir les restaurants ci-dessus

⛨ JW Marriott ⚓ ≤ 🏊 🛗 🔄 ♿ 🅰 ♨ 🚗

LUXE · DESIGN Photos noir et blanc d'acteurs mythiques, tons reposants : les chambres, très confortables, évoquent le cinéma... Et pour cause : face à la mer, ce bel hôtel contemporain a été créé en lieu et place de l'ancien palais des Festivals ! Pour se restaurer, un élégant steakhouse.

211 chambres – †150/600 € ††150/600 € – 50 suites – ☕ 35 €

Plan : CZ-a – *50 bd de la Croisette* – *✆ 04 92 99 70 00*
– *www.jwmarriottcannes.fr*

⛨ Five Seas ⚓ 🏊 📶 🛗 🔄 ♿ 🅰 ♨ 🚗

LUXE · PERSONNALISÉ À deux pas de la Croisette, cet hôtel n'a rien d'impersonnel : décor soigné jusque dans les détails, belles ambiances (principalement sur le thème du voyage), équipements dernier cri, salon de thé – avec de délicieuses pâtisseries –, petite piscine au 5e étage... Une très agréable villégiature !

23 chambres – †185/3900 € ††185/3900 € – 22 suites – ☕ 35 €

Plan : BY-g – *1 r. Notre-Dame* – *✆ 04 63 36 05 05*
– *www.five-seas-hotel-cannes.com* – *Fermé 17 déc.-30 janv.*

❀ **Sea Sens** – voir les restaurants ci-dessus

⛨ Gray d'Albion 🛗 🔄 ♿ 🅰 ♨ 🚗

URBAIN · MODERNE Entre la Croisette et la rue d'Antibes, cet hôtel est une valeur sûre pour tous ceux – hommes d'affaires ou touristes – qui sont en quête d'un haut niveau de confort et de prestations contemporaines. Beau restaurant de plage en saison.

175 chambres – †124/1779 € ††124/1779 € – 24 suites – ☕ 29 €

Plan : BZ-d – *38 r. des Serbes* – *✆ 04 92 99 79 79* – *www.gray-dalbion.com*
– *Fermé 4-26 déc.*

⛨ Radisson Blu 1835 Hotel & Thalasso ⚓ ≤ 🏊 📶 📶 🛗 🔄 ♿

SPA ET BEAUTÉ · PERSONNALISÉ À la pointe du vieux 🅰 ♨ 🚗
port, véritable figure de proue, l'hôtel domine la baie de Cannes. Les chambres allient grand confort, esprit contemporain et... vue sur le large : un cocktail séduisant. De plus, on dispose d'un accès (payant) aux thermes marins avec bain japonais, hammam, etc.

118 chambres ☕ – †159/875 € ††159/875 € – 16 suites – ½ P

Plan : AZ-n – *2 bd Jean-Hibert* – *✆ 04 92 99 73 10*
– *www.radissonblu.com/hotel-cannes*

❀ **Le 360°** – voir les restaurants ci-dessus

⛨ Le Canberra 🏊 📶 🛗 🔄 ♿ ♨

BUSINESS · PERSONNALISÉ Une jolie bâtisse traditionnelle au charme un peu rétro, avec un jardin verdoyant. Les chambres arborent un décor contemporain plutôt plaisant et se révèlent confortables, même si certaines sont plus petites. Le must : côté piscine, on jouit d'une vue dégagée et d'un bel ensoleillement...

30 chambres – †116/612 € ††116/612 € – 5 suites – ☕ 22 €

Plan : CZ-k – *120 r. d'Antibes* – *✆ 04 97 06 95 00*
– *www.hotel-cannes-canberra.com*

Montaigne & Spa

URBAIN · MODERNE Un hôtel situé dans une ruelle proche du boulevard Carnot. Les chambres jouent la carte contemporaine, dans un dégradé de tons blanc ou beige... Et pour la détente, direction l'espace spa au sous-sol, avec sa piscine chauffée ! Jolies recettes italiennes au restaurant.

96 chambres – ♦109/390 € ♦♦109/470 € – ☲17 € – ½ P

Plan : BY-m – 4 r. Montaigne – ✆ 04 97 06 03 40 – www.hotel-montaigne.com – Fermé 6 janv.-27 janv.

Villa Garbo

VILLA · ÉLÉGANT Cette villa Belle Époque (1884) cultive son charme luxueux et raffiné, ainsi qu'un certain esprit maison d'hôtes... Elle abrite non pas des chambres, mais de véritables appartements, design et cosy, avec un bel équipement high-tech. Enchanteur, ce Garbo !

10 suites – ♦♦220/1070 € – 1 chambres – ☲ 25 €

Plan : DZ-x – 64 bd d'Alsace – ✆ 04 93 46 66 00 – www.villagarbo-cannes.com – Fermé 4 déc.-31 mars

Le Patio des Artistes

URBAIN · MODERNE Dans une ruelle tranquille du centre-ville, on découvre d'abord le ravissant patio, idéal pour un moment de détente, avant de gagner les chambres – toutes très confortables et chaleureuses. Autres atouts : le nouvel espace bien-être et le toit-terrasse dominant la ville... Solaire !

64 chambres – ♦120/360 € ♦♦120/500 € – 9 suites – ☲ 20 €

Plan : DY-z – 6 r. de Bône – ✆ 04 97 06 99 00 – www.lepatiodesartistes.fr

Eden Hôtel & Spa

BUSINESS · FONCTIONNEL Des chambres sobres et élégantes (murs camel, parquets en teck...) dont certaines avec balcon ; un bel espace détente, avec deux piscines (dont une petite sur le toit), un hammam, un solarium, etc. Cet Éden a un petit goût de paradis...

116 chambres – ♦150/800 € ♦♦150/1000 € – 1 suite – ☲ 20 €

Plan : DZ-d – 133 r. d'Antibes – ✆ 04 93 68 78 00 – www.eden-hotel-cannes.com

Cavendish

HISTORIQUE · COSY Un hôtel de tradition au fonctionnement haut de gamme. Il est certes situé sur un boulevard très passant, mais les chambres sont bien insonorisées, leur décor soigné, et le service se révèle aux petits soins. Autres atouts : le bar à discrétion pour les résidents et le délicieux petit-déjeuner avec gâteaux maison !

34 chambres – ♦110/280 € ♦♦130/320 € – ☲ 20 €

Plan : BY-t – 11 bd Carnot – ✆ 04 97 06 26 00 – www.cavendish-cannes.com – Fermé 4 déc.-18 mars

Splendid

TRADITIONNEL · CLASSIQUE À deux pas du palais des Festivals – un emplacement de choix –, ce bel hôtel (1871) cultive l'atmosphère de l'hôtellerie traditionnelle à la française. Bon à savoir : les chambres sont plus spacieuses et lumineuses sur l'avant, et toisent le port de plaisance...

60 chambres – ♦93/825 € ♦♦93/825 € – 2 suites – ☲ 20 €

Plan : BZ-a – 4 r. Félix-Faure – ✆ 04 97 06 22 22 – www.splendid-hotel-cannes.com

Hôtel de Paris

BUSINESS · MODERNE Près d'un axe fréquenté, cet hôtel Belle Époque, bien insonorisé, a été rénové dans un élégant style contemporain. Les chambres sont bien tenues ; dans une maison voisine, on découvre sept beaux appartements, parfaits pour les longs séjours.

47 chambres – ♦125/265 € ♦♦125/315 € – 10 suites – ☲ 18 €

Plan : CY-a – 34 bd d'Alsace – ✆ 04 93 38 30 89 – www.hoteldeparis.fr – Fermé 6-27 déc. et 3-30 janv.

Cézanne

BUSINESS · MODERNE Un hôtel de bon standing niché derrière un joli jardin, qui l'isole de la circulation automobile sur le boulevard. Bien insonorisées et confortables, les chambres sont résolument modernes et colorées. On peut prendre le petit-déjeuner en terrasse aux beaux jours.

28 chambres – ♦139/499 € ♦♦139/599 € – � 17 €

Plan : CY-n – *40 bd d'Alsace* – *𝒞 04 92 59 41 00* – *www.hotel-cezanne.com*

America

BUSINESS · PERSONNALISÉ Dans une petite rue calme proche de la Croisette, cet hôtel a quelque chose de ces jolies maisons de vacances chic de la côte Est des États-Unis... Les chambres, cosy et dans l'air du temps, sont bien insonorisées. Good Morning America !

29 chambres – ♦80/250 € ♦♦80/250 € – ☐ 15 €

Plan : BZ-r – *16 r. Notre Dame* – *𝒞 04 93 06 75 75* – *www.hotel-america.com*
– *Fermé 15 déc.-15 janv.*

 Château de la Tour

HISTORIQUE · PERSONNALISÉ En périphérie de Cannes, un castel provençal (19ᵉ s.) dans un beau jardin, où l'on cultive l'art de la quiétude. Les chambres ont été décorées dans un style contemporain cossu et glamour, qui prête au confort. Et l'on peut profiter de la très belle terrasse du restaurant face à la piscine...

34 chambres – ♦190/550 € ♦♦190/550 € – ☐ 17 € – ½ P

10 av. Font-de-Veyre – *𝒞 04 93 90 52 52* – *www.hotelchateaudelatour.com*
– *Fermé fév.*

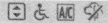 Hôtel de Provence

FAMILIAL · PERSONNALISÉ Cet hôtel entièrement rénové, et devancé d'un joli jardinet, propose des chambres propres et agréables. Préférez celles du côté sud, avec vue dégagée, et prenez votre petit-déjeuner en terrasse, au calme.

36 chambres – ♦75/309 € ♦♦101/309 € – ☐ 10 €

Plan : CZ-s – *9 r. Molière* – *𝒞 04 93 38 44 35* – *www.hotel-de-provence.com*
– *Fermé fév.*

 Idéal Séjour

FAMILIAL · PERSONNALISÉ Cette villa au calme, loin du centre-ville, pourrait vous surprendre... Cinéma, bande dessinée, commedia dell'arte : la propriétaire, passionnée de littérature, a laissé libre cours à son imagination pour décorer les chambres. Pour un séjour original !

16 chambres – ♦82/98 € ♦♦110/180 € – ☐ 12 €

Plan : X-b – *6 allée du Parc-des-Vallergues, (par l'av. Jean-de-Lattre-de-Tassigny)* – *𝒞 04 93 39 16 66* – *www.hotel-ideal-sejour.com* – *Fermé 11 janv.-11 fév.*

Molière

URBAIN · MODERNE Un établissement tendance, décoré dans des tons brun, beige et taupe. Côté sud, les chambres avec balcon permettent de prendre un vrai bain de soleil cannois. Au réveil, le petit-déjeuner est servi en terrasse, dans un décor de verdure... Séduisant !

24 chambres – ♦80/200 € ♦♦80/200 € – ☐ 11 €

Plan : CZ-h – *5 r. Molière* – *𝒞 04 93 38 16 16* – *www.hotel-moliere.com*
– *Fermé 30 nov.-31 mars*

 La sélection des hôtels et des restaurants changent tous les ans.
Chaque année, changez de guide MICHELIN !

au Cannet 3 km au Nord - ⌧ 06110 – 43 115 hab. – Alt. 80 m

❀❀ **Villa Archange** (Bruno Oger)   🕿 ৬ AC ⇔ P

CUISINE MODERNE · ROMANTIQUE XXX Une jolie bâtisse du 18ᵉ s. décorée avec
beaucoup de goût (parquets, tableaux, mobilier chiné...) : un antre charmant
pour découvrir la cuisine de Bruno Oger, qui signe des plats très parfumés,
savamment composés et extrêmement précis dans leur exécution. Voilà qui fait
pousser des ailes à la gastronomie méridionale !

→ Cappuccino de grenouilles et palourdes à l'échalote et vin jaune. Jarret de
veau cuisiné vingt-quatre heures, pommes écrasées au beurre demi-sel. Traou
mad aux fraises des bois.

Menu 68 € (déj.), 110/210 € – Carte 140/280 €

Plan : V-m – r. de l'Ouest, (par av. Campon), D6285 – ℰ 04 92 18 18 28
(réservation conseillée) – www.bruno-oger.com – Fermé 6-22 fév., dim., lundi et le
midi sauf vend. et sam.

❀ **Bistrot St-Sauveur**   ❀ AC

CUISINE TRADITIONNELLE · À LA MODE X Fauteuils noirs, rideaux blancs : le
décor est contemporain, dans un style épuré et séduisant, jamais tape-à-l'œil. La
cuisine bistrotière du chef se déguste avec bonheur : pâté en croûte "grande tradition", filet de veau Wellington, millefeuille à la vanille... Tout est bon : le plus
difficile sera de choisir !

Formule 17 € – Menu 26 € 🍷 (déj. en semaine), 32/35 € – Carte 36/49 €

Plan : V-s – 87 r. St-Sauveur – ℰ 04 93 94 42 03 (réservation conseillée)
– www.bistrotsaintsauveur.fr – Fermé 1 semaine en fév., 3 semaines en juil., dim.
soir et lundi

❀ **Bistrot des Anges**   🕿 ৬ AC P

CUISINE TRADITIONNELLE · DESIGN X Dans l'échelle séraphique, l'équipe de la
Villa Archange pense brasserie : ici, décor moderne et élégant, formules ensoleillées et chariot de douceurs... angéliques.

Formule 26 € 🍷 – Menu 31/41 € – Carte 45/96 €

Plan : V-m – r. de l'Ouest, (par av. Campon), D6285 – ℰ 04 92 18 18 28
– www.bruno-oger.com – Fermé dim. soir de sept. à avril

ⅰ○ **Kashiwa** 🅽   🕿 AC

JAPONAISE · SIMPLE X Ne vous fiez pas à l'enseigne : ce petit restaurant nippon
(kashiwa signifie feuille de chêne), installé dans un ancien atelier de tapissier,
offre une jolie palette de gastronomie japonaise, des éternels sushis à des plats
plus travaillés, à l'instar de ces crevettes sautées, épices et soba (nouilles sautées). Petite terrasse.

🍜 Formule 15 € – Menu 20/39 € – Carte 18/80 €

Plan : V-a – 12 bd Gambetta – ℰ 09 53 97 99 67 (réservation conseillée) – Fermé
2 semaines fin janv., dim. et lundi

LE CANNET – 06 (Alpes-Maritimes) → voir Cannes

CAPBRETON

⌧ 40130 (Landes) – 8 238 hab. – Alt. 6 m – Carte régionale n° **3**-A3
🄳 Paris 749 km – Bayonne 22 km – Biarritz 29 km – Mont-de-Marsan 90 km
Carte Michelin 335-C13 – Guide Vert Michelin Aquitaine

ⅰ○ **La Cuisine**

CUISINE MODERNE · CONVIVIAL X Au centre du bourg, la cuisine est bel et bien
à l'honneur : le chef, Johann Dubernet – secondé en salle par sa compagne Isabelle –, un est passionné, qui signe des assiettes colorées, parfumées et visuelles... Ce charmant petit restaurant sait allier subtilité et gourmandise !

Formule 16 € – Menu 45 € – Carte 38/52 €

26 r. du Général-de-Gaulle – ℰ 05 58 43 66 58 – www.restaurantlacuisine.fr
– Fermé mi-mars à fin mars, merc. et jeudi sauf le soir en juil.-août

quartier la Pêcherie

ⅈ◯ Le Regalty   ⊞ 🏠

POISSONS ET FRUITS DE MER · CLASSIQUE XX Au pied d'un immeuble moderne, une salle chaleureuse, en partie ouverte sur les cuisines. Un mur végétal borde la terrasse. Menu homard, belle carte des vins.
🍽 Formule 15 € – Menu 20/65 € – Carte 44/59 €

port de plaisance, (quai Mille-Sabords) – ℰ 05 58 72 22 80 – www.leregalty.fr – Fermé nov.-début déc., fin janv.-début fév., merc. soir et dim. soir de sept. à juin et lundi

CAP COZ – 29 (Finistère) ➜ voir Fouesnant

CAP-d'AGDE – 34 (Hérault) ➜ voir Agde

CAP d'AIL
✉ 06320 (Alpes-Maritimes) – 4 741 hab. – Alt. 51 m – Carte régionale n° **42**-E2
🖪 Paris 945 km – Monaco 3 km – Menton 14 km – Monte-Carlo 4 km
Carte Michelin 341-F5 – Guide Vert Michelin Côte d'Azur
Voir plan de Monaco (Principauté de)

🏠 Marriott Riviera La Porte de Monaco   ⤢ ≼ 🛁 🖥 🔥 AC

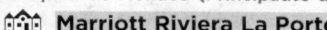

BUSINESS · MODERNE À deux pas de la marina de Cap-d'Ail, la 🔥 🚗 porte de l'établissement ouvre sur... Monaco ! Cet hôtel d'esprit international séduira la clientèle d'affaires comme les touristes soucieux d'un confort sûr. Les chambres les plus agréables donnent sur le port et la mer.
171 chambres – †134/719 € ††134/719 € – 15 suites – ⚏ 25 €
Plan : AV-n – *av. du Port – ℰ 04 92 10 67 67 – www.marriottportedemonaco.com*

CAP d'ANTIBES – 06 (Alpes-Maritimes) ➜ voir Antibes

CAPDENAC-LE-HAUT – 46 (Lot) ➜ voir Figeac

CAP-FERRET
✉ 33970 (Gironde) – Alt. 11 m – Carte régionale n° **3**-B2
🖪 Paris 650 km – Arcachon 66 km – Bordeaux 71 km – Lacanau-Océan 55 km
Carte Michelin 335-D7 – Guide Vert Michelin Aquitaine

ⅈ◯ Le Pinasse Café   ≼ 🏠 🔥 AC ⟳

POISSONS ET FRUITS DE MER · BISTRO X Avec sa terrasse idyllique donnant sur les flots, ce restaurant contemporain est une ode au bassin et à la dune du Pilat ! Poissons et crustacés du cru sont à l'honneur (huître en tête) et, pour l'anecdote iodée, la pinasse est le bateau traditionnel du littoral arcachonnais.
Formule 35 € – Menu 44 € – Carte 45/68 €

ℰ 05 56 03 77 87 – Fermé le soir en semaine du 16 nov. au 14 fév. sauf vacances de Noël

🏠 La Frégate   ⤢ 🔥 🔥 P

FAMILIAL · ACTUEL Autour d'une agréable piscine, ces deux maisons arborent un joli style balnéaire, chic et sobre à la fois... Beaucoup de blanc, deux appartements pour les séjours en famille et des parties communes chaleureuses : un endroit plaisant.
28 chambres – †59/185 € ††59/185 € – ⚏ 11 €

34 av. de l'Océan – ℰ 05 56 60 41 62 – www.hotel-la-fregate.net – Fermé déc. et janv.

CAP GRIS-NEZ
✉ 62179 Audinghen (Pas-de-Calais) – Carte régionale n° **30**-A1
🖪 Paris 288 km – Arras 139 km – Boulogne-sur-Mer 21 km – Calais 32 km
Carte Michelin 301-C2

ⅈ◯ La Sirène   ≼ P

POISSONS ET FRUITS DE MER · TRADITIONNEL XX En front de mer, un paysage sauvage et préservé... Voilà qui transporte l'imagination, avant que la cuisine n'invite à une autre poésie, celle des papilles : sole meunière, homard grillé, etc. Ici, la tradition, c'est le poisson... À déguster dans un cadre contemporain épuré.
Menu 30 € – Carte 33/56 €

376 r. de la Plage – ℰ 03 21 32 95 97 – www.lasirene-capgrisnez.com – Fermé 20-24 juin, 26-30 sept., 11 déc.-24 janv., le soir de sept. à fin mars, dim. soir et lundi

CAPINGHEM – 59 (Nord) → voir Lille

CAPPELLE-LA-GRANDE – 59 (Nord) → voir Dunkerque

CARANTEC

✉ 29660 (Finistère) – 3 150 hab. – Alt. 37 m – Carte régionale n° **9**-B1
◨ Paris 552 km – Brest 71 km – Lannion 53 km – Morlaix 14 km
Carte Michelin 308-H2 – Guide Vert Michelin Bretagne Nord

✿✿ Patrick Jeffroy   🕸 ≤ 🛋 🛋 🖧 ✵ 🅿

CRÉATIVE · ÉLÉGANT XxX C'est peu dire que la vue sur la baie de Morlaix y est superbe... Quel meilleur écrin pour l'une des plus belles cuisines bretonnes ! Patrick Jeffroy allie avec art classicisme et inventivité, mariant magnifiquement produits du terroir et pêche locale. Et la qualité du service rehausse encore le caractère du repas...
→ Pressé de tourteau, artichaut et wakamé, lait de coco au curry thaï. Bar de ligne au beurre d'herbes ou beurre de truffes. Figues fraîches rôties à la crème d'orange confite, ratafia de cassis.
Formule 47 € ▼ – Menu 56 € ▼ (déj. en semaine), 84/144 €
– Carte 110/175 €
L'Hôtel de Carantec, 20 r. du Kelenn – ℰ 02 98 67 00 47 (réservation conseillée)
– www.hoteldecarantec.com – Fermé fin janv.-mi-fév., mi-nov.-mi-déc., mardi sauf fériés et sauf le soir en saison, dim. soir hors saison et lundi

🏨 L'Hôtel de Carantec   🕸 🍃 ≤ 🛋 🖨 ✵ 🛁 🅿

LUXE · MODERNE Cette charmante maison de 1936 surplombe la baie de Morlaix. Les chambres, contemporaines et épurées, donnent toutes sur la Manche (terrasses au 2ᵉ étage). Le jardin descend vers la mer et l'on peut s'y installer, serein, pour lire, boire un verre... avant de profiter de la très belle table de Patrick Jeffroy.
12 chambres – ▪98/195 € ▪▪120/236 € – ⊑ 19 €
20 r. du Kelenn – ℰ 02 98 67 00 47 – www.hoteldecarantec.com
– Fermé fin janv.-mi fév., mi-nov.-mi déc., dim. soir, lundi et mardi hors saison
✿✿ **Patrick Jeffroy** – voir les restaurants ci-dessus

🏠 La Baie de Morlaix

FAMILIAL · ACTUEL Un établissement bien situé, au cœur de la ville, dans une rue commerçante. Il abrite de petites chambres pratiques, tout en sobriété et bien tenues. La plage n'est pas très loin, on peut y descendre à pied.
16 chambres – ▪62/75 € ▪▪64/99 € – ⊑ 9 €
17 bis r. Albert-Louppe – ℰ 02 98 67 07 64 – www.hotel-baiedemorlaix.com
– Fermé 7-22 oct. et 8-23 janv.

CARCASSONNE

✉ 11000 (Aude) – 47 068 hab. – Alt. 110 m – Carte régionale n° **22**-B2
◨ Paris 768 km – Albi 110 km – Narbonne 61 km – Perpignan 114 km
Carte Michelin 344-F3

✿✿ Le Parc Franck Putelat   🕸 ⇆ 🛋 ♿ 🖾 🅿

CUISINE MODERNE · DESIGN XxX Du grand art que celui de Franck Putelat ! Technique, inventivité, respect des produits (de grande qualité), effets visuels : sa cuisine est un concentré de justesse, de textures et de saveurs. Et le cadre très contemporain de cette villa, au pied de la citadelle, ajoute au caractère de l'expérience... d'autant que de belles chambres ont été inaugurées en 2013.
→ Tartine de haricots de Castelnaudary confits à la sauge, mozzarella di bufala et truffe. Filet de bœuf "Bocuse d'Or". Satin ananas, citron vert et sorbet aux baies de genièvre.
Menu 39 € ▼ (déj. en semaine), 91/139 € – Carte 105/140 €
7 chambres – ▪170/320 € ▪▪170/320 € – ⊑ 25 €
80 chemin des Anglais, au Sud de la Cité – ℰ 04 68 71 80 80
– www.franck-putelat.com – fermé dimanche et lundi

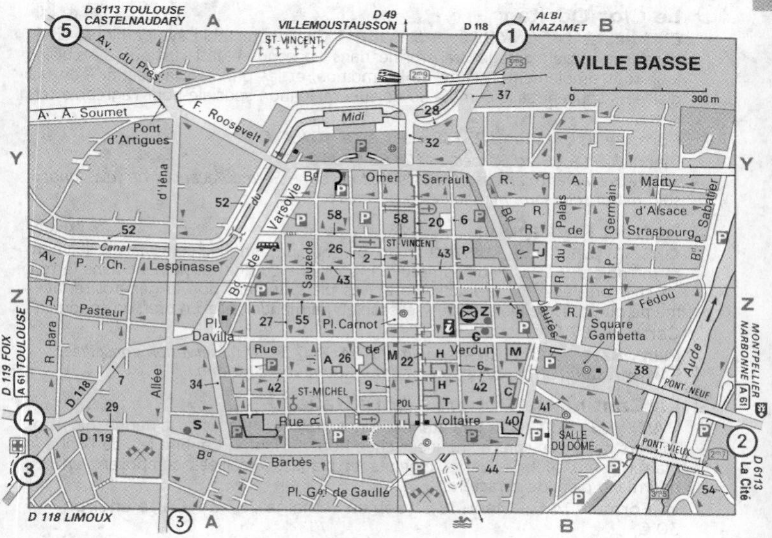

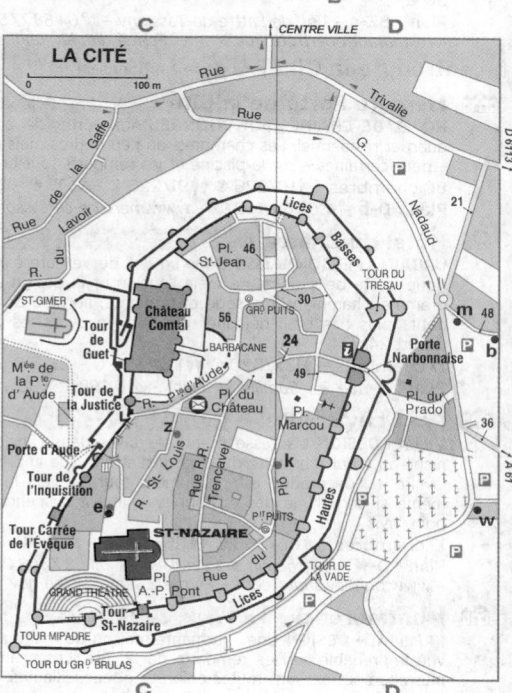

CARCASSONNE

Armagnac (R. A.) ...**AY** 2
Barbès (R.) ....**BZ** 5
Bringer (R. Jean) ..**BYZ** 6
Bunau-Varilla (Av.)..**AZ** 7
Chartran (R.) ......**AZ** 9
Clemenceau (R. G.) .**BY** 20
Combéléran (Mtée G.)**D** 21
Courtejaire (R.) ....**BZ** 22
Cros-Mayrevieille (R.) **D** 24
Dr-A.-Tomey (R.)...**AYZ** 26
Études (R. des) ....**AZ** 27
Foch (Av. du Mar.) ..**BY** 28
Gout (Av. Henri) ...**AZ** 29
Grand-Puits (R. du) .**CD** 30
Joffre (Av. du Mar.) .**BY** 32
Marcou (Bd) ....**AZ** 34
Médiévale (Voie) ....**D** 36
Minervoise (Rte) ...**BY** 37
Mullot (Av. Arthur) .**BZ** 38
Pelletan (Bd C.) ....**BZ** 40
Pont-Vieux (R. du)..**BZ** 41
Ramon (R. A.) ....**ABZ** 42
République
  (R. de la) ....**ABY** 43
Roumens
  (Bd du Cdt) ....**BZ** 44
St-Jean (R.) ....**C** 46
St-Saëns (R. C.) ....**D** 48
St-Sernin (R.) ......**D** 49
Semard (Av. Pierre) .**AY** 52
Trivalle (R.) ....**BZ** 54
Verdun (R. de) ....**ABZ**
Victor-Hugo (R.) ...**AZ** 55
Viollet-le-Duc (R.) ...**C** 56
4-Septembre
  (R. du) ....**ABY** 58

423

Le Clos Occitan 🛜 ⅋ AC

CUISINE TRADITIONNELLE · RUSTIQUE XX Une petite table sympathique, créée dans... un ancien garage, transformé dans un esprit plutôt rustique. La cuisine joue tout simplement la carte de la tradition, et les prix sont attractifs – on fait d'ailleurs souvent salle comble au déjeuner. Mention spéciale pour l'agréable terrasse.

Formule 16 € – Menu 23/38 € – Carte 40/50 €

Plan : AZ-s – 68 bd Barbès – ℰ 04 68 47 93 64
– www.restaurant-carcassonne-closoccitan.com – Fermé vacances de fév., lundi soir, mardi soir, sam. midi, dim. soir et merc.

Robert Rodriguez 🐾 AC ⇄

CUISINE CLASSIQUE · BISTRO XX Un bistrot authentique, convivial et joliment rétro (objets chinés, vieux comptoir...), pour une cuisine résolument dans le ton. Le chef privilégie les produits bio et ses plats fleurent bon la générosité, avec même quelques belles canailles : cassoulet, parmentier, etc. En bref, on se régale !

Carte 45/87 €

Plan : BZ-z – 39 r. Coste-Reboulh – ℰ 04 68 47 37 80 (réservation conseillée)
– www.restaurantrobertrodriguez.com – Fermé merc. et dim.

La Cantine de Robert - Côté Italie Ⓝ

ITALIENNE · BISTRO X Charcuteries, pâtes fraîches, pizzas à la farine bio : les saveurs italiennes sont à l'honneur chez Robert, dont la Cantine fait de l'œil à la maison mère. Mobilier rétro, bibelots et plaques émaillées composent un lieu gourmand plein de caractère.

🍴 Formule 14 € – Menu 18 € (déj. en semaine)/27 € – Carte environ 30 €

Plan : BZ-c – 1 pl. de Lattre-de-Tassigny – ℰ 04 68 77 57 74
– restaurantrobertrodriguez.com – Fermé dim. et lundi

à l'entrée de la Cité près porte Narbonnaise

Mercure Porte de la Cité 🐾 🛏 🖥 ⅋ AC ⛳ P

HÔTEL DE CHAÎNE · FONCTIONNEL Aux portes de la cité, un Mercure dans un quartier résidentiel. Les chambres, un peu petites mais joliment épurées, donnent – pour certaines – sur la piscine et les remparts tout proches.

80 chambres – †91/226 € ††91/226 € – ☲ 15 € – ½ P

Plan : D-b – ℰ 04 68 11 92 82 – www.mercure-carcassonne.fr

Hôtel du Château 🍴 🖥 ⅋ AC

URBAIN · PERSONNALISÉ Dans un îlot de verdure à l'abri de l'agitation touristique, cette belle demeure mêle l'ancien et le design avec raffinement. Au programme : hammam, massage et farniente, au pied du défilé des remparts... Les petits plus : le petit-déjeuner qui met en avant les produits locaux et le bar ouvert 24h/24.

17 chambres – †132/320 € ††132/320 € – ☲ 15 €

Plan : D-m – 2 r. Camille-St-Saëns – ℰ 04 68 11 38 38 – www.hotelduchateau.net

Pont Levis Hôtel 🍴 🖥 ⅋ AC ⊘ P

VILLA · DESIGN L'adresse prend ses aises dans l'ancien musée du Moyen-Âge, niché au cœur d'un parc de 2 ha offrant une vue imprenable sur les remparts de la cité. La décoration est résolument tournée vers le 21e s. (acier, béton, etc.) même si dans l'une des chambres, le lit est suspendu par des chaînes... façon pont-levis !

12 chambres – †116/356 € ††116/356 € – ☲ 20 €

Plan : D-w – 40 chemin des Anglais – ℰ 04 68 72 08 08
– www.pontlevishotel.com – Fermé 2 semaines en nov. et 2 semaines en janv.

Montmorency ⅋ AC P

FAMILIAL · DESIGN Une charmante maison de maître, dont la terrasse offre une vue imprenable sur les remparts de la Cité. Les chambres, contemporaines ou plus champêtres, sont toutes colorées et accueillantes.

28 chambres – †72/380 € ††72/380 € – 2 suites – ☲ 15 €

Plan : D-m – 2 r. Camille-St-Saëns – ℰ 04 68 11 96 70
– www.hotelmontmorency.com

Hôtel de L'Octroi 〰 🄰🄲 🄿

BUSINESS · DESIGN À deux pas de la cité médiévale, un établissement résolument tourné vers le troisième millénaire avec ses chambres colorées et contemporaines ! Le tout organisé autour d'un patio avec piscine et solarium. À l'Hôtel de l'Octroi, l'on pourrait bien vous taxer d'immobilisme...

18 chambres – ♦72/240 € ♦♦72/240 € – 3 suites – ⌕ 12 €
144 r. Trivalle – ℰ 04 68 25 29 08 – www.hoteloctroi.com

dans la Cité - Circulation réglementée en été

🕸 **La Barbacane** 🕀 🄰🄲 🄿

CUISINE CLASSIQUE · ÉLÉGANT ❌❌❌ Vitraux, armoiries, confessionnal en bois sculpté, etc. Un décor néogothique tout à fait dans le ton de Carcassonne la médiévale ! On y déguste une cuisine raffinée et savoureuse, qui revisite la tradition en beauté. De qui conter l'amour courtois...
→ Légumes de saison cuisinés en barigoule, truffe et toast aux aromates. Bœuf charolais au foie gras, joue de bœuf braisée, sauce périgourdine. Soufflé chaud pistache et kirsch, cerises du Minervois et sorbet griotte.
Menu 38 € ❢ (déj.), 85/145 € – Carte 95/150 €
Plan : C-e – *Hôtel De La Cité, pl. Auguste-Pierre-Pont – ℰ 04 68 71 98 71 – www.hoteldelacite.com – Fermé 15 fév.-11 mars, mardi et merc.*

🍽️ **Comte Roger** 🏠

CUISINE TRADITIONNELLE · À LA MODE ❌❌ Dans une ruelle animée de la cité, un décor tout en épure contemporaine, avec un joli patio empreint de fraîcheur. Monsieur le comte sait recevoir et sa cuisine épouse l'époque avec une certaine noblesse. La bonne petite adresse du cœur touristique !
Formule 23 € – Menu 30 € (déj.)/41 € – Carte 44/63 €
Plan : C-z – *14 r. St-Louis – ℰ 04 68 11 93 40 – www.comteroger.com – Fermé 23 fév.-8 mars, dim. et lundi*

🍽️ **La Table d'Alaïs** 🆕 🏠

CUISINE MODERNE · SIMPLE ❌ Au cœur la cité médiévale, voici votre meilleur allié contre les pièges à touristes ! Au bout d'un escalier, on découvre trois petites salles tout en sobriété ; au bout, une cour-terrasse où l'on s'attable aux beaux jours. Tradition et modernité se côtoient à la carte, et les saveurs sont aussi au rendez-vous !
🍴 Menu 20/34 € – Carte 44/51 €
Plan : CD-k – *32 r. du Plô – ℰ 04 68 71 60 63 – www.latabledalais.fr – Fermé 4 janv.-4 fév., merc. et jeudi sauf juil.-août*

🏨 **Hôtel de La Cité** 🏠🍽️⪡🕀🄹🄳⪡🄰🄲🕸🍷

GRAND LUXE · PERSONNALISÉ Luxe, douceur et quiétude au cœur de la cité. Les chambres dégagent une atmosphère chaleureuse – certaines dans un style médiéval ! – et, côté remparts, on profite du jardin et de la piscine. Une belle manière de vivre Carcassonne...
52 chambres – ♦209/535 € ♦♦299/1035 € – 7 suites – ⌕ 28 € – ½ P
Plan : C-e – *pl. Auguste-Pierre-Pont – ℰ 04 68 71 98 71 – www.hoteldelacite.com*
🕸 **La Barbacane** – voir les restaurants ci-dessus

à Aragon 12 km au Nord-Ouest par rte de Toulouse et D203 – ✉ 11600
– 415 hab. – Alt. 195 m

🍽️ **La Bergerie** ⪡🏠🄳🄲🄰🕸⟲ 🄿

CUISINE MODERNE · COSY ❌❌ La salle à manger a un certain cachet, avec ses poutres apparentes et son style rustique modernisé... Quant au jeune chef, il rend hommage à la gastronomie avec générosité, et la volonté permanente de faire plaisir à ses clients.
Menu 29 € ❢ (déj. en semaine), 47/100 € – Carte environ 70 €
allée Pech-Marie – ℰ 04 68 26 10 65 – www.labergeriearagon.com – Fermé 15 fév.-10 mars, 17 oct.-3 nov., lundi midi de juin à sept., mardi et merc. sauf le soir de juin à sept.

🏚 La Bergerie 🕿 🐕 ⟨ ⤴ 🕭 🅐🅒 🅿

AUBERGE · FONCTIONNEL À l'orée de ce pittoresque village perché, cette bâtisse méridionale domine le vignoble de Cabardès. L'accueil est sympathique et prévenant, tout en restant décontracté ; les chambres, bien agréables, donnent sur les vignes... Nul besoin de compter les moutons pour s'endormir dans cette Bergerie !

8 chambres – ♦90/100 € ♦♦100/130 € – ⥱ 10 € – ½ P
allée Pech-Marie – ℰ 04 68 26 10 65 – www.labergeriearagon.com
– Fermé 15 fév.-10 mars et 17 oct.-3 nov.
🍽 **La Bergerie** – voir les restaurants ci-dessus

au hameau de Montredon 4 km au Nord-Est – ✉ 11000 Carcassonne

🍽 Château Saint-Martin 🍴 🏠 ⟳ 🅿

CUISINE CLASSIQUE · RUSTIQUE 🗶🗶🗶 Amateurs de vieilles pierres, vous serez séduits par cette demeure très ancienne, flanquée d'une tour du 12ᵉ s. ! Au menu : des mets classiques et raffinés, aux ingrédients bien choisis et subtilement cuisinés. Un joli moment de gastronomie que l'on peut notamment partager sur la terrasse verdoyante et fleurie, bien au calme...

Formule 28 € 🍷 – Menu 36/66 € – Carte 52/68 €
17 av. de St-Martin – ℰ 04 68 71 09 53 – www.chateausaintmartin.net
– Fermé 6-20 mars, 2 semaines en nov., 2-6 janv., dim. soir, lundi midi et merc.

🏚 La Bastide Saint-Martin 🐕 🍴 ⤴ 🕭 🅐🅒 🍴 🅿

FAMILIAL · RUSTIQUE Dans un hameau proche de Carcassonne, au cœur d'un parc paisible, cette jolie maison a des airs de bastide et ses chambres, dans une veine rustique et champêtre, sont charmantes... Le matin, on peut prendre son petit-déjeuner face à la piscine avant de faire son premier plongeon de la journée !

15 chambres – ♦69/149 € ♦♦79/149 € – ⥱ 11 €
av. de St-Martin – ℰ 04 68 47 44 41 – www.hotelbastidesaintmartin.com
– fermé 14 nov.-1ᵉʳ déc. et 3 janv.-1ᵉʳ fév.

au Sud 3 km par D104 – ✉ 11000 Carcassonne :

❀ Domaine d'Auriac 🏖 🍴 🏠 🅐🅒 ⟳ 🅿

CUISINE CLASSIQUE · ROMANTIQUE 🗶🗶🗶 Une demeure distinguée, au cadre éminemment bourgeois : un décor qui sert à merveille une assiette tout en classicisme – mais relevée d'une pointe de modernité – et de belle facture. Quand le temps le permet, on s'installe sur la terrasse ouvrant sur le parc. Plaisirs intemporels...

➔ Anchois de Collioure en habit de saison. Cassoulet du domaine. Soufflé au Grand Marnier.

Menu 49 € (déj. en semaine), 69/118 € – Carte 85/110 €
2535 rte de St-Hilaire – ℰ 04 68 25 72 22 – www.domaine-d-auriac.com
– Fermé 6-22 nov., 8-31 janv., dim. soir d'oct. à Pâques et lundi sauf fériés

🍽 Bistrot d'Auriac 🆕 🏠 🕭 🅐🅒 ⟳

CUISINE TRADITIONNELLE · BISTRO 🗶 La grande terrasse domine le parcours de golf et son trou numéro 1 : une belle situation ! On se régale de bonnes spécialités régionales et de plats typiques de bistrot (choix plus restreint le soir), réalisés avec de bons produits frais. Une adresse idéale pour se mettre au vert !

Menu 21 € (déj.) – Carte 33/46 € dîner
2535 rte de St-Hilaire – ℰ 04 68 25 37 19 – www.domaine-d-auriac.com – fermé mardi soir, mercredi soir, jeudi soir et lundi hors saison et dimanche soir en saison
– Fermé 6-22 nov., 8-31 janv., dim. soir d'oct. à Pâques sauf fériés

🏚 Domaine d'Auriac 🕿 🐕 ⟨ 🕭 🗶 📷 🔳 🅐🅒 🏌 🏠

MAISON DE CAMPAGNE · PERSONNALISÉ Un grand parc arboré, un golf 18 trous et cette très belle maison de maître du 19ᵉ s. en pierre blonde. Toutes différentes et confortables, les chambres jouent la carte du classicisme bourgeois ou de la simplicité méridionale... Certaines, très spacieuses, sont idéales pour les familles.

24 chambres – ♦120/500 € ♦♦120/500 € – ⥱ 25 € – ½ P
2535 rte de St-Hilaire – ℰ 04 68 25 72 22 – www.domaine-d-auriac.com
– Fermé 6-22 nov., 8-31 janv., dim. soir et lundi d'oct. à Pâques sauf fériés
❀ **Domaine d'Auriac** • 🍽 **Bistrot d'Auriac** – voir les restaurants ci-dessus

à Cavanac 7 km au Sud par rte de St-Hilaire – ⊠ 11570 – 918 hab. – Alt. 138 m

🍴○ **Château de Cavanac**   🔗 🏡 **P**

CUISINE TRADITIONNELLE · RUSTIQUE XX En lieu et place des écuries du château, cette auberge se révèle très pittoresque. Mangeoires et poutres anciennes,
cuisiniers "en vitrine" s'activant sous l'œil amusé des gourmands, et sympathique
menu unique arrosé des vins du domaine : on cultive la tradition...
Menu 45 € ♈
*r. Etienne Guizard – ℰ 04 68 79 61 04 – www.chateau-de-cavanac.fr – Fermé
11 janv.-9 mars et 9-24 nov. et le midi*

🏰 **Château de Cavanac**   ✿ 🐾 🔗 ⌁ ※ 🖸 ⅙ 🅰ℂ ※ 🌳 **P**

CHÂTEAU · PERSONNALISÉ Sur le domaine viticole du propriétaire, ce castel du
17e s. est ravissant. Les chambres portent des noms de fleurs et distillent, avec
leur mobilier d'époque et leurs lits à baldaquin, un charme romantique et bucolique... Du cachet aux portes de Carcassonne.
20 chambres – ♦68/190 € ♦♦100/210 € – 4 suites – � 13 €
*r. Étienne Guizard – ℰ 04 68 79 61 04 – www.chateau-de-cavanac.fr
– Fermé 11 janv.-9 mars et 9-24 nov.*
🍴○ **Château de Cavanac** – voir les restaurants ci-dessus

à Pezens 10 km au Nord-Ouest par rte de Toulouse – ⊠ 11170 – 1 367 hab. – Alt. 117 m

🥨 **L'Ambrosia** (Daniel Minet)   🏡 ⅙ 🅰ℂ **P**

CUISINE MODERNE · FAMILIAL XX Le jeune chef, Daniel Minet, n'avait que 22 ans
lorsqu'il a repris cette affaire avec ses parents, et il a d'emblée révélé la précocité
de son talent : sa cuisine de produits, directe et parfumée, témoigne d'une belle
sincérité ! Côté décor, la fraîcheur et l'épure priment aussi. Et l'été, on profite de
la terrasse...
➔ Paella version 21e siècle. Cordon bleu de ris de veau à la truffe. Le 4 c.
Menu 27 € (déj. en semaine), 49/84 € – Carte 70/80 €
*carrefour la Madeleine, sur D6113 – ℰ 04 68 24 92 53 – www.ambrosia-pezens.com
– Fermé 20 juin-5 juil., 2-24 janv., merc. midi, dim. soir et lundi*

à Moussoulens 14 km au Nord-Ouest par rte de Toulouse et D629 – ⊠ 11170
– 976 hab. – Alt. 175 m

🏠 **La Rougeanne**   🐾 ⪡ 🔗 ⌁ ※ **P** 🛏

MAISON DE CAMPAGNE · PERSONNALISÉ Une maison qui met le cap au sud,
en regardant amoureusement la Malepère et les Pyrénées. Olivier, Tomette,
Romarin... les chambres sentent bon la garrigue et évoquent les jours heureux
des vacances familiales. On prend le petit-déjeuner dans la belle orangerie ou le
jardin. Du soleil et du style !
5 chambres ⊑ – ♦90/120 € ♦♦100/130 €
8 allée du Parc – ℰ 04 68 24 46 30 – www.larougeanne.com – Fermé janv.-mars

CARGÈSE – 2A (Corse-du-Sud) ➔ voir Corse

CARIGNAN

⊠ 08110 (Ardennes) – 2 987 hab. – Alt. 174 m – Carte régionale n° **14**-C1
▶ Paris 264 km – Charleville-Mézières 43 km – Mouzon 8 km – Montmédy 24 km
Carte Michelin 306-N5

🍴○ **La Gourmandière**   ℬℬ 🔗 🏡 ⅙ **P**

CUISINE MODERNE · ÉLÉGANT XxX Cette maison bourgeoise de 1890 choie ses
convives : cuisine gourmande et généreuse (à base de produits du potager),
belle carte des vins, et espace lounge. La chef est désormais épaulée par son fils
qui réalise de savoureuses pâtisseries.
Formule 24 € – Menu 33/75 € – Carte 43/78 €
*19 av. de Blagny – ℰ 03 24 22 20 99 – Fermé 2 semaines fin juin-début juil., 2
semaines fin sept.-début oct., 2 semaines fin janv.-début fév., dim. soir et lundi
sauf fériés*

CARLA-BAYLE

✉ 09130 (Ariège) – 782 hab. – Alt. 354 m – Carte régionale n° **28**-B3
▶ Paris 742 km – Foix 33 km – Toulouse 67 km

🍴 **Auberge Pierre Bayle** 🏠 AC

CUISINE TRADITIONNELLE · **RUSTIQUE** ✕✕ L'auberge emprunte son nom à un philosophe du 16ᵉ s. natif du village ; il y a fort à parier que Pierre Bayle aurait apprécié cette cuisine de saison qui fait la part belle aux produits locaux, à l'instar de ce parmentier de canard aux panais. A l'étage, jolie vue panoramique sur les Pyrénées.

🍽 Formule 14 € – Menu 16 € (déj. en semaine), 27/36 €
– Carte 35/50 €
– ✆ 05 61 60 63 95 – www.auberge-pierrebayle.fr
– *Fermé janv., dim. soir, mardi soir et merc. soir de sept. à mars et lundi*

CARNAC

✉ 56340 (Morbihan) – 4 204 hab. – Alt. 16 m – Carte régionale n° **9**-B3
▶ Paris 490 km – Auray 13 km – Lorient 49 km – Quiberon 19 km
Carte Michelin 308-M9 – Guide Vert Michelin Bretagne Sud

🍴 **La Côte** 🏠 🏠 P

CRÉATIVE · **À LA MODE** ✕✕ Une salle dédiée au vin, une autre résolument contemporaine et ouvrant sur un jardin japonisant : cette ferme proche du site mégalithique de Kermario vit avec son temps. De même la carte, qui allie bons produits et imagination.

Menu 27 € (déj. en semaine), 37/83 €
3 impasse er Forn, (alignements de Kermario), 2 km au Nord par D119
– ✆ 02 97 52 02 80 – www.restaurant-la-cote.com
– *Fermé 21-28 nov., 3 janv.-10 fév., dim. soir de sept. à juin, mardi midi et lundi*

🍴 **Tumulus** ≤ 🏠 🏠 ♿ P

CUISINE MODERNE · **À LA MODE** ✕✕ On pourrait contempler la baie de Quiberon par les jolies fenêtres de ce restaurant pendant des heures, sans se lasser. Dans l'assiette, ormeaux, poissons frais et saveurs franches de la Bretagne se mêlent avec invention.

Formule 25 € – Menu 45/80 € – Carte 49/68 €
Plan : Y-t – *Hôtel Tumulus, chemin du Tumulus* – ✆ 02 97 52 08 21
– *www.hotel-tumulus.com* – *Fermé 11 nov.-12 fév., lundi midi et mardi midi*

🍴 **Les Marquises** 🕸 ≤ 🏠 ♿ 🚗

POISSONS ET FRUITS DE MER · **CLASSIQUE** ✕✕ Devant la plage, on se délecte d'un homard, d'une sole meunière ou de fruits de mer, que le chef agrémente selon son inspiration du moment. Les amateurs de rhum ne manqueront pas la boutique attenante, où plus de 300 références sont proposées.

Formule 20 € – Menu 36 € (dîner)/72 € – Carte 53/80 €
Plan : Z-r – *Hôtel Le Diana, 21 bd de la Plage*
– ✆ 02 97 52 05 38 – www.lediana.com
– *Ouvert 15 avril-2 oct. et fermé le midi sauf dim. et fériés*

🍴 **La Calypso**

POISSONS ET FRUITS DE MER · **BISTRO** ✕ Les habitués ne s'y trompent pas : dans ce charmant bistrot marin, poissons, coquillages et crustacés sont d'une grande fraîcheur. Dans l'une des salles, dont le décor est à l'unisson, on fait même griller les mets dans la cheminée. Face au parc à huîtres, une adresse authentique à souhait !

Carte 39/78 €
158 r. du Pô, zone ostréicole du Pô – ✆ 02 97 52 06 14 – www.calypso-carnac.com
– *Fermé 1 semaine en juin, de mi-nov. à début fév., dim. soir et lundi sauf vacances scolaires*

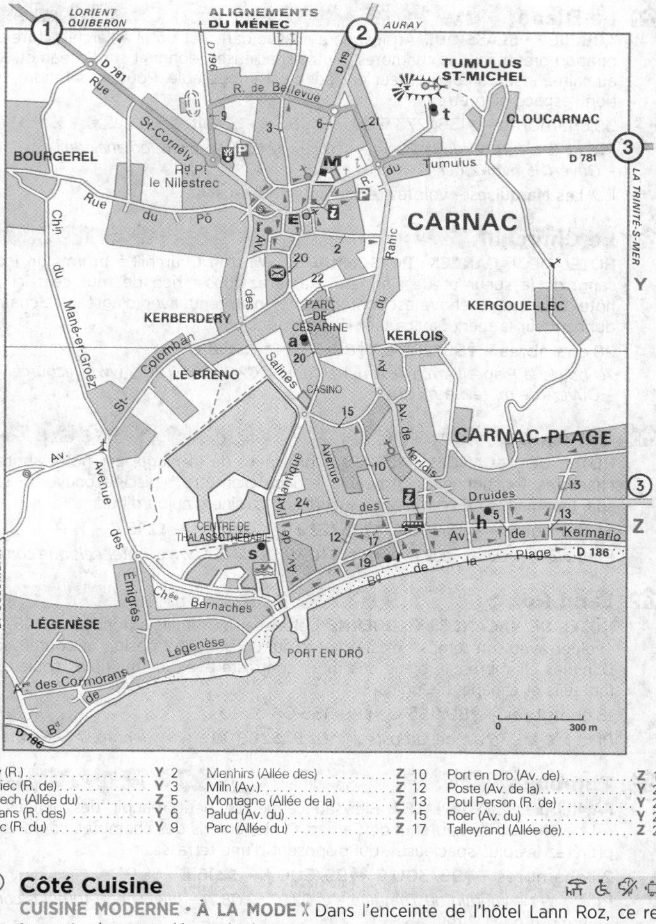

Colary (R.)	**Y** 2	Menhirs (Allée des)	**Z** 10	Port en Dro (Av. de)	**Z** 19
Courdiec (R. de)	**Y** 3	Miln (Av.)	**Z** 12	Poste (Av. de la)	**Y** 20
Cromlech (Allée du)	**Z** 5	Montagne (Allée de la)	**Z** 13	Poul Person (R. de)	**Y** 21
Korrigans (R. des)	**Y** 6	Palud (Av. du)	**Z** 15	Roer (Av. du)	**Y** 22
Ménec (R. du)	**Y** 9	Parc (Allée du)	**Z** 17	Talleyrand (Allée de)	**Z** 24

⑪○ Côté Cuisine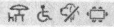

CUISINE MODERNE · À LA MODE Ⅹ Dans l'enceinte de l'hôtel Lann Roz, ce restaurant arbore un décor résolument moderne, agréable pour un repas où les produits régionaux sont en bonne place, rehaussés de touches contemporaines : mi-cuit de langoustines au kari-gosse, filet de saint-pierre rôti au beurre salé...

Formule 19 € – Menu 26 € ♀ (déj.), 31/40 € – Carte environ 55 €

Plan : Y-a – *36 av. de la Poste* – *℘ 02 97 57 50 35* – *www.cotecuisine-carnac.fr*
– Fermé 22-30 juin, 16-30 nov., mardi du 15 sept. au 15 juin et lundi

⑪○ Auberge le Râtelier

CUISINE TRADITIONNELLE · AUBERGE Ⅹ La façade en granit (19ᵉs.) de cette auberge est recouverte de vigne vierge. Une touche bucolique qui séduit, tout comme l'ambiance conviviale et la cuisine, régionale et axée sur le poisson. Chambres rustiques à l'étage.

Formule 19 € – Menu 24 € (semaine), 34/50 € – Carte 43/79 €
8 chambres – ✝52/71 € ✝✝52/71 € – ☲ 8 €

Plan : Y-r – *4 chemin du Douet* – *℘ 02 97 52 05 04* – *www.le-ratelier.com*
– Fermé mi-nov. à mi-déc., janv., mardi et merc. d'oct. à Pâques, mardi midi et merc. midi en juin et sept.

Le Diana

AUBERGE · CLASSIQUE Atmosphère cossue dans cet hôtel à l'architecture d'inspiration bretonne. Les chambres, plutôt spacieuses, donnent sur l'océan ou – plus au calme – sur la cour, et leur entretien est impeccable. Pour se détendre, direction l'espace bien-être !

35 chambres – ♦136/273 € ♦♦136/385 € – 3 suites – ☲ 22 € – ½ P

Plan : Z-r – *21 bd de la Plage* – *☎ 02 97 52 05 38* – *www.lediana.com*
– *Ouvert 15 avril-2 oct.*

⫶○ **Les Marquises** – voir les restaurants ci-dessus

Le Churchill

HÔTEL DE VACANCES · PERSONNALISÉ Winston Churchill a promis un jour du sang, de la sueur et des larmes... Rassurez-vous : rien de tout cela ici ! Cet hôtel totalement rénové est confortable et bien tenu, avec d'agréables chambres donnant sur la mer. Espace bien-être et piscine.

28 chambres – ♦85/285 € ♦♦85/350 € – ☲ 16 €

70 bd de la Plage, 1 km à l'Est par D186 – *☎ 02 97 52 50 20* – *www.lechurchill.com*
– *Ouvert de mi fév. à mi nov.*

Celtique

HÔTEL DE VACANCES · ACTUEL À proximité de la plage, cet hôtel abrite des chambres fonctionnelles. Agréable espace bien-être : piscine couverte, sauna, spa, hammam... Au restaurant, on sert une cuisine d'aujourd'hui.

51 chambres – ♦85/199 € ♦♦85/229 € – 4 suites – ☲ 15 € – ½ P

Plan : Z-h – *82 av. des Druides* – *☎ 02 97 52 14 15* – *www.hotel-celtique.com*

Lann Roz

HÔTEL DE VACANCES · MODERNE Cette maison familiale, fondée en 1967, a su évoluer avec son temps : c'est aujourd'hui un bel hôtel design et contemporain. Dans les chambres, le blanc des murs contraste avec les multiples couleurs des fauteuils et canapés... Original !

15 chambres – ♦89/155 € ♦♦89/155 € – ☲ 10 €

Plan : Y-a – *36 av. de la Poste* – *☎ 02 97 52 68 00* – *www.lannroz.fr* – *Fermé janv.*

Tumulus

FAMILIAL · PERSONNALISÉ Bien au calme, ce petit manoir des années 1920 est perché sur les hauteurs de Carnac. On loge dans des chambres confortables ; préférez les plus spacieuses, qui disposent d'une terrasse.

24 chambres – ♦99/300 € ♦♦99/300 € – ☲ 16 € – ½ P

Plan : Y-t – *chemin du Tumulus* – *☎ 02 97 52 08 21* – *www.hotel-tumulus.com*
– *Fermé 11 nov.-12 fév.*

⫶○ **Tumulus** – voir les restaurants ci-dessus

Carnac Thalasso & Spa Resort

HÔTEL DE CHAÎNE · ACTUEL Accès direct à la thalasso, piscine d'eau de mer, spa moderne, fitness, tennis et chambres avenantes : voilà un hôtel ressourçant ! Cuisine dans l'air du temps au Clipper, diététique aux Secrets de Cuisine.

217 chambres – ♦109/648 € ♦♦109/648 € – 1 suite – ☲ 16 € – ½ P

Plan : Z-s – *av. de l'Atlantique* – *☎ 02 97 52 53 54* – *www.thalasso-carnac.com*
– *Fermé 6-19 déc.*

CARNON-PLAGE

✉ 34280 (Hérault) – Carte régionale n° **23**-C2

▶ Paris 758 km – Aigues-Mortes 20 km – Montpellier 20 km – Nîmes 56 km

Carte Michelin 339-I7 – Guide Vert Michelin Languedoc

‖○ Le Trident ⊲ 🛖 P

CUISINE MODERNE · À LA MODE ✕✕ Alors que le dieu des mers lançait sa fourche contre ses ennemis, l'hôtel Neptune, sur le port de plaisance de Carnon, dévoile, lui, un Trident en forme de table agréable et amicale, autour de recettes traditionnelles bien tournées. Ne passez pas à côté du saumon fumé et des glaces maison. Terrasse face aux bateaux.

Formule 20 € – Menu 33/35 € – Carte 37/70 €

Hôtel Neptune, au port de plaisance – ☏ 04 67 50 92 57
– www.restaurant-trident.fr – Fermé 18 déc.-11 janv., dim. soir, lundi midi et mardi midi sauf juil.-août

🏠 8 Neptune ☼ ⊲ 🛋 🖥 AC 🛁 P

TRADITIONNEL · FONCTIONNEL Pour vivre l'agglomération montpelliéraine côté mer, cet hôtel moderne jouit d'une situation avantageuse directement sur le port de plaisance de Carnon. Chambres lumineuses et confortables, belle piscine et plage à moins de cinq minutes.

53 chambres – ♦85/115 € ♦♦85/140 € – ☑ 12 € – ½ P

au port de plaisance – ☏ 04 67 50 88 00 – www.hotel-neptune.fr – Fermé 18 déc.-11 janv.

‖○ **Le Trident** – voir les restaurants ci-dessus

CARPENTRAS

✉ 84200 (Vaucluse) – 28 520 hab. – Alt. 102 m – Carte régionale n° **42**-E1
▶ Paris 679 km – Avignon 30 km – Digne-les-Bains 139 km – Gap 146 km
Carte Michelin 332-D9 – Guide Vert Michelin Provence

‖○ Chez Serge 🎄 🛖 ♻

CUISINE TRADITIONNELLE · BISTRO ✕ Serge Ghoukassian aime le vin (une passion et un métier, car il est un sommelier exigeant), les truffes et la gourmandise ; rien d'étonnant si son restaurant a autant de goût et de nez ! Le flacon séduit également : un joli décor de bistrot contemporain dans des murs du 16ᵉ s. parfaitement vieillis.

Formule 17 € – Menu 27 € (déj.), 37/87 € – Carte 36/62 €

Plan : Z-a – 90 r. Cottier – ☏ 04 90 63 21 24 – www.chez-serge.com
– Fermé 24-30 oct.

🏠 Safari ☼ 🛋 🖥 & AC 🛁 P

BUSINESS · PERSONNALISÉ Aux portes de Carpentras, le meilleur hôtel de la localité, aussi confortable que contemporain. Fil rouge des décors : des pièces d'art africain, la passion du propriétaire. Détail marquant : de l'ascenseur, vitré, on admire le mont Ventoux...

35 chambres – ♦71/112 € ♦♦82/183 € – ☑ 12 € – ½ P

1060 av. Jean-Henri-Fabre, à l'Ouest par D942 – ☏ 04 90 63 35 35
– www.safarihotel.fr – Fermé 20 déc.-5 janv.

🏠 Le Comtadin & AC 🛁

FAMILIAL · MODERNE Au cœur de la capitale du Comtat Venaissin, un bel hôtel particulier de la fin du 18ᵉ s. Rien de daté dans le décor des chambres, chaleureuses et bien tenues. La plupart donnent sur le patio, où l'on prend le petit-déjeuner en été.

19 chambres – ♦75/110 € ♦♦85/130 € – ☑ 13 €

Plan : Z-u – 65 bd Albin-Durand – ☏ 04 90 67 75 00 – www.le-comtadin.com
– Fermé 5 fév.-14 mars et sam. d'oct. à fév.

🏠 Maison Trevier ℅ ⇆

FAMILIAL · PERSONNALISÉ Un hôtel particulier (1742) au cœur de la vieille ville. La propriétaire, esthète, passionnée de gastronomie et de voyages, a créé un lieu raffiné, mêlant rétro et contemporain. Elle propose des cours de cuisine et ouvre aussi sa table à ses hôtes (produits régionaux, vins naturels). Une maison à part.

5 chambres ☑ – ♦180 € ♦♦200 €

Plan : YZ-f – 36 pl. du Dr-Cavaillon – ☏ 04 90 51 99 98 – www.maison-trevier.com

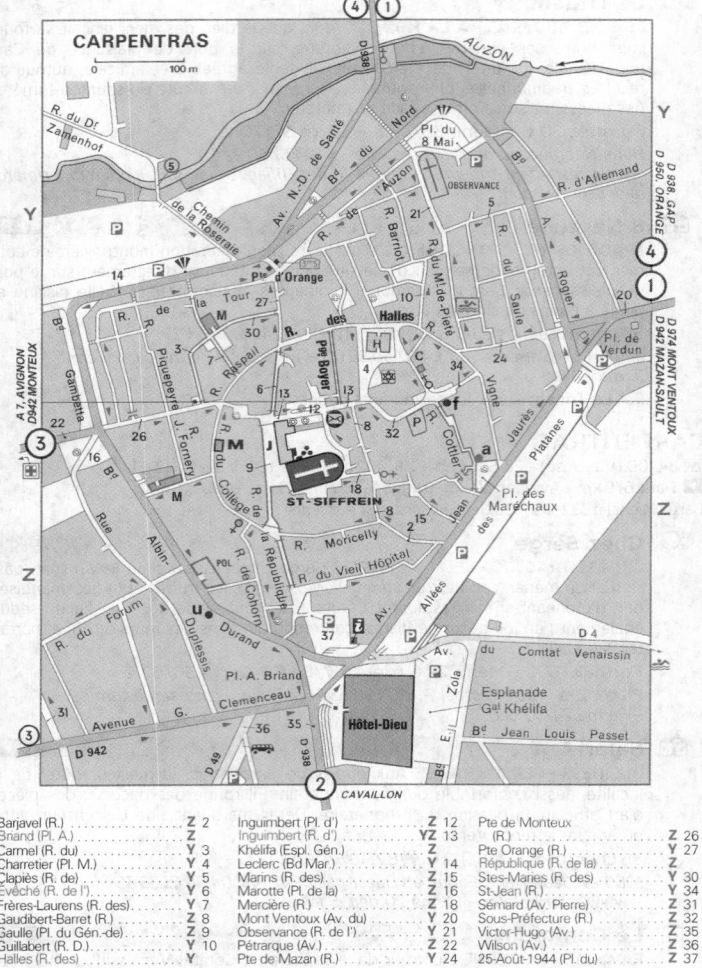

CARPENTRAS

0   100 m

AUZON

Barjavel (R.)	**Z** 2	Inguimbert (Pl. d')	**Z** 12	Pte de Monteux	
Briand (Pl. A.)	**Z**	Inguimbert (R. d')	**YZ** 13	(R.)	**Z** 26
Carmel (R. du)	**Y** 3	Khélifa (Espl. Gén.)	**Z**	Pte Orange (R.)	**Y** 27
Charretier (Pl. M.)	**Y** 4	Leclerc (Bd Mar.)	**Z**	République (R. de la)	**Z**
Clapiès (R. de)	**Y** 5	Marins (R. des)	**Y** 14	Stes-Maries (R. des)	**Y** 30
Évêché (R. de l')	**Y** 6	Marotte (Pl. de la)	**Y** 16	St-Jean (R.)	**Y** 34
Frères-Laurens (R. des)	**Y** 7	Mercière (R.)	**Z** 18	Sémard (Av. Pierre)	**Z** 31
Gaudibert-Barret (R.)	**Z** 8	Mont Ventoux (Av. du)	**Y** 20	Sous-Préfecture (R.)	**Z** 32
Gaulle (Pl. du Gén.-de)	**Z** 9	Observance (R. de l')	**Y** 21	Victor-Hugo (Av.)	**Z** 35
Guillabert (R. D.)	**Y** 10	Pétrarque (Av.)	**Z** 22	Wilson (Av.)	**Z** 36
Halles (R. des)	**Y**	Pte de Mazan (R.)	**Y** 24	25-Août-1944 (Pl. du)	**Z** 37

à Beaumes-de-Venise 10 km au Nord par D7 puis D21 – ✉ 84190

– 2 388 hab. – Alt. 100 m

🍴⃝ **Dolium**   🛋 ⬡ AC P

CUISINE MODERNE · À LA MODE ✕ Au cœur des grands bâtiments de la cave-coopérative, Dolium – du nom de ces énormes amphores de l'époque antique – a été repris par un couple expérimenté en 2013. Leur cuisine est généreuse et met le terroir à l'honneur ; la carte des vins est à l'unisson avec de nombreux crus locaux. Succès garanti !

Formule 23 € – Menu 31/45 €

228 rte de Carpentras, (Cave des Vignerons) – 𝒞 04 90 12 80 00
– www.dolium-restaurant.com – Fermé mardi soir, merc. soir et jeudi soir hors saison

Le Clos Saint Saourde

VILLA · PERSONNALISÉ Isolé dans la campagne, un mas du 18e s. tout en raffinement et caractère ! On hésite entre les chambres taillées dans la roche – superbes – et la somptueuse "cabane" en bois créée au fond du jardin (avec jacuzzi extérieur). Un lieu d'un grand charme, idéal pour jouer aux Robinson provençaux...

4 chambres ⌂ – †180/320 € ††180/320 €

1769 rte de St-Véran, 3 km au Sud-Est par D 21 et rte secondaire
– ℰ 04 90 37 35 20 – www.leclossaintsaourde.com

Les Remparts

MAISON DE CAMPAGNE · PERSONNALISÉ Une maison du 16e s. bâtie sur les anciens remparts de la cité... Voilà qui ne manque pas de cachet ! Les chambres – confortables et bien tenues – adoptent le style provençal avec élégance. Dès les premiers rayons de soleil, on profite du patio et de la piscine. Une belle adresse, authentique à souhait.

5 chambres ⌂ – †190/290 € ††190/290 €

74 cours Louis-Pasteur – ℰ 04 90 62 75 49 – www.lamaisondesremparts.com

à Mazan 7 km à l'Est par D942 – ⌂ 84380 – 5 804 hab. – Alt. 100 m

L'Ingénue

CUISINE MODERNE · ÉLÉGANT XX Cassolette de brandade de morue au piment d'Espelette, dos de pigeon rôti à la vanille, palet chocolat-caramel, crème glacée à la fève de tonka... Gastronomie et invention prennent l'accent provençal dans cette belle demeure du 18e s., au cadre délicieux en salle comme en terrasse.

Formule 19 € – Menu 39 € – Carte 53/69 €

Hôtel Château de Mazan, pl. Napoléon – ℰ 04 90 69 62 61
– www.chateaudemazan.com – Fermé 2 janv.-10 mars, le soir de mai à sept., jeudi midi, vend. midi, sam. midi, dim. midi, lundi et mardi

Château de Mazan

LUXE · PERSONNALISÉ Cette demeure de 1720 appartint au marquis de Sade. Moulures, tomettes, objets chinés, baignoires à l'ancienne : toute l'élégance d'une maison de famille provençale, noble et pure. À noter : les chambres en rez-de-jardin disposent d'une terrasse.

28 chambres – †125/159 € ††125/310 € – 2 suites – ⌂ 19 €

pl. Napoléon – ℰ 04 90 69 62 61 – www.chateaudemazan.com
– Fermé 2 janv.-10 mars

L'Ingénue – voir les restaurants ci-dessus

au Beaucet 11 km au Sud-Est par D4 et D39 – ⌂ 84210 – 337 hab. – Alt. 275 m

Auberge du Beaucet

CUISINE TRADITIONNELLE · RUSTIQUE XX Au cœur de ce pittoresque village perché, cette charmante auberge de campagne réserve un accueil particulièrement chaleureux. Décor soigné, bonne cuisine provençale : le plaisir est complet.

Menu 28/43 € – Carte 34/50 €

29 r. Coste-Chaude – ℰ 04 90 66 10 82 (réservation conseillée)
– www.aubergedubeaucet.com – Fermé 4-24 janv., lundi, le midi sauf dim.

CARROS

⌂ 06510 (Alpes-Maritimes) – 11 497 hab. – Alt. 400 m – Carte régionale n° **42**-E2
▶ Paris 943 km – Marseille 197 km – Monaco 40 km – Nice 25 km
Carte Michelin 341-E5 – Guide Vert Michelin Côte d'Azur

La Forge

CUISINE MODERNE · RUSTIQUE X Le restaurant est installé dans l'ancienne forge de ce village médiéval niché dans l'un des vallons de l'arrière-pays niçois. Karine, en cuisine, revisite les classiques "à l'instinct", avec une touche féminine assumée (assaisonnements, présentations...). Son péché mignon ? La truffe et son menu spécial... À découvrir !

Formule 18 € – Menu 23 € (déj. en semaine), 32/65 € – Carte 40/60 €

av. Fernand-Barbary, à Carros-Village – ℰ 04 93 29 31 50 – www.restolaforge.com
– Fermé 1 semaine en juin, vacances de Noël, lundi soir, mardi soir et merc.

LES CARROZ-D'ARÂCHES

✉ 74300 (Haute-Savoie) – Alt. 1 140 m – Carte régionale n° **46**-F1
🚩 Paris 580 km – Annecy 67 km – Bonneville 25 km – Chamonix-Mont-Blanc 47 km
Carte Michelin 328-M4 – Guide Vert Michelin Alpes du Nord

⍟◯ Les Servages   🐾 ≼ 🛋 🎍 🅿

CUISINE MODERNE · ÉLÉGANT 🗙🗙🗙 Une chose est sûre : le chef aime son métier, et cette passion est communicative. Il réalise une cuisine actuelle, soignée et généreuse, avec des produits de superbe qualité : poissons frais, crustacés, etc. Son pageot de ligne et calamars, comme son cabillaud côtier, en sont de délicieux exemples... parmi d'autres.

Menu 35/65 € – Carte 57/87 €

Hôtel les Servages d'Armelle, 841 rte des Servages – 𝒞 04 50 90 01 62
– www.servages.com – Ouvert juil.-sept., déc.-avril et fermé mardi et merc. hors saison et lundi

⍟◯ La Croix de Savoie   🐾 🎍 ♿ 🅿

CUISINE MODERNE · DESIGN 🗙🗙 Envie d'un grand bol de Savoie ? C'est exactement ce que propose Edwige Tiret, la chef expérimentée du "gastro" de la Croix de Savoie. Elle a le chic pour revisiter intelligemment la tradition, au fil de son inspiration et des produits qu'elle a sélectionnés. Une franche réussite !

Menu 33/67 € – Carte environ 61 €

768 rte du Pernand – 𝒞 04 50 90 00 26 – www.lacroixdesavoie.fr

🏘 Les Servages d'Armelle   🏠 🐾 ≼ 🛋 🍽 🅿

LUXE · ALPIN Sur les hauteurs de la station, ce superbe chalet ancien a été transformé en un hôtel de grand charme. Une dizaine de chambres et de suites spacieuses, toutes en matériaux de prestige : vieux planchers, poutres, meubles polis par les ans... et vraies cheminées !

8 chambres – 🛏230/490 € 🛏🛏230/490 € – 2 suites – ⌁ 25 € – ½ P

841 rte des Servages – 𝒞 04 50 90 01 62 – www.servages.com – Ouvert juil.-sept. et déc.-avril

  ⍟◯ **Les Servages** – voir les restaurants ci-dessus

🏠 La Croix de Savoie   🏠 🐾 ≼ 📺 ♿ 🏋 🅿

FAMILIAL · DESIGN Derrière cette façade de bois, très contemporaine, se cache un hôtel "bioclimatique", où tout a été conçu dans le souci de l'environnement. Calme, écolo et high-tech ! Dans les chambres, lumineuses et bien équipées, les mariages de couleurs sont de mise ; on s'y sent comme chez soi. Préférez celles avec balcon donnant sur la vallée.

28 chambres – 🛏101/168 € 🛏🛏101/263 € – ⌁ 11 € – ½ P

768 rte du Pernand – 𝒞 04 50 90 00 26 – www.lacroixdesavoie.fr

  ⍟◯ **La Croix de Savoie** – voir les restaurants ci-dessus

CARRY-LE-ROUET

✉ 13620 (Bouches-du-Rhône) – 6 197 hab. – Alt. 5 m – Carte régionale n° **40**-B3
🚩 Paris 765 km – Aix-en-Provence 39 km – Marseille 34 km – Martigues 20 km
Carte Michelin 340-F6 – Guide Vert Michelin Provence

⍟◯ Le Madrigal   ≼ 🎍 🅿

PROVENÇALE · ÉLÉGANT 🗙 Un madrigal, c'est historiquement une pièce musicale profane et galante. Et oui, ce Madrigal-là invite à la romance, en particulier sa terrasse qui offre une vue superbe sur la Grande Bleue ! Dans l'assiette, pieds et paquets d'agneau à la marseillaise, soupe de poisson ou poissons grillés... On se régale.

Formule 19 € – Menu 35 € – Carte 44/63 €

4 av. du Dr.-Gérard-Montus – 𝒞 04 42 44 58 63 – www.restaurant-lemadrigal.com – Fermé 22-26 déc., dim. soir et lundi de sept. à avril

CARSAC-AILLAC

✉ 24200 (Dordogne) – 1 540 hab. – Alt. 80 m – Carte régionale n° **4**-D3
▶ Paris 536 km – Brive-la-Gaillarde 59 km – Gourdon 18 km – Sarlat-la-Canéda 9 km
Carte Michelin 329-I6 – Guide Vert Michelin Périgord Quercy

☖○ La Villa Romaine

CUISINE MODERNE · RUSTIQUE XX Tartare de bar à l'huile d'olive, carré d'agneau rôti aux herbes, belle ratatouille, etc. Ici, on savoure une cuisine au bon goût du Sud, réalisée par un jeune chef au sérieux savoir-faire. Pour ne rien gâcher, cette Villa Romaine est très plaisante...

Menu 39 € – Carte environ 50 €

St-Rome, 3 km par rte de Gourdon – ℰ 05 53 28 52 07 (réservation conseillée) – www.lavillaromaine.com – Fermé mi fév.-mi mars, 1er nov.-mi déc., le midi sauf du 1er nov.-1er mai, , lundi et dim. sauf le soir du 12 juil.-20 août

⌂ La Villa Romaine

FAMILIAL · PERSONNALISÉ Bâtie sur un site gallo-romain proche de la Dordogne, cette ancienne métairie a effectivement un petit air italien, avec ses cyprès ! Terrasses, jardin et piscine sont très agréables.

15 chambres – ♦125/175 € ♦♦125/205 € – 2 suites – ⌷ 17 € – ½ P

St-Rome, 3 km par rte de Gourdon – ℰ 05 53 28 52 07 – www.lavillaromaine.com – Fermé mi-fév. à mi-mars et 11 nov.-11 déc.

☖○ **La Villa Romaine** – voir les restaurants ci-dessus

CARTERET – 50 (Manche) ➜ voir Barneville-Carteret

CASAMOZZA – 2B (Haute-Corse) ➜ voir Corse

CASCASTEL-DES-CORBIÈRES

✉ 11360 (Aude) – 222 hab. – Alt. 140 m – Carte régionale n° **22**-B3
▶ Paris 835 km – Carcassonne 70 km – Narbonne 48 km – Perpignan 52 km
Carte Michelin 344-H5

⌂ Domaine Grand Guilhem

FAMILIAL · PERSONNALISÉ Cette demeure en pierre (19e s.), au cœur d'une exploitation viticole, a tout d'une maison de famille. Les chambres y sont coquettes et impeccablement tenues. Au petit-déjeuner, on se régale de bons produits locaux : miel, fruits, jambon cru, viennoiseries... Et le propriétaire vigneron peut faire déguster ses vins !

4 chambres ⌷ – ♦95 € ♦♦110 €

1 chemin du Col-de-la-Serre – ℰ 04 68 45 86 67 – www.grandguilhem.com

CASENEUVE

✉ 84750 (Vaucluse) – 502 hab. – Alt. 595 m – Carte régionale n° **40**-B2
▶ Paris 745 km – Avignon 63 km – Digne-les-Bains 83 km – Marseille 121 km
Carte Michelin 332-F10

☺ Le Sanglier Paresseux

CUISINE MODERNE · AUBERGE X Brésilien, le chef a posé ses valises dans ce village du Vaucluse et repris l'ancienne auberge communale pour en faire un lieu plein de vie et très accueillant. Sa cuisine, assez personnelle, est tout simplement savoureuse ; l'été, on la déguste en terrasse, à l'ombre des canisses. Une vie de pacha... ou de sanglier paresseux !

Menu 25 € (déj. en semaine), 31/49 € – Carte environ 44 €

Le Village – ℰ 04 90 75 17 70 – www.sanglierparesseux.com – Fermé 15 déc.-31 janv., lundi sauf le soir de sept. à mai et dim.

CASSEL

✉ 59670 (Nord) – 2 287 hab. – Alt. 175 m – Carte régionale n° **30**-B2
▶ Paris 250 km – Calais 58 km – Dunkerque 30 km – Hazebrouck 11 km
Carte Michelin 302-C3

⅋○ **Haut Bonheur de la Table**

CRÉATIVE · ÉLÉGANT XX Un restaurant sur la place principale de la ville ; on y déguste des recettes dans l'air du temps, plutôt bien ficelées, comme ce carpaccio de langoustine à la salade de tourteau au yuzu, ou comme cet excellent pavé de bar rôti aux gnocchis truffés. L'été, on profite de la jolie terrasse.
Menu 21 € (déj. en semaine), 31/41 €
*18 Grand-Place – ℰ 03 28 40 51 03 – www.hautbonheurdelatable.com
– Fermé 15-24 fév., 15-31 août, dim. soir, lundi soir, mardi soir et merc.*

⅋○ **Fenêtre sur Cour** ⓝ

CUISINE MODERNE · COSY XX Fricassée de gambas, légumes croquants et pesto ; pluma de cochon ibérique... Le chef propose une cuisine au goût du jour, au gré des saisons. La salle en mezzanine sur l'arrière (et sa fenêtre sur cour) sert de terrasse aux beaux jours.
Formule 21 € – Menu 30/60 €
*5 r. du Mar.-Foch – ℰ 03 28 42 03 19 – www.restaurant-fenetresurcour.com
– Fermé merc. et le soir sauf vend. et sam.*

⅏ **Châtellerie de Schoebeque**

HISTORIQUE · PERSONNALISÉ Ce bel hôtel particulier (18e s.) hébergea d'illustres personnalités, dont le roi George V et le maréchal Foch. C'est désormais à votre tour de profiter de son charme paisible, de ses jolies chambres thématiques et de son centre de soins... Et quoi de plus normal, en tant qu'hôtes de marque !
12 chambres – ♦189/218 € ♦♦189/218 € – ☲ 18 €
32 r. du Mar.-Foch – ℰ 03 28 42 42 67 – www.schoebeque.com

CASSIS

✉ 13260 (Bouches-du-Rhône) – 7 560 hab. – Alt. 10 m – Carte régionale n° **40**-B3
▶ Paris 800 km – Aix-en-Provence 51 km – La Ciotat 10 km – Marseille 30 km
Carte Michelin 340-I6 – Guide Vert Michelin Provence

✿✿ **La Villa Madie** (Dimitri Droisneau)

CUISINE MODERNE · DESIGN XXX Vue sur le large et les pins, cadre design et épuré, terrasse dominant la mer : un lieu exceptionnel, tourné tout entier vers la Grande Bleue, pour une cuisine qui sublime... les saveurs méditerranéennes. De superbes produits, une vraie finesse, des recettes à la fois subtiles et percutantes : un régal !
➜ Tartelette de légumes et cueillette du moment aux fragrances de l'arrière pays. Rougets de roche finement grillés, amandines, fenouil étuvé et jus de bouille. Le citron en tarte.
Menu 95 € (déj. en semaine), 145/195 € – Carte 125/205 €
*av. du Revestel, (anse de Corton), au Sud-Est par D41A – ℰ 04 96 18 00 00
– www.lavillamadie.com – Fermé janv., mardi sauf le soir en saison et lundi*
⅋○ **Le Bistrot La Petite Cuisine** – voir les restaurants ci-dessus

⅋○ **La Presqu'île** ⓝ

CUISINE MODERNE · MÉDITERRANÉEN XX L'endroit, au bout d'une presqu'île entre Cassis et ses célèbres calanques, est tout simplement magique ! La villa, comme posée sur les rochers face au cap Canaille, s'encanaille dans l'assiette entre saveurs méditerranéennes et touches plus modernes. Petite brasserie de plage, pour les appétits légers.
Menu 39 € (déj. en semaine), 59/75 € – Carte 63/76 €
*av. Notre-Dame - esplanade Port Miou, par rte des Calanques – ℰ 04 42 01 03 77
– www.restaurant-la-presquile.fr – Fermé 1er janv.-10 fév., le soir du lundi au jeudi en nov., déc., mardi midi sauf juil.-août dim. soir et lundi*

⍥○ Le Bistrot La Petite Cuisine 🕸 ≼ 🖙 🎐 ఉ 🗚 🍴 Ⓟ

CUISINE MODERNE · MINIMALISTE ✗ À l'étage du restaurant gastronomique La Villa Madie, cette Petite Cuisine joue la carte de la simplicité, autour de plats cuits au feu de bois et de saveurs du marché ("selon la criée" et "retour du boucher"). Aux beaux jours, on profite de la terrasse face à la jolie crique aux eaux turquoise...

Menu 45 € (déj. en semaine)/70 € 🍷 – Carte 55/70 €

Restaurant La Villa Madie, av. du Revestel, (anse de Corton), Sud-Est par D 41A – 𝒞 04 96 18 00 00 – www.lavillamadie.com – Fermé janv., mardi sauf le midi en été, lundi, sam. et dim.

⌂⌂⌂ Royal Cottage 🛍 🖙 🍴 🏕 ఉ 🗚 🍴 🎿 🚗

VILLA · FONCTIONNEL Bâtisse moderne sur les hauteurs disposant de chambres sobres avec balcon ou terrasse. Préférez celles avec vue sur le port. Belle piscine au milieu d'une luxuriante végétation.

25 chambres – †97/317 € ††97/317 € – ☲ 14 €

6 av. du 11-Novembre – 𝒞 04 42 01 33 34 – www.royal-cottage.com – Fermé 1er-28 déc.

⌂⌂ Les Jardins de Cassis 🖙 🍴 🗚 🍴 🎿 Ⓟ

FAMILIAL · PERSONNALISÉ Bâtiments ocre sur les hauteurs de Cassis. Chambres coquettes, souvent avec terrasse privée. Beau jardin méridional.

36 chambres – †75/165 € ††75/197 € – ☲ 14 €

r. Auguste-Favier – 𝒞 04 42 01 84 85 – www.lesjardinsdecassis.com – Ouvert de mars à nov.

CASTAGNÈDE – 64 (Pyrénées-Atlantiques) → voir Salies-de-Béarn

CASTANET-TOLOSAN – 31 (Haute-Garonne) → voir Toulouse

CASTELGINEST

✉ 31780 (Haute-Garonne) – 9 369 hab. – Alt. 130 m – Carte régionale n° **28**-B2
▸ Paris 670 km – Albi 73 km – Montauban 46 km – Toulouse 15 km
Carte Michelin 343-G2

⍥○ La Villa des Chimères ⓝ 🎐 ⇌

CUISINE MODERNE · RUSTIQUE ✗✗ Le jardin, avec ses marronniers et sa végétation luxuriante, permet de s'attabler pendant les beaux jours... et que dire de l'assiette ! Franck Groseil, le chef, mitonne une bonne cuisine dans l'air du temps, parfumée et soignée ; il travaille en priorité avec les producteurs de la région.

Formule 16 € – Menu 34/42 € – Carte 38/60 €

12 r. du Pont-Fauré – 𝒞 05 61 70 96 44 – www.lavilladeschimeres.com – Fermé 2 semaines en janv., dim. soir, lundi et mardi

CASTELJALOUX

✉ 47700 (Lot-et-Garonne) – 4 662 hab. – Alt. 52 m – Carte régionale n° **4**-C2
▸ Paris 674 km – Agen 55 km – Langon 55 km – Marmande 23 km
Carte Michelin 336-C4 – Guide Vert Michelin Aquitaine

☺ La Vieille Auberge 🗚 Ⓟ

CUISINE CLASSIQUE · RUSTIQUE ✗✗✗ Charmante maison de pierre bordant une ruelle de la bastide. Le décor est bourgeois et, côté papilles, on se régale d'une cuisine classique, gourmande et soignée. Incontournables de la maison : les ris de veau et le baba au rhum. En prime, la carte des vins propose un large choix de crus.

Menu 22 € (semaine), 31/65 € – Carte 44/75 €

11 r. Posterne – 𝒞 05 53 93 01 36 – www.la-vieille-auberge-47.com – Fermé 15-22 fév., 3-18 juil., 27 nov.-12 déc., dim. soir, merc. soir et lundi

CASTELLANE

✉ 04120 (Alpes-de-Haute-Provence) – 1 557 hab. – Alt. 730 m – Carte régionale n° **41**-C2
▶ Paris 797 km – Digne-les-Bains 54 km – Draguignan 59 km – Grasse 64 km
Carte Michelin 334-H9 – Guide Vert Michelin Alpes du Sud

à la Garde 6 km par D559 et D4085 – ✉ 04120 – 85 hab. – Alt. 928 m

🏠 **Auberge du Teillon** ⇔ 🅿

PROVENÇALE · RUSTIQUE XX Des produits au top, des assiettes qui débordent de saveurs : cette auberge rustique célèbre la tradition avec un bel accent du Sud. Accueil tout sourire et ambiance conviviale. À l'étage, quelques petites chambres fraîches, pratiques pour l'étape.

Formule 22 € – Menu 29/59 € – Carte 40/57 €
8 chambres – ♦65/80 € ♦♦65/80 € – ☲ 9 €
rte Napoléon – ✆ 04 92 83 60 88 – www.auberge-teillon.com
– Ouvert 26 mars-10 nov. et fermé dim. soir hors saison, mardi midi en juil.-août et lundi

LE CASTELLET

✉ 83330 (Var) – 4 083 hab. – Alt. 252 m – Carte régionale n° **40**-B3
▶ Paris 816 km – Aubagne 30 km – Marseille 46 km – Toulon 23 km
Carte Michelin 340-J6 – Guide Vert Michelin Côte d'Azur

au Circuit Paul Ricard 11 km au Nord par D226, D26 et DN8 – ✉ 83330 Le Beausset

❀❀ **Christophe Bacquié** 🍴🛏🏠♿🅰🛇🍽🅿

CUISINE MODERNE · LUXE XxxX Ici, on célèbre la grande cuisine dans une atmosphère feutrée ! Sous la conduite de Christophe Bacquié, cette table mérite assurément le détour, à deux pas du circuit du Castellet. Des produits choisis avec passion, un beau travail sur les textures et les saveurs, sublimé par une salle à manger épurée, ouverte sur le jardin méditerranéen. Un délice !

➜ Saint-pierre, tourteau, caviar, crème acidulée et parfumée au combava. Merlu de ligne au beurre mousseux, pommes de terre ratte et truffe. Soufflé chaud au Grand Marnier, sorbet orange-safran.

Menu 110/190 €
Hôtel du Castellet, 3001 rte des Hauts-du-Camp – ✆ 04 94 98 29 69
– www.hotelducastellet.com – Fermé 18 déc.-12 fév., lundi, mardi, dim. soir et le midi sauf sam. et dim.

⁑○ **San Felice** ⇐🍴🏠♿🅰🛇🅿

CUISINE MODERNE · BISTRO XX La San Felice n'est pas qu'un roman de Dumas, c'est aussi – au sein de l'hôtel du Castellet – un bistrot chic et inventif ! Asperges au lard de Colonnata, agneau allaiton au jus de viande truffé et aux légumes d'hiver, baba au rhum : la carte est volontairement courte et met en avant de délicieux produits de saison.

Formule 39 € – Menu 49 € – Carte 72/94 €
Hôtel du Castellet, 3001 rte des Hauts-du-Camp – ✆ 04 94 98 29 58
– www.hotelducastellet.com – Fermé 18 déc.-12 fév.

🏨 **Hôtel du Castellet** ⚑🏊⇐🍴🛁🖥🌐⛱🍽🔲♿🅰🛇🛗🅿

LUXE · PERSONNALISÉ Trois cents hectares de pinède dominant l'arrière-pays varois, avec la Méditerranée à l'horizon. Si tous les paradis sont perdus, l'hôtel du Castellet en a conservé le goût : coursives, bassins, parterres de lavande... Félicité à la provençale !

33 chambres – ♦195/605 € ♦♦195/745 € – 9 suites – ☲ 36 € – ½ P
3001 rte des Hauts-du-Camp – ✆ 04 94 98 37 77 – www.hotelducastellet.com
– Fermé 18 déc.-12 fév.

❀❀ **Christophe Bacquié** · ⁑○ **San Felice** – voir les restaurants ci-dessus

🏨 **Grand Prix** ☆ 🛋 ⊒ 🖐 🖃 🕭 🎿 🚗 🅿

HÔTEL DE CHAÎNE · FONCTIONNEL Sur la route qui mène au circuit, au milieu de la forêt, cet hôtel a grandi sous le patronage de la Formule 1 : fils rouges du décor, des photos de courses et un mobilier contemporain... fuselé comme un bolide ! Avec, en option, une brasserie moderne et gourmande.

117 chambres – 🛏105/240 € 🛏🛏105/240 € – ⊑ 15 € – ½ P

3100 rte des Hauts-du-Camp – ℰ 04 94 88 80 80 – www.grandprixhotel.fr
– Fermé 16 déc.-9 janv.

CASTELNAUDARY

✉ 11400 (Aude) – 11 748 hab. – Alt. 175 m – Carte régionale n° **22**-A2
▶ Paris 735 km – Carcassonne 42 km – Foix 70 km – Pamiers 49 km
Carte Michelin 344-C3

🍴 **Le Tirou** 🛋 🕭 🖃 ⇌ 🅿

RÉGIONALE · AUBERGE ✕✕ Une jolie ménagerie dans le jardin, des mets du terroir 100 % maison – le cassoulet, notamment, est délicieux –, des produits et des vins du cru : cette auberge champêtre et familiale a tout pour plaire... et l'on peut aussi acheter les conserves du chef. Difficile de faire plus authentique !

Menu 26 € (déj. en semaine), 34/46 € – Carte 45/68 €

90 av. Mgr-de-Langle – ℰ 04 68 94 15 95 – www.letirou.com
– Fermé 20-27 juin, 20 déc.-20 janv. et lundi

CASTELNAU-DE-LÉVIS – 81 (Tarn) → voir Albi

CASTELNAU-DE-MONTMIRAL

✉ 81140 (Tarn) – 1 005 hab. – Alt. 287 m – Carte régionale n° **29**-C2
▶ Paris 645 km – Cordes-sur-Ciel 22 km – Gaillac 12 km – Toulouse 69 km
Carte Michelin 338-C7

🏨 **Hôtel des Consuls** 🛁 ⊒ 🖃 🕭 🅿

FAMILIAL · PERSONNALISÉ Bienvenue dans l'un des plus beaux villages de France, avec sa pittoresque bastide du 13ᵉ s. ! Ses propriétaires ont entièrement rénové ce lieu chargé d'histoire (deux maisons anciennes de 1630) ; l'endroit se révèle un véritable havre de paix et de repos.

16 chambres – 🛏63/66 € 🛏🛏114/117 € – ⊑ 11 €

pl. des Arcades – ℰ 05 63 33 17 44 – www.hoteldesconsuls.com
– Fermé 20 déc.-20 mars

CASTELNAU-LE-LEZ – 34 (Hérault) → voir Montpellier

CASTÉRA-VERDUZAN

✉ 32410 (Gers) – 938 hab. – Alt. 114 m – Carte régionale n° **28**-A2
▶ Paris 720 km – Agen 61 km – Auch 26 km – Condom 20 km
Carte Michelin 336-E7

🍽 **Le Florida** 🕭

CUISINE TRADITIONNELLE · SIMPLE ✕✕ Cette maison traditionnelle, située à la sortie de la station thermale, rend un vibrant hommage au patrimoine ! On s'y régale hier comme aujourd'hui d'authentiques spécialités locales, dans une salle réchauffée par les crépitements d'un bon feu de cheminée, l'hiver, ou sur la terrasse ombragée et fleurie, l'été.

🍽 Menu 14 € (déj. en semaine)/60 € – Carte 30/57 €

2 r. du Lac – ℰ 05 62 68 13 22 – www.restaurant-florida.fr
– Fermé 1ᵉʳ-9 mars, 27 juin-5 juil., 26 sept.-4 oct., 22-31 janv., mardi d'oct. à mai, dim. soir et lundi

CASTERINO – 06 (Alpes-Maritimes) ➜ voir Tende

CASTILLON-DU-GARD – 30 (Gard) ➜ voir Pont-du-Gard

CASTRES
✉ 81100 (Tarn) – 41 529 hab. – Alt. 170 m – Carte régionale n° **29**-C2
▶ Paris 718 km – Albi 43 km – Béziers 107 km – Carcassonne 70 km
Carte Michelin 338-F9

🍽️○ **Bistrot Saveurs**　　　　　　　　　　　🏵 ⅋ AC ⅋

CUISINE MODERNE · COSY ✗ Messieurs les Anglais... cuisinez les premiers ! Voilà
ce qu'on pourrait s'exclamer en découvrant les assiettes de Simon Scott, dont
l'expérience l'a mené de Londres à la Provence, avant de s'installer dans le Tarn.
Il travaille des produits de belle qualité, et les prix sont vraiment raisonnables.
Formule 20 € – Menu 25 € ▾ (déj.), 35/80 €

Plan : BY-a – *5 r. Ste-Foy – ℰ 05 63 50 11 45 – www.bistrotsaveurs.com – Fermé 1
semaine en mars, 3 semaines en août, 1 semaine en nov., sam. et dim.*

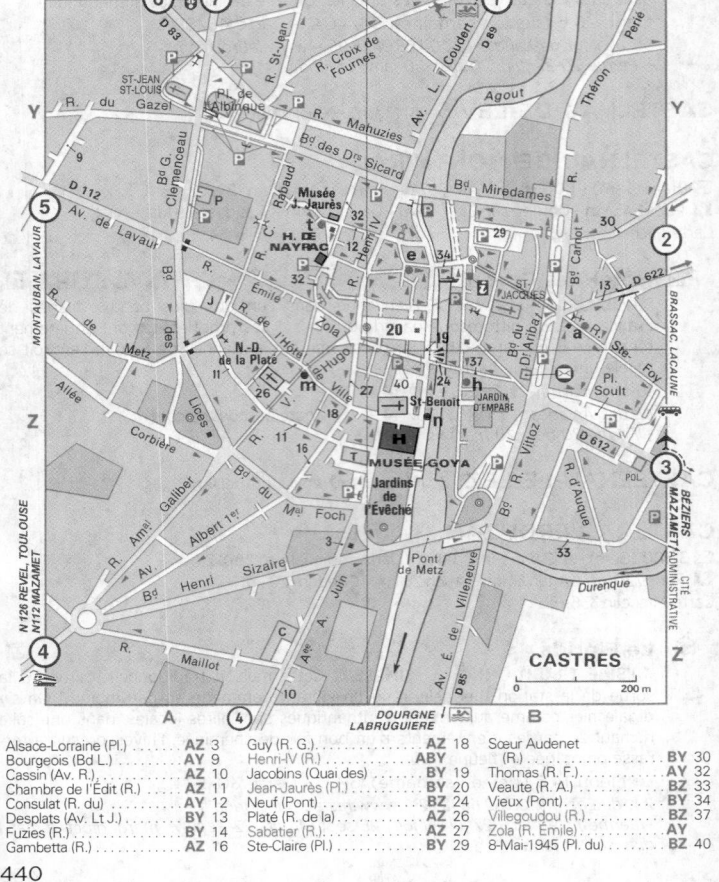

Alsace-Lorraine (Pl.) . . . . **AZ** 3	Guy (R. G.) . . . . **AZ** 18	Sœur Audenet
Bourgeois (Bd L.) . . . . **AY** 9	Henri-IV (R.) . . . . **ABY**	(R.) . . . . **BY** 30
Cassin (Av. R.) . . . . **AZ** 10	Jacobins (Quai des) . . . . . **BY** 19	Thomas (R. F.) . . . . **AY** 32
Chambre de l'Édit (R.) . . . . **AZ** 11	Jean-Jaurès (Pl.) . . . . **BY** 20	Veaute (R. A.) . . . . **BZ** 33
Consulat (R. du) . . . . **AY** 12	Neuf (Pont) . . . . **BZ** 24	Vieux (Pont) . . . . **BY** 34
Desplats (Av. Lt J.) . . . . . . **BY** 13	Platé (R. de la) . . . . **AZ** 26	Villegoudou (R.) . . . . **BZ** 37
Fuzies (R.) . . . . **AY** 14	Sabatier (R.) . . . . **AZ** 27	Zola (R. Émile) . . . . **AY**
Gambetta (R.) . . . . **AZ** 16	Ste-Claire (Pl.) . . . . **BY** 29	8-Mai-1945 (Pl. du) . . . . . **BZ** 40

😊 La Part des Anges 🕥

CUISINE MODERNE · SIMPLE ✗ Une cuisine du marché mâtinée de saveurs contemporaines – fruits de la passion, combawa, badiane –, voilà ce que mitonne le chef de cette adresse installée non loin de l'Agout. Pressé de caille au foie gras poêlé, bar de ligne snacké au bouillon de langoustines... Les saveurs sont au rendez-vous !

😊 Menu 17 € (déj. en semaine)/27 € – Carte 34/47 €

Plan : BZ-h – 7 r. d'Empare – ☎ 05 63 51 65 25 – Fermé 2 semaines en août, 1 semaine début janv., dim. et lundi

🍽○ Mandragore ᴬᴷ

CUISINE TRADITIONNELLE · CONVIVIAL ✗✗ Une maison toute simple dans le vieux Castres, où dominent bois blond et verre dépoli. Le chef concocte une bonne cuisine traditionnelle, et privilégie les produits du cru : foie gras, canard, lentilles du Tarn... Le rapport qualité-prix est bon : telle est la vertu de cette mandragore-là, sans nulle magie !

😊 Formule 15 € ♟ – Menu 19 € (dîner en semaine)/29 € – Carte 27/45 €

Plan : BY-e – 1 r. Malpas – ☎ 05 63 59 51 27 – Fermé 1 semaine en mars, 1 semaine en sept., dim. et lundi

🍽○ La Table du Sommelier

CUISINE TRADITIONNELLE · BISTRO ✗ Un néobistrot dédié au vin, juste en face du musée Jean-Jaurès... Côté déco, des casiers et des bouteilles, et, côté papilles, une cuisine du marché qui s'accorde avec de jolis nectars. Joli choix de vins au verre, et menu associant mets et thés. Avec en prime une boutique proposant près de 200 références de vins !

😊 Menu 12 € (déj. en semaine), 22/42 €

Plan : AY-t – 6 pl. Pélisson – ☎ 05 63 82 20 10
– www.la-table-du-sommelier-castres.fr – Fermé dim. et lundi

🏨 Grand Hôtel

BUSINESS · ÉLÉGANT À deux pas de la cathédrale, un vrai "Grand Hôtel" ! Ce lieu classique connaît une nouvelle jeunesse, ses propriétaires en ayant fait un endroit élégant, design et épuré... Bois précieux, matériaux choisis, excellente insonorisation : les chambres ont beaucoup de style, sans ostentation.

50 chambres – ♦92 € ♦♦97 € – 3 suites – ☲ 13 €

Plan : BZ-n – 11 r. de la Libération – ☎ 05 63 37 82 20
– www.grandhoteldecastres.com

🏨 Occitan

FAMILIAL · FONCTIONNEL Ce vaste hôtel-restaurant se situe à l'entrée de la ville, sur un axe passant, mais il est très bien insonorisé. Les chambres sont toutes climatisées, impeccablement tenues, arborant un style contemporain très frais. Pour la détente, on profite de la piscine et du sauna...

64 chambres – ♦72/106 € ♦♦79/114 € – ☲ 11 € – ½ P

201 av. Ch.-de-Gaulle, (rte de Mazamet par D612) – ☎ 05 63 35 34 20
– www.hotel-restaurant-l-occitan.fr – Fermé 21 déc.-4 janv.

🏨 Renaissance

HISTORIQUE · PERSONNALISÉ Derrière cette belle façade à colombages du 17e s. se cache un hôtel éclectique et charmant : les chambres ont toutes leur style (Empire, Napoléon III, Savane, New York, etc.) et foisonnent de tableaux, meubles chinés et bibelots. Un lieu cosy !

20 chambres – ♦78/85 € ♦♦83/190 € – 2 suites – ☲ 12 €

Plan : AZ-m – 17 r. Victor-Hugo – ☎ 05 63 59 30 42 – www.hotel-renaissance.fr

🏠 Eco Sweet 🕥

BUSINESS · FONCTIONNEL Dans cette zone d'activité commerciale récente, le hall coloré de cet hôtel est déjà un gage de modernité ! De l'entrée jusqu'aux chambres, l'ensemble est impeccablement tenu ; on profite de produits frais de la région au buffet-restaurant. Tarifs imbattables.

45 chambres – ♦49/69 € ♦♦59/83 € – ☲ 9 € – ½ P

r. Jean-Souterene - Le Siala Bas, rte de Mazamet par D612 – ☎ 05 63 35 40 00
– www.hotel-ecosweet.com

aux Salvages 5 km au Nord par D89 – ⊠ 81100 Castres

Les Mets d'Adélaïde

CUISINE MODERNE · ÉLÉGANT ✗✗ Nulle envie de retourner à l'école ? Parions que vous allez changer d'avis ! Ces Mets d'Adélaïde prennent leurs aises dans l'ancienne école du village. Mais point de nostalgie : le décor est épuré et le chef délivre une jolie leçon de gastronomie d'aujourd'hui. L'accueil mérite aussi une bonne appréciation !

Formule 19 € – Menu 27/58 € – Carte 39/56 € dîner

36 av. Georges-Alquier – ℰ 05 63 35 78 42 (réservation conseillée) – Fermé dim. soir de nov. à mai, lundi et mardi

CASTRIES – 34 (Hérault) ➜ voir Montpellier

LE CATELET

⊠ 02420 (Aisne) – 196 hab. – Alt. 90 m – Carte régionale n° **37**-C1

▶ Paris 170 km – Cambrai 22 km – Le Cateau-Cambrésis 29 km – Laon 66 km

Carte Michelin 306-B2

⅃○ La Coriandre

CUISINE TRADITIONNELLE · RUSTIQUE ✗✗ Entre St-Quentin et Cambrai, une auberge rustique bien appréciée dans la région. Le chef, Sébastien Monatte, travaille au plus près des saisons et aime enrichir son répertoire gastronomique de notes méditerranéennes, tout en honorant les grands classiques, à l'image de ce succulent millefeuille à la vanille de Madagascar...

Formule 21 € – Menu 27 € (déj. en semaine), 39/66 € – Carte 60/90 €

68 r. du Gén.-Augereau – ℰ 03 23 66 21 71 (réservation conseillée)
– www.restaurant-la-coriandre.com – Fermé 1er-23 août, 2-10 janv., dim. soir et lundi

CAUDEBEC-EN-CAUX

⊠ 76490 (Seine-Maritime) – 2 265 hab. – Alt. 6 m – Carte régionale n° **33**-C1

▶ Paris 162 km – Lillebonne 17 km – Le Havre 53 km – Rouen 37 km

Carte Michelin 304-E4 – Guide Vert Michelin Normandie Vallée de la Seine

✿ G.a. au Manoir de Rétival ⑩ (David Goerne)

CUISINE MODERNE · CONVIVIAL ✗ Le Manoir est un somptueux écrin pour cette "table d'hôtes gastronomique" où l'on s'installe en cuisine, presque comme à la maison... On se délecte ensuite des préparations d'un jeune chef allemand mordu de gastronomie française : ses assiettes, inventives, ludiques et parfumées, laissent de beaux souvenirs !

➜ Cuisine du marché.

Formule 49 € 🍷 – Menu 69 € 🍷 (déj.)/149 € 🍷

2 r. St-Clair – ℰ 06 50 23 43 63 (réservation conseillée) – www.restaurant-ga.fr
– Fermé 2 semaines en août, 2 semaines en janv., dim. soir, lundi et mardi

Manoir de Rétival

VILLA · PERSONNALISÉ Un charme indéniable se dégage de ce manoir, avec sa tourelle, ses colombages, son beau jardin et sa chapelle. Les chambres cultivent un bel esprit maison de famille (parquet, jonc de mer, mobilier chiné) et l'accueil est chaleureux.

5 chambres – †180/310 € – ††180/310 € – ☐ 25 €

2 r. St-Clair – ℰ 06 50 23 43 63 – www.restaurant-ga.fr – Fermé 2 semaines en janv., 2 semaines en août, dim., lundi et mardi

CAUSSADE

⊠ 82300 (Tarn-et-Garonne) – 6 701 hab. – Alt. 109 m – Carte régionale n° **29**-C2

▶ Paris 606 km – Cahors 38 km – Gaillac 51 km – Montauban 28 km

Carte Michelin 337-F7

à Monteils 3 km au Nord-Est par D17 – ⊠ 82300 – 1 321 hab. – Alt. 120 m

Le Clos Monteils

CUISINE TRADITIONNELLE · RUSTIQUE 𝕏 Françoise et Bernard Bordaries ont fait de ce presbytère de 1771 un lieu convivial et intime, telle une maison de famille. Elle vous accueille avec gentillesse, tandis que lui s'active aux fourneaux. Son credo : cuisiner sur des bases simples et mettre en avant le produit avec des recettes vraiment bien ficelées. On se régale !

Formule 19 € – Menu 32/57 €

7 chemin du Moulin – 𝒞 05 63 93 03 51 (réservation conseillée) – Fermé 2-9 nov., mi-janv. à mi-fév., dim. soir, lundi et mardi

CAUTERETS

⊠ 65110 (Hautes-Pyrénées) – 1 063 hab. – Alt. 932 m – Carte régionale n° **28**-A3
▶ Paris 880 km – Argelès-Gazost 17 km – Lourdes 30 km – Pau 75 km
Carte Michelin 342-L7

L'Abri du Benques

CUISINE MODERNE · À LA MODE 𝕏𝕏 Sur la route du pont d'Espagne, dans un cadre magique – entre montagne et torrents –, ce restaurant au décor contemporain propose une cuisine actuelle signée par un jeune chef du pays.

Formule 13 € – Menu 25/48 € – Carte 29/37 €

*2 km au Sud par D920 au lieu-dit la Raillère – 𝒞 05 62 92 50 15
– www.benques.com – Fermé 1ᵉʳ-20 déc., 1ᵉʳ-15 janv., lundi soir, mardi soir et merc. sauf vacances scolaires*

Lion d'Or

FAMILIAL · PERSONNALISÉ Hôtel familial construit au 19ᵉ s. (portes-fenêtres, balconnets en fer forgé...). Chambres douillettes à la décoration soignée (objets chinés). Confitures et tourtes maison au petit-déjeuner. Cuisine de tradition servie dans une salle à manger ancienne.

18 chambres – †80/162 € ††80/162 € – ⊡ 12 € – ½ P

12 r. Richelieu – 𝒞 05 62 92 52 87 – www.liondor.eu – Fermé 24 avril-13 mai et 9 oct.-16 déc.

Le Bois Joli

HÔTEL DE VACANCES · PERSONNALISÉ Au cœur de la station, bâtisse du 19ᵉ s. au cachet préservé. Chambres d'esprit chalet, très colorées et décorées suivant quatre thèmes : fleurs, animaux, arbres et monts.

14 chambres – †98/125 € ††100/130 € – ⊡ 11 €

*1 pl. du Mar.-Foch – 𝒞 05 62 92 53 85 – www.hotel-leboisjoli.com
– Fermé 23 avril-4 juin et 9 oct.-3 déc.*

CAVAILLON

⊠ 84300 (Vaucluse) – 25 289 hab. – Alt. 75 m – Carte régionale n° **42**-E1
▶ Paris 702 km – Aix-en-Provence 60 km – Arles 44 km – Avignon 25 km
Carte Michelin 332-D10 – Guide Vert Michelin Provence

Prévôt (Jean-Jacques Prévôt)

CUISINE MODERNE · ÉLÉGANT 𝕏𝕏𝕏 Dans cette sympathique maison familiale, on célèbre avec passion le melon de Cavaillon – un menu entier lui est même dédié en saison. Truffes et légumes du pays occupent aussi une place de choix sur la carte, qui sait mettre de beaux produits en valeur. Un travail de qualité, sans fioritures, au service des saveurs !

→ Œuf surprise de mascarpone à la truffe noire, fricassée de cerfeuil tubéreux. Melon garni d'une bouillabaisse de homard, fenouil, poireau et tomate. Dentelle d'ananas, abricot à la citronnelle, glace au rhum brun.

Menu 35 € (déj.), 52/89 € – Carte 70/85 €

353 av. de Verdun – 𝒞 04 90 71 32 43 – www.restaurant-prevot.com – Fermé dim. et lundi sauf fériés

ᛁ◯ Carte sur Table

CUISINE MODERNE · FAMILIAL Oui, on joue ici Carte sur Table ! Les bons produits du marché sont à l'honneur, et l'on ne peut mettre en doute le professionnalisme des jeunes et charmants propriétaires, qui ont fondé l'adresse après un parcours dans de belles maisons. En prime, un accueil... plein de franchise.
Formule 16 € – Menu 30 € – Carte 34/45 €
35 r. Gustave-Flaubert – ℰ 04 90 78 15 27 – www.restaurant-carte-sur-table.com
– Fermé 1 semaine en août, vacances de Noël, dim. et lundi

à Cheval-Blanc 5 km à l'Est par D973 – ⊠ 84460 – 4 080 hab. – Alt. 83 m

ᛁ◯ L'Auberge de Cheval Blanc

CUISINE MODERNE · AUBERGE Des produits frais, une agréable cuisine de saison – dont un saucisson brioché fait maison par le chef avec l'aide de son papa charcutier : cette discrète auberge promet un agréable moment gourmand ! Détail non négligeable : la terrasse est idyllique. Cours de cuisine sur demande.
Menu 20 € (déj. en semaine), 28/69 € – Carte 40/60 €
481 av. de la Canebière – ℰ 04 32 50 18 55 (réservation conseillée)
– www.auberge-de-chevalblanc.com

CAVALIÈRE
⊠ 83980 Le Lavandou (Var) – Alt. 4 m – Carte régionale n° **41**-C3
▶ Paris 880 km – Draguignan 68 km – Fréjus 55 km – Le Lavandou 7 km
Carte Michelin 340-N7 – Guide Vert Michelin Côte d'Azur

ᛁ◯ Le Club de Cavalière & Spa

CUISINE MODERNE · ÉLÉGANT Rougets en filets, pistou d'herbes et fenouil confit ; loup de pleine mer rôti sur la peau ; soufflé chaud aux fruits de la passion... De beaux produits de la mer (et quelques viandes), cuisinés avec finesse. À apprécier face aux flots !
Menu 53 € (déj.), 80/95 € – Carte 54/141 €
30 av. du Cap-Nègre – ℰ 04 98 04 34 34 – www.clubdecavaliere.com
– Ouvert 5 mai-2 oct.

Le Club de Cavalière & Spa

LUXE · PERSONNALISÉ Une demeure élégante ouverte sur la plage. Du style, assurément : un vrai esprit bourgeois – très confortable – décliné dans une veine contemporaine. Piscine, spa, sauna, jacuzzi, fitness, bateau privé... Détente assurée !
32 chambres ⊇ – †355/945 € ††450/1190 € – 5 suites – ½ P
30 av. du Cap-Nègre – ℰ 04 98 04 34 34 – www.clubdecavaliere.com
– Ouvert 5 mai-2 oct.
ᛁ◯ **Le Club de Cavalière & Spa** – voir les restaurants ci-dessus

CAVANAC – 11 (Aude) → voir Carcassonne

CAYRON – 32 (Gers) → voir Beaumarchés

CEILLAC
⊠ 05600 (Hautes-Alpes) – 298 hab. – Alt. 1 640 m – Carte régionale n° **41**-C1
▶ Paris 729 km – Briançon 50 km – Gap 75 km – Guillestre 14 km
Carte Michelin 334-I4 – Guide Vert Michelin Alpes du Sud

⌂ La Cascade

HÔTEL DE VACANCES · ALPIN Dans ce village au cœur de la vallée, cette belle affaire familiale voisine les remontées mécaniques. Chambres et parties communes ont été rénovées dans un esprit de chalet de montagne : l'ensemble est coquet et chaleureux, parfait pour les nuits d'hiver !
21 chambres – †58/85 € ††62/85 € – ⊇ 10 € – ½ P
au pied du Mélezet, 2 km au Sud-Est – ℰ 04 92 45 05 92
– www.hotel-la-cascade.com – Ouvert 1er juin -20 sept. et 20 déc.-30 mars

CEILLOUX

⊠ 63520 (Puy-de-Dôme) – 159 hab. – Alt. 615 m – Carte régionale n° **6**-C2
▶ Paris 464 km – Clermont-Ferrand 50 km – Cournon-d'Auvergne 36 km – Riom 62 km
Carte Michelin 326-I9

🏠 Domaine de Gaudon   🕸 🛋 🅿 🚫

FAMILIAL · ÉLÉGANT Appel de la campagne ? Le Domaine de Gaudron, bordé d'un parc de 11 ha planté d'arbres centenaires, vit en symbiose avec la nature. Cette bâtisse du 19ᵉ s. offre un décor délicieusement classique, avec un centre de bien-être complet (jacuzzi, hammam, sauna, salle de relaxation...).

5 chambres � – ♦95 € ♦♦120 €
4 km au Nord par D 304 – ℰ 04 73 70 76 25 – www.domainedegaudon.fr

LA CELLE

⊠ 83170 (Var) – 1 353 hab. – Alt. 260 m – Carte régionale n° **41**-C3
▶ Paris 812 km – Aix-en-Provence 63 km – Draguignan 62 km – Marseille 65 km
Carte Michelin 340-L5

✿ Hostellerie de l'Abbaye de la Celle   🛏 🛋 ⚅ 🚫 🅿

MÉDITERRANÉENNE · ROMANTIQUE 🟤🟤🟤 En cette demeure de charme, gérée par le groupe Ducasse, la cuisine méridionale éclate de saveurs. Rien d'extravagant, une certaine simplicité même, mais tous les produits – dont de beaux légumes – s'expriment avec justesse.

→ Légumes de Provence en barigoule, brousse du Rove et basilic. Merlu de ligne rôti, anchois, romarin et garniture riviera. Fruits rouges et citron en sablé.

Formule 40 € – Menu 50 € (déj. en semaine), 74/98 €
– Carte 65/110 €

10 pl. du Gén.-de-Gaulle – ℰ 04 98 05 14 14 – www.abbaye-celle.com
– Fermé 2 janv.-5 fév., mardi et merc. de mi-oct. à mi-avril sauf fériés

🏘 Hostellerie de l'Abbaye de la Celle   🌳 🛏 🛋 ⚅ 🆎 🚫 🛁 🅿

HISTORIQUE · PERSONNALISÉ Cette ancienne hostellerie d'abbaye distille un bel esprit d'antan avec ses murs du 18ᵉ s. et son décor provençal bourgeois. Le matin, le soleil filtre à travers les grands arbres, et l'on découvre avec bonheur le jardin environnant, avec son potager et son conservatoire des vignes – 88 cépages différents !

10 chambres – ♦250/550 € ♦♦250/550 € – ⊝ 24 €
10 pl. du Gén.-de-Gaulle – ℰ 04 98 05 14 14 – www.abbaye-celle.com
– Fermé 2 janv.-5 fév., mardi et merc. de mi-oct. à mi-avril sauf fériés

✿ **Hostellerie de l'Abbaye de la Celle** – voir les restaurants ci-dessus

LA CELLE-LES-BORDES

⊠ 78720 (Yvelines) – 885 hab. – Alt. 125 m – Carte régionale n° **18**-B2
▶ Paris 62 km – Évry 49 km – Nanterre 49 km – Versailles 36 km
Carte Michelin 311-H4

🍴 L'Auberge de l'Élan   🛋 ⚅

CUISINE TRADITIONNELLE · RUSTIQUE 🟤 Au cœur de la vallée de Chevreuse, une maison de village où se mêlent déco rustique et objets modernes. Le chef et patron concocte une bonne cuisine du marché : ris de veau aux morilles, tournedos de bœuf Rossini... Voilà pour les plats incontournables ! Petite terrasse toute indiquée pour les beaux jours.

Menu 50/70 € – Carte 41/54 €
5 r. du Village, (Les Bordes) – ℰ 01 34 85 15 55 – www.laubergedelelan.fr
– Fermé 20-24 fév.,15-24 août, 26 sept.-5 oct., 19-28 déc., dim. soir, lundi, mardi et merc.

CELLES-SUR-BELLE

✉ 79370 (Deux-Sèvres) – 3 736 hab. – Alt. 117 m – Carte régionale n° **38**-B2

▶ Paris 400 km – Couhé 37 km – Niort 22 km – Poitiers 69 km

Carte Michelin 322-E7 – Guide Vert Michelin Poitou-Charentes

⅋○ Hostellerie de l'Abbaye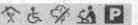

CUISINE MODERNE · AUBERGE XX De la viande au poisson, les produits sont très frais et de qualité, et le chef démontre un vrai tour de main, revisitant la tradition au gré des saisons. Formule brasserie au déjeuner. Le tout à savourer dans une salle des plus chaleureuses ou sur la terrasse. Une bonne adresse.

⍾ Menu 14 € (déj. en semaine), 32/49 € – Carte 39/59 €

1 pl. des Époux-Laurant – ℰ 05 49 26 03 18 – www.hostellerie-de-abbaye.fr
– Fermé 22-30 déc., sam. midi et dim. soir

🏠 Hostellerie de l'Abbaye

TRADITIONNEL · FONCTIONNEL Cette hostellerie traditionnelle s'épanouit au pied du clocher de la belle abbatiale (17ᵉ s.). Derrière ses murs en pierre, on découvre des chambres tout à fait contemporaines, fonctionnelles et confortables (certaines restent plus classiques).

21 chambres – ♦67/77 € ♦♦67/190 € – ☲ 10 € – ½ P

1 pl. des Époux-Laurant – ℰ 05 49 26 03 18 – www.hostellerie-de-abbaye.fr
– Fermé 22-30 déc.

⅋○ **Hostellerie de l'Abbaye** – voir les restaurants ci-dessus

CELLES-SUR-DUROLLE

✉ 63250 (Puy-de-Dôme) – 1 767 hab. – Alt. 660 m – Carte régionale n° **6**-C2

▶ Paris 460 km – Clermont-Ferrand 55 km – Moulins 140 km – Saint-Étienne 101 km

Carte Michelin 326-I7

🏠 Auberge du Palais

BUSINESS · ACTUEL Impossible de manquer cette auberge qui, sans être un palais, sait attirer l'attention ! Ainsi sa façade ocre, rappelant la terre d'Afrique, reste la meilleure des invitations. Les chambres y sont confortables et impeccablement tenues. Restauration du terroir.

13 chambres – ♦75/95 € ♦♦80/100 € – ☲ 8 € – ½ P

4 pl. du Palais – ℰ 04 73 51 89 15 – www.aubergedupalais.com – Fermé 24-31 août et 16 janv.-16 fév.

CELONY – 13 (Bouches-du-Rhône) → voir Aix-en-Provence

CÉNAC-ET-ST-JULIEN

✉ 24250 (Dordogne) – 1 191 hab. – Alt. 70 m – Carte régionale n° **4**-D1

▶ Paris 547 km – Cahors 71 km – Périgueux 73 km – Sarlat-la-Canéda 12 km

Carte Michelin 329-I7

🏠 La Guérinière

FAMILIAL · PERSONNALISÉ Située face à la bastide de Domme, cette chartreuse périgourdine profite d'un cadre verdoyant et serein. Chambres coquettes, grand parc et piscine sont là pour vous assurer un séjour délicieux... Le soir, recettes régionales servies dans un agréable décor rustique.

5 chambres ☲ – ♦85/105 € ♦♦85/105 €

sur D46 – ℰ 05 53 29 91 97 – www.la-gueriniere-dordogne.com – Ouvert 1ᵉʳ avril-2 nov.

CENON – 33 (Gironde) → voir Bordeaux

CERDON

✉ 45620 (Loiret) – 994 hab. – Alt. 145 m – Carte régionale n° **12**-C2

▶ Paris 185 km – Fleury-les-Aubrais 63 km – Olivet 59 km – Orléans 73 km

Carte Michelin 318-L6

Les Vieux Guays

FAMILIAL · PERSONNALISÉ Superbe relais de chasse des années 1950, dans un parc avec étang, piscine et tennis. Les chambres y sont confortables, bien tenues et décorées avec raffinement. Un cadre rustique, où l'on apprécie une cuisine de saison, inspirée par le terroir.

5 chambres ♤ – ♦90 € ♦♦90 €

rte des Hauteraults, 3 km au Sud-Ouest par D65 et rte secondaire – ℰ 02 38 36 03 76 – www.lesvieuxguays.com – Fermé 1ᵉʳ fév.-31 mars

CÉRET

✉ 66400 (Pyrénées-Orientales) – 7 621 hab. – Alt. 153 m – Carte régionale n° **22**-B3
▶ Paris 875 km – Gerona 81 km – Perpignan 34 km – Port-Vendres 37 km
Carte Michelin 344-H8

L'Atelier de Fred

MÉDITERRANÉENNE · BISTRO Une "place to be" dans la région depuis son ouverture en 2013. Le sens de l'accueil de Fred, la cuisine méditerranéenne goûteuse et gorgée de soleil de David, son associé... Tous les ingrédients sont réunis pour passer un bon moment. De plus, la carte est renouvelée régulièrement : une bonne raison de revenir !

Menu 24 € (déj. en semaine) – Carte 40/59 €

12 r. St-Férreol – ℰ 04 68 95 47 41 (réservation conseillée) – Fermé 1 semaine fin juin, 20 déc.-début février, dim. et lundi

Le Chat qui Rit

CATALANE · FAMILIAL Côte de veau de Cerdagne avec légumes de saison, saucisson de porc bio accompagné d'une sauce à l'ail grillé... Non loin de Céret, cette maison met les produits et saveurs catalans à l'honneur, à déguster dans une grande salle à manger ou sur la terrasse fleurie aux beaux jours. On donne volontiers sa langue au Chat !

⊛ Menu 18 € (déj. en semaine), 30/48 € – Carte 38/60 €

1 rte de Céret, (à la Cabanasse), 2 km par rte d'Amélie – ℰ 04 68 87 02 22 – www.restaurant-le-chat-qui-rit.fr – Fermé 25 fév.-10 mars, 18-24 nov., 23-29 déc., 7-13 janv., dim. soir, mardi soir et merc.

Le Mas Trilles

VILLA · PERSONNALISÉ Niché dans un vallon, ce beau mas du 17ᵉ s. possède le sens de l'accueil, et ses chambres – la plupart avec terrasse ou jardin – cultivent un certain charme d'antan... Autres avantages : la piscine domine le Tech et, au petit-déjeuner, on se régale des fruits des vergers alentour.

8 chambres – ♦85/250 € ♦♦85/250 € – 2 suites – ♤14 €

au Pont de Reynès, 3 km direction Amélie-les-Bains – ℰ 04 68 87 38 37 – www.le-mas-trilles.com – Ouvert 28 avril-24 oct.

CERGY – 95 (Val-d'Oise) ➜ voir Autour de Paris (Cergy-Pontoise)

CERNANS

✉ 39110 (Jura) – 139 hab. – Alt. 645 m – Carte régionale n° **16**-B2
▶ Paris 433 km – Besançon 54 km – Lons-le-Saunier 58 km – Neuchâtel 122 km
Carte Michelin 321-F5

La Grange Combaret

TRADITIONNEL · FONCTIONNEL Cette ancienne ferme se trouve au cœur d'une exploitation laitière dont les propriétaires ne sont autres que les éleveurs ! Les chambres sont confortables et bien tenues. Ici, qu'on se le dise, l'atmosphère est très familiale. Côté gourmandises, bon petit-déjeuner et table d'hôte sur réservation.

4 chambres ♤ – ♦50 € ♦♦68 €

21 rte de Salins – ℰ 03 84 73 52 90 – www.grange-combaret.com

CERNAY

⊠ 68700 (Haut-Rhin) – 11 398 hab. – Alt. 275 m – Carte régionale n° **1**-A3
▶ Paris 461 km – Altkirch 26 km – Belfort 39 km – Colmar 37 km
Carte Michelin 315-H10

ⅠⅠO Hostellerie d'Alsace

CUISINE TRADITIONNELLE · CONVIVIAL XX Dans cette grande maison à colombages, le chef propose une cuisine d'aujourd'hui valorisant le terroir local : carré d'agneau rôti en croûte d'herbes, lasagnes de Saint-Jacques, etc. Pour l'étape, des chambres fonctionnelles et d'un bon rapport qualité-prix.
Menu 23 € (semaine), 36/68 € – Carte 50/75 €
10 chambres – †59 € ††75 € – ☖ 10 €
61 r. Poincaré – ℰ 03 89 75 59 81 – www.hostellerie-alsace.fr – Fermé 2-8 mai, 1ᵉʳ-21 août, 26-31 déc., sam. et dim.

CERNAY-LA-VILLE – 78 (Yvelines) ➜ voir Autour de Paris

CÉRON

⊠ 71110 (Saône-et-Loire) – 288 hab. – Alt. 290 m – Carte régionale n° **7**-B3
▶ Paris 377 km – Clermont-Ferrand 126 km – Dijon 187 km – Mâcon 91 km
Carte Michelin 320-D12

🏠 Château de la Frédière

CHÂTEAU · HISTORIQUE Un domaine de plus de 60 ha avec un magnifique golf : voilà le cadre de cette élégante demeure du 19ᵉ s. Les chambres – mobilier massif, tissus choisis, cheminée et parquet – ont beaucoup de caractère. Et on appréciera... le grand calme !
12 chambres ☖ – †100 € ††180/200 €
golf de Céron – ℰ 03 85 25 17 79 – www.golfdeceron.fr – Ouvert 15 mars-27 nov.

CERVIONE – 2B (Haute-Corse) ➜ voir Corse

CESSON – 22 (Côtes-d'Armor) ➜ voir St-Brieuc

CESSON-SÉVIGNÉ – 35 (Ille-et-Vilaine) ➜ voir Rennes

CESTAYROLS

⊠ 81150 (Tarn) – 477 hab. – Alt. 233 m – Carte régionale n° **29**-C2
▶ Paris 660 km – Albi 19 km – Castres 59 km – Toulouse 71 km
Carte Michelin 338-D7

ⅠⅠO Lou Cantoun

CUISINE TRADITIONNELLE · RUSTIQUE XX L'intérieur de cette maison de village, rustique aux touches actuelles, n'est pas dénué de charme, et la terrasse est très plaisante. Œufs pochés, lentilles vertes et poitrine croustillante ; magret de canard aux fruits rouges et légumes de saison... Une cuisine traditionnelle actualisée, goûteuse et colorée !
↝ Formule 16 € – Menu 19/55 € – Carte 44/58 €
4 rte d'Albi, (Le village) – ℰ 05 63 53 28 39 – www.loucantoun.fr – Fermé mardi et merc.

CEVINS

⊠ 73730 (Savoie) – 674 hab. – Alt. 400 m – Carte régionale n° **46**-F2
▶ Paris 629 km – Aix-les-Bains 79 km – Annecy 57 km – Chambéry 63 km
Carte Michelin 333-L4

😊 La Fleur de Sel

CUISINE MODERNE · CONVIVIAL XX Entre mer et montagne... Sur la route des stations, cette maison récente mêle le bois, la pierre et les inspirations marines (objets, peintures). On y apprécie une appétissante cuisine de saison, servie par des produits de qualité.
Menu 21 € (déj. en semaine), 31/69 € – Carte 55/85 €
15 rte du Portelin – ℰ 04 79 37 49 98 – www.restaurant-fleurdesel.fr – Fermé mardi soir, dim. soir et lundi

CHABLIS

✉ 89800 (Yonne) – 2 273 hab. – Alt. 135 m – Carte régionale n° **7**-B1
▶ Paris 181 km – Auxerre 21 km – Avallon 39 km – Tonnerre 18 km
Carte Michelin 319-F5 – Guide Vert Michelin Bourgogne

🏵️ Au Fil du Zinc   🛋️ 🕭 AK

CUISINE MODERNE · BISTRO ✗ Un chef japonais passé chez Robuchon et Alléno, son épouse excellente pâtissière : de l'entrée au dessert, le professionnalisme du duo fait mouche, dans un style néobistrot – la créativité au plus près du produit – porté avec brio ! Les crus locaux sont à l'honneur, et le cadre charmant : un ancien moulin enjambant la rivière...
Formule 26 € – Menu 32/52 € – Carte environ 36 €
18 r. des Moulins Chablis – ℰ 03 86 33 96 39 (réservation conseillée)
– www.restaurant-chablis.com – Fermé mardi et merc.

🏵️○ Hostellerie des Clos   🎠 🛏️ 🕭 👤 AK P

CUISINE CLASSIQUE · ÉLÉGANT ✗✗✗ Une certaine intimité règne dans ce clos, au décor élégant et feutré. On y déguste des vins de Chablis évidemment, et une cuisine empreinte de classicisme qui leur sied bien.
Menu 35 € (déj. en semaine), 45/90 € – Carte 44/80 €
Hostellerie des Clos, 18 r. Jules-Rathier – ℰ 03 86 42 10 63
– www.hostellerie-des-clos.fr – Fermé 22 déc.-22 janv.

🏠 Hostellerie des Clos   🌴 🛏️ 🖥️ 👤 🍽️ 🏊 P

FAMILIAL · COSY Une agréable hostellerie au cœur de Chablis. On peut prendre ses aises au salon – avec feu de cheminée l'hiver – avant de gagner l'une des chambres, traditionnelles et cosy. Préférez les plus récentes.
36 chambres – ♦68/165 € ♦♦68/165 € – 4 suites – ⬜ 14 € – ½ P
18 r. Jules-Rathier – ℰ 03 86 42 10 63 – www.hostellerie-des-clos.fr
– Fermé 22 déc.-22 janv.
🏵️○ **Hostellerie des Clos** – voir les restaurants ci-dessus

🏠 Hôtel du Vieux Moulin   AK P

DOMAINE VITICOLE · PERSONNALISÉ Au cœur même du village de Chablis, cet hôtel, installé dans un moulin à grain du 18ᵉ s., réalise une subtile alliance de tradition (poutres, pierres) et de modernité (salles de bain design, écrans plats)... Une certaine idée du luxe, sans ostentation.
7 chambres – ♦120/145 € ♦♦120/245 € – 2 suites – ⬜ 12 €
18 r. des Moulins – ℰ 03 86 42 47 30 – www.larochehotel.fr

CHAGNY

✉ 71150 (Saône-et-Loire) – 5 657 hab. – Alt. 215 m – Carte régionale n° **7**-A3
▶ Paris 327 km – Autun 44 km – Beaune 15 km – Chalon-sur-Saône 20 km
Carte Michelin 320-I8

🏵️🏵️🏵️ Maison Lameloise (Eric Pras)   🎠 AK 🍽️ 🔄

CUISINE MODERNE · ÉLÉGANT ✗✗✗✗ Entouré par une équipe de grande valeur, Éric Pras dévoile des créations subtiles et réinterprète avec brio les classiques qui ont fait la réputation de cette illustre maison... Au cœur de la gastronomie française, l'enseigne brille toujours d'un superbe éclat, pour un moment d'exception.
➜ Langoustines marinées et croustillantes au riz soufflé, céleri, pomme verte, crème de moutarde et caviar. Côte de veau piquée de lard et rôtie, pommes agata fondantes. Crêpes Suzette flambées au Grand-Marnier, parfait vanille.
Menu 78 € (déj.), 140/198 € – Carte 140/200 €
Hôtel Maison Lameloise, 36 pl. d'Armes – ℰ 03 85 87 65 65 (réservation conseillée)
– www.lameloise.fr – Fermé 23 fév.-2 mars, mi-déc. à mi-janv., mardi et merc.
d'oct. à juin

😊 Pierre & Jean

CUISINE MODERNE · CONVIVIAL X Il ne s'agit pas du roman de Maupassant, mais de "la maison d'en face" du prestigieux Lameloise, du nom de ses fondateurs. Une "annexe" un rien canaille qui explore avec finesse la cuisine du moment et revisite les recettes des ancêtres. Les classiques de la maison : pâté en croûte tradition, entremets tout chocolat...

Formule 19 € – Menu 32/35 € – Carte environ 40 €

2 r. de la Poste – ☎ 03 85 87 08 67 – www.pierrejean-restaurant.fr – Fermé de mi-déc. à mi-janv., lundi et mardi

🏨 Maison Lameloise

HISTORIQUE · PERSONNALISÉ Cette haute maison bourguignonne – un ancien relais de poste datant du 15ᵉ s. – incarne la grande hôtellerie de tradition ! Les chambres à l'élégance toute classique, le restaurant qui vaut le voyage, le service dévoué aux clients : tout honore l'art de recevoir.

16 chambres – ♦145/370 € ♦♦145/370 € – ⚏ 30 €

36 pl. d'Armes – ☎ 03 85 87 65 65 – www.lameloise.fr – Fermé 23 fév.-2 mars, mi-déc. à mi-janv., mardi et merc. d'oct. à juin

❀❀❀ **Maison Lameloise** – voir les restaurants ci-dessus

🏠 Hôtel de la Poste

FAMILIAL · FONCTIONNEL Ce petit hôtel familial et bien tenu se situe en plein cœur du bourg, non loin de la Maison Lameloise. Une adresse calme et fonctionnelle.

11 chambres – ♦47/58 € ♦♦51/78 € – ⚏ 8,50 €

17 r. de la Poste – ☎ 03 85 87 64 40 – www.hoteldelaposte-chagny71.com – Fermé 22 août-2 sept. et 23 déc.-3 janv.

rte de Chalon 2 km au Sud-Est par N6 et rte secondaire – ✉ 71150 Chagny :

🏰 Hostellerie du Château de Bellecroix

CHÂTEAU · HISTORIQUE Cette ancienne propriété des chevaliers de Malte en impose ; de même que son restaurant, avec sa cheminée et ses boiseries ouvragées. Au choix : le château du 18ᵉ s. ou la commanderie du 12ᵉ s. Au restaurant, le chef met en valeur les bons produits du terroir.

19 chambres – ♦98/250 € ♦♦98/250 € – 1 suite – ⚏ 16 € – ½ P

20 chemin de Bellecroix – ☎ 03 85 87 13 86 – www.chateau-bellecroix.com – Fermé 18 déc.-13 fév.

CHAILLY-SUR-ARMANÇON – 21 (Côte-d'Or) ➜ voir Pouilly-en-Auxois

CHAINTRÉ

✉ 71570 (Saône-et-Loire) – 531 hab. – Alt. 284 m – Carte régionale n° **8**-C3
▶ Paris 397 km – Bourg-en-Bresse 45 km – Lyon 70 km – Mâcon 10 km
Carte Michelin 320-I12

❀ La Table de Chaintré (Sébastien Grospellier)

CUISINE MODERNE · INTIME XX Un restaurant élégant et contemporain, au cœur du vignoble de Pouilly-Fuissé, du rouge cardinal sur les murs, de beaux produits du marché aux couleurs délicieuses, des recettes plutôt tendance, un menu unique renouvelé chaque semaine... Le tout accompagnée de beaux nectars de Bourgogne et du Beaujolais !

➜ Sardines bretonnes marinées au citron vert, carottes nouvelles et vinaigrette au cumin. Lièvre à la royale. Tarte reine-claude et sorbet au thé.

Menu 38 € (déj. en semaine)/60 €

72 pl. du Luminaire – ☎ 03 85 32 90 95 (réservation conseillée) – www.latabledechaintre.com – Fermé 19 août-6 sept., 2-18 janv., dim. soir, lundi et mardi sauf fériés

LA CHAISE-DIEU

✉ 43160 (Haute-Loire) – 695 hab. – Alt. 1 080 m – Carte régionale n° **6**-C3
▶ Paris 503 km – Ambert 29 km – Brioude 35 km – Issoire 59 km
Carte Michelin 331-E2 – Guide Vert Michelin Auvergne

ⅠⅠⓄ L'Écho et l'Abbaye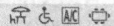

CUISINE TRADITIONNELLE · RUSTIQUE ✕✕ Si l'on peut être... décontenancé par le décor ultra-classique des lieux – fauteuils Louis XIII, platerie en porcelaine, verres en cristal –, on est en revanche séduit par la cuisine traditionnelle réalisée par le patron, et par la belle carte des vins, dont un bon choix de bordeaux. Quelques chambres sobres et rustiques.

Formule 19 € – Menu 34/48 €

5 chambres – †44 € ††49/135 € – ⌣9 €

*pl. Écho – ℰ 04 71 00 00 45 (réservation conseillée) – www.echo-et-abbaye.com
– Ouvert 26 mars-6 nov. et fermé merc. sauf juil.-août*

CHALLANGES – 21 (Côte-d'Or) ➜ voir Beaune

CHALLANS

✉ 85300 (Vendée) – 19 107 hab. – Alt. 8 m – Carte régionale n° **34**-A3
▶ Paris 436 km – Cholet 84 km – Nantes 58 km – La Roche-sur-Yon 42 km
Carte Michelin 316-E6 – Guide Vert Michelin Pays de la Loire

ⅠⅠⓄ L'Apart

CUISINE MODERNE · À LA MODE ✕ Il est des destins tout tracés, comme celui de ce restaurant installé dans un ancien magasin de cuisines... Xavier Yvernogeau, le chef, y compose des assiettes bien d'aujourd'hui, pleines de fraîcheur et d'allant, en agençant de beaux produits ; son menu homard est l'un des "must" de la maison !

Formule 16 € – Menu 30/60 € ♀

*38 rte de Soullans – ℰ 02 51 68 00 66 – www.apart-restaurant-challans.fr
– Fermé 2 semaines en avril, 1ᵉʳ-21 août, lundi soir, merc. soir et dim.*

⌂ L'Antiquité

TRADITIONNEL · PERSONNALISÉ Une maison vendéenne avenante dans une rue tranquille, pour une étape sympathique. Les chambres donnent toutes sur le patio et la piscine et sont vraiment jolies (mobilier chiné ou patiné...) ; celles de l'annexe sont spacieuses et particulièrement soignées.

20 chambres – †59/170 € ††59/170 € – ⌣12 €

*14 r. Galliéni – ℰ 02 51 68 02 84 – www.hotelantiquite.com
– Fermé 24 déc.-3 janv.*

à la Garnache 6,5 km au Nord-Est – ✉ 85710 – 4 630 hab. – Alt. 28 m

⊛ Le Petit St-Thomas

CUISINE MODERNE · ÉLÉGANT ✕✕ C'est une petite maison vendéenne aux volets bleus, mais l'image d'Épinal s'arrête là... car sa déco est résolument contemporaine ! Le chef s'absente le temps du marché pour sélectionner les meilleurs produits, avant de mitonner de belles recettes traditionnelles, parfois revisitées, toujours généreuses. On se régale...

Formule 20 € – Menu 28/49 € – Carte 46/65 €

*25 r. de Lattre-de-Tassigny – ℰ 02 51 49 05 99
– www.restaurant-petit-st-thomas.com
– Fermé 15 fév.-2 mars, 27 juin-9 juil., 2-11 janv., dim. soir et lundi*

rte de St-Gilles-Croix-de-Vie – ✉ 85300 Challans

🍴 Château de la Vérie

CUISINE MODERNE · CLASSIQUE 🕽🕽🕽 Boiseries sculptées, cheminées anciennes, tentures dans une veine 18ᵉ s., etc. Cet auguste château vendéen se prête à un moment élégant et romantique ! Au menu : une gastronomie d'aujourd'hui, qui puise directement aux sources des saisons.

Formule 17 € 🍷 – Menu 35/59 € – Carte 49/70 €
rte de Soullans, 2,5 km au Sud par D69 – 𝒞 02 51 35 33 44
– www.chateau-de-la-verie.com – Fermé 2 semaines en fév., 2 semaines fin oct., semaine de Noël, dim. soir, mardi midi et lundi

🏠 Château de la Vérie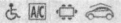

CHÂTEAU · CLASSIQUE Une rivière, un étang, un parc immense (17 ha), et soudain apparaît ce beau château du 16ᵉ s. (classé monument historique), digne d'une rêverie romantique. Les chambres, d'esprit classique, sont agréables et douillettes... pour rêver encore.

21 chambres – 🛇75/106 € 🛇🛇98/185 € – ⊑ 15 € – ½ P
rte de Soullans, 2,5 km au Sud par D69 – 𝒞 02 51 35 33 44
– www.chateau-de-la-verie.com
🍴 **Château de la Vérie** – voir les restaurants ci-dessus

CHALLES-LES-EAUX – 73 (Savoie) ➔ voir Chambéry

CHÂLONS-EN-CHAMPAGNE

✉ 51000 (Marne) – 45 225 hab. – Alt. 83 m – Carte régionale n° **13**-B2
▶ Paris 188 km – Dijon 259 km – Metz 157 km – Nancy 162 km
Carte Michelin 306-I9 – Guide Vert Michelin Champagne Ardenne

🍴 Jacky Michel

CUISINE CLASSIQUE · ÉLÉGANT 🕽🕽🕽 De belles tables en bois, des teintes chaudes, des boiseries un peu partout... Ce restaurant parvient à être élégant sans être guindé. Le chef réalise une cuisine classique dans les règles de l'art, en s'appuyant sur des produits de qualité.

Menu 68/99 € – Carte 87/100 €
Plan : BY-g – *Hôtel D'Angleterre, 19 pl. Mgr-Tissier – 𝒞 03 26 68 21 51*
– www.hotel-dangleterre.fr – Fermé 24 juil.-17 août, vacances de Noël, lundi midi, sam. midi, dim. et fériés

🍴 Au Carillon Gourmand

CUISINE MODERNE · À LA MODE 🕽🕽 Dans cette adresse chic et élégante, volontiers design, le carillon marque l'heure de la tradition revisitée. Hamburger de foie gras à la mangue caramélisée, râble de lapin farci aux pruneaux... voilà qui sonnera sans doute très bien aux oreilles des gourmands !

Formule 23 € – Menu 38 € – Carte 38/48 €
Plan : BY-e – *15 bis pl. Mgr-Tissier – 𝒞 03 26 64 45 07 – Fermé 1 semaine en fév., 3 semaines en août, dim. soir, merc. soir et lundi*

🍴 Les Temps Changent

CUISINE TRADITIONNELLE · BRASSERIE 🕽 L'annexe du gastro de Jacky Michel propose de généreuses recettes traditionnelles qui suivent les saisons. Le tout à apprécier dans un cadre coloré et chaleureux où l'ambiance est, de fait, conviviale. Alors oui, Les Temps Changent, et c'est très bien ainsi !

Formule 29 € – Menu 36 € (semaine), /40 €
Plan : BY-g – *Hôtel d'Angleterre, 1 r. Garinet – 𝒞 03 26 66 41 09*
– www.hotel-dangleterre.fr – Fermé 24 juil.-17 août, vacances de Noël, lundi midi, sam. midi, dim. et fériés

CHÂLONS-EN-CHAMPAGNE

Arche-de-Mauvillain (Pt de l') . **BZ** 2
Bourgeois (R. Léon). . . . . . . **ABY**
Brossolette (Av. Pierre) . . . . . **X** 4
Chastillon (R. de) . . . . **ABZ** 6
Croix-des-Teinturiers (R.) . . . . **AZ** 9
Dr-Pellier (R. du) . . . . **X** 11
Flocmagny (R. du) . . . . **BY** 12
Foch (Pl. du Maréchal) . . . . . **AY** 13
Gantelet (Rue du) . . . . **AY** 14
Gaulle
 (Av. du Gén. Charles-de) . . **BZ** 15
Godart (Pl.) . . . . **AY** 17
Jacquiert (R. Clovis) . . . . **X** 18
Jeanne-d'Arc (Av.) . . . . **X** 21
Jean-Jaurès (R.) . . . . **AY** 20
Jessaint (R. de) . . . . **BZ** 22
Libération (Pl. de la) . . . . **AZ** 24
Mariniers (Pt des) . . . . **AY** 26
Marne (R. de la) . . . . **AY**
Martyrs-de-la-Résistance
 (R. des) . . . . **BY** 29
Orfeuil (R. d') . . . . **AZ** 31
Ormesson (Cours d') . . . . . . **AZ** 32
Prieur-de-la-Marne (R.) . . . . . **BY** 36
Récamier (R. Juliette) . . . . . . **AZ** 38
République (Pl. de la) . . . . . . **AZ** 39
Roosevelt (Av. du Prés.) . . . . . **X** 41
Simon (Av. Jacques) . . . . . . **X** 45
Vaux (R. des) . . . . **AY** 47
Vieilles-Postes (R. des) . . . . . **X** 48
Vinetz (R. de) . . . . **BZ** 49
Viviers (Pt des) . . . . **AY** 50

Hôtel D'Angleterre

TRADITIONNEL · FONCTIONNEL Rien de perfide dans cette Albion, bien au contraire : les chambres sont très confortables, parfaitement tenues, de style classique ou chalet pour certaines... Et le personnel se révèle très aimable ! Côté gastronomie, on a le choix entre la table de Jacky Michel et la brasserie où est d'ailleurs servi le petit-déjeuner.

25 chambres – ♥100/180 € ♥♥110/220 € – ♀ 16 €

Plan : BY-g – *19 pl. Mgr-Tissier* – *℘ 03 26 68 21 51* – *www.hotel-dangleterre.fr*
– *Fermé 24 juil.-17 août, vacances de Noël, dim. et fériés*

♨○ **Jacky Michel** · ♨○ **Les Temps Changent** – voir les restaurants ci-dessus

Le Renard

URBAIN · MODERNE Sur la place de la République, un Renard rusé et résolument design ! Ici, les chambres ont adopté un style contemporain, sobre et épuré, et les bâtiments (datant du 15e s.) sont reliés entre eux par un patio, protégé par une grande verrière. Cuisine dans l'air du temps au restaurant.

38 chambres – ♥97/115 € ♥♥105/128 € – ♀ 11 €

Plan : AZ-r – *24 pl. de la République* – *℘ 03 26 68 03 78* – *www.le-renard.com*

à Matougues 11 km à l'Ouest par D3 – ✉ 51510 – 673 hab. – Alt. 82 m

Auberge des Moissons

AUBERGE · PERSONNALISÉ Dans cette ancienne ferme-auberge, on cultive l'art de recevoir de génération en génération. Les chambres, contemporaines, sont tout ce qu'il y a de plus confortable ; quant au restaurant, il réserve de belles surprises... D'octobre à décembre, on ne passe pas à côté du menu truffe concocté avec la récolte de la maison !

29 chambres – ♥77/82 € ♥♥88/125 € – ♀ 11 € – ½ P

RD 3 - 8 rte Nationale – *℘ 03 26 70 99 17* – *www.auberge-des-moissons.com*
– *Fermé 28 juil.-12 août et 22 déc.-13 janv.*

CHALON-SUR-SAÔNE

✉ 71100 (Saône-et-Loire) – 44 564 hab. – Agglo. 73 400 hab. – Alt. 180 m
– Carte régionale n° **8**-C3
▶ Paris 335 km – Besançon 132 km – Dijon 68 km – Lyon 125 km
Carte Michelin 320-J9 – Guide Vert Michelin Bourgogne

♨○ Le Bistrot

CUISINE MODERNE · BISTRO ✗ Ce beau néobistrot est vraiment chaleureux... Entre ce marbré de foie gras aux échalotes confites et saumon fumé, ces noix de Saint-Jacques au jus d'agrumes, ces légumes et fruits rouges du jardin (le chef possède deux potagers en dehors de la ville) et ces beaux bourgognes de la cave vitrée, on se régale !

Menu 27 € (semaine), 35/56 € – Carte 50/59 €

Plan : CZ-f – *31 r. de Strasbourg* – *℘ 03 85 93 22 01* – *Fermé sam. et dim.*

♨○ Chez Jules

CUISINE TRADITIONNELLE · FAMILIAL ✗ Tradition ! Sur l'île St-Laurent, ce Jules très sympathique fait la part belle aux spécialités locales... Et pour les amoureux du sucré, un beau choix de desserts est proposé. On appréciera également l'ambiance animée.

❀ Menu 20/36 € – Carte 30/43 €

Plan : CZ-f – *11 r. de Strasbourg* – *℘ 03 85 48 08 34*
– *www.restaurant-chezjules.com* – *Fermé 2 semaines en août, jeudi soir et dim.*

CHALON-SUR-SAÔNE

Arnal (R. R.) . . . . X 2
Banque (R. de la) . . . . BZ 3
Blum (Av. L.) . . . . X 4
Châtelet (Pl. du) . . . . BZ 5
Châtelet (R. du) . . . . CZ 6
Citadelle (R. de la) . . . . BY 7
Coubertin (R. P. de) . . . . X 8
Couturier (R. Ph.-L.) . . . . BZ 9
Duhesme (R. du Gén.) . . . . . AY 12
Europe (Av. de l') . . . . X 14
Evêché (R. de l') . . . . CZ 15
Fèvres (R. aux) . . . . CZ 16
Gaulle (Pl. Gén.-de) . . . . BZ 17
Grande-R. . . . . BCZ 18
Hôtel-de-Ville (Pl. de l') . . . . BZ 19
Lardy (Av. P.) . . . . X 20
Leclerc (R. Gén.) . . . . BZ
Lyon (R. de) . . . . BZ 21
Mac-Orlan (R. P.) . . . . X 22
Messiaen (R. O.) . . . . AZ 24
Nugues (Av. P.) . . . . X 25
Obélisque (Pl. de l') . . . . BY 27
Pasteur (R.) . . . . BZ 28
Poilus-d'Orient (R.) . . . . X 29
Poissonnerie (R. de la) . . . . . CZ 31
Pompidou (Av. G.) . . . . AZ 32
Pont (R. du) . . . . BZ 35
Porte-de-Lyon (R.) . . . . BZ 36
Port-Villiers (R. du) . . . . BZ 37
Poterne (Q. de la) . . . . CZ 38
Pretet (R. René) . . . . AZ 40
République (Bd) . . . . ABZ 42
Ste-Marie (Prom.) . . . . CZ 44
St-Georges (R.) . . . . BZ 45
St-Vincent (Pl. et R.) . . . . CZ 46
Strasbourg (R. de) . . . . CZ 48
Thénard (R. L.-J.) . . . . X 49
Trémouille (R. de la) . . . . BCY 51
8-Mai-1945 (Av.) . . . . X 52
56e-R.I. (R. du) . . . . X 54
134e-R.I. (R. du) . . . . X 58

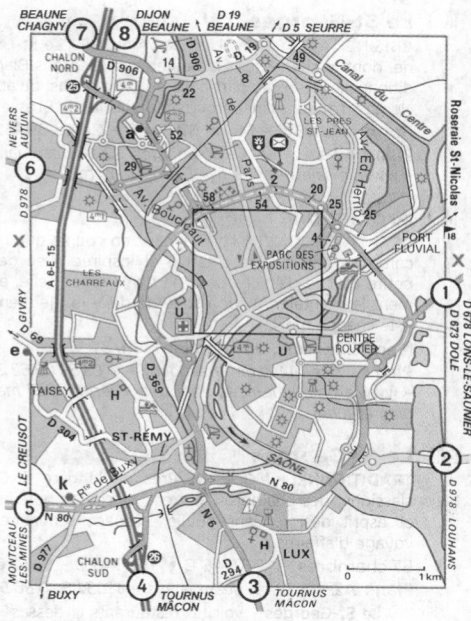

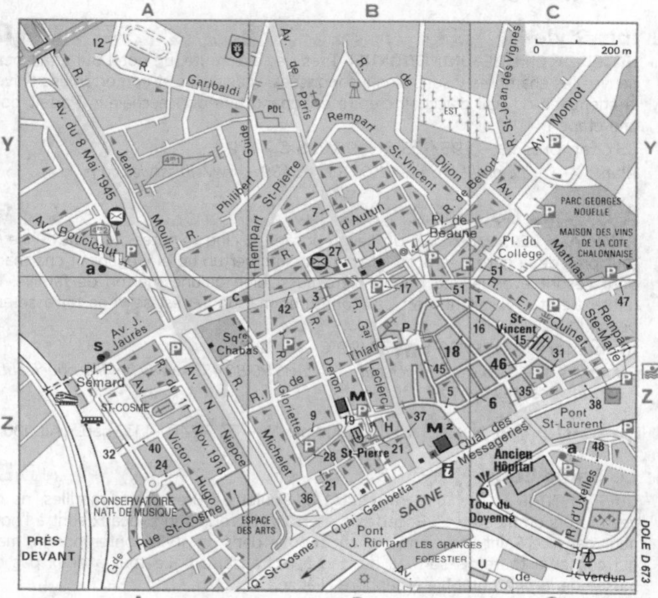

ᵗⁱ○ Le St-Georges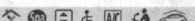

CUISINE TRADITIONNELLE · À LA MODE Ⅹ Le St-Georges ? Une agréable brasse-rie, dont le chef – sous la houlette de Georges Blanc – concocte une cuisine tra-ditionnelle faisant la part belle au terroir, ainsi qu'aux bons petits plats bistrotiers. Ne pas manquer l'incontournable volaille de Bresse, servie toute l'année !
Formule 21 € � – Menu 32/54 € – Carte 39/62 €
Plan : AZ-s – *Hôtel Le St-Georges, 32 av. Jean-Jaurès* – ☏ *03 85 90 80 50*
– www.le-saintgeorges.fr – Fermé sam. midi

ᵗⁱ○ Aromatique ◎

CRÉATIVE · CONVIVIAL Ⅹ Ici, c'est en couple que l'on Aromatise ! Lui, en cuisine, compose une cuisine créative et inspirée avec de bons produits frais… et une petite touche d'épices pour ne rien gâcher ; elle, en salle, accueille chaleureuse-ment la clientèle. Aucun risque de déjà-vu : le menu – à deux choix – est renou-velé chaque mois.
Menu 22 € (déj. en semaine), 39/50 €
Plan : CZ-a – *14 r. de Strasbourg* – ☏ *03 58 09 62 25 (réservation conseillée)*
– www.aromatique-restaurant.com – fermé 15-31 mai, 15-25 sept., 25 déc.-1ᵉʳ janv.,
dim. et lundi

🏠 Le St-Georges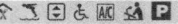

TRADITIONNEL · MODERNE Près de la gare SNCF, derrière une belle façade classique, des chambres feutrées et contemporaines, associant beaux matériaux et esprit design. Sans oublier l'espace séminaire bien équipé. Idéal pour un voyage d'affaires.
57 chambres – ♛95/148 € ♛♛118/148 € – ☑ 14 € – ½ P
Plan : AZ-s – *32 av. Jean-Jaurès* – ☏ *03 85 90 80 50 – www.le-saintgeorges.fr*
ᵗⁱ○ **Le St-Georges** – *voir les restaurants ci-dessus*

🏠 Ibis Styles

HÔTEL DE CHAÎNE · FONCTIONNEL Près de l'autoroute, un hôtel qui a fait peau neuve. Les chambres y sont bien insonorisées, spacieuses et confortables ; l'hiver, la cheminée du hall d'accueil crépite et répand une douce chaleur. Parfait pour une étape !
85 chambres ☑ – ♛95/125 € ♛♛95/125 € – ½ P
Plan : X-a – *av. de l'Europe* – ☏ *03 85 46 51 89 – www.ibisstyles.com*

🏠 À La Villa Boucicaut

FAMILIAL · PERSONNALISÉ Un lieu reposant, à cinq minutes du centre-ville et tout près de la gare. Les propriétaires ont su créer un hôtel élégant et charmant, dont l'esprit évoque une bonbonnière aussi bien qu'une maison de famille. Le petit-déjeuner, excellent – ah, ces confitures maison ! –, est servi en terrasse aux beaux jours.
16 chambres – ♛79/99 € ♛♛79/99 € – ☑ 12 €
Plan : AY-u – *33 bis av. Boucicaut* – ☏ *03 85 90 80 45 – www.la-villa-boucicaut.fr*
– Fermé vacances de Noël

à **St-Loup-de-Varennes** 7 km au Sud par N6 – ✉ 71240 – 1 132 hab. – Alt. 186 m

🍴 Le Saint-Loup

CUISINE TRADITIONNELLE · FAMILIAL ⅩⅩ Poulet de Bresse aux morilles, ris de veau, œufs en meurette… Recettes du terroir et producteurs locaux sont à l'hon-neur dans ce Saint-Loup entièrement rénové dans un style contemporain, mais qui conserve toutefois son joli plafond à la française ! Le tout à deux pas du musée de la photographie Nicéphore-Niépce.
Formule 19 € – Menu 23 € (déj. en semaine), 32/60 € – Carte 36/63 €
13 rte Nationale 6 – ☏ *03 85 44 21 58 – www.lesaintloup.fr – Fermé février, merc.*
soir de sept. à juin, dim. soir et lundi

à St-Rémy 4 km à l'Ouest (rte du Creusot) N6, N80 et rte secondaire – ⊠ 71100
– 6 476 hab. – Alt. 187 m

🕸 **L'Amaryllis** (Cédric Burtin)   🕷 🖴 ⅗ 🄰🄲 ⇔ 🄿

CRÉATIVE · ÉLÉGANT XXX Un paisible moulin du 19ᵉ s. baigné par son bief. Cédric Burtin a repris en 2010 cette table bien connue dans la région, avec un nouveau nom de fleur... pour laisser s'épanouir une cuisine empreinte d'inventivité, de fraîcheur, et magnifiée par un dressage très travaillé. Bon choix de bourgognes.
➜ Grenouilles saveur meunière, artichauts et jus d'estragon. Bœuf de Charolles maturé, tomates confites et oignons. Bulle de pomme granny smith.
Menu 28 € (déj. en semaine), 59/100 € – Carte 85/100 €
Plan : X-k – *chemin de Martorey* – 🕾 *03 85 48 12 98* – *www.lamaryllis.com*
– *Fermé 31 oct.-7 nov., 1ᵉʳ-10 janv., mardi midi, dim. soir et lundi*

rte de Givry 4 km à l'Ouest sur D69 – ⊠ 71880 Châtenoy-le-Royal

😊 **Auberge des Alouettes**   🄰🄲

CUISINE TRADITIONNELLE · RUSTIQUE XX Sur la route menant aux vignobles de Givry, cette sympathique auberge porte haut les saveurs de la région. Œufs cassés à la crème de morilles et sauce crustacés ; ragoût de homard ; filets de maquereau marinés et crêpe soufflée au citron vert et coulis d'abricot... À déguster dans une atmosphère conviviale.
Formule 17 € – Menu 22/50 € – Carte 32/63 €
Plan : X-e – *1 rte de Givry* – 🕾 *03 85 48 32 15* – *Fermé 20 juil.-10 août, 4-18 janv., dim. soir, mardi soir et merc.*

à Dracy-le-Fort 6 km au Nord-Ouest et D978 – ⊠ 71640 – 1 307 hab. – Alt. 180 m

🍴○ **La Garenne**   🖴 🖴 ⅗ 🞅 ⇔ 🄿

CUISINE TRADITIONNELLE · ÉLÉGANT XX Une bien belle Garenne, où l'on se régale d'une volaille de Bresse au vin jaune, d'un pain perdu d'escargots et fondue de tomates, ou encore d'un palet au chocolat noir et au vin de Maury... Pour ne rien gâcher, le décor est sobre et élégant, avec quelques jolies reproductions des œuvres d'Alain Thomas.
Menu 22 € (déj. en semaine), 30/45 € – Carte 45/58 €
Hôtel Le Dracy, 4 r. du Pressoir – 🕾 *03 85 87 81 81* – *www.ledracy.com* – *Fermé 24 déc.-3 janv.*

🏠 **Le Dracy**   🛀 🌳 🖴 🗍 ⅗ 🄰🄲 🞅 🛁 🄿

FAMILIAL · MODERNE Un ensemble moderne dans un environnement calme et verdoyant. Les chambres associent décor soigné et confort contemporain, certaines jouissant même d'une terrasse privative face au jardin. Agréable pour une parenthèse au vert.
47 chambres – †85/160 € ††85/160 € – ⊡ 13 € – ½ P
4 r. du Pressoir – 🕾 *03 85 87 81 81* – *www.ledracy.com*
🍴○ **La Garenne** – *voir les restaurants ci-dessus*

à Sassenay 9 km au Nord-Est par D5, rte de Seurre – ⊠ 71530
– 1 566 hab. – Alt. 178 m

🍴○ **Le Magny**   🄰🄲 ⇔

CUISINE TRADITIONNELLE · RUSTIQUE XX Cette auberge de village est fort avenante et l'on y mange bien. Chou farci aux escargots de Bourgogne, filets de pigeonneau rôti, nem fondant au chocolat et espuma au café... Avec de beaux produits, le chef concocte une cuisine régionale alléchante et soignée ; à apprécier, en toute logique, dans un décor rustique.
🍃 Menu 15 € (semaine), 24/38 € – Carte environ 47 €
29 Grande-Rue – 🕾 *03 85 91 61 58* – *www.lemagny.com* – *Fermé 5-12 fév., 16-23 avril, 1ᵉʳ-20 août, dim. soir, mardi soir et lundi*

CHAMAGNE – 88 (Vosges) → voir Charmes

CHAMALIÈRES – 63 (Puy-de-Dôme) → voir Clermont-Ferrand

CHAMANT

✉ 60300 (Oise) – 920 hab. – Alt. 90 m – Carte régionale n° **36**-B3
▶ Paris 57 km – Amiens 111 km – Beauvais 57 km – Bobigny 44 km
Carte Michelin 305-G5

🏠 L'Aunette Cottage   🦮 🚗 🍽 ♿ 🅿

FAMILIAL · PERSONNALISÉ Nul besoin de partir en Angleterre pour goûter au charme d'un cottage ! Au cœur du village, cet hôtel dispose de chambres confortables, calmes et cosy. Le matin, on prend le petit-déjeuner devant la cheminée. Et dans la journée, on profite du joli jardin. Une bonne adresse.
14 chambres – 🛏106/175 € – 🛏🛏152/199 € – 🍽12 €
9 r. A-de-Rothschild – ✆ 03 44 72 73 47 – www.launettecottage.com

CHAMBÉRY

✉ 73000 (Savoie) – 58 039 hab. – Agglo. 180 974 hab. – Alt. 270 m
– Carte régionale n° **46**-F2
▶ Paris 562 km – Annecy 50 km – Grenoble 55 km – Lyon 101 km
Carte Michelin 333-I4 – Guide Vert Michelin Alpes du Nord

✿ Côté Marché (Alexandre Ongaro)   🍴 ♿ 🆎

CUISINE MODERNE · CONVIVIAL ✖✖ Vous ferez bien un tour Côté Marché... Tenu par un jeune couple – lui en cuisine, elle en salle et aux vins –, ce restaurant s'impose comme l'une des bonnes adresses de Chambéry. Derrière les fourneaux, le chef réalise des recettes dans l'air du temps sans pour autant couper les ponts avec le terroir.
→ Truffe noire d'automne, artichaut, vieux parmesan et polenta bio. Turbot au citron yuzu, caviar d'Aquitaine et palourdes. Chou croquant aux noisettes du Piémont.
Menu 32 € � (déj. en semaine)/58 €
Plan : B-a – 60 r. Vieille-Monnaie – ✆ 04 79 85 04 35 *(réservation conseillée)*
– www.cotemarche-restaurant.com – Fermé 1er-15 mai, 1er-15 sept., 2-7 janv., dim. et lundi

○ La Maniguette ⓝ

CUISINE MODERNE · RUSTIQUE ✖ Fort de son expérience, le chef Christophe Rochard a repris en 2014 ce restaurant situé au pied du château. La vieille demeure est charmante – murs anciens, poutres massives – et la cuisine délicieuse : œuf bio parfait en mode périgourdine ; dos de bar aux senteurs du Sud et d'Asie... Menu renouvelé deux fois par mois.
Menu 34/47 €
Plan : A-u – 99 r. de la Juiverie – ✆ 04 79 62 25 26 – www.lamaniguette.fr
– fermé dim. et lundi

○ Les Barjots   🍴 ♿ 🆎 🅿

CUISINE TRADITIONNELLE · BRASSERIE ✖ Dans cette grande brasserie contemporaine tenue, entre autres, par deux anciens Barjots – surnom des membres de l'équipe de France de handball –, que les gourmands se rassurent : ça tourne rond ! À table, on savoure une bonne cuisine de brasserie, simple et bien ficelée. Spécialité : les viandes à la plancha.
Formule 18 € – Menu 29 € – Carte 33/74 €
688 av. Les Follaz, (face au phare), 2 km au Nord-Ouest par D1A
– ✆ 04 79 75 27 99 – www.brasserielesbarjots.fr – Fermé 2 semaines en août, dim. et fériés

CHAMBÉRY

Allobroges (Q. des) .... **A** 2
Banque (R. de la) .... **B** 3
Basse-du-Château (R.) .... **A** 4
Bernardines (Av. des) .... **A** 6
Boigne (R. de) .... **B**
Borrel (Q. du Sénateur A.) .... **B** 7
Charvet (R. F.) .... **B** 9
Château (Pl. du) .... **A** 10
Colonne (Bd de la) .... **B** 12

Ducis (R.) .... **B** 13
Ducs-de-Savoie (Av. des) ..... **B** 14
Europe (Espl. de l') .... **B** 16
Freizier (R.) .... **AB** 17
Gaulle (Av. Gén.-de) .... **B** 18
Italie (R. d') .... **B** 20
Jean-Jaurès (Av.) .... **A** 21
Jeu-de-Paume (Q. du) .... **A** 23
Juiverie (R.) .... **A**
Lans (R. de) .... **A** 24
Libération (Pl. de la) .... **B** 25
Maché (Pl.) .... **A** 27

Maché (R. du Fg) .... **A** 28
Martin (R. Cl.) .... **B** 30
Métropole (Pl.) .... **B** 31
Michaud (R.) .... **B** 32
Mitterrand (Pl. F.) .... **B** 33
Musée (Bd. du) .... **AB** 34
Ravet (Q. Ch.) .... **B** 35
St-François (R.) .... **B** 38
St-Léger (Pl.) .... **B**
St-Antoine (R.) .... **A** 36
Théâtre (Bd du) .... **B** 39
Vert (Av. du Comte) .... **A** 40

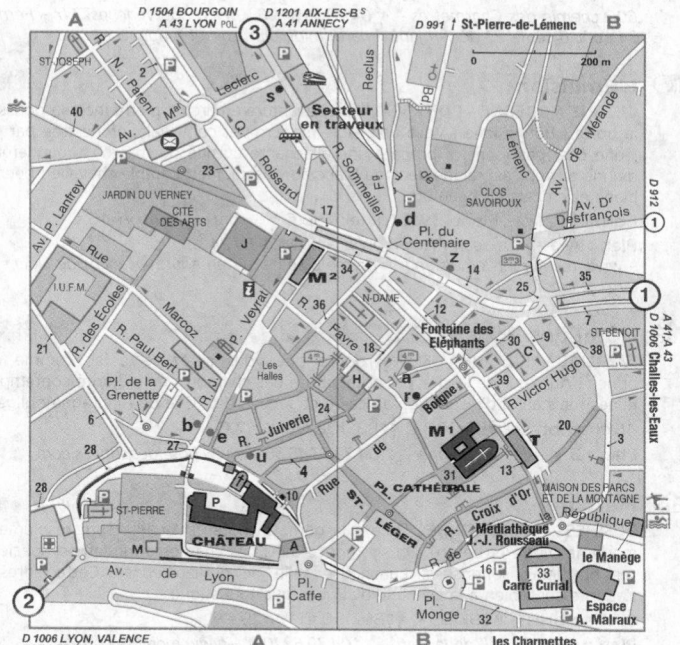

⍩○ **Brasserie Le Z**   `AK` ⟡

CUISINE TRADITIONNELLE · BRANCHÉ ⍑ Le Z a beau être la dernière lettre de l'alphabet, ce restaurant n'est pas en reste quand il s'agit de cuisiner ! Dans un cadre plutôt branché, la carte revisite les spécialités de brasserie. Bon choix de fruits de mer.

⮑ Menu 15 € (déj. en semaine)/28 € – Carte 32/50 €

Plan : B-z – *12 av. des Ducs-de-Savoie* – ℰ 04 79 85 96 87
– *www.brasserielez.com*

⍩○ **Onze Grandes et Trois Petites**   ⴹ

CUISINE MODERNE · CONVIVIAL ⍑ Depuis sa réouverture, cette table récolte tous les suffrages, et pour cause ! Un jeune chef qui met sa passion dans des plats gourmands et inspirés, une ambiance à la fois intime et cordiale, un sommelier dont les conseils sont toujours avisés... Quant à ce nom atypique, motus : le mystère reste à éclaircir.

Formule 16 € – Menu 28/34 € – Carte 28/50 €

Plan : A-b – *16 r. Jean-Pierre-Veyrat* – ℰ 04 79 62 66 74 – *www.onzegrandes.fr*
– *Fermé 20 juil.-20 août, dim. et lundi*

ⅠⓄ Ô Pervenches

CUISINE TRADITIONNELLE · AUBERGE ⅩⅩ À deux pas du musée Jean-Jacques Rousseau, dans un vallon délicieusement bucolique, ce restaurant est désormais le fief d'un jeune couple motivé. La cuisine, goûteuse et bien travaillée, valorise le terroir et revisite les classiques, pour notre plus grand plaisir ! Pour l'étape, des chambres fraîches et fonctionnelles.

Formule 17 € – Menu 28/46 € – Carte 36/53 €

9 chambres – †70/92 € ††70/92 € – ⊊ 8,50 €

600 chemin des Charmettes – ℰ 04 79 33 34 26 – www.opervenches73.fr – Fermé 24 août-6 sept., 22 déc.-11 janv., mardi midi, dim. soir et lundi

ⅠⓄ L'Émulsion &

CUISINE MODERNE · CONVIVIAL Ⅹ La devanture en arc de pierre incite à pousser la porte… Bonne idée ! Voilà une table moderne et conviviale, orchestrée par un jeune chef passionné. Il prépare une alléchante cuisine du marché : maquereau mariné aux épices, salade de chou blanc au wasabi, filet d'omble chevalier, beurre blanc et crozets au beaufort…

Formule 21 € – Menu 39 € (dîner)/56 € ☂ – Carte environ 46 €

Plan : A-e *– 41 r. Jean-Pierre-Veyrat – ℰ 04 79 84 24 15*
– www.restaurant-lemulsion.fr – Fermé 3 semaines en août, vacances de Noël, dim. et lundi

🏠 Hôtel des Princes ⊡ 🖼

FAMILIAL · PERSONNALISÉ Nul doute que vous serez reçu, ici, comme un prince ! Au cœur de la cité, cet hôtel abrite des chambres en majorité contemporaines mais aussi d'inspiration africaine et savoyarde… Cité de montagne oblige.

45 chambres – †88/108 € ††88/108 € – ⊊ 12 €

Plan : B-r *– 4 r. de Boigne – ℰ 04 79 33 45 36 – www.hoteldesprinces.com*

🏠 Mercure

BUSINESS · FONCTIONNEL Face à la gare, un hôtel à l'architecture résolument moderne (verre et béton). On s'y repose dans des chambres modernes, spacieuses et bien insonorisées. Lumineuse salle de petit-déjeuner. Cette adresse s'adapte aussi bien à la clientèle d'affaires que touristique.

81 chambres – †89/199 € ††89/199 € – ⊊ 19 €

Plan : A-s *– 183 pl. de la Gare – ℰ 04 79 62 10 11 – www.mercure.com*

🏠 Le Cinq 🖼 & 🖼 🖼 🚗

TRADITIONNEL · DESIGN Ne tergiversons pas : avec son intérieur design et contemporain, son ambiance feutrée, ses éclairages qui rivalisent d'originalité et sa tenue impeccable, cet hôtel ne manque ni de classe ni de personnalité. En bonus : une piscine intérieure qui vaut le coup d'œil !

51 chambres – †110/170 € ††140/210 € – 1 suite – ⊊ 15 €

Plan : B-d *– 22 Faubourg Reclus – ℰ 04 79 33 51 18 – www.hotel-chambery.com*

à Sonnaz 8 km à l'Est sur D991 – ⊠ 73000 – 1 677 hab. – Alt. 370 m

ⅠⓄ Auberge Le Régent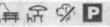

CUISINE TRADITIONNELLE · AUBERGE ⅩⅩ Ça sent très bon par ici ! Dans cette ancienne ferme savoyarde (19ᵉ s.), on apprécie la cuisine traditionnelle. Aux beaux jours, profitez de la terrasse pour déguster votre repas à l'ombre des platanes et face au jardin.

Formule 23 € – Menu 32/56 € – Carte 44/65 €

453 rte d'Aix-les-Bains – ℰ 04 79 72 27 70 – Fermé 15 août-5 sept., dim. soir, merc. et fériés le soir

à St-Alban-Leysse 4 km à l'Est par D1006 et rte secondaire – ⌧ 73230
– 5 663 hab. – Alt. 285 m

⅏○ L'Or du Temps
CUISINE MODERNE · CONVIVIAL XX Enseigne poétique pour cette table qui cultive le goût des produits les plus frais et des recettes dans l'air du temps. Les ingrédients sont bien travaillés, les présentations soignées, et les saveurs au rendez-vous. Sur la grande terrasse à l'ombre des mûriers, on oublie le temps qui passe...

Menu 17 € (déj. en semaine), 25/56 € – Carte 40/70 €

Hôtel L'Or du Temps, 814 rte de Plainpalais, – 𝒞 04 79 85 51 28
– www.or-du-temps.com – Fermé 10-31 août, 1ᵉʳ-10 janv., sam. midi, dim. soir et lundi

⅏○ Alptitudes
CUISINE MODERNE · CONVIVIAL X Sur les coteaux de Monterminod, où l'on produit l'excellente roussette de Savoie (vin blanc sec), ce chalet est bien connu des gourmands. Ici, le jeune chef, d'origine galloise, réalise une cuisine originale, fine et soignée. Un vrai refuge accroché à la montagne !

Formule 17 € – Menu 33/44 € – Carte 44/52 €

260 chemin des Vignes, à Monterminod – 𝒞 04 79 85 28 99 (réservation conseillée) – www.restaurant-alptitudes.fr – Fermé dim. soir, mardi soir et lundi

⌂ L'Or du Temps
FAMILIAL · SIMPLE Au pied du massif des Bauges, au calme d'un quartier résidentiel, cette ancienne ferme accueille des chambres simples et colorées, bien tenues, bref : idéales pour une étape !

17 chambres – †75 € ††75 € – ☲ 7 € – ½ P

814 rte de Plainpalais – 𝒞 04 79 85 51 28 – www.or-du-temps.com – Fermé 10-31 août et 1ᵉʳ-10 janv.

⅏○ **L'Or du Temps** – voir les restaurants ci-dessus

à Barberaz 3 km à l'Est par N201 (sortie 19 : La Ravoire) – ⌧ 73000
– 4 572 hab. – Alt. 315 m

⌂⌂⌂ Altédia Lodge
BUSINESS · DESIGN Orange, vert, rouge, cet hôtel récent voit la vie en technicolor ! Fauteuils Louis XVI revisités par Starck, écrans plats, grand spa, restaurant d'esprit lounge et quelques chambres familiales dans l'annexe voisine.

36 chambres – †102/125 € ††102/160 € – 10 suites – ☲ 13 €

61 r. de la République – 𝒞 04 79 60 05 00 – www.hotel-altedia.com

à Challes-les-Eaux 7 km au Sud-Ouest par D1006 et rte secondaire – ⌧ 73190
– 5 050 hab. – Alt. 310 m

⅏○ Château des Comtes de Challes
CUISINE MODERNE · CLASSIQUE XXX Cheminée gothique, poutres anciennes, rideaux épais : un décor cossu et chaleureux, qui se prête idéalement au banquet qui s'annonce ! On se régale d'une cuisine gastronomique empreinte de classicisme, valorisant les produits nobles et régionaux.

Menu 29 € (déj. en semaine), 46/62 € – Carte 68/79 €

247 montée du Château – 𝒞 04 79 72 72 72
– www.chateaudescomtesdechalles.com – Fermé vacances de la Toussaint

⌂⌂⌂ Château des Comtes de Challes
CHÂTEAU · CLASSIQUE Dans le village de Challes-les-Eaux, on reconnaît ce château du 15ᵉ s. à ses deux tours en façade. Arbres centenaires, chapelle et, dans trois bâtiments différents, des chambres spacieuses alliant le cachet de l'histoire et le confort moderne. Et au chai, dégustation quotidienne de bons crus !

58 chambres – †94/188 € ††128/268 € – 6 suites – ☲ 12 € – ½ P

247 montée du Château – 𝒞 04 79 72 72 72
– www.chateaudescomtesdechalles.com – Fermé vacances de la Toussaint

⅏○ **Château des Comtes de Challes** – voir les restaurants ci-dessus

Au Nord : 3 km sur D201 (sortie La Motte-Servolex) – ✉ 73000 Chambéry :

🏠 Alexander Park ☆ 📶 🌊 🖵 🕭 🍸 🛗 🅿

BUSINESS · FONCTIONNEL À la périphérie d'une zone commerciale proche de la voie rapide, un hôtel très fonctionnel et parfaitement insonorisé. Idéal pour un déplacement professionnel.

100 chambres – 🛏102/129 € 🛏🛏102/192 € – ⭃ 15 €

51 r. Alexander-Fleming – ℰ 04 79 68 60 00 – www.alexanderpark.fr

à Chambéry-le-Vieux 5 km au Nord par N 201 et rte secondaire (sortie Chambéry-le-Haut) – ✉ 73000

🍴○ L'Orangerie 🕸 ⩽ 📶 🍴 🅿

CUISINE MODERNE · ÉLÉGANT XxX À la table du Château de Candie, une cuisine dans l'air du temps axée sur des produits locaux de qualité. Belle sélection de vins savoyards. Agréable moment dans l'élégante salle habillée de boiseries.

Menu 29 € (déj. en semaine), 54/65 € – Carte 80/100 €

Hôtel Château de Candie, 533 r. du Bois de Candie – ℰ 04 79 96 63 00 – www.chateaudecandie.com – Fermé le midi sauf dim. en juil.-août

🏰 Château de Candie ☆ 🕸 ⩽ 📶 🌊 🖵 🛗 🅿

CHÂTEAU · ÉLÉGANT Dans cette maison forte bâtie au 14ᵉs. par des croisés, l'esprit chevaleresque a laissé place au sens de l'accueil. Les chambres, cosy, allient styles ancien et contemporain. À noter : la superbe suite avec jacuzzi dans la tour... À défaut, vous pourrez profiter de la piscine, agréable à souhait.

21 chambres – 🛏120/350 € 🛏🛏160/620 € – 4 suites – ⭃ 22 €

533 r. du Bois de Candie – ℰ 04 79 96 63 00 – www.chateaudecandie.com

🍴○ **L'Orangerie** – voir les restaurants ci-dessus

CHAMBOLLE-MUSIGNY

✉ 21220 (Côte-d'Or) – 311 hab. – Alt. 280 m – Carte régionale n° **8**-D1

▶ Paris 326 km – Beaune 28 km – Dijon 17 km

Carte Michelin 320-J6 – Guide Vert Michelin Bourgogne

🕸 Le Millésime 🕸 ⅋ 🕭 ⟲

CUISINE MODERNE · À LA MODE Xx Dans ce bistrot de village métamorphosé en restaurant contemporain, le jeune chef, aussi talentueux que sympathique, n'a pas son pareil pour vous mettre en appétit. Il prépare une cuisine actuelle, savoureuse et gourmande, à prix doux ; on l'accompagne de jolis vins de la région. Un bon Millésime !

Formule 20 € – Menu 30/50 € – Carte 43/70 €

1 r. Traversière – ℰ 03 80 62 80 37 – www.restaurant-le-millesime.com – Fermé 1ᵉʳ-15 août, 1ᵉʳ-15 janv., dim. et lundi

🍴○ Le Chambolle 🕸

CUISINE TRADITIONNELLE · RUSTIQUE X Un lieu chaleureux et rustique (imposante cheminée) pour s'attabler autour de petits plats de terroir accompagnés de vins du village. Les spécialités maison : foie gras de canard aux griottines, sandre sauce à l'époisses, ou encore tarte au chocolat chaud ! Accueil tout sourire.

Menu 25/35 € – Carte 23/52 €

28 r. Caroline-Aigle – ℰ 03 80 62 86 26 (réservation conseillée) – www.restaurant-lechambolle.com – Fermé 21 déc.-5 fév., dim. soir de déc. à mars, jeudi soir et merc.

🏰 Château André Ziltener 🕸 📶 🛗 🚗

CHÂTEAU · PERSONNALISÉ Le luxe sans tapage du style Régence, pour une belle demeure seigneuriale du 18ᵉ s. Les chambres regorgent de fresques, tableaux et mobilier de style ; le bar à vins, élégant comme il se doit, offre à chaque client une dégustation gratuite. Que de délicates attentions !

8 chambres ⭃ – 🛏250/420 € 🛏🛏250/420 € – 2 suites

r. de la Fontaine – ℰ 03 80 62 41 62 – www.chateau-ziltener.com – Fermé 30 nov.-15 mars

LE CHAMBON-SUR-LIGNON

✉ 43400 (Haute-Loire) – 2 609 hab. – Alt. 967 m – Carte régionale n° **6**-D3
▶ Paris 573 km – Annonay 48 km – Lamastre 32 km – Privas 75 km
Carte Michelin 331-H3 – Guide Vert Michelin Ardèche Drôme

🏠 Bel Horizon
🖈 ⑤ ≤ 🛏 ⚚ 🎰 ⅄ 🅿

HÔTEL DE VACANCES · MODERNE Atmosphère décontractée et... priorité aux loisirs, avec un centre de remise en forme très complet (jacuzzi, sauna, salle de sport, soins, etc.). Côté repos, des chambres d'esprit contemporain et des chalets confortables. Cuisine actuelle au restaurant.

30 chambres – ♦90/120 € ♦♦90/120 € – ⌑ 12 € – ½ P
chemin de Molle – 𝒞 *04 71 59 74 39 – www.belhorizon.fr – Ouvert 2 mars-29 nov.*
et fermé dim. soir et lundi sauf juil.-août

à l'Est 3,5 km par D157 et D185 – ✉ 43400 Chambon-sur-Lignon :

🏠 Clair Matin
🖈 ⑤ ≤ 🛏 ⚚ 🎰 ⅄ ⅃ 🅿 🚗

FAMILIAL · MODERNE Ce chalet isolé est vraiment accueillant, et la vue sur les Cévennes des plus agréables. Pour l'anecdote, la salle à manger est chauffée avec un impressionnant poêle scandinave. Les chambres, quant à elles, ont été rénovées dans un style contemporain. Quiétude et air pur garantis !

25 chambres – ♦80/130 € ♦♦80/130 € – ⌑ 13 € – ½ P
Les Barandons – 𝒞 *04 71 59 73 03 – www.hotelclairmatin.com*
– Fermé 15 nov.-15 fév., lundi et mardi hors saison

CHAMBRETAUD

✉ 85500 (Vendée) – 1 509 hab. – Alt. 214 m – Carte régionale n° **34**-B3
▶ Paris 373 km – Angers 85 km – Bressuire 50 km – Cholet 21 km
Carte Michelin 316-K6

🍴 La Table du Boisniard
🛏 🏠 ⅄ 🅰 🎰 ⅄ 🅿

CUISINE CLASSIQUE · ROMANTIQUE 𝕏𝕏𝕏 La Table du Boisniard, ou le décor d'un château du 15ᵉ s. au service d'une cuisine classique qui flirte parfois avec l'air du temps. Dans l'assiette c'est goûteux, soigné et parfumé. Parmentier de canard délicat, baba au rhum réalisé dans les règles de l'art... On passe un bon moment !

Formule 29 € – Menu 38/68 € – Carte 61/76 €
Hôtel Château du Boisniard – 𝒞 *02 51 67 50 01 – www.chateau-boisniard.com*
– Fermé 15-29 fév., 19 oct.-11 nov., 1ᵉʳ-4 janv., mardi midi, dim. soir et lundi

🏠 Château du Boisniard
🖈 ⑤ 🛏 ⅄ ⑩ 🎰 ⅄ 🅰 🅿

CHÂTEAU · PERSONNALISÉ Tout près du Puy du Fou, un château du 15ᵉ s. avec ses étangs, ses chambres au charme bourgeois et ses belles maisons en châtaignier naturel construites sur pilotis, avec terrasse privative donnant sur le parc... Pour les amoureux d'échappées vertes !

27 chambres – ♦140/420 € ♦♦140/430 € – ⌑ 24 € – ½ P
– 𝒞 *02 51 67 50 01 – www.chateau-boisniard.com*
🍴 **La Table du Boisniard** – voir les restaurants ci-dessus

CHAMESOL

✉ 25190 (Doubs) – 406 hab. – Alt. 730 m – Carte régionale n° **17**-C2
▶ Paris 453 km – Besançon 91 km – Belfort 43 km – Montbéliard 30 km
Carte Michelin 321-K2

✿ Mon Plaisir (Christian Pilloud)
🕸 🅰 ⅄ 🅿

CUISINE MODERNE · COSY 𝕏𝕏𝕏 À l'entrée du village, cette accueillante maison de pays est tout entière dédiée à votre plaisir : ambiance cosy (confortable salon, élégante salle à manger bourgeoise) et belle cuisine du chef, fine et harmonieuse.
➜ Cuisine du marché.

Menu 45/88 €
22 lieu-dit Journal – 𝒞 *03 81 92 56 17 – www.restaurant-mon-plaisir.com*
– Fermé 29 août-13 sept., 19-27 déc., dim. soir, lundi et mardi sauf midi fériés

© J.-P. Forget/hemis.fr

ON AIME...

Profiter de l'accueil chaleureux des **Chalets de Philippe** (au Lavancher),
un endroit unique aux allures de table d'hôte. Saliver devant les plats
goûteux et bien ficelés du **Révolâ**. Se reposer au **Hameau Albert 1ᵉʳ**, dans
une chambre de caractère.

CHAMONIX-MONT-BLANC

✉ 74400 (Haute-Savoie) – 8 882 hab. – Alt. 1 040 m – Carte régionale n° **45**-D1
▶ Paris 610 km – Albertville 65 km – Annecy 97 km – Aosta 57 km
Carte Michelin 328-O5 – Guide Vert Michelin Alpes du Nord

Restaurants

✿✿ **Albert 1er** (Pierre Maillet)

CUISINE CLASSIQUE · ÉLÉGANT XxxX De la subtilité et de l'exigence, des bases classiques interprétées avec finesse, de beaux produits : cette cuisine raffinée est un plaisir
pour les sens, et attire une clientèle de tous horizons. On se souviendra par exemple de
ces savoureuses noix de Saint-Jacques sur un carpaccio aux légumes...
➜ Risotto à la truffe blanche d'Alba. Omble chevalier du lac Léman, miel de bourgeons
de sapin et pain d'épice. Soufflé chaud à la Chartreuse verte, glace Chartreuse.
Formule 42 € – Menu 66 € (semaine), 92/156 € – Carte 125/180 €
Plan : AX-f – *Hôtel Hameau Albert 1er, 38 rte du Bouchet –* ☎ *04 50 53 05 09
– www.hameaualbert.fr – Fermé 8-27 mai, 6 nov.-9 déc., mardi midi, jeudi midi et
merc.*

☺ **La Maison Carrier**

SAVOYARDE · RUSTIQUE XX Une ferme typique, reconstruite pièce par pièce au
sein du luxueux Hameau Albert 1ᵉʳ. Lorsque l'on a goûté aux délicieux petits
plats mitonnés ici, l'on est totalement envoûté : élaborés avec de superbes produits du terroir, ils sont généreux, nobles et savoureux, comme l'étaient les recettes de nos grands-mères...
Formule 20 € – Menu 25 € (déj. en semaine), 31/42 € – Carte 40/70 €
Plan : AX-r – *Hôtel Hameau Albert 1er, 44 rte du Bouchet –* ☎ *04 50 53 00 03
– www.hameaualbert.fr – Fermé 29 mai-17 juin, 6 nov.-9 déc., lundi sauf juil.-août
et fériés*

☺ **Atmosphère**

CUISINE TRADITIONNELLE · À LA MODE XX Dans le centre-ville, cette adresse
qui surplombe l'Arve ne manque pas d'atmosphère : une belle salle claire et des
produits travaillés avec justesse, entre tradition savoyarde et fine cuisine d'aujourd'hui. Fondant de saumon "label Rouge" ; dos de cabillaud, nouilles chinoises
et bouillon asiatique... On est conquis.
Formule 21 € – Menu 25 € (déj. en semaine), 29/36 € – Carte 34/69 €
Plan : AY-n – *123 pl. Balmat –* ☎ *04 50 55 97 97
– www.restaurant-atmosphere.com*

CHAMONIX-MONT-BLANC

Aiguille-du-Midi (Av.) . . . . **AY** 2
Angeville (Rte H. d') . . . . **AX** 3
Balmat (Pl. Jacques) . . . . **AY** 5
Blanche (Rte) . . . . **AY**
Bois-du-Bouchet (Av. du) . . . . . . **AX** 6
Cachat-le-Géant (Av.) . . . . **AX** 7
Courmayeur (Av. de) . . . . **AY** 9
Cour (Pont de) . . . . **AY** 8
Cristalliers (Ch. des) . . . . **AX** 10
Croix-des-Moussoux (Montée) . . **AZ** 12
Croz (Av. Michel) . . . . **AY** 13
Devouassoux (Ch. F.) . . . . **AY** 14
Gaillands (Rte des) . . . . **AZ** 18
Gare (Pl. de la) . . . . **AY** 20
Helbronner (R.) . . . . **AY**
Lyret (R.) . . . . **AY**
Majestic (Allée du) . . . . **AY** 21
Mollard (Ch. de la) . . . . **AX** 23
Mont-Blanc (Av. et Pl.) . . . . **AX** 24
Moussoux (Rte des) . . . . **AZ** 26
Mummery (R.) . . . . **AX** 27
Nants (Rte des) . . . . **AZ**
Paccard (R. du Dr) . . . . **AY** 28
Pècles (Rte des) . . . . **AZ** 29
Pèlerins (Rte des) . . . . **AZ**
Plage (Av. de la) . . . . **AX**
Ravanel-le-Rouge (Av.) . . . . **AY** 31
Recteur-Payot (Allée) . . . . **AXY** 32
Roumnaz (Rte de la) . . . . **AX** 33
Triangle-de-l'Amitié (Pl. du) . . . **AX** 34
Tunnel (Rte du) . . . . **AZ**
Vallot (R. J.) . . . . **AX**
Whymper (R.) . . . . **AX** 37

CENTRE SPORTIF
Lac de la Plage
Av. de la Plage
R. J. Vallot
Espace Tairraz
Maison de la Montagne
GENDARMERIE DE HAUTE MONTAGNE
Rue Helbronne
CASINO
Chⁱⁿ de fer du Montenvers
Arve
R. du Lyret
TÉLÉPHÉRIQUE DE L'AIGUILLE DU MIDI
TREMPLIN DE SAUT
Route Blanche
0 — 200 m

B la Flégère
MARTIGNY ARGENTIÈRE
D 1506
LES BOIS
LA FLÉGÈRE
Arve
LES PRAZ DE CHAMONIX
Arveyron
0 — 500 m

la Flégère
PLANPRAZ
LE BRÉVENT
le Creux aux Marmottes
le Grd Balcon
Combe du Brévent
LE BRÉVENT
LES PLANS
Rte des Nants
BOIS DU BOUCHET
Le Montenvers
Mer de Glace \ LE MONTENVERS
LES MOUILLES
Ravin de Vouilloud
Plan de Bel Lachat
26
33
LES MOUSSOUX
CHAMONIX
12
ÉCOLE D'ESCALADE
LES GAILLANDS
29
18
LES FAVRANDS
Rte des Pèlerins
Montagne de Blaitière
les Epinettes
Arve
Rte Blanche
N 1205
LES PÈLERINS
A 40 GENÈVE LES HOUCHES, ANNECY
LES MONTQUARTS
LES BOSSONS
Cascade du Dard
Rte du Tunnel
PÉAGE
PLAN DE L'AIGUILLE
Aiguille du Midi
Glacier des Bossons
COURMAYEUR AOSTA/AOSTE
N 205
TUNNEL DU MONT-BLANC
Aiguille du Midi

⊛ Rèvolâ 🛖

CUISINE TRADITIONNELLE · SIMPLE ✗ Le rèvolâ ? En patois savoyard, c'est le repas servi aux ouvriers agricoles pendant les moissons... C'est avec cette idée d'une cuisine qui se partage que les deux associés, Jérôme et Éric, ont lancé ce restaurant ; leurs assiettes, traditionnelles ou plus inventives, font mouche à tous les coups. Réjouissant !

Formule 21 € – Menu 32/54 € – Carte 37/55 €

Plan : AY-b – 263 av. Cachat-le-Géant – ☏ 06 30 69 27 55
– www.revola-chamonix.fr – Fermé 2 semaines en mai, 2 semaines en nov., jeudi midi et merc.

❙○ Le Matafan ⓝ 🛖 🛗 ⅋ 🅿

CUISINE MODERNE · ÉLÉGANT ✗✗✗ Une salle à manger chaleureuse – la cheminée centrale doit y être pour quelque chose –, un nouveau chef en la personne de Michaël "Mickey" Bourdillat : ce Matafan ne manque pas d'allure ! Les beaux produits de saison sont toujours à la carte, travaillés dans le respect des saveurs ; le service est convivial.

Formule 22 € – Menu 40 € (déj. en semaine)/70 €

Plan : AY-a – Hôtel Mont-Blanc, 62 allée du Majestic – ☏ 04 50 53 05 64

❙○ Le Bistrot 🕮 🛖 ⅋ ⌘

CUISINE MODERNE · DESIGN ✗✗✗ Le chef Daniele Raimonidi est désormais aux commandes de ce Bistrot bien connu dans la station. Sa carte, au croisement du classicisme et de l'actuel, s'appuie sur de bons produits de saison et fait de fréquents clins d'œil à l'Italie, son pays d'origine.

Formule 22 € – Menu 55/85 € – Carte 70/90 €

Plan : AY-u – Hôtel Le Morgane, 151 av. de l'Aiguille-du-Midi – ☏ 04 50 53 57 64
– www.lebistrotchamonix.com

❙○ Le Cap Horn 🛖 ⟷

CUISINE MODERNE · CONVIVIAL ✗✗ Un concept original, un restaurant à deux visages : sushi-bar d'un côté, spécialités savoyardes et produits de la mer de l'autre. Un choix varié qui fait la force de l'adresse ! Dans tous les cas, la cuisine est goûteuse, simple et légère, et le service et l'ambiance sont agréablement décontractés.

Formule 22 € – Menu 30/39 € – Carte 29/75 €

Plan : AX-d – 74 r. des Moulins – ☏ 04 50 21 80 80
– www.caphorn-chamonix.com

❙○ La Télécabine ⓝ ≤ 🛖 ⅋

CUISINE TRADITIONNELLE · BRASSERIE ✗✗ Au-dessus de l'entrée, une télécabine (un "œuf", devrait-on plutôt dire) est suspendue : le décor est planté ! L'intérieur est résolument montagnard et la grande terrasse donne sur le massif du Mont-Blanc, en adéquation parfaite avec la cuisine proposée, goûteuse et généreuse.

Formule 21 € – Menu 28/38 € – Carte 35/63 €

27 r. de la Tour – ☏ 04 50 47 04 66 – www.restaurant-latelecabine.fr

❙○ L'Impossible

ITALIENNE · RUSTIQUE ✗✗ À la carte de cette chaleureuse ferme du 18e s., beaucoup d'herbes et d'épices pour une cuisine italienne qui met à l'honneur de superbes produits bio : escalope de loup de mer et sauce au safran ; carré d'agneau en croûte d'herbes farci à la truffe ; salade de gambas bio et pomme verte... Tout est possible !

Menu 32/62 € – Carte 49/60 €

Plan : AY-d – 9 chemin du Cry – ☏ 04 50 53 20 36 (réservation conseillée)
– www.restaurant-impossible.com – Fermé nov., mardi soir hors saison et le midi en semaine

ⅠⅠ○ L'Héliopic 🏠 ᕦ ⨯

CUISINE MODERNE · MINIMALISTE ⨯ Comme l'hôtel, le restaurant nous accueille dans un beau décor tout en épure scandinave, égayé de touches colorées. Au dîner, on se délecte de vraies créations de cuisinier, exigeantes et finement réalisées : poireaux à l'étouffée et sauce carbonara, dos de truite laqué aux épices douces, perle du Japon coco vanille...

Menu 35 € – Carte 39/66 €

Plan : AY-v – *Hôtel L'Héliopic, 50 pl. de l'Aiguille-du-Midi* – ℰ 04 50 54 55 56
– *www.heliopic-hotel-spa.com* – *Fermé 16-31 mai, 3 semaines en nov. et le midi*

ⅠⅠ○ Panier des 4 Saisons

CUISINE TRADITIONNELLE · RUSTIQUE ⨯ Les quatre saisons s'illustrent avec gourmandise dans ce chaleureux restaurant, qui nous accueille dans un décor de bois délicieusement montagnard. On se régale d'un filet de bœuf Simmental en croûte de poivre, ou d'un soufflé chaud au chocolat noir et sorbet Passion... Traditionnel et bien ficelé !

Menu 32 € – Carte 41/62 €

Plan : AY-x – *262 r. Dr-Paccard* – ℰ 04 50 53 98 77
– *www.restaurant-panierdes4saisons.com* – *Fermé de fin avril à mi-juin, fin oct. à mi-déc., mardi et le midi*

Hôtels

🏚🏚 Hameau Albert 1er 🏔 ᕦ ⨯ ⊡ ᕦ 🕐 ⑩ 🛁 ⊡ ᕦ ℳ 🛋 🚗

LUXE · PERSONNALISÉ Ce véritable hameau associant plusieurs chalets constitue un délicieux havre montagnard, sous un beau tapis de neige l'hiver, tout en vert tendre aux beaux jours... Noblesse des matériaux (dont des boiseries de vieux chalets d'alpage) et chic contemporain, confort extrême et spa d'exception : un sommet de luxe !

36 chambres – 🛏160/600 € 🛏🛏160/600 € – 4 suites – ⊡ 25 €

Plan : AX-f – *38 rte du Bouchet* – ℰ 04 50 53 05 09 – *www.hameaualbert.fr*
– *Fermé 6 nov.-9 déc.*

❀❀ **Albert 1er** • ⊕ **La Maison Carrier** – *voir les restaurants ci-dessus*

🏚🏚 Mont-Blanc 🏔 ᕦ ⊡ ⨯ ⑩ ⊡ ᕦ 🛋 🅿

LUXE · ÉLÉGANT Renaissance de cet hôtel historique, après une rénovation de pied en cap. La décoratrice Sybille de Margerie a su mettre en valeur tous ses charmes, révélant la beauté des moulures anciennes et du grand escalier, et jouant partout la carte d'un chic à la fois contemporain et intemporel... À redécouvrir !

40 chambres – 🛏240/1600 € 🛏🛏240/1600 € – ⊡ 25 €

Plan : AY-a – *62 allée du Majestic* – ℰ 04 50 53 05 64
– *www.hotelmontblancchamonix.com*

ⅠⅠ○ **Le Matafan** – *voir les restaurants ci-dessus*

🏚 Grand Hôtel des Alpes 🔲 ⊡ ᕦ 🚗

HISTORIQUE · ÉLÉGANT Ce "grand hôtel" mythique, bâti en 1840, a été merveilleusement restauré. Le résultat est à la fois intime et raffiné : hall cossu, bar feutré, élégants salons, chambres raffinées et des suites tout en bois rustique. Le tout au cœur de la station.

27 chambres – 🛏190/600 € 🛏🛏190/600 € – 3 suites – ⊡ 20 €

Plan : AY-r – *75 r. du Dr-Paccard* – ℰ 04 50 55 37 80
– *www.grandhoteldesalpes.com* – *Fermé 3 avril-10 juin et 1er oct.-14 déc.*

🏚 Auberge du Bois Prin 🏔 ᕧ ᕦ ᕦ ⊡ ᕦ 🚗

FAMILIAL · PERSONNALISÉ Ce joli chalet perché sur les hauteurs de la station, offrant une vue imprenable sur Chamonix et le massif du Mont-Blanc... et c'est d'un calme olympien ! Les chambres, toutes de mobilier classique et de lambris, ont le goût de la simplicité ; deux suites plus contemporaines ont été aménagées dans un chalet voisin.

9 chambres – 🛏190/335 € 🛏🛏220/335 € – 4 suites – ⊡ 22 €

Plan : AZ-a – *69 chemin de l'Hermine, aux Moussoux* – ℰ 04 50 53 33 51
– *www.boisprin.com* – *Fermé 18 avril-12 mai et 24 oct.-8 déc.*

Le Morgane

TRADITIONNEL · DESIGN La nature est ici pleinement respectée : engagement environnemental (zéro carbone), cadre épuré et beaux matériaux (bois brut, pierre, coton bio)... L'hôtel de montagne du 21ᵉ s. en quelque sorte ! En sous-sol, on trouve spa, hammam, sauna, et bassin de relaxation.

56 chambres – †90/280 € ††110/800 € – ☑ 15 €

Plan : AY-u – *145 av. de l'Aiguille-du-Midi* – ℰ *04 50 53 57 15*
– *www.morgane-hotel-chamonix.com*

⑩ **Le Bistrot** – voir les restaurants ci-dessus

L'Héliopic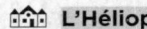

HÔTEL DE VACANCES · DESIGN Au départ du téléphérique de l'aiguille du Midi, ces deux grands chalets de pierre et de bois nous plongent dans un décor contemporain, parsemé de clins d'œil à l'alpinisme des années 1950. Plaids, coussins et rideaux donnent aux chambres une délicieuse touche vintage ; on passe de longs moments dans le superbe spa...

102 chambres – †80/370 € ††85/650 € – ☑ 15 €

Plan : AY-v – *50 pl. de l'Aiguille-du-Midi* – ℰ *04 50 54 55 56*
– *www.heliopic-hotel-spa.com* – *Fermé 16-31 mai et 3 semaines en nov.*

⑩ **L'Héliopic** – voir les restaurants ci-dessus

Chalet Hôtel Hermitage

FAMILIAL · COSY Tout le charme de la tradition montagnarde, réinterprétée dans une veine contemporaine des plus séduisantes. Certaines chambres offrent une très belle vue sur le massif : le tableau est alors complet ! On peut également opter pour les belles suites familiales nichées dans deux petits chalets voisins.

21 chambres – †146/246 € ††146/371 € – 7 suites – ☑ 17 €

Plan : AX-e – *63 chemin du Cé* – ℰ *04 50 53 13 87* – *www.hermitage-paccard.com*
– *Ouvert 18 juin-11 sept. et 18 déc.-10 avril*

Auberge du Manoir

FAMILIAL · COSY Un hôtel qui a su conserver son charme savoyard ! L'ensemble est décoré avec beaucoup de goût, mêlant boiseries et beaux tissus chaleureux... Au réveil, le petit-déjeuner privilégie les produits régionaux.

13 chambres – †102/149 € ††136/275 € – ☑ 15 €

Plan : AX-b – *8 rte du Bouchet* – ℰ *04 50 53 10 77* – *www.aubergedumanoir.com*
– *Fermé mi-avril à fin-mai et fin sept. à mi-déc.*

L'Oustalet

FAMILIAL · COSY Un hôtel sympathique, à la fois chaleureux et moderne, qui cultive totalement l'esprit montagne. Le petit-déjeuner est copieux et de qualité : charcuterie, fromage, œufs, bonnes viennoiseries et yaourt maison. Idéal en famille.

15 chambres – †100/152 € ††117/190 € – ☑ 14 €

Plan : AY-z – *330 r. du Lyret* – ℰ *04 50 55 54 99* – *www.hotel-oustalet.com*
– *Fermé mi-mai à mi-juin et mi-oct. à mi-déc.*

Park Hotel Suisse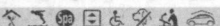

FAMILIAL · CLASSIQUE Voilà un hôtel familial aux chambres spacieuses, rénovées dans un style contemporain. Au dernier étage, avec vue panoramique sur le mont Blanc, on trouve sauna, hammam et salon de détente ; puis on plonge dans l'eau délicieusement chaude de la piscine...

64 chambres ☑ – †95/309 € ††115/375 € – 2 suites

Plan : AY-q – *75 allée du Majestic* – ℰ *04 50 53 07 58*
– *www.chamonix-park-hotel.com* – *Ouvert 7 juin-27 sept. et 19 déc.-12 avril*

Le Faucigny

HÔTEL DE VACANCES · COSY En centre-ville, un sympathique petit hôtel aux tons gris, sobre et contemporain, avec un mobilier de style scandinave ; au retour des pistes de ski, on profite du superbe salon-bibliothèque où crépite un feu de cheminée, et de l'espace détente avec jacuzzi et sauna.

28 chambres – †75/180 € ††80/300 € – ☑ 12 €

Plan : AX-m – *118 pl. de l'Église* – ℰ *04 50 53 01 17*
– *www.hotelfaucigny-chamonix.com* – *Fermé 16-31 mai et 1ᵉʳ-26 nov.*

à Argentière 10 km au Nord par D1506 – ✉ 74400 – Alt. 1 252 m

⍟○ La Remise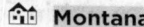

CUISINE MODERNE · COSY 𝕏𝕏 Nouveau chef (britannique) mais qualité inchangée pour cette Remise aussi chaleureuse que moderne, où l'on retrouve l'atmosphère conviviale des gastro-pubs de Londres, et de jolis plats comme ce velouté de butternut, œuf de ferme coulant et crème de noisettes ! So delicious !

Menu 45/78 € – Carte 48/57 €

1124 rte d'Argentière – ℰ 04 50 34 06 96 – www.laremise.eu – Fermé 9-23 mai, 10 oct.-21 nov., dim. soir et lundi

🏠 Montana

FAMILIAL · FONCTIONNEL Un chalet vert à l'entrée de la station, à l'atmosphère familiale. Toutes les chambres ont été joliment rénovées dans un style montagnard, à la fois chic et contemporain. Piscine chauffée, jacuzzi, sauna et hammam offrent un parfait moment de détente.

14 chambres ⊊ – †170/220 € ††180/399 € – 5 suites – ½ P

24 clos du Montana – ℰ 04 50 54 14 99 – www.hotel-montana.fr – Ouvert 19 déc.-10 avril et 30 juin-25 sept.

🏠 Grands Montets

TRADITIONNEL · ALPIN Non loin du téléphérique et au calme, ce beau chalet distille le charme patiné des demeures savoyardes d'antan. Chambres décorées dans un esprit montagnard cosy, mais aussi piscine couverte, fitness, hammam et jacuzzi... pour une atmosphère très cocooning.

36 chambres ⊊ – †135/215 € ††165/400 € – 6 suites

340 chemin des Arberons – ℰ 04 50 54 06 66 – www.hotel-grands-montets.com – Ouvert 18 juin-31 août et 22 déc.-18 avril

aux Tines 4 km au Nord par D1506 et rte secondaire –
✉ 74400 Chamonix Mont Blanc

🏠 Excelsior ⓝ

HÔTEL DE VACANCES · MODERNE Réouvert à l'été 2015 après un changement de propriétaires, l'Excelsior nous présente un tout nouveau visage ! Les chambres confortables, la salle à manger en véranda, la terrasse et la piscine offrant une vue imprenable sur les montagnes... Une plaisante adresse.

78 chambres – †149/229 € ††149/229 € – 1 suite – ⊊ 17 €

251 chemin de St-Roch – ℰ 04 50 53 18 36 – www.hotelexcelsior-chamonix.com

au Lavancher 6 km au Nord par D1506 et rte secondaire –
✉ 74400 Chamonix Mont Blanc

⍟○ Les Chalets de Philippe

CUISINE MODERNE · ÉLÉGANT 𝕏𝕏𝕏 On découvre avec bonheur ces deux belles tables d'hôtes superbement décorées – verres en cristal, assiettes et plateaux réalisés par des artisans locaux – et fleuries. Le chef (un ancien de l'Auberge de l'Ill) régale les convives avec des créations bien dans l'air du temps : le point d'orgue d'un séjour d'exception !

Formule 57 € – Menu 85/160 € – Carte environ 90 €

Hôtel Les Chalets de Philippe, 700-718 rte du Chapeau – ℰ 06 07 23 17 26 (réservation conseillée) – www.chaletsphilippe.com

⍟○ Le Rosebud

CUISINE MODERNE · ÉLÉGANT 𝕏𝕏 Le voyage commence face aux montagnes que l'on aperçoit à travers les baies vitrées puis continue à table, entre spécialités régionales, grands classiques et saveurs du monde, presque toujours rehaussés d'herbes et d'épices. Mention spéciale pour le dos d'agneau fermier cuit sur l'os, en croûte parfumée...

Menu 35/59 € – Carte 42/66 €

Hôtel Le Jeu de Paume, 705 rte du Chapeau – ℰ 04 50 54 03 76 – www.jeudepaumechamonix.com – Ouvert 15 juin-15 sept., 20 déc.-20 avril et fermé mardi midi et merc. midi

🏨 Le Jeu de Paume   ☆ 🕸 ≼ 🛏 🖼 ※ 🖂 🔏 🅿

TRADITIONNEL · COSY En haut d'un hameau pris entre vallée et hauts sommets, cet hôtel possède de nombreux atouts : piscine couverte, sauna, jacuzzi, salons avec cheminée, billard... Son décor traditionnel "tout bois" est plutôt raffiné, et assure à la clientèle un repos sans faille.

23 chambres – †150/250 € ††150/250 € – ♁ 16 €
705 rte du Chapeau – ℰ 04 50 54 03 76 – www.jeudepaumechamonix.com
– Ouvert 15 juin-15 sept. et 20 déc.-20 avril
⫙○ **Le Rosebud** – voir les restaurants ci-dessus

🏨 Les Chalets de Philippe   ☆ 🕸 ≼ 🛏 🅿

LUXE · PERSONNALISÉ Insolite, unique, marquant... Voilà bien un hôtel exclusif ! Cet ensemble de superbes chalets, accrochés à flanc de montagne parmi les sapins, porte l'esprit savoyard à des sommets de charme et de luxe : bois ancien, objets rares, détails délicats, dans un esprit quasi baroque mais avec un goût toujours sûr... Enivrant !

20 chambres – †100/180 € ††130/310 € – ♁ 18 €
700-718 rte du Chapeau – ℰ 06 07 23 17 26 – www.chaletsphilippe.com
⫙○ **Les Chalets de Philippe** – voir les restaurants ci-dessus

aux Praz-de-Chamonix 2,5 km au Nord – ✉ 74400 Chamonix Mont Blanc
– Alt. 1 060 m

⫙○ La Cabane des Praz   ≼ 🍽 ♿ 🅿

CUISINE MODERNE · À LA MODE ✗✗ Superbement rénovée, cette élégante cabane en rondins est à la fois chic et décontractée. L'ambiance est chaleureuse, que ce soit dans le salon avec cheminée ou sur la terrasse. En cuisine, le registre actuel rencontre la tradition et le terroir : tarte fine au reblochon, agneau fondant au miel... Efficace !

Formule 23 € – Menu 29 € (semaine)/39 € – Carte 37/59 €
Plan : BZ-v – *23 rte du Golf – ℰ 04 50 53 23 27 – www.restaurant-cabane.com*
– Fermé 11 nov.-1er déc.

🏨 Le Labrador   🕸 ≼ 🖂 ♿ 🔏 🅿

TRADITIONNEL · ALPIN Ce grand chalet tout en bois, aux allures scandinaves, est situé en plein cœur du golf de Chamonix. Les chambres sont habillées de matériaux nobles, la vue sur le mont Blanc et la vallée est superbe. Un grand bol d'oxygène !

33 chambres – †97/299 € ††97/299 € – 2 suites – ♁ 14 €
Plan : BZ-h – *au golf – ℰ 04 50 55 90 09 – www.hotel-labrador.com – Fermé 17 avril-6 mai et 16 oct.-9 déc.*

🏨 Les Lanchers   ☆ ≼ 🖂 ♿

FAMILIAL · FONCTIONNEL Des fresques typiques de la région égayent la façade de ce petit hôtel familial qui a trouvé un nouveau souffle à travers une rénovation complète et même la création d'une extension d'esprit contemporain. Cuisine traditionnelle au restaurant.

19 chambres – †75/105 € ††85/130 € – ♁ 11 €
Plan : BZ-b – *1459 rte des Praz – ℰ 04 50 53 47 19*
– www.hotel-lanchers-chamonix.com – Fermé 13 nov.-16 déc.

aux Bossons 3,5 km au Sud – ✉ 74400 Chamonix Mont Blanc – Alt. 1 005 m

🏨 Aiguille du Midi   ☆ ≼ 🛏 🍽 ※ 🖂 🔏 🅿

AUBERGE · RÉTRO Les propriétaires de cet hôtel, bâti en 1908, ont le souci de rénover régulièrement les chambres ; dans un style montagnard contemporain, sobres et bien aménagées, elles sont très confortables. Le salon panoramique offre une magnifique vue sur le glacier des Bossons.

39 chambres – †70/162 € ††77/162 € – ♁ 14 €
Plan : AZ-n – *479 chemin Napoléon – ℰ 04 50 53 00 65*
– www.hotel-aiguilledumidi.com – Fermé 3 avril-28 mai et 18 sept.-16 déc.

CHAMOUILLE – 02 (Aisne) ➜ voir Laon

CHAMPAGNAC-DE-BELAIR – 24 (Dordogne) ➜ voir Brantôme

CHAMPAGNÉ
✉ 72470 (Sarthe) – 3 819 hab. – Alt. 53 m – Carte régionale n° **35**-D1
▶ Paris 205 km – Alençon 67 km – Le Mans 14 km – Nantes 204 km
Carte Michelin 310-L6

⅄○ Le Cochon d'Or
CUISINE TRADITIONNELLE · CLASSIQUE XX Le marché, les saisons, la tradition et le sens des produits : voilà le credo du chef, Thierry Janvier, qui concocte une cuisine traditionnelle et généreuse. Quelques exemples : le saumon fumé "maison", les noix de Saint-Jacques aux endives caramélisées, ou encore les rognons de veau à la moutarde... Et l'accueil est en or !
Formule 18 € – Menu 22 € (déj. en semaine), 32/37 € – Carte 41/55 €
49 rte de Paris, D323 – ℰ *02 43 89 50 08 – Fermé 25 juil.-16 août, lundi et le soir sauf sam.*

CHAMPAGNEUX – 73 (Savoie) ➜ voir St-Genix-sur-Guiers

CHAMPAGNEY – 70 (Haute-Saône) ➜ voir Ronchamp

CHAMPAGNOLE
✉ 39300 (Jura) – 7 938 hab. – Alt. 541 m – Carte régionale n° **16**-B3
▶ Paris 420 km – Besançon 66 km – Dole 68 km – Genève 86 km
Carte Michelin 321-F6 – Guide Vert Michelin Franche-Comté Jura

⅏ Le Bois Dormant
BUSINESS · FONCTIONNEL Dans un parc arboré, un hôtel au décor chaleureux. Bois blond, tons pastel... les chambres sont actuelles et pratiques ; il y a aussi une très jolie piscine côté jardin (avec jacuzzi, hammam et sauna) et un restaurant traditionnel.
40 chambres – ⅃79/90 € ⅃⅃90/163 € – ⍁ 11 € – ½ P
rte de Pontarlier, 1,5 km – ℰ *03 84 52 66 66 – www.bois-dormant.com
– Fermé 21-27 déc.*

CHAMPAGNY-EN-VANOISE
✉ 73350 (Savoie) – 633 hab. – Alt. 1 240 m – Carte régionale n° **45**-D2
▶ Paris 625 km – Albertville 44 km – Chambéry 94 km – Moûtiers 19 km
Carte Michelin 333-N5 – Guide Vert Michelin Alpes du Nord

⅏ L'Ancolie
FAMILIAL · RUSTIQUE La fleur sauvage a prêté son nom à cet hôtel perché sur les hauteurs, dernier lieu de vie avant les pistes ! L'étape est toute trouvée pour les skieurs et les randonneurs, qui apprécieront là un hébergement à la fois fonctionnel et confortable, avec un restaurant d'esprit savoyard.
31 chambres – ⅃70/125 € ⅃⅃70/150 € – ⍁ 12 €
Les Hauts du Crey – ℰ *04 79 55 05 00 – www.hotel-ancolie.com
– Ouvert 18 juin-4 sept. et 20 déc.-12 avril*

⅔ Les Glières
HÔTEL DE VACANCES · ALPIN Non loin de la télécabine, dans un groupement de chalets bordant la station, des chambres mignonnes et chaleureuses, où dominent le bois et la couleur rouge. Après une journée sportive, il fait bon s'installer devant la cheminée du salon...
18 chambres – ⅃84/130 € ⅃⅃84/165 € – ⍁ 12 € – ½ P
à Planchamp – ℰ *04 79 55 05 52 – www.hotel-glieres.com – Ouvert 2 juil.-20 août et 17 déc.-10 avril*

CHAMPCEVINEL – 24 (Dordogne) → voir Périgueux

CHAMPEIX

✉ 63320 (Puy-de-Dôme) – 1 335 hab. – Alt. 456 m – Carte régionale n° **5**-B2
▶ Paris 440 km – Clermont-Ferrand 30 km – Condat 49 km – Issoire 14 km
Carte Michelin 326-F9 – Guide Vert Michelin Auvergne

à Montaigut-le-Blanc 3 km à l'Ouest par D996 – ✉ 63320 – 808 hab. – Alt. 500 m

🏠 **Le Chastel Montaigu**   ⟶ ⟨ 🖼 🕙 🅿 🚫

CHÂTEAU · PERSONNALISÉ L'originalité de cette maison d'hôtes haut perchée :
ses superbes chambres (lits à baldaquin) situées dans un donjon crénelé, avec
vue plongeante sur les monts Dore et le Forez.

4 chambres ☑ – †135/150 € ††145/160 €
au château – ℰ 04 73 96 28 49 – www.lechastelmontaigu.com – Ouvert d'avril à oct.

CHAMPIGNÉ

✉ 49330 (Maine-et-Loire) – 2 073 hab. – Alt. 25 m – Carte régionale n° **35**-C2
▶ Paris 287 km – Angers 24 km – Château-Gontier 24 km – La Flèche 41 km
Carte Michelin 317-F3

au Nord-Ouest 3 km par D768 et D190

🏰 **Château des Briottières**   ⟨ 🌳 🖼 🛏 🍽 🎱 🅿

CHÂTEAU · CLASSIQUE Un raffinement très 18e s. règne dans ce château familial
entouré d'un parc avec un étang. Chambres et salons sont décorés avec style et,
le soir, on dîne aux chandelles.

17 chambres – †149/220 € ††149/365 € – ☑ 20 €
voie Hercule-Charnacé, 4 km au Nord-Ouest par D768, D190 et rte secondaire
– ℰ 02 41 42 00 02 – www.briottieres.com – Ouvert avril-nov.

CHAMPILLON – 51 (Marne) → voir Épernay

CHAMPLIVE

✉ 25360 (Doubs) – 262 hab. – Alt. 404 m – Carte régionale n° **17**-C1
▶ Paris 438 km – Besançon 24 km – Lausanne 121 km
Carte Michelin 321-H3

🍽 **Auberge du Château de Vaite**   ⟶ ⟨ 🖼 🅿

CUISINE TRADITIONNELLE · DESIGN 🗶🗶 Une ancienne ferme au cœur du village ?
Oui, mais surtout un restaurant moderne, dont le mur végétal en fait une curiosité dans la région ! Dans l'assiette, on retrouve toujours la même cuisine traditionnelle bien tournée (truites, grenouilles, etc.). Thèmes décalés dans les chambres (blanc, nature, salle de jeux...).

🍴 Menu 14 € (déj. en semaine), 22/40 € – Carte 25/56 €
9 chambres – †62/82 € ††72/82 € – ☑ 9 €
17 Grande Rue – ℰ 03 81 55 20 66 – www.auberge-chateau-vaite.com
– Fermé 22 déc.-2 fév.

LE CHAMP-SUR-LAYON

✉ 49380 (Maine-et-Loire) – 969 hab. – Alt. 74 m – Carte régionale n° **35**-C2
▶ Paris 322 km – Angers 31 km – Nantes 107 km – Niort 126 km
Carte Michelin 317-F5

🍽 **La Table de la Bergerie** 🆕   🚹 🅰🅲 🅿

CUISINE MODERNE · À LA MODE 🗶🗶 Pas de carte ici, mais un court menu branché
sur les saisons. Le jeune chef se fournit chez les producteurs locaux (viande, poisson,
fruits et légumes) pour composer des recettes fines et délicates, que l'on n'oubliera
pas de sitôt ! Quelques vins au verre pour découvrir la production du domaine.

Formule 19 € 🍷 – Menu 23/48 €
La Bergerie, 1,5 km à l'Ouest par D54 et rte secondaire – ℰ 02 41 78 30 62
(réservation conseillée) – www.latable-bergerie.fr – Fermé 7-22 mars, 8-23 août,
18-26 janv., mardi sauf le soir en juin et juil., dim. soir et lundi

CHAMPTOCEAUX

✉ 49270 (Maine-et-Loire) – 2 400 hab. – Alt. 68 m – Carte régionale n° **34**-B2
▶ Paris 357 km – Ancenis 9 km – Angers 65 km – Beaupréau 30 km
Carte Michelin 317-B4 – Guide Vert Michelin Châteaux de la Loire

🏠 Le Champalud   ✿ 🖵 ḋ 🦺

TRADITIONNEL · FONCTIONNEL Dans ce petit village des bords de Loire, on reconnaît cet hôtel sympathique à sa longue véranda verte faisant face à l'église. D'apparence moderne, il abrite des chambres ayant gardé un caractère classique et atypique, avec leurs poutres et leurs vieilles pierres. Restaurant et bar-brasserie pour les repas.
19 chambres – †70/115 € ††70/115 € – ⌑ 10 €
1 pl. du Chanoine-Bricard – ℰ 02 40 83 50 09 – www.lechampalud.com

CHANCELADE – 24 (Dordogne) ➔ voir Périgueux

CHANDAI

✉ 61300 (Orne) – 658 hab. – Alt. 200 m – Carte régionale n° **33**-C3
▶ Paris 129 km – L'Aigle 10 km – Alençon 72 km – Chartres 71 km
Carte Michelin 310-N2

😊 L'Écuyer Normand

CUISINE MODERNE · AUBERGE XX Le pays du percheron n'est pas si loin et cet Écuyer – une jolie auberge en brique et pierre – pourrait très bien arborer sur son blason cet animal emblématique, qui incarne autant la puissance que la douceur : de fait, la carte exalte le goût du terroir avec finesse et élégance. Le chef est un vrai artisan... À cheval !
Formule 16 € – Menu 21 € (déj. en semaine), 31/45 € – Carte 48/62 €
*23 rte de Paris, D926 – ℰ 02 33 24 08 54 (réservation conseillée)
– www.ecuyer-normand.com – Fermé merc. soir, dim. soir et lundi*

CHANDOLAS

✉ 07230 (Ardèche) – 482 hab. – Alt. 115 m – Carte régionale n° **44**-A3
▶ Paris 662 km – Alès 43 km – Aubenas 34 km – Privas 66 km
Carte Michelin 331-H7

🍽️ Auberge les Murets   🛏 🛋 🅰️ℂ 🅿️

CUISINE TRADITIONNELLE · RÉTRO XX Des voûtes et... le terroir ! La cuisine du chef, préparée en toute simplicité, joue agréablement avec la tradition et, l'été, il fait bon s'installer sous le mûrier.
Formule 17 € – Menu 21/42 €
*D104, quartier Langarnayre – ℰ 04 75 39 08 32 – www.aubergelesmurets.com
– Fermé 30 nov.-18 déc., 5 janv.-6 fév., lundi sauf le soir d'avril à oct. et mardi de nov. à mars*

🏠 Auberge les Murets   ✿ 🛏 ⌇ ḋ 🅰️ℂ 🍴 🅿️

AUBERGE · RUSTIQUE Les vignes et la nature à perte de vue pour cette jolie ferme cévenole du 18ᵉ s., avec ses chambres pimpantes, dont trois plus spacieuses et contemporaines. Bel espace détente : sauna, jacuzzi... Un endroit très sympathique !
10 chambres – †76/95 € ††76/95 € – ⌑ 12 €
*D104, quartier Langarnayre – ℰ 04 75 39 08 32 – www.aubergelesmurets.com
– Fermé 30 nov.-18 déc. et 5 janv.-6 fév.*

   🍽️ **Auberge les Murets** – voir les restaurants ci-dessus

CHANTEMERLE – 05 (Hautes-Alpes) ➔ voir Serre-Chevalier

CHANTILLY

✉ 60500 (Oise) – 11 215 hab. – Alt. 59 m – Carte régionale n° **36**-B3
▶ Paris 51 km – Beauvais 55 km – Compiègne 44 km – Meaux 53 km
Carte Michelin 305-F5 – Guide Vert Michelin Île-de-France

❀❀ La Table du Connétable

CUISINE MODERNE · ÉLÉGANT XXXX Au sein de la luxueuse Auberge du Jeu de Paume, sur le domaine du château, cette table feutrée et distinguée cultive l'excellence : dans chaque assiette, le jeune chef, Arnaud Faye, allie avec grande subtilité classicisme et originalité, harmonie et vivacité des saveurs, beaux produits et exécution soignée. Tout en finesse...

→ Homard fumé à l'hysope et melon rôti sans cuisson. Agneau du Quercy rôti au coques et couteaux, pommes de terre condimentées. Fraises en différentes textures parfumées au basilic, riz au lait à la vanille.

Menu 67 € (déj.), 105/180 € – Carte 110/170 €

*Auberge du Jeu de Paume, 4 r. du Connétable – ℰ 03 44 65 50 00
– www.aubergedujeudepaumechantilly.fr – Fermé 3 semaines en août, 2 semaines en janv., mardi midi, merc. midi, jeudi midi, dim. et lundi*

🏨 Auberge du Jeu de Paume

LUXE · ÉLÉGANT Beaucoup de raffinement dans ce luxueux établissement en bordure du Domaine de Chantilly, entre les Grandes Écuries et le château. Les chambres spacieuses et à l'élégance classique (avec vue sur la ville ou le parc), les deux restaurants, le spa de 600 m²... tout est princier.

78 chambres – †235/800 € ††235/1000 € – 14 suites – ☐ 32 € – ½ P

4 r. du Connétable – ℰ 03 44 65 50 00 – www.aubergedujeudepaumechantilly.fr

❀❀ **La Table du Connétable** – voir les restaurants ci-dessus

🏠 Hôtel du Parc ℕ

URBAIN · DESIGN À deux pas du centre-ville, cet hôtel a bénéficié d'une véritable cure de jouvence ! L'ensemble est désormais contemporain et élégant ; les chambres sont sobres et confortables, avec quelques clins d'œil équestres – celles donnant sur le jardin sont les plus calmes.

57 chambres – †98/350 € ††98/350 € – ☐ 15 €

36 av. du Mar.-Joffre – ℰ 03 44 58 20 00 – www.hotel-parc-chantilly.com

à Apremont 6 km au Nord par D606 – ✉ 78200

🅾 Auberge La Grange aux Loups

CUISINE CLASSIQUE · AUBERGE XX Cette auberge villageoise logée sous les poutres et solives d'une jolie salle rustique vient d'être reprise par un couple passionné, qui propose une cuisine de saison. A déguster sur la terrasse d'été, aux beaux jours. Chambres calmes et bien tenues, installées dans une dépendance, façon "maison d'hôte".

Formule 28 € – Menu 32 € (semaine), 58/76 € ☂ – Carte 61/77 €

4 chambres – †85 € ††85 € – ☐ 10 €

8 r. du 11-Novembre – ℰ 03 44 25 33 79 – www.lagrangeauxloups.com – Fermé dim. soir et lundi

rte d'Apremont au Nord-Est par D606

🅾 Donatello

CUISINE MODERNE · ÉLÉGANT XX Au cœur du Dolce Chantilly Resort, ce Donatello continue son bonhomme de chemin... et s'est mis à l'heure de la bistronomie ! Dans un cadre toujours aussi plaisant – mise en place simple, jolie vue sur le golf –, on déguste une cuisine fraîche et bien réalisée, qui évolue au rythme des saisons.

Menu 39 € (dîner)

*Hôtel Dolce Chantilly, à 3 km – ℰ 03 44 58 47 57 – www.donatello-restaurant.fr
– Fermé vacances de Noël, août, dim., lundi et le midi*

🏨 Dolce Chantilly

BUSINESS · FONCTIONNEL Dans ce resort avec golf, espace détente et salles de séminaire, on se met au vert... Et dans les chambres de ce grand bâtiment d'inspiration classique, spacieuses et modernes, un fil rouge logique vers Chantilly : le cheval.

200 chambres – †105/305 € ††105/305 € – ☐ 24 €

à 3 km – ℰ 03 44 58 47 77 – www.dolcechantilly.com – Fermé vacances de Noël

🅾 **Donatello** – voir les restaurants ci-dessus

à Montgrésin 5 km au Sud-Est par D924[A] – ✉ 60560 Orry la Ville

ⅈ◯ Relais d'Aumale   🖨 🍴 🚭 🅿

CUISINE MODERNE · CLASSIQUE XX La grande salle à manger – une lumineuse véranda au cadre cosy et feutré – n'attend plus que vous ! Vous y dégusterez la cuisine d'un jeune chef bien dans son époque, qui n'oublie jamais ses bases traditionnelles.
Menu 36/39 € – Carte environ 50 €
37 pl. des Fêtes-Delaunay – ℰ 03 44 54 61 31 – www.relais-aumale.fr
– Fermé 1ᵉʳ-15 août, 23 déc.-2 janv., lundi midi, mardi midi, merc. midi et dim.

🏠 Relais d'Aumale   🕆 🦢 🖨 🍴 ⊡ � 🅿

TRADITIONNEL · CLASSIQUE Cet ancien pavillon de chasse du duc d'Aumale se niche dans un jardin, à l'orée de la forêt de Chantilly. Les chambres sont confortables et ont été joliment décorées par Stafan Lauters, un designer suédois (tons passés, velours). Et l'on profite du calme !
22 chambres – ♦95/152 € ♦♦95/210 € – 2 suites – ☲ 14 €
37 pl. des Fêtes-Delaunay – ℰ 03 44 54 61 31 – www.relais-aumale.fr
– Fermé 1ᵉʳ-15 août et 23 déc.-2 janv.
ⅈ◯ **Relais d'Aumale** – voir les restaurants ci-dessus

à Gouvieux 4 km à l'Ouest par D909 – ✉ 60270 – 9 166 hab. – Alt. 26 m

ⅈ◯ Château de la Tour   🖨 🍴 🄰 🚭 ⟷ 🅿

CUISINE MODERNE · ÉLÉGANT XxX Dans cette superbe bâtisse de style anglo-normand, hauts plafonds ouvragés et cheminées en pierre blanche servent de cadre à une cuisine au goût du jour : velouté de potiron, œufs de caille et chips de chorizo, dos de cabillaud rôti et spaghettis à la coriandre, pain perdu à la sauce caramel et beurre salé...
Formule 30 € ☲ – Menu 50/98 € ☲ – Carte 50/72 €
Hôtel Château de la Tour, chemin du Château-de-la-Tour – ℰ 03 44 62 38 38
– www.lechateaudelatour.fr – Fermé merc. midi, jeudi midi et vend. midi

ⅈ◯ Le Pavillon St-Hubert   ⩽ 🖨 🍴 🅿

CUISINE TRADITIONNELLE · AUBERGE XX Un restaurant meublé dans un style plutôt classique ; l'été, de la terrasse dressée à l'ombre des tilleuls, on regarde passer lentement les péniches. Carte et menus proposent des recettes de grande tradition : foie gras, sole meunière, ris de veau...
Menu 28 € (semaine), 37/45 € – Carte 48/76 €
Hôtel Le Pavillon St-Hubert, av.Toutevoie – ℰ 03 44 57 07 04
– www.pavillon-saint-hubert.com – Fermé 2-30 janv., mardi midi,
dim. soir et lundi

🏠 Château de la Tour   🕆 🦢 ⩽ 🖨 ⤳ 🍴 🄰 🔑 🅿

CHÂTEAU · PERSONNALISÉ Pour se mettre au vert pas trop loin de Paris, cette belle demeure du début du 20ᵉ s., cachée dans un joli parc de 5 ha, est tout indiquée. À l'intérieur, un salon très "british", avec fauteuil club, bar en bois et billard, et des chambres classiques et spacieuses.
41 chambres ☲ – ♦129/309 € ♦♦129/309 € – ½ P
chemin du Château-de-la-Tour – ℰ 03 44 62 38 38 – www.lechateaudelatour.fr
ⅈ◯ **Château de la Tour** – voir les restaurants ci-dessus

🏠 Le Pavillon St-Hubert   🕆 🦢 ⩽ 🖨 🔑 🅿

AUBERGE · RUSTIQUE On accède à cette maison de caractère, blanche et fleurie, par son joli jardin situé au bord de l'Oise. Les chambres sont relativement petites mais confortables, avec de jolies teintes douces.
18 chambres – ♦70/90 € ♦♦70/95 € – ☲ 10 € – ½ P
av. Toutevoie – ℰ 03 44 57 07 04 – www.pavillon-saint-hubert.com
– Fermé 2-30 janv.
ⅈ◯ **Le Pavillon St-Hubert** – voir les restaurants ci-dessus

rte de Creil 4 km au Nord – ✉ 60740 St-Maximin

ⅼⅼ○ Le Verbois   🏦 🛋 🚗 AC ⇔ P

CUISINE MODERNE · COSY ✕✕✕ À l'orée de la forêt, cet ancien relais de chasse (1886) a délaissé les oripeaux bourgeois pour un intérieur sobre et contemporain, toujours élégant. Dans la belle véranda cernée par le jardin, on se régale d'une bonne cuisine du marché rythmée par les saisons (gibier notamment).

Formule 30 € – Menu 39 € (semaine), 44/78 € – Carte 67/96 €

6 r. La Grande-Folie, D1016 – ☏ 03 44 24 06 22 – www.leverbois.com – Fermé 10-27 août, 4-18 janv., dim. soir et lundi

CHANTONNAY

✉ 85110 (Vendée) – 8 306 hab. – Alt. 58 m – Carte régionale n° **34**-B3

▶ Paris 410 km – Cholet 53 km – Nantes 79 km – La Roche-sur-Yon 34 km

Carte Michelin 316-J7

🏠 Manoir de Ponsay   🌳 🐾 ⋖ 🛋 🍸 🞕 P

CHÂTEAU · PERSONNALISÉ Pour jouir de la vie de château en pleine nature, ce manoir classé, transmis de père en fils depuis 1644, est idéal. Les chambres sont spacieuses et chargées d'histoire. Et dès que le temps le permet, on profite du parc, où trône un magnifique cèdre bicentenaire... À la table d'hôte, cuisine familiale.

5 chambres – ♦66/180 € ♦♦66/180 € – ☲ 10 €

7 km à l'Est par rte de Pouzauges (D 960) et rte secondaire (à Puybéliard direction St-Mars-des-Prés) – ☏ 02 51 46 96 71 – www.manoirdeponsay.com – Ouvert avril-sept.

CHAOURCE

✉ 10210 (Aube) – 1 154 hab. – Alt. 150 m – Carte régionale n° **13**-B3

▶ Paris 196 km – Auxerre 66 km – Bar-sur-Aube 58 km – Châtillon-sur-Seine 52 km

Carte Michelin 313-E5 – Guide Vert Michelin Champagne Ardenne

🏠 Le Cadusia   🌳 & AC 🐾 🚗

FAMILIAL · FONCTIONNEL À la sortie de Chaource, sur la route de Troyes, cet hôtel créé en 2010 propose des chambres fonctionnelles, au style résolument contemporain, et abrite un restaurant doublé d'une rôtisserie. Une étape utile.

19 chambres – ♦67/70 € ♦♦70/75 € – ☲ 12 €

21 rte de Troyes – ☏ 03 25 42 10 10 – www.le-cadusia.com

à Maisons-lès-Chaource 6 km au Sud-Est par D34 – ✉ 10210

– 190 hab. – Alt. 235 m

🏠 Aux Maisons   🌳 🐾 🖼 AC 🐾 P

FAMILIAL · ACTUEL Au centre du village, la même famille tient cet hôtel-restaurant traditionnel depuis quatre générations ! Les chambres sont confortables, fonctionnelles et donnent sur la piscine ou les prairies, où gambadent parfois des chevaux.

19 chambres – ♦70/80 € ♦♦78/150 € – ☲ 12 € – ½ P

1 r. des AFN – ☏ 03 25 70 07 19 – www.logis-aux-maisons.com – Fermé dim. soir

CHAPAIZE

✉ 71460 (Saône-et-Loire) – 136 hab. – Alt. 211 m – Carte régionale n° **8**-C3

▶ Paris 375 km – Bourg-en-Bresse 71 km – Lyon 106 km – Mâcon 40 km

Carte Michelin 320-I10 – Guide Vert Michelin Bourgogne

ⅼⅼ○ La Table de Chapaize 🆚   🚗 &

CUISINE MODERNE · TRADITIONNEL ✕ L'église romane, bâtie vers l'an mil, est l'une des plus vieilles d'Europe et fait la réputation de ce village... mais elle a de la concurrence. Cette charmante maison, tenue par deux autodidactes, met les produits locaux à l'honneur ; tout est fait maison, y compris les glaces. Et le menu change tous les mois !

Formule 21 € – Menu 27/33 € – Carte 36/45 €

Le Bourg – ☏ 03 85 38 07 18 – www.latabledechapaize.fr – Fermé 4 janv.-4 fév., du lundi au jeudi en hiver, jeudi sauf le soir en saison et lundi

LA CHAPELLE-AUX-CHASSES

✉ 03230 (Allier) – 208 hab. – Alt. 225 m – Carte régionale n° **6**-C1
▶ Paris 294 km – Bourbon-Lancy 22 km – Decize 25 km – Moulins 21 km
Carte Michelin 326-I2

○ Auberge de la Chapelle aux Chasses   🕸 ⇔ 🏡 🕭

CUISINE MODERNE · AUBERGE XX De cet ancien presbytère, les gourmands ont fait leur repaire ! Dans un cadre rustique, on déguste une appétissante cuisine du moment, qui évolue au gré des saisons : lasagnes de jarret de veau mijoté à la tomate, risotto aux langoustines et asperges... L'été, on profite de la terrasse ouverte sur le jardin.

Formule 18 € – Menu 23 € (semaine), 30/55 € – Carte 32/47 €
– *📞 04 70 43 44 71 (réservation conseillée)*
– *www.aubergedelachapelleauxchasses.com – Fermé vacances de fév., de la Toussaint, mardi et merc.*

LA CHAPELLE-D'ABONDANCE

✉ 74360 (Haute-Savoie) – 858 hab. – Alt. 1 020 m – Carte régionale n° **46**-F1
▶ Paris 600 km – Annecy 108 km – Châtel 6 km – Évian-les-Bains 29 km
Carte Michelin 328-N3 – Guide Vert Michelin Alpes du Nord

○ Les Gentianettes   🏡 🕭 🅿

CUISINE MODERNE · CONVIVIAL XX La neige, la montagne, l'envie de paresser près de la cheminée autour de jolis plats... Ici, pas d'esbroufe, mais une cuisine traditionnelle pleine de finesse : les travers de porc laqués, accompagnés de confit de cochon fermier de la vallée, sont fameux. Et côté carnotzet, honneur aux spécialités savoyardes.

Formule 25 € – Menu 34/44 € – Carte 44/78 €
*Hôtel Les Gentianettes, rte de Chevenne – 📞 04 50 73 56 46 – www.gentianettes.fr
– Ouvert de mi-mai à mi-sept. et de mi-déc. à fin mars*

○ L'Ensoleillé   ⇔ 🏡 🕭 🅿

CUISINE TRADITIONNELLE · RUSTIQUE XX Cet imposant chalet n'a pas volé son nom : il jouit de l'ensoleillement exceptionnel de la vallée. On y apprécie une bonne cuisine du terroir alpin, revisitée au fil des inspirations du patron. Formule brasserie le midi.

Formule 17 € – Menu 24 € (semaine), 26/40 € – Carte 34/66 €
Hôtel L'Ensoleillé – 📞 04 50 73 50 42 – www.hotel-ensoleille.com – Ouvert de mi-mai à mi-sept. et de mi-déc. à mi-avril et fermé le mardi

○ Les Cornettes   ⇔ 🏡 🍽 🅿

CUISINE TRADITIONNELLE · CLASSIQUE XX Avis aux Pantagruel : le terme "copieux" semble avoir été inventé pour cette adresse, où l'on reprend son souffle, lorsqu'après une entrée à base de charcuteries (jambon cru, saucisson fumé, etc.), arrive la potée savoyarde... La qualité est au rendez-vous, c'est simple et bon, et l'ambiance est rustique à souhait !

Menu 25 € (semaine)/46 € – Carte 47/85 €
Hôtel Les Cornettes – 📞 04 50 73 50 24 – www.lescornettes.com – Fermé de mi-avril à début mai et de mi-oct. à mi-déc.

⌂ Les Cornettes   ⚝ ⇔ 🔳 🛁 ⬚ 🅿

TRADITIONNEL · RÉTRO Une affaire de famille depuis 1894 : cinq générations ont forgé cet hôtel-restaurant plein de vie, qui abrite même un musée savoyard ! Les chambres sont accueillantes et bien tenues, le restaurant honore le terroir local. Une corne d'abondance...

45 chambres – ♦80/100 € ♦♦125/140 € – ⊑ 16 € – ½ P
– *📞 04 50 73 50 24 – www.lescornettes.com – Fermé de mi-avril à début mai et de mi-oct. à mi-déc.*
○ **Les Cornettes** – voir les restaurants ci-dessus

Les Gentianettes

FAMILIAL · ALPIN Meubles en sapin sculpté, cloches de vache et objets anciens célébrant la vie montagnarde : ce chalet a du cachet ! Les chambres sont charmantes, bien équipées, et l'accueil et le service sont particulièrement agréables.

36 chambres – ♦118/229 € ♦♦118/229 € – ☲ 14 € – ½ P

rte de Chevenne – ℰ 04 50 73 56 46 – www.gentianettes.fr – Ouvert de mi-mai à mi-sept. et de mi-déc. à fin mars

⫯○ **Les Gentianettes** – voir les restaurants ci-dessus

L'Ensoleillé

FAMILIAL · FONCTIONNEL Aux commandes de ce chalet ? Une famille dynamique qui entretient de belles chambres spacieuses, au style contemporain et montagnard ; pour se remettre en forme, on profite d'un hammam et d'une piscine couverte. Un agréable moment !

35 chambres – ♦90/150 € ♦♦95/185 € – ☲ 13 €

– ℰ 04 50 73 50 42 – www.hotel-ensoleille.com – Ouvert de mi-mai à mi-sept. et de mi-déc. à mi-avril

⫯○ **L'Ensoleillé** – voir les restaurants ci-dessus

LA CHAPELLE-DES-MARAIS

✉ 44410 (Loire-Atlantique) – 3 901 hab. – Alt. 5 m – Carte régionale n° **34**-A2
▶ Paris 442 km – Nantes 67 km – Rennes 96 km – Vannes 53 km
Carte Michelin 316-C3 – Guide Vert Michelin Pays de la Loire

⫯○ Le Penlys

CUISINE TRADITIONNELLE · AUBERGE ⫰ De cet ancien "routier" au cœur d'un village de Brière, ses actuels propriétaires ont su faire un petit restaurant sans prétention, mais tout à fait sérieux : on y apprécie des recettes traditionnelles cuisinées sans chichis, dans une ambiance familiale qui va bien au décor, tout simple. Prix raisonnables.

⫰ Menu 16 € (déj. en semaine), 19/30 €

41 r. de Penlys – ℰ 02 40 53 91 44 – www.restaurantlepenlys.com – Fermé 27 juin-7 juil., 23 déc.-8 janv., lundi et le soir

LA CHAPELLE-EN-SERVAL

✉ 60520 (Oise) – 2 946 hab. – Alt. 104 m – Carte régionale n° **36**-B3
▶ Paris 41 km – Beauvais 64 km – Chantilly 10 km – Compiègne 43 km
Carte Michelin 305-G6

⫯○ L'Opéra

CUISINE MODERNE · ÉLÉGANT ⫰⫰⫰ Un lieu superbe, au charme très classique : l'ancienne salle de bal du château, construite en rotonde et ornée de boiseries, lustres à pendeloques, etc. La cuisine gastronomique, fine et délicate, y magnifie de délicieux produits de saison.

Menu 75/105 € – Carte 80/92 €

Hôtel Mont Royal, 1 km à l'Est par D118, rte de Plailly – ℰ 03 44 54 50 91 – http://montroyal-chantilly.tiara-hotels.com – Fermé août, vacances scolaires, dim., lundi et le midi

Mont Royal

CHÂTEAU · HISTORIQUE Ce superbe château de 1909 se dresse au milieu d'un grand parc arboré et s'inspire des châteaux du 18ᵉ s. Dès l'entrée, hauts plafonds, miroirs et mobilier de style donnent le ton : luxe et raffinement. Un havre de paix !

104 chambres – ♦250/410 € ♦♦250/410 € – 4 suites – ☲ 32 € – ½ P

1 km à l'Est par D118, rte de Plailly – ℰ 03 44 54 50 50 – http://montroyal-chantilly.tiara-hotels.com

⫯○ **L'Opéra** – voir les restaurants ci-dessus

LA CHAPELLE-EN-VERCORS

✉ 26420 (Drôme) – 677 hab. – Alt. 945 m – Carte régionale n° **43**-E2
▶ Paris 604 km – Die 41 km – Grenoble 60 km – Romans-sur-Isère 47 km
Carte Michelin 332-F4 – Guide Vert Michelin Alpes du Nord

🏠 Hôtel des Sports

FAMILIAL · FONCTIONNEL À l'entrée du village, voici le pied-à-terre des cyclistes et randonneurs parcourant le Vercors. Mais que les non sportifs se rassurent, les chambres – très bien tenues – ne leur sont pas interdites ! Au restaurant, plats traditionnels et spécialités régionales redonnent des forces aux uns comme aux autres.

10 chambres – ♦60/62 € ♦♦60/62 € – �"9 € – ½ P
*av. des Grands-Goulets – ℰ 04 75 48 20 39 – www.hotel-des-sports.com
– Fermé 12 nov.-1ᵉʳ fév., dim. soir et lundi*

LA CHAPELLE-ST-MESMIN – 45 (Loiret) ➜ voir Orléans

LA CHAPELLE-TAILLEFERT – 23 (Creuse) ➜ voir Guéret

CHARBONNIÈRES-LES-BAINS – 69 (Rhône) ➜ voir Lyon

CHARETTE
✉ 38390 (Isère) – 469 hab. – Alt. 250 m – Carte régionale n° **44**-B1
▶ Paris 479 km – Aix-les-Bains 68 km – Belley 39 km – Grenoble 100 km
Carte Michelin 333-F3

⏺ Auberge du Vernay

CUISINE MODERNE · TRADITIONNEL ⅀ Perdue en pleine campagne, au grand calme, cette ferme du 18ᵉ s. dégage une atmosphère campagnarde authentique et conviviale. On y déguste une cuisine imaginative et pleine de saveurs, réalisée par un chef qui prouve chaque jour qu'il a un beau parcours derrière lui...

Formule 13 € – Menu 29 € (semaine), 43/52 €
7 chambres – ♦60/75 € ♦♦60/75 € – �"10 €
*2411 rte d'Optevoz, D52 – ℰ 04 74 88 57 57 – www.auberge-du-vernay.fr
– Fermé dim. soir et lundi sauf hôtel*

Il fait beau ? Repérez le symbole 🌤 et attablez-vous en terrasse...

CHARLEVILLE-MÉZIÈRES
✉ 08000 (Ardennes) – 49 759 hab. – Agglo. 60 979 hab. – Alt. 145 m
– Carte régionale n° **13**-B1
▶ Paris 230 km – Luxembourg 168 km – Reims 85 km – Sedan 26 km
Carte Michelin 306-K4 – Guide Vert Michelin Champagne Ardenne

😀 La Table d'Arthur "R"

CUISINE MODERNE · CONVIVIAL ⅀ Cette table à la mode propose deux formules. Recettes traditionnelles et beaux flacons dans la cave voûtée ; au rez-de-chaussée, bistrot contemporain et grands classiques (tête de veau, steak tartare, etc.). Décontracté et original !

Formule 15 € – Menu 21/28 € – Carte 20/41 €
Plan : BX-a – *9 r. Bérégovoy – ℰ 03 24 57 05 64 – www.latabledarthur.fr – Fermé vacances de printemps, 3 semaines en août, lundi soir, merc. soir, dim. et fériés*

⏺ La Clef des Champs

CUISINE MODERNE · COSY ⅀⅀ Prenez la clef des champs près de la place Ducale, vous tomberez sous le charme de cette demeure du 17ᵉ s. Parquet, briques et poutres apparentes séduisent, tout comme la belle gastronomie contemporaine, teintée de touches japonisantes.

Formule 27 € – Menu 37/57 € – Carte 53/72 €
Plan : BX-e – *33 r. du Moulin – ℰ 03 24 56 17 50 – www.laclefdeschamps.fr
– Fermé dim. soir et merc.*

CHARLEVILLE-MÉZIÈRES

Arches (Av. d') .... **BYZ**
Arquebuse (R. de l') ...... **BX** 2
Bérégovoy (R. P.) .... **BX** 3
Bourbon (R.) .... **BX** 4
Carré (R. Irénée) .... **BX** 5
Corneau (Av. G.) .... **BY** 6

Droits-de-l'Homme (Pl. des) **BX** 7
Fg de Pierre (R. du) ...... **BZ** 8
Flandre (R. de) .... **BX** 9
Hôtel de Ville (Pl. de l') .. **BZ** 10
Jean-Jaurès (Av.) .... **BY**
Leclerc (Av. Mar.) .... **BY** 19
Manchester (Av. de) ..... **AY** 20
Mantoue (R. de) .... **BX** 21
Mitterrand (Av. F.) ...... **AX** 22
Monge (R.) .... **BZ** 23
Montjoly (R. de) .... **AX** 24

Moulin (R. du) .... **BX** 25
Nevers (Pl. de) .... **BX** 27
Petit-Bois (Av. du) .... **BX** 28
République
  (R. de la) .... **BX** 30
Résistance (Pl. de la) .... **BZ** 31
St-Julien (Av. de) .... **AY** 32
Sévigné (R. Mme de) ..... **BY** 33
Théâtre (R. du) .... **BX** 34
91e-Régt-d'Infanterie
  (Av. du) .... **BZ** 36

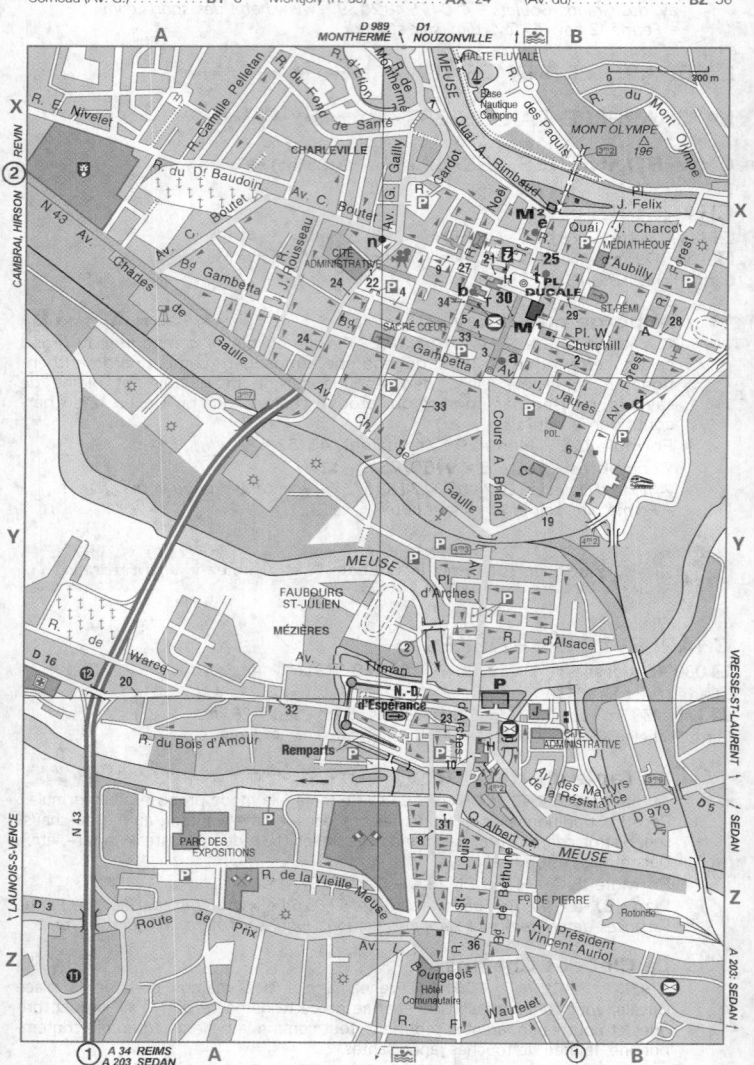

⫶◯ La Papillote   ᕼ AC ⟷

CUISINE TRADITIONNELLE · À LA MODE ✗ Tout près de la place Ducale, en face du théâtre, ce bistrot est aussi moderne dans son décor – épuré, dans des tons gris et rose – que traditionnel dans l'assiette : le chef utilise volontiers les produits du terroir pour composer ses assiettes. Deux suites confortables pour l'étape.

ᓆ Menu 20 € (déj. en semaine), 33/47 € – Carte 35/48 €

Plan : BX-b – 6 pl. du Théâtre – *℘ 03 24 37 41 34* – www.lapapillote08.fr – Fermé 2 semaines en août, 2 semaines en janv., dim. soir et lundi

⫶◯ Amorini

ITALIENNE · SIMPLE ✗ Un petit restaurant italien, sur la place Ducale, avec un menu au diapason : antipasti, charcuterie, bonnes pâtes et vins transalpins. Il y a même une petite épicerie ouverte pendant le service !

Carte 23/31 €

Plan : BX-t – 46 pl. Ducale – *℘ 03 24 37 48 80* – Fermé 3-18 avril, 3 semaines en août, dim., lundi et le soir sauf vend. et sam.

⌂⌂ Le Dormeur du Val   ᕼ AC ᓑ

URBAIN · DESIGN Ode à la poésie rimbaldienne dans cette ancienne imprimerie... Ici, le design et l'originalité arty sont de mise ; les chambres se font "Rime", "Strophe" ou "Poème".

17 chambres – ♦71/180 € ♦♦71/180 € – � 13 €

Plan : BY-d – 32 bis r. de la Gravière – *℘ 03 24 42 04 30* – www.hotel-dormeur-du-val.com

⌂ Kyriad   ᓂ ☖ ᕼ AC ᓑ ᗜ

HÔTEL DE CHAÎNE · FONCTIONNEL Un hôtel récent situé à quelques minutes à pied du centre-ville. Les chambres y sont confortables et fonctionnelles. Buffet au petit-déjeuner. Enfin, les clients disposent d'un garage : pratique !

54 chambres – ♦68/134 € ♦♦68/134 € – � 10 €

Plan : ABX-n – pl. Bozzi – *℘ 03 24 26 32 32* – www.kyriad.fr

à Montcy-Notre-Dame 4 km au Nord par D1 (Plan : BX) – ✉ 08090
–1 607 hab. – Alt. 144 m

⊛ L'Auberge du Laminak   ⟷ ᔑ ᕼ 🅿

CUISINE MODERNE · AUBERGE ✗✗ Dans cette charmante auberge en lisière de forêt, le Pays basque – origine du chef – rencontre les beaux produits des Ardennes. Résultat, des recettes savoureuses, parfaitement maîtrisées, telle cette entrée pleine de fraîcheur, associant crabe, avocat et gaspacho, ou cette côte de veau aux girolles et pommes grenaille...

ᓆ Menu 16 € (déj. en semaine), 29/40 € – Carte 34/44 €

3 chambres � – ♦75 € ♦♦75 €

rte de Nouzonville – *℘ 03 24 33 37 55* (réservation conseillée) – www.auberge-ardennes.com – Fermé 9-31 août, dim. soir, merc. soir et lundi

CHARLIEU

✉ 42190 (Loire) – 3 705 hab. – Alt. 265 m – Carte régionale n° **44**-A1
▶ Paris 398 km – Mâcon 77 km – Roanne 18 km – St-Étienne 102 km
Carte Michelin 327-E3 – Guide Vert Michelin Bourgogne

⫶◯ Relais de l'Abbaye   ᔑ ⌘ ⟷ 🅿

CUISINE MODERNE · CONVIVIAL ✗✗ Dans ce Relais de facture moderne – et ouvert sur les prés environnants, ce qui est agréable –, la carte met à l'honneur les produits locaux et les mariages de saveurs : gambas et boudin noir, sandre et escargot, etc. Le tout bien ficelé.

ᓆ Menu 20 € (déj. en semaine), 25/69 € – Carte 39/97 €

415 rte du Beaujolais – *℘ 04 77 60 00 88* – www.relais-abbaye.fr – Fermé 1er fév.-12 mars

⌂ Relais de l'Abbaye ☆ ⅏ 🅿

BUSINESS · FONCTIONNEL Un hôtel moderne à la sortie de la localité, avec sur l'arrière un grand jardin verdoyant (jeux pour les enfants). Deux générations de chambres coexistent : préférez les plus récentes, même si toutes sont bien tenues. Une bonne étape.

28 chambres – ♦55/125 € ♦♦55/135 € – ☲ 13 €

415 rte du Beaujolais – ✆ 04 77 60 00 88 – www.relais-abbaye.fr – Fermé 1ᵉʳ fév.-12 mars

🍴○ **Relais de l'Abbaye** – voir les restaurants ci-dessus

rte de Pouilly 2,5 km au Sud-Ouest par D487 et rte secondaire

🍴○ L'Atelier Rongefer 🏠 ⅃ AK 🅿

CUISINE MODERNE · À LA MODE XX Nouveau lieu, nouveau décor : Carine et Fabien Gautier ont troqué le Moulin de Rongefer pour ce superbe Atelier – une ancienne usine textile –, avec poutrelles métalliques et élégant décor au classicisme très contemporain. On y apprécie une cuisine gastronomique vive et colorée, dont un menu homard.

Formule 17 € – Menu 32/67 € – Carte 45/70 €

22 r. Jean-Jaurès – ✆ 04 77 60 01 57 – www.atelierrongefer.fr
– Fermé 20 fév.-10 mars, 16 août-10 sept., dim. soir, mardi et merc.

à St-Pierre-la-Noaille 5,5 km au Nord-Ouest par rte secondaire – ✉ 42190
– 371 hab. – Alt. 287 m

⌂ Domaine du Château de Marchangy ⑤ ≤ 🛏 ⅃ 🅿 🛏

CHÂTEAU · PERSONNALISÉ On accède à cette belle demeure du 18ᵉ s. par une allée bordée de vieux chênes... Les chambres sont situées dans la maison de vigneron mitoyenne, couverte de vigne vierge. Meubles anciens, entretien impeccable, accueil charmant... et un grand parc offrant de belles échappées sur les monts du Forez. Bel endroit !

4 chambres ☲ – ♦100/120 € ♦♦110/130 €

– ✆ 04 77 69 96 76 – www.marchangy.com

à St-Nizier-sous-Charlieu à l'Ouest 6 km par D4 – ✉ 42190
– 1 679 hab. – Alt. 260 m

⌂ Aux Forêts 🛏 ⅃ AK ⅌ 🅿

FAMILIAL · PERSONNALISÉ Sur les hauteurs du village, cette ancienne maison de vigneron (1785), avec son parc arboré et fleuri, a tout pour plaire ! Les chambres y sont confortables et décorées avec du mobilier chiné ou de famille. Autre atout : un petit musée de la vigne ouvert à la visite.

4 chambres ☲ – ♦82/92 € ♦♦102/112 €

996 rte de Fleury – ✆ 06 22 48 75 95 – www.aux-forets.fr – Ouvert 30 avril-30 oct.

CHARMES

✉ 88130 (Vosges) – 4 653 hab. – Alt. 282 m – Carte régionale n° **27**-C3
▶ Paris 381 km – Épinal 31 km – Lunéville 40 km – Nancy 43 km
Carte Michelin 314-F2

à Chamagne 4 km au Nord par D9 – ✉ 88130 – 457 hab. – Alt. 265 m

🍴○ Le Chamagnon 器 🏠 AK

CUISINE MODERNE · BISTRO X Dans le village de Claude Gellée dit Le Lorrain, ce restaurant chaleureux propose une cuisine privilégiant le terroir – fricassée de rognons de veau, tournedos de magret, menu truffe ou cèpes, etc. – comme la modernité – sashimis de thon, par exemple. Le point commun de tout cela ? La qualité des produits et de jolis vins !

Formule 12 € – Menu 23/60 € – Carte 40/53 €

236 r. du Patis – ✆ 03 29 38 14 74 – www.lechamagnon.fr
– Fermé 10-24 juil., 17 oct.-2 nov., mardi soir, merc. soir, dim. soir et lundi

à Vincey 4 km au Sud-Est par N57 – ✉ 88450 – 2 244 hab. – Alt. 297 m

Relais de Vincey

CUISINE TRADITIONNELLE • À LA MODE XX Pour une étape entre Épinal et Nancy, au cœur des Vosges (spécialités traditionnelles) mais aussi un peu au milieu de l'océan – large choix de fruits de mer et décor aux notes nautiques (panneaux de bois, hublots, etc.).

Formule 23 € – Menu 28/39 € – Carte 35/58 €

33 r. de Lorraine – ✆ 03 29 67 40 11 – www.relaisdevincey.fr

Relais de Vincey

BUSINESS • ACTUEL Cet hôtel est dans la famille depuis les années 1960, et n'a pas cessé d'évoluer depuis ! Deux piscines (extérieure et intérieure), d'agréables chambres contemporaines (bois exotique et tons chauds), un court de tennis et des VTT à disposition... Une bonne étape.

41 chambres – †66/110 € ††76/149 € – ☕ 13 € – ½ P

33 r. de Lorraine – ✆ 03 29 67 40 11 – www.relaisdevincey.fr

Relais de Vincey – voir les restaurants ci-dessus

CHARMES-SUR-RHÔNE

✉ 07800 (Ardèche) – 2 534 hab. – Alt. 112 m – Carte régionale n° **44**-B3

▶ Paris 571 km – Crest 23 km – Montélimar 44 km – Valence 11 km

Carte Michelin 331-K4 – Guide Vert Michelin Ardèche Drôme

Le Carré d'Alethius (Olivier Samin)

CUISINE MODERNE • À LA MODE XX Au cœur du village, cette table vit au rythme de la cuisine d'Olivier Samin, jeune chef expérimenté (ancien second d'Anne-Sophie Pic à Valence). Il compose ici une cuisine au gré du marché, avec un sacré sens de l'équilibre : cuissons précises, veloutés et crèmes d'une légèreté aérienne... Carrément délicieux !

➜ Raviole de homard à la mangue et poivre des cimes, zeste de citron vert. Caille de la Drôme farcie à la trompette de la mort, mousseline de pomme de terre aux épices. Carré chocolat, rhubarbe et estragon.

Formule 20 € – Menu 26 € (déj. en semaine), 48/89 € – Carte 60/75 €

9 chambres – †75/105 € ††75/120 € – ☕ 11 €

4 r. Paul-Bertois – ✆ 04 75 78 30 52 – www.lecarredalethius.com – Fermé 15-29 fév., 15 août-1er sept., 1er-11 janv., dim. soir, mardi midi, merc. midi et lundi

CHARNY-SUR-MEUSE – 55 (Meuse) ➜ voir Verdun

CHAROLLES

✉ 71120 (Saône-et-Loire) – 2 773 hab. – Alt. 279 m – Carte régionale n° **8**-C3

▶ Paris 374 km – Autun 80 km – Chalon-sur-Saône 67 km – Mâcon 55 km

Carte Michelin 320-F11 – Guide Vert Michelin Bourgogne

Frédéric Doucet

CUISINE MODERNE • ÉLÉGANT XXX Le jeune chef a repris le restaurant familial il y a quelques années et, à force de passion, l'a fait entrer de plain-pied dans le 21e siècle. On passe un beau moment à cette table où techniques classiques et produits de tradition (le bœuf charolais, évidemment) se déclinent avec finesse et imagination.

➜ Jardin de légumes. Véritable entrecôte charolaise cuite au beurre. Soufflé Grand Marnier.

Menu 29 € (semaine), 62/93 € – Carte 80/100 €

Hôtel de la Poste, 2 av. de la Libération, (près de l'église) – ✆ 03 85 24 11 32 – www.hotel-laposte-doucet.com – Fermé 1 semaine en fév., 2 semaines en nov., dim. soir et lundi

🏨 Hôtel de la Poste ⛆ 🛎 ⅃ ⚠ ⚠

FAMILIAL · MODERNE Cet hôtel-restaurant jouit d'une solide réputation – méritée – dans la région. Les chambres, réparties dans plusieurs maisons, sont spacieuses et résolument contemporaines ; le petit-déjeuner, copieux, permet de découvrir les fromages et charcuteries locales !

21 chambres – ♦90/290 € ♦♦120/290 € – ☑ 17 €
2 av. de la Libération, (près de l'église) – ℰ 03 85 24 11 32
– www.hotel-laposte-doucet.com – Fermé 1 semaine en fév., 2 semaines en nov., dim. soir et lundi

 ❀ **Frédéric Doucet** – voir les restaurants ci-dessus

🏨 Le Clos de l'Argolay ⚘ 🚗 🎖 🅿 ⚟

VILLA · PERSONNALISÉ Dans la "Petite Venise" charolaise, une belle demeure du 18ᵉ s. avec son jardin odorant, ses suites et son duplex rivalisant de charme. Au petit-déjeuner, on se régale du bon chèvre de la fromagerie familiale... quoi de plus bucolique ?

3 chambres ☑ – ♦95/105 € ♦♦115/125 €
21 quai de la Poterne – ℰ 03 85 24 10 23 – www.closdelargolay.fr
– Fermé déc.-janv.

CHARQUEMONT
✉ 25140 (Doubs) – 2 515 hab. – Alt. 864 m – Carte régionale n° **17**-C2
▶ Paris 478 km – Basel 98 km – Belfort 66 km – Besançon 75 km
Carte Michelin 321-K3

🍽 Au Bois de la Biche ⚘ ⚘ ⟨ 🚗 🎝 🎖 🅿

CUISINE TRADITIONNELLE · CONVIVIAL ✕✕ Avis aux amoureux de la montagne : en pleine nature, cet hôtel-restaurant offre une vue incomparable sur la vallée du Doubs et le Jura suisse... La cuisine est à la hauteur, au cœur de belles saveurs de la région ! Et qui sait, entre deux bouchées, peut-être apercevrez-vous une biche sortant du bois ? Accueil charmant.

Menu 23 € (semaine), 36/48 € – Carte 31/69 €
3 chambres – ♦65 € ♦♦65 € – ☑ 8,50 €
5 km au Sud-Est par D10ᴱ et rte secondaire – ℰ 03 81 44 01 82
– www.boisdelabiche.fr – Fermé 2 janv.-4 fév., dim. soir sauf juil.-août et lundi

CHARROUX
✉ 03140 (Allier) – 388 hab. – Alt. 420 m – Carte régionale n° **5**-B1
▶ Paris 344 km – Clermont-Ferrand 61 km – Montluçon 68 km – Moulins 52 km
Carte Michelin 326-F5 – Guide Vert Michelin Auvergne

🍽 Ferme Saint-Sébastien 🎝 ⟳ 🅿

CUISINE MODERNE · AUBERGE ✕✕ Dans cette authentique ferme bourbonnaise, entièrement rénovée, il fait bon s'attabler autour des petits plats concoctés par la maîtresse des lieux... On y apprécie une cuisine d'aujourd'hui fleurant bon le terroir. Une bonne adresse.

Formule 17 € – Menu 26 € (semaine), 31/59 €
chemin de Bourion – ℰ 04 70 56 88 83 (réservation conseillée)
– www.fermesaintsebastien.fr – Fermé 27 juin-8 juil., 19 déc.-fin-janv., mardi sauf juil.-août et lundi

🍽 La Maison du Prince de Condé ⚘ 🚗 🎝 🛎

CUISINE MODERNE · BISTRO ✕ Dans ce beau village médiéval, prenez place à la table du Prince, dans une maison dont les vieilles pierres et le décor racontent cinq siècles d'histoire (13ᵉ - 18ᵉ s.). On y propose une alléchante cuisine du marché, composée par un chef connaissant son métier sur le bout des doigts. Une délicieuse étape.

Formule 19 € – Menu 27/55 € – Carte 40/70 €
5 chambres ☑ – ♦72/120 € ♦♦76/120 €
8 pl. d'Armes – ℰ 04 70 56 81 36 – www.maison-conde.com
– Fermé 1ᵉʳ-15 oct., janv., lundi et mardi d'oct. à Pâques, jeudi midi et merc.

à Valignat 8 km à l'Ouest sur D183 – ⊠ 03330 – 80 hab. – Alt. 420 m

🏠 Château de l'Ormet

TRADITIONNEL · PERSONNALISÉ "Champêtre", "Renaissance", "Romantique"... les chambres de cette gentilhommière bourbonnaise du 18ᵉ s. ont du caractère ! Toutes donnent sur le parc, où s'épanouit un potager bio et un insolite miniréseau ferroviaire, la passion du patron.

4 chambres ⌑ – †70/87 € ††77/95 €

L'Ormet – ℰ 04 70 58 57 23 *– www.chateaudelormet.com – Ouvert de fin avril à mi-nov.*

CHARTRES

⊠ 28000 (Eure-et-Loir) – 38 889 hab. – Agglo. 89 103 hab. – Alt. 142 m
– Carte régionale n° **11**-B1
▶ Paris 89 km – Évreux 78 km – Le Mans 120 km – Orléans 80 km
Carte Michelin 311-E5 – Guide Vert Michelin Île-de-France

✿ Le Georges

CUISINE MODERNE · COSY ✕✕✕ Cette table a su garder le goût feutré de la tradition. Le cadre est cossu, idéal pour la gastronomie classique que l'on vient y goûter. L'accent est mis sur de beaux produits, souvent locaux, et sur les grands crus.
➔ Crémeux de tourteau aux petits pois. Côte de veau Grand Monarque. Soufflé chaud au Grand Marnier.

Menu 54/95 € – Carte 80/95 €

Plan : Z-e *– Hôtel Le Grand Monarque, 22 pl. des Épars –* ℰ 02 37 18 15 15 *– www.monarque.fr – Fermé dim. et lundi*

🍴 Le St-Hilaire 🆕

CUISINE CLASSIQUE · RUSTIQUE ✕✕ Prenez un jeune couple, installez-le dans une vieille bâtisse du 16ᵉ s., à deux pas de l'église St-Pierre, et goûtez la savoureuse cuisine traditionnelle qu'ils réalisent avec de bons produits régionaux : ris de veau, fromage de la ferme, escargots du Perche... Priorité à la fraîcheur !

Formule 19 € – Menu 30/46 € – Carte 38/48 €

Plan : YZ-g *– 11 r. du Pont St-Hilaire –* ℰ 02 37 30 97 57 *(réservation conseillée) – www.restaurant-saint-hilaire.fr – Fermé 14-30 août, 1ᵉʳ-9 janv., dim. et lundi*

🍴 Esprit Gourmand

CUISINE TRADITIONNELLE · BISTRO ✕ Dans une petite rue proche de la cathédrale, cet accueillant bistrot, tenu par un jeune couple charmant, a vraiment l'esprit gourmand. Cuisine traditionnelle à déguster dans le calme de la cour intérieure quand le temps le permet.

Menu 25 € – Carte 28/48 €

Plan : Y-h *– 6 r. du Cheval-Blanc –* ℰ 02 37 36 97 84 *– Fermé 31 mars-20 avril, 27 oct.-16 nov., dim. soir, lundi et mardi*

🍴 Le Bistrot de la Cathédrale

CUISINE TRADITIONNELLE · BISTRO ✕ Sur l'un des côtés du parvis de la cathédrale – que l'on peut admirer de la terrasse –, un bistrot à découvrir d'urgence ! L'assiette va à l'essentiel, avec des recettes traditionnelles où les produits de la région ont la part belle : pâté de Chartres, filet de pintade avec son risotto, etc. Savoureux !

Formule 16 € – Menu 32 € – Carte 26/47 €

Plan : Y-b *– 1 Cloître Notre-Dame –* ℰ 02 37 36 59 60

🍴 La Cour du Monarque

CUISINE TRADITIONNELLE · BISTRO ✕ Il faut traverser le hall de l'hôtel du Grand Monarque pour entrer dans sa "Cour". On vient dans cette jolie salle sous verrière pour savourer une cuisine de saison misant sur les beaux produits.

Menu 30 € ♚ (déj. en semaine) – Carte 25/70 €

Plan : Z-e *– Hôtel Le Grand Monarque, 22 pl. des Épars –* ℰ 02 37 18 15 07 *– www.monarque.fr*

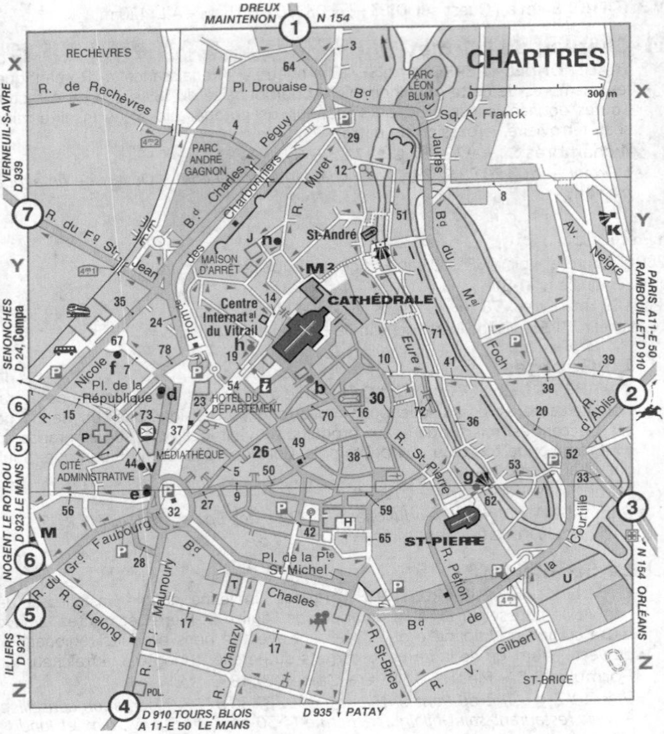

CHARTRES

(map of Chartres with streets, cathedral, St-André, St-Pierre, etc.)

Aligre (Av. d')	**X** 3	Cygne (Pl. du)	**Y** 26	Marceau (Pl.)	**Y** 49
Alsace-Lorraine (Av. d')	**X** 4	Delacroix (R. Jacques)	**Y** 27	Marceau (R.)	**Y** 50
Ballay (R. Noël)	**Y** 5	Dr-Gibert (R. du)	**Z** 28	Massacre (R. du)	**Y** 51
Beauce (Av. Jehan-de)	**Y** 7	Drouaise (R. Porte)	**X** 29	Morard (Pl.)	**Y** 52
Bethouard (Av.)	**Y** 8	Écuyers (R. des)	**Y** 30	Morard (R. de la Porte)	**Y** 53
Bois-Merrain (R. du)	**Y** 9	Épars (Pl. des)	**Z** 32	Moulin (R. Jean)	**Y** 54
Bourg (R. du)	**Y** 10	Faubourg La Grappe		Péri (R. Gabriel)	**Z** 56
Brèche (R. de la)	**Y** 12	(R. du)	**Y** 33	Poêle-Percée	
Cardinal-Pie (R. du)	**Y** 14	Félibien (R.)	**Y** 35	(R. de la)	**Z** 59
Casanova (R. Danièle)	**Y** 15	Fessard (R. G.)	**Y** 78	St-Hilaire (R. du Pont)	**Z** 62
Changes (R. des)	**Y** 17	Foulerie (R. de la)	**Y** 36	St-Maurice (R.)	**X** 64
Châteaudun (R. de)	**Z** 18	Gaulle (Pl. Gén.-de)	**Y** 37	St-Michel (R.)	**Y** 65
Châtelet (Pl.)	**Y** 19	Grenets (R. des)	**Y** 38	Semard (Pl. Pierre)	**Y** 67
Cheval-Blanc (R. du)	**Y** 20	Guillaume (R. du Fg)	**Y** 39	Soleil-d'Or (R. du)	**Y** 70
Clemenceau (Bd)	**Y** 23	Guillaume (R. Porte)	**Y** 41	Tannerie (R. de la)	**Y** 71
Collin-d'Harleville (R.)	**Y** 23	Halles (Pl. des)	**Z** 42	Teinturiers (Q. des)	**Y** 72
Couronne (R. de la)	**Y** 24	Koenig (R. du Gén.)	**Y** 44	Violette (Bd Maurice)	**Y** 73

🏨 Le Grand Monarque ⚭ 🕭 ⯐ ⯐ & 🄰🄲 ⯐ 🚗

SPA ET BEAUTÉ · PERSONNALISÉ L'hôtel de tradition par excellence, déjà recommandé par le guide Michelin 1900 ! Chambres spacieuses, élégantes et contemporaines, ou plus classiques. Un tour au luxueux spa s'impose avant d'aller dîner au Georges.

50 chambres – 🛆145/275 € 🛆145/275 € – 5 suites – ⬜ 15 €
Plan : Z-e – *22 pl. des Épars –* ✆ 02 37 18 15 15 – *www.monarque.fr*
✿ **Le Georges** • ⅠⓄ **La Cour du Monarque** – voir les restaurants ci-dessus

Une bonne table sans se ruiner ? Repérez les Bib Gourmand ⯐.

486

🏨 Jehan de Beauce

URBAIN · ART DÉCO Dans cet hôtel Art déco, situé dans le centre-ville de Chartres, les chambres évoquent l'élégance des années 1930 : tout simplement charmant ! Espace détente et massage au sous-sol.

34 chambres – ♦100/340 € ♦♦120/340 € – 1 suite – ☐ 16 €
Plan : Y-f – *1 pl. Pierre-Semard –* ☎ *02 37 21 01 41 – www.jehandebeauce.fr*

🏨 Mercure Cathédrale

HÔTEL DE CHAÎNE · ACTUEL Une situation avantageuse en centre-ville, des chambres modernes et bien insonorisées (avec vue sur la cathédrale pour la catégorie Privilège) : cet hôtel récent a de nombreux atouts. La nuit, on remarque de loin sa façade illuminée.

67 chambres – ♦96/224 € ♦♦96/224 € – ☐ 15 €
Plan : Y-v – *3 r. du Gén.-Koenig –* ☎ *02 37 33 11 11 – www.mercure.com*

🏨 Le Bœuf Couronné

URBAIN · SIMPLE Existant depuis 1900, tenu par la même famille depuis 1953, cet établissement chartrais fait figure d'institution... Les chambres, de style classique, sont confortables et bien tenues ; on commence la soirée au bar avant de profiter du sympathique restaurant !

17 chambres – ♦77/96 € ♦♦89/121 € – ☐ 10 €
Plan : Y-d – *15 pl. Châtelet –* ☎ *02 37 18 06 06 – www.leboeufcouronne.com – Fermé 20 déc.-4 janv. et dim. soir de nov. à avril*

🏨 Maison Ailleurs

URBAIN · COSY Au cœur de la ville, à deux pas de la cathédrale et du quartier piéton, cet ancien évêché reconverti en maison d'hôte de charme (adorable jardin de roses) offre trois chambres au confort moderne. Fermez les yeux, respirez : seul le tintement des cloches parviendra jusqu'à vous...

3 chambres ☐ – ♦119/179 € ♦♦129/179 €
Plan : Y-n – *17 r. Muret –* ☎ *06 09 47 75 48 – www.maisonailleurs.com*

LA CHARTRE-SUR-LE-LOIR

✉ 72340 (Sarthe) – 1 466 hab. – Alt. 55 m – Carte régionale n° **35**-D2
▶ Paris 217 km – La Flèche 57 km – Le Mans 49 km – St-Calais 30 km
Carte Michelin 310-M8 – Guide Vert Michelin Pays de la Loire

🏨 Hôtel de France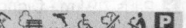

TRADITIONNEL · PERSONNALISÉ Au bord du Loir, l'un de ces hôtels-restaurants traditionnels bien appréciés des touristes étrangers : il y règne en effet une authentique atmosphère vieille France. Les chambres, toutes rénovées, ne manquent pas de cachet – lits à baldaquin, mobilier chiné...

21 chambres – ♦78/140 € ♦♦78/140 € – ☐ 10 € – ½ P
20 pl. de la République – ☎ *02 43 44 40 16 – www.lhoteldefrance.fr – Fermé 26 déc.-8 janv.*

CHASSAGNE-MONTRACHET

✉ 21190 (Côte-d'Or) – 330 hab. – Alt. 200 m – Carte régionale n° **7**-A3
▶ Paris 327 km – Beaune 16 km – Dijon 64 km – Lons-le-Saunier 125 km
Carte Michelin 320-I8

✿ Ed.Em (Edouard Mignot)

CUISINE MODERNE · ÉLÉGANT XX Ed.Em ? La contraction d'Édouard et Émilie, qui ont investi les locaux de l'ancien restaurant Chassagne. Lui, jeune chef au bon parcours, allie personnalité et subtilité dans de savoureux menus, où la délicatesse est toujours au rendez-vous ; elle, pâtissière, garantit des fins de repas délicieuses. On accourt !

➔ Foie gras des Landes au cassis de bourgogne et anchois fumés. Ris de veau croustillant aux oignons d'Auxonne et gnocchis de sauge. Balade chocolatée dans les vignes.

Menu 35 € (déj. en semaine), 60/100 € – Carte 95/110 €
4 impasse Chenevottes – ☎ *03 80 21 94 94 – www.restaurant-edem.com – Fermé 1 semaine en août, 21-29 déc., lundi et mardi*

🏛 Château de Chassagne-Montrachet

DOMAINE VITICOLE · DESIGN Ce prestigieux domaine viticole vous ouvre les portes de son château (fin 18ᵉ s.) et de ses caves. Belles chambres très contemporaines, salles de bains créées par le sculpteur Argueyrolles, expositions d'art dans les élégants salons... Le tarif comprend la visite du vignoble, du chai, et une dégustation de vins au domaine.

5 chambres ⌑ – 🛉275 € 🛉🛉275 €

5 chemin du Château – ✆ 03 80 21 98 57

– www.chateaudechassagnemontrachet.com – Fermé 23 déc.-2 janv.

CHASSELAY

✉ 69380 (Rhône) – 2 687 hab. – Alt. 220 m – Carte régionale n° **43**-E1

▶ Paris 443 km – L'Arbresle 15 km – Lyon 21 km – Villefranche-sur-Saône 18 km

Carte Michelin 327-H4

✿✿ Guy Lassausaie

CUISINE MODERNE · ÉLÉGANT XXXX Ce restaurant a été créée en 1906 par l'arrière-grand-père du chef, du temps où l'on jouait aux boules à côté de la maison, entre deux services... Aujourd'hui, Guy Lassausaie propose une cuisine d'une grande finesse, revisitant les classiques et magnifiant les saveurs. Et la carte des vins réserve de belles surprises !

➔ Poêlée d'huîtres, fondue de poireaux et galette de seigle au caviar. Pigeon rôti, galette de sarrasin et cuisse confite au sésame, jus au thym. Tuile croustillante, crème citron et framboise, sorbet citron.

Menu 68/120 € – Carte 80/90 €

r. de Belle-Sise – ✆ 04 78 47 62 59 – www.guy-lassausaie.com

– Fermé 15-25 fév., 1ᵉʳ-25 août, mardi et merc.

CHASSE-SUR-RHÔNE – 38 (Isère) ➔ voir Vienne

CHÂTEAU-ARNOUX-ST-AUBAN

✉ 04160 (Alpes-de-Haute-Provence) – 5 184 hab. – Alt. 440 m – Carte régionale n° **41**-C2

▶ Paris 719 km – Digne-les-Bains 26 km – Forcalquier 30 km – Manosque 42 km

Carte Michelin 334-E8 – Guide Vert Michelin Alpes du Sud

✿ La Bonne Étape (Jany Gleize)

PROVENÇALE · ÉLÉGANT XXX On y apprécie une partition classique, à la croisée de la tradition gastronomique française et des incontournables de la cuisine provençale. Le cadre – belle interprétation bourgeoise du répertoire local – ajoute à l'agrément du moment.

➔ Calmar farci aux herbes vertes et pignons de pin. Agneau de Sisteron rôti à four d'enfer, jus à la sarriette. Crème glacée au miel de lavande dans sa ruche.

Menu 35 € (déj.), 75/115 € – Carte 75/120 €

chemin du lac – ✆ 04 92 64 00 09 – www.bonneetape.com

– Fermé 2 janv.-12 fév., lundi et mardi hors saison sauf fériés

☺ La Magnanerie

CRÉATIVE · ÉLÉGANT XX Une équipe jeune et passionnée fait souffler un vent de modernité sur cet hôtel-restaurant ! À l'unisson du décor très contemporain, le jeune chef réalise un travail minutieux et inspiré, en jouant sur les associations de saveurs, les textures et les contrastes (acide/amer par exemple). Joli moment en perspective...

Formule 22 € – Menu 32/89 € – Carte 56/94 €

9 chambres – 🛉78/120 € 🛉🛉78/120 € – ⌑13 €

Les Fillières, 2 km au Nord par N85 – ✆ 04 92 62 60 11

– www.la-magnanerie.net – Fermé 6-20 mars, 25 oct.-10 nov., 20-31 déc., dim. soir d'oct. à juin et lundi

🍴 Au Goût du Jour

PROVENÇALE · RÉTRO 🕱 Ne cherchez pas des plats particulièrement au goût du jour... Ici, le chef réalise une goûteuse cuisine du terroir. Dans l'assiette, les produits du marché et du jardin défilent au gré des saisons. Cadre tout en simplicité, aux couleurs de la Provence.

Formule 20 € 🍷 – Carte 25/35 €

14 av. du Gén.-de-Gaulle – 𝒞 04 92 64 48 48 – www.bonneetape.com
– Fermé 2 janv.-12 fév.

🏠 La Bonne Étape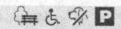

FAMILIAL · CLASSIQUE Comment ne pas tomber sous le charme de cette demeure du 18ᵉ s. qui fleure bon la Provence ? Un beau jardin fleuri, un grand potager bio, des chambres spacieuses, du mobilier d'époque : une Bonne Étape dont on ne veut repartir !

18 chambres – 🛏130/320 € 🛏🛏190/590 € – ⊑ 24 € – ½ P

chemin du lac – 𝒞 04 92 64 00 09 – www.bonneetape.com
– Fermé 2 janv.-12 fév.

❄ **La Bonne Étape** – voir les restaurants ci-dessus

CHÂTEAUBOURG

✉ 35220 (Ille-et-Vilaine) – 6 310 hab. – Alt. 50 m – Carte régionale n° **10**-D2
▶ Paris 329 km – Angers 114 km – Châteaubriant 52 km – Fougères 44 km
Carte Michelin 309-N6

🍴 Ar Milin'

CUISINE MODERNE · À LA MODE 🕱 Dans cet ancien moulin, on profite d'une vue panoramique sur la Vilaine et l'immense parc. Le décor est épuré : un cadre sympathique pour des plats bien de notre époque, à l'instar de ces tomates confites au chèvre frais, ou encore de ces magrets de canard rôtis au miel et au sésame... Appétissant !

Formule 18 € – Menu 29/49 € – Carte 33/47 €

30 r. de Paris – 𝒞 02 99 00 30 91 – www.armilin.com
– Fermé 18 déc.-3 janv., dim. soir d'oct. à mars et sam. midi

🏠 Ar Milin'

TRADITIONNEL · ACTUEL Un authentique moulin en pierre du 19ᵉ s., un parc immense où sont disséminées de monumentales œuvres d'art contemporain... et des chambres cosy réparties dans deux bâtiments : une douce idée de la tranquillité !

32 chambres – 🛏88/141 € 🛏🛏98/215 € – ⊑ 13 € – ½ P

30 r. de Paris – 𝒞 02 99 00 30 91 – www.armilin.com
– Fermé 18 déc.-3 janv. et week-end d'oct. à mars

🍴 **Ar Milin'** – voir les restaurants ci-dessus

CHÂTEAU-CHALON

✉ 39210 (Jura) – 153 hab. – Alt. 420 m – Carte régionale n° **16**-B3
▶ Paris 409 km – Besançon 73 km – Dole 51 km – Lons-le-Saunier 14 km
Carte Michelin 321-D6 – Guide Vert Michelin Franche-Comté Jura

🏠 Le Relais des Abbesses

FAMILIAL · PERSONNALISÉ Les propriétaires ont craqué pour cette maison de village surplombant les vignes et la vallée. Les chambres, baptisées Agnès, Marguerite et Eugénie offrent une superbe vue sur la Bresse ; Violette fait les yeux doux à Château-Chalon... Du cachet !

5 chambres ⊑ – 🛏75/100 € 🛏🛏80/105 €

36 r. de la Roche – 𝒞 03 84 44 98 56 – www.relais-des-abbesses.fr

LE CHÂTEAU D'OLÉRON - 17 (Charente-Maritime) ➜ voir Île d'Oléron

CHÂTEAU-D'OLONNE - 85 (Vendée) ➜ voir Sables-d'Olonne

CHÂTEAUDUN

✉ 28200 (Eure-et-Loir) - 13 039 hab. - Alt. 140 m - Carte régionale n° **11**-B2
▶ Paris 131 km - Blois 57 km - Chartres 45 km - Orléans 53 km
Carte Michelin 311-D7 - Guide Vert Michelin Châteaux de la Loire

☺ Aux Trois Pastoureaux ⛱

CUISINE TRADITIONNELLE • TRADITIONNEL XX Si Jean-François Lucchese est un ancien pâtissier, il se définit surtout comme un "artisan du goût", soucieux des associations d'ingrédients, des cuissons et des assaisonnements. Ses recettes pétillent de saveurs ! Le "menu médiéval" plonge droit dans la tradition...

Formule 22 € - Menu 25/64 € - Carte 34/75 €

31 r. André-Gillet - ✆ 02 37 45 74 40 - www.aux-trois-pastoureaux.fr - Fermé 28 fév.-6 mars, 10-31 juil., 25 déc.-7 janv., dim. et lundi

🏠 Entre Beauce et Perche ↕ ♿ A/C 🅿

URBAIN • ACTUEL Entre Beauce et Perche en effet, voilà un hôtel sobre et engageant. Les chambres sont claires et fonctionnelles ; préférez celles situées côté jardin. L'ensemble convient à une étape touristique ou un voyage d'affaires. Bon point, le parking sécurisé.

65 chambres - 👤68/103 € 👥68/103 € - ☕ 10 €

9 La Varenne-Hodier, 3 km au Nord par rte de Chartres N10 - ✆ 02 37 66 30 00 - www.hotelchateaudunlogis.fr

CHÂTEAUFORT - 78 (Yvelines) ➜ voir Autour de Paris

CHÂTEAU-GAILLARD

✉ 01500 (Ain) - 1 881 hab. - Alt. 253 m - Carte régionale n° **44**-B1
▶ Paris 464 km - Bourg-en-Bresse 32 km - Grenoble 140 km - Lyon 53 km
Carte Michelin 328-E5

🍴 La Villa L 🍇 🌳 ⛱ ♿ 🅿

CUISINE MODERNE • FAMILIAL XX Mélusine, Clochette et Morgane : ces trois fées prêtent leur nom aux attrayants menus de ce restaurant. Aux fourneaux, la chef réalise une cuisine inspirée, dans laquelle le terroir (ris de veau, filet mignon, foie gras, etc.) rencontre des épices de toutes sortes. Et la carte des vins sort de l'ordinaire !

Menu 25/55 € - Carte 33/55 €

130 chemin des Vignes - ✆ 04 74 39 96 86 - www.lavillal.fr - Fermé 1 semaine en juin , 2 semaines en nov. , dim. et lundi

CHÂTEAU-GONTIER

✉ 53200 (Mayenne) - 11 759 hab. - Alt. 33 m - Carte régionale n° **35**-C1
▶ Paris 288 km - Angers 50 km - Châteaubriant 56 km - Laval 30 km
Carte Michelin 310-E8 - Guide Vert Michelin Pays de la Loire

🍴 L'Aquarelle ‹ ⛱ A/C 🅿

CUISINE MODERNE • SIMPLE XX Croustillant d'avocat farci à la truite fumée et à l'aneth ; quasi de veau, jus réduit et légumes bio ; spéculos au chocolat... Au bord de la Mayenne - visible de la salle et à portée de main en terrasse -, la carte navigue entre tradition et notes originales, au rythme des saisons. Une adresse qui a ses habitués.

⚭ Formule 12 € - Menu 15 € (déj. en semaine), 23/36 € - Carte 26/42 €

2 r. Félix-Marchand, 1 km au Sud par D267, rte de Ménil - ✆ 02 43 70 15 44 - www.restaurant-laquarelle.com - Fermé 5-29 janv., dim. soir, mardi soir et merc.

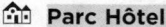 **Parc Hôtel** 🖼 🍴 🛁 🍽 ⚕ 🛋 🅿

FAMILIAL · PERSONNALISÉ Dans le parc arboré et près de la piscine chauffée, on oublie vite la route toute proche. Les chambres sont résolument classiques, plus spacieuses dans la maison de maître du 19ᵉ s., et l'on profite de l'espace détente avec jacuzzi, hammam, fitness et salle de massage.

20 chambres – †85/145 € ††85/145 € – 1 suite – 🖵 12 €

46 av. Joffre, au Sud par N162 – ℰ 02 43 07 28 41 – www.parchotel.fr – Fermé 12-28 fév.

CHÂTEAUMEILLANT

🖂 18370 (Cher) – 2 002 hab. – Alt. 247 m – Carte régionale n° **12**-C3
▶ Paris 313 km – Argenton-sur-Creuse 58 km – Châteauroux 55 km – La Châtre 19 km
Carte Michelin 323-J7 – Guide Vert Michelin Limousin Berry

🍴 **La Goutte Noire** 🖘 🍴 ⚕ 🆎 🅿

CUISINE MODERNE · CONVIVIAL ✕✕ Du nom du ruisseau qui coule dans le village, cette table ne manque pas d'attraits : une grande véranda très lumineuse, une cuisine qui explore le terroir avec goût et générosité (bons vins et fromages régionaux) et un accueil délicat. Chambres coquettes à l'étage.

Menu 32/62 € – Carte 48/65 €

7 chambres – †52 € ††62/69 € – 🖵 8 €

21 r. du Château – ℰ 02 48 96 98 87 – www.la-goutte-noire.fr – Fermé dim. soir et lundi sauf fériés

CHÂTEAUNEUF-DE-GADAGNE

🖂 84470 (Vaucluse) – 3 279 hab. – Alt. 90 m – Carte régionale n° **42**-E1
▶ Paris 694 km – Arles 47 km – Avignon 13 km – Marseille 95 km
Carte Michelin 84-C10

🍴 **La Maison de Celou** 🖘 🍴 ⚕ 🆎

CUISINE MODERNE · COSY ✕ Une maison familiale où le menu change tous les mois. L'équipe n'hésite pas à travailler sous l'œil des clients, que ce soit pour découper une entrecôte de taureau ou pour flamber au pastis des linguines de homard... À déguster sur la terrasse, avec un beau panorama sur le mont Ventoux et la montagne du Luberon !

🍽 Menu 19 € (déj. en semaine), 36/45 € – Carte 45/65 €

*impasse de l'Alouette, (Portail du Thor) – ℰ 04 90 16 08 61
– www.lamaisondecelou.com – Fermé vacances de fév. et de la Toussaint, sam. midi et dim. midi en juil.-août, dim. soir et merc. soir de sept. à juin et lundi*

CHÂTEAUNEUF-DU-PAPE

🖂 84230 (Vaucluse) – 2 179 hab. – Alt. 87 m – Carte régionale n° **42**-E1
▶ Paris 667 km – Alès 82 km – Avignon 19 km – Carpentras 22 km
Carte Michelin 332-B9 – Guide Vert Michelin Provence

🍴 **Le Verger des Papes** 🖼 🖘 🍴 🆎 🖼

PROVENÇALE · RUSTIQUE ✕ Belle situation pour ce restaurant adossé aux remparts du château et dont la terrasse réserve une vue à couper le souffle. La cuisine provençale est à l'honneur : omelette mistral à la ratatouille, côte de taureau de Camargue grillée, vacherin au citron... De bons produits et des vins de la vallée du Rhône.

🍽 Menu 20 € (déj. en semaine)/31 € – Carte 44/51 €

au château – ℰ 04 90 83 50 40 – www.vergerdespapes.com – Fermé 21 déc.-1ᵉʳ mars, dim. soir et lundi

🏰 **Hostellerie Château des Fines Roches** 🖼 🖼 🖘 🖼 🛁 🆎

CHÂTEAU · HISTORIQUE Étonnante vision... À la fois médié- 🖼 🛋 🅿
val, provençal et maure, ce castel du 19ᵉ s. ceint de tours crénelées surgit tel un mirage au milieu du fameux vignoble ! Un lieu raffiné, propice – si l'on souhaite – à une certaine fantaisie.

11 chambres – †118/345 € ††118/345 € – 🖵 19 € – ½ P

*rte de Sorgues et voie privée – ℰ 04 90 83 70 23 – www.chateaufinesroches.com
– Fermé dim. soir et lundi de nov. à avril*

CHÂTEAUNEUF-VILLEVIEILLE

06390 (Alpes-Maritimes) – 896 hab. – Alt. 600 m – Carte régionale n° **41**-D2
▶ Paris 957 km – Menton 42 km – Nice 22 km – Puget-Théniers 81 km
Carte Michelin 341-E5

La Parare

🛖 🌿 🏡 🌳 🛁 **P**

MAISON DE CAMPAGNE · PERSONNALISÉ Une superbe bergerie du 17e s., isolée parmi de magnifiques oliviers et restaurée par un couple polyglotte : Sydney est franco-hollandais et Karin, suédoise ! La décoration, tout de béton ciré et de marbres bruts, fait de fréquents détours par l'Asie ; belle piscine en pierre sur la terrasse.

4 chambres 🛏 – ♦140/195 € ♦♦140/195 €
*67 Calade du Pastre – 𝒞 04 93 79 22 62 – www.laparare.com
– Fermé 20 nov.-20 déc.*

CHÂTEAUROUX

36000 (Indre) – 44 960 hab. – Alt. 155 m – Carte régionale n° **12**-C3
▶ Paris 265 km – Blois 101 km – Bourges 65 km – Limoges 125 km
Carte Michelin 323-G6 – Guide Vert Michelin Limousin Berry

Jeux 2 Goûts

CUISINE MODERNE · ÉLÉGANT XX De retour dans sa région natale après plusieurs années passées dans de belles maisons parisiennes, Christophe Marchais chatouille les papilles de Châteauroux. L'homme aime l'Asie et cela se sent : ses assiettes, goûteuses et créatives, sont teintées de belles influences japonaises. Et le service est charmant !

Formule 14 € – Menu 25/49 € – Carte 31/47 €
Plan : BY-t – *42 r. Grande – 𝒞 02 54 27 66 28 – www.jeux2gouts.fr – Fermé vacances de fév., 2 semaines en août, dim. et lundi*

Le P'tit Bouchon

🛖

CUISINE TRADITIONNELLE · RUSTIQUE X On apprécie son bon rapport qualité-prix, sa chaleur (le décor fourmille d'objets hétéroclites) et... ses propriétaires, grands épicuriens : le patron conseille les vins, son épouse tient la crèmerie attenante et, en cuisine, le fiston fait mijoter de jolis petits plats bistrotiers !

🍴 Formule 16 € – Menu 19 € (déj. en semaine)/29 € – Carte 26/35 €
Plan : BY-e – *64 r. Grande – 𝒞 02 54 61 50 40 – www.leptitbouchon.fr – Fermé 3 semaines en août, dim., lundi et fériés*

Le Bistrot Gourmand

🛖 🌿 ☺

CUISINE TRADITIONNELLE · RUSTIQUE X Au cœur de la vieille ville, un bistrot de quartier où l'on va comme en voisin, pour profiter, à prix justes, d'une côte de bœuf limousin, de rognons de veau ou de profiteroles au chocolat. La tradition est respectée, le goût au rendez-vous ! Aux beaux jours, direction le patio fleuri, sur l'arrière.

Formule 17 € – Menu 23/33 € – Carte 29/65 €
Plan : AY-a – *10 r. du Marché – 𝒞 02 54 07 86 98
– www.lebistrotgourmand36.com – Fermé 2 semaines en fév., 3 semaines en août , dim., lundi et fériés*

Colbert

BUSINESS · MODERNE L'ancienne manufacture de tabac est aujourd'hui un hôtel moderne et soigné. Des chambres spacieuses et bien agencées, bénéficiant d'une insonorisation optimale, des tarifs très raisonnables : sûrement le meilleur hôtel de la ville !

74 chambres – ♦91/211 € ♦♦91/211 € – 16 suites – 🛏 14 €
Plan : BZ-a – *3 av. de la Châtre – 𝒞 02 54 35 70 00 – www.hotel-colbert.fr*

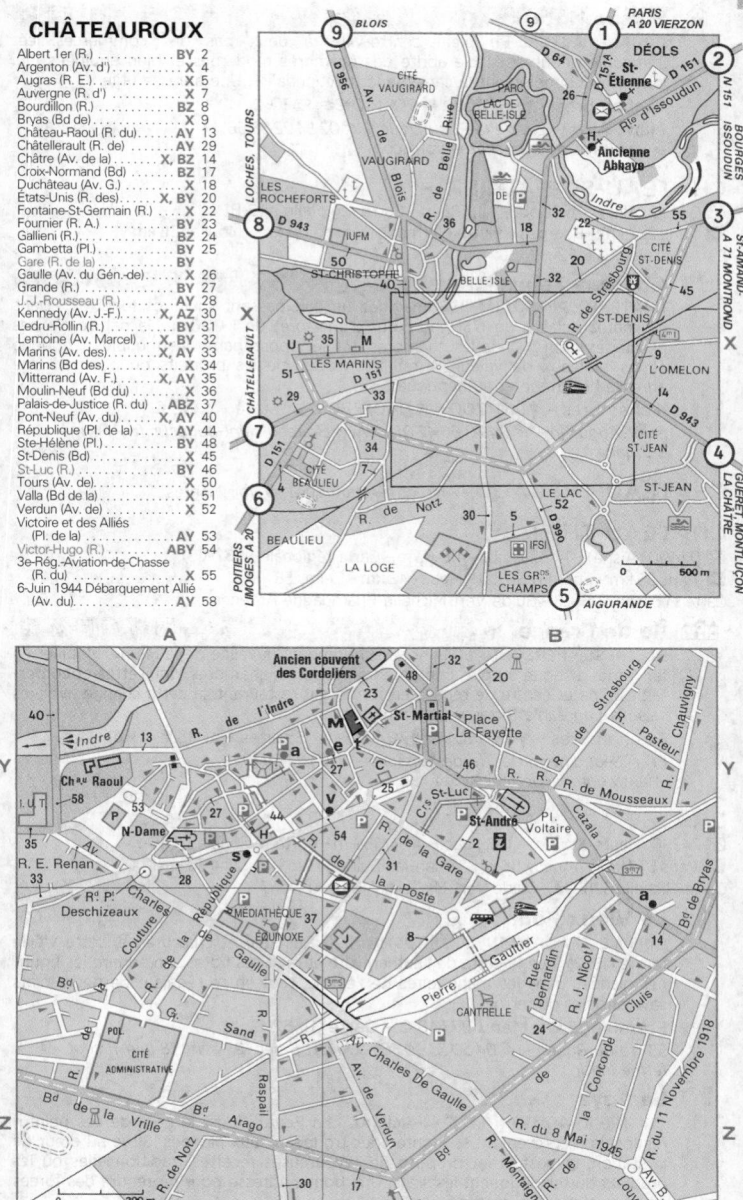

CHÂTEAUROUX

Albert 1er (R.) . . . . BY 2
Argenton (Av. d') . . . . X 4
Augras (R. E.) . . . . X 5
Auvergne (R. d') . . . . X 7
Bourdillon (R.) . . . . BZ 8
Bryas (Bd de) . . . . X 9
Château-Raoul (R. du) . . . . . AY 13
Châtellerault (R. de) . . . . . . X 29
Châtre (Av. de la) . . . . . X, BZ 14
Croix-Normand (Bd) . . . . . . BZ 17
Duchâteau (Av. G.) . . . . X 18
États-Unis (R. des) . . . . . X, BY 20
Fontaine-St-Germain (R.) . . . X 22
Fournier (R. A.) . . . . BZ 23
Gallieni (R.) . . . . BZ 24
Gambetta (Pl.) . . . . BY 25
Gare (R. de la) . . . . BY
Gaulle (Av. du Gén.de) . . . . X 26
Grande (R.) . . . . AY 27
J.-J.-Rousseau (R.) . . . . AY 28
Kennedy (Av. J.-F.) . . . . X, AZ 30
Ledru-Rollin (R.) . . . . BY 31
Lemoine (Av. Marcel) . . . X, BY 32
Marins (Av. des) . . . . . . X, AY 33
Marins (Bd des) . . . . X 34
Mitterrand (Av. F.) . . . . . X, BY 35
Moulin-Neuf (Bd du) . . . . . . X 36
Palais-de-Justice (R. du) . . ABZ 37
Pont-Neuf (Av. du) . . . . . X, BZ 40
République (Pl. de la) . . . . . AY 44
Ste-Hélène (Pl.) . . . . BY 48
St-Denis (Bd) . . . . X 45
St-Luc (R.) . . . . BY 46
Tours (Av. de) . . . . X 50
Valla (Bd de la) . . . . X 51
Verdun (Av. de) . . . . X 52
Victoire et des Alliés
(Pl. de la) . . . . AY 53
Victor-Hugo (R.) . . . . ABY 54
3e-Rég.-Aviation-de-Chasse
(R. du) . . . . X 55
6-Juin 1944 Débarquement Allié
(Av. du). . . . . AY 58

⌂ Élysée Hôtel

URBAIN · ACTUEL En plein centre-ville, à deux pas des commerces, cet immeuble début de siècle abrite des chambres modernes et bien équipées, qui jouent tout simplement la carte de la fonctionnalité. Une adresse utile.

16 chambres – ♦85/110 € ♦♦90/140 € – ☲ 10 €

Plan : AY-s – *2 r. de la République* – *✆ 02 54 22 33 66*
– *www.elysee-hotel-chateauroux.com*

CHÂTEAU-SUR-ALLIER

✉ 03320 (Allier) – 178 hab. – Alt. 180 m – Carte régionale n° **5**-B1
▶ Paris 282 km – Bourges 63 km – Clermont-Ferrand 133 km – Moulins 38 km
Carte Michelin 326-F2

🏰 Château Saint-Augustin

CHÂTEAU · PERSONNALISÉ Imaginez un cerf passant sous vos fenêtres... Dans ce château classé de 1730, au cœur d'une forêt de 1 000 ha, la nature n'a pas perdu ses droits. Dans les chambres, on se repose parmi les meubles d'époque et les tableaux de valeur. À table, on apprécie les produits du potager. Une adresse historique et authentique.

4 chambres – ♦140/200 € ♦♦140/280 € – 1 suite – ☲ 13 €

Saint-Augustin – *✆ 04 70 66 42 01* – *www.chateau-saint-augustin.fr* – *Fermé 3-31 janv.*

CHÂTEAU-THÉBAUD – 44 (Loire-Atlantique) → voir Nantes

CHÂTEAU-THIERRY

✉ 02400 (Aisne) – 14 329 hab. – Alt. 63 m – Carte régionale n° **37**-C3
▶ Paris 95 km – Épernay 56 km – Meaux 48 km – Reims 58 km
Carte Michelin 306-C8 – Guide Vert Michelin Champagne Ardenne

🏨 Île de France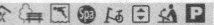

BUSINESS · PERSONNALISÉ Hôtel surplombant la vallée de la Marne. Mobilier en fer forgé, rustique ou plus contemporain dans les chambres, douillettes et confortables. Spa et centre de remise en forme. Au restaurant, la carte change avec les saisons ; agréable terrasse panoramique.

36 chambres – ♦79/150 € ♦♦79/150 € – 5 suites – ☲ 13 € – ½ P

60 r. Léon Lhermitte, rte de Soissons – *✆ 03 23 69 10 12*
– *www.hotel-iledefrance.com*

CHÂTEL

✉ 74390 (Haute-Savoie) – 1 179 hab. – Alt. 1 180 m – Carte régionale n° **46**-F1
▶ Paris 578 km – Annecy 113 km – Évian-les-Bains 34 km – Morzine 38 km
Carte Michelin 328-O3 – Guide Vert Michelin Alpes du Nord

○ Le Vieux Four

CUISINE TRADITIONNELLE · RUSTIQUE ✕✕ Rustique et chaleureuse, cette vieille ferme (1852) joue la carte de l'authenticité et ravit ses hôtes. On admire les figurines nichées dans les mangeoires de l'étable, tout en se régalant de petits plats savoyards et du terroir.

Formule 15 € – Menu 27/48 € – Carte 31/62 €

55 rte du Boude – *✆ 04 50 73 30 56* – *Ouvert 5 déc.-23 avril, 18 juin-11 sept. et fermé lundi*

○ La Poya

CUISINE TRADITIONNELLE · FAMILIAL ✕ La Poya ? C'est le nom de ces peintures locales représentant la montée des troupeaux aux alpages. Situé au cœur de la station, ce restaurant propose de savoureuses recettes traditionnelles où les produits du terroir jouent les stars. Une bonne adresse pour reprendre des forces après quelques descentes !

Formule 15 € – Menu 29/79 € – Carte 38/72 €

196 rte de Vonnes – *✆ 04 50 81 19 34* – *www.lapoya.fr* – *Fermé 2 semaines en juin, de mi-sept. à mi-oct., dim. soir et lundi hors saison*

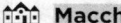 Macchi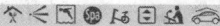

TRADITIONNEL · ALPIN Derrière une jolie façade arborant des fresques tyroliennes, un hôtel charmant dont les chambres portent le nom de grands champions de ski alpin. Beau spa indien, piscine couverte... Cosy, élégant et dépaysant !

28 chambres ⌑ – ♦102/600 € ♦♦102/600 € – ½ P

94 chemin de l'Etringa – ℰ 04 50 73 24 12 – www.hotelmacchi.com – Ouvert 15 juin-15 sept. et 15 déc.-20 avril

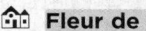 Fleur de Neige

TRADITIONNEL · ALPIN En haut de la station, un hôtel dans l'esprit chalet bucolique des années 1960... Certaines chambres ont été décorées dans un style contemporain plutôt réussi. On profite pleinement de l'espace balnéo avec piscine, sauna et hammam, et d'une bonne cuisine traditionnelle au restaurant.

26 chambres – ♦63/189 € ♦♦90/270 € – ⌑15 € – ½ P

564 rte de Vonnes – ℰ 04 50 73 20 10 – www.hotel-fleurdeneige.fr – Ouvert de mi-juin à fin oct. et de mi-déc. à mi-avril

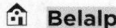 Belalp

FAMILIAL · SIMPLE C'est un joli chalet aux volets verts, on y vient à ski et on y trouve un repos bien mérité dans une petite chambre, mignonne et très bien tenue (préférez-la côté vallée). Espace bien-être. Plats savoyards au coin de la cheminée ou dans la salle panoramique offrant une vue à tomber !

25 chambres – ♦70/145 € ♦♦70/145 € – ⌑10 € – ½ P

382 rte de Vonnes – ℰ 04 50 73 24 39 – www.hotelbelalp.com – Ouvert 16 juil.-20 août et 24 déc.-1ᵉʳ avril

 Le Kandahar

AUBERGE · FONCTIONNEL Bienvenue dans cet accueillant chalet familial, situé en contrebas de la station. Les chambres y sont petites mais pratiques, avec balcon ; des navettes permettent de rejoindre le Linga. Aucun doute au restaurant : on est en Savoie ! Une raclette près de la cheminée ?

8 chambres – ♦68/90 € ♦♦68/90 € – ⌑10 € – ½ P

1620 rte de la Dranse, 1,5 km au Sud-Ouest par rte de la Béchigne – ℰ 04 50 73 30 60 – www.lekandahar.com – Fermé de fin mai à mi-juil. et de fin oct. à mi-déc.

Le Choucas

FAMILIAL · SIMPLE Un chalet largement fleuri... voilà de quoi attirer les choucas, ces oiseaux malicieux proches des corneilles. Pour les amateurs de montagne à prix modéré, les chambres sont pratiques et très bien tenues. Les vertus de la simplicité.

12 chambres – ♦59/79 € ♦♦59/79 € – ⌑9 €

303 rte Vonnes – ℰ 04 50 73 22 57 – www.hotel-lechoucas.com – Ouvert 20 juin-15 sept. et 20 déc.-20 avril

CHÂTEL-GUYON

✉ 63140 (Puy-de-Dôme) – 6 100 hab. – Alt. 430 m – Carte régionale n° **5**-B2
▶ Paris 411 km – Clermont-Ferrand 21 km – Gannat 31 km – Vichy 43 km
Carte Michelin 326-F7 – Guide Vert Michelin Auvergne

 Le Bellevue

FAMILIAL · FONCTIONNEL Dominant la station thermale, cet hôtel 1930 invite au repos. Les chambres sont pratiques, et le cadre verdoyant. Restauration traditionnelle servie exclusivement aux résidents.

38 chambres – ♦71/105 € ♦♦71/105 € – ⌑10 € – ½ P

4 r. A.-Punett – ℰ 04 73 86 07 62 – www.hotelbellevuechatel.eu – Ouvert 1ᵉʳ avril-31 oct.

🏨 Spa Thermalia

HÔTEL DE CURE · ÉLÉGANT Au bout d'une impasse en centre-ville, une grande villa du début du 20ᵉ s., au charme classique et particulièrement bien insonorisée : tranquillité garantie ! L'ensemble a été rénové en 2013, et le spa (piscine, jacuzzis, massages, fitness...) est la clé de voûte de l'ensemble.

26 chambres – †75/95 € ††80/105 € – � 9 €

20 av. Baraduc – ℰ 04 73 86 00 11 – www.hotel-spa-thermalia.com

🏨 Splendid

FAMILIAL · FONCTIONNEL Guy de Maupassant, qui fréquenta cet ancien palace bâti en 1872, a laissé son nom à l'un des salons. Des chambres confortables et bien tenues, une majestueuse salle du 19ᵉ s. (colonnes, belle cheminée en bois sculpté, etc.) : un établissement au délicieux charme d'antan...

85 chambres – †55/130 € ††55/130 € – 2 suites – � 12 € – ½ P

5-7 r. d'Angleterre – ℰ 04 73 86 04 80 – www.splendid-chatelguyon.com

CHÂTELAILLON-PLAGE

✉ 17340 (Charente-Maritime) – 5 937 hab. – Alt. 3 m – Carte régionale n° **38**-A2
🚗 Paris 482 km – Niort 74 km – Rochefort 22 km – La Rochelle 19 km
Carte Michelin 324-D3 – Guide Vert Michelin Poitou-Charentes

🍴 Les Flots

POISSONS ET FRUITS DE MER · BISTRO Une jolie maison bleu et blanc (1890) face à la plage. Deux options ici : le bistrot d'autrefois, plein de charme, et le bistrot contemporain avec sa somptueuse vue sur... les Flots ! Quel que soit votre choix, vous vous régalerez d'une bonne cuisine marine, faisant la part belle aux produits de saison et à la pêche locale.

Formule 22 € – Menu 27/48 € – Carte 35/56 €

Hôtel Les Flots, 52 bd de la Mer – ℰ 05 46 56 23 42 – www.les-flots.fr
– Fermé 1ᵉʳ-14 nov., 21 déc.-8 janv. et mardi d'oct. à mars

🏨 Les Flots

HÔTEL DE VACANCES · FONCTIONNEL Sur le front de mer, cet hôtel datant du 19ᵉ s., tenu en famille, a fait sa mue en 2015 : il accueille désormais de nouvelles chambres contemporaines et fonctionnelles, dont la plupart sont tournées vers l'océan. Agréable !

30 chambres – †80/170 € ††80/270 € – � 12 € – ½ P

52 bd de la Mer – ℰ 05 46 56 23 42 – www.les-flots.fr – Fermé 21 déc.-8 janv.
🍴 **Les Flots** – voir les restaurants ci-dessus

🏨 Mercure Les Trois Iles

HÔTEL DE CHAÎNE · MODERNE Oléron, Aix et Ré... de bien jolies îles à l'horizon. Les chambres sont contemporaines et confortables ; certaines, en duplex, sont plus spacieuses. Évidemment, on craque pour celles qui donnent sur la mer ! Cuisine marine traditionnelle au restaurant.

79 chambres – †79/260 € ††79/260 € – � 17 € – ½ P

à la Falaise, 1,5 km – ℰ 05 46 56 14 14 – mercure-chatelaillon-plage.com

LE CHÂTELARD

✉ 73630 (Savoie) – 659 hab. – Alt. 750 m – Carte régionale n° **46**-F2
🚗 Paris 595 km – Chambéry 47 km – Genève 75 km – Lyon 143 km
Carte Michelin 333-J7 – Guide Vert Michelin Alpes du Nord

🍴 Auberge Les Clarines

RÉGIONALE · AUBERGE Au cœur du massif des Bauges, une ancienne ferme au cadre chaleureux... L'adresse est prisée des randonneurs – et de tous les bons vivants en général ! – qui s'y régalent d'une bonne cuisine régionale. Mention spéciale pour le poulet fermier en croûte de sel et le gâteau de Savoie. Chambres à la fois modernes et montagnardes.

🍴 Formule 14 € – Menu 18 € (déj. en semaine), 22/34 € – Carte 26/43 €

6 chambres – †70/90 € ††70/90 € – � 11 €

Les Granges – ℰ 04 79 54 80 80 – www.hotel-les-clarines.fr – Fermé 2 nov.-9 déc., dim. soir, lundi et mardi

CHÂTELLERAULT

✉ 86100 (Vienne) – 31 537 hab. – Alt. 52 m – Carte régionale n° **39**-C1
▶ Paris 304 km – Châteauroux 98 km – Cholet 134 km – Poitiers 36 km
Carte Michelin 322-J4 – Guide Vert Michelin Poitou-Charentes

⑩ **La Gourmandine**

CRÉATIVE · ÉLÉGANT XXX Hauts plafonds, moulures, boiseries... une maison de
maître estampillée 1905, à l'ambiance feutrée et élégante. Le service, de qualité,
comme les recettes, créatives, lui vont bien ! Et pour la nuit, des chambres aussi
confortables que contemporaines (Sérénade, Bambou, Romance, Chinoise, etc.).
🍽 Formule 17 € – Menu 20 € (déj. en semaine), 35/65 € – Carte 46/88 €
Plan : ABZ-x – *Hôtel La Gourmandine, 22 av. du Président-Wilson*
*– ℰ 05 49 21 05 85 – www.la-gourmandine.com – Fermé 2-12 janv., dim. soir et
lundi midi*

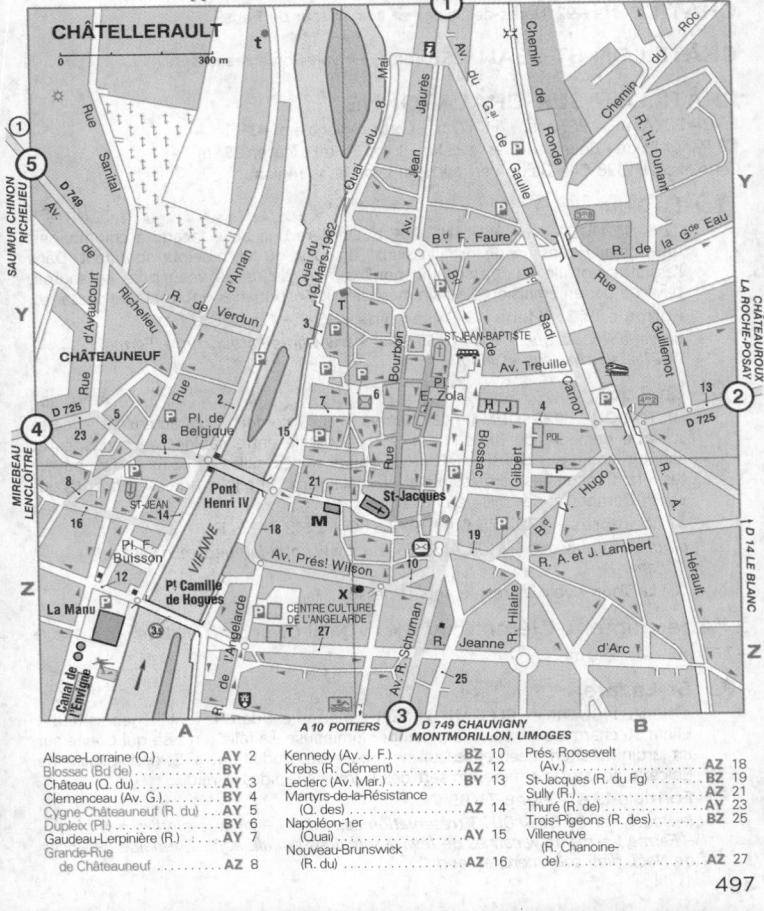

Alsace-Lorraine (Q.)	AY	2
Blossac (Bd de)	BY	
Château (Q. du)	AY	3
Clemenceau (Av. G.)	BY	4
Cygne-Châteauneuf (R. du)	AY	5
Dupleix (Pl.)	BY	6
Gaudeau-Lerpinière (R.)	AY	7
Grande-Rue de Châteauneuf	AZ	8
Kennedy (Av. J. F.)	BZ	10
Krebs (R. Clément)	AZ	12
Leclerc (Av. Mar.)	BY	13
Martyrs-de-la-Résistance (Q. des)	AZ	14
Napoléon-1er (Quai)	AY	15
Nouveau-Brunswick (R. du)	AZ	16
Prés. Roosevelt (Av.)	AZ	18
St-Jacques (R. du Fg)	BZ	19
Sully (R.)	AZ	21
Thuré (R. de)	AY	23
Trois-Pigeons (R. des)	BZ	25
Villeneuve (R. Chanoine-de)	AZ	27

497

ⅡO Bernard Gautier ⌂ AC

CUISINE TRADITIONNELLE · CONVIVIAL XX Terrine de foie gras, tournedos Rossini, ris de veau aux champignons : la tradition est reine dans cette petite maison où l'on fait la part belle aux recettes de toujours. Malgré des abords tristounets, la salle se révèle coquette et le service est aux petits soins... ce qui ne gâche rien !

Formule 16 € – Menu 32/44 € – Carte 40/50 €

Plan : AY-t – 189 r. d'Antran – ℰ 05 49 90 24 74 – Fermé dim. soir, merc. soir et lundi

⌂ La Gourmandine ⌂ ⌂ ⌂ ⌂ AC ⌂ P

VILLA · PERSONNALISÉ Tout près du centre-ville, en retrait d'une avenue, cette maison de maître de 1905 nous accueille dans des chambres cosy et feutrées, décorées par thèmes : la Chinoise, la Boudoir, la Romance, la Baroque... Un établissement qui ne manque pas de cachet.

13 chambres – ∮106/156 € ∮∮106/156 € – ⌂ 14 €

Plan : ABZ-x – 22 av. du Président-Wilson – ℰ 05 49 21 05 85
– www.la-gourmandine.com – Fermé 2-12 janv.

ⅡO **La Gourmandine** – voir les restaurants ci-dessus

CHÂTILLON – 92 (Hauts-de-Seine) ➔ voir Autour de Paris

CHÂTILLON-ST-JEAN – 26 (Drôme) ➔ voir Romans-sur-Isère

CHÂTILLON-SUR-CHALARONNE

⌂ 01400 (Ain) – 4 957 hab. – Alt. 177 m – Carte régionale n° **43**-E1
▶ Paris 418 km – Bourg-en-Bresse 28 km – Lyon 55 km – Mâcon 28 km
Carte Michelin 328-C4 – Guide Vert Michelin Lyon et sa région

ⅡO La Tour ⌂ AC ⌂

CUISINE MODERNE · ROMANTIQUE XX Derrière une belle façade à colombages, on s'installe dans un décor "classieux" et cosy, où les bibelots abondent. Dans l'assiette, volaille de Bresse aux morilles, noix de ris de veau doré au sautoir, pavé de bar en émulsion d'oursin marquent les esprits des gourmets de passage...

Formule 19 € – Menu 49 € (semaine)/66 € – Carte 63/79 €

pl. de la République – ℰ 04 74 55 05 12 – www.hotel-latour.com – Fermé 1er-21 janv., dim. soir et lundi

⌂ La Tour ⌂ ⌂ ⌂ AC ⌂

HISTORIQUE · PERSONNALISÉ Charme et confort caractérisent cette superbe demeure du 14e s., dont le style oscille entre cabinet de curiosités et esprit déco : tissus choisis, ciels de lit, objets chinés, salles de bains parfois ouvertes, etc. L'accueil est professionnel et chaleureux. Une jolie adresse pour découvrir la Dombes et ses mille étangs...

32 chambres – ∮79/175 € ∮∮99/220 € – ⌂ 12 € – ½ P

pl. de la République – ℰ 04 74 55 05 12 – www.hotel-latour.com – Fermé 1er -21 janv.

ⅡO **La Tour** – voir les restaurants ci-dessus

à l'Abergement-Clémenciat 5 km au Nord-Ouest par D7 et D64c – ⌂ 01400
– 777 hab. – Alt. 250 m

ⅡO St-Lazare ⌂ ⌂ ⌂

CUISINE MODERNE · ÉLÉGANT XX Cette maison est dans la famille depuis 1899 ! Elle a du charme avec sa salle à manger lumineuse, sa jolie terrasse qui donne sur un jardin méditerranéen et sa cuisine à base de produits frais. Et dans l'ancienne Épicerie de la grand-mère, on sert des formules rapides le midi...

Formule 19 € – Menu 31/85 €

le Bourg – ℰ 04 74 24 00 23 (réservation conseillée) – www.lesaintlazare.fr
– Fermé 1 semaine vacances de fév., 2 semaines en juil.-août, 1 semaine vacances de Noël, dim. soir, merc. et jeudi

CHÂTILLON-SUR-INDRE

✉ 36700 (Indre) – 2 730 hab. – Alt. 115 m – Carte régionale n° **11**-B3

▶ Paris 261 km – Le Blanc 43 km – Châteauroux 47 km – Orléans 175 km
Carte Michelin 323-D5 – Guide Vert Michelin Limousin Berry

ⅰ○ Auberge de la Tour

CUISINE TRADITIONNELLE · AUBERGE X Après un joli parcours dans de grandes maisons, Éric Souverin est rentré chez lui pour fonder son propre restaurant... Ici, il réinterprète les saveurs de son enfance selon l'inspiration du moment. Son leitmotiv ? Faire plaisir... Pari réussi !

🍴 Menu 17/40 € – Carte 33/54 €

2 rte du Blanc – ✆ 02 54 38 44 20 – www.auberge-de-la-tour36.fr
– Fermé 20 sept.-5 oct., 4-19 janv., mardi d'oct. à mars, dim. soir et lundi

🏠 La Poignardière

CHÂTEAU · CLASSIQUE Certaines demeures distillent un charme indéfinissable. Est-ce la promenade en barque sur l'étang, la beauté des arbres centenaires ou l'élégance sobre de cette demeure 1900 ? Est-ce la piscine intérieure, le hammam flambant neuf, ou la bonne cuisine traditionnelle ? Peut-être un peu tout cela...

5 chambres ⌂ – †105 € ††125 €

3 km au Nord et à l'Est par D975 et D28 direction Le Tranger et rte secondaire – ✆ 02 54 38 78 14 – www.lapoignardiere.fr – Ouvert de mars à nov.

LA CHÂTRE

✉ 36400 (Indre) – 4 352 hab. – Alt. 210 m – Carte régionale n° **12**-C3

▶ Paris 298 km – Bourges 69 km – Châteauroux 37 km – Guéret 53 km
Carte Michelin 323-H7 – Guide Vert Michelin Limousin Berry

ⅰ○ À l'Escargot

CUISINE TRADITIONNELLE · RUSTIQUE XX Pour la petite histoire, les parents de George Sand se seraient connus dans cet ancien relais de poste des 15ᵉ-16ᵉ s. Auraient-ils succombé à la sympathique cuisine traditionnelle qu'on y sert aujourd'hui, et la sobriété toute rustique de la décoration ? Certainement !

Formule 18 € – Menu 24/39 € – Carte 40/46 €

pl. du Marché – ✆ 02 54 48 03 85 – www.auberge-restaurant-escargot.com
– Fermé vacances de fév., fin août-début sept., jeudi en hiver, dim. soir et lundi

à Pouligny-Notre-Dame 12 km au Sud par D940 – ✉ 36160

– 631 hab. – Alt. 376 m

🏨 Les Dryades

HÔTEL DE VACANCES · ACTUEL Dans la mythologie grecque, les dryades étaient les nymphes protectrices de la forêt... Un nom tout trouvé pour ce bel hôtel contemporain donnant sur un golf 18 trous très verdoyant. Tons clairs et apaisants dans les chambres, spa très agréable.

80 chambres – †99/139 € ††99/139 € – 5 suites – ⌂ 12 € – ½ P

28 r. du Golf – ✆ 02 54 06 60 60 – www.les-dryades.fr

CHAUBLANC – 71 (Saône-et-Loire) ➔ voir St-Gervais-en-Vallière

CHAUDEFONDS-SUR-LAYON

✉ 49290 (Maine-et-Loire) – 960 hab. – Alt. 45 m – Carte régionale n° **35**-C2

▶ Paris 325 km – Angers 30 km – Laval 101 km – Nantes 89 km
Carte Michelin 317-E5

ⅰ○ La Table du Square

CUISINE MODERNE · COSY XX Au cœur du domaine viticole familial (Saint-Pierre, sur les coteaux du Layon), surplombant les vignes, le restaurant joue la carte des saveurs de saison – fort joliment tournées – et, évidemment, des vins du cru. Après le repas, il est même possible de visiter les chais et la cave. Vins et gastronomie ne font qu'un !

🍴 Menu 19 € (déj.)/52 € – Carte environ 35 €

au Domaine St-Pierre – ✆ 02 41 78 04 21 (réservation conseillée)
– www.latabledusquare.com – Fermé 2 semaines en août, 2 semaines en janv., dim. soir, lundi et mardi sauf fériés

CHAUDES-AIGUES

✉ 15110 (Cantal) – 927 hab. – Alt. 750 m – Carte régionale n° **5**-B3
▶ Paris 538 km – Aurillac 94 km – Espalion 54 km – St-Chély-d'Apcher 30 km
Carte Michelin 330-G5 – Guide Vert Michelin Auvergne

✿✿ **Serge Vieira**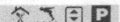

CRÉATIVE · DESIGN ✗✗ Depuis son vaisseau contemporain (pierre, fer et verre), à l'aplomb d'une forteresse des 14 et 16ᵉ s., Serge Vieira joue dans la cour des grands. Sa cuisine, graphique et moderne, fait notamment la part belle aux herbes sauvages. Une adresse délicieuse, jusqu'aux superbes chambres avec vue sur les monts du Cantal.
→ Foie gras de canard grillé, condiment tomate, bouillon menthe et coriandre. Pièce de bœuf de Salers rôtie au poivre, carottes parisiennes à l'orange et noisette. Abricots au citron confit, croustilles à la réglisse, sirop reine-des-prés.
Menu 79/220 € ☍
3 chambres – ♦230 € ♦♦230 € – ☲ 20 €
Château du Couffour, 2,5 km au Sud par rte de Rodez (D921) – ☏ 04 71 20 73 85 – www.sergevieira.com – Ouvert 1ᵉʳ avril-27 nov. et fermé mardi et merc.

🏠 **Beauséjour**

FAMILIAL · CLASSIQUE Une grande bâtisse blanche près du centre thermal. Les chambres, simples, claires et confortables, donnent pour la grande majorité sur la rivière toute proche, au calme ; pour l'agrément, une piscine chauffée bien appréciable et sa jolie terrasse.
39 chambres – ♦55/65 € ♦♦70/90 € – ☲ 8,50 €
9 av. G.-Pompidou – ☏ 04 71 23 52 37
– www.hotel-beausejour-chaudes-aigues.com – Ouvert 1ᵉʳ avril-25 nov.

CHAUMONT

✉ 52000 (Haute-Marne) – 22 678 hab. – Alt. 318 m – Carte régionale n° **14**-C3
▶ Paris 264 km – Épinal 128 km – Langres 35 km – St-Dizier 74 km
Carte Michelin 313-K5 – Guide Vert Michelin Champagne Ardenne

⅋O **Les Remparts**

CUISINE TRADITIONNELLE · À LA MODE ✗✗ Au pied de cet hôtel de caractère situé à l'entrée du centre-ville, une table traditionnelle où la cuisine classique et les produits du terroir sont à l'honneur (truffe, aile de raie au fromage de Langres, etc.). Ici, aucun rempart n'arrête le plaisir des papilles !
Menu 25/54 € – Carte 48/77 €
Plan : Z-b *– 72 r. Verdun – ☏ 03 25 32 64 40 – www.hotel-les-remparts.fr – Fermé dim. sauf fériés*

🏠 **Ibis Styles**

BUSINESS · MODERNE Tenu par la même famille depuis 60 ans, situé à l'entrée d'une zone piétonne du centre-ville, cet hôtel propose des chambres confortables et bien équipées (air conditionné, TV, wifi). Idéal pour la clientèle d'affaires.
43 chambres ☲ – ♦96/114 € ♦♦114/134 €
Plan : Z-s *– 25 r. Toupot-de-Béveaux – ☏ 03 25 03 01 11 – www.ibisstyles.com*

🏠 **Les Remparts**

FAMILIAL · CLASSIQUE En face d'un joli parc, des chambres colorées et confortables, agencées dans plusieurs immeubles. Un côté "labyrinthe" qui fait le charme du lieu... À noter aussi, un petit salon et un bar où il fait bon siroter un cocktail.
17 chambres – ♦82/108 € ♦♦98/130 € – ☲ 12 €
Plan : Z-b *– 72 r. de Verdun – ☏ 03 25 32 64 40 – www.hotel-les-remparts.fr – Fermé dim. sauf fériés*
⅋O **Les Remparts** – voir les restaurants ci-dessus

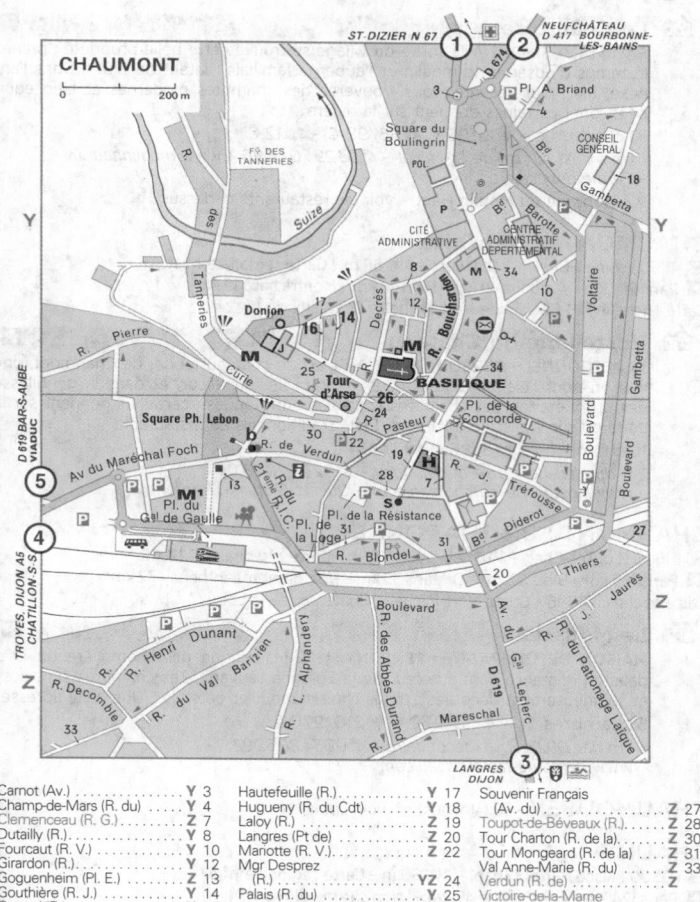

CHAUMONT

Carnot (Av.)	**Y**	3
Champ-de-Mars (R. du)	**Y**	4
Clemenceau (R. G.)	**Z**	7
Dutailly (R.)	**Y**	8
Fourcaut (R. V.)	**Y**	10
Girardon (R.)	**Y**	12
Goguenheim (Pl. E.)	**Z**	13
Gouthière (R. J.)	**Y**	14
Guyard (R.)	**Y**	16
Hautefeuille (R.)	**Y**	17
Hugueny (R. du Cdt)	**Y**	18
Laloy (R.)	**Z**	19
Langres (Pt de)	**Z**	20
Mariotte (R. V.)	**Z**	22
Mgr Desprez (R.)	**YZ**	24
Palais (R. du)	**Y**	25
St-Jean (R.)	**YZ**	26
Souvenir Français (Av. du)	**Z**	27
Toupot-de-Béveaux (R.)	**Z**	28
Tour Charton (R. de la)	**Z**	30
Tour Mongeard (R. de la)	**Z**	31
Val Anne-Marie (R. du)	**Z**	33
Verdun (R. de)	**Z**	
Victoire-de-la-Marne (R.)	**Y**	34

CHAUMONT-SUR-AIRE

✉ 55260 (Meuse) – 153 hab. – Alt. 250 m – Carte régionale n° **26**-A2
▶ Paris 270 km – Bar-le-Duc 24 km – St-Mihiel 25 km – Verdun 33 km
Carte Michelin 307-C5

🍴 **Auberge du Moulin Haut** ⏏ 🕭 🕭 🕭 🕭 🅿

CUISINE TRADITIONNELLE · AUBERGE ✕✕ Des pierres, des poutres apparentes,
une cheminée... Cette auberge nous accueille dans une atmosphère chaleureuse
et authentique. Sur la terrasse, bercée par le doux bruissement de la rivière, on
savoure une bonne cuisine traditionnelle. Un endroit charmant !
Formule 17 € – Menu 30/62 € – Carte 38/65 €
*Hôtel le Chantoiseau, 1 km à l'Est sur rte de St-Mihiel – ✆ 03 29 70 66 46
– www.moulinhaut.fr – Fermé vacances de fév. et de la Toussaint , dim. soir et
lundi*

501

Le Chantoiseau

FAMILIAL · SIMPLE À la sortie du village se trouve cette belle propriété ; prenez le temps d'observer le moulin et l'auberge familiale, datant de 1787 ! Dans l'annexe, bien plus récente, vous trouverez des chambres modernes et bien équipées, dont certaines donnent sur la rivière...

10 chambres – ♦85/99 € ♦♦85/99 € – ☲ 12 €

1 km à l'Est sur rte de St-Mihiel – ℰ 03 29 70 66 46 – www.moulinhaut.fr
– Fermé dim. soir

🍴 **Auberge du Moulin Haut** – voir les restaurants ci-dessus

CHAUMONT-SUR-LOIRE

✉ 41150 (Loir-et-Cher) – 1 089 hab. – Alt. 69 m – Carte régionale n° **11**-A1
▶ Paris 201 km – Amboise 21 km – Blois 18 km – Montrichard 19 km
Carte Michelin 318-E7 – Guide Vert Michelin Châteaux de la Loire

Hostellerie du Château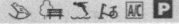

TRADITIONNEL · PERSONNALISÉ Au pied du château féodal de Chaumont, une maison dont l'élégance tient dans la simplicité du décor, et dans la gentillesse des propriétaires. Les chambres sont bien entretenues ; certaines donnent sur la Loire ou sur la piscine à l'arrière. Plats traditionnels au restaurant.

15 chambres – ♦73/86 € ♦♦77/94 € – ☲ 12 €

2 r. du Mar.-de-Lattre-de-Tassigny – ℰ 02 54 20 98 04
– www.hostellerie-du-chateau.com – Ouvert 19 mars-17 nov.

CHAUMONT-SUR-THARONNE

✉ 41600 (Loir-et-Cher) – 1 111 hab. – Alt. 122 m – Carte régionale n° **12**-C2
▶ Paris 165 km – Blois 52 km – Orléans 35 km – Romorantin-Lanthenay 32 km
Carte Michelin 318-I6 – Guide Vert Michelin Châteaux de la Loire

Le Mousseau

MAISON DE CAMPAGNE · PERSONNALISÉ Magnifique gentilhommière du 19ᵉs. dans un immense parc au cœur de la Sologne sauvage. Les chambres sont cosy et soigneusement décorées : tissus choisis, mobilier de style... Une belle adresse.

5 chambres ☲ – ♦210/270 € ♦♦210/270 €

3 km par D922 et rte secondaire – ℰ 02 54 88 53 92
– www.demeure-lemousseau.com

CHAUMOUSEY – 88 (Vosges) → voir Épinal

CHAUNY

✉ 02300 (Aisne) – 11 832 hab. – Alt. 50 m – Carte régionale n° **37**-C2
▶ Paris 124 km – Compiègne 46 km – Laon 35 km – Noyon 18 km
Carte Michelin 306-B5

🍴 La Toque Blanche

CUISINE CLASSIQUE · ROMANTIQUE XxX Blottie dans un grand jardin arboré, cette superbe demeure bourgeoise, fondée en 1827 et reconstruite en 1920, se révèle élégante et romantique. Le chef est une vraie toque, signant une savoureuse cuisine classique, agrémentée de quelques touches plus actuelles.

Menu 22 € (semaine), 34/80 € – Carte 69/84 €

4 chambres – ♦86/95 € ♦♦86/95 € – ☲ 15 €

24 av. Victor-Hugo – ℰ 03 23 39 98 98 – www.toque-blanche.fr – Fermé 16-21 fév., 12-17 avril, 28 juil.-18 août, sam. midi, dim. soir et lundi

CHAUSEY (ÎLES) – 50 (Manche) → voir Îles Chausey

LA CHAUSSÉE-D'IVRY

✉ 28260 (Eure-et-Loir) – 1 041 hab. – Alt. 57 m – Carte régionale n° **11**-B1
▶ Paris 75 km – Chartres 60 km – Évreux 35 km – Orléans 141 km
Carte Michelin 311-E2

Le Gingko

TRADITIONNEL · PERSONNALISÉ Cette maison de maître du 19ᵉ s. – aux dépendances plus récentes – est parfaite pour les golfeurs : elle jouxte directement le golf. Chambres spacieuses et confortables, cuisine traditionnelle au restaurant : tout est réuni pour un bon séjour sportif.

20 chambres ☲ – †99/224 € ††99/224 € – ½ P
404 r. des Moulins, (golf Parc de Nantilly) – ℰ 02 37 64 01 11
– www.hotel-gingko.com – Fermé 3-11 janv.

CHAUSSENAC

✉ 15700 (Cantal) – 232 hab. – Alt. 692 m – Carte régionale n° **5**-A3
▶ Paris 536 km – Aurillac 51 km – Clermont-Ferrand 133 km – Limoges 166 km
Carte Michelin 330-B3

La Fournio

FAMILIAL · RUSTIQUE Cette maison appartenait à la grand-mère du propriétaire. La voilà qui revit, décorée dans un charmant style maison de campagne (poutres, meubles de famille, objets chinés). Un lieu délicieux, parfait pour un week-end en amoureux.

3 chambres ☲ – †75/95 € ††80/95 €
Escladines – ℰ 04 71 69 02 68 – www.lafournio.fr – Ouvert 2 avril-31 oct.,
vacances de printemps, de Noël et de fév.

CHAUSSIN

✉ 39120 (Jura) – 1 658 hab. – Alt. 191 m – Carte régionale n° **16**-A2
▶ Paris 354 km – Beaune 52 km – Besançon 76 km – Chalon-sur-Saône 56 km
Carte Michelin 321-C5

Chez Bach

CUISINE TRADITIONNELLE · FAMILIAL XX Soupière d'escargots de Bourgogne aux morilles, véritable poulet de Bresse cuit à basse température au vin jaune d'Arbois... Ce Bach-là décline un menu sur des bases traditionnelles avec un rien de tendance ; à déguster dans un cadre cossu.

⊗ Menu 20 € (semaine), 29/70 € – Carte 39/67 €
4 pl. Ancienne-Gare – ℰ 03 84 81 80 38 (réservation conseillée)
– www.hotel-bach.com – Fermé 20 déc.-10 janv., vend. soir sauf du 14 juil. au
31 août, dim. soir et lundi midi

Chez Bach

FAMILIAL · FONCTIONNEL À la sortie de ce village situé aux confins de la Bresse, de la Bourgogne et du Jura, un hôtel-restaurant familial, avec des chambres classiques et douillettes. Une étape bien agréable.

22 chambres – †69/79 € ††69/79 € – ☲ 12 €
4 pl. Ancienne-Gare – ℰ 03 84 81 80 38 – www.hotel-bach.com – Fermé
20 déc.-10 janv., vend. soir sauf du 14 juil. au 31 août et dim. soir
‖○ **Chez Bach** – voir les restaurants ci-dessus

CHAUVIGNY

✉ 86300 (Vienne) – 6 962 hab. – Alt. 65 m – Carte régionale n° **39**-C1
▶ Paris 333 km – Bellac 64 km – Le Blanc 36 km – Châtellerault 30 km
Carte Michelin 322-J5 – Guide Vert Michelin Poitou-Charentes

Le Lion d'Or

FAMILIAL · FONCTIONNEL L'on y dort bien, dans cet ancien relais de poste qui abrite des chambres fonctionnelles et bien tenues, aux tarifs mesurés ! Aux commandes des cuisines, le patron ne manque pas de générosité.

26 chambres – †56 € ††56 € – ☲ 8 € – ½ P
8 r. du Marché, (près de l'église) – ℰ 05 49 46 30 28 – Fermé 24 déc.-15 janv.

CHAVAGNAC

✉ 15300 (Cantal) – 108 hab. – Alt. 1 095 m – Carte régionale n° **5**-B3
▶ Paris 525 km – Aurillac 59 km – Clermont-Ferrand 108 km – Le Puy-en-Velay 116 km
Carte Michelin 330-F4

🏠 Instants d'Absolu ⓝ   ⚪ 🅿

RURAL · **PERSONNALISÉ** Cet hôtel-restaurant, "écolodge" du bout du monde, cultive une vraie façon de vivre : ici, pas de téléphone ni de télévision, mais un observatoire ornithologique et un jacuzzi extérieur, face au lac. Les chambres n'utilisent que des matériaux bruts (bois, cuir, pierre). Espace bien-être, sauna et hammam.

11 chambres – ½ P seult 115/152 € – 1 suite
Le Lac du Pêcher – ℰ 04 71 20 83 09 – ecolodge-france.com – Fermé 15 nov.-18 déc., 20 mars-15 avril

CHAVANOZ

✉ 38230 (Isère) – 4 323 hab. – Alt. 234 m – Carte régionale n° **44**-B1
▶ Paris 494 km – Grenoble 101 km – Lyon 49 km – Villeurbanne 38 km
Carte Michelin 333-E3

🍽 Aux Berges du Rhône   ⚪ 🅿

CUISINE MODERNE · **ÉLÉGANT** XX Sur les bords du Rhône, l'adresse offre l'occasion d'une expérience culinaire inventive et moderne. Gelée de lapin au basilic, épaule d'agneau en pastilla et jus au cumin, grenouilles en persillade… des exemples parmi d'autres d'un alléchant registre actuel. Pour faire une étape, des chambres confortables au décor épuré.

Menu 26 € (déj. en semaine), 39/79 € – Carte 53/68 €
7 chambres ⌂ – ♦105/130 € ♦♦105/130 €
hameau de Grange-Rouge, 2 km au Sud-Est par D55 rte de Loyettes – ℰ 04 72 02 02 50 – www.antonin-restaurant.com – Fermé dim. soir, merc. soir et lundi

CHAVIGNOL – 18 (Cher) → voir Sancerre

CHAZELLES-SUR-LYON

✉ 42140 (Loire) – 5 137 hab. – Alt. 630 m – Carte régionale n° **44**-A2
▶ Paris 487 km – Lyon 46 km – Montbrison 28 km – Roanne 70 km
Carte Michelin 327-F6 – Guide Vert Michelin Lyon et sa région

🍽 Château Blanchard   🅿

CUISINE MODERNE · **ÉLÉGANT** XX Si vous êtes de passage au Château Blanchard, ne manquez pas de profiter du joli décor classique du restaurant ! On y travaille en famille ; en cuisine, le jeune chef fait preuve d'une belle maîtrise, et son amour du métier se ressent dans les assiettes. Une bonne table.

Formule 24 € – Menu 46/72 € – Carte 55/61 €
36 rte de St-Galmier – ℰ 04 77 54 28 88 – www.hotel-chateau-blanchard.com – Fermé vend. soir, dim. soir et lundi

🏠 Château Blanchard   🅿

BUSINESS · **FONCTIONNEL** Située à mi-chemin entre Lyon et St-Étienne, cette imposante villa des années 1920, entourée d'un parc, ne manque pas d'allure : architecture inspirée de la Renaissance italienne, haute façade blanche ornée de sgraffites, jardin verdoyant… Quelle élégance !

12 chambres – ♦67/77 € ♦♦67/82 € – ⌂ 8 €
36 rte de St-Galmier – ℰ 04 77 54 28 88 – www.hotel-chateau-blanchard.com
🍽 **Château Blanchard** – voir les restaurants ci-dessus

CHAZEY-SUR-AIN

✉ 01150 (Ain) – 1 555 hab. – Alt. 235 m – Carte régionale n° **44**-B1
▶ Paris 469 km – Bourg-en-Bresse 45 km – Chambéry 87 km – Lyon 43 km
Carte Michelin 328-E5

🏠 **Les Chalets de Maramour**　　　　🕭 ᴇ 🅿

RURAL · CAMPAGNARD Un ensemble original à deux pas du parc du Cheval Rhône-Alpes : dix petits chalets en rondins de bois, tous équipés de kitchenettes et d'une petite terrasse, et recouverts d'un toit végétal. À l'intérieur, le décor est contemporain et sobre, et l'on est au calme : un bon plan !

10 chambres – ♦64/79 € ♦♦64/79 € – ☕ 9 €

Le Luizard, 3 km au Sud par D62 et rte secondaire – 𝒞 04 74 38 89 68
– www.hotelmaramour.com

à Ste-Julie 2 km au Sud-Est par D40 – ✉ 01150 – 934 hab. – Alt. 220 m

🏠 **Les Chambres de la Renaissance** ⓝ　　🕭 🗗 🕬 🅿

CHÂTEAU · HISTORIQUE Blotti à côté de l'église, ce beau château du 12ᵉ s. aux allures de maison d'hôtes abrite dix chambres confortables, au design moderne. Les anciennes écuries ont été joliment aménagées. Renaissance assurée après une bonne nuit de sommeil !

10 chambres – ♦68/99 € ♦♦78/134 € – ☕ 8,50 €

montée de l'Église – 𝒞 04 74 37 13 07 – *www.leschambresdelarenaissance.com*

CHECY
✉ 45430 (Loiret) – 8 585 hab. – Alt. 112 m – Carte régionale n° **12**-C2
▶ Paris 142 km – Olivet 28 km – Orléans 10 km
Carte Michelin 318-J4 – Guide Vert Michelin Châteaux de la Loire

🍴 **Le Week-End**　　　　　　　　🕸 🏠

CUISINE MODERNE · CONVIVIAL XX Poisson en arrivage direct des Sables-d'Olonne, viande de Sologne, légumes de maraîchers locaux : la maison porte une vraie attention à la qualité des produits et sait les mettre en valeur ! Mention spéciale pour le beau plateau de fromages et la superbe carte des vins, notamment du Val de Loire (dégustations dans la cave).

Menu 27/65 € – Carte environ 65 €

1 pl. du Cloître – 𝒞 02 38 86 84 93 – *www.restaurant-leweekend.com* – *Fermé 2 semaines en mars, 2 semaines en août, dim. soir, lundi et mardi*

CHÉNAS
✉ 69840 (Rhône) – 539 hab. – Alt. 253 m – Carte régionale n° **43**-E1
▶ Paris 407 km – Bourg-en-Bresse 45 km – Lyon 59 km – Mâcon 18 km
Carte Michelin 327-H2 – Guide Vert Michelin Lyon et sa région

🍴 **Les Platanes de Chénas**　　🕸 ≤ 🏠 ⇗ 🅿

CUISINE TRADITIONNELLE · AUBERGE XX Dans ce joli village viticole dominant le Beaujolais, cette ancienne ferme a tout pour plaire : évidemment, il y a une terrasse sous les platanes – charmante –, mais aussi de vastes salles feutrées et accueillantes, où l'on sert une cuisine régionale – andouillette de queue de bœuf, foie gras au sel – très goûteuse.

Formule 23 € – Menu 29/55 € – Carte 40/55 €

aux Deschamps, 2 km au Nord par D68 – 𝒞 03 85 36 79 80
– www.platanes-chenas.fr – *Fermé fév., mardi et merc. sauf en été*

CHÉNÉRAILLES
✉ 23130 (Creuse) – 765 hab. – Alt. 537 m – Carte régionale n° **25**-C1
▶ Paris 369 km – Aubusson 19 km – La Châtre 63 km – Guéret 32 km
Carte Michelin 325-K4 – Guide Vert Michelin Limousin Berry

🏵 **Le Coq d'Or**　　　　　　　　　⇗

CUISINE MODERNE · FAMILIAL XX Une déco très... coquette, et pour cause : on trouve ici moults coqs rapportés des quatre coins du monde par les clients ! Dans l'assiette ? Une cuisine fine et maîtrisée, alliant saveurs du terroir et créativité... qui donne décidément envie de chanter "cocorico" !

Formule 15 € – Menu 24 € (semaine), 31/53 € – Carte 37/62 €

7 pl. du Champ-de-Foire – 𝒞 05 55 62 30 83 – *www.restaurant-coqdor-23.com*
– Fermé 27 juin-6 juil., 26 sept.-5 oct., 1ᵉʳ-22 janv., mardi soir d'oct. à avril, dim. soir, merc. soir et lundi

CHENNEVIÈRES-SUR-MARNE – 94 (Val-de-Marne) → voir Autour de Paris

CHENONCEAUX

✉ 37150 (Indre-et-Loire) – 360 hab. – Alt. 62 m – Carte régionale n° **11**-A1
▶ Paris 234 km – Amboise 12 km – Château-Renault 36 km – Loches 31 km
Carte Michelin 317-P5 – Guide Vert Michelin Châteaux de la Loire

🌼 Auberge du Bon Laboureur (Antoine Jeudi)   🏵 🚐 🛁 🕹 AC 🅿

CUISINE MODERNE · ÉLÉGANT XxX Cette valeur sûre creuse un sillon très fertile : celui de la finesse et de la subtilité, au service du produit et des saisons. Le chef signe une cuisine sans fausse note, savoureuse et généreuse ; le tout accompagné d'un joli choix de vins. Une belle table dans un cadre élégant.
→ Langoustines saisies, vinaigrette de betterave, déclinaison autour du persil. Ris et tête de veau au présent et au passé, jus de veau et sauce gribiche. Crémeux chocolat, chantilly et glace à la fève tonka.
Menu 32 € (déj. en semaine), 52/105 € – Carte 70/105 €
6 r. Dr-Bretonneau – 📞 02 47 23 90 02 – www.bonlaboureur.com
– Fermé 3 janv.-12 fév., 11 nov.-16 déc. et mardi midi

🏨 Auberge du Bon Laboureur   🍃 🚐 🛁 🕹 AC 🈴 🅿

TRADITIONNEL · COSY Près du "château des Dames", un véritable hameau de jolies maisonnettes couvertes de vigne vierge : chaque chambre y distille un charme particulier, comme si tout un pittoresque village se faisait demeure de famille...
22 chambres – 🛏134/189 € 🛏🛏134/310 € – 6 suites – 🍽 18 €
6 r. Dr-Bretonneau – 📞 02 47 23 90 02 – www.bonlaboureur.com
– Fermé 3 janv.-12 fév. et 11 nov.-16 déc.
🌼 **Auberge du Bon Laboureur** – voir les restaurants ci-dessus

🏠 La Roseraie   🍃 🚐 🛁 🕹 AC 🅿

FAMILIAL · RUSTIQUE Cet hôtel, tapissé de vigne vierge, ne manque pas de charme. Les chambres (progressivement rénovées) y sont coquettes et fleuries, comme le jardin, mais quoi de plus normal pour une Roseraie... Quant à la piscine, elle invite à la détente. Ambiance chaleureuse et familiale.
22 chambres – 🛏68/140 € 🛏🛏68/140 € – 🍽 12 €
7 r. Dr-Bretonneau – 📞 02 47 23 90 09 – www.hotel-chenonceau.com
– Ouvert 14 mars-15 nov.

CHENÔVE – 21 (Côte-d'Or) → voir Dijon

CHERBOURG-EN-CONTENTIN

✉ 50100 (Manche) – 37 121 hab. – Agglo. 117 855 hab. – Alt. 10 m – Carte régionale n° **32**-A1
▶ Paris 359 km – Brest 399 km – Caen 125 km – Laval 224 km
Carte Michelin 303-C2 – Guide Vert Michelin Normandie Cotentin

🌼 Le Pily (Pierre Marion)   🎋

CRÉATIVE · À LA MODE Xx "Pily" ou Pierre en cuisine et Lydie en salle... Une histoire d'initiales, mais surtout une grande complicité : ce jeune couple a créé une jolie table contemporaine, entièrement dévouée au goût. La carte est conçue au plus près des saisons ; elle évolue tous les mois et met en avant les petits producteurs et pêcheurs locaux.
→ Cuisine du marché.
Menu 43/78 €
Plan : AX-b *– 39 Grande-Rue – 📞 02 33 10 19 29 (réservation conseillée)*
– www.le-pily.com – Fermé 3 semaines en sept., 1 semaine en janv., dim. sauf le midi d'oct. à mai et lundi sauf le soir de juin à sept.

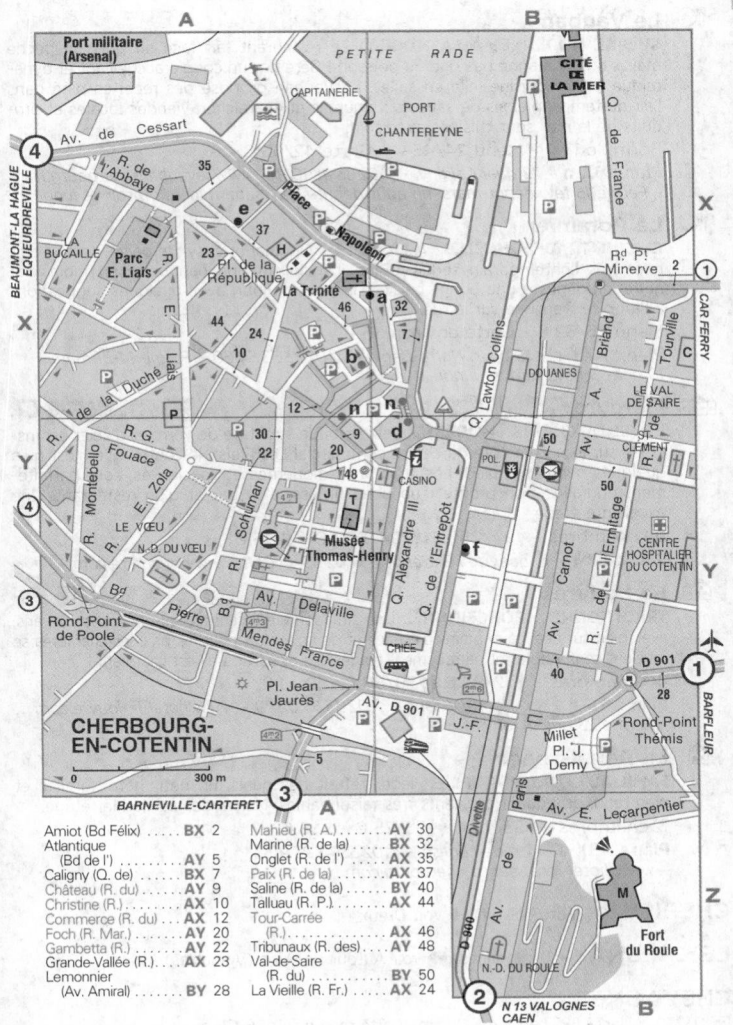

Port militaire (Arsenal)

PETITE RADE

CITÉ DE LA MER

CAPITAINERIE

PORT CHANTEREYNE

Av. de Cessart

Q. de France

R. de l'Abbaye

35

Place Napoléon

e

37

BEAUMONT-LA-HAGUE
EQUEURDREVILLE

Parc E. Liais

LA BUCAILLE

23

Pl. de la République

H

La Trinité

a

Rd Pt Minerve

2

CAR FERRY

46

32

44

24

7

Briand

LE VAL DE SAIRE

10

b

Lawton Collins

DOUANES

A. Tourville

C

de la Duché

R. Liais

12

n

n

9

d

ST-CLÉMENT

R. G. Fouace

30

22

20

48

CASINO

50

POL

50

R. E. Zola

LE VŒU

Schuman

J

Av. Alexandre III

Q. de l'Entrepôt

CENTRE HOSPITALIER DU COTENTIN

Bd

Montebello

N.-D. DU VŒU

Musée Thomas-Henry

f

Carnot

R. de l'Ermitage

Rond-Point de Poole

Pierre

Av. Delaville

Q. Mendès France

CHSS

BARFLEUR

D 901

1

40

28

Pl. Jean Jaurès

Av. D 901

J.-F.

Millet

BARFLEUR

CHERBOURG-EN-COTENTIN

Rond-Point Thémis

Pl. J. Demy

0   300 m

5

Av. E. Lecarpentier

BARNEVILLE-CARTERET

3

A

Divette

de

Q. D 900

M

Fort du Roule

N.-D. DU ROULE

N 13 VALOGNES CAEN

B

Z

Amiot (Bd Félix) . . . . . **BX** 2
Atlantique
(Bd de l') . . . . **AY** 5
Caligny (Q. de) . . . . . **BX** 7
Château (R. du) . . . . . **AY** 9
Christine (R.) . . . . **AX** 10
Commerce (R. du) . . . **AX** 12
Foch (R. Mar.) . . . . . . **AY** 20
Gambetta (R.) . . . . . . **AY** 22
Grande-Vallée (R.) . . . **AX** 23
Lemonnier
(Av. Amiral) . . . . . . **BY** 28

Mahieu (R. A.) . . . . . . **AY** 30
Marine (R. de la) . . . . **BX** 32
Onglet (R. de l') . . . . **AX** 35
Paix (R. de la) . . . . . . **AX** 37
Saline (R. de la) . . . . **BY** 40
Talluau (R. P.) . . . . . . **AX** 44
Tour-Carrée
(R.) . . . . **AX** 46
Tribunaux (R. des) . . . **AY** 48
Val-de-Saire
(R. du) . . . . **BY** 50
La Vieille (R. Fr.) . . . . **AX** 24

🍽 Café de Paris   🍴 AC ♿

POISSONS ET FRUITS DE MER · BRASSERIE XX Une vraie brasserie de la mer ! On y vient pour ses plateaux de fruits de mer et ses poissons de la pêche locale, que l'on dévore en profitant de la vue sur le port à l'étage – avec, à l'heure de la marée, le spectacle des chalutiers gorgés de poissons et crustacés... Vivifiant.

Formule 19 € – Menu 23/46 € – Carte 34/56 €

Plan : BXY-d – 40 quai Caligny – 𝄢 02 33 43 12 36
– www.restaurantcafedeparis.com – Fermé 3 semaines en mars, 3 semaines en nov., lundi midi et dim.

507

🍽️○ Le Vauban

CUISINE MODERNE · À LA MODE XX Ce restaurant fait face au port de pêche mais... on n'y mange pas que du poisson ! Géré par un couple accueillant et dynamique (lui en cuisine, elle en salle), Le Vauban propose des recettes bien dans l'air du temps, pleines de saveurs : légumes du maraîcher, viandes locales et produits de la mer sont cuisinés avec soin.

Formule 17 € – Menu 24/45 € – Carte 42/63 €

Plan : BX-n – *22 quai Caligny – ℰ 02 33 43 10 11 – www.levauban-cherbourg.fr – Fermé 15 fév.-début-mars, fin août-début-sept., sam. midi, dim. soir et lundi*

🍽️○ Le Pommier

CUISINE TRADITIONNELLE · À LA MODE X Original et cosy : le décor de ce Pommier très contemporain séduit... Bien installé sur une banquette en moleskine noire, on déguste une bonne cuisine au goût du jour, avec quelques suggestions à l'ardoise. Terrasse sur la rue.

Menu 26/32 € – Carte environ 36 €

Plan : AXY-n – *15 bis r. Notre-Dame – ℰ 02 33 53 54 60 – Fermé 14-31 mars, 10 oct.- 3 nov., dim. et lundi*

🏨 Mercure

HÔTEL DE CHAÎNE · MODERNE Cette grande structure de verre et d'acier est installée sur le port, à côté du centre commercial Les Eléis : le centre-ville n'est qu'à quelques minutes à pied. Les chambres, modernes et spacieuses, sont parfaitement équipées ; on profite d'un beau fitness, d'un bar et d'un restaurant. Une excellente étape.

94 chambres – 🛏94/250 € 🛏🛏94/250 € – ☲ 15 €

Plan : BY-f – *13 quai de l'Entrepôt – ℰ 02 33 44 01 11 – www.mercure.com*

🏨 Le Louvre

TRADITIONNEL · FONCTIONNEL Une situation aussi centrale que le Louvre à Paris, avec bien sûr beaucoup moins d'espace et de luxe. Mais pour les prix, les chambres se révèlent confortables et parfaitement tenues. De plus, l'accueil est charmant !

40 chambres – 🛏72/82 € 🛏🛏79/89 € – ☲ 10 €

Plan : AX-e – *2 r. Henri-Dunant – ℰ 02 33 53 02 28 – www.hotel-le-louvre.com – Fermé 23 déc.-8 janv.*

🏠 La Renaissance

FAMILIAL · FONCTIONNEL En léger retrait des quais, un petit hôtel familial et bien tenu, pratiquant des tarifs très raisonnables. Mansardes au dernier étage...

12 chambres – 🛏55/75 € 🛏🛏55/75 € – ☲ 8 €

Plan : ABX-a – *4 r. de l'Église – ℰ 02 33 43 23 90 – www.hotel-renaissance-cherbourg.com*

CHERISY – 28 (Eure-et-Loir) ➔ voir Dreux

LE CHESNAY – 78 (Yvelines) ➔ voir Autour de Paris (Versailles)

CHEVAGNES

✉ 03230 (Allier) – 683 hab. – Alt. 224 m – Carte régionale n° **6**-C1

▶ Paris 309 km – Bourbon-Lancy 18 km – Decize 31 km – Digoin 43 km

Carte Michelin 326-I3

🍽️○ Le Goût des Choses

CUISINE TRADITIONNELLE · CONVIVIAL XX Venez donc vous abriter dans cette jolie salle lumineuse et pleine de couleurs ! Dans l'assiette, la cuisine mêle tradition et modernité ; le patron met un point d'honneur à travailler de bons produits locaux. Et en cas de grosse fatigue, deux belles chambres d'hôtes vous tendent les bras...

Formule 17 € 🍷 – Menu 27 € (semaine), 32/65 € 🍷 – Carte 46/56 €

12 rte Nationale – ℰ 04 70 43 11 12 – www.legoutdeschoses-03.com – Fermé 1 semaine vacances de printemps et de la Toussaint, dim. soir, lundi et mardi

CHEVAGNY-LES-CHEVRIÈRES – 71 (Saône-et-Loire) → voir Mâcon

CHEVAL-BLANC – 84 (Vaucluse) → voir Cavaillon

CHEVERNY – 41 (Loir-et-Cher) → voir Cour-Cheverny

CHILLE – 39 (Jura) → voir Lons-le-Saunier

CHILLEURS-AUX-BOIS
✉ 45170 (Loiret) – 1 850 hab. – Alt. 125 m – Carte régionale n° **12**-C2
▶ Paris 96 km – Chartres 71 km – Étampes 47 km – Orléans 30 km
Carte Michelin 318-J3

ⓐ Le Lancelot   🌿 ♿ ㎸ ⇔ 🅿

CUISINE TRADITIONNELLE · RUSTIQUE XX Au centre du village, une accueillante maison fleurie avec jardin et terrasse. À l'intérieur, cheminée, fleurs fraîches et jeux en bois... On se sent bien ! La patronne propose ses créations personnelles, avec une spécialité qui met l'eau à la bouche : l'œuf cocotte à la crème de foie gras et miettes de truffe...

Formule 19 € – Menu 29 € (semaine), 32/76 € – Carte 51/76 €

12 r. des Déportés – ℰ 02 38 32 91 15 (réservation conseillée)
– www.restaurantlelancelot.com – Fermé 1ᵉʳ-23 août, 15-22 fév., merc. soir, dim. soir et lundi

CHINAILLON – 74 (Haute-Savoie) → voir Grand-Bornand

CHINON
✉ 37500 (Indre-et-Loire) – 7 928 hab. – Alt. 40 m – Carte régionale n° **11**-A3
▶ Paris 285 km – Châtellerault 51 km – Poitiers 80 km – Saumur 29 km
Carte Michelin 317-K6 – Guide Vert Michelin Châteaux de la Loire

ⓐ L'Océanic   🌿 ♿ ㎸

POISSONS ET FRUITS DE MER · COSY XXX Le vent de l'Océan souffle jusqu'à Chinon ! Comme l'enseigne l'indique, les produits de la mer sont ici à l'honneur. En cuisine, le chef prépare des poissons très frais, y ajoutant un zeste d'originalité, dont quelques touches d'épices et une pointe de sucré-salé. Bon rapport qualité-prix.

Formule 18 € ♟ – Menu 27/39 € – Carte 36/61 €

Plan : A-u – *13 r. Rabelais – ℰ 02 47 93 44 55 – www.loceanic-chinon.com*
– Fermé 22 fév.-8 mars, 28 août-6 sept., 1ᵉʳ-12 janv., dim. soir et lundi

ⓐ Au Chapeau Rouge   🌿 ♿ ㎸

CUISINE MODERNE · CLASSIQUE XX Chapeau Rouge, comme celui que portaient les cochers des messageries royales. Le château de Chinon est, en effet, tout proche de ce restaurant devant lequel murmure une fontaine. On y déguste une belle cuisine fidèle aux saisons, avec des produits du terroir triés sur le volet. Menu truffe en hiver.

Menu 23 € (déj. en semaine), 29/58 € – Carte 40/70 €

Plan : A-v – *49 pl. du Gén.-de-Gaulle – ℰ 02 47 98 08 08*
– www.auchapeaurouge.fr – Fermé 3 semaines en oct.-nov., 3 semaines vacances de fév., mardi midi, dim. soir et lundi

ⓘⓄ Les Années Trente   🌿

CUISINE MODERNE · ÉLÉGANT XX Ne vous fiez pas au nom de cet établissement ! Ici, point d'esprit années 1930 mais un décor chaleureux : tuffeau, poutres et même une cheminée... Les gourmands y apprécient une appétissante cuisine centrée sur les produits frais. Terrasse pour les beaux jours.

Formule 19 € ♟ – Menu 27/46 € – Carte 40/58 €

Plan : A-t – *78 r. Haute-Saint-Maurice – ℰ 02 47 93 37 18 – www.lesannees30.com*
– Fermé 2 semaines fin juin, 2 semaines fin nov., mardi sauf le soir du 14 juil. au 14 sept. et merc.

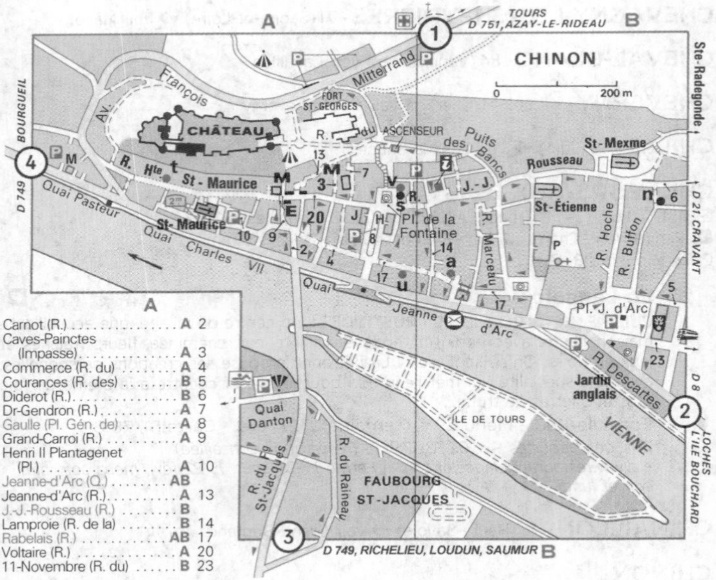

CHINON

A	
Carnot (R.)	A 2
Caves-Painctes (Impasse)	A 3
Commerce (R. du)	A 4
Courances (R. des)	B 5
Diderot (R.)	B 6
Dr-Gendron (R.)	A 7
Gaulle (Pl. Gén. de)	A 8
Grand-Carroi (R.)	A 9
Henri II Plantagenet (Pl.)	A 10
Jeanne-d'Arc (Q.)	AB
Jeanne-d'Arc (R.)	A 13
J.-J.-Rousseau (R.)	B
Lamproie (R. de la)	B 14
Rabelais (R.)	AB 17
Voltaire (R.)	A 20
11-Novembre (R. du)	B 23

ⅼ◯ L'Ardoise

CUISINE MODERNE • BISTRO ⅹ Entièrement rénovée, cette Ardoise vous accueille dans un intérieur de bistrot chic. Passionné d'Asie, le chef signe des recettes bien ficelées, aux saveurs marquées. L'accueil et le service sont aux petits soins, et l'on profite même de deux terrasses de part et d'autre du restaurant.

⊜ Formule 12 € – Menu 15 € (déj. en semaine), 25/41 €
– Carte 31/57 €

Plan : B-a – 42 r. Rabelais – 𝒞 02 47 58 48 78 – lardoisechinon.com
– Fermé 1 semaine en août, 31 déc.-6 janv., dim. et lundi

⌂ Hôtel de France

TRADITIONNEL • FONCTIONNEL Dans ces deux maisons mitoyennes du 16ᵉ s., près du centre historique, les chambres sont confortables et certaines donnent sur le château. Jolie courette intérieure.

29 chambres – ♦90/135 € ♦♦99/175 € – 3 suites – ☲ 12 €

Plan : A-s – 47 pl. Gén.-de-Gaulle – 𝒞 02 47 93 33 91
– www.bestwestern-hoteldefrance-chinon.com
– Fermé 2 semaines en fév., 3 semaines en déc., dim. soir de nov. à mars

⌂ Diderot

TRADITIONNEL • PERSONNALISÉ Cette belle demeure du 18ᵉ s. propose des chambres joliment décorées dans un style ancien. Petit-déjeuner façon table d'hôte : produits fermiers et confitures maison.

23 chambres – ♦65/91 € ♦♦70/103 € – ☲ 10 €

Plan : B-n – 4 r. de Buffon – 𝒞 02 47 93 18 87 – www.hoteldiderot.com
– Fermé 28 nov.-5 déc. et 25 janv.-8 fév.

Budget serré ? Profitez des menus déjeuners (déj.) à prix ajustés.

à Marçay 9 km au Sud et D116 – ✉ 37500 – 478 hab. – Alt. 65 m

✠○ La Table de Marçay   ⚇ 🍴 🛋 P

CUISINE MODERNE • CLASSIQUE XXX On accède au château par une allée privée et la silhouette de ses tours transporte dans un roman de l'amour courtois.
Le cadre est élégant et chaleureux, la cuisine empreinte de jolies saveurs et...
auréolée de vins de Loire, bien sûr. Attention, uniquement au dîner, excepté le
week-end.
Formule 30 € – Menu 48 € (dîner), 69/108 € – Carte 69/95 €
Hôtel Château de Marçay, rte du Château
– ☎ 02 47 93 03 47 – www.chateaudemarcay.com
– Fermé 4 janv.-4 fév., 15 fév.-3 mars, 14 nov.-8 déc., lundi et mardi de nov. à mars
sauf fériés

🏰 Château de Marçay   ⌂ ⌵ ← 🍴 🛋 ✻ ▣ 👤 🛁 P

CHÂTEAU • PERSONNALISÉ De nobles tours rondes, une belle pierre blanche...
ce château des 12e-15e s. a fière allure ! Tout autour : le calme d'un grand parc
et des vignes (dégustations), en face desquelles se dresse une annexe. Centre
équestre depuis peu... pour un séjour à l'image de la région.
26 chambres – ❙195/332 € ❙❙195/332 € – 4 suites – ☐ 24 € – ½ P
– ☎ 02 47 93 03 47 – www.chateaudemarcay.com
– Fermé 4 janv.-4 fév., 15 fév.-3 mars, 14 nov.-8 déc., lundi et mardi de nov. à mars
sauf fériés

✠○ **La Table de Marçay** – voir les restaurants ci-dessus

à Seuilly 8 km au Sud, D751e et D24 – ✉ 37500 – 346 hab. – Alt. 45 m

✠○ Le Plaisir Gourmand   🍴 🛋 AC ♻ P

CUISINE MODERNE • DESIGN XXX Dans les dépendances du château de Coudray-
Montpensier (15e s.), dont on peut admirer les hautes tours depuis la terrasse, une
table gastronomique séduisante, dont la carte suit les saisons avec gourmandise.
Ne sommes-nous pas au pays de Rabelais ? Mention spéciale pour le décor très
contemporain.
Menu 24 € (déj. en semaine), 37/85 € 🍷 – Carte 57/70 €
au Château du Coudray Montpensier, 1 km au Sud
– ☎ 02 47 98 00 86 – www.coudray-montpensier.fr
– Fermé janv., dim. soir, mardi midi et lundi

CHISSAY-EN-TOURAINE – 41 (Loir-et-Cher) → voir Montrichard

CHISSEAUX

✉ 37150 (Indre-et-Loire) – 630 hab. – Alt. 58 m – Carte régionale n° **11**-A1
▶ Paris 235 km – Amboise 14 km – Loches 33 km – Tours 37 km
Carte Michelin 317-P5

☺ Auberge du Cheval Rouge   🛋 ♻

CUISINE MODERNE • TRADITIONNEL XX Noble nom que celui de cette auberge
située sur la route des châteaux de la Loire. La cuisine est occupée par un chef
au beau parcours (le Meurice à Paris, le Richelieu sur l'île de Ré), qui signe
des recettes appétissantes : terrine de pied de porc au foie gras, bouillon crémeux de homard et langoustines...
Formule 25 € – Menu 31/77 € 🍷 – Carte 46/64 €
30 r. Nationale – ☎ 02 47 23 86 67 – www.auberge-duchevalrouge.com
– Fermé janv., mardi et merc.

CHITENAY

✉ 41120 (Loir-et-Cher) – 1 037 hab. – Alt. 90 m – Carte régionale n° **11**-A1
▶ Paris 196 km – Blois 15 km – Orléans 72 km – Romorantin-Lanthenay 39 km
Carte Michelin 318-F7

⌂ Auberge du Centre ☆ ⛉ ⊼ ⅏ 🅰🄲 🅿

TRADITIONNEL · PERSONNALISÉ À proximité des châteaux de la Loire, une engageante auberge de village dont la façade est couverte de vigne vierge. Chambres propres et mignonnes (motifs floraux, couleurs gaies) ; jardin arboré. Cuisine traditionnelle dans un cadre frais et cosy.

25 chambres – ♦75/105 € ♦♦85/118 € – � 13 € – ½ P

34 Grande-Rue, (pl. de l'Église) – ℰ 02 54 70 42 11 – www.auberge-du-centre.com – Fermé fév.

CHOLET

✉ 49300 (Maine-et-Loire) – 54 181 hab. – Alt. 91 m – Carte régionale n° **34**-B2
▶ Paris 353 km – Ancenis 49 km – Angers 64 km – Nantes 60 km
Carte Michelin 317-D6 – Guide Vert Michelin Pays de la Loire

☺ Le Pouce Pied 🄰🄲

CUISINE MODERNE · SIMPLE ✗ Un restaurant de poche un peu excentré, où les tables sont décorées de pouces-pieds ! La cuisine est alléchante et gorgée de saveurs, le tout à prix raisonnable.

≋ Menu 19 € (déj. en semaine), 31/35 € – Carte environ 46 €

Plan : BX-a – *1 r. du Lait-au-Beurre* – ℰ *02 41 58 50 03 (réservation conseillée)* – *www.lepoucepied.com – Fermé 1 semaine en juin, mardi soir hors vacances scolaires, sam. midi, dim. soir et lundi*

⅋◯ La Grange ⛉ 🏠 ⅙ 🄰🄲 ⇔ 🅿

CUISINE MODERNE · AUBERGE ✗✗ Côté pile, l'image d'Épinal, les poutres apparentes et la cheminée qui rappellent l'ancienne ferme du pays. Côté face, des touches de couleur, de l'épure et du design, bref : la modernité ! À cheval sur tout cela, bien en équilibre : la savoureuse cuisine du chef, inspirée et respectueuse des saisons.

≋ Menu 19 € (semaine), 30/61 € – Carte 47/53 €

Plan : AY-g – *64 r. de St-Antoine* – ℰ *02 41 62 09 83 – www.lagrangecholet.fr* – *Fermé dim. soir, merc. soir et lundi*

⅋◯ La Touchetière 🏠 ⇔ 🅿

CUISINE TRADITIONNELLE · RUSTIQUE ✗✗ Cette vieille auberge a su préserver son cachet rustique : poutres blanchies, cheminée allumée en hiver, terrasse fleurie... pour une cuisine traditionnelle teintée de modernité.

Formule 21 € – Menu 27/71 € – Carte 37/72 €

Plan : AX-b – *41 r. du Dr-Roux* – ℰ *02 41 62 55 03 – www.restaurant-cholet.com* – *Fermé 3 semaines en août, sam. midi, dim. soir et lundi*

⅋◯ L'Ourdissoir

CUISINE TRADITIONNELLE · INTIME ✗ De beaux murs en pierre, témoins du travail des tisserands de la ville du mouchoir. Le chef propose un menu découverte selon son inspiration et les propositions du marché.

≋ Formule 16 € – Menu 20 € (déj. en semaine), 31/59 € – Carte 44/52 €

Plan : Z-b – *40 r. St-Bonaventure* – ℰ *02 41 58 55 18* – *Fermé 1 semaine en mai, 3 semaines en août, dim. et lundi*

⌂⌂⌂ Mercure ⊡ ⅙ 🄰🄲 🛋

HÔTEL DE CHAÎNE · PERSONNALISÉ Sur la grande place centrale de Cholet, l'ancien théâtre de la ville est désormais un hôtel contemporain, aux lignes épurées et élégantes. Les chambres sont confortables, bien équipées – climatisation, douches italiennes – et s'articulent autour d'une belle cour intérieure.

68 chambres – ♦79/179 € ♦♦85/203 € – 2 suites – ⊡ 14 €

Plan : Z-g – *81 pl. Travot* – ℰ *02 41 29 40 25 – www.mercure.com*

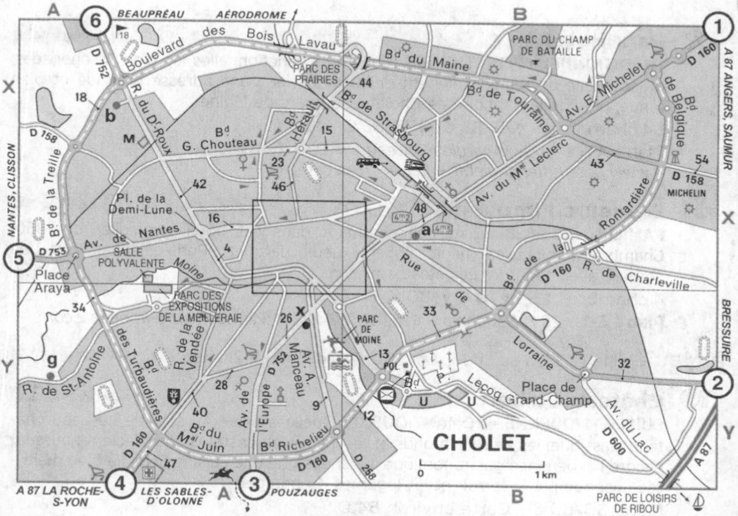

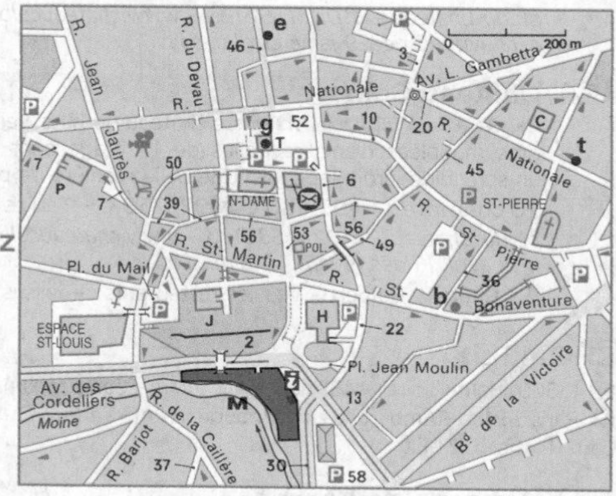

Abreuvoir (Av. de l') . . . . **Z** 2
Bons Enfants (R. des) . . . . **Z** 3
Bouet (Av. F.) . . . . **AX** 4
Bourg Baudry (R. du) . . . . **Z** 6
Bretonnaise (R.) . . . . **Z** 7
Champagny
  (Av. du Cdt-de) . . . . **AY** 9
Clemenceau (R. G.) . . . . **Z** 10
Coubertin (Bd P.-de) . . . . **BY** 12
Delhumeau-Plessis (Bd) . . . . . . **BY** 13
Faidherbe (Av. du Gén.) . . . . **Z** 15
Foch (Av. du Mar.) . . . . **AX** 16
Godinière (Bd de la) . . . . **AX** 18
Guérineau (Pl. A.) . . . . **Z** 20
Hôtel de Ville (R. de l') . . . . **Z** 22
Joffre (Bd du Mar.) . . . . **AX** 23
libération (Av. de la) . . . . **AY** 26
Marne (Av. de la) . . . . **AY** 28
Maudet (Av.) . . . . **Z** 30
Maulévrier (R. de) . . . . **BY** 32
Minée (Bd de la) . . . . **BY** 33
Moine (R. de la) . . . . **Z** 36
Moinie (Bd de la) . . . . **AY** 34
Montfort (R. G.-de) . . . . **Z** 37
Nantaise (R.) . . . . **Z** 39
Napoléon-Bonaparte
  (Av.) . . . . **AY** 40
Nationale (R.) . . . . **Z**
Pasteur (R. L.) . . . . **AX** 42
Poitou (Bd du) . . . . **BX** 43
Pont de Pierre (Bd du) . . . . **AB** 44
Puits de l'Aire (R. du) . . . . **Z** 45

Richard (Bd G.) . . . . **Z** 46
Sablerie (R.) . . . . **Z** 49
Sables (Av. des) . . . . **AY** 47
Sadi-Carnot (R.) . . . . **BX** 48
Sardinerie (R. de la) . . . . **Z** 50

Toutlemonde (R. de) . . . . . . **BX** 54
Travot (Pl.) . . . . **Z** 52
Travot (R.) . . . . **Z** 53
Vieux Greniers (R. des) . . . . . . **Z** 56
8-Mai-1945 (Pl. du) . . . . **Z** 58

🏨 San Benedetto

£☺ ⬆ ⬆ 🅰️C 🏛 ⬅

BUSINESS · DESIGN C'est le plus ancien hôtel de la ville. Désormais, tout est très moderne, voire tendance, avec de beaux volumes. Les chambres, immaculées, sont ponctuées de touches colorées. Aux beaux jours, on prend le petit-déjeuner dans le joli patio.

50 chambres – 🛏81/130 € 🛏🛏91/150 € – ☷ 13 €

Plan : Z-e – 26 bd Gustave Richard – ✆ 02 41 62 07 20
– www.sanbenedetto-hotel.com

Une bonne table sans se ruiner ? Repérez les Bib Gourmand ⬅.

🏠 Park Hotel

TRADITIONNEL · FONCTIONNEL Chambres fonctionnelles et bien insonorisées, grande salle de réunion et petit-déjeuner buffet : une adresse pratique et bien tenue, près de la patinoire de Cholet et du parc de Moine.

54 chambres – †73/83 € ††73/83 € – ☑ 9 €

Plan : AY-x – *4 av Anatole Manceau* – ✆ 02 41 62 65 45
– www.park-hotel-cholet.fr – Fermé 21 déc.-6 janv.

🏠 Demeure l'Impériale

FAMILIAL · CLASSIQUE Accueil charmant dans cet hôtel particulier de 1860. Chambres lumineuses (fleurs, linge luxueux, parquet). Petit-déjeuner sous une verrière avec confiture et gâteaux maison.

4 chambres ☑ – †70 € ††80 €

Plan : Z-t – *28 r. Nationale* – ✆ 02 41 58 84 84 – *www.demeure-imperiale.com*

à Maulévrier 13 km au Sud-Est et D20 – ✉ 49360 – 3 210 hab. – Alt. 130 m

🍽️ Château Colbert

CUISINE MODERNE · ROMANTIQUE XXX Quelle allure ! Au sein de ce beau château classique, les hauts plafonds et les lustres en cristal Grand Siècle rehaussent encore l'expérience gastronomique. Le chef signe une cuisine actuelle bien maîtrisée, inspirée par le terroir et les légumes du potager...

Menu 30/80 € – Carte environ 54 €

pl. du Château – ✆ 02 41 55 51 33 – *www.chateaucolbert.com – Fermé 15-22 fév., 4-12 avril, 16 déc.-9 janv. et dim. soir*

🏠 Château Colbert

CHÂTEAU · PERSONNALISÉ Ce château du 17e s. veille jalousement sur ses chambres meublées d'ancien. Celles du 1er étage sont magnifiques et donnent sur un splendide jardin japonais. Une belle manière de prolonger le rêve...

20 chambres – †97/180 € ††97/250 € – 1 suite – ☑ 12 € – ½ P

pl. du Château – ✆ 02 41 55 51 33 – *www.chateaucolbert.com – Fermé 15-22 fév., 4-12 avril, 16 déc.-9 janv. et dim. soir*

🍽️ **Château Colbert** – voir les restaurants ci-dessus

CHOMELIX

✉ 43500 (Haute-Loire) – 488 hab. – Alt. 910 m – Carte régionale n° **6**-C3
▶ Paris 519 km – Ambert 36 km – Brioude 52 km – Le Puy-en-Velay 30 km
Carte Michelin 331-E2

🍽️ Auberge de l'Arzon

CUISINE TRADITIONNELLE · FAMILIAL XX Au cœur du village, cette bâtisse en pierre invite à un joli repas traditionnel, avec en vedette les champignons du pays. Le patron ramasse lui-même ses morilles ! Une dépendance située à l'arrière abrite des chambres très bien tenues.

Menu 22/45 € – Carte 30/45 €

9 chambres – †55/82 € ††62/85 € – ☑ 8 €

pl. Fontaine – ✆ 04 71 03 62 35 – *www.auberge-de-larzon.com*
– Ouvert de début mai à début oct. et fermé lundi et mardi sauf juil.-août et le midi

CHONAS-L'AMBALLAN – 38 (Isère) ➡ voir Vienne

CHORGES

✉ 05230 (Hautes-Alpes) – 2 714 hab. – Alt. 864 m – Carte régionale n° **41**-C1
▶ Paris 717 km – Digne-les-Bains 98 km – Gap 18 km – Marseille 193 km
Carte Michelin 334-F5 – Guide Vert Michelin Alpes du Sud

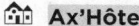 **Ax'Hôtel** ☆ 🗻 🖼 📶 🎵 🎄 👌 🗐 🅿

RURAL · MODERNE Né en 2010, un édifice entièrement habillé de bois clair, au calme, près de Gap. La décoration est contemporaine, rehaussée d'illustrations évoquant les beautés naturelles – à l'unisson des montagnes environnantes. Le superbe spa ajoute à l'intérêt de l'établissement, unique dans la région.

39 chambres – 🛏85/115 € 🛏🛏150/180 € – 1 suite – � 13 €

ZA La Grande-Ile – ℰ 04 92 21 45 17 – www.ax-hotel.com

CIBOURE – 64 (Pyrénées-Atlantiques) → voir St-Jean-de-Luz

CIEURAC

✉ 46230 (Lot) – 462 hab. – Alt. 247 m – Carte régionale n° **28**-B1

🚗 Paris 589 km – Cahors 16 km – Montauban 53 km – Toulouse 105 km

Carte Michelin 337-F5

🍴 **Table de Haute Serre** 👌 🅿

CUISINE TRADITIONNELLE · ÉLÉGANT 🗶 Dans l'ancien chai d'un château, ce restaurant au milieu des vignes a le charme de l'authenticité. Dans la salle, en revanche, la déco est résolument contemporaine : sol en béton, mobilier en alu... Le cadre parfait pour apprécier une cuisine ancrée dans son époque. Menu truffe en saison.

Formule 23 € – Menu 29/61 €

Château de Haute Serre – ℰ 05 65 20 80 20 – www.hauteserre.fr – Fermé 3 semaines en mars, 27 nov.-8 janv., jeudi hors saison, dim. soir et merc.

LA CIOTAT

✉ 13600 (Bouches-du-Rhône) – 34 063 hab. – Carte régionale n° **40**-B3

🚗 Paris 802 km – Aix-en-Provence 53 km – Brignoles 62 km – Marseille 32 km

Carte Michelin 340-I6 – Guide Vert Michelin Provence

🏨 **Vieux Port** 🗻 🎵 🗐 👌 🗚 🎄

BUSINESS · MODERNE La Ciotat – dont la gare est entrée dans l'histoire en 1895 grâce à Louis Lumière – peut aussi s'enorgueillir de sa baie, de ses calanques et... de son hôtel du Vieux Port ! Des chambres spacieuses avec balcon, une piscine (avec jacuzzi) sur le toit, offrant une vue imprenable sur la mer : que demander de plus ?

62 chambres – 🛏99/265 € 🛏🛏99/309 € – 1 suite – ⊠ 15 €

252 quai François-Mitterrand – ℰ 04 42 04 00 00 – www.bestwestern-laciotat.com

au Liouquet 6 km à l'Est par D559 (rte de Bandol) – ✉ 13600 La Ciotat

🌸 **La Table de Nans - Auberge le Revestel** (Nans Gaillard)

CUISINE CLASSIQUE · MINIMALISTE 🗶🗶 Nans Gaillard, 🗻 🍴 🗚 🎄 enfant du pays et jeune chef exigeant, avait un rêve de gamin : ouvrir son adresse à la Ciotat, au bord de l'eau. C'est chose faite ! Sa cuisine, d'une très belle facture et fort savoureuse, rappelle qu'il a fait ses armes chez les grands. Depuis la terrasse, on se délecte devant les flots bleus : divin...

→ Légumes de Provence "cuits et crus", robiola frais et herbes potagères. Homard bleu confit de carottes au gingembre et citron vert, sauce à la vanille de Madagascar. Orange en déclinaison.

Formule 29 € – Menu 45/70 € – Carte 60/85 €

126 corniche du Liouquet – ℰ 04 42 83 11 06 – www.latabledenans.com – Fermé 10-30 nov., merc. soir d'oct. à mars, dim. sauf le midi de sept. à juin et lundi

🍴 **Roche Belle** 🍴 🗚 🅿

PROVENÇALE · RUSTIQUE 🗶 Dans un chaleureux cadre provençal, une maisonnette couverte de vigne vierge et sa terrasse plantée d'oliviers. La cuisine est goûteuse, ensoleillée, et fleure bon le Midi.

Formule 21 € – Menu 36 € – Carte 45/61 €

Corniche du Liouquet – ℰ 04 42 71 47 60 (réservation conseillée) – www.roche-belle.fr – Fermé 26 oct.-11 nov., 16 fév.-11 mars, dim. sauf juil.-août et lundi

CLAMECY

⊠ 58500 (Nièvre) – 4 097 hab. – Alt. 144 m – Carte régionale n° **7**-B2

🚗 Paris 208 km – Auxerre 42 km – Avallon 38 km – Cosne-Cours-sur-Loire 52 km

Carte Michelin 319-E7 – Guide Vert Michelin Bourgogne

🍴 Deux Pièces Cuisine

CUISINE MODERNE · ROMANTIQUE ✕ Une véritable petite bonbonnière, où se côtoient bibelots, oursons et même coucou suisse... L'âme cosy des lieux a conquis la clientèle locale. Cuisine actuelle.

🍷 Formule 16 € – Menu 19/33 € – Carte 33/60 €

7 r. de la Monnaie – 𝒞 03 86 27 25 07 (réservation conseillée)
– www.2pieces-cuisine.fr – Fermé de janvier à mars – Fermé janv. à fin mars et 15 nov.-20 déc.

🍴 Angélus

CUISINE MODERNE · BISTRO ✕ Une maison à colombages au pied de l'église. On y savoure une bonne cuisine résolument centrée sur le produit (les fournisseurs sont choisis avec soin), à l'image de ce paleron de charolais fondant et sa crème légère à la moutarde. Aux beaux jours, on profite de la jolie terrasse.

Menu 22 € (semaine), 29/37 € – Carte 31/53 €

11 pl. St-Jean – 𝒞 03 86 27 33 98 (réservation conseillée)
– www.restaurantlangelus.com – Fermé vacances de la Toussaint, de Noël, de fév., mardi soir sauf juil.-août, dim. soir et merc.

🏠 Hostellerie de la Poste

FAMILIAL · RUSTIQUE Au cœur de cette jolie bourgade, tout près du palais de justice, une grande bâtisse où l'on sait recevoir : chambres confortables (rustiques ou plus contemporaines), accueil dynamique et petit patio pour prendre le petit-déjeuner aux beaux jours...

24 chambres – 🛏70/80 € 🛏🛏70/101 € – ☐ 10 € – ½ P

9 pl. Emile-Zola – 𝒞 03 86 27 01 55 – www.hostelleriedelaposte.fr

CLARA – 66 (Pyrénées-Orientales) → voir Prades

LES CLAUX – 05 (Hautes-Alpes) → voir Vars

CLÉCY

⊠ 14570 (Calvados) – 1 254 hab. – Alt. 100 m – Carte régionale n° **32**-B2

🚗 Paris 268 km – Caen 39 km – Condé-sur-Noireau 10 km – Falaise 31 km

Carte Michelin 303-J6 – Guide Vert Michelin Normandie Cotentin

🍴 Au Site Normand

CUISINE MODERNE · COSY ✕✕ Langoustines aux saveurs d'agrumes et choucroute de fenouil, suprême de poulet et cuisse farcie au goût normand : le chef revisite la tradition avec maîtrise, au rythme des saisons ! À déguster dans une salle à manger cosy qui ne manque pas de cachet : poutres peintes, cheminée... Service charmant.

Formule 24 € – Menu 36/67 € – Carte environ 45 €

2 r. des Chatelets – 𝒞 02 31 69 71 05 – www.hotel-clecy.com
– Fermé 11-20 avril, 14-23 nov. et 19-31 déc., dim. soir et lundi

🏠 Au Site Normand

TRADITIONNEL · ACTUEL C'est l'histoire d'un enfant du pays qui désirait ouvrir un hôtel-restaurant à son image : charmant et accueillant. Voilà qui est chose faite ! Les chambres ne sont certes pas très grandes mais fonctionnelles et confortables. Parfait pour une étape gourmande.

18 chambres – 🛏65/75 € 🛏🛏65/100 € – ☐ 12 € – ½ P

2 r. des Chatelets – 𝒞 02 31 69 71 05 – www.hotel-clecy.com – Fermé 11-20 avril, 14-23 nov. et 19-31 déc.

🍴 **Au Site Normand** – voir les restaurants ci-dessus

CLÈRES

✉ 76690 (Seine-Maritime) – 1 374 hab. – Alt. 113 m – Carte régionale n° **33**-D1
▶ Paris 155 km – Dieppe 45 km – Forges-les-Eaux 35 km – Neufchâtel-en-Bray 36 km
Carte Michelin 304-G4 – Guide Vert Michelin Normandie Vallée de la Seine

à **Frichemesnil** 4 km au Nord-Est par D6 et D100 – ✉ 76690
– 433 hab. – Alt. 150 m

❀ **Au Souper Fin** (Eric Buisset)   ⬚ ⬚ ⬚ ⬚ ⬚

CUISINE MODERNE · À LA MODE ✗✗ Des mariages de saveurs réfléchis et flat-
teurs, des produits de qualité, très frais, beaucoup de soin... L'enseigne ne ment
pas et c'est logique, tant le chef et son épouse veillent à satisfaire toujours
davantage leurs clients ! Cette excellente adresse propose aussi de jolies petites
chambres... pour rester un jour de plus ?
➔ Langoustines, mousseline de cresson et émulsion au vinaigre d'agrumes.
Agneau du Limousin rôti au four, cocos de Paimpol et jus réduit. Millefeuille
vanille.
Formule 30 € – Menu 36 € (semaine), 50/59 € – Carte 65/70 €
4 chambres – ♦65/85 € ♦♦80/100 € – ⬚ 12 €
*1 rte de Clères – ℰ 02 35 33 33 88 – www.souperfin.com – Fermé 8 août-1er sept.,
vacances de Noël, dim. soir, merc. et jeudi*

au **Sud** 2 km sur D155 – ✉ 76690 Clères :

⬚ **Auberge du Moulin**   ⬚ **P**

CUISINE MODERNE · COSY ✗✗ Une sympathique auberge tournée vers un vieux
moulin, bordé par une petite rivière dont le cours est ponctué de cressonnières.
On prend plaisir à déguster la cuisine dans l'air du temps concoctée par Marc Hal-
bourg, qui valorise joliment marée et terroir normands. Agréable terrasse pour les
beaux jours.
Formule 22 € – Menu 31/51 € – Carte 41/62 €
*36 r. des Moulins-du-Tot – ℰ 02 35 33 62 76 – www.aubergedumoulin.org
– Fermé 16-31 août, dim. soir, lundi et mardi*

CLERMONT

✉ 60600 (Oise) – 10 862 hab. – Alt. 125 m – Carte régionale n° **36**-B2
▶ Paris 79 km – Amiens 83 km – Beauvais 27 km – Compiègne 34 km
Carte Michelin 305-F4

à **Étouy** 7 km au Nord-Ouest par D151 – ✉ 60600 – 795 hab. – Alt. 85 m

❀ **L'Orée de la Forêt** (Nicolas Leclercq)   ⬚ **P**

CUISINE MODERNE · ÉLÉGANT ✗✗✗ Une belle demeure bourgeoise de la fin du
19e s., dans un paisible parc arboré. L'intérieur, feutré et élégant, ne laisse pas de
séduire ; le grand potager approvisionne la table en légumes frais. Il en résulte
une belle cuisine, aux saveurs franches et harmonieuses. Et le millefeuille vanillé
est divin !
➔ Comme dans un jardin, légumes, herbes, fleurs et œuf. Pigeonneau rôti au
barbecue, légumes du potager. Millefeuille vanillé.
Formule 35 € – Menu 54/110 € – Carte 100/105 €
*255 r. de la Forêt – ℰ 03 44 51 65 18 – www.loreedelaforet.fr – Fermé
23 juil.-24 août, 2-14 janv., sam. midi, dim. soir, vend. et fériés le soir*

ON AIME...

Radio, sa cuisine précise et son cadre Art déco. **L'Écureuil**, le meilleur rapport qualité-prix de notre sélection. **Alfred**, pour sa douce ambiance de bistrot-atelier. **L'Auberge de la Baraque** et sa chef talentueuse, Géraldine Laubrières.

CLERMONT-FERRAND

✉ 63000 (Puy-de-Dôme) – 141 569 hab. – Agglo. 261 926 hab. – Alt. 401 m
– Carte régionale n° **5**-B2
▶ Paris 420 km – Lyon 172 km – Moulins 106 km – ST-Étienne 147 km
Carte Michelin 326-F8 – Guide Vert Michelin Auvergne

Restaurants

❀ **Jean-Claude Leclerc**   器 斎 AC 🍽 ⇔

CUISINE MODERNE · ÉLÉGANT XXX Dans cet établissement proche du palais de justice, point de convocation à une audience, mais une invitation à l'épicurisme ! Voilà une table clermontoise très appréciée : tout en équilibre et très maîtrisées, les assiettes pétillent de saveurs... Atmosphère élégante et terrasse ombragée.
➜ Casse-croûte à l'œuf cassé, salade de cèpes et fricassée de ris de veau. Turbot sauvage, céleri blanc et vert aux agrumes. Fraises et fraises des bois dans leur jus tiède, glace vanille et madeleine citronnée.
Menu 36 € (déj. en semaine), 55/105 € – Carte 80/110 €
Plan : EV-k – *12 r. St-Adjutor* – 𝒞 *04 73 36 46 30*
– *www.restaurant-leclerc.com* – *Fermé 21-29 fév., 1ᵉʳ-9 mai, 7-30 août, dim. et lundi*

❀ **Apicius** (Arkadiusz Zuchmanski)   斎 🍽 ⇔

CUISINE MODERNE · COSY XX L'enseigne qui célèbre un fameux cuisinier de l'Antiquité (et à juste titre, les assiettes distillent des saveurs éternelles) a déménagé au deuxième étage du Marché Saint-Pierre. Tout change, rien ne change : les produits sont toujours rendus dans leur vérité. A déguster en terrasse, l'été venu !
➜ Velours de homard bleu, salade folle et crabe croustillant. Lièvre à la royale, gnocchis à la truffe noire. Le Paris-Clermont.
Formule 35 € – Menu 65/125 € – Carte 100/130 €
Plan : EV-b – *pl. Marché St-Pierre (2* ᵉᵐᵉ *étage)*
– 𝒞 *04 73 91 13 61* – *www.apicius-clermont.com*
– *Fermé 17-25 avril, 1er-29 août, dim., lundi et fériés*

🕸 Fleur de Sel (Patrice Eschalier)   🕸 AC

CUISINE MODERNE · ÉLÉGANT XX Attention les yeux : ici, la façade jaune laisse place à un intérieur d'un blanc immaculé... L'effet de surprise passé, vous apprécierez une cuisine originale qui fait la part belle à des produits de la mer au top de leur fraîcheur : cap sur les saveurs !

➜ Fricassée d'ormeaux bretons en persillade, risotto aux algues. Marmite de homard bleu aux légumes du pays, comme un pot-au-feu, à la coriandre. Soufflé léger au chocolat, sorbet aux fruits de saison.

Menu 32 € (semaine), 45/85 € 🍷 – Carte environ 100 €

Plan : FX-a – 8 r. Abbé-Girard – 𝒞 04 73 90 30 59 (réservation conseillée)
– www.restaurantfleurdesel.com – Fermé août, dim., lundi et fériés

🙂 Bath's   🍽 AC

CUISINE TRADITIONNELLE · CONVIVIAL X Dans une zone piétonne au pied du marché St-Pierre, il fait bon s'installer en terrasse... Les salles sont tout aussi agréables avec leur déco soignée et branchée. Un lieu très vivant ! On y savoure une cuisine du marché, simple et goûteuse. Original : l'Espagne est à l'honneur avec un menu et des vins ibériques.

Formule 19 € – Menu 29/38 € – Carte 40/58 €

Plan : EV-e – pl. du Marché-St-Pierre – 𝒞 04 73 31 23 22 – www.baths.fr
– Fermé 1 semaine en mars, 18 août-6 sept., dim., lundi et fériés

🙂 Le Comptoir des Saveurs   AC

CUISINE MODERNE · CONVIVIAL X Avec une technique impeccable et de bons produits, Hervé et Grégory réalisent des préparations sans fausse note, dans lesquelles (comme promis !) les saveurs sont au rendez-vous. Pressé de veau et foie gras, pavé de maigre et risotto aux coques, verrines de fruits rouges et chocolat... Un condensé de plaisir.

Menu 22 € (déj. en semaine), 30/44 €

Plan : EV-x – 5 r. Ste-Claire – 𝒞 04 73 37 10 31 – www.le-comptoir-des-saveurs.fr
– Fermé 3 semaines en août, 2 semaines en janv., mardi soir, merc. soir, dim. et lundi

🙂 L'Écureuil

CUISINE MODERNE · SIMPLE X Lui voulait renouer avec ses origines en s'installant en Auvergne, elle y a apporté l'entrain de ses racines italiennes, assurant un service pétillant... Benoît et Monika ont créé en 2011 cet Écureuil chaleureux et gourmand. Au menu : une bien jolie cuisine du marché ! Attention, formule simplifiée au déjeuner.

👄 Menu 14 € (déj. en semaine), 26/42 € – Carte 32/52 €

Plan : EV-t – 18 r. St-Adjutor – 𝒞 04 73 37 83 86 – www.restaurantlecureuil.com
– Fermé 7 août-5 sept., 21 déc.-5 janv., merc., dim. et fériés

🍽 Amphitryon Capucine   AC ⇔

CUISINE MODERNE · ÉLÉGANT XX Aux commandes de cette table clermontoise œuvre un chef venu de... Marseille ! Il signe de jolies recettes du moment, marquées par l'esprit du Sud, fort bien cuisinées et riches en saveurs, à l'instar de ces fleurs de courgette farcies à la ratatouille. Cadre classique et feutré.

Formule 21 € – Menu 31/85 € – Carte 56/76 €

Plan : DV-k – 50 r. de Fontgiève – 𝒞 04 73 31 38 39
– www.amphitryoncapucine.com – Fermé 1er-17 août, dim. et lundi

🍽 Pavillon Lamartine   🍽 AC ⇔

CUISINE MODERNE · ÉLÉGANT XX Près de la place de Jaude, poussez la grille de ce Pavillon et découvrez un restaurant à l'élégance toute contemporaine. La cuisine, savoureuse et gourmande, s'inscrit dans l'air du temps. Et qui sait ? Peut-être aurait-elle inspiré le poète Alphonse de Lamartine !

Formule 21 € – Carte 32/71 €

Plan : DX-a – 17 r. Lamartine – 𝒞 04 73 93 52 25 – www.pavillonlamartine.com
– Fermé 18-25 avril-, 1er-22 août, 26 déc.-1er janv., dim. et le soir sauf jeudi et vend.

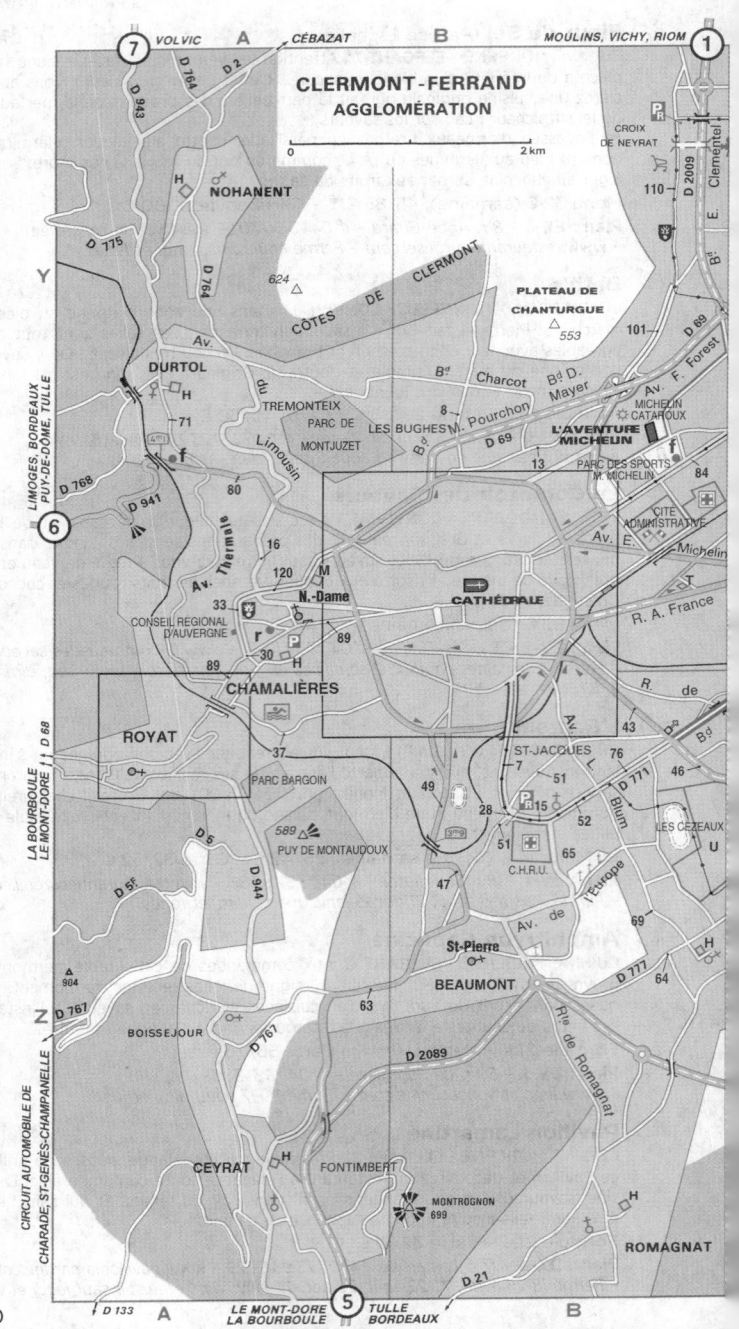

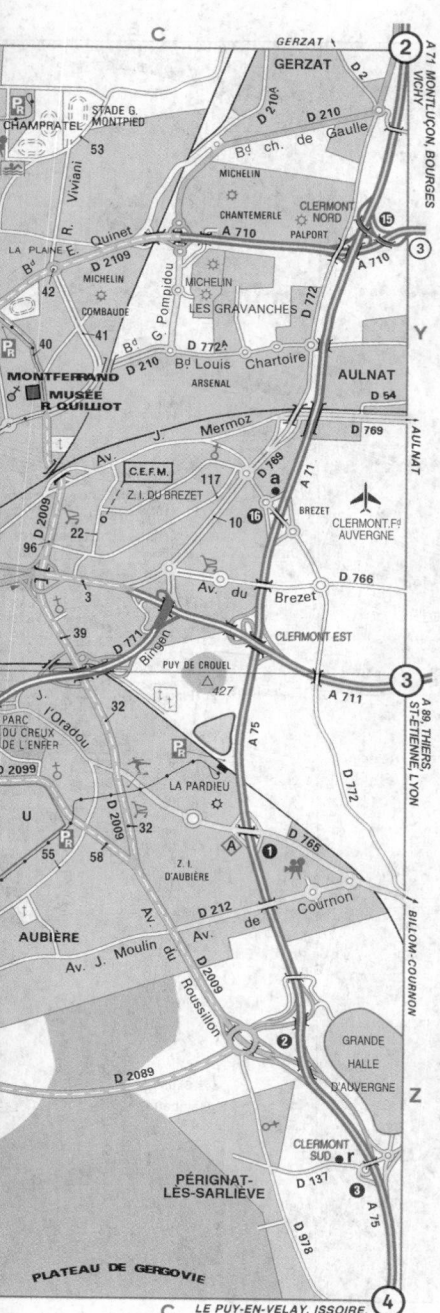

AUBIÈRE

Cournon (av. de) . . . . **CZ**
Maerte (av. Roger) . . . . . . **CZ** 55
Mont-Mouchet (av. du) . . . **BZ** 64
Moulin (av. Jean) . . . . **CZ**
Noëllet (av. Jean) . . . . **BZ** 69
Roussillon (av. du) . . . . **CZ**

BEAUMONT

Europe (av. de l') . . . . **BZ**
Leclerc (av. du Maréchal) . . **BZ** 47
Mont-Dore (av. du) . . . . **ABZ** 63
Romagnat (route de) . . . . . **BZ**

CHAMALIÈRES

Claussat (av. Joseph) . . . . **AY** 16
Europe (carrefour de l') . . . **AY** 30
Fontmaure (av. de) . . . . **AY** 33
Gambetta (bd) . . . . **AZ** 37
Royat (av. de) . . . . **AY** 89
Thermale (av.) . . . . **AY**
Voltaire (av.) . . . . **AY** 120

CLERMONT-FERRAND

Agriculture (av. de l') . . . . . **CY** 3
Anatole-France (r.) . . . . . . **BY**
Bernard (bd Claude) . . . . . **BZ** 7
Bingen (bd Jacques) . . **BCYZ**
Blanzat (r. de) . . . . **BY** 8
Blériot (r. Louis) . . . . **CY** 10
Blum (av. Léon) . . . . **BZ**
Brezet (av. du) . . . . **CY**
Champfleuri (r.) . . . . **BY** 13
Charcot (bd) . . . . **BY**
Churchill (bd Winston) . . . **BZ** 15
Clementel (bd Etienne) . . . **BY**
Cugnot (r. Nicolas-Joseph) **CY** 22
Dunant (pl. Henri) . . . . . . **BZ** 28
Flaubert (bd Gustave) . . . . **CZ** 32
Forest (av. Fernand) . . . . . **BY**
Jouhaux (bd Léon) . . . . . . **CY** 40
Kennedy
  (bd John-Fitzgerald) . . . **CY** 41
Kennedy (carrefour) . . . . . **CY** 42
Lafayette (bd) . . . . **BZ** 43
Landais (av. des) . . . . . . **BCZ** 46
Libération (av. de la) . . . . **BZ** 49
Limousin (av. du) . . . . **AY**
Liondards (r. des) . . . . **BZ** 51
Loucheur (bd Louis) . . . . . **BZ** 52
Mabrut (r. Adrien) . . . . . . **CY** 53
Margeride (av. de la) . . . . **CZ** 58
Mayer (bd Daniel) . . . . . . **BY**
Mermoz (av. Jean) . . . . . . **CY**
Michelin (av. Edouard) . . . **BY**
Montalembert (r.) . . . . . . **BZ** 64
Moulin (bd Jean) . . . . **CY** 39
Oradou (r. de l') . . . . **BCZ**
Pochet-Lagaye (bd Paul) . . **BZ** 76
Pompidou (bd Georges) . . . **CY**
Pourchon (bd Maurice) . . . **BY**
Puy de Dôme (av. du) . . . . **AY** 80
Quinet (bd Edgar) . . . . . . **CY**
République (av. de la) . . . . **BY** 84
Saint-Jean (bd) . . . . **CY** 96
Sous les Vignes (r.) . . . . . **BY** 101
Torpilleur Sirocco (r. du) . . **BY** 110
Verne (r. Jules) . . . . **CY** 117
Viviani (r.) . . . . **CY**

DURTOL

Paix (av. de la) . . . . **AY** 71

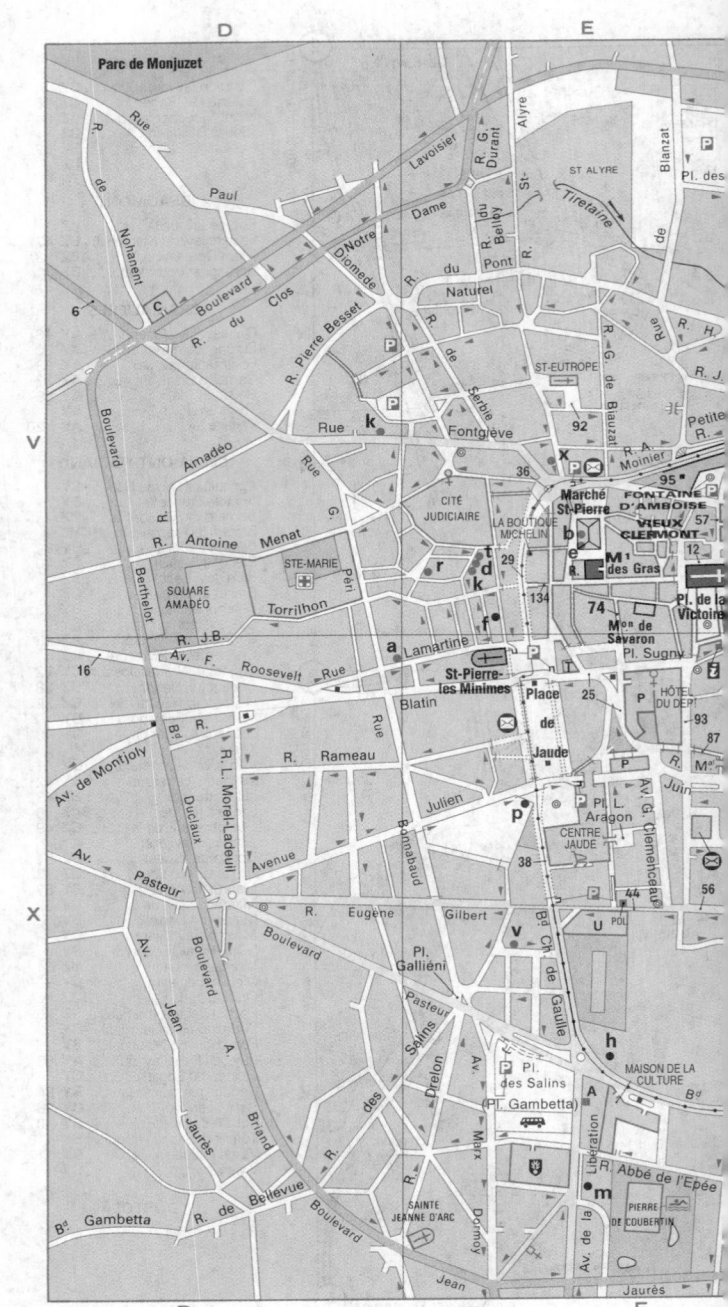

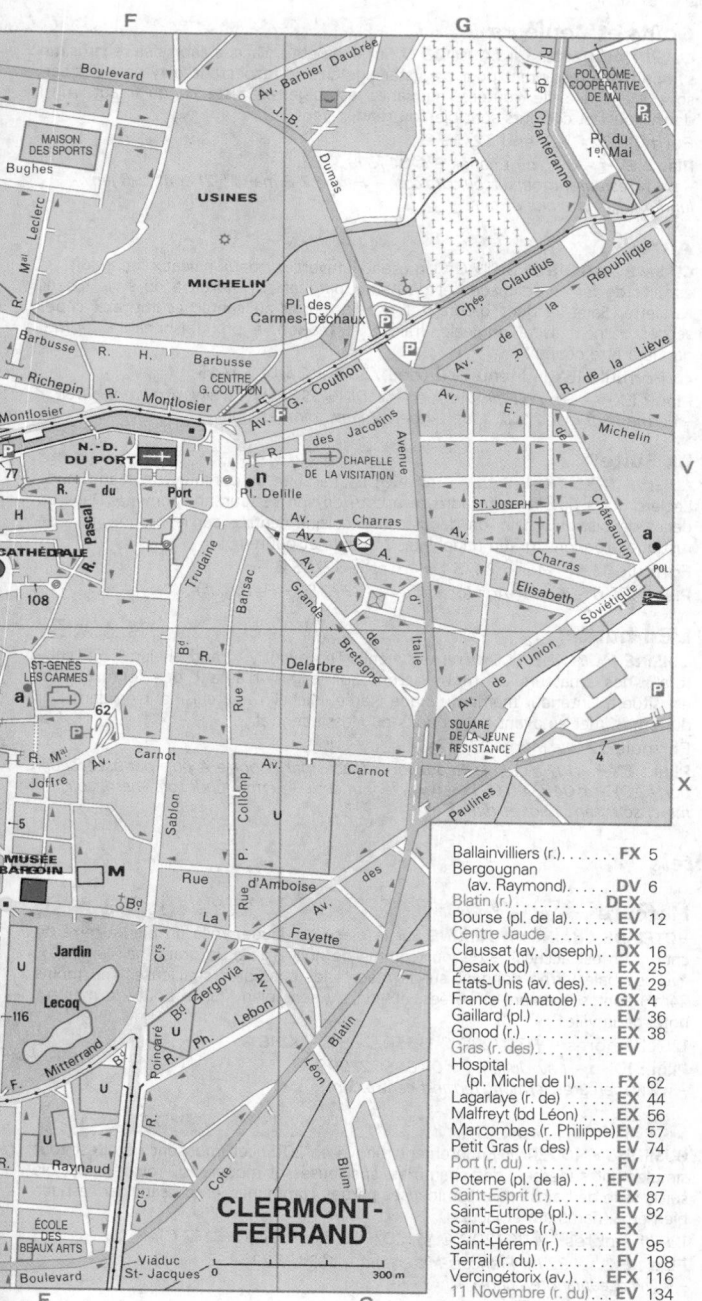

Ballainvilliers (r.) . . . . . . **FX** 5
Bergougnan
  (av. Raymond) . . . . . . **DV** 6
Blatin (r.) . . . . **DEX**
Bourse (pl. de la) . . . . . **EV** 12
Centre Jaude . . . . **EX**
Claussat (av. Joseph) . . **DX** 16
Desaix (bd) . . . . **EX** 25
États-Unis (av. des) . . . **EV** 29
France (r. Anatole) . . . **GX** 4
Gaillard (pl.) . . . . **EV** 36
Gonod (r.) . . . . **EX** 38
Gras (r. des) . . . . **EV**
Hospital
  (pl. Michel de l') . . . . **FX** 62
Lagarlaye (r. de) . . . . . **EX** 44
Malfreyt (bd Léon) . . . **EX** 56
Marcombes (r. Philippe) **EV** 57
Petit Gras (r. des) . . . . **EV** 74
Port (r. du) . . . . **FV**
Poterne (pl. de la) . . . . **EFV** 77
Saint-Esprit (r.) . . . . . . **EX** 87
Saint-Eutrope (pl.) . . . . **EV** 92
Saint-Genès (r.) . . . . . . **EX**
Saint-Hérem (r.) . . . . . **EV** 95
Terrail (r. du) . . . . **FV** 108
Vercingétorix (av.) . . . **EFX** 116
11 Novembre (r. du) . . . **EV** 134

CLERMONT-FERRAND

0   300 m

⑪◯ Goûts et Couleurs 🛱 🗚

CUISINE MODERNE · À LA MODE XX Sur une petite place, à l'abri des regards, un sympathique restaurant pour déguster une cuisine respectant le rythme des saisons. Dans la salle voûtée, l'ambiance est bigarrée juste ce qu'il faut. Ainsi donc, goûts et couleurs sont bien au rendez-vous !

Formule 22 € – Menu 32/58 €

Plan : EV-r – *6 pl. du Changil* – ✆ *04 73 19 37 82*
– *www.restaurantgoutsetcouleurs.com* – *Fermé 2-8 mai, 1er-21 août, 2-5 janv., lundi midi, sam. midi et dim.*

⑪◯ Alfred 🛱

CUISINE MODERNE · BISTRO X Un espace ouvert sur deux niveaux façon loft, un escalier de fer en colimaçon et de beaux parquets : l'endroit a du style ! Dans l'assiette, Saint-Jacques d'Erquy et risotto d'orge au cantal, écume aux cèpes séchés : une cuisine originale, fraîche et maison, à prix raisonnable... Alfred gagne à être connu !

👓 Formule 15 € – Menu 19 € (déj.)/35 € – Carte 32/46 €

Plan : EX-v – *5 r. du Puits-Artésien* – ✆ *04 73 35 32 06* – *www.restaurant-alfred.fr*
– *Fermé 1er-9 mai, 1er-22 août, 24 déc.-2 janv., dim. et lundi*

⑪◯ La Suite 🛱 � 🗚

CUISINE TRADITIONNELLE · À LA MODE X La Suite du parcours de Jean-Claude Leclerc qui a ouvert cette adresse à côté de son restaurant éponyme. Dans un décor de bistrot urbain, on déguste une cuisine centrée sur le produit, un brin rustique : rognons, gratin dauphinois... Simple et goûteux.

Formule 13 € – Menu 24/34 € – Carte 32/55 €

Plan : EV-d – *16 r. St-Adjutor* – ✆ *04 73 37 72 56* – *Fermé dim.*

⑪◯ L'En-but ⓝ ⪤ 🛱 ⅇ 🗚 🅿

CUISINE MODERNE · CONVIVIAL X Menus "en avant", "grand chelem" ou "chistera" : les amateurs de rugby seront aux anges, d'autant que le restaurant est situé à l'intérieur même du stade Marcel-Michelin ! La cuisine, bien dans l'air du temps, met en avant les produits du Massif central.

Formule 22 € – Menu 27/47 €

Plan : BY-f – *107 av. de la République, (accès par la porte A puis par ascenseur porte 20)* – ✆ *04 73 90 68 15* – *www.lenbut.com* – *Fermé lundi soir, mardi soir, merc. soir, sam. midi et dim.*

Hôtels

🏨 Mercure 🛏 ⊡ ⅇ 🗚 🏋

HÔTEL DE CHAÎNE · MODERNE Sur la place de Jaude, voilà un pied-à-terre de choix : on est accueilli – de jour comme de nuit – dans un grand hall lumineux, avec sa baie vitrée donnant sur la place ; les chambres spacieuses (au moins 24m^2) sont sobrement décorées, et l'on s'y sent bien ! Sans doute le meilleur hôtel de la ville.

125 chambres – ♦130/220 € ♦♦130/285 € – ☲ 18 €

Plan : EX-p – *1 av. Julien* – ✆ *04 63 66 21 00*
– *www.mercure-clermont-ferrand-centre.com*

🏨 Océania 🏊 🛏 ⊡ 🗚 🏋 🚗

BUSINESS · MODERNE Entièrement rénové en 2013, cet imposant hôtel est tout simplement superbe : des chambres, spacieuses et modernes – ouvrant parfois sur la salle de bains –, aux lumineuses parties communes, en passant par l'espace bien-être (hammam et jacuzzi).

129 chambres – ♦110/200 € ♦♦120/250 € – 1 suite – ☲ 17 €

Plan : EX-h – *82 bd François-Mitterrand* – ✆ *04 73 29 59 59*
– *www.oceaniahotels.com*

Novotel

BUSINESS · FONCTIONNEL En bordure d'autoroute et tout près de l'aéroport, un Novotel moderne et bien insonorisé. On profite aussi d'un espace bien-être avec un sauna et jacuzzis... et d'un terrain de pétanque !

136 chambres – †130/220 € ††130/220 € – ☲ 17 € – ½ P

Plan : CY-a – *Z.I. du Brézet, r. G.-Besse* – 𝒞 04 73 41 14 48 – www.novotel.com

Hôtel des Puys

BUSINESS · FONCTIONNEL Si vous êtes perdu, demandez votre chemin aux Clermontois : ils connaissent tous la place Delille. Cet hôtel offre confort, modernité et... vue imprenable sur le puy de Dôme depuis la salle du petit-déjeuner, au 6ᵉ étage !

63 chambres – †99/189 € ††99/229 € – ☲ 16 €

Plan : FV-n – *16 pl. Delille* – 𝒞 04 73 91 92 06 – www.hoteldespuys.com

Kyriad Prestige

BUSINESS · FONCTIONNEL Ce bâtiment moderne, situé en centre-ville, abrite des chambres contemporaines colorées ; à partir du 3ᵉ étage, côté rue, elles bénéficient de la vue sur les volcans.

81 chambres – †82/198 € ††82/198 € – ☲ 15 € – ½ P

Plan : EX-m – *25 av. de la Libération* – 𝒞 04 73 93 22 22
– www.kyriad-prestige-clermont-ferrand.fr

Lafayette

BUSINESS · FONCTIONNEL Hall contemporain, chambres actuelles (tons pastel, meubles de qualité) et bonne insonorisation caractérisent cet hôtel à 50 m de la gare.

48 chambres – †82/129 € ††82/129 € – ☲ 11 €

Plan : GV-a – *53 av. de l'Union-Soviétique* – 𝒞 04 73 91 82 27
– www.hotel-le-lafayette.com – Fermé 24 déc.-3 janv.

Dav'Hôtel Jaude

BUSINESS · FONCTIONNEL Un établissement à quelques pas de la fameuse place de Jaude dont les jeux d'eau, la nuit venue, s'illuminent de couleurs différentes. À croire que la jeune artiste ayant relooké l'hôtel s'en est inspirée... avec des notes vives dans les chambres. Simple et vivifiant !

28 chambres – †70/80 € ††73/85 € – ☲ 10 €

Plan : EV-f – *10 r. des Minimes* – 𝒞 04 73 93 31 49 – www.davhotel.fr
– Fermé 24 déc.-5 janv.

à Chamalières – ✉ 63400 – 17 480 hab. – Alt. 450 m

✿ Radio

CRÉATIVE · ART DÉCO 🟊🟊🟊 Dans ce bel hôtel qui a conservé son cachet Art déco, le restaurant plaira aux amateurs du style : lignes modernistes, alliance du verre et du miroir, sobriété du noir et blanc... Une source d'inspiration pour le chef ? Ses assiettes se révèlent esthétiques et recherchées, sans effets inutiles : de belles saveurs au menu.

➜ Saint-Jacques rôties, pomme rouge de Marsat confite, sabayon à l'huile de noix de Sayat. Ris de veau cuit au beurre mousseux, jus aux aromates fumés et petits bois à la menthe. Rhubarbe, verveine et fraise.

Menu 30 € (déj. en semaine), 59/95 € – Carte 85/100 €

Plan : voir RoyatB-w – *Hôtel Radio, 43 av. Pierre-et-Marie-Curie*
– 𝒞 04 73 30 87 83 – www.hotel-radio.fr – Fermé 24 oct.-2 nov., 1ᵉʳ-15 janv., lundi midi, sam. midi et dim.

⅋○ Ô Gré des Saveurs   ♿ 🄰🄲

CUISINE MODERNE · SIMPLE ✗ C'est à une jolie pérégrination qu'invite cette enseigne, où se cache aussi – l'avez-vous vu ? – un ogre. Pour sa première affaire, un jeune chef venu de Bretagne réécrit chaque jour ce petit itinéraire gargantuesque en fonction du marché. Notez qu'aucun ogre ne se cache dans la salle, où règne une ambiance conviviale.

Formule 15 € – Menu 27 € (semaine)/40 € – Carte 34/57 €

Plan : AY-r – *22 r. du Pont-de-la-Gravière* – *𝒫 04 73 36 99 35*
– *www.ogredesaveurs.com* – *Fermé 2 premières semaines d'août, première semaine de janv., mardi soir, dim. soir et lundi*

🏠 Radio   ⌂ ℅ ≤ 🛏 ▣ 🈂 🚗

FAMILIAL · ART DÉCO Héritage des années 1930, cet hôtel des hauteurs de Chamalières offre un beau témoignage du style Art déco – celui des années radio ! À l'exception des chambres, spacieuses et feutrées, qui sont décorées de manière contemporaine, le côté rétro domine... et séduit notamment la clientèle étrangère.

24 chambres – ♦95/150 € ♦♦105/160 € – ☲ 15 €

Plan : voir RoyatB-w – *43 av. Pierre-et-Marie-Curie* – *𝒫 04 73 30 87 83*
– *www.hotel-radio.fr* – *Fermé 24 oct.-2 nov. et 1ᵉʳ-15 janv.*

❀ **Radio** – voir les restaurants ci-dessus

à Pérignat-lès-Sarliève 8 km – ⌖ 63170 – 2 650 hab. – Alt. 364 m

🏠 Gergovie   ⌂ 🛏 ▣ ♿ 🄰🄲 🅿

BUSINESS · ACTUEL Malgré le nom de cet établissement, aucune bataille à l'horizon ! La guerre des Gaules est loin, et c'est dans un grand bâtiment récent, à l'écart de l'autoroute, que les voyageurs posent leurs bagages. Les chambres sont résolument design, avec balcon ou terrasse. Restaurant traditionnel.

59 chambres – ♦78/180 € ♦♦78/200 € – ☲ 13 € – ½ P

Plan : CZ-r – *25 allée du Petit-Puy* – *𝒫 04 73 79 09 95*
– *www.hotelgergovie-clermontferrand.com*

rte de la Baraque – ⌖ 63830 Durtol

❀ Le Pré - Xavier Beaudiment   🎴 🄰🄲 ℀ ⇔ 🅿

CUISINE MODERNE · ÉLÉGANT ✗✗ Concept audacieux adopté par ce jeune chef : pas de carte, mais un menu unique élaboré selon l'inspiration du moment, avec la complicité de tout un réseau de petits producteurs et... les herbes sauvages de la région. Une "cuisine d'instinct", alliée à un vrai sens des saveurs, qui fait mouche !
➔ Escargots, jus au tilleul. Truite, sous-bois et sabayon acide. Fraises, citron et menthe.

Formule 36 € – Menu 59/89 €

Plan : AY-f – *rte de la Baraque* – *𝒫 04 73 19 25 00* – *www.restaurant-lepre.com*
– *Fermé 20-30 avril, 1ᵉʳ-15 août, 2-8 janv., dim. soir, lundi et mardi*

à Lempdes 10 km à l'Est par D771 – ⌖ 63370 – 8 348 hab. – Alt. 330 m

🙂 B2K6   🄰🄲 ℀

CUISINE MODERNE · CONVIVIAL ✗ Ce sympathique bistrot est né de la rencontre de deux jeunes passionnés : Jérôme Bru, ancien second d'Anne-Sophie Pic, et Romain Billard, sommelier, passé également par de fameuses maisons. Au menu : une belle cuisine, rythmée par les saisons et les produits locaux, accompagnée des vins adéquats. Une belle complicité !

Formule 20 € – Menu 32/54 € – Carte 49/61 €

6 r. du Caire, sortie Lempdes centre – *𝒫 04 73 61 74 71* – *www.b2k6.fr*
– *Fermé août, dim. et lundi*

à Orcines 8 km à l'Ouest par D941 – ⊠ 63870 – 3 296 hab. – Alt. 810 m

Auberge de la Baraque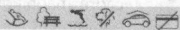

CUISINE MODERNE · AUBERGE XX Cette baraque-là, tout comme les plats qu'on y prépare, ne sont pas faits de bric et de broc ! Dans le cadre rustique de cet ancien relais de diligence (1800), on apprécie une cuisine de qualité, savoureuse et bien présentée. Le tout à petits prix.

Menu 31/60 €

2 rte de Bordeaux – ℰ 04 73 62 26 24 – www.laubrieres.com – Fermé 15-24 fév., 4-27 juil., 24 oct.-3 nov., lundi, mardi et merc.

Auberge de la Fontaine du Berger

CUISINE TRADITIONNELLE · FAMILIAL X Cette maison de pays aux volets rouges regarde le puy de Dôme et le Pariou. On y apprécie une jolie cuisine où les produits frais ont la part belle, à l'image de ce saumon gravlax au tarama, de cette fricassée d'onglet de veau et linguines aux cèpes... et d'un succulent paris-brest maison !

Menu 17 € (déj. en semaine), 32/49 € – Carte 34/53 €

167 rte de Limoges – ℰ 04 73 62 10 52 – www.auberge.fr – Fermé 30 mai-5 juin, 28 août-3 sept., 22 déc.-15 janv., dim. soir, mardi soir et merc.

CLERMONT-L'HÉRAULT

⊠ 34800 (Hérault) – 8 221 hab. – Alt. 92 m – Carte régionale n° **23**-C2

▶ Paris 718 km – Béziers 46 km – Lodève 24 km – Montpellier 42 km

Carte Michelin 339-F7

à Brignac 3 km à l'Est par D4 – ⊠ 34800 – 749 hab. – Alt. 60 m

La Missare

FAMILIAL · PERSONNALISÉ La Missare ("le loir" en languedocien...) allie charme et sérénité : chambres spacieuses, meubles chinés – le maître des lieux est antiquaire –, beau jardin envahi de fleurs, piscine... Un conseil : ne passez pas à côté du petit-déjeuner maison !

4 chambres ⌂ – †75 € ††75 €

9 rte de Clermont – ℰ 04 67 96 07 67 – http://la.missare.free.fr

CLERVAL

⊠ 25340 (Doubs) – 1 054 hab. – Alt. 285 m – Carte régionale n° **17**-C2

▶ Paris 459 km – Besançon 58 km – Delémont 103 km – Neuchâtel 111 km

Carte Michelin 321-I2 – Guide Vert Michelin Franche-Comté Jura

La Bonne Auberge

CUISINE TRADITIONNELLE · CONVIVIAL X Voilà une enseigne qui donne le ton ! Dans cette belle maison en pierre, à la sortie du village à deux pas du Doubs, on savoure de bons petits plats traditionnels ; les préparations sont maîtrisées, les produits de qualité. Et les chambres, d'esprit contemporain, sont parfaites pour passer la nuit...

Formule 12 € – Menu 18 € (dîner en semaine)/40 € – Carte 29/45 €

6 chambres – †75/85 € ††75/85 € – ⌂ 9 €

2 rte de Besançon – ℰ 03 81 97 81 01 – www.hotellabonneauberge.com – Fermé 1 semaine en fév., 1 semaine en juin, 1 semaine en août, 1 semaine en oct., 1 semaine à Noël, sam. midi, dim. soir et vend.

CLÉRY-ST-ANDRÉ

⊠ 45370 (Loiret) – 3 313 hab. – Alt. 94 m – Carte régionale n° **12**-C2

▶ Paris 155 km – Blois 49 km – Chartres 99 km – Orléans 16 km

Carte Michelin 318-H5 – Guide Vert Michelin Châteaux de la Loire

🏠 Villa des Bordes   ☆ 🖼 🅿

TRADITIONNEL · FONCTIONNEL Une demeure du 19ᵉ s. – ancienne institution religieuse – à l'orée du village. Entièrement rénovées en 2014, les chambres arborent un style fonctionnel et des tonalités douces. Cuisine traditionnelle au restaurant. Sachez que l'on peut louer des vélos pour aller se balader au bord de la Loire toute proche...

9 chambres – 🛏65/80 € 🛏🛏80/115 € – 🍽 10 € – ½ P

9 r. des Bordes – 🕿 02 38 46 94 60 – www.villadesbordes.com – Fermé 15-23 fév., 17 oct.-3 nov., 2-25 janv.

CLESSÉ

✉ 71260 (Saône-et-Loire) – 822 hab. – Alt. 240 m – Carte régionale n° **8**-C3
▶ Paris 397 km – Dijon 127 km – Lyon 85 km – Mâcon 15 km
Carte Michelin 320-I11 – Guide Vert Michelin Bourgogne

🍴 Château de Besseuil   🏖 🖼 & 🛇 ⟷ 🅿

CUISINE MODERNE · ÉLÉGANT XX Dans l'une des dépendances du château, ce restaurant met en valeur les produits bourguignons avec une patte moderne et créative – mention spéciale au bœuf charolais et au pigeon ! Les menus sont variés et la carte des vins de la côte mâconnaise est joliment fournie.

Menu 39/129 € 🍷 – Carte 45/75 €

rte de Rousset – 🕿 03 85 36 92 49 – www.chateaudebesseuil.com – Fermé mardi midi , dim. soir et lundi sauf le soir d'avril à oct.

🏠 Château de Besseuil   ☆ 🛇 ≤ 🖼 🛎 🔅 & 🛇 🏊

DOMAINE VITICOLE · DESIGN Une superbe demeure du 16ᵉ s., posée en plein cœur d'un domaine viticole de quatre hectares, où le calme est roi. Dans ce cadre magnifique, on découvre des chambres épurées et colorées, qui raviront notamment les adeptes du design nordiste.

14 chambres – 🛏79/229 € 🛏🛏99/299 € – 6 suites – 🍽 19 € – ½ P

rte de Rousset – 🕿 03 85 36 92 49 – www.chateaudebesseuil.com – Fermé dim. soir , mardi midi et lundi hors saison

🍴 **Château de Besseuil** – voir les restaurants ci-dessus

CLICHY – 92 (Hauts-de-Seine) → voir Autour de Paris

CLIOUSCLAT

✉ 26270 (Drôme) – 651 hab. – Alt. 235 m – Carte régionale n° **44**-B3
▶ Paris 586 km – Montélimar 24 km – Valence 31 km
Carte Michelin 332-C5

😊 La Treille Muscate   🖼 🅿

CUISINE MODERNE · COSY X La terrasse, au cœur du village, dégage le charme de l'authenticité ; la salle voûtée est très cosy... Produits frais, saveurs régionales revisitées par le chef : l'assiette est au diapason. Tout est fait maison et cela se sent !

Menu 31 € – Carte 39/48 €

Le village – 🕿 04 75 63 13 10 – www.latreillemuscate.com – Fermé 6 déc.-12 fév. et lundi

😊 La Fontaine   🖼

CUISINE TRADITIONNELLE · BISTRO X Un bistrot de village vraiment sympathique. Regardez, depuis la salle, on aperçoit le chef s'activer en cuisine autour des bons produits... Et savourez, car ses petits plats du terroir sont alléchants ! Jolie terrasse sur la rue.

Formule 14 € – Menu 21 € (déj. en semaine), 30/39 € – Carte 35/45 €

Le village – 🕿 04 75 63 07 38 – www.lafontaine-cliousclat.fr – Fermé vacances de Noël et de fév., dim. soir et mardi soir de sept. à mi-juin et merc.

La Treille Muscate ⚜ 🅂 ⬅ 🖙 **P**

FAMILIAL · COSY Cette belle bâtisse en pierre est tout imprégnée de douceur provençale : le jardin ouvre sur les vergers alentour, les chambres sont raffinées... La tranquillité avec l'accent du Sud.

11 chambres – 🛏70/160 € 🛏🛏70/160 € – 2 suites – ☲ 12 € – ½ P
Le village – ☏ 04 75 63 13 10 – www.latreillemuscate.com
– Fermé 6 déc.-12 fév.

🍴 **La Treille Muscate** – voir les restaurants ci-dessus

CLISSON

✉ 44190 (Loire-Atlantique) – 6 633 hab. – Alt. 34 m – Carte régionale n° **34**-B2
▶ Paris 396 km – Nantes 31 km – Niort 130 km – Poitiers 151 km
Carte Michelin 316-I5 – Guide Vert Michelin Pays de la Loire

🍴 La Bonne Auberge 🖙 🏠 AC

CUISINE CLASSIQUE · ROMANTIQUE 🗙🗙🗙 Dans cette jolie maison bourgeoise datant de 1850, située non loin de la gare, la tradition est reine ! Avec des produits de qualité, le chef réalise une cuisine bonne et généreuse, qui régale les habitués et tous les gourmands de passage. Une table qui porte bien son nom.

Formule 16 € – Menu 23 € (déj. en semaine), 47/73 € – Carte 68/88 €
1 r. Olivier-de-Clisson – ☏ 02 40 54 01 90
– Fermé 7-31 août, 4-20 janv., dim. soir, merc. soir, lundi et mardi

🏨 Villa Saint-Antoine ⚜ 🅂 ⬅ ⌇ 🔲 🦽 AC 🎏 **P**

BUSINESS · COSY Au cœur de Clisson – cité connue pour son architecture d'inspiration toscane –, cette ancienne filature (18e s.) propose de belles chambres contemporaines rendant hommage à l'art italien. Terrasse au bord de l'eau. Au restaurant, cuisine d'aujourd'hui dans un décor de brasserie.

43 chambres – 🛏92/168 € 🛏🛏92/168 € – ☲ 14 € – ½ P
8 r. St-Antoine – ☏ 02 40 85 46 46 – www.hotel-villa-saint-antoine.com

CLOHARS-FOUESNANT – 29 (Finistère) → voir Bénodet

CLUNY

✉ 71250 (Saône-et-Loire) – 4 712 hab. – Alt. 248 m – Carte régionale n° **8**-C3
▶ Paris 384 km – Mâcon 25 km – Chalon-sur-Saône 49 km – Montceau-les-Mines 44 km
Carte Michelin 320-H11 – Guide Vert Michelin Bourgogne

🍴 Hostellerie d'Héloïse ⬅ 🦽

CUISINE TRADITIONNELLE · RÉTRO 🗙🗙 Cet établissement convivial a été récemment rénové dans des tons clairs et lumineux : une vraie cure de jouvence ! Les Héloïse et Abélard d'aujourd'hui pourront y savourer une cuisine traditionnelle et régionale d'une belle finesse... Et pour l'étape, quelques chambres bien tenues.

Formule 20 € 🍷 – Menu 27/52 € – Carte 34/48 €
13 chambres – 🛏63/82 € 🛏🛏71/82 € – ☲ 10 €
7 rte de Mâcon – ☏ 03 85 59 05 65 – www.hostelleriedheloise.com
– Fermé 27 juin-7 juil., 20 déc.-31 janv., dim. soir, jeudi midi et merc.

🏠 Hostellerie le Potin Gourmand 🆕 ⚜ 🅂 🔲 🦽 🎏 **P**

FAMILIAL · PERSONNALISÉ Sur la Place du Champ de Foire, l'ancienne fabrique de poteries est devenu un hôtel élégant et haut-de-gamme, dont les chambres sont décorées par thème : chalet de montagne, romantisme, ou encore médiéval – l'une des passions du propriétaire. Une étape de choix !

12 chambres – 🛏95/195 € 🛏🛏105/195 € – ☲ 12 € – ½ P
4 pl. du Champ-de-Foire – ☏ 03 85 59 02 06 – www.potingourmand.com
– Fermé janv.

🏨 Hôtel de Bourgogne

FAMILIAL · CLASSIQUE En face de la célèbre abbaye, une maison de caractère où Lamartine avait jadis ses habitudes. Les chambres sont classiques, spacieuses et parfaitement tenues. À cela s'ajoute un accueil fort aimable. En résumé, la bonne adresse de la cité.

14 chambres – ♦89/135 € ♦♦98/135 € – 2 suites – ☐ 11 €

pl. de l'Abbaye – ℰ 03 85 59 00 58 – www.hotel-cluny.com – Fermé 1er déc.-5 fév. et 13-20 fév.

LA CLUSAZ

✉ 74220 (Haute-Savoie) – 1 818 hab. – Alt. 1 040 m – Carte régionale n° **46**-F1
▶ Paris 564 km – Albertville 40 km – Annecy 32 km – Chamonix-Mont-Blanc 60 km
Carte Michelin 328-L5 – Guide Vert Michelin Alpes du Nord

🍽 Le 5

CUISINE MODERNE · ÉLÉGANT XXX Ce restaurant chic, au cœur de la station, propose un grand choix de poissons et de viandes. Aux beaux jours, préférez la terrasse pour déguster langoustines ou turbot sauvage.

Menu 75/115 € – Carte 89/134 €

*Hôtel Au Cœur du Village, 26 Montée du Château – ℰ 04 50 01 50 01
– www.hotel-aucoeurduvillage.fr/fr/restaurant-le-5 – Fermé mi avril-mi juin, mi sept.-mi nov., lundi, mardi et le midi*

🏨 Au Cœur du Village

LUXE · ÉLÉGANT Une harmonieuse variation sur les matières – bois, métal, grès – et les styles – design, alpestre : voici la principale réussite de cet hôtel, peut-être le meilleur de la station. Piscine couverte, hammam, sauna : le luxueux spa 5 Mondes offre les prestations les plus pointues en matière de détente.

37 suites – ♦♦330/920 € – 20 chambres – ☐ 25 € – ½ P

*26 Montée du Château – ℰ 04 50 01 50 01 – www.hotel-aucoeurduvillage.fr
– Fermé mi avril-mi juin et mi sept.-mi nov.*

🍽 **Le 5** – voir les restaurants ci-dessus

🏨 Beauregard

BUSINESS · ALPIN Un grand chalet typique, très confortable, au pied des pistes. Après une journée de ski, on se détend au salon ou dans la vaste piscine intérieure aux larges baies vitrées. Pratique : le restaurant, traditionnel, propose au déjeuner un buffet de hors-d'œuvre et de desserts.

95 chambres – ♦105/355 € ♦♦105/355 € – ☐ 15 € – ½ P

90 sentier du Bossonet – ℰ 04 50 32 68 00 – www.hotel-beauregard.fr

🏨 Les Sapins

TRADITIONNEL · FONCTIONNEL Le charme d'un joli chalet familial surplombant le village... Bois blond et tomettes au salon, accès direct aux pistes : rien ne manque – même pas l'espace bien-être – et l'on se sent bien. Un grand creux ? On se repaît de tartiflettes et de fondues en profitant de la vue sur les pentes enneigées.

24 chambres – ♦70/190 € ♦♦70/190 € – ☐ 13 € – ½ P

105 chemin des Riffroids – ℰ 04 50 63 33 33 – www.clusaz.com – Ouvert 15 juin-10 sept. et 15 déc.-10 avril

🏨 Alp'Hôtel

FAMILIAL · FONCTIONNEL Un imposant chalet au cœur de la station ! Dans les chambres (toutes avec balcon) règne une agréable atmosphère savoyarde. Piscine intérieure avec murs en pierre, hammam et jacuzzi. Un établissement chaleureux !

15 chambres – ♦80/255 € ♦♦80/275 € – ☐ 14 € – ½ P

*192 rte du col des Aravis – ℰ 04 50 02 40 06 – www.clusaz.com
– Ouvert 15 juin-15 sept. et 15 déc.-26 avril*

rte du Col des Aravis 4 km au Sud par D909 – ⊠ 74220 La Clusaz :

🏠 Les Chalets de la Serraz

TRADITIONNEL · COSY Une ancienne ferme, la montagne à perte de vue et des chambres douillettes... Dans le jardin, de charmants chalets abritent les duplex, avec terrasse privative. Et, en prime, un bain finlandais vous attend en extérieur !

10 chambres ⌱ – †150/195 € ††150/195 € – ½ P

3862 rte du Col des Aravis – ℰ 04 50 02 48 29 – www.laserraz.com
– Fermé 10 avril-4 mai et 25 sept.-3 déc.

CLUSES

⊠ 74300 (Haute-Savoie) – 17 525 hab. – Alt. 486 m – Carte régionale n° **46**-F1
▶ Paris 570 km – Annecy 56 km – Chamonix-Mont-Blanc 41 km – Thonon-les-Bains 59 km
Carte Michelin 328-M4 – Guide Vert Michelin Alpes du Nord

🛎 Le St-Vincent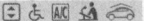

CUISINE MODERNE · À LA MODE XX Le chef de cette auberge moderne compose des plats soignés et précis, tant au niveau des cuissons que des saveurs, construits autour de produits triés sur le volet. Certaines assiettes portent l'empreinte de la cuisine savoyarde – comme le suprême de poulet jaune et jus de mondeuse –, et toutes se révèlent très savoureuses.

Formule 20 € – Menu 30/40 € – Carte 35/50 €

14 r. du Faubourg-St-Vincent, au Sud-Est par rte de Chamonix – ℰ 04 50 96 17 47
– www.le-saint-vincent.com – Fermé 11-24 août, sam. et dim.

🏠 La Ferme du Lac

TRADITIONNEL · SIMPLE Dans un quartier calme, face aux lacs de Thyez, ce chalet cossu et fonctionnel est parfait pour une étape. Bois et équipements high-tech : les chambres sont confortables et propices au repos.

20 chambres – †76/128 € ††99/128 € – ⌱ 13 €

550 av. Louis-Coppel, lacs de Thyez – ℰ 04 50 18 94 00 – www.fermedulac.com
– Fermé août et 1 semaine vacances de Noël

COCURÈS – 48 (Lozère) ➔ voir Florac

COËX – 85 (Vendée) ➔ voir St-Gilles-Croix-de-Vie

COGNAC

⊠ 16100 (Charente) – 18 626 hab. – Alt. 25 m – Carte régionale n° **38**-B3
▶ Paris 478 km – Angoulême 45 km – Bordeaux 120 km – Niort 83 km
Carte Michelin 324-I5 – Guide Vert Michelin Poitou-Charentes

🍴 Les Pigeons Blancs

CUISINE CLASSIQUE · CLASSIQUE XX Séparé du centre-ville par la Charente, un relais de poste du 17e s. dédié à la tradition, tenu par une famille très attachée au lieu. La cuisine se déguste dans un intérieur rustique (poutres, cheminée, pierres apparentes) ou sur la terrasse ouverte sur le jardin fleuri... Délicieux.

Formule 27 € – Menu 38/59 € – Carte 50/83 €

6 chambres – †65/85 € ††75/115 € – ⌱ 13 €

Plan : Y-d – *110 r. Jules-Brisson – ℰ 05 45 82 16 36 – www.pigeons-blancs.com*
– Fermé dim. soir et lundi midi

🍴 Le Bistro de Claude

CUISINE TRADITIONNELLE · BISTRO X Vous ne connaissez pas Claude ? Son bistro est à son image : chaleureux, franc et... gourmand, avec de belles assiettes fort bien mijotées (lotte rôtie à l'espagnole, entrecôte du Limousin à la plancha, etc.). Tout Cognac connaît Claude !

Formule 20 € – Menu 25 € (déj.)/34 € ♀ – Carte 41/70 €

Plan : Y-n – *35 r. Grande – ℰ 05 45 82 60 32 – www.bistro-de-claude.com*
– Fermé 25 juil.-15 août, sam. et dim.

COGNAC

Angoulême (R. d') .... **Y**
Armes (Pl. d') .... **Y**
Bazoin (R. Abel) .... **Y** 6
Bernard Guionnet (Allées) .. **Z** 9
Boucher (R. Cl.) .... **Y** 7

Briand (R. A.) .... **Y**
Canton (R. du) .... **Y** 8
Château (Quai du) .... **Y** 10
Cordeliers (R. des) .... **Y** 11
Corderie (Allées de la) .... **Z** 12
François-1er (R.) .... **Y** 13
Germain (R. H.) .... **Y** 14
Grande Rue .... **Y** 15

Isle d'Or (R. de l') .... **Y** 16
Lusignan (R. de) .... **Y** 20
Magdeleine (R.) .... **Y** 21
Martell (Pl. Ed.) .... **Z** 22
Monnet (Pl. Jean) .... **Z** 23
Palais (R. du) .... **Y** 24
Victor-Hugo (Av.) .... **Y**
14-Juillet (R. du) .... **Z** 26

⑪◯ La Courtine   🏠 ৬ **P**

CUISINE TRADITIONNELLE · RUSTIQUE X Pour s'encanailler sur les rives de la Charente, une ancienne guinguette dans un site préservé... Le décor tout en bois fait remonter le temps, de même que la cuisine simple et traditionnelle, aux prix mesurés. À noter : la jolie terrasse face au ponton.

Formule 19 € – Menu 28 € 🍷 – Carte 30/50 €

Plan : Y-t – *allée Fichon, parc François-1er – 𝒞 05 45 82 34 78*
– www.restaurant-la-courtine.fr – Fermé 24 déc.-10 janv.

🏠 François 1er Ⓝ   🔲 ⬚ ৬ AC ৴A **P**

HISTORIQUE · MODERNE Derrière sa belle façade de style Napoléon III, cet hôtel mythique du centre-ville a réouvert après plusieurs années de travaux. On y trouve de grandes chambres modernes et impeccablement tenues, une réception et un bar élégants et feutrés, une piscine au sous-sol : on voudrait ne jamais repartir !

21 chambres – †109/218 € ††109/345 € – 4 suites – ⏖ 18 €

Plan : Z-a – *3 pl. François-1er – 𝒞 05 45 80 80 80 – www.hotelfrancoispremier.fr*
– Fermé 23 déc.-1er janv.

🏠 Héritage   🏠

TRADITIONNEL · PERSONNALISÉ Des couleurs très flashy, une myriade de styles, plein de contrastes... Cet hôtel particulier du Second Empire (1865) bouscule son héritage avec décalage, jeunesse et chaleur. Cuisine classique au restaurant.

19 chambres – †68 € ††73 € – ⏖ 8 €

Plan : Y-z – *25 r. d'Angoulême – 𝒞 05 45 82 01 26 – www.hheritage.com*
– Fermé 13-29 fév.

au Sud-Est 3 km au Sud-Est, rte d'Angoulême et rte de Rouillac (D5) –
✉ 16100 Châteaubernard :

🏵 Le P'tit Yeuse   ≼ 🏠 🏠 **P**

CUISINE MODERNE · CONVIVIAL X Cette engageante maison bourgeoise laisse le choix entre le gastro et ce bistrot qui propose une cuisine généreuse, d'un excellent rapport qualité-prix. Calamars façon romaine et sauce aïoli, filet de dorade grise snackée et risotto au citron confit, île flottante... Ce P'tit Yeuse a tout d'un grand !

Formule 25 € – Menu 29 €

Hôtel de l'Yeuse, 65 r. de Bellevue, (quartier l'Échassier) – 𝒞 05 45 36 82 60
– www.yeuse.fr – Fermé 20 déc.-1er fév., lundi, sam., dim. et le soir

⑪◯ La Table de l'Yeuse   🏠 🏠 🏠 **P**

FRANÇAISE MODERNE · À LA MODE XX Dans cette jolie demeure bourgeoise dominant la Charente, le chef réalise des préparations précises à partir de produits de qualité, qu'il sélectionne grâce à son réseau de producteurs locaux. Beaucoup d'harmonie et d'élégance : une belle maison.

Menu 45/57 € – Carte 54/67 €

Hôtel de l'Yeuse, 65 r. de Bellevue, (quartier l'Échassier) – 𝒞 05 45 36 82 60
– www.yeuse.fr – Fermé 20 déc.-1er fév., dim. sauf du 14 juil. au 31 août ,
lundi hors saison et le midi

🏠 Domaine de l'Échassier   🏠 🏠 🏠 🔲 ৬ ৴A **P**

TRADITIONNEL · PERSONNALISÉ En périphérie de Cognac, une construction des années 1980, d'esprit classique. Les chambres sont spacieuses et calmes, certaines avec balcon ou terrasse face au joli jardin. Le restaurant gastronomique ouvre lui aussi sur la verdure... pour une cuisine rythmée par les saisons.

26 chambres – †82/130 € ††102/150 € – ⏖ 13 € – ½ P

72 r. de Bellevue, (quartier l'Échassier) – 𝒞 05 45 35 01 09
– www.echassier.com – Fermé 25 oct.-4 nov., 21-30 déc., 22 fév.-4 mars et dim.
d' oct. à avril

🏠 L'Yeuse

LUXE · PERSONNALISÉ Atmosphère romantique en cette gentilhommière du 19ᵉ s. agrandie d'une aile moderne. Mobilier ancien et décor raffiné dans les chambres ; belle collection de cognacs dans le salon : beaucoup de charme !

21 chambres – ♦123/199 € ♦♦123/199 € – 3 suites – ☲ 19 € – ½ P

65 r. de Bellevue, (quartier l'Échassier) – 𝒞 05 45 36 82 60 – www.yeuse.fr – Fermé 20 déc.-1ᵉʳ fév.

🍽 **Le P'tit Yeuse** • 🍽 **La Table de l'Yeuse** – voir les restaurants ci-dessus

COGOLIN

✉ 83310 (Var) – 11 186 hab. – Alt. 20 m – Carte régionale n° **41**-C3
▶ Paris 864 km – Fréjus 33 km – Ste-Maxime 13 km – Toulon 60 km
Carte Michelin 340-O6 – Guide Vert Michelin Côte d'Azur

🍽 La Grange des Agapes

CUISINE TRADITIONNELLE · ÉLÉGANT XX Comme tout véritable passionné, Thierry Barot est au four et au moulin. Non content de proposer une cuisine savoureuse et d'appétissants menus thématiques (tout légumes, provençal, asperges, truffe...), il donne régulièrement des cours de cuisine et il est l'auteur d'un livre de recettes autour du chocolat. Quelles agapes !

Formule 17 € – Menu 28 € (semaine), 34/60 € – Carte 41/60 €

7 r. du 11-Novembre, (pl. de la Mairie) – 𝒞 04 94 54 60 97 – www.grangeagapes.com – Fermé 25 juil.-11 août, 23 déc.-5 janv., dim. et lundi

🍽 Grain de Sel

CUISINE TRADITIONNELLE · BISTRO X Au cœur de Cogolin, un jeune couple dirige ce bistrot de poche qui ne manque pas de sel. Julien est en cuisine – ouverte sur la salle – et réalise de bons plats traditionnels, où la Provence occupe une bonne place ; en salle, Émilie est aussi accueillante qu'efficace. Une agréable adresse !

Formule 23 € – Menu 30 € – Carte 43/54 €

6 r. du 11-Novembre, (derrière la mairie) – 𝒞 04 94 54 46 86 (réservation conseillée) – www.grainsel-cogolin.fr – Fermé vend. midi, dim. et lundi sauf le soir en juil. août

COIRAC

✉ 33540 (Gironde) – 211 hab. – Alt. 100 m – Carte régionale n° **4**-C2
▶ Paris 598 km – Bordeaux 49 km – Langon 20 km – Périgueux 131 km
Carte Michelin 335-J6

😊 Le Flore

CUISINE MODERNE · CONVIVIAL X On sait que les routes françaises cachent de jolies surprises. En voilà une avec cette bonne petite table de campagne. Les gourmands s'y retrouvent autour d'une cuisine du marché savoureuse et généreuse. Les propriétaires sont très accueillants et il y a même une terrasse donnant sur un petit verger !

🍴 Formule 16 € – Menu 18 € (déj. en semaine), 31/35 € – Carte environ 38 €

1 Petit-Champ-du-Bourg – 𝒞 05 56 71 57 47 – www.restaurantleflore.wordpress.com – Fermé mardi soir, merc. soir, dim. soir et lundi

COISE-ST-JEAN-PIED-GAUTHIER

✉ 73800 (Savoie) – 1 185 hab. – Alt. 292 m – Carte régionale n° **46**-F2
▶ Paris 582 km – Albertville 32 km – Chambéry 23 km – Grenoble 55 km
Carte Michelin 333-J4

🏠 Château de la Tour du Puits

CHÂTEAU · PERSONNALISÉ Ce gracieux château rebâti au 18ᵉs. dresse sa tour en poivrière au milieu d'un superbe parc arboré. Chambres décorées avec soin (boutis, mobilier chiné...). Héliport. Fine cuisine actuelle réalisée avec de bons produits ; jolie terrasse sous une tonnelle.

7 chambres – ♦190/330 € ♦♦190/330 € – ☲ 26 € – ½ P

1 km par rte du Puits – 𝒞 04 79 28 88 00 – www.chateaupuit.fr – Ouvert 15 mai-15 sept.

COL BAYARD

✉ 05000 (Hautes-Alpes) – ✉ Gap – Alt. 1 248 m – Carte régionale n° **41**-C1
▶ Paris 658 km – Gap 7 km – La Mure 56 km – Sisteron 60 km
Carte Michelin 334-E5 – Guide Vert Michelin Alpes du Sud

à Laye 2,5 km au Nord par N85 – ✉ 05500 – 245 hab. – Alt. 1 170 m

⁏O La Laiterie du Col Bayard   � 🍽 P

CUISINE TRADITIONNELLE · AUBERGE ⅄ Une étape incontournable pour les
amateurs de fromage ! Associé à une laiterie et à une belle boutique de produits
régionaux, tout près du col Bayard, le restaurant joue la carte de la qualité version affinage : au menu, fondues, raclettes, etc., et un plateau de plus de 60 fromages, la plupart des Alpes bien sûr !
   ⌔ Menu 18/45 € 🍷 – Carte 19/48 €
– ℰ 04 92 50 50 06 – www.laiterie-col-bayard.com – Fermé 11 nov.-20 déc. et
mardi soir, merc. soir et lundi sauf vacances scolaires

COL DE CUREBOURSE – 15 (Cantal) → voir Vic-sur-Cère

COL DE LA CROIX-FRY – 74 (Haute-Savoie) → voir Manigod

COL DE LA MACHINE – 26 (Drôme) → voir St-Jean-en-Royans

COL DE LA SCHLUCHT

(Vosges) – Alt. 1 258 m – Carte régionale n° **27**-D3
▶ Paris 441 km – Colmar 37 km – Épinal 56 km – Gérardmer 16 km
Carte Michelin 314-K4

😊 Le Collet   🍽 P

TERROIR · AUBERGE ⅄⅄ Une "cuisine du terroir relookée", selon les propres mots
du chef, qu'inspirent les choses "vraies", les légumes du potager et les produits
de la ferme. Le goût des bonnes choses, dans un joli décor montagnard.
Formule 18 € – Menu 28/58 € – Carte 36/47 €
*9937 rte de Colmar, (au Collet), 2 km sur rte de Gérardmer – ℰ 03 29 60 09 57
– www.chalethotel-lecollet.com*

🏠 Le Collet   🌲 ⩽ P

TRADITIONNEL · COSY Un beau chalet, au cœur du parc régional des Ballons
des Vosges. Les chambres, très douillettes, fourmillent de détails soignés (tissu
des Vosges brodé, bois, pierre) et les environs… de sapins !
25 chambres – ⋔87 € ⋔⋔97/117 € – 6 suites – � 15 € – ½ P
*9937 rte de Colmar, (au Collet), 2 km sur rte de Gérardmer – ℰ 03 29 60 09 57
– www.chalethotel-lecollet.com*
   🍴 **Le Collet** – voir les restaurants ci-dessus

COLIGNY

✉ 01270 (Ain) – 1 166 hab. – Alt. 298 m – Carte régionale n° **44**-B1
▶ Paris 407 km – Bourg-en-Bresse 24 km – Lons-le-Saunier 39 km – Mâcon 57 km
Carte Michelin 328-F2

😊 Au Petit Relais   🎍 🚗 🍽 P

CUISINE TRADITIONNELLE · COSY ⅄⅄ Ce Petit Relais propose une cuisine particulièrement goûteuse, assez sophistiquée, où se côtoient homard, poissons
nobles, spécialités de la Bresse et vins choisis. La salle à manger est chaleureuse
et l'été, on dresse la terrasse dans la cour intérieure.
Menu 22 € (déj. en semaine), 32/77 € – Carte 48/86 €
*Grande-Rue – ℰ 04 74 30 10 07 (réservation conseillée) – www.aupetitrelais.fr
– Fermé 29 mars-7 avril, 26 sept.-6 oct., 5-8 déc., dim. soir, merc. soir et jeudi soir*

COLLÉGIEN – 77 (Seine-et-Marne) ➜ voir Autour de Paris, (Marne-la-Vallée)

LA COLLE-SUR-LOUP

✉ 06480 (Alpes-Maritimes) – 7 726 hab. – Alt. 90 m – Carte régionale n° **42**-E2

▶ Paris 919 km – Antibes 15 km – Cagnes-sur-Mer 7 km – Cannes 26 km
Carte Michelin 341-D5 – Guide Vert Michelin Côte d'Azur

Alain Llorca

CUISINE MODERNE · ROMANTIQUE XX Ceux qui connaissaient déjà Alain Llorca, en particulier au Moulin de Mougins, ont le plaisir de le retrouver ici chez lui, signant une véritable ode à la cuisine méditerranéenne, revisitée avec finesse et sensibilité. À noter : spécialité de viandes et crustacés rôtis sur le gril. Terrasse panoramique.
➜ Ris de veau croustillant en salade, champignons et foie gras. Homard européen rôti, risotto, artichauts au sautoir et jus au vinaigre de Collioure. Coque chocolat-caramel, glace vanille minute.
Menu 58 € ♈ (déj.), 60/135 € – Carte 95/170 €
Hôtel Alain Llorca, 350 rte de St-Paul – ☎ *04 93 32 02 93 – www.alainllorca.com*

Le Blanc Manger

PROVENÇALE · AUBERGE XX Ce restaurant méridional est l'antre de Brigitte Guignery, une chef passionnée par la cuisine provençale, qui a à cœur de "donner du sens au goût". Sa cuisine porte autant sa marque que celle de la région, avec une réelle sincérité et en toute simplicité. Et le soir, le restaurant devient bar à vins !
Formule 29 € – Menu 37/55 € – Carte 50/64 €
1260 rte de Cagnes – ☎ *04 93 22 51 20 (réservation conseillée)
– www.leblancmanger.fr – Fermé merc. midi, lundi et mardi*

L'Atelier des Saveurs

CUISINE MODERNE · SIMPLE X C'est fort d'une solide expérience que Francis Scordel a créé cet Atelier des Saveurs, où la cuisine reste en effet un artisanat : soucieux de la fraîcheur des produits – au gré du marché et des herbes et fleurs du jardin –, le chef prône le fait maison... et le fait bien.
Formule 18 € – Menu 28/52 € – Carte 45/61 €
51 r. Georges-Clemenceau – ☎ *04 93 59 75 71 (réservation conseillée)
– http://restaurantscordel.com – Fermé 12-27 oct.,16-30 nov.,1er-8 déc., lundi soir et mardi*

Alain Llorca

AUBERGE · PERSONNALISÉ Un "hôtel de chef", idéal pour parfaire l'expérience de la cuisine d'Alain Llorca. Pour décor : un jardin à flanc de colline ; pour horizon : la campagne provençale et le village de St-Paul-de-Vence... Beaux volumes et matériaux de qualité font toute l'élégance des chambres.
10 chambres – ♦175/285 € – ♦♦220/395 € – ⛌ 20 € – ½ P
350 rte de St-Paul – ☎ *04 93 32 02 93 – www.alainllorca.com*
Alain Llorca – voir les restaurants ci-dessus

Marc Hély

FAMILIAL · FONCTIONNEL Cette grande maison, un peu en retrait de la route de Cagnes, offre une vue imprenable sur St-Paul-de-Vence et les monts alentour. Les chambres sont calmes, bien tenues et décorées dans un style provençal parfaitement accordé à cet environnement...
10 chambres – ♦90/100 € – ♦♦90/145 € – ⛌ 12 €
535 rte de Cagnes, 800 m au Sud-Est par D6 – ☎ *04 93 22 64 10
– www.hotel-marc-hely.com – Fermé janv.*

COLLIAS – 30 (Gard) ➜ voir Pont-du-Gard

COLLIOURE

✉ 66190 (Pyrénées-Orientales) – 3 082 hab. – Alt. 2 m – Carte régionale n° **22**-B3
▶ Paris 879 km – Argelès-sur-Mer 7 km – Céret 36 km – Perpignan 30 km
Carte Michelin 344-J7

❀ La Balette   ❀ ≼ 🛱 🅰🅲 🅿

CUISINE MODERNE · COSY XXX Sur la route de Port-Vendres, tous les parfums de
la région catalane se donnent rendez-vous dans les assiettes de ce restaurant
baigné de soleil, qui regarde la belle Collioure les pieds dans l'eau... Respect des
produits, poisson de première fraîcheur, intéressante carte des vins : cette table
sort du lot.
➔ Gambas de Palamos en deux cuissons. Baudroie du pays au jus de tête de
langouste, pomme de terre confite au jus. Figues fraîches glacées au jus de framboise et vinaigre de Banyuls, mousse et sorbet framboise.
Formule 30 € ▾ – Menu 49/105 € – Carte 90/105 €

Plan : B-n – *Hôtel Relais des Trois Mas, rte de Port-Vendres* – ✆ *04 68 82 05 07*
– www.relaisdestroismas.com – Fermé déc., janv., mardi midi, merc. midi et lundi
sauf d'avril à sept.

ⅱ◯ Le Neptune   ≼ 🛱 🅰🅲 🅿

CUISINE MODERNE · MÉDITERRANÉEN XX Exceptionnel ! Face au vieux port, un
lieu magique avec ses terrasses nichées dans la roche, au cœur d'un beau jardin.
Un restaurant ? Plutôt trois ! Selon son envie, on dînera d'une belle cuisine locale,
de plats plus simples d'esprit brasserie, ou – en saison – de jolies spécialités de la
mer (espace lounge).
Menu 39/89 € – Carte 55/97 €

Plan : B-s – *rte de Port-Vendres* – ✆ *04 68 82 02 27*
– www.leneptune-collioure.com – Fermé mardi et merc. hors saison

ⅱ◯ Le 5ème Péché   🅰🅲 ⌀

CUISINE MODERNE X Un chef tokyoïte passionné de mets français et de vins... et
sa petite table du vieux Collioure : quand le Japon rencontre la Catalogne ! Alors
bien sûr, on déguste ici une cuisine fusion, où le poisson ultrafrais est roi.
Formule 19 € – Menu 25 € (déj. en semaine), 39/62 €

Plan : B-y – *16 r. de la Fraternité* – ✆ *04 68 98 09 76 (réservation conseillée)*
– www.le5peche.com – Fermé 2 semaines en fév., janv., dim. et lundi

ⅱ◯ Côté Patio   🛱 ♿

CUISINE MODERNE · BISTRO X Amoureux des beaux produits locaux ? Arrêtez-
vous dans ce sympathique restaurant où vous apprécierez une cuisine du marché
colorée à souhait, à savourer dans une salle en pierres apparentes des plus chaleureuses ou dans le joli patio.
🍴 Formule 15 € – Menu 18 € (déj. en semaine), 28/36 € – Carte 34/48 €
Plan : A-e – *14 r. du Dr-Coût* – ✆ *04 68 82 00 71 – www.cotepatio.fr – Fermé*
12 nov.-11 déc., 6 janv.-20 fév., mardi et merc. d'oct. à juil.

🏨 Relais des Trois Mas   ♤ ❀ ≼ 🛉 🅰🅲 🧖 🅿

HÔTEL DE VACANCES · PERSONNALISÉ De ces mas enchâssés dans la roche, la
vue est imprenable sur la baie de Collioure et Notre-Dame-des-Anges ! Les
chambres s'égayent de tissus catalans ; la terrasse et sa magnifique piscine complètent ce décor paradisiaque.
21 chambres – ♦100/175 € ♦♦160/485 € – 2 suites – ☕ 20 € – ½ P
Plan : B-n – *rte de Port-Vendres* – ✆ *04 68 82 05 07*
– www.relaisdestroismas.com – Fermé déc. et janv.
❀ **La Balette** – voir les restaurants ci-dessus

COLLIOURE

Aire (R. de l') .... **B** 2
Amirauté (Q. de l') .... **B** 3
Arago (R. François) .... **B** 4
Argelès (Rte d') .... **A**
Dagobert (R.) .... **B** 7
Démocratie (R. de la) .... **B** 8
Égalité (R. de l') .... **B** 9
Ferry (R. Jules) .... **AB** 13

Galère (R. de la) .... **A**
Gaulle (Av. du Gén.) .... **B**
Jean-Jaurès
  (Pl.) .... **B** 14
Lamartine (R.) .... **B** 15
Leclerc (Pl. Gén.) .... **B** 17
Maillol (Av. Aristide) .... **A**
Mailly (R.) .... **B** 19
Michelet (R. Jules) .... **A** 20
Miradou (Av. du) .... **A** 23
Pasteur (R.) .... **B**

Pla de Las Fourques
  (R. du) .... **A**
République (R. de la) .... **AB**
Rolland (R. Romain) .... **A**
Rousseau (R. J.-J.) .... **AB** 29
St-Vincent (R.) .... **B** 30
Soleil (R. du) .... **B** 33
La Tour d'Auvergne (R. de) .. **B** 16
Vauban (R.) .... **B** 34
8 Mai 1945 (Pl. du) .... **B** 35
18-Juin (Pl. du) .... **B** 40

→ : Sens unique en été

🏠 Casa Païral ♨ ⌧ AC P

VILLA · PERSONNALISÉ Une jolie demeure catalane du 19ᵉ s. avec son traditionnel patio à l'andalouse, son jardin planté de magnolias et d'essences méditerranéennes... Les chambres, plutôt sobres, sont néanmoins très soignées. Du caractère et un vrai parfum de vacances !

27 chambres – †95/299 € – ††95/299 € – ☲ 16 €

Plan : A-b – *imp. des Palmiers* – ☎ 04 68 82 05 81 – www.hotel-casa-pairal.com
– *Ouvert 12 fév.-31 oct.*

🏠 Madeloc ♨ ⌧ AC ☕

FAMILIAL · FONCTIONNEL Sur les hauteurs de la ville, dans un quartier résidentiel, un hôtel pratique et frais, avec des chambres agréables (certaines avec terrasse), un jacuzzi, une piscine panoramique et même un jardin à flanc de colline.

25 chambres – †59/195 € – ††81/280 € – ☲ 12 €

Plan : A-e – *24 r. Romain-Rolland* – ☎ 04 68 82 07 56 – www.madeloc.com
– *Ouvert début fév.-11 nov.*

🏠 Méditerranée ♨ AC ☕

FAMILIAL · FONCTIONNEL Pratique ! Un petit hôtel coquet, datant des années
1970, proposant des chambres simples et très propres, toutes avec balcon ou
petite terrasse. Pour le farniente, on profite du solarium et du jardin en terrasses.

23 chambres – †88/130 € – ††88/130 € – ☲ 10 €

Plan : A-h – *av. A.-Maillol* – ☎ 04 68 82 08 60 – www.mediterranee-hotel.com
– *Ouvert avril-nov.*

COLLOBRIERES

✉ 83610 (Var) – 1 854 hab. – Alt. 154 m – Carte régionale n° **41**-C3
▶ Paris 862 km – Marseille 108 km – Toulon 44 km
Carte Michelin 340-M6 – Guide Vert Michelin Côte d'Azur

Notre Dame

AUBERGE · MODERNE Au cœur du massif des Maures, on atteint le village par de jolies petites routes bordées de vignobles. La demeure (18ᵉ s.) n'est pas moins charmante ; elle revit sous l'égide de propriétaires passionnés (elle ancienne styliste de mode, lui ancien vigneron), qui en ont fait un vrai cocon, coloré et attachant...

16 chambres – †89/98 € ††98/195 € – ☑ 12 €

15 av. de la Libération – ℰ 04 94 48 07 13 – www.hotel-collobrieres.com – Fermé 1ᵉʳ déc.-1ᵉʳ mars

COLLONGES-AU-MONT-D'OR – 69 (Rhône) → voir Lyon

COLLONGES-LA-ROUGE

✉ 19500 (Corrèze) – 480 hab. – Alt. 230 m – Carte régionale n° **25**-C3
▶ Paris 505 km – Brive-la-Gaillarde 21 km – Cahors 105 km – Figeac 75 km
Carte Michelin 329-K5 – Guide Vert Michelin Périgord Quercy

Relais St-Jacques de Compostelle

CUISINE TRADITIONNELLE · CONVIVIAL ✗ Dans cette bâtisse du 15ᵉ s., ancienne étape pour les pèlerins sur la route de Compostelle, on fait le plein de saveurs en découvrant les bons produits du terroir local – entre Dordogne, Corrèze et Lot – et l'on peut aussi profiter de l'une des jolies chambres pour passer la nuit.

Formule 22 € – Menu 26/37 € – Carte 35/52 €

10 chambres – †60/70 € ††65/95 € – ☑ 9 €

– ℰ 05 55 25 41 02 – www.hotel-stjacques.com – Fermé de mi-nov. à mi-mars et merc.

© FoodCollection/Photononstop

ON AIME...

Le Frichti's, pour déguster une cuisine fine et créative en terrasse... sur le toit ! **La Maison des Têtes**, une belle demeure historique aménagée en brasserie. **La Palette**, à Wettolsheim, sa cuisine de tradition et son cadre élégant. **Le Quatorze**, un hôtel design et confortable. **L'Épicurien**, un bistrot attachant pour ses recettes canailles et son bon vin...

COLMAR

✉ 68000 (Haut-Rhin) – 67 257 hab. – Agglo. 91 950 hab. – Alt. 194 m
– Carte régionale n° **2**-C2
▶ Paris 450 km – Basel 68 km – Freiburg-im-Breisgau 51 km – Nancy 140 km
Carte Michelin 315-I8 – Guide Vert Michelin Alsace Vosges

Restaurants

ఓ ఓ **JY'S** (Jean-Yves Schillinger)   ఓ 🍴 AC

CRÉATIVE · DESIGN XX JY'S pour Jean-Yves Schillinger ! Dans cette jolie maison de 1750 à la façade en trompe-l'œil se cache l'adresse branchée de Colmar, où officie ce chef inventif et bouillonnant d'idées. Décor ultracontemporain signé Olivier Gagnère. Aux beaux jours, on profite de la terrasse au bord de la Lauch.
➜ Esturgeon fumé et mariné, crème de vodka au citron vert, caviar Alverta. Omble chevalier cuit à basse température, croustilles de pommes de terre soufflées, grenobloise, sauce bagna cauda. Le dessert 100% chocolat.
Menu 42 € (déj. en semaine), 62/88 € – Carte 78/100 €
Plan : BZ-g – *17 r. de la Poissonnerie*
– ✆ *03 89 21 53 60 – www.jean-yves-schillinger.com*
– *Fermé 7-25 fév., dim. et lundi*

ఓ **L'Atelier du Peintre** (Loïc Lefebvre)   🍴 ✍

CUISINE MODERNE · À LA MODE XX Dans cet Atelier élégant, où les murs s'égayent de nombreux tableaux, le chef, Loïc Lefebvre, brosse un portrait convaincant de la gastronomie française actuelle. Une jolie palette de saveurs contemporaines !
➜ Carpaccio de bœuf et foie gras en cannelloni, pissalat d'oignons et moutarde de roquette. Carré d'agneau rôti, haricots à la tome de brebis et truffe d'été. Croustillant de fraises gariguette, crème citron et sorbet arlequin.
Formule 25 € – Menu 30 € (déj.), 45/80 € – Carte 75/80 €
Plan : BZ-v – *1 r. Schongauer*
– ✆ *03 89 29 51 57 – www.atelier-peintre.fr*
– *Fermé 3 semaines en août, 2 semaines en fév., mardi midi, dim. et lundi sauf déc.*

🏵 **Côté Cour**   🎐 AC 🔄

CUISINE TRADITIONNELLE · À LA MODE XX Au cœur de la vieille ville, on entre dans cette maison précisément... côté cour. Une vaste salle à manger au décor soigné, un service dynamique, de la convivialité et de belles saveurs : quenelle de brochet, écrevisses et fondue de poireaux, sauce nantua ; volaille fermière au vin jaune et morilles, etc. Un bon moment !

Formule 27 € – Menu 31 € – Carte 29/47 €

Plan : BY-g – 1 r. St-Martin, (pl. de la Cathédrale) – ✆ 03 89 21 19 18
– www.cotecour-cotefour.fr – Fermé vacances de fév. et dim. soir

🍴○ **Rendez-vous de Chasse**   ♿ AC 🅿

CUISINE MODERNE · CLASSIQUE XxX Dans un hôtel quasi-centenaire, à l'atmosphère Belle Époque, une table avec un certain cachet (poutres apparentes, cheminée). Le chef s'inspire principalement de la tradition – et des produits – de la région ; le service est convivial.

Formule 39 € – Menu 60 € – Carte 65/95 €

Plan : AZ-g – Grand Hôtel Bristol, 7 pl. de la Gare – ✆ 03 89 23 15 86
– www.grand-hotel-bristol.com – Fermé mardi et merc.

🍴○ **A l'Échevin**   🎐 AC 🔄

CUISINE CLASSIQUE · ROMANTIQUE XxX Cet Échevin – du nom des anciens magistrats municipaux – comblera les amateurs de classicisme. Langoustines marinées au gingembre et citronnelle, bouillon aux champignons ; matelote de poisson d'eau douce au riesling ; fleischnaka de ris de veau aux cèpes... À déguster, l'été, sur la terrasse au bord de l'eau !

Formule 19 € – Menu 29 € (déj. en semaine), 35/79 € – Carte 41/65 €

Plan : BZ-b – Hostellerie Le Maréchal, 4 pl. des Six-Montagnes-Noires
– ✆ 03 89 41 60 32 – www.le-marechal.com – Fermé mardi midi et merc. midi de janv. à mars

🍴○ **Aux Trois Poissons**   ♿ AC

POISSONS ET FRUITS DE MER · CONVIVIAL XX Cette belle maison à colombages (16ᵉ s.) de la "Petite Venise" est toujours fidèle au poste : une bonne nouvelle, car l'on ne voudrait pas se priver de son ambiance chaleureuse et de sa cuisine gourmande aux airs de... pêche miraculeuse ! Huîtres de Marennes-Oléron, sole, dorade, quenelles de brochet, etc.

Menu 25/55 € – Carte 34/68 €

Plan : CZ-t – 15 quai de la Poissonnerie – ✆ 03 89 41 25 21
– www.aux-trois-poissons.fr – Fermé 2 semaines en août, dim. et lundi

🍴○ **Le Théâtre**   ♿ AC

CUISINE CLASSIQUE · BRANCHÉ XX Face au théâtre, ce restaurant animé a été repris il y a quelques années par M. Staub (les cocottes...). Le lieu s'inspire des bistrots à l'ancienne et joue la carte de la tradition, avec de nombreux objets chinés et autres vieilles affiches publicitaires. Et dans l'assiette, les saveurs ne font pas dans la figuration !

Carte 30/50 €

Plan : BY-a – 1 r. des Bains – ✆ 03 89 29 29 29 – www.restaurantletheatre.net

🍴○ **Le Frichti's** Ⓝ   🎐 ♿

CUISINE MODERNE · COSY XX Le jeune chef, Logan Laug, a baigné dans la restauration depuis sa plus tendre enfance : ses parents sont à la tête d'une auberge à Gérardmer. En 2010, il a repris les rênes de cette maison quadricentenaire ; un parfait écrin pour sa cuisine, intelligente, inspirée et pleine de saveurs. Une adresse qui va droit au cœur !

🍴 Menu 17 € (déj. en semaine), 41/75 € – Carte 58/75 €

Plan : BZ-a – 21 quai de la Poissonnerie – ✆ 03 90 50 58 90
– www.restaurant-frichtis.com – Fermé 4-27 janv., lundi et mardi

COLMAR

Agen (R. d') .... **BY**
Alsace (Av. d') .... **CYZ**
Ancienne Douane (Pl. de l') .... **CZ** 2
Augustins (R. des) .... **BZ** 3
Bagatelle (R. de la) .... **AY**
Bains (R. des) .... **BY** 5
Bâle (Route de) .... **CZ**
Bartholdi (R.) .... **BCZ**
Blés (R. des) .... **BZ** 9
Boulangers (R. des) .... **BY** 12
Brasseries (R. des) .... **CY** 13
Bruat (R.) .... **BZ** 14
Cathédrale (Pl. de la) .... **BY** 17
Cavalerie (R. de la) .... **BCY**
Champ-de-Mars (Bd du) .... **BYZ** 18
Chauffour (R.) .... **BZ** 20
Clefs (R. des) .... **BCY**
Clemenceau (Av. Georges) ...... **BCZ**
Écoles (R. des) .... **BZ** 22
Est (R. de l') .... **CYZ**
Fleischhauer (R.) .... **BCY**
Fleurent (R. J.-B.) .... **BY** 24
Fleurs (R. des) .... **CZ**
Florimont (R. du) .... **AY** 25
Foch (Av.) .... **BZ**
Fribourg (Av. de) .... **CZ**
Gare (Pl. et R. de la) .... **AZ**
Gaulle (Av. Gén.-de) .... **ABYZ**
Golbéry (R.) .... **BY**
Grad (R. Charles) .... **AY**
Grand'Rue .... **BCZ** 31
Grenouillère (R. de la) .... **CYZ** 32
Herse (R. de la) .... **BZ** 33
Ingersheim (Rte d') .... **ABY**
Jeanne d'Arc (Pl.) .... **CY**
Joffre (Av.) .... **BZ**
Kléber (R.) .... **BY** 35
Ladhof (R. du) .... **CY** 36
Lasch (R. Georges) .... **AZ** 37
Lattre-de-Tassigny (Av. J. de) ... **ABY** 43
Leclerc (Bd du Gén.) .... **BZ** 45
Liberté (Av. de la) .... **AY**
Logelbach (R. du) .... **AY**
Manège (R. du) .... **BYZ** 49
Marchands (R. des) .... **BYZ** 50
Marché-aux-Fruits (Pl. du) ...... **BZ** 51
Marne (Av. de la) .... **BZ**
Messimy (R.) .... **ABZ** 52
Molly (R. Berthe) .... **BYZ** 54
Mouton (R. du) .... **CY** 57
Mulhouse (R.) .... **AZ**
Neuf-Brisach (Rte de) .... **CY**
Nord (R. du) .... **BCY**
Poincaré (Av. Raymond) .... **ABZ**
Poissonnerie (R. et Q. de la) .... **BCZ** 62
Preiss (R. Jacques) .... **ABZ** 63
Rapp (Pl.) .... **BZ**
Rapp (R.) .... **BCY**
Reims (R. de) .... **BZ** 65
République (Av. de la) .... **ABZ**
Ribeauvillé (R. de) .... **BY** 67
Roesselman (R.) .... **BY** 69
Rouffach (Rte de) .... **AZ**
St-Jean (R.) .... **BZ** 71
St-Joseph (Pl. et R.) .... **AY**
St-Josse (R.) .... **CZ**
St-Léon (R.) .... **AY**
St-Nicolas (R.) .... **BY** 73
St-Pierre (Bd et Pont) .... **BCZ**
Schlumberger (R. Camille) ...... **ABZ**
Schwendi (R.) .... **CZ**
Sélestat (Rte de) .... **CY**
Semm (R. de la) .... **AY**
Serruriers (R. des) .... **BY** 75
Sinn (Quai de la) .... **BY** 77
Six-Montagnes-Noires (Pl. des) .. **BZ** 79
Stanislas (R.) .... **BY**
Tanneurs (R. des) .... **CZ** 82
Têtes (R. des) .... **BY** 83
Thann (R. de) .... **CY**
Tir (R. du) .... **AZ**
Turckheim (R. de) .... **AY**
Turenne (R.) .... **BCZ**
Unterlinden (Pl. d') .... **BY** 85
Val St-Grégoire (R. du) .... **AY**
Vauban (R.) .... **CY**
Voltaire (R.) .... **ABZ**
Weinemer (R.) .... **BZ** 86
1ère Armée Française (R. de la) .. **BY**
2 Février (Pl. du) .... **CY** 87
5e Division-Blindée (R. de la) .... **BY** 95
18 Novembre (Pl. du) .... **BY** 97

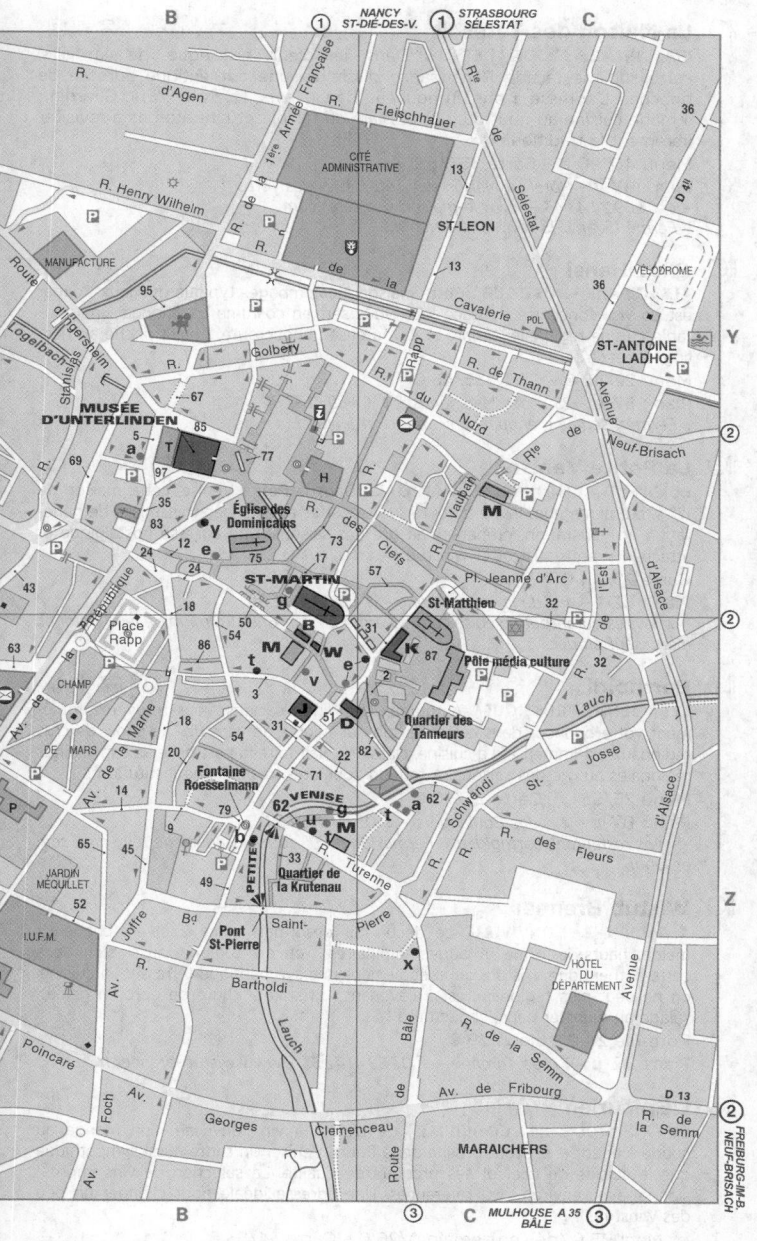

‖○ La Maison des Têtes

CUISINE CLASSIQUE · RÉTRO XX Dans le cœur historique de la ville, cette sublime façade Renaissance dissimule une authentique adresse de bouche ! L'adresse a pris un nouveau départ avec l'arrivée d'Éric Girardin ; il marie cuisine au goût du jour et plats du terroir, et n'hésite pas à revisiter librement la tradition.

Menu 40/90 € – Carte 35/75 €

Plan : BY-y – *Hôtel La Maison des Têtes, 19 r. des Têtes*
– *℘ 03 89 24 43 43 – www.la-maison-des-tetes.com*
– *Fermé 15 janv.-15 fév., dim. et lundi*

‖○ Chez Hansi

ALSACIENNE · RUSTIQUE X Cette maison à colombages typique du vieux Colmar est un vrai concentré d'Alsace ! On vous sert en costume traditionnel une véritable cuisine régionale, simple et savoureuse : choucroute, poulet poché au riesling, spaetzle...

Menu 22/42 € – Carte 35/45 €

Plan : BZ-e – *23 r. des Marchands – ℘ 03 89 41 37 84*
– *Fermé 1 semaine en juin, janv., merc. et jeudi*

‖○ La Petite Venise

CUISINE TRADITIONNELLE · FAMILIAL X Dans la Petite Venise, cette maison du 17e s. du même nom invite à goûter des recettes alsaciennes transmises de génération en génération, préparées au gré des saisons. Une adresse nostalgique et attachante, entre bistrot et winstub.

Carte 28/44 €

Plan : BZ-t – *4 r. de la Poissonnerie – ℘ 03 89 41 72 59*
– *www.restaurantpetitevenise.com – Fermé 24 juin-8 juil., dim. midi, jeudi midi et merc. sauf en déc.*

‖○ Bartholdi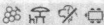

ALSACIENNE · RUSTIQUE X Amoureux des vins alsaciens, vous trouverez forcément votre bonheur dans cette maison aux allures de winstub : le choix de crus régionaux est immense. La cuisine, classique, sait faire la part belle aux spécialités régionales au gré des saisons. Attention vous êtes ici dans une institution !

Menu 25/55 € – Carte 25/70 €

Plan : BY-e – *2 r. des Boulangers – ℘ 03 89 41 07 74*
– *www.restaurant-bartholdi.fr – Fermé 18 juil.-1er août, vacances de fév., dim. soir et lundi*

‖○ Wistub Brenner

ALSACIENNE · CONVIVIAL X Le décor fait désormais place à divers chapeaux melon, hauts-de-forme et autres luminaires ; on est toujours aussi bien dans cette authentique Wistub, qui a également une sympathique terrasse. La cuisine, on ne peut plus régionale, est à l'avenant : presskopf (hure de porc en gelée), salade au munster pané, choucroute !

Formule 24 € – Menu 29 €

Plan : BZ-u – *1 r. de Turenne – ℘ 03 89 41 42 33 – www.wistub-brenner.fr*

‖○ L'Épicurien

CUISINE MODERNE · CONVIVIAL X Ce bistrot à vin convivial – on mange au coude à coude – est tout proche de la Petite Venise. Un cadre aussi sympathique que la cuisine du chef et ses produits de qualité. La sélection de vins impressionne, avec environ 200 références. Une adresse idéale pour changer un peu des winstubs !

⊛ Menu 15 € (déj. en semaine)/26 € – Carte 34/53 €

Plan : CZ-a – *11 r. Wickram – ℘ 03 89 41 14 50 (réservation conseillée)*
– *www.epicurien-colmar.com – Fermé 6-28 juin, 23 déc.-3 janv. , dim. et lundi*

Hôtels

La Maison des Têtes

TRADITIONNEL · CLASSIQUE À l'attrait historique de cette superbe demeure bâtie au 17ᵉ s. sur les vestiges du mur d'enceinte de Colmar, s'ajoute le raffinement d'un élégant décor... et la venue du couple Girardin, qui a laissé La Casserole à Strasbourg. Où l'on appréciera la quiétude de la ravissante cour intérieure...
21 chambres – †195/240 € ††310/365 € – ☐ 25 €
Plan : BY-y – *19 r. des Têtes* – ℰ *03 89 24 43 43* – *www.la-maison-des-tetes.com*
– *Fermé 15 janv.-15 mars*
†◯ **La Maison des Têtes** – voir les restaurants ci-dessus

Grand Hôtel Bristol

TRADITIONNEL · CLASSIQUE Face à la gare de Colmar, cet immeuble Belle Époque est fort engageant. Beaucoup de confort dans les chambres, contemporaines ou plus classiques, et de beaux espaces, que ce soit pour les séminaires ou la détente. Deux options à l'heure des repas : restaurant gastronomique ou auberge alsacienne.
91 chambres – †150/320 € ††150/320 € – ☐ 17 € – ½ P
Plan : AZ-g – *7 pl. de la Gare* – ℰ *03 89 23 59 59* – *www.grand-hotel-bristol.com*
†◯ **Rendez-vous de Chasse** – voir les restaurants ci-dessus

Le Colombier

URBAIN · DESIGN Qui pourrait croire que cette bâtisse régionale du 15ᵉ s., pleine de charme avec son escalier Renaissance et son patio, dissimule... pareille modernité ? L'intérieur a été entièrement repensé par un designer italien et c'est une réussite.
40 chambres – †109/275 € ††109/275 € – 1 suite – ☐ 13 €
Plan : BZ-u – *7 r. de Turenne* – ℰ *03 89 23 96 00* – *www.hotel-le-colombier.fr*

Hostellerie Le Maréchal

TRADITIONNEL · COSY Les chambres de ces maisons de la Petite Venise sont garnies de meubles de style (Louis XV, Louis XVI) et répondent aux noms évocateurs de Lully, Mozart, Bizet... Quant au petit-déjeuner, copieux à souhait, il ne joue pas les arlésiennes. Et le personnel se montre très à l'écoute des clients !
30 chambres – †95/155 € ††115/275 € – ☐ 17 € – ½ P
Plan : BZ-b – *4 pl. des Six-Montagnes-Noires* – ℰ *03 89 41 60 32*
– *www.le-marechal.com*
†◯ **A l'Échevin** – voir les restaurants ci-dessus

St-Martin

FAMILIAL · PERSONNALISÉ Dans le quartier historique, ces quatre maisons des 14ᵉ et 17ᵉ s. s'ordonnent autour d'une cour intérieure avec tourelle et escalier à vis Renaissance. Les chambres, toutes différentes, ont le charme un peu rétro du style alsacien. Pittoresque... et idéalement situé pour découvrir la vieille ville !
40 chambres – †95/130 € ††105/170 € – ☐ 12 €
Plan : BCZ-e – *38 Grand'Rue* – ℰ *03 89 24 11 51* – *www.hotel-saint-martin.com*
– *Fermé 23-26 déc. et 1ᵉʳ janv.-18 mars*

Quatorze

URBAIN · PERSONNALISÉ Un boutique-hôtel urbain et contemporain, en plein cœur de la vieille ville. Le mari de la propriétaire est designer ; il a entièrement transformé le bâtiment – qui accueillait une pharmacie – en privilégiant les dégradés de blanc et de gris, allant même jusqu'à dessiner le mobilier. Produits bio au petit-déjeuner !
14 chambres – †110/125 € ††140/280 € – ☐ 18 €
Plan : BY-t – *14 r. des Augustins* – ℰ *03 89 20 45 20* – *www.hotelquatorze.com*

Turenne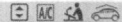

BUSINESS · FONCTIONNEL Architecture d'inspiration régionale, chambres fonctionnelles, copieux buffet au petit-déjeuner et prix sages : une adresse pratique à deux pas de la Petite Venise.

56 chambres – †75/130 € ††79/140 € – ☲ 10 €

Plan : CZ-x – *10 rte de Bâle* – *☎ 03 89 21 58 58* – *www.turenne.com*

à Horbourg 4 km à l'Est par rte de Neuf-Brisach – ⊠ 68180 Horbourg Wihr
– 5 243 hab. – Alt. 188 m

L'Europe

BUSINESS · FONCTIONNEL Cet imposant hôtel de style néo-alsacien, un peu en dehors de la ville, propose des chambres très confortables. Mention spéciale pour les deux belles suites, plus design. Tout est parfaitement conçu pour l'organisation de séminaires mais les loisirs ne sont pas en reste : piscine, restaurant et brasserie, etc.

116 chambres – †79/165 € ††79/165 € – 4 suites – ☲ 15 € – ½ P

15 rte de Neuf-Brisach – *☎ 03 89 20 54 00* – *www.hotel-europe-colmar.com*
– Fermé 2-20 janv.

à Wettolsheim 4,5 km à l'Ouest par D417 et D1bis II – ⊠ 68920
– 1 682 hab. – Alt. 220 m

‖○ La Palette

CUISINE MODERNE · À LA MODE XX Le chef a beau être savoyard, on déguste ici une belle cuisine traditionnelle alsacienne qui ne dédaigne pas les clins d'œil à la modernité. La carte des vins est très complète et met à l'honneur les vignerons du village. Chambres claires et fraîches pour l'étape. Une bonne adresse.

Formule 19 € – Menu 24 € (déj. en semaine), 29/69 € – Carte 45/60 €
16 chambres – †84/145 € ††84/145 € – ☲ 11 €

9 r. Herzog – *☎ 03 89 80 79 14* – *www.lapalette.fr* – *Fermé 15-21 fév., 24-30 oct., dim. soir et lundi*

à Ingersheim 4 km au Nord-Ouest – ⊠ 68040 – 4 621 hab. – Alt. 220 m

La Taverne Alsacienne

CUISINE TRADITIONNELLE · AUBERGE XX Dirigée par la famille Guggenbuhl depuis 1964, cette taverne à la façade rouge typique mérite amplement sa réputation. Même ceux qui ne connaissent rien à la cuisine alsacienne seront conquis par sa divine choucroute traditionnelle (entre autres délices) ; le tout accompagné de beaux vins d'Alsace !

⊜ Formule 13 € – Menu 18 € (déj. en semaine), 22/56 € – Carte 40/67 €
99 r. de la République – *☎ 03 89 27 08 41*
– www.tavernealsacienne-familleguggenbuhl.com
– Fermé 24 juil.-16 août, 27 déc.-12 janv., jeudi soir, dim. soir et lundi

---

LA COLMIANE

⊠ 06420 (Alpes-Maritimes) – ⊠ Valdeblore – Alt. 1 500 m – Carte régionale n° **41**-D2
■ Paris 844 km – Marseille 244 km – Monaco 86 km – Nice 72 km
Carte Michelin 341-E3 – Guide Vert Michelin Côte d'Azur

Le Green

HÔTEL DE VACANCES · PERSONNALISÉ Dans l'arrière-pays niçois, à l'orée du Mercantour, se cache cet écolodge qui sort – littéralement – des sentiers battus. Ici, on est "green" à tous les niveaux : déco en bois récupéré, nature omniprésente, menu bio au restaurant. Toute une expérience !

6 chambres – †100/140 € ††100/140 € – ☲ 15 €

rte du Télésiège – *☎ 04 93 03 00 00* – *www.greenecolodge.com*

COLOMBES – 92 (Hauts-de-Seine) → voir Autour de Paris

COLOMBEY-LES-DEUX-ÉGLISES

✉ 52330 (Haute-Marne) – 663 hab. – Alt. 353 m – Carte régionale n° **14**-C3

▶ Paris 248 km – Bar-sur-Aube 16 km – Châtillon-sur-Seine 63 km – Chaumont 26 km

Carte Michelin 313-J4 – Guide Vert Michelin Champagne Ardenne

❀ **Hostellerie la Montagne** (Jean-Baptiste Natali)

CRÉATIVE · ÉLÉGANT XXX Dans ce paisible village cher à de Gaulle, les beaux produits de nos terroirs... mais surtout un savoir-faire sans nostalgie, car la cuisine est ici affaire d'invention. La gastronomie française à l'heure contemporaine – et de même pour le décor !

→ Cèpes rôtis au lard de Colonnata, émulsion de parmesan. Pigeonneau rôti, salsifis, poires et purée de noix. Compotée de cerises de notre verger, sorbet griotte, grué de cacao.

Menu 28/88 € – Carte 80/105 €

10 r. Pisseloup – ✆ 03 25 01 51 69 – www.hostellerielamontagne.com – Fermé 19-27 déc., 4 janv.-3 fév., lundi et mardi

🍴 **À La Table du Général**

CUISINE TRADITIONNELLE · BISTRO X Envie de déguster les plats préférés du général de Gaulle ? Poussez donc la porte de ce petit bistrot qui fait de la résistance pour proposer, intactes, les bonnes recettes de la tradition (blanquette de veau et daube de bœuf étaient les chouchous du grand homme). Un endroit sympathique où les prix le sont tout autant.

Formule 16 € – Menu 20 €

57 r. du Général-de-Gaulle – ✆ 03 25 01 51 69 – Ouvert 1ᵉʳ avril-30 nov., fermé lundi et mardi hors saison et le soir

🏨 **Hostellerie la Montagne**

LUXE · PERSONNALISÉ Jardin et verger, décor à l'ancienne plein d'élégance (mobilier en chêne, cheminées, salles de bains rétro...). Non loin du cimetière où repose le général de Gaulle, cette demeure en pierre cultive joliment les charmes de la France éternelle.

8 chambres – ♦120/170 € ♦♦120/170 € – 1 suite – ☲ 14 €

10 r. Pisseloup – ✆ 03 25 01 51 69 – www.hostellerielamontagne.com – Fermé 4 janv.-3 fév., lundi et mardi

❀ **Hostellerie la Montagne** – voir les restaurants ci-dessus

COLOMBIERS

✉ 34440 (Hérault) – 2 337 hab. – Alt. 25 m – Carte régionale n° **22**-B2

▶ Paris 779 km – Béziers 10 km – Montpellier 78 km – Narbonne 23 km

Carte Michelin 339-D9 – Guide Vert Michelin Languedoc Roussillon

🍴 **Au Lavoir**

MÉDITERRANÉENNE · ÉLÉGANT XX Voisine du canal du Midi, cette belle maison jaune semble rayonner, particulièrement quand le soleil baigne son jardin verdoyant (avec terrasse). Pleinement inspirée par la Méditerranée, la cuisine fait la part belle au produit et embaume les parfums du Sud. N'hésitez pas à réserver l'une des élégantes chambres de l'étage.

Formule 23 € – Menu 30/85 € 🍷 – Carte environ 44 €

4 chambres ☲ – ♦100/150 € ♦♦100/150 €

r. du Lavoir – ✆ 04 67 26 16 15 – www.au-lavoir.com

COLOMIERS – 31 (Haute-Garonne) → voir Toulouse

COLROY-LA-ROCHE

✉ 67420 (Bas-Rhin) – 486 hab. – Alt. 475 m – Carte régionale n° **1**-A2

▶ Paris 412 km – Lunéville 70 km – St-Dié 33 km – Sélestat 31 km

Carte Michelin 315-H6

⅋○ Hostellerie La Cheneaudière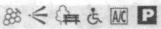

CUISINE MODERNE · ÉLÉGANT XXX Dans cet établissement élégant, les salles à manger affichent clairement un style cossu. La carte, courte et raffinée, fait d'alléchantes propositions : variations autour du foie gras, fricassée de homard, pigeon de ferme rôti et farci...

Menu 100 € – Carte 80/115 €

3 r. du Vieux-Moulin – 𝒞 03 88 97 61 64 – www.cheneaudiere.com – Fermé le midi sauf week-ends et fériés

Hostellerie La Cheneaudière

LUXE · ÉLÉGANT À flanc de colline, cette imposante demeure d'esprit traditionnel se révèle chic et accueillante. Que ce soit dans les chambres spacieuses aux teintes apaisantes ou dans le superbe spa (2000 m2) sur le thème de la nature, on ressent comme un sentiment d'exclusivité...

32 chambres – ✝185/1000 € ✝✝185/1000 € – 6 suites – � 25 € – ½ P

3 r. du Vieux-Moulin – 𝒞 03 88 97 61 64 – www.cheneaudiere.com

⅋○ **Hostellerie La Cheneaudière** – voir les restaurants ci-dessus

COLY – 24 (Dordogne) → voir Lardin-St-Lazare

LA COMBE – 73 (Savoie) → voir Aiguebelette-le-Lac

COMBEAUFONTAINE

✉ 70120 (Haute-Saône) – 548 hab. – Alt. 259 m – Carte régionale n° **16**-B1
▶ Paris 336 km – Besançon 72 km – Épinal 83 km – Gray 40 km
Carte Michelin 314-D6

⊛ Le Balcon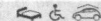

CUISINE TRADITIONNELLE · AUBERGE XX Digne héritier de son père, le jeune chef, Jean-Philippe Gauthier, perpétue la tradition de cette belle maison, avec ses incontournables – terrine de volaille campagnarde, sandre rôti sur la peau, ou encore le fameux poulet au vin jaune –, que l'on savoure dans une salle alliant caractère et authenticité. Délicieux !

Menu 29/64 € – Carte 42/67 €

14 chambres – ✝60/85 € ✝✝60/85 € – ⊔ 9 €

2 Grande-Rue – 𝒞 03 84 92 11 13 – www.le-balcon-70.fr – Fermé 27 juin-7 juil., 3-6 oct., 28 déc.-21 janv., dim. soir, mardi midi et lundi

COMBLOUX

✉ 74920 (Haute-Savoie) – 2 079 hab. – Alt. 980 m – Carte régionale n° **46**-F1
▶ Paris 593 km – Annecy 80 km – Bonneville 37 km – Chamonix-Mont-Blanc 31 km
Carte Michelin 328-M5 – Guide Vert Michelin Alpes du Nord

Aux Ducs de Savoie

HÔTEL DE VACANCES · ALPIN Un vaste chalet tout en bois dans un superbe cadre alpin. Atmosphère conviviale et feutrée, piscine face au mont Blanc, sauna, jacuzzi et restaurant de tradition dans une salle panoramique : une sympathique villégiature.

50 chambres – ✝140/225 € ✝✝155/235 € – ⊔ 18 € – ½ P

253 rte du Bouchet – 𝒞 04 50 58 61 43 – www.ducs-de-savoie.com – Ouvert de début juin à début oct. et de mi-déc. à fin avril

Au Cœur des Prés

HÔTEL DE VACANCES · ALPIN Sur les hauts de Combloux, un beau chalet traditionnel tenu en famille, avec des chambres fraîches et pimpantes, dans un esprit montagnard et bucolique. L'espace bien-être met à disposition sauna, hammam avec chromothérapie, etc. Les habitués sont nombreux et on les comprend !

33 chambres ⊔ – ✝✝130/160 € – ½ P

152 chemin du Champet – 𝒞 04 50 93 36 55 – www.hotelaucoeurdespres.com – Ouvert de début juin à fin sept. et de mi-déc. à début avril

Le Coin Savoyard

HÔTEL DE VACANCES · ALPIN Une ancienne ferme datant du 19ᵉ s., où règne une délicieuse atmosphère rustique. Elle abrite de confortables chambres, qui donnent toutes sur les monts. À l'heure du repas, spécialités régionales devant la cheminée ou sur la terrasse.

14 chambres – †90/130 € ††130/170 € – ☐ 12 € – ½ P

300 rte de la Cry, (Cuchet) – ℰ 04 50 58 60 27 – www.coin-savoyard.com
– Ouvert 10 juin-18 sept. et 16 déc.-9 avril

COMBOURG

 35270 (Ille-et-Vilaine) – 5 739 hab. – Alt. 45 m – Carte régionale n° **10**-D2
▶ Paris 387 km – Avranches 58 km – Dinan 25 km – Fougères 49 km
Carte Michelin 309-L4 – Guide Vert Michelin Bretagne Nord

 Hôtel du Château

FAMILIAL · FONCTIONNEL Une belle maison ancienne au pied du château célébré par Chateaubriand... Chambres de bonne tenue, fraîches et douillettes, de style bucolique ou plus contemporain. Une bonne petite adresse de campagne !

32 chambres – †72/95 € ††104/140 € – ☐ 11 € – ½ P

1 pl. Chateaubriand – ℰ 02 99 73 00 38 – www.hotelduchateau.com

COMPIÈGNE

 60200 (Oise) – 40 028 hab. – Agglo. 69 439 hab. – Alt. 41 m – Carte régionale n° **36**-B2
▶ Paris 81 km – Amiens 80 km – Beauvais 61 km – St-Quentin 74 km
Carte Michelin 305-H4

Rive Gauche

CUISINE MODERNE · INTIME 💥💥💥 Foie gras des Landes poêlé, plusieurs fromages cuisinés (tartine de fourme d'Ambert, crème de Brie), desserts aux agrumes... Le chef signe une cuisine fraîche et soignée, alliée à une belle carte des vins. Quant à l'enseigne, elle dit vrai : nous sommes sur la rive gauche de l'Oise.

Menu 39/49 € – Carte 54/98 €

Plan : BY-e – *13 cours Guynemer – ℰ 03 44 40 29 99*
– www.restaurantrivegauche.com – Fermé lundi

Bistrot du Terroir

CUISINE TRADITIONNELLE · BISTRO 💥 Au cœur de la vieille ville, un sympathique bistrot logé dans une ancienne imprimerie. Ici, on ne compose plus de textes mais de goûteuses recettes avec des produits de qualité. Escargots de Bourgogne gratinés au maroilles, croustillant de tête et langue de veau, tranché du Périgord... Une impression des plus savoureuses !

Formule 17 € 🍷 – Menu 23 € 🍷/30 € 🍷 – Carte 27/59 €

Plan : BZ-u – *13 r. Eugène-Floquet – ℰ 03 44 40 06 36 – www.bistrot-du-terroir.fr*
– Fermé dim. et fériés

Les Beaux Arts

TRADITIONNEL · FONCTIONNEL Nul besoin d'être artiste dans l'âme pour séjourner dans cet hôtel sur les quais de l'Oise. Les chambres sont confortables ; certaines, plus spacieuses, sont idéales pour une halte en famille. Autre avantage : le garage, bien pratique en centre-ville.

36 chambres – †86/116 € ††96/146 € – 14 suites – ☐ 12 €

Plan : AY-t – *33 cours Guynemer – ℰ 03 44 92 26 26 – www.bw-lesbeauxarts.com*

Hôtel du Nord

TRADITIONNEL · FONCTIONNEL À côté de la gare, un hôtel entièrement rénové en 2012. Les chambres y sont fonctionnelles et bien tenues. Idéal pour partir à la découverte de la ville !

20 chambres – †60/99 € ††65/125 € – ☐ 10 € – ½ P

Plan : AY-b – *1 pl. de la Gare – ℰ 03 44 83 22 30*
– www.hoteldunordcompiegne.com

COMPIÈGNE

Austerlitz (R. d') . . . . **AZ** 2
Boucheries (R. des) . . . . . . **AZ** 3
Capucins (R. des) . . . . **AZ** 4
Change (Pl. du) . . . . **AZ** 5
Clemenceau (Av. G.) . . . . . **BY** 6
Harlay (R. de) . . . . **AY** 8

Hôtel-de-Ville (Pl. de l') . . . . . **AZ** 10
Legendre (R. J.) . . . . **BZ** 12
Lombards (R. des) . . . . **BZ** 13
Magenta (R.) . . . . **BZ** 14
Notre-Dame-de-Bon-Secours
(R.) . . . . **AZ** 15
Noyon (R. de) . . . . **AY** 16
Paris (R. de) . . . . **AZ** 17
Pierrefonds (R. de) . . . . **BZ** 18

St-Antoine (R.) . . . . **AZ** 19
St-Corneille (R.) . . . . **AZ** 20
St-Jacques (Pl.) . . . . **BZ** 22
Soissons (R. de) . . . . **BY** 24
Solferino (R.) . . . . **AYZ** 25
Sorel (R. du Prés.) . . . . **AZ** 26
Sous-Préfecture (R. de la) . . . **BZ** 27
54e-Rgt.-d'Infanterie
(Pl.) . . . . **AY** 30

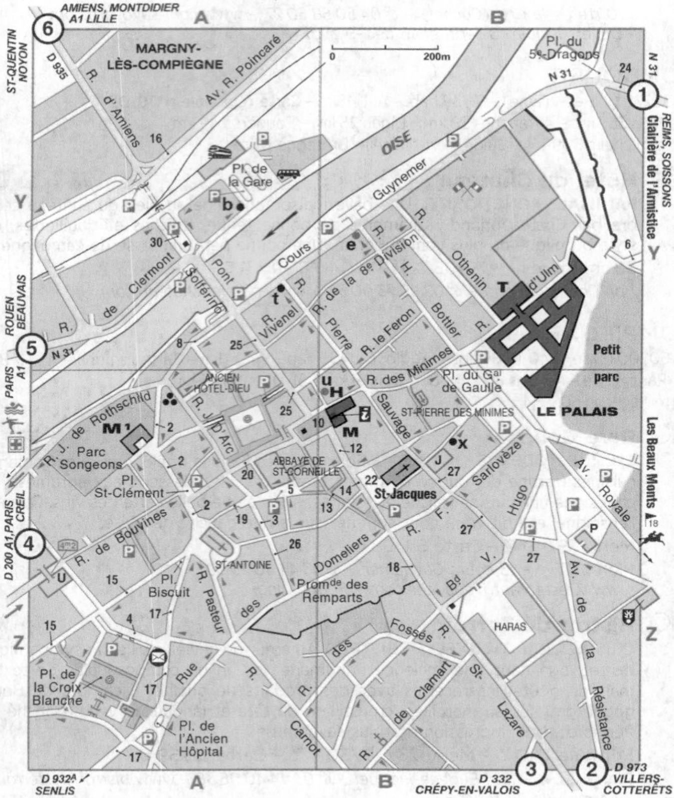

🏠 Du Palais au Jardin

HISTORIQUE · PERSONNALISÉ Dans cet ancien hôtel particulier du 19e s., à deux pas du château, le passé impérial de Compiègne n'est pas un mythe ! Des chambres, spacieuses et raffinées, au salon avec son piano à queue, en passant par la salle Napoléon III, chaque pièce est une parenthèse hors du temps...

5 chambres 🍽 - 🛏100/130 € 🛏🛏120/150 €

Plan : BZ-x - *3 r. Henri-de-Serroux -* 𝒞 *06 16 76 19 24*
- www.dupalaisaujardin.com - Fermé 15-30 août

> Le guide MICHELIN est aussi sur la Toile : retrouvez toute la
> sélection sur www.restaurant.michelin.fr

à Rethondes 10 km au Sud-Est par D973 – ✉ 60153 – 743 hab. – Alt. 38 m

Auberge du Pont de Rethondes

CUISINE MODERNE • ROMANTIQUE XXX Sa jolie façade traditionnelle exprime le charme de ce village des bords de l'Aisne. Elle cache une salle à l'atmosphère classique et feutrée (tables rondes, nappes blanches, mobilier de style, etc.), parfaite pour un repas porté par l'imagination du chef et les bons produits de la saison... Terrasse côté jardin.

Menu 29 € (semaine), 49/82 € – Carte 52/120 €

21 r. du Mar.-Foch – ✆ 03 44 85 60 24 – www.aubergedupont-rethondes.fr
– Fermé dim. soir, lundi et mardi

à Vieux-Moulin 10 km au Sud par D332 et D14 – ✉ 60350 – 614 hab. – Alt. 49 m

Auberge du Mont St-Pierre

CUISINE TRADITIONNELLE • AUBERGE XX À l'orée de la forêt, cette auberge des années 1930 décline le thème de la chasse dans le décor comme dans l'assiette (gibier en saison). Belle quiétude en terrasse.

Formule 23 € – Menu 33/48 € – Carte 55/83 €

27 r. des Étangs – ✆ 03 44 85 60 00 – www.aubergedumontsaintpierre.fr
– Fermé 3 semaines en août, vacances de fév., mardi soir, merc. soir, jeudi soir, dim. soir et lundi

au Meux 11 km à l'Ouest – ✉ 60880 – 2 060 hab. – Alt. 50 m

Auberge de la Vieille Ferme

AUBERGE • RUSTIQUE Direction la vallée de l'Oise et cette ancienne ferme en briques rouges, aux chambres fonctionnelles et bien tenues, aménagées de part et d'autre des deux cours intérieures. Restaurant traditionnel. Il règne ici une authentique ambiance familiale.

14 chambres – †70/76 € ††82/102 € – ☕ 8 € – ½ P

58 r. de la République – ✆ 03 44 41 58 54 – www.hotel-restaurant-oise.com
– Fermé 3 semaines en août et 24 déc.-3 janv.

COMPS-LA-GRAND-VILLE

✉ 12120 (Aveyron) – 563 hab. – Alt. 670 m – Carte régionale n° **29**-C1

▶ Paris 678 km – Montpellier 181 km – Rodez 20 km – Toulouse 152 km

Le Clos d'Albray

HISTORIQUE • CLASSIQUE Ce petit château en pierre (1772) ne laisse pas indifférent : serait-ce le mobilier chiné, les chambres colorées, la majestueuse cheminée dans la salle du petit-déjeuner, la bibliothèque ou le ravissant jardin ? C'est tout cela, mais aussi ce supplément d'âme qu'on nomme le caractère...

3 chambres ☕ – †85/95 € ††95/105 €

3 pl. Notre-Dame – ✆ 05 65 74 38 77 – www.chambre-dhotes-aveyron.com

COMPS-SUR-ARTUBY

✉ 83840 (Var) – 334 hab. – Alt. 898 m – Carte régionale n° **41**-C2

▶ Paris 892 km – Castellane 29 km – Digne-les-Bains 82 km – Draguignan 31 km

Carte Michelin 340-O3 – Guide Vert Michelin Alpes du Sud

Grand Hôtel Bain

FAMILIAL • RUSTIQUE Inscrite dans le Livre des records, cette auberge traditionnelle, peinte d'une diligence, est exploitée par la même famille depuis... 1737 ! Chambres rustiques et bien tenues, terrasse sous les platanes.

17 chambres – †68 € ††68 € – ☕ 10 €

av. de Fayet – ✆ 04 94 76 90 06 – www.grand-hotel-bain.fr
– Ouvert 1er mars-11 nov.

CONCARNEAU

✉ 29900 (Finistère) – 18 557 hab. – Alt. 4 m – Carte régionale n° **9**-B2

▶ Paris 546 km – Brest 96 km – Lorient 49 km – Quimper 22 km

Carte Michelin 308-H7 – Guide Vert Michelin Bretagne Sud

Le Flaveur   ᕃ 🎏

CUISINE MODERNE • INTIME XX Ce restaurant se niche dans une petite rue calme, légèrement en retrait du port de plaisance et de la ville close. Aux commandes, le jeune chef fait preuve d'une inventivité rafraîchissante : crémeux d'araignée de mer au boudin noir et pomme verte ; épaule de cochon fermier, navets, radis rose et abricots...

Formule 16 € – Menu 19 € (déj. en semaine), 25/49 € – Carte 43/88 €

Plan : C-a – *4 r. Duquesne* – ℰ *02 98 60 43 47* – *Fermé 2 semaines début janv. et 1 semaine fin juin, sam. midi, dim. soir et lundi*

❑ Le Nautile   ⪬ 🏡 ᕃ 🆎 🅿

POISSONS ET FRUITS DE MER • À LA MODE XX Bienvenue dans cette brasserie chic et feutrée, dont la baie vitrée offre une vue imprenable sur l'océan ! La mer est également dans l'assiette, avec une cuisine mettant joliment en avant les poissons et les crustacés. Agréable terrasse.

Menu 24/40 € – Carte 31/57 €

Plan : A-n – *Hôtel Les Sables Blancs, plage des Sables-Blancs* – ℰ *02 98 50 10 12* – *www.hotel-les-sables-blancs.com*

❑ L'Amiral   ᕃ 🆎 ⟷

POISSONS ET FRUITS DE MER • BRASSERIE XX Un restaurant vraiment engageant, tout en boiseries sombres et allusions marines élégantes. Bien situé, face à la ville close, il propose tous les grands classiques d'une cuisine de la mer. Avec une spécialité : la grande cocotte de l'Amiral, une version chaude de l'incontournable plateau de fruits de mer !

Formule 18 € – Menu 21 € (semaine), 29/43 € – Carte 34/77 €

Plan : C-t – *1 av. Pierre-Guéguin* – ℰ *02 98 60 55 23* – *www.restaurant-amiral.com* – *Fermé 7-22 fév., 31 oct. -21 nov., dim. soir et lundi sauf juil.-août*

❑ La Coquille   ⪬ 🏡 ᕃ ⟷

POISSONS ET FRUITS DE MER • À LA MODE XX Nouveau décor et nouvelle jeunesse pour cette véritable institution locale, située en plein milieu du port de pêche. Le décor est désormais contemporain, avec des matériaux naturels – parquet brut, murs de bois brossé ; quant à la cuisine, elle fait toujours la part belle aux produits de la mer et à la tradition.

Formule 15 € – Menu 20/47 € – Carte 36/84 €

Plan : B-k – *1 quai du Moros* – ℰ *02 98 97 08 52* – *www.lacoquille-concarneau.com* – *Fermé 1 semaine à noël, dim. soir et lundi*

❑ Le Buccin

POISSONS ET FRUITS DE MER • SIMPLE X Dans une petite rue légèrement en retrait du port de plaisance, se cache un Buccin... Pas le gastéropode, mais bien un restaurant, à la façade traditionnelle et un brin rétro, qui fait la part belle aux produits de la mer : filet de dorade grise aux légumes de saison, rôti de lotte aux saveurs d'Asie, etc.

Formule 14 € – Menu 23/32 € – Carte 37/54 €

Plan : C-v – *1 r. Duguay-Trouin* – ℰ *02 98 50 54 22* – *www.restaurantlebuccin.fr* – *Fermé lundi sauf le soir en saison, dim. soir hors saison et sam. midi*

🏠 Les Sables Blancs   ✿ ⪬ 🖥 ᕃ 🆎 🎏 🧖 🅿

HÔTEL DE VACANCES • PERSONNALISÉ Les vagues déferlent sur la plage des Sables-Blancs, au pied de cet hôtel dont les chambres, claires et tendance, ont toutes un balcon qui donne sur le large. De quoi prendre un véritable bain d'iode et de lumière !

21 chambres – ♦105/215 € ♦♦130/275 € – 3 suites – ☕ 15 € – ½ P

Plan : A-n – *plage des Sables-Blancs* – ℰ *02 98 50 10 12* – *www.hotel-les-sables-blancs.com*

❑ **Le Nautile** – voir les restaurants ci-dessus

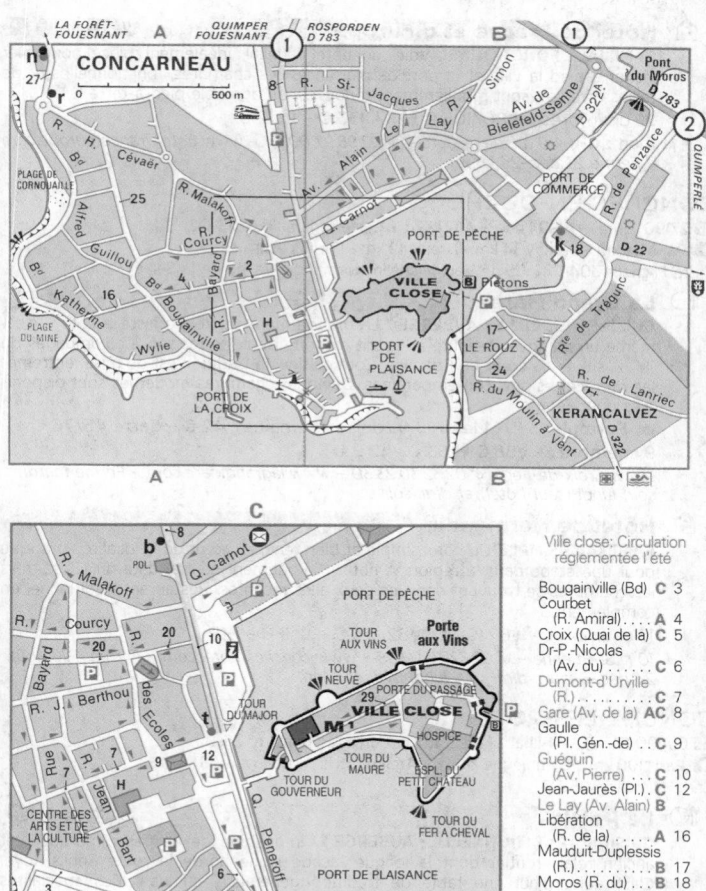

Ville close: Circulation
réglementée l'été

Bougainville (Bd) **C** 3
Courbet
  (R. Amiral) . . . . **A** 4
Croix (Quai de la) **C** 5
Dr-P.-Nicolas
  (Av. du) . . . . **C** 6
Dumont-d'Urville
  (R.). . . . . **C** 7
Gare (Av. de la) **AC** 8
Gaulle
  (Pl. Gén.-de) . . **C** 9
Guéguin
  (Av. Pierre) . . . **C** 10
Jean-Jaurès (Pl.). **C** 12
Le Lay (Av. Alain) **B**
Libération
  (R. de la) . . . . . **A** 16
Mauduit-Duplessis
  (R.). . . . . **B** 17
Moros (R. du) . . . **B** 18
Morvan (R. Gén.) **C** 20
Pasteur (R.). . . . . **B** 24
Renan (R. Ernest) **A** 25
Sables-Blancs
  (R. des) . . . . . . **A** 27
Vauban (R.) . . . . . **C** 29

🏨 Hôtel de l'Océan

HÔTEL DE VACANCES · FONCTIONNEL L'Océan ! Voilà l'atout majeur de cet imposant bâtiment moderne. Dans le salon, comme au restaurant (cuisine de la mer) et dans les chambres – avec un balcon pour celles qui donnent sur la plage –, il est partout. Fonctionnel, spacieux et bien équipé : un hôtel pour un séjour reposant.

70 chambres – 🛏95/139 € 🛏🛏99/190 € – ⊿13 €
Plan : A-r – plage des Sables-Blancs – ☎ 02 98 50 53 50
– www.hotel-ocean.com

Hôtel de France et d'Europe

FAMILIAL · FONCTIONNEL Voici un hôtel familial, idéalement placé pour aller visiter à pied la ville et le port de plaisance. Les chambres, fonctionnelles et de tailles diverses, sont régulièrement rénovées. Un agréable pied-à-terre !

22 chambres – **♦**80/105 € **♦♦**87/133 € – ☲ 12 €

Plan : C-b – *9 av. de la Gare* – *✆ 02 98 97 00 64* – *www.hotel-france-europe.com – Fermé 23 déc.-23 janv.*

CONCHES-EN-OUCHE

✉ 27190 (Eure) – 4 994 hab. – Alt. 123 m – Carte régionale n° **33**-D2
▶ Paris 118 km – Bernay 34 km – Dreux 49 km – Évreux 18 km
Carte Michelin 304-F8 – Guide Vert Michelin Normandie Vallée de la Seine

La Grand'Mare

CUISINE MODERNE · AUBERGE ✗ La grande mare se trouve juste à côté – c'est même un étang – et ajoute à l'esprit rustique de cette maison à colombages du 19e s., située au cœur de Conches. Côté cuisine, la tradition est de mise, entremêlée de recettes plus contemporaines. Quelques chambres modernes sont disponibles pour l'étape.

🍴 Formule 13 € – Menu 15 € (déj. en semaine)/42 € – Carte 45/76 €
9 chambres – **♦**58 € **♦♦**63 € – ☲ 9 €

13 av. Croix-de-Fer – *✆ 02 32 30 23 30* – *www.lagrandmare.com* – *Fermé mardi soir, lundi (sauf hôtel) et dim. soir*

Hôtel de Normandie

FAMILIAL · SIMPLE Un hôtel simple et bien tenu, au cœur de la localité : pratique pour une étape dans la région. À noter : le bâtiment central date du 12e s., mais les chambres se trouvent dans les deux ailes récentes. Restaurant traditionnel en complément.

17 chambres – **♦**62/64 € **♦♦**62/64 € – ☲ 9 € – ½ P

10 r. St-Étienne – *✆ 02 32 30 04 58* – *www.conches-hotel.com* – *Fermé 4-18 août, 24 déc.-5 janv., dim. soir, lundi midi et vend.*

CONCHY-LES-POTS

✉ 60490 (Oise) – 644 hab. – Alt. 106 m – Carte régionale n° **36**-B2
▶ Paris 100 km – Compiègne 28 km – Amiens 55 km – Beauvais 68 km
Carte Michelin 305-H3

 Le Relais

CUISINE TRADITIONNELLE · AUBERGE ✗✗ Impossible de ne pas remarquer cet ancien relais routier dont la longue façade jaune borde la route Senlis-Roye. C'est aujourd'hui une table de tradition généreuse, cultivant des spécialités immuables : tête de veau sauce ravigote, rognons de veau à la moutarde... La salle, récemment relookée, se révèle cosy dans son genre.

Formule 23 € – Menu 33/85 € – Carte 60/89 €

20 r. de Boulogne, D1017 – *✆ 03 44 85 01 17* – *www.lerelais-conchylespots.fr – Fermé 25 juil.-17 août, 19-27 déc., dim. soir, merc. soir, lundi et mardi*

CONCREMIERS

✉ 36300 (Indre) – 653 hab. – Alt. 82 m – Carte régionale n° **11**-B3
▶ Paris 337 km – Châteauroux 66 km – Châtellerault 65 km – Orléans 212 km
Carte Michelin 323-C7

Château de Forges

CHÂTEAU · PERSONNALISÉ Un authentique château fort, érigé à la fin du 15e s. par l'ancêtre des actuels propriétaires ! On remonte le temps lorsque l'on en franchit le porche couronné de mâchicoulis, avant de découvrir le superbe donjon... Et le confort des lieux n'a rien de médiéval (hammam, bain balnéo, savoureuse table d'hôtes, etc.). Unique !

3 chambres – **♦**150 € **♦♦**180 € – ☲ 12 €

1 km à l'Ouest par D53 – *✆ 02 54 37 40 03* – *www.chateaudeforges.fr*

CONDÉ-NORTHEN

✉ 57220 (Moselle) – 644 hab. – Alt. 208 m – Carte régionale n° **27**-C1
▶ Paris 350 km – Metz 21 km – Pont-à-Mousson 52 km – Saarlouis 38 km
Carte Michelin 307-J4

La Grange de Condé

CUISINE TRADITIONNELLE • RUSTIQUE XX Dans cette ancienne grange qui fait également hôtel, la tradition règne en maître : plats en cocotte, terrines et viandes rôties à la broche. C'est copieux et généreux.

Formule 12 € – Menu 25/51 € – Carte 39/64 €

41 r. des Deux-Nieds – ✆ 03 87 79 30 50 – www.lagrangedeconde.com

La Grange de Condé

AUBERGE • CLASSIQUE Un ancien corps de ferme familial (1682) sur la route traversant le village. Les chambres y sont spacieuses avec des lits de belle ampleur. Pour se détendre, on profite du sauna, du jacuzzi ou du hammam. Cuisine traditionnelle au restaurant.

18 chambres – †125/320 € ††125/320 € – 4 suites – ☕ 14 € – ½ P

41 r. des Deux-Nieds – ✆ 03 87 79 30 50 – www.lagrangedeconde.com

La Grange de Condé – voir les restaurants ci-dessus

CONDETTE

✉ 62360 (Pas-de-Calais) – 2 574 hab. – Alt. 35 m – Carte régionale n° **30**-A2
▶ Paris 245 km – Amiens 117 km – Arras 125 km – Lille 128 km
Carte Michelin 301-C4

L'Orée du Bois

CUISINE MODERNE • COSY X Ce chef, au parcours sans faute, a posé ses valises à L'Orée du Bois. Non pas qu'il eut peur d'entrer dans la forêt… Avec ses savoureuses recettes dans l'air du temps, il est capable d'appâter n'importe qui. Mais voilà, Antoine Ducrocq est de ceux qui régalent les gourmands avec de beaux produits de saison !

Formule 20 € – Menu 30/50 € – Carte 30/53 €

20 r. de la Marne – ✆ 03 21 87 34 73 (réservation conseillée) – restaurant-loreedubois.com – Fermé 1er-11 janv., mardi soir et jeudi soir d'oct. à juin, merc. soir, dim. soir et lundi

CONDOM

✉ 32100 (Gers) – 6 927 hab. – Alt. 81 m – Carte régionale n° **28**-A2
▶ Paris 729 km – Agen 41 km – Mont-de-Marsan 80 km – Toulouse 121 km
Carte Michelin 336-E6

La Table des Cordeliers (Eric Sampietro)

CRÉATIVE • ÉLÉGANT XXX Un endroit rare que cet ancien couvent niché dans la verdure, avec sa chapelle du 13e s. sous les voûtes de laquelle on prend place pour le repas… Le talentueux Éric Sampietro a su lui redonner ses lettres de noblesse : face à la finesse, l'inventivité et la justesse des assiettes, l'évidence est là, c'est un régal.

➜ Cuisine du marché.

Menu 35 €/90 € – Carte environ 80 €

Plan : Z-e – *1 r. des Cordeliers – ✆ 05 62 68 43 82 – www.latabledescordeliers.com – Fermé 3 semaines en janv., dim. et lundi*

Les Trois Lys

HÔTEL DE VACANCES • PERSONNALISÉ Cet hôtel particulier du 18es. abrite des chambres confortables et dispose d'une jolie piscine sur l'arrière. La cuisine, plutôt simple, est servie dans la salle ou sur la terrasse en teck dressée dans la cour.

12 chambres – †85/200 € ††85/200 € – ☕ 9 € – ½ P

Plan : Y-a – *38 r. Gambetta – ✆ 05 62 28 33 33 – www.lestroislys.com – Fermé mi-déc. à fin janv.*

CONDOM

Aquitaine (Av. d') . . . . **Y** 2
Armuriers (R. des) . . . . **Y** 5
Bonnamy (R.) . . . . **YZ** 8
Buzon (R. et Quai) . . . . **Z** 12
Carmes (Pont des) . . . . **Z** 14

Cazaubon (R. H.) . . . . **Z** 16
Charron (R.) . . . . **Y** 19
Cordeliers (R. des) . . . . **Z** 21
Foch (R. Mar.) . . . . **Y** 22
Gaichies (R.) . . . . **Y** 24
Gambetta (R. L.) . . . . **Y** 26
Jean-Jaurès (R.) . . . . **Z** 28
Lannelongue (Pl.) . . . . **Y** 31

Lion-d'Or (Pl. du) . . . . **Y** 35
Mendès France (Pont) . . . . . **Y** 7
Monnaie (R. de la) . . . . **YZ** 38
Paix (R. de la) . . . . **Z** 40
Roquepine (R. de) . . . . **Z** 44
Roques (R.) . . . . **Y** 47
Saint-Exupéry (R.) . . . . **Z** 50
St-Pierre (Pl.) . . . . **Y** 53

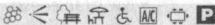

🏨 Continental 🀢 ᴴ 🄰🄲

BUSINESS · FONCTIONNEL La Baïse coule au pied de cet hôtel. Les chambres, confortables et bien tenues, donnent pour la plupart sur une cour joliment aménagée (terrasse). Plats traditionnels dans un décor actuel, clair et lumineux.

24 chambres – 🛉53/88 € 🛉🛉88/138 € – 1 suite – 🍽10 € – ½ P

Plan : Y-d – *20 r. du Mar.-Foch* – *𝒞 05 62 68 37 00* – *www.lecontinental.net* – *Fermé 19 déc.-2 janv.*

🏨 Logis des Cordeliers 🀣 🏊 🚗

FAMILIAL · FONCTIONNEL Bâtiment des années 1970 situé dans un quartier tranquille. Chambres fonctionnelles ; optez pour celles donnant sur la piscine, agrémentées de petits balcons. Ambiance familiale.

21 chambres – 🛉48/70 € 🛉🛉48/78 € – 🍽8 €

Plan : Z-b – *2 bis r. de la Paix* – *𝒞 05 62 28 03 68* – *www.logisdescordeliers.com* – *Fermé 2 janv.-3 fév.*

CONDRIEU

✉ 69420 (Rhône) – 3 856 hab. – Alt. 150 m – Carte régionale n° **44**-B2
🅳 Paris 497 km – Annonay 34 km – Lyon 41 km – Rive-de-Gier 21 km
Carte Michelin 327-H7 – Guide Vert Michelin Lyon et sa région

🍴 Hôtellerie Beau Rivage 🀣 ≼ 🀢 🀣 ᴴ 🄰🄲 🀤 🅿

CUISINE CLASSIQUE · ÉLÉGANT 🗶🗶🗶 Une table classique et soignée, où les mets tirent partie des produits régionaux : fleur de courgette farcie à la mousseline de brochet et beurre d'estragon, côte de bœuf cuite au foin et sauce à la fourme d'Ambert... Enfin, les baies vitrées et la terrasse permettent de profiter d'une vue exquise sur le fleuve.

Formule 24 € – Menu 40 € (déj.), 64/95 € 🍷 – Carte 72/102 €
2 r. Beau Rivage – *𝒞 04 74 56 82 82* – *www.hotel-beaurivage.com*

Hôtellerie Beau Rivage

LUXE · PERSONNALISÉ Dans l'un des plus fameux vignobles des côtes du Rhône, cet hôtel familial semble rêvasser au bord du fleuve... Une douceur de vivre que l'on retrouve au jardin et dans les chambres, élégantes. Une belle manière de découvrir cette région viticole !

20 chambres – ♦110/270 € ♦♦110/270 € – 10 suites – ☲ 19 €

2 r. du Beau-Rivage – ℰ 04 74 56 82 82 – www.hotel-beaurivage.com

||○ **Hôtellerie Beau Rivage** – voir les restaurants ci-dessus

CONFLANS-STE-HONORINE – 78 (Yvelines) → voir Autour de Paris

CONILHAC-CORBIÈRES

✉ 11200 (Aude) – 939 hab. – Alt. 125 m – Carte régionale n° **22**-B3

◗ Paris 802 km – Béziers 59 km – Carcassonne 31 km – Montpellier 120 km

Carte Michelin 344-H3

||○ **Auberge Côté Jardin**

CUISINE MODERNE · AUBERGE XX Cette auberge a beau se trouver sur la nationale, elle n'en est pas moins en pleine nature. Le potager et le poulailler, situés à l'arrière, sont une source régulière de bons produits ! Quelques chambres pour l'étape.

🕭 Menu 20 € ♀ (déj. en semaine), 29/60 € – Carte 50/60 €

12 chambres – ♦70/139 € ♦♦70/139 € – ☲ 12 €

7 av. 113 – ℰ 04 68 27 08 19 – www.auberge-cotejardin.com – Fermé dim. soir d'oct. à avril, lundi sauf le soir en saison et mardi midi

CONLEAU – 56 (Morbihan) → voir Vannes

CONNELLES

✉ 27430 (Eure) – 198 hab. – Alt. 15 m – Carte régionale n° **33**-D2

◗ Paris 111 km – Les Andelys 13 km – Évreux 34 km – Rouen 33 km

Carte Michelin 304-H6

||○ **Le Moulin de Connelles**

CUISINE CLASSIQUE · ROMANTIQUE XXX Dans cet ancien et superbe moulin surplombant un petit bras de la Seine, on se croirait presque à Chenonceau. Ici, le décor comme l'assiette ne sont qu'élégance, classicisme de bon aloi et douceur feutrée... Un joli songe à faire tout éveillé !

Menu 36 € (semaine), 45/75 €

40 rte d'Amfreville-sous-les-Monts – ℰ 02 32 59 53 33

– www.moulin-de-connelles.fr – Fermé le midi en semaine et lundi hors saison

 Le Moulin de Connelles

LUXE · PERSONNALISÉ Sur un bras de la Seine, cet authentique manoir anglo-normand est un vrai joyau romantique ! Ses tourelles et colombages se reflètent dans le fleuve, le parc arboré est ravissant, l'accueil charmant, et les chambres d'un goût exquis. La délicatesse incarnée...

9 chambres – ♦99/160 € ♦♦150/230 € – 3 suites – ☲ 17 €

40 rte d'Amfreville-sous-les-Monts – ℰ 02 32 59 53 33

– www.moulin-de-connelles.fr

||○ **Le Moulin de Connelles** – voir les restaurants ci-dessus

CONQUES

✉ 12320 (Aveyron) – 262 hab. – Alt. 350 m – Carte régionale n° **29**-C1

◗ Paris 601 km – Aurillac 53 km – Espalion 42 km – Figeac 43 km

Carte Michelin 338-G3

Auberge St-Jacques

CUISINE TRADITIONNELLE • RUSTIQUE X Les visiteurs de ce village magnifique, comme les pélerins sur la route historique de St-Jacques-de-Compostelle, trouveront dans cette maison de pays rustique une cuisine d'inspiration régionale actualisée, qui privilégie la fraîcheur. Depuis la terrasse, on admire l'abbatiale romane et ses vitraux signés Soulage !

Menu 20/42 € - Carte 30/45 €

r. Gonzague-Florent - ☎ 05 65 72 86 36 - www.aubergestjacques.fr - Fermé janv. et dim. soir et lundi de mi-nov. à fin mars

Ste-Foy

AUBERGE • PERSONNALISÉ Au cœur de ce superbe et célèbre village niché dans les gorges de l'Ouche, cette demeure du 17e s. (belle façade à colombages) contemple la sublime abbatiale Ste-Foy. Aux beaux jours, le patio sent la glycine et il fait bon y entendre bruire la fontaine ; les chambres sont rustiques et charmantes : tout est plaisant !

17 chambres - †97/187 € ††97/197 € - ☕ 13 € - ½ P

r. Principale - ☎ 05 65 69 84 03 - www.hotelsaintefoy.com - Ouvert 1er mai-12 oct.

au Sud 3 km sur D901 - ✉ 12320 Conques :

✿ Hervé Busset

CRÉATIVE • ÉLÉGANT XXX Épure contemporaine et élégance au service d'une cuisine de chef créative, maîtrisée et soignée. Hervé Busset, passionné par les herbes, les plantes régionales et les beaux produits, n'a de cesse d'innover : il varie les garnitures et superpose les saveurs, poudres, émulsions, avec aplomb... Une réussite !

➜ Shabu shabu de foie gras de canard poché. Orpin, mijoté d'esturgeon. Mélilot en omelette norvégienne.

Menu 45 € (semaine), 60/105 € - Carte environ 84 €

Domaine de Cambelong - ☎ 05 65 72 84 77 - www.moulindecambelong.com - Ouvert 1er avril-31 oct. et fermé mardi midi, merc. midi, jeudi midi et lundi hors saison

Hervé Busset

AUBERGE • ACTUEL Dans l'un des derniers moulins à eau du 18e s. en bordure du Dourdou, les chambres jouent la carte du contraste, additionnant les couleurs, affichant un style résolument contemporain et design... Calme, reposant et singulier.

8 chambres ☕ - †190/270 € ††270/330 € - 1 suite

Domaine de Cambelong - ☎ 05 65 72 84 77 - www.moulindecambelong.com - Ouvert 1er avril-31 oct.

✿ **Hervé Busset** - voir les restaurants ci-dessus

LE CONQUET

✉ 29217 (Finistère) - 2 719 hab. - Alt. 30 m - Carte régionale n° **9**-A2

▶ Paris 619 km - Brest 24 km - Brignogan-Plages 59 km - St-Pol-de-Léon 85 km

Carte Michelin 308-C4 - Guide Vert Michelin Bretagne Nord

à la Pointe de St-Mathieu 4 km au Sud - ✉ 29217 Plougonvelin

Hostellerie de la Pointe St-Mathieu

POISSONS ET FRUITS DE MER • RUSTIQUE XX Vieilles pierres, cheminée monumentale et poutres se marient admirablement avec un mobilier franchement contemporain. Saint-Jacques, ormeaux, homard, foie gras de Bretagne : le chef met en valeur toute la noblesse du terroir. Avec, en prime, un chariot d'une quinzaine de desserts, qui clôt le repas en beauté !

Formule 18 € - Menu 25 € (déj. en semaine), 33/88 € - Carte 50/73 €

- ☎ 02 98 89 00 19 - www.pointe-saint-mathieu.com - Fermé dim. soir et lundi

Vent d'Iroise

TRADITIONNEL · ACTUEL Idéalement placé pour partir en balade sur les sentiers de la pointe St-Mathieu, cet hôtel récent conviendra à ceux qui recherchent un maximum de calme. Un style dépouillé et plaisant, pour communier avec la mer.

24 chambres – ♦54/162 € ♦♦54/162 € – ☲ 10 €

r. du Lavoir – *𝒞 02 98 89 45 00* – *www.hotel-vent-iroise.com*

Hostellerie de la Pointe St-Mathieu

FAMILIAL · PERSONNALISÉ Phare, sémaphores, vestiges d'abbaye... Pas de doute, c'est bien la pointe ouest de la Bretagne, et ses paysages de tempête. Heureusement, cette maison de pays élégante et contemporaine, tout en teintes douces, est un refuge de choix !

33 chambres – ♦85/290 € ♦♦85/290 € – ☲ 14 € – ½ P

– *𝒞 02 98 89 00 19* – *www.pointe-saint-mathieu.com*

🍽○ **Hostellerie de la Pointe St-Mathieu** – voir les restaurants ci-dessus

LES CONTAMINES-MONTJOIE

✉ 74170 (Haute-Savoie) – 1 193 hab. – Alt. 1 164 m – Carte régionale n° **46**-F1

▶ Paris 606 km – Annecy 93 km – Bonneville 50 km – Chamonix-Mont-Blanc 33 km

Carte Michelin 328-N6 – Guide Vert Michelin Alpes du Nord

🍽○ L'Ô à la Bouche

CUISINE MODERNE · À LA MODE XX Un lieu, deux atmosphères, mais toujours l'eau à la bouche... Au rez-de-chaussée, cadre contemporain autour d'une cuisine gastronomique fraîche et goûteuse ; au sous-sol (et seulement l'hiver), raclettes, fondues, grillades et convivialité toute montagnarde !

🍴 Menu 19 € (déj.), 29/49 €

510 rte Notre-Dame-de-la-Gorge – *𝒞 04 50 47 81 67 (réservation conseillée)* – *www.lo-contamines.com* – *Fermé 25 mai-15 juin, 8 nov.-15 déc. et lundi hors saison*

Gai Soleil

FAMILIAL · RUSTIQUE Un joli chalet dominant la station, superbement fleuri en saison, tout comme son agréable jardin. Les chambres, d'esprit montagne, sont simples et d'une tenue parfaite ; dans la salle rustique et chaleureuse du restaurant, on sert des petits plats traditionnels.

18 chambres – ♦65/95 € ♦♦80/95 € – ☲ 13 € – ½ P

288 chemin des Loyers – *𝒞 04 50 47 02 94* – *www.gaisoleil.com* – *Ouvert 17 juin-18 sept. et 17 déc.-16 avril*

CONTES

✉ 06390 (Alpes-Maritimes) – 7 187 hab. – Alt. 250 m – Carte régionale n° **41**-D2

▶ Paris 954 km – Antibes 43 km – Marseille 206 km – Nice 21 km

Carte Michelin 341-E5 – Guide Vert Michelin Côte d'Azur

🍽○ La Fleur de Thym

CUISINE MODERNE · FAMILIAL X Si vous passez par le pays des Paillons, autorisez-vous une pause dans cette petite maison à la façade ocre, et à l'agréable décor de bistrot contemporain. La cuisine, soignée, suit le marché et les saisons, et les légumes proviennent des maraîchers locaux.

Formule 17 € – Menu 29/51 € – Carte 38/52 €

3 bd Charles Alunni – *𝒞 04 93 79 47 33* – *www.fleurdethym.contes.fr* – *Fermé 15-31 août, 19 déc.-5 janv., dim. et lundi*

CONTEVILLE

✉ 27210 (Eure) – 942 hab. – Alt. 33 m – Carte régionale n° **32**-A3

▶ Paris 181 km – Évreux 102 km – Le Havre 34 km – Honfleur 15 km

Carte Michelin 304-C5 – Guide Vert Michelin Normandie Vallée de la Seine

⚫️○ Auberge du Vieux Logis

CUISINE CLASSIQUE · AUBERGE XxX Au cœur de ce charmant village normand, une façade à colombages fleurie de géraniums en été, un décor de poutres, de briques et de cuivres : une parfaite auberge de tradition ! La carte cultive le classicisme, et fait notamment la part belle à la pêche locale.

Menu 30 € (déj. en semaine), 40/60 € – Carte 75/95 €

48 rte de l'Estuaire – ℰ 02 32 57 60 16 – http://aubergeduvieuxlogis27.fr
– Fermé 2 semaines en oct., 1 semaine en janv., mardi sauf juil.-août, dim. soir et lundi

CONTRES

✉ 41700 (Loir-et-Cher) – 3 463 hab. – Alt. 98 m – Carte régionale n° **11**-A1
▶ Paris 203 km – Blois 22 km – Châteauroux 79 km – Montrichard 23 km
Carte Michelin 318-F7

⚫️○ La Botte d'Asperges

CUISINE MODERNE · COSY XX Avec son joli nom, ce restaurant joue la carte d'une cuisine savoureuse et faite dans les règles : fumaison de foie gras de canard, chutney de pommes ; dos de bar à la crème d'asperges et chorizo… Cerise sur le gâteau : le service et l'accueil sont aux petits soins !

Formule 20 € – Menu 25/46 € – Carte 35/50 €

52 r. P.-H.-Mauger – ℰ 02 54 79 50 49 – www.labotte-dasperges.com – Fermé 2 semaines fin août, 2 semaines début janv., merc. soir, dim. soir et lundi

🏠 Le Manoir de Contres ✿ 🐾 🔐 🖥 ⌖ 🅰️🅲 🕸 🅿

CHÂTEAU · PERSONNALISÉ Il ne s'agit pas ici d'être pour ou Contres ! Dans ce ravissant manoir (1818), près des châteaux de la Loire et à 20mn du zoo de Beauval, il suffit de poser ses bagages. Les chambres sont cossues, spacieuses et très confortables. Restauration traditionnelle à apprécier, aux beaux jours, sur la terrasse.

9 chambres ⌑ – ♦140/150 € ♦♦160/200 € – ½ P

23 r. des Combattants-en-Afrique-du-Nord – ℰ 02 54 78 45 39
– www.manoirdecontres.com – Fermé 27 déc.-11 fév.

🏠 Hôtel de France ✿ ⌘ 🍽 ⌖ 🕸 🈷 🚬

FAMILIAL · CLASSIQUE Une bonne adresse familiale au centre de Contres. Chambres confortables, la plupart donnant sur le jardin et la piscine. Au restaurant, la carte est traditionnelle.

32 chambres – ♦69/105 € ♦♦69/105 € – 2 suites – ⌑ 13 € – ½ P

rte de Blois – ℰ 02 54 79 50 14 – www.hoteldefrance-contres.com
– Fermé 10 janv.-10 mars

CONTREVOZ – 01 (Ain) ➔ voir Belley

CONTREXÉVILLE

✉ 88140 (Vosges) – 3 317 hab. – Alt. 342 m – Carte régionale n° **26**-B3
▶ Paris 337 km – Épinal 47 km – Langres 75 km – Nancy 83 km
Carte Michelin 314-D3

🏠 Cosmos ✿ ⌘ 🍽 ⊛ 🛁 🍽 🖥 ⌖ 🈷 🅿

HÔTEL DE CURE · CLASSIQUE L'atmosphère vieille France de cet hôtel aux chambres confortables nous transporte à la Belle Époque. Un endroit idéal pour les adeptes de fitness et de balnéothérapie. Menus classiques et diététiques servis au restaurant.

77 chambres – ♦69/96 € ♦♦69/96 € – 6 suites – ⌑ 13 € – ½ P

13 r. de Metz – ℰ 03 29 07 61 61 – www.hotelcontrexeville.com
– Ouvert 18 mars-31 oct.

COQUAINVILLIERS – 14 (Calvados) → voir Lisieux

COQUELLES – 62 (Pas-de-Calais) → voir Calais

CORBEIL-ESSONNES – 91 (Essonne) → voir Autour de Paris

CORBIGNY
✉ 58800 (Nièvre) – 1 584 hab. – Alt. 203 m – Carte régionale n° **7**-B2
▶ Paris 236 km – Autun 76 km – Avallon 38 km – Clamecy 28 km
Carte Michelin 319-F8 – Guide Vert Michelin Bourgogne

🏠 Hôtel de L'Europe

FAMILIAL · SIMPLE Dans cette petite cité située à la croisée du Morvan et du Nivernais, un sympathique hôtel-restaurant familial aux chambres confortables et bien tenues, quoique plutôt petites. La journée commence bien avec les confitures maison au petit-déjeuner...

18 chambres – ♦54/62 € ♦♦71/95 € – ☕ 10 € – ½ P
7 Grande-Rue – ℰ 03 86 20 09 87
– www.bourgogne-hotel-restaurant-morvan.com – Fermé 15-28 fév. et 20 déc.-3 janv.

CORCELLES-EN-BEAUJOLAIS
✉ 69220 (Rhône) – 871 hab. – Alt. 210 m – Carte régionale n° **43**-E1
▶ Paris 419 km – Bourg-en-Bresse 55 km – Lyon 53 km – Mâcon 22 km
Carte Michelin 327-H3 – Guide Vert Michelin Lyon et sa région

🍴 Auberge de Corcelles

LYONNAISE · CONVIVIAL Impossible de rater cette maison ocre près de l'église du village. Surprise : un chef japonais œuvre aux fourneaux, mais comme nombre de ses compatriotes, il signe une vraie cuisine française – notamment lyonnaise –, façonnée dans les règles, avec de beaux produits frais. Gâteau de foie de volaille, quenelles de brochet...

Formule 15 € – Menu 27/41 € – Carte 37/50 €

15 r. de la Mairie – ℰ 04 74 60 65 87 (réservation conseillée) – Fermé de mi-fév. à mi-mars, dim. soir, mardi et merc.

CORDES-SUR-CIEL
✉ 81170 (Tarn) – 964 hab. – Alt. 279 m – Carte régionale n° **29**-C2
▶ Paris 655 km – Albi 25 km – Rodez 78 km – Toulouse 82 km
Carte Michelin 338-D6

🏠 Hostellerie du Vieux Cordes

HISTORIQUE · FONCTIONNEL Un monastère du 13e s. au cœur de la cité médiévale. Le bel escalier a vis, les chambres fraîches conservant leur petit cachet ancien, le joli patio et sa superbe glycine odorante, et surtout la terrasse avec sa superbe vue sur la vallée... Tout cela est bien agréable.

19 chambres – ♦68/148 € ♦♦68/148 € – ☕ 13 € – ½ P

21 r. St-Michel – ℰ 05 63 53 79 20 – www.hotelcordes.com – Fermé 1er janv.-13 fév.

CORDON
✉ 74700 (Haute-Savoie) – 1 002 hab. – Alt. 871 m – Carte régionale n° **46**-F1
▶ Paris 589 km – Annecy 76 km – Bonneville 33 km – Chamonix-Mont-Blanc 32 km
Carte Michelin 328-M5 – Guide Vert Michelin Alpes du Nord

🏠 Les Roches Fleuries

TRADITIONNEL · COSY Perché sur les hauteurs de Cordon, ce chalet est ravissant et la vue y est superbe ! Décor chaleureux (boiseries et élégant mobilier régional ancien), restaurant feutré, chambres douillettes et jolie piscine, idéale après une journée sur les pistes... Une certaine idée du luxe made in Savoie !

21 chambres – ♦120/280 € ♦♦120/280 € – 3 suites – ☕ 20 € – ½ P

90 rte de la Scie – ℰ 04 50 58 06 71 – www.rochesfleuries.com – Fermé de nov. à mi-déc.

🏨 Le Chamois d'Or

TRADITIONNEL · CLASSIQUE Piscine, tennis, fitness, sauna, jacuzzi, billard, restaurant traditionnel... Dans ce fier chalet, tenu par la même famille depuis les années 1960, tout est pensé pour la détente. Quiétude et douceur dans les chambres et suites, dans un esprit montagnard élégant (tissus choisis).

27 chambres – 🛏115/165 € 🛏🛏165/230 € – 1 suite – ☒ 18 € – ½ P
4080 rte de Cordon – ℰ 04 50 58 05 16 – www.hotel-chamoisdor.com
– Ouvert de juin à mi-sept. et du 17 déc. à début avril

🏨 Le Cordonant

AUBERGE · RUSTIQUE Un grand et beau chalet d'esprit familial, de jolies chambres avec des meubles en bois peint, un jardin et une terrasse donnant sur la vallée de Sallanches, les aiguilles de Varens et le massif du Mont-Blanc... Une bonne adresse pour un séjour montagnard.

16 chambres – 🛏85/95 € 🛏🛏95/115 € – ☒ 11 € – ½ P
120 rte des Miaz – ℰ 04 50 58 34 56 – www.lecordonant.fr – Ouvert de mi-mai à fin sept. et de mi-déc. à mi-avril

CORENC – 38 (Isère) → voir Grenoble

CORMEILLES

✉ 27260 (Eure) – 1 146 hab. – Alt. 80 m – Carte régionale n° **32**-A3
▶ Paris 181 km – Bernay 26 km – Lisieux 19 km – Pont-Audemer 17 km
Carte Michelin 304-C6 – Guide Vert Michelin Normandie Vallée de la Seine

🍴 Gourmandises ⓝ

CUISINE MODERNE · CONVIVIAL ✗ Salle à manger rustique et plats canailles pour cette table installée dans l'ancienne fromagerie du bourg : fricassée de rognons, navarin de veau aux petits légumes, lapin au vin rouge... Le buffet de desserts est un régal. Une maison qui mérite son nom.

☏ Formule 15 € – Menu 19 € (semaine)
29 r. de l'Abbaye – ℰ 02 32 20 63 42 – fermé merc. midi, lundi et mardi

🏨 L'Auberge du Président

AUBERGE · PERSONNALISÉ L'enseigne rend hommage au président René Coty qui fit halte dans l'auberge. La façade à colombages n'a pas changé depuis la IVe République, mais les chambres respirent la fraîcheur, dans une jolie veine cosy et romantique. On peut aussi profiter de l'espace détente (sauna, jacuzzi, fitness) et du restaurant du terroir.

15 chambres – 🛏78/95 € 🛏🛏78/95 € – ☒ 10 € – ½ P
70 r. de l'Abbaye – ℰ 02 32 57 80 37 – www.hotel-cormeilles.com – Fermé 3-10 janv.

CORMERY

✉ 37320 (Indre-et-Loire) – 1 706 hab. – Alt. 59 m – Carte régionale n° **11**-B2
▶ Paris 254 km – Blois 63 km – Château-Renault 48 km – Loches 22 km
Carte Michelin 317-N5 – Guide Vert Michelin Châteaux de la Loire

🍴 Auberge du Mail

CUISINE TRADITIONNELLE · COSY ✗✗ Dans cette maison de pays, proche de l'abbaye – célèbre pour ses macarons –, on déguste une cuisine de tradition avec de beaux produits frais. Mention spéciale pour la décoration, cossue et élégante, qui ne manque pas de cachet ! L'été, on s'installe sur la terrasse à l'ombre des tilleuls et de la glycine.

Formule 20 € – Menu 23/46 € – Carte 30/58 €
2 pl. du Mail – ℰ 02 47 43 40 32 – www.aubergedumail-cormery.com
– Fermé 1er-9 avril, 19-27 oct., 24-31 déc., le soir de mi-oct. à fin mars sauf vend. et sam., merc. et jeudi

CORNILLON

✉ 30630 (Gard) – 932 hab. – Alt. 168 m – Carte régionale n° **23**-D1
▶ Paris 666 km – Avignon 50 km – Alès 47 km – Bagnols-sur-Cèze 17 km
Carte Michelin 339-L3 – Guide Vert Michelin Provence

⅋○ La Vieille Fontaine

CUISINE TRADITIONNELLE · RUSTIQUE ✗✗ Maison de caractère adossée aux murailles médiévales. Dans la salle voûtée, on déguste une cuisine de tradition, dont la spécialité de la maison : les moules farcies à la diable. Piscine et jardin dominant la vallée ; chambres coquettes pour l'étape.
Menu 40 €

3 chambres ⌑ – ♦150/185 € ♦♦195/255 € – 2 suites
r. du Château – ℰ 04 66 82 20 56 (réservation conseillée)
– www.lavieillefontaine.net – Ouvert 20 mars à oct. et fermé lundi, mardi, merc. sauf juil.-août et le midi sauf dim. et fériés

CORRENÇON-EN-VERCORS – 38 (Isère) ➜ voir Villard-de-Lans

CORRÈZE

✉ 19800 (Corrèze) – 1 143 hab. – Alt. 455 m – Carte régionale n° **25**-C3
▶ Paris 480 km – Aubusson 96 km – Brive-la-Gaillarde 45 km – Tulle 19 km
Carte Michelin 329-M3 – Guide Vert Michelin Limousin Berry

🏨 Mercure Corrèze La Seniorie

HÔTEL DE CHAÎNE · MODERNE À quelques kilomètres de l'auto-route, sur les hauteurs du village, impossible de manquer cette élégante demeure du 19ᵉ s. Cet ancien pensionnat, fort heureusement transformé dans sa totalité, recèle des chambres spacieuses, confortables et bien équipées.
29 chambres – ♦82/155 € ♦♦95/167 € – ⌑ 17 €
11 r. St-Martial – ℰ 05 55 21 22 88 – www.mercure.com – Ouvert de mars à nov.

🏠 Le Parc des 4 Saisons

FAMILIAL · PERSONNALISÉ Le jeune couple qui a aménagé cette ancienne maison de notable a voulu créer une chambre d'hôtes "écolo". Objets chinés, chambres pimpantes et confortables, parc agréable, piscine chauffée à l'énergie solaire : tout est prévu pour votre confort. Et la table d'hôte met en avant les produits locaux...
5 chambres ⌑ – ♦70/80 € ♦♦70/80 €
16 av. de la Gare – ℰ 05 55 21 44 59 – www.leparc.info

© J.-C. Amiel/hemis.fr

CORSE

(Corse) – 305 674 hab. – Carte régionale n° **15**-B2
Carte Michelin 345 – Guide Vert Michelin Corse

AJACCIO

✉ 20000 – 66 245 hab. – Alt. 12 m – Carte régionale n° **15**-A3
▶ Bastia 147 km – Bonifacio 131 km – Calvi 166 km – Corte 80 km
Carte Michelin 345-B8

🍽️ A Nepita

CUISINE MODERNE · **CONVIVIAL** X Dans ce petit établissement, un chef d'expérience concocte chaque jour un menu unique autour de deux plats au choix, au gré du marché et de ses envies. Fraîcheur et saveur !
Menu 29 € (déj.)/42 €
Plan : Y-f – *4 r. San-Lazaro* – ℰ *04 95 26 75 68 (réservation conseillée)*
– Fermé août, 22 déc.-4 janv., 1 semaine vacances de fév., lundi soir, mardi soir, merc. soir, sam. midi et dim.

🍽️ Le Bistrot Gourmand

CUISINE TRADITIONNELLE · **INTIME** X Amuse-bouches et produits bien sélectionnés pour une cuisine aux parfums de la Méditerranée. Cadre intime et service prévenant.
Formule 29 € – Menu 39 €
Plan : Y-s – *3 bd Pugliesi-Conti* – ℰ *04 95 52 11 43*
– Fermé dim. et lundi

🍽️ A Merendella Citadina

CUISINE MODERNE · **CONVIVIAL** X Un antre sympathique – avec une terrasse sur une rue piétonne et une salle en pierre plutôt intime – pour une cuisine qui honore le terroir insulaire avec originalité. Légumes et charcuterie corses, recettes traditionnelles revisitées chaque jour au gré d'un menu annoncé à haute voix : fraîcheur et parfums au menu !
Formule 28 € – Menu 34/40 €
Plan : Z-d – *19 r. Conventionnel-Chiappe*
– ℰ 04 95 21 99 13 – www.a-merendella-soccia.fr
– Fermé lundi midi et dim.

🏡 Les Mouettes

VILLA · **COSY** Une grande demeure rose de 1880, une vue superbe sur la piscine et la plage privée. Chambres sobres et spacieuses, la plupart avec loggia, pour rêver en regardant les mouettes.
27 chambres – 🛏100/700 € 🛏🛏100/700 € – 🍽 20 €
9 cours Lucien-Bonaparte
– ℰ 04 95 50 40 40 – www.hotellesmouettes.fr
– Ouvert 24 mars-1er nov.

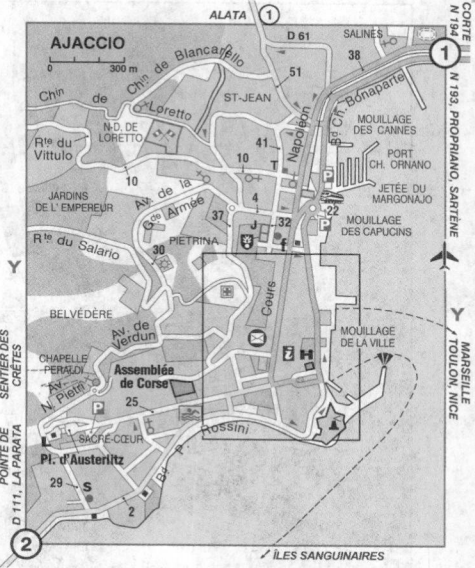

AJACCIO

Albert-1er (Bd) . . . . **Y** 2
Bévérini Vico (Av.) . . . . **Y** 4
Colonna d'Ornano
(Av. du Col.) . . . . **Y** 10
Griffi (Square P.) . . . . **Y** 22
Leclerc (Cours Gén.) . . . . **Y** 25
Madame-Mère (Bd) . . . . **Y** 29
Maillot (Bd H.) . . . . **Y** 30
Masséria (Bd) . . . . **Y** 32
Napoléon-III (Av.) . . . . **Y** 37
Napoléon (Cours) . . . . **Y**
Nicoli (Cours J.) . . . . **Y** 38
Paoli (Bd D.) . . . . **Y** 41
St-Jean (Montée) . . . . **Y** 51

🏨 Amirauté

HÔTEL DE CHAÎNE · FONCTIONNEL Vaste immeuble moderne en sortie de ville, vers l'aéroport. Les chambres y sont fonctionnelles. Piscine et terrasse tournées vers la mer.

129 chambres – ♦65/284 € ♦♦75/284 € – ⌧12 €
20 bd Georges-Pompidou – ☎ 04 95 27 22 57 – www.corsica-hotels.fr

🏨 San Carlu Citadelle

TRADITIONNEL · FONCTIONNEL Au cœur du vieil Ajaccio et à deux pas de la plage St-François, cet hôtel offre une vue superbe sur la citadelle et la mer. Les chambres, au décor épuré, disposent d'un équipement complet ; on profite aussi du restaurant, de l'autre côté de la rue.

40 chambres – ♦59/200 € ♦♦59/250 € – ⌧14 €
Plan : Z-f – *8 bd Casanova – ☎ 04 95 21 13 84 – www.hotel-sancarlu.com*

🏨 Kallisté

TRADITIONNEL · SIMPLE Cet édifice (19e s.) du cours Napoléon a conservé ses murs de brique et de granit et ses plafonds voûtés. Chambres petites et fonctionnelles, idéales pour une étape ou un court séjour.

45 chambres – ♦49/97 € ♦♦59/110 € – ⌧9 €
Plan : Z-b – *51 cours Napoléon – ☎ 04 95 51 34 45
– www.hotel-kalliste-ajaccio.com*

Se régaler sans se ruiner ? Repérez les Bib Gourmand ⊛
Ils vous aideront à dénicher les bonnes tables sachant marier
cuisine de qualité et prix ajustés !

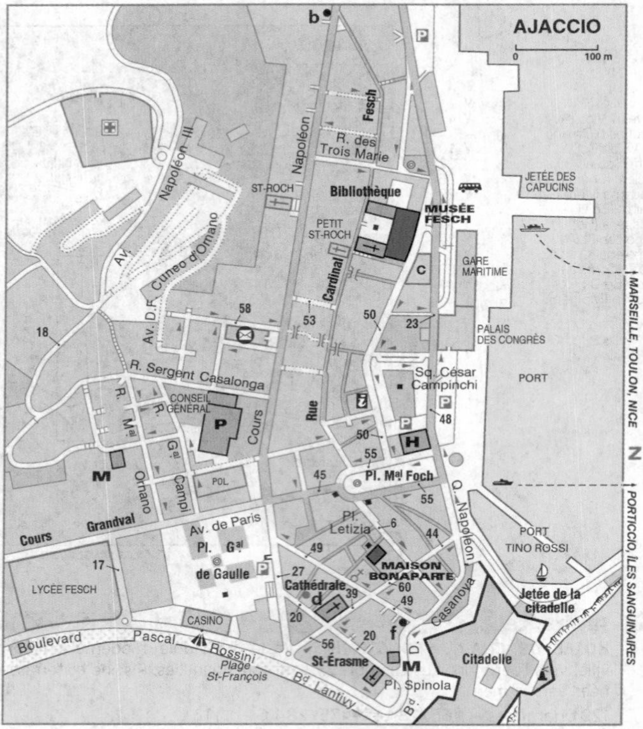

0   100 m

Map labels: b, P, Napoléon-III, Fesch, R. des Trois Marie, ST-ROCH, Bibliothèque, PETIT ST-ROCH, MUSÉE FESCH, C, JETÉE DES CAPUCINS, GARE MARITIME, PALAIS DES CONGRÈS, PORT, AV. D.F. Cuneo d'Ornano, 58, 53, 50, 23, 18, R. Sergent Casalonga, CONSEIL GÉNÉRAL, P, Cours, Rue, Cardinal, Sq. César Campinchi, 50, 48, H, 55, POL., M, Ornano, Campi, Grandval, 45, Pl. Mal Foch, 55, Z, MARSEILLE, TOULON, NICE, PORTICCIO ÎLES SANGUINAIRES, Cours, Av. de Paris, Pl. Gal de Gaulle, P, Pr Letizia, 6, 44, PORT TINO ROSSI, 17, LYCÉE FESCH, CASINO, 49, MAISON BONAPARTE, 60, Jetée de la citadelle, Cathédrale, d, 39, 49, 20, f, Citadelle, Boulevard, Pascal, Rossini, Plage St-François, 20, St-Érasme, M, Pl. Spinola, Bd Lantivy

Bonaparte (R.)	Z 6	Macchini (Av. E.)	Z 27	Roi-de-Rome (R.)	Z 49
Dr-Ramaroni (Av. du)	Z 17	Napoléon-III (Av.)	Z	Roi-Jérôme (Bd)	Z 50
Eugénie (Av. Impératrice)	Z 18	Napoléon (Cours)	Z	Sebastiani (R. Gén.)	Z 53
Fesch (R. Cardinal)	Z	Notre-Dame (R.)	Z 39	Sérafini (Av. A.)	Z 55
Forcioli-Conti (R.)	Z 20	Pozzo-di-Borgo (R.)	Z 44	Soeur-Alphonse (R.)	Z 56
Grandval (Cours)	Z	Premier-Consul (Av.)	Z 45	Vero (R. Lorenzo)	Z 58
Herminier (Quai l')	Z 23	République (Q. de la)	Z 48	Zévaco-Maire (R.)	Z 60

Plaine de Cuttoli 15 km par rte de Bastia, rte de Cuttoli (D1) puis rte de Bastelicaccia – ✉ 20167 Mezzavia

U Licettu

CUISINE TRADITIONNELLE · RUSTIQUE XX Une villa dominant le golfe et noyée sous les fleurs, quelques chambres face au jardin, un accueil charmant, une cuisine corse copieuse et savoureuse (charcuteries maison, viandes rôties dans la cheminée, brocciu frais du matin même...) : autant de bonnes raisons de ne pas prendre le maquis !

Menu 43 € ▼

5 chambres – ♦55/70 € ♦♦60/70 € – ☲ 8 €

- ☎ 04 95 25 61 57 (réservation conseillée) – www.u-licettu.com
- Fermé 1er janv.-15 fév., dim. soir et lundi

Petit déjeuner compris ? La tasse ☲ suit directement le nombre de chambres.

à Pisciatello 12 km par N196 – ✉ 20117 Cauro

🍴 Auberge du Prunelli

CUISINE TRADITIONNELLE · AUBERGE X Charcuterie, fromages et miel de la vallée, légumes du potager, petits plats mijotés des heures sur le coin du fourneau, tartes concoctées avec les fruits du verger... Nul doute : si cette auberge née en 1870 est perdue en dehors d'Ajaccio, c'est pour mieux retrouver la tradition corse ! Authentique et intemporel.

Formule 20 € – Menu 34 € 🍷 – Carte 29/46 €

– 𝒞 04 95 20 02 75 – www.auberge-du-prunelli.fr – Fermé mardi

rte des îles Sanguinaires – ✉ 20000 Ajaccio :

✿ Palm Beach

CUISINE MODERNE · ÉLÉGANT XX Le restaurant embrasse le golfe d'Ajaccio, la Grande Bleue vient caresser sa terrasse... Dans ce lieu idyllique, on savoure une cuisine gastronomique raffinée, mettant en valeur les beaux produits du terroir. Menu plus simple au déjeuner au Sari. Chambres confortables face à la mer.
→ Terrine de foie gras cuit au naturel. Maigre des Îles Sanguinaires rôti sur peau, écume de safran. Baba à la liqueur de myrte.

Menu 89 € – Carte 65/88 €

14 chambres – ♦150/300 € ♦♦200/600 € – ☕ 18 €

à 5 km – 𝒞 04 95 52 01 03 – www.palm-beach.fr – Ouvert d'avril à oct. et fermé le midi

🏨 Dolce Vita

LUXE · PERSONNALISÉ La vie est douce dans cet hôtel à fleur d'eau : beau jardin, piscine et plage privée. Chambres spacieuses et contemporaines, toutes avec vue sur la Méditerranée...

32 chambres – ♦240/500 € ♦♦240/500 € – ☕ 24 € – ½ P

à 9 km – 𝒞 04 95 52 42 42 – www.hotel-dolcevita.com – Ouvert d'avril à oct.

🏨 Cala di Sole

HÔTEL DE VACANCES · FONCTIONNEL Pour un séjour tonique les pieds dans l'eau : piscine, fitness, plongée, jet-ski et planche à voile. Chambres avec terrasse ou loggia donnant sur la mer. En saison, grillades et salades servies midi et soir à la paillotte de l'hôtel, située sur la plage.

31 chambres – ♦95/265 € ♦♦95/265 € – ☕ 15 €

à 6 km – 𝒞 04 95 52 01 36 – www.caladisole.fr – Ouvert d'avril à oct.

ALÉRIA

✉ 20270 – 2 191 hab. – Alt. 20 m – Carte régionale n° **15**-B2
▶ Bastia 71 km – Corte 50 km – Porto Vecchio 72 km
Carte Michelin 345-G7

🏨 L'Empereur

FAMILIAL · FONCTIONNEL À trois minutes de la plage, au bord de la nationale qui traverse le village, cette construction de style motel propose des chambres spacieuses et fonctionnelles donnant pour la plupart sur la piscine. Les duplex conviendront particulièrement aux vacances en famille.

32 chambres – ♦45/80 € ♦♦55/100 € – ☕ 7 € – ½ P

320 av. St-Alexandre-Sauli, N198 – 𝒞 04 95 57 02 13 – www.hotel-empereur.com

ALGAJOLA

✉ 20220 – 293 hab. – Alt. 2 m – Carte régionale n° **15**-A1
▶ Bastia 76 km – Calvi 16 km – L'Ile-Rousse 10 km
Carte Michelin 345-C4

🏨 Stellamare

FAMILIAL · PERSONNALISÉ Sur les hauteurs de la station, un beau jardin très engageant, puis cette grande maison qui abrita jadis les locaux de l'ORTF. Chambres plaisantes et cosy donnant sur la mer ou la montagne.

16 chambres ☕ – ♦104/161 € ♦♦115/172 €

chemin Santa-Lucia – 𝒞 04 95 60 71 18 – www.stellamarehotel.com – Ouvert 1er mai-16 oct.

Serenada

HÔTEL DE VACANCES · MODERNE Presque les pieds dans l'eau, un hôtel récent vraiment accueillant. Les chambres sont très confortables – avec une préférence pour celles qui donnent sur la mer –, bien insonorisées et décorées dans un style sobre et contemporain.

12 chambres – ♦105/249 € ♦♦105/249 €

r. de la Marine – ℰ 04 95 36 43 64 – www.hotel-serenada.com – Ouvert avril-oct.

AULLÈNE

✉ 20116 – 184 hab. – Alt. 825 m – Carte régionale n° **15**-B3
▶ Ajaccio 73 km – Bonifacio 84 km – Corte 103 km – Porto-Vecchio 59 km
Carte Michelin 345-D9

 San Larenzu

AUBERGE · SIMPLE En route pour le GR 20 ? Laurent propose des chambres bien tenues et... vend aussi sa charcuterie artisanale ! Bon petit-déjeuner (miel et confitures corses) face aux montagnes.

5 chambres ☲ – ♦65 € ♦♦70 €

Pasta di Grano, (près de la poste) – ℰ 04 95 78 63 12 – www.sanlarenzu.com

BARCAGGIO

✉ 20275 Ersa – Carte régionale n° **15**-B1
▶ Bastia 55 km
Carte Michelin 345-F1

 Petra Cinta

HÔTEL DE VACANCES · COSY Dans cette jolie maison blanche, en retrait du pittoresque port, les chambres sont décorées avec goût, vraiment avenantes, et certaines sont même conçues pour les familles. Tout est doux et reposant, à prix raisonnable. Petite restauration.

9 chambres – ♦65/125 € ♦♦75/130 € – ☲ 8 €

au port – ℰ 04 95 36 87 45 – http://hotelpetracinta.free.fr – Ouvert mai-oct.

BASTELICA

✉ 20119 – 537 hab. – Alt. 800 m – Carte régionale n° **15**-B2
▶ Ajaccio 43 km – Corte 69 km – Propriano 70 km – Sartène 82 km
Carte Michelin 345-D7

 Chez Paul

CUISINE TRADITIONNELLE · RUSTIQUE ⅺ Dans cette auberge, on se régale d'une bonne cuisine corse (charcuterie maison, daube de veau, cannellonis au brocciu) depuis quatre générations ! Dans l'assiette, c'est généreux et savoureux. Aux beaux jours, on profite de la terrasse avec vue plongeante sur le village et la vallée du Prunelli.

⊜ Menu 12/34 € – Carte 24/34 € dîner

quartier Stazzone – ℰ 04 95 28 71 59

 Artemisia

VILLA · DESIGN Le charme de la différence ! Né en 2010, cet hôtel associe architecture contemporaine et esprit loft. Dans les chambres, les lits placés devant de grandes baies tutoient la montagne. Le patron, enfant du village, conseille balades et adresses d'artisanat. Recettes corses à l'heure du dîner. Détente absolue...

10 chambres – ♦95/195 € ♦♦95/195 € – ☲ 14 €

Boccialacce, rte du Col de Scalella – ℰ 04 95 28 19 13 – www.hotel-artemisia.com – Fermé début nov. au 26 déc.

BASTIA

✉ 20200 – 43 479 hab. – Alt. 18 m – Carte régionale n° **15**-B1
▶ Ajaccio 148 km – Bonifacio 171 km – Calvi 92 km – Corte 69 km
Carte Michelin 345-F3

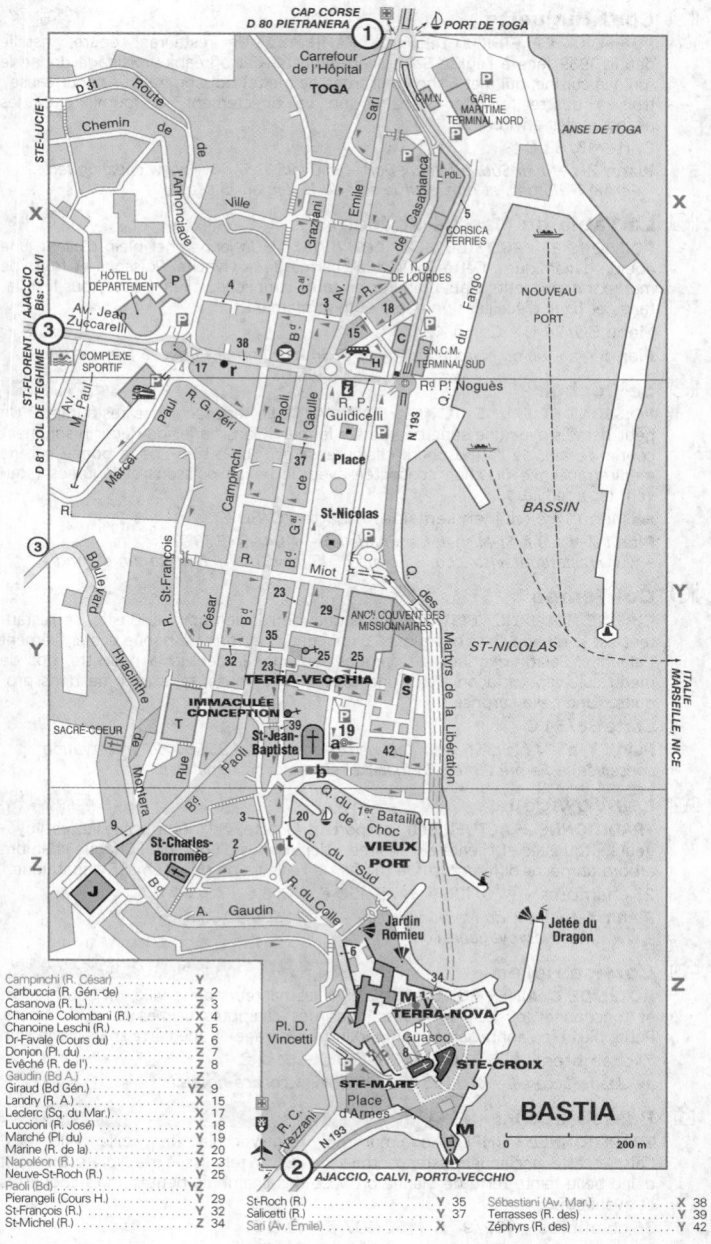

CAP CORSE
D 80 PIETRANERA
PORT DE TOGA
Carrefour
de l'Hôpital
TOGA
GARE
MARITIME
TERMINAL NORD
ANSE DE TOGA
CORSICA
FERRIES
NOUVEAU
PORT
HÔTEL DU
DÉPARTEMENT
Av. Jean Zuccarelli
COMPLEXE
SPORTIF
S.N.C.M.
TERMINAL SUD
Rd Pt Noguès
BASSIN
Place
St-Nicolas
Miot
ANCⁿ COUVENT DES
MISSIONNAIRES
ST-NICOLAS
TERRA-VECCHIA
IMMACULÉE
CONCEPTION
St-Jean-
Baptiste
SACRÉ-CŒUR
VIEUX
PORT
St-Charles-
Borromée
Jardin
Romieu
Jetée du
Dragon
A. Gaudin
Pl. D.
Vincetti
TERRA-
NOVA
Pl.
Guasco
STE-CROIX
STE-MARIE
Place
d'Armes
BASTIA
0   200 m
AJACCIO, CALVI, PORTO-VECCHIO

Campinchi (R. César) .... Y
Carbuccia (R. Gén.-de) .... Z
Casanova (R. L.) .... Z 3
Chanoine Colombani (R.) .... X 4
Chanoine Leschi (R.) .... X 5
Dr-Favale (Cours du) .... Z 6
Donjon (Pl. du) .... Z 7
Évêché (R. de l') .... Z 8
Gaudin (Bd A.) .... Z
Giraud (Bd Gén.) .... YZ 9
Landry (R. A.) .... X 15
Leclerc (Sq. du Mar.) .... X 17
Luccioni (R. José) .... X 18
Marché (Pl. du) .... Y 19
Marine (R. de la) .... Z 20
Napoléon (R.) .... Z 23
Neuve-St-Roch (R.) .... Y 25
Paoli (Bd) .... YZ
Pierangeli (Cours H.) .... Y 29
St-François (R.) .... Y 32
St-Michel (R.) .... Z 34

St-Roch (R.) .... Y 35
Salicetti (R.) .... Y 37
Sari (Av. Émile) X
Sébastiani (Av. Mar.) .... X 38
Terrasses (R. des) .... Y 39
Zéphyrs (R. des) .... Y 42

569

ⅱ○ Chez Huguette

POISSONS ET FRUITS DE MER · FAMILIAL ✗✗ Un restaurant épuré, installé depuis 1969 face à l'église Saint-Jean-Baptiste. Cet agréable voisinage donne le ton à la cuisine, qui met à l'honneur fruits de mer et poisson frais... et pour cause : trois à quatre fois par semaine, on va directement se fournir chez les pêcheurs des environs !

Carte 43/63 €

Plan : Z-t – *quai Sud, au Vieux-Port* – ℰ 04 95 31 37 60 – www.chezhuguette.fr
– *Fermé 1er-15 déc. et dim. sauf le soir du 15 juin au 15 sept.*

ⅱ○ La Table du Marché St Jean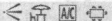

POISSONS ET FRUITS DE MER · CONVIVIAL ✗✗ Un jeune chef plein d'allant, une équipe dynamique... Cette Table a la charme de la vivacité. Poissons et fruits de mer extrafrais, petits plats préparés en toute simplicité, jolie terrasse sous les platanes et banc d'écailler : on passe un bon moment.

Menu 30/74 € – Carte 42/74 €

Plan : Y-a – *pl. du Marché* – ℰ 04 95 31 64 25 – *Fermé 15 déc.-5 janv. et dim.*

ⅱ○ Le Pêchoir

POISSONS ET FRUITS DE MER · FAMILIAL ✗✗ La terrasse de ce restaurant ? Un petit paradis avec une superbe vue sur la mer... Sans parler du décor résolument contemporain, de l'atmosphère chaleureuse et – bien sûr – de la bonne cuisine méditerranéenne du chef, concoctée avec de beaux poissons et légumes (souvent bio) de l'île.

🍴 Menu 17 € (déj. en semaine) – Carte 20/50 €

Plan : Z-v – *8 r. St-Michel, (La Citadelle)* – ℰ 04 95 47 39 91
– *www.restaurantavista.com – Fermé 1er-15 janv., mardi hors saison et lundi*

ⅱ○ Col Tempo

CUISINE MODERNE · BISTRO ✗ Sur le quai de l'ancien port de Bastia, ce restaurant est le repaire "bistronomique" d'un jeune chef formé à bonne école, Clément Calendini. Salade exotique de gambas sauvages lardées à la pancetta, dos de merlu cuit vapeur façon aïoli : une cuisine savoureuse, faite avec de bons produits... Une belle surprise !

Carte 38/54 €

Plan : Y-b – *4 bis r. St-Jean, (au vieux Port)* – ℰ 04 95 58 14 22 *(réservation conseillée) – Fermé 25 fév.-18 mars, 24-30 nov., dim. soir et lundi*

🏠 Les Voyageurs

TRADITIONNEL · ACTUEL Entre le port et la gare, cet hôtel accueille les voyageurs – touristes et clientèle d'affaires – depuis plus d'un siècle ! Chaque chambre arbore un décor différent, sur le thème de l'ailleurs ou du cinéma. Sympathique.

23 chambres – †70/126 € ††75/150 € – ⌷ 6 €

Plan : X-r – *9 av. du Mar.-Sébastiani* – ℰ 04 95 34 90 80
– *www.hotel-lesvoyageurs.com*

🏠 Corsica Hotels

HÔTEL DE CHAÎNE · FONCTIONNEL Sur les hauteurs de la ville, un hôtel récent et fonctionnel, où l'on se repose dans des chambres calmes et confortables. Petits plus bien appréciables : un parking, un garage et une carte snacking le soir.

71 chambres – †56/140 € ††66/150 € – ⌷ 12 €

av. Jean-Zuccarelli – ℰ 04 95 55 05 10 – www.corsica-hotels.fr

🏠 Posta Vecchia

TRADITIONNEL · SIMPLE Au cœur de Terra-Vecchia (la vieille ville bastiaise), cette ancienne poste centrale du 18e s. rehaussée de volets bleus et d'une belle teinte terre de Sienne propose des chambres petites, mais coquettes et avenantes.

36 chambres – †52/97 € ††52/107 € – ⌷ 9 €

Plan : Y-s – *8 r. Posta-Vecchia* – ℰ 04 95 32 32 38 – www.hotel-postavecchia.com
– *Fermé 19 déc.-10 janv.*

à Palagaccio 3 km au Nord par D80 – ✉ 20200 San Martino di Lota

ⅩO L'Archipel ⩽ 🍴 🏠 🅰🅲 🏱 P

CUISINE TRADITIONNELLE · CONVIVIAL ⅩⅩ Pâtes aux langoustes, loup en croûte de sel... Cette cuisine du Sud est très appétissante, et on la déguste dans un cadre magique, face à l'archipel toscan et presque les pieds dans l'eau. Une impression de bout du monde, peut-être la plus belle terrasse de Bastia !

Carte 41/63 €

Hôtel L'Alivi, rte du Cap Corse, 3 km au Nord – ℰ 04 95 55 00 10
– www.hotel-alivi.com – Ouvert 15 avril-30 sept. et fermé dim. soir et lundi sauf le soir en saison

🏨 L'Alivi ✿ 🅢 ⩽ 🍴 🏊 🔲 🅰🅲 🏱 🧖 P

FAMILIAL · ACTUEL La vie en bleu ! À 5mn du centre-ville, en direction du cap Corse, cet hôtel est une ode à la mer. Accès direct à la plage et vue plongeante sur les flots, qu'on paresse au solarium, crawle dans la piscine ou prenne l'air sur la terrasse de sa jolie chambre...

36 chambres – ♦80/220 € ♦♦95/400 € – 1 suite – ☕14 € – ½ P

rte du Cap Corse, 3 km au Nord – ℰ 04 95 55 00 00 – www.hotel-alivi.com
– Ouvert 15 mars-31 oct.

ⅩO **L'Archipel** – voir les restaurants ci-dessus

à Pietranera 3 km au Nord – ✉ 20200 San Martino di Lota

🏨 Pietracap 🅢 ⩽ 🍴 🏊 🅰🅲 🏱 P

VILLA · ACTUEL Parc luxuriant, vue sur la mer... un havre de paix ! Les chambres sont spacieuses, et disposent toutes d'un balcon donnant sur la verdure et la Grande Bleue. Au petit-déjeuner, goûtez la bonne confiture d'orange maison (avec les agrumes du jardin).

39 chambres – ♦95/220 € ♦♦95/220 € – ☕13 €

20 rte de San-Martino, 3 km au Nord sur D131 – ℰ 04 95 31 64 63
– www.pietracap.com – Ouvert avril-nov.

à San-Martino-di-Lota 13 km au Nord par D80 et D131 – ✉ 20200
– 2 882 hab. – Alt. 350 m

⊛ La Corniche ⊛ ⩽ 🍴 🏠 🧖 P

CUISINE CLASSIQUE · MÉDITERRANÉEN ⅩⅩ Une maison chaleureuse accrochée à la montagne et donnant sur la mer, une belle terrasse sous les platanes... et une cuisine qui régale nos papilles, tels ces beignets de fromage corse ou cette côte d'agneau grillée aux légumes et aux herbes du maquis. Le tout accompagné de vieux millésimes de l'île. Réjouissant !

Formule 24 € – Menu 32/71 € – Carte 43/73 €

Hôtel La Corniche, hameau de Castagneto – ℰ 04 95 31 40 98
– www.hotel-lacorniche.com – Fermé 1er janv.-10 fév., dim. soir du 25 oct. au 30 avril, mardi midi et lundi

🏨 La Corniche ✿ ⩽ 🍴 🏊 🧖 🅰🅲 P

FAMILIAL · CLASSIQUE Perchée sur les hauteurs du village, à flanc de colline, cette jolie maison toute jaune offre une vue à couper le souffle sur la vallée, la mer et, au loin, l'île d'Elbe. Déco colorée dans les chambres, jolie piscine et... prix assez doux.

20 chambres – ♦53/110 € ♦♦59/130 € – ☕13 € – ½ P

hameau de Castagneto – ℰ 04 95 31 40 98 – www.hotel-lacorniche.com
– Fermé 1er janv.-10 fév.

⊛ **La Corniche** – voir les restaurants ci-dessus

Château Cagninacci

FAMILIAL · HISTORIQUE À flanc de montagne et au grand calme, ce joli couvent du 17ᵉ s. cultive un certain esprit monacal et hors du temps. Les chambres sont spacieuses, meublées à l'ancienne, et donnent – comme la terrasse – sur la mer et l'île d'Elbe... Un cachet fou !

4 chambres 🖙 – ♦119/154 € ♦♦119/154 €

Hameau de Mola – 𝒞 06 78 29 03 94 – www.chateaucagninacci.com – Ouvert 15 mai-1ᵉʳ oct.

rte d'Ajaccio 4 km au Sud – ✉ 20600 Bastia

Ostella

BUSINESS · ACTUEL Ne vous fiez pas à son aspect un peu banal dans la banlieue de Bastia, cet hôtel est vraiment sympathique : agréable spa, joli jardin, piscine couverte, solarium, restaurant tendance, chambres fraîches et colorées...

52 chambres – ♦80/155 € ♦♦95/500 € – 2 suites – 🖙13 € – ½ P

av. Sampiero-Corso – 𝒞 04 95 30 97 70 – www.hotel-ostella.com

rte de l'aéroport de Bastia-Poretta 18 km au Sud par N193 et D507 ✉ 20290 Lucciana

Poretta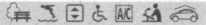

FAMILIAL · FONCTIONNEL En retrait de la route, un hôtel récent dissimulé derrière des palmiers. Les chambres, de style contemporain, sont fonctionnelles et propres. Également des duplex, bien pratiques lors d'une étape en famille.

43 chambres – ♦70/80 € ♦♦80/95 € – 🖙9 €

rte de l'Aéroport – 𝒞 04 95 36 09 54 – www.hotel-poretta.com – Fermé 19 déc.-4 janv.

BELGODÈRE

✉ 20226 – 525 hab. – Alt. 320 m – Carte régionale n° **15**-A1
▶ Bastia 68 km – Calvi 40 km – Corte 55 km – L'Ile-Rousse 15 km
Carte Michelin 345-D4

au Golf du Reginu 13 km au Sud-Ouest par N2131, N137 et D113

✿ I Salti

CUISINE MODERNE · COSY 🗴 Dans la vallée du Reginu, non loin du golf, on emprunte un chemin sur quelques kilomètres avant de découvrir cette jolie maison au calme... L'ardoise annonce de beaux produits de Balagne, et met l'eau à la bouche. Confirmation ensuite dans l'assiette, soignée et colorée : un véritable carrefour de saveurs !

➜ Cuisine du marché.

Carte 50/65 €

rte du Reginu – 𝒞 04 95 34 35 59 (réservation conseillée) – Ouvert 15 avril-24 oct. et fermé le midi en juil.-août et lundi

BONIFACIO

✉ 20169 – 2 950 hab. – Alt. 55 m – Carte régionale n° **15**-B3
▶ Ajaccio 132 km – Corte 150 km – Sartène 50 km
Carte Michelin 345-D11

Au Jardin d'A Cheda

CUISINE MODERNE · MÉDITERRANÉEN 🗴🗴 Bois, pierre, mosaïque... Un restaurant intime et une terrasse charmante, face à la piscine ! Tartare de veau bio, langoustines au four... On apprécie une belle cuisine d'aujourd'hui, qui met à l'honneur les produits corses.

Menu 62 €, 85/85 € – Carte 60/74 €

Hôtel A Cheda, rte de Porto-Vecchio, 2 km au Nord-Est par N198 – 𝒞 04 95 73 03 82 – www.acheda-hotel.com – Fermé le midi et mardi d'oct. à mai, dim. soir, lundi soir et merc. soir de nov. à mars

🍴 Le Voilier

POISSONS ET FRUITS DE MER · ÉLÉGANT ✕✕ Voguez sans crainte vers cette étape gourmande ! Décor élégant et terrasse sur la marina, cuisine iodée d'une grande fraîcheur, embellie de légumes et d'herbes aromatiques.

Formule 25 € – Menu 30 € – Carte 54/116 €

quai Comparetti – ✆ *04 95 73 07 06 – www.restaurant-levoilier-bonifacio.com
– Fermé 14 janv.-14 fév., dim. soir et merc. hors saison*

🍴 Stella d'Oro

AC

CORSE · FAMILIAL ✕✕ Une maison ancienne (poutres, pressoir à olives et meule en pierre) dans la vieille ville. Cuisine savoureuse faisant la part belle au terroir corse, ainsi qu'à la pêche locale et aux langoustes.

Carte 57/103 €

7 r. Doria, (ville haute) – ✆ *04 95 73 03 63
– www.restaurant-stelladoro-bonifacio.com – Ouvert d'avril à oct.*

🏨 Genovese

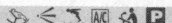

VILLA · PERSONNALISÉ Dans les remparts du fort, un établissement au minima-lisme chic et moderne, propice à la détente. Les chambres, décorées avec goût, sont réparties autour de la cour, orientées côté marina ou citadelle. Trois superbes suites sont aussi disponibles sur le port, où un chauffeur pourra vous conduire !

15 chambres – 🛏140/420 € 🛏🛏140/420 € – 3 suites – ☕ 20 €

quartier de la Citadelle, (ville haute) – ✆ *04 95 73 12 34
– www.hotel-genovese.com – Fermé 15 nov.-15 janv.*

🏨 A Cheda

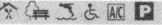

VILLA · COSY Pour se couper du monde : un jardin planté d'essences du Sud et des chambres délicieuses (terrasse privative, sauna) dans des mai-sonnettes.

13 chambres – 🛏103/698 € 🛏🛏103/698 € – 5 suites – ☕ 23 € – ½ P

rte de Porto-Vecchio, 2 km au Nord-Est par N198 – ✆ *04 95 73 03 82
– www.acheda-hotel.com*

🍴 **Au Jardin d'A Cheda** – voir les restaurants ci-dessus

🏨 Santa Teresa

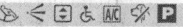

TRADITIONNEL · PERSONNALISÉ Hôtel imposant surplombant les falaises. Chambres contemporaines très soignées ; certaines offrent une vue plongeante sur la Grande Bleue, avec la Sardaigne au loin !

42 chambres – 🛏105/295 € 🛏🛏105/295 € – ☕ 17 €

quartier St-François, (ville haute) – ✆ *04 95 73 11 32 – www.hotel-santateresa.com
– Ouvert 7 avril-15 oct.*

🏨 A Trama

FAMILIAL · MÉDITERRANÉEN Les chambres sont disséminées dans cinq bunga-lows, au cœur d'un beau jardin planté d'oliviers et de palmiers. Décor soigné (mosaïques) et terrasses privées. Courte carte et cuisine méditerranéenne servies sous une véranda face à la piscine.

25 chambres – 🛏96/208 € 🛏🛏96/208 € – ☕ 12 €

2 km à l'Est par rte de Santa-Manza – ✆ *04 95 73 17 17 – www.a-trama.com
– Fermé 5 janv.-2 fév.*

🏨 A Madonetta

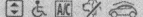

TRADITIONNEL · FONCTIONNEL Un hôtel récent proche de la marina et assez calme. Chambres contemporaines et fonctionnelles, certaines avec mezzanine. Agréable spa (bain à remous, hammam, solarium).

22 chambres – 🛏72/320 € 🛏🛏72/320 € – 2 suites – ☕ 14 €

r. Paul-Nicolaï – ✆ *04 95 10 36 39 – www.amadonetta.com*

Domaine de Licetto

FAMILIAL · FONCTIONNEL Un établissement familial sur la route menant au sémaphore et au cap de Pertusato. Les chambres – rénovées peu à peu – sont assez spacieuses, fonctionnelles et bien tenues. Pour plus d'indépendance : quelques studios au milieu du maquis. Une adresse idéale pour se ressourcer au grand calme.

19 chambres – ♦55/135 € ♦♦55/135 € – ☑ 11 €

2 km au Sud-Est par rte de Pertusato – *𝒞 04 95 73 03 59* – *www.licetto.com*
– Fermé nov. et déc.

à Gurgazu 6 km au Nord-Est par rte de Santa-Manza – ✉ 20169 Bonifacio

Hôtel du Golfe

AUBERGE · MINIMALISTE Cette affaire familiale nichée dans un site sauvage du golfe de Santa Manza, à 50 m de la mer, séduit les amateurs de quiétude et de simplicité. Les chambres, entièrement refaites en 2014, sont parfaitement tenues, et la formule demi-pension proposée est intéressante (cuisine régionale).

9 chambres – ♦85/120 € ♦♦85/180 € – ☑ 7 €

Golfe Sant' Amanza – *𝒞 04 95 73 05 91* – *www.hoteldugolfe-bonifacio.com*
– Ouvert d'avril à mi-nov.

au Nord-Est 10 km par rte de Porto-Vecchio (N198) et rte secondaire –
✉ 20169 Bonifacio :

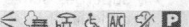 U Capu Biancu

CUISINE TRADITIONNELLE · MÉDITERRANÉEN XX Il y a le soleil, la mer et la Corse tout entière dans cet agréable restaurant... Le chef travaille des produits nobles et marie harmonieusement le terroir et les saveurs iodées ; il réalise des plats de tradition très appétissants.

Carte 49/151 €

Domaine de Pozzoniello, 10 km – *𝒞 04 95 73 05 58* – *www.ucapubiancu.com*
– Ouvert 30 avril-31 oct.

 U Capu Biancu

LUXE · PERSONNALISÉ Dans un splendide parc méditerranéen, au-dessus des eaux turquoise du golfe de Santa Manza, des suites luxueuses et des chambres ouvrant sur la mer ou le maquis, une piscine à débordement, un agréable espace détente... Nul doute : voilà un endroit idyllique !

41 chambres – ♦240/1065 € ♦♦240/1065 € – ☑ 30 €

Domaine de Pozzoniello, 10 km – *𝒞 04 95 73 05 58* – *www.ucapubiancu.com*
– Ouvert 30 avril-31 oct.

🍴 **U Capu Biancu** – voir les restaurants ci-dessus

 Version Maquis

VILLA · MÉDITERRANÉEN Dans le calme du maquis corse, loin de la foule, une imposante demeure où l'on trouve de belles chambres confortables et climatisées. Le matin, on emprunte à pied le chemin menant à la mer, à une demi-heure de là... Dépaysement garanti !

8 chambres ☑ – ♦160/400 € ♦♦160/400 €

lieu-dit Canetto-Pertuso, 8 km – *𝒞 04 95 71 05 30* – *www.hotelversionmaquis.com*
– Ouvert début avril-début nov.

CALACUCCIA

✉ 20224 – 296 hab. – Alt. 830 m – Carte régionale n° **15**-A2
▶ Bastia 78 km – Calvi 97 km – Corte 35 km – Piana 68 km
Carte Michelin 345-D5

 Auberge Casa Balduina

FAMILIAL · FONCTIONNEL Nichée dans un joli jardin, cette maison propose des chambres petites mais coquettes. Idéal pour une étape entre randonnée et canyoning.

7 chambres – ♦70/90 € ♦♦70/90 € – ☑ 10 €

lieu-dit Le Couvent – *𝒞 04 95 48 08 57* – *www.casabalduina.com* – *Ouvert 1ᵉʳ mai-15 oct.*

⌂ Acqua Viva 🛏️ ⚘ P

TRADITIONNEL · FONCTIONNEL Au débouché de la Scala di Santa Regina – taillée, dit-on, par la Vierge en personne –, un petit hôtel familial simple et engageant, avec des chambres d'une tenue irréprochable. Aux beaux jours, le petit-déjeuner est servi sous la glycine...

14 chambres – †65/79 € †† 69/85 € – ☖ 10 €

– ℰ 04 95 48 06 90 – www.acquaviva-fr.com – Fermé 23-27 déc.

CALVI

✉ 20260 – 5 514 hab. – Alt. 23 m – Carte régionale n° **15**-A1

▶ Bastia 92 km – Corte 88 km – L'Ile-Rousse 25 km – Porto 73 km

Carte Michelin 345-B4

❀ La Table by La Villa 🕸️ ≤ 🛏️ 🏛️ 🗚 ⚘ P

CUISINE MODERNE · ÉLÉGANT XXX Au sein de la Villa, dont le luxueux décor s'efface devant la majesté du panorama – la baie, la forteresse, les montagnes... –, cette Table cultive les beautés de l'île. Saint-pierre, viandes ou agrumes : le chef, Laurent Renard, travaille chaque produit avec originalité, toujours dans le respect des saveurs. Doux moment...

➜ Tortellinis de langoustine, jus coraillé parfumé à l'huile de mandarine. Côte de veau corse dorée au sautoir, croûte de noisette de Cervione. Pain de Gênes et abricots rôtis au miel, sorbet.

Menu 100/150 € – Carte 110/130 €

Hôtel La Villa, chemin de Notre-Dame-de-la-Serra, 1 km au Sud-Ouest par rte de l'Ile-Rousse – ℰ 04 95 65 83 60 – www.hotel-lavilla.com
– Ouvert 25 avril-25 oct. et fermé le midi

⅃○ U Fanale 🏛️ P

CORSE · FAMILIAL X Sur la route de Porto, un endroit idéal si l'on cherche une bonne cuisine traditionnelle : jolis produits et poissons locaux sont travaillés avec une pointe de créativité... et les prix sont raisonnables ! La salle, simplement décorée, réserve une belle vue sur la baie et le phare de la Revellata.

Menu 22/28 € – Carte 43/63 €

rte de Porto – ℰ 04 95 65 18 82 – www.ufanale.com – Ouvert 1er avril-31 déc. et fermé mardi midi d'avril à sept., le mardi en oct. et du lundi au merc. en nov. et déc.

🏨🏨 La Villa 🏯 ⚘ ≤ 🛏️ 🗻 🗻 ⓜ 🎠 🗚 🍴 🀫 ⚙️ 🗚 ⚘ 🎿 P

GRAND LUXE · ÉLÉGANT La vieille ville et toute la baie semblent se prosterner devant cette Villa juchée sur les hauteurs ! Ce palace au luxe discret, digne d'un couvent comme d'une villa romaine, distille l'essence de l'île de Beauté...

54 chambres ☖ – †250/1000 € †† 250/1000 € – 9 suites – ½ P

chemin de Notre-Dame-de-la-Serra, 1 km au Sud-Ouest par rte de l'Ile-Rousse – ℰ 04 95 65 10 10 – www.hotel-lavilla.com – Ouvert 25 avril-25 oct.

❀ **La Table by La Villa** – voir les restaurants ci-dessus

🏨 Hostellerie de l'Abbaye 🛏️ 🗚 🗚 ⚘ 🎿 🛎️

URBAIN · CLASSIQUE Une abbaye franciscaine du 16e s. couverte de lierre, son beau jardin ombragé et odorant... et, en son sein, des chambres classiques et confortables. Un bon hôtel de tradition.

43 chambres – †120/220 € †† 190/320 € – ☖ 18 €

Plan : a-a – *rte de Santore – ℰ 04 95 65 04 27 – www.hostellerie-abbaye.com*
– Ouvert avril-oct.

⌂ Casa Bianca ⓝ 🀫 🗚 🗚 P

HÔTEL DE VACANCES · ACTUEL Cherchez le platane centenaire ! Cette ancienne villa des années 1950, rénovée avec goût, propose quelques chambres claires et bien tenues, dont quatre suites. Préférez celles disposant d'un balcon.

7 chambres – †95/150 € †† 95/150 € – 4 suites – ☖ 12 €

chemin San-Francesco, rte du stade – ℰ 04 95 60 08 33
– www.hotel-casa-bianca.com

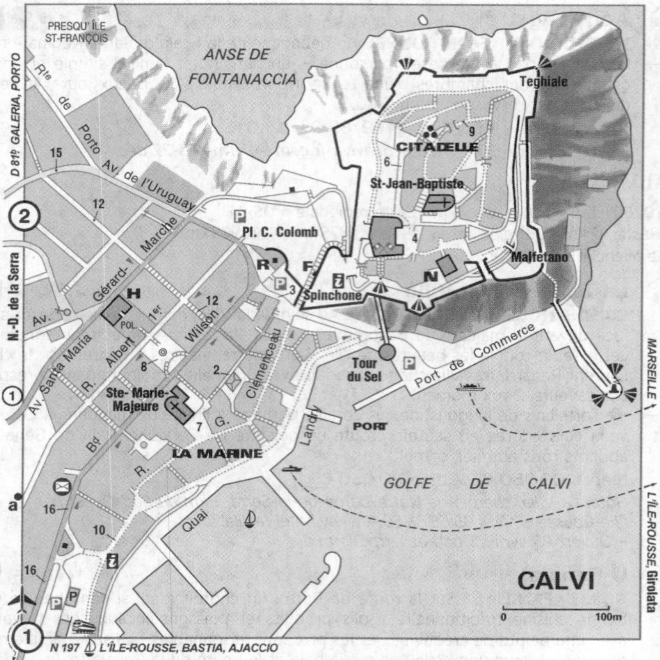

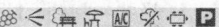

Alsace-Lorraine (R.)	2	Crudelli (Pl.)	7	Montée des Écoles	
Anges (R. des)	3	Dr-Marchal		(Chemin de)	12
Armes (Pl. d')	4	(Pl. du)	8	Napoléon (Av.)	15
Clemenceau (R. G.)		Fil (R. du)	9	République (Av. de la)	16
Colombo (R.)	6	Joffre (R.)	10	Wilson (Bd)	

En saison: circulation modifiée

L'Onda

☒ ᵫ AC ⚘ P

FAMILIAL · FONCTIONNEL À proximité de la plage et de la pinède, un petit immeuble ouvert en 1990, engageant avec sa façade jaune vif. Chambres simples et un peu rétro (mobilier en bois cérusé), très bien tenues, toutes avec balcon. Parfait pour une étape.

24 chambres – ♦62/145 € ♦♦62/145 € – �); 9 €

av. Christophe-Colomb, 1 km au Sud-Ouest par N197
– ℰ 04 95 65 35 00 – www.hotel-londa.com
– Ouvert de mai à mi-oct.

au Sud-Ouest 5 km par rte de l'aéroport et chemin privé - ☒ 20260 Calvi

La Palmeraie

❀ ⪡ ⌂ ⌂ AC ⚘ ⟺ P

CUISINE MODERNE · MÉDITERRANÉEN ✕✕✕ Esprit boudoir, terrasse donnant sur un superbe jardin méridional : d'une élégance rare, le cadre est parfait pour profiter de cette cuisine locale, terrienne et marine, où cuissons et préparations sont bien maîtrisées. Raviole d'araignée, veau corse cuit au sautoir... De beaux produits pour un plaisir sincère !

Carte 70/130 €

Hôtel La Signoria, rte de la Forêt-de-Bonifato
– ℰ 04 95 65 93 00 – www.hotel-la-signoria.com
– Ouvert de mi-avril à fin oct. et fermé le midi

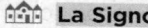 La Signoria

LUXE · PERSONNALISÉ Nichée dans une pinède, cette demeure du 18e s. incarne à elle seule la Méditerranée : de l'ocre, du bleu, un mobilier corse d'époque, un beau jardin paysager et... des senteurs infinies, dans la plus grande quiétude ! Piscine, jacuzzi, sauna, hammam etc.

17 chambres – †180/620 € ††180/620 € – 12 suites – ⌑ 32 €

rte de la Forêt-de-Bonifato – 𝒞 04 95 65 93 00 – www.hotel-la-signoria.com – Ouvert de mi-avril à fin oct.

❦○ **La Palmeraie** – voir les restaurants ci-dessus

CASAMOZZA

✉ 20290 Lucciana – Carte régionale n° **15**-B1
▶ Bastia 20 km – Corte 49 km – Vescovato 6 km
Carte Michelin 345-F4

Chez Walter

VILLA · FONCTIONNEL Non loin de l'aéroport de Bastia-Poretta, un complexe hôtelier récent au cœur d'un jardin méditerranéen. Plats traditionnels et pizzas au restaurant, piscine, tennis et fitness : les loisirs à l'honneur... et un grand espace séminaires.

62 chambres – †88 € ††100/110 € – 2 suites – ⌑9 € – ½ P

N193 – 𝒞 04 95 36 00 09 – www.hotel-chez-walter.com

CERVIONE

✉ 20221 – 1 719 hab. – Alt. 350 m – Carte régionale n° **15**-B2
▶ Bastia 52 km – Ajaccio 140 km – Biguglia 45 km – Corte 78 km
Carte Michelin 345-F6

à Prunete 5,5 km à l'Est par D71 – ✉ 20221

Casa Corsa

FAMILIAL · MÉDITERRANÉEN Une étape idéale sur la côte, entre Bastia et Aléria. Dans cette villa typiquement méditerranéenne, les chambres ont un petit côté provençal. Au programme : petit-déjeuner sous la tonnelle, promenade parmi les arbres fruitiers...

5 chambres ⌑ – †64 € ††73 €

Acqua Nera – 𝒞 04 95 38 01 40 – www.casa-corsa.net

CORTE

✉ 20250 – 7 280 hab. – Alt. 396 m – Carte régionale n° **15**-B2
▶ Bastia 69 km – Bonifacio 150 km – Calvi 88 km – L'Ile-Rousse 63 km
Carte Michelin 345-D6 – Guide Vert Michelin Corse

❦○ Le 24

CUISINE MODERNE · BRANCHÉ Sur le cours Paoli, une adresse sympathique dont le décor oscille entre touches contemporaines et vieilles pierres ; dans l'assiette, on sert surtout des produits corses, comme ces beaux poissons bien choisis et ces langoustes en vivier. Le verre n'est pas en reste avec une très belle sélection de vins locaux !

Formule 20 € ♈ – Menu 24 € – Carte 30/55 €

24 cours Paoli – 𝒞 04 95 46 02 90 – www.restaurant-le24.fr – Fermé en janv. et dim. de nov. à mai

Duc de Padoue

FAMILIAL · FONCTIONNEL Au cœur de la ville et tout près de la citadelle, une jolie bâtisse 1900, avec de belles chambres d'esprit contemporain, aux couleurs douces et reposantes. Un bon hôtel.

11 chambres ⌑ – †66/124 € ††67/125 €

2 pl. de Padoue – 𝒞 04 95 46 01 37 – www.ducdepadoue.com – Ouvert 1er avril-15 nov.

dans les Gorges de La Restonica Sud-Ouest sur D623 – ✉ 20250 Corte

⌂ Dominique Colonna

HÔTEL DE VACANCES · ÉLÉGANT À l'entrée des gorges, dans l'arrière-pays de Corte, un hôtel paisible entre rochers et pins : les amoureux de la nature seront sous le charme ! Le confort est total, des jolies chambres à cette splendide terrasse qui surplombe les flots tumultueux de la rivière...

28 chambres – ♦90/320 € ♦♦90/320 € – 2 suites – ☲ 16 €

Vallée de la Restonica, à 2 km ✉ 20250 Corte – ℰ 04 95 45 25 65
– www.dominique-colonna.com – Ouvert avril-nov.

COTI-CHIAVARI

✉ 20138 – 737 hab. – Alt. 625 m – Carte régionale n° **15**-A3
▶ Ajaccio 42 km – Propriano 38 km – Sartène 50 km
Carte Michelin 345-B9

⌂ Le Belvédère

FAMILIAL · FONCTIONNEL Véritable nid d'aigle dans le maquis, cette maison familiale offre une vue époustouflante sur le golfe d'Ajaccio ! C'est peu dire que l'on est ici accueilli "comme à la maison", en particulier au restaurant, où mère et filles proposent une cuisine des plus authentiques : daube de veau, travers de porc au miel, etc.

13 chambres – ♦60/75 € ♦♦60/75 € – ☲ 6 € – ½ P

– ℰ 04 95 27 10 32 – www.lebelvederedecoti.com – Ouvert 1er mars-11 nov.

ERBALUNGA

✉ 20222 – Carte régionale n° **15**-B1
▶ Bastia 11 km – Rogliano 30 km
Carte Michelin 345-F3

✿ Le Pirate

CUISINE MODERNE · CONVIVIAL ✗✗ Dans ce petit restaurant du port, original et pittoresque, le chef concocte une belle cuisine d'aujourd'hui, fine et précise. Le meilleur de la pêche locale, la viande des petits producteurs alentour : on ne triche pas avec les produits et cela se sent ! Et pour l'anecdote, le capitaine Crochet veille sur les lieux...

➜ Foie gras confit, vanille, mangue et savarin rafraîchi aux herbes. Réflexion autour du veau bio, la clémentine et l'olive Corse. Le chocolat noir, la framboise et le vin.

Menu 42 € (déj.), 75/90 € – Carte 80/105 €

au port – ℰ 04 95 33 24 20 – www.restaurantlepirate.com – Ouvert de mi-mars à fin oct. et fermé lundi et mardi hors saison

⌂ Castel Brando

HÔTEL DE VACANCES · ÉLÉGANT Dans cette maison de maître édifiée par un médecin des armées napoléoniennes, tout est ravissant : le jardin luxuriant et ses jolis palmiers, les chambres raffinées (certaines dans des villas annexes), les piscines, l'espace forme et massage, la véranda... On aimerait rester toujours !

38 chambres – ♦100/270 € ♦♦100/270 € – 6 suites – ☲ 15 €

rte du Cap – ℰ 04 95 30 10 30 – www.castelbrando.com – Ouvert 24 mars- 1er nov.

ERSA

✉ 20275 – 152 hab. – Alt. 454 m – Carte régionale n° **15**-B1
▶ Bastia 48 km – Ajaccio 195 km
Carte Michelin 345-F2

⌂ Le Saint-Jean

FAMILIAL · PERSONNALISÉ Au bout du cap Corse, cette maison de maître a été joliment rénovée ! Mexicaine, Maroc, Mer, etc. : les chambres sont toutes différentes et dominent le maquis et la mer. La terrasse, presque entièrement recouverte d'une verrière, fait face à l'île de la Giraglia...

9 chambres – ♦70/90 € ♦♦75/135 € – ☲ 9 €

Botticella – ℰ 04 95 47 71 71 – www.lesaintjean.net – Ouvert de début avril à fin oct.

ÉVISA

✉ 20126 – 202 hab. – Alt. 850 m – Carte régionale n° **15**-A2
▶ Ajaccio 71 km – Calvi 96 km – Corte 70 km – Piana 33 km
Carte Michelin 345-B6

🏠 Scopa Rossa   ☆ 🎝 🅿

TRADITIONNEL · SIMPLE Un hôtel des années 1970, idéal pour un séjour en famille ou un week-end de randonnée entre amis, à l'orée de la forêt d'Aïtone. Les chambres sont simples et rustiques – sans télévision. Recettes du terroir au restaurant.

28 chambres – 🛉49/68 € 🛉🛉52/80 € – ☲ 8 €
– 𝒞 04 95 26 20 22 – www.hotelscoparossa.com

FAVONE

✉ 20135 Conca – Carte régionale n° **15**-B3
▶ Ajaccio 128 km – Bonifacio 58 km
Carte Michelin 345-F9

🏠 U Dragulinu   ⊗ 🛏 🅿

FAMILIAL · FONCTIONNEL Cet hôtel familial jouit d'un emplacement idyllique, idéal pour un séjour balnéaire. Chambres fonctionnelles ouvertes sur le parc ou la plage...

34 chambres – 🛉123/230 € 🛉🛉120/230 € – ☲ 12 €
– 𝒞 04 95 73 20 30 – www.hoteludragulinu.com – Ouvert 27 avril-20 oct.

FELICETO

✉ 20225 – 204 hab. – Alt. 350 m – Carte régionale n° **15**-A1
▶ Bastia 76 km – Calvi 26 km – Corte 72 km – L'Ile-Rousse 15 km
Carte Michelin 345-C4

🏠 Cas'Anna Lidia   ≼ 🛏 🎝 AC 🛇 🅿

MAISON DE CAMPAGNE · PERSONNALISÉ Ce joli petit hôtel borde le village, en surplomb de la vallée : on y jouit d'une vue superbe ! Dans les chambres, spacieuses et toutes différentes, la décoration contemporaine côtoie tissus corses et mobilier cérusé... Une belle étape.

10 chambres – 🛉115/175 € 🛉🛉115/175 € – ☲ 15 €
au village – 𝒞 04 95 61 81 24 – www.hoteldecharme-corse.com – Ouvert 1ᵉʳ mai-30 sept.

🏠 Mare e Monti   ⊗ ≼ 🛏 🎝 AC 🛇 🔥 🅿

FAMILIAL · COSY Fortune faite dans la canne à sucre, les ancêtres de la famille revinrent de Porto Rico et édifièrent cette jolie maison de maître (1870), entre mer et montagne. Bel escalier, fresques et voûtes : un hôtel qui a du caractère.

16 chambres – 🛉79/139 € 🛉🛉79/180 € – ☲ 13 €
– 𝒞 04 95 63 02 00 – www.hotel-maremonti.com – Ouvert 25 avril-7 oct.

L'ILE-ROUSSE

✉ 20220 – 3 740 hab. – Carte régionale n° **15**-A1
▶ Bastia 67 km – Calvi 25 km – Corte 63 km
Carte Michelin 345-C4

🍽 Pasquale Paoli   🍽 AC

CORSE · ÉLÉGANT ✕✕ On célèbre ici Pascal Paoli, ce général corse qui mena, au 18ᵉ s., la lutte des insulaires contre les armées de Louis XV. Dans l'assiette, on valorise les produits locaux avec justesse et sans esbroufe. Sur la terrasse, la vie est belle...

Formule 29 € – Menu 48/85 € – Carte 60/95 € – carte simplifiée le midi
2 pl. Paoli, (Déménagement prévu courant 2016) – 𝒞 04 95 47 67 70 (réservation conseillée) – Fermé de mi-janv. à mi-mars, dim. et lundi d'oct. à fin mai

ⅠⅠ○ Le Bistrot de la Place

CUISINE MODERNE · RUSTIQUE X Sur la place Paoli – si typique –, un restaurant rustique et chaleureux. On sert une sympathique cuisine du marché, ainsi que des plats de tradition incontournables, tels les abats. Le tout avec les conseils avisés de la propriétaire en matière de vins.

Carte 30/55 €

3 pl. Paoli – ☎ 04 95 60 12 90 – Fermé dim. soir et lundi du 1er sept. au 30 juin

🏨 Liberata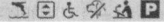

HÔTEL DE VACANCES · PERSONNALISÉ À deux pas de la mer, on est arrêté par la grande façade bordeaux – aux volets verts ! – de cette magnifique demeure seigneuriale. On y pénètre par un beau lobby noir et blanc, délicieusement Art nouveau ; les chambres sont cosy, décorées en beige, chocolat et turquoise... Du goût !

22 chambres – ♦100/430 € ♦♦100/430 € – ⏟ 18 €

La Marinella – ☎ 04 95 62 03 62 – www.hotel-liberata.com – Fermé de mi-déc. à fin fév.

🏨 Perla Rossa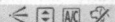

FAMILIAL · DESIGN Au cœur de la cité balnéaire, cette belle maison du 18e s. a du caractère, avec ses grandes chambres contemporaines, lumineuses et épurées. Sur la terrasse, très belle vue sur la baie, pour s'émerveiller d'être en Corse !

8 chambres – ♦160/590 € ♦♦160/590 € – 1 suite – ⏟ 18 €

30 r. Notre-Dame – ☎ 04 95 48 45 30 – www.hotelperlarossa.com – Ouvert de fin avril à fin oct.

🏨 Santa Maria

HÔTEL DE VACANCES · ÉLÉGANT Sur la langue de terre conduisant à la presqu'île de la Pietra (le joyau de l'Île-Rousse), un hôtel moderne bien agréable, avec des chambres confortables et raffinées dont la plupart donnent sur la mer ou le jardin méditerranéen. Accès direct à une petite plage aménagée.

56 chambres – ♦82/450 € ♦♦85/450 € – ⏟ 15 €

rte du Port – ☎ 04 95 63 05 05 – www.hotelsantamaria.com

🏠 Cala di l'Oru

TRADITIONNEL · PERSONNALISÉ Un hôtel décoré avec goût et proposant des chambres avenantes, très bien entretenues, donnant sur la mer ou la montagne. Les fils de la propriétaire exposent photos et œuvres d'art contemporain, et il y a aussi un joli jardin méridional.

26 chambres – ♦66/130 € ♦♦69/155 € – ⏟ 9 €

bd Pierre-Pasquini – ☎ 04 95 60 14 75 – www.hotel-caladiloru.com – Ouvert mars-oct.

🏠 L'Amiral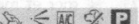

FAMILIAL · FONCTIONNEL Embarquez à bord de cet hôtel très marin, presque les pieds dans l'eau : terrasse en teck, esprit bateau et chambres agréables et fonctionnelles, plus contemporaines côté plage.

19 chambres – ♦85/160 € ♦♦85/160 € – ⏟ 11 €

bd Ch.-Marie-Savelli – ☎ 04 95 60 28 05 – www.hotel-amiral.com – Ouvert avril-sept.

🏠 La Pietra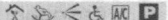

FAMILIAL · FONCTIONNEL Sur la route du phare de la Pietra, juste après le port, un hôtel-restaurant des années 1970, entièrement rénové en 2013 ; les chambres ont toutes un balcon donnant sur la mer ou la tour génoise (15e s.). Un lieu calme et sympathique.

42 chambres – ♦75/160 € ♦♦75/160 € – ⏟ 13 € – ½ P

chemin du Phare – ☎ 04 95 63 02 30 – www.hotel-lapietra.com – Ouvert d'avril à mi-oct.

⌂ Escale Côté Sud

FAMILIAL · DESIGN Juste en face de la mer, dans un quartier riche en restaurants et boutiques, un hôtel d'esprit contemporain avec de petites chambres confortables ; les quelques-unes donnant sur le large sont un peu plus spacieuses ! Au bar, on peut manger sur le pouce.

19 chambres – ♦85/420 € ♦♦85/420 € – 1 suite – � 12 €

22 r. Notre-Dame – ℰ 04 95 63 01 70 – www.hotel-ilerousse.com

à Monticello 4,5 km au Sud-Est par D63 – ⊠ 20220 – 1 740 hab. – Alt. 220 m

⇥⌂ A Pasturella

CORSE · DESIGN XX Sur la place de ce beau village perché trône ce restaurant familial très apprécié dans la région. On y honore le poisson (pêche du jour) et la tradition ; pour les petits appétits, tous les plats sont disponibles en demi-portion... Pour prolonger l'étape, des chambres sobres et élégantes.

Menu 35/63 € – Carte 40/70 €

12 chambres – ♦68/102 € ♦♦78/115 € – ⊠ 12 €

pl. du Village – ℰ 04 95 60 05 65 – www.a-pasturella.com – Fermé de début nov. à mi-déc.,1 semaine vacances de fév., dim. soir de déc. à mars

⌂⌂⌂ A Piattatella

VILLA · PERSONNALISÉ Piattatella, ou "cachette" en langue corse. Un nom tout trouvé pour ce bel hôtel niché sur les hauteurs du village, qui ne fait qu'un avec la nature environnante... Les paysages de Balagne, l'élégance sobre et reposante, et ce parfait sentiment d'exclusivité : tout est là !

17 chambres – ♦168/358 € ♦♦168/358 € – ⊠ 18 €

chemin St-François – ℰ 04 95 60 07 00 – www.apiattatella.com – Ouvert avril-oct.

à Pigna 8 km au Sud-Ouest par N197 et D151 – ⊠ 20220 – 100 hab. – Alt. 400 m

⌂ A Mandria di Pigna

CORSE · AUBERGE X Cette bergerie contemporaine est à l'image du village qui l'accueille : attachante ! Courgettes, tomates et herbes aromatiques du potager, agneau cuit au cochon de lait, en grillades ou à la broche... le terroir corse est à l'honneur. Et, le midi, on peut se rabattre sur des salades et des plats plus légers.

Menu 32 € – Carte 40/62 €

– ℰ 04 95 32 71 24 – www.amandria.com – Ouvert d'avril à oct. et fermé lundi sauf juil.-août

⌂ Palazzu Pigna

HISTORIQUE · PERSONNALISÉ Au cœur de Pigna, cette belle maison de maître du 17e s. offre une vue superbe sur la plaine et la mer. Toutes les chambres sont empreintes de charme et de sérénité, et certaines ont même une terrasse ; à table, on se régale d'une cuisine simple au milieu des vieilles poutres... Authentique et chaleureux.

5 chambres – ♦143/158 € ♦♦143/290 € – ⊠ 16 €

– ℰ 04 95 47 32 78 – www.hotel-palazzu.com – Ouvert avril-oct.

LEVIE

⊠ 20170 – 737 hab. – Alt. 645 m – Carte régionale n° **15**-B3

▶ Ajaccio 101 km – Bonifacio 57 km – Porto-Vecchio 39 km – Sartène 28 km

Carte Michelin 345-D9

⌂ La Pergola

CORSE · RUSTIQUE X Dans cette discrète adresse, le chef concocte des spécialités corses (gigot d'agneau et cannellonis au brocciu, charcuterie, fiadone maison...) en utilisant des produits bien choisis : le résultat est simple et bon ! Mais ce n'est pas tout : par beau temps, on prend son repas sur la petite terrasse, sous... la pergola.

 Formule 16 € – Menu 20/22 €

r. Sorba – ℰ 04 95 78 41 62 (réservation conseillée) – Ouvert avril-oct.

⅋○ A Pignata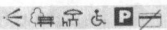

CUISINE TRADITIONNELLE · RUSTIQUE XX Dans ce restaurant rustique, en pleine nature, la cuisine familiale a le bon goût de la tradition... et de la simplicité, avec ce menu unique renouvelé tous les jours. Les produits sont d'une qualité exceptionnelle ; d'ailleurs, la charcuterie est fabriquée à partir des cochons de l'exploitation familiale !

Menu 48 €

5 km au Nord rte des sites Archéologiques de Cucuruzzu et Capula
– ℰ 04 95 78 41 90 – www.apignata.com – Ouvert avril-déc.

A Pignata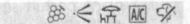

AUBERGE · PERSONNALISÉ Pour se ressourcer au grand calme, plusieurs maisons en pierre de pays, en pleine forêt... Les chambres, élégantes (gris et bruns chauds), ouvrent sur la verdure du massif de Bavella ; deux d'entre elles sont même perchées dans les arbres !

18 chambres ⌧ – 🛏100/275 € 🛏🛏100/275 € – ½ P

5 km au Nord rte des sites Archéologiques de Cucuruzzu et Capula
– ℰ 04 95 78 41 90 – www.apignata.com – Ouvert avril-déc.

⅋○ **A Pignata** – voir les restaurants ci-dessus

LUMIO

✉ 20260 – 1 212 hab. – Alt. 150 m – Carte régionale n° **15**-A1
▶ Bastia 82 km – Calvi 10 km – L'Ile-Rousse 16 km
Carte Michelin 345-B4

✿ Chez Charles

CUISINE MODERNE · BRANCHÉ XXX Un restaurant au décor contemporain, une jolie terrasse : un cadre idéal pour déguster une cuisine qui respire la Méditerranée et le terroir corse. Le jeune chef, venu de Marseille, signe une cuisine au goût du jour, fine et pleine de parfums, où les plats sont parfaitement maîtrisés... Bon et généreux !

➔ Pressé de foie gras de canard au rappu, fraises à l'huile de cacahouète. Risotto au safran et miel de maquis, anguille et maquereau laqués au vinaigre de myrte. Carreau de mousse chocolat noir et mousse Nuciola.

Formule 28 € – Menu 72/140 € – Carte 90/100 €

Hôtel Chez Charles, rte de Calvi – ℰ 04 95 60 61 71
– www.hotelcorse-chezcharles.com – Ouvert 28 avril-1er nov. et fermé mardi midi et merc. midi

⅋○ Le Matahari

CUISINE MODERNE · MÉDITERRANÉEN X Posée sur la plage de l'Arinella, cette Matahari est une séductrice pleine d'exotisme : les pieds dans le sable, à la lueur des bougies, on se régale de bons produits de la mer, d'incontournables spécialités insulaires et de plats aux influences asiatiques... Le soir, réservation indispensable.

Menu 42 € (dîner) – Carte 52/75 €

plage de l'Arinella – ℰ 04 95 60 78 47 (réservation conseillée)
– www.lematahari.com – Ouvert de début avril à fin sept. et fermé lundi soir

Chez Charles

HÔTEL DE VACANCES · MODERNE Agréable escapade en cet hôtel au décor contemporain et design, ouvrant sur le golfe de Calvi et la montagne (chambres avec balcon, piscine à débordement). Et à l'heure des gourmandises, faites donc un tour au restaurant...

29 chambres – 🛏140/360 € 🛏🛏140/360 € – ⌧ 20 € – ½ P

rte de Calvi – ℰ 04 95 60 61 71 – www.hotelcorse-chezcharles.com
– Ouvert 28 avril-1er nov.

✿ **Chez Charles** – voir les restaurants ci-dessus

MACINAGGIO

✉ 20248 – Carte régionale n° **15**-B1
▶ Bastia 37 km – Ajaccio 184 km
Carte Michelin 345-F2

 U Ricordu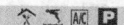

HÔTEL DE VACANCES · FONCTIONNEL Après une balade vivifiante sur le sentier des douaniers, on regagne sa chambre fraîche et pimpante avec plaisir, côté piscine ou côté montagne... Une bonne adresse pour une étape au cap Corse !

60 chambres ⊊ – 🛏79/144 € 🛏🛏93/158 € – ½ P

RD80 – 𝒞 04 95 35 40 20 – www.hotel-uricordu.com
– Ouvert 15 mars-15 nov.

 U Libecciu

RURAL · SIMPLE Près du port, un petit hôtel d'esprit pension de famille propose des chambres simples et spacieuses (avec terrasse), ainsi que des appartements loués à la semaine. Agréable piscine dans le jardin.

30 chambres – 🛏56/94 € 🛏🛏70/130 € – 8 suites – ⊊ 8 €

rte de la Plage – 𝒞 04 95 35 43 22 – www.u-libecciu.com
– Ouvert 1ᵉʳ avril-15 oct.

MARINE-D'ALBO

✉ 20217 – 104 hab. – Alt. 110 m – Carte régionale n° **15**-B1
▶ Bastia 40 km – Ajaccio 181 km
Carte Michelin 345-F3

🍽 Morganti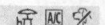

CUISINE TRADITIONNELLE · CONVIVIAL ✗ Un restaurant tout simple, avec une jolie terrasse bordée de mûriers-platanes. Ici, on cuisine du poisson extrafrais en arrivage direct de Balagne et du cap Corse, ainsi que les langoustes du vivier ; les assiettes se révèlent généreuses, pleines de saveurs, et vraiment respectueuses du produit. On y court !

Menu 28 € (semaine) – Carte 35/62 €

Marina D'albu ✉ 20217 Ogliastro – 𝒞 04 95 37 85 10
– www.restaurantmorganti.com – Fermé 20 déc.-12 fév. et du dim. soir au vend.
midi de début nov. à fin mars

MURO

✉ 20225 – 235 hab. – Alt. 350 m – Carte régionale n° **15**-A1
▶ Bastia 105 km – Ajaccio 160 km
Carte Michelin 345-C4

🏠 Casa Théodora

HISTORIQUE · PERSONNALISÉ Ce palazzo réhabilité du 16ᵉ s. porte le nom de l'éphémère (et unique) roi de l'histoire de la Corse, Théodore de Neuhoff, hôte des lieux en 1736. Architecture génoise, fresques et trompe-l'œil diffusent une atmosphère baroque. Petite piscine intérieure.

9 chambres ⊊ – 🛏100/160 € 🛏🛏160/380 €

Piazza a u Duttore – 𝒞 04 95 61 78 32 – www.a-casatheodora.com
– Ouvert mai-oct.

NONZA

✉ 20217 – 72 hab. – Alt. 100 m – Carte régionale n° **15**-B1
▶ Bastia 33 km – Rogliano 49 km – Saint-Florent 20 km
Carte Michelin 345-F3

🍽 Boccafine

CUISINE MODERNE · AUBERGE ✗ Difficile d'égaler un décor plus champêtre que celui-ci : entre mer et montagne, sur la place centrale d'un petit village, sous les platanes et la vigne vierge, face à une fontaine, la Boccafine propose une cuisine ensoleillée au goût du jour. Réservé aux fines bouches !

Carte 45/60 €

pl. des Platanes-et-de-la-Fontaine – 𝒞 06 80 95 85 07 – www.boccafine.fr
– Ouvert fin avril-15 oct. et fermé lundi hors saison

 Casa Maria

FAMILIAL · CLASSIQUE Au pied d'une tour génoise et au cœur de ce joli village piétonnier, cette maison de maître (18ᵉ s.) est une bien agréable étape sur la route du cap : accueil chaleureux, chambres fraîches, mobilier ancien et... belle vue sur la mer.

5 chambres ☲ – ♦75/95 € ♦♦75/95 €

au pied de la tour génoise – ℰ 04 95 37 80 95 – www.casamaria.fr
– Ouvert avril-oct.

OLETTA

✉ 20232 – 1 533 hab. – Alt. 250 m – Carte régionale n° **15**-B1
▶ Bastia 18 km – Calvi 78 km – Corte 72 km – L'Ile-Rousse 53 km
Carte Michelin 345-F4

 A Magina

CORSE · ÉLÉGANT XX Une vue à couper le souffle sur le golfe de St-Florent, pour une vraie cuisine corse préparée en famille et servie dans un cadre contemporain. Les beignets au fromage frais – l'une des spécialités de la maison – sont légers et croustillants, bref... délicieux ! Le soir, depuis la terrasse, sublime coucher de soleil...

Menu 28 € – Carte 40/60 €

– ℰ 04 95 39 01 01 – Ouvert 15 avril-1ᵉʳ oct. et fermé lundi et mardi sauf le midi en juil.-août

U Palazzu Serenu

LUXE · DESIGN Embrassant le golfe de St-Florent et les paysages superbes du Nebbio, ce palais florentin (17ᵉ s.) est un joyau ! Œuvres d'art contemporain et grand style, tout se mêle avec raffinement. Le chef propose une cuisine méditerranéenne fraîche et épurée (sur réservation), à déguster sur la splendide terrasse...

6 chambres ☲ – ♦184/584 € ♦♦200/600 € – 2 suites – ½ P
– ℰ 04 95 38 39 39 – www.upalazzuserenu.com – Fermé 11 janv.-7 fév.

OLMETO

✉ 20113 – 1 213 hab. – Alt. 320 m – Carte régionale n° **15**-A3
▶ Ajaccio 64 km – Propriano 8 km – Sartène 20 km
Carte Michelin 345-C9

à Olmeto-Plage 9 km au Sud-Ouest par D157 – ✉ 20113

Ruesco

TRADITIONNEL · FONCTIONNEL Dans une crique privée à l'issue d'une route étroite... Cet hôtel dispose de suites luxueuses et de chambres classiques ouvrant sur la mer et le jardin. La paillotte, entre piscine et plage, propose une carte simple mais aussi de la langouste et des poissons nobles.

27 chambres – ♦135/225 € ♦♦135/490 € – 2 suites – ☲ 13 €
Capicciolo – ℰ 04 95 76 70 50 – www.hotel-ruesco.com – Ouvert de mi-avril à fin sept.

au Sud 5 km par N196 et rte secondaire –✉20113 Olmeto

⑪○ La Verrière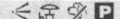

CUISINE MODERNE · ÉLÉGANT XXX Il est des trésors que l'on aimerait garder pour soi seul ; cette Verrière en fait partie ! Derrière les fourneaux, le chef – Meilleur Ouvrier de France en 2000 – s'inspire de sa Bretagne natale pour travailler de très beaux produits avec une pointe d'originalité. Cadre élégant et jolie vue en terrasse.

Menu 64/110 € – Carte 72/95 €

Hôtel Marinca, lieu-dit Vitricella – ℰ 04 95 70 09 00 – www.hotel-marinca.com
– Ouvert 1ᵉʳ mai-9 oct. et fermé le midi

Marinca

HÔTEL DE VACANCES · PERSONNALISÉ Au bord d'une crique, dans un parc fleuri, avec trois piscines à débordement descendant vers la plage privée, cet hôtel est un véritable îlot de confort... Le décor mêle les influences (Maroc, Indonésie...) et les chambres offrent une superbe vue sur la mer !

54 chambres – ♦295/660 € ♦♦350/750 € – 4 suites – ☖ 35 € – ½ P

lieu-dit Vitricella – ℰ 04 95 70 09 00 – www.hotel-marinca.com – Ouvert 1ᵉʳ mai-9 oct.

🍴○ **La Verrière** – voir les restaurants ci-dessus

PATRIMONIO

✉ 20253 – 689 hab. – Alt. 100 m – Carte régionale n° **15**-B1

▣ Bastia 16 km – St-Florent 6 km – San-Michele-de-Murato 22 km

Carte Michelin 345-F3

Vignoble

FAMILIAL · COSY Au cœur du village, une belle maison de 1846 confortable et chaleureuse avec ses murs patinés, ses meubles en fer forgé et sa boutique permettant de découvrir les vins de l'exploitation familiale. Possibilité de goûter aux produits de la mer, ou plats corses.

12 chambres – ♦55/100 € ♦♦55/100 € – ☖ 8 €

Santa Maria – ℰ 04 95 37 18 48 – www.hotel-du-vignoble.com – Ouvert 15 avril-16 oct.

PERI

✉ 20167 – 1 750 hab. – Alt. 450 m – Carte régionale n° **15**-A2

▣ Ajaccio 26 km – Corte 71 km – Propriano 82 km – Sartène 94 km

Carte Michelin 345-C7

🍴○ Chez Séraphin

CUISINE TRADITIONNELLE · FAMILIAL Une maison corse typique dans un charmant village à flanc de montagne. La patronne y travaille de bons produits du terroir avec simplicité ; elle les agrémente des fruits, légumes et herbes du jardin. Inusable Séraphin !

Menu 50 €

au village – ℰ 04 95 25 68 94 (réservation conseillée) – Ouvert début avril à début oct. et fermé lundi

PIANA

✉ 20115 – 479 hab. – Alt. 420 m – Carte régionale n° **15**-A2

▣ Ajaccio 72 km – Calvi 85 km – Évisa 33 km – Porto 13 km

Carte Michelin 345-A6

Capo Rosso

HÔTEL DE VACANCES · ÉLÉGANT Vue imprenable sur le golfe de Porto et les calanques depuis la piscine et les vastes chambres, toutes avec balcon et décorées dans un élégant style contemporain. Au restaurant panoramique, cuisine de qualité à base de pêche locale et de produits du terroir.

43 chambres ☖ – ♦120/270 € ♦♦150/370 € – ½ P

rte des Calanche – ℰ 04 95 27 82 40 – www.caporosso.com – Ouvert début avril-20 oct.

Le Scandola

FAMILIAL · PERSONNALISÉ Au cœur d'un site exceptionnel, face à la presqu'île de Scandola. Une vue superbe dont on ne se lasse pas dans les chambres, elles-mêmes décorées avec soin et une pointe de romantisme...

14 chambres – ♦110/140 € ♦♦190/240 € – ☖ 15 €

rte de Cargèse – ℰ 04 95 27 80 07 – www.hotelscandola.com – Ouvert 1ᵉʳ mai-20 nov.

PORTICCIO

✉ 20166 – Carte régionale n° **15**-A3
▶ Ajaccio 19 km – Sartène 68 km
Carte Michelin 345-B8

℄○ L'Arbousier ⟨ 🛏 🛎 🗴 🅿

CUISINE CLASSIQUE · CLASSIQUE ✗✗✗ Savourer des langoustines, du homard et des poissons de petits pêcheurs locaux en regardant la mer... quel délice ! Une institution locale.

Menu 80 € (dîner) – Carte 82/112 €

Hôtel Le Maquis, 585 bd Marie-Jeanne Bozzi – ℰ 04 95 25 05 55
– www.lemaquis.com – Fermé janv. et fév.

🏠🏠 Le Maquis ⟨☆ 🛁 ⟨ 🛏 🗴 🗵 🗴 🖃 🗚 🗴 🅿

LUXE · CLASSIQUE Cette demeure d'inspiration génoise, nichée dans un jardin luxuriant, est un petit bijou. Chambres spacieuses, décorées de mobilier ancien, avec une vue superbe sur la mer ; splendides piscines... Prenons le Maquis !

20 chambres – 🛉160/850 € 🛉🛉180/970 € – 5 suites – ⊊ 28 €

585 bd Marie-Jeannne Bozzi – ℰ 04 95 25 05 55 – www.lemaquis.com
– Fermé janv. et fév.

℄○ **L'Arbousier** – voir les restaurants ci-dessus

🏠🏠 Sofitel Thalassa ⟨☆ 🛁 ⟨ 🛏 🗴 🗵 🌐 🗴 🖃 🗴 🗚 🗴 🅿

HÔTEL DE CHAÎNE · ÉLÉGANT Thalassa, déesse grecque de la mer, est bien la figure tutélaire de ce complexe hôtelier : situation isolée à la pointe du cap de Porticcio, institut de thalassothérapie, piscine à débordement, sports nautiques, chambres tournées vers la Méditerranée, et produits de la mer au restaurant lui aussi face aux flots...

96 chambres – 🛉195/1300 € 🛉🛉195/1300 € – 2 suites – ⊊ 29 € – ½ P

domaine de la Pointe – ℰ 04 95 29 40 40 – www.sofitel.com
– Fermé 3 janv.-14 fév.

à Agosta-Plage 2 km au Sud – ✉ 20128 Albitreccia

🏠🏠 Radisson Blu ⟨☆ ⟨ 🗴 🌐 🗴 🖃 🗴 🗚 🗴 🅿

BUSINESS · MODERNE Inauguré en 2012 face à la plage, l'établissement compte le plus grand nombre de chambres en Corse. Tout en lignes épurées et confort, elles ouvrent sur la baie d'Ajaccio – et les Sanguinaires à l'horizon – ou le maquis. Spa de 900 m², club enfants, salles de séminaires, restaurant, etc. De belles prestations.

165 chambres ⊊ – 🛉135/310 € 🛉🛉150/325 € – 5 suites – ½ P

– ℰ 04 95 77 97 97 – www.radissonblu.fr/resort-ajacciobay – Fermé 2 nov.-21 mars

🏠 Kallisté 🛁 ⟨ 🛏 🗴 🅿

TRADITIONNEL · FONCTIONNEL Une villa sur les hauteurs, avec une belle vue sur le golfe d'Ajaccio. Chambres sobres, meublées de teck, certaines avec terrasse. Grande piscine et jardin face à la mer.

7 chambres – 🛉79/159 € 🛉🛉119/219 € – ⊊ 10 €

rte du Vieux-Molini – ℰ 04 95 25 54 19 – www.hotel-kalliste-porticcio.com – Ouvert 1er avril-1er nov.

PORTO

✉ 20150 Ota – 544 hab. – Alt. 45 m – Carte régionale n° **15**-A2
▶ Ajaccio 84 km – Calvi 73 km – Corte 93 km – Évisa 23 km
Carte Michelin 345-B6

🏠🏠 Eden Park 🛁 ⟨ 🛏 🗴 🗚 🗴 🅿

HÔTEL DE VACANCES · FONCTIONNEL Sur la route de Calvi, un vaste établissement composé de bungalows nichés dans un jardin luxuriant, au grand calme. Bel espace lounge et palmiers autour de la piscine. Que demander de plus ?

35 chambres ⊊ – 🛉100/200 € 🛉🛉172/272 €

4 km par rte de Calvi – ℰ 04 95 26 10 60 – www.hotels-porto.com
– Ouvert 9 juin-25 sept.

Le Subrini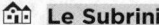

TRADITIONNEL · FONCTIONNEL Tout près de la mer, face à la tour génoise, un établissement créé dans les années 1980 mais respectant l'architecture locale avec sa façade en pierre. Décoration simple et chambres fonctionnelles avec vue sur la marina. Parking privé à deux pas.

24 chambres – †70/170 € ††80/170 € – ⌂ 9 €

à la Marine – ℘ 04 95 26 14 94 – www.hotels-porto.com – Ouvert 23 avril-30 oct.

Le Belvédère

TRADITIONNEL · FONCTIONNEL Au pied de la tour de Porto, un hôtel en pierre rouge, à l'entrée discrète. Chambres simples et confortables, certaines avec vue sur le port et les montagnes.

20 chambres – †55/140 € ††55/140 € – ⌂ 10 €

à la Marine – ℘ 04 95 26 12 01 – www.hotelrestaurant-lebelvedere-porto.com – Ouvert 1er avril-31 oct.

Bella Vista

AUBERGE · COSY L'enseigne ne ment pas : la vue est belle, c'est incontestable, sur le Capo d'Orto... En outre, il règne dans ce petit hôtel une ambiance familiale. Chambres accueillantes et bon petit-déjeuner. L'une des adresses les plus plaisantes de Porto.

17 chambres – †75/90 € ††82/155 € – ⌂ 12 €

rte de Calvi – ℘ 04 95 26 11 08 – www.hotel-corse.com – Ouvert avril-oct.

Le Romantique

TRADITIONNEL · FONCTIONNEL Cet hôtel dispose de chambres spacieuses et bien tenues ; les balcons donnent tous sur une petite marina et un bois d'eucalyptus.

8 chambres – †78/98 € ††78/98 € – ⌂ 9 €

à la Marine – ℘ 04 95 26 10 85 – www.hotel-romantique-porto.com – Ouvert 20 avril-15 oct.

> À la réservation, pour un hôtel, faites-vous bien préciser
> le prix et la catégorie de la chambre.

PORTO-POLLO

✉ 20140 – Alt. 140 m – Carte régionale n° **15**-A3
▶ Ajaccio 52 km – Sartène 31 km
Carte Michelin 345-B9

Le Golfe

TRADITIONNEL · MODERNE Un bâtiment récent juste à côté du port. Les chambres sont sobres et élégantes, avec une jolie vue sur le golfe de Valinco où l'on peut se promener avec le bateau de l'hôtel. Cuisine régionale et produits de la mer à la brasserie, véritable cantine du golfe.

14 chambres – †190/440 € ††190/440 € – 4 suites – ⌂ 25 € – ½ P
– ℘ 04 95 74 01 66 – www.hotel-corse-porto-pollo.com – Ouvert d' avril à oct.

Les Eucalyptus

TRADITIONNEL · FONCTIONNEL Cet hôtel familial, situé en léger retrait de la route, domine le golfe de Valinco. De la plupart des chambres, on contemple la plage, toute proche...

32 chambres – †68/150 € ††68/150 € – ⌂ 12 €

– ℘ 04 95 74 01 52 – www.hoteleucalyptus.com – Ouvert 1er mai-10 oct.

PORTO-VECCHIO

✉ 20137 – 10 064 hab. – Alt. 40 m – Carte régionale n° **15**-B3
▶ Ajaccio 141 km – Bonifacio 28 km – Corte 121 km – Sartène 59 km
Carte Michelin 345-E10

☆☆ Casadelmar

CUISINE MODERNE · LUXE XxxX Dans le cadre ultracontemporain de ce superbe hôtel, cette table place la mer au cœur de tout : la vue sur la baie ensorcelle, et la cuisine semble plonger au sein même de la Méditerranée ! Fabio Bragagnolo met tout son talent et sa créativité au service des meilleurs produits, entre Corse et Italie. Une élégance d'orfèvre...
→ Cannelloni de denti au tourteau, caviar et légumes à la bergamote. Saint-pierre cuit à l'huile d'olive, quinoa au baccala et raifort. Boule granny smith.
Menu 195 € – Carte 130/150 €
Hôtel Casadelmar, 7 km par rte de la plage de Palombaggia
– ℰ 04 95 72 34 34 – www.casadelmar.fr – Ouvert 17 avril-31 oct. et fermé le midi et le dim.

⊗ Le Belvédère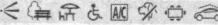

CUISINE MODERNE · ROMANTIQUE XxX La mer vient flirter avec les tables, les monts se découpent sur le ciel lointain... la terrasse est idyllique ! Au cœur du golfe de Porto-Vecchio, cette enclave discrète joue la carte des beaux produits et de la gastronomie d'aujourd'hui.
Menu 35 € (déj. en semaine), 70/95 € – Carte 60/130 €
Hôtel Belvédère, 5 km par rte de la plage de Palombaggia
– ℰ 04 95 70 54 13 – www.hbcorsica.com
– Ouvert 29 avril-27 nov. et fermé lundi et mardi en oct. et nov. et le midi en saison

⊗ Don Cesar

CUISINE MODERNE · ÉLÉGANT XxX Avec son décor luxueux et raffiné, et ses larges baies vitrées ouvertes sur la terrasse, le restaurant de l'hôtel Don Cesar ne manque pas de charme ! On y sert une cuisine entre France et Italie, soignée et pleine de saveurs, qui fait la part belle aux produits de la mer (déclinaison de calamars, bouillabaisse...).
Menu 75 € (dîner)/95 € – Carte 81/91 €
Hôtel Don César, r. du Cdt.-Quilici, (au rond-point du centre commercial Leclerc prendre la direction de la clinique) – ℰ 04 95 76 09 09 – www.hoteldoncesar.com – Ouvert 20 mai-5 oct. et fermé lundi sauf juil.-août

⊗ Terraméa

CUISINE MODERNE · À LA MODE XX Ah, le Terraméa ! Au milieu des arbres, sur les hauteurs de la baie de Porto-Vecchio, on comprend qu'il ait conquis le cœur des gourmands de cette partie de la Corse : on y mange de délicieux poissons bien préparés (sardines, saint-pierre, etc.) et de bons produits du terroir local.
Carte 43/62 €
7 km par rte de Palombaggia – ℰ 04 95 50 03 94
– Ouvert avril-nov. et week-ends en déc. et janv. et fermé le midi et le dim. sauf juil.-août

⊗ Tamaricciu

POISSONS ET FRUITS DE MER · MÉDITERRANÉEN X Sur la sublime plage de Palombaggia, face à la mer turquoise, on déguste des pâtes fraîches, des poissons frais du jour et de délicieux desserts. Ambiance détendue le midi et plus raffinée le soir.
Formule 45 € – Menu 75 € (dîner)/89 € – Carte 60/87 €
15 km par rte de la plage de Palombaggia – ℰ 04 95 70 49 89
– www.tamaricciu.com – Ouvert de mai à fin sept. et fermé le soir sauf du 21 juin au 31 août

Casadelmar

GRAND LUXE · DESIGN Un long parallélépipède de bois, dans un parc planté de figuiers, de grenadiers et d'oliviers. Des lignes géométriques étudiées, des espaces design... et partout – notamment de la piscine à débordement –, une vue magique sur la baie de Porto-Vecchio : la Corse à l'heure contemporaine *"and so chic"* !

21 suites – ♦♦820/3100 € – 11 chambres – ½ P

7 km par rte de la plage de Palombaggia – ℰ 04 95 72 34 34 – www.casadelmar.fr – Ouvert 17 avril-31 oct.

❀❀ **Casadelmar** – voir les restaurants ci-dessus

Don Cesar

LUXE · PERSONNALISÉ Dans cet hôtel créé en 2012 dans l'esprit méditerranéen, le luxe a donné rendez-vous au raffinement. Les chambres sont superbes et spacieuses (50 m^2 au minimum) et leurs balcons se tournent vers le golfe de Porto-Vecchio... pour rêver éveillé. Piscine, spa, jardin paysager, etc., ajoutent à la beauté des lieux.

37 chambres – ♦440/1050 € ♦♦440/1050 € – 2 suites – ☐ 34 € – ½ P

r. du Cdt.-Quilici, (au rond-point du centre commercial Leclerc prendre la direction de la clinique) – ℰ 04 95 76 09 09 – www.hoteldoncesar.com – Ouvert 20 mai-5 oct.

♦○ **Don Cesar** – voir les restaurants ci-dessus

Le Belvédère

HÔTEL DE VACANCES · PERSONNALISÉ Franchissez le lourd portail en bois sculpté et pénétrez dans une oasis de verdure. Les chambres sont disséminées dans plusieurs pavillons : l'île de Beauté en toute tranquillité. Outre le restaurant gastronomique, jolie formule à la Brocherie (cabri et cochon de lait au feu de bois).

15 chambres – ♦120/390 € ♦♦120/390 € – 4 suites – ☐ 20 € – ½ P

5 km par rte de la plage de Palombaggia – ℰ 04 95 70 54 13 – www.hbcorsica.com – Ouvert 29 avril-27 nov.

♦○ **Le Belvédère** – voir les restaurants ci-dessus

Les Bergeries de Palombaggia

VILLA · ÉLÉGANT Parmi les oliviers et les cyprès, plusieurs maisonnettes construites dans l'esprit des anciennes bergeries, mais très confortables... luxueuses même ! Matériaux bruts, vue sur la mer (en étage), cuisine fraîcheur au restaurant, etc. : pour une belle et discrète villégiature à deux pas de la célèbre plage de Palombaggia.

10 chambres – ♦199/589 € ♦♦199/589 € – 7 suites – ☐ 25 € – ½ P

12 km par rte de Palombaggia – ℰ 04 95 70 03 23 – www.hotel-palombaggia.com – Ouvert mi-avril à fin-oct.

Le Goéland

TRADITIONNEL · PERSONNALISÉ Cet hôtel agréable a le pied marin : lampes-tempêtes, meubles aux peintures patinées... mais aussi plage privée et ponton d'amarrage ! Le restaurant s'ouvre totalement sur le golfe et le jardin ; cuisine traditionnelle, au gré du marché et des saisons.

34 chambres ☐ – ♦120/490 € ♦♦120/490 € – ½ P

à la Marine – ℰ 04 95 70 14 15 – www.hotelgoeland.com – Ouvert de fin mars à début nov.

Golfe Hôtel

TRADITIONNEL · MODERNE Sur la route du port, cet hôtel propose des chambres décorées avec soin (mobilier épuré, tons gris et blanc) disséminées autour de la piscine et du jardin. Produits du terroir, grillades et recettes du sud au restaurant.

45 chambres ☐ – ♦74/309 € ♦♦100/366 € – ½ P

r. du 9-Septembre-1943 – ℰ 04 95 70 48 20 – www.golfehotel-corse.com – Fermé vacances de Noël

⌂ San Giovanni

TRADITIONNEL · PERSONNALISÉ L'hôtel de loisirs par excellence, charmant et familial, au calme dans un très beau jardin fleuri. La plupart des chambres ont une terrasse ou un petit jardin privatif. Mieux vaut réserver ! Petit-déjeuner et cuisine traditionnelle servis sous la pergola.

30 chambres – ♦70/160 € ♦♦70/160 € – ⌑13 € – ½ P

rte d'Arca, 3 km au Sud-Ouest par D659 – ☏ 04 95 70 22 25
– www.hotel-san-giovanni.com – Ouvert 12 janv.-27 nov.

⌂ Alcyon

BUSINESS · FONCTIONNEL Un établissement moderne en centre-ville, abritant des chambres fonctionnelles et bien rénovées. Certaines, plus spacieuses, peuvent convenir aux familles.

40 chambres – ♦80/240 € ♦♦107/320 € – ⌑14 €

9 r. du Mar.-Leclerc, (près de la poste) – ☏ 04 95 70 50 50
– www.hotel-alcyon.com

⌂ Les Jardins de Mathieu

MAISON DE CAMPAGNE · PERSONNALISÉ Une sympathique maison au cœur du maquis corse. Depuis les chambres, à l'épure toute contemporaine, on aperçoit le golfe de Porto-Vecchio... Piscine chauffée, jacuzzi, etc. Idéal pour se ressourcer dans un écrin de verdure ! Recettes du terroir et produits du potager autour de la table d'hôte.

4 chambres ⌑ – ♦150/250 € ♦♦150/250 €

Pascialella de Muratello, 12 km à l'Ouest par D159 et rte secondaire
– ☏ 04 95 26 78 41 – www.lesjardinsdemathieu.net – Ouvert 1er avril-15 nov.

au golfe de Santa Giulia 8 km au Sud par N198 et rte secondaire –
✉ 20137 Porto-Vecchio

⅋○ U Santa Marina

CUISINE MODERNE · ROMANTIQUE ✗✗ La vue sur le golfe y est délicieuse, et le soir venu, l'on pourrait presque croquer le soleil couchant... Un bel endroit, donc, pour un repas placé sous les auspices de la Méditerranée : langoustines du cap Corse en sablé, denti aux fèves et asperges, etc. Restauration légère sur la plage le midi, grill côté piscine.

Menu 69/89 € – Carte 64/102 €

Marina di Santa Giulia, (plage) – ☏ 04 95 70 45 00 – www.usantamarina.com
– Ouvert 1er avril-15 nov. et fermé le midi

⅋○ Les Hauts de Santa Giulia

CUISINE MODERNE · INTIME ✗ Un restaurant original, avec son mobilier chiné des années 1960 et sa terrasse sous les canisses. Cuisine parfumée et raffinée, aux influences asiatiques et méditerranéennes.

Carte 51/80 €

Les Hauts de Santa Giulia dans la résidence – ☏ 04 95 70 40 84 (réservation conseillée) – Ouvert juin-sept. et fermé lundi et le midi

⌂ Moby Dick

HÔTEL DE VACANCES · MODERNE Emplacement idyllique, sur la lagune, pour cet hôtel séparé du golfe aux couleurs polynésiennes par une plage de sable fin. Chambres spacieuses à choisir côté mer ou côté jardin. Grand buffet pour le déjeuner, cuisine méditerranéenne à l'honneur le soir.

45 chambres ⌑ – ♦154/494 € ♦♦170/510 € – ½ P

– ☏ 04 95 70 70 00 – www.sud-corse.com – Ouvert de mi-avril à mi-oct.

⌂ Castell' Verde

HÔTEL DE VACANCES · MODERNE Dans un parc protégé de 5 ha, de spacieux bungalows à portée de la Grande Bleue. Chambres contemporaines. Deux piscines, dont une chauffée ; accès direct à la plage.

32 chambres ⌑ – ♦105/300 € ♦♦120/310 €

– ☏ 04 95 70 71 00 – www.sud-corse.com – Ouvert début mai à fin sept.

🏠 Alivi   ♨ ⇆ ⅄ ଐ 🅰 ℅ 🅿

HÔTEL DE VACANCES · MODERNE Pour passer ses vacances au calme, un hôtel contemporain entre mer et maquis, aux chambres reposantes avec une petite terrasse. Piscine circulaire face à la baie de Santa Giulia.

10 chambres ⚏ – †165/445 € ††165/445 €

Baie de Santa Giulia – 𝒞 04 95 52 01 68 – www.santa-giulia.fr – Ouvert 15 avril-18 nov.

à Cala Rossa 10 km au Nord-Est par N198 et D468 – ✉ 20137 Lecci

✿ La Table de Cala Rossa   ⚘ ⇆ ⟨ଐ ⌂ 🅰 ℅ 🅿

CUISINE MODERNE · MÉDITERRANÉEN XXX Dans ce domaine privé, la table se pare d'élégance – belle terrasse à l'ombre des pins parasols – et la cuisine méditerranéenne s'incarne dans le raffinement. Saveurs et parfums rendent hommage aux meilleurs produits.

→ Langoustine d'ici snackée, travail autour de nos courgettes. Dos de loup cuit sur peau, artichauts, coques et citrons confits. Soufflé chaud au chocolat.

Menu 90/150 € – Carte 105/130 €

– 𝒞 04 95 71 61 51 – www.cala-rossa.com – Ouvert 12 avril-1er nov. et fermé le midi

🏠 Grand Hôtel de Cala Rossa   ⟐ ♨ ⇆ ⟨ଐ ⌂ ⊛ 🄵🄷 ℁ ଐ 🅰 ℅

GRAND LUXE · PERSONNALISÉ À demeure d'exception, écrin splendide : un jardin luxuriant, un ponton privé sur la plage et un spa luxueux. Cet hôtel empreint de classicisme a quelque chose d'intemporel...

31 chambres ⚏ – †160/860 € ††290/1530 € – 9 suites

– 𝒞 04 95 71 61 51 – www.cala-rossa.com – Ouvert 12 avril-1er nov.

✿ **La Table de Cala Rossa** – voir les restaurants ci-dessus

à la presqu'île du Benedettu 10 km au Nord-Est par N198 et D468

🍴 Le Grill   ⇆ ⟨ଐ ⌂ 🅰 ℅ 🅿

POISSONS ET FRUITS DE MER · DESIGN XX La salle et la terrasse sont posées juste au-dessus d'une plage discrète du golfe de Porto-Vecchio. Comment se lasser de la vue sur la côte et la mer ? Au sein de ce bel hôtel contemporain, la cuisine évolue au gré du marché et de la pêche, avec des spécialités à la broche (coquelet, jarret de veau, cochon noir, etc.).

Carte 74/156 €

Hôtel La Plage Casadelmar – 𝒞 04 95 71 02 30 – www.laplagecasadelmar.fr – Ouvert mai-mi oct.

🏠 La Plage Casadelmar   ⟐ ♨ ⇆ ⟨ଐ ⌂ 🅰 ℅ ⅍ 🅿

LUXE · ÉLÉGANT Fermez les yeux et imaginez une superbe plage de sable fin en accès direct... Tel est l'un des atouts de ce bel établissement niché sur un petit cap du golfe de Porto-Vecchio. Un lieu à part, dont le design contemporain cultive un minimalisme chic et apaisant.

12 chambres ⚏ – †500/2000 € ††500/2000 € – 3 suites – ½ P

– 𝒞 04 95 71 02 30 – www.laplagecasadelmar.fr – Ouvert mai-mi oct.

🍴 **Le Grill** – voir les restaurants ci-dessus

PROPRIANO

✉ 20110 – 3 622 hab. – Alt. 5 m – Carte régionale n° **15**-A3

▶ Ajaccio 74 km – Bonifacio 62 km – Corte 139 km – Sartène 13 km

Carte Michelin 345-C9

✿ Le Lido   ⇆ 🏠

CORSE · MÉDITERRANÉEN XX Une superbe escale face aux flots, un accueil prévenant, un menu unique et très bien ficelé pour une cuisine délicate et pleine de saveurs... Le Lido ? Le goût de la Corse, entre terre, mer et création contemporaine.

→ Tartare de langouste à l'huile de noisette. Homard sur pierre chaude, fumé au lentisque. Pain presque perdu, abricot et thym sauvage corse.

Menu 85/220 € – Carte 75/175 €

Hôtel Le Lido, 42 av. Napoléon-III – 𝒞 04 95 76 06 37 (réservation conseillée) – www.le-lido.com – Ouvert de mai à sept. et fermé le midi

ⅢO Chez Parenti ⬅ 🍴

POISSONS ET FRUITS DE MER · INDIVIDUEL ✕✕ Envie de poisson frais ou de homard ? Ce restaurant, tenu depuis 1935 par la famille Parenti, est exactement ce qu'il vous faut. Tartare de lotte aux légumes verts, sar grillé avec son jus de crustacés : de bons produits pleins de fraîcheur, à déguster confortablement installé sur la terrasse, face au port de plaisance.

Menu 48/75 € – Carte 51/108 €

10 av. Napoléon-III – ℰ 04 95 76 12 14 – www.chezparenti.fr – Ouvert mi-mars-début nov. et fermé dim. soir et lundi sauf le soir en saison

ⅢO Terra Cotta 🍴 AC

POISSONS ET FRUITS DE MER · COSY ✕ Dans ce charmant petit restaurant du port, le frère du patron fournit la pêche du jour. Pagre, liche, chapon, mustelle et autres poissons frais sont préparés avec grand soin.

Formule 24 € – Menu 49 € – Carte 49/56 €

29 av. Napoléon-III – ℰ 04 95 74 23 80 – Ouvert de fin mars à mi-oct. et fermé dim. sauf le soir en juil.-août

ⅢO Tempi Fà 🍴 AC

CORSE · BISTRO ✕ Tempi fà ou « au temps d'avant » en corse... C'est exactement là où ramène cette épicerie-bistrot ! On entre par la boutique, dont le décor original reproduit une place de village, avec un vrai marché local (charcuteries, fromages, vin de myrte, etc.). Et tous ces beaux produits sont proposés à la dégustation...

Formule 25 € – Menu 35 €

7 av. Napoléon-III – ℰ 04 95 76 06 52 – www.tempi-fa.com – Ouvert 1er avril-1er nov.

🏨 Miramar Boutique Hôtel 🍴 ⬅ 🛏 🏊 🐾 AC 🧖 P

LUXE · PERSONNALISÉ Au cœur d'un parc luxuriant, cette villa aux murs chaulés offre une vue plongeante sur le golfe de Valinco. Beaucoup de charme : objets chinés, espace et raffinement... Carte simple et légère le midi ; poisson à la plancha, terroir corse et langouste grillée le soir.

21 chambres – 🛏290/990 € 🛏🛏290/990 € – 5 suites – ⏛ 25 €

rte de la Corniche – ℰ 04 95 76 06 13 – www.miramarboutiquehotel.com – Ouvert de mai à fin sept.

🏨 Le Lido ⬅ 🐾 ⬅ AC

AUBERGE · PERSONNALISÉ Sur une presqu'île, une maison les pieds dans l'eau, fondée en 1932... Bois exotique, objets chinés et mosaïques portugaises dans les chambres, qui donnent directement sur la plage ou sur le patio.

11 chambres – 🛏150/500 € 🛏🛏150/500 € – ⏛ 18 €

42 av. Napoléon-III – ℰ 04 95 76 06 37 – www.le-lido.com – Ouvert de mai à sept.
🍽 **Le Lido** – voir les restaurants ci-dessus

ST-FLORENT

✉ 20217 – 1 609 hab. – Alt. 8 m – Carte régionale n° **15**-B1
🚗 Bastia 22 km – Calvi 70 km – Corte 75 km – L'Ile-Rousse 45 km
Carte Michelin 345-E3

🌿 La Roya ⬅ 🐾 🍴 ⬅ AC 🧼 P

CUISINE MODERNE · ÉLÉGANT ✕✕✕ Atmosphère contemporaine et raffinée, terrasse dans le joli jardin, face à la plage : un cadre idyllique au service d'une cuisine fine et créative, au goût du jour, concoctée par un jeune chef... breton. Le personnel, souriant et attentionné, rend cette expérience plus agréable encore... Royal !
➔ Religieuse au foie gras et figues. Sole croustillante en kadaïf. Galet noir de Nonza.

Menu 55/90 € – Carte 70/80 €

Hôtel La Roya, plage de la Roya, 1 km par rte de Calvi puis rte secondaire – ℰ 04 95 37 00 40 – www.hotelroya.com – Ouvert 26 mars-31 oct.

ⅠO La Rascasse

CUISINE MODERNE · CLASSIQUE ✗✗ Envie d'un dîner gastronomique honorant les beaux produits et le poisson ? La Rascasse s'ouvre à vous, face au port. Langoustes exclusivement corses – la spécialité de la maison –, rouget ou chapon : tout est d'une belle fraîcheur et travaillé avec passion par le jeune chef.

Menu 38 € – Carte 55/75 €

promenade des Quais – ℰ 04 95 37 06 09 – www.larascasse137.com
– Ouvert d'avril à mi-oct. et fermé lundi sauf de juin à août

ⅠO La Gaffe ⓝ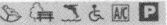

POISSONS ET FRUITS DE MER · CONVIVIAL ✗✗ Ici, les poissons frétillent presque dans l'assiette, et pour cause : le bateau d'un pêcheur local approvisionne chaque jour la Gaffe en produits de la mer et langoustes. Fritures et denti sont à déguster sur la terrasse d'été ; la belle carte des vins contient plus de 700 appellations, dont de nombreux corses.

Menu 25 € (déj.), 34/84 € – Carte 50/160 €

promenade des Quais – ℰ 04 95 37 00 12 – www.restaurant-saint-florent.com
– Ouvert mi-mars à mi-nov. et fermé merc. sauf juin à sept.

🏨 Demeure Loredana

LUXE · PERSONNALISÉ Une demeure de caractère qui rivalise de détails raffinés. La déco mêle les styles... avec style et, dans le salon douillet et cossu, on se prend à rêver de l'Empire des Indes. Et que dire de la vue sur la mer et de la piscine à débordement ?

18 chambres – ♦195/440 € ♦♦195/440 € – 5 suites – ☐ 23 €

Cisterninu-Suttanu – ℰ 04 95 37 22 22 – www.demeureloredana.com
– Ouvert 1ᵉʳ avril-15 nov.

🏨 La Dimora

LUXE · PERSONNALISÉ Matériaux nobles, authenticité et luxe contemporain discret... Dans l'arrière-pays, cette villa du 18ᵉ s. vous reçoit en ami ; la piscine, l'espace bien-être et le jardin invitent délicatement au farniente. Difficile d'imaginer derrière cette maison de caractère la ferme en ruine, qui appartint au Comte de Rolas...

15 chambres – ♦145/350 € ♦♦145/450 € – 2 suites – ☐ 21 €

rte de St-Florent, 6 km par D82 et rte d'Oletta
– ℰ 04 95 35 22 51 – www.ladimora.fr
– Ouvert 21 avril-23 oct.

🏨 La Roya

HÔTEL DE VACANCES · COSY Sur la plage de sable fin de la Roya (accès direct) et dans un jardin ravissant embaumant les senteurs méditerranéennes, cet hôtel récent est un havre de paix. Les lits sont si douillets qu'on pourrait ne plus quitter la chambre, mais la Corse est si belle...

27 chambres – ♦150/400 € ♦♦150/580 € – 5 suites – ☐ 25 € – ½ P

plage de la Roya, 1 km par rte de Calvi puis rte secondaire
– ℰ 04 95 37 00 40 – www.hotelroya.com
– Ouvert 26 mars-16 nov.

❀ **La Roya** – voir les restaurants ci-dessus

🏨 Dolce Notte

FAMILIAL · PERSONNALISÉ En bord de mer, une maison corse avec des chambres donnant toutes sur les flots (balcon ou terrasse). Certaines arborent un style marin ; d'autres sont plus contemporaines (galets, voûtes, bois flotté) et toutes sont plaisantes.

20 chambres – ♦80/172 € ♦♦80/185 € – ☐ 9 €

rte de Bastia – ℰ 04 95 37 06 65 – www.hotel-dolce-notte.com
– Ouvert avril-oct.

Tettola

FAMILIAL · FONCTIONNEL Un petit hôtel d'esprit familial donnant sur une plage de galets. Accueil aimable et chambres claires et bien tenues, plus calmes et spacieuses côté mer. Pratique pour l'étape.

29 chambres – $\dagger$75/156 € $\dagger\dagger$95/186 € – ⊊ 13 €

1 km au Nord par D81 – ℰ 04 95 37 08 53 – www.hoteltettola.com – Ouvert avril-oct.

La Florentine

VILLA · PERSONNALISÉ Jardin fleuri, piscine chauffée, plage privée aménagée, chambres fraîches et confortables avec terrasse privative... Autant d'atouts pour ce sympathique établissement de bord de mer.

20 chambres – $\dagger$90/290 € $\dagger\dagger$90/290 € – ⊊ 14 €

1 km au Nord par D81 – ℰ 04 95 37 00 99 – www.hotellaflorentine.com – Ouvert avril-oct.

Maxime

TRADITIONNEL · SIMPLE Au cœur de la ville et au bord d'un petit canal (amarrage possible), une bâtisse blanche aux volets bleus et des propriétaires fort accueillants ! Chambres simples, pratiques et propres, le plus souvent avec une loggia ou un balcon.

19 chambres – $\dagger$59/87 € $\dagger\dagger$59/87 € – ⊊ 10 €

centre ville – ℰ 04 95 37 05 30 – Ouvert début mars-fin nov.

STE-LUCIE-DE-PORTO-VECCHIO

✉ 20144 – Carte régionale n° **15**-B3

▶ Ajaccio 157 km – Ghisonaccia 42 km – Porto-Vecchio 16 km – Sartène 76 km
Carte Michelin 345-F9 – Guide Vert Michelin Corse

La Fleur de Sel

CUISINE MODERNE · CLASSIQUE XX Face à la Méditerranée, une terrasse romantique noyée sous les jasmins, les roses et les oliviers. Cuisine terre et mer réalisée avec des produits triés sur le volet. Le tout à prix doux.

Menu 37/55 € – Carte 48/72 €

Marine de Pinarello, 3,5 km au Sud-Est par D168 – ℰ 04 95 71 06 49 (réservation conseillée) – Ouvert 1er avril-14 oct.

Le Pinarello

LUXE · MODERNE Bel ensemble au luxe discret dans un cadre de rêve. Chambres et suites contemporaines, magnifique vue sur le golfe, centre de soins... et belle piscine couverte ! Au déjeuner, salades et charcuteries corses servies sur la terrasse face à la plage.

28 chambres – $\dagger$218/1103 € $\dagger\dagger$235/1120 € – 5 suites – ⊊ 26 € – ½ P

Marine de Pinarello, 3,5 km au Sud-Est par D168 – ℰ 04 95 71 44 39 – www.lepinarello.com – Ouvert de mi-avril à mi-oct.

STE-MARIE-SICCHÉ

✉ 20190 – 470 hab. – Alt. 420 m – Carte régionale n° **15**-A3

▶ Ajaccio 36 km – Sartène 51 km
Carte Michelin 345-C8

Santa Maria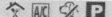

AUBERGE · SIMPLE Ambiance de pension de famille dans cet hôtel des années 1970 prisé des randonneurs. Les chambres sont simples et bien tenues, certaines avec balcon. Salle à manger rustique où l'on sert une cuisine familiale : charcuteries maison et spécialités corses.

23 chambres ⊊ – $\dagger$61/72 € $\dagger\dagger$76/97 €

– ℰ 04 95 25 72 65 – www.santa-maria-hotel.com

SANT'ANTONINO

✉ 20220 – 107 hab. – Alt. 500 m – Carte régionale n° **15**-A1
▶ Bastia 99 km – Ajaccio 155 km – Corte 74 km
Carte Michelin 345-C4

⅋◯ **I Scalini**   ⩽ ⌂

CORSE · CONVIVIAL ✗ Dans ce superbe village de Balagne, on accède à ce restaurant par un escalier étroit, avant de s'installer en terrasse sur le toit – réservation impérative ! De là-haut, la vue est tout simplement éblouissante, et l'on se régale des incontournables saveurs corses traditionnelles, ou de plats plus osés... Une adresse à part.
Carte 37/54 €
*haut du village – ℰ 04 95 47 12 92 (réservation conseillée) – www.i-scalini.com
– Ouvert de mai à sept., fermé le merc. et dim. soir sauf juil.-août*

SOLENZARA

✉ 20145 – 1 169 hab. – Carte régionale n° **15**-B3
▶ Ajaccio 118 km – Bonifacio 68 km – Sartène 77 km
Carte Michelin 345-F8

⊛ **A Mandria**   ⌂ ⌂ 🅐🅒 🅟

CUISINE TRADITIONNELLE · AUBERGE ✗ L'adresse parfaite pour déguster une bonne cuisine typique de l'île, tant au niveau des viandes – comme cette côte de porc bien parfumée – que de ces belles langoustines fraîches et goûteuses. Quant au décor, il porte fièrement l'héritage de la Corse rurale : mobilier rustique, outils agricoles, charcuteries suspendues...
Menu 25/35 € – Carte 43/56 €
1 km au Nord par rte de Bastia (N198) – ℰ 04 95 57 41 95 – Ouvert de fév. à oct. et fermé dim. soir et lundi hors saison

⌂ **La Solenzara**   ⩽ ⌂ ⌹ ⅋ 🅐🅒 🅟

TRADITIONNEL · PERSONNALISÉ Grande demeure de style génois (18ᵉ s.) entourée d'un jardin. Chambres spacieuses, claires et sobres ; vue sur la mer à l'arrière. Espace bien-être, belle piscine à débordement.
28 chambres ⌷ – ✦85/155 € ✦✦85/155 €
quartier du Palais – ℰ 04 95 57 42 18 – lasolenzara.com – Ouvert de fin mars à fin oct.

⌂ **Maison Rocca Serra**   ⅋ ⩽ ⌂ 🅐🅒 ⅋ 🅟 ⇥

VILLA · RÉTRO Une grande villa dans un jardin parfaitement entretenu. Avec leur mobilier de famille ou chiné et leurs terrasses privatives, les chambres sont séduisantes... mais le must, c'est l'accès direct aux petites criques situées en contrebas : la Méditerranée est à soi !
4 chambres ⌷ – ✦100 € ✦✦100 €
*Scaffa Rossa, 1,5 km au Nord par rte de Bastia (N198) – ℰ 04 95 57 44 41
– Fermé déc. et janv.*

ZONZA

✉ 20124 – 2 482 hab. – Alt. 780 m – Carte régionale n° **15**-B3
▶ Ajaccio 93 km – Bonifacio 67 km – Porto-Vecchio 40 km – Sartène 38 km
Carte Michelin 345-E9

⌂ **Le Tourisme**   ⩽ ⌂ ⌹ 🔲 🅐🅒 ⅋ 🅟

AUBERGE · FONCTIONNEL Cet ancien relais de diligences (1875) a conservé sa fontaine d'origine. Chambres sobres et colorées avec balcon. Jardin et belle piscine chauffée avec vue sur la forêt de Zonza. Accueil charmant.
16 chambres – ✦89/149 € ✦✦99/159 € – ⌷ 12 €
rte de Quenza – ℰ 04 95 78 67 72 – www.hoteldutourisme.fr – Ouvert d'avril à oct.

CORTE – 2B (Haute-Corse) → voir Corse

COSNE-COURS-SUR-LOIRE
✉ 58200 (Nièvre) – 10 551 hab. – Carte régionale n° **7**-A2
▶ Paris 186 km – Auxerre 83 km – Bourges 61 km – Montargis 76 km
Carte Michelin 319-A7 – Guide Vert Michelin Bourgogne

⊪○ Au Bistrot d'Anatole   🛋 AC 🍽
CUISINE CLASSIQUE · CONVIVIAL X Un bistrot contemporain dans une petite rue
du centre-ville. On y savoure des classiques du genre comme ce pressé de poireaux, girolles et canard confit, ou ce médaillon de lotte rôti et caponata de légumes. L'accueil souriant et l'ambiance conviviale achèvent de nous convaincre de
la sympathie de l'adresse !
Formule 18 € – Menu 21 € (déj. en semaine), 24/29 €
*6 r. Anatole-France – ℰ 03 86 27 12 95 – www.chez-anatole.com – Fermé dim. soir,
mardi soir, merc. soir et lundi*

à Villechaud 4 km au Sud par D243 – ✉ 58200

☺ Le Chat   🎋 🛋 ⅃ ↔
CUISINE MODERNE · BISTRO X Comment un ancien bar de village – baptisé Le
Chat depuis 1856, tout de même – se mue-t-il en bonne table ? Demandez donc
au chef, aussi sympathique que travailleur, qui sait faire rimer créativité et convivialité. On en ronronne de plaisir.
Formule 20 € – Menu 24 € (déj. en semaine), 27/45 €
*42 r. des Guérins – ℰ 03 86 28 49 03 – Fermé 1 semaine en fév., 2-9 sept., dim.
soir, lundi soir et mardi*

LE COTEAU – 42 (Loire) → voir Roanne

LA CÔTE-ST-ANDRÉ
✉ 38260 (Isère) – 4 838 hab. – Alt. 370 m – Carte régionale n° **44**-B2
▶ Paris 525 km – Grenoble 50 km – Lyon 67 km – La Tour-du-Pin 33 km
Carte Michelin 333-E5 – Guide Vert Michelin Lyon et sa région

⊪○ Hôtel de France   ↼ 🛋 ⅃ AC 🖄
CUISINE MODERNE · ÉLÉGANT XxX Ce restaurant du cœur de la cité natale de
Berlioz se révèle une table de qualité, où le chef compose de belles assiettes
modernes en s'appuyant sur les meilleurs produits du terroir local. On se régale
d'un homard en nage d'agrumes au sauternes et citrus, ou d'un pigeonneau en
croûte d'herbes... Une bonne adresse.
Formule 25 € – Menu 35/68 € – Carte 46/67 €
15 chambres – ♠58/87 € ♠♠70/87 € – � 10 €
*16 pl. de l'Église – ℰ 04 74 20 25 99 – www.hoteldefrance-csa.fr – Fermé 1 semaine
en mai, 1 semaine en juil., 1 semaine en oct., 1 semaine à Noël, sam. midi, dim. soir
et lundi*

COTI-CHIAVARI – 2A (Corse-du-Sud) → voir Corse

COTINIÈRE – 17 (Charente-Maritime) → voir Île d'Oléron

COUDEKERQUE-BRANCHE – 59 (Nord) → voir Dunkerque

COUËRON – 44 (Loire-Atlantique) → voir Nantes

COUILLY-PONT-AUX-DAMES
✉ 77860 (Seine-et-Marne) – 2 169 hab. – Alt. 50 m – Carte régionale n° **19**-C2
▶ Paris 45 km – Coulommiers 20 km – Lagny-sur-Marne 12 km – Meaux 9 km
Carte Michelin 312-G2 – Guide Vert Michelin Île-de-France

✿ **Auberge de la Brie** (Alain Pavard)   🕸 ⇔ 🅰 🅿

CUISINE MODERNE · ÉLÉGANT XX Parmi les atouts que compte cette coquette maison briarde : son cadre contemporain raffiné, sa délicieuse cuisine actuelle personnalisée et son accueil tout sourire.

→ Millefeuille croustillant de homard, tomates confites, sucrine et concombre. Ris de veau braisé au jus, fèves, champignons de saison et fondue d'oignons. Sorbet citron, baba au rhum et chantilly à la menthe.

Formule 38 € – Menu 52/82 € – Carte 80/95 €

14 av. Alphonse-Boulingre, D436 – ℰ 01 64 63 51 80 (réservation conseillée)
– www.aubergedelabrie.net – Fermé 31 juil.-31 août, 23 déc.-7 janv., dim. et lundi

COUIZA

✉ 11190 (Aude) – 1 155 hab. – Alt. 228 m – Carte régionale n° **22**-B3
▶ Paris 785 km – Carcassonne 41 km – Foix 75 km – Perpignan 88 km
Carte Michelin 344-E5

🍴○ **Château des Ducs de Joyeuse**   🈁 🕸 ⇔

CUISINE MODERNE · RUSTIQUE XX Revisiter la tradition et célébrer la gourmandise : tel est le crédo du jeune chef de cette sympathique maison. En bon passionné, il privilégie les produits locaux (truite de Gesse, légumes et fromages bio des environs). Le passé rencontre le présent, et c'est une réussite !

Menu 36/79 € – Carte 50/76 €

allée Georges Roux – ℰ 04 68 74 23 50 – www.chateau-des-ducs.com
– Ouvert 19 mars-1ᵉʳ nov. et fermé le midi sauf sam. et dim.

🏠 **Château des Ducs de Joyeuse**   ✿ 🕭 ⇔ 🏊 🍴 🕸 🎪

CHÂTEAU · RUSTIQUE Construit sous la Renaissance (16ᵉ s.), ce beau château fortifié n'en est pas moins totalement médiéval. Tours, pierres, poutres, baldaquins, salles voûtées... le tableau est complet. Et le parc, qui longe joliment la rivière, ne met pas moins en joie ! Insolite : le caveau de dégustation dans l'ancienne chapelle.

35 chambres – ♥118/152 € ♥♥118/275 € – ⊆ 16 € – ½ P

allée Georges Roux – ℰ 04 68 74 23 50 – www.chateau-des-ducs.com
– Ouvert 19 mars-1ᵉʳ nov.

🍴○ **Château des Ducs de Joyeuse** – voir les restaurants ci-dessus

COULANDON – 03 (Allier) → voir Moulins

COULLONS

✉ 45720 (Loiret) – 2 472 hab. – Alt. 166 m – Carte régionale n° **12**-C2
▶ Paris 165 km – Aubigny-sur-Nère 18 km – Gien 16 km – Orléans 60 km
Carte Michelin 318-L6

🍴○ **La Canardière**   🈁 🅰 ⇔

CUISINE MODERNE · RUSTIQUE XX Le cadre a beau être rustique, avec ses poutres et sa cheminée en cuivre, la cuisine n'en est pas moins dans l'air du temps : légumes, herbes du jardin et respect des saisons. Autre option : l'ardoise du Bistrot, dans une atmosphère conviviale.

Formule 20 € – Menu 30 € ♟, 38/59 € ♟ – Carte 42/62 €

1 r. de la Mairie – ℰ 02 38 29 23 47 (réservation conseillée)
– www.restaurantlacanardiere.fr – Fermé 15 août-5 sept., 21 déc.- 4 janv., le soir sauf vend. et sam. et lundi

COULOMBIERS

✉ 86600 (Vienne) – 1 081 hab. – Alt. 141 m – Carte régionale n° **39**-C2
▶ Paris 352 km – Couhé 25 km – Lusignan 8 km – Parthenay 44 km
Carte Michelin 322-H6

ⅡO **Auberge Le Centre Poitou** ⟵ 🚗 🏠 🔁 ⅄ 🅟 🚗

CUISINE TRADITIONNELLE · RUSTIQUE XX Depuis 1870, la même famille tient cet auberge qui fut autrefois un relais de poste et y cultive le sens de l'accueil. Dans l'assiette, on se régale d'une cuisine plutôt classique, concoctée avec des produits soigneusement choisis. Tout est fait maison, même les viennoiseries du petit-déjeuner pour les résidents...

Formule 17 € 🍷 – Menu 30/85 € – Carte 62/75 €

13 chambres – ♥54/95 € ♥♥60/140 € – 🖵 11 €

39 r. Nationale – ℰ 05 49 60 90 15 – www.centre-poitou.com – Fermé 22 fév.-9 mars, 26 sept.-12 oct., mardi midi, dim. soir et lundi

COULON

✉ 79510 (Deux-Sèvres) – 2 238 hab. – Alt. 6 m – Carte régionale n° **38**-B2
▶ Paris 418 km – Fontenay-le-Comte 25 km – Niort 11 km – La Rochelle 63 km
Carte Michelin 322-C7 – Guide Vert Michelin Poitou-Charentes

🅐 **Le Central** 🏠 ⅄ 🆎 🔁 🅟

FRANÇAISE MODERNE · AUBERGE XX Pour une escapade champêtre au cœur de la Venise verte : poutres blanchies, vaisselier à l'ancienne... La cuisine navigue entre tradition et tendances, autour de quelques produits fétiches : anguilles, escargots, fromage de chèvre, etc. Une valeur sûre, petite boussole dans la géographie gourmande poitevine.

Formule 18 € – Menu 21 € (semaine), 30/46 € – Carte 45/57 €

*Hôtel Le Central, 4 r. d'Autremont – ℰ 05 49 35 90 20
– www.hotel-lecentral-coulon.com – Fermé 15-29 fév., 3-18 oct., dim. soir et lundi*

🅐 **Le Central** ⅄ ⅄ 🆎 ⅄ 🅟

AUBERGE · COSY Au cœur de ce charmant petit village de la Venise verte, des chambres chaleureuses, revues dans un esprit campagnard chic (mobilier patiné, ciels de lit ou boiseries, etc.) : cette auberge familiale – depuis trois générations – a su évoluer avec son temps !

13 chambres – ♥66/73 € ♥♥77/96 € – 🖵 10 € – ½ P

4 r. d'Autremont – ℰ 05 49 35 90 20 – www.hotel-lecentral-coulon.com – Fermé 1 semaine fin fév.

🅐 **Le Central** – voir les restaurants ci-dessus

🅐 **Au Marais** 🕭 ⅄

TRADITIONNEL · FONCTIONNEL Face à l'embarcadère pour le Marais mouillé, deux anciennes maisons de bateliers transformées en hôtel. Agréables chambres mêlant classique et contemporain, certaines avec vue sur la Sèvre.

18 chambres – ♥61/75 € ♥♥71/89 € – 🖵 9 €

46 quai Louis Tardy – ℰ 05 49 35 90 43 – www.hotel-marais-poitevin.com – Fermé 1er nov. -28 fév.

COUPELLE-VIEILLE

✉ 62310 (Pas-de-Calais) – 598 hab. – Alt. 147 m – Carte régionale n° **30**-A2
▶ Paris 232 km – Abbeville 58 km – Arras 64 km – Boulogne-sur-Mer 48 km
Carte Michelin 301-F4

ⅡO **Le Fournil** 🕸 🚗 🏠 🔁 🅟

CUISINE TRADITIONNELLE · COSY X Les apparences sont parfois trompeuses ! Ainsi, Le Fournil n'est pas installé dans une ancienne boulangerie mais dans un relais de poste du 19e s. On y savoure une cuisine traditionnelle accompagnée de bons vins... Terrasse avec vue sur le jardin.

🕭 Formule 17 € – Menu 20 € (semaine), 28/34 € – Carte 32/54 €

r. de St-Omer – ℰ 03 21 04 47 13 – www.restaurant-lefournil.com – Fermé mardi soir, dim. soir, fériés le soir et lundi

COURBAN

✉ 21520 (Côte-d'Or) – 169 hab. – Alt. 262 m – Carte régionale n° **8**-C1
▶ Paris 252 km – Dijon 101 km – Chaumont 43 km – Langres 58 km
Carte Michelin 320-I2

🍴 Château de Courban   🏮 ♿ 🅿

CUISINE TRADITIONNELLE · ÉLÉGANT ✕✕ Un chef japonais, Takashi Kinoshita, officie depuis 2015 aux fourneaux de ce Château de Courban où l'élégance est la règle. Fort d'une expérience riche et variée, il compose une cuisine bien dans l'air du temps, et n'hésite pas pour cela à s'appuyer sur les bons produits du terroir bourguignon... Une réussite !

Menu 45/89 € – Carte 64/94 €

7 r. du Lavoir – ℰ 03 80 93 78 69 – www.chateaudecourban.com – fermé le midi en semaine

🏨 Château de Courban   🌳 🐾 🏮 ⌲ ⑩ ♿ 🆎 🧖 🅿

CHÂTEAU · PERSONNALISÉ Charmante, champêtre, authentique et confortable : telle est cette belle gentilhommière de 1837. Les jardins, la piscine à débordement et le spa ajoutent encore au cachet du lieu. Et l'on est reçu comme dans une maison de famille... Sympathique !

24 chambres – 🛏99/400 € 🛏🛏99/400 € – ⊡ 19 € – ½ P

7 r. du Lavoir – ℰ 03 80 93 78 69 – www.chateaudecourban.com

🍴 **Château de Courban** – voir les restaurants ci-dessus

COURBEVOIE – 92 (Hauts-de-Seine) ➜ voir Autour de Paris

COURCELLES-DE-TOURAINE

✉ 37330 (Indre-et-Loire) – 511 hab. – Alt. 85 m – Carte régionale n° **11**-A2
▶ Paris 267 km – Angers 74 km – Chinon 46 km – Saumur 46 km
Carte Michelin 317-K4

au golf 7 km à l'Est dir. Ambillou puis Château La Vallière –
✉ 37330 Courcelles-de-Touraine :

🏰 Château des Sept Tours   🌳 🐾 ← ⌲ 🏊 🖪 ☷ 🧖 🅿

CHÂTEAU · CLASSIQUE Ce beau château du 15ᵉs., entouré d'un golf 18 trous, est impressionnant avec ses... sept tours ! Chambres agréables et fonctionnelles. Cuisine gastronomique servie dans une salle bourgeoise ou sous la véranda. Petite restauration au Club House, situé dans une ancienne chapelle.

22 chambres – 🛏108/272 € 🛏🛏108/452 € – ⊡ 17 € – ½ P

*Le Vivier des Landes, D34 – ℰ 02 47 24 69 75 – www.7tours.com
– Fermé 1ᵉʳ déc.- 4 janv.*

COURCELLES-SUR-VESLE

✉ 02220 (Aisne) – 365 hab. – Alt. 75 m – Carte régionale n° **37**-C2
▶ Paris 122 km – Fère-en-Tardenois 20 km – Laon 35 km – Reims 39 km
Carte Michelin 306-D6

🍴 Château de Courcelles   🎱 ⌲ 🏮 🆎 🅿

CUISINE MODERNE · CLASSIQUE ✕✕✕ Noble demeure que ce château hérité du Grand Siècle, fastueux sans être opulent, et recélant un beau jardin d'hiver, d'inspiration Second Empire. Ce décor prête à un élégant moment, autour de recettes inspirées par les tendances et accompagnées d'un impressionnant choix de vins.

Formule 55 € ⏣ – Menu 60/165 € – Carte 110/132 €

8 r. du Château – ℰ 03 23 74 13 53 – www.chateau-de-courcelles.fr

🏨 Château de Courcelles   🌳 🐾 ← ⌲ 🏊 🍽 ♿ 🧖 🅿

CHÂTEAU · CLASSIQUE De longues enfilades de fenêtres, des toits à la Mansart, des allées de buis taillé... la parfaite image d'un château français du 17ᵉ s., fréquenté en leurs temps par Crébillon, Rousseau ou encore Cocteau. Grand style dans les chambres et belles prestations.

15 chambres – 🛏205/475 € 🛏🛏205/475 € – 3 suites – ⊡ 20 €

8 r. du Château – ℰ 03 23 74 13 53 – www.chateau-de-courcelles.fr

🍴 **Château de Courcelles** – voir les restaurants ci-dessus

© P. Dureuil/Es/Photononstop

ON AIME...

Ce rassemblement de **tables étoilées** à très haute altitude : unique au monde ! Le célébrissime **Chabichou**, et son bistrot le **Chabotté**, ouverts hiver comme été. **L'Hôtel des Trois Vallées**, son inimitable style vintage rappelant l'ambiance alpine des années 1960. **Le Génépi**, son chef originaire d'ici et son ambiance conviviale et chaleureuse. Le **Zinc des Neiges**, son rapport qualité-prix imbattable... pour la station.

COURCHEVEL

✉ 73120 (Savoie) – Carte régionale n° **45**-D2
▶ Paris 660 km – Albertville 52 km – Chambéry 99 km – Moûtiers 25 km
Carte Michelin 333-M5 – Guide Vert Michelin Alpes du Nord

à Courchevel 1850 – ✉ 73120 – Alt. 1 850 m

✿✿ Le 1947

CUISINE MODERNE · DESIGN XxXx 1947... le millésime mythique du Cheval Blanc et, au sein de l'hôtel du même nom, cette table siglée Yannick Alléno. Dans un décor avant-gardiste, le grand chef délivre une superbe partition de cuisine contemporaine, où la créativité et l'audace technique sont tout entières guidées par la recherche des saveurs. Quelle leçon !

→ Vapeur de Saint-Jacques, extraction de céleri et caviar. Filet et côtes d'agneau de lait d'Aveyron, "cookooning" de pommes de terre et oignons confits. Feuillets croustillants chocolatés et sorbet artichaut gros camus.

Carte 175/345 €

Plan : Z-m – *Hôtel Cheval Blanc, au Jardin Alpin*
– ☎ 04 79 23 14 01 – www.chevalblanc.com
– *Ouvert 11 déc.-3 avril et fermé le midi et le lundi*

✿✿ Pierre Gagnaire pour les Airelles

CRÉATIVE · HUPPÉ XxXx Dans le décor fastueux des Airelles, rendant hommage à Sissi, une avalanche de saveurs ! Rien ne semble pouvoir brider l'inventivité de Pierre Gagnaire et de ses équipes : produits rares et superbes, mariages subtils et inattendus, etc. Une leçon de liberté, mais qui a un prix.

→ Autour de la langoustine. Le "grand menu Pierre Gagnaire". Soufflés vanille et chocolat.

Menu 220/495 € – Carte 300/450 €

Plan : Z-h – *Hôtel Les Airelles, Au Jardin Alpin*
– ☎ 04 79 00 38 38 – www.airelles.fr
– *Ouvert de mi-déc. à mi-avril et fermé le midi, sam. et dim.*

À la recherche d'une chambre au meilleur prix ?
Réservez votre hôtel sur viamichelin.com

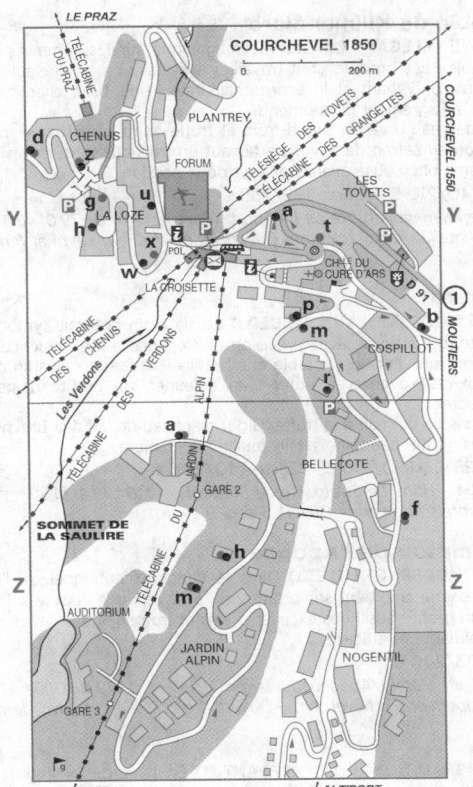

COURCHEVEL 1850

LE PRAZ

TÉLÉCABINE DU PRAZ

CHENUS
d
PLANTREY
FORUM
z
g
u
LA LOZE
h
P
x
POL
w
LA CROISETTE
TÉLÉCABINE DES CHENUS
Les Verdons
TÉLÉCABINE DES VERDONS
ALPIN
a
GARE 2
TÉLÉCABINE DU JARDIN
SOMMET DE LA SAULIRE
h
m
AUDITORIUM
JARDIN ALPIN
GARE 3
9
GARE 4

TÉLÉSIÈGE DES TOVETS
TÉLÉCABINE DES GRANGETTES
COURCHEVEL 1550
LES TOVETS
Y
a
t
P
CHili DU CURÉ D'ARS
P
p
b
MOÛTIERS
D 91
1
m
COSPILLOT
r
P
BELLECOTE
f
Z
NOGENTIL
ALTIPORT

0   200 m

❀❀ **Le Chabichou** (Michel Rochedy)   ⌘ ≤ ⌂ ⇔

CUISINE CLASSIQUE · ÉLÉGANT XXX Le Chabichou, c'est avant tout une cuisine
empreinte de classicisme, où les produits nobles tiennent le premier rang et où
les mets sont composés dans les règles de l'art : au service des saveurs, tout simplement. Décor montagnard, comme il se doit.
➜ Écrevisse en brochette de sapin, royale de navet et émulsion fumée. Suprême de
poularde de Bresse farci de cuisse et cuisiné comme une poule au pot, sauce Albufera. Croûte de meringue lactée glacée aux agrumes, yaourt au miel de citron.
Menu 60 € (déj.), 75/245 € – Carte 130/275 €
Plan : Y-z – Hôtel Le Chabichou, r. des Chenus – ℰ 04 79 08 00 55
– www.chabichou-courchevel.com – Ouvert juil.-août et déc.-avril

❀ **Le Kintessence**   ⌘ ≤ & ⇗

CUISINE MODERNE · INTIME XXXX Qualité des ingrédients, harmonie des recettes,
esthétique des assiettes : tout séduit, de même que l'ambiance feutrée des lieux
et la discrétion du service. Une cuisine qui va à l'essentiel. Agréable brunch le midi.
➜ Palet fondant de betterave à l'anguille fumée glacé au jus de betterave. Oie
de Bresse à la royale, poire pochée au vin d'épices et salade d'hiver truffée. Coque
meringuée avocat, banane, citron vert, et sorbet noix de coco.
Menu 195/300 € – Carte 190/295 €
Plan : Y-b – Hôtel le K2, r. des Clarines – ℰ 04 79 40 08 80 – www.hotellek2.com
– Ouvert de mi-déc. à mi-avril et fermé le midi et lundi

❀ La Table du Kilimandjaro

CRÉATIVE · ÉLÉGANT XxX Une vue magnifique sur les sommets et... une excellente table ! Les produits sont travaillés avec talent, pour le seul plaisir des sens. Le service prévenant et le cadre chaleureux (bois brut, cheminée, bel espace) ajoutent à l'agrément du moment.

→ Ris de veau doré en chaud-froid et truffe noire, pousses de moutarde. Saint-pierre rôti au safran de Savoie, artichaut en trois cuissons, émulsion de coquillages. Crème onctueuse ananas et fruit de la passion.

Menu 140/210 € – Carte 185/255 €

Hôtel Le Kilimandjaro, rte de l'Altiport, (Plan : Z) – 𝄞 04 79 01 46 46
– www.hotelkilimandjaro.com – Ouvert de mi-déc. à mi-avril et fermé le midi et sam.

❀ Le Strato

CUISINE MODERNE · À LA MODE XxX Le ski alpin pourrait symboliser la cuisine du Strato, qui slalome avec précision et élégance entre influences hivernales et inspirations provençales, la table étant affiliée au fameux Oustaù de Baumanière, des Baux-de-Provence. À noter : au déjeuner, on profite d'une formule plus décontractée.

→ Raviolis de poireau à la truffe. Gigot d'agneau de lait à la broche piqué d'ail et d'anchois, gratin dauphinois. Millefeuille Baumanière.

Menu 125 € (déj.)/210 € – Carte 140/200 €

Plan : Z-f – *Hôtel Le Strato, rte de Bellecôte – 𝄞 04 79 41 51 80*
– www.hotelstrato.com – Ouvert 6 déc.-9 avril

�ⅠⅠ◯ Le Comptoir de l'Apogée

CUISINE MODERNE · LUXE XxX Dans le cadre exceptionnel de l'hôtel Apogée, cette brasserie chic tient ses promesses, à travers une cuisine soignée et savoureuse ; on profite aussi des excellents vins et fromages des caves maison, et d'un service aimable et efficace.

Carte 123/240 €

Plan : Z-a – *Hôtel L'Apogée, au Jardin Alpin – 𝄞 04 79 04 01 04*
– www.lapogeecourchevel.com – Ouvert 11 déc.-3 avril et fermé le midi

ⅠⅠ◯ 1850

CUISINE TRADITIONNELLE · ÉLÉGANT XxX En haut de la station, ce chalet de bois et de pierre a l'art de séduire en toute discrétion ! Une cuisine comme un carte tendance, à base de bons produits : cassolette de légumes oubliés et braisée au bouillon de poireaux, jarret de veau en crumble de noix de cajou, financier à la noix et poires pochées aux épices...

Menu 70/125 € – Carte 92/163 €

Plan : Y-d – *Hôtel La Sivolière, r. des Chenus – 𝄞 04 79 08 08 33*
– www.hotel-la-sivoliere.com – Ouvert 11 déc.-11 avril et fermé le midi

ⅠⅠ◯ La Table du Lana

CUISINE MODERNE · ÉLÉGANT XxX Rénovée et redécorée, la table gastronomique du Lana conserve toujours un charme particulier. Au menu, on trouve une bonne cuisine actuelle se basant notamment sur des produits nobles. Belle carte des vins.

Formule 65 € – Menu 80 € (dîner) – Carte 89/157 €

Plan : Y-p – *Hôtel Le Lana, rte de Bellecôte – 𝄞 04 79 08 01 10 – www.lelana.com*
– Ouvert de mi-déc. à début avril

ⅠⅠ◯ Le Genépi

CUISINE TRADITIONNELLE · AUBERGE XX Accueil sympathique en ce petit restaurant familial : le feu crépite dans le salon. Le chef, né à Courchevel, propose une cuisine régionale bien ficelée (menu skieur à midi). Une valeur sûre.

Menu 29 € (déj.) – Carte 45/87 €

Plan : Y-g – *r. Park City – 𝄞 04 79 08 08 63 – www.legenepi-courchevel.com*
– Ouvert sept.-avril et fermé sam. et dim. de sept. à nov.

⑪○ La Saulire   🍴 🏠 AC

CUISINE TRADITIONNELLE · AUBERGE XX Un décor tout de bois blond, rehaussé de vieux objets montagnards... C'est dans ce cadre authentique et chaleureux qu'il faut être vu à Courchevel, en atteste le passage du jet-set et des têtes couronnées ! Carte traditionnelle au déjeuner, plus sophistiquée au dîner, où la truffe du Périgord est à l'honneur.

Formule 28 € – Menu 35 € (déj.) – Carte 60/125 €

Plan : Y-t – *pl. du Rocher* – ℰ *04 79 08 07 52* – *www.lasaulire.com* – *Ouvert 1er déc.-25 avril*

⑪○ Le Chabotté   ᕳ

CUISINE TRADITIONNELLE · À LA MODE X Le Chabotté du Chabichou ? Une formule assez futée, créée dans une extension contemporaine construite... sous les pistes de ski. Après l'effort, le réconfort : tartiflette, raclette et viandes à la broche (entrecôte, gigot d'agneau, etc.).

Menu 27 € (déj.)/31 € – Carte 37/82 €

Plan : Y-z – *Hôtel Le Chabichou, r. des Chenus* – ℰ *04 79 01 46 86* – *www.chabichou-courchevel.com* – *Fermé 1er mai-15 juin*

⑪○ Zinc des Neiges

CUISINE TRADITIONNELLE · BISTRO X En plein cœur de la célèbre station, ce bistrot gourmand a tout de la bonne adresse de montagne : boiseries, cheminée, banquettes, un grand bar en... zinc. L'accueil est à la fois décontracté et professionnel – un duo toujours gagnant ! –, au service d'une bonne cuisine de tradition, qui cultive une heureuse simplicité.

Formule 19 € – Menu 25 € (déj.)/45 € – Carte 55/75 €

Plan : Y-x – *r. Park-City* – ℰ *04 79 08 90 84* – *www.restaurant-zinc.com* – *Ouvert de mi-déc. à fin mars*

🏨 Les Airelles   🎿 🧖 ⪦ 🖨 SPA 🛗 ⬆ ᕳ 🚗

GRAND LUXE · PERSONNALISÉ Le palace des neiges par excellence. Derrière le ballet des voituriers en tenue de chasseur alpin et la magnifique façade de style austro-hongrois, tout n'est que luxe et raffinement : un superbe univers à la tyrolienne, ouaté comme un tapis de neige et... infiniment chaleureux. Quant au service, il est bien digne d'un tel établissement.

37 chambres – ½ P seult 1100/2700 € – 15 suites

Plan : Z-h – *Au Jardin Alpin* – ℰ *04 79 00 38 38* – *www.airelles.fr* – *Ouvert 16 déc.-3 avril*

✿✿ **Pierre Gagnaire pour les Airelles** – voir les restaurants ci-dessus

🏨 Le K 2   🎿 🧖 ⪦ 🖨 SPA 🛗 ⬆ ᕳ 🍽 🏋 🚗

GRAND LUXE · DESIGN C'est incontestablement l'un des joyaux de la station ! Personnel d'un grand professionnalisme et prestations d'excellence attendent les clients de cet établissement de 20 000 m^2, imaginé par les concepteurs du Kilimandjaro. L'élégance le dispute au raffinement...

26 chambres – ½ P seult 1350/2300 € – 8 suites

Plan : Y-b – *r. des Clarines* – ℰ *04 79 40 08 80* – *www.hotellek2.com* – *Ouvert de mi-déc. à mi-avril*

✿ **Le Kintessence** – voir les restaurants ci-dessus

🏨 Cheval Blanc   🎿 🧖 ⪦ 🖨 SPA 🛗 ⬆ ᕳ 🍽 🚗

GRAND LUXE · PERSONNALISÉ Du nom du célèbre château bordelais, un hôtel très "grand cru" ! Au sortir des pistes, on se réfugie avec plaisir dans ce chalet aménagé dans un superbe esprit contemporain, qui investit et réinvente tout l'imaginaire de l'hiver... Luxe et confort dans les moindres détails, avec un spa délicieux et deux restaurants pour toutes les envies.

32 chambres – ½ P seult 818/1583 € – 4 suites

Plan : Z-m – *au Jardin Alpin* – ℰ *04 79 00 50 50* – *www.chevalblanc.com* – *Ouvert 11 déc.-10 avril*

✿✿ **Le 1947** – voir les restaurants ci-dessus

🏨 Le Kilimandjaro

GRAND LUXE · COSY Bois vieillis, tissus chauds, cheminées... Tout le charme des Alpes est ici rendu avec un grand raffinement : ainsi culmine ce Kilimandjaro, véritable hameau de montagne constitué d'une collection de chalets. Équipements high-tech et confort absolu : un sommet pour les sports d'hiver.

32 chambres ☐ – ♦980/1790 € ♦♦980/1790 € – 3 suites – ½ P

rte Altiport, (Plan : Z) – ℰ 04 79 01 46 46 – www.hotelkilimandjaro.com – Ouvert de mi-déc. à mi-avril

🍽 **La Table du Kilimandjaro** – voir les restaurants ci-dessus

🏨 L'Apogée

LUXE · ALPIN La déco de cet établissement flambant neuf est signée par les fameux Joseph Dirand et India Mahdavi, au style inimitable : lignes rétro tout en rondeurs et notes colorées ! Après une journée sur les pistes – dont l'accès est direct –, le refuge se révèle aussi raffiné que cosy.

35 suites ☐ – ♦♦900/5300 € – 20 chambres – ½ P

Plan : Z-a – *au Jardin Alpin* – ℰ 04 79 04 01 04 – www.lapogeecourchevel.com – *Ouvert 11 déc.-3 avril*

🍽 **Le Comptoir de l'Apogée** – voir les restaurants ci-dessus

🏨 Le Strato

GRAND LUXE · MODERNE À quelques pas du centre de la station, ce chalet associe luxe, grand confort et esprit sportif : spa de 800 m², mobilier design, pièces anciennes, décor mélangeant contemporain et baroque, vue sur la vallée et... accès direct aux pistes. Pour les rois de la glisse !

14 suites – ½ P seult 980/2305 € – 12 chambres

Plan : Z-f – *rte de Bellecôte* – ℰ 04 79 41 51 60 – www.hotelstrato.com – *Ouvert 6 déc.-9 avril*

🍽 **Le Strato** – voir les restaurants ci-dessus

🏨 Le Lana

GRAND LUXE · MODERNE L'un des premiers hôtels de la station, et toujours le chouchou de la jet-set ! Un soin tout particulier a été apporté aux décors – design et ultracossus – des chambres et des suites. Quant au spa, il est si agréable qu'il en ferait presque oublier les joies du ski...

55 chambres ☐ – ♦550/1210 € ♦♦690/1210 € – 30 suites – ½ P

Plan : Y-p – *rte de Bellecôte* – ℰ 04 79 08 01 10 – www.lelana.com – *Ouvert mi-déc. à début avril*

🍽 **La Table du Lana** – voir les restaurants ci-dessus

🏨 Annapurna

HÔTEL DE VACANCES · ALPIN Cet Annapurna-là n'a presque rien à envier à celui de l'Himalaya ! L'hôtel – le plus haut de la station – tutoie les cimes, dans un environnement immaculé. Décor d'esprit montagnard dans les chambres, qui dominent les pistes côté sud. Depuis la grande salle du restaurant ou sa terrasse, on admire la Saulire tout en reprenant des forces (cuisine traditionnelle).

63 chambres ☐ – ♦565/1440 € ♦♦580/1440 € – 7 suites – ½ P

rte Altiport, (Plan : Z) – ℰ 04 79 08 04 60 – www.annapurna-courchevel.com – Ouvert de mi-déc. à mi-avril

🏨 Saint-Roch

HÔTEL DE VACANCES · ALPIN Un hôtel ostensiblement chic et moderne, au décor parfois détonant et à la personnalité bien affirmée ! Dans les chambres règne une ambiance de chalet feutré ; chacune d'entre elles possède son propre hammam et des équipements high-tech... Dépaysant !

19 suites – ½ P seult 995/2010 € – 5 chambres

Plan : Y-m – *rte de Bellecôte* – ℰ 04 79 08 02 66 – www.lesaintroch.com – *Ouvert de mi-déc. à mi-avril*

🏠🏠🏠🏠 **Le Chabichou**

LUXE · PERSONNALISÉ Telle une hermine qui se pare de blanc l'hiver venu, un grand chalet immaculé comme la neige... Jolie osmose avec la montagne pour cet hôtel cossu, au décor très savoyard et chaleureux (omniprésence du bois). Et après une journée de ski, rien de tel pour se délasser qu'un passage au spa de 1 200 m² !

36 chambres ☲ – **†**195/1620 € **††**260/2314 € – 5 suites

Plan : Y-z – *r. des Chenus* – *𝒞 04 79 08 00 55* – *www.chabichou-courchevel.com* – *Ouvert juil.-août et déc.-avril*

❀❀ **Le Chabichou** • 🍽○ **Le Chabotté** – voir les restaurants ci-dessus

🏠🏠🏠🏠 **Aman Mélézin**

GRAND LUXE · ÉLÉGANT Au pied des pistes, cet hôtel élégant se révèle très intime et propice à la détente : spa complet, grandes chambres lumineuses et zen, certaines avec espace "day bed" (dédié au repos de jour)... Le tout décoré avec un goût très sûr. À noter aussi, le service de conciergerie particulièrement performant.

23 chambres ☲ – **†**980/1500 € **††**1100/2800 € – 8 suites

Plan : Y-r – *r. Bellecôte* – *𝒞 04 79 08 01 33* – *www.aman.com* – *Ouvert 18 déc. à mi-avril*

🏠🏠🏠🏠 **Les Suites de la Potinière**

GRAND LUXE · DESIGN Luxe discret, raffinement et élégance en cet hôtel contemporain proche de la Croisette. Suites spacieuses dont certaines avec cheminée, œuvres d'art dans le hall, etc. Midi et soir, les skieurs peuvent se restaurer au séduisant bar-lounge.

12 chambres – **†**1000/3000 € **††**1000/3000 € – 4 suites – ☲ 38 €

Plan : Y-u – *r. de Plantret* – *𝒞 04 79 08 00 16* – *www.suites-potiniere.com* – *Ouvert 11 déc.-10 avril*

🏠🏠🏠 **La Sivolière**

GRAND LUXE · DESIGN Sur les hauteurs de la station, au grand calme, ce chalet de caractère distille un charme sûr. Décor contemporain et raffiné dans les espaces communs ; montagnard et cosy dans les chambres. Les must : le spa et la piscine face à la forêt.

24 chambres ☲ – **†**435/1240 € **††**750/1390 € – 12 suites – ½ P

Plan : Y-d – *r. des Chenus* – *𝒞 04 79 08 08 33* – *www.hotel-la-sivoliere.com* – *Ouvert 11 déc.-11 avril*

🍽○ **1850** – voir les restaurants ci-dessus

🏠🏠 **La Loze**

HÔTEL DE VACANCES · ALPIN Hôtel tourné vers les pistes, autrichien dans l'âme : bois couleur pain d'épice, chambres cosy ornées de frises et personnel en costume tyrolien. En rentrant du ski, les skieurs peuvent même profiter d'un bon goûter... Une certaine idée du bonheur !

27 chambres ☲ – **†**215/595 € **††**215/595 € – 1 suite

Plan : Y-w – *r. Park-City* – *𝒞 04 79 08 28 25* – *www.la-loze.com* – *Ouvert de déc. à mi-avril*

🏠🏠 **Hôtel des Trois Vallées**

HÔTEL DE VACANCES · ÉLÉGANT À deux pas de l'animation du centre de "Courch'", cet hôtel a été entièrement rénové dans un esprit vintage, avec quelques éléments de mobilier rappelant les années 1950. Une décoration harmonieuse, des chambres confortables avec balcon... et les pistes juste devant la porte !

31 chambres – **†**350/2480 € **††**350/2480 € – ☲ 17 €

Plan : Y-h – *r. Park-City* – *𝒞 04 79 08 00 12* – *www.hoteldestroisvallee.com* – *Ouvert 11 déc.-fin avril*

⌂ Les Monts Charvin

FAMILIAL · COSY Un petit hôtel familial et authentique, au cœur même de la station : coquette décoration alpestre, salon avec feu de cheminée, tenue impeccable.

19 chambres – ♥65/195 € ♥♥95/555 € – ☑ 17 €

Plan : Y-a – *impasse des Verdons* – *☎ 04 79 04 19 10*
– *www.lesmontscharvin-courchevel1850.com – Fermé en mai*

à Courchevel 1650 4 km à l'Est – ⌂ 73120

⌂⌂ Manali

LUXE · ACTUEL Du nom d'un village himalayen, un luxueux chalet mâtiné d'exotisme : au gré des chambres, le bois montagnard rencontre des inspirations indiennes (frises sculptées) ou canadiennes (rondins de bois), et le restaurant décline le thème Bollywood. Dépaysement garanti !

32 chambres – ½ P seult 255/860 € – 5 suites

r. de la Rosière – *☎ 04 79 08 07 07 – www.hotelmanali.com – Ouvert 17 déc.-12 avril*

⌂⌂ Le Portetta

HÔTEL DE VACANCES · ÉLÉGANT Aux pieds des pistes, cet hôtel offre un décor montagnard on ne peut plus cosy, avec espace détente (fitness, hammam, spa, sauna, etc.), terrasse ensoleillée, accueil aimable... Un bien agréable refuge.

38 chambres – ½ P seult 320/450 € – 6 suites

r. du Marquis – *☎ 04 79 08 01 47 – www.leportetta.com – Ouvert 12 déc.-9 avril*

⌂ Le Seizena

HÔTEL DE VACANCES · ALPIN Un hommage original et réussi au Cessna et à l'aéronautique : chambres modernes évoquant des cabines, salles de bains façon cockpit, hélices, maquettes d'avions...

20 chambres ☑ – ♥240/375 € ♥♥240/375 €

– *☎ 04 79 08 26 36 – www.hotelseizena.com – Ouvert de mi-déc. à mi-avril*

au Praz (Courchevel 1300) 8 km à l'Est – ⌂ 73120 St Bon Tarentaise

❀ Azimut (François Moureaux) ⬦

CUISINE MODERNE · CONVIVIAL ✗ Une adresse sympathique, aux prix mesurés, où l'on déguste une cuisine très sûre, simple et actuelle, à base d'excellents produits. Le tout accompagné de bons vins du Jura – région où l'établissement prend ses quartiers d'été. Accueil très aimable.

→ Foie gras poêlé, jus à la cerfuze et pommes façon boulangère. Filet mignon de veau cuit à basse température, réglisse et pommes darphin. Parfait glacé au café, sauce génépi et mousseux au chocolat.

Menu 35/95 € – Carte 60/100 €

Immeuble l'Or Blanc – *☎ 04 79 06 25 90 (réservation conseillée)*
– *www.restaurantazimut.com – Ouvert de mi-déc. à fin avril et fermé lundi midi et merc. midi*

⅋○ Le Bistrot du Praz 🕮

CUISINE TRADITIONNELLE · RUSTIQUE ✗ Dans le village du Praz, ce petit chalet au cadre savoyard chaleureux propose une cuisine de bistrot bien gourmande, servie sous la forme de bons plats à partager. Le menu évolue au fil des saisons.

Menu 28/35 € – Carte 35/72 €

– *☎ 04 79 08 41 33 – www.bistrotdupraz.fr – Fermé 3 semaines en mai, 2 semaines en oct., lundi midi, mardi soir et dim.*

⌂ Les Peupliers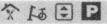

HÔTEL DE VACANCES · ALPIN Cet hôtel familial situé à deux pas d'un petit lac abrite des chambres chaleureuses et lambrissées ; elles sont dotées de balcons côté sud. Accueil sympathique. Jolies boiseries savoyardes et plats traditionnels à La Table de mon Grand-Père.

35 chambres – ♥90/230 € ♥♥120/435 € – ☑ 15 € – ½ P

– *☎ 04 79 08 41 47 – www.lespeupliers.com – Fermé mai-juin et les week-ends de sept. à nov.*

à la Tania 12 km à l'Est – ⊠ 73120

❀ **Le Farçon** (Julien Machet)
CUISINE MODERNE · AUBERGE XX Si l'agréable décor façon chalet (dû au père du chef, menuisier de son état) honore la Savoie, la cuisine explore un territoire de saveurs plus large, avec inventivité, soin et finesse. Pour une savoureuse escapade à l'écart de Courchevel.
→ Crémeux de betterave rafraîchi de groseille. Entrecôte de cochon ibérique, purée de pomme de terre au lait d'alpage et jus de viande à la levure de bière. Soupe de fruits rouges au vin de persan et noix d'Aigueblanche.
Menu 35 € (déj.), 58/68 €
immeuble la Kalinka – ℰ 04 79 08 80 34 – www.lefarcon.fr – Ouvert de mi-juin à mi-sept., de mi-nov. à fin-avril et fermé lundi en été

COUR-CHEVERNY
⊠ 41700 (Loir-et-Cher) – 2 715 hab. – Alt. 86 m – Carte régionale n° **11**-AB1
▶ Paris 194 km – Blois 14 km – Châteauroux 88 km – Orléans 73 km
Carte Michelin 318-F6

🏠 **St-Hubert**
FAMILIAL · FONCTIONNEL Un petit hôtel placé sous la protection du patron des chasseurs – logique dans une localité avec une telle tradition de vénerie ! Plaisante ambiance provinciale, âtre au salon... Salle de restaurant lumineuse et colorée ; cuisine traditionnelle et gibier en saison.
21 chambres – ♦67/81 € ♦♦67/81 € – ⌟ 11 € – ½ P
122 rte Nationale – ℰ 02 54 79 96 60 – www.hotel-sthubert.com

🏠 **Relais des Trois Châteaux** ✿ 🖃 ৬ 🎛 🄰 🅿
TRADITIONNEL · ÉLÉGANT Ce relais est idéal pour partir à la découverte des châteaux de Blois, Chambord et Cheverny, les joyaux de la Loire ! Une partie des chambres appartenait à un ancien presbytère ; l'ensemble est cosy et décoré avec goût, avec notamment de beaux objets faits à la main en Italie.
36 chambres – ♦120/255 € ♦♦120/255 € – ⌟ 16 €
1 pl. Victor-Hugo – ℰ 02 54 79 96 44 – www.relaisdestroischateaux.com

à Cheverny 1 km au Sud – ⊠ 41700 – 975 hab. – Alt. 110 m

🏠 **Château du Breuil**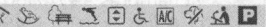
CHÂTEAU · PERSONNALISÉ Visitez Cheverny et logez au Breuil : un parc arboré de 45 ha préserve ce petit château (18ᵉ s.) du monde extérieur. Décor soigné ; quelques belles chambres dans l'ancien corps de ferme, côté verger. Cuisine traditionnelle au restaurant.
34 chambres – ♦120/195 € ♦♦150/255 € – 5 suites – ⌟ 16 €
23 rte de Fougères, 3 km à l'Ouest par D52 et voie privée – ℰ 02 54 44 20 20 – www.chateau-hotel-du-breuil.com – Fermé janv.

COURCOURONNES – 91 (Essonne) → voir Autour de Paris (Évry)

COURLANS – 39 (Jura) → voir Lons-le-Saunier

COURLAOUX – 39 (Jura) → voir Lons-le-Saulnier

COURMES
⊠ 06620 (Alpes-Maritimes) – 106 hab. – Alt. 630 m – Carte régionale n° **42**-E2
▶ Paris 942 km – Marseille 214 km – Monaco 71 km – Nice 57 km
Carte Michelin 341-D5 – Guide Vert Michelin Côte d'Azur

🏨 Auberge de Courmes

CUISINE TRADITIONNELLE · AUBERGE X Le vrai gourmet ne regrettera pas le trajet, tant cette table nichée dans un petit village de l'arrière-pays propose une cuisine de saison et de saveurs. Terrine de lapin aux pruneaux et noisettes, veau braisé aux champignons et olives, à déguster dans une atmosphère "table d'hôtes". Quelques chambres bien tenues.

Formule 20 € – Menu 25 € (semaine)/28 € – Carte environ 29 €

5 chambres – ♦54 € ♦♦54 € – ⊑ 6 €

3 r. des Platanes – ℰ 04 93 77 64 70 (réservation conseillée)
– www.aubergedecourmes.com – Fermé janv., fév., merc. sauf juil.-août, lundi en juil.-août et mardi

COURSAC

✉ 24430 (Dordogne) – 1 998 hab. – Alt. 200 m – Carte régionale n° **4**-C1
▶ Paris 556 km – Angoulême 91 km – Bordeaux 127 km – Périgueux 14 km
Carte Michelin 329-E5

Le Clos Bruyols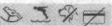

FAMILIAL · PERSONNALISÉ De chaque pièce de cette métairie, la propriétaire a fait un lieu unique (objets chinés, mobilier ancien). Mention spéciale pour la suite du colombier ! La piscine et le sauna sont à disposition pour se détendre sans voir le temps passer.

4 chambres ⊑ – ♦90/120 € ♦♦120/140 €

7 impasse de Bruyols – ℰ 05 53 07 56 61 – www.le-clos-bruyols.com – Fermé fév.

COURSEULLES-SUR-MER

✉ 14470 (Calvados) – 4 200 hab. – Alt. 5 m – Carte régionale n° **32**-B2
▶ Paris 252 km – Arromanches-les-Bains 14 km – Bayeux 24 km – Cabourg 41 km
Carte Michelin 303-J4 – Guide Vert Michelin Normandie Cotentin

🍽 La Pêcherie

POISSONS ET FRUITS DE MER · CONVIVIAL XX Derrière la façade à colombages, un intérieur empreint de nostalgie : horloges, portraits, poutres, jolie verrière... Poissons et crustacés sont à la fête, préparés par un chef qui aime son métier. Quelques chambres, coquettes et personnalisées, sont disponibles pour rester tout près de la plage !

🍴 Menu 20/38 € – Carte 34/69 €

7 chambres – ♦74/150 € ♦♦74/150 € – ⊑ 12 €

pl. 6-Juin – ℰ 02 31 37 45 84 – www.la-pecherie.fr

LA COURTEIX – 63 (Puy-de-Dôme) ➜ voir Pontgibaud

COURTENAY

✉ 45320 (Loiret) – 4 075 hab. – Alt. 146 m – Carte régionale n° **12**-D2
▶ Paris 118 km – Auxerre 56 km – Nemours 44 km – Orléans 101 km
Carte Michelin 318-P3

à Ervauville 9 km au Nord-Ouest par N60, D32 et D34 – ✉ 45320
– 573 hab. – Alt. 152 m

🍽 Le Gamin

CUISINE MODERNE · ROMANTIQUE XX Pour une soirée romantique, une épicerie transformée en élégante auberge, avec terrasse et joli jardin. La cuisine est séduisante, employant volontiers des produits nobles.

Menu 60 € ▽

Le Bourg – ℰ 02 38 87 22 02 (réservation conseillée) – www.restaurant-le-gamin.fr
– Fermé 1er-16 juil., 2-25 nov., dim. soir, lundi, mardi, merc. et jeudi

LA COURTINE

✉ 23100 (Creuse) – 715 hab. – Alt. 789 m – Carte régionale n° **25**-D2
▶ Paris 424 km – Aubusson 38 km – La Bourboule 53 km – Guéret 80 km
Carte Michelin 325-K6

⅑○ Au Petit Breuil

CUISINE TRADITIONNELLE · CLASSIQUE ⅩⅩ Un restaurant contemporain et lumineux ouvrant sur la verdure, tenu par la même famille depuis sept générations. Salade de ris de veau, foie gras chaud et, en saison, champignons : dans l'assiette, de jolies spécialités traditionnelles et régionales. Chambres fonctionnelles pour l'étape.

⇢ Formule 14 € – Menu 18 € (déj. en semaine), 28/48 € – Carte 26/45 €
9 chambres – 🛏58/68 € 🛏🛏58/68 € – ☲ 8 €

*rte de Felletin – ℰ 05 55 66 76 67 – www.lepetitbreuil.com – Fermé
22 déc.-28 janv., vend. soir, dim. soir et lundi*

COUTANCES

✉ 50200 (Manche) – 9 114 hab. – Alt. 91 m – Carte régionale n° **32**-A2
▶ Paris 335 km – Avranches 52 km – Cherbourg 76 km – St-Lô 28 km
Carte Michelin 303-D5 – Guide Vert Michelin Normandie Cotentin

⅑○ Côté Saint-Pierre

CUISINE MODERNE · INTIME Ⅹ À côté de l'église St-Pierre – d'où le nom –, cette maison du 17ᵉ s. abrite un sympathique bistrot ! Suggestions à l'ardoise le midi et menus courts le soir mettent en valeur les recettes du chef où les produits de saison côtoient ceux du terroir normand. Cadre rustique.

⇢ Formule 15 € – Menu 18 € (déj. en semaine), 25/35 €

*55 r. Geoffroy-de-Montbray – ℰ 02 33 47 94 78 (réservation conseillée)
– www.cote-saint-pierre.fr – Fermé dim. soir et lundi*

🏨 Cositel

BUSINESS · FONCTIONNEL Sur les hauteurs de la ville, cet hôtel moderne se révèle agréable : un ensemble bien pensé, fonctionnel et lumineux. Les chambres y sont peu à peu rénovées ; préférez celles qui donnent sur le jardin. Cuisine traditionnelle au restaurant... où l'on a une jolie vue sur la cité.

55 chambres – 🛏50/143 € 🛏🛏50/143 € – ☲ 11 € – ½ P

29 r. de St-Malo – ℰ 02 33 19 15 00 – www.cositel.fr

🏨 Manoir de L'Ecoulanderie

FAMILIAL · HISTORIQUE Un enchantement ! Cette demeure blanche (17ᵉ s.) et son jardin, tout en fleurs et bassins, dominent la ville et sa superbe cathédrale. On peut même en admirer les tours effilées depuis la piscine ! "Sous-bois", "La Source", "La Suite" : les chambres sont idéales pour une romance au charme d'antan...

4 chambres ☲ – 🛏150/180 € 🛏🛏160/200 €

r. de la Broche – ℰ 02 33 45 05 05 – www.l-b-c.com

à Gratot 4 km à l'Ouest et D244 – ✉ 50200 – 656 hab. – Alt. 83 m

⅑○ Le Tourne-Bride

CUISINE TRADITIONNELLE · RUSTIQUE Ⅹ Près des ruines romantiques du château de Gratot, ce restaurant – et bar-tabac – fait œuvre de tradition : le chef cultive les classiques (telles les tripes à la mode de Caen) avec bonhomie et fraîcheur. Une cuisine généreuse qui ravira les bons mangeurs, et que l'on peut même acheter à emporter !

⇢ Formule 14 € – Menu 19/39 € – Carte 34/56 €

*85 r. d'Argouges – ℰ 02 33 45 11 00 – http://letournebridegratot.com/ – Fermé
7-23 fév., 1ᵉʳ-15 juil., dim. soir et lundi*

CRÈCHES-SUR-SAÔNE – 71 (Saône-et-Loire) → voir Mâcon

CRÉDIN

✉ 56580 (Morbihan) – 1 507 hab. – Alt. 124 m – Carte régionale n° **10**-C2
▶ Paris 451 km – Pontivy 19 km – Vannes 49 km – Rennes 100 km
Carte Michelin 308-O6

🏠 La Maison Blanche aux Volets Bleus

FAMILIAL · PERSONNALISÉ Une Maison Blanche aux Volets Bleus dans un joli hameau... C'est dans cette atmosphère cosy que les Delhange – un charmant couple de Belges – vous reçoivent. Passionnés de cuisine, ils organisent des ateliers culinaires... Esprit de famille à la table d'hôte.

4 chambres – ½ P seult 135/145 €

à Blézouan, 2,5 km à l'Est par D11 et rte secondaire – ℰ 02 97 38 58 61 – www.lamaisonblancheauxvoletsbleus.com – Fermé 2 semaines en déc., 2 semaines en janv. et fév.

CREIL

✉ 60100 (Oise) – 33 936 hab. – Alt. 30 m – Carte régionale n° **36**-B3
▶ Paris 63 km – Beauvais 45 km – Chantilly 9 km – Clermont 17 km
Carte Michelin 305-F5 – Guide Vert Michelin Île-de-France

🏠 La Ferme de Vaux

AUBERGE · FONCTIONNEL Cette ancienne ferme francilienne (19ᵉ s.), construite autour d'une cour fermée, se situe entre Chantilly et Senlis : une étape pratique pour le tourisme. Les chambres sont simples et bien tenues, plus spacieuses au rez-de-chaussée. Restauration traditionnelle.

27 chambres – †75 € ††83 € – ☲ 10 € – ½ P

11-19 rte de Vaux, par D120, direction Verneuil – ℰ 03 44 64 77 00 – www.la-ferme-de-vaux.com

CRÉMIEU

✉ 38460 (Isère) – 3 334 hab. – Alt. 200 m – Carte régionale n° **44**-B2
▶ Paris 488 km – Belley 49 km – Bourg-en-Bresse 64 km – Grenoble 86 km
Carte Michelin 333-E3 – Guide Vert Michelin Lyon et sa région

🍽️ Au Pré d'Chez Vous Ⓝ

CUISINE MODERNE · CONVIVIAL Ⅹ Passé par de belles tables – notamment la Pyramide, à Vienne, où il fut chef pâtissier –, François-Xavier Bouvet est revenu sur les terres de son enfance pour y faire chanter le terroir ! Les produits frais du coin, bio si possible, sont les stars de ses assiettes, et ses desserts sont (évidemment) à tomber...

Formule 28 € – Menu 36/42 € – Carte environ 52 €

15 r. Porcherie – ℰ 09 83 99 23 28 – www.aupredchezvous.fr – Fermé merc. midi, jeudi midi, vend. midi, lundi, mardi

CRENEY-PRÈS-TROYES – 10 (Aube) → voir Troyes

CREON

✉ 33670 (Gironde) – 4 333 hab. – Alt. 110 m – Carte régionale n° **3**-B1
▶ Paris 597 km – Arcachon 88 km – Bordeaux 25 km – Langon 32 km
Carte Michelin 335-I6 – Guide Vert Michelin Aquitaine

🏰 Château Camiac

CHÂTEAU · CLASSIQUE Un beau château des 18ᵉ et 19ᵉ s., au cœur du vignoble bordelais et d'un parc de 8 ha. Meubles de style, confort et authenticité : une étape pleine de charme... Les sportifs sauront sans nul doute profiter de la grande piscine.

13 chambres – †160/280 € ††160/360 € – 1 suite – ☲ 16 €

rte de la Forêt, (D121) – ℰ 05 56 23 20 85 – www.chateaucamiac.com – Ouvert 2 mai-1ᵉʳ oct.

CRÉPON

✉ 14480 (Calvados) – 218 hab. – Alt. 52 m – Carte régionale n° **32**-B2
▶ Paris 257 km – Bayeux 13 km – Caen 23 km – Deauville 66 km
Carte Michelin 303-I4 – Guide Vert Michelin Normandie Cotentin

⅃○ Ferme de la Rançonnière   🖙 ᖆ ⇄ 🅿

CUISINE TRADITIONNELLE · RUSTIQUE XX Un cadre historique admirablement préservé : grande cheminée, belles voûtes en pierre... Le cadre idéal pour une cuisine traditionnelle et raffinée : terrine de pavé d'Isigny, gourmandise de lotte en aïoli, etc.

Formule 25 € – Menu 31 € – Carte 38/66 €

rte d'Arromanches-les-Bains – 𝒞 02 31 22 21 73 – www.ranconniere.fr – Fermé en janv.

🏠 Ferme de la Rançonnière-Manoir de Mathan   🌲 🐿 🖙

FAMILIAL · CLASSIQUE Charme et caractère ! Imaginez   ✂ 🖵 ᖆ 🏋 🅿
une ferme médiévale fortifiée qui aurait conservé tout son cachet : pierres robustes, poutres patinées, mobilier d'époque... Les chambres sont à l'avenant et dégagent un luxe discret et authentique. Au cœur du Bessin.

60 chambres – †80/265 € ††80/265 € – 3 suites – ⊆ 13 € – ½ P

rte d'Arromanches-les-Bains – 𝒞 02 31 22 21 73 – www.ranconniere.fr

⅃○ **Ferme de la Rançonnière** – voir les restaurants ci-dessus

CRÉPY-EN-VALOIS

✉ 60800 (Oise) – 14 514 hab. – Alt. 93 m – Carte régionale n° **37**-C3
▶ Paris 72 km – Amiens 124 km – Beauvais 78 km – Bobigny 57 km
Carte Michelin 305-I5 – Guide Vert Michelin Île-de-France

⅃○ Le Carré des Saveurs   🛆 ᖆ 🆎 🍸

CRÉATIVE · À LA MODE XX Un Carré des Saveurs... pour des saveurs au carré ! Le chef, Vincent Lepaumier, aime sortir des sentiers battus, réinventer les classiques de la cuisine française, jouer sur les textures ou les émulsions... Le tout dans un cadre contemporain à l'unisson : résolument original.

Formule 22 € – Menu 26/49 € – Carte 52/66 €

21 r. Jeanne-d'Arc – 𝒞 03 44 39 70 12 – Fermé dim. et lundi

CRESSERONS – 14 (Calvados) → voir Douvres-la-Délivrande

CREST

✉ 26400 (Drôme) – 8 095 hab. – Alt. 196 m – Carte régionale n° **44**-B3
▶ Paris 585 km – Die 37 km – Gap 129 km – Grenoble 114 km
Carte Michelin 332-D5 – Guide Vert Michelin Ardèche Drôme

✿ Kléber (Sébastien Bonnet)   ᖆ 🆎 ⇄

CUISINE MODERNE · ÉLÉGANT XX Dans cette maison du centre-ville, on sait réveiller les papilles ! De l'entrée au dessert, le jeune chef redouble d'efforts pour satisfaire les gourmands avec des plats fins et goûteux, à déguster dans un cadre contemporain.

→ Terrine de foie gras. Suprême de pigeonneau fumé au bois de hêtre et jus verveine. Desserts en trois services.

Menu 35 € (déj. en semaine), 59/109 € – Carte 95/105 €

*6 r. A.-Dumont – 𝒞 04 75 25 11 69 – www.le-kleber.com – Fermé
3-20 janv., 28 août-14 sept., dim. soir, lundi et mardi*

🍴 Len' K 🆕   ᖆ ᖆ

CUISINE TRADITIONNELLE · SIMPLE X Dans la grande rue piétonne du centre-ville, cet ancien magasin de légumes a été métamorphosé en restaurant par le talentueux Sébastien Bonnet – chef du Kléber voisin. La tradition y règne, à l'image du pintadeau aux olives et son gratin dauphinois, spécialité de la maison. Petite terrasse dans la rue.

Formule 19 € – Menu 21/25 € – Carte 38/48 €

27 r. de la République – 𝒞 04 75 25 77 02 – www.lenk.fr – Fermé sam. midi, dim. et lundi

La Saleine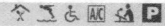

FAMILIAL · FONCTIONNEL Entre la vallée du Rhône et le massif du Vercors, cet hôtel-restaurant est idéal pour sillonner la région. Les chambres, sobres et lumineuses, permettent de se reposer avant de repartir pour de nouvelles découvertes ! Restaurant traditionnel.

20 chambres – ♦69/76 € ♦♦80/98 € – ☖10 € – ½ P

quartier Saleine, 1 km à l'Ouest par D93 – ℰ 04 75 57 90 68 – www.la-saleine.com

à La Répara-Auriples 8 km au Sud par D538 et D166 rte d'Autichamp –
✉ 26400 – 240 hab. – Alt. 350 m

Le Prieuré des Sources

MAISON DE CAMPAGNE · PERSONNALISÉ Zen, restons zen... Dans cet ancien prieuré, l'ambiance monacale a laissé place à une déco tout droit venue d'Asie. Les grandes et belles chambres, la salle voûtée ou la piscine donnant sur les champs sont autant d'invitations au repos et à l'apaisement. Une adresse authentique teintée d'exotisme.

5 chambres – ♦125/235 € ♦♦135/235 € – ☖15 €

lieu-dit Bouchassagne – ℰ 04 75 25 03 46 – www.prieuredessources.com

CREST-VOLAND
✉ 73590 (Savoie) – 390 hab. – Alt. 1 230 m – Carte régionale n° **46**-F1
▶ Paris 588 km – Albertville 24 km – Annecy 53 km – Chamonix-Mont-Blanc 47 km
Carte Michelin 333-M3 – Guide Vert Michelin Alpes du Nord

🍽️○ Le Caprice des Neiges

CUISINE MODERNE · COSY ✗ Un restaurant de style savoyard, avec des baies vitrées donnant sur le massif des Aravis. Un jarret de veau à la fève de tonka, un crumble noisette aux poires de Savoie et aux pruneaux : le chef trouve son inspiration entre terroir et tradition.

Menu 30/43 € – Carte 36/52 €

*Hôtel Le Caprice des Neiges, 1175 rte des Saisies, à 1 km – ℰ 04 79 31 62 95
– www.hotel-capricedesneiges.com – Ouvert mi-mai à fin sept. et de mi- déc. à mi-avril et fermé le midi du lundi au jeudi*

🍽️○ La Table de Diamant

CUISINE MODERNE · RUSTIQUE ✗ Son nom rend hommage à l'espace Diamant, le grand domaine skiable local. Pour autant, la carte sait sortir des pistes balisées sans craindre le hors-piste, car le chef fait montre d'un beau savoir-faire quand il s'agit de renouveler le registre traditionnel. Une table agréable.

Formule 14 € – Menu 28 € (dîner) – Carte 25/35 €

*Hôtel Mont Bisanne – ℰ 04 79 31 60 26 – www.mont-bisanne.com
– Ouvert mi-déc. à fin avril*

Le Caprice des Neiges

FAMILIAL · ALPIN Un grand chalet fleuri en été, couvert de neige ouatée en hiver, à l'atmosphère chaleureuse et familiale. Les chambres sont habillées de bois brut et, après le ski, on se prélasse devant la cheminée. Sympathique caprice !

16 chambres – ♦72/138 € ♦♦72/138 € – ☖13 € – ½ P

*1175 rte des Saisies, à 1 km – ℰ 04 79 31 62 95 – www.hotel-capricedesneiges.com
– Ouvert mi-mai à fin sept. et de mi-déc. à mi-avril*

🍽️○ **Le Caprice des Neiges** – voir les restaurants ci-dessus

🏠 Mont Bisanne

FAMILIAL · ALPIN Avec ce chalet, face au télésiège, vous serez le premier en haut des pistes ! Les chambres, d'esprit savoyard, simples et fonctionnelles (lambris et mobilier vernis), et la vue étendue sur l'espace skiable : tout invite à profiter de la montagne.

14 chambres – ♦75/110 € ♦♦85/110 € – ☖9 € – ½ P

*292 rte d'Entre-deux-Villes – ℰ 04 79 31 60 26 – www.mont-bisanne.com
– Ouvert mi-déc. à fin avril*

🍽️○ **La Table de Diamant** – voir les restaurants ci-dessus

CRÉTEIL – 94 (Val-de-Marne) ➜ voir Autour de Paris

CREULLY

✉ 14480 (Calvados) – 1 733 hab. – Alt. 27 m – Carte régionale n° **32**-B2
▶ Paris 253 km – Bayeux 14 km – Caen 20 km – Deauville 62 km
Carte Michelin 303-I4 – Guide Vert Michelin Normandie Cotentin

ⵜⵔ Hostellerie St-Martin ⇐ P

CUISINE TRADITIONNELLE · RUSTIQUE ⵝⵝ Il a du caractère ce restaurant avec
ses belles salles voûtées du 16ᵉ s., autrefois anciennes halles du village. La cuisine
est traditionnelle : fruits de mer, feuilleté d'andouille, faisan au chou, etc. À
l'étage, des chambres toutes simples, parfaites pour cette étape gastronomique.
a Formule 11 € – Menu 18 € (semaine), 24/35 € – Carte 22/50 €
12 chambres – ♦62/79 € ♦♦62/79 € – �)8 €
6 pl. Edmond-Paillaud – ℰ 02 31 80 10 11 – www.hostelleriesaintmartin.com
– Fermé 18 déc.-8 janv.

LE CREUSOT

✉ 71200 (Saône-et-Loire) – 22 574 hab. – Agglo. 89 795 hab. – Alt. 348 m
– Carte régionale n° **8**-C3
▶ Paris 316 km – Autun 30 km – Beaune 46 km – Chalon-sur-Saône 38 km
Carte Michelin 320-G9 – Guide Vert Michelin Bourgogne

☺ Le Restaurant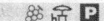

CUISINE MODERNE · CONVIVIAL ⵝ Le patron de ce Restaurant est fou de beaux
produits et de bons vins. Il fait le tour des tables, explique l'ardoise, conseille
avec passion un cru de petit producteur ou un flacon d'exception. Grâce à lui,
l'endroit respire le bien-vivre ! Dans l'assiette, c'est frais, fin et gourmand ; bref : on
en redemande.
Carte 28/31 €
r. des Abattoirs – ℰ 03 85 56 32 33 (réservation conseillée) – Fermé août, lundi
soir, mardi soir, merc. soir, sam. et dim.

à Montcenis 3 km à l'Ouest par D784 – ✉ 71710 – 2 201 hab. – Alt. 400 m

☺ Le Montcenis

CUISINE MODERNE · COSY ⵝⵝ Du cachet dans le décor (cave voûtée, pierres et
poutres) comme dans l'assiette. Le chef, Laurent Dufour, propose une cuisine
généreuse et sincère, réalisée avec de beaux produits ; il change sa carte cinq
fois par an, histoire de titiller les gourmands. Et l'hiver, il rend hommage à la
truffe, sa passion !
Menu 23 € (déj. en semaine), 32/61 € – Carte 41/53 €
2 pl. du Champ-de-Foire – ℰ 03 85 55 44 36 (réservation conseillée)
– www.restaurantlemontcenis.fr – Fermé 13 juil.-13 août, dim. soir, lundi et mardi

à St-Sernin-du-Bois 2 km au Nord-Est par D138 – ✉ 71200
– 1 845 hab. – Alt. 447 m

ⵜⵔ Le Restaurant du Château ⓝ 🍴

CUISINE MODERNE · TRADITIONNEL ⵝ Château du 11ᵉ s. au centre du village,
face au lac. La salle à manger rustique (voûtes, pierres, mobilier en bois et
murs blancs) se marie bien à la cuisine traditionnelle revisitée servie ici.
Agréable terrasse.
Formule 16 € – Menu 27/40 €
2120 rte de St-Sernin – ℰ 03 85 78 28 42
– www.le-restaurant-du-chateau-st-sernin-du-bois.com – Fermé 19-26 oct., mardi
soir et merc.

à Torcy 4 km au Sud par D28 – ✉ 71210 – 3 169 hab. – Alt. 310 m

🍴⭘ **Le Vieux Saule**   🌳 🅿

CUISINE TRADITIONNELLE · **RÉTRO** XX Millefeuille de gigot d'agneau et pommes gourmandes, foie de veau poêlé et sauce aigre-douce, paris-brest à la façon du chef... On vient ici pour la tradition et l'on n'est pas déçu ! Une immersion canaille dans la France d'antan.

Formule 16 € – Menu 21 € (semaine), 37/58 € – Carte 49/78 €

*lieu-dit le Vieux-Saule – ☏ 03 85 55 09 53 – www.restaurant-vieux-saule.com
– Fermé 2 semaines en janv. et fév., 1 semaine début mai, 3 semaines
fin juil.-début août, dim. soir et lundi*

CREUTZWALD

✉ 57150 (Moselle) – 13 607 hab. – Alt. 210 m – Carte régionale n° **27**-C1
▶ Paris 376 km – Metz 53 km – Neunkirchen 61 km – Saarbrücken 37 km
Carte Michelin 307-L3

🍴⭘ **Auberge Richebourg**   🌳 🆎

CUISINE MODERNE · **À LA MODE** XX Façade rouge brique et décor contemporain, cette table suit la tendance. Et dans l'assiette, le même mouvement : pigeon au chutney de cerises, joue de bœuf mijotée, pastilla au chocolat... Quant à la ter- rasse, elle est bien agréable lorsque les beaux jours arrivent.

Menu 23 € (semaine), 29/54 € – Carte 44/58 €

*17 r. de la Houve – ☏ 03 87 90 17 54 – www.aubergerichebourg.com – Fermé 2
semaines en août, sam. midi, dim. soir et lundi*

CREUZIER-LE-VIEUX – 03 (Allier) ➜ voir Vichy

CRICQUEBOEUF – 14 (Calvados) ➜ voir Honfleur

CRILLON

✉ 60112 (Oise) – 448 hab. – Alt. 110 m – Carte régionale n° **36**-A2
▶ Paris 103 km – Aumale 33 km – Beauvais 16 km – Breteuil 33 km
Carte Michelin 305-C3

🍴⭘ **La Petite France**   🆎 ✧

CUISINE TRADITIONNELLE · **AUBERGE** X Une accueillante auberge située dans un village du Beauvaisis, au délicieux charme d'antan. Aux fourneaux, le chef anglais – originaire de Newcastle – propose une cuisine... bien française ! Avec, comme spécialité de la maison, la tête de veau ravigote.

Formule 15 € – Menu 27 € 🍷 (déj. en semaine), 29/40 € – Carte 39/54 €

*7 r. du Moulin – ☏ 03 44 81 01 13 – www.lapetitefrance-restaurant.com – Fermé
25 juil.-9 août, dim. soir, mardi soir, merc. soir, jeudi soir et lundi*

CRILLON-LE-BRAVE

✉ 84410 (Vaucluse) – 465 hab. – Alt. 340 m – Carte régionale n° **42**-E1
▶ Paris 687 km – Avignon 41 km – Carpentras 14 km – Nyons 37 km
Carte Michelin 332-D9 – Guide Vert Michelin Provence

🍴⭘ **Restaurant Jérôme Blanchet**   🕸 🛏 🌳 🅿

PROVENÇALE · **ÉLÉGANT** XxX Niché au cœur d'un village tout en pierres, avec un grand morceau de Provence pour horizon (quelle terrasse romantique !), ce res- taurant très élégant cultive évidemment le goût du Sud. À la carte : produits locaux et vins du cru.

Menu 66/95 € – Carte 70/85 €

*Hôtel Crillon le Brave, pl. de l'Église – ☏ 04 90 65 61 61 – www.crillonlebrave.com
– Fermé 4-22 déc., 3 janv.-24 fév. et le midi*

Crillon le Brave

LUXE · PERSONNALISÉ Un village perché, le mont Ventoux pour horizon et ces belles bastides en pierre... Les chambres sont tout imprégnées de Provence et le jardin à l'italienne descend jusqu'à la piscine... Une élégance rare ! Pour se restaurer, on choisit entre la table gastronomique et le bistrot.

29 chambres ⌁ – †320/600 € ††320/600 € – 7 suites – ½ P

pl. de l'Église – ℰ 04 90 65 61 61 – www.crillonlebrave.com – Fermé 4-22 déc. et 4 janv.-25 fév.

🍽 **Restaurant Jérôme Blanchet** – voir les restaurants ci-dessus

CRISENOY – 77 (Seine-et-Marne) ➔ voir Melun

LE CROISIC

✉ 44490 (Loire-Atlantique) – 4 040 hab. – Alt. 6 m – Carte régionale n° **34**-A2
🚗 Paris 459 km – La Baule 9 km – Nantes 86 km – Redon 66 km
Carte Michelin 316-A4 – Guide Vert Michelin Pays de la Loire

Le Saint-Alys

CUISINE MODERNE · CONVIVIAL 🍽 Face au port de plaisance, dans cette maison balayée par les vents, les papilles s'arriment aux bons petits plats du chef ! Ravioles de langoustines parfumées à l'estragon, carré d'agneau mi-fumé poêlé à l'ail rose, etc. Les présentations sont soignées et les saveurs tiennent le cap.

Formule 22 € – Menu 32/45 € – Carte 46/59 €

Plan : BY-d – *3 quai Hervé-Rielle – ℰ 02 40 23 58 40 (réservation conseillée) – Fermé 30 janv.-13 fév., 30 juin-8 juil., 7-14 oct., 1ᵉʳ-12 déc., lundi en juil.-août, dim. soir, mardi soir et merc. de sept. à juin*

🍽 L'Océan

POISSONS ET FRUITS DE MER · CLASSIQUE 🍽🍽 Quelle vue ! La verrière – de 30 m de long – face au large offre un panorama à couper le souffle. Ici, on savoure les produits de la mer "tout frais pêchés". Mention spéciale pour le bar en croûte de sel et la sole meunière. Et le soir, on dîne tout en regardant le soleil se coucher sur les flots...

Carte 40/112 €

Plan : AZ-v – *Hôtel L'Océan, à Port-Lin – ℰ 02 40 62 90 03 – www.restaurantlocean.com*

🍽 Le Lénigo

POISSONS ET FRUITS DE MER · CONVIVIAL 🍽🍽 Face à la criée, embarquez dans ce restaurant tenu par toute une famille très sympathique. Atmosphère marine (bois vernis, hublots) et cuisine de la mer fraîche et soignée.

Menu 29/44 € – Carte 37/62 €

Plan : AY-b – *11 quai Lénigo – ℰ 02 40 23 00 31 – www.le-lenigo.fr – Ouvert 15 fév.-2 nov. et fermé mardi sauf en août et lundi*

🍽 Le Bistrot de l'Océan

POISSONS ET FRUITS DE MER · BISTRO 🍽 Petit frère de L'Océan, le bistrot est également calé sur les horaires des marées. Toujours aussi frais, les poissons sont en revanche cuisinés avec plus de simplicité. Le tout à prix raisonnables. L'été, on profite de la grande terrasse face au large.

Carte 32/70 €

Plan : AZ-v – *Hôtel l'Océan, à Port-Lin – ℰ 02 40 62 90 03 – www.restaurantlocean.com – Fermé janv.*

Le Fort de l'Océan

LUXE · ÉLÉGANT Un fortin en granit (18ᵉ s.) isolé sur la côte sauvage : dans les chambres très confortables et feutrées (joli décor à l'ancienne), on admire à loisir l'océan se déchaîner sur les chaos de rochers... et le contraste est délicieux.

9 chambres – †200/290 € ††200/360 € – ⌁ 21 €

pointe du Croisic, (Plan : AY) – ℰ 02 40 15 77 77 – www.hotelfortocean.com – Fermé janv.

LE CROISIC

Aiguillon (Quai d') . . . . **AY** 2
Cordiers (R. des) . . . . **BY** 6
Europe (R. de l') . . . . **AY** 7
Gaulle (Pl. du Gén.-de) . . . . . **AZ** 9

Grande-Rue . . . . **AY** 12
Lénigo (Quai du) . . . . **AY** 13
Lepré (Pl. Donatien) . . . . . . **AY** 16
Mail de Broc (R. du) . . . . . . **AY** 17
Petite Chambre (Q. de la) . . **BY** 20
Pilori (R. du) . . . . **BY** 22
Poilus (R. des) . . . . **BZ** 23

Port Charly (Quai) . . . . **AY** 26
Port Ciguet (Quai du) . . . . . **AY** 27
Port Lin (Av. de) . . . . **AZ** 28
Rielle (Quai Hervé) . . . . **BY** 32
Saint-Christophe (R.) . . . . . . **BY** 33
Saint-Goustan (Av. de) . . . . **AY** 35
18-Juin-1940 (Pl. du) . . . . . . **BZ** 36

L'Océan

VILLA · PERSONNALISÉ Une situation unique pour cet hôtel, à même les rochers de la côte sauvage, magnifiquement illuminés le soir venu. Il abrite des chambres spacieuses, élégantes et confortables ; toutes disposent d'un grand balcon donnant sur les flots. Une séduisante adresse.

9 chambres – ♦130/485 € ♦♦130/485 € – ☑ 14 € – ½ P

Plan : AZ-v – *à Port-Lin* – ℰ 02 40 62 90 03 – *www.restaurantlocean.com*

🍴 **Le Bistrot de l'Océan** • 🍴 **L'Océan** – voir les restaurants ci-dessus

Les Vikings

TRADITIONNEL · CLASSIQUE Un bâtiment moderne au Croisic, en retrait de l'océan, mais la plupart des chambres – avec balcon ou bow-window – dominent la côte sauvage. Assez soigné et lumineux.

23 chambres – ♦77/129 € ♦♦77/129 € – ☲14 €

Plan : AZ-e – *à Port-Lin* – *☎ 02 40 62 79 05* – *www.hotel-les-vikings.com* – *Fermé 5-17 janv.*

Les Nids

TRADITIONNEL · FONCTIONNEL L'immeuble est moderne, les chambres simplement décorées et l'ambiance familiale. Avec le jardinet, l'aire de jeu et la piscine couverte, les enfants seront ravis !

24 chambres – ♦64/89 € ♦♦64/103 € – ☲10 €

Plan : AZ-f – *15 r. Pasteur, à Port-Lin* – *☎ 02 40 23 00 63* – *www.hotellesnids.com* – *Fermé 13-25 mars, 13 nov.-15 déc. et 1er janv.-19 fév.*

LA CROIX-FRY (COL DE) – 74 (Haute-Savoie) → voir Manigod

LA CROIX-ST-LEUFROY

✉ 27490 (Eure) – 1 091 hab. – Alt. 24 m – Carte régionale n° **33**-D2
▶ Paris 98 km – Évreux 18 km – Mantes-la-Jolie 47 km – Rouen 46 km
Carte Michelin 304-H7 – Guide Vert Michelin Normandie Vallée de la Seine

⏱○ Le Cheval Blanc

CUISINE TRADITIONNELLE · RUSTIQUE ✕✕ Terrine de foies de volaille au banyuls et sa salade de mâche aux cranberries, désossé de caille farcie et crème de morille, camembert au calvados pour honorer la région... Aucun doute, dans cette maison de pays joliment rustique, la tradition gourmande est au rendez-vous !

Formule 20 € – Menu 29/40 € – Carte 38/47 €

27 r. de Louviers – *☎ 02 32 34 82 86* – *www.lechevalblanc-restaurant.fr* – *Fermé 4-13 avril, 23 déc.-12 janv., 8-18 fév., dim. soir, mardi soir et merc.*

LA CROIX-VALMER

✉ 83420 (Var) – 3 509 hab. – Alt. 120 m – Carte régionale n° **41**-C3
▶ Paris 873 km – Draguignan 48 km – Fréjus 35 km – Le Lavandou 27 km
Carte Michelin 340-O6 – Guide Vert Michelin Côte d'Azur

L'Orangeraie

HISTORIQUE · PERSONNALISÉ Couvent, puis orphelinat, puis hôtel à la Belle Époque... Passé le hall majestueux, on découvre de vastes chambres au charme désuet, la plupart tournées vers la palmeraie et la mer. Avec même une jolie piscine pour échapper à la chaleur.

36 chambres – ♦98/259 € ♦♦98/369 € – ☲19 €

545 bd Georges-Selliez, (rte de Ramatuelle) – *☎ 04 94 55 27 27* – *www.hotel-lorangeraie.com* – *Ouvert 25 mars-9 oct.*

Les Trois Îles

FAMILIAL · PERSONNALISÉ En face des îles d'Or, cette belle villa récente niche dans un charmant jardin fleuri, à flanc de colline. Les chambres sont chic et de bon goût, et les hôtes, charmants, sont aux petits soins !

5 chambres ☲ – ♦149/305 € ♦♦210/460 €

1799 bd du Littoral, Le Vergeron, rte de Gigaro – *☎ 04 94 49 03 73* – *www.3iles.com* – *Ouvert mi-mars à mi-oct.*

à Gigaro 5 km au Sud-Est par rte secondaire – ✉ 83420 La Croix Valmer

⏱○ La Palmeraie

PROVENÇALE · ROMANTIQUE ✕✕✕ Un joli savoir-faire de cuisinier dans cette charmante hostellerie (avec une élégante terrasse). Le chef travaille les légumes du jardin et du marché avec une jubilation visible, concoctant des assiettes légères aux racines régionales. Et l'on peut découvrir les vins du domaine !

Carte 59/92 €

Hôtel Château de Valmer, 81 bd de Gigaro – *☎ 04 94 55 15 17* – *www.chateauvalmer.com* – *Ouvert de début mai à début-oct. et fermé le midi*

ⅈO La Pinède-Plage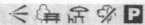

MÉDITERRANÉENNE · MÉDITERRANÉEN ✕✕ Plaisir d'un repas en bord de mer, sur une plage privée – avec en prime une belle vue sur les îles d'Or –, autour d'une jolie cuisine méridionale, mêlant poisson, terroir provençal et spécialités italiennes... La carte est simplifiée au déjeuner (salades, grillades, etc.).

Carte 60/99 €

Hôtel La Pinède-Plage, 382 bd de Gigaro – ℰ 04 94 55 16 14
– www.pinedeplage.com – Ouvert mai à sept.

🏚 Château de Valmer

LUXE · PERSONNALISÉ Une belle allée de palmiers qui se fraie un chemin entre les vignes : la première image offerte par ce domaine viticole du 19ᵉ s. Tout y confirme l'impression liminaire : raffinement, lumière, esprit azuréen... et pour une nuit très romantique, deux magnifiques cabanes perchées dans les arbres !

41 chambres – 🛏 295/1020 € 🛏🛏 295/1020 € – 🍽 28 € – ½ P

81 bd de Gigaro – ℰ 04 94 55 15 15 – www.chateauvalmer.com – Ouvert de début mai à début oct.

ⅈO **La Palmeraie** – voir les restaurants ci-dessus

🏚 La Pinède-Plage

HÔTEL DE VACANCES · COSY Cet hôtel-restaurant porte bien son nom : ombragé de pins parasols et directement sur la plage, face aux îles d'Or ! Un établissement avec beaucoup de charme et de belles chambres ouvertes sur le large... Impression d'être loin de tout : parfait pour les vacances.

32 chambres – 🛏 270/1045 € 🛏🛏 270/1045 € – 3 suites – 🍽 28 € – ½ P

382 bd de Gigaro – ℰ 04 94 55 16 16 – www.pinedeplage.com – Ouvert fin avril à début oct.

ⅈO **La Pinède-Plage** – voir les restaurants ci-dessus

CROS-DE-CAGNES – 06 (Alpes-Maritimes) ➜ voir Cagnes-sur-Mer

LE CROTOY

✉ 80550 (Somme) – 2 138 hab. – Alt. 1 m – Carte régionale n° **36**-A1
🚗 Paris 210 km – Abbeville 22 km – Amiens 75 km – Berck-sur-Mer 29 km
Carte Michelin 301-C6

ⅈO Auberge de la Marine

CUISINE MODERNE · BISTRO ✕ Un jeune couple plein d'allant préside aux destinées de cette petite maison régionale, proche des quais. Dans l'assiette : filet de maquereau fumé et tartare d'algues, côtes de cochon poêlées, gâteau brioché façon pain perdu... Une cuisine simple et bien maîtrisée, un service aux petits soins : une bonne adresse !

Formule 24 € – Menu 33/43 € – Carte 30/45 €

7 chambres – 🛏 85/115 € 🛏🛏 85/115 € – 🍽 11 €

1 r. Florentin-Lefils – ℰ 03 22 27 92 44 – www.aubergedelamarine.com – Fermé 1 semaine en juin, 1 semaine en nov., janv., mardi et merc.

CROZANT

✉ 23160 (Creuse) – 487 hab. – Alt. 263 m – Carte régionale n° **25**-C1
🚗 Paris 329 km – Argenton-sur-Creuse 31 km – La Châtre 46 km – Guéret 41 km
Carte Michelin 325-G2 – Guide Vert Michelin Limousin Berry

ⅈO Auberge de la Vallée

FRANÇAISE MODERNE · CONVIVIAL ✕✕ Viandes d'éleveurs locaux (agneau, veau, bœuf), fromages de la région (chèvre, surtout !) et légumes de son grand potager... Le chef aime les produits du terroir, et cela se sent : il en tire une délicieuse cuisine dans l'air du temps, que l'on apprécie dans un joli décor rustique. Une sympathique auberge de campagne !

🍽 Menu 20 € (semaine), 46/56 € – Carte 55/72 €

14 r. Guillaumin – ℰ 05 55 89 80 03 – www.laubergedelavallee.fr – Fermé vacances de fév., vacances de la Toussaint, mardi et merc. d'oct. à mai

CROZET

✉ 01170 (Ain) – 1 964 hab. – Alt. 540 m – Carte régionale n° **46**-F1
▶ Paris 537 km – Bourg-en-Bresse 105 km – Genève 16 km – Lyon 153 km
Carte Michelin 328-J3

JivaHill Resort

CUISINE MODERNE • BRANCHÉ XXX Ce restaurant est décoré dans un style lodge, comme l'hôtel Jiva Hill Park où il se situe ; sa terrasse panoramique face au mont Blanc impressionne... Un lieu dans l'air du temps, comme sa goûteuse cuisine.

Formule 29 € – Menu 39 € (déj. en semaine), 49/108 € – Carte 90/130 €

rte d'Harée – ✆ 04 50 28 48 48 – www.jivahill.com

Jiva Hill Resort

LUXE • DESIGN Raffinement, luxe et lignes contemporaines à 10mn de l'aéroport de Genève. Cet hôtel, pensé comme un lodge sud-africain, est placé sous le signe de la sophistication chic. Les amateurs d'art apprécieront notamment les 200 œuvres disséminées dans tout l'établissement !

33 chambres – †398/590 € ††398/590 € – ☕ 27 € – ½ P

rte d'Harée – ✆ 04 50 28 48 48 – www.jivahill.com

JivaHill Resort – voir les restaurants ci-dessus

CROZON

✉ 29160 (Finistère) – 7 692 hab. – Alt. 85 m – Carte régionale n° **9**-A2
▶ Paris 587 km – Brest 60 km – Châteaulin 35 km – Douarnenez 40 km
Carte Michelin 308-E5 – Guide Vert Michelin Bretagne Sud

Le Mutin Gourmand

CUISINE MODERNE • AUBERGE XX Pas de mutinerie en vue parmi la clientèle de ce restaurant, qui occupe les locaux de l'ancienne poste de Crozon. On cuisine de bons produits frais de saison, avec quelques touches exotiques : tartare de thon rouge, citron confit et coriandre ; porc fermier de Landévennec... Avec un beau choix de vins !

Menu 29/75 € – Carte 45/73 €

Hôtel de la Presqu'île, pl. de l'Église – ✆ 02 98 27 06 51 – www.lemutingourmand.fr – Fermé 3 semaines en mars, 3 semaines en nov., dim. soir, lundi sauf le soir en saison et mardi midi hors saison

Hôtel de la Presqu'île

TRADITIONNEL • SIMPLE Sur la place de l'église, où se tient un marché tous les matins, cette maison bretonne abritait autrefois la mairie de Crozon. C'est aujourd'hui un hôtel familial, décoré avec goût, proposant des petites chambres fraîches et fonctionnelles.

13 chambres – †65/95 € ††70/95 € – ☕ 11 € – ½ P

pl. de l'Église – ✆ 02 98 27 29 29 – www.hotel-lapresquile.fr – Fermé 3 semaines en mars et 3 semaines en nov.

Le Mutin Gourmand – voir les restaurants ci-dessus

au Fret 5,5 km au Nord par D155 et D55 – ✉ 29160 Crozon

Hostellerie de la Mer

CUISINE MODERNE • À LA MODE XX Le chef propose une cuisine bien en phase avec l'époque, mariant à merveille le poisson de la pêche locale et les produits du terroir breton, à l'image de cette royale de fenouil du Léon aux langoustines... Les cuissons sont précises et magnifient des produits bien choisis !

Formule 19 € – Menu 28/76 € – Carte 38/71 €

11 quai du Fret – ✆ 02 98 27 61 90 – www.hostelleriedelamer.com – Fermé 1er janv.-6 fév., sam. midi, dim. soir et lundi de fin sept. à début juin

Hostellerie de la Mer

TRADITIONNEL · FONCTIONNEL Une hostellerie bretonne logée dans un petit port tranquille face à la rade de Brest ; on y propose des chambres simples mais fraîches, assez coquettes, dont certaines donnent sur la mer. Parfait pour profiter de cette presqu'île pittoresque.

24 chambres – †58/130 € ††69/150 € – ⬛ 11 € – ½ P

11 quai du Fret – ℰ 02 98 27 61 90 – www.hostelleriedelamer.com

ⓒ **Hostellerie de la Mer** – voir les restaurants ci-dessus

CRUGNY

✉ 51170 (Marne) – 605 hab. – Alt. 100 m – Carte régionale n° **13**-B2
▶ Paris 135 km – Châlons-en-Champagne 71 km – Reims 28 km – Soissons 39 km
Carte Michelin 306-E7 – Guide Vert Michelin Champagne Ardenne

La Maison Bleue ①

FAMILIAL · PERSONNALISÉ Au milieu d'un parc paisible baigné par un étang, cette accueillante maison se prête à un séjour agréable : piscine, jacuzzi et chambres confortables ; la plus spacieuse, sous les toits, donnant sur la vallée de l'Ardre... À la table d'hôte, cuisine traditionnelle mâtinée d'exotisme.

6 chambres ⬛ – †85/110 € ††90/130 €

46 r. Haute – ℰ 03 26 50 84 63 – www.la-maison-bleue.com

CRUIS

✉ 04230 (Alpes-de-Haute-Provence) – 637 hab. – Alt. 728 m – Carte régionale n° **40**-B2
▶ Paris 732 km – Digne-les-Bains 42 km – Forcalquier 22 km – Manosque 42 km
Carte Michelin 334-D8 – Guide Vert Michelin Alpes du Sud

⅋○ Auberge de l'Abbaye

CUISINE MODERNE · COSY ✃ Une sympathique auberge familiale avec sa terrasse ombragée face à l'église. En cuisine, le chef concocte de bons petits plats où les produits du terroir (canard, caille, agneau de Sisteron...) sont à l'honneur. Chambres simples mais impeccablement tenues. Pain maison au petit-déjeuner. Une adresse authentique !

Menu 35/59 €

8 chambres – †55/75 € ††55/85 € – ⬛ 12 €

– ℰ 04 92 77 01 93 (réservation conseillée) – www.auberge-abbaye-cruis.fr
– Fermé vacances de la Toussaint et de mi-déc. à mi-mars

CRUSEILLES

✉ 74350 (Haute-Savoie) – 4 103 hab. – Alt. 781 m – Carte régionale n° **46**-F1
▶ Paris 537 km – Annecy 19 km – Bellegarde-sur-Valserine 44 km – Bonneville 37 km
Carte Michelin 328-J4 – Guide Vert Michelin Alpes du Nord

aux Avenières 6 km au Nord par D41 et rte secondaire – ✉ 74350 Cruseilles

⅋○ Château des Avenières

CRÉATIVE · ÉLÉGANT ✃✃✃ Un lieu superbe, atypique et rococo, pour une cuisine classique, qui met en valeur un produit par recette. Que diriez-vous par exemple d'un beau morceau de porcelet avec sa sauce au miel et aux épices, le tout accompagné d'une poêlée de légumes et de morilles ? En prime, la vue est à couper le souffle !

Menu 59 € (semaine), 69/130 € – Carte 94/103 €

1060 rte du Château, lieu-dit Chenaz – ℰ 04 50 44 02 23
– www.avenieres.com – Fermé 23 oct.-10 nov., 4-15 janv., mardi midi,
merc. midi et lundi

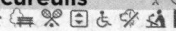

🏠 Château des Avenières- La Maison des Écureuils

CHÂTEAU · PERSONNALISÉ Bâti en 1907, ce manoir baroque semble nimbé de mystère. Son parc représentant un papillon, ses chambres de caractère – l'une d'elles dispose même d'un observatoire ! –, son annexe au chic très contemporain, sans parler de la vue imprenable sur la chaîne des Aravis. Bref, tout ici est romantique et romanesque.

14 chambres – 🛏126/750 € 🛏🛏126/750 € – 6 suites – 🍽 25 € – ½ P

1060 rte du Château, lieu-dit Chenaz – ℰ 04 50 44 02 23 – www.avenieres.com – Fermé 23 oct.-10 nov. et 4-15 janv.

🍴 **Château des Avenières** – voir les restaurants ci-dessus

au Nord 5 km par D1201 – ✉74350 St-Blaise

🍴 La Clef des Champs

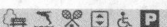

CUISINE TRADITIONNELLE · RÉTRO XX Juste en face de l'hôtel Rey, prenez la clef des champs ! Le cadre est chaleureux et la cuisine traditionnelle : œuf cuit à 62°C, carottes aux épices et lardons de sanglier ; tartare de féra du Léman et gibier en saison... Dans l'assiette, c'est généreux et gourmand, et l'été, on s'installe sur la petite terrasse.

Formule 21 € – Menu 24 € (déj. en semaine), 37/55 € – Carte 60/68 €

121 rte d'Annecy, au col du Mont-Sion – ℰ 04 50 44 13 11 – www.laclefdeschamps-restaurant.com – Fermé 28 déc.-18 janv., mardi midi, dim. soir et lundi

🏠 Rey

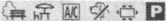

BUSINESS · FONCTIONNEL Séparé de la route par le jardin et le court de tennis, à deux pas de la maison du Père Noël, cet hôtel dispose de chambres fonctionnelles et bien tenues. Parfait pour un voyage d'affaires comme pour un séjour sportif.

30 chambres – 🛏85/120 € 🛏🛏85/124 € – 🍽 11 €

131 rte d'Annecy, au col du Mont-Sion – ℰ 04 50 44 13 29 – www.hotel-rey.com – Fermé 26 déc.-5 janv.

CRUZY

✉ 34310 (Hérault) – 990 hab. – Alt. 92 m – Carte régionale n° **22**-B2

▣ Paris 787 km – Albi 130 km – Carcassonne 59 km – Montpellier 98 km

Carte Michelin 339-C8

😊 Le Terminus

CUISINE TRADITIONNELLE · BISTRO X Terminus ! Tous les gourmands sont invités à descendre dans cette gare reconvertie en un petit bistrot convivial. Il est des arrêts indispensables, celui-ci en est un avec sa généreuse cuisine traditionnelle : gigot d'agneau et purée maison, baba au rhum... Bon rapport saveurs-prix !

Formule 17 € – Menu 30/39 € – Carte 33/55 €

av. de la Gare, 1,5 km au Sud-Est, rte de Quarante par D37 – ℰ 04 67 89 71 26 – www.leterminus-cote-gare.fr – Fermé 2 semaines fin fév.-début mars, 21 sept.-5 oct., mardi soir, merc. soir et dim. soir hors saison, mardi midi en été et lundi

CUBLAC

✉ 19520 (Corrèze) – 1 722 hab. – Alt. 100 m – Carte régionale n° **24**-B3

▣ Paris 496 km – Limoges 107 km – Périgueux 55 km – Tulle 50 km

Carte Michelin 329-I5

🏠 Les Collines 🆕

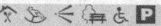

MAISON DE CAMPAGNE · ACTUEL Installée au milieu des arbres, au sommet d'une... colline, cette belle demeure en pierre apparentes accueille les voyageurs dans de belles chambres spacieuses et personnalisées. La vue dégagée sur les environs, le grand jardin, la piscine : rien ne manque !

7 chambres – 🛏68/139 € 🛏🛏68/139 € – 🍽 11 € – ½ P

lieu-dit La Morétie, 4 km au Nord par D2 – ℰ 05 55 85 19 79 – www.hotel-restaurant-lescollines19.fr

CUCUGNAN

✉ 11350 (Aude) – 133 hab. – Alt. 310 m – Carte régionale n° **22**-B3
▶ Paris 847 km – Carcassonne 77 km – Limoux 79 km – Perpignan 42 km
Carte Michelin 344-G5

ⅩO **Auberge du Vigneron**

CUISINE TRADITIONNELLE · AUBERGE ⅩⅩ Terroir et tradition sont les deux piliers de cette agréable auberge : dans la salle, trois énormes tonneaux rappellent la vocation viticole des lieux. En terrasse, avec vue sur le vignoble, on déguste une fricassée de lapin à l'ancienne ou une crépine de pied de porc... En prime : quelques chambres joliment arrangées.

Formule 19 € – Menu 22 € (déj. en semaine)/36 €
5 chambres – †89/110 € ††99/160 € – � 12 €

2 r. Achille-Mir – ℰ 04 68 45 03 00 – www.auberge-vigneron.com – Ouvert d'avril à nov. et fermé lundi hors saison

ⅩO **La Table du Curé** ⇔ ⌂

CUISINE TRADITIONNELLE · BISTRO Ⅹ Fruits et légumes cathares, agneau catalan, pâtes de Cucugnan : voici quelques exemples des beaux produits utilisés par le chef. Avec le terroir comme boussole, il réalise une généreuse cuisine traditionnelle ; aux beaux jours, on peut la déguster sur une vaste terrasse ombragée.

⊛ Formule 15 € – Menu 19/59 € ♈ – Carte 24/52 €
3 chambres – †55/65 € ††60/80 € – � 8 €

25 r. Alphonse-Daudet – ℰ 04 68 45 01 46 – www.auberge-la-table-du-cure.com – Fermé 11 nov.-31 janv. et merc. sauf juil.-août

⌂ **La Tourette**

MAISON DE CAMPAGNE · PERSONNALISÉ Une jolie maison bourgeoise, nichée au cœur de ce village pittoresque, au calme. "Prune", "Indigo", "Turquoise" : la couleur est le leitmotiv des chambres. Au petit-déjeuner – servi l'été dans le joli patio à l'ombre d'un olivier –, on se régale de préparations maison. Cosy et chaleureux !

3 chambres � – †90/120 € ††100/120 €

4 passage de la Vierge – ℰ 06 09 64 60 47 – www.latourette.eu

CUCURON

✉ 84160 (Vaucluse) – 1 809 hab. – Alt. 350 m – Carte régionale n° **42**-E1
▶ Paris 739 km – Apt 25 km – Cavaillon 39 km – Digne-les-Bains 109 km
Carte Michelin 332-F11 – Guide Vert Michelin Provence

✿ **La Petite Maison de Cucuron** (Eric Sapet) ✿ ⌂ ✿

CUISINE MODERNE · RUSTIQUE ⅩⅩ Il était une fois une petite maison jaune, près d'un étang, dans laquelle un excellent cordon bleu magnifiait les produits du marché. À sa table, tous revenaient aussi souvent qu'ils le pouvaient. Mais gare à ceux qui oublieraient de réserver car cette adresse affichait souvent complet !

→ Charlotte d'asperges vertes garnie d'une mayonnaise de chair de tourteau. Lièvre à la royale en deux services. Profiteroles aux pommes, poires, coings et pain d'épice.

Menu 50/70 €

pl. de l'Étang – ℰ 04 90 68 21 99 (réservation conseillée) – www.lapetitemaisondecucuron.com – Fermé lundi et mardi

⌂ **Le Pavillon de Galon**

HISTORIQUE · PERSONNALISÉ Un magnifique parc classé (jardin à la française, vignes, verger, buis, oliviers et autres arbres plusieurs fois centenaires...) entoure ce pavillon de chasse du 18ᵉ s. Un domaine très privé, aux chambres raffinées.

3 chambres � – †240/410 € ††250/420 €

chemin de Galon – ℰ 04 90 77 24 15 – www.pavillondegalon.com – Ouvert mars-oct.

CUERS

✉ 83390 (Var) – 10 452 hab. – Alt. 140 m – Carte régionale n° **41**-C3
▶ Paris 834 km – Brignoles 25 km – Draguignan 59 km – Marseille 84 km
Carte Michelin 340-L6

ⅰ○ Le Mas du Lingousto   🛋 🅿

CUISINE MODERNE · À LA MODE XXX Bons produits du marché et d'un petit potager "maison", recettes classiques revisitées avec une générosité sans faille : voici les arguments de ce restaurant bien ancré dans sa région ! Sans oublier, bien sûr, la jolie terrasse en bordure de ruisseau...

Formule 25 € – Menu 34/51 € – Carte 50/80 €

Hôtel le Mas du Lingousto, 934 av. Eugénie-et-Henri-Majastre, 2 km à l'Est par rte de Pierrefeu – ☎ 04 94 28 69 10 – www.lingousto.fr – Fermé dim. soir

ⅰ○ Le Verger des Kouros   🍴 🛋 ⌾ 🅿

PROVENÇALE · COSY XX Point de statues d'éphèbes, mais trois frères d'origine grecque à la tête de ce restaurant gastronomique qui cultive... le goût de la Méditerranée ! Recettes provençales, poisson des côtes, légumes de la région, etc. Et à l'arrière de la maison, au calme, une terrasse qui ancre résolument dans le Sud.

Formule 18 € – Menu 22 € (déj. en semaine), 32/45 €

quartier des Cauvets, 2 km par rte de Solliès-Pont D97 – ☎ 04 94 28 50 17 – www.levergerdeskouros.com

🏘 Le Mas du Lingousto   

MAISON DE CAMPAGNE · ÉLÉGANT Une charmante bastide – rénovée en 2011 – au beau milieu des vignes. Les chambres y sont confortables et bien tenues ; certaines disposent même d'une terrasse. Piscine, fitness... Idéal pour goûter à l'art de vivre provençal !

12 chambres – †99/150 € ††99/170 € – ⌨ 13 € – ½ P

934 av. Eugénie-et-Henri-Majastre, 2 km à l'Est par rte de Pierrefeu – ☎ 04 94 28 69 10 – www.lingousto.fr

   ⅰ○ **Le Mas du Lingousto** – voir les restaurants ci-dessus

CUGNAUX

✉ 31270 (Haute-Garonne) – 16 314 hab. – Alt. 165 m – Carte régionale n° **28**-B2
▶ Paris 690 km – Auch 79 km – Montauban 67 km – Toulouse 18 km

🏡 Domaine de Dubac   🔄 🅰🅒 ⌾ 🅿

FAMILIAL · PERSONNALISÉ Cette maison de famille est nichée dans un parc, au milieu d'arbres séculaires... L'endroit a du caractère. Les belles chambres sont soigneusement décorées, toutes avec une mezzanine et une terrasse. Le matin, on se régale de gâteaux maison et d'œufs du poulailler, avant d'aller faire un plongeon dans la piscine !

3 chambres ⌨ – †93 € ††103 €

80 rte de Tournefeuille – ☎ 05 61 92 58 42 – www.domainededubac.com

CUISERY

✉ 71290 (Saône-et-Loire) – 1 685 hab. – Alt. 211 m – Carte régionale n° **8**-C3
▶ Paris 367 km – Chalon-sur-Saône 35 km – Lons-le-Saunier 50 km – Mâcon 38 km
Carte Michelin 320-J10 – Guide Vert Michelin Bourgogne

🏡 Hostellerie Bressane   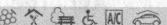

FAMILIAL · CLASSIQUE Une hostellerie de tradition dans une bâtisse du 19ᵉ s. Les chambres, fonctionnelles et bien tenues, sont plus spacieuses dans le bâtiment annexe, qui donne sur le jardin. Quant au restaurant, sans prétention, il propose une cuisine d'inspiration bourguignonne et bressane.

15 chambres – †70/110 € ††75/150 € – ⌨ 11 € – ½ P

56 rte de Tournus – ☎ 03 85 32 30 66 – www.hostellerie-bressane.fr – Fermé 22 déc.-19 janv., dim. soir, mardi midi et lundi

CUQ-TOULZA

⊠ 81470 (Tarn) – 693 hab. – Alt. 203 m – Carte régionale n° **29**-C2
▶ Paris 713 km – Albi 72 km – Castelnaudary 35 km – Toulouse 47 km
Carte Michelin 338-D9

⊮○ Cuq en Terrasses

CUISINE MODERNE · COSY X Sur les hauteurs du village, cette charmante maison du 18e s. est un havre de paix : insolite jardin en terrasses, accueil familial... Le chef y met en valeur les produits du potager et la cuisine méditerranéenne ; depuis la véranda et la terrasse, on profite d'une vue imprenable sur la plaine du Lauragais.
Menu 38 €
5 chambres ⌖ – †85/190 € ††99/190 €
8 chemin du Château, (à Cuq-le-Château), 2,5 km au Sud par rte d'Aguts (D45) – ℰ 05 63 82 54 00 – www.cuqenterrasses.com – Ouvert 22 avril-2 nov. et fermé merc. et le midi

CUREBOURSE (COL DE) – 15 (Cantal) → voir Vic-sur-Cère

CURTIL-VERGY – 21 (Côte-d'Or) → voir Nuits-St-Georges

CURZAY-SUR-VONNE

⊠ 86600 (Vienne) – 449 hab. – Alt. 125 m – Carte régionale n° **39**-C1
▶ Paris 364 km – Lusignan 11 km – Niort 54 km – Parthenay 34 km
Carte Michelin 322-G6

✿ La Cédraie

CUISINE MODERNE · CLASSIQUE XXX Dans le décor noble et altier de ce château du 18e s., une belle cuisine qui joue la carte des saisons et de l'invention, en lien avec le terroir poitevin et le littoral atlantique. Aux beaux jours, profitez de la terrasse installée au pied du monument, face aux frondaisons du parc...
→ Carpaccio de truite marinée, déclinaison de petits pois du potager. Poularde fermière du Poitou aux girolles et aux écrevisses. Le paris brest délice de Curzay.
Menu 39/78 € – Carte 70/88 €
Hôtel Château de Curzay, rte de Jazeneuil – ℰ 05 49 36 17 00 – www.chateau-curzay.com – Fermé 3 janv.-19 mars, lundi et mardi sauf juil.-août et fériés et le midi sauf dim.

🏛 Château de Curzay

CHÂTEAU · CLASSIQUE Superbe château (1710) au cœur d'un beau parc de 120 ha traversé par une rivière et abritant un haras. Chambres classiques au port tout aristocratique, bien-être et détente... on se rêve châtelain(e) !
20 chambres – †165/365 € ††165/365 € – 2 suites – ⌖ 27 € – ½ P
rte de Jazeneuil – ℰ 05 49 36 17 00 – www.chateau-curzay.com – Fermé 3 janv.-19 mars
✿ **La Cédraie** – voir les restaurants ci-dessus

CUTS

⊠ 60400 (Oise) – 936 hab. – Alt. 79 m – Carte régionale n° **37**-C2
▶ Paris 115 km – Chauny 16 km – Compiègne 26 km – Noyon 10 km
Carte Michelin 305-J3

⊮○ Auberge Le Bois Doré

CUISINE TRADITIONNELLE · AUBERGE XX Sur la façade, une belle fresque en faïence représente l'établissement au début du 20e s. Voilà qui dit tout de l'esprit de cette maison plus que centenaire, où l'on cultive sans faillir la tradition gastronomique française !
⊛ Formule 16 € – Menu 19 € (déj. en semaine), 29 € ▼/38 €
– Carte 35/47 €
5 r. de la Ramée, D934 – ℰ 03 44 09 77 66 – www.leboisdore.fr – Fermé 29 août-5 sept., dim. soir, mardi soir et lundi

CUTXAN – 32 (Gers) ➜ voir Barbotan-les-Thermes

CUVES

✉ 50670 (Manche) – 316 hab. – Alt. 78 m – Carte régionale n° **32**-A2
▶ Paris 334 km – Avranches 23 km – Domfront 42 km – Fougères 47 km
Carte Michelin 303-F7

🍴 Le Moulin de Jean

CUISINE MODERNE · COSY ✕✕ Situé dans un site bucolique, cet ancien moulin donne dans le rustique chic, avec ses pierres et poutres apparentes, sa petite cheminée et sa mise en place soignée... Attablé, on admire la belle cave à vins, derrière une vitre, avant qu'arrive la spécialité de la maison : le pied de porc farci au boudin noir !

Formule 32 € – Menu 39/56 € 🍷
La Lande, 2 km au Nord-Est sur D48 – 𝒞 *02 33 48 39 29*
– www.lemoulindejean.com – Fermé 2 semaines en janv. et lundi

CUZANCE

✉ 46600 (Lot) – 572 hab. – Alt. 233 m – Carte régionale n° **29**-C1
▶ Paris 507 km – Cahors 80 km – Sarlat-la-Canéda 40 km – Tulle 61 km
Carte Michelin 337-F2

🏨 Manoir de Malagorse

FAMILIAL · PERSONNALISÉ Ce domaine de 5 ha situé en pleine campagne vous promet un séjour mémorable : chambres personnalisées et salon-bibliothèque cosy logés dans une bâtisse régionale en pierre (19e s.). La table d'hôte met à l'honneur les fruits et légumes du Causse.

5 chambres ⌂ – †160/200 € ††160/290 €
Sud-Ouest 4,5 km par D103 rte de Rignac – 𝒞 *05 65 27 14 83*
– www.manoir-de-malagorse.fr – Ouvert 1er avril-1er nov.

DACHSTEIN

✉ 67120 (Bas-Rhin) – 1 702 hab. – Alt. 160 m – Carte régionale n° **1**-A1
▶ Paris 477 km – Molsheim 6 km – Saverne 28 km – Sélestat 40 km
Carte Michelin 315-J5

🍴 Auberge de la Bruche

CUISINE MODERNE · AUBERGE ✕✕ On est immédiatement séduit par cette auberge fleurie, presque adossée à la porte du village et longée par un charmant ruisseau (la fameuse "Bruche"). Les plats, savoureux et bien pensés, achèvent de nous convaincre : pâté en croûte de canard au foie gras et pistaches, homard à la poêle et mousseline d'artichauts...

Menu 32/75 € 🍷 – Carte 41/65 €
1 r. Principale – 𝒞 *03 88 38 14 90 – www.auberge-bruche.com – Fermé 1er-14 août,*
27 déc.-5 janv., sam. midi, dim. soir et merc.

DAGLAN

✉ 24250 (Dordogne) – 558 hab. – Alt. 101 m – Carte régionale n° **4**-D2
▶ Paris 558 km – Bordeaux 203 km – Cahors 51 km – Sarlat-la-Canéda 23 km
Carte Michelin 337-D3 – Guide Vert Michelin Périgord Quercy

😊 Le Petit Paris

CUISINE MODERNE · SIMPLE ✕✕ Au cœur d'un charmant village périgourdin, une table sympathique devancée par une grande terrasse. Ici, le chef – un enfant du pays – met un point d'honneur à valoriser les produits de sa région. C'est actuel, frais et savoureux !

Formule 25 € – Menu 29/32 €
au bourg – 𝒞 *05 53 28 41 10 (réservation conseillée) – www.le-petit-paris.fr*
– Ouvert 14 fév.-11 nov. et fermé mardi d'oct. à mars, dim. soir et lundi

DAMBACH-LA-VILLE

✉ 67650 (Bas-Rhin) – 2 016 hab. – Alt. 210 m – Carte régionale n° **2**-C1
▶ Paris 443 km – Obernai 24 km – Saverne 61 km – Sélestat 8 km
Carte Michelin 315-I7

🏠 Le Vignoble   ঽ ⌀

FAMILIAL · RUSTIQUE Attenante à l'église du village, cette ancienne grange alsacienne (1765) abrite des chambres coquettes et rustiques. Aux beaux jours, il fait bon profiter de la cour et du jardinet. Accueil chaleureux.
7 chambres – ♦69 € ♦♦79 € – ⌷ 9 €
1 r. de l'Église – ℰ 03 88 92 43 75 – www.hotel-vignoble-alsace.fr – Fermé de janv. à début fév.

DAMGAN

✉ 56750 (Morbihan) – 1 632 hab. – Carte régionale n° **9**-B3
▶ Paris 469 km – Muzillac 10 km – Redon 46 km – La Roche-Bernard 25 km
Carte Michelin 308-P9

🏨 Hôtel de la Plage   ✿ ≼ 🛏 🗐 ঽ ⌀ 🅿

HÔTEL DE VACANCES · MODERNE Cet hôtel n'est séparé de la plage que par une petite rue. Les chambres, peu à peu redécorées dans un style épuré, donnent sur la mer. Salle de détente (sauna et soins). Par beau temps, petit-déjeuner en terrasse.
16 chambres – ♦85/180 € ♦♦85/180 € – 1 suite – ⌷ 14 € – ½ P
38 bd de l'Océan – ℰ 02 97 41 10 07 – www.hotel-morbihan.com – Ouvert 13 fév.-12 nov.

🏠 L'Albatros   ✿ ≼ ঽ 🅿

HÔTEL DE VACANCES · FONCTIONNEL L'atout majeur de cet hôtel est son emplacement, juste en face de la plage et des voiliers. La majorité des chambres, très bien tenues, donnent sur l'Océan. Au restaurant, grandes baies vitrées ouvrant sur les flots, plateaux de fruits de mer et poisson frais.
26 chambres – ♦51/85 € ♦♦60/85 € – ⌷ 9,50 € – ½ P
1 bd de l'Océan – ℰ 02 97 41 16 85 – www.hotel-albatros-damgan.com – Ouvert de mi-fév. à fin oct.

DAMPIERRE-EN-YVELINES – 78 (Yvelines) ➜ voir Autour de Paris

DAMPMART

✉ 77400 (Seine-et-Marne) – 3 179 hab. – Alt. 50 m – Carte régionale n° **19**-C2
▶ Paris 37 km – Amiens 155 km – Bobigny 32 km – Melun 51 km
Carte Michelin 312-F2

🅾 Le Quincangrogne 🆕   🛏 🏡

CUISINE MODERNE · CONVIVIAL ✕✕ Franck Charpentier, chef passé par de nombreuses tables étoilées, est aux commandes de cet établissement installé en bord de Marne. Il a conçu une carte simple, axée sur les produits régionaux – œufs, fromage de chèvre, escargots, lentilles... – et qui réserve de belles surprises.
Formule 38 € – Menu 55/120 €
7 r. de l'Abreuvoir – ℰ 01 64 44 44 80 – www.hotel-restaurant-lequincangrogne.fr – fermé dim. et lundi

LES DAMPS – 27 (Eure) ➜ voir Pont-de-L'Arche

DANIZY

✉ 02800 (Aisne) – 591 hab. – Alt. 54 m – Carte régionale n° **37**-C2
▶ Paris 148 km – Amiens 111 km – Laon 32 km – Saint-Quentin 28 km
Carte Michelin 306-C5

🏨 Domaine Le Parc   ✿ ঽ ≼ 🛏 🆀 ⌀ 🅿 🕬

FAMILIAL · PERSONNALISÉ Belle demeure du 18ᵉ s. nichée dans un magnifique parc boisé. Esprit classique et romantique dans les chambres, dont certaines regardent la vallée de l'Oise. Séduisante cuisine familiale concoctée par le sympathique propriétaire, originaire de Hollande.
5 chambres ⌷ – ♦75/95 € ♦♦75/95 €
r. du Quesny – ℰ 03 23 56 55 23 – www.domaineleparc.fr – Fermé 22 déc.-4 janv.

DANJOUTIN - 90 (Territoire de Belfort) → voir Belfort

DANNEMARIE

✉ 68210 (Haut-Rhin) – 2 311 hab. – Alt. 320 m – Carte régionale n° **1**-A3
▶ Paris 447 km – Basel 43 km – Belfort 25 km – Colmar 58 km
Carte Michelin 315-G11

ⅪO Ritter   ⇐ 🏠 **P**

CUISINE TRADITIONNELLE · RUSTIQUE X Face à l'ancienne gare (désormais une médiathèque), il y a l'ancien théâtre... devenu restaurant ! Rien ne se crée, tout se transforme, et l'on savoure ici une honnête cuisine traditionnelle et du terroir. Spécialité de la maison ? La carpe frite en filet, encore meilleure sur la jolie terrasse.
Formule 12 € – Menu 30/60 € ♀ – Carte 38/57 €
15 r. de la Gare – ℰ 03 89 25 04 30 – Fermé 17 fév.-3 mars, 15-29 juil., 19-31 déc., lundi soir, jeudi soir et mardi

DAX

✉ 40100 (Landes) – 20 364 hab. – Alt. 12 m – Carte régionale n° **3**-B3
▶ Paris 727 km – Biarritz 61 km – Bordeaux 144 km – Mont-de-Marsan 54 km
Carte Michelin 335-E12 – Guide Vert Michelin Aquitaine

🙂 L'Amphitryon   A/C

CUISINE TRADITIONNELLE · CONVIVIAL XX Nouvellement installé dans une maison centenaire aux pierres apparentes, l'Amphitryon propose une cuisine traditionnelle aux beaux accents marins... dans un cadre habillé de nombreuses essences de bois. Les assiettes sont généreuses et soignées : idéal pour faire le plein d'énergie !
⊗ Menu 20 € (déj.), 30/40 € – Carte 42/60 €
Plan : 3B-e – *56 cours Mal-Joffre – ℰ 05 58 74 58 05 (réservation conseillée) – Fermé 20 août-7 sept., 1ᵉʳ-30 janv., dim. soir, lundi et mardi*

ⅪO La Tête de l'Art   🏠 & A/C

CUISINE TRADITIONNELLE · CONVIVIAL X "Si l'art avait une tête, quelle serait-elle ?" Voilà une question digne de l'épreuve de philo au bac ! Rassurez-vous, ici, on ne vous demandera pas de disserter mais de savourer une agréable cuisine traditionnelle. Mention spéciale pour les viandes cuites à la broche et les poissons à la plancha. Terrasse sur cour.
⊗ Formule 15 € – Menu 19 € (déj.) – Carte 33/46 €
Plan : B-v – *2 pl. Camille-Bouvet, (marché couvert) – ℰ 05 58 74 00 13 – Fermé 13-20 juil., 24-31 août, 24-31 déc., mardi soir, merc. soir, dim. soir et lundi*

🏠 Le Grand Hôtel   ⌂ ⊗ ⇐ ♣ A/C 🛁 ⌂

HÔTEL DE CURE · FONCTIONNEL Au cœur de la cité, cet établissement fera le bonheur des curistes. Ici, nul besoin de sortir pour faire ses soins : il suffit de descendre au sous-sol pour accéder aux thermes. Les chambres, simples et bien tenues, disposent pour certaines d'une kitchenette. Restauration traditionnelle.
128 chambres – ♦79/105 € ♦♦88/117 € – 8 suites – ⊑ 10 € – ½ P
Plan : B-f – *r. de la Source – ℰ 05 58 90 53 00 – www.thermes-dax.com – Fermé 20 déc.-10 janv.*

à St-Paul-lès-Dax - ✉ 40990 – 13 139 hab. – Alt. 21 m

ⅪO Le Moulin de Poustagnacq   🏠 & **P**

CUISINE MODERNE · CONVIVIAL XXX Envie de manger au bord de l'eau ? Dans ce cas, faites un tour dans cet ancien moulin ! Le chef travaille les produits frais et livre une cuisine traditionnelle teintée d'un joli accent régional. Aux beaux jours, installez-vous sur la terrasse face au lac. Ambiance bucolique garantie.
Menu 31/79 € – Carte environ 84 €
Plan : A-r – *ℰ 05 58 91 31 03 – www.moulindepoustagnacq.com – Fermé vacances de Noël, mardi midi, dim. soir et lundi*

DAX

Aspremont (R. d')	A	2
Augusta (Cours J.)	B	3
Baignots (Allée des)	B	4
Bouvet (Pl. C.)	B	5
Carmes (R. des)	B	6
Carnot (Bd)	A	10
Cazade (R.)	B	12
Chanoine-Bordes (Pl.)	B	13
Chaulet (Av. G.)	AB	14
Clemenceau (Av. G.)	AB	15
Doumer (Av. P.)	A	16
Ducos (Pl. R.)	B	18
Foch (Cours Mar.)	B	19
Francis Plante (Av.)	A	35
Fusillés (R. des)	B	22
Gaulle (Espl. Gén.-de)	B	23
Lorrin (Bd C.)	A	26
Manoir (Bd Y.-du)	A	28
Milliés-Lacroix (Av. E.)	AB	30
Neuve (R.)	B	31
Pasteur (Cours)	B	34
Sablar (Av. du)	B	37
St-Pierre (Pl.)	B	38
St-Pierre (R.)	B	39
St-Vincent-de-Paul (Av.)	AB	44
St-Vincent (R.)	B	40
Sully (R.)	B	47
Thiers (Pl.)	B	49
Toro (R. du)	B	50
Tuilleries (Av. des)	AB	51
Verdun (Cours de)	B	52
Victor-Hugo (Av.)	AB	54

ST-PAUL-LÈS-DAX

Foch (R. Mar.)	A	20
Lahillade (R. G.)	A	24
Liberté (Av. de la)	A	25
Loustalot (R. René)	A	27
Résistance (Av. de la)	A	36
St-Vincent-de-Paul (Av.)	A	45
Tambour (R. du)	B	47

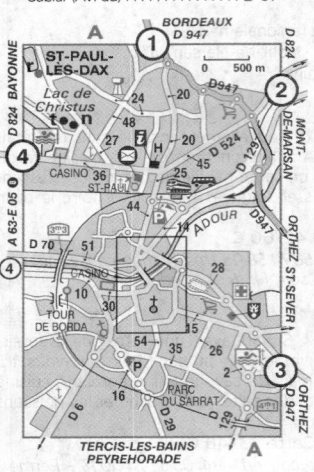

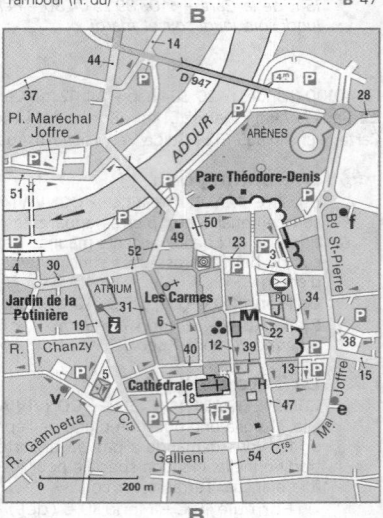

☆☆☆ Sourcéo
⌂ ⟡ ⟨ 🛏 💶 🧖 ⊟ 🔒 AC 🛎 🚗

HÔTEL DE CURE · FONCTIONNEL Architecture originale pour cet hôtel des années 1990 qui a la forme d'un calice ! Avec son centre de balnéothérapie intégré, cet établissement fait la joie des curistes. Les chambres, dont un grand nombre de suites, sont fonctionnelles. Restauration traditionnelle ou diététique. Le tout au cœur de la forêt des Landes.

148 suites – ♛♛82/180 € – 47 chambres – ⌑ 12 € – ½ P

Plan : A-n – *355 r. du Centre-Aéré, au lac de Christus* – ✆ 05 58 90 66 00
– *www.hotelsourceo.com*

☆☆ Hôtel du Lac
⌂ ⟡ 🛏 ⊟ 🔒 🛎 **P**

HÔTEL DE CURE · FONCTIONNEL Cet imposant ensemble hôtelier et thermal propose des chambres, confortables et bien tenues, donnant sur le lac Christus. Au restaurant, on apprécie la cuisine traditionnelle dans un cadre contemporain. Pratique pour les curistes.

209 chambres – ♛63/87 € ♛♛68/99 € – ⌑ 10 €

Plan : A-t – *266 allée de Christus* – ✆ 05 58 90 60 00 – *www.brithotel.fr*
– *Ouvert 28 février-26 nov.*

© Riou/SoFood/Photononstop

ON AIME...

La fraîcheur renversante du poisson que l'on trouve à **L'Étoile des Mers**.
Le Spinnaker, une référence sérieuse et gourmande. Le travail à quatre
mains d'un couple franco-coréen à **L'Essentiel**. Les délicieux desserts de
L'Achillée, à Touques...

DEAUVILLE

✉ 14800 (Calvados) – 3 775 hab. – Alt. 2 m – Carte régionale n° **32**-A3
▶ Paris 202 km – Caen 50 km – Évreux 101 km – Le Havre 44 km
Carte Michelin 303-M3 – Guide Vert Michelin Normandie Vallée de la Seine

Restaurants

☺ La Flambée

CUISINE MODERNE • CONVIVIAL XX Pourquoi "La Flambée" ? Sans doute à
cause de la grande cheminée où l'on prépare de belles grillades sous vos yeux...
mais l'adresse aurait aussi pu s'appeler "Le Homard", qui est son autre spécialité !
Derrière les fourneaux, le chef réalise des recettes soignées, qui vont à l'essentiel ;
le service est aux petits soins...
Formule 22 € ♀ – Menu 30/53 € – Carte 45/84 €
Plan : AZ-t – *81 r. du Gén.-Leclerc* – ☎ *02 31 88 28 46*
– www.laflambee-deauville.com

ⅠⅠ◯ La Belle Époque

CUISINE TRADITIONNELLE • LUXE XXXX Le restaurant Belle Époque de l'élégant
hôtel Normandy, se prête à la dégustation d'une sympathique cuisine de tradition. Sous une magnifique verrière ou l'été, dans la cour fleurie, on apprécie, par
exemple, un émietté de tourteaux ou une sole meunière aux épinards. Un
agréable moment !
Carte 55/120 €
Plan : AZ-h – *Hôtel Normandy-Barrière, 38 r. J.-Mermoz* – ☎ *02 31 98 66 22*
*– www.lucienbarriere.com – (réouverture en mai après travaux) Fermé le midi
sauf week-ends*

ⅠⅠ◯ Côté Royal ◑

CUISINE TRADITIONNELLE • ÉLÉGANT XXXX Une salle à manger élégante et cossue – haut plafond, boiseries, lustres et tentures – pour découvrir les plats du
chef, qui agrémente la tradition d'éléments plus modernes. Ravioli ouvert de
homard, bisque et blanquette de champignons ; sole meunière au beurre demi-
sel... On passe un bon moment.
Menu 50/70 € – Carte 65/94 €
Plan : AZ-y – *Hôtel Royal-Barrière, bd Eugène-Cornuché* – ☎ *02 31 98 66 33*
– www.lucienbarriere.com – Ouvert de fév. à oct. et fermé le midi

DEAUVILLE

Blanc (R. E.) . . . . **AZ** 4
Colas (R. E.) . . . . **AZ** 5
Fossorier (R. R.) . . . . **ABZ** 8

Fracasse (R. A.) . . . . **AZ**
Gambetta (R.) . . . . **BY** 9
Gaulle (Av. Gén.-de) . . . . . **AZ** 10
Gontaut-Biron (R.) . . . . **AZ** 13
Hoche (R.) . . . . **AYZ** 20
Le-Hoc (R. D.) . . . . **BZ** 24

Laplace (R.) . . . . **AZ** 23
Le Marois (R.) . . . . **AZ** 25
Mirabeau (R.) . . . . **BY** 26
Morny (Pl. de) . . . . **BZ** 28
République
(Av. de la) . . . . **ABZ**

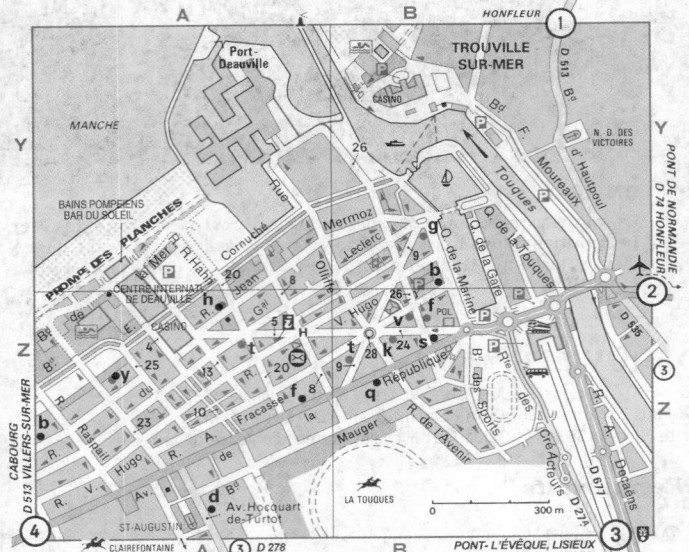

ⅩⅠ○ Le Spinnaker

CUISINE MODERNE · DESIGN ⅩⅩ Une valeur sûre que ce Spinnaker. Loin des sentiers battus, on s'installe dans un cadre moderne et épuré ; la cuisine de Frédéric Lesieur, au goût du jour, est savoureuse et soignée, à l'instar de ces ormeaux grillés au beurre d'algues et shiso... et le service est aux petits oignons. On se régale !

Menu 29 € (déj. en semaine), 39/59 € – Carte 53/78 €

Plan : BZ-v – 52 r. Mirabeau – ☎ 02 31 88 24 40 – www.spinnakerdeauville.com
– Fermé 1 semaine en nov., 1 semaine en janv., lundi et mardi sauf juil.-août

ⅩⅠ○ Augusto Chez Laurent

POISSONS ET FRUITS DE MER · CONVIVIAL ⅩⅩ Connue pour ses spécialités de homard et de poisson, cette institution tient le cap de la cuisine iodée depuis plus de 35 ans ! On se régale d'un tartare de bar posé sur un lit d'aubergines rissolées à l'huile d'olive ou d'un filet de turbot enrobé dans un crumble de noisettes et d'amandes. Décor chic façon bateau.

Formule 19 € – Menu 25 € (déj.), 39/59 € – Carte 51/89 €

Plan : BZ-k – 27 r. Désiré-Le-Hoc – ☎ 02 31 88 34 49
– www.restaurant-augusto.com – Fermé mardi sauf vacances scolaires et lundi

ⅩⅠ○ L'Étoile des Mers ●

POISSONS ET FRUITS DE MER · CONVIVIAL Ⅹ Sole, saint-pierre, turbot et dorade... Avis de pêche miraculeuse sur ce bistrot attachant, installé au fond d'une poissonnerie. Les produits de la mer, de première fraîcheur, sont cuits à la plancha et agrémentés avec talent par le jeune chef, un ancien client des lieux. Les amateurs seront conquis !

Formule 20 € – Carte 38/68 €

Plan : BZ-t – 74 r. Gambetta – ☎ 02 14 63 10 18 – Fermé 2-16 janv., 15-30 nov., le soir, mardi hors vacances scolaires et merc.

🍽️ L'Essentiel

CUISINE MODERNE · BISTRO 🍴 Ce bistrot contemporain célèbre le mariage réussi de l'Hexagone et de l'Asie. Mira – coréenne – et Charles – français – œuvrent à quatre mains à la ville comme en cuisine et concoctent de jolis plats fusion... Une belle invitation au voyage ! L'été, on profite du patio.

Formule 20 € – Menu 28/60 € – Carte 46/60 €

Plan : BZ-f – *29/31 r. Mirabeau* – ℰ *02 31 87 22 11*
– *www.lessentiel-deauville.com* – *Fermé 2 semaines en janv., mardi et merc. sauf en saison et fériés*

🍽️ Le Comptoir et la Table

CUISINE TRADITIONNELLE · DE QUARTIER 🍴 Un bistrot dans son jus "fifties" : fresque au plafond évoquant la vie trouvillaise, comptoir en bois et... de la convivialité à revendre. Voilà le lieu idéal pour savourer des petits plats sans chichis, réalisés avec de beaux produits frais de qualité. On se régale !

Formule 15 € – Menu 20 € (déj. en semaine)/30 € – Carte 48/115 €

Plan : BY-g – *1 quai de la Marine* – ℰ *02 31 88 92 51*
– *www.lecomptoiretlatable.fr* – *Fermé 15 nov.-17 déc. et merc.*

Hôtels & maisons d'hôtes

🏨 Normandy-Barrière

PALACE · CLASSIQUE Un fier manoir anglo-normand reconnaissable entre mille : construit en 1912, cet hôtel mythique est tout simplement l'emblème de la station ! Toile de Jouy, boiseries... les chambres sont cosy et raffinées ; pour se détendre, on n'a que l'embarras du choix entre la piscine, le tennis ou le centre de remise en forme... Un rêve éveillé.

279 chambres – ♦229/910 € ♦♦229/910 € – 11 suites – ☑ 35 €

Plan : AZ-h – *38 r. Jean-Mermoz* – ℰ *02 31 98 66 22*
– *www.lucienbarriere.com* – *Réouverture en mai après travaux*

🍽️ **La Belle Époque** – voir les restaurants ci-dessus

🏨 Royal-Barrière

PALACE · CLASSIQUE Imposante bâtisse 1900 appréciée par la jet-set et les stars de cinéma. Dans les chambres, luxueuses et chaleureuses, on se sent comme dans un petit palace ; certaines donnent sur la mer. Du style et du caractère, sans conteste !

250 chambres – ♦309/879 € ♦♦309/909 € – 19 suites – ☑ 33 €

Plan : AZ-y – *bd Eugène-Cornuché* – ℰ *02 31 98 66 33*
– *www.lucienbarriere.com* – *Ouvert de fév. à oct.*

🍽️ **Côté Royal** – voir les restaurants ci-dessus

🏠 Almoria

URBAIN · PERSONNALISÉ En plein centre-ville, cet hôtel récent a fait du confort et de l'épure son crédo. Préférez toutefois les chambres donnant sur le patio, où l'on prend son petit-déjeuner aux beaux jours. Accueil aimable.

60 chambres – ♦65/280 € ♦♦65/280 € – ☑ 14 €

Plan : BZ-q – *37 av. de la République* – ℰ *02 31 14 32 32*
– *www.almoria-deauville.com* – *Fermé 4-17 janv.*

🏠 Mercure Deauville Centre

HÔTEL DE CHAÎNE · PERSONNALISÉ Une bâtisse de style régional, pour un Mercure fonctionnel et contemporain donnant sur un jardin intérieur – où les chambres sont plus calmes – et sur la marina. Au petit-déjeuner, on peut même se régaler de produits bio !

53 chambres – ♦109/299 € ♦♦109/299 € – ☑ 17 €

Plan : BY-b – *2 r. Breney* – ℰ *02 31 87 30 00* – *www.mercure.com/2876*

🏨 L'Augeval

VILLA · FONCTIONNEL Près de l'hippodrome et des haras, un agréable manoir normand, un brin rétro, et une villa d'esprit contemporain, le Trait d'Union... Après une journée de balade, rendez-vous près de la piscine ou au sauna.

40 chambres – ♦65/145 € ♦♦85/275 € – 2 suites – ⌂ 15 €

Plan : AZ-d – *15 av. Hocquart-de-Turtot* – ℰ *02 31 81 13 18* – *www.augeval.com*

🏨 Continental

TRADITIONNEL · PERSONNALISÉ Construit en 1865 sur une avenue animée, cet hôtel est l'un des pionniers de la station. Les chambres y sont assez spacieuses, confortables et bien tenues. Et pour le petit côté "couleur locale", on vend même de bons produits régionaux !

42 chambres – ♦75/125 € ♦♦75/130 € – ⌂ 12 €

Plan : BZ-s – *1 r. Désiré-Le-Hoc* – ℰ *02 31 88 21 06*
– *www.hotel-continental-deauville.com*

🏨 Villa Joséphine

VILLA · PERSONNALISÉ Dans un quartier résidentiel – à quelques pas de la mer et un peu en retrait du centre-ville –, une charmante villa normande classée (fin 19ᵉ s.), entourée d'un jardin ravissant. Entre les couleurs poudrées, le mobilier de style, les portraits de famille, tout y est cosy et délicat, dans un esprit maison d'hôtes.

9 chambres – ♦135/155 € ♦♦145/255 € – ⌂ 22 €

Plan : AZ-b – *23 r. des Villas* – ℰ *02 31 14 18 00* – *www.villajosephine.fr*
– *Fermé janv.*

🏨 Marie-Anne

TRADITIONNEL · PERSONNALISÉ Une villa à deux pas du casino, du golf et de l'hippodrome... Les chambres y sont spacieuses et élégantes, plus calmes sur l'arrière ou dans l'annexe qui donne sur un jardinet. Un établissement bien tenu.

25 chambres – ♦89/135 € ♦♦89/235 € – ⌂ 13 €

Plan : AZ-f – *142 av. de la République* – ℰ *02 31 88 35 32*
– *www.hotelmarieanne.com* – *Fermé 3-31 janv.*

🏨 Manoir de Benerville

MAISON DE CAMPAGNE · PERSONNALISÉ Sur les hauteurs de Deauville, cette villa anglo-normande (1874) cultive un style qui fait très "maison de poupée" : du rose, des fleurs, la mer ou le joli parc en toile de fond... Avec les chambres, on vous propose même des soins pour encore mieux vous détendre. Le tout au grand calme !

5 chambres ⌂ – ♦245/255 € ♦♦245/255 €

rte de Touques, (chemin du Tocq) – ℰ *02 31 14 68 80*
– *www.manoir-benerville.com*

Suivez les inspecteurs du guide MICHELIN sur Twitter tout au long de l'année : @guideMichelinFR

à Touques 2,5 km au Sud-Est – ✉ 14800 – 3 920 hab. – Alt. 10 m

🍴 L'Achillée

CUISINE MODERNE · CONVIVIAL XX Ils se sont rencontrés chez Hélène Darroze et l'assiette s'en ressent : ce jeune couple sympathique (madame en pâtisserie, monsieur en cuisine) cajole les produits, les saveurs et... les plantes. Dorade grise, cannellonis de céleri, coulis de cresson et huile d'argan : pour une première affaire, c'est un coup de maître !

Formule 25 € – Menu 35/55 € – Carte 57/63 €

90 r. Louvel-et-Brière – ℰ *02 31 87 41 08* – *www.lachillee.com* – *Fermé merc. et jeudi*

à Canapville 6 km au Sud-Est par D677 – ⊠ 14800 – 209 hab. – Alt. 10 m

ⅰ○ Auberge du Vieux Tour

CUISINE TRADITIONNELLE · RUSTIQUE XX Une chaumière rustique près de
la départementale, mais au calme et très accueillante ! Les patrons – de vrais passionnés – font surtout appel aux producteurs locaux et vous concoctent une sympathique cuisine de tradition : asperges à la polonaise, sole meunière avec une
purée maison, tarte aux pommes, etc. Un régal !

Menu 27 € (déj. en semaine), 31/55 € – Carte 44/73 €

36 rte départementale 677 – ℰ 02 31 65 21 80 – www.levieuxtour.com
*– Fermé 1 semaine fin juin, 4-26 janv., vacances de fév., mardi sauf juil.-août et
merc. sauf fériés*

au New Golf 3 km au Sud par D278 - Plan : BZA – ⊠ 14800 Deauville :

ⅰ○ Le Club House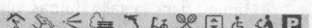

CUISINE TRADITIONNELLE · CONVIVIAL X Un Club House tout près du golf, où il
fait bon se restaurer d'une sympathique cuisine traditionnelle : tartares, salades,
pâtes, etc. Formule snacking servie jusqu'à 17 h.

Formule 21 € ♉ – Carte 35/50 €

*Hôtel du Golf – ℰ 02 31 14 24 23 – www.lucienbarriere.com – Ouvert
25 mars-31 oct. et fermé le soir*

Hôtel du Golf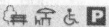

TRADITIONNEL · PERSONNALISÉ Surplombant la côte et en pleine campagne,
ce superbe hôtel typiquement normand (1929) est un havre de paix ! Les chambres, très spacieuses, sont progressivement rénovées dans un style moderne et
feutré ; l'ensemble ne manque pas d'élégance. Golf de 27 trous, vue sur la mer,
restaurant et club-house, etc.

170 chambres – ♦169/899 € – ♦♦169/2379 € – � 27 €

– ℰ 02 31 14 24 00 – www.lucienbarriere.com
– Ouvert 25 mars-31 oct.

ⅰ○ **Le Club House** – voir les restaurants ci-dessus

au Sud 6 km par D278 et chemin de l'Orgueil – ⊠ 14800 Deauville :

ⅰ○ 1899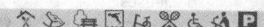

CUISINE TRADITIONNELLE · RUSTIQUE XXX Le 1899 ? Un restaurant chic, sobre
et gourmand. Au déjeuner, la carte est volontairement courte (plats légers, snacking), mais à l'heure du dîner, l'assiette se pare de jolis mets cuisinés sur des
bases traditionnelles. En prime, la terrasse donne sur un joli patio !

Menu 47 € – Carte 53/82 €

*Hôtel Les Manoirs de Tourgéville, 6 km au Sud par D 278 et chemin de l'Orgueil
– ℰ 02 31 14 48 68 – www.lesmanoirstourgeville.com*
– Fermé dim. et lundi de sept. à mi-avril et le midi

Les Manoirs de Tourgéville

LUXE · PERSONNALISÉ En plein bocage du pays d'Auge, ce manoir est vraiment
séduisant : chambres raffinées, apaisantes et spacieuses (nombreux duplex et tri-
plex). Pour se détendre, il y a l'embarras du choix : piscine, vélo, massage, tennis,
cinéma. Se lasser d'un tel endroit ? Impossible !

35 suites – ♦♦230/600 € – 22 chambres – ⊍ 23 €

*6 km au Sud par D278 et chemin de l'Orgueil – ℰ 02 31 14 48 68
– www.lesmanoirstourgeville.com*
ⅰ○ **1899** – voir les restaurants ci-dessus

DECIZE

✉ 58300 (Nièvre) – 5 711 hab. – Alt. 197 m – Carte régionale n° **7**-B3

▶ Paris 270 km – Châtillon-en-Bazois 34 km – Luzy 44 km – Moulins 35 km

Carte Michelin 319-D11 – Guide Vert Michelin Bourgogne

Le Charolais

CUISINE MODERNE • CONVIVIAL XX Un agréable restaurant tenu par un couple aimable et engagé. La carte épouse l'air du temps et met en avant les viandes, poissons et légumes produits localement. Enfin, les cuisiniers en herbe pourront s'inscrire aux cours de cuisine proposés par le chef...

Menu 19/51 €

33 bis rte de Moulins – ✆ 03 86 25 22 27 – Fermé 1 semaine en fév., 1 semaine en sept., 1er-9 janv., dim. soir, lundi et mardi

LA DÉFENSE – 92 (Hauts-de-Seine) ➜ voir Autour de Paris

DELLE

✉ 90100 (Territoire de Belfort) – 5 864 hab. – Alt. 364 m – Carte régionale n° **17**-D1

▶ Paris 448 km – Besançon 108 km – Belfort 25 km – Bâle 97 km

Carte Michelin 315-G11

Hostellerie des Remparts

CUISINE TRADITIONNELLE • RUSTIQUE XX Cette bâtisse de 1576 fait partie du patrimoine local. On prend place, au choix, sous la charpente de l'étage, très rustique ; dans la salle du bas, plus moderne ; ou aux beaux jours sur la terrasse en bord de rivière. La cuisine ? Celle d'un chef aussi jovial que généreux. Tout est dit.

Formule 13 € – Menu 15 € (déj. en semaine), 39/49 € – Carte 34/51 €

1 pl. Raymond Forni – ✆ 03 84 56 32 61 – www.hostellerie-des-remparts.fr – Fermé 1 semaine en fév., 3 semaines en août et lundi

DELME

✉ 57590 (Moselle) – 1 052 hab. – Alt. 220 m – Carte régionale n° **27**-C2

▶ Paris 364 km – Château-Salins 12 km – Metz 33 km – Nancy 36 km

Carte Michelin 307-J5

A la XIIe Borne

CUISINE TRADITIONNELLE • FAMILIAL XX Dans une ambiance familiale, on se retrouve autour d'une cuisine du terroir soignée et généreuse : effiloché de cabillaud lié aux herbes et présenté en raviole de concombre, pavé de truite rose assaisonné de sésame et citron au sel... Les cuissons sont justes et la fraîcheur est au rendez-vous.

Formule 13 € – Menu 25/56 € – Carte 48/68 €

6 pl. de la République – ✆ 03 87 01 30 18 – www.12eme-borne.com – Fermé 2 semaines en juil., 2 semaines début janv., dim. soir, mardi soir et lundi

A la XIIe Borne

AUBERGE • FONCTIONNEL Une auberge accueillante, tenue par la même famille depuis 1954 ! Les chambres, fonctionnelles et bien tenues, sont très appréciées par la clientèle d'affaires en semaine. À noter, quelques chambres familiales plus spacieuses.

15 chambres – †68 € ††68 € – ☕ 8,50 € – ½ P

6 pl. de la République – ✆ 03 87 01 30 18 – www.12eme-borne.com – Fermé 2 semaines en juil. et 2 semaines début janv.

A la XIIe Borne – voir les restaurants ci-dessus

DERCHIGNY

✉ 76370 (Seine-Maritime) – 561 hab. – Alt. 100 m – Carte régionale n° **33**-D1

▶ Paris 206 km – Barentin 64 km – Dieppe 10 km – Rouen 74 km

Carte Michelin 304-H2

Manoir de Graincourt

FAMILIAL · HISTORIQUE Pour l'anecdote, Renoir séjourna dans cet ancien couvent typiquement normand (19ᵉ s.). Les chambres, thématiques (meubles de famille ou chinés, beaux tissus, etc.), donnent sur un joli jardin clos ; la table d'hôte permet de savourer des plats traditionnels dans la belle cuisine rustique, mais pensez à réserver !

5 chambres ⌷ – †92/130 € ††100/138 €

10 pl. Ludovic-Panel – ℰ 02 35 84 12 88 – www.manoir-de-graincourt.fr

DEUIL-LA-BARRE – 95 (Val-d'Oise) → voir Autour de Paris

LES DEUX-ALPES (Alpes de Mont-de-Lans et de Vénosc)
✉ 38860 (Isère) – Carte régionale n° **45**-C2
▶ Paris 640 km – Le Bourg-d'Oisans 26 km – Grenoble 78 km
Carte Michelin 333-J7 – Guide Vert Michelin Alpes du Nord

✿ Le P'tit Polyte **N**

CUISINE MODERNE · RUSTIQUE XX Le P'tit Polyte a tout d'un grand ! Cette ancienne ferme d'alpage convertie en noble chalet réserve une expérience gastronomique de haute volée. Homard, mangue et yuzu ; pigeon de Pornic ; chocolat au lait et caramel... Les cuissons sont justes, les saveurs maîtrisées. Belle carte des vins et terrasse d'été.
→ Huître, sorbet pomme-wasabi et yuzu. Bœuf Wagyu, moelle, ail noir et truffe. Chocolat praliné, feuilletine cacahouète.

Menu 56/96 € – Carte 75/80 €

Plan : -n – *Hôtel Chalet Mounier, 2 r. de la Chapelle – ℰ 04 76 80 56 90 – www.chalet-mounier.com – Ouvert 25 juin-27 août et 17 déc.-28 avril et fermé dim., lundi et le midi*

✿ Brasserie l'Entracte **N**

FRANÇAISE MODERNE · COSY X Dans ce restaurant résolument alpin, fait de bois brut et de pierre, Benoît Lorlut compose une cuisine à son image : fine et légère, techniquement très au point, avec notamment un superbe travail sur les légumes. De l'entrée au dessert, on va de réjouissance en réjouissance... Un Entracte qui fait le plus grand bien !

Formule 16 € – Menu 28/38 € – Carte 33/67 €

Plan : -d – *19 r. des Vikings – ℰ 09 53 56 30 83 – www.brasserie-lentracte.fr – Fermé mai, sept.-oct. et merc. midi*

⃝ Le Diable au Cœur

CUISINE TRADITIONNELLE · CONVIVIAL X Direction les cimes ! Empruntez le télésiège pour aller déjeuner dans ce diable de restaurant, perché à 2 400 m d'altitude... Dans le cadre agréable d'un chalet en bois clair, face à la Muzelle, la cuisine ne souffre pas du vertige : gourmande et soignée, elle mêle avec brio tradition et spécialités régionales. Du cœur !

Formule 26 € – Menu 32 € (déj.) – Carte 27/51 €

7 r. des Gorges, au sommet du télésiège du Diable – ℰ 04 76 79 99 50 (réservation conseillée) – www.lediableaucoeur.com – Ouvert 20 juin-1ᵉʳ sept., 5 déc.- 30 avril et fermé le soir

⃝ Le Raisin d'Ours

CUISINE MODERNE · RUSTIQUE X Le Raisin d'Ours ? Un arbuste du sud des Alpes et un écho à la vigne : double clin d'œil aux origines des jeunes propriétaires. Lui, en cuisine, est natif de la station ; elle, enfant du Beaujolais, est sommelière. Le résultat : une cuisine fine et travaillée, et une sélection de vins qui ne doit rien au hasard !

Formule 20 € ♟ – Menu 26/40 € – Carte 30/56 €

Plan : -a – *98 av. de la Muzelle – ℰ 04 76 79 29 56 – www.leraisindours.fr – Fermé mai, sept. et oct.*

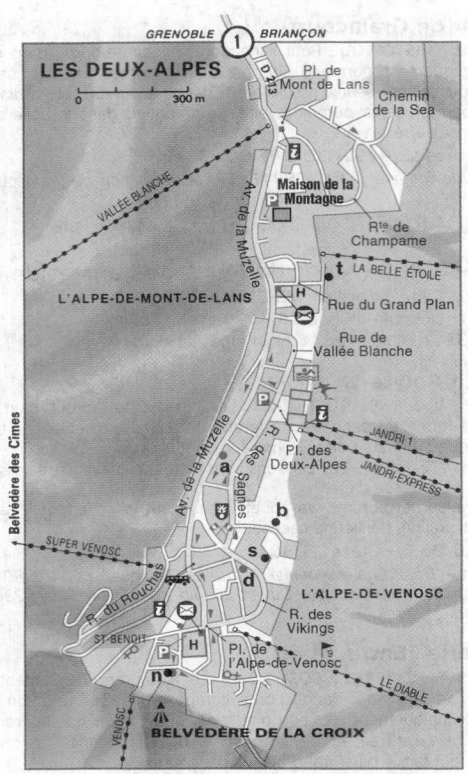

Chalet Mounier

TRADITIONNEL · ÉLÉGANT Tout en haut des Deux-Alpes, sur le site d'une ferme d'alpage, l'aîné des hôtels de la station, né dans les années 1930 : les lieux ont la tradition de l'accueil chevillée au corps – des chevilles en bois, évidemment ! Tout pour un beau séjour à la montagne : grand confort, piscines, sauna, fitness...

37 chambres – †161/350 € ††230/500 € – 6 suites – ☑ 18 € – ½ P

Plan : -n – *2 r. de la Chapelle*
– *℘ 04 76 80 56 90 – www.chalet-mounier.com*
– *Ouvert 25 juin-27 août et 17 déc.-28 avril*

❀ **Le P'tit Polyte** – voir les restaurants ci-dessus

Côte Brune

TRADITIONNEL · ALPIN La famille Bel a mis – et met encore – beaucoup de soin dans la rénovation et l'entretien de cet hôtel situé aux pied des pistes. L'ensemble est chaleureux et accueillant, synthèse idéale entre rustique montagnard et confort moderne. Hammam, sauna et jacuzzi.

18 chambres ☑ – †74/128 € ††114/204 € – ½ P

Plan : -b – *6 r. Côtes-Brunes*
– *℘ 04 76 80 54 89 – www.hotel-cotebrune.fr*
– *Ouvert 13 juin-29 août, 4 déc.-30 avril*

Souleil'Or

FAMILIAL · ALPIN Skieurs en hiver, randonneurs en été : au pied des pistes, ce grand chalet vit montagne ! La plupart des chambres ouvrent sur un balcon, pour un bol d'air maximal... Une de ces adresses où lambrissé et simplicité riment avec douillet.

42 chambres ⌑ – †95/189 € ††120/254 € – ½ P

Plan : -t – *10 r. Grand-Plan – ☏ 04 76 79 24 69 – www.le.souleil-or.fr – Ouvert 20 juin-31 août, 24 oct.-1er nov. et 5 déc.-23 avril*

Les Mélèzes

FAMILIAL · ALPIN L'expression "au pied des pistes" n'est pas galvaudée : on pourrait littéralement entrer dans l'hôtel les skis aux pieds ! Après avoir traversé un grand salon cosy, on découvre, à l'étage, des chambres où règnent le bois et un agréable esprit contemporain.

34 chambres ⌑ – †97/158 € ††150/272 € – ½ P

Plan : -s – *17 r. des Vikings – ☏ 04 76 80 50 50 – www.hotelmelezes.com – Ouvert 17 déc.-26 avril*

DIE

✉ 26150 (Drôme) – 4 392 hab. – Alt. 415 m – Carte régionale n° **44**-B3
▶ Paris 623 km – Gap 92 km – Grenoble 110 km – Montélimar 73 km
Carte Michelin 332-F5 – Guide Vert Michelin Alpes du Sud

L'Escale de Die

AUBERGE · SIMPLE Il règne une ambiance familiale dans cette maison à la façade fleurie. Chambres parfaitement tenues et confortables. Préférez celles donnant sur le massif du Vercors. Au restaurant, on sert une cuisine traditionnelle. Une escale bien agréable.

9 chambres – †70/83 € ††70/83 € – ⌑ 9 € – ½ P

av. de la Clairette – ☏ 04 75 22 00 95 – www.lescale-de-die.fr – Fermé vacances de fév. et de la Toussaint

DIEBOLSHEIM

✉ 67230 (Bas-Rhin) – 660 hab. – Alt. 163 m – Carte régionale n° **1**-B2
▶ Paris 529 km – Colmar 55 km – Freiburg im Breisgau 59 km – Strasbourg 44 km
Carte Michelin 315-J7

 Ambiance Jardin

FAMILIAL · PERSONNALISÉ De cette grange, les propriétaires ont fait une charmante maison d'hôtes, qui foisonne d'antiquités. Chambres aux tons pastel, spacieuses et cosy. Beau jardin.

4 chambres ⌑ – †78/88 € ††88/98 €

12 r. de L'Abbé-Wendling – ☏ 03 88 74 84 85 – www.ambiance-jardin.com

DIEFFENTHAL

✉ 67650 (Bas-Rhin) – 252 hab. – Alt. 185 m – Carte régionale n° **2**-C1
▶ Paris 441 km – Lunéville 100 km – St-Dié 45 km – Sélestat 7 km
Carte Michelin 315-I7

Le Verger des Châteaux

AUBERGE · FONCTIONNEL Cette imposante bâtisse borde le fameux vignoble alsacien. On y trouve des chambres spacieuses, équipées de mobilier en bois blond, et quelques mansardes familiales au dernier étage. Belle surprise : la salle à manger rustique, ouverte sur la campagne.

32 chambres – †68/135 € ††68/135 € – ⌑ 10 € – ½ P

2 rte Romaine – ☏ 03 88 92 49 13 – www.verger-des-chateaux.fr

DIEFMATTEN

✉ 68780 (Haut-Rhin) – 288 hab. – Alt. 300 m – Carte régionale n° **1**-A3
▶ Paris 450 km – Belfort 25 km – Colmar 48 km – Mulhouse 21 km
Carte Michelin 315-G10

Auberge du Cheval Blanc 🕸 ⇦ 🛏 🏠 🎂 🅿

CUISINE MODERNE · AUBERGE XxX La déclinaison de foie gras ? L'un des grands classiques de cette élégante maison alsacienne, où la cuisine gastronomique épouse les saisons - notamment autour de menus à thème (truffe, bouillabaisse, etc.) et de vins bien choisis. Pour l'étape, d'agréables chambres fonctionnelles.

Formule 17 € – Menu 23 € (déj. en semaine), 28/72 € – Carte 44/76 €

5 chambres – †65/85 € ††75/95 € – ⌑ 12 €

17 r. Hecken – ℰ 03 89 26 91 08 – www.auchevalblanc.fr – Fermé 18 juil.-2 août, 2-10 janv., lundi et mardi sauf fériés le midi

DIEPPE

✉ 76200 (Seine-Maritime) – 30 632 hab. – Alt. 6 m – Carte régionale n° **33**-D1

▶ Paris 197 km – Abbeville 68 km – Caen 176 km – Le Havre 111 km

Carte Michelin 304-G2 – Guide Vert Michelin Normandie Vallée de la Seine

⁂ Les Voiles d'Or (Tristan Arhan) ⇦ 🐾 🛏

CUISINE MODERNE · DESIGN XX À la barre de cette table perchée sur la falaise du Pollet, un chef amoureux fou des beaux produits de la mer. Salade de raie généreuse et succulente, aiguillette de bar à la cuisson parfaite : les préparations sont raffinées, et l'équilibre des saveurs est au rendez-vous. À noter : quelques chambres originales dans un pavillon importé de Bali !

→ Médaillons de lotte infusés aux herbes fraîches, courgette glacée et crémeux de poivron doux. Turbot rôti, fine ratatouille et sucs de tomate à la coriandre. Poire confite à la cannelle, farcie et voilée au caramel.

Menu 38 € �%ple (déj. en semaine)/55 € – Carte 71/78 €

3 chambres ⌑ – †130 € ††150 €

Plan : BY-c – *2 chemin de la Falaise, par rte du Tréport puis direction chapelle N.-D.-de-Bon-Secours – ℰ 02 35 84 16 84 (réservation conseillée) – www.lesvoilesdor.fr – Fermé 18 déc.-18 janv., dim. soir, lundi et mardi*

🐾 Bistrot du Pollet

POISSONS ET FRUITS DE MER · BISTRO X Qu'on se le dise : dans ce bistrot, c'est la mer qui décide, et les plats dépendent directement des arrivages de la pêche locale. Encornets, foie gras du pêcheur, sole du bistrot, noix de Saint-Jacques aux lentilles : la qualité et la fraîcheur sont au rendez-vous, et quelle générosité dans les préparations !

Formule 23 € – Menu 30 € – Carte 28/46 €

Plan : BY-e – *23 r. Tête-de-Bœuf – ℰ 02 35 84 68 57 (réservation conseillée) – www.bistrotdupollet.fr – Fermé 1 semaine en avril, 1er-15 septembre, 1er-15 janv., dim. et lundi*

Le Coup de Torchon

CUISINE MODERNE · BISTRO XX Un Coup de Torchon salutaire ! Dans une petite ruelle en retrait du port, derrière une façade rose, la cuisine de ce bistrot chic met en valeur d'excellents produits, certains dieppois. Les ardoises murales vous font d'alléchantes propositions... À quoi bon résister ?

Menu 22 € (déj. en semaine), 27/45 € – Carte 46/53 €

Plan : BY-d – *4 r. Vauquelin – ℰ 02 35 85 94 84 – Fermé dim. soir, lundi soir, mardi soir et merc.*

Comptoir à Huîtres

POISSONS ET FRUITS DE MER · RÉTRO X Loin de l'agitation du front de mer, le long des quais, ce comptoir est la nouvelle coqueluche des Dieppois. Après que l'on vous a présenté la pêche du jour, sans chichi, vient l'heure du choix. Quel poisson ? Entier, coupé ? À la plancha ? À moins que vous ne préfériez la carte des huîtres... Que de fraîcheur !

Carte 40/50 €

Plan : BZ-a – *12 cours de Dakar, (quai de Norvège) – ℰ 02 35 84 19 37 – Fermé vacances de fév., 3 semaines en août, dim. et lundi*

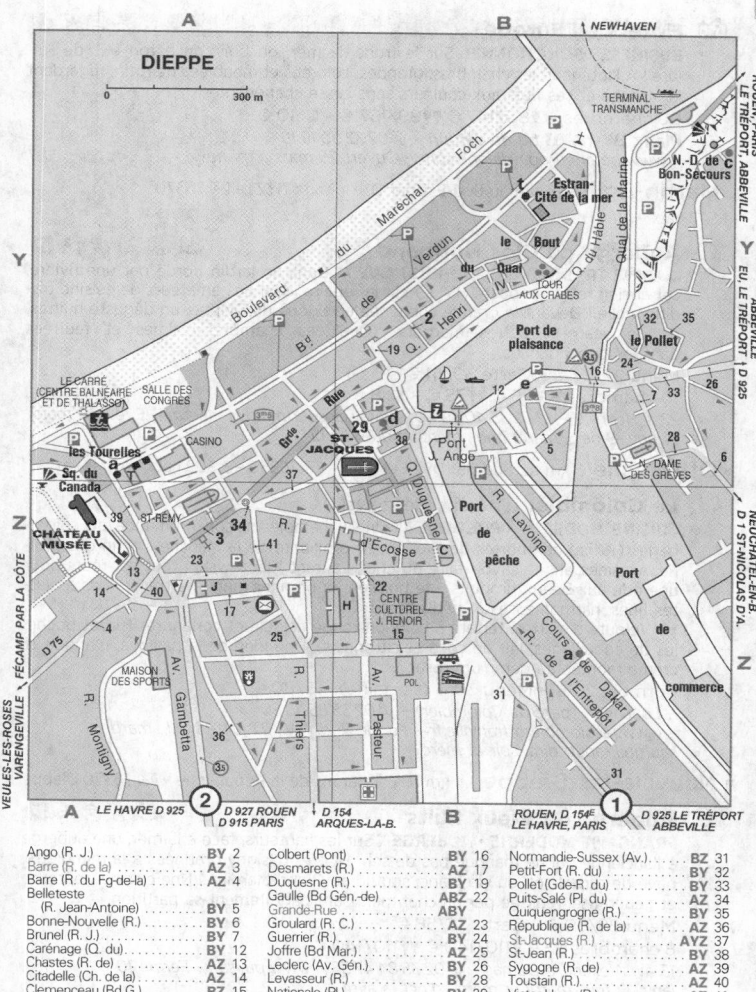

DIEPPE

Ango (R. J.) . . . . **BY** 2
Barre (R. de la) . . . . **AZ** 3
Barre (R. du Fg-de-la) . . . . **AZ** 4
Belleteste
(R. Jean-Antoine) . . . . **BY** 5
Bonne-Nouvelle (R.) . . . . **BY** 6
Brunel (R. J.) . . . . **BY** 7
Carénage (Q. du) . . . . **BY** 12
Chastes (R. de) . . . . **AZ** 13
Citadelle (Ch. de la) . . . . **AZ** 14
Clemenceau (Bd G.) . . . . **BZ** 15

Colbert (Pont) . . . . **BY** 16
Desmarets (R.) . . . . **AZ** 17
Duquesne (R.) . . . . **BY** 19
Gaulle (Bd Gén.-de) . . . . **ABZ** 22
Grande-Rue . . . . **ABY**
Groulard (R. C.) . . . . **AZ** 23
Guerrier (R.) . . . . **BY** 24
Joffre (Bd Mar.) . . . . **AZ** 25
Leclerc (Av. Gén.) . . . . **BY** 26
Levasseur (R.) . . . . **BY** 28
Nationale (Pl.) . . . . **BY** 29

Normandie-Sussex (Av.) . . . . . . **BZ** 31
Petit-Fort (R. du) . . . . **BY** 32
Pollet (Gde-R. du) . . . . **BY** 33
Puits-Salé (Pl. du) . . . . **AZ** 34
Quiquengrogne (R.) . . . . **BY** 35
République (R. de la) . . . . **AZ** 36
St-Jacques (R.) . . . . **AYZ** 37
St-Jean (R.) . . . . **BY** 38
Sygogne (R. de) . . . . **AZ** 39
Toustain (R.) . . . . **AZ** 40
Victor-Hugo (R.) . . . . **AZ** 41

🏨 Mercure la Présidence

HÔTEL DE CHAÎNE · PERSONNALISÉ Près du casino et du centre de thalasso, ne vous laissez pas intimider par la façade un peu ingrate de cet hôtel : les chambres sont décorées avec goût (parquet, mobilier design et tons chatoyants) et la moitié ont vue sur les flots... Une ambiance marine qui se confirme au restaurant de l'établissement.

85 chambres – †95/150 € ††95/175 € – ☕17 €

Plan : AY-a – 1 bd de Verdun
– ✆ 02 35 84 31 31
– www.hotel-la-presidence.com

🏨 **Hôtel de l'Europe**   ⟨ ⊡ ⅙ 🍴

BUSINESS · FONCTIONNEL Sur le front de mer, du bois, du béton et... de l'allure ! À l'intérieur, les chambres, grandes, colorées et meublées de rotin, regardent la Manche et ses flots aux couleurs sans cesse changeantes.
60 chambres – †80/147 € ††99/167 € – ⌤ 10 €
Plan : BY-t – 63 bd de Verdun – ℰ 02 32 90 19 19
– www.hotel-europe-dieppe.com – Ouvert 25 mars à mi-nov.

à Martin-Église 6 km au Sud-Est par D1 - (Plan : BYZ) – ✉ 76370
– 1 527 hab. – Alt. 11 m

🍴 **Auberge du Clos Normand**   ⟸ ⊗ 🚪 🏠 🍴 **P**

CUISINE TRADITIONNELLE · RUSTIQUE ✕✕ Dans un jardin bordé par une rivière, cet ancien relais de poste (15ᵉ s.) est le repaire idéal des amateurs de cuisine traditionnelle ! Devant la grande cheminée en brique de Dieppe, on déguste huîtres, ris de veau et autres magrets... Quelques chambres calmes et feutrées dans les dépendances.
Menu 27/37 € – Carte 39/51 €
10 chambres – †75 € ††75 € – ⌤ 8 €
22 r. Henri-IV – ℰ 02 35 40 40 40 – www.closnormand.fr – Fermé 15 fév.-10 mars, 14 nov.-8 déc., mardi midi, merc. midi et lundi

à Offranville 6 km au Sud par D927 et D54 – ✉ 76550 – 3 309 hab. – Alt. 80 m

✿✿ **Le Colombier** (Laurent Kleczewski)

CUISINE MODERNE · RUSTIQUE ✕✕ Une vénérable maison normande en colombages (16ᵉ s.) aux portes de Dieppe. La proximité de la Manche, l'écrin des prairies voisines et... le savoir-faire du chef, Laurent Kleczewski : tout est réuni pour une ode aux beaux produits – le poisson au premier rang –, à travers des assiettes fines, harmonieuses et pétillantes !
→ Velouté d'huîtres, tartare à l'oignon rouge acidulé et coriandre. Turbot poché, jus de coquillages, lait de coco et citronnelle. Une idée de la pavlova, mangue et crème montée au géranium rosat.
Formule 24 € – Menu 30 € (semaine), 45/80 €
r. Loucheur, (parc du Colombier) – ℰ 02 35 85 48 50
– www.lecolombieroffranville.fr – Fermé 8-25 fév., 27 juin-13 juil., mardi sauf juil.-août, dim. soir et merc.

à Neuville-lès-Dieppe 1,4 km à l'Est par av. de la République – ✉ 76370 Dieppe

🍴 **Auberge du Vieux Puits**   ⟸ ⊗ 🏠 ⅙ **P**

FRANÇAISE MODERNE · AUBERGE ✕ Sur les hauteurs, face à la mer, une auberge à l'ancienne qui ne manque pas de sel ! Huîtres d'Isigny gratinées à la mimolette, pavé de turbot rôti au vin blanc, soufflé au Grand Marnier... Une cuisine goûteuse et généreuse, réalisée par un chef maîtrisant parfaitement sa partition.
Menu 28/50 € – Carte 37/58 €
8 chambres ⌤ – †110/140 € ††110/140 €
15 av. Alexandre-Dumas – ℰ 02 35 84 47 35 – www.puys.fr – Fermé 10 janv.-12 fév., mardi et merc. d'oct. à avril

DIEULEFIT

✉ 26220 (Drôme) – 3 030 hab. – Alt. 366 m – Carte régionale n° **44**-B3
▶ Paris 614 km – Crest 30 km – Montélimar 29 km – Nyons 30 km
Carte Michelin 332-D6 – Guide Vert Michelin Ardèche Drôme

au Poët-Laval 5 km à l'Ouest par D540 – ✉ 26160 – 933 hab. – Alt. 311 m

🏨 **Les Hospitaliers**   ⟡ ⊗ ⟨ 🚪 ⴵ ⅙ 🍴

AUBERGE · RUSTIQUE Référence aux Hospitaliers qui, au 12ᵉ s., s'installèrent dans le village. L'établissement, composé d'un bel ensemble de maisons en pierre sèche, abrite des chambres de caractère. Cuisine de saison au restaurant.
23 chambres – †76/160 € ††76/160 € – ⌤ 13 € – ½ P
– ℰ 04 75 46 22 32 – www.hotel-les-hospitaliers.com – Ouvert 2 mars- 15 nov.

au Nord 9 km par D538, D110 et D245 - ✉ 26460 Truinas

🏠 La Bergerie de Féline

MAISON DE CAMPAGNE · COSY Vue sur le Vercors, belle piscine, hamac au fond du jardin... Dans cette bergerie du 18ᵉ s., la vie est bien douce ! Les chambres allient chaleur du bois brut et mobilier design. Autour de la table d'hôte, on savoure une bonne cuisine familiale.

5 chambres ⌑ – †130/150 € ††150/210 €
Les Charles – 𝒫 *04 75 49 12 78 – www.labergeriedefeline.com*

DIGNE-LES-BAINS

✉ 04000 (Alpes-de-Haute-Provence) – 16 844 hab. – Alt. 608 m – Carte régionale n° **41**-C2
▶ Paris 744 km – Aix-en-Provence 109 km – Avignon 167 km – Cannes 135 km
Carte Michelin 334-F8 – Guide Vert Michelin Alpes du Sud

🍽️ Le Grand Paris

CUISINE CLASSIQUE · ÉLÉGANT XXX Une maison pleine de cachet, avec un petit côté "à l'ancienne" tout à fait plaisant. La chef revisite les recettes classiques de son père (jadis aux fourneaux) ; ses plats sont savoureux. Ici, la tradition se perpétue d'une bien jolie façon.

Formule 28 € – Menu 38/75 € – Carte 66/88 €
19 bd Thiers – 𝒫 *04 92 31 11 15 – www.hotel-grand-paris.com – Ouvert 1ᵉʳ avril-30 nov. et fermé lundi midi, mardi midi, merc. midi et jeudi midi hors saison*

🏨 Le Grand Paris

FAMILIAL · RÉTRO Charme et authenticité pour ce couvent du 17ᵉ s. aux chambres délicieusement vieille France... Ici, on cultive le sens de l'accueil et la belle tradition hôtelière.

16 chambres – †85/135 € ††95/185 € – 4 suites – ⌑ 17 €
19 bd Thiers – 𝒫 *04 92 31 11 15 – www.hotel-grand-paris.com – Ouvert 1ᵉʳ avril-30 nov.*

🍽️ **Le Grand Paris** – voir les restaurants ci-dessus

rte de Nice 2 km par N85 – ✉ 04000 Digne-les-Bains :

🏨 Villa Gaïa

FAMILIAL · PERSONNALISÉ Cette accueillante maison de maître du début du 18ᵉ s., ancienne clinique ophtalmique dans les années 1950, a conservé son charme d'autrefois : un grand parc, une bibliothèque et des chambres de style rétro (sans TV !). Un menu régional est même proposé pour les gourmands !

10 chambres – †79/130 € ††92/140 € – ⌑ 13 € – ½ P
24 rte de Nice – 𝒫 *04 92 31 21 60 – www.hotel-villagaia-digne.com – Ouvert 15 avril-25 oct.*

DIGOIN

✉ 71160 (Saône-et-Loire) – 8 119 hab. – Alt. 232 m – Carte régionale n° **7**-B3
▶ Paris 337 km – Autun 69 km – Charolles 26 km – Moulins 57 km
Carte Michelin 320-D11 – Guide Vert Michelin Bourgogne

à Vigny-les-Paray 9 km au Nord-Est par D994 et D52 – ✉ 71160

🍽️ Auberge de Vigny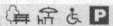

CUISINE MODERNE · RUSTIQUE X Dans cette ancienne salle de classe décorée avec soin, on sert désormais une cuisine qui joue habilement de la tradition et du passage des saisons. La carte est changée régulièrement ; la jolie terrasse donne sur le jardin et le potager... pour une douce étape champêtre.

Formule 20 € – Menu 26/42 € – Carte 39/53 €
– 𝒫 *03 85 81 10 13 – www.aubergedevigny.fr – Fermé 9-30 oct., 2-20 janv., dim. soir de nov. à mars, lundi et mardi*

© J.-D. Sudres/hemis.fr

ON AIME...

La Maison des Cariatides : une maison historique proposant une cuisine... actuelle ! **William Frachot**, dont le remarquable sommelier met bien en valeur sa superbe carte des vins. **Loiseau des Ducs**, pour son œnothèque permettant de déguster de nombreux grands vins au verre...

DIJON

✉ 21000 (Côte-d'Or) – 152 071 hab. – Agglo. 237 920 hab. – Alt. 245 m
– Carte régionale n° **8**-D1
▶ Paris 311 km – Auxerre 152 km – Besançon 94 km – Genève 192 km
Carte Michelin 320-K6 – Guide Vert Michelin Bourgogne

Restaurants

✿✿ **William Frachot**   🏵 🅰🄲 ✑

CRÉATIVE · DESIGN ✕✕✕ Un décor contemporain qui puise aux sources de la nature, très minéral et très végétal, orné notamment de troncs d'arbre... Un bel écrin pour la cuisine de William Frachot, éprise d'essentiel, inspirée, voyageuse et aboutie. Écorce des saveurs, saveurs corsées !
➜ Tête de veau croustillante, langoustines saisies, câprons, citron confit et crémeux aux herbes. Gigot d'agneau de lait de l'Aveyron rôti et pommes de terre fondantes. Soufflé au Grand Marnier, sorbet orange.
Menu 50 € (déj. en semaine), 85/145 €
– Carte 110/145 €
Plan : CY-a – *Hostellerie du Chapeau Rouge, 5 r. Michelet*
– ✆ *03 80 50 88 88* – www.chapeau-rouge.fr
– *Fermé 2-15 août, 1ᵉʳ-23 janv., dim. et lundi*

✿ **Stéphane Derbord**   🏵 🅰🄲 ✿

CUISINE MODERNE · ÉLÉGANT ✕✕✕ Stéphane Derbord a donné son propre nom à son restaurant, et c'est justice : sa cuisine porte en effet sa marque, très personnelle, revisitant avec une subtile créativité le répertoire bourguignon. À la tête d'une équipe efficace, son épouse assure un service sympathique et appliqué. Une bien belle table !
➜ Tomates farcies aux escargots de Bourgogne, lait d'ail et purée de persil. Filet de bœuf charolais, jus aux truffes de Bourgogne et légumes bio. Dacquoise à la poudre de pain d'épice, crème et gelée de cassis.
Menu 28 € (déj. en semaine), 53/102 €
– Carte 80/100 €
Plan : DZ-b – *10 pl. Wilson*
– ✆ *03 80 67 74 64* – www.restaurantstephanederbord.fr
– *Fermé 15-24 fév., 13-18 juil., 1ᵉʳ-16 août, 1ᵉʳ-5 janv., dim. et lundi*

DIJON

Aiguillottes (Bd des) . . . . A 2
Albert-1er (Av.) . . . . A
Allobroges (Bd des) . . . . A 3
Auxonne (R. d') . . . . B
Bachelard (Bd Gaston) . . . . A 4
Bellevue (R. de) . . . . A 5
Bertin (Av. J.B.) . . . . B 6
Bourroches (Bd des) . . . . A
Briand (Av. A.) . . . . B 8
Carnus (Av. Albert) . . . . B 12
Castel (Bd du) . . . . A 13
Champollion (Av.) . . . . B 15
Chanoine-Bardy (Imp.) . . . . B 16
Chanoine-Kir (Bd) . . . . A 17
Chateaubriand (R. de) . . . . B 19
Chevreul (R.) . . . . AB
Chèvre-Morte (Bd de) . . . . A 20
Chicago (Bd de) . . . . B
Churchill (Bd W.) . . . . A 24
Clomiers (Bd des) . . . . B 26
Concorde (Av. de la) . . . . A 28
Cracovie (R. de) . . . . B
Dijon (R. de) . . . . A
Dr-Petitjean (Bd du) . . . . B
Doumer (Bd Paul) . . . . B
Drapeau (Av. du) . . . . B
Dumont (R. Ch.) . . . . AB

Eiffel (Av. G.) . . . . A
Einstein (Av. Albert) . . . . A 36
Europe (Bd de l') . . . . B 38
Europe (Rd-Pt de l') . . . . B 40
Faubourg-St-Martin (R. du) . . . . . A
Fauconnet (R. Gén.) . . . . AB 42
Fontaine-des-Suisses (Bd) . . . . . B 44
Fontaine-lès-Dijon (R.) . . . . A 43
France-Libre (Pl. de la) . . . . AB 45
Gabriel (Bd) . . . . B 46
Gallieni (Bd Mar.) . . . . AB 48
Gaulle (Crs Gén.-de) . . . . B 50
Gorgets (Bd des) . . . . A 52
Gray (R. de) . . . . B
Jeanne-d'Arc (Bd) . . . . B 55
Jean-Jaurès (Av.) . . . . A
Joffre (Bd Mar.) . . . . B
Jouvence (R. de) . . . . A
Kennedy (Bd J.) . . . . A 56
Langres (Av. de) . . . . B
Longvic (R. de) . . . . B
Magenta (R.) . . . . B 58
Maillard (Bd) . . . . A 60
Malines (R. de) . . . . B
Mansart (Bd) . . . . B 62
Mayence (R. de) . . . . B
Mirande (R. de) . . . . B
Mont-Blanc (Av. du) . . . . B 65
Moulins (R. des) . . . . A
Moulin (R. Jean) . . . . B 63

Nation (Rd-Pt de la) . . . . B 66
Orfèvres (R. des) . . . . A 68
Ouest (Bd de l') . . . . B 69
Parc (Cours du) . . . . B 70
Pascal (Bd) . . . . B
Poincaré (Av. R.) . . . . B 71
Pompidou (Rd-Pt Georges) . . . . . B 72
Pompidou (Voie Georges) . . . . . . B
Pompon (Bd F.) . . . . B 73
Prat (Av. du Colonel) . . . . B 75
Rembrandt (Bd) . . . . B 78
Rolin (Q. Nicolas) . . . . A 79
Roosevelt (Av. F. D.) . . . . B 80
Saint-Exupéry (Pl.) . . . . B 85
Salengro (Pl. R.) . . . . B
Schuman (Bd Robert) . . . . B 88
Stalingrad (R. de) . . . . B
Stearinerie (R. de la) . . . . A
Strasbourg (Bd de) . . . . B 90
Sully (R.) . . . . B
Talant (R. de) . . . . A
Trimolet (Bd) . . . . B 91
Troyes (Bd de) . . . . A
Université (Bd de l') . . . . B
Valendons (Bd des) . . . . A
Valendons (R. des) . . . . A
Victor-Hugo (Av.) . . . . A
1er-Consul (Av. du) . . . . A
8-Mai-1945 (Rd-Pt du) . . . . B 96
26e-Dragons (R. du) . . . . B 98

DIJON

Adler (Pl. E.) . . . . **EZ**
Albert-1er (Av.) . . . . **CY**
Arquebuse (R. de l') . . . . **CY**
Audra (R.) . . . . **CY**
Auxonne (R. d') . . . . **DZ**
Barabant (Pl. Henri) . . . . **DZ**
Baudin (R. J.-B.) . . . . **EYZ**
Berbisey (R.) . . . . **CYZ**
Berlier (R.) . . . . **DEY**
Bordot (R.) . . . . **DZ**
Bossuet (R. et Pl.) . . . . **CDY**
Bouhey (Pl. J.) . . . . **EX**
Bourg (R. du) . . . . **DY**
Briand (Av. A.) . . . . **EX** 8
Brosses (Bd de) . . . . **CY** 9
Buffon (R.) . . . . **DY**
Cabet (R. P.) . . . . **EY**
Carnot (Bd) . . . . **DEY**
Castell (Bd du) . . . . **CZ**
Cellerier (R. J.) . . . . **CX**
Chabot-Charny (R.) . . . . **DYZ**
Champagne (Bd de) . . . . **EX** 14
Charrue (R.) . . . . **DY** 18
Chouette (R. de la) . . . . **DY** 21
Clemenceau (Bd G.) . . . . **EX**
Colmar (R. de) . . . . **EX**
Comte (R. A.) . . . . **DY** 27
Condorcet (R.) . . . . **CY**
Cordeliers (Pl. des) . . . . **DY**
Courtépée (R.) . . . . **DX**
Darcy (Pl.) . . . . **CY**
Daubenton (R.) . . . . **CZ**
Davout (R.) . . . . **EY**
Devosge (R.) . . . . **CDXY**
Diderot (R.) . . . . **EZ**
Dr-Chaussier (R.) . . . . **CY** 32
Dubois (Pl. A.) . . . . **CY** 33
Dumont (R. Ch.) . . . . **DZ**
École-de-Droit (R.) . . . . **DY** 35
Égalité (R. de l') . . . . **CX**
Févret (R.) . . . . **DZ**
Foch (Av. Mar.) . . . . **CY** 43
Fontaine-lès-Dijon (R.) . . . . **CX**
Forges (R. des) . . . . **DY**
Fremiet (R. A.) . . . . **DX**
Gagnereaux (R.) . . . . **DX**
Garibaldi (Av.) . . . . **DX**
Gaulle (Crs Général-de) . . . . **DZ**
Godrans (R. des) . . . . **DY** 51
Grangier (Pl.) . . . . **DY** 54
Gray (R. de) . . . . **EY**
Guillaume-Tell (R.) . . . . **CZ**
Hôpital (R. de l') . . . . **CZ**
Ile (R. de l') . . . . **CZ**
Jeannin (R.) . . . . **DEY**
Jean-Jaurès (Av.) . . . . **CZ**
Jouvence (R. de) . . . . **DX**
J.-J.-Rousseau (R.) . . . . **DY**
Ledru-Rollin (R.) . . . . **EXY**
Libération (Pl. de la) . . . . **DY** 57
Liberté (R. de la) . . . . **CY**
Longvic (R. de) . . . . **DEZ**
Magenta (R.) . . . . **EZ** 58
Manutention (R. de la) . . . . **CZ**
Marceau (R.) . . . . **DX**
Mariotte (R.) . . . . **CY**
Marne (Bd de la) . . . . **EX**
Metz (R. de) . . . . **EY**
Michelet (R.) . . . . **CY** 64
Mirande (R. de) . . . . **EY**
Monge (R.) . . . . **CY**
Montchapet (R. de) . . . . **CX**
Mulhouse (R. de) . . . . **EXY**
Musette (R.) . . . . **EX**
Parmentier (R.) . . . . **EX**
Pasteur (R.) . . . . **DYZ**
Perrières (R. des) . . . . **CY**
Perspective (Pl. de la) . . . . **CZ**
Petit-Citeaux (R. du) . . . . **CZ**
Petit-Potet (R. du) . . . . **DY** 71
Piron (R.) . . . . **DY**
Préfecture (R. de la) . . . . **DY**
Prés.-Wilson (Pl.) . . . . **DZ**
Prévert (Pl. J.) . . . . **CZ**
Raines (R. du Fg) . . . . **CYZ**
Rameau (R.) . . . . **DY** 77
République (Pl. de la) . . . . **DX**
Rolin (Quai N.) . . . . **CZ**
Roses (R. des) . . . . **CX**

Roussin (R. Amiral) . . . . **DY**
Rude (Pl. F.) . . . . **DY**
Rude (R. F.) . . . . **DY** 81
Ste-Anne (R.) . . . . **DYZ**
St-Bénigne (Pl.) . . . . **CY** 82
St-Bernard (Pl.) . . . . **DY** 83

St-Michel (Pl.) . . . . **DY** 86
Sambin (R.) . . . . **DX**
Sévigné (Bd de) . . . . **CY**
Suquet (Pl.) . . . . **CZ**
Tanneries (Rd-Pt des) . . . . **CZ**
Théâtre (Pl. du) . . . . **DY**

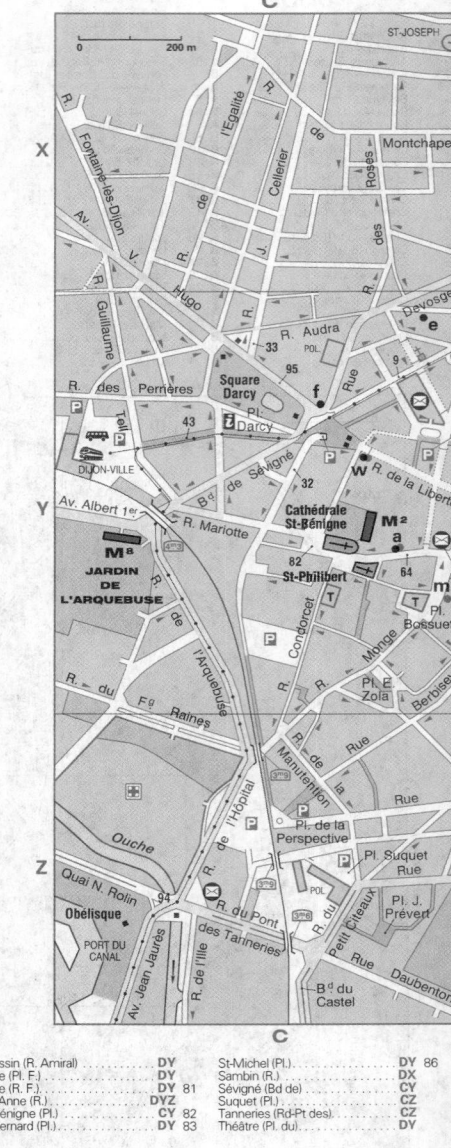

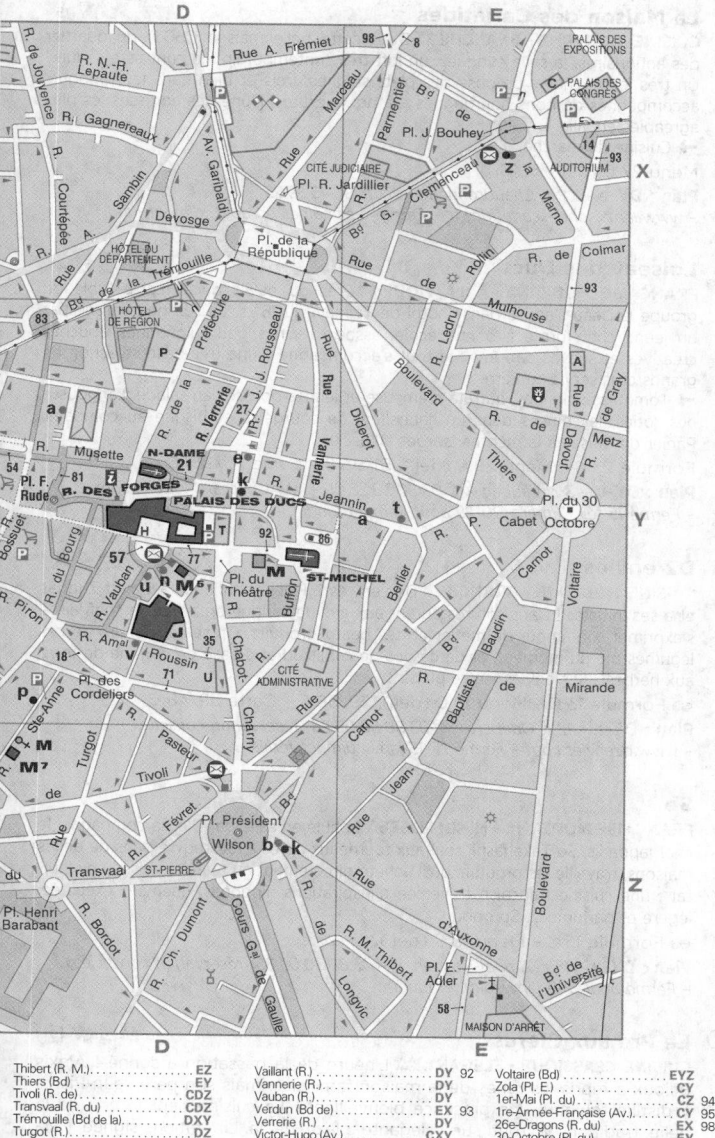

Thibert (R. M.)	**EZ**	
Thiers (Bd)	**EY**	
Tivoli (R. de)	**CDZ**	
Transvaal (R. du)	**CDZ**	
Trémouille (Bd de la)	**DXY**	
Turgot (R.)	**DZ**	
Vaillant (R.)	**DY**	92
Vannerie (R.)	**DY**	
Vauban (R.)	**DY**	
Verdun (Bd de)	**EX**	93
Verrerie (R.)	**DY**	
Victor-Hugo (Av.)	**CXY**	
Voltaire (Bd)	**EYZ**	
Zola (Pl. E.)	**CY**	
1er-Mai (Pl. du)	**CZ**	94
1re-Armée-Française (Av.)	**CY**	95
26e-Dragons (R. du)	**EX**	98
30-Octobre (Pl. du)	**EY**	

❀ La Maison des Cariatides

CUISINE MODERNE · BRANCHÉ XX Dans cette belle maison (1603) du quartier des antiquaires, la salle évoque... un loft très contemporain : le contraste séduit ! Un très jeune chef y propose des plats soignés, frais et bien dans leur époque, accompagnés de bons bourgognes – à prix mesurés. L'une des adresses les plus agréables en ville.

→ Cuisine du marché.

Menu 27 € (déj.)/58 €

Plan : DY-e – 28 r. Chaudronnerie – ✆ 03 80 45 59 25
– www.lamaisondescariatides.fr – Fermé 2 semaines en août, dim. et lundi

❀ Loiseau des Ducs

FRANÇAISE MODERNE · À LA MODE XX Près du palais ducal, cette table du groupe Loiseau s'abrite dans l'hôtel de Talmay, du 16e s. La cuisine, réalisée par un jeune chef formé à bonne école, associe racines bourguignonnes, touches créatives et suaves parfums ; le tout s'accompagne d'une très belle sélection de grands crus servis au verre !

→ Tomates anciennes, burrata crémeuse et jeunes pousses en salade. Langoustines rôties, les pinces dans un cannelloni de courgette et bisque au combava. Panier de fraises à la menthe, sorbet à l'oseille.

Formule 23 € – Menu 29 € (déj.), 51/95 € – Carte 95/125 €

Plan : DY-u – 3 r. Vauban – ✆ 03 80 30 28 09 – www.bernard-loiseau.com
– Fermé 15 fév.-7 mars, 20-29 août, dim. et lundi

❀ DZ'envies

CUISINE MODERNE · BRANCHÉ X Des envies ? Faites confiance à David Zuddas et à ses initiales ! Dans son restaurant aux airs de cantine branchée, le chef laisse s'exprimer son amour du métier et des beaux produits. On se souviendra de ces légumes bio du moment, et de ce dos de cabillaud et écrasé de pomme de terre aux herbes... Ses envies, notre plaisir !

Formule 13 € – Menu 18 € (déj.), 29/36 € – Carte 32/48 €

Plan : DY-a – 12 r. Odebert – ✆ 03 80 50 09 26 (réservation conseillée)
– www.dzenvies.com – Fermé 1er-15 janv., dim. et fériés

❀ So

FRANÇAISE MODERNE · MINIMALISTE X Épaulé en salle par Rié, sa compagne, le chef japonais, So Takahashi, seul aux fourneaux après avoir œuvré dans de belles maisons, travaille les produits qu'il achète directement au marché voisin. Le résultat : une cuisine française traversée d'inspirations nippones, finement exécutée, légère et parfumée... So good !

Formule 15 € – Menu 18 € (déj.), 23/27 €

Plan : DY-v – 15 r. Amiral-Roussin – ✆ 03 80 30 03 85 (réservation conseillée)
– Fermé août, 2-9 janv., dim. et lundi

❀ Le Pré aux Clercs

CUISINE CLASSIQUE · ÉLÉGANT XXX L'heure de la passation a sonné ! Alexis Billoux a repris les rênes de la maison familiale... mais son père Jean-Pierre y distille toujours une présence bienveillante. La cuisine tient le cap de la belle tradition, le tout sur l'élégante place de la Libération, signée Hardouin-Mansart.

Menu 32 € (déj. en semaine), 60/105 € – Carte 80/135 €

5 chambres – †130/170 € ††150/250 € – ☑ 22 €

Plan : DY-n – 13 pl. de la Libération – ✆ 03 80 38 05 05
– www.jeanpierrebilloux.com – Fermé 25-31 août, vacances de fév., dim. et lundi sauf fériés

⅋○ La Dame d'Aquitaine   AC ⇔

CUISINE MODERNE · ÉLÉGANT XXX Un lieu étonnant ! Cette crypte du 13ᵉ s. frappe l'imagination avec ses voûtes, ses jeux de lumière et, au milieu de la salle, un imposant piano à queue ; une ambiance éminemment intime et romantique... qui convient bien aux créations du chef : carpaccio de langoustines fumées, cassolette de lasagnes au foie gras, etc.

Menu 37 € – Carte 42/65 €

Plan : CY-m - 23 pl. Bossuet - ✆ 03 80 30 45 65 - www.ladamedaquitaine.fr
- Fermé le midi du 15 juil. au 30 août, lundi midi et dim.

⅋○ Porte Guillaume   AC ⇔

CUISINE TRADITIONNELLE · CLASSIQUE XX Une table de tradition chaleureuse et accueillante. Au menu, donc : œufs en meurette, coq au vin, poire pochée à la vanille... L'adresse abrite également un caveau voûté en guise de bar à vins, qui ravira les amateurs de bourgogne.

Formule 24 € – Menu 29/46 € – Carte 35/55 €

Plan : CY-w - Hôtel du Nord, pl. Darcy - ✆ 03 80 50 80 50 - www.hotel-nord.fr
- Fermé vacances de Noël

⅋○ Le Château Bourgogne   ⅋⅋ ⌂ & AC ⇔

CUISINE TRADITIONNELLE · ÉLÉGANT XX En guise d'accueil, un couloir en forme de vinothèque : bienvenue en Bourgogne ! Le design est élégant et conviendra parfaitement aux repas d'affaires. Dans l'assiette, les bonnes surprises s'enchaînent : fraîcheur des produits, variété de la carte, plateau de fromages bien affinés et imposant chariot de desserts...

Formule 30 € – Menu 40/69 € – Carte 49/87 €

Plan : EX-p - Hôtel Mercure-Centre Clemenceau, 22 bd de la Marne
- ✆ 03 80 72 31 13 - www.hotel-mercure-dijon.com

⅋○ Masami

JAPONAISE · INTIME X Un petit restaurant japonais au cadre épuré, où l'on savoure une cuisine authentique. Filet de bœuf charolais et foie gras, karaage de crabe mou... Voici les belles spécialités mises en avant par le chef ! Et pour ne rien gâcher, l'accueil est très sympathique et les tarifs mesurés.

🍴 Menu 15 € (déj.), 24/54 € – Carte 30/56 € dîner

Plan : EY-t - 79 r. Jeannin - ✆ 03 80 65 21 80 - www.restaurantmasami.com
- Fermé 2 semaines en août, 1 semaine en déc., dim. et fériés

⅋○ La Fringale   AC

POISSONS ET FRUITS DE MER · CONVIVIAL X Une véritable institution de la cuisine de la mer dans la ville. Au menu : du bon poisson frais en arrivage direct du Guilvinec, cuisiné avec savoir-faire, et des desserts maison simples et bien faits. Pour remédier à une fringale, cette adresse est tout indiquée !

🍴 Menu 18/48 € – Carte 41/112 €

Plan : EY-a - 53 r. Jeannin - ✆ 03 80 67 69 37 - Fermé 28 juil.-8 sept., dim. et lundi

⅋○ Chez Septime   ⌂ AC

CUISINE MODERNE · À LA MODE X Un cadre très tendance (avec Superman qui vole sur un mur), une cuisine du moment à base de produits frais : œufs en meurette au vin blanc et morilles, hamburger "le Septime", moelleux au chocolat... Ce restaurant contemporain attire les branchés comme les gourmets.

🍴 Formule 14 € – Menu 17 € (déj. en semaine) – Carte 35/47 €

Plan : B-n - 11 av. Junot - ✆ 03 80 66 72 98 - www.chezseptime.fr - Fermé dim. et lundi

Hôtels

🏨 Grand Hôtel de la Cloche

HÔTEL DE CHAÎNE · CLASSIQUE Il fait toujours aussi bon vivre dans cette bâtisse Belle Époque (1884), entièrement rénovée en 2015 ! Les chambres, aménagées dans un style contemporain chic, sont spacieuses et confortables ; on profite d'un bel espace bien-être et d'une carte bistronomique au restaurant...

83 chambres – ♦150/275 € ♦♦165/370 € – 5 suites – � 22 €

Plan : CY-f – *14 pl. Darcy* – *℘ 03 80 30 12 32* – *www.hotel-lacloche.com*

🏨 Hostellerie du Chapeau Rouge

TRADITIONNEL · PERSONNALISÉ Une élégante "hostellerie" créée en 1863, mais toujours pleine de fraîcheur avec ses chambres au décor soigné, certaines très contemporaines. Le must : profiter de l'espace bien-être – massage, sauna, hammam – avant un bon dîner.

28 chambres – ♦99/289 € ♦♦99/289 € – 3 suites – ⊊ 18 €

Plan : CY-a – *5 r. Michelet* – *℘ 03 80 50 88 88* – *www.chapeau-rouge.fr*

❀❀ **William Frachot** – voir les restaurants ci-dessus

🏨 Mercure-Centre Clemenceau

HÔTEL DE CHAÎNE · ACTUEL Un hôtel de grand confort, tout près de l'auditorium, des palais des congrès et des expositions. Les chambres sont spacieuses et décorées avec personnalité, dans les tons gris et noirs ; dans la cour centrale, la piscine vous tend les bras... Un ensemble chaleureux.

123 chambres – ♦99/259 € ♦♦99/259 € – ⊊ 19 €

Plan : EX-z – *22 bd de la Marne* – *℘ 03 80 72 31 13* – *www.hotel-mercure-dijon.com*

🍴 **Le Château Bourgogne** – voir les restaurants ci-dessus

🏨 Philippe Le Bon

TRADITIONNEL · CLASSIQUE Dans le centre ancien, trois superbes hôtels particuliers des 15e et 18e s., autour d'une jolie cour de style gothique... L'un des bâtiments accueille des chambres luxueuses et spacieuses. Décor typiquement bourguignon au restaurant.

41 chambres – ♦99/250 € ♦♦99/250 € – ⊊ 15 € – ½ P

Plan : DY-p – *18 r. Ste-Anne* – *℘ 03 80 30 73 52* – *www.maisonphilippelebon.com*

🏨 Wilson

TRADITIONNEL · CLASSIQUE Des pierres apparentes, des poutres, une grande cheminée où le feu crépite en hiver et des chambres sobres et plaisantes, bien insonorisées : le charme de l'ancien – logique pour un relais de poste du 17e s. – et tout le confort moderne !

27 chambres – ♦89/110 € ♦♦89/110 € – ⊊ 14 €

Plan : DZ-k – *1 r. de Longvic* – *℘ 03 80 66 82 50* – *www.wilson-hotel.com*

🏨 Hôtel du Nord

BUSINESS · CLASSIQUE Atmosphère, Atmosphère ? Cet Hôtel du Nord-là, tenu par la même famille depuis quatre générations, est idéalement situé dans le cœur piétonnier du Dijon animé et commerçant. Et les chambres ? Elles sont fonctionnelles et bien insonorisées.

27 chambres – ♦93/108 € ♦♦105/130 € – ⊊ 13 € – ½ P

Plan : CY-w – *pl. Darcy* – *℘ 03 80 50 80 50* – *www.hotel-nord.fr* – *Fermé vacances de Noël*

🍴 **Porte Guillaume** – voir les restaurants ci-dessus

🏠 Hôtel des Ducs   📺 ♿ 🍽 🛁 🚗

FAMILIAL · FONCTIONNEL Gageons que les ducs de Bourgogne, du temps de leur domination dans la région, auraient goûté le repos en cette jolie adresse. Les chambres, spacieuses, et les prix, très raisonnables, en font une étape de choix, en plein cœur de la ville.

35 chambres – ♦72/137 € ♦♦72/137 € – 🍽 12 €

Plan : DY-k – *5 r. Lamonnoye* – *℘ 03 80 67 31 31* – *www.hoteldesducs.com*

🏠 Montigny   📺 ♿ 🅰🅲 🅿

FAMILIAL · FONCTIONNEL Non loin du centre-ville, avec un parking fermé. Les chambres, d'une tenue irréprochable, sont fonctionnelles et bien insonorisées. Simple, accueillant et pratique.

37 chambres – ♦67 € ♦♦73 € – 🍽 10 €

Plan : CY-e – *8 r. de Montigny* – *℘ 03 80 30 96 86* – *www.hotelmontigny.com*
– *Fermé vacances de Noël*

à Messigny-et-Vantoux 10 km au Nord par D996, D903 puis D974 – ✉ 21380
– 1 552 hab. – Alt. 312 m

🍽 Auberge des Tilleuls   🏡 ♿ 🔄

CUISINE TRADITIONNELLE · RUSTIQUE 🗡 Au cœur du village, cette ancienne épicerie est devenue une auberge traditionnelle des plus séduisantes ! Tables au coude-à-coude, nappes Vichy, aperçu sur les cuisines où s'affaire le sympathique patron... Et dans l'assiette, la tradition : terrine maison, œufs pochés en meurette, ou encore quenelles de volaille.

Formule 18 € – Menu 22 € (déj. en semaine)/32 € – Carte 34/42 €

8 pl. de l'Église – *℘ 03 80 35 45 22* – *www.auberge-destilleuls.fr* – *Fermé 2 semaines en fév., août, mardi soir, merc. soir, jeudi soir, dim. et lundi*

à Chenôve 6 km au Sud par av. Jean-Jaurès – ✉ 21300 – 13 959 hab. – Alt. 263 m

🍽 Auberge du Clos du Roy   🏡 ♿

CUISINE TRADITIONNELLE · BISTRO 🗡 Un néobistrot sympathique, entre vieilles pierres et décoration contemporaine, cuisine canaille et plats bistrotiers revisités. Les amateurs de vins du cru aimeront la carte 100 % locale, avec une belle sélection de marsannays. Le tout à prix d'ami...

Formule 17 € – Carte 29/41 €

2 pl. Anne-Laprévote – *℘ 03 80 27 17 39* – *www.aubergeduclosduroy.com*
– *Fermé 3 semaines en août, lundi soir, mardi soir, merc. soir, jeudi soir et dim.*

à Marsannay-la-Côte 8 km au Sud par av. Jean-Jaurès – ✉ 21160
– 5 192 hab. – Alt. 275 m

🍽 Les Gourmets   🎱 🏡 ♿ 🔄

CUISINE MODERNE · ÉLÉGANT 🗡🗡🗡 En toute discrétion, cette table se cache à l'ombre du clocher de ce joli village de la côte de Nuits. Bien que tenue par un jeune chef, l'adresse joue tous les codes d'un restaurant gastronomique très classique, en particulier dans son décor. Avis aux amateurs.

Formule 20 € – Menu 31/51 €

8 r. Puits-de-Têt, (près de l'église) – *℘ 03 80 52 16 32* – *www.les-gourmets.com*
– *Fermé 23 juil.-10 août, lundi, mardi et dim. soir sauf d'avril à sept.*

à Talant 4 km – ✉ 21240 – 11 204 hab. – Alt. 354 m

🏠 La Bonbonnière   🛁 🔄 🏡 📺 ♿ 🅰🅲 🅿

FAMILIAL · COSY Dans un charmant village à quelques minutes du centre de Dijon, ce petit hôtel familial domine la ville et le lac Kir. Avec des chambres spacieuses, bien tenues, un agréable jardin et... des viennoiseries maison, l'étape est sympathique !

23 chambres – ♦85/95 € ♦♦85/100 € – 🍽 11 €

Plan : A-s – *24 r. des Orfèvres, (au vieux village)* – *℘ 03 80 57 31 95*
– *www.labonbonnierehotel.fr*

à Velars-sur-Ouche 11 km à l'Ouest par N5 et A38 – ⊠ 21370
– 1 734 hab. – Alt. 280 m

🍽️ L'Auberge Gourmande   🏠 AC P

CUISINE TRADITIONNELLE · AUBERGE XX Cette auberge de campagne s'est offert un coup de jeune avec une nouvelle décoration, dans des tons gris et rouge : bien dans l'air du temps ! Les patrons – de vrais passionnés d'œnologie – savent dénicher de bons vins pour accompagner une généreuse cuisine traditionnelle.

Menu 23 € (semaine), 31/58 € – Carte 32/57 €

17 allée de la Cude – ☎ 03 80 33 62 51 – www.auberge-velars.com – Fermé 10 août-10 sept., 2-15 janv., dim. soir, mardi et merc.

à Prenois 12 km au Nord-Ouest par D971 et D104 – ⊠ 21370 – 399 hab. – Alt. 485 m

❀ Auberge de la Charme (Nicolas Isnard et David Le Comte) & ✿

CUISINE MODERNE · AUBERGE XXX Dans un village réputé   ❀
gourmand, cette ancienne forge cultive l'esprit d'invention et la surprise ! À quatre mains, ses jeunes propriétaires réalisent une cuisine délicate, spontanée, précise, directement inspirée par le marché. Il suffit de se laisser guider à travers le menu imposé qui se dévoile au fil du service...

➜ Œuf cuit à basse température, asperges vertes, copeaux et émulsion de parmesan. Turbot de ligne, carottes et émulsion d'agrumes. Cheesecake aux fruits rouges de saison.

Menu 36 € ♈ (déj. en semaine), 53/144 € ♈

*12 r. de la Charme – ☎ 03 80 35 32 84 (réservation conseillée)
– www.aubergedelacharme.com – Fermé 23-30 déc., dim. soir, lundi et mardi*

à Hauteville-lès-Dijon 6 km au Nord par D107F – ⊠ 21121
– 1 173 hab. – Alt. 402 m

🍽️ La Musarde   ⬅ 🐾 🏠 🏠 & AC

CUISINE TRADITIONNELLE · À LA MODE XX On peut musarder sans retenue dans cet hôtel-restaurant situé au calme, dans une ancienne ferme du 19e s. rénovée dans un esprit contemporain. En famille, on y joue pleinement la carte de la tradition : cocotte d'escargots façon bourguignonne, tournedos de filet de bœuf charolais et sauce au pinot noir... Savoureux !

Formule 22 € – Menu 40 € (déj. en semaine), 46/75 € – Carte 50/70 €
13 chambres – ♦60/70 € ♦♦65/75 € – ☷ 11 €

7 r. des Riottes – ☎ 03 80 56 22 82 – www.lamusarde.fr – Fermé 21 déc.-4 janv., dim. soir, mardi midi et lundi

---

DINAN

⊠ 22100 (Côtes-d'Armor) – 10 768 hab. – Alt. 92 m – Carte régionale n° **10**-C2
▶ Paris 400 km – Rennes 54 km – St-Brieuc 61 km – St-Malo 32 km
Carte Michelin 309-J4 – Guide Vert Michelin Bretagne Nord

🍽️ L'Auberge du Pélican   🏠 🍴

CUISINE TRADITIONNELLE · CLASSIQUE XX Au détour de l'une des vieilles rues du centre historique de Dinan, un restaurant traditionnel sympathique, où l'on profite d'une agréable terrasse aux beaux jours. Côté assiette, la carte fait honneur aux produits marins : soupe de poisson maison, choucroute de la mer... De quoi se rêver pélican !

Menu 22/60 € – Carte 31/52 €

Plan : BY-d - *3 r. Haute-Voie – ☎ 02 96 39 47 05 – Fermé 5 janv.-3 fév., jeudi soir et lundi sauf juil.-août*

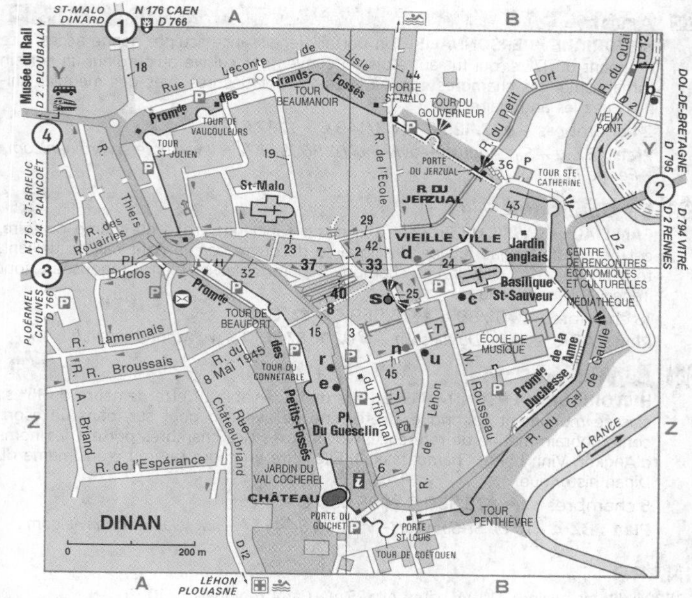

Apport (R. de l') . . . . ABY 2	Garaye (R. Comte de la) . . . . . . AY 19	Michel (R.) . . . . BY 36
Champ Clos (Pl. du) . . . . ABZ 3	Grande-R. . . . . AY 23	Mittrie (R. de la) . . . . AZ 37
Château (R. du) . . . . BZ 6	Haute-Voie (R.) . . . . BY 24	Petit-Pain (R. du) . . . . AZ 40
Cordeliers (Pl. des) . . . . AY 7	Horloge (R. de l') . . . . BZ 25	Poissonnerie (R. de la) . . . . . . BY 42
Cordonnerie (R. de la) . . . . AZ 8	Lainerie (R. de la) . . . . BY 29	Rempart (R. du) . . . . BY 43
Ferronerie (R. de la) . . . . AZ 15	Marchix (R. du) . . . . AYZ 32	Ste-Claire (R.) . . . . BZ 45
Gambetta (R.) . . . . AY 18	Merciers (Pl. des) . . . . BYZ 33	St-Malo (R.) . . . . BY 44

Le Cantorbery

VIANDES • RUSTIQUE Mobilier rustique, chaises en bois et paille, et, au menu, terrines de foie gras et autres assiettes de fruits de mer… Cette maison de ville du 17e s. a le goût de la tradition ! Dans l'une des salles, on fait même rôtir les grillades dans une grande cheminée en pierre…

Formule 15 € – Menu 19 € (déj.), 32/42 € – Carte 35/52 €

Plan : BZ-n – *6 r. Ste-Claire – ✆ 02 96 39 02 52 – Fermé 2 semaines fin fév.-début mars, 2 semaines en nov., merc. et dim. sauf en saison*

Mercure

HÔTEL DE CHAÎNE • MODERNE Face au port, le long de la Rance, un hôtel très confortable : derrière la façade traditionnelle (pierre et ardoise), les chambres se révèlent spacieuses, contemporaines et feutrées ; le restaurant chaleureux. Fitness et piscine pour les sportifs !

52 chambres – †70/210 € ††70/210 € – ☕ 15 € – ½ P

Plan : BY-b – *26 quai des Talards, (au port) – ✆ 02 96 87 02 02 – www.mercure.com*

Le d'Avaugour

TRADITIONNEL • CLASSIQUE Cette belle bâtisse en pierre du pays, adossée aux remparts de la ville, abrite de jolies chambres, décorées dans un style simple et romantique d'esprit breton. Aux beaux jours, on prend son petit-déjeuner dans le charmant jardin fleuri.

24 chambres – †95/200 € ††100/290 € – ☕ 15 €

Plan : AZ-r – *1 pl. du Champ – ✆ 02 96 39 07 49 – www.avaugourhotel.com – Ouvert 1er mars-31 oct.*

🏠 Arvor
⟰ ⓖ 🅿

HISTORIQUE · PERSONNALISÉ Un portail Renaissance sculpté donne accès à ce bâtiment du 17ᵉ s. qui fut autrefois un couvent, et cultive aujourd'hui un certain romantisme. Les chambres comme le salon sont décorés avec des meubles chinés chez les antiquaires.

24 chambres – 🛏82/125 € 🛏🛏88/145 € – ⬡ 12 €

Plan : BZ-u – 5 r. Auguste-Pavie – ☎ 02 96 39 21 22 – www.hotelarvordinan.com – Fermé 15 janv.-11 fév.

🏠 Le Challonge
⟰ ⓖ

FAMILIAL · CLASSIQUE En centre-ville, sur l'ancienne place du champ de foire, cet hôtel à la longue façade classique se découvre par un petit hall accueillant, tout en boiseries claires. Les chambres, confortables et bien insonorisées, sont impeccablement tenues.

18 chambres – 🛏61/89 € 🛏🛏73/159 € – ⬡ 10 €

Plan : AZ-e – 29 pl. Duguesclin – ☎ 02 96 87 16 30 – www.hotel-dinan.fr

🏠 La Maison Pavie
⚘ ⚘

HISTORIQUE · PERSONNALISÉ Un charme indéniable ! Cette demeure du 15ᵉ s., classée monument historique, a été rénovée avec un goût sûr, dans un esprit contemporain mâtiné de références voyageuses (les chambres portent les noms d'Angkor, Vinh Long, Champassak...). Elle offre un cadre rare au cœur même du Dinan historique.

5 chambres ⬡ – 🛏75/150 € 🛏🛏95/150 € – ½ P

Plan : BZ-c – 10 pl. St-Sauveur – ☎ 02 96 84 45 37 – www.lamaisonpavie.com

DINARD

✉ 35800 (Ille-et-Vilaine) – 10 141 hab. – Alt. 25 m – Carte régionale n° **10**-C1
▶ Paris 408 km – Dinan 22 km – Dol-de-Bretagne 31 km – Rennes 73 km
Carte Michelin 309-J3 – Guide Vert Michelin Bretagne Nord

🍽 Le Blue B
⪝ 🛋 ⓖ 🅿

CUISINE MODERNE · COSY XxX Moulures, grand miroir : l'élégance du Second Empire revue et corrigée par le décorateur Jacques Garcia. C'est dans ce cadre opulent qu'on savoure la belle cuisine du moment du chef et... la vue sur la mer.

Menu 29/49 € – Carte 44/85 €

Plan : BY-v – Grand Hôtel Barrière de Dinard, 46 av. George-V – ☎ 02 99 88 26 26 – www.lucienbarriere.com – Ouvert 2 avril-1ᵉʳ nov. et fermé le midi

🍽 Le "Pourquoi Pas" 🆕
⪝ 🎐 ⓖ 🆎 ⚘ 🅿

CUISINE MODERNE · COSY Xx Le restaurant de l'hôtel Castelbrac porte le nom du bateau du commandant Charcot, célèbre marin et explorateur des zones polaires. En cuisine, le jeune chef privilégie les produits du terroir local et de la pêche côtière, qu'il agrémente de manière ambitieuse ; ses présentations sont nettes et soignées.

Formule 32 € – Menu 39 € (déj.), 46/75 € – Carte 60/95 €

Plan : BY-f – Hôtel Castelbrac, 17 av. George-V – ☎ 02 99 80 30 00 (réservation conseillée) – www.castelbrac.com – Fermé dim. soir et merc. de mi-oct. à mi-mars

🍽 Le Café Rouge
🎐

POISSONS ET FRUITS DE MER · BRASSERIE Xx Toute la famille Leroux – père et mère, fils et belle-fille – s'active avec professionnalisme pour le plaisir des clients. Le banc d'écailler posé à l'entrée annonce l'esprit de la carte : cap sur des fruits de mer et poisson d'une belle fraîcheur ; la qualité est au rendez-vous.

🍴 Formule 16 € – Menu 19 € (déj. en semaine), 26/49 € – Carte 40/70 €

Plan : BY-c – 3 bd Féart – ☎ 02 99 46 70 52 – www.lecaferouge-dinard.fr – Fermé 2 semaines fin janv.-début fév., 1 semaine en juin, 1 semaine en sept. et lundi sauf fériés

DINARD

Abbé-Langevin (R.) . . . . **AY** 2
Albert-1er (Bd) . . . . **BY** 3
Anciens Combattants (R. des) . . . . **AZ** 5
Barbine (R. de) . . . . **AZ** 7
Boutin (Pl. J.) . . . . **BY** 9
Clemenceau (R. G.) . . . . **BY** 10
Coppinger (R.) . . . . **BY** 12
Corbinais (R. de la) . . . . **AZ** 13
Croix-Guillaume (R.) . . . . **AZ** 15
Douet-Fourche (R. du) . . . . . **AZ** 17
Dunant (R. H.) . . . . **AY** 19
Féart (Bd) . . . . **BYZ**
Français-Libres (R.) . . . . . . **ABZ** 22
Gaulle (Pl. du Gén.-de) . . . . . . **BZ** 25
Giraud (Av. du Gén.) . . . . **BZ** 26
Leclerc (R. Mar.) . . . . **BYZ** 28
Levasseur (R.) . . . . **BY** 29
Lhotelier (Bd) . . . . **AY** 31
Libération (Bd de la) . . . . **AZ** 32
Malouine (R. de la) . . . . **BY** 34
Mettrie (R. de la) . . . . **BZ** 35
Pionnière (R. de la) . . . . **ABY** 38
Prés.-Wilson (Bd) . . . . **BY** 40
Renan (R. E.) . . . . **AY** 43
République (Pl. de la) . . . . . . **BY** 44
St-Lunaire (R. de) . . . . **AY** 48
Vallée (R. de la) . . . . **BYZ** 50
Verney (R. Y.) . . . . **BY** 52

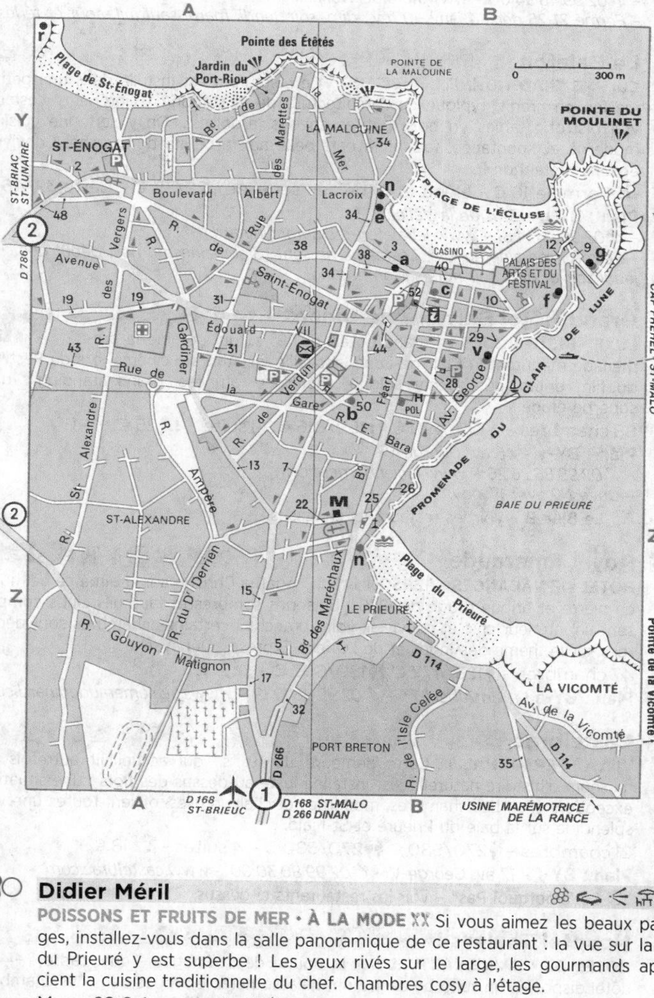

Didier Méril

POISSONS ET FRUITS DE MER • À LA MODE XX Si vous aimez les beaux paysages, installez-vous dans la salle panoramique de ce restaurant : la vue sur la baie du Prieuré y est superbe ! Les yeux rivés sur le large, les gourmands apprécient la cuisine traditionnelle du chef. Chambres cosy à l'étage.

Menu 29 € (semaine), 45/80 € – Carte environ 59 €

6 chambres – 75/160 € 75/160 € – 12 €

Plan : BZ-n – *1 pl. Gén.-de-Gaulle*
– *02 99 46 95 74*
– *www.restaurant-didier-meril.com*

❌○ **La Vallée** ≤ 🏠 ♿

POISSONS ET FRUITS DE MER · À LA MODE ✕✕ Si la salle est agréable avec ses grandes baies vitrées, on ne résiste pas à la terrasse, orientée plein sud juste au-dessus de la pittoresque cale du Bec de la Vallée. Idéal pour déguster de beaux produits de la mer, cuisinés avec tout le respect qui leur est dû.

Formule 22 € – Menu 29 € (déj. en semaine)/43 € – Carte 39/57 €

Plan : BY-g – *Hôtel La Vallée, 6 av. George-V*
– ℰ *02 99 46 94 00* – *www.hoteldelavallee.com*
– *Fermé 21-25 déc., 4 janv.-10 fév., dim. soir, lundi, mardi sauf juil.-août et fériés*

❌○ **Le Balafon** 🏠 ❁

CUISINE TRADITIONNELLE · BISTRO ✕ Ce restaurant est installé dans une petite maison en granit, typique de l'architecture de la station. À l'intérieur, c'est un vrai bistrot : tables en bois, petites chaises, ardoises... On y sert une cuisine moderne et spontanée, faisant la part belle aux produits du marché. Convivial et sans prétention !

⊛ Formule 16 € – Menu 18 € (déj. en semaine), 29/39 € – Carte 32/46 €

Plan : BZ-b – *31 r. de la Vallée*
– ℰ *02 99 46 14 81* – *www.lebalafon-restaurant-dinard.fr*
– *Fermé 1 semaine en juin, 1 semaine fin sept., 3 semaines fin nov.-début déc., jeudi soir et dim. soir hors saison et lundi*

🏨🏨 **Grand Hôtel Barrière de Dinard** ⟡ ❀ ≤ 🛏 🖥 🛁 🔇 ♿ 🏊
🅿

LUXE · HISTORIQUE Ce "grand hôtel" du 19ᵉ s., qui domine la pro-menade maritime du Clair-de-Lune, accueille les stars de cinéma lors du Festival du film britannique. Décor soigné, chambres raffinées, grand standing : une superbe étape !

88 chambres – ❖199/499 € ❖❖199/816 € – 1 suite – ⊡ 25 € – ½ P

Plan : BY-v – *46 av. George-V*
– ℰ *02 99 88 26 26* – *www.lucienbarriere.com*
– *Ouvert 2 avril-1ᵉʳ nov.*
❌○ **Le Blue B** – voir les restaurants ci-dessus

🏨🏨 **Royal Emeraude** 🛁 ⊡ ♿ 🅰 🚭 🏊 🚗

HÔTEL DE VACANCES · PERSONNALISÉ Agatha Christie aurait aimé ce bel hôtel en pierre et brique rouge de 1876 ! Boiseries sombres et fauteuils clubs composent un intérieur chic et convivial, voire branché ; certaines chambres sont décorées sur le thème des Indes et de l'Orient-Express... Dépaysant !

47 chambres – ❖123/477 € ❖❖150/697 € – ⊡ 21 €

Plan : BY-a – *1 bd Albert-1ᵉʳ* – ℰ *02 99 46 19 19* – *www.royalemeraudedinard.com*

🏨🏨 **Castelbrac** ⓝ ⟡ ≤ 🍸 ♿ 🚭 🏊 🅿

VILLA · PERSONNALISÉ Cette demeure du 19ᵉ s., qui accueillait autrefois un muséum d'histoire naturelle, est installée juste au-dessus des flots : une situation exceptionnelle ! Les chambres, modernes et chaleureuses, offrent toutes une vue splendide sur la baie du Prieuré et St-Malo.

21 chambres – ❖270/580 € ❖❖270/580 € – 4 suites – ⊡ 18 €

Plan : BY-f – *17 av. George-V* – ℰ *02 99 80 30 00* – *www.castelbrac.com*
❌○ **Le "Pourquoi Pas"** – voir les restaurants ci-dessus

🏨🏨 **Novotel Thalassa** ⟡ ❀ ≤ 🛏 🖥 🌐 🛁 ✕ ⊡ ♿ 🏊 🚗

HÔTEL DE CHAÎNE · ACTUEL Sur la pointe de St-Énogat – quel cadre ! –, cet hôtel dispose d'un superbe centre de thalassothérapie ; repos dans des chambres contemporaines, ou façon chalet dans l'aile annexe. Cuisine diététique les yeux rivés sur la Manche : telle est la carte du restaurant.

106 chambres – ❖145/290 € ❖❖145/290 € – ⊡ 19 € – ½ P

Plan : AY-r – *1 av. du Château-Hébert* – ℰ *02 99 16 78 10*
– *www.accorthalassa.com* – *Fermé 28 nov.-25 déc.*

Villa Reine Hortense

HISTORIQUE · CLASSIQUE Toute la splendeur de la Belle Époque revit dans cette villa typique de la "perle" de la Côte d'Émeraude. Les chambres, élégantes et luxueuses, portent les noms de reines et de princesses : Marie-Antoinette, Anne de Bretagne, l'impératrice Eugénie...

7 chambres – †178/268 € ††178/405 € – 1 suite – ⌂ 19 €

Plan : BY-e – *19 r. de la Malouine – ℰ 02 99 46 54 31*
– www.villa-reine-hortense.com – Ouvert début avril à fin sept.

La Vallée

HÔTEL DE VACANCES · MODERNE Près de la plage de l'Écluse, une bâtisse au charme typique des stations balnéaires... Les chambres, élégantes et contemporaines, arborent une couleur différente selon l'étage (rouille, turquoise, vert anis) et ouvrent pour la plupart sur la mer.

23 chambres – †80/205 € ††80/205 € – ⌂ 15 € – ½ P

Plan : BY-g – *6 av. George-V – ℰ 02 99 46 94 00 – www.hoteldelavallee.com*
– Fermé 4 janv.-10 fév.

‖○ **La Vallée** – voir les restaurants ci-dessus

Crystal

HÔTEL DE VACANCES · CLASSIQUE Les chambres de cet hôtel des années 1970 sont vastes et bien tenues, certaines avec vue sur la plage et la pointe de la Malouine.

19 chambres – †68/100 € ††85/360 € – 2 suites – ⌂ 12 €

Plan : BY-n – *15 r. Malouine – ℰ 02 99 46 66 71 – www.crystal-hotel.com*

à St-Lunaire 5 km à l'Ouest par D786 – ⊠ 35800 – 2 301 hab. – Alt. 20 m

Le Décollé

POISSONS ET FRUITS DE MER · CONVIVIAL ⅄ La carte fait la part belle aux produits de la mer, tandis que le sobre décor s'efface devant la vue superbe sur la Côte d'Émeraude... L'établissement jouit d'une situation privilégiée sur la pointe du Décollé ! En terrasse, le spectacle est total.

Formule 21 € – Menu 32/44 € – Carte 46/76 €

1 Pointe-du-Décollé – ℰ 02 99 46 01 70 (réservation conseillée)
– www.restaurantdudecolle.com – Fermé 12 nov.-1er fév., merc. et jeudi
de fév. à mars, mardi sauf juil.-août et lundi

Villa Christilla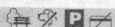

VILLA · HISTORIQUE Non loin d'une jolie plage, une villa construite à la fin du 19e s. par un marin cap-hornier. Tout l'esprit d'une maison de maître version bord de mer : un bel endroit, particulièrement dans les chambres nichées sous les toits ! Et ses propriétaires, originaires du Nord, sauront vous faire partager leur amour de la région...

4 chambres ⌂ – †100/110 € ††120/135 €

319 bd de la Plage – ℰ 02 99 16 62 71 – www.villa-christilla.fr – Ouvert de mi-mars à mi-nov.

DIOU – 36 (Indre) → voir Issoudun

DIRAC – 16 (Charente) → voir Angoulême

DISNEYLAND RESORT PARIS – 77 (Seine-et-Marne) → voir Autour de Paris
(Marne-La-Vallée)

DIVES-SUR-MER – 14 (Calvados) → voir Cabourg

DIVONNE-LES-BAINS
⊠ 01220 (Ain) – 8 615 hab. – Alt. 486 m – Carte régionale n° **46**-F1
▶ Paris 488 km – Bourg-en-Bresse 129 km – Genève 18 km – Gex 9 km
Carte Michelin 328-J2 – Guide Vert Michelin Franche-Comté Jura

⅋○ Château de Divonne ≼ 🛏 🎪 🗚 ⇔ 🅿

CUISINE MODERNE · CLASSIQUE ✗✗✗ La salle de ce château est vraiment élégante mais le point fort reste toutefois la terrasse panoramique... Un enchantement ! Côté assiette, les préparations respectent le rythme des saisons. Crème brûlée au foie gras, pigeon...

Formule 32 € – Menu 44 € (déj. en semaine), 95/135 € – Carte 105/170 €
Hôtel Château de Divonne, 115 r. des Bains – ℰ 04 50 20 00 32
– www.chateau-divonne.com

⅋○ Le Rectiligne ✽ ≼ 🎪 ᰛ 🅿

CUISINE MODERNE · À LA MODE ✗✗ Au bord du lac, cette bâtisse blanche abrite un restaurant résolument contemporain. Côté déco, chaises signées Philippe Starck, mur d'eau, cave vitrée et, dans l'assiette, le même esprit moderne : cuissons à basse température et touches "d'ailleurs", à l'image de l'omble chevalier et sa purée de citron-céleri.

Formule 33 € – Menu 38 € (déj.), 50/98 € – Carte 82/96 €
2981 rte du Lac – ℰ 04 50 20 06 13 – www.lerectiligne.fr – Fermé 15-23 fév.,
12-27 avril, dim. et lundi

🏨 Le Grand Hôtel ✿ ॐ ≼ 🛏 ᰟ Ⅰᵬ ❦ 🖬 🗚 ⚄ 🅿

LUXE · ART DÉCO Ce "palace" de 1931 se dresse au cœur d'un parc (5 ha) planté d'immenses cèdres. Un cadre très Art déco, style qui domine aussi dans certaines chambres ; d'autres sont plus contemporaines, mais tout aussi raffinées et spacieuses. Le tout à côté du casino et du golf.

121 chambres – 🛏149/285 € 🛏🛏149/285 € – 12 suites – ⌷ 19 €
av. des Thermes – ℰ 04 50 40 34 34 – www.domainedivonne.com

🏨 Château de Divonne ✿ ॐ ≼ 🛏 ᰟ Ⅰ⃞ ⚄ 🅿

CHÂTEAU · GRAND STYLE Perchée au-dessus de la ville, cette imposante demeure du 19ᵉ s. se niche au cœur d'un superbe parc arboré. Belle hauteur sous plafond, escalier monumental, élégant salon avec sa bibliothèque, mobilier ancien dans les chambres. En résumé, un style très châtelain !

29 chambres – 🛏200/605 € 🛏🛏200/605 € – 4 suites – ⌷ 24 € – ½ P
115 r. des Bains – ℰ 04 50 20 00 32 – www.chateau-divonne.com
⅋○ **Château de Divonne** – voir les restaurants ci-dessus

🏨 La Villa du Lac ✿ ॐ 🖪 📶 Ⅰᵬ Ⅰ⃞ ᵬ 🗚 ❦ ⚄ 🚗

BUSINESS · MODERNE Un ensemble moderne et fonctionnel, au calme, entre lac et ville. Les chambres – toutes avec balcon – sont confortables et bien tenues, sans oublier les salles de séminaire dernier cri et le spa très complet. Un établissement qui s'adapte aussi bien aux déplacements professionnels qu'aux virées touristiques !

87 chambres ⌷ – 🛏128/304 € 🛏🛏128/304 € – ½ P
93 chemin du Chatelard – ℰ 04 50 20 90 00 – www.lavilladulac.com

🏠 Le Divona 🆕 Ⅰ⃞ 🅿

FAMILIAL · SIMPLE Cet hôtel, situé au centre-ville, propose des chambres fonctionnelles et bien tenues. Petite terrasse.

19 chambres – 🛏70/100 € 🛏🛏90/140 € – ⌷ 11 €
37 av. de Genève – ℰ 04 50 20 00 91 – www.hotel-le-divona.com

à Grilly 6 km au Sud par D15 – ✉ 01220 – 779 hab. – Alt. 515 m

🏠 Les Lumières de Genève 🆕 ॐ ≼ ❦ 🅿

MAISON DE CAMPAGNE · RUSTIQUE C'est indéniable : la vue sur Genève est lumineuse ! Perchée sur les hauteurs, cette imposante bâtisse de pierre dévoile une vue à couper le souffle sur le lac Léman, le jet d'eau de Genève et le Mont-Blanc. Les chambres, spacieuses et parfaitement tenues, se partagent ce somptueux panorama.

4 chambres ⌷ – 🛏125/180 € 🛏🛏125/180 €
2b chemin du Mont – ℰ 04 50 99 09 29 – www.lumieresdegeneve.com

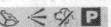

DIZY – 51 (Marne) → voir Épernay

DOLANCOURT

✉ 10200 (Aube) – 140 hab. – Alt. 112 m – Carte régionale n° **13**-B3

▶ Paris 229 km – Châlons-en-Champagne 92 km – Saint-Dizier 63 km – Troyes 45 km

Carte Michelin 313-H4 – Guide Vert Michelin Champagne Ardenne

🏠 Moulin du Landion   ✿ ⌁ ⅃ ⅙ ⅍ 🄿

FAMILIAL · PERSONNALISÉ Un moulin du 17ᵉ s., à proximité du parc d'attraction Nigloland. Les chambres sont confortables, avec des balcons donnant sur le parc ou la rivière. Et depuis le restaurant, les curieux pourront admirer la roue à aube et son mécanisme...

18 chambres – †71/119 € ††71/154 € – ⊆ 13 € – ½ P

5 r. St-Léger – ✆ 03 25 27 92 17 – www.moulindulandion.com – Fermé 3 semaines en janv.

DOL-DE-BRETAGNE

✉ 35120 (Ille-et-Vilaine) – 5 412 hab. – Alt. 20 m – Carte régionale n° **10**-D2

▶ Paris 378 km – Alençon 154 km – Dinan 26 km – Fougères 54 km

Carte Michelin 309-L3 – Guide Vert Michelin Bretagne Nord

🏠 Domaine des Ormes   ⅗ ⌂ ⅃ ⅙ ⅍ ☷ ⅍ 🄿

HÔTEL DE VACANCES · ACTUEL Un domaine familial de 200 ha ! Activités sportives et ludiques à foison (équitation, golf, cabanes dans les arbres, etc.) et repos mérité dans des chambres sobres et pratiques. Pause gourmande simple et traditionnelle ; détente au bar, face à la piscine.

45 chambres – †80/99 € ††99/129 € – ⊆ 13 € – ½ P

Les Ormes, 7 km au Sud par rte de Combourg – ✆ 02 99 73 53 00
– www.lesormes.com – Ouvert 1ᵉʳ avril-31 oct.

à Mont-Dol 3 km au Nord par D155 – ✉ 35120 – 1 173 hab. – Alt. 10 m

🏠 Château de Mont-Dol   ⅗ ⌂ ⅍ 🄿 ⇥

FAMILIAL · PERSONNALISÉ Une délicieuse demeure bourgeoise du 19ᵉ s. située entre le Mont-St-Michel et St-Malo. Les chambres sont élégantes et cosy, avec leur mobilier de famille ou chiné ; l'accueil des propriétaires est véritablement charmant. Une maison qui sort de l'ordinaire !

5 chambres ⊆ – †95/115 € ††105/119 €

1 r. de la Mairie – ✆ 02 99 80 74 24 – www.chateaumontdol.com – Fermé 12 nov.-12 fév.

🏠 Le Jardin des Simples   ✿ ⅗ ⌂ ⅍ 🄿

MAISON DE CAMPAGNE · COSY Les chambres de ce magnifique presbytère, datant de 1773, ont gardé leur charme d'antan : parquets en chêne, beaux tissus, mobilier chiné... À table, les produits de la mer et les légumes du potager sont à l'honneur, sous la houlette d'un chef au beau parcours. Enchanteur, tout simplement !

5 chambres ⊆ – †105/125 € ††105/125 €

1 r. de la Mairie – ✆ 02 99 80 74 24 – www.jardin-des-simples.com – Fermé 12 nov.-12 fév.

DOLE

✉ 39100 (Jura) – 23 685 hab. – Alt. 220 m – Carte régionale n° **16**-B2

▶ Paris 363 km – Beaune 65 km – Besançon 55 km – Dijon 50 km

Carte Michelin 321-C4 – Guide Vert Michelin Franche-Comté Jura

✿ La Chaumière (Joël Césari)   ⅗ ⌂ ⅏ ⇄ 🄿

CRÉATIVE · ÉLÉGANT 🕸🕸 Cachet des pierres apparentes et style contemporain : une élégante auberge du 21ᵉ s. La cuisine de Joël Césari, inventive et renouvelée au gré du marché, s'accompagne de beaux crus du Jura ou de vins naturels, choisis par un sommelier ravi de prodiguer ses conseils avisés...

→ Foie gras de canard, absinthe et gel de pomme. Poulette, morilles, carottes et gingembre. Crème brûlée au vin jaune, craquant aux morilles et glace genièvre.

Formule 26 € 🍷 – Menu 39 € (semaine), 66/90 € – Carte 90/105 €

Hôtel La Chaumière, 346 av. du Mar.-Juin, 3 km au Sud – ✆ 03 84 70 72 40
– www.lachaumiere-dole.fr – Fermé 25 oct.-1ᵉʳ nov. et 20 déc.-12 janv., lundi midi, sam. midi et dim.

Arènes (R. des) . . . . **ABZ**
Besançon (R. de) . . . . **BYZ**
Béthouart (R. du Gén.) . . . . **BZ** 2
Boyvin (R.) . . . . **BZ** 4
Chifflot (R. L.) . . . . **AZ** 5

Duhamel (Av. J) . . . . **AZ** 6
Gouvernement (R. du) . . . . **BY** 9
Grande-Rue . . . . **BZ** 10
Jean-Jaurès (Av.) . . . . **BY** 13
Juin (Av. du Mar.) . . . . **BZ** 14
Lattre de Tassigny
    (Av. du Mar.de) . . . . **BY** 15

Messageries (R. des) . . . . . **AY** 16
Nationale, Charles-de-Gaulle
    (Pl.) . . . . **BZ** 17
Parlement (R. du) . . . . **BZ** 18
Rockefeller (R. J.) . . . . **BY** 21
Sous-Préfecture
    (R. de la) . . . . **BY** 22

😊 Grain de Sel

🌿 🍴

CUISINE MODERNE · SIMPLE ✕✕ Un cadre plutôt zen, une terrasse ombragée et des recettes originales, soignées et savoureuses (queue de homard sur son lit de quinoa aux zestes d'agrumes ; côte de porc rôtie au foin, pommes nouvelles et fèves...) : le jeune chef fait des merveilles, et l'on a beau être au Grain de Sel, la note n'est pas salée !

🍽 Formule 16 € – Menu 20 € (déj. en semaine), 26/48 €

Plan : BZ-b – *67 r. Pasteur*
– *☎ 03 84 71 97 36 – www.restaurant-graindesel.fr*
– *Fermé 1 semaine en avril, 1 semaine en oct., dim. soir sauf juil.-août, mardi midi et lundi*

⑧ Iida-Ya
❀ & AC ✂

JAPONAISE · DESIGN X Un époustouflant gigot d'agneau mariné au sel de shiso et pané à la japonaise, des sushis, makis ou tempura... Dans son restaurant zen et chic – et sous vos yeux –, le jeune chef nippon concocte des mets d'un raffinement absolu, et d'une rare créativité. De quoi réveiller les papilles de Dole ! Belle carte de sakés.

Menu 22 € (déj. en semaine), 29/55 € – Carte 27/57 €

Plan : BY-b – 18 r. Arney – ℰ 03 84 70 98 73 – www.iida-ya.fr
– Fermé 21 déc.-5 janv., dim. et lundi

⍲○ La Romanée
⌂ ⟺

CUISINE TRADITIONNELLE · RÉTRO XX Cette boucherie de 1717 est pleine de charme (salle voûtée) et le jeune chef, originaire de Guérande, fait la part belle au... poisson, sans pour autant laisser les fous de viande au port.

⤶ Menu 20 € (déj. en semaine), 28/44 € – Carte 30/47 €

Plan : BZ-n – 13 r. des Vieilles-Boucheries – ℰ 03 84 79 19 05
– www.laromanee.info – Fermé 2 semaines fin juin-début juil., vacances de Noël,
dim. soir, mardi soir et merc.

⌂⌂⌂ Au Moulin des Écorces
✿ ⤷ ⊞ & ⍾

TRADITIONNEL · FONCTIONNEL Minimaliste et chic ! Ce moulin au bord du Doubs – où les écorces des arbres étaient broyées pour tanner le cuir – a été restauré avec beaucoup de goût et ses chambres cultivent un bel esprit contemporain. On peut aussi y déjeuner tranquillement sur la terrasse, bercé par le bruissement de l'eau, ou manger sur le pouce (côté bistrot).

18 chambres – ♦95/130 € ♦♦100/166 € – ☲ 13 €

Plan : BZ-a – 14 allée du Pont-Roman – ℰ 03 84 72 72 00
– www.aumoulindesecorces.fr

⌂⌂ La Chaumière
✿ ⤷ ⌿ ⍾ P

AUBERGE · PERSONNALISÉ Voilà une chaumière dont on n'a pas envie de repartir... C'est cosy, confortable et chaleureux ; toutes les chambres ont été rénovées dans un joli style contemporain. Personnel très attentionné. Une adresse idéale pour partir en escapade dans le Jura !

19 chambres – ♦85/130 € ♦♦92/130 € – ☲ 13 €

346 av. du Mar.-Juin, 3 km au Sud – ℰ 03 84 70 72 40 – www.lachaumiere-dole.fr
– Fermé 25 oct.-1er nov. et 20 déc.-12 janv.

❀ **La Chaumière** – voir les restaurants ci-dessus

⌂ La Cloche
⌿ ⊞ & ⍾

BUSINESS · FONCTIONNEL Stendhal aurait séjourné dans cet hôtel voisin du cours St-Mauris. Préférez les chambres rénovées, qui affichent un style contemporain et fonctionnel. Ensemble très bien tenu.

30 chambres – ♦70/75 € ♦♦135/140 € – ☲ 13 €

Plan : BY-v – 1 pl. Grévy – ℰ 03 84 82 06 06 – www.la-cloche.fr
– Fermé 23 déc.-2 janv.

à Parcey 8 km au Sud par rte de Lons-le-Saunier – ⊠ 39100 – 960 hab. – Alt. 197 m

⍲○ Les Jardins Fleuris
⌂ & ⟺

CUISINE TRADITIONNELLE · FAMILIAL XX Certes, la route est très proche, mais passé le porche de cette maison de pierre au décor contemporain, on l'oublie vite. Ici, on trace une autre voie, celle des plaisirs de la bonne chère : soupe de grenouilles au safran, jarret de bœuf croustillant et son jus réduit au morilles, crumble de poire et raisins blonds, etc. Accueil charmant.

⤶ Menu 20 € (semaine), 30/50 € – Carte 37/61 €

35 Route Nationale 5 – ℰ 03 84 71 04 84 – www.restaurant-jardins-fleuris.com
– Fermé 30 juin-14 juil., 12 nov.-4 déc., dim. soir, lundi soir sauf août et mardi

à Sampans 6,5 km au Nord – ✉ 39100 – 999 hab. – Alt. 222 m

❀ **Château du Mont Joly** (Romuald Fassenet)
CUISINE MODERNE • ÉLÉGANT XXX Une maison de maître (18ᵉ s.) fort bien nommée... L'élégance et le raffinement contemporain servent à merveille une cuisine de haute volée ; la tradition s'habille de modernité pour révéler toute sa subtilité. Après cette belle émotion culinaire, quel plaisir de prolonger son séjour : les chambres sont très agréables et l'on s'y sent vraiment bien !
→ Escargots poêlés, émulsion fenouil et absinthe. Poularde de Bresse aux morilles et au vin jaune. Rhubarbe rôtie en gelée, biscuit aux amandes et au miel.
Menu 35 € (déj. en semaine), 40/98 € – Carte 85/95 €
7 chambres – 🛏100/155 € 🛏🛏100/200 € – ⊡ 14 €
6 r. du Mont-Joly – ℰ 03 84 82 43 43 – www.chateaumontjoly.com
– Fermé 19 déc.-20 janv., mardi et merc.

DOLUS-D'OLÉRON – 17 (Charente-Maritime) → voir Île d'Oléron

DOMFRONT-EN-CHAMPAGNE
✉ 72240 (Sarthe) – 1 002 hab. – Alt. 131 m – Carte régionale n° **35**-C1
▶ Paris 216 km – Alençon 54 km – Laval 77 km – Le Mans 20 km
Carte Michelin 310-J6

🍴○ **Restaurant du Midi**   🅰🅲 ⇔
CUISINE TRADITIONNELLE • FAMILIAL XX Terrine de campagne maison, ravioles d'escargots, tarte fine aux pommes et glace à la vanille... Dans cette auberge de village, le chef concocte des recettes traditionnelles dans les règles de l'art. Une adresse sympathique.
😊 Formule 13 € – Menu 15 € (déj. en semaine), 26/38 € – Carte 34/41 €
33 r. du Mans, D304 – ℰ 02 43 20 52 04 – www.restaurantdumidi.com
– Fermé mardi soir, jeudi soir, dim. soir, lundi et merc.

DOMMARTEMONT – 54 (Meurthe-et-Moselle) → voir Nancy

DOMME
✉ 24250 (Dordogne) – 989 hab. – Alt. 250 m – Carte régionale n° **4**-D1
▶ Paris 538 km – Cahors 51 km – Fumel 50 km – Sarlat-la-Canéda 12 km
Carte Michelin 329-I7 – Guide Vert Michelin Périgord Quercy

☺ **Cabanoix et Châtaigne**   🍴 🕱
CUISINE MODERNE • CONVIVIAL X Au cœur de cette bastide de carte postale, Cabanoix et Châtaigne exalte les charmes de la région... mais sans traditionalisme. Pour le chef, travailler dans le respect de la terre et des saisons est une priorité, tout autant que leur rendre hommage à travers des recettes qui ont le goût de la nouveauté. Et quel goût !
Formule 26 € – Menu 32/40 €
3 r. Geoffroy-de-Vivans – ℰ 05 53 31 07 11 – www.restaurantcabanoix.com
– Fermé 1 semaine en juin et en sept., 10 déc.-1ᵉʳ mars, mardi et merc.
sauf juil.-août

🍴○ **L'Esplanade**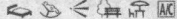
CUISINE CLASSIQUE • ÉLÉGANT XXX Une belle demeure ancienne, perchée sur les remparts, avec une terrasse sous les tilleuls. La cuisine est sincère, sans artifice, et fait apprécier les saveurs franches de la tradition. Chambres bourgeoises, certaines avec une jolie vue sur la vallée de la Dordogne.
Menu 35/90 € – Carte 49/83 €
15 chambres – 🛏88/165 € 🛏🛏88/165 € – ⊡ 9 €
2 r. Pontcarral – ℰ 05 53 28 31 41 – www.esplanade-perigord.com
– Fermé 1ᵉʳ nov.-20 déc., 10 janv.-13 fév., merc. midi sauf août, merc. soir de déc. à mai et lundi sauf le soir de mai à sept.

DOMPIERRE-SUR-BESBRE

✉ 03290 (Allier) – 3 128 hab. – Alt. 234 m – Carte régionale n° **6**-C1
▶ Paris 324 km – Bourbon-Lancy 19 km – Decize 46 km – Digoin 27 km
Carte Michelin 326-J3

🏠 Auberge de l'Olive

TRADITIONNEL · FONCTIONNEL Au bord de la route, non loin du parc d'attractions et animalier du PAL, une auberge familiale sympathique... On s'y repose dans des chambres confortables et fonctionnelles, spacieuses pour la plupart ; cuisine traditionnelle et copieuse au restaurant.

17 chambres – ♦66/76 € ♦♦66/76 € – �);8,50 € – ½ P
129 av. de la Gare – 𝒞 04 70 34 51 87 – www.auberge-olive.fr – Fermé 26 sept.-12 oct.

DONCHERY – 08 (Ardennes) ➔ voir Sedan

DONNAZAC – 81 (Tarn) ➔ voir Cahuzac-sur-Vère

DONNEMARIE-DONTILLY

✉ 77520 (Seine-et-Marne) – 2 876 hab. – Alt. 89 m – Carte régionale n° **19**-D2
▶ Paris 92 km – Créteil 79 km – Evry 67 km – Melun 46 km
Carte Michelin 312-H5

🍽 La Croix Blanche

CUISINE MODERNE · À LA MODE XX Aucun doute, vous allez marquer votre passage dans ce restaurant d'une croix blanche ! Derrière les fourneaux, le chef – originaire du coin – met un point d'honneur à n'utiliser que de beaux produits de saison. Dans l'assiette, le goût est au rendez-vous : une bonne adresse.

Formule 28 € – Menu 40/60 €
*2 pl. du Marché – 𝒞 01 64 60 67 86 – www.restaurantlacroixblanche.fr
– Fermé 2 semaines en fév., 2 semaines fin juin-début juil., 1 semaine fin oct., lundi soir, mardi soir et merc.*

DONON (COL DU) – 67 (Bas-Rhin) ➔ voir Col du Donon

DONVILLE-LES-BAINS – 50 (Manche) ➔ voir Granville

DONZENAC

✉ 19270 (Corrèze) – 2 584 hab. – Alt. 204 m – Carte régionale n° **24**-B3
▶ Paris 469 km – Brive-la-Gaillarde 11 km – Limoges 81 km – Tulle 27 km
Carte Michelin 329-K4 – Guide Vert Michelin Périgord Quercy

🍽 Le Périgord

CUISINE TRADITIONNELLE · RUSTIQUE X À l'entrée du bourg, venez vous asseoir dans cet intérieur paré de bois massif, près de l'imposante cheminée. On vous fera goûter la spécialité de la maison : la tête de veau sauce gribiche, indémodable et toujours aussi bonne ! Du rustique comme on l'aime.

Formule 17 € – Menu 23/40 € – Carte 37/53 €
9 av. de Paris – 𝒞 05 55 85 72 34 – Fermé vacances de fév., de la Toussaint, dim. soir, lundi soir, mardi soir et merc.

DONZY

✉ 58220 (Nièvre) – 1 602 hab. – Alt. 188 m – Carte régionale n° **7**-A2
▶ Paris 203 km – Auxerre 66 km – Bourges 73 km – Clamecy 39 km
Carte Michelin 319-B7 – Guide Vert Michelin Bourgogne

🏠 Le Grand Monarque

FAMILIAL · RÉTRO Dans un paisible village, ancien relais de poste remontant au 16ᵉs. Les chambres sont desservies par un escalier à vis et certaines arborent murs en pierre et ciel de lit. Le restaurant conserve un authentique fourneau à charbon ; plats du terroir.

11 chambres – ♦49/80 € ♦♦59/80 € – ☳10 € – ½ P
*10 r. de l'Étape, (près de l'église) – 𝒞 03 86 39 35 44 – www.legrandmonarque-donzy.fr
– Fermé 2 semaines en nov. et 2 semaines en janv.*

DOUAI

✉ 59500 (Nord) – 41 732 hab. – Agglo. 508 070 hab. – Alt. 31 m – Carte régionale n° **31**-C2
▶ Paris 194 km – Arras 26 km – Lille 42 km – Tournai 39 km
Carte Michelin 302-G5

à Brebières 6,5 km au Sud-Ouest par D650 et D950 – ✉ 62117
– 4 866 hab. – Alt. 48 m

Air Accueil

CUISINE MODERNE · CONVIVIAL XXX Près de l'aérodrome de Vitry-en-Artois, cette vaste auberge fut autrefois un mess d'officiers. C'est aujourd'hui tout sauf une simple cantine ! On y déguste en effet une délicieuse cuisine dans une salle moderne, où transparaît toute l'expérience de son chef, Franck Gilabert. Les saveurs décollent !

Menu 31/60 € – Carte 45/64 €

D950 – ℰ 03 21 50 01 02 – www.air-accueil-restaurant.com – Fermé 1 semaine en fév., août, dim. soir, merc. soir et lundi

DOUAINS – 27 (Eure) → voir Vernon

DOUARNENEZ

✉ 29100 (Finistère) – 14 747 hab. – Alt. 25 m – Carte régionale n° **9**-A2
▶ Paris 585 km – Brest 76 km – Lorient 88 km – Quimper 23 km
Carte Michelin 308-F6 – Guide Vert Michelin Bretagne Sud

Le Clos de Vallombreuse

CUISINE MODERNE · CLASSIQUE XX Cette jolie villa distille un charme classique et bourgeois, mais ne vous y trompez pas : on y sert une cuisine bien en phase avec son époque ! La chef, ancienne de la Grange à Sel – une étoile au Bourget-du-Lac – compose de belles assiettes qui doivent autant au marché qu'aux arrivages de la pêche locale. Frais et bon !

Formule 18 € – Menu 25/70 € – Carte 41/67 €

Plan : Y-x – *Hôtel Le Clos de Vallombreuse, 7 r. d'Estienne-d'Orves
– ℰ 02 98 92 63 64 – www.closvallombreuse.com – Fermé mardi midi, dim. soir et lundi d'oct. à avril*

DOUARNENEZ

Anatole-France (R.) . . . . **Y** 2
Baigneurs (R. des) . . . . **Y** 5
Barré (R. J.) . . . . **YZ** 7
Berthelot (R.) . . . . **Z** 8
Centre (R. du) . . . . **Y** 10
Croas-Talud (R.) . . . . **Y** 14
Duguay-Trouin (R.) . . . . . . **YZ** 15
Enfer (Pl. de l') . . . . **YZ** 16
Grand-Port (Quai du) . . . . . **Y** 19
Grand-Port (R. du) . . . . . . **Y** 20
Jaurès (R. Jean) . . . . **YZ**
Jean-Bart (R.) . . . . **Y** 24
Kerivel (R. E.) . . . . **YZ** 21
Laënnec (R.) . . . . **Z** 25
Lamennais (R.) . . . . **Z** 27
Marine (R. de la) . . . . **Y** 32
Michel (R. L.) . . . . **Y** 36
Monte-au-Ciel (R.) . . . . . . **Z** 37
Péri (Pl. Gabriel) . . . . **Y** 42
Petit-Port (Quai du) . . . . . . **Y** 43
Plomarc'h (R. des) . . . . . . **YZ** 44
Stalingrad (Pl.) . . . . **Z** 65
Vaillant (Pl. E.) . . . . **Y** 59
Victor-Hugo (R.) . . . . **Z** 60
Voltaire (R.) . . . . **Y** 62

Sens unique en
saison: flèche noire

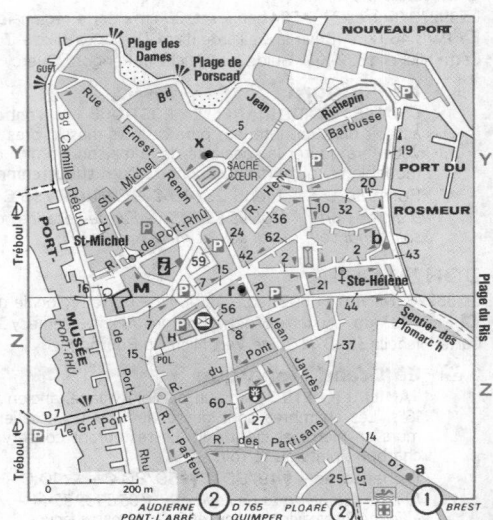

⊯○ L'Insolite

CUISINE MODERNE · À LA MODE ✕✕ Plutôt séduisants, ce bar de ligne en carpaccio au citron vert et miel, et ce gigot d'agneau de lait en cuisson douce... Ici, le terroir s'offre des présentations originales, et les inventions sont légion. La faute aux deux jeunes chefs, passionnés et formés dans de belles maisons. À découvrir !

☜ Formule 15 € – Menu 18 € (déj. en semaine), 31/71 € – Carte 45/97 €

Plan : Y-r – *Hôtel de France, 4 r. Jean-Jaurès* – ℰ *02 98 92 00 02*
– *www.lafrance-dz.com* – *Fermé 1 semaine en fév., 30 oct.-20 nov., 18-26 déc., dim. soir et lundi*

⊯○ Le Kériolet

CUISINE TRADITIONNELLE · CONVIVIAL ✕ Allez, on embarque ! Cuisine traditionnelle, produits du terroir et pêche locale en vue dans ce restaurant discrètement marin. Quelques chambres sont également à disposition, plutôt simples mais bien tenues.

☜ Menu 15 € (semaine), 20/40 € – Carte 27/46 €

8 chambres – 🛏55/68 € 🛏🛏55/68 € – ⌓ 8 €

Plan : Z-a – *29 r. Croas-Talud* – ℰ *02 98 92 16 89* – *www.hotel-keriolet.com*
– *Fermé 1ᵉʳ-10 fév.*

⊯○ Quai 29

CUISINE TRADITIONNELLE · BISTRO ✕ C'est un peu la version bistrot de L'Insolite, le restaurant de l'Hôtel de France ; d'ailleurs, les propriétaires sont les mêmes. Bien protégé par la baie vitrée, on nargue la tempête devant tapas, fruits de mer et formule à la plancha. Le tout servi par une jeune équipe motivée, dans une ambiance sympathique !

☜ Formule 15 € – Menu 18 € (déj. en semaine), 26/34 € – Carte 25/45 €

Plan : Y-b – *11 quai du Petit-Port* – ℰ *02 98 92 24 41* – *Ouvert de mi-mars à mi-oct. et fermé mardi soir hors saison et merc.*

🏠 Le Clos de Vallombreuse

VILLA · CLASSIQUE Derrière l'église, cette belle demeure de 1902 domine la baie de Douarnenez ; les propriétaires ont su préserver son charme classique, tout en assurant un confort optimal dans les chambres. Avec, en prime, un espace bien-être avec sauna et jacuzzi !

30 chambres – 🛏60/170 € 🛏🛏60/170 € – ⌓ 13 € – ½ P

Plan : Y-x – *7 r. d'Estienne-d'Orves* – ℰ *02 98 92 63 64*
– *www.closvallombreuse.com*

⊯○ **Le Clos de Vallombreuse** – voir les restaurants ci-dessus

🏠 Hôtel de France

TRADITIONNEL · FONCTIONNEL Dans cet Hôtel de France, les chambres jouent les contrastes, mélange de style contemporain dépouillé, de couleurs vives et de mobilier breton. Il souffle un vent de fraîcheur sur cet établissement né en 1878...

22 chambres – 🛏70/80 € 🛏🛏70/80 € – ⌓ 10 € – ½ P

Plan : Y-r – *4 r. Jean-Jaurès* – ℰ *02 98 92 00 02* – *www.lafrance-dz.com*
– *Fermé 1 semaine en fév., 30 oct.-20 nov. et 18-26 déc.*

⊯○ **L'Insolite** – voir les restaurants ci-dessus

à Tréboul 3 km au Nord-Ouest – ✉ 29100 Douarnenez

🏠 Ty Mad

VILLA · PERSONNALISÉ Ty mad : bonne maison en breton. Il faut dire que l'hôtel a du charme avec ses matériaux naturels (pierre et bois) et sa décoration franchement zen ; même la cour a des allures de jardin japonais. Cuisine bio aux herbes fraîches et piscine à contre-courant : on se sent bien.

16 chambres – 🛏80/120 € 🛏🛏118/220 € – ⌓ 15 €

plage St-Jean, (près de la chapelle St-Jean) – ℰ *02 98 74 00 53*
– *www.hoteltymad.com* – *Ouvert 12 mars-15 nov.*

DOUBS – 25 (Doubs) → voir Pontarlier

DOUCIER
✉ 39130 (Jura) – 300 hab. – Alt. 526 m – Carte régionale n° **16**-B3
▶ Paris 427 km – Champagnole 21 km – Lons-le-Saunier 25 km
Carte Michelin 321-E7 – Guide Vert Michelin Franche-Comté Jura

🍴 Le Comtois
CUISINE TRADITIONNELLE · RUSTIQUE XX Une jolie auberge de campagne tenue par un couple charmant... Monsieur réalise son pain et cuisine à base de plantes et d'herbes du pays pour honorer les recettes régionales. Attrayante sélection de vins du Jura et, pour l'étape, chambres simples à l'étage.
Formule 18 € – Menu 26 € – Carte 31/53 €
6 chambres �</> – †62/70 € ††68/78 €
806 r. des Trois-Lacs – ℰ 03 84 25 71 21 (réservation conseillée)
– www.lecomtoisdoucier.com – Fermé lundi midi et vend. midi en juil.-août

DOUÉ-LA-FONTAINE
✉ 49700 (Maine-et-Loire) – 7 521 hab. – Alt. 75 m – Carte régionale n° **35**-C2
▶ Paris 322 km – Angers 40 km – Châtellerault 86 km – Cholet 50 km
Carte Michelin 317-H5 – Guide Vert Michelin Châteaux de la Loire

😊 Auberge Bienvenue
CUISINE TRADITIONNELLE · CLASSIQUE XX Ici, vous serez toujours le bienvenu ! Confortablement installé sous les poutres et les arcades de la grande salle, on est contraint... de constater que la tradition a toujours du bon, surtout en cuisine. Ne passez pas à côté du bœuf au tanin d'Anjou. Bon rapport qualité-prix.
Formule 15 € – Menu 30/46 € – Carte 44/54 €
104 rte de Cholet, (face au zoo) – ℰ 02 41 59 22 44 – www.aubergebienvenue.com
– Fermé 21 déc.-15 janv., dim. soir et lundi

🏠 Auberge Bienvenue
AUBERGE · FONCTIONNEL Entre la Loire et les vignobles d'Anjou, cette auberge abrite des chambres calmes, spacieuses et bien tenues – plus contemporaines dans l'annexe. Piscine couverte, jacuzzi, salle de musculation... Un pied-à-terre idéal pour visiter le zoo local ou découvrir les roseraies.
11 chambres – †69/115 € ††69/115 € – 4 suites – �</> 12 € – ½ P
104 rte de Cholet, (face au zoo) – ℰ 02 41 59 22 44 – www.aubergebienvenue.com
– Fermé 21 déc.-15 janv., dim. soir et lundi
😊 **Auberge Bienvenue** – voir les restaurants ci-dessus

DOURGNE
✉ 81110 (Tarn) – 1 303 hab. – Alt. 250 m – Carte régionale n° **29**-C2
▶ Paris 742 km – Carcassonne 52 km – Castelnaudary 35 km – Toulouse 67 km
Carte Michelin 338-E10

🍴 Hostellerie de la Montagne Noire
CUISINE TRADITIONNELLE · SIMPLE X Les deux fils du propriétaire ont pris le pouvoir en cuisine, dans ce restaurant situé au centre du village ; ils nous régalent de bonnes créations traditionnelles, simples et sans chichis. Et l'été, ça se passe sur la terrasse, à l'ombre des platanes...
😋 Formule 14 € – Menu 17 € (semaine), 27/35 € ♀ – Carte 30/40 €
8 chambres – †54/62 € ††58/64 € – �</> 8 €
15 pl. des Promenades – ℰ 05 63 50 31 12 – www.hoteldourgne.fr – Fermé 1 semaine en fév., dim. soir et lundi

DOUVAINE
✉ 74140 (Haute-Savoie) – 5 253 hab. – Alt. 428 m – Carte régionale n° **46**-F1
▶ Paris 555 km – Annecy 63 km – Chamonix-Mont-Blanc 87 km – Genève 18 km
Carte Michelin 328-K3

✿ Ô Flaveurs (Jérôme Mamet)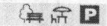

CUISINE MODERNE · ROMANTIQUE XXX Pierres apparentes, poutres, cheminée : un petit château du 15ᵉ s. authentique, élégant et romantique à souhait. Autour d'un menu surprise, on découvre la cuisine pleine de saveurs et de fraîcheur d'un chef inventif et talentueux ; à l'image de ce filet de barbue grillé aux pointes d'asperges vertes et blanches... Ô Flaveurs !

→ Foie gras de canard des Landes mi-cuit, gelée de datte et mendiants. Pigeon fermier farci aux abricots. Forêt noire revisitée, sorbet griotte.

Menu 43 € (déj. en semaine), 79/90 €

Château de Chilly, 2 km au Sud-Est par rte de Crépy
– ✆ 04 50 35 46 55 – www.oflaveurs.com
– Fermé mardi et merc.

DOUVRES-LA-DÉLIVRANDE

✉ 14440 (Calvados) – 5 072 hab. – Alt. 19 m – Carte régionale n° **32**-B2
▶ Paris 246 km – Bayeux 26 km – Caen 15 km – Deauville 48 km
Carte Michelin 303-J4 – Guide Vert Michelin Normandie Cotentin

à Cresserons 2 km à l'Est par D35 – ✉ 14440 – 1 205 hab. – Alt. 9 m

⅋○ La Valise Gourmande

CUISINE CLASSIQUE · TRADITIONNEL XXX Une adresse aussi charmante que gourmande. Blotti au fond d'un délicieux jardin clos, ce prieuré du 18ᵉ s. semble attendre votre visite. Un accueil très souriant, un repas classique de qualité, des prix sages : on passe un bon moment.

Formule 19 € – Menu 24 € (semaine), 31/46 € – Carte 40/57 €

7 rte de Lion-sur-Mer – ✆ 02 31 37 39 10 (réservation conseillée)
– www.lavalisegourmande-caen.com – Fermé dim. soir, mardi midi et lundi

DRACY-LE-FORT – 71 (Saône-et-Loire) → voir Chalon-sur-Saône

DRAGUIGNAN

✉ 83300 (Var) – 37 476 hab. – Alt. 178 m – Carte régionale n° **41**-C3
▶ Paris 862 km – Fréjus 30 km – Marseille 124 km – Nice 89 km
Carte Michelin 340-N4 – Guide Vert Michelin Côte d'Azur

⅋○ Lou Galoubet

CUISINE TRADITIONNELLE · FAMILIAL XX Foie gras au pain d'épice et chutney, faux-filet de bœuf à la sauce aux échalotes confites, soufflé au Grand Marnier... Tradition, saisons et fraîcheur sont les maîtres-mots de ce discret petit restaurant du centre-ville. Accueil tout sourire.

Formule 22 € – Menu 31 € – Carte 38/58 €

Plan : Z-e *– 23 bd Jean-Jaurès – ✆ 04 94 68 08 50 – www.lougaloubet.com*
– Fermé 1 semaine vacances de fév. et de printemps, 1 semaine début juil., sam. midi, dim. soir, mardi soir et merc.

⌂ La Source Saint-Michel

HISTORIQUE · PERSONNALISÉ À l'écart de la ville, entre champs d'oliviers et allées de platanes, cette demeure bourgeoise toute blanche (19ᵉ s.) distille le charme d'antan : tomettes, mobilier d'époque, cheminées, etc. L'accueil charmant et les cours d'œnologie proposés permettent de s'initier à l'art de vivre de la région... et la belle piscine vous tend les bras !

4 chambres ☷ – ♥95/115 € ♥♥145/260 €

299 chemin de Seyran, au Nord direction centre hospitalier puis rte secondaire
– ✆ 04 94 84 59 05 – www.lasourcesaintmichel.com
– Fermé 15 oct.-6 janv.

DRAGUIGNAN

Cisson (R.) . . . . **YZ** 3
Clemenceau (Bd) . . . . **Z**
Clément (R. P.) . . . . **Z** 4
Droits-de-l'Homme
    (Parvis des) . . . . **Z** 5

Gay (Pl. C.) . . . . **Y** 6
Grasse (Av. de) . . . . **Y** 8
Joffre (Bd. Mar.) . . . . **Z** 9
Juiverie (R. de la) . . . . **Y** 12
Kennedy (Bd J.) . . . . **Z** 13
Leclerc (Bd Gén.) . . . . **Z** 14
Marchands (R. des) . . . . **Y** 15
Marché (Pl. du) . . . . **Y** 16

Martyrs-de-la-Résistance
    (Bd des) . . . . **Z** 17
Marx-Dormoy
    (Bd) . . . . **Z** 18
Mireur (R. F.) . . . . **Y** 19
Observance (R. de l') . . . . . . **Y** 20
République (R. de la) . . . . . . **Z** 23
Rosso (Av. P.) . . . . **Z** 24

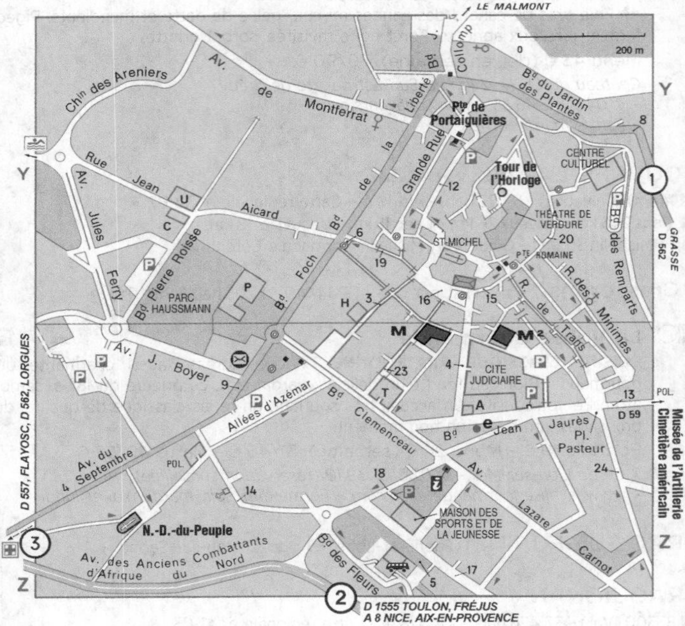

rte de Flayosc 4 km au Sud-Ouest par D557 – ⊠ 83300 Draguignan :

⌂ Les Oliviers

FAMILIAL · FONCTIONNEL Un jeune couple charmant veille au bon fonctionnement de cet hôtel : si la simplicité est de mise, un vrai esprit chaleureux règne sur les lieux, parfaitement tenus. Le jardin fleuri – avec piscine – accueille, en été, le petit-déjeuner. Dernier atout : des prix mesurés !

12 chambres – 🛏59/75 € 🛏🛏59/75 € – ⊑ 8 €
rte de Flayosc, D 557 – ℰ 04 94 68 25 74 – www.les-oliviers.eu

à Flayosc 7 km au Sud-Ouest par D557 – ⊠ 83780 – 4 366 hab. – Alt. 310 m

☺ L'Oustaou

CUISINE MODERNE · RUSTIQUE XX Qu'il est agréable de prendre son temps à la terrasse de cette auberge familiale, face à la place du village au caractère bien méridional... Au menu : des variations originales inspirées de recettes régionales, conçues par le jeune chef, Mathieu Cassin, qui a acquis son savoir-faire "chez les grands". Pensez à réserver !

Formule 17 € – Menu 23 € (déj. en semaine), 30/49 € – Carte 35/43 €
5 pl. Joseph-Brémond, (au village) – ℰ 04 94 70 42 69
– www.restaurantloustaou.com – Fermé dim. soir, mardi sauf le soir de mai à sept. et merc. d'oct. à avril

DRAIN

✉ 49530 (Maine-et-Loire) – 2 059 hab. – Alt. 53 m – Carte régionale n° **34**-B2
▶ Paris 359 km – Cholet 60 km – Nantes 41 km – Saint-Herblain 48 km
Carte Michelin 317-B4

🏠 Le Mésangeau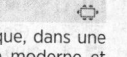

VILLA · PERSONNALISÉ En pleine campagne, au cœur d'un parc arboré avec plan d'eau, on découvre cette vaste gentilhommière de 1830 au bout d'une allée qui traverse la forêt... Belle entrée en matière ! Les chambres, simples et rustiques, la salle de billard et l'ambiance délicieusement passéiste achèvent de nous convaincre.

5 chambres ☑ – 🛏80/100 € 🛏🛏90/110 €

5 km au Sud par D154 – 𝒞 02 40 98 21 57 – www.loire-mesangeau.com – Ouvert 1er avril-31 oct.

DREUX

✉ 28100 (Eure-et-Loir) – 31 195 hab. – Alt. 82 m – Carte régionale n° **11**-B1
▶ Paris 78 km – Chartres 36 km – Évreux 44 km – Mantes-la-Jolie 43 km
Carte Michelin 311-E3 – Guide Vert Michelin Normandie Vallée de la Seine

🙂 Le Saint-Pierre

FRANÇAISE MODERNE · ÉLÉGANT XX Un restaurant bien sympathique, dans une petite rue du quartier commerçant. Le chef y prépare une cuisine moderne et rafraîchissante, jouant habilement avec les épices et les agrumes : langoustines et légumes en carpaccio vinaigrette citron miel, chocolat et praliné croquant... de quoi vous ouvrir les portes du paradis !

Formule 15 € – Menu 32 € – Carte 32/53 €

19 r. Sénarmont – 𝒞 02 37 46 47 00 – www.lesaint-pierre.com – Fermé 1 semaine en mars et sept., dim. soir et lundi

à Chérisy 4,5 km par N12 – ✉ 28500 – 1 839 hab. – Alt. 88 m

🙂 Le Vallon de Chérisy

CUISINE MODERNE · COSY XX L'enseigne ? Un clin d'œil à une ode de Victor Hugo composée dans cette même auberge en 1821. Ici, la cuisine, copieuse et volontiers rustique, s'inspire des saisons et met en avant les produits locaux, en particulier les légumes et les herbes aromatiques... Gourmand et bon !

Menu 30/59 € – Carte 36/70 €

12 rte de Paris – 𝒞 02 37 43 70 08 – www.le-vallon-de-cherisy.fr – Fermé 15-28 fév., 18 juil.-3 août, jeudi soir d'oct. à mars, dim. soir, mardi soir et merc.

à Ste-Gemme-Moronval 6 km au Nord-Est par N12, D912 et D308¹ – ✉ 28500 – 1 061 hab. – Alt. 79 m

ⅠO L'Escapade

CUISINE CLASSIQUE · COSY XXX Faites une escapade dans cette auberge champêtre vraiment accueillante : la carte met l'accent sur la fraîcheur et la tradition, et la terrasse est si plaisible...

Menu 35 € – Carte 57/97 €

pl. du Dr.-Charles-Jouve – 𝒞 02 37 43 72 05 – www.aubergelescapade.fr – Fermé 15 août-7 sept., 18-26 janv., dim. soir, lundi soir et mardi

à Vernouillet 2 km au Sud par D311 – ✉ 28500 – 11 899 hab. – Alt. 97 m

ⅠO Auberge de la Vallée Verte

CUISINE TRADITIONNELLE · RUSTIQUE XX Poutres apparentes, cheminée et jolis tableaux participent à l'atmosphère sereine de ce restaurant, où l'on savoure une cuisine de saison réalisée à partir de produits locaux. Les chambres, plus grandes dans l'annexe, sont simples et bien tenues, avec un jardin pour se ressourcer.

Menu 34/56 € ♈ – Carte 48/93 €

15 chambres – 🛏85/105 € 🛏🛏85/105 € – ☑ 12 €

6 r. Lucien-Dupuis, (près de l'église) – 𝒞 02 37 46 04 04 – www.aubergevalleeverte.fr – Fermé 31 juil.-21 août, 25-30 déc., 1er-4 janv., dim. et lundi

DRUBEC

✉ 14130 (Calvados) – 110 hab. – Alt. 125 m – Carte régionale n° **33**-C2
▶ Paris 197 km – Caen 42 km – Evreux 92 km – Rouen 91 km
Carte Michelin 303-M4

❏❍ La Haie Tondue   🛖 AC ℅ P

CUISINE TRADITIONNELLE · **RUSTIQUE** XX Gratinée d'escargots, Saint-Jacques et langoustines, blanquette de veau aux pleurotes... Dans cette maison
couverte de vigne vierge, la cuisine est traditionnelle et bien tournée. Rustique, le cadre l'est également ! L'été, on profite de la terrasse. Accueil chaleureux.
Formule 19 € – Menu 30 € (déj.), 37/44 € – Carte 27/47 €
3 rte de Caen, (à La Haie Tondue), au Nord-Est sur la D675
– ℰ 02 31 64 85 00 – www.restaurant- la-haie-tondue.fr
*– Fermé 1 semaine en juin, 1 semaine en nov., 2 semaines en janv., lundi soir
sauf août et mardi*

DRUSENHEIM

✉ 67410 (Bas-Rhin) – 5 089 hab. – Alt. 122 m – Carte régionale n° **1**-B1
▶ Paris 499 km – Haguenau 17 km – Saverne 61 km – Strasbourg 33 km
Carte Michelin 315-L4

❏❍ Auberge du Gourmet   🛏 🛖 ℅ P

CUISINE TRADITIONNELLE · **AUBERGE** XX Une auberge entourée d'un grand jardin l'isolant de la route. La cuisine, traditionnelle, est servie dans une salle chaleureuse. Les chambres – assez spacieuses, claires et fraîches – sont très bien tenues.
Menu 24/42 € – Carte 34/70 €
11 chambres – ♦49/55 € ♦♦58/65 € – 🍽 8 €
rte Strasbourg, 1 km au Sud-Ouest
– ℰ 03 88 53 30 60 – www.auberge-gourmet.com
– Fermé 2-21 mars , 3 semaines en août, sam. midi, mardi soir et merc.

DUCEY

✉ 50220 (Manche) – 2 485 hab. – Alt. 15 m – Carte régionale n° **32**-A3
▶ Paris 348 km – Avranches 11 km – Fougères 41 km – Rennes 80 km
Carte Michelin 303-E8 – Guide Vert Michelin Normandie Cotentin

❏❍ Auberge de la Sélune   🛖 🛖 ℅ ⇔ P

CUISINE MODERNE · **CLASSIQUE** XX Au bord de la Sélune – connue pour les sau-
mons qui viennent y frayer –, un cadre classique, lumineux, et une cuisine actuelle
rythmée par les saisons : ballotine de lapin aux pistaches, lieu jaune et beurre aux
coquillages, tarte au chocolat... Les saveurs sont au rendez-vous et les prix restent mesurés !
😋 Menu 18 € (déj. en semaine), 29/49 € – Carte 41/53 €
2 r. St-Germain – ℰ 02 33 48 53 62 – www.selune.com
*– Fermé 1 semaine en fév., 2 semaines en oct., dim. soir et mardi soir de fin sept. à
fin mars et merc. de fin sept. à début juil.*

⌂ Auberge de la Sélune   🌿 🛖 & 🛁

AUBERGE · **FONCTIONNEL** Sur les bords de la Sélune qui part se jeter dans la
baie du Mont-Saint-Michel, une bonne option pour dormir un peu à l'écart du circuit touristique. Les chambres sont simples et bien tenues, côté route ou côté jardin et rivière.
20 chambres – ♦72/89 € ♦♦72/89 € – 🍽 10 € – ½ P
2 r. St-Germain – ℰ 02 33 48 53 62 – www.selune.com
– Fermé 1 semaine en fév. et 2 semaines en oct.
❏❍ **Auberge de la Sélune** – voir les restaurants ci-dessus

Moulin de Ducey 🛁 ⋜ 🖥 ♿ 🅿

HÔTEL DE VACANCES · PERSONNALISÉ Entre bief et Sélune, cet ancien moulin semble établi sur une île verdoyante... On y trouve des chambres confortables, à la déco sobre et épurée ; la salle du petit-déjeuner surplombe le vieux pont de pierre, d'où l'on peut pratiquer la pêche au saumon !

28 chambres – ♦75/160 € ♦♦75/160 € – ⬚12 €

1 Grande-Rue – 𝒞 02 33 60 25 25 – www.moulindeducey.com – Fermé 15 déc.-3 janv.

DUHORT-BACHEN

✉ 40800 (Landes) – 653 hab. – Alt. 72 m – Carte régionale n° **3**-B3
🚗 Paris 710 km – Bordeaux 150 km – Mont-de-Marsan 30 km – Pau 57 km
Carte Michelin 335-J12

🍽 **Les Arcades** 🛋 AC

CUISINE TRADITIONNELLE · RUSTIQUE XX Dire que cette adresse porte haut les couleurs du terroir est un euphémisme ! Dans une ambiance champêtre ou installés sous les arcades, les gourmands dégustent de bonnes recettes traditionnelles. Qui plus est, un vendredi soir par mois, un producteur du coin est mis en lumière lors d'une soirée thématique.

🍷 Menu 14 € ▼ (déj. en semaine), 26/31 € – Carte 30/50 €

232 pl. de la Mairie – 𝒞 05 58 71 85 59 – www.restaurant-arcades.fr – Fermé de mi-janv. à mi-fév., merc. soir et jeudi soir en hiver, mardi soir, dim. soir et lundi

DUINGT

✉ 74410 (Haute-Savoie) – 874 hab. – Alt. 450 m – Carte régionale n° **46**-F1
🚗 Paris 548 km – Albertville 34 km – Annecy 12 km – Megève 48 km
Carte Michelin 328-K6 – Guide Vert Michelin Alpes du Nord

🍽 **Comptoir du Lac** ⋜ 🛋 🛋 🌿 🅿

CUISINE TRADITIONNELLE · DESIGN X Un restaurant aux airs de grande verrière indus' et contemporaine, cerné par la verdure, la montagne et le lac... Un endroit vraiment sympathique, pour une cuisine actuelle qui l'est elle aussi !

Formule 19 € – Menu 25 € (déj. en semaine)/45 € – Carte environ 54 €

410 allée de la Plage – 𝒞 04 50 68 14 10 – www.comptoirdulac.com – Fermé 23 oct.-9 déc., dim. soir et merc.

 Clos Marcel 🌿 ⋜ 🛋 ♿ 🌿 🅿

TRADITIONNEL · DESIGN Sur un site privilégié au bord du lac d'Annecy (ponton privé), une architecture repensée dans un esprit écologique, des chambres design et confortables : un Clos Marcel résolument 21e s.

14 chambres – ♦175/220 € ♦♦175/270 € – 1 suite – ⬚16 €

410 allée de la Plage – 𝒞 04 50 68 67 47 – www.closmarcel.com – Fermé 23 oct.-9 déc.

🍽 **Comptoir du Lac** – voir les restaurants ci-dessus

DUNES

✉ 82340 (Tarn-et-Garonne) – 1 216 hab. – Alt. 120 m – Carte régionale n° **28**-B2
🚗 Paris 655 km – Agen 21 km – Auvillar 13 km – Miradoux 12 km
Carte Michelin 337-A7

 Les Templiers 🛋 AC 🌿 ⟷

CUISINE MODERNE · FAMILIAL XX Au centre de cette jolie bourgade, dans une maison du 16e s. au charme préservé. Les grands principes du chef : "la tradition, qui garantit la qualité" et "l'innovation, qui préserve de la routine". Un gage d'authenticité et de surprise... L'été, on se régale en profitant de la terrasse sous les arcades.

Menu 21 € (déj. en semaine), 32/42 € – Carte 48/59 €

1 pl. des Martyrs – 𝒞 05 63 39 86 21 – Fermé vacances de la Toussaint, dim. soir, lundi et mardi

DUNIÈRES

✉ 43220 (Haute-Loire) – 2 898 hab. – Alt. 760 m – Carte régionale n° **6**-D3
▶ Paris 549 km – Le Puy-en-Velay 52 km – St-Agrève 30 km – St-Étienne 37 km
Carte Michelin 331-I2

(☺) La Tour   ⇔ 🅟

TERROIR · FAMILIAL XX Les produits locaux (lentilles vertes du Puy, escargots de Grazac, pintade fermière, etc.) se transforment en mets alléchants sous l'impulsion du chef. C'est bon, soigné, généreux, avec en prime, un beau chariot de fromages auvergnats. Tout est sympathique, y compris les chambres, bien pratiques.
Formule 15 € – Menu 27/60 € – Carte 43/70 €
11 chambres – ♦64/70 € ♦♦64/70 € – ☑ 10 €
7 ter rte du Fraisse, D61 – ℰ 04 71 66 86 66 – www.hotelrestaurantlatour.com
– Fermé 15 fév.-13 mars, 22-29 août, 14-20 nov., 1er-4 janv., vend. soir d'oct. à mai,
dim. soir et lundi

DUNKERQUE

✉ 59140 (Nord) – 90 995 hab. – Agglo. 177 270 hab. – Alt. 4 m – Carte régionale n° **30**-B1
▶ Paris 288 km – Amiens 205 km – Calais 47 km – Ieper 56 km
Carte Michelin 302-C1

⁑◯ Le Vent d'Ange

CUISINE MODERNE · CLASSIQUE XX Vent d'Ange ? Tout d'abord parce que le décor s'inspire des jolis angelots du baroque italien... et parce que la cuisine, fraîche comme un petit vent de printemps, fleure bon l'air du temps.
Formule 19 € – Menu 24/40 € ☿
Plan : AX-f – *1449 av. de Petite-Synthe – ℰ 03 28 25 28 98*
– www.leventdange.com – Fermé 23 fév.-8 mars, 17 août-2 sept., mardi soir, merc.
soir, dim. soir et lundi

⁑◯ L'Estouffade   📷 AC

CUISINE MODERNE · ÉLÉGANT XX Royale de moules, noix de Saint-Jacques aux endives caramélisées... Tout près du port, ce restaurant met l'eau à la bouche et la mer à l'honneur ! Accueil charmant.
Formule 17 € – Menu 21 € (déj. en semaine), 31/54 € – Carte 38/53 €
Plan : CZ-r – *2 quai de la Citadelle – ℰ 03 28 63 92 78 – www.estouffade.com*
– Fermé 27 fév.-5 mars, dim. soir, mardi soir et lundi

⁑◯ L'Auberge de Jules   AC

POISSONS ET FRUITS DE MER · CONVIVIAL X Près du port de plaisance, un bistrot gourmand, convivial et... familial. La patronne accommode le poisson tout frais pêché par son frère : la fraîcheur est au rendez-vous ! Quant à son "jules", il s'occupe des desserts...
Formule 22 € – Menu 26/36 € – Carte 30/51 €
Plan : CY-a – *9 r. de la Poudrière – ℰ 03 28 63 68 80 – Fermé 2 semaines*
en août, 1 semaine début janv., sam., dim. et fériés

🏠 Borel   🛗 🖭 🏃

BUSINESS · FONCTIONNEL Tout près du port de plaisance, cet hôtel est idéalement placé. On s'y repose dans des chambres parfaitement tenues, qui ont toutes été rénovées ces dernières années. Une bonne adresse pour un déplacement professionnel ou une escapade en ville.
48 chambres – ♦86 € ♦♦97/140 € – ☑ 12 €
Plan : CY-u – *6 r. L'Hermite – ℰ 03 28 66 51 80 – www.hotelborel.fr*

🏠 Ibis   🖭 🏃

HÔTEL DE CHAÎNE · FONCTIONNEL Non loin du port de plaisance, un hôtel de chaîne avec des chambres fonctionnelles et une offre de restauration toute simple mais pratique.
120 chambres – ♦69/95 € ♦♦69/95 € – ☑ 10 €
Plan : CY-s – *13 r. Leughenaer – ℰ 03 28 66 29 07 – www.ibishotel.com*

DUNKERQUE

Banc Vert (R. du) .... AX 8
Berteaux (Av. M.) .... AX 10
Cambon (Bd P.) .... BX 17
Darses (Chaussée des) .... AX 25
Jean-Jaurès (Bd.) .... BX 39
Lille (R. de) .... BX 45
Malo (R. Célestin) .... BX 50
Mendès-France (Bd) .... BX 52
Pasteur (R.) .... BX 56
République (R. de la) .... AX 61
Waldeck-Rousseau (R.) .... BX 73

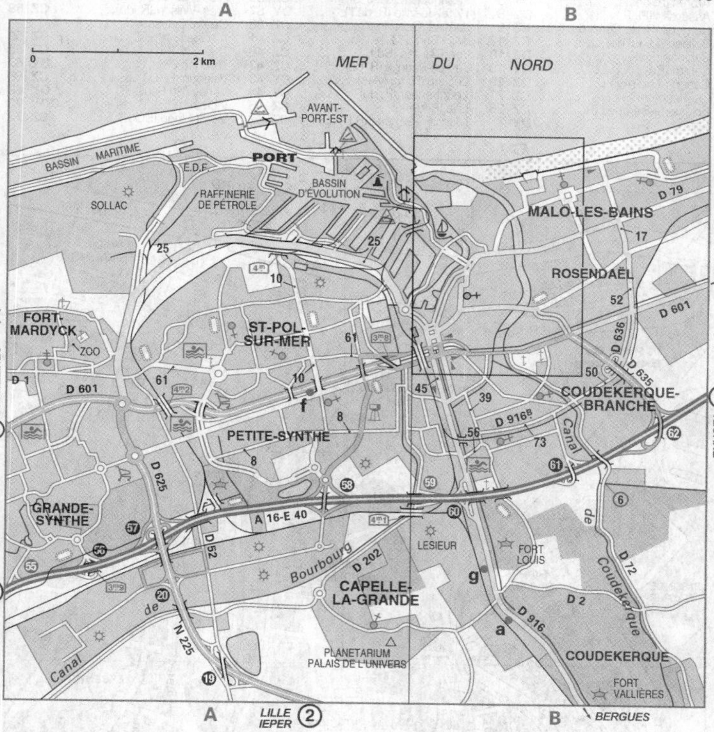

à Malo-les-Bains - ✉ 59240

L'Hirondelle

FAMILIAL • FONCTIONNEL Au cœur de la petite station balnéaire, un sympathique hôtel familial, aux chambres contemporaines et sobres, aussi plaisantes que l'accueil réservé par les charmants propriétaires. Au restaurant, honneur aux produits de la mer.

50 chambres - †93/115 € ††137/156 € - ☕ 10 € - ½ P

Plan : DY-r - *46 av. Faidherbe* - *✆ 03 28 63 17 65*
- *www.hotelhirondelle.com*

à Téteghem 6 km au Sud-Est par D601 - ✉ 59229 - 6 995 hab. - Alt. 1 m

La Meunerie

TRADITIONNEL • PERSONNALISÉ Cette maison régionale, située en bordure de rond-point, est tenue en famille ; on s'y repose dans des chambres modernes et bien tenues, avec tout le confort nécessaire.

9 chambres - †90/138 € ††122/199 € - ☕ 11 € - ½ P

au Galghouck, 2 km au Sud-Est par D4 - ✆ 03 28 26 14 30
- *www.lameunerie.fr*

DUNKERQUE

Albert-1er (R.) . . . . **CZ** 2
Alexandre-III (Bd) . . . . **CZ** 3
Arbres (R. des) . . . . **CDY** 6
Asseman (Pl. P.) . . . . **DY** 8
Bergues (R. du Canal de) . . . . . **CZ** 9
Bollaert (Pl. Émile) . . . . **CZ** 12
Calonne (Pl.) . . . . **DZ** 16
Carnot (Bd) . . . . **DY** 18
Carton-Lurat (Av.) . . . . **DZ** 19
Clemenceau (R.) . . . . **CZ** 21
Écluse-de-Bergues (R.) . . . . . . **CZ** 26
Faidherbe (Av.) . . . . **DY**

Fusillés-Marins (R.) . . . . **CZ** 30
Gare (Pl. de la) . . . . **CZ** 32
Gaulle (Pl. du Gén.-de) . . . . **CZ** 33
Geeraert (Av. Adolphe) . . . . **DY**
Hermitte (R. l') . . . . **CY** 35
Hollandais (Quai des) . . . . **CZ** 36
Hôtel-de-Ville (R. de l') . . . . **DY** 37
Jardins (Quai des) . . . . **CZ** 38
Jean-Bart (Pl.) . . . . **CZ** 41
Jean-Jaurès (Bd.) . . . . **CZ** 40
Jeu-de-Paume (R. du) . . . . **CZ** 42
Leclerc (R. du Mar.) . . . . **CY** 43
Leughenaer (R. du) . . . . **CY** 44
Lille (R. de) . . . . **CZ** 45
Magasin-Général (R.) . . . . **CZ** 48

Malo (Av. Gaspard) . . . . **DY** 49
Mar.-de-France (Av. des) . . . . . . **DY** 51
Mer (Digue de) . . . . **DY**
Minck (Pl. du) . . . . **CY** 53
Paris (R. de) . . . . **CZ** 54
Prés.-Poincaré (R. du) . . . . **CZ** 57
Prés.-Wilson (R. du) . . . . **CZ** 58
Quatre-Écluses
  (Quai) . . . . **CZ** 59
Thiers (R.) . . . . **CZ** 65
Turenne (Pl.) . . . . **DY** 67
Valentin (Pl. C.) . . . . **CZ** 68
Verley (Bd Paul) . . . . **DY** 69
Victoire (Pl. et R. de la) . . . . . . **CDY** 70
Victor-Hugo (Bd) . . . . **CZ** 72

à Coudekerque-Branche - ✉ 59210 - 22 077 hab. - Alt. 1 m

Le Soubise

CUISINE CLASSIQUE • AUBERGE XXX Une table élégante, où l'on se régale d'une cuisine pleine d'authenticité et de générosité… à l'image du maître des lieux, Michel Hazebroucq. Connue et reconnue pour sa gentillesse, cette figure de Dunkerque a déjà passé plus de cinquante ans derrière les fourneaux. Une bien belle carrière !

Formule 25 € – Menu 32/56 €

Plan : BX-g – *49 rte de Bergues – ✆ 03 28 64 66 00 – www.restaurant-soubise.com – Fermé 31 mars-13 avril, 21 juil.-17 août, 16 déc.-4 janv., sam. et dim.*

à Cappelle-la-Grande 5 km au Sud sur D916 – ✉ 59180 – 8 022 hab.

Fleur de Sel

CUISINE TRADITIONNELLE • À LA MODE XX Le long du canal, l'adresse prend ses aises dans un ancien corps de ferme du 17e s., mêlant agréablement pierres apparentes et esprit contemporain. Au menu : une cuisine traditionnelle concoctée avec fraîcheur et générosité. Une adresse sympathique !

Formule 16 € – Menu 30/45 €

Plan : BX-a – *48 rte de Bergues – ✆ 03 28 64 21 80 – www.fleurdesel-restaurant.com – Fermé 26 déc.-3 janv., dim. soir, merc. soir et lundi*

DURAS

✉ 47120 (Lot-et-Garonne) – 1 318 hab. – Alt. 122 m – Carte régionale n° **4**-C2

Paris 577 km – Agen 90 km – Marmande 23 km – Périgueux 88 km

Carte Michelin 336-D1 – Guide Vert Michelin Aquitaine

Hostellerie des Ducs

CUISINE TRADITIONNELLE • FAMILIAL XX Dans la cuisine des ducs, le père et le fils s'activent aux fourneaux et vous concoctent des plats du terroir généreux et appétissants, avec de beaux produits. Le tout à accompagner d'un vin de Duras… forcément. Quant au grand-père, il prépare le pain maison. Classique et authentique !

Menu 18 € (semaine), 36/63 € – Carte 41/86 €

bd. J.-Brisseau – ✆ 05 53 83 74 58 – www.hostellerieducs-duras.com – Fermé dim. soir d'oct. à juin, lundi sauf le soir de juil. à sept. et sam. midi

Hostellerie des Ducs

FAMILIAL • FONCTIONNEL Un couvent du 18e s., une forge du début du 20e s. et un poste des gardes du… 13e s. : ici, l'histoire vous contemple ! Poutres et vieilles pierres sont omniprésentes, et il faut bien avouer que les chambres tirent joliment parti du caractère des lieux.

18 chambres – †58/130 € ††86/187 € – ☕ 11 € – ½ P

bd. J.-Brisseau – ✆ 05 53 83 74 58 – www.hostellerieducs-duras.com

Hostellerie des Ducs – voir les restaurants ci-dessus

DURTAL

✉ 49430 (Maine-et-Loire) – 3 395 hab. – Alt. 39 m – Carte régionale n° **35**-C2

Paris 261 km – Angers 38 km – La Flèche 14 km – Laval 66 km

Carte Michelin 317-H2 – Guide Vert Michelin Châteaux de la Loire

Restaurant des Plantes

CUISINE MODERNE • À LA MODE XX Au bord d'une voie passante, ce restaurant est le repaire d'un couple motivé et attentionné. Au long d'un menu unique renouvelé tous les mois, ils proposent une cuisine actuelle pleine de saveurs : maquereau et andouille, moutarde basilic, salicorne ; pièce de bœuf, tomates et légumes croquants, jus à l'orientale…

Formule 15 € – Menu 18 € (déj. en semaine), 29/60 €

54 av. d'Angers – ✆ 02 41 76 41 57 – www.restaurantdesplantes.com – Fermé 1 semaine en août, vacances de Noël, dim. soir, mardi soir et merc.

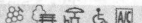

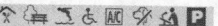

DURY – 80 (Somme) → voir Amiens

EAUCOURT-SUR-SOMME
✉ 80580 (Somme) – 411 hab. – Alt. 6 m – Carte régionale n° **36**-A1
▶ Paris 174 km – Amiens 46 km – Arras 87 km – Lille 137 km
Carte Michelin 301-E7

🅘🅞 L'Auberge du Moulin
CUISINE TRADITIONNELLE · COSY XX Nicolas Vo Ngoc, jeune chef autodidacte aux origines vietnamiennes est un hôte surprenant ! Avec de bons produits locaux (fromage le Rollot, agneau d'Estran) et quelques pincées d'Asie, il revisite les plats de la région à sa sauce. On se régale en profitant de la superbe vue sur la vallée de la Somme...
Formule 12 € – Carte 29/55 €
lieu-dit du Moulin – ℰ 03 22 31 89 86 – www.auberge-moulin-eaucourt.fr – Fermé 2 semaines en janv., 2 semaines en fév., lundi et mardi

EAUZE
✉ 32800 (Gers) – 3 949 hab. – Alt. 164 m – Carte régionale n° **28**-A2
▶ Paris 719 km – Auch 58 km – Mont-de-Marsan 64 km – Toulouse 131 km
Carte Michelin 336-C6

🅘🅞 La Vie en Rose
CUISINE TRADITIONNELLE · AUBERGE X L'intérieur de ce restaurant a du charme et invite à apprécier, en toute sérénité, une cuisine mettant à l'honneur le terroir. Vins de Gascogne et accueil convivial.
🍴 Menu 15 € ♈ (déj. en semaine), 29/45 € – Carte 42/54 €
22 r. Saint-July – ℰ 05 62 09 83 29 – www.restaurant-la-vie-en-rose.com – Fermé vacances de printemps et de la Toussaint, mardi soir et merc.

EBERSMUNSTER
✉ 67600 (Bas-Rhin) – 479 hab. – Alt. 165 m – Carte régionale n° **2**-C1
▶ Paris 508 km – Obernai 23 km – St-Dié-des-Vosges 55 km – Strasbourg 40 km
Carte Michelin 315-J7

🅘🅞 Restaurant des Deux Clefs
CUISINE TRADITIONNELLE · AUBERGE XX Ici, les poissons d'eau douce sont à l'honneur : friture, anguille, etc. On les déguste dans un restaurant au sobre décor alsacien, agrémenté d'une salle winstub.
Formule 22 € – Menu 33/36 € – Carte 35/52 €
*23 r. du Gén.-Leclerc – ℰ 03 88 85 71 55 – www.restaurantauxdeuxclefs.fr
– Fermé 2 semaines en juil., 24 déc.-10 janv., lundi et merc. sauf fériés*

ECCICA-SUARELLA – 2A (Corse-du-Sud) → voir Corse

LES ÉCHELLES
✉ 73360 (Savoie) – ✉ Les Echelles – 1 197 hab. – Alt. 386 m – Carte régionale n° **45**-C2
▶ Paris 552 km – Chambéry 24 km – Grenoble 40 km – Lyon 92 km
Carte Michelin 333-H5 – Guide Vert Michelin Alpes du Nord

à St-Christophe-la-Grotte 5 km au Nord-Est par D1006 et rte secondaire –
✉ 73360 – 518 hab. – Alt. 425 m

🏠 La Ferme Bonne de la Grotte
FAMILIAL · COSY Cette ancienne ferme du 18ᵉs. adossée à une falaise est le point de départ d'une randonnée vers la superbe grotte de St-Christophe. Chambres coquettes et chaleureuses. Plats régionaux servis dans un charmant cadre rehaussé de meubles authentiquement savoyards.
4 chambres ⌑ – ♦85 € ♦♦85/100 €
2027 rte du Pont-Romain – ℰ 04 79 36 59 05 – www.gites-savoie.com

ECHENEVEX – 01 (Ain) → voir Gex

LES ÉCHETS
✉ 01700 (Ain) – ✉ Miribel – Alt. 276 m – Carte régionale n° **43**-E1
▶ Paris 454 km – L'Arbresle 28 km – Bourg-en-Bresse 47 km – Lyon 20 km
Carte Michelin 328-C5

❚❙O Christophe Marguin   ❀ ⇱ 🛉 AK ✇ P
CUISINE CLASSIQUE · CLASSIQUE XxX Une table élégante de la région lyonnaise, avec des boiseries, une bibliothèque et une cave riche en bordeaux et bourgognes. Cuisine classique et spécialités régionales (grenouilles, volaille à la crème, cervelle de canut...).
Formule 23 € – Menu 28 € (semaine), 40/85 € – Carte 50/83 €
916 rte de Strasbourg – ☏ 04 78 91 80 04 – www.christophe-marguin.com – Fermé 8-29 août, 19 déc.-2 janv., sam. midi, dim. soir et lundi

ÉCLOSE
✉ 38300 (Isère) – 710 hab. – Alt. 500 m – Carte régionale n° **44**-B2
▶ Paris 521 km – Bourg-en-Bresse 115 km – Grenoble 59 km – Lyon 54 km
Carte Michelin 333-E5

❚❙O Auberge d'Éclose   ⌀ P
CUISINE TRADITIONNELLE · AUBERGE X Une maison dauphinoise en pisé, nichée dans une rue calme du village. Le chef travaille avec maîtrise de bons produits frais, pour un résultat séduisant : une cuisine qui fleure bon le marché (avec une prédilection pour les épices, les champignons et le gibier en saison), fraîche et goûteuse !
⊛ Formule 14 € – Menu 17 € (déj. en semaine), 29/60 € – Carte 40/58 €
61 r. Sordette – ☏ 04 74 27 98 98 – www.laubergedeclose.fr – Fermé 24 déc.-3 janv., 8-24 août et ouvert vend., sam. et dim. midi

ÉCOUVIEZ
✉ 55600 (Meuse) – 495 hab. – Alt. 196 m – Carte régionale n° **26**-A1
▶ Paris 296 km – Bar-le-Duc 131 km – Metz 95 km – Luxembourg 68 km
Carte Michelin 307-D1

⊛ Les Épices Curiens   ⇆ 🛉 & ⌀ ⅏ P
CUISINE MODERNE · SIMPLE X En se baladant dans les parages, on passe facilement en Belgique sans s'en rendre compte... mais l'ancienne gare de ce village frontalier, transformée en un sympathique restaurant, saura vous retenir en France. On y déguste une cuisine inspirée et bien tournée, accompagnée de bons petits vins. Beaucoup de goût !
Formule 21 € – Menu 28/52 € – Carte 55/71 €
4 chambres – ♦59/79 € ♦♦59/79 € – ⊖ 9 €
3b pl. de la Gare – ☏ 03 29 86 84 58 (réservation conseillée)
– www.lesepicescuriens.com – Fermé 1 semaine à Pâques, 2 semaines en août, 1 semaine vacances de la Toussaint, 1 semaine en janv., dim. soir sauf en été, lundi soir, mardi soir et merc.

ÉCULLY – 69 (Rhône) → voir Lyon

EGUISHEIM
✉ 68420 (Haut-Rhin) – 1 747 hab. – Alt. 210 m – Carte régionale n° **2**-C2
▶ Paris 452 km – Belfort 68 km – Colmar 7 km – Gérardmer 52 km
Carte Michelin 315-H8

⊛ La Grangelière   🛉
CUISINE TRADITIONNELLE · COSY XX Des poules, il y en a partout dans cette sympathique auberge : sur les murs, les rideaux, les tables... un peu comme dans la salle à manger d'une grand-tante collectionneuse. D'ailleurs, il règne ici une authentique atmosphère familiale, et l'on se régale d'une cuisine du terroir gourmande et inspirée !
Formule 19 € – Menu 30/49 € – Carte 36/59 €
59 r. du Rempart-Sud – ☏ 03 89 23 00 30 – www.lagrangeliere.fr – Fermé jeudi de janv. à avril, dim. soir et merc.

ⅱ◯ Au Vieux Porche

CUISINE TRADITIONNELLE · AUBERGE XX Cette demeure typique (1707) est installée sur le domaine viticole de la famille de la gérante. Son compagnon concocte de bons plats classiques et traditionnels, mais il est également vigneron... Autant dire qu'on se délecte de bons vins locaux !

Menu 25/47 € – Carte 33/60 €

16 r. des Trois-Châteaux – ℰ 03 89 24 01 90 – www.auvieuxporche.fr – Fermé 15 fév.-15 mars, mardi et merc. sauf le soir de mai à sept.

ⅱ◯ Auberge des Trois Châteaux

CUISINE TRADITIONNELLE · RUSTIQUE X Quel meilleur décor qu'Eguisheim pour un repas ancré dans la tradition ? Dans l'esprit de cette jolie cité, on met ici en avant les recettes de toujours et les bons produits de la région. Le tout à déguster dans une salle au décor alsacien... Évidemment !

Menu 20/39 € – Carte 29/50 €

10 chambres – ♦58/72 € ♦♦63/75 € – ⌑ 9 €

26 Grand'Rue – ℰ 03 89 23 11 22 – www.auberge-3-chateaux.com – Fermé 1er-14 fév., 1 semaine en juil., 1 semaine en nov., mardi soir et merc.

ⅱ◯ Le Pavillon Gourmand

CUISINE MODERNE · FAMILIAL X Dans cette maison de village (1683), rustique comme il se doit, on savoure une cuisine traditionnelle et régionale soignée. Terrine de campagne aux pépites de foie gras, poulet au riesling, tarte flambée aux myrtilles... Gourmandises !

Menu 19/67 € ♟ – Carte 26/60 €

101 r. du Rempart-Sud – ℰ 03 89 24 36 88 – www.pavillon-gourmand.fr – Fermé 4 janv.-18 fév., 28 juin-6 juil., mardi et merc.

🏠 Hostellerie du Château

FAMILIAL · PERSONNALISÉ Sur une petite place pittoresque, cette demeure à colombages cache un hôtel qui sort du lot : ses chambres, d'inspiration ethnique, sont lumineuses et très accueillantes. Un établissement idéal pour partir à la découverte de la vieille ville.

10 chambres – ♦76/113 € ♦♦76/183 € – ⌑ 12 €

2 r. du Château – ℰ 03 89 23 72 00 – www.hostellerieduchateau.com

🏠 St-Hubert

FAMILIAL · ÉLÉGANT Les vignes, la quiétude... pour un hôtel aux airs de gros pavillon, où l'on cultive avec bonheur l'esprit maison d'hôtes. Dormez tranquille sous l'œil bienveillant de St-Hubert (le patron des chasseurs, dont la statue trône dans l'entrée) : les chambres sont agréables et certaines disposent même d'une petite terrasse.

13 chambres – ♦81/90 € ♦♦108/127 € – 2 suites – ⌑ 12 €

6 r. des Trois-Pierres – ℰ 03 89 41 40 50 – www.hotel-st-hubert.com – Fermé 3 janv.-3 mars, 19-30 juin et 13-24 nov.

ELBEUF

✉ 76500 (Seine-Maritime) – 17 315 hab. – Alt. 6 m – Carte régionale n° **33**-D2

▶ Paris 121 km – Evreux 44 km – Pontoise 109 km – Rouen 24 km

Carte Michelin 304-G6 – Guide Vert Michelin Normandie Vallée de la Seine

ⅱ◯ Le 1900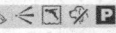

CUISINE CLASSIQUE · CONVIVIAL X Proche du centre-ville, une jolie maison à colombages ; au plafond, des fresques Belle Époque représentant d'élégantes bourgeoises du temps jadis, et sur les tables un nappage froissé rouge et or... Un classicisme qui répond à celui de l'assiette, traditionnelle, soignée, et servie avec le sourire !

Formule 18 € – Menu 24/36 € – Carte 35/49 €

33 r. Guynemer, angle de la r. Henry – ℰ 02 35 77 07 27 – www.restaurantle1900.com – Fermé jeudi soir, sam. midi, dim. soir et lundi

ELNE

✉ 66200 (Pyrénées-Orientales) – 8 275 hab. – Alt. 30 m – Carte régionale n° **22**-B3
▶ Paris 864 km – Argelès-sur-Mer 8 km – Céret 29 km – Perpignan 14 km
Carte Michelin 344-I7 – Guide Vert Michelin Languedoc Roussillon

⫶○ Au Remp'Arts   🌫 ⅁ ♻

CUISINE TRADITIONNELLE · SIMPLE Ⅹ Si vous passez par Elne, arrêtez-vous dans
ce restaurant sur les hauteurs de la ville. Derrière les fourneaux, le chef concocte
une cuisine colorée, sans chichi, avec de beaux produits ; l'été, on profite de la
jolie terrasse végétalisée. Cerise sur le gâteau, les prix sont très raisonnables !
œ Menu 16 € (déj. en semaine)/27 € – Carte 32/52 €
*3 pl. Colonel-Roger – ☏ 04 68 22 31 95 – www.remparts.fr – Fermé 7 nov.-1er déc.,
2-19 janv., mardi soir, lundi et merc. sauf juil.-août*

EMBRUN

✉ 05200 (Hautes-Alpes) – 6 143 hab. – Alt. 871 m – Carte régionale n° **41**-C1
▶ Paris 706 km – Barcelonnette 55 km – Briançon 48 km – Digne-les-Bains 97 km
Carte Michelin 334-G5 – Guide Vert Michelin Alpes du Sud

⫶○ Château La Robéyère   🌫 ⅁

CUISINE MODERNE · COSY ⅩⅩ Ce restaurant est en parfaite harmonie avec la
superbe bâtisse du 18e s. qui l'abrite. Sous le plafond voûté de la salle ou en
terrasse pendant la période estivale, on se régale de préparations au goût du
jour, dont certaines sont issues de l'imposante rôtissoire... Une adresse à ne
pas manquer.
Formule 16 € – Menu 32 € – Carte 39/55 €
*quartier La Robéyère – ☏ 04 92 51 90 78 – www.chateaularobeyere.com – Fermé
dim. soir et lundi sauf juil.-août*

⌂ Château La Robéyère   ⌖ ⅁ ⪡ 🗔 ⅃₆ ⊡ ⅁ 🄿

HÔTEL DE VACANCES · HISTORIQUE Cette splendide bâtisse du 18e s., construite à même le roc, ouvre sur une cour intérieure et surplombe la vallée de la
Durance. On y trouve des chambres chaleureuses, toutes refaites à neuf, décorées dans un esprit de maison de famille.
33 chambres – ♦64/99 € ♦♦84/175 € – ⥮ 10 € – ½ P
quartier La Robéyère – ☏ 04 92 51 90 78 – www.chateaularobeyere.com
⫶○ **Château La Robéyère** – voir les restaurants ci-dessus

rte de Gap 3 km au Sud-Ouest par N94 – ✉ 05200 Embrun :

⫶○ La Table de Paul   ⅏ ⪧ 🌫 ⅁ 🄰🄲 🄿

CUISINE TRADITIONNELLE · COSY ⅩⅩ Cannelloni de truite et brousse des Hautes-Alpes, petit carré d'agneau en croûte d'herbes fraîches... Une cuisine de tradition bien copieuse dans ce sympathique hôtel-restaurant, au décor très nature. Et
l'on n'oublie pas la cave bien fournie, avec près de 300 vins référencés !
Formule 21 € – Menu 25/48 € – Carte 30/55 €
*Hôtel Les Bartavelles, Clos des Pommiers, N94 – ☏ 04 92 43 20 69
– www.bartavelles.com – Fermé 3-17 janv., dim. soir et lundi midi d'oct. à mai*

⌂ Les Bartavelles   ⌖ ⪧ ⅍ ⊛ ⅏ ⊡ ⅍ 🄿

BUSINESS · ALPIN Mélèze sculpté et pierres sèches locales : décor typé dans
cette maison et ses trois bungalows... Chambre ou duplex, on a le choix ; quant
au spa, il se révèle des plus agréables !
42 chambres – ♦75/95 € ♦♦85/115 € – 1 suite – ⥮ 12 € – ½ P
*Clos des Pommiers, N94 – ☏ 04 92 43 20 69 – www.bartavelles.com
– Fermé 3-17 janv.*
⫶○ **La Table de Paul** – voir les restaurants ci-dessus

ENGHIEN-LES-BAINS – 95 (Val-d'Oise) → voir Autour de Paris

ENNORDRES

✉ 18380 (Cher) – 216 hab. – Alt. 166 m – Carte régionale n° **12**-C2
▶ Paris 191 km – Bourges 44 km – Orléans 102 km – Vierzon 38 km
Carte Michelin 323-K2

🏠 Les Chatelains

FAMILIAL · COSY Au carrefour du Berry et de la Sologne, une ferme restaurée dans laquelle le charme d'antan (mobilier d'antiquaire et esprit brocante) rivalise avec la gentillesse des propriétaires des lieux. Cerise sur le gâteau : la table d'hôte, joliment champêtre (attention : uniquement le dimanche), et la cuisine de tradition.

5 chambres ⌂ – †80/110 € ††88/118 €
*Lieu dit les Chatelains, D971, 7 km à l'Est par D171 – ℰ 02 48 58 40 37
– www.leschatelains.com*

ENSISHEIM

✉ 68190 (Haut-Rhin) – 7 336 hab. – Alt. 217 m – Carte régionale n° **1**-A3
▶ Paris 487 km – Basel 44 km – Colmar 27 km – Strasbourg 100 km
Carte Michelin 315-I9 – Guide Vert Michelin Alsace Vosges

🍽 La Villa du Meunier

CUISINE TRADITIONNELLE · ÉLÉGANT 🕱🕱 Imaginez une ancienne maison de meunier, authentique à souhait, dont l'une des salles abrite une très jolie cheminée... parfaite pour les repas d'hiver. Côté assiette, on savoure les bonnes recettes traditionnelles du chef, qui évoluent au rythme des saisons. Et l'été, on s'installe en terrasse !

Formule 16 € – Menu 22 € (semaine), 27/63 € – Carte 33/67 €
*Le Domaine du Moulin, 44 r. de la 1ère-Armée – ℰ 03 89 81 15 10
– www.hotel-domainedumoulin-alsace.com – Fermé sam. midi*

🏠 Le Domaine du Moulin

FAMILIAL · FONCTIONNEL Le jardin, l'étang, la piscine et... cette grande maison récente et confortable, d'esprit alsacien, située au cœur du village. Dans les chambres, spacieuses et confortables, les meubles en bois, conçus sur mesure, évoquent l'univers des moulins.

65 chambres – †105/150 € ††120/170 € – ⌂ 16 € – ½ P
*44 r. de la 1ère-Armée – ℰ 03 89 83 42 39
– www.hotel-domainedumoulin-alsace.com*

🍽 **La Villa du Meunier** – voir les restaurants ci-dessus

ENTRAYGUES-SUR-TRUYÈRE

✉ 12140 (Aveyron) – 1 059 hab. – Alt. 236 m – Carte régionale n° **29**-C1
▶ Paris 600 km – Aurillac 45 km – Figeac 58 km – Rodez 43 km
Carte Michelin 338-H3

🍽 Le Chou Rouge - Le Petit Chou

CUISINE MODERNE · BISTRO 🕱 Sur la place centrale de la ville, au rez-de-chaussée d'une bâtisse traditionnelle, ce petit bistrot "à la parisienne" – déco personnalisée, mobilier et objets chinés – propose une belle cuisine du marché, volontiers locavore. Tout, ou presque, est fait maison ! En prime, quatre jolies chambres pour l'étape.

Formule 24 € – Menu 33/37 € – Carte environ 42 €
4 chambres ⌂ – †80/115 € ††80/115 €
3-4 pl. de la République – ℰ 05 65 48 58 03 – www.lepetitchou.fr – Fermé janv., le midi du mardi au jeudi, sam. midi, dim. soir et lundi

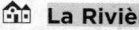 La Rivière 🍴 ⌧ 🛏 🖥 ⚙ 🅿

BUSINESS · ACTUEL Cet hôtel des bords de la Truyère cultive son style local (toit en lauzes) et... le goût de l'époque : les chambres, lumineuses et épurées, se révèlent fort agréables à vivre, avec vue sur la rivière pour certaines. Une belle étape dans la région.

31 chambres – ♦71/87 € – ♦♦97/157 € – ⌧ 12 € – ½ P
*60 av. du Pont-de-Truyère – ℰ 05 65 66 16 83 – www.hotellariviere.com
– Fermé 2 semaines en fév. et 2 semaines en déc.*

au Fel 10 km à l'Ouest par D107 et D573 – ⌧ 12140 – 157 hab. – Alt. 530 m

🍴 Auberge du Fel ⇆ 🛏 ⚙ 🅿

CUISINE TRADITIONNELLE · AUBERGE X Dans cette agréable auberge, pounti, truffade, chevreau à l'oseille, poulet fermier et fricassée de chou vous attendent. Tout est fait maison et cela fleure bon le terroir ! Une halte sympathique dans ce joli petit village de vignerons.

Menu 22 € (semaine), 27/45 €
Le Fel – ℰ 05 65 44 52 30 – www.auberge-du-fel.com – Ouvert 4 avril-3 nov. et fermé le midi sauf dim.

🏠 Auberge du Fel 🍴 🐾 ⇆ ⚙ 🅿

FAMILIAL · COSY Dans un hameau surplombant le Lot, une maison coiffée de lauzes avec une agréable terrasse sous une treille ; les chambres sont joliment arrangées, confortables et impeccablement tenues. Et quel calme !

10 chambres – ♦62/73 € ♦♦62/73 € – ⌧ 9 € – ½ P
Le Fel – ℰ 05 65 44 52 30 – www.auberge-du-fel.com – Ouvert 9 avril-3 nov.
🍴 **Auberge du Fel** – voir les restaurants ci-dessus

ENTZHEIM – 67 (Bas-Rhin) → voir Strasbourg

ÉPAIGNES
⌧ 27260 (Eure) – 1 434 hab. – Alt. 159 m – Carte régionale n° **32**-A3
▶ Paris 175 km – Le Grand-Quevilly 63 km – Le Havre 50 km – Rouen 69 km
Carte Michelin 304-C6

🍴 Auberge de la Houssaye ⇦ 🛏 ⚙ 🅿

CUISINE TRADITIONNELLE · ÉLÉGANT XX C'est peu dire qu'on s'approvisionne ici en circuit (très) court : les propriétaires sont eux-mêmes éleveurs de volaille et producteurs de foie gras, entre autres ! Au menu, donc : une cuisine qui puise à la source du terroir, mais aussi originale et bien ficelée. Autre atout de l'auberge : des chambres soigneusement tenues.

Formule 14 € – Menu 29/43 € – Carte 28/41 €
7 chambres – ♦54 € ♦♦74 € – ⌧ 8,50 €
1 rte des Anglais – ℰ 02 32 20 46 83 – www.hotelepaignes.com – Fermé dim. soir, mardi soir et lundi

ÉPENOUX – 70 (Haute-Saône) → voir Vesoul

ÉPERNAY
⌧ 51200 (Marne) – 23 529 hab. – Alt. 75 m – Carte régionale n° **13**-B2
▶ Paris 143 km – Châlons-en-Champagne 35 km – Château-Thierry 57 km – Reims 28 km
Carte Michelin 306-F8 – Guide Vert Michelin Champagne Ardenne

🍀 Les Berceaux (Patrick Michelon) 🎐 🅰

CUISINE CLASSIQUE · ÉLÉGANT XXX Le chef Patrick Michelon s'attache à faire ressortir le meilleur de la gastronomie champenoise, dans une veine authentiquement classique et avec maîtrise : qualité des produits, finesse des préparations... Le cadre est tout aussi élégant. Quant au rapport qualité-prix, il est excellent !
→ Asperge blanche de pays rôtie, poêlée de morilles fraîches et foie gras. Couteaux de plongée sautés au citron confit. Croquant nougatine, crèmeux au chocolat et noisettes sablées.

Menu 45 € (déj. en semaine), 75/89 € – Carte environ 90 €
Plan : AZ-a – *Hôtel Les Berceaux, 13 r. des Berceaux – ℰ 03 26 55 28 84
– www.lesberceaux.com – Fermé 1er-24 fév., 8-23 août, lundi et mardi*

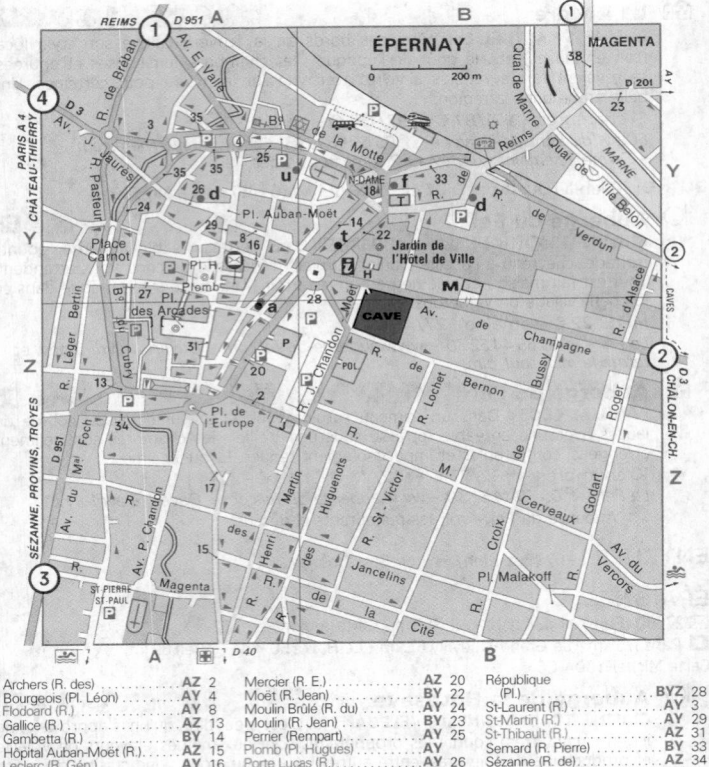

ÉPERNAY

REIMS D 951

MAGENTA

Archers (R. des)	**AZ** 2	
Bourgeois (Pl. Léon)	**AY** 4	
Flodoard (R.)	**AZ** 8	
Gallice (R.)	**AZ** 13	
Gambetta (R.)	**BY** 14	
Hôpital Auban-Moët (R.)	**AZ** 15	
Leclerc (R. Gén.)	**AY** 16	
Louis (R. Charles)	**AZ** 17	
Mendès-France (Pl.)	**BY** 18	

Mercier (R. E.)	**AZ** 20	
Moët (R. Jean)	**BY** 22	
Moulin Brûlé (R. du)	**AY** 24	
Moulin (R. Jean)	**AY** 23	
Perrier (Rempart)	**AY** 25	
Plomb (Pl. Hugues)	**AY** 26	
Porte Lucas (R.)	**AY** 26	
Prof. Langevin (R.)	**AY** 27	

République (Pl.)	**BYZ** 28	
St-Laurent (R.)	**AY** 3	
St-Martin (R.)	**AY** 29	
St-Thibault (R.)	**AZ** 31	
Semard (R. Pierre)	**BY** 33	
Sézanne (R. de)	**AZ** 34	
Tanneurs (R. des)	**AY** 35	
Thévenet (Av.)	**BY** 38	

Le Théâtre   ✿ AK ↻

CUISINE TRADITIONNELLE · BRASSERIE XX Près du théâtre, le rideau s'ouvre sur l'une des plus anciennes brasseries d'Épernay – début du 20ᵉ s. –, tout en moulures et hauts plafonds. Derrière les fourneaux, le chef fait rimer tradition et produits de saisons... Idéal pour se restaurer après avoir assisté à une pièce !
Formule 20 € – Menu 32/51 € – Carte 47/60 €
Plan : BY-f – 8 pl. Pierre-Mendès-France – ℰ 03 26 58 88 19
– www.epernay-rest-letheatre.com – Fermé 13 juil.-3 août,
22-27 déc., 17 fév.-11 mars, dim. soir, mardi soir et merc.

Cook'in   ✿

CUISINE MODERNE · CONVIVIAL X Ce restaurant est le lieu de rencontre entre les univers français (lui, en cuisine) et thaïlandais (elle, en salle). Le résultat est une délicieuse cuisine fusion, réalisée avec de beaux produits – légumes de petits producteurs, poissons sauvages, viandes de la région –, à des tarifs plutôt imbattables.
෩ Formule 16 € – Menu 20 € (déj. en semaine), 32 € – Carte 33/45 €
Plan : AY-d – 18 r. Porte-Lucas – ℰ 03 26 54 89 80 – www.restaurant-cookin.com
– Fermé 7-22 août, lundi soir, sam. et dim.

🍴○ La Table Kobus

CUISINE TRADITIONNELLE · BRASSERIE XX Un sympathique restaurant décoré dans un esprit de brasserie à l'ancienne – sa façade date tout de même de 1900 –, où l'on déguste une cuisine traditionnelle revisitée. Une preuve de la qualité de l'adresse ? C'est simple : les Sparnaciens s'y précipitent.

Formule 20 € – Menu 25 € (semaine)/39 €

Plan : ABY-u – 3 r. du Dr-Rousseau – ☏ 03 26 51 53 53 – www.latablekobus.com

🍴○ La Grillade Gourmande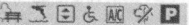

VIANDES · COSY XX Les spécialités de ce restaurant ? Poêlée d'écrevisses au champagne, pigeonneau au foie gras, ris de veau à la bourgeoise... et des grillades préparées en salle, dans la cheminée ! Côté décor : la sobriété et l'élégance priment. Aux beaux jours, on profite du jardin d'été.

Menu 21/59 € – Carte 33/60 €

Plan : BY-d – 16 r. de Reims – ☏ 03 26 55 44 22 – www.lagrilladegourmande.com
– Fermé 3 semaines en août, 1 semaine à Noël, vacances de fév., dim. et lundi

🍴○ Bistrot le 7

CUISINE TRADITIONNELLE · BISTRO XX Aux Berceaux, il y a aussi l'option Bistrot ! Foie gras maison, sole meunière, escargots persillés, picatta de veau... le 7 ou la simplicité dans le raffinement. À noter également la belle sélection de champagnes.

Formule 26 € – Menu 32 € – Carte 51/63 €

Plan : AZ-a – Hôtel Les Berceaux, 13 r. des Berceaux – ☏ 03 26 55 28 84
– www.lesberceaux.com

🏨 La Villa Eugène

LUXE · PERSONNALISÉ Cette belle demeure bourgeoise appartenait à un certain Eugène... Mercier, de la célèbre maison champenoise ! À méditer au bar à champagne, puis dans les chambres Louis XVI ou plus modernes. On prend son petit-déjeuner sous une jolie verrière, face à la piscine et au jardin.

15 chambres – ♦155/390 € ♦♦155/390 € – ☖ 19 €

84 av. de Champagne, 1 km à l'Est par D3 – ☏ 03 26 32 44 76
– www.villa-eugene.com – Fermé 1 semaine à Noël

🏨 Jean Moët & Spa

URBAIN · ACTUEL Un bel hôtel particulier situé en plein centre d'Épernay, non loin du théâtre et du jardin de l'Hôtel-de-Ville, où l'on "bulle" avec plaisir dans des chambres raffinées et confortables. Leurs noms ? Jéroboam, Salmanazar... On ne se refait pas !

12 chambres – ♦130/260 € ♦♦130/260 € – ☖ 15 €

Plan : BY-t – 7 r. Jean-Moët – ☏ 03 26 32 19 22 – www.hoteljeanmoet.com

🏨 Les Berceaux

AUBERGE · FONCTIONNEL Au cœur de la pétillante cité, voilà un hôtel qui annonce la couleur dès le hall d'entrée : le sol vitré révèle de mousseuses bouteilles... Les chambres sont confortables, surtout après une belle étape gastronomique, qu'elle soit bistrot ou gastro.

28 chambres – ♦82 € ♦♦98 € – ☖ 13 € – ½ P

Plan : AZ-a – 13 r. des Berceaux – ☏ 03 26 55 28 84 – www.lesberceaux.com
❀ **Les Berceaux** • 🍴○ **Bistrot le 7** – voir les restaurants ci-dessus

à Dizy 3 km au Nord par D201 – ✉ 51530 – 1 561 hab. – Alt. 77 m

🍴○ Les Grains d'Argent

CUISINE MODERNE · ÉLÉGANT XXX À look contemporain, cuisine dans l'air du temps ; tel est la combinaison gagnante de ce restaurant ! Et avec de belles saveurs de saison – en été par exemple, on se régale d'une salade de homard aux truffes –, le champagne de vigneron indépendant fait merveille.

Formule 27 € – Menu 53 € (dîner)/73 € – Carte 61/79 €

1 allée du Petit-Bois – ☏ 03 26 55 76 28 – www.lesgrainsdargent.fr – Fermé
24 déc.-7 janv., sam. midi et dim.

🏠 Les Grains d'Argent 🏔 ♿ AC ⛵ P

FAMILIAL · MODERNE Un petit peu en dehors d'Épernay, face aux vignobles, il fait bon s'arrêter dans cette hôtellerie contemporaine. Les chambres sont plutôt plaisantes et c'est avec une certaine effervescence que l'on gagne le bar à champagne, feutré à souhait, ou la boutique pour constituer sa réserve de produits régionaux.

20 chambres – 👤105/114 € 👤👤105/114 € – ☱ 15 € – ½ P
– 𝒞 03 26 55 76 28 – www.lesgrainsdargent.fr – Fermé 24 déc.-7 janv.
🍽 **Les Grains d'Argent** – voir les restaurants ci-dessus

à Ay 4 km au Nord-Est par D201 – ✉ 51160 – 4 004 hab. – Alt. 76 m

🍽 Le Vieux Puits - Clos St-Georges ⇐ 🐃 🚗 🏠 ♿

CUISINE TRADITIONNELLE · ÉLÉGANT 𝕏𝕏𝕏 Blottie au cœur d'un jardin ombragé et fleuri, cette jolie maison de maître cultive une douce atmosphère bourgeoise. On y apprécie de bons petits plats traditionnels accompagnés d'un beau choix de champagnes. Chambres confortables, pour prolonger l'étape.

Formule 23 € – Menu 43 € (semaine), 58/69 € – Carte 57/78 €
4 chambres ☱ – 👤117/160 € 👤👤117/160 €
7 r. Jules-Lobet – 𝒞 03 26 56 96 53 (réservation conseillée)
– www.levieuxpuits.com – Fermé 2 semaines en sept., de fin déc. à mi-janv., dim. soir, merc. soir et lundi

🏠 Castel Jeanson 🐃 🚗 📺 🛗 ♿ AC 🌿 ⛵ 🐃

TRADITIONNEL · COSY Lire, se reposer, siroter un thé ou un verre de champagne du domaine, voilà l'art de vivre auquel on aime s'adonner dans cet hôtel particulier du 19ᵉ s. Remarquable, la superbe verrière de style Art nouveau, côté piscine.

16 chambres – 👤127/238 € 👤👤127/238 € – 1 suite – ☱ 15 €
24 r. Jeanson – 𝒞 03 26 54 21 75 – www.casteljeanson.fr – Fermé 20 déc.-31 janv.

🏠 Le Manoir des Charmes 🐃 🚗 🌿 P ⇥

FAMILIAL · PERSONNALISÉ Cette jolie maison bâtie en 1906 porte bien son nom. "Paradis", "Romance", "Songes", "Secrète" : chaque chambre a été décorée avec soin par la propriétaire. Quant au petit-déjeuner, il se prend sous une magnifique verrière. Que d'attentions !

5 chambres ☱ – 👤125/145 € 👤👤125/145 €
83 bd Charles-de-Gaulle – 𝒞 03 26 54 58 49 – www.lemanoirdescharmes.com

à Mutigny 8 km au Nord-Est par D201 et rte secondaire – ✉ 51160
– 208 hab. – Alt. 221 m

🏠 Manoir de Montflambert 🐃 🚗 🌿 P

FAMILIAL · CLASSIQUE Il a belle allure, ce manoir du 17ᵉ s. dans son grand parc. Les chambres, romantiques – meubles patinés, tentures fleuries, baldaquins – donnent sur la cour, la forêt ou... les vignes ; on a même la possibilité de déguster la production des propriétaires, qui sont aussi vignerons !

5 chambres ☱ – 👤117/132 € 👤👤125/137 €
– 𝒞 03 26 52 33 21 – www.manoirdemontflambert.fr

à Vinay 6 km au Sud-Ouest par D40 et D951 – ✉ 51530 – 571 hab. – Alt. 102 m

⚜ Hostellerie La Briqueterie 🐃 🚗 🏠 ♿ AC 🌿 🐃

CUISINE MODERNE · CLASSIQUE 𝕏𝕏𝕏 À la sortie d'Épernay, sur la route de Sézanne, arrêtez-vous dans ce restaurant au cœur des vignes. Dans un décor très cossu et classique, on apprécie une cuisine gastronomique soignée, qui met l'accent sur des produits nobles. Sans oublier la belle de carte de champagnes.
→ Langoustines rôties, légumes croquants et consommé miso au gingembre. Turbot en viennoise, artichauts poivrade en barigoule et sauce vadouvan. Biscuit pistache, crème légère et fraises de notre région.

Menu 40 € (déj. en semaine), 65/110 € – Carte 90/105 €
4 rte de Sézanne – 𝒞 03 26 59 99 99 – www.labriqueterie.fr
– Fermé 31 janv.-12 fév. et sam. midi

Hostellerie La Briqueterie

LUXE · PERSONNALISÉ Un havre de paix raffiné et cosy au cœur du vignoble ! Au salon, l'ambiance est feutrée, presque "british", parfait pour déguster une coupe de champagne en toute tranquillité. Dans les chambres, teintes douces et belles matières... pour faire de beaux rêves.

40 chambres – ♦210/480 € ♦♦210/480 € – 立25 € – ½ P

4 rte de Sézanne – ℰ03 26 59 99 99 – www.labriqueterie.fr
– Fermé 31 janv.-12 fév.

🕸 **Hostellerie La Briqueterie** – voir les restaurants ci-dessus

à Avize 10 km au Sud-Est par D40 et D10 – ⊠ 51190 – 1 791 hab. – Alt. 114 m

🍴 **Les Avisés**

CUISINE MODERNE · DESIGN ✗ Au cœur du domaine Selosse, réputé pour son champagne, le restaurant Les Avisés cultive l'esprit d'une table d'hôte, autour d'un menu unique concocté avec soin et évidemment accompagné de crus de choix, de la propriété et d'ailleurs. Aux beaux jours, on profite de la grande terrasse...

Menu 38 € (déj.)/60 €

59 r. de Cramant – ℰ03 26 57 70 06 (réservation conseillée)
– www.selosse-lesavises.com – Fermé 20 déc.-11 janv., 14-24 fév., 7-24 août, mardi et merc.

🏠 **Les Avisés**

DOMAINE VITICOLE · PERSONNALISÉ Au cœur de la côte des Blancs – berceau du chardonnay –, au sein même d'une célèbre maison de champagne, une demeure néoclassique confortable et élégante, dont la déco a été signée par l'architecte Bruno Borrione. Le must : une chambre avec vue sur le vignoble. Une personne avisée en vaut deux : voilà une adresse de charme !

10 chambres – ♦210/380 € ♦♦210/380 € – 立20 €

59 r. de Cramant – ℰ03 26 57 70 06 – www.selosse-lesavises.com
– Fermé 20 déc.-11 janv., 14-24 fév., 7-24 août, mardi et merc.

🍴 **Les Avisés** – voir les restaurants ci-dessus

ÉPINAL

⊠ 88000 (Vosges) – 32 387 hab. – Alt. 324 m – Carte régionale n° **27**-C3
▶ Paris 385 km – Belfort 96 km – Colmar 88 km – Mulhouse 106 km
Carte Michelin 314-G3

🕸 **Les Ducs de Lorraine** (Claudy Obriot et Stéphane Ringer)

CUISINE MODERNE · ÉLÉGANT ✗✗ La grande salle à l'ancienne (avec des clins d'œil très mode), les tables soigneusement dressées, la fine gastronomie, le délicieux chariot de desserts : une belle image d'Épinal ! Rien de figé en cette table lorraine renommée, mais une inspiration sans cesse renouvelée, beaucoup de fraîcheur et une exécution minutieuse.

➔ Assiette des quatre foie gras. Filet de pigeon, foie blond et bouillon ciboulette. Soufflé à la mirabelle.

Menu 43 € (déj. en semaine), 75/120 € – Carte 80/100 €

Plan : BZ-n – *5 av. de Provence – ℰ03 29 29 56 00*
– www.restaurant-ducsdelorraine.com – Fermé 25 juil.-16 août, 1ᵉʳ-8 janv. et dim.

 Mercure

HÔTEL DE CHAÎNE · FONCTIONNEL À deux pas du musée d'Art et de la Moselle, bordé par un canal sur l'arrière, cet immeuble abrite des chambres confortables, mais surtout très fonctionnelles. Agréables prestations : piscine, sauna, hammam, jacuzzi, restaurant traditionnel, etc.

60 chambres – ♦89/180 € ♦♦89/180 € – 立18 €

Plan : AZ-e – *13 pl. E.-Stein – ℰ03 29 29 12 91 – www.mercure.com*

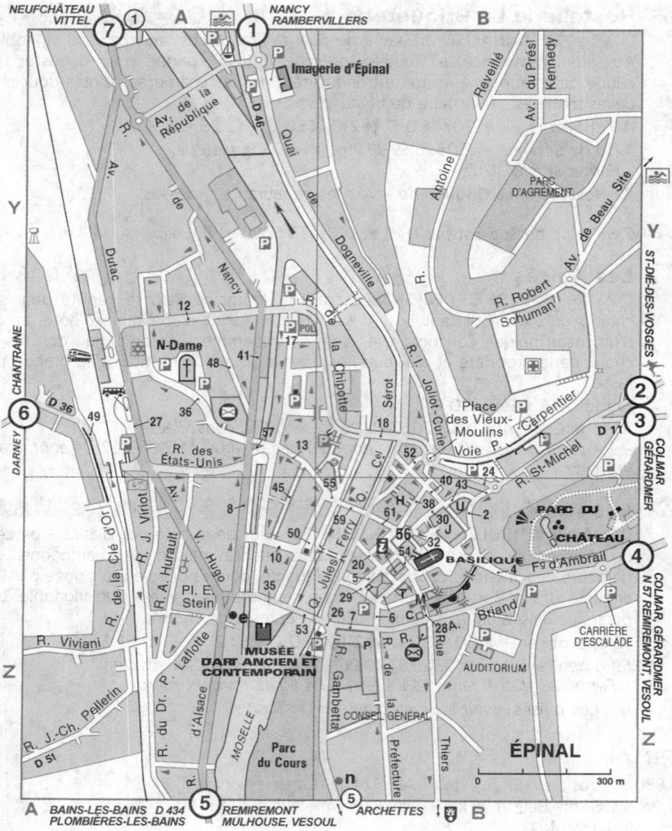

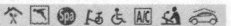

Map labels on the map image (as visible):

NEUFCHÂTEAU VITTEL ⑦ ① A ⚑ ① NANCY RAMBERVILLERS B

Imagerie d'Épinal

Av. de la République

Quai de

N-Dame

R. des États-Unis

Place des Vieux-Moulins Voie

PARC DU CHÂTEAU

BASILIQUE

MUSÉE D'ART ANCIEN ET CONTEMPORAIN

Parc du Cours

ÉPINAL

0   300 m

BAINS-LES-BAINS D 434 ⑤ REMIREMONT
PLOMBIÈRES-LES-BAINS   MULHOUSE, VESOUL   ARCHETTES

Abbé-Friesenhauser (R.) ..... **BZ** 2	États-Unis (R. des) .... **AY**	Neufchâteau (R. F. de) .... **AY** 48
Ambrail (R. d') .... **BZ** 4	Foch (Pl.) .... **BZ** 26	N.-D.-de-Lorette (R.) .... **AY** 49
Bassot (Pl. Cl.) .... **BZ** 5	Gaulle (Av. du Gén.-de) ...... **AY** 27	Pinau (Pl.) .... **AZ** 50
Blaudez (R. F.) .... **BZ** 6	Gelée (R. Cl.) .... **BZ** 28	Poincaré (R. Raymond) .... **BY** 52
Boegner (R. du Pasteur) ..... **AZ** 8	Georgin (R.) .... **BZ** 29	Sadi-Carnot (Pont) .... **AZ** 53
Bons-Enfants (Quai des) ..... **AZ** 8	Halles (R. des) .... **BZ** 30	St-Goery (R.) .... **BZ** 54
Boudiou (Pt et R. du) .... **AZ** 10	Henri (Pl. E.) .... **BZ** 32	Schwabisch Hall
Boulay-de-la-Meurthe (R.) ... **AY** 12	Lattre (Av. Mar.-de) .... **AY** 36	(Pl. de) .... **AZ** 55
Bourg (R. L.) .... **AY** 13	Leclerc (R. Gén.) .... **BZ** 38	La Tour (R. G. de la) .... **AZ** 35
Clemenceau (Pl.) .... **AY** 17	Lormont (R.) .... **BZ** 40	Vosges (Pl. des) .... **BZ** 56
Clemenceau (Pont) .... **BY** 18	Lyautey (R. Mar.) .... **AY** 41	4-Nations (Pl. des) .... **AY** 57
Comédie (R. de la) .... **BZ** 20	Maix (R. de la) .... **BZ** 43	170e Régt-d'Inf. (Pont du) ... **BZ** 59
Entre-les-Deux-Portes (R.) ... **BYZ** 24	Minimes (R. des) .... **AZ** 45	170e-Régt-d'Inf. (R. du) ..... **BZ** 61

au Nord 3 km au Nord par D46 – ✉ 88000 Épinal :

🏨 La Fayette   ✿ 🔲 🅿 ♨ 🐶 & 🅰🅲 🛋 🍽

BUSINESS · MODERNE Aux portes d'Épinal, dans une zone commerciale, cet hôtel moderne mérite attention : il recèle de beaux espaces, feutrés et confortables, un spa agréable (bassin à contre-courant, sauna, jacuzzi), le tout parfaitement tenu. Restaurant traditionnel.

57 chambres – 🛏115/142 € 🛏🛏115/142 € – 1 suite – 🍽 13 €

3 r. Bazaine, (Le-Saut-le-Cerf) – ✆ 03 29 81 15 15
– www.epinalhotellafayette.com

à Chaumousey 10 km à l'Ouest par D460 – ⌧ 88390 – 878 hab. – Alt. 360 m

🍴○ **Le Calmosien** 🏠 &. ⇔

CUISINE TRADITIONNELLE · **ÉLÉGANT** XX Tout près de l'église de ce village vosgien – la campagne à 10mn d'Épinal –, une jolie maison de maître au cadre classique (tons pastel, tableaux, etc.) pour une cuisine de facture traditionnelle : filet de bar à l'oseille, carré d'agneau au thym...

Menu 24/64 € – Carte 43/56 €

37 r. d'Épinal – ℰ 03 29 66 80 77 – www.calmosien.com – Fermé 9-25 juil., dim. soir et lundi

à Fontenay 13 km au Nord-Est par D420 – ⌧ 88600 – 519 hab. – Alt. 390 m

🏠 **La Grange** 🌲 ⊠ 🖼 **P** 🛏

MAISON DE CAMPAGNE · **PERSONNALISÉ** Japonaise, africaine, indienne, mauresque... Chaque chambre invite au voyage, avec beaucoup de goût ! Ce n'est pas le moindre attrait de cette villa contemporaine, lumineuse et paisible, dont la charmante propriétaire prend grand soin.

5 chambres ⊡ – †99/125 € ††125/175 €

chemin de Framont – ℰ 06 98 40 27 72 – www.lagrange-vosges.com

ÉPINEAU-LES-VOVES – 89 (Yonne) ➜ voir Joigny

ERBALUNGA – 2B (Haute-Corse) ➜ voir Corse

ERMENONVILLE

⌧ 60950 (Oise) – 990 hab. – Alt. 92 m – Carte régionale n° **36**-B3
▶ Paris 51 km – Beauvais 70 km – Compiègne 42 km – Meaux 25 km
Carte Michelin 305-H6 – Guide Vert Michelin Île-de-France

🍴○ **Le Relais de la Croix d'Or** ⇔ 🏠 &. 🅰🅲 🍴 **P**

CUISINE TRADITIONNELLE · **AUBERGE** XX Atmosphère rustique – poutres, pierres apparentes, cave voûtée – en cette auberge dédiée à la tradition. Les spécialités maison : saumon fumé, foie gras de canard au muscat, filet de bœuf Rossini, rognons de veau à la moutarde à l'ancienne... Des classiques qui font toujours autant plaisir !

Menu 24 € (déj. en semaine), 40/77 € – Carte 55/82 €

8 chambres ⊡ – †71/88 € ††79/101 €

2 r. Prince Radziwill – ℰ 03 44 54 00 04 – www.lacroixdor.net – Fermé 23 juil.-10 août, dim. soir, mardi soir et lundi

ERMITAGE-DU-FRÈRE-JOSEPH – 88 (Vosges) ➜ voir Ventron

ERNÉE

⌧ 53500 (Mayenne) – 5 812 hab. – Alt. 120 m – Carte régionale n° **34**-B1
▶ Paris 304 km – Domfront 47 km – Fougères 22 km – Laval 31 km
Carte Michelin 310-D5 – Guide Vert Michelin Pays de la Loire

🍴○ **Le Grand Cerf** ⇔ 🌿

CUISINE TRADITIONNELLE · **AUBERGE** XX Ce relais de poste au cachet préservé (1870) est tenu par toute une famille : deux générations œuvrent de conserve aux fourneaux, concoctant de jolies recettes classiques (filets de caneton rôti aux cerises, baba au calvados, etc.) et les sculptures originales qui ornent les lieux sont signées par un fils de la maison !

Formule 16 € – Menu 26/50 € – Carte 38/52 €

9 chambres – †62/95 € ††72/95 € – ⊡ 9 €

19 r. Aristide-Briand – ℰ 02 43 05 13 09 – www.legrandcerf.net – Fermé 3-14 août, 15-31 janv., vend. soir, dim. soir et lundi midi

ERQUY

22430 (Côtes-d'Armor) – 3 898 hab. – Alt. 12 m – Carte régionale n° **10**-C1

▶ Paris 451 km – Dinan 46 km – Dinard 39 km – Lamballe 21 km

Carte Michelin 309-H3 – Guide Vert Michelin Bretagne Nord

⏹○ L'Escurial ⋐

CUISINE MODERNE · ÉLÉGANT XX Idéalement situé face à la plage et au port d'Erquy, cet Escurial perpétue l'esprit de la maison, avec une cuisine dans l'air du temps, valorisant de beaux produits. La mer est la vraie vedette des lieux, avec des menus dédiés au homard et aux Saint-Jacques. Un travail soigneux !

Formule 23 € – Menu 42/72 € – Carte 54/103 €

29 bd de la Mer – ℰ 02 96 72 31 56 – Fermé 3 semaines en janv., jeudi soir et dim. soir hors saison et lundi

⏺ Beauséjour ⋐ P

TRADITIONNEL · PERSONNALISÉ À 100 m de la plage, cet hôtel familial abrite des chambres plutôt petites, mais colorées, coquettes et bien tenues. À noter : la moitié donne sur le port de pêche. De plus, l'accueil est agréable !

15 chambres – †65/95 € ††65/98 € – ⏛ 12 €

21 r. de la Corniche – ℰ 02 96 72 30 39 – www.beausejour-erquy.com – Ouvert 7 avril-15 nov.

à St-Aubin 3 km au Sud-Est par rte secondaire – 22430 Erquy

⏹○ Relais Saint-Aubin ⋐ 🖨 🏠 ᗪ & P

CUISINE TRADITIONNELLE · RUSTIQUE XX Charmant et si bucolique, ce prieuré en pierre (17ᵉ s.) recouvert de vigne vierge ! Le jardin est ravissant et la déco – entre mobilier rustique et juke-box ! – est très originale ; quant à l'assiette, elle fait honneur aux viandes grillées et à de beaux poissons frais. En face, trois chambres d'hôtes accueillent les gourmands repus...

Formule 18 € – Menu 25/46 € – Carte 30/64 €

3 chambres ⏛ – †83/113 € ††95/125 €

D68 – ℰ 02 96 72 13 22 – www.relais-saint-aubin.fr – Fermé 15 janv.-13 fév., 15 nov.-15 déc., mardi sauf juil.-août et lundi

ERSA – 2B (Haute-Corse) → voir Corse

ERSTEIN

67150 (Bas-Rhin) – 10 764 hab. – Alt. 150 m – Carte régionale n° **1**-B2

▶ Paris 514 km – Colmar 49 km – Molsheim 24 km – St-Dié 69 km

Carte Michelin 315-J6

⏹○ Jean-Victor Kalt 🎇 & 🅰🅲 P

CUISINE CLASSIQUE · TRADITIONNEL XXX Le chef aime son métier et le prouve : il élabore, au gré du marché, une belle cuisine classique et, lorsqu'il vient saluer ses hôtes, il prodigue de judicieux conseils. La carte des vins, avec ses 1400 références issues de nombreux vignobles de France, est tout simplement exceptionnelle.

Menu 28/68 € – Carte 50/78 €

41 av. de la Gare – ℰ 03 88 98 09 54 – www.jean-victor-kalt.fr – Fermé 2 semaines en août, dim. soir et lundi sauf fériés

⏹○ Le B 🏠 & 🅰🅲 ⇔ 🚗

CUISINE TRADITIONNELLE · À LA MODE XX Au sein de l'hôtel Crystal, un cadre plaisant, assez élégant et feutré, pour une cuisine traditionnelle qui mise sur la fraîcheur : salade de langoustines et asperges vertes, magret de canard de la ferme, pannacotta au citron vert, etc.

Formule 12 € – Menu 29/45 € – Carte 33/63 €

Hôtel Crystal, 41-43 av. de la Gare – ℰ 03 88 64 81 00 – www.hotelcrystal.fr – Fermé 23 déc.-2 janv., vend. soir, sam. midi et dim.

🏠 Crystal   🕸 🖶 ㅺ 🆊 🕮 🚗

BUSINESS · FONCTIONNEL On peut sans hésiter faire une étape dans cet hôtel-restaurant récent, tout près de la voie rapide. Les chambres sont fonctionnelles (plus spacieuses au 3e étage) et l'on organise des sorties et des dégustations de vin.

69 chambres – ♦73/96 € – ♦♦89/115 € – 3 suites – ☲ 14 € – ½ P

41-43 av. de la Gare – ✆ 03 88 64 81 00 – www.hotelcrystal.fr

🍽 **Le B** – voir les restaurants ci-dessus

ERVAUVILLE – 45 (Loiret) ➔ voir Courtenay

ESCOURCE

✉ 40210 (Landes) – 633 hab. – Alt. 75 m – Carte régionale n° **3**-B2
▯ Paris 681 km – Bordeaux 96 km – Mont-de-Marsan 61 km
Carte Michelin 335-E10

🍽 La Table d'Escource   🚗 🕮 ㅺ 🅿

TERROIR · RUSTIQUE ✗ Une jolie ferme landaise traditionnelle (1875), dans un agréable jardin planté d'arbres... Sous l'égide de la patronne qui possède une énergie impressionnante, l'adresse se révèle conviviale et joyeuse, mais elle est surtout très gourmande, honorant le terroir avec beaucoup de générosité et de goût !

Formule 14 € – Menu 35 € – Carte 26/52 €

rte d'Escource, (Z.A Cap de Pin) – ✆ 05 58 04 31 15 – *Fermé lundi soir, mardi soir et dim. sauf juil., août et sept.*

ESPALION

✉ 12500 (Aveyron) – 4 291 hab. – Alt. 342 m – Carte régionale n° **29**-D1
▯ Paris 592 km – Aurillac 72 km – Figeac 93 km – Mende 101 km
Carte Michelin 338-I3

🏵 Le Méjane   🕮

CUISINE MODERNE · CONVIVIAL ✗✗ Le Méjane, c'est d'abord un endroit agréable et feutré, d'une sobre élégance contemporaine. Et c'est surtout une cuisine qui ravit, soignée, fraîche et savoureuse : poêlée de ris d'agneau au citron confit, croustillant de pied de cochon et sablé au boudin noir...

Formule 20 € – Menu 29/61 €

r. Méjane – ✆ 05 65 48 22 37 – www.restaurant-mejane.fr – *Fermé 21-26 juin, janv., merc. sauf juil.-août, dim. soir et lundi*

🍽 La Tour 🅽   🕮

CRÉATIVE · ÉLÉGANT ✗✗ Au rez-de-chaussée, traversez le bistrot pour atteindre l'escalier : le restaurant est à l'étage ! Là-haut, le chef réalise une cuisine volontiers créative, dans laquelle les saveurs sont toujours au rendez-vous. On se régale dans un cadre élégant et contemporain, propice à la gourmandise...

Menu 39/59 €

3 pl. St-Georges – ✆ 05 65 44 03 30 – www.restaurant-la-tour.fr – *Fermé 3 semaines en janv., merc. midi, dim. soir, lundi et mardi*

ESPALY-ST-MARCEL – 43 (Haute-Loire) ➔ voir Puy-en-Velay

ESPELETTE

✉ 64250 (Pyrénées-Atlantiques) – 2 038 hab. – Alt. 77 m – Carte régionale n° **3**-A3
▯ Paris 775 km – Bordeaux 215 km – Pau 134 km – Donostia-San Sebastián 78 km
Carte Michelin 342-D2 – Guide Vert Michelin Pays Basque et Navarre

🏠 Euzkadi   🕸 🗶 🖶 ㅺ 🕮 🅿

FAMILIAL · ACTUEL Dans la capitale du piment, une belle façade à la gloire du pays. La plupart des chambres arborent un style basque épuré : murs blancs et poutres. La piscine est agréable...

27 chambres – ♦55/73 € – ♦♦70/95 € – ☲ 9 € – ½ P

285 Karrika Nagusia – ✆ 05 59 93 91 88 – www.hotel-restaurant-euzkadi.com
– *Fermé 3 nov.-21 déc., mardi hors saison et lundi*

ESSOYES

✉ 10360 (Aube) – 745 hab. – Alt. 170 m – Carte régionale n° **13**-B3
▶ Paris 222 km – Chaumont 65 km – Dijon 120 km – Troyes 49 km
Carte Michelin 313-H5 – Guide Vert Michelin Champagne Ardenne

⅋○ Restaurant des Canotiers

CUISINE TRADITIONNELLE · CONVIVIAL ✕✕ Une bonne option pour un déjeuner dans cette petite cité où vécut Renoir. Sur les hauteurs du village, on profite de la vue panoramique sur les environs – digne d'un tableau –, tout en dégustant une appétissante cuisine, éprise de tradition : escargots aux févettes, parmentier de confit de canard et foie gras poêlé...
Formule 17 € – Menu 22 € (semaine), 29/50 € – Carte 25/66 €
1 r. Pierre-Renoir – ✆ 03 25 38 61 08 – www.hoteldescanotiers.com
– Fermé 20 déc.-6 janv. et lundi midi d'oct. à mai

⌂ Hôtel des Canotiers

URBAIN · MODERNE Fonctionnelles et bien tenues, les chambres de cet hôtel donnent pour la plupart sur la vallée de l'Ource et le village, où repose Auguste Renoir, à qui l'on doit le célèbre *Déjeuner des canotiers* – d'où l'enseigne. Dix chambres ont été récemment créées dans une annexe contemporaine : un ensemble agréable.
24 chambres – ♦78/95 € ♦♦78/95 € – ⥂ 10 € – ½ P
1 r. Pierre-Renoir – ✆ 03 25 38 61 08 – www.hoteldescanotiers.com
– Fermé 20 déc.-6 janv.
⅋○ **Restaurant des Canotiers** – voir les restaurants ci-dessus

ESTAING

✉ 12190 (Aveyron) – 593 hab. – Alt. 313 m – Carte régionale n° **29**-D1
▶ Paris 602 km – Aurillac 63 km – Conques 33 km – Espalion 10 km
Carte Michelin 338-I3

⌂ Le Manoir de la Fabrègues

RURAL · PERSONNALISÉ Les propriétaires ont insufflé l'esprit d'une maison d'hôtes à ce manoir du 15ᵉ s. (pierres du pays, poutres apparentes, cantou). Quant aux chambres, elles ont toute leur style : baroque, Empire, etc. Cuisine locale et menu unique le soir.
10 chambres – ♦75/105 € ♦♦75/105 € – ⥂ 10 € – ½ P
rte d'Espalion, 3 km – ✆ 05 65 66 37 78 – www.manoirattitude.com – Ouvert de mi-mars à mi-nov.

⌂ L'Auberge St-Fleuret

TRADITIONNEL · FONCTIONNEL Face à la mairie, ce relais de poste du 19ᵉ s. est désormais une sympathique auberge de tradition, avec des chambres colorées et pratiques. Par beau temps, on profite de la terrasse surplombant la piscine. Mets régionaux à prix doux au restaurant !
14 chambres – ♦48/58 € ♦♦48/58 € – ⥂ 9 € – ½ P
– ✆ 05 65 44 01 44 – www.auberge-st-fleuret.com – Ouvert d'avril à oct.

ESTIVAREILLES – 03 (Allier) ➜ voir Montluçon

ESTRABLIN – 38 (Isère) ➜ voir Vienne

ESTRÉES-ST-DENIS

✉ 60190 (Oise) – 3 604 hab. – Alt. 70 m – Carte régionale n° **36**-B2
▶ Paris 81 km – Beauvais 46 km – Clermont 21 km – Compiègne 17 km
Carte Michelin 305-G4

ⅈ○ Le Moulin Brûlé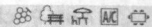

CUISINE MODERNE · AUBERGE XX Nul incendie à déplorer dans cette ancienne épicerie, devenue un restaurant contemporain à l'âme rustique (poutres apparentes, cheminée). La cuisine du chef – originaire de Touraine – est rythmée par les saisons ; on la déguste dans une lumineuse véranda ouverte sur le jardin ! Bon choix de vins de Loire.

Menu 17/24 € 🍷 – Carte 42/62 €

70 av. de Flandre – ℰ *03 44 41 97 10* – *www.lemoulinbrule.fr*
– Fermé août, 2-11 mai, 1ᵉʳ-8 janv., dim. soir, lundi et mardi

ÉTAMPES

⌖ 91150 (Essonne) – 24 320 hab. – Alt. 80 m – Carte régionale n° **18**-B3
▶ Paris 51 km – Chartres 59 km – Évry 35 km – Fontainebleau 45 km
Carte Michelin 312-B5 – Guide Vert Michelin Île-de-France

🏠 Ibis

HÔTEL DE CHAÎNE · FONCTIONNEL À deux pas de la gare RER et du centre-ville, des chambres fonctionnelles et bien tenues. Préférez celles – plus calmes – sur l'arrière du bâtiment. Parfait pour la clientèle d'affaires.

67 chambres – 🛇52/110 € 🛇🛇52/110 € – ⌷ 10 €

14 r. du Rempart – ℰ *01 69 92 16 50* – *www.ibishotel.com*

à Ormoy-la-Rivière 5 km au Sud par D49 et rte secondaire – ⌖ 91150

– 933 hab. – Alt. 81 m

ⅈ○ Le Vieux Chaudron

CUISINE MODERNE · AUBERGE X Une petite auberge face à l'église, au cadre campagnard agrémenté d'une belle cheminée et d'une terrasse au calme. Appétissantes recettes dans l'air du temps et gibier en saison.

Formule 28 € – Menu 34 € (déj. en semaine), 38/55 € – Carte 42/58 €
45 Grande-Rue – ℰ *01 64 94 39 46* – *www.levieuxchaudron.com*
– Fermé 8-30 août, 23 déc.-6 janv., jeudi soir, dim. soir et lundi

à Boutervilliers 9 km à l'Ouest par D191 – ⌖ 91150 – 388 hab. – Alt. 151 m

❀ Le Bouche à Oreille (Aymeric Dreux)

CUISINE MODERNE · CLASSIQUE XxX Rien dans son environnement extérieur plutôt banal n'annonce une telle expérience. Le décor, très classique et bourgeois, constitue une première surprise, et les assiettes d'Aymeric Dreux portent à une autre dimension : précises et maîtrisées, elles mettent en valeur de beaux produits dans toute la force de leur goût !

➜ Brouillade à la truffe noire. Homard bleu, émulsion de bisque. Tarte au citron en coque de chocolat.

Formule 24 € – Menu 32/44 € 🍷 – Carte 50/100 €
11 r. de la Chapelle – ℰ *01 64 95 69 50* – *www.bao-restaurant.fr*
– Fermé dim. soir, lundi soir et mardi

> Une bonne table sans se ruiner ? Repérez les Bib Gourmand ⊛.

ÉTANG-DE-HANAU – 57 (Moselle) ➜ voir Philippsbourg

LES ÉTANGS-DES-MOINES – 59 (Nord) ➜ voir Fourmies

ÉTAPLES

⌖ 62630 (Pas-de-Calais) – 11 213 hab. – Alt. 10 m – Carte régionale n° **30**-A2
▶ Paris 228 km – Abbeville 55 km – Arras 101 km – Calais 67 km
Carte Michelin 301-C4

⁑○ Aux Pêcheurs d'Étaples ⟨ & AC

POISSONS ET FRUITS DE MER · CONVIVIAL XX Au rez-de-chaussée, une grande poissonnerie ; au premier étage, un restaurant de poissons et fruits de mer... Difficile de faire plus frais ! Mention spéciale pour la bouillabaisse du pêcheur et le blanc de turbot grillé ou vapeur du chef. En prime : vue sur l'aérodrome du Touquet... entre ciel et mer.

Menu 21/53 € ⁑ – Carte 27/78 €

quai de la Canche – ℰ 03 21 94 06 90 – www.auxpecheursdetaples.fr – Fermé 3 semaines en janv. et dim. soir mi-sept. à fin mars

ÉTOGES

⊠ 51270 (Marne) – 415 hab. – Alt. 177 m – Carte régionale n° **13**-B2
▶ Paris 123 km – Châlons-en-Champagne 41 km – Laon 115 km – Troyes 96 km
Carte Michelin 306-F9 – Guide Vert Michelin Champagne Ardenne

🏰 Le Château d'Étoges 🄽

CHÂTEAU · PERSONNALISÉ Vivez la vie de château... au moins pour quelques nuits ! Ce château familial du 17ᵉ s., lové au sein d'un parc aux arbres centenaires, dévoile de vastes intérieurs au charme désuet. Les chambres, avec leurs lits à baldaquins, sont meublées avec goût ; on profite d'un agréable spa.

27 chambres – ♦99/199 € ♦♦129/320 € – 1 suite – ☐ 18 € – ½ P

4 r. Richebourg – ℰ 03 26 59 30 08 – www.etoges.com – Fermé 23 janv.-12 fév.

ÉTOUY – 60 (Oise) → voir Clermont

ÉTRÉAUPONT

⊠ 02580 (Aisne) – 926 hab. – Alt. 127 m – Carte régionale n° **37**-D1
▶ Paris 184 km – Avesnes-sur-Helpe 24 km – Hirson 16 km – Laon 44 km
Carte Michelin 306-F3

🏠 Le Clos du Montvinage

TRADITIONNEL · CLASSIQUE Dans ce village traversé par la N 2 (Laon-Maubeuge), une hôtellerie traditionnelle parfaite pour une étape : cette demeure du 19ᵉ s., typique de la région avec ses briques rouges et ses dépendances, abrite des chambres avenantes et bien tenues, plus calmes côté jardin. Restaurant, salle de billard, tennis, vélos, jeu de croquet...

20 chambres – ♦69/107 € ♦♦81/119 € – ☐ 12 €

*8 r. Albert Ledant – ℰ 03 23 97 91 10 – www.hotel-clos-du-montvinage.com
– Fermé 14-21 août, 23 déc.-5 janv., dim. soir, lundi midi et merc. midi*

ÉTRETAT

⊠ 76790 (Seine-Maritime) – 1 440 hab. – Alt. 8 m – Carte régionale n° **33**-C1
▶ Paris 206 km – Bolbec 30 km – Fécamp 16 km – Le Havre 29 km
Carte Michelin 304-B3 – Guide Vert Michelin Normandie Vallée de la Seine

⁑○ Domaine Saint Clair

CUISINE MODERNE · ÉLÉGANT XxX Au sein du beau Domaine St-Clair et de son élégant manoir normand, se cache ce bon restaurant ! Le chef y réalise une cuisine bien tournée, soignée et généreuse ; on se souviendra notamment des associations homard et concombre, lotte et chorizo, framboise et romarin...

Menu 29 € (déj.), 35/75 € – Carte 65/75 €

*Hôtel Domaine St-Clair, chemin de St-Clair – ℰ 02 35 27 08 23
– www.hoteletretat.com – Fermé le midi sauf week-ends*

🏨 Dormy House

VILLA · ÉLÉGANT Une situation idyllique : à flanc de falaise, cette House domine Étretat et la falaise d'Amont... Les chambres, élégantes, se répartissent entre le manoir de 1870 et plusieurs dépendances. Dans le jardin, la vue à travers les pins se révèle poétique tandis que résonnent, au loin, les bruits de la plage. Toute une atmosphère...

61 chambres – 🛏90/340 € 🛏🛏90/340 € – 2 suites – ⌱ 17 €
rte du Havre – ℰ 02 35 27 07 88 – www.dormy-house.com

🏨 Domaine Saint Clair

CHÂTEAU · PERSONNALISÉ Sur les hauteurs, à l'issue d'un chemin tortueux, un lieu à part, où l'on renoue avec les plaisirs de la Belle Époque... Le domaine réunit un castel et une villa : autant d'espaces intimes et charmants, décorés dans un esprit baroque, canaille ou moderne ! Les échappées sur la côte invitent, elles, à la contemplation...

21 chambres – 🛏90/570 € 🛏🛏90/570 € – ⌱ 14 €
chemin de St-Clair – ℰ 02 35 27 08 23 – www.hoteletretat.com
🍽 **Domaine Saint Clair** – voir les restaurants ci-dessus

🏠 Hôtel Ambassadeur

TRADITIONNEL · COSY Cette jolie villa du 19e s., avec sa façade en briques rouges et ses balcons blancs, se trouve à un jet de pierre du Clos Lupin, la maison-musée du "gentleman cambrioleur". Les chambres se révèlent douillettes et personnalisées... Le tout à fière allure.

20 chambres – 🛏59/133 € 🛏🛏59/169 € – ⌱ 11 €
Plan : B-t – *10 av. de Verdun* – ℰ 02 35 27 00 89 – www.hotelcharmeetretat.com

🏠 Villa sans Souci

VILLA · PERSONNALISÉ Dans un grand parc arboré, cette villa du début du siècle est tenue par un couple passionné par le cinéma. Baptisées "Certains l'aiment chaud" ou "Out Of Africa", les chambres, confortables, fourmillent d'objets chinés en hommage aux grands films de l'histoire. Tant de caractère, ce n'est pas du cinéma !

5 chambres ⌱ – 🛏55/85 € 🛏🛏95/165 €
27 ter r. Guy-de-Maupassant – ℰ 02 35 28 60 14 – www.villa-sans-souci.fr

ÉTUPES – 25 (Doubs) ➙ voir Sochaux

EU

✉ 76260 (Seine-Maritime) – 7 270 hab. – Alt. 19 m – Carte régionale n° **33**-D1
▶ Paris 176 km – Abbeville 34 km – Amiens 88 km – Dieppe 33 km
Carte Michelin 304-I1 – Guide Vert Michelin Normandie Vallée de la Seine

🏨 La Cour Carrée

TRADITIONNEL · PERSONNALISÉ Cette ancienne briqueterie, devenue ferme puis hôtel, est située au bord de la route de Dieppe, juste après la sortie d'Eu. On y trouve des chambres à thèmes – champêtre, ethnique, par exemple –, confortables et plutôt spacieuses. Le tout autour d'une cour carrée.

28 chambres – 🛏75/95 € 🛏🛏75/150 € – ⌱ 11 €
rte de Dieppe – ℰ 02 35 50 60 60 – www.hotel-courcarree-eu.fr

🏠 Manoir de Beaumont

FAMILIAL · PERSONNALISÉ Dans cette demeure située à un saut de biche de la forêt d'Eu et à 5mn des plages, les propriétaires vous accueillent en amis. Les chambres, délicieusement rétro, le salon Louis XVI et le joli parc contribuent tous au charme du lieu. On se sent vraiment chez soi !

3 chambres ⌱ – 🛏42/53 € 🛏🛏53/65 €
rte de Beaumont, 3 km par D49 puis direction Ferme de Beaumont
– ℰ 02 35 50 91 91 – www.demarquet.eu – Fermé janv.

EUGÉNIE-LES-BAINS

✉ 40320 (Landes) – 427 hab. – Alt. 65 m – Carte régionale n° **3**-B3
▶ Paris 731 km – Aire-sur-l'Adour 12 km – Dax 71 km – Mont-de-Marsan 26 km
Carte Michelin 335-I12 – Guide Vert Michelin Aquitaine

✿✿✿ Les Prés d'Eugénie - Michel Guérard   🍴🛏🍽🖾🏷🅿

CUISINE CLASSIQUE · ÉLÉGANT XXXXX Une signature à jamais associée à l'aventure de la Nouvelle Cuisine ! Une œuvre sensible, légère et inventive... une véritable ode aux saveurs, rendues via une veine naturaliste. Mention spéciale pour la magie des lieux, occasion d'une véritable parenthèse bucolique.
→ Zéphyr de truffe "surprise exquise" en nuage. Filet de bœuf sur le bois et sous les feuilles. Millefeuille pour Schéhérazade.
Menu 135 € (semaine), 195/240 € – Carte 150/210 €
pl. de l'Impératrice – 𝓒 *05 58 05 06 07 – www.michelguerard.com*
– Fermé 4 janv.-10 mars, lundi soir et le midi en semaine sauf du 12 juil. au 28 août et sauf fériés

❙◯ La Ferme aux Grives   ⬅🛏🍴🍽🔆🍽🅿

CUISINE TRADITIONNELLE · AUBERGE XX Cette vieille auberge de village a retrouvé ses couleurs d'antan. Jardin potager, vieilles poutres et tomettes... Un cadre idéal pour savourer une cuisine du terroir joliment ressuscitée. Suites exquises, pour des nuits paisibles.
Menu 52/95 €
4 suites – ♙♙530/650 € – ⌴ 42 €
– 𝓒 05 58 05 05 06 – www.michelguerard.com – Fermé 4 janv.-10 fév., mardi sauf le soir du 12 juil. au 29 août, merc. et fériés

⌂⌂⌂ Les Prés d'Eugénie   🏠🛏⬅🍴🔆🚙🍽🅿⬇️🖾🏷🅿

GRAND LUXE · PERSONNALISÉ Les Prés du bonheur ! Loin d'être le simple écrin hôtelier de la célèbre table de Michel Guérard, cette demeure du 19ᵉ s., ainsi que ses annexes – le Couvent des Herbes et la "ferme thermale" –, dessinent un havre de charme, mêlant intimement raffinement et goût de la nature, plaisir et forme. Un lieu magique et hors du temps...
21 chambres – ♙360/440 € ♙♙360/440 € – 16 suites – ⌴ 45 €
pl. de l'Impératrice – 𝓒 05 58 05 06 07 – www.michelguerard.com
– Fermé 4 janv.-10 mars
✿✿✿ Les Prés d'Eugénie - Michel Guérard – voir les restaurants ci-dessus

⌂⌂ La Maison Rose   🏠🛏⬅🍴🍽🅿

VILLA · COSY À côté des thermes, cette maison à la façade rose a des allures de guesthouse ! Les chambres sont confortables et bien tenues. Fleurs fraîches et meubles en rotin ajoutent au romantisme des lieux.
26 chambres – ½ P seult 180/240 € – 5 suites
– 𝓒 05 58 05 06 07 – www.michelguerard.com – Fermé 11 déc.-7 fév.

ÉVIAN-LES-BAINS

✉ 74500 (Haute-Savoie) – 8 527 hab. – Alt. 370 m – Carte régionale n° **46**-F1
▶ Paris 577 km – Genève 44 km – Montreux 40 km – Thonon-les-Bains 10 km
Carte Michelin 328-M2 – Guide Vert Michelin Alpes du Nord

❙◯ Royal   🍴⬅🍽🅿

CUISINE MODERNE · LUXE XXX Installez-vous dans l'élégante salle à manger de ce luxueux palace entièrement rénové, pour profiter des superbes fresques et d'une belle assiette au goût du jour. Les produits nobles y sont à la fête, à l'instar de ces écrevisses du lac Léman en royale de foie gras, écume parfumée au safran...
Menu 75/135 € – Carte 80/110 €
Plan : C-z – *Hôtel Royal, 13 av. des Mateirons – 𝓒 04 50 26 85 00*
– www.evianresort.com

ÉVIAN-LES-BAINS

Abondance (Av. d')	C	2
Bennevy (Bd de)	AB	5
Besson (Quai Ch.)	B	6
Clermont (R. de)	B	10
Cordeliers (R. des)	C	12
Cottet (Pl. Ch.)	B	15
Folliet (R. Gaspard)	B	19
Grottes (Av. des)	C	22
Larringes (Av. de)	A	25
Libération (Pl. de la)	C	26
Mateirons (Av. des)	B	27
Monnaie (R. de la)	B	29
Narvik (Av. de)	B	31
Nationale (R.)	B	33
Neuvecelle (Av. de)	C	36
Port (Pl. du)	C	37
Sources (Av. des)	B	39
Vallées (Av. des)	AB	40

😊 Au Jardin d'Eden 🆕   🍴 AC

CUISINE TRADITIONNELLE · BISTRO ✗ Ce restaurant d'angle prolongé d'une petite terrasse en teck réunit bien des qualités : un chef-patron au beau parcours – dont 15 ans passés au Grand Véfour –, un retour aux sources à Évian (sans jeu de mots), une cuisine attentive aux produits et aux saisons, et un service attentionné. L'Éden n'est pas loin !

Formule 17 € – Menu 21 € (déj. en semaine), 32/52 € – Carte 25/55 €

Plan : A-d – 1 av. Gén.-Dupas – ℰ 04 50 38 62 26 – Fermé mardi midi, dim. soir et lundi

🍴 La Verniaz   🚗 🍴 ♻ P

CUISINE CLASSIQUE · RUSTIQUE ✗✗✗ À la table de La Verniaz, le chef réalise une cuisine classique où pointe une certaine modernité. On y apprécie les poissons du lac Léman mais pas uniquement, comme en témoigne ce beau morceau de bœuf accompagné de pointes d'asperges et de morilles. Le tout à savourer sur la terrasse fleurie ou dans une salle très cosy.

Formule 25 € – Menu 35/85 €

Plan : C-q – Hôtel La Verniaz et ses Chalets, 1417 av. du Léman, à Neuvecelle – ℰ 04 50 75 04 90 – www.verniaz.com

🍴 La Fourchette de l'Église   🍴

CUISINE TRADITIONNELLE · SIMPLE ✗ Après avoir roulé sa bosse en Irlande et en Nouvelle-Zélande, le jeune chef a posé ses valises dans ce restaurant, juste derrière l'église. Et, très vite, le bouche-à-oreille a fait le reste... Dans l'assiette, les plats, traditionnels, sont teintés d'une certaine originalité. Et aux beaux jours, on profite de la terrasse.

Formule 12 € – Menu 29 € (déj. en semaine) – Carte 37/43 €

Plan : B-b – 5 r. Bugnet – ℰ 04 50 79 93 43 – www.lafourchettedeleglise.fr – Fermé dim. et lundi

‖○ Instant Gourmand

CUISINE MODERNE · MINIMALISTE X Dans ce restaurant de poche vibrionne un chef multifonctions, assurant à la fois le service et la cuisine. Qu'on se rassure : la qualité n'en pâtit pas, bien au contraire ! Sa cuisine se concentre sur les produits de saison, et révèle ses origines lorraines ; en prime, on aperçoit la cuisine depuis la salle.

⊕ Menu 15 € (déj. en semaine), 29/42 € – Carte 31/48 €

Plan : B-a – 10 r. de l'Église – ☎ 04 50 04 74 98 (réservation conseillée)
– Fermé dim. et lundi

Royal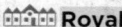

PALACE · HISTORIQUE Ce luxueux palace né en 1907, véritable mythe, a fait peau neuve pour retrouver l'esprit villégiature des années 1930, cet art de vivre à la française, entre fresques et coupole. Son splendide parc, sa vue imparable sur le lac et les montagnes, ont un goût d'éternité !

128 chambres – ♦310/960 € ♦♦310/960 € – 32 suites – ☲ 35 €

Plan : C-z – 13 av. des Mateirons – ☎ 04 50 26 85 00 – www.evianresort.com

‖○ **Royal** – voir les restaurants ci-dessus

Ermitage

LUXE · ÉLÉGANT Cet imposant bâtiment Belle Époque se dresse sur les hauteurs d'Évian, dans un écrin de verdure. À l'intérieur, le style est épuré avec des matériaux évoquant la nature : bois précieux, ardoise, galets, etc. Côté papilles, deux options : le gastro La Table ou La Bibliothèque et ses recettes dans l'air du temps.

80 chambres – ♦158/615 € ♦♦158/750 € – 6 suites – ☲ 30 €

Plan : C-a – 1230 av. du Léman – ☎ 04 50 26 85 00
– www.evianermitage.com

Hilton

HÔTEL DE CHAÎNE · MODERNE Un bâtiment imposant, au cadre design et ultra-contemporain. La majorité des chambres disposent d'un balcon face au lac. Un endroit parfait pour le farniente chic, avec en prime une belle piscine et un superbe espace fitness.

165 chambres ☲ – ♦125/375 € ♦♦150/400 € – 5 suites

Plan : C-b – 27 quai Paul-Léger – ☎ 04 50 84 60 00
– www.evianlesbains.hilton.com

La Verniaz et ses Chalets

TRADITIONNEL · CLASSIQUE Cet ensemble de maisons et de chalets disséminés dans un très beau parc, noyé sous les fleurs, dégage un charme vieille France. De grandes chambres, des meubles anciens, la vue sur le lac... Ici, le temps semble suspendre son vol.

32 chambres – ♦95/175 € ♦♦95/230 € – 6 suites – ☲ 15 € – ½ P

Plan : C-q – 1417 av. du Léman-Neuvecelle – ☎ 04 50 75 04 90
– www.verniaz.com

‖○ **La Verniaz** – voir les restaurants ci-dessus

Littoral

TRADITIONNEL · COSY Pour trouver cet hôtel des années 1990, cherchez le casino, il est situé juste à côté. L'ensemble est cosy et chaleureux, dans un esprit montagne contemporain (bois et boutis dans les chambres) : comme une invitation au cocooning... Difficile à décliner !

30 chambres – ♦93/108 € ♦♦93/108 € – ☲ 11 €

Plan : B-e – 9 av. de Narvik – ☎ 04 50 75 64 00 – www.hotel-littoral-evian.com
– Fermé 26 fév.-7 mars et 4-27 nov.

L'Oasis

FAMILIAL · PERSONNALISÉ Sur les hauteurs d'Évian, un hôtel charmant aux chambres coquettes et cosy, dont certaines font face au lac. Le jardin est bien agréable et de la terrasse, où l'on prend le petit-déjeuner en saison, la vue est magnifique ! Accueil aimable.

16 chambres – †75/210 € ††75/210 € – ☑13 €

Plan : A-v – *11 bd Bennevy* – ℰ 04 50 75 13 38 – www.oasis-hotel.com – *Ouvert 1er avril-30 sept.*

à Maxilly-sur-Léman 4 km à l'Est par D1005 – ☒ 74500 – 1 332 hab. – Alt. 450 m

 La Maison de Mathilde

FAMILIAL · PERSONNALISÉ Mathilde Jacquier (fille d'un célèbre pêcheur du Léman) tient cette jolie maison d'hôtes à la situation exceptionnelle : les pieds dans l'eau, avec plage privée et transats... En cuisine, elle concocte des plats aux accents régionaux - carpaccio de féra, oeuf cocotte aux morilles etc. Chambres confortables.

4 chambres ☑ – †75/95 € ††105/140 €

lieu-dit Le Torrent - 1345 rte Départementale – ℰ 04 50 83 07 10
– www.lamaisondemathilde.com

ÉVISA - 2A (Corse-du-Sud) → voir Corse

ÉVOSGES

☒ 01230 (Ain) – 144 hab. – Alt. 750 m – Carte régionale n° **45**-C1
▶ Paris 481 km – Aix-les-Bains 69 km – Belley 37 km – Bourg-en-Bresse 57 km
Carte Michelin 328-F5

⑩ L'Auberge Campagnarde

CUISINE TRADITIONNELLE · AUBERGE X L'auberge porte bien son nom, avec sa salle à manger champêtre à souhait et sa terrasse fleurie. Les produits sont frais et la cuisine, à la fois généreuse et féminine, a l'accent du terroir !

Formule 20 € – Menu 25 € (déj. en semaine), 33/69 €

Le village – ℰ 04 74 38 55 55 – www.auberge-campagnarde.com – *Ouvert de mars à déc. et fermé mardi soir et merc.*

 L'Auberge Campagnarde

AUBERGE · RUSTIQUE Dans ce village perché du Bugey, cette auberge créée avant 1900, détruite pendant la guerre puis reconstruite, est tenue par la même famille depuis cinq générations. L'accueil est toujours aussi chaleureux et l'on vient pour se reposer dans des chambres simples, rustiques mais impeccables. Minigolf, piscine.

11 chambres – †75/105 € ††75/105 € – ☑10 €

Le village – ℰ 04 74 38 55 55 – auberge-campagnarde.com – *Ouvert de mars à déc.*

⑩ **L'Auberge Campagnarde** – voir les restaurants ci-dessus

ÉVREUX

☒ 27000 (Eure) – 49 634 hab. – Alt. 64 m – Carte régionale n° **33**-D2
▶ Paris 100 km – Alençon 119 km – Caen 135 km – Chartres 78 km
Carte Michelin 304-G7 – Guide Vert Michelin Normandie Vallée de la Seine

⑳ La Gazette

CUISINE MODERNE · À LA MODE XX Une valeur sûre que ce restaurant dont le décor mêle harmonieusement le contemporain et l'ancien, entre teintes claires et poutres centenaires... Aux fourneaux, Xavier Buzieux s'attache à mettre en valeur les petits producteurs locaux et à suivre les saisons. De quoi faire parler les gazettes !

Menu 24/49 € – Carte 45/64 €

Plan : AY-f – *7 r. St-Sauveur* – ℰ 02 32 33 43 40 – www.restaurant-lagazette.fr
– *Fermé 3-25 août, sam. midi, dim. et lundi*

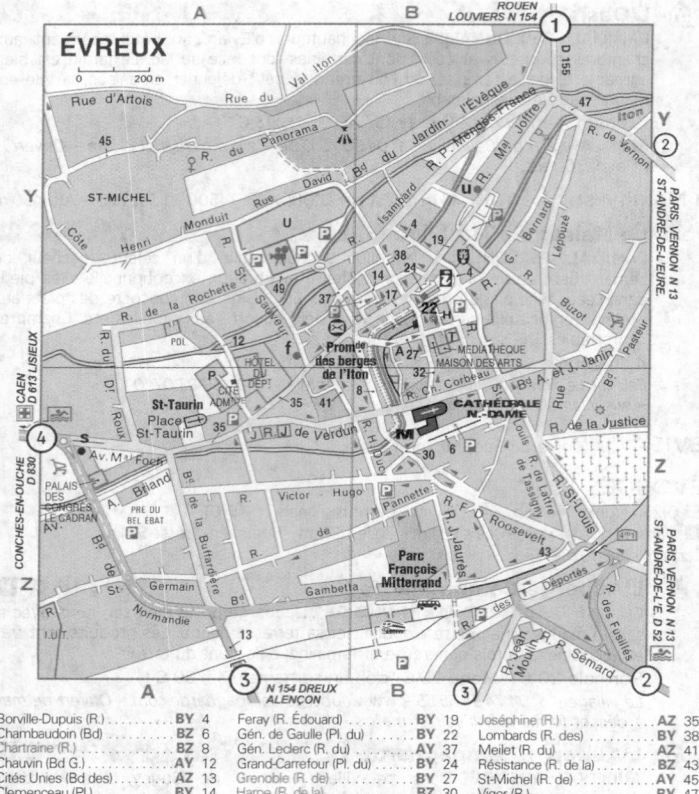

ÉVREUX

Borville-Dupuis (R.)	**BY** 4	Feray (R. Édouard)	**BY** 19	Joséphine (R.)	**AZ** 35
Chambaudoin (Bd)	**BZ** 6	Gén. de Gaulle (Pl. du)	**BY** 22	Lombards (R. des)	**BY** 38
Chartraine (R.)	**BZ** 8	Gén. Leclerc (R. du)	**AY** 37	Meilet (R. du)	**AZ** 41
Chauvin (Bd G.)	**AY** 12	Grand-Carrefour (Pl. du)	**BY** 24	Résistance (R. de la)	**BZ** 43
Cités Unies (Bd des)	**AZ** 13	Grenoble (R. de)	**BY** 27	St-Michel (R. de)	**AY** 45
Clemenceau (Pl.)	**BY** 14	Harpe (R. de la)	**BZ** 30	Vigor (R.)	**BY** 47
Dr-Oursel (R. du)	**BY** 17	Horloge (R. de l')	**BZ** 32	7e-Chasseurs (R. du)	**AY** 49

ⅠⓄ **Ô Saveurs** 🏠 ⛶

CUISINE MODERNE ✕ Un restaurant d'esprit familial, à l'orée du centre-ville. On appréciera particulièrement la terrasse, au calme sur le jardin, à l'arrière de la maison. Le chef connaît ses classiques et les relève d'un soupçon d'air du temps.

Formule 20 € - Carte 24/56 €

Plan : BY-u – *1 r. du Maréchal-Joffre* – ℰ *02 32 31 61 05* – *www.osaveurs.wix.com* – *Fermé 3 semaines en août, dim. soir et lundi*

🏨 **Best Western Palais des Congrès** ⚡ ⬆ ⭐ 🄰🄲 🛁 🚗

BUSINESS · FONCTIONNEL Près du palais des congrès, à la sortie de la ville, cet établissement contemporain se révèle agréable : beaux espaces, déco design et colorée, restaurant proposant une carte traditionnelle... Le meilleur hôtel des environs.

60 chambres – 🛏69/129 € 🛏🛏79/135 € – ⚄ 14 €

Plan : AZ-s – *bd de Normandie* – ℰ *02 32 38 77 77* – *www.bw-evreux.com*

ÉVRON

✉ 53600 (Mayenne) – 7 121 hab. – Alt. 114 m – Carte régionale n° **35**-C1
▶ Paris 250 km – Alençon 58 km – La Ferté-Bernard 98 km – Laval 32 km
Carte Michelin 310-G6 – Guide Vert Michelin Pays de la Loire

La Toque des Coëvrons

CUISINE TRADITIONNELLE · SIMPLE ✗ Le chef, toqué de recettes traditionnelles et amoureux des terroirs des Coëvrons et de Mayenne, mitonne de savoureux petits plats mettant à l'honneur les produits locaux : pour ainsi dire, de la ferme jusqu'à l'assiette, tout un savoir-faire artisanal est à la fête ! En revanche, le décor est relativement simple...

Formule 17 € – Menu 22 € (semaine), 29 € 🍷/34 € – Carte environ 37 €

4 r. des Prés – 𝒞 02 43 01 62 16 – www.latoquedescoevrons.com – Fermé vacances de fév., 2 semaines en août, merc. soir, dim. soir et lundi

rte de Mayenne 6 km par D7

🏠 Au Relais du Gué de Selle　　　　🌳 🛬 ⅃ 🛁 ⅙ 🗚 🌂 🦮 🅿

AUBERGE · FONCTIONNEL Sur une route de campagne, cette ancienne ferme (1843) devenue hôtel-restaurant est parfaite pour un séjour en famille : des chambres de tous les styles (certaines en duplex), un lac pour pêcher, une piscine chauffée... et des cabanes perchées dans les arbres où l'on peut même dormir !

27 chambres – ♦63/132 € ♦♦88/230 € – ☲ 12 € – ½ P

rte de Mayenne – 𝒞 02 43 91 20 00 – www.relais-du-gue-de-selle.com – Fermé 5-22 fév., 16-31 oct., 18 déc.-4 janv., vend. soir, dim. soir et lundi d'oct. à mai

EYBENS – 38 (Isère) → voir Grenoble

EYGALIÈRES

✉ 13810 (Bouches-du-Rhône) – 1 761 hab. – Alt. 134 m – Carte régionale n° **42**-E1

▶ Paris 701 km – Avignon 28 km – Cavaillon 14 km – Marseille 83 km

Carte Michelin 340-E3 – Guide Vert Michelin Provence

❙○ La Petite Table　　　　　　　　　　　　　　　　🍸 ☕ 🅿

CUISINE TRADITIONNELLE · ÉLÉGANT ✗✗ Vol-au-vent de volaille et ris de veau servi en cocotte, œuf mollet frit sur un jardin de printemps, véritable dame blanche (glace à la vanille, chocolat et chantilly)... Une cuisine traditionnelle réalisée avec de bons produits frais : voilà le programme de cette Petite Table accueillante, que l'on quitte à regret !

Formule 25 € 🍷 – Menu 50/70 € – Carte 58/86 €

av. du Gén.-de-Gaulle, angle rte d'Orgon – 𝒞 04 90 38 19 23 – www.lapetitetable-restaurant.com – Ouvert début avril-fin oct. et fermé mardi soir et merc. sauf juil.-août

❙○ Bistrot l'Aubergine　　　　　　　　　　　　　🛬 ☕ ☕

CUISINE MODERNE · BISTRO ✗ Une belle terrasse, un décor de bistrot cosy, des produits de qualité cuisinés sans chichis. Il n'en faut pas plus pour passer un agréable moment... Dans l'assiette, c'est frais et parfumé, telle cette belle tranche de thon en croûte d'épices bien relevée. Attention, carte réduite au déjeuner l'été, avec de copieuses salades.

Formule 25 € – Carte 41/70 €

4 chambres – ♦150/165 € ♦♦165/180 € – ☲ 15 €

18 av. Jean-Jaurès – 𝒞 04 90 95 98 89 – www.laubergine-eygalieres.com – Ouvert de mars à mi-nov. et fermé merc. sauf le soir en juil.-août

🏠 La Bastide d'Eygalières　　　　🌳 ☕ 🛬 ⅃ 🗚 🦮 🅿

MAISON DE CAMPAGNE · MÉDITERRANÉEN Une charmante bastide aux volets bleus. Les chambres, de style provençal, sont des plus calmes. Joli jardin avec piscine, donnant sur les Alpilles. Au restaurant, la cuisine privilégie les légumes et les produits bio.

14 chambres – ♦74/130 € ♦♦86/180 € – 1 suite – ☲ 13 € – ½ P

rte Orgon (D24ᴮ) et chemin de Pestelade – 𝒞 04 90 95 90 06 – www.hotellabastide.com

Mas du Pastre 🐾 ⌂ ⚓ AK P

MAISON DE CAMPAGNE · PERSONNALISÉ Cette ancienne bergerie a l'âme d'une "guesthouse" un peu insolite : décoration provençale à l'ancienne, meubles et bibelots chinés, jardin... et trois roulottes typiquement gitanes !
12 chambres – 🛏120/190 € 🛏🛏120/190 € – 2 suites – ⊊ 15 €
quartier St-Sixte, 1,5 km par rte Orgon (D24ᴮ) – ℰ 04 90 95 92 61
– www.masdupastre.com – Fermé 15 nov.-1ᵉʳ mars

Le Jardin de Tim 🐾 ⌂ ⚓ & AK ✥ P

MAISON DE CAMPAGNE · PERSONNALISÉ Une belle bâtisse (1870) dans ce village peuplé d'antiquaires et d'artisans d'art. On y accède par un discret portail s'ouvrant sur un joli jardin. Les chambres, ornées de bibelots anciens et de tableaux contemporains, portent des noms de thés : Darjeeling, Earl Grey, Sencha... De bien charmantes infusions !
5 chambres ⊊ – 🛏125/360 € 🛏🛏125/360 €
av. Léon-Blum – ℰ 04 32 61 91 87 – www.lejardindetim.com – Fermé de janv. à mi-mars

EYMET

✉ 24500 (Dordogne) – 2 616 hab. – Alt. 54 m – Carte régionale n° **4**-C2
▶ Paris 560 km – Arcachon 72 km – Bayonne 239 km – Bordeaux 101 km
Carte Michelin 329-D8 – Guide Vert Michelin Périgord Quercy

ⅼ○ La Cour d'Eymet ↩ 🍴 &

CUISINE MODERNE · ÉLÉGANT XX Sur la rue principale du bourg, une maison de style régional, flanquée d'une petite cour où l'on dresse quelques tables aux beaux jours. Les gourmands s'y régalent d'une cuisine soignée à base d'excellents produits. Le tout accompagné de vins du pays. Quelques chambres spacieuses et plutôt coquettes.
Formule 19 € – Menu 22 € (déj. en semaine), 25/42 € – Carte 35/60 €
2 chambres ⊊ – 🛏80 € 🛏🛏100 €
32 bd National – ℰ 05 53 22 72 83 (réservation conseillée)
– www.lacourdeymet.com – Fermé 15 fév.-15 mars, fin juin-début juil., dim. soir, lundi, mardi, merc. sauf d'avril à oct.

EYMOUTIERS

✉ 87120 (Haute-Vienne) – 2 052 hab. – Alt. 417 m – Carte régionale n° **25**-C2
▶ Paris 434 km – Guéret 63 km – Limoges 45 km – Tulle 71 km
Carte Michelin 325-H6 – Guide Vert Michelin Limousin Berry

ⅼ○ La Cave 🍴

CUISINE MODERNE · BRASSERIE X Le patron, autodidacte, est animé d'une véritable passion pour la cuisine et le vin ! On approuve son idée d'un restaurant mi-brasserie (salades, tapas, planches de charcuterie et viandes grillées), mi-gastro, où tout est fait maison.
Formule 13 € – Menu 29 € – Carte 28/35 €
2 r. Karl-Marx – ℰ 05 55 69 45 34 – Fermé janv.

EYRAGUES – 13 (Bouches-du-Rhône) ➜ voir St-Rémy-de-Provence

LES EYZIES-DE-TAYAC

✉ 24620 (Dordogne) – 822 hab. – Alt. 70 m – Carte régionale n° **4**-C3
▶ Paris 536 km – Brive-la-Gaillarde 62 km – Fumel 62 km – Périgueux 47 km
Carte Michelin 329-H6 – Guide Vert Michelin Périgord Quercy

ⅼ○ 1862 🎴 ↩ ⌂ 🍴 & P

CUISINE MODERNE · À LA MODE XX Pour trouver ce restaurant, suivez l'odeur de la glycine ! Dans cette bâtisse de 1862, la cuisine est colorée, originale, alléchante... Les produits sont de qualité (tels les légumes du potager) et les vins bien choisis. L'été, profitez de la terrasse face au parc. Et pour le déjeuner, direction le Côté Bistro.
Menu 62/110 € – Carte 75/103 €
Hôtel Les Glycines, 4 av. de Laugerie, rte de Périgueux – ℰ 05 53 06 97 07
– www.les-glycines-dordogne.com – Fermé 21 fév.-1ᵉʳ mars, 14 nov.-27 déc., dim. soir, lundi et mardi de nov. à avril et le midi sauf dim.

ⅈ◯ Au Vieux Moulin

CUISINE TRADITIONNELLE · ÉLÉGANT XX Une roue à aubes, le doux bruissement de l'eau et un décor rustique à souhait... Ce moulin est charmant et l'on y savoure une cuisine du terroir goûteuse et bien tournée. Aux beaux jours, on dresse les tables au bord de la rivière pour un repas des plus bucoliques. La carte des vins fait la part belle aux bordeaux.

Menu 21/58 € – Carte 47/81 €

Hôtel Moulin de la Beune, 2 r. du Moulin-Bas – ℰ 05 53 06 94 33
– www.moulindelabeune.com – Ouvert mi avril-mi oct. et fermé mardi midi, merc. midi et sam. midi

Les Glycines

FAMILIAL · COSY Cet ancien relais de poste au bord de la Vézère embaume la nature, avec son parc, sa tonnelle de glycine et son potager. Les chambres se révèlent charmantes et très confortables ; préférez les plus spacieuses.

26 chambres – †129/345 € ††129/345 € – ☑ 17 € – ½ P

4 av. de Laugerie, rte de Périgueux – ℰ 05 53 06 97 07
– www.les-glycines-dordogne.com – Fermé 21 fév.-1ᵉʳ mars, 14 nov.-27 déc.

ⅈ◯ **1862** – voir les restaurants ci-dessus

Hostellerie du Passeur

TRADITIONNEL · COSY Sur la place de la mairie, cette imposante demeure périgourdine a tout pour elle : chambres coquettes (certaines de style contemporain et très colorées), restauration traditionnelle et même une boutique de produits du terroir et d'arts de la table.

19 chambres – †85/115 € ††90/160 € – ☑ 11 € – ½ P

pl. de la Mairie – ℰ 05 53 06 97 13 – www.hostellerie-du-passeur.com – Ouvert de Pâques à la Toussaint

Moulin de la Beune

FAMILIAL · PERSONNALISÉ Au milieu du luxuriant jardin coule une rivière, la Beune. Puis il y a ces deux anciens moulins, cultivant avec bonheur leur ravissant charme champêtre et leur bel esprit maison de famille... Un lieu délicat, plaisant et reposant.

20 chambres – †58/68 € ††68/76 € – ☑ 8 € – ½ P

2 r. du Moulin Bas – ℰ 05 53 06 94 33 – www.moulindelabeune.com
– Ouvert 16 avril-15 oct.

ⅈ◯ **Au Vieux Moulin** – voir les restaurants ci-dessus

Le Cro Magnon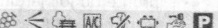

TRADITIONNEL · ACTUEL Cette demeure adossée aux rochers n'a rien de préhistorique, avec ses chambres spacieuses, son joli salon avec cheminée et sa piscine. Repas traditionnels servis dans la véranda ou en terrasse.

15 chambres – †75/86 € ††85/130 € – ☑ 11 € – ½ P

54 av. de la Préhistoire – ℰ 05 53 06 97 06 – www.hotel-cromagnon.com
– Ouvert 10 mars-1ᵉʳ nov.

ÈZE

✉ 06360 (Alpes-Maritimes) - 2 535 hab. – Alt. 390 m – Carte régionale n° **42**-E2
▶ Paris 938 km – Cap d'Ail 6 km – Menton 17 km – Monaco 8 km
Carte Michelin 341-F5 – Guide Vert Michelin Côte d'Azur

✿✿ La Chèvre d'Or

CUISINE MODERNE · LUXE XxX Perchée sur ce nid d'aigle qu'est Èze, la table gastronomique du célèbre Château de la Chèvre d'Or jouit d'une situation paradisiaque, face à l'azur de la mer et du ciel... La cuisine est au diapason : d'inspiration méditerranéenne, fine et variée, elle se fonde sur de superbes produits gorgés de fraîcheur.

→ Petits légumes de Provence crus et cuits relevés de vinaigre de barolo, caponata sicilienne. Turbot côtier de Bretagne poché au beurre fermier demi-sel, velouté de coquillages au Noilly Prat. Vision d'un citron de Menton.

Menu 85 € (déj. en semaine), 145/240 € – Carte 185/255 €

Hôtel Château de la Chèvre d'Or, r. du Barri, (accès piétonnier) – ℰ 04 92 10 66 61 (réservation conseillée) – www.chevredor.com – Ouvert 6 mars-8 nov. et fermé lundi midi, mardi midi, merc. midi en juil.-août et lundi en mars

⑩○ Château Eza

CUISINE MODERNE • ROMANTIQUE XXX Évidemment, il y a le panorama éblouissant, ces variations du paysage en contrebas, le massif qui plonge ses forêts de pins dans la Méditerranée. Mais il y a aussi une cuisine de qualité, des saveurs harmonieuses, des cuissons précises.

Menu 52 € (déj.), 62/120 € – Carte 100/130 €

Hôtel Château Eza, r. de la Pise, (accès piétonnier) – ℰ 04 93 41 12 24
– www.chateaueza.com – Fermé 1er nov.-18 déc., lundi et mardi de janv. à mars

⑩○ Les Remparts

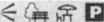

PROVENÇALE • ROMANTIQUE XX Une cuisine méridionale chic, servie le midi en saison sur une terrasse sublime, posée en bordure de falaise et offrant une vue magique sur la Grande Bleue, St-Jean-Cap-Ferrat, la baie des Anges... Pour un déjeuner d'exception !

Carte 95/115 €

Hôtel Château de la Chèvre d'Or, r. du Barri, (accès piétonnier)
– ℰ 04 92 10 66 61 – www.chevredor.com – Ouvert début avril à début nov. et fermé le soir

⬚⬚⬚ Château de la Chèvre d'Or

LUXE • GRAND STYLE Exceptionnel, divin, enchanteur... Un îlot céleste, agrippé aux rochers en surplomb de la Méditerranée. La plupart des chambres, disséminées dans le village, jouissent d'une vue splendide, tout comme les restaurants. Un petit paradis sur terre... au-dessus de la mer !

31 chambres – ♦300/930 € ♦♦300/930 € – 8 suites – ⏶ 38 €

r. du Barri, (accès piétonnier) – ℰ 04 92 10 66 66 – www.chevredor.com
– Ouvert 5 mars-8 nov.

⌘⌘ La Chèvre d'Or • ⑩○ Les Remparts – voir les restaurants ci-dessus

⬚⬚ Château Eza

LUXE • ÉLÉGANT Dans cette demeure du 14e s. perchée entre ciel et mer, la vue sur la côte est littéralement... époustouflante ! Quant à la décoration des chambres, elle mêle charme des pierres anciennes et raffinement contemporain : c'est élégant et subtil. Et l'on vit le mythe de la Riviera...

10 chambres – ♦200/1300 € ♦♦200/1300 € – 2 suites – ⏶ 25 €

r. de la Pise, (accès piétonnier) – ℰ 04 93 41 12 24 – www.chateaueza.com
– Fermé 1er nov.-18 déc.

⑩○ Château Eza – voir les restaurants ci-dessus

au Col d'Èze 3 km au Nord-Ouest – ✉06360 Eze

⑩○ Hermitage

CUISINE MODERNE • MÉDITERRANÉEN XX Dans ce sympathique hermitage méridional, le chef concocte une alléchante cuisine gorgée de soleil et de fraîcheur... La salle est ravissante avec ses murs en pierre et ses meubles patinés ; l'été, on profite du joli jardin.

Formule 22 € – Menu 40 € – Carte 48/69 €

Hôtel Hermitage, 1951 av. des Diables-Bleus, par D2564 (Grande Corniche) direction Nice – ℰ 04 93 41 00 68 – www.ezehermitage.com

⬚⬚ La Bastide aux Camélias

FAMILIAL • PERSONNALISÉ Une belle bastide provençale noyée dans une végétation méditerranéenne luxuriante... Les chambres sont élégantes et décorées avec soin, et l'on profite à loisir de la piscine, du hammam, du sauna, du jacuzzi, etc. Une maison d'hôtes très agréable !

5 chambres ⏶ – ♦120/160 € ♦♦120/160 €

23c rte de l'Adret – ℰ 04 93 41 13 68 – www.bastideauxcamelias.com
– Ouvert de début mars à mi-nov.

⌂ Hermitage

HÔTEL DE VACANCES · PERSONNALISÉ À deux pas du parc de la Grande-Corniche, cette maison d'architecture traditionnelle est chaleureuse : les chambres sont petites mais propres, très bien insonorisées et non dénuées de charme... La propriétaire aime chiner et s'est chargée de la déco !

24 chambres – †80/170 € ††80/170 € – ☑ 15 €

1951 av. des Diables-Bleus par la D2564 (Grande Corniche) direction Nice – ℰ 04 93 41 00 68 – www.ezehermitage.com

🍽○ **Hermitage** – voir les restaurants ci-dessus

ÈZE-BORD-DE-MER

✉ 06360 (Alpes-Maritimes) – ✉ Eze – Carte régionale n° **42**-E2
▶ Paris 959 km – Menton 22 km – Monaco 8 km – Nice 14 km
Carte Michelin 341-F5 – Guide Vert Michelin Côte d'Azur

✿ La Table de Patrick Raingeard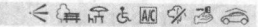

CUISINE MODERNE · LUXE XxX Dans le cadre luxueux de l'hôtel Cap Estel, cerné par la mer, Patrick Raingeard rend un bel hommage à la Méditerranée et ses rives : la qualité des produits, l'exécution soignée, la pointe d'inventivité qui rehausse l'ensemble, tout invite à un repas privilégié...

→ Concombre et saumon, fondant, croquant, moelleux, mi- fumé, émulsion de coco, curry thaï et ananas. Brandade de pintade fermière aux truffes. Carotte à l'orange, sorbet orange aux épices, et pain d'épice à notre façon.

Formule 49 € – Menu 120/150 € – Carte 100/115 €

Hôtel Cap Estel, 1312 av. Raymond-Poincaré – ℰ 04 93 76 29 29 – www.capestel.com – Fermé 3 janv.-9 mars et 29 juil.-29 août, dim. soir, lundi et mardi en mars, oct., nov. et déc. sauf fériés et le midi de mi-mai à mi-sept.

Cap Estel

GRAND LUXE · ÉLÉGANT Sur une presqu'île privée, cette villa enchanteresse, construite par un prince russe à la fin du 19e s, cultive l'art du luxe discret. Ses salons magnifiques, ses chambres et suites somptueuses, son spa, son parc et sa piscine à débordement au-dessus de la mer... tout invite à un séjour de rêve, à l'abri des regards.

19 suites ☑ – ††580/10900 € – 9 chambres – ½ P

1312 av. Raymond-Poincaré – ℰ 04 93 76 29 29 – www.capestel.com – Fermé 3 janv.-9 mars et 29 juil.-29 août

✿ **La Table de Patrick Raingeard** – voir les restaurants ci-dessus

FALAISE

✉ 14700 (Calvados) – 8 413 hab. – Alt. 132 m – Carte régionale n° **32**-B2
▶ Paris 264 km – Argentan 23 km – Caen 36 km – Flers 37 km
Carte Michelin 303-K6 – Guide Vert Michelin Normandie Cotentin

⊛ La Fine Fourchette

CUISINE MODERNE · ROMANTIQUE XX Voilà une adresse qui n'en finit pas de s'offrir une nouvelle jeunesse. La jeune chef-patronne propose une cuisine du terroir "moderne et actuelle", à l'instar de ces maquereaux pochés au bouillon anisé, ou de ces ravioles de camembert safrané... Sensibilité, personnalité : une Fine Fourchette, assurément !

⊕ Formule 15 € – Menu 19/60 € – Carte 38/62 €

52 r. Georges-Clemenceau – ℰ 02 31 90 08 59 – www.fine-fourchette.fr – Fermé 15-30 janv.

⊛ Ô Saveurs ⑪

CUISINE MODERNE · CLASSIQUE XX Cette adresse fait le bonheur des habitués, et pour cause : le jeune chef-patron signe une cuisine délicate et colorée, réglée sur les saisons, à l'instar de cette lotte de petite pêche, petits pois et tomate confite façon tatin... Goûteux et maîtrisé ! Quelques chambres sobres et bien tenues pour l'étape.

Menu 21 € (semaine), 30/65 € – Carte 38/70 €

15 chambres – †60/110 € ††60/110 € – ☑ 8 €

Plan : B-v – *38 r. Georges-Clemenceau – ℰ 02 31 90 13 14 – www.hoteldelaposte-osaveurs.com – Fermé 1er-23 janv., dim. soir et lundi*

🍴○ L'Attache

CUISINE TRADITIONNELLE · AUBERGE ✗✗ À la sortie de la ville, sur la route de Caen, on découvre cette maison bien avenante. Le chef, passionné de plantes et de légumes oubliés (panais, blettes, cerfeuil tubéreux…), a même publié des livres sur le sujet. Son credo : tradition, fraîcheur et simplicité ! De quoi s'attacher très vite à cette adresse.

🍴 Menu 20/62 € – Carte 50/70 €

rte de Caen, 1,5 km au Nord par N158 – ℰ 02 31 90 05 38 (réservation conseillée) – Fermé 8-30 sept., mardi et merc. sauf fériés

FALICON

✉ 06950 (Alpes-Maritimes) – 1 920 hab. – Alt. 396 m – Carte régionale n° **42**-E2

▶ Paris 935 km – Cannes 42 km – Nice 12 km – Sospel 41 km

Carte Michelin 341-E5 – Guide Vert Michelin Côte d'Azur

🍴○ **Parcours Live**

CUISINE MODERNE · DESIGN ✗✗ Du restaurant, bien situé au cœur du village perché de Falicon, le regard parcourt les vallons environnants, Nice et même la Méditerranée… Mais le spectacle est aussi en cuisine, dont l'activité est retransmise "en live" par un écran. Voilà qui exprime l'esprit de la carte : créative et fondée sur les produits locaux.

Menu 40/105 €

1 pl. Marcel-Eusebi, (près de la mairie) – ℰ 04 93 84 94 57 – www.restaurant-parcours.com – Fermé 4-12 janv., 27 juin-13 juil., dim. soir, lundi et mardi

FARROU – 12 (Aveyron) ➜ voir Villefranche-de-Rouergue

LA FAUCILLE (COL DE) – 01 (Ain) ➜ voir Col de la Faucille

LE FAUGA

✉ 31410 (Haute-Garonne) – Alt. 200 m – Carte régionale n° **28**-B2

▶ Paris 706 km – La Massana 165 km – Toulouse 33 km

Carte Michelin 343-F4

🍴○ **Le Château de la Mandre**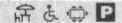

CUISINE TRADITIONNELLE · COSY ✗✗ Dans cette imposante bâtisse bourgeoise, le chef – qui a notamment travaillé au Maupertu à Paris – concocte une belle cuisine traditionnelle, qu'il fait évoluer au gré des saisons. Un agréable repas, une bonne adresse !

🍴 Menu 20 € (déj. en semaine)/37 €

4 r. Cazaleres – ℰ 05 61 56 74 94 – www.lechateaudelamandre.com – Fermé 1er-23 août, 21 déc.-4 janv., dim. soir, mardi soir et lundi

FAULQUEMONT

✉ 57380 (Moselle) – 5 459 hab. – Alt. 275 m – Carte régionale n° **27**-C1

▶ Paris 367 km – Metz 38 km – Château-Salins 29 km – Pont-à-Mousson 46 km

Carte Michelin 307-K4

au Nord 3 km par rte de St-Avold et golf – ✉ 57380 Faulquemont

✿✿ **Toya** (Loïc Villemin)

CUISINE MODERNE · DESIGN ✗✗✗ Toya ? Un célèbre lac volcanique au nord du Japon et… cette table tendance zen (grande ouverte sur la verdure) pour une éruption de saveurs ! Beaux produits, technique soignée, inspiration maîtrisée, etc. Le jeune chef, Loïc Villemin, sait associer savoir-faire, sagesse et finesse.

➜ Saint-Jacques, haddock fumé, avoine, jus de racine, caviar belge et huile de livèche. Filet de pigeonneau matiné d'influences japonaises. Crémeux de carotte, brunoise confite, compote et sorbet orange sanguine.

Menu 37 € (déj. en semaine), 65/110 €

Hostellerie du Chambellan, av. Jean-Monnet, (au golf de Faulquemont) – ℰ 03 87 89 34 22 – www.lechambellan.fr – Fermé 1 semaine en fév., 2 semaines en août, 24 déc.-2 janv., dim. soir, lundi et mardi

Hostellerie du Chambellan

BUSINESS · FONCTIONNEL Juste à côté du golf de Faulquemont, ce bâtiment récent propose des chambres à la fois sobres, contemporaines et confortables, dont certaines ont vue sur les greens. Deux options pour se restaurer : fine gastronomie au Toya, ou cuisine de brasserie et pizzas à la Mezzanine.

44 chambres – †99/105 € †111105/125 € – ☲ 11 €

av. Jean-Monnet, (au golf de Faulquemont)
– ✆ 03 87 00 10 80 – www.lechambellan.fr
– Fermé 2 semaines en août et 24 déc.-2 janv.

✿ **Toya** – voir les restaurants ci-dessus

FAVERGES

✉ 74210 (Haute-Savoie) – 6 970 hab. – Alt. 507 m – Carte régionale n° **45**-C1
▶ Paris 562 km – Albertville 20 km – Annecy 27 km – Megève 35 km
Carte Michelin 328-K6 – Guide Vert Michelin Alpes du Nord

⊛ Florimont

CUISINE MODERNE · FAMILIAL XX De beaux produits, des cuissons et des techniques maîtrisées, de la recherche et du caractère : la cuisine du chef est gourmande et pleine de saveurs ; à l'image de ce filet de lieu jaune accompagné d'asperges et d'une mousse d'artichaut. Quant au cadre, d'esprit montagnard, il ne manque pas de chaleur.

⊗ Menu 20 € (déj. en semaine), 31/49 € – Carte 55/75 €

Hôtel Florimont, 1006 r. du Champ-Canon, rte d'Albertville
– ✆ 04 50 44 50 05 – www.hotelflorimont.com
– Fermé 6 déc.-10 janv., dim. soir, lundi midi et sam.

Florimont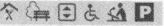

FAMILIAL · FONCTIONNEL Le Florimont ? Un mot-valise composé de "fleur" et "mont" pour une enseigne qui dit vrai. Vue sur le mont Blanc, situation privilégiée près d'un golf et, pour ne rien gâcher, des chambres parfaitement tenues, un copieux petit-déjeuner où l'on savoure les délicieuses confitures maison, et un restaurant bien gourmand !

27 chambres – †76/89 € †189/120 € – ☲ 12 € – ½ P

1006 r. du Champ-Canon, rte d'Albertville
– ✆ 04 50 44 50 05 – www.hotelflorimont.com
– Fermé 6 déc.-10 janv.

⊛ **Florimont** – voir les restaurants ci-dessus

au Tertenoz 4 km au Sud-Est par D12 et rte secondaire – ✉ 74210 Seythenex

ⅠО Au Gay Séjour

CUISINE TRADITIONNELLE · ÉLÉGANT XX Cette ferme-auberge du 17ᵉ s. a fière allure : belle vue sur la vallée, décor contemporain haut en couleurs... pour une cuisine traditionnelle fort alléchante, à l'instar de la féra de nos lacs alpins, écrasé de pomme de terre et crème au tamié de l'Abbaye, ou de ce joli carré d'agneau d'Aiton en Savoie rôti !

Formule 34 € – Menu 42/86 € – Carte 46/70 €
11 chambres – †85/105 € †1108/128 € – ☲ 15 €

58 rte de Tertenoz
– ✆ 04 50 44 52 52 – www.hotel-gay-sejour.com
– Fermé dim. soir et lundi

FAVERNEY

✉ 70160 (Haute-Saône) – 928 hab. – Alt. 235 m – Carte régionale n° **16**-B1
▶ Paris 364 km – Besançon 70 km – Lure 48 km – Vesoul 21 km
Carte Michelin 314-E6 – Guide Vert Michelin Franche-Comté Jura

à Breurey-lès-Faverney 3 km au Sud-Est par D434 et D6 – ⊠ 70160
– 580 hab. – Alt. 233 m

⌂ Château de la Presle   ⌂ ⌂ ⌂ ⌂ P

CHÂTEAU · GRAND STYLE Vous rêvez d'un week-end de charme à la campagne ? Ce château du 19ᵉs., dans un parc de 6 ha, devrait vous plaire ! Les
chambres sont ravissantes (toile de Jouy, style gustavien, etc.), sans parler du
salon avec piano, du billard sous les combles et de l'espace bien-être. Cuisine
bourgeoise servie dans une salle élégante.

5 chambres ⌂ – ♦100/135 € ♦♦115/145 €

3 r. Louis-Pergaud – ℰ 03 84 91 41 70 – www.chateaudelapresle.com

FAVIÈRES

⊠ 80120 (Somme) – 462 hab. – Alt. 1 m – Carte régionale n° **36**-A1
▶ Paris 212 km – Abbeville 22 km – Amiens 77 km – Berck-Plage 27 km
Carte Michelin 301-C6

⑪○ La Clé des Champs   AC P

CUISINE MODERNE · AUBERGE ✗✗ Cette ancienne ferme picarde étend ses belles
façades d'un blanc immaculé sur un angle de rue, au calme d'un charmant village.
Au menu, une cuisine du marché empreinte de simplicité : sole, asperges, escalope de foie gras...

æ Menu 17 € (semaine), 23/38 €

*pl. des Frères-Caudron – ℰ 03 22 27 88 00 – Fermé 1 semaine en août, 3 semaines
en janv., lundi et mardi sauf fériés*

⌂ Les Saules   ⌂ ⌂ ⌂ ⌂ ⌂ P

TRADITIONNEL · PERSONNALISÉ Envie d'une étape au calme, après avoir visité
le parc ornithologique du Marquenterre ? Ces Saules sont tout indiqués ! On
enjambe un petit ruisseau pour entrer dans la cour fleurie ; les chambres
ont vue sur le jardin ou la campagne environnante. Délicieusement bucolique...

21 chambres – ♦102/122 € ♦♦102/143 € – ⌂ 12 € – ½ P

1075 r. des Forges – ℰ 03 22 27 04 20 – www.hotel-baie-somme.com

FAVONE – 2A (Corse-du-Sud) ➔ voir Corse

FAYENCE

⊠ 83440 (Var) – 5 460 hab. – Alt. 350 m – Carte régionale n° **41**-C3
▶ Paris 884 km – Castellane 55 km – Draguignan 30 km – Fréjus 36 km
Carte Michelin 340-P4 – Guide Vert Michelin Côte d'Azur

⊛ La Table d'Yves   ⌂ AC P

CUISINE MODERNE · ÉLÉGANT ✗ Les vignes et le village de Fayence pour décor !
L'été, on s'installe sur la terrasse de cette jolie maison aux volets bleus en laissant le temps filer... Douce quiétude et agréables saveurs : Yves Merville
concocte de bonnes recettes aux accents du terroir, avec de jolis produits du
marché. On se régale !

Menu 30/60 € – Carte 43/79 €

*1357 rte de Fréjus, 2 km par D563 – ℰ 04 94 76 08 44 – www.latabledyves.com
– Fermé jeudi sauf le soir en saison et merc.*

⑪○ La Farigoulette   ⌂ AC

CUISINE TRADITIONNELLE · RUSTIQUE ✗ Des murs en pierre, des poutres... et
une collection de cocottes anciennes (une passion du chef) : cette ancienne bergerie, postée sur les hauteurs du vieux village, cultive le sens de la tradition ! Au
menu, de bonnes recettes du terroir cuisinées avec des produits frais.

Formule 20 € – Menu 30/38 € – Carte 44/62 €

*1 pl. du Château – ℰ 04 94 84 10 49 – Fermé 22 janv.-10 fév., 2-10 avril,
20 nov.-7 déc., mardi sauf le soir en juil.-août et merc.*

Le Temps des Cerises

CUISINE TRADITIONNELLE • CONVIVIAL X Une terrasse sous la tonnelle, des cuisines ouvertes sur la salle et des tableaux peints par le père du chef : l'ambiance est chaleureuse et provençale, même si ce dernier est d'origine hollandaise ! Parfaitement acclimaté aux fourneaux, il y chante "le temps des cerises" sans nostalgie.

Menu 30 € (déj.), 43/68 € - Carte 33/54 €

2 pl. de la République - ✆ 04 94 76 01 19 - www.restaurantletempsdescerises.fr - Fermé 10 nov.-4 déc., mardi et merc.

Les Oliviers

FAMILIAL • FONCTIONNEL Au pied du village, ce petit hôtel familial domine la plaine du Gué et son important centre de vol à voile. On y trouve des chambres sobres et fonctionnelles, ainsi qu'une petite piscine. Un bon point de chute pour découvrir l'arrière-pays varois !

22 chambres - †74/97 € ††79/107 € - ☕10 €

18 av. St-Christophe, (quartier La Ferrage), rte de Grasse - ✆ 04 94 76 13 12 - www.lesoliviersfayence.fr - Fermé déc. et janv.

La Bégude du Pascouren

FAMILIAL • ACTUEL Une partie de pétanque, quelques brasses dans la piscine chauffée, un tour en vélo (gracieusement prêté) puis une sieste dans sa chambre ou au jardin... Cette villa offre tous les plaisirs de la Provence.

5 chambres ☕ - †133/185 € ††136/188 €

74 chemin de la Bane, 7,5 km au Sud par D562 (rte de Draguignan) - ✆ 04 94 68 63 03 - www.chambres-hotes-labegudedupascouren.fr - Fermé 15 janv.-28 fév.

à l'Ouest par rte de Seillans (D19) et rte secondaire - ✉ 83440 Fayence :

Le Castellaras (Quentin Joplet)

PROVENÇALE • CONVIVIAL XX On ne résiste pas au charme de cette maison dans son jardin arboré à flanc de colline, avec le village pour toile de fond - quel panorama ! Un cadre tout trouvé pour un repas qui cultive les couleurs et la générosité de la Provence. Inspiré par le marché et les saisons, Quentin Joplet unit délicatesse et parfums pour le meilleur...

➜ Œuf de nos poules cuisiné au fil des saisons. Pigeonneau de Vendée cuit sur coffre et découpé en salle. Soufflé chaud au cassis et liqueur de sureau.

Menu 45/85 € - Carte 45/70 €

3 chambres ☕ - †100 € ††120 €

461 chemin Peymeyan, à 4 km - ✆ 04 94 76 13 80 - www.restaurant-castellaras.com - Fermé 17 oct. -4 nov., 2 janv.-13 fév., lundi et mardi

L'Escourtin

CUISINE TRADITIONNELLE • RUSTIQUE XX L'Escourtin, c'est ce panier utilisé pour ramasser la pâte, après la presse des olives. Beaucoup de cachet dans cet ancien moulin : rustique son mécanisme tout en rouages et poulies ; rustiques ses poutres, sa cheminée, ses vieux objets... La carte est exactement dans le ton : terroir et tradition provençale.

Formule 23 € 🍷 - Menu 35/66 € - Carte 47/71 €

Hôtel Moulin de la Camandoule, chemin de Notre-Dame, à 2 km - ✆ 04 94 76 00 84 - www.camandoule.com - Fermé lundi midi et mardi midi en juil.-août, jeudi sauf le soir de mai à sept. et merc. sauf le soir en juil.-août

Moulin de la Camandoule

AUBERGE • CLASSIQUE Ce moulin à huile du 17e s., alimenté en eau par un aqueduc auquel on prête des origines romaines, se dresse dans un bel écrin de verdure. Mobilier ancien dans les chambres. L'âme des vieilles pierres... portée par une jeune équipe dynamique !

9 chambres - †64/104 € ††104/157 € - 1 suite - ☕11 € - ½ P

159 chemin de Notre-Dame, à 2 km - ✆ 04 94 76 00 84 - www.camandoule.com

L'Escourtin - voir les restaurants ci-dessus

LE FAYET – 74 (Haute-Savoie) → voir St-Gervais-les-Bains

FÉCAMP

✉ 76400 (Seine-Maritime) – 19 262 hab. – Alt. 15 m – Carte régionale n° **33**-C1
▶ Paris 201 km – Amiens 165 km – Caen 113 km – Dieppe 66 km
Carte Michelin 304-C3 – Guide Vert Michelin Normandie Vallée de la Seine

⑩ La Marée 🛖 ⇔

POISSONS ET FRUITS DE MER · CONVIVIAL ✕✕ Cette Marée se trouve au premier étage d'une maison donnant grand sur le port : qui dit mieux ? Le chef fait la preuve de son savoir-faire à travers une cuisine de la mer pleine de fraîcheur et exécutée dans les règles : pot de hareng traditionnel, sole et pommes de terre vapeur... On fait le plein d'iode !
Formule 19 € – Menu 24 € (semaine) – Carte 33/52 €
Plan : AY-v – 77 quai Bérigny, (1ᵉʳ étage)
– ☎ 02 35 29 39 15 – www.restaurant-maree-fecamp.fr
– Fermé janv., jeudi soir, dim. soir et lundi hors saison

⑩ Auberge de la Rouge ⇔ 🚲 🛖 🅿

CUISINE TRADITIONNELLE · COSY ✕✕ La Rouge ? L'histoire raconte que c'est la dame à chevelure rousse qui ouvrit cette auberge en 1894... On y vient aujourd'hui pour profiter d'une bonne cuisine traditionnelle ; les menus sont alléchants, tout comme les prix !
Formule 17 € – Menu 25/58 € – Carte 60/110 €
8 chambres – 🛏69 € 🛏🛏69 € – 🍽 9 €
445 rte du Havre, 2 km à l'Est par D925 – ☎ 02 35 28 07 59
– www.auberge-rouge.com – Fermé dim. soir et lundi

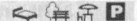

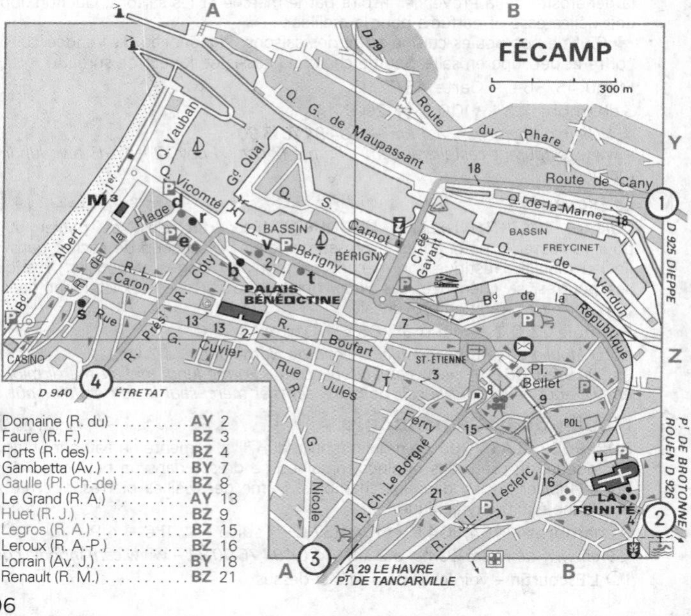

FÉCAMP

Domaine (R. du)	AY	2
Faure (R. F.)	BZ	3
Forts (R. des)	BZ	4
Gambetta (Av.)	BY	7
Gaulle (Pl. Ch.-de)	BZ	8
Le Grand (R. A.)	AY	13
Huet (R. J.)	BZ	9
Legros (R. A.)	BZ	15
Leroux (R. A.-P.)	BZ	16
Lorrain (Av. J.)	BY	18
Renault (R. M.)	BZ	21

ꊱⓄ **Le Vicomté**

CUISINE TRADITIONNELLE · BISTRO ꊲ Non loin des riches façades du palais Bénédictine, une petite maison qui cultive la bonhomie et la simplicité : affiches humoristiques, vieilles photos... sans oublier le patron en salle avec son grand tablier. Beaucoup de cœur dans l'accueil comme dans la cuisine de la patronne, inspirée du marché !

æ Menu 20 €

Plan : AY-e – *4 r. du Président-René-Coty* – ℘ *02 35 28 47 63 (réservation conseillée)* – *Fermé 3-13 avril, 15-31 août, 19 déc.-4 janv., dim., merc. et fériés*

ꊱⓄ **La Marine**

POISSONS ET FRUITS DE MER · RUSTIQUE ꊲ Une adresse simple et sympathique, menée par une équipe soucieuse du plaisir des clients. L'enseigne dit tout : priorité au poisson et aux fruits de mer ! La salle de l'étage réserve une petite vue sur le port de plaisance.

æ Menu 15 € (semaine), 21/35 € – Carte 30/45 €

Plan : AY-d – *23 quai de la Vicomté* – ℘ *02 35 28 15 94* – *Fermé vacances de la Toussaint, 1 semaine à Noël, mardi soir de sept. à juin et merc.*

ꊱⓄ **Le Piano de Jean-Noël**

CUISINE MODERNE · BISTRO ꊲ Après avoir travaillé auprès d'Alexandre Bourdas à Honfleur, Jean-Noël Ganachas a décidé de se lancer en solo. C'est au marché qu'il puise, chaque matin, son inspiration. Le chef a de l'instinct : fines et créatives, fraîches et savoureuses, ses assiettes font mouche... Joli choix de vins de propriétaires.

Menu 21 € – Carte 28/50 €

Plan : AY-t – *63 quai Bérigny* – ℘ *02 35 10 86 06* – *Fermé 1 semaine en juin, 2 semaines en janv., lundi et mardi*

🏨 **Le Grand Pavois**

BUSINESS · MODERNE Sa façade moderne pavoise sur les quais : une situation idéale ! Les prestations sont de qualité : décor contemporain et boisé, confort (excellente literie, bonne insonorisation), accueil aimable... et le petit-déjeuner se prend face aux bateaux. L'un des meilleurs hôtels de la région.

35 chambres – ♦103/229 € – ♦♦103/229 € – � 16 €

Plan : AY-r – *15 quai de la Vicomté* – ℘ *02 35 10 01 01* – *www.hotel-grand-pavois.com*

🏠 **Hôtel d'Angleterre**

HÔTEL DE VACANCES · COSY Un hôtel accueillant, non loin de la plage : les chambres, gaies et cosy, sont agréables après une journée de baignade. Au rez-de-chaussée, on trouve un pub très fréquenté et une crêperie non moins sympathique !

25 chambres – ♦75/103 € – ♦♦75/103 € – 2 suites – ⊒ 8,50 € – ½ P

Plan : AY-s – *91 r. de la Plage* – ℘ *02 35 28 01 60* – *www.hotelangleterre.com*

🏨 **La Grande Maison**

HISTORIQUE · GRAND STYLE Cette demeure du 16ᵉ s. appartint il y a un siècle à un célèbre armateur qui y intégra des ornements de son yacht personnel et même des vitraux inspirés du palais Bénédictine. De là une ambiance rare, feutrée et distinguée, parfaitement mise en valeur par l'actuelle propriétaire. Charme et confort à deux pas du port !

3 chambres ⊒ – ♦110/120 € – ♦♦150/160 €

Plan : AY-b – *112 r. de Mer* – ℘ *02 35 28 52 44* – *www.lagrandemaison-fecamp.fr* – *Ouvert 15 mars-15 nov.*

FEGERSHEIM – 67 (Bas-Rhin) ➜ voir Strasbourg

FEILLENS

✉ 01570 (Ain) – 3 147 hab. – Alt. 186 m – Carte régionale n° **44**-B1
▶ Paris 398 km – Bourg-en-Bresse 36 km – Lyon 80 km – Mâcon 8 km
Carte Michelin 328-C2

⁍◎ La Feillentine 🛋 ⅙

CUISINE TRADITIONNELLE · DESIGN ⅍ Juste à côté de l'église du village, entrez donc dans la cour de cette bâtisse en pierres apparentes, installez-vous sur la terrasse ombragée et laissez-vous servir... Au menu : une cuisine traditionnelle et goûteuse, réalisée par un jeune chef qui a déjà acquis une belle expérience dans la région.

⋘ Formule 14 € – Menu 17 € (déj. en semaine), 26/44 € – Carte 36/49 €
210 rte de l'Église – ☎ *03 85 30 03 53 – www.lafeillentine.fr – Fermé août, sam. midi, dim. soir, mardi soir, merc. soir et lundi*

LE FEL – 12 (Aveyron) → voir Entraygues-sur-Truyères

FELDBACH

✉ 68640 (Haut-Rhin) – 461 hab. – Alt. 410 m – Carte régionale n° **1**-A3
▶ Paris 461 km – Altkirch 14 km – Basel 34 km – Belfort 46 km
Carte Michelin 315-H11

☺ Cheval Blanc 器 🛋 🄿

CUISINE TRADITIONNELLE · ÉLÉGANT ⅍⅍ Dans cette maison typique du Sundgau, la cuisine est une passion qui se transmet de génération en génération. À la suite de son père, le jeune chef est désormais seul aux fourneaux. Il y réalise de belles recettes traditionnelles teintées de modernité, avec un penchant particulier pour le gibier... Très beau choix de vins.

⋘ Menu 14 € (déj. en semaine), 22/53 € – Carte 26/53 €
1 r. Bisel – ☎ *03 89 25 81 86 – www.cheval-blanc-feldbach.fr*
– Fermé 16 fév.-2 mars, 5-20 juil., mardi et merc.

FELICETO – 2B (Haute-Corse) → voir Corse

FENOUILLET

✉ 31150 (Haute-Garonne) – 5 121 hab. – Alt. 125 m – Carte régionale n° **28**-B2
▶ Paris 671 km – Albi 82 km – Montauban 49 km – Toulouse 13 km
Carte Michelin 343-G2

⁍◎ Le Virgil 🛋 ⅙ 🄰🄲 ✥ 🄿

CUISINE TRADITIONNELLE · COSY ⅍⅍ "Virgil", c'est la contraction de Virginie et Gilles, le charmant couple aux commandes. Dans un intérieur cosy, on se retrouve autour de plats du terroir, simples et copieux : cassoulet toulousain, selle d'agneau rôtie au jus de thym et son gratin dauphinois... Goûteux et gourmand !

Formule 17 € 🍷 – Menu 30/37 € – Carte environ 45 €
40 r. Jean-Jaurès – ☎ *05 61 09 14 72 – www.levirgil.com – Fermé 2-20 août, sam. midi, dim. soir, mardi soir, merc. soir et lundi*

FÈRE-EN-TARDENOIS

✉ 02130 (Aisne) – 3 191 hab. – Alt. 180 m – Carte régionale n° **37**-C3
▶ Paris 111 km – Château-Thierry 23 km – Laon 55 km – Reims 50 km
Carte Michelin 306-D7

⁍◎ Château de Fère 器 🛏 🛋 🄰🄲 🄿

CUISINE MODERNE · ÉLÉGANT ⅍⅍⅍ Noblesse des vieilles pierres et d'un parc soigné, élégance de salles en enfilade tout en boiseries et parquet d'origine, fresques à la gloire des fables de la Fontaine, mobilier classique, etc. : un lieu plein de cachet, pour une cuisine gastronomique actuelle associée à une superbe carte de vins, notamment de champagnes...

Menu 38 € (déj. en semaine), 68/90 € – Carte 76/92 €
rte de Fismes, 3 km au Nord par D967 – ☎ *03 23 82 21 13*
– www.chateaudefere.com – Fermé début janv. à mi-fév., lundi midi, mardi midi et merc. midi

Château de Fère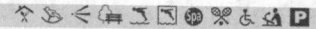

HISTORIQUE · GRAND STYLE Non loin se dressent les vestiges du château d'Anne de Montmorency. En pleine forêt et au grand calme, cette belle demeure du 16e s. est chargée d'histoire, mais vit au présent : piscine, spa, chambres confortables...

27 chambres – ♦175/540 € ♦♦175/540 € – 2 suites – ☲ 25 € – ½ P
rte de Fismes, 3 km au Nord par D967 – 𝒞 *03 23 82 21 13*
– www.chateaudefere.com – Fermé début janv. à mi-fév.

⫶○ **Château de Fère** – voir les restaurants ci-dessus

FERNEY-VOLTAIRE

✉ 01210 (Ain) – 8 844 hab. – Alt. 430 m – Carte régionale n° **46**-F1
◨ Paris 499 km – Bellegarde-sur-Valserine 37 km – Genève 10 km – Gex 10 km
Carte Michelin 328-J3 – Guide Vert Michelin Franche-Comté Jura

Restaurant de France

CUISINE MODERNE · COSY ✕✕ Il est des lieux où l'on se sent bien dès la porte franchie ; tel est le cas du restaurant de l'hôtel de France. Ici, le chef propose une cuisine plutôt actuelle, qui change au gré des saisons, et célèbre les produits des marchés du pays de Gex, du Léman et de Bresse. Aux beaux jours, on profite de la terrasse ombragée.

Formule 15 € – Menu 31 € (déj. en semaine), 47/75 € – Carte 42/67 €
Hôtel de France, 1 r. de Genève – 𝒞 *04 50 40 63 87 – www.hotelfranceferney.com*
– Fermé 1er-8 mai, 1er-20 août, 22 déc.-6 janv., sam. midi, dim. et lundi

Novotel

HÔTEL DE CHAÎNE · MODERNE À deux pas de la frontière Suisse et de l'aéroport, ce Novotel propose des chambres contemporaines et fonctionnelles... au calme. Ici, tout est à la fois prévu pour les affaires et la détente.

80 chambres – ♦85/250 € ♦♦85/250 € – ☲ 17 € – ½ P
rte de Meyrin, par D35 – 𝒞 *04 50 40 85 23 – http://*
www.novotel.com/fr/hotel-0422-novotel-geneve-aeroport-franc

Hôtel de France

HISTORIQUE · COSY Cette maison du 18e s. a su conserver le charme de l'ancien (pierres et poutres, escalier d'époque). Les chambres sont confortables et coquettes avec leurs boutis et leurs meubles de famille ; on profite d'un copieux petit déjeuner sous forme de buffet.

14 chambres – ♦79/130 € ♦♦99/130 € – ☲ 10 € – ½ P
1 r. de Genève – 𝒞 *04 50 40 63 87 – www.hotelfranceferney.com – Fermé*
1er-8 mai, 1er-20 août et 22 déc.-6 janv.

⫶○ **Restaurant de France** – voir les restaurants ci-dessus

FERRALS-LES-CORBIÈRES

✉ 11200 (Aude) – 1 174 hab. – Alt. 60 m – Carte régionale n° **22**-B3
◨ Paris 807 km – Albi 145 km – Montpellier 119 km – Perpignan 85 km
Carte Michelin 344-H4

En Catimini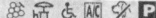

CUISINE MODERNE · CLASSIQUE ✕✕ L'archétype de l'hôtel particulier (1884) avec son grand escalier, ses moulures, et même un patio. Une mère et sa fille y concoctent "des plats qui voyagent", où les produits régionaux rencontrent le wasabi ou le lait de coco... A déguster sur la jolie terrasse, accompagnés des vins choisis par le patron sommelier.

Menu 29/65 € – Carte 34/78 €
16 pl. de la République – 𝒞 *04 68 41 62 53 – www.en-catimini.fr – Ouvert*
20 mars-31 déc. et fermé sam. midi, dim. soir sauf juil.-août et lundi

FERRETTE

✉ 68480 (Haut-Rhin) – 779 hab. – Alt. 470 m – Carte régionale n° 1-A3
▶ Paris 467 km – Altkirch 20 km – Basel 28 km – Belfort 52 km
Carte Michelin 315-H12

à Lutter 8 km au Sud-Est par D23 – ✉ 68480 – 291 hab. – Alt. 428 m

⫶○ L'Auberge Paysanne ⇔ ⌂ 🛏 🕭 🅿

CUISINE TRADITIONNELLE · FAMILIAL ✕✕ Non loin de la frontière suisse, une maison pleine d'âme (vieilles photos, poêle en faïence, etc.), tenue en famille. Le chef, d'origine méditerranéenne, concocte une cuisine traditionnelle aux légères fragrances du Sud. Besoin de repos ? L'ancienne ferme voisine vous réserve d'agréables chambres d'esprit campagnard.

🍴 Formule 12 € – Menu 14 € (déj. en semaine), 28/48 € – Carte 29/52 €
16 chambres – ▮58/78 € ▮▮58/78 € – ⌂ 10 €

*1 r. de Wolschwiller – ℰ 03 89 40 71 67 – www.auberge-hostellerie-paysanne.com
– Fermé 27 juin-11 juil., 19 déc.-10 janv., dim. soir de fin oct. à fin mars, mardi midi et lundi*

LA FERRIÈRE-AUX-ÉTANGS – 61 (Orne) ➜ voir Flers

FERRIÈRES-EN-GÂTINAIS

✉ 45210 (Loiret) – 3 530 hab. – Alt. 96 m – Carte régionale n° 12-D2
▶ Paris 99 km – Auxerre 81 km – Fontainebleau 40 km – Montargis 12 km
Carte Michelin 318-N3 – Guide Vert Michelin Bourgogne

🏠 L'Abbaye ⚲ ⌂ 🚪 ♿ 🕭 🕭 🅿

TRADITIONNEL · FONCTIONNEL Cet hôtel doit son nom à l'abbaye bénédictine de St-Pierre-et-St-Paul. L'ensemble est relativement rustique, à l'exception d'une partie des chambres récemment rénovées. Parfait pour une étape ou un court séjour dans la région.

30 chambres – ▮80/125 € ▮▮80/125 € – ⌂ 10 € – ½ P

Carrefour des Trois-Platanes – ℰ 02 38 96 53 12 – www.hotel-abbaye.fr

LA FERTÉ-BEAUHARNAIS

✉ 41210 (Loir-et-Cher) – 529 hab. – Alt. 101 m – Carte régionale n° 12-C2
▶ Paris 183 km – Blois 46 km – Orléans 45 km – Vierzon 56 km
Carte Michelin 318-I6 – Guide Vert Michelin Châteaux de la Loire

🏠 Château de la Ferté Beauharnais ⌂ 🚪 🅿 🍽

CHÂTEAU · PERSONNALISÉ Ce château fut la résidence de la famille de Beauharnais, et notamment de Joséphine, première épouse de Napoléon. On s'y repose dans des chambres de style (parquet, moulures, cheminée). Grand parc où il fait bon se promener.

3 chambres ⌂ – ▮145/245 € ▮▮145/245 €

172 r. du Prince-Eugène – ℰ 02 54 83 72 18 – www.chateaudebeauharnais.com

LA FERTÉ-BERNARD

✉ 72400 (Sarthe) – 9 074 hab. – Alt. 90 m – Carte régionale n° 35-D1
▶ Paris 164 km – Alençon 56 km – Chartres 79 km – Châteaudun 65 km
Carte Michelin 310-M5 – Guide Vert Michelin Pays de la Loire

😊 Restaurant du Dauphin 🛏 ♿

CUISINE MODERNE · À LA MODE ✕✕ Cette jolie demeure du 16ᵉ s. au pied de la porte St-Julien propose une cuisine maison et dans l'air du temps, avec quelques touches exotiques – ce ceviche de thon au lait de coco-gingembre en est un bon exemple –, à déguster dans une salle aux tons gris et framboise. Belle sélection de vins au verre.

Formule 18 € – Menu 22 € (semaine), 32/85 € 🍷 – Carte 45/60 €

*3 r. d'Huisne, (accès piétonnier) – ℰ 02 43 93 00 39
– www.restaurant-du-dauphin.com – Fermé 2 semaines en août, jeudi soir, dim. soir et lundi*

⅋⊝ **Au Bistronome**

CUISINE TRADITIONNELLE · BISTRO L'intérieur, lumineux et haut de plafond, est décoré à la façon d'un bistrot contemporain. Même philosophie dans l'assiette, qui met en avant la tradition avec notamment de bonnes grillades au charbon de bois – côte de bœuf, entrecôte, andouillette, thon, sole... – préparées directement dans la salle. Simple et généreux !

Formule 18 € – Menu 22 € (déj. en semaine)/32 € – Carte 36/66 €
11 r. Bourgneuf – ℰ 02 43 93 21 58 – Fermé 2 semaines en août et dim.

LA FERTÉ-ST-AUBIN

✉ 45240 (Loiret) – 7 199 hab. – Alt. 114 m – Carte régionale n° **12**-C2
▶ Paris 153 km – Blois 62 km – Orléans 23 km – Romorantin-Lanthenay 45 km
Carte Michelin 318-I5 – Guide Vert Michelin Châteaux de la Loire

⅋⊝ **L'Orée des Chênes**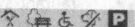

CUISINE MODERNE · RUSTIQUE Cachet et caractère pour cette table qui cultive avec élégance son atmosphère champêtre. Le chef concocte une cuisine de saison très joliment présentée. L'hiver, on savoure le repas en regardant crépiter le feu dans la belle cheminée.

Menu 32 € (déj. en semaine), 44/58 € – Carte 58/126 €
3,5 km au Nord-Est par rte de Marcilly – ℰ 02 38 64 84 00
– www.loreedeschenes.com

L'Orée des Chênes

MAISON DE CAMPAGNE · PERSONNALISÉ Un agréable parc, un étang, une piscine et... ces jolies maisons solognotes, avec des chambres accueillantes, feutrées, chics et bucoliques. Quiétude, verdure et confort !

26 chambres – †95/165 € ††95/165 € – ☒ 16 €
3,5 km au Nord-Est par rte de Marcilly – ℰ 02 38 64 84 00
– www.loreedeschenes.com

⅋⊝ **L'Orée des Chênes** – voir les restaurants ci-dessus

LA FERTÉ-ST-CYR

✉ 41220 (Loir-et-Cher) – 1 042 hab. – Alt. 82 m – Carte régionale n° **12**-C2
▶ Paris 170 km – Blois 32 km – Orléans 37 km – Romorantin-Lanthenay 35 km
Carte Michelin 318-H6

La Diligence

TRADITIONNEL · ACTUEL Ne manquez pas cette Diligence ! Sur l'axe principal de la ville, sa façade a du cachet ; derrière, le petit jardin à la française a beaucoup de charme. Les chambres, parées de couleurs vives, se révèlent confortables et bien entretenues.

11 chambres – †70/85 € ††85/95 € – ☒ 12 €
13 r. du Bourg – ℰ 02 54 87 90 14 – www.hotel-ladiligence.com

LA FERTÉ-SOUS-JOUARRE

✉ 77260 (Seine-et-Marne) – 9 363 hab. – Alt. 58 m – Carte régionale n° **19**-D1
▶ Paris 67 km – Melun 70 km – Reims 83 km – Troyes 116 km
Carte Michelin 312-H2

⅋⊝ **Le Castel**

CUISINE TRADITIONNELLE · ÉLÉGANT Nappes blanches, beau parquet, baies vitrées : les amateurs de classicisme élégant seront comblés. Idem avec la sole pochée au champagne, le civet de homard, le magret de canard à la bière de la Brie...

Formule 40 € – Menu 55/95 € – Carte 65/120 €
Hôtel Château des Bondons, 47 r. des Bondons, 2 km à l'Est par D70, rte de Montménard – ℰ 01 60 22 00 98 – www.chateaudesbondons.com – Fermé en janv., lundi et mardi

🏯 Château des Bondons

CHÂTEAU · CLASSIQUE Dans son parc planté d'arbres vénérables, ce château du 18e s. dégage un charme bourgeois : meubles de style, chambres classiques et fleuries avec ciel de lit, cheminée... Un pied-à-terre de choix pour découvrir la région.

11 chambres – 🛏135/190 € 🛏🛏190/300 € – 3 suites – 😋15 €

47 r. des Bondons, 2 km à l'Est par D70, rte de Montménard – ☎ 01 60 22 00 98 – www.chateaudesbondons.com

🍴○ **Le Castel** – voir les restaurants ci-dessus

FEURS

✉ 42110 (Loire) – 7 893 hab. – Alt. 343 m – Carte régionale n° **44**-A2
▶ Paris 433 km – Lyon 69 km – Montbrison 24 km – Roanne 38 km
Carte Michelin 327-E5 – Guide Vert Michelin Lyon et sa région

🍴○ Chalet de la Boule d'Or

CUISINE TRADITIONNELLE · CONVIVIAL XX Au menu de ce restaurant traditionnel, une cuisine bien maîtrisée et sûre de ses classiques : filet de bœuf et gratin dauphinois aux morilles, homard thermidor, rognons à la moutarde, etc. Les habitués vous le diront : il ne faut pas manquer de profiter du menu déjeuner, à l'excellent rapport qualité-prix.

🍽 Menu 19 € (semaine), 29/39 € – Carte 43/67 €

42 r. Cassin, (rte de Lyon) – ☎ 04 77 26 20 68 (réservation conseillée) – www.chaletlabouledor.com – Fermé 1 semaine en mars, 1 semaine en mai, 25 juil.-16 août, merc. soir, dim. soir et lundi

🏠 Etésia

BUSINESS · FONCTIONNEL À la sortie de la ville, un hôtel moderne particulièrement bien tenu et confortable. L'accueil sympathique des propriétaires ajoute à l'intérêt de l'étape, comme le jardin arboré. Bon rapport qualité-prix.

15 chambres – 🛏59/66 € 🛏🛏65/72 € – 😋10 €

4 chemin des Monts, rte de Roanne – ☎ 04 77 27 07 77

à Salt-en-Donzy 5 km rte de Lyon – ✉ 42110 – 539 hab. – Alt. 337 m

🍴○ L'Assiette Saltoise

CUISINE TRADITIONNELLE · SIMPLE X Au pied de l'église du village, un petit restaurant sympathique qui fait la part belle à la tradition. Aux beaux jours, profitez du décor de la terrasse sous les tilleuls.

Formule 16 € – Menu 22/34 € – Carte 27/37 €

au bourg – ☎ 04 77 26 04 29 – www.assiette-saltoise.com – Fermé 1er-6 janv. et lundi

à Naconne 3 km au Nord-Ouest par N89 et D112 – ✉ 42110

🍴○ Brin de Laurier

CUISINE MODERNE · INTIME XX Thierry Laurier aime la couleur et ça se voit : il a peint sa propriété de tons chatoyants ! Il aime aussi les bons produits, la fraîcheur, les recettes qui changent... Sa table est vive et parfumée. Deux ambiances : une salle principale élégante et intime, et une terrasse sous des glycines aux accents provençaux.

🍽 Menu 18 € (déj. en semaine), 25/46 € – Carte environ 50 €

– ☎ 04 77 26 07 50 – www.brindelaurier.com

– Fermé 1er-10 mai, 22 août-7 sept., 23 déc.-9 janv., mardi soir, merc. soir et jeudi soir sauf juil.-août, sam. midi, dim. soir et lundi

FEYTIAT

✉ 87220 (Haute-Vienne) – 6 125 hab. – Alt. 365 m – Carte régionale n° **24**-B2
▶ Paris 398 km – Limoges 9 km – Saint-Junien 41 km – Panazol 5 km
Carte Michelin 325-E6

Prieuré du Puy Marot

FAMILIAL · PERSONNALISÉ Surplombant la vallée de la Valoine, ce prieuré du 12ᵉ s., plusieurs fois remanié, coule des jours paisibles au milieu d'un beau jardin. Du style, un accueil charmant et ce petit supplément d'âme qui fait la différence. Le soir, cuisine traditionnelle.

3 chambres ♀ – †85 € ††95 €

8 allée du Puy-Marot, 2 km au Nord-Est par rte de St-Just-le-Martel (D98)
– ℰ 05 55 48 33 97

FIGEAC

✉ 46100 (Lot) – 9 783 hab. – Alt. 214 m – Carte régionale n° **29**-C1
▶ Paris 578 km – Aurillac 64 km – Rodez 66 km – Villefranche-de-Rouergue 36 km
Carte Michelin 337-I4

ⅠⅠ◯ La Cuisine du Marché

CUISINE TRADITIONNELLE · AUBERGE ✕✕ La vieille ville est un bel écrin pour ce restaurant agréable, dont le nom est déjà un manifeste ! On utilise de bons produits du marché pour réaliser une cuisine simple et goûteuse, mâtinée de quelques touches espagnoles – origines du chef obligent.

Formule 19 € – Menu 32/52 € – Carte 44/59 €

Plan : -b – *15 r. de Clermont* – ℰ 05 65 50 18 55
– www.lacuisinedumarchefigeac.com – Fermé 4 janv.-13 fév., lundi midi et dim.

ⅠⅠ◯ La Dînée du Viguier

CUISINE MODERNE · CLASSIQUE ✕✕ Au cœur de la cité médiévale, dans l'ancienne salle des gardes du château du Viguier : haut plafond de poutres peintes, cheminée au manteau sculpté... et cuisine pourtant bien dans l'air du temps ! Belle carte des vins.

Formule 23 € – Menu 32/80 € – Carte 67/81 €

Plan : -s – *4 r. Boutaric* – ℰ 05 65 50 08 08 – *www.ladineeduviguier.fr*
– Fermé 17-30 nov., 19 janv.-8 fév., dim. soir, sam. midi et lundi

🏠 Le Pont d'Or

BUSINESS · FONCTIONNEL Cet hôtel borde le Célé, face à la vieille ville. Les chambres y sont confortables ; préférez celles avec vue sur la rivière. Sauna, piscine et fitness sur le toit. Au restaurant, on apprécie les recettes traditionnelles.

35 chambres – †70/180 € ††70/180 € – ♀ 12 € – ½ P

Plan : -x – *2 av. Jean-Jaurès* – ℰ 05 65 50 95 00 – *www.hotelpontdor.com*

🏠 Le Champollion

TRADITIONNEL · FONCTIONNEL Une maison médiévale sur la jolie place Champollion, face au "moucharabieh typographique" (2009) qui rehausse la façade du musée éponyme. Les chambres sont épurées et agréables, avec leur beau parquet.

10 chambres – †50/55 € ††55/60 € – ♀ 8 €

Plan : -v – *3 pl. Champollion* – ℰ 05 65 34 04 37

🏠 Le Quatorze

FAMILIAL · SIMPLE Sur une petite place au cœur du vieux Figeac, ce joli hôtel accueille quatorze chambres confortables et simplement décorées, avec un beau mobilier – frêne, châtaignier – et tout le confort nécessaire.

14 chambres – †67/98 € ††67/98 € – ♀ 12 €

Plan : -a – *14 pl. de l'Estang* – ℰ 05 65 14 08 92 – *www.le-quatorze.fr*
– Fermé 14 déc.-17 janv.

à Capdenac-le-Haut 5 km à l'Est par D840 – ✉ 46100

🏠 Le Relais de la Tour

FAMILIAL · FONCTIONNEL Cette maison villageoise du 15ᵉs., entièrement restaurée, fait face à une tour médiévale qui surplombe la vallée du Lot. Chambres sobrement décorées. Plats du terroir au restaurant.

11 chambres ♀ – †59/67 € ††67/93 € – ½ P

pl. Lucter – ℰ 05 65 11 06 99 – *www.lerelaisdelatour.fr – Fermé 20 fév.-7 mars et les vacances de la Toussaint*

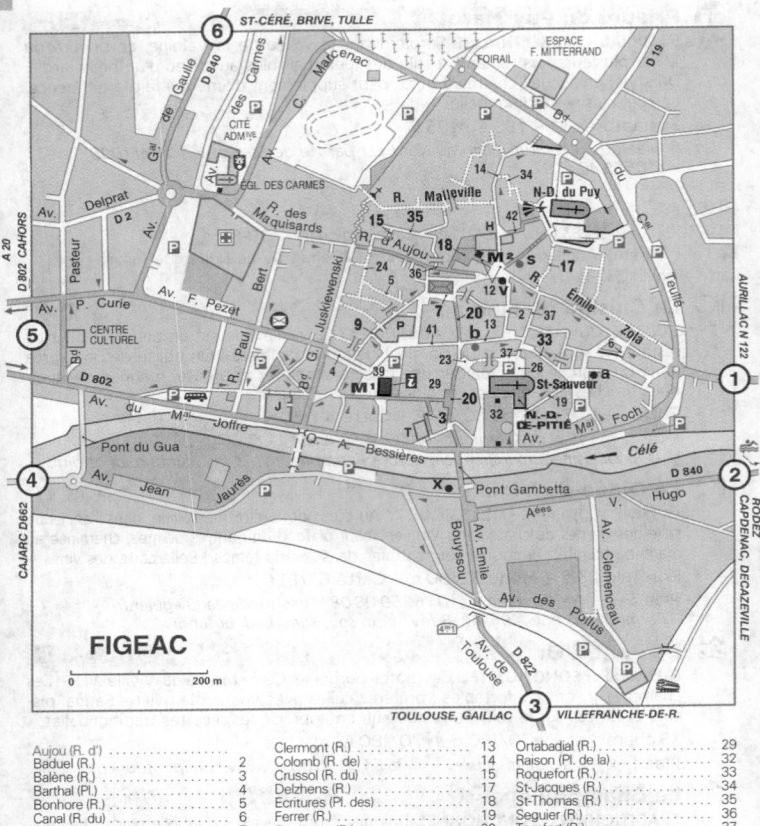

ST-CÉRÉ, BRIVE, TULLE

FIGEAC

0   200 m

TOULOUSE, GAILLAC   VILLEFRANCHE-DE-R.

Aujou (R. d')		Clermont (R.)	13	Ortabadial (R.)	29
Baduel (R.)	2	Colomb (R. de)	14	Raison (Pl. de la)	32
Balène (R.)	3	Crussol (R. du)	15	Roquefort (R.)	33
Barthal (R.)	4	Delzhens (R.)	17	St-Jacques (R.)	34
Bonhore (R.)	5	Ecritures (Pl. des)	18	St-Thomas (R.)	35
Canal (R. du)	6	Ferrer (R.)	19	Seguier (R.)	36
Carnot (Pl.)	7	Gambetta (R.)	20	Tomfort (R.)	37
Caviale (R.)	9	Herbes (Pl. aux)	23	Vival (Pl.)	39
Champollion		Laurière (R.)	24	11-Novembre (R. du)	41
(Pl. et R. des Frères)	12	Michelet (Pl. E.)	26	16-Mai (R. du)	42

FITOU

✉ 11510 (Aude) – 1 013 hab. – Alt. 38 m – Carte régionale n° **22**-B3

▶ Paris 823 km – Carcassonne 90 km – Narbonne 40 km – Perpignan 29 km

Carte Michelin 344-I5

⑩ **Le Toit Vert**   ⇐ 🏠 & 🍴 🅿

CUISINE MODERNE · CONVIVIAL ✕ Sur les hauteurs d'un village viticole, cette maison récente a été conçue avec des matériaux écologiques : le restaurant doit son nom à son toit végétalisé. Le chef propose des recettes au gré de ses découvertes chez les producteurs locaux : il en résulte une cuisine fraîche et sympathique. Quelques chambres.

Formule 26 € – Menu 32 €

3 chambres 🖙 – 🛏55 € 🛏🛏65/85 €

chemin les Pujades – 𝒞 04 68 70 47 38 – www.letoitvert.com
– Ouvert fin mars-fin oct. et fermé mardi, merc. et jeudi

FLAGEY-ÉCHEZEAUX – 21 (Côte-d'Or) → voir Vougeot

FLAMANVILLE

✉ 50340 (Manche) – 1 739 hab. – Alt. 74 m – Carte régionale n° **32**-A1
▶ Paris 371 km – Barneville-Carteret 23 km – Cherbourg 27 km – Valognes 36 km
Carte Michelin 303-A2 – Guide Vert Michelin Normandie Cotentin

⌂ Bel Air

TRADITIONNEL • COSY Une jolie dépendance du château, appréciée pour son grand calme. Les chambres, toutes différentes, sont propres et coquettes, dans un esprit province. Accueil charmant.
11 chambres – ♦89/115 € ♦♦89/115 € – ⌷ 12 €
2 r. du Château – ℰ 02 33 04 48 00 – www.hotelbelair-normandie.com
– Fermé 20 déc.-15 fév.

FLAYOSC – 83 (Var) → voir Draguignan

LA FLÈCHE

✉ 72200 (Sarthe) – 14 963 hab. – Alt. 33 m – Carte régionale n° **35**-C2
▶ Paris 244 km – Angers 52 km – Laval 70 km – Le Mans 44 km
Carte Michelin 310-I8 – Guide Vert Michelin Pays de la Loire

✿ Le Moulin des Quatre Saisons (Camille Constantin)

CUISINE MODERNE • À LA MODE XX Une flèche en plein cœur, au cœur de La Flèche : au centre de la ville, Cupidon semble veiller sur ce beau moulin du 17e s. posé sur les eaux du Loir ! Un cadre enchanteur... pour une cuisine actuelle, rythmée par les saisons et accompagnée de beaux vins, certains d'Autriche – pays d'origine de la propriétaire.
→ Homard de Roscoff, mangue tiède au gingembre et huître végétale. Filet de veau cuit à basse température, ris braisé aux cèpes et purée de pomme de terre au safran. Tomates confites aux zestes de citron et orange.
Formule 25 € ♀ – Menu 30 € (semaine), 38/82 € – Carte 50/80 €
Plan : Z-e *– r. Gallieni – ℰ 02 43 45 12 12 – www.camilleconstantin.com – Fermé vacances de fév. et de la Toussaint, merc. soir, dim. soir et lundi*

⌂⌂ Le Gentleman

URBAIN • PERSONNALISÉ Sens de l'accueil, élégance et raffinement : un véritable hôtel de gentlemen ! Les chambres, toutes personnalisées, rivalisent de style et de confort ; le salon-bibliothèque, avec son canapé, ses boiseries et sa cheminée, est également plein de charme.
14 chambres – ♦79/109 € ♦♦89/119 € – ⌷ 11 €
Plan : Y-b *– 17 r. de la Tour-d'Auvergne – ℰ 02 43 45 89 36 – www.legentleman.fr*

⌂ Le Vert Galant

TRADITIONNEL • FONCTIONNEL Dans la principale rue commerçante de La Flèche, non loin du prytanée (école militaire), cet ex-relais de poste du 18e s. est aujourd'hui un sympathique hôtel. Les chambres se révèlent bien tenues et fonctionnelles : parfait pour une étape.
25 chambres – ♦69/99 € ♦♦69/99 € – ⌷ 12 €
Plan : Y-r *– 70 Grande-Rue – ℰ 02 43 94 00 51 – www.vghotel.com – Fermé 27 déc.-4 janv.*

Vous recherchez un hébergement particulièrement agréable, pour un séjour de charme ? Optez pour les établissements en rouge : ⌂...⌂⌂⌂⌂.

LA FLÈCHE

LA SUZE-SUR-SARTHE, D 12

Boierie (R. de la) . . . . **Z** 2
Carnot (R.) . . . . **Y** 3
Collège (R. du) . . . . **Y** 4
Dauversière
  (R. de la) . . . . **Y** 5
Foch (Promenade
  du Mar.) . . . . **Z** 14
Gallieni (R. du Mar.) . . . . . **Z** 9
Grande-Rue . . . . **Y**
Grollier (R.) . . . . **YZ** 10
Henri-IV (Pl.) . . . . **Y** 12
Marché-au-Blé (Pl.) . . . . . **Y** 13
Moulin (Bd Jean) . . . . **Y** 16
Ravenel (R.) . . . . **Y** 17
Rhin-et-Danube (Av.) . . . . **Y** 18
Thury-Harcourt
  (Av. de) . . . . **Z** 19
Verdier (R. R.) . . . . **Y** 20

FLERS

✉ 61100 (Orne) – 14 968 hab. – Alt. 270 m – Carte régionale n° **32**-B2
▶ Paris 234 km – Alençon 73 km – Argentan 42 km – Caen 60 km
Carte Michelin 310-F2 – Guide Vert Michelin Normandie Cotentin

😊 Au Bout de la Rue   ♿ AC

CUISINE MODERNE · COSY XX Gagnez le Bout de la Rue pour découvrir cette maison tenue par un jeune couple dynamique, Anaïs en salle et Yohan aux fourneaux. Ce dernier, passé par de belles maisons, signe des recettes pétillantes et maîtrisées : panacotta de Pont-l'Evêque, tartare de bœuf coupé au couteau... Du joli travail.

Formule 19 € – Menu 24/47 € – Carte 30/50 €
60 r. de la Gare
– ℰ 02 33 65 31 53 – www.auboutdelarue.com
– Fermé 1ᵉʳ-9 mai, 31 juil.-21 août, 2-8 janv., merc. soir, sam. midi et dim.

Il fait beau ? Repérez le symbole 🌿 et attablez-vous en terrasse...

716

L'Atelier

CUISINE MODERNE · À LA MODE XX Dans un cadre contemporain et épuré, on apprécie une cuisine du marché déclinée au gré d'une carte resserrée, avec quelques créations plus élaborées le soir venu... Et, plus non négligeable, le chef donne même des cours de cuisine !

Formule 13 € – Menu 18 € (déj. en semaine) – Carte 37/46 €

115 r. Schnetz, à l'Ouest
– 𝒞 02 33 65 23 89 – www.restaurantlatelier.net
– Fermé 20 juil.-8 août, dim. et lundi

Ibis Styles

HÔTEL DE CHAÎNE · FONCTIONNEL Non loin de la petite gare de Flers, cet hôtel fera le bonheur de la clientèle d'affaires et des touristes de passage. Les chambres sont fonctionnelles et confortables, et l'accueil sympathique ; on se détend au bar en jouant aux fléchettes. Une étape de choix !

58 chambres ⌐ – †78/113 € ††93/140 €

23 r. Jacques-Durmeyer – 𝒞 02 33 98 45 45 – ibisstyles.com

au Buisson-Corblin 4 km à l'Est par D924 – ✉ 61100 Flers

Auberge des Vieilles Pierres

CUISINE MODERNE · AUBERGE XxX Sous l'égide d'un couple de bons professionnels, cette auberge a su conquérir le cœur des gourmands de la région. On y déguste des recettes bien dans l'air du temps qui prennent leur origine dans la cuisine traditionnelle ; le tout rythmé par les saisons. Une bonne adresse.

Formule 18 € – Menu 28/64 € – Carte 43/57 €

– 𝒞 02 33 65 06 96 – www.aubergedesvieillespierres.fr
– Fermé 3 semaines en août, vacances de fév., dim. soir, mardi soir et lundi

à La Ferrière-aux-Étangs 10 km au Sud-Est par D18 et D825 – ✉ 61450
– 1 512 hab. – Alt. 304 m

🏵 Auberge de la Mine (Hubert Nobis)

CUISINE MODERNE · INTIME XX Ce tout petit coin de Normandie connut la prospérité après la découverte d'un filon de fer... Dans l'ancienne cantine des mineurs, Hubert Nobis cultive toujours les richesses de la terre avec une main de velours : technique éprouvée, parfums équilibrés... le terroir normand cuisiné comme un trésor.

→ Foie gras à la liqueur de pomme à cidre. Ris de veau piqué à l'andouille de Vire braisée au foin. Poire de fisé au poiré et épices douces.

Formule 21 € – Menu 27 € (déj. en semaine), 39/67 € – Carte environ 75 €

le Gué-Plat, à 3 km par rte de Dompierre
– 𝒞 02 33 66 91 10 – www.aubergedelamine.com
– Fermé 18-26 avril, 11 juil.-2 août, 2-23 janv., dim. soir, lundi et mardi

FLEURIE

✉ 69820 (Rhône) – 1 259 hab. – Alt. 320 m – Carte régionale n° **43**-E1
▶ Paris 410 km – Bourg-en-Bresse 46 km – Lyon 58 km – Mâcon 22 km
Carte Michelin 327-H2 – Guide Vert Michelin Lyon et sa région

Auberge du Cep

CUISINE CLASSIQUE · CONVIVIAL XX Un nouveau départ pour cette maison emblématique du Beaujolais. Aux fourneaux, le jeune chef fait chanter le terroir régional : meurette d'œufs pochés au beaujolais, matelote d'anguille braisée, pigeonneau cuisiné en cocotte et salmis... De beaux moments gourmands en perspective !

Menu 20 € (déj. en semaine)/48 €

pl. de l'Église – 𝒞 04 74 03 73 58 – Fermé lundi

Hôtel des Grands Vins

FAMILIAL • FONCTIONNEL Le jardin borde les vignes, et l'on est vraiment au calme dans ce petit hôtel tenu en famille, aux chambres fonctionnelles et bien tenues. On profite du bassin de nage à contre-courant et, après ces quelques brasses, on peut déguster et acheter les vins du domaine.

20 chambres – 🚹75/89 € 🚹🚹75/89 € – ☕ 11 €

r. de la Grappe-Fleurie, 1 km au Sud par D119E – ☎ 04 74 69 81 43 – www.hoteldesgrandsvins.com – Fermé 9 déc.-10 fév.

FLEURVILLE

✉ 71260 (Saône-et-Loire) – 484 hab. – Alt. 174 m – Carte régionale n° **8**-C3

▶ Paris 375 km – Cluny 26 km – Mâcon 18 km – Pont-de-Vaux 8 km

Carte Michelin 320-J11 – Guide Vert Michelin Bourgogne

Château de Fleurville

CHÂTEAU • HISTORIQUE Dans son ravissant parc, un petit château du 17e s. en pierre bourguignonne, flanqué d'une jolie tour. Tissus tendus et meubles anciens ajoutent au caractère et à la patine des chambres. Autres agréments : la piscine (chauffée), le tennis et le restaurant gastronomique.

15 chambres – 🚹140/160 € 🚹🚹140/380 € – ☕ 20 € – ½ P

r. du Glamont – ☎ 03 85 27 91 30 – www.chateau-de-fleurville.com – Ouvert 17 mars-17 oct.

à Mirande 3 km au Nord-Ouest – ✉ 71260

La Marande (Philippe Michel)

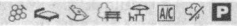

CUISINE MODERNE • ÉLÉGANT XX "Marander" en patois local signifie... aller manger. En cette belle maison bourgeoise, à l'élégance contemporaine, la cuisine est avant tout un art : le chef fait montre de maîtrise et de délicatesse à travers des assiettes particulièrement graphiques. Cerise(s) sur le gâteau : le beau choix de bourgognes et la superbe terrasse !

➜ Crème de pois verts aux herbes, ris de veau croustillant et légumes croquants. Grenadin de veau, jus perlé et légumes de saison à l'huile de géranium. Pannacotta chocolat façon entremet.

Menu 30 € (déj. en semaine), 44/85 € – Carte 66/74 €

5 chambres – 🚹80 € 🚹🚹80 € – ☕ 12 €

rte de Lugny – ☎ 03 85 33 10 24 – www.hotel-restaurant-la-marande.com – Fermé vacances de la Toussaint, 3 semaines en janv., mardi sauf le soir en juil.-août et lundi

FLEURY-LA-FORÊT

✉ 27480 (Eure) – 284 hab. – Alt. 161 m – Carte régionale n° **33**-D2

▶ Paris 108 km – Beauvais 49 km – Évreux 99 km – Rouen 42 km

Carte Michelin 304-J5 – Guide Vert Michelin Normandie Vallée de la Seine

Château de Fleury-la-Forêt

CHÂTEAU • PERSONNALISÉ Un véritable monument – d'ailleurs ouvert à la visite –, superbe avec son appareillage de briques et ses toits élancés (16e-18e s.), ses chambres meublées d'époque et – fait original – sa collection de poupées et d'objets anciens. Le must : le petit-déjeuner servi dans la cuisine historique, saisissante d'authenticité...

5 chambres ☕ – 🚹85 € 🚹🚹85 €

4 rte de Lyons, 1,5 km au Sud-Ouest par D14 – ☎ 02 32 49 63 91 – www.chateau-fleury-la-foret.com

FLEURY-SUR-ANDELLE

✉ 27380 (Eure) – 1 894 hab. – Alt. 29 m – Carte régionale n° **33**-D2

▶ Paris 103 km – Evreux 54 km – Pontoise 69 km – Rouen 24 km

Château de Bonnemare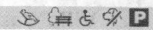

CHÂTEAU · HISTORIQUE Renaître à l'époque de la Renaissance, telle est l'expérience unique à laquelle invite cet ensemble : le châtelet d'entrée, les dépendances, la chapelle, le château lui-même, tout transporte au milieu du 16ᵉ s. ! Décors historiques, fresques, tableaux et mobilier des 17ᵉ et 18ᵉ s. : l'art de vivre dans la permanence...

5 chambres ⌑ – ♦112/202 € ♦♦120/210 €

à Bonnemare, 990 chemin de Bacqueville, 3,5 km par D321 et rte secondaire – ☏ 02 32 49 03 73 – www.bonnemare.com – Fermé 1ᵉʳ déc.-14 fév.

FLEURY-SUR-ORNE – 14 (Calvados) → voir Caen

FLORAC

✉ 48400 (Lozère) – 1 958 hab. – Alt. 542 m – Carte régionale n° **23**-C1
▶ Paris 622 km – Alès 65 km – Mende 38 km – Millau 84 km
Carte Michelin 330-J9

L'Adonis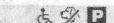

CUISINE MODERNE · CONVIVIAL XX De bons produits cévenols (pélardon et châtaignes du cru, agneau et bœuf de Lozère, truite d'élevage local, coupétade...) pour une cuisine actuelle ; un service très attentionné et une jolie sélection de vins régionaux : un Adonis tout en gourmandise, feutré et accueillant.

Formule 22 € – Menu 28/55 € – Carte 42/51 €

Hôtel Gorges du Tarn, 48 r. Pêcher – ☏ 04 66 45 00 63 – www.hotel-gorgesdutarn.com – Ouvert de Pâques à la Toussaint et fermé merc. et jeudi

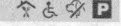 Gorges du Tarn

FAMILIAL · SIMPLE Une sympathique auberge de village à l'entrée (ou à la sortie) des célèbres gorges du Tarn. Les chambres, très coquettes, ont été joliment décorées par une artiste locale. Dans l'annexe, six autres chambres et quatre duplex.

23 chambres – ♦65/87 € ♦♦75/95 € – ⌑ 10 € – ½ P

48 r. Pêcher – ☏ 04 66 45 00 63 – www.hotel-gorgesdutarn.com – Ouvert de Pâques à la Toussaint et fermé merc.

L'Adonis – voir les restaurants ci-dessus

à Cocurès 5,5 km au Nord-Est par D806 et D998 – ✉ 48400 – 201 hab. – Alt. 600 m

La Lozerette

CUISINE MODERNE · ÉLÉGANT XX Dans cette charmante auberge, la propriétaire est sommelière : elle se fera un plaisir de vous guider dans l'accord de votre nectar avec la cuisine du chef, concoctée à base des meilleurs produits régionaux. Le plateau de fromages est superbe... Savoureux !

Formule 20 € – Menu 31/54 € – Carte 35/42 €

– ☏ 04 66 45 06 04 – www.lalozerette.com – Ouvert 18 mars-1ᵉʳ nov. et fermé mardi soir hors saison, mardi midi et merc. midi

La Lozerette

FAMILIAL · PERSONNALISÉ Dans ce hameau cévenol, une jolie demeure avec des chambres d'esprit chalet, lumineuses et toutes avec un petit balcon en bois. Une déco simple mais vraiment mignonne, pour un lieu attachant.

20 chambres – ♦65/110 € ♦♦65/110 € – ⌑ 10 € – ½ P

– ☏ 04 66 45 06 04 – www.lalozerette.com – Ouvert 18 mars-Toussaint

La Lozerette – voir les restaurants ci-dessus

FLORANGE

✉ 57190 (Moselle) – 11 516 hab. – Alt. 170 m – Carte régionale n° **26**-B1
▶ Paris 329 km – Grevenmacher 60 km – Luxembourg 35 km – Metz 30 km
Carte Michelin 307-H3

⫶◯ Villa Castellino

ITALIENNE · À LA MODE ✗✗ Entre Florange et Thionville, non loin de l'autoroute, une belle bâtisse crème aux volets rouges, qui détonne dans le paysage ! Mais asseyons-nous en terrasse, et concentrons-nous sur la cuisine. Antipasti (carpaccio de bœuf, beignets de scampi, nems de chèvre), risotto et autres bruschettas : l'Italie n'est pas loin...

Formule 23 € – Menu 34 € – Carte 34/55 €

121 r. de l'Étoile – ✆ 03 82 82 64 89 – www.lavillacastellino.com – Fermé 15-21 fév., 23 juil.-9 août, 23 déc.-2 janv., sam. midi, dim. soir et lundi soir

FLUMET

✉ 73590 (Savoie) – 821 hab. – Alt. 920 m – Carte régionale n° **46**-F1

▶ Paris 582 km – Albertville 22 km – Annecy 51 km – Chamonix-Mont-Blanc 43 km

Carte Michelin 333-M3 – Guide Vert Michelin Alpes du Nord

⛫ Cœur de Marie

FAMILIAL · PERSONNALISÉ Les mains vertes sauront que le "cœur de Marie" est une jolie fleur ancienne... Doux auspices pour ce chalet de 1810, qui se révèle très cosy, tout en bois doré, rideaux brodés et bibelots choisis. À l'étage, au coin du feu, la table d'hôte honore les spécialités savoyardes.

5 chambres ⌑ – ♦59/69 € ♦♦69/85 €

aux Glières, 3664 route des Aravis, 5 km au Nord par D909 rte de la Giettaz – ✆ 04 79 31 38 84 – www.chalet-marie.com – Fermé en mai

FOIX

✉ 09000 (Ariège) – 9 756 hab. – Alt. 375 m – Carte régionale n° **29**-C3

▶ Paris 762 km – Andorra-la-Vella 102 km – Carcassonne 89 km – St-Girons 45 km

Carte Michelin 343-H7

⫶◯ Phoebus

CUISINE MODERNE · CONVIVIAL ✗✗ Ici, le chef donne la priorité aux produits régionaux et concocte des recettes dans l'air du temps, déclinées dans une carte variée et bien composée. En prime, les gourmands profitent de la vue imprenable sur l'Ariège et le château : un vrai décor de carte postale !

Formule 19 € – Menu 29/89 € ☂ – Carte 43/56 €

3 cours Irénée-Cros – ✆ 05 61 65 10 42 – www.ariege.com/le-phoebus – Fermé de mi-juil. à mi-août, sam. midi, dim. soir et lundi

⛫ Eychenne ♿

FAMILIAL · FONCTIONNEL Au pied du château, cet hôtel ne passe pas inaperçu avec sa tour en bois et son bar sympathique... Les chambres y sont sobres et fonctionnelles ; préférez celles, plus spacieuses, nichées justement dans la tour.

17 chambres – ♦43/53 € ♦♦53/63 € – ⌑6 €

11 r. N.-Peyrevidal – ✆ 05 61 65 00 04 – www.hotel-eychenne.com

FONDAMENTE

✉ 12540 (Aveyron) – 321 hab. – Alt. 430 m – Carte régionale n° **29**-D2

▶ Paris 679 km – Albi 109 km – Millau 43 km – Montpellier 98 km

Carte Michelin 338-K7

⫶◯ Baldy

CUISINE TRADITIONNELLE · RUSTIQUE ✗ Truffes, tripoux, melsat grillé (saucisse épicée à la mie de pain et aux œufs)... Dans cette sympathique auberge familiale, le chef, ancien boucher, mise sur la fraîcheur des produits et propose une carte régionale, courte mais très alléchante. Goûtez à l'aligot à la tomme de brebis et à la poitrine de mouton farcie – un régal !

Formule 18 € – Menu 29/72 €

5 chambres – ♦52 € ♦♦52 € – ⌑10 €

Vallée de Sorgues, (Bourg Fondamente) – ✆ 05 65 99 37 38 (réservation conseillée) – www.hotel-sorgues.com – ouvert de Pâques au 11 nov. et fermé dim. soir, mardi soir, merc. soir, jeudi midi et lundi

FONS

✉ 46100 (Lot) – 396 hab. – Alt. 260 m – Carte régionale n° **29**-C1

▶ Paris 562 km – Cahors 66 km – Toulouse 190 km – Villefranche-de-Rouergue 47 km

Carte Michelin 337-H4

🏠 Domaine de la Piale

FAMILIAL · RUSTIQUE Isolée en pleine campagne, cette ancienne ferme de pays abrite d'agréables chambres d'hôtes, rustiques et campagnardes, idéales pour un séjour au vert. La piscine et le jacuzzi vous tendent les bras aux beaux jours, et des massages sont proposés.

4 chambres ⌁ – †70/125 € ††70/125 €

La Piale, 1 km au Sud – ℰ 05 65 40 19 52 – www.domainedelapiale.com

FONTAINEBLEAU

✉ 77300 (Seine-et-Marne) – 14 908 hab. – Alt. 75 m – Carte régionale n° **19**-C3

▶ Paris 64 km – Melun 18 km – Montargis 51 km – Orléans 89 km

Carte Michelin 312-F5 – Guide Vert Michelin Île-de-France

✪ L'Axel (Kunihisa Goto)

CUISINE MODERNE · ÉLÉGANT XX Ne dit-on pas que tout esprit profond avance masqué ? Kunihisa Goto, le jeune chef japonais de l'Axel, peut en témoigner : à première vue, rien ne distingue son adresse d'une autre. Et pourtant ! Sa cuisine revisite magnifiquement la gastronomie française (oursins, soupe de truffes, langoustines), avec finesse et subtilité...

→ Œuf translucide, raviole d'oignons doux et sauce aux truffes. Ris de veau en croûte de pistache, sauce au cidre, girolles et salsifis. Fraises en chaud-froid, sablé breton, thé matcha, crème fleur d'oranger et glace vanille.

Menu 33 € (déj. en semaine), 55/98 € – Carte 100/150 €

Plan : AZ-t – *43 r. de France – ℰ 01 64 22 01 57*

– www.laxel-restaurant.com – Fermé 3 semaines en août, 2 semaines en janv., merc. midi, lundi et mardi

ⅠⅠ◯ Le Caveau des Lys

CUISINE MODERNE · INTIME X En plein cœur de Fontainebleau, ce restaurant déroule son intérieur dans de superbes caves voûtées, datant du 17ᵉ s. Le jeune chef, François Le Touche, est originaire de la région ; il compose une cuisine harmonieuse et maîtrisée, dans laquelle la tradition s'agrémente de quelques touches plus contemporaines.

Menu 29 € (déj. en semaine), 45/48 € – Carte 41/62 €

Plan : AZ-f – *24 r. de Ferrare – ℰ 01 64 24 60 56 – www.lecaveaudeslys.com*

– Fermé 1 semaine en fév., 3 semaines en août, mardi midi et lundi

🏰 Aigle Noir

HISTORIQUE · CLASSIQUE Tout près du château, cet hôtel particulier construit au 18ᵉ s. cultive une ambiance feutrée et élégante. Les chambres ont été décorées avec soin, en particulier avec quelques beaux meubles de style Empire.

49 chambres – †115/190 € ††115/190 € – 4 suites – ⌁ 18 €

Plan : AZ-a – *27 pl. Napoléon-Bonaparte – ℰ 01 60 74 60 00*

– www.hotelaiglenoir.fr

🏠 Hôtel de Londres

TRADITIONNEL · PERSONNALISÉ Cet hôtel, face au château, existe depuis le 16ᵉ s. Chambres amples et insonorisées, élégamment décorées : beaux tissus, meubles rustiques et de style, gravures de chasse.

16 chambres – †108/180 € ††138/218 € – ⌁ 16 €

Plan : AZ-v – *1 pl. du Gén.-de-Gaulle – ℰ 01 64 22 20 21*

– www.hoteldelondres.com – Fermé 23 déc.-1ᵉʳ janv.

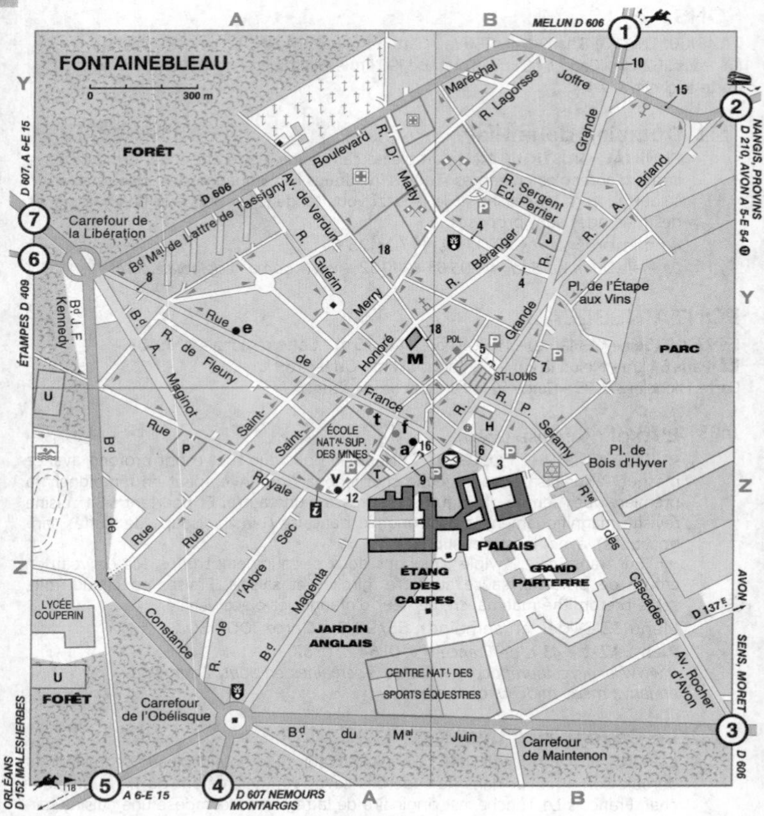

FONTAINEBLEAU

300 m

A — B

MELUN D 606 ①

FORÊT

Carrefour de la Libération

PARC

ÉCOLE NAT. SUP. DES MINES

PALAIS

ÉTANG DES CARPES

GRAND PARTERRE

JARDIN ANGLAIS

CENTRE NAT'. DES SPORTS ÉQUESTRES

LYCÉE COUPERIN

FORÊT

Carrefour de l'Obélisque

Carrefour de Maintenon

ORLÉANS D 152 MALESHERBES

⑤ A 6-E 15 ④ D 607 NEMOURS MONTARGIS

ÉTAMPES D 409

D 607, A 6-E 15

NANGIS, PROVINS D 210, AVON A 5-E 54

AVON SENS, MORET

D 606

Armes (Pl. d') .... BZ 3
Bois (R. des) .... BY 4
Briand (R. Aristide) .... BY
Calas (R. du Commissaire) ... BY 5
Chancellerie (R. de la) ...... BZ 6
Château (R. du) .... BY 7
Churchill (Bd W.) .... AY 8
Dénecourt (R.) .... AZ 9
Étape aux Vins (Pl. de l') .... BY
Foch (Bd du Mar.) .... BY 10
France (R. de) .... AYZ
Gaulle (Pl. Gén.-de) .... AZ 12
Grande (R.) .... BY
Leclerc (Bd du Mar.) .... BY 15
Napoléon Bonaparte (Pl.) ... AZ 16
Paroisse (R. de la) .... AY 18

🏠 Victoria

TRADITIONNEL · ACTUEL Cet hôtel se partage entre deux maisons pleines de charme. Laquelle choisirez-vous ? Côté 112 – une ancienne pension de famille –, mobilier classique et ambiance familiale ; côté 122, des chambres plus contemporaines, au design épuré… Dans les deux cas, un séjour bien agréable !

35 chambres – 🛏100/160 € 🛏🛏100/160 € – ⚏12 €
Plan : AY-e – *112-122 r. de France* – ✆ *(0)1 60 74 90 00*
– *www.hotelvictoria.com*

FONTAINE-DE-VAUCLUSE

✉ 84800 (Vaucluse) – 653 hab. – Alt. 75 m – Carte régionale n° **42**-E1
▶ Paris 697 km – Apt 34 km – Avignon 33 km – Carpentras 21 km
Carte Michelin 332-D10 – Guide Vert Michelin Provence

☺ Philip

CUISINE TRADITIONNELLE · FAMILIAL X Au pied de la célèbre fontaine d'où jaillit la Sorgue, cette adresse sait jouer de ses charmes bucoliques, en particulier en terrasse... Père et fille (la maison est dans la famille depuis 1926 !) travaillent à quatre mains de beaux produits : truites fraîches, asperges, truffes, fraises... Bon rapport qualité-prix.

Menu 30/47 € – Carte 48/70 €

chemin de la Fontaine – ℰ 04 90 20 31 81 – Ouvert 1er avril-30 sept. et fermé le soir sauf du 16 juin au 31 août

⏀ Chez Dominique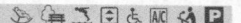

RÉGIONALE · COSY X Bienvenue chez Dominique ! Ici, le prénom est féminin, car c'est bien une "cheffe" qui œuvre en cuisine. Parmi ses spécialités : la souris d'agneau confite aux épices douces, et la marmite de Saint-Jacques et crevettes. Aux beaux jours, prenez place sur le balcon donnant sur la Sorgue.

Formule 28 € – Menu 28/42 € ☼ – Carte 33/47 €

6 pl. de la Colonne – ℰ 04 90 20 33 26 – http://chezdominique.wifeo.com – Fermé merc. soir et jeudi de nov. à avril

⌂ Hôtel du Poète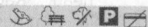

TRADITIONNEL · PERSONNALISÉ Ce charmant moulin du 19e s. est entouré d'un jardin luxuriant, traversé par la Sorgue. Chambres aux notes provençales : "Temps des Cerises", "Transhumance", "Brin de lavande", etc. On prend le petit-déjeuner au bord de l'eau.

24 chambres – ♦98/325 € ♦♦98/325 € – ☲ 17 €

– ℰ 04 90 20 34 05 – www.hoteldupoete.com – Ouvert de mars à nov.

FONTAINE-SOUS-JOUY

✉ 27120 (Eure) – 801 hab. – Alt. 35 m – Carte régionale n° **33**-D2
▶ Paris 90 km – Évreux 17 km – Rouen 55 km – Versailles 80 km
Carte Michelin 304-H7

⌂ Clos de Mondétour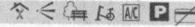

MAISON DE CAMPAGNE · COSY Dans ce petit village tranquille de la vallée de l'Eure, au sein d'un jardin arboré, trône cette belle demeure du 16e s. restaurée avec goût. Toile de Jouy, objets chinés, superbe cheminée dans le salon : il y règne un esprit familial plein de charme, que prolonge le petit-déjeuner proustien (confiture, financier et madeleine maison).

4 chambres ☲ – ♦90/120 € ♦♦90/140 €

17 r. de la Poste – ℰ 06 71 13 11 57 – www.closdemondetour.com

FONTANGES – 15 (Cantal) → voir Salers

FONTANS

✉ 48700 (Lozère) – 213 hab. – Alt. 1 030 m – Carte régionale n° **23**-C1
▶ Paris 560 km – Mende 35 km – Montpellier 216 km – Le Puy-en-Velay 79 km
Carte Michelin 330-I6

⌂ La Grange d'Émilie

MAISON DE CAMPAGNE · CAMPAGNARD De la ferme familiale, Émilie et son mari ont fait une maison d'hôtes accueillante et une table honorant le terroir. Bois, pierres et poutres : la décoration, raffinée, mêle le charme rustique, l'esprit champêtre et l'épure contemporaine ; les équipements (sauna, hammam) ajoutent au plaisir du séjour. Un lieu attachant !

5 chambres ☲ – ♦95/115 € ♦♦105/125 €

Le Comte de Fontans, 500 m à l'Est au croisement D7 et D4 – ℰ 04 66 47 30 82 – www.chambrehote-emilie.com – Ouvert 29 avril-23 oct.

FONTENAI-SUR-ORNE – 61 (Orne) → voir Argentan

FONTENAY – 88 (Vosges) → voir Épinal

FONTENAY-LE-COMTE

✉ 85200 (Vendée) – 14 044 hab. – Alt. 21 m – Carte régionale n° **34**-B3
▶ Paris 442 km – Cholet 103 km – La Rochelle 51 km – La Roche-sur-Yon 64 km
Carte Michelin 316-L9 – Guide Vert Michelin Pays de la Loire

⅃○ Le Vieux Pressoir   🛋 ⴳ AC 🅿

CUISINE TRADITIONNELLE · FAMILIAL XX Tenu par un couple accueillant, ce
Vieux Pressoir fait honneur à la tradition et aux bonnes spécialités régionales,
comme en témoignent ce samoussa d'escargot croustillant à souhait, ou
cette savoureuse andouillette au vin de Pisotte. Le tout à apprécier dans une
salle confortable, au décor rustique.
🍴 Formule 12 € – Menu 16 € (déj. en semaine), 31/40 €
– Carte 35/49 €
*5 r. du Dr-René-Laforge – ℰ 02 51 69 47 90 – www.levieux-pressoir.com
– Fermé 25 juil.-15 août, 26-30 déc., mardi soir, merc. soir, dim. soir et lundi*

🏠 Le Rabelais   🏚 🐾 🛏 ⴳ 📱 ⴳ 🦽 🚗

TRADITIONNEL · FONCTIONNEL Une bâtisse de style vendéen en léger retrait
du centre-ville, proposant des chambres fonctionnelles et bien tenues. Le confort
et le bien-être règnent jusque dans l'espace détente, et l'on profite aussi d'une
jolie piscine aux beaux jours !
54 chambres – 🛏85/120 € 🛏🛏90/140 € – ☑ 10 €
19 r. de l'Ouillette – ℰ 02 51 69 86 20 – www.le-rabelais.com

🏠 Le Logis de la Clef de Bois   🛏 🛋 🚳

VILLA · PERSONNALISÉ Un hôtel particulier raffiné (17ᵉ s. et 18ᵉ s.) avec parquet et cheminées d'origine, bibliothèque, billard, etc. "Simenon", "Que-
neau", "Ragon" : les chambres ont du caractère et la suite "Rabelais" évoque
la commedia dell'arte avec originalité. Aux beaux jours, on profite de
l'agréable jardin et de sa piscine.
4 chambres ☑ – 🛏100/115 € 🛏🛏120/135 €
*5 r. du Département – ℰ 02 51 69 03 49 – www.clef-de-bois.com
– Ouvert 1ᵉʳ mai-30 sept.*

à Velluire 11 km au Sud par D938ter et D68 – ✉ 85770 – 619 hab. – Alt. 9 m

🅐 Auberge de la Rivière   🐾 🚳 🏚 ⴳ

CUISINE MODERNE · AUBERGE XX Le frémissement de la rivière toute proche, le
lierre qui court sur la façade : cette auberge vendéenne invite à la rêverie... et à la
gourmandise ! Beaux produits, herbes aromatiques, assaisonnements : on sent
chez le chef la patte d'un vrai passionné de gastronomie. Et pour l'étape, des
chambres sobres et épurées.
Formule 23 € – Menu 30/58 € – Carte 60/75 €
11 chambres – 🛏60/94 € 🛏🛏74/104 € – ☑ 11 €
*2 r. du Port-de-la-Fouarne – ℰ 02 51 52 32 15 – www.hotel-riviere-vendee.com
– Fermé 15 fév.-9 mars, dim. soir d'oct. à mars et lundi*

FONTETTE – 89 (Yonne) → voir Vézelay

FONTEVRAUD-L'ABBAYE

✉ 49590 (Maine-et-Loire) – 1 548 hab. – Alt. 75 m – Carte régionale n° **35**-C2
▶ Paris 296 km – Angers 78 km – Chinon 21 km – Loudun 22 km
Carte Michelin 317-J5 – Guide Vert Michelin Châteaux de la Loire

🍴⃝ Fontevraud Le Restaurant ⓝ 🛏 🍽 ♿ 🅿

CRÉATIVE · DESIGN ✗✗✗ Au cœur du domaine de l'abbaye de Fontevraud, le chef Thibaut Ruggeri (Bocuse d'Or 2013) propose une cuisine créative misant sur les produits du terroir local (volaille de Racan, fromage de Ste-Maure...) ainsi que les herbes et légumes du potager du domaine. Côté vins, le Val de Loire est à l'honneur !

Menu 58/95 € – Carte 70/85 €

Fontevraud L'Hôtel, 38 r. St-Jean-de-L'Habit
– ☎ 02 46 46 10 10 – www.hotel-fontevraud.com
– Fermé le midi du mardi au samedi, dimanche soir, lundi et mardi

🍴⃝ La Licorne 🏛 🛏 🍽 🔄

CUISINE MODERNE · ÉLÉGANT ✗✗ Pas de vraie licorne dans cette demeure du 18e s. (tuffeau, poutres) mais la terrasse et le jardin fleuri sont délicieux. On y savoure des recettes traditionnelles cuisinées avec soin et une touche d'originalité, avec l'aide du verger et du potager pour l'approvisionnement en fruits et légumes frais !

Formule 19 € – Menu 26/65 € ♈ – Carte 45/70 €

allée Ste-Catherine – ☎ 02 41 51 72 49 (réservation conseillée)
– Fermé 15 déc.-26 janv., merc. soir, dim. soir et lundi d'oct. à avril

🍴⃝ Hostellerie La Croix Blanche 🍽 ♿ 🆎 🔄

CUISINE TRADITIONNELLE · ÉLÉGANT ✗✗ Dans l'une des pièces, une grande fresque représente Aliénor d'Aquitaine, femme de pouvoir et épouse illustre d'Henri II Plantagenêt... Pour autant, cette table ne regarde pas vers le passé ! La cuisine est actuelle, soignée, et respecte le rythme des saisons. Par beau temps, on profite d'une jolie terrasse.

Formule 20 € – Menu 27 € (dîner) – Carte 32/49 €

Hostellerie la Croix Blanche, 7 pl. des Plantagenêts
– ☎ 02 41 51 71 11 – www.hotel-croixblanche.com
– Fermé 19-27 déc.

🏠 Fontevraud L'Hôtel 🔺 🐾 🛏 ♿ 🔄 🧖 🅿

HISTORIQUE · MODERNE Après quelques années de fermeture, l'hôtel du prieuré St-Lazare, au sein même de la célèbre abbaye de Fontevraud, accueille de nouveau les voyageurs ! Un cadre unique, habilement mis en valeur à travers un style contemporain affirmé, dont la sobriété respecte parfaitement l'esprit monacal des lieux. Élégant et apaisant...

54 chambres – 🛏139/189 € 🛏🛏139/219 € – ☲ 15 €

38 r. St-Jean-de-L'Habit – ☎ 02 46 46 10 10
– www.hotel-fontevraud.com

🍴⃝ **Fontevraud Le Restaurant** – voir les restaurants ci-dessus

🏠 Hostellerie La Croix Blanche 🔺 🍽 ♿ 🔄 🧖 🅿

AUBERGE · PERSONNALISÉ On vient depuis plus de trois cents ans dans cette auberge, située juste en face de la célèbre abbaye royale (12e s.). Les chambres sont modernes et confortables, et certaines se distinguent par un décor moins standardisé (sur les thèmes de l'abbaye, de la France ou de l'Angleterre, de la chasse, etc.).

24 chambres – 🛏75/165 € 🛏🛏75/165 € – ☲ 14 € – ½ P

7 pl. Plantagenêts – ☎ 02 41 51 71 11 – www.hotel-croixblanche.com
– Fermé 19-27 déc.

🍴⃝ **Hostellerie La Croix Blanche** – voir les restaurants ci-dessus

FONTJONCOUSE

✉ 11360 (Aude) – 149 hab. – Alt. 298 m – Carte régionale n° **22**-B3
▶ Paris 822 km – Carcassonne 56 km – Narbonne 32 km – Perpignan 65 km
Carte Michelin 344-H4 – Guide Vert Michelin Languedoc Roussillon

✿✿✿ Auberge du Vieux Puits (Gilles Goujon)

CRÉATIVE · DESIGN XxX Le produit est la star de cette cuisine ludique et inspirée qui porte certaines émotions gustatives à l'incandescence. Saisons, terroir, invention : Gilles Goujon excelle dans l'équilibre, avec précision et humilité, entouré d'une équipe proche du client. Hébergement de qualité, mêlant cadre rustique et décor contemporain.

➔ Œuf de poule pourri de truffes, briochine tiède et cappuccino à boire. Rouget barbet, pomme bonne bouche fourrée d'une brandade en "bullinada". Citron de Menton cassant, sorbet citrus bergamote et kumquat.

Menu 110 € (déj. en semaine), 160/190 € – Carte 171/187 €

8 chambres – ♦255/285 € ♦♦255/325 € – ☲ 26 €

5 av. St-Victor – ℰ 04 68 44 07 37 – www.aubergeduvieuxpuits.fr – Ouvert 25 mars-31 déc. et fermé lundi sauf le soir du 1er au 16 août, mardi sauf le soir en juil.-août, et dim. soir de sept. à juin

🏠 La Maison des Chefs

FAMILIAL · PERSONNALISÉ Dans ce village niché au cœur des reliefs audois, cette maison traditionnelle est située à quelques pas de l'Auberge du Vieux Puits. On y trouve six petites chambres charmantes, avec leurs tomettes vertes et orange, leurs murs multicolores et leur mobilier rustique.

6 chambres – ♦165 € ♦♦165 € – ☲ 26 €

r. de l'Eglise, (au bourg) – ℰ 04 68 44 07 37 – www.aubergeduvieuxpuits.fr – Ouvert 25 mars-31 déc., fermé dim., lundi et mardi sauf en juil.-août

FONT-ROMEU

✉ 66120 (Pyrénées-Orientales) – 2 003 hab. – Alt. 1 800 m – Carte régionale n° **22**-A3
▶ Paris 858 km – Andorra la Vella 73 km – Ax-les-Thermes 56 km – Bourg-Madame 18 km
Carte Michelin 344-D7

😊 La Chaumière

CATALANE · AUBERGE XX Rangez les skis ! À l'entrée de la station, on ne résiste pas à cette sympathique chaumière où le bois domine. Au menu : une belle sélection de mets catalans et de bons vins régionaux. Le patron est un amoureux des bonnes choses (viandes de choix, légumes locaux) et a même créé... une cave à jambons !

Formule 17 € – Menu 23 € (déj. en semaine), 30/59 € – Carte 38/66 €

96 av. Emmanuel-Brousse – ℰ 04 68 30 04 40 – www.restaurantlachaumiere.fr – Fermé 3 semaines en juin, 2 semaines fin oct.-début nov., lundi et mardi hors vacances scolaires

🏠 Le Grand Tétras

HÔTEL DE VACANCES · ALPIN Au cœur de la station, cet hôtel familial est vraiment plaisant. Les chambres sont décorées dans un esprit contemporain et montagnard, certaines avec balcon et vue sur les Pyrénées... et il y a même un jacuzzi extérieur et une piscine couverte sur le toit.

36 chambres – ♦90/123 € ♦♦90/200 € – ☲ 11 €

14 av. Emmanuel-Brousse – ℰ 04 68 30 01 20 – www.hotelgrandtetras.fr

FONTVIEILLE

✉ 13990 (Bouches-du-Rhône) – 3 653 hab. – Alt. 20 m – Carte régionale n° **42**-E1
▶ Paris 712 km – Arles 12 km – Avignon 30 km – Marseille 92 km
Carte Michelin 340-D3 – Guide Vert Michelin Provence

⏺🅾 Le Patio

PROVENÇALE · RUSTIQUE XX Cette jolie bergerie du 18e s. s'égaye d'un bien agréable patio planté d'acacias et de palmiers. La spécialité ? Le gigot d'agneau cuit au foin de Crau, et la cuisse de lapereau confite à l'huile d'olive des Baux... La Provence dans tous ses états !

Formule 21 € – Menu 31 € (déj.), 42/48 € – Carte 59/70 €

117 rte du Nord – ℰ 04 90 54 73 10 – www.lepatio-alpilles.com – Fermé vacances de fév., de la Toussaint, dim. soir hors saison, mardi sauf le midi hors saison et merc.

⅋○ La Table du Meunier 🌣 AC P

PROVENÇALE · RUSTIQUE ✗ Non loin du moulin d'Alphonse Daudet, plus de meunier mais une cuisine copieuse et gorgée de soleil : croustillant de sandre à l'oseille, petit pâté d'escargot à la provençale, gardiane de taureau... Mention spéciale pour la charmante terrasse et la bâtisse attenante, un ancien poulailler de 1765 !

Formule 21 € – Menu 28/36 € – Carte environ 36 €

42 cours Hyacinthe-Bellon – 𝒞 04 90 54 61 05 (réservation conseillée) – Fermé de mi-janv. à début mars, 20-27 déc., mardi sauf juil.-août et merc.

🏠 Villa Regalido 🌣 🖢 🏊 AC 🛁 P

LUXE · PERSONNALISÉ Ce vieux moulin à huile, blotti au cœur d'un jardin fleuri, est un régal ! Chambres contemporaines, sobres et élégantes, piscine et minispa. Et une belle terrasse verdoyante où l'on prend son petit-déjeuner !

16 chambres – ♦95/330 € ♦♦95/330 € – 2 suites – ☲ 18 €

r. Frédéric-Mistral – 𝒞 04 90 54 60 22 – www.villa-regalido.com

🏠 Hostellerie de la Tour 🌣 🖢 🏊 AC P

FAMILIAL · FONCTIONNEL Près de la tour des Abbés, un peu à l'extérieur du centre-ville, une sympathique auberge familiale ! Les chambres, fonctionnelles et confortables, entourent la piscine et le coquet jardin.

12 chambres – ♦69 € ♦♦76/90 € – ☲ 12 € – ½ P

3 r. Plumelets – 𝒞 04 90 54 72 21 – www.hotel-delatour.com – Ouvert 15 mars-3 nov.

FORBACH

✉ 57600 (Moselle) – 21 475 hab. – Agglo. 85 811 hab. – Alt. 222 m – Carte régionale n° **27**-C1
▶ Paris 385 km – Metz 59 km – St-Avold 23 km – Sarreguemines 21 km
Carte Michelin 307-M3

⅋○ Le Schlossberg 🌣 AC

CUISINE TRADITIONNELLE · ÉLÉGANT ✗✗ Deux tourelles en pierre, un porche et quelques créneaux : le bâtiment a des allures de petit château et il jouxte le parc du Schlossberg, face auquel il dévoile une belle terrasse. La cuisine, bien que traditionnelle, se pare de touches contemporaines. Accueil chaleureux.

Menu 21 € (déj. en semaine), 32/56 € – Carte 59/70 €

*13 r. du Parc – 𝒞 03 87 87 88 26 – www.restaurantleschlossberg.com
– Fermé 20 juil.-6 août, dim. soir, mardi soir et merc. sauf fériés*

à Stiring-Wendel 3 km au Nord-Est par D603 – ✉ 57350

– 12 606 hab. – Alt. 240 m

🍃 La Bonne Auberge (Lydia Egloff) 🍸 🌣 AC P

CRÉATIVE · ÉLÉGANT ✗✗✗ L'antre de deux sœurs de talent, Lydia et Isabelle Egloff : la première œuvre en cuisine, où elle signe des recettes inventives et parfumées, tandis que la seconde supervise le service, d'un grand charme. Une serre en guise de jardin d'hiver, une salle lumineuse et originale, une belle carte des vins : l'enseigne dit la vérité !

→ Bar de ligne, marmelade de chorizo aux dattes, caramel de crustacés. Viennoise de rognon de veau, endives braisées au Picon bière. Cigare choco-sangria au vinaigre balsamique.

Menu 48 € (déj. en semaine), 68/115 € – Carte 80/95 €

15 r. Nationale – 𝒞 03 87 87 52 78 – Fermé 1er-16 août, 27 déc.-3 janv., sam. midi, dim. soir et lundi

à Rosbrück 6 km au Sud-Ouest – ✉ 57800 – 766 hab. – Alt. 200 m

⅋○ Auberge Albert Marie 🍸 🌣 AC ⇔ P

CUISINE TRADITIONNELLE · AUBERGE ✗✗✗ Une salle un rien bourgeoise, un plafond à caissons, des boiseries sombres... La tradition – savoureuse – est également à l'honneur sur la carte. Depuis quarante ans, cette maison enchante ses hôtes et n'usurpe pas sa belle réputation !

Formule 17 € – Menu 22 € (déj. en semaine), 28/62 € – Carte 48/76 €

1 r. Nationale – 𝒞 03 87 04 70 76 – Fermé sam. midi, dim. soir et lundi

FORCALQUIER

✉ 04300 (Alpes-de-Haute-Provence) – 4 775 hab. – Alt. 550 m – Carte régionale n° **40**-B2
➲ Paris 747 km – Aix-en-Provence 80 km – Apt 42 km – Digne-les-Bains 50 km
Carte Michelin 334-C9 – Guide Vert Michelin Provence

Ⅰ○ Les Terrasses de la Bastide   🍴 & AC P

PROVENÇALE · CONVIVIAL 🗶 Entendez-vous les cigales chanter ? Installés sur la belle terrasse, face au jardin, les gourmands se régalent d'une bonne cuisine méditerranéenne. La spécialité du chef : les pieds et paquets. Et si d'aventure le temps n'était pas de la partie, réfugiez-vous dans la salle décorée sur le thème de l'olive.

Formule 19 € – Menu 28/36 € – Carte 26/41 €

quartier Beaudine, rte de Banon
– ℰ 04 92 73 32 35 – www.lesterrassesdelabastide.fr
– Fermé 25 nov.-26 déc., lundi sauf le soir de mai à sept., merc. midi de mai à sept., mardi midi et dim. soir

🏠 La Bastide Saint Georges   🦢 🍴 🏊 ⦿ & AC 🛎 🛋 P

VILLA · PERSONNALISÉ Beaucoup de charme en ce domaine ! Les chambres sont décorées avec goût – et au naturel : bois, pierre, lin –, la plupart avec terrasse. Piscine, spa et massages. Idéal pour un séjour farniente.

23 chambres – ♦130/315 € ♦♦130/315 € – 2 suites – ☲ 18 €

rte de Banon, 2 km par D950
– ℰ 04 92 75 72 80 – www.bastidesaintgeorges.com
– Ouvert 5 mars-13 nov.

à l'Est 4 km par D4100 et rte secondaire – ✉ 04300 :

🏠 Auberge Charembeau   🦢 ≤ 🍴 🏊 🎾 & 🛋 P

FAMILIAL · PERSONNALISÉ Une ferme du 18ᵉ s. dans un charmant parc vallonné. On s'y repose, au grand calme, dans des chambres de style provençal. Tennis, piscine : comme une invitation à la détente...

25 chambres – ♦85/130 € ♦♦85/160 € – ☲ 12 €

Lieu-dit Charambau, rte de Niozelles – ℰ 04 92 70 91 70 – www.charembeau.com
– Ouvert 1ᵉʳ mars-15 nov.

à Mane 4 km au Sud par D4100 – ✉ 04300 – 1 386 hab. – Alt. 500 m

ⵚ Le Cloître   🌳 🍴 & AC 🛋 P

CRÉATIVE · DESIGN 🗶🗶🗶 Dans le Cloître de l'ancien couvent des Minimes, le chef Jérôme Roy voue un véritable culte... aux mariages de saveurs. Sa cuisine, volontiers créative, nous emmène de surprise en surprise ; on passe un excellent moment sur la terrasse ombragée. Difficile de repartir !
➜ Cuisine du marché.

Menu 70/130 €

Hôtel Couvent des Minimes, chemin des Jeux-de-Maï
– ℰ 04 92 74 77 77 – www.couventdesminimes-hotelspa.com
– Fermé 3 janv.-11 mars, lundi, mardi et le midi sauf sam. et dim.

🏨 Couvent des Minimes   🏰 🦢 ≤ 🍴 🏊 ⦿ 🕯 🎾 🖲 & AC 🛋 P

LUXE · PERSONNALISÉ Un magnifique écrin que cet ancien couvent des Minimes datant de 1862, niché au cœur de la campagne ! On y trouve des chambres ravissantes, au décor sobre et raffiné ; qu'il fait bon profiter des senteurs provençales du jardin, et de l'imposant spa signé L'Occitane, et du sympathique bistrot "Le Pesquier", ouvert tous les jours. Tout simplement délicieux.

46 chambres – ♦215/1350 € ♦♦215/1350 € – 4 suites – ☲ 29 € – ½ P

chemin des Jeux-de-Maï
– ℰ 04 92 74 77 77 – www.couventdesminimes-hotelspa.com
– Fermé 3 janv.-11 mars

ⵚ **Le Cloître** – voir les restaurants ci-dessus

Mas du Pont Roman

TRADITIONNEL · PERSONNALISÉ Suivez la route bordée de platanes, près d'un vieux pont roman, vous trouverez ce mas en pierre du 18e s. au cœur d'un joli jardin. Les chambres, de style provençal, sont ravissantes et bien tenues. Terrain de pétanque, piscines balnéo et à contre-courant viendront à bout des plus stressés...

9 chambres – ♦70/100 € ♦♦100/145 € – � 10 €

chemin de Châteauneuf, rte d'Apt – 𝒞 04 92 75 49 46 – www.pontroman.com

LA FORÊT-FOUESNANT

✉ 29940 (Finistère) – 3 276 hab. – Alt. 19 m – Carte régionale n° **9**-B2
▶ Paris 552 km – Concarneau 8 km – Pont-l'Abbé 22 km – Quimper 16 km
Carte Michelin 308-H7 – Guide Vert Michelin Bretagne Sud

Auberge Saint-Laurent

CUISINE TRADITIONNELLE · AUBERGE XX Il est bon, parfois, de se délasser loin des circuits touristiques, et de s'attarder dans une auberge aux petites salles rustiques cosy et intimes. Le chef aime travailler le foie gras et la langoustine du Guilvinec ; sa cuisine est traditionnelle mais teintée de notes plus actuelles.

Formule 14 € – Menu 27/44 € – Carte 37/61 €

6 rte de Beg-Menez, 2 km par rte de Concarneau, par la côte – 𝒞 02 98 56 98 07 – https://fr-fr.facebook.com/aubergedusaintlaurent – Fermé lundi et mardi sauf juil.-août

FORGES-LES-EAUX

✉ 76440 (Seine-Maritime) – 3 499 hab. – Alt. 161 m – Carte régionale n° **33**-D1
▶ Paris 117 km – Abbeville 73 km – Amiens 72 km – Rouen 44 km
Carte Michelin 304-J4 – Guide Vert Michelin Normandie Vallée de la Seine

Le Continental

HÔTEL DE CURE · MODERNE Cet édifice des années 1920 se trouve à deux pas du parc thermal et du casino. Les chambres sont spacieuses et contemporaines ; quant au salon et à la salle de petit-déjeuner, ils sont bien agréables. Une belle maison normande.

44 chambres – ♦67/90 € ♦♦67/90 € – ☐ 10 €

av. des Sources, rte de Dieppe – 𝒞 02 32 89 50 50 – www.domainedeforges.com

FORT-MAHON-PLAGE

✉ 80120 (Somme) – 1 234 hab. – Alt. 2 m – Carte régionale n° **36**-A1
▶ Paris 225 km – Abbeville 41 km – Amiens 90 km – Berck-sur-Mer 19 km
Carte Michelin 301-C5

Auberge Le Fiacre

CUISINE TRADITIONNELLE · AUBERGE XX Dans cet ancien relais du 18e s., les fiacres ne s'arrêtent plus depuis longtemps ! En revanche, les gourmands sont toujours aussi nombreux à venir déguster une savoureuse cuisine traditionnelle à l'accent ch'ti. Cadre rustique.

Menu 29/58 € – Carte 37/65 €

à Routhiauville, 2 km au Sud-Est par rte de Rue – 𝒞 03 22 23 47 30 – www.hotel-le-fiacre.fr – Fermé 1er janv.-3 mars, 13 nov.-31 déc., et le midi du lundi au vend.

Auberge Le Fiacre

AUBERGE · CLASSIQUE Idéal pour se mettre au vert et découvrir la baie de Somme ! Dans cet ancien relais de poste du Marquenterre, on apprécie les chambres douillettes et le joli jardin. Sans oublier la piscine, même si la mer n'est pas très loin.

12 chambres – ♦90/135 € ♦♦90/135 € – 2 suites – ☐ 15 € – ½ P

à Routhiauville, 2 km au Sud-Est par rte de Rue – 𝒞 03 22 23 47 30 – www.hotel-le-fiacre.fr – Fermé 17 déc.-3 fév.

‖○ **Auberge Le Fiacre** – voir les restaurants ci-dessus

LA FOSSETTE (PLAGE DE) - 83 (Var) → voir Le Lavandou

FOS-SUR-MER

✉ 13270 (Bouches-du-Rhône) – 15 859 hab. – Alt. 11 m – Carte régionale n° **40**-A3
▶ Paris 750 km – Aix-en-Provence 55 km – Arles 42 km – Marseille 51 km
Carte Michelin 340-E5 – Guide Vert Michelin Provence

Ariane Fos

HÔTEL DE CHAÎNE • FONCTIONNEL Près de l'étang de l'Estomac, un hôtel confortable, pratique pour les réunions d'affaires ou les réceptions. Chambres spacieuses et fonctionnelles, équipements pour les séminaires, restaurant traditionnel.

72 chambres – †72/130 € ††72/130 € – ☕ 10 € – ½ P

chemin du Plan-d'Arenc, 3 km par rte d'Istres – ✆ 04 42 05 00 57 – www.arianefoshotel.com

FOUDAY

✉ 67130 (Bas-Rhin) – 358 hab. – Carte régionale n° **1**-A2
▶ Paris 412 km – St-Dié 34 km – Saverne 55 km – Sélestat 37 km
Carte Michelin 315-H6 – Guide Vert Michelin Alsace Vosges

Julien

CUISINE TRADITIONNELLE • CONVIVIAL XX Personnel en costume traditionnel, décor typique des Vosges (tout en bois) : on célèbre ici le folklore local dans ce qu'il a de meilleur. Dans une ambiance animée, on dévore de goûteuses – et copieuses – préparations régionales : choucroute, rognons et ris de veau, pressé de volaille au foie gras... Réjouissant !

Formule 15 € – Menu 21 € (semaine), 25/58 € – Carte 31/54 €

rte de Strasbourg D1420 – ✆ 03 88 97 30 09 – www.hoteljulien.com – Fermé 4-22 janv. et mardi

Julien

TRADITIONNEL • ÉLÉGANT Un bien beau chalet, impressionnant dans son magnifique parc fleuri traversé par la Bruche. Les chambres sont raffinées, mariant la chaleur du bois à la richesse des étoffes, certaines avec jacuzzi. L'espace bien-être est superbe ! Succès oblige, pensez à réserver à l'avance.

68 chambres – †140/238 € ††140/238 € – ☕ 16 € – ½ P

rte de Strasbourg, D1420 – ✆ 03 88 97 30 09 – www.hoteljulien.com – Fermé 4-22 janv.

Julien – voir les restaurants ci-dessus

FOUESNANT

✉ 29170 (Finistère) – 9 174 hab. – Alt. 30 m – Carte régionale n° **9**-B2
▶ Paris 555 km – Carhaix-Plouguer 69 km – Concarneau 11 km – Quimper 16 km
Carte Michelin 308-G7 – Guide Vert Michelin Bretagne Sud

au Cap Coz 2,5 km au Sud-Est par rte secondaire – ✉ 29170 Fouesnant

La Pointe du Cap Coz

CUISINE MODERNE • CLASSIQUE XX Une petite maison blanche qui semble posée sur l'océan... C'est là, presque au bout du monde, qu'on apprécie la cuisine du chef, à la fois ambitieuse et bien maîtrisée. Elle valorise les produits de la pêche et du terroir, avec des présentations soignées et des cuissons précises. En un mot : délicieux !

Menu 32/74 € – Carte 51/89 €

Hôtel de la Pointe du Cap Coz, 153 av. de la Pointe-du-Cap-Coz – ✆ 02 98 56 01 63 – www.hotel-capcoz.com – Fermé 25-30 nov., 1er janv.-12 fév., lundi sauf le soir en juil.-août, dim. soir, mardi soir de sept. à juin et merc. en juil.-août

⫯◯ Belle-Vue ⟨ 🖼 🛏 ⅄ ⅌ 🅿

POISSONS ET FRUITS DE MER · **ÉLÉGANT** XX De la salle du restaurant, on peut apercevoir la plage, les eaux cristallines et les arbres courbés par le vent... Féérique ! Au menu : une cuisine au goût du jour, orientée poissons et fruits de mer, que le chef travaille avec précision, en n'oubliant jamais d'y mettre une touche personnelle.

Formule 19 € – Menu 28/49 € – Carte 33/60 €

Hôtel Belle-Vue, 30 descente Belle-Vue – ℰ 02 98 56 00 33
– www.hotel-belle-vue.com – Ouvert 1ᵉʳ mars-30 oct., fermé lundi et mardi

🏠 Belle-Vue ⅄ ⟨ 🖼 ⅄ ⅌ 🅿

TRADITIONNEL · **FONCTIONNEL** Quelle vue sur la baie de la Forêt-Fouesnant ! Les chambres, parfaitement tenues, sont pimpantes avec leurs couleurs claires et, bien entendu, elles donnent sur les flots ou le jardin. S'installer en terrasse face à la plage est un vrai bonheur... et l'accueil est charmant.

17 chambres – ♦72/112 € ♦♦75/112 € – ⊃ 12 € – ½ P

30 descente Belle-Vue – ℰ 02 98 56 00 33 – www.hotel-belle-vue.com – Ouvert 1ᵉʳ mars-30 oct.

⫯◯ **Belle-Vue** – voir les restaurants ci-dessus

🏠 La Pointe du Cap Coz ⅄ ⟨ ⅄ ⅌ 🔒

HÔTEL DE VACANCES · **FONCTIONNEL** Ses chambres sont décorées sobrement, dans un esprit bord de mer (certaines sont plus petites et plus simples), mais l'essentiel est ailleurs : cette bâtisse bretonne se dresse à l'extrémité de la pointe du Cap-Coz, cette bande de sable prise entre l'Atlantique et l'anse de Port-la-Forêt !

17 chambres – ♦72/118 € ♦♦83/118 € – ⊃ 14 € – ½ P

153 av. de la Pointe-du-Cap-Coz – ℰ 02 98 56 01 63 – www.hotel-capcoz.com
– Fermé 25-30 nov. et 1ᵉʳ janv.-12 fév.

🍴 **La Pointe du Cap Coz** – voir les restaurants ci-dessus

à Beg-Meil 5 km au Sud par D45 – ✉ 29170

⫯◯ Bistrot Chez Hubert 🛏 ⅄ ⅌

CUISINE TRADITIONNELLE · **RUSTIQUE** XX Un bistrot de famille : c'est l'arrière-grand-mère du chef qui le fonda en 1903. La cuisine bourgeoise y a toujours cours : poisson, gibier en saison et, en spécialité, pied de porc désossé farci au foie gras. La tradition est respectée ! En prime, une formule tapas est proposée au bar, pour les amateurs.

🍴 Formule 15 € – Menu 17 € – Carte 37/53 €

16 r. des Glénan – ℰ 02 98 94 98 04 – www.bistrotchezhubert.fr
– Fermé 15-30 juin, nov., lundi et mardi sauf août

à la Pointe de Mousterlin 6 km au Sud-Ouest par D145 et D134 – ✉ 29170 Fouesnant

⫯◯ L'Intemporel 🖼 🛏 ⅄ ⅌ 🅿

CUISINE TRADITIONNELLE · **CLASSIQUE** XX Le chef a beau être anglais, sa cuisine a l'accent du terroir... marin, mais pas seulement. Oui, il y a les fruits de mer, le poisson frais, mais aussi du lapin braisé, de l'andouille aux pommes caramélisées, etc. Et, petit plus non négligeable, le pain et les glaces sont faits maison !

Formule 19 € – Menu 21/65 €

Hôtel de la Pointe de Mousterlin, 108 rte de la Pointe – ℰ 02 98 56 04 12
– www.hoteldelapointefouesnant.com – Fermé 27 nov.-4 déc., 31 janv.-21 fév., dim. soir, vend. soir et le midi du lundi au vend. hors saison

🏠 Hôtel de la Pointe de Mousterlin ⅄ 🌊 🖼 🏊 🛁 ⅄ 🍽 🔒

HÔTEL DE VACANCES · **FONCTIONNEL** À la pointe de Mousterlin, 🅿 une dune plantée de pins et puis... la plage. L'hôtel est grand, avec des chambres spacieuses et fonctionnelles, et les familles y trouveront quantité de loisirs (tennis, piscine chauffée, salle de jeux, salle de fitness...).

42 chambres – ♦67/82 € ♦♦84/190 € – 1 suite – ⊃ 13 €

108 rte de la Pointe – ℰ 02 98 56 04 12 – www.hoteldelapointefouesnant.com
– Fermé 27 nov.-4 déc., 31 janv.-21 fév. et dim. soir hors saison

⫯◯ **L'Intemporel** – voir les restaurants ci-dessus

FOUGÈRES

✉ 35300 (Ille-et-Vilaine) – 20 040 hab. – Alt. 115 m – Carte régionale n° **10**-D2
▶ Paris 326 km – Avranches 44 km – Laval 53 km – Le Mans 132 km
Carte Michelin 309-O4 – Guide Vert Michelin Bretagne Nord

✸○ **Haute Sève**

CUISINE MODERNE · DESIGN ✗✗ Derrière une façade à colombages, une salle à l'ambiance intime et feutrée. Le chef sait cuisiner les bons produits du terroir et propose, au fil des saisons, des accords terre et mer bien au diapason de la nature bretonne.

Menu 22 € (déj. en semaine), 29/45 € – Carte 38/49 €

Plan : BY-z – *37 bd Jean-Jaurès – ℰ 02 99 94 23 39 – www.lehauteseve.fr
– Fermé 29 juil.-20 août, dim. soir et lundi*

⌂ **Hôtel des Voyageurs**   ⊡ ⅌

BUSINESS · FONCTIONNEL Cet établissement centenaire, tout de brique rouge vêtu, est situé au cœur de la ville haute. Les chambres, entièrement rénovées, sont chaleureuses et agréables. Un ensemble confortable.

32 chambres – ♦63/125 € ♦♦71/132 € – ⊡ 11 €

Plan : BY-e – *10 pl. Gambetta – ℰ 02 99 99 08 20 – www.hotel-fougeres.fr
– Fermé vacances de Noël*

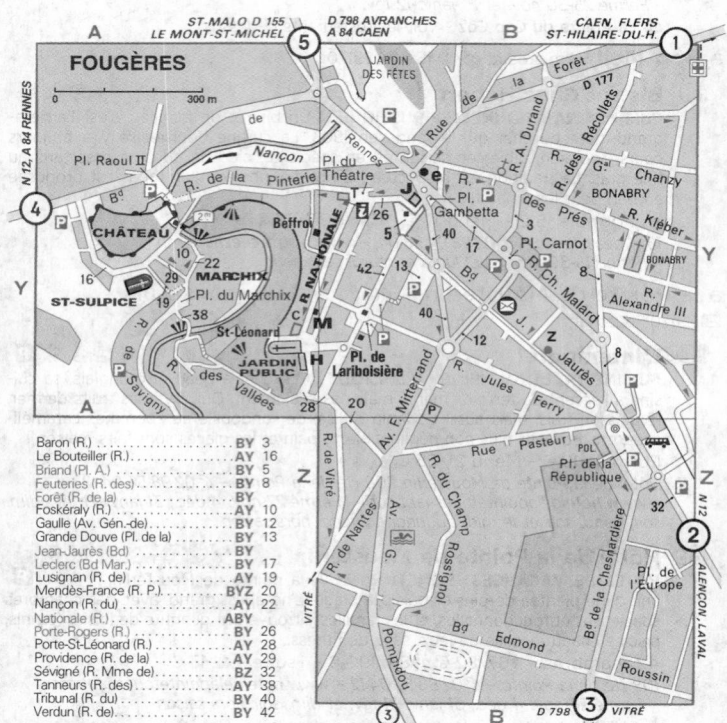

Baron (R.)	BY	3
Le Bouteiller (R.)	AY	16
Briand (Pl. A.)	BY	5
Feuteries (R. des)	BY	8
Forêt (R. de la)	BY	
Foskéraly (R.)	AY	10
Gaulle (Av. Gén.-de)	BY	12
Grande Douve (Pl. de la)	BY	13
Jean-Jaurès (Bd)	BY	
Leclerc (Bd Mar.)	AY	17
Lusignan (R. de)	AY	19
Mendès-France (R. P.)	BYZ	20
Nançon (Pl. du)	AY	22
Nationale (R.)	ABY	
Porte-Rogers (R.)	BY	26
Porte-St-Léonard (R.)	AY	28
Providence (R. de la)	AY	29
Sévigné (R. Mme de)	BZ	32
Tanneurs (R. des)	AY	38
Tribunal (R. du)	BY	40
Verdun (R. de)	BY	42

LA FOUILLOUSE – 42 (Loire) → voir St-Étienne

FOURAS

✉ 17450 (Charente-Maritime) – 4 083 hab. – Alt. 5 m – Carte régionale n° **38**-A2
▶ Paris 485 km – Châtelaillon-Plage 18 km – Rochefort 15 km – La Rochelle 34 km
Carte Michelin 324-D4 – Guide Vert Michelin Poitou-Charentes

 Le Grand Hôtel des Bains

FAMILIAL · COSY Cet ancien relais de poste (1896), à 50 m de la plage, vit une nouvelle jeunesse ! Ses propriétaires en ont fait un charmant hôtel, avec des chambres cosy et feutrées (préférez celles qui donnent sur le patio). Agréable espace bien-être.

34 chambres – ♦67/84 € ♦♦67/119 € – ☑ 10 €
15 r. du Gén.-Bruncher – ☏ 05 46 84 03 44 – www.grandhotel-desbains.fr

FOURMIES

✉ 59610 (Nord) – 12 663 hab. – Alt. 200 m – Carte régionale n° **31**-D3
▶ Paris 214 km – Avesnes-sur-Helpe 16 km – Charleroi 60 km – Hirson 14 km
Carte Michelin 302-M7

aux Étangs-des-Moines 2 km à l'Est par D964 et rte secondaire –
✉ 59610 Fourmies

 Ibis

HÔTEL DE CHAÎNE · FONCTIONNEL En lisière de forêt, un agréable hôtel de chaîne dont le propriétaire organise des excursions "moto verte". On se repose dans des chambres fonctionnelles et bien tenues, donnant sur les étangs ou la verdure. Paisible !

31 chambres – ♦65/72 € ♦♦65/72 € – ☑ 10 €
r. des Étangs-des-Moines – ☏ 03 27 60 21 54 – www.ibis.com

FOURNET-BLANCHEROCHE

✉ 25140 (Doubs) – 347 hab. – Alt. 970 m – Carte régionale n° **17**-C2
▶ Paris 486 km – Besançon 74 km – Delémont 74 km – Neuchâtel 39 km
Carte Michelin 321-K3

L'Authentique

TRADITIONNEL · ACTUEL Besoin d'un grand bol d'air ? Dans cet agréable chalet, les chambres, toutes de plain-pied, ont une terrasse s'ouvrant sur la forêt ! Il fait bon profiter du coin détente : sauna, jacuzzi... À la table d'hôte, on apprécie une cuisine régionale et familiale. Une adresse auhentique, oui.

5 chambres ☑ – ♦65 € ♦♦75/80 €
4 bis r. du Lt.-Col.-Loichot – ☏ 06 71 92 61 37
– www.chambres-hotes-lauthentique.com

FOURQUEUX – 78 (Yvelines) → voir Autour de Paris (St-Germain-en-Laye)

FOUSSEMAGNE

✉ 90150 (Territoire de Belfort) – 941 hab. – Alt. 350 m – Carte régionale n° **17**-D1
▶ Paris 451 km – Belfort 14 km – Besançon 110 km – Delémont 57 km
Carte Michelin 315-G11

 Le Relais d'Alsace

CUISINE TRADITIONNELLE · AUBERGE XX Tout en pans de bois, ce relais de poste ne peut mentir sur son âge : plus d'un siècle ! Une équipe jeune et dynamique le fait aujourd'hui revivre avec beaucoup de fraîcheur. La carte explore la tradition – mais pas seulement – en privilégiant les produits locaux. Une alliance de choc !

Formule 14 € – Menu 29/39 € – Carte 32/48 €
28 r. d'Alsace – ☏ 03 84 19 40 06 – Fermé 2 semaines en sept., 1 semaine en janv., dim. soir sauf l'été, lundi et mardi

FRÉHEL

✉ 22240 (Côtes-d'Armor) – 1 624 hab. – Alt. 72 m – Carte régionale n° **10**-C1
▶ Paris 433 km – Dinan 38 km – Lamballe 28 km – St-Brieuc 40 km
Carte Michelin 309-H3 – Guide Vert Michelin Bretagne Nord

ⅠⅠ○ **Le Victorine**   🉐 ⅖

CUISINE TRADITIONNELLE · COSY XX Sur la place du village, un restaurant traditionnel tenu en famille. Le chef, alsacien, fait honneur à ses origines en réalisant
une cuisine généreuse et rythmée par les saisons. Les spécialités ? Foie gras maison, ris de veau à la normande... et choucroute en hiver !

🍴 Formule 14 € – Menu 17 € (déj. en semaine), 23/37 €
– Carte 25/47 €

3 pl. Chambly – 🕽 *02 96 41 55 55 – www.levictorine.net – Fermé
fin janv.-début fév., 3 semaines fin oct.-mi nov., dim. soir et lundi*

FRÉJUS

✉ 83600 (Var) – 52 532 hab. – Alt. 20 m – Carte régionale n° **41**-C3
▶ Paris 868 km – Cannes 40 km – Draguignan 31 km – Hyères 90 km
Carte Michelin 340-P5 – Guide Vert Michelin Côte d'Azur

FRÉJUS		
Agachon (Av. de l')		**A** 2
Alger (Bd)		**B** 5
Brosset (Av. du Gén.)		**AB** 13
Carrara (R. Jean)		**A** 16
Decuers (Bd S.)		**A** 23
Donnadieu (R.)		**A** 24
Einaudi (R. Albert)		**A** 25

Europe (Av. de l')		**A** 26
Fabre (Av. Hippolyte)		**B** 27
Garros (R. Roland)		**B** 32
Libération (Bd de la)		**B** 40
Papin (R. Denis)		**B** 46
Triberg (R. de)		**B** 53
Verdun (Av. de)		**A** 56
Victor-Hugo (Av.)		**B** 60
XVe-Corps (Av. du)		**A** 62

ST-RAPHAËL		
Coty (Promenade René)		**B** 20
Gaulle (Av. du Gén.-de)		**B** 33
Leclerc (Av. Mar.)		**B** 39
Mimosas (Bd des)		**B** 43
Myrtes (Av. des)		**B** 45
Poincaré (Av. Raymond)		**B** 47
Rivière (Av. Théodore)		**B** 51
Valescure (Av. de)		**B** 54

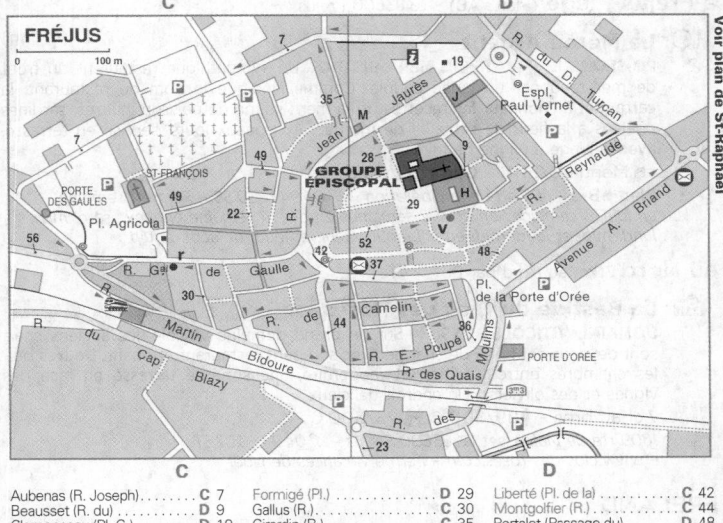

FRÉJUS

0 — 100 m

Voir plan de St-Raphaël

Aubenas (R. Joseph)	**C** 7	Formigé (Pl.)	**D** 29	Liberté (Pl. de la)	**C** 42
Beausset (R. du)	**D** 9	Gallus (R.)	**C** 30	Montgolfier (R.)	**C** 44
Clemenceau (Pl. G.)	**D** 19	Girardin (R.)	**C** 35	Portalet (Passage du)	**D** 48
Craponne (R.)	**C** 22	Glacière (Pl. de la)	**D** 36	Potiers (R. des)	**C** 49
Decuers (Bd S.)	**D** 23	Grisolle (R.)	**D** 37	Sieyès (R.)	**D** 52
Fleury (R. de)	**D** 28	Jean-Jaurès (R.)	**C**	Verdun (Av. de)	**C** 56

😊 L'Amandier   AC

CUISINE MODERNE · COSY XX Soupe de carotte à la thaïe et gambas, pavé de maigre aux moules safranées, pomme cuite au four... À deux pas du centre-ville, un couple sympathique et motivé propose de belles recettes à l'accent méridional, réalisées avec de jolis produits de saison. Une vraie pause gourmande à prix sages !

Formule 22 € – Menu 28/40 € – Carte 37/46 €

Plan : D-v – *19 r. Marc-Antoine-Desaugiers*
– ☎ 04 94 53 48 77 (réservation conseillée) – www.restaurant-lamandier.com
– Fermé 3 semaines en nov., lundi midi, merc. midi et dim.

🏨 Mercure Thalassa Port Fréjus   ☆ ⌂ ▦ ⊕ ⼊ 🖰 ⼓ AC ⼚ 🚗

HÔTEL DE VACANCES · FONCTIONNEL Au bord de la Marina, un grand hall moderne et séduisant, aux tons pastel, et de grandes chambres fonctionnelles, égayées de quelques agréables touches de couleur. Mais on y viendra aussi pour les vastes installations de thalassothérapie.

116 chambres – ♦79/330 € ♦♦79/330 € – 1 suite – ⊡ 19 €

Plan : A-t – *16 quai Dei-Caravello*
– ☎ 04 94 52 55 00 – www.thalassa.com

🏨 L'Aréna   ☆ ⌂ ▦ ⼓ AC ⼚ P

HISTORIQUE · PERSONNALISÉ Chambres cosy (tissus régionaux, mobilier peint, faïence...), jolie terrasse donnant sur la verdure, piscine bleu azur : un concentré de Provence dans cette agréable maison proche des arènes. Cuisine du Sud au restaurant.

25 chambres – ♦71/298 € ♦♦79/298 € – 7 suites – ⊡ 17 € – ½ P

Plan : C-r – *145 r. du Gén.-de-Gaulle*
– ☎ 04 94 17 09 40 – www.hotel-frejus-arena.com
– Fermé en nov.

735

à Fréjus-Plage (Plan : AB) – ⊠83600 Fréjus

ⅡО **Le Mérou Ardent**

POISSONS ET FRUITS DE MER · BISTRO ҳ Un sympathique restaurant du front de mer tenu par un jeune couple. Comme l'indique le nom du restaurant, la carte met à l'honneur les recettes de la mer : soupe de poisson, huîtres, sardines poêlées à la fleur de sel, aïoli de morue... Aux beaux jours, service en terrasse, avec la plage en ligne de mire.

Menu 20/37 € – Carte 30/60 €

Plan : B-e – *157 bd de la Libération – ℰ 04 94 17 30 58 – Fermé 1 semaine en juin, 3 semaines en nov., 2 semaines en déc., 1 semaine en janv., sam. midi, lundi midi et jeudi midi en juil.-août, merc. et jeudi de sept. à juin*

au Nord 3 km au Nord par D37

🏠 **La Bastide du Clos des Roses**

DOMAINE VITICOLE · DESIGN Sur un grand domaine viticole, les anciens chais sont devenus cet hôtel de charme avec son petit restaurant attenant. De très belles chambres entre tradition et modernité, une superbe terrasse en face des vignes et des oliviers... Un endroit délicieux !

7 chambres – ♦119/300 € ♦♦175/300 € – ⊊15 €

1609 rte de Malpasset ⊠ 83600 Fréjus – ℰ 04 94 53 32 31 – www.clos-des-roses.com – Fermé vacances de Noël

FRÉLAND

⊠ 68240 (Haut-Rhin) – 1 377 hab. – Alt. 425 m – Carte régionale n° **2**-C2
▶ Paris 438 km – Colmar 20 km – Mulhouse 63 km – Strasbourg 91 km
Carte Michelin 315-H7

🏠 **La Haute Grange**

FAMILIAL · PERSONNALISÉ Un indéniable cachet ! Adossée à une colline, cette maison ancienne est bucolique et charmante. Les propriétaires l'ont décorée avec soin, mêlant raffinement contemporain et patine des ans. Après une nuit sereine – les chambres sont épurées et toutes différentes –, on savoure un délicieux petit-déjeuner.

4 chambres ⊊ – ♦95/135 € ♦♦110/150 €

la Chaude Côte – ℰ 03 89 71 90 06 – www.lahautegrange.fr – Fermé janv. et fév.

LE FRENEY-D'OISANS

⊠ 38142 (Isère) – 252 hab. – Alt. 926 m – Carte régionale n° **45**-C2
▶ Paris 626 km – Bourg-d'Oisans 12 km – La Grave 16 km – Grenoble 64 km
Carte Michelin 333-J7

à Mizoën 4 km au Nord-Est par N91 et D1091 – ⊠ 38142 – 195 hab. – Alt. 1 100 m

🏠 **Panoramique**

HÔTEL DE VACANCES · ALPIN Un authentique Panoramique ! Perché sur les hauteurs du village, cet imposant chalet semble tutoyer les sommets... Les balcons sont fleuris en été, l'accueil est charmant (les propriétaires sont d'anciens libraires) et le bois prête sa chaleur à toutes les chambres. La montagne apprivoisée...

9 chambres ⊊ – ♦75/82 € ♦♦101/113 € – ½ P

rte des Aymes – ℰ 04 76 80 06 25 – www.hotel-panoramique.com – Ouvert 15 mai-30 sept. et 26 déc.-17 avril

LE FRENZ – 68 (Haut-Rhin) ➔ voir Kruth

FRESNAY-EN-RETZ

⊠ 44580 (Loire-Atlantique) – 1 249 hab. – Alt. 15 m – Carte régionale n° **34**-A2
▶ Paris 425 km – Nantes 40 km – La Roche-sur-Yon 64 km – Saint-Nazaire 51 km
Carte Michelin 316-E5

⫮◯ Le Colvert   ᰔ AC ⇔

CUISINE MODERNE · COSY ✕✕ Nul besoin de se hausser du col pour pénétrer dans ce restaurant gastronomique, qui a opéré une jolie mue : fini la salle rustique, place à un décor contemporain intime et... à des saveurs qui aiment flirter avec la nouveauté. Dans l'annexe, Chez P'tit Père, priorité aux petits plats traditionnels et aux bons vins.

🍴 Formule 15 € – Menu 20 € (déj. en semaine), 30/55 € – Carte 47/68 €
14 rte de Pornic – 𝒞 02 40 21 46 79 – www.lecolvert.fr – Fermé 15 août-8 sept., mardi soir, merc. soir, dim. soir et lundi

LE FRET – 29 (Finistère) → voir Crozon

FRICHEMESNIL – 76 (Seine-Maritime) → voir Clères

FRONTONAS

✉ 38290 (Isère) – 1 956 hab. – Alt. 260 m – Carte régionale n° **44**-B2
▶ Paris 495 km – Ambérieu-en-Bugey 44 km – Lyon 34 km – La Tour-du-Pin 26 km
Carte Michelin 333-E4

⫮◯ Auberge du Ru   🍴 🛋 ⇔ P

CUISINE MODERNE · COSY ✕✕ Carpaccio de Saint-Jacques, filet de daurade royale et beurre blanc à la vanille... Les belles saveurs ont rendez-vous dans cette petite maison régionale. Le patron, Meilleur Ouvrier de France en sommellerie (2007), saura vous conseiller de jolis côtes-du-rhône pour accompagner cette cuisine goûteuse et parfumée.

Formule 21 € – Menu 29/57 € – Carte 37/46 €
Le Bergeron – 𝒞 04 74 94 25 71 – www.aubergeduru.fr – Fermé 15-22 fév., 17 juil.-1ᵉʳ août, dim. et lundi

🏠 Comptoir et Dépendances   ✿ & AC P

TRADITIONNEL · MODERNE Ah ! Quel plaisir pour le voyageur de pousser la porte de cette petite auberge, située sur la place d'un paisible village dauphinois... L'endroit est chaleureux et convivial, les chambres sont modernes et bien tenues : on est ici chez soi. Cuisine bistrotière au restaurant.

8 chambres – ♦75/90 € ♦♦75/90 € – ☐ 8 € – ½ P
La Place – 𝒞 04 74 95 14 14 – www.comptoir-dependances.fr – Fermé dim.

FUISSÉ – 71 (Saône-et-Loire) → voir Mâcon

LA FUSTE – 04 (Alpes-de-Haute-Provence) → voir Manosque

FUTEAU – 55 (Meuse) → voir Ste-Menehould (51 Marne)

FUVEAU

✉ 13710 (Bouches-du-Rhône) – 9 369 hab. – Alt. 283 m – Carte régionale n° **40**-B3
▶ Paris 765 km – Brignoles 53 km – Manosque 73 km – Marseille 36 km
Carte Michelin 340-I5

🏨 Aix Ste-Victoire   ✿ ⤢ ℔ ⊡ & AC ⅏ P

HÔTEL DE CHAÎNE · MODERNE Pour les amateurs de 18-trous ou... de séminaires professionnels, un hôtel récent et confortable situé entre le golf de la Ste-Victoire (belle vue sur la montagne de certaines chambres) et une petite zone d'activités. Équipements pour affaires.

81 chambres – ♦59/159 € ♦♦59/159 € – ☐ 13 €
375 D6, (face au golf de la Sainte-Victoire) – 𝒞 04 42 68 19 19 – www.bestwestern-aix-saintevictoire.fr

LA GACILLY

✉ 56200 (Morbihan) – 2 211 hab. – Alt. 22 m – Carte régionale n° **10**-C2
▶ Paris 415 km – Nantes 96 km – Rennes 64 km – Vannes 65 km
Carte Michelin 308-S8 – Guide Vert Michelin Bretagne Sud

⫮○ Les Jardins Sauvages ⟨ 🛱 & ⅋ ✿ 🅿

CUISINE MODERNE · À LA MODE XX La Grée des Landes, hôtel écolo made by Yves Rocher, se devait d'avoir un restaurant en accord avec ses principes. C'est chose faite avec ces Jardins Sauvages, où traçabilité et produits locavores (potager bio) dominent.
Formule 23 € – Menu 28 € (déj. en semaine), 39/72 € – Carte environ 40 €
Hôtel La Grée des Landes, 1,5 km au Sud-Est par rte de Cournon
– ☏ 02 99 08 50 50 – www.lagreedeslandes.com – Fermé 3-8 janv.

⌂ La Grée des Landes ⭢ ⑳ ⟨ ▢ ⊛ ▢ & ⅋ 🏊 🅿

SPA ET BEAUTÉ · MODERNE Un vrai concept que cet "éco-hôtel spa" Yves Rocher : architecture bioclimatique et matériaux bruts (lin, coton, chêne). Soins esthétiques et repos total face à la vallée de l'Aff.
29 chambres – ⸱110/195 € ⸱⸱110/195 € – ⥥ 17 € – ½ P
1,5 km au Sud-Est par rte de Cournon – ☏ 02 99 08 50 50
– www.lagreedeslandes.com – Fermé 1 semaine en janv.
⫮○ **Les Jardins Sauvages** – voir les restaurants ci-dessus

GAGNY – 93 (Seine-Saint-Denis) ➔ voir Autour de Paris

GAILLAC

✉ 81600 (Tarn) – 13 820 hab. – Alt. 143 m – Carte régionale n° **29**-C2
▶ Paris 672 km – Albi 26 km – Cahors 89 km – Castres 52 km
Carte Michelin 338-D7

⫮○ Vigne en Foule ⅋⅋ 🛱 & 🄰🄲 ✿

CUISINE TRADITIONNELLE · CONVIVIAL X Un sympathique bar-restaurant dans lequel la vigne règne en maître : près de 200 références s'offrent à votre choix. Menu du jour imposé au déjeuner, choix plus étoffé le soir. Agréable terrasse.
👄 Menu 17 € (déj. en semaine), 31/39 € – Carte 31/50 €
80 pl. de la Libération – ☏ 05 63 41 79 08 – www.vigneenfoule.fr – Fermé dim. et lundi sauf juil.-août

⫮○ La Table du Sommelier ⅋⅋ 🛱 🄰🄲

CUISINE TRADITIONNELLE · RUSTIQUE X Avec une telle enseigne, nul doute, c'est Bacchus que l'on célèbre dans ce "bistrot-boutique" situé sous les arcades de la place du marché. Les accords mets-vins y sont à l'honneur, bien sûr ! Et l'on ne rechigne pas devant la cuisine du chef, honnête, typiquement bistrot, qui ne triche pas sur la qualité des produits.
👄 Formule 15 € – Menu 20 € (déj. en semaine), 24/47 € ⍦ – Carte environ 35 €
34 pl. du Griffoul – ☏ 05 63 81 20 10 – www.latabledusommelier.com – Fermé dim. et lundi

⌂ Domaine de Perches ⭢ ⑳ ⟨ 🛏 ⅂ ⅋ 🅿 ⇥

DOMAINE VITICOLE · COSY Il est des lieux qui traversent les époques sans se démoder : c'est le cas de cette maison de maître, située à quelques kilomètres du centre de Gaillac. Ici, le mobilier ancien côtoie celui d'aujourd'hui, les chambres sont raffinées, élégantes et offrent une jolie vue sur les vignes. Champêtre !
4 chambres ⥥ – ⸱150 € ⸱⸱150/205 €
lieu-dit Perches, 2083 rte de Laborie, 7 km au Nord-Ouest par D4
– ☏ 05 63 56 58 24 – www.domainedeperches.com – Fermé 1er fév.-6 mars

GAILLARD – 74 (Haute-Savoie) ➜ voir Annemasse

GAILLON

✉ 27600 (Eure) – 7 175 hab. – Alt. 15 m – Carte régionale n° **33**-D2
▶ Paris 94 km – Les Andelys 13 km – Évreux 25 km – Rouen 48 km
Carte Michelin 304-I7 – Guide Vert Michelin Normandie Vallée de la Seine

à **Vieux-Villez** 4 km à l'Ouest par D6015 – ✉ 27600 – 197 hab. – Alt. 125 m

🏠 Château Corneille

HISTORIQUE · CLASSIQUE Est-ce la quiétude du parc planté d'arbres centenaires, le cachet de ce manoir du 18ᵉ s., le confort sobre et douillet de ses chambres, ou encore le restaurant traditionnel aménagé dans l'ancienne bergerie ? En tout cas, on prendrait bien racine au Château Corneille !

20 chambres – ♦78/82 € – ♦♦98 € – 🍽 13 €
17 r. de l'Église – ℰ 02 32 77 44 77 – www.chateau-corneille.fr

à **St-Aubin-sur-Gaillon** 2 km au Sud – ✉ 27600 – 1 782 hab. – Alt. 130 m

🍽○ L'Atelier de Jacques

CUISINE MODERNE · BRASSERIE 𝕏 Une brasserie des temps modernes, à la fois conviviale et contemporaine dans son bâtiment cubique et lumineux. Ravioles de homard, assiette du boucher, superbes légumes, etc. L'adresse plaira aux amateurs de cuisine traditionnelle revisitée et de produits de saison !

Formule 12 € – Menu 27 € (dîner)/39 € – Carte 24/46 €
r. du Bois-de-Saint-Paul, (ZA des Champs-Chouette), sortie 17 par A13
– ℰ 02 32 54 06 33 – www.erisay-brasserie.fr – Fermé 24 juil.-22 août,
23 déc.-2 janv., le soir du lundi au jeudi, sam. midi et dim.

GALLARGUES-LE-MONTUEUX

✉ 30660 (Gard) – 3 378 hab. – Alt. 55 m – Carte régionale n° **23**-C2
▶ Paris 735 km – Arles 51 km – Montpellier 36 km – Nîmes 26 km
Carte Michelin 339-J6

🍽○ Orchidéa

CUISINE MODERNE · MÉDITERRANÉEN 𝕏 Une maison conviviale, d'esprit "table d'hôte". Au gré de son inspiration et du marché, le chef concocte une ardoise du jour teintée de saveurs méridionales.

Formule 19 € – Menu 27 € (déj.), 29/34 €
9 pl. Coudoulié – ℰ 04 66 73 34 07 – Fermé dim.

GAMBSHEIM

✉ 67760 (Bas-Rhin) – 4 572 hab. – Alt. 130 m – Carte régionale n° **1**-B1
▶ Paris 491 km – Karlsruhe 67 km – Stuttgart 133 km – Strasbourg 25 km
Carte Michelin 315-L4

🍽○ Fleur de Sureau

CUISINE MODERNE · ROMANTIQUE 𝕏𝕏 Cette Fleur de Sureau a poussé face à la gare ! À ceci près que son jardinier est un chef qui a fait ses classes auprès de Pierre Gagnaire. Il réalise une cuisine du marché soignée et savoureuse. À noter, un menu surprise avec des plats plus créatifs. Une adresse pour ceux qui ont la main verte... ou pas.

Formule 20 € – Menu 45 € – Carte 39/64 €
22 r. du Chemin-de-Fer – ℰ 03 88 21 85 22 – www.fleurdesureau.fr – Fermé sam.
midi, mardi soir et merc.

GAP

✉ 05000 (Hautes-Alpes) – 40 761 hab. – Alt. 735 m – Carte régionale n° **41**-C1
▶ Paris 665 km – Avignon 209 km – Grenoble 103 km – Sisteron 52 km
Carte Michelin 334-E5 – Guide Vert Michelin Alpes du Sud

Balmens (R.)	**Z** 3
Carnot (R.)	**Z** 4
Curie (Bd P. et M.)	**Y** 5
Dumont (Av. du Cdt)	**Y** 6

Euzières (Pl. Frédéric)	**Z** 7
Eymar (R. Jean)	**Y** 8
Faure-du-Serre (R.)	**Y** 9
France (R. de)	**Y** 10
Jean-Jaurès (Av.)	**Z** 12
Ladoucette (Cours)	**Y** 13
Libération (Bd de)	**Y** 14

Mazel (R. du)	**Z** 15
Moreau (R. E.)	**Z** 16
Révelly (Pl. du)	**Y** 17
Roux (R. Colonel)	**Z** 19
St-Arnoux (Pl.)	**Z** 20
Valserres (R. de)	**Z** 23

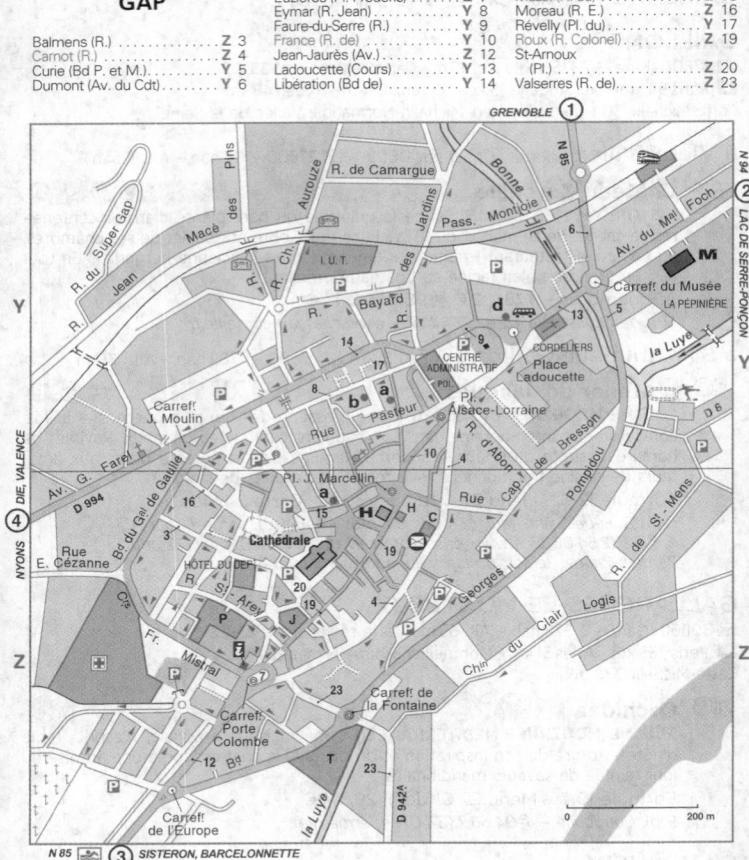

🍽 Patalain

CUISINE TRADITIONNELLE · CLASSIQUE 🎄🎄🎄 Un joli jardin, une terrasse sous une glycine, un décor de moulures, de parquet et d'objets anciens... À l'entrée de la ville, cette maison de maître de 1895 conserve un cachet certain. La carte y fait profession de classicisme : quoi de plus logique ? Bonne formule également au Bistro, digne d'un bouchon lyonnais !

Menu 43/47 € – Carte 50/65 €

Plan : Y-d – *2 pl. Ladoucette* – ℰ 04 92 52 30 83 – www.lepatalain.fr
– *Fermé 31 déc.-1er fév., dim. et lundi*

🍽 Le Pasturier

CUISINE TRADITIONNELLE · CLASSIQUE 🎄🎄 Dans une rue piétonne assez animée, le Pasturier a tout du bon petit restaurant traditionnel : le décor n'a rien de révolutionnaire, pas plus que la cuisine, mais le chef est un sérieux professionnel qui privilégie les produits frais et les approvisionnements locaux. À savoir : on trouve sur l'arrière une sympathique terrasse.

Menu 32/55 € – Carte 48/60 €

Plan : Y-a – *18 r. Pérolière* – ℰ 04 92 53 69 29 – www.restaurantlepasturier.com
– *Fermé 19 juin-5 juil., mardi midi, dim. soir et lundi*

ⅡO La Menthe Poivrée   🛖

CUISINE MODERNE · COSY ⅩⅩ Un joli petit restaurant au plafond voûté, avec une agréable terrasse au calme. L'adresse est prisée dans la ville et on le comprend : la formule déjeuner offre un excellent rapport qualité-prix et, le soir, le chef met en valeur des produits plus nobles à travers une cuisine plus ambitieuse. Réussite dans les deux cas.

🍴 Formule 17 € – Menu 20 € (déj.), 30/43 €

Plan : Z-a – 20bis r. du Centre – ℰ 09 52 77 55 73 – Fermé 28 mars-20 avril, 29 août-20 sept., dim. soir de mi août à mi juil. et lundi

ⅡO Le Bouchon   🛖

CUISINE MODERNE · BISTRO Ⅹ Des assiettes pleines d'arômes, généreuses et fort bien cuisinées, mettant en valeur des produits de belle qualité (bio et productions locales) : non, on ne pousse pas le Bouchon trop loin ! Cette table s'impose pour un savoureux repas, et l'ambiance sympathique donne envie de revenir...

Formule 18 € – Carte 36/60 €

Plan : Y-b – 4 La Placette – ℰ 04 92 46 02 43 – www.lebouchon-gap.fr – Fermé 2 semaines en mai, 24 août-3 sept., 21 déc.-6 janv., dim. et lundi

🏠 Avantici Citotel   ⇔ ⴴ 🅿

FAMILIAL · FONCTIONNEL Aux portes de Gap, sur la route Napoléon, un hôtel très fonctionnel, auquel sa propriétaire insuffle un petit supplément d'âme : l'entretien est extrêmement soigné et l'ensemble très fleuri. En outre, le jardin où l'on peut prendre le petit-déjeuner se révèle charmant.

26 chambres – 🛏55/95 € 🛏🛏59/99 € – ⥮ 10 €

5 chemin des Matins-Calmes, (prés de la piscine), 2,5 km au Sud rte de Sisteron – ℰ 04 92 51 57 82 – www.avantici-citotel.com

à La Bâtie-Neuve 10 km au Nord-Est par N94 – ⊠ 05230

– 2 420 hab. – Alt. 852 m

🏠 La Pastorale   ⑊ ⇔ 🎣 ⴴ 🏊 🅿

MAISON DE CAMPAGNE · PERSONNALISÉ Sortez de Gap... et des sentiers battus ! Il faut emprunter de petites routes en lacets pour rallier cette ferme du 16ᵉ s. Le trajet est digne d'une pastorale et la bâtisse va bien à cet environnement : entre ses murs épais et biscornus, on découvre des chambres au charme champêtre, à l'unisson du calme alentour.

8 chambres – 🛏89/109 € 🛏🛏89/109 € – ⥮ 10 €

Les Brès, 4 km au Nord-Est par D214 et D614 – ℰ 04 92 50 28 40 – www.lapastorale.net – Ouvert début mai à fin oct.

GARABIT (VIADUC DE) – 15 (Cantal) ➔ voir Viaduc de Garabit

LA GARDE – 04 (Alpes-de-Haute-Provence) ➔ voir Castellane

LA GARDE – 48 (Lozère) ➔ voir St-Chély-d'Apcher

LA GARDE-ADHÉMAR

⊠ 26700 (Drôme) – 1 118 hab. – Alt. 178 m – Carte régionale n° **44**-B3
▣ Paris 624 km – Montélimar 24 km – Nyons 42 km – Pierrelatte 7 km
Carte Michelin 332-B7 – Guide Vert Michelin Ardèche Drôme

ⅡO Le Logis de l'Escalin   ⇔ 🛖 ⇔ 🅿

CUISINE TRADITIONNELLE · COSY ⅩⅩⅩ Ici, la Provence est à l'honneur ! Le chef signe une goûteuse cuisine traditionnelle, à savourer dans le décor moderne de la salle pensée en noir et blanc, ou bien sur la terrasse ombragée.

Formule 23 € 🍷 – Menu 29 € (déj. en semaine), 43/73 € – Carte 61/91 €
Les Mamarteaux, 1 km au Nord par D572 – ℰ 04 75 04 41 32 – www.lescalin.com – Fermé dim. soir et lundi

Le Logis de l'Escalin

FAMILIAL · ÉLÉGANT Incroyable destin que celui d'Antoine Escalin. À l'origine simple berger, puis soldat, il fut anobli et devint ambassadeur de François Ier... Sous l'égide de l'illustre personnage, cet établissement aux allures de mas provençal propose des chambres calmes et de bon confort.

14 chambres – ♦75/115 € ♦♦75/115 € – ☲ 14 € – ½ P

Les Mamarteaux, 1 km au Nord par D572 – ℰ 04 75 04 41 32 – www.lescalin.com

⫟○ **Le Logis de l'Escalin** – voir les restaurants ci-dessus

LA GARDE-GUÉRIN

✉ 48800 (Lozère) – Carte régionale n° **23**-C1

▣ Paris 610 km – Alès 59 km – Aubenas 69 km – Florac 71 km

Carte Michelin 330-L8

Auberge Régordane

CHÂTEAU · HISTORIQUE Au cœur d'un village fortifié entouré de lande et interdit à la circulation, cette demeure seigneuriale (16e s.) mêle charme des vieilles pierres et esprit monacal : on remonte le temps... Au restaurant, on admire la salle voûtée et son superbe cantou (cheminée) ; cuisine du terroir.

16 chambres – ♦67/78 € ♦♦67/78 € – ☲ 11 €

Prévenchères – ℰ 04 66 46 82 88 – www.regordane.com – Ouvert 15 avril-25 sept.

LA GARENNE-COLOMBES – 92 (Hauts-de-Seine) ➜ voir Autour de Paris

GARGAS

✉ 84400 (Vaucluse) – 2 843 hab. – Alt. 275 m – Carte régionale n° **42**-E1

▣ Paris 735 km – Aix-en-Provence 91 km – Avignon 53 km – Marseille 107 km

Carte Michelin 332-F10

⫟○ **La Coquillade - Gourmet**

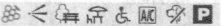

CUISINE MODERNE · LUXE XxX On est un peu au royaume de Bacchus dans ce restaurant situé au cœur d'un domaine viticole : les gourmets honorent les vins du cru et... tous les produits de la terre provençale, auxquels la carte fait la part belle. À l'image de l'hôtel, le décor ne manque pas de superbe (colonnes, charpente).

Menu 80/110 € – Carte environ 115 €

Hôtel Coquillade - Provence Village, hameau le Perrotet, 4,5 km au Sud-Ouest par D83 – www.coquillade.fr – Ouvert 2 mars-21 nov. et fermé mardi et merc.

⫟○ **La Coquillade - Bistrot**

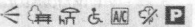

CUISINE TRADITIONNELLE · ÉLÉGANT X Dans le bistrot chic ou dans le jardin au milieu du vignoble l'été... Un fil très rouge, donc, pour cette adresse gourmande : le travail des saisons et le sens du terroir – au sein d'un hôtel qui vaut le coup d'œil !

Menu 42 € – Carte 54/81 €

Hôtel Coquillade - Provence Village, hameau Le Perrotet, 4,5 km au Sud-Ouest par D83 – ℰ 04 90 74 71 71 – www.coquillade.fr – Ouvert 2 mars-21 nov.

Coquillade - Provence Village

DOMAINE VITICOLE · MODERNE Un hameau provençal dont les origines remontent au 11e s. : tel est le cadre de ce luxueux domaine hôtelier. Les chambres, réparties au sein de petits mas provençaux, expriment la quintessence des lieux (vieilles pierres, charpentes). On profite même d'un superbe spa, ouvert en 2015... Vendange de plaisirs !

45 chambres – ♦200/550 € ♦♦200/550 € – 18 suites – ☲ 25 €

hameau Le Perrotet, 4,5 km au Sud-Ouest par D83 – ℰ 04 90 74 71 71 – www.coquillade.fr – Ouvert 2 mars-21 nov.

⫟○ **La Coquillade - Gourmet** • ⫟○ **La Coquillade - Bistrot** – voir les restaurants ci-dessus

GARIDECH

⊠ 31380 (Haute-Garonne) – 1 650 hab. – Alt. 180 m – Carte régionale n° **29**-C2
▶ Paris 687 km – Albi 58 km – Auch 96 km – Toulouse 21 km
Carte Michelin 343-H2

⅋○ **Le Club** ⊕ ⌂ ⌂ ℙ

CUISINE TRADITIONNELLE · RUSTIQUE ✗✗ Ici, le goût de la tradition est roi ! Sur la route d'Albi, en pleine campagne (l'une des salles offre une belle vue sur les champs), le cadre est résolument classique, et la cuisine honore les beaux produits du terroir et les saisons. Mention particulière pour le service, souriant et dynamique.

⊜ Formule 17 € – Menu 20 € (déj. en semaine), 30/38 € – Carte 47/59 €
7 rte d'Albi – 𝒞 05 61 84 20 23 – www.leclubchampetre.com – Fermé 3 semaines en août, sam. midi, dim. soir et lundi

GARNACHE – 85 (Vendée) ➜ voir Challans

GARONS – 30 (Gard) ➜ voir Nîmes

GARREVAQUES – 81 (Tarn) ➜ voir Revel

GARRIGUES

⊠ 34160 (Hérault) – 170 hab. – Alt. 62 m – Carte régionale n° **23**-C2
▶ Paris 756 km – Alès 51 km – Montpellier 37 km – Nîmes 46 km
Carte Michelin 339-J6

⌂ **Château Roumanières** ⊗ ⌂ ⌁ ℙ ⊷

FAMILIAL · PERSONNALISÉ Cette maison familiale – ancien château du village – jouxte le domaine viticole et sa ferme fortifiée. Salle de réception du 13ᵉs., belles chambres mariant l'ancien et le moderne.

5 chambres ⌑ – ♦90/120 € ♦♦95/125 €
2 pl. de la Mairie – 𝒞 04 67 86 49 70 – www.chateau-roumanieres.com – Fermé de début déc. au 15 mars

GASNY

⊠ 27620 (Eure) – 3 076 hab. – Alt. 36 m – Carte régionale n° **33**-D2
▶ Paris 77 km – Évreux 43 km – Mantes-la-Jolie 20 km – Rouen 71 km
Carte Michelin 304-J7

⊛ **Auberge du Prieuré Normand** ⌂ ⌂

CUISINE TRADITIONNELLE · AUBERGE ✗✗ Depuis La Roche-Guyon, en suivant les boves crayeuses, votre route vous mènera à Gasny, où cette auberge familiale aussi pittoresque que sympathique anime joliment la place centrale. Produits de qualité, sauces sapides, saveurs franches : la cuisine du chef – un sérieux professionnel, très investi – est généreuse et soignée !

Formule 23 € – Menu 31/49 € – Carte 50/61 €
1 pl. de la République – 𝒞 02 32 52 10 01 – www.aubergeduprieurenormand.com – Fermé 24-30 déc., mardi soir et merc.

GASSIN

⊠ 83580 (Var) – 2 818 hab. – Alt. 200 m – Carte régionale n° **41**-C3
▶ Paris 872 km – Fréjus 34 km – Le Lavandou 31 km – St-Tropez 9 km
Carte Michelin 340-O6 – Guide Vert Michelin Côte d'Azur

⊛ **La Verdoyante** ⟵ ⌂ ℙ

CUISINE TRADITIONNELLE · RUSTIQUE ✗✗ Posée au cœur des vignes, cette ancienne ferme rustique jouit d'un très beau panorama... Mais la Verdoyante ne serait rien sans la passion du jeune couple qui en tient les rênes ! Dans un décor coquet ou sur la charmante terrasse, on se régale d'une délicieuse cuisine provençale aux parfums de garrigue.

Menu 29/57 € ♈ – Carte 44/80 €
866 chemin vicinal Coste-Brigade – 𝒞 04 94 56 16 23 – www.la-verdoyante.fr – Ouvert de mi-mars à mi-oct. et fermé lundi midi et merc.

Bello Visto

CUISINE TRADITIONNELLE · AUBERGE XX Un établissement situé au cœur d'un joli village perché, occupé par les Maures jusqu'au 10ᵉ s. Installez-vous sur la superbe terrasse avec vue sur les îles d'Hyères et les sommets alpins pour déguster une belle cuisine provençale. On se régale des spécialités maison, bouillabaisse de la pêche locale ou chapon farci.

Menu 28/49 € – Carte 50/75 €

9 chambres – †70/190 € ††70/190 € – ⚏ 13 €

pl. dei Barri – ℰ *04 94 56 17 30 – www.bellovisto.eu – Ouvert 4 mars-2 nov. et fermé jeudi de mars à avril et oct.*

GAUJAC

✉ 30330 (Gard) – 1 054 hab. – Alt. 90 m – Carte régionale n° **23**-D2
▶ Paris 673 km – Avignon 39 km – Montpellier 93 km – Nîmes 45 km
Carte Michelin 339-M4

La Maison

CUISINE MODERNE · BISTRO X On se sent bien, un peu comme à La Maison, dans cette ancienne demeure de vignerons ! Dans les salles, magnifiques écrins de pierre, on savoure une goûteuse cuisine du marché, réalisée par madame. Monsieur, lui, s'occupe de la belle sélection de vins qui comprend notamment des crus du village. Le tout à petits prix.

Menu 32 €

r. du Presbytère – ℰ *04 66 39 33 08 (réservation conseillée)*
– www.lamaison.gaujac.com – Fermé 3-11 juil., 28-31 août, mardi midi, merc. midi, jeudi midi, sam. midi et dim.

GAVARNIE

✉ 65120 (Hautes-Pyrénées) – 133 hab. – Alt. 1 350 m – Carte régionale n° **28**-A3
▶ Paris 901 km – Lourdes 52 km – Luz-St-Sauveur 20 km – Pau 96 km
Carte Michelin 342-L8

à Gèdre 9 km au Nord par D921 – ✉ 65120 – 249 hab. – Alt. 1 000 m

Brèche de Roland

TRADITIONNEL · ACTUEL Au pied des cirques de Gavarnie et de Troumouse, auberge familiale aménagée dans une maison de pays ; les chambres, modernes et bien équipées, sont idéales pour prendre un bon repos avant de partir à la découverte de la nature environnante. Recettes du terroir au restaurant.

24 chambres – †95/110 € ††110/190 € – 1 suite – ⚏ 11 € – ½ P

Le Village – ℰ *05 62 92 48 54 – www.pyrenees-hotel-breche.com – Fermé 12-20 avril et 25 oct.-25 déc.*

GAZERAN – 78 (Yvelines) ➜ voir Rambouillet

GÈDRE – 65 (Hautes-Pyrénées) ➜ voir Gavarnie

GÉMENOS

✉ 13420 (Bouches-du-Rhône) – 6 198 hab. – Alt. 150 m – Carte régionale n° **40**-B3
▶ Paris 788 km – Aix-en-Provence 39 km – Brignoles 48 km – Marseille 25 km
Carte Michelin 340-I6 – Guide Vert Michelin Provence

Les Arômes

CUISINE TRADITIONNELLE · RUSTIQUE XX Avis aux habitués : sachez que le restaurant a déménagé en 2014 d'Aubagne à Gémenos, pour cette maison des années 1930 regardant la Sainte-Baume. Yannick Besset, le chef, régale toujours avec sa cuisine régionale où les produits de saison mêlent avec bonheur leurs arômes. Même le vin embaume parfois dans la garrigue...

Formule 28 € – Menu 32/50 €

230 av. 2ᵉᵐᵉ-Cuirassier – ℰ *09 80 73 06 60 (réservation conseillée)*
– www.lesaromesgemenos.fr – Fermé mardi soir, merc. soir, dim. et lundi

Bastide Relais de la Magdeleine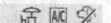

MAISON DE CAMPAGNE · HISTORIQUE C'est toute la noblesse provençale qui s'exprime dans cette demeure du 18ᵉ s. : mobilier ancien, tableaux, tissus... même le chant des cigales semble élégant !

29 chambres – ♦130/230 € ♦♦130/230 € – 1 suite – ☐ 17 € – ½ P

40 av. du 2ème-Cuirassier, au rond-point de la Fontaine – ℰ 04 42 32 20 16
– www.relais-magdeleine.com – Ouvert 1ᵉʳ fév.-20 déc.

GENAS – 69 (Rhône) → voir Lyon

GÉNÉRAC

✉ 30510 (Gard) – 4 012 hab. – Alt. 72 m – Carte régionale n° **23**-C2
▶ Paris 730 km – Marseille 119 km – Montpellier 50 km – Nîmes 14 km
Carte Michelin 339-L6

😊 **L'Instant du Sud** 🍽 🅰🅲 🍴

CUISINE MODERNE · COSY X Une jolie maison en pierre au cœur de ce village proche du Parc naturel régional de Camargue. Une terrasse sous les canisses, une petite salle à l'atmosphère intime : l'endroit est accueillant et les assiettes du chef achèvent de nous séduire. Bien tournées et actuelles, elles révèlent un excellent rapport qualité-prix !

Formule 16 € – Menu 24/33 € – Carte 31/57 €

39 Grand-Rue – ℰ 04 66 02 03 93 – www.instantdusud.fr – Fermé 2 semaines
en août, mardi soir, merc. soir, jeudi soir, dim. et lundi

GENESTON

✉ 44140 (Loire-Atlantique) – 3 592 hab. – Alt. 28 m – Carte régionale n° **34**-B2
▶ Paris 398 km – Cholet 60 km – Nantes 20 km – La Roche-sur-Yon 47 km
Carte Michelin 316-G5

😊 **Le Pélican** 🅱 🅰🅲

CUISINE MODERNE · CONVIVIAL XX Comme le Pélican, ouvrez grand le bec et profitez d'une savoureuse cuisine, mêlant tradition et modernité. L'exemple parfait : un magret de canard sauté aux pommes macaire, une viande tendre et parfaitement cuite, avec un petit jus de cuisson pour relever le tout... Délicieux et à petit prix : ce Pélican a tout compris !

Formule 21 € – Menu 26/44 €

13 pl. Georges-Gaudet – ℰ 02 40 04 77 88 – www.restaurantlepelican.fr
– Fermé 26 juil.-14 août, vacances de fév., dim. soir, lundi et mardi

GENEUILLE – 25 (Doubs) → voir Besançon

GÉNIN (LAC) – 01 (Ain) → voir Oyonnax

GENNES

✉ 49350 (Maine-et-Loire) – 2 211 hab. – Alt. 28 m – Carte régionale n° **35**-C2
▶ Paris 305 km – Angers 33 km – Bressuire 65 km – Cholet 68 km
Carte Michelin 317-H4 – Guide Vert Michelin Châteaux de la Loire

🍴 **L'Aubergade** 🍽 🅱

CUISINE MODERNE · AUBERGE XX Le chef de cette auberge n'hésite pas à mêler les influences et à parfumer sa cuisine de touches exotiques, avec habileté. Une invitation au voyage, dans un décor fort élégant...

Menu 29 € (semaine), 49/79 € – Carte environ 60 €

7 av. des Cadets – ℰ 02 41 51 81 07 – www.restaurant-laubergade.com
– Fermé vacances de fév., de la Toussaint, mardi et merc.

GENSAC

✉ 33890 (Gironde) – 848 hab. – Alt. 78 m – Carte régionale n° **4**-C1
▶ Paris 554 km – Bergerac 39 km – Bordeaux 63 km – Libourne 33 km
Carte Michelin 335-L6

au Sud-Ouest 2 km par D18 et D15^E1 – ✉ 33350 Ste Radegonde

🏠 Château de Sanse

RURAL · PERSONNALISÉ Dominant la campagne et les vignobles, cette belle demeure (18e s.) en pierre blonde est vraiment au grand calme ! Parc verdoyant, grande piscine chauffée, restaurant, chambres spacieuses et charmantes : une étape pleine de cachet.

12 chambres ☐ – ♦150/230 € – ♦♦150/230 € – 4 suites – ½ P
– ☎ 05 57 56 41 10 (réserver) – www.chateaudesanse.com – Fermé 1er nov.- 31 mars

GÉRARDMER

✉ 88400 (Vosges) – 8 423 hab. – Alt. 669 m – Carte régionale n° **27**-C3
▶ Paris 425 km – Belfort 78 km – Colmar 52 km – Épinal 40 km
Carte Michelin 314-J4

🍽 Côté Lac

CUISINE CLASSIQUE · ÉLÉGANT 🕸🕸 Sa grande terrasse toise évidemment le lac... Belle situation pour ce restaurant très confortable, dont la carte affectionne les produits nobles et les vins d'Alsace. Une valeur sûre de la gastronomie locale.

Menu 27 € (déj. en semaine), 48 € – Carte 55/80 €

Plan : AY-e – *Hôtel Beau Rivage, esplanade du Lac* – ☎ 03 29 63 22 28
– *www.hotel-beaurivage.fr*

🍽 Le Pavillon Pétrus

CUISINE MODERNE · CLASSIQUE 🕸🕸 À l'unisson de l'ambiance feutrée des parties communes (bar, billard, fumoir), la salle de ce Pavillon est spacieuse et élégante – lustres de Murano, fauteuils en velours... On y découvre une belle cuisine gastronomique, tel ce loup de ligne à la peau, minute de courgette et caviar d'aubergine. Que de saveurs !

Menu 48/92 € – Carte 62/110 €

Plan : AZ-f – *Le Grand Hôtel, pl. du Tilleul* – ☎ 03 29 63 06 31
– *www.grandhotel-gerardmer.com* – Fermé 12-19 nov., jeudi midi, mardi et merc.

🍽 La P'tite Sophie

CUISINE MODERNE · À LA MODE 🕸🕸 L'annexe des Jardins de Sophie, avec son cadre lumineux et contemporain, n'a pas à rougir de la comparaison avec son grand frère ! On y met en valeur une bonne cuisine du marché – pâté en croûte de canard, jarret de veau cuit 48h, tartelette à la rhubarbe caramélisée –, et l'accueil y est particulièrement sympathique.

Menu 23 € (déj. en semaine)/29 € – Carte 35/45 €

Plan : AZ-t – *40 r. Charles-de-Gaulle* – ☎ 03 29 41 76 96
– *www.compagnie-des-hotels-des-lacs.fr* – Fermé dim. soir et lundi

🍽 L'Assiette du Coq à l'Âne

CUISINE TRADITIONNELLE · RUSTIQUE 🕸 Sautez allégrement sur l'Assiette du Coq à l'Âne, le bistrot "terroir" et convivial du Grand Hôtel de Gérardmer, en forme de chalet vosgien. Spécialités : la choucroute, généreuse et goûteuse, la tartiflette, revigorante dès les premiers frimas, ou encore un authentique... "hamburger du bûcheron".

🍴 Formule 17 € – Menu 20 € 🍷 (semaine), 25/28 € – Carte 32/48 €

Plan : AZ-f – *Le Grand Hôtel, pl. du Tilleul* – ☎ 03 29 63 06 31
– *www.grandhotel-gerardmer.com* – Fermé 12-19 nov.

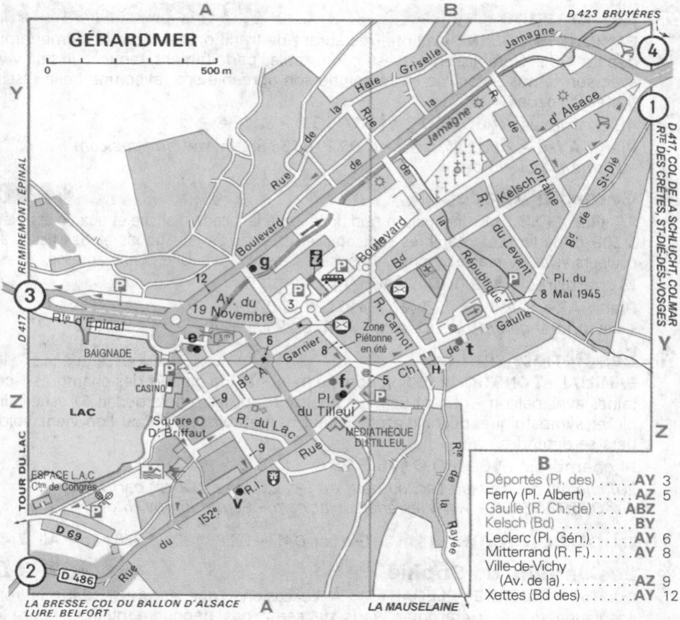

A   B   *D 423 BRUYÈRES*

4

Y   **1**

*D 417, COL DE LA SCHLUCHT, COLMAR
RTE DES CRÊTES, ST-DIÉ-DES-VOSGES*

REMIREMONT-ÉPINAL

3

Rte d'Épinal
D 417

BAIGNADE

CASINO

Z

LAC

TOUR DU LAC

ESPACE L.A.C.
Cte de Congrès

2
D 486   *D 69*

LA BRESSE, COL DU BALLON D'ALSACE
LURE, BELFORT

LA MAUSELAINE

Av. du
19 Novembre

Boulevard   Bd

Pl. du
8 Mai 1945   Y

Zone
Piétonne
en été

Pl.
du Tilleul

MÉDIATHÈQUE
DU TILLEUL   Z

Déportés (Pl. des) . . . . . **AY** 3
Ferry (Pl. Albert) . . . . . **AZ** 5
Gaulle (R. Ch.-de) . . . . **ABZ**
Kelsch (Bd) . . . . **BY**
Leclerc (Pl. Gén.) . . . . . **AY** 6
Mitterrand (R. F.) . . . . . **AY** 8
Ville-de-Vichy
(Av. de la) . . . . **AZ** 9
Xettes (Bd des) . . . . . **AY** 12

Le Grand Hotel

TRADITIONNEL · CLASSIQUE Né au 19e s., il cultive sans faillir l'âme de la station vosgienne. Des chambres spacieuses classiques ou contemporaines, de superbes suites tout en bois dans un chalet indépendant, un spa magnifique, trois restaurants... Un fleuron en matière d'accueil et de confort.

75 chambres – ♦93/155 € ♦♦110/225 € – 14 suites – ☲ 22 € – ½ P

Plan : AZ-f – *pl. du Tilleul* – *✆ 03 29 63 06 31* – *www.grandhotel-gerardmer.com* – *Fermé 12-19 nov.*

⊪○ **Le Pavillon Pétrus •** ⊪○ **L'Assiette du Coq à l'Âne** – voir les restaurants ci-dessus

Le Manoir au Lac

LUXE · GRAND STYLE Dans son parc escarpé dominant le lac, cet imposant chalet de 1830 fut jadis fréquenté par Maupassant... qui aurait pu écrire un roman sur la beauté du panorama. À l'intérieur, tout n'est que raffinement et confort : mobilier de style, épais édredons sur chaque lit, piscine couverte, etc. Une adresse de charme !

10 chambres – ♦180/330 € ♦♦180/330 € – 1 suite – ☲ 20 €

chemin de la Droite-du-Lac, 1 km à l'Ouest par D417 rte d'Épinal – *✆ 03 29 27 10 20* – *www.manoir-au-lac.com* – *Fermé 12 nov.-3 déc.*

Beau Rivage

TRADITIONNEL · CLASSIQUE Tel un paquebot (le bâtiment date des années 1950), il est posé face au lac et ses rives verdoyantes... Les chambres sont confortables, et les mieux exposées offrent une vue superbe ! À l'heure des repas, deux options : gastronomie côté lac ou plats à la plancha sur le toit-terrasse.

50 chambres – ♦80/318 € ♦♦80/318 € – 9 suites – ☲ 13 € – ½ P

Plan : AY-e – *esplanade du Lac* – *✆ 03 29 63 22 28* – *www.hotel-beaurivage.fr*

⊪○ **Côté Lac** – voir les restaurants ci-dessus

🏠 La Jamagne ✿ 🗂 🕸 ⊟ ⟫ 🅰 🕭 🅿

FAMILIAL · MODERNE Un hôtel-restaurant de tradition, tenu par la même famille depuis 1905. L'établissement est confortable, parfaitement tenu et il sait vivre avec son temps – comme en témoigne son agréable spa, avec une belle piscine traitée à l'ozone.

48 chambres – ♦60/150 € ♦♦70/150 € – ⊑ 12 € – ½ P

Plan : AY-g – *2 bd Jamagne* – ✆ *03 29 63 36 86* – *www.jamagne.com*
– *Fermé 13 nov.-16 déc.*

🏠 Gérard d'Alsace ⟫ 🗂 🅿

FAMILIAL · SIMPLE Une maison traditionnelle, à la façade blanche et aux volets bleus, à 300 m du lac. Les chambres sont douillettes, avec de jolis boutis et des tissus aux couleurs vives. Agréable surprise : la piscine dans le jardin. Une bonne adresse.

13 chambres – ♦59/100 € ♦♦65/140 € – ⊑ 9 €

Plan : AZ-v – *14 r. du 152°-R.I.* – ✆ *03 29 63 02 38*
– *www.hotel-gerard-dalsace.com* – *Fermé 29 juin-6 juil.*

🏠 Les Reflets du Lac ⟪ 🅿

FAMILIAL · FONCTIONNEL Son nom ne ment pas : la plupart des chambres – certaines avec balcon – offrent une vue apaisante sur les reflets du lac... Accueil simple et sympathique, décor d'esprit chalet : un établissement où l'on vient volontiers se détendre.

14 chambres – ♦60/70 € ♦♦60/95 € – ⊑ 8 €

201 chemin du Tour-du-Lac, au bout du lac, 2,5 km à l'Ouest par D417
– ✆ *03 29 60 31 50* – *www.lesrefletsdulac.com* – *Fermé 15 nov.-11 déc.*

à Xonrupt-Longemer 4 km à l'Est par D417 – ⊠ 88400 – 1 568 hab. – Alt. 714 m

🕸 Les Jardins de Sophie ⟫ 🎄 ⅏ 🅿

CUISINE MODERNE · ÉLÉGANT ⅩⅩⅩ À l'occasion d'une escapade dans la forêt vosgienne depuis Gérardmer, vous ne serez pas dépourvu quand l'heure du repas sera venue : voici une table gastronomique empreinte de finesse et d'originalité. Bons produits, exécution soignée, recettes bien pensées : des Jardins très raffinés parmi l'étendue des sapins...

→ Tête de veau rôtie aux herbes de la Saint-Jean, poireaux vinaigrette. Suprêmes de pigeon des Vosges aux girolles, cuisses aux abatis. Chocolat sous toutes ses textures, agrémenté de fruits de saison.

Menu 34 € (déj. en semaine), 51/91 € – Carte 70/85 €

Domaine de la Moinaudière, rte du Valtin, 4 km au Nord-Ouest par D23 et rte secondaire – ✆ *03 29 63 37 11* – *www.hotel-lesjardinsdesophie.com* – *Fermé mardi et merc. hors saison sauf fériés*

🏠 Les Jardins de Sophie ✿ 🐾 ⟫ 🗂 🕸 ⌯ ⊟ ⅋ 🕭 🅿

TRADITIONNEL · COSY Sentiment d'exception dans ce chalet luxueux blotti dans une forêt d'épicéas... Ici, l'esprit montagnard n'est que raffinement et douceur, confort et chaleur. Une adresse délicieuse pour profiter pleinement des Vosges !

32 chambres – ♦130/240 € ♦♦155/289 € – ⊑ 17 € – ½ P

Domaine de la Moinaudière, rte du Valtin, 4 km au Nord-Ouest par D23 et rte secondaire – ✆ *03 29 63 37 11* – *www.hotel-lesjardinsdesophie.com*

🕸 **Les Jardins de Sophie** – voir les restaurants ci-dessus

aux Bas-Rupts 4 km au Sud-Ouest par D486 – ⊠ 88400 Gerardmer

🕸 Les Bas-Rupts (Michel Philippe) ⅋ ⟪ ⟫ 🎄 ⅏ 🅰 🅿

CUISINE MODERNE · LUXE ⅩⅩⅩ La table des Bas-Rupts est une valeur sûre, idéale pour apprécier une cuisine classique revisitée, réalisée dans les règles de l'art et aux saveurs très flatteuses. Même la rusticité de certains mets - telles les tripes au riesling - se fait raffinement... Superbe carte des vins.

→ Tripes au riesling à la crème et moutarde. Côtelette de caille des Vosges farcie au foie gras. Ruches glacées au miel de montagne, crème à la vanille.

Menu 37 € (déj. en semaine), 48/98 € – Carte 65/105 €

Hôtel Les Bas-Rupts, 181 rte de la Bresse – ✆ *03 29 63 09 25 (réservation conseillée)* – *www.bas-rupts.com*

Les Bas-Rupts

LUXE · COSY Un parfait décor pour un séjour de charme à la montagne : boiseries, cheminées, salons confortables, objets anciens, tableaux, piscine intérieure, etc. – sans compter l'accueil exquis. On ne peut quitter les lieux sans nostalgie...

25 chambres – 150/240 € 150/340 € – 4 suites – 22 € – ½ P

181 rte de la Bresse – ℰ 03 29 63 09 25 – www.bas-rupts.com

※ **Les Bas-Rupts** – voir les restaurants ci-dessus

Auberge de la Poulcière

RURAL · COSY Une auberge en pleine nature, cernée par les jonquilles au printemps... Entre ses murs de 1775, âme rustique et confort contemporain se conjuguent avec charme. Chaque chambre dispose d'une kitchenette, mais vous pouvez aussi profiter du restaurant : le patron ne jure que par les produits frais !

7 chambres – 93 € 93/150 € – 2 suites – 10 € – ½ P

10 chemin du Bouchot – ℰ 03 29 42 04 33 – www.auberge-poulciere.com – Fermé 15 oct.-20 déc.

GERMAGNY

✉ 71460 (Saône-et-Loire) – 212 hab. – Alt. 265 m – Carte régionale n° **8**-C3
▶ Paris 361 km – Chalon-sur-Saône 27 km – Mâcon 54 km – Montceau-les-Mines 28 km
Carte Michelin 320-H9

Les Vignes

CUISINE TRADITIONNELLE · AUBERGE Escargots de Bourgogne en persillade, blanquette de tête de veau, pavé de bœuf charolais : voici les spécialités de la maison ! Dans cette auberge de village à la salle à manger rafraîchie, on sert une cuisine traditionnelle et régionale bien alléchante. Et la viande bovine provient d'un abattoir tout proche.

Formule 14 € ₹ – Menu 24/45 € ₹ – Carte 26/37 €

Le Bourg – ℰ 03 85 49 23 23 – www.lesvignes-germagny.fr – Fermé mardi soir de sept. à juin et merc.

GERMIGNY-L'ÉVÊQUE – 77 (Seine-et-Marne) → voir Meaux

GÉTIGNÉ – 44 (Loire-Atlantique) → voir Clisson

LES GETS

✉ 74260 (Haute-Savoie) – 1 255 hab. – Alt. 1 170 m – Carte régionale n° **46**-F1
▶ Paris 579 km – Annecy 77 km – Bonneville 33 km – Cluses 19 km
Carte Michelin 328-N4 – Guide Vert Michelin Alpes du Nord

Le Labrador

TRADITIONNEL · COSY Sympathique halte près de la cheminée du salon, dans ce chalet à la décoration typiquement savoyarde. À l'étage, les chambres sont habillées de bois, confortables et bien tenues. Au petit-déjeuner, le patron sert les œufs de sa propre ferme !

20 chambres 22 – 95/230 € 125/350 € – 1 suite – ½ P

266 rte du Léry – ℰ 04 50 75 80 00 – www.labrador-hotel.com – Ouvert 19 juin-3 sept. et 18 déc.-2 avril

La Marmotte et La Tapiaz

HÔTEL DE VACANCES · COSY Après une journée de ski, détendez-vous près de la cheminée avant de vous faire dorloter dans le superbe spa (750 m²). En sus de la partie traditionnelle de l'établissement, on propose des chambres supplémentaires, tout en vieux bois et très confortables avec leur poêle à bois près duquel paresser comme... une marmotte !

63 chambres – 69/479 € 76/628 € – 22 18 € – ½ P

61 r. du Chêne – ℰ 04 50 75 80 33 – www.hotel-marmotte.com – Ouvert 11 juin-18 sept. et 12 déc.-10 avril

Alpina

HÔTEL DE VACANCES · COSY Non loin du téléphérique, ce beau chalet familial domine le bourg... Les chambres, de style savoyard, offrent plusieurs conforts différents (familiale, montagnarde ou standard). Le restaurant se révèle sympathique : cuisine aux accents du pays, et vue sur la vallée !

39 chambres – †83/109 € ††107/195 € – ⊊ 13 € – ½ P

55 imp. de la Grange-Neuve – ℰ 04 50 75 80 22 – www.hotelalpina.fr – Ouvert 25 mai-25 sept. et 15 déc.-15 avril

Le Nagano ⓝ

HÔTEL DE VACANCES · ALPIN Au cœur de la station, à deux pas de la patinoire, cet hôtel familial à la façade en bois propose cinq catégories de chambres, dont certaines disposent d'une kitchenette. Piscine intérieure, espace bien-être, fitness, massage. Quelques chambres avec balcon.

25 chambres – †108/185 € ††149/300 € – ⊊ 14 €

333 r. du Centre – ℰ 04 50 79 71 46 – www.hotel-nagano.com – Fermé du 12 avril au 25 juin et du 06 sept. au 18 déc.

Crychar

HÔTEL DE VACANCES · ALPIN Un petit chalet au pied des pistes, chaleureux et confortable. Le feu crépite dans le salon ; les chambres, tout en bois clair, sont pimpantes et jouissent d'un balcon, et le beau spa se révèle idéal pour la relaxation. Un concentré de Savoie !

14 chambres – †120/215 € ††180/405 € – 1 suite – ⊊ 16 € – ½ P

136 imp. de la Grange-Neuve, par rte de la Turche – ℰ 04 50 75 80 50 – www.crychar.com – Fermé 20 avril-25 juin et 11 sept.-10 déc.

GEVREY-CHAMBERTIN

✉ 21220 (Côte-d'Or) – 3 070 hab. – Alt. 275 m – Carte régionale n° **8**-D1
▶ Paris 315 km – Beaune 33 km – Dijon 13 km – Dole 61 km
Carte Michelin 320-J6 – Guide Vert Michelin Bourgogne

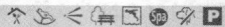 Chez Guy

CUISINE TRADITIONNELLE · À LA MODE ✗✗ On peut être moderne en apparence et fidèle à la tradition sur le fond ! La preuve avec ce restaurant au cadre contemporain... dont la cuisine est enracinée dans le terroir : cocotte de joue de bœuf au pinot noir, carottes confites à la cardamome... Sans oublier la remarquable cave qui met toute la Bourgogne à l'honneur !

Formule 25 € – Menu 31/55 € – Carte 37/62 €

3 pl. de la Mairie – ℰ 03 80 58 51 51 – www.chez-guy.fr – Fermé 14-28 août, vacances de Noël et dim. de nov. à mars

Bistrot Lucien

CUISINE TRADITIONNELLE · BRASSERIE ✗ Avec ses pierres apparentes, ses banquettes et son superbe bar en bois, ce bistrot est le complément parfait de l'hôtel qui l'accueille. Au programme, une belle cuisine bourguignonne : jambon persillé maison, escargots en cassolette au beurre persillé et pata negra, tartes aux fruits maison... Simple et bon !

Menu 26 € (déj. en semaine), 36/42 € – Carte 32/58 €

Hôtel La Rôtisserie du Chambertin, 6 r. du Chambertin – ℰ 03 80 34 33 20 – www.rotisserie-chambertin.com

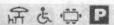 La Rôtisserie du Chambertin

HISTORIQUE · DESIGN Le chef de la Maison des Cariatides, à Dijon, est dorénavant à la tête de cette accueillante bâtisse en pierre située au sud de la ville. On y trouve de belles chambres élégantes et joliment décorées, dont deux duplex, et un beau salon avec sa cheminée monumentale pour les longues soirées d'hiver...

11 chambres – †125/335 € ††125/335 € – ⊊ 17 € – ½ P

6 r. du Chambertin – ℰ 03 80 34 33 20 – www.rotisserie-chambertin.com

 Bistrot Lucien – voir les restaurants ci-dessus

GEX

✉ 01170 (Ain) – 10 677 hab. – Alt. 626 m – Carte régionale n° **46**-F1
▶ Paris 490 km – Genève 19 km – Lons-le-Saunier 93 km – Pontarlier 110 km
Carte Michelin 328-J3 – Guide Vert Michelin Franche-Comté Jura

à Echenevex 4 km au Sud par D984ᶜ et rte secondaire – ✉ 01170
– 1 813 hab. – Alt. 580 m

🏠 Auberge des Chasseurs   ✿ 🐾 ⋖ 🖼 ⊥ 🖧 🅿

RURAL · COSY Une jolie maison recouverte de vigne vierge avec le mont Blanc
en toile de fond. À l'intérieur, le décor est scandinave avec des boiseries peintes,
des photographies de Cartier-Bresson qui fut jadis un client ! Tout ici respire la
sérénité et l'art de vivre... Idéal pour se ressourcer.
14 chambres – •100/140 € ••120/160 € – ⊑ 12 €
*711 rte de Naz-Dessus – ✆ 04 50 41 54 07 – www.aubergedeschasseurs.com
– Ouvert de mi-fév. au 1ᵉʳ nov.*

GIEN

✉ 45500 (Loiret) – 14 519 hab. – Alt. 162 m – Carte régionale n° **12**-C2
▶ Paris 149 km – Auxerre 85 km – Bourges 77 km – Cosne-Cours-sur-Loire 46 km
Carte Michelin 318-M5 – Guide Vert Michelin Châteaux de la Loire

✿ Côté Jardin (Arnaud Billard)   🆎 ⅙

CRÉATIVE · COSY ✗✗ Sur la rive gauche de la Loire, on s'installe Côté Jardin ! Ici,
la fraîcheur vient autant de la brise que des produits sélectionnés avec soin. Au
piano, Arnaud Billard signe une savoureuse cuisine du marché, tout en subtiles
associations d'ingrédients. La finesse est autant aromatique que visuelle...
→ Cuisine du marché.
Formule 20 € – Menu 38/50 €
*14 rte de Bourges – ✆ 02 38 38 24 67 (réservation conseillée)
– www.cote-jardin-restaurant.com – Fermé 16 avril-4 mai, 13 août-1ᵉʳ sept.,
23 déc.-5 janv., dim. soir, mardi et merc.*

🍴 Le P'tit Bouchon

CUISINE TRADITIONNELLE · SIMPLE ✗ Un vrai repaire bistronomique ! Le chef
travaille avec soin de jolis produits de saison, et n'hésite pas à les accompagner
d'huiles bien parfumées (notamment à la noisette) et de condiments ou d'épices
en tout genre : graines de moutarde, mayonnaise au curry, piment d'Espelette,
etc. On ne boude pas son plaisir.
Formule 17 € – Menu 26/29 €
*66 r. B.-Palissy – ✆ 02 38 67 84 40 – www.ptitbouchon.fr – Fermé 28 avril-7 mai,
18 août-10 sept., 23 déc.-4 janv., dim. et lundi*

🍴⃝ L'Olivier   ⋖ 🈳

MÉDITERRANÉENNE · SIMPLE ✗ Une petite adresse rafraîchissante, menée par un
duo complémentaire : Céline pour le salé et Stéphane pour le sucré. Tout est fait
minute et les recettes révèlent une belle générosité – le tout avec un accent méridional, le couple s'étant formé dans le sud de la France, d'où le nom choisi pour
leur premier restaurant...
 Formule 14 € – Menu 17 € (déj. en semaine) – Carte 34/52 €
*22 quai Lenoir – ✆ 02 38 38 13 45 – Fermé 2 semaines en août, jeudi soir et dim.
soir de sept. à juin, jeudi de juin à sept. et merc.*

🍴⃝ La Poularde   ⇔ ⋖ 🆎 ⅙ 🖧

CUISINE TRADITIONNELLE · SIMPLE ✗ En bordure de Loire, une maison bourgeoise qui honore la cuisine traditionnelle : croustillant d'escargots de Bourgogne, crème d'ail et son pistou, fricassée de rognons de veau sauce crémeuse
aux trois moutardes, etc. Agréable moment que l'on peut prolonger dans l'une
des chambres, fonctionnelles et bien tenues.
Formule 21 € – Menu 26/30 € – Carte 25/32 €
9 chambres – •55/71 € ••62/78 € – ⊑ 11 €
*13 quai de Nice – ✆ 02 38 67 10 13 – www.lapoularde.fr – Fermé 22 déc.-2 janv.,
vend. midi, dim. soir et lundi*

 Rivage

TRADITIONNEL · CLASSIQUE Ancien relais de poste du 19ᵉ s., bien situé face à la Loire et non loin du vieux pont. Les chambres sont fonctionnelles, idéales pour l'étape. Bar avec piano et salon confortable.

16 chambres – ⸙72/123 € ⸙⸙82/123 € – 3 suites – ⌷ 11 €
1 quai de Nice – ℰ 02 38 37 79 00 – www.hotel-du-rivage-gien.fr – Fermé 29 juil.-21 août et vacances de Noël

au Sud 3 km par D940 et rte secondaire – ⊠ 45500 Poilly-Lez-Gien :

Villa Hôtel

TRADITIONNEL · FONCTIONNEL Dans une zone artisanale, on apprécie cet hôtel moderne au confort simple, formé de plusieurs maisons pavillonnaires dont les chambres profitent du calme alentour. Bonne surprise : la direction est véritablement à l'écoute de ses clients. Parfait pour une étape à prix doux !

24 chambres – ⸙46 € ⸙⸙46 € – ⌷ 7 € – ½ P
ZA le Clair Ruisseau, allée du Vieux-Cours – ℰ 02 38 27 03 30 – www.villa-hotel-restaurant.fr

GIFFAUMONT-CHAMPAUBERT

⊠ 51290 (Marne) – 261 hab. – Alt. 130 m – Carte régionale n° **14**-C2
◨ Paris 208 km – Bar-le-Duc 53 km – Chaumont 75 km – St-Dizier 25 km
Carte Michelin 306-K11 – Guide Vert Michelin Champagne Ardenne

 Le Cheval Blanc

TRADITIONNEL · FONCTIONNEL Cette accueillante maison ne se trouve qu'à 500 m de l'un des plus grands lacs artificiels d'Europe : le lac du Der. Chambres confortables et impeccablement tenues, jardin, jacuzzi : le repos est total ! Cuisine traditionnelle au restaurant.

14 chambres – ⸙75/90 € ⸙⸙75/135 € – 1 suite – ⌷ 10 € – ½ P
21 r. du Lac – ℰ 03 26 72 62 65 – www.lecheval-blanc.net – Fermé 1ᵉʳ-22 sept. et 1ᵉʳ-19 janv.

GIF-SUR-YVETTE – 91 (Essonne) → voir Autour de Paris

GIGARO – 83 (Var) → voir La Croix-Valmer

GIGNAC

⊠ 34150 (Hérault) – 5 654 hab. – Alt. 53 m – Carte régionale n° **23**-C2
◨ Paris 719 km – Béziers 58 km – Lodève 25 km – Montpellier 30 km
Carte Michelin 339-G7

⸙ Restaurant de Lauzun (Matthieu de Lauzun)

CUISINE MODERNE · CONVIVIAL ✗✗✗ Face à l'esplanade, une maison menée tambour battant par un jeune chef passionné. Décor sobre et soigné à l'image de la cuisine, séduisante et festive, avec ses belles associations de saveurs – originales et bien pensées – et ses assiettes très graphiques. Bon choix de vins locaux.
→ Gaspacho revisité sur un souvenir d'enfance, homard bleu et textures de tomates. Ballotine chaude de dorade sébaste à la cacahouète, purée de carottes au gingembre. Tarte au citron.

Formule 28 € – Menu 50/80 €
3 bd de l'Esplanade – ℰ 04 67 57 50 83 – www.restaurant-delauzun.com – Fermé 2 semaines en fév., 2 semaines en juin, 2 semaines en oct., dim. sauf le midi hors saison, sam. midi, lundi et fériés

GIGONDAS

⊠ 84190 (Vaucluse) – 532 hab. – Alt. 313 m – Carte régionale n° **42**-E1
◨ Paris 662 km – Avignon 40 km – Nyons 31 km – Orange 20 km
Carte Michelin 332-D9 – Guide Vert Michelin Provence

⫶○ L'Oustalet

CUISINE MODERNE · BISTRO ※ Dans ce charmant et fameux village de vigne-rons, une jolie maison en pierre dont la terrasse déborde sur une placette nantie de vieux platanes. Ici, c'est le vin qui commande le plat : lièvre à la royale, agneau rôti en croûte de pignes, etc., le tout signé par un chef passionné, avec une superbe carte de crus locaux et... de belles chambres d'hôtes !

Formule 35 € – Menu 39/136 € ⧠ – Carte 49/81 €

3 chambres – ♦130/210 € ♦♦130/210 € – ⧠ 15 €

pl. du village – ℰ 04 90 65 85 30 (réservation conseillée)
– www.loustalet-gigondas.com – Fermé 1er déc.-5 janv., dim. sauf le soir
en juil.-août et lundi

⌂ Les Florets

AUBERGE · PERSONNALISÉ Situation rare pour cette hostellerie fondée en 1870 au pied des Dentelles de Montmirail, au cœur du vignoble du Gigondas... Colorées et tranquilles, les chambres sont charmantes, et l'on ne résiste pas à la terrasse du restaurant ombragée de majestueux platanes (produits du terroir, recettes actuelles et vins du domaine).

15 chambres – ♦105/120 € ♦♦120/185 € – ⧠ 17 € – ½ P

rte des Dentelles, 2 km à l'Est – ℰ 04 90 65 85 01 – www.hotel-lesflorets.com
– Fermé de janv. à mi-mars

GILLY-LÈS-CÎTEAUX – 21 (Côte-d'Or) ➜ voir Vougeot

GIMBELHOF – 67 (Bas-Rhin) ➜ voir Lembach

LA GIMOND

✉ 42140 (Loire) – 291 hab. – Alt. 625 m – Carte régionale n° **44**-A2
▶ Paris 485 km – Annonay 67 km – Lyon 58 km – Saint-Étienne 18 km
Carte Michelin 327-F6

⫶○ Le Vallon du Moulin

CUISINE MODERNE · SIMPLE ※※ Au cœur du village, ce sympathique restau-rant contemporain propose une bonne cuisine (saumon à la niçoise, croustillant de framboise...) qui suit le rythme des saisons. Preuve d'authenticité : le pain est fait maison avec la farine du moulin voisin !

Formule 14 € ⧠ – Menu 23 € (déj. en semaine), 30/51 €

– ℰ 04 77 30 97 06 – www.le-vallon-du-moulin.com – Fermé
vacances de fév., 18-31 août, dim. soir, lundi, mardi soir et merc.

GIMONT

✉ 32200 (Gers) – 2 820 hab. – Alt. 180 m – Carte régionale n° **28**-B2
▶ Paris 701 km – Colomiers 40 km – Toulouse 51 km – Tournefeuille 40 km
Carte Michelin 336-H8

⫶○ Villa Cahuzac

CUISINE MODERNE · CONVIVIAL ※※ Une longue galerie scandée de douze piliers, avec de larges baies ouvertes sur un patio verdoyant : tel est le cadre original de ce restaurant, aux accents d'élégant jardin d'hiver. Actuelle et soignée, la cuisine valorise les produits du terroir local et évidemment le foie gras. Espace brasserie pour le déjeuner.

⊖ Formule 15 € – Menu 19 € (déj. en semaine), 30/45 €

Hôtel Villa Cahuzac, 1 av. de Cahuzac – ℰ 05 62 62 10 00 – www.villacahuzac.com
– Fermé 20 déc.-14 janv., dim. et lundi

⌂ Villa Cahuzac

BUSINESS · PERSONNALISÉ Maison typique de la région (1885) avec des cham-bres pratiques et soignées (lambris et parquet). Celles du 1er étage ouvrent sur un corridor qui plonge sur le patio fleuri.

11 chambres ⧠ – ♦80/110 € ♦♦90/140 € – ½ P

1 av. de Cahuzac – ℰ 05 62 62 10 00 – www.villacahuzac.com – Fermé
20 déc.-14 janv.

⫶○ **Villa Cahuzac** – voir les restaurants ci-dessus

🏠 Château de Larroque

CHÂTEAU · HISTORIQUE Un beau château, édifié en 1805, entouré d'un parc paisible avec piscine et tennis. Certaines chambres, et l'un des salons, ont été décorés dans un style plus contemporain. Cuisine traditionnelle dans un cadre élégant, à déguster sous la tonnelle en été.

16 chambres – 🛏85/120 € 🛏🛏96/120 € – 1 suite – 🍽 13 € – ½ P

rte de Toulouse – ℰ 05 62 67 77 44 – www.chateaularroque.fr
– Fermé 2-23 janv., dim. soir et lundi d'oct. à avril

GINCLA

✉ 11140 (Aude) – 49 hab. – Alt. 570 m – Carte régionale n° **22**-B3
▶ Paris 821 km – Carcassonne 77 km – Foix 88 km – Perpignan 67 km
Carte Michelin 344-E6

🍴 Hostellerie du Grand Duc

CUISINE MODERNE · RUSTIQUE ✕✕ À la table de l'Hostellerie du Grand Duc, on passe de toute évidence un bon moment. Derrière les fourneaux, la chef compose de belles assiettes dans l'air du temps, qui font la part belle aux produits de la région. Une vraie tournée des grands ducs !

Formule 25 € – Menu 31/85 € – Carte 40/75 €

2 rte de Boucheville – ℰ 04 68 20 55 02 – www.hostelleriedugrandduc.com
– Ouvert 5 avril-28 oct.

🏠 Hostellerie du Grand Duc

MAISON DE CAMPAGNE · PERSONNALISÉ Cette belle maison de maître (18ᵉ s.) recouverte de lierre est charmante. Toile de Jouy, mobilier chiné, poutres, pierres apparentes : les chambres ont toutes leur propre style. Sans parler du beau jardin... et de cette précieuse quiétude que rien ne vient troubler.

12 chambres – 🛏86/96 € 🛏🛏86/115 € – 🍽 12 € – ½ P

2 rte de Boucheville – ℰ 04 68 20 55 02 – www.hostelleriedugrandduc.com
– Ouvert 5 avril-28 oct.

🍴 **Hostellerie du Grand Duc** – voir les restaurants ci-dessus

GIRMONT-VAL-D'AJOL – 88 (Vosges) → voir Remiremont

GISORS

✉ 27140 (Eure) – 11 283 hab. – Alt. 60 m – Carte régionale n° **33**-D2
▶ Paris 73 km – Beauvais 33 km – Évreux 66 km – Mantes-la-Jolie 40 km
Carte Michelin 304-K6 – Guide Vert Michelin Normandie Vallée de la Seine

🍴 Le Cappeville

CUISINE MODERNE · CLASSIQUE ✕✕ Pigeon rôti à la crème de laitue, langoustines et potiron confit, carré de veau et sauce aux épices, etc. : au cœur de la capitale du Vexin normand, le terroir prend un coup de jeune et la carte suit les saisons. Une formule sympathique dans un cadre classique.

Formule 17 € ⍭ – Menu 29/52 € – Carte 54/78 €

17 r. Cappeville – ℰ 02 32 55 11 08 – www.lecappeville.com – Fermé merc. et jeudi

à Bazincourt-sur-Epte 6 km au Nord par D14 – ✉ 27140 – 744 hab. – Alt. 55 m

🏠 Château de la Rapée

CHÂTEAU · CLASSIQUE Sommes-nous en Normandie ou... en Angleterre ? À la lisière d'un domaine dédié à l'élevage des chevaux, ce manoir aux allures de cottage anglais tutoie le bocage environnant. Les chambres cultivent le classicisme (de même que le restaurant) : une valeur sûre pour les amateurs de confort bourgeois et de quiétude.

12 chambres – 🛏90/110 € 🛏🛏100/170 € – 🍽 14 € – ½ P

2 km à l'Ouest par rte secondaire – ℰ 02 32 55 11 61 – www.hotelrapee.com
– Fermé 16 août-1ᵉʳ sept. et 15 fév.-9 mars

GIVERNY

✉ 27620 (Eure) – 501 hab. – Alt. 17 m – Carte régionale n° **33**-D2
▶ Paris 75 km – Cergy 47 km – Évreux 37 km – Rouen 65 km
Carte Michelin 304-I6 – Guide Vert Michelin Normandie Vallée de la Seine

🌸 Le Jardin des Plumes

CRÉATIVE · COSY XXX On connaît l'inspiration naturaliste d'Éric Guérin à St-Joachim ; cette adresse créée à Giverny est dans l'ordre des choses : où mieux proposer que dans ce fief de l'impressionnisme de nouvelles sensations visuelles et... gustatives ? L'expérience est pleine de finesse et, de plus, la demeure, entre Art déco et vintage, est charmante pour un week-end.
→ Cuisine du marché.

Formule 35 € – Menu 48/75 € – Carte 65/90 €

8 chambres – ♦180/290 € ♦♦180/290 € – ☑ 17 €

1 r. du Milieu – ℰ 02 32 54 26 35 – www.lejardindesplumes.fr – Fermé
3 janv.-3 fév., lundi et mardi

 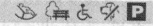

🏠 La Réserve

FAMILIAL · PERSONNALISÉ Cette belle demeure familiale à la façade jaune safran, perchée sur les hauts de Giverny, n'est pas sans rappeler la maison de Monet elle-même. Le parc planté de pommiers, les chambres spacieuses et pleines de charme, le salon avec sa cheminée : tout laisse une impression impérissable...

5 chambres ☑ – ♦110/140 € ♦♦140/170 €

(près de la mairie), 2 km au Nord par r. Blanche-Hochedé-Monet et C3 direction
Bois-Jérôme – ℰ 02 32 21 99 09 – www.giverny-lareserve.com – Ouvert avril-oct.

GIVET

✉ 08600 (Ardennes) – 6 574 hab. – Alt. 103 m – Carte régionale n° **14**-C1
▶ Paris 287 km – Charleville-Mézières 58 km – Fumay 23 km – Rocroi 41 km
Carte Michelin 306-K2 – Guide Vert Michelin Champagne Ardenne

🏨 Les Reflets Jaunes

TRADITIONNEL · CLASSIQUE Près du centre historique, cet hôtel en briques rouges – façade typique de la région – dispose de chambres confortables dont une, plus grande, pour les familles. Copieux petit-déjeuner.

17 chambres – ♦58/80 € ♦♦64/99 € – ☑ 12 €

2 r. du Gén.-de-Gaulle – ℰ 03 24 42 85 85 – www.les-reflets-jaunes.com – Fermé
20 déc.-5 janv.

GIVORS

✉ 69700 (Rhône) – 19 419 hab. – Alt. 156 m – Carte régionale n° **44**-B2
▶ Paris 480 km – Lyon 25 km – Rive-de-Gier 17 km – Vienne 12 km
Carte Michelin 327-H6 – Guide Vert Michelin Lyon et sa région

à Loire-sur-Rhône 5 km par N86, rte de Condrieu – ✉ 69700

– 2 473 hab. – Alt. 140 m

🍴 Mouton-Benoît

CUISINE MODERNE · RUSTIQUE XX Au bord de la route, cet établissement fondé en 1822 abritait autrefois les fourneaux des "mères" Dumas. En hiver, on y déguste la spécialité du chef : le lièvre à la royale selon la recette immortalisée par le sénateur Couteaux... il y a plus d'un siècle ! Enfin, de délicieux desserts viennent conclure ce repas.

Menu 27 € (déj. en semaine), 37/45 € – Carte 42/58 €

1167 rte de Beaucaire – ℰ 04 78 07 96 36 – www.restaurant-moutonbenoit.co
– Fermé 3 semaines en août, sam. et le soir sauf vend.

GLAINE-MONTAIGUT

✉ 63160 (Puy-de-Dôme) – 537 hab. – Alt. 350 m – Carte régionale n° **6**-C2
▶ Paris 440 km – Clermont-Ferrand 31 km – Issoire 37 km – Thiers 21 km
Carte Michelin 326-H8

🍴 Auberge de la Forge

CUISINE TRADITIONNELLE · AUBERGE ✗ Face à l'église romane, cette sympathique auberge est l'exacte reproduction de l'ancienne forge du village : murs en pisé, poutres apparentes, soufflet pour attiser le feu de la cheminée ! Le chef joue sur l'effet de surprise avec notamment une fricassée de crêtes de coq pour le moins surprenante.

🍸 Menu 18 € 🍷 (déj.), 22/46 € – Carte 26/55 €

4 chambres – 🛏39/49 € 🛏🛏39/49 € – ☐ 7 €

pl. de l'Église – 𝒞 04 73 73 41 80 – www.aubergedelaforgeglainemontaigut.com
– Fermé 25 oct.-13 nov., dim. soir et merc.

GLANVILLE

✉ 14950 (Calvados) – 174 hab. – Alt. 73 m – Carte régionale n° **32**-A3
▶ Paris 201 km – Caen 42 km – Évreux 124 km – Rouen 95 km
Carte Michelin 303-M4

🏠 Le Clos Devalpierre

VILLA · PERSONNALISÉ Vous voulez vous reposer au grand calme ? Ne cherchez plus : cette belle bâtisse normande, en plein bocage, conviendra à merveille ! Les chambres, à colombages, sont absolument charmantes... Tout comme les propriétaires, amoureux de leur maison et de leur région, qui sauront vous transmettre leur passion.

5 chambres ☐ – 🛏110/115 € 🛏🛏130/135 €

171 rte de Bourgeauville – 𝒞 02 31 64 02 66
– www.chambres-dhotes-devalpierre.com

GODEWAERSVELDE

✉ 59270 (Nord) – 2 016 hab. – Alt. 45 m – Carte régionale n° **30**-B2
▶ Paris 263 km – Arras 90 km – Brugge 97 km – Lille 41 km
Carte Michelin 302-D3

🍽 L'Estaminet du Centre

TERROIR · BISTRO ✗ Un estaminet typique et convivial, où l'on se régale encore et toujours de bonnes recettes traditionnelles : harengs, flamiche au maroilles, carbonade... Le chef fait parler avec précision ce terroir qu'il aime tant ! Et en salle, Béatrice, l'âme de la maison, conseille avec chaleur les novices sur la gastronomie du Nord...

Menu 29 € – Carte 29/36 €

11 rte de Steenvoorde – 𝒞 03 28 42 21 72 – www.estaminetducentre.com
– Fermé 1ᵉʳ-15 déc., lundi soir, mardi et merc.

GOLFE DE SANTA-GIULIA – 2A (Corse-du-Sud) → voir Corse (Porto-Vecchio)

GOLFE-JUAN

✉ 06220 (Alpes-Maritimes) – ✉ Vallauris – Carte régionale n° **42**-E2
▶ Paris 905 km – Antibes 5 km – Cannes 6 km – Grasse 23 km
Carte Michelin 341-D6 – Guide Vert Michelin Côte d'Azur

🍴 Nounou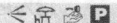

POISSONS ET FRUITS DE MER · MÉDITERRANÉEN ✗✗ Nounou vit sur la plage ! Près des baies vitrées, la vue sur le rivage est superbe et, dans l'assiette, on se régale de spécialités telles que la soupe de poissons, la bouillabaisse ou encore la bourride. Une bonne adresse pour les amateurs de saveurs iodées.

Menu 41/75 € – Carte 60/166 €

bd des Frères-Roustan, (à la plage) – 𝒞 04 93 63 71 73 – www.nounou.fr

à Vallauris 2,5 km au Nord-Ouest par D135 – ✉ 06220 – 26 595 hab. – Alt. 120 m

Café Llorca (N)

soir,

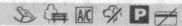

MÉDITERRANÉENNE • CONVIVIAL X Le chef Alain Llorca a composé lui-même la carte de ce grand café moderne, situé non loin de la mairie : maquereau en escabèche, épaule d'agneau confite, baba au rhum... Attablé en terrasse, l'œil courant sur la pittoresque place, on se délecte de cette cuisine fraîche et savoureuse, aux fiers accents du Sud.

Formule 19 € – Menu 28 € – Carte 32/56 €

pl. Paul-Isnard – ☎ 04 93 33 11 33 – www.caféllorcavallauris.com – Fermé janv., mardi hors saison et lundi

Le Mas Samarcande

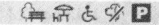

VILLA • ÉLÉGANT Sur les hauteurs de Vallauris, cette belle villa est une véritable invitation à la détente ! Les chambres, originales et raffinées, mêlent inspiration provençale et exotique... et sur la terrasse, on peut lézarder en profitant de la jolie vue sur la baie.

5 chambres – †125/140 € ††125/140 €

138 Grand-Boulevard de Super-Cannes – ☎ 04 93 63 97 73 – www.mas-samarcande.com – Fermé janv.-fév.

GONFREVILLE-CAILLOT

✉ 76110 (Seine-Maritime) – 343 hab. – Alt. 119 m – Carte régionale n° **33**-C1

▶ Paris 196 km – Caen 112 km – Évreux 124 km – Rouen 74 km

Carte Michelin 304-C4

L'Auberge de la Motte

CUISINE MODERNE • AUBERGE XX Dans un paisible village, une jolie chaumière coiffée de chaume, et à l'intérieur, une cheminée monumentale : le cadre est charmant, très rustique – mais nullement figé. Aux commandes, le jeune chef signe avec maîtrise une cuisine créative aux parfums marqués et aux présentations soignées. Une excellente auberge !

Formule 24 € 🍷 – Menu 37/75 € 🍷 – Carte 42/62 €

196 rte de Goderville – ☎ 02 35 28 71 84 (réservation conseillée) – www.aubergedelamotte.com – Fermé 28 sept.-11 oct., 4-18 janv., dim. soir de nov. à fév., merc. soir et lundi

GORBIO

✉ 06500 – 1 304 hab. – Alt. 360 m – Carte régionale n° **42**-E2

▶ Paris 961 km – Marseille 215 km – Monaco 13 km – Nice 27 km

Carte Michelin 341-F5

Le Beau Séjour

CUISINE TRADITIONNELLE • AUBERGE X Au cœur de ce petit village situé sur les hauteurs entre Menton et Monaco, ce Beau Séjour échappe à l'agitation de la côte. Le joli décor, aux teintes claires et lumineuses, donne une patte classique au restaurant ; la cuisine se décline en deux menus composés de plats locaux... Charmant !

Menu 29 € (déj.)/44 € – Carte 34/58 €

20 pl. de la République – ☎ 04 93 41 46 15 – Ouvert 1er avril-10 oct. et fermé merc. et le soir sauf en juil.-août

GORDES

✉ 84220 (Vaucluse) – 2 001 hab. – Alt. 372 m – Carte régionale n° **42**-E1

▶ Paris 712 km – Apt 19 km – Avignon 38 km – Carpentras 26 km

Carte Michelin 332-E10 – Guide Vert Michelin Provence

Pèir

CRÉATIVE · ÉLÉGANT XXX L'équipe de Pierre Gagnaire est aux fourneaux, cela ne fait aucun doute : la patte du grand chef est bel et bien présente dans cette cuisine inspirée, percutante et gorgée de parfums. Armé de magnifiques produits, il fait chanter la Provence avec beaucoup d'élégance et de finesse : une expérience à part !

→ Langoustines "Ocre Roussillon", consommé parfumé de lavandin, royale de carottes. Saint-pierre poché au plat, crème de morue, gâteau de foie blond. Le grand dessert.

Menu 135 € – Carte 180/210 €

Hôtel La Bastide de Gordes, r. de la Combe – ℰ 04 90 72 12 12 (réservation conseillée) – www.bastide-de-gordes.com – Ouvert Pâques à début nov. et fermé lundi et mardi

Les Bories

CUISINE MODERNE · ÉLÉGANT XXX Un cadre idyllique, à la fois secret et grand ouvert sur la garrigue... Les saveurs provençales prennent ici toute leur dimension : parfums sublimés, textures équilibrées, accords harmonieux... le travail du chef est très délicat.

→ Thon, glace à la roquette, tomates anciennes du Luberon et espuma de thym. Langoustine et rouget saisis aux saveurs de romarin, légumes d'été et sauce fumée. Soufflé à la sarriette, tartelette figue et framboises glacées.

Menu 70/110 € – Carte 90/100 €

Hôtel Les Bories & Spa, rte de l'Abbaye de Sénanque, 2 km
– ℰ 04 90 72 00 51 (réservation conseillée) – www.hotellesbories.com
– Fermé 2 janv.-14 fév., dim. soir et lundi hors saison et le midi sauf dim.

La Bastide de Gordes

LUXE · CLASSIQUE Cette bastide, dressée à flanc de rocher face aux Alpilles, a rouvert ses portes après d'importants travaux. Plus qu'une simple rénovation, c'est une métamorphose : intérieur somptueux, évoquant avec goût l'esprit des châteaux de famille du 18ᵉ s. – tableaux, mobilier chiné –, piscines invitant à la détente...

34 chambres – †195/780 € ††195/780 € – 6 suites – ☒ 35 €

r. de la Combe – ℰ 04 90 72 12 12 – www.bastide-de-gordes.com
– Ouvert de mars à déc.

❀ **Pèir** – voir les restaurants ci-dessus

Les Bories & Spa

LUXE · CLASSIQUE Les "bories", ce sont ces cabanes en pierres sèches des anciens bergers de Provence... Un modèle pour l'architecture de ce luxueux établissement, qui semble vivre en communion avec la garrigue, entre lavandes et oliviers. Lumière, raffinement...

32 chambres – †295/530 € ††295/530 € – 2 suites – ☒ 23 € – ½ P

rte de l'Abbaye de Sénanque, 2 km – ℰ 04 90 72 00 51 – www.hotellesbories.com
– Fermé 2 janv.-14 fév.

❀ **Les Bories** – voir les restaurants ci-dessus

Le Mas des Romarins

HÔTEL DE VACANCES · PERSONNALISÉ Ferme centenaire dominant Gordes. Les chambres sont fraîches et cosy ; de la terrasse, à l'ombre des mûriers, la vue sur le village est un véritable délice...

13 chambres – †100/220 € ††100/220 € – ☒ 16 € – ½ P

rte de Sénanque – ℰ 04 90 72 12 13 – www.masromarins.com
– Fermé 28 nov.-15 déc. et 16 janv.-17 fév.

Un symbole passé en rouge désigne une maison particulièrement charmante, comme par exemple :

rte d'Apt 2 km à l'Est par D2 – ⊠ 84220 Gordes :

🍴 La Ferme de la Huppe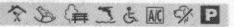

PROVENÇALE · COSY XX Daube de paleron et joue de bœuf au vin rouge du Ventoux, "trofie al pesto genovese" : la cuisine provençale est ici à l'honneur, avec quelques plats transalpins en clin d'œil aux origines ligures de la patronne... Saveurs bien marquées, cuissons maîtrisées, service aux petits soins : on se régale !

Formule 24 € – Menu 29 € (déj.), 47/55 € – Carte 47/65 €

5 km par D156 rte de Goult – ℰ 04 90 72 12 25 – www.lafermedelahuppe.com
– Ouvert mi-mars à début nov. et fermé lundi midi, mardi midi et dim.

🏠 Carcarille

FAMILIAL · MÉDITERRANÉEN Passé l'allée de cyprès, on découvre cette jolie maison en pierre sèche qui embaume le bon air de la Provence. Chaque chambre ouvre sur un balcon ou une terrasse, la piscine est entourée d'oliviers... les cigales chantent tout l'été. Recettes régionales au restaurant.

20 chambres – †82/160 € ††82/160 € – ⏃ 14 € – ½ P

rte d'Apt, 4 km par D2 – ℰ 04 90 72 02 63 – www.carcarille.com – Fermé 11 nov.-5 fév.

🏠 La Ferme de la Huppe

FAMILIAL · PERSONNALISÉ Jolie fermette du 18e s. en pierre sèche. Les chambres fleurent bon le lin et la lavande, comme un rêve provençal. Très jolie piscine parmi les arbustes.

10 chambres ⏃ – †110/225 € ††149/225 € – ½ P

5 km par D156 rte de Goult – ℰ 04 90 72 12 25 – www.lafermedelahuppe.com
– Ouvert mi-mars à début nov.

🍴 **La Ferme de la Huppe** – voir les restaurants ci-dessus

rte des Imberts 4 km au Sud-Ouest par D2 – ⊠ 84220 Gordes :

🍴 Le Mas Tourteron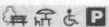

PROVENÇALE · RUSTIQUE XX Ce joli mas et sa terrasse sous les mûriers dégagent un charme à la Pagnol. Le credo du lieu : une "cuisinière dans sa maison", laquelle régale de recettes provençales aussi soignées que délicieuses. Un petit conseil : laissez-vous tenter par les pieds et paquets à la marseillaise, un modèle du genre...

Menu 35 € (déj. en semaine)/62 € – Carte 68/91 €

chemin de St-Blaise – ℰ 04 90 72 00 16 – www.mastourteron.com
– Ouvert 11 mars-6 nov. et fermé le midi sauf dim. et fériés et juil.-août, lundi et mardi

🍴 L'Estellan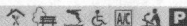

PROVENÇALE · FAMILIAL X Un restaurant au charme poétique et rétro, dans un mas en pierre. On se régale de pieds et paquets au vin du Luberon et de tagliatelles faites maison, le tout accompagné d'ail, d'olives et plantes aromatiques... Une goûteuse cuisine provençale.

Formule 21 € – Menu 25 € (déj.), 39/52 € – Carte 52/65 €

Hôtel Mas de la Senancole, Hameau les Imberts – ℰ 04 90 72 04 90
– www.restaurant-estellan.com – Fermé 4 janv.-8 fév., lundi et mardi de nov.
à mars

🏠 Mas de la Senancole

FAMILIAL · CLASSIQUE La Sénancole coule à proximité de ce petit mas en pierre. Chambres ornées de bois peint et fer forgé, certaines avec terrasse. Espace détente avec sauna, hammam, jacuzzi. Jardin bien fleuri.

21 chambres – †99/246 € ††99/246 € – ⏃ 14 € – ½ P

Hameau les Imberts – ℰ 04 90 76 76 55 – www.mas-de-la-senancole.com
– Fermé 4 janv.-8 fév.

🍴 **L'Estellan** – voir les restaurants ci-dessus

GOSNAY – 62 (Pas-de-Calais) → voir Béthune

LA GOUESNIÈRE

✉ 35350 (Ille-et-Vilaine) – 1 678 hab. – Alt. 22 m – Carte régionale n° **10**-D1
▣ Paris 390 km – Dinan 25 km – Dol-de-Bretagne 13 km – Lamballe 65 km
Carte Michelin 309-K3

❀ La Gouesnière

CUISINE MODERNE · ÉLÉGANT ✗✗✗ Ce restaurant a de nouveau le vent en poupe. À côté des classiques – coquillages, crustacés, poissons meunière –, on sert aussi des recettes plus fines et créatives, concoctées avec un soin particulier. Une cuisine généreuse, qui flatte aussi bien l'œil que le palais : un vrai plaisir.
→ Langoustines rôties, tomate ananas marinée, salicornes et radis aigre-doux. Sole meunière au beurre fumé, légumes truffés. Farandole de fruits, soupe de fraise épicée au citron vert.
Formule 30 € – Menu 36 € (déj. en semaine), 46/104 € – Carte 70/120 €
à la gare, 1,5 km par D76, rte de Cancale – ℰ 02 99 89 10 46 (réservation conseillée) – www.tirelguerin.com – Fermé 4-20 déc. et 4-27 janv., dim. soir, mardi midi, merc. midi et lundi sauf de mi-juil. à fin août

🏠 Maison Tirel-Guérin

TRADITIONNEL · PERSONNALISÉ Face à la gare, dans un environnement pourtant sans attrait, cet ancien relais de poste ne manque pas de séduire : accueil prévenant, espace et confort, piscine couverte... Une adresse familiale d'excellente tenue.
49 chambres – ♦65/168 € ♦♦65/243 € – 2 suites – ☱ 17 € – ½ P
à la gare, 1,5 km par D76, rte de Cancale – ℰ 02 99 89 10 46
– www.tirelguerin.com – Fermé 4-20 déc. et 3-26 janv.
❀ **La Gouesnière** – voir les restaurants ci-dessus

GOULT

✉ 84220 (Vaucluse) – 1 147 hab. – Alt. 258 m – Carte régionale n° **42**-E1
▣ Paris 714 km – Apt 14 km – Avignon 41 km – Bonnieux 8 km
Carte Michelin 332-E10 – Guide Vert Michelin Provence

ⅼ◯ La Bartavelle

PROVENÇALE · RUSTIQUE ✗✗ Le petit Marcel Pagnol et son père bien-aimé auraient apprécié cette salle voûtée avec ses superbes carreaux de terre cuite. Dans une ambiance chaleureuse, on se régale d'une caille fermière du Luberon, croûton de foie gras et morilles, ou d'une selle d'agneau de Haute-Provence à la moutarde en grains... Du bel ouvrage !
Menu 46 €
r. du Cheval-Blanc – ℰ 04 90 72 33 72 (réservation conseillée)
– www.bartavelle.free.fr – Fermé mi-nov. à fin fév., le midi, mardi et merc.

ⅼ◯ Le Carillon

CUISINE MODERNE · ÉLÉGANT ✗ Face au carillon de la grande place de Goult, ce restaurant a été entièrement rénové en 2013. Le menu, où l'on trouve de bons plats de saison, évolue tous les mois et demi. Fraîche terrasse ombragée.
Formule 20 € – Menu 25 € (déj.), 36/47 € – Carte 50/68 €
av. du Luberon – ℰ 04 90 72 15 09 – www.lecarillon-restaurant.com – Fermé 22 déc.-5 fév., merc. de fin sept. à mai et mardi

GOUMOIS

✉ 25470 (Doubs) – 176 hab. – Alt. 490 m – Carte régionale n° **17**-C2
▣ Paris 513 km – Besançon 92 km – Montbéliard 55 km – Morteau 47 km
Carte Michelin 321-L3 – Guide Vert Michelin Franche-Comté Jura

🍴⃝ **Taillard** 🐕 ≼ 🛋 🏠 **P**

CUISINE CLASSIQUE · RÉTRO 𝕏𝕏𝕏 La vue sur la vallée est très agréable et la cuisine du terroir concoctée par le chef – savoureuse et très raffinée – n'a rien à lui envier ! Une maison familiale et de tradition.

Menu 29 € (déj.), 39/75 € – Carte 55/83 €

3 rte de la Corniche – 𝒞 03 81 44 20 75 – www.hotel-taillard.fr – Ouvert 15 mars-8 nov. et fermé merc. soir d'oct. à avril, lundi soir sauf juil.-août, fériés, lundi midi et merc. midi

🏠 **Taillard** 🐕 🐕 ≼ 🛋 ♨ ⅄ 🍴 🐕 **P**

Situé à flanc de colline, un hôtel familial (1875) plaisant avec un très joli jardin, pour les amoureux de la nature. Les chambres, classiques ou plus contemporaines à l'annexe, sont confortables et soignées (meubles chinés, tableaux, etc.).

15 chambres – ♦92/198 € ♦♦92/198 € – 4 suites – ⌓ 16 € – ½ P

3 rte de la Corniche – 𝒞 03 81 44 20 75 – www.hotel-taillard.fr – Ouvert 15 mars-8 nov.

🍴⃝ **Taillard** - voir les restaurants ci-dessus

GOUPILLIÈRES

✉ 14210 (Calvados) – 177 hab. – Alt. 162 m – Carte régionale n° **32**-B2
▶ Paris 255 km – Caen 24 km – Condé-sur-Noireau 27 km – Falaise 34 km
Carte Michelin 303-J5

🍴⃝ **Auberge du Pont de Brie** 🛖 **P**

CUISINE TRADITIONNELLE · CONVIVIAL 𝕏𝕏 Avec ses escarpements et ses jolis points de vue, la vallée de l'Orne mérite une visite ! Faites donc une halte dans cette auberge en pleine campagne, où l'on peut déguster une andouillette de canard, une entrecôte au camembert ou une côte de veau grand-mère... Sympathique et traditionnel !

🍴 Formule 16 € – Menu 20 € (déj. en semaine)/26 € – Carte 32/60 €

Halte de Grimbosq, 1,5 km à l'Est – 𝒞 02 31 79 37 84 – www.pontdebrie.com – Fermé 4-14 juil., 24 oct.-4 nov., 19 déc.-20 janv., merc. soir et jeudi soir de Pâques à sept., merc. et jeudi d'oct. à Pâques, lundi et mardi

GOURDON

✉ 46300 (Lot) – 4 406 hab. – Alt. 250 m – Carte régionale n° **28**-B1
▶ Paris 543 km – Bergerac 91 km – Brive-la-Gaillarde 66 km – Sarlat-la-Canéda 26 km
Carte Michelin 337-E3

🍴⃝ **Hostellerie de la Bouriane** 🐕 🛋 🍴 **P**

CUISINE TRADITIONNELLE · CONVIVIAL 𝕏𝕏 Cette hostellerie de campagne mise sur les beaux produits du terroir : agneau du Quercy, petits gris du village, rocamadour fermier, liqueur de prune de Souillac, etc. Grande spécialité de la maison : le tournedos Rossini. Belle carte des vins.

Menu 30/46 € – Carte 41/82 €

pl. du Foirail – 𝒞 05 65 41 16 37 – www.hotellabouriane.fr – Fermé 16-25 oct., 20 janv.-10 mars, le midi sauf dim., dim. soir et lundi d'oct. à avril

🏠 **Hostellerie de la Bouriane** 🐕 🐕 🛋 🖵 🍴 **P**

FAMILIAL · RUSTIQUE Cette maison cultive le sens de l'hospitalité depuis 1898 ! On s'y repose dans des chambres rustiques bien tenues et mansardées au dernier étage. L'été, il fait bon profiter de l'agréable jardin. Un point de chute parfait pour partir à la découverte de ce village médiéval remarquablement préservé.

20 chambres – ♦88/129 € ♦♦88/129 € – ⌓ 14 € – ½ P

pl. du Foirail – 𝒞 05 65 41 16 37 – www.hotellabouriane.fr – Fermé 16-25 oct., 20 janv.-10 mars, dim. soir et lundi d'oct. à avril

🍴⃝ **Hostellerie de la Bouriane** - voir les restaurants ci-dessus

GOURETTE

✉ 64440 (Pyrénées-Atlantiques) – Alt. 1 400 m – Carte régionale n° **3**-B3
▶ Paris 829 km – Argelès-Gazost 35 km – Eaux-Bonnes 9 km – Laruns 14 km
Carte Michelin 342-K7 – Guide Vert Michelin Aquitaine

⌂ Boule de Neige   ⌂ ⬚ ⬚ ⬚ ⬚

FAMILIAL · RUSTIQUE Les atouts de cet hôtel : sa situation au pied des pistes,
face aux sommets, et ses petites chambres de style chalet (la moitié avec mezzanine). Restaurant contemporain décoré de rondins de bois et de pierres apparentes. Cuisine traditionnelle ; snack à midi.

22 chambres – ♦55/100 € ♦♦65/110 € – ⬚ 9 € – ½ P
(accès piétonnier) – ℰ 05 59 05 10 05 – www.hotel-bouledeneige.com – *Ouvert
26 juin-4 sept. et 1ᵉʳ déc.-début avril*

GOURNAY-EN-BRAY

✉ 76220 (Seine-Maritime) – 6 409 hab. – Alt. 94 m – Carte régionale n° **33**-D2
▶ Paris 97 km – Amiens 78 km – Les Andelys 38 km – Beauvais 31 km
Carte Michelin 304-K5 – Guide Vert Michelin Normandie Vallée de la Seine

⌂ Le Saint Aubin   ⌂ ⬚ ⬚ ⬚ ⬚ ⬚

BUSINESS · FONCTIONNEL Cette construction en brique rouge, prisée par la
clientèle d'affaires (plusieurs salles de réunion), se trouve légèrement en retrait de
la route de Dieppe. Les chambres sont fonctionnelles et utiles pour l'étape.

60 chambres – ♦75/125 € ♦♦78/125 € – ⬚ 8 € – ½ P
550 chemin Vert, 3 km par D915, rte de Dieppe – ℰ 02 35 09 70 97
– *www.hotel-saint-aubin.fr*

GOUVIEUX – 60 (Oise) → voir Chantilly

GOUY-ST-ANDRÉ – 62 (Pas-de-Calais) → voir Hesdin

GRAMAT

✉ 46500 (Lot) – 3 576 hab. – Alt. 305 m – Carte régionale n° **29**-C1
▶ Paris 534 km – Brive-la-Gaillarde 57 km – Cahors 58 km – Figeac 36 km
Carte Michelin 337-G3

☺ Le Relais des Gourmands   ⬚ ⬚ ⬚ ⬚

CUISINE TRADITIONNELLE · CONVIVIAL ✗✗ Face à la gare, les gourmands qui
descendent du train ont un pied-à-terre tout trouvé ! En cuisine, les petits plats
du terroir mijotent sous l'œil attentif des chefs, Carl Jenner et Gérard Curtet.
Avec eux, les recettes du pays sont joliment actualisées. Aux beaux jours, profitez
de la terrasse sous les marronniers.

Formule 18 € – Menu 21 € (déj. en semaine), 32/46 € – Carte 36/76 €
16 chambres – ♦72/78 € ♦♦74/88 € – ⬚ 10 €
2 av. de la Gare – ℰ 05 65 38 83 92 – *www.relais-des-gourmands.com*
– *Fermé 22 fév.-14 mars, 5-12 oct., 23 déc.-7 janv., dim. soir et lundi sauf le soir
en juil.-août*

‖◯ Lion d'Or   ⬚ ⬚ ⬚

CUISINE CLASSIQUE · CLASSIQUE ✗✗ Que le chef soit de la région ne fait, ici,
aucun doute ! En cuisine, il concocte des recettes traditionnelles bien ancrées
dans le terroir. De bons petits plats à déguster en terrasse ou dans la salle un
brin bourgeoise de cet hôtel-restaurant. Une bonne adresse.

Formule 20 € – Menu 29/59 €
Hôtel Lion d'Or, 8 pl. de la République – ℰ 05 65 10 46 10 – *www.liondorhotel.fr*
– *Fermé dim. soir et lundi du 15 nov. au 15 avril*

Le Centre ✿ ＆ AC

FAMILIAL · FONCTIONNEL Un bon point de chute, associant belles prestations et esprit contemporain – l'adresse a été rénovée de pied en cap ! Les chambres offrent un bon confort et des literies king size. Restauration traditionnelle et spécialités de brasserie.

20 chambres – ♥73/81 € ♥♥73/81 € – ヱ10 € – ½ P

pl. de la République – ℰ 05 65 38 73 37 – www.lecentre.fr

Lion d'Or ✿ 🖬 AC ✍ 🛋 🚗

BUSINESS · FONCTIONNEL En plein centre-ville, une jolie demeure régionale de caractère. On y trouve des chambres spacieuses et plutôt agréables, avec leur décoration aux couleurs pastel.

14 chambres – ♥49/69 € ♥♥59/79 € – ヱ10 € – ½ P

8 pl. de la République – ℰ 05 65 10 46 10 – www.liondorhotel.fr

◐O **Lion d'Or** – voir les restaurants ci-dessus

Hostellerie du Causse ✿ ⼑ ＆ 🛋 🅿

BUSINESS · SIMPLE À l'écart du centre, cette belle bâtisse récente, inspirée du style local, possède des chambres assez spacieuses, à la fois modernes et fonctionnelles. Au restaurant, cuisine traditionnelle.

31 chambres – ♥60/70 € ♥♥75/82 € – ヱ9 € – ½ P

2 km par rte de Cahors – ℰ 05 65 10 60 60 – www.hostellerieducausse.com – Fermé 2-31 janv.

Moulin de Fresquet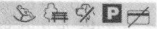

FAMILIAL · PERSONNALISÉ Ce moulin où cohabitent trois époques (14ᵉ, 18ᵉ et 19ᵉ s.) se dresse au sein d'un jardin baigné par un bief. Meubles, tableaux, tapisseries et objets anciens habillent les chambres, bien décorées et très cosy. Joli jardin... avec des canards !

5 chambres ヱ – ♥76/89 € ♥♥83/119 €

1 km par rte de Figeac – ℰ 05 65 38 70 60 – www.moulindefresquet.com – Ouvert 16 avril-14 oct.

GRAMBOIS

✉ 84240 (Vaucluse) – 1 154 hab. – Alt. 390 m – Carte régionale n° **40**-B2
▶ Paris 759 km – Aix-en-Provence 36 km – Apt 41 km – Digne-les-Bains 82 km
Carte Michelin 332-G11

L'Auberge des Tilleuls ⬅ 🍴

PROVENÇALE · FAMILIAL ✕✕ Au pied du village, une bâtisse ancienne précédée d'une terrasse sous les tilleuls. La salle est contemporaine et il fait bon y déguster les agréables spécialités régionales préparées par le chef, qui utilise exclusivement des produits frais, légumes et fruits de la région. Petites chambres classiques.

Menu 25 € (déj. en semaine), 33/50 €

5 chambres ヱ – ♥85 € ♥♥85 €

au Moulin du Pas à 1,5 km par D122 – ℰ 04 90 77 93 11 – www.tilleuls.com – Fermé 21-29 déc., vacances de fév., mardi midi d'oct. à mars, dim. soir, mardi soir et lundi

LE GRAND-BORNAND

✉ 74450 (Haute-Savoie) – 2 189 hab. – Alt. 934 m – Carte régionale n° **46**-F1
▶ Paris 564 km – Albertville 47 km – Annecy 31 km – Bonneville 23 km
Carte Michelin 328-L5 – Guide Vert Michelin Alpes du Nord

◐O Confins des Sens

CUISINE MODERNE · INTIME ✕✕ La spécialité de la maison ? La délicieuse soupe de foie gras au muscat, avec une compotée d'oignons rouges et ses cromesquis. Un bel hommage au terroir, avec la touche de créativité qui fait la différence ; le tout est mis en scène par deux chefs en cuisine (le troisième associé s'occupe de la salle).

Menu 25 € (déj. en semaine), 42/78 € – Carte environ 60 €

Le Villavit – ℰ 04 50 69 94 25 – www.confins-des-sens.com – Fermé 3 semaines en juin, 3 semaines en oct., dim. soir et merc.

🏨 Les Écureuils

FAMILIAL · ALPIN À deux pas de la télécabine (parfait pour les skieurs), un chalet dans un style contemporain, chic et original à la fois, dont les chambres décorées de bois clair ont conservé l'esprit montagnard. Le sauna offre même une jolie vue sur l'extérieur...

16 chambres – †70/185 € ††70/250 € – 1 suite – ⌷ 10 € – ½ P

431 rte de la Vallée du Bouchet, à la télécabine de la Joyère – ✆ 04 50 02 20 11 – www.hotel-les-ecureuils.com – Ouvert de juin à sept. et de mi-déc. à début avril

🏠 Les Fermes de Pierre et Anna

FAMILIAL · ALPIN Authentique ! Tel est ce confortable chalet du 18ᵉ s. Le golf et les pistes de ski de fond sont à deux pas, tandis que la quiétude et la douceur de vivre sont ici même, chez Pierre et Anna.

8 chambres – †98/120 € ††106/138 € – ⌷ 13 €

4722 rte de la Vallée du Bouchet, 5 km à l'Est par D4e – ✆ 04 50 51 54 99 – www.fermes-pierre-anna.com – Fermé 24-29 avril et 1ᵉ nov.-10 déc.

🏠 Le Delta

HÔTEL DE VACANCES · ALPIN À la périphérie du village, à côté de la patinoire et du stand de tir du biathlon, un petit hôtel récent aux chambres chic et montagnardes, certaines en duplex. Les amateurs de glisse apprécieront la présence d'une boutique de vente et location de skis.

19 chambres – †70/105 € ††79/105 € – 3 suites – ⌷ 10 €

136 rte de la Patinoire – ✆ 04 50 02 26 25 – www.hotel-delta74.com – Ouvert de juin à sept. et de déc. à avril

🏠 Croix St-Maurice

FAMILIAL · FONCTIONNEL Un chalet traditionnel au cœur de la station. On se repose dans de petites chambres chaleureuses, dans le style local, avant de profiter de l'espace bien-être, avec sauna et hammam. Spécialités savoyardes au restaurant.

22 chambres – †72/155 € ††72/155 € – ⌷ 10 € – ½ P

29 pl. de la Grenette – ✆ 04 50 02 20 05 – www.hotel-lacroixstmaurice.com – Fermé 25 sept.-21 oct.

🏨 Le Chalet 1864 🅝

FAMILIAL · ALPIN C'est le dernier chalet, au bout de la route : la promesse d'un nouvel horizon ! Les chambres, vastes et confortables, jouent des matériaux bruts, pierre et bois. En soirée, un chef Meilleur Ouvrier de France cuisine pour les hôtes. Le plus ? Aucune télévision ne vous distraira de votre méditation...

4 chambres ⌷ – †270/500 € ††270/500 € – 1 suite

2645 rte de Lormay, 8 km à l'Est par D4e – ✆ 04 50 02 28 50 – www.chalet1864.com – Ouvert mi-juin à fin sept. et de début déc. à mi-avril

au Chinaillon 5,5 km au Nord par D4 – ✉ 74450 Le Grand Bornand

🏠 La Crémaillère

FAMILIAL · FONCTIONNEL Dans les chambres, petites mais très propres, vue sur les pistes ! Et l'on peut même entendre bruire le cours d'eau qui a donné son nom au village. Le patron cuisine de sympathiques plats savoyards, et l'on propose des confitures maison au petit-déjeuner.

15 chambres – †52 € ††119 € – ⌷ 9 € – ½ P

Le Chinaillon – ✆ 04 50 27 02 33 – www.hotel-la-cremaillere.fr – Ouvert 18 juin-11 sept. et 23 déc.-20 avril

🏠 Les Cimes

FAMILIAL · PERSONNALISÉ Au cœur de la station du Chinaillon, ce chalet entièrement rénové cultive un esprit atypique, proche d'une maison d'hôtes. Les chambres sont élégantes avec leurs murs entièrement tapissés de bois et ornés de motifs peints à la main. De véritables cocons de montagne ! Spa et bar lounge.

5 chambres – †99/179 € ††129/179 € – 3 suites – ⌷ 17 €

16 Rouet de la Floria – ✆ 04 50 27 00 38 – www.hotel-les-cimes.com – Fermé 24 avril-2 juin et 18 sept.-13 oct.

GRANDCAMP-MAISY

✉ 14450 (Calvados) – 1 769 hab. – Alt. 5 m – Carte régionale n° **32**-B2
▶ Paris 297 km – Caen 63 km – Cherbourg 73 km – St-Lô 40 km
Carte Michelin 303-F3 – Guide Vert Michelin Normandie Cotentin

⍟○ La Marée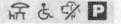

POISSONS ET FRUITS DE MER · CONVIVIAL ✕✕ Un ancien bar de pêcheur joliment contemporain, décoré de belles photos ayant pour thème la mer, avec, à l'étage, une vue plongeante sur le port… Le chef n'a qu'à traverser la rue pour se fournir à la criée. Résultat : une cuisine d'une totale fraîcheur.

⟐ Formule 16 € – Menu 20/27 € – Carte 44/61 €
5 quai Henri-Chéron – ℰ 02 31 21 41 00 (réservation conseillée)
– www.restolamaree.com – Fermé 1ᵉʳ janv.-10 fév.

⍟○ La Trinquette ⓝ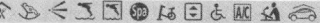

CUISINE TRADITIONNELLE · CONVIVIAL ✕✕ Le jeune chef passionné de cette table historique, cosy et chaleureuse, vous propose de déguster une cuisine d'une incomparable fraîcheur… avec l'impression de goûter moules, Saint-Jacques, sole ou turbot, au sortir de la barque du pêcheur ! Agréable véranda-salon d'un côté de la maison, et terrasse de l'autre.

Menu 27/42 € – Carte 30/48 €
7 r. Joncal – ℰ 02 31 22 64 90 – www.restaurant-la-trinquette.com
– Fermé 6 déc.-20 janv., mardi hors saison et lundi

LA GRANDE-MOTTE

✉ 34280 (Hérault) – 8 509 hab. – Alt. 1 m – Carte régionale n° **23**-C2
▶ Paris 747 km – Aigues-Mortes 12 km – Lunel 16 km – Montpellier 28 km
Carte Michelin 339-J7

🏨 Les Corallines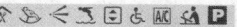

SPA ET BEAUTÉ · MODERNE Sur le bord de mer, un complexe hôtelier moderne avec centre de thalassothérapie et spa. Chambres avec balcon, belle piscine et terrasse panoramique face au littoral. Au restaurant, cadre japonisant et zen pour une cuisine aux parfums méditerranéens.

39 chambres – †139/210 € ††134/202 € – 3 suites – ⌂ 16 € – ½ P
615 allée de la Plage, (Le Point Zéro) – ℰ 04 67 29 13 13
– www.thalasso-grandemotte.com – Fermé 23 déc.-11 janv.

🏨 Novotel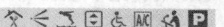

HÔTEL DE CHAÎNE · ACTUEL Des prestations modernes à l'entrée du golf : hall monumental coiffé d'une coupole en verre, grandes chambres aux normes de la chaîne, belles suites. Au restaurant ouvert sur la piscine, formules traditionnelles et saveurs de Méditerranée.

83 chambres – †110/200 € ††230/320 € – 3 suites – ⌂ 16 €
1641 av. du Golf – ℰ 04 67 29 88 88 – www.novotel.com

🏨 Mercure

HÔTEL DE CHAÎNE · FONCTIONNEL Cette imposante bâtisse domine le port de plaisance, au cœur de la station. Les chambres, spacieuses, bénéficient d'un balcon tourné vers la mer. Carte traditionnelle proposée dans un décor actuel ou sur une terrasse ombragée de platanes.

99 chambres – †101/295 € ††101/295 € – 18 suites – ⌂ 16 €
140 r. du port – ℰ 04 67 56 90 81 – www.mercure.com

🏨 Golf Hôtel

TRADITIONNEL · CLASSIQUE Dans un quartier calme, face à une pinède, un hôtel construit à la fin des années 1980. Les chambres ouvrent par une loggia sur le golf ou le plan d'eau du Ponant.

44 chambres – †80/225 € ††80/350 € – 1 suite – ⌂ 14 €
1920 av. du Golf – ℰ 04 67 29 72 00 – www.golfhotel34.com – Fermé
15 déc.-15 janv.

🏨 Hôtel de la Plage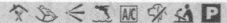

FAMILIAL · MODERNE Sur la plage évidemment... Cet hôtel tenu par un jeune couple a bénéficié de travaux de modernisation (décor contemporain). Les balcons face à la Méditerranée sont bien agréables. Au restaurant ouvert le soir, cuisine estivale face à la piscine.

36 chambres – ♦90/350 € ♦♦90/350 € – 4 suites – ☲15 €
allée du Levant, direction Grau-du-Roi – 𝒞 04 67 29 93 00
– www.hp-lagrandemotte.fr – Fermé déc.

🏨 Azur Bord de Mer

TRADITIONNEL · FONCTIONNEL Telle une vigie scrutant la Grande Bleue, un hôtel familial ancré sur le môle fermant le port au sud. Chambres douillettes, au décor classique ou contemporain. Piscine chauffée.

20 chambres – ♦79/308 € ♦♦89/308 € – ☲14 €
pl. Justin – 𝒞 04 67 56 56 00 – www.hotelazur.net

GRAND-FOUGERAY

✉ 35390 (Ille-et-Vilaine) – 2 393 hab. – Alt. 40 m – Carte régionale n° **10**-D2
▶ Paris 392 km – Bruz 41 km – Cesson-Sévigné 52 km – Rennes 49 km
Carte Michelin 309-L8

🏨 Les Palis

AUBERGE · MODERNE Avec sa grande façade blanche (18ᵉ s.) sur la place centrale du village, l'établissement a tout de l'hôtel-restaurant d'autrefois, et pourtant... On y découvre des chambres très contemporaines (dont l'une avec un lit rond !), un espace bien-être avec fitness, sauna, jacuzzi, etc. Le tout à mi-chemin entre Nantes et Rennes.

16 chambres – ♦85/180 € ♦♦85/180 € – ☲12 €
15 pl. de l'Église – 𝒞 02 99 08 30 80 – www.hotelcharmebretagne.com

LE GRAND-VILLAGE-PLAGE – 17 (Charente-Maritime) → voir Île d'Oléron

GRANE

✉ 26400 (Drôme) – 1 792 hab. – Alt. 175 m – Carte régionale n° **44**-B3
▶ Paris 599 km – Lyon 136 km – Montélimar 35 km – Valence 32 km
Carte Michelin 332-C5

🍽 La Demeure de Grâne

CUISINE TRADITIONNELLE · AUBERGE ✕✕ Sur la place de l'église, cette sympathique auberge propose une cuisine traditionnelle. Aux beaux jours, préférez la terrasse à l'ombre des platanes. Chambres pour l'étape.

Menu 28/38 €
7 chambres – ♦68 € ♦♦68 € – ☲7 €
8 pl. de l'Église – 𝒞 04 75 62 60 64 – www.lademeuredegrane.com
– Fermé dim. soir, lundi et mardi

GRANGES-LÈS-BEAUMONT – 26 (Drôme) → voir Romans-sur-Isère

GRANGES-STE-MARIE – 25 (Doubs) → voir Malbuisson

GRANVILLE

✉ 50400 (Manche) – 13 021 hab. – Alt. 10 m – Carte régionale n° **32**-A2
▶ Paris 342 km – Avranches 27 km – Cherbourg 105 km – St-Lô 57 km
Carte Michelin 303-C6 – Guide Vert Michelin Normandie Cotentin

🍽 La Citadelle

POISSONS ET FRUITS DE MER · CLASSIQUE ✕✕ Un jeune couple sympathique est à la barre de cette adresse qui se démarque sur le port de Granville. On admire les petits bateaux de plaisance en partance pour les îles, tout en dégustant homards de Chausey et autres crustacés... Cap sur les produits de la mer !

Formule 22 € – Menu 30/75 € – Carte 34/51 €
34 r. du Port – 𝒞 02 33 50 34 10 – www.restaurant-la-citadelle.fr
– Fermé 3 semaines en janv., mardi d'oct. à mars et merc.

⊪○ L'Edulis 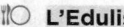   🚫

CUISINE MODERNE · DESIGN XX Le décor tout en sobriété du restaurant (taupe, gris, blanc cassé) contraste avec l'assiette, vive et créative ! La jeune équipe en place propose une cuisine bien actuelle, au plus près des saisons : terrine de lapin à la sauge, foie gras et légumes ; dos de cabillaud confit aux deux céleris... Miam !

Formule 20 € – Menu 25 € (déj. en semaine), 37/57 €

8 r. de l'Abreuvoir – ℰ 02 14 13 45 88 – www.restaurantledulis.com – Fermé 3 semaines en nov., lundi et mardi

🏠 Mercure Le Grand Large

HÔTEL DE CHAÎNE · FONCTIONNEL Dans le centre de Granville, non loin du casino, cet hôtel est perché sur la falaise au-dessus de la plage ; on y jouit d'un panorama somptueux sur la Manche ! Sobriété feutrée dans les chambres, grandes, climatisées et bien équipées. Parfait pour un déplacement professionnel comme pour les vacances.

66 chambres – ♦79/255 € ♦♦84/255 € – ☐ 15 €

5 r. de la Falaise – ℰ 02 33 91 19 19 – www.mercure-granville.com

à Donville-les-Bains 1,5 km au Nord par D911 et D468 – ✉ 50350
– 3 238 hab. – Alt. 40 m

🏠 Hôtel de la Baie

HÔTEL DE CURE · ACTUEL Sur la côte juste au nord de Granville, cet établissement au décor contemporain et épuré – ouvert en 2013 – a de quoi séduire touristes et curistes... puisqu'il est relié au centre de thalassothérapie. Les chambres sont nettes et disposent d'aménagements de choix : douche à l'italienne, literie de qualité...

74 chambres – ♦75/300 € ♦♦75/450 € – 1 suite – ☐ 14 € – ½ P

r. de l'Ermitage – ℰ 02 33 90 31 10 – www.previthal.com

GRASSE

✉ 06130 (Alpes-Maritimes) – 51 021 hab. – Alt. 250 m – Carte régionale n° **42**-E2
▶ Paris 905 km – Cannes 17 km – Digne-les-Bains 118 km – Draguignan 53 km
Carte Michelin 341-C6 – Guide Vert Michelin Côte d'Azur

✿ La Bastide St-Antoine (Jacques Chibois)

PROVENÇALE · LUXE XXX Si Grasse est la cité du parfum, la table de Jacques Chibois – l'un des chefs de file de la "cuisine du soleil" depuis trente ans – est la reine des arômes ! Agrumes, herbes, huile d'olive : chaque assiette exalte les saveurs provençales, et certaines créations, tel le papillon de langoustines, sont de véritables anthologies.

→ Papillon de langoustines en émulsion de pulpe d'orange à l'huile d'olive et au basilic. Saint-pierre cuit à l'étuvée, purée de fenouil et coulis de citron. Petit rucher en vacherin à la fraise ou au coing.

Menu 66 € (déj. en semaine), 155/205 € – Carte 170/235 €

Hôtel La Bastide St-Antoine, 48 av. Henri-Dunant, (quartier St-Antoine), 1,5 km au Sud par D6185 rte de Cannes – ℰ 04 93 70 94 94 – www.jacques-chibois.com

🏠 La Bastide St-Antoine

LUXE · MÉDITERRANÉEN Cette imposante bastide du 18e s. trône dans un parc magnifique, doublé d'une immense oliveraie aménagée en restanques. L'image même de la Provence éternelle ! Luxueux mais sans ostentation, l'établissement cultive l'élégance aussi bien que la discrétion : la promesse d'un séjour enchanteur...

11 chambres – ♦270/465 € ♦♦270/465 € – 5 suites – ☐ 31 € – ½ P

48 av. Henri-Dunant, (quartier St-Antoine), 1,5 km au Sud par D6185 rte de Cannes – ℰ 04 93 70 94 94 – www.jacques-chibois.com

✿ **La Bastide St-Antoine** – voir les restaurants ci-dessus

🏨 Élixir ⚡ 🛏 ⌛ 🔁 ⚿ 🏊 P

HÔTEL DE CHAÎNE · FONCTIONNEL Les vertus de cet Élixir situé aux portes de la cité des parfumeurs : des chambres contemporaines confortables et bien aménagées (complètement rénovées en 2013), une agréable piscine, un espace bien-être (jacuzzi, massages) et un restaurant traditionnel. Parfait pour une étape à Grasse.

63 chambres – 🛏104/178 € 🛏🛏110/328 € – ⌷ 15 € – ½ P

r. Martine-Carol, (quartier St-Claude), 2,5 km au Sud par D6185 rte de Cannes – ☎ 04 93 70 70 70 – www.bestwestern-elixir-grasse.com

🏨 Moulin St-François 🔈 🛏 ⌛ 🅰🅲 🚲 P ⊟

MAISON DE CAMPAGNE · PERSONNALISÉ Sur les collines bordant Grasse, dans un parc planté d'oliviers, cette luxueuse demeure, créée sur les fondations d'un moulin du 18e s., cultive charme, raffinement et quiétude... Tout de blanc, le décor intérieur concentre la lumière, crée une atmosphère apaisante et fraîche. Sentiment d'exclusivité...

3 chambres ⌷ – 🛏230/350 € 🛏🛏230/350 €

60 av. Guy-de-Maupassant, 2 km à l'Ouest par rte de St-Cézaire – ☎ 04 93 42 14 35 – www.moulin-saint-francois.com

à Magagnosc 5 km à l'Est, rte de Nice – ✉ 06520

🌸 Au Fil du Temps (Sébastien Giraud) 🍴 🏚 🚲

CUISINE MODERNE · FAMILIAL XX Au fil du temps, du marché, des saisons... et avec toutes les couleurs de l'époque. Dans cette maison qui domine le pays de Grasse, on déguste une cuisine savoureuse, sans fioritures, où le terroir provençal s'exprime avec une belle fraîcheur.
➜ Cuisine du marché.

Formule 28 € – Menu 39/79 € – menu surprise unique

83 av. Auguste-Renoir – ☎ 04 93 36 20 64 (réservation conseillée) – www.restaurantaufildutemps.com – Fermé vacances de la Toussaint, le midi en juil.-août, merc. et dim.

au Sud-Est 5 km par D4 – ✉06130 Grasse

🍽 Lou Fassum 🍴 🏚 🅰🅲 P

PROVENÇALE · RUSTIQUE XX De la terrasse dressée sous les tilleuls, la vue sur Mouans-Sartoux et le golfe de Théoule est exceptionnelle. Le chef travaille des produits d'une belle fraîcheur et privilégie les producteurs locaux. Pour un agréable moment...

Menu 30 € (déj. en semaine), 39/76 € – Carte 80/130 €

381 rte de Plascassier – ☎ 04 93 60 14 44 (réservation conseillée) – www.loufassum.com – Fermé vacances de fév., de la Toussaint, dim. et lundi hors saison

au Val du Tignet 8 km au Sud-Ouest par D2562, rte de Draguignan – ✉ 06530 Le Tignet

🍽 Madesens 🛏 🏚 ⛴ 🅰🅲 P

CUISINE MODERNE · AUBERGE XX Les nouveaux propriétaires de cette maison, située en bord de route à la sortie de Peymeinade, lui ont donné un sacré coup jeune : déco modernisée, nouvelle formule bistrot le midi – salade César, thon mariné, burger gourmet... – et, le soir, de belles assiettes au goût du jour. Plus que jamais, une agréable étape.

Formule 24 € – Menu 40/70 € – Carte 55/72 €

291 rte de Draguignan – ☎ 04 93 66 12 33 – www.madesens.fr – Fermé dim. et le midi

DRIVING LUXURY.
NOUVELLE BMW SÉRIE 7.

La meilleure façon de prédire l'avenir, c'est de le créer. En puisant son origine dans l'excellence artisanale et la tradition, la Nouvelle BMW Série 7 introduit des avancées majeures dans tous les domaines : design, confort, technologie, efficience. Elle se positionne ainsi comme l'une des automobiles les plus innovantes au monde. Découvrez notre interprétation du luxe contemporain sur **bmw.fr/serie7**

à Cabris 5 km à l'Ouest par D4 – ✉ 06530 – 1 384 hab. – Alt. 550 m

🍴 Auberge du Vieux Château 👁 🐴 ⛱

CUISINE MODERNE • ROMANTIQUE XX Un charmant restaurant, niché sur une placette médiévale. On profite de ce décor de vieilles pierres en terrasse, ou l'on se réfugie dans la jolie salle provençale ; en cuisine, le marché et la Méditerranée sont à l'honneur, déclinés dans d'appétissantes assiettes. Quant aux chambres, elles sont ravissantes…

Menu 34 € (déj. en semaine), 47/59 €

4 chambres – 👤59/139 € 👥59/139 € – ☕ 9 €

pl. Mirabeau – ✆ 04 93 60 50 12 – www.aubergeduvieuxchateau.com – Fermé 2 semaines en déc., 3 semaines en janv., mardi sauf le soir en juil.-août et lundi

🍴 Auberge de la Chèvre d'Or ⛱ ❄

CUISINE TRADITIONNELLE • AUBERGE X À l'entrée du village, voici une sympathique auberge familiale où déguster une cuisine traditionnelle savoureuse et copieuse. Le décor a été entièrement revu dans un style de bistrot contemporain. Feu de cheminée en hiver et jolie terrasse : vive la Chèvre d'Or de Cabris !

Formule 20 € – Menu 27/37 € – Carte 39/53 €

1 pl. du Puits – ✆ 04 93 60 54 22 – www.lachevredor.fr – Fermé 15 nov.-début mars, mardi et merc. sauf juil.-août

GRATENTOUR

✉ 31150 (Haute-Garonne) – 3 552 hab. – Alt. 174 m – Carte régionale n° **28**-B2

▶ Paris 668 km – Albi 72 km – Montauban 43 km – Toulouse 21 km

Carte Michelin 343-G2

🏠 Le Barry 🍽 🐴 🌳 🏊 ❄ 💼 🅿

AUBERGE • FONCTIONNEL Une adresse confortable dans un village de la grande banlieue toulousaine. Les chambres sont simples et propres, l'accueil familial, et le restaurant joue la carte rustique mais tonique, avec murs en briques et vieille cheminée. Petit plus : le patio paysagé avec piscine.

22 chambres – 👤78/154 € 👥83/154 € – ☕ 9 € – ½ P

47 r. Barry – ✆ 05 61 82 22 10 – www.lebarry.fr – Fermé 1er-21 août et 22 déc.-2 janv.

GRATOT – 50 (Manche) ➜ voir Coutances

LE GRAU-D'AGDE – 34 (Hérault) ➜ voir Agde

LE GRAU-DU-ROI

✉ 30240 (Gard) – 8 498 hab. – Alt. 2 m – Carte régionale n° **23**-C2

▶ Paris 751 km – Aigues-Mortes 7 km – Arles 55 km – Lunel 22 km

Carte Michelin 339-J7

🍴 Le Dauphin ⛱ ❄

CUISINE TRADITIONNELLE • BISTRO X Sur les quais (avec une petite terrasse), un bistrot de la mer qui sort du lot : il est tenu par une authentique famille de restaurateurs-pêcheurs – la propriétaire s'occupe du service, son fils œuvre en cuisine et son époux possède un chalutier ! Difficile d'espérer un poisson plus frais…

Menu 21/28 € – Carte 36/45 €

48 quai Général-de-Gaulle – ✆ 04 66 53 91 44 – www.restaurantledauphin.fr – Fermé de nov. à début fév. et lundi sauf en été

🏨 Splendid 🍽 ⋞ ⇕ ♿ ❄ 🚭 💼 🅿

TRADITIONNEL • ACTUEL Face à la mer, un hôtel moderne avec des balcons à tous les étages. Depuis les chambres, la vue est… splendide ! L'ensemble est propre et bien tenu. Accueil aimable. Cuisine méditerranéenne au restaurant.

51 chambres – 👤78/134 € 👥94/140 € – ☕ 12 € – ½ P

bd Mar.-Alphonse-Juin – ✆ 04 66 51 41 29 – www.splendid-camargue.com

⌂ Les Acacias AC 🚫

FAMILIAL · SIMPLE Un hôtel familial tout près de la plage, constitué de deux maisons séparées par une terrasse fleurie, où l'on peut prendre son petit-déjeuner aux beaux jours. Un ensemble fonctionnel et bien tenu.

28 chambres – ♦65/98 € ♦♦65/98 € – ☲ 10 €

21 r. de l'Egalité – ℰ 04 66 51 40 86 – www.hotel-les-acacias.fr
– Fermé 30 nov.-6 fév.

à Port Camargue 3 km au Sud par D62B – ✉ 30240 Le Grau du Roi

ⅼ○ Spinaker 🕸 🛏 🏠 🅿

CUISINE CLASSIQUE · À LA MODE XxX Une cuisine dans l'air du temps à savourer dans une salle moderne ou sur la superbe terrasse ouverte sur la marina et ses bateaux de plaisance.

Formule 38 € – Menu 47 € – Carte 43/100 €

Hôtel Spinaker, pointe de la Presqu'île – ℰ 04 66 53 36 37
– www.spinaker.com – Fermé 1 semaine à Noël, 2 janv.-11 fév., lundi et mardi
sauf juil.-août et fériés

ⅼ○ L'Amarette ⪕ 🏠 AC

POISSONS ET FRUITS DE MER · ÉLÉGANT XX Près de la plage, ce restaurant dispose d'une terrasse en étage qui offre une belle vue sur la baie d'Aigues-Mortes. Agréable cuisine de la mer.

Formule 27 € – Menu 44/54 € – Carte 45/80 €

8 av. Jean-Lasserre – ℰ 04 66 51 47 63 – www.l-amarette.com
– Fermé 18-24 avril, 24-31 oct. et 11 déc.-19 janv.

🏨 Spinaker 🌱 🐾 ⪕ 🛏 🏊 AC 🛁 🅿

LUXE · PERSONNALISÉ Un hôtel avec ponton privé ! Ce complexe moderne est amarré à la marina, au bout de la presqu'île. Toutes les chambres donnent de plain-pied sur le jardin et... sur la jolie piscine bordée de palmiers.

16 chambres – ♦89/125 € ♦♦89/265 € – 5 suites – ☲ 16 € – ½ P

pointe de la Presqu'île – ℰ 04 66 53 36 37 – www.spinaker.com
– Fermé 1 semaine à Noël et 2 janv.-11 fév.

ⅼ○ **Spinaker** – voir les restaurants ci-dessus

🏨 Les Bains de Camargue 🌱 ⪕ 🏊 🛖 ⊕ 👙 ✂ ⊟ 🔥 AC 🛁 🅿

SPA ET BEAUTÉ · MODERNE Détente face aux dunes et à la mer : cet ensemble hôtelier comprend un centre de thalasso et la plupart de ses chambres regardent les flots (toutes avec balcon). Cuisine traditionnelle et recettes diététiques au restaurant, perché au 6e étage.

87 chambres – ♦104/284 € ♦♦114/304 € – ☲ 16 € – ½ P

rte des Marines – ℰ 04 66 73 60 60 – www.thalazur.fr

🏨 L'Oustau Camarguen 🌱 🐾 🛏 🏊 🔥 AC 🚫 🛁 🅿

HÔTEL DE VACANCES · PERSONNALISÉ Un petit mas camarguais qui a le goût de la Provence : fer forgé, terre cuite, bois patiné... Les chambres sont assez spacieuses et jouissent de terrasses ou de jardins privatifs au calme ! Le restaurant est agréable : on sert une cuisine régionale au bord de la piscine.

32 chambres – ♦75/145 € ♦♦75/155 € – 8 suites – ☲ 13 € – ½ P

3 rte des Marines – ℰ 04 66 51 51 65 – www.oustaucamarguen.com
– Ouvert 20 mars-6 nov.

GRAUFTHAL – 67 (Bas-Rhin) ➜ voir La Petite-Pierre

GRAVESON

✉ 13690 (Bouches-du-Rhône) – 4 271 hab. – Alt. 14 m – Carte régionale n° **42**-E1
▶ Paris 696 km – Avignon 14 km – Carpentras 40 km – Cavaillon 30 km
Carte Michelin 340-D2 – Guide Vert Michelin Provence

🏠 Le Cadran Solaire   ⌂ ⇔ AC ℅ P

AUBERGE · PERSONNALISÉ Quelle que soit l'heure donnée par le cadran solaire, ce relais de poste du 16ᵉ s. dégage un vrai charme ! Les chambres, avec leur mobilier chiné, sont séduisantes ; le jardin tout autant.

12 chambres – ♦78/125 € ♦♦78/125 € – ☲10 €
*5 r. du Cabaret-Neuf – ℰ 04 90 95 71 79 – www.hotel-en-provence.com
– Ouvert 15 mars-15 nov.*

GRAY

✉ 70100 (Haute-Saône) – 5 716 hab. – Alt. 220 m – Carte régionale n° **16**-B2
▶ Paris 336 km – Besançon 45 km – Dijon 50 km – Dole 46 km
Carte Michelin 314-B8 – Guide Vert Michelin Franche-Comté Jura

à Rigny 5 km au Nord-Est par D70 et D2 – ✉ 70100 – 605 hab. – Alt. 196 m

🏰 Château de Rigny   ⌂ & ≤ ⇔ ⌶ ℅ & ♨ ⇨

CHÂTEAU · CLASSIQUE Dans cette demeure du 17ᵉ s., nichée au cœur d'un magnifique parc à l'anglaise, le temps semble s'être arrêté. Mobilier d'époque dans les chambres – certaines plus modernes –, superbe salle des gardes, salon avec tapisseries... renvoient 400 ans en arrière !

28 chambres – ♦98/150 € ♦♦98/240 € – ☲13 € – ½ P
70 r. des Époux-Blanchot – ℰ 03 84 65 25 01 – www.chateau-de-rigny.com

© tashka2000/Fotolia.com

ON AIME...

Passer un moment sur la terrasse du **Fantin Latour** et profiter des créations de **Stéphane Froidevaux**. Aller respirer l'air du changement qui émane des assiettes du **Sens**. S'émerveiller de la vue sur la chaîne de Belledonne, depuis la baie vitrée panoramique de **La Corne d'Or**. Être témoin de la renaissance du **Park Hôtel**, établissement emblématique de la ville...

GRENOBLE

✉ 38000 (Isère) – 158 346 hab. – Agglo. 501 045 hab. – Alt. 213 m
– Carte régionale n° **45**-C2
▶ Paris 566 km – Chambéry 55 km – Genève 143 km – Lyon 105 km
Carte Michelin 333-H6 – Guide Vert Michelin Alpes du Nord

Restaurants

⊛ Gillio 〔A/C〕

CUISINE TRADITIONNELLE · SIMPLE X Dans un quartier commerçant du centre-ville, Gillio abrite en cuisine un jeune chef discret, originaire de la vallée du Grési-vaudan. Sa cuisine, basée sur des produits frais directement issus du marché, séduit surtout par sa simplicité. Originalité de la carte : une savoureuse purée aux pommes de terre brûlées... Miam !

Formule 21 € – Menu 27 € – Carte 32/44 €

Plan : DZ-a – *16 r. Condorcet* – ℰ *09 52 15 42 32* – *www.restogillio.com* – *Fermé 1er-10 janv., 3 semaines en août, sam. midi et dim.*

ⅈ○ Auberge Napoléon 〔A/C〕

CUISINE MODERNE · CLASSIQUE XXX La maison entretient le souvenir de Napo-léon Bonaparte, son hôte le plus célèbre, avec un décor Empire assez théâtral. Mais dans l'assiette, point de nostalgie ! Le chef laisse aller son inspiration et joue sur les textures ; les saveurs sont bien marquées et la délicatesse est au ren-dez-vous.

Menu 56/78 € – Carte 60/85 €

Plan : EY-b – *7 r. Montorge* – ℰ *04 76 87 53 64 (réservation conseillée)* – *www.auberge-napoleon.fr* – *Fermé 8-13 janv., 2-19 mai, 8-24 août, dim. et le midi*

ⅈ○ Le Fantin Latour - Stéphane Froidevaux 〔🍴 🛖 A/C ♿〕

CRÉATIVE · À LA MODE XXX Une grande sensibilité, beaucoup de personna-lité... On se laisse porter par la cuisine de Stéphane Froidevaux, inspirée et origi-nale, littéralement mise en scène mais toujours sincère. La gastronomie de mon-tagne est pour ainsi dire réinventée ! Et le cachet de cet hôtel particulier du 19e s. séduit tout autant...

Menu 45 €, 50/75 € – Carte environ 63 €

Plan : FZ-a – *1 r. Gén.-Beylié* – ℰ *04 76 24 38 18* – *www.fantin-latour.net* – *Fermé dim., lundi et le midi sauf sam.*

ⅈ○ **La Brasserie du Fantin Latour** – voir les restaurants ci-dessus

🍽️○ Sens   🔊 AC ⇔

CRÉATIVE · DESIGN XX Parler de cuisine créative en évoquant l'univers de Michael Breuil est un euphémisme : ses créations sont insolites, et son imagination semble n'avoir pas de limite. Des petits pois au filet de bar, du veau à la glace à la violette, tout est détourné, repensé, réinventé... et cette énergie est communicative !

Menu 28 € (déj.), 48/88 €

Plan : EZ-f – *50 bd Gambetta* – 𝒞 *04 76 95 03 58* – *www.michaelbreuil.fr* – *Fermé sam. midi et dim.*

🍽️○ Zdank ◍ (Alexandre Zdankevitch)   AC

CRÉATIVE · INTIME XX Dans le quartier de la préfecture, ce restaurant est l'œuvre de deux jeunes cuisiniers qui se sont rencontrés à l'école hôtelière de Grenoble. Ils proposent notamment un menu surprise dans un style créatif et surprenant ; les cuissons sont maîtrisées et les saveurs au rendez-vous. Une belle surprise !

Menu 70/105 € 𝖄 – menu surprise unique

Plan : FZ-d – *14 r. Fantin-Latour, (au 1er étage)* – 𝒞 *04 76 54 13 93* – *www.zdank.com* – *Fermé 2 semaines en août, dim. et le midi*

🍽️○ **Zdank Bistrot** – voir les restaurants ci-dessous

🍽️○ Marie Margaux   🔊 AC

POISSONS ET FRUITS DE MER · CONVIVIAL XX Marie et Margaux sont les grands-mères tutélaires de cette avenante maison familiale. Velouté de gambas en croûte, filet de turbot et sauce aux pistils de safran : la carte met en avant une cuisine chaleureuse où le poisson tient la vedette. Plats plus simples à l'ardoise le midi.

Formule 16 € – Menu 36/46 € – Carte 45/58 €

Plan : EZ-m – *12 r. Marcel-Porte* – 𝒞 *04 76 46 46 46* – *Fermé 9-31 août, dim. soir, mardi soir et lundi*

🍽️○ La Brasserie du Fantin Latour   🍴 🔊 AC ⇔

CUISINE MODERNE · À LA MODE XX Juste au-dessus de son restaurant gastronomique, Le Fantin Latour, Stéphane Froidevaux joue la carte de la convivialité. On retrouve la passion du chef pour les beaux produits et l'originalité, déclinée dans un esprit brasserie : tout est aromatique, parfumé... Une version "bis" très gourmande !

Formule 25 € 𝖄 – Menu 30 € 𝖄 (déj.) – Carte 40/60 €

Plan : FZ-a – *1 r. Gén.-Beylié* – 𝒞 *04 76 01 00 97* – *www.fantin-latour.net* – *Fermé dim. et lundi*

🍽️○ Badine ◍   🍴 AC

CUISINE MODERNE · CONVIVIAL XX Le Mas Bottero devient Badine ! Cet ancienne bâtisse bourgeoise révèle une table de bon aloi, reprise par le second de cuisine. Ici, on ne badine avec la qualité des produits... A déguster aux beaux jours sur la jolie terrasse envahie de glycine.

Formule 24 € – Menu 31 € (semaine), 44/63 € – Carte 65/85 €

Plan : AV-n – *168 cours Berriat* – 𝒞 *04 76 21 95 33* – *www.restaurant-badine.com* – *Fermé août, sam. et dim.*

🍽️○ Chasse-Spleen   🔊 AC 🚭

CUISINE TRADITIONNELLE · DE QUARTIER XX Le nom d'un vin que Baudelaire lui-même aurait baptisé ainsi lors d'un séjour à Moulis-en-Médoc. Aux murs, poèmes de l'auteur pour la nourriture spirituelle et, dans l'assiette, cuisine généreuse pour le plaisir des sens : petit pain brioché à la chair de tourteaux ; caille désossée et farcie, sauce au xérès...

Formule 18 € – Menu 23 € (déj.), 29/39 € – Carte 40/55 €

Plan : FY-e – *6 pl. de Lavalette* – 𝒞 *04 38 37 03 52* – *www.le-chasse-spleen.com* – *Fermé lundi midi, sam. midi et dim.*

CORENC

Eygala (Av. de l'). . . . . **BCV**
Grésivaudan (Av. du) . . . . **BCV**

EYBENS

Innsbruck (Av. d') . . . . **BX** 38
Jean-Jaurès (Av.) . . . . **BX**
Mendès-France (R.) . . . . **BX**
Poisat (Av. de) . . . . **BX** 47

ÉCHIROLLES

Etats-Généraux (Av. des). . . . . **AX** 30
Grugliasco (Av. de) . . . . **AX**
Jean-Jaurès (Crs) . . . . **AX**
Kimberley (Av. de) . . . . **ABX**

FONTAINE

Briand (Av. A.). . . . . **AV**
Joliot-Curie (Bd) . . . . **AV**
Vercors (Av. du). . . . . **AV**

GRENOBLE

Alliés (R. des) . . . . **AX**
Alsace-Lorraine (Av.) . . . . **DYZ** 3
Ampère (R.) . . . . **AV**
Augereau (R.) . . . . **DZ**
Barnave (R.) . . . . **EFY** 5
Bayard (R.) . . . . **FY** 6
Belgique (Av. Albert-1er de) . . . . . **EFZ** 7
Belgrade (R. de) . . . . **EY** 9
Bernard (Q. Cl.) . . . . **DY**
Berriat (Crs) . . . . **AV, DZ**
Berthelot (Av. M.) . . . . **BX**
Bistesi (R.) . . . . **FZ** 10
Bizanet (R.) . . . . **FGY**
Blanchard (R. P.) . . . . **EYZ**
Blum (Av. Léon) . . . . **AX**
Boissieux (R. B.-de) . . . . **EZ**
Bonne (R. de) . . . . **EZ** 12
Brenier (R. C.) . . . . **DY** 13
Briand (Pl. A.) . . . . **DY**
Brocherie (R.) . . . . **EY** 15
Casimir-Péner (R.) . . . . **EZ** 16
Champollion (R.) . . . . **FZ** 17
Champon (Av. Gén.) . . . . **FZ**
Channrion (R. JJ.) . . . . **FYZ**
Chenoise (R.) . . . . **EFY** 18
Claudel (R. P.) . . . . **BX** 20
Clemenceau (Bd) . . . . **FGZ**
Clot-Bey (R.) . . . . **EYZ** 21
Condillac (R.) . . . . **EZ**
Condorcet (R.) . . . . **DZ**
Créqui (Q.) . . . . **DEY**
Diables-Bleus (Bd des) . . . . **FZ** 24
Diderot (R.) . . . . **AV** 25
Dr-Girard (Pl) . . . . **FY** 26
Driant (Bd Col.) . . . . **FZ** 27
Dubedout (Pl. H.) . . . . **DY** 28
Esclangon (Av.) . . . . **AV** 29
Esmonin (Av. E.) . . . . **AX**
l'Europe (Av. de) . . . . **BX** 31
Fantin-Latour (R.) . . . . **FZ** 32
Faure (R. E.) . . . . **FZ**
La Fayette (R.) . . . . **EY** 39
Flandrin (R. J.) . . . . **GZ** 33
Foch (Bd Mar.) . . . . **DEZ**
La Fontaine (Crs) . . . . **EZ**
Fourier (R.) . . . . **FZ** 34
France (Q. de) . . . . **DEY**
Gambetta (Bd) . . . . **DEZ**
Graille (Q. de la) . . . . **DY**
Grande-Rue . . . . **EY** 37
Grenette (Pl.) . . . . **EY**
Gueymard (R. E.) . . . . **DY**
Haxo (R.) . . . . **FZ**
Hébert (R.) . . . . **FYZ**
L'Herminier (R. Cdt) . . . . **FY** 41
Hoche (R.) . . . . **EY**
Jay (Q. S.) . . . . **EY**
Jeanne-d'Arc (Av.) . . . . **GZ**
Jean-Jaurès (Crs) . . . . **DYZ**
Joffre (Bd Mar.) . . . . **DEZ**
Jongking (Q.) . . . . **DY**
Jouhaux (R. L.) . . . . **BX, GZ**
Jouvin (Q. X.) . . . . **EY**
Lakanal (R.) . . . . **FZ**
Lavalette (R.) . . . . **FY**
Leclerc (Av. Mar.) . . . . **FY** 40
Lesdiguières (R.) . . . . **EZ**
Libération et du Gén.-de Gaulle
  (Crs de la) . . . . **AX**
Lyautey (Bd Mar.) . . . . **EZ** 42
Lyon (Rte de) . . . . **DY**
Malakoff (R.) . . . . **FGZ**
Mallifaud (R.) . . . . **EFZ**

Martyrs (R. des) . . . . **AV**
Mistral (Pl. P.) . . . . **FZ**
Montorge (R.) . . . . **EY** 43
Mortillet (R. de) . . . . **FGY**
Moyrand (R.) . . . . **FGZ**
Notre-Dame (Pl.) . . . . **EY**
Pain (Bd J.) . . . . **FY**
Palanka (R.) . . . . **EY** 44
Pasteur (Q.) . . . . **FZ** 45
Perrière (Q.) . . . . **EY** 46
Perrot (Av. J.) . . . . **BX, FZ**
Poulat (R. F.) . . . . **EY** 48
Prévost (R. J.) . . . . **DZ**
Randon (Av. Mar.) . . . . **FY**
Reynier (R. A.) . . . . **AX** 49

Reynoard (Av. M.) . . . . **BX** 50
Rey (Bd Ed.) . . . . **EY**
Rhin-et-Danube (Av.) . . . . **AX**
Rivet (Pl. G.) . . . . **EZ** 53
Rousseau (R. J.-J.) . . . . **EY** 55
Sablon (Pont du) . . . . **GY**
Ste-Claire (Pl.) . . . . **EY** 57
St-André (Pl.) . . . . **EY** 56
Sembat (Bd A.) . . . . **EZ**
Servan (R.) . . . . **FY** 59
Stalingrad (R. de) . . . . **AX** 60
Strasbourg (R. de) . . . . **EFZ** 62
Thiers (R.) . . . . **DZ**
Très-Cloîtres (R.) . . . . **FY** 63
Turenne (R.) . . . . **DZ**

LYON, VOIRON
A 48 VALENCE / VOREPPE

N 481

D 1075

ST-MARTIN-LE-VINOUX

Synchrotron

Pl. de la Résistance

C.N.R.S.

A 480

Av. des Martyrs

CEA

FORT DE LA
BASTILLE

FONTAINE

D 6A Av. du Vercors

MINATEC

Europole

Berriat

Briand

République

LES EAUX-
CLAIRES

B. J. Vallier

SEYSSINET-
PARISET

INSTITUT DE
GÉOGRAPHIE

SEYSSINS

ESPACE
COMBOIRE

A 480

D 1075

ÉCHIROLLES

Grugliasco

D 269

BRIANÇON
SISTERON

GAP

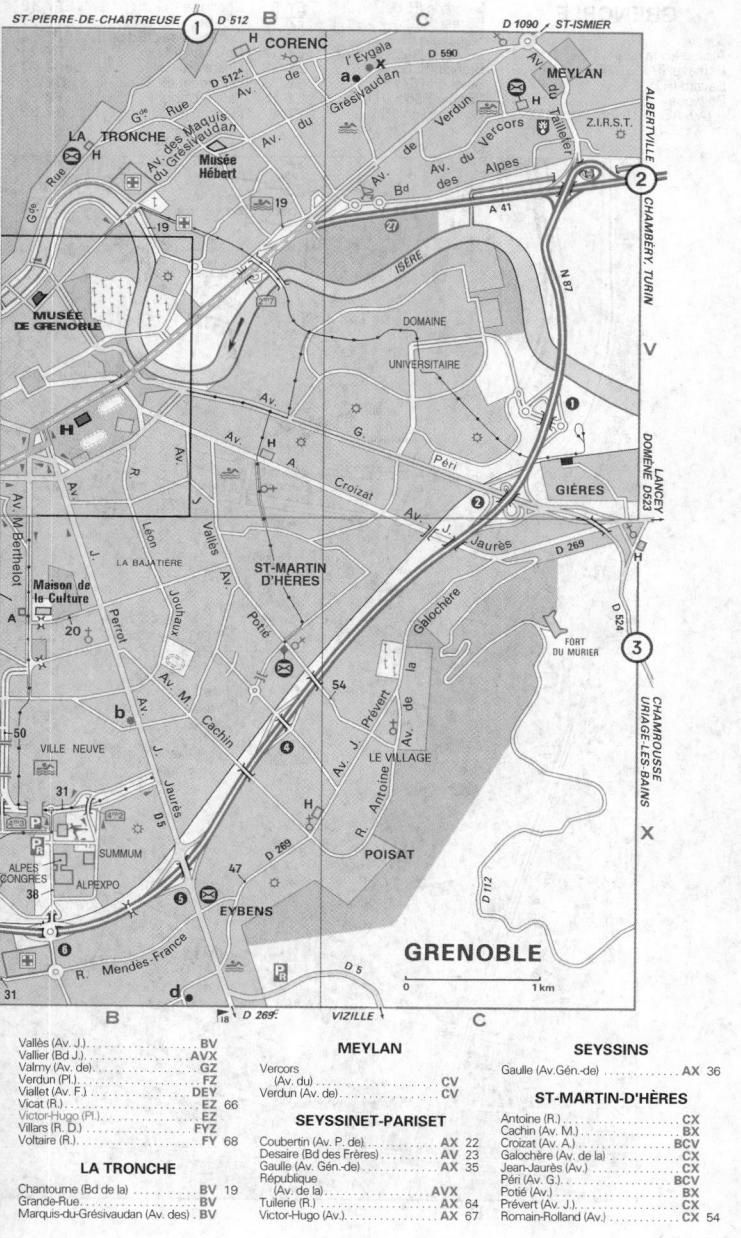

Vallès (Av. J.)	**BV**
Vallier (Bd J.)	**AVX**
Valmy (Av. de)	**GZ**
Verdun (Pl.)	**FZ**
Viallet (Av. F.)	**DEY**
Vicat (R.)	**EZ** 66
Victor-Hugo (Pl.)	**EZ**
Villars (R. D.)	**FYZ**
Voltaire (R.)	**FY** 68

LA TRONCHE

Chantourne (Bd de la)	**BV** 19
Grande-Rue	**BV**
Marquis-du-Grésivaudan (Av. des)	**BV**

MEYLAN

Vercors (Av. du)	**CV**
Verdun (Av. de)	**CV**

SEYSSINET-PARISET

Coubertin (Av. P. de)	**AX** 22
Desaire (Bd des Frères)	**AV** 23
Gaulle (Av. Gén.-de)	**AX** 35
République (Av. de la)	**AVX**
Tuilerie (R.)	**AX** 64
Victor-Hugo (Av.)	**AX** 67

SEYSSINS

Gaulle (Av.Gén.-de)	**AX** 36

ST-MARTIN-D'HÈRES

Antoine (R.)	**CX**
Cachin (Av. M.)	**BX**
Croizat (Av. A.)	**BCV**
Galochère (Av. de la)	**CX**
Jean-Jaurès (Av.)	**CX**
Péri (Av. G.)	**BCV**
Potié (Av.)	**BX**
Prévert (Av. J.)	**CX**
Romain-Rolland (Av.)	**CX** 54

GRENOBLE

Alsace-Lorraine (Av.) .... **DYZ** 3
Barnavel (R.) .... **EFY** 5
Bayard (R.) .... **FY** 6
Belgique
  (Av. Albert-1er-de). .... **EFZ** 7

Belgrade (R. de) .... **EY** 9
Bistesi (R.) .... **FZ** 10
Blanchard (R. P.) .... **EYZ**
Bonne (R. de) .... **EZ** 12
Brenier (R. C.) .... **DY** 13
Brocherie (R.) .... **EY** 15
Casimir-Périer (R.) ...... **EZ** 16
Champollion (R.) .... **FZ** 17

Chenoise (R.) .... **EFY** 18
Clot-Bey (R.) .... **EYZ** 21
Diables-Bleus (Bd des).... **FZ** 24
Dr-Girard (Pl.) .... **FY** 26
Driant (Bd Col.) .... **FZ** 27
Dubedout (Pl. H.) .... **DY** 28
Fantin-Latour (R.) ...... **FZ** 32
Flandrin (R. J.) .... **GZ** 33

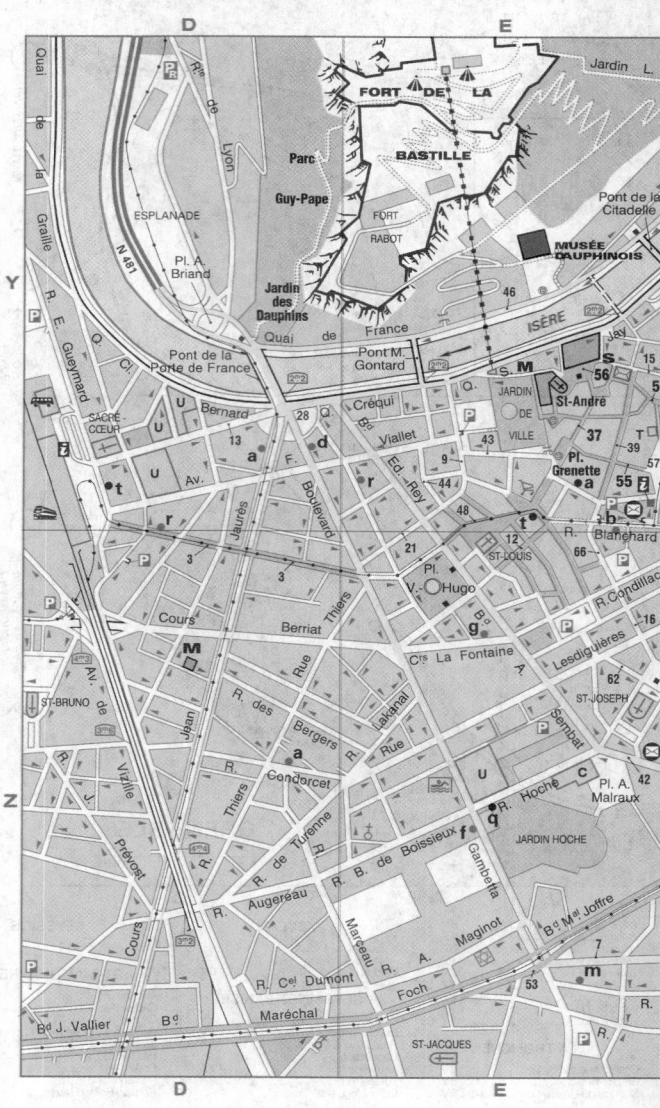

Foch (Bd Mar.)	**DEZ**	
Fourier (R.)	**FZ** 34	
Grande-Rue	**EY** 37	
Grenette (Pl.)	**EY**	
Lavalette (Pl.)	**FY** 40	
La Fayette (R.)	**EY** 39	
L'Herminier (R. Cdt)	**FY** 41	
Lyautey (Bd Mar.)	**EZ** 42	
Montorge (R.)	**EY** 43	
Palanka (R.)	**EY** 44	
Pasteur (Pl.)	**FZ** 45	
Perrière (Q.)	**EY** 46	
Poulat (R. F.)	**EY** 48	
Rivet (Pl. G.)	**EZ** 53	
Rousseau (R. J.-J.)	**EY** 55	
Ste-Claire (Pl.)	**EY** 57	
St-André (Pl.)	**EY** 56	
Servan (R.)	**FY** 59	
Strasbourg (R. de)	**EFZ** 62	
Très-Cloître (R.)	**FY** 63	
Vicat (R.)	**EZ** 66	
Victor-Hugo (Pl.)	**EZ**	
Voltaire (R.)	**FY** 68	

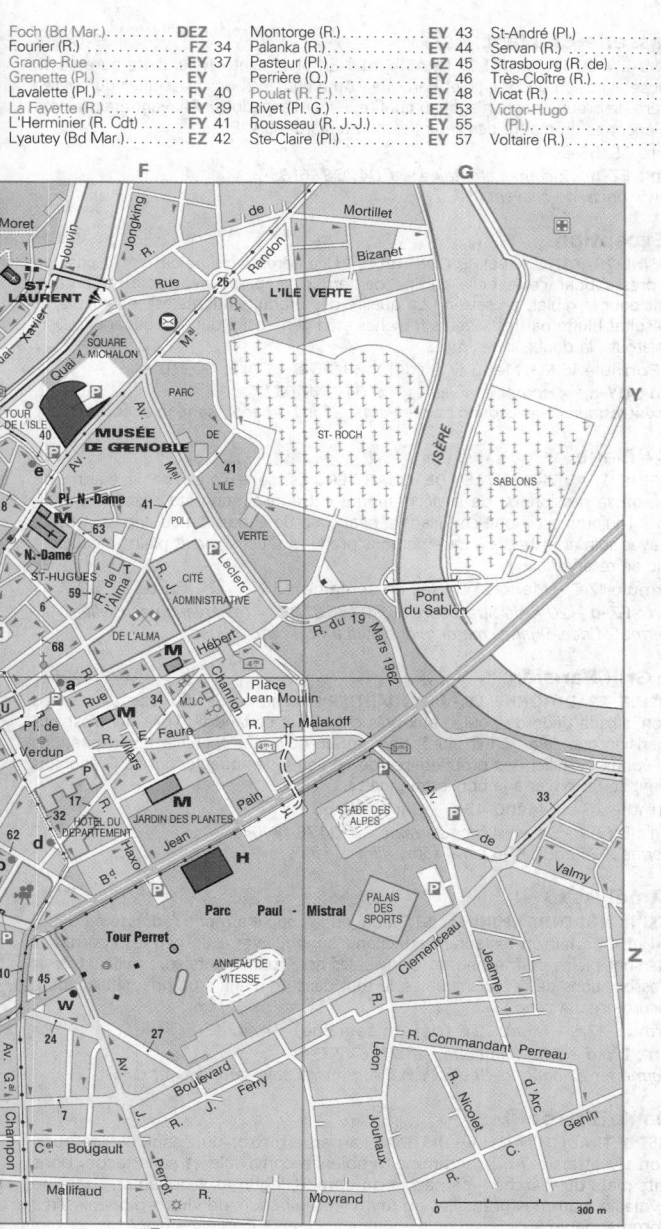

🍽️○ Brasserie Chavant   🍃 ♿ AC

CUISINE TRADITIONNELLE • BRASSERIE ✗ En plein centre-ville, cette adresse en impose avec son décor chic et baroque ! Au menu, les bons classiques du genre : tartare de bœuf, épaule d'agneau confite... Pour l'anecdote : Chavant était le nom des ancêtres du maître des lieux, restaurateurs depuis 1852.

Carte 35/55 €

Plan : EZ-g – *2 cours Lafontaine* – ✆ *04 76 87 61 83*
– *www.brasserie-chavant.fr*

🍽️○ L'Exception   AC ⇔

CUISINE TRADITIONNELLE • CONVIVIAL ✗ Une adresse qui ne désemplit pas ; on s'y presse pour cette belle cuisine de terroir, préparée avec soin, et notamment pour le gibier, en saison ! La qualité des produits utilisés est indéniable, et le résultat bluffe par les saveurs franches et la générosité qui s'en dégagent. Dernier atout : la douceur des prix...

🍴 Formule 15 € – Menu 17 € (déj.), 28/56 € – Carte 50/70 €

Plan : DY-a – *4 cours Jean-Jaurès* – ✆ *04 76 47 03 12*
– *www.restaurant-lexception.com* – *Fermé 25 juil.-14 août, sam. midi et dim.*

🍽️○ Le Village   AC

CUISINE TRADITIONNELLE • DE QUARTIER ✗ Est-ce à cause de la cuisine du chef, de sa passion, ou de la décoration – entre inspiration industrielle et tradition ? Toujours est-il que ce Village a beaucoup de succès. La cuisine est travaillée avec soin et justesse, à base de bons produits. C'est souvent plein : il convient donc de réserver.

Formule 17 € – Menu 21 € (déj. en semaine), 33/46 € – Carte 37/50 €

Plan : FZ-b – *20 r. de Strasbourg* – ✆ *04 76 87 88 44 (réservation conseillée)*
– *Fermé 24 déc.-9 janv., mardi midi d'avril à oct., dim. et lundi*

🍽️○ Le Grill Parisien   AC 🚭

CUISINE TRADITIONNELLE • DE QUARTIER ✗ Cœur de ris de veau à la sauce citron, salade tiède de poulpe aux pois chiches et coriandre : voilà qui n'est pas si parisien que cela ! C'est plutôt vers le Sud qu'il faut chercher les inspirations des époux Cartillier, les propriétaires de ce lieu indémodable, où les Grenoblois aiment se retrouver à la bonne franquette.

Formule 25 € – Menu 42 € – Carte 40/63 €

Plan : DYZ-r – *34 av. Alsace-Lorraine* – ✆ *04 76 46 10 16*
– *Fermé 2-26 août, 1ᵉʳ-6 janv., sam., dim. et fériés*

🍽️○ L'Amélyss 🆕   AC

CUISINE MODERNE • MINIMALISTE ✗ Un jeune couple a repris l'adresse au début 2014 et en a fait un restaurant attachant, qui bouleverse un peu les codes. Les plats sont pleins de fraîcheur et d'envie, les assaisonnements sont millimétrés et les associations de saveurs subtiles, le tout dans un menu à un prix défiant toute concurrence... Au top !

Formule 17 € – Menu 21 € (déj. en semaine), 34/42 €

Plan : DY-d – *3 bd Gambetta* – ✆ *04 76 42 35 84*
– *Fermé 1er-22 août, 23-31 déc., lundi soir, mardi soir, sam. midi et dim.*

🍽️○ Zdank Bistrot 🆕   ♿ AC

CUISINE TRADITIONNELLE • BISTRO ✗ La partie bistrot du Zdank mérite aussi qu'on s'y attarde. Au programme, ambiance conviviale et sans façon, bons petits plats du marché – carpaccio de dorade, légumes croquants ; suprême de volaille, pommes grenailles au thym – et joli choix de vins régionaux. Très recommandable !

🍴 Formule 16 € – Menu 20 € (déj. en semaine) – Carte 47/57 €

Plan : FZ-d – *Restaurant Zdank – 14 r. Fantin Latour* – ✆ *04 76 54 13 93*
– *Fermé 2 semaines en août et dim.*

ⅠⅠ○ La Girole

CUISINE TRADITIONNELLE · CLASSIQUE Ⅹ Dans une rue commerçante, un restaurant familial avec une salle en pierres apparentes. On y apprécie les recettes traditionnelles du chef, dont la spécialité est la préparation des champignons. Avis aux amateurs en saison ! Accueil et service aux petits soins.

Formule 22 € – Menu 26 € (déj. en semaine), 34/42 € – Carte 47/66 €

Plan : EY-r – *15 r. Dr-Mazet* – ☎ *04 76 43 09 70* – *www.lagirole.com* – *Fermé août, sam. midi, dim. et lundi*

Hôtels

🏨 Park Hôtel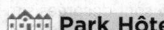

LUXE · ÉLÉGANT En bordure du parc Paul-Mistral, cet hôtel a été magnifiquement rénové par ses propriétaires. Que ce soit dans les chambres, spacieuses et bien équipées, ou dans les parties communes, que d'élégance et que de raffinement ! Avec, en prime, un bel espace détente avec hammam et fitness...

39 chambres – 🛏129/299 € 🛏🛏129/299 € – ☕ 19 €

Plan : FZ-w – *10 pl. Paul-Mistral* – ☎ *04 76 85 81 23* – *www.park-hotel-grenoble.fr*

🏨 Le Grand Hôtel

URBAIN · DESIGN À deux pas de la maison natale de Stendhal, ce "grand hôtel" marie à merveille luxe et design. Pour accéder aux chambres, sobres et contemporaines, on emprunte le magnifique escalier d'époque. Un conseil : ne manquez pas le petit-déjeuner, les fromages sont délicieux !

66 chambres – 🛏99/349 € 🛏🛏99/349 € – 1 suite – ☕ 19 €

Plan : EY-a – *5 r. de la République* – ☎ *04 76 51 22 59*
– *www.grand-hotel-grenoble.fr*

🏨 Novotel Centre

BUSINESS · DESIGN Impossible de manquer cet hôtel, il fait partie intégrante du centre de congrès de l'Europole. Les chambres sont confortables et modernes, comme l'ensemble du bâtiment et le beau fitness. Les hommes d'affaires pressés pourront profiter de la cuisine traditionnelle et des grillades.

116 chambres – 🛏109/205 € 🛏🛏109/205 € – 2 suites – ☕ 17 € – ½ P

Plan : AV-r – *à Europole, 5 pl. Robert-Schuman* – ☎ *04 76 70 84 84*
– *www.novotel.com*

🏨 Kyriad

BUSINESS · FONCTIONNEL Cet hôtel moderne et fonctionnel offre un bon niveau de confort. À proximité de la rocade sud, on peut compter sur la très bonne insonorisation des chambres. Plutôt plaisants, le petit bar et le salon.

56 chambres – 🛏63/106 € 🛏🛏63/116 € – ☕ 12 €

Plan : AX-n – *116 cours de la Libération* – ☎ *04 76 21 26 63*
– *www.patrickhotel-grenoble.com*

🏨 Okko 🆕

HÔTEL DE CHAÎNE · DESIGN Un bâtiment ultra-moderne à la conception originale, un intérieur dans lequel le béton ciré côtoie des touches industrielles et du mobilier de designer : quel caractère ! Grand confort dans les chambres (Nespresso, TV grand écran, etc.) et les parties communes, du salon à l'espace de lecture...

138 chambres ☕ – 🛏105/150 € 🛏🛏105/150 €

Plan : EZ-q – *23 r. Hoche* – ☎ *04 85 19 00 10* – *www.okkohotels.com*

Lesdiguières

TRADITIONNEL • CLASSIQUE Expérience originale dans cette institution grenobloise, à la fois hôtel, restaurant et école hôtelière réputée depuis 1917 ! Les chambres sont confortables et le service... assidu : une bonne manière de joindre l'utile à l'agréable.

23 chambres – 👤73/83 € 👥93 € – 1 suite – ☕9 € – ½ P

Plan : AX-b – *122 cours de la Libération – ✆ 04 38 70 19 50 – www.hotellesdiguieres.com – Fermé vacances scolaires, vend., sam. et dim.*

Terminus

TRADITIONNEL • FONCTIONNEL Impossible de manquer son train, cet hôtel familial se trouve juste en face de la gare. Les chambres sont décorées simplement et souvent spacieuses – avec une vue sur le Moucherotte et le massif du Vercors aux derniers étages. Sobriété et élégance !

39 chambres – 👤79/129 € 👥99/149 € – ☕12 €

Plan : DY-t – *10 pl. de la Gare – ✆ 04 76 87 24 33 – www.terminus-hotel-grenoble.fr*

Europe

TRADITIONNEL • CLASSIQUE Au cœur du vieux Grenoble, l'hôtel le plus ancien de la ville (1820) propose des chambres au style sobre et agréable, et très bien tenues. Et le sourire et l'amabilité de la patronne ajoutent encore au plaisir du séjour !

39 chambres – 👤64/87 € 👥64/97 € – ☕10 €

Plan : EY-t – *22 pl. Grenette – ✆ 04 76 46 16 94 – www.hoteleurope.fr*

à Corenc 3,5 km – ✉ 38700 – 3 944 hab. – Alt. 450 m

La Corne d'Or

CUISINE MODERNE • DESIGN XX Depuis la terrasse, le panorama sur Grenoble et la chaîne de Belledonne est pour le moins enchanteur. Le chef, passionné de botanique, invente des recettes embaumant l'humus, le fenouil sauvage, l'ail des ours, la berce, le serpolet et tant d'autres... Ah, les bienfaits des hauteurs !

Formule 22 € – Menu 26 € (déj. en semaine), 48/75 € – Carte 58/66 €

159 rte de Chartreuse, 3,5 km au Nord par D512 – ✆ 04 38 86 62 36 – www.cornedor.fr – Fermé dim. soir et lundi midi

Le Provence

POISSONS ET FRUITS DE MER • CONVIVIAL XX Ici, le chef fait lui-même son marché, d'où les suggestions à l'ardoise ; on peut aussi le voir travailler en cuisine via un écran. Sa spécialité : de grosses pièces de poissons cuites entières (pageot, pagre, denti, bar...). Le soleil de la Provence en direct et cuisine à l'huile d'olive !

Menu 28 € 🍷 (déj. en semaine), 38/59 € – Carte 42/86 €

Plan : CV-x – *28 av. du Grésivaudan – ✆ 04 76 90 03 38 – www.leprovence.fr – Fermé dim. sauf le midi de sept. à juin, sam. midi et lundi*

Les Trois Roses (N)

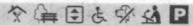

BUSINESS • ACTUEL Vaste hall d'accueil lumineux avec parterre en pierre d'Égypte, grand comptoir en bois et marbre : l'élégance de cet établissement s'impose dès les premiers instants ! Même impression dans les chambres, contemporaines et spacieuses, qui offrent tout le confort nécessaire.

50 chambres – 👤60/120 € 👥70/140 € – ☕13 €

Plan : CV-a – *32 av. du Grésivaudan – ✆ 04 76 89 39 61 – www.lestroisroses.com*

à Eybens 5 km – ✉ 38320 – 9 944 hab. – Alt. 230 m

La Table du 20

CUISINE TRADITIONNELLE • CONVIVIAL Situé au rez-de-chaussée d'un hôtel des années 1980, ce bistrot convivial fait le plein sans difficulté. Deux compères sont à l'origine de ce succès : Franck, au piano, propose une belle cuisine canaille, pleine de peps et de saveurs, tandis que Luc, sommelier, a toujours le vin qu'il vous faut... Plaisir garanti !

Formule 21 € – Menu 25 € – Carte 29/54 €

Plan : BX-b – *20 av. Jean-Jaurès – ✆ 04 76 24 76 93 (réservation conseillée) – www.latabledu20.fr – Fermé 6-30 août, 23 déc.-10 janv., sam. et dim.*

Château de la Commanderie

TRADITIONNEL • PERSONNALISÉ Cette ancienne commanderie des Templiers a gardé le charme d'antan – meubles ancestraux, portraits de famille, tapisseries d'Aubusson –, ce qui n'empêche pas certaines chambres d'être contemporaines. Quant au restaurant, il célèbre la tradition et le terroir...

42 chambres – †105/165 € ††105/185 € – ☕ 17 € – ½ P

Plan : BX-d – *17 av. d'Échirolles – ✆ 04 76 25 34 58 – www.commanderie.fr – Fermé 23 déc.-6 janv.*

à Bresson 8 km au Sud par D269c, av. Jean-Jaurès – ✉ 38320 – 686 hab. – Alt. 300 m

Chavant

CUISINE CLASSIQUE • ÉLÉGANT En 2014, un nouveau chef s'est installé dans cette auberge tenue par la famille Chavant depuis 1852. Tourte au faisan à la sauce gourmande, homard "brûleur de loups" – un clin d'œil à l'équipe de hockey-sur-glace grenobloise... Pour le reste, fumoir, cave à vins, piscine, chambres spacieuses : on sait choyer les clients.

Menu 33 € (déj.), 54/120 € – Carte 65/110 €

6 chambres – †110/140 € ††140/200 € – ☕ 16 €

2 r. Émile-Chavant – ✆ 04 76 25 25 38 – www.chavanthotel.com – Fermé 20-28 déc., sam. midi et dim. soir

à Seyssins 6,5 km – ✉ 38180 – 6 970 hab. – Alt. 330 m

L'Atelier des Gourmets

CUISINE MODERNE • TRADITIONNEL Entre ici, gourmet, cet endroit est le tien ! Cheesecake aux noix de Saint-Jacques et cuit-cru de légumes ; cuisses de pigeon confites, sauce cacao-romarin... L'âme du Dauphiné résonne dans ce restaurant à la décoration moderne et épurée. Le chef est également passionné de vin, et conseille la clientèle avec talent.

Menu 26 € (déj. en semaine) – Carte 43/60 €

Plan : AX-r – *8 r. Dr-Schweitzer – ✆ 04 76 21 62 61 – www.atelierdesgourmets.fr – Fermé 9 août-1er sept., 28 déc.-5 janv., merc. soir, sam. midi, dim. et lundi*

GRÉOUX-LES-BAINS

✉ 04800 (Alpes-de-Haute-Provence) – 2 589 hab. – Alt. 386 m – Carte régionale n° **40**-B2

▶ Paris 783 km – Aix-en-Provence 55 km – Brignoles 52 km – Digne-les-Bains 69 km

Carte Michelin 334-D10 – Guide Vert Michelin Alpes du Sud

🏨 La Crémaillère

HÔTEL DE CURE · CLASSIQUE À deux pas des thermes troglodytiques, cet hôtel, confortable et chic, est idéal pour se ressourcer. Chambres contemporaines et lumineuses, avec balcon ou loggia. Au restaurant, cuisine "santé nature" pour les curistes.

51 chambres – ♦100/155 € ♦♦100/155 € – ☐ 13 € – ½ P

776 av. des Thermes, rte de Riez – ☏ 04 92 70 40 04
– www.mascremailleregreoux.com – Ouvert 27 mars-17 déc.

🏨 Villa Borghèse

HÔTEL DE CURE · CLASSIQUE Cette Villa Borghèse, tapissée de vigne vierge, abrite de grandes chambres traditionnelles avec loggia. Sauna, espace beauté et cours de bridge. Cuisine provençale au restaurant.

65 chambres – ♦101/199 € ♦♦101/199 € – ☐ 14 € – ½ P

av. des Thermes – ☏ 04 92 78 00 91 – www.hotel-villaborghese.com – Ouvert 12 mars-12 nov.

🏨 Les Alpes

FAMILIAL · ACTUEL Ce petit hôtel familial, au pied du château des Templiers, dispose de chambres confortables, certaines avec terrasse. Au restaurant, on apprécie les recettes provençales.

26 chambres – ♦78/147 € ♦♦88/147 € – ☐ 12 € – ½ P

19 av. des Alpes – ☏ 04 92 74 24 24 – www.hoteldesalpes04.fr – Fermé mi-déc. à fin janv.

🏨 Le Verdon

TRADITIONNEL · FONCTIONNEL Cet hôtel abrite des chambres fonctionnelles et bien tenues, avec un balcon donnant sur le village ou la garrigue. Agréable jardin avec terrain de pétanque. Recettes dans l'air du temps au restaurant.

64 chambres – ♦70/90 € ♦♦70/90 € – ☐ 12 € – ½ P

43 av. du Colombier – ☏ 04 92 70 40 03 – www.hotel-le-verdon.fr
– Ouvert 7 mars-26 nov.

GRESSE-EN-VERCORS

✉ 38650 (Isère) – 391 hab. – Alt. 1 205 m – Carte régionale n° 45-C2
▶ Paris 610 km – Clelles 22 km – Grenoble 48 km – Monestier-de-Clermont 14 km
Carte Michelin 333-G8 – Guide Vert Michelin Alpes du Nord

🍽 Le Chalet

CUISINE TRADITIONNELLE · RUSTIQUE XX Terrine de lapin aux herbes fraîches ; agneau en deux cuissons ; soufflé glacé à la chartreuse, etc. En deux mots : tradition et générosité. Tels sont les maîtres mots de cette table familiale et confortable.

🍷 Formule 15 € – Menu 19 € (semaine), 31/43 € – Carte 30/55 €

Le Village – ☏ 04 76 34 32 08 – www.hotellechalet.fr
– Fermé 6 mars-7 mai, 9 oct.-17 déc. et merc. midi hors vacances scolaires

🏨 Le Chalet

HÔTEL DE VACANCES · ACTUEL L'âme du Vercors et de la montagne, déclinée avec fraîcheur et simplicité : un vrai chalet d'aujourd'hui, tenu par une famille animée par le désir de bien faire. Les chambres, dans un style montagnard contemporain, sont jolies et accueillantes ; l'ensemble est impeccablement tenu.

25 chambres – ♦68/78 € ♦♦82/92 € – ☐ 12 € – ½ P

Le Village – ☏ 04 76 34 32 08 – www.hotellechalet.fr – Fermé 6 mars-7 mai et 9 oct.-17 déc.

🍴 Le Chalet – voir les restaurants ci-dessus

GRESSY - 77 (Seine-et-Marne) → voir Autour de Paris

GRÈZES
✉ 46320 (Lot) – 161 hab. – Alt. 312 m – Carte régionale n° **29**-C1
▶ Paris 562 km – Aurillac 84 km – Cahors 50 km – Figeac 21 km
Carte Michelin 337-G4

🏠 Le Grézalide   ⛺ 🐾 🛏 ⤴ & 🎾 🏊 🅿

FAMILIAL · PERSONNALISÉ Au cœur de ce village du Quercy, une adresse qui vous entraîne sur les chemins de l'art avec ses chambres dédiées à des artistes (Dalí, Rodin...) et son espace exposition. Une cuisine aux accents du terroir vous attend dans une jolie salle à manger voûtée.

19 chambres – ♦67/125 € – ♦♦85/165 € – ☐ 12 € – ½ P

– ℰ 05 65 11 20 40 – www.grezalide.com – Ouvert mi-avril à fin sept.

GRIGNAN
✉ 26230 (Drôme) – 1 618 hab. – Alt. 198 m – Carte régionale n° **44**-B3
▶ Paris 629 km – Crest 46 km – Montélimar 25 km – Nyons 25 km
Carte Michelin 332-C7 – Guide Vert Michelin Ardèche Drôme

❀ Le Clair de la Plume   🏡 🆎 🅿

CUISINE MODERNE · ÉLÉGANT XX Le Clair de la Plume... ou le raffinement côté Sud ! Le chef, Julien Allano, sait faire partager sa passion du bon : sa cuisine se révèle très expressive et à la fois limpide, sans artifices inutiles, car centrée sur l'authenticité des produits. Le repas est un plaisir, d'autant plus entre ces murs charmants du 18ᵉ s.

→ Cappuccino de pomme de terre à la truffe. Pigeon en viennoise de pain d'épice. Abricot de pays "sur le chemin de l'école" et pannacotta à l'amande.

Menu 65/110 € – Carte 65/85 €

*Hôtel Le Clair de la Plume, 2 pl. du Mail – ℰ 04 75 91 81 30 – www.clairplume.com
– Fermé le midi sauf dim. et fériés*

🍴 La Table des Délices   🐾 🛏 🏡 🅿

PROVENÇALE · ÉLÉGANT XX La maison, des années 1980, est sur la route de la grotte où Mme de Sévigné aimait se retirer. Le chef concocte une goûteuse cuisine régionale, dans un esprit gastronomique. Belle carte des vins.

Menu 28/95 € – Carte 50/90 €

*50 chemin de Bessas, 1 km par D541 rte de Montélimar – ℰ 04 75 46 57 22
– www.latabledesdelices.com – Fermé 15-30 nov., 1ᵉʳ-15 janv., mardi midi
en juil.-août, mardi soir hors saison, dim. soir et lundi*

🍴 Manoir de la Roseraie   🐾 ≤ 🛏 🏡 🆎 🅿

CUISINE MODERNE · ÉLÉGANT XXX Une rotonde, une verrière et une terrasse donnant sur le joli parc : un lieu indéniablement cossu. Le chef s'approvisionne en priorité chez les producteurs locaux et concocte une cuisine gastronomique dans l'air du temps.

Formule 27 € – Menu 35 € (déj. en semaine), 47/75 € – Carte 55/80 €

*Hôtel Manoir de la Roseraie, 1 chemin des Grands-Prés, rte de Valréas
– ℰ 04 75 46 58 15 (réservation conseillée) – www.manoirdelaroseraie.com
– Ouvert 9 avril-25 sept. et week-ends du 15 janv. au 9 avril et du 26 sept.
au 30 oct.*

🍴 Le Poème de Grignan   🆎

CUISINE MODERNE · INTIME X Tout un poème, cette maison de village avec ses porcelaines anciennes et ses fleurs ! Ici, tout est soigné, goûteux, fait sur place... et sent bon la Provence. Une invitation aux plaisirs de la région.

Menu 32/45 €

*r. St-Louis – ℰ 04 75 91 10 90 (réservation conseillée)
– www.lepoemedegrignan.com – Fermé 2 semaines en nov., 1 semaine en mars,
mardi et merc.*

⅋○ Le Bistro   🞖 AC P

CUISINE TRADITIONNELLE · BISTRO ※ Le "côté bistro" de ce joli hôtel-restaurant qu'est Le Clair de la Plume. Sous la belle verrière ou en terrasse, on se régale d'une cuisine bien pensée et colorée, tout simplement : tomates anciennes, pistou et roquette à l'huile de basilic ; épaule d'agneau confite sept heures ; glaces artisanales...

Formule 25 € – Menu 30 € – Carte 37/55 €

Hôtel Le Clair de la Plume, 2 pl. du Mail – 𝒞 *04 75 91 81 30 – www.clairplume.com – Fermé le soir, dim. et fériés*

🏘 Manoir de la Roseraie   🞖 🐾 ≼ 🛏 ⌫ ⅋ AC 🏊 P

CHÂTEAU · CLASSIQUE Dans un village du Tricastin, ce manoir du 19ᵉ s. doit son nom à sa roseraie. Il fait bon se promener dans le joli parc ou faire quelques brasses dans la piscine. Les chambres sont spacieuses et confortables, dans une veine traditionnelle.

21 chambres – ♦170/415 € ♦♦170/415 € – ☑ 20 € – ½ P

1 chemin des Grands-Prés, rte de Valréas – 𝒞 *04 75 46 58 15 – www.manoirdelaroseraie.com – Ouvert 18 mai-25 sept. et week-ends du 15 janv. au 17 mai et du 26 sept. au 30 oct.*

 Manoir de la Roseraie – voir les restaurants ci-dessus

🏠 Le Clair de la Plume   🞖 🐾 🛏 ⌫ AC P

HISTORIQUE · PERSONNALISÉ Le nom de cet hôtel aurait plu à Mme de Sévigné, qui résida à Grignan ! Cette demeure provençale du 18ᵉ s. propose des chambres ravissantes avec leur mobilier chiné – et plus encore lorsqu'elles donnent sur le joli jardin de curé. Au choix selon l'heure du repas, restaurant gastronomique ou bistrot.

16 chambres – ♦99/310 € ♦♦175/495 € – ☑ 20 € – ½ P

2 pl. du Mail – 𝒞 *04 75 91 81 30 – www.clairplume.com*

❀ **Le Clair de la Plume** • ⅋○ **Le Bistro** – voir les restaurants ci-dessus

🏠 La Bastide de Grignan   🐾 🛏 ⌫ ⅋ AC 🏊 P

FAMILIAL · ACTUEL À 800 m du château de Grignan, cette demeure récente est entourée de chênes truffiers. Dans les chambres, coquettes et provençales, vous passerez des nuits calmes. Agréable piscine dans le jardin.

16 chambres – ♦75/165 € ♦♦75/165 € – ☑ 12 €

120 chemin de Bessas, 1 km par D541 rte de Montélimar – 𝒞 *04 75 90 67 09 – www.labastidedegrignan.com – Fermé 21-27 déc.*

🏠 Le Pré de l'Aube   🐾 🛏 ⌫ 🏊 P

MAISON DE CAMPAGNE · ÉLÉGANT Une grande bastide du 17ᵉ s., tout en vielles pierres, au cœur d'un hameau entouré de champs de lavande... L'aménagement intérieur, élégant et soigné, met bien en valeur la noblesse provençale des lieux, et le calme comme le confort sont complets.

5 chambres ☑ – ♦125/185 € ♦♦125/185 €

hameau le Fraysse, 6 km au Nord-Ouest par D4 – 𝒞 *04 75 92 44 84 – www.lepredelaube.com – Ouvert mars-nov.*

GRILLY – 01 (Ain) → voir Divonne-les-Bains

GRIMAUD

✉ 83310 (Var) – 4 041 hab. – Alt. 105 m – Carte régionale n° **41**-C3
▶ Paris 861 km – Fréjus 32 km – Le Lavandou 32 km – St-Tropez 12 km
Carte Michelin 340-O6 – Guide Vert Michelin Côte d'Azur

‖○ Les Santons

CUISINE CLASSIQUE • COSY XxX Une belle auberge provençale, pleine de caractère, avec ses poutres apparentes, ses compositions florales et sa collection de... santons ! Dans l'assiette, une cuisine classique alléchante et bien troussée : tarte fine aux noix de Saint-Jacques et caviar d'Aquitaine, selle d'agneau rôtie, baba au rhum...

Menu 31 € (déj.)/56 € – Carte 65/128 €

743 rte Nationale – ℰ 04 94 43 21 02 – www.restaurant-les-santons.fr – Fermé 1ᵉʳ-16 déc., le midi en semaine en juil.-août, lundi et mardi midi hors saison

‖○ Le Mûrier

CUISINE MODERNE • MÉDITERRANÉEN XX C'est un couple franco-japonais qui préside à la destinée de cette villa escortée par trois mûriers centenaires. Sur une courte carte alléchante, on trouve de bons plats aux inspirations méditerranéennes : beignets de gambas en tempura et sauce soja, filet de veau aux morilles... À déguster sur la terrasse en été.

Menu 33 € – Carte 45/60 €

177 rte de Ste-Maxime, 1,5 km par D14 – ℰ 04 94 56 31 62 – www.restaurant-lemurier.fr – Fermé 29 fév.-14 mars, dim. soir du 15 oct. à Pâques et lundi

‖○ Fleur de Sel

CUISINE MODERNE • CONVIVIAL X Sur les hauteurs de ce village délicieusement pittoresque, au détour d'une petite ruelle, l'ancienne boulangerie du village s'est muée en une bien séduisante Fleur de Sel... Un jeune couple dynamique mène cette affaire tambour battant, y proposant une cuisine gourmande et dans l'air du temps. Une belle découverte.

Formule 17 € – Menu 39/49 € – Carte 50/65 €

4 pl. du Cros – ℰ 04 94 43 21 54 (réservation conseillée) – Ouvert avril-oct. et fermé sam. midi et lundi

⌂⌂ Le Verger Maelvi

MAISON DE CAMPAGNE • PERSONNALISÉ Un agréable mas champêtre avec son pavillon tout de bois vêtu, au fond du jardin. Les chambres se révèlent coquettes et décorées avec soin ; l'été, odeurs de glycine et copieux petit-déjeuner sous l'agréable pergola, face à la piscine chauffée.

12 chambres – ♥95/280 € ♥♥120/580 € – 2 suites – ☲ 17 €

2 km à l'Ouest par D14, rte de Collobrières – ℰ 04 94 55 57 80 – www.hotel-grimaud.com – Ouvert 26 mars-16 oct.

⌂ La Boulangerie

FAMILIAL • SIMPLE Sur les hauteurs du village, un agréable petit mas niché dans la verdure. Les chambres, simples et confortables, portent le sceau de la Provence ; l'ambiance est détendue et familiale. Résultat : le bien-être est au rendez-vous !

10 chambres – ♥119/132 € ♥♥122/152 € – 1 suite – ☲ 12 €

2 km à l'Ouest par D14, rte de Collobrières – ℰ 04 94 43 23 16 – www.hotel-laboulangerie.com – Ouvert 30 avril-9 oct.

LA GRIVE – 38 (Isère) → voir Bourgoin-Jallieu

GROISY

✉ 74570 (Haute-Savoie) – 3 243 hab. – Alt. 690 m – Carte régionale n° **46**-F1
▶ Paris 534 km – Annecy 17 km – Bellegarde-sur-Valserine 40 km – Bonneville 29 km
Carte Michelin 328-K4

‖○ Auberge de Groisy

CUISINE MODERNE • COSY XX Une jolie ferme du 19ᵉ s. revue à la mode d'aujourd'hui : pierres apparentes et poutres pour le cachet ; douceur contemporaine tout en beige et lin. Un endroit charmant pour déguster une cuisine bien dans son temps, qui valorise les produits de la région. Enfin, cerise sur le gâteau, le pain et les glaces sont fait maison.

Menu 25 € ⵛ (déj. en semaine), 34/81 € – Carte 50/80 €

34 rte du Chef-Lieu – ℰ 04 50 68 09 54 (réservation conseillée) – www.auberge-groisy.com – Fermé 1ᵉʳ-15 sept., vacances de Noël, dim. soir, lundi et mardi

GRUISSAN

⊠ 11430 (Aude) – 4 631 hab. – Alt. 2 m – Carte régionale n° **22**-B3
▶ Paris 796 km – Carcassonne 73 km – Narbonne 15 km – Perpignan 76 km
Carte Michelin 344-J4

⫶○ L'Estagnol

CUISINE TRADITIONNELLE · RUSTIQUE ✕ Face à l'étang, cette authentique maison de pêcheur a fait du poisson la star de ses assiettes ! Les produits sont toujours frais et souvent locaux. Quant à l'ambiance, elle est décontractée et méridionale à souhait.

Formule 14 € – Menu 25/32 € – Carte 30/60 €

quai de l'Étang – ℰ *04 68 49 01 27 – Fermé vacances de fév., lundi et le soir en hiver sauf vend. et sam.*

⌂ Hôtel du Casino - Le Phoebus

HÔTEL DE CHAÎNE · FONCTIONNEL Bordant l'étang et intégré au complexe du casino, ce Phoebus prend des airs de motel : toutes les chambres jouissent d'une entrée indépendante, et une bonne partie d'entre elles ont même une petite terrasse avec vue sur l'eau. Confortable et pratique.

50 chambres – ♦60/120 € ♦♦60/120 € – ☲11 €

bd Planasse, (au casino) – ℰ *04 68 49 03 05 – www.hotels-gruissan.com*

GRUSON – 59 (Nord) ➔ voir Lille

LE GUA

⊠ 17600 (Charente-Maritime) – 2 065 hab. – Alt. 3 m – Carte régionale n° **38**-B3
▶ Paris 493 km – Bordeaux 126 km – Rochefort 26 km – La Rochelle 63 km
Carte Michelin 324-E5

⫶○ Le Moulin de Châlons

CUISINE MODERNE · CONVIVIAL ✕✕ Huîtres de Marennes-Oléron, homards du vivier... Le chef de cet ancien moulin à marée (datant du 18ᵉ s.) connaît son métier – cuissons millimétrées, saveurs harmonieuses – et concocte une appétissante cuisine d'aujourd'hui, qu'il fait évoluer trois fois par an. Cadre élégant et agréable terrasse aux beaux jours.

Formule 20 € – Menu 29/56 € – Carte 50/90 €

10 chambres – ♦90/170 € ♦♦90/170 € – ☲14 €

à Châlons, 1 km à l'Ouest par rte de Royan – ℰ *05 46 22 82 72*
– www.moulin-de-chalons.com – Fermé 7-22mars, 16 nov.-8 déc., dim. soir, lundi midi et mardi midi de sept. à juin

GUEBERSCHWIHR

⊠ 68420 (Haut-Rhin) – 832 hab. – Alt. 260 m – Carte régionale n° **1**-A2
▶ Paris 487 km – Colmar 12 km – Guebwiller 18 km – Mulhouse 36 km
Carte Michelin 315-H8

⫶○ Belle Vue

CUISINE TRADITIONNELLE · RÉTRO ✕ Il est vrai que la vue est belle de la terrasse de ce restaurant où le regard embrasse les vignobles... Quant aux papilles, elles se régalent de plats traditionnels (pâté en croûte, choucroutes, poissons) et des vins du domaine.

⊜ Formule 15 € – Menu 20 € (semaine)/35 € – Carte 35/60 €

Hôtel Relais du Vignoble, 29 r. des Forgerons – ℰ *03 89 49 31 09*
– www.relaisduvignoble.com – Fermé fév., merc. et jeudi

⌂ Relais du Vignoble

AUBERGE · FONCTIONNEL Situé à flanc de coteau, cette grande bâtisse jouxte une cave – quoi de plus normal dans un village de vignerons ! Les chambres, fonctionnelles et bien tenues, donnent sur les vignes.

30 chambres – ♦70/92 € ♦♦70/128 € – ☲10 € – ½ P

33 r. des Forgerons – ℰ *03 89 49 22 22 – www.relaisduvignoble.com – Fermé fév.*

⫶○ **Belle Vue** - voir les restaurants ci-dessus

GUEBWILLER

⊠ 68500 (Haut-Rhin) – 11 440 hab. – Alt. 300 m – Carte régionale n° **1**-A3
▣ Paris 474 km – Belfort 52 km – Colmar 27 km – Épinal 96 km
Carte Michelin 315-H9

ⅠO Les Terrasses

CUISINE MODERNE · À LA MODE ✗✗ Un cadre contemporain et soigné, ouvert sur la verdure, et une belle terrasse au bord du plan d'eau : un lieu agréable, où l'on apprécie une cuisine contemporaine et réalisée de bons produits frais.
⊛ Formule 17 € – Menu 20 € (déj. en semaine), 35/65 € – Carte 45/55 €
Hôtel Domaine du Lac, 244 r. de la République, vers Buhl
– ✆ 03 89 76 15 76 – www.domainedulac-alsace.com
– Fermé sam. midi

⌂ Domaine du Lac

BUSINESS · DESIGN Deux hôtels en un ! Le Lac, avec de petites chambres colorées, design et fonctionnelles ; les Rives, plus confortables et cosy, dans une belle veine contemporaine. Vue sur le lac ou le ruisseau à l'arrière.
63 chambres ⌑ – †76/155 € ††89/195 € – ½ P
244 r. de la République, vers Buhl – ✆ 03 89 76 15 00
– www.domainedulac-alsace.com
ⅠO **Les Terrasses** – voir les restaurants ci-dessus

à Murbach 5 km au Nord-Ouest par D40ᴵᴵ – ⊠ 68530 – 140 hab. – Alt. 420 m

ⅠO Le Jardin des Saveurs

CUISINE MODERNE · ÉLÉGANT ✗✗ Un coin de nature vosgienne... et de gourmandise ! Sous l'œil du propriétaire – cuisinier de formation –, le chef travaille de beaux produits et concocte des plats réjouissants, qui font la part belle aux saisons et au bio. Le tout à petits prix. Voilà un Jardin rafraîchissant où l'on aimerait prendre racine...
⊛ Formule 15 € – Menu 19 € (déj. en semaine), 32/72 €
– Carte 48/62 €
Hôtel Le St-Barnabé, 53 r. de Murbach
– ✆ 03 89 62 14 14 – www.le-stbarnabe.com
– Fermé 4-18 mars, 1ᵉʳ-11 juil., 3 semaines en janv., dim. soir, jeudi midi et merc.

⌂ Le St-Barnabé

TRADITIONNEL · CLASSIQUE En plein cœur de la forêt et au milieu d'un jardin verdoyant, cette maison alsacienne est charmante... Les chambres sont décorées avec soin dans un style coloré et reposant ; quant au spa, il se révèle très plaisant !
26 chambres – †79/149 € ††79/149 € – ⌑ 15 € – ½ P
53 r. de Murbach – ✆ 03 89 62 14 14 – www.le-stbarnabe.com
– Fermé 4-18 mars et 3 semaines en janv.
ⅠO **Le Jardin des Saveurs** – voir les restaurants ci-dessus

⌂ Le Schaeferhof

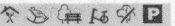

MAISON DE CAMPAGNE · CLASSIQUE Cette métairie du 17ᵉ s. est tout simplement superbe ! Partout, la propriétaire, amoureuse du beau, a imprimé sa patte. Mobilier chiné, tissus raffinés... chaque détail a été soigneusement pensé. Du cachet et une âme authentique ! Avec, en prime, une appétissante table d'hôte et un espace bien-être pour éliminer le tout.
5 chambres ⌑ – †200 € ††220 €
6 r. de Guebwiller – ✆ 03 89 74 98 98 – www.schaeferhof.fr
– Fermé 10-30 janv.

à Rimbach-près-Guebwiller 11 km à l'Ouest par D5ᴵ – ✉ 68500
– 234 hab. – Alt. 550 m

ⅇ○ L'Aigle d'Or

CUISINE TRADITIONNELLE · RUSTIQUE X Une vraie auberge champêtre, avec son ravissant jardin, tenue par la même famille depuis 1926. Le chef concocte une cuisine valorisant le terroir et la tradition ; pour prolonger l'étape, on propose des chambres sobres et fraîches.

Menu 22/40 € – Carte 25/53 €

15 chambres – †40/65 € ††55/85 € – ☲ 10 €

5 r. Principale – ℰ 03 89 76 89 90 – www.hotelaigledor.com – Fermé lundi sauf fériés

GUENROUËT
✉ 44530 (Loire-Atlantique) – 3 222 hab. – Alt. 30 m – Carte régionale n° **34**-A2
▶ Paris 430 km – Nantes 56 km – Redon 21 km – St-Nazaire 41 km
Carte Michelin 316-E2

ⅇ○ Le Relais St-Clair

CUISINE MODERNE · ROMANTIQUE XXX Dans cette bâtisse fleurie qui surplombe le canal de Nantes à Brest, on privilégie les menus et les produits locaux (poissons, coquillages). Belle carte des vins. À l'étage inférieur, sous les glycines, formule brasserie (grillades et buffets) au Jardin de l'Isac.

Formule 25 € ⅄ – Menu 30/101 € ⅄ – Carte 45/70 €

31 r. de l'Isac, (rte de Nozay) – ℰ 02 40 87 66 11 – www.relais-saint-clair.com – Fermé 1ᵉʳ-14 mars, 1 semaine en nov., dim. soir et lundi

ⅇ○ Le Paradis des Pêcheurs

CUISINE TRADITIONNELLE · RUSTIQUE XX Dans son hameau de l'arrière-pays nazairien, cette grande auberge des années 1930 respire le charme provincial : poutres et cheminée, abords verdoyants (on peut se promener dans le parc attenant) et, dans l'assiette, des recettes traditionnelles qui font le bonheur des habitués.

⊜ Menu 14 € (déj. en semaine), 26/44 € – Carte environ 45 €

au Cougou, 5 km au Nord-Ouest par D102 – ℰ 02 40 87 64 10 – www.restaurant-leparadisdespecheurs.fr – Fermé vacances de fév., de la Toussaint, dim. soir, lundi soir, mardi soir, jeudi soir et merc.

GUER
✉ 56380 (Morbihan) – 6 327 hab. – Alt. 40 m – Carte régionale n° **10**-C2
▶ Paris 398 km – Nantes 99 km – Rennes 48 km – Vannes 71 km
Carte Michelin 308-N7

ⅇ○ Auberge Tiegezh

CUISINE MODERNE · DESIGN XX Tiegezh, c'est "famille" en breton, tout est dit ! Baptiste Denieul, moins de 25 ans, a transformé la crêperie de sa maman (qui continue d'officier à côté) en... un étonnant et élégant antre contemporain. Une nouvelle parabole du fils prodigue ? Le fait est que le jeune chef est passé par de belles maisons et donne déjà toute la mesure de son savoir-faire. Prometteur !

Formule 20 € – Menu 25 € (semaine), 36/80 € – Carte 45/85 €

7 pl. de la Gare – ℰ 02 97 22 00 26 – www.restaurant-aubergetiegezh.com – Fermé 7-14 mars, 5-19 sept., 2-8 janv., mardi soir, dim. soir et lundi

GUÉRANDE
✉ 44350 (Loire-Atlantique) – 15 722 hab. – Alt. 54 m – Carte régionale n° **34**-A2
▶ Paris 450 km – La Baule 6 km – Nantes 77 km – St-Nazaire 20 km
Carte Michelin 316-B4 – Guide Vert Michelin Pays de la Loire

ⅠⅠ○ La Tête de l'Art 🏠 ♿ ⟳ 🅿

CUISINE MODERNE · À LA MODE ✕ Avant de franchir les remparts de Guérande, faites donc une halte dans les dépendances de ce manoir du 13ᵉ s. Le chef signe des plats savoureux et enlevés, tels ce bouillon de homard et ses ravioles aux saveurs asiatiques, ou ce filet de bœuf poêlé et son jus de bœuf à l'huile de truffe. Succès mérité pour cette table !

Carte 25/40 €

11 r. de Porte-Calon, (au manoir de Porte Calon, perpendiculaire à la r. Gustave Flaubert) – ☎ 02 40 88 53 40 – www.restaurantlatetedelart.fr – Fermé mardi soir hors saison, dim. et lundi

🏠 Hôtel de la Cité 🛏 ⌨ 🅿

BUSINESS · MODERNE Un hôtel à 1 km de la cité, dans une zone d'activités. Literie moelleuse, matériaux contemporains (résine, stuc), photos graphiques... Une adresse où l'on se sent bien !

60 chambres – 🛏59/145 € 🛏🛏59/145 € – ⛲12 €

2 pl. Dolgellau, (av. Gustave Flaubert) – ☎ 02 40 22 02 20 – www.hotel-guerande.com

🏠 La Guérandière 🚪 🅿

FAMILIAL · PERSONNALISÉ Cette demeure pleine de charme, au pied des remparts, a été construite en 1870 puis abandonnée au début de la Première Guerre mondiale. Elle offre aujourd'hui des chambres cosy et colorées, dont plusieurs possédant une cheminée. L'été, petit-déjeuner servi dans le jardin ou sous la verrière.

5 chambres – 🛏65/85 € 🛏🛏65/95 € – ⛲10 €

5 r. Vannetaise – ☎ 02 40 62 17 15 – www.guerandiere.com

LA GUERCHE-DE-BRETAGNE

✉ 35130 (Ille-et-Vilaine) – 4 273 hab. – Alt. 77 m – Carte régionale n° **10**-D2
▶ Paris 324 km – Châteaubriant 30 km – Laval 53 km – Redon 84 km
Carte Michelin 309-O7 – Guide Vert Michelin Bretagne Sud

🏠 La Calèche ⟷ 🏠 🅿

CUISINE TRADITIONNELLE · CLASSIQUE ✕✕ Proposer une cuisine qui soit "un concentré de l'ADN gastronomique local", tel est le sacerdoce du chef, Gérard Tanvier, depuis vingt ans ! Dans cette maison bourgeoise, il ne ménage pas ses efforts pour choisir des produits de qualité et faire parler son savoir-faire. Le terroir le lui rend bien...

⛶ Formule 17 € – Menu 20 € (semaine), 32/42 € – Carte 42/59 €
13 chambres – 🛏57/70 € 🛏🛏70 € – ⛲12 €

16 av. du Gén.-Leclerc – ☎ 02 99 96 21 63 – www.restaurant-la-caleche.com – Fermé 2-31 août, 25-31 déc. (sauf hôtel), vend. soir, dim. soir et lundi

GUÉRET

✉ 23000 (Creuse) – 13 219 hab. – Alt. 457 m – Carte régionale n° **25**-C1
▶ Paris 351 km – Châteauroux 90 km – Limoges 93 km – Montluçon 66 km
Carte Michelin 325-I3 – Guide Vert Michelin Limousin Berry

ⅠⅠ○ Le Coq en Pâte 🏠 🏠 ♿ ⟳ 🅿

CUISINE CLASSIQUE · ÉLÉGANT ✕✕✕ Dans cette maison bourgeoise et cossue (19ᵉ s.), on sert une belle cuisine classique qui varie selon les saisons. Mais rassurez-vous : le homard du vivier et le filet de bœuf sont aussi des résidents permanents ! On les accompagne d'un des nombreux bordeaux présents sur la carte... Un agréable moment gastronomique.

⛶ Menu 18 € (semaine), 28/60 € – Carte 50/90 €

2 r. de Pommeil – ☎ 05 55 41 43 43 – www.restaurant-lecoqenpate.com – Fermé 23 fév.-10 mars, 28 juin-16 juil., dim. soir et lundi soir

à La Chapelle-Taillefert 8 km au Sud par D940 – ⊠ 23000
– 389 hab. – Alt. 497 m

✱○ Influence

CUISINE MODERNE · TRADITIONNEL X Pavé de bœuf de la ferme de la Courtine, feuilleté de tête de veau sauce gribiche... Le patron – chef particulier d'un préfet pendant dix ans – aime les beaux produits et nous régale d'une belle cuisine de saison. Le tout à apprécier dans une maison du 18e s. joliment restaurée.

⟺ Menu 13 € ▾ (déj. en semaine), 24/42 € – Carte 27/38 €

1 r. des Remparts – ℰ 05 55 81 98 32 – www.restaurant-influence.com – Fermé 21 fév.-1er mars, 17-25 avril, 7-23 août, 24 déc.-3 janv., dim. (sauf les 2 premiers de chaque mois) et lundi

GUÉRY (LAC DE) – 63 (Puy-de-Dôme) → voir Mont-Dore

GUÉTHARY

⊠ 64210 (Pyrénées-Atlantiques) – 1 304 hab. – Alt. 15 m – Carte régionale n° **3**-A3
▶ Paris 780 km – Bayonne 19 km – Biarritz 9 km – Pau 125 km
Carte Michelin 342-C4 – Guide Vert Michelin Pays Basque et Navarre

✿ Brikéténia (Martin et David Ibarboure) ⟨ 🎋 ᴴ ᴬᶜ ⇔ 🅿

CUISINE MODERNE · ÉLÉGANT XxX Dans cette demeure basque des années 1930, père et fils signent une cuisine de grande qualité : assaisonnements subtils, effets de transparence ou de contraste, produits choisis à leur parfaite maturité... Un vrai travail sur le naturel, mis de surcroît en valeur par un service charmant.
→ Langoustines en cinq états, souvenir de Hong-Kong. Ris de veau fermier, sauce yakitori. Profiteroles à l'éclat d'or.

Menu 35 € (déj. en semaine), 55/98 € – Carte 75/95 €

Hôtel Brikéténia, r. de l'Église – ℰ 05 59 26 51 34 – www.briketenia.com – Fermé 2-20 nov. et mardi du 15 sept. au 30 juin

✱○ Gétaria 🎋 ᴴ ᴬᶜ

CUISINE MODERNE · CONVIVIAL X Un joli bistrot contemporain, créé après un sérieux parcours par un jeune chef prometteur. Opéra de foie gras à la framboisine, suprême de poulet fermier farci aux noisettes, moelleux chocolat au cœur de confiture de lait, etc. : autant d'assiettes franches et gourmandes, valorisant de beaux produits locaux !

Formule 19 € – Menu 24 € (déj. en semaine) – Carte 39/49 €

360 av. du Général-de-Gaulle – ℰ 05 59 51 24 11 – www.getaria.fr – Fermé 2 semaines en fév., lundi midi en été, mardi et merc. sauf le soir en juil. août

✱○ Briket' Bistrot 🆕 ᴴ

CUISINE MODERNE · CONVIVIAL X L'hôtel de la famille Ibarboure accueille aussi ce sympathique bistrot, indépendant du restaurant gastronomique. Les produits du terroir basque dominent la carte – poulpe mariné au piment, mangue et avocat ; cochon ibérique, légumes confits à l'oignon doux – et les prix sont raisonnables.

Carte 30/35 €

Hôtel Brikéténia, r. de l'Église – ℰ 05 59 26 51 34 – www.briketenia.com – Fermé 2-20 nov., le midi sauf dim., lundi et mardi

ᨆ Villa Catarie ⊗ ᴶ ⊡ ᴴ 🅿

FAMILIAL · PERSONNALISÉ Ravissante demeure basque de 1830, à deux pas du port et des plages. Chambres cosy, aux tons pastel. L'été, petit-déjeuner servi au jardin. Il règne ici un esprit familial.

14 chambres – ♥130/160 € ♥♥130/220 € – � 12 €

415 av. du Gén.-de-Gaulle – ℰ 05 59 47 59 00 – www.villa-catarie.com

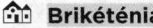 Brikéténia

FAMILIAL · MINIMALISTE Sur le site d'une ancienne briqueterie (d'où "Brikéténia"), ce relais de poste du 17ᵉ s., blanc et rouge, offre une vue dégagée sur les environs. Refaites à neuf, les chambres allient confort et esprit contemporain : idéal si l'on veut profiter du (bon) restaurant.

14 chambres – ♦95/120 € ♦♦110/210 € – ☲ 12 €

r. de l'Église – ℰ 05 59 26 51 34 – www.briketenia.com – Fermé 2-20 nov.

❀ **Brikéténia** • ⅋○ **Briket' Bistrot** – voir les restaurants ci-dessus

Arguibel

VILLA · PERSONNALISÉ Superbe villa de style néobasque, à l'intérieur très raffiné, mariant objets design, meubles traditionnels et toiles d'artistes contemporains... Chaque chambre a sa personnalité.

5 chambres – ♦135/300 € ♦♦135/300 € – ☲ 17 €

1146 chemin de Laharraga – ℰ 05 59 41 90 46 – www.arguibel.fr
– Fermé 4 janv.-14 fév.

LE GUÉTIN

✉ 18150 (Cher) – Carte régionale n° **12**-D3
▶ Paris 252 km – Bourges 58 km – La Guerche-sur-l'Aubois 11 km – Nevers 13 km
Carte Michelin 323-O5

⅋○ Auberge du Pont-Canal

CUISINE TRADITIONNELLE · CONVIVIAL ☓ Dans cette petite auberge familiale jouxtant le pont de l'Allier, la tradition est à l'honneur... Ris de veau, cuisses de grenouilles et friture font la fierté de la maison. Le jeune chef travaille les beaux produits avec générosité et simplicité. L'été, on s'attable sur la jolie terrasse avec vue sur la rivière.

៚ Menu 14 € (déj. en semaine), 23/33 € – Carte 26/49 €

37 r. des Ecluses – ℰ 02 48 80 40 76 – www.auberge-du-pont-canal.fr
– Fermé dim. soir et lundi

GUEWENHEIM

✉ 68116 (Haut-Rhin) – 1 333 hab. – Alt. 323 m – Carte régionale n° **1**-A3
▶ Paris 458 km – Altkirch 23 km – Belfort 36 km – Mulhouse 21 km
Carte Michelin 315-G10

⅋○ La Gare

CUISINE TRADITIONNELLE · CONVIVIAL ☓☓ Une très contemporaine institution locale (depuis 1874) ! Ou comment mixer élégance, peps et convivialité ; mêler brasserie sur le pouce et joli repas traditionnel sur la belle terrasse verdoyante... Ou comment présenter l'une des plus belles cartes des vins de France – rien que ça – tout en restant simple.

Formule 11 € – Menu 32/48 € – Carte 40/60 €

2 r. de Soppe – ℰ 03 89 82 51 29 – Fermé 16 fév.-3 mars, 24 juil.-13 août, mardi soir et merc.

GUICHE

✉ 64520 (Pyrénées-Atlantiques) – 933 hab. – Alt. 98 m – Carte régionale n° **3**-B3
▶ Paris 770 km – Bordeaux 184 km – Mont-de-Marsan 102 km – Pau 89 km
Carte Michelin 342-E1 – Guide Vert Michelin Aquitaine

❀ Le Gantxo

RÉGIONALE · SIMPLE ☓ Bienvenue en terre basque ! Ce Gantxo – du nom d'une passe de pelote – donne directement sur le "trinquet", l'aire de jeu du célèbre sport local. En cuisine, le chef sait aussi faire rebondir les saveurs des bonnes recettes de la région. Des plats parfois très fins, souvent copieux, toujours goûteux !

Formule 13 € ❢ – Menu 29/34 € – Carte 31/42 €

quartier du Port, (au Trinquet) – ℰ 05 59 56 46 63 – www.restaurant-le-gantxo.fr
– Fermé merc. soir et jeudi soir d'oct. à mars, dim. soir, lundi et mardi

GUIDEL

✉ 56520 (Morbihan) – 10 279 hab. – Alt. 38 m – Carte régionale n° **9**-B2
▶ Paris 511 km – Lorient 14 km – Pont-Aven 26 km – Quimper 60 km
Carte Michelin 308-K8

😊 La Table D'eux - Laurent Le Berrigaud

CUISINE **MODERNE · CONVIVIAL** XX Ce bistrot du front de mer, à l'esprit contemporain, est tenu par un jeune couple passionné – et cela se sent ! Le chef propose une cuisine du marché dans un esprit locavore. On se régale par exemple d'une cocotte de Saint-Jacques et crème de cèpes. Enfin, l'accueil est chaleureux : décidément, une excellente adresse !

😊 Formule 16 € – Menu 20 € (déj. en semaine), 26/39 € – Carte 32/49 €
*La Falaise - rte côtière, D152 – ℰ 02 97 32 42 07 – www.laurentleberrigaud.com
– Fermé 2-15 janv., mardi de sept. à mars et merc.*

🏰 Le Domaine de Kerbastic

CHÂTEAU · **PERSONNALISÉ** Colette, Proust, Cocteau... que d'hommes illustres ont séjourné dans cette demeure princière ! Elle s'est entre-temps muée en hôtel luxueux, très privé... à votre tour de vous délecter de son charme raffiné ! Au restaurant règnent l'élégance et la tradition.

17 chambres – †99/379 € ††149/379 € – 😐 18 € – ½ P
*rte de Locmaria – ℰ 02 97 65 98 01 – www.domaine-de-kerbastic.com
– Fermé 1ᵉʳ janv.-12 fév.*

GUILLESTRE

✉ 05600 (Hautes-Alpes) – 2 367 hab. – Alt. 1 000 m – Carte régionale n° **41**-C1
▶ Paris 715 km – Barcelonnette 51 km – Briançon 36 km – Digne-les-Bains 114 km
Carte Michelin 334-H5 – Guide Vert Michelin Alpes du Sud

ⅠⅠ○ Dedans Dehors

CUISINE **TRADITIONNELLE · RUSTIQUE** X Une ruelle médiévale dessert cette cave voûtée : tartines, salades et cuisine du terroir à la plancha, le tout agrémenté de fleurs et d'herbes folles. Un bistrot éclectique !

Carte 30/50 €
ruelle Sani – ℰ 04 92 44 29 07 – Ouvert de juin à août

à Mont-Dauphin 6 km au Nord-Ouest par D37 – ✉ 05600 – 151 hab. – Alt. 1 050 m

🏠 La Maison du Guil

VILLA · **DESIGN** Au-dessus des gorges du Guil, un ancien prieuré du 16ᵉs. restauré avec inspiration : entre vieilles pierres et mobilier design de qualité, le charme est au rendez-vous.

4 chambres 😐 – †120/130 € ††120/130 €
La Font d'Eygliers – ℰ 04 92 50 16 20 – www.lamaisonduguil.com

GUILLIERS

✉ 56490 (Morbihan) – 1 386 hab. – Alt. 86 m – Carte régionale n° **10**-C2
▶ Paris 418 km – Dinan 66 km – Lorient 91 km – Ploërmel 13 km
Carte Michelin 308-Q6

😊 Au Relais du Porhoët

CUISINE **TRADITIONNELLE · AUBERGE** XX Des pierres apparentes, une cheminée monumentale, quelques notes colorées : une âme rustique mais nullement écrasante, pour une cuisine régionale généreuse et bien tournée, dont les prix tout doux font aussi plaisir.

😊 Formule 11 € – Menu 15 € (semaine), 23/47 € – Carte 24/45 €
11 pl. de l'Église – ℰ 02 97 74 40 17 – www.aurelaisduporhoet.com – Fermé 2 semaines en janv., dim. soir et lundi sauf en juil.-août

Au Relais du Porhoët

AUBERGE · CLASSIQUE Une discrète auberge de village, dont les habitués taisent comme un secret le bon confort, l'entretien sans défaut et les tarifs très compétitifs. La plupart des chambres, classiques, donnent sur l'église.

12 chambres – ♦46/57 € ♦♦51/65 € – 立 8,50 € – ½ P

11 pl. de l'Église – ℰ 02 97 74 40 17 – www.aurelaisduporhoet.com – Fermé 2 semaines en janv.

⊛ **Au Relais du Porhoët** – voir les restaurants ci-dessus

GUILVINEC

✉ 29730 (Finistère) – 2 938 hab. – Alt. 5 m – Carte régionale n° **9**-A2
▶ Paris 584 km – Douarnenez 44 km – Pont-l'Abbé 10 km – Quimper 30 km
Carte Michelin 308-F8 – Guide Vert Michelin Bretagne

⊛ **Le Poisson d'Avril** **N**

CUISINE MODERNE · CONVIVIAL X Dans le port de pêche, à quelques mètres de la criée, ce restaurant est tenu par un jeune couple sympathique : ambiance conviviale garantie ! Le terroir local et le poisson de la pêche sont les deux piliers d'une cuisine goûteuse et soignée, dans laquelle tout est fait maison. En prime, quelques chambres avec terrasse.

⊕ Formule 17 € – Menu 19/53 €

4 chambres – ♦79/105 € ♦♦79/105 € – 立 9 €

19 r. de Men-Meur – ℰ 02 98 58 23 83 – www.lepoissondavril.fr – Fermé 10 jours en juin, 10 jours en nov., de mi-janv. à mi-fév., dim. soir et mardi midi de sept. à mi-juin et lundi

GUINGAMP

✉ 22200 (Côtes-d'Armor) – 7 235 hab. – Alt. 81 m – Carte régionale n° **9**-B1
▶ Paris 484 km – Carhaix-Plouguer 49 km – Lannion 32 km – Morlaix 53 km
Carte Michelin 309-D3 – Guide Vert Michelin Bretagne Nord

⊛ **Le Clos de la Fontaine**

CUISINE TRADITIONNELLE · CLASSIQUE XX Le patron est passionné par le poisson et ne transige pas : dans votre assiette, toute la fraîcheur de la pêche côtière, cuisinée sans chichis et mise en valeur par des sauces délicates et des cuissons précises. Quelques plats rendent aussi hommage au terroir breton, comme le kouign patatez, le traou mad, etc.

Formule 14 € – Menu 24/43 € – Carte 37/54 €

9 r. du Gén.-de-Gaulle – ℰ 02 96 21 33 63 – Fermé 8-22 fév., 12 juil.-1ᵉʳ août, dim. soir, mardi soir et lundi

⫶○ **La Boissière**

CUISINE TRADITIONNELLE · À LA MODE X Auparavant installée en périphérie, la Boissière a investi les murs d'un ancien bar à vins du centre-ville. Ses propriétaires y ont insufflé un esprit de brasserie contemporaine, en mêlant l'ancien décor avec des éléments plus modernes ; ils proposent une bonne cuisine de bistrot, agrémentée de quelques plats canailles.

⊕ Formule 15 € – Menu 18 € (déj.), 24/42 € – Carte 30/55 €

5 r. St-Nicolas, dir. Tréguier, Plouisy – ℰ 02 96 21 06 35
– www.restaurantlaboissiere.com – Fermé vacances de fév., fin août à début sept., dim. et lundi

⟐⟐ **La Demeure**

URBAIN · PERSONNALISÉ Au cœur de la ville, cette belle maison de maître (18ᵉ s.) transformée en boutique hôtel hébergea un temps la gendarmerie. Les chambres, élégantes et personnalisées (tissus choisis, atmosphère feutrée), sont d'esprit classique ou bord de mer chic. Salon de thé so british !

10 chambres – ♦75/145 € ♦♦85/145 € – 立 10 €

5 r. du Gén.-de-Gaulle – ℰ 02 96 44 28 53 – www.demeure-vb.com
– Fermé 1ᵉʳ-22 août, 26 déc.-4 janv. et dim. d'oct. à avril

GUISSENY

✉ 29880 (Finistère) – 2 033 hab. – Alt. 18 m – Carte régionale n° **9**-A1
▶ Paris 591 km – Brest 35 km – Landerneau 27 km – Morlaix 56 km
Carte Michelin 308-E3

⌂ Auberge de Keralloret   ✿ ⊗ 🗘 🕭 🅿

AUBERGE · FONCTIONNEL Charme, tranquillité et caractère : trio gagnant pour cette ancienne ferme joliment rénovée. Le décor contemporain des chambres, réparties dans plusieurs bâtisses de granit, s'inspire de la région et de son identité, celle de l'estran et du pays pagan. Au restaurant, kig-ha-farz, fruits de mer, etc.

11 chambres – ♦69/79 € ♦♦69/79 € – ☲ 10 € – ½ P
3 km au Sud par D10 et rte secondaire – ℰ *02 98 25 60 37 – www.keralloret.com
– Fermé 3-10 janv.*

GUJAN-MESTRAS

✉ 33470 (Gironde) – 20 136 hab. – Alt. 5 m – Carte régionale n° **3**-B2
▶ Paris 638 km – Andernos-les-Bains 26 km – Arcachon 10 km – Bordeaux 56 km
Carte Michelin 335-E7 – Guide Vert Michelin Aquitaine

⅋⃝ La Guérinière   🕸 🛋 🕭 🆉 🗘 🅿

CUISINE MODERNE · ÉLÉGANT ✕✕✕ Après s'être fait connaître à la Table de Montesquieu, au sud de Bordeaux, Christophe Girardot retrouve son bassin d'Arcachon natal en rejoignant cette Guérinière. Il signe une cuisine créative, visuelle et sophistiquée, marquée notamment par des influences asiatiques et le recours aux herbes et aux épices.

Menu 52 € ♟ (semaine), 78/125 € – Carte 85/110 €
18 cours de Verdun, à Gujan – ℰ *05 56 66 08 78 – www.lagueriniere.com
– Fermé dim. soir de nov. à avril et sam. midi*

🏛 La Guérinière   ✿ 🛋 🆉 🕸 🅿

VILLA · MODERNE Hôtel d'esprit balnéaire situé au centre du principal port ostréicole du bassin d'Arcachon. Les chambres sont spacieuses, aménagées avec goût dans un esprit zen et épuré ; quant à la terrasse bordant la piscine, elle est très agréable.

25 chambres – ♦100/185 € ♦♦135/230 € – ☲ 14 € – ½ P
18 cours de Verdun, à Gujan – ℰ *05 56 66 08 78 – www.lagueriniere.com*
⅋⃝ **La Guérinière** – voir les restaurants ci-dessus

GUNDERSHOFFEN

✉ 67110 (Bas-Rhin) – 3 586 hab. – Alt. 180 m – Carte régionale n° **1**-B1
▶ Paris 466 km – Haguenau 16 km – Sarreguemines 61 km – Strasbourg 45 km
Carte Michelin 315-J3

✿✿ Le Cygne (Fabien Mengus)   🕸 🕭 🆉 🗘 🅿

CRÉATIVE · ÉLÉGANT ✕✕✕ Cette noble demeure alsacienne, associant charme de l'ancien et élégance contemporaine, porte haut les couleurs de la gastronomie dans la région. Son jeune chef, Fabien Mengus, cultive les règles de l'art aussi bien que l'invention : la subtilité et la précision de ses créations promettent un repas... insigne.

→ Trilogie de foie gras. Côte de veau de lait, jus de rôti au carvi grillé, écrasé de pomme de terre à la truffe. Millefeuille chocolat-noisette à la fève tonka et crème glacée au grué de cacao.

Menu 50 € (semaine), 90/115 € – Carte 95/120 €
35 Gd'Rue – ℰ *03 88 72 96 43 – www.aucygne.fr – Fermé 15 fév.-1ᵉʳ mars,
1ᵉʳ-22 août, 2-9 janv., dim. soir, mardi midi et lundi*

Les Jardins du Moulin

CUISINE MODERNE • À LA MODE XX Ce restaurant s'intègre idéalement dans l'environnement du Moulin : à travers les baies vitrées, on admire le jardin et la magnifique terrasse... D'un carpaccio de daurade à l'huile d'olive aux agrumes, à un filet de bœuf du Simmental, béarnaise au siphon et buewespaetzle, on se régale de créations actuelles bien tournées.

Formule 22 € – Menu 43/65 €

Hôtel le Moulin, 7 r. du Moulin – ✆ 03 88 07 52 70 – www.les-jardins-du-moulin.fr – Fermé 23 fév.-9 mars, 8-22 août, 2-9 janv., sam. midi, mardi et merc.

Le Moulin

MAISON DE CAMPAGNE • PERSONNALISÉ Au bout d'un petit chemin, quelques maisons alsaciennes superbement restaurées ; un ancien moulin entouré d'un parc, avec une rivière où folâtrent quelques cygnes... On se prélasse dans de belles chambres spacieuses et très calmes, décorées avec goût, que l'on ne quitte qu'à regret. Absolument charmant !

12 chambres – †98/285 € ††98/285 € – 2 suites – ☕ 23 €

7 r. du Moulin – ✆ 03 88 07 33 30 – www.hotellemoulin.com – Fermé 23 fév.-9 mars, 8-22 août et 2-9 janv.

Les Jardins du Moulin – voir les restaurants ci-dessus

HABÈRE-POCHE

✉ 74420 (Haute-Savoie) – 1 294 hab. – Alt. 945 m – Carte régionale n° **46**-F1

▶ Paris 564 km – Annecy 63 km – Bonneville 33 km – Genève 37 km

Carte Michelin 328-L3

Tiennolet

CUISINE TRADITIONNELLE • RUSTIQUE X Au centre du village, un restaurant de montagne rustique et chaleureux, avec une agréable terrasse exposée plein sud. Les deux chefs apportent une touche toute personnelle à leur jolie cuisine traditionnelle et régionale, comme avec ce menu faisant la part belle aux produits de la mer.

Formule 17 € – Menu 29/42 € – Carte 40/50 €

– ✆ 04 50 39 51 01 – Fermé juin, 12 oct.-12 nov., dim. soir, mardi soir et merc. sauf vacances de Noël et de fév., et merc. en juil.-août

La Fontaine d'Argence

FAMILIAL • ALPIN Au cœur de la Vallée verte, une ferme savoyarde restaurée avec goût ; on y trouve des chambres spacieuses et bien tenues. À la table d'hôte, on apprécie la cuisine de madame, à base de produits bio, et le miel de monsieur, apiculteur à ses heures. Bain nordique face aux montagnes.

5 chambres ☕ – †50/90 € ††60/130 €

au Hameau d'Argence, à 2 km par D12 et D40 – ✆ 06 89 29 17 30 – www.lafontainedargence.net

HAGETMAU

✉ 40700 (Landes) – 4 546 hab. – Alt. 96 m – Carte régionale n° **3**-B3

▶ Paris 737 km – Aire-sur-l'Adour 34 km – Dax 45 km – Mont-de-Marsan 29 km

Carte Michelin 335-H13 – Guide Vert Michelin Aquitaine

Les Lacs d'Halco

CUISINE TRADITIONNELLE • ÉLÉGANT XXX Un endroit unique : le restaurant prend ses aises dans une rotonde entièrement vitrée et posée à fleur d'eau, dans l'écrin naturel d'un étang aux rives verdoyantes... Et la cuisine n'est pas en reste, célébrant les beaux produits du terroir avec finesse et féminité !

Formule 20 € – Menu 46/62 € – Carte 45/60 €

Hôtel les Lacs d'Halco, 3 km au Sud-Ouest par rte de Cazalis – ✆ 05 58 79 30 79 – www.hotel-des-lacs-dhalco.fr

Le Jambon 🍴⊘   🛋 AC P

CUISINE TRADITIONNELLE · CLASSIQUE XX Émincé de magret de canard, caille farcie au foie gras, turbot en papillote, soufflé au Grand Marnier, etc. Le propriétaire concocte une généreuse cuisine traditionnelle et landaise. Cadre raffiné.

Formule 16 € – Menu 29/40 € – Carte 35/50 €

Hôtel le Jambon, 245 av. Carnot – ℰ 05 58 79 32 02
– www.hotel-restaurant-lejambon.com – Fermé vend. soir, dim. soir et lundi

Les Lacs d'Halco 🏨   ☆ ⊗ ⇐ 🛋 🖼 ℀ & AC 🛁

TRADITIONNEL · PERSONNALISÉ Dans un cadre naturel préservé, tout au bord d'un étang, une belle architecture contemporaine, dont la structure de verre, bois et métal semble se diluer sur les flots… Chic et design, les chambres ouvrent ou sur la forêt ou sur le plan d'eau. Que de quiétude !

19 chambres – 🛏110/130 € 🛏🛏110/130 € – 🍽 15 € – ½ P

3 km au Sud-Ouest par rte de Cazalis – ℰ 05 58 79 30 79
– www.hoteldeslacsdhalco.fr

🍴○ **Les Lacs d'Halco** – voir les restaurants ci-dessus

Le Jambon 🏨   ☆ ⊗ ⅁ 🛁 P

BUSINESS · FONCTIONNEL Cette grande maison du centre-ville héberge des chambres spacieuses, lumineuses, bien insonorisées et d'une tenue scrupuleuse ; toutes donnent sur l'espace piscine joliment fleuri. Un bon plan !

7 chambres – 🛏65/80 € 🛏🛏70/80 € – 🍽 10 € – ½ P

245 av. Carnot – ℰ 05 58 79 32 02 – www.hotel-restaurant-lejambon.com – Fermé vend. soir, dim. soir et lundi

🍴○ **Le Jambon** – voir les restaurants ci-dessus

HAGONDANGE

✉ 57300 (Moselle) – 9 428 hab. – Alt. 160 m – Carte régionale n° **26**-B1
▶ Paris 324 km – Luxembourg 49 km – Metz 21 km – Thionville 17 km
Carte Michelin 307-I3

✿ Quai des Saveurs (Frédéric Sandrini) 🍴○   🎴 & AC ⇔ P

CUISINE MODERNE · À LA MODE XXX Depuis plusieurs années, Frédéric Sandrini prend un malin plaisir à bousculer la tradition gastronomique locale avec une cuisine en mouvement, qui laisse une grande place à l'imagination. Le tout dans un joli cadre contemporain plutôt sobre, peut-être pour ne pas détourner notre attention de la finesse de l'assiette…

➜ Ormeaux sauvages cuits meunière, coquillages, fleur de bourrache et bouillon de capucine. Homard rôti, jus de crustacés au vin jaune. Soufflé chaud à la mirabelle.

Menu 45 € (semaine), 55/110 € – Carte 75/95 €

69 r. de la Gare – ℰ 03 87 71 24 98 – www.quaidessaveurs.com – Fermé 7-16 mars, 16 août-1er sept., dim. soir, mardi midi et lundi

HAGUENAU

✉ 67500 (Bas-Rhin) – 34 406 hab. – Alt. 150 m – Carte régionale n° **1**-B1
▶ Paris 478 km – Baden-Baden 41 km – Sarreguemines 93 km – Strasbourg 33 km
Carte Michelin 315-K4

🍴○ Le Jardin 🛋 & AC P

CUISINE MODERNE · ÉLÉGANT XX Levez les yeux pour contempler l'élégant plafond de style Renaissance de la salle. Puis savourez une bonne cuisine classique, assez épurée ; le poisson y est à l'honneur.

⊛ Menu 20 € (déj. en semaine), 31/56 € – Carte environ 50 €

Plan : BZ-n – *16 r. de la Redoute – ℰ 03 88 93 29 39 – www.lejardinhaguenau.fr*
– Fermé 16 fév.-2 mars, 2-17 août, mardi et merc.

HAGUENAU

Armes (Pl. d')	**AZ** 2	Grand'Rue	**ABYZ**	Schweighouse
Bitche (Rte de)	**AY** 3	Moder (R. de la)	**AY** 9	(Rte de)	**AZ** 14
Château (R. du)	**AY** 4	République (Pl. de la)	**ABZ** 10	Souffflenheim (Rte de)	**BY** 15
Gaulle (Pl. Ch.-de)	**AY** 6	Rhin (Rte du)	**BY** 12	Strasbourg (Rte de)	**AZ** 17

🏨 Europe Hôtel ☆ ⌥ 🖭 ♿ 🅰🅒 🛁 🅿

BUSINESS · ACTUEL Dans la ville qui a vu naître le pilote Sébastien Loeb, au sein d'une zone pavillonnaire, un hôtel engageant dont les chambres – pour la plupart récemment rénovées – se révèlent confortables. Autre atout, une grande terrasse donnant sur la piscine.

67 chambres – ∎44/90 € ∎∎44/90 € – ⌸ 11 € – ½ P
15 av. du Prof.-Leriche, (proche du centre hospitalier)
– ℰ 03 88 93 58 11 – www.europehotel.fr

HAMBACH

✉ 57910 (Moselle) – 2 767 hab. – Alt. 230 m – Carte régionale n° **27**-C1
▶ Paris 396 km – Metz 70 km – Saarbrücken 23 km – Sarreguemines 8 km
Carte Michelin 307-N4

🏨 Hostellerie St-Hubert ☆ ⌣ ⇞ ✗ 🖭 ♿ 🛁 🅿

FAMILIAL · FONCTIONNEL Au sein d'un complexe de loisirs verdoyant – plan d'eau pour se baigner, camping et terrain de tennis –, cet hôtel-restaurant dispose de chambres spacieuses et impeccablement tenues. Parfait pour les séminaires et les fêtes de famille.

53 chambres – ∎62/80 € ∎∎82/100 € – 4 suites – ⌸ 9 € – ½ P
30 r. de la Forêt - La Verte Forêt
– ℰ 03 87 98 39 55 – www.hostellerie-saint-hubert.com
– Fermé 19-30 déc.

HAMBYE

✉ 50450 (Manche) – 1 196 hab. – Alt. 111 m – Carte régionale n° **32**-A2

▶ Paris 316 km – Coutances 20 km – Granville 30 km – St-Lô 25 km

Carte Michelin 303-E6 – Guide Vert Michelin Normandie Cotentin

à l'Abbaye 3,5 km au Sud par D51 – ✉ 50450 Hambye :

⊛ Auberge de l'Abbaye

CUISINE MODERNE · CLASSIQUE ⅩⅩ À deux pas des ruines romantiques de l'abbaye de Hambye, cet hôtel-restaurant plutôt classique a été repris par un jeune couple. Le chef y avait commencé son apprentissage (poursuivi dans de bonnes maisons) ; il signe une cuisine savoureuse et sans superflu, aux solides bases traditionnelles. De nouvelles litanies gourmandes !

Formule 17 € – Menu 28/69 € – Carte 39/56 €

6 chambres – †48/54 € ††54/85 € – ☲ 9 €

*5 rte de l'Abbaye – ℰ 02 33 61 42 19 – www.aubergedelabbayehambye.com
– Fermé 15 fév.-7 mars, 17-31 oct., dim. soir sauf juil.-août et lundi*

HARDELOT-PLAGE

✉ 62152 (Pas-de-Calais) – ✉ Neufchatel Hardelot – Carte régionale n° **30**-A2

▶ Paris 254 km – Arras 114 km – Boulogne-sur-Mer 15 km – Calais 51 km

Carte Michelin 301-C4

🏨 Hôtel du Parc

HÔTEL DE VACANCES · FONCTIONNEL Les bâtiments de ce complexe hôtelier ont un petit côté chalet et se fondent parfaitement dans le style de cette jolie station de la Côte d'Opale. Quant aux chambres, elles sont spacieuses et lumineuses ; la moitié d'entre elles disposent d'un balcon. Au restaurant, cuisine traditionnelle dans un cadre feutré.

80 chambres – †95/180 € ††115/200 € – 1 suite – ☲ 16 € – ½ P

111 av. Francois-1ᵉʳ – ℰ 03 21 33 22 11 – www.parc.najeti.fr

🏨 Les Jardins d'Hardelot ⊞ ⬩ ⅍ ⅍ Ⲣ

VILLA · COSY Créé en 2012, l'hôtel se trouve à seulement 500 m de la plage. On s'y repose dans des chambres très cosy et chaleureuses ; certaines familiales. Appétissant buffet au petit-déjeuner… avant la première baignade de la journée.

39 chambres – †115/125 € ††115/125 € – ☲ 13 €

451 av. François-1ᵉʳ – ℰ 03 21 32 50 40 – www.lesjardinsdhardelot.fr

🏨 Le Régina ⅍ ⊞ Ⲣ

HÔTEL DE VACANCES · FONCTIONNEL En lisière de pinède, cette bâtisse des années 1970 cache, derrière une façade un peu austère, un hôtel-restaurant confortable. Après une bonne balade, les chambres, modernes et bien équipées, invitent au repos.

42 chambres – †85/105 € ††85/105 € – ☲ 12 € – ½ P

*185 av. François-1ᵉʳ – ℰ 03 21 83 81 88 – www.lereginahotel.fr – Ouvert
3 mars-25 nov.*

HASPARREN

✉ 64240 (Pyrénées-Atlantiques) – 6 160 hab. – Alt. 50 m – Carte régionale n° **3**-AB3

▶ Paris 783 km – Bayonne 24 km – Biarritz 34 km – Cambo-les-Bains 9 km

Carte Michelin 342-E4 – Guide Vert Michelin Pays Basque et Navarre

🏠 Les Tilleuls

FAMILIAL · SIMPLE Non loin de la maison où vécut l'écrivain Francis Jammes, cette construction de style basque abrite des chambres fonctionnelles et bien tenues, et un restaurant d'esprit rustique. Idéal pour une étape.

25 chambres – †52/56 € ††62/70 € – ☲ 8 € – ½ P

*pl. de Verdun – ℰ 05 59 29 62 20 – www.hotelestilleuls.fr – Fermé de mi-fév. à
mi-mars, sam. midi et dim. soir sauf de juil. à sept. et fériés*

HATTSTATT

✉ 68420 (Haut-Rhin) – 805 hab. – Alt. 200 m – Carte régionale n° **1**-A2
▶ Paris 500 km – Bâle 65 km – Colmar 11 km – Strasbourg 90 km
Carte Michelin 315-H8 – Guide Vert Michelin Alsace Lorraine

🙂 L'Altévic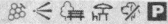

CUISINE MODERNE • DESIGN ✗ Dans ce jeune restaurant souffle un vent de nouveauté ! Avec tout le talent et toute l'expérience qu'on lui connaît, Jean-Christophe Perrin propose une cuisine dans l'air du temps, inspirée par le marché, dans laquelle un beau produit de saison suffit souvent à faire recette... Réjouissant !
⊜ Formule 16 € – Menu 20 € (déj. en semaine), 29/75 € – Carte 57/84 €
4 r. Wiggensbach – ℰ 03 89 78 83 56 – www.restaurant-laltevic.fr – Fermé mardi soir, dim. soir et lundi

HAUTE-GOULAINE – 44 (Loire-Atlantique) → voir Nantes

HAUTELUCE

✉ 73620 (Savoie) – 808 hab. – Alt. 1 150 m – Carte régionale n° **45**-D1
▶ Paris 606 km – Albertville 24 km – Annecy 62 km – Chambéry 77 km
Carte Michelin 333-M3 – Guide Vert Michelin Alpes du Nord

⅋○ La Ferme du Chozal

CUISINE MODERNE • CONVIVIAL ✗ Bien que ce restaurant cultive un style montagnard typique, la cuisine n'en n'est pas moins actuelle et appétissante avec ses beaux produits du terroir. À noter, la remarquable carte des vins des Alpes françaises, suisses et italiennes.
Menu 32/90 € – Carte 55/70 €
– ℰ 04 79 38 18 18 (réservation conseillée) – www.lafermeduchozal.com – Ouvert de juin à début oct., mi-déc. à mi-avril et fermé dim. soir et lundi en juin, sept. et oct. et le midi en semaine de juin à début oct.

🏠 La Ferme du Chozal

FAMILIAL • ALPIN Voilà comment une ancienne ferme – un beau chalet – devient un hôtel très agréable avec sa piscine extérieure chauffée, ses chambres douillettes habillées de bois blond et son espace bien-être complet... Le tout au calme. Une bonne adresse !
12 chambres – ♦130/375 € ♦♦130/375 € – �17 € – ½ P
– ℰ 04 79 38 18 18 – www.lafermeduchozal.com – Ouvert de juin à début oct. et de mi-déc. à mi-avril
⅋○ **La Ferme du Chozal** – voir les restaurants ci-dessus

HAUTERIVES

✉ 26390 (Drôme) – 1 759 hab. – Alt. 299 m – Carte régionale n° **43**-E2
▶ Paris 540 km – Grenoble 77 km – Lyon 85 km – Valence 46 km
Carte Michelin 332-D2 – Guide Vert Michelin Ardèche Drôme

🏠 Le Relais

AUBERGE • PERSONNALISÉ Les visiteurs du "Palais idéal" édifié par le facteur Cheval pourront faire étape dans cette solide maison à la façade en galets roulés. Chambres bien tenues et trois roulottes au fond du jardin. Petits plats traditionnels servis dans la salle rustique ou en terrasse.
16 chambres – ♦71 € ♦♦71 € – ⊠9 € – ½ P
1 pl. Gén.-de-Miribel – ℰ 04 75 68 81 12 – www.hotel-relais-drome.com – Fermé dim. soir et lundi sauf juil.-août

HAUTEVILLE-LÈS-DIJON – 21 (Côte-d'Or) → voir Dijon

ON AIME...

La Fleur de Sel, qui apporte un peu de piment dans la ville ! Le restaurant de **Jean-Luc Tartarin**, pour son décor chic et ses assiettes ô combien raffinées. **Les Voiles**, un hôtel plein de fraîcheur qui donne envie de larguer les amarres ! **Le Belvédère**, à quelques kilomètres, où l'on profite d'une cuisine gourmande et d'une vue magique sur les falaises normandes...

LE HAVRE

✉ 76600 (Seine-Maritime) – 173 142 hab. – Agglo. 239 566 hab. – Alt. 4 m
– Carte régionale n° **33**-C2
▶ Paris 198 km – Amiens 184 km – Caen 90 km – Lille 318 km
Carte Michelin 304-A5 – Guide Vert Michelin Normandie Vallée de la Seine

Restaurants

✿✿ **Jean-Luc Tartarin**   ⌘ & AC ✄ ⇄

CUISINE MODERNE · À LA MODE XXX Saveurs harmonieuses, technique précise, originalité et inspiration : Jean-Luc Tartarin signe une cuisine belle et passionnée, où le modernisme du Havre rencontre l'âme du terroir normand. Quel séduisant alliage ! Et le décor, chic et classieux, ajoute encore à notre plaisir...
→ Langoustines à la braise de romarin. Bar confit à l'huile d'olive, voile de mortadelle. Millefeuille à la vanille.
Formule 39 € – Menu 63/160 € – Carte 110/155 €
Plan : FY-t – 73 av. Foch – ℰ 02 35 45 46 20 – www.jeanluc-tartarin.com
– Fermé 28 juil.-10 août, 3-14 janv., dim. et lundi

☺ **La Petite Auberge**   AC

CUISINE TRADITIONNELLE · RUSTIQUE XX À quelques rues du bord de mer, découvrez cette petite auberge à la façade à colombages, tenue par un jeune couple qui a misé sur l'authenticité : bingo ! Les préparations empruntent certes quelques notes actuelles, mais restent fidèles aux saveurs régionales. Difficile de ne pas craquer !
Formule 25 € – Menu 32/43 € – Carte 54/75 €
Plan : EY-r – 32 r. Ste-Adresse – ℰ 02 35 46 27 32
– www.lapetiteauberge-lehavre.fr – Fermé 15-23 fév., 2 semaines en juil., merc. midi, dim. soir et lundi

⍩O **Fleur de Sel**   ⌂ ✄ ⊄

CUISINE MODERNE · CONVIVIAL XX Belle devanture, salle à manger lumineuse et contemporaine, agréable terrasse... On se sent bien dans ce restaurant installé en bordure des quais. Dans l'assiette, la bistronomie est au programme ; c'est franc, goûteux, parfaitement cuit et assaisonné, bref : on se régale !
Formule 15 € – Menu 27/33 € – Carte 28/41 €
Plan : FZ-a – 50 quai Michel-Feré, (quartier St-François) – ℰ 02 35 43 68 10
– Fermé dim. et lundi

🍴 L'Orchidée

CUISINE MODERNE · CONVIVIAL 🗶 Saint-Jacques rôties et velouté de butternut, côte de cochon en croûte d'herbes et moelle, ou encore le Paris-Le Havre, sorte de Paris-Brest revisité par le chef : voici quelques-uns des bons plats traditionnels remis au goût du jour que l'on déguste dans cet agréable restaurant. Une bonne petite adresse du port.

Formule 24 € – Menu 30 €

Plan : GZ-s – *41 r. du Gén.-Faidherbe* – 𝒞 *02 76 25 38 03* – *Fermé lundi et mardi*

🍴 Le Wilson

CUISINE TRADITIONNELLE · FAMILIAL 🗶 Magret de canard au miel ; feuillantine de pommes au beurre de cidre... Ici, la tradition a du bon, et les fidèles sont à l'heure pour le plat du jour ! Cerise sur le gâteau : le sourire des patrons, qui gèrent la maison en famille.

🍴 Formule 14 € – Menu 19 € (semaine)/29 € – Carte environ 35 €

Plan : EY-k – *98 r. du Prés.-Wilson* – 𝒞 *02 35 41 18 28* – *Fermé 1 semaine en fév., mardi et merc.*

Hôtels

🏨 Pasino

BUSINESS · ACTUEL Témoin de la reconstruction du Havre par Auguste Perret, cette bâtisse classée se découvre par un grand hall desservant aussi le casino et La Brasserie, dont la terrasse donne sur le bassin du Commerce. Les chambres sont confortables, avec un mobilier de qualité, et bien tenues. Les joueurs – et les autres – apprécieront.

45 chambres – 🛏90/250 € 🛏🛏90/250 € – ☲ 16 €

Plan : FZ-b – *pl. Jules-Ferry, (au casino)* – 𝒞 *02 35 26 00 00* – *www.casinolehavre.com*

🏨 Novotel

HOTEL DE CHAÎNE · FONCTIONNEL À l'entrée de la ville, à deux pas de la gare, ce grand hôtel contemporain fait face au bassin Vauban. Distribuées par des coursives intérieures, les chambres sont confortables, vastes et claires, bref : agréables à vivre !

134 chambres – 🛏102/175 € 🛏🛏102/175 € – 6 suites – ☲ 17 € – ½ P

Plan : HZ-a – *20 cours Lafayette* – 𝒞 *02 35 19 23 23* – *www.novotel.com*

🏨 Vent d'Ouest

TRADITIONNEL · PERSONNALISÉ Tout près de l'église St-Joseph, signée Perret, un hôtel plein de cachet : les chambres, très douillettes et parfaitement tenues, sont décorées avec soin (thèmes "Mer", "Capitaine" et "Montagne") et l'on peut même profiter de l'espace bien-être, avec hammam et salles de massages !

35 chambres – 🛏100/170 € 🛏🛏100/170 € – ☲ 15 €

Plan : EZ-a – *4 r. Caligny* – 𝒞 *02 35 42 50 69* – *www.ventdouest.fr*

🏨 Art Hôtel

BUSINESS · MODERNE Face à l'espace Oscar-Niemeyer et son célèbre Volcan (malicieusement rebaptisé "pot de yaourt" par les Havrais), cet hôtel typique des années 1950 allie sobriété, confort et touches arty. Pour l'anecdote, l'ascenseur est très surprenant ! À découvrir...

31 chambres – 🛏79/169 € 🛏🛏79/169 € – ☲ 14 €

Plan : FZ-g – *147 r. Louis-Brindeau* – 𝒞 *02 35 22 69 44* – *www.art-hotel.fr*

🏨 Les Voiles

URBAIN · ÉLÉGANT Ici, on met vraiment les voiles... Les chambres et la salle du petit-déjeuner sont tournées vers le large et offrent une vue privilégiée sur le port. La décoration intérieure, inspirée du yachting, ajoute encore à ces promesses de départ !

17 chambres – 🛏80/220 € 🛏🛏80/220 € – ☲ 12 €

Plan : A-e – *3 pl. Clemenceau, à Ste-Adresse* ✉ *76310* – 𝒞 *02 35 54 68 90* – *www.hotel-lesvoiles.com*

HARFLEUR

Doumer
(R. Paul) . . . . **D** 30
Verdun (Av. de) . . . . **D** 90
104 (R. des) . . . . **D** 98

LE HAVRE

Abbaye (R. de l') . . . . **C** 2
Aplemont (Av. d') . . . . **C** 7
Churchill (Bd W.) . . . . **B** 24
Hermann-du-Pasquier (Quai) . **B** 44

Joannès-Couvert (Quai) . . . . **B** 52
Mouchez (Bd Amiral) . . . . . . **B** 68
Octeville (Rte d') . . . . **A** 74
Picasso (Av. Pablo) . . . . **C** 77
Rouelles (R. de) . . . . **C** 82
Sakharov (R. Andréi) . . . . . . **C** 84

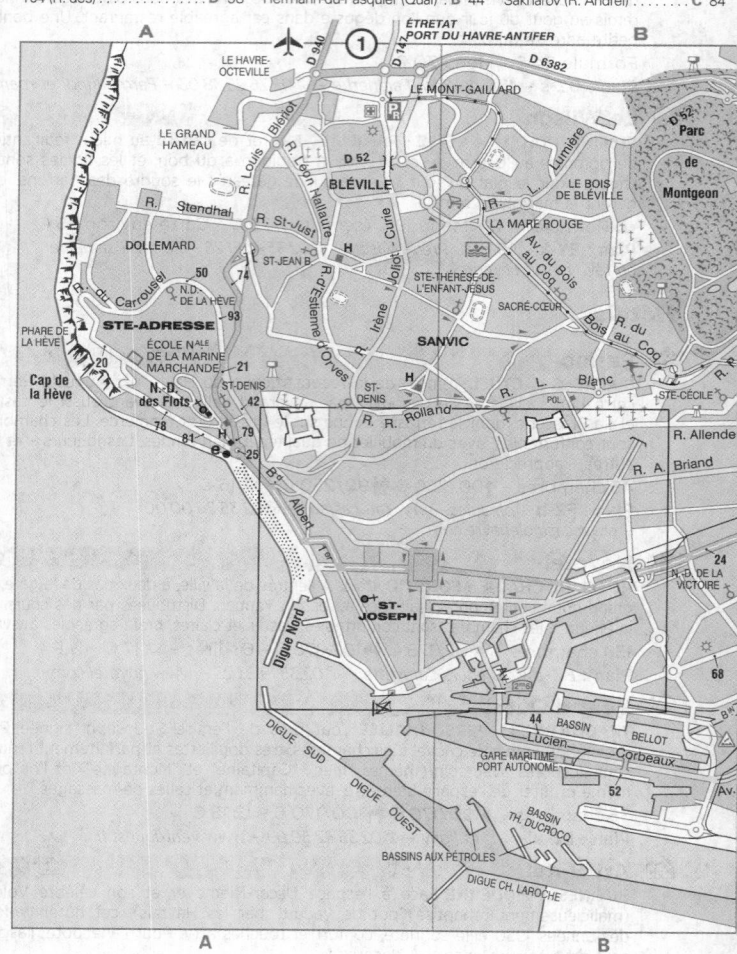

🏠 Grand Hôtel Terminus

♤ ⊕ 🕸 🐾

FAMILIAL · FONCTIONNEL Un Terminus face à la gare, dont les chambres, "rouges" ou "jaunes", sont très bien tenues. Sobre, pratique et accueillant. Le soir, restauration traditionnelle pour les résidents.

39 chambres – 🛏92/120 € 🛏🛏92/120 € – 1 suite – ⚲ 12 €

Plan : HZ-e – *23 cours de la République*
– *𝒞 02 35 25 42 48 – www.grand-hotel-terminus.fr*
– *Fermé 23 déc.-1ᵉʳ janv.*

Val-aux-Corneilles (Av.) . . . . . . **C** 88

SAINTE-ADRESSE

Cap (Rte du) . . . . **A** 20

Cavell (R. E.) . . . . **A** 21
Clemenceau
  (Pl.) . . . . **A** 25
Gaulle (R. Gén.-de) . . . . **A** 42
Ignauval (R. d') . . . . **A** 50

Prés.-F.-Faure (Bd) . . . . **A** 78
Reine-Elisabeth
  (R.) . . . . **A** 79
Roi-Albert (R. du) . . . . **A** 81
Vitantal (R. de) . . . . **A** 93

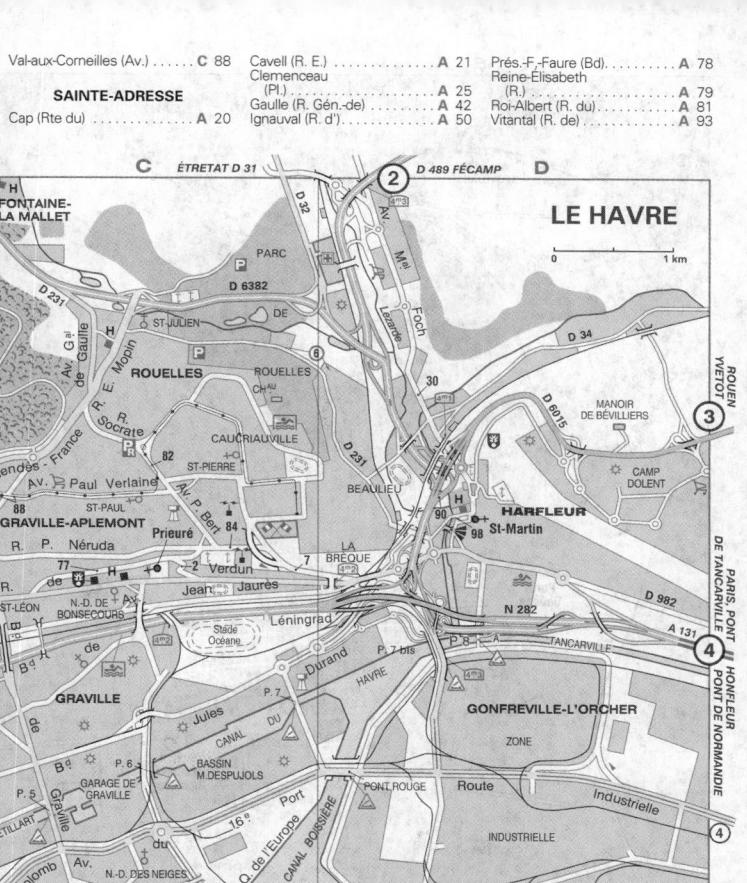

🏠 Hôtel des Phares

URBAIN · FONCTIONNEL Une villa à 200 m de la plage, où règne le sympathique esprit familial des maisons bourgeoises. Les chambres sont charmantes et cossues (tentures, mobilier de style), ou plus simples dans les pavillons annexes.

25 chambres – ♦45/120 € ♦♦45/120 € – ⬡ 11 €

Plan : EY-n – *29 r. du Gén.-de-Gaulle, à Ste-Adresse*
– ℰ 02 35 46 31 86 – www.hoteldesphares.com

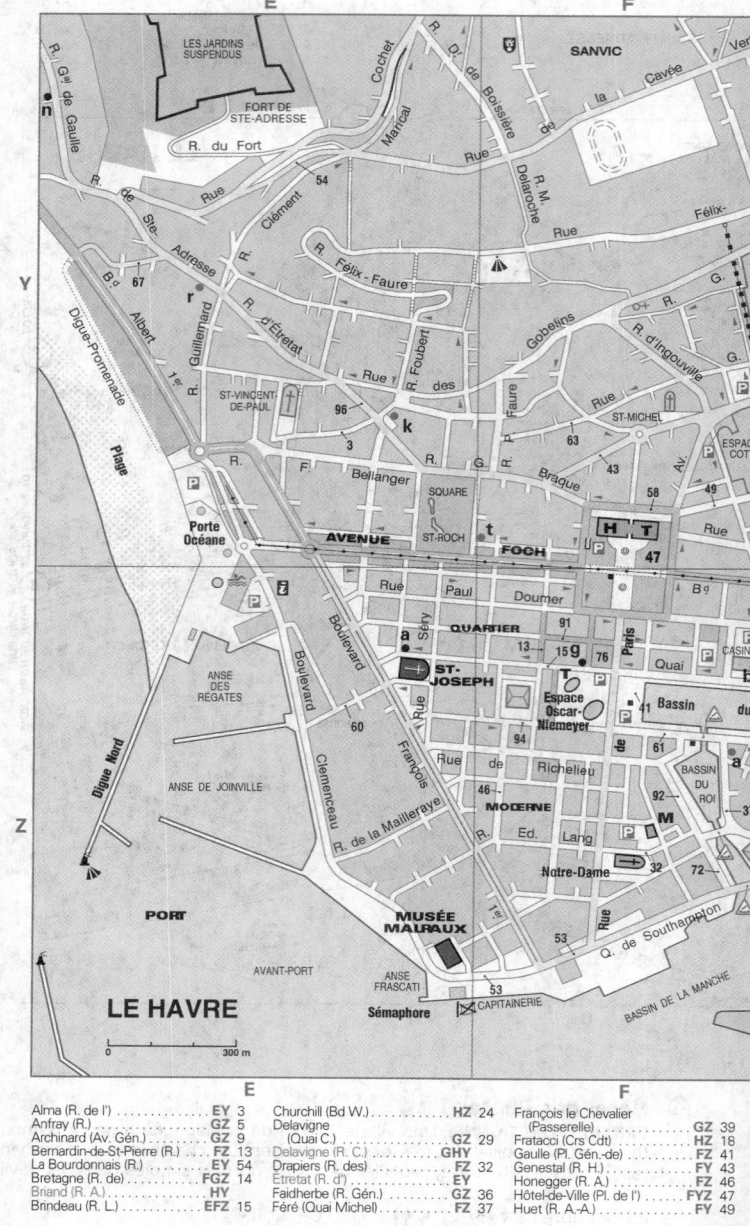

LE HAVRE

0   300 m

E			F	
Alma (R. de l')	**EY** 3	Churchill (Bd W.)	**HZ** 24	François le Chevalier
Anfray (R.)	**GZ** 5	Delavigne		(Passerelle)	**GZ** 39
Archinard (Av. Gén.)	**GZ** 9	(Quai C.)	**GZ** 29	Frataci (Crs Cdt)	**HZ** 18
Bernardin-de-St-Pierre (R.)	**FZ** 13	Delavigne (R. C.)	**GHY**	Gaulle (Pl. Gén.-de)	**FZ** 41
La Bourdonnais (R.)	**EY** 54	Drapiers (R. des)	**FZ** 32	Genestal (R. H.)	**FY** 43
Bretagne (R. de)	**FGZ** 14	Étretat (R. d')	**EY**	Honegger (R. A.)	**FZ** 46
Briand (R. A.)	**HY**	Faidherbe (R. Gén.)	**GZ** 36	Hôtel-de-Ville (Pl. de l')	**FYZ** 47
Brindeau (R. L.)	**EFZ** 15	Féré (Quai Michel)	**FZ** 37	Huet (R. A.-A.)	**FY** 49

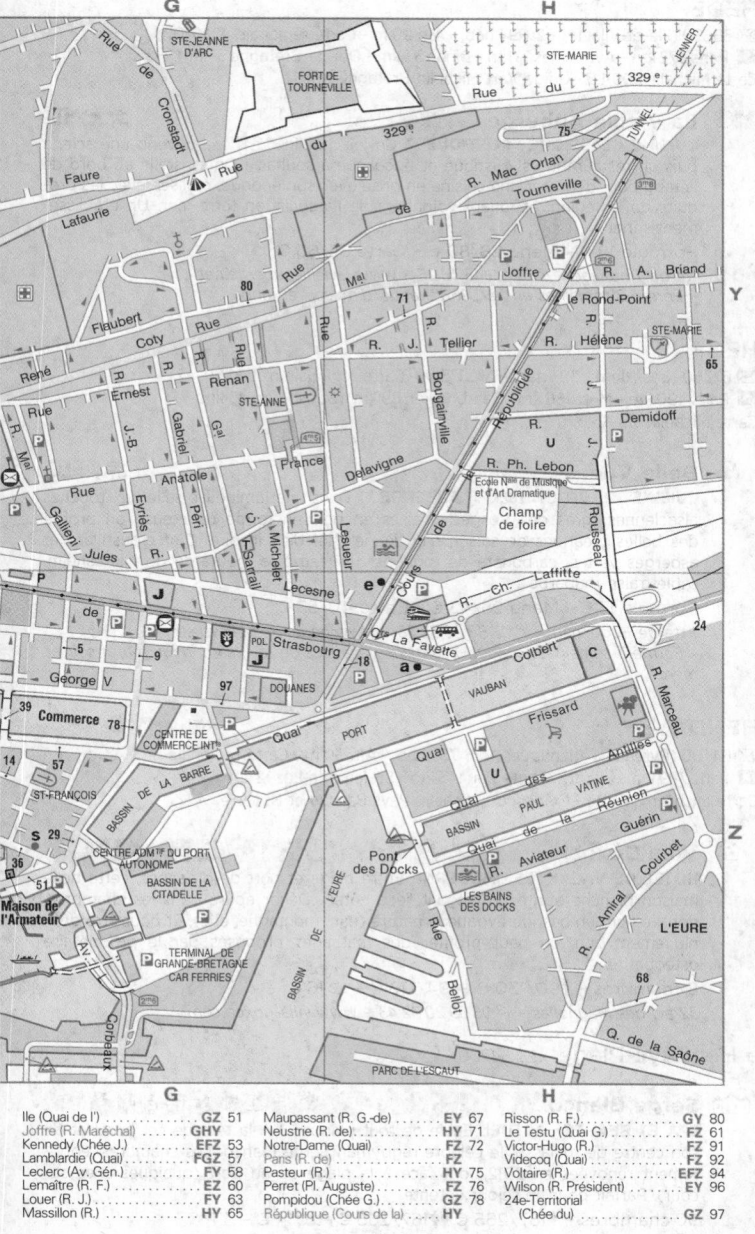

Ile (Quai de l')	**GZ**	51
Joffre (R. Maréchal)	**GHY**	
Kennedy (Chée J.)	**EFZ**	53
Lamblardie (Quai)	**FGZ**	57
Leclerc (Av. Gén.)	**FY**	58
Lemaître (R. F.)	**EZ**	60
Louer (R. J.)	**FY**	63
Massillon (R.)	**HY**	65

Maupassant (R. G.-de)	**EY**	67
Neustrie (R. de)	**HY**	71
Notre-Dame (Quai)	**FZ**	72
Paris (R. de)	**FZ**	
Pasteur (R.)	**HY**	75
Perret (Pl. Auguste)	**FZ**	76
Pompidou (Chée G.)	**GZ**	78
République (Cours de la)	**HY**	

Risson (R. F.)	**GY**	80
Le Testu (Quai G.)	**FZ**	61
Victor-Hugo (R.)	**FZ**	91
Videcoq (Quai)	**FZ**	92
Voltaire (R.)	**EFZ**	94
Wilson (R. Président)	**EY**	96
24e-Territorial (Chée du)	**GZ**	97

HÉDÉ

✉ 35630 (Ille-et-Vilaine) – 2 094 hab. – Alt. 90 m – Carte régionale n° **10**-D2

▶ Paris 372 km – Avranches 71 km – Dinan 33 km – Dol-de-Bretagne 31 km

Carte Michelin 309-L5 – Guide Vert Michelin Bretagne Nord

ᐧ�○ La Vieille Auberge   🏠 ⇔ **P**

CUISINE CLASSIQUE · RUSTIQUE XX Ce joli moulin du 17ᵉ s., devenu une scierie puis un restaurant, est rustique et bucolique à souhait ! On s'installe au bord de l'étang pour déguster une cuisine en prise avec son époque, réalisée avec les produits de la région, et jouant volontiers de l'association terre-mer. Un établissement sérieux.

Formule 18 € – Menu 28/80 € – Carte 35/65 €

rte de Tinténiac – 𝒸 02 99 45 46 25 – www.lavieilleauberge.net
– Fermé 2 semaines en fév., 16-29 août, dim. soir et lundi

HEGENEY

✉ 67360 (Bas-Rhin) – 393 hab. – Alt. 175 m – Carte régionale n° **1**-B1

▶ Paris 490 km – Metz 166 km – Saarbrücken 89 km – Strasbourg 43 km

Carte Michelin 315-K3

⊛ Belle Vue   🏠 Ⓐ︎Ⓒ︎ **P**

CUISINE TRADITIONNELLE · AUBERGE XX Dans une lumineuse salle aux touches alsaciennes (grès des Vosges, chaises en bois en forme de cœur), on profite des belles créations de saison d'un jeune chef bien inspiré. Œuf croustillant et asperges vertes, carbonara de rognons de veau à la moutarde de Mietesheim, sablé fraise-rhubarbe...

Formule 13 € – Menu 25/43 € – Carte 40/53 €

1 rte de Haguenau – 𝒸 03 88 09 32 28 – www.hegeney-bellevue.fr
– Fermé 3 semaines en août, 1 semaine vacances de fév., sam. midi, mardi soir et merc.

HENDAYE

✉ 64700 (Pyrénées-Atlantiques) – 16 759 hab. – Alt. 30 m – Carte régionale n° **3**-A3

▶ Paris 799 km – Biarritz 31 km – Pau 143 km – St-Jean-de-Luz 12 km

Carte Michelin 342-B4 – Guide Vert Michelin Pays Basque et Navarre

⌂ Villa Goxoa   🚗 ♿ ⌘

HÔTEL DE VACANCES · MODERNE Entre plage et port de plaisance, cette belle maison blanche abrite un élégant "éco-hôtel". Décor épuré dans les chambres, dont le nom en basque évoque la nature (eau, montagne, etc.). Et pour être définitivement zen, on peut profiter des massages proposés par le propriétaire ostéopathe.

8 chambres – †90/130 € ††94/173 € – ⌧ 16 €

32 av. des Magnolias – 𝒸 05 59 20 32 43 – www.villa-goxoa.com

à Hendaye Plage – ✉ 64700

🏨 Serge Blanco   ⚒ ᐸ ⤢ 🔟 ♨ Ⓕ︎ ♿ Ⓐ︎Ⓒ︎ ⚱ ⌘

SPA ET BEAUTÉ · ACTUEL Envie de tout plaquer ? À la tête de cet hôtel et de son centre de thalasso, le célèbre rugbyman Serge Blanco. Les chambres, entièrement rénovées en 2012, font face à la plage ou au port (quelques-unes sur cour). Parfait pour un séjour détente.

90 chambres – †167/265 € ††167/265 € – ⌧ 14 € – ½ P

125 bd de la Mer – 𝒸 05 59 51 35 35 – www.thalassoblanco.com
– Fermé 3 semaines en déc.

à Biriatou 4 km au Sud-Est par D811 – ⊠ 64700 – 1 140 hab. – Alt. 60 m

🍴○ ### Les Jardins de Bakéa   🕸 ⩿ 🛏 🏠 �

CUISINE CLASSIQUE · CONVIVIAL XX La table des Jardins de Bakéa offre une belle vue sur la montagne et une jolie terrasse sous les platanes. Ici, on savoure une cuisine qui va à l'essentiel, à l'image de cette appétissante salade de fonds d'artichaut avec du jambon de pays ou cette nage de fraises à la menthe, rafraîchissante à souhait.

Formule 29 € 🍷 – Menu 38 € (semaine), 53/74 € – Carte 52/88 €

1134 chemin Herri-Alde – 𝒞 05 59 20 02 01 – www.bakea.fr – Fermé 20 nov.-7 déc., 10 janv.-3 fév., mardi sauf le soir d'avril à mi-nov. et lundi

🏠🏠 ### Les Jardins de Bakéa   ⭐ 🕭 ⩿ 🛏 🖪 ⅇ 🗚 🅿

FAMILIAL · CAMPAGNARD Maison régionale du début du 20ᵉs., abritant des chambres traditionnelles ou plus contemporaines. Joli jardin. Idéal pour un séjour au calme.

23 chambres – 🛏69/137 € 🛏🛏79/137 € – ⌑ 11 € – ½ P

1134 chemin Herri-Alde – 𝒞 05 59 20 02 01 – www.bakea.fr – Fermé 20 nov.-7 déc. et 10 janv.-3 fév.

🍴○ **Les Jardins de Bakéa** – voir les restaurants ci-dessus

HENNEBONT

⊠ 56700 (Morbihan) – 15 779 hab. – Alt. 15 m – Carte régionale n° **9**-B2
▶ Paris 492 km – Concarneau 57 km – Lorient 13 km – Pontivy 51 km
Carte Michelin 308-L8 – Guide Vert Michelin Bretagne Sud

🍴○ ### Restaurant du Blavet   AC

CUISINE TRADITIONNELLE · DE QUARTIER X Sur les quais, cette ancienne guinguette haute en couleurs réjouira les gourmands ! Le chef, véritable artisan, réalise une cuisine généreuse et sincère avec de bons produits frais : filet de lieu jaune rôti au jus de poulet et mousseline de chou-fleur, joue de porc mitonnée au vin et fruits rouges... Rafraîchissant.

Formule 16 € – Menu 29/40 € – Carte 35/45 €

3 rte de Port-Louis – 𝒞 02 97 36 28 74 (réservation conseillée) – Fermé 2 semaines en août , 1 semaine en janv., mardi soir , merc. soir et dim.

rte de Port-Louis 4 km au Sud par D781 – ⊠ 56700 Kervignac

🌸 ### Château de Locguénolé   🕸 ⩿ 🛏 🗗 🅿

CUISINE MODERNE · ÉLÉGANT XXX Plaisirs gastronomiques dans un décor très classique (tapisseries, lustres à pampilles, chandeliers, etc.), plus champêtre dans une seconde salle (pierres apparentes, vue sur le jardin). Le chef signe ici une cuisine très ouvragée, fondée sur des produits de qualité. Belle carte des vins.
→ Ormeaux rôtis au beurre d'algues, crème de chou-fleur brûlé. Saint-Jacques de plongée, tuile bullée et émulsion de yuzu. Sphère, mousse chocolat et fraises mara des bois.

Menu 48/98 € – Carte 75/125 €

à Locguénolé – 𝒞 02 97 76 76 76 – www.chateau-de-locguenole.com – Fermé 3 janv.-12 fév., lundi et le midi sauf dim.

🏠🏠🏠 ### Château de Locguénolé   ⭐ 🕭 ⩿ 🛏 🍽 🗚 🅿

CHÂTEAU · GRAND STYLE Villégiature à la bretonne... Dans son immense parc, cette belle demeure à l'architecture classique domine la ria du Blavet. De l'enfilade de salons et des chambres garnies de mobilier ancien, on a tout loisir d'admirer le paysage qui change avec les marées...

18 chambres – 🛏159/320 € 🛏🛏159/320 € – 4 suites – ⌑ 21 € – ½ P

à Locguénolé – 𝒞 02 97 76 76 76 – www.chateau-de-locguenole.com – Fermé 3 janv.-12 fév.

🌸 **Château de Locguénolé** – voir les restaurants ci-dessus

L'HERBAUDIÈRE – 85 (Vendée) → voir Île de Noirmoutier

HERBIGNAC
⊠ 44410 (Loire-Atlantique) – 6 175 hab. – Alt. 18 m – Carte régionale n° **34**-A2
▶ Paris 446 km – La Baule 24 km – Nantes 72 km – Redon 37 km
Carte Michelin 316-C3 – Guide Vert Michelin Pays de la Loire

au Sud 6 km rte de Guérande par D774 – ⊠ 44410 Herbignac

⅋○ La Chaumière des Marais
CUISINE MODERNE · RUSTIQUE ✗✗ Une jolie chaumière briéronne datant du début du 19ᵉ s., aux abords fleuris, et à l'indéniable charme rustique. Le chef met en valeur les produits du terroir – pigeons de Mesquer, par exemple – mais aussi les herbes, les fleurs (capucines), les tomates et les fruits rouges du potager... Un doux parfum d'authenticité !
⊕ Menu 18 € (déj. en semaine), 29/65 € ♈ – Carte environ 50 €
– ☏ 02 40 91 32 36 – www.lachaumieredesmarais.com – Fermé lundi sauf juil.-août et mardi

HÉRÉPIAN – 34 (Hérault) → voir Bédarieux

HÉROUVILLE – 95 (Val-d'Oise) → voir Autour de Paris, (Cergy-Pontoise)

HÉROUVILLE-ST-CLAIR – 14 (Calvados) → voir Caen

HESDIN
⊠ 62140 (Pas-de-Calais) – 2 178 hab. – Alt. 27 m – Carte régionale n° **30**-A2
▶ Paris 210 km – Abbeville 36 km – Arras 58 km – Boulogne-sur-Mer 65 km
Carte Michelin 301-F5

⅋○ L'Écurie
CUISINE TRADITIONNELLE · AUBERGE ✗✗ À deux pas de l'hôtel de ville, un sympathique restaurant mettant en avant de bons plats traditionnels, francs et sans fioritures. Saumon fumé "maison", escalope de foie gras chaud au pain d'épice perdu : c'est simple et bon, à déguster dans une ambiance conviviale et sans prétention.
Formule 19 € ♈ – Menu 25/30 €
17 r. Jacquemont – ☏ 03 21 86 86 86 – www.restaurant-lecurie.com – Fermé dim. soir, lundi et mardi

⌂ Trois Fontaines
AUBERGE · FONCTIONNEL Dans un quartier pavillonnaire en périphérie de la ville. Les chambres, assez petites mais bien aménagées, donnent toutes sur le jardin. Préférez celles de l'extension, décorées dans un style scandinave chaleureux (lambris, mobilier rustique).
16 chambres – ♦62/72 € ♦♦69/79 € – � 8 € – ½ P
16 rte d'Abbeville – ☏ 03 21 86 81 65 – www.hotel-les3fontaines.com
– Fermé 19 déc.-7 janv.

à Gouy-St-André 14 km à l'Ouest par N39 et D137 – ⊠ 62870
– 643 hab. – Alt. 100 m

⅋○ Le Clos de la Prairie
CUISINE TRADITIONNELLE · COSY ✗✗ En pleine campagne, ce charmant restaurant dégage une douceur bucolique. Derrière les fourneaux, le chef concocte, avec maîtrise, des plats traditionnels qui suivent le rythme des saisons. L'été, profitez de la terrasse qui donne sur... la prairie.
Menu 43 € – Carte 50/80 €
17 r. de St-Rémy – ☏ 03 21 90 39 58 (réservation conseillée)
– www.leclosdelaprairie.com – Fermé 23-30 déc., merc. et le midi sauf dim.

Le Clos de la Prairie

MAISON DE CAMPAGNE · COSY Dans un corps de ferme du 19ᵉ s. entouré de 12 ha de prairies, cet établissement domine la vallée de l'Authie. Les chambres, dans un style "campagne chic" (mobilier cérusé, boutis, rideaux en lin...), sont toutes de plain-pied et s'ouvrent sur la nature.

8 chambres – ♦95/120 € ♦♦122/155 € – ☐15 €

17 r. de St-Rémy – ℰ 03 21 86 39 58 – www.leclosdelaprairie.com – Fermé 23-30 déc.

🍴 **Le Clos de la Prairie** – voir les restaurants ci-dessus

HESDIN-L'ABBÉ – 62 (Pas-de-Calais) ➜ voir Boulogne-sur-Mer

HÉSINGUE – 68 (Haut-Rhin) ➜ voir St-Louis

HEUDICOURT-SOUS-LES-CÔTES – 55 (Meuse) ➜ voir St-Mihiel

HEUGUEVILLE-SUR-SIENNE

✉ 50200 (Manche) – 542 hab. – Alt. 15 m – Carte régionale n° **32**-A2

▶ Paris 342 km – Avranches 52 km – Cherbourg 80 km – Coutances 7 km

Carte Michelin 303-C5

Athome

CUISINE MODERNE · AUBERGE ✗ Un jeune couple originaire de la région s'est installé dans ce presbytère du 18ᵉ s. Lionel, en cuisine, s'appuie sur une solide expérience (séjours en Australie et au Japon) et de bons produits locaux – maraîcher bio, pêche artisanale – ; Edwige, en salle, se révèle aussi souriante qu'efficace. Succès mérité !

👄 Formule 15 € – Menu 18 € (déj. en semaine), 30/45 €

16 r. de la Sienne – ℰ 02 33 47 19 61 (réserver) – Fermé 13-28 juin, 21 nov.-6 déc., 25 janv.-7 fév., dim. soir, lundi et mardi

HEYRIEUX

✉ 38540 (Isère) – 4 674 hab. – Alt. 220 m – Carte régionale n° **44**-B2

▶ Paris 487 km – Lyon 30 km – Pont-de-Chéruy 22 km – La Tour-du-Pin 35 km

Carte Michelin 333-D4

🍴 L'Alouette

CUISINE TRADITIONNELLE · A LA MODE ✗✗✗ Voilà un restaurant contemporain bien agréable avec son sol en béton ciré, ses œuvres d'art (à vendre !), son piano à queue et son joli jardin. Le chef concocte une cuisine de saison, fine et goûteuse, à partir des produits du marché. Et pour accompagner cela, la cave offre un choix de plus de 450 références.

Formule 23 € ♟ – Menu 40/53 € – Carte 58/72 €

475 rte de Crémieux, (rte de St-Jean-de-Bournay), à 3 km – ℰ 04 78 40 06 08 – www.restaurant-alouette.com – Fermé 1 semaine
en mai, 24 juil.-23 août, 23 déc.-4 janv., sam. midi, dim. soir et lundi

HIERES-SUR-AMBY

✉ 38118 (Isère) – 1 200 hab. – Alt. 216 m – Carte régionale n° **44**-B1

▶ Paris 489 km – Bourg-en-Bresse 57 km – Grenoble 107 km – Lyon 61 km

Carte Michelin 333-E3 – Guide Vert Michelin Lyon et sa région

🍴 Le Val d'Amby

CUISINE TRADITIONNELLE · CONVIVIAL ✗✗ Sur la place du village, cette jolie maison en pierre se révèle l'endroit idéal pour déguster une bonne cuisine traditionnelle, traversée d'influences méridionales. On cède aisément à ce carré d'agneau rôti au thym, et à sa fricassée de pomme de terre au lard et girolles... Et les propriétaires sont charmants !

Formule 14 € – Menu 27 € (déj. en semaine), 31/65 € – Carte 50/80 €

13 chambres – ♦59/75 € ♦♦68/84 € – ☐9 €

2 pl. de la République – ℰ 04 74 82 42 67 – www.hotel-levaldamby.com
– Fermé 15-29 avril, 6-24 août, 24-29 déc., dim. soir et merc.

HINSINGEN

✉ 67260 (Bas-Rhin) – 84 hab. – Alt. 220 m – Carte régionale n° **1**-A1
▶ Paris 405 km – St-Avold 35 km – Sarrebourg 37 km – Sarreguemines 22 km
Carte Michelin 315-F3

ⅠⓄ La Grange du Paysan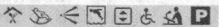

CUISINE TRADITIONNELLE · RUSTIQUE ※ Vieilles poutres, licous et autres objets du monde agricole : on appréciera dans cette salle champêtre une cuisine du terroir généreuse (produits de l'élevage familial).

🍴 Menu 12 € (semaine), 20/45 € – Carte 20/48 €

23 r. Principale – ✆ *03 88 00 91 83 – Fermé 1 semaine en été, 2 semaines en hiver et lundi*

HOCHSTATT – 68 (Haut-Rhin) ➜ voir Mulhouse

HOHRODBERG

✉ 68140 (Haut-Rhin) – Alt. 750 m – Carte régionale n° **1**-A2
▶ Paris 462 km – Colmar 26 km – Gérardmer 37 km – Guebwiller 47 km
Carte Michelin 315-G8

🏨 Panorama

FAMILIAL · FONCTIONNEL Quel panorama ! Face à la vallée de Munster, une sympathique bâtisse hôtelière avec des chambres confortables (certaines donnant sur les Vosges) qui, par touches, évoquent l'Alsace. Les spécialités régionales sont bien sûr au rendez-vous à table... sur la terrasse panoramique, avec la montagne pour horizon.

32 chambres – 🛏70/104 € 🛏🛏70/104 € – ⊏⊐13 € – ½ P

3 rte de Linge-Hohrodberg – ✆ *03 89 77 36 53 – www.hotel-panorama-alsace.com – Fermé 3-28 janv.*

LE HOHWALD

✉ 67140 (Bas-Rhin) – 509 hab. – Alt. 570 m – Carte régionale n° **2**-C1
▶ Paris 430 km – Lunéville 89 km – Molsheim 33 km – St-Dié 46 km
Carte Michelin 315-H6

🏨 La Forestière

MAISON DE CAMPAGNE · MODERNE Sur les hauteurs de cette petite station de montagne, avec la forêt toute proche, une grande maison très tranquille : espace, modernité, confort... et saveurs, car ses charmants propriétaires sont passionnés par la cuisine alsacienne et le gibier !

5 chambres ⊏⊐ – 🛏81/101 € 🛏🛏96/116 €

10 A chemin-du-Eck – ✆ *03 88 08 31 08 – www.laforestiere-alsace.fr – Fermé 1 semaine en fév., 1 semaine en avril et 1 semaine en juil.*

HOLNON – 02 (Aisne) ➜ voir St-Quentin

LE HÔME – 14 (Calvados) ➜ voir Cabourg

© Sandrine Boyer/La Chaumière

ON AIME...

Le charme irrésistible de **La Chaumière**, une grande maison à colombages dominant l'estuaire de la Seine. L'esprit de gourmandise et la modernité de la **Fleur de Sel**. La cuisine tout en fraîcheur, subtile et créative, du **Bréard**. L'ambiance chaleureuse, au coin du feu ou en terrasse, de la **Maison de Léa**. L'esprit d'invention du talentueux **Alexandre Bourdas**, au **SaQuaNa**...

HONFLEUR

✉ 14600 (Calvados) – 7 913 hab. – Alt. 5 m – Carte régionale n° **32**-A3
▶ Paris 195 km – Caen 69 km – Le Havre 27 km – Lisieux 38 km
Carte Michelin 303-N3 – Guide Vert Michelin Normandie Vallée de la Seine

Restaurants

❀❀ **SaQuaNa** (Alexandre Bourdas)
CRÉATIVE · DESIGN ✗✗ SaQuaNa pour "saveurs, qualité, nature" ou encore "poisson" (*sakana*) en nippon : telle est la formule magique d'Alexandre Bourdas, formé chez Michel Bras et passé par le Japon. Il signe une authentique cuisine d'auteur, millimétrée, très intuitive et inventive, qui mène de découvertes en découvertes... Quel beau travail !
➔ Lotte pochée au citron vert, bouillon clair à la noix de coco, livèche et coriandre. Huîtres, daïkon, concombre au sel, persil et crème de volaille. Guimauve croûtée de vanille, sorbet mandarine, crème et thé matcha.
Menu 80/120 €
Plan : AY-u – *22 pl. Hamelin* – ✆ *02 31 89 40 80 (réservation conseillée)* – *www.alexandre-bourdas.com* – *Fermé lundi, mardi et merc.*

❀ **Le Bréard**
CUISINE MODERNE · ÉLÉGANT ✗✗ Cadre contemporain et cuisine subtile au menu de ce restaurant, situé dans une ruelle pavée proche de l'église Ste-Catherine. Le chef associe de belles saveurs avec créativité : en témoigne ce cabillaud cuit à basse température, accompagné d'un risotto au combava... Beaucoup de fraîcheur et de générosité !
Menu 32/58 € – Carte 48/69 €
Plan : AYZ-f – *7 r. du Puits* – ✆ *02 31 89 53 40* – *www.restaurant-lebreard.com* – *Fermé 4-21 janv., mardi midi, merc. midi, jeudi midi et lundi*

❀ **La Fleur de Sel**
CUISINE MODERNE · TRADITIONNEL ✗✗ Vincent Guyon, ancien de la Ferme Saint-Siméon, réalise ici un travail admirable : cuissons bien maîtrisées, assaisonnements au poil, belles inspirations dans la construction visuelle des plats... L'ensemble dégage une vraie assurance, celle d'un chef qui sait où il va. Et le service est impeccable !
Menu 32/62 €
Plan : AY-v – *17 r. Haute* – ✆ *02 31 89 01 92* – *www.lafleurdesel-honfleur.com* – *Fermé 24-30 juin, janv., lundi et mardi*

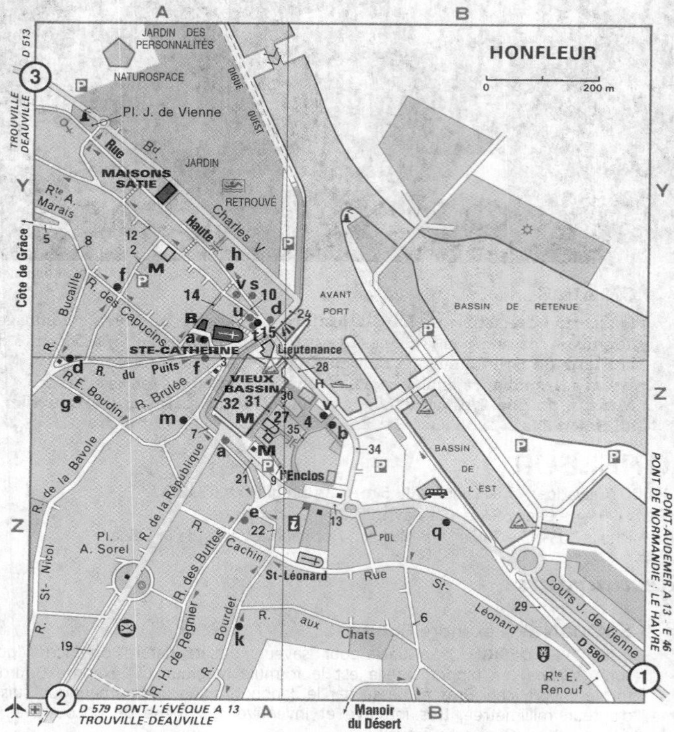

Albert-1er (R.) . . . . **AY** 2
Berthelot (Pl. P.) . . . . **AZ** 3
Boudin (Pl. A.) . . . . **BZ** 4
Cachin (R.) . . . . **AZ**
Charrière-de-Grâce (R.) . . . . **AY** 5
Charrière-St-Léonard (R.) . . . . . **BZ** 6
Dauphin (R. du) . . . . **AZ** 7
Delarue-Mardrus (R. L.) . . . . **AY** 8
Fossés (Cours des) . . . . **AZ** 9
Hamelin (Pl.) . . . . **AY** 10
Homme-de-Bois (R.) . . . . **AY** 12
Lingots (R. des) . . . . **AY** 14
Logettes (R. des) . . . . **AY** 15
Manuel (Cours A.) . . . . **AZ** 19
Montpensier (R.) . . . . **AZ** 21
Notre-Dame (R.) . . . . **AZ** 22
Passagers (Quai des) . . . . **ABY** 24
Le-Paulmier (Quai) . . . . **BZ** 13
Porte-de-Rouen (Pl. de la) . . . . **AZ** 25
Prison (R. de la) . . . . **AZ** 27
Quarantaine (Quai de la) . . . . . . **BZ** 28
République (R. de la) . . . . **AZ**
Revel (R. J.) . . . . **BZ** 29
Ste-Catherine (Quai) . . . . **AZ** 32
St-Antoine (R.) . . . . **BZ** 30
St-Étienne (Quai) . . . . **AZ** 31
Tour (Quai de la) . . . . **BZ** 34
Ville (R. de la) . . . . **BZ** 35

La Ferme St-Siméon

CUISINE MODERNE • ÉLÉGANT XXXX Le parc arboré avec sa roseraie, la vue sur l'estuaire de la Seine... Un cadre enchanteur qui n'empêche pas de se concentrer sur l'assiette ! Le chef signe en effet une belle cuisine contemporaine, précise et finement exécutée, à l'unisson de l'agrément des lieux.

Menu 55 € (déj. en semaine), 75/129 € – Carte 110/160 €

Hôtel La Ferme St-Siméon, 20 r. Adolphe-Marais – ✆ 02 31 81 78 00 – www.fermesaintsimeon.fr

L'Absinthe

CUISINE MODERNE • RUSTIQUE XX Pour déguster un tartare d'huître ou un poisson très frais cuisiné avec soin, cette ancienne maison de pêcheur sur le port (15e-17e s.) est l'endroit idéal. Le décor mêle esprit rustique et élégance, et l'on apprécie la terrasse aux beaux jours...

Formule 30 € – Menu 34/59 € – Carte 60/120 €

Plan : BZ-b – *10 quai de la Quarantaine – ✆ 02 31 89 39 00 – www.absinthe.fr – Fermé 15 nov.-15 déc.*

‖○ Entre Terre et Mer

CUISINE MODERNE · CONVIVIAL XX Sur une place près du Vieux-Bassin, ce restaurant navigue entre terre et mer dans l'assiette comme dans le décor, avec des photos de vaches, de moutons et de poissons. Un cadre apaisant et chaleureux, pour une cuisine marquée du sceau de l'authenticité normande.

Formule 24 € ♈ – Menu 30/56 € – Carte 55/85 €

Plan : AY-t – *12-14 pl. Hamelin* – ℰ *02 31 89 70 60*
– *www.entreterreetmer-honfleur.com* – *Fermé janv.*

‖○ Les Maisons de Léa Ⓝ

FRANÇAISE MODERNE · COSY XX Le restaurant, installé dans plusieurs pièces en enfilade, dévoile un esprit chaleureux et du meilleur goût ! La cuisine, bien parfumée et colorée, se base sur de bons produits : on passe un excellent moment gourmand.

Formule 24 € – Menu 30 € (semaine), 38/58 € – Carte environ 50 €

Plan : AY-a – *Hôtel Les Maisons de Léa, pl. Ste-Catherine* – ℰ *02 31 14 49 40*
– *www.restaurant-honfleur-lesmaisonsdelea.com* – *Fermé mardi midi, merc. midi et lundi*

‖○ L'Endroit

CUISINE MODERNE · BRANCHÉ X Difficile d'imaginer ici un tel endroit ! Des allures de loft, une cuisine grande ouverte sur la salle : l'adresse est novatrice. Côté assiette, les recettes sont dans l'air du temps avec des mariages de saveurs réussis et des épices de-ci de-là... The place to be.

Formule 25 € – Menu 30 € – Carte 35/50 €

Plan : AZ-e – *3 r. Charles-et-Paul-Bréard* – ℰ *02 31 88 08 43*
– *www.restarantlendroithonfleur.com* – *Fermé mardi et merc. sauf d'oct. à mai et fériés*

‖○ Au P'tit Mareyeur

POISSONS ET FRUITS DE MER · AUBERGE X Atmosphère intime dans cette sympathique maison, reconnaissable à sa façade bleue. À l'étage, le jeune chef a créé une nouvelle salle cossue et chaleureuse ; on y retrouve toutes ses préparations de la mer avec, comme spécialité, la bouillabaisse honfleuraise. Des saveurs bien marquées, un pur plaisir !

Menu 29 € (déj.)/36 € – Carte 40/80 €

Plan : AY-s – *4 r. Haute* – ℰ *02 31 98 84 23 (réservation conseillée)*
– *www.auptitmareyeur.com* – *Fermé 27 juin-5 juil., 3 janv.-3 fév., merc. sauf juil.-août et mardi*

‖○ L'Ecailleur

CUISINE MODERNE · ÉLÉGANT X Larguez les amarres ! Ce restaurant face au Vieux-Bassin évoque une vraie cabine de paquebot (boiseries, cordages, hublots, etc.). Le chef est un ancien autodidacte qui sait laisser libre cours à son imagination, à partir de produits de qualité. Il propose une agréable traversée...

Formule 23 € – Menu 30/47 € – Carte 40/60 €

Plan : AZ-a – *1 r. de la République* – ℰ *02 31 89 93 34* – *www.lecailleur.fr* – *Fermé 5-21 janv., 18 juin-2 juil., mardi et jeudi hors saison et merc.*

Hôtels & maisons d'hôtes

🏠 La Ferme St-Siméon

LUXE · PERSONNALISÉ Haut lieu de l'histoire de la peinture, l'auberge que fréquentaient les impressionnistes est devenue un hôtel magnifique ! Le parc domine l'estuaire – et ses lumières changeantes –, les chambres, au calme, réinventent le style rustique... version luxe. Intemporel comme un tableau.

30 chambres – ♦195/850 € ♦♦195/850 € – 4 suites – ☷ 28 € – ½ P
20 r. Adolphe-Marais – ℰ *02 31 81 78 00* – *www.fermesaintsimeon.fr*
‖○ **La Ferme St-Siméon** – *voir les restaurants ci-dessus*

Le Manoir des Impressionnistes

TRADITIONNEL · PERSONNALISÉ Colombages peints, fenêtres à croisillons, toitures asymétriques, petit parc : ce manoir du 18e s. pourrait inspirer un peintre. On accède aux chambres, très cosy, par un bel escalier de bois, la mer est en contrebas : si romantique...

10 chambres – ♦190/485 € ♦♦190/485 € – ☲ 20 € – ½ P

r. Adolphe-Marais – ℰ 02 31 81 63 00 – www.manoirdesimpressionnistes.com

Les Maisons de Léa

TRADITIONNEL · COSY Ces trois anciens logis de pêcheur (16e s.) et leur grenier à sel illustrent parfaitement l'attrait propre à Honfleur. Les chambres, spacieuses et confortables, sont décorées selon quatre thématiques : Campagne, Romance, Baltimore et Capitaine... Un véritable hôtel de charme !

26 chambres – ♦170/320 € ♦♦170/320 € – 8 suites – ☲ 18 € – ½ P

Plan : AY-a – *pl. Ste-Catherine* – ℰ 02 31 14 49 49 – www.lesmaisonsdelea.com

⫘○ **Les Maisons de Léa** – voir les restaurants ci-dessus

L'Écrin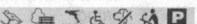

HISTORIQUE · PERSONNALISÉ Écrin précieux que ce véritable petit musée rempli d'objets d'art et d'ornements anciens, assurément atypique ! Dans les chambres cohabitent les styles et les détails d'époque, de la jolie mansarde au grand lit à baldaquin. Et le petit-déjeuner est servi face au jardin...

30 chambres – ♦120/250 € ♦♦120/250 € – 3 suites – ☲ 15 €

Plan : AZ-g – *19 r. Eugène-Boudin* – ℰ 02 31 14 43 45

– www.hotel-ecrin.honfleur.com

La Maison de Lucie

VILLA · COSY Quel charme, quel style ! Des boiseries, des canapés en cuir, une bibliothèque... Cette maison du 18e s. propose toute une gamme de chambres décorées avec le meilleur goût. Un sens du détail et une ambiance feutrée qui donnent envie de revenir très vite !

10 chambres – ♦175/205 € ♦♦175/335 € – 2 suites – ☲ 14 €

Plan : AY-f – *44 r. des Capucins* – ℰ 02 31 14 40 40 – www.lamaisondelucie.com

– *Fermé 9-16 déc. et 4-14 janv.*

L'Absinthe

TRADITIONNEL · PERSONNALISÉ La "fée verte" se fait reposante dans cet ancien presbytère du 16e siècle... Matériaux anciens et teintes douces dessinent un cadre plaisant (plus contemporain dans l'annexe, une maison faisant face aux quais) qui pourra... envoûter.

9 chambres – ♦130/265 € ♦♦130/265 € – 2 suites – ☲ 13 €

Plan : BZ-v – *1 r. de la Ville* – ℰ 02 31 89 23 23 – www.absinthe.fr – *Fermé de mi-nov. à mi-déc.*

Mercure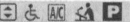

HÔTEL DE CHAÎNE · FONCTIONNEL En arrivant de l'autoroute ou du pont de Normandie, on a toutes les chances de trouver ce Mercure proche du centre, aux chambres colorées et fonctionnelles. Pour le calme, préférez celles sur l'arrière.

56 chambres – ♦104/149 € ♦♦104/149 € – ☲ 16 €

Plan : BZ-q – *r. des Vases* – ℰ 02 31 89 50 50 – www.mercure-honfleur.com

M Hôtel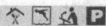

HÔTEL DE CHAÎNE · FONCTIONNEL Un hôtel un peu excentré mais très pratique, surtout en période d'affluence. Il a été entièrement rénové dans un esprit contemporain et coloré, et l'on profite désormais d'une agréable piscine couverte, d'un sauna et d'un hammam.

50 chambres – ♦78/112 € ♦♦88/112 € – ☲ 12 € – ½ P

62 cours Albert-Manuel – ℰ 02 31 89 41 77 – www.lemhotelhonfleur.com

– *Fermé 5 janv.-1er fév.*

🏠 Entre Terre et Mer

HÔTEL DE VACANCES · CLASSIQUE Avec ses vieilles pierres et ses couloirs étroits, cette ancienne maison de pêcheur remonte au 17ᵉ s. Classiques et agréables, les chambres vous placent au cœur de la cité ! Autre atout : le bar à huîtres, très sympathique. À ne pas confondre avec le restaurant gastronomique du même nom, juste en face.

14 chambres – ♦75/144 € ♦♦75/171 € – � 11 € – ½ P

Plan : AY-t – 28 pl. Hamelin – ℰ 02 31 98 83 33 – www.hotel-centre-honfleur.com – Fermé janv.

🏠 La Petite Folie

VILLA · HISTORIQUE Flânez donc dans cette rue animée du vieux Honfleur, vous trouverez cette "folie" douce, authentique maison d'hôtes de charme. Meubles et objets chinés par Penny – la charmante propriétaire d'origine américaine –, tomettes, linge luxueux, petit-déjeuner dans le jardin aux beaux jours.... Superbe !

5 chambres � – ♦155/190 € ♦♦155/195 €

Plan : AY-h – 44 r. Haute – ℰ 06 74 39 46 46 – www.lapetitefolie-honfleur.com

🏠 À L'École Buissonnière

URBAIN · PERSONNALISÉ Cette école-là possède un cachet fou ! À deux pas du Vieux-Bassin, les salles de classe 1900 sont devenues des chambres délicieuses. La cour avec ses colombages, la superbe cuisine ouverte pour le petit-déjeuner gourmand, l'original bar à fromages... Une leçon de plaisir.

5 chambres � – ♦120/150 € ♦♦160/220 €

Plan : AZ-m – 4 r. de la Foulerie – ℰ 06 16 18 43 62 – www.a-lecole-buissonniere.com

🏠 Le Clos Bourdet

FAMILIAL · PERSONNALISÉ Dans un grand jardin clos à flanc de colline... C'est dire comme cette belle maison bourgeoise du 18ᵉ s. est au calme ! Œuvres d'art et meubles chinés lui donnent un style déco très affirmé, et l'on appréciera également les pâtisseries du propriétaire au petit-déjeuner.

5 chambres – ♦140/175 € ♦♦150/185 € – ⊻ 10 €

Plan : AZ-k – 50 r. Bourdet – ℰ 02 31 89 49 11 – www.leclosbourdet.com

🏠 La Cour Ste-Catherine

TRADITIONNEL · PERSONNALISÉ Non loin du Vieux-Bassin et du centre historique, cet ancien couvent du 17ᵉ s. – qui fut aussi une cidrerie – abrite des chambres délicieusement tranquilles, décorées avec goût. Le petit-déjeuner est servi dans l'ancien pressoir, un modèle de charme rustique, et le jardin distille un esprit champêtre !

5 chambres ⊻ – ♦110 € ♦♦110/150 €

Plan : AYZ-d – 74 r. du Puits – ℰ 02 31 89 42 40 – www.coursaintecatherine.com

à la Rivière-St-Sauveur 2 km au Sud-Est – ✉ 14600 – 2 234 hab. – Alt. 1 m

🏠 Antarès

TRADITIONNEL · ACTUEL Non loin de Honfleur, ce complexe hôtelier, bien tenu et fonctionnel, cache un agréable spa (piscine, sauna, hammam, massages...). Certaines chambres, en duplex, sont idéales pour une étape en famille !

78 chambres – ♦94/159 € ♦♦94/159 € – ⊻ 13 €

r. St-Clair – ℰ 02 31 89 10 10 – www.antares-honfleur.com

🏠 Les Bleuets

TRADITIONNEL · FONCTIONNEL À l'entrée de Honfleur, un établissement moderne et fonctionnel, tout à fait dans l'esprit motel ! L'entretien est irréprochable, et l'on peut même vous prêter des vélos pour découvrir les environs. Petit espace détente avec sauna à disposition.

27 chambres – ♦59/155 € ♦♦59/155 € – ⊻ 10 €

11 r. Desseaux – ℰ 02 31 81 63 90 – www.motel-les-bleuets.com – Fermé 3 janv.-5 fév.

à Barneville-la-Bertran 5 km au Sud-Ouest par D62 et D279 – ⊠ 14600
– 134 hab. – Alt. 48 m

🏠 Auberge de la Source 🏠 🐾 🛋 🐾 🅿

MAISON DE CAMPAGNE · ÉLÉGANT À l'entrée du village, cette jolie maison en brique rouge et sa longère à colombages semblent incarner l'idéal champêtre : un jardin et ses beaux arbres fruitiers ; des bassins où fraient truites et esturgeons ; des chambres d'esprit nature et cosy... et un restaurant aux airs d'auberge chic. Charmant !

14 chambres – ♦115/270 € ♦♦115/270 € – 1 suite – ⊡ 15 €

chemin du Moulin – 𝒞 02 31 89 25 02 – www.auberge-de-la-source.fr – Fermé 13 nov.-16 déc.

au Nord-Ouest 3 km par rte de Trouville – ⊠ 14600 Vasouy :

🏠 La Chaumière 🏠 🐾 ⟨ 🛋 🖃 🍽 🅿

MAISON DE CAMPAGNE · PERSONNALISÉ Cette jolie ferme normande du 17e s. se dresse face à l'estuaire de la Seine, dans un parc qui dévale jusqu'à la mer. Là, pourquoi ne pas pique-niquer ? Puis remonter vers les belles chambres, luxueuses, où le bois chaleureux domine... Une adresse exquise !

9 chambres – ♦235/550 € ♦♦235/550 € – 1 suite – ⊡ 16 € – ½ P

Vasouy, rte du Littoral, par D513 – 𝒞 02 31 81 63 20 – www.hotel-chaumiere.fr

au Nord-Ouest 8 km par rte de Trouville et rte secondaire – ⊠ 14600 Honfleur :

🏠 Le Romantica 🏠 🐾 ⟨ 🛋 ⟰ 🖃 🔐 🅿

TRADITIONNEL · PERSONNALISÉ Sur les hauteurs du village, cette bâtisse régionale offre calme et confort avec ses chambres récemment rénovées et très bien entretenues. Les points forts de la maison : la vue sur la Manche et les deux piscines, intérieure et extérieure.

35 chambres – ♦60/90 € ♦♦75/125 € – ⊡ 11 €

chemin du Petit-Paris – 𝒞 02 31 81 14 00 – www.romantica-honfleur.com – Fermé janv.

à Cricqueboeuf 9 km par rte de Trouville – ⊠ 14113 – 230 hab. – Alt. 25 m

🏠 Manoir de la Poterie & Spa 🏠 🐾 ⟨ 🛋 🖃 ⓢ ⓛ 🖃 🔐 🅿

LUXE · PERSONNALISÉ Face à la mer ! Dans cette solide bâtisse d'inspiration normande se télescopent les styles baroque, Directoire, marin ou contemporain. Côté vue, vous avez le choix entre l'estran ou la campagne. Et le restaurant se prête à un moment romantique.

23 chambres – ♦170/325 € ♦♦170/325 € – 1 suite – ⊡ 21 €

chemin Paul-Ruel – 𝒞 02 31 88 10 40 – www.manoirdelapoterie.fr

à Villerville 10 km par rte de Trouville – ⊠ 14113 – 720 hab. – Alt. 10 m

🏠 Le Bellevue 🏠 🐾 ⟨ 🛋 🖃 🅿

VILLA · PERSONNALISÉ Cette demeure bien nommée – face à la mer – fut, à la fin du 19e s., la villégiature d'un directeur de l'Opéra-Comique de Paris. Parmi les chambres, confortables, certaines ont vue sur la Manche, et le restaurant met à l'honneur les produits de la mer. Séjour marin en vue !

22 chambres – ♦95/165 € ♦♦115/265 € – 4 suites – ⊡ 14 €

12 r. du Gén.-Leclerc, rte d'Honfleur – 𝒞 02 31 87 20 22 – www.bellevue-hotel.fr – Fermé 4 janv.-12 fév.

L'HÔPITAL-ST-BLAISE
⊠ 64130 (Pyrénées-Atlantiques) – 80 hab. – Alt. 145 m – Carte régionale n° **3**-B3
▶ Paris 796 km – Oloron-Ste-Marie 18 km – Orthez 32 km – Pau 52 km
Carte Michelin 342-H5 – Guide Vert Michelin Pays Basque et Navarre

⅋⃝ Auberge du Lausset

CUISINE TRADITIONNELLE · SIMPLE ✕ Profitez d'une visite de l'église romane classée (13ᵉs.) de ce village pour faire escale dans cette auberge ! Si son décor n'a rien de particulier, l'assiette, en revanche, met bien en valeur les spécialités du terroir. Tout est fait maison. L'été, arrivez assez tôt, la terrasse est prise d'assaut.

Menu 28/34 € – Carte 26/43 €

Le Bourg – 𝒞 05 59 66 53 03 (réservation conseillée)
– Fermé 1 semaine en janv., 1 semaine fin juin, 1 semaine en sept., merc. hors saison, lundi sauf juil.-août et mardi

HORBOURG – 68 (Haut-Rhin) → voir Colmar

HOSSEGOR

✉ 40150 (Landes) – 3 792 hab. – Alt. 4 m – Carte régionale n° **3**-A3
▶ Paris 752 km – Bayonne 25 km – Biarritz 32 km – Bordeaux 170 km
Carte Michelin 335-C13 – Guide Vert Michelin Aquitaine

⅋⃝ Jean des Sables

CRÉATIVE · DESIGN ✕✕ Cadre épuré pour ce restaurant de plage du chef Jean Cousseau : béton ciré, murs clairs, vivier, vue sur l'Océan... La carte met en avant les produits de la pêche locale. Accueil et service aux petits soins.

Menu 34 € (déj. en semaine), 60/83 € – Carte 75/100 €

121 bd de la Dune – 𝒞 05 58 72 29 82 – www.jeandessables.com
– Fermé 4 janv.-11 fév., lundi midi, merc. midi et vend. midi de mi-juin à mi-sept., lundi et mardi de mi-sept. à mi-juin

⌂ Les Hortensias du Lac

VILLA · PERSONNALISÉ Trois belles maisons entourées d'une pinède, au bord du lac marin... Dans les chambres, luxe décontracté et décoration d'inspiration 1930. On profite d'un beau jardin planté de pins des Landes et, au réveil, d'un délicieux petit-déjeuner. Un lieu plein de charme.

20 chambres – ♦105/295 € ♦♦105/295 € – 5 suites – ⌑ 22 €

1578 av. du Tour-du-Lac – 𝒞 05 58 43 99 00 – www.hortensias-du-lac.com
– Ouvert de mi-mars à mi-nov.

⌂ 202

BUSINESS · DESIGN Une jolie villa immaculée, où règne une ambiance assez jeune. Les chambres sont spacieuses et cosy, toutes avec balcon. Terrasse en teck. L'adresse design d'Hossegor.

24 chambres – ♦120/240 € ♦♦120/240 € – 2 suites – ⌑ 14 €

202 av. du Golf – 𝒞 05 58 43 22 02 – www.hotel202.fr – Fermé 4 janv.-11 fév.

⌂ Pavillon Bleu

FAMILIAL · FONCTIONNEL Une grande maison de construction récente, près du lac marin : les chambres, avec balcon, sont fonctionnelles et bien équipées (baignoires balnéo).

20 chambres – ♦89/245 € ♦♦89/245 € – ⌑ 13 €

1053 av. Touring-Club-de-France – 𝒞 05 58 41 99 50 – www.pavillonbleu.fr

HOUAT (ÎLE D') – 56 (Morbihan) → voir Île d'Houat

LA HOUBE

✉ 57850 (Moselle) – ✉ Dabo – Carte régionale n° **27**-D2
▶ Paris 453 km – Lunéville 86 km – Phalsbourg 18 km – Sarrebourg 27 km
Carte Michelin 307-O7

⫿◯ Vosges

CUISINE TRADITIONNELLE · FAMILIAL Ⅹ Bien sympathique cette petite auberge de village, un peu perdue à l'écart du rocher de Dabo. On y déjeune en admirant la forêt vosgienne, gagné par la beauté du cadre et les saveurs d'une cuisine respectueuse du terroir. Chambres simples pour l'étape.

Formule 11 € – Menu 22/35 € – Carte 25/44 €

9 chambres – ♦60/65 € ♦♦70/75 € – ⌷9 €

41 r. de la Forêt-Brûlée – ℰ03 87 08 80 44 – www.hotel-restaurant-vosges.com
– Fermé 2 fév.-2 mars, 14-28 sept., mardi et merc.

LES HOUCHES

✉ 74310 (Haute-Savoie) – 2 967 hab. – Alt. 1 004 m – Carte régionale n° **46**-F1

▶ Paris 602 km – Annecy 89 km – Bonneville 47 km – Chamonix-Mont-Blanc 9 km

Carte Michelin 328-N5 – Guide Vert Michelin Alpes du Nord

🏨 Les Campanules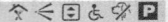

HÔTEL DE VACANCES · SIMPLE Ce grand bâtiment datant de 1947 accueillait autrefois les pupilles de la Nation... Noble héritage ! On s'y repose dans d'agréables chambres au décor montagnard, dont la plupart offrent une vue imprenable sur le massif du Mont-Blanc et sur la station de ski des Houches.

43 chambres – ♦60/170 € ♦♦60/170 € – ⌷11 € – ½ P

450 rte de Coupeau – ℰ04 50 54 40 71 – www.hotel-campanules.com

🏠 Auberge Le Montagny

FAMILIAL · ALPIN En léger retrait de la station – en toute quiétude –, un petit chalet coquet. Du bois partout, des tissus joliment choisis : il règne ici un bel esprit montagne et la tenue des chambres est excellente. Une très bonne petite adresse !

8 chambres – ♦92 € ♦♦92 € – ⌷10 €

490 rte du Pont – ℰ04 50 54 57 37 – www.aubergedumontagny.com
– Ouvert 20 juin-11 sept. et 18 déc.-2 avril

au Prarion par télécabine – ✉ 74310 Les Houches

🏠 Le Prarion

AUBERGE · ALPIN Mont-Blanc, massif des Aravis : une vue à couper le souffle dans ce chalet au charme authentique, situé à 1 860 m d'altitude. Chambres en bois brut assez jolies ; repas traditionnels (self en hiver et menu unique au dîner)... Le bel esprit montagne !

12 chambres – ½ P seult 200/280 €

alt.1 860 – ℰ04 50 54 40 07 – www.prarion.com – Ouvert de mi-juin à mi-sept. et 20 déc.-20 avril

HOUDAN

✉ 78550 (Yvelines) – 3 381 hab. – Alt. 104 m – Carte régionale n° **18**-A2

▶ Paris 60 km – Chartres 55 km – Dreux 20 km – Évreux 52 km

Carte Michelin 311-F3 – Guide Vert Michelin Île-de-France

⫿◯ Le Donjon   AC

CUISINE TRADITIONNELLE · CLASSIQUE ⅩⅩ Du château médiéval ne subsiste que le donjon, voisin de ce restaurant. Cuisine traditionnelle rythmée par les saisons, servie dans une salle classique, de bon confort.

Formule 25 € – Menu 39/80 €

14 r. d'Epernon, (près de l'église) – ℰ01 30 59 79 14 – www.restaurant-ledonjon.fr
– Fermé 1 semaine en mars, 2 semaines en août, dim. soir, jeudi soir et lundi

ⅈO **La Poularde** 🍴 🛖 ♿ 🅿

CUISINE TRADITIONNELLE · CONVIVIAL XX Une authentique adresse de tradition, dont certains pourront juger le décor trop classique et désuet, mais dont
on ne peut nier la qualité de la table : le chef honore les recettes de toujours et
les produits nobles, tels le homard et les truffes en saison. Mention spéciale également pour la belle collection de whiskys.

Formule 22 € – Menu 29 € (semaine), 45/58 € – Carte 45/85 €

*24 av. de la République, rte de Maulette D912 – ℰ 01 30 59 60 50
– www.alapoularde.com – Fermé 22 fév.-2 mars, 8-24 août, 24 oct.-2 nov., dim.
soir, lundi et mardi*

HOUDEMONT – 54 (Meurthe-et-Moselle) ➜ voir Nancy

HOULGATE

✉ 14510 (Calvados) – 2 043 hab. – Alt. 11 m – Carte régionale n° **32**-B2
▶ Paris 214 km – Caen 29 km – Deauville 14 km – Lisieux 33 km
Carte Michelin 303-L4 – Guide Vert Michelin Normandie Vallée de la Seine

🐝 **L'Éden** ♿

CUISINE TRADITIONNELLE · COSY XX Deux atmosphères pour cet Éden, une
salle cosy ou une véranda – façon jardin d'hiver – avec vue sur les cuisines. Derrière les fourneaux, le chef mitonne avec soin des recettes traditionnelles, justes
et généreuses : andouille de Vire et cromesquis de camembert, homard braisé
au pommeau... On y revient !

Formule 21 € – Menu 25 € (semaine), 32/42 € – Carte 56/75 €

*7 r. Henri-Fouchard – ℰ 02 31 24 84 37 – www.eden-houlgate.com
– Fermé 1 semaine début oct., 4 janv.-3 fév., lundi et mardi sauf du 10 juil. au
31 août*

🏠 **Villa les Bains** ⬍ ♿ ℅

HÔTEL DE VACANCES · COSY Cet hôtel est devenu l'adresse tendance de Houlgate, en plein cœur de la station. Les chambres, de bon confort, sont réparties
sur deux bâtiments séparés par un patio ; celles du dernier étage offrent une
très belle vue sur la mer. Rien de tel pour déconnecter !

17 chambres – 🛏98/170 € 🛏🛏98/170 € – ⌷ 12 €

*31 r. des Bains – ℰ 02 31 24 80 40 – www.hotelhoulgate.fr – Fermé 11 nov.-18 déc.
et 4 janv.-12 fév.*

HOUX

✉ 28130 (Eure-et-Loir) – 809 hab. – Alt. 108 m – Carte régionale n° **12**-C1
▶ Paris 86 km – Chartres 22 km – Orléans 96 km – Versailles 58 km
Carte Michelin 311-F4

🏠 **La Bergerie de l'Aqueduc** 🆕 🎋 🐾 🍴 ⏛ ℅ 🅿

VILLA · COSY Cette maison de charme de la fin du 17ᵉ s., tenue par un couple
d'artistes (les amateurs d'art lyrique reconnaîtront Jean-Philippe Lafont, baryton
de renommée internationale), diffuse une atmosphère de romantisme et de raffinement, avec son grand salon accueillant billard et piano. Piscine à eau salée.

4 chambres ⌷ – 🛏165/195 € 🛏🛏165/195 €

9 r. de l'Aqueduc – ℰ 02 37 32 44 04 – www.labergeriedelaqueduc.fr

HUNINGUE – 68 (Haut-Rhin) ➜ voir St-Louis

HUSSEREN

✉ 68470 (Haut-Rhin) – 989 hab. – Alt. 460 m – Carte régionale n° **1**-A3
▶ Paris 465 km – Bâle 69 km – Colmar 59 km – Strasbourg 130 km
Carte Michelin 315-F9

‖○ Cuisines et Jardins Ⓝ   🛖 🅿

CUISINE CLASSIQUE · ÉLÉGANT XX À l'abri d'une bâtisse du 19ᵉ s. surplombant les Jardins de Wesserling, le chef Serge Burckel s'inspire des classiques de la région pour concocter une savoureuse cuisine de saison. À déguster aux beaux jours sur la belle terrasse ombragée de tilleuls.

Formule 18 € – Menu 28/42 € – Carte 40/65 €

24 r. du Parc – ℰ 03 69 07 37 12 – www.cuisinesetjardins.com/ – Fermé 1ᵉʳ janv.-13 fév., mardi et merc. sauf le soir de juin à sept.

HUSSEREN-LES-CHÂTEAUX

✉ 68420 (Haut-Rhin) – 490 hab. – Alt. 380 m – Carte régionale n° **2**-C2
▶ Paris 455 km – Belfort 69 km – Colmar 10 km – Gérardmer 55 km
Carte Michelin 315-H8

🏛 Husseren-les-Châteaux   🛎 🕭 ⪡ 🛏 🍽 🔁 � 🅿

FAMILIAL · MODERNE Sur les hauteurs du massif vosgien, un vaste établissement avec de grandes chambres – la plupart avec mezzanine –, dans un style fonctionnel et contemporain. Belle piscine couverte, tennis, brasserie et restaurant, espace séminaire... Idéal pour un séjour en famille comme pour un voyage d'affaires.

37 chambres – ♦88/103 € ♦♦96/145 € – 1 suite – ☷ 13 € – ½ P

r. Schlossberg – ℰ 03 89 49 22 93 – www.hotel-husseren-les-chateaux.com

HYÈRES

✉ 83400 (Var) – 55 402 hab. – Alt. 40 m – Carte régionale n° **41**-C3
▶ Paris 851 km – Aix-en-Provence 102 km – Cannes 123 km – Draguignan 78 km
Carte Michelin 340-L7 – Guide Vert Michelin Côte d'Azur

☺ La Colombe   🛖 🅰🅲 ⟷

CUISINE TRADITIONNELLE · ÉLÉGANT XXX Tartine de lisette en escabèche, escargots au vin de Bandol, confit d'agneau de Sisteron... Tel est l'ancrage provençal de la carte ! C'est en sérieux professionnels que Pascal et Nadège Bonamy ont hissé leur restaurant au rang des bonnes tables de la région. Au pied du massif des Maurettes, la finesse des assiettes ne ment pas.

Formule 18 € – Menu 32/68 € – Carte 58/75 €

663 rte de Toulon, à la Bayorre, 2,5 km à l'Ouest – ℰ 04 94 35 35 16 – www.restaurantlacolombe.com – Fermé dim. soir de sept. à juin, mardi midi en juil.-août, sam. midi et lundi

‖○ Joy   🛖

CUISINE MODERNE · CONVIVIAL X Dans les deux salles de ce charmant restaurant contemporain ou sur la petite terrasse donnant sur la rue piétonne, on savoure une subtile cuisine en prise sur les saisons.

Formule 18 € – Menu 29/45 € – Carte 45/60 €

Plan : Y-a *– 24 r. de Limans – ℰ 04 94 20 84 98 (réservation conseillée) – www.restaurant-joy.com – Fermé 15-30 janv., dim. et lundi hors saison*

‖○ Le Baraza   🛖 🅰🅲

CUISINE TRADITIONNELLE · BISTRO X Faites vos jeux dans ce bistrot faisant face au casino ! Quel que soit son choix dans la carte, on est assuré de tirer un bon numéro : le chef signe une cuisine du marché bien ficelée, appuyée sur des produits de qualité et, il faut le noter, accompagnée de vins particulièrement bien choisis.

Formule 19 € – Carte 35/50 €

Plan : Z-x *– 2 av. Ambroise-Thomas – ℰ 04 94 35 21 01 – www.baraza.fr – Fermé dim. et lundi*

HYÈRES-GIENS

Almanarre (Rte de l')	X 2
Barbacane (R.)	Y 3
Barruc (R.)	Y 4
Belgique (Av. de)	Y 5
Bourgneuf (R.)	Y 6
Chateaubriand (Bd)	Y 7
Clemenceau (Pl.)	Y 9
Clotis (Av. J.)	X 10
Costebelle (Montée)	V 12
Degioanni (R. R.)	X 13
Denis (Av. A.)	Y
Dr-Perron (Av.)	Z 14
Gambetta (Av.)	Z
Gaulle (Av. de)	V 16
Geoffroy-St-Hilaire (Av.)	V 17
Godillot (Av. A.)	V 18
Herriot (Bd E.)	X 20
Iles d'Or (Av. des)	Y
Lattre-de-Tassigny (Av. de)	V 22
Lefebvre (Pl. Th.)	Z 23
Macri (Ch. Soldat)	Y 25
Madrague (Rte de la)	V 26
Mangin (Av. Gén.)	Y 28
Massillon (Pl. et R.)	Y 29
Millet (Av. E.)	Z 32
Moulin-Premier (Chemin du)	V 33
Noailles (Montée de)	V 34
Nocart (Bd)	Y 35
Palyvestre (Chemin du)	V 36
Paradis (R. de)	Y 37
Plaine-de-Bouisson (Chemin)	X 38
Provence (R. de)	Y 40
Rabaton (R.)	Y 41
République (Pl. et R.)	Y 42
Riondet (Av.)	YZ 43
Riquier (Av. O.)	V 44
Roubaud (Ch.)	V 45
Ste-Catherine (R.)	Y 50
Ste-Claire (R.)	Y 51
St-Bernard (R.)	Y 46
St-Esprit (R.)	Y 47
St-Paul (Pl. et R.)	Y 49
Strasbourg (Cours)	Y 52
Versin (Pl. L.)	Z 53
Victoria (Av.)	Z 54
11-Novembre (Pl.)	V 56
15e-Corps-d'Armée (Av. du)	V 57

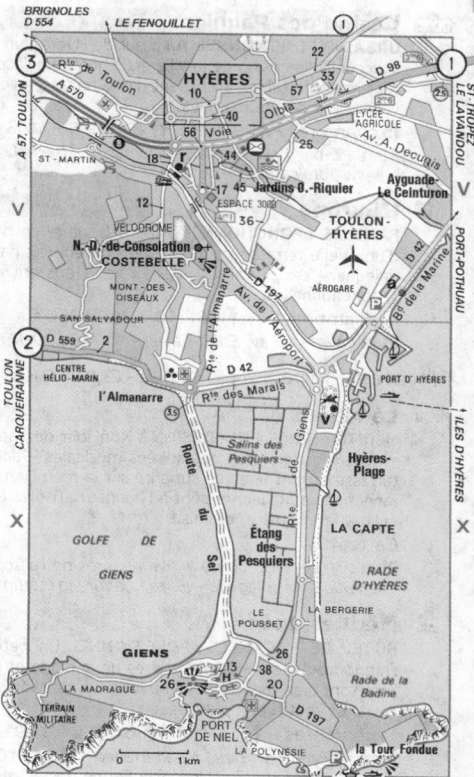

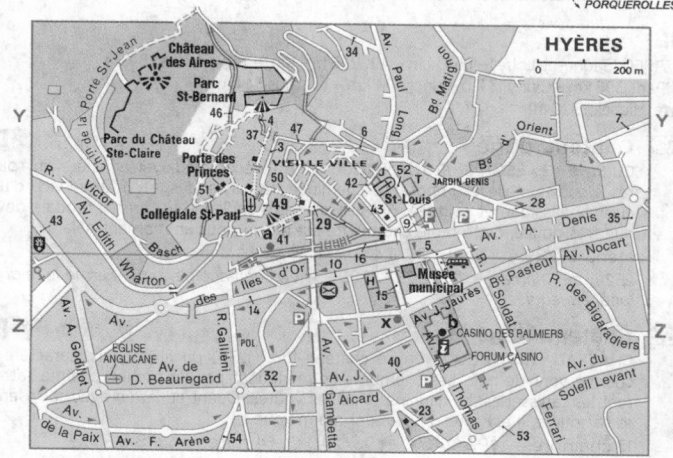

🏨 Casino des Palmiers

URBAIN · FONCTIONNEL Au cœur de Hyères, un bâtiment datant de la fin du 19ᵉ s. accueille le casino de la ville et... l'hôtel qui l'accompagne ! Les chambres, colorées et confortables, disposent d'une terrasse avec, côté sud, une belle vue sur la ville et l'île de Porquerolles.

15 chambres – †79/189 € ††79/189 € – ☲ 13 €

Plan : Z-b – *1 av. Ambroise-Thomas* – ℰ *04 94 12 80 80*
– *www.hotelcasinohyeres.com*

🏨 L'Europe

FAMILIAL · FONCTIONNEL Face à la gare, ce bâtiment du 19ᵉ s. est surmonté d'une belle terrasse panoramique : un endroit parfait pour profiter de son petit-déjeuner ! Les chambres, d'esprit zen (tons gris et taupe), se révèlent agréables et fonctionnelles.

41 chambres ☲ – †109/140 € ††119/150 €

Plan : V-r – *45 av. Edith-Cavell* – ℰ *04 94 00 67 77*

à Hyères-Plage 5 km au Sud-Est – ⊠ 83400 Hyères

🍴 Le Marais

MÉDITERRANÉENNE · DESIGN ✗ Non loin de l'aéroport, un restaurant tendance – avec régulièrement des soirées musicales – auquel on accède par une grande terrasse offrant une vue superbe sur la mer. Dans l'assiette, les recettes méditerranéennes et italiennes sont à l'honneur : risotto à la meule de parmesan, côte de veau à la milanaise, tiramisu...

Carte 40/70 €

Plan : V-a – *1366 bd de la Marine, près de l'aéroport* – ℰ *09 54 12 72 09*
– *www.lemaraisplage.fr* – *Fermé début janv. à fin mars*

🏨 Méditerranée

HÔTEL DE VACANCES · FONCTIONNEL Un petit hôtel familial en bordure de l'hippodrome, à cinquante mètres de la plage et du port de plaisance. Les chambres sont bien tenues, et l'on peut louer des vélos pour partir en balade aux alentours. Le tout à prix plutôt sage...

14 chambres – †66/101 € ††66/101 € – ☲ 9 €

Plan : X-v – *8 av. de la Méditerranée* – ℰ *04 94 00 52 70*
– *www.hotel-lemediterranee.fr* – *Fermé déc. et janv.*

IGÉ

⊠ 71960 (Saône-et-Loire) – 853 hab. – Alt. 265 m – Carte régionale n° **8**-C3
▯ Paris 396 km – Cluny 13 km – Mâcon 14 km – Tournus 34 km
Carte Michelin 320-I11

🍴 Château d'Igé

CUISINE CLASSIQUE · ROMANTIQUE ✗✗✗ Un décor médiéval et châtelain (pierres, poutres, belle et imposante cheminée, tissus tendus, etc.) au service d'une cuisine classique et soignée. Au sein de cette ancienne forteresse féodale devenue très douce, cette table charmante est idéale pour un moment galant...

Menu 37/89 € – Carte 62/74 €

252 r. du Château – ℰ *03 85 33 33 99* – *www.chateaudige.com* – *Fermé le midi du lundi au jeudi*

🏨 Château d'Igé

CHÂTEAU · HISTORIQUE En ce château fort (1235) du Mâconnais, caractère et charme vont de pair. Les chambres ne manquent pas de cachet, comme l'attestent les tapisseries, baldaquins et autres voûtes. Quant au jardin avec sa roseraie et sa source, il est tout simplement magnifique !

13 chambres – †93/240 € ††93/240 € – 4 suites – ☲ 18 € – ½ P

252 r. du Château – ℰ *03 85 33 33 99* – *www.chateaudige.com*

🍴 **Château d'Igé** – voir les restaurants ci-dessus

IGUERANDE

✉ 71340 (Saône-et-Loire) – 996 hab. – Alt. 280 m – Carte régionale n° **7**-B3
▶ Paris 399 km – Dijon 184 km – Mâcon 105 km – Roanne 21 km
Carte Michelin 320-E12 – Guide Vert Michelin Bourgogne

⊫◯ **La Colline du Colombier**

CUISINE MODERNE · À LA MODE ✗ En pleine campagne, dominant la Loire, une ferme restaurée dans un style certes champêtre... mais chic et épuré ! Un lieu nature et design, pour déguster une cuisine du terroir raffinée. Et pour prolonger l'étape, on s'installe dans les fameuses "cadoles" sur pilotis !

Menu 30 € (déj. en semaine), 44/65 € – Carte environ 90 €
*lieu-dit le Colombier, 3,5 km au Sud-Ouest par D9 et rte secondaire
– ℰ 03 85 84 07 24 – www.troisgros.com – Ouvert de mi-mars à fin nov. et fermé mardi sauf juil.-août et merc.*

ÎLE AUX MOINES

✉ 56780 (Morbihan) – 619 hab. – Alt. 16 m – Carte régionale n° **9**-A3
Carte Michelin 308-N9 – Guide Vert Michelin Bretagne Sud

⊫◯ **Les Embruns**

CUISINE TRADITIONNELLE · RUSTIQUE ✗ Par mer agitée, il n'est pas rare que ce restaurant soit balayé par les embruns ! Quoi de plus normal sur cette jolie île... où le plaisir des yeux s'allie au plaisir des papilles. Ici, pas de chichi, on savoure tourteaux, poissons frais, huîtres et fruits de mer dans une ambiance conviviale... esprit insulaire oblige !

⊜ Menu 20/29 € – Carte 25/39 €
r. du Commerce – ℰ 02 97 26 30 86 – www.restaurantlesembruns.com – Fermé 1ᵉʳ-15 oct., fév., le soir en hiver et merc. sauf vacances scolaires

L'ÎLE BOUCHARD

✉ 37220 (Indre-et-Loire) – 1 655 hab. – Alt. 41 m – Carte régionale n° **11**-A3
▶ Paris 284 km – Châteauroux 118 km – Chinon 16 km – Châtellerault 49 km
Carte Michelin 317-L6 – Guide Vert Michelin Châteaux de la Loire

⊛ **Auberge de l'Ile**

CUISINE MODERNE · COSY ✗✗✗ Sur cette île, au milieu de la Vienne, on jouerait volontiers au Robinson Crusoé... À condition de pouvoir manger dans cette auberge tous les jours ! On y savoure de bons produits, cuisinés avec soin, dans un cadre contemporain, ou en terrasse pour regarder passer les bateaux.

Menu 32/52 €
*3 pl. Bouchard – ℰ 02 47 58 51 07 – www.aubergedelile.fr
– Fermé 2 janv.-7 fév., mardi et merc.*

à Sazilly 7 km à l'Ouest par D760 – ✉ 37220 – 255 hab. – Alt. 40 m

⊫◯ **Auberge du Val de Vienne**

CUISINE MODERNE · COSY ✗✗ Sur la route de Chinon, faites une halte gourmande dans cet ancien relais de poste (1870) au cœur du vignoble ! On y apprécie une cuisine traditionnelle actualisée, à base de beaux produits travaillés avec inventivité. Mention spéciale pour le carpaccio de cèpes et foie gras. Belle carte des vins.

⊜ Formule 17 € ▼ – Menu 20 € (semaine), 32/55 € – Carte 51/61 €
30 rte de Chinon – ℰ 02 47 95 26 49 – www.aubergeduvaldevienne.com – Fermé 1 semaine en sept., 2 semaines en nov., jeudi soir de nov. à mars, dim. soir et lundi

ÎLE-D'AIX

✉ 17123 (Charente-Maritime) – 241 hab. – Alt. 10 m – Carte régionale n° **38**-A2
Carte Michelin 324-C3 – Guide Vert Michelin Poitou-Charentes

🍴 Chez Joséphine

POISSONS ET FRUITS DE MER · DESIGN ✗ Au restaurant de l'hôtel Napoléon, le chef réalise une jolie cuisine d'aujourd'hui, dans laquelle les produits de la mer tiennent le haut de l'affiche. Un cadre élégant mêlant design et touches baroques ; une jolie terrasse... Très sympathique !

Formule 23 € – Menu 29 € – Carte 28/49 €

1 r. Gourgaud – ℰ 05 46 84 00 77 – www.hotel-ile-aix.com – Ouvert 18 mars-1ᵉʳ nov.

🏨 Napoléon

HÔTEL DE VACANCES · DESIGN Vingt minutes de bateau et... la quiétude d'une île préservée. Dans cette jolie maison ancienne rénovée dans un bel esprit contemporain, les chambres sont douillettes et confortables. Ici, la défaite de Napoléon eût semblé plus douce.

18 chambres – 🛏80/180 € 🛏🛏80/180 € – ☲ 12 €

1 r. Gourgaud – ℰ 05 46 84 00 77 – www.hotel-ile-aix.com – Ouvert 18 mars-1ᵉʳ nov.

🍴 **Chez Joséphine** – voir les restaurants ci-dessus

ÎLE DE BATZ

✉ 29253 (Finistère) – 506 hab. – Alt. 30 m – Carte régionale n° **9**-B1
Carte Michelin 308-G2 – Guide Vert Michelin Bretagne Nord

🏠 Ti Va Zadou

FAMILIAL · PERSONNALISÉ O me da gar, ti va zadoù ! (Que je t'aime, maison de mes pères !) De l'embarcadère, on aperçoit la demeure avec ses volets bleus, à droite de l'église. Comment résister à son authentique charme breton, et à ses chambres adorables, parfaitement tenues, face aux flots ? Un paradis pour les amoureux de la mer Celtique...

4 chambres ☲ – 🛏55 € 🛏🛏70 €

au bourg – ℰ 02 98 61 76 91 – www.tivazadou-iledebatz.fr – Ouvert fév. au 11 nov.

ÎLE DE BRÉHAT

✉ 22870 – (Côtes-d'Armor) – Carte régionale n° **10**-C1
Carte Michelin 309-D1 – Guide Vert Michelin Bretagne Nord

🏨 Bellevue

HÔTEL DE VACANCES · COSY Dominant l'embarcadère du Port-clos – lieu emblématique de l'île de Bréhat –, on trouve cette belle maison de pays largement centenaire (1904). Les chambres ont été rénovées avec goût et sobriété, et certaines d'entre elles disposent d'une terrasse avec vue sur la pointe de l'Arcouest...

19 chambres – 🛏76/174 € 🛏🛏76/174 € – ☲ 12 € – ½ P

Port-Clos – ℰ 02 96 20 00 05 – www.hotel-bellevue-brehat.com – Fermé 15 nov.-25 déc. et 6 janv.-14 fév.

ÎLE DE GROIX

✉ 56590 (Morbihan) – Carte régionale n° **9**-B2
Carte Michelin 308-K9 – Guide Vert Michelin Bretagne Sud

🏨 La Jetée

HÔTEL DE VACANCES · CAMPAGNARD Fraîches et pimpantes, toutes les chambres de cette petite maison blanche donnent sur la jetée ou la côte du Gripp. Petit-déjeuner au bar marin ou sur la terrasse.

8 chambres – 🛏50/69 € 🛏🛏50/94 € – ☲ 8 €

1 quai de Port-Tudy – ℰ 02 97 86 80 82 – www.hoteldelajetee.fr – Fermé 5 janv.-5 fév.

Le Sémaphore de la Croix

HÔTEL DE VACANCES · PERSONNALISÉ L'isolement de ce sémaphore du 19ᵉ s. le pare de romantisme. Chambres raffinées, certaines d'inspiration marine – préférez celles avec terrasse. Jardin fleuri et vue superbe sur l'océan font de cette adresse un véritable petit coin de paradis. Mais chut, on ne vous a rien dit !

5 chambres ⌑ – ♦165/205 € ♦♦165/205 €

Le Sémaphore (Locmaria-plage les Sables Rouges) – ℰ 06 21 55 16 41
– www.semaphoredelacroix.fr – Ouvert de mai à oct.

ÎLE DE NOIRMOUTIER

(Vendée) – Alt. 8 m – Carte régionale n° **34**-A2
Carte Michelin 316-C6 – Guide Vert Michelin Pays de la Loire

L'Herbaudière

✉ 85330 Noirmoutier en l'Île – Carte régionale n° **34**-A2
▶ Paris 469 km – Cholet 140 km – Nantes 85 km – La Roche-sur-Yon 91 km

❀❀ La Marine (Alexandre Couillon)

CRÉATIVE · DESIGN XXX Ne vous fiez pas aux apparences ! Derrière la sage façade de ce restaurant, le cadre est pop, pétillant et contemporain... tout comme la cuisine. Le chef, créatif et talentueux, compose des assiettes subtiles, abouties et raffinées, magnifiant des produits de la mer déjà au top. Menu unique.
➜ Le bord de mer : coquillages, crustacés et bouillon d'étrilles. Turbot, fenouil et cerises. Le bois de la Chaize : glace à la sève de pin, biscuit au thé vert, chocolat.

Menu 68/150 €

3 r. Marie-Lemonnier, (sur le port) – ℰ 02 51 39 23 09 (réservation conseillée)
– www.alexandrecouillon.com – Fermé 1ᵉʳ déc.-20 janv., dim. soir, mardi et merc.

   ⊛ **La Table d'Élise** – voir les restaurants ci-dessus

⊛ La Table d'Élise

POISSONS ET FRUITS DE MER · BISTRO X Cette table marine – l'annexe du restaurant gastronomique La Marine – honore les beaux produits iodés. On reconnaît le sens des saveurs et la précision d'exécution du chef, version bistrot et sans façon... Un vrai bon moment en perspective !

Formule 19 € – Menu 30 €

5 r. Marie-Lemonnier, (sur le port) – ℰ 02 28 10 68 35 (réservation conseillée)
– www.alexandrecouillon.com – Fermé 1ᵉʳ déc.-20 janv., dim. soir, mardi et merc.

Noirmoutier-en-l'Île

✉ 85330 – 4 547 hab. – Alt. 8 m – Carte régionale n° **34**-A2
▶ Paris 464 km – Cholet 135 km – Nantes 80 km – La Roche-sur-Yon 86 km

⊛ Le Grand Four

CUISINE MODERNE · COSY X Après une visite du château de Noirmoutier-en-l'Île, arrêtez-vous dans cette belle maison bourgeoise du 18ᵉ s. au cadre feutré et cossu. Dans ce Grand Four mijote une savoureuse cuisine du moment qui fait la part belle aux produits de l'Atlantique : huîtres de Noirmoutier, sole de l'Herbaudière, etc. De jolis arômes !

Menu 32/62 € – Carte 50/77 €

1 r. de la Cure, (derrière le château) – ℰ 02 51 39 61 97 – www.legrandfour.com
– Fermé 1 semaine en nov., 1ᵉʳ-15 janv., jeudi midi et dim. soir hors saison et lundi

ⅠO Fleur de Sel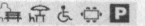

POISSONS ET FRUITS DE MER · CONVIVIAL XX Un restaurant très mer... pour une cuisine dans l'air du temps. Dans l'assiette, les recettes du chef sont bien tournées et donnent, évidemment, une place de choix aux produits iodés. On recommande vivement de goûter à cette savoureuse terrine de maquereau, ou à ce beau filet de daurade... Service tout sourire.

Formule 20 € – Menu 26 € (semaine), 37/47 € – Carte 33/64 €

Hôtel Fleur de Sel, 10 r. des Saulniers – ℰ 02 51 39 09 07 – www.fleurdesel.fr
– Ouvert 26 mars- 2 oct., fermé le midi en semaine hors saison

ⅠO L'Étier   🅿

POISSONS ET FRUITS DE MER · AUBERGE ✕✕ Une maison basse typique de l'île, dont l'intérieur est agréablement rustique ; la véranda, plus moderne, donne sur l'étier – un chenal d'eau de mer – de l'Arceau. On y déguste de beaux produits de la pêche locale : langoustines, filet de sole, etc. Une cuisine de bon artisan, fraîche et savoureuse à souhait.

Formule 19 € – Menu 28/58 € – Carte 50/59 €

rte de L'Épine, 1 km au Sud-Ouest – ☏ 02 51 39 10 28 – www.restaurant-letier.fr
– Fermé déc., janv., mardi sauf juil.-août et lundi

ⅠO Le Petit Banc    ♿

CUISINE TRADITIONNELLE · BISTRO ✕ Originaires de la région lyonnaise, Véronique et Gilles ont investi cette jolie maison de pays située juste au pied du château de Noirmoutier. On y retrouve l'ambiance du bouchon lyonnais (parquet, tables et chaises chinées) ; ils proposent une cuisine gourmande, réalisée avec de bons produits. En toute simplicité !

Menu 25 € – Carte 30/39 €

7 r. des Douves – ☏ 02 28 10 93 21 (réservation conseillée)
– Fermé 2 semaines en août, 1 semaine en nov., 1 semaine début janv., dim. et le midi

🏨 Fleur de Sel   ☂ ⌂ ⊏ ⊐ ✕ ♿ 🛁 🅿

HÔTEL DE VACANCES · PERSONNALISÉ Un lieu paisible et verdoyant, entre practice de golf, piscine et chambres coquettes au décor soigné, d'esprit marin ou cosy, salon au coin de la cheminée... Ici, calme, confort et détente passent avant tout. Parfait pour un week-end au vert !

34 chambres ☲ – †89/190 € ††99/280 € – ½ P

10 r. des Sauliniers – ☏ 02 51 39 09 07 – www.fleurdesel.fr
– Ouvert 5 mars-2 nov.

ⅠO **Fleur de Sel** – voir les restaurants ci-dessus

🏠 La Villa en l'Ile   ⊐ ♿ 🅿

HÔTEL DE VACANCES · ACTUEL Sur la route de la plage – mais au calme –, cet établissement a été entièrement rénové. Les chambres, décorées dans un style contemporain, sont fonctionnelles et bien tenues. Entre le sauna et le jacuzzi, c'est sûr, vous allez décompresser !

22 chambres – †62/114 € ††62/114 € – ☲ 10 €

38 av. de la Victoire – ☏ 02 51 39 06 82 – www.lavillaenlile.com
– Fermé janv.

au Bois de la Chaize 2 km à l'Est – ✉ 85330 Noirmoutier en l'Ile

🏨 Les Prateaux   ☂ ⌂ ⊏ 🅿

HÔTEL DE VACANCES · COSY Une jolie maison dans la pinède et non loin de la plage ! Les chambres, spacieuses et souvent de plain-pied, sont classiques et très confortables (lits king size). Une douceur de vivre qui ravit les nombreux habitués et autres amateurs de grand air.

20 chambres – †99/140 € ††99/212 € – ☲ 15 € – ½ P

8 allée du Tambourin – ☏ 02 51 39 12 52 – www.lesprateaux.com
– Fermé 3 nov.-13 fév.

🏨 St-Paul   ☂ ⌂ ⊏ 🖼 🛁

TRADITIONNEL · CLASSIQUE Un hôtel d'esprit balnéaire (19e s.) au cœur des bois et d'un parc fleuri, au grand calme. Les chambres, classiques et assez cossues, sont agréables et, pour la détente, rien ne manque : espace bien-être (hammam, balnéothérapie), piscine couverte... Idéal pour se ressourcer !

33 chambres ☲ – †79/165 € ††95/180 € – ½ P

15 av. du Mar.-Foch – ☏ 02 51 39 05 63 – www.hotel-saint-paul.net
– Ouvert 14 fév.-10 nov.

ÎLE DE PORQUEROLLES

✉ 83400 (Var) – Carte régionale n° **41**-C3
Carte Michelin 340-M7 – Guide Vert Michelin Côte d'Azur

 Le Mas du Langoustier

CUISINE MODERNE · CLASSIQUE XxX Dans ce mas coupé du monde, avec pour seul vis-à-vis la flore méditerranéenne et la mer, les saveurs prennent sans doute un relief particulier... mais la qualité d'exécution et la générosité des recettes sont bien réelles, et le plaisir évident.
→ Œuf fermier cuit à basse température, aux senteurs de sous-bois et tartare de lentin de chêne. Cochon de lait ibérique confit au poivre de Tasmanie. Citron en cristal sucré, mousse amande, crème yuzu et combava.
Menu 70/140 € – Carte 95/125 €
Hôtel Le Mas du Langoustier, 3,5 km à l'Ouest du port – ℰ 04 94 58 34 83
– www.langoustier.com – Ouvert de fin avril à début oct. et fermé dim. soir, mardi midi et lundi sauf juil.-août

 Le Mas du Langoustier

HÔTEL DE VACANCES · MÉDITERRANÉEN Un petit coin de paradis à la pointe de l'île... Cette belle demeure de style provençal abrite des chambres spacieuses et fraîches. Le vrai luxe ? Le calme et la végétation méditerranéenne d'un site unique ! Navettes régulières avec le continent... qui semble si loin.
49 chambres – ½ P seult 150/380 € – 2 suites
3,5 km à l'Ouest du port – ℰ 04 94 58 30 09 – www.langoustier.com – Ouvert de fin avril à début oct.

 Le Mas du Langoustier – voir les restaurants ci-dessus

 Villa Ste-Anne

AUBERGE · SIMPLE À côté de la petite église, sur la placette du village, une maison traditionnelle proposant des chambres agréables – simples et classiques dans le bâtiment principal, plus grandes et plus calmes dans l'aile à l'arrière. Au restaurant, la carte met en avant les recettes régionales.
25 chambres ⌂ – ♥150/300 € ♥♥200/400 € – ½ P
pl. d'Armes – ℰ 04 98 04 63 00 – www.sainteanne.com – Ouvert mars-nov.

 Auberge des Glycines

HÔTEL DE VACANCES · MÉDITERRANÉEN Au cœur du village, un sympathique petit coin de Provence, agréable pour un séjour sur l'île. Accueil chaleureux et décor coloré ! La tradition est à l'honneur au restaurant, qui cache un joli patio au calme.
11 chambres ⌂ – ♥129/319 € ♥♥129/319 €
pl. d'Armes – ℰ 04 94 58 30 36 – www.auberge-glycines.com – Fermé 14-26 déc.

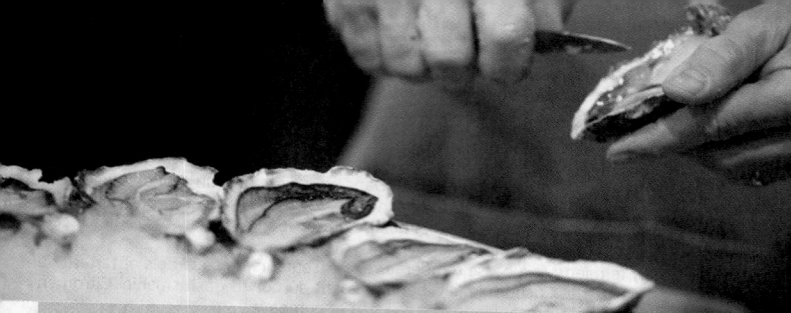

© Laurent Hamels/Fotolia.com

ON AIME...

L'Ô de Mer (Ars-en-Ré), transformé par un couple belge en rendez-vous très prisé des Rétais. **L'Écailler** (La Flotte), où les spécialités de la mer se dégustent sur la terrasse, face au port. **Le Chat Botté** (St-Clément-des-Baleines), hôtel anti-bling bling parfaitement tenu. Les nombreux bons hôtels de **St-Martin-en-Ré**, à quelques encablures du port...

ÎLE DE RÉ

(Charente-Maritime) – Carte régionale n° **38**-A2
Carte Michelin 324-B2 – Guide Vert Michelin Poitou-Charentes

Ars-en-Ré

✉ 17590 – 1 297 hab. – Alt. 4 m – Carte régionale n° **38**-A2
▶ Paris 506 km – Fontenay-le-Comte 85 km – Luçon 75 km – La Rochelle 34 km

⑪○ **Le Bistrot de Béné**

POISSONS ET FRUITS DE MER · CONVIVIAL XX Face au charmant petit port, une adresse qui n'a de bistrot que le nom : le décor est plutôt soigné, voire résolument chic ! Le chef, "Béné", tient bon le cap : elle travaille fruits de mer et poissons "nobles" dans les règles de l'art.

Menu 40 € - Carte 74/96 €

1 quai de la Criée – ℰ 05 46 29 40 26 – www.bistrotdebene.fr – Ouvert 16 mars-14 nov. et fermé mardi en mars et lundi

⑪○ **Ô de Mer**

CUISINE MODERNE · ÉLÉGANT X Les propriétaires ? Un couple belge qui, après plusieurs années passées en Australie, a trouvé son coin de paradis à Ars. Philosophie de la maison ? Accueillir, faire plaisir et partager... autour d'une cuisine du marché qui respecte les saisons et s'accompagne d'une belle sélection de bordeaux. Savoureux !

Menu 25 € (déj. en semaine) - Carte 53/67 €

5 r. Thiers – ℰ 05 46 29 23 33 (réservation conseillée) – www.odemerbistrotgourmand.fr – Fermé 20 nov.-20 déc., 10 janv.-10 fév., dim. soir et mardi midi hors saison et lundi

🏠 **Le Martray**

TRADITIONNEL · PERSONNALISÉ Seize chambres climatisées, confortables et décorées par thème (Marocaine, Réthaise, Espagnole) : voilà ce que nous réserve cette maison discrète et sans prétention, installée en bordure de route entre le marais et la mer. La plage est à deux pas !

16 chambres – ♦75/159 € ♦♦75/159 € – ☲ 12 €

8 rte d'Ars, le Martray, 3 km à l'Est par D735 – ℰ 05 46 29 40 04 – www.hotel-le-martray.com – Fermé 10 janv.-3 mars

Le Bois-Plage-en-Ré

✉ 17580 – 2 353 hab. – Alt. 5 m – Carte régionale n° **38**-A2
▶ Paris 494 km – Fontenay-le-Comte 74 km – Luçon 64 km – La Rochelle 23 km

Les Bois Flottais

FAMILIAL · PERSONNALISÉ Un petit hôtel à l'écart de l'agitation du village. Tomettes, lambris, bibelots marins... Ici, les chambres ont un décor très insulaire ; toutes de plain-pied, elles donnent même sur l'une des piscines. Délicieux produits "maison" – confitures, financiers... – au petit-déjeuner.

19 chambres – †80/160 € ††80/160 € – 🖵 14 €

chemin des Mouettes – ℰ 05 46 09 27 00 – www.lesboisflottais.com
– Ouvert 18 mars-12 nov.

L'Océan

HÔTEL DE VACANCES · COSY Cette vieille maison de pays, aux murs chaulés, fut jadis la première pension de famille de l'île. Côté déco, courtepointes et tissus brodés distillent le charme intemporel des habitations rhétaises. Les chambres sont très coquettes : on s'y sent bien !

29 chambres – †85/175 € ††85/175 € – 🖵 14 € – ½ P

172 r. St-Martin – ℰ 05 46 09 23 07 – www.re-hotel-ocean.com
– Fermé 20 nov.-25 déc. et 2 janv.-10 fév.

La Villa Passagère

HÔTEL DE VACANCES · ACTUEL Sentez-vous ce parfum de lavande et de romarin ? Au cœur d'un jardin odorant, ces petites maisons régionales n'ont pas fini de vous rappeler de bons souvenirs ! Les chambres de plain-pied sont lumineuses et fonctionnelles ; préférez les plus récentes. Idéal pour un passage paisible et plaisant sur l'île.

13 chambres – †90/180 € ††90/180 € – 🖵 12 €

25 av. du Pas-des-Bœufs – ℰ 05 46 00 26 70 – www.hotel-lavillapassagere.fr
– Ouvert 25 mars-1er nov.

La Flotte

✉ 17630 – 2 863 hab. – Alt. 4 m – Carte régionale n° **38**-A2
▶ Paris 489 km – Fontenay-le-Comte 68 km – Luçon 58 km – La Rochelle 17 km

ⅠⓄ Le Richelieu

CUISINE MODERNE · ÉLÉGANT 🕸🕸🕸 Vue sur le jardin et sur la mer pour cette table classique et élégante où l'on s'installe dans une salle panoramique. Derrière les fourneaux, le chef réalise une agréable cuisine du moment faisant la part belle aux saveurs iodées.

Menu 55 € (dîner), 65/75 € – Carte 50/87 €

Hôtel Richelieu, 44 av. de la Plage – ℰ 05 46 09 60 70
– www.hotel-le-richelieu.com – Fermé mardi midi, jeudi midi d'avril à juin et le midi d'oct. à mars

ⅠⓄ L'Écailler

POISSONS ET FRUITS DE MER · COSY 🕸🕸 Sur le joli petit port, une maison d'armateur datant de 1652 ! À l'intérieur, c'est chaleureux et soigné, avec des boiseries, une cheminée et du parquet ancien. Quant aux recettes, elles honorent la pêche locale... Aux beaux jours, on profite de la terrasse. Une bonne adresse gourmande.

Menu 41 € (déj.), 47/63 € – Carte 52/110 €

3 quai de Sénac – ℰ 05 46 09 56 40 – www.lecailler-iledere.com
– Ouvert 17 fév.-11 nov. et fermé mardi sauf juil.-août et lundi

ⅠⓄ Chai nous comme Chai vous

CUISINE MODERNE · À LA MODE 🕸 On se sent un peu comme chez soi dans ce restaurant de poche coquet et convivial. Au menu, une jolie cuisine de la mer, des vins bien choisis, une touche d'inventivité et de sympathiques petites attentions... Réservez !

Formule 20 € – Menu 25 € (déj.)/42 €

1 r. de la Garde – ℰ 05 46 09 49 85 (réservation conseillée)
– www.chainouscommechaivous.com – Fermé 12 nov.-14 fév., merc. sauf vacances scolaires et jeudi

🏨 Le Richelieu

LUXE · PERSONNALISÉ Face à l'océan, une très belle villa rhétaise, immaculée comme il se doit et portant le nom du cardinal qui fut gouverneur de l'île. Les chambres sont raffinées, dans un esprit classique ou bord de mer chic, certaines avec une terrasse donnant sur les flots. Thalassothérapie, fitness... Un beau moment de détente !

26 chambres – ♦128/314 € ♦♦135/346 € – 3 suites – ☒ 20 € – ½ P

44 av. de la Plage – ℰ 05 46 09 60 70 – www.hotel-le-richelieu.com

🍽 **Le Richelieu** – voir les restaurants ci-dessus

Rivedoux-Plage

✉ 17940 – 2 282 hab. – Alt. 2 m – Carte régionale n° **38**-A2

▶ Paris 483 km – Fontenay-le-Comte 63 km – Luçon 53 km – La Rochelle 12 km

🍽 Le M

CUISINE MODERNE · À LA MODE XX Ce bistrot chic et contemporain propose une carte dans l'air du temps, courte mais alléchante ; les amateurs se laisseront séduire par le menu homard... Quant au cadre, à votre convenance : à l'intérieur ou sur la terrasse, face à l'Océan et au pont de l'île de Ré. Rien de tel pour se sentir vraiment en vacances !

Menu 25 € (déj.), 31/77 € 🍷 – Carte 47/72 €

Hôtel La Marée, 321 av. Albert-Sarrault, rte de St-Martin – ℰ 05 46 35 39 44 – www.le-m.com

🏨 La Marée

TRADITIONNEL · ACTUEL Un hôtel face à la mer avec des chambres d'esprit cosy et épuré, dont la moitié donne sur les flots... Et pour les amateurs d'eau douce, la piscine et le jacuzzi sont bien agréables. Parfait pour prendre un grand bol d'air frais !

26 chambres – ♦60/195 € ♦♦60/228 € – ☒ 14 € – ½ P

321 av. Albert-Sarrault, rte de St-Martin – ℰ 05 46 35 39 44 – www.le-m.com

🍽 **Le M** – voir les restaurants ci-dessus

St-Clément-des-Baleines

✉ 17590 – 692 hab. – Alt. 2 m – Carte régionale n° **38**-A2

▶ Paris 509 km – Fontenay-le-Comte 89 km – Luçon 79 km – La Rochelle 38 km

🍽 Le Chat Botté

CUISINE MODERNE · ÉLÉGANT XX Un jeune couple (monsieur en cuisine, madame en salle) a repris cette jolie auberge marine. Les habitués retrouveront le bar en croûte feuilletée au beurre blanc et découvriront des créations plus actuelles, à l'instar de ces makis de langoustines aux aromates. Joli jardin verdoyant et terrasse.

Menu 25 € (déj. en semaine), 39/78 € – Carte 55/75 €

20 r. de la Mairie – ℰ 05 46 29 42 09 – www.restaurant-lechatbotte.com – Fermé 16 nov.-9 fév., mardi en fév., mars, oct., nov. et merc.

🏨 Le Chat Botté

FAMILIAL · COSY Dans cette maison de 1933, la troisième génération s'active pour satisfaire les clients, à l'image du petit-déjeuner servi dans l'adorable jardin ou du centre de beauté, agréable à souhait. Une adresse dédiée à la détente et au bien-être !

20 chambres – ♦62/70 € ♦♦120/200 € – 3 suites – ☒ 13 €

2 pl. de l'Église – ℰ 05 46 29 21 93 – www.hotelchatbotte.com – Fermé 27 nov.-22 déc. et 3 janv.-5 fév.

St-Martin-de-Ré

✉ 17410 – 2 415 hab. – Alt. 14 m – Carte régionale n° **38**-A2

▶ Paris 493 km – Fontenay-le-Comte 72 km – Luçon 62 km – La Rochelle 22 km

L'Avant Port

POISSONS ET FRUITS DE MER · BISTRO Cette jolie maison du 17ᵉ s. située à l'entrée du port s'est muée en bistrot chic, dont on profite de la lumineuse verrière et d'une – ô combien – plaisante terrasse en été. Un cadre branché pour une cuisine au goût du jour, dans laquelle le produit passe avant tout : poisson extrafrais, légumes de l'île...

Formule 28 € – Menu 34 € (déj.)/49 € - Carte 50/80 €

8 quai Daniel-Rivaille - ℰ 05 46 68 06 68 – www.lavantport.com – Fermé 15 nov.-19 déc., 4 janv. à mi-fév., dim. soir de sept. à juin, lundi et mardi sauf le soir en juil.-août

Hôtel de Toiras

LUXE · CLASSIQUE Une maison d'armateur datant du 17ᵉ s., pleine de charme : décoration soignée, à la fois luxueuse et cosy, chambres très chaleureuses, accueil particulièrement attentionné, et des recettes bien tournées au restaurant, très appréciées des résidents... Pas de doute, cet établissement est une perle rare !

11 chambres – †190/1500 € ††190/1500 € – 9 suites – ☲ 24 € – ½ P

1 quai Job-Foran - ℰ 05 46 35 40 32 – www.hotel-de-toiras.com – Fermé 4-11 janv.

Villa Clarisse

LUXE · PERSONNALISÉ Dans une rue menant au port, une maison modeste en apparence... mais qui se révèle raffinée par la qualité de ses aménagements et l'inspiration de ses décors, dans le bel esprit de l'île. Un petit havre de paix.

6 chambres ☲ – †210/950 € ††210/950 € – 3 suites

5 r. du Gén.-Lapasset - ℰ 05 46 35 40 32 - www.villa-clarisse.com – Ouvert avril-sept.

Le Clos St-Martin

HÔTEL DE VACANCES · COSY Non loin du port mais au calme, une belle maison dans un superbe jardin verdoyant. Joli hammam en mosaïque, spa, piscines et chambres d'esprit rhétais d'une élégance sobre et très nature... Cet établissement a du charme à revendre !

33 chambres – †149/565 € ††155/565 € – ☲ 25 €

87 cours Pasteur - ℰ 05 46 01 10 62 – www.le-clos-saint-martin.com – Fermé 20 nov.-26 déc.

La Baronnie Hôtel & Spa

HISTORIQUE · PERSONNALISÉ Au cœur d'un beau jardin, ces deux hôtels particuliers du 18ᵉ s., restaurés avec goût dans un esprit bourgeois, permettent de se reposer au grand calme. Dans les chambres règne une vraie douceur de vivre, celle des demeures de famille, à la fois cosy et cossues... Une bien belle adresse.

22 chambres – †149/399 € ††149/399 € – ☲ 18 €

17-21 r. Baron-de-Chantal - ℰ 05 46 09 21 29 - www.hotel-labaronnie.com – Ouvert 24 mars-13 nov.

Le Galion

TRADITIONNEL · FONCTIONNEL Les remparts de Vauban protègent ce Galion des humeurs de l'Océan ; quant aux chambres, sobres, confortables et très bien tenues, elles donnent pour la plupart sur le large. De quoi donner envie de larguer les amarres pour un voyage au long cours.

29 chambres – †80/145 € ††85/150 € – ☲ 12 €

allée de la Guyane - ℰ 05 46 09 03 19 – www.hotel-legalion.com

La Jetée

TRADITIONNEL · MODERNE Sur le port, au cœur de l'animation, un hôtel d'esprit contemporain. Les chambres sont avant tout fonctionnelles et néanmoins chaleureuses ; certaines plus design que les autres. En prime, il y a un joli patio, où l'on prend son petit-déjeuner aux beaux jours.

24 chambres – †98/190 € ††98/190 € – ☲ 12 €

quai Georges-Clemenceau - ℰ 05 46 09 36 36 – www.hotel-lajetee.com

Ste-Marie-de-Ré

✉ 17740 – 3 283 hab. – Alt. 9 m – Carte régionale n° **38**-A2
▶ Paris 486 km – Fontenay-le-Comte 66 km – Luçon 55 km – La Rochelle 15 km

⁑○ Atalante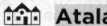

POISSONS ET FRUITS DE MER · À LA MODE XX Un bistrot chic et chaleureux ouvert sur l'Atlantique ; on y propose une cuisine du moment qui fait la part belle aux produits de la mer, à l'image de cette savoureuse marinière de moules et de coques ou de ce beau filet de maigre poêlé... À conseiller aux amateurs de saveurs iodées !
Formule 29 € – Menu 49/51 € – Carte 55/75 €
Hôtel Atalante, r. Port-Notre-Dame – ℰ 05 46 30 22 44 – www.hotel-atalante.com
– Fermé 6-19 déc.

⛪ Atalante

HÔTEL DE VACANCES · PERSONNALISÉ Face à la mer, un hôtel au grand calme. Mobilier contemporain et esprit zen dans les chambres, en adéquation avec la vocation de l'établissement, axé sur la thalassothérapie et la détente... En prime, une agréable piscine couverte.
96 chambres – ♦118/580 € – ♦♦118/580 € – ☲ 20 €
r. Port-Notre-Dame – ℰ 05 46 30 22 44 – www.hotel-atalante.com
– Fermé 6-19 déc.
⁑○ **Atalante** – voir les restaurants ci-dessus

⛩ Les Vignes de la Chapelle

HÔTEL DE VACANCES · ACTUEL Face aux vignes et à la mer, cet hôtel de style local est écorespectueux (matériaux naturels, panneaux solaires, etc.) et cultive un bel esprit nature. Les chambres sont de plain-pied avec terrasse. Et pour une détente maximale, on file à l'espace bien-être... Tranquillité, sobriété et confort !
17 suites – ♦♦119/419 € – 2 chambres – ☲ 15 €
5 r. de la Manne – ℰ 05 46 30 20 30 – www.lesvignesdelachapelle.com
– Ouvert 25 mars-1ᵉʳoct., 7-8 oct., 14-31 oct.

⛩ L'Ile sous le Vent

FAMILIAL · COSY Une belle et grande maison de plain-pied, bien dans l'esprit de l'île. Les chambres, feutrées et décorées avec goût, sont de véritables îlots de sérénité, sans même parler du jardin ou de la piscine... Dans un esprit de table d'hôtes, le restaurant met poissons et produits de saison à l'honneur.
9 chambres – ♦60/125 € – ♦♦60/125 € – ☲ 11 €
17 bis r. du Petit-Labat – ℰ 05 46 09 60 53 – www.ilesouslevent.com – Fermé 11 nov.-12 fév.

ÎLE DE SEIN

✉ 29990 (Finistère) – 203 hab. – Carte régionale n° **9**-A2
Carte Michelin 308-B6 – Guide Vert Michelin Bretagne Sud

⛩ Ar Men

FAMILIAL · FONCTIONNEL La dernière maison en sortant du bourg, sur la route du phare. Les amoureux de la mer et du calme apprécieront les chambres océanes, presques nues, avec vue sur le large. Tout aussi efficace, la cuisine, qui change au gré de la pêche (ragoût de homard sur réservation). Pain maison, aux algues !
10 chambres – ♦50/78 € – ♦♦60/78 € – ☲ 9 €
rte du Phare – ℰ 02 98 70 90 77 – www.hotel-armen.net – Ouvert 6-21 fév.
et 5 mars-6 nov.

ÎLE DES EMBIEZ

✉ 83140 (Var) – Carte régionale n° **40**-B3
Carte Michelin 340-J7 – Guide Vert Michelin Côte d'Azur

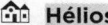 Hélios

FAMILIAL · FONCTIONNEL Rien que dix minutes de traversée pour rejoindre cette charmante petite île... Les chambres sont lumineuses et actuelles, avec balcon côté port. La terrasse du restaurant donne sur la marina ; sa cuisine, traditionnelle, se pare de notes régionales.

61 chambres ⌨ – ♦155/235 € ♦♦180/260 € – 1 suite

au port – 𝒞 04 94 10 66 10 – www.helios-embiez.com – Ouvert d'avril à oct.

ÎLE D'OLÉRON

✉ 17 (Charente-Maritime) – Carte régionale n° **38**-A2
Carte Michelin 324-C4 – Guide Vert Michelin Poitou-Charentes

La Cotinière

✉ 17310 St-Pierre-d'Oleron – Carte régionale n° **38**-A2
▶ Paris 522 km – Marennes 22 km – Rochefort 44 km – La Rochelle 80 km

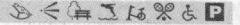 Île de Lumière

HÔTEL DE VACANCES · SIMPLE Des chambres dans de petits pavillons, sur un site assez sauvage... façon motel. Toutes ont une terrasse privative donnant sur la mer, les dunes ou la piscine : c'est sobre, bien tenu et vraiment calme.

43 chambres ⌨ – ♦92/172 € ♦♦92/172 €

*69 av. des Pins – 𝒞 05 46 47 10 80 – www.moteliledelumiere.com
– Ouvert 25 mars-2 oct.*

 Face aux Flots

FAMILIAL · FONCTIONNEL Un petit hôtel de bord de mer sympathique, avenant et tenu par un couple charmant. Les chambres sont fonctionnelles et impeccables (dont quatre avec un petit balcon), et celles du 2e étage ont une très jolie vue sur les flots... évidemment !

22 chambres – ♦63/129 € ♦♦65/135 € – ⌨ 11 €

*24 r. du Four – 𝒞 05 46 47 10 05 – www.hotel-faceauxflots-oleron.com
– Ouvert 12 fév.-13 nov. et vacances de Noël*

à la Ménounière 2 km au Nord par rte secondaire ✉ 17310 St-Pierre-d'Oléron

⊪○ Saveurs des Îles

CUISINE MODERNE · FAMILIAL XX Les propriétaires ont construit eux-mêmes ce joli restaurant ethnique et sa terrasse zen et apaisante... Les plats créatifs de Patrick Daudu se teintent de petites touches asiatiques et mettent en avant la pêche de la Cotinière, tandis que Cécile, son épouse, vous accueille avec le sourire. Une invitation au voyage !

Formule 28 € – Menu 40/70 € ♟ – Carte 50/61 €

*18 r. de la Plage – 𝒞 05 46 75 86 68 – www.saveursdesiles.fr
– Ouvert 1er avril-11 nov. et fermé lundi sauf le soir en juil.-août, merc. midi
en juil.-août et mardi midi de sept. à juin*

Dolus-d'Oléron

✉ 17550 – 3 207 hab. – Alt. 7 m – Carte régionale n° **38**-A2
▶ Paris 511 km – Rochefort 39 km – La Rochelle 75 km – Saintes 58 km

à la Rémigeasse 2 km à l'Ouest par rte secondaire – ✉ 17550 Dolus-d'Oleron

 Le Grand Large

LUXE · DESIGN Ce fleuron de la villégiature balnéaire des années 1960 a retrouvé sa belle jeunesse en 2011, grâce à ses propriétaires. Tombés sous le charme, ils ont quitté leur Luberon pour Oléron, et bien leur en a pris ! Design, nature et trendy : un lieu chic au bord de l'eau, entre embruns, air du large et évocation de la douceur des sixties.

27 chambres – ♦140/400 € ♦♦140/400 € – ⌨ 18 €

2 av. de l'Océan – 𝒞 05 46 75 77 77 – www.le-grand-large.fr – Ouvert avril-oct.

à Vert-Bois 4 km au Sud par D26 et D126 – ✉ 17550

🏨 Le Vert-Bois ⓝ 　　　　　　　　　　　　　　　　🔲 P

HÔTEL DE VACANCES · PERSONNALISÉ Sous l'impulsion de ses enthousiastes propriétaires, cet hôtel entièrement rénové propose des chambres cosy à l'atmosphère balnéaire... que l'on retrouve à la piscine ou à plage de Vert-Bois, située à 900 mètres. Et l'accueil est charmant !

23 chambres – ♦60/90 € ♦♦70/150 € – ☷ 11 €

104 chemin St-James – ℰ 05 46 36 87 66 – www.hotel-vert-bois-oleron.com
– Ouvert de Pâques à la Toussaint

St-Trojan-les-Bains

✉ 17370 – 1 423 hab. – Alt. 5 m – Carte régionale n° **38**-A2
▶ Paris 509 km – Marennes 16 km – Rochefort 38 km – La Rochelle 74 km

🍴 L'Albatros ⓝ 　　　　　　　　　　　　　　 ⟨ 🍴 AC P

POISSONS ET FRUITS DE MER · CONVIVIAL Ce petit restaurant aux allures de bistrot propose une cuisine traditionnelle tournée vers les produits de la mer, et privilégie les producteurs locaux : huîtres du bassin, terrine de cochon de pays rôti au four... Installez-vous sur l'agréable terrasse ombragée, les pieds dans l'eau et les papilles en vacances !

Formule 19 € – Menu 33/95 € 🍷 – Carte 45/79 €

Hôtel L'Albatros, 11 bd du Dr-Pineau – ℰ 05 46 76 00 08
– www.albatros-hotel-oleron.com – Ouvert 12 fév.-1ᵉʳ nov.

🏨 Novotel 　　　　　　🏠 ⟨ 🍴 🔲 🌐 ⬆ 🔥 ⬆ 🔲 AC 🏊 P

HÔTEL DE CHAÎNE · FONCTIONNEL Face à la plage, un hôtel intégré au centre de thalassothérapie et, de fait, dédié à la détente, au bien-être et à la diététique. D'esprit contemporain, les chambres, toutes avec balcon, sont confortables et assez spacieuses. Repos garanti !

109 chambres – ♦90/285 € ♦♦90/285 € – ☷ 18 € – ½ P

plage de Gatseau, 2,5 km au Sud – ℰ 05 46 76 02 46 – www.thalassa.com
– Fermé 27 nov.-26 déc.

🏨 Les Cleunes 　　　　　　　　　　 ⟨ 🍴 🔲 🍽 ⬆ 🌸 🏊 P

HÔTEL DE VACANCES · CLASSIQUE Sur le front de mer, une grande maison vendéenne avec sa piscine donnant sur l'Océan... Les chambres sont confortables et chaleureuses ; plus spacieuses côté mer. Et que dire de l'espace bien-être avec sauna et hammam... Idéal pour décompresser !

41 chambres – ♦59/275 € ♦♦59/275 € – ☷ 12 €

25 bd de la Plage – ℰ 05 46 76 03 08 – www.hotel-les-cleunes.com – Ouvert de mi-fév. à fin nov.

🏨 Mer et Forêt 　　　　　　　　　 ⬆ ⟨ 🍴 🔲 ⬆ P

FAMILIAL · FONCTIONNEL Dans un quartier résidentiel et calme, un hôtel balnéaire avec des chambres fonctionnelles et très bien tenues donnant sur la forêt de pins ou sur la mer. Vous préférez l'eau douce au grand large ? Pas de problème : la piscine vous tend les bras.

43 chambres – ♦58/168 € ♦♦58/168 € – ☷ 11 €

16 bd Pierre-Wiehn – ℰ 05 46 76 00 15 – www.hotel-ile-oleron.com – Ouvert de mi-d'avril à début nov.

🏨 L'Albatros 　　　　　　　　　　 🏠 ⬆ ⟨ ⬆ AC P

HÔTEL DE VACANCES · DESIGN Un hôtel "les pieds dans l'eau" et au grand calme, façon mer d'huile ! Les chambres ont été rénovées dans un esprit frais et contemporain et l'on s'y sent vraiment bien.

13 chambres – ♦70/165 € ♦♦85/198 € – ☷ 12 €

11 bd du Dr-Pineau – ℰ 05 46 76 00 08 – www.albatros-hotel-oleron.com
– Ouvert 6 fév.-1ᵉʳ nov.

🍴 **L'Albatros** – voir les restaurants ci-dessus

Le Château-d'Oléron

✉ 17480 – 3 949 hab. – Alt. 9 m – Carte régionale n° **38**-A2
▶ Paris 524 km – Poitiers 190 km – La Rochelle 72 km – Saintes 54 km

ⅠⅠ◯ Les Jardins d'Aliénor

CUISINE MODERNE · COSY ✗✗ Installé depuis une dizaine d'années dans cet ancien relais de poste du centre-ville, Marc Le Reun a encore de l'inspiration à revendre ! Ses assiettes, joliment présentées, font la part belle aux saveurs marines ; on les déguste dans un intérieur cosy et confortable, ou, aux beaux-jours, sur la jolie petite terrasse.
Formule 19 € – Menu 35 € (déj.), 49/69 € – Carte 50/72 €
8 chambres – ♦110/180 € ♦♦110/180 € – ⌑ 9 €
11 r. du Mar.-Foch – ℰ 05 46 76 48 30 – www.lesjardinsdalienor.com
– Fermé 2 janv.-14 fév., le midi en juil.-août, mardi sauf le soir en saison et lundi

Le Grand-Village-Plage

✉ 17370 – 1 040 hab. – Alt. 6 m – Carte régionale n° **38**-A2
▶ Paris 525 km – Poitiers 191 km – La Rochelle 73 km – Rochefort 36 km

ⅠⅠ◯ Le Relais des Salines

POISSONS ET FRUITS DE MER · BISTRO ✗ Le patron, sympathique et décontracté, n'est sans doute pas étranger à l'atmosphère qui règne dans cette ancienne cabane ostréicole. Il cultive ici un esprit de bistrot marin, avec une terrasse côté marais salants ; à l'ardoise, on trouve une cuisine copieuse et généreuse qui met avant de belles saveurs iodées. Une vraie perle !
Menu 23 € (déj. en semaine) – Carte environ 38 €
port des Salines – ℰ 05 46 75 82 42 – www.lerelaisdessalines.com
– Ouvert de mi-mars à mi-nov. et fermé lundi sauf vacances scolaires

L'ÎLE-D'OLONNE

✉ 85340 (Vendée) – 2 804 hab. – Alt. 5 m – Carte régionale n° **34**-A3
▶ Paris 55 km – Nantes 101 km – La Roche-sur-Yon 33 km
Carte Michelin 316-F8 – Guide Vert Michelin Pays de la Loire

Les Fermes de Terre Neuve - La Girardière ⑪

FAMILIAL · PERSONNALISÉ En retrait du littoral, cette ancienne ferme a été rénovée de la plus belle manière. Trois chambres spacieuses, romantiques à souhait, décorées par thème (Dame aux camélias, Kipling, Montgolfière), un beau salon tout en longueur avec mobilier ancien, imposante bibliothèque et piano... Quel charme !
3 chambres ⌑ – ♦125/165 € ♦♦140/180 €
rte de St-Mathurin, 1,5 km au Nord-Est par D87 – ℰ 06 16 72 74 50
– www.lesfermesdeterreneuve.com

ÎLE D'OUESSANT

✉ 29242 (Finistère) – Carte régionale n° **9**-A1
Carte Michelin 308-A4 – Guide Vert Michelin Bretagne Sud

ⅠⅠ◯ Ty Korn

POISSONS ET FRUITS DE MER · BISTRO ✗ À Ouessant, tout le monde connaît cette adresse voisine de l'église de Lampaul. Des fruits de mer, des poissons fraîchement pêchés ; c'est convivial et généreux. Un restaurant devenu un rendez-vous incontournable sur l'île pour les amateurs de qualité !
Carte 33/39 €
au bourg de Lampaul – ℰ 02 98 48 87 33 (réservation conseillée)
– Fermé 8-30 nov., 4-25 janv., dim. et lundi sauf fériés

Ti Jan Ar C' Hafé

MAISON DE CAMPAGNE · PERSONNALISÉ À l'entrée du bourg de Lampaul, un vrai petit hôtel de charme, point de chute parfait pour visiter l'île. Les chambres sont ravissantes, colorées et du meilleur goût. Tout est délicieux : la terrasse, le calme, la nature pleine de poésie...

8 chambres – ♦79/99 € ♦♦79/99 € – � 10 €

Kernigou – ℰ 06 70 89 29 23 – www.tijan.fr – Fermé 11 nov.-26 déc. et 4 janv.-1ᵉʳ mars

ÎLE D'YEU

✉ 85 (Vendée) – Carte régionale n° **34**-A3
Carte Michelin 316-BC7 – Guide Vert Michelin Pays de la Loire

Port-Joinville

✉ 85350 – 4 575 hab. – Carte régionale n° **34**-A3
▶ Paris 457 km – Challans 26 km – Nantes 69 km – La Roche-sur-Yon 70 km

⫶◯ **Port Baron**

CUISINE TRADITIONNELLE · RÉTRO ✗ Vieilles affiches, banquettes et disques anciens : dans cet ancien fournil du début du 20ᵉ s. l'atmosphère est celle d'un bistrot à l'ancienne. Le chef concocte une généreuse cuisine traditionnelle, qui varie selon les arrivages... Rétro en diable et convivial. Et il y a même un toit-terrasse, le must !

⟭ Formule 16 € – Menu 20 € (déj. en semaine), 38/41 €

5 bis r. Georgette – ℰ 02 51 59 15 88 – www.restaurant-port-baron.fr – Fermé 2 semaines en oct., de janv. à mi-fév., dim. soir, mardi midi et lundi

 L'Escale

FAMILIAL · FONCTIONNEL En retrait du port, une Escale typique de l'île avec sa façade blanche ; les chambres y sont simples et très bien tenues, certaines en rez-de-jardin. Petit plus appréciable sur l'Île d'Yeu, la possibilité de louer des vélos. Bref, tout cela fleure bon les vacances !

29 chambres – ♦63/91 € ♦♦63/91 € – � 9 €

14 r. de La Croix-de-Port – ℰ 02 51 58 50 28 – www.yeu-escale.fr – Fermé 5 janv.- 5 fév.

L'ILE-ROUSSE – 2B (Haute-Corse) ➜ voir Corse

LAS ILLAS – 66 (Pyrénées-Orientales) ➜ voir Maureillas-las-Illas

ILLE-SUR-TÊT

✉ 66130 (Pyrénées-Orientales) – 5 354 hab. – Alt. 141 m – Carte régionale n° **22**-B3
▶ Paris 873 km – Canillo 126 km – Montpellier 177 km – Perpignan 26 km
Carte Michelin 344-G6

⫶◯ **Saveurs des Orgues**

CUISINE MODERNE · SIMPLE ✗ Au cœur du village, dans une maison traditionnelle au bord de la route principale, le petit menu du midi est très apprécié de la clientèle d'habitués. Inutile de tendre l'oreille pour écouter les orgues : il s'agit d'un site naturel composé de falaises de terre sculptées par les intempéries !

Formule 16 € – Menu 30/52 € – Carte 58/67 €

1 r. Guttemberg – ℰ 04 68 84 10 48 – www.saveurs-des-orgues.fr – Fermé 30 juin-14 juil., dim. soir, jeudi soir et lundi

 Les Buis

VILLA · ÉLÉGANT Comment ne pas succomber au charme de cette demeure bourgeoise de 1896 à la façade ornée de balcons ouvragés ? Flânez entre le salon ancien, l'espace bibliothèque ou la salle à manger, puis gravissez le grand escalier qui mène aux chambres, meublées avec goût. Ravissant jardin à l'arrière.

5 chambres � – ♦85/135 € ♦♦95/145 €

37 r. Carnot – ℰ 04 68 57 67 43 – www.lesbuis.com

ILLHAEUSERN

✉ 68970 (Haut-Rhin) – 669 hab. – Alt. 173 m – Carte régionale n° **2**-C2
▶ Paris 452 km – Artzenheim 15 km – Colmar 19 km – St-Dié 55 km
Carte Michelin 315-I7

❀❀❀ **Auberge de l'Ill** (Marc Haeberlin)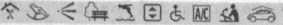

CUISINE CLASSIQUE · LUXE XXXX Ce n'était, à l'origine, qu'une petite auberge sur les rives de l'Ill, appréciée pour sa matelote au riesling. Au fil du 20ᵉ s., la famille Haeberlin a su l'élever au rang d'institution, et voilà bien un fief de la grande tradition : celle qui a inspiré et inspirera encore des générations de cuisiniers, et qui conserve intacts la fraîcheur et le souffle de l'excellence.

➔ Terrine de foie gras d'oie. Saumon soufflé "Auberge de l'Ill". Vacherin comme le faisait "Grand-Mère Haeberlin".

Menu 106 € (déj. en semaine), 129/178 € – Carte 120/300 €

Hôtel des Berges, 2 r. de Collonges-au-Mont-d'Or – ℰ *03 89 71 89 00 (réservation conseillée) –* www.auberge-de-l-ill.com *– Fermé 31 janv.-2 mars, 1ᵉʳ-8 janv., lundi et mardi*

🏠 **Hôtel des Berges**

LUXE · PERSONNALISÉ Ce délicieux refuge est niché au bord de l'eau, dans le parc de l'Auberge de l'Ill. Dans ces deux bâtiments rappelant les anciens séchoirs à tabac de la région, les chambres ont un cachet fou – meubles chinés, boiseries, tableaux, sculptures... Un magnifique ensemble, qui sera doté d'un beau spa dès le printemps 2016.

16 chambres – †350/480 € ††350/480 € – 2 suites – ⌂ 28 €

4 r. de Collonges-au-Mont-d'Or – ℰ *03 89 71 87 87 –* www.hoteldesberges.com *– Fermé 31 janv.-2 mars, 1ᵉʳ-8 janv., lundi et mardi*

❀❀❀ **Auberge de l'Ill** – voir les restaurants ci-dessus

🏠 **Les Hirondelles**

FAMILIAL · RUSTIQUE Un accueil sympathique vous est réservé dans cette ancienne ferme à la fois rustique et chaleureuse. Les chambres, confortables et bien équipées, se répartissent autour d'une jolie cour. Et aux premières chaleurs, on plonge dans la piscine !

18 chambres – †73/80 € ††78/108 € – ⌂ 8 €

33 r. du 25-janvier – ℰ *03 89 71 83 76 –* www.hotelleshirondelles.com *– Fermé 1ᵉʳ janv.-9 mars et 28 août-7 sept.*

ILLKIRCH-GRAFFENSTADEN – 67 (Bas-Rhin) ➔ voir Strasbourg

ILLZACH – 68 (Haut-Rhin) ➔ voir Mulhouse

INGERSHEIM – 68 (Haut-Rhin) ➔ voir Colmar

INGRANDES-DE-TOURAINE

✉ 37140 (Indre-et-Loire) – 523 hab. – Alt. 48 m – Carte régionale n° **11**-A2
▶ Paris 285 km – Nantes 172 km – Orléans 161 km – Tours 39 km
Carte Michelin 317-K5 – Guide Vert Michelin Châteaux de la Loire

❚◯ **Vincent Cuisinier de Campagne**

CUISINE MODERNE · CONVIVIAL XX Tout est dans le titre... En plein cœur des vignes, on est accueilli en ami dans cette jolie maison, qui cultive une ambiance de ferme à la fois chic et simple (tomettes, pierres et poutres apparentes, natures mortes aux murs). Légumes, volailles, œufs sont produits sur place : qualité garantie !

Formule 17 € – Menu 24/36 €

La Galottière – ℰ *02 47 96 17 21 (réservation conseillée) –* www.vincentcuisinierdecampagne.blogspot.fr *– Fermé 2 semaines en avril et 1 semaine en janv.*

IRANCY

✉ 89290 (Yonne) – 296 hab. – Alt. 190 m – Carte régionale n° **7**-B1

▣ Paris 184 km – Auxerre 14 km – Dijon 144 km – Troyes 89 km

Carte Michelin 319-E5 – Guide Vert Michelin Bourgogne

⑪○ Le Soufflot ⓝ   & AC

CUISINE MODERNE • BISTRO ✗ Dans le centre-ville d'Irancy, ce bistrot convivial propose une carte au goût du jour, courte et savoureuse (avec une prédilection du chef
pour les légumes) et une carte de vins (évidemment !) 100% bourguignonne.

Formule 22 € – Menu 28 €

*33 r. Soufflot – ✆ 03 86 42 39 00 – www.restaurant-irancy.fr – Fermé lundi et le
soir sauf vend. et sam.*

ISBERGUES – 62 (Pas-de-Calais) → voir Aire-sur-la-Lys

L'ISLE-ADAM

✉ 95290 (Val-d'Oise) – 11 918 hab. – Alt. 28 m – Carte régionale n° **18**-B1

▣ Paris 41 km – Beauvais 49 km – Chantilly 24 km – Compiègne 66 km

Carte Michelin 305-E6 – Guide Vert Michelin Île-de-France

⑪○ Le Cabouillet   ⇦ 🛏 AC

CUISINE MODERNE • AUBERGE ✗✗ Ce Cabouillet a une bonne bouille ! Près du
vieux pont de pierre, cette bâtisse du début du 20e s. domine les rives verdoyantes de l'Oise où il fait si bon canoter... On y apprécie une cuisine savoureuse, où
le fait maison rime avec saison. En prime, quelques chambres coquettes pour la
nuit. Une jolie étape.

Formule 26 € – Menu 38 € – Carte 56/70 €

7 chambres – ♥90/120 € ♥♥120/140 € – ☲ 15 €

*5 quai de l'Oise – ✆ 01 34 69 00 90 – www.lecabouillet.com – Fermé vacances
de fév., dim. soir et lundi*

⑪○ Le Relais Fleuri   🛏

CUISINE TRADITIONNELLE • AUBERGE ✗ Cette table adamoise connaît une clientèle d'habitués de longue date. Dans un décor aux notes désuètes, on apprécie
une vraie cuisine traditionnelle, concoctée avec des produits frais. Agréable terrasse sous les tilleuls.

Formule 28 € – Menu 36 €

*61 bis r. St-Lazare – ✆ 01 34 69 01 85 – Fermé août, lundi soir, merc. soir, dim.
soir et mardi*

🏠 La Villa de l'Écluse   ⇘ ⇦ 🖵 & AC ⌇ 🐾 P

VILLA • COSY Dans le cadre verdoyant des berges de l'Oise, non loin de la plage
de l'Isle-Adam, cette belle villa des années 1940, en pierres apparentes, a été
transformée en hôtel après 18 mois de travaux ! Les chambres sont de vrais
cocons contemporains ; on déguste son petit-déjeuner sous la véranda ou en terrasse... Charmant !

15 chambres – ♥95/105 € ♥♥130/260 € – ☲ 13 €

chemin Pierre-Terver – ✆ 01 34 73 26 96 – www.lavilladelecluse.fr

L'ISLE-D'ABEAU

✉ 38080 (Isère) – 15 944 hab. – Alt. 265 m – Carte régionale n° **44**-B2

▣ Paris 499 km – Bourgoin-Jallieu 6 km – Grenoble 72 km – Lyon 38 km

Carte Michelin 333-E4 – Guide Vert Michelin Lyon et sa région

⑪○ Le Relais du Çatey   🍴 ⇦ ⇘ ⇦ 🛏 & P

CUISINE MODERNE • À LA MODE ✗✗ Décor et éclairage contemporains soulignent
le cachet préservé de cette maison dauphinoise de 1774. Rognon de veau juste
poêlé et beurre mousseux au poivre de Sarawak ; mirabelles en tarte fine, verveine et citron vert... Des plats inventifs, servis avec sérieux et professionnalisme.

Menu 27 € (déj. en semaine), 40/65 € – Carte 48/70 €

7 chambres – ♥69/89 € ♥♥69/89 € – ☲ 10 €

*10 r. Didier – ✆ 04 74 18 26 50 – www.le-relais-du-catey.com – fermé dimanche et
lundi – Fermé 30 juil.-22 août et 25 déc.-2 janv.*

L'ISLE-JOURDAIN

✉ 32600 (Gers) – 7 679 hab. – Alt. 116 m – Carte régionale n° **28**-B2
▶ Paris 682 km – Auch 45 km – Montauban 58 km – Toulouse 37 km
Carte Michelin 336-I8

⊛ L'Échappée Belle   🛖 ₺ 𝖠𝖪 ⇔

CUISINE MODERNE · CONVIVIAL ✗ La table de L'Échappée Belle est à l'image de l'établissement : dans l'air du temps ! Dans un cadre contemporain, on déguste une bonne cuisine du marché tel ce saumon rôti accompagné de linguines et de courgettes. La carte a été imaginée par le chef Bernard Bach. Un lieu tendance... mais pas seulement.

 🍴 Formule 15 € – Menu 19 € (déj. en semaine), 28/40 € – Carte 36/48 €
2 pl. Gambetta – ℰ 05 62 07 50 05 – www.echappee-belle.fr

🏠 L'Échappée Belle   🍴 ₺ 𝖠𝖪 🕸

TRADITIONNEL · MODERNE À deux pas de Toulouse et aux portes du Gers, la façade ultramoderne de cet hôtel cache des chambres résolument contemporaines. Il fait bon se détendre dans le joli salon ou dans le patio. Idéal pour une échappée... belle !

27 chambres – †85/125 € ††85/165 € – 2 suites – ☑ 12 € – ½ P
2 pl. Gambetta – ℰ 05 62 07 50 00 – www.echappee-belle.fr
 ⊛ **L'Échappée Belle** – voir les restaurants ci-dessus

à Pujaudran 8 km à l'Est par N124 – ✉ 32600 – 1 387 hab. – Alt. 302 m

❀❀ Le Puits St-Jacques (Bernard Bach)   🕸 🛖 ₺ 𝖠𝖪 ⇔

CRÉATIVE · ÉLÉGANT ✗✗✗ Cette maison gersoise, jadis relais sur la route de Compostelle, abrite une salle à manger raffinée et un patio à l'atmosphère méridionale. Cuisine séduisante et inspirée, osant les nouvelles tendances.
→ Foie gras de canard confit aux graines de fenouil, chutney de betterave et haricots tarbais. Pied de cochon farci au poulpe et jus de crustacés au piment d'Espelette. Véritable chocolat liégeois, glace chocolat mi- amer.
Menu 32 € (déj. en semaine), 70/120 € – Carte 99/125 €
av. Victor-Capoul – ℰ 05 62 07 41 11 (réservation conseillée)
– www.lepuitssaintjacques.fr – Fermé 28 août-14 sept., 1er-18 janv., dim. soir, lundi et mardi

Les prix indiqués devant le symbole † correspondent au prix le plus bas en basse saison puis au prix le plus élevé en haute saison, pour une chambre single. Même principe avec le symbole ††, cette fois pour une chambre double.

L'ISLE-JOURDAIN

✉ 86150 (Vienne) – 1 179 hab. – Alt. 142 m – Carte régionale n° **39**-C2
▶ Paris 375 km – Confolens 29 km – Niort 104 km – Poitiers 53 km
Carte Michelin 322-K7

à Port-de-Salles 7 km au Sud par D8 et rte secondaire – ✉ 86150

🏠 Val de Vienne   🕸 ⇐ 🛖 ⴲ ₺ 𝖠𝖪 🕸 🅿

TRADITIONNEL · FONCTIONNEL Non loin du circuit automobile du Val-de-Vienne, en pleine campagne, un véritable motel : chaque chambre dispose d'une entrée indépendante et d'une terrasse face au jardin bordé par la Vienne. Le calme est assuré et l'entretien impeccable... Qu'on y vienne !
21 chambres – †92/110 € ††92/110 € – ☑ 11 €
Port de Salles – ℰ 05 49 48 27 27 – www.hotel-valdevienne.com

L'ISLE-SUR-LA-SORGUE

✉ 84800 (Vaucluse) – 18 902 hab. – Alt. 57 m – Carte régionale n° **42**-E1
▶ Paris 693 km – Apt 34 km – Avignon 23 km – Carpentras 18 km
Carte Michelin 332-D10 – Guide Vert Michelin Provence

✿ Le Vivier   🐾 🏠 AC

CUISINE MODERNE · À LA MODE XX Voilà une belle table contemporaine : sa terrasse face à la Sorgue et ses rives verdoyantes est un plaisir pour les yeux, plus encore ses assiettes, très graphiques et soignées. Le chef mêle saveurs et textures avec délicatesse et subtilité.
→ Foie gras à l'anguille fumée et pedro ximenez. Pithiviers de pigeon du comtat, cèpes et foie gras. Tout chocolat.
Formule 26 € – Menu 32 € (déj. en semaine), 53/75 € – Carte 60/80 €
800 cours Fernande-Peyre, rte de Carpentras – ✆ 04 90 38 52 80
– www.levivier-restaurant.com – Fermé 15 fév.-9 mars, 2 semaines en nov., 1 semaine en janv., dim. soir de mi-sept. à mi-juin, vend. midi, sam. midi et lundi

✿ La Balade des Saveurs   🏠 AC

CUISINE TRADITIONNELLE · COSY X Un jeune couple sympathique – Benjamin et Sophie Fabre – règne sur ce restaurant plein de fraîcheur, dont la terrasse borde le cours pittoresque de la Sorgue. Les recettes cultivent aussi bien le caractère que la douceur de la Provence. Cette Balade des Saveurs est aussi... une ballade des gens heureux.
👓 Formule 12 € – Menu 18 € (déj.), 27/37 € – Carte 41/51 €
3 quai Jean-Jaurès – ✆ 04 90 95 27 85 – www.balade-des-saveurs.com – Fermé 1 semaine en mars et en nov., 3 semaines en janv., lundi et mardi d'oct. à juin

⊫○ La Prévôté   ⇐ 🐾 🏠 ♿

CUISINE MODERNE · INTIME XX Dans un couvent du 17ᵉs. ouvrant sur un bras de la Sorgue, on savoure une cuisine basée sur des produits frais, dans un cadre raffiné (cheminée, poutres apparentes). Chambres très joliment décorées.
Formule 23 € – Menu 41/79 € – Carte 46/65 €
5 chambres ⌂ – ♦150/230 € ♦♦150/230 €
4 bis r. Jean-Jacques-Rousseau, (derrière l'église) – ✆ 04 90 38 57 29 (réservation conseillée) – www.la-prevote.fr – Fermé 20 fév.-11 mars, 14 nov.-2 déc., merc. sauf le soir en juil.-août et mardi

⊫○ Café Fleurs   🏠 ♿ AC

CUISINE MODERNE · COSY XX Deux salles au décor provençal clair et soigné, une agréable terrasse extérieure avec vue sur la Sorgue : joli cadre pour une cuisine actuelle au charme typiquement méridional. Bonne sélection de vins au verre.
Formule 20 € – Menu 25 € (déj. en semaine), 35/56 € – Carte 45/64 €
9 r. Théodore-Aubanel – ✆ 04 90 20 66 94 – www.cafefleurs.com – Fermé en janv. et première de fév., mardi et merc. sauf juil.-août

⊫○ Le Jardin du Quai   🍴 🏠

PROVENÇALE · BISTRO X Avec son jardin ombragé, ses vieux arbres et son intérieur provençal, ce bistrot a quelque chose du charme d'antan. On y propose un menu unique réalisé avec les produits du marché, pour une cuisine goûteuse et soignée, respectueuse des saisons. Bon et sans esbroufe !
Formule 15 € ▽ – Menu 37 € (déj.), 42/45 €
91 av. Julien-Guigue, (près de la gare) – ✆ 04 90 20 14 98 – www.danielhebet.com – Fermé 21 déc.-6 janv., mardi et merc. sauf de mai à oct.

⊫○ Le Carré d'Herbes   🏠

RÉGIONALE · BISTRO X Pas évident de trouver ce restaurant dans le renfoncement d'une cour... peuplée d'antiquaires. Dans la salle, objets et mobilier chinés dessinent un lieu atypique – sans parler de la terrasse, des plus agréables ! Au menu : une cuisine de saison aux saveurs méridionales.
Formule 18 € – Menu 32/37 € – Carte environ 41 €
13 av. des 4-Otages – ✆ 04 90 38 23 97 – www.lecarredherbes.eu – Fermé 4 semaines en déc.-janv., jeudi sauf le soir en juil.-août et merc.

Domaine de la Petite Isle

BUSINESS · MODERNE À la sortie de la cité, un domaine verdoyant baigné par la Sorgue... Les chambres se répartissent sur différents bâtiments : n'hésitez pas à demander à loger dans les deux derniers-nés (2013), où elles sont plus spacieuses et agréables, dans une jolie veine contemporaine.

81 chambres – †89/159 € ††119/189 € – 8 suites – �14 € – ½ P

871 rte d'Apt, (2 km) – ℰ 04 90 38 40 00 – www.ledomainedelapetiteisle.com – Fermé 20-31 déc., 3-17 janv., sam. et dim. en janv. et fév.

Artishow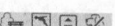

LUXE · DESIGN Mondrian, Cézanne, Vasarely, etc. : tels sont les noms des chambres de cet hôtel particulier transformé par un marchand d'art. On ne sera donc pas surpris de découvrir que le mobilier... est à vendre ! Superbe salon avec cheminée, piscine intérieure et ambiance bucolique : un véritable petit bijou.

5 chambres � – †270/420 € ††270/480 €

9 r. Denfert-Rochereau – ℰ 04 32 61 07 95 – www.maisonartishow.com

Le Clos Violette

FAMILIAL · PERSONNALISÉ Dans cette maison raffinée de 1769, les chambres n'ont jamais aussi bien porté leurs noms : la "Sarah Bernhardt" avec son décor de théâtre, la "Sade" et ses gravures coquines, etc. Au petit-déjeuner, on se régale des confitures et gâteaux maison. Piscine intérieure s'ouvrant sur le jardinet.

5 chambres � – †182/300 € ††270/330 €

1 r. Pasteur – ℰ 04 90 92 69 32 – www.le-clos-violette.fr

 La Maison sur la Sorgue

LUXE · PERSONNALISÉ Un très bel hôtel particulier, décoré sur le thème des voyages. Les chambres ont toutes leur cachet : baignoire sur pieds, loggia, vue sur l'église... Délicieux patio et piscine.

4 chambres � – †270/410 € ††270/410 €

6 r. Rose-Goudard – ℰ 06 87 32 58 68 – www.lamaisonsurlasorgue.com

---

Se régaler sans se ruiner ? Repérez les Bib Gourmand ⊛
Ils vous aideront à dénicher les bonnes tables sachant marier
cuisine de qualité et prix ajustés !

---

rte d'Apt 6 km au Sud-Est par D901– ✉ 84800 Lagnes

Le Mas des Grès

CUISINE TRADITIONNELLE · COSY Aux beaux jours, les tables prennent leurs aises sous la treille ou sous les platanes... Une bouffée de fraîcheur dans ce mas très avenant, qui propose chaque jour sur son ardoise un menu du marché plein de couleurs.

Formule 25 € – Menu 40 €

– ℰ 04 90 20 32 85 (réservation conseillée) – www.masdesgres.com – Ouvert 20 mars-11 nov. et fermé le midi sauf juil.-août

Le Mas des Grès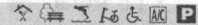

MAISON DE CAMPAGNE · COSY Ce mas provençal restauré avec goût invite à la détente : jardin, terrasse ombragée, aire de jeux pour les enfants, petit espace fitness... et des chambres coquettes, décorées avec soin. Cerise sur le gâteau : le petit-déjeuner est fort bon.

14 chambres – †100/190 € ††100/300 € – �15 € – ½ P

– ℰ 04 90 20 32 85 – www.masdesgres.com – Ouvert 27 mars-11 nov.

Le Mas des Grès – voir les restaurants ci-dessus

L'ISLE-SUR-SEREIN

✉ 89440 (Yonne) – 731 hab. – Alt. 190 m – Carte régionale n° **7**-B2
▶ Paris 209 km – Auxerre 50 km – Avallon 17 km – Montbard 36 km
Carte Michelin 319-H6

😊 Auberge du Pot d'Étain   🕸 🛬 🛋 AC ⚬

CUISINE TRADITIONNELLE · AUBERGE XX Cuisine classique aux accents régionaux, exceptionnelle sélection de bourgognes (2 500 appelations, 40 000 bouteilles), chambres coquettes et colorées : une auberge sympathique dans la bucolique vallée du Serein... à deux tours de roue de l'A6 !
Menu 29/60 € – Carte 50/63 €
9 chambres – ♦65/98 € ♦♦65/98 € – ☖ 10 €
*24 r. Bouchardat – ℰ 03 86 33 88 10 – www.potdetain.com – Fermé fév., 15-31 oct.,
dim. soir et mardi midi sauf juil.-août et lundi*

ISPE – 40 (Landes) ➜ voir Biscarrosse

LES ISSAMBRES

✉ 83380 (Var) – Carte régionale n° **41**-C3
▶ Paris 877 km – Draguignan 40 km – Fréjus 11 km – St-Raphaël 14 km
Carte Michelin 340-P5 – Guide Vert Michelin Côte d'Azur

à la calanque des Issambres – ✉ 83380 Les Issambres

😊 Chante-Mer   🛋 AC

CUISINE TRADITIONNELLE · CONVIVIAL X Un nom tout trouvé pour ce restaurant à 300 m du front de mer ! Derrière les fourneaux, un enfant du pays
concocte de généreuses recettes traditionnelles. Tout est frais, fait maison et
savoureux, et le service est simple et familial... De quoi faire chanter les gourmands de plaisir.
Menu 32 € – Carte 47/67 €
*pl. Ottaviani, (au village provençal) – ℰ 04 94 96 93 23 – www.chantemer.com
– Fermé lundi et mardi sauf le soir en saison*

ISSIGEAC

✉ 24560 (Dordogne) – 728 hab. – Alt. 106 m – Carte régionale n° **4**-C2
▶ Paris 607 km – Agen 75 km – Bordeaux 110 km – Périgueux 65 km
Carte Michelin 329-E7 – Guide Vert Michelin Périgord Quercy

🍴○ La Brucelière   🛬 🛋

CUISINE MODERNE · SIMPLE X Une vraie auberge de campagne... Avec ses murs
en moellons et son mobilier en bois, la salle dégage une ambiance un rien surannée ; l'été, on profite de la terrasse sur le jardin. Côté menu, le chef met un point
d'honneur à cuisiner des produits frais à travers des recettes simples et bonnes.
Une adresse sympathique.
Formule 19 € – Menu 27/31 € – Carte environ 34 €
5 chambres ☖ – ♦60/62 € ♦♦75 €
*pl. de la Capelle – ℰ 05 53 73 89 61 – www.labruceliere.com – Fermé vacances
de fév.,1ère semaine de juil., vacances de Toussaint, mardi d'oct. à Pâques, mardi
soir sauf juil.-août et merc.*

🍴○ Le Relais de l'Ancienne Gare   🛋

CUISINE TRADITIONNELLE · BISTRO X À la circonférence de cette jolie cité
médiévale recroquevillée autour de son église gothique, le type même de la
bonne petite adresse de campagne, avec son décor sans surprise et sa cuisine
traditionnelle tout simplement franche et bonne. De plus, les prix sont raisonnables et l'engagement des patrons évident.
Formule 18 € – Menu 27/55 €
*rte d'Eymet – ℰ 05 53 58 70 29 – www.relais-anciennegare.com – Fermé 1 semaine
fin juin, 5 janv.-7 fév., dim. soir et jeudi*

ISSOIRE

✉ 63500 (Puy-de-Dôme) – 14 296 hab. – Alt. 400 m – Carte régionale n° **5**-B2
▶ Paris 446 km – Clermont-Ferrand 36 km – Le Puy-en-Velay 94 km – Thiers 56 km
Carte Michelin 326-G9 – Guide Vert Michelin Auvergne

⊛ L'Atelier Yssoirien 🔝 ⚗️

CUISINE MODERNE · BRANCHÉ ✗ Ne vous fiez pas à sa façade noire, cet Atelier créé en 2012 fait des étincelles ! Dans sa cuisine ouverte sur la salle – au décor urbain et coloré –, le jeune chef compose de jolies assiettes, originales et parfumées, bien maîtrisées. La créativité comme on l'aime.

🍴 Menu 20 € (déj. en semaine), 32/85 € ▾ – Carte 52/71 €
23 bd Triozon-Bayle – ☎ 04 73 89 44 47 – www.atelier-yssoirien.com – Fermé 3 semaines en août, 2-15 janv., dim. et lundi

⌂ Le Pariou 🔝 ⚗️ 🌊 ⬚ ⚗️ 🅰🅒 ⚗️ 🅿

BUSINESS · FONCTIONNEL Un peu excentré, cet hôtel-restaurant – bâtisse de 1950 – est idéal pour une étape dans cette localité connue pour abriter l'un des joyaux de l'art roman auvergnat, l'abbatiale St-Austremoine. Chambres spacieuses avec mobilier design et tons colorés.

54 chambres – ♦50/95 € ♦♦55/98 € – ⬚ 10 € – ½ P
18 av. Kennedy, 1 km au Nord – ☎ 04 73 55 90 37 – www.hotel-pariou.com – Fermé 16 déc.-2 janv.

à St-Rémy-de-Chargnat 7 km au Sud-Est par D999 – ✉ 63500
– 545 hab. – Alt. 400 m

⌂ Château de la Vernède 🌊 ⚗️ 🅿 ⊟

CHÂTEAU · PERSONNALISÉ Un joli château remanié en 1850, ancien relais de chasse de la reine Margot, où meubles d'époque côtoient tableaux anciens et pièces rares. Beaucoup de goût et de romantisme !

5 chambres ⬚ – ♦70/110 € ♦♦70/110 €
– ☎ 04 73 71 07 03 – www.chateauvernedeauvergne.com – Ouvert avril-nov.

à Sarpoil 10 km au Sud-Est par D999 – ✉ 63490 Saint-Jean-en-Val

⊛ La Bergerie (Cyrille Zen) 🔝 🅿

CUISINE MODERNE · CONVIVIAL ✗✗✗ Point d'habitudes moutonnières en cette Bergerie, mais du soin apporté à chaque assiette, de subtils mariages de saveurs, de textures, de couleurs... Une cuisine du terroir à la fois fine et gourmande ! Et peut-être connaissez-vous déjà le chef, Cyrille Zen, finaliste de l'émission Top Chef en 2012.

➔ Foie gras de canard poêlé. Chou farci de homard et tourteau. Sphère en fusion chocolat et nougatine.

Menu 25 € (déj. en semaine), 38/85 € – Carte 61/78 €
– ☎ 04 73 71 02 54 (réservation conseillée) – www.labergeriedesarpoil.com – Fermé 20-29 juin, 19-28 sept., janv., dim. soir, mardi et merc.

à Perrier 5 km à L'Est par D996 – ✉ 63500 – 874 hab. – Alt. 415 m

⅋○ La Cour Carrée ⬅ 🌊 🔝 🅿

CUISINE MODERNE · COSY ✗✗ Cette ancienne maison de vigneron s'ouvre sur... une cour carrée ! Le chef met le savoir-faire des petits producteurs en avant. Il signe une jolie cuisine du terroir. Chambres élégantes et confortables où dominent le bois et la pierre.

Menu 32/38 €
3 chambres – ♦98 € ♦♦98 € – ⬚ 13 €
17 av. du Tramot – ☎ 04 73 55 15 55 (réservation conseillée)
– www.cour-carree.com – Fermé 2-18 nov., 2-17 janv., dim. soir et lundi soir du 15 sept. au 15 juin et le midi sauf dim.

ISSOUDUN

✉ 36100 (Indre) – 12 661 hab. – Alt. 130 m – Carte régionale n° **12**-C3
▶ Paris 244 km – Bourges 37 km – Châteauroux 29 km – Tours 127 km
Carte Michelin 323-H5 – Guide Vert Michelin Limousin Berry

La Cognette

CUISINE CLASSIQUE • ÉLÉGANT XXX Dans *La Rabouilleuse*, Balzac évoque La Cognette, qui le lui rend bien. Ce joli boudoir, tout à la gloire du grand écrivain, célèbre aussi le classicisme culinaire, les plats du terroir et même quelques créations plus actuelles. Tout un roman !

Formule 25 € – Menu 39/95 € – Carte 60/95 €

Plan : A-z – *bd Stalingrad*
– *✆ 02 54 03 59 59 (réservation conseillée) – www.la-cognette.com*
– *Fermé 2-28 janv., dim. soir de sept. à juin, mardi midi et lundi*

La Cognette

FAMILIAL • PERSONNALISÉ Répondants aux noms de Lamartine, Napoléon, Liszt, etc., les chambres de ce charmant hôtel, souvent de plain-pied sur le jardin, ne manquent pas de style ! Dans l'annexe, elles sont plus simples et plus contemporaines, mais tout aussi agréables...

16 chambres – †85/125 € ††95/150 € – 3 suites – ☕ 15 € – ½ P

Plan : A-e – *r. des Minimes*
– *✆ 02 54 03 59 59 – www.la-cognette.com*
– *Fermé 2-28 janv.*

La Cognette – voir les restaurants ci-dessus

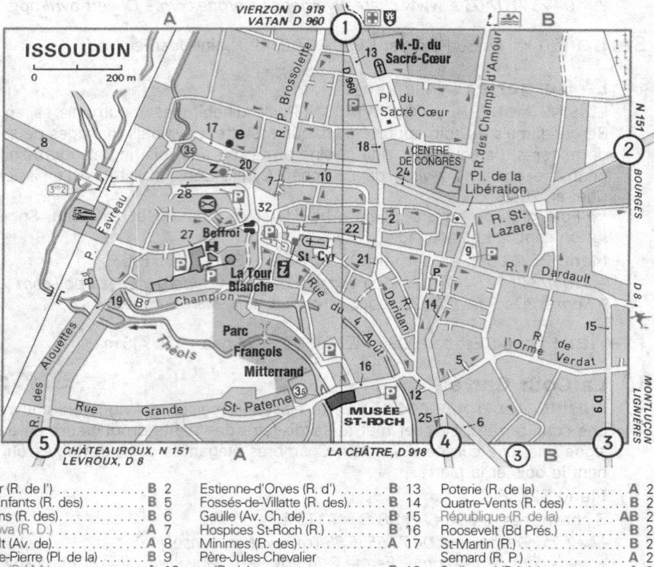

Avenier (R. de l')	B 2	Estienne-d'Orves (R. d')	B 13	Poterie (R. de la)	A 20
Bons-Enfants (R. des)	B 5	Fossés-de-Villatte (R. des)	B 14	Quatre-Vents (R. des)	B 21
Capucins (R. des)	B 6	Gaulle (Av. Ch. de)	B 15	République (R. de la)	AB 22
Casanova (R. D.)	A 7	Hospices St-Roch (R.)	B 16	Roosevelt (Bd Prés.)	B 24
Chinault (Av. de)	A 8	Minimes (R. des)	A 17	St-Martin (R.)	B 25
Croix-de-Pierre (Pl. de la)	B 9	Père-Jules-Chevalier (R. du)	B 18	Semard (R. P.)	A 27
Dormoy (Bd M.)	A 10			Stalingrad (Bd de)	A 28
Entrée-de-Villatte (R.)	B 12	Ponts (R. des)	A 19	10-Juin (Pl. du)	A 32

Les 3 Rois 🏠 🛁

TRADITIONNEL · COSY Cet hôtel-restaurant du centre-ville, créé au 19ᵉ s., a été entièrement rénové ces dernières années sous l'impulsion de ses nouveaux propriétaires. Les chambres, contemporaines et cosy, sont décorées par thème : Chalet, Nature... Cuisine de tradition au restaurant.

13 chambres – 🛏60/80 € 🛏🛏75/100 € – 😋9 € – ½ P
Plan : A-s – *3 r. Pierre-Brossolette* – *℘ 02 54 21 00 65* – *www.les3rois.fr*
– fermé 8-22 fév., dim. soir et lundi

à Diou 12 km au Nord par D918 – ⊠ 36260 – 256 hab. – Alt. 130 m

🍽○ **L'Aubergeade** 🏵 🛁 🍤 AC 🍽 ⇄ P

CUISINE MODERNE · ÉLÉGANT XX En amoureux des bons vins, le chef vous propose un tour du monde des jolis crus et vous fait aussi découvrir le très local reuilly. Pour ne rien gâcher, il concocte de bons petits plats dans l'air du temps. Et l'été, on profite de la terrasse !

Menu 23 € (déj. en semaine), 34/45 € – Carte 50/62 €
rte d'Issoudun – *℘ 02 54 49 22 28 (réservation conseillée)* – *Fermé merc. soir et dim. soir*

à St-Valentin 11 km à l'Ouest par D8 et D12 – ⊠ 36100 – 282 hab. – Alt. 151 m

🍀 **Au 14 Février** AC

CUISINE MODERNE · ÉLÉGANT XX Au cœur du "village des amoureux", une vraie surprise que cette table tenue par... toute une équipe japonaise. Les saveurs nipponnes et françaises se mêlent avec art : un mariage très réussi, un amour de cuisine fusion ! Quant au cadre, raffiné, et au charmant service, ils se prêtent à un dîner... à deux.

→ Poêlée de foie gras de canard. Homard bleu de Bretagne. Dôme au chocolat blanc.

Menu 48/105 €
2 r. du Portail – *℘ 02 54 03 04 96* – *www.au14fevrier.com* – *Fermé 2 semaines en sept. et en janv., merc. midi, jeudi midi, dim. soir, lundi et mardi*

IS-SUR-TILLE

⊠ 21120 (Côte-d'Or) – 4 365 hab. – Alt. 284 m – Carte régionale n° **8**-C2
▶ Paris 332 km – Chenôve 43 km – Dijon 30 km – Talant 32 km
Carte Michelin 320-K4

🍽○ **Auberge Côté Rivière** 🛁 🍤 🛁 ⇄ P

CUISINE TRADITIONNELLE · RUSTIQUE XX Cette grange à houblon n'a rien perdu de son cachet d'antan... Selon la saison, on aime se réchauffer près de la belle cheminée ou prendre le frais dans le joli parc. Le chef mitonne de bons plats traditionnels : cassolette d'escargots au vin rouge ; pigeon, foie gras poêlé, pomme mousseline et truffe de Bourgogne...

😋 Formule 17 € – Menu 20 € (déj. en semaine), 29/49 € – Carte 39/58 €
3 r. des Capucins – *℘ 03 80 95 65 40* – *www.auberge-cote-riviere.com* – *Fermé 1 semaine en août, 24 déc.-2 janv., dim. soir et lundi*

🏠 **Auberge Côté Rivière** 🏠 🛁 🛏 🛁 🛁 P

TRADITIONNEL · MODERNE On enjambe la Tille pour entrer dans cette charmante maison bourgeoise entourée d'un grand parc. Les chambres se révèlent claires et accueillantes, les plus grandes d'entre elles pouvant accueillir des familles. Au petit-déjeuner, une douce surprise : pain, croissants et confitures sont fait maison !

10 chambres – 🛏85/135 € 🛏🛏85/135 € – 😋12 € – ½ P
3 r. des Capucins – *℘ 03 80 95 65 40* – *www.hotel-restaurant-coteriviere.com*
– Fermé 1 semaine en août, 24 déc.-2 janv. et dim. soir

🍽○ **Auberge Côté Rivière** – voir les restaurants ci-dessus

ISSY-LES-MOULINEAUX – 92 (Hauts-de-Seine) ➜ voir Autour de Paris

ISTRES

✉ 13800 (Bouches-du-Rhône) – 42 944 hab. – Alt. 32 m – Carte régionale n° **40**-A3
▶ Paris 745 km – Arles 46 km – Marseille 55 km – Martigues 14 km
Carte Michelin 340-E5 – Guide Vert Michelin Provence

🍴 La Table de Sébastien 🛋 AC 🍽

CUISINE MODERNE · INTIME XX Au cœur d'Istres, une agréable terrasse sous les platanes... Le chef réinterprète avec goût les recettes régionales à travers un menu-carte et un menu "surprise", inspirés par les ingrédients sélectionnés auprès de producteurs locaux, notamment bio. L'établissement comporte aussi une épicerie fine.
Formule 21 € – Menu 31/48 € – Carte environ 55 €
7 av. Hélène-Boucher – ℰ 04 42 55 16 01 – www.latabledesebastien.fr
– Fermé 2-21 janv., mardi midi, dim. soir et lundi

à l'Ouest au Parc de Trigance, direction Fos-sur-Mer

🏨 Ariane 🌳 ⌇ & AC 🛗 P

HÔTEL DE CHAÎNE · FONCTIONNEL Dans un quartier résidentiel, cet hôtel propose des chambres confortables – certaines avec une terrasse côté piscine – et des appartements équipés d'une kitchenette. Des plats de brasserie sans prétention sont proposés au restaurant : bien pratique.
49 chambres – †69/103 € ††69/130 € – 5 suites – 🍽 10 € – ½ P
✉ *13800 Istres – ℰ 04 42 11 13 13 – www.arianehotel-istres.com*

🏠 Ibis 🌳 ⌇ & AC 🛗 P

HÔTEL DE CHAÎNE · FONCTIONNEL Dans la zone d'activités d'Istres, un hôtel fonctionnel et bien tenu. Au restaurant, petite carte de salades, pizzas et plats de pâtes. Une adresse idéale pour une étape.
54 chambres – †74/86 € ††74/86 € – 🍽 10 €
10 chemin de Capeau, (Parc de Trigance) – ℰ 04 90 45 15 60
– www.accorhotels.com

ITTERSWILLER

✉ 67140 (Bas-Rhin) – 263 hab. – Alt. 235 m – Carte régionale n° **2**-C1
▶ Paris 502 km – Erstein 25 km – Mittelbergheim 5 km – Molsheim 26 km
Carte Michelin 315-I6

😊 Winstub Arnold 🛏 🛋 & P

CUISINE TRADITIONNELLE · CONVIVIAL XX Cette winstub met à l'honneur les "elsässische spezialitäten" : kougelhopf, choucroute et tant de plats régionaux ! Soulevez donc le couvercle en fonte qui protège le baeckeofe servi en cocotte...
Formule 18 € – Menu 22 € (semaine), 30/38 € – Carte 30/67 €
Hôtel Arnold, 98 rte des Vins – ℰ 03 88 85 50 58 – www.hotel-arnold.com – Fermé
dim. soir et lundi de nov. à mai

🏨 Arnold 🌳 🐾 ⌇ 🛏 📷 ⬆ & 🛗 P

TRADITIONNEL · COSY Sur la route des vins, deux bâtisses à colombages dans un village de carte postale ! Le panorama est superbe : la plupart des chambres dominent le vignoble, les villages de la plaine d'Alsace et la Forêt-Noire... Décor chaleureux.
36 chambres – †77/145 € ††77/145 € – 1 suite – 🍽 13 € – ½ P
98 rte des Vins – ℰ 03 88 85 50 58 – www.hotel-arnold.com
😊 **Winstub Arnold** – voir les restaurants ci-dessus

ITXASSOU

✉ 64250 (Pyrénées-Atlantiques) – 2 022 hab. – Alt. 39 m – Carte régionale n° **3**-A3
▶ Paris 787 km – Bayonne 24 km – Biarritz 25 km – Cambo-les-Bains 5 km
Carte Michelin 342-D5 – Guide Vert Michelin Pays Basque et Navarre

⁑○ Restaurant du Fronton   ≤ 🏠 ㋭ 🅰🅲 🅿

CUISINE TRADITIONNELLE · RUSTIQUE ⅹ Comme la pelote semble aimantée par la *chistera* (le gant en paille des joueurs), le jeune chef, Bernard Bonnet, a naturellement rejoint l'établissement familial – 3ᵉ génération – après avoir fait ses classes dans plusieurs établissements de renom. Les recettes du terroir et les produits locaux y trouvent une belle vitalité !

Menu 23/40 € – Carte 44/56 €

pl. du Fronton – ⌀ 05 59 29 75 10 – www.hotelrestaurantfronton.com – Fermé 16-22 nov., 1ᵉʳ janv.-15 fév. et merc.

🏠 Txistulari   ✿ 🐾 🍴 🔟 🈁 ㋭ 🍽 🅿

FAMILIAL · FONCTIONNEL L'hôtel est tout proche de la petite route conduisant au Pas de Roland et jouit d'un environnement calme et verdoyant. Les chambres sont tenues avec soin – celles de l'aile récemment construite étant plus contemporaines. Cuisine traditionnelle au restaurant.

22 chambres – ♦49/84 € ♦♦49/84 € – 🖙 9 € – ½ P

rte d'Errobi, D249 – ⌀ 05 59 29 75 09 – www.txistulari.fr – Fermé 11 déc.-4 janv.

🏠 Le Chêne   ✿ 🐾 ≤ 🍴 🅿

AUBERGE · RUSTIQUE Face à l'église du village et au décor des monts alentour, cette auberge accueille les voyageurs depuis 1696 ! À la fois simples et coquettes, les chambres sont tenues avec grand soin. Cuisine basque au restaurant.

16 chambres – ♦52/67 € ♦♦52/67 € – 🖙 8 € – ½ P

(près de l'église) – ⌀ 05 59 29 75 01 – www.lechene-itxassou.com – Fermé janv., mardi sauf de juil. à oct. et lundi

🏠 Hôtel du Fronton   ✿ ≤ 🔟 🈁 ㋭ 🅰🅲 🍽 🅿

FAMILIAL · FONCTIONNEL Une maison basque adossée au fronton de pelote du village, avec les monts d'Itxassou en ligne de mire : quelle meilleure situation pour profiter de l'identité de la région ? Les chambres sont fonctionnelles et bien tenues, et celles de l'annexe inaugurée en 2014 sortent du lot !

23 chambres – ♦58/72 € ♦♦60/72 € – 1 suite – 🖙 9 € – ½ P

pl. du Fronton – ⌀ 05 59 29 75 10 – www.hotelrestaurantfronton.com – Fermé 16-22 nov., 1ᵉʳ janv.-15 fév. et merc.

⁑○ **Restaurant du Fronton** – voir les restaurants ci-dessus

JALIGNY-SUR-BESBRE

✉ 03220 (Allier) – 604 hab. – Alt. 246 m – Carte régionale n° **6**-C1
▶ Paris 335 km – Clermont-Ferrand 101 km – Mâcon 123 km – Moulins 38 km
Carte Michelin 326-I4 – Guide Vert Michelin Auvergne

🏠 Hôtel de Paris   ✿ 🅰🅲

TRADITIONNEL · FONCTIONNEL Une adresse familiale au cœur d'un petit village tranquille. Les chambres, simples et fonctionnelles, sont idéales pour une étape près du parc d'attractions et animalier du PAL. Cuisine traditionnelle servie dans un cadre rustique ; patio pour les beaux jours.

6 chambres – ♦69/79 € ♦♦69/79 € – 🖙 10 € – ½ P

3 Grande-Rue – ⌀ 04 70 34 82 63 – www.hotelrestaurantdeparis.net

JANVRY – 91 (Essonne) ➔ voir Autour de Paris

JARNAC

✉ 16200 (Charente) – 4 419 hab. – Alt. 26 m – Carte régionale n° **38**-B3
▶ Paris 475 km – Angoulême 31 km – Barbezieux 30 km – Bordeaux 113 km
Carte Michelin 324-I5 – Guide Vert Michelin Poitou-Charentes

Ⅰ○ Restaurant du Château   🔠 🔄

CUISINE MODERNE · BRASSERIE ✕✕ Des airs de brasserie chic et contemporaine au cœur de Jarnac, ville natale et pays de cœur de François Mitterrand. On se délecte ici d'une cuisine du moment, fine et savoureuse, réalisée avec de beaux produits par un jeune chef plein d'allant.

Formule 20 € – Menu 22 € (déj.), 42/57 € – Carte 65/85 €

15 pl. du Château – ℰ 05 45 81 07 17 – www.restaurant-du-chateau.com – Fermé dim. soir et lundi

🏠 Ligaro   🐾 🔄 ⯐ ⅙ 🔠 🚗

LUXE · MODERNE Juste en face de l'église St-Pierre, cette maison bourgeoise du 17ᵉ s. – l'une des plus vieilles de Jarnac – a été superbement rénovée, mêlant ancien et contemporain, ambiance feutrée et confort. Le tout d'une sobre élégance très séduisante !

10 chambres – ♦140/269 € ♦♦140/269 € – ☑ 16 €

74 Grand-Rue – ℰ 05 45 32 71 38 – www.hotel-ligaro.com

🏠 Château Saint-Martial   🐾 🔄 ⯐ ⅙ ✕ 🌊 🔠 **P** 🔄

CHÂTEAU · HISTORIQUE Ce beau château du 19ᵉ s., à l'architecture éclectique, appartient à la famille Bisquit, célèbre pour son cognac. On y mène toujours grand train : salons immenses, décors profus, tableaux, meubles anciens... pour un séjour en majesté.

5 chambres ☑ – ♦134/154 € ♦♦154/174 €

56 r. des Chabannes – ℰ 05 45 83 38 64 – www.chateausaintmartial.fr – Ouvert avril-sept.

à Bourg-Charente 6 km à l'Ouest par N141 et rte secondaire – ✉ 16200
– 800 hab. – Alt. 14 m

✿✿ La Ribaudière (Thierry Verrat)   🎇 ≤ 🏠 🔠 🔄 **P**

CRÉATIVE · DESIGN ✕✕✕ Une grande villa contemporaine, avec un jardin qui descend en pente douce vers la Charente... La terrasse est superbe, la salle très originale – blanche et pop ! Dans le même ton, le chef signe une belle cuisine, où l'invention cultive le naturel. La force tranquille.

➜ Carpaccio de lotte fumée, chantilly wasabi, langues de coques, poutargue et caviar. Sole de la Cotinière en croûte de truffe noire de Jarnac. Lingot au chocolat grand cru, crémeux de Cognac X.O., sabayon glacé.

Menu 47/87 € – Carte 80/105 €

2 pl. du Port – ℰ 05 45 81 30 54 – www.laribaudiere.com – Fermé vacances de fév., 19 oct.-2 nov., dim. soir, mardi midi et lundi

à Bassac 7 km au Sud-Est par N141 et D22 – ✉ 16120 – 550 hab. – Alt. 20 m

Ⅰ○ L'Essille 🆕   🔄 🏠 ⅙ 🔠

CUISINE TRADITIONNELLE · CONVIVIAL ✕✕ On accède au restaurant par un beau salon agrémenté de fûts en chêne et de bouteilles de cognac – près de 200 références, l'une des plus belles collections de la région ! Les bons plats de tradition se dégustent dans une salle à manger lumineuse ou sur l'agréable terrasse aux beaux jours.

Formule 19 € – Menu 30/52 € – Carte 47/70 €

r. de Condé – ℰ 05 45 81 94 13 – www.hotel-restaurant-essille.com – Fermé sam. midi et dim. soir

🏠 L'Essille   ⛲ 🔄 ⅙ 🌊 **P**

TRADITIONNEL · FONCTIONNEL Au cœur de ce petit village du pays de Cognac, une ancienne ferme de 1856 qui a toujours bon pied, bon œil ! Les chambres ont été rénovées avec soin : elles se révèlent agréables et bien tenues. À noter la présence d'un espace bien-être avec sauna, hammam et jacuzzi.

17 chambres – ♦73/100 € ♦♦73/100 € – ☑ 11 €

r. de Condé – ℰ 05 45 81 94 13 – www.hotel-restaurant-essille.com

Ⅰ○ **L'Essille** – voir les restaurants ci-dessus

JASSANS-RIOTTIER – 01 (Ain) → voir Villefranche-sur-Saône

JAUSIERS – 04 (Alpes-de-Haute-Provence) → voir Barcelonnette

JERSEY (ÎLE DE) – JSY (Jersey) → voir Île de Jersey

JOIGNY

✉ 89300 (Yonne) – 9 800 hab. – Alt. 79 m – Carte régionale n° **7**-B1
▶ Paris 144 km – Auxerre 28 km – Gien 74 km – Montargis 59 km
Carte Michelin 319-D4 – Guide Vert Michelin Bourgogne

✿✿ La Côte St-Jacques (Jean-Michel Lorain)   ✿ ⟨▣ AC P

CUISINE MODERNE · ÉLÉGANT XXXX D'une petite couturière audacieuse à son petit-fils globe-trotter, la Côte St-Jacques s'est imposée comme une institution de la gastronomie bourguignonne ! La noblesse des produits, la générosité des assiettes, le caractère intemporel de certaines recettes : une histoire culinaire écrite au fil de l'Yonne toute proche...

→ Genèse d'un plat sur le thème de l'huître. Poularde de Bresse à la vapeur de champagne. Glace à la rose en tulipe croustillante et pétales cristallisés.

Menu 76 € (déj. en semaine), 158/255 € – Carte 120/210 €

Plan : A-r – *Hôtel La Côte St-Jacques, 14 fg de Paris*
– *☎ 03 86 62 09 70 (réservation conseillée)* – www.cotesaintjacques.com
– *Fermé 2-19 janv., lundi et mardi midi*

ⓘⓄ Le Rive Gauche   ≤ ⟨▣ 🍴 & AC P

CUISINE TRADITIONNELLE · CLASSIQUE XX Atout charme de cette maison contemporaine dirigée par Catherine Lorain, sœur de Jean-Michel : la terrasse face aux rives de l'Yonne, mais la salle offre également de belles échappées sur la verdure. La carte met à l'honneur les saveurs régionales et la créativité. Spécialité : escargots en persillade et gnocchis aux herbes.

Formule 25 € ♷ – Menu 32/49 € – Carte 37/54 €

Plan : A-s – *Hôtel Le Rive Gauche, r. du Port-au-Bois*
– *☎ 03 86 91 46 66* – www.hotel-le-rive-gauche.fr
– *Fermé dim. soir d'oct. à Pâques*

🏨 La Côte St-Jacques   ✿ ⌘ ≤ ⟨▣ 🖭 ⓐ ⌸ 🔄 & ♨ 🚗

LUXE · PERSONNALISÉ Au bord de l'Yonne, cet hôtel luxueux offre de nombreux agréments : moments de détente à la piscine et au spa avec piscine couverte, hammam, sauna et jacuzzi ; sommeil réparateur dans des chambres raffinées, et beaux plaisirs gastronomiques...

31 chambres – ♦150/550 € ♦♦150/550 € – 1 suite – ⊡ 28 €

Plan : A-r – *14 fg de Paris* – *☎ 03 86 62 09 70* – www.cotesaintjacques.com
– *Fermé 2-19 janv. et lundi*

✿✿ **La Côte St-Jacques** – voir les restaurants ci-dessus

🏠 Le Rive Gauche   ✿ ⌘ ≤ ⟨▣ 🍴 ⌸ & ♨ P

BUSINESS · FONCTIONNEL Sur la rive gauche de l'Yonne, ce grand établissement construit dans les années 1990 propose des chambres spacieuses, bien équipées et lumineuses. Le tout au sein d'un grand parc avec plan d'eau...

42 chambres – ♦90/99 € ♦♦99/145 € – ⊡ 13 € – ½ P

Plan : A-s – *r. du Port-au-Bois* – *☎ 03 86 91 46 66*
– *www.hotel-le-rive-gauche.fr*

ⓘⓄ **Le Rive Gauche** – voir les restaurants ci-dessus

Le symbole ॐ vous garantit des nuits dans un environnement calme.

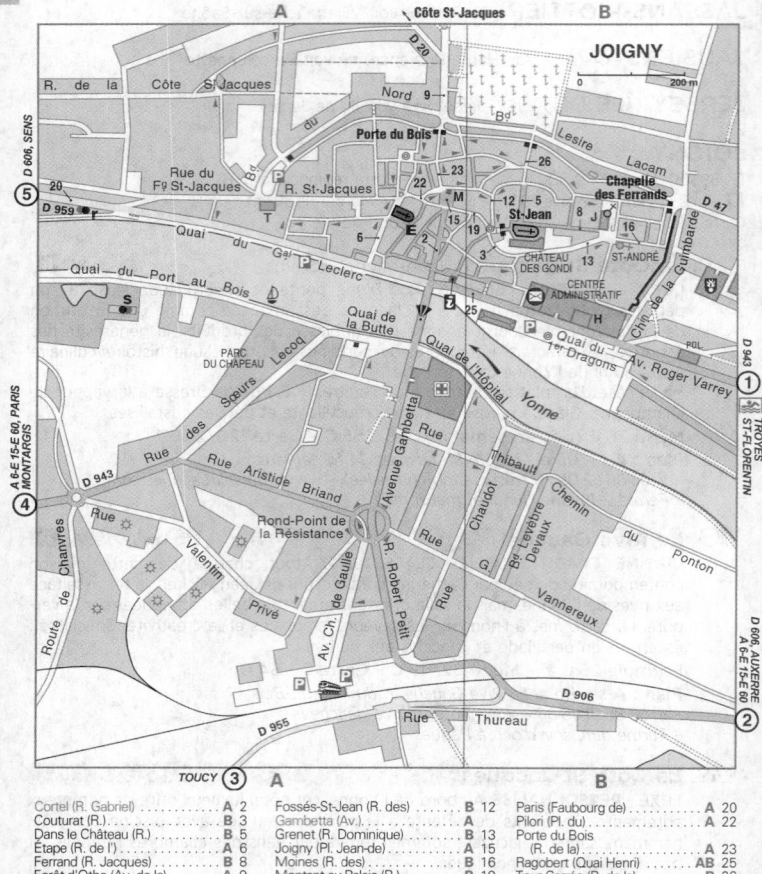

Côte St-Jacques

JOIGNY

Cortel (R. Gabriel)	A 2	Fossés-St-Jean (R. des)	B 12	Paris (Faubourg de)	A 20
Couturat (R.)	B 3	Gambetta (Av.)	A	Pilon (Pl. du)	A 22
Dans le Château (R.)	B 5	Grenet (R. Dominique)	B 13	Porte du Bois	
Étape (R. de l')	A 6	Joigny (Pl. Jean-de)	A 15	(R. de la)	A 23
Ferrand (R. Jacques)	B 8	Moines (R. des)	B 16	Ragobert (Quai Henri)	AB 25
Forêt d'Othe (Av. de la)	A 9	Montant au Palais (R.)	B 19	Tour Carrée (R. de la)	B 26

à Épineau-les-Voves 7,5 km au Sud-Est par D906 – ⌧ 89400

– 695 hab. – Alt. 92 m

ⅠⅠ○ **L'Orée des Champs**   🛏 🛋 🅰🅲 🅿

CUISINE TRADITIONNELLE · CONVIVIAL ХХ Ici, on traverse le jardin (jeux pour enfants), puis on s'installe sur la terrasse ombragée ou dans la plaisante salle couleur taupe. Carte traditionnelle.

Formule 18 € – Menu 22 € ⵟ (déj. en semaine), 30/69 € ⵟ – Carte environ 45 €

(D 606) – 𝒞 03 86 91 20 39 – Fermé 15-21 fév., 25 juil.-7 août, le soir sauf vend. et sam. et lundi

JOINVILLE

⌧ 52300 (Haute-Marne) – 3 486 hab. – Alt. 195 m – Carte régionale n° **14**-C2
▶ Paris 244 km – Bar-le-Duc 54 km – Bar-sur-Aube 47 km – Chaumont 44 km
Carte Michelin 313-K3 – Guide Vert Michelin Champagne Ardenne

ⅡО Le Soleil d'Or

CUISINE MODERNE · ROMANTIQUE XXX Le soleil brille sur cette cuisine servie dans un décor d'inspiration historique. On y marie avec subtilité de jolis produits pour un résultat flatteur. Une bonne adresse dans la région.

Formule 19 € ¶ – Menu 22/45 € – Carte 56/69 €

9 r. des Capucins – ℘ 03 25 94 15 66 – www.hotellesoleildor.fr – Fermé vacances de fév., 2 semaines en août, vacances de Toussaint, dim. et lundi

Le Soleil d'Or

TRADITIONNEL · COSY Les origines de cette maison chaleureuse remontent au 17ᵉ s. La plupart des chambres sont décorées avec goût, dans un esprit contemporain (murs en chaux, boutis, tableaux).

21 chambres – ¶65/95 € ¶¶70/120 € – ⊡ 10 € – ½ P

9 r. des Capucins – ℘ 03 25 94 15 66 – www.hotellesoleildor.fr – Fermé vacances de fév., 2 semaines en août, vacances de Toussaint, dim. et lundi

ⅡО **Le Soleil d'Or** – voir les restaurants ci-dessus

JONGIEUX

✉ 73170 (Savoie) – 322 hab. – Alt. 300 m – Carte régionale n° **45**-C1
◗ Paris 528 km – Annecy 58 km – Chambéry 25 km – Lyon 103 km
Carte Michelin 333-H3

✿✿ Les Morainières (Michaël Arnoult)

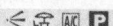

CRÉATIVE · ROMANTIQUE XXX Superbement rénovée en 2015 – grande baie vitrée dominant le coteau planté de vignes et la vallée du Rhône, intérieur élégant et moderne –, la table de Mickaël Arnoult mérite plus que jamais un détour ! Sa cuisine est fine sans être prétentieuse, créative sans être déroutante : il impose son style sans difficulté.

➜ Truite du lac Léman confite, girolles au vinaigre et oxalis. Ris de veau doré, cèpes, noisettes et pommes de terre fumée. Myrtilles sauvages, crème légère à la tanaisie.

Menu 48 € (déj. en semaine), 85/125 € – Carte 95/120 €

rte de Marétel – ℘ 04 79 44 09 39 (réservation conseillée)
– www.les-morainieres.com – Fermé 1 semaine en juin, 1 semaine en nov., 26 déc.-15 janv., lundi et mardi

Château de la Mar

CHÂTEAU · ÉLÉGANT De belles chambres confortables et décorées avec soin – portant les noms de cépages locaux –, un jacuzzi dans les vignes, une belle piscine : voilà ce qui vous attend dans ce superbe petit château datant de 1244... et qui cache bien son âge !

5 chambres ⊡ – ¶220/250 € ¶¶250/330 €

Aimavigne – ℘ 06 26 56 99 33 – www.chateau-de-la-mar.fr – Ouvert 4 fév.-10 oct.

JONS

✉ 69330 (Rhône) – 1 354 hab. – Alt. 205 m – Carte régionale n° **43**-E1
◗ Paris 476 km – Lyon 28 km – Meyzieu 10 km – Montluel 8 km
Carte Michelin 327-J5

ⅡО Le Restaurant du Pont de Jons Ⓝ

CUISINE TRADITIONNELLE · BRANCHÉ X Ambiance de paquebot – plancher en bois exotique, hublots – et esprit lounge pour cette sympathique table installée le long du Rhône. Le chef met en avant de belles spécialités : pâté en croûte de volaille de l'Ain, quenelle de brochet maison, ou encore café liégeois...

⊖ Menu 18 € ¶/45 € – Carte 37/72 €

rte du Pont – ℘ 06 16 26 16 40 – www.restaurant-dupontdejons.fr – Fermé 1ᵉʳᵉ semaine de janv. et dim.

⌂ Auberge de Jons ⪕ 🍴 ♿ AC 🏖 P

BUSINESS · PERSONNALISÉ Au bord du Rhône, un joli complexe hôtelier avec un ravissant cottage en bois et ses chambres d'esprit chalet, de confortables bungalows familiaux, ou des chambres classiques et contemporaines dans la bâtisse originelle. Côté détente, la piscine est incontournable !

24 chambres – 🛏80/115 € 🛏🛏80/135 € – 2 suites – ☲ 13 €
rte du Pont – ℰ 04 78 31 29 85 – www.auberge-de-jons.com
– Fermé 21 déc.-3 janv.

JOSSELIN

✉ 56120 (Morbihan) – 2 453 hab. – Alt. 58 m – Carte régionale n° **10**-C2
▶ Paris 428 km – Dinan 86 km – Lorient 76 km – Rennes 79 km
Carte Michelin 308-P7 – Guide Vert Michelin Bretagne Sud

⌂ Hôtel du Château ⪕ 🏖 🚗

AUBERGE · FONCTIONNEL Cet hôtel-restaurant des bords de l'Oust, créé en 1958, fait face au château des Rohan. Les chambres sont simples et bien tenues, et la moitié d'entre elles donne sur les puissantes murailles. Cuisine traditionnelle dans une salle d'esprit médiéval ou sur la terrasse tournée vers la forteresse.

35 chambres – 🛏76/82 € 🛏🛏89/112 € – ☲ 11 € – ½ P
1 r. du Gén.-de-Gaulle – ℰ 02 97 22 20 11 – www.hotel-chateau.com
– Fermé 21 nov.-19 janv., dim. soir et lundi d'oct. à mars

JOUCAS

✉ 84220 (Vaucluse) – 325 hab. – Alt. 263 m – Carte régionale n° **42**-E1
▶ Paris 716 km – Apt 14 km – Avignon 42 km – Carpentras 32 km
Carte Michelin 332-E10

✿ Xavier Mathieu ⪕ 🍴 🛋 P

CRÉATIVE · MÉDITERRANÉEN 🗶🗶 Grandi à Marseille, Xavier Mathieu a la Provence chevillée au corps. Recherche, technique, précision... mais surtout sens des saveurs et inspiration : chaque plat est une variation sur les origines. À découvrir dans le cadre privilégié d'une luxueuse bastide dans la garrigue.
→ Soupe au pistou. Cochon du Ventoux au miel de nos ruches. Omelette au rhum de ma Grand-Mère.

Menu 70/160 € – Carte 80/150 €
Hostellerie Le Phébus & Spa, rte de Murs – ℰ 04 90 05 78 83
– www.lephebus.com – Ouvert 15 avril-15 nov. et fermé mardi midi, merc. midi et jeudi midi

🍴○ Le Café de la Fontaine 🍴 🛋 P

PROVENÇALE · INTIME 🗶 La carte de ce Café joue une partition traditionnelle aux influences méditerranéennes : gaspacho de concombre, pieds paquets marseillais, risotto aux truffes d'été, etc. Aux beaux jours, le service est assuré sur la terrasse où trône une... fontaine ; par mauvais temps, retour dans les salons de l'hôtel !

Menu 30 € – Carte 45/75 €
Hostellerie Le Phébus & Spa, rte de Murs – ℰ 04 90 05 78 83 – www.lephebus.com
– Ouvert 15 avril-15 nov. et fermé le soir

⌂ Hostellerie Le Phébus & Spa ✿ 🛋 ⪕ 🍴 🏊 📶 🛁 🗶 AC P

LUXE · CLASSIQUE Phébus... l'autre nom d'Apollon – et ce séjour que le dieu de la Beauté n'aurait sans doute pas renié ! Nichée dans la verdure, cette demeure provençale domine le Luberon ; la plupart des chambres jouissent d'un balcon, d'une terrasse voire d'une minipiscine privée. Si loin du monde des hommes...

14 chambres – 🛏230/410 € 🛏🛏230/410 € – 10 suites – ☲ 30 € – ½ P
rte de Murs – ℰ 04 90 05 78 83 – www.lephebus.com – Ouvert 15 avril-15 nov.
✿ **Xavier Mathieu** • 🍴○ **Le Café de la Fontaine** – voir les restaurants ci-dessus

Le Mas du Loriot

FAMILIAL · COSY De nouveaux propriétaires ont donné un sacré coup de jeune à cette maison traditionnelle entourée de lavande, ayant le Luberon pour toile de fond... Les chambres sont confortables et colorées, et l'on profite d'un petit-déjeuner buffet avec confitures maison.

9 chambres – ♦79/159 € ♦♦79/159 € – ☐ 14 €

4 km rte de Murs – ℰ 04 90 72 62 62 – www.masduloriot.com
– Fermé 9 nov.-12 déc. et 4 janv.-15 fév.

JOUILLAT

✉ 23220 (Creuse) – 443 hab. – Alt. 396 m – Carte régionale n° **25**-C1
▶ Paris 345 km – Domérat 74 km – Guéret 15 km – Limoges 102 km
Carte Michelin 325-I3 – Guide Vert Michelin Limousin Berry

 La Maison Verte

FAMILIAL · PERSONNALISÉ Isolée en pleine verdure, cette ferme du 19ᵉ s. ne pourrait être plus au calme ! Jardin, potager, piscine, grandes chambres au décor soigné préservant l'âme des lieux et cuisine traditionnelle préparée par le propriétaire : on se sent bien.

4 chambres ☐ – ♦80/90 € ♦♦110/125 €

2 Lombarteix, 2 km au Nord par D940 et rte secondaire – ℰ 05 55 51 93 34
– www.chambres-hotes-creuse.com

JOUX

✉ 69170 (Rhône) – 650 hab. – Alt. 520 m – Carte régionale n° **44**-A1
▶ Paris 437 km – Lyon 51 km – St-Étienne 102 km – Villeurbanne 60 km
Carte Michelin 327-F4

🍴 **Le Tilia**

CUISINE TRADITIONNELLE · AUBERGE 🎟🎟 Tilia ? C'est le nom latin du... tilleul, dont un spécimen quadri-centenaire trône en face du restaurant. Le chef, qui a notamment travaillé à Boston et en Australie, met en valeur les herbes de son potager et perpétue la tradition lyonnaise : pigeon en habit vert, cannelloni de foie gras aux truffes...

Formule 15 € – Menu 27/75 € – Carte 49/72 €

pl. du Plaisir – ℰ 04 74 05 19 46 – www.letilia.com – Fermé 2 semaines fin août, 2 semaines début janv., dim. soir et lundi

JUAN-LES-PINS

✉ 06160 (Alpes-Maritimes) – Alt. 2 m – Carte régionale n° **42**-E2
▶ Paris 910 km – Aix-en-Provence 161 km – Cannes 10 km – Nice 22 km
Carte Michelin 341-D6 – Guide Vert Michelin Côte d'Azur

 La Passagère

MÉDITERRANÉENNE · ÉLÉGANT 🎟🎟🎟 Une cuisine élégante, qui met en valeur les mille et une pépites du terroir méditerranéen, un raffinement de tous les instants et une exécution sans faille... Yoric Tièche, le chef, est en totale confiance et ça se voit ! On se délecte de ses créations sur la terrasse, avec une vue exceptionnelle sur la mer et l'Esterel...

➔ Aïoli moderne, saint-pierre, coquillages, légumes, sauce et pain. Épaule d'agneau de Provence en fagotinni et côtelette fumée au foin. Soufflé au limon-cello, sorbet verveine.

Formule 45 € – Menu 55 € (déj. en semaine), 85/120 € – Carte 80/120 €

Plan : FZ-d – *Hôtel Belles Rives, 33 bd Édouard-Baudoin – ℰ 04 93 61 02 79*
– www.bellesrives.com – Fermé 3 janv.-11 mars, le midi en saison, lundi et mardi hors saison

JUAN-LES-PINS

Ardisson (Bd B.) . . . . **FZ** 5
Courbet (Av. Amiral) . . . . . **EZ** 18
Docteur-Dautheville (Av.) . . **FZ** 22
Docteur-Hochet (Av. du) . . . **FZ** 23

Gallet (Av. Louis) . . . . **EZ** 27
Gallice (Av. G.) . . . . **FZ** 29
Hôtel-des-Postes (R. de l') . . **FZ** 44
Iles (R. des) . . . . **EZ** 46
Joffre (Av. du Maréchal) . . . **EFZ** 47
Lauriers (Av. des) . . . . **FZ** 48
Maupassant (Av. Guy-de) . . **EFZ** 53

Oratoire (R. de l') . . . . **FZ** 56
Palmiers (Av. des) . . . . **FZ** 59
Paul (R. M.) . . . . **EZ** 60
Printemps (R. du) . . . . **FZ** 63
Ste-Marguerite (R.) . . . . **EZ** 74
St-Honorat (R.) . . . . **EZ** 71
Vilmorin (Av.) . . . . **EZ** 88

Accès et sorties: voir à Antibes

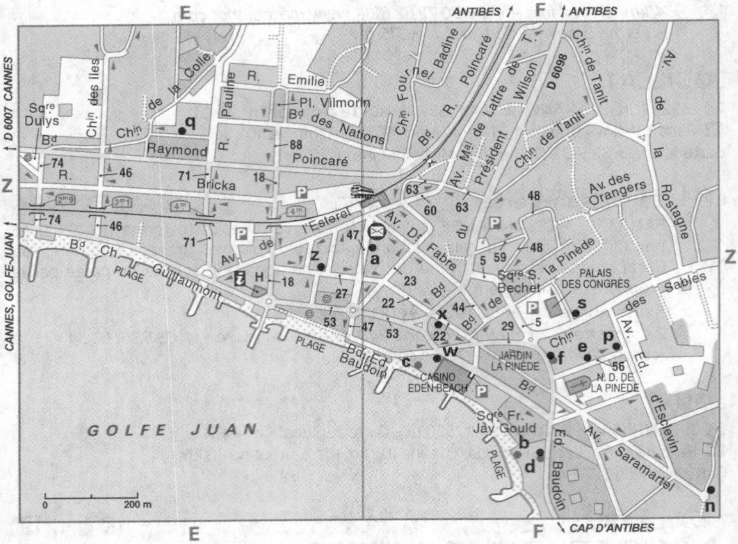

Ⅰ○ Bistrot Terrasse

CUISINE TRADITIONNELLE · COSY XX Pour une incursion gourmande et raffinée dans le superbe hôtel Juana… Ce bistrot joue la carte des belles saveurs italiennes et niçoises, annoncées à l'ardoise ; on se régale sur la jolie terrasse entourée de palmiers… Une belle tranche de Méditerranée !

Formule 23 € - Menu 29 € (dîner)/39 € - Carte 42/78 €

Plan : FZ-f – Hôtel Juana, la Pinède, 19 av. G.-Gallice – ℰ 04 93 61 08 70
– www.hotel-juana.com – Fermé 30 oct.-29 déc., dim. soir et merc. hors saison

Ⅰ○ Cap Riviera

CUISINE TRADITIONNELLE · MÉDITERRANÉEN XX Sa terrasse, qui offre une vue superbe sur le massif de l'Esterel et la mer Méditerrannée, n'est pas le moindre de ses atouts ! Car on retient aussi ce restaurant pour son cadre clair et lumineux, et cette cuisine aux accents du Sud (poisson, salades, etc.), bien parfumée et réalisée avec de bons produits.

Menu 39 € - Carte 45/75 €

Plan : FZ-c – 13 bd Édouard-Baudoin – ℰ 04 93 61 22 30 – www.cap-riviera.fr
– Fermé 3 nov.-25 déc. et 6 janv.-28 fév.

Ⅰ○ Plage Belles Rives

MÉDITERRANÉENNE · CONVIVIAL X Un lieu plein de charme, sur la plage du bien nommé Hôtel Belles Rives, face à la Grande Bleue, aux îles de Lérins et même au lointain massif de l'Esterel… Poisson grillé, salades, pâtes : la cuisine méditerranéenne est à l'honneur, tout en simplicité et fraîcheur.

Carte 40/95 €

Plan : FZ-b – Hôtel Belles Rives, 33 bd Édouard-Baudoin – ℰ 04 93 61 02 79
– www.bellesrives.com – Ouvert d'avril à oct. et fermé le soir sauf juil.-août

Belles Rives 🌸 ⪗ 🖵 AC 🎿

LUXE · ART DÉCO Un petit joyau Art déco où vécut Francis Scott Fitzgerald. Bar d'époque classé, chambres joliment décorées (mobilier 1930) – préférez celles côté mer –, restaurant de charme ou table près des flots, ponton et plage privés... Élégance et nostalgie.

38 chambres – 🛏150/1500 € 🛏🛏150/2250 € – 5 suites – � 29 €

Plan : FZ-d – *33 bd Édouard-Baudoin* – *✆ 04 93 61 02 79* – *www.bellesrives.com* – *Fermé 3 janv.-11 mars*

❀ **La Passagère** • ⅱ○ **Plage Belles Rives** – voir les restaurants ci-dessus

Juana 🌸 🛆 🎿 🖵 AC 🎿 P

LUXE · ART DÉCO Luxueux hôtel des années 1930 où l'on sait cultiver l'art de recevoir. Chambres Art déco exquises, équipements haut de gamme, belle piscine et, pour l'anecdote, magnifique ascenseur en bois... Le charme fou de la French Riviera !

37 chambres – 🛏140/760 € 🛏🛏140/1300 € – 3 suites – ⊵ 27 €

Plan : FZ-f – *la Pinède, 19 av. G.-Gallice* – *✆ 04 93 61 08 70* – *www.hotel-juana.com* – *Fermé 30 oct.-29 déc.*

ⅱ○ **Bistrot Terrasse** – voir les restaurants ci-dessus

AC Hotel Ambassadeur 🌸 🛆 🖥 🎿 🖵 ⚹ AC ⚹ 🎿 🚗

BUSINESS · MODERNE Style contemporain de bon ton dans les chambres, salles de séminaire et restaurants, plage privée, etc. Ce vaste complexe hôtelier a de quoi séduire vacanciers... et businessmans, d'autant plus qu'il se situe en face du nouveau palais des congrès.

196 chambres – 🛏140/260 € 🛏🛏200/360 € – 25 suites – ⊵ 26 €

Plan : FZ-s – *50-52 chemin des Sables* – *✆ 04 92 93 74 10* – *www.achoteljuanlespins.fr* – *Fermé 2 semaines fin déc.-début janv.*

Garden Beach 🌸 ⪗ 🖥 🎿 🖵 ⚹ AC 🎿 🚗

BUSINESS · FONCTIONNEL En bordure d'une pinède, jouxtant le casino, un hôtel balnéaire récent. La moitié des chambres donnent sur la mer et, pour la détente, plage privée, fitness, sauna, restaurant méditerranéen, etc. De quoi passer des vacances idylliques.

171 chambres – 🛏99/675 € 🛏🛏99/675 € – 4 suites – ⊵ 25 €

Plan : FZ-w – *15 bd Édouard-Baudoin* – *✆ 04 92 93 57 57* – *www.hotel-gardenbeach.com* – *Fermé 25 nov.-10 mars*

Ste-Valérie 🏊 🍴 🎿 🖵 AC ⚹ P

HÔTEL DE VACANCES · PERSONNALISÉ De belles villas made in Méditerranée ! Les chambres, d'esprit très Sud, donnent sur le jardin luxuriant et sur la petite piscine. Quant à l'accueil, il est des plus aimables... Cossu et raffiné.

24 chambres – 🛏180/650 € 🛏🛏180/650 € – ⊵ 20 €

Plan : FZ-p – *r. de l'Oratoire* – *✆ 04 93 61 07 15* – *www.hotel-sainte-valerie.fr* – *Ouvert 23 avril-16 oct.*

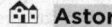 La Villa Cap d'Antibes 🏊 🍴 🎿 🖵 AC ⚹ P

HÔTEL DE VACANCES · ÉLÉGANT Le jardin de cette grande villa 1900 est ravissant avec ses palmiers et ses oliviers. Mais il y a aussi la jolie piscine, l'accueil délicieux, ces chambres à la fois sobres et élégantes, le bar et le salon d'esprit balinais où il fait bon musarder... Un bel endroit, au calme.

26 chambres – 🛏119/219 € 🛏🛏139/475 € – ⊵ 19 €

Plan : FZ-n – *av. Saramartel* – *✆ 04 92 93 48 00* – *www.hotel-villa-antibes.com* – *Ouvert de mi-mars à fin oct.*

Astoria 🖵 AC P

BUSINESS · FONCTIONNEL Près de la gare et à deux pas de la plage, ce petit hôtel récent est vraiment pratique, tant pour un séjour d'affaires que pour l'agrément. Les chambres, qui disposent toutes d'un balcon, sont contemporaines et bien tenues.

47 chambres – 🛏70/186 € 🛏🛏70/214 € – 2 suites – ⊵ 10 €

Plan : FZ-a – *15 av. Mar.-Joffre* – *✆ 04 93 61 23 65* – *www.hotellastoria.com*

🏨 Les Strélitzias

BUSINESS · FONCTIONNEL Ce grand complexe, bâti dans les années 1970, est bien situé et propose des chambres spacieuses et fonctionnelles. Pour l'anecdote, quelques scènes du film "De rouille et d'os" ont été tournées ici. Enfin, les prix sont raisonnables pour la station...

69 chambres – †77/195 € ††91/195 € – ☑ 14 € – ½ P

Plan : EZ-q – *2 r. Pierre-Commanay* – *☎ 04 92 93 64 00* – *www.lesstrelitzias.com*

🏠 Mademoiselle

URBAIN · PERSONNALISÉ Gold, Afrique, nuages, relais de chasse, romantique, sous-bois scandinave... Un cadavre exquis ? Non, simplement les thèmes des chambres de cet hôtel atypique, situé au cœur de la ville. Rêverie et enchantement sont au programme !

14 chambres – †92/229 € ††102/229 € – ☑ 15 €

Plan : FZ-x – *12 av. Dr-Dautheville* – *☎ 04 93 61 31 34*
– *www.hotelmademoisellejuan.com*

🏠 Juan Beach

VILLA · PERSONNALISÉ Une villa en bleu et blanc... très bord de mer. L'accueil est chaleureux ; on pose ses valises dans des chambres modernes et épurées, où la blancheur dominante est égayée par des rideaux et dessus de lit turquoise. Agréable !

26 chambres – †79/210 € ††89/365 € – 3 suites – ☑ 15 €

Plan : FZ-e – *5 r. de l'Oratoire* – *☎ 04 93 61 02 89* – *www.hoteljuanbeach.com*
– *Ouvert mi-mars à fin oct.*

🏠 Eden Hôtel

FAMILIAL · SIMPLE Près de la plage, un hôtel familial datant de 1930, simple et convivial. Les chambres ont été récemment rénovées dans un esprit contemporain. Petit-déjeuner sur une jolie terrasse.

17 chambres – †85/120 € ††90/150 € – ☑ 8 €

Plan : EZ-z – *16 av. Louis-Gallet* – *☎ 04 93 61 05 20* – *www.edenhoteljuan.com*
– *Ouvert de mars à oct.*

JUGY – 71 (Saône-et-Loire) ➜ voir Tournus

JUIGNÉ-SUR-LOIRE – 49 (Maine-et-Loire) ➜ voir Angers

JULIÉNAS
✉ 69840 (Rhône) – 861 hab. – Alt. 276 m – Carte régionale n° **43**-E1
▶ Paris 403 km – Bourg-en-Bresse 51 km – Lyon 63 km – Mâcon 15 km
Carte Michelin 327-H2 – Guide Vert Michelin Lyon et sa région

🍽️ Chez la Rose

CUISINE TRADITIONNELLE · ÉLÉGANT 🗙🗙 Dans un cadre très lumineux et résolument contemporain, on savoure une sympathique cuisine traditionnelle qui fait honneur aux produits du terroir, à l'image de ce coq au vin Juliénas "Mère Rose". Le tout accompagné de vins du cru, Beaujolais oblige. Mention spéciale pour la belle terrasse sur l'arrière.

Menu 28 € – Carte 32/57 €

Hôtel Chez la Rose, pl. du Marché – *☎ 04 74 04 41 20* – *www.chez-la-rose.fr*
– *Fermé 10 déc.-7 mars, vend. midi, lundi et mardi*

🍽️ La Taverne du Coq

CUISINE TRADITIONNELLE · BISTRO 🗙 Un petit bistrot délicieusement rétro (tomettes, comptoir en zinc, belle cheminée et vieilles affiches), où l'on savoure une bonne cuisine du terroir accompagnée de vins des producteurs locaux. Vous vous régalerez d'une volaille fermière de Bourgogne, marinée au vin rouge. Belle sélection de crus du Beaujolais.

Menu 24 € – Carte 32/40 €

pl. du Marché – *☎ 04 74 04 41 98* – *www.taverneducoq.com* – *Fermé 1er déc.-1er fév., merc. soir, dim. soir et jeudi*

Chez la Rose

FAMILIAL · FONCTIONNEL Un agréable hôtel-restaurant, avec une jolie terrasse et une petite piscine. Les chambres ont fait l'objet d'une rénovation complète ; certaines affichent même un décor tendance ! Une bonne étape dans ce village viticole du Beaujolais.

7 chambres – 🛏69/165 € 🛏🛏69/165 € – 6 suites – ⌷ 12 €

*pl. du Marché – ℰ 04 74 04 41 20 – www.chez-la-rose.fr
– Fermé 10 déc.-7 mars*

🍴 **Chez la Rose** – voir les restaurants ci-dessus

 Les Vignes

FAMILIAL · FONCTIONNEL Un agréable petit hôtel implanté au cœur des vignes, à flanc de coteau ! L'accueil y est aimable, les chambres soignées et aux prix doux, et la terrasse parfaite pour prendre le petit-déjeuner aux beaux jours...

22 chambres – 🛏57/86 € 🛏🛏68/86 € – ⌷ 10 €

à 0,5 km rte de St-Amour – ℰ 04 74 04 43 70 – www.hoteldesvignes.com – Fermé de déc. à mi-fév.

JULLIÉ

✉ 69840 (Rhône) – 420 hab. – Alt. 370 m – Carte régionale n° **43**-E1
▶ Paris 415 km – Bourg-en-Bresse 55 km – Lyon 67 km – Mâcon 20 km
Carte Michelin 327-H2

 Domaine de la Chapelle de Vâtre

FAMILIAL · FONCTIONNEL Au sommet d'une colline couverte de vignes, ce beau domaine viticole beaujolais domine la plaine de la Saône. Les propriétaires, d'origine britannique, ont su marier avec goût et simplicité le style contemporain et les vieilles pierres. Au programme : piscine à débordement et découverte des chais...

3 chambres ⌷ – 🛏65/90 € 🛏🛏80/105 €

*Le Bourbon, 2 km au Sud par D68 et D68e – ℰ 04 74 04 43 57 – www.vatre.com
– Fermé 19 déc.- 10 janv.*

JUMIÈGES

✉ 76480 (Seine-Maritime) – 1 769 hab. – Alt. 25 m – Carte régionale n° **33**-C2
▶ Paris 160 km – Caudebec-en-Caux 16 km – Rouen 28 km
Carte Michelin 304-E5 – Guide Vert Michelin Normandie Vallée de la Seine

🍴 **L'Auberge des Ruines**

CUISINE MODERNE · COSY XX Les ruines de l'abbaye voisine rappellent le passé ; ce restaurant, avec son décor chic et contemporain, est quant à lui bien dans son époque ! On y sert une cuisine pointue et élaborée, rythmée par les saisons : huîtres à la pomme et bourgeon de sapin, canard de Rouen à la betterave, cassis et cuisse confite au foin...

Menu 28/97 € 🍷 – Carte 66/75 €

17 pl. de la Mairie – ℰ 02 35 37 24 05 – www.auberge-des-ruines.fr – Fermé janv.

Domaine Le Clos des Fontaines

HÔTEL DE VACANCES · PERSONNALISÉ Entre la célèbre abbaye de Jumièges et la Seine, ces quatre magnifiques pavillons normands allient pierre, brique et colombages, au calme d'un grand jardin avec fontaine, piscine et spa... Les chambres, vastes et lumineuses, rendent hommage à des artistes (Monet, Corneille) ou des lieux (Normandie, Fez, Kyoto...). Belle adresse !

19 chambres – 🛏87/287 € 🛏🛏87/287 € – ⌷ 15 €

*191 r. des Fontaines – ℰ 02 35 33 96 96 – www.leclosdesfontaines.com
– Fermé 20 déc.-4 janv.*

JUNGHOLTZ

✉ 68500 (Haut-Rhin) – 913 hab. – Alt. 332 m – Carte régionale n° **1**-A3
▶ Paris 475 km – Belfort 62 km – Colmar 32 km – Mulhouse 23 km
Carte Michelin 315-H9

🏠🏠🏠 Les Violettes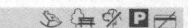

LUXE · PERSONNALISÉ Dans un cadre verdoyant, une bâtisse imposante aux airs de chalet, dont les chambres et suites, d'esprit alsacien raffiné, se révèlent très confortables (moins cossues à la Gentilhommière). Superbe spa (avec espace fitness et grotte à sel), restaurant... Détente.

57 chambres – ♦164/212 € ♦♦224/332 € – 4 suites – ⌣ 25 € – ½ P
rte de Thierenbach, 1 km à l'Ouest – ℰ 03 89 76 91 19 – www.les-violettes.com – Fermé 5-15 janv.

JUTIGNY

✉ 77650 (Seine-et-Marne) – 544 hab. – Alt. 72 m – Carte régionale n° **19**-D2
▶ Paris 100 km – Créteil 87 km – Melun 54 km – Troyes 101 km
Carte Michelin 312-I5

🏠 Moulin de Gouaix

FAMILIAL · PERSONNALISÉ À 10 km de la cité médiévale de Provins, cet ancien moulin du 12ᵉ s. entièrement rénové est niché aux abords bucoliques de la Voulzie. Il abrite des chambres spacieuses et fonctionnelles, et se révèle parfait pour un week-end au vert.

3 chambres ⌣ – ♦80/85 € ♦♦150/160 €
– ℰ 09 61 24 56 77 – www.chambre-hote-provins.com – Fermé 15 août-1ᵉʳ sept. et 24 déc.-3 janv.

JUVIGNAC – 34 (Hérault) → voir Montpellier

JUVIGNY-SOUS-ANDAINE

✉ 61140 (Orne) – 995 hab. – Alt. 200 m – Carte régionale n° **32**-B3
▶ Paris 239 km – Alençon 51 km – Argentan 47 km – Domfront 12 km
Carte Michelin 310-F3 – Guide Vert Michelin Normandie Cotentin

🍽️ Au Bon Accueil

CRÉATIVE · AUBERGE ✕✕ L'enseigne ne ment pas ! Dans ce restaurant tenu par un jeune couple, on vous accueille à bras ouverts. Et si le cadre est classique, la cuisine bouscule les habitudes : le chef aime revisiter les recettes du terroir, en y apposant son style original et créatif... Pour prolonger le séjour, on profite de l'hôtel.

🍴 Formule 15 € – Menu 18 € (semaine), 31/55 € – Carte 42/60 €
4 chambres – ♦59/65 € ♦♦59/69 € – ⌣ 10 €
23 pl. St-Michel – ℰ 02 33 38 10 04 – www.aubonaccueil-normand.com – Fermé 2 semaines fin juin-début juil., 2-15 janv., dim. soir et lundi

KATZENTHAL

✉ 68230 (Haut-Rhin) – 538 hab. – Alt. 280 m – Carte régionale n° **2**-C2
▶ Paris 445 km – Colmar 8 km – Gérardmer 53 km – Munster 18 km
Carte Michelin 315-H8

🍽️ À l'Agneau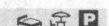

CUISINE MODERNE · RÉTRO ✕✕ Cette jolie maison au décor typiquement alsacien est douce... comme un agneau. On y savoure une cuisine du marché et des spécialités régionales réalisées par un chef, Thierry Hohly, passé par de belles maisons. Le tout accompagné des vins du cru. Pour l'étape, des chambres actuelles joliment rénovées.

Formule 14 € – Menu 25/49 € – Carte 32/56 €
11 chambres – ♦62/73 € ♦♦62/95 € – ⌣ 12 €
16 Grand'Rue – ℰ 03 89 80 90 25 – www.agneau-katzenthal.com – Fermé 1ᵉʳ-14 juil., 6-28 fév., jeudi soir de mi-juil. à mi oct., jeudi midi et merc.

KAYSERSBERG

✉ 68240 (Haut-Rhin) – 2 705 hab. – Alt. 242 m – Carte régionale n° **2**-C2
▶ Paris 438 km – Colmar 12 km – Gérardmer 46 km – Guebwiller 35 km
Carte Michelin 315-H8

✿✿ **64° Le Restaurant** (Olivier Nasti)   ⊛ 🅰🅲 🅿

CUISINE MODERNE · À LA MODE XXX Un décor chic et trendy, mais surtout une cuisine excellente ! Découpes, cuissons (à 64° C !), assaisonnements, jeux de textures et d'ingrédients : tout est soigneusement réglé dans la cuisine d'Olivier Nasti... Et pourtant, chaque assiette laisse fleurer l'inspiration du chef ! Harmonieux, savoureux, bref : imparable.

➜ Anguille fumée, laquée aux agrumes, mousseline de poireau. Œuf cuit à 64°, amandes fraîches, jus de champignons, mousseline au citron et oxalis. Feuille à feuille aux trois chocolats, sorbet chocolat et grué de cacao.

Menu 48 € (déj. en semaine)/160 € – Carte 110/170 €

Hôtel Chambard, 9 r. du Gén.-de-Gaulle – ℰ 03 89 47 64 64 – www.lechambard.fr – Fermé 3-26 janv., mardi sauf le soir de Pâques à déc., merc. midi et lundi

🕲 **La Vieille Forge**   ᕻ 🅰🅲

CUISINE TRADITIONNELLE · AUBERGE XX Dans un décor contemporain, frère et sœur cuisinent à quatre mains de bien jolies symphonies gastronomiques. Royale d'oignons et cromesquis au boudin noir ; filet de bar rôti sur peau, salpicon de topinambours et riz crémeux. C'est frais et maîtrisé : courez-y !

Formule 14 € – Menu 29/56 € – Carte 40/65 €

1 r. des Écoles – ℰ 03 89 47 17 51 – www.vieilleforge-kb.com – Fermé 26 juin-10 juil., 14-24 nov., 11-21 janv., merc. et jeudi

🕲 **Winstub**   ᕻ 🅰🅲 🅿

ALSACIENNE · RUSTIQUE X La seconde table du Chambard, version winstub. Ici, Olivier Nasti revisite tout ce que le terroir alsacien peut offrir : baeckeoffe et choucroute, tarte à l'oignon, presskopf... Sans oublier cette délicieuse tête de veau et ses pommes de terre écrasées à la muscade : goûteux et généreux, une ode à la gourmandise !

Menu 31 € – Carte 40/70 €

Hôtel Chambard, 9 r. du Gén.-de-Gaulle – ℰ 03 89 47 10 17 – www.lechambard.fr – Fermé 3-26 janv.

🍽 **L'Alchémille** Ⓝ   🏠 ᕻ 🅿

CUISINE MODERNE · DESIGN X Jérôme Jaegle, chef alsacien au parcours impressionnant – Olivier Nasti et Christian Têtedoie, notamment – a ouvert son propre restaurant sur ses terres. Son objectif : organiser la rencontre entre la technique culinaire et le végétal, en s'appuyant sur les producteurs locaux. Les saveurs sont au rendez-vous !

Formule 24 € – Menu 38/58 € – Carte 57/65 €

53 rte de Lapoutroie – ℰ 03 89 27 66 41 – www.lalchemille.fr – Fermé 15 fév.-1ᵉʳ mars, mardi midi et lundi

🍽 **Au Lion d'Or**   🏠

CUISINE TRADITIONNELLE · CONVIVIAL X Cette maison de 1521, tenue par la même famille depuis 1724, a beaucoup de cachet, et l'on y déguste de savoureux plats traditionnels. De beaux produits et l'envie de bien faire : c'est bon ! L'hiver, on se réchauffe au coin de la cheminée.

Menu 21/35 € – Carte 21/54 €

66 r. du Gén.-de-Gaulle – ℰ 03 89 47 11 16 – www.auliondor.fr – Fermé 1ᵉʳ fév.-3 mars, 26 juin-6 juil., mardi sauf le midi de mai à oct. et merc.

Ⅰ○ Flamme & Co ⒶⒸ 🅿

ALSACIENNE · DESIGN ✗ Une adresse où la tarte flambée est érigée en concept, et même en concept branché. Four à bois éclairé par des spots fluo, fauteuils zébrés... Et des créations telle que cette flammée foie gras et anguille fumée, ou encore ce pluma ibérique, chorizo, poivron et oignon rouge. Surprenant !

🕸 Menu 15/42 € – Carte 15/27 €

Hôtel Chambard, 9 r. du Gén.-de-Gaulle – 𝒞 03 89 47 16 16 – www.lechambard.fr – Fermé mardi de janv. à Pâques, et lundi

🏨 Chambard 🏠 🕸 📶 🛁 ⬆ 👜 ⒶⒸ 🧖 🅿

LUXE · PERSONNALISÉ Véritable institution dans la cité, le Chambard a fière allure : derrière sa belle façade traditionnelle (18ᵉ s.) se cache un décor ultracontemporain, chic et tendance. Quant aux gourmands, ils ont le choix entre un restaurant de haute gastronomie ou une charmante winstub... et partout un très grand confort.

27 chambres – ♦180/308 € ♦♦180/308 € – 5 suites – ⊊ 25 €

9 r. du Gén.-de-Gaulle – 𝒞 03 89 47 10 17 – www.lechambard.fr – Fermé 3-26 janv.

✿✿ **64° Le Restaurant** • ⊛ **Winstub** • Ⅰ○ **Flamme & Co** – voir les restaurants ci-dessus

🏠 Les Remparts et Les Terrasses 🕸 ⬆ 👜 🧖 🚗

FAMILIAL · FONCTIONNEL Dans un quartier résidentiel calme, un hôtel familial où le sens de l'accueil n'est pas un vain mot. Les chambres sont fonctionnelles et assez spacieuses, la plupart avec un joli balcon fleuri en saison ; au petit-déjeuner, on se régale de bons produits locaux. De quoi se sentir à la maison !

53 chambres – ♦62/78 € ♦♦72/98 € – ⊊ 10 €

4 r. Flieh – 𝒞 03 89 47 12 12 – www.lesremparts.com

à Kientzheim 3 km à l'Est par D28 – ✉ 68240 – 729 hab. – Alt. 225 m

Ⅰ○ Hostellerie Schwendi 🏡 ⒶⒸ 🅿

CUISINE TRADITIONNELLE · RUSTIQUE ✗✗ Envie d'un cadre original ? Rendez-vous dans ce restaurant où l'on dîne dans l'ancienne cave à vin de l'auberge. Croquettes de munster, foie gras aux griottes, truite au riesling... Ici, le chef privilégie le meilleur de la gastronomie régionale. En été, on se régale sur la place. Pittoresque à souhait !

Menu 25/63 € – Carte 28/60 €

2 pl. Schwendi – 𝒞 03 89 47 30 50 – www.schwendi.fr – Fermé 5 janv.-11 mars, jeudi midi et merc.

🏠 Hostellerie Schwendi 🏠 🕸 👜 🅿

FAMILIAL · COSY Cette grande maison à pans de bois a vraiment bonne mine sur la petite place du village. L'ambiance est familiale et l'on se sent bien dans ses chambres rustiques et pimpantes. L'annexe "La maison Germaine" est tout aussi agréable.

29 chambres – ♦77/119 € ♦♦87/119 € – ⊊ 11 € – ½ P

2 pl. Schwendi – 𝒞 03 89 47 30 50 – www.schwendi.fr – Fermé 5 janv.-11 mars

Ⅰ○ **Hostellerie Schwendi** – voir les restaurants ci-dessus

🏠 L'Abbaye d'Alspach 🕸 🛁 👜 🧖 🅿

FAMILIAL · PERSONNALISÉ Faire étape dans ce couvent du 11ᵉ s. sera l'occasion de découvrir une charmante bourgade médiévale et de profiter du style rustique et cossu d'un hôtel familial. De surcroît, le petit-déjeuner fait la part belle aux produits locaux !

31 chambres – ♦96/142 € ♦♦187/235 € – 5 suites – ⊊ 13 €

2 r. Mar.-Foch – 𝒞 03 89 47 16 00 – www.hotel-abbaye-alspach.com – Fermé 3 janv.-15 mars

KEMBS-LOÉCHLÉ

✉ 68680 (Haut-Rhin) – Alt. 245 m – Carte régionale n° **1**-B3
▶ Paris 493 km – Altkirch 26 km – Basel 16 km – Belfort 70 km
Carte Michelin 315-J11

ⅱ○ Les Écluses   🏡 🅿

CUISINE TRADITIONNELLE · CONVIVIAL ⅩⅩ Non loin du canal de Huningue et de la "Petite Camargue" alsacienne, on déguste une cuisine traditionnelle qui fait la part belle au poisson, dans une atmosphère chaleureuse et familiale.

👄 Formule 12 € – Menu 18 € (semaine), 29/40 € – Carte 35/53 €
8 r. Rosenau – ℰ 03 89 48 37 77 – www.lesecluses.fr – Fermé vacances de la Toussaint, 3-15 janv., merc. soir, jeudi soir d'oct. à avril, dim. soir et lundi

ⅱ○ Le Petit Kembs Ⓝ   🏡 ♿

CUISINE MODERNE · COSY Ⅹ Cette jolie maison de village à colombages abrite un intérieur cosy et chaleureux, à l'image des propriétaires des lieux. Dans l'assiette, une trilogie de foie gras, un filet de mignon de veau aux pétales de munster et lard grillé, ou encore un truffon pailleté et chocolat amer... Tout est fait maison : on se régale !

👄 Formule 15 € – Menu 20 € (déj. en semaine), 27/43 € – Carte 51/68 €
49 r. Mar.-Foch – ℰ 03 89 48 17 94 – www.lepetitkembs.fr – Fermé 28 fév.-19 mars, 15-31 août, sam. midi, lundi et merc.

KIENTZHEIM – 68 (Haut-Rhin) → voir Kaysersberg

KILSTETT

✉ 67840 (Bas-Rhin) – 2 489 hab. – Alt. 130 m – Carte régionale n° **1**-B1
▶ Paris 489 km – Haguenau 23 km – Saverne 51 km – Strasbourg 14 km
Carte Michelin 315-L4

ⅱ○ Au Cheval Noir   🛏 🏡 🆈 🅿

CUISINE TRADITIONNELLE · AUBERGE ⅩⅩ C'est au galop qu'on se rend au Cheval Noir ! Derrière la façade de cette maison à colombages (18ᵉ s.), deux frères travaillent les beaux produits en tandem. Une cuisine traditionnelle à déguster dans de jolies salles... si tant est qu'on descende de sa monture.

Formule 16 € – Menu 27 € (semaine), 33/50 € – Carte 47/54 €
*1 r. du Sous-Lieutenant-Maussire – ℰ 03 88 96 22 01
– www.restaurant-cheval-noir.fr – Fermé 21 juil.-13 août, 2 semaines en janv., dim. soir, lundi et mardi*

🏠 Oberlé   ♿ 🛏 🅿

FAMILIAL · FONCTIONNEL À 15 km de Strasbourg, une imposante maison alsacienne proche de la gare. Les chambres sont simples mais bien insonorisées. Au restaurant, cuisine régionale et atmosphère conviviale.

31 chambres – ♦56 € ♦♦72 € – � 8 € – ½ P
*11 rte Nationale – ℰ 03 88 96 21 17 – www.hotel-restaurant-oberle.fr
– Fermé 23 juin-2 juil., 11-26 août et 21 janv.-6 fév.*

KOENIGSMACKER

✉ 57970 (Moselle) – 2 155 hab. – Alt. 150 m – Carte régionale n° **26**-B1
▶ Paris 349 km – Luxembourg 50 km – Metz 39 km – Völklingen 69 km
Carte Michelin 307-I2

🏠 Moulin de Méwinckel   🐾 🛏 ♿ 🆈 🅿

FAMILIAL · PERSONNALISÉ Même si la roue à aube tourne toujours, c'est moins un moulin que toute une ferme noyée dans la verdure... Les chambres sont agréables et impeccablement tenues ; les nuits s'y écoulent au rythme de l'eau toute proche. Et au petit-déjeuner, on apprécie confitures maison et bon beurre fermier !

5 chambres � – ♦50 € ♦♦60 €
chemin de Méwinckel – ℰ 03 82 55 03 28

LE KREMLIN-BICÊTRE – 94 (Val-de-Marne) ➜ voir Autour de Paris

KRUTH

✉ 68820 (Haut-Rhin) – 962 hab. – Alt. 498 m – Carte régionale n° **1**-A3
▶ Paris 453 km – Colmar 63 km – Épinal 68 km – Gérardmer 31 km
Carte Michelin 315-F9

au Frenz 5 km à l'Ouest par D 13bis – ✉ 68820 – 962 hab. – Alt. 498 m

Les Quatre Saisons

CUISINE MODERNE · COSY ⅄ Christelle aux fourneaux ; Frédéric choisissant avec soin de jolis crus... Ce couple à la ville forme ici un duo gourmand et gagnant. Dans ce chalet douillet, on se régale d'une délicieuse cuisine de saison, sans fausse note !

🍴 Menu 16/38 € – Carte 28/44 €

Hôtel les Quatre Saisons, 3 rte du Frentz – 𝒞 03 89 82 28 61
– www.hotel4saisons.com – Fermé 26 juin-3 juil., 13-26 nov., 3-16 janv., mardi et merc.

Les Quatre Saisons

FAMILIAL · COSY On se croirait dans un petit chalet familial au cœur de la forêt : tout est soigné, mignon, accordé avec goût. Les chambres ? De petits nids douillets et chaleureux. Le petit-déjeuner ? Un pur délice, avec des confitures maison, de la charcuterie, du fromage... Et ici, même les prix sont doux.

9 chambres 🖙 – ♦46/66 € ♦♦92/110 € – ½ P

3 rte du Frentz – 𝒞 03 89 82 28 61 – www.hotel4saisons.com – Fermé
26 juin-3 juil., 13-26 nov. et 3-16 janv.

  Les Quatre Saisons – voir les restaurants ci-dessus

LABAROCHE

✉ 68910 (Haut-Rhin) – 2 244 hab. – Alt. 750 m – Carte régionale n° **2**-C2
▶ Paris 441 km – Colmar 17 km – Gérardmer 49 km – Munster 25 km
Carte Michelin 315-H8

La Rochette

CUISINE MODERNE · COSY XX Une belle découverte que ce restaurant contemporain ! Aux fourneaux, père et fils réalisent des plats savoureux et fins, telle une réconfortante matelote au riesling. Et un deuxième fils œuvre en salle... avec sa maman, en tant que sommelier. Une histoire de famille.

🍴 Formule 13 € – Menu 18 € (déj. en semaine), 32/60 € – Carte 43/61 €

500 lieu-dit La Rochette – 𝒞 03 89 49 80 40 – www.larochette-hotel.fr – Fermé 3
semaines en mars, 12-28 nov., lundi et mardi

La Rochette

AUBERGE · ACTUEL Au cœur des Ballons des Vosges, cette grosse maison tenue en famille cultive le sens de l'accueil ! Les chambres sont très plaisantes, dans un esprit épuré où domine le bois clair ; quant au restaurant, il réserve son lot de gourmandises...

11 chambres – ♦75 € ♦♦88/98 € – 🖙 11 € – ½ P

500 lieu-dit La Rochette – 𝒞 03 89 49 80 40 – www.larochette-hotel.fr – Fermé 3
semaines en mars et 12-28 nov.

  La Rochette – voir les restaurants ci-dessus

LABASTIDE-DE-VIRAC

✉ 07150 (Ardèche) – 249 hab. – Alt. 207 m – Carte régionale n° **44**-A3
▶ Paris 675 km – Alès 42 km – Lyon 213 km – Privas 73 km
Carte Michelin 331-I7 – Guide Vert Michelin Ardèche Drôme

🏠 Le Mas Rêvé

HISTORIQUE · PERSONNALISÉ Marie-Rose et Guido Goossens ont restauré cette ferme ardéchoise avec soin ; les chambres sont pleines de charme, le jardin vraiment beau et la piscine... rafraîchissante !

5 chambres 🛏 – ♦110/150 € ♦♦110/160 €

3 km à l'Est par D217 et rte secondaire – ℰ 04 75 38 69 13 – www.lemasreve.com – Ouvert 1ᵉʳ mai-30 sept.

LABASTIDE-MURAT

✉ 46240 (Lot) – 679 hab. – Alt. 447 m – Carte régionale n° **29**-C1
▶ Paris 543 km – Brive-la-Gaillarde 66 km – Cahors 32 km – Figeac 45 km
Carte Michelin 337-F4

🍴 La Garissade

CUISINE MODERNE · CONVIVIAL Dans un hôtel en pierre blonde du pays, ce restaurant a un petit côté bistrot chic. Le soir, la carte se fait locale : foie gras et truffe, veau élevé sous la mère, agneau fermier du Quercy, bœuf de l'Aubrac... Et le midi, on déjeune sur le pouce (assiette du terroir, bol de soupe...). Beaucoup de goût.

Menu 33 € (dîner)

20 pl. de la Mairie – ℰ 05 65 21 18 80 – www.garissade.com – Ouvert avril-oct.

🏠 La Garissade

FAMILIAL · FONCTIONNEL Une ambiance familiale règne dans cette maison villageoise du 13ᵉ s. Les chambres sont fonctionnelles et bien tenues. Une bonne adresse pour découvrir le parc naturel régional des Causses du Quercy.

19 chambres – ♦70/93 € ♦♦78/93 € – 🛏 10 € – ½ P

20 pl. de la Mairie – ℰ 05 65 21 18 80 – www.garissade.com – Ouvert avril-oct.
🍴 **La Garissade** – voir les restaurants ci-dessus

LABOURSE – 62 (Pas-de-Calais) → voir Béthune

LACABARÈDE

✉ 81240 (Tarn) – 289 hab. – Alt. 325 m – Carte régionale n° **29**-C2
▶ Paris 754 km – Béziers 71 km – Carcassonne 53 km – Castres 36 km
Carte Michelin 338-H10

🏠 Demeure de Flore

VILLA · PERSONNALISÉ Passé l'allée bordée de grands arbres, on découvre cette jolie maison de maître (1890), face à la Montagne noire. Le propriétaire, italien, en a fait un hôtel charmant... Une déco florentine, colorée et atypique, des chambres cosy et confortables : le Sud par voie express !

10 chambres – ½ P seult 105/130 € – 1 suite

106 Grand'rue – ℰ 05 63 98 32 32 – www.demeuredeflore.com

LACAUNE

✉ 81230 (Tarn) – 2 552 hab. – Alt. 793 m – Carte régionale n° **29**-D2
▶ Paris 708 km – Albi 67 km – Béziers 89 km – Castres 48 km
Carte Michelin 338-I8

🍴 Calas

CUISINE TRADITIONNELLE · FAMILIAL Quatre générations se sont succédé à la tête de cette institution locale, où l'on se sustente d'une solide cuisine du terroir dans une atmosphère chaleureuse. Le dimanche, le chef propose un "menu des amis" et, pour prolonger l'étape, les chambres sont avenantes.

Formule 13 € – Menu 23/40 € – Carte 28/54 €

4 pl. de la Vierge – ℰ 05 63 37 03 28 – Fermé 23 déc.-15 janv., vend. soir, sam. midi et dim. d' oct. à Pâques

Le Relais de Fusies

TRADITIONNEL · SIMPLE Un ancien relais de diligence, datant du 19ᵉ s., qui a gardé de nombreux vestiges d'antan : fresques, parquet, carrelage, et ce superbe escalier en bois pour accéder aux chambres. Ces dernières sont sobres, mais pratiques. Une étape agréable.

30 chambres – ♦55/75 € ♦♦65/85 € – ⌐ 10 €

8 r. de la République – ☏ 05 63 37 02 03 – www.hotelfusies.fr – Fermé 5-15 janv.

LACAVE

✉ 46200 (Lot) – 282 hab. – Alt. 130 m – Carte régionale n° **29**-C1

▶ Paris 528 km – Brive-La-Gaillarde 51 km – Cahors 58 km – Gourdon 26 km

Carte Michelin 337-F2

✿ **Château de la Treyne**

CUISINE CLASSIQUE · ÉLÉGANT XXX Quel lieu splendide ! La Dordogne serpente au pied de ce superbe château tout environné de verdure. La vue de la terrasse laisse rêveur... On apprécie d'autant plus le repas, dans une veine classique, élégante et soignée.

➜ Asperges vertes crues et cuites au jus de truffes, œuf poché truffé. Homard bleu rôti, pommes de terre de Noirmoutier à l'ail. Gâteau de pêche à l'amande et crème de polenta, sorbet thym-citron.

Menu 48 € (déj.), 96/138 € – Carte 120/145 €

Hôtel Château de la Treyne, 3 km à l'Ouest par D23, D43 et voie privée
– ☏ 05 65 27 60 60 – www.chateaudelatreyne.com
– Ouvert 21 mars-10 nov. et 23 déc.-5 janv. et fermé le midi du mardi au vend.

✿ **Pont de l'Ouysse** (Daniel et Stéphane Chambon)

CUISINE MODERNE · FAMILIAL XXX Daniel et Stéphane Chambon – père et fils – œuvrent dorénavant de concert. Entre transmission et passion, l'âme généreuse et les beaux produits du Sud-Ouest sont mis en valeur. Charmante terrasse sous les tilleuls.

➜ Fricassée d'écrevisses à la tomate, ail et persil plat. Pied de porc truffé, crème de pomme de terre. Sphère chocolat, crémeux aux framboises, streusel amande et gelée de citronnelle.

Formule 40 € – Menu 60/92 € – Carte 80/180 €

Hôtel Pont de l'Ouysse – ☏ 05 65 37 87 04 – www.lepontdelouysse.com
– Ouvert 25 mars-1ᵉʳ nov. et fermé lundi sauf le soir en saison et mardi midi sauf fériés

🏨 **Château de la Treyne**

LUXE · PERSONNALISÉ Une situation idyllique, en surplomb de la Dordogne qui lui prête ses reflets... Vivre est un art en ce château des 14ᵉ-17ᵉ s. ! Le parc abrite un jardin à la française et une chapelle romane (expositions, concerts), les chambres sont somptueuses.

14 chambres – ♦200/800 € ♦♦200/1200 € – 3 suites – ⌐ 25 € – ½ P

3 km à l'Ouest par D3, D43 et voie privée – ☏ 05 65 27 60 60
– www.chateaudelatreyne.com – Ouvert 21 mars-10 nov. et 23 déc.-5 janv.

✿ **Château de la Treyne** – voir les restaurants ci-dessus

🏨 **Pont de l'Ouysse**

MAISON DE CAMPAGNE · PERSONNALISÉ Une séduisante demeure du 19ᵉ s., dans un jardin baigné par l'Ouysse, qui a creusé ce vallon escarpé et verdoyant... Beaucoup de charme dans les chambres, mêlant goût de l'ancien et esprit champêtre, et belle attention portée aux clients.

14 chambres ⌐ – ♦100/220 € ♦♦100/220 € – ½ P

– ☏ 05 65 37 87 04 – www.lepontdelouysse.com
– Ouvert 25 mars-1ᵉʳ nov. et fermé lundi hors saison sauf fériés

✿ **Pont de l'Ouysse** – voir les restaurants ci-dessus

LAC CHAMBON

✉ 63790 (Puy-de-Dôme) – ✉ Chambon sur Lac – Alt. 877 m – Carte régionale n° **5**-B2
▶ Paris 456 km – Clermont-Ferrand 37 km – Condat 39 km – Issoire 32 km
Carte Michelin 326-E9 – Guide Vert Michelin Auvergne

⌂ Le Grillon

FAMILIAL · PERSONNALISÉ Légèrement à l'écart du lac, cet établissement familial abrite des chambres confortables et bien entretenues, que les propriétaires rénovent progressivement.
20 chambres – ♦50/75 € ♦♦55/75 € – ⊊ 10 € – ½ P
– ℰ 04 73 88 60 66 – www.hotel-grillon.com – Ouvert 6 fév.-31 oct.

⌂ Beau Site

AUBERGE · RUSTIQUE Cette belle maison fleurie domine le lac. Les chambres sont très bien tenues – préférez les plus récentes –, avec vue sur le plan d'eau ou la plage. Cuisine du terroir à déguster face au rivage.
16 chambres – ♦55/60 € ♦♦60/80 € – ⊊ 10 € – ½ P
– ℰ 04 73 88 61 29 – www.beau-site.com – Ouvert vacances de fév. et de Pâques à fin oct.

LAC DE LA LIEZ – 52 (Haute-Marne) → voir Langres

LAC DE PONT – 21 (Côte-d'Or) → voir Semur-en-Auxois

LAC GÉNIN – 01 (Ain) → voir Oyonnax

LACQ

✉ 64170 (Pyrénées-Atlantiques) – 722 hab. – Alt. 112 m – Carte régionale n° **3**-B3
▶ Paris 799 km – Bordeaux 220 km – Mont-de-Marsan 65 km – Pau 31 km
Carte Michelin 342-I2

ⅼ○ Auberge Panacau

CUISINE TRADITIONNELLE · TRADITIONNEL ✕✕ Sur la route de Lacq, faites donc étape dans cette maison rouge ! Derrière les fourneaux, la chef concocte de bons petits plats traditionnels... depuis trois décennies. Un conseil : réservez, c'est souvent complet. Prix raisonnables.
Formule 13 € – Menu 24 € (semaine) – Carte 38/50 €
12 RD817 – ℰ 05 59 60 02 27 – Fermé 3 semaines en août, vacances de Noël, le soir et sam.

LACROIX-FALGARDE – 31 (Haute-Garonne) → voir Toulouse

LADOIX-SERRIGNY – 21 (Côte-d'Or) → voir Beaune

LAGARDE-D'APT

✉ 84400 (Vaucluse) – 35 hab. – Alt. 1 100 m – Carte régionale n° **40**-B2
▶ Paris 739 km – Avignon 74 km – Digne-les-Bains 98 km – Marseille 105 km
Carte Michelin 332-F10

❀ Le Bistrot de Lagarde (Lloyd Tropeano)

CUISINE MODERNE · AUBERGE ✕ Le genre de découverte qui marque pour longtemps... Le lieu est perdu, au cœur du plateau d'Albion (1 100 m), sur une ancienne base militaire de lancement de missiles nucléaires ! C'est aujourd'hui un petit havre de délices, porté par l'inspiration d'un jeune chef talentueux, Lloyd Tropeano (ancien de Régis Marcon). Partez à sa rencontre !
→ Soupe au pistou de nos Mamées. Carré et selle d'agneau rôtis aux herbettes du maquis, caviar d'aubergine et risotto d'épeautre. Comme une carotte aux arômes d'orange et fenouil.
Menu 29 € (déj. en semaine), 52/74 €
rte d'Apt, 1 km par D34 – ℰ 04 90 74 57 23 (réservation conseillée) – http://lebistrotdelagarde.free.fr – Fermé de mi-déc. à mi-mars, lundi et mardi

LAGARDE-ENVAL

⊠ 19150 (Corrèze) – 784 hab. – Alt. 480 m – Carte régionale n° **25**-C3

▶ Paris 488 km – Aurillac 71 km – Brive-la-Gaillarde 35 km – Mauriac 66 km

Carte Michelin 329-L4

ⵏ◯ **Auberge du Pays**

CUISINE TRADITIONNELLE · RUSTIQUE ⵟ Très sympathique, ce restaurant familial qui fait aussi bar-tabac. La cuisine du terroir tulliste est à l'honneur : millassou,
mique, tête de veau le mercredi et farcidure le jeudi... C'est généreux et goûteux,
une véritable adresse à l'ancienne !

⌬ Menu 16 € (déj. en semaine), 22 € ⵟ/30 € ⵟ – Carte 37/59 €

rte de l'Étang – 𝒞 05 55 27 16 12 – www.aubergedupays.fr – *Fermé 15 août-15 sept.,
sam. et dim.*

LAGORD – 17 (Charente-Maritime) ➔ voir La Rochelle

LAGRASSE

⊠ 11220 (Aude) – 566 hab. – Alt. 108 m – Carte régionale n° **22**-B3

▶ Paris 819 km – Carcassonne 51 km – Montpellier 133 km – Perpignan 97 km

Carte Michelin 344-G4

ⵏ◯ **Hostellerie des Corbières**

RÉGIONALE · SIMPLE ⵟ Le relais de poste du village a fait peau neuve pour laisser place à un restaurant bien dans son époque, tenu par un jeune couple accueillant. Le savoir-faire du chef fait honneur au terroir et aux beaux produits locaux !
L'été, profitez de la terrasse. Quelques chambres toutes simples pour la nuit.

⌬ Menu 17 € (déj. en semaine), 21/39 € – Carte 42/55 €

6 chambres – ✚70/95 € ✚✚70/107 € – ⌂ 8 €

9 bd de la Promenade – 𝒞 04 68 43 15 22 – www.hostellerie-des-corbieres.com
– *Fermé 20-28 fév., 26 juin-3 juil., 19-28 oct., 19-31 déc.*

LAGRAVE

⊠ 81150 (Tarn) – 1 952 hab. – Alt. 150 m – Carte régionale n° **29**-C2

▶ Paris 686 km – Albi 16 km – Montauban 63 km – Toulouse 63 km

Carte Michelin 338-D7

⌂ **Château de Touny**

FAMILIAL · ÉLÉGANT Au cœur du vignoble de Gaillac et au bord du Tarn, un
beau château (18ᵉ et 19ᵉ s.) flanqué de deux pigeonniers. Dans le parc s'épanouissent des roses anciennes, et les chambres – mariant les genres avec élégance – respirent la sérénité. Sur le ponton, la gabarre et les kayaks du domaine sont amar-
rés, qui n'attendent que vous... Un lieu charmant et hors du temps !

4 chambres ⌂ – ✚99/123 € ✚✚99/173 €

32 chemin de Touny – 𝒞 05 63 57 90 90 – www.tounylesroses.com

LAGUIOLE

⊠ 12210 (Aveyron) – 1 230 hab. – Alt. 1 004 m – Carte régionale n° **29**-D1

▶ Paris 571 km – Aurillac 79 km – Espalion 22 km – Mende 83 km

Carte Michelin 338-J2

⊛ **Gilles Moreau**

CUISINE MODERNE · ÉLÉGANT ⵟⵟⵟ Le restaurant, bien connu dans la région,
continue de faire de nombreux émules grâce à l'enthousiasme de Gilles Moreau.
Il réalise ici une cuisine bien tournée et savoureuse : de la finesse, de beaux produits et l'envie de bien faire... Avis aux gourmands !

Menu 30/65 € – Carte environ 67 €

Hôtel Gilles Moreau, 2 allée de l'Amicale – 𝒞 05 65 44 31 11 *(réservation conseillée)
– www.gilles-moreau.fr – Fermé 26 juin-2 juil., 3 nov.-16 déc., 4 janv.-12 fév., lundi
et jeudi en fév.-mars sauf vacances scolaires, mardi et merc. sauf août*

Gilles Moreau

FAMILIAL · FONCTIONNEL Une maison de tradition à l'âme hospitalière. Les chambres portent des noms ancrés dans la région (lieux, fleurs, monts...), les plus calmes et les plus confortables donnant sur le jardin. De la verdure, le grand air de l'Aubrac et... une jolie piscine pour faire quelques brasses : le plaisir est complet.

20 chambres – †54/120 € ††54/120 € – ☲ 13 € – ½ P

2 allée de l'Amicale – ℰ 05 65 44 31 11 – www.gilles-moreau.fr
– Fermé 26 juin-2 juil., 3 nov.-16 déc., 4 janv.-12 fév., lundi et jeudi en fév.-mars sauf vacances scolaires, mardi et merc. sauf août

🐾 **Gilles Moreau** – voir les restaurants ci-dessus

Le Relais de Laguiole

HÔTEL DE CHAÎNE · FONCTIONNEL Une bâtisse récente d'esprit régional, sur une petite place commerçante. Ses atouts : des chambres fonctionnelles et spacieuses, une grande piscine couverte, un copieux buffet de petit-déjeuner, un restaurant traditionnel... et un espace bien-être avec cabines de massage et hammam.

33 chambres – †92/115 € ††92/204 € – ☲ 12 €

espace Les Cayres – ℰ 05 65 54 19 66 – www.relais-laguiole.com
– Ouvert 8 avril-1er nov.

Régis

FAMILIAL · ACTUEL Au cœur de la cité, un relais de diligence du 19e s., tenu par la même famille depuis trois générations. Les chambres, fraîches et contemporaines, sont agréables, tout comme la piscine.

15 chambres – †58/133 € ††58/133 € – ☲ 10 €

3 pl. de la Patte-d'Oie – ℰ 05 65 44 30 05 – www.hotel-regis-laguiole.com
– Ouvert 13 fév.-8 mars et 25 mars-15 nov.

La Ferme de Moulhac

FAMILIAL · ACTUEL Calme, air pur et repos garantis dans cette ferme familiale. Pour l'anecdote, le propriétaire est un "vrai" agriculteur, toujours en activité. Les chambres mêlent joliment l'ancien et le moderne ; on profite de massages et d'hydrothérapie dans l'espace bien-être. Authentique et sympathique !

5 chambres ☲ – †82/135 € ††90/135 €

2,5 km au Nord-Est par rte secondaire – ℰ 05 65 44 33 25
– www.fermedemoulhac.fr – Fermé 16 nov.-10 déc. et 15 janv.-5 fév.

à l'Est 6 km par rte de l'Aubrac (D15) – ✉ 12210 Laguiole :

✿✿✿ Bras (Sébastien Bras)

CRÉATIVE · DESIGN 🗙🗙🗙 Aubrac, Aubrac... Telle est l'incantation qui s'échappe de cette table magique ! Suc du terroir, sève des herbes aromatiques : la patte de Michel Bras... et de son fils Sébastien, qui est désormais seul aux fourneaux. On puise toujours au cœur du produit, et l'on fait chanter la terre comme nulle part ailleurs !

→ Gargouillou de jeunes légumes, herbes, graines et lait de poule parfumé. Pièce de bœuf rôtie à la braise, légumes et jus aux truffes de Comprégnac. Gaufrette de pomme de terre, crème au beurre noisette et caramel au beurre salé.

Menu 141/222 € – Carte 150/200 €

rte de l'Aubrac – ℰ 05 65 51 18 20 (réservation conseillée) – www.bras.fr – Ouvert de début avril à mi-nov. et fermé mardi midi et merc. midi sauf juil.-août et lundi

Bras

LUXE · DESIGN Au-dessus de Laguiole, à l'aplomb du plateau de l'Aubrac : plein sud, tout l'Aveyron se déploie à vos pieds ! C'est ici que Michel Bras a décidé de recréer l'auberge familiale, devenue vaisseau contemporain. Dans la transparence du verre, la nature est à vous...

11 chambres – †310/640 € ††310/640 € – 2 suites – ☲ 31 €

rte de l'Aubrac – ℰ 05 65 51 18 20 – www.bras.fr – Ouvert de début avril à mi-nov. et fermé lundi et mardi sauf juil.-août

✿✿✿ **Bras** – voir les restaurants ci-dessus

au Golf 12 km à l' Ouest par D541, D213 et rte secondaire

🏨 Domaine de Mezeyrac   🛰 🐾 ⌷ 🖻 & AC 🛇 🅿

MAISON DE CAMPAGNE · RUSTIQUE Cette ancienne bâtisse régionale dévoile son charme et son caractère en pleine nature ! Elle a été transformée en charmant complexe hôtelier, avec un golf de neuf trous et un restaurant dans la jolie grange rustique. Grand calme assuré, bon confort et vue sur les greens.

7 chambres – ♦59/110 € ♦♦59/110 € – 4 suites – ⌻10 €

– ℰ 05 65 44 41 41 – Ouvert avril-oct.

LA LAUPIE – 26 (Drôme) → voir Montélimar

LAMAGDELAINE – 46 (Lot) → voir Cahors

LAMALOU-LES-BAINS
✉ 34240 (Hérault) – 2 663 hab. – Alt. 200 m – Carte régionale n° **22**-B2
▶ Paris 732 km – Béziers 39 km – Lodève 38 km – Montpellier 79 km
Carte Michelin 339-D7

à Combes 10 km à l'Ouest par D908 et D180 – ✉ 34240 – 351 hab. – Alt. 480 m

🕸 Auberge de Combes   🏵 ⪡ 🛱 AC 🛇

CUISINE MODERNE · AUBERGE 🕇 Père et fils œuvrent de concert dans cette auberge perchée sur les hauteurs de la vallée de l'Orb. Derrière les fourneaux, tous deux s'activent et tirent le meilleur du terroir et des produits de saison. Dans l'assiette comme dans le paysage, la suavité brute domine... Excellent rapport qualité-prix.

Formule 25 € – Menu 32/55 €

– ℰ 04 67 95 66 55 – www.aubergedecombes.com – Fermé 2 janv.-8 fév., mardi de nov. à avril, dim. soir sauf juil.-août et lundi

LAMASTRE
✉ 07270 (Ardèche) – 2 426 hab. – Alt. 375 m – Carte régionale n° **44**-B2
▶ Paris 577 km – Privas 55 km – Le Puy-en-Velay 72 km – St-Étienne 90 km
Carte Michelin 331-J4 – Guide Vert Michelin Ardèche Drôme

🏨 Château d'Urbilhac   🛰 🐾 ⪡ 🛌 ⌷ 🛇 🛇 ♨ 🚗

FAMILIAL · PERSONNALISÉ Ce petit château de style néo-Renaissance (bâti au 16ᵉ s. et restauré au 19ᵉ s.) est prisé pour son parc de 30 ha dominant la vallée du Doux. Belle piscine. À la table d'hôte, on apprécie les recettes provençales de la maîtresse des lieux.

5 chambres ⌻ – ♦160/200 € ♦♦180/300 €

rte de Vernoux, 2 km au Sud-Est par rte de Vernoux-en-Vivarais – ℰ 04 75 06 42 11 – www.chateaudurbilhac.fr

LAMBALLE
✉ 22400 (Côtes-d'Armor) – 12 314 hab. – Alt. 55 m – Carte régionale n° **10**-C2
▶ Paris 431 km – Dinan 42 km – Rennes 81 km – St-Brieuc 21 km
Carte Michelin 309-G4 – Guide Vert Michelin Bretagne Nord

à la Poterie 3,5 km à l'Est par D28 – ✉ 22400 Lamballe

🍴 Le Manoir des Portes   🛌 🛱 ♿ 🅿

CUISINE MODERNE · RUSTIQUE 🕇🕇 Dans ce restaurant joliment rustique, on savoure une cuisine du marché déclinée sur l'ardoise. Savoureux café (torréfié maison !), à déguster aux beaux jours sur l'agréable terrasse.

Formule 18 € – Menu 23/33 €

– ℰ 02 96 31 13 62 – www.manoirdesportes.com – Fermé sam. midi et dim.

Le Manoir des Portes

FAMILIAL · PERSONNALISÉ Ce manoir du 16e s. tout en pierre ouvre sur un beau jardin fleuri, nanti d'un verger et d'un potager. Les chambres allient éléments anciens (mansardes), décoration très colorée et grand calme. Centre équestre à proximité.

16 chambres – ♦60/89 € – ♦♦69/116 € – 🛏 11 € – ½ P
– 𝒞 02 96 31 13 62 – www.manoirdesportes.com

⑪○ **Le Manoir des Portes** – voir les restaurants ci-dessus

LAMOTTE-BEUVRON

✉ 41600 (Loir-et-Cher) – 4 782 hab. – Alt. 114 m – Carte régionale n° **12**-C2
▶ Paris 171 km – Blois 59 km – Gien 58 km – Orléans 36 km
Carte Michelin 318-J6 – Guide Vert Michelin Châteaux de la Loire

⑪○ **Tatin**

CUISINE TRADITIONNELLE · AUBERGE XX C'est ici que les sœurs Tatin inventèrent leur fameuse tarte aux pommes "renversée". Preuve en est : le fourneau de l'époque, fièrement exposé au bar. Et la tradition perdure... La cuisine du chef respecte les belles recettes d'hier !

Formule 27 € – Menu 35/62 € – Carte 75/95 €
5 av. de Vierzon, (face à la gare) – 𝒞 02 54 88 00 03 – www.hotel-tatin.fr – Fermé 3-19 avril, 31 juil.-16 août, 18 déc.-3 janv., dim. soir, mardi midi et lundi

 Tatin

FAMILIAL · CLASSIQUE Une adresse historique ! C'est dans cet hôtel, datant de 1894, que les demoiselles Tatin ont inventé leur célèbre dessert. Les chambres, rénovées progressivement, sont simples et bien tenues. Joli jardin.

14 chambres – ♦66/139 € – ♦♦66/139 € – 🛏 10 €
5 av. de Vierzon, (face à la gare) – 𝒞 02 54 88 00 03 – www.hotel-tatin.fr
– Fermé 3-19 avril, 31 juil.-16 août, 18 déc.-3 janv.

⑪○ **Tatin** – voir les restaurants ci-dessus

LAMOTTE-WARFUSEE

✉ 80800 (Somme) – 674 hab. – Alt. 90 m – Carte régionale n° **36**-B2
▶ Paris 141 km – Abbeville 72 km – Amiens 22 km – Cambrai 68 km
Carte Michelin 301-I8

⑪○ **Le Saint-Pierre**

CUISINE TRADITIONNELLE · RUSTIQUE XX À côté de l'église, le Saint-Pierre vous mène au paradis sans passer par le purgatoire... On s'y régale d'une appétissante cuisine traditionnelle, aux saveurs simples et marquées, que le chef fait évoluer au gré des saisons. Accueil sympathique.

Formule 15 € 𝟅 – Menu 25/31 € – Carte 45/51 €
3 r. Delambre – 𝒞 03 22 42 26 66 – Fermé le soir de nov. à janv. sauf vend. et sam., dim. soir, merc. soir et lundi

LAMOURA

✉ 39310 (Jura) – 554 hab. – Alt. 1 156 m – Carte régionale n° **16**-B3
▶ Paris 477 km – Genève 47 km – Gex 29 km – Lons-le-Saunier 74 km
Carte Michelin 321-F8 – Guide Vert Michelin Franche-Comté Jura

 La Spatule

TRADITIONNEL · MODERNE Au pied des pistes, un beau chalet avec des chambres pratiques et contemporaines (préférez-les côté prairie), proposées à des tarifs très compétitifs ! Et il y a aussi un restaurant traditionnel où l'on ne manque pas de déguster des spécialités fromagères.

26 chambres – ♦62/86 € – ♦♦62/86 € – 🛏 10 €
Grande'rue – 𝒞 03 84 41 20 23 – www.hotellaspatule.com – Fermé nov. à mi déc.

LAMPAUL-PLOUARZEL

✉ 29810 (Finistère) – 2 060 hab. – Alt. 34 m – Carte régionale n° **9**-A1
▶ Paris 615 km – Brest 24 km – Quimper 98 km – Rennes 263 km
Carte Michelin 308-C4

⅋○ **Auberge du Vieux Puits**

CUISINE TRADITIONNELLE · AUBERGE ✗✗ Elle a du charme cette maison bretonne au centre du village... et le puits est toujours là ! Foie gras de Ploudaniel (maison), lieu de la mer d'Iroise, homard à la lampaulaise, etc. Une cuisine traditionnelle qui profite à plein des bons produits issus de la pêche locale, travaillés avec passion.
Menu 21 € ☟ (semaine), 30/58 €
pl. de l'Église – ℰ 02 98 84 09 13 – www.aubergeduvieuxpuits.com
– Fermé 8-27 mars, 21 sept.-9 oct., dim. soir et lundi

LANARCE

✉ 07660 (Ardèche) – 158 hab. – Alt. 1 180 m – Carte régionale n° **44**-A3
▶ Paris 579 km – Aubenas 44 km – Langogne 18 km – Privas 72 km
Carte Michelin 331-G5

⅋○ **Le Provence**

CUISINE TRADITIONNELLE · FAMILIAL ✗✗ À mi-chemin entre Aubenas et Le Puy-en-Velay, faites étape dans ce sympathique restaurant ! On y apprécie une cuisine gourmande et généreuse axée sur les produits du terroir : agneau provenant de l'élevage familial, charcuteries, cèpes, myrtilles, etc. Une bonne adresse.
☜ Formule 14 € – Menu 18 € (déj. en semaine), 21/39 €
– Carte 24/39 €
N102 – ℰ 04 66 69 46 06 – www.hotel-le-provence.com
– Ouvert 1er mars-11 nov.

⌂ **Le Provence**

FAMILIAL · FONCTIONNEL Altitude 1 200 m, en pleine montagne ardéchoise, pays des volcans et des sources : bienvenue aux amoureux de la nature ! Cette bâtisse récente borde un axe fréquenté, mais toutes les chambres ouvrent du côté opposé à la route et sont bien insonorisées. Un établissement bien tenu.
16 chambres – ♦58/72 € ♦♦58/72 € – ☲ 10 € – ½ P
N102 – ℰ 04 66 69 46 06 – www.hotel-le-provence.com
– Ouvet 1er mars-11 nov.
⅋○ **Le Provence** – voir les restaurants ci-dessus

LANCIEUX

✉ 22770 (Côtes-d'Armor) – 1 512 hab. – Alt. 24 m – Carte régionale n° **10**-C1
▶ Paris 413 km – Rennes 80 km – Saint-Brieuc 85 km – Saint-Malo 18 km
Carte Michelin 309-J3 – Guide Vert Michelin Bretagne Nord

⌂ **Hôtel des Bains**

TRADITIONNEL · FONCTIONNEL Au cœur de cette station balnéaire, à quelques centaines de mètres du rivage, un hôtel né en 1894 et géré en famille. Les chambres sont fonctionnelles et bien tenues, certaines avec une kitchenette : une adresse utile.
12 chambres – ♦75/140 € ♦♦78/160 € – ☲ 9 €
20 r. Poncel – ℰ 02 96 86 31 33 – www.hoteldesbains-lancieux.fr

LANDÉDA

✉ 29870 (Finistère) – 3 606 hab. – Alt. 52 m – Carte régionale n° **9**-A1
▶ Paris 604 km – Quimper 94 km – Rennes 253 km
Carte Michelin 308-D3

Le Vioben

POISSONS ET FRUITS DE MER · CONVIVIAL X Poissons de la pêche artisanale, homards et autres fruits de mer sont servis à quelques mètres de la plage, dans un cadre décontracté et contemporain... Cette adresse a la cote localement, et l'on comprend aisément pourquoi !

Formule 17 € – Menu 22 € (déj. en semaine), 25/54 €
– Carte 31/76 €

30 Ar Palud, (port de l'Aber Wrac'h)
– *℘ 02 98 04 96 77 (réservation conseillée) – www.vioben.com*
– *Fermé 11 nov.-5 déc., 4-31 janv., sam. midi et lundi*

LANGEAIS

 37130 (Indre-et-Loire) – 4 157 hab. – Alt. 41 m – Carte régionale n° **11**-A2
▶ Paris 259 km – Angers 101 km – Château-la-Vallière 28 km – Chinon 26 km
Carte Michelin 317-L5 – Guide Vert Michelin Châteaux de la Loire

Au Coin des Halles

CUISINE MODERNE · COSY X Dans la rue qui mène au château de Langeais, arrêtez-vous dans cette jolie maison en tuffeau. Le décor est agréable et la cuisine, inventive et boostée par les produits du terroir, fait mouche ! Aux beaux jours, on profite de l'agréable terrasse. Accueil charmant en prime.

Formule 26 € – Menu 32/54 € – Carte 54/65 €

9 r. Gambetta
– *℘ 02 47 96 37 25 – www.aucoindeshalles.com*
– *Fermé de mi-janv. à mi-fév., merc. et jeudi*

Domaine de Châteaufort

HISTORIQUE · ÉLÉGANT Une superbe demeure en pierre de taille entourée d'un parc parfaitement entretenu par un jardinier employé à l'année, un vaste potager pour alimenter la cuisine en produits frais, de belles et vastes chambres pleines de charme : en pleine vallée de la Loire, cette étape sort du lot !

5 chambres ⌂ – †165/245 € ††165/395 €

r. St-Laurent
– *℘ 02 47 96 66 29 – www.domainedechateaufort.fr*

à St-Patrice 10 km à l'Ouest par rte de Bourgueil – 37130 – 660 hab.
– Alt. 39 m

Château de Rochecotte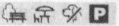

CUISINE MODERNE · ÉLÉGANT XXX Dans cet élégant château du Siècle des lumières, proche des vignobles de Bourgueil, la cuisine se décline dans un esprit gastronomique : feuillantine de langoustine et foie gras, tournedos de lotte au safran... À l'aune de son décor 18e s.

Formule 37 € – Menu 49 € – Carte 60/75 €

43 r. Dorothée de Dino
– *℘ 02 47 96 16 16 – www.chateau-de-rochecotte.fr*
– *Fermé 15 fév.-6 mars*

Château de Rochecotte

CHÂTEAU · CLASSIQUE Le souvenir de la duchesse de Dino et de Talleyrand plane sur cette élégante demeure aristocratique. De l'enfilade des magnifiques salons, aux chambres intimes et raffinées, en passant par le superbe parc, les plaisirs du 18e s. restent intacts !

34 chambres – †170/300 € ††170/330 € – 3 suites – ⌂ 21 € – ½ P

43 r. Dorothée-de-Dino
– *℘ 02 47 96 16 16 – www.chateau-de-rochecotte.fr*
– *Fermé 15 fév.-6 mars*

X○ **Château de Rochecotte** – voir les restaurants ci-dessus

LANGOGNE

✉ 48300 (Lozère) – 2 950 hab. – Alt. 913 m – Carte régionale n° **23**-C1

▶ Paris 577 km – Mende 48 km – Le Puy-en-Velay 42 km – Privas 95 km
Carte Michelin 330-L6 – Guide Vert Michelin Languedoc

🏠 Domaine de Barrès   🏌 🖵 🖹 ⅃↕ 🖩 🖵 🎿 🅿

HÔTEL DE VACANCES · ÉLÉGANT Au cœur d'un parc de 25 ha, avec un golf 9 trous, une noble demeure du 18ᵉ s., entièrement réaménagée par l'architecte Jean-Michel Wilmotte, qui a signé jusqu'au mobilier : un vrai contraste derrière la belle façade tout en pierre !

19 chambres – 🛏77/125 € – 🛏🛏77/125 € – ☷ 13 € – ½ P

rte de Mende, 2 km – ℰ 04 66 46 08 37 – www.domainedebarres.com – Ouvert
début avril-fin oct.

LANGON

✉ 33210 (Gironde) – 7 404 hab. – Alt. 10 m – Carte régionale n° **3**-B2

▶ Paris 624 km – Bergerac 83 km – Bordeaux 49 km – Libourne 54 km
Carte Michelin 335-J7 – Guide Vert Michelin Aquitaine

✿ Claude Darroze   🕸 ⇦ 🛋 🎿 🅿

CUISINE CLASSIQUE · FAMILIAL 🕉🕉🕉 Cet établissement familial sait perpétuer les traditions : on y savoure une délicieuse cuisine du Sud-Ouest, accompagnée de bons bordeaux (600 appellations). Les petits plus appréciables : l'agréable terrasse sous les platanes et les chambres dont certaines ont été refaites récemment.

➜ Salade de homard aux légumes croquants. Ris de veau, demi-glace de viande tomatée et acidulée, légumes du moment. Soufflé au Grand Marnier.

Formule 30 € – Menu 44/88 € – Carte 65/130 €

15 chambres – 🛏75/95 € – 🛏🛏90/115 € – ☷ 13 €

95 cours du Gén.-Leclerc – ℰ 05 56 63 00 48 – www.darroze.com – Fermé
15 fév.-9 mars, dim. soir et lundi

🏠 Alienor   ⅃ 🆎 ℅ 🎿 🅿

HÔTEL DE CHAÎNE · FONCTIONNEL Près d'un accès à l'autoroute et dans un environnement calme et verdoyant, un hôtel créé en 2011, d'esprit fonctionnel. Les chambres sont plaisantes et bien insonorisées ; la décoration sobre et de bon goût : une bonne étape !

20 chambres – 🛏63/90 € – 🛏🛏68/95 € – ☷ 8,50 €

chemin du Pioc – ℰ 05 56 62 15 15 – www.hotel-alienorlangon.fr

à St-Macaire 2 km au Nord – ✉ 33490 – 2 020 hab. – Alt. 15 m

😊 Abricotier   ⇦ 🖵 🛋 ⌇ ⅃ 🅿

CUISINE MODERNE · CONVIVIAL 🕉🕉 À deux pas de la cité médiévale, cette maison régionale ravit par son atmosphère décontractée, sa terrasse ombragée par des mûriers centenaires et son appétissante cuisine du marché : croustillant au boudin, crépinettes de canard dans une sauce au vin et champignons, etc. Quelques chambres spacieuses dans l'annexe.

Formule 23 € – Menu 29/44 € – Carte 39/67 €

3 chambres – 🛏65 € 🛏🛏68 € – ☷ 8 €

D1113 – ℰ 05 56 76 83 63 – www.restaurant-labricotier.com
– Fermé 29 mars-5 avril, 27-30 juin, 29 août-1ᵉʳ sept., 16 nov.-15 déc., mardi soir et
lundi

LANGRES

✉ 52200 (Haute-Marne) – 7 905 hab. – Alt. 466 m – Carte régionale n° **14**-C3

▶ Paris 285 km – Chaumont 35 km – Dijon 79 km – Nancy 142 km
Carte Michelin 313-L6 – Guide Vert Michelin Champagne Ardenne

🍴 Le Cheval Blanc

CUISINE MODERNE · ÉLÉGANT XX Inutile de se cabrer : ce restaurant n'a que des bonnes choses à vous offrir ! Le chef n'hésite pas à rehausser les recettes traditionnelles de jolies touches d'inventivité : Saint-Jacques rôties, crémeux de fèves et petits pois ; noisettes d'agneau, parfum de café, ail en chemise et royale de chou-fleur caramélisé...

Formule 19 € – Menu 38/50 € – Carte 55/100 €

4 r. de l'Estres – ℰ 03 25 87 07 00 – www.hotel-langres.com – Fermé nov. et merc. midi

🏠 Le Cheval Blanc

AUBERGE · PERSONNALISÉ Le lieu est chargé d'histoire ! En effet, c'est dans cette église que Bossuet reçut le sous-diaconat. La Révolution en fit une auberge et depuis, on vient se reposer dans des chambres de caractère, plus fonctionnelles à l'annexe.

23 chambres – ♦80/140 € ♦♦90/145 € – ☑ 12 € – ½ P

4 r. de l'Estres – ℰ 03 25 87 07 00 – www.hotel-langres.com – Fermé nov.

🍴 **Le Cheval Blanc** – voir les restaurants ci-dessus

au Lac de la Liez 6 km à l'Est par N19 et D284 – ⊠ 52200 Langres

🍴 Auberge des Voiliers

CUISINE TRADITIONNELLE · FAMILIAL XX Cette auberge jouit d'une situation idéale au bord du lac. En dégustant sa cuisine traditionnelle sous la véranda et avec pareille vue, on se croirait en vacances... Les chambres, fonctionnelles et climatisées, entretiennent presque l'illusion d'être sur un voilier !

Formule 18 € – Menu 28/49 € – Carte 32/60 €

10 chambres – ♦55/135 € ♦♦55/155 € – ☑ 12 €

1 r. des Voiliers, (lac de la Liez) – ℰ 03 25 87 05 74 – www.hotel-voiliers.com – Ouvert 15 fév.-20 déc. et fermé dim. soir, mardi midi et lundi hors saison

LANGUIMBERG

⊠ 57810 (Moselle) – 179 hab. – Alt. 290 m – Carte régionale n° **27**-C2

▶ Paris 411 km – Lunéville 43 km – Metz 79 km – Nancy 65 km

Carte Michelin 307-M6

❀ Chez Michèle (Bruno Poiré)

CUISINE MODERNE · ÉLÉGANT XX Ancien café de village, puis auberge familiale... et enfin table gastronomique reconnue dans la région : une jolie trajectoire pour ce restaurant dorénavant tenu par Bruno Poiré, le fils de Michèle, qui signe une cuisine d'aujourd'hui généreuse et précise. Excellent rapport qualité-prix.

➜ Langoustines en tempura et pasotto aux courgettes. Ris de veau laqué à l'estragon. Baba aux fruits rouges.

Formule 25 € – Menu 40/90 € – Carte 65/80 €

57 r. Principale – ℰ 03 87 03 92 25 – www.chezmichele.fr – Fermé 15-31 oct., 1er-14 janv., lundi soir en hiver, mardi et merc.

LANNEPAX

⊠ 32190 (Gers) – 537 hab. – Alt. 168 m – Carte régionale n° **28**-A2

▶ Paris 749 km – Aire-sur-l'Adour 48 km – Auch 41 km – Barbotan-les-Termes 34 km

Carte Michelin 336-D7

🍴 Les Caprices d'Antan

CUISINE TRADITIONNELLE · BISTRO X Au cœur de la bastide, une auberge chaleureuse avec ses carrelages anciens et ses objets chinés. Pas de menus, mais une courte ardoise où le produit frais donne le la : porc noir au velouté de pois chiche et piquillos, chocolat liégeois, etc. Simplicité et convivialité sont à l'honneur... et chaque mois un spectacle cabaret !

Formule 14 € – Menu 26/30 € – Carte environ 43 €

pl. de la Mairie – ℰ 05 62 65 76 92 – www.aubergelescapricesdantan.fr – Fermé 5-20 janv., dim. soir, lundi et mardi

LANNILIS

✉ 29870 (Finistère) – 5 349 hab. – Alt. 48 m – Carte régionale n° **9**-A1
▶ Paris 599 km – Brest 23 km – Landerneau 29 km – Morlaix 63 km
Carte Michelin 308-D3

⑪○ **Les Oliviers**

CUISINE TRADITIONNELLE · CONVIVIAL ✗ Ces Oliviers-là se plaisent en terre bretonne. Le chef, originaire de Montpellier, travaille des produits du Sud (cochon du Ventoux, taureau de Camargue AOC, etc.), mais aussi de délicieux poissons et toute une variété de légumes oubliés, toujours avec une pointe d'originalité.

🍴 Formule 15 € – Menu 20 € (semaine), 30/38 € – Carte 22/51 €

6 r. Carellou – ✆ 02 98 04 19 94 – www.les-oliviers-lannilis.fr – Fermé vacances de Noël, sam. midi et mardi

LANNION

✉ 22300 (Côtes-d'Armor) – 19 380 hab. – Alt. 12 m – Carte régionale n° **9**-B1
▶ Paris 516 km – Brest 96 km – Morlaix 42 km – St-Brieuc 65 km
Carte Michelin 309-B2 – Guide Vert Michelin Bretagne Nord

⑪○ **L'Anthocyane** ♿ ⊖

CUISINE MODERNE · À LA MODE ✗✗ Un chef expérimenté veille aux destinées de ce restaurant au cadre contemporain et cosy ; il y propose une cuisine du marché autour de courts menus établis au plus près des saisons. Imagination, précision technique, respect des saveurs : trois règles d'or pour un repas qui ne laisse pas indifférent !

Menu 23 € (déj. en semaine), 34/66 €

25 av. Ernest-Renan – ✆ 02 96 38 30 49 – www.lanthocyane.com – Fermé 2 semaines en mars, 22-30 juin, 2 semaines en oct.

à La Ville-Blanche 5 km par D786, rte de Tréguier – ✉ 22300 Rospez

✿ **La Ville Blanche** (Jean-Yves Jaguin) 🎇 ♿ 🆔 💱 ⊖ 🅿

CUISINE MODERNE · ÉLÉGANT ✗✗✗ On vient ici pour se faire plaisir ! Dans cette jolie longère, une belle clientèle d'habitués se donne rendez-vous pour savourer une cuisine fine et parfumée, subtilement relevée par les herbes aromatiques du jardin potager. Le décor, d'esprit contemporain, semble à l'unisson de l'inspiration du chef...

➔ Huitres tièdes au bouillon de poule, flan de foie gras et galette de blé noir. Homard breton rôti au four au beurre salé et ses pinces en ragoût. Parfait glacé à la menthe et au chocolat, tuile à la réglisse.

Menu 35 € 🍷 (semaine), 48/79 € – Carte 70/80 €

– ✆ 02 96 37 04 28 (réservation conseillée) – www.la-ville-blanche.com
– Fermé 27 juin-11 juil., 10-17 oct., 19-31 déc., 3 semaines en janv., merc. sauf août, dim. soir et lundi

LAON

✉ 02000 (Aisne) – 25 317 hab. – Alt. 181 m – Carte régionale n° **37**-D2
▶ Paris 141 km – Reims 62 km – St-Quentin 48 km – Soissons 38 km
Carte Michelin 306-D5

㊝ **Zorn - La Petite Auberge**

CUISINE MODERNE · À LA MODE ✗✗ Cette belle auberge contemporaine affiche souvent complet : c'est en effet une valeur sûre de la région ! Un succès mérité pour le chef, Willy Marc Zorn, qui fait montre d'une vraie finesse d'exécution en concoctant de belles assiettes de saison, tout en saveurs franches. Excellent rapport qualité-prix.

Formule 22 € – Menu 32/55 € – Carte 68/82 €

Plan : CY-a *– 45 bd Brossolette – ✆ 03 23 23 02 38*
– www.zorn-lapetiteauberge.com – Fermé 1 semaine vacances de fév., 2 semaines en août, lundi soir, sam. midi et dim. sauf fériés

La Bannière de France

TRADITIONNEL · RUSTIQUE Aîné des hôtels de la ville, cet ancien relais de poste fut édifié en 1685 au cœur de la cité médiévale. Entre esprit rustique et style classique, les chambres cultivent un petit côté vieille France parfaitement dans le ton...

17 chambres – ♦94/130 € ♦♦94/130 € – ☑ 9 €

Plan : BCZ-t – *11 r. Franklin Roosevelt* – ℰ *03 23 23 21 44*
– *www.hoteldelabannieredefrance.com* – *Fermé 24 déc.-1ᵉʳ janv.*

La Maison des 3 Rois

FAMILIAL · PERSONNALISÉ De l'industrie à l'hôtellerie, il n'y a parfois qu'un pas que le propriétaire des lieux a franchi. Au cœur de la vieille ville, ces deux maisons – dont la partie la plus ancienne remonte au 14ᵉ s. – conjuguent charme et douceur. Et certaines chambres offrent une jolie vue sur les toits...

5 chambres ☑ – ♦75/90 € ♦♦100/120 €

Plan : BZ-r – *17 r. St-Martin* – ℰ *03 23 20 74 24* – *www.lamaisondes3rois.com*

à Samoussy 13 km à l'Est par D977 – ☒ 02840 – 344 hab. – Alt. 84 m

Le Relais Charlemagne

CUISINE CLASSIQUE · AUBERGE ✕✕ Berthe au Grand Pied, mère de Charlemagne, serait née à Samoussy, d'où l'enseigne de cette table classique, cachant un agréable jardin sur l'arrière. Parmi les grandes spécialités de la carte, on compte la salade de homard aux agrumes, le foie gras poêlé en aigre-doux et les ris de veau aux morilles.

Formule 30 € – Menu 50/65 € – Carte 57/69 €

4 rte de Laon – ℰ *03 23 22 21 50* – *www.lerelaischarlemagne.fr*
– *Fermé 1ᵉʳ-15 août, merc. soir, dim. soir, fériés le soir et lundi*

à Chamouille 13 km par D967 – ☒ 02860 – 271 hab. – Alt. 112 m

Hôtel du Golf de l'Ailette

BUSINESS · FONCTIONNEL Sur les rives du lac d'Ailette, entre calme et verdure... Dans ce bâtiment des années 1990, les chambres sont spacieuses et contemporaines, toutes avec un balcon donnant sur l'eau. Golf, sports nautiques : côté détente, rien ne manque !

58 chambres – ♦89/149 € ♦♦89/149 € – ☑ 15 €

23 r. du Chemin-des-Dames, (parc nautique de l'Ailette), 0,5 km au Sud par D 967
– ℰ *03 23 24 84 85* – *www.ailette.fr*

LAPALISSE

☒ 03120 (Allier) – 3 122 hab. – Alt. 280 m – Carte régionale n° **6**-C1
▶ Paris 346 km – Digoin 45 km – Mâcon 122 km – Moulins 50 km
Carte Michelin 326-I5 – Guide Vert Michelin Auvergne

Galland

CUISINE MODERNE · TRADITIONNEL ✕✕ Impossible de ne pas remarquer cette imposante maison rose pastel ! On y apprécie des plats actuels mettant à l'honneur les produits régionaux, le tout servi dans un cadre élégant. À noter, une petite carte bistrot au déjeuner. Chambres sobres et bien tenues pour l'étape.

Formule 17 € – Menu 23 € (déj. en semaine), 29/65 € – Carte 35/59 €

6 chambres – ♦60/75 € ♦♦60/75 € – ☑ 10 €

20 pl. de la République – ℰ *04 70 99 07 21* – *www.hotelgalland.fr*
– *Fermé 5-25 janv., dim. soir et lundi*

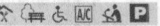 Auberge du Moulin Marin

TRADITIONNEL · ACTUEL En face d'un grand moulin (1854) – qui abrite la partie restaurant, d'esprit traditionnel –, un bâtiment récent au bord de la Besbre. On s'y repose dans des chambres contemporaines et confortables, bercé par le doux clapotis de l'eau.

16 chambres – ♦73/76 € ♦♦98/106 € – ☑ 12 €

rte de Varrennes-sur-Tèche – ℰ *04 70 99 08 53* – *www.moulin-marin.com*

LAON

Arquebuse (R. de l') ..... **CZ** 2
Aubry (Pl.) .... **CZ** 3
Berthelot (R. Marcelin) ..... **AZ** 5

Bossus (R. de l'Abbé) ..... **DY** 6
Bourg (R. du) .... **BCZ** 8
Carnot (Av.) .... **CY**
Change (R. du) .... **CZ** 9
Charles de Gaulle (Av.) ..... **DY** 12
Châtelaine (R.) .... **CZ** 13

Cloître (R. du) .... **CZ** 15
Combattants d'Afrique du Nord
(Pl. des) .... **DZ** 16
Cordeliers (R. des) .... **CZ** 18
Doumer (R. Paul) .... **CZ** 19
Ermant (R. Georges) ...... **CZ** 21

[Map of Laon showing streets including R. Fernand Christ, R. Nestor Grehant, Pl. Winchester, Rampe St-Just, Boulevard, R. J.B. Lebas, R. du Gi de Lattre-de-Tasigny, Rampe Saint-Marcel, Promenade Saint-Just, Pl. Foch, R. du 13 Octobre 1918, LE BOURG, R. J.-F. Kennedy, R. H. Martin, R. P Cecaldi, Pl. G. Lemoine, ABBAYE ST-MARTIN, Thibesard, Bd Michelet, CUVE ST-VINCENT, Glatigny, PORTE DE SOISSONS, TOUR PENCHÉE, I.U.T. Scale: 0 - 200 m. Directions: ④ ST-QUENTIN D 1044 CHAUNY, ③ D 1044 PARIS N 2 SOISSONS, ST-GOBAIN D 7]

LAPOUTROIE

✉ 68650 (Haut-Rhin) – 1 924 hab. – Alt. 420 m – Carte régionale n° **1**-A2
▶ Paris 430 km – Colmar 21 km – Munster 31 km – Ribeauvillé 20 km
Carte Michelin 315-H8

ⅼ○ Les Alisiers

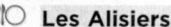 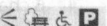

CUISINE MODERNE · ÉLÉGANT XX La table des Alisiers dispose d'une belle salle panoramique au décor épuré. Ici, on savoure une cuisine qui valorise les produits locaux et se démarque du registre local en mêlant influences et saveurs. De quoi vous donner envie de revenir !

Menu 26/41 €

*Hôtel Les Alisiers, lieu-dit Faudé, 3 km au Sud-Ouest par rte secondaire
– ℰ 03 89 47 52 82 (réservation conseillée) – www.alisiers.com
– Fermé 4-10 avril, 14-20 nov., 4-26 janv., lundi, mardi et le midi en semaine hors saison*

Hurée (R. de la)	**DY** 23	Parvis Gautier de Mortagne	
Jur (Prom. Barthélémy de)	**CZ** 24	(Pl. du)	**CZ** 29
Leclerc (Pl. du Gen.)	**CZ** 25	Père Marquette et Louis Jolliet	
Leduc (R. Eugène)	**DY**	(R. du)	**BZ** 27
Libération (R. de la)	**ABZ** 26	Rabin (Promenade Yitzhak)	**CZ** 30
Martinot (Allée Jean)	**DZ** 28	Roosevelt (R. Franklin)	**CZ** 31

St-Jean (R.)	**BZ** 33
St-Martin (R.)	**BZ** 34
Signier (R. de)	**CZ** 36
Thuillart (R. Fernand)	**DY** 37
Victor-Hugo (Pl.)	**DY** 39
Vinchon (R.)	**CZ** 40

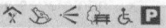

ꊱO Faudé   🕸

CUISINE MODERNE · AUBERGE ✕✕ Un établissement dans la même famille depuis quatre générations. On y savoure de bonnes recettes d'aujourd'hui, dans un cadre au diapason, avant d'aller visiter, pourquoi pas, le musée des Eaux-de-Vie tout proche !

Menu 21/80 € – Carte 38/62 €

Hôtel Faudé, 28 r. Gén. Dufieux – ℰ 03 89 47 50 35 – www.faude.com

🏠 Les Alisiers   ⭢ ⅏ ⬳ 🛏 ⅄ 🅿

FAMILIAL · PERSONNALISÉ À 700 m d'altitude, dominant le vallon, cette ancienne ferme du pays welche (datée de 1819) est bourrée de charme ! Les chambres sont chaleureuses – certaines décorées avec soin à la façon d'un chalet contemporain – et l'on s'y sent bien...

12 chambres – ❦57/182 € ❦❦57/182 € – 🖙 13 € – ½ P

lieu-dit Faudé, 3 km au Sud-Ouest par rte secondaire – ℰ 03 89 47 52 82
– www.alisiers.com – Fermé 4-10 nov., 14-20 nov., 4-26 janv., lundi et mardi hors saison

ꊱO **Les Alisiers** – voir les restaurants ci-dessus

🏠 Faudé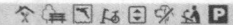

FAMILIAL · FONCTIONNEL Dans un jardin bordé par une rivière, un hôtel et son restaurant : une vraie maison de tradition, aux chambres confortables et bien tenues.
30 chambres – 🛏80/129 € 🛏🛏80/129 € – 2 suites – 🍽13 € – ½ P
28 r. du Gén.-Dufieux – ℰ03 89 47 50 35 – www.faude.com
🍴 **Faudé** – voir les restaurants ci-dessus

LAQUENEXY

✉ 57530 (Moselle) – 1 058 hab. – Alt. 300 m – Carte régionale n° **27**-C1
▶ Paris 344 km – Metz 17 km – Nancy 63 km – Thionville 43 km
Carte Michelin 307-I4

🍴 Les Jardins Fruitiers de Laquenexy

CUISINE MODERNE · SIMPLE Au cœur d'un jardin abritant plus de mille variétés d'arbres fruitiers, ce restaurant – doublé d'une boutique gourmande – s'avère aussi insolite que sympathique ! On y savoure une cuisine légère et bien ficelée, qui fait évidemment la part belle aux fruits et légumes du potager. Une jolie graine...
Menu 24 € (déj.) – Carte environ 30 €
4 r. Bourger-et-Perrin – ℰ03 87 35 01 00 (réservation conseillée)
– www.jardinsfruitiersdelaquenexy.com – Ouvert avril-oct. et fermé lundi, mardi et le soir

LAQUEUILLE

✉ 63820 (Puy-de-Dôme) – 352 hab. – Alt. 1 000 m – Carte régionale n° **5**-B2
▶ Paris 455 km – Aubusson 74 km – Clermont-Ferrand 40 km – Mauriac 73 km
Carte Michelin 326-D9

au Nord-Est 2 km par D922 et rte secondaire – ✉ 63820 Laqueuille :

🏠 Auberge de Fondain

AUBERGE · RUSTIQUE Pour se mettre au vert, une demeure bourgeoise (1903) en pleine nature. Les chambres sont douillettes, rénovées dans un esprit maison de campagne. Espace forme. Cuisine traditionnelle (plats auvergnats) au restaurant.
5 chambres – 🛏36/60 € 🛏🛏48/80 € – 🍽10 € – ½ P
Fondain – ℰ04 73 22 01 35 – www.auberge-fondain.com – Fermé nov.

LARAGNE-MONTÉGLIN

✉ 05300 (Hautes-Alpes) – 3 579 hab. – Alt. 571 m – Carte régionale n° **40**-B2
▶ Paris 687 km – Digne-les-Bains 58 km – Gap 40 km – Sault 60 km
Carte Michelin 334-C7

🕷 L'Araignée Gourmande AC

CUISINE TRADITIONNELLE · COSY C'est un plaisir de s'installer dans cet intérieur moderne et lumineux, et de profiter d'un service aimable et souriant ! Le chef, Thierry Chouin, met en valeur de bons produits locaux – y compris certains légumes du jardin familial – dans des assiettes bien tournées, rendant de jolis hommages à la tradition.
🍴 Formule 15 € – Menu 18 € (déj. en semaine), 29/39 € – Carte 40/64 €
8 r. de la Paix – ℰ04 92 65 13 39 – www.laraignee-gourmande.fr
– Fermé 15 fév.-7 mars, 28 juin-6 juil., 17 nov.-3 déc., dim. soir, mardi soir et merc.

LE LARDIN-ST-LAZARE

✉ 24570 (Dordogne) – 1 862 hab. – Alt. 86 m – Carte régionale n° **4**-D1
▶ Paris 503 km – Brive-la-Gaillarde 28 km – Lanouaille 38 km – Périgueux 47 km
Carte Michelin 329-I5

au Sud 4 km par D704, D62 et rte secondaire – ⊠ 24570 Condat-sur-Vézère :

🏠 Château de la Fleunie   🏠 🐾 ≼ 🛏 🍽 👤 👥 ♿ 🎱 P

CHÂTEAU · GRAND STYLE Ce château féodal, au cœur d'un vaste domaine boisé, impressionne ; il y a même un parc animalier ! On cultive le style châtelain, avec poutres, vieilles pierres et beau salon dans la tour. Cuisine classique servie devant la cheminée.

33 chambres – 🛏80/209 € 🛏🛏80/209 € – ⊊ 14 € – ½ P
– ✆ 05 53 51 32 74 – www.lafleunie.com – Fermé 1er janv.-22 mars

à Coly 6 km au Sud-Est par D74 et D62 – ⊠ 24120 – 228 hab. – Alt. 113 m

🍽 Manoir d'Hautegente   🛏 🏠 ♿ P

CUISINE MODERNE · CLASSIQUE 🅇🅇🅇 La table du Manoir est à la hauteur de l'écrin qui l'accueille ! Assis dans la belle salle à manger en pierres apparentes, où trône une imposante cheminée, on déguste une cuisine élaborée et pleine de trouvailles.

Formule 35 € – Menu 55 € – Carte environ 50 €
– ✆ 05 53 51 68 03 – www.manoir-hautegente.com
– Ouvert 8 mai-10 oct., fermé merc. midi, lundi et mardi

🍽 La Table de Jean   🏠 🄰🄲

CUISINE MODERNE · SIMPLE 🅇 Ici, on cultive l'identité locale ! Dans la salle, d'esprit bistrot, des photos retracent l'histoire du village. On apprend ainsi que Jean en a été le maire – et qu'il était visiblement un proche des patrons. Au menu : une cuisine au goût du jour, jetant de discrètes œillades vers la tradition, simple autant que bonne.

🍴 Menu 16 € (déj. en semaine)/30 €
– ✆ 05 53 51 68 08 – www.facebook.com/latabledejean
– Ouvert de mai à fin oct. et fermé sam. midi, dim., mardi et merc.

🏠 Manoir d'Hautegente   🏠 🐾 🛏 🎱 ♿ 🎱 P

FAMILIAL · COSY Dans un parc traversé par une rivière, un moulin du 14es. tapissé de vigne vierge. La beauté du site, les meubles anciens et le bar installé dans l'ancienne forge dégagent un charme véritable. Un joli écrin...

17 chambres – 🛏95/275 € 🛏🛏158/275 € – ⊊ 16 € – ½ P
– ✆ 05 53 51 68 03 – www.manoir-hautegente.com
– Ouvert 8 mai-10 oct.
🍽 **Manoir d'Hautegente** – voir les restaurants ci-dessus

LARGENTIÈRE

⊠ 07110 (Ardèche) – 1 789 hab. – Alt. 240 m – Carte régionale n° **44**-A3
▶ Paris 645 km – Alès 66 km – Aubenas 18 km – Privas 49 km
Carte Michelin 331-H6 – Guide Vert Michelin Ardèche Drôme

à Rocher 4 km au Nord par D5 – ⊠ 07110 – 281 hab. – Alt. 353 m

🏠 Le Chêne Vert   🏠 🐾 ≼ 🛏 🎱 ♿ 🄰🄲 P

AUBERGE · RUSTIQUE Aux confins du Vivarais et des Cévennes, une adresse conviviale aux chambres pratiques, certaines avec balcon offrant une jolie vue sur la vallée. À table, plats traditionnels et recettes régionales servis dans un décor bourgeois.

25 chambres – 🛏80/105 € 🛏🛏80/105 € – ⊊ 12 €
– ✆ 04 75 88 34 02 – www.hotellechenevert.com
– Ouvert 1er mai-1er oct.

à Sanilhac 7 km au Sud par D312 – ✉ 07110 – 432 hab. – Alt. 420 m

⌂ Auberge de la Tour de Brison   ✿ ⌂ ⇐ ⇧ ⌁ ✕ ⊡ ⌕ AC P

AUBERGE · RUSTIQUE De cette accueillante auberge bâtie à flanc de colline, la vue plonge sur la vallée et sur le plateau du Coiron. Chambres actuelles, jardin et superbe piscine à débordement. Au restaurant, cadre chaleureux, terrasse panoramique et recettes du terroir (menu unique).

14 chambres – ♦77/125 € ♦♦77/125 € – � 10 €
à la Chapelette – ✆ 04 75 39 29 00 – www.belinbrison.com – Ouvert 1ᵉʳ avril-31 oct.

LARMOR-BADEN

✉ 56870 (Morbihan) – 875 hab. – Alt. 10 m – Carte régionale n° **9**-A3
▶ Paris 474 km – Auray 15 km – Lorient 59 km – Pontivy 66 km
Carte Michelin 308-N9 – Guide Vert Michelin Bretagne Sud

⌂ Auberge du Parc Fétan   ✿ ⌁ ⌕ P

FAMILIAL · FONCTIONNEL À proximité de la baie et des sentiers côtiers, un hôtel convivial et parfaitement tenu, doté de chambres plutôt petites, simples et claires, la plupart ouvrant sur le golfe du Morbihan. Produits de la mer et cuisine traditionnelle dans une ambiance bistrot.

25 chambres – ♦45/81 € ♦♦59/140 € – ⊠ 9 €
17 r. de Berder – ✆ 02 97 57 04 38 – www.hotel-parcfetan.com – Ouvert 11 mars-13 nov.

LARMOR-PLAGE

✉ 56260 (Morbihan) – 8 219 hab. – Alt. 4 m – Carte régionale n° **9**-B2
▶ Paris 510 km – Lorient 7 km – Quimper 74 km – Vannes 66 km
Carte Michelin 308-K8 – Guide Vert Michelin Bretagne Sud

⌂ Les Rives du Ter   ✿ ⌂ ⇐ ⌁ ⌕ ⊡ ⌕ AC ⚑ P

BUSINESS · FONCTIONNEL Cet hôtel récent bordant le Ter abrite des chambres spacieuses, au style épuré, avec terrasse ou balcon donnant sur l'étang, bien au calme. Une bonne option pour profiter des jolies plages des environs.

58 chambres – ♦121/139 € ♦♦121/139 € – ⊠ 16 €
15 bd Jean-Monnet – ✆ 02 97 35 33 50 – www.lesrivesduter.com

LARNAC – 30 (Gard) → voir St-Ambroix

LAROQUE-DES-ALBÈRES

✉ 66740 (Pyrénées-Orientales) – 2 148 hab. – Alt. 100 m – Carte régionale n° **22**-B3
▶ Paris 883 km – Figueres 50 km – Montpellier 187 km – Perpignan 39 km
Carte Michelin 344-I7 – Guide Vert Michelin Languedoc Roussillon

⊛ Côté Saisons   ⇐ ⌂ ⌕ ✕

CUISINE MODERNE · BISTRO ✕ C'est au Ritz, à Paris, que le couple s'est rencontré. Elle était en salle, lui en cuisine, comme aujourd'hui dans leur restaurant. Une bâtisse du 19ᵉ s. avec un jardin fleuri et une jolie terrasse pour être toujours... Côté Saisons, à l'instar des recettes, savoureuses et bien ficelées ! De plus, le service est tout sourire.

Formule 24 € ▾ – Menu 32 € – Carte 40/50 €
5 chambres ⊠ – ♦65/100 € ♦♦100/120 €
10 av. de la Côte-Vermeille – ✆ 04 34 12 36 51 (réserver) – www.cotesaisons.com – Fermé 16-24 nov., janv., jeudi sauf le soir en juil.-août et merc.

LARRAU

✉ 64560 (Pyrénées-Atlantiques) – 194 hab. – Alt. 636 m – Carte régionale n° **3**-B3
▶ Paris 832 km – Oloron-Ste-Marie 42 km – Pau 75 km – St-Jean-Pied-de-Port 64 km
Carte Michelin 342-G6 – Guide Vert Michelin Pays Basque et Navarre

🍽️ Etchemaïté

CUISINE TRADITIONNELLE · RUSTIQUE Dans ces contrées montagneuses aux confins du Pays basque, une maison traditionnelle tout simplement charmante... d'autant qu'on s'y régale : tatin de foie gras aux pommes, poêlée d'anguilles persillées, épaule d'agneau braisé et garbure de haricots-maïs... C'est simple, goûteux et généreux !
Formule 19 € – Menu 25/55 € – Carte environ 45 €
Le Bourg – ☏ 05 59 28 61 45 – www.hotel-etchemaite.fr
– Fermé 1ᵉʳ janv.-13 fév., dim. soir et lundi du 16 nov. au 14 mai

🏠 Etchemaïté

AUBERGE · RUSTIQUE Simplicité et accueil familial d'une auberge de montagne, dans un hameau de la pittoresque Haute-Soule. Les chambres, confortables et bien tenues, méritent un détour dans ce coin aux airs de bout du monde...
17 chambres – †58/86 € ††58/86 € – ☑ 8 € – ½ P
Le Bourg – ☏ 05 59 28 61 45 – www.hotel-etchemaite.fr
– Fermé 1ᵉʳ janv.-13 fév., dim. soir et lundi du 6 nov. au 14 mai

   🍽️ **Etchemaïté** – voir les restaurants ci-dessus

LASCABANES

✉ 46800 (Lot) – 196 hab. – Alt. 180 m – Carte régionale n° **28**-B1
▶ Paris 598 km – Montauban 69 km – Toulouse 120 km – Villeneuve-sur-Lot 61 km
Carte Michelin 337-D5

🍽️ Le Domaine de Saint-Géry
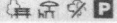

CUISINE TRADITIONNELLE · CLASSIQUE Autoproclamé "cuisinier-paysan", Patrick Duler ne plaisante pas avec l'origine de ses produits : une grande partie de ce qui est dans l'assiette – jambon de porc noir, truffe, foie gras – vient directement de ses propres champs ! Ses préparations, simples et soignées, révèlent l'âme d'un chef véritablement passionné.
Menu 48 €, 209 €
– ☏ 05 65 31 82 51 – www.saint-gery.com – Ouvert 15 avril-1ᵉʳ nov., 30 déc.-28 fév. et fermé le midi

🏡 Le Domaine de Saint-Géry

FAMILIAL · CLASSIQUE Vous voici sur les terres du seigneur de St-Géry... ou plutôt de ses descendants. Au cœur du Quercy, ce domaine de 70 ha permet de se ressourcer dans de confortables chambres campagnardes. Ici, le blé est même ramassé à la main pour faire le pain. Authentique !
5 chambres – †137/350 € ††137/350 € – ☑ 28 €
– ☏ 05 65 31 82 51 – www.saint-gery.com – Ouvert 1ᵉʳ avril-1ᵉʳ nov. et 30 déc.-28 fév.

LASCELLE

✉ 15590 (Cantal) – 311 hab. – Alt. 760 m – Carte régionale n° **5**-B3
▶ Paris 555 km – Aurillac 16 km – Bort-les-Orgues 84 km – Brioude 94 km
Carte Michelin 330-D4

🏡 Lac des Graves
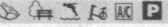

RURAL · FONCTIONNEL Randonneurs, kayakistes et adeptes du VTT apprécieront ce vaste parc aménagé au bord d'un lac. Chalets et cubes en bois au bord de l'eau, roulottes bohème parmi les ânes et les moutons ; l'hébergement est très original !
23 chambres – †58/78 € ††58/78 € – ☑ 9 €
Jaulhac – ☏ 04 71 47 94 06 – www.lacdesgraves.com – Fermé de mi-nov. à mi-déc.

LASSEUBE

✉ 64290 (Pyrénées-Atlantiques) – 1 732 hab. – Alt. 188 m – Carte régionale n° **3**-B3
▶ Paris 797 km – Bordeaux 219 km – Pau 19 km – Tarbes 60 km
Carte Michelin 342-J3 – Guide Vert Michelin Aquitaine

🍴○ La Promenade

CUISINE TRADITIONNELLE · RUSTIQUE 🕱 Une bonne petite table de terroir, où simplicité rime avec qualité ! Ici, les préparations maison avec des produits frais et de saison ont la part belle. Ambiance familiale et prix tout petits rendent La Promenade résolument attractive.

Formule 14 € 🍷 – Carte 25/37 €

r. de la République – 🕿 05 59 04 26 24 – *Fermé 2 semaines en juin et lundi*

🏠 La Ferme Dagué

FAMILIAL · FONCTIONNEL Avec sa superbe cour fermée, cette ferme béarnaise du 18ᵉ s. a beaucoup de cachet ! Les chambres sont fonctionnelles et bien tenues, le petit-déjeuner copieux.

5 chambres 🖵 – 🛏47/65 € 🛏🛏57/67 €

chemin Croix-de-Dagué – 🕿 05 59 04 27 11 – *www.ferme-dague.com
– Ouvert 30 avril-30 oct.*

LASTOURS

✉ 11600 (Aude) – 166 hab. – Carte régionale n° **22**-B2
▶ Paris 782 km – Carcassonne 19 km – Castres 52 km – Toulouse 107 km
Carte Michelin 344-F3

🍴○ L'Auberge du Diable au Thym ❶

CUISINE TRADITIONNELLE · BISTRO 🕱 Œuf poché et son amourette de salade, velouté de châtaignes aux quenelles de faisan, ou encore épaule d'agneau confite aux gousses d'ail rose de Lautrec... Dans cette seconde adresse, Jean-Marc Boyer recompose chaque jour sa carte au gré des arrivages, et son talent fait mouche à tous les coups. Réjouissant !

🍴 Menu 18/24 € – Carte 30/55 €

21 rte des Quatre-Châteaux – 🕿 04 68 77 50 24 – *www.lepuitsdutresor.com
– Fermé 22 février-8 mars, 20 octobre-1ᵉʳ novembre, dimanche soir, lundi et mardi
– Fermé 22 fév.-8 mars, 20 oct.-1ᵉʳ nov., dim. soir, lundi et mardi*

❀ Le Puits du Trésor (Jean-Marc Boyer)

CUISINE MODERNE · COSY 🕱🕱 Jean-Marc Boyer est un véritable passionné : lors de balades en solitaire dans les collines environnantes, il déniche l'inspiration pour sa cuisine... Herbes aromatiques, asperges sauvages ou ail des ours viennent ainsi agrémenter des plats colorés, pleins de saveurs et bien maîtrisés. Une réussite !
➜ Cuisine du marché.

Menu 47/93 €

21 rte des Quatre-Châteaux – 🕿 04 68 77 50 24 (*réservation conseillée*)
*– www.lepuitsdutresor.com – Fermé 22 fév.-8 mars, 20 oct.-1ᵉʳ nov., dim. soir,
lundi et mardi*

🍴○ **L'Auberge du Diable au Thym** – voir les restaurants ci-dessus

LATILLÉ

✉ 86190 (Vienne) – 1 515 hab. – Alt. 150 m – Carte régionale n° **39**-C1
▶ Paris 358 km – Niort 65 km – Poitiers 29 km – Tours 122 km
Carte Michelin 322-G5

🏠 La Gentilhommière

FAMILIAL · CLASSIQUE Elle porte bien son nom, cette Gentilhommière de 1785 aux superbes atours : tentures, boiseries, mobilier et objets anciens parent des chambres Art déco, Empire ou encore Directoire... Un véritable répertoire de styles, d'un grand raffinement ! Quant au parc, il dégage une douce quiétude...

5 chambres 🖵 – 🛏100/110 € 🛏🛏100/110 €

1 pl. Robert-Gerbier – 🕿 05 49 36 34 20 – *www.gentilhommiere.fr*

LAURIS

☒ 84360 (Vaucluse) – 3 789 hab. – Alt. 250 m – Carte régionale n° **42**-E1
◆ Paris 735 km – Avignon 58 km – Dignes-les-Bains 113 km – Marseille 67 km
Carte Michelin 332-E11

⅋O Le Champ des Lunes ⓃP

CUISINE MODERNE · ÉLÉGANT XX Jérôme Faure, qui obtint sa première étoile à l'âge de 30 ans à peine, est désormais le moissonneur en chef de ce Champ des Lunes. Sa cuisine, résolument moderne, gravite autour de beaux produits du Luberon. Marché oblige, sa carte évolue toutes les semaines ; les belles saveurs, elles, sont toujours au rendez-vous !
Menu 30 € (déj. en semaine), 36/98 €
Hôtel Domaine de Fontenille, Route de Roquefraîche – ℰ 04 13 98 00 00
– www.domainedefontenille.com – Fermé 27 déc.-11 fév., dim. soir et lundi

🏛 Domaine de Fontenille Ⓝ

LUXE · ÉLÉGANT Sur le versant sud du Luberon, dominant la plaine de la Durance, cette belle bastide provençale a su conserver son charme d'antan ! Les chambres lumineuses marient parfaitement couleurs régionales et élégance contemporaine ; autour, les platanes centenaires montent la garde...
15 chambres – ♦150/390 € ♦♦150/390 € – 2 suites – ヱ 19 €
Route de Roquefraîche – ℰ 04 13 98 00 00 – www.domainedefontenille.com
– Fermé 27 déc.-11 fév.

⅋O **Le Champ des Lunes** – voir les restaurants ci-dessus

LAUTREC

☒ 81440 (Tarn) – 1 798 hab. – Alt. 294 m – Carte régionale n° **29**-C2
◆ Paris 703 km – Albi 31 km – Castelnaudary 55 km – Castres 17 km
Carte Michelin 338-E8 – Guide Vert Michelin Midi-Pyrénées

⅋O Le Clos d'Adèle

CUISINE TRADITIONNELLE · BISTRO X Une bâtisse ancienne (poutres, pierres apparentes) au cœur de la ville historique, une bonne cuisine du marché réalisée avec des produits d'excellente qualité, et des saveurs qui sautent aux papilles... Avec, à l'arrivée, une addition plutôt raisonnable. Que demander de plus ?
⬧ Menu 19/36 € – Carte 29/43 €
6 pl. du Monument – ℰ 05 81 43 61 91 – Fermé 17 janv.-9 fév., jeudi midi, merc. hors saison et dim. soir

🏠 La Terrasse de Lautrec Ⓝ

HISTORIQUE · GRAND STYLE Jolie demeure bourgeoise du 17e s. au cœur de Lautrec. Le jardin à la française offre une agréable vue sur la campagne. Aux beaux jours, on profite de la petite piscine et les petits-déjeuners se prennent en terrasse. Chambres irréprochables.
4 chambres ヱ – ♦110/120 € ♦♦130/140 €
9 r. de l'Église – ℰ 05 63 75 84 22 – www.laterrassedelautrec.com – Ouvert 15 avril à fin oct.

LAUZERTE

☒ 82110 (Tarn-et-Garonne) – 1 488 hab. – Alt. 224 m – Carte régionale n° **28**-B1
◆ Paris 614 km – Agen 53 km – Auch 98 km – Cahors 39 km
Carte Michelin 337-C6

⅋O Hôtel du Quercy

CUISINE MODERNE · A LA MODE X Au cœur de ce bourg pittoresque, cette maison de pays possède le charme désuet des auberges de campagne... Les propriétaires se mettent en quatre pour satisfaire leurs hôtes ; on savoure donc de bons petits plats du terroir (dont l'agneau du Quercy). Pour l'étape, des chambres simples et bien tenues.
⬧ Formule 14 € – Menu 18 € (déj. en semaine)/36 € – Carte 32/45 €
9 chambres – ♦48/60 € ♦♦48/60 € – ヱ 8 €
fg d'Auriac – ℰ 05 63 94 66 36 – Fermé vacances de la Toussaint, de fév., dim. soir sauf juil.-août et lundi

LAVAL

✉ 53000 (Mayenne) – 50 658 hab. – Alt. 65 m – Carte régionale n° **35**-C1
▶ Paris 280 km – Angers 79 km – Le Mans 86 km – Rennes 76 km
Carte Michelin 310-E6 – Guide Vert Michelin Pays de la Loire

‖○ Bistro de Paris

CUISINE MODERNE · BISTRO On s'attend presque à voir Émile Gallé entrer dans cette élégante salle Art nouveau ! Au cœur du quartier historique de Laval, ce bistrot chic propose des plats dans l'air du temps, au rythme des saisons. Les incontournables : tête et foie de veau ravigote, boudin blanc aux escargots et soufflé au Grand Marnier.

Menu 18 € (déj. en semaine), 28/70 € – Carte environ 48 €

Plan : Y-k – 67 r. du Val-de-Mayenne – 02 43 56 98 29
– www.lebistro-de-paris.com – Fermé 1er-21 août, sam. midi, dim. soir et lundi

‖○ À la Bonne Auberge

CUISINE MODERNE · DESIGN Sur la route de Rennes, on repère cette bâtisse à ses murs entièrement tapissés de vigne vierge, mais les gourmands la connaissent pour sa bonne cuisine : joue de veau à l'ail, riz crémeux aux agrumes, etc. Un travail bien fait ! Quelques chambres bien tenues pour prolonger l'étape.

Menu 17 € (semaine)/28 € – Carte environ 48 €

17 chambres – 73/82 € 84/93 € – 10 €

170 r. de Bretagne, à l'Ouest – 02 43 69 07 81 – www.alabonneauberge.com
– Fermé août, sam. midi et dim.

‖○ L'Antiquaire

CUISINE MODERNE · AUBERGE Amis chineurs, ici, vous ne trouverez ni livres anciens, ni toiles du 19e s., ni objets des années 1930... mais vous n'y perdrez pas au change ! Cet Antiquaire-là est tout à fait plaisant et accueillant, et dans l'assiette, on apprécie une cuisine généreuse et teintée de créativité.

Formule 15 € – Menu 25/52 € – Carte 30/52 €

Plan : X-e – 64 r. de Vaufleury – 02 43 53 66 76 – www.restaurant-lantiquaire.fr
– Fermé 1 semaine en avril, 3 semaines en juil., 2 semaines en janv., sam. midi, dim. soir et lundi

⌂ Perier du Bignon

HISTORIQUE · PERSONNALISÉ Ce bel hôtel particulier du 18e s. (classé) s'élève sur les hauteurs de la ville. Les chambres y sont cosy, raffinées et toutes différentes : coquettes et bourgeoises pour certaines, plus contemporaines pour d'autres. Espace de remise en forme avec hammam et sauna.

26 chambres – 129/360 € 129/360 € – 6 suites – 14 € – ½ P

Plan : Z-t – 7 r. du Marchis – 02 43 49 90 00 – www.hotelperierdubignon.fr

⌂ Hôtel de Paris

FAMILIAL · FONCTIONNEL Sur l'une des principales artères de la ville, à deux pas de la Mayenne, un hôtel né en 1830, mais détruit en 1944 et reconstruit à l'après-guerre. Les chambres sont spacieuses et bien insonorisées, l'ensemble parfaitement tenu.

50 chambres – 62/161 € 68/195 € – 10 €

Plan : Y-a – 22 r. de la Paix – 02 43 53 76 20 – www.hotel-laval.fr
– Fermé 22 déc.-3 janv.

Les grandes villes bénéficient de plans situant hôtels et restaurants. Suivez leurs coordonnées (ex. : **Plan : 12-BM-e**) pour les repérer facilement.

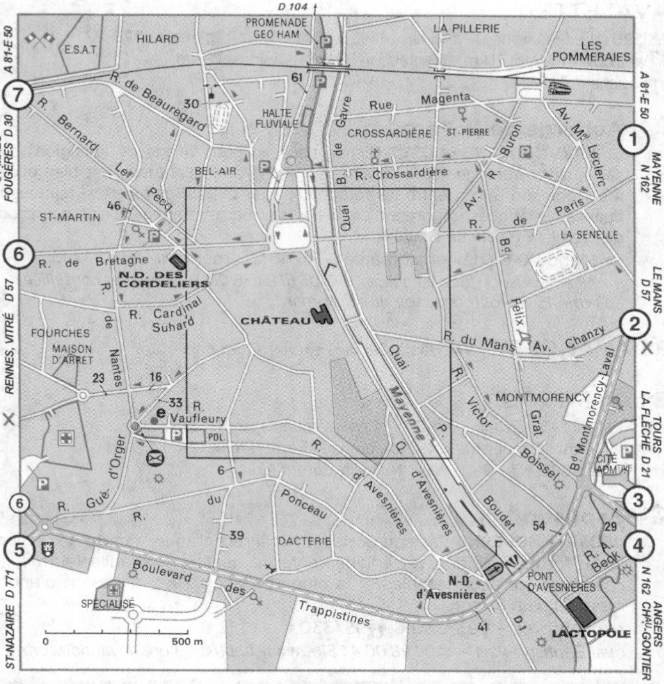

LAVAL

Alègre (Prom. Anne d')	Z	3
Avesnières (Q. d')	Z	5
Avesnières (R. d')	Z	7
Le Basser (Bd F.)	X	29
Bourg-Hersent (R.)	X	6
Briand (Pont A.)	Y	8
Britais (R. du)	Y	9
Chapelle (R. de)	Z	12
Déportés (R. des)	Y	13
Douanier-Rousseau (R.)	Z	14
Droits de l'homme (Parvis des)	Y	15
Étaux (R. des)	Y	16
Gambetta (Quai)	Y	17
Gaulle (Q. Gén.-de)	Y	
Gavre (Q. B.-de)	Y	18
Grande-Rue	Y	19
Hardy-de-Lévaré (Pl.)	Y	22
Haut-Rocher (R.)	X	23
Jean-Fouquet (Q.)	X	26
Macé (R. J.)	X	30
Messager (R.)	X	33
Moulin (Pl. J.)	Y	34
Orfèvres (R. des)	Y	36
Paix (R. de la)	Y	
Paradis (R. de)	Z	37
Picardie (R. de)	X	39
Pin-Doré (R.)	Z	40
Pont-d'Avesnières (Bd du)	X	41
Pont-de-Mayenne (R. du)	Z	43
Renaise (R.)	Y	44
Résistance (Crs de la)	Y	45
St-Martin (R.)	X	46
Serruriers (R. des)	Z	47
Solférino (R.)	Y	48
Souchu-Servinière (R.)	Y	50
Strasbourg (R. de)	Y	52
Tisserands (Bd des)	X	54
Trémoille (Pl. de la)	Z	28
Trinité (R. de la)	Z	55
Val-de-Mayenne (R. du)	YZ	60
Vieux-St-Louis (R. du)	X	61

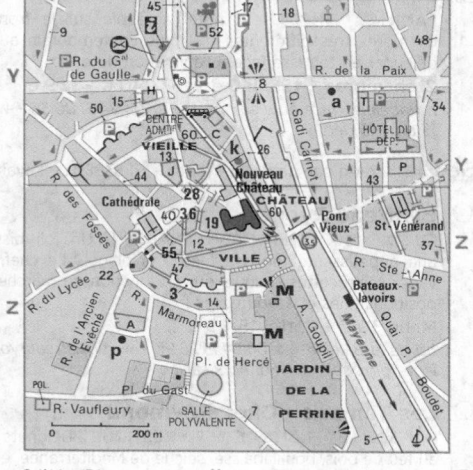

LAVALETTE

⊠ 31590 (Haute-Garonne) – 665 hab. – Alt. 209 m – Carte régionale n° **28**-B2
▶ Paris 687 km – Albi 71 km – Montauban 63 km – Toulouse 18 km
Carte Michelin 343-H3

ⅠⅠ◯ Auberge de la Forge

CUISINE MODERNE · COSY Ⅹ Nichée dans un petit village de la région toulousaine, cette Auberge est le repaire d'un jeune chef talentueux... et bien occupé : il partage son temps entre les fourneaux et la salle ! Ses recettes, teintées d'influences asiatiques, regorgent de belles saveurs et s'appuient sur des produits de première fraîcheur. Bravo !

⊜ Menu 20 € (déj. en semaine), 36/45 € – menu unique
*8 r. Jean-Parisot, (face à l'église) – ℰ 05 61 84 76 00 (réservation conseillée)
– Fermé 15-31 août, dim. soir, lundi et mardi*

LE LAVANCHER – 74 (Haute-Savoie) ➔ voir Chamonix

LE LAVANDOU

⊠ 83980 (Var) – 5 165 hab. – Alt. 1 m – Carte régionale n° **41**-C3
▶ Paris 873 km – Cannes 102 km – Draguignan 75 km – Fréjus 61 km
Carte Michelin 340-N7 – Guide Vert Michelin Côte d'Azur

ⅠⅠ Baptistin

URBAIN · MODERNE Face au port, cet hôtel récent joue la carte de la modernité : formes cubiques et équipements de qualité, ambiance feutrée... Les chambres sont confortables et la plupart d'entre elles disposent d'une terrasse ou d'un balcon.

14 chambres – ♦95/330 € ♦♦95/330 € – ⌕ 12 €
quai Baptistin-Pins – ℰ 04 98 00 44 51 – www.baptistin-hotel-lavandou.com

ⅠⅠ Le Rabelais

FAMILIAL · SIMPLE Petit hôtel agréable sur le front de mer, proposant des chambres très différentes (du plus contemporain au plus ancien). L'été, petit-déjeuner en terrasse face à l'animation du port.

21 chambres – ♦56/140 € ♦♦67/140 € – ⌕ 9 €
r. Rabelais, (face au vieux port) – ℰ 04 94 71 00 56 – www.le-rabelais.fr – Fermé 15 nov.-15 déc.

à St-Clair 2 km par rte de St-Tropez – ⊠ 83980 Le Lavandou

ⅠⅠ◯ Bistr'eau Ryon

CUISINE MODERNE · MÉDITERRANÉEN Ⅹ Un joli bistr'eau contemporain, avec une appétissante terrasse face à la plage... Le chef, homme d'expérience, fait varier ses recettes chaque jour en fonction du marché ; on se régale de ses propositions fines et savoureuses !

Menu 30 € – Carte 45/65 €
bd de la Baleine – ℰ 04 94 15 26 97 – www.bistreauryon.com – Fermé nov. et janv., dim. soir et lundi hors saison

ⅠⅠ◯ Les Tamaris - Chez Raymond

POISSONS ET FRUITS DE MER · RUSTIQUE Ⅹ Beignets de courgette, poisson grillé au feu de bois, bouillabaisse, seiche de Méditerranée, etc. Sous la houlette de Raymond, son truculent patron, cette véritable institution locale met à l'honneur les poissons de la pêche du jour. Et l'on ne résiste pas à la terrasse face à la mer...

Carte 40/90 €
bd de la Baleine – ℰ 04 94 71 07 22 – Ouvert de mi-mars à mi-nov. et fermé mardi sauf le soir de mi-juin à mi-sept.

Roc Hôtel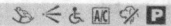

FAMILIAL · FONCTIONNEL Un hôtel situé juste à côté de la plage, les pieds dans l'eau... Les chambres, avec leur terrasse, sont lumineuses : pour un séjour tonique, choisissez-les face au large !

28 chambres ⌑ – †85/225 € ††85/225 € – 2 suites

5 bd des Dryades – ℰ 04 94 01 33 66 – www.roc-hotel.com – Ouvert de fin mars à mi-oct.

 Méditerranée

FAMILIAL · FONCTIONNEL Soleil et plaisirs de la Méditerranée vous attendent au bout de cette plage de sable fin ! Les chambres sont contemporaines et fonctionnelles ; optez pour celles regardant la mer. Agréable ambiance familiale.

20 chambres – †89/150 € ††89/150 € – ⌑ 11 €

5 r. des Dryades – ℰ 04 94 01 47 70 – www.hotel-med.fr – Ouvert 21 mars-20 oct.

à Aiguebelle 4,5 km par rte de St-Tropez – ⌧ 83980 Le Lavandou

‖○ L'Empreinte

CUISINE MODERNE · ÉLÉGANT XX Œuf crousti-croquant et son velouté d'asperges, daurade grillée et sa déclinaison de légumes de saison, ris de veau grillé et sauce truffe... Cet ancien garage – un lieu atypique ! – est désormais le repaire d'un jeune chef talentueux et expérimenté, bien décidé à marquer l'adresse de son Empreinte. Plaisant !

Formule 39 € – Menu 59/75 € – Carte 55/84 €

av. des Trois-Dauphins – ℰ 04 94 05 76 98 – www.empreinte-restaurant.com – Ouvert 1er avril -30 sept. et fermé mardi et merc. hors saison et le midi en juil.-août sauf dim.

Le Grand Pavois

HÔTEL DE VACANCES · MODERNE En face de la plage d'Aiguebelle, cet hôtel moderne offre tout le confort nécessaire. Dans les chambres, le décor donne dans le minimalisme contemporain ; toutes disposent d'une terrasse ou d'un balcon.

18 chambres – †70/150 € ††70/150 € – ⌑ 9 €

av. des Trois-Dauphins – ℰ 04 98 04 35 00 – www.legrandpavois83.com – Ouvert mars-nov.

Les Alcyons

HÔTEL DE VACANCES · FONCTIONNEL Dans la mythologie grecque, les alcyons – ces oiseaux marins fabuleux – étaient présage de mer calme... Un heureux augure pour cet hôtel situé sur l'avenue bordant la plage, et dont la plupart des chambres profitent d'une terrasse toisant la Méditerranée. Accueil attentionné.

24 chambres – †62/164 € ††62/164 € – ⌑ 9 €

av. des Trois-Dauphins – ℰ 04 94 05 84 18 – www.hotellesalcyons.com – Ouvert début avril à fin-oct.

Beau Soleil

FAMILIAL · FONCTIONNEL Aiguebelle ("belle eau") et beau soleil : l'essentiel pour des vacances réussies ! Profitez ici de chambres bien tenues et confortables, en particulier au 1er étage où l'on peut opter pour une terrasse face à la mer. Cuisine traditionnelle au restaurant, avec une agréable terrasse sous les platanes.

15 chambres – †70/185 € ††86/248 € – ⌑ 8 € – ½ P

av. des Trois-Dauphins – ℰ 04 94 05 84 55 – www.hotel-lavandou.com – Ouvert Pâques-début oct.

à la Plage de la Fossette 2,5 km par rte de St-Tropez – ⊠83980

⫩◯ La Farigoulette

CUISINE MODERNE · CONVIVIAL ⫓ Vous serez séduits par l'ambiance sympathique et conviviale de cette auberge, dont l'intérieur se pare de bibelots chinés, de vieilles affiches et de drôles de luminaires... Le chef revendique une cuisine "d'humeur et d'instinct" ; ses menus évoluent avec le marché et regorgent d'idées originales. Rafraîchissant !

Menu 38/48 € – Carte 35/55 €

1 av. du Capitaine-Thorel – ℰ 04 94 71 06 85 (réservation conseillée)
– www.restaurant-lavandou-lafarigoulette.com
– Fermé 30 oct.-15 déc., 3 janv.-28 fév., le midi en juil.-août, dim. soir et lundi

LAVANNES

⊠ 51110 (Marne) – 613 hab. – Alt. 100 m – Carte régionale n° **13**-B2
▶ Paris 161 km – Châlons-en-Champagne 56 km – Épernay 43 km – Reims 14 km
Carte Michelin 306-H7

⌂ La Closerie des Sacres

FAMILIAL · PERSONNALISÉ Engageante, l'architecture traditionnelle de cette ancienne ferme ! Les chambres d'hôtes ont été aménagées avec goût dans les écuries, habillées de mobilier ancien, de fer forgé et de tissus bien choisis. Une maison d'une élégante simplicité, dans laquelle on peut se détendre au grand calme.

3 chambres ⊊ – ♦80/100 € ♦♦96/120 €

7 r. Chefossez – ℰ 03 26 02 05 05 – www.closerie-des-sacres.com

LAVAUDIEU

⊠ 43100 (Haute-Loire) – 228 hab. – Alt. 465 m – Carte régionale n° **6**-C3
▶ Paris 488 km – Brioude 11 km – Clermont-Ferrand 78 km – Le Puy-en-Velay 56 km
Carte Michelin 331-C2 – Guide Vert Michelin Auvergne

⫩◯ Court La Vigne

CUISINE TRADITIONNELLE · RUSTIQUE ⫓ Cherchez le cloître médiéval, cette charmante bergerie du 15ᵉ s. est juste à deux pas. Tout y est plaisant, le bar et sa cheminée, la galerie d'art et la cour ! Des vins bio locaux accompagnent une cuisine du terroir tout en simplicité.

⫤ Menu 18 € (déj. en semaine)/26 € – Carte environ 29 €

– ℰ 04 71 76 45 79 (réservation conseillée)
– Fermé déc., janv., merc. en juil.-août et mardi

⌂ Le Colombier

AUBERGE · PERSONNALISÉ Une maison récente, sur les hauteurs du village – l'un des plus beaux de France. Les chambres – "Velay", "Afrique" (lit à baldaquin en bambou), "Maroc" – sont impeccables. Un pigeonnier classé du 18ᵉ s., un joli jardin... et une superbe vue sur la vallée !

4 chambres ⊊ – ♦60 € ♦♦80 €

rte des Fontannes, D203
– ℰ 04 71 76 09 86 – www.lecolombier-lavaudieu.com
– Ouvert 1ᵉʳ mai-30 sept.

LES LAVAULTS – 89 (Yonne) → voir Quarré-les-Tombes

LAVAUR

⊠ 81500 (Tarn) – 10 242 hab. – Alt. 140 m – Carte régionale n° **29**-C2
▶ Paris 682 km – Albi 51 km – Castelnaudary 56 km – Castres 40 km
Carte Michelin 338-C8

Ibis

BUSINESS · FONCTIONNEL Dans un quartier résidentiel, un Ibis avec des chambres pratiques et bien tenues : parfait pour une courte étape.

58 chambres – †64/85 € - ††64/85 € – ⌣ 10 €

1 av. Gorges-Pompidou – 𝒞 05 63 83 08 08 – www.ibishotel.com

LAVELANET

 09300 (Ariège) – 6 394 hab. – Alt. 512 m – Carte régionale n° **29**-C3

▶ Paris 784 km – Carcassonne 71 km – Castelnaudary 53 km – Foix 28 km

Carte Michelin 343-J7

à Nalzen 6 km à l'Ouest par D117 – 09300 – 127 hab. – Alt. 632 m

🟊⃝ **Les Sapins**

CUISINE TRADITIONNELLE · RUSTIQUE 💥 En retrait de la route, au bord d'une forêt de sapins, cette maison aux airs de chalet abrite un restaurant rustique et chaleureux... La simplicité même ! On vient y apprécier le goût de la tradition, et les saveurs de produits bien frais. Une affaire familiale pleine de charme.

🍴 Menu 16 € ⍩ (déj. en semaine), 25/48 € – Carte 38/66 €

Conte – 𝒞 05 61 03 03 85 – www.restaurant-lessapins.com – Fermé dim. soir, lundi et mardi sauf fériés et juil.-août

LAVENTIE

 62840 (Pas-de-Calais) – 4 924 hab. – Alt. 18 m – Carte régionale n° **30**-B2

▶ Paris 229 km – Armentières 13 km – Arras 45 km – Béthune 18 km

Carte Michelin 301-J4

✸✸ **Le Cerisier** (Eric Delerue)

CUISINE MODERNE · COSY 🍽🍽🍽 Au cœur du pays de l'Alloeu, dont l'emblème est... un cerisier, les amateurs de bonne chère connaissent bien cette adresse ! Finesse et inventivité caractérisent la cuisine du chef dont les menus thématiques ("La promenade du pêcheur", "Le voyage gastronomique", etc.) invitent à un tour d'horizon... gustatif.

➜ Foie gras poêlé aux cerises. Saint-Jacques rôties, pain d'épice et endives caramélisées. Biscuit Sacher, crème légère au chocolat au lait et glace au lait.

Menu 37/80 € – Carte 90/120 €

3 r. de la Gare – 𝒞 03 21 27 60 59 – www.lecerisier.com – Fermé 1 semaine en août, 1 semaine en fév., sam. midi, dim. soir et lundi

LAVOUX – 86 (Vienne) ➜ voir Poitiers

LAYE – 05 (Hautes-Alpes) ➜ voir Col Bayard

LECTOURE

32700 (Gers) – 3 753 hab. – Alt. 155 m – Carte régionale n° **28**-B2

▶ Paris 708 km – Agen 39 km – Auch 35 km – Condom 26 km

Carte Michelin 336-F6

🟤⃝ **L'Auberge des Bouviers**

CUISINE TRADITIONNELLE · RUSTIQUE 💥 Au cœur de cette localité gersoise, l'établissement préserve si bien l'esprit "auberge" qu'il faudrait en classer la recette : des murs chaleureux (poutres et pierres), un accueil convivial, et surtout une cuisine généreuse et savoureuse, concoctée par un chef très engagé ! L'avenir appartient encore aux auberges de France...

Formule 17 € – Menu 21 € (déj. en semaine), 28/32 € – Carte 40/92 €

8 r. Montebello – 𝒞 05 62 68 95 13 – Fermé 1 semaine en juin, en sept. et en nov., 2 semaines en janv., lundi sauf le soir en juil.-août, sam. midi et dim. soir

ⅠO Restaurant de Bastard

CUISINE MODERNE · CLASSIQUE XX De hauts plafonds, des toiles tendues aux murs, des tables bien dressées : un décor classique et harmonieux pour cette table gastronomique menée par un chef gascon qui connaît son métier. Beaux produits, technique soignée, intéressantes associations de saveurs : une table agréable.

Formule 15 € – Menu 19 € (déj. en semaine), 33/64 € – Carte 27/63 €
r. Lagrange – ℰ 05 62 68 82 44 – www.hoteldebastard.com – Fermé 21 déc.-28 janv. , lundi sauf le soir du 20 juin au 28 août et dim. soir

🏠 Hôtel de Bastard

TRADITIONNEL · ÉLÉGANT En plein centre de la cité gersoise, ce bel hôtel particulier du 18e s. abrite des chambres coquettes et confortables – celles du 2e étage sont mansardées et climatisées. L'accueil souriant et professionnel ajoute à l'agrément des lieux.

26 chambres – 🛏65/115 € 🛏🛏78/150 € – 2 suites – 🍽 13 € – ½ P
r. Lagrange – ℰ 05 62 68 82 44 – www.hoteldebastard.com – Fermé 21 déc.-28 janv.

ⅠO **Restaurant de Bastard** – voir les restaurants ci-dessus

LEGÉ

✉ 44650 (Loire-Atlantique) – 4 350 hab. – Alt. 56 m – Carte régionale n° **34**-B3
▶ Paris 424 km – Nantes 44 km – La Roche-sur-Yon 32 km
Carte Michelin 316-G6

🏠 Villa des Forges

FAMILIAL · PERSONNALISÉ Alliance des vieilles pierres et du design le plus contemporain dans cet ancien corps de ferme du 18e s. rénové par son propriétaire architecte. Le nom des chambres : Monte Cristo, Ali Baba, Clark Kent, Tom Sawyer... On y est accueilli en héros ! Une agréable étape aux portes de la Vendée.

5 chambres 🍽 – 🛏85/105 € 🛏🛏85/105 €
Les Forges – ℰ 02 40 26 36 58 – www.villadesforges.com

LÉGNY

✉ 69620 (Rhône) – 650 hab. – Alt. 297 m – Carte régionale n° **43**-E1
▶ Paris 454 km – Bourg-en-Bresse 94 km – Lyon 32 km – Saint-Étienne 91 km
Carte Michelin 327-G4

🏠 Côté Hôtel

BUSINESS · ACTUEL Les thèmes de la forêt et des appellations beaujolaises sont à l'honneur dans les chambres de cet hôtel né en 2011. Il faut dire qu'à 30mn de Lyon, c'est un bon point de départ pour découvrir la région. Accueil sympathique et prix doux.

26 chambres – 🛏69/79 € 🛏🛏69/135 € – 🍽 8,50 €
Les Ponts Tarrets – ℰ 04 78 43 09 71 – www.cote-hotel.com – Fermé dim. soir

LEMBACH

✉ 67510 (Bas-Rhin) – 1 620 hab. – Alt. 190 m – Carte régionale n° **1**-B1
▶ Paris 470 km – Bitche 32 km – Haguenau 25 km – Strasbourg 58 km
Carte Michelin 315-K2

✿✿ Auberge du Cheval Blanc (Pascal Bastian)

CRÉATIVE · ÉLÉGANT XxxX Ce noble relais de poste (18e s.), aujourd'hui mené par Carole et Pascal Bastian, allie charme alsacien et raffinement contemporain : c'est un plaisir que de voir vivre ainsi de telles institutions... Le chef maîtrise aussi bien le classicisme que l'inventivité, sa carte est riche et pleine de finesse : autant de caractère séduit !

→ Foie gras d'oie "Cheval Blanc", gelée de pinot noir et chutney de poire williams. Noix de ris de veau rôtie aux truffes et infusée au foin, artichaut poivrade et macau. Jeu de texture autour d'un chocolat d'exception.

Formule 49 € – Menu 58/110 € – Carte 75/100 €
Hôtel Auberge du Cheval Blanc, 4 r. de Wissembourg – ℰ 03 88 94 41 86 – www.au-cheval-blanc.fr – Fermé 15 fév.-1er mars, 27 juin-14 juil., 4-21 janv., vend. midi, lundi et mardi

😊 D'Rössel Stub

ALSACIENNE · RUSTIQUE X Spécialités alsaciennes – civet de chevreuil "Fleckenstein" et spaetzle au beurre, choucroute garnie à l'alsacienne, presskopf, quenelles de brochet à la sauce crustacés – et plats traditionnels de la gastronomie française : voilà ce qui vous attend dans cette "Rössel Stub" au décor rustique et chaleureux.

Formule 15 € – Menu 28/40 € – Carte 28/49 €

Hôtel Auberge du Cheval Blanc, 3 rte de Woerth – 𝒞 03 88 94 29 02
– www.au-cheval-blanc.fr – Fermé 15 fév.-1ᵉʳ mars, 27 juin-14 juil., 4-21 janv., merc. et jeudi

🏨 Auberge du Cheval Blanc

AUBERGE · PERSONNALISÉ De nouvelles chambres spacieuses et contemporaines, un salon cossu et confortable, un beau spa avec sa piscine couverte et son sauna : on se sent toujours aussi bien dans cette auberge alsacienne · un ancien relais de poste du 18ᵉ s. – située au cœur du village.

21 chambres – †80/110 € ††160/300 € – ⌒16 € – ½ P

4 r. de Wissembourg – 𝒞 03 88 94 41 86 – www.au-cheval-blanc.fr
– Fermé 15 fév.-1ᵉʳ mars, 27 juin-14 juil., 4-21 janv.

❀❀ **Auberge du Cheval Blanc** • 😊 **D'Rössel Stub** – voir les restaurants ci-dessus

🏠 Au Heimbach

AUBERGE · RÉTRO Une belle maison à colombages au cœur d'un village du parc naturel régional des Vosges du Nord. On se sent bien dans les chambres, confortables et rustiques à souhait. Copieux petit-déjeuner et accueil convivial.

18 chambres – †72 € ††82 € – ⌒10 €

15 rte de Wissembourg – 𝒞 03 88 94 43 46 – www.hotel-au-heimbach.fr

à Gimbelhof 10 km au Nord par D3, D925 et rte forestière – ✉ 67510 Lembach

🍽 Gimbelhof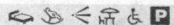

CUISINE TRADITIONNELLE · RUSTIQUE X Cette auberge forestière du "pays des trois frontières", au cœur du massif vosgien, séduira les amoureux de la nature. Ambiance rustique ; cuisine régionale. Pour l'étape, chambres confortables et très bien tenues.

⊛ Menu 14 € (semaine), 25/32 € – Carte 20/47 €

10 chambres ⌒ – †57/66 € ††74/91 €

– 𝒞 03 88 94 43 58 – www.gimbelhof.com – fermé lundi et mardi – Fermé 1 semaine en fév. et 18 nov.-26 déc.

LEMPDES – 63 (Puy-de-Dôme) → voir Clermont-Ferrand

LENS

✉ 62300 (Pas-de-Calais) – 32 663 hab. – Agglo. 508 070 hab. – Alt. 38 m
– Carte régionale n° **30**-B2
▶ Paris 199 km – Arras 18 km – Béthune 19 km – Douai 24 km
Carte Michelin 301-J5

🍽 L'Atelier de Marc Meurin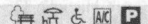

CUISINE MODERNE · À LA MODE XX Étonnant, le bâtiment dessine un cercle tout en verre : son architecture se marie parfaitement au Louvre-Lens voisin ! Loin d'être un simple restaurant de musée, cet Atelier confié aux bons soins de Marc Meurin, fameux chef étoilé de Busnes, met à l'honneur les produits de la région. Tout indiqué en cas de visite...

Formule 25 € – Menu 32/39 € – Carte 40/64 €

97 r. Paul-Bert, (au Louvre-Lens) – 𝒞 03 21 18 24 90 – www.atelierdemarcmeurin.fr
– Fermé le soir sauf vend. et sam.

Les Jardins de l'Arcadie 🍽️ ♿ ✂️ ♻️

CUISINE MODERNE • BRANCHÉ ✗ L'emplacement du restaurant – en bordure d'autoroute – ne dissuade pas les clients... et pour cause ! Un chef expérimenté officie en ces lieux et propose une cuisine actuelle sans chichis, fraîche et cohérente. La salle joue la carte du design en noir et blanc. Tous aux Jardins !

Formule 19 € – Menu 25 € (semaine) – Carte 40/48 €

26 r. de L'Écluse – ℰ 03 21 70 20 61 – www.lesjardinsdelarcadie.com – Fermé dim. soir, lundi soir et mardi soir

 Lensotel ✿ 🍽️ 🎱 ♿ 🅿️

TRADITIONNEL • FONCTIONNEL Au cœur d'une zone commerciale, cet hôtel-restaurant à l'architecture provençale – étonnant, dans cette région ! – cache des chambres fonctionnelles, progressivement rénovées dans un esprit plus cosy. La meilleure option pour une escale au Louvre-Lens.

70 chambres – †86/97 € ††90/106 € – ⥮ 13 € – ½ P

r. des Canadiens, (centre commercial Lens 2), 4 km au Nord ✉ 62880 – ℰ 03 21 79 36 36 – www.lensotel.com

LENT

✉ 01240 (Ain) – 1 385 hab. – Alt. 256 m – Carte régionale n° **44**-B1

▶ Paris 440 km – Bourg-en-Bresse 11 km – Genève 110 km – Lyon 59 km

Carte Michelin 328-E4 – Guide Vert Michelin Lyon et sa région

☺ **Auberge Lentaise** 🍴 ♿

CUISINE MODERNE • AUBERGE ✗ Au centre du village, où trône une petite tour de l'horloge, cette auberge est sans conteste la bonne adresse du coin : le jeune couple qui dirige l'endroit propose des plats de qualité, préparés avec des produits frais et locaux, et servis à l'intérieur ou en terrasse... Une belle découverte !

Menu 28 € (déj. en semaine), 32/65 € – Carte 42/63 €

Grande-Rue – ℰ 04 74 21 55 05 – www.auberge-lentaise.fr – Fermé 25 avril-18 mai, 26-30 déc., dim. soir, lundi et mardi

LÉON

✉ 40550 (Landes) – 1 969 hab. – Alt. 9 m – Carte régionale n° **3**-B2

▶ Paris 724 km – Castets 14 km – Dax 30 km – Mont-de-Marsan 75 km

Carte Michelin 335-D11 – Guide Vert Michelin Aquitaine

🏠 **Hôtel du Lac** 🏖️ ≼ ♿

HÔTEL DE VACANCES • FONCTIONNEL Les chambres, simples mais soignées, donnent pour la plupart sur le lac. Petits-déjeuners servis sous la véranda ou, en été, sur la terrasse au bord de l'eau.

14 chambres – †60/75 € ††60/75 € – ⥮ 8 €

2 r. des Berges-du-Lac – ℰ 05 58 48 73 11 – www.hoteldulac-leon.com – Ouvert de Pâques au 1er oct.

LEPUIX-GY – 90 (Territoire de Belfort) ➜ voir Giromagny

LESPERON

✉ 40260 (Landes) – 1 032 hab. – Alt. 75 m – Carte régionale n° **3**-B2

▶ Paris 702 km – Bordeaux 123 km – Mont-de-Marsan 85 km – Pau 141 km

Carte Michelin 335-E11

🏠 **Escalandes** ✿ 🅿️

FAMILIAL • PERSONNALISÉ Une architecture landaise typique, avec ses colombages et sa glycine. Dans les chambres, un réel effort de décoration a été fait, en toute simplicité. Ambiance campagne d'aujourd'hui au restaurant, pour une cuisine traditionnelle simple et efficace.

10 chambres – †55/65 € ††55/65 € – ⥮ 8 € – ½ P

35 r. du Commerce – ℰ 05 58 89 61 45 – www.hotel-restaurant-escalandes.fr – Fermé mardi midi en juil.-août, lundi midi, vend. soir et dim.

LESPONNE – 65 (Hautes-Pyrénées) ➜ voir Bagnères-de-Bigorre

LESTELLE-BÉTHARRAM
✉ 64800 (Pyrénées-Atlantiques) – 858 hab. – Alt. 299 m – Carte régionale n° **3**-B3
▶ Paris 801 km – Laruns 35 km – Lourdes 17 km – Nay 8 km
Carte Michelin 342-K6 – Guide Vert Michelin Aquitaine

🏠 Le Vieux Logis 　　　　　　　　　　　　🅿

FAMILIAL · FONCTIONNEL Un environnement agréable, à deux pas du gave de Pau et des grottes de Bétharram. On a le choix entre les chambres, bien tenues et fonctionnelles, logées dans le corps de cette ancienne ferme des années 1800, et les chalets rustiques disséminés dans l'agréable parc. Restaurant traditionnel.

33 chambres – †65/95 € ††75/95 € – ⟳ 10 € – ½ P

2 km rte des Grottes de Bétharram par D937 – 𝒞 05 59 71 94 87
– www.hotel-levieuxlogis.com – Fermé 1ᵉʳ-7 nov., 21 déc.-3 janv., 1ᵉʳ-25 fév., dim.
soir et lundi hors saison

LEUCATE
✉ 11370 (Aude) – 4 148 hab. – Alt. 21 m – Carte régionale n° **22**-B3
▶ Paris 821 km – Carcassonne 88 km – Narbonne 38 km – Perpignan 35 km
Carte Michelin 344-J5

🦉 35 B 　　　　　　　　　　　　　　　　　🆑

CUISINE MODERNE · À LA MODE 𝕏 Une belle et bonne cuisine du marché, mettant à l'honneur les produits de saison : flan de foie gras aux langoustines, fondant de pintade farcie aux champignons de foies de volaille, etc. Les assiettes sont colorées, les cuissons maîtrisées et les saveurs bien marquées. Une jolie adresse !

🍸 Menu 18 € ♈ (déj. en semaine)/32 € – Carte 38/60 €

35 bis pl. de la République – 𝒞 04 68 33 92 60 – Ouvert de mars à oct. et fermé
mardi soir et merc.

🍽 Jardin des Filoche 　　　　　　　　　　🍴 🍷

CUISINE TRADITIONNELLE · RUSTIQUE 𝕏𝕏 Un agréable restaurant – avec une terrasse fleurie et un jardin – où l'on travaille en famille et dans la bonne humeur. Dans la salle, vue sur les cuisines et les bons plats traditionnels du chef... idéal pour les curieux ! Quant au choix de crus locaux, il est des plus judicieux.

Formule 29 € – Menu 33/38 €

64 av. Jean-Jaurès – 𝒞 04 68 40 01 12 – Fermé déc. à fév., le midi sauf dim. et
fériés, dim. soir, lundi et mardi en mars, oct. et nov.

LEUGNY
✉ 89130 (Yonne) – 384 hab. – Alt. 225 m – Carte régionale n° **7**-B1
▶ Paris 173 km – Auxerre 23 km – Dijon 171 km – Nevers 99 km
Carte Michelin 319-D5

🏠 La Borde 　　　　　　　　　　　　　　🅿

HISTORIQUE · PERSONNALISÉ La grille en fer forgé ouvre sur un domaine enchanteur, où tout est remarquable : le confort et le raffinement de la bâtisse historique (14ᵉ-16ᵉ s.), le charme de l'orangerie aménagée en jardin d'hiver, la merveille du parc avec son potager et son arboretum, la quiétude de l'espace bien-être... Un lieu d'exception.

5 chambres ⟳ – †325/500 € ††325/500 €

à La Borde, 2 km à l'Ouest par D52 – 𝒞 03 86 47 69 01 – www.lbmh.fr – Fermé de
mi-déc. à mi-fév.

LEUTENHEIM
✉ 67480 (Bas-Rhin) – 855 hab. – Alt. 119 m – Carte régionale n° **1**-B1
▶ Paris 501 km – Haguenau 22 km – Karlsruhe 46 km – Strasbourg 45 km
Carte Michelin 315-M3

Auberge Au Vieux Couvent

CUISINE TRADITIONNELLE · AUBERGE X Au fin fond de la forêt, une maison à colombages (fin du 17ᵉ s.) simple et rustique... Le chef, Damien Hirschel, y relève le pari d'une cuisine traditionnelle pleine d'à-propos, dans laquelle les spécialités régionales et les produits du potager sont mis à l'honneur. On fait volontiers halte dans cette auberge !

Formule 10 € – Menu 32/45 € – Carte 28/55 €

à Koenigsbruck, 4 km au Nord par D163 – 𝒞 *03 88 86 39 86 – Fermé 15-31 août, 27 déc.-4 janv., lundi et mardi*

LEVALLOIS-PERRET – 92 (Hauts-de-Seine) → voir Autour de Paris

LEVERNOIS – 21 (Côte-d'Or) → voir Beaune

LEVIE – 2A (Corse-du-Sud) → voir Corse

LEYNES

✉ 71570 (Saône-et-Loire) – 501 hab. – Alt. 340 m – Carte régionale n° **8**-C3
▶ Paris 402 km – Bourg-en-Bresse 51 km – Charolles 58 km – Mâcon 15 km
Carte Michelin 320-I12

Le Fin Bec

CUISINE TRADITIONNELLE · BISTRO X N'ayez pas le bec fin en visant l'humble décor de ce petit restaurant villageois : l'accueil y est charmant et l'on y déguste les appétissants plats du terroir réalisés par le patron : andouillette beaujolaise, quenelle de brochet, grenouilles fraîches persillées... Le tout à prix raisonnable !

Menu 27/37 € – Carte 39/51 €

pl. de la Mairie – 𝒞 *03 85 35 11 77 (réservation conseillée) – www.lefinbec.com*

LÉZARDRIEUX

✉ 22740 (Côtes-d'Armor) – 1 603 hab. – Alt. 30 m – Carte régionale n° **10**-C1
▶ Paris 497 km – Rennes 146 km – St-Brieuc 50 km
Carte Michelin 309-D2 – Guide Vert Michelin Bretagne Nord

Auberge du Trieux

CUISINE TRADITIONNELLE · AUBERGE X Attaché à faire vivre son auberge, le chef, originaire du pays, propose une cuisine du terroir mâtinée de quelques touches actuelles. Une adresse chaleureuse.

⊜ Formule 13 € – Menu 20/50 € – Carte 27/40 €

1 imp. du Four-Neuf – 𝒞 *02 96 20 10 70 – www.auberge-du-trieux.com – Fermé vacances de fév., de la Toussaint, de Noël, mardi soir et jeudi soir d'oct. à avril et merc.*

LÉZIGNAN-CORBIÈRES

✉ 11200 (Aude) – 10 883 hab. – Alt. 51 m – Carte régionale n° **22**-B3
▶ Paris 804 km – Carcassonne 39 km – Narbonne 22 km – Perpignan 85 km
Carte Michelin 344-H3

Le Mas de Gaujac

BUSINESS · FONCTIONNEL Vous ne pourrez pas manquer ce mas... orange ! Non loin de l'autoroute, l'adresse est pratique pour une étape. Les chambres y sont fonctionnelles et agréables. Restaurant traditionnel.

21 chambres – ♦76 € ♦♦76/135 € – ⌾ 10 €

r. Gustave-Eiffel, Z. I. Gaujac vers accès A61 – 𝒞 *04 68 58 16 90 – Fermé 20-27 déc.*

La Maison de Marthe

HISTORIQUE · ÉLÉGANT Le sol de l'entrée portait ses initiales gravées dans le marbre : un signe pour celle qui a racheté cette bâtisse du 16e s. sur un coup de cœur, avant d'en faire une demeure bourgeoise du 21e s., chaleureuse, confortable, élégante... délicieuse ! Et pour les vrais gourmands, le petit-déjeuner est exquis.

3 chambres ☐ – †85/100 € ††95/115 €

37 bd Marx-Dormoy – & 04 68 44 10 71 – www.lamaison-de-marthe.com – Ouvert 15 mars-15 déc.

LEZOUX

✉ 63190 (Puy-de-Dôme) – 5 670 hab. – Alt. 340 m – Carte régionale n° **6**-C2
▶ Paris 434 km – Clermont-Ferrand 33 km – Issoire 43 km – Riom 38 km
Carte Michelin 326-H8 – Guide Vert Michelin Auvergne

¶◯ **Les Voyageurs** ⇦ &

CUISINE TRADITIONNELLE · FAMILIAL XX Un hôtel-restaurant tout simple en apparence... En cuisine, la chef, Annabelle Pillière, rend un joli hommage à la tradition, avec des recettes aussi efficaces que gourmandes, fondées sur le produit. Pour passer la nuit, préférez les chambres "confort", refaites récemment. Le tout à prix doux...

∞ Menu 15 € (déj. en semaine), 19/42 € – Carte 32/46 €

17 chambres – †50/62 € ††58/68 € – ☐ 9 €

2 pl. de la Mairie – & 04 73 73 10 49 – www.hotel-logisvoyageurs.com – fermé vendredi soir, dimanche soir et samedi – Fermé 13 août-4 sept. et 26 déc.-3 janv.

à Bort-l'Étang 8 km au Sud-Est par D223 et D309 – ✉ 63190
– 606 hab. – Alt. 420 m

❀ **Château de Codignat** 🛏 🍴 **P**

CUISINE MODERNE · ROMANTIQUE XXX Le chef signe une cuisine originale, marquée par le jeu subtil des saveurs. Quant au décor, il est élégant, avec une pointe de faste qui rappelle l'atmosphère des buffets châtelains d'antan... On passe un beau moment en ces lieux.

➔ Allumette croustillante d'escargots, crème d'ail, ratatouille fondante et glace aux olives noires. Carré de porc fermier en croûte de noisettes et truffe d'Auvergne en raviole. Vacherin au citron confit et safran de la Limagne.

Menu 57/120 € – Carte 105/110 €

1 km à l'Ouest – & 04 73 68 43 03 (réservation conseillée) – www.codignat.com – Ouvert 23 mars-31oct. et fermé le midi du lundi au vend. sauf fériés

🏰 **Château de Codignat** 🔆 🐕 ⇦ 🛏 ⅃ ℀ AC ♨ **P**

CHÂTEAU · PERSONNALISÉ Les chambres évoquent Barbe-Bleue, Louis XI, Jacques Cœur, etc. Dans toutes, on a l'impression d'être plongé au cœur d'un conte médiéval. Imprimés soyeux, balustres dorées, dais sculptés : ce château du 15e s. n'a rien d'un ogre, mais d'une fée !

14 chambres – †180/410 € ††180/600 € – 5 suites – ☐ 25 €

Ouest : 1 km – & 04 73 68 43 03 – www.codignat.com – Ouvert 23 mars-31 oct.
❀ **Château de Codignat** – voir les restaurants ci-dessus

à l'Ouest 5 km par N 89 ✉**63190 Seychalles**

¶◯ **Chante Bise** 🍴 & **P**

CUISINE TRADITIONNELLE · CONVIVIAL X "La cigale, ayant chanté tout l'été, se trouva fort dépourvue quand la bise fut venue..." Contrairement à la fable de La Fontaine, ici, point de pénurie ! Toute l'année, les gourmands apprécient une agréable cuisine traditionnelle. Accueil chaleureux.

Formule 12 € – Menu 22 € – Carte 28/37 €

à Courcourt – & 04 73 62 91 41 – www.restaurant-chantebise63.com
– Fermé 17 fév.-7 mars, 23 août-10 sept., mardi soir et jeudi soir de déc. à mars, dim. soir, merc. soir et lundi

LIBOURNE

✉ 33500 (Gironde) – 23 736 hab. – Alt. 7 m – Carte régionale n° 3-B1
▶ Paris 576 km – Agen 129 km – Bergerac 64 km – Bordeaux 30 km
Carte Michelin 335-J5 – Guide Vert Michelin Aquitaine

Chez Servais   🏡 AC ♿

CUISINE CLASSIQUE · FAMILIAL XX Vous n'aurez aucun mal à trouver cette bonne petite table située sur la place principale de Libourne. Le chef connaît ses classiques et fait la part belle aux produits du marché, et plus encore au poisson. Une adresse généreuse, décontractée, à prix plutôt doux et… au cœur de la bastide !

Formule 20 € – Menu 29/58 € – Carte 32/45 €

Plan : BY-n – *14 pl. Decazes – ✆ 05 57 51 83 97 – www.chezservais.fr – Fermé 1ᵉʳ-8 mai, 16-30 août, dim. soir et lundi*

LIBOURNE

Amade (Q. du Gén.-d')	**AZ** 4	Gambetta (R.)	**ABY**
Clemenceau (Av. G.)	**BY** 5	Jean-Jaurès (R.)	**ABZ**
Decazes (Pl.)	**BY** 6	J.-J.-Rousseau (R.)	**ABZ** 10
Ferry (R. J.)	**AZ** 7	Lattre-de-Tassigny (Pl. du Mar.-de)	**AZ** 14
Foch (Av. du Mar.)	**BY** 8	Montaigne (R. M.)	**BZ** 21
		Montesquieu (R.)	**BY** 23
		Prés.-Carnot (R. du)	**ABY**
Prés.-Doumer (R. du)	**ABY** 28		
Prés.-Wilson (R. du)	**BY** 29		
Princeteau (Pl.)	**ABY** 30		
Salinières (Quai des)	**AY** 35		
Surchamp (Pl. A.)	**AZ**		
Thiers (R.)	**AZ**		
Waldeck-Rousseau (R.)	**AY** 45		

🍴 **Bord d'Eau** ⟨ AC P

CUISINE MODERNE · CONVIVIAL XX Appétissante cuisine du marché à apprécier dans un cadre rétro avec vue imprenable sur la Dordogne ! Il faut dire que la maison, sur pilotis, borde la rivière...

🍃 Menu 20 € (semaine), 35/56 € – Carte environ 45 €

Le Poissonet, 1,5 km au Nord-Ouest par D670 – 𝒞 05 57 51 99 91 – Fermé 17 fév.-4 mars, 22-29 sept., 17-30 nov., merc. soir, dim. soir et lundi

🏠 **Mercure** 🔲 ♿ AC 🛌 P

HÔTEL DE CHAÎNE · MODERNE Un Mercure contemporain sur les quais de la Dordogne. Chambres confortables et bien tenues, avec douche à l'italienne ; offre bio au petit-déjeuner.

78 chambres – ♦81/137 € ♦♦81/137 € – 3 suites – 🍽 16 €

Plan : AY-t – *3 quai Souchet – 𝒞 05 57 25 64 18*
– www.mercure-libourne-saint-emilion.com

à La Rivière 6 km à l'Ouest par D670 – ⊠ 33126 – 363 hab. – Alt. 6 m

🏠 **Château de La Rivière** 🌿 ⟨ 🛏 🍽 🌱 P

CHÂTEAU · PERSONNALISÉ Un château de la Renaissance restauré par Viollet-le-Duc. Les chambres, spacieuses et confortables, cultivent évidemment leur esprit... châtelain. Au petit-déjeuner, on se régale de pâtisseries maison et, pour le cachet, on visite les caves souterraines du domaine.

5 chambres 🍽 – ♦159/265 € ♦♦182/287 €

à La Rivière, 9 km au Nord-Ouest par D670 et rte secondaire – 𝒞 05 57 55 56 51
– www.chateau-de-la-riviere.com – Fermé 15 déc.-15 janv.

LIÈPVRE

⊠ 68660 (Haut-Rhin) – 1 710 hab. – Alt. 272 m – Carte régionale n° **2**-C1
▶ Paris 428 km – Colmar 35 km – Ribeauvillé 27 km – St-Dié 31 km
Carte Michelin 315-H7

à La Vancelle (Bas-Rhin) 2,5 km au Nord-Est par D167 – ⊠ 67730

– 375 hab. – Alt. 400 m

🌸 **Auberge Frankenbourg** (Sébastien Buecher) ⟨ 🌿 🛏 🍴 ♿ AC 🛌

CUISINE MODERNE · AUBERGE XX Dans cette auberge née au début du 20ᵉ s. officient deux frères pleins d'allant : Sébastien réalise une cuisine de produits goûteuse et élégante, tandis que Guillaume mène le jeu en salle. Le décor mêle boiseries et esprit zen, et quelques chambres permettent de prolonger l'étape...

➜ Œuf cuit à basse température, blettes au miel de truffe, artichaut et émulsion de volaille à la truffe. Pigeon de nid rôti en cuisson douce. Croquant framboise et poivron rouge à la crème noix de coco

Menu 40 € (semaine)/85 € – Carte 60/80 €

11 chambres – ♦78 € ♦♦88 € – 🍽 14 €

13 r. du Gén.-de-Gaulle – 𝒞 03 88 57 93 90 – www.frankenbourg.com
– Fermé 15 fév.- 4 mars, 29 juin-14 juil., 7-11 nov., merc. et jeudi

LIESSIES

⊠ 59740 (Nord) – 541 hab. – Alt. 165 m – Carte régionale n° **31**-D3
▶ Paris 223 km – Avesnes-sur-Helpe 14 km – Charleroi 48 km – Hirson 24 km
Carte Michelin 302-M7

🍽 **Le Carillon** 🍴

CUISINE TRADITIONNELLE · RUSTIQUE XX Une terrasse avec platanes, des poutres apparentes, une cave à vins pour emporter un peu de l'endroit avec soi : cette maison a des atouts à faire valoir ! On y propose une bonne cuisine traditionnelle, ainsi qu'une restauration d'appoint (salades, flamiche au Maroilles), dans un décor rustique et chaleureux... Nord oblige !

Formule 29 € – Menu 32/50 € – Carte 42/60 €

1 r. Roger-Salengro, (face à l'église) – 𝒞 03 27 61 80 21 (réservation conseillée)
– www.le-carillon.com – Fermé 6-27 avril, 17-24 août, 16-30 nov., lundi soir, mardi soir, jeudi soir, dim. soir et merc.

Château de la Motte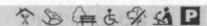

TRADITIONNEL · RÉTRO En pleine campagne, cette demeure fut la maison de retraite des moines de l'abbaye voisine ! Difficile de faire plus paisible... Ambiance classique dans les chambres, agréables et fonctionnelles, dont une partie situées dans une annexe.

10 chambres – ♦69/85 € ♦♦69/85 € – ☑ 11 € – ½ P

14 r. de la Motte, 1 km au Sud par rte secondaire – ℰ 03 27 61 81 94
– www.chateaudelamotte.fr – Fermé 16 déc.-8 fév.

 LA LIEZ (LAC DE) – 52 (Haute-Marne) **→** voir Langres

 **LIFFRE**

✉ 35340 (Ille-et-Vilaine) – 7 041 hab. – Alt. 95 m – Carte régionale n° **10**-D2
▶ Paris 359 km – Laval 84 km – Rennes 25 km – Saint-Lô 131 km
Carte Michelin 309-M5

🍽○ **L'Escu de Runfao**

CUISINE MODERNE · À LA MODE ✕✕✕ Huîtres tièdes, yuzu et algues ; saint-pierre rôti, curcuma et rattes : on vient ici pour une délicieuse cuisine de saison, ponctuée de touches créatives et fondée sur des produits de qualité. Mention spéciale pour le décor, d'une belle élégance face à la verdure du parc.

Menu 27 € (déj. en semaine), 33/58 € – Carte 64/87 €

Hôtel La Reposée, La Quinte, sortie 26 sur A84 – ℰ 02 99 68 31 51
– www.hotel-la-reposee.com – Fermé 1er-19 août, 1 semaine vacances de fév., sam. midi et dim. soir

🏠 **Hôtel La Reposée** ☆ 🛏 ✕ � 🅿

BUSINESS · FONCTIONNEL Près de l'autoroute, certes, mais dans un joli parc verdoyant. Avec ses chambres bien tenues et sa salle de séminaire, cette grande bâtisse d'inspiration bretonne est sympathique et bien pratique.

25 chambres – ♦75/90 € ♦♦85/135 € – ☑ 12 € – ½ P

La Quinte, sortie 26 sur A84 – ℰ 02 99 68 31 51 – www.hotel-la-reposee.com
– Fermé 1er-19 août

🍽○ **L'Escu de Runfao** – voir les restaurants ci-dessus

© J. Palut/Fotolia.com

ON AIME...

Le cadre superbe de **l'Hermitage Gantois**, dans l'ancien hospice fondé en 1462. **Clarance**, pour un séjour romantique aux portes du Vieux-Lille. **Monsieur Jean**, la fameuse adresse lilloise de Marc Meurin. Enfin, la jeune génération qui prend le pouvoir : Florent Ladeyn à **Bloempot**, attachante cantine flamande, et Steven Ramon au **Rouge Barre**, avec sa terrasse sur les toits...

LILLE

✉ 59000 (Nord) - 228 652 hab. - Agglo. 1 018 809 hab. - Alt. 10 m
- Carte régionale n° **31**-C2
▶ Paris 223 km - Bruxelles 114 km - Gent 75 km - Luxembourg 310 km
Carte Michelin 302-G4 - Guide Vert Michelin Nord Pas-de-Calais

Restaurants

La Table

CUISINE MODERNE • DESIGN XXX Après plusieurs vies - pâtissier chez Meert à Lille, chef étoilé dans le Jura, candidat de Top Chef 2015 - Nicolas Pourcheresse a posé ses valises autour de cette Table chaleureuse. Il y revisite la tradition française de fond en comble, en utilisant notamment les bons légumes de son potager. Ébouriffant !

➜ Pâté en croûte. Délice "Saint-Clarance". L'éclair en Nord.

Menu 31 € (déj. en semaine), 49/70 € - Carte 47/67 €

Plan : 1EY-r - *Hôtel Clarance, 32 r. de la Barre - ✆ 03 59 36 35 59 - www.clarancehotel.com*

La Laiterie

CUISINE MODERNE • ÉLÉGANT XXX Dans un quartier légèrement excentré, l'occasion d'une tranquille échappée gastronomique, au calme de la terrasse extérieure ou dans le cadre sobre et élégant de la bâtisse, tout en briques. Au menu, de belles saveurs et d'excellents vins (bourgognes et bordeaux)... on boit du petit lait !

➜ Carpaccio de rouge des Flandres, laitue de mer et soude maritime. Ris de veau à la réglisse, courge butternut. Feuille à feuille chocolat et gingembre.

Menu 39 € (déj. en semaine), 56/116 €

Plan : 4AV-s - *138 av. de l'Hippodrome, à Lambersart ✉ 59130 - ✆ 03 20 92 79 73 - www.lalaiterie.fr - Fermé dim. soir et lundi*

La Cense

CUISINE MODERNE • RUSTIQUE XX Dans la périphérie lilloise, cette grange du 17e s. s'inscrit dans la tradition du Nord avec sa belle charpente apparente, ses murs en brique et craie, et ses belles photos de plages nordiques. Un cadre chaleureux pour déguster une cuisine soignée, inspirée par les saisons, dont le rapport qualité-prix fait sens !

Formule 22 € 🍷 - Menu 28/58 € - Carte 51/62 €

Plan : 4AU-t - *27 r. Auguste-Bonte, à Lambersart ✉ 59130 - ✆ 03 20 92 22 74 - www.la-cense.fr - Fermé sam. midi, dim. soir et lundi*

😊 **Gabbro** 🆕

CUISINE MODERNE · SIMPLE 🍴 Une petite salle conviviale, un accueil chaleureux, une envie manifeste de partager... mais surtout, une cuisine fidèle au marché, goûteuse et gourmande, qui met en valeur de bons produits frais : voici les ingrédients du succès de ce Gabbro lillois, que l'on doit à deux – jeunes – anciens de la Laiterie.

Formule 21 € – Menu 26/38 €

Plan : 1EY-e – *55 r. St-André* – 𝒞 *03 20 39 05 51 (réservation conseillée) – Fermé 2-18 avril, 6-21 août, 17 déc.-1ᵉʳ janv., sam. et dim.*

🍴○ **L'Hermitage Gantois** 🆕   🔥 AC

CUISINE MODERNE · ROMANTIQUE 🍴🍴🍴 Tout près du centre-ville, l'ancien hospice (1460) abrite une table romantique, qui flotte entre des ogives en brique rouge et or, des tableaux anciens et un sol en marbre noir. Dans l'assiette, on trouve des préparations pétillantes et bien maîtrisées : Saint-Jacques snackées, turbot à la grenobloise, parfait glacé...

Formule 40 € – Menu 54/106 € 🍷 – Carte 58/93 €

Plan : 1EZ-a – *Hôtel L'Hermitage Gantois, 224 r. de Paris* – 𝒞 *03 20 85 30 30* – *www.hotelhermitagegantois.com* – *Fermé dim. et lundi*

🍴○ **Les Hauts de Lille** 🆕   🔥 AC 🌿 🅿

CUISINE MODERNE · À LA MODE 🍴🍴 Au cœur de l'imposant complexe du casino Barrière, une table étonnante. Le chef propose des assiettes résolument modernes, et fait preuve de belles inspirations dans les assaisonnements. Le tout installé dans une salle lumineuse et moderne, avec de grandes baies vitrées donnant sur l'extérieur.

Formule 29 € – Menu 38/96 € 🍷 – Carte 54/67 €

Plan : 1FY-u – *Hôtel Barrière Lille, 777 bis Pont-de-Flandres* ✉ *59777* – 𝒞 *03 28 14 45 50* – *www.hotel-barriere-lille.com* – *Fermé 17 juil.-23 août, sam. midi, dim. et lundi*

🍴○ **Monsieur Jean**   🔥 AC

CUISINE MODERNE · ÉLÉGANT 🍴🍴 Façade flamande, magnifique escalier, mur en brique orné de sculptures en pierre : une demeure au puissant charme du Nord... C'est l'adresse lilloise de Marc Meurin (doublement étoilé à Busnes), dans laquelle on savoure de belles recettes actuelles, travaillées avec soin et joliment présentées. Très recommandable !

Formule 22 € – Menu 32/39 € – Carte 47/72 €

Plan : 1EY-v – *12 r. de Paris* – 𝒞 *03 28 07 70 72* – *www.restaurant-monsieurjean.fr* – *Fermé 1ᵉʳ-21 août et dim. soir*

🍴○ **Clément Marot**   AC 🔄

CUISINE TRADITIONNELLE · CONVIVIAL 🍴🍴 Pour l'anecdote, cette maison est tenue par... Clément Marot (lointain descendant de son homonyme, le poète cadurcien) et François Vandeweghe. Les deux chefs sont l'âme de ce classique de la gastronomie lilloise, un lieu idéal pour ceux qui aiment faire rimer cuisine traditionnelle et convivialité.

Formule 25 € – Menu 32 € (semaine)/43 € – Carte 53/102 €

Plan : 1EY-n – *16 r. de Pas* – 𝒞 *03 20 57 01 10* – *www.clement-marot.com* – *Fermé dim.*

🍴○ **L'Écume des Mers**   🍴 AC 🔄

POISSONS ET FRUITS DE MER · À LA MODE 🍴🍴 De cette brasserie, on apprécie le décor contemporain et épuré (notamment à l'étage), l'ambiance animée, la carte axée sur les produits de la mer, les beaux poissons cuisinés avec originalité, l'incontournable banc d'écailler... Et il y a même quelques viandes !

Formule 18 € – Menu 25 € (dîner en semaine) – Carte 40/80 €

Plan : 1EY-n – *10 r. de Pas* – 𝒞 *03 20 54 95 40* – *www.ecume-des-mers.com*

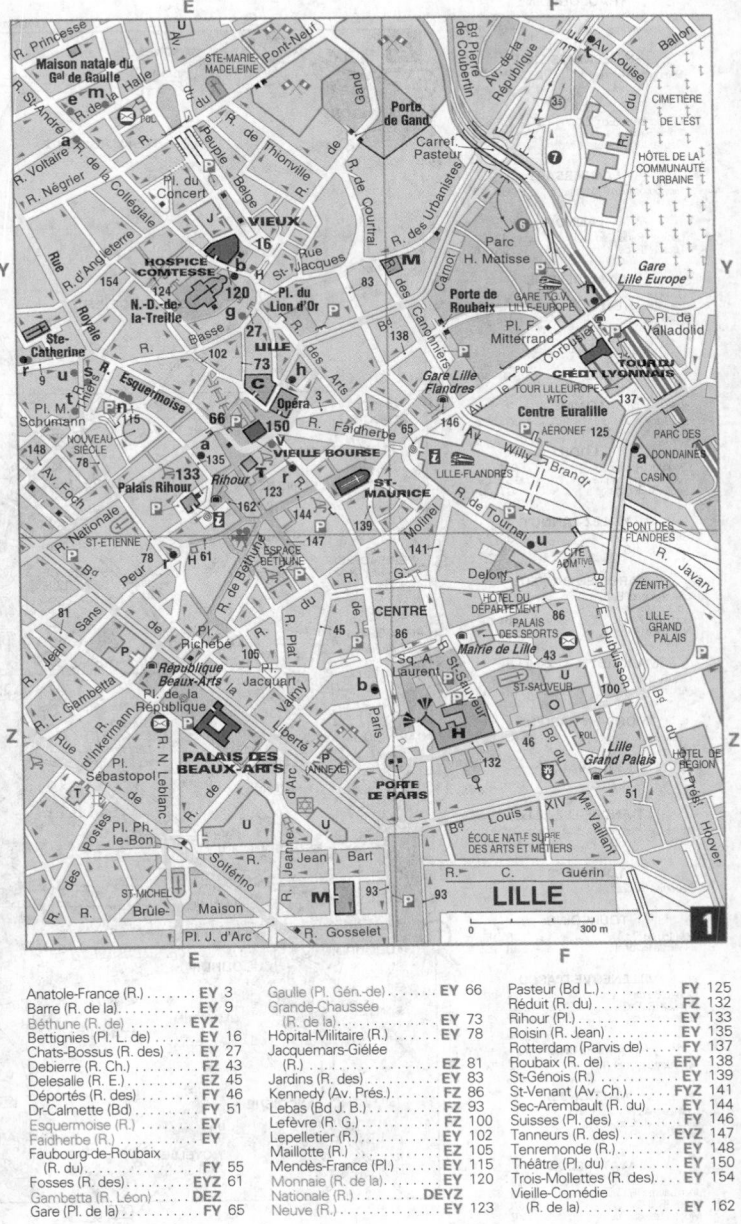

Anatole-France (R.)	EY	3
Barre (R. de la)	EY	9
Béthune (R. de)	EYZ	
Bettignies (Pl. L. de)	EY	16
Chats-Bossus (R. des)	EY	27
Debierre (R. Ch.)	FZ	43
Delesalie (R. E.)	EZ	45
Déportés (R. des)	FV	46
Dr-Calmette (Bd)	FY	51
Esquermoise (R.)	EY	
Faidherbe (R.)	EY	
Faubourg-de-Roubaix (R. du)	FY	55
Fosses (R. des)	EYZ	61
Gambetta (R. Léon)	DEZ	
Gare (Pl. de la)	FY	65
Gaulle (Pl. Gén.-de)	EY	66
Grande-Chaussée (R. de la)	EY	73
Hôpital-Militaire (R.)	EY	78
Jacquemars-Giélée (R.)	EZ	81
Jardins (R. des)	EY	83
Kennedy (Av. Prés.)	FZ	86
Lebas (Bd J. B.)	FZ	93
Lefèvre (R. G.)	FZ	100
Lepelletier (R.)	EY	102
Maillotte (R.)	EZ	105
Mendès-France (Pl.)	EY	115
Monnaie (R. de la)	EY	120
Nationale (R.)	DEYZ	
Neuve (R.)	EY	123
Pasteur (Bd L.)	FY	125
Réduit (R. du)	FZ	132
Rihour (Pl.)	EY	133
Roisin (R. Jean)	EY	135
Rotterdam (Parvis de)	FY	137
Roubaix (R. de)	EFY	138
St-Génois (R.)	EY	139
St-Venant (Av. Ch.)	FYZ	141
Sec-Arembault (R. du)	EY	144
Suisses (Pl. des)	EYZ	146
Tanneurs (R. des)	EY	147
Tenremonde (R.)	EY	148
Théâtre (Pl. du)	EY	150
Trois-Mollettes (R. des)	EY	154
Vieille-Comédie (R. de la)	EY	162

HAUBOURDIN
Carnot (R. Sadi) . . . . **GT** 22
Vanderhaghen (R. A.) . . . . **GT** 157

HELLEMMES-LILLE
Salengro (R. Roger) . . . . **HS** 142

HEM
Clemenceau (Bd G.) . . . . **JS** 28
Croix (R. de) . . . . **JS** 40
Gaulle (Av. Ch.-de) . . . . **JS** 64

LAMBERSART
Hippodrome (Av. de l') . . . . **GS** 76

LANNOY
Leclerc (R. du Gén.) . . . . **JS** 97
Tournai (R. de) . . . . **JS** 153

LA MADELEINE
Gambetta (R.) . . . . **GS** 63
Gaulle (R. du Gén.-de) . . . . **HS** 69
Lalau (R.) . . . . **HS** 87

LILLE
Arras (R. du Fg d') . . . . **GT** 4
Postes (R. du Fg des) . . . . **GST** 129

LOMME
Dunkerque (Av. de) . . . . **GS** 52

LOOS
Doumer (R. Paul) . . . . **GT** 49
Foch (R. du Mar.) . . . . **GST** 58
Potié (R. Georges) . . . . **GT** 130

LYS-LEZ-LANNOY
Guesde (R. Jules) . . . . **JS** 75
Lebas (R. J.-B.) . . . . **JS** 94

MARCQ-EN-BARŒUL
Clemenceau (Bd) . . . . **HS** 30
Couture (R. de la) . . . . **HS** 39
Foch (Av. Mar.) . . . . **HS** 57
Nationale (R.) . . . . **HS** 122

MARQUETTE-LEZ-LILLE
Lille (R. de) . . . . **GS** 103
Menin (R. de) . . . . **HS** 117

MONS-EN-BARŒUL
Gaulle (R. du Gén.-de) . . . . **HS** 70

MOUVAUX
Carnot (Bd) . . . . **HR** 21

ST-ANDRÉ-LEZ-LILLE
Lattre-de-Tassigny (Av. du Mar.-de) **GS** 91
Leclerc (R. du Gén.) . . . . **GS** 99

TOUFFLERS
Déportés (R. des) . . . . **JS** 48

TOURCOING
Yser (R. de l') . . . . **JR** 165
3-Pierres (R. des) . . . . **JR** 166

VILLENEUVE-D'ASCQ
Ouest (Bd de l') . . . . **HS** 124
Ronsse (R. Ch.) . . . . **JT** 136
Tournai (Bd de) . . . . **JT** 151

WAMBRECHIES
Marquette (R. de) . . . . **GZ** 108

WATTIGNIES
Clemenceau (R.) . . . . **GT** 31
Gaulle (R. du Gén.-de) . . . . **GT** 72
Victor-Hugo (R.) . . . . **GT** 160

WATTRELOS
Carnot (R.) . . . . **JRS** 24
Jean-Jaurès (R.) . . . . **JR** 82
Lebas (R. J.-B.) . . . . **JR** 96
Mont-à-Leux (R. du) . . . . **JR** 121

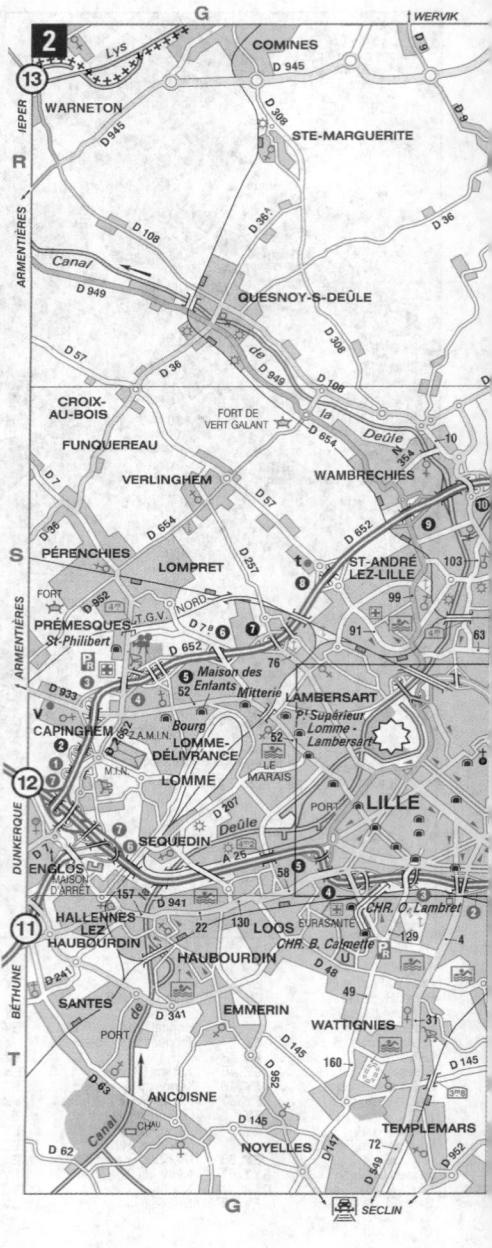

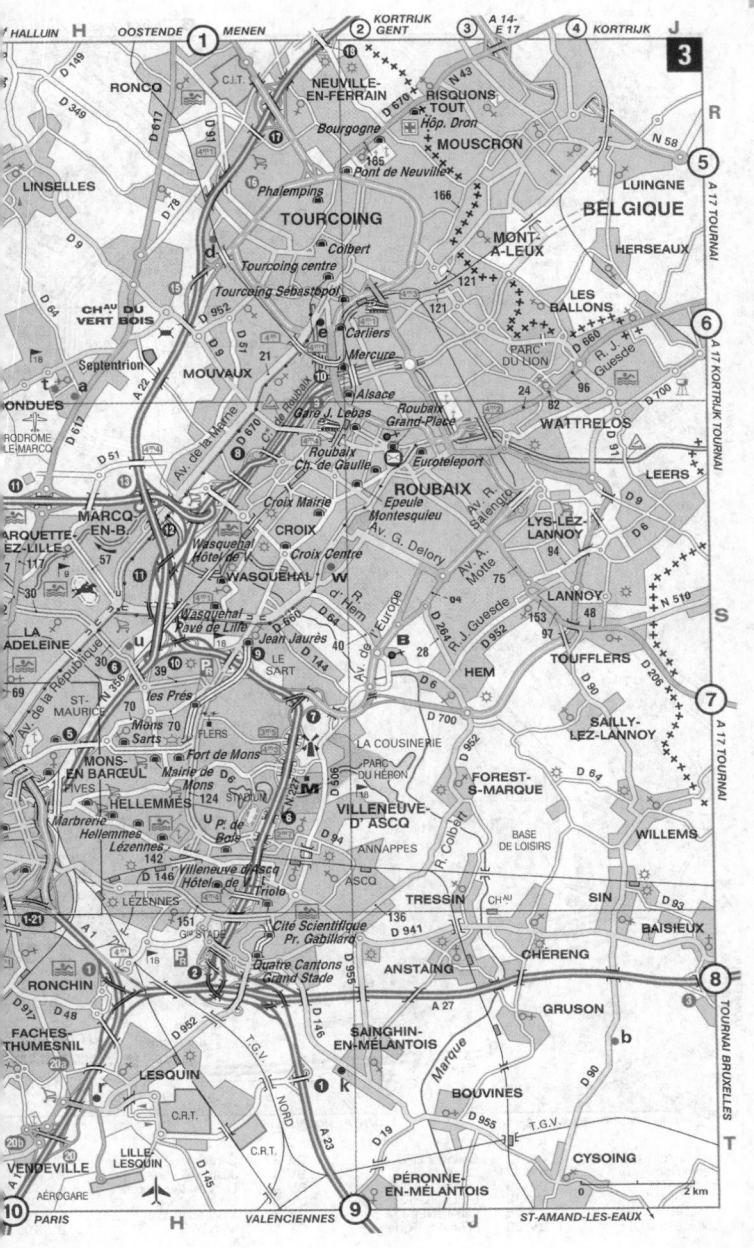

Bapaume (R. de)	**CX** 7	Courmont (R.)	**CX** 37	Gaulle (R. du Gén.-de)	**CU** 67
Beethoven (Av.)	**AX** 12	Cuvier (Av.)	**BV** 42	Justice (R. de la)	**BX** 85
Bernos (R.)	**DV** 13	Desmazières (R.)	**BV** 47	Lambret (Av. Oscar)	**AX** 88
Bigo-Danel (Bd)	**BV** 18	Esplanade (Façade de l')	**BUV** 54	Lebas (Bd J.-B.)	**CV** 93
Carrel (R. Armand)	**CX** 25	Février (Pl. J.)	**CX** 56	Magasin (R. du)	**BU** 104
Colpin (R. du Lt)	**BV** 33	Fontenoy (R. de)	**CX** 60	Manuel (R.)	**BV** 106

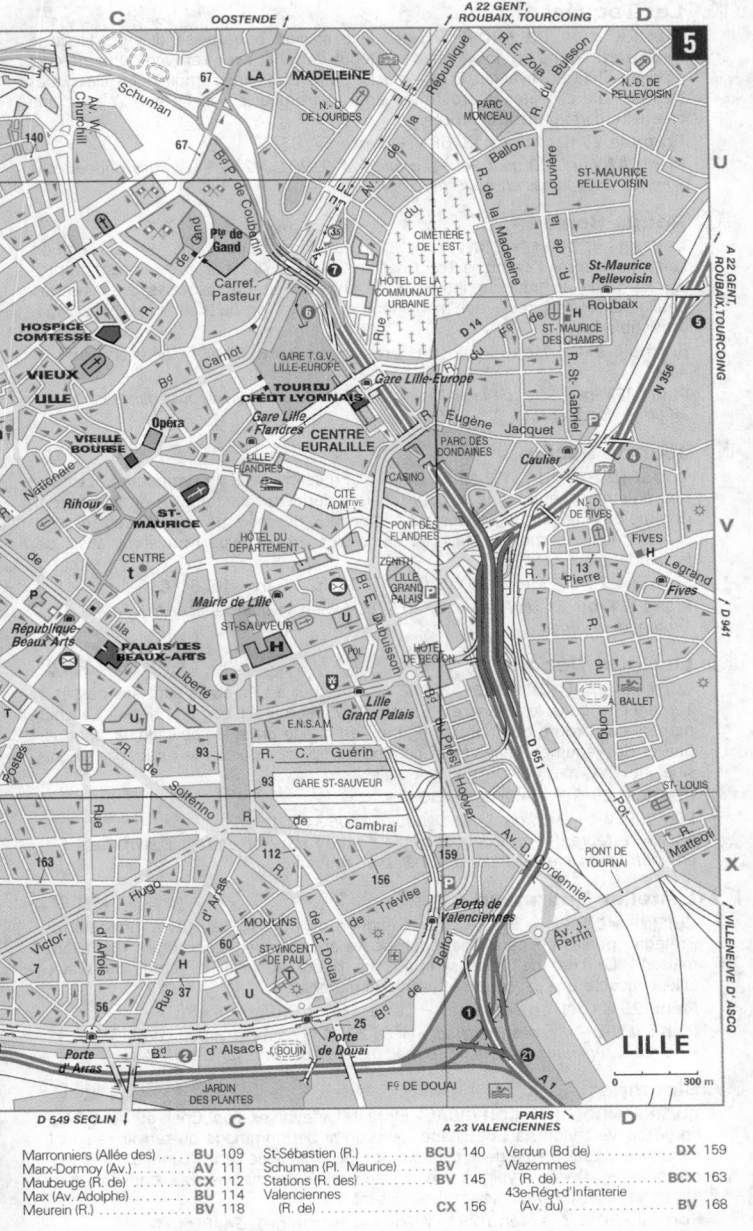

Marronniers (Allée des) . . . . . **BU** 109	St-Sébastien (R.) . . . . **BCU** 140	Verdun (Bd de) . . . . **DX** 159
Marx-Dormoy (Av.) . . . . **AV** 111	Schuman (Pl. Maurice) . . . . . **BV**	Wazemmes
Maubeuge (R. de) . . . . **CX** 112	Stations (R. des) . . . . **BV** 145	(R. de) . . . . **BCX** 163
Max (Av. Adolphe) . . . . **BU** 114	Valenciennes	43e-Régt-d'Infanterie
Meurein (R.) . . . . **BV** 118	(R. de) . . . . **CX** 156	(Av. du) . . . . **BV** 168

¶○ **Les Toquées** Ⓝ   🛖

CUISINE MODERNE • COSY XX Cette jolie maison bourgeoise des bords de la Deule s'est donné un nouvel élan au début de 2014, avec l'arrivée du jeune chef japonais Shinichi Miyauchi. Bonne pioche ! Il revisite sans complexe les classiques français (ah, ce pâté en croûte au lapin et trompettes de la mort...) avec une créativité parfaitement maîtrisée.

Formule 27 € - Menu 48/68 € - Carte 57/83 €

Plan : 4AV-u - *110 quai Géry-Legrand* - *𝒞 03 20 00 12 46* - *www.lestoquees.com - Fermé 2 semaines en août, dim. et lundi*

¶○ **Rouge Barre** Ⓝ   🛖

CUISINE MODERNE • CONVIVIAL XX Au cœur du vieux Lille, Steven Ramon confirme - après l'aventure Top Chef en 2014 - qu'il faudra désormais compter sur lui. Dans un intérieur intimiste, ce ch'ti pur et dur esquisse des assiettes pétillantes et inspirées, qui magnifient de beaux produits. Terrasse à l'étage. Irrésistible !

Formule 21 € - Menu 28 € (déj. en semaine), 36/52 € - Carte environ 42 €

Plan : 1EY-m - *50 r. de la Halle* - *𝒞 03 20 67 08 84* - *www.rougebarre.fr - Fermé lundi et dim.*

¶○ **Jour de Pêche**   🛖 🄰🄲

POISSONS ET FRUITS DE MER • COSY XX En centre-ville, un sympathique restaurant à l'atmosphère intime et cosy (chaises de bistrot, banquettes en laine, etc.). Comme on l'imagine, le poisson est à l'honneur, décliné à travers une courte carte et des menus surprise... Mais les carnivores irréductibles trouveront aussi de la viande à leur goût !

Formule 20 € - Menu 39 € (dîner)/53 € 🍷 - Carte 46/60 €

Plan : 1EY-n - *2 r. de Pas* - *𝒞 03 20 57 60 59* - *www.jourdepeche.fr - Fermé dim., lundi midi et fériés*

¶○ **Le Court Debout**   🛖 ♿ 🄰🄲

CUISINE TRADITIONNELLE • INTIME XX De retour à Lille après sept ans passés à Terdeghem, dans les Flandres, Christophe Scherpereel court toujours. Le chef perpétue sa propre tradition, où figurent en bonne place le cabillaud, la langoustine et des légumes "mal-aimés" comme le topinambour ou le rutabaga. Sa cuisine, intuitive, met (encore) dans le mille !

Formule 29 € 🍷 - Menu 35/60 €

Plan : 5CV-t - *24 r. du Court-Debout* - *𝒞 06 34 55 06 76 - www.restaurant-lecourtdebout.com - Fermé 1 semaine en fév., 2 semaines en août, 1 semaine vacances de Noël, dim. et lundi*

¶○ **L'Atelier Gourmand**   🄰🄲 ✂

CUISINE MODERNE • BISTRO X Filet mignon de porc rôti au thym, ormeaux de Bretagne poêlés en persillade, cheesecake ananas avec glace rhum raisin faite maison... Le chef de cette sympathique petite adresse, au cœur du Vieux-Lille, concocte une savoureuse cuisine du marché.

Menu 25 € (déj. en semaine) - Carte 46/57 € dîner

Plan : 1EY-u - *4 r. des Bouchers* - *𝒞 03 20 37 38 53 (réservation conseillée) - Fermé 3 semaines en août, 1ᵉʳ-8 mai, mardi midi, dim., lundi et fériés*

¶○ **Bloempot**   ♿ 🄰🄲 ✂

CUISINE MODERNE • CONVIVIAL X Florent Ladeyn, ex-Top Chef et dont l'Auberge du Vert Mont, à Boeschepe, rend un si bel hommage au terroir régional, récidive au cœur même de la capitale des Flandres avec cette "cantine flamande" revendiquée. Décor atypique (un ancien atelier de menuiserie), bons produits nature et recettes originales : rafraîchissant !

Formule 20 € 🍷 - Menu 25 € 🍷 (déj. en semaine), 34/80 € 🍷

Plan : 1EY-t - *22 r. des Bouchers* - *www.bloempot.fr - Fermé 18-24 avril, 25 juil.-14 août, mardi soir, dim. et lundi*

‖○ Pessoa   ♿

CUISINE TRADITIONNELLE · BISTRO X Banquettes en moleskine noir, chaises en bois, petites tables serrées et ardoises indiquant les plats et vins... Aucun doute : il s'agit bien d'un petit bistrot contemporain, à la française. La cuisine est à l'avenant : goûteuse et soignée, elle met en valeur les produits du marché, avec des vins choisis.

Formule 23 € – Carte 39/55 €

Plan : 1EY-a – *37 r. St-André* – ☎ *03 28 52 40 68 (réservation conseillée)* – *http://pessoa-lille.tumblr.com* – *Fermé 3 semaines en août, merc. midi, sam. midi, dim. et lundi*

‖○ L'Estaminet ⓪   AC

FLAMANDE · BISTRO X Le second restaurant de l'Hermitage Gantois recrée l'ambiance typiquement nordiste des estaminets d'antan... Cuisine de bistrot – bavette grillée et gratin dauphinois, sauté de veau marengo, rognon de veau sauce Madère – et service rapide : la simplicité est de rigueur, pour notre plus grand plaisir.

Formule 19 € – Carte 30/53 €

Plan : 1EZ-a – *Hôtel L'Hermitage Gantois, 224 r. de Paris* – ☎ *03 20 85 30 30* – *www.hotelhermitagegantois.com*

‖○ Oui ⓪   AC

CUISINE MODERNE · DESIGN X Une cuisine fusion bien marquée en goût, des plats créatifs et bien maîtrisés, faisant la part belle au produit : voilà en quelques mots le programme de cette nouvelle adresse du Vieux Lille, que l'on doit au chef du Cerisier, à Laventie. La clientèle lilloise est au rendez-vous : un grand "oui" bien mérité !

Menu 32/50 € ☗ – Carte 35/60 €

Plan : 1EY-s – *13 r. des Bouchers* – ☎ *03 20 38 52 67* – *www.leoui.fr* – *Fermé 2 semaines en août, sam. midi, dim. et lundi*

Hôtels

⌂⌂⌂⌂ L'Hermitage Gantois   ✿ ▢ ⊛ ☙ ♿ AC ⽔

GRAND LUXE · PERSONNALISÉ Fondé vers 1460, cet ancien hospice est aujourd'hui un bel hôtel. Architectures historiques, nouveau classicisme contemporain, cours et patios intérieurs... de quoi se convertir en ermite ! Le restaurant gastronomique ne manque pas d'élégance, tandis que l'estaminet cultive joliment l'esprit du Nord.

86 chambres ⊊ – ✗164/485 € ✗✗184/630 € – 3 suites

Plan : 1EZ-a – *224 r. de Paris* – ☎ *03 20 85 30 30* – *www.hotelhermitagegantois.com*

‖○ **L'Hermitage Gantois** · ‖○ **L'Estaminet** – voir les restaurants ci-dessus

⌂⌂⌂⌂ Barrière Lille   ✿ ⌱ ☙ ♿ AC ⽔ P

LUXE · ACTUEL Dans ce grand bâtiment de verre, on peut aller au théâtre, au casino et... regagner en un clin d'œil son hôtel – l'un des derniers-nés du groupe Barrière (2010). Espace, lumière, luxe sans ostentation, restaurant chic et brasserie contemporaine : de très séduisantes prestations.

125 chambres – ✗125/565 € ✗✗125/565 € – 17 suites – ⊊ 20 €

Plan : 1FY-a – *777 bis Pont-de-Flandres* ✉ *59777* – ☎ *03 28 14 45 00* – *www.hotel-barriere-lille.com*

‖○ **Les Hauts de Lille** – voir les restaurants ci-dessus

⌂⌂⌂⌂ Crowne Plaza   ✿ ← ⌱ ☙ ♿ AC ⽔ ⛟

BUSINESS · MODERNE De vastes chambres contemporaines, d'esprit zen et très bien équipées, certaines avec une vue superbe sur Lille et son beffroi. Le choix de salles de réunion et l'emplacement, face à la gare TGV, conviendront parfaitement à la clientèle d'affaires.

121 chambres – ✗205/245 € ✗✗205/245 € – ⊊ 19 € – ½ P

Plan : 1FY-n – *335 bd Leeds* – ☎ *03 20 42 46 46* – *www.lille-crowneplaza.com*

Couvent des Minimes Alliance

HISTORIQUE • FONCTIONNEL Un lieu chargé d'histoire, à deux pas de la citadelle. Dans ce joli couvent du 17e s., on profite de chambres spacieuses et élégantes... Une belle idée du bien-être et de la détente ! Au restaurant, mariage réussi du contemporain et de l'ancien autour d'une carte dans l'air du temps ; piano-bar.
80 chambres – 🚹120/300 € 🚹🚹120/300 € – 3 suites – ☕19 €
Plan : 4BV-d – *17 quai du Wault ✉ 59800 – ✆ 03 20 30 62 62*
– www.alliance-lille.com

Clarance Ⓝ

LUXE • DESIGN Installé dans un hôtel particulier du 18e s., cet établissement est pour le moins atypique ! L'Albatros, le Cygne, le Balcon ou le Flacon : les chambres, claires et lumineuses, ont pour thème des poèmes de Baudelaire ; la décoration a été en partie réalisée par des artistes et artisans locaux.
18 chambres – 🚹170/380 € 🚹🚹170/450 € – 1 suite – ☕24 € – ½ P
Plan : 1EY-r – *32 r. de la Barre – ✆ 03 59 36 35 59 – www.clarancehotel.com*
✿ **La Table** – voir les restaurants ci-dessus

Novotel Lille Centre Gares

HÔTEL DE CHAÎNE • FONCTIONNEL Près de la gare Lille-Flandres et à proximité du Grand Palais et du Zénith, cet hôtel se distingue par ses chambres confortables et fonctionnelles, qui raviront les voyageurs de passage dans la grande métropole du Nord.
96 chambres – 🚹105/215 € 🚹🚹105/215 € – 5 suites – ☕17 €
Plan : 1FZ-u – *49 r. de Tournai ✉ 59800 – ✆ 03 28 38 67 00 – www.novotel.com*

Mercure Lille Centre Grand Place

HÔTEL DE CHAÎNE • MODERNE Un bel immeuble du début du 20e s., en plein centre de la ville, juste derrière l'Opéra. Dans les chambres, rénovées dans un esprit contemporain, les couleurs oscillent entre rouge et blanc, et certains éléments viennent rappeler le caractère du bâtiment (cheminées anciennes, briques, etc.).
101 chambres – 🚹90/335 € 🚹🚹90/335 € – ☕18 €
Plan : 1EY-h – *2 bd Carnot ✉ 59800 – ✆ 03 20 14 71 47*
– www.mercure-lille-centre-grand-place.com

Grand Hôtel Bellevue Ⓝ

TRADITIONNEL • RÉTRO Idéal pour profiter pleinement des charmes de la "capitale des Flandres" ! Les chambres, fraîches et pimpantes, ne manquent pas d'allure (mobilier de style Directoire, salles de bains en marbre) et les plus prisées donnent sur la Grand'Place.
60 chambres – 🚹109/210 € 🚹🚹109/210 € – ☕14 €
Plan : 1EY-a – *5 r. Jean-Roisin – ✆ 03 20 57 45 64 – www.grandhotelbellevue.com*

Art Déco Euralille

BUSINESS • ART DÉCO Sur une avenue passante, l'établissement est néanmoins très bien insonorisé et la ligne de tramway permet de rejoindre le centre-ville en un clin d'œil. Les chambres sont agréables, dans un style qui s'inspire de l'Art déco.
56 chambres – 🚹99/199 € 🚹🚹104/210 € – ☕13 €
Plan : 1FY-t – *110 av. de la République, à la Madeleine – ✆ 03 20 14 81 81*
– www.hotel-artdecolille.com

Why

URBAIN • DESIGN Dans un immeuble des années 1970 (avec une façade entièrement percée de grandes fenêtres ovales), un hôtel résolument design, décoré avec soin et sens du confort : parquet en chêne, grands lits avec couettes, douches à l'italienne, etc. On peut se restaurer à midi et profiter du bar le soir. Why not ?
46 chambres – 🚹135/290 € 🚹🚹135/290 € – ☕15 €
Plan : 1EZ-r – *7 bis square Morisson – ✆ 03 20 50 30 30 – www.why-hotel.com*

⌂ Hôtel de la Treille

TRADITIONNEL · COSY Idéalement placé pour flâner dans le quartier du Vieux-Lille, cet hôtel familial propose des chambres cosy et contemporaines, décorées avec goût et bien agencées ; certaines d'entre elles offrent une jolie vue sur la cathédrale.

40 chambres – †85/200 € ††85/200 € – ☲ 16 €

Plan : 1EY-b – 7/9 pl. Louise-de-Bettignies – ℰ 03 20 55 45 46
– www.hoteldelatreille.com

⌂ Hôtel de la Paix

TRADITIONNEL · CLASSIQUE Bien tenu et central, cet hôtel traditionnel a pour propriétaire une artiste dans l'âme : elle expose des reproductions de tableaux et a réalisé la fresque qui orne la salle du petit-déjeuner, le tout dans un esprit rétro.

36 chambres – †80/130 € ††85/150 € – ☲ 10 €

Plan : 1EY-r – 46 bis r. de Paris – ℰ 03 20 54 63 93 – www.hotel-la-paix.com

à **Bondues** – ⊠ 59910 – 9 828 hab. – Alt. 37 m

✿ Val d'Auge (Christophe Hagnerelle)

CUISINE MODERNE · ÉLÉGANT XXX Ce Val vous tend les bras : le chef fait parler son expérience et réalise une cuisine de saison précise et goûteuse, sans esbroufe, avec une pointe d'inventivité. On s'y régale à la carte ou grâce à la formule déjeuner, au rapport qualité-prix imbattable... Le tout dans une ambiance contemporaine et feutrée !

→ Œuf cocotte à la truffe. Pigeon des flandres rôti. Tarte fine au pamplemousse et compotée d'endives.

Formule 32 € – Menu 40 € (déj. en semaine)/100 € ♉ – Carte 90/100 €

Plan : 3HR-a – 805 av. du Gén.-de-Gaulle – ℰ 03 20 46 26 87
– www.valdauge.com – Fermé 14-21 fév., 10-17 avril, 1er-22 août, 20-28 déc., dim. sauf fériés, sam. midi et lundi

ⅼ○ Auberge de l'Harmonie

CUISINE MODERNE · CLASSIQUE XXX Une jolie auberge du 19e s. tout en harmonie (tons gais, terrasse verdoyante) pour une carte qui s'habille aux couleurs de l'hiver, du printemps, de l'été...

Formule 19 € – Menu 35/75 € ♉ – Carte 45/60 €

Plan : 3HR-t – pl. Abbé-Bonpain – ℰ 03 20 23 17 02 – www.aubergeharmonie.fr
– Fermé dim. soir, mardi soir, jeudi soir et lundi

à **Marcq-en-Baroeul** – ⊠ 59700 – 39 600 hab. – Alt. 15 m

ⅼ○ La Salle à Manger

CUISINE MODERNE · INTIME X Un jeune couple charmant vous reçoit dans cette Salle à Manger à l'atmosphère tamisée, à la fois intime et conviviale. L'ardoise ? Courte, très appétissante et toujours en mouvement, car le chef cuisine en fonction du marché et de ses envies !

Formule 30 € – Menu 36/56 € – Carte dîner

Plan : 3HS-u – 99 r. Jules-Delcenserie – ℰ 03 20 65 21 19 (réservation conseillée)
– www.restaurant-lasalleamanger.com – Fermé 1 semaine en fév., 2 semaines en août, 23 déc.-5 janv., lundi soir, merc. soir, sam. midi et dim.

à **Gruson** – ⊠ 59152 – 1 146 hab. – Alt. 52 m

✿ L'Arbre (Yorann Vandriessche)

CUISINE MODERNE · AUBERGE XX Cet estaminet, tout de rouge vêtu, est installé sur un passage mythique de la course Paris-Roubaix. Mais bien loin de "l'Enfer du Nord", c'est ici le paradis de la gourmandise ! Le chef, Yorann Vandriessche, concocte une cuisine goûteuse et dans l'air du temps ; les saveurs des bons produits de saison sont gagnantes.

→ Tourteau, pressé d'avocat, tomates confites et œuf brouillé. Ris de veau, girolles, fèves et mousseline de pomme de terre. Millefeuille croustillant à la vanille de Polynésie, crème brûlée et ananas confit.

Formule 29 € – Menu 47/81 € – Carte 55/80 €

Plan : 3JT-b – 1 pavé Jean-Marie-Leblanc, (croisement chemin de Bourghelles), 1 km à l'Est par D90 – ℰ 03 20 79 55 33 – www.larbre.com
– Fermé 8-31 août, 19-25 déc., dim. et lundi

à Sainghin-en-Mélantois - ⊠ 59262 – 2 524 hab. – Alt. 49 m

🏠 La Verdière ⊕ 🏠 ⊕ ⊕ 🌣 ☷ 🅿

FAMILIAL · COSY Une jolie bâtisse bourgeoise nichée dans un grand parc. Pas de doute, on cultive ici l'art du bien-recevoir, ainsi qu'un certain esprit demeure de famille (mobilier chiné patiné par les ans, tons cosy). Au réveil, on se régale de produits maison, avant d'aller se prélasser dans l'espace bien-être (jacuzzi, hammam).

5 chambres ⊊ – 🛏95/130 € 🛏🛏130/230 €

Plan : 3HT-k – *1839 r. de Lille* – *& 03 20 05 05 61* – *www.la-verdiere.eu*

à l'aéroport de Lille-Lesquin - ⊠ 59810 Lesquin

🏨 Mercure Aéroport ⊕ ☷ ℅ ⊡ 🆊 ☷ 🅿

BUSINESS · MODERNE Un hôtel de facture contemporaine, face à l'aéroport, avec un service de navettes gratuites. Les chambres se révèlent spacieuses, confortables et bien équipées. Au restaurant, convivialité, plats régionaux et rôtisserie.

215 chambres – 🛏90/250 € 🛏🛏90/250 € – ⊊ 16 €

Plan : 3HT-r – *110 r. Jean-Jaurès* – *& 03 20 87 46 46*
– *www.mercure-lille-aeroport.com*

à Capinghem - ⊠ 59160 – 1 670 hab. – Alt. 50 m

🍴 La Marmite de Pierrot 🏠 ⇆ 🅿

CUISINE TRADITIONNELLE · BISTRO ℵ Adieu veau, vache... Bonjour cochon, produits tripiers ! Le chef propose une cuisine très généreuse, dans une ambiance bon enfant et familiale. Et cela vaut aussi pour le décor : point de fioritures ici, un bar en bois, des tables au coude-à-coude, et des verres juste assez solides pour tenir le choc. C'est bien suffisant !

Menu 28/35 €

Plan : 2GS-v – *93 r. Poincaré* – *& 03 20 92 12 41* – *www.pierrot-de-lille.com*
– *Fermé 22 fév.-1er mars, 2-10 mai, 25 juil.-16 août, dim. soir, mardi soir, merc. soir, jeudi soir et lundi*

à St-André-Lez-Lille - ⊠ 59350 – 11 246 hab. – Alt. 20 m

🍴 La Quintinie 🏠 ⇆ 🕭 🆊 ⇆ 🅿

CUISINE CLASSIQUE · ÉLÉGANT ℵℵℵ Créateur visionnaire du potager de Louis XIV au château de Versailles, achevé en 1683, Jean-Baptiste de La Quintinie n'aurait pas renié ce ravissant restaurant, situé dans une ancienne orangerie. Le classicisme est de mise sur la carte, assez courte mais bien composée.

Formule 16 € – Menu 21 €

Plan : 2GS-t – *501 av. du Mal.-de-Lattre-de-Tassigny, D 57* – *& 03 20 40 78 88*
– *www.alaquintinie.com* – *Fermé 29 juil.-22 août, lundi et le soir sauf sam.*

LIMAY

⊠ 78520 (Yvelines) – 16 128 hab. – Alt. 16 m – Carte régionale n° **18**-A1

▶ Paris 56 km – Argenteuil 50 km – Boulogne-Billancourt 52 km – Saint-Denis 60 km

Carte Michelin 311-G2

🍴 Au Vieux Pêcheur 🏠

CUISINE TRADITIONNELLE · COSY ℵℵ En face du vieux pont de Limay, sur la Seine. Plusieurs salles et plusieurs ambiances (contemporaine ou plus feutrée) pour déguster une cuisine traditionnelle soignée.

Formule 30 € – Menu 38/68 € 🍷

5 quai Albert 1er – *& 01 30 92 77 78* – *www.au-vieux-pecheur.com* – *Fermé merc. soir, dim. soir et lundi*

LIMERAY – 37 (Indre-et-Loire) → voir Amboise

LIMOGES

✉ 87000 (Haute-Vienne) – 136 221 hab. – Agglo. 185 555 hab. – Alt. 300 m
– Carte régionale n° **24**-B2

▶ Paris 391 km – Angoulême 105 km – Brive-la-Gaillarde 92 km – Châteauroux 126 km
Carte Michelin 325-E6 – Guide Vert Michelin Limousin Berry

Le Vanteaux

CUISINE MODERNE • À LA MODE XX Son chef se définit comme un "agitateur de gourmandises" ! On apprécie sa cuisine ludique et tendance qui revisite les classiques régionaux... À noter : le chariot de minidesserts pour bien conclure le repas et, le midi, la sélection de vins au verre. L'été, on s'installe sur le toit, à l'ombre des canisses.

Menu 25 € (déj. en semaine), 31/45 € – Carte 56/71 € dîner

Plan : AX-v – *162 bd de Vanteaux*
– ℰ 05 55 49 01 26 – www.levanteaux.com
– *Fermé 11-25 avril, 14-18 juil., 1ᵉʳ-15 août, dim. soir et lundi*

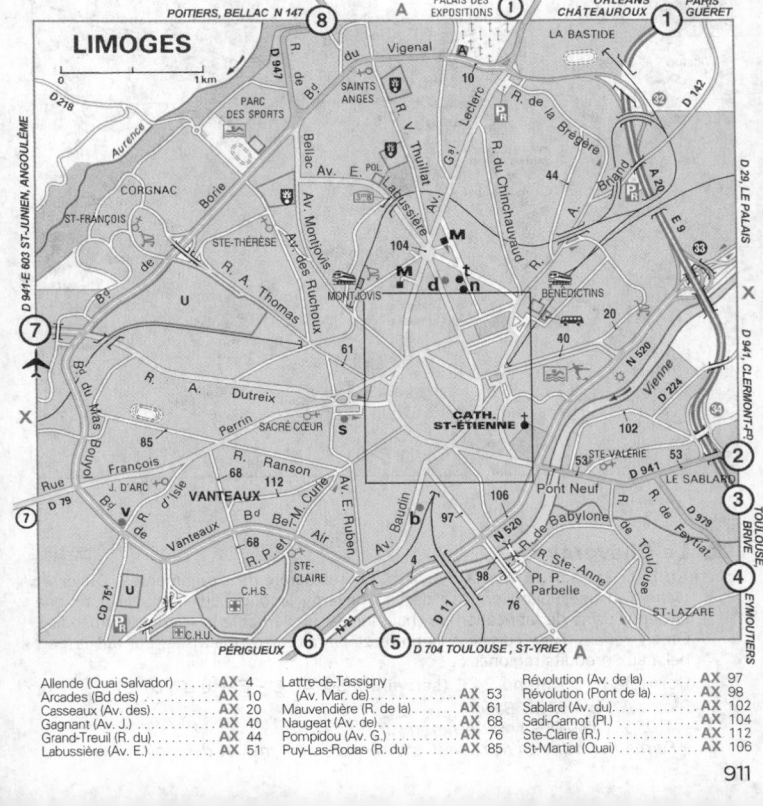

Allende (Quai Salvador)	AX	4
Arcades (Bd des)	AX	10
Casseaux (Av. des)	AX	20
Gagnant (Av. J.)	AX	40
Grand-Treuil (R. du)	AX	44
Labussière (Av. E.)	AX	51
Lattre-de-Tassigny (Av. Mar. de)	AX	53
Mauvendière (R. de la)	AX	61
Naugeat (Av. de)	AX	68
Pompidou (Av. G.)	AX	76
Puy-Las-Rodas (R. du)	AX	85
Révolution (Av. de la)	AX	97
Révolution (Pont de la)	AX	98
Sablard (Av. du)	AX	102
Sadi-Carnot (Pl.)	AX	104
Ste-Claire (R.)	AX	112
St-Martial (Quai)	AX	

LIMOGES

Aine (Pl. d') . . . . **BZ** 2
Allois (R. des) . . . . **DZ** 6
Amphithéâtre (R. de l') . . **BY** 8
Barreyrrette (Pl. de la) . . **CZ** 12
Bénédictins (Av. des) . . . **DY** 14
Betoulle (Pl. L.) . . . . **CZ** 16
Boucherie (R. de la) . . . . **CZ** 18
Cathédrale (R. de la) . . . . **DZ** 23
Clocher (R. du) . . . . **CZ** 26
Collège (R. du) . . . . **CZ** 26
Consulat (R. du) . . . . **CZ**
Coopérateurs (R. des) . . . **BY** 27

Dupuytren (R.) . . . . **CZ** 30
Ferrerie (R.) . . . . **CZ** 33
Fonderie (R. de la) . . . . . . **BY** 35
Fontaine-des-Barres (Pl.) . **CY** 37
Gambetta (Bd) . . . . **BCZ**
Giraudoux (Square Jean) . **CY** 42
Haute-Cité (R.) . . . . **DZ** 46
Jacobins (Pl. des) . . . . . . **CZ** 49
Jean-Jaurès (R.) . . . . **CYZ**
Louis-Blanc (Bd) . . . . **CZ**
Louvrier-de-Lajolais (R.) . **BY** 55
Manigne (Pl.) . . . . **CZ** 57
Maupas (R. du) . . . . **DY** 59
Michels (R. Charles) . . . . **CZ** 63
Motte (Pl. de la) . . . . **CZ** 66

Périn (Bd G.) . . . . **CY** 71
Préfecture (R. de la) . . . . **CY** 83
Raspail (R.) . . . . **DZ** 89
Réforme (R. de la) . . . . . . **CY** 91
République (Pl. de la) . . . **CY** 95
St-Martial (R.) . . . . **CY** 107
St-Maurice (Bd) . . . . **DZ** 109
St-Pierre (Pl.) . . . . **CZ** 110
Stalingrad (Pl.) . . . . **CY** 113
Temple (Cour du) . . . . . . **CZ** 115
Temple (R.) . . . . **CZ** 116
Tourny (Carrefour) . . . . . **CY** 118
Victor-Hugo (Bd) . . . . . . **BY** 120
Vigne-de-Fer (R.) . . . . . . **CZ** 122
71e-Mobile (R. du) . . . . . **DZ** 125

Le Cheverny 🔘

CUISINE MODERNE · A LA MODE ✖✖ En restaurateurs expérimentés, Didier et Marie-Christine Palard ont fait de ce Cheverny limougeaud – installé dans une ancienne usine de fabrication de chaussures – un véritable havre de gourmandise. On s'y régale d'une cuisine cohérente et parfaitement maîtrisée, qui fait la part belle aux produits régionaux.

Formule 18 € – Menu 24 € (semaine), 30/48 € – Carte 27/67 €

Plan : AX-b – *57 av. Baudin*
– ✆ *05 55 34 50 01 – www.lecheverny.fr*
– *Fermé 1 semaine en nov., lundi en juil.-août, sam. midi et dim. soir*

Chez Alphonse `AC`

CUISINE TRADITIONNELLE · BISTRO X Pourquoi Alphonse ? Parce que chaque jour, comme ses prédécesseurs avant lui, le chef de ce charmant bistrot "fonce aux halles" pour faire son marché... La belle tradition est donc à l'honneur : terrines diverses, crépinette de pied de porc, généreuses pièces de bœuf et pot-au-feu sont à la carte. À table !

Formule 16 € – Menu 21 € (déj. en semaine) – Carte 25/49 €

Plan : CZ-e – *5 pl. de la Motte* – *℘ 05 55 34 34 14* – *www.chezalphonse.fr*
– *Fermé dim. et fériés*

Philippe Redon

CRÉATIVE · ÉLÉGANT XX Vous aimez les métissages ? Vous allez être servi... Ici, on réalise des recettes qui oscillent entre bistronomie, air du temps et esprit gastronomique à l'ancienne ; on trouvera par exemple des couteaux persillés avec un risotto, ou encore un turbot sauvage accompagnés d'une fricassée de girolles. Savoureux !

Formule 18 € – Carte 36/62 €

Plan : CY-f – *14 r. A.-Dubouché* – *℘ 05 55 79 37 50* – *www.philippe-redon.com*
– *Fermé dim. et lundi*

Amphitryon

CUISINE MODERNE · COSY XX Cette jolie maison à pans de bois, au cœur du pittoresque "village" des Bouchers, est désormais le fief du chef Olivier Polla. Il propose à ses clients une cuisine moderne tournée vers le produit : kadaïf de langoustine, lièvre à la royale, croquant de framboise et pastilla de lait... Un plaisir pour les papilles.

Formule 23 € – Menu 28 €/80 € – Carte 52/84 €

Plan : CZ-d – *26 r. de la Boucherie* – *℘ 05 55 33 36 39*
– *www.amphitryon-limoges.fr* – *Fermé dim. et lundi*

Le Versailles `AC`

CUISINE TRADITIONNELLE · BRASSERIE X Brasserie fondée en 1932, en face du palais de justice. Un lieu très vivant et une carte "tout maison" fort sympathique, avec un large choix de viandes limousines.

Formule 19 € – Menu 25/30 € – Carte 26/56 €

Plan : BZ-a – *20 pl. d'Aine* – *℘ 05 55 34 13 39*
– *www.brasserie-le-versailles-limoges.com*

La Maison des Saveurs `AC`

CUISINE MODERNE · COSY X Foie gras, magrets fermiers, médaillon de veau cuit au sautoir... Les produits régionaux sont à l'honneur dans cette agréable maison, sous la houlette d'un chef membre de l'association des "Toques Blanches" du Limousin. C'est simple, bon, et l'ambiance est franchement chaleureuse !

Formule 16 € ⾡ – Menu 28/40 € – Carte 52/72 €

Plan : AX-d – *74 av. Garibaldi* – *℘ 05 55 79 30 74* – *Fermé 16-30 juil., sam. midi, dim. soir et lundi*

Les Petits Ventres

CUISINE TRADITIONNELLE · RUSTIQUE X Atmosphère bon enfant garantie dans cette maison du 14ᵉ s., autour d'une cuisine où l'air du temps se saupoudre d'une pointe d'exotisme. Pour les petits ventres... et les autres.

⾡ Formule 13 € – Menu 20/33 € – Carte 35/48 €

Plan : CZ-u – *20 r. de la Boucherie* – *℘ 05 55 34 22 90*
– *www.les-petits-ventres.com* – *Fermé dim. et lundi*

⅋○ La Table du Couvent

CUISINE MODERNE · BRANCHÉ Cet ancien couvent de carmélites cultive des plaisirs intemporels : ceux d'une authentique cuisine "à la cheminée" ! Côte de bœuf, bavette ou entrecôte limousine (viandes locales) sont grillées dans l'âtre, où mijotent aussi de jolies cocottes...

Menu 17 € (déj. en semaine), 25/42 € – Carte 30/62 €

Plan : AX-s – 15 r. Neuve-des-Carmes – ℰ 05 55 32 30 66
– www.latableducouvent.com – Fermé 3 semaines en août, dim. soir, mardi midi et lundi

Domaine de Faugeras

HISTORIQUE · PERSONNALISÉ Ce château du 18ᵉ s. marie avec la plus grande élégance cachet historique et sobriété contemporaine. Quant au grand parc, il surplombe la ville... C'est chic, calme et charmant. Au restaurant, cuisine traditionnelle.

11 chambres – †95/220 € ††95/220 € – ☑ 14 € – ½ P

allée de Faugeras, 3 km au Nord-Est par r. A-Briand et D142 – ℰ 05 55 34 66 22
– www.castelfaugeras.fr

Mercure Royal Limousin

HÔTEL DE CHAÎNE · FONCTIONNEL Un établissement en centre-ville. Les chambres sont bien insonorisées et, au petit-déjeuner, le buffet est copieux. Bon rapport qualité-prix.

82 chambres – †85/260 € ††100/260 € – ☑ 15 €

Plan : CY-u – pl. de la République – ℰ 05 55 34 65 30
– www.mercure-limoges.com

Richelieu

BUSINESS · MODERNE Un hôtel près de la mairie, deux bâtiments, mais dans chaque cas, des chambres contemporaines raffinées, chaleureuses et confortables.

44 chambres – †85/360 € ††100/360 € – 2 suites – ☑ 15 €

Plan : CZ-k – 40 av. Baudin – ℰ 05 55 34 22 82 – www.hotel-richelieu.com

Atrium

BUSINESS · MODERNE Un entrepôt des douanes reconverti en hôtel : c'est original ! Les chambres sont pratiques et certaines donnent sur la jolie gare de Limoges et ses caténaires, pour les amateurs. Brasserie attenante.

70 chambres – †80/140 € ††85/145 € – ☑ 12 €

Plan : DY-a – 22 allée de Seto - Parc du Ciel – ℰ 05 55 10 75 75
– www.interhotel-atrium.com

St-Martial

FAMILIAL · FONCTIONNEL Hôtel pratique et familial, tout proche du centre-ville. Les chambres – dont la plupart ont été rénovées depuis 2010 – sont fonctionnelles et impeccablement tenues. Une bonne adresse à petit prix !

30 chambres – †59/99 € ††62/99 € – ☑ 10 €

Plan : AX-n – 21 r. A.-Barbès – ℰ 05 55 77 75 29
– www.hotelsaintmartiallimoges.com

Art Hôtel Tendance

FAMILIAL · PERSONNALISÉ Un petit hôtel dans un quartier résidentiel. Les plus jolies chambres ? Canada, Grèce et Inde. Dépaysement garanti et tenue impeccable !

16 chambres – †59/70 € ††59/75 € – ☑ 9 €

Plan : AX-t – 37 r. A.-Barbès – ℰ 05 55 77 31 72 – www.arthoteltendance.com

à St-Martin-du-Fault 13 km à l'Ouest par N141, D941 et D20 – ⊠ 87510 Nieul

⊠◯ Chapelle Saint-Martin

CUISINE MODERNE · CLASSIQUE ✕✕✕ Dans ce petit castel cossu et raffiné, le chef et sa brigade sélectionnent rigoureusement de beaux produits régionaux... Ils concoctent alors une savoureuse cuisine classique, qu'ils n'hésitent pas à parsemer d'inventivité.

Formule 39 € – Menu 55/89 € – Carte 68/99 €

– ℰ 05 55 75 80 17 (réservation conseillée) – www.chapellesaintmartin.com
– Fermé 4 janv.-15 mars, 1er nov.-20 déc., dim. soir, lundi, mardi et merc.

🏠 Chapelle Saint-Martin

LUXE · HISTORIQUE Nichée dans un grand parc, tout près d'un bois, cette gentilhommière cultive avec sérénité son élégance bourgeoise : chambres parées d'étoffes colorées, beau mobilier, tentures fleuries et quelques luxueuses suites contemporaines...

10 chambres – 🛏100/295 € 🛏🛏100/295 € – 4 suites – ⊑ 19 € – ½ P

– ℰ 05 55 75 80 17 – www.chapellesaintmartin.com – Fermé 4 janv.-15 mars et 1er nov. -20 déc.

⊠◯ **Chapelle Saint-Martin** – voir les restaurants ci-dessus

LIMOUX

⊠ 11300 (Aude) – 10 180 hab. – Alt. 172 m – Carte régionale n° **22**-B3
▶ Paris 769 km – Carcassonne 25 km – Foix 70 km – Perpignan 104 km
Carte Michelin 344-E4

⊠◯ Tantine et Tonton

CUISINE MODERNE · CLASSIQUE ✕✕ Tantine et Tonton ont changé d'air, et décidé de s'installer sous les hauts plafonds à moulures du Grand Hôtel Moderne et Pigeon. Dans ce décor délicieusement rétro – vieux parquets, lustres et grands miroirs – ou sur la terrasse ombragée, ils proposent une bonne cuisine dans l'air du temps : on passe un agréable moment !

🍴 Menu 19 € (déj. en semaine), 32/68 €

Grand Hôtel Moderne et Pigeon, 1 pl. Gén.-Leclerc, (près de la poste)
– ℰ 04 68 31 21 95 – www.tantinetonton.fr – Fermé 1er-10 janv., lundi soir et dim.

🏠 Grand Hôtel Moderne et Pigeon

HISTORIQUE · PERSONNALISÉ Dans cette demeure du 17e, les siècles se suivent et ne se ressemblent pas. Ancienne résidence des parents de Madame du Barry, couvent... puis hôtel, les lieux ne manquent ni d'âme ni de cachet : superbe escalier, fresques, vitraux, ciels de lit ou baldaquins, etc. Une adresse que l'on quitte à regret.

13 chambres – 🛏86/135 € 🛏🛏101/150 € – 1 suite – ⊑ 13 € – ½ P

1 pl. Gén.-Leclerc, (près de la poste) – ℰ 04 68 31 00 25
– www.grandhotelmodernepigeon.fr – Fermé 1er-10 janv.

⊠◯ **Tantine et Tonton** – voir les restaurants ci-dessus

LINDRY – 89 (Yonne) ➔ voir Auxerre

LINGOLSHEIM – 67 (Bas-Rhin) ➔ voir Strasbourg

LE LIOUQUET – 13 (Bouches-du-Rhône) ➔ voir La Ciotat

LIRAC

⊠ 30126 (Gard) – 886 hab. – Alt. 80 m – Carte régionale n° **23**-D2
▶ Paris 683 km – Avignon 19 km – Montpellier 97 km – Nîmes 52 km
Carte Michelin 339-N4

La Dame de Thé

TRADITIONNEL · RÉTRO Plafonds voûtés, pierres apparentes, tapisseries en tous genres : cette belle bâtisse du 17ᵉ s., autrefois caserne royale puis relais de poste, a su conserver son âme ! Les chambres, chaleureuses et joliment meublées, portent les noms d'écrivaines de renom : Colette, George Sand, la marquise de Sévigné... Délicieux.

4 chambres ⌂ – ♦95/150 € ♦♦95/150 €

24 r. du Pont-de-Nizon – ℰ 04 66 82 08 58 – www.damedethe.com – Ouvert 1ᵉʳ mai-30 sept.

LISIEUX

✉ 14100 (Calvados) – 21 170 hab. – Alt. 51 m – Carte régionale n° **33**-C2
▶ Paris 179 km – Alençon 94 km – Caen 64 km – Évreux 73 km
Carte Michelin 303-N5 – Guide Vert Michelin Normandie Vallée de la Seine

Aux Acacias

CUISINE TRADITIONNELLE · COSY ✕✕ Ces Acacias ont un petit côté zen, voire minimaliste. Derrière les fourneaux, le chef concocte une cuisine traditionnelle bien tournée où les produits du terroir normand figurent en bonne place.

Menu 19 € (semaine), 27/52 € – Carte 40/60 €

Plan : BZ-d – *13 r. de la Résistance – ℰ 02 31 62 10 95 – Fermé dim. soir et lundi*

L'Auberge du Pêcheur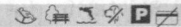

POISSONS ET FRUITS DE MER · CONVIVIAL ✕✕ Accueil sympathique dans cette coquette auberge où la mer est dans le décor... mais surtout dans l'assiette ! Huîtres gratinées au sabayon de cidre ; saint-pierre au beurre demi-sel, fumet de homard ; millefeuille de pomme façon tatin et mousse caramel... Jetez-y l'ancre, vous ne le regretterez pas.

Formule 16 € – Menu 18/42 € – Carte 42/61 €

Plan : BZ-t – *2 bis r. Verdun – ℰ 02 31 31 16 85 – www.laubergedupecheur.fr – Fermé dim. soir et merc. en hiver*

Mercure

HÔTEL DE CHAÎNE · FONCTIONNEL En périphérie de Lisieux, cet établissement dispose de chambres confortables et bien tenues ; celles du dernier étage sont mansardées. L'été, on profite de la terrasse du restaurant et de la piscine.

69 chambres – ♦90/120 € ♦♦90/120 € – ⌂ 17 €

177 r. Roger-Aini, à 2,5 km au rond-point de l'Espérance, rte de Paris – ℰ 02 31 61 17 17 – www.hotellisieux.com

Hôtel de la Place

TRADITIONNEL · PERSONNALISÉ Un hôtel central – juste en face de la cathédrale – où l'on vous reçoit avec la plus grande amabilité. Sympathique aussi : les chambres fonctionnelles et bien tenues. Quant au petit-déjeuner, il est très copieux !

30 chambres – ♦78/88 € ♦♦88/98 € – ⌂ 10 €

Plan : ABY-a – *67 r. Henry-Chéron – ℰ 02 31 48 27 27 – www.lisieux-hotel-delaplace.com*

L'Espérance

TRADITIONNEL · FONCTIONNEL Cette bâtisse normande à colombages a beau être l'un des plus anciens hôtels de Lisieux, ses chambres n'en sont pas moins contemporaines et cossues. Les groupes de pèlerins apprécient notamment la grande salle Art déco et la cuisine traditionnelle tout en simplicité. Un établissement bien tenu.

90 chambres – ♦79/129 € ♦♦99/129 € – ⌂ 11 € – ½ P

Plan : BZ-e – *16 bd Ste-Anne – ℰ 02 31 62 17 53 – www.lisieux-hotel.com – Ouvert mi-avril à fin oct.*

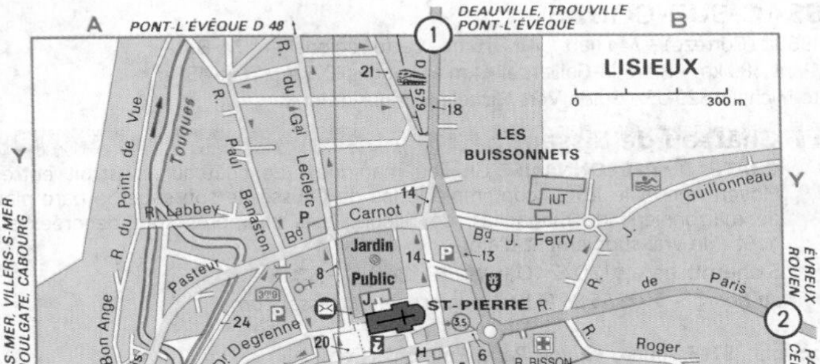

PONT-L'ÉVÊQUE D 48

LISIEUX

0   300 m

LES BUISSONNETS

iUT

Jardin Public

ST-PIERRE

MÉDIATHÈQUE

Carmel

BASILIQUE STE-THÉRÈSE

A Domaine St-Hippolyte

LIVAROT ALENÇON

ORBEC

Alençon (R. d')	**BZ** 2	Duchesne-Fournet (Bd)	**BY** 13	Oresme (Bd N.)	**BY** 21
Carmel (R. du)	**BZ** 4	Foch (R. Mar.)	**BY** 14	Pont-Mortain (R.)	**BZ** 23
Char (R. au)	**ABY** 6	Fournet (R.)	**BZ** 15	Remparts (Quai des)	**AY** 24
Chéron (R. Henry)	**AY** 8	Guizot (R.)	**AZ** 16	République (Pl. de la)	**ABZ** 25
Condorcet (R.)	**ABZ** 9	Herbet-Fournet (Bd)	**BY** 18	Ste-Thérèse (Av.)	**BZ** 28
Creton (R.)	**ABZ** 9	Jeanne-d'Arc (Bd)	**BZ** 19	Verdun (R. de)	**BZ** 31
Dr-Lesigne (R.)	**BZ** 10	Mitterrand (Pl. F.)	**ABY** 20	Victor-Hugo (Av.)	**BZ** 33
Dr-Ouvry (R.)	**BZ** 12				

à Ouilly-du-Houley 10 km à l'Est par D510 et D262 – ⊠ 14590

– 218 hab. – Alt. 55 m

ⅠO Restaurant de la Paquine

CUISINE TRADITIONNELLE · RUSTIQUE ✗ En plein bocage normand ! Cette petite auberge fleurie au cadre rustique continue d'honorer la tradition. Attention, le nombre de couverts par service est limité, la réservation est donc conseillée.

Menu 34/50 € – Carte environ 55 €

rte de Moyaux, (Le Bourg) – ℰ 02 31 63 63 80 (réservation conseillée)
– Fermé 2-17 mars, 12 nov.-2 déc., dim. soir, mardi et merc.

à Coquainvilliers 4 km au Nord par D48 – ⊠ 14130 – 863 hab. – Alt. 36 m

☺ Sogni D'Italia

ITALIENNE · CONVIVIAL ✗ Poussez donc la porte de cette petite maison normande à colombages, située en bord de route, et offrez-vous... un véritable plongeon dans l'Italie gourmande ! Le chef réalise ses pâtes fraîches lui-même et s'approvisionne directement dans la péninsule. En dégustant ses gnocchis maison, on ne peut que s'exclamer : *"Delizioso !"*.

☜ Formule 12 € – Menu 15 € (déj. en semaine), 21/39 € – Carte 27/55 €
Le Bourg, D48 – ℰ 02 31 62 29 20 – www.sogni-italia.onlc.fr – Fermé 1 semaine à Pâques,
1 semaine en juin, 1 semaine vacances de Noël, dim. soir, lundi soir et merc.

LISSAC-SUR-COUZE
⊠ 19600 (Corrèze) – 744 hab. – Alt. 170 m – Carte régionale n° **24**-B3
▶ Paris 489 km – Brive-la-Gaillarde 14 km – Limoges 101 km – Tulle 45 km
Carte Michelin 329-J5 – Guide Vert Michelin Limousin Berry

Château de Lissac
CHÂTEAU · PERSONNALISÉ Un lieu magique ! Le château, construit entre le Moyen-Âge et le 18e s., contemple le lac de Causse de son superbe parc planté de marronniers, de magnolias, de tilleuls... Les chambres sont décorées avec goût ; un vrai supplément d'âme.
5 chambres – •120/240 € ••120/240 € – ⊊ 12 €
au bourg – ℰ *05 55 85 14 19 – www.chateaudelissac.com*

LISSES – 91 (Essonne) ➜ voir Paris, Environs (Évry)

LISTRAC-MEDOC
⊠ 33480 (Gironde) – 2 542 hab. – Alt. 40 m – Carte régionale n° **3**-B1
▶ Paris 609 km – Bordeaux 38 km – Lacanau-Océan 39 km – Lesparre-Médoc 31 km
Carte Michelin 335-G4

Les Cinq Sens
DOMAINE VITICOLE · PERSONNALISÉ Dans un environnement préservé – entre vignes et nature –, cette belle demeure médocaine a été rénovée avec goût. Cachet des vieilles pierres et charme du contemporain : les chambres ont du style. Excellent petit-déjeuner, dégustation des vins de la propriété, espace détente... le luxe et la quiétude !
5 chambres – •95/155 € ••120/180 € – ⊊ 10 €
7 rte du Mayne, (Château Mayne-Lalande) – ℰ *05 56 58 27 63*
– www.chateau-mayne-lalande.com – Fermé en janv.

LIVRY-GARGAN – 93 (Seine-Saint-Denis) ➜ voir Paris, Environs

LA LLAGONNE – 66 (Pyrénées-Orientales) ➜ voir Mont-Louis

LLO – 66 (Pyrénées-Orientales) ➜ voir Saillagouse

LOCHES
⊠ 37600 (Indre-et-Loire) – 6 400 hab. – Alt. 80 m – Carte régionale n° **11**-B3
▶ Paris 261 km – Blois 68 km – Châteauroux 72 km – Châtellerault 56 km
Carte Michelin 317-O6 – Guide Vert Michelin Châteaux de la Loire

La Maison de l'Argentier du Roy

HISTORIQUE · PERSONNALISÉ Une maison en tuffeau dans la partie médiévale de la ville, pour un voyage hors du temps. Les chambres, thématiques, se nomment Belle Époque, Jacques Cœur, Gîte du Chevalier et Bibliothèque de Balzac.
4 chambres ⊊ – •110/185 € ••110/185 €
21 r. St-Ours – ℰ *02 47 91 62 86 – www.argentier-du-roy.com*

LOCMARIAQUER
⊠ 56740 (Morbihan) – 1 600 hab. – Alt. 5 m – Carte régionale n° **9**-A3
▶ Paris 488 km – Auray 13 km – Quiberon 31 km – La Trinité-sur-Mer 10 km
Carte Michelin 308-N9 – Guide Vert Michelin Bretagne Sud

Hôtel des Trois Fontaines
HÔTEL DE VACANCES · FONCTIONNEL À l'entrée du village, un hôtel engageant avec un beau jardin fleuri. L'agréable salon et les chambres, meublées d'acajou, évoquent le bord de mer. Accueil vraiment charmant.
18 chambres – •78/140 € ••78/140 € – ⊊ 12 €
rte d'Auray – ℰ *02 97 57 42 70 – www.hotel-troisfontaines.com – Ouvert 16 fév.-11 nov.*

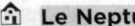 Le Neptune

HÔTEL DE VACANCES · FONCTIONNEL Cet hôtel familial, situé sur le port du Guilvin – juste à côté de l'embarcadère pour l'île aux Moines –, vous tend les bras ! Préférez les chambres de l'annexe, plus spacieuses et jouissant d'une terrasse donnant sur le golfe. Bon rapport qualité-prix.

12 chambres – ⑇55/77 € ⑇⑇55/77 € – ⌷8 €

port du Guilvin – ⌀ 02 97 57 30 56 – www.hotel-le-neptune.fr – Ouvert 1ᵉʳ avril-30 sept.

LOCMINÉ

✉ 56500 (Morbihan) – 4 164 hab. – Alt. 108 m – Carte régionale n° **10**-C2
▶ Paris 453 km – Lorient 52 km – Pontivy 24 km – Quimper 114 km
Carte Michelin 308-N7 – Guide Vert Michelin Bretagne Sud

à Bignan 5 km à l'Est par D1 – ✉ 56500 – 2 757 hab. – Alt. 148 m

🍽 Auberge La Chouannière

CUISINE CLASSIQUE · CONVIVIAL XX Pierre Guillemot, farouche lieutenant de Cadoudal, était natif du village : il est l'un des chouans célébrés par l'enseigne... Nulle mélancolie cependant en cette auberge d'aspect traditionnel : le jeune couple récemment installé a redynamisé l'adresse, et la carte porte la marque du chef, passé par de bonnes maisons.

Formule 15 € – Menu 31/48 € – Carte 36/52 €

6 r. Georges-Cadoudal – ⌀ 02 97 60 00 96 – www.auberge-la-chouanniere.fr – Fermé 6-22 oct., dim. soir, lundi et le soir

LOCQUIREC

✉ 29241 (Finistère) – 1 395 hab. – Alt. 15 m – Carte régionale n° **9**-B1
▶ Paris 534 km – Brest 81 km – Guingamp 52 km – Lannion 22 km
Carte Michelin 308-J2 – Guide Vert Michelin Bretagne Nord

🍽 Restaurant du Port

CUISINE MODERNE · À LA MODE XX Après une balade sur la pointe de Locquirec, l'heure des délices sonne avec ce bistrot contemporain sur le port ! Le chef propose une carte courte, collant le plus près possible aux produits de saison, et fait un carton plein : préparations précises, cuissons maîtrisées, présentations soignées... Excellent rapport plaisir-prix.

Formule 15 € – Menu 32/38 € – Carte 42/53 €

5 pl. du Port – ⌀ 02 98 15 32 98 – www.restaurantduport-locquirec.fr – Fermé vacances de fév., 2 semaines en nov., le soir du mardi au jeudi d'oct. à mars sauf vacances scolaires, dim. soir et lundi sauf juil.-août

🏨 Le Grand Hôtel des Bains

HÔTEL DE VACANCES · ÉLÉGANT Nostalgie, nostalgie, c'est ici que Michel Lang tourna *L'Hôtel de la Plage*. Aucun vestige des années 1970 néanmoins, plutôt un style élégant très Nouvelle-Angleterre : parquets cirés, beaux matériaux, tonalités miel, gris perle, bleu rétro... Face à la baie, spa et restaurant sont tout aussi chic.

36 chambres ⌷ – ⑇152/177 € ⑇⑇170/306 € – ½ P

15 bis r. de l'Église – ⌀ 02 98 67 41 02 – www.grand-hotel-des-bains.com

LOCRONAN

✉ 29180 (Finistère) – 806 hab. – Alt. 105 m – Carte régionale n° **9**-A2
▶ Paris 576 km – Brest 66 km – Briec 22 km – Châteaulin 18 km
Carte Michelin 308-F6 – Guide Vert Michelin Bretagne Sud

🍽 Comptoir des Voyageurs ⓝ

CUISINE TRADITIONNELLE · CONVIVIAL X Le décor, avec ses nombreux objets évoquant le voyage – photos, maquettes d'avions, valises... – ne laisse pas planer le doute : les jeunes propriétaires de ce restaurant sont plutôt du genre... globe-trotters ! Le chef compose une cuisine goûteuse et généreuse avec les produits d'ici : poissons, coquillages, escargots...

Formule 15 € – Menu 27/49 € – Carte 34/64 €

pl. de l'Église – ⌀ 02 98 91 70 74 – www.comptoir-des-voyageurs.fr – Fermé de mi-janv. à mi-fév., lundi et mardi de nov. à avril

Le Prieuré

AUBERGE · SIMPLE On ne peut pas manquer cette maison de pays postée à l'entrée du village – si breton et réputé pour être l'un des plus jolis de France ! Un hôtel-restaurant aux chambres simples et bien tenues (plus agréables et plus calmes sur l'arrière), parfait pour profiter de cet environnement pittoresque.

15 chambres – †58/65 € ††70/78 € – ⌷ 10 € – ½ P

11 r. du Prieuré – ℰ 02 98 91 70 89 – www.hotel-le-prieure.com – Ouvert 14 mars-11 nov.

au Nord-Ouest 3 km par rte secondaire – ⌧ 29550 Plonévez-Porzay :

Manoir de Moëllien

HISTORIQUE · ACTUEL Des pierres grises, une silhouette mystérieuse : un très joli manoir du 17e s., planté dans son grand parc en pleine campagne. Les chambres sont aménagées dans les dépendances, bien au calme, décorées dans un style plus campagnard que châtelain. Les résidents apprécient l'imposant restaurant.

18 chambres – †96/145 € ††96/145 € – ⌷ 12 € – ½ P

– ℰ 02 98 92 50 40 – www.manoirmoellien.fr – ouvert 1er avril-1er nov.

LODÈVE

⌧ 34700 (Hérault) – 7 552 hab. – Alt. 165 m – Carte régionale n° **23**-C2

▶ Paris 695 km – Alès 98 km – Béziers 63 km – Millau 60 km

Carte Michelin 339-E6

Paix

FAMILIAL · FONCTIONNEL Relais de poste converti en hôtel familial (5e génération), aux portes des Grands Causses. Les chambres, fonctionnelles, arborent un style provençal coloré et gai. Au restaurant, on sert une cuisine régionale accompagnée de vins du Languedoc. Une bonne adresse.

23 chambres – †50/60 € ††70/80 € – 2 suites – ⌷ 8 € – ½ P

11 bd Montalangue – ℰ 04 67 44 07 46 – www.hotel-dela-paix.com – Fermé fév., 15-30 nov. et dim. soir d'oct. à mai

LOGONNA-DAOULAS

⌧ 29460 (Finistère) – 2 102 hab. – Alt. 45 m – Carte régionale n° **9**-A2

▶ Paris 578 km – Brest 25 km – Morlaix 75 km – Quimper 59 km

Carte Michelin 308-F5

Le Domaine de Moulin Mer

VILLA · PERSONNALISÉ Sur la route du littoral, cette demeure de 1920, posée dans un beau jardin fleuri planté de palmiers et de magnolias, n'est que raffinement et bon goût : objets d'art, mobilier Empire et Napoléon III... Le jacuzzi, dans le jardin, l'espace bien-être avec sauna et hammam, achèvent de séduire !

5 chambres ⌷ – †85/150 € ††85/150 €

34 rte de Moulin-Mer, 1 km par D333 – ℰ 02 98 07 24 45
– www.domaine-moulin-mer.com

LOIRÉ

⌧ 49440 (Maine-et-Loire) – 914 hab. – Alt. 39 m – Carte régionale n° **34**-B2

▶ Paris 322 km – Ancenis 35 km – Angers 45 km – Châteaubriant 34 km

Carte Michelin 317-D3

✿ Auberge de la Diligence (Michel Cudraz)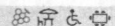

CUISINE MODERNE · RUSTIQUE XXX Vieilles pierres et terrasse au jardin : un charmant écrin pour une ambitieuse cuisine contemporaine, relevée par les herbes du potager et quelques notes d'Asie, passion du chef.

→ Carpaccio de dorade et légumes croquants, vinaigrette à l'huile de sésame, fines herbes et caviar. Épaule d'agneau fermier, polenta au lait de chèvre et jus au thym. Sablé breton et marmelade de rhubarbe du jardin.

Formule 31 € ♟ – Menu 45/89 € – Carte 50/80 €

4 r. de la Libération – ℰ 02 41 94 10 04 (réservation conseillée) – www.diligence.fr – Fermé 8-17 avril, 6-28 août, 31 déc.-8 janv., sam. midi, dim. soir et lundi

LOIRE-SUR-RHÔNE – 69 (Rhône) → voir Givors

LOMENER – 56 (Morbihan) → voir Ploemeur

LA LONDE-LES-MAURES

✉ 83250 (Var) – 9 116 hab. – Alt. 24 m – Carte régionale n° **41**-C3
▶ Paris 868 km – Marseille 93 km – Toulon 29 km – La Seyne-sur-Mer 35 km
Carte Michelin 340-M7 – Guide Vert Michelin Côte d'Azur

🍴○ **Cédric Gola**   [AC]

CUISINE MODERNE · BISTRO XX Cette ancienne épicerie des années 1930 abrite aujourd'hui ce bistrot joliment rétro (beau carrelage d'époque, haut plafond, vieux comptoir...). On y propose une cuisine fine, marquée par le Sud et les saisons, avec notamment un menu truffe qui mérite toute votre attention...
Menu 39/78 € – Carte 62/80 €
22 av. Georges-Clemenceau – 𝒞 04 94 66 97 93 (réservation conseillée) – www.restaurant-cedric-gola.com – Fermé 1 semaine en juin, 21 nov.-26 déc., le midi sauf le dim. de sept. à juin, mardi sauf en juil.-août et lundi

LA LONGEVILLE – 25 (Doubs) → voir Montbenoît

LONGJUMEAU – 91 (Essonne) → voir Paris, Environs

LONGNES

✉ 78980 (Yvelines) – 1 464 hab. – Alt. 130 m – Carte régionale n° **18**-A1
▶ Paris 65 km – Pontoise 53 km – Rouen 90 km – Versailles 55 km
Carte Michelin 311-F2

🍴○ **Le Pigeonnier**   🛋 [AC] [P]

CUISINE TRADITIONNELLE · RURAL X Impossible de se tromper d'adresse avec ce restaurant voisin... d'un pigeonnier ! Sous la belle charpente de la salle, au décor un brin rustique, la carte fait honneur à la tradition : on déguste par exemple une tête de veau sauce gribiche, ou un mignon de porc et son jus de thym. Tout simplement bon !
Menu 28 € (semaine), 38/66 € – Carte 54/69 €
7 rte de Bréval – 𝒞 01 30 42 41 60 – www.lepigeonnier78.fr – Fermé dim. soir, mardi midi et lundi sauf fériés

LONGUYON

✉ 54260 (Meurthe-et-Moselle) – 5 523 hab. – Alt. 213 m – Carte régionale n° **26**-B1
▶ Paris 314 km – Metz 79 km – Nancy 133 km – Sedan 69 km
Carte Michelin 307-E2

à Rouvrois-sur-Othain (Meuse) 7,5 km au Sud par D618 – ✉ 55230
– 200 hab. – Alt. 223 m

🍴○ **La Marmite**   ᬦ [AC] ⇔

CUISINE TRADITIONNELLE · RUSTIQUE XX Dans cette Marmite, uniquement des plats authentiques et savoureux, concoctés avec de bons produits locaux ; le chef fait lui-même ses salaisons. Une ambiance rustique bien agréable pour une belle approche du terroir. Accueil tout sourire.
🍴 Menu 15 € (déj. en semaine) – Carte 45/73 €
11 rte Nationale – 𝒞 03 29 85 90 79 – www.restaurant-la-marmite.com – Fermé 2-8 sept., 1er-8 janv., merc. soir, dim. soir et lundi

LONS – 64 (Pyrénées-Atlantiques) → voir Pau

LONS-LE-SAUNIER

✉ 39000 (Jura) – 17 353 hab. – Alt. 255 m – Carte régionale n° **16**-B3

▶ Paris 408 km – Besançon 84 km – Bourg-en-Bresse 73 km – Chalon-sur-Saône 61 km

Carte Michelin 321-D6 – Guide Vert Michelin Franche-Comté Jura

🍴 La Comédie ⛱ ♿

CUISINE TRADITIONNELLE • TRADITIONNEL XX Derrière ses fourneaux, le chef célèbre l'art culinaire, et fait honneur aux produits de la mer. Cassolette de moules de bouchot, plancha de queues de langoustes, et poissons sauvages entiers proposés à la carte... Goûteux et extrafrais !

Menu 22/36 € – Carte 45/65 €

65 pl. de la Comédie – ✆ 03 84 24 20 66 – www.restaurant-lacomedie.com – Fermé 2 semaines en avril, 3 semaines en août, dim. et lundi

🍴 Le Comptoir du Mirabilis ⛱ ♿ ❄

CUISINE MODERNE • BRANCHÉ X Dans le quartier historique, ce restaurant est niché en retrait de la rue Lecourbe ; derrière les fourneaux, le chef prépare une savoureuse cuisine de saison – tourte de boudin noir, pommes et oignons, risotto de gambas à l'espagnole... Le service, efficace et décontracté, ajoute encore à notre plaisir !

Formule 14 € – Carte 28/48 €

9 Galerie Lecourbe – ✆ 03 84 25 96 37 – www.lecomptoirdumirabilis.com – Fermé 1er-28 août, dim. et fériés

🏨 Hôtel du Béryl ♿ ❄ 🚭 👥 🅿

TRADITIONNEL • DESIGN Ne vous fiez pas à la façade plutôt banale, elle dissimule un hôtel très agréable, à deux pas du casino. Les chambres sont spacieuses, reposantes et fonctionnelles. Le tout à prix sages.

40 chambres – 👤75/95 € 👥79/115 € – ☕ 10 €

805 bd de l'Europe, 1 km au Nord, rte de Besançon puis D1083 – ✆ 03 84 24 40 50 – www.hotel-lonslesaunier.com

à Chille 3 km au Nord, rte de Besançon puis D157 – ✉ 39570 – 298 hab. – Alt. 330 m

🍴 Parenthèse 🌳 🅿

CUISINE MODERNE • TRADITIONNEL XX Cet élégant restaurant contemporain propose de bonnes recettes dans l'air du temps : pavé de truite de la "Petite Montagne", volaille de Bresse de la Maison Roussel... Accueil aimable, et clientèle d'habitués.

☺ Formule 15 € – Menu 20 € (semaine), 29/58 € – Carte 49/57 €

186 chemin du Pin – ✆ 03 84 47 55 44 – www.hotelparenthese.com – Fermé 21-30 déc., dim. soir sauf juil.-août, sam. midi et lundi midi

🏨 Parenthèse ✱ ☽ 🌳 🏊 Spa 🏋 ⇕ ♿ ❄ 👥 🅿

TRADITIONNEL • ACTUEL Quelques brasses au grand air, une balade dans le parc et un petit somme dans une chambre lumineuse et spacieuse, avant le dîner au restaurant... Une parenthèse enchantée, au calme.

32 chambres – 👤69/165 € 👥69/165 € – ☕ 12 €

186 chemin du Pin – ✆ 03 84 47 55 44 – www.hotelparenthese.com – Fermé 21-30 déc.

🍴 **Parenthèse** – voir les restaurants ci-dessus

à Courlans 6 km au Sud-Ouest par D678,rte de Chalon-sur-Saône – ✉ 39570 – 968 hab. – Alt. 227 m

🍴 Auberge de Chavannes Ⓝ ⛱ ♿ ❄ 🅿

CUISINE TRADITIONNELLE • ÉLÉGANT XX Une auberge contemporaine ô combien chaleureuse ! L'assiette est joliment créative ; les chambres, plaisantes, invitent au voyage, et l'accueil est absolument adorable.

Formule 23 € – Menu 28 € (déj. en semaine), 36/62 €

1890 av. de Châlon – ✆ 03 84 43 24 34 – www.auberge-de-chavannes.com – Fermé en nov., dim. soir d'oct. à mai, sam. midi, et lundi midi

Auberge de Chavannes ⚐ ⟨ AC P

AUBERGE · MODERNE Entre Bresse et Jura, une agréable maison traditionnelle. Les chambres, décorées sur le thème du voyage – Afrique, Méditerranée, Océanie, Asie, etc. –, sont assez spacieuses, confortables, et la jolie terrasse permet de profiter de la belle saison. En prime, l'accueil est
très chaleureux.

10 chambres – ♦88/98 € ♦♦98/128 € – ☑ 12 €

1890 av. de Châlon – ℰ *03 84 43 24 34 – www.auberge-de-chavannes.com*
– Fermé en nov., dim. soir et lundi midi

🍴 **Auberge de Chavannes** – voir les restaurants ci-dessus

à Courlaoux 8 km au Sud-Ouest par D678, rte de Chalon-sur-Saône – ✉ 39570
– 997 hab. – Alt. 230 m

🍴 L'Épicurien 🍽 ⟨ P

CUISINE MODERNE · FAMILIAL XX Un Épicurien contemporain et décontracté,
où la cuisine se révèle particulièrement généreuse : cuisse de canard confite
au four dans son jus de bœuf corsé ; suprême de volaille cuit sur sa peau,
truffé à la morteau, infusion au vin jeune et morilles... Et l'été, on se fait
une place en terrasse !

🍴 Formule 16 € – Menu 20 € (semaine), 29/55 €
– Carte 45/63 €

1 r. des Perroux – ℰ *03 84 24 63 91 – www.restaurant-lepicurien.fr*
– Fermé 1 semaine en avril, 1 semaine en juin, 1 semaine en août, 1 semaine en oct.,
1 semaine en janv., dim. soir, lundi et mardi

LE LONZAC

✉ 19470 (Corrèze) – 775 hab. – Alt. 450 m – Carte régionale n° **25**-C2
▶ Paris 479 km – Brive-la-Gaillarde 62 km – Limoges 90 km – Tulle 29 km
Carte Michelin 329-L3

🍴 Auberge du Rochefort ⬅ 🍽 ⚐

CUISINE TRADITIONNELLE · RUSTIQUE X Cette maison à colombages semble
tout droit sortie d'une carte postale. L'accueil est à la hauteur de la cuisine, soignée, qui revisite les grands classiques régionaux comme la tête
de veau sauce gribiche. Pour prolonger l'étape, quelques chambres assez
confortables.

🍴 Menu 15 € (déj. en semaine), 22/60 € – Carte 34/54 €
6 chambres – ♦45/60 € ♦♦45/60 € – ☑ 7 €

36 av. de la Libération – ℰ *05 55 97 93 42 – www.auberge-du-rochefort.fr*
– fermé le soir sauf vendredi et samedi – Fermé 2-8 mars et 4-25 oct.

LORAY

✉ 25390 (Doubs) – 489 hab. – Alt. 745 m – Carte régionale n° **17**-C2
▶ Paris 448 km – Baume-les-Dames 35 km – Besançon 46 km – Morteau 22 km
Carte Michelin 321-I4 – Guide Vert Michelin Franche-Comté Jura

🍴 Robichon ⬅ 🍸 🍽 P

CUISINE TRADITIONNELLE · FAMILIAL XX Robuste maison régionale située au
centre du bourg. Cuisine de tradition servie dans une salle contemporaine (boiseries claires et mobilier coloré). Petites chambres traditionnelles pour l'étape.
Au P'tit Bichon, décor façon chalet franc-comtois, plats régionaux, grillades et
menu du jour.

Formule 19 € – Menu 29/49 € – Carte 34/65 €
10 chambres – ♦60/75 € ♦♦60/83 € – ☑ 9 € – ½ P

22 Grande-Rue – ℰ *03 81 43 21 67 – www.hotel-robichon.com*
– Fermé dim. soir

LORGUES

83510 (Var) – 9 047 hab. – Alt. 200 m – Carte régionale n° **41**-C3
Paris 841 km – Brignoles 34 km – Draguignan 12 km – Fréjus 37 km
Carte Michelin 340-N5 – Guide Vert Michelin Côte d'Azur

✿ Bruno (Benjamin Bruno)   ⇐ ⑤ ⟨ ⊕ 🛆 P

CUISINE CLASSIQUE • AUBERGE XXX Une maison doit tant à ses propriétaires...
Ce mas provençal, c'est toute la générosité de la famille Bruno – les parents et
leurs deux fils –, sous l'égide de la truculente figure paternelle, connue pour son
culte de la truffe : toute l'année, un menu est dédié au précieux tubercule (d'hiver
et d'été). Une adresse délicieuse et pleine de caractère !
→ Pomme de terre cuite au four et crème de truffe. Épaule d'agneau de lait des
Pyrénées confite au four cinq heures, jus d'agneau, légumes de saison et râpée
de truffe. Moelleux au chocolat, caramel et truffe, glace vanille.
Menu 73/160 €

6 chambres – ♦160/210 € ♦♦270/320 € – ⊊ 20 €
*2350 rte des Arcs, Campagne Mariette, 3 km au Sud-Est par rte des Arcs
– ✆ 04 94 85 93 93 (réservation conseillée) – www.restaurantbruno.com
– Fermé dim. soir et lundi du 15 sept. au 15 juin*

⦿ Le Chrissandier   🛆 AC

CUISINE TRADITIONNELLE • RUSTIQUE XX Une devanture tout en bois, des murs
de pierre, une cheminée, un patio sous une treille... Un décor à la fois chaleureux
et bourgeois, où la tradition est chez elle. À noter : la carte, avec ses mets gastronomiques, se double d'un menu bistrot inattendu.
Formule 15 € – Menu 29/72 € – Carte 75/88 €
*18 cours de la République – ✆ 04 94 67 67 15 – www.lechrissandier.com
– Fermé janv., mardi hors saison, sam. midi de juil. à sept. et merc. sauf le soir en
saison*

au Nord-Ouest 8 km par rte de Salernes, D10 et rte secondaire – 83510 :

⦿ L'Orangerie   ⊕ 🛆 AC P

CUISINE MODERNE • COSY XXX Décor raffiné, superbe terrasse sous le soleil,
culture du vin et saveurs du Sud... La cuisine marie authenticité et audace, avec
de belles présentations. L'image d'un certain art de vivre, au sein même d'un
vignoble provençal dont on peut découvrir la production !
Menu 65/90 € – Carte 48/111 €
*Hôtel Château de Berne, rte de Salernes – ✆ 04 94 60 48 88
– www.chateauberne.com – Fermé fév. à avril, dim., lundi, mardi de nov. à déc. et
le midi*

🏠 Château de Berne   ⦿ ⑤ ⟨ ⊕ ⏄ 🕸 🛆 ⌁ 📷 ⦿ AC ♨ P

LUXE • PERSONNALISÉ Au bout d'un long chemin serpentant à travers la garrigue... une parenthèse bénie dans un domaine viticole de 600 ha ! On partage
son temps entre les chambres – élégantes –, les cours de cuisine, les dégustations de vin, les concerts, le spa...
24 chambres – ♦190/840 € ♦♦190/840 € – 1 suite – ⊊ 26 €
*rte de Salernes – ✆ 04 94 60 48 88 – www.chateauberne.com
– Fermé 1er fév.-30 avril*
⦿ **L'Orangerie** – voir les restaurants ci-dessus

LORIENT

56100 (Morbihan) – 57 706 hab. – Agglo. 114 332 hab. – Alt. 4 m
– Carte régionale n° **9**-B2
Paris 503 km – Quimper 69 km – St-Brieuc 116 km – St-Nazaire 146 km
Carte Michelin 308-K8 – Guide Vert Michelin Bretagne Sud

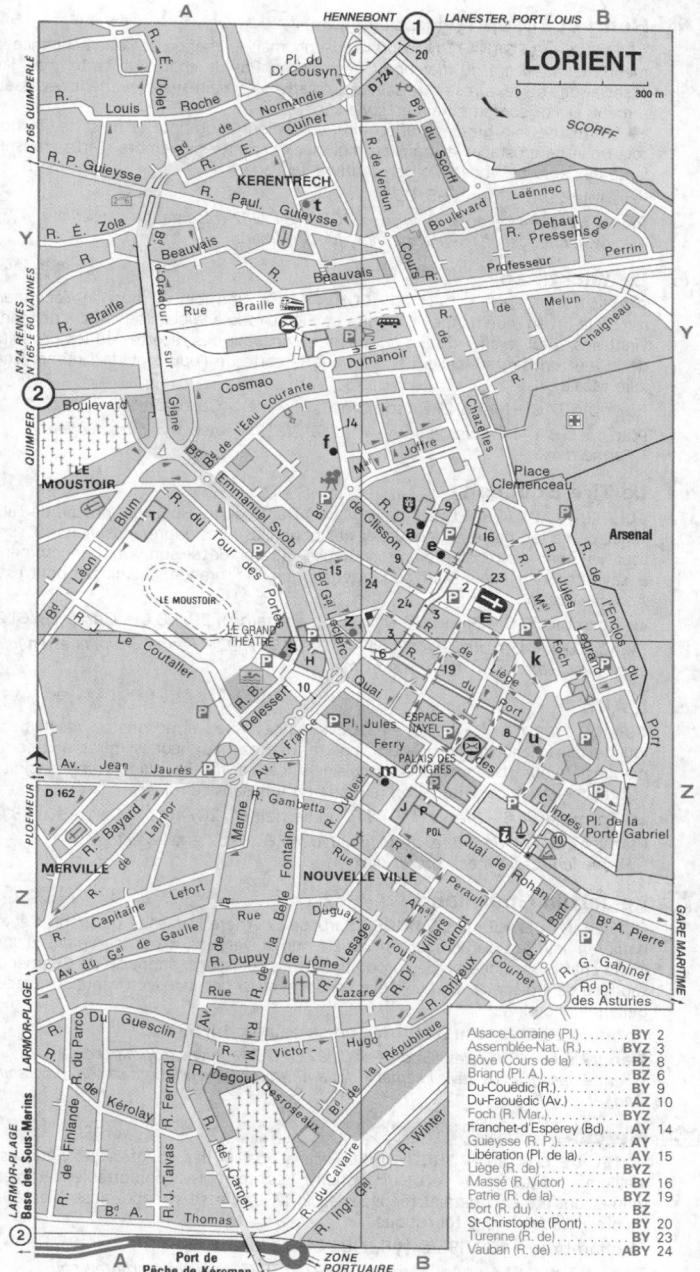

LORIENT

HENNEBONT — LANESTER, PORT LOUIS

SCORFF

300 m

KERENTRECH

LE MOUSTOIR

LE MOUSTOIR

LE GRAND THÉÂTRE

Arsenal

Place Clemenceau

ESPACE NAYEL

PALAIS DES CONGRÈS

NOUVELLE VILLE

MERVILLE

Pl. de la Porte Gabriel

GARE MARITIME

Port de Pêche de Kéroman

ZONE PORTUAIRE

Alsace-Lorraine (Pl.)	**BY** 2
Assemblée-Nat. (R.)	**BYZ** 3
Bôve (Cours de la)	**BZ** 8
Briand (Pl. A.)	**BZ** 6
Du-Couëdic (R.)	**BY** 9
Du-Faouëdic (Av.)	**AZ** 10
Foch (R. Mar.)	**BYZ**
Franchet-d Esperey (Bd)	**AY** 14
Guieysse (R. P.)	**AY**
Libération (Pl. de la)	**AY** 15
Liège (R. de)	**BYZ**
Massé (R. Victor)	**BY** 16
Patrie (R. de la)	**BYZ** 19
Port (R. du)	**BZ**
St-Christophe (Pont)	**BY** 20
Turenne (R. de)	**BY** 23
Vauban (R. de)	**ABY** 24

925

❀ Henri et Joseph (Philippe Le Lay)

CRÉATIVE · ÉLÉGANT XX Ni Henri ni Joseph, mais le chef en personne annonce le menu, défini au gré du marché et des saisons. Pas de choix à la carte, mais les associations de textures et de saveurs, créatives et maîtrisées, ravissent nécessairement. Décor contemporain au style sûr.

→ Strates de foie gras et truffe noire, condiment chou-fleur et noisette. Turbot rôti, voile de crustacés et bouillon mousseux crevette-gingembre. Tarte croustillante aux agrumes, huile d'olive et poivre sauvage.

Formule 29 € – Menu 55/85 €

Plan : AY-z – 4 r. Léo-le-Bourgo – ☏ 02 97 84 72 12 (réservation conseillée)
– www.henrietjoseph.fr – Fermé dim., lundi et mardi

❀ Le Yachtman

POISSONS ET FRUITS DE MER · CONVIVIAL XX Non loin du port, le Yachtman régale et on en redemande ! Grégoire Le Floch, rodé à la belle ouvrage – pendant vingt ans, il fut le chef du Pic à Lorient –, concocte des recettes où les produits de la mer ont la part belle. La salle joue la carte de l'épure et de l'intime. Une jolie escale.

Formule 17 € – Menu 21 € (semaine), 31/45 € – Carte 34/48 €

Plan : BZ-u – 14 r. Poissonnière – ☏ 02 97 21 31 91 – www.leyachtmanlorient.fr
– Fermé dim.

❀ Le Tire Bouchon

CUISINE TRADITIONNELLE · CLASSIQUE X Dans ce Tire Bouchon, proche de l'arsenal, on ne fait pas que déboucher des bouteilles ! Les gourmands viennent surtout ici pour se régaler d'une goûteuse cuisine de saison. Un bon moment à savourer dans une salle coquette à souhait : grande cheminée, poutres... Accueil souriant.

😎 Formule 15 € – Menu 20 € (déj. en semaine), 29/58 € – Carte 38/61 €

Plan : BZ-k – 45 r. Jules-Le-Grand – ☏ 02 97 84 71 92 – Fermé 2 semaines en juin et en janv., sam. midi, mardi soir et merc.

❀ L'Alto

CUISINE MODERNE · À LA MODE X Prenez une atmosphère résolument lounge dans l'enceinte du Grand Théâtre, mettez deux jeunes frères aux commandes et vous obtiendrez... cette cuisine sincère et fraîche, qui fait rimer sapidité et branché. Avec cet Alto-là, on garde le rythme sans se ruiner !

😎 Formule 14 € – Menu 17 € (déj. en semaine), 20/40 € – Carte 30/48 €

Plan : AZ-s – pl. de l'Hôtel-de-Ville – ☏ 02 97 84 07 57 – www.lalto.fr
– Fermé lundi soir, merc. soir et dim.

�🍽 Le Jardin Gourmand

CUISINE MODERNE · À LA MODE X Surprise : derrière la façade de granit s'épanouit un joli lieu contemporain, ouvert sur la verdure. C'est le repaire d'une jeune chef passionnée par les produits bretons (poissons, andouille de Guéméné, saucisse de Molène...), auxquels elle consacre aussi des livres, en vente sur place. Belle initiation !

Formule 26 € – Menu 32 € (déj. en semaine), 44/58 €

Plan : AY-t – 46 r. Jules-Simon – ☏ 02 97 64 17 24 – www.tropmad.com
– Fermé vacances de fév., 1 semaine fin août, merc. et jeudi hors saison, dim. soir, lundi et mardi

🏨 Mercure

HÔTEL DE CHAÎNE · FONCTIONNEL Face au palais des congrès, cet hôtel est idéalement situé pour découvrir Lorient. Les chambres, confortables et bien tenues, ont été entièrement rénovées en 2012. L'adresse s'adapte aussi bien à la clientèle d'affaires que touristique.

58 chambres – 🛏88/185 € 🛏🛏88/185 € – ⌑ 16 €

Plan : BZ-m – 31 pl. Jules-Ferry – ☏ 02 97 21 35 73 – www.accorhotels.com

⌂ Escale Océania ▫️P

URBAIN · FONCTIONNEL Un jeune couple dynamique a repris récemment cet hôtel idéalement situé en centre-ville, entre la gare et le palais des congrès. L'accueil est chaleureux ; les chambres, confortables et bien insonorisées, sont très fonctionnelles.

32 chambres – †65/150 € ††65/150 € – ☲ 13 €

Plan : BY-a – *30 r. Ducouëdic* – *☎ 02 97 64 13 27* – *www.oceaniahotels.com* – *Fermé 19 déc.-3 janv.*

⌂ Cléria 🔁 P

BUSINESS · FONCTIONNEL À quelques mètres seulement de la gare, bienvenue dans l'intérieur cosy de ce Cléria, avec son salon digne d'un appartement privé... Les chambres sont décorées dans une veine contemporaine ; préférez les supérieures, dites "Cotonnades", spacieuses et douillettes.

33 chambres – †57/78 € ††57/98 € – ☲ 10 €

Plan : AY-f – *27 bd Mar.-Franchet-d'Esperey* – *☎ 02 97 21 04 59* – *www.hotel-cleria.com*

⌂ Astoria 🔁 🛠️

URBAIN · FONCTIONNEL Près de l'église St-Louis, en plein centre-ville, un établissement sympathique à plus d'un égard : accueil familial chaleureux, chambres simples mais bien tenues, salon agréable...

35 chambres – †78/110 € ††78/130 € – ☲ 11 €

Plan : BY-e – *3 r. Olivier-de-Clisson* – *☎ 02 97 21 10 23* – *www.hotelastoria-lorient.com* – *Fermé 19 déc.-2 janv.*

au Nord-Ouest 3,5 km par D765 AY – ✉ 56100 Lorient :

✿✿ L'Amphitryon (Jean-Paul Abadie) 🍴 🅰️C̲

POISSONS ET FRUITS DE MER · DESIGN 🍴🍴🍴 Une cuisine d'auteur, ludique, fine et inspirée, donnant aux produits de la mer leurs lettres de noblesse. Le tout magnifié par une superbe sélection de crus confidentiels. Quant au service, exécuté dans un beau cadre contemporain, il est aussi professionnel que charmant... L'Amphitryon triomphe !

→ Gelée d'artichaut camus, huile de noisette et caviar d'Aquitaine. Turbot au vieux vinaigre de Xérès et girolles. Cubes chocolat madirofolo et estragon.

Menu 50 € (semaine), 88/150 € – Carte 100/160 €

127 r. du Col.-Müller – *☎ 02 97 83 34 04* – *www.amphitryon-abadie.com* – *Fermé 17 mai-1ᵉʳ juin, 4-19 sept., 1ᵉʳ-7 janv., dim. et lundi*

LORIOL-SUR-DRÔME

✉ 26270 (Drôme) – Alt. 100 m – Carte régionale n° **44**-B3
▶ Paris 590 km – Lyon 127 km – Privas 21 km – Valence 29 km
Carte Michelin 332-B5

⌂ Les Oliviers 🏠 🛏️ 🏊 🛠️ P

BUSINESS · FONCTIONNEL Avec son jardin planté d'oliviers, cette bâtisse des années 1970 porte bien son nom. Et pour se délasser, rien de mieux que la grande piscine à débordement ! Chambres fonctionnelles, restaurant régional.

63 chambres – †88/128 € ††88/128 € – ☲ 12 € – ½ P

r. Louis-d'Arbalestier – *☎ 04 75 61 00 55* – *www.hotel-les-oliviers.fr*

LORMONT – 33 (Gironde) → voir Bordeaux

LORP-SENTARAILLE – 09 (Ariège) → voir St-Girons

LOUBRESSAC

✉ 46130 (Lot) – 529 hab. – Alt. 320 m – Carte régionale n° **29**-C1

▶ Paris 531 km – Brive-la-Gaillarde 47 km – Cahors 73 km – Figeac 44 km

Carte Michelin 337-G2

🏠 Le Relais de Castelnau

FAMILIAL · FONCTIONNEL Tourné vers l'imposant château de Castelnau-Brete-noux, cet établissement offre une vue imprenable sur la vallée de la Dordogne. Les chambres sont fonctionnelles et confortables ; préférez celles avec balcon.

40 chambres – 🛏75/125 € 🛏🛏75/160 € – � 10 € – ½ P

rte de Padirac Rocamadour – 𝒞 05 65 10 80 90 – www.relaisdecastelnau.com – Ouvert 26 mars-23 oct.

LOUDÉAC

✉ 22600 (Côtes-d'Armor) – 9 661 hab. – Alt. 155 m – Carte régionale n° **10**-C2

▶ Paris 438 km – Carhaix-Plouguer 69 km – Dinan 76 km – Pontivy 24 km

Carte Michelin 309-F5 – Guide Vert Michelin Bretagne Nord

🏠 Les Voyageurs

TRADITIONNEL · FONCTIONNEL Bienvenue aux voyageurs ! L'hôtel affiche un style contemporain de bon aloi, l'ensemble est fort bien tenu et le restaurant tra-ditionnel tombe à point nommé pour les résidents. Une bonne adresse de l'Argoat.

30 chambres – 🛏58/99 € 🛏🛏72/99 € – ⊟ 10 € – ½ P

10 r. de Cadélac – 𝒞 02 96 28 00 47 – www.hoteldesvoyageurs.fr

LOUDUN

✉ 86200 (Vienne) – 6 819 hab. – Alt. 120 m – Carte régionale n° **39**-C1

▶ Paris 311 km – Angers 79 km – Châtellerault 47 km – Poitiers 55 km

Carte Michelin 322-G2

🏠 Renaudot

BUSINESS · ACTUEL Né à Loudun, Théophraste Renaudot fut le créateur de la "Gazette", en 1631, qui en fit pour l'histoire le créateur de la presse écrite en France. Cet hôtel feutré et moderne lui rend hommage, et propose aux voya-geurs des chambres confortables, à la décoration soignée.

29 chambres – 🛏92/186 € 🛏🛏92/186 € – ⊟ 12 €

40 av. de Leuze – 𝒞 05 49 98 09 38 – www.hotelrenaudot.com

🏠 L'Aumônerie

FAMILIAL · PERSONNALISÉ Diane de Poitiers, Aliénor d'Aquitaine ou encore la mystérieuse Mélusine : ces trois figures féminines de l'histoire et du folklore poi-tevin prêtent leur nom aux chambres de cette sympathique maison d'hôtes, tenue avec soin. La demeure date principalement du 17e s., avec des fondations du 13e s.

4 chambres ⊟ – 🛏50/56 € 🛏🛏60/67 €

3 bd Mar.-Leclerc – 𝒞 05 49 22 63 86 – www.l-aumonerie.biz

LOUÉ

✉ 72540 (Sarthe) – 2 184 hab. – Alt. 112 m – Carte régionale n° **35**-C1

▶ Paris 230 km – Laval 59 km – Le Mans 30 km – Rennes 127 km

Carte Michelin 310-I7

🍴 Ricordeau

FRANÇAISE MODERNE · ÉLÉGANT XxX Installez-vous sur l'agréable terrasse dressée dans le parc, au bord de la Vègre, et laissez-vous tenter par la bonne cui-sine gastronomique du chef. Des plats au goût du jour, sérieux et appliqués, réa-lisés avec de très bons produits, dont la célèbre volaille de Loué !

Formule 22 € 🍷 – Menu 28 € (déj. en semaine), 43/57 € – Carte 67/81 €

13 r. de la Libération – 𝒞 02 43 88 40 03 – www.hotel-ricordeau.fr – Fermé vacances de fév. et de la Toussaint, dim. soir, lundi et mardi

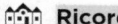 **Ricordeau**   ☆ ⌂ ⌦ 🖭 📶 **P**

AUBERGE · CLASSIQUE Cet ancien relais de diligence, qui date de la fin du 19ᵉ s., est situé dans le centre de Loué. Les chambres, classiques et bien tenues, sont décorées dans un style campagnard chic plutôt agréable. Élégant !

13 chambres – ♦92/135 € ♦♦92/135 € – ⌷ 15 € – ½ P

13 r. de la Libération – 𝒞 *02 43 88 40 03 – www.hotel-ricordeau.fr*
– Fermé 1 semaine vacances de fév.

⥁○ **Ricordeau** – voir les restaurants ci-dessus

LOUHANS-CHÂTEAURENAUD

✉ 71500 (Saône-et-Loire) – 6 461 hab. – Alt. 179 m – Carte régionale n° **8**-D3
▶ Paris 373 km – Bourg-en-Bresse 61 km – Chalon-sur-Saône 38 km – Dijon 85 km
Carte Michelin 320-L10 – Guide Vert Michelin Bourgogne

⥁○ **Le Moulin de Bourgchâteau**   ≼ ⌦ ⟡ **P**

CUISINE TRADITIONNELLE · ROMANTIQUE XX La salle, juste au-dessus de l'eau, a du style avec ses rouages, ses poutres et ses vieilles pierres. Sur la carte, parmi les spécialités traditionnelles comme la volaille de Bresse, on trouve quelques recettes italiennes telles ces délicieuses pâtes maison... origines du chef obligent !

Formule 16 € – Menu 25/64 € – Carte 47/59 €

Hôtel Le Moulin de Bourgchâteau, r. Guidon, rte de Chalon – 𝒞 *03 85 75 37 12*
(réservation conseillée) – www.bourgchateau.com – Fermé 20 déc.-6 janv. et lundi

⌂ **Le Moulin de Bourgchâteau**   ☆ ≼ ⌦ 📶 **P**

HISTORIQUE · RUSTIQUE Ce moulin du 18ᵉ s., posé sur un bras de la Seille, est plein de caractère. Ses propriétaires, deux frères d'origine italienne, sont aux petits soins ; dans les chambres, décorées de meubles chinés, on entend le murmure de la rivière... Idéal pour se ressourcer.

19 chambres – ♦56/67 € ♦♦67/75 € – ⌷ 9 € – ½ P

r. Guidon, rte de Chalon – 𝒞 *03 85 75 37 12 – www.bourgchateau.com – Fermé*
20 déc.-6 janv.

⥁○ **Le Moulin de Bourgchâteau** – voir les restaurants ci-dessus

⌂ **Barbier des Bois**   ☆ ⌦ ⌖ 🆔 📶 **P**

BUSINESS · MODERNE Les chambres de cet hôtel-restaurant aux airs de motel, situé en pleine campagne, ont un petit côté zen avec leur terrasse face à la nature. L'ensemble est très bien tenu et le service est à l'image du lieu : efficace et sympathique.

15 chambres – ♦68/88 € ♦♦90/110 € – ⌷ 10 €

rte de Cuiseaux, 3,5 km au Sud-Est par D996 – 𝒞 *03 85 75 55 65*
– www.barbierdesbois.com

à Bruailles 8 km au Sud-Est par D972 – ✉ 71500 – 941 hab. – Alt. 198 m

⌂ **La Ferme de Marie-Eugénie**   ☆ ⌂ ⌦ **P** ⥱

LUXE · PERSONNALISÉ Cette ferme du 18ᵉ s., tout en poutres et torchis, décorée avec goût, est reposante à souhait. Les chambres jouent le contraste : pierre de Bourgogne, bois massif, mobilier contemporain... L'endroit étant un peu isolé, la généreuse table d'hôte constitue une vraie bonne option.

4 chambres ⌷ – ♦115/135 € ♦♦115/135 €

225 allée de Chardenoux – 𝒞 *03 85 74 81 84 – www.lafermedemarieeugenie.fr*
– Fermé 23-28 déc.

LA LOUPE

⊠ 28240 (Eure-et-Loir) – 3 515 hab. – Alt. 248 m – Carte régionale n° **11**-B1

▶ Paris 136 km – Chartres 41 km – Évreux 72 km – Orléans 119 km

Carte Michelin 311-C5

⌂ **Le Chêne doré** Ⓝ   🍃 🖨 ૯ **P**

TRADITIONNEL · MODERNE Cet hôtel du cœur du Perche, au centre de la Loupe,
nouvellement repris par un jeune couple propose 14 chambres modernes et de
très bonne tenue. Cuisine traditionnelle autour de produits frais. Parking privé
gratuit sur l'arrière.

14 chambres – †68/88 € ††68/88 € – ☑ 10 €

pl. de l'Hôtel de Ville – ℰ 02 37 81 06 71 – www.lechenedore.com

LOURDES

⊠ 65100 (Hautes-Pyrénées) – 14 466 hab. – Alt. 420 m – Carte régionale n° **28**-A3

▶ Paris 850 km – Bayonne 147 km – Pau 45 km – St-Gaudens 86 km

Carte Michelin 342-L6

🍴 **Alexandra**

CUISINE MODERNE · DESIGN Ⅹ Cette discrète maison à la façade rouge est un
vrai petit miracle ! Cuisine goûteuse servie dans deux univers singuliers : l'un
intime et cosy ; l'autre contemporain et décalé.

😋 Formule 10 € – Menu 15 € (déj. en semaine)/19 € – Carte 30/44 €

Plan : DZ-p – *3 r. du Fort* – ℰ 05 62 94 31 43 – Fermé dim. soir et lundi

🏨 **Grand Hôtel Moderne**   🍃 🖨 ૯ 🆎

HISTORIQUE · CLASSIQUE Cette construction de 1896, édifiée par un membre de
la famille de Bernadette Soubirous, a retrouvé tout son lustre d'antan : magnifique façade et décor intérieur classique. Cuisine traditionnelle servie dans la
salle ornée de boiseries style Majorelle.

106 chambres – †106/150 € ††126/180 € – 5 suites – ☑ 12 € – ½ P

Plan : CZ-y – *21 av. Bernadette-Soubirous* – ℰ 05 62 94 12 32
– www.grandhotelmoderne.com – Ouvert Pâques-fin oct.

🏨 **Éliseo**   🍃 🖨 ૯ 🆎 🧖 🚗

URBAIN · MODERNE À proximité de la grotte, établissement abritant de grandes
chambres modernes très bien équipées. Boutique de souvenirs, salon cosy et terrasses panoramiques sur le toit. Cuisine traditionnelle servie dans des salles à
manger spacieuses, de style actuel.

197 chambres – †94/119 € ††130/188 € – 7 suites – ☑ 12 € – ½ P

Plan : CZ-p – *4-6 r. Reine-Astrid* – ℰ 05 62 41 41 41 – www.hoteleliseolourdes.fr
– Fermé 14 fév.-25 mars, 2 nov.-6 déc. et 10 déc.-6 fév.

🏨 **Grand Hôtel de la Grotte**   🍃 ⩽ 🍴 🛁 🖨 ૯ 🆎 🧖 🚗

TRADITIONNEL · ACTUEL Hôtel de tradition situé au pied du château fort. Trois
types de chambres : très contemporaines, de style Louis XVI (tournées pour certaines vers la basilique) ou "Master suites". Cuisine traditionnelle dans les salles à
manger, feutrées. La Brasserie arbore un décor moderne ; grande terrasse sous
les marronniers.

70 chambres – †85/300 € ††85/300 € – 5 suites – ☑ 18 € – ½ P

Plan : DZ-y – *66 r. de la Grotte* – ℰ 05 62 94 58 87 – www.hotel-grotte.com
– Ouvert 18 avril-22 oct.

🏨 **Gallia et Londres**   🍃 ⩽ 🍴 🖨 ૯ 🆎 🧖 🚗 **P**

HISTORIQUE · GRAND STYLE Séduisante atmosphère vieille France dans ce bel
hôtel à deux pas des sanctuaires. Chambres confortables, meublées dans le style
Louis XVI. Salle à manger ornée de boiseries, de lustres en cristal et d'une tapisserie représentant Venise.

81 chambres – †109/124 € ††148/178 € – 4 suites – ☑ 16 € – ½ P

Plan : CZ-c – *26 av. Bernadette-Soubirous* – ℰ 05 62 94 35 44
– www.hotelsvinuales.com – Ouvert 19 avril-27 oct.

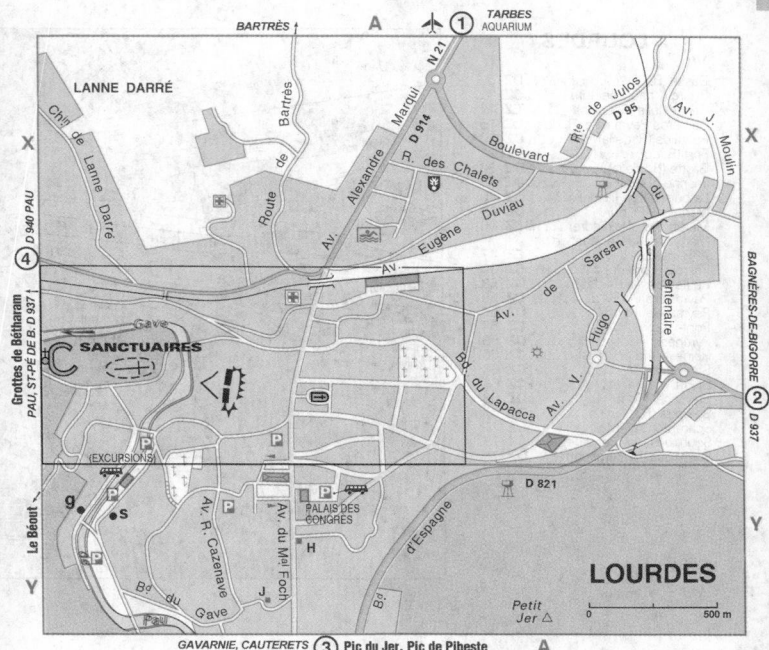

🏠 Panorama

🏠 🔼 & AC 💺 🏊

URBAIN · MODERNE Aux portes du sanctuaire, cet hôtel-restaurant a été entièrement repensé. Résultat : une décoration contemporaine, de la luminosité et de beaux espaces. Les chambres y sont confortables et bien tenues. Une nouvelle étape pour les pèlerins.

106 chambres – ♦96/156 € ♦♦122/242 € – 2 suites – ⬚ 13 € – ½ P

Plan : CZ-f – *11 r. Sainte-Marie* – ℰ *05 62 94 33 04*
– *www.hotelpanoramalourdes.com* – *Ouvert 12 fév.-10 déc.*

🏠 Miramont

🏠 🔼 & AC 💺

TRADITIONNEL · ACTUEL Un esprit contemporain distingue cet établissement : hall lumineux, bar et salon confortable, chambres dans la même veine... Au restaurant ouvert sur le gave, belle décoration actuelle et cuisine traditionnelle.

92 chambres – ♦53/69 € ♦♦80/108 € – ⬚ 10 €

Plan : AY-g – *40 av. Peyramale* – ℰ *05 62 94 70 00*
– *www.hotelmiramontlourdes.fr* – *Ouvert 27 mars-3 nov.*

🏠 Beauséjour

🏠 🛏 🏊 🔼 💺 P

TRADITIONNEL · CLASSIQUE Façade 1900, jardin avec jolie vue sur le château et les toits de la ville, intérieur cossu et chambres avenantes caractérisent cet hôtel-restaurant sympathique, jouxtant la gare.

45 chambres – ♦72/195 € ♦♦82/225 € – ⬚ 13 € – ½ P

Plan : EZ-s – *16 av. de la Gare* – ℰ *05 62 94 38 18* – *www.hotel-beausejour.com*

🏠 Méditerranée

🏠 🔼 & AC 💺 🏊

URBAIN · ACTUEL Un grand immeuble un peu excentré, sur les rives du gave de Pau. L'établissement arbore un style très contemporain et fonctionnel. Autre atout : les chambres offrent une vue dégagée sur la ville et ses abords.

171 chambres – ♦81 € ♦♦101 € – ⬚ 10 € – ½ P

Plan : AY-s – *23 av. du Paradis* – ℰ *05 62 94 72 15* – *www.lourdeshotelmed.com*
– *Ouvert 18 mars-21 oct.*

931

LOURDES

Basse (R.) . . . . **DZ** 5
Bourg (Chaussée du) . . . . **DZ** 8
Capdevielle (R. Louis) . . . . **EZ** 12
Carrières Peyramale (R. des) . **CZ** 15
Fontaine (R. de la). . . . . **DZ** 20
Fort (R. du) . . . . **DZ** 22
Grotte (Bd de la) . . . . **DZ** 30
Jeanne-d'Arc (Pl.) . . . . **DZ** 35
Latour-de-Brie (R. de) . . . . **DZ** 40
Marcadal (Pl. du) . . . . **DZ** 45
Marqui (Av. Alexandre) . . . . **DEZ** 46
Martyrs-de-la-Déportation
(R. des). . . . . **EZ** 47
Paradis (Espl. du) . . . . **CZ** 50
Petits Fossés (R. des) . . . . . . **DZ** 53
Peyramale (Av.). . . . . **CZ** 55
Peyramale (Pl.) . . . . **DZ** 56
Pont-Vieux . . . . **CZ** 57
Pyrénées (R. des) . . . . **DZ** 59
Reine-Astrid (R. de la) . . . . **CZ** 60
Ste-Marie (R.) . . . . **CZ** 68
St-Frai (R. Marie) . . . . **CZ** 65
St-Michel (Pont) . . . . **DZ** 66
St-Pierre (R.) . . . . **DZ** 67
Schœpfer (Av. Mgr) . . . . **CZ** 71
Soubirous (Av. Bernadette) . . **CZ** 73
Soubirous (R. Bernadette) . . . **DZ** 74

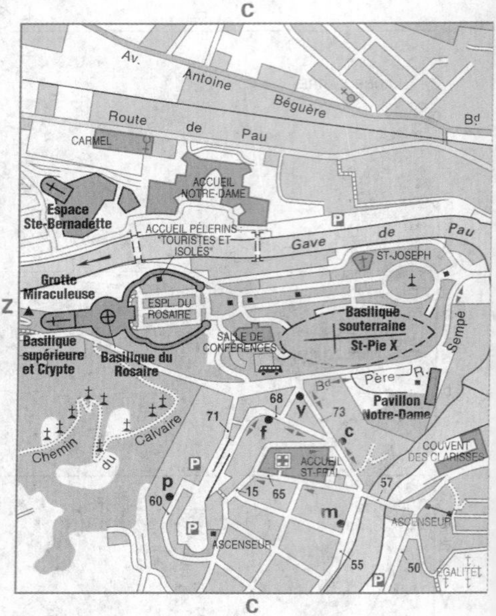

Notre Dame de France

FAMILIAL • SIMPLE Le long du gave de Pau, hôtel dirigé par la même famille depuis plusieurs générations. Agencement fonctionnel dans les chambres, simples et bien tenues. Cuisine traditionnelle et atmosphère de pension de famille au restaurant.

72 chambres – 🚹40/55 € 🚹🚹45/70 € – ☕8 € – ½ P

Plan : CZ-m – *8 av. Peyramale – ✆ 05 62 94 91 45 – www.hotelnd-france.fr – Ouvert 21 mars-31 oct.*

LOURMARIN

✉ 84160 (Vaucluse) – 1 088 hab. – Alt. 224 m – Carte régionale n° **42**-E1
▶ Paris 732 km – Apt 19 km – Aix-en-Provence 37 km – Cavaillon 32 km
Carte Michelin 332-F11 – Guide Vert Michelin Provence

Auberge La Fenière (Reine Sammut)

PROVENÇALE • ÉLÉGANT XxX Dans un parc verdoyant face au Grand Luberon, pour un moment de grâce... culinaire : une cuisine fine signée par une "reine" des saveurs. Au Bistrot, ambiance chaleureuse sous le préau autour des recettes de campagne. Les chambres, stylées et agréables, se répartissent dans plusieurs bâtiments du domaine.

➜ Risotto à l'encre de seiche. Loup à la peau croustillante, mirepoix de légumes, compotée de fenouil et vinaigrette à l'huile d'olive. Fleurs de romarin en sorbet, huile d'olive et citron.

Menu 55/110 €

16 chambres – 🚹150/320 € 🚹🚹180/350 € – ☕20 € – ½ P

D943, 2 km par rte de Cadenet – ✆ 04 90 68 11 79 – www.aubergelafeniere.com – Fermé janv., mardi sauf le soir de mi-juin à mi-sept. et lundi

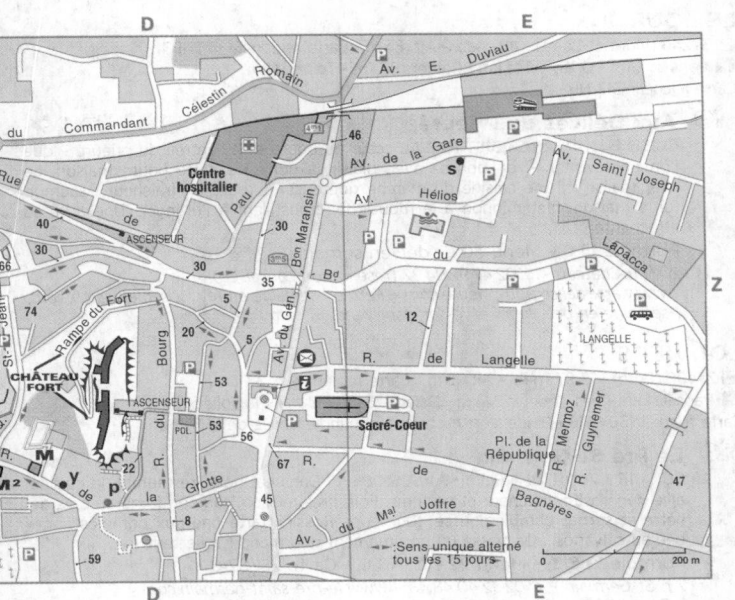

🍽 Le Moulin de Lourmarin

PROVENÇALE · CONVIVIAL ⅩⅩ Dans le cadre de l'ancien moulin – sous les voûtes en pierre de la salle à manger ou sur la belle terrasse –, on se régale d'une cuisine du marché volontiers provençale, élaborée avec soin.

Formule 26 € – Menu 30 € (déj. en semaine), 38/65 € – Carte 55/75 €

Hôtel Le Moulin de Lourmarin, r. du Temple – ℰ 04 90 68 06 69
– www.moulindelourmarin.fr – Fermé 4 janv.-7 fév., lundi sauf en été et mardi

🏨 Le Moulin de Lourmarin

HÔTEL DE VACANCES · PERSONNALISÉ Un hôtel de charme dans un moulin à huile du 18ᵉ s., au cœur de ce ravissant village. Les chambres sont confortables et décorées dans le style provençal.

17 chambres – 🛏100/310 € 🛏🛏100/310 € – 2 suites – ☖ 18 € – ½ P

r. du Temple – ℰ 04 90 68 06 69 – www.moulindelourmarin.fr – Fermé janv.

🍽 **Le Moulin de Lourmarin** – voir les restaurants ci-dessus

🏠 Mas de Guilles

AUBERGE · PERSONNALISÉ Au milieu des vignes, cette ancienne ferme du 17ᵉ s. abrite de jolies chambres contemporaines. Dans une jolie salle voûtée ou sur la grande terrasse, on déguste un bon foie gras de canard poêlé, spécialité de la maison... Parfait pour un séjour au grand calme.

28 chambres – 🛏90/150 € 🛏🛏90/330 € – ☖ 19 € – ½ P

107 rte de Vaugines, à 2 km – ℰ 04 90 68 30 55 – www.guilles.com – Ouvert début avril-fin oct.

🏠 La Bastide de Lourmarin

HÔTEL DE VACANCES · PERSONNALISÉ Derrière les murs de cette bastide se cachent de belles suites et des chambres thématiques (zen, romantique, etc.). Mobilier contemporain, objets chinés, touches ethniques et équipements de pointe créent un style tendance. Agréable spa.

19 chambres – 🛏85/395 € 🛏🛏85/395 € – ☖ 15 €

rte de Cucuron – ℰ 04 90 07 00 70 – www.hotelbastide.com – Fermé 4 janv.-13 fév.

933

LE LOUROUX

✉ 37240 (Indre-et-Loire) – 487 hab. – Alt. 86 m – Carte régionale n° **11**-B3
▶ Paris 267 km – Orléans 143 km – Poitiers 88 km – Tours 31 km
Carte Michelin 317-N6

○ **Aux Délices du Prieuré**

CUISINE MODERNE · BISTRO X Au cœur du bourg et à l'entrée du prieuré – que l'on peut visiter –, on pousse avec plaisir la porte de cette petite maison. Le chef réalise ici une cuisine du marché goûteuse et toute en fraîcheur : saumon fumé maison, filet mignon à la moutarde, croustillant à l'orange... Une adresse attachante.

Formule 15 € – Menu 30 € (déj. en semaine)
2 r. du Château – *℘ 02 47 92 94 27 (réservation conseillée)*
– www.aux-delices-du-prieure.com – Fermé 1 semaine en fév., 2 semaines en août, 1 semaine en oct., lundi et le soir sauf vend. et sam.

LOUVIERS

✉ 27400 (Eure) – 17 973 hab. – Alt. 15 m – Carte régionale n° **33**-D2
▶ Paris 104 km – Les Andelys 22 km – Lisieux 75 km – Mantes-la-Jolie 51 km
Carte Michelin 304-H6 – Guide Vert Michelin Normandie Vallée de la Seine

○ **Le Pré St-Germain**

CUISINE TRADITIONNELLE · À LA MODE XX Dans cet hôtel-restaurant, la cuisine allie générosité, fraîcheur et parfums. Foie gras maison, saumon fumé au bois de hêtre et sorbet pamplemousse, tournedos Rossini, tarte fine aux pommes flambée au calvados... On passe un bon moment gourmand ! Jolie terrasse.

Formule 19 € ▼ – Menu 22 € ▼/40 € – Carte 25/67 €
7 r. St-Germain – *℘ 02 32 40 48 48 – www.le-pre-saint-germain.com*
– Fermé 30 juil.-22 août, 19 déc.-3 janv., sam. et dim.

⌂ **Le Pré St-Germain**

FAMILIAL · FONCTIONNEL Légèrement excentrée et au calme, cette grande bâtisse blanche cache des chambres spacieuses et contemporaines, tenues avec soin. Une étape pleine de fraîcheur pour visiter Louviers, dont le beau cloître des Pénitents ou l'église Notre-Dame.

34 chambres – ♦96/118 € ♦♦118/130 € – � 12 € – ½ P
7 r. St-Germain – *℘ 02 32 40 48 48 – www.le-pre-saint-germain.com*
– Fermé 19 déc.-3 janv.

○ **Le Pré St-Germain** – voir les restaurants ci-dessus

à St-Étienne-du-Vauvray 7 km au Nord-Est par N154 et D77 – ✉ 27430
– 825 hab. – Alt. 13 m

☺ **La Ferme de la Haute Crémonville**

CUISINE TRADITIONNELLE · RUSTIQUE X Cette superbe ferme normande, tout en colombages, semble incarner le rêve d'une vie à la campagne ! Bonjour veaux, vaches, cochons et... recettes traditionnelles : la terrine du chef sent bon le terroir, la poule au pot embaume, les volailles sont cuites au feu de bois... De généreux plats mijotés à la sauce champêtre.

Menu 29 € – Carte 32/53 €
rte de Crémonville, 2,5 km au Sud-Ouest par D77 et rte secondaire
– ℘ 02 32 59 14 22 (réservation conseillée)
– www.restaurant-ferme-haute-cremonville.com – Fermé 10-25 août, merc. soir, sam. midi et dim.

LOUVROIL – 59 (Nord) ➜ voir Maubeuge

LE LUC

✉ 83340 (Var) – 9 874 hab. – Alt. 160 m – Carte régionale n° **41**-C3
▶ Paris 836 km – Cannes 75 km – Draguignan 29 km – Fréjus 41 km
Carte Michelin 340-M5 – Guide Vert Michelin Côte d'Azur

ⅠⅠ○ Le Gourmandin 🔊 AC

CUISINE TRADITIONNELLE · RUSTIQUE XX Dans cette véritable bonbonnière provençale, le temps semble s'être arrêté... De fait, la tradition est maîtresse aux fourneaux, pour le meilleur : fleurs de courgettes farcies à la mousse de rascasse et coulis d'étrilles ; carré d'agneau rôti en croûte de tapenade... Des assiettes généreuses et joliment présentées.

Menu 31/46 € – Carte 52/60 €

8 pl. L.-Brunet – ℰ 04 94 60 85 92 (réservation conseillée)
– www.legourmandin.com – Fermé 25 fév.-10 mars, 25 août-23 sept., dim. soir, lundi et jeudi soir

LUCELLE

✉ 68480 (Haut-Rhin) – 39 hab. – Alt. 640 m – Carte régionale n° **1**-A3
▶ Paris 472 km – Altkirch 29 km – Basel 41 km – Belfort 56 km
Carte Michelin 315-H12

au Nord-Est : 4,5 km par D41 et rte secondaire – ✉ 68480 Lucelle :

🏠 Le Petit Kohlberg 🔊 ⟨ ⟨ 🛏 ⊡ 🛁 🅿

FAMILIAL · RUSTIQUE En pleine campagne, un hôtel-restaurant au grand calme. Les chambres, confortables et bien tenues, ont été rénovées récemment ; quant à la salle à manger, elle est grande ouverte sur le joli parc, fleuri et boisé.

34 chambres – ♦73/86 € ♦♦73/100 € – ☲ 12 € – ½ P

– ℰ 03 89 40 85 30 – www.petitkohlberg.com – Fermé vacances de fév., de la Toussaint et 1 semaine vacances de Noël

LA LUCERNE-D'OUTREMER

✉ 50320 (Manche) – 849 hab. – Alt. 70 m – Carte régionale n° **32**-A2
▶ Paris 332 km – Caen 100 km – Saint-Lô 65 km – Saint-Malo 84 km
Carte Michelin 303-D7

ⅠⅠ○ Le Courtil de la Lucerne 🛏 🔊 ᕼ ⇔ 🅿

CUISINE TRADITIONNELLE · FAMILIAL XX Installé dans l'ancien presbytère d'un petit village normand, ce restaurant, sobrement décoré, propose de bonnes recettes traditionnelles : marmite de poisson, parmentier de canard, etc. Aux beaux jours, on profite de la terrasse.

⊛ Formule 15 € – Menu 18 € (semaine), 26/30 € – Carte 36/47 €

17 r. de la Libération, (Le Bourg) – ℰ 02 33 61 22 02
– www.le-courtil-de-la-lucerne.fr – Fermé 2-17 janv., dim. soir, mardi soir et merc.

LUCEY – 54 (Meurthe-et-Moselle) ➜ voir Toul

LUCHÉ-PRINGÉ

✉ 72800 (Sarthe) – 1 622 hab. – Alt. 34 m – Carte régionale n° **35**-C2
▶ Paris 242 km – Angers 68 km – La Flèche 14 km – Le Lude 10 km
Carte Michelin 310-J8 – Guide Vert Michelin Pays de la Loire

ⅠⅠ○ Auberge du Port des Roches ⇔ 🛏 🔊 🅿

CUISINE TRADITIONNELLE · CLASSIQUE XX Une terrasse et un jardin au fil de l'eau, une salle champêtre et une cuisine traditionnelle pétrie d'authenticité : fai-tes fi de toute morosité dans cette sympathique auberge des bords du Loir ! Pour l'étape, des chambres fraîches et colorées.

Menu 27/58 € – Carte 42/49 €

11 chambres – ♦64/74 € ♦♦64/80 € – ☲ 8 €

au port des roches, 2,5 km à l'Est par D13 et D214 – ℰ 02 43 45 44 48
– Fermé 1er fév.-4 mars, 22-26 août, 1 semaine vacances de la Toussaint, 4-13 janv., dim. soir, mardi midi et lundi

LUCHON – 31 (H.-Gar.) → voir Bagnères-de-Luchon

LUCINGES

✉ 74380 (Haute-Savoie) – 1 602 hab. – Alt. 700 m – Carte régionale n° **46**-F1
🚹 Paris 559 km – Annecy 49 km – Bonneville 18 km – Thonon-les-Bains 33 km
Carte Michelin 328-k3

Ⅰ○ Le Bonheur dans Le Pré   🕭 🖙 🕭 ⪕ ⊨ 🛋 ⅋ 🏭 P

CUISINE MODERNE • BISTRO Ⅹ Dans cette vieille ferme en pleine nature, on joue
à fond la carte de l'authenticité ! En cuisine, le chef compose un menu unique à
partir de beaux produits locaux. Le tout bien accompagné d'un vin du coin. Dès
lors, comment ne pas être convaincu que... Le Bonheur est dans Le Pré !
Menu 31/36 €

7 chambres – 🛏83 € 🛏🛏83 € – ⌑10 €
2011 rte de Bellevue, 2,5 km au Nord-Est par D183 – ℰ 04 50 43 37 77
– www.lebonheurdanslepre.com – Fermé 1 semaine fin août, 1 semaine fin oct.,
dim., lundi et le midi

LUÇON

✉ 85400 (Vendée) – 9 437 hab. – Alt. 8 m – Carte régionale n° **34**-B3
🚹 Paris 438 km – Cholet 89 km – Fontenay-le-Comte 30 km – La Rochelle 43 km
Carte Michelin 316-I9 – Guide Vert Michelin Pays de la Loire

Ⅰ○ La Mirabelle   🛋 ⅋ 🆎 ⅋ ⟐ P

CUISINE TRADITIONNELLE • CONVIVIAL ⅩⅩⅩ C'est à un joli repas qu'invite cette
maison vendéenne postée sur la route des Sables-d'Olonne, et flanquée d'une terrasse fleurie. La tradition y est reine, et les beaux produits du terroir cuisinés avec
un réel savoir-faire et une pointe d'originalité. On croque dans cette Mirabelle !
Formule 21 € – Menu 27/72 € – Carte 50/73 €

89 bis r. de-Gaulle, rte des Sables-d'Olonne – ℰ 02 51 56 93 02
– www.restaurant-lamirabelle.com – Fermé 3 semaines en janv., dim. soir, lundi
soir et mardi sauf fériés

Ⅰ○ Au Fil des Saisons   🖙 ⊨ 🛋 ⅋ P

CUISINE MODERNE • AUBERGE ⅩⅩ Au fil des saisons, on s'installe dans la salle,
simple et coquette, ou bien on file dans la véranda ou au jardin... En toute saison, on prend le temps de savourer des petits plats d'aujourd'hui, frais et parfumés. Et pour l'étape, les chambres sont agréables et confortables.
Formule 15 € – Menu 27/40 €

6 chambres – 🛏62/68 € 🛏🛏72/75 € – ⌑8 €
55 rte de la Roche-sur-Yon – ℰ 02 51 56 11 32 – www.aufildessaisons-vendee.com
– Fermé 2 semaines fin août-début sept., 2 semaines début janv., sam. midi, dim.
soir et lundi

à Moreilles 11 km au Sud-Est par D949 et D137 – ✉ 85450 – 366 hab. – Alt. 5 m

🏠 Château de l'Abbaye et Le Portail en Marais Poitevin

CHÂTEAU • COSY Tissus tendus, mobilier ancien,   🕭 ⊨ 🛋 🆎 P
salons élégants : cette belle demeure, couverte de vigne vierge, semble transporter dans un roman du 19ᵉ s. ! Une petite tête dans la piscine avant de profiter de
la table d'hôte ? À l'annexe – un bâtiment du 17ᵉ s. –, esprit plus champêtre mais
tout aussi confortable.

5 chambres – 🛏79/329 € 🛏🛏79/329 € – ⌑15 €
– ℰ 02 51 56 17 56 – www.chateau-moreilles.com

LUC-SUR-MER

✉ 14530 (Calvados) – 3 134 hab. – Alt. 10 m – Carte régionale n° **32**-B2
🚹 Paris 249 km – Arromanches-les-Bains 23 km – Bayeux 29 km – Cabourg 28 km
Carte Michelin 303-J4 – Guide Vert Michelin Normandie Cotentin

🏠 Hôtel des Thermes et du Casino

HÔTEL DE VACANCES · FONCTIONNEL Une adresse tonique directement sur la promenade, à proximité des thermes et du casino, comme son nom l'indique. Les chambres avec balcon ont vue sur la mer ; c'est tellement bien situé !

48 chambres – 🛏90/115 € 🛏🛏100/135 € – 🍴12 €

5 r. Guyemer – ✆ 02 31 97 32 37 – www.hotelresto-lesthermes.com – Ouvert 15 mars-31 oct.

LUC-SUR-ORBIEU

✉ 11200 (Aude) – 1 107 hab. – Alt. 46 m – Carte régionale n° **22**-B3

▶ Paris 809 km – Carcassonne 41 km – Montpellier 113 km – Perpignan 82 km

Carte Michelin 344-H3

🍴 La Luciole

CUISINE TRADITIONNELLE · BISTRO X Le chef a réalisé un rêve d'enfant en rachetant ce café sur la petite place du village... Autodidacte passionné, il réalise avec sa fille une cuisine simple et goûteuse, faisant la part belle aux produits locaux. À déguster en terrasse, à l'ombre des arbres centenaires !

Formule 17 € 🍷 – Menu 21/42 € – Carte 33/52 €

3 pl. de la République – ✆ 04 68 40 87 74 – www.restaurantluciole.fr – Fermé dim. soir et merc.

LE LUDE

✉ 72800 (Sarthe) – 3 949 hab. – Alt. 48 m – Carte régionale n° **35**-D2

▶ Paris 244 km – Angers 63 km – Chinon 63 km – La Flèche 20 km

Carte Michelin 310-J9 – Guide Vert Michelin Pays de la Loire

🍴 La Renaissance

CUISINE MODERNE · AUBERGE XX Des produits sarthois et angevins, mais aussi le serpolet, la cardamome, le pavot, la mangue... Ce restaurant traditionnel est à la page, avec sa cuisine qui explore de nouveaux mariages de saveurs. Accueil sympathique.

🍴 Formule 13 € – Menu 19 € 🍷 (semaine), 30/41 € – Carte environ 50 €

8 chambres – 🛏57/69 € 🛏🛏57/69 € – 🍴9 €

2 av. de la Libération – ✆ 02 43 94 63 10 – www.renaissancelelude.com
– Fermé 7-19 fév., dim. soir et lundi

LUDES

✉ 51500 (Marne) – 619 hab. – Alt. 140 m – Carte régionale n° **13**-B2

▶ Paris 157 km – Châlons-en-Champagne 52 km – Reims 15 km – Épernay 22 km

Carte Michelin 306-G8

🏠 La Villa Champagne Ployez-Jacquemart

FAMILIAL · ÉLÉGANT Pour les adeptes de tourisme viticole, cette belle demeure dédiée au champagne depuis 1930 cultive l'art de vivre à la française. Les chambres sont élégantes et raffinées ; après une dégustation, quoi de mieux qu'une promenade, parmi les vignes ?

5 chambres 🍴 – 🛏120/130 € 🛏🛏140/170 €

8 r. Astoin – ✆ 03 26 61 11 87 – www.ployez-jacquemart.fr – Fermé 17 déc.-15 janv.

LUGON-ET-L'ÎLE-DU-CARNEY

✉ 33240 (Gironde) – 1 162 hab. – Alt. 36 m – Carte régionale n° **3**-B1

▶ Paris 565 km – Bordeaux 31 km – Libourne 11 km – St-André-de-Cubzac 10 km

Carte Michelin 335-I5

🏠 Manoir d'Astrée 🆕

FAMILIAL · ÉLÉGANT Ici, tout n'est que vigne, calme et vallons ombragés. Ce manoir du 18e s., protégé des rumeurs du monde, propose des chambres feutrées, nommées d'après une reine ou un astre, Aliénor, Astrée, Adélaïde... Dans le parc, une piscine d'été achève de transformer votre séjour en parenthèse de volupté.

4 chambres 🍴 – 🛏115/180 € 🛏🛏115/180 €

lieu-dit Pellet, (r. du 8-mai-1945), 2 km au Nord par D138 – ✆ 05 57 25 24 25
– www.manoirdastree-bordeaux.com – Fermé mi déc.-fév.

LUMBRES

✉ 62380 (Pas-de-Calais) – 3 802 hab. – Alt. 45 m – Carte régionale n° **30**-A2
▶ Paris 261 km – Arras 81 km – Boulogne-sur-Mer 43 km – Calais 44 km
Carte Michelin 301-F3

🏨 Hôtel du Golf   🌳 🐾 ≼ 🛁 🖥 ♿ 🅰🅲 🕍 🅿

BUSINESS · MODERNE Au départ du parcours de golf de l'Aa, cet hôtel récent (2008) dominent les greens et la forêt. Grand calme, confort et espace dans les chambres, aménagées avec soin. Parfait pour les golfeurs, mais aussi la clientèle business.

54 chambres – ♦90/220 € ♦♦90/220 € – ☲ 16 € – ½ P

chemin des Bois, 2 km au Nord-Ouest par D225, au golf de l'Aa – ℰ 03 21 11 42 42
– www.golf.najeti.fr

🏨 Le Domaine de Mombreux   🌳 🐾 🛁 ♿ 🌿 🅰 🅿

TRADITIONNEL · PERSONNALISÉ À côté d'un ravissant moulin du 18ᵉ s. – abritant le restaurant – au bord du Bléquin, cet hôtel invite au repos. Les chambres, confortables, sont décorées avec une charmante simplicité. À cela s'ajoute un joli parc, idéal pour les promenades !

24 chambres – ♦75/125 € ♦♦85/185 € – ☲ 16 € – ½ P

2 km à l'Ouest par rte de Boulogne, D225 et rte secondaire – ℰ 03 21 39 13 13
– www.moulindemombreux.com

LUNÉVILLE

✉ 54300 (Meurthe-et-Moselle) – 19 855 hab. – Alt. 224 m – Carte régionale n° **27**-C2
▶ Paris 347 km – Épinal 69 km – Metz 95 km – Nancy 36 km
Carte Michelin 307-J7

🏨 Les Pages   🌳 🖥 🕍 🅿

TRADITIONNEL · FONCTIONNEL Un hôtel au bord de la Meurthe, juste en face du château. Plusieurs catégories de chambres sont proposées, selon leur grandeur et la modernité de leur décor. Bistrot attenant.

39 chambres – ♦75/115 € ♦♦95/145 € – ☲ 12 € – ½ P

5 quai des Petits-Bosquets – ℰ 03 83 74 11 42 – www.hotel-les-pages.fr

à Moncel-lès-Lunéville 3 km à l'Est par rte de St-Dié (D590) – ✉ 54300
– 582 hab. – Alt. 234 m

▮◯ Relais St-Jean   🌿 🅰🅲 🅿

CUISINE TRADITIONNELLE · CONVIVIAL ✕✕ Ce restaurant de la vallée de la Meurthe propose trois salles aux tons différents selon votre humeur du jour. Le chef compose une cuisine traditionnelle soignée, dont on pourra se régaler sur la terrasse à l'arrière. Une adresse agréable !

🍃 Formule 15 € – Menu 20/35 € – Carte 28/49 €

22 av. de l'Europe – ℰ 03 83 74 08 65 – www.relaissaintjean.fr
– Fermé 17 fév.-3 mars, 28 juil.-19 août, dim. soir, merc. soir et lundi

au Sud 5 km par rte de Rambervillers, puis av. G. Pompidou et cités Ste-Anne –
✉ 54300 Lunéville

❀ Château d'Adoménil (Cyril Leclerc)   🐾 🛁 🅰🅲 🌿 ⇔ 🅿

CRÉATIVE · LUXE ✕✕✕ Dans cette belle demeure, les tentures et les boiseries sombres sont agrémentées de touches baroques et contemporaines. Un décor de rêve pour déguster une cuisine créative, réalisée avec des produits nobles ; les cuissons sont justes et les saveurs bien au rendez-vous. Et la carte des vins n'est pas en reste...

➜ Grenouilles, nage crémeuse, influence thaïe. Pigeonneau du terroir lorrain. Bulle satinée litchi et citron vert.

Menu 68 € (semaine)/135 € – Carte 95/135 €

– ℰ 03 83 74 04 81 – www.adomenil.com
– Fermé vacances de fév., 2 semaines en juil. et en janv., dim. soir et mardi de sept. à mai, lundi et le midi sauf sam. et dim.

Château d'Adoménil

CHÂTEAU · PERSONNALISÉ On a forcément une bonne raison de loger dans cette belle demeure du 18e s., que ce soit pour son parc boisé, ses chambres bourgeoises ou son cachet historique indéniable. N'en n'oubliez pas pour autant le restaurant !

9 chambres – ♦200/290 € ♦♦200/290 € – 5 suites – ⊑ 25 €
– 𝒞 03 83 74 04 81 – www.adomenil.com – Fermé vacances de fév., 2 semaines en juil. et en janv., dim. et mardi de sept. à mai et lundi

❀ **Château d'Adoménil** – voir les restaurants ci-dessus

LUSIGNY-SUR-OUCHE

✉ 21360 (Côte-d'Or) – 113 hab. – Alt. 369 m – Carte régionale n° **7**-A3
▶ Paris 296 km – Beaune 16 km – Dijon 51 km – Mâcon 103 km
Carte Michelin 320-I7

La Saura

AUBERGE · COSY Un ancien relais de poste en bordure de la route de Beaune ; les chambres, chaleureuses et parfaitement entretenues, se trouvent dans les anciennes écuries de la propriété. Dehors, on se repose au calme d'un grand jardin arboré avec piscine... Une halte pour le moins charmante !

4 chambres ⊑ – ♦120/135 € ♦♦125/145 €
au village, par D970 – 𝒞 03 80 20 17 46 – www.la-saura.com – Ouvert 1er mars-15 nov.

> La sélection des hôtels et des restaurants changent tous les ans.
> Chaque année, changez de guide MICHELIN !

LUSSAC-LES-CHÂTEAUX

✉ 86320 (Vienne) – 2 317 hab. – Alt. 104 m – Carte régionale n° **39**-D2
▶ Paris 355 km – Bellac 42 km – Châtellerault 52 km – Montmorillon 12 km
Carte Michelin 322-K6 – Guide Vert Michelin Poitou-Charentes

ⅼ○ Les Orangeries

CUISINE MODERNE · RUSTIQUE XX Voilà une adresse où le terme "écolo-responsable" a un sens : on y cuisine presque exclusivement des produits bio, venant soit du potager, soit des producteurs fermiers de la région, et la carte des vins est dans le même esprit. Un respect des saisons et du marché qui se retrouve dans l'assiette !

Formule 20 € – Menu 32/51 €
12 av. du Dr-Dupont – 𝒞 05 49 84 07 07 – www.lesorangeries.fr – Fermé 2 semaines en janv. et en fév., sam. midi et lundi sauf juil.-août

Les Orangeries

TRADITIONNEL · RUSTIQUE Cette maison bourgeoise de la fin du 18e s. est située au cœur du bourg, et arbore fièrement ses façades en pierres apparentes ; à l'arrière, on découvre un grand parc arboré. Du mobilier, chiné chez les antiquaires, au grand salon avec ses billards, on est ici comme à la maison.

11 chambres – ♦75/165 € ♦♦85/180 € – 4 suites – ⊑ 14 € – ½ P
12 av. du Dr-Dupont – 𝒞 05 49 84 07 07 – www.lesorangeries.fr – Fermé 2 semaines en janv. et en fév.

ⅼ○ **Les Orangeries** – voir les restaurants ci-dessus

LUTTER – 68 (Haut-Rhin) ➜ voir Ferrette

LUXÉ – 16 (Charente) ➜ voir Mansle

LUXEUIL-LES-BAINS

✉ 70300 (Haute-Saône) – 7 052 hab. – Alt. 305 m – Carte régionale n° **17**-C1
▶ Paris 379 km – Épinal 58 km – Vesoul 32 km – Vittel 72 km
Carte Michelin 314-G6 – Guide Vert Michelin Franche-Comté Jura

⛺ Le Clos Rebillotte   ⅙ AC P

HÔTEL DE VACANCES · MODERNE Faites vos jeux ! Au cœur de la cité thermale, près du casino, cet établissement propose d'agréables chambres contemporaines. Quelques touches de couleurs, beaucoup de velours et un mobilier stylé... Voilà un hôtel qui cultive sa différence.

21 chambres – ♦62/107 € ♦♦62/107 € – ☐ 10 €
16 r. des Thermes – 𝒞 *03 84 93 90 90 – www.clos-rebillotte.com*

⛺ Les Sources   ⬚ ⅙ 🏖

BUSINESS · MODERNE Face aux thermes, cette bâtisse (1860) abrite 41 studios modernes et fonctionnels – avec kitchenette – donnant sur le parc ou la ville. L'adresse où se retrouvent curistes, touristes et clientèle d'affaires en quête de tranquillité...

41 chambres – ♦59/115 € ♦♦69/125 € – ☐ 10 €
2 av. Jean-Moulin, (face au parc thermal) – 𝒞 *03 84 93 70 04*
– www.70lessources.fr – Fermé 20 déc.-4 janv.

LUYNES

✉ 37230 (Indre-et-Loire) – 5 259 hab. – Alt. 60 m – Carte régionale n° **11**-B2
▶ Paris 247 km – Angers 115 km – Chinon 41 km – Langeais 15 km
Carte Michelin 317-M4 – Guide Vert Michelin Châteaux de la Loire

⊛ Le XII de Luynes   🍽 AC 🍷

CUISINE MODERNE · CONVIVIAL 🅇 Une salle peut en cacher une autre ! Outre une terrasse face au château, ce relais de poste du 17ᵉ s. abrite une grande salle aux racines rustiques, mais aussi une deuxième plus petite, troglodytique et très intime. Avis aux âmes romantiques... D'autant que la cuisine se révèle originale, joliment ficelée et savoureuse.

Formule 18 € – Menu 31/40 € – Carte environ 53 €
9 chambres – ♦77/115 € ♦♦77/115 € – ☐ 10 €
12 r. de la République – 𝒞 *02 47 26 07 41 – www.le-xii.com*
– Fermé 9-18 oct., 17 janv.-2 fév., mardi midi, dim. soir et lundi

⅃◯ Le Louis 13   🍴 🍽 AC 🍷 ⇔ P

CUISINE MODERNE · ÉLÉGANT 🅇🅇🅇 Une grande salle à manger cossue, des salons intimes... pour une agréable cuisine de saison. Cette table gastronomique cultive son élégance bourgeoise avec raffinement.

Formule 29 € – Menu 37/78 € – Carte 54/75 € dîner
Hôtel Domaine de Beauvois, 4 km au Nord-Ouest par D49 – 𝒞 *02 47 55 38 77*
– www.restaurant-louis13.fr – Fermé dim. soir, lundi et mardi de nov. à mars

🏯 Domaine de Beauvois   🎾 🏊 ⪜ 🍴 🗔 ⬚ 🏖 🚗

CHÂTEAU · CLASSIQUE Vaste manoir des 16ᵉ et 17ᵉ s. au cœur d'un parc arboré avec un étang. Les chambres et leurs belles tentures murales confirment une impression d'élégant classicisme, tout comme le restaurant.

36 chambres ☐ – ♦120/380 € ♦♦120/380 € – ½ P
4 km au Nord-Ouest par D49 – 𝒞 *02 47 55 50 11 – www.beauvois.fr*
   ⅃◯ **Le Louis 13** – voir les restaurants ci-dessus

LUZ-ST-SAUVEUR

✉ 65120 (Hautes-Pyrénées) – 980 hab. – Alt. 710 m – Carte régionale n° **28**-A3
▶ Paris 882 km – Argelès-Gazost 19 km – Cauterets 24 km – Lourdes 32 km
Carte Michelin 342-L7

à Esquièze-Sère au Nord – ⊠ 65120 – 383 hab. – Alt. 710 m

🏠 Le Montaigu

HÔTEL DE CHAÎNE · FONCTIONNEL Bâtiment situé au pied d'un château en ruine (15ᵉ s.). Grandes chambres fonctionnelles, dont quelques-unes plus récentes ; certaines disposent d'un balcon donnant sur les montagnes. Restaurant cultivant la tradition ; lumineux salon tourné vers le jardin.

42 chambres – †65/80 € ††75/90 € – 🖵 10 € – ½ P

9 rte de Vizos – 🖰 *05 62 92 81 71 – www.hotelmontaigu.com – Fermé avril, oct. et nov.*

LUZY

⊠ 58170 (Nièvre) – 1 984 hab. – Alt. 275 m – Carte régionale n° **7**-B3
◧ Paris 319 km – Le Creusot 47 km – Dijon 122 km – Nevers 81 km
Carte Michelin 319-G11 – Guide Vert Michelin Bourgogne

🍽 La Table de Jérôme 🆕

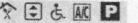

CRÉATIVE · CONVIVIAL ✕✕ Nouveau départ pour Jérôme Raymond, qui s'est installé dans les murs de l'ancien Hôtel du Centre, fermé il y a... huit ans ! Dans un décor à son goût – tout de bois, de verre et de pierre –, il décine une cuisine moderne et inventive, et propose une formule bistrot à petit prix le midi.

Formule 19 € – Menu 24 € (déj. en semaine), 40/100 €

Hôtel du Morvan, 26 r. de la République – 🖰 *03 86 30 00 66*
– www.hotelrestaurantdumorvan.fr – Fermé 7-14 nov., 4-25 janv., mardi midi, dim. soir et lundi

🏠 Hôtel du Morvan 🆕

FAMILIAL · DESIGN Huit ans après sa fermeture, cet ancien hôtel-restaurant renaît de ses cendres ! Déco contemporaine, couleurs vives : les chambres ne manquent pas de charme... et l'accueil est tout aussi délicieux.

14 chambres – †80/240 € ††80/240 € – 🖵 17 € – ½ P

26 r. de la République – 🖰 *03 86 30 00 66 – www.hotelrestaurantdumorvan.fr*
🍽 **La Table de Jérôme** *– voir les restaurants ci-dessus*

LYON

Lyon, ce sont d'abord les « bouchons », ces chaleureux estaminets des vieux quartiers, où l'on vient déguster les vins régionaux et la cuisine locale, dans une ambiance... typiquement lyonnaise. C'est aussi, plus généralement, une offre pléthorique de bons restaurants, et une jeune génération de chefs qui revisitent la tradition avec panache et inventivité. C'est bien simple : il est presque impossible de mal manger dans la capitale des Gaules !

Les spécialités culinaires :
tablier de sapeur, saucisson truffé ou pistaché, cervelle de canut, quenelles de brochet, bugnes, cardons à la moelle, volaille de Bresse...

Et pour boire :
du vin, bien sûr ! Les côtes-du-rhône septentrionaux (saint-joseph, crozes-hermitage, condrieu, etc.) sont les stars incontestées des tables lyonnaises, mais les beaujolais y ont aussi leur place.

✉ 69000 (Rhône)
- 491 268 hab. – Agglo. 1 567 537 hab. – Alt. 175 m
- Carte régionale n°43-E1
- Carte Michelin 327-I5
- Guide Vert Michelin Lyon et sa région
▶ Paris 458 km – Genève 151 km – Grenoble 106 km Marseille 314 km

Cultura / hemis.fr

INDEX DES RESTAURANTS

A

Alex ⊕ 967
L'Alexandrin ✿ 967
L'Âme Sœur ⊩◯ 971
L'Argot ⊩◯ 971
L'Art et la Manière ⊕ 968
L'Atelier des Augustins ⊩◯ 962
Au 14 Février ✿ 955
Auberge de l'Île Barbe ✿ 955
Augusto ⊕ 960

B

Balthaz'art ⊕ 958
Bernachon Passion ⊩◯ 971
Le Bistrot des Voraces ⊕ 958
Les Bonnes Manières ⊕ 969
Le Bouchon des Filles ⊩◯ 963
Le Bouchon Sully ⊩◯ 970
Brasserie Georges ⊩◯ 960
Brasserie Halles 9 ⊩◯ 974
Brasserie Léon de Lyon ⊩◯ 959

C

Le Café du Peintre ⊩◯ 971
Café-Épicerie ⊩◯ 955
Café Sillon ⊩◯ 970
Café Terroir ⊩◯ 961
Le Canut et les Gones ⊩◯ 962
Cazenove ⊩◯ 969
Le Centre ⊩◯ 961
Chez Terra ⊩◯ 971
Le Cocon ⊩◯ 975
Le Comptoir Saint-Cyr ⊩◯ 976

D

Daniel et Denise Créqui ⊕ 971
Daniel et Denise Croix-Rousse ⊕ ...963
Daniel et Denise Saint-Jean ⊕ 956
Danton ⊕ 969

E

L'Ébauche ⊩◯ 962
En Mets Fais ce Qu'il te Plaît ⊩◯ 970
Entr'Acte ⊩◯ 962
L'Est ⊩◯ 970

F

Fond Rose ⊩◯ 960

G

Le Garet ⊕ 963
Le Gourmet de Sèze ✿ 966

I

Imouto ⊕ 968
L'Institut ⊩◯ 960

J

Le Jean Moulin ⊕ 958
Jérémy Galvan ⊩◯ 955
Jour de Marché ⊕ 968

K

Le Kitchen Café ⊕ 969
KOS-I ⊩◯ 956

L

Larivoire ⊩◯ 973
Les Loges ✿ 954

M

Maison Clovis ✿ 967
Maison Villemanzy ⊩◯ 962
Mère Brazier ✿✿ 957
La Meunière ⊩◯ 963
Miraflores ⊩◯ 969
M Restaurant ⊕ 968
Le Musée ⊩◯ 963

N

Le Neuvième Art ✿✿ 966
Le Nord ⊩◯ 961

O

L'Ouest ⊩◯ 955
L'Ourson qui Boit ⊕ 959

P

Le Passage ⊩◯ 959
Le Passe Temps ✿ 967
Paul Bocuse ✿✿✿ 973
Pierre Orsi ✿ 966
Le Poêlon d'or ⊩◯ 963

© O. Decker/Michelin

Le Potager des Halles ⅋⃝ 961
Le Potiquet ⅋⃝ 959
Prairial ✿ 958

R

La Rémanence ✿ 958
Le Restaurant ⅋⃝ 975
La Rotonde ✿ 975

S

Saisons ⅋⃝ 974
Sauf Imprévu ⌂ 969
Les Saveurs de Py ⌂ 958
Le Splendid ⅋⃝ 970
Substrat ⅋⃝ 961
Le Sud ⅋⃝ 960

T

La Table 101 ⌂ 968
Takao Takano ✿ 967
La Tassée ⅋⃝ 959
Les Terrasses de Lyon ✿ 954
La Terrasse St-Clair ⅋⃝ 962
Têtedoie ✿ 954
Thomas ⅋⃝ 961
La Toscane ⅋⃝ 970
33 Cité ⌂ 968
33 TNP ⅋⃝ 973
Les Trois Dômes ✿ 957

V

Le Vivarais ⅋⃝ 960
La Voûte - Chez Léa ⅋⃝ 959

INDEX DES HÔTELS

Alexandra 🏨 965
Ambassadeur 🏨 974
Axotel 🏨 965
Carlton 🏨 964
Collège 🏨 957
Cour des Loges 🏨 956
Crowne Plaza 🏨 972
Dock Ouest 🏨 957
L'Ermitage 🏨 976
Globe et Cécil 🏨 964
Golden Tulip Lyon Eurexpo 🏨 975
Grand Hôtel des Terreaux 🏨 965
Les Hautes Bruyères 🏨 974
Hôtel des Artistes 🏨 965
Hôtel des Célestins 🏨 965
Ibis Styles La Part-Dieu 🏨 973
Lyon Métropole 🏨 964

Lyon Ouest 🏨 956
Maison d'Anthouard 🏨 974
Mama Shelter 🏨 972
Marriott Cité Internationale 🏨 972
Mercure Lyon Centre Saxe Lafayette 🏨 972
Mercure Plaza République 🏨 965
NH Lyon Aéroport 🏨 976
Novotel Confluence 🏨 964
Okko 🏨 972
Le Pavillon de la Rotonde 🏨 975
Pont Wilson 🏨 972
Quality Suites Lyon Confluence 🏨 . . 965
Le Roosevelt 🏨 972
Le Royal 🏨 964
Sofitel Lyon Bellecour 🏨 964
Villa Florentine 🏨 956

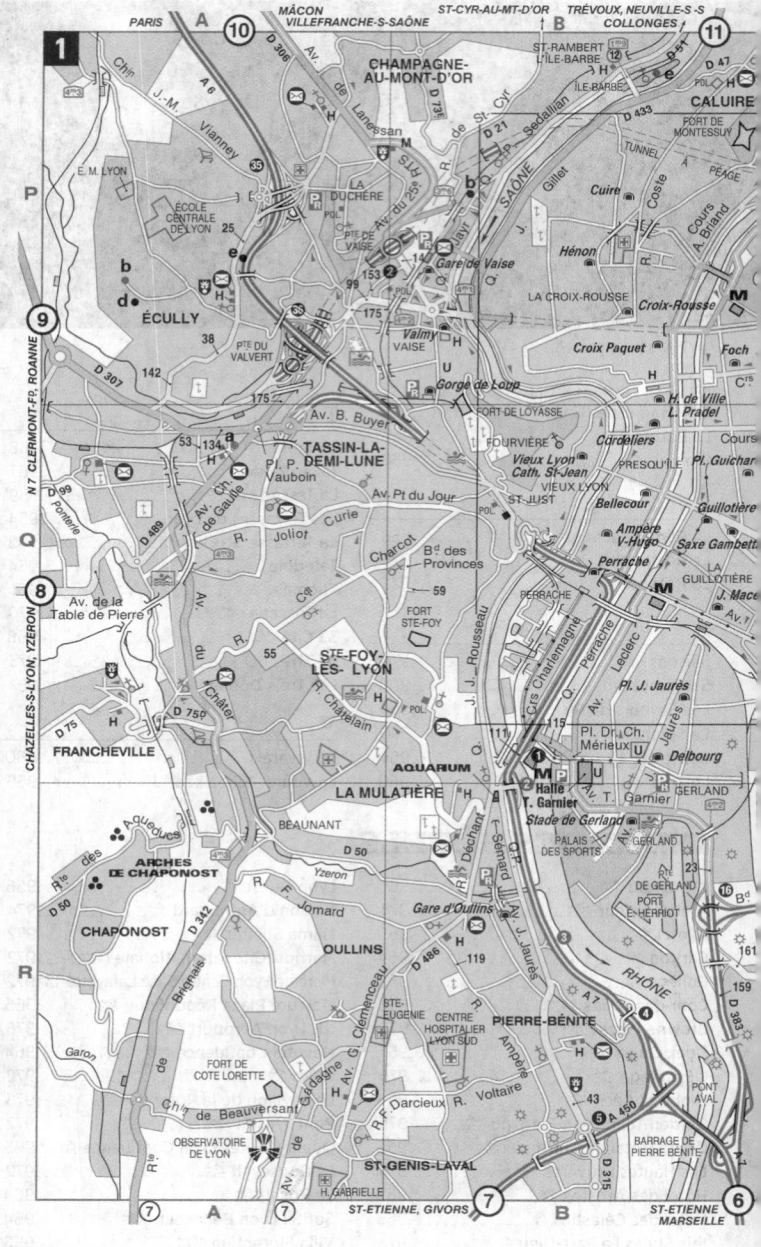

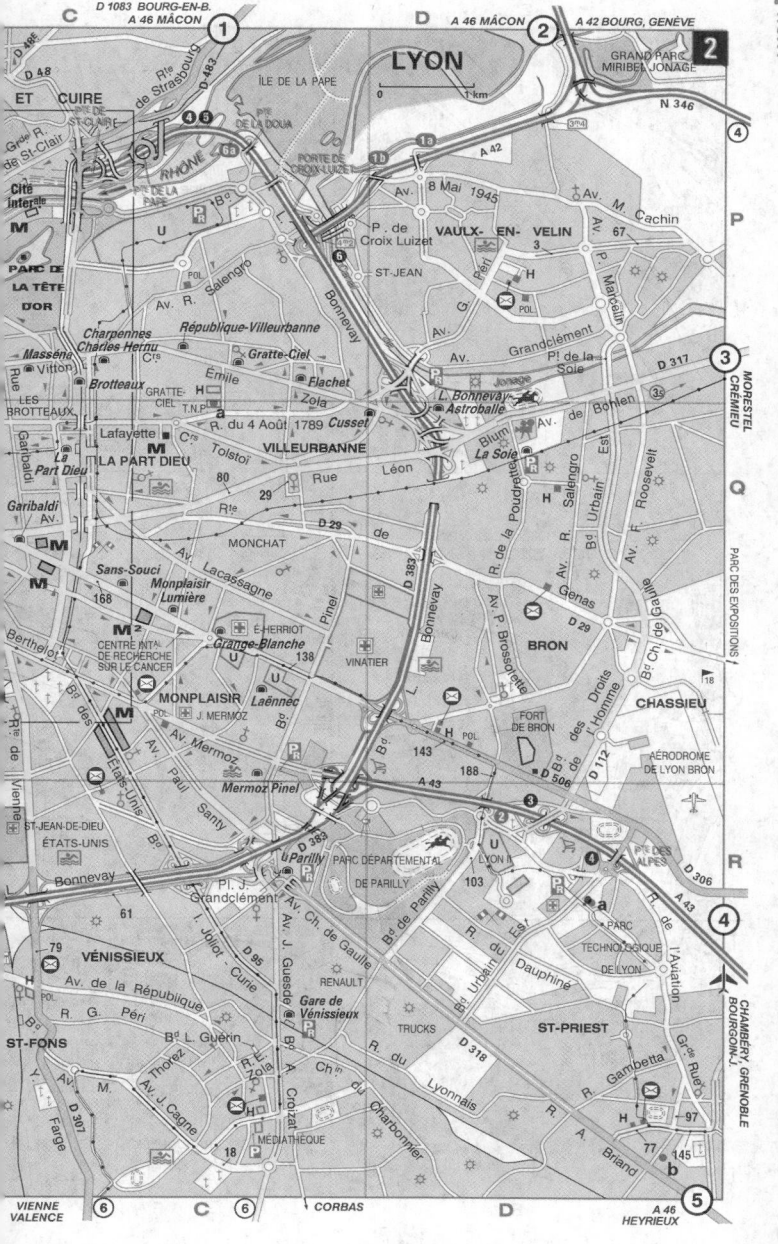

LYON

2

N 347

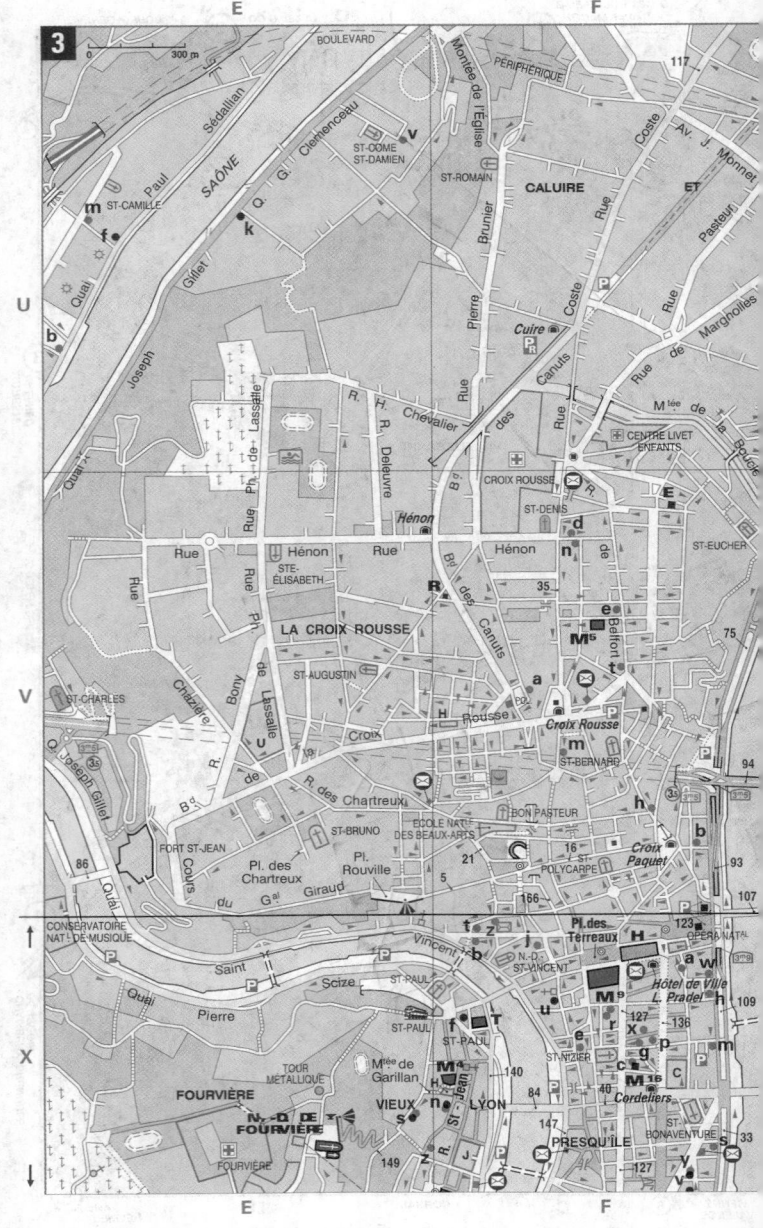

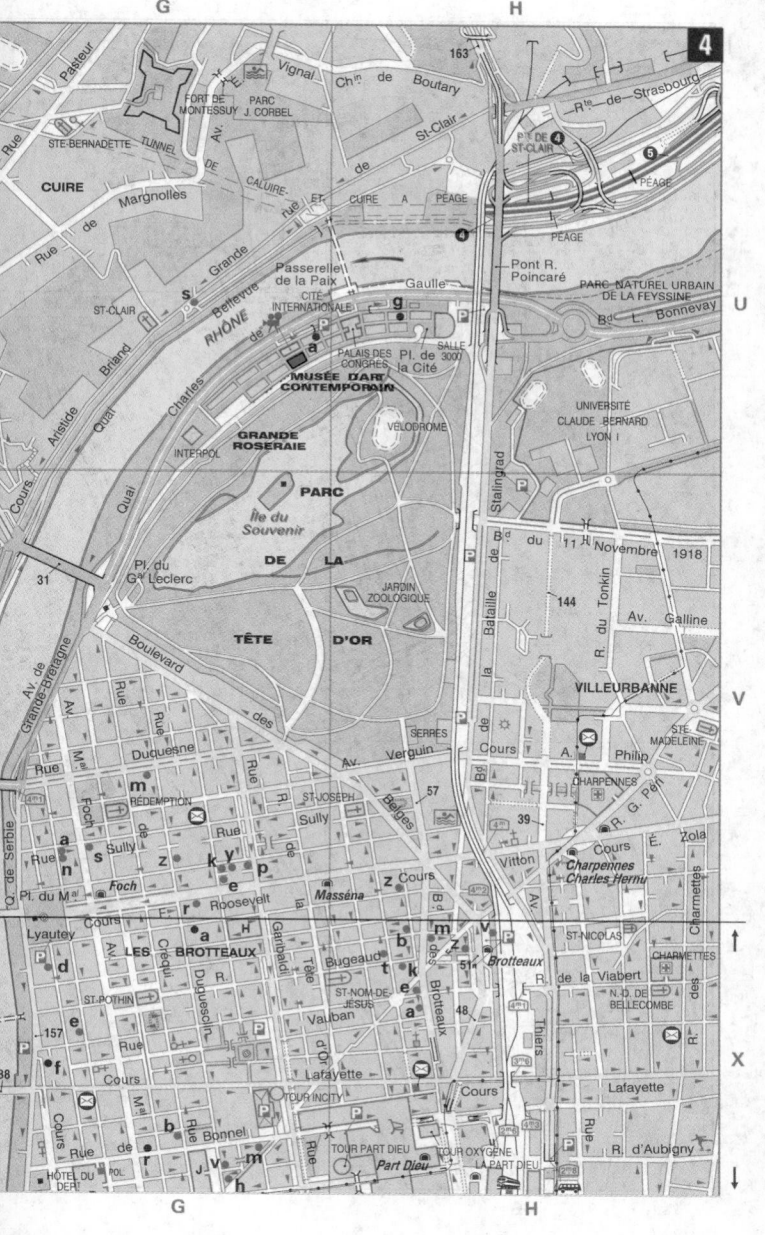

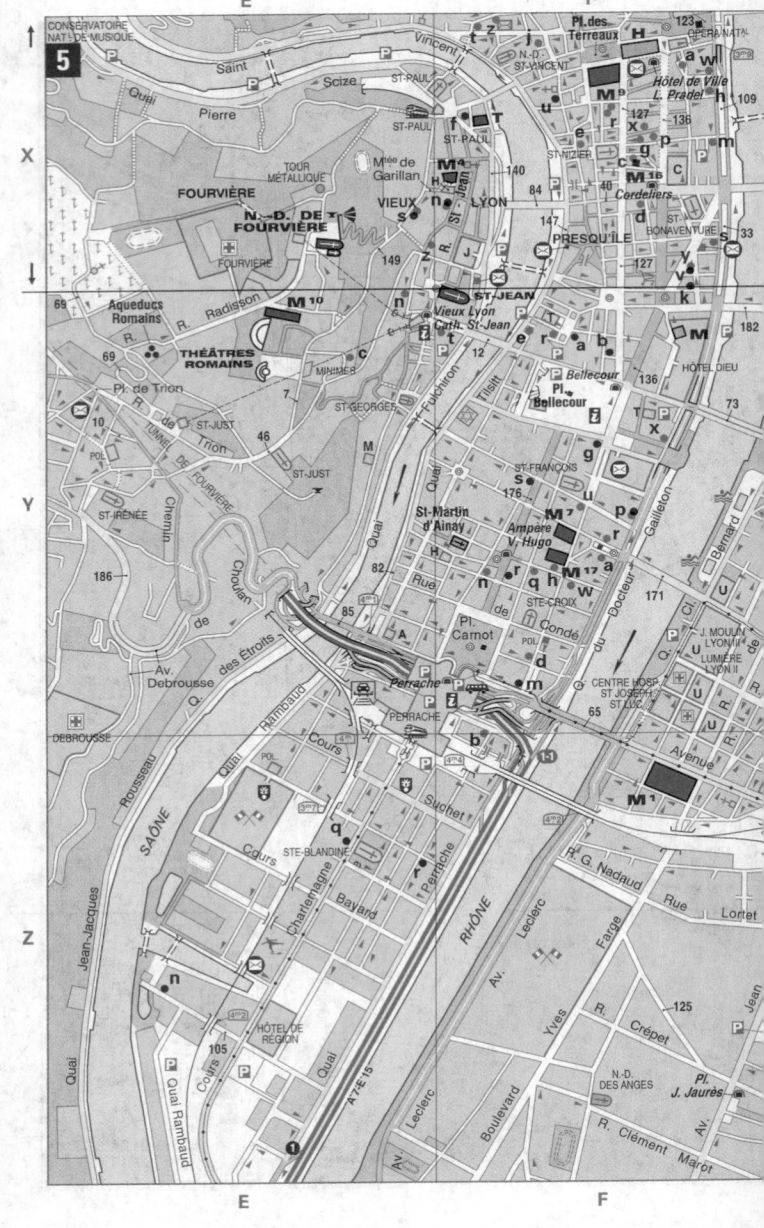

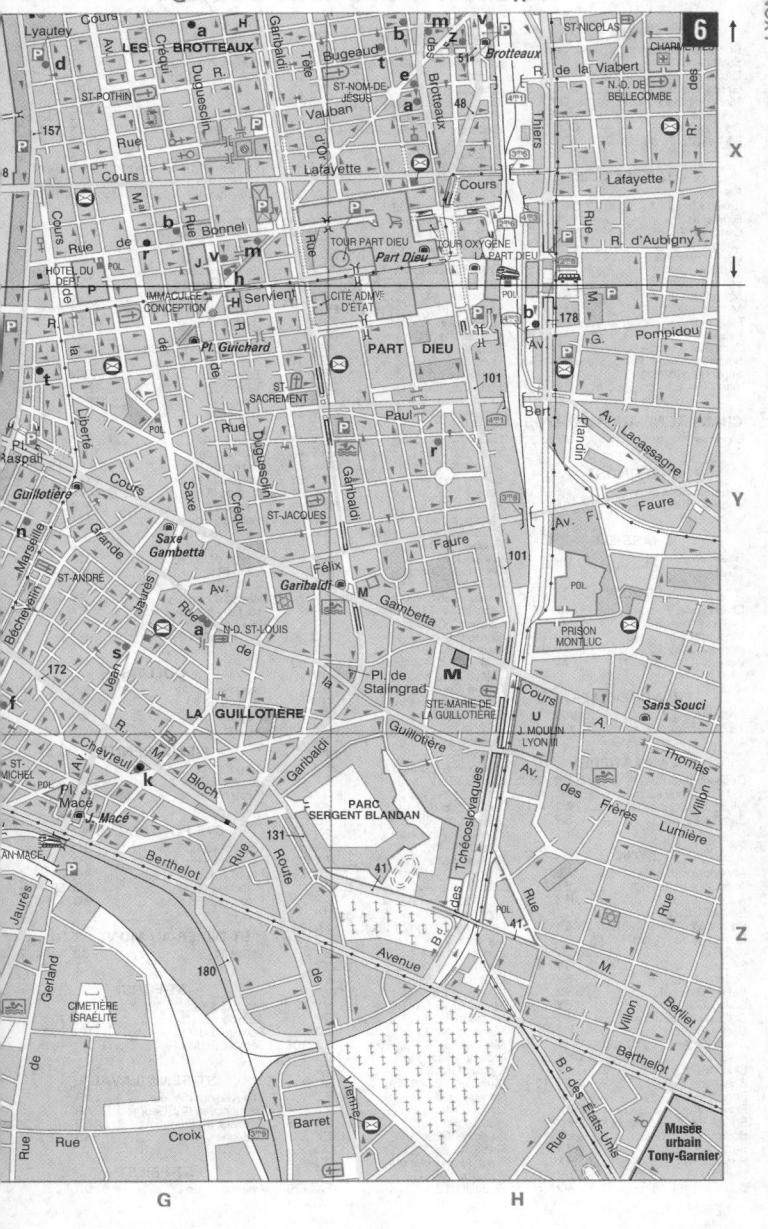

RÉPERTOIRE DES RUES DE LYON

BRON

Bonnevay (Bd L.) . . . . **DQ**
Brossolette (Av. P.) . . . . **DQ**
Droits de l'Homme (Bd des) . . . . . **DQ**
Genas (Rte de) . . . . **CDQ**
Mendès-France (Av. P.) . . . . . **DR** 103
Pinel (Bd) . . . . **CQ**
Roosevelt (Av. F.) . . . . **DQR** 143
8 Mai 1945 (R. du) . . . . **DQ** 188

CALUIRE ET CUIRE

Boutary (Ch. de) . . . . **HU**
Briand (Cours A.) . . . . **GUV**
Brunier (R. P.) . . . . **FU**
Canuts (Bd des) . . . . **FU**
Chevalier (R. H.) . . . . **EFU**
Clemenceau (Quai G.) . . . . **EU**
Coste (R.) . . . . **FU**
Église (Montée de l'). . . . . **FU**
Margnolles (R. de) . . . . **FGU**
Monnet (Av. J.) . . . . **FU**
Pasteur (R.) . . . . **FGU**
Peissel (R. F.) . . . . **FU** 117
Saint Clair (Grande R. de) . . . . **GHU**
Soldats (Montée des) . . . . **HU** 163
Strasbourg (Rte de) . . . . **CP**
Vignal (Av. E.) . . . . **GU**

CHAMPAGNE-AU-MONT-D'OR

Lanessan (Av. de) . . . . **AP**

CHAPONOST

Aqueducs (Rte des) . . . . **AR**
Brignais (Rte de) . . . . **AR**

CHASSIEU

Gaulle (Bd Ch.-de) . . . . **DQ**

ÉCULLY

Champagne (Rte de) . . . . . . **AP** 25
Dr-Terver (Av. du) . . . . **AP** 38
Marietton (R.) . . . . **AP** 99
Roosevelt (Av. F.) . . . . **AP** 142
Vianney (Ch. J.-M.) . . . . **AP**

FRANCHEVILLE

Châter (Av. du) . . . . **AQ**
Table de Pierre (Av.) . . . . **AQ**

LA MULATIÈRE

Déchant (R. S.) . . . . **BR**
J.-J. Rousseau (Quai) . . . . **BQ**
Mulatière (Pont de la) . . . . . . **BQ** 111
Sémard (Quai P.) . . . . **BR**

LYON

Annonciade (R. de l'). . . . . . . **FV** 5
Antiquaille (R. de l') . . . . **EY** 7
Aubigny (R. d') . . . . **HX**
Barret (R. Croix) . . . . **GZ**
Basses Verchères (Av. des) . . . **EY** 10
Bataille de Stalingrad
   (Bd de la) . . . . **HUV**
Béchevelin (R.) . . . . **GY**
Belfort (R. de) . . . . **FV**
Belges (Bd des) . . . . **GHV**
Bellecour (Pl.) . . . . **FY**
Bellevue (Quai) . . . . **GU**
Berliet (R. M.) . . . . **HZ**
Berthelot (Av.) . . . . **GHZ**
Bert (R. P.) . . . . **GHY**
Bloch (R. M.) . . . . **GZ**
Bonaparte (Pt) . . . . **FY** 12
Bonnel (R. de) . . . . **GX**
Bony (R.) . . . . **EV**
Boucle (Montée de la) . . . . **FU**
Bourgogne (R. de) . . . . **BP** 14
Brotteaux (Bd des) . . . . **HVX**
Bugeaud (R.) . . . . **HX**
Burdeau (R.) . . . . **FV** 16
Buyer (Av. B.) . . . . **AQ**

Canuts (Bd des) . . . . **FUV**
Carmélites (Mtée des) . . . . . . **FV** 21
Carnot (Pl.) . . . . **FY**
Chambaud-de-la-Bruyère
   (Bd) . . . . **BR** 23
Charcot (R. Cdt) . . . . **ABQ**
Charlemagne (Cours) . . . . **EZ**
Charmettes (R. des) . . . . **HVX**
Chartreux (Pl. des) . . . . **EV**
Chartreux (R. des) . . . . **EV**
Chazière (R.) . . . . **EV**
Chevreul (R.) . . . . **GYZ**
Choulans (R. de) . . . . **EY**
Churchill (Pt W.) . . . . **GV** 31
Claude-Bernard (Q.) . . . . **FY**
Condé (R. de) . . . . **FY**
Courmont (Q. J.) . . . . **FX** 33
Crepet (R.) . . . . **FZ**
Créqui (R. de) . . . . **GVY**
Croix-Rousse (Bd de la) . . . . . . **EFV**
Croix-Rousse (Gde-R. de la) . . **FV** 35
Debrousse (Av.) . . . . **EY**
Deleuvre (R.) . . . . **EUV**
Dr-Gailleton (Q. du) . . . . **FY**
Duguesclin (R.) . . . . **GVY**
Duquesne (R.) . . . . **GV**
Duvivier (R. P.) . . . . **GZ** 180
Épargne (R. de l'). . . . . **HZ** 41
États-Unis (Bd des) . . . . **CQR**
Étroits (Quai des) . . . . **EY**
Farges (R. des) . . . . **EY** 46
Farge (Bd Y.) . . . . **FZ**
Faure (Av. F.) . . . . **GHY**
Favre (Bd J.) . . . . **HX** 48
La-Fayette (Cours) . . . . **GHX**
La-Fayette (Pont) . . . . **GX** 88
Ferry (R. J.) . . . . **HX** 51
Flandin (R. M.) . . . . **HXY**
France (Bd A.) . . . . **HV** 57
Frères-Lumière (Av. des) . . . . . . **HZ**
Fulchiron (Q.) . . . . **EY**
Gallieni (R.) . . . . **FY** 65
Gambetta (Cours) . . . . **GHY**
Garibaldi (R.) . . . . **GVZ**
Garillan (Montée du) . . . . **EFX**
Garnier (Av. T.) . . . . **BR**
Gaulle (Q. Ch.-de) . . . . **GHU**
Genas (Rte de) . . . . **CDQ**
Gerland (R. de) . . . . **GZ**
Gerlier (R. du Cardinal) . . . . . **EY** 69
Gillet (Quai J.) . . . . **EUV**
Giraud (Cours du Gén.) . . . . **EV**
Grande-Bretagne (Av. de) . . . . . **GV**
Grenette (R.) . . . . **FX** 71
Guillotière (Grande-R. de la) . . **GYZ**
Guillotière (Pt de la) . . . . **FY** 73
Hénon (R.) . . . . **EFV**
Herbouville (Cours d') . . . . . . **FV** 75
Jayr (Q.) . . . . **BP**
Jean-Jaurès (Av.) . . . . **GY**
Joffre (Quai du Mar.). . . . . . . **EY** 82
Joliot-Curie (R.) . . . . **AQ**
Juin (Pont Alphonse) . . . . . . **FX** 84
Jutard (R.) . . . . **GY**
Kitchener Marchand (Pt) . . . . **EY** 85
Koenig (Pt du Gén.) . . . . **EV** 86
Lacassagne (Av.) . . . . **CQ**
Lassagne (Quai A.) . . . . **FV** 93
Lassalle (R. Ph. de) . . . . **EUV**
Lattre-de-Tassigny (Pt de) . . . **FV** 94
Leclerc (Av.) . . . . **EFZ**
Leclerc (Pl. du Gén.) . . . . **GV**
Liberté (Cours de la) . . . . **GXY**
Lortet (R.) . . . . **FZ**
Lyautey (Pl. du Mar.) . . . . **GVX**
Marius-Vivier-Merle (Bd) . . . **HY** 101
Marseille (R. de) . . . . **GY**
Mermoz (Av. J.) . . . . **CQ**
Montrochet (R. P.) . . . . **EZ** 105
Morand (Pont) . . . . **FVX** 107
Moulin (Quai J.) . . . . **FX** 109
Mulatière (Pont de la) . . . . . . **BQ** 111
Nadaud (R. G.) . . . . **FZ**
La Part Dieu . . . . **HXY**
Pasteur (Pt) . . . . **BQ** 115
Perrache (Quai) . . . . **EZ**
Pinel (Bd) . . . . **CQ**
Point du Jour (Av. du) . . . . **ABQ**
Pompidou (Av. G.). . . . . **HY**
Pradel (Pl. L.) . . . . **FX** 123

Prés.-Édouard-Herriot
   (R. du) . . . . **FX** 127
Pré Gaudry (R.) . . . . **FZ** 125
Radisson (R. Roger) . . . . **EY**
Rambaud (Quai) . . . . **EYZ**
Repos (R. du) . . . . **GZ** 131
République (R. de la) . . . . . **FXY** 136
Rockefeller (Av.) . . . . **CQ** 138
Rolland (Quai Romain) . . . . . **FX** 140
Roosevelt (Cours F.) . . . . **GVX**
St-Antoine (Q.) . . . . **FX** 147
St-Barthélémy (Montée). . . . . **FX** 149
St-Jean (R.) . . . . **FX**
St-Simon (R.) . . . . **APB** 153
St-Vincent (Quai) . . . . **EFX**
Santy (Av. Paul) . . . . **CQR**
Sarrail (Quai du Gén.) . . . . . . **GX** 157
Saxe (Av. du Mar. de) . . . . **GXY**
Scize (Quai P.) . . . . **EX**
Sédallian (Quai P.) . . . . **EU**
Serbie (Quai de) . . . . **GV**
Servient (R.) . . . . **GY**
Stalingrad (Pl. de) . . . . **GHY**
Suchet (Cours) . . . . **EFZ**
Sully (R.) . . . . **GVX**
Tchécoslovaques (Bd des) . . . . . **HZ**
Terme (R.) . . . . **FV** 166
Terreaux (Pl. des) . . . . **FX**
Tête d'Or (R. de la) . . . . **GVX**
Thiers (Av.) . . . . **HVX**
Thomas (Crs A.) . . . . **CQ** 168
Tilsitt (Q.) . . . . **FY**
Trion (Pl. de) . . . . **EY**
Trion (R. de) . . . . **EY**
Université (Pont de l') . . . . . . **FY** 171
Université (R. de l') . . . . **GY** 172
Vauban (R.) . . . . **GHX**
Verguin (Av.) . . . . **HV**
Viabert (R. de la) . . . . **HX**
Victor-Hugo (R.) . . . . **FY** 176
Vienne (Rte de) . . . . **GZ**
Villette (R. de la) . . . . **HY** 178
Villon (R.) . . . . **HZ**
Vitton (Cours) . . . . **HV**
Wilson (Pont) . . . . **FY** 182
1re Div.-Fr.-Libre (Av. de la). . **EY** 186
25e Régt de Tirailleurs
   Sénégalais (Av. du) . . . . **ABP**

OULLINS

Jean-Jaurès (Av.) . . . . **BR**
Jomard (R. F.) . . . . **AR**
Perron (R. du) . . . . **BR** 119

PIERRE-BÉNITE

Ampère (R.) . . . . **BR**
Europe (Bd de l') . . . . **BR** 43
Voltaire (R.) . . . . **BR**

STE-FOY-LÈS-LYON

Charcot (R. du Cdt) . . . . **ABQ**
Châtelain (R.) . . . . **AQ**
Fonts (R. des) . . . . **AQ** 55
Franche-Comté (R. de). . . . . . **BQ** 59
Provinces (Bd des) . . . . **BQ**

ST-DIDIER-AU-MONT-D'OR

St-Cyr (R. de) . . . . **BP**

ST-FONS

Farge (Bd Y.) . . . . **CR**
Jean-Jaurès (Av.) . . . . **CR** 79
Semard (Bd P.) . . . . **BR** 159
Sembat (R. M.) . . . . **BR** 161

ST-GÉNIS-LAVAL

Beauversant (Ch. de) . . . . **AR**
Clemenceau (Av. Georges) . . . **AR**
Darcieux (R. François) . . . . . . **ABR**
Gadagne (Av. de) . . . . **AR**

ST-PRIEST

Aviation (R. de l') . . . . **DR**

Briand (R. A.) . . . . **DR**
Dauphiné (R. du) . . . . **DR**
Gambetta (R.) . . . . **DR**
Grande-Rue . . . . **DR**
Herriot (Bd E.) . . . . **DR** 77
Lyonnais (R. du) . . . . **DR**
Maréchal (R. H.) . . . . **DR** 97
Parilly (Bd de) . . . . **DR**
Rostand (R. E.) . . . . **DR** 145
Urbain Est (Bd) . . . . **DR**

TASSIN-LA-DEMI-LUNE

Foch (Av. du Mar.) . . . . **AQ** 53
Gaulle (Av. Ch.-de) . . . . **AQ**
République (Av. de la) . . . . **AQ** 134
Vauboin (Pl. P.) . . . . **AQ**
Victor Hugo (Av.) . . . . **APQ** 175

VAULX-EN-VELIN

Allende (Av. S.) . . . . **DP** 3
Bohlen (Av. de) . . . . **DQ**
Cachin (Av. M.) . . . . **DP**
Dumas (R. A.) . . . . **DQ**
Gaulle (Av. Ch.-de) . . . . **DP** 67

Grandclément (Av.) . . . . **DP**
Marcellin (Av. P.) . . . . **DP**
Péri (Av. G.) . . . . **DP**
Roosevelt (Av. F.) . . . . **DQ**
Salengro (Av. R.) . . . . **DQ**
Soie (Pont de la) . . . . **DP**
8 Mai 1945 (Av. du) . . . . **DP**

VÉNISSIEUX

Bonnevay (Bd L.) . . . . **CR**
Cachin (Av. M.) . . . . **CR** 18
Cagne (Av. J.) . . . . **CR**
Charbonnier (Ch. du) . . . . . . **CDR**
Croizat (Bd A.) . . . . **CR**
Farge (Bd Y.) . . . . **CR**
Frères L. et E. Bertrand
   (R. des) . . . . **CR** 61
Gaulle (Av. Ch.-de) . . . . **CR**
Gérin (Bd L.) . . . . **CR**
Grandclément (Pl. J.) . . . . **CR**
Guesde (Av. J.) . . . . **CR**
Joliot Curie (Bd I.) . . . . **CR**
Péri (Av. G.) . . . . **CR**
République (Av. de la) . . . . **CR**
Thorez (Av. M.) . . . . **CR**

Vienne (Rte de) . . . . **CQR**

VILLEURBANNE

Bataille de Stalingrad
   (Bd de la) . . . . **HUV**
Blum (R. L.) . . . . **CDQ**
Bonnevay (Bd L.) . . . . **CP**
Charmettes (R. des) . . . . **HVX**
Chirat (R. F.) . . . . **CQ** 29
Croix Luizet (Pont de) . . . . . . **CDP**
Dutriévoz (Av. A.) . . . . **HV** 39
Galline (Av.) . . . . **HV**
Genas (Rte de) . . . . **CDQ**
Jean-Jaurès (R.) . . . . **CQ** 80
Philip (Cours A.) . . . . **HV**
Poincaré (Pt R.) . . . . **HU**
Poudrette (R. de la) . . . . **DQ**
Rossellini (Av. R.) . . . . **HV** 144
Salengro (Av. R.) . . . . **CP**
Tolstoï (Cours) . . . . **CQ**
Tonkin (R. du) . . . . **HV**
Zola (Cours Émile) . . . . **CP**
4 Août 1789 (R. du) . . . . **CQ**
11 Novembre 1918
   (Bd du) . . . . **HV**

P. Jacques / hemis.fr

Restaurants

❀ **Têtedoie** (Christian Têtedoie) ⬧ ≤ & AC ⬧ ⬧ P

CRÉATIVE · DESIGN XXX Sur la colline de Fourvière, cet écrin ultracontemporain, élégant et design, semble un balcon sur la ville... Christian Têtedoie
explore la tradition française avec talent ; dans l'assiette, couleurs et présentation rivalisent avec le panorama ! Côté Terrasse de l'Antiquaille,
ambiance décontractée, belles saveurs méditerranéennes et cuisine à la
plancha.
➡ Foie gras de canard poêlé et légumes racines, tuile de noix et jus au savagnin.
Homard cuit en cocotte et cromesquis de tête de veau. Soufflé à la poire, espuma
Williamine, glace à la pâte d'amande de Provence.
Menu 37 € (déj. en semaine), 62/120 € – Carte 90/150 €

Plan : 5EY-c – *montée du Chemin-Neuf* ⊠ *69005* Ⓜ *Minimes*
– *℘ 04 78 29 40 10 – www.tetedoie.com*
– *Fermé dim.*

❀ **Les Terrasses de Lyon** ⬧ ≤ ⬧ & AC P

CUISINE MODERNE · ÉLÉGANT XXX Sur les hauteurs de Fourvière, ces Terrasses
ne manquent pas de charme : depuis la salle panoramique, la vue sur la ville est
tout simplement splendide... Quant à la cuisine, goûteuse et inventive, elle fait la
part belle aux produits de la région.
➡ Tartelette soufflée aux cèpes et écrevisses, sauce Nantua. Médaillon de
homard bleu fumé au sarment de vigne, pommes de terre charlotte
confite. Savarin à la framboise, mousseux au fromage blanc des monts
du Lyonnais.
Formule 39 € – Menu 49 € (déj.)/112 € – Carte 110/135 €

Plan : 3EX-s – *Hôtel Villa Florentine, 25 montée St-Barthélémy* ⊠ *69005*
Ⓜ *Fourvière* – *℘ 04 72 56 56 02 – www.villaflorentine.com*
– *Fermé dim. et lundi*

❀ **Les Loges** AC

CUISINE MODERNE · ROMANTIQUE XXX Un cadre enchanteur : sous une verrière
contemporaine, une cour florentine cernée par trois étages de galeries. On y dîne
à la lueur des bougies et le temps semble s'arrêter ! La cuisine, moderne et inventive, s'appuie sur de très beaux produits, et joue brillamment sur les contrastes
de saveurs. La magie opère...
➡ Écrevisses de Camargue. Petit épeautre et homard. Dessert au cacao grand
cru.
Menu 105/115 € – Carte 85/110 €

Plan : 3FX-n – *Hôtel Cour des Loges, 6 r. du Bœuf* ⊠ *69005* Ⓜ *Vieux Lyon*
– *℘ 04 72 77 44 44 (réservation conseillée) – www.courdesloges.com*
– *Fermé août, le midi sauf dim. et lundi*

🕸 Auberge de l'Île Barbe (Jean-Christophe Ansanay-Alex) 🕸

CUISINE CLASSIQUE · ROMANTIQUE XXX C'est peu dire   🗘 🖻 soir, 🅿 que le cadre de cette auberge est idyllique : la verdoyante île Barbe, posée sur la Saône, semble un rêve champêtre en pleine ville. La demeure est charmante avec ses murs de 1601 ; quant à la cuisine, elle puise dans le classicisme son respect du produit...

→ Velouté de cèpe comme un cappuccino. Selle d'agneau "dîner de gala de l'Unesco". Soufflé chaud.

Menu 48 € (déj. en semaine), 95/145 €

Plan : 1BP-e – *pl. Notre-Dame, sur l'Île Barbe* ✉ 69009 – ✆ 04 78 83 99 49 – *www.aubergedelile.com* – *Fermé dim. soir et lundi*

🕸 Au 14 Février   A/C ✗

CRÉATIVE · INTIME X On le sait, les gastronomies française et japonaise filent aujourd'hui le parfait amour... Ce 14 Février en est l'un des plus beaux témoignages ! Concocté par un chef nippon plein de talent, le repas émerveille : variété des textures, contrastes doux-amers, etc. Un menu "surprise" remarquablement conduit...

→ Coulis de tomate verte, concombre, céleri, poulpe, glace avocat et yaourt. Pigeonneau de Bresse rôti, courgette grisette de Provence, condiment figue et datte. Noix de coco, gelée de jasmin et sorbet litchi.

Menu 85 € – menu unique

Plan : 5EFY-t – *6 r. Mourguet* ✉ 69005 Ⓜ *Vieux Lyon* – ✆ 04 78 92 91 39 *(réservation conseillée)* – *www.au14fevrier.com* – *Fermé 2 semaines en août, 2 semaines en janv., dim., lundi et le midi sauf sam.*

🍴 Jérémy Galvan   A/C

CRÉATIVE · COSY X Ce restaurant se découvre dans une rue pavée du vieux Lyon. L'adresse a été redynamisée par un jeune chef, qui réalise une cuisine ludique et dans l'air du temps, au gré de ses envies... tout simplement ! Épices et aromates sont à la fête, sans tomber dans le gadget ; les présentations sont originales et soignées.

Menu 24 € (déj.), 49/65 € – Carte 51/61 €

Plan : 5FX-z – *29 r. du Boeuf* ✉ 69005 Ⓜ *Vieux-Lyon* – ✆ 04 72 40 91 47 – *www.jeremygalvanrestaurant.com* – *Fermé 1 semaine en avril, 3 semaines en juil.-août, 1 semaine à Noël, sam. midi, dim. et lundi*

🍴 L'Ouest   🍽 A/C ✗ 🅿

CUISINE TRADITIONNELLE · BRASSERIE X Parmi les brasseries de Paul Bocuse, celle-ci est tout bonnement immense ! La carte est résolument éclectique et marie les influences, mais n'oublie pas la tradition qui a fait la réputation du grand chef (poulet de Bresse rôti à la broche, suprême de volaille, etc.). Décor design et jolie terrasse côté Saône.

Formule 23 € – Menu 27 € (semaine)/33 € – Carte 31/69 €

Plan : 3EU-b – *1 quai du Commerce, Nord par bords de Saône (D51)* ✉ 69009 Ⓜ *Gare de Vaise* – ✆ 04 37 64 64 64 – *www.nordsudbrasseries.com*

🍴 Café-Épicerie   🍽 A/C

CUISINE MODERNE · BRANCHÉ X Dans le cadre merveilleux de la Cour des Loges, un Café-Épicerie où règne une atmosphère de bistrot branché : mobilier moderne, jolie salle voûtée, et la cuisine réalisée sous l'œil de la clientèle... On vient y apprécier des petits plats bien tournés dont le choix change chaque jour.

Carte 45/65 €

Plan : 3FX-n – *Hôtel Cour des Loges, 2 r. du Bœuf* ✉ 69005 Ⓜ *Vieux Lyon* – ✆ 04 72 77 44 44 – *www.courdesloges.com*

⅋○ KOS-I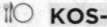

CUISINE MODERNE · DESIGN X S'imaginer en pilote de course, c'est ce que propose I-WAY, un complexe de loisirs unique en son genre avec ses simulateurs. Contre toute attente, l'endroit abrite un bon restaurant ! Un chef aguerri y propose une jolie carte, créative sans excès, bien maîtrisée, valorisant de bons produits frais. Voilà qui n'a rien de virtuel...

Formule 19 € – Carte 38/47 €

Plan : 3EU-m – *4 r. Jean Marcuit, (Complexe I-WAY - 2ème étage)*
Ⓜ *Gare de Vaise* – *𝒞 04 37 50 28 55* – *www.kos-i.fr* – *Fermé août et dim.*

Bouchons

☺ Daniel et Denise Saint-Jean

LYONNAISE · CONVIVIAL X À deux pas de la cathédrale St-Jean, ce bouchon emblématique du Vieux Lyon a été repris par le chef Joseph Viola (Meilleur Ouvrier de France en 2004), déjà connu pour son Daniel et Denise du 3ᵉ arrondissement. Au menu de cet opus, une cuisine lyonnaise non moins gourmande, généreuse et goûteuse : on se régale !

Formule 21 € – Menu 30/50 € – Carte 35/53 €

Plan : 5EY-n – *32 r. Tramassac* ✉ *69005* Ⓜ *Vieux Lyon* – *𝒞 04 78 42 24 62*
– *www.danieletdenise-stjean.com* – *Fermé 31 déc.-5 janv., dim. et lundi*

Hôtels

🏠 Villa Florentine

LUXE · CLASSIQUE Sur la colline de Fourvière, ce beau bâtiment Renaissance, devenu couvent et agrandi aux 18ᵉ-19ᵉ s., jouit d'une vue incomparable sur la ville. Les chambres dévoilent un raffinement rare. Voilà bien l'un des établissements les plus agréables de la ville...

24 chambres – ♦195/510 € ♦♦195/510 € – 4 suites – ☲ 25 € – ½ P

Plan : 3EX-s – *25 montée St-Barthélémy* ✉ *69005* Ⓜ *Fourvière*
– *𝒞 04 72 56 56 56* – *www.villaflorentine.com*

❀ **Les Terrasses de Lyon** – voir les restaurants ci-dessus

🏠 Cour des Loges

LUXE · PERSONNALISÉ Voûtes, galeries, passages... tout le charme de la Renaissance au cœur du vieux Lyon, l'élégance contemporaine en prime. Ces cinq bâtiments anciens, reliés entre eux par des traboules, forment un ensemble cossu, sans même parler du bistrot et du restaurant gastronomique.

56 chambres – ♦190/485 € ♦♦370/655 € – 4 suites – ☲ 27 €

Plan : 3FX-n – *6 r. du Bœuf* ✉ *69005* Ⓜ *Vieux Lyon* – *𝒞 04 72 77 44 44*
– *www.courdesloges.com*

❀ **Les Loges** • ⅋○ **Café-Épicerie** – voir les restaurants ci-dessus

🏠 Lyon Ouest

BUSINESS · MODERNE Un hôtel moderne dans un quartier en plein développement, sur les quais de Saône. Les chambres sont spacieuses et bien agencées ; certaines d'entre elles offrent une jolie vue sur la rivière. Le tout à deux pas de plusieurs restaurants et d'un complexe de cinémas.

102 chambres – ♦59/210 € ♦♦59/210 € – ☲ 15 € – ½ P

Plan : 3EU-f – *50 quai Professeur Paul-Sédaillan* ✉ *69009* Ⓜ *Gare de Vaise*
– *𝒞 04 72 66 01 01* – *www.hotellyonouest.com*

🏨 Dock Ouest   ⬚ ⭐ AC 🚗

URBAIN · ACTUEL Un hôtel bien situé dans ce quartier flambant neuf, juste en face du "fast-food" de Paul Bocuse et d'un cinéma. Dans cet environnement accueillant, les chambres sont sobres et confortables (avec un coin kitchenette). Petit-déjeuner gourmand.

43 chambres – ♦72/242 € ♦♦72/242 € – ⌷ 13 €

Plan : 1BP-b – *39 r. des Docks* ⌨ *69009* Ⓜ *Gare de Vaise* – 𝒞 *04 78 22 34 34*
– www.dockouest.com

🏨 Collège   ⬚ ⭐ AC 🏋 🚗

BUSINESS · PERSONNALISÉ Pupitres, cheval d'arçon, cartes géographiques : tout ici évoque l'école d'antan, dans un esprit design. Les chambres, dont certaines sont équipées d'un balcon ou d'une terrasse, sont d'une blancheur immaculée ; on peut aussi profiter du sympathique bar à goneries – les tapas lyonnaises !

40 chambres – ♦130/160 € ♦♦130/160 € – ⌷ 14 €

Plan : 3FX-f – *5 pl. St-Paul* ⌨ *69005* Ⓜ *Vieux Lyon* – 𝒞 *04 72 10 05 05*
– www.college-hotel.com

Presqu'Île · Croix-Rousse

1er - 2e - 4e ARRONDISSEMENT

P. Jacques / hemis.fr

Restaurants

✿✿ Mère Brazier (Mathieu Viannay)   ✿ AC ⇄ 🍴

CUISINE MODERNE · ÉLÉGANT XxX Figure tutélaire de la cuisine lyonnaise, Eugénie Brazier (1895-1977) s'est sans doute penchée sur le berceau de Mathieu Viannay, Meilleur Ouvrier de France. Il insuffle son talent et son inspiration au cœur de cette maison emblématique, entre classicisme de haute volée et esprit de création. Quelle belle continuité !

→ Artichaut et foie gras. Poularde de Bresse demi-deuil. Paris-brest, glace aux noisettes caramélisées et pralin.

Formule 70 € ▼ – Menu 98/155 € – Carte 120/155 €

Plan : 3FV-a – *12 r. Royale* ⌨ *69001* Ⓜ *Hôtel de Ville* – 𝒞 *04 78 23 17 20*
– www.lamerebrazier.fr – Fermé 1 semaine en fév., 3 semaines en août, sam. et dim.

✿ Les Trois Dômes   ✿ ≼ AC 🍽 🍴

CUISINE MODERNE · À LA MODE XxX Au dernier étage de l'hôtel, une cuisine pleine de hauteur, jouant sur de somptueux accords mets et vins. D'une terrine de pot-au-feu de foie gras à un gigotin d'agneau du Limousin, les classiques sont revisités sans faute. Quant à la salle, élégante et épurée, elle offre une vue sur Lyon tout simplement magique...

→ Quenelles de brochet, sauce écrevisse, fricassée de pousses d'épinard. Tourte de homard. Compression de pommes façon Tatin.

Menu 47 € (déj.), 81/125 € – Carte 100/140 €

Plan : 5FY-p – *Hôtel Sofitel Lyon Bellecour, 20 quai Gailleton, (8ème étage)*
⌨ *69002* Ⓜ *Bellecour* – 𝒞 *04 72 41 20 97 – www.les-3-domes.com – Fermé août, dim. et lundi*

La Rémanence (Fabien Blanc)

CUISINE MODERNE · ÉLÉGANT XX La rémanence est la persistance d'une sensation après la disparition de sa cause. Voilà ce qui a inspiré Nathalie et Fabien Blanc en s'installant sous les voûtes de cet élégant réfectoire jésuite du 16e s. Leur cuisine est spontanée, instinctive, marquante, et l'on peut difficilement s'en lasser : la carte change tous les mois.

→ Escargots de Bourgogne dans une côte de blette, coquilles aillées et pectine de persil. Poulet de Bresse en ballotine de foie gras de canard, crumble de champignons des bois. Boule de mangue et sorbet passion.

Menu 29 € (déj. en semaine), 41/78 € – Carte environ 75 €

Plan : 5FX-h – *31 r. du Bât-d'Argent* ⌧ *69001* Ⓜ *Hôtel de Ville*
– 𝒞 04 72 00 08 08 – www.laremanence.fr – Fermé 3 semaines en août,
23-26 déc., dim. et lundi

Prairial Ⓝ (Gaëtan Gentil)

CUISINE MODERNE · DESIGN X Gaëtan Gentil a repris au printemps 2015 ce restaurant de la Presqu'île, avec son cadre design – tables blanches, lampes suspendues – et son mur végétal. Il y décline ce qu'il appelle une "gastronomie décomplexée" : une cuisine de l'instant, résolument créative, dans laquelle le végétal domine.

→ Cuisine du marché.

Formule 22 € – Menu 28 € (déj. en semaine), 42/76 €

Plan : 4FX e – *11 r. Chavanne* ⌧ *69001* Ⓜ *Cordeliers* – 𝒞 *04 78 27 86 93*
– www.prairial-restaurant.com – Fermé dim. et lundi

Balthaz'art

CUISINE MODERNE · BISTRO X Presque au sommet de la Croix-Rousse, ce restaurant – l'ancien QG du PCF – se mérite ! Le rouge est omniprésent (comme il se doit), et l'œil se pose sur des reproductions de Picasso ou Modigliani : il y a de la fantaisie et de la beauté dans la déco comme dans l'assiette... et la carte change tous les deux mois.

⊜ Menu 17 € (déj. en semaine), 29/34 € – Carte 35/44 €

Plan : 3FV-m – *7 r. des Pierres-Plantées* ⌧ *69001* Ⓜ *Croix-Rousse*
– 𝒞 04 72 07 08 88 – www.restaurantbalthazart.com – Fermé
12-21 août, 24 déc.-2 janv., mardi midi, merc. midi, dim. et lundi

Les Saveurs de Py

CUISINE MODERNE · CONVIVIAL X En plein cœur du quartier animé de la Croix-Rousse, l'un de ces petits bistrots contemporains, conviviaux et colorés comme on les aime. Aux fourneaux, un chef qui travaille avec talent des produits du marché, en osant de belles touches japonisantes ; les saveurs sont franches, et le rapport qualité-prix excellent.

⊜ Menu 16 € (déj. en semaine), 30/39 €

Plan : 3FV-n – *8 r. Pailleron* ⌧ *69004* Ⓜ *Hénon* – 𝒞 *04 78 28 80 86*
– www.saveursdepy.fr – Fermé août, dim. et lundi

Le Jean Moulin

CUISINE MODERNE · CONVIVIAL X Très bon rapport qualité-prix dans ce bistrot élégant et chaleureux où officie Grégoire Baratier, jeune chef formé à bonne école (Bocuse, Viannay, Pic, etc.). Sa cuisine est à son image : à la fois vive, sérieuse, goûteuse, colorée et généreuse... On mange sans faim et sans chichis !

Formule 23 € – Menu 27 €

Plan : 3FX-m – *22 r. Gentil* ⌧ *69002* Ⓜ *Cordeliers* – 𝒞 *04 78 37 37 97*
– www.lejeanmoulin-lyon.com – Fermé 2 semaines en août, dim. et lundi

Le Bistrot des Voraces

CUISINE TRADITIONNELLE · BISTRO X Êtes-vous simplement gourmand... ou franchement vorace ? Dans tous les cas, ce bistrot de quartier de la Croix-Rousse saura vous combler : son jeune chef, Cédric Blin, a fait ses classes chez Gérard Boyer et Jean-Paul Lacombe, avant de se lancer ici en solo... Comme il a bien fait : le rapport plaisir-prix est excellent !

Menu 23/31 €

Plan : 3FV-t – *13 r. d'Austerlitz* ⌧ *69004* Ⓜ *Croix-Rousse* – 𝒞 *04 72 07 71 86*
– www.bistrotdesvoraces.fr – Fermé 3 semaines en août, sam. et dim.

L'Ourson qui Boit

CUISINE MODERNE • CONVIVIAL ✗ Le Tout-Lyon a adopté cet ourson ! C'est qu'il est craquant avec son décor de bistrot contemporain épuré comme une estampe... Un signe ? Le chef, Akira Nishigaki, a fait ses classes dans de belles maisons françaises. Résultat, la tradition lyonnaise et l'excellence japonaise fusionnent à prix imbattables ! Réservez à l'avance...

🍴 Menu 18 € (déj.)/32 €

Plan : 3FV-b – 23 r. Royale ✉ 69001 Ⓜ Croix-Paquet – ℰ 04 78 27 23 37 – Fermé 4 semaines en juil.-août, 2 semaines en déc., merc., dim. et fériés

Brasserie Léon de Lyon   🅐🅚 ⇔

CUISINE TRADITIONNELLE • BRASSERIE ✗✗ Cette institution lyonnaise, fondée en 1904, a conservé son cadre cossu et son atmosphère conviviale. Pâté en croûte maison à l'ancienne, quenelle de brochet cuite au four, tarte aux pralines roses de Saint-Genix : difficile de résister à cette bonne cuisine, dans la droite ligne de la tradition lyonnaise !

Formule 23 € – Menu 26 € – Carte 42/51 €

Plan : 5FX-r – 1 r. Pleney, (angle r. du Plâtre) ✉ 69001 Ⓜ Hôtel de Ville – ℰ 04 72 10 11 12 – www.leondelyon.com

Le Passage   🅐🅚 ⇔

CUISINE CLASSIQUE • COSY ✗✗ Un Passage chaleureux, fait de boiseries, de tapisseries pourpres et de lustres en cristal. Honneur à la cuisine classique : tournedos de bœuf et foie gras poêlé, pâté de lapin en croûte, ou fricassée de Saint-Jacques aux épinards frais font partie des incontournables de la maison. Jolie terrasse.

Formule 27 € – Menu 45/60 € – Carte 41/81 €

Plan : 5FX-r – 8 r. Plâtre ✉ 69001 Ⓜ Hôtel de Ville – ℰ 04 78 28 11 16 – www.le-passage.com – Fermé dim., lundi et fériés

La Tassée   🅐🅚 ⇔

CUISINE TRADITIONNELLE • ÉLÉGANT ✗✗ Une institution locale, tenue par la même famille depuis trois générations. Les incontournables de la maison : raie aux câpres, volaille fermière au vinaigre, gras double sauté à la lyonnaise... Ici, on cultive l'art de mêler tradition, terroir et esprit contemporain sans perdre son âme !

Menu 26 € (déj. en semaine), 32/81 € – Carte 47/82 €

Plan : 5FY-u – 20 r. de la Charité ✉ 69002 Ⓜ Bellecour – ℰ 04 72 77 79 00 – www.latassee.fr – Fermé 3 semaines en août, sam. en juil. et dim.

Le Potiquet   🅐🅚 ⊘

CUISINE MODERNE • À LA MODE ✗✗ Dans une rue étroite non loin de l'opéra, on trouve ce Potiquet (le mot, usité en Belgique, désigne un petit récipient), sobre et élégant... Les pierres apparentes donnent ce petit je-ne-sais-quoi qui fait la différence, tout comme la cuisine du jeune chef, tout en créativité et précision.

Menu 21 € (déj.), 32/56 € – Carte 36/51 €

Plan : 3FX-w – 27 r. de l'Arbre-Sec ✉ 69001 Ⓜ Hotel de Ville – ℰ 04 78 30 65 44 – www.lepotiquet.com – Fermé août, sam. midi, dim. et lundi

La Voûte - Chez Léa   🅐🅚

CUISINE TRADITIONNELLE • CONVIVIAL ✗✗ L'un des plus vieux restaurants de Lyon ! Une équipe dynamique accueille la clientèle avec le sourire ; dans cette chaleureuse atmosphère, on perpétue avec brio la tradition (saucisson chaud, tablier de sapeur, cervelle de canut, poulet au vinaigre de vin vieux...). Une valeur sûre !

Formule 20 € – Menu 30/42 € – Carte 32/53 €

Plan : 5FY-e – 11 pl. A.-Gourju ✉ 69002 Ⓜ Bellecour – ℰ 04 78 42 01 33 – www.lavoutechezlea.com – Fermé 2 semaines en août et dim.

ⅈ○ Brasserie Georges   🛝 ⅋ ⅋ ⇔

CUISINE TRADITIONNELLE · BRASSERIE ХХ "Bonne bière et bonne chère depuis 1836" : un slogan qui ne se dément pas ! La bière est effectivement brassée sur place ; on apprécie le cadre Art déco jalousement préservé et la spécialité de choucroute – un hommage aux origines alsaciennes du fondateur... Une véritable institution pour tous les Lyonnais.

Menu 23/28 € – Carte 28/54 €

Plan : 5FZ-b – *30 cours de Verdun* ⊠ *69002* Ⓜ *Perrache* – 𝒸 *04 72 56 54 54* – *www.brasseriegeorges.com*

ⅈ○ Le Vivarais   🛝 🄐🄲 ⅋

CUISINE TRADITIONNELLE · CONVIVIAL ХХ Avant 1789, le pays de Vivarais couvrait l'actuelle Ardèche, au sud de Lyon ; plus de deux cents ans ont passé, mais ce terroir est toujours vivant ! Ici, le patron et sa fille cuisinent à quatre mains, proposant pâté en croûte maison, fond d'artichaut des mères Lyonnaises au foie gras et quenelle sauce Nantua... Miam !

Formule 18 € – Menu 23 € (déj. en semaine), 29/39 € – Carte 37/66 €

Plan : 5FY-r – *1 pl. Gailleton* ⊠ *69002* Ⓜ *Bellecour* – 𝒸 *04 78 37 85 15* – *www.restaurant-le-vivarais.com* – *Fermé dim.*

ⅈ○ L'Institut   ⅋ 🄐🄲 ⇔

CUISINE TRADITIONNELLE · ÉLÉGANT Х Place Bellecour, le restaurant d'application de l'Institut Paul-Bocuse n'a rien d'une école ! Dans un décor très contemporain signé Pierre-Yves Rochon, avec des cuisines ouvertes sur la salle, les élèves délivrent une prestation exigeante. Les assiettes, fort bien maîtrisées, méritent une bonne note.

Carte 45/58 €

Plan : 5FY-g – *Hôtel Le Royal, 20 pl. Bellecour* ⊠ *69002* Ⓜ *Bellecour* – 𝒸 *04 78 37 23 02 (réservation conseillée)* – *www.institutpaulbocuse.com* – *Fermé 8-28 août, 20 déc.-5 janv., dim. et lundi*

ⅈ○ Augusto   🛝

ITALIENNE · COSY Х Difficile de ne pas s'enthousiasmer devant le travail d'Augusto, le jeune chef brésilien – très investi – aux commandes de ce restaurant... italien ! De beaux produits, une exécution précise, des assiettes parfumées et colorées comme il se doit : séduisant jusque dans les détails, sans parler de l'accueil, charmant.

Formule 22 € – Menu 31 € (dîner)/39 € – Carte 39/56 € dîner

Plan : 5FX-g – *6 r. Neuve* ⊠ *69002* Ⓜ *Cordelier* – 𝒸 *04 72 19 44 29 (réservation conseillée)* – *Fermé 3 semaines en août, dim. et lundi*

ⅈ○ Fond Rose   🍴 🛝 ⅋ 🄐🄲 ⅋ ⇔ 🄿

CUISINE CLASSIQUE · BRASSERIE Х Une maison bourgeoise des années 1920 transformée en brasserie chic par le groupe Bocuse, avec sa terrasse entourée d'arbres centenaires : une certaine idée de la quiétude. La cuisine se révèle généreuse et savoureuse, dans la tradition des bords de Saône : grenouilles, quenelles, etc. Une certaine idée du goût !

Formule 25 € – Menu 29 € (semaine) – Carte 37/54 €

Plan : 3EU-v – *23 chemin de Fond-Rose* ⊠ *69300 Caluire-et-Cuire* – 𝒸 *04 78 29 34 61* – *www.nordsudbrasseries.com*

ⅈ○ Le Sud   🛝 ⅋ 🄐🄲 ⅋ ⇔

MÉDITERRANÉENNE · BRASSERIE Х Il y a quelque chose de l'élégance grecque dans le décor blanc et bleu de cette brasserie Bocuse située à deux pas de la place Bellecour. Et ce n'est pas un hasard : ici, c'est le Sud, les *penne rigate* à l'italienne, la soupe marseillaise et le tajine à l'oriental... Et ça l'est encore plus en été, en terrasse !

Formule 23 € – Menu 27 € (semaine) – Carte 37/55 €

Plan : 5FY-x – *11 pl. Antonin-Poncet* ⊠ *69002* Ⓜ *Bellecour* – 𝒸 *04 72 77 80 00* – *www.nordsudbrasseries.com*

🍴○ Le Centre   🕭 AC ⇔

VIANDES · À LA MODE X Georges Blanc, le célèbre chef de Vonnas, est à l'initiative de cette brasserie contemporaine. L'adresse est dédiée à la viande – de belles viandes : charolais, bœuf Wagyu, côtelettes d'agneau de Sisteron ou encore volaille de Bresse –, accompagnées d'un grand choix de garnitures et de sauces. Avis aux carnivores !

Formule 24 € – Menu 29 € – Carte 43/73 €

Plan : 3FX-y – *14 r. Grolée* ⊠ 69002 Ⓜ *Cordeliers* – ℰ 04 72 04 44 44
– *www.lespritblanc.com*

🍴○ Le Potager des Halles   AC ⇔

CUISINE TRADITIONNELLE · BISTRO X Une table sympathique, entre quais de la Saône et halles de la Martinière. Foie gras poêlé, navet, orange et épices ; poitrine de cochon basque, hélianthe, salsifis, condiment airelles-grenade : les produits bio et la cuisine de marché sont à la fête !

😊 Formule 17 € – Menu 19 € (déj. en semaine), 39/48 € – Carte environ 46 €

Plan : 3FX-t – *3 r. de la Martinière* ⊠ 69001 Ⓜ *Hôtel de Ville* – ℰ 04 72 00 24 84
– *www.lepotagerdeshalles.com* – *Fermé 2 semaines en août, 1 semaine à Noël, dim. et lundi*

🍴○ Substrat Ⓝ

CUISINE MODERNE · CONVIVIAL X "Produits de la cueillette et vins à boire" : voici la promesse de cette table entre maison de campagne et atelier d'artisan... La promesse est tenue : ail des ours, airelles, cèpes, bolets et autres myrtilles accompagnent des assiettes savoureuses et débordantes de nature, accompagnées de beaux cépages. On se régale !

😊 Formule 17 € – Menu 19 € (déj.), 33/42 €

Plan : 3FV-d – *7 r. Pailleron* ⊠ 69004 Ⓜ *Hénon* – ℰ 04 78 29 14 93
– *www.substrat-restaurant.com* – *Fermé 1 semaine en mars, 3 semaines en août, sam. et dim.*

🍴○ Thomas   AC ⊗

CUISINE MODERNE · BISTRO X Sous l'égide d'un jeune chef à la passion communicative, une cuisine fine et savoureuse (carte renouvelée chaque mois) dans un bistrot contemporain et cosy. Le gibier est en bonne place sur la carte ; on y (re)trouve aussi l'un des classiques de la maison : le pain perdu.

Formule 17 € – Menu 21 € (déj.), 33/45 € – Carte environ 45 €

Plan : 5FY-w – *6 r. Laurencin* ⊠ 69002 Ⓜ *Bellecour* – ℰ 04 72 56 04 76
– *www.restaurant-thomas.com* – *Fermé 3 semaines en août, 24 déc.-2 janv., sam. et dim.*

🍴○ Le Nord   🕭 AC ⊗ ⇔

CUISINE TRADITIONNELLE · RÉTRO X La plus petite (façon de parler !) des brasseries Bocuse, organisée en plusieurs espaces dont une véranda sur la rue et des salons privatifs à l'étage. En cuisine, la brigade a évidemment été à bonne école : la fraîcheur des produits est un dogme, et la tradition rime avec générosité et saveur. Une valeur sûre.

Formule 23 € – Menu 27 € (semaine)/33 € – Carte 36/62 €

Plan : 5FX-p – *18 r. Neuve* ⊠ 69002 Ⓜ *Hôtel de Ville* – ℰ 04 72 10 69 69
– *www.nordsudbrasseries.com*

🍴○ Café Terroir Ⓝ   🍴 AC

TERROIR · MINIMALISTE X Dénicher les meilleurs produits de la région et en faire de belles assiettes gourmandes : tel est le crédo des deux jeunes patrons de ce Café Terroir, installé près du théâtre des Célestins. Les classiques maison : parmentier de volaille fermière de l'Ain, saucisson chaud pistaché, cervelle de canut...

Formule 15 € – Menu 21 € – Carte 23/40 €

Plan : 5FY-f – *14 r. d'Amboise* ⊠ 69002 Ⓜ *Bellecour* – ℰ 09 53 36 08 11
– *www.cafeterroir.fr* – *Fermé dim. midi et lundi*

🍽 L'Ébauche ⓝ

CUISINE MODERNE · BISTRO 🍴 À deux pas des quais de Saône et des halles de la Martinière, ce repaire bistronomique est l'œuvre d'un jeune chef qui a été à bonne école (Mathieu Viannay, Guy Savoy, Pierre Gagnaire à Londres). Il décline une cuisine du marché simple et franche, avec par exemple un délicieux pâté en croûte... déjà un classique de la maison !

Formule 16 € – Menu 28 € – Carte environ 31 €

Plan : 3FX-b – 4 r. de la Martinière ⊠ 69001 Ⓜ Hôtel de Ville – ☏ 04 78 58 12 58 – Fermé dim. midi, mardi midi et lundi

🍽 Le Canut et les Gones ⓝ

CUISINE MODERNE · BAR À VIN 🍴 Sur le plateau de la Croix-Rousse, un étonnant bistrot resté "dans son jus" : la salle à manger est couverte de pendules de toutes sortes, et l'on découvre des plats canaille où les produits frais sont à l'honneur, comme ce carpaccio de tête de veau et gratin d'andouillette... Accompagné d'un bon cru, beaujolais ou bourgogne !

🍷 Formule 17 € – Menu 19 € (déj. en semaine), 29/37 € – Carte 37/57 €

Plan : 3FV-e – 29 r. Belfort ⊠ 69004 Ⓜ Croix Rousse – ☏ 04 78 29 17 23 – www.lecanutetlesgones.com – Fermé dim. et lundi

🍽 L'Atelier des Augustins

CUISINE MODERNE · À LA MODE 🍴 Passé par de belles maisons et ancien chef des ambassades de France à Londres et à Bamako, Nicolas Guilloton a quitté les ors protocolaires pour créer cet Atelier empreint de sobriété, mais où la cuisine reste une affaire capitale : il signe de jolies recettes, colorées et pleines de parfum, d'une belle modernité !

Formule 20 € – Menu 24 € (déj.), 31/39 € – Carte 37/54 €

Plan : 3FX-j – 11 r. des Augustins ⊠ 69001 Ⓜ Hôtel de Ville – ☏ 04 72 00 88 01 – www.latelierdesaugustins.com – Fermé 1 semaine début mai, 2 semaines en août, 1 semaine à Noël, sam. midi, dim. et lundi

🍽 Maison Villemanzy

CUISINE TRADITIONNELLE · BISTRO 🍴 Perchée sur les pentes de la Croix-Rousse, cette maison offre en terrasse une vue splendide sur la ville. On y déguste les recettes familiales de la maison, comme cette spécialité estivale : les courgettes rondes farcies comme en Provence et jus de tomate au basilic... Une adresse qui tourne rond !

Formule 22 € – Menu 29 €

Plan : 3FV-h – 25 montée St-Sébastien ⊠ 69001 Ⓜ Croix-Paquet – ☏ 04 72 98 21 21 (réservation conseillée) – www.maison-villemanzy.com – Fermé 1er-15 août, 23 déc.-6 janv., lundi midi et dim.

🍽 Entr'Acte

CUISINE TRADITIONNELLE · COSY 🍴 Une petite salle tout en longueur, design et très chaleureuse, une ambiance lounge, une jeune équipe et une cuisine inventive célébrant les produits du marché : il vous faudra bien plus que le temps d'un entracte pour profiter pleinement de ce sympathique endroit !

Formule 17 € – Menu 22 € (déj. en semaine), 25/36 € – Carte 39/48 €

Plan : 5FX-s – 46 r. Ferrandière ⊠ 69002 Ⓜ Cordeliers – ☏ 04 78 37 44 84 – www.restaurant-entr-acte.com – Fermé 3 semaines en août, dim. et lundi

🍽 La Terrasse St-Clair

CUISINE TRADITIONNELLE · BISTRO 🍴 Hommage à la Fanny – tant redoutée des boulistes ! – dans ce restaurant sympathique et convivial, aux allures de guinguette. Bonne cuisine de tradition (tout est fait sur place, y compris les glaces !), terrasse sous les platanes et... terrain de pétanque évidemment.

Menu 28 €

Plan : 4GU-s – 2 Grande-Rue-St-Clair ⊠ 69300 Caluire-et-Cuire – ☏ 04 72 27 37 37 – www.terrasse-saint-clair.com – Fermé 5-22 août, 23 déc.-7 janv., dim. et lundi

Bouchons

Daniel et Denise Croix-Rousse

LYONNAISE · BISTRO X Nul doute que ce Daniel et Denise Croix-Rousse – le troisième du genre, après la rue de Créqui et le quartier St-Jean – est promis au même succès que ses grands frères ! Il faut dire que Joseph Viola n'a pas son pareil pour proposer une cuisine lyonnaise fraîche et soignée, dans un délicieux décor de bouchon...

Menu 21/30 € – Carte 27/34 €

Plan : 3FV-a – *8 r. de Cuire* Ⓜ *Croix-Rousse* – ℰ *04 78 28 27 44* – *www.daniel-et-denise.fr* – *Fermé dim. et lundi*

Le Garet

LYONNAISE · BISTRO X Une véritable institution bien connue des amateurs de cuisine lyonnaise : tête de veau, tripes, quenelles ou andouillettes se dégustent en toute convivialité dans un cadre exemplaire du genre. Le tout est complété par une ardoise du jour avec des plats du marché, aux prix raisonnables.

Menu 20 € (déj.)/26 € – Carte 24/41 €

Plan : 3FX-a – *7 r. du Garet* ⊠ *69001* Ⓜ *Hôtel de Ville* – ℰ *04 78 28 16 94* *(réservation conseillée)* – *Fermé 27 juil.-27 août, sam. et dim.*

Le Musée

LYONNAISE · BISTRO X Un bouchon sincère et authentique ! Nappes à carreaux, tables au coude-à-coude, et une sacrée ambiance : le décor est planté. En cuisine, le jeune chef réalise les classiques avec un vrai savoir-faire : saucisson pistaché brioché fait maison (il est aussi boulanger), langue d'agneau sauce ravigote... Que du bon !

Menu 23 € (déj.)/28 €

Plan : 5FX-c – *2 r. des Forces* ⊠ *69002* Ⓜ *Cordeliers* – ℰ *04 78 37 71 54* *(réservation conseillée)* – *Fermé août, 24 déc.-2 janv., dim. et lundi*

Le Poêlon d'or

LYONNAISE · BISTRO X On ne sait si le chef utilise effectivement un poêlon d'or ; en tout cas, il doit avoir un secret pour si bien revisiter le terroir lyonnais, et proposer une cuisine aussi goûteuse et parfaitement ficelée. Du gâteau de foie de volaille et coulis de tomate, à la quenelle de brochet en gratin et sauce béchamel... À découvrir !

Formule 16 € – Menu 18 € (déj.), 26/32 € – Carte 30/48 €

Plan : 5FY-h – *29 r. des Remparts-d'Ainay* ⊠ *69002* Ⓜ *Ampère* – ℰ *04 78 37 65 60 (réservation conseillée)* – *www.lepoelondor-restaurant.fr* – *Fermé 6-21 août, sam. sauf le soir de nov. à fév. et dim.*

Le Bouchon des Filles

LYONNAISE · BISTRO X À côté de la charmante place Sathonay, dans une petite rue pavée, une poignée de Filles tiennent ce bouchon de carte postale, aussi mignon que chaleureux. Côté cuisine, elles revisitent des plats de tradition lyonnaise avec une pointe de légèreté : c'est simple, frais, goûteux et généreux !

Menu 26 €

Plan : 3FX-z – *20 r. Sergent-Blandan* ⊠ *69001* Ⓜ *Hôtel de Ville* – ℰ *04 78 30 40 44* – *Fermé vacances de Noël et le midi sauf sam. et dim.*

La Meunière

LYONNAISE · BISTRO X Œuf meurette, quenelle de brochet, tête de veau sauce gribiche et tablier de sapeur : la plupart des spécialités du bouchon lyonnais sont au rendez-vous de cette vénérable maison. Le tout mis en orbite par deux associés – Franck Delhoum et Olivier Canal – déjà connus des gourmets de la région !

Formule 17 € – Menu 19 € (déj. en semaine), 29/36 € – Carte 30/50 €

Plan : 5FX-x – *11 r. Neuve* ⊠ *69001* Ⓜ *Hôtel de Ville* – ℰ *04 78 28 62 91* – *Fermé 3 semaines en août, 1 semaine à Noël, dim. et lundi*

Hôtels

⌂⌂⌂ Sofitel Lyon Bellecour 🏃 ⟨ 🧖 ⊟ ♿ 🆔 🆑 🚗

BUSINESS · MODERNE Un Sofitel luxueux et élégant, de facture contemporaine,
où la soie – fierté des célèbres canuts lyonnais – est à l'honneur ! Pour l'anecdote,
Bill Clinton a séjourné dans la suite présidentielle. Deux options à l'heure des
repas : les Trois Dômes ou le Silk (carte internationale, cadre zen).

135 chambres – †185/400 € ††350/550 € – 29 suites – �?26 €
Plan : 5FY-p – *20 quai Gailleton* ✉ *69002* Ⓜ *Bellecour* – *𝒞 04 72 41 20 20*
– *www.sofitel.com*

�",❁ **Les Trois Dômes** – voir les restaurants ci-dessus

⌂⌂⌂ Lyon Métropole 🏃 ⟍ ▤ 🆘 🧖 ✂ ⊟ ♿ 🆔 🆑 🚗

BUSINESS · FONCTIONNEL Avis aux sportifs : cet hôtel abrite une piscine olympique et de nombreux équipements (fitness, courts de tennis et de squash, prac-
tices, superbe spa, etc.). Un vrai resort urbain ! Au restaurant, la carte met les produits de la mer à l'honneur.

174 chambres – †99/310 € ††99/310 € – �? 20 € – ½ P
Plan : 3EU-k – *85 quai J.-Gillet* ✉ *69004* – *𝒞 04 72 10 44 44*
– *www.lyonmetropole.com*

⌂⌂⌂ Le Royal 🏃 ⟨ ⊟ 🆑 🚗

LUXE · ÉLÉGANT Inauguré en 1912, le Royal séduit alors par son confort et son
raffinement. Cent ans plus tard, cette institution n'a rien perdu de son charme
et de son chic... Moulures, toiles de Jouy, mobilier bourgeois : l'élégance, tout
simplement.

72 chambres – †160/500 € ††160/500 € – 5 suites – �? 25 €
Plan : 5FY-g – *20 pl. Bellecour* ✉ *69002* Ⓜ *Bellecour* – *𝒞 04 78 37 57 31*
– *www.mgallery.com*

🍴○ **L'Institut** – voir les restaurants ci-dessus

⌂⌂⌂ Carlton ⊟ ♿ 🆑 🆔

BUSINESS · ART DÉCO Entièrement restauré en 2013, cet illustre établissement
téléporte ses hôtes dans une atmosphère 1930, tout en dominantes de rouges.
Les chambres sont spacieuses et bien aménagées, et l'ascenseur d'époque est
magnifique. Le mariage du confort et du charme !

80 chambres – †165/530 € ††185/530 € – �? 25 €
Plan : 5FX-v – *4 r. Jussieu* ✉ *69002* Ⓜ *Cordeliers* – *𝒞 04 78 42 56 51*
– *www.mgallery.com*

⌂⌂⌂ Globe et Cécil ⊟ ♿ 🆑 🆔

TRADITIONNEL · CLASSIQUE Un hôtel de la fin du 19ᵉ s. à deux pas de la
place Bellecour, avec des chambres charmantes (parquet et cheminée dans
certaines) et bien tenues. Le grand hall et le salon offrent un confort de premier ordre.

60 chambres – †112/200 € ††123/280 € – �? 18 €
Plan : 5FY-b – *21 r. Gasparin* ✉ *69002* Ⓜ *Bellecour* – *𝒞 04 78 42 58 95*
– *www.globeetcecilhotel.com*

⌂⌂⌂ Novotel Confluence 🏃 🧖 ⊟ ♿ 🆑 🆔 🚗

HÔTEL DE CHAÎNE · MODERNE Dans ce quartier flambant neuf des bords de
Saône, vous ne pouvez manquer cet hôtel à l'architecture résolument contemporaine. Un grand hall chaleureux, un restaurant au look design avec terrasse sur la
rivière, de belles chambres aux équipements dernier cri...

150 chambres – †91/250 € ††91/250 € – 3 suites – �? 17 €
Plan : 5EZ-n – *3 r. Paul-Montrochet* ✉ *69002* Ⓜ *Perrache* – *𝒞 04 37 23 64 00*
– *www.accorhotel.com/7325*

Quality Suites Lyon Confluence

HÔTEL DE CHAÎNE · FONCTIONNEL En bordure d'une large avenue desservie par le tram, cette résidence hôtelière abrite plus d'une centaine de studios spacieux et joliment décorés – murs blancs et rouges, boiseries, etc. Le confort est au rendez-vous, avec un bureau et une cuisinette aménagée dans chacun d'entre eux. Le tout au juste prix !

103 chambres – ♦80/220 € – ♦♦80/220 € – ☐ 10 €

Plan : 5EZ-q – 50 cours Charlemagne ✉ 69002 Ⓜ Perrache – ☎ 04 37 23 16 04
– www.qualitysuiteslyonconfluence.com

Grand Hôtel des Terreaux

TRADITIONNEL · CLASSIQUE Chambres décorées avec goût, petite piscine intérieure sous de voûtes anciennes et service attentif : ce relais de poste du 19ᵉ s. est propice à un séjour rassérénant, au cœur de la ville.

53 chambres – ♦85/130 € ♦♦120/295 € – ☐ 16 €

Plan : 3FX-u – 16 r. Lanterne ✉ 69001 Ⓜ Hôtel de Ville – ☎ 04 78 27 04 10
– www.hotel-lyon-grandhoteldesterreaux.fr

Hôtel des Artistes ⓝ

BUSINESS · MODERNE Impossible de manquer les trois coups depuis cet hôtel voisin du théâtre des Célestins, en plein centre-ville ! Et quand l'heure du repos a sonné, on file dans une chambre fraîche et bien entretenue.

45 chambres – ♦72/120 € ♦♦119/180 € – ☐ 14 €

Plan : 5FY-h – 8 r. Gaspard-André ✉ 69002 Ⓜ Bellecour – ☎ 04 78 42 04 88
– www.hoteldesartistes.fr

Mercure Plaza République

BUSINESS · FONCTIONNEL Un agréable hôtel de chaîne situé tout près des quais du Rhône, dont toutes les chambres ont été récemment rénovées dans un style épuré et contemporain. Un coup de jeune salutaire !

82 chambres – ♦109/215 € ♦♦109/245 € – ☐ 19 €

Plan : 5FY-k – 5 r. Stella ✉ 69002 Ⓜ Cordeliers – ☎ 04 78 37 50 50
– www.mercure.com

 Alexandra

TRADITIONNEL · ACTUEL Entre Bellecour et Perrache, un hôtel dont la décoration fait la part belle aux plus beaux monuments de la ville. Les chambres sont plutôt cosy, et certaines d'entre elles offrent même une jolie vue sur les toits de la cité.

34 chambres – ♦89/229 € ♦♦89/229 € – ☐ 18 €

Plan : 5FY-r – 49 r. Victor-Hugo ✉ 69002 Ⓜ Ampère – ☎ 04 78 37 75 79
– www.hotel-alexandra-lyon.fr

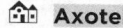 Axotel

BUSINESS · FONCTIONNEL Un hôtel-restaurant idéal pour la clientèle d'affaires : plusieurs salles de séminaire et des chambres bien équipées. Dans les filets du Chalut, du poisson bien sûr, et des propositions qui varient avec les saisons.

130 chambres – ♦65/190 € ♦♦80/205 € – ☐ 12 € – ½ P

Plan : 5EZ-r – 12 r. Marc-Antoine-Petit ✉ 69002 Ⓜ Perrache – ☎ 04 72 77 70 70
– www.hotel-lyon-axotelperrache.fr

Hôtel des Célestins

TRADITIONNEL · FONCTIONNEL Entre la place Bellecour et les Célestins, un hôtel situé dans un immeuble d'habitation. Original ! Chambres agréables, dont trois jolies junior suites au 5ᵉ étage (grande douche à l'italienne, écran plat...).

29 chambres – ♦87/195 € ♦♦87/195 € – ☐ 10 €

Plan : 5FY-a – 4 r. des Archers ✉ 69002 Ⓜ Bellecour – ☎ 04 72 56 08 98
– www.hotelcelestins.com

P. Jacques / hemis.fr

Restaurants

❀❀ **Le Neuvième Art** (Christophe Roure)   🔥 AC

CRÉATIVE · DESIGN XXX Dans sa nouvelle adresse lyonnaise, transférée depuis St-Just-St-Rambert, Christophe Roure a préservé le meilleur. Sa cuisine fait toujours preuve de la même subtile inventivité, de la même précision dans les mariages de saveurs, de la même intelligence des textures... Aucune faute de goût : c'est exquis !

➜ Dentelles de saint-pierre sur crème de haddock, dulce et cœur de palmier frais. "Pie" de caille aux prunes, quetsches et mirabelles, marinés à l'eau de noix. Promenade en sous-bois autour de la myrtille.

Formule 48 € – Menu 85/145 € – Carte environ 110 €

Plan : 4HX-b – *173 r. Cuvier* ✉ *69006* Ⓜ *Brotteaux*
– *☎ 04 72 74 12 74 – www.leneuviemeart.com*
– *Fermé 15 fév.-1ᵉʳ mars, 7-30 août, dim. et lundi*

❀ **Pierre Orsi**   🍸 🌳 & AC ⟳ 🔥

CUISINE CLASSIQUE · HUPPÉ XXX Venez profiter de l'élégance et du confort cossu d'une opulente maison bourgeoise ! La grande tradition est à l'honneur dans l'assiette – foie gras, homard, turbot au beurre citronné, pigeonneau en cocotte – et le verre n'est pas en reste : la carte des vins, avec ses 1 000 références, est tout simplement exceptionnelle.

➜ Ravioles de foie gras de canard au jus de porto et truffes. Pigeonneau en cocotte, gousses d'ail confites en chemise. Crêpes Suzette à l'orange.

Menu 60 € (déj. en semaine), 110/130 € – Carte 90/130 €

Plan : 4GV-e – *3 pl. Kléber* ✉ *69006* Ⓜ *Masséna*
– *☎ 04 78 89 57 68 – www.pierreorsi.com*
– *Fermé dim. et lundi sauf fériés*

❀ **Le Gourmet de Sèze** (Bernard Mariller)   & AC 🚫 ⟳

CUISINE CLASSIQUE · ÉLÉGANT XXX Son déménagement – un saut de puce dans la rue de Sèze – n'a en rien entamé l'appétit de ce Gourmet ! Dans un intérieur spacieux et chaleureux, on continue de profiter de l'inventivité et du sens du détail du chef, Bernard Mariller ; il rend toujours un bel hommage à ses maîtres, parmi lesquels Robuchon et Chavent.

➜ Cannellonis de langoustines de Loctudy, jus de crustacés, girolles et betteraves potagères. Veau de lait rôti en cocotte, pommes nouvelles, artichauts et jus à la sauge. Grand dessert du gourmet.

Formule 30 € – Menu 39 € (déj. en semaine), 55/120 €

Plan : 4HV-z – *125 r. de Sèze* ✉ *69006* Ⓜ *Masséna*
– *☎ 04 78 24 23 42 (réservation conseillée) – www.le-gourmet-de-seze.com*
– *Fermé 15-18 fév., 29 juil.-24 août, dim., lundi et fériés*

⌘ Takao Takano   🕭 AC

CRÉATIVE · DESIGN XX Takao Takano est de retour et l'on s'en réjouit ! Pour ce chef japonais déjà connu pour son tour de main, cette nouvelle adresse – tout en épure – est celle de la confirmation : comment ne pas être séduit par son sens de la précision et des saveurs, la subtilité de ses compositions ? Attention : la réservation s'impose.

→ Langoustine pochée, condiment concombre, rhubarbe et oseille. Rouget barbet de petit bateau, jus de tête au saté. Riz au lait crémeux, caramel au beurre demi-sel et sauge.

Menu 33 € (déj.), 53/83 €

Plan : 4GV-n – *33 r. Malesherbes* ✉ *69006* Ⓜ *Foch*
– ✆ *04 82 31 43 39 (réservation conseillée) – www.takaotakano.com*
– *Fermé 3 semaines en août, dim. et lundi*

⌘ L'Alexandrin (Laurent Rigal)   🕸 AC

CUISINE MODERNE · COSY XX Cet Alexandrin fait rimer originalité avec générosité, sur la base de beaux produits du terroir. Végétarien, répertoire lyonnais revisité, ou création autour d'un produit noble : chaque menu décline une belle variation... Un moment de poésie bien agréable, dans une ambiance feutrée.

→ Langoustines rôties, millefeuille de guacamole d'avocat et chorizo. Volaille de Bresse au vinaigre, petits légumes de saison et poêlée de girolles. Madeleines au chocolat guanaja et marmelade d'orange au Grand Marnier.

Formule 28 € – Menu 38 € (déj. en semaine), 60/115 €

Plan : 4GX-h – *83 r. Moncey* ✉ *69003* Ⓜ *Place Guichard*
– ✆ *04 72 61 15 69 – www.lalexandrin.fr*
– *Fermé 2-24 août, dim. et lundi*

⌘ Maison Clovis (Clovis Khoury)   AC

CUISINE MODERNE · DESIGN X Mobilier en bois exotique, tons gris métallisé : l'endroit est design et élégant, sans être guindé. Fin cuisinier, Clovis Khoury signe des créations de saison franchement originales et non moins savoureuses, dans lesquelles il infuse ses origines libanaises...

→ Oursin d'Islande. Pigeon de Bresse. Soufflé au chocolat et menthe poivrée.

Formule 24 € – Menu 49/79 € – Carte 60/90 €

Plan : 4HX-m – *19 bd Brotteaux* ✉ *69006* Ⓜ *Brotteaux*
– ✆ *04 72 74 44 61 – www.maisonclovis.com*
– *Fermé 1er-9 mai, 7-29 août, 1er-11 janv., dim. et lundi*

⌘ Le Passe Temps Ⓝ (Younghoon Lee)   AC 🍴

CRÉATIVE · MINIMALISTE X M. Lee, natif de Séoul, a apporté un peu de son pays natal dans le quartier des Brotteaux : avec un sens aigu de l'esthétisme et des saveurs, il réinterprète la cuisine française en l'habillant de touches coréennes. Sa spécialité, le foie gras aux racines et légumes dans un bouillon de soja, est tout simplement délicieuse !

→ Cuisine du marché.

Menu 25 € (déj. en semaine), 38/60 €

Plan : 4GV-y – *52 r. Tronchet* ✉ *69006* Ⓜ *Masséna*
– ✆ *04 72 82 90 14 (réservation conseillée)*
– *Fermé août, dim., lundi et les midis fériés*

� Alex   🕭 AC 🍴

CUISINE TRADITIONNELLE · COSY XX Alex ? C'est le chef (et propriétaire) de ce restaurant sobre et accueillant, qui joue avec brio la carte gastronomique à prix doux. Avec de bons produits frais glanés au marché, il concocte une cuisine parfumée et bien ficelée, rehaussée d'un joli choix de vins.

Formule 22 € – Menu 24 € (déj. en semaine), 28/38 € – Carte 45/55 €

Plan : 5HX-e – *44 bd des Brotteaux* ✉ *69006* Ⓜ *Brotteaux*
– ✆ *04 78 52 30 11 – Fermé en août, dim. et lundi*

⊗ M Restaurant   🍴 AC

CUISINE MODERNE • BRANCHÉ ✗ Voilà un lieu qui met de bonne humeur : pan de mur orangé, fauteuils design, tables en chêne brut, on s'y sent bien... En cuisine, la partition est dirigée par un ancien de Léon de Lyon, qui a su adapter son savoir-faire et son sérieux à l'air du temps, et proposer notamment un appétissant menu du marché : on M !

Formule 19 € – Menu 26/36 € – Carte environ 43 €

Plan : 4GV-s – *47 av. Foch* ✉ *69006* Ⓜ *Foch* – ℰ *04 78 89 55 19 – www.mrestaurant.fr – Fermé 20-28 fév., 1ᵉʳ-23 août, sam. et dim.*

⊗ 33 Cité   🎵 🍴 ♿ AC ⇱

CUISINE TRADITIONNELLE • BRASSERIE ✗ Trois chefs de talent – Mathieu Viannay (MOF en 2004), Christophe Marguin et Frédéric Berthod (passé par la "case" Bocuse) – se sont associés pour créer cette brasserie sympathique et gourmande, ouvrant sur le parc de la Tête-d'Or. Au menu : les belles spécialités du genre !

Formule 22 € – Menu 27 € – Carte 33/63 €

Plan : 4HU-t – *33 quai Charles-de-Gaulle* ✉ *69006* – ℰ *04 37 45 45 45 – www.33cite.com – Fermé 3 semaines en août*

⊗ Imouto   AC

FUSION • DESIGN ✗ Originaire du Vietnam, Gaby Didonna a ouvert son Imouto ("petite sœur", en japonais) dans un quartier populaire de Lyon. Il y cuisine en duo, avec une Japonaise au beau parcours, Junko Matsunaga. Résultat : de savoureuses recettes fusion, entre tradition française, influences nippones et touches vietnamiennes... Bluffant !

⊜ Menu 19 € (déj.)/32 €

Plan : 6GY-n – *21 r. Pasteur* ✉ *69007* Ⓜ *Guillotière* – ℰ *04 72 76 99 53 (réservation conseillée)*

⊗ Jour de Marché   ⇱

CUISINE MODERNE • BISTRO ✗ Ce petit restaurant bistronomique, situé à deux pas des quais, porte bien son nom : le menu évolue jour après jour en fonction du marché, et nous réserve de belles surprises : merlu rôti sur la peau, bouillon de champignons et noisettes ; émulsion d'artichauts, crabe des neiges et andouille fumée... Réjouissant !

Formule 19 € – Menu 22 € (déj.), 32/38 € – Carte environ 52 €

Plan : 4GX-d – *14 r. Molière* ✉ *69006* Ⓜ *Foch* – ℰ *04 78 24 74 59 – Fermé 1 semaine vacances de Noël, lundi soir, mardi soir, sam. midi, dim. et fériés*

⊗ La Table 101   🍴 AC ⇱

FRANÇAISE MODERNE • CONVIVIAL ✗ À côté des halles Paul-Bocuse, une table où les bons plats sont à la fête ! Dans l'assiette, le résultat est sans appel : une cuisine goûteuse, avec une touche créative maîtrisée. On est enthousiasmé jusqu'au dernier coup de fourchette, et l'addition, légère, achève de nous convaincre. Belle carte des vins.

Formule 21 € 🍷 – Menu 26 € (déj.), 31/46 € – Carte 45/56 €

Plan : 4GX-m – *101 r. Moncey* ✉ *69003* Ⓜ *Place Guichard* – ℰ *04 78 60 90 23 – www.latable101.fr – Fermé 1ᵉʳ-22 août, sam., dim. et fériés*

⊗ L'Art et la Manière   AC ⇱

CUISINE TRADITIONNELLE • BISTRO ✗ Un bistrot qui célèbre l'amitié, la cuisine du marché et ces vins gouleyants que l'on boit à prix doux. Une belle manière de découvrir le quartier de la Guillotière. Les habitués sont nombreux, pensez à réserver !

Formule 19 € – Menu 23 € (déj.)/32 € – Carte environ 41 €

Plan : 6GY-a – *102 Gde-Rue de la Guillotière* ✉ *69007* Ⓜ *Saxe-Gambetta – ℰ 04 37 27 05 83 (réservation conseillée) – www.art-et-la-maniere.fr – Fermé 3 semaines en août, sam. et dim.*

☺ Danton

CUISINE MODERNE · CONVIVIAL X Alexis Pouly, originaire de Roanne, a travaillé dans de belles maisons avant de créer ce néobistrot aussi convivial que professionnel. Ses recettes vont à l'essentiel, dans une belle version canaille et gourmande (avec une carte des vins faisant honneur à la région, mais pas que). Sa marotte ? Les cuissons à basse température...

Formule 21 € – Menu 27/47 € – Carte 32/51 €

Plan : 6HY-r – 8 r. Danton ⊠ 69003 Ⓜ Part Dieu – ℰ 04 37 48 00 10
– Fermé août, 1 semaine vacances de Noël, sam., dim. et fériés

☺ Les Bonnes Manières

LYONNAISE · BISTRO X Attention à respecter les Bonnes Manières ! Règle n° 1 : bien choisir parmi de délicieux plats de bouchon lyonnais, tablier de sapeur, œuf meurette et quenelle de brochet en tête... Règle n° 2 : se régaler en profitant de l'ambiance animée et conviviale. Règle n° 3 : en sortant, prévoir de revenir au plus tôt !

Formule 15 € – Menu 23/27 € – Carte 27/36 €

Plan : 6GY-a – 104 Gde-Rue de la Guillotière ⊠ 69007 Ⓜ Saxe-Gambetta
– ℰ 09 84 03 64 90 (réservation conseillée) – www.les-bonnesmanieres.fr – Fermé 3 semaines en août, lundi soir, sam. et dim.

☺ Le Kitchen Café Ⓝ

CUISINE MODERNE · BRANCHÉ X Dans le quartier des facultés Louis Lumière et Jean Moulin, ce Kitchen Café s'annonce comme un "must". Le cadre est minimaliste, avec huit petites tables carrées ; on savoure des assiettes faisant la part belle aux produits bio – notamment légumes – de la région... et de délicieux desserts !

Formule 18 € – Menu 22 € (semaine)/29 €

Plan : 6GY-b – 34 r. Chevreul ⊠ 69007 Ⓜ Jean Macé – ℰ 06 03 36 42 75 (réservation conseillée) – www.lekitchencafe.com – Fermé le soir, lundi et mardi

☺ Sauf Imprévu Ⓝ

CUISINE TRADITIONNELLE · SIMPLE X Terrine "Marguerite" en hommage à son arrière-grand-mère, cocos de Paimpol aux coquillages, côte de bœuf grillée avec frites maison... L'œil rivé sur la tradition, Félix Gagnaire propose à sa clientèle des plats gourmands et copieux. Tout est frais et fait maison, tout tombe juste... et les prix sont raisonnables !

Formule 22 € – Menu 25/30 € – Carte 34/43 €

Plan : 4GX-e – 40 r. Pierre-Corneille ⊠ 69006 Ⓜ Foch – ℰ 04 78 52 16 35
– Fermé sam., dim. et le soir sauf jeudi

ⅠⅠ◯ Cazenove

CUISINE TRADITIONNELLE · COSY XX Un décor "so British", avec une ronde de sculptures en bronze et des banquettes en cuir capitonné... Dans cette atmosphère très chaleureuse, le jeune chef propose une bonne cuisine traditionnelle, légèrement revue au goût du jour. L'adresse fait régulièrement salle comble !

Menu 38/48 € – Carte 58/126 €

Plan : 4GV-k – 75 r. Boileau ⊠ 69006 Ⓜ Masséna – ℰ 04 78 89 82 92
– www.le-cazenove.com – Fermé août, 24 déc.-5 janv., sam. et dim.

ⅠⅠ◯ Miraflores

PÉRUVIENNE · DESIGN X Le jeune chef, natif du Pérou, vous emmène dans un réjouissant voyage culinaire franco-péruvien, à l'image de ce ceviche de saumon, nid de patates douces, sauce tiradito, pisco, maracuya et yuca. Le nom de ces ingrédients ne vous dit rien ? En fin de carte, un lexique est là pour vous éclairer...

Menu 46/78 € – Carte 57/71 €

Plan : 4GV-p – 60 r. Garibaldi ⊠ 69006 Ⓜ Massena – ℰ 04 37 43 61 26 (réservation conseillée) – www.restaurant-miraflores.com – Fermé 3 semaines en août, 1 semaine en nov., 1 semaine en déc., dim., lundi et le midi

ⅠⅠ○ Café Sillon

CUISINE MODERNE • BISTRO Retour gagnant pour Mathieu Rostaing-Tayard, dont le précédent restaurant était déjà apprécié. Après un long tour du monde à la découverte des saveurs – de l'Italie au Pérou –, le jeune chef a créé ce restaurant très convivial, digne d'un bistrot de quartier. Son pari : partager avec tous ses recettes, ludiques et enlevées !

Formule 18 € – Menu 22 € (déj.), 35/42 €

Plan : 6GY-s – *46 av. Jean-Jaurès* ⊠ *69007* Ⓜ *Saxe Gambetta* – ℰ *04 78 72 09 73 (réservation conseillée) – Fermé vacances de Noël, sam. midi, dim. et lundi*

ⅠⅠ○ Le Splendid

CUISINE TRADITIONNELLE • BRASSERIE Cette brasserie chic et confortable est marquée de l'empreinte de Georges Blanc (le grand chef de Vonnas). On lui doit les orientations de cette cuisine du terroir généreuse, entre Bresse et Dombes. Aux murs, de grandes fresques murales rendent hommage aux fameuses "mères" lyonnaises... La filiation, toujours !

Formule 23 € 🍷 – Menu 29/59 € – Carte 43/65 €

Plan : 4HX-z – *3 pl. Jules-Ferry* ⊠ *69006* Ⓜ *Brotteaux* – ℰ *04 37 24 85 85* – *www.lespritblanc.com*

ⅠⅠ○ L'Est

CUISINE TRADITIONNELLE • BRASSERIE Le charme ferroviaire ! Dans cette ancienne gare devenue une brasserie vivante et conviviale, des trains miniatures tournent au-dessus des têtes... Les grandes cuisines sont ouvertes sur la salle ; il en sort des plats du marché voyageurs et savoureux. L'une des brasseries "cardinales" de Paul Bocuse.

Formule 23 € – Menu 27 € (semaine)/33 € – Carte 31/58 €

Plan : 4HX-v – *14 pl. Jules-Ferry, (gare des Brotteaux)* ⊠ *69006* Ⓜ *Brotteaux* – ℰ *04 37 24 25 26* – *www.nordsudbrasseries.com*

ⅠⅠ○ La Toscane

ITALIENNE • BISTRO Une cuisine traditionnelle italienne à peine francisée, savoureuse, qui se fonde sur des produits frais et respecte les saisons ; le tout exécuté avec brio par un chef qui connaît son métier (un ancien de chez Georges Blanc). Le cadre, coloré et agréable, sait se faire discret, et le service est très sympathique.

Formule 18 € – Menu 22 € (déj. en semaine)/30 € – Carte 38/64 €

Plan : 4GV-m – *26 bis r. Duquesne* ⊠ *69006* Ⓜ *Foch* – ℰ *04 78 93 20 91 – Fermé 1 semaine en fév., 27 août-13 sept., sam. de juil. à fin sept. et dim.*

ⅠⅠ○ En Mets Fais ce Qu'il te Plaît

CUISINE MODERNE • BISTRO Plutôt bohème, ce restaurant ne se soucie guère des apparences : ses propriétaires japonais nous accueillent un peu comme à la maison... mais que l'on ne s'en formalise pas : dans l'assiette, on découvre de beaux produits, des sauces et cuissons millimétrées, des saveurs subtiles... D'une désarmante sincérité qui fait craquer !

Menu 25 € (déj.), 38/48 €

Plan : 6GY-f – *43 r. Chevreul* ⊠ *69007* Ⓜ *Jean Macé* – ℰ *04 78 72 46 58 (réservation conseillée) – www.enmetsfaiscequilteplait.com – Fermé 3 semaines en août, vacances de Noël, sam. midi, dim. et fériés*

ⅠⅠ○ Le Bouchon Sully Ⓝ

LYONNAISE • BISTRO Un petit bistrot ouvert par Julien Gautier (propriétaire du M Restaurant voisin) dans un esprit de bouchon modernisé : gâteau de foies de volaille, foie de veau en persillade et tête de veau sauce ravigote sont à l'ardoise, pour notre plus grand plaisir. C'est gourmand et bien exécuté : on en redemande.

Formule 18 € – Menu 22 € – Carte 32/42 €

Plan : 4GV-a – *20 r. Sully* ⊠ *69006* Ⓜ *Foch* – ℰ *04 78 89 07 09* – *www.lebouchonsully.com – Fermé 15-21 fév., 8-29 août, sam. et dim.*

Bernachon Passion

CUISINE TRADITIONNELLE · SIMPLE X On ne présente plus la célèbre chocolaterie lyonnaise Bernachon, dont le fils du fondateur a épousé l'aînée de Paul Bocuse. Les petits-enfants du grand chef sont aux commandes ! Au menu du restaurant, de bonnes recettes traditionnelles (telles les quenelles de brochet) et des pâtisseries... Bernachon, évidemment.

Menu 29 € – Carte 34/51 €

Plan : 4GV-r – 42 cours Franklin-Roosevelt ⊠ 69006 🅼 Foch – 𝒞 04 78 52 23 65 *(réservation conseillée) – www.bernachon.com – Fermé 23 juil.-24 août, dim., lundi, fériés et le soir*

Le Café du Peintre

LYONNAISE · BISTRO X Ici règnent l'esprit bouchon et la grande tradition régionale. L'ambiance est familiale, animée et chaleureuse : en cuisine, Florence prépare une cuisine digne des mères lyonnaises (terrine maison, quenelles de brochet, tête de veau braisée au vin rouge) tandis que son fils Maxime assure l'animation en salle, avec talent !

Menu 21 € (déj.)/25 € – Carte 33/46 €

Plan : 6HX-a – 50 bd des Brotteaux ⊠ 69006 🅼 Brotteaux – 𝒞 04 78 52 52 61 *(réservation conseillée) – www.lecafedupeintre.fr – Fermé 2-15 mai, 8-21 août, sam., dim. et le soir sauf jeudi et vend.*

L'Argot

VIANDES · DE QUARTIER X Belle idée que celle de Philippe et Audrey, les propriétaires des lieux : le client choisit sa pièce de viande dans l'armoire vitrée – bœuf limousin, de Galice, d'Aubrac, agneau de l'Aveyron, charcuteries basques... – et le chef l'accompagne de la garniture du jour. Simple et savoureux : une véritable boucherie !

Formule 15 € – Menu 22 € (déj. en semaine) – Carte 31/49 €

Plan : 4HX-k – 132 r. Bugeaud ⊠ 69006 🅼 Brotteaux – 𝒞 04 78 24 57 88 – *Fermé dim., lundi et le soir sauf vend. et sam.*

L'Âme Sœur

CUISINE MODERNE · SIMPLE X On aime l'animation de ce repaire "bistronomique", qui emprunte son nom à un vin de Côte-Rôtie, produit par un ami du chef. La cuisine, au goût du jour, justifie le succès de l'endroit ; des menus à thèmes sont proposés selon les saisons : truffe, gibier, asperges... C'est savoureux et servi avec le sourire !

Menu 22/45 € – Carte 31/54 €

Plan : 4GX-v – 209 r. Duguesclin ⊠ 69003 🅼 Place Guichard – 𝒞 04 78 42 47 78 *(réservation conseillée) – Fermé 2 semaines en août, lundi soir, sam. et dim.*

Chez Terra

JAPONAISE · AUBERGE X Encore un chef japonais installé à Lyon... mais celui-ci a choisi d'honorer non la cuisine française mais nippone ! Il a recréé une vraie izakaya, l'un de ces bistrots simples et conviviaux que l'on trouve partout au Japon. Au menu : salades, sashimis, ragoût, sushis... C'est fin, soigné et plein de saveurs.

🕮 Formule 12 € – Menu 15 € (déj.)/55 € – Carte 20/54 € dîner

Plan : 4GV-z – 81 r. Duguesclin ⊠ 69006 🅼 Foch – 𝒞 04 78 89 05 04 – *Fermé 3 semaines en août, vacances de Noël, dim. et lundi*

Bouchons

Daniel et Denise Créqui

LYONNAISE · BISTRO X Joseph Viola – Meilleur Ouvrier de France – règne sur ce petit bouchon au décor patiné par le temps. Il propose des recettes traditionnelles parfaitement réalisées, à base de superbes produits, avec quelques suggestions de saison. Son plat fétiche ? Le pâté en croûte au ris de veau et foie gras...

Formule 21 € – Menu 30 € – Carte 25/53 €

Plan : 4GX-b – 156 r. de Créqui ⊠ 69003 🅼 Place Guichard – 𝒞 04 78 60 66 53 *(réservation conseillée) – www.daniel-et-denise.fr – Fermé 23 déc.-2 janv., sam., dim. et fériés*

Hôtels

🏨 Marriott Cité Internationale ✿ ₤₅ 🖬 ₺ 🔠 🛵 🚗

HÔTEL DE CHAÎNE · MODERNE Entre le Rhône et le parc de la Tête-d'Or, cet imposant hôtel en verre et brique rouge porte désormais la "griffe" Marriott. Les chambres sont toujours bien équipées, spacieuses et contemporaines ; on profite de grandes salles de réunions et d'un espace fitness.

192 chambres – †90/565 € ††90/565 € – 5 suites – ⚅ 24 €

Plan : 4GU-a – *70 quai Charles-de-Gaulle* ✉ 69006 – ℰ 04 78 17 50 50
– *www.marriottlyon.com*

🏨 Crowne Plaza ✿ 🖬 ₺ 🔠 🛵 🚗

HÔTEL DE CHAÎNE · MODERNE Un immeuble contemporain au sein de la Cité internationale (quartier d'affaires) dessinée par Renzo Piano, avec des chambres lumineuses, chaleureuses et bien conçues. Esprit bistronomique au restaurant.

156 chambres – †105/420 € ††105/420 € – 5 suites – ⚅ 22 €

Plan : 4HU-g – *22 quai Charles-de-Gaulle* ✉ 69006 – ℰ 04 78 17 86 86
– *www.crownplaza.com/lyonciteintl*

🏨 Mercure Lyon Centre Saxe Lafayette ✿ ₤₅ 🖬 ₺ 🔠 🛵 🚗

HÔTEL DE CHAÎNE · ACTUEL Cet ancien garage, bâti en 1932, est situé entre le quartier de la Part-Dieu et les quais du Rhône : un emplacement très pratique ! Les chambres sont spacieuses et élégantes, et le sous-sol abrite une petite piscine intérieure avec un fitness.

156 chambres – †95/300 € ††95/300 € – ⚅ 19 €

Plan : 4GX-r – *29 r. Bonnel* ✉ 69003 ⓜ *Place Guichard* – ℰ 04 72 61 90 90
– *www.mercure-lyon-saxe-lafayette.com*

🏨 Okko ₤₅ 🖬 ₺ 🔠

BUSINESS · DESIGN L'ancienne préfecture abrite ce nouvel établissement au mobilier design, qui regarde la colline de Fourvière. Le petit-déjeuner est de qualité (charcuterie et fromages lyonnais), les softdrinks sont compris dans le prix des chambres, aux draps en lin froissé. Salon de détente pour boire un verre.

85 chambres ⚅ – †110/300 € ††110/300 €

Plan : 4GX-f – *14 bis quai Gén.-Sarrail* ✉ 69006 ⓜ *Foch* – ℰ 04 28 00 02 50
– *http://lyonlafayette.okkohotels.com/*

🏨 Le Roosevelt 🖬 ₺ 🔠 🛇 🚗

TRADITIONNEL · COSY Un hôtel confortable, à l'ambiance feutrée. Préférez les chambres côté cour, plus spacieuses et parfaitement calmes. Le soir, descendez profiter de l'ambiance jazzy du bar, et de la douce chaleur du feu de cheminée...

48 chambres – †90/235 € ††90/235 € – ⚅ 18 €

Plan : 4GX-a – *48 r. de Sèze* ✉ 69006 ⓜ *Foch* – ℰ 04 78 52 35 67
– *www.hotel-roosevelt.com*

🏨 Pont Wilson 🖬 🔠 🛇 🚗

BUSINESS · FONCTIONNEL Bien situé (près des quais et du pont Wilson), cet hôtel dispose de chambres confortables et feutrées, très bien entretenues, dont plusieurs suites familiales qui ont vue sur la colline de Fourvière.

54 chambres – †83/250 € ††93/260 € – ⚅ 16 €

Plan : 6GY-t – *6 r. Mazenod* ✉ 69003 ⓜ *Guillotière* – ℰ 04 78 60 94 94
– *www.hotelwilson-lyon.com*

🏨 Mama Shelter ✿ 🖬 ₺ 🔠 🛵 🚗

BUSINESS · DESIGN Comme ses cousines de Paris et Marseille, cette Mama Shelter met en avant une déco branchée (béton brut, objets design, détails décalés...) et des chambres résolument contemporaines, tendance minimaliste. Les transports en commun ne sont pas loin.

156 chambres – †69/169 € ††79/269 € – ⚅ 16 €

Plan : 6GZ-k – *13 r. Domer* ✉ 69007 ⓜ *Jean Macé* – ℰ 04 78 02 58 58
– *www.mamashelter.com*

⌂ Ibis Styles La Part-Dieu   ⚡ ▣ ⚐ 🅰🅲 ⚐

HÔTEL DE CHAÎNE · FONCTIONNEL Jouxtant la gare de la Part-Dieu, cet hôtel de chaîne dispose d'atouts notables : des chambres fonctionnelles et colorées, une insonorisation parfaite, et un parking public directement au sous-sol – ce qui se révèle précieux dans le quartier. Accueil aimable.

99 chambres ⌼ – ♦76/244 € ♦♦86/244 €

Plan : 6HY-b – *54 r. de la Villette* ⊠ *69003* Ⓜ *Gare Part-Dieu* – *✆ 04 72 68 25 40* – *www.ibis-styles-lyon.com*

Autour de Lyon

M. Crichton/Gallery Stock/Photononstop

à Collonges-au-Mont-d'Or 12 km au Nord par bords de Saône (D433, D51)
- BP – ⊠ 69660 – 3 860 hab. – Alt. 176 m

🕸🕸🕸 Paul Bocuse   🕸 ⚐ 🅰🅲 ⟷ 🍽 🅿

CUISINE CLASSIQUE · ÉLÉGANT XXXXX Temple de la grande cuisine, institution du service à l'ancienne... Le restaurant de Paul Bocuse est un véritable monument. Classique parmi les classiques, chaque assiette incarne l'une des plus belles pages de la gastronomie française. Le grand chef est entré dans l'Histoire : quel meilleur hommage que ces trois étoiles portées depuis 1965 !

➜ Soupe aux truffes noires V.G.E. Rouget en écailles de pommes de terre. Gâteau Président "Maurice Bernachon".

Menu 165/255 € – Carte 140/235 €

Plan : 1BP – *40 quai de la Plage* – *✆ 04 72 42 90 90* – *www.bocuse.fr*

à Villeurbanne 4 km à l'Est - Plan : DQ – ⊠ 69100 – 146 282 hab. – Alt. 168 m

⭐○ 33 TNP   🍴 ⚐

CUISINE TRADITIONNELLE · BRASSERIE X Au sein du Théâtre National Populaire, une grande et belle brasserie avec un seul slogan : "Le meilleur à la portée de tous et de toutes les bourses." L'ambiance est conviviale et... populaire ; on bavarde en dévorant les bons classiques maison, tartare de bœuf, épaule d'agneau confite et œufs à la neige aux pralines...

🍽 Formule 16 € – Menu 19 € – Carte 28/41 €

Plan : 2CQ-a – *8 pl. Lazare-Goujon* Ⓜ *Gratte-Ciel* – *✆ 04 78 37 37 37* – *www.33tnp.com* – *Fermé août, dim. et lundi*

à Rillieux-la-Pape 7 km au Nord par D483 et D484 – ⊠ 69140
- 30 140 hab. – Alt. 269 m

⭐○ Larivoire   🕸 🍴 ⟷ 🅿

CUISINE CLASSIQUE · RÉTRO XXX Dans le bas de la ville, une imposante maison de maître datant de 1891, à la façade rose pâle. Dans la salle au cadre bourgeois ou sur la grande terrasse ombragée par de vieux platanes, on déguste une cuisine classique actualisée, de celles qui s'inscrivent pleinement dans la tradition provinciale.

Menu 32 € (déj. en semaine), 51/94 € – Carte 72/93 €

chemin des Iles – *✆ 04 78 88 50 92* – *www.larivoire.com* – *Fermé 16-30 août, dim. soir, lundi sauf fériés et mardi*

à Genas 12 km à l'Est par rte de Genas (D29) - (Plan : DQ) - ✉ 69740
– 12 355 hab. – Alt. 218 m

🏨 Ambassadeur
🌡 ⊡ ⅙ AC 🏊 🚗

BUSINESS · MODERNE Des chambres sobres et contemporaines, très bien tenues : fonctionnel et idéal pour la clientèle d'affaires. Et pour oublier le stress : un agréable jardin japonais.

84 chambres – ♦80/205 € ♦♦95/210 € – ⌑14 € – ½ P

36 r. Antoine-Pinay – ℰ 04 78 40 02 02 – www.ambassadeur-hotel.fr
– Fermé 2 semaines en août

à Tassin-la-Demi-Lune 5 km à l'Ouest (A6, sortie n° 36) - (Plan : APQ) –
✉ 69160 – 21 024 hab. – Alt. 220 m

🍽 Brasserie Halles 9
🍴 ⅙ AC

LYONNAIS · BRASSERIE ✗ Dans un nouveau quartier de Tassin, cette brasserie – ouverte en 2012 – donne dans la modernité. Le cadre est résolument design ; on déguste par exemple du saumon frais fumé maison (le fumoir est visible à l'entrée du restaurant) ou un tartare 100% bœuf du Limousin haché au couteau. Ambiance décontractée.

Formule 21 € – Menu 25 € (semaine)/44 € – Carte 34/49 €

Plan : 1AQ-a *– 3 promenade des Tuileries, (angle av. Général-Leclerc)*
– ℰ 04 78 36 99 99 – www.halles9.com

à Ecully 7 km à l'Ouest (A6, sortie n° 36) - (Plan : AP) – ✉ 69130
– 17 742 hab. – Alt. 240 m

🍽 Saisons
✿

CUISINE TRADITIONNELLE · ÉLÉGANT ✗✗✗ Ce château du 19ᵉ s., bordé d'un parc, abrite l'école hôtelière internationale patronnée par Paul Bocuse. Le restaurant n'a rien d'une mauvaise copie, au contraire : secondés par des professeurs de talent, dans un agréable cadre bourgeois, les élèves ne trichent ni avec les règles de la tradition, ni avec... les saisons !

Menu 30 € (déj. en semaine), 36/52 €

Plan : 1AP-b *– Château du Vivier, 1A chemin de Calabert – ℰ 04 72 18 02 20*
(réservation conseillée) – www.institutpaulbocuse.com
– Fermé 8-30 août, 16 déc.-3 janv., merc. soir, sam. et dim.

🏨 Maison d'Anthouard
🌡 🛏 ⅙ AC 🅿

VILLA · CLASSIQUE Située non loin de l'autoroute, dans le centre historique d'Écully, cette belle maison de maître aurait appartenu au général d'Anthouard, de l'armée napoléonienne... Cela explique peut-être les dimensions "impériales" de l'escalier, qui distribue fièrement des chambres élégantes et colorées.

16 chambres – ♦140/260 € ♦♦170/390 € – ⌑20 €

Plan : 1AP-e *– 2 rte de Champagne – ℰ 04 78 36 56 89 – www.ma-hotel.com*
– Fermé 7-21 août

🏡 Les Hautes Bruyères

VILLA · PERSONNALISÉ Charme patiné, authenticité et sérénité à 10mn de l'effervescence lyonnaise : cette demeure de jardinier (19ᵉ s.), jadis rattachée au château voisin, cultive avec raffinement son esprit "maison de famille". Avec, en prime, une charmante chambre-roulotte dans le jardin.

5 chambres – ♦125/175 € ♦♦135/230 € – ⌑15 €

Plan : 1AP-d *– 5 chemin des Hautes-Bruyères – ℰ 06 08 48 69 50*
– www.lhb-hote.fr

à St-Priest 13 km au Sud-Est par D318 – ✉ 69800 – 42 488 hab. – Alt. 208 m

🍴◯ **Le Cocon**   ⛲ 🏠 ♿ ♻ **P**

CUISINE MODERNE · À LA MODE XX Au sein d'un hôtel très high-tech, cette table joue à 100% la carte du locavore : les fruits et légumes viennent majoritairement des productions locales (nombreux produits bio)... et du potager maison ! De jolies présentations, une cuisine bien appliquée : une bonne adresse.

Formule 26 € – Menu 31 € (semaine) – Carte 25/55 €

Plan : 2DR-a – *Golden Tulip Lyon Millénaire, 160 cours du 3e-Millénaire – ℰ 04 37 25 21 07 – www.goldentuliplyon.com – Fermé 3 semaines en août, vend. soir, sam. et dim.*

🍴◯ **Le Restaurant** ◉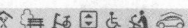

LYONNAISE · BISTRO X Ce restaurant-bistrot au cadre simple et contemporain est situé à deux minutes chrono de la rocade Est de l'agglomération lyonnaise. Habitués et voyageurs de passage y dégustent une généreuse cuisine de tradition qui évolue tous les mois : gâteau de foie blond de volaille, paleron de veau braisé et légumes primeurs...

Formule 21 € – Menu 26 €

Plan : 2DR-b – *9 bis av. de la Gare – ℰ 04 78 21 14 43 – www.le-restaurant69.fr – Fermé lundi soir, mardi soir, merc. soir, sam. et dim.*

🏨 **Golden Tulip Lyon Eurexpo**   ✿ ⛲ 🏠 📺 ♿ 🛁 🚗

BUSINESS · ACTUEL Une architecture impressionnante, véritable millefeuille de pierre, de bois et de verre ! Sur le site du parc technologique, cet hôtel labellisé Haute Qualité Environnementale offre espace, clarté et confort optimal. Très innovant.

133 chambres – ♦79/350 € ♦♦79/350 € – 2 suites – ☲ 17 €

Plan : 2DR-a – *160 cours du 3e-Millénaire – ℰ 04 37 25 25 25 – www.goldentuliplyon.com*

🍴◯ **Le Cocon** – voir les restaurants ci-dessus

à Charbonnières-les-Bains 8 km au Nord-Ouest et N7 – ✉ 69260 – 4 851 hab. – Alt. 233 m

🏵 **La Rotonde**   ♿ 🅰🅲 🎴 **P**

CUISINE MODERNE · ÉLÉGANT XxX Moment de gastronomie dans ce beau domaine aux portes de la ville, à l'étage du casino Le Lyon vert, bel héritage de la période Art déco. La carte est empreinte de classicisme, mêlant recettes indémodables (le grand répertoire lyonnais n'est pas oublié) et influences plus originales.
➔ Pâté en croûte "Champion du Monde 2013". Turbot confit et escargots, pomme charlotte, céleri et sauce cresson. Cannellonis de chocolat amer, glace crème brûlée.

Formule 37 € – Menu 45 € (déj.), 69/135 € – Carte 115/125 €

20 av. du Casino, (Domaine du Lyon Vert) ✉ 69260 La Tour de Salvagny – ℰ 04 78 87 00 97 – www.restaurant-rotonde.com – Fermé 27 juil.-27 août, 2-6 janv., mardi midi, sam. midi, dim. et lundi

🏨 **Le Pavillon de la Rotonde**   ✿ 🌊 ⛲ 📺 🕙 ♿ 🅰🅲 🛁 🚗

LUXE · ACTUEL À deux pas du casino et dans un beau parc arboré, cet hôtel luxueux mêle contemporain et discrètes touches Art déco. Certaines chambres disposent d'un hammam et d'une terrasse... et l'on sert un copieux brunch le dimanche ! Une très belle adresse en périphérie de Lyon.

16 chambres – ♦170/370 € ♦♦170/570 € – ☲ 22 € – ½ P

3 av. Georges-Bassinet – ℰ 04 78 87 79 79 – www.restaurant-rotonde.com – Fermé 26 juil.-25 août et 1er-5 janv.

🏵 **La Rotonde** – voir les restaurants ci-dessus

à St-Cyr-au-Mont-d'Or 10 km au Nord par rte de St-Cyr - (Plan : BP) –
✉ 69450 – 5 480 hab. – Alt. 320 m

Ⅰ○ Le Comptoir Saint-Cyr

CUISINE MODERNE · AUBERGE ✕ Terrine "retour de chasse", thon rouge mi-cuit
sauce antillaise, tartare de bœuf "César" : voilà une bonne cuisine au goût du
jour, préparée avec soin et générosité avec des produits soigneusement sélectionnés. Cerise sur le gâteau, on est servi dans la chaleureuse ambiance d'une
auberge de village !

Formule 23 € – Menu 32 € – Carte 33/52 €

*17 rte de Lyon – ℰ 04 78 83 30 52 – www.lecomptoirrestaurant.fr – Fermé dim.
soir*

🏠 L'Ermitage

Cet hôtel ne manque pas d'atouts : vue extraordinaire sur Lyon et les Monts-d'Or,
cadre design et épuré pour une sérénité à son zénith. Dans la "cuisine à manger",
on savoure de belles spécialités lyonnaises... Et la terrasse suspendue est superbe !

26 chambres – ♦150/195 € ♦♦150/195 € – 1 suite – ⚏ 15 €

*chemin de l'Ermitage, 2,5 km au sommet du Mont-Cindre – ℰ 04 72 19 69 69
– www.ermitage-college-hotel.com*

à l'aéroport de Lyon St-Exupéry 27 km par A43 – ✉ 69125

🏨 NH Lyon Aéroport

BUSINESS · ACTUEL Des chambres contemporaines, agréables et bien insonorisées, juste en face de l'aérogare : impossible de rater son avion ! À noter : un fitness très complet et une importante capacité d'accueil pour les séminaires.

245 chambres – ♦100/295 € ♦♦100/295 € – ⚏ 25 €

Aéroport Lyon St-Exupéry, terminal 1 – ℰ 04 72 23 05 50 – www.nh-hotels.fr

LYONS-LA-FORÊT

✉ 27480 (Eure) – 744 hab. – Alt. 88 m – Carte régionale n° **33**-D2

▶ Paris 104 km – Beauvais 57 km – Mantes-la-Jolie 66 km – Rouen 35 km

Carte Michelin 304-I5 – Guide Vert Michelin Normandie Vallée de la Seine

❀ La Licorne Royale   ⇦ 🍴 P

CUISINE MODERNE · ÉLÉGANT XX Des produits de qualité, une technique soignée, des associations de saveurs équilibrées et subtiles, au service du goût : la promesse d'un repas délicieux, de surcroît dans un cadre intime et charmant, associant avec réussite rustique et contemporain.

→ Millefeuille de foie gras de canard à l'anguille fumée. Pigeon mariné et rôti en persillade, matelote de pommes de terre à l'ail. Soufflé chaud et froid à la mangue et vanille de Madagascar.

Menu 53/129 € – Carte 75/100 €

Hôtel La Licorne – ℰ 02 32 48 24 24 – www.hotel-licorne.com – Fermé merc. et le midi sauf sam. et dim.

🍴 Le Bistrot du Grand Cerf   🍴 ⅃ P

CUISINE TRADITIONNELLE · BISTRO X L'endroit possède un indéniable cachet avec ses colombages, ses briques, ses grosses poutres au plafond et son agréable terrasse dans la cour pavée. Escalope de foie gras de canard poêlée, blanquette de veau de nos grands-mères, etc. : la tradition bistrotière est de mise, sans oublier les fromages du pays !

Formule 25 € – Menu 31/42 € – Carte 39/54 €

Hôtel Le Grand Cerf, 31-32 pl. Isaac-Bensarade – ℰ 02 32 49 50 50
– www.grandcerf.fr – Fermé lundi et mardi

🏠 La Licorne   ⇧ ⇦ ⅃ 🖼 ⊛ ⅃ ⚃ P

AUBERGE · PERSONNALISÉ Au cœur du joli village de Lyons et non loin de la superbe forêt domaniale, cette authentique Licorne normande à de beaux secrets à faire partager : ses chambres sont d'un raffinement très contemporain (douches à l'italienne, baignoires sur pieds, parquet...) et le spa Nuxe est une petite merveille !

21 chambres – ♦180/345 € ♦♦180/345 € – 5 suites – ⊡ 18 € – ½ P

27 pl. Isaac-Bensarade – ℰ 02 32 48 24 24 – www.hotel-licorne.com

❀ **La Licorne Royale** – voir les restaurants ci-dessus

🏠 Le Grand Cerf   ⇧ ⅃ ⅃ ⚃ P

AUBERGE · PERSONNALISÉ Sur la pittoresque place du village, célèbre pour sa halle du 18ᵉ s., ce Grand Cerf – arborant de beaux colombages – abrite des chambres au charme champêtre, voire "forestier", avec leur décor de branchages et même de bois de cerf ! Insolite et très cosy... À noter : on peut accéder au délicieux spa de l'hôtel La Licorne.

13 chambres – ♦170/295 € ♦♦170/295 € – 2 suites – ⊡ 18 € – ½ P

31-32 pl. Isaac-Bensarade – ℰ 02 32 49 50 50 – www.grandcerf.fr

🍴 **Le Bistrot du Grand Cerf** – voir les restaurants ci-dessus

🏠 Les Lions de Beauclerc   ⇧

AUBERGE · PERSONNALISÉ Meubles chinés et bibelots, tissus imprimés, atmosphère classique : au cœur du village, cette jolie maison en brique se révèle chaleureuse à souhait. On rugit de plaisir !

6 chambres – ♦85/140 € ♦♦85/140 € – ⊡ 13 € – ½ P

7 r. de l'Hôtel-de-Ville – ℰ 02 32 49 18 90 – www.lionsdebeauclerc.com

LYS-ST-GEORGES

✉ 36230 (Indre) – 264 hab. – Alt. 200 m – Carte régionale n° **12**-C3

▶ Paris 287 km – Argenton-sur-Creuse 29 km – Bourges 80 km – Châteauroux 29 km

Carte Michelin 323-G7 – Guide Vert Michelin Limousin Berry

Auberge La Forge ⌂ ᴴ&

CUISINE TRADITIONNELLE · RUSTIQUE XX Cheminée, tomettes, poutres apparentes et tonnelle ombragée : rien ne manque dans cette auberge champêtre,
étape incontournable sur le circuit "George Sand"... surtout si vous êtes amateur
de saveurs du terroir. Les producteurs locaux sont à l'honneur ; la carte est vraiment alléchante et les prix très doux !

⊚ Menu 20 € (déj. en semaine), 32/51 € – Carte 47/64 €
7 r. du Château – ℰ 02 54 30 81 68 – www.restaurantlaforge.com
– Fermé 29 juin-5 juil., 21 sept.-7 oct., 2-26 janv., dim. soir, lundi et mardi

MACHILLY

✉ 74140 (Haute-Savoie) – 983 hab. – Alt. 525 m – Carte régionale n° **46**-F1
▶ Paris 548 km – Annemasse 11 km – Genève 21 km – Thonon-les-Bains 20 km
Carte Michelin 328-K3

⁂ Le Refuge des Gourmets (Jean-Marie et Hubert Chanove)

CRÉATIVE · COSY XXX Ce restaurant cossu, d'inspiration ⌂ ᴴ& ᴬᶜ ⇄ P
Belle Époque, est un vrai refuge de gourmets ! Le chef et son fils concoctent une
jolie cuisine classique rehaussée de touches créatives ; les menus sont déclinés
autour d'une saison ou d'un produit (chasse, homard, morilles, truffe noire...).
➔ Truite fario farcie d'une mousseline d'ail des ours. Carré de veau cuit au foin,
panais et noisettes. Ravioles végétales de banane aux épices.
Menu 28 € (déj. en semaine), 40/82 € – Carte 85/100 €
90 rte des Framboises – ℰ 04 50 43 53 87 – www.refugedesgourmets.com
– Fermé dim. soir, mardi midi et lundi

LA MACHINE (COL DE) – 26 (Drôme) ➔ voir St-Jean-en-Royans

MACINAGGIO – 2B (Haute-Corse) ➔ voir Corse

MÂCON

✉ 71000 (Saône-et-Loire) – 32 917 hab. – Alt. 175 m – Carte régionale n° **8**-C3
▶ Paris 391 km – Bourg-en-Bresse 38 km – Chalon-sur-Saône 59 km – Lyon 71 km
Carte Michelin 320-I12 – Guide Vert Michelin Bourgogne

⁂ Pierre (Christian Gaulin) ⌂ ᴴ& ᴬᶜ ⁒

CUISINE CLASSIQUE · ÉLÉGANT XXX Une grande cheminée, des pierres apparentes, des poutres ; la récente rénovation de la salle à manger n'a rien enlevé au
charme des lieux ! Dans l'assiette, même élégance : Christian Gaulin marie classi-
cisme, terroir et modernité... et le fait bien. Un hommage subtil rendu à la Bresse
et à la Bourgogne.
➔ Foie gras de canard du sud-ouest poêlé, sauce au cassis de Bourgogne.
Volaille de Bresse en deux préparations. Soufflé chaud au Grand Marnier.
Menu 28 € (déj. en semaine), 36/91 € – Carte 73/93 €
Plan : BZ-k *– 7 r. Dufour – ℰ 03 85 38 14 23 – www.restaurant-pierre.com*
– Fermé 1 semaine en mars, 3 semaines en juil., mardi midi, dim. soir et lundi

Le Poisson d'Or ⇐ ⌂ ᴴ& P

CUISINE MODERNE · ÉLÉGANT XX Père et fils concoctent une jolie cuisine d'aujourd'hui, fine et précise, où un saumon d'Écosse fumé maison et écrasé de patates douces à l'huile d'olive, côtoie un pavé de sandre aux escargots sur un lit
d'épinards frais. L'élégance de ces plats va à merveille avec la modernité du
décor : on passe un beau moment.
Menu 26/72 € – Carte 65/78 €
allée du Parc, au Nord par les bords de Saône – ℰ 03 85 38 00 88
– www.lepoissondor.com – Fermé 22-31 mars, 22 août-4 sept., 2-11 janv., mardi
sauf le midi de mai à sept., dim. soir et merc.

MÂCON

Barre (Pl. de la)	. . . .	**AYZ** 2
Barre (R. de la)	. . . . . .	**BZ** 3
Dombey (R.)	. . . .	**BZ** 5
Dufour (R.)	. . . .	**BZ** 6
Gaulle (Av. Gén.-de)	. .	**BY** 7
Laguiche (R. Ph.)	. . . .	**BZ** 8
Lamartine (R.)	. . . . .	**BYZ** 9
Paix (Square de la)	. . .	**BY** 10
Perrier (R.)	. . . .	**AY** 12
Poissonnière (Pl.)	. . . .	**BZ** 13
Pont (R. du)	. . . .	**BZ** 14
Préfecture (R. de la)	.	**BY** 15
St-Étienne (Pl.)	. . . . .	**BY** 17
St-Nizier (R.)	. . . . . .	**BY** 18
Sigorgne (R.)	. . . . . .	**BZ** 19
Strasbourg (R. de)	. . .	**BY** 20
Ursulines (R. des)	. . .	**BY** 21
11-Nov.-1918 (R. du)	**ABY** 22
28-Juin-1944 (R.)	. . . .	**BY** 24

⫚○ L'Ambroisie   ⚘ 🅰🅲

CUISINE MODERNE · BISTRO ⫶ Le classique de la maison ? Un filet de bœuf fumé au bois de hêtre et sa poêlée de champignons forestiers... La carte est "bistrono-mique" – comme le revendique le jeune patron – et évolue en fonction des sai-sons. Côté service, amabilité et attention sont de mise dans ce décor chaleureux et plutôt soigné.

🍶 Formule 15 € – Menu 18 € (déj. en semaine), 24/45 €
– Carte 36/51 €
103 r. Marcel-Paul, (rd-pt de l'Europe), au Sud
– 𝒞 03 85 38 12 21 – www.lambroisie.fr
– Fermé dim. et lundi soir

⫚○ L'Ardoise   🏠

TERROIR · CONVIVIAL ⫶ Les produits régionaux sont ici à l'honneur ! Aux manettes, le chef, Stéphane Chevauchet, concocte avec maîtrise toute une série de jolis plats du terroir, du jambon persillé à la cassolette de poulet de Bresse, en passant par le tournedos charolais... Le service est soigné et plein de gentillesse.

Formule 15 € – Menu 26 € – Carte 31/40 €
Plan : BY-f *– 19 r. Franche – 𝒞 03 85 31 62 26*
– Fermé 9-24 août, 1ᵉʳ-13 janv., dim. et lundi

Ⅲ○ Ma Table en Ville

CUISINE MODERNE · ÉLÉGANT X Voilà peut-être l'archétype du bistrot du XXIᵉ s. Dans un intérieur urbain et sobre, avec son éclairage composé d'ampoules suspendues à une ancienne tuyauterie, on choisit son plat et son vin sur une... tablette ! Le chef, épaulé par son épouse, a le souci du bon produit et réalise une cuisine séduisante et goûteuse.

Formule 19 € – Menu 38/57 € – Carte 36/52 €

Plan : BY-a – *50 r. de Strasbourg* – ℰ *03 85 30 99 91* – *www.matableenville.fr*
– *Fermé 2 semaines en juin*

Ⅲ○ L'Ethym'Sel   👌 🅰️🅲

CUISINE TRADITIONNELLE · DESIGN X Tout près des quais, un joli restaurant contemporain et reposant, où il fait bon s'attabler. On découvre une carte bien étoffée, au service d'une cuisine au goût du jour et d'inspiration traditionnelle. De quoi se laisser séduire, d'autant que contrairement aux plats, les prix ne font pas d'étincelles...

🍽 Formule 17 € – Menu 19 € (semaine), 34/53 € – Carte 23/48 €

Plan : BZ-t – *10 r. Gambetta* – ℰ *03 85 39 48 84*
– *Fermé 24 juil.-11 août, mardi soir et merc. de sept. à juin, dim. sauf le midi de sept. à juin et lundi en juil.-août*

🏨 Hôtel d'Europe et d'Angleterre   ♦️ 👌 🅰️🅲 🅢🅰️ 🅿️

BUSINESS · ACTUEL Fondé en 1804, très couru entre les deux guerres – avec un restaurant trois étoiles ! –, ce fameux hôtel des bords de Saône a été rénové du sol au plafond. Décor moderne dans le hall, meubles contemporains et bons équipements dans les chambres : c'est une petite résurrection.

31 chambres – 🛏75/229 € 🛏🛏75/229 € – 🍽14 €

Plan : BY-m – *92 quai Jean-Jaurès* – ℰ *03 85 38 27 94*
– *www.hotel-europeangleterre-macon.com*

🏨 Ibis Styles   🏊 ♦️ 👌 🅰️🅲 🅢🅰️ 🚗

BUSINESS · FONCTIONNEL En plein centre-ville, un bel immeuble en pierre dont l'intérieur a été entièrement rénové dans un style plutôt pop, avec des couleurs acidulées et un mobilier moderne. Côté cour, on découvre une grande piscine extérieure, au calme. Reposant !

51 chambres 🍽 – 🛏83/126 € 🛏🛏93/126 €

Plan : AZ-b – *91 r. Victor-Hugo* – ℰ *03 85 39 17 11* – *www.accorhotels.com*

à St-Laurent-sur-Saône (01Ain) – ✉ 01750 – 1 770 hab. - Alt. 176 m

Ⅲ○ L'Autre Rive

CUISINE CLASSIQUE · ÉLÉGANT XX Nous voici sur "l'autre rive" de la Saône, face à Mâcon, où la vue sur les quais est imprenable ! On appréciera aussi le décor du restaurant, jouant sur les tons pastel, très tendance. Le chef est passionné par les vins – qu'il aime conseiller en salle – et sa cuisine honore les viandes du terroir comme les produits de la mer.

Formule 20 € – Menu 28/42 € – Carte 30/45 €

Plan : BZ-a – *143 quai Bouchacourt* – ℰ *03 85 39 01 02* – *www.lautrerive.fr*
– *Fermé 20-30 août, 19-30 déc., mardi midi, dim. soir et lundi*

Ⅲ○ Le Saint-Laurent

CUISINE TRADITIONNELLE · COSY X Cette brasserie chic et rétro accueillit Mitterrand et Gorbatchev ! S'assirent-ils dans un coin de la grande terrasse, admirant la Saône et le vieux pont qui l'enjambe à cet endroit ? Se régalèrent-ils d'une poêlée de grenouilles en persillade ou d'un poulet de Bresse ? D'une jolie cuisine canaille, c'est certain.

Formule 18 € – Menu 22 € (déj. en semaine), 25/59 € – Carte 40/65 €

Plan : BZ-b – *1 quai Bouchacourt* – ℰ *03 85 39 29 19* – *www.lespritblanc.com*

à Sennecé-lès-Mâcon 7,5 km au Nord – ⊠ 71000 Macon

⅋○ Auberge de la Tour   && 🏠 ⅌ P

CUISINE TRADITIONNELLE · RUSTIQUE ✕✕ Le patron de cette auberge – un passionné du terroir – concocte une généreuse cuisine régionale, et l'établissement a tout le charme d'une vieille maison de province. Volaille de Bresse, chevreuil ou sanglier en civet et autre pigeonneau en crapaudine s'accompagnent d'un beau choix de vins du Mâconnais.

Formule 22 € – Menu 27/61 € – Carte 35/49 €

604 r. Vrémontoise – ℰ 03 85 36 02 70 – www.auberge-tour.fr – Fermé
14 fév.-7 mars, 29 mai-7 juin, 23 oct.-8 nov., dim. soir, mardi midi et lundi

🏠 Auberge de la Tour   ✿ ⅌ 🔏 P

AUBERGE · RUSTIQUE Une sympathique auberge familiale et rustique, tout près de la tour de guet (la curiosité du village). Les chambres sont impeccablement tenues. L'occasion d'une étape viticole : la cave de la commune se trouve juste en face.

24 chambres – †58/69 € ††69/95 € – ☲ 12 €

604 r. Vrémontoise – ℰ 03 85 36 02 70 – www.auberge-tour.fr
– Fermé 4 fév.-9 mars, 30 mai-7 juin, 23 oct.-8 nov., dim. soir et lundi

⅋○ **Auberge de la Tour** – voir les restaurants ci-dessus

à Crèches-sur-Saône 8 km au Sud par N6 – ⊠ 71680 – 2 887 hab. – Alt. 180 m

⅋○ Hostellerie du Château de la Barge   🛏 🏠 ⅾ ✿ P

CUISINE MODERNE · ÉLÉGANT ✕✕ L'équipe de cet élégant restaurant se met en quatre pour interpréter les classiques de la gastronomie du terroir. Au menu par exemple : volaille de Bresse, escargots, grenouilles... et un beau choix de pouilly-fuissé.

Formule 20 € 🍷 – Menu 23/93 € – Carte 34/81 €

rte des Bergers, 1 km au Nord-Ouest par D89 – ℰ 03 85 23 93 23
– www.chateaudelabarge.fr – Fermé 23-27 déc.

🏠 Hostellerie du Château de la Barge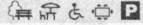

HISTORIQUE · CLASSIQUE Cette vaste demeure du 17ᵉ s. est cernée par un joli parc avec piscine, au pied des vignes. On vient s'y reposer dans une atmosphère qui balance entre classicisme et modernité, les chambres étant décorées dans un esprit contemporain. Une association de styles atypique.

22 chambres – †90/120 € ††110/170 € – 3 suites – ☲ 15 € – ½ P

rte des Bergers, 1 km au Nord-Ouest par D89 – ℰ 03 85 23 93 23
– www.chateaudelabarge.fr – Fermé 23-27 déc.

⅋○ **Hostellerie du Château de la Barge** – voir les restaurants ci-dessus

à Davayé 5 km au Sud-Ouest par D54 et D89 – ⊠ 71960 – 677 hab. – Alt. 225 m

⅋○ Auberge de la Patte d'Oie   🏠 P

CUISINE TRADITIONNELLE · SIMPLE ✕ Estelle et David sont aux commandes de cet ancien restaurant ouvrier, situé sur la route de la Roche de Solutré (à 6 km). François Mitterrand y aurait sûrement fait étape en découvrant la généreuse et savoureuse cuisine d'Estelle, concoctée avec de beaux produits frais. Tout est fait maison, même le pain !

⊛ Formule 15 € – Menu 19/29 € – Carte 30/42 €

La Patte-d'Oie – ℰ 03 85 35 86 50 – www.lapattedoie.net
– Fermé 16-24 avril, 1ᵉʳ-14 août, 26 déc.-4 janv., lundi soir, mardi soir et merc.

à Fuissé 8,5 km au Sud-Ouest par D172 puis D54 – ⊠ 71960 – 384 hab. – Alt. 290 m

⫶○ **L'O des Vignes** ⇔ 🏠 &

CUISINE MODERNE · À LA MODE ✕✕ Une charmante maison du début du 20ᵉ s., typique de la région. Dans une salle moderne et spacieuse, on déguste une cuisine actuelle, évoluant selon les saisons et le marché ; on peut aussi opter pour le petit bar à vins adjacent, où choucroute, blanquette et charcuteries régionales sont à l'ardoise.

Menu 27 € (déj. en semaine)/69 € – Carte environ 55 €

5 chambres – ♦90/130 € ♦♦90/130 €

r. du Bourg – ℰ 03 85 38 33 40 – www.lodesvignes.fr – Fermé vacances de la Toussaint, mardi et merc.

à Chevagny-les-Chevrières 7 km à l'Ouest par D17 et D194 – ⊠ 71960
– 600 hab. – Alt. 230 m

⫶○ **L'Arbre Blanc** &

CUISINE MODERNE · DESIGN ✕ Un restaurant chic et convivial, tout habillé de blanc. Dans les assiettes : finesse, tradition et créativité sont au rendez-vous, au gré d'un menu unique renouvelé chaque mois. Accueil charmant... tout comme l'ensemble de l'adresse !

Menu 30 € (déj. en semaine), 48/30 €

pl. de l'Église – ℰ 03 85 40 63 26 (réservation conseillée)
– www.restaurant-alexandre-blanc.e-monsite.com – Fermé merc. midi, dim. soir, lundi et mardi

LA MADELAINE-SOUS-MONTREUIL – 62 (Pas-de-Calais) → voir
Montreuil

MADIRAN
⊠ 65700 (Hautes-Pyrénées) – 443 hab. – Alt. 125 m – Carte régionale n° **28**-A2
◘ Paris 753 km – Pau 51 km – Tarbes 41 km – Toulouse 154 km
Carte Michelin 342-L1

⫶○ **Le Prieuré** ⇔ 🏠 & ℙ

CUISINE TRADITIONNELLE · ÉLÉGANT ✕✕ Cet ancien monastère du 11ᵉ s. abrite un restaurant au décor élégant (tons chocolat et vanille, toiles contemporaines, terrasse ombragée, etc.), mais aussi la maison des vins de Madiran. Des crus tout indiqués pour accompagner une cuisine qui honore les produits de la région avec finesse et originalité.

🐝 Menu 20 € (déj. en semaine), 34/50 €

9 chambres – ♦80/90 € ♦♦80/140 € – � 10 €

4 r. de l'Église – ℰ 05 62 31 44 52 – www.leprieure-madiran.fr – Fermé 2-15 janv., dim. soir, mardi midi et lundi sauf juil.-août

MAFFLIERS
⊠ 95560 (Val-d'Oise) – 1 702 hab. – Alt. 145 m – Carte régionale n° **18**-B1
◘ Paris 29 km – Beaumont-sur-Oise 10 km – Beauvais 53 km – Compiègne 73 km
Carte Michelin 305-E6

🏨 **Novotel** ⇞ 🐾 🏊 🖼 ✕ 🖭 🎿 ℙ

HÔTEL DE CHAÎNE · MODERNE Dans un parc au grand calme, des chambres fonctionnelles et confortables, situées dans une annexe ouverte sur la verdure. La demeure principale de cet ancien domaine du 18ᵉ s. abrite le restaurant, des salles de séminaire et un couloir de nage.

99 chambres – ♦99/210 € ♦♦99/210 € – ⊐ 16 €

allée des Marronniers – ℰ 01 34 08 35 35 – www.novotel.com

MAGAGNOSC – 06 (Alpes-Maritimes) → voir Grasse

LA MAGDELEINE – 16 (Charente) → voir Barbézieux-St-Hilaire

MAGESCQ
⊠ 40140 (Landes) – 1 935 hab. – Alt. 28 m – Carte régionale n° **3**-B2
◻ Paris 722 km – Bayonne 45 km – Biarritz 52 km – Castets 13 km
Carte Michelin 335-D12 – Guide Vert Michelin Aquitaine

☼☼ **Relais de la Poste** (Jean Coussau)　　　　☒ ⊞ Ⓐ ⇔ ℙ

CUISINE CLASSIQUE · ÉLÉGANT ✕✕ Une valeur très sûre : de père en fils, on cultive ici le classicisme de main de maître. Une partition exécutée dans les règles de l'art, au service de produits superbes et de saveurs pleines de naturel. Pour un grand repas, face à la pinède.
→ Variation de foie gras aux fruits du temps. Ris de veau fermier poêlé au beurre mousseux, cèpes et sauce aux truffes. Abricot et verveine en déclinaison gourmande.
Menu 57 € (semaine)/128 € – Carte 105/140 €
24 av. de Maremne – ✆ 05 58 47 70 25 (réservation conseillée)
– www.relaisposte.com – Fermé 11 nov.-18 déc., 3-15 janv., jeudi midi en juil.-août, mardi sauf le soir en juil.-août et lundi

⫢○ **Côté Quillier**　　　　⊞ ⌂ Ⓐ ℙ

CUISINE MODERNE · BISTRO ✕ Un élégant bistrot, entièrement dévolu à une bonne cuisine du marché ! Croustillant de pied de cochon, boudin noir sauce moutarde et purée de pommes de terre agria, tiramisu de fruits rouges, etc. On se régale sur la terrasse, avant de rejoindre le jardin où vous attend un jeu... de quilles. Ambiance conviviale.
Formule 22 € ⚑ – Menu 25/35 € – Carte 27/48 €
26 av. de Maremne – ✆ 05 58 47 79 50 – www.relaisposte.com – Fermé 12 nov.-18 déc. et 3-15 janv.

⌂⌂⌂ **Relais de la Poste**　　　☆ ☒ ⊞ ⟁ ⊕ ✕ ⅙ Ⓐ ⚑ ⌂

MAISON DE CAMPAGNE · PERSONNALISÉ Des tapis de fleurs, un verger, des ceps de vignes, de belles allées de pins, une superbe piscine... On ne se lasse pas de ce parc de 8 ha, ni des chambres d'ailleurs, spacieuses et très confortables. Un castel landais plein de caractère.
14 chambres – ♦220/520 € ♦♦220/520 € – 2 suites – ⊡ 25 € – ½ P
24 av. de Maremne – ✆ 05 58 47 70 25 – www.relaisposte.com – Fermé 11 nov.-18 déc., 3-15 janv., lundi et mardi du 15 janv. au 30 mars

　☼☼ **Relais de la Poste** – voir les restaurants ci-dessus

MAGNY-LE-HONGRE – 77 (Seine-et-Marne) → voir Autour de Paris, (Marne-la-Vallée)

MAÎCHE
⊠ 25120 (Doubs) – 4 331 hab. – Alt. 777 m – Carte régionale n° **17**-C2
◻ Paris 498 km – Besançon 75 km – Belfort 60 km – Montbéliard 42 km
Carte Michelin 321-K3 – Guide Vert Michelin Franche-Comté Jura

à Mancenans-Lizerne 2,5 km à l'Est par D464 et D272 – ⊠ 25120
– 186 hab. – Alt. 720 m

⫢○ **Au Coin du Bois**　　　　⊞ ⌂ ℙ

CUISINE TRADITIONNELLE · ÉLÉGANT ✕✕ Un joli chalet, à la fois simple et soigné, entouré de sapins et avec une agréable terrasse. Le jeune chef signe une cuisine soignée, réalisée avec de bons produits frais.
⊶ Formule 13 € – Menu 17 € (déj. en semaine), 27/54 € – Carte 31/65 €
4 r. Sous-le-Rang, La Lizerne – ✆ 03 81 64 00 55
– www.restaurant-aucoindubois.com – Fermé 1ᵉʳ-9 fév., 29 juil.-8 août, 31 oct.-7 nov., merc. soir, dim. soir et lundi

MAILLANE – 13 (Bouches-du-Rhône) → voir St-Rémy-de-Provence

MAISONS-ALFORT – 94 (Val-de-Marne) → voir Autour de Paris

MAISONS-LAFFITTE – 78 (Yvelines) → voir Autour de Paris

MAISONS-LÈS-CHAOURCE – 10 (Aube) → voir Chaource

MALAUCÈNE
✉ 84340 (Vaucluse) – 2 684 hab. – Alt. 333 m – Carte régionale n° **40**-B2
▶ Paris 673 km – Avignon 45 km – Carpentras 18 km – Vaison-la-Romaine 10 km
Carte Michelin 332-D8 – Guide Vert Michelin Provence

⊪○ La Chevalerie

CUISINE TRADITIONNELLE · RUSTIQUE 〤 Près de l'église, une imposante bâtisse
du 16ᵉ s. au charme simple : jardin de curé abondamment fleuri, terrasse couverte
de glycine, décor provençal (chaises paillées, crépis ocre, etc.). Sans chichis, le
chef joue la carte de la générosité : pissaladière de rouget, pieds et paquets,
confit d'agneau en croûte d'herbes...
Formule 22 € – Menu 32/55 € – Carte 37/56 €
53 pl. de l'Église, (Les Remparts) – ✆ 04 90 65 11 19 (réservation conseillée)
– www.la-chevalerie.net – Fermé 1ᵉʳ-15 déc., 2-15 janv., mardi et merc. de janv.
à mars, dim. soir et lundi

⌂ Le Domaine des Tilleuls

FAMILIAL · FONCTIONNEL Une magnanerie du 18ᵉ s. décorée dans le style provençal et très appréciée des randonneurs. Préférez les chambres donnant sur le
parc planté de platanes et de... tilleuls !
19 chambres – 〒76/106 € 〒〒76/106 € – ⊒ 13 €
rte du Mont-Ventoux – ✆ 04 90 65 22 31 – www.hotel-domainedestilleuls.com
– Ouvert de fin mars à début nov.

MALBUISSON
✉ 25160 (Doubs) – 757 hab. – Alt. 900 m – Carte régionale n° **17**-C3
▶ Paris 456 km – Besançon 74 km – Champagnole 42 km – Pontarlier 16 km
Carte Michelin 321-H6 – Guide Vert Michelin Franche-Comté Jura

❀ Le Bon Accueil (Marc Faivre)

CUISINE MODERNE · COSY 〤〤 Bon accueil et art de recevoir depuis quatre générations ! On fait une belle étape dans cette maison régionale, chaleureuse et
confortable. À l'heure des repas, plaisirs de haute gastronomie : Marc Faivre
signe une cuisine fine et savoureuse, où le terroir révèle une belle fraîcheur.
→ Tarte fine à la saucisse de Morteau, œuf poché. Poisson à l'absinthe de Pontarlier. Poêlée de fruits du moment, cannelloni croustillant au macvin.
Formule 25 € – Menu 41/80 € – Carte 75/100 €
13 chambres – 〒90/110 € 〒〒90/140 € – ⊒ 13 €
32 Grande-Rue – ✆ 03 81 69 30 58 – www.le-bon-accueil.fr
– Fermé 27 juin-7 juil., 31 oct.-16 nov., 19 déc.-18 janv., dim. soir sauf août, mardi
midi et lundi

⌂⌂⌂ Le Lac

HÔTEL DE VACANCES · RÉTRO Postée sur la rue principale de Malbuisson, cette
imposante maison cache un jardin qui descend vers le lac... L'établissement est
dans la même famille depuis trois générations et ne cesse d'évoluer, mêlant
esprit rétro et modernité – le tout fort bien tenu. Copieux petit-déjeuner, pâtisseries maison au salon de thé, fondues et raclettes au bien nommé Restaurant du
Fromage.
53 chambres – 〒58/74 € 〒〒70/190 € – 3 suites – ⊒ 12 € – ½ P
65 Grande-Rue – ✆ 03 81 69 34 80 – www.hotel-le-lac.fr – Fermé 14 nov.-14 déc.

La Poste

FAMILIAL · CAMPAGNARD Un sympathique petit hôtel familial, dont les chambres arborent un style champêtre, une partie donnant sur le lac de St-Point, bien au calme. Cuisine du terroir au restaurant.

10 chambres – †55 € ††55/65 € – ☷12 € – ½ P

61 Grande-Rue – ℰ 03 81 69 79 34 – www.hotel-le-lac.fr – Fermé 14 nov.-14 déc.

 Beau Site

FAMILIAL · FONCTIONNEL Surplombant le lac St-Point, ce beau bâtiment d'architecture italienne abrite des chambres simples et fonctionnelles. On y propose de nombreux services bien utiles : parking privé, local à vélos, piscine... et bibliothèque !

17 chambres – †40/55 € ††55 € – ☷12 €

67 Grande-Rue – ℰ 03 81 69 70 70 – www.hotel-le-lac.fr – Fermé 14 nov.-14 déc.

aux Granges-Ste-Marie 2 km au Sud-Ouest – ✉ 25160 Labergement Ste Marie

 Auberge du Coude

AUBERGE · RUSTIQUE Lovée près d'un coude du lac de St-Point, cette maison en pierre (1826) s'intègre tout naturellement au paysage verdoyant du haut Doubs. Les chambres sont simples et bien tenues. Nature autant que chaleureux !

11 chambres – †70/85 € ††77/90 € – ☷9 €

1 r. du Coude – ℰ 03 81 69 31 57 – www.aubergeducoude.com
– Fermé 12 nov.-12 déc.

LA MALÈNE

✉ 48210 (Lozère) – 158 hab. – Alt. 450 m – Carte régionale n° **23**-C1
▶ Paris 609 km – Florac 41 km – Mende 41 km – Millau 44 km
Carte Michelin 330-H9

au Nord-Est 5,5 km sur D907bis – ✉ 48210 Ste-Énimie :

 Château de la Caze

CHÂTEAU · HISTORIQUE Sur les rives du Tarn, un superbe château fortifié construit au 15ᵉ s. Mobilier ancien, tours crénelées, baldaquins et vieilles pierres : rien ne manque ! Une atmosphère résolument châtelaine au cœur d'une nature préservée.

9 suites – ††200/320 € – 7 chambres – ☷16 €

rte des Gorges-du-Tarn – ℰ 04 66 48 51 01 – www.chateaudelacaze.com
– Ouvert d'avril à début nov. et fermé merc. et jeudi hors saison

MALICORNE-SUR-SARTHE

✉ 72270 (Sarthe) – 1 953 hab. – Alt. 39 m – Carte régionale n° **35**-C2
▶ Paris 236 km – Château-Gontier 52 km – La Flèche 16 km – Le Mans 32 km
Carte Michelin 310-I8 – Guide Vert Michelin Pays de la Loire

 La Petite Auberge

CUISINE MODERNE · RUSTIQUE L'été, on s'attable en terrasse, à fleur d'eau, et l'hiver, on se réfugie auprès de la belle cheminée du 13ᵉ s., dans un cadre délicieusement vieille France. Popcorn de foie gras et crème de maïs ; noix de Saint-Jacques au yuzu... Les produits du terroir sont joliment agrémentés : une petite auberge comme on les aime !

Formule 21 € – Menu 32/59 € – Carte 40/52 €

5 pl. Duguesclin – ℰ 02 43 94 80 52 – www.petite-auberge-malicorne.fr – Fermé 23 déc.-28 fév., le soir sauf sam. de sept. à avril, mardi soir en mai et juin et lundi

MALLEMORT

✉ 13370 (Bouches-du-Rhône) – 6 197 hab. – Alt. 120 m – Carte régionale n° **40**-B2
▶ Paris 723 km – Avignon 45 km – Marseille 72 km – Nîmes 96 km
Carte Michelin 340-G3

Moulin de Vernègues

HÔTEL DE CONFÉRENCE · FONCTIONNEL Adossé au golf du Pont-Royal, cet ancien moulin à grain abrite des chambres sobres et fonctionnelles, dont certaines ont gardé le cachet de l'ancien (vieilles pierres). Le joli spa avec sauna et hammam, ainsi que l'espace fitness, en font une étape très appréciable.

100 chambres – ♦139/399 € ♦♦139/399 € – ⌑ 15 € – ½ P
Domaine et golf de Pont-Royal – ℰ 04 90 59 12 00
– www.moulindevernegues.com

MALLING

✉ 57480 (Moselle) – 603 hab. – Alt. 158 m – Carte régionale n° **26**-B1
▶ Paris 352 km – Luxembourg 35 km – Metz 43 km – Trier 63 km
Carte Michelin 307-I2

à Petite Hettange 1 km à l'Est sur D654 – ✉ 57480

🍴 Olmi

CUISINE CLASSIQUE · AUBERGE XX Oubliez le relais routier, vous êtes désormais dans une auberge contemporaine. Le chef élabore une carte volontairement réduite, d'esprit classique, influencée par ses origines italiennes. Autre agrément : la terrasse sous les arbres !

Menu 25 € (déj. en semaine), 45/70 € – Carte 49/70 €
11 rte Nationale – ℰ 03 82 50 10 65 – *www.olmi-restaurant.fr* – *Fermé dim. soir, lundi et mardi*

MALO-LES-BAINS – 59 (Nord) → voir Dunkerque

MANCENANS-LIZERNE – 25 (Doubs) → voir Maîche

MANCEY – 71 (Saône-et-Loire) → voir Tournus

MANDELIEU

✉ 06210 (Alpes-Maritimes) – 22 714 hab. – Alt. 4 m – Carte régionale n° **42**-E2
▶ Paris 890 km – Brignoles 86 km – Cannes 9 km – Draguignan 53 km
Carte Michelin 341-C6 – Guide Vert Michelin Côte d'Azur

La Napoule – ✉ 06210

✸✸ L'Oasis (Stéphane, Antoine et François Raimbault)

CRÉATIVE · LUXE XxxX Luxuriant patio, cadre élégant, délicieuses recettes méridionales aux accents orientaux, caravane des desserts, ateliers gourmands (cuisine, pâtisserie, œnologie) : cette oasis fraternelle n'a rien d'un mirage !
→ Soleil levant de poisson cru "Souvenir d'Osaka". Loup en croûte dorée exquisé d'estragon. Caravane des desserts.

Formule 45 € – Menu 64 € (déj.), 79/242 € – Carte 145/210 €
Plan : Z-r – *r. J.-H.-Carle* – ℰ 04 93 49 95 52 – *www.oasis-raimbault.com* – *Fermé de mi-déc. à mi-janv., dim. et lundi*
⊛ **Le Bistrot l'Étage** – voir les restaurants ci-dessus

⊛ Le Bistrot l'Étage

PROVENÇALE · RUSTIQUE X À l'Étage – bien nommé – du restaurant gastronomique L'Oasis, on se régale de plats bistrotiers soignés et parfois oubliés : persillé de lapin aux carottes, saumon à l'oseille, curry d'agneau, ou encore choux a la crème... à déguster, aux beaux jours, sur le nouveau patio. Un bel hommage à la Côte d'Azur !

Menu 32 € – Carte 34/58 €
Plan : Z-r – *Restaurant L'Oasis, r. J.-H.-Carle* – ℰ 04 93 49 95 52
– www.oasis-raimbault.com – *Fermé de mi-déc. à mi-janv., dim. et lundi*

LA NAPOULE

Abaguiers (R. des)	Z 2
Argentière (Rue de l')	Z 3
Aulas (R. Jean)	Z 4
Balcon d'Azur (Rd-Pt)	Z 5
Carle (R. J.-H.)	Z 10
Chantier Naval (R. du)	Z 12
Clews (Av. H.)	Z
Fanfarigoule (Bd)	Z
Gaulle (Av. Gén.-de)	Z
Hautes Roches (R. des)	Z 20
Mancha (Av. de la)	Z 22
Petit Port (R. du)	Z
Pierrugues (R. Charles)	Z 24
Plage (R. de la)	Z
Riou (Av. du)	Z
San-Peyré (Bd du)	Z
Soustelle (Bd J.)	Z
23-Août (Av. du)	Z

MANDELIEU-LA-NAPOULE

Bon Puits (Bd du)	Y 6
Cannes (Av. de)	Y 8
Ecureuils (Bd des)	Y 13
Esterel Parc (Bd)	Y 14
Europe (Av. de l')	Y 16
Fontmichel (Av. G.-de)	Y 17
Fréjus (Av. de)	Y
Gaulle (Av. Gén.-de)	Y 19
Juin (Av. Mar.)	Y
Marine-Royale (Allée de la)	Y 23
Mer (Av. de la)	Y 25
Princes (Bd des)	Y 25
République (Av. de la)	Y 27
Ricard (Av. P.)	Y
Siagne (R. de la)	Y
Tavernière (Bd de la)	Y 28

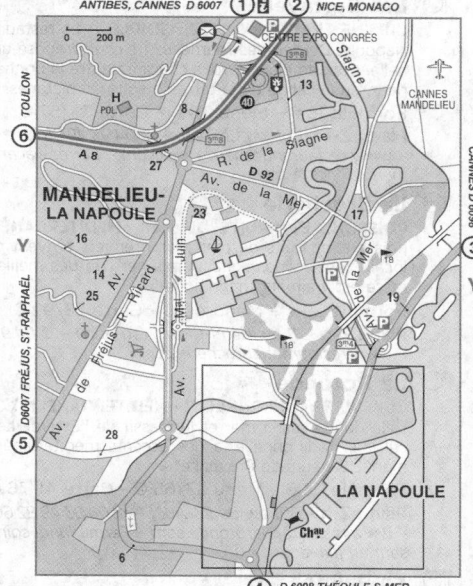

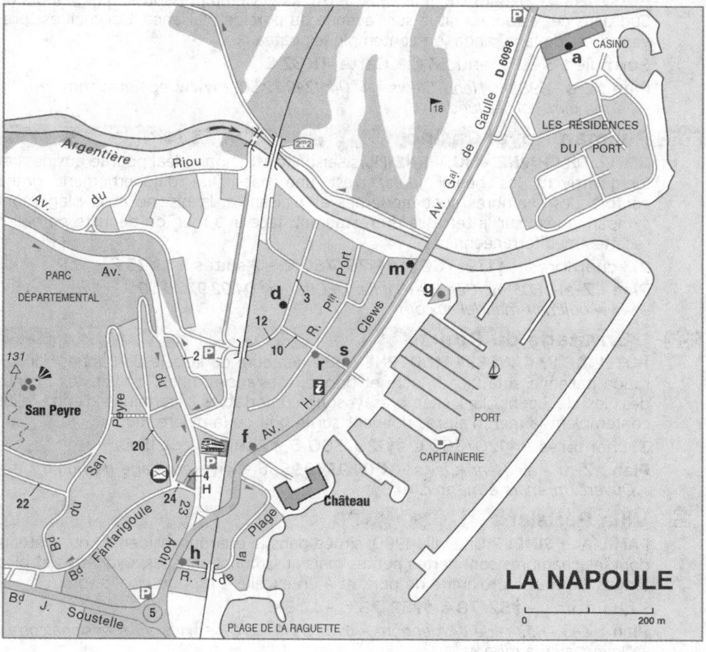

⅋◯ Les Bartavelles

CUISINE TRADITIONNELLE · SIMPLE ✗✗ Le restaurant fait face au château de La Napoule. Derrière les fourneaux, le chef propose une généreuse cuisine tradition- nelle. Côté ambiance, vous choisirez entre la bonne ambiance de bistrot de l'inté- rieur, ou le calme de la terrasse sous les platanes. Bon choix de vins au verre.

Formule 18 € – Menu 30 € – Carte 33/57 €

Plan : Z-f – 1 pl. du Château – ℰ 04 93 49 95 15
– www.restaurantlesbartavelles.com – Fermé vacances de la Toussaint, mardi et merc. d' oct. à mars

⅋◯ La Brocherie

POISSONS ET FRUITS DE MER · MÉDITERRANÉEN ✗✗ Une bonne adresse de poissons et fruits de mer ; les premiers arrivent de l'Atlantique ou de la pêche locale, les seconds sont fournis par l'un des meilleurs écaillers. La vue de la ter- rasse est vraiment magnifique !

Formule 29 € – Menu 40 € – Carte 58/92 €

Plan : Z-g – 11 av. Henri-Clews, (au port) – ℰ 04 93 49 80 73
– www.restaurantlabrocherie.com

⅋◯ La Rotonde

CUISINE TRADITIONNELLE · MÉDITERRANÉEN ✗✗ Un restaurant central dont la salle donne sur la mer et le massif de l'Esterel. Les produits sont très frais et la cuisine, traditionnelle, a des accents méditerranéens à l'image du bien nommé menu "Saveurs de Provence".

Formule 23 € – Menu 33/65 € – Carte 41/76 €

Plan : Z-h – 391 av. du 23-Août – ℰ 04 93 49 82 60
– www.restaurantlarotonde.com – Fermé lundi soir, mardi soir et merc. sauf en juil.-août

⅋◯ La Palméa

POISSONS ET FRUITS DE MER · FAMILIAL ✗✗ Place au poisson et aux saveurs du Sud dans ce restaurant situé sur l'avenue du port de plaisance. L'accueil est pré- venant, et de la véranda, on contemple les bateaux.

Formule 26 € – Menu 33 € – Carte 41/82 €

Plan : Z-s – 198 av. Henri-Clews – ℰ 04 92 19 22 50 – www.lapalmea.com
– Fermé dim. soir et lundi

🏨 Pullman Royal Casino

HÔTEL DE CHAÎNE · MODERNE Hors saison, c'est l'hôtel idéal pour le business et lorsqu'arrivent les beaux jours, c'est une possibilité d'hébergement grand confort. Les chambres sont modernes et plaisantes, la piscine et la plage sont sympathiques ; sur la terrasse du restaurant, face à la mer, on déguste de belles recettes méditerranéennes !

213 chambres – ♥179/760 € ♥♥179/760 € – 2 suites – ☐ 23 € – ½ P

Plan : Z-a – 605 av. Gén.-de-Gaulle, D6098 – ℰ 04 92 97 70 00
– www.pullman-mandelieu.com

🏨 L'Ermitage du Riou

HÔTEL DE VACANCES · MODERNE Cette demeure de la baie de Cannes d'inspi- ration italienne, à la façade ocre et brique, est l'ancien relais d'hiver des moines des îles de Lérins. Les chambres y sont confortables ; certaines d'entre elles contemplent la mer, d'autres donnent sur le golf ou la rivière Riou.

31 chambres – ♥120/360 € ♥♥120/360 € – 2 suites – ☐ 15 €

Plan : Z-m – av. Henri-Clews – ℰ 04 93 49 95 56 – www.ermitage-du-riou.fr
– Ouvert mi-mars à mi-nov.

🏠 Villa Parisiana

FAMILIAL · SIMPLE Une villa 1900, située dans le quartier résidentiel du château, dont les chambres sont certes petites mais aussi fonctionnelles, coquettes et bien tenues. Le tout à proximité du port, et à un excellent rapport qualité-prix.

9 chambres – ♥52/78 € ♥♥52/78 € – ☐ 8 €

Plan : Z-d – 152 r. de l'Argentière – ℰ 04 93 49 93 02 – www.villaparisiana.com
– Ouvert avril à mi-nov.

MANE – 04 (Alpes-de-Haute-Provence) → voir Forcalquier

MANIGOD
✉ 74230 (Haute-Savoie) – 1 011 hab. – Alt. 950 m – Carte régionale n° **46**-F1
▶ Paris 558 km – Albertville 39 km – Annecy 25 km – Chamonix-Mont-Blanc 67 km
Carte Michelin 328-L5

rte du col de la Croix-Fry 5,5 km - ✉ 74230 Manigod

ⅠⅠ◯ La Table de Marie-Ange
CUISINE TRADITIONNELLE · INTIME XX La terrasse panoramique face aux Aravis
est tout simplement magique, et il est difficile de quitter la Table de Marie-Ange...
On s'y régale d'une jolie cuisine pétrie d'authenticité régionale et concoctée avec
de beaux produits. Le pain est même fait dans un vrai four à bois, c'est dire !
Menu 65/83 € – Carte 75/92 €
Chalet Hôtel Croix-Fry – ℰ 04 50 44 90 16 – www.hotelchaletcroixfry.com
*– Ouvert de mi-juin à mi-sept. et de mi-déc. à mi-avril et fermé merc. midi, lundi
et mardi*

🏠 Chalet Hôtel Croix-Fry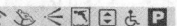
LUXE · COSY Dans un cadre idyllique, au milieu des alpages, un beau chalet tenu
par la même famille depuis des décennies (accueil charmant). Magnifiquement
restauré, il révèle un bel intérieur montagnard... Un lieu superbe !
8 chambres – ⬦170/180 € ⬦⬦180/495 € – 1 suite – ⌒ 21 € – ½ P
4910 rte du Col de la Croix-Fry – ℰ 04 50 44 90 16 – www.hotelchaletcroixfry.com
– Ouvert de mi-juin à mi-sept. et de mi-déc. à mi-avril
ⅠⅠ◯ **La Table de Marie-Ange** – voir les restaurants ci-dessus

🏠 Les Sapins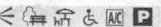
HÔTEL DE VACANCES · ALPIN Un chalet situé sur le col de la Croix Fry, à
deux pas des remontées mécaniques. Les chambres mêlent style contemporain et esprit montagnard. Au restaurant, on apprécie autant les spécialités
savoyardes que la superbe vue depuis la terrasse. Parfait pour prendre un
grand bol d'air !
23 chambres – ⌒ – ⬦92/322 € ⬦⬦104/334 € – ½ P
6762 rte du Col de la Croix-Fry – ℰ 04 50 44 90 29 – www.les-sapins.fr
– Fermé 16 avril-2 mai et 19 oct.-19 nov.

MANOM – 57 (Moselle) → voir Thionville

MANOSQUE
✉ 04100 (Alpes-de-Haute-Provence) – 22 099 hab. – Alt. 387 m – Carte régionale n° **40**-B2
▶ Paris 758 km – Aix-en-Provence 57 km – Avignon 91 km – Digne-les-Bains 61 km
Carte Michelin 334-C10 – Guide Vert Michelin Provence

✿ Dominique Bucaille
CUISINE MODERNE · À LA MODE XX Une bastide du 18ᵉ s. sur le site d'anciennes cultures maraîchères... La salle, contemporaine et élégante, la terrasse
face au jardin, le potager : tout est charmant. Et plus encore la cuisine, signée
par Dominique Bucaille et sa fille, qui mettent très joliment en valeur les
saveurs de la Provence.
→ Vitello tonnato revisité, confit de légumes bio et sorbet végétal. Pigeonneau
de Haute-Provence en cocotte, jus de carcasse à la presse. Meringue soufflée
façon Melba, fruits rouge du pays.
Menu 50/95 € – Carte 75/95 €
715 av. des Savels – ℰ 04 92 77 59 37 (réservation conseillée)
*– www.restaurant-bucaille.com – Fermé 1ᵉʳ-15 janv., dim. soir sauf juil.-août, lundi
et mardi sauf fériés*

☺ Sens et Saveurs ⌂

CUISINE MODERNE · MÉDITERRANÉEN XX D'abord monastère, puis filature, ensuite entrepôt à grains du 17ᵉs. et enfin théâtre : la grande salle voûtée de ce restaurant a traversé les époques sans prendre une ride ! Un lieu de caractère et de charme pour une cuisine méridionale empreinte de personnalité. Ambiance familiale.

Formule 17 € – Menu 21 € (déj. en semaine), 28/36 € – Carte 34/45 €
43 bd des Tilleuls – ℰ 04 92 75 00 00 – www.sensetsaveurs.com
– Fermé 10-25 août, 10-25 janv., lundi soir, jeudi soir et dim.

⌂ Pré St-Michel ⌂⌂⌂⌂⌂⌂⌂⌂

RURAL · MÉDITERRANÉEN Cette bâtisse régionale abrite des chambres spacieuses, de style provençal. Préférez celles avec terrasse privative. En prime, vue sur les toits de Manosque.

24 chambres – †67/200 € ††67/200 € – ⌂ 13 €
435 montée de la Mort-d'Imbert, 1,5 km au Nord par bd M.-Bret et rte de Dauphin
– ℰ 04 92 72 14 27 – www.presaintmichel.com

⌂ Le Sud ⌂⌂⌂⌂⌂⌂

BUSINESS · FONCTIONNEL Hôtel d'affaires, idéal pour les séminaires, situé aux portes du vieux Manosque. Les chambres, toutes identiques, et les salons arborent un décor aux accents provençaux. L'esprit du Sud souffle sur le restaurant : couleurs ensoleillées et plats régionaux.

45 chambres – †79/110 € ††89/140 € – ⌂ 12 € – ½ P
80 bd Charles-de-Gaulle – ℰ 04 92 87 78 58 – www.hotel-lesud.com

⌂ Les Monges ⌂⌂⌂⌂⌂⌂⌂

FAMILIAL · FONCTIONNEL Une imposante bergerie en pierre sur les hauteurs, au grand calme. Les chambres sont fonctionnelles et bien tenues. Au petit-déjeuner, on apprécie les confitures maison et les œufs de la ferme. Accueil sympathique.

5 chambres ⌂ – †70/90 € ††70/90 €
3627 rte d'Apt, 4 km au Nord-Ouest par D907 et rte secondaire
– ℰ 04 92 72 68 41 – www.lesmonges.com
– Ouvert 29 avril-2 oct.

> **Budget serré ? Profitez des menus déjeuners (déj.) à prix ajustés.**

LE MANS

✉ 72000 (Sarthe) – 143 599 hab. – Agglo. 208 807 hab. – Alt. 80 m
– Carte régionale n° **35**-D1
▶ Paris 206 km – Angers 97 km – Le Havre 213 km – Nantes 184 km
Carte Michelin 310-K6 – Guide Vert Michelin Pays de la Loire

❀ Le Beaulieu (Olivier Boussard)

CUISINE MODERNE · ÉLÉGANT XXX Des produits d'excellente qualité, des jus savamment réduits, un nombre limité d'ingrédients... que le chef décline joliment au gré de vos envies, en deux, trois, ou quatre plats ! La technique et l'épure au service des saveurs, dans ce Beaulieu élégant et feutré.

→ Foie gras de canard poêlé, tartare d'huîtres tièdes, vinaigrette au jus iodé. Homard européen décortiqué, risotto à la truffe et émulsion de parmesan. Soufflé tiède au citron de Menton.

Formule 29 € ♈ – Menu 55 € ♈ (déj.), 69/88 €
Plan : CX-r – *34 bis pl. de la République, (1ᵉʳ étage)*
– ℰ 02 43 87 78 37 – Fermé 13-21 août, sam. et dim.

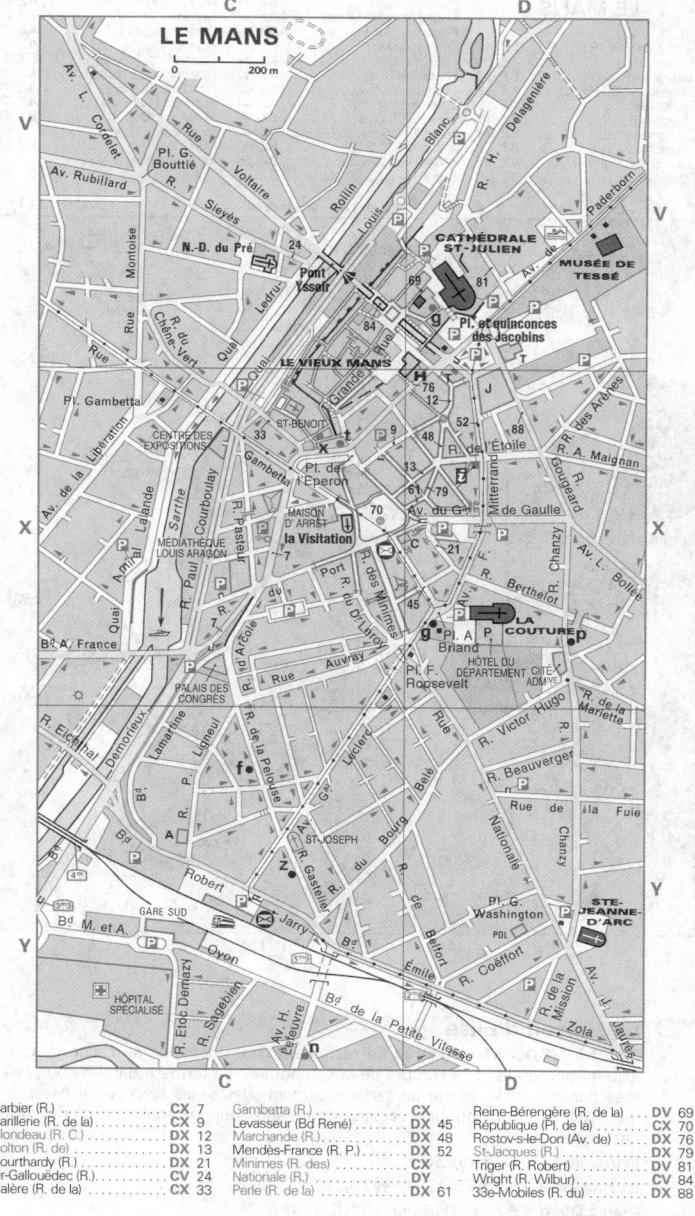

LE MANS

0   200 m

Barbier (R.)	**CX** 7	Gambetta (R.)	**CX**	Reine-Bérengère (R. de la)	**DV** 69
Barillerie (R. de la)	**CX** 9	Levasseur (Bd René)	**DX**	République (Pl. de la)	**CX** 70
Blondeau (R. C.)	**DX** 12	Marchande (R.)	**DX** 48	Rostov-s-le-Don (Av. de)	**DX** 76
Bolton (R. de)	**DX** 13	Mendès-France (R. P.)	**DX** 52	St-Jacques (R.)	**DX** 79
Courthardy (R.)	**DX** 21	Minimes (R. des)	**CX**	Triger (R. Robert)	**DV** 81
Dr-Gallouédec (R.).	**CV** 24	Nationale (R.)	**DY**	Wright (R. Wilbur)	**DX** 84
Galère (R. de la)	**CX** 33	Perle (R. de la)	**DX** 61	33e-Mobiles (R. du)	**DX** 88

LE MANS

Ambroise Paré (R.) . . . . **AZ** 4
Ballon (R. de) . . . . **AZ** 6
Bertinière (R. de la) . . . . **BZ** 10
Brosselette (Bd P.) . . . . **AZ** 15
Carnot (Bd) . . . . **AZ** 16
Churchill (Bd W.) . . . . **BZ** 17
Clemenceau (Bd G.) . . . . **BZ** 18
Douce-Amie (R. de) . . . . **BZ** 22
Durand (Av. G.) . . . . **BZ** 26
Esterel (R. de l') . . . . **BZ** 30

Flore (R. de) . . . . **BZ** 31
Gaulle (R. du Gén.-de) . . . **ABZ** 36
Géneslay (Av. F.) . . . . **ABZ** 37
Grande-Maison
(R. de la) . . . . **AZ** 39
Heuzé (Av. O.) . . . . **AZ** 42
Jean-Jaurès (Av.) . . . . **BZ** 43
Lefeuvre (Av. H.) . . . . **AZ** 44
Maillets (R. des) . . . . **BZ** 46
Mare (CH. de la) . . . . **BZ** 49
Mariette (R. de la) . . . . **BZ** 51
Monthéard (Av. de) . . . . **BZ** 55
Moulin (Av. J.) . . . . **BZ** 57

Négrier (Bd du Gén.) . . . . . . **BZ** 58
Néruda (R. Pablo) . . . . **BZ** 60
Pied-Sec (R. de) . . . . **AZ** 63
Pointe (R. de la) . . . . **AZ** 64
Prémartine (Rte de) . . . . **BZ** 67
Riffaudières (Bd des) . . . . . . **AZ** 73
Rondeau (R. J.) . . . . **AZ** 74
Rubillard (Av.) . . . . **AZ** 78
Schuman (Bd R.) . . . . **BZ** 80
Victimes du Nazisme
(R. des) . . . . **BZ** 82
Yvré-Levêque
(Ch. d') . . . . **BZ** 87

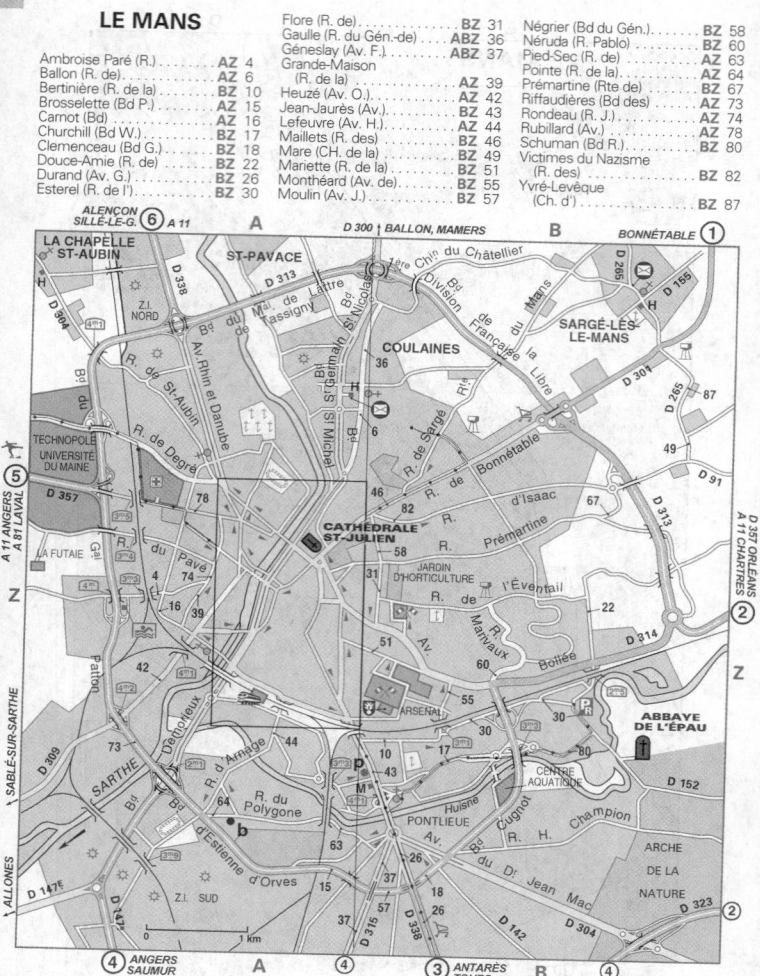

iO La Maison d'Élise

CUISINE MODERNE · COSY XX Ce restaurant gastronomique se cache dans une jolie maison du 18ᵉ s., à l'ombre de la cathédrale... La terrasse dans la cour, refermée par une grille, forme un cadre charmant ; les salles se révèlent assez intimes. Avis aux romantiques... et aux gourmands qui se régaleront d'une cuisine fine et actuelle.

Formule 13 € – Menu 30 €

5 chambres ☶ – ♦75/125 € ♦♦75/125 €

Plan : DV-g – *8 r. du Doyenné* – ℰ 02 43 47 85 11
– *www.restaurant-lamaisondelise.fr* – *Fermé 2 semaines en oct., 2 semaines en janv., dim. et lundi*

ⅰ○ Le Grenier à Sel   AC

CUISINE MODERNE · ÉLÉGANT XX À l'entrée de la cité Plantagenêt, cet ancien grenier à sel a été repris en 2014 par deux associés, avec un mot d'ordre : se faire plaisir et faire plaisir aux clients ! Au menu, de beaux produits – homard, turbot, foie gras... – et des saveurs appuyées... le tout accompagné de jolis vins du Rhône, de Loire et de Bordeaux.

Formule 19 € – Menu 39/65 € – Carte 45/55 €

Plan : CX-t – *26 pl. de l'Éperon* – ✆ *02 43 23 26 30* – *Fermé 26 juil.-16 août, sam. midi et dim.*

ⅰ○ Place des Saveurs ⓝ

CUISINE TRADITIONNELLE · À LA MODE X Derrière la gare, une toute petite adresse tenue par un patron qui a le don d'ubiquité : il est à la fois à l'accueil, au service... et aux fourneaux ! Il réalise des assiettes traditionnelles pleines de fraîcheur : brandade de cabillaud, pièce du boucher, tarte au citron déstructurée, etc. Le tout à prix doux.

🍴 Formule 13 € – Menu 16/29 € – Carte 26/30 €

Plan : CY-n – *23 av. Henri-Lefeuvre* – ✆ *02 43 72 06 64* – *Fermé 3 semaines en juil., lundi soir et dim.*

ⅰ○ Le Tablier de Jaurès ⓝ   🏠 ⅇ AC ⇔

CUISINE MODERNE · À LA MODE X Non loin du centre-ville, cet agréable restaurant est niché dans une ancienne cordonnerie, à deux pas du tramway. Après dix ans passés dans l'agriculture, le patron revient à ses premières amours et compose une belle cuisine dans l'air du temps, où le terroir est en bonne place. Service sympathique.

Formule 18 € 🍷 – Menu 24 € 🍷 (déj. en semaine), 37/42 € – Carte 42/50 €

Plan : BZ-p – *138 av. Jean-Jaurès* – ✆ *02 43 78 93 81* – *letablierdejaures.fr* – *Fermé mardi soir, dim. soir et merc.*

ⅰ○ La Ciboulette   AC

CUISINE TRADITIONNELLE · COSY X Dans le vieux Mans, derrière une façade à colombages, une sympathique petite adresse au décor cosy. La carte fait profession de tradition, et met en avant les spécialités de la maison : rillettes du Mans aux noix, trilogie de lapin composée d'un parmentier, d'un râble confit et d'une blanquette au riesling.

Formule 14 € – Menu 22/59 € – Carte 32/49 €

Plan : CX-x – *14 r. de la Vieille-Porte* – ✆ *02 43 24 65 67* – *www.lacibioulettelemans.com* – *Fermé 1 semaine en janv., 1er-15 sept. et mardi*

🏠 Mercure Centre   ⊡ ⅇ AC 🛋 🚗

HÔTEL DE CHAÎNE · MODERNE Ce bel immeuble néoclassique (19e s.) abritait autrefois... le siège des Mutuelles du Mans ! Ses garanties ? Un bon niveau de confort, un certain esprit contemporain et du calme, à deux pas du centre-ville.

73 chambres – 🛏82/213 € 🛏🛏82/213 € – ⌓ 15 €

Plan : DX-p – *19 r. Chanzy* – ✆ *02 43 40 22 40* – *www.mercure.com*

🏠 Chantecler   ⊡ P

TRADITIONNEL · FONCTIONNEL Un hôtel traditionnel entre gare et centre-ville. Mention spéciale à la salle des petits-déjeuners, aux airs de jardin d'hiver. On séjourne dans des chambres sobres et particulièrement bien tenues, et un parking est à la disposition des clients : pratique !

35 chambres – 🛏84/147 € 🛏🛏84/147 € – ⌓ 12 €

Plan : CY-f – *50 r. de la Pelouse* – ✆ *02 43 14 40 00* – *www.hotelchantecler.fr* – *Fermé 3 semaines en août et 24 déc.-1er janv.*

🏠 Mercure Batignolles

HÔTEL DE CHAÎNE · FONCTIONNEL Cet hôtel datant des années 1980 se révèle fonctionnel et bien tenu : très commode pour faire étape, à quelques kilomètres seulement du circuit des 24 Heures ! Les chambres, épurées, sont plus grandes dans l'annexe.

66 chambres – †60/135 € ††70/185 € – ☑ 14 €

Plan : AZ-b – *17 r. de la Pointe* – *☎ 02 43 72 27 20*
– *www.mercure-le-mans-batignolles.com*

🏠 Le Charleston ⊡ 🚗

TRADITIONNEL · FONCTIONNEL Un petit hôtel aux tarifs mesurés, à deux pas de la gare. Les chambres, fonctionnelles et bien tenues, ont été entièrement rénovées. L'été, les petits-déjeuners sont servis dans la cour fleurie.

31 chambres – †54/85 € ††60/91 € – ☑ 9 €

Plan : CY-z – *18 r. Gastelier* – *☎ 02 43 24 87 46* – *www.lecharlestonhotel.com*
– *Fermé vacances de Noël*

à Arnage 10 km au Sud – ✉ 72230 – 5 143 hab. – Alt. 42 m

🍴 Auberge des Matfeux

CUISINE CLASSIQUE · ÉLÉGANT XxX Des motifs abstraits aux murs, une vaisselle signée par un artiste local : l'élégance du restaurant annonce celle de l'assiette. Avec une solide maîtrise technique, le chef compose de savoureux plats dans l'air du temps, qui gardent toujours un œil sur la tradition. Très belle carte des vins.

Menu 42/78 € – Carte 45/95 €

289 av. Nationale, au Sud par D147 – *☎ 02 43 21 10 71*
– *www.aubergedesmatfeux.fr* – *Fermé 4-12 avril, 11 juil.-23 août, 2-10 janv., dim. soir, lundi et mardi*

MANSLE

✉ 16230 (Charente) – 1 639 hab. – Alt. 65 m – Carte régionale n° **39**-C2
▶ Paris 421 km – Angoulême 26 km – Cognac 53 km – Limoges 93 km
Carte Michelin 324-L4 – Guide Vert Michelin Poitou-Charentes

🏠 Beau Rivage ☆ 🚑 🔧 P

FAMILIAL · FONCTIONNEL Impossible de manquer cet hôtel-restaurant traditionnel, dont la grande façade se dresse au bord de la Charente. Il abrite des chambres tenues avec soin, certaines avec un balcon donnant sur le fleuve.

29 chambres – †71/82 € ††71/82 € – ☑ 11 € – ½ P

pl. Gardoire – *☎ 05 45 20 31 26* – *www.hotel-beau-rivage-charente.com*
– *Fermé 15 fév.-6 mars et 19 déc.-8 janv.*

à Luxé 6 km à l'Ouest par D739 – ✉ 16230 – 755 hab. – Alt. 70 m

🍴 Auberge du Cheval Blanc

CUISINE TRADITIONNELLE · CLASSIQUE XX Sur la place de la gare, cette sympathique auberge centenaire vous invite à déguster une cuisine généreuse et soignée, qui met en valeur les produits régionaux dans le respect du cycle des saisons. Huîtres de Marennes-Oléron façon bordelaise, cabillaud aux pieds de cochon... le tout servi avec le sourire !

Menu 22 € ♈ (déj. en semaine), 30/52 € – Carte 44/53 €

r. du Cheval-Blanc, (à la gare) – *☎ 05 45 22 23 62*
– *www.auberge-cheval-blanc.com* – *Fermé 1er fév.-2 mars, 29 août-7 sept., dim. soir, lundi et mardi*

MANTES-LA-JOLIE

✉ 78200 (Yvelines) – 43 515 hab. – Alt. 34 m – Carte régionale n° **18**-A1
▶ Paris 56 km – Beauvais 69 km – Chartres 78 km – Évreux 46 km
Carte Michelin 311-G2 – Guide Vert Michelin Île-de-France

⭐○ Rive Gauche

CUISINE MODERNE · COSY XX Près de la Seine, derrière la porte aux Prêtres, un restaurant sympathique au décor métissé. La cuisine brasse également les influences, de l'Asie en passant par l'Italie.

Formule 25 € ♈ – Carte environ 49 €

1 r. du Fort – ℰ 01 30 92 30 16 – Fermé vacances de févier, 3 semaines en août, sam. midi, dim. et lundi

à Mantes-la-Ville 2 km au Sud-Est par N183 – ✉ 78711 – 19 944 hab. – Alt. 36 m

⭐○ Le Moulin de la Reillère

CUISINE CLASSIQUE · ÉLÉGANT XXX Belle auberge aménagée dans un ancien moulin du 18e s. Un cadre bourgeois, avec sa terrasse et son ravissant jardin fleuri ; une cuisine classique bien réalisée.

Formule 28 € – Menu 38 € – Carte 42/65 €

171 rte de Houdan – ℰ 01 30 92 22 00 – www.lemoulindelareillere.fr – Fermé 1 semaine en mai, 3 semaines en août, 1 semaine en janv., sam. midi, dim. soir et lundi

MANTES-LA-VILLE – 78 (Yvelines) ➜ voir Mantes-la-Jolie

MARÇAY – 37 (Indre-et-Loire) ➜ voir Chinon

LES MARCHES

✉ 73800 (Savoie) – 2 480 hab. – Alt. 328 m – Carte régionale n° **46**-F2
▶ Paris 580 km – Chambéry 14 km – Genève 98 km – Lyon 112 km
Carte Michelin 333-I5

😊 Le K'ozzie

CUISINE MODERNE · COSY X Ce restaurant accueillant – et cosy ! – est le repaire de Maude et Sébastien, qui se sont rencontrés en Australie, pays des "Aussies" ou... "Ozzies". Sébastien concocte des plats fins et délicats, au fil de son inspiration : crème de petits pois, œuf bio et chorizo ; foie de veau au jus à la bordelaise... On se régale à petit prix.

Formule 17 € – Menu 32/51 € – Carte 42/51 €

Le bourg, 20 rte de Francin – ℰ 04 79 36 91 76 – www.lekozzie.com – Fermé août, 18 déc.-2 janv., mardi midi, dim. et lundi

MARCIAC

✉ 32230 (Gers) – 1 243 hab. – Alt. 150 m – Carte régionale n° **28**-A2
▶ Paris 801 km – Auch 50 km – Bordeaux 189 km – Toulouse 129 km
Carte Michelin 336-C8

⭐○ La Petite Auberge

CUISINE TRADITIONNELLE · BISTRO X Au centre de la bastide, une jolie maison à colombages sous les arcades. Près de la cheminée, on apprécie la soupe de saison et une cuisine régionale fraîche et bien réalisée.

☜ Formule 11 € ♈ – Menu 13 € ♈ (déj. en semaine), 20 € ♈/29 € – Carte 35/55 €

pl. de l'Hôtel-de-Ville – ℰ 05 62 09 31 33 – Fermé 18-25 août, 1 semaine vacances de la Toussaint, mardi soir en hiver, merc. soir et jeudi

🏨 La Villa Toscane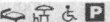

VILLA · ACTUEL Inauguré en 2014, l'hôtel a été créé dans une ancienne école et offre assurément une belle leçon de chic et de confort, des chambres, décorées avec soin – dans une veine cosy et légèrement baroque –, à l'espace bien-être, avec bassin de nage, sauna, hammam, etc. Une véritable invitation à l'école buissonnière...

14 chambres – †95/390 € ††110/390 € – ⌧ 15 €

41 r. Saint-Pierre – ℰ 05 62 08 22 22 – www.lavillatoscane-marciac.fr

🏠 La Baguenaude

MAISON DE CAMPAGNE · PERSONNALISÉ Les amoureux du jazz pourront baguenauder vers cette jolie maison du 19e s., ils ne seront pas déçus ! Décoration éclectique et élégante, cour intérieure, fontaine : lénifiant.

4 chambres ⌧ – †85/145 € ††95/180 €

9 r. de Juillac – ℰ 05 62 09 57 03 – www.labaguenaude.fr – Fermé 8 oct.-7 nov. et 17 déc.-10 janv.

MARCOLÈS

✉ 15220 (Cantal) – 594 hab. – Alt. 710 m – Carte régionale n° **5**-A3
▶ Paris 571 km – Aurillac 25 km – Clermont-Ferrand 178 km – Rodez 74 km
Carte Michelin 330-C6

🍴 Auberge de la Tour

CUISINE MODERNE · RUSTIQUE 𝕏𝕏𝕏 Une charmante bâtisse en pierre datant du 17e s., avec sa tour d'angle et son escalier à vis... On est accueilli dans deux jolies salles, cosy et chaleureuses. Le chef travaille de beaux produits frais et réalise une cuisine fine et goûteuse, qui conjugue le terroir aux épices d'ici et d'ailleurs. Quelques chambres agréables.

Menu 36/72 € – Carte 53/67 €

7 chambres – †63/100 € ††63/140 € – ⌧ 12 €

pl. de la Fontaine – ℰ 04 71 46 99 15 – www.aubergedela-tour.com – Fermé 15 nov.-10 déc., 2 janv.-25 mars, merc. midi, dim. soir et lundi

MARCQ-EN-BAROEUL – 59 (Nord) → voir Lille

MARGAUX

✉ 33460 (Gironde) – 1 523 hab. – Alt. 16 m – Carte régionale n° **3**-B1
▶ Paris 599 km – Bordeaux 29 km – Lesparre-Médoc 42 km
Carte Michelin 335-G4

à Arcins 6 km au Nord-Ouest par D2 – ✉ 33460 – 439 hab. – Alt. 10 m

🍴 Le Lion d'Or

CUISINE TRADITIONNELLE · BISTRO 𝕏 Sur la route du Médoc, une auberge de village (19e s.) au cadre patiné par les ans – boiseries, casiers à bouteilles... On y savoure une jolie cuisine du marché et de copieux plats du terroir dans une atmosphère résolument chaleureuse.

⊛ Menu 18 € 🍷 – Carte 34/57 €

11 rte de Pauillac – ℰ 05 56 58 96 79 (réservation conseillée) – www.leliondor-arcins.fr – Fermé 31 juil.-8 août, 18 déc.-16 janv., dim. et lundi sauf fériés

MARGENCEL

✉ 74200 (Haute-Savoie) – 1 945 hab. – Alt. 432 m – Carte régionale n° **46**-F1
▶ Paris 572 km – Annecy 71 km – Genève 31 km – Lyon 180 km
Carte Michelin 328-L2

⫶○ Le Jolla 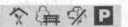 ⇐ 🏠 & P

CUISINE TRADITIONNELLE · SIMPLE 🍽 Les yeux dans le Léman ! Face au lac, dans la petite salle ou sur la vaste terrasse surmontée d'une pergola, cette belle adresse propose une cuisine généreuse et goûteuse, autour des produits du lac, dont les fameuses féras...

Menu 30/40 € – Carte 42/59 €

1 rte des Mouettes, (Port de Sechex) – ℰ 04 50 72 63 06 – www.lejolla.com – Fermé 15 oct.-15 avril et mardi sauf juil.-août

MARGÈS

✉ 26260 (Drôme) – 1 006 hab. – Alt. 282 m – Carte régionale n° **43**-E2
▶ Paris 551 km – Grenoble 92 km – Hauterives 14 km – Romans-sur-Isère 13 km
Carte Michelin 332-D3

🏠 Auberge Le Pont du Chalon ⌂ 🛏 🕸 P

FAMILIAL · CAMPAGNARD Ambiance chaleureuse et raffinée dans cette auberge, nichée derrière un rideau de platanes. Dans les chambres, joliment meublées, les nuits sont douces... Et côté restaurant, la tradition est de mise – avec une jolie terrasse sous une pergola.

9 chambres – ♦71/116 € ♦♦96/126 € – ⏍ 10 € – ½ P

50 rte des Dauphins, 2 km au Sud par D538 – ℰ 04 75 45 62 13 – www.auberge-pontduchalon.com – Fermé 15-21 août et 24-30 déc.

MARIENTHAL

✉ 67500 (Bas-Rhin) – Carte régionale n° **1**-B1
▶ Paris 479 km – Haguenau 5 km – Saverne 42 km – Strasbourg 30 km
Carte Michelin 315-K4

⫶○ Le Relais Princesse Maria Leczinska

CUISINE MODERNE · INTIME 🍽🍽 Aux commandes : un couple japonais amoureux de la cuisine française ! Un relais entre tradition et épure (poutres, vitrail, tons clairs) ; une carte actuelle, riche de saveurs.

🍴 Formule 14 € – Menu 20 € (déj. en semaine), 29/57 € – Carte 42/55 €

1 r. Rothbach – ℰ 03 88 93 43 48 (réservation conseillée) – Fermé sam. midi, dim. soir et merc.

MARIGNANE

✉ 13700 (Bouches-du-Rhône) – 34 405 hab. – Alt. 10 m – Carte régionale n° **40**-B3
▶ Paris 753 km – Aix-en-Provence 24 km – Marseille 26 km – Martigues 16 km
Carte Michelin 340-G5 – Guide Vert Michelin Provence

à l'aéroport de Marseille-Provence au Nord

🏠 Golden Tulip Marseille Airport 🛬 🖥 & 🆎 P

HÔTEL DE CHAÎNE · MODERNE Inauguré en 2011, à proximité de l'aéroport – mais aussi de la gare de Vitrolles –, un hôtel très fonctionnel, aux chambres d'esprit chaleureux (tons chauds, effets bois). Le tout évidemment impeccable.

97 chambres – ♦75/180 € ♦♦95/220 € – 9 suites – ⏍ 14 €

7-8 impasse Pythagore, (zone de la Couperigne - direction gare de Vitrolles)
✉ 13127 Vitrolles – ℰ 04 42 15 09 30 – www.goldentulipmarseilleairport.com

MARIGNY-ST-MARCEL

✉ 74150 (Haute-Savoie) – 676 hab. – Alt. 404 m – Carte régionale n° **46**-F1
▶ Paris 536 km – Aix-les-Bains 22 km – Annecy 19 km – Bellegarde-sur-Valserine 43 km
Carte Michelin 328-I6

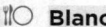 **Blanc**

CUISINE TRADITIONNELLE · CONVIVIAL ✕✕ Deux options au sein de cette auberge familiale : brasserie au décor de chalet tout en bois, où les spécialités fromagères savoyardes sont reines (mais aussi les grenouilles et la perche), ou restaurant, plus contemporain et élégant, bénéficiant d'une carte plus travaillée. Du plaisir dans les deux cas.

Formule 18 € – Menu 30/110 € – Carte 45/85 €

90 av. Sindeldorf – 𝒞 04 50 01 09 50 – www.blanc-hotel-restaurant.fr
– Fermé 26 déc.-9 janv.

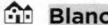 **Blanc**

TRADITIONNEL · ALPIN À mi-chemin entre Annecy et Aix-les-Bains, cet hôtel-restaurant dispose de deux types de chambres : montagnard contemporain (bois brut, couleurs décalées, etc.) dans l'annexe, plus classiques dans l'hôtel. Autre atout : l'espace bien-être.

26 chambres – ♦95/180 € ♦♦95/180 € – ⊡ 13 € – ½ P

90 av. Sindeldorf – 𝒞 04 50 01 09 50 – www.blanc-hotel-restaurant.fr – Fermé 26 déc.-9 janv.

⫯⦾ **Blanc** – voir les restaurants ci-dessus

MARINE-D'ALBO – 2B (Haute-Corse) ➜ voir Corse

MARINGUES

✉ 63350 (Puy-de-Dôme) – 2 776 hab. – Alt. 315 m – Carte régionale n° **6**-C2
▶ Paris 409 km – Clermont-Ferrand 32 km – Lezoux 16 km – Riom 22 km
Carte Michelin 326-G7 – Guide Vert Michelin Auvergne

✿ **Le Carrousel** (Olivier Said)

CUISINE MODERNE · CLASSIQUE ✕✕ Un décor d'une sobre élégance contemporaine pour un joli moment de gastronomie autour de recettes actuelles et délicates, signées par un chef très professionnel – formé à l'école Bocuse – et qui sait choisir ses produits. L'été, on profite de la terrasse donnant sur la rivière, face à l'église. On passe ici un bon moment !

➜ Poêlée de gambas, artichauts violets frits et espuma de bouillabaisse. Canon d'agneau de lait pané aux noisettes, barigoule d'artichauts et lard fumé, jus cardamome verte. Fraises mara des bois aux olives noires confites.

Menu 28 € (déj. en semaine), 35/65 € – Carte environ 75 €

14 r. du Pont-de-Morge – 𝒞 04 73 68 70 24 – www.restaurant-lecarrousel.com
– Fermé 18 juil.-11 août, 2 semaines en janv., dim. soir, lundi soir, mardi et merc.

⫯⦾ **Le Clos Fleuri**

CUISINE TRADITIONNELLE · CONVIVIAL ✕✕ Virage à 180° avec un décor récent pour cette maison tenue par la même famille depuis trois générations ; on admire le beau jardin tout en savourant une bonne cuisine traditionnelle. Et au déjeuner, une formule bistrot dans une salle ayant accueilli le tournage du film *Uranus*, avec Gérard Depardieu !

Formule 15 € ⧭ – Menu 29/47 € – Carte 31/49 €

14 chambres ⊡ – ♦52/57 € ♦♦57/62 €

rte de Clermont – 𝒞 04 73 68 70 46 – www.hotelleclosfleuri.com
– Fermé 15 fév.-12 mars, 1er-18 août, vend. soir et dim. soir de sept. à juin et lundi sauf le soir en juil.-août

MARLENHEIM

✉ 67520 (Bas-Rhin) – 3 906 hab. – Alt. 195 m – Carte régionale n° **1**-A1
▶ Paris 468 km – Haguenau 50 km – Molsheim 13 km – Saverne 18 km
Carte Michelin 315-I5

🕸 Le Cerf (Michel Husser)

CRÉATIVE · ÉLÉGANT XXX Le chef signe une cuisine très maîtrisée, avec quelques plats régionaux revisités avec finesse (choucroute, brochettes d'escargots à la laitance de carpe), et d'autres puisant leur inspiration dans les voyages (turbot sauvage dans un bouillon thaï). Une valeur sûre de la gastronomie alsacienne, dont on ne se lasse pas !

➡ Tartare de dorade marinée au balsamique blanc et saké, rémoulade d'asperges en pickles. Choucroute au cochon de lait rôti et foie gras fumé et poêlé. Sorbet et glace à la vanille Bourbon comme un vacherin.

Menu 45 € (déj. en semaine), 79/125 € – Carte 75/120 €

30 r. du Gén.-de-Gaulle – ℰ 03 88 87 73 73 – www.lecerf.com – Fermé 2-13 janv., mardi et merc.

🏠 Le Cerf

LUXE · PERSONNALISÉ Cet ancien relais de poste ne manque pas d'élégance : jolie cour fleurie, espace détente avec sauna, hammam et massages, chambres raffinées (d'esprit alsacien ou contemporain), accueil très professionnel... Un cerf doux comme un agneau !

16 chambres – ♦83/420 € ♦♦95/420 € – 2 suites – ☑ 21 € – ½ P

30 r. du Gén.-de-Gaulle – ℰ 03 88 87 73 73 – www.lecerf.com – Fermé 2-13 janv.

🕸 **Le Cerf** – voir les restaurants ci-dessus

MARLY-LE-ROI – 78 (Yvelines) ➡ voir Autour de Paris

MARMANDE

✉ 47200 (Lot-et-Garonne) – 18 458 hab. – Alt. 30 m – Carte régionale n° **4**-C2
▶ Paris 666 km – Agen 67 km – Bergerac 57 km – Bordeaux 90 km
Carte Michelin 336-C2 – Guide Vert Michelin Aquitaine

ⅈ○ Boat aux Saveurs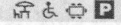

CUISINE MODERNE · ÉLÉGANT XX Point de mal de mer sur ce Boat aux Saveurs ! Dans cette élégante chartreuse transformée en restaurant, les gourmands se régalent d'une cuisine dans l'air du temps. La jeune chef met un point d'honneur à tout faire maison et à se fournir chez les producteurs locaux. Une bonne adresse.

Menu 25 € (déj. en semaine), 43/62 € – Carte 63/76 €

36-38 av. Jean-Jaurès – ℰ 05 53 64 20 35 – www.restaurantboatauxsaveurs.fr – Fermé dim. soir, mardi midi, sam. midi et lundi

🏠 Le Capricorne

BUSINESS · FONCTIONNEL Dans une zone commerciale, un hôtel très pratique, bien tenu et insonorisé. Bon rapport qualité-prix.

34 chambres – ♦75 € ♦♦85 € – ☑ 9 €

av. Hubert-Ruffe, rte d'Agen, 2 km par D813 – ℰ 05 53 64 16 14 – www.lecapricorne-hotel.com – Fermé 16 déc.-1ᵉʳ janv.

à Samazan 9 km au Sud-Ouest par D933 et D289 – ✉ 47250

ⅈ○ Le Léopard d'Or

CUISINE MODERNE · SIMPLE X Pour l'anecdote, au 12ᵉ s. le village fut acheté 12 000 léopards d'or par un Anglais... d'où le nom de ce restaurant. Dans cette grande maison en pierre, on savoure une cuisine dans l'air du temps à base de beaux produits frais, pour la plupart issus de producteurs locaux. Simple et bon !

Carte 29/62 €

pl. de l'Église – ℰ 05 53 84 58 79 – Fermé 26 août-3 sept., 30 déc.-7 janv., lundi et mardi

MARMANHAC

✉ 15250 (Cantal) – 711 hab. – Alt. 650 m – Carte régionale n° **5**-B3

▶ Paris 566 km – Aurillac 17 km – Clermont-Ferrand 154 km – Saint-Flour 69 km

Carte Michelin 330-C4

🏚 **Château de Sédaiges** 🐾 🛏 ⌛ 🅿

CHÂTEAU · PERSONNALISÉ Un vrai château de conte de fées, bel exemple d'architecture troubadour (12ᵉ-19ᵉ s.), dans un parc plein de noblesse. Escalier monumental en bois, superbes tapisseries des Flandres ; les chambres ont le charme reposant du temps jadis...

5 chambres ⌑ – 🛉130 € 🛉🛉150/160 €

– ✆ 04 71 47 30 01 – www.chateausedaiges.com – Ouvert 1ᵉʳ mai-30 sept.

MARNE-LA-VALLÉE (Île-de-France) ➜ voir Autour de Paris

MARQUAY

✉ 24620 (Dordogne) – 582 hab. – Alt. 175 m – Carte régionale n° **4**-D3

▶ Paris 530 km – Brive-la-Gaillarde 55 km – Périgueux 60 km – Sarlat-la-Canéda 12 km

Carte Michelin 329-H6 – Guide Vert Michelin Périgord Quercy

🏚 **Maison de Marquay** 📶 🛏 ⌛ 🅿 ⊨

FAMILIAL · ÉLÉGANT Un havre de paix au cœur du bourg... Derrière les murs en pierre du jardin, on se prélasse au bord de la piscine et on profite du grand confort des lieux, où dialoguent joliment l'ancien et la moderne. Accueil très agréable ! Monsieur, ancien chef cuisinier, œuvre rien que pour vous à la table d'hôte.

5 chambres ⌑ – 🛉90/130 € 🛉🛉90/130 €

Le Bourg – ✆ 05 53 59 53 59 – www.maisondemarquay.fr – Ouvert 15 mars-15 déc.

MARSANNAY-LA-CÔTE – 21 (Côte-d'Or) ➜ voir Dijon

MARSEILLAN

✉ 34340 (Hérault) – 7 884 hab. – Alt. 3 m – Carte régionale n° **23**-C2

▶ Paris 754 km – Agde 7 km – Béziers 31 km – Montpellier 49 km

Carte Michelin 339-G8

🍴 **La Table d'Emilie**

CUISINE MODERNE · ROMANTIQUE ✕✕ La table d'Émilie... jolie ! Cette maisonnette du 12ᵉ s. dégage un charme romantique à souhait avec sa salle voûtée et son patio verdoyant. Dans d'immenses assiettes blanches, on savoure une cuisine créative où les bons produits sont la règle et les associations terre et mer fréquentes. Une bonne adresse.

Menu 22 € (déj. en semaine), 30/54 € – Carte 47/54 €

8 pl. Carnot – ✆ 04 67 77 63 59 – Fermé 2-27 nov., 3-15 janv., dim. soir et merc. d'oct. à juin et lundi

© J.-D. Sudres/hemis.fr

ON AIME...

Le Poulpe et sa belle terrasse sur le Vieux-Port. **Le Ventre de l'Architecte**, une belle table au cœur de la Cité radieuse de Le Corbusier. Le **C2**, un hôtel qui propose un bar jazzy où l'on s'arrête volontiers boire un verre. **Le Môle Passédat - La Table**, pour une savoureuse pause déjeuner après avoir visité le MuCEM...

MARSEILLE

✉ 13000 (Bouches-du-Rhône) – 852 516 hab. – Agglo. 1 038 940 hab. – Alt. 2 m – Carte régionale n° **40**-B3

▶ Paris 769 km – Lyon 314 km – Nice 189 km – Torino 373 km
Carte Michelin 340-H6 et 114-28 – Guide Vert Michelin Provence

Restaurants

✿✿✿ **Le Petit Nice** (Gérald Passédat)   😌 ≼ 🏠 & 🆎 ⇔ 🅿

POISSONS ET FRUITS DE MER · ÉLÉGANT XxxX "Ma cuisine est d'ici, du Sud, définitivement." Le style Passédat, c'est la Provence et le mistral, la vie du port et le goût du voyage, la liberté dans l'ancrage ! Et plus encore la Méditerranée, "mon potager"... On redécouvre les richesses de cette mer rêvée, ainsi qu'un magnifique symbole : la bouillabaisse.
→ Anémones de mer en beignets légers et onctueux iodés. Loup Lucie Passédat. Souplesse aux fruits de saison et infusion de l'Anse des Enfers.
Menu 100 € (déj. en semaine), 200/370 € – Carte 240/385 €
Plan : 1AZ-d – *Hôtel Le Petit Nice, anse de Maldormé, (hauteur 160 Corniche J.-F.-Kennedy)* ✉ *13007* – *€ 04 91 59 25 92*
– *www.passedat.fr* – Fermé *1er*-15 janv., merc. midi de mi-nov. à mi-mars, dim. et lundi

✿ **Alcyone**   ≼ & 🆎 🍸 🍽

CUISINE MODERNE · LUXE XxxX Lionel Lévy, à la barre de cet Alcyone (du nom de la fille du dieu Éole) né en 2013 au sein du fameux Hôtel-Dieu, fait un fier capitaine. Son idée : proposer une cuisine résolument méditerranéenne, balayée par les épices et faisant la part belle aux poissons locaux, tout cela dans une ambiance chic et sobre. Le cap est tenu !
→ Consommé de "bouille-abaisse", poissons de roche cuits et crus. Rougets de Méditerranée, croque-madame iodé et caviar d'aubergine. Caviar osciètre au caramel salé, bavarois vanille et glace genièvre.
Menu 99/139 € – Carte 120/155 €
Plan : 3ES-v – *Intercontinental-Hôtel Dieu, 1 pl. Daviel* ✉ *13002*
– *€ 04 13 42 43 43* – *http://marseille.intercontinental.com/*
– Fermé 3 semaines en août, 1 semaine en janv., 1 semaine en fév., dim., lundi et le midi

MARSEILLE

Aix (R. d') .... BY
Anthoine (R. d') .... AX
Baille (Bd) .... BCY
Belsunce (Cours) .... BY
Blancarde (Bd de la) ...... CY
Bompard (Bd) .... AYZ
Briançon (Bd de) .... BX 13
Canebière (La) .... BY
Cantini (Av. Jules) .... BCZ
Capelette (Av. de la) ..... CYZ
Castellane (Pl.) .... BY
Catalans (R. des) .... AY 16
Chartreux (Av. des) ...... CY 17
Chave (Bd) .... BCY
Chutes Lavie (Av.) CX
Dunkerque (Bd de) .... AX
Duparc (Bd Françoise) ... CXY
Endoume (R. d') .... AY
Estrangin (Bd G.) .... ABZ
Fleming (Bd Alexander) ... CX
Foch (Av. Mar.) .... CY
Guesde (Pl. Jules) .... BY 35
Guibal (R.) .... BX
Guigou (Bd) .... BX 36
Jeanne-d'Arc (Bd) .... CY
Jean-Jaurès (Pl.) .... BY
Lazaret (Quai du) .... AX
Leclerc (Av. Gén.) .... BY
Lesseps (Bd Ferdinand de) . AX 40
Lieutaud (Cours) .... BY
Livon (Bd Charles) .... AY
Mazargues (Av. de) .... BZ
Mermoz (R. Jean) .... BZ
Michelet (Bd) .... BCZ
Moulin (Bd Jean) .... CY 47
National (Bd) .... BX
Notre-Dame (Bd) .... BY
Paradis (R.) .... BYZ
Paris (Bd de) .... ABX
Pelletan (Av. C.) .... BXY
Périer (Bd) .... BZ
Plombières (Bd de) .... BX
Pologne (Pl. de) .... CY 51
Pompidou (Prom. Georges) . BZ 52
Prado (Av. du) .... BYZ
Président-J.-F.-Kennedy
  (Corniche) .... AYZ
Pyat (R. Félix) .... BX
Rabatau (Bd) .... BCZ
République (R. de la) ..... ABY
Roches (Av. des) .... AZ
Rolland (Bd Romain) ...... CZ
Rolland (R. du Cdt) ...... BZ
Rome (R. de) .... BY
Roucas Blanc (Chemin du) . AZ
Rouet (R. du) .... BYZ
Ste-Marguerite (Bd) ...... CZ
Ste-Marthe (Ch. de) ...... BX
St-Just (Av. de) CX
St-Pierre (R.) .... BCY
Sakakini (Bd) .... CY
Salengro (Av. Roger) ..... BX
Sartre (Av. Jean-Paul) .... CX 59
Schlœsing (Bd) .... CZ
Sébastopol (Pl.) .... CY
Strasbourg (Bd) .... BX 61
Teisseire (Bd R.) .... CZ
Tellène (Bd) .... AY
Timone (Av. de la) .... CY
Toulon (Av. de) .... BCY
Vallon l'Oriol (Chemin) .... AZ
Vauban (Bd) .... BY
Verdun (R. de) .... CY 70

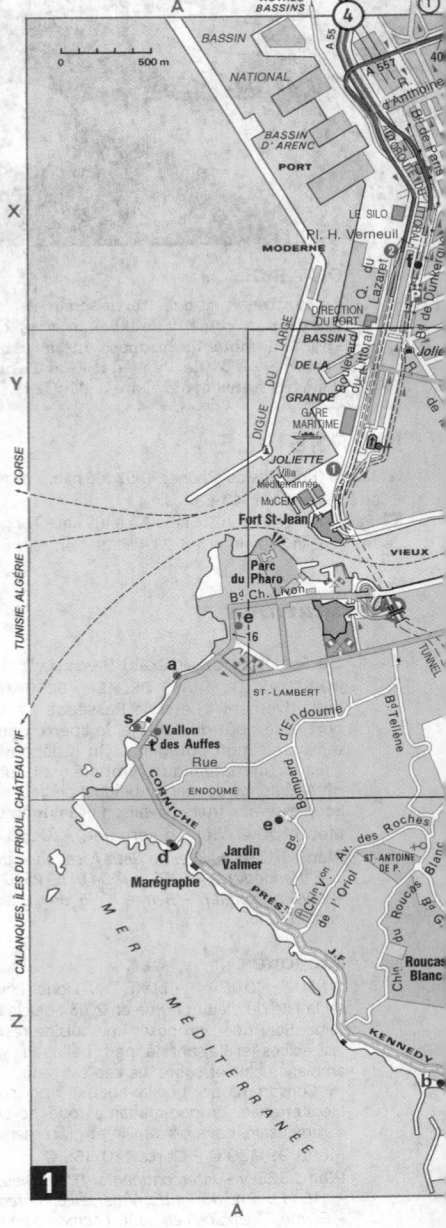

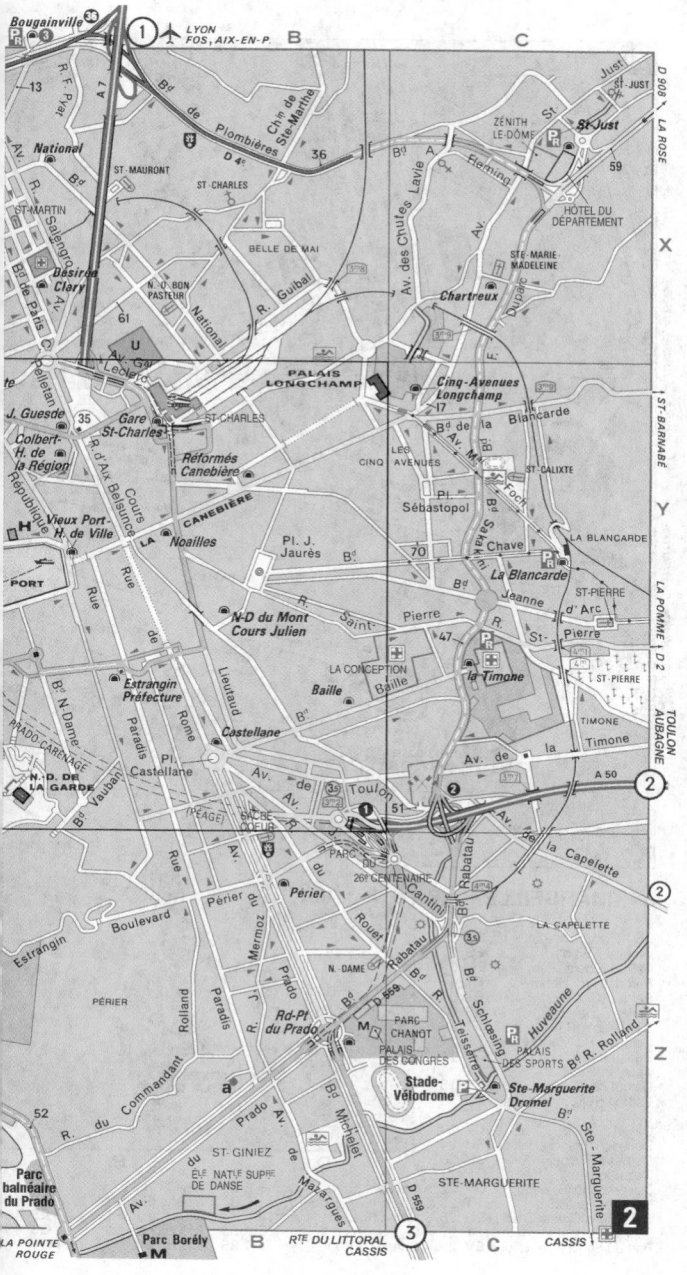

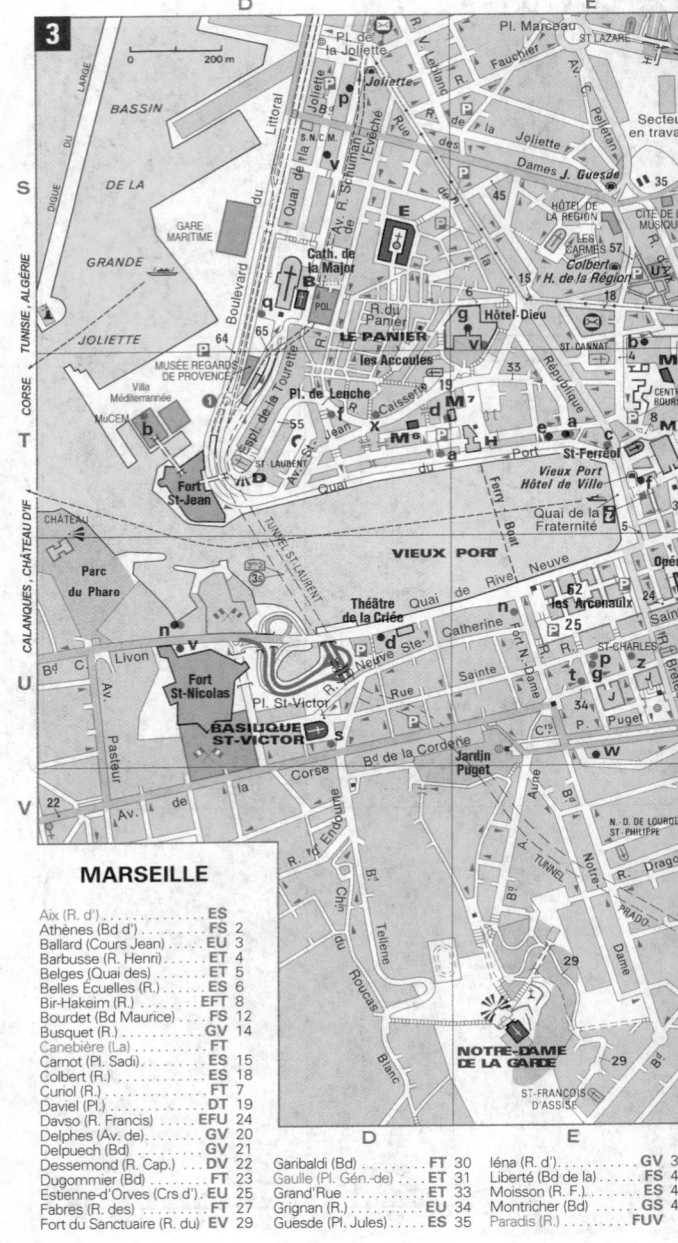

MARSEILLE

Aix (R. d') . . . . **ES**
Athènes (Bd d') . . . . **FS** 2
Ballard (Cours Jean) . . . . **EU** 3
Barbusse (R. Henri) . . . . . **ET** 4
Belges (Quai des) . . . . . . **ET** 5
Belles Écuelles (R.) . . . . **ES** 6
Bir-Hakeim (R.) . . . . **EFT** 8
Bourdet (Bd Maurice) . . . **FS** 12
Busquet (R.) . . . . **GV** 14
Canebière (La) . . . . **FT**
Carnot (Pl. Sadi) . . . . . . **ES** 15
Colbert (R.) . . . . **ES** 18
Curiol (R.) . . . . **FT** 7
Daviel (Pl.) . . . . **DT** 19
Davso (R. Francis) . . . . **EFU** 24
Delphes (Av. de) . . . . . . **GV** 20
Delpuech (Bd) . . . . **GV** 21
Dessemond (R. Cap.) . . . **DV** 22
Dugommier (Bd) . . . . . . **FT** 23
Estienne-d'Orves (Crs d'). **EU** 25
Fabres (R. des) . . . . **FT** 27
Fort du Sanctuaire (R. du) **EV** 29

Garibaldi (Bd) . . . . **FT** 30
Gaulle (Pl. Gén.-de) . . . . **ET** 31
Grand'Rue . . . . **ET** 33
Grignan (R.) . . . . **EU** 34
Guesde (Pl. Jules) . . . . . **ES** 35

Iéna (R. d') . . . . **GV** 3
Liberté (Bd de la) . . . . . **FS** 42
Moisson (R. F.) . . . . **GS** 4
Montricher (Bd) . . . . . . **GS** 4
Paradis (R.) . . . . **FUV**

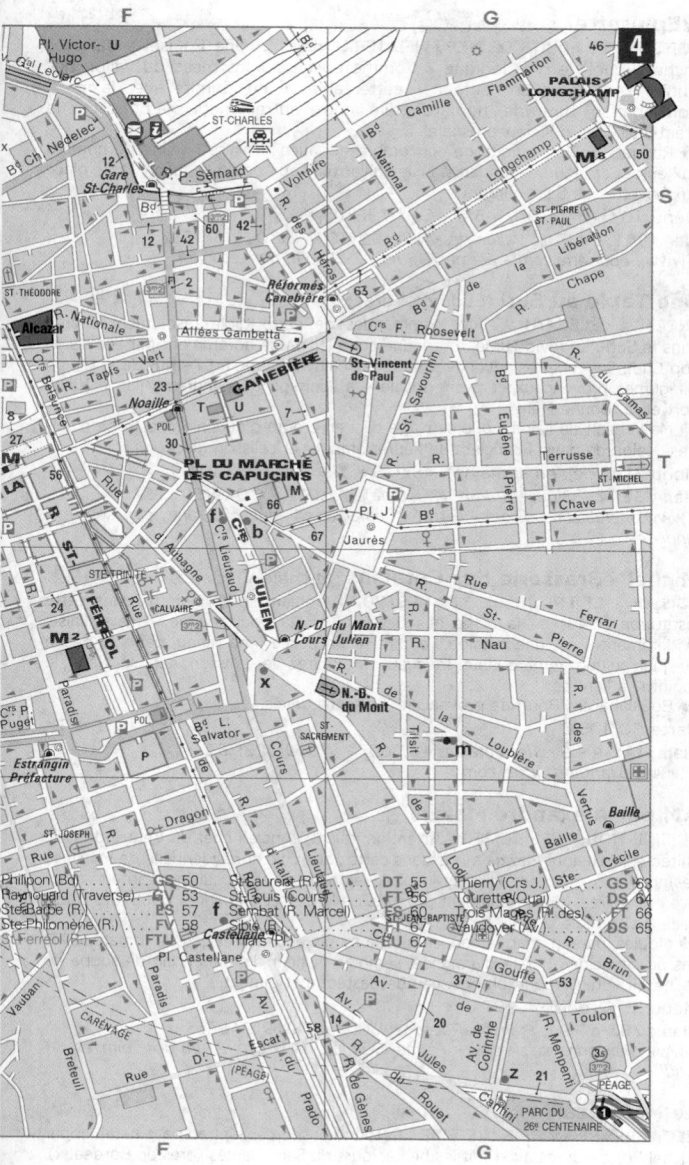

Philipon (Bd) . . . . GS 50
Raynouard (Traverse) . . . GV 53
Ste-Barbe (R.) . . . . ES 57
Ste-Philomène (R.) . . . . FV 58
St-Ferréol (R.) . . . . FTU

St-Laurent (R.) . . . . . . DT 55
St-Louis (Cours) . . . . . . FT 56
Sembat (R. Marcel) . . . ES 60
Sibié (R.) . . . . FT 61
Castellane (Palais P.) . . . CEU 62

Thierry (Crs J.) Ste- . . . . GS 63
Tourette (Quai) . . . . . . DS 64
Trois Mages (R. des) . . . FT 66
Vaudoyer (Av.) . . . . . . DS 65

❀ L'Épuisette ⚅ ≤ A/C

POISSONS ET FRUITS DE MER · MÉDITERRANÉEN XXX Une Épuisette dans les rochers, quoi de plus logique ? Comme posée sur les récifs du vallon des Auffes – un cadre enchanteur –, cette table vit en intimité avec la mer... Bouillabaisse, bourride, homard grillé, entre autres mets marqués par la créativité. Une délicieuse escale.

→ Rougets poêlés, crudité de concombre et sauce "Maryse". Tajine de homard aux épices et légumes fondants. Millefeuille roulé aux pommes façon Tatin, glace aux navettes de Saint-Victor.

Menu 70 € (déj.), 90/145 € – Carte 95/115 €

Plan : 1AY-s – *158 r. Vallon-des-Auffes* ⊠ *13007* – ℰ *04 91 52 17 82*
– *www.l-epuisette.com* – *Fermé 7-16 fév., 7-31 août, dim. et lundi*

❀ Une Table au Sud (Ludovic Turac) ≤ A/C ⇦

CRÉATIVE · ÉLÉGANT XXX Aux commandes de cette table résolument ancrée dans le Sud : Ludovic Turac, tout jeune cuisinier passé notamment par l'émission Top Chef. Ses recettes, inventives et sûres, cultivent avec art l'esprit de la région – légumes provençaux et pêche locale – à l'unisson du panorama sur le Vieux Port et la "Bonne Mère" !

→ Ma version de l'aïoli. Loup sauvage d'ici en croûte d'oursin, minestrone d'huîtres. Melon de pays, financier à la fleur d'oranger et calisson glacé.

Menu 31 € (déj. en semaine), 48/135 € ♟ – Carte 75/110 €

Plan : 3ET-c – *2 quai du Port, (1er étage)* ⊠ *13002* – ℰ *04 91 90 63 53*
– *www.unetableausud.com* – *Fermé 2 semaines en août, 1er-8 janv., dim. soir et lundi*

❀ Michel - Brasserie des Catalans (Michèle Visciano) A/C

POISSONS ET FRUITS DE MER · RÉTRO XX Ambiance 100 % rétro dans cette institution (1946) de la plage des Catalans. Ici, la bouillabaisse – marseillaise, évidemment – est une religion... autant qu'un délice ! Au menu, donc, la pêche du jour, d'une remarquable fraîcheur : admirez le poisson exposé dans le "pointu" à l'entrée.

→ Bouillabaisse. Bourride provençale. Poissons grillés.

Carte 60/105 €

Plan : 1AY-e – *6 r. des Catalans* ⊠ *13007* – ℰ *04 91 52 30 63*
– *www.restaurant-michel.com*

❀ AM par Alexandre Mazzia A/C ⚹

CUISINE MODERNE · DESIGN X Attention, talent ! Ancien chef du Ventre de l'Architecte, Alexandre Mazzia a pris dans cette zone chic et résidentielle de Marseille ses nouveaux quartiers. Ici chez lui, il développe une vraie cuisine d'auteur, créative et inspirée, où se rejoignent produits de la mer et influences asiatiques. L'audace est sa règle !

→ Moules, hareng, maquereau, crème de moule au curry et eau de tomate. Gyozas de capucine et chair d'araignée, semoule et fleur d'oranger, lait de soupe de roche. Granité Campari-orange, eau de pastèque et piment.

Menu 35 € (déj.), 49/87 €

Plan : 2BZ-a – *9 r. François-Rocca* ⊠ *13008* – ℰ *04 91 24 83 63*
– *www.alexandremazzia.com* – *Fermé 15-31 juil., 13-17 oct., 22-26 déc., dim. et lundi*

☺ Le Malthazar A/C ⇦

MÉDITERRANÉENNE · BRASSERIE X Retour aux sources – et au pays natal – pour Michel Portos, après avoir fait les beaux jours du Saint-James (près de Bordeaux), avec cette brasserie située tout près du Vieux Port. Ici, plus de très haute gastronomie, mais toujours beaucoup de gourmandise : beaux classiques et recettes personnelles du chef régalent !

Formule 19 € – Menu 23 € (déj. en semaine)/32 € – Carte 50/60 €

Plan : 3EU-z – *19 r. Fortia* ⊠ *13001* – ℰ *04 91 33 42 46* – *www.malthazar.fr*

Axis

CUISINE MODERNE · MINIMALISTE X Bon rapport qualité-prix dans ce restaurant contemporain proche de la place Castellane. Au gré du marché, le jeune chef propose une cuisine pétillante, parfumée et colorée, qui régale. Très recommandable.

Menu 23 € (déj.), 32/41 € – Carte 33/47 €

Plan : 4FV-f – 8 r. Ste-Victoire ✉ 13006 – ℰ 04 91 57 14 70
– www.restaurant-axis.com – Fermé 7-21 août, sam. midi, lundi soir, mardi soir, merc. soir et dim.

Bistro du Cours

CUISINE MODERNE · BISTRO X On ne peut pas manquer l'engageante devanture rouge et grise de ce bistrot installé sur le cours Julien, dont les rênes sont tenues par deux associés trentenaires. L'un, en cuisine, réalise de délicieux plats pleins de fraîcheur ; son compère, en salle, propose de bons vins d'accompagnement. Un lieu attachant !

Formule 17 € – Menu 20 € (déj. en semaine), 32/45 € – Carte 40/57 €
Plan : 4FT-b – 13 cours Julien ✉ 13006 – ℰ 04 86 97 59 11
– www.bistroducours.com – Fermé août, dim. et lundi

La Cantinetta

ITALIENNE · BISTRO X Depuis l'enfance, Pierre-Antoine Denis est un fougueux passionné de la cuisine transalpine. Secondé par Luigi, un vieil Italien qui confectionne les pâtes, il se rend régulièrement dans la péninsule pour dénicher les meilleurs producteurs. Chaleureuse et gourmande, sa Cantinetta est une vraie trattoria !

Carte 26/42 €

Plan : 4FT-f – 24 cours Julien ✉ 13006 – ℰ 04 91 48 10 48 (réservation conseillée) – www.restaurantlacantinetta.fr – Fermé dim.

L'Alchimie ⓝ

CUISINE MODERNE · À LA MODE X À deux pas de l'abbaye Saint-Victor, ce bistrot contemporain, créé par un jeune sommelier, joue sur la thématique du vin, mais n'oublie pas l'assiette : on y déguste une cuisine du marché soignée et parfumée, réalisée notamment avec les légumes du potager. Le menu change quotidiennement – fraîcheur oblige !

Formule 18 € – Menu 21 € (déj.)/29 €

Plan : 3DU-f – 26 bis r. d'Endoume ✉ 13007 – ℰ 04 91 04 01 22 (réservation conseillée) – Fermé 3 semaines en août, 25 déc.-1er janv., lundi soir, mardi soir, sam. et dim.

Sofitel Vieux Port

CUISINE MODERNE · ÉLÉGANT XXX Tout Marseille est là : le Vieux Port et sa myriade de mâts, les quais qui fourmillent au loin, le ciel azuré... Au 7e étage du Sofitel, le panorama est sublime. L'assiette rend également un bel hommage à la cité phocéenne, entre inspirations provençales et saveurs d'ailleurs. Beau moment !

Menu 50 € (déj. en semaine), 75/95 € – Carte 76/101 €

Plan : 3DU-n – Hôtel Sofitel Vieux Port, 36 bd Charles-Livon ✉ 13007
– ℰ 04 91 15 59 00 – www.sofitel-marseille-vieuxport.com – Fermé dim. et lundi

Chez Fonfon

POISSONS ET FRUITS DE MER · ROMANTIQUE XX Fraîcheur : le maître mot de cette institution familiale née en 1952. Bourride et bouillabaisse sont encore et toujours au menu, réalisées avec le poisson sorti tout droit des "pointus" en bois que l'on aperçoit en face dans le petit port. L'adresse niche en effet dans le beau vallon des Auffes...

Carte 49/59 €

3 chambres – 🛏115/140 € 🛏🛏115/140 € – 🍽 10 €
Plan : 1AY-t – 140 Vallon-des-Auffes ✉ 13007 – ℰ 04 91 52 14 38
– www.chez-fonfon.com

❍ La Table du Fort

CUISINE MODERNE • COSY XX Dans une rue étroite qui part du Vieux Port, au sein d'un bâtiment ancien joliment mis en valeur (beau plafond de poutres, œuvres d'art contemporain, etc.), un restaurant à la fois feutré, chaleureux et gourmand. La "faute" à ses propriétaires, un jeune couple plein d'allant !

Menu 19 € (déj.), 36/50 € – Carte 44/59 €

Plan : 3EU-n – *8 r. Fort-Notre-Dame* ✉ *13007* – *℘ 04 91 33 97 65*
– www.latabledufort.fr – Fermé sam. midi, lundi midi et dim.

❍ Péron ⩽ 🏠

CUISINE MODERNE • MÉDITERRANÉEN XX Sur la Corniche, cette bâtisse accrochée à la roche offre une vue imprenable sur la baie de Marseille, ses îles, le château d'If… L'esprit de la Méditerranée domine évidemment à la carte : bouillabaisse, chipirons farcis, etc.

Menu 69/82 € – Carte environ 80 €

Plan : 1AY-a – *56 Corniche J.-F.-Kennedy* ✉ *13007* – *℘ 04 91 52 15 22*
– www.restaurant-peron.com

❍ Le Relais 50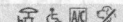

PROVENÇALE • DESIGN XX Vive les années 1950 ! Carrelage, appliques, chaises, etc. : ce Relais joue la carte "revival" avec malice et élégance. Autre attrait : la terrasse sur le Vieux Port, avec Notre-Dame-de-la-Garde en ligne de mire… Au menu, une jolie cuisine qui puise dans les traditions de la Méditerranée.

Formule 27 € – Menu 32 € (déj.), 40/60 € – Carte environ 44 €

Plan : 3ET-a – *Hôtel Résidence du Vieux Port, 18 quai du Port* ✉ *13002*
– ℘ 04 91 52 52 50 – www.relais50.com – Fermé 2 semaines en janv., dim. et lundi

❍ Palais de la Major 🆕

CUISINE MODERNE • ÉLÉGANT XX Quand la méditerranée se pique de touches contemporaines… Cette brasserie chic, située à deux pas du MuCem, marie avec bonheur diverses influences, dans un cadre mêlant Art déco, dorures et banquettes capitonnées. En fin de semaine, le lieu se transforme en discothèque.

Formule 23 € – Carte 39/67 €

Plan : 3DS-q – *2 pl. Albert-Londres* ✉ *13002* – *℘ 04 91 44 13 13*
– www.palais-de-la-major-restaurant-marseille.com

❍ Le Ventre de l'Architecte - Le Corbusier ⩽ 🏠 ⊡ 🅰 🕸

CUISINE MODERNE • DESIGN X Au sein de la Cité radieuse de Le Corbusier, ce restaurant et ses chambres attirent tous les aficionados du "fada" : voilà bien un monument historique du modernisme, jusqu'au mobilier signé Prouvé et Jacobsen. En cuisine, on trouve désormais le chef Jérôme Caprin, passé par de belles maisons marseillaises… Du solide ! 🅿

Menu 27 € (déj.)/61 €

21 chambres – 🛏79/157 € 🛏🛏79/157 € – ⌣ 12 €

280 bd Michelet, (Cité Radieuse, 3ème étage) ✉ *13008* – *℘ 04 91 16 78 00*
– www.leventredelarchitecte.com – fermé 3 semaines en août, 1 semaine en janvier, dimanche et lundi

❍ Le Môle Passedat - La Table ⩽ 🅰

MÉDITERRANÉENNE • DESIGN X Une belle occasion pour un repas dans la superbe enceinte du Mucem. Confiée au grand chef marseillais Gérald Passedat, la table gastronomique de l'institution rend un vibrant hommage, conformément à son ambition, à la Méditerranée : carpaccio de poulpe, loup à l'antiboise, cannellonis à la brousse au basilic…

Menu 55 € (déj.)/75 € – Carte 80/90 €

Plan : 3DT-a – *1 espl. du J4, (toit terrasse MuCEM)* ✉ *13002* – *℘ 04 91 19 17 80*
(réservation conseillée) – www.passedat.fr – Fermé dim. soir et mardi

⋔○ Le Poulpe   🛋 ⅃ AC

TERROIR · CONVIVIAL ⅂ Avec sa belle terrasse donnant sur le vieux port, la nouvelle adresse de Michel Portos fleure bon la Méditerranée... Le chef met un point d'honneur à favoriser les produits locaux (presque tous achetés à moins de 200 km de Marseille) et les valorise dans des plats simples et goûteux. Le menu déjeuner est un plan en or !

Formule 19 € – Menu 23 € (déj. en semaine) – Carte 32/50 € dîner
Plan : 3DT-a – *82 quai du Port* ⊠ *13002* – *℃ 04 95 09 15 91*
– *www.lepoulpe-marseille.com – Fermé le soir du dim. au merc. de nov. à mars*

⋔○ Lauracée

CUISINE MODERNE · RUSTIQUE ⅂ C'est bien clair, le patron ne sert que des produits frais : "je ne sais pas faire autre chose !" Sa cuisine a l'accent du Sud... Et le cadre, en retrait du Vieux Port, lui va bien.

Formule 19 € – Menu 36/75 € – Carte 46/90 €
Plan : 3EU-t – *96 r. de Grignan* ⊠ *13001* – *℃ 04 91 33 63 36*
– *www.lelauracee.com – Fermé août, lundi soir, sam. midi et dim.*

⋔○ Le Grain de Sel   🛋

CUISINE MODERNE · BISTRO ⅂ Un bistrot voisin du Vieux Port où l'on se régale d'une très bonne cuisine du marché, qui mise sur le bio et le local. On commence par une tarte aux tomates et fromage frais, suivie d'un pavé de maigre, purée de courgettes et girolles, pour finir par un sablé aux prunes. Parfait pour passer un agréable moment entre amis.

Menu 23 € (déj.)/28 € – Carte 40/50 €
Plan : 3EU-g – *39 r. de la Paix-Marcel-Paul* ⊠ *13001* – *℃ 04 91 54 47 30*
(réservation conseillée) – Fermé 2 semaines en août, mardi soir, merc. soir, dim. et lundi

⋔○ Le Café des Épices   🛋

CUISINE MODERNE · BISTRO ⅂ Derrière l'hôtel de ville, un restaurant minuscule, dont on remarque surtout la jolie terrasse bordée d'oliviers. Sa cuisine ne passe pas non plus inaperçue, sous l'égide d'un chef amoureux des produits, des voyages et bien sûr des épices. Un lieu gourmand et atypique, qui propose certains soirs des soirées tapas et D.J. !

Formule 25 € – Menu 28 € (déj.)/45 €
Plan : 3DT-d – *4 r. Lacydon* ⊠ *13002* – *℃ 04 91 91 22 69*
– *www.cafedesepices.com – Fermé sam. soir, dim., lundi et fériés*

⋔○ Le Goût des Choses   🛋 AC

CUISINE MODERNE · RUSTIQUE ⅂ Le (vrai) goût des choses... Une jolie ambition pour ce sympathique restaurant, tenu par un couple de professionnels installés ici après de nombreuses expériences à travers le monde. Au menu, produits du marché et réminiscences de saveurs lointaines.

Formule 17 € – Menu 36 € – Carte environ 46 €
Plan : 4FU-x – *4 pl. Notre-Dame-du-Mont* ⊠ *13006* – *℃ 04 91 48 70 62*
– *www.legoutdeschoses.fr – Fermé 21-25 déc., lundi et mardi*

⋔○ L'Escapade Marseillaise   🛋

CUISINE MODERNE · MINIMALISTE ⅂ En bas du quartier du Panier, non loin du Vieux Port, une adresse discrète – pour ne pas dire confidentielle ! – où se pressent les habitués. Le jeune chef est amoureux de son métier et ne s'en cache pas ; à partir de bons produits du marché, il concocte une cuisine moderne et pleine de saveurs.

⇔ Formule 15 € – Menu 18 € (déj. en semaine), 26/41 €
Plan : 3DT-x – *48 r. Caisserie* ⊠ *13002* – *℃ 04 91 31 61 69*
– *www.lescapademarseillaise.com – Fermé 1 semaine en fév., 2 semaines en août, lundi soir, mardi soir, merc. soir et dim.*

‖○ Schilling ⓝ

CUISINE MODERNE · SIMPLE ✕ Que fait un jeune Écossais, originaire d'un village de pêcheurs, en arrivant par hasard à Marseille ? Il ouvre un restaurant ! Le Schilling, installé entre le Vieux Port et le Panier, célèbre la rencontre entre la Méditerranée et l'Écosse au gré d'une cuisine parfumée. Terrasse en (léger) retrait de la rue.

Formule 21 € – Menu 30/55 € – Carte 35/40 €

Plan : 3DT-s – *37 r. Caisserie* ✉ *13002 –* ✆ *04 91 01 81 39 (réservation conseillée)* – *Fermé 2 semaines en août, vacances de Noël, dim. soir, mardi et merc.*

‖○ La Poule Noire ⓝ

CUISINE MODERNE · COSY ✕ La Poule noire se mérite ! Dissimulée derrière une étroite entrée, ce restaurant, fréquenté par les habitués, joue la fraîcheur et la nouveauté (le menu du jour change quotidiennement). La surprise des propriétaires, Sophie et Frank ? Une élégante mini-terrasse de douze places, habillée de bois clair.

ꝏ Formule 17 € – Menu 20 € (déj. en semaine)/38 € – Carte 23/40 €

Plan : 3EU-p – *61 r. Sainte* ✉ *13001 –* ✆ *04 91 55 68 86* – *www.restaurant-lapoulenoire.com – Fermé 3 semaines en août, lundi soir, mardi soir, merc. soir, sam. midi et dim.*

‖○ Urban Kitchen ⓝ

CUISINE MODERNE · À LA MODE ✕ Ambiance de "cantine populaire" pour ce bistrot tendance et décalé qui mise sur la décontraction et la cuisine moderne, à l'instar de ce tataki de thon et son wok de légumes. C'est original, animé, convivial. Grande terrasse et terrain de pétanque.

Carte 27/43 €

Plan : 4GV-z – *23 av. de Corinthe* ✉ *13006 –* ✆ *09 83 72 01 66* – *www.urban-kitchen-restaurant-marseille.com – Fermé août*

Hôtels

⌂⌂⌂⌂⌂ Intercontinental-Hôtel Dieu

GRAND LUXE · MODERNE Sous l'œil bienveillant de la "Bonne Mère" qu'il toise en droite ligne, cet ancien et fameux hôpital est devenu hôtel en 2013. Derrière la monumentale façade (18-19ᵉ s.), les lieux rivalisent d'espace, de sobriété et d'élégance – avec tous les services d'un établissement de luxe. Voilà qui fera date !

191 chambres – ♦220/450 € ♦♦220/450 € – 3 suites – ☲ 28 €

Plan : 3ES-g – *1 pl. Daviel* ✉ *13002 –* ✆ *04 13 42 42 42* – *http://marseille.intercontinental.com*

❀ **Alcyone** – voir les restaurants ci-dessus

⌂⌂⌂⌂ Sofitel Vieux Port

LUXE · MODERNE Sur les hauteurs du Pharo, dominant les forts, la passe... et tout le Vieux Port ! Plus d'une vingtaine de chambres jouissent d'une terrasse ouvrant sur le bassin. Le grand confort au cœur du mythe marseillais.

134 chambres – ♦350/570 € ♦♦350/570 € – 3 suites – ☲ 27 €

Plan : 3DU-n – *36 bd Charles-Livon* ✉ *13007 –* ✆ *04 91 15 59 00* – *www.sofitel-marseille-vieuxport.com*

‖○ **Sofitel Vieux Port** – voir les restaurants ci-dessus

⌂⌂⌂⌂ Pullman Palm Beach

BUSINESS · MODERNE Sous la route de la Corniche, un grand vaisseau moderne face à la mer... La piscine d'eau de source qui regarde la baie, les chambres à la fois design et d'esprit marin, les nombreuses terrasses qui contemplent la Méditerranée : tout invite au repos.

160 chambres – ♦160/650 € ♦♦160/650 € – ☲ 25 €

Plan : 1AZ-b – *200 Corniche J.-F.-Kennedy* ✉ *13007 –* ✆ *04 91 16 19 00* – *www.pullmanhotels.com*

Radisson Blu Vieux Port 🏊 ⚖ 🛗 ⚫ 🅰️🇨 🛎 🚗

HÔTEL DE CHAÎNE · FONCTIONNEL Imposant et moderne : tel est ce Radisson Blu installé sur le Vieux Port, à côté du théâtre de la Criée. Toutes les prestations d'un grand hôtel international : chambres spacieuses et confortables, équipements de qualité, restaurant, petite piscine sur le toit et... boulodrome, Marseille oblige !

177 chambres ⌑ – †145/215 € ††170/290 € – 12 suites – ½ P

Plan : 3DU-d – *38 quai Rive-Neuve* ✉ 13007 – ☏ *04 88 44 52 00*
– *www.radissonblu.com/hotel-marseille*

Le Petit Nice 🏊 🔱 ⚫ 🅰️🇨 🅿️

LUXE · PERSONNALISÉ Sur la Corniche, ces architectures néoclassiques des années 1910 semblent lancer des œillades à la mer et à ses îles immaculées ! Toute la lumière du Sud, toute la magie du site de Marseille, que l'on admire à loisir dans le plus grand confort...

16 chambres – †250/570 € ††450/950 € – ⌑ 37 €

Plan : 1AZ-d – *anse de Maldormé, (hauteur 160 Corniche J.-F.-Kennedy)* ✉ 13007
– ☏ *04 91 59 25 92* – *www.passedat.fr*

✿✿✿ **Le Petit Nice** – voir les restaurants ci-dessus

C2 ⚫ ⚖ 🍴 🛎 🚗

LUXE · DESIGN Légèrement en retrait du vieux port, cet ancien hôtel particulier (1860) est à la pointe de la branchitude phocéenne ! Il abrite des chambres design et luxueuses ainsi qu'un salon-bar, et accueille régulièrement des expos photos ou des concerts de jazz... Incontournable.

20 chambres – †209/479 € ††209/479 € – ⌑ 29 €

Plan : 3EU-w – *48 r. Roux-de-Brignoles* ✉ 13006 – ☏ *04 95 05 13 13*
– *www.c2-hotel.com*

New Hotel of Marseille 🏊 🔱 ⚫ ⚖ 🅰️🇨 🍴 🛎 🚗

URBAIN · DESIGN Orné d'œuvres d'artistes contemporains marseillais, très design, ce New Hotel possède une vraie personnalité. On découvre des chambres spacieuses, certaines avec balcon. Dernier atout : un bel emplacement près du Pharo.

100 chambres – †135/240 € ††135/370 € – ⌑ 16 € – ½ P

Plan : 3DU-v – *71 bd Charles-Livon* ✉ 13007 – ☏ *04 91 31 53 15*
– *www.newhotelofmarseille.com*

🏠 Résidence du Vieux Port 🏊 ⚖ ⚫ 🅰️🇨 🛎

URBAIN · PERSONNALISÉ Une décoration fort inspirée, en hommage aux années 1950. Les amateurs de Prouvé, Perriand ou Lurçat seront aux anges ! Le petit-déjeuner se prend dans un salon de style 18ᵉ s. dont les baies vitrées offrent une magnifique vue sur le Vieux Port ou Notre-Dame-de-la-Garde.

51 chambres – †160/395 € ††160/395 € – 4 suites – ⌑ 18 € – ½ P

Plan : 3ET-a – *18 quai du Port* ✉ 13002 – ☏ *04 91 91 91 22*
– *www.hotel-residence-marseille.com*

🍴○ **Le Relais 50** – voir les restaurants ci-dessus

🏠 New Hotel Bompard 🏊 🌿 🍴 🔱 ⚫ ⚖ 🅰️🇨 🍴 🛎 🅿️

VILLA · PERSONNALISÉ Idéal pour qui souhaite fuir la foule, cet établissement du début du 19ᵉ s. est perché sur les hauteurs de la Corniche, dans un beau jardin fleuri et arboré. Au choix : des chambres modernes ou provençales (dans un mas séparé). À noter : l'accès peut s'avérer difficile par les ruelles étroites environnantes.

50 chambres – †90/240 € ††90/240 € – ⌑ 12 € – ½ P

Plan : 1AZ-e – *2 r. Flots-Bleus* ✉ 13007 – ☏ *04 91 99 22 22* – *www.new-hotel.com*

Mercure Centre Vieux Port ⊕ ⚹ 🅰 ⚹ 🚗

HÔTEL DE CHAÎNE · MODERNE Cet hôtel typique des années 1970 est situé à deux pas du World Trade Center, au pied de la Canebière. Son décor ultracontemporain, ainsi que ses équipements (dont de nombreuses salles de séminaires), raviront la clientèle d'affaires.

200 chambres – ♟110/190 € ♟♟125/205 € – ⊑ 19 €

Plan : 3ES-b – *1 r. Neuve-St-Martin* ✉ *13001* – *☎ 04 96 17 22 22*
– *www.mercure-marseille-centre.com*

Suite Novotel ⬅ ⚹ ⊕ ⚹ 🅰

HÔTEL DE CHAÎNE · MODERNE Des chambres très spacieuses, Internet et téléphone (vers les fixes) illimités, une boutique gourmande 24h/24, un petit-déjeuner ludique et équilibré : une bonne option que cet établissement né dans le nouveau quartier d'affaires Euroméditerranée. Desservi par le tramway, il satisfera aussi les touristes.

127 chambres – ♟120/180 € ♟♟120/180 € – ⊑ 15 €

Plan : 1AX-f – *33 bd de Dunkerque* ✉ *13002* – *☎ 04 91 01 56 50*
– *www.suitenovotel.com*

Escale Océania ⊕ 🅰 ⚹ ⚹

HÔTEL DE CHAÎNE · FONCTIONNEL Atout majeur : un emplacement on ne peut plus central, en bas de la Canebière, idéal pour visiter la ville. Le bâtiment date de 1893 et a été entièrement rénové en 2009.

45 chambres – ♟79/220 € ♟♟79/220 € – ⊑ 11 €

Plan : 3ET-f – *5 La Canebière* ✉ *13001* – *☎ 04 91 90 61 61*
– *www.oceaniahotels.com*

Mama Shelter ⚹ ⊕ ⚹ 🅰 ⚹ 🚗

URBAIN · DESIGN Vous aimez tout ce qui est branché ? Dans ce cas, cet hôtel ultramoderne, créé en 2012 dans un quartier populaire de la cité phocéenne, est tout indiqué ! Sous la signature de Philippe Starck, la déco joue une carte design assumée : murs et plafonds en béton brut, aplats de blanc, mobilier minimaliste...

126 chambres – ♟79/199 € ♟♟89/299 € – 1 suite – ⊑ 16 €

Plan : 4GU-m – *64 r. de la Loubière* ✉ *13006* – *☎ 04 84 35 20 00*
– *www.mamashelter.com*

La Joliette ⚹ ⊕ ⚹ 🅰

BUSINESS · PERSONNALISÉ À deux pas des quais et de la gare maritime, on ne descend pas, on embarque dans cet hôtel dont le décor s'inspire du thème des paquebots et des voyages en mer. Petite salle de fitness et sauna au sous-sol.

32 chambres – ♟99/199 € ♟♟119/219 € – ⊑ 13 €

Plan : 3DS-p – *49 av. Robert-Schuman* ✉ *13002* – *☎ 04 96 11 49 49*
– *www.hotel-joliette.com*

Hermès ⊕ 🅰

FAMILIAL · DESIGN Hermès, gardien des routes et des carrefours... Belle enseigne pour Marseille, ville cosmopolite s'il en est, fondée par les Grecs ! Voilà une parfaite petite escale près du Vieux Port, entièrement rénovée en 2012. Le must : la "chambre nuptiale" qui, sur le toit, offre une vue magnifique sur le bassin...

29 chambres – ♟65/130 € ♟♟65/130 € – ⊑ 9 €

Plan : 3ET-e – *2 r. Bonneterie* ✉ *13002* – *☎ 04 96 11 63 63*
– *www.hotelmarseille.com*

Mucem

URBAIN · MODERNE Un hôtel inauguré en 2012 près du Mucem, mais aussi de la gare maritime et de la cathédrale de La Major – un quartier en pleine restructuration. Les chambres mêlent confort, esprit contemporain et chaleur. Autre avantage : l'établissement est desservi par le tramway et le métro.

29 chambres – ♥90/160 € ♥♥100/170 € – �11 €

Plan : 3DS-v – *22 r. Mazenod* ✉ *13002* – *✆04 91 93 13 13* – *www.hotel-mucem.com*

au Sud 11 km par rte des Goudes

ⅢO Tiboulen de Maïre

POISSONS ET FRUITS DE MER · SIMPLE ✗ Sur la route des calanques, cette maison en pierre est si simple qu'elle semble s'effacer devant le spectacle de la mer... On vient ici pour le poisson frais, acheté chaque matin auprès des pêcheurs locaux : cuit entier, servi quasi brut (non écaillé), en soupe ou à la tahitienne... Un régal pour les amateurs !

Carte 45/110 €

Calanque Blanche ✉ *13008* – *✆04 91 25 26 30 (réservation conseillée) – www.tiboulen.restaurant – Fermé merc. hors saison et dim. soir*

Vous recherchez un hébergement particulièrement agréable, pour un séjour de charme ? Optez pour les établissements en rouge : ⌂... 🏠🏠🏠.

MARSOLAN

✉ 32700 (Gers) – 458 hab. – Alt. 171 m – Carte régionale n° **28**-B2
▶ Paris 721 km – Agen 49 km – Auch 43 km – Toulouse 115 km
Carte Michelin 336-F6

Lous Grits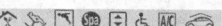

LUXE · ÉLÉGANT On se sent comme chez soi dans cette maison qui cultive l'art de vivre à la gasconne (meubles de famille, bibelots, faïences et mosaïques, peintures). Goût, raffinement et... entretien impeccable ! Au restaurant, cuisine traditionnelle pour les résidents uniquement.

6 chambres – ♥248/378 € ♥♥248/378 € – �20 €

au village – *✆05 62 28 37 10 – www.hotel-lousgrits.com*

MARTAINVILLE-ÉPREVILLE – 76 (Seine-Maritime) → voir Rouen

MARTEL

✉ 46600 (Lot) – 1 665 hab. – Alt. 225 m – Carte régionale n° **29**-C1
▶ Paris 510 km – Brive-la-Gaillarde 33 km – Cahors 79 km – Figeac 59 km
Carte Michelin 337-F2

ⅢO Relais Ste-Anne

CUISINE MODERNE · FAMILIAL ✗✗ Charmant, tel est l'adjectif qui vient immédiatement à l'esprit en entrant dans ce restaurant ! Un écrin de pierre où, l'hiver venu, les gourmands s'installent devant la cheminée. On s'y régale d'une cuisine dans l'air du temps où le foie gras et le magret ont la part belle. Accueil et service aux petits soins.

Menu 29 € – Carte environ 49 €

r. Pourtanel – *✆05 65 37 40 56 – www.relais-sainte-anne.com – Ouvert de mi-avril à mi-nov. et fermé le midi sauf dim. et fériés*

⅋⃝ Saveurs des Halles   ᚛ᚌ ᚛

CUISINE TRADITIONNELLE · BISTRO 🗶 Filet de canette au miel, sésame et légumes de saison ; tarte fine aux pommes fondantes et glace à la vanille... Une cuisine simple et bonne qui va à l'essentiel : voilà ce que l'on trouve dans cette petite adresse pleine de charme, tenue par un couple de trentenaires originaires d'Agen et du Pays basque.

Menu 28/70 € – Carte 38/74 €

r. Sans-Lys – 𝒞 05 65 37 35 66 – Fermé 12 nov.-31 janv., merc. et jeudi hors saison

᚛⃝ Relais Ste-Anne   ᚛ ᚛ ᚛ ᚛ ᚛ ᚛ ᚛ ᚛

FAMILIAL · PERSONNALISÉ Ce charmant relais, ceint d'un beau parc fleuri où se dresse une chapelle, est un ancien pensionnat de jeunes filles. On s'y repose dans des chambres confortables et raffinées, au grand calme.

14 chambres – 🛏55/275 € 🛏🛏80/275 € – 5 suites – ☲ 13 €

r. Pourtanel – 𝒞 05 65 37 40 56 – www.relais-sainte-anne.com – Ouvert de mi-avril à mi-nov.

⅋⃝ **Relais Ste-Anne** – voir les restaurants ci-dessus

MARTIGNARGUES

✉ 30360 (Gard) – 412 hab. – Alt. 120 m – Carte régionale n° **23**-C2

▶ Paris 709 km – Mende 121 km – Montpellier 64 km – Nîmes 35 km

Carte Michelin 339-K4

᚛⃝ La Maison du Passage   ᚛ ᚛ ᚛ ᚛ ᚛

LUXE · PERSONNALISÉ Une demeure du 13e s. au cœur d'un superbe petit village. Ses propriétaires, éminemment sympathiques, en ont fait l'objet de leur reconversion : après une rénovation d'un grand soin, elle est devenue luxueuse maison d'hôtes, mêlant charme de l'ancien et grand confort. Mention spéciale pour la terrasse avec vue à 360° et jacuzzi !

4 chambres ☲ – 🛏120/240 € 🛏🛏130/250 €

127 r. de l'Eglise – 𝒞 04 66 25 62 91 – www.lamaisondupassage.fr
– Fermé 3 janv.- 10 mars

MARTIGUES

✉ 13500 (Bouches-du-Rhône) – 47 624 hab. – Alt. 1 m – Carte régionale n° **40**-B3

▶ Paris 769 km – Aix-en-Provence 45 km – Arles 53 km – Marseille 40 km

Carte Michelin 340-F5 – Guide Vert Michelin Provence

⅋⃝ Le Garage   ᚛ ᚛

CUISINE MODERNE · À LA MODE 🗶🗶 Pour ce jeune chef, la cuisine était tout sauf une voie de garage ! Il suffit de le voir dresser ses assiettes – les cuisines sont ouvertes sur la salle – pour reconnaître le travail d'un passionné. Soucieux du bon produit (il noue des partenariats avec des artisans locaux), il aime créer et surprendre. Et il séduit.

Menu 27 € (déj. en semaine)/40 € – Carte environ 47 €

Plan : Z-a *– 20 av. Frédéric-Mistral – 𝒞 04 42 44 09 51 (réservation conseillée) – www.restaurantmartigues.com – Fermé 30 juil.-20 août, 31 déc.-14 janv., dim. et lundi*

⅋⃝ Le Bouchon à la Mer   ᚛ ᚛ ᚛

PROVENÇALE · COSY 🗶🗶 Au bord du canal, la terrasse de ce charmant restaurant martégal n'est pas loin de flotter sur les eaux ! Au son d'un clapotis, on découvre une cuisine variée, d'inspiration provençale : soupe de favouilles, dos de loup poêlé aux échalotes et jeunes poireaux, moelleux au chocolat... Et la note est légère.

Menu 25 € (semaine)/33 € – Carte 48/66 €

Plan : Y-v *– 19 quai Lucien-Toulmond – 𝒞 04 42 49 41 41 – www.lebouchonalamer.fr – Fermé dim. soir et lundi*

MARTIGUES

Allende (Bd S.) . . . . **Y** 2
Belges (Esplanade des) . . . . . **Z** 3
Brescon (Quai) . . . . **Z** 4
Cachin (Bd Marcel) . . . . **Z** 5
Combes (R. L.) . . . . **Z** 7

Denfert-Rochereau
(R. Colonel P.) . . . . **Y** 8
Dr-Flemming
(Av. du) . . . . **Y** 9
Gambetta (R. L.) . . . . **Z** 12
Girondins (Quai des) . . . . . . **Y** 13
Lamartine (Pl.) . . . . **Z** 15
Libération (Pl. de la) . . . . . . **Z** 16

Lorto (Av. P.-di) . . . . **Z** 17
Marceau (Quai F.) . . . . **Z** 18
Martyrs (Pl. des) . . . . **Z** 19
Richaud (Bd) . . . . **Z** 22
Roques (R. Jean) . . . . **Y** 24
Tessé (Quai Maurice) . . . . . . **Y** 25
4-Septembre
(Cours du) . . . . **Z** 27

MARTILLAC – 33 (Gironde) → voir Bordeaux

MARTIN-ÉGLISE – 76 (Seine-Maritime) → voir Dieppe

LA MARTRE

✉ 83840 (Var) – 198 hab. – Alt. 984 m – Carte régionale n° **41**-C2

▶ Paris 808 km – Castellane 19 km – Digne-les-Bains 73 km – Draguignan 50 km

Carte Michelin 340-O3

Château de Taulane

LUXE · CLASSIQUE Château du 18ᵉ s. situé en pleine nature, au cœur d'un superbe golf : un lieu plein de caractère, comme hors du temps. Chambres spacieuses et aménagées avec beaucoup de confort, piscine couverte, salle de fitness, soins esthétiques, restaurant et trattoria...

42 chambres – ♦109/169 € ♦♦129/259 € – 3 suites – ☲ 20 €

Le Logis du Pin, au golf, 4 km au Nord-Est par D6085 – ☏ 04 93 40 60 80 – www.chateau-taulane.com – Ouvert d'avril à oct.

MARTRES-TOLOSANE

✉ 31220 (Haute-Garonne) – 2 223 hab. – Alt. 268 m – Carte régionale n° **28**-B3
▶ Paris 737 km – Auch 133 km – Tarbes 94 km – Toulouse 62 km
Carte Michelin 343-E5

☺ **Le Castet** ⌗ ⌂ ♻

CUISINE MODERNE · ÉLÉGANT XX Qui pourrait croire que ce lieu contemporain,
situé en retrait du centre-ville, fut jadis le café de la gare ? Le chef et son second
y concoctent une cuisine du marché fraîche et colorée, sans esbroufe, qui mise
sur le beau produit avec simplicité. On en sort régalé et ravi ! Un conseil : réservez, c'est souvent complet...

🍴 Menu 19 € (déj. en semaine), 32/42 € – Carte 58/72 €
44 av. de la Gare – ✆ *05 61 98 80 20 – www.hotelcastet.fr – Fermé 26-28 déc.,*
merc. soir d'oct. à juin, dim. soir et lundi

MARVEJOLS

✉ 48100 (Lozère) – 4 950 hab. – Alt. 650 m – Carte régionale n° **23**-C1
▶ Paris 580 km – Espalion 83 km – Mende 28 km – Montpellier 178 km
Carte Michelin 330-H7

⃠○ **L'Auberge Domaine de Carrière** ⇦ ⌂ ⅋ **P**

CUISINE MODERNE · BRANCHÉ XX Épuré, design... Un lieu contemporain et tendance, dans les anciennes écuries du domaine. La carte n'est pas en reste,
puisque le chef concocte une cuisine fraîche et dans l'air du temps, déclinée
autour de trois menus uniques. Pour prolonger l'étape, les chambres sont élégantes et spacieuses.

🍴 Menu 20/42 €
5 chambres ☲ – ♦100 € ♦♦100 €
av. Montplaisir, 2 km à l'Est par D1 – ✆ *04 66 32 47 05*
– www.domainedecarriere.com – Fermé vacances de la Toussaint, 20 déc.-1ᵉʳ fév.,
merc. soir, dim. soir et lundi

MASSANGIS

✉ 89440 (Yonne) – 410 hab. – Alt. 265 m – Carte régionale n° **7**-B2
▶ Paris 213 km – Auxerre 48 km – Dijon 132 km – Nevers 169 km
Carte Michelin 319-G6

⌂ **Carpe Diem** ⇞ ⇦ ⅋ **P** ⇥

MAISON DE CAMPAGNE · PERSONNALISÉ De ce corps de ferme (18ᵉ-19ᵉ s.)
situé dans un paisible village, les propriétaires ont fait un lieu charmant, cosy et
élégant : mobilier de famille, boiseries et parquet, jardin fleuri... À la table d'hôte,
cuisine traditionnelle et classicisme de bon aloi.
5 chambres ☲ – ♦64/87 € ♦♦72/105 €
53 Grande-Rue – ✆ *03 86 33 89 32*
– www.chambre-hote-de-charme-bourgogne.com – Fermé 17 janv.-14 fév.

MASSERET

✉ 19510 (Corrèze) – 678 hab. – Alt. 380 m – Carte régionale n° **24**-B2
▶ Paris 432 km – Guéret 132 km – Limoges 45 km – Tulle 48 km
Carte Michelin 329-K2 – Guide Vert Michelin Limousin Berry

⌂ **Hôtel de la Tour** ⇞ ⅍ ⅋ ⅏

FAMILIAL · MODERNE Sur les hauteurs de ce bourg limousin – gage de tranquillité –, un hôtel familial qui propose des chambres simples et bien tenues, rénovées avec goût et bien équipées. De la terrasse, on a une jolie vue sur... la tour !
25 chambres – ♦54/80 € ♦♦54/80 € – ☲ 10 €
7 pl. Marcel-Champeix – ✆ *05 55 73 40 12 – www.hoteldelatourmasseret.com*
– Fermé dim. soir sauf juil.-août

MASSIAC

✉ 15500 (Cantal) – 1 793 hab. – Alt. 534 m – Carte régionale n° **5**-B3

▶ Paris 484 km – Aurillac 84 km – Brioude 23 km – Issoire 38 km

Carte Michelin 330-H3 – Guide Vert Michelin Auvergne

⌂ La Colombière   

FAMILIAL · FONCTIONNEL Ses grandes chambres fonctionnelles (mobilier moderne, sanitaires bien équipés, tenue exemplaire) font de cet hôtel récent une étape pratique sur la route des gorges de l'Alagnon. La terrasse, donnant sur le jardin, est particulièrement sympathique.

30 chambres – †50/58 € / ††58/68 € – ☑ 8 €

4 rte de Clermont-Ferrand, 1 km au Nord par D909 – ℰ 04 71 23 18 50
– www.hotel-lacolombiere.com – Fermé fév.

MASSIGNAC

✉ 16310 (Charente) – 392 hab. – Alt. 240 m – Carte régionale n° **39**-C3

▶ Paris 445 km – Angoulême 46 km – Nontron 36 km – Rochechouart 17 km

Carte Michelin 324-N5 – Guide Vert Michelin Poitou-Charentes

✿ Dyades ℕ

CUISINE MODERNE · ÉLÉGANT XXX Aux fourneaux de ces Dyades, on trouve Fabien Beaufour, chef talentueux ayant notamment travaillé à New-York et à Londres. Sa cuisine, fine et goûteuse, met en avant les herbes, fleurs, fruits et légumes du potager ; le tout est servi dans le cadre raffiné et luxueux des anciennes écuries du château. Réjouissant !

➜ L'asperge et l'œuf. Le bœuf et la moelle. Les fruits rouges et le chèvre.

Formule 30 € – Menu 55/160 € ♥ – Carte 55/90 €

– ℰ 05 45 61 85 00 – www.domainedesetangs.com – Fermé janv. et fév.

🏰 Le Domaine des Étangs ℕ

CHÂTEAU · PERSONNALISÉ Le cadre, un parc de 1000 ha entre verdure et étangs, est tout bonnement exceptionnel. On y trouve de belles chambres composites (bois, verre, pierre), sept suites dans le magnifique château datant du 11e s., ainsi que des thermes aménagés dans les anciennes caves... Élégance et faste n'ont jamais fait si bon ménage !

29 chambres ☑ – †500/3000 € / ††500/3000 € – 14 suites

– ℰ 05 45 61 85 00 – www.domainedesetangs.com – Fermé janv. et fév.

✿ **Dyades** – voir les restaurants ci-dessus

MASSY – 91 (Essonne) ➜ voir Autour de Paris

MATIGNICOURT-GONCOURT

✉ 51300 (Marne) – 135 hab. – Alt. 114 m – Carte régionale n° **14**-C2

▶ Paris 194 km – Bar-le-Duc 46 km – Châlons-en-Champagne 44 km – Troyes 73 km

Carte Michelin 306-k10

☺ Ô Délices des Papilles   

CUISINE TRADITIONNELLE · COSY XX À la sortie du village, faites donc une halte Ô Délices des Papilles. Dans un intérieur contemporain et boisé, on célèbre la production locale (asperges, petits pois, rhubarbe, escargots...) au gré de délicieux petits plats de tradition. Et côté vin, faites confiance à l'expérience du sommelier !

Menu 25/62 € – Carte 53/79 €

11 r. du Château-d'Eau – ℰ 03 26 72 51 60 – www.odelicesdespapilles.fr – Fermé 27 avril-3 mai, 15 août-2 sept., 2-16 janv., lundi et mardi

MATOUGUES – 51 (Marne) ➜ voir Châlons-en-Champagne

MAUBEC

✉ 84660 Maubec (Vaucluse) – 1 867 hab. – Alt. 120 m – Carte régionale n° **42**-E1

▶ Paris 717 km – Avignon 36 km – Marseille 84 km – Valence 156 km

Carte Michelin 332-D10

La Bastide du Bois Bréant

MAISON DE CAMPAGNE · COSY Au milieu d'une chênaie, cette bastide a préservé son âme. On opte pour des chambres d'inspiration provençale, une cabane perchée dans un arbre, ou même une roulotte tout confort ! Menu unique le soir, réservé aux résidents (cuisine régionale).

13 chambres ⌖ – ∦155/240 € ∦∦155/240 €

501 chemin du Puits-de-Grandaou – ℰ 04 90 05 86 78
– www.hotel-bastide-bois-breant.com

MAUBEUGE

✉ 59600 (Nord) – 30 994 hab. – Agglo. 112 406 hab. – Alt. 134 m – Carte régionale n° **31**-D2
◻ Paris 242 km – Mons 21 km – St-Quentin 114 km – Valenciennes 39 km
Carte Michelin 302-L6

L'Atelier 117

BUSINESS · MODERNE Un hôtel contemporain situé légèrement à l'extérieur de la ville ; on y dort dans de petites chambres parfaitement équipées : iDock, grand écran, bonne literie, plateau de courtoisie... Et au restaurant, une sympathique carte de style brasserie !

42 chambres – ∦72/123 € ∦∦72/123 € – ⌖ 13 €

117 av. Jean-Jaurès – ℰ 03 27 62 15 00 – www.latelier117.com.

au Sud par rte d'Avesnes-sur-Helpe – ✉ 59330 Beaufort

Le Relais de Beaufort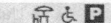

CUISINE TRADITIONNELLE · AUBERGE XX Une auberge, deux atmosphères – rustique ou contemporaine –, mais surtout une généreuse cuisine traditionnelle : fricassée de Saint-Jacques à la crème d'ail, carré d'agneau rôti au romarin, et un plateau de fromages qui vaut son pesant d'or... Une adresse agréable.

Formule 19 € – Menu 29/49 € – Carte 28/70 €

8 km au Sud par N2 – ℰ 03 27 63 50 36 – Fermé 16 août-3 sept., dim. soir, mardi soir et lundi

à Louvroil 3 km au Sud par N2 – ✉ 59720 – 6 637 hab. – Alt. 133 m

La Table d' Éric

CUISINE CLASSIQUE · CONVIVIAL X Un jeune couple est à la tête de cette sympathique affaire située en plein cœur du village. Tous deux restaurateurs de métier, ils composent une cuisine traditionnelle bien tournée, qui met en valeur de bons produits frais. L'ambiance est conviviale : on passe un bon moment.

Formule 17 € – Menu 32 € – Carte 39/46 €

21 rte d'Avesnes – ℰ 03 27 61 44 56 – Fermé 5-9 mai, 8-25 août, 24-31 déc., mardi soir, sam. midi, dim. soir et lundi

MAULÉVRIER – 49 (Maine-et-Loire) → voir Cholet

MAURIAC

✉ 15200 (Cantal) – 3 753 hab. – Alt. 722 m – Carte régionale n° **5**-A3
◻ Paris 490 km – Aurillac 53 km – Clermont-Ferrand 113 km – Le Mont-Dore 77 km
Carte Michelin 330-B3 – Guide Vert Michelin Auvergne

Auv'Hôtel

FAMILIAL · CLASSIQUE Située à côté de la basilique romane Notre-Dame-des-Miracles, une sympathique petite adresse aux fenêtres fleuries. Les chambres, coquettes et bien tenues, sont parfaites pour les petits budgets. Les plus récentes ont été rénovées dans un style contemporain.

11 chambres – ∦55/65 € ∦∦65/80 € – ⌖ 9 €

4 r. du 11-Novembre – ℰ 04 71 68 19 10 – www.auv-hotel.fr – Fermé 1er mars-15 avril, 27 sept.-9 oct. et 29 déc.-3 janv.

MAUROUX - 46 (Lot) → voir Puy-l'Évêque

MAUSSANE-LES-ALPILLES

✉ 13520 (Bouches-du-Rhône) - 2 242 hab. - Alt. 32 m - Carte régionale n° **42**-E1
▶ Paris 712 km - Arles 20 km - Avignon 30 km - Marseille 81 km
Carte Michelin 340-D3 - Guide Vert Michelin Provence

Ou Ravi Prouvençau

PROVENÇALE • RUSTIQUE XX Authentique, goûteuse et généreuse, la cuisine servie dans cette jolie maison méridionale semble tout droit sortie du "Reboul" : daube, pieds et paquets - évidemment ! -, mais aussi soupe au pistou (en été) et carré d'agneau à l'ail et sauge... Et à l'arrière, la terrasse est incontournable.

Formule 24 € - Menu 55 € - Carte 43/62 €

34 av. de la Vallée-des-Baux - ✆ 04 90 54 31 11 - www.restaurantalpilles.fr - Fermé 22-30 juin, 15 nov.-15 déc., 15 janv.-10 fév., mardi et merc.

Le Clos St-Roch

CUISINE MODERNE • RUSTIQUE XX Tatin d'artichauts marinés, dorade royale ou bouchon moelleux tiède au chocolat et noisettes : cette cuisine dans l'air du temps, d'inspiration méditerranéenne, est l'œuvre d'un chef ayant longtemps travaillé aux États-Unis. L'hiver, demandez une table à côté de la cheminée et, l'été, profitez de la terrasse !

Formule 23 € - Menu 30 € - Carte 33/45 €

87 av. de la Vallée-des-Baux - ✆ 04 90 98 77 15 - www.leclosaintroch.com - Fermé vacances de fév., 1 semaine vacances de Noël, merc. et jeudi

La Place (N)

MÉDITERRANÉENNE • BISTRO X Lovée au cœur d'un village provençal, cette "Place" adopte un style rétro revisité (lustres en cristal, tons anis et prune), et sa terrasse sert de bel écrin à une cuisine provençale ensoleillée. Au déjeuner, régalez-vous de l'ardoise du jour, composée au gré du marché.

Formule 21 € - Menu 38 € - Carte 42/53 €

65 av. de la Vallée-des-Baux - ✆ 04 90 54 23 31 - www.restaurant-laplace.fr - Fermé 5 janv.-5 fév., mardi et merc. du 10 oct. au 30 mars

Le Pré des Baux

FAMILIAL • MODERNE Les chambres de plain-pied entourent la piscine et le jardin méridional, au calme. Petit-déjeuner (fruits frais, confitures artisanales) servi sur les terrasses privatives.

10 chambres - †95/140 € ††95/140 € - ☕ 13 €

r. du Vieux-Moulin - ✆ 04 90 54 40 40 - www.lepredesbaux.com - Ouvert 25 mars-7 nov.

Val Baussenc

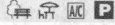

TRADITIONNEL • FONCTIONNEL Une maison au décor provençal qui magnifie avec originalité la pierre calcaire des Baux. Les chambres, presque toutes avec terrasse ou balcon, profitent du calme de la campagne environnante. Petite salle à manger, treille et cuisine aux couleurs du Sud.

23 chambres - †77/134 € ††88/134 € - ☕ 13 € - ½ P

122 av. de la Vallée-des-Baux - ✆ 04 90 54 38 90 - www.valbaussenc.com - Ouvert 1er mars-31 oct.

au Paradou 2 km à l'Ouest par D17, rte d'Arles - ✉ 13520 - 1 638 hab. - Alt. 21 m

Nancy Bourguignon

CUISINE MODERNE • MÉDITERRANÉEN XX Légumes primeurs provençaux, poisson de ligne... Dans ce charmant restaurant, la chef, autodidacte et passionnée, concocte de fines et subtiles recettes, très parfumées. Agréable terrasse entourée de végétation méditerranéenne.

Carte 58/94 €

Hôtel Du Côté des Olivades, lieu-dit de Bourgeac - ✆ 04 90 54 56 78 (réservation conseillée) - www.ducotedesolivades.com - Fermé mardi midi et lundi

Le Bistrot du Paradou   🛇 🗛 ⇔ 🅿

PROVENÇALE · BISTRO ✗ Cette maison aux volets bleus est une véritable institution locale. Aïoli, volaille de Bresse à la broche, tête de veau sauce ravigote et tartes maison : on y célèbre le répertoire provençal avec des plats généreux et goûteux, à dévorer dans une ambiance joyeuse et bon enfant. Attention, menu unique !

Menu 49 € 🍷 (déj.)/55 € 🍷

57 av. de la Vallée-des-Baux – ☎ 04 90 54 32 70 (réservation conseillée) – Fermé vacances de fév., vacances de Noël, dim. et lundi

B design & Spa   🛇 ← 🕭 ⏆ 🌐 🗗 🔌 🛇 🗛 ⚡ 🛁 🅿

LUXE · DESIGN La modernité au service du confort et du bien-être résume l'esprit de cet hôtel, à l'entrée de la propriété. Vastes suites dessinées par un designer, terrasses, espace de remise en forme. Pour un beau séjour au calme...

14 suites – 👫190/550 € – 1 chambres – ☕21 €

lieu-dit de Bourgeac – ☎ 04 90 54 58 66 – www.hotelbdesign.com

Du Côté des Olivades   🌴 🛇 ← 🕭 ⏆ 🛇 🗛 🅿

HÔTEL DE VACANCES · MÉDITERRANÉEN Cette bastide contemporaine, nichée au milieu des oliviers, abrite des chambres de style provençal. Agréable piscine et copieux petit-déjeuner.

10 chambres – 👤130/235 € 👫130/330 € – ☕21 € – ½ P

lieu-dit de Bourgeac – ☎ 04 90 54 56 78 – www.ducotedesolivades.com

🍽 **Nancy Bourguignon** – voir les restaurants ci-dessus

La Maison du Paradou   🕭 ⏆ 🗛 ⚡ 🅿

AUBERGE · PERSONNALISÉ Relais de poste (1699) couvert de glycine, tenu par des Britanniques et doté de chambres extrêmement confortables. Très beau salon voûté, jardin provençal et piscines d'eau salée... Avec les Alpilles en toile de fond. Paradisiaque !

5 chambres ☕ – 👤200/295 € 👫200/295 €

2 rte de St-Roch – ☎ 04 90 54 65 46 – www.maisonduparadou.com

MAUZAC-ET-ST-MEYME-DE-ROZENS

✉ 24150 (Dordogne) – 896 hab. – Alt. 49 m – Carte régionale n° **4**-C3
🚗 Paris 596 km – Agen 116 km – Bordeaux 151 km – Périgueux 64 km
Carte Michelin 329-F6

La Métairie   🌴 🛇 🕭 ⏆ 🅿

FAMILIAL · PERSONNALISÉ Un hôtel charmant et romantique, installé dans une maison du 19ᵉ s., au cœur d'un superbe parc de 3 ha. Les chambres ont beaucoup de classe et, le plus souvent, une terrasse privative. Restaurant au cadre rustique pour une cuisine s'inspirant du terroir.

9 chambres – 👤125/175 € 👫135/195 € – 1 suite – ☕20 € – ½ P

– ☎ 05 53 22 50 47 – www.la-metairie.com – Ouvert 25 mars-5 nov. et vacances de Noël

MAXILLY-SUR-LÉMAN – 74 (Haute-Savoie) ➜ voir Évian-les-Bains

MAYENNE

✉ 53100 (Mayenne) – 13 257 hab. – Alt. 124 m – Carte régionale n° **35**-C1
🚗 Paris 283 km – Alençon 61 km – Flers 56 km – Fougères 47 km
Carte Michelin 310-F5 – Guide Vert Michelin Pays de la Loire

🕸 **L'Éveil des Sens** (Nicolas Nobis)   AC

CUISINE MODERNE · À LA MODE XX Des cuissons et assaisonnements précis, une créativité bien maîtrisée, des produits de qualité : cette table réveille les papilles et y laisse une empreinte durable. Décor sobre et moderne.
→ Foie gras de canard à la badiane et fenouil confit. Saint-pierre, étuvée de chou-rave et coquillages. Croustillant chocolat et praliné, glace au café blanc.
Formule 21 € – Menu 39/65 €

429 bd Paul-Lintier – ℰ 02 43 30 42 17 (réservation conseillée)
– www.restaurant-leveildessens.fr – Fermé 8-29 août, 24 déc.-7 janv., mardi midi, dim. soir et lundi

rte de Laval au Sud par N162 – ✉ 53100 Mayenne :

🍴 **La Marjolaine**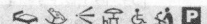

CUISINE TRADITIONNELLE · ÉLÉGANT XxX Au sein de ce domaine verdoyant, dans un cadre élégant – dont une agréable terrasse –, une cuisine qui honore la tradition à travers des recettes telles que ces langoustines rôties, tomates et légumes à la grecque ou encore cette langue de bœuf braisée et jus de truffe.
🍽 Menu 20 € (déj. en semaine), 33/48 € – Carte 53/74 €

au domaine du Bas-Mont, à 6,5 km – ℰ 02 43 00 48 42 – www.lamarjolaine.fr
– Fermé vacances de fév. et de Noël, vend. soir, sam. midi et dim. soir du 1ᵉʳ oct. à Pâques

🍴 **Beau Rivage**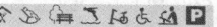

CUISINE TRADITIONNELLE · AUBERGE XX Au bord de la Mayenne, avec une jolie terrasse, l'adresse a des airs de guinguette, et c'est avec plaisir que l'on atteint les rivages de la gourmandise grâce à l'appétissante cuisine traditionnelle du chef... et sa rôtissoire, où l'on voit cuire doucement brochettes de poisson, gigots de lotte, pigeons et autres cailles.
🍽 Formule 15 € – Menu 19/40 € – Carte 30/53 €
8 chambres – ♦66 € ♦♦79 € – ☲ 9 €

rte de St-Baudelle, à 4 km – ℰ 02 43 00 49 13 – www.restaurantbeaurivage.com
- www.salle-reception-53.fr – Fermé dim. soir et lundi

🏠 **La Marjolaine**

RURAL · FONCTIONNEL Près de Mayenne, mais en pleine nature : dans le parc aux arbres centenaires coule une rivière... On peut loger dans le joli château (17ᵉ s.) ou dans les différents pavillons disséminés dans la verdure. Les chambres arborent des styles variés, du classique au contemporain avec sauna privatif ! Espace détente, prêt de vélos.
41 chambres – ♦63/125 € ♦♦63/125 € – ☲ 11 €

au domaine du Bas-Mont, à 6,5 km – ℰ 02 43 00 48 42 – www.lamarjolaine.fr
– Fermé vacances de fév. et de Noël

🍴 **La Marjolaine** – voir les restaurants ci-dessus

MAZAMET
✉ 81200 (Tarn) – 10 093 hab. – Alt. 241 m – Carte régionale n° **29**-C2
▶ Paris 739 km – Albi 64 km – Carcassonne 50 km – Castres 21 km
Carte Michelin 338-G10

🏠 **La Villa de Mazamet**   ✿ ⊏ ☲ ⌗

VILLA · ÉLÉGANT Les propriétaires ? Deux Anglais tombés amoureux du Sud et de cette très belle maison de maître (1935), avec son grand escalier en pierre, ses moulures, ses cheminées en marbre, etc. Les chambres, spacieuses et lumineuses, sont raffinées ; l'accueil est charmant... Une superbe adresse.
5 chambres ☲ – ♦99/180 € ♦♦110/190 €

4 r. Pasteur – ℰ 05 63 97 90 33 – www.villademazamet.com – Ouvert 1ᵉʳ avril-31 oct.

MAZAN – 84 (Vaucluse) → voir Carpentras

MAZAYE

✉ 63230 (Puy-de-Dôme) – 715 hab. – Alt. 760 m – Carte régionale n° **5**-B2
▶ Paris 441 km – Clermont-Ferrand 23 km – Le Mont-Dore 32 km – Pontaumur 27 km
Carte Michelin 326-E8

🙂 Auberge de Mazayes   🏵 🏡 **P**

CUISINE TRADITIONNELLE · RUSTIQUE X Des moellons de basalte, du bois patiné... et tout le goût de l'Auvergne : feuilleté au cantal, truffade du Cantal et de l'Aveyron, truite au lard, petit salé aux lentilles vertes du Puy, pounti et fromages régionaux, etc. Sincère et généreux !

Formule 17 € – Menu 25 € (semaine), 32/46 € – Carte 30/53 €

à Mazayes-Basses – ℰ 04 73 88 93 30 – www.auberge-mazayes.com – Fermé 13 déc.-28 janv., dim. soir et lundi de sept. à avril et mardi midi

🏠 Auberge de Mazayes   ⛲ 🐾 ⚐ 🛝 **P**

AUBERGE · RUSTIQUE Cette belle ferme rustique est le pied-à-terre parfait pour sillonner la campagne auvergnate. Profitez des chambres coquettes et au calme, avant de repartir à l'assaut des monts Dôme.

15 chambres – ♦57/67 € ♦♦70/83 € – ⌑ 10 € – ½ P

*à Mazayes-Basses – ℰ 04 73 88 93 30 – www.auberge-mazayes.com
– Fermé 13 déc.-28 janv., dim. soir et lundi de sept. à avril et mardi midi*

🍴 **Auberge de Mazayes** – voir les restaurants ci-dessus

MAZEROLLES – 40 (Landes) → voir Mont-de-Marsan

MEAULNE

✉ 03360 (Allier) – 773 hab. – Alt. 185 m – Carte régionale n° **5**-B1
▶ Paris 307 km – Clermont-Ferrand 126 km – Moulins 96 km – Montluçon 31 km
Carte Michelin 326-C3 – Guide Vert Michelin Auvergne

🏰 Manoir du Mortier   ⛲ 🐾 ⚐ 🏊 🛝 **P** 🍴

HISTORIQUE · PERSONNALISÉ En pleine nature, à l'orée d'une forêt, manoir familial du 18ᵉ s. joliment restauré. Ciels de lit, tentures, objets anciens : les chambres sont très romantiques. Repas sur réservation, servi devant la cheminée ou en terrasse. Et même, pour les cavaliers, un box pour accueillir leur monture !

4 chambres ⌑ – ♦140/150 € ♦♦240/260 €

Le Mortier – ℰ 06 30 34 06 40 – www.manoirdumortier.fr – Ouvert avril à mi-nov.

MEAUX

✉ 77100 (Seine-et-Marne) – 53 623 hab. – Alt. 51 m – Carte régionale n° **19**-C1
▶ Paris 54 km – Compiègne 68 km – Melun 56 km – Reims 98 km
Carte Michelin 312-G2 – Guide Vert Michelin Île-de-France

🍽 La Grignotière

CUISINE TRADITIONNELLE · COSY XX Rénovée dans un style contemporain, cette Grignotière séduit avec son intérieur cosy et sa cheminée en état de marche... Au fil de l'année, on se régale par exemple d'huîtres, de coquillages et de beaux plateaux de fruits de mer, ou, pour les carnivores, de ris de veau aux morilles et de foie gras poêlé. Plaisant !

Formule 29 € – Menu 39/52 € – Carte 62/76 €

36 r. de la Sablonnière – ℰ 01 64 34 21 48 – Fermé août, sam. midi, mardi et merc.

à Germigny-l'Évêque 8 km au Nord-Est par D405 et D97 – ✉ 77910 – 1 359 hab. – Alt. 49 m

Le Gonfalon

CUISINE MODERNE • ÉLÉGANT XXX Fraîcheur et charme inondent la terrasse romantique de cette auberge en bord de Marne. On y apprécie une cuisine d'aujourd'hui, ambitieuse et joliment présentée, servie l'hiver au coin du feu, dans une salle cosy et intime... Au calme côté rivière, les chambres se révèlent bien confortables.

Menu 39 € (semaine), 48/80 € – Carte 60/90 €

8 chambres – †85/155 € ††90/175 € – ☕ 12 €

2 r. de l'Église – ✆ 01 64 33 16 05 – www.restaurantgonfalon.com – Fermé 16 fév.-14 mars, dim. soir et lundi

MEAUZAC

✉ 82290 (Tarn-et-Garonne) – 1 298 hab. – Alt. 76 m – Carte régionale n° **28**-B2

▶ Paris 628 km – Cahors 57 km – Montauban 16 km – Toulouse 67 km

Carte Michelin 337-D7

Manoir des Chanterelles

FAMILIAL • PERSONNALISÉ Un beau manoir flanqué de tourelles au cœur d'un parc et d'un verger de pommiers. Savane, Française, Orientale, Romantique et Zen : les chambres, confortables, offrent un décor bigarré et opulent. Piscine, tennis et espace bien-être pour la détente.

5 chambres ☕ – †90/120 € ††120/150 €

à Bernon-Boutounelle, 2170 rte de Castelsarrasin, 2 km au Nord par D45 – ✆ 05 63 24 60 70 – www.manoirdeschanterelles.com – Fermé 25 déc.-31 janv. et dim. hors saison

LES MÉES

✉ 04190 (Alpes-de-Haute-Provence) – 3 548 hab. – Alt. 410 m – Carte régionale n° **40**-B2

▶ Paris 733 km – Avignon 155 km – Digne-les-Bains 22 km – Marseille 115 km

Carte Michelin 334-D8

La Marmite du Pêcheur

CUISINE MODERNE • CONVIVIAL XX Au pied des Pénitents, ces célèbres rochers pointus, les gourmands n'ont pas à faire profil bas ! Dans cet ancien moulin, on se régale de spécialités de poisson et de produits de la mer (bouillabaisse sur commande). Décor contemporain dans la salle où trône encore la roue à aubes.

Menu 22 € (déj. en semaine), 38/58 € – Carte 52/96 €

bd des Tilleuls – ✆ 04 92 34 35 56 – www.lamarmitedupecheur.com – fermé mardi et merc.

© HandmadePictures/Fotolia.com

ON AIME...

La cuisine authentique et l'accueil chaleureux du **Refuge**, à Leutaz. Les bonnes viandes du **Beef Lodge**. L'emplacement idéal, en plein cœur de la station, du célèbre hôtel **Mont-Blanc**. Le superbe spa des **Fermes de Marie** l'un des plus beaux de Haute-Savoie.

MEGÈVE

✉ 74120 (Haute-Savoie) – 3 326 hab. – Alt. 1 113 m – Carte régionale n° **46**-F1
▶ Paris 598 km – Albertville 32 km – Annecy 60 km – Chamonix-Mont-Blanc 33 km
Carte Michelin 328-M5 – Guide Vert Michelin Alpes du Nord

Restaurants

❀❀ **1920**
CUISINE MODERNE · ÉLÉGANT XxX Dans ce luxueux domaine créé par les Rothschild en 1920, les plaisirs de la table se déclinent en produits nobles et recettes originales, sans oublier les grands classiques, tel le soufflé tradition Rothschild. Le tout accompagné d'une belle carte des vins où les célèbres crus de la famille sont à l'honneur !
→ Gamberonis du golfe de Gênes au caviar et crème Dubarry. Volaille de Bresse rôtie à la cheminée, mousseline de pomme de terre rattes et légumes d'antan. Soufflé tradition "Rothschild", salade d'oranges et granité Grand Marnier.
Menu 75 € ♀ (déj.), 90/130 € – Carte 115/170 €
Plan : BY-p – *Hôtel Chalet du Mont d'Arbois, 447 chemin de la Rocaille, par rte Edmond-de-Rothschild* – ℰ 04 50 21 25 03 – www.mont-darbois.fr
– *Ouvert de juin à sept. et de début déc. à mi-avril et fermé mardi midi et lundi sauf vacances scolaires et dim. soir*

❀ **La Table de l'Alpaga**
CUISINE MODERNE · ÉLÉGANT XX Qu'il est déjà plaisant de prendre place dans cet endroit sobre et chic... En lisant la carte, très attrayante, on comprend bien la volonté du chef : proposer une cuisine pleinement ancrée dans notre époque, faire découvrir des saveurs oubliées, travailler des produits régionaux, jouer la légèreté... Un délicieux programme !
→ Jaune d'œuf de ferme confit, le blanc soufflé, chanterelles et mouillettes à la truffe. Féra pochée à la truffe, topinambour et cerfeuil. Tatin de coing servie tiède, sablé nougatine et sorbet fenouil-badiane.
Menu 65 € (déj.), 95/125 € – Carte 80/120 €
Hôtel Alpaga, rte du Prariand, (66 allée des Marmousets), 1,5 km par D1212 et rte secondaire – ℰ 04 50 91 48 70 – www.alpaga.com
– *Ouvert mi-juin à mi-sept. et 4 déc.-10 avril et fermé merc. midi, jeudi midi, vend. midi, lundi et mardi*

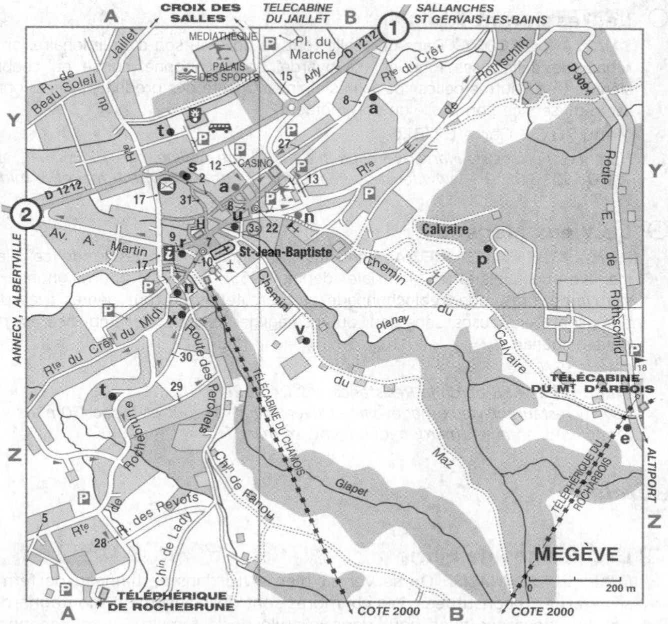

Arly (R. d')	**AY**	2
Bouchet (Rte du)	**AZ**	5
Eglise (Pl. de l')	**AY**	7
Feige (R. Ch.)	**ABY**	8
Martin (R. A.)	**AY**	9
Monseigneur-Conseil (R.)	**AY**	10

Muffat-de-St-Amour (R. du Gén.)	**AY**	12
Oberstdorf (R.)	**BY**	13
Palais des Sports (Rte du)	**ABY**	15
Poste (R. de la)	**AY**	17
Résistance (Pl. de la)	**AY**	22

St-François (R.)	**ABY**	27
Téléphérique (Rte du)	**AZ**	28
Torrents (R. des)	**AZ**	29
Verte (Allée)	**AZ**	30
5-Rues (Passage des)	**AY**	31

😊 Flocons Village 🛏

CUISINE MODERNE · AUBERGE XX La deuxième adresse d'Emmanuel Renaut, le chef bien connu des Flocons de Sel (Leutaz). Ces Flocons-ci font fondre de plaisir avec une cuisine actuelle soignée et des plats du terroir d'une grande finesse : terrine de volaille maison à la confiture d'oignons au vin rouge, paleron de bœuf braisé à la mondeuse... Fameux !

Menu 32/39 € – Carte 41/62 €

Plan : AY-a – 75 r. St-François – ☎ 04 50 78 35 01 – www.floconsdesel.com

⅋○ Beef Lodge 🛇 🅿

CUISINE CLASSIQUE · ÉLÉGANT XX Un vrai repaire de carnivores, au décor très "animal" : trophées, peaux de bête, cuir... Dans la lignée des steakhouses américains, on y propose des viandes de grande qualité, sélectionnées – et maturées – avec soin : bœuf Black Angus ou Simmental, premium du Texas... Le tout dans les règles de l'art : avis aux amateurs !

Carte 57/160 €

Plan : AY-s – Hôtel Lodge Park, 100 r. d'Arly – ☎ 04 50 93 05 03
– Ouvert 19 déc.-6 avril et juil.-août

Question de standing : n'attendez pas le même service
dans un X ou un 🏠 que dans un XXXXX ou un 🏨🏨🏨.

⫘○ Le Restaurant Alpin

SAVOYARDE · COSY 🕇 Dans une salle tout en bois, au son d'un limonaire, on se régale de délicieuses fondues (savoyarde, bourguignonne, suisse ou chablaisienne...) et d'autres belles spécialités alpines. Qualité des produits, professionnalisme du service : on passe un bon moment.

Menu 70 € – Carte 62/81 €

Hôtel Les Fermes de Marie, 163 chemin de la Riante-Colline, par D1212
– ☏ 04 50 93 03 10 – www.fermesdemarie.com – Fermé 4 avril-31 mai et le midi

⫘○ Le Vieux Megève

SAVOYARDE · RUSTIQUE 🕇 Authenticité montagnarde : le credo de ce Vieux Megève, une institution familiale depuis 1965. Fondues bourguignonne et savoyarde, brasérade, reblochonnade et charcuteries en tous genres : les portions sont généreuses, sans pour autant négliger le goût. Et l'ambiance est rustique à souhait...

Carte 35/65 €

Plan : BY-n – *58 pl. de la Résistance – ☏ 04 50 21 16 44*
– www.restaurant-vieux-megeve.fr – Ouvert 11 juil.-31 août et 11 déc.-30 mars et fermé lundi en hiver, mardi midi en janv. et mars

Hôtels

⫘⫘ Les Fermes de Marie

LUXE · PERSONNALISÉ On se verrait bien vivre dans ce hameau de fermes savoyardes reconstituées. Les chambres sont délicieusement montagnardes, boisées, décorées avec goût dans le style de la famille Sibuet, reconnaissable entre mille... Et le spa est superbe. Un véritable paradis des neiges !

60 chambres ⌂ – 🕇329/1119 € 🕇🕇358/1298 € – 10 suites – ½ P
163 chemin de la Riante-Colline, par D1212 – ☏ 04 50 93 03 10
– www.fermesdemarie.com – Fermé 4 avril-30 mai

⫘○ **Le Restaurant Alpin** – voir les restaurants ci-dessus

⫘⫘ Le Fer à Cheval

LUXE · ALPIN Pourquoi le Fer à Cheval ? En hommage au forgeron du village, qui bâtit ce superbe chalet en 1938. Ici, l'esprit alpin est sublimé : entre bois et objets montagnards, tout n'est que chaleur et raffinement... Autres atouts : un spa grandiose et une table où l'on célèbre les spécialités savoyardes !

38 chambres ⌂ – 🕇320/720 € 🕇🕇320/720 € – 15 suites – ½ P
Plan : BY-a – *36 rte Crêt-d'Arbois – ☏ 04 50 21 30 39*
– www.feracheval-megeve.com – Ouvert de fin juin à début sept. et de mi-déc. à mi-avril

⫘⫘ Lodge Park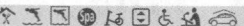

LUXE · ALPIN Atypique, chic et hors du temps : ce Lodge Park est tout cela à la fois. L'ambiance ? Celle d'une maison de trappeur dans le Grand Nord. Trophées de chasse, peaux de bêtes aux murs, cornes et bustes bovins... depuis les chambres, élégantes et chaleureuses, jusqu'au superbe spa "Pure Altitude" !

38 chambres – 🕇290/790 € 🕇🕇290/790 € – 11 suites – ⌂ 26 €
Plan : AY-s – *100 r. d'Arly – ☏ 04 50 93 05 03 – www.lodgepark.com*
– Ouvert 19 déc.- 6 avril et juillet-août

⫘○ **Beef Lodge** – voir les restaurants ci-dessus

M de Megève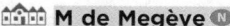

LUXE · ALPIN L'esprit savoyard et le grand confort se sont donné rendez-vous dans cet imposant chalet du cœur de Megève ! Le bois y est omniprésent, notamment dans les chambres, chic et chaleureuses ; on profite également d'un superbe spa, d'un hammam et d'une piscine avec jacuzzi.

22 suites ⌂ – ♟♟400/1300 € – 20 chambres – ½ P

Plan : AZ-x – *15 rte de Rochebrune* – *€ 04 50 21 41 09* – *www.mdemegeve.com* – *Ouvert 18 déc.-10 avril et 1ᵉʳ juil.-28 août*

Chalet du Mont d'Arbois

LUXE · ALPIN Sous l'égide de la famille Rothschild, trois grands chalets très chic, chaleureux et raffinés, avec une vue sublime sur les sommets : toute la féerie de Megève. Ou l'art d'apprécier le luxe d'une piscine intérieure-extérieure chauffée à 30° C, comme celui d'un dîner romantique...

41 chambres – ♟300/1240 € ♟♟300/4600 € – 8 suites – ⌂ 32 € – ½ P

Plan : BY-p – *447 chemin de la Rocaille, par rte Edmond-de-Rothschild* – *€ 04 50 21 25 03* – *www.mont-darbois.fr* – *Ouvert de juin à sept. et de début déc. à mi-avril*

❀❀ **1920** – voir les restaurants ci-dessus

Le Chalet Zannier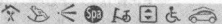

LUXE · ALPIN Un ensemble de trois superbes chalets savoyards, possédant un joli centre de détente avec piscine, hammam et sauna. L'esprit de luxe montagnard règne dans les chambres, sobres et chic, jamais tape-à-l'œil, et dans les nombreux services (navette privée vers la station).

9 chambres ⌂ – ♟550/4000 € ♟♟550/4000 € – 3 suites – ½ P

367 rte du Crêt – *€ 04 50 21 01 01* – *www.lechaletzannier.com* – *ouvert mi-déc. à mi-avril*

Alpaga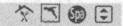

LUXE · ALPIN Ce hameau de chalets très chic cultive sa différence à l'écart de la station : les chambres sont superbes dans leur esprit épuré – et néanmoins chaleureux –, loin des chalets les plus traditionnels. Mention spéciale pour le délicieux spa et son bain suédois avec vue sur le massif du Mont-Blanc...

22 chambres ⌂ – ♟230/955 € ♟♟230/955 € – 10 suites

rte du Prariand, (66 allée des Marmousets), 1,5 km par D1212 et rte secondaire – *€ 04 50 91 48 70* – *www.alpaga.com* – *Ouvert mi-juin à mi-sept. et 4 déc.-10 avril*

❀ **La Table de l'Alpaga** – voir les restaurants ci-dessus

Mont-Blanc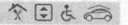

LUXE · GRAND STYLE Le mythique doyen des hôtels megévans, magnifiquement illuminé le soir venu : le "21ᵉ arrondissement de Paris" selon Cocteau, qui y a laissé son empreinte. Du faste, un bar à champagne, le charme des sports d'hiver... la belle vie, très mondaine, en plein cœur de la station !

35 chambres – ♟295/690 € ♟♟295/1050 € – 3 suites – ⌂ 26 €

Plan : AY-r – *29 r. Ambroise-Martin, (pl. de l'Église)* – *€ 04 50 21 20 02* – *www.hotelmontblanc.com* – *Ouvert de déc. à avril*

Chalet St-Georges

TRADITIONNEL · PERSONNALISÉ Des livres anciens disséminés un peu partout ? Oui ! On peut les consulter dans le ravissant salon à l'atmosphère "so British", ou douillettement lové dans son lit. Cuisine iodée et spécialités régionales à la Table du Pêcheur, très cosy. Boiseries, viandes rôties, terroir et belle carte des vins à la Table du Trappeur.

19 chambres ⌂ – ♟231/455 € ♟♟256/620 € – 5 suites – ½ P

Plan : AY-n – *159 r. Mgr-Conseil* – *€ 04 50 93 07 15* – *www.chaletsaintgeorges.com* – *Ouvert de fin juin à mi-sept. et de mi-déc. à mi-avril*

🏠 La Ferme du Golf   🅿️

HÔTEL DE VACANCES · COSY Au pied des remontées mécaniques, un sympathique hôtel – jadis une ferme – avec des chambres bien tenues, plus calmes côté vallée. Dans un joli salon décoré à l'écossaise, on dispute une partie de billard non loin de la cheminée, avant de rejoindre, pourquoi pas, le jacuzzi... Quelques duplex pour les familles.

19 chambres – ♦85/405 € ♦♦85/405 € – ⌔ 19 €

Plan : BZ-e – *3048 rte Edmond-de-Rothschild* – ☏ 04 50 21 14 62
– *www.mont-darbois.fr – Ouvert de début juin à fin sept. et de début déc. à mi-avril*

🏠 Au Cœur de Megève   ☆ 🖼️

FAMILIAL · COSY Un hôtel idéalement situé au cœur de la station. Déco montagnarde et actuelle dans les chambres ; vue sur les pistes ou sur le village et le torrent. Typique, pratique et bien tenu ! Au restaurant, place à la tradition.

36 chambres – ♦100/254 € ♦♦100/254 € – 7 suites – ⌔ 13 €

Plan : AY-u – *44 av. Charles-Feige* – ☏ 04 50 21 25 30 – *www.hotel-megeve.com*

🏠 La Grange d'Arly   ☆ 🖼️ 👤 ✂️ �car

FAMILIAL · FONCTIONNEL Hôtel familial impeccablement tenu. Les chambres sont assez spacieuses (quelques-unes mansardées ou en duplex) et le bois naturel domine. Une valeur simple et sûre ! Au restaurant, cuisine traditionnelle et spécialités savoyardes.

22 chambres ⌔ – ♦122/226 € ♦♦140/375 € – ½ P

Plan : AY-t – *10 r. des Allobroges* – ☏ 04 50 58 77 88 – *www.grange-darly.com*
– *Ouvert de fin juin à début-sept. et de mi-déc. à fin mars*

🏠 La Chaumine   🐾 ← 🛏️ ✂️ �car

FAMILIAL · FONCTIONNEL À 300 m du village et de la télécabine du Chamois, une ferme du 19e s. joliment restaurée à la mode savoyarde. On entre par un petit salon coquet, typiquement megèvan, un vrai cocon de montagne. Les chambres sont douillettes et... très au calme !

11 chambres – ♦85/131 € ♦♦90/131 € – ⌔ 12 €

Plan : BZ-v – *36 chemin des Bouleaux, (par chemin du Maz)* – ☏ 04 50 21 37 05
– *www.hotel-lachaumine-megeve.com – Ouvert de mi-juin à mi-sept. et de mi-déc. à mi-avril*

🏠 Au Coin du Feu   ☆ ← 🖼️

FAMILIAL · COSY Des cheminées, de jolis motifs floraux habillant toutes les chambres : une atmosphère authentique, familiale et chic. Petit espace bien-être avec salle de massage. Spécialités traditionnelles et fromagères servies dans une élégante taverne montagnarde.

23 chambres – ♦110/265 € ♦♦170/485 € – ⌔ 18 € – ½ P

Plan : AZ-t – *252 rte de Rochebrune* – ☏ 04 50 21 04 94 – *www.coindufeu.com*
– *Ouvert de mi-juin à mi sept. et de mi-déc. à mi-avril*

à Leutaz 4 km au Sud-Ouest par rte du Bouchet (Plan : AZ) – ✉️ 74120 Megeve

✿✿✿ Flocons de Sel (Emmanuel Renaut)   

CRÉATIVE · ÉLÉGANT 🗙🗙🗙 Plusieurs chalets au-dessus de Megève... Suivez les sommets, vous rencontrerez Emmanuel Renaut. Voilà bien un grand cuisinier, habité par la passion de la montagne : si ses recettes possèdent une vraie signature, elles apparaissent aussi infiniment proches de la nature !

➜ Écrevisses du lac Léman sur un crémeux des carcasses. Pomme de ris de veau dorée, mousseline échalote et prune, jus à la rue et marjolaine. Tarte chaude au chocolat fumé, crème glacée au bois de nos montagnes.

Menu 99 € (déj.), 215/390 € – Carte 115/230 €

1775 rte du Leutaz, 4 km au Sud-Ouest par rte du Bouchet – ☏ 04 50 21 49 99
– *www.floconsdesel.com – Fermé 9 mai-8 juin et 31 oct.-1er déc., mardi et merc.*

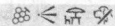

🍴 La Sauvageonne - Chez Nano

CUISINE TRADITIONNELLE · COSY XX Comme prévu, cette Sauvageonne marque les esprits par son extravagance. L'ambiance est très showbiz : bar lounge avec DJ, salon fumoir, une clientèle d'habitués qui sont ici chez eux... À l'étage, on déguste une cuisine française préparée avec de beaux produits, complétée par une courte carte asiatique.

Carte 63/93 €

– ℰ 04 50 91 90 81 – www.restaurant-sauvageonne.com – Ouvert 10 déc.-15 avril et fermé le midi

🍴 Le Refuge

CUISINE TRADITIONNELLE · AUBERGE XX Un charmant Refuge, typique et convivial, sur les hauteurs de la station. On y sert une vraie cuisine de chef, fine et goûteuse, et les incontournables savoyards bien sûr.

Formule 24 € – Menu 29 € (déj.) – Carte 45/60 €

2615 rte du Leutaz – ℰ 04 50 21 23 04 – www.refuge-megeve.com
– Fermé juin, mi-oct. à début déc., dim. soir, lundi, mardi et merc. hors saison

🏨 Flocons de Sel

LUXE · DESIGN Les Flocons de Sel sont aussi un hôtel charmant ! Les chambres, réparties dans trois chalets, dévoilent le meilleur du chic montagnard : bois omni-présent, grands lits, salles de bains design... Le spa (avec sauna et hammam), la piscine couverte et le bain suédois achèvent d'en faire un lieu à part.

7 chambres – 🛏290/580 € 🛏🛏290/580 € – 3 suites – ☑ 25 € – ½ P

1775 rte du Leutaz, 4 km au Sud-Ouest par rte du Bouchet – ℰ 04 50 21 49 99
– www.floconsdesel.com – Fermé 9 mai-8 juin et 31 oct.-1er déc.

❀❀❀ **Flocons de Sel** – voir les restaurants ci-dessus

MEILLONNAS

✉ 01370 (Ain) – 1 295 hab. – Alt. 271 m – Carte régionale n° **44**-B1
▶ Paris 432 km – Bourg-en-Bresse 12 km – Mâcon 47 km – Nantua 37 km
Carte Michelin 328-F3 – Guide Vert Michelin Lyon et sa région

🍴 Auberge Au Vieux Meillonnas

CUISINE TRADITIONNELLE · AUBERGE X Dans ce charmant village, cette ferme bressane offre un cadre délicieusement champêtre : carreaux en ciment, pierres et poutres, grand jardin... sans parler des plats, très joliment ficelés. Le chef maîtrise un large répertoire, authentiquement régional ou plus moderne, et son menu surprise permet de démultiplier les plaisirs !

🍴 Menu 18 € (déj. en semaine), 25/38 € – Carte 31/58 €

Le Mollard – ℰ 04 74 51 34 46 – www.auvieuxmeillonnas.fr – Fermé 1 semaine vacances de printemps, 16 août-4 sept., 1 semaine vacances de fév., mardi soir, dim. soir et merc.

MEISENTHAL

✉ 57960 (Moselle) – 691 hab. – Alt. 380 m – Carte régionale n° **27**-D2
▶ Paris 440 km – Haguenau 47 km – Sarreguemines 38 km – Saverne 40 km
Carte Michelin 307-P5

🏠 Auberge des Mésanges

AUBERGE · RUSTIQUE Au cœur du parc naturel des Vosges du Nord, une auberge familiale dans une maison centenaire postée à la lisière de la forêt. Au programme : des petites chambres toutes simples et une cuisine traditionnelle au restaurant (tartes flambées le soir). Parfait pour visiter le centre international d'Art verrier.

20 chambres – 🛏55/72 € 🛏🛏55/72 € – ☑ 10 € – ½ P

r. des Vergers – ℰ 03 87 96 92 28 – www.aubergedesmesanges.fr – Fermé 22 fév.-14 mars et 24 déc.-2 janv.

MÉJANNES-LÈS-ALÈS - 30 (Gard) → voir Alès

MELLE

✉ 79500 (Deux-Sèvres) – 3 673 hab. – Alt. 138 m – Carte régionale n° **39**-C2
▶ Paris 394 km – Niort 30 km – Poitiers 60 km – St-Jean-d'Angély 45 km
Carte Michelin 322-F7 – Guide Vert Michelin Poitou-Charentes

Les Glycines

CUISINE MODERNE • COSY XX La jolie véranda de ce restaurant couvert de glycines dissimule un décor contemporain et cossu. On y revisite les plats régionaux – tel ce lapin farci à la tapenade et au fromage de chèvre – et il y a un menu du jour à la brasserie. Chambres coquettes.

Formule 22 € – Menu 29/45 € – Carte 42/59 €
7 chambres – †59/74 € ††65/80 € – ☕ 9 €
5 pl. René Groussard – ✆ 05 49 27 01 11 – www.hotel-lesglycines.com – Fermé 4- 17 janv., vend. soir et sam. midi de nov. à fevrier et dim. soir

La Table de L'Argentière

CUISINE MODERNE • COSY XX Un cadre séduisant, cosy et feutré – tendance mais sans excès –, pour cette Table qui propose une cuisine dans l'air du temps et, au déjeuner en semaine, une formule brasserie.

Formule 13 € – Menu 20 € (déj. en semaine), 24/42 € – Carte 50/70 €
Hôtel L'Argentière, à St-Martin, 2 km sur rte de Niort – ✆ 05 49 29 13 74 – www.restaurantlargentiere.fr – Fermé 24 déc.-2 janv., dim. soir et lundi

L'Argentière

TRADITIONNEL • FONCTIONNEL L'enseigne évoque les anciennes mines d'argent qui firent jadis la fortune de la ville. Les chambres sont fonctionnelles et bien tenues ; préférez celles – plus calmes et spacieuses – donnant sur l'arrière du bâtiment.

26 chambres – †62/73 € ††68/79 € – ☕ 8,50 €
à St-Martin, 2 km sur rte de Niort – ✆ 05 49 29 13 22 – www.largentiere.com – Fermé 24 déc.-4 janv.
La Table de L'Argentière – voir les restaurants ci-dessus

MELLO

✉ 60660 (Oise) – 668 hab. – Alt. 37 m – Carte régionale n° **36**-B3
▶ Paris 69 km – Amiens 88 km – Beauvais 33 km – Pontoise 45 km
Carte Michelin 305-F5

Relais du Jeu d'Arc

CUISINE TRADITIONNELLE • AUBERGE X Une ancienne écurie – au style typiquement régional – sert de cadre à ce sympathique restaurant : parfait pour déguster une cuisine traditionnelle près d'une belle cheminée en pierre ou sur la terrasse, au pied du château de Mello.

Formule 18 € 🍷 – Menu 27 € (semaine), 35/40 € – Carte environ 55 €
pl. du Jeu-d'Arc – ✆ 03 44 56 85 00 – www.relais-jeu-arc.com – Fermé août, 24 déc.-2 janv., dim. et lundi

Relais du Jeu d'Arc

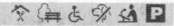

AUBERGE • PERSONNALISÉ Cet ancien relais de poste – dont les origines remontent au 17e s. – propose de confortables chambres au charme pittoresque, avec pierres et poutres apparentes. Certaines d'entre elles, avec mezzanine, sont parfaites pour accueillir les familles. Une agréable étape !

14 chambres – †77/125 € ††77/125 € – ☕ 10 €
pl. du Jeu-d'Arc – ✆ 03 44 56 85 00 – www.relais-jeu-arc.com – Fermé août et 24 déc.-2 janv.
Relais du Jeu d'Arc – voir les restaurants ci-dessus

MELUN

✉ 77000 (Seine-et-Marne) – 40 503 hab. – Agglo. 107 705 hab. – Alt. 43 m
– Carte régionale n° **19**-C2

▶ Paris 47 km – Fontainebleau 18 km – Orléans 104 km – Troyes 128 km
Carte Michelin 312-E4 – Guide Vert Michelin Île-de-France

🍴○ La Bodega   ᴴ

ESPAGNOLE · À LA MODE 🅇 On vient ici pour retrouver l'esprit de l'Espagne et sa savoureuse cuisine, en particulier celle des Asturies, d'où est originaire la famille propriétaire. Au menu, des produits de belle qualité – dont une délicieuse charcuterie – et des recettes alléchantes : paella bodega, bacalao aïoli, chipirones fritos... On est comblé !

Formule 19 € – Carte 33/61 €

Plan : AZ-d – *18 quai Hippolyte-Rossignol* – ✆ *01 64 37 10 57*
– *www.bodega-melun.fr* – *Fermé 6-30 août, 23 déc.-5 janv., sam. midi, dim. et lundi*

à Crisenoy 10 km au Nord par D636 – ✉ 77390 – 635 hab. – Alt. 89 m

🍴○ Auberge de Crisenoy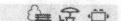

CUISINE TRADITIONNELLE · ÉLÉGANT 🅇🅇 Au cœur d'un petit village, cette auberge a une belle âme : pierre brute, poutres, cheminée... autour d'une cuisine marquée du sceau de la tradition. Une adresse qui compte une clientèle fidèle d'habitués.

Menu 24 € (déj. en semaine), 34/52 € – Carte 46/59 €

23 r. Grande – ✆ *01 64 38 83 06* – *Fermé 1 semaine en fév., 28 juil.-19 août, 21-30 déc., dim. soir, lundi et mardi*

à Vaux-le-Pénil 3 km au Sud-Est – ✉ 77000 – 10 730 hab. – Alt. 60 m

🍴○ La Table St-Just

CUISINE MODERNE · ÉLÉGANT 🅇🅇🅇 Belle atmosphère dans cette ancienne ferme dépendant du château de Vaux-le-Pénil, où dominent les pierres et les poutres apparentes – dont une haute charpente en chêne dans la salle principale. Au menu, une cuisine gastronomique dans l'air du temps.

Formule 35 € – Menu 52/110 € – Carte 70/95 €

Plan : X-s – *r. de la Libération, (près du château)* – ✆ *01 64 52 09 09*
– *www.restaurant-latablesaintjust.com* – *Fermé 24 avril-5 mai, août, 23 déc.-4 janv., dim., lundi et fériés*

MENDE

✉ 48000 (Lozère) – 11 908 hab. – Alt. 731 m – Carte régionale n° **23**-C1
▶ Paris 584 km – Alès 102 km – Aurillac 150 km – Gap 305 km
Carte Michelin 330-J7

Plan page 1033

🅶 Restaurant de France

CUISINE MODERNE · ROMANTIQUE 🅇🅇 Gratin de langoustines et julienne de légumes et béarnaise minceur ; tournedos de pied de cochon en crépinette, sauce ravigote légère... Le chef concocte une bonne cuisine du marché qui fait la part belle aux produits du terroir, et l'équipe compétente et motivée rend ce moment agréable. Un lieu sympathique !

Formule 28 € – Menu 32/56 € – Carte 42/55 €

Plan : -v – *Hôtel de France, 9 bd Lucien-Arnault* – ✆ *04 66 65 00 04*
– *www.hoteldefrance-mende.com* – *Fermé 26 déc.-15 janv., lundi midi hors saison et sam. midi*

LE MÉE-SUR-SEINE

Courtilleraies (Av. des) ..... **X** 10
Dauvergne (Av. M.)........ **X** 12

MELUN

Alsace-Lorraine (Q.) ..... **BZ** 2
Carnot (R.)............. **AY** 3
Chartrettes (Rte de) .... **X** 6
Chasse (R. de la) .... **X** 7
Corbeil (Av. de) .... **X** 8
Courtille (R. de la) ..... **BZ** 9
Doumer (R. Paul) .... **BY** 13
Europe (Rd-Pt de l').... **X** 14
Gallieni (Pl.) .... **X** 17
Gaulle (Av. du Gén. de)... **X** 18
Godin (Av. E.) .... **AZ** 19
Jean-Jaurès (Av.)....... **X** 20
Leclerc (Av. Gén.) .... **X** 22
Libération (Av. de la) ..... **X** 23
Miroir (R. du) .... **AY** 25
Montagne-du-Mée
  (R. de la) .... **AY** 26
Pompidou (Av. G.)....... **X** 33
Pouteau (R. René) .... **BY** 34
Prés.-Despatys (R.)....... **AY** 35
Rossignol (Q. H.) .... **X** 39
St-Ambroise (R.)......... **AZ**
St-Aspais (R.) .... **BY** 41
St-Étienne (R.)......... **AZ** 43
Thiers (Av.)......... **AZ, X** 46
Vaux (R. de) .... **X** 49
Voisenon (Rte de) .... **X** 53
13e-Dragons (Av.) .... **X** 60
31e-d'Inf. (Av. du) .... **X** 65

MENDE

Aigues-Passes (R. d') 2
Ange (R. de l') 3
Angiran (R. d') 4
Arjal (R. de l') 5
Beurre (Pl. au) 6
Blé (Pl. au) 7
Britexte (Bd) 8
Capucins (Bd des) 9
Carmes (R. des) 10
Chanteronne (R. de) 12
Chaptal (R.) 13
Chastel (R. du) 14
Collège (R. du) 18
Droite (R.) 19
Écoles (R. des) 20
Épine (R. de l') 21
Estoup (Pl. René) 22
Gaulle (Pl. Ch.-de) 23
Montbel (R. du Fg) 24
Piencourt (Allée) 25
Planche (Pont de la) 26
Pont N.-Dame (R. du) 27
République (Pl. et R.) 30
Roussel (Pl. Th.) 32
Soubeyran (Bd du) 33
Soubeyran (R.) 34
Soupirs (Allée des) 36
Urbain V (Pl.) 37

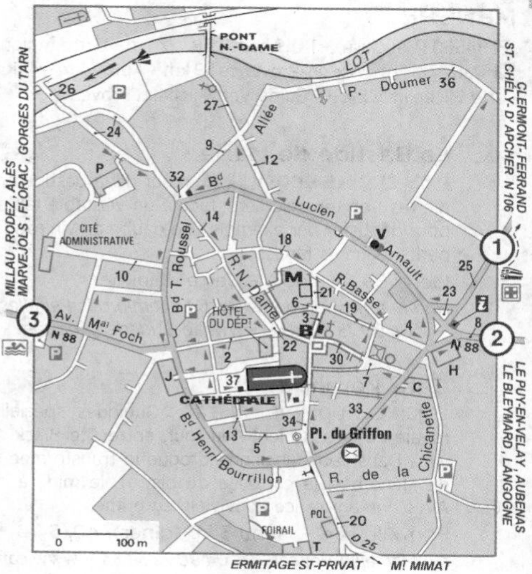

PONT N.-DAME
LOT
P. Doumer
Allée
Bd Lucien Arnault
Bd T. Roussel
CITÉ ADMINISTRATIVE
R. N.-Dame
R. Basse
Av. Mal Foch
N 88
HÔTEL DU DÉPT
CATHÉDRALE
Bd Henri Bourrillon
Pl. du Griffon
R. de la Chicanette
POL
FOIRAIL
D 25
0 100 m
MILLAU, RODEZ, ALÈS MARVEJOLS, FLORAC, GORGES DU TARN
CLERMONT-FERRAND ST-CHÉLY-D'APCHER N 106
LE PUY-EN-VELAY, AUBENAS LE BLEYMARD, LANGOGNE
ERMITAGE ST-PRIVAT
Mt MIMAT

⌂ **Hôtel de France** ◇ ⇕ ♿ A/C ⊘ ⚐ 🚗

FAMILIAL • MODERNE Un beau toit de lauze, des pierres : cette maison des années 1730 a du caractère et se révèle très accueillante. Fer forgé, bois wengé, tomettes, chambres aux lignes épurées : tout est charmant. On profite même d'un solarium, avec une superbe vue sur les toits et les collines environnantes...

32 chambres – 🚹98/120 € 🚹🚹105/130 € – 6 suites – ☕15 € – ½ P

Plan : -v – *9 bd Lucien-Arnault*
– ✆ 04 66 65 00 04 – www.hoteldefrance-mende.com
– Fermé 26 déc.-15 janv.

☺ **Restaurant de France** – voir les restaurants ci-dessus

⌂ **Le Pont Roupt** ◇ ≈ ⇕ ♿ ⚐ 🅿

FAMILIAL • FONCTIONNEL Au bord du Lot, une maison gérée en famille, avec des chambres fonctionnelles et bien tenues, ainsi qu'un restaurant traditionnel. Le plus : la piscine intérieure.

25 chambres – 🚹85/135 € 🚹🚹85/135 € – ☕13 € – ½ P

av. du 11-Novembre – ✆ 04 66 65 01 43 – www.hotel-pont-roupt.fr
– Fermé fév. et 17-26 déc.

à Chabrits 5 km à l'Ouest par D42 – ✉ 48000 Mende

☺ **La Safranière** ♿ ⊡

CUISINE MODERNE • FAMILIAL ✕✕ Une étape gourmande sur les premières marches du Gévaudan, sur le site d'une ancienne exploitation de safran. Dans un décor frais et coloré, on apprécie une jolie cuisine de saison ; les vins et fromages de la région sont à l'honneur.

Formule 21 € – Menu 25 € (semaine), 30/49 €

hameau de Chabrits – ✆ 04 66 49 31 54 (réservation conseillée)
– Fermé 15 fév.-14 mars, 5-12 sept., merc. midi sauf juil.-août, dim. soir et lundi

MÉNERBES

✉ 84560 (Vaucluse) – 1 019 hab. – Alt. 224 m – Carte régionale n° **42**-E1
▶ Paris 713 km – Aix-en-Provence 59 km – Apt 23 km – Avignon 40 km
Carte Michelin 332-E11 – Guide Vert Michelin Provence

⑩ La Bastide de Marie

PROVENÇALE · COSY ✗✗ Au cœur de la bastide en hiver, entre poutres et vieilles pierres ; en terrasse l'été, face à un véritable tableau de nature provençale. Idéal pour déguster par exemple une daube au vin rouge du domaine accompagnée de petits légumes farcis...

Menu 69 € (dîner) – Carte déjeuner

Hôtel La Bastide de Marie, 64 chemin des Peirelles, (rte de Bonnieux)
– ℰ 04 90 72 30 20 – www.labastidedemarie.com – Fermé janv. et fév.

⑩ Café Véranda 🖼 ⌂

CUISINE MODERNE · BISTRO ✗ Quelques spécialités : sole meunière, daurade royale en cuisson lente au four, entrecôte Black Angus à la sauce marchand de vin... Dans cette ancienne droguerie transformée en restaurant, sur les hauteurs de Ménerbes, la carte va du bistrot, le midi, à des plats plus élaborés le soir. Avec une ambiance conviviale en prime !

Formule 14 € – Menu 37 € (dîner), 40/64 € – Carte 38/85 €

av. Marcellin-Poncet – ℰ 04 90 72 33 33 – www.cafe-veranda.com – Fermé 23-26 déc., dim. soir de mi-oct. à fév. et lundi

🏠 La Bastide de Marie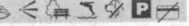

DOMAINE VITICOLE · PERSONNALISÉ Cette superbe bastide au cœur des vignes incarne l'esprit de la Provence. Pierres apparentes, meubles anciens, tissus nobles, coins et recoins... font le caractère de chaque chambre. Romantique et charmant, idéal pour se retrouver !

9 chambres ☲ – ♦130/630 € ♦♦370/830 € – 6 suites

64 chemin des Peirelles, (rte de Bonnieux) – ℰ 04 90 72 30 20
– www.labastidedemarie.com – Fermé janv. et fév.

⑩ **La Bastide de Marie** – voir les restaurants ci-dessus

🏠 La Bastide de Soubeyras

VILLA · MÉDITERRANÉEN Cette belle demeure en pierre sèche, perchée sur une colline, domine le village. Ravissantes chambres d'esprit bastide ; jardin et piscine pour le farniente.

5 chambres ☲ – ♦135/170 € ♦♦180/220 €

chemin des Alafoux, 2,5 km au Nord par rte des Beaumettes – ℰ 04 90 72 94 14
– www.bastidesoubeyras.com

MÉNESQUEVILLE

✉ 27850 (Eure) – 449 hab. – Alt. 65 m – Carte régionale n° **33**-D2
▶ Paris 100 km – Les Andelys 16 km – Évreux 53 km – Gournay-en-Bray 33 km
Carte Michelin 304-I5 – Guide Vert Michelin Normandie Vallée de la Seine

🏠 Au Relais de la Lieure 🔺 🛏 ⌂ 🅿

AUBERGE · RUSTIQUE À l'orée de la magnifique forêt de Lyons, cet hôtel-restaurant familial joue la carte de la simplicité et se concentre sur l'essentiel, à savoir une bonne literie et un entretien soigné. Le patron œuvre lui-même aux fourneaux, où il concocte des petits plats traditionnels.

14 chambres – ♦72/78 € ♦♦72/78 € – ☲ 8 € – ½ P

1 r. Gén. de Gaulle, (D321) – ℰ 02 32 49 06 21 – www.relaisdelalieure.com

MÉNESTÉROL – 24 (Dordogne) → voir Montpon-Ménestérol

MÉNESTREAU-EN-VILLETTE

✉ 45240 (Loiret) – 1 472 hab. – Alt. 122 m – Carte régionale n° **12**-C2
▶ Paris 160 km – La Ferté-St-Aubin 7 km – Orléans 30 km – Salbris 33 km
Carte Michelin 318-J5 – Guide Vert Michelin Châteaux de la Loire

😊 Le Relais de Sologne

CUISINE MODERNE · RUSTIQUE XX Voilà une auberge où les petits producteurs occupent le devant de la scène ! Le chef y tient tout particulièrement, lui qui signe une cuisine dans l'air du temps, avec du gibier en saison – Sologne oblige –, et agrémentée de notes exotiques... Inspirations rapportées de ses voyages.

Menu 29/47 € – Carte 53/62 €

63 pl. du 8-Mai-1945 – ℰ 02 38 76 97 40 – www.le-relais-de-sologne.com
– Fermé 2 semaines en fév., 1 semaine en août et aux vacances de Noël, dim. soir, lundi soir, mardi soir et merc.

🏠 La Ferme des Foucault

TRADITIONNEL · RUSTIQUE Ancienne ferme à colombages nichée au cœur de la forêt. Ses chambres, coquettes et très spacieuses, sont meublées dans un style rustique ; l'une d'elles dispose d'une terrasse.

3 chambres 🛏 – †85/95 € ††90/100 €

Les Foucault, au Nord-Est par D17, D16 et rte secondaire – ℰ 02 38 76 94 41
– www.ferme-des-foucault.com – Fermé de début janv. au 1er mars

LE MÉNIL – 88 (Vosges) → voir Le Thillot

LA MÉNOUNIÈRE – 17 (Charente-Maritime) → voir Île d'Oléron

MENTHON-ST-BERNARD

✉ 74290 (Haute-Savoie) – 1 894 hab. – Alt. 482 m – Carte régionale n° **46**-F1
▶ Paris 548 km – Albertville 37 km – Annecy 10 km – Bonneville 50 km
Carte Michelin 328-K5 – Guide Vert Michelin Alpes du Nord

😊 Le Confidentiel

CUISINE MODERNE · COSY X Au cœur de ce village dominant le lac, une petite adresse qui gagne à ne pas rester confidentielle : la cuisine, délicate et subtile, ravit les papilles ! On se régale, par exemple, de l'œuf cuit à basse température, façon meurette ou du cabillaud, bouillon de crustacés et légumes acidulés. Une excellente adresse.

Menu 31 €

24 rte des Moulins – ℰ 04 50 44 00 68 (réservation conseillée)
– www.restaurant-leconfidentiel.fr – Fermé 16-23 avril, 15-31 août, vacances de Noël, 1 semaine en janv., dim. et lundi

🍴 Le Viù

CUISINE MODERNE · À LA MODE XXX De la couleur, une vue imprenable sur le lac... Un restaurant chic, trendy et terriblement cosy, au service d'une cuisine d'aujourd'hui, fine et goûteuse. À noter qu'aux beaux jours, le Beach Palace, situé au bord du lac, prend le relais.

Formule 25 € – Menu 30/45 €

Hôtel Palace de Menthon, 665 rte des Bains – ℰ 04 50 64 83 00
– www.palacedementhon.com – Fermé juin, juil. et août

Palace de Menthon

TRADITIONNEL · FONCTIONNEL Entre lac et montagne, cet imposant hôtel de 1911 a un vrai cachet et cultive avec élégance l'art de recevoir... Le parc verdoyant et délicieux, les chambres confortables (mobilier de style), les restaurants, la belle piscine couverte creusée dans la roche, le sauna, le hammam : tout invite à la détente !

66 chambres – †129/320 € ††129/395 € – 6 suites – ☑ 18 €
665 rte des Bains – ℰ 04 50 64 83 00 – www.palacedementhon.com
⫩○ **Le Viù** – voir les restaurants ci-dessus

La Vallombreuse

FAMILIAL · PERSONNALISÉ Tout le cachet et la patine de l'ancien dans cette belle maison du 16ᵉ s. Les chambres sont grandes et joliment arrangées, dans un esprit classique ou savoyard ; le beau jardin est un véritable havre de tranquillité. Coup de foudre garanti !

5 chambres ☑ – †86/177 € ††99/190 €
*534 rte des Moulins, 700 m à l'Est par rte du Col de Bluffy – ℰ 04 50 60 16 33
– www.la-vallombreuse.com*

MENTON
 06500 (Alpes-Maritimes) – 29 073 hab. – Alt. 12 m – Carte régionale n° **42**-E2
▶ Paris 956 km – Cannes 63 km – Cuneo 102 km – Monaco 11 km
Carte Michelin 341-F5 – Guide Vert Michelin Côte d'Azur

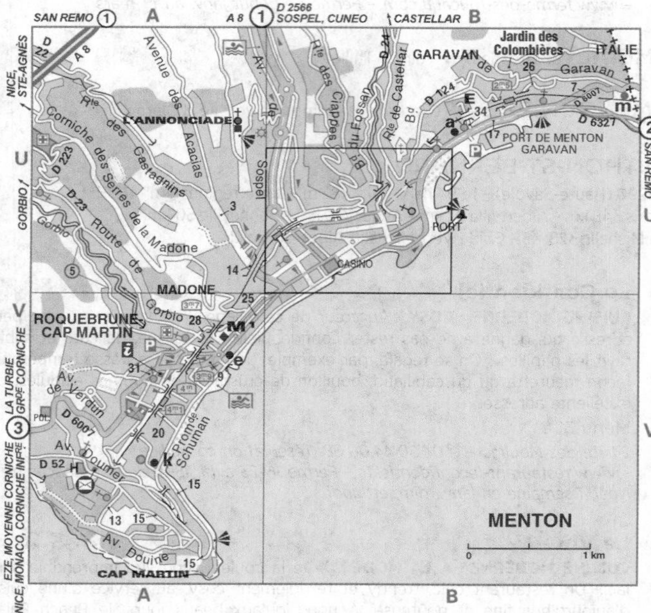

MENTON

Alliés
(Av. des) . . . . **AU** 3
Briand
(Av. A.). . . . . **BU** 7
Coty (Cours René) . . . . **AU** 14

France (Av. Porte de) . . . . **BU** 17
Madone (Av. de la) . . . . **AV** 25
Mansfield
(Av. K.). . . . . **BU** 26
Morillot (R. Paul) . . . . **AV** 28
St-Jacques
(Av.) . . . . **BU** 34

ROQUEBRUNE-CAP-MARTIN

Briand (Av. A.) . . . . **AV** 9
Centrale (Av.) . . . . **AV** 13
Churchill (Av. W.) . . . . **AV** 15
Monléon (Av. F. de) . . . . **AV** 20
Pasteur (Av. L.). . . . . **AV** 31

❀❀ **Mirazur** (Mauro Colagreco)

CRÉATIVE · DESIGN XxX Un lieu d'exception ! C'est d'abord un bel écrin, perché sur la corniche, grand ouvert sur l'azur de la Méditerranée et du ciel... C'est surtout une table excellente, portée par un chef inspiré : l'Argentin Mauro Colagreco signe un hymne unique aux plantes aromatiques, aux fleurs, aux légumes de son potager, aux agrumes, etc. Les saisons, la région sont illuminées.
→ Huîtres aux poires. Carré de veau, texture d'artichaut et sauce bagna cauda. "Naranjo en flor" : crème de safran, sorbet à l'orange et espuma à l'amande.

Menu 55 € (déj. en semaine), 85/140 € – Carte 115/135 €

Plan : BU-m – *30 av. Aristide-Briand* – *✆ 04 92 41 86 86 (réservation conseillée) – www.mirazur.fr* – *Fermé début janv. à mi-fév., début nov. à début déc., mardi sauf le soir en juil.-août et lundi*

⅋○ **Le Bistrot des Jardins**

CUISINE TRADITIONNELLE · FAMILIAL X "Ma ville est un jardin, mon restaurant est un jardin", revendique le chef, dont la carrière a débuté chez Ledoyen au début des années 1970. Nul doute, cet homme de métier sait cuisiner les produits – et l'esprit – du terroir méditerranéen ! Le repas est d'autant plus convivial en terrasse, aux airs de... jardin en ville.

Formule 23 € – Menu 30 € (déj. en semaine), 31/38 € – Carte 40/69 €

Plan : CY-e – *14 av. Boyer* – *✆ 04 93 28 28 09* – *www.lebistrotdesjardins.com – Fermé 7 nov.-7 déc., dim. soir et lundi*

MENTON

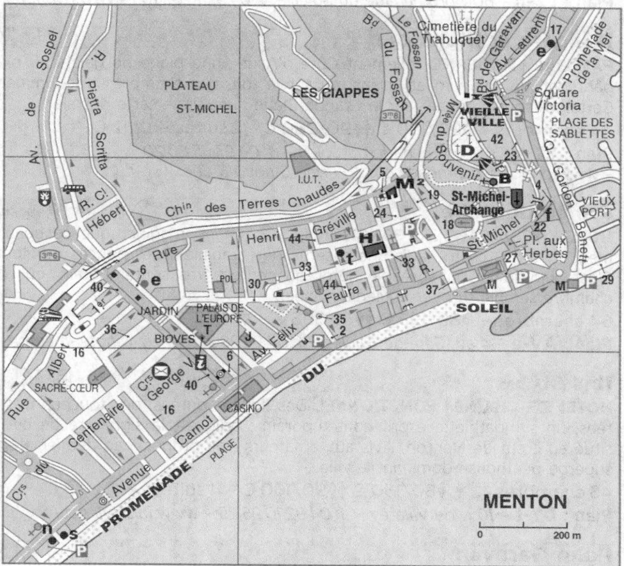

Adémar de Lantagnac (R. d')	**DY** 2	
Bonaparte (Quai)	**DX** 4	
Bosano (R. Lt)	**DY** 5	
Boyer (Av.)	**CYZ** 6	
Édouard-VII (Av.)	**CYZ** 16	
Félix-Faure (Av.)	**CDY**	
Gallieni (R. Gén.)	**DY** 18	
Guyau (R.)	**DY** 19	
Logettes (R. des)	**DY** 22	
Longue (R.)	**DX** 23	
Lorédan-Larchey (R.)	**DY** 24	
Monléon (Quai de)	**DY** 27	
Napoléon-III (Quai)	**DY** 29	
Partouneaux (R.)	**DY** 30	
République (R. de la)	**DY** 33	
St-Michel (R.)	**DY**	
St-Roch (Pl.)	**DY** 35	
Thiers (Av.)	**CY** 36	
Trenca (R.)	**DY** 37	
Verdun (Av. de)	**CYZ** 40	
Vieux-Château (R.)	**DX** 42	
Villarey (R.)	**DY** 44	

℃ La Coquille d'Or

ITALIENNE · BRASSERIE ✗ Une équipe 100% italienne a repris les rênes de cette sympathique adresse du vieux Menton. À la carte, de beaux produits de la mer – salade de poulpe, filet de daurade au basilic – mais aussi de belles saveurs transalpines, à l'image des traditionnels cannolis à la sicilienne. C'est simple et bon : courez-y !

Formule 16 € – Carte 40/70 €

Plan : DY-f – *1 quai Bonaparte* – ℰ *04 93 35 80 67* – *www.lacoquilledor.com* – *Fermé lundi hors saison*

Napoléon

HÔTEL DE VACANCES · MODERNE Un hôtel très Riviera ! Dans une atmosphère élégante et contemporaine, les chambres rendent de charmants hommages à leurs hôtes illustres (Cocteau, Sutherland) et leur décoration est très soignée. Certaines, avec terrasse, donnent sur la mer : que demander de plus ?

44 chambres – ♦89/290 € ♦♦89/300 € – ☲ 14 €

Plan : BU-a – *29 Porte-de-France* – ℰ *04 93 35 89 50* – *www.napoleon-menton.com*

Riva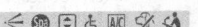

HÔTEL DE VACANCES · MODERNE Un vrai lieu de vie, contemporain et lumineux : du hall, très design, jusqu'au toit, où l'on trouve un bel espace de remise en forme, un certain esprit balnéaire baigne les lieux ! Les chambres, décorées avec sobriété, dominent la Méditerranée en façade. L'appel du farniente...

41 chambres – ♦106/149 € ♦♦106/149 € – ☲ 12 €

Plan : CZ-n – *600 promenade du Soleil* – ℰ *04 92 10 92 10* – *www.rivahotel.com*

Princess et Richmond

FAMILIAL · MODERNE Tellement Côte d'Azur : une plage de galets au pied du bâtiment, un solarium et un jacuzzi sur le toit, des chambres très lumineuses... Certaines sont braquées sur la Grande Bleue : une vraie carte postale !

44 chambres – ♦90/180 € ♦♦90/280 € – 2 suites – ☲ 12 €

Plan : CZ-s – *617 promenade du Soleil* – ℰ *04 93 35 80 20* – *www.princess-richmond.com* – *Fermé 6 nov.-18 déc.*

Prince de Galles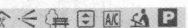

HÔTEL DE VACANCES · FONCTIONNEL Comment imaginer que ce beau bâtiment rose (19ᵉ s.) fut jadis une caserne de carabiniers des princes de Monaco ? C'est aujourd'hui un agréable hôtel, au confort très contemporain, où chaque chambre semble tutoyer la Méditerranée...

64 chambres – ♦69/195 € ♦♦69/195 € – ☲ 13 € – ½ P

Plan : AV-e – *4 av. Gén.-de-Gaulle* – ℰ *04 93 28 21 21* – *www.hotel-menton.net*

Ibis Styles

HÔTEL DE CHAÎNE · FONCTIONNEL Des lignes épurées, des touches très colorées, un sympathique esprit contemporain : telle est la signature de cet hôtel situé au cœur de Menton. Avis aux amateurs : on propose, au dernier étage, un superbe penthouse dominant la ville...

43 chambres ☲ – ♦80/150 € ♦♦90/160 € – 4 suites

Plan : DY-t – *10 r. de Villarey* – ℰ *04 92 10 95 25* – *www.ibisstyles.com*

Palm Garavan

HÔTEL DE VACANCES · ACTUEL Sur le front de mer, entre vieille ville et... Italie, cet hôtel tout juste rénové se révèle agréable et d'un bon rapport qualité-prix : la simplicité domine dans le décor, tout blanc et relevé de pièces de mobilier design bien choisies. Préférez évidemment les chambres côté mer, les plus agréables...

19 chambres – ♦75/135 € ♦♦85/145 € – ☲ 7 €

Plan : DX-e – *3 Porte-de-France* – ℰ *04 93 78 80 67* – *www.hotelpalm.fr* – *Fermé 18 oct.-10 nov.*

LES MENUIRES

✉ 73440 St Martin de Belleville (Savoie) – Alt. 1 400 m – Carte régionale n° **46**-F2
▶ Paris 632 km – Albertville 51 km – Chambéry 101 km – Moûtiers 27 km
Carte Michelin 333-M6 – Guide Vert Michelin Alpes du Nord

🏨🏨🏨 Chalet Hôtel Kaya

LUXE · PERSONNALISÉ À 2 000 m d'altitude, cet hôtel donne directement sur les pistes. Les chambres déclinent un style épuré et contemporain, rehaussé par la chaleur du bois. Le spa et la piscine sont bien agréables, tout comme le restaurant, qui joue dans la tendance.

50 chambres – ♦165/480 € ♦♦205/400 € – 4 suites – ☑ 23 € – ½ P
à Reberty – 𝒞 04 75 75 21 91 – www.hotel-kaya.com – Ouvert 11 déc.-6 avril

🏨🏨 L'Ours Blanc

FAMILIAL · ALPIN Venez vous réchauffer auprès de cet Ours Blanc, un grand chalet familial des années 1990, situé sur les pistes. Salon avec cheminée, chambres de style montagnard avec un balcon, spécialités régionales au restaurant...

53 chambres ☑ – ♦100/150 € ♦♦100/150 € – ½ P
à Reberty – 𝒞 04 79 00 61 66 – www.hotel-ours-blanc.com – Ouvert 11 déc.-9 avril

MERCATEL – 62 (Pas-de-Calais) → voir Arras

MERCUER – 07 (Ardèche) → voir Aubenas

MERCUÈS – 46 (Lot) → voir Cahors

MÉREAU – 18 (Cher) → voir Vierzon

MÉRIBEL

✉ 73550 (Savoie) – Carte régionale n° **46**-F2
▶ Paris 621 km – Albertville 41 km – Annecy 85 km – Chambéry 90 km
Carte Michelin 333-M5 – Guide Vert Michelin Alpes du Nord

❅ L'Ekrin

CUISINE MODERNE · LUXE 𝕏𝕏𝕏 Dans ce chalet feutré et élégant, dont le luxe le dispute à l'élégance, cet Ekrin trouve parfaitement sa place : on y prend l'apéritif au coin du feu, avec en fond de jolies notes échappées du piano. Puis on se délecte de la cuisine de Laurent Azoulay, fine et délicate... Irrésistible !
→ Truffe noire en croûte de truffe. Volaille de Bresse en deux services. Ekrin de chocolat.

Menu 95/250 € – Carte 95/200 €

Plan : -b – Hôtel Le Kaïla, rte de la Montée – 𝒞 04 79 41 69 35 – www.lekaila.com – Ouvert de mi-déc. à début avril et fermé le midi

🍂 Le Cèpe

CUISINE TRADITIONNELLE · COSY 𝕏 Cette adresse chaleureuse est tenue par un couple motivé et attentionné. Au menu, des plats goûteux mijotés en cocotte, de très beaux poissons frais livrés en direct depuis les lacs voisins... et, bien sûr, plusieurs recettes à base de cèpes cueillis dans les montagnes environnantes. Gourmand et généreux !

Formule 25 € – Menu 32 € – Carte 43/74 €

Plan : -y – Immeuble Les Merisiers, (Le Plateau) – 𝒞 04 79 22 46 08 – Ouvert de déc. à avril et juil.-août

🍴◯ Le Grand Cœur & Spa

CUISINE MODERNE · CLASSIQUE 𝕏𝕏𝕏 Avec ses arcades et ses boiseries claires, la grande salle a de l'allure, et le midi, en terrasse, on peut rêver face à la piste olympique... La cuisine est gourmande et raffinée, tout à l'honneur de superbes produits. Très belle carte des vins.

Menu 80 € (dîner)/95 € – Carte 65/140 €

Plan : -a – Hôtel Le Grand Cœur & Spa, chemin du Grand-Cœur
– 𝒞 04 79 08 60 03 – www.legrandcoeur.com – Ouvert 18 déc.-3 avril

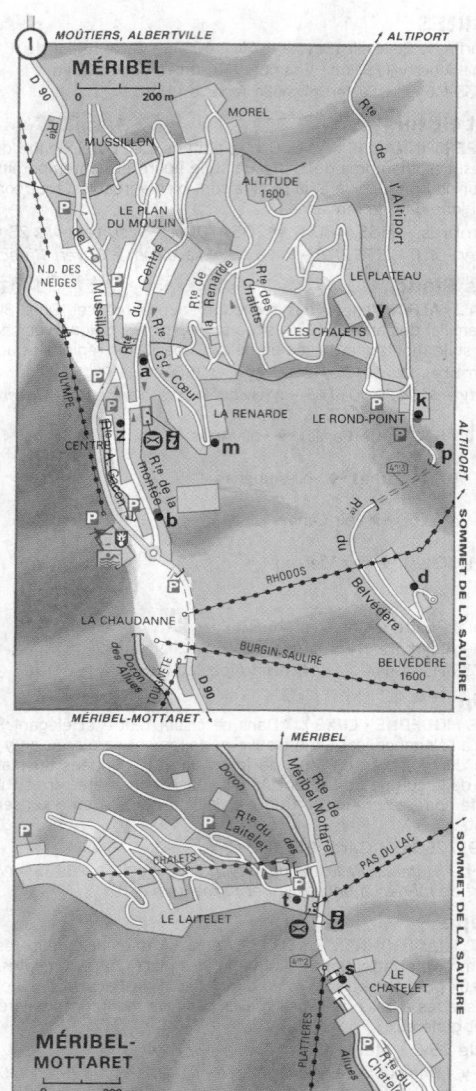

MÉRIBEL

MOÛTIERS, ALBERTVILLE   ALTIPORT

D 90

0   200 m

MOREL

MUSSILLON

ALTITUDE
1600

LE PLAN
DU MOULIN

N.D. DES
NEIGES

LE PLATEAU

Rte de l'Altiport

LES CHALETS   v

Rte des Chalets

Rte de la Renarde

Rte du Gd Coeur

LA RENARDE   k

Rte du Mussillon   a   LE ROND-POINT

z   ALTIPORT / SOMMET DE LA SAULIRE

CENTRE   Rte A. Gacon

m   P

Rte de la montée   b

RHODOS   Belvédère   d

LA CHAUDANNE

BURGIN-SAULIRE   BELVÉDÈRE
1600

Doron des Allues   D 90   ARÊTE

MÉRIBEL-MOTTARET

MÉRIBEL

Rte de Méribel Mottaret

Doron   Rte du Laitelet   des

PAS DU LAC   SOMMET DE LA SAULIRE

CHALETS

LE LAITELET   t

s   LE CHATELET

MÉRIBEL-
MOTTARET   Rte du Chatelet

Allues

0   200 m

ROC DES TROIS MARCHES

⍔○ **Le Plantin**

CUISINE MODERNE · CONVIVIAL ✕✕ Un très beau chalet, tout en bois sablé, pierre, objets agrestes et touches contemporaines. La cuisine, savoureuse et généreuse, met en avant les produits nobles : crustacés, ris de veau, bœuf Wagyu... À déguster avec l'un des grands crus de la cave.

Formule 36 € – Menu 55 € – Carte 55/125 €

rte de la Tania, 3,5 km au Nord-Ouest par D90 – 𝒞 04 79 04 12 11
– www.leplantin.com – Ouvert 12 déc.-15 avril

⍔○ **Le Blanchot**

CUISINE MODERNE · COSY ✕✕ Dans ce chalet, bordé par les pistes et le golf, le chef signe une délicieuse cuisine traditionnelle aux accents régionaux. Foie gras poêlé, omble chevalier, risotto au vieux parmesan, macarons au caramel... On se régale, bien installé dans la salle, cosy, ou en terrasse, face à la forêt. Belle carte des vins.

Formule 40 € – Carte 50/75 €

3,5 km par rte de l'Altiport – 𝒞 04 79 00 55 78 – www.leblanchot.com
– Ouvert juil.-août et de mi-déc. à mi-avril et fermé lundi soir hors vacances scolaires

⍔○ **Le Bistrot de l'Orée** 🏠

TERROIR · BRANCHÉ ✕ Dans un cadre contemporain, design et coloré, on se régale d'une cuisine de bistrot : plats régionaux, spécialités fromagères... et même pizzas. Pour un repas ou un en-cas, voilà un endroit bien sympathique !

Carte 40/58 €

Plan : -k *– rte du Belvédère, (au rd-pt des Pistes) – 𝒞 04 79 00 31 29*
– www.meribel-oree.com – Fermé mai et nov.

⌂⌂⌂⌂ **Le Kaïla**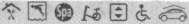

LUXE · ACTUEL S'il fallait illustrer l'expression "luxe montagnard" à l'aide d'un exemple, on pourrait allégrement choisir ce grand chalet, situé au cœur du village de Méribel. On ronronne de plaisir à la découverte de ses chambres chaleureuses, aux matériaux nobles (bois alpin, lauze), et du superbe petit-déjeuner... Un must !

24 chambres ☲ – ♦430/1790 € ♦♦430/1790 € – 16 suites – ½ P

Plan : -b *– rte de la Montée – 𝒞 04 79 41 69 20 – www.lekaila.com – Ouvert de mi-déc. à début avril*

⍟ **L'Ekrin** – voir les restaurants ci-dessus

⌂⌂⌂ **L'Hélios**

LUXE · DESIGN Sur les hauteurs de Méribel, ce chalet – en pierre et mélèze de Sibérie – met le plus grand domaine skiable du monde à vos pieds ! Dans les chambres règne une atmosphère contemporaine, nordique ou savoyarde des plus raffinées. Quant au spa, c'est l'endroit rêvé pour se détendre. Que demander de plus ?

11 chambres ☲ – ♦374/570 € ♦♦474/752 € – 7 suites – ½ P

Plan : -m *– rte de la Renarde – 𝒞 04 79 24 22 42 – www.lhelios.com – Ouvert début juil.-fin août et déc.-avril*

⌂⌂⌂ **Le Grand Cœur & Spa**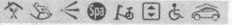

LUXE · ALPIN Romantisme et luxe se sont donné rendez-vous dans cet hôtel de 1952, l'un des plus anciens de la station. Bois blond et belles étoffes donnent aux chambres un charme indéniable. Les suites se parent, quant à elles, d'un style plus contemporain. Accueil prévenant.

35 chambres ☲ – ♦275/610 € ♦♦300/1020 € – 8 suites – ½ P

Plan : -a *– chemin du Grand-Cœur – 𝒞 04 79 08 60 03 – www.legrandcoeur.com*
– Ouvert 18 déc.-3 avril

⍔○ **Le Grand Cœur & Spa** – voir les restaurants ci-dessus

⌂⌂⌂ Allodis

☝ ⊗ ⪡ ▤ 🌐 ⌖ ⊡ & ⫘ ⌂

LUXE · ALPIN Au bout de la route conduisant au belvédère, ce joli chalet domine la station et donne directement sur les pistes. Les chambres, à la décoration alpestre ou contemporaine, permettent de se reposer au grand calme. Restauration traditionnelle.

29 chambres ⌁ – ♦298/458 € ♦♦596/720 € – 13 suites – ½ P

Plan : -d – *au Belvédère* – ℰ 04 79 00 56 00 – *www.hotelallodis.com*
– *Ouvert de mi-déc. à mi-avril*

⌂⌂⌂ Le Yéti

☝ ⊗ ⪡ ⊐ ⌖ ⊡ & ⫘ ⌂

TRADITIONNEL · ALPIN Voilà un bien chaleureux "home" des neiges ! Dans les chambres, la décoration – boiseries et tissus coordonnés – est cosy à souhait. À l'instar du salon, où il fait bon s'asseoir pour lire ou converser au coin du feu. Terrasse plein sud, idéale à l'heure du déjeuner.

30 chambres ⌁ – ♦187/452 € ♦♦236/517 € – ½ P

Plan : -p – *rte du Belvédère, au rd-pt des Pistes* – ℰ 04 79 00 51 15
– *www.hotel-yeti.com* – *Ouvert 2 juil.-28 août et 10 déc.-23 avril*

⌂⌂ Le Savoy

☝ ⊡ &

HÔTEL DE VACANCES · DESIGN Cet hôtel est situé en face de l'office de tourisme, en plein cœur de la station : pratique ! Les chambres, contemporaines, sont de bon confort. Après une journée sur les pistes, vous pourrez vous détendre au petit espace bien-être ou profiter du beau restaurant sous charpente.

36 chambres ⌁ – ♦230/500 € ♦♦230/700 € – 5 suites – ½ P

Plan : -z – *pl. du Centre, (rte de la Montée)* – ℰ 04 79 55 55 50
– *www.hotel-savoy-meribel.com* – *Ouvert de début déc. à fin avril*

⌂⌂ L'Orée du Bois

☝ ⪡ ⊡ ⫘

TRADITIONNEL · ALPIN Sur les hauteurs de la station, dominant la vallée et les pistes, ce grand chalet familial est accueillant et confortable ; ses chambres cultivent l'esprit savoyard. En hiver, on apprécie les flambées dans la cheminée du salon. Cuisine soignée au restaurant.

35 chambres ⌁ – ♦208/215 € ♦♦208/215 €

Plan : -k – *rte du Belvédère, au rd-pt des Pistes* – ℰ 04 79 00 50 30
– *www.meribel-oree.com* – *Ouvert de mi-déc. à mi-avril*

à Méribel-Mottaret 6 km - ✉ 73550

⌂⌂⌂ Alpen Ruitor

☝ ⪡ 🌐 ⊡ ⌕ ⌂

HÔTEL DE VACANCES · ALPIN Juste au pied des pistes, ce grand chalet chic et cossu a subi une belle cure de jouvence ! Le décor très cosy rend toujours hommage à l'Autriche – fresques, mobilier, costumes du personnel –, les chambres sont élégantes et confortables. Côté cuisine, spécialités savoyardes ou viandes argentines.

43 chambres – ½ P seult 210/463 € – 1 suite

Plan : -t – *Le Laitelet* – ℰ 04 79 00 48 48 – *www.alpenruitor.com*
– *Ouvert de mi-déc. à mi-avril*

⌂⌂⌂ Mont Vallon

☝ ⪡ ▤ ⌖ ⊡ ⌕ ⌂

HÔTEL DE VACANCES · ALPIN Au pied des pistes, cet imposant chalet des années 1980 accueille les fous de glisse. Dans les chambres, très confortables, la décoration est chaleureuse (boiseries, tissus coordonnés...). Et si la faim vous tenaille, profitez de la brasserie et des spécialités savoyardes.

88 chambres – ½ P seult 228/470 € – 3 suites

Plan : -s – ℰ 04 79 00 44 00 – *www.hotel-montvallon.com*
– *Ouvert de mi-déc. à début avril*

aux Allues 7 km au Nord par D915[A] – ⊠ 73550 – 1 878 hab. – Alt. 1 125 m

🏠 La Croix Jean-Claude

FAMILIAL · ALPIN Cette bâtisse de la fin des années 1940 compte parmi les plus anciens hôtels des Trois-Vallées. Les chambres, de style montagnard, sont simples et bien tenues, l'ambiance est conviviale : l'un des meilleurs rapports qualité-prix de la station. Spécialités savoyardes au restaurant.

15 chambres ⌂ – 🛉152/178 € 🛉🛉230/280 € – ½ P

– ℰ 04 79 08 61 05 – www.croixjeanclaude.com – Fermé 20 avril -15 mai

MÉRIGNAC – 33 (Gironde) ➜ voir Bordeaux

MÉRIGNIES

⊠ 59710 – 2 632 hab. – Alt. 44 m – Carte régionale n° **31**-C2
▶ Paris 220 km – Arras 48 km – Lille 21 km – Mons 79 km
Carte Michelin 302-G4

🍽 L'Engrenage ❶

CUISINE TRADITIONNELLE · DESIGN XX L'intérieur chaleureux, avec ses poutres apparentes et sa décoration réalisée par un architecte d'intérieur, met tout de suite à l'aise. Puis le plaisir continue dans l'assiette, avec une cuisine dans l'air du temps, goûteuse et bien réalisée ; le chef maîtrise bien son sujet et nous fait passer un agréable moment.

Formule 29 € – Menu 33/57 € – Carte 40/56 €

1245 av. du Golf – ℰ 03 20 79 37 95 – www.merigniesgolf.com – Fermé 3 semaines en août et mardi

MERKWILLER-PECHELBRONN

⊠ 67250 (Bas-Rhin) – 970 hab. – Alt. 160 m – Carte régionale n° **1**-B1
▶ Paris 496 km – Haguenau 17 km – Strasbourg 51 km – Wissembourg 18 km
Carte Michelin 315-K3

🍽 Auberge Baechel-Brunn

CUISINE MODERNE · À LA MODE XX Père et fils aux fourneaux, mère et belle-fille en salle : chez les Limmacher, la cuisine est une histoire familiale ! Côté assiette, la finesse est au rendez-vous, entre grands classiques et recettes nouvelles. Côté cadre, la grange d'antan a laissé place à l'épure contemporaine.

Formule 22 € – Menu 26 € (déj. en semaine), 45/55 € – Carte 55/65 €

3 rte de Soultz – ℰ 03 88 80 78 61 – www.baechel-brunn.com – Fermé 3 semaines en août, 2 semaines en janv., dim. soir, lundi soir et mardi

MERLETTE – 05 (Hautes-Alpes) ➜ voir Orcières

MEROUX – 90 (Territoire de Belfort) ➜ voir Belfort

MERRY-SUR-YONNE

⊠ 89660 (Yonne) – 212 hab. – Alt. 150 m – Carte régionale n° **7**-B2
▶ Paris 203 km – Auxerre 44 km – Avallon 32 km – Dijon 139 km
Carte Michelin 319-E6 – Guide Vert Michelin Bourgogne

🏠 Le Charme Merry

FAMILIAL · DESIGN Dans cette maison de vigneron (1647), il fait bon flâner près de la piscine ou musarder dans les superbes chambres contemporaines (pierre de pays, grandes photos prises par le patron, salles d'eau design).

4 chambres ⌂ – 🛉130/150 € 🛉🛉130/150 €

30 rte de Compostelle – ℰ 03 86 81 08 46 – www.lecharmemerry.com
– Fermé janv.-mars

MÉRU

✉ 60110 (Oise) – 13 948 hab. – Alt. 110 m – Carte régionale n° **36**-B3

▶ Paris 60 km – Beauvais 27 km – Compiègne 74 km – Mantes-la-Jolie 62 km

Carte Michelin 305-D5 – Guide Vert Michelin Île-de-France

⅞○ **Les Trois Toques**   AC ⅞

CUISINE TRADITIONNELLE · TRADITIONNEL X Ce petit restaurant accueille les clients dans un cadre mêlant tradition et touches plus actuelles ; tout comme la cuisine du chef, qui se construit autour d'un menu à l'ardoise rythmé par les saisons. Avantage non négligeable : les prix restent sages !

☜ Formule 17 € – Menu 20 €

21 r. Pierre-Curie – ℰ 03 44 52 01 15 – www.lestroistoques.fr – Fermé 1ᵉʳ-15 août, dim. soir, mardi soir et merc.

MÉRY-SUR-OISE – 95 (Val-d'Oise) → voir Autour de Paris, (Cergy-Pontoise)

MESNIL-ST-PÈRE

✉ 10140 (Aube) – 440 hab. – Alt. 131 m – Carte régionale n° **13**-B3

▶ Paris 200 km – Bar-sur-Aube 32 km – Châtillon-sur-Seine 55 km – St-Dizier 74 km

Carte Michelin 313-G4 – Guide Vert Michelin Champagne Ardenne

⅞○ **Au Vieux Pressoir**   ✿ ☆ ☆ AC ▣

CUISINE TRADITIONNELLE · RUSTIQUE XXX Sur la route du lac d'Orient, cette maison à colombages, typique de la Champagne humide, a conservé son charme simple et rustique. La cuisine est fine et joue avec la tradition : foie gras à la plancha et bouillon fève tonka ; veau, butternut et réglisse... Avec, en prime, une belle sélection de vins de Bordeaux.

Formule 20 € – Menu 27 € (déj. en semaine), 45/85 € – Carte 77/123 €

5 r. du 28-août-1944 – ℰ 03 25 41 27 16 – www.auberge-du-lac.fr – Fermé 29 nov.-3 janv., dim. soir, lundi midi du 15 nov. au 20 mars et mardi midi

🏠 **Auberge du Lac**   ✿ ☆ AC 🅼 ▣

AUBERGE · CLASSIQUE Cette auberge, dans une jolie maison à colombages, est tenue par la même famille depuis une quarantaine d'années. Une fidélité confirmée par la tenue impeccable des chambres ! Au petit-déjeuner, on déguste des confitures maison...

21 chambres – ♦74/125 € ♦♦80/195 € – ⌑ 14 € – ½ P

5 r. du 28-août-1944 – ℰ 03 25 41 27 16 – www.auberge-du-lac.fr – Fermé 29 nov.-3 janv.

⅞○ **Au Vieux Pressoir** – voir les restaurants ci-dessus

MESQUER

✉ 44420 (Loire-Atlantique) – 1 759 hab. – Alt. 6 m – Carte régionale n° **34**-A2

▶ Paris 460 km – La Baule 16 km – Nantes 86 km – St-Nazaire 29 km

Carte Michelin 316-B3

🙂 **La Vieille Forge**   ☆ ☆ AC

CUISINE MODERNE · RUSTIQUE XX Dans cette ancienne forge du 18ᵉ s., le piano a remplacé l'enclume ! Mais tout comme le forgeron, Ludovic Favrel ne ménage pas sa peine, toujours à la recherche des bons produits (telles les huîtres de Kercabellec) et des meilleures saveurs... le tout à petit prix.

☜ Formule 15 € – Menu 18 € (déj. en semaine), 30/53 € – Carte 44/61 €

32 r. d'Aha – ℰ 02 40 42 62 68 – www.vieilleforge.fr – Fermé lundi soir, mardi soir et merc. de sept. à juin, mardi midi et lundi en juil.-août

MESSANGES

✉ 40660 (Landes) – 965 hab. – Alt. 8 m – Carte régionale n° **3**-A2
▶ Paris 717 km – Bayonne 46 km – Bordeaux 157 km – Mont-de-Marsan 92 km
Carte Michelin 335-C12

🏠 La Maison de la Prade   🐾 ⍚ & ⅍ ⅏ 🅿

FAMILIAL · PERSONNALISÉ Près d'une plage sauvage et cerné par une forêt de
pins, un bâtiment Art déco réaménagé en hôtel contemporain. Chambres spacieuses et claires ; terrasse au bord de la piscine.

16 chambres – 🛏105/145 € 🛏🛏125/198 € – ⌷ 13 €

*16 av. de l'Océan – ℰ 05 58 48 38 96 – www.lamaisondelaprade.com – Ouvert
de mars à nov.*

MESSERY

✉ 74140 (Haute-Savoie) – 2 135 hab. – Alt. 428 m – Carte régionale n° **46**-F1
▶ Paris 560 km – Annecy 68 km – Annemasse 23 km – Thonon-les-Bains 17 km
Carte Michelin 328-K2

🍴 L'Atelier des Saveurs   🐚 🍽 & ⅍ 🅿

CUISINE TRADITIONNELLE · CONVIVIAL ✕✕ Quel amateur de vin ne trouverait
pas son bonheur ici, dans ce "temple" dédié à Bacchus ? Ici, les bouteilles tapis-
sent littéralement les murs du sol au plafond – il y a aussi une boutique –, tandis
que l'assiette se pare de belles saveurs traditionnelles réinterprétées par un chef
passionné... Convivial et bon !

Menu 30 € (semaine), 36/49 €

*7 chemin Sous-les-Prés – ℰ 04 50 94 73 40 (réservation conseillée)
– www.atelier-saveurs-messery.com – Fermé vacances de la Toussaint, mardi
midi, dim. et lundi*

MESSIGNY-ET-VANTOUX – 21 (Côte-d'Or) → voir Dijon

MÉTABIEF

✉ 25370 (Doubs) – 1 089 hab. – Alt. 960 m – Carte régionale n° **17**-C3
▶ Paris 466 km – Besançon 78 km – Champagnole 45 km – Morez 49 km
Carte Michelin 321-I6 – Guide Vert Michelin Franche-Comté Jura

🏠 Étoile des Neiges   ⌂ 🖼 ⅙ & 🚗

FAMILIAL · FONCTIONNEL Hôtel familial très bien tenu dans une station prisée,
été comme hiver, des "vététistes", randonneurs et skieurs. Jolies chambres lambrissées avec balcon fleuri. Cuisine régionale soignée à déguster dans une sobre
salle habillée de bois.

23 chambres – 🛏60 € 🛏🛏71 € – ⌷ 8 € – ½ P

4 r. du Village – ℰ 03 81 49 11 21 – www.hoteletoiledesneiges.fr

METZ

✉ 57000 (Moselle) – 119 551 hab. – Agglo. 288 025 hab. – Alt. 173 m
– Carte régionale n° **26**-B1
▶ Paris 330 km – Luxembourg 62 km – Nancy 57 km – Saarbrücken 69 km
Carte Michelin 307-I4

❀ Le Magasin aux Vivres (Christophe Dufossé)   ✕✕ & 🆎 ⅍ 🅿

CUISINE MODERNE · À LA MODE ✕✕✕ La meilleure table de Metz ne doit son
nom au hasard : nous sommes ici dans une ancienne citadelle militaire, transformée en bel hôtel contemporain ! Les vivres d'aujourd'hui sont des produits
nobles de grande qualité : foie gras, homard, truffe, Saint-Jacques, etc. Le tout
préparé avec soin et une touche de créativité.

→ Cassolettes gourmandes. Bar en croûte de sel. Forêt noire contemporaine.

Menu 51 € (déj. en semaine), 79/118 € – Carte 115/165 €

Plan : CX-y – *Hôtel La Citadelle, 5 av. Ney – ℰ 03 87 17 17 17 (réservation
conseillée) – www.citadelle-metz.com – Fermé 7-22 fév., 24 juil.-8 août, sam. midi,
dim. et lundi*

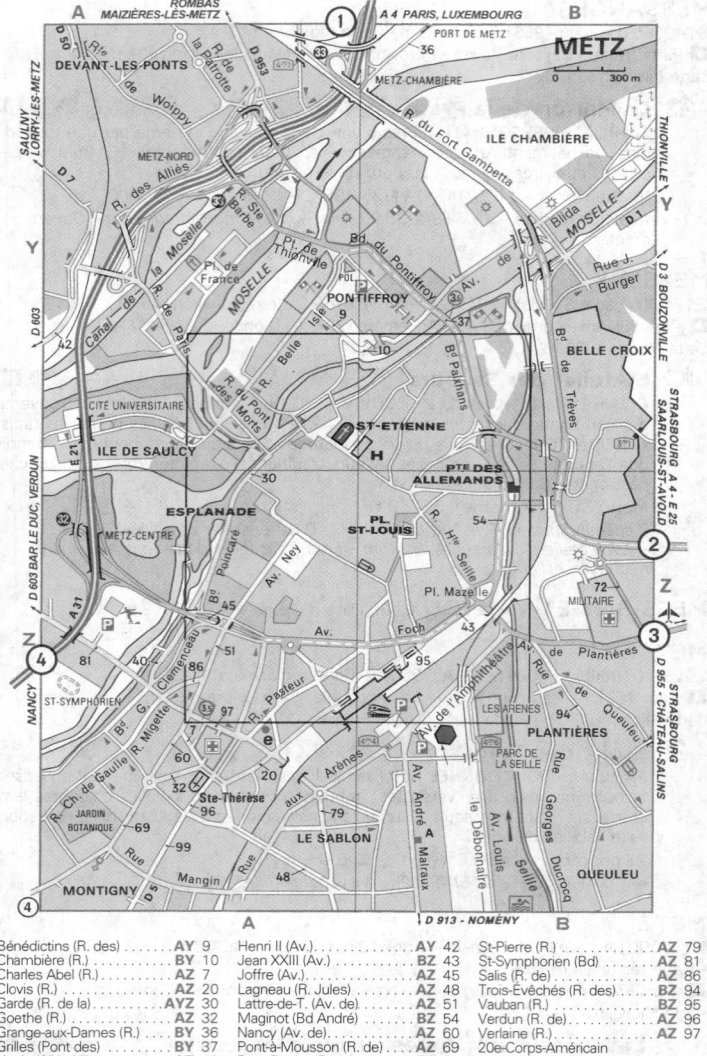

METZ

Bénédictins (R. des)	**AY** 9	Henri II (Av.)	**AY** 42	St-Pierre (R.)	**AZ** 79
Chambière (R.)	**BY** 10	Jean XXIII (Av.)	**BZ** 43	St-Symphorien (Bd)	**AZ** 81
Charles Abel (R.)	**AZ** 7	Joffre (Av.)	**AZ** 45	Salis (R. de)	**AZ** 86
Clovis (R.)	**AZ** 20	Lagneau (R. Jules)	**AZ** 48	Trois-Évêchés (R. des)	**BZ** 94
Garde (R. de la)	**AYZ** 30	Lattre-de-T. (Av. de)	**AZ** 51	Vauban (R.)	**BZ** 95
Goethe (R.)	**AZ** 32	Maginot (Bd André)	**BZ** 54	Verdun (R. de)	**AZ** 96
Grange-aux-Dames (R.)	**BY** 36	Nancy (Av. de)	**AZ** 60	Verlaine (R.)	**AZ** 97
Grilles (Pont des)	**BY** 37	Pont-à-Mousson (R. de)	**AZ** 69	20e-Corps-Américain	
Hegly (Allée V.)	**AZ** 40	Pont-Rouge (R. du)	**BZ** 72	(R. du)	**AZ** 99

La Brasserie Christophe Dufossé

CUISINE TRADITIONNELLE · CONVIVIAL Christophe Dufossé, du Magasin aux Vivres, s'est lancé dans cette nouvelle aventure avec le même entrain qu'au premier jour. Le programme : aller toujours à l'essentiel en respectant le produit. Quiche lorraine, bar au basilic et tomates confites, steak de thon à la plancha, pintade rôtie au sésame... Tout simplement délicieux.

Formule 22 € – Menu 29 € – Carte 33/89 €

Hôtel La Citadelle, 5 av. Ney – ℰ 03 87 17 17 17 – www.citadelle-metz.com

METZ

Allemands (R. des) . . . . **DV** 2
Ambroise-Thomas (R.) . . . . . **CV** 3
Armes (Pl. d') . . . . **DV** 5
Augustins (R. des) . . . . **DX** 6
Chambière (R.) . . . . **DV** 10
Chambre (Pl. de) . . . . **CV** 12
Champé (R. du) . . . . **DV** 13
Chanoine-Collin (R. du) . . . . **DV** 15
Charlemagne (R.) . . . . **CX** 17
Chèvre (R. de la) . . . . **DX** 19
Clercs (R.) . . . . **CV**
Coëtlosquet (R. du) . . . . **CX** 22
Coislin (R.) . . . . **DX** 23
Enfer (R. d') . . . . **DV** 25
En Fournirue . . . . **DV**
Fabert (R.) . . . . **CV** 26
Faisan (R. du) . . . . **CV** 27
La-Fayette (R.) . . . . **CX** 47
Fontaine (R. de la) . . . . **DX** 29
Gaulle (Pl. du Gén.-de) . . . . **DX** 31
Grande-Armée (R. de la) . . . **DV** 34
Hache (R. de la) . . . . **DV** 39
Jardins (R. des) . . . . **DV**
Juge-Pierre-Michel (R. du) . . **CV** 46
Lasalle (R.) . . . . **DX** 49
Lattre-de-T. (Av. de) . . . . . . **CX** 51
Leclerc-de-H. (Av.) . . . . **CX** 52
Mondon (Pl. R.) . . . . **CX** 57
Paix (R. de la) . . . . **CV** 61
Palais (R. du) . . . . **CV** 62
Paraiges (Pl. des) . . . . **DV** 63
Parmentiers (R. des) . . . . . . **DX** 64
Petit-Paris (R. du) . . . . **CV** 65
Pierre-Hardie (R. de la) . . . . **CV** 66
Pont-Moreau (R.) . . . . . **CDV** 70
Prés.-Kennedy
  (Av. J.-F.) . . . . **CX** 73
Ste-Croix (Pl.) . . . . **DV** 83
Ste-Marie (R.) . . . . **CV** 84
St-Eucaire (R.) . . . . **DV** 76
St-Gengoulf (R.) . . . . **CX** 77
St-Georges (R.) . . . . **CV** 78
St-Louis (Pl.) . . . . **DVX**
St-Simplice (Pl.) . . . . **DV** 80
St-Thiébault (Pl.) . . . . **DX** 82
Salis (R. de) . . . . **CX** 86
Schuman (Av. R.) . . . . **CX**
Sérot (Bd Robert) . . . . **CV** 87
Serpenoise (R.) . . . . **CV**
Taison (R.) . . . . **CV** 88
Tanneurs (R. des) . . . . **DV** 90
Tête d'Or (R. de la) . . . . . . **DV**
Trinitaires (R. des) . . . . . . **DV** 93
Verlaine (R.) . . . . **CX** 97

‖○ Le Chat Noir   🏠 A/C

CUISINE TRADITIONNELLE · INDIVIDUEL XX Chaises léopard, tons chocolat et...
sculptures de chats noirs assis, composent le décor exotique de cette adresse à mi-
chemin entre la brasserie chic et le bistrot. La cuisine est traditionnelle mais se
nuance de notes contemporaines, avec notamment de jolis plateaux de fruits de mer.
Menu 30 € 🍷 (déj. en semaine), 38/59 € – Carte 48/80 €
Plan : AZ-e – *30 r. Pasteur* – ℰ *03 87 56 99 19* – *www.restaurantlechatnoir.com*
– *Fermé 31 déc.-2 janv., sam. midi, dim. soir et lundi*

🍴 Le GourMetz ♿ 🆒

CUISINE MODERNE • À LA MODE XX Non loin de la gare ferroviaire, cette ancienne chocolaterie se découvre d'abord par sa façade vitrée entourée d'inox, délicieusement seventies. Le décor, truffé de figurines comics, annonce la modernité décontractée de la cuisine : salade César au homard, bar en croûte de pommes de terre... De bons mets.

Menu 29 € (déj.), 39/65 € - Carte 38/70 €

Plan : CX-a - *11 r. Pasteur - ✆ 03 87 52 25 34 - www.gourmetz.fr - Fermé 3 semaines en août, mardi soir, merc. soir, sam. midi, dim. et lundi*

🍴 El Theatris Ⓝ ⛱ 🆒 ⟐

CUISINE TRADITIONNELLE • BRASSERIE XX Dans l'un des plus beaux quartiers de la ville, tout contre l'Opéra-Théâtre, une salle tout en longueur où se déploient colonnes, moulures, et miroirs monumentaux... L'endroit est superbe ! Dans l'assiette, on revisite les classiques de brasserie avec beaucoup de soin, en utilisant de bons produits. Belle terrasse.

Formule 21 € - Menu 27/56 € 🍷 - Carte 43/55 €

Plan : CV-r - *2 pl. de la Comédie - ✆ 03 87 56 02 02 - www.eltheatris.fr - Fermé 1 semaine en janv. et dim. soir*

🍴 Thierry "Saveurs et Cuisine" ⛱ 🆒 ⟐

CUISINE MODERNE • COSY X Au sein de la vieille ville, on vous accueille dans cet ancien hôtel particulier du 16e s. Dans une ambiance de bistrot chic, le chef mêle les influences françaises, orientales, asiatiques, caribéennes, etc. Et la carte des vins met aussi en avant les crus du monde entier ! Agréable terrasse dans la petite cour.

Formule 23 € - Menu 30 € (semaine)/40 € - Carte 38/56 €

Plan : DV-a - *5 r. des Piques, "Maison de la Fleure de Ly" - ✆ 03 87 74 01 23 - www.restaurant-thierry.fr - Fermé 28 fév.-9 mars, 29 mai-8 juin, 28 août-7 sept., merc. et dim.*

🍴 83 Restaurant ✾ 🆒

ITALIENNE • À LA MODE X À 15mn à pied du Centre Pompidou-Metz, ce restaurant sympathique met à l'honneur la gastronomie italienne, à travers des produits triés sur le volet (charcuteries, burrata, pâtes, poissons sauvages, viandes de race). Et pour accompagner tout cela, une belle sélection de vins transalpins !

Carte 38/61 €

Plan : DX-e - *83 r. Mazelle - ✆ 03 87 75 20 20 (réservation conseillée) - www.83restaurant.com - Fermé 2 semaines en août, 1 semaine vacances de Noël, lundi soir, sam. midi et dim.*

🏨 La Citadelle ☼ ⇕ ♿ 🆒 ⛭ 🅿

LUXE • MODERNE Ce luxueux hôtel du centre-ville a su marier les contrastes : ses spacieuses chambres prennent leurs aises dans... un bâtiment militaire du 16e s. ! L'ensemble, aménagé dans un esprit contemporain feutré, est parfait pour un week-end chic à Metz.

68 chambres - 👤175/285 € 👥215/450 € - ☕ 24 €

Plan : CX-y - *5 av. Ney - ✆ 03 87 17 17 17 - www.citadelle-metz.com*

✿ **Le Magasin aux Vivres** • ☺ **La Brasserie Christophe Dufossé** - voir les restaurants ci-dessus

🏨 Novotel Centre ☼ ≈ 🏋 ⇕ ♿ 🆒 ⛭ 🅿

HÔTEL DE CHAÎNE • MODERNE L'hôtel est directement accessible depuis un parking public, près de la cathédrale et du centre commercial St-Jacques. Les chambres sont spacieuses, très modernes et, malgré l'emplacement au cœur de la ville, étonnamment calmes.

120 chambres - 👤79/200 € 👥79/200 € - ☕ 17 €

Plan : DV-t - *pl. des Paraiges - ✆ 03 87 37 38 39 - www.accorhotels.com*

Cathédrale

HISTORIQUE · PERSONNALISÉ Cette maison du 17ᵉ s. peut s'enorgueillir d'avoir reçu de belles plumes : Madame de Staël et Chateaubriand. Les chambres (une partie dans une demeure voisine) sont toutes d'une belle élégance : parquet, poutres apparentes, meubles chinés...

29 chambres – †68/78 € ††85/120 € – ☲ 11 €

Plan : CV-v – *25 pl. de Chambre* – ✆ 03 87 75 00 02
– www.hotelcathedrale-metz.fr

Escurial

FAMILIAL · FONCTIONNEL Une adresse simple et fonctionnelle, non loin de la gare ; les chambres sont fraîches, toutes aménagées de la même manière, et soigneusement tenues.

36 chambres – †80/90 € ††89/99 € – ☲ 10 €

Plan : CX-d – *18 r. Pasteur* – ✆ 03 87 66 40 96 – *www.hotel-metz-escurial.fr*
– Fermé 26 déc.-8 janv.

à Borny 3 km à l'Est par D955 et rte de Strasbourg – ✉ 57070 Metz

Ⅰ○ Le Jardin de Bellevue

CUISINE MODERNE · ÉLÉGANT XxX Une belle clientèle plébiscite cette maison centenaire de la périphérie messine (à 2 km du centre Pompidou), tenue par Nathalie et Philippe Jung. Lui, en cuisine, travaille des produits frais et propose des plats attractifs, au goût du jour. Elle, comme la jeune équipe qui l'entoure, assure un accueil charmant et souriant !

Menu 31 € (déj. en semaine), 51/71 € – Carte 70/80 €

58 r. Claude-Bernard, (près du Technopole Metz 2000)
– ✆ 03 87 37 10 27 – www.lejardindebellevue.com
– Fermé 4-19 avril, 8-23 août, 27 déc.-10 janv., sam. midi, dim. soir, mardi soir et lundi

à Plappeville 7 km par av. Henri II - (Plan : AY) – ✉ 57050 – 2 085 hab. – Alt. 280 m

Ⅰ○ La Vigne d'Adam 🦞 🍽

CUISINE MODERNE · À LA MODE X Au cœur du village, cette ancienne maison de vigneron a été transformée en un restaurant-bar à vins contemporain ! La cuisine suit les saisons et valorise de très bons produits, respectant la devise du lieu : "Simplement bon." Avec, bien sûr, une riche carte de vins (de Moselle et d'Alsace, mais aussi de Champagne).

Menu 28/60 € – Carte 34/82 €

50 r. du Gén.-de-Gaulle – ✆ 03 87 30 36 68 – www.lavignedadam.com
– Fermé mi-août à début sept., vacances de Noël, dim. et lundi

METZERAL

✉ 68380 (Haut-Rhin) – 1 090 hab. – Alt. 480 m – Carte régionale n° **1**-A2
▶ Paris 464 km – Colmar 25 km – Gérardmer 39 km – Guebwiller 41 km
Carte Michelin 315-G8

Ⅰ○ Les Clarines d'Argent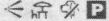

CUISINE TRADITIONNELLE · RUSTIQUE XX Dans ce restaurant, à côté d'un étang, pas de problème de traçabilité ! À titre d'exemple, la truite tout juste pêchée se retrouve directement dans votre assiette. À part ça, le chef concocte une bonne cuisine traditionnelle, à apprécier dans un cadre rustique. Accueil aimable.

Formule 13 € – Menu 24/46 € – Carte 30/67 €

Hôtel Aux Deux Clefs, 12 r. Altenhof – ✆ 03 89 77 61 48 – www.aux-deux-clefs.com
– Fermé lundi

🏠 Aux Deux Clefs

FAMILIAL · FONCTIONNEL Perché sur les hauteurs du village, au bord d'un petit étang, cet hôtel-restaurant de tradition est très tranquille : il règne ici un sympathique esprit de maison d'hôtes. Les chambres, régulièrement rafraîchies, sont fonctionnelles et bien tenues. Le tout au cœur des Vosges !

15 chambres – 🛉50/60 € 🛉🛉60/80 € – ☕ 10 € – ½ P

12 r. Altenhof – ℰ 03 89 77 61 48 – www.aux-deux-clefs.com – Fermé lundi

🍴 **Les Clarines d'Argent** – voir les restaurants ci-dessus

MEUCON – 56 (Morbihan) → voir Vannes

MEUDON – 92 (Hauts-de-Seine) → voir Autour de Paris

MEURSAULT

✉ 21190 (Côte-d'Or) – 1 503 hab. – Alt. 243 m – Carte régionale n° **7**-A3

▶ Paris 326 km – Dijon 55 km – Lons-le-Saunier 117 km – Mâcon 86 km

Carte Michelin 320-I8 – Guide Vert Michelin Bourgogne

🐿 Le Chevreuil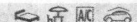

CUISINE TRADITIONNELLE · À LA MODE 🏷🏷 Côté cuisine, on se régale encore avec la fameuse "terrine chaude de la mère Daugier", spécialité de la maison depuis 1870 (et secret bien gardé !) ; le chef réalise aussi de savoureux plats au goût du jour, tout en équilibre de saveurs. Côté décor, c'est résolument moderne et dynamique... Un cocktail gagnant !

Formule 19 € – Menu 24/60 € – Carte 50/69 €

10 chambres – 🛉75/80 € 🛉🛉80/99 € – ☕ 9 €

pl. de l'Hôtel-de-Ville – ℰ 03 80 21 23 25 – www.lechevreuil.fr – Fermé fév., 14-21 août, 7-28 déc., merc. et dim.

🍴 Château de Cîteaux-La Cueillette

CUISINE TRADITIONNELLE · LUXE 🏷🏷🏷 Une Cueillette élégante et raffinée. Dans la salle d'un superbe classicisme – moulures, dorures, fresque représentant une allégorie de l'Amour –, on cultive l'air du temps et les saveurs de jolis produits, comme avec ce foie gras de canard au naturel, chutney de cassis. Terrasse panoramique, avec vue sur les vignes...

Menu 49 €

*Hôtel Château de Cîteaux-La Cueillette, 18 r. de Cîteaux – ℰ 03 80 20 62 80
– www.lacueillette.com – Fermé 4 janv.-7 fév. et le midi*

🍴 Le Relais de la Diligence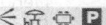

CUISINE TRADITIONNELLE · AUBERGE 🏷🏷 Près de la gare, cet ancien relais de poste en pierre du pays est une bonne auberge ! Jambon persillé maison, cuisses de grenouilles fraîches, tarte au citron meringuée : on se délecte de bon plats traditionnels, tout en profitant de la vue panoramique sur les vignes – depuis la salle principale ou la terrasse.

Menu 25/45 € – Carte 30/56 €

*49 r. de la Gare, 2,5 km au Sud-Est par D23 – ℰ 03 80 21 21 32
– www.relaisdeladiligence.com – Fermé 18 déc.-25 janv., mardi soir et merc.*

🍴 Chez Richard ⓝ

CUISINE TRADITIONNELLE · TRADITIONNEL 🏷 Pâté en croûte à l'ancienne, joue de bœuf braisée à la bourguignonne, pied de porc ou encore gambas... Voici les spécialités de cette petite adresse tenue par un jeune couple. Le décor – murs blancs et rouges, tables carrées en bois, chaises en cuir noir – et l'agréable terrasse ombragée ne manquent pas de séduire.

Formule 25 € – Menu 38 € – Carte 46/79 €

8 RD 974 – ℰ 03 80 26 12 48 – Fermé dim. soir, lundi et mardi

Château de Cîteaux-La Cueillette

CHÂTEAU · HISTORIQUE Un joli château des 18ᵉ et 19ᵉ s. dans cette localité célèbre pour ses vins blancs ! Les chambres y sont spacieuses et contemporaines, et il fait bon se ressourcer dans l'espace détente : sauna, hammam, jacuzzi et soins de fruitithérapie.

19 chambres – ♦150/180 € ♦♦190/360 € – ☲ 19 € – ½ P

18 r. de Cîteaux – ℰ 03 80 20 62 80 – www.lacueillette.com

🍴 **Château de Cîteaux-La Cueillette** – voir les restaurants ci-dessus

Les Charmes

TRADITIONNEL · CLASSIQUE Au cœur du village, une grosse maison de viticulteur (18ᵉ s.) avec son jardin arboré et ses chambres contemporaines. Une bonne adresse où l'accueil est charmant.

13 chambres – ♦80/123 € ♦♦90/133 € – ☲ 13 €

10 pl. du Murger – ℰ 03 80 21 63 53 – www.hotellescharmes.com – Fermé 6-22 janv., 8-14 fév. et dim. soir de nov. à mars

LE MEUX – 60 (Oise) ➜ voir Compiègne

MEYLAN – 38 (Isère) ➜ voir Grenoble

MEYMAC

✉ 19250 (Corrèze) – 2 449 hab. – Alt. 702 m – Carte régionale n° **25**-C2
▶ Paris 443 km – Aubusson 57 km – Limoges 96 km – Neuvic 30 km
Carte Michelin 329-N2 – Guide Vert Michelin Limousin Berry

🍴 Chez Françoise

CUISINE TRADITIONNELLE · RUSTIQUE 𝕏 Dans cette maison rustique (16ᵉ s.), la patronne met à l'honneur les spécialités corréziennes : farcidure, millassou, tourtous, confits... C'est généreux et goûteux ! Et que dire de cette magnifique carte de grands vins, de Cahors à Bordeaux ? Des chambres bien tenues et spacieuses permettent de prolonger l'étape.

🍷 Menu 14 € (déj. en semaine), 29/35 € – Carte 25/58 €

5 chambres – ♦60/90 € ♦♦70/90 € – ☲ 9 €

24 r. Fontaine-du-Rat – ℰ 05 55 95 10 63 – www.chezfrancoise.fr – Fermé 24 déc.-1ᵉʳ fév., dim. soir et lundi

MEYRONNE

✉ 46200 (Lot) – 292 hab. – Alt. 130 m – Carte régionale n° **29**-C1
▶ Paris 524 km – Brive-la-Gaillarde 47 km – Cahors 76 km – Figeac 54 km
Carte Michelin 337-F2

🍴 La Terrasse

CUISINE TRADITIONNELLE · CLASSIQUE 𝕏𝕏 La terrasse, qui domine la Dordogne, est parfaite pour un dîner romantique, et l'hiver on peut se réfugier sous les voûtes médiévales de cette ancienne place forte du 11ᵉ s. Au menu : une cuisine aux parfums bien marqués, avec quelques clins d'œil aux saveurs du Sud. Charmant !

Menu 23 € (déj. en semaine), 33/58 € – Carte 57/74 €

pl. de l'Église – ℰ 05 65 32 21 60 – www.hotel-la-terrasse.com
– Ouvert 19 mars-1ᵉʳ nov. et fermé mardi midi

🏠 La Terrasse

FAMILIAL · PERSONNALISÉ Pour se rêver en seigneur du Lot, un château du 11ᵉ s. dressé fièrement au-dessus de la Dordogne. Vieilles pierres, poutres et bon confort : charme et caractère, en toute simplicité !

11 chambres – ♦90/145 € ♦♦90/145 € – 4 suites – ☲ 13 € – ½ P

pl. de l'Église – ℰ 05 65 32 21 60 – www.hotel-la-terrasse.com
– Ouvert 19 mars-1ᵉʳ nov.

🍴 **La Terrasse** – voir les restaurants ci-dessus

MEYRUEIS

48150 (Lozère) – 814 hab. – Alt. 698 m – Carte régionale n° **23**-C1

▶ Paris 643 km – Florac 36 km – Mende 57 km – Millau 43 km

Carte Michelin 330-I9

⌂ Family Hôtel   ⇗ ⇤ ⊥ 𝄖 ⊡ ⭥ **P**

FAMILIAL · FONCTIONNEL Parfait pour les familles, comme son nom l'indique. Bordant le Bétuzon (un affluent de la Jonte), l'hôtel dispose de chambres pratiques, bien tenues et confortables. On y trouve aussi jardin et piscine avec jacuzzi, sauna, hammam, etc. Bonne cuisine du terroir au restaurant.

44 chambres – †54/61 € ††59/62 € – � 8 € – ½ P

4 r. de la Barrière – ℰ 04 66 45 60 02 – www.hotel-restaurant-family-48-12.com
– Ouvert 1ᵉʳ avril-4 nov.

MEYZIEU – 69 (Rhône) → voir Lyon

MÈZE

34140 (Hérault) – 10 917 hab. – Alt. 20 m – Carte régionale n° **23**-C2

▶ Paris 746 km – Agde 21 km – Béziers 43 km – Lodève 52 km

Carte Michelin 339-G8

⫟◯ Les Palmiers   ⇦ ⌂ 𝐀𝐂 **P**

CUISINE MODERNE · ÉLÉGANT ✗ On monte quelques marches pour accéder à la terrasse de ce restaurant bordé de palmiers. Tout, dans cette maison du 18ᵉ s., respire l'élégance (mobilier en rotin, pierre de pays au sol), et le restaurant ne fait pas exception : on s'y régale de créations fines et pétillantes d'un jeune chef plein de talent.

Formule 17 € – Menu 32/67 € – Carte 46/54 €

5 chambres ⊒ – †74/117 € ††82/125 €

31 bis av. de Montpellier – ℰ 04 34 53 55 65 – www.villa-lespalmiers.fr
– Fermé vacances de fév., 1 semaine vacances de la Toussaint et de Noël, sam. midi, merc. soir et dim.

⌂⌂ Hôtel de la Pyramide   ⇗ ⇘ ⇦ ⌂ ⊥ ⭥ 𝐀𝐂 ⊘ **P**

FAMILIAL · MÉDITERRANÉEN Belle demeure provençale au cœur d'un petit parc. Chambres très confortables au décor épuré (murs blancs, mobilier en fer forgé), avec des balcons ouverts sur l'étang de Thau.

21 chambres – †70/98 € ††70/170 € – 1 suite – ⊒ 10 €

8 promenade Sergent Jl.-Navarro – ℰ 04 67 46 61 50 – www.hoteldelapyramide.fr
– Fermé 1 semaine en nov. et de mi-déc. à fin janv.

à Bouzigues 4 km au Nord-Est par D613 et rte secondaire – 34140
–1 724 hab. – Alt. 3 m

⫟◯ La Côte Bleue   ⇦ ⌂ ⊘ **P**

POISSONS ET FRUITS DE MER · CLASSIQUE ✗✗ À la bien nommée Côte Bleue, on déguste une sympathique cuisine de la mer (dont les fameuses huîtres de Bouzigues). Aux beaux jours, il fait bon s'installer sous les pins de la terrasse !

Formule 19 € – Menu 29 € (semaine)/34 € – Carte 40/62 €

Hôtel La Côte Bleue, av. Louis-Tudesq – ℰ 04 67 78 30 87 – www.la-cote-bleue.fr
– Fermé 15-25 nov., 11 janv.-11 fév. et merc. hors saison

⌂⌂ La Côte Bleue   ⇗ ⇘ ⇦ ⌂ ⊥ 𝐀𝐂 ⊘ 𝄖 **P**

HÔTEL DE VACANCES · CLASSIQUE Au bord de l'étang de Thau, une grande piscine, des chambres agréables et assez spacieuses (avec balcon)... et les flots pour horizon. Une belle invitation au farniente et à la détente !

32 chambres – †68/105 € ††68/105 € – ⊒ 11 €

av. Louis-Tudesq – ℰ 04 67 78 30 87 – www.la-cote-bleue.fr

⫟◯ **La Côte Bleue** – voir les restaurants ci-dessus

1052

À La Voile Blanche

HÔTEL DE VACANCES · PERSONNALISÉ Au bord de l'étang, ses parcs à huîtres et son petit port, une maison au décor contemporain. Certaines chambres ont une terrasse. Côté restaurant, ambiance décontractée et cuisine méridionale privilégiant poissons et coquillages à la plancha.

8 chambres – ♦70/195 € ♦♦70/195 € – � 9 € – ½ P

1 av. Louis-Tudesq – ℰ 04 67 78 35 77 – www.alavoileblanche.com

MÉZIDON

✉ 14270 (Calvados) – 4 958 hab. – Alt. 25 m – Carte régionale n° **32**-B2
▶ Paris 202 km – Alençon 107 km – Caen 27 km – Rouen 119 km
Carte Michelin 303-L5

Le Saint-Pierre

CUISINE MODERNE · DESIGN XX Acidulé, vitaminé, élégant... Tel est ce Saint-Pierre ! Le décor comme la cuisine sont à l'avenant ; le jeune chef ose par exemple le steak tartare de canard, les rillettes de lapin aux poires, etc. Ses recettes sont soignées, les produits choisis. En bref, une adresse à suivre.

☎ Formule 12 € – Menu 16 € (déj. en semaine), 24/49 € ▼ – Carte 30/40 €

74 pl. Charles-de-Gaulle – ℰ 02 31 40 47 94 – www.lesaint-pierre.fr – Fermé 24 déc.-2 janv., sam. midi, dim. soir et lundi midi

Le Saint-Pierre

TRADITIONNEL · DESIGN Résolument design ! Transformation réussie pour cette imposante bâtisse qui affiche désormais des couleurs flashy ou profondes, lignes épurées et toiles abstraites, ainsi qu'un bar très concept.

14 chambres – ♦61 € ♦♦74 € – � 10 € – ½ P

74 pl. Charles-de-Gaulle – ℰ 02 31 40 47 94 – www.lesaint-pierre.fr – Fermé 24 déc.-2 janv.

 Le Saint-Pierre – voir les restaurants ci-dessus

MÉZOS

✉ 40170 (Landes) – 847 hab. – Alt. 23 m – Carte régionale n° **3**-B2
▶ Paris 684 km – Bordeaux 124 km – Dax 58 km – Mont-de-Marsan 107 km
Carte Michelin 335-E10

La Maison de Mézos

FAMILIAL · PERSONNALISÉ Dans un petit village landais, coquette maison à l'ambiance familiale, entre hôtel et chambre d'hôtes (mobilier chiné). Pavillon et roulottes dans le grand jardin. Piscine.

14 chambres ⊖ – ♦70 € ♦♦135 €

av. de l'Océan – ℰ 05 58 42 61 38 – www.hotel-mezos.com – Ouvert avril-sept.

MÉZY-MOULINS

✉ 02650 (Aisne) – 525 hab. – Alt. 81 m – Carte régionale n° **37**-C3
▶ Paris 103 km – Amiens 221 km – Laon 92 km – Reims 55 km
Carte Michelin 306-D8

Le Moulin Babet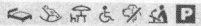

CUISINE TRADITIONNELLE · AUBERGE XX Cet ancien moulin à eau tout en pierre (19ᵉ s.) profite du seul voisinage de la verdure et du Surmelin, affluent de la Marne. En terrasse au bord du cours d'eau ou dans la grande salle, à la fois rustique et élégante, la cuisine de tradition prend des accents bucoliques. Et dans les chambres, pas un bruit...

Formule 22 € – Menu 34/63 € – Carte 53/66 €

7 chambres – ♦72/94 € ♦♦72/94 € – ⊖ 9 €

8 r. du Moulin-Babet, à Moulins , N3 – ℰ 03 23 71 44 72 – www.hotel-moulinbabet.com – Fermé 20-31 août, 24 déc.-11 janv., dim. soir (sauf hôtel), mardi et merc.

MIEUSSY

74440 (Haute-Savoie) – 2 118 hab. – Alt. 636 m – Carte régionale n° **46**-F1

Paris 563 km – Annecy 62 km – Bonneville 21 km – Chamonix-Mont-Blanc 59 km

Carte Michelin 328-M4 – Guide Vert Michelin Alpes du Nord

🏠 Vacca Park

TRADITIONNEL · MODERNE Au milieu des pâturages et des pistes, un chalet moderne avec des chambres coquettes et chaleureuses, ainsi qu'un restaurant traditionnel et savoyard. Pour l'anecdote, il y a une photo de vache (presque grandeur nature) sur chaque porte... Et oui, en latin, vacca signifie "vache" !

15 chambres – ♦82/184 € ♦♦82/184 € – 🛏 12 € – ½ P

2 rte du Col de la Ramaz, (Plateau de Sommand), Praz de Lys 1 420 m
– ℰ 04 50 34 20 88 – www.vaccapark.com – Fermé 3 avril-14 mai et 3 nov.-10 déc.

MILHAC-D'AUBEROCHE

24330 (Dordogne) – 570 hab. – Alt. 165 m – Carte régionale n° **4**-C1

Paris 532 km – Bordeaux 146 km – Limoges 141 km – Périgueux 22 km

Carte Michelin 329-G5

😊 La Vieille Forge

CUISINE MODERNE · AUBERGE X Certes, le village est reculé et cette ancienne forge un peu froide... mais dans l'assiette, quelle belle surprise : de la cuisine, de la vraie ! Tout est soigné, glacé au jus, assaisonné finement, cuit avec justesse ; les produits sont de qualité, les recettes originales : le chef, Vincent Cardoso, sait réchauffer les cœurs...

Menu 29 € – Carte environ 43 €

Le Bourg – ℰ 05 53 04 11 27 – Fermé 15 fév.-5 mars, sam. midi, dim. soir et lundi

MILLAU

12100 (Aveyron) – 22 013 hab. – Alt. 372 m – Carte régionale n° **29**-D2

Paris 636 km – Albi 106 km – Mende 95 km – Montpellier 114 km

Carte Michelin 338-K6

🏨 Cévenol Hôtel

BUSINESS · FONCTIONNEL Cet hôtel, situé dans un quartier résidentiel excentré, proche du Tarn, a bénéficié d'une belle rénovation. Ses chambres, fonctionnelles, bien équipées et soigneusement tenues, se révèlent agréables. Cuisine traditionnelle au restaurant.

42 chambres – ♦68/95 € ♦♦68/95 € – 🛏 10 € – ½ P

Plan : BY-k – *115 r. Rajol – ℰ 05 65 60 74 44 – www.cevenol-hotel.fr – Fermé 19 déc.-13 janv.*

🏠 Ibis

HÔTEL DE CHAÎNE · FONCTIONNEL Idéalement situé en plein centre-ville et plutôt confortable. Pratique, le parking fermé.

46 chambres – ♦75/112 € ♦♦75/112 € – 🛏 11 €

Plan : BY-b – *r. du Sacré-Cœur – ℰ 05 65 59 29 09 – www.ibishotel.com*

au Sud 2 km au Sud par D41 rte de St-Affrique – 12100 Millau

🍽 Château de Creissels

CUISINE TRADITIONNELLE · ÉLÉGANT XX Du caractère, c'est indéniable ! Dans ce château perché sur les hauteurs, il y a de jolies voûtes en pierre, une terrasse panoramique sur l'ancien chemin de ronde, et une belle salle cossue, où l'on savoure une sympathique cuisine traditionnelle. Pas d'inquiétude : le chef, présent depuis 20 ans, connaît son affaire !

Formule 16 € – Menu 19/58 € – Carte 40/57 €

pl. du Prieur – ℰ 05 65 60 31 79 – www.chateau-de-creissels.com
– Fermé janv., fév., dim. soir d'oct. à avril et lundi midi

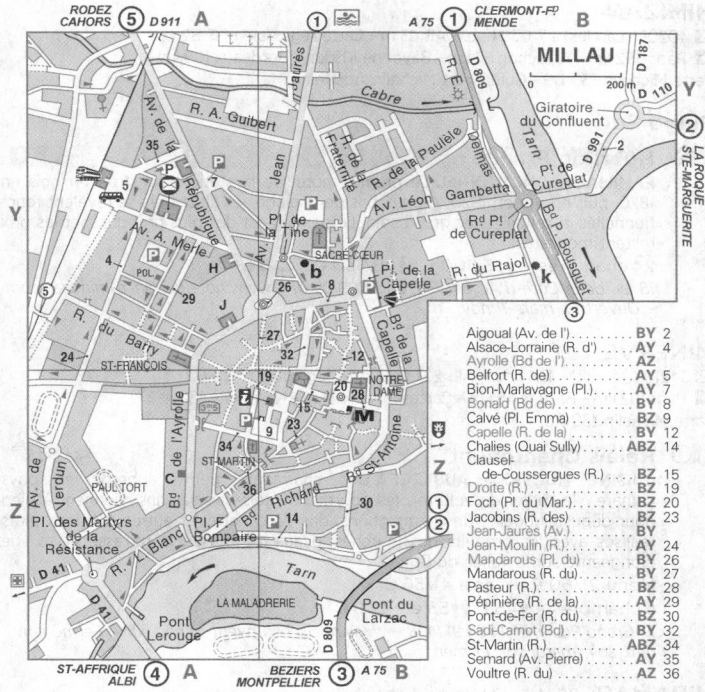

RODEZ ⑤ CAHORS D 911 A ① 🏊 A 75 ① CLERMONT-F° MENDE B

MILLAU

0   200 m

Aigoual (Av. de l')	BY	2
Alsace-Lorraine (R. d')	AY	4
Ayrolle (Bd de l')	AZ	
Belfort (R. de)	AY	5
Bion-Marlavagne (Pl.)	AY	7
Bonald (Bd de)	BY	8
Calvé (Pl. Emma)	BZ	9
Capelle (R. de la)	BY	12
Chalies (Quai Sully)	ABZ	
Clausel- de-Coussergues (R.)	BZ	15
Droite (R.)	BZ	19
Foch (Pl. du Mar.)	BZ	20
Jacobins (R. des)	BZ	23
Jean-Jaurès (Av.)	BY	
Jean-Moulin (R.)	AY	24
Mandarous (Pl. du)	BY	26
Mandarous (R. du)	BY	27
Pasteur (R.)	BZ	28
Pépinière (R. de la)	AY	29
Pont-de-Fer (R. du)	BZ	30
Sadi-Carnot (Bd)	BY	32
St-Martin (R.)	ABZ	34
Semard (Av. Pierre)	AY	35
Voultre (R. du)	AZ	36

ST-AFFRIQUE ④ ALBI   A   BEZIERS MONTPELLIER ③ A 75 B

🏨 **Château de Creissels**   🏃 🏊 ⟨ 🛏 🎿 ♨ ♿ AC 🅿

CHÂTEAU · HISTORIQUE Un château du 12ᵉ s. sur un piton rocheux à l'écart de Millau, auquel on accède par une petite route. Les chambres mêlent avec élégance meubles anciens et style contemporain, avec du cachet dans la bâtisse principale, un esprit plus actuel dans son extension. La propriété ne manque pas de charme...

26 chambres – 🛏70/84 € 🛏🛏83/162 € – 🖵12 € – ½ P
pl. du Prieur – ☏ *05 65 60 16 59* – *www.chateau-de-creissels.com*
– Fermé janv., fév. ,dim. soir de nov. à mars
🍴 **Château de Creissels** - voir les restaurants ci-dessus

MILLY-LA-FORÊT

✉ 91490 (Essonne) – 4 788 hab. – Alt. 68 m – Carte régionale n° **18**-B3
▶ Paris 58 km – Étampes 25 km – Évry 31 km – Fontainebleau 19 km
Carte Michelin 312-D5 – Guide Vert Michelin Île-de-France

à Auvers (S.-et-M.) 4 km au Sud par D948 – ✉ 77123 Noisy sur Ecole

🍴 **Auberge d'Auvers Galant**   🏡 ♻

CUISINE TRADITIONNELLE · RUSTIQUE ✕✕ Rien à redouter de ce Galant-là : c'est en tout bien tout honneur qu'il vous propose une halte dans un intérieur rustique coloré. Recettes traditionnelles et produits du marché.

Formule 22 € – Menu 26 € (semaine), 40/54 € – Carte 55/72 €
7 r. d'Auvers – ☏ *01 64 24 51 02* – *www.aubergedauversgalant.com* – *Fermé 3 semaines en fév., 2 semaines en août, lundi et mardi*

MIMIZAN

✉ 40200 (Landes) – 7 030 hab. – Alt. 13 m – Carte régionale n° **3**-B2
▶ Paris 692 km – Arcachon 67 km – Bayonne 109 km – Bordeaux 109 km
Carte Michelin 335-D9 – Guide Vert Michelin Aquitaine

Plage Sud

⌂ Hôtel de France   P

FAMILIAL · FONCTIONNEL Le premier hôtel de la station, construit en bois en 1870, puis en dur en 1920. À deux pas de la plage, les chambres se révèlent fonctionnelles et tenues avec grand soin. Le parking est des plus pratiques, et les prix restent modestes.

24 chambres – ♦55/100 € – ♦♦68/130 € – ☷8 €
18 av. de la Côte-d'Argent – ℰ 05 58 09 09 01 – www.hoteldefrance-mimizan.com – Ouvert fin mars-11 nov.

MINERVE

✉ 34210 (Hérault) – 134 hab. – Alt. 227 m – Carte régionale n° **22**-B2
▶ Paris 812 km – Béziers 45 km – Carcassonne 44 km – Narbonne 33 km
Carte Michelin 339-B8

⒑○ Relais Chantovent   

CUISINE MODERNE · AUBERGE 𝕏 Une charmante petite auberge en pays cathare... Ici, point de voiture ; les gourmands, tels des pèlerins, viennent à pied pour déguster poêlée de champignons, dos de canette, et autres délicieux plats réalisés avec les produits des marchés locaux. Le must : la terrasse et sa vue plongeante sur la vallée du Briant.

Menu 21/60 € – Carte 41/56 €
5 chambres – ♦45 € – ♦♦53 € – ☷8 €
17 Grand'Rue – ℰ 04 68 91 14 18 – www.relaischantovent-minerve.fr – Fermé janv., dim. soir, mardi soir et merc.

MIRAMAR – 06 (Alpes-Maritimes) ➜ voir Théoule-sur-Mer

MIRANDE – 71 (Saône-et-Loire) ➜ voir Fleurville

MIREBEL

✉ 39570 (Jura) – 247 hab. – Alt. 580 m – Carte régionale n° **16**-B3
▶ Paris 419 km – Champagnole 17 km – Lons-le-Saunier 17 km
Carte Michelin 321-E6

⒑○ Le Bouchon du Château   ♿

CUISINE MODERNE · BISTRO 𝕏𝕏 En passant par Mirebel, arrêtez-vous dans ce restaurant. Le chef, passé par de belles maisons, revisite les bonnes recettes du temps jadis avec vitalité et gourmandise, à l'instar de cette épaule d'agneau confite, pommes Charlotte écrasées aux herbes potagères et chorizo ibérique. Un délice !

Formule 14 € ♟ – Menu 26/45 € – Carte 34/66 €
34 r. de Viseney – ℰ 03 84 25 18 60 – www.lebouchonduchateau.com – Fermé 18 août-2 sept., 24 déc.-6 janv., mardi soir, merc. soir, jeudi soir, sam. midi, dim. soir et lundi

⒑○ Mirabilis   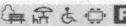

CUISINE MODERNE · CONVIVIAL 𝕏𝕏 Quand Mirebel rime avec Mirabilis ("admirable" en latin), on obtient une bonne adresse. Dans cette chaleureuse maison ancienne (1760), le chef concocte une cuisine goûteuse et colorée, sur de belles bases régionales : aumônière d'escargots, magret de canard aux pêches, vacherin glacé... On en redemande !

⌾ Formule 14 € – Menu 20/49 € – Carte 32/52 €
41 Grande-Rue – ℰ 03 84 48 24 36 – www.lemirabilis.com – Fermé janv., merc. de sept. à juin, lundi et mardi

L'ingrédient secret pour sublimer les saveurs de tous vos plats
Le four vapeur CombiSteam Deluxe

La cuisson vapeur préserve toutes les vitamines et, associée à la cuisson traditionnelle, elle apporte moelleux à toutes vos recettes sans dessèchement.

Les bénéfices de ce mode de cuisson sont utilisés depuis des années par les chefs des cuisines professionnelles.
Avec le four **CombiSteam Deluxe d'Electrolux**, cuisinez 100% vapeur pour des plats sains et savoureux ou associez vapeur et cuisson traditionnelle pour un résultat tendre et croustillant.

Retrouvez le meilleur d'Electrolux
au Festival gastronomique Taste of Paris

www.electrolux.fr/**tasteofparis**

Explorez les possibilités

MIREPOIX

✉ 09500 (Ariège) – 3 123 hab. – Alt. 308 m – Carte régionale n° **29**-C3
▶ Paris 753 km – Carcassonne 52 km – Castelnaudary 34 km – Foix 37 km
Carte Michelin 343-J6

ⅱ◯ Les Remparts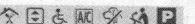

CUISINE MODERNE · RUSTIQUE XX Dans cette maison construite sur les remparts de la ville, la pierre et le bois se mêlent avec chaleur et élégance. Un intérieur délicieusement rustique, dans lequel on goûte à la bonne cuisine de la patronne, qui s'attache à valoriser les produits de la région. Chambres agréables (plus calmes côté cour).

Formule 15 € – Menu 29 € (déj. en semaine), 39/53 € – Carte 30/83 €
7 chambres – ♦58/140 € ♦♦72/150 € – ☞ 10 €
6 cours L.-Pons-Tande – ☎ 05 61 68 12 15 – www.hotelremparts.com – Fermé mardi midi, dim. soir et lundi

🏠 Les Minotiers

FAMILIAL · FONCTIONNEL Espace, confort, lumière : dans cette ancienne minoterie – une usine de préparation des farines –, on fait rimer simplicité et qualité. Les chambres sont fonctionnelles et bien équipées, et le restaurant met en avant les produits régionaux.

40 chambres – ♦52/148 € ♦♦59/148 € – ☞ 8 € – ½ P
av. du Mar.-Foch – ☎ 05 61 69 37 36 – www.lesminotiers.com

🏠 La Maison des Consuls 🄝

HISTORIQUE · PERSONNALISÉ L'hôtel est situé sur une ravissante place de cette cité médiévale : un emplacement de choix ! Les chambres, bien tenues, sont décorées dans un esprit "antiquaire", avec de jolis meubles chinés ; on retrouve cet esprit sous la verrière où l'on prend son petit-déjeuner.

8 chambres – ♦69/130 € ♦♦69/195 € – ☞ 12 €
6 pl. du Mar.-Leclerc – ☎ 05 61 68 81 81 – www.maisondesconsuls.com

MIRMANDE

✉ 26270 (Drôme) – 504 hab. – Alt. 204 m – Carte régionale n° **44**-B3
▶ Paris 603 km – Lyon 141 km – Romans-sur-Isère 61 km – Valence 42 km
Carte Michelin 332-C5 – Guide Vert Michelin Ardèche Drôme

🏠 Hôtel de Mirmande

FAMILIAL · PERSONNALISÉ Jolie reconversion pour cette ancienne épicerie transformée en un charmant hôtel. Vous y découvrirez de spacieuses chambres à la déco cosy : coussins, boutis, meubles et objets en bois cérusé... Une adresse sympathique.

9 chambres – ♦70/140 € ♦♦70/140 € – ☞ 11 €
Le village – ☎ 04 75 63 13 18 – www.hotelmirmande.fr

🏠 La Capitelle

TRADITIONNEL · RÉTRO Cette ancienne magnanerie, située au cœur du vieux village, fut la résidence du cubiste André Lhote. Les meubles d'antiquaire, dans les chambres, et la cheminée monumentale, dans la salle voûtée, ajoutent au cachet de cette demeure de caractère. Belle vue sur les vergers et les collines depuis la terrasse.

11 chambres – ♦70/95 € ♦♦70/150 € – ☞ 12 € – ½ P
Le Rempart - r.du Boulanger – ☎ 04 75 63 02 72 – www.lacapitelle.com – Fermé mi-déc. à mi-janv., dim. soir et lundi sauf juil.-août

MISSILLAC

✉ 44780 (Loire-Atlantique) – 5 016 hab. – Alt. 44 m – Carte régionale n° **34**-A2
▶ Paris 436 km – Nantes 62 km – Redon 24 km – St-Nazaire 37 km
Carte Michelin 316-D3 – Guide Vert Michelin Pays de la Loire

Le Montaigu

CUISINE MODERNE • ÉLÉGANT XXX Arrivé en mars 2015, Thierry Karakachian met en valeur son expérience dans de belles tables de la côte d'Azur – notamment Joël Robuchon et Yoshi à Monaco. Sa cuisine, parsemée de notes asiatiques, met joliment en valeur les nombreux produits du terroir breton. Un havre de gourmandise dans le magnifique domaine de la Bretesche !

➜ Œuf frit au nori, crémeux d'oursin et caviar. Pigeon en trois cuissons, harmonie de foie gras, lard blanc et pommes soufflées. Fraisier revisité, sorbet à la fraise aux notes d'estragon.

Menu 55/104 € – Carte 90/110 €

Domaine de la Bretesche – ✆ 02 51 76 86 96 – www.bretesche.fr – Fermé 8 fév.-3 mars, lundi et mardi de nov. à janv. et le midi sauf dim.

Domaine de La Bretesche

CHÂTEAU • PERSONNALISÉ Dans les dépendances du château de Missillac, dont les jolies tours se reflètent dans le lac contigu, un établissement cossu et feutré : mobilier de style et détails tendance, salon dans les anciennes écuries, espace bien-être... à deux pas du golf 18 trous (club-house).

30 chambres – †166/500 € ††166/500 € – 6 suites – ☕ 24 € – ½ P

– ✆ 02 51 76 86 96 – www.bretesche.fr

Le Montaigu – voir les restaurants ci-dessus

MITTELBERGHEIM

✉ 67140 (Bas-Rhin) – 660 hab. – Alt. 220 m – Carte régionale n° **2**-C1

▶ Paris 499 km – Barr 2 km – Erstein 24 km – Molsheim 23 km

Carte Michelin 315-I6

Gilg

ALSACIENNE • AUBERGE XX Route des vins, Mittelbergheim, Gilg : accès direct au charme authentique de l'Alsace ! Dans cette maison rhénane rustique à souhait, ouverte en 1641, on découvre de bonnes spécialités du terroir et autres plats bourgeois, revisités à la sauce du chef. Presskopf au saumon fumé, goujonnettes de turbot en raviole... Fameux !

Formule 18 € – Menu 34/56 € – Carte 44/63 €

19 chambres – †68/98 € ††68/98 € – ☕ 9 €

1 r. Rotland – ✆ 03 88 08 91 37 – www.hotel-gilg.com – Fermé 27 juin-13 juil., 9 janv.-3 fév., mardi et merc.

MITTELHAUSEN

✉ 67170 (Bas-Rhin) – 556 hab. – Alt. 185 m – Carte régionale n° **1**-B1

▶ Paris 478 km – Haguenau 21 km – Saverne 22 km – Strasbourg 24 km

Carte Michelin 315-J4

À l'Étoile

CUISINE TRADITIONNELLE • AUBERGE X Dans la chaleureuse salle à manger décorée de boiseries, c'est toute l'Alsace qui vous donne rendez-vous. Entendez par là toutes ses saveurs, ses vins et son terroir !

Formule 15 € – Menu 23/43 € – Carte 32/51 €

12 r. La Hey – ✆ 03 88 51 28 44 – www.hotel-etoile.fr – Fermé 10 juil.-3 août, 1er-13 janv., dim. soir et lundi

À l'Étoile

AUBERGE • CLASSIQUE Nous voilà dans le pays de la Zorn, également appelé "pays de l'or vert", autrement dit du houblon ! Cette maison de pays (1888) a conservé son charme traditionnel alsacien, tandis que l'annexe, plus récente, ose le style contemporain. Agréable spa ; bon rapport qualité-prix.

31 chambres – †69/80 € ††76/98 € – ☕ 10 € – ½ P

12 r. La Hey – ✆ 03 88 51 28 44 – www.hotel-etoile.fr – Fermé 10 juil.-3 août et 1er-13 janv.

À l'Étoile – voir les restaurants ci-dessus

MITTELWIHR

✉ 68630 (Haut-Rhin) – 831 hab. – Alt. 210 m – Carte régionale n° **2**-C2
▶ Paris 445 km – Colmar 10 km – Kaysersberg 6 km – Sélestat 20 km
Carte Michelin 315-H8

¶○ La Table de Mittelwihr   🏠 ₺

CUISINE MODERNE · À LA MODE XX Le clientèle locale se presse dans ce restaurant chaleureux, animé par un patron passionné. Sa générosité se découvre dans l'assiette, comme avec ce foie gras au cacao et coriandre, gelée de coing et brioche salée. À noter, la terrasse, très agréable en été.

Menu 21 € (déj. en semaine), 34/56 € – Carte 52/71 €

19a rte du Vin – ℰ 03 89 78 61 40 – www.la-table-de-mittelwihr.com – Fermé 1 semaine en nov., 2 semaines en janv., dim. soir de janv. à mars, mardi et lundi sauf le soir d'avril à déc.

🏠 Le Mandelberg   📶 ₺ 🅿

FAMILIAL · MODERNE Pourquoi ne pas s'arrêter dans ce village du "Midi de l'Alsace" pour y voir fleurir les amandiers ? Ce sera l'occasion de profiter des chambres confortables de cette grande bâtisse de style néo-alsacien.

18 chambres – ♦80/132 € ♦♦80/132 € – ☐ 12 €

chemin du Mandelberg – ℰ 03 89 49 09 49 – www.hotelmandelberg.fr – Fermé janv.

🏠 Le Mittelwihr   ₺ 🄰🄲

FAMILIAL · MODERNE Sur la route des vins, cette maison colorée propose des chambres reposantes, au cœur du village vigneron. Détail important, elles sont climatisées, car il peut faire chaud en Alsace ! Petit-déjeuner vraiment copieux, servi dans une salle coquette.

15 chambres – ♦77/122 € ♦♦77/122 € – ☐ 11 €

19 rte du Vin – ℰ 03 89 49 09 90 – www.hotelmittelwihr.fr – Fermé fév.

MIZOËN – 38 (Isère) ➜ voir Freney-d'Oisans

MODÈNE

✉ 84330 (Vaucluse) – 449 hab. – Alt. 250 m – Carte régionale n° **42**-E1
▶ Paris 694 km – Avignon 37 km – Marseille 123 km – Valence 134 km
Carte Michelin 332-D9

🏠 La Villa Noria   🕊 🛏 🛋 🄰🄲 🌊 🅿

FAMILIAL · PERSONNALISÉ Une maison de maître du 18ᵉ s. avec son jardin arboré et... sa noria toujours en état de marche – une curiosité à découvrir. Dans les chambres – mansardées au 2ᵉ étage –, mobilier chiné et de famille dégagent un charme suranné. À la table d'hôte œuvre le propriétaire, ancien chef ! Une adresse où l'on se sent bien.

5 chambres ☐ – ♦75/170 € ♦♦75/170 €

4 rte de Mazan – ℰ 04 90 62 50 66 – www.villa-noria.com

MOËLAN-SUR-MER

✉ 29350 (Finistère) – 7 002 hab. – Alt. 58 m – Carte régionale n° **9**-B2
▶ Paris 523 km – Carhaix-Plouguer 66 km – Concarneau 27 km – Lorient 27 km
Carte Michelin 308-J8 – Guide Vert Michelin Bretagne Sud

¶○ Le Raphaël   🛏 🏠 ♻ 🅿

CUISINE MODERNE · ROMANTIQUE XX On a réellement l'impression de dîner à fleur d'eau dans le cadre atypique de cet ancien moulin à la grâce pastorale. La cuisine terre et mer suit la tendance actuelle, au gré du cycle des saisons, les produits travaillés sont de grande qualité, et le service est aux petits oignons...

Carte 65/89 €

Hôtel Les Moulins du Duc, rte des Moulins, 2 km au Nord-Ouest par rte secondaire – ℰ 02 98 96 52 52 – www.hotel-moulins-du-duc.com – Ouvert 1ᵉʳ mars-30 nov. et fermé le midi sauf sam. et dim.

Manoir de Kertalg

CHÂTEAU · PERSONNALISÉ Une altière demeure du 19ᵉ s. dans un superbe parc forestier. Proportions monumentales, richesse des matériaux, chambres spacieuses et raffinées : un bel exemple de classicisme. Le peintre Brann, propriétaire des lieux, y expose ses œuvres d'inspiration surréaliste.

8 chambres – 🛏130/270 € 🛏🛏130/270 € – ♎17 €

Le Guily, rte de Riec-sur-Belon, 3 km à l'Ouest par D24 et chemin privé – 𝒞 02 98 39 77 77 – www.manoirdekertalg.com – Ouvert 25 avril-4 nov.

Les Moulins du Duc

MAISON DE CAMPAGNE · PERSONNALISÉ Quel charme bucolique, quelle fraîcheur ! Une rivière serpente, des canards s'ébattent dans l'étang. Beaucoup de poésie naturelle pour ce moulin du 16ᵉ s. où les chambres sont réparties dans de petits cottages en pierre à travers le domaine. Un lieu hors du temps...

20 chambres – 🛏180/380 € 🛏🛏180/380 € – 5 suites – ♎19 €

rte des Moulins, 2 km au Nord-Ouest par rte secondaire – 𝒞 02 98 96 52 52 – www.hotel-moulins-du-duc.com – Ouvert 1ᵉʳ mars-30 nov.

🍴 **Le Raphaël** – voir les restaurants ci-dessus

La sélection des hôtels et des restaurants changent tous les ans. Chaque année, changez de guide MICHELIN !

MOIRAX – 47 (Lot-et-Garonne) → voir Agen

MOISSAC

✉ 82200 (Tarn-et-Garonne) – 12 470 hab. – Alt. 76 m – Carte régionale n° **28**-B2
▶ Paris 632 km – Agen 57 km – Auch 87 km – Cahors 63 km
Carte Michelin 337-C7

Le Florentin

CUISINE TRADITIONNELLE · BISTRO 🍴 Dans le département – et au-delà –, la réputation du Florentin n'est plus à faire ! Son chef est un amoureux du beau produit (sélectionné auprès des fournisseurs locaux) et de la tradition. Dans l'assiette, c'est gourmand et goûteux à souhait. La terrasse offre une vue imprenable sur la belle abbatiale.

Formule 17 € – Menu 23 € (semaine)/56 € 🍷 – Carte 29/67 €

8 pl. Roger-Delthil – 𝒞 05 63 04 19 18 – www.leflorentin-bistrotgourmand.fr – Ouvert 1ᵉʳ mars-23 oct. et fermé le soir de mars à mi-avril

L'Armateur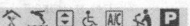

VILLA · ACTUEL Près du canal, dans l'ancien quartier des marins, cette maison bourgeoise du 18ᵉ s. a été entièrement restaurée dans un esprit contemporain épuré. Minimalisme fluide, blancheur immaculée, murs en brique : élégant ! Côté jardin, les chambres sont très au calme.

16 chambres – 🛏85/140 € 🛏🛏85/140 € – ♎12 € – ½ P

1 r. François-Raynal – 𝒞 05 63 32 85 10 – www.hotelarmateur.fr – Fermé 20 déc.- 10 janv.

Le Moulin de Moissac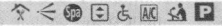

HISTORIQUE · FONCTIONNEL Sur les bords du Tarn, un moulin du 15ᵉ s. aux chambres sobres et actuelles, d'esprit mer, campagne ou montagne. Les plus spacieuses offrent une jolie vue sur la rivière et, pour la détente, on profite d'un spa très complet.

36 chambres – 🛏96/179 € 🛏🛏96/179 € – ♎14 € – ½ P

esplanade du Moulin – 𝒞 05 63 32 88 88 – www.lemoulindemoissac.com

au Nord 9 km par D7 - ✉ 82400 St-Paul-Espis

⫼○ Le Manoir St-Jean

CUISINE TRADITIONNELLE · CLASSIQUE ❋❋❋ Une grande salle à manger bourgeoise, plaisante et raffinée, pour une cuisine qui l'est tout autant. Avec les bons produits des fournisseurs locaux, le chef concocte des plats sains et goûteux, qui fleurent bon le Sud-Ouest... Les saveurs sont au rendez-vous !

Menu 38/75 € – Carte 40/55 €

à St-Jean-de-Cornac – ☎ 05 63 05 02 34 (réservation conseillée)
– manoirsaintjean.com – Fermé 15 nov.-15 déc., dim. soir et lundi du 1ᵉʳ sept.
au 15 juin

🏠 Le Manoir St-Jean

CHÂTEAU · PERSONNALISÉ Cette belle maison de maître (19ᵉ s.), à la décoration très soignée – mobilier chiné, trompe-l'œil, etc. –, a du cachet et une âme... Les chambres sont toutes différentes et décorées par thèmes (Asie, Venise, Toscane...). Le jardin se révèle agréable, comme la jolie piscine.

10 chambres – ♦150/180 € ♦♦150/200 € – 9 suites – ☷ 15 € – ½ P

à St-Jean-de-Cornac – ☎ 05 63 05 02 34 – www.manoirsaintjean.com – Fermé 15 nov.-15 déc.

⫼○ **Le Manoir St-Jean** – voir les restaurants ci-dessus

MOISSAC-BELLEVUE – 83 (Var) ➜ voir Aups

MOISSIEU-SUR-DOLON

✉ 38270 (Isère) – 700 hab. – Alt. 350 m – Carte régionale n° **44**-B2
▶ Paris 511 km – Grenoble 78 km – Lyon 55 km – La Tour-du-Pin 53 km
Carte Michelin 333-C5

🏠 Domaine de la Colombière

TRADITIONNEL · PERSONNALISÉ Cette demeure bourgeoise de 1820 est entourée d'un parc arboré, où l'on trouve aussi un petit château en pierre avec son beau pigeonnier... Les vastes chambres sont bien équipées, et décorées sur le thème des peintres célèbres. Du cachet !

21 chambres – ♦109/129 € ♦♦109/169 € – ☷ 14 € – ½ P

45 Montée des Remparts (Château de Moissieu) – ☎ 04 74 79 50 23
– www.lacolombiere.com

MOLITG-LES-BAINS

✉ 66500 (Pyrénées-Orientales) – 212 hab. – Alt. 607 m – Carte régionale n° **22**-B3
▶ Paris 896 km – Perpignan 50 km – Prades 7 km – Quillan 56 km
Carte Michelin 344-F7

⫼○ Château de Riell

CUISINE MODERNE · ÉLÉGANT ❋❋❋ Un restaurant raffiné et largement ouvert sur la forêt, où la carte célèbre la belle cuisine catalane. Les chefs ont été formés chez Michel Guérard et leur cuisine en est le reflet ; on passe un beau moment en terrasse, dégustant de délicieux plats en contemplant la cime enneigée du mont Canigou, au loin...

Menu 58/78 € – Carte environ 68 €

Hôtel Château de Riell – ☎ 04 68 05 04 40 – www.chateauderiell.com
– Ouvert 27 mars-5 nov. et fermé mardi et le midi sauf week-ends, fériés et juil.-août

⫼○ Café Casals

CUISINE TRADITIONNELLE · ÉLÉGANT ❋❋ Dans ce restaurant aux couleurs du Sud et de la Catalogne, où trône le portrait de Pablo Casals (qui était habitué des lieux), curistes et gourmands peuvent ripailler ensemble. Deux types de cuisine sont proposés, signés Michel Guérard : "Santé Nature" – réservé aux résidents –, ou "d'Appétit", pour les gourmands.

Formule 27 € – Menu 35 € – Carte 48/57 €

Le Grand Hôtel – ☎ 04 68 05 00 50 – www.grandhotelmolitg.com
– Ouvert 27 mars-4 déc. et fermé dim.

🏠 Château de Riell

CHÂTEAU · PERSONNALISÉ Malgré ses faux airs de nid d'aigle, ce château se révèle baroque et chaleureux. Les chambres sont décorées avec goût et originalité, la luxuriance du parc est un vrai bonheur, et l'on prend son petit-déjeuner dans une datcha... sans parler de la vue sur le Canigou !

19 chambres – 👤160/500 € 👤👤160/500 € – ☖ 22 € – ½ P

– ✆ 04 68 05 04 40 – www.chateauderiell.com – Ouvert 27 mars-5 nov.

🍽️ **Château de Riell** – voir les restaurants ci-dessus

🏠 Le Grand Hôtel

HÔTEL DE CURE · CLASSIQUE Un hôtel thermal raffiné et apaisant : les tons clairs dominent dans les chambres, bien confortables, et le jardin s'épanouit dans un beau décor de rocailles naturelles. Fait remarquable, le marbre des Pyrénées s'impose partout dans les bains.

38 chambres – 👤100/220 € 👤👤100/220 € – 5 suites – ☖ 14 € – ½ P

– ✆ 04 68 05 00 50 – www.grandhotelmolitg.com – Ouvert 27 mars-4 déc.

🍽️ **Café Casals** – voir les restaurants ci-dessus

MOLLANS-SUR-OUVÈZE

✉ 26170 (Drôme) – 1 066 hab. – Alt. 280 m – Carte régionale n° **44**-B3

▶ Paris 676 km – Carpentras 30 km – Nyons 21 km – Vaison-la-Romaine 13 km

Carte Michelin 332-E8 – Guide Vert Michelin Alpes du Sud

🏠 Le St-Marc

FAMILIAL · FONCTIONNEL Au pied du mont Ventoux, cette maison provençale dispose de chambres fonctionnelles. Grand jardin avec piscine et tennis. Cuisine du Sud servie dans une salle rustique ou sur la terrasse fleurie.

12 chambres – 👤70/103 € 👤👤70/103 € – ☖ 12 € – ½ P

av. de l'Ancienne-Gare – ✆ 04 75 28 70 01 – www.saintmarc.com – Ouvert d'avril à oct.

MOLLÉGÈS

✉ 13940 (Bouches-du-Rhône) – 2 534 hab. – Alt. 55 m – Carte régionale n° **42**-E1

▶ Paris 704 km – Avignon 24 km – Cavaillon 9 km – Marseille 80 km

Carte Michelin 340-E3

🍽️ Mas du Capoun

CUISINE MODERNE · ÉLÉGANT ✕✕ Mas raffiné où l'on mange dans une salle lumineuse et épurée ou, en été, sous la charpente d'une superbe grange restaurée. Belle cuisine actuelle, réalisée à partir de produits frais et déclinée dans un menu unique (rapport qualité-prix imbattable le midi !). Chambres confortables avec terrasse privative.

Formule 19 € – Menu 39 €

6 chambres ☖ – 👤85/95 € 👤👤95/105 €

166 av. des Paluds – ✆ 04 90 26 07 12 (réservation conseillée)
– www.masducapoun.fr – Rest : fermé 25 oct.-10 nov., mi-fév. à mi-mars, mardi soir, sam. midi et merc. ; hôtel : ouvert de Pâques à oct.

MOLLKIRCH

✉ 67190 (Bas-Rhin) – 969 hab. – Alt. 320 m – Carte régionale n° **1**-A2

▶ Paris 485 km – Molsheim 11 km – Saverne 35 km – Strasbourg 40 km

Carte Michelin 315-I5

🏠 Fischhutte

FAMILIAL · FONCTIONNEL Au cœur de la vallée de la Magel, ce grand hôtel tenu par la même famille depuis 1942 propose des chambres confortables et sobrement décorées, dont certaines offrent une vue sur la forêt vosgienne... Tranquillité garantie ! Au restaurant, carte régionale avec gibier en saison.

18 chambres – 👤80/98 € 👤👤90/175 € – ☖ 14 € – ½ P

30 rte de la Fischhutte, rte Grendelbruch : 3,5 km – ✆ 03 88 97 42 03
– www.fischhutte.com – Fermé 29 mars-26 avril, 18 juil.-3 août et 4-14 janv.

MOLSHEIM

⊠ 67120 (Bas-Rhin) – 9 227 hab. – Alt. 180 m – Carte régionale n° **1**-A1
▶ Paris 477 km – Lunéville 94 km – St-Dié 79 km – Saverne 28 km
Carte Michelin 315-I5

🏨 Diana   ⚓ 🛏 🖼 🌀 🛁 ♿ 🅰🅲 🛗 🚗

BUSINESS · ACTUEL Construction des années 1970 agrémentée de nombreuses œuvres d'art. Chambres actuelles avec mobilier et déco design. Pour le bien-être : spa, superbe fitness, jardin. Au restaurant, carte dans l'air du temps et belle cave.

67 chambres – ♦99/195 € ♦♦99/195 € – 3 suites – ☲ 13 € – ½ P
pont de la Bruche – 𝒞 03 88 38 51 59 – www.hotel-diana.com

🏨 Le Bugatti   🛁 ⊟ ♿ 🅿

BUSINESS · MODERNE Une construction de facture contemporaine, tout près des légendaires usines Bugatti. Les chambres sont fonctionnelles et bien tenues.

59 chambres – ♦59/90 € ♦♦59/90 € – ☲ 8,50 €
r. de la Commanderie – 𝒞 03 88 49 89 00 – www.hotel-le-bugatti.com

LES MOLUNES

⊠ 39310 (Jura) – 146 hab. – Alt. 1 274 m – Carte régionale n° **16**-B3
▶ Paris 485 km – Genève 49 km – Gex 30 km – Lons-le-Saunier 74 km
Carte Michelin 321-F8

🍴 Le Pré Fillet   🎱 ≤ 🚗

CUISINE TRADITIONNELLE · RÉTRO ✕✕ Au beau milieu des champs et des bois, un restaurant simple et authentique. Derrière les fourneaux, le chef concocte de bonnes recettes copieuses, dans lesquelles le terroir se taille la part du lion ; on les déguste dans une salle ouverte sur la nature. Et l'accueil est aux petits oignons !

Formule 13 € 🍷 – Menu 23 € (déj. en semaine), 30/44 € – Carte 20/69 €
Hôtel Le Pré Fillet, rte des Moussières – 𝒞 03 84 41 62 89 (réservation conseillée) – www.hotel-leprefillet.com – Fermé 24 avril-3 mai, 9 oct.-13 déc., dim. soir et lundi

🏨 Le Trappeur   ⚓ 🐾 ⊟ ♿ 🎾 🅿

FAMILIAL · FONCTIONNEL Ce petit chalet est idéal pour se mettre au vert en famille, au grand calme. Atmosphère conviviale, chambres impeccables et pratiques ; cuisine du terroir – le vendredis, samedis et dimanches soirs – pizzas cuites au feu de bois... C'est simple, mais de qualité !

10 chambres – ♦64/79 € ♦♦67/79 € – ☲ 7 € – ½ P
Le Manon – 𝒞 03 84 41 21 26 – www.hoteltrappeur.com – Fermé lundi

🏨 Le Pré Fillet   ⚓ 🐾 ≤ 🎾 ⊟ ♿ 🛗 🚗

FAMILIAL · RÉTRO Pour un séjour très "nature", une hôtellerie de moyenne montagne dans laquelle on est accueilli avec beaucoup de gentillesse et de prévenance. Les chambres sont bien tenues ; sauna et jacuzzi offrent une belle vue sur la campagne... Duplex disponible pour les familles.

15 chambres – ♦62 € ♦♦68 € – ☲ 10 € – ½ P
rte des Moussières – 𝒞 03 84 41 62 89 – www.hotel-leprefillet.com – Fermé 24 avril-3 mai, 9 oct.-13 déc., dim. soir et lundi
🍴 **Le Pré Fillet** – voir les restaurants ci-dessus

MONACO (PRINCIPAUTE DE) → voir en fin de guide

MONCEL-LÈS-LUNÉVILLE – 54 (Meurthe-et-Moselle) → voir Lunéville

MONDEMENT-MONTGIVROUX – 51 (Marne) → voir Sézanne

MONDRAGON

⊠ 84430 (Vaucluse) – 3 727 hab. – Alt. 40 m – Carte régionale n° **40**-A2
▶ Paris 640 km – Avignon 45 km – Montélimar 40 km – Nyons 41 km
Carte Michelin 332-B8

🛞 La Beaugravière   器 ⇔ 斎 Ⓐ🄲 🄿

CUISINE CLASSIQUE · AUBERGE XX Des plats très soignés, des préparations entièrement maison – y compris le pain et les glaces ! –, une des plus belles cartes de vins de la région (près de 1 500 références)... Cette demeure provençale est un délice ! Et l'hiver, la truffe noire du Vaucluse est à l'honneur.

🍴 Menu 19 € (déj. en semaine), 32/198 € – Carte 57/139 €
9 chambres – †90/125 € ††90/125 € – ☑ 12 €
N7 – ℰ 04 90 40 82 54 – www.beaugraviere.com – Fermé 15-30 sept., dim. soir et lundi

MONEIN

⊠ 64360 (Pyrénées-Atlantiques) – 4 466 hab. – Alt. 154 m – Carte régionale n° **3**-B3
▶ Paris 799 km – Navarrenx 20 km – Oloron-Ste-Marie 21 km – Pau 23 km
Carte Michelin 342-I3 – Guide Vert Michelin Aquitaine

🍴○ L'Auberge des Roses   斎 斎 Ⓐ🄲 🄿

CUISINE MODERNE · RUSTIQUE X Une auberge en pierre dans un nid de verdure, près des vignes de Jurançon. Le cadre est chaleureux et la terrasse champêtre à souhait ! Voilà qui est sympathique pour apprécier une appétissante et fraîche cuisine : piments doux farcis à la morue, dos de merlu au beurre blanc citronné, crème brûlée au miel et pignons de pin...

Menu 30 € – Carte 32/51 €
quartier Loupien, 3 km au Nord par D9 puis D2 et rte secondaire
– ℰ 05 59 21 45 63 – auberge-des-roses.com – Fermé 2 semaines en fév., 2 semaines fin juin-début juil., dim. soir et lundi

MONESTIER

⊠ 24240 (Dordogne) – 379 hab. – Alt. 100 m – Carte régionale n° **4**-C1
▶ Paris 612 km – Agen 109 km – Bordeaux 117 km – Périgueux 71 km
Carte Michelin 329-C7

🕸 Les Fresques   斎 斎 🕸 🄿

CUISINE MODERNE · CLASSIQUE XXX Classique, feutré, élégant : le cadre sied à la dégustation d'une cuisine raffinée et parfumée, où brillent les produits nobles (truffe en saison) et les vins locaux, à commencer par ceux du vignoble de la propriété.
→ Ris de veau braisé, escalope de foie gras poêlé, haricots coco et pamplemousse rose. Pigeon au sautoir et ragoût de légumes, jus café et noix. Rencontre entre le melon et la framboise.
Menu 49 € (semaine), 65/105 € – Carte 90/100 €
Hôtel Château des Vigiers, au golf des Vigiers – ℰ 05 53 61 50 00
– www.vigiers.com – Ouvert de mi-avril à mi-nov. et fermé dim., merc. et le midi

🏨 Château des Vigiers   😎 🐾 ⇔ 斎 🏊 🎿 🖑 🖼 🔅 👶 Ⓐ🄲 🕸 🥗 🄿

LUXE · PERSONNALISÉ En bordure du golf et dans un beau parc arboré, ce château du 16ᵉ s. est si paisible... Les chambres affichent un style élégant et classique, tandis que, dans l'annexe – une jolie bâtisse aux airs de séchoir à tabac –, elles sont plus contemporaines... Raffinement et verdure !
80 chambres – †120/450 € ††120/450 € – ☑ 26 € – ½ P
au golf des Vigiers – ℰ 05 53 61 50 00 – www.vigiers.com – Ouvert de mars à nov.
🕸 **Les Fresques** – voir les restaurants ci-dessus

Château des Baudry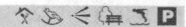

FAMILIAL · PERSONNALISÉ En plein vignoble d'AOC Saussignac, célèbre pour son vin liquoreux, cette ancienne ferme propose des chambres spacieuses avec cheminées et plafonds à la française. Jolie salle à manger où l'on sert le repas le soir (apéritif offert) et patio pour les beaux jours.

5 chambres – 🛏135 € 🛏🛏135/155 € – ☐ 14 €

3 km au Nord par D4, rte de Saussignac et rte secondaire – ✆ 05 53 23 46 42 – www.logisdesbaudry.com

MONESTIER-DE-CLERMONT

✉ 38650 (Isère) – 1 355 hab. – Alt. 825 m – Carte régionale n° **45**-C2
▶ Paris 598 km – Grenoble 36 km – La Mure 29 km – Serres 72 km
Carte Michelin 333-G8 – Guide Vert Michelin Alpes du Nord

Au Sans Souci

CUISINE TRADITIONNELLE · RUSTIQUE 💥 Digne héritier de la famille Maurice – maîtresse des lieux depuis 1934 –, c'est aujourd'hui Julien qui œuvre aux fourneaux, avec une envie intacte de bien faire. Ravioles du Vercors aux cèpes et écrevisses, filet d'omble chevalier du pays au gratin dauphinois, etc. : les saveurs sont au rendez-vous !

🍽 Formule 17 € – Menu 20 € (semaine), 26/48 € – Carte 26/50 €

Le Bourg, à St-Paul-lès-Monestier, 2 km au Nord-Ouest par D8 – ✆ 04 76 34 03 60 – www.au-sans-souci.com – Fermé 13 déc.-29 janv., dim. soir et lundi

Au Sans Souci

FAMILIAL · RUSTIQUE Une ancienne scierie au cœur du Vercors : comme l'on dit en Suisse, pour "scier du bois" toute la nuit, l'adresse est idéale... d'autant qu'il y règne un grand calme et une ambiance chaleureuse. Un séjour sans souci, assurément.

12 chambres – 🛏56 € 🛏🛏70/72 € – ☐ 9 €

Le Bourg, à St-Paul-lès-Monestier, 2 km au Nord-Ouest par D8 – ✆ 04 76 34 03 60 – www.au-sans-souci.com – Fermé 13 déc.-29 janv., dim. soir et lundi
🍽 **Au Sans Souci** – voir les restaurants ci-dessus

LE MONÊTIER-LES-BAINS – 05 (Hautes-Alpes) ➔ voir Serre-Chevalier

LA MONGIE

✉ 65200 Bagneres de Bigorre (Hautes-Pyrénées) – Carte régionale n° **28**-A3
▶ Paris 853 km – Bagnères-de-Bigorre 25 km – Bagnères-de-Luchon 72 km – Tarbes 48 km
Carte Michelin 342-N5

au Nord-Est 8 km par D918 – ✉ 65710 Campan

La Maison d'Hoursentut

FAMILIAL · SIMPLE Dans un hameau, cet hôtel-restaurant surprend par son décor contemporain plutôt minimaliste... avec par exemple des rondins de bois en guise de tables de nuit. Les chambres conviennent aussi bien aux couples qu'aux familles. Restaurant traditionnel.

13 chambres – 🛏65/75 € 🛏🛏65/75 € – ☐ 8 €

lieu dit Gripp – ✆ 05 62 91 89 42 – www.maison-hoursentut.com

MONNAIE

✉ 37380 (Indre-et-Loire) – 4 166 hab. – Alt. 113 m – Carte régionale n° **11**-B2
▶ Paris 227 km – Château-Renault 15 km – Tours 16 km – Vouvray 10 km
Carte Michelin 317-N4

🍽 L'Épicurien

CUISINE MODERNE · CONVIVIAL 💥💥 Un restaurant sur l'axe principal du bourg. La cuisine est actuelle, presque sophistiquée, et réalisée avec de bons produits.

Formule 19 € – Menu 27/45 € – Carte 42/57 €

53 r. Nationale – ✆ 02 47 56 10 34 – www.restaurant-lepicurien.com – Fermé jeudi soir, dim. soir et lundi

MONPAZIER

✉ 24540 (Dordogne) – 506 hab. – Alt. 180 m – Carte régionale n° **4**-C2
▶ Paris 575 km – Bergerac 47 km – Périgueux 75 km – Sarlat-la-Canéda 50 km
Carte Michelin 329-G7 – Guide Vert Michelin Périgord Quercy

⑪○ Eléonore

CUISINE MODERNE · ÉLÉGANT XX Une table élégante dans un joli petit château et un menu carte qui change chaque jour, au gré de l'inspiration du chef. Ce dernier travaille de bons produits périgourdins, et cela se sent !
Menu 30 € (dîner), 41/51 €

Hôtel Edward 1er, 5 r. St-Pierre – 𝒞 05 53 22 44 00 (réservation conseillée)
– www.hoteledward1er.com – Ouvert 26 mars-30 nov. et fermé le midi, merc.

⑪○ Bistrot 2

CUISINE TRADITIONNELLE · BISTRO X Une partie de l'équipe de l'Édouard 1er a investi ce bistrot contemporain. Ici, les gourmands apprécient les classiques du genre. Et à la belle saison, on profite de la terrasse à l'ombre de la glycine.
👓 Formule 16 € ℉ – Menu 20 € ℉ (déj. en semaine), 23/28 €
– Carte environ 33 €

Foirail Nord – 𝒞 05 53 22 60 64 – www.bistrot2.fr – Fermé de mi-nov. à mi-déc. et vend. sauf juil.-août

🏠 Edward 1er

CHÂTEAU · CLASSIQUE Une belle gentilhommière du 19ᵉ s. et... les joies de la vie de château ! Tout est charmant, romantique et raffiné : moulures, meubles de style, ciels de lit et... chambres avec vue sur la nature, le jardin ou le village.
17 chambres – 🛏65/190 € 🛏🛏80/210 € – ☲ 13 € – ½ P

5 r. St-Pierre – 𝒞 05 53 22 44 00 – www.hoteledward1er.com
– Ouvert 26 mars-30 nov.

⑪○ **Eléonore** – voir les restaurants ci-dessus

MONTAGNAC – 34 (Hérault) ➜ voir Pézenas

MONTAGNAC

✉ 04500 (Alpes-de-Haute-Provence) – 411 hab. – Alt. 614 m – Carte régionale n° **41**-C2
▶ Paris 799 km – Avignon 151 km – Digne-les-Bains 51 km – Marseille 105 km
Carte Michelin 334-E10 – Guide Vert Michelin Alpes du Sud

🏠 La Maison du Bois Doré

FAMILIAL · MODERNE Pour vivre loin de tout... Cette ancienne ferme apicole est entourée de champs de lavande et de chênes truffiers. Décor zen et moderne dans les chambres, avec terrasse. Au petit-déjeuner, ne passez pas à côté de la confiture et du miel maison.
4 chambres ☲ – 🛏79 € 🛏🛏89 €

Lieu-dit Plan-de-Croix, 2 km au Nord-Ouest par D11, rte de Riez et chemin secondaire – 𝒞 04 92 78 05 87 – www.lamaisonduboisdore.fr – Ouvert d'avril à oct.

MONTAGNAT

✉ 01250 (Ain) – 1 748 hab. – Alt. 262 m – Carte régionale n° **44**-B1
▶ Paris 447 km – Bourg-en-Bresse 8 km – Lyon 84 km – Mâcon 55 km
Carte Michelin 328-E3

⑪○ Au Pot de Grès

CUISINE TRADITIONNELLE · AUBERGE X Cette jolie maison de campagne dissimule une terrasse fleurie, où l'on déguste aux beaux jours les spécialités de la carte, comme ce filet de bœuf aux girolles simplement poêlées. La carte est courte et appétissante, les produits de Bresse scrupuleusement sélectionnés et l'accueil adorable.
👓 Menu 20 € (déj. en semaine), 26/49 € – Carte 32/58 €

2013 rte du Village – 𝒞 04 74 51 67 05 – Fermé 29 août-13 sept., merc. soir de sept. à avril, mardi soir, dim. soir et lundi

MONTAGNE-DU-SEMNOZ

✉ 74000 (Haute-Savoie) – Carte régionale n° **46**-F1

▶ Paris 552 km – Aix-les-Bains 43 km – Albertville 60 km – Annecy 17 km
Carte Michelin 328-J6 – Guide Vert Michelin Alpes du Nord

🏠 Les Rochers Blancs ⚐ ⊗ ⇐ ⚒ Ⓟ

AUBERGE · FONCTIONNEL Au cœur du massif des Bauges, un panorama exceptionnel à 1 650 m d'altitude et... une grande quiétude ! Ce chalet typiquement
savoyard, tenu en famille, a des airs de sympathique auberge fromagère. Chambres simples et chaleureuses, petits plats régionaux : un lieu accueillant.

15 chambres – 🛏62/68 € – 🛏🛏78/98 € – ☲ 9 € – ½ P
Le Semnoz, (près du sommet, alt. 1 650), par D41 ✉ *74000 Annecy*
– ☏ *04 50 01 23 60 – www.lesrochersblancs.com – Fermé 29 mars-5 mai et*
17 oct.-3 déc.

MONTAGNIEU – 38 (Isère) ➜ voir La Tour-du-Pin

MONTAGNY-LÈS-BEAUNE – 21 (Côte-d'Or) ➜ voir Beaune

MONTAGUDET

✉ 82110 (Tarn-et-Garonne) – 215 hab. – Alt. 180 m – Carte régionale n° **28**-B1

▶ Paris 622 km – Agen 48 km – Montauban 42 km – Toulouse 92 km
Carte Michelin 337-C6

🏠 Le Belvédère ⚐ ⊗ ⇐ 🕳 ⑤ⓉⒶ Ⓐ/Ⓒ ⚒ Ⓟ

HÔTEL DE VACANCES · FONCTIONNEL Au cœur de la forêt, à seulement 10 mn
du magnifique village de Lauzerte, cet établissement propose des chambres fonctionnelles et bien tenues. Pour se détendre, on profite de la piscine à débordement, offrant une très jolie vue sur la vallée...

22 chambres – 🛏75/250 € 🛏🛏75/250 € – 7 suites – ☲ 15 € – ½ P
2 km au Nord par D60 – ☏ *05 63 95 51 10 – www.lebelvedere.biz*

MONTAIGU

✉ 85600 (Vendée) – 5 098 hab. – Alt. 40 m – Carte régionale n° **34**-B3

▶ Paris 389 km – Cholet 36 km – Fontenay-le-Comte 88 km – Nantes 37 km
Carte Michelin 316-I6

🍽 La Robe ⚒

CUISINE MODERNE · COSY ✗ La Robe... n'est plus seulement l'indispensable des
élégantes, ici, elle est aussi le "must have" des gourmands ! Derrière les fourneaux, le chef concocte une cuisine bien dans l'air du temps – le menu change
tous les jours –, à apprécier dans un cadre sobre et contemporain. Agréable !

Menu 30 € (déj. en semaine)/39 € – Carte 53/67 €
3 pl. Reveillère-Lepeaux – ☏ *02 51 47 79 27 – Fermé 1ᵉʳ-22 août, sam. midi, dim.*
soir, merc. soir et lundi

à St-Georges-de-Montaigu 4 km au Sud par D137 – ✉ 85600
– 4 081 hab. – Alt. 40 m

🍽 Le Petit St-Georges ⓝ 🏠 ⚒ Ⓐ/Ⓒ

CUISINE MODERNE · BISTRO ✗ Repris en 2013 par un couple expérimenté, venu
de St-Michel-Mont-Mercure, le Petit St-Georges est devenu un bistrot sobre et
épuré, bien dans son époque. En cuisine, monsieur propose une cuisine de saison
pleine d'à-propos, privilégiant les produits du terroir vendéen ; en salle, madame
assure un service impeccable.

🍴 Formule 13 € – Menu 16 € (déj. en semaine), 28/34 € – Carte 33/40 €
5 r. Durivum – ☏ *02 51 42 03 17 – www.lepetitstgeorges.com – Fermé 2*
semaines en mars et en sept., mardi soir sauf juil.-août, dim. soir et lundi

MONTAIGUT-LE-BLANC – 63 (Puy-de-Dôme) → voir Champeix

MONTANGES

✉ 01200 (Ain) – 333 hab. – Alt. 602 m – Carte régionale n° **45**-C1
▶ Paris 498 km – Bourg-en-Bresse 65 km – Genève 56 km – Lyon 106 km
Carte Michelin 328-H4

L'Auberge du Pont des Pierres

CUISINE MODERNE · FAMILIAL ⅹ Cette auberge a été créée par un enfant du pays et ne désemplit pas ! Le jeune chef ne manque pas de talent pour cuisiner les produits du cru, soigneusement choisis : poisson du lac Léman, porc et volaille de l'Ain, etc. Tout est fait maison (pain et glace compris) et l'on se régale... à petits prix.

Formule 22 € – Menu 31/36 € – Carte environ 38 €
754 r. Paul-de-Vanssay – ℰ 04 50 56 36 35 (réservation conseillée)
– www.pontdespierres.fr – Fermé mardi et merc.

MONTARCHER

✉ 42380 (Loire) – 66 hab. – Alt. 1 160 m – Carte régionale n° **44**-A2
▶ Paris 491 km – Clermont-Ferrand 154 km – Lyon 109 km – Le Puy-en-Velay 68 km
Carte Michelin 327-C7 – Guide Vert Michelin Lyon et sa région

Le Clos Perché

CUISINE MODERNE · BISTRO ⅹ Il était une fois une auberge qui jouait à chat perché sur les hauts plateaux du Forez... C'est ici, à l'entrée de ce minuscule village, que Julien Magne a posé ses valises. Derrière les fourneaux, le jeune chef réalise une cuisine très colorée, savoureuse et gourmande, pour laquelle on se fait volontiers souris !

Menu 31/43 € – Carte 35/45 €
4 chambres ☷ – ♥65 € ♥♥65 €
Le bourg – ℰ 04 77 50 00 08 – www.leclosperche.blogspot.com – Fermé vacances de fév. et de la Toussaint, merc. sauf juil.-août et mardi

MONTARGIS

✉ 45200 (Loiret) – 14 490 hab. – Alt. 95 m – Carte régionale n° **12**-D2
▶ Paris 109 km – Auxerre 81 km – Bourges 117 km – Orléans 73 km
Carte Michelin 318-N4 – Guide Vert Michelin Châteaux de la Loire

La Gloire (Jean-Claude Martin)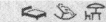

CUISINE MODERNE · ÉLÉGANT ⅹⅹⅹ Cette Gloire n'a rien de pompeux : ce restaurant, littéralement recouvert d'orchidées, vous réserve un accueil charmant ! Derrière les fourneaux, le chef revisite la tradition gastronomique de manière subtile et généreuse ; en témoigne la savoureuse caravane des desserts ! Chambres confortables pour l'étape.

→ Salade de homard, vinaigrette de crustacés. Saint-pierre et langoustine, carottes confites au miel et au gingembre. Chariot de desserts.

Menu 32 € (semaine), 45/58 € ♟ – Carte 69/105 €
10 chambres ☷ – ♥68 € ♥♥68/85 € – ☷ 8,50 €
74 av. du Gén.-de-Gaulle – ℰ 02 38 85 04 69 – www.lagloire-montargis.com
– Fermé 15 fév.-9 mars, 16 août-2 sept., mardi et merc.

ⅠⅠⅠ L'Orangerie

CUISINE TRADITIONNELLE · CLASSIQUE ⅹⅹ Nul besoin d'être amateur d'agrumes pour apprécier la généreuse cuisine traditionnelle de ce restaurant. Les gourmands s'installent dans l'une des jolies petites salles ou sous la véranda aux allures de jardin d'hiver. Une sympathique halte en Gâtinais.

Formule 28 € – Menu 39/46 € – Carte environ 46 €
57 r. Jean-Jaurès – ℰ 02 38 93 33 83 – www.restaurant-orangerie-montargis.com
– Fermé 15-30 juil., lundi soir, mardi et merc.

⁑◯ L'Agrappe Cœur   🛋 AC P

CUISINE TRADITIONNELLE · CONVIVIAL XX Le nom de ce restaurant évoque *L'Attrape-cœurs* de Salinger, mais contrairement au personnage d'Holden Caulfield, ici, vous ne serez pas tenté de fuir ! Dans les salles – esprit contemporain ou bistrot chic –, on apprécie une bonne cuisine traditionnelle.

Formule 19 € – Menu 26 € (semaine), 38/48 € – Carte 35/55 €

22 r. Jean-Jaurès – ℰ 02 38 85 22 65 – www.restaurant-agrappecoeur.com
– Fermé dim. soir, mardi midi et lundi

🏠 Hôtel de France   ⬆ � AC 🛁 🚗

TRADITIONNEL · ACTUEL Au cœur de Montargis, on trouve cet établissement aux chambres confortables et fonctionnelles, décorées dans un style contemporain. L'ensemble dégage une douceur de vivre indéniable... Idéal pour une étape !

24 chambres – ♦104/121 € ♦♦104/156 € – ⬜ 11 €

54 pl. de la République – ℰ 02 38 99 09 09 – www.leshotelsdorele.com

à Amilly 5 km au Sud par D943 – ✉ 45200 – 11 785 hab. – Alt. 110 m

⁑◯ Le Saint-Martin   🛋 � AC ⇄

CUISINE MODERNE · COSY XX C'est ici que l'on retrouve Marc Delion, qui avait fait les belles heures de la Clé des Champs à Courtenay. Dans cette jolie petite maison qui brille comme un sou neuf, on renoue avec le plat signature du chef – ris de veau, cœur à la crème de vanille et à l'oseille – et plus largement des recettes savoureuses et inspirées.

Menu 32/42 €

60 r. de la Mairie – ℰ 02 38 90 01 26 – Fermé 13-20 avril, 27 juil.-10 août,
21-28 déc., lundi et mardi

rte de Ferrières au Nord par N7 et rte secondaire – ✉ 45210 Fontenay-sur-Loing :

🏠 Domaine de Vaugouard   ☂ 🦢 ⚒ 🛁 🍴 🖼 🛁 P

CHÂTEAU · CLASSIQUE Joli château du 18e s. situé au cœur d'un parcours de golf. Les chambres, plus grandes dans les dépendances, distillent un délicat charme bourgeois et permettent de se ressourcer en toute quiétude, avant de faire quelques brasses, putts ou smashs.

42 chambres – ♦135/255 € ♦♦135/255 € – ⬜ 16 € – ½ P

chemin des Bois – ℰ 02 38 89 79 00 – www.vaugouard.com
– Fermé 23 déc.-2 janv.

MONTAUBAN

✉ 82000 (Tarn-et-Garonne) – 56 887 hab. – Alt. 98 m – Carte régionale n° **28**-B2
🔼 Paris 627 km – Agen 86 km – Albi 73 km – Auch 86 km
Carte Michelin 337-E7

⁑◯ Au Fil de l'Eau   � AC 🍴 ⇄

CUISINE MODERNE · À LA MODE XX Au bord du Tarn, cette maison régionale cache un restaurant coloré. Outre la carte de saison, le chef propose des menus du marché, renouvelés plusieurs fois par semaine au fil de ses trouvailles. Généreux et savoureux !

👓 Menu 17 € (déj. en semaine), 37/58 € – Carte 41/61 €

Plan : X-e – *14 quai Dr-Lafforgue – ℰ 05 63 66 11 85 – www.aufildeleau82.com*
– Fermé 1 semaine en fév. et en juil., dim. et lundi

⁑◯ L'Ouriol   � AC

CUISINE MODERNE · CONVIVIAL X Dans ce bistrot contemporain, le jeune chef a déjà une solide expérience et cela se sent. De beaux produits travaillés avec finesse, une cuisine très fraîche et un court menu renouvelé chaque mois : goûteux et tendance.

👓 Formule 14 € – Menu 18 € (déj.), 30/42 €

Plan : Y-b – *1 pl. St-Orens – ℰ 05 63 63 45 01 – www.ouriol.com*
– Fermé août, dim. et lundi

MONTAUBAN

Abbaye (R. de l') . . . . Z
Alsace-Lorraine (Bd) . . . . X 3
Arago (R.) . . . . Z
Banque (R. de la) . . . . Z
Barbazan (R.) . . . . Z
Bourdelle (Pl.) . . . . Z 4
Bourjade (Pl. L.) . . . . Z 6
Briand (Av. A.) . . . . Y 7
Cambon (R.) . . . . Z 9
Carmes (R. des) . . . . Z 10
Charnier (Av.) . . . . Y 12
Cladel (R. L.) X
Comédie (R. de la) . . . . Z 13
Consul-Dupuy (Allée du) . . . . Z 14
Coq (Pl. du) . . . . Z 16
Dr-Alibert (R.) X
Dr-Lacaze (R. du) . . . . Z 19
Doumerc (Bd B.) X
Foch (Pl. du Mar.) . . . . Z
Fort (R. du) . . . . Z
Gambetta (Av.) . . . . YZ
Garrisson (Bd G.) . . . . YZ
Gaulle (Av. Ch.-de) . . . . Y 25
Grand'Rue Sapiac . . . . Z
Grand'Rue Villenouvelle . . . . . X 28
Guibert (Pl.) . . . . Z 29
Herriot (Av. E.) . . . . Y 30
Hôtel-de-Ville (R. de l') . . . . . Z 31
Ingres (R. D.) . . . . Z
Jourdain (R. A.) . . . . Z
Lacapelle (Fg) . . . . YZ
Lafon (R. du Pasteur L.) . . . . Y 34
Lafon (R. Mary) . . . . Z 32
Lagrange (R. L.) . . . . YZ 35
Leclerc (Pl. du Gén.) . . . . Z
Libération (Pl. de la) X
Lycée (R. du) . . . . Z
Malcousinat (R.) . . . . Z 36
Mandoune (R. de la) . . . . Z
Marceau-Hamecher (Av.) . . . . Y 37
Marre (R. H.) . . . . Z
Martyrs (Carrefour des) . . . . . Z 46
Marty (Pl. A.) . . . . XY
Mayenne (Av.) . . . . Z 50
Michelet (R.) . . . . Z 51
Midi-Pyrénées (Bd) . . . . Z 52
Monet (R. J.) . . . . Z 53
Montauriol (Bd) . . . . Y
Montmurat (Q. de) . . . . Z 54
Mortarieu (Allées de) . . . . . . Z 56
Moustier (Fg du) . . . . Z
Nationale (Pl.) . . . . Z
Notre-Dame (R.) . . . . Z 60
Piquard (Sq Gén.) . . . . Z 62
Pouvillon (R. E.) . . . . Z
Prax-Paris (Pl.) . . . . Z
République (R. de la) . . . . Z 63
Résistance (R. de la) . . . . Z 64
Roosevelt (Pl. F.) . . . . Z 66
Ste-Claire (R.) . . . . Z
St-Jean (R.) . . . . X 67
Sapiac (Pont de) . . . . YZ 68
Sarrail (R. Gén.) . . . . Y 70
Verdun (Q. de) . . . . Z 71
10e-Dragons (Av. du) X
11e-Rég.-d'Infanterie
(Av. du) . . . . X 73
19-Août-1944 (Av. du) . . . . . X 75
22-Septembre (Pl. du) . . . . . . Z 76

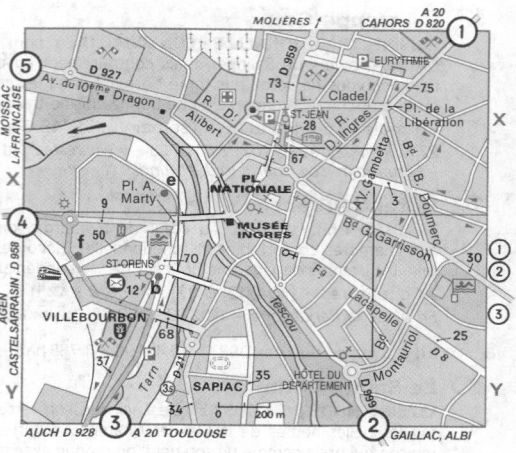

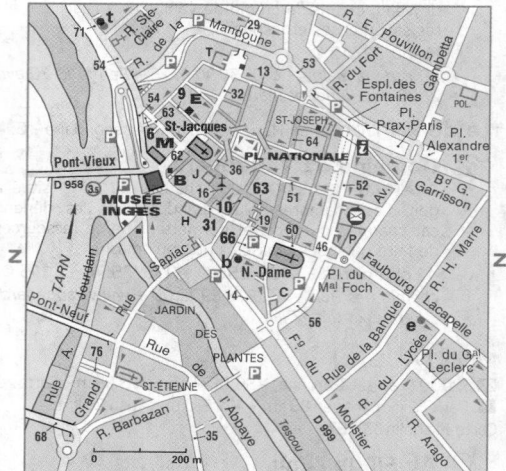

🍴 Bistrot des Capucins   🌿 AC P

CUISINE TRADITIONNELLE · BISTRO X Par beau temps, ce bistrot chic déploie sa terrasse à l'intérieur même du cloître de l'abbaye des Capucins. Un bel endroit pour apprécier une cuisine simple et savoureuse : salades fraîches, omelettes, risotto, osso-buco...

Formule 21 € – Menu 26 € (déj. en semaine) – Carte 23/54 €

Plan : Z-t - *Hôtel Abbaye des Capucins Spa & Resort, 6-8 quai de Verdun* - ☎ 05 63 22 00 00 - www.abbayedescapucins.fr

À la recherche d'une chambre au meilleur prix ?
Réservez votre hôtel sur viamichelin.com

⫟◯ Faubourg 73   🔆

CUISINE TRADITIONNELLE · BISTRO 🍴 Un sympathique bistrot où les habitués viennent nombreux. On les comprend : le chef réalise les classiques du genre en y ajoutant une pointe d'accent basque, et il en résulte une cuisine copieuse et bien réalisée, à dévorer dans une ambiance bien conviviale. Et pour choisir le vin... On demande conseil au patron !

Formule 18 € – Carte 25/40 €

Plan : Z-e – *73 fg Lacapelle* – 𝒞 *05 63 93 55 54* – *www.faubourg73.fr* – *Fermé 2 semaines en août, sam. midi, dim. et lundi*

🏨 Abbaye des Capucins Spa & Resort   🔆 ⌇ 🅿 ⌨ ⊡ & 🛁

HISTORIQUE · MODERNE Pour apaiser corps et esprit... Ce couvent 🚗 classé (1630), proche du centre-ville, s'est mué en un hôtel d'un grand raffinement, harmonieux mariage de murs anciens – la brique domine – et de décors contemporains. Des chambres au spa, le confort et la quiétude ne sont pas de vains mots...

81 chambres – 🛏95/249 € 🛏🛏95/249 € – 4 suites – ⌷ 15 € – ½ P

Plan : Z-t – *6-8 quai de Verdun* – 𝒞 *05 63 22 00 00* – *www.abbayedescapucins.fr*

⫟◯ **Bistrot des Capucins** – voir les restaurants ci-dessus

🏨 George Hotel   ⊡ &

URBAIN · MODERNE Sur la place de la cathédrale, cet hôtel tenu en famille perpétue la tradition et l'art du bien recevoir. L'établissement a été entièrement rénové en 2015, sans rien perdre de son atmosphère sympathique et conviviale.

27 chambres – 🛏60/82 € 🛏🛏63/82 € – ⌷ 9 €

Plan : Z-b – *9 pl. F.-Roosevelt* – 𝒞 *05 63 66 31 32*

– *www.hotel-commerce-montauban.com* – *Fermé 21 déc.-4 janv.*

à Montech 13 km au Sud-Ouest par D928 – ✉ 82700 – 5 954 hab. – Alt. 100 m

😊 Bistrot Constant 🅽   🔆 🅰🅲 ⇄ 🅿

CUISINE TRADITIONNELLE · À LA MODE 🍴 La pimpante maison éclusière, installée au bord du canal latéral à la Garonne, abrite aujourd'hui un bistrot de chef de très bonne tenue. Pomme de terre au pied de cochon, choucroute et millefeuille y sont au menu : du grand classique effectué dans les règles de l'art, comme on l'aime !

Formule 19 € – Menu 23 € (déj. en semaine), 32/35 € – Carte environ 38 €

25 r. de L'Usine – 𝒞 *05 63 24 63 02* – *www.maisonconstant.com*

MONTAULIEU – 26 (Drôme) ➔ voir Nyons

MONTAUROUX

✉ 83440 (Var) - 6 019 hab. - Alt. 364 m - Carte régionale n° **41**-C3
▶ Paris 890 km – Cannes 36 km – Draguignan 37 km – Fréjus 30 km
Carte Michelin 340-P4 – Guide Vert Michelin Côte d'Azur

⫟◯ Le Carré d'Ange 🅽   🔆 🅿

CUISINE MODERNE · ROMANTIQUE 🍴🍴 Une jolie auberge provençale, lumineuse et modernisée, où la cuisine du sud est savoureuse et mâtinée de soleil... Il n'y a qu'à voir ce homard bleu servi froid, accompagné de sa crème légère de lingots blancs bio. À déguster aux beaux jours sur la jolie terrasse. Un nouveau départ réussi !

Formule 31 € – Menu 36 € (déj. en semaine), 55/80 € – Carte 52/82 €

2169 quartier Narbonne, au Sud-Est du village, par CD37 – 𝒞 *04 94 47 71 65*

– *www.restaurant-carredange.fr* – *Fermé 10 janv.-10 fév., dim. soir hors saison, mardi midi et lundi*

MONTBARD

✉ 21500 (Côte-d'Or) – 5 437 hab. – Alt. 221 m – Carte régionale n° **8**-C2
▶ Paris 240 km – Autun 87 km – Auxerre 81 km – Dijon 81 km
Carte Michelin 320-G4 – Guide Vert Michelin Bourgogne

à St-Rémy 3 km à l'Ouest par D905 – ✉ 21500 – 770 hab. – Alt. 207 m

La Mirabelle

CUISINE TRADITIONNELLE · RUSTIQUE XX Près du canal, cette ancienne grange à sel abrite une salle pleine de cachet, avec une jolie voûte et des pierres apparentes. Plusieurs clients passent la tête dans l'ouverture donnant sur les cuisines ; ils peuvent ainsi voir Gilles Muzel, le chef, élaborer ses recettes tout en finesse et travailler de bons produits.

ഛ Menu 20 € (semaine), 32/43 € – Carte 47/60 €
1 r. de la Brenne – ✆ 03 80 92 40 69 (réservation conseillée)
– Fermé 16 août-5 sept., 23 déc.-12 janv., dim. soir, mardi soir et merc.

MONTBAZON

✉ 37250 (Indre-et-Loire) – 4 022 hab. – Alt. 59 m – Carte régionale n° **11**-B2
▶ Paris 247 km – Châtellerault 59 km – Chinon 41 km – Loches 33 km
Carte Michelin 317-N5 – Guide Vert Michelin Châteaux de la Loire

Olivier Arlot - La Chancelière   & AC

CUISINE MODERNE · COSY XX Une jolie maison régionale au cœur de la localité, dissimulant un cadre contemporain sobre et chic. Ce dernier annonce des plaisirs gastronomiques originaux : le chef, Olivier Arlot, revisite la tradition à travers des recettes actuelles et épurées.

Menu 32 € (déj. en semaine), 50/79 €
1 pl. des Marronniers – ✆ 02 47 26 00 67 – www.olivierarlot.fr – Fermé 2-11 mai, 2-9 janv., dim. et lundi

Domaine de la Tortinière   ⇔ 🛋 AC ⌕ ⇔ P

CUISINE MODERNE · ÉLÉGANT XX Sur la terrasse, face au superbe parc qui s'étend en contrebas, on profite d'une cuisine actuelle et attrayante, réalisée à quatre mains par deux chefs expérimentés. Des produits de qualité, un cadre enchanteur : que demander de mieux ?

Formule 34 € ▾ – Menu 37/81 € – Carte 60/70 €
Hôtel Domaine de la Tortinière, rte de Ballan-Veigné, 2 km au Nord par D910 et D287 – ✆ 02 47 34 35 00 (réservation conseillée) – www.tortiniere.com
– Fermé 19 déc.-28 fév.

Château d'Artigny   ⇧ ⬙ ⪻ ⇔ ⊐ ◎ ⅙ ※ ⊡ AC ⅙ P

CHÂTEAU · GRAND STYLE Cet imposant château, dont le parc boisé et les jardins à la française surplombent l'Indre, fut créé dans les années 1920 par le parfumeur Coty, qui rendit ainsi un superbe hommage à l'architecture du 18e s. Des chambres au restaurant, le classicisme et le faste des lieux cultivent l'art de vivre à française !

57 chambres – ♦190/365 € ♦♦190/550 € – 2 suites – ヱ 24 € – ½ P
92 r. de Monts, 2 km au Sud-Ouest par D17 – ✆ 02 47 34 30 30 – www.artigny.fr

Domaine de la Tortinière   ⇧ ⬙ ⪻ ⇔ ⊐ ※ & AC ⅙ P

CHÂTEAU · PERSONNALISÉ Ce château du Second Empire se dresse au cœur d'un parc dominant l'Indre. Les chambres ont beaucoup de charme, certaines dans un style contemporain, et offrent une magnifique vue sur la vallée. Et aux beaux jours vous attend une agréable piscine.

27 chambres – ♦119/185 € ♦♦265/410 € – 5 suites – ヱ 20 € – ½ P
rte de Ballan-Veigné, 2 km au Nord par D910 et D287 – ✆ 02 47 34 35 00
– www.tortiniere.com – Fermé 19 déc.-28 fév.
⇢ **Domaine de la Tortinière** – voir les restaurants ci-dessus

à l'Ouest 2 km, au lieu-dit Moulin Fleuri – ⊠ 37250 Montbazon

⫻◯ Le Moulin Fleuri   🐝 🛏 🦢 ⟨ 🛏 🏡 🅿

CUISINE MODERNE · AUBERGE XX Voilà un moulin (16ᵉ s.) où fleurissent les bons petits plats ! Au bord de l'Indre, les gourmands se délectent d'une cuisine dans l'air du temps, bien ficelée, goûteuse et généreuse. Le tout accompagné d'une belle carte des vins. Chambres, côté rivière ou jardin, pour prolonger l'étape.

Formule 24 € – Menu 33/57 €

10 chambres – ♦75/96 € ♦♦87/96 € – ⌷ 11 €

– 𝓒 02 47 26 01 12 – www.moulin-fleuri.com
– *Fermé 8-21 fév., 24-30 oct., 19-25 déc., 4-17 janv., jeudi sauf le soir en juil.-août, mardi et merc.*

MONTBÉLIARD

⊠ 25200 (Doubs) – 26 084 hab. – Agglo. 108 561 hab. – Alt. 325 m
– Carte régionale n° **17**-C1
▶ Paris 477 km – Belfort 22 km – Besançon 76 km – Mulhouse 60 km
Carte Michelin 321-K1 – Guide Vert Michelin Franche-Comté Jura

✿ Le St-Martin (Olivier Prévôt-Carme)   ⇄

CUISINE MODERNE · INTIME XX Olivier Prévôt-Carme signe une cuisine riche de parfums, où le produit est roi. Pas de superflu, mais une justesse des recettes, cuissons et assaisonnements qui rehausse la saveur de chaque ingrédient. Rien de prétentieux, rien de compliqué... que du plaisir !
➔ Déclinaison de foie gras. Féra aux morilles, risotto au vin jaune. Chariot de desserts.

Menu 29 € (déj.)/78 € – Carte 59/77 €

Plan : Z-u – *1 r. du Gén.-Leclerc* – 𝓒 03 81 91 18 37 – www.le-saint-martin.fr
– *Fermé 1 semaine en avril, 3 semaines en août, sam. midi, dim. et lundi*

⫻◯ Joseph   🏡 🍽 ⇄

CUISINE TRADITIONNELLE · DESIGN XX Langoustines, ris de veau français et cromesquis d'escargots de la région... Produits frais et belles saveurs sont au menu de cette table gastronomique, tenue par un chef qui maîtrise son sujet. Malgré des prix un peu élevés, le plaisir est au rendez-vous : on se régale !

Menu 60/90 € – Carte 50/75 €

Plan : Z-a – *17 r. de Belfort* – 𝓒 03 81 91 20 02
– *Fermé 1 semaine en août, dim., lundi et fériés*

🏠 Bristol   🖵 ₺ 🛋 🚘

BUSINESS · COSY Une situation centrale, des chambres modernes et confortables, une piscine couverte et un parking fermé (bien utile dans cette ville largement piétonne) : sur le papier, ce Bristol a tout pour plaire ; l'étape se révèle en effet agréable.

49 chambres – ♦69/89 € ♦♦69/95 € – ⌷ 10 €

Plan : Z-b – *2 r. de Velotte* – 𝓒 03 81 94 43 17
– www.hotel-bristol-montbeliard.com
– *Fermé 24 déc.-1ᵉʳ janv.*

🏠 La Balance   ⊡ ₺

URBAIN · COSY Cette élégante demeure du 16ᵉ s., avec ses beaux volumes et ses charmants détails anciens – là un parquet d'origine, ici une belle mosaïque du 19ᵉ s. – a rouvert en 2014 après une rénovation particulièrement soignée. Souci du détail, esprit cosy... et âme historique, car elle abrita le QG du maréchal de Tassigny en 1944 !

45 chambres – ♦65/85 € ♦♦65/85 € – ⌷ 9 €

Plan : Z-d – *40 r. de Belfort* – 𝓒 03 81 96 77 41 – www.hotellabalance.com

MONTBÉLIARD

Albert-Thomas (Pl.) .... **Z** 2
Audincourt (R. d') .... **XY** 4
Belchamp (R. de) .... **Y** 5
Besançon (Fg de) .... **X** 7
Blancheries (R.des) .... **Z** 8
Chabaud-Latour (Av.) .... **X** 9

Cuvier (R.) .... **Z**
Denfert-Rochereau (Pl.) .... **Z** 10
Dorian (Pl.) .... **Z** 12
Épinal (R. d') .... **Z** 13
Febvres (R. des) .... **Z** 14
Gambetta (Av.) .... **X** 15
Helvétie (Av. d') .... **X** 18
Jean-Jaurès (Av.) .... **Y** 20
Joffre (Av. du Mar.) .... **X** 22

Lattre-de-Tassigny
(Av. du Mar. de) .... **Z** 23
Leclerc (R. Gén.) .... **Z** 24
Ludwigsburg (Av. de) .... **X** 26
Petite-Hollande (R.) .... **XY** 28
St-Georges (Pl.) .... **Z** 29
Schiffre (R. de) .... **Z** 32
Toussain (R. P.) .... **X** 36
Valentigney (R. de) .... **Y** 40

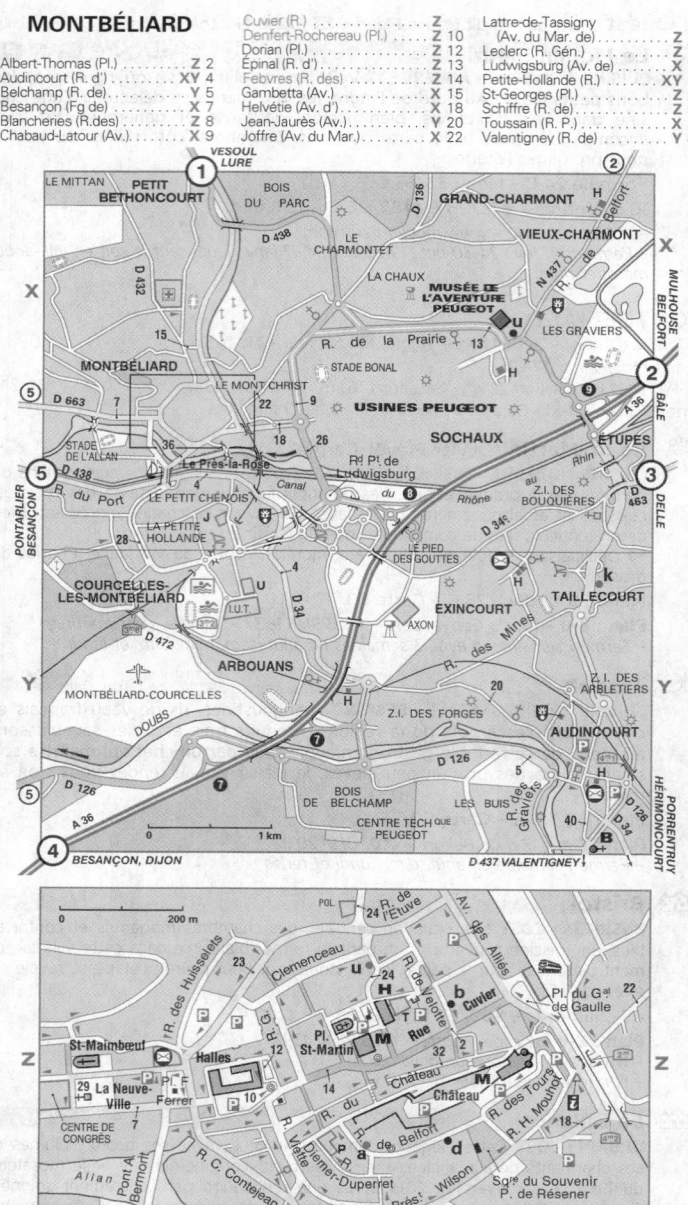

MONTBENOÎT

25650 (Doubs) – 396 hab. – Alt. 804 m – Carte régionale n° **17**-C2

Paris 464 km – Besançon 61 km – Morteau 17 km – Pontarlier 15 km

Carte Michelin 321-I5 – Guide Vert Michelin Franche-Comté Jura

à La Longeville 5,5 km au Nord par D131 – 25650 – 717 hab. – Alt. 900 m

Le Crêt l'Agneau

FAMILIAL · RUSTIQUE Au milieu des pâturages, cette ferme du 17e s., tenue par un couple dynamique, distille le charme douillet des maisons de la région. Des chambres, très soignées, au petit-déjeuner, avec les fameuses confitures de Lili, en passant par la table d'hôte (recettes du terroir, pain et jambon maison), on se régale !

5 chambres 立 – ♥95 € ♥♥100/119 €

Les Auberges – ℰ 03 81 38 12 51 – www.lecret-lagneau.com

à Ville-du-Pont 2 km au Nord-Est par D437 – 25650 – 298 hab. – Alt. 780 m

L'Entre-Roches

CUISINE TRADITIONNELLE · AUBERGE XX Au cœur du Saugeais (cette amusante "République" autoproclamée à la frontière suisse), un imposant chalet que ses propriétaires portent avec envie, n'ayant cessé de l'amender, côté décor – contemporain et soigné – et côté cuisine – melon caramélisé et foie gras de canard poêlé, brochette de gambas en bâton de citronnelle, etc.

Formule 22 € – Menu 32 € (semaine), 39/80 € – Carte 30/65 €

1 r. Principale – ℰ 03 81 38 10 92 – www.restaurant-entre-roches.fr – Fermé 15-28 fév., 1er- 8 mai et 14 juil.-5 août

MONTBOUCHER-SUR-JABRON – 26 (Drôme) ➜ voir Montélimar

MONTBRISON

42600 (Loire) – 15 414 hab. – Alt. 391 m – Carte régionale n° **44**-A2

Paris 444 km – Lyon 103 km – Le Puy-en-Velay 99 km – Roanne 68 km

Carte Michelin 327-D6 – Guide Vert Michelin Lyon et sa région

à Savigneux 2 km à l'Est par D496 – 42600 – 3 353 hab. – Alt. 382 m

Yves Thollot

CUISINE TRADITIONNELLE · RUSTIQUE XX Si la bâtisse est moderne, son décor est bien dans la tradition (armoires, rideaux fleuris). Même esprit dans la cuisine d'Yves Thollot, qui travaille en artisan : ainsi un désossé de grenouilles à la crème d'ail, un turbot meunière...

Menu 25/37 € – Carte 40/60 €

93 rte de Lyon – ℰ 04 77 96 10 40 – www.yves-thollot.com – Fermé vacances de fév., 3 semaines en août, 4-11 janv., dim. soir, mardi soir et lundi

Marytel

BUSINESS · COSY Ce vaste hôtel moderne en périphérie de la ville se révèle agréable : décor contemporain tout en sobriété, grandes chambres climatisées, écrans plats et douches à l'italienne... Une belle étape, notamment pour la clientèle d'affaires.

45 chambres – ♥59/75 € ♥♥69/97 € – 立10 €

95 rte de Lyon – ℰ 04 77 58 72 00 – www.hotel-marytel.com

à St-Romain-le-Puy 8 km au Sud-Est par D8 et D107 – ✉ 42610
– 3 746 hab. – Alt. 405 m

🏠 Sous le Pic-La Pérolière ⬩ 🚿 🛋 ♿ ⌖ 🅿 🍽

FAMILIAL · PERSONNALISÉ Imaginez un havre de paix au pied d'un prieuré du 11ᵉ s. Telle est cette ferme forézienne (fin 19ᵉ s.), où mobilier chiné et fer forgé se mêlent. L'été, on prend son petit-déjeuner dans l'orangeraie. Il est des bons moments dont il faut savoir profiter !

2 chambres ⌂ – †60/70 € ††79/89 €

20 av. Jean-Moulin – 𝒞 04 77 76 97 10 – www.laperoliere.com – Ouvert de mi-mars à mi-mai, de début juin à mi-juil. et de mi-août à mi-déc.

MONTBRON

✉ 16220 (Charente) – 2 177 hab. – Alt. 141 m – Carte régionale n° **39**-C3
▶ Paris 462 km – Angoulême 37 km – Limoges 73 km – Poitiers 125 km

⊛ Moulin de la Tardoire ⓝ 🛋 🍽 ♿ AC ⌖ 🅿

CUISINE MODERNE · COSY ✕✕ L'ancien moulin à farine est aujourd'hui un restaurant bucolique et charmant, installé entre rivière et verdure. Le chef, Matthieu Brudo, propose une cuisine de saison fine et bien réalisée, faisant la part belle au terroir : escargots charentais, truite de Magnac, pigeonneau et magrets de canard de Nontron... Savoureux !

Formule 19 € – Menu 32/45 € – Carte 41/56 €

lieu-dit La Forge, 1,5 km au Nord-Est par D16 et rte secondaire – 𝒞 05 45 66 41 46 – www.moulindelatardoire.fr – Fermé 23 nov.-2 déc., 11-30 janv., mardi soir, dim. soir et lundi sauf juil.-août

MONTCEAU-LES-MINES

✉ 71300 (Saône-et-Loire) – 18 956 hab. – Agglo. 89 795 hab. – Alt. 285 m
– Carte régionale n° **8**-C3
▶ Paris 333 km – Autun 47 km – Chalon-sur-Saône 46 km – Mâcon 69 km
Carte Michelin 320-G9 – Guide Vert Michelin Bourgogne

❀ Jérôme Brochot 🐾 🔄 ♿ AC

CUISINE MODERNE · FAMILIAL ✕✕✕ Le chef Jérôme Brochot travaille de superbes produits (essentiellement bio) et revisite intelligemment ses classiques pour élaborer des mets raffinés et sagement inventifs. Ancrage régional, générosité et gourmandise sont à l'honneur. Pour le déjeuner, installez-vous à la table d'hôte avec vue sur les cuisines...

→ Filet de bœuf confit aux aromates. Pigeonneau farci au foie gras de canard. Macaron à la cannelle, sorbet au foin.

Formule 29 € – Menu 49/110 € – Carte 71/91 €

5 chambres – †65/95 € ††95/105 € – ⌂ 12 €

Plan : AZ-k – *7 pl. Beaubernard – 𝒞 03 85 67 95 30 – www.jeromebrochot.com – Fermé 18-31 août, 4-20 janv., sam. midi, dim. soir et lundi*

🏠 Konine 🍽 🖥 ♿ AC 🛄 🅿

BUSINESS · DESIGN Un grand hall élégant et contemporain, des chambres spacieuses et reposantes, dont certaines donnent sur le canal... Ce Konine – d'après le nom d'une ville polonaise d'où provenaient les mineurs de Montceau – est une étape de choix !

49 chambres – †73/159 € ††73/159 € – ⌂ 7 € – ½ P

Plan : BY-a – *av. Maréchal-Leclerc – 𝒞 03 85 57 49 49 – www.konine.fr*

MONTCEAU-LES-MINES

André-Malraux (R.) . . . . **AY** 3
Barbès (R.) . . . . **ABZ**
Bel Air (R. de) . . . . **BY** 4
Carnot (R.) . . . . **AZ** 6
Champ du Moulin (R. du) . **BYZ** 7
Chausson (R. Henri) . . . . . **BZ** 9

Emorine (R. Antoine) . . . . . **BZ** 10
Gauthey (Quai) . . . . **AZ** 12
Génelard (R. de) . . . . **BZ** 13
Guesde (Quai Jules) . . . . . . **AY** 14
Hospice (R. de l') . . . . **AZ** 15
Jean-Jacques-Rousseau
(R.) . . . . **BZ** 16
Jean-Jaurès (R.) . . . . **AZ**
Lamartine (R.) . . . . **AZ** 19
Merzet (R. Étienne) . . . . . . **BY** 21
Palinges (R. de) . . . . **BZ** 22

Paul-Bert (R.) . . . . **AZ** 24
Pépinière (R. de la) . . . . . **AY** 25
République (R. de la) . . . . **AY** 26
Sablière (R. de la) . . . . . . **ABY** 27
St-Vallier (R. de) . . . . **BZ** 28
Semard (R. de) . . . . **BZ** 30
Strasbourg (R. de) . . . . . . **BZ** 31
Tournus (R. de) . . . . **BZ** 33
8-Mai-1945 (R. du) . . . . . **BY** 34
11-Nov.-1918
(R. du) . . . . **AY** 36

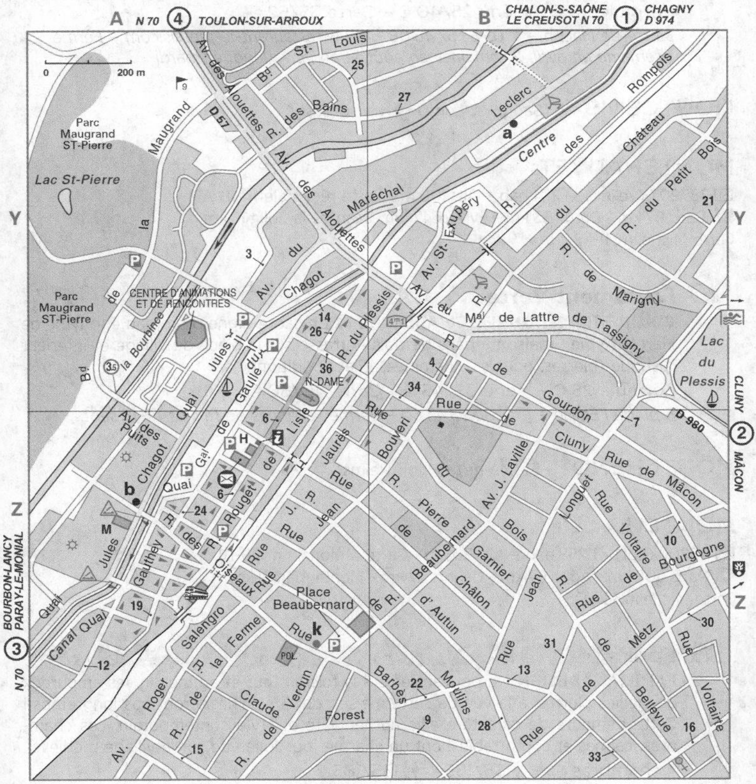

🏠 Nota Bene   ✿ ㎙ ⊡ ⟐ ㎈ ⅏ ⅍ 🅿

BUSINESS · FONCTIONNEL Un hôtel convivial face au pont levant du canal. Les chambres sont confortables (quelques-unes familiales) et l'on profite d'une salle de squash et de musculation. Au restaurant, plats traditionnels, pâtes, pizzas, etc.

46 chambres – 🛏39/90 € 🛏🛏60/90 € – ⚏10 € – ½ P

Plan : AZ-b – *70 quai Jules-Chagot – ☎ 03 85 69 10 15 – www.notabene.fr*

Une bonne table sans se ruiner ? Repérez les Bib Gourmand ⊕.

à Blanzy 2 km au Sud-Est par D980 – ⊠ 71450 – 6 481 hab. – Alt. 288 m

Le Plessis

CUISINE TRADITIONNELLE · FAMILIAL XX Œufs en meurette, escargots de Bourgogne : on vient ici pour... la tradition. Le chef concocte une cuisine gourmande et goûteuse, qui met en valeur les produits régionaux. Et l'été, il fait bon paresser sur la terrasse en jetant un coup d'œil au plan d'eau, un peu plus loin en face.

Formule 20 € – Menu 25/40 € – Carte 35/52 €

33 rte de Mâcon – ℰ 03 85 57 46 08 – www.restaurant-le-plessis.com – Fermé 1 semaine en avril, 2 semaines en août et en janv., lundi et mardi

MONTCENIS – 71 (Saône-et-Loire) → voir Creusot

MONTCHAUVET
⊠ 78790 (Yvelines) – 274 hab. – Alt. 100 m – Carte régionale n° **18**-A2
▶ Paris 67 km – Dreux 33 km – Évreux 47 km – Mantes-la-Jolie 16 km
Carte Michelin 311-F2

La Jument Verte

CUISINE TRADITIONNELLE · AUBERGE XX Un cadre digne du roman éponyme de Marcel Aymé : maison à pans de bois, terrasse sur la place du village et intérieur rustique (pierres, poutres, cheminée). Plats traditionnels.

Formule 25 € – Menu 33/45 € – Carte 40/60 €

6 pl. de l'Église – ℰ 01 30 93 43 60 – Fermé vacances de fév. et 1er-15 sept.

MONTCHENOT – 51 (Marne) → voir Reims

MONTCUQ
⊠ 46800 (Lot) – 1 258 hab. – Alt. 205 m – Carte régionale n° **28**-B1
▶ Paris 605 km – Agen 67 km – Cahors 27 km – Montauban 81 km
Carte Michelin 337-D5

Four

FAMILIAL · DESIGN Ne pouvant être à la fois au four et au moulin, les amoureux de vieilles pierres, à la vue de cette maison du 15e s., n'hésiteront pas longtemps ! Cette demeure de caractère allie authenticité et style contemporain. Les chambres, calmes et confortables, ont un charme fou. Jolie vue sur le village médiéval.

4 chambres ⊡ – †135/185 € ††135/185 €

4 r. Montmartre – ℰ 05 65 21 23 08 – www.4ruemontmartre.com

MONTCY-NOTRE-DAME – 08 (Ardennes) → voir Charleville-Mézières

MONT-DAUPHIN-GARE – 05 (Hautes-Alpes) → voir Guillestre

MONT-DAUPHIN – 05 (Hautes-Alpes) → voir Guillestre

MONT-DE-MARSAN
⊠ 40000 (Landes) – 31 018 hab. – Alt. 43 m – Carte régionale n° **3**-B2
▶ Paris 706 km – Agen 120 km – Bayonne 106 km – Bordeaux 131 km
Carte Michelin 335-H11 – Guide Vert Michelin Aquitaine

❀ **Les Clefs d'Argent** (Christophe Dupouy)   🍴 ⅔ 🍽 ⇆

CRÉATIVE · FAMILIAL XX Les Clefs d'Argent ? Un restaurant en or, où décoration et cuisine rivalisent de goût. Épure contemporaine pour l'une ; couleurs et inventivité pour l'autre. Le chef signe des préparations originales et soignées, dont la clef est le beau produit landais...

→ Foie gras de canard des Landes, melon au porto. Ris de veau doré, jus corsé et girolles au miel de châtaignier. Framboises, le lait en textures.

Menu 25 € 🍷 (déj. en semaine), 52/107 € 🍷 – Carte environ 78 €

333 av. des Martyrs-de-la-Résistance – ℰ 05 58 06 16 45 (réservation conseillée) – www.clefs-dargent.com – Fermé 3 semaines en août, 20-30 déc., 2-5 janv., dim. sauf fériés et lundi

⅋O **Richelieu**   🍴 AC

CUISINE TRADITIONNELLE · BRASSERIE X En plein centre, cet hôtel-restaurant de tradition est la propriété de la même famille depuis 1900 ! La salle arbore de faux airs de brasserie, et la cuisine joue la carte des produits du Sud-Ouest et des recettes indémodables...

Formule 21 € 🍷 – Menu 24 € (semaine), 34/48 € – Carte environ 58 €

Hôtel Richelieu, 3 r. Wlérick – ℰ 05 58 06 10 20 – www.hotel-richelieu-montdemarsan.com – Fermé 1er-5 janv., dim. soir et sam.

🏠 **Le Renaissance**   🌳 ⇆ ⌧ ⅋ AC 🛁 P

BUSINESS · PERSONNALISÉ En périphérie de Mont-de-Marsan, derrière une grande façade blanche d'inspiration classique, un intérieur contemporain et des chambres spacieuses et confortables. Restaurant dans l'air du temps, grande terrasse et piscine pour les beaux jours.

30 chambres – ⅋79/129 € ⅋⅋84/129 € – ⌧ 10 € – ½ P

225 av. de Villeneuve, 2 km – ℰ 05 58 51 51 51 – www.le-renaissance.com

🏠 **Richelieu**   🌳 ⊡ ⅋ 🍽 🛁 🚗

BUSINESS · FONCTIONNEL L'histoire ne dit pas si Richelieu aurait apprécié les sculptures du musée Despiau-Wlérick tout proche ! Dans cet hôtel, au cœur de la vieille ville, les chambres sont petites mais très bien tenues. Idéal pour une escapade dans la capitale landaise.

21 chambres – ⅋62/76 € ⅋⅋70/90 € – ⌧ 10 € – ½ P

3 r. Wlérick – ℰ 05 58 06 10 20 – www.hotel-richelieu-montdemarsan.com

⅋O **Richelieu** – voir les restaurants ci-dessus

à Mazerolles 6,5 km à l'Est par D1 et rte secondaire – ✉ 40090 – 699 hab. – Alt. 84 m

⅋O **Auberge de la Pouillique**   ⇆ 🍴 P

CUISINE MODERNE · RUSTIQUE X En chemin pour une partie de pelote basque au trinquet, nombreux sont ceux à s'arrêter dans cette ancienne ferme du 19es. Ici, point de fronton mais des plats traditionnels qui ravissent les gourmands. En hiver, on s'installe près de la cheminée ; l'été, sur la terrasse face au jardin. Prix raisonnables.

Formule 16 € – Menu 21/42 € – Carte environ 42 €

656 chemin de la Pouillique – ℰ 05 58 75 22 97 – www.restaurant-auberge-lapouillique.com – Fermé 1er-16 sept., mardi soir, merc. soir, dim. soir et lundi

MONTDIDIER

✉ 80500 (Somme) – 6 174 hab. – Alt. 82 m – Carte régionale n° **36**-B2

▶ Paris 108 km – Amiens 39 km – Beauvais 49 km – Compiègne 36 km

Carte Michelin 301-I10

Le Dijon

TRADITIONNEL · FONCTIONNEL Si vous arrivez par la gare dans la ville natale d'Antoine Auguste Parmentier – vulgarisateur de la pomme de terre au 18e s. –, vous n'aurez pas quelques pas à faire pour trouver cette belle maison familiale. Les chambres sont simples et bien tenues, et les tarifs raisonnables.

19 chambres – ♦53/55 € ♦♦72/76 € – ☑8 € – ½ P

1 pl. du 10-Août-1918, rte de Breteuil – ℰ *03 22 78 01 35 – www.hotelledijon.com – Fermé 3 semaines en août et 25 déc.- 1er janv.*

MONT-DOL – 35 (Ille-et-Vilaine) → voir Dol-de-Bretagne

LE MONT-DORE

(Puy-de-Dôme) – 1 329 hab. – Alt. 1 050 m – Carte régionale n° **5**-B2

▶ Paris 462 km – Aubusson 87 km – Clermont-Ferrand 43 km – Issoire 49 km
Carte Michelin 326-D9 – Guide Vert Michelin Auvergne

La Golmotte

CUISINE TRADITIONNELLE · AUBERGE ✗ Authenticité garantie dans cette auberge postée sur la route de Clermont-Ferrand ! La salle est une ancienne étable : voyez notamment l'auge qui fait office de présentoir à vins. Au menu : des produits frais, bien cuisinés, et des assiettes copieuses. Le tout à petits prix...

⚆ Menu 17/38 € – Carte 30/44 €

Le Barbier, 2,5 km au Sud-Est par D983 – ℰ *04 73 65 05 77 – www.aubergelagolmotte.com – Fermé 30 sept.-18 oct. dim. soir, lundi et mardi sauf vacances scolaires*

LE MONT-DORE

Apollinaire (R. S.) . . . . **Y** 2
Artistes (Chemin des) . . . . **Z**
Banc (R. Jean) . . . . **Y** 3
Belges (Av. des) . . . . **Y**
Bertrand (Av. M.) . . . . **Y**
Chazotte (R. Capitaine) . . . . . . **Y** 4
Clemenceau (Av.) . . . . **Z** 5
Clermont (Av. de) . . . . **Y** 7
Crouzets (Av. des) . . . . **Y**
Déportés (R. des) . . . . **Z** 8
Dr-Claude (R.) . . . . **Y**
Duchâtel (R.) . . . . **Z** 9
Favart (R.) . . . . **Y** 12
Ferry (Av. J.) . . . . **YZ**
Gaulle (Pl. Ch.-de) . . . . **Y** 14
Guyot-Dessaigne (Av.) . . . . . . **Y** 15
Latru (R.) . . . . **Y**
Lavialle (R.) . . . . **Y**
Leclerc (Av. du Gén.) . . . . **Y**
Libération (Av. de la) . . . . **YZ**
Melchi-Roze (Chemin) . . . . . . **Y**
Meynadier (R.) . . . . **YZ**
Mirabeau (Bd) . . . . **Y**
Montlosier (R.) . . . . **Y** 19
Moulin (R. Jean) . . . . **Z** 20
Panthéon (Pl. du) . . . . **Z** 22
Pasteur (R.) . . . . **Y**
Ramond (R.) . . . . **Y** 24
République (Pl. de la) . . . . **Z** 26
Rigny (R.) . . . . **Z** 28
Sand (Allée G.) . . . . **YZ** 29
Sanistas (R. F.) . . . . **Y**
Verrier (R. P.) . . . . **Y**
Wilson (Av.) . . . . **Y**
19-Mars-1962 (R. du) . . . . **Y** 32

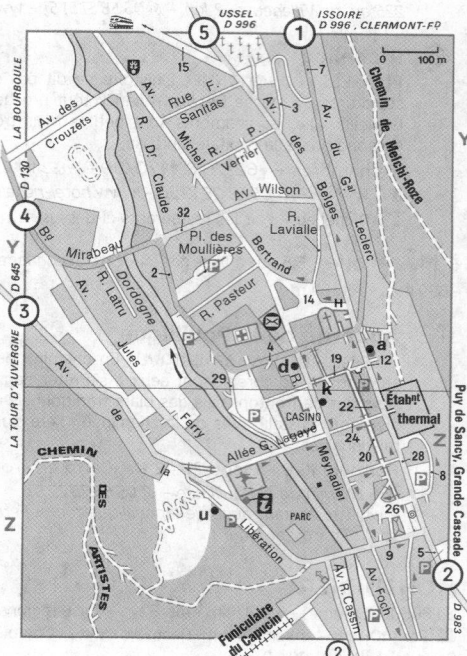

⫶○ Le Pitsounet ⓹ 🅿

CUISINE TRADITIONNELLE · AUBERGE ✗ Un "pitsounet", c'est un pigeonnier en auvergnat... Mobilier rustique et cuivres ornent ce chalet de montagne bordant une route départementale. La cuisine cultive le même esprit : priorité au terroir.

🍴 Menu 18/36 € – Carte 20/38 €

Le Genestoux, 3 km au Nord par D996 – ✆ 04 73 65 00 67 – www.lepitsounet.com – Fermé de nov. à mi-déc., dim. soir et lundi sauf juil.-août et fév.

⫶○ Le 1050

CUISINE TRADITIONNELLE · RUSTIQUE ✗ La cuisine est à l'image du décor : chaleureuse, généreuse, montagnarde. Les spécialités régionales, parfois servies dans leur récipient de cuisson, sont à l'honneur : chou farci, potée auvergnate, viande de Salers...

Carte 28/45 €

Plan : Y-a – *Hôtel de Russie, 3 r. Favart – ✆ 04 73 65 05 97 – www.lerussie.com*

🏠 Panorama 🏔 🐕 ⫷ 🛗 🖥 🔲 🍽 🅿

FAMILIAL · ACTUEL Une vue à couper le souffle pour cet établissement qui porte bien son nom ! Préférez donc les chambres côté vallée. L'hôtel est proche des pistes et des sentiers de randonnée. Espace détente (spa, sauna...) et bar où il fait bon siroter un cocktail.

39 chambres – ♦65/119 € ♦♦65/139 € – ⌸ 12 €

Plan : Z-u – *27 av. de la Libération – ✆ 04 73 65 11 12 – www.hotel-le-panorama.com – Ouvert début mai à fin sept. et fin déc. à fin mars*

🏠 Grand Hôtel 🛗 ⓹ 🍽 🅿

FAMILIAL · FONCTIONNEL Tourelles, toit en ardoise et volets bleus... Le Grand Hôtel a gardé son charme d'antan ! À 20 m du casino, vous voici au cœur de la station thermale. Le plus : un grand salon tout en verrières et un espace bien-être avec jacuzzi et sauna.

27 chambres – ♦51/61 € ♦♦61/71 € – ⌸ 8 €

Plan : Y-d – *2 r. Meynadier – ✆ 04 73 65 02 64 – www.hotel-mont-dore.com – Fermé 11 nov.-15 déc.*

🏠 Hôtel de Russie 🏔 🔲 🦽

FAMILIAL · ACTUEL La décoration de l'hôtel de Russie est colorée et tout en bois, mais point de toundra ou de Volga ici ! Fondée en 1902, cette adresse était très prisée des Russes, friands de cures thermales. Ils sont aujourd'hui remplacés par une clientèle familiale.

32 chambres – ♦61/119 € ♦♦61/119 € – ⌸ 11 € – ½ P

Plan : Y-a – *3 r. Favart – ✆ 04 73 65 05 97 – www.lerussie.com*

⫶○ **Le 1050** – voir les restaurants ci-dessus

🏠 Parc 🏔 🔲 ⓹

FAMILIAL · FONCTIONNEL Un immeuble centenaire au cœur de cette station thermale où déjà à l'Antiquité, on venait prendre les eaux. Belle hauteur sous plafond, moulures, salle de jeux... Chambres fonctionnelles et bien tenues, résolument contemporaines dans l'aile moderne.

59 chambres – ♦60/62 € ♦♦69/75 € – ⌸ 9 € – ½ P

Plan : Z-k – *11 r. Meynadier – ✆ 04 73 65 02 92 – www.hotelduparc-montdore.com – Ouvert 2 mai-10 oct. et 20 déc.-25 mars*

🏠 Les Charmettes 🍽 🅿

FAMILIAL · FONCTIONNEL Les propriétaires sont amoureux de leur hôtel, et cela se voit jusque dans le mobilier en bois... percé de cœurs ! À trois minutes du centre-ville, cette petite maison en pierre dispose d'un jardin et d'un parking. Un établissement agréable.

19 chambres – ♦53/65 € ♦♦60/73 € – ⌸ 9 €

30 av. Georges-Clemenceau – ✆ 04 73 65 05 49 – www.hotellescharmettes.com – Fermé 3 semaines fin mai début juin et 3 nov.-16 déc.

La Closerie de Manou

FAMILIAL · PERSONNALISÉ Cette maison auvergnate du 18e s. entourée de verdure est une petite merveille. Ses chambres cosy, assez vastes, ont du caractère, et l'accueil est tout à fait charmant !

5 chambres � – †65 € ††85/90 €

Le Genestoux, 3 km au Nord par D996 – ℰ 04 73 65 26 81
– www.laclöseriedemanou.com – Ouvert d'avril à mi-oct.

au pied du Puy de Sancy 3 km par D983 – ✉ 63240 Le Mont Dore
– Alt. 1 885 m

Le Puy Ferrand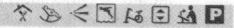

FAMILIAL · MODERNE Skier au saut du lit, c'est possible dans ce grand chalet situé au pied des pistes ! Les chambres se révèlent confortables, dans un style contemporain ; sport et nature sont bien représentés avec le magasin de ski attenant. Une bonne option pour profiter du Massif central.

28 chambres – †74/103 € ††79/132 € – � 12 € – ½ P

– ℰ 04 73 65 18 99 – www.hotel-puy-ferrand.com – Fermé 1er nov.-15 déc.

MONTECH – 82 (Tarn-et-Garonne) ➜ voir Montauban

MONTEILS – 82 (Tarn-et-Garonne) ➜ voir Caussade

MONTÉLIER

✉ 26120 (Drôme) – 3 814 hab. – Alt. 219 m – Carte régionale n° **43**-E2
▶ Paris 567 km – Crest 27 km – Romans-sur-Isère 13 km – Valence 12 km
Carte Michelin 332-D4 – Guide Vert Michelin Ardèche Drôme

La Martinière

FAMILIAL · FONCTIONNEL Dans cet établissement familial aux allures d'hacienda (1990), les chambres sont petites mais confortables et, dès les premiers rayons de soleil, on profite de la piscine et du jardin. Restaurant traditionnel (beau choix de bordeaux).

30 chambres – †62/69 € ††62/69 € – � 9 €

ZA La Pimpie, rte de Chabeuil – ℰ 04 75 59 60 65 – www.a-lamartiniere.com

MONTÉLIMAR

(Drôme) – 35 704 hab. – Alt. 90 m – Carte régionale n° **44**-B3
▶ Paris 602 km – Avignon 83 km – Nîmes 108 km – Le Puy-en-Velay 132 km
Carte Michelin 332-B6 – Guide Vert Michelin Ardèche Drôme

Aux Gourmands

CUISINE TRADITIONNELLE · BISTRO Sur la place du Marché, ce bistrot est bien connu des amateurs de vins ! La carte compte près de 400 références (grandes maisons et petits propriétaires), qui vont bien à la cuisine, d'esprit traditionnel. Le tout dans un décor au diapason : casiers à bouteilles contre les murs et tables collées serrées.

Formule 25 € – Menu 31/69 €

Plan : Y-f – *8 pl. du Marché – ℰ 04 75 01 16 21 – www.aux-gourmands.fr*
– Fermé 23 août-5 sept., dim. et lundi

Petite France

CUISINE TRADITIONNELLE · FAMILIAL À moins d'être initié, ce restaurant ne se trouve pas facilement : il faut aller le dénicher dans une impasse de la vieille ville. Dans la salle voûtée et chaleureuse, on déguste une cuisine traditionnelle... made in Petite France. Ambiance familiale.

Formule 16 € – Menu 25/38 € – Carte 35/65 €

Plan : Y-n – *34 imp. Raymond-Daujat – ℰ 04 75 46 07 94 – Fermé 17 juil.-22 août, 24 déc.-3 janv., dim. et lundi*

MONTÉLIMAR

Adhémar (R.) . . . . **Z** 2
Aygu (Av.) . . . . **Z** 4
Baudina (R.) . . . . **Y** 5
Blanc (Pl. L.) . . . . **Z** 6
Bourgneuf (R.) . . . . **Y** 8
Carmes (Pl. des) . . . . **Y** 9
Chemin Neuf (R. du) . . . . **Z** 10
Clercs (Pl. des) . . . . **Y** 12
Corneroche (R.) . . . . **Y** 14
Cuiraterie (R.) . . . . **Z** 15
Desmarais (Bd Marre) . . . . . . **Y** 17
Dormoy (Pl. M.) . . . . **Z** 18
Espoulette (Av. d') . . . . **Z** 19
Europe (Pl. de l') . . . . **Z** 21
Fust (Pl. du) . . . . **Z** 23
Gaulle (Bd Gén.-de) . . . . **Z** 25
Juiverie (R.) . . . . **Y** 28
Julien (R. Pierre) . . . . **YZ**
Loubet (Pl. Émile) . . . . **Z** 29
Loubet (R. Émile) . . . . **Z** 30
Meyer (R. M.) . . . . **Y** 32
Monnaie-Vieille (R.) . . . . **Y** 34
Montant-au-Château (R.) . . . . **Y** 35
Planel (Pl. A.) . . . . **Z** 37
Poitiers (R. Diane de) . . . . **Z** 38
Porte Neuve (R.) . . . . **Z** 39
Prado (Pl. du) . . . . **Z** 41
Puits Neuf (R. du) . . . . **Y** 42
Rochemaure (Av. de) . . . . **Y** 47
St-Martin (Montée) . . . . **Y** 50
St-Pierre (R.) . . . . **Y** 51
Villeneuve (Av. de) . . . . **Y** 54

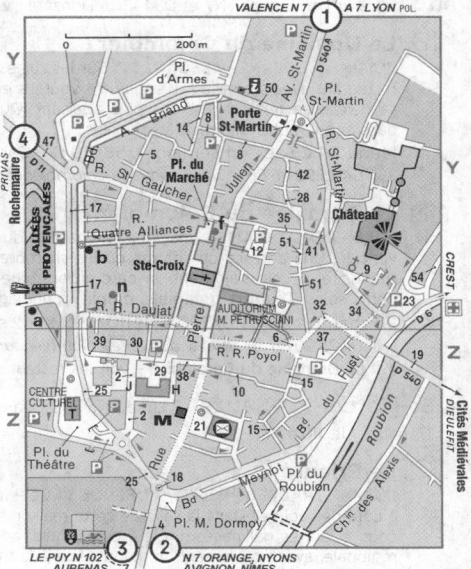

⌂ Hôtel du Parc   [AC] 🚗

FAMILIAL · FONCTIONNEL Cet hôtel a été construit dans les années 1860, en même temps que la gare toute proche. Il dispose de charmantes petites chambres, bien tenues. Aux beaux jours, on prend son petit-déjeuner en terrasse... non loin du parc de Montélimar.

16 chambres – †56/128 € – ††56/128 € – ⌷ 9 €

Plan : Y-a – *27 av. Charles-de-Gaulle* – 𝒞 *4 75 01 00 73* – *www.hotelduparc-montelimar.com*

⌂ Sphinx   ♿ [AC] ⌘ 🛁 P

TRADITIONNEL · ACTUEL La jolie cour, la chaleur des parquets et boiseries confèrent un charme indéniable à cet hôtel particulier (17ᵉ s.) situé sur les allées provençales, au cœur de la vie montilienne, et à la fois assez tranquille. Bon niveau de confort.

24 chambres – †67/82 € – ††77/102 € – ⌷ 9 €

Plan : Y-b – *19 bd Marre-Desmarais* – 𝒞 *04 75 01 86 64* – *www.sphinx-hotel.fr* – *Fermé 26 déc. -8 janv.*

par N 7 7,5 km au Sud – ✉ Chateauneuf-du-Rhône :

⅃○ Pavillon de l'Étang   🍴 🏡 [AC] ⇔ P

CUISINE TRADITIONNELLE · CLASSIQUE ⅩⅩ À défaut d'être près d'un étang, cette maison, au bord de la N 7, se trouve en pleine campagne ! Les produits régionaux sont les stars de ce véritable restaurant à l'ancienne : pigeon, truffe, nougat maison... Vins à prix doux, accueil sympathique.

Formule 25 € 𝟄 – Menu 38/75 € 𝟄 – Carte 44/67 €

chemin de l'Étang ✉ *26780 Châteauneuf-du-Rhône* – 𝒞 *04 75 90 76 82* *(réservation conseillée)* – *www.lepavillondeletang.fr* – *Fermé 24 oct.-10 nov. , 2 janv.-11 fév., merc. soir, dim. soir et lundi*

au Sud 9 km au Sud par N7 et D844, rte Donzère – ✉ 26780 Malataverne :

⅋◯ Le Domaine du Colombier ⚘ ⌂ 🏠 AC ⟷ 🅿

CUISINE MODERNE · ÉLÉGANT XXX Sur les ruines d'un hermitage monastique, ce restaurant avec ses salles en enfilade – voûtées et sagement contemporaines – et sa délicieuse terrasse est des plus apaisant. Quant à la cuisine, fine et ancrée dans son époque, elle ravit les papilles.

Menu 34 € (déj. en semaine), 58/89 € – Carte 75/101 €
– ☎ 04 75 90 86 86 – www.domaine-colombier.com

🏨 Le Domaine du Colombier ⌂ ⚘ ⟨ ⌂ ☱ AC 🛁 🅿

LUXE · PERSONNALISÉ Imaginez une bastide du 15e s. au cœur de la Drôme provençale. Une adresse de charme où les chambres rivalisent de douceur et d'authenticité. À cela s'ajoutent un parc arboré, une belle piscine et un accueil aux petits soins. Tout est si paisible, propice à une agréable échappée !

22 chambres – ♦110/350 € ♦♦110/350 € – 2 suites – ⌷ 18 €
– ☎ 04 75 90 86 86 – www.domaine-colombier.com
⅋◯ **Le Domaine du Colombier** – voir les restaurants ci-dessus

à St-Marcel-lès-Sauzet 7 km au Nord-Est par D6 - (Plan : Y) – ✉ 26740
– 1 171 hab. – Alt. 110 m

⅋◯ Le Prieuré 🏠 AC ⟷ 🅿

CUISINE TRADITIONNELLE · AUBERGE XX Ce Prieuré se trouve, comme il se doit, à côté de l'église ! Dans la salle de cette maison en pierre trône une collection de coqs et autres gallinacés. En leur compagnie, on déguste une généreuse cuisine régionale, avec notamment un menu dédié à la truffe durant l'hiver. Agréable terrasse ombragée.

Formule 21 € – Menu 26 € (semaine), 36/49 € – Carte 30/70 €
au village – ☎ 04 75 46 78 68 – www.restau-le-prieure.com – Fermé
27 oct.-13 nov., dim. soir et lundi

à La Laupie 11 km au Nord-Est par D129 puis D6 - (Plan : Y) – ✉ 26740
– 738 hab. – Alt. 143 m

🏠 La Laùpio ⚘ ⟨ ⌂ ☱ 🍴 🅿

FAMILIAL · PERSONNALISÉ Au milieu des champs et de grands arbres, cette belle ferme d'esprit provençal a été entièrement réhabilitée par ses propriétaires. Vieilles pierres, joli décor, espace et confort : les chambres séduisent. Fruits du verger, jus pressés et confitures maison au petit-déjeuner.

5 chambres ⌷ – ♦85/115 € ♦♦85/115 €
15 impasse des Marronniers – ☎ 04 75 92 39 01 – www.lalaupio-chambresdhotes.fr

MONTENACH – 57 (Moselle) → voir Sierck-les-Bains

MONTENDRE

✉ 17130 (Charente-Maritime) – 3 226 hab. – Alt. 90 m – Carte régionale n° **38**-B3
▶ Paris 522 km – Bordeaux 74 km – Poitiers 186 km – La Rochelle 138 km
Carte Michelin 324-H8 – Guide Vert Michelin Poitou-Charentes

🙂 La Quincaillerie ⅃ AC 🍴

CUISINE MODERNE · BISTRO X Un bel escalier et une galerie de style Eiffel, du parquet... Isabelle et Frédéric Milan ont eu un coup de cœur pour cette ancienne quincaillerie au cœur de Montendre. La carte est courte, car le chef-artisan revendiqué travaille uniquement des produits frais et fait son marché chaque matin. Saveurs et générosité !

⊜ Menu 19 € (déj. en semaine), 32/50 € – Carte 42/65 €
30 r. de l'Hôtel-de-Ville – ☎ 05 46 70 42 41 – www.restaurant-laquincaillerie.fr
– Fermé 17-25 fév., 1er-9 sept., 26 oct.-8 nov., mardi soir, dim. soir et lundi

MONTESQUIEU-DES-ALBÈRES – 66 (Pyrénées-Orientales) → voir Le
Boulou

MONTESQUIOU
✉ 32320 (Gers) – 590 hab. – Alt. 214 m – Carte régionale n° **28**-A2
▶ Paris 783 km – Auch 33 km – Tarbes 60 km – Toulouse 112 km
Carte Michelin 336-D8

Maison de la Porte Fortifiée

HÔTEL DE VACANCES · PERSONNALISÉ Deux belles maisons anciennes situées près de la porte fortifiée (13ᵉs.) du village. Les chambres, décorées de mobilier chiné, ont beaucoup de charme, et la journée commence avec l'odeur des croissants frais. Table d'hôte aux saveurs d'ici et d'ailleurs.
4 chambres ⌑ – ♦70/90 € ♦♦80/130 €
r. Nationale, près de la porte fortifiée – ✆ *05 62 70 97 06 – www.porte-fortifiee.eu
– Fermé 3 janv.-24 mars*

MONTEUX
✉ 84170 (Vaucluse) – 11 436 hab. – Alt. 42 m – Carte régionale n° **42**-E1
▶ Paris 685 km – Avignon 22 km – Marseille 109 km – Nîmes 65 km
Carte Michelin 332-C9 – Guide Vert Michelin Provence

🍴 Le Saule Pleureur

CUISINE MODERNE · ÉLÉGANT ✕✕✕ Un beau jardin fleuri, une grande villa… On oublie immédiatement la route toute proche pour jouir de l'essentiel : une cuisine généreuse, gorgée de soleil, qui fait la part belle aux saveurs méditerranéennes.
Formule 26 € – Menu 37 € (semaine), 55/95 € – Carte 77/108 €
145 chemin de Beauregard, 2 km au Sud-Ouest sur la voie rapide Avignon-Carpentras – ✆ *04 90 62 01 35 (réservation conseillée)
– www.le-saule-pleureur.com – Fermé lundi et mardi sauf fériés et sauf juil.-août*

🏠 Domaine de Bournereau

FAMILIAL · CLASSIQUE Un majestueux platane centenaire trône au milieu de la cour de ce paisible mas provençal. Chambres colorées, spacieuses et confortables ; tenue impeccable.
11 chambres – ♦100/140 € ♦♦120/180 € – 1 suite – ⌑ 15 €
579 chemin de la Sorguette, rte d'Avignon et rte secondaire – ✆ *04 90 66 36 13
– www.bournereau.com – Fermé 10 oct.-15 mars*

MONTFAUCON – 25 (Doubs) → voir Besançon

MONTFORT-EN-CHALOSSE
✉ 40380 (Landes) – 1 160 hab. – Alt. 110 m – Carte régionale n° **3**-B3
▶ Paris 744 km – Aire-sur-l'Adour 57 km – Dax 19 km – Hagetmau 27 km
Carte Michelin 335-F12 – Guide Vert Michelin Aquitaine

Aux Tauzins

FAMILIAL · RÉTRO Du nom d'un chêne des côtes aquitaines, cet hôtel est dans la même famille depuis quatre générations ! Dans les chambres, simples et confortables, on se réveille face à la vallée de la Chalosse. Au restaurant, on apprécie une cuisine 100 % landaise. Belle terrasse sous la glycine.
16 chambres – ♦68/78 € ♦♦84/94 € – ⌑ 9 € – ½ P
547 rte Raphaël-Lonné – ✆ *05 58 98 60 22 – www.auxtauzins.com
– Fermé 30 sept.-18 oct., 8 fév.-8 mars, dim. soir et lundi sauf le soir du 15 juil. au
20 août*

MONTFORT-L'AMAURY

✉ 78490 (Yvelines) – 3 073 hab. – Alt. 185 m – Carte régionale n° **18**-A2

▶ Paris 46 km – Dreux 36 km – Houdan 18 km – Mantes-la-Jolie 31 km

Carte Michelin 311-G3 – Guide Vert Michelin Île-de-France

🏠 St-Laurent   🕭 📠 📺 ⅙ 🏋 🅿

BUSINESS · FONCTIONNEL À vous de choisir votre décor : le superbe hôtel particulier du 17ᵉ s., les chambres plus récentes du pavillon situé dans le jardin, ou le grand luxe de la Résidence. Et au petit-déjeuner, il est vivement recommandé de goûter le cake fait maison et les viennoiseries de la boulangerie voisine...

19 chambres – ♦105/220 € ♦♦105/220 € – ⌂ 14 €

2 pl. Lebreton – ℰ *01 34 57 06 66 – www.hotelsaint-laurent.com – Fermé 31 juil.-21 août*

MONTGIBAUD

✉ 19210 (Corrèze) – 234 hab. – Alt. 460 m – Carte régionale n° **24**-B2

▶ Paris 434 km – Arnac-Pompadour 15 km – Limoges 47 km – St-Yrieix-la-Perche 23 km

Carte Michelin 329-J2

😊 Le Tilleul de Sully   🕭

CUISINE MODERNE · CONVIVIAL ✕ C'est là, à l'ombre du vieux tilleul, que se trouve cette auberge de campagne. Fleurs de courgette, choux pommelés, groseilles, etc., abondent dans le potager et le chef sait les préparer ! Une savoureuse cuisine du terroir corrézien, gourmande et généreuse, à déguster devant la cheminée ou dehors, face aux arbres fruitiers.

Formule 22 € – Menu 30/47 € – Carte 41/51 €

– ℰ *05 55 98 01 96 (réservation conseillée) – Fermé 1 semaine en juin et en sept., 20 déc.-18 janv., mardi hors saison, dim. soir et lundi sauf fériés*

MONTGRÉSIN – 60 (Oise) ➔ voir Chantilly

LES MONTHAIRONS – 55 (Meuse) ➔ voir Verdun

MONTHIEUX

✉ 01390 (Ain) – 646 hab. – Alt. 295 m – Carte régionale n° **43**-E1

▶ Paris 443 km – Bourg-en-Bresse 38 km – Lyon 31 km – Meximieux 26 km

Carte Michelin 328-C5 – Guide Vert Michelin Lyon et sa région

🏨 Le Gouverneur   🕹 🕭 📠 🗵 🎿 ✕ 📺 ⅙ 🆎 🏋 🅿

HÔTEL DE CHAÎNE · MODERNE Cet hôtel en pleine campagne n'est autre que l'ancien domaine du gouverneur de la Dombes (14ᵉ s.). Parfait pour des activités de plein air comme le golf (9 et 18 trous) ou la pêche grâce aux nombreux étangs. Chambres fonctionnelles et confortables ; restaurant, club-house, etc.

53 chambres – ♦167/187 € ♦♦209/229 € – ⌂ 13 € – ½ P

Château du Breuil, D6 – ℰ *04 72 26 42 00 – www.golfgouverneur.com – Fermé 18 déc.-2 janv.*

MONTHION – 73 (Savoie) ➔ voir Albertville

MONTIGNAC

✉ 24290 (Dordogne) – 2 804 hab. – Alt. 77 m – Carte régionale n° **4**-D1

▶ Paris 513 km – Brive-la-Gaillarde 39 km – Limoges 126 km – Périgueux 54 km

Carte Michelin 329-H5 – Guide Vert Michelin Périgord Quercy

🏠 Hostellerie la Roseraie   🕭 🗵 📺 🆎 💱

TRADITIONNEL · PERSONNALISÉ Au cœur du village médiéval, une demeure du 19ᵉ s. sur les bords de la Vézère. Les chambres sont coquettes et portent des noms de roses. Et dans le jardin : une roseraie...

14 chambres – ♦79/89 € ♦♦89/148 € – ⌂ 14 €

11 pl. d'Armes – ℰ *05 53 50 53 92 – www.laroseraie-hotel.com – Ouvert 4 avril-5 nov.*

MONTIGNY-LA-RESLE

✉ 89230 (Yonne) – 596 hab. – Alt. 155 m – Carte régionale n° **7**-B1
▶ Paris 170 km – Auxerre 14 km – St-Florentin 19 km – Tonnerre 32 km
Carte Michelin 319-F4

🏠 Le Soleil d'Or   🏵 🕭 AC 🕭 P

AUBERGE · FONCTIONNEL Ancien relais de poste situé en bordure de route nationale. Les chambres, fonctionnelles et climatisées, ont été aménagées dans les granges situées sur l'arrière. Il fait bon se détendre dans le petit salon orné de boiseries. Restaurant traditionnel.

18 chambres – ♦69 € ♦♦82 € – 🖵 12 € – ½ P
*rte d'Auxerre, N77 – ℰ 03 86 41 81 21 – www.lesoleil-dor.com – Fermé dim.
soir de nov. à mai et lundi midi*

MONTIGNY-LE-BRETONNEUX – 78 (Yvelines) → voir Autour de Paris (St-Quentin-en-Yvelines)

MONTIGNY-LE-CHARTIF

✉ 28120 (Eure-et-Loir) – 643 hab. – Alt. 178 m – Carte régionale n° **11**-B1
▶ Paris 126 km – Blois 88 km – Chartres 34 km – Orléans 85 km
Carte Michelin 311-C6

🍽○ Montigny St-Pierre ⓝ

CUISINE MODERNE · INTIME 🟋🟋 Au cœur du Perche, le chaleureux et passionné Jean-Jacques Jouteux a enfin ouvert sa "salle à manger" ! Il y transmet sa passion des bons mets, sous la forme d'une cuisine intuitive et locavore, qu'il réinvente chaque jour selon son inspiration. Carte des vins courte mais de qualité.

Menu 28/48 €
*2 r.d'Illiers – ℰ 02 37 26 21 80 (réservation conseillée) – Fermé 1ᵉʳ-15 mars,
1ᵉʳ-26 déc., dim. et lundi*

MONTIGNY-LE-ROI

✉ 52140 (Haute-Marne) – 1 941 hab. – Alt. 404 m – Carte régionale n° **14**-C3
▶ Paris 296 km – Bourbonne-les-Bains 21 km – Chaumont 35 km – Langres 23 km
Carte Michelin 313-M6

🏠 Arcombelle   🏵 🖃 🕭 🚗

AUBERGE · FONCTIONNEL "Hôtel moderne" : voilà ce qui est inscrit en grands caractères sur la façade de cette sympathique auberge, installée sur un rond-point à l'entrée du village. Impossible de la manquer ! Chambres fonctionnelles et bien tenues, spécialités traditionnelles au restaurant.

23 chambres – ♦73/97 € ♦♦73/97 € – 🖵 11 €
*25 av. de Lierneux – ℰ 03 25 90 30 18 – www.hotel-arcombelle.com
– Fermé 19 déc.-1ᵉʳ janv., vend. soir, sam. et dim. d'oct. à mars*

MONTIGNY-SUR-LOING

✉ 77690 (Seine-et-Marne) – 2 766 hab. – Alt. 82 m – Carte régionale n° **19**-C3
▶ Paris 80 km – Créteil 76 km – Melun 28 km – Orléans 92 km
Carte Michelin 312-F5

🍽○ Le DIV'20 ⓝ

CRÉATIVE · BISTRO 🟋 Ce discret bistrot de village propose désormais une bonne cuisine inventive, comme le prouve ce suprême de pintade à la crème réglisse et légumes méditerranéens. On fait le plein de goûts et de saveurs, avec d'autant plus de plaisir que le service est efficace et chaleureux.

👓 Formule 15 € – Menu 19 € (déj. en semaine), 28 € – Carte 35/45 €
*20 r. du Loing – ℰ 01 64 45 76 79 – www.restaurantlediv20.fr – Fermé le dim. soir,
lundi et mardi*

MONTIPOURET

⊠ 36230 (Indre) – 577 hab. – Alt. 200 m – Carte régionale n° **12**-C3
▶ Paris 295 km – Châteauroux 28 km - Issoudun 37 km – Orléans 169 km
Carte Michelin 323-H7

à La Brande 5 km au Nord-Est par D49 et rte secondaire – ⊠ 36230

🏠 Maison Voilà

FAMILIAL · COSY En pleine campagne, cette ferme du 19ᵉ s. est tout simplement cosy. Un jardin planté d'arbres fruitiers, un repas pris en compagnie des
propriétaires sur la terrasse ou près de la cheminée... Voilà, tout est dit.
4 chambres ⊡ – †60/80 € ††80/135 €
– 𝒞 02 54 31 17 91 – www.maisonvoila.com

MONTJEAN-SUR-LOIRE

⊠ 49570 (Maine-et-Loire) – 3 067 hab. – Alt. 44 m – Carte régionale n° **34**-B2
▶ Paris 324 km – Angers 28 km – Ancenis 30 km – Châteaubriant 64 km
Carte Michelin 317-D4 – Guide Vert Michelin Châteaux de la Loire

🏠 Le Fief des Cordeliers

FAMILIAL · CLASSIQUE Toute la douceur angevine imprègne cet ancien couvent
du 15ᵉ s., qui domine la Loire et la vallée (belvédère dans le parc). Chambres de
bon confort, au mobilier classique.
4 chambres – †61 € ††87 € – ⊡ 8 €
lieu-dit Bellevue – 𝒞 02 41 43 96 09 – http://logis.lefiefdescordeliers.com

MONTJOI

⊠ 82400 (Tarn-et-Garonne) – 177 hab. – Alt. 160 m – Carte régionale n° **28**-B1
▶ Paris 640 km – Agen 30 km – Montauban 55 km – Toulouse 92 km
Carte Michelin 337-B6

🍴 La Cage aux Oiseaux **N**

CUISINE MODERNE · CONVIVIAL On se laisse volontiers enfermer dans cette
Cage aux Oiseaux ! On y déguste une bonne cuisine de produits – ravioles de gam-
bas, foie de veau poêlé – dans un agréable intérieur climatisé ou sur la terrasse.
Formule 15 € – Menu 29/35 € – Carte 32/45 €
pl. de la République – 𝒞 05 63 29 29 29 – www.cageauxoiseaux.com
– Fermé 15-30 déc., merc. et jeudi en hiver et mardi

MONTLIVAULT

⊠ 41350 (Loir-et-Cher) – 1 337 hab. – Alt. 77 m – Carte régionale n° **11**-B2
▶ Paris 180 km – Blois 13 km – Olivet 58 km – Orléans 56 km
Carte Michelin 318-F6

☸ La Maison d'à Côté (Christophe Hay)

CUISINE MODERNE · ÉLÉGANT Le chef, Christophe Hay, a repris en 2014 cette
maison à l'atmosphère feutrée et contemporaine. Quelle réussite ! Tout y séduit :
l'accueil chaleureux – l'équipe de cuisine n'hésite pas à venir en salle pour présenter les plats –, la générosité des assiettes, leur créativité tout en subtilité, la
beauté des produits régionaux...
➔ Œuf bio en cuisson basse température. Brochet de Loire. Soufflé à la pistache.
Formule 23 € – Menu 32 € (déj. en semaine), 58/110 € 🍷 – Carte 56/84 €
8 chambres – †80/128 € ††80/128 € – ⊡ 15 €
25 r. de Chambord – 𝒞 02 54 20 62 30 – www.lamaisondacote.fr – Fermé janv.,
mardi de sept. à avril et merc.

MONT-LOUIS

⊠ 66210 (Pyrénées-Orientales) – 185 hab. – Alt. 1 565 m – Carte régionale n° **22**-A3
▶ Paris 867 km – Andorra-la-Vella 90 km – Font-Romeu-Odeillo-Via 10 km –
Perpignan 81 km
Carte Michelin 344-D7

à la Llagonne 3 km au Nord par D118 – ✉ 66210 – 238 hab. – Alt. 1 600 m

Corrieu ⇗ ℅ ⇐ ⊡ ⅃ 🄿

AUBERGE · FONCTIONNEL Cette grande bâtisse de style régional se révèle être l'hôtel familial par excellence, avec les Pyrénées en toile de fond. Deux types de chambres : simples et sobres pour les moins chères ; plus confortables pour les "lodges" mansardés. Une bouffée d'oxygène !

20 chambres – †78/98 € ††98/158 € – 3 suites – ☲ 11 €

Carrer de la Quillane – ℰ 04 68 04 22 04 – www.hotel-corrieu.fr
– Ouvert 16 janv.-15 mars, 18 juin-15 sept. et 22 déc.-4 janv.

MONTLOUIS

✉ 18160 (Cher) – 107 hab. – Alt. 180 m – Carte régionale n° **12**-C3
▶ Paris 277 km – Bourges 39 km – Châteauroux 56 km – Orléans 152 km
Carte Michelin 323-K4

Domaine de Varennes ℅ ⇐ ⅃ 🄸 🕱 🄿 ⌗

FAMILIAL · PERSONNALISÉ Une ferme médiévale, un manoir du 18ᵉ s. et une annexe. Les chambres – un brin romantiques – invitent au rêve. Dans le parc, on profite de la piscine et du petit golf.

5 chambres ☲ – †75/100 € ††80/155 €

D940 – ℰ 02 48 60 11 86 – www.domaine-de-varennes.com – Fermé 5 janv.-1ᵉʳ mars

MONTLOUIS-SUR-LOIRE

✉ 37270 (Indre-et-Loire) – 10 643 hab. – Alt. 60 m – Carte régionale n° **11**-B2
▶ Paris 235 km – Amboise 14 km – Blois 49 km – Château-Renault 32 km
Carte Michelin 317-N4 – Guide Vert Michelin Châteaux de la Loire

🍴○ La Cave ⬦ 🄿

CUISINE MODERNE · RUSTIQUE 🕱 À la recherche d'un lieu atypique ? Ce restaurant troglodytique, sur les rives de la Loire, est tout indiqué ! En cuisine, le chef signe une cuisine dans l'air du temps qui valorise joliment le terroir. Ses plats sont généreux et goûteux à souhait. Vins du domaine ; ambiance chaleureuse.

Formule 18 € – Menu 23 € (déj. en semaine), 36/48 € ☥ – Carte 42/59 €

69 quai Albert-Baillet – ℰ 02 47 45 05 05 – www.restaurant-la-cave.com
– Fermé 2 semaines en fév.-mars, lundi soir et mardi soir de janv. à mars et dim. soir

🏰 Château de la Bourdaisière ⇗ ℅ ⇐ ⇐ ⅃ 🕱 ⊡ ⅃ 🎿 🄿

HISTORIQUE · PERSONNALISÉ Ce superbe château des 14ᵉ-16ᵉ s. porte le cachet de l'histoire – il vit naître Gabrielle d'Estrées, la favorite d'Henri IV – mais il vit surtout au rythme de la nature : son parc de 55 ha abrite de superbes collections de végétaux, dont plus de 600 variétés de tomates (menu spécial au restaurant). Le temps passe autrement en ces lieux...

29 chambres – †102/315 € ††102/315 € – ☲ 16 € – ½ P

25 r. de la Bourdaisière – ℰ 02 47 45 16 31 – www.chateaulabourdaisiere.com
– Fermé 4 janv. -18 mars et 15 nov. -25 déc.

MONTLUÇON

✉ 03100 (Allier) – 38 072 hab. – Alt. 220 m – Carte régionale n° **5**-B1
▶ Paris 327 km – Bourges 97 km – Clermont-Ferrand 112 km – Limoges 155 km
Carte Michelin 326-C4 – Guide Vert Michelin Auvergne

🍴○ Grenier à Sel ⇐ ⇐ 🕱 🄰🄲 🄿

CUISINE MODERNE · ÉLÉGANT 🕱🕱 Au cœur de Montluçon, voilà bien une charmante demeure : murs du 15ᵉs. recouverts de lierre, décor raffiné (parquet, moulures...). Les beaux produits sont travaillés avec soin. L'été, profitez de la terrasse, c'est un petit coin de paradis !

Menu 25/75 € – Carte 58/91 €

7 chambres – †85/135 € ††115/145 € – ☲ 12 €

Plan : CZ-n – *pl. des Toiles – ℰ 04 70 05 53 79 – www.legrenierasel.com*
– Fermé 15 fév.-3 mars, 2-10 mai, 2-11 nov., sam. midi, dim. soir et lundi sauf le soir en juil.-août

MONTLUÇON

Barathon (R.)	CZ 2
Beaulieu (R. de)	AX 4
Blanzat (R. de)	AX 5
Château (R. du)	CZ 6
Châtelet (Pont du)	AX 8
Courtais (Bd de)	BCZ
Desmoulins (R. C.)	AX 9
Dienat (R. du)	AX 10
Egalité (R. de l')	AX 12
Einstein (R. A.)	AX 13
Faucheroux (R.)	AX 14
Favières (Quai)	BY 15
Fontaine (R. de la)	CZ 16
Forges (R. Porte)	CZ 17
Jean-Jaurès (Pl.)	CZ 18
Menut (R. L.)	CY 22
Nègre (Av. J.)	AX 24
Notre-Dame (Pl.)	CZ 25
Notre-Dame (R.)	CZ 26
Pamparoux (R.)	AX 27
Petit (R. P.)	CY 30
Picasso (R. P.)	CY 31
Piquand (R. E.)	BZ 32
République (Av.)	BY
St-Pierre (Pl.)	BCZ 35
St-Pierre (R. Fg)	BY 36
St-Roch (R.)	BCZ 38
Semard (R. P.)	AX 40
Serruriers (R.)	BCZ 42
Thomas (Av. A.)	AX 45
Verrerie (R. et Pl. de la)	AX 46
Victor-Hugo (R.)	AX 47
Villon (R. P.)	AX 49
Voltaire (R.)	AX 50
5 Piliers (R. des)	CZ 52

⊪○ Safran d'Or

CUISINE TRADITIONNELLE · CLASSIQUE XX Ici, tout est fait maison, même le pain ! En cuisine, le chef concocte une agréable cuisine traditionnelle. Le tout avec un bon rapport qualité-prix, ce qui fait de ce restaurant une adresse... en or !

Formule 19 € – Menu 25/47 € ♀ – Carte 40/65 €

Plan : CZ-u – *12 r. Place-des-Toiles* – *℘ 04 70 05 09 18* – *Fermé sept., dim. soir, mardi soir et lundi*

⌂ Hôtel des Bourbons

BUSINESS · ACTUEL Face à la gare et à deux pas du château des ducs de Bourbon, cet établissement à la belle façade fin 19ᵉ s. est idéal pour une étape dans la cité médiévale. Chambres de bon confort.

42 chambres – †66/72 € ††69/75 € – ☲ 9 € – ½ P

Plan : BZ-a – *47 av. Marx-Dormoy* – *℘ 04 70 05 28 93*
– *www.hotel-des-bourbons.com*

à St-Victor 7 km au Nord par D2144 – ✉ 03410 – 2 075 hab. – Alt. 212 m

⊪○ Le Jardin Délice

CUISINE TRADITIONNELLE · ÉLÉGANT X Une belle cuisine du marché, colorée et généreuse, servie dans un décor des plus agréables – une salle avec de grandes baies vitrées et sa terrasse ouvrant sur le jardin –, voilà un délicieux programme ! Le service est sérieux et professionnel, et quelques chambres permettent de faire étape.

⊷ Menu 18 € (semaine), 27/59 € – Carte 43/71 €

6 rte de Paris – *℘ 04 70 28 80 64* – *www.jardindelice.fr*
– *Fermé 1 semaine en juin, 2 semaines en juil., vacances de la Toussaint, vacances de fév., dim. soir, lundi midi et merc.*

⌂ Le Jardin Délice

BUSINESS · FONCTIONNEL Au nord de Montluçon, un hôtel en bordure de route, dont les chambres donnent sur la campagne ou le jardin... Un endroit parfait pour qui recherche un peu de verdure !

20 chambres – †52/57 € ††69/74 € – ☲ 9 €

6 rte de Paris – *℘ 04 70 28 80 64* – *www.jardindelice.fr*
– *Fermé 1 semaine en juin, 2 semaines en juil., vacances de la Toussaint et vacances de fév.*

⊪○ **Le Jardin Délice** – voir les restaurants ci-dessus

à Estivareilles 10 km au Nord par D2144 – ✉ 03190 – 1 127 hab. – Alt. 200 m

⊪○ Le Lion d'Or

CUISINE CLASSIQUE · TRADITIONNEL XX Une bâtisse centenaire bordant la route nationale. De belles poutres font le caractère de la salle, tandis que la terrasse donne sur un parc arboré. Derrière les fourneaux, le chef signe une cuisine généreuse et goûteuse d'inspiration classique.

Formule 19 € – Menu 25 € (semaine), 38/60 € – Carte 37/60 €

23 rte de Paris – *℘ 04 70 06 00 35* – *www.hotel-leliondor.net* – *Fermé 15 fév.-2 mars, 22 août-7 sept., dim. soir, lundi soir et mardi*

MONTLUEL

✉ 01120 (Ain) – 7 112 hab. – Alt. 190 m – Carte régionale n° **43**-E1
▶ Paris 472 km – Bourg-en-Bresse 59 km – Chalamont 20 km – Lyon 26 km
Carte Michelin 328-D5 – Guide Vert Michelin Lyon et sa région

Le Petit Casset

TRADITIONNEL · COSY Une maison installée au calme dans un quartier résidentiel. Les chambres sont fonctionnelles, bien tenues, et certaines d'entre elles disposent d'une terrasse. Et dans le jardin, piscine, transats et parasols vous tendent les bras !

18 chambres – †84/105 € ††89/135 € – 🖵 11 €

96 imp. du Petit-Casset, à La Boisse, 2 km au Sud-Ouest – ℰ 04 78 06 21 33
– www.lepetitcasset.fr

MONTMARAULT

✉ 03390 (Allier) – 1 503 hab. – Alt. 480 m – Carte régionale n° **5**-B1
▶ Paris 346 km – Gannat 41 km – Montluçon 31 km – Moulins 47 km
Carte Michelin 326-E5

 France

CUISINE TRADITIONNELLE · CLASSIQUE XX Dans cet ancien couvent de 1850, la litanie des prières a laissé place à une toute autre musique... Derrière le piano, père et fils jouent, à quatre mains, une partition où la cuisine traditionnelle actualisée est à l'honneur. Chambres confortables, idéales pour l'étape.

Formule 20 € – Menu 23 € (semaine), 32/60 € – Carte 37/83 €
8 chambres – †61/74 € ††61/74 € – 🖵 10 €

1 r. Marx-Dormoy – ℰ 04 70 07 60 26 – www.hoteldefrance-montmarault.com
– Fermé 11-18 avril, 14 nov.-7 déc., dim. soir et lundi sauf juil., août

MONTMÉLARD

✉ 71520 (Saône-et-Loire) – 338 hab. – Alt. 522 m – Carte régionale n° **8**-C3
▶ Paris 393 km – Mâcon 43 km – Montceau-les-Mines 56 km – Paray-le-Monial 34 km
Carte Michelin 320-G12

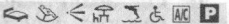 **Le St-Cyr**

CUISINE TRADITIONNELLE · FAMILIAL X Des plats traditionnels avec une pointe de modernité, voici ce que l'on trouve dans son assiette ici : volaille à la crème, croustillant d'escargots, poulet fermier à la crème... C'est tout simplement bon, et le tout se déguste avec vue sur la campagne bourbonnaise. Chambres chaleureuses et reposantes.

🍷 Formule 16 € – Menu 18 € (semaine), 24/44 € – Carte 27/39 €
9 chambres – †53/95 € ††61/95 € – 🖵 8 €

Le Bourg – ℰ 03 85 50 20 76 – www.lesaintcyr.fr – Fermé 1 semaine en janv.,
vacances de fév., vend. soir du 1er nov. au 31 mars, lundi midi et mardi midi

MONTMERLE-SUR-SAÔNE

✉ 01090 (Ain) – 3 847 hab. – Alt. 170 m – Carte régionale n° **43**-E1
▶ Paris 419 km – Bourg-en-Bresse 44 km – Lyon 48 km – Mâcon 34 km
Carte Michelin 328-B4

 Émile Job

CUISINE CLASSIQUE · TRADITIONNEL XXX Que vous soyez résident ou non de l'hôtel, il y a fort à parier que vous apprécierez les grands classiques qui valorisent le terroir : grenouilles, poissons de lac, poulette de Bresse, etc. Le tout à savourer dans un agréable cadre bourgeois. Aux beaux jours, on s'installe sur la terrasse qui donne sur la Saône.

Formule 21 € 🍷 – Menu 32/62 € – Carte 46/98 €

12 r. du Pont – ℰ 04 74 69 33 92 – www.hotelemilejob.com – Fermé 1er-15 mars,
1er-23 nov., dim. soir du 15 sept. au 15 juin, mardi midi et lundi

Émile Job

FAMILIAL · COSY Sur les bords de Saône, il règne dans cette imposante maison régionale une atmosphère familiale et chaleureuse, depuis... trois générations ! Les chambres sont colorées, la terrasse sous les vieux tilleuls invite à la plénitude : une étape confortable.

14 chambres – ♦67/77 € ♦♦77/87 € – ⌑10 € – ½ P

12 r. du Pont – ℰ 04 74 69 33 92 – www.hotelemilejob.com – Fermé 1er-15 mars, 1er-23 nov., dim. soir du 15 sept. au 15 juin, mardi midi et lundi

⏃⃝ **Émile Job** – voir les restaurants ci-dessus

MONTMEYRAN

✉ 26120 (Drôme) – 2 888 hab. – Alt. 189 m – Carte régionale n° **44**-B3
▶ Paris 581 km – Grenoble 105 km – Privas 39 km – Valence 17 km
Carte Michelin 332-C5

 La Grande Maison

MAISON DE CAMPAGNE · ÉLÉGANT Une belle maison bourgeoise héritée du 19e s. Ses propriétaires, anciens architectes, ont mené une superbe restauration, insufflant au caractère des lieux un esprit contemporain des plus séduisants : parquets peints, bois brut, détails déco... Et leur accueil, en particulier autour des repas (recettes régionales), est charmant !

5 chambres ⌑ – ♦95/140 € ♦♦95/230 €

quartier les Granges – ℰ 04 75 59 31 68 – www.lagrandemaisondrome.com – Fermé 10 déc.-10 janv.

MONTMIRAIL – 84 (Vaucluse) ➜ voir Vacqueyras

MONTMORENCY – 95 (Val-d'Oise) ➜ voir Autour de Paris

MONTMORILLON

✉ 86500 (Vienne) – 6 258 hab. – Alt. 100 m – Carte régionale n° **39**-D2
▶ Paris 354 km – Bellac 43 km – Châtellerault 56 km – Limoges 88 km
Carte Michelin 322-L6 – Guide Vert Michelin Poitou-Charentes

⊛ **Le Lucullus**

FRANÇAISE MODERNE · COSY XX Général romain au 1er s. av. J.-C., Lucullus est passé à la postérité en raison du faste de sa table... Heureux présage ! Installez-vous dans ce cadre cosy et feutré pour déguster une cuisine ciselée mettant joliment en valeur les produits locaux, réinterprétés avec finesse. Jolie terrasse aux beaux jours.

Menu 25/65 €

*Hôtel de France, 4 bd de Strasbourg – ℰ 05 49 84 09 09
– www.hoteldefrance-lelucullus.fr – Fermé vacances de la Toussaint, dim. soir, lundi et mardi*

⏃⃝ **Bistrot de Lucullus**

CUISINE TRADITIONNELLE · SIMPLE X Ce bistrot joue la carte d'une déco seventies – symbole : le fauteuil pivotant – et c'est sympathique ! Tradition dans l'assiette : une cuisine bien tournée, où les saveurs n'ont rien de psychédélique.

⊜ Menu 14 € – Carte 23/39 €

*Hôtel de France, 4 bd de Strasbourg – ℰ 05 49 84 09 09
– www.hoteldefrance-lelucullus.fr – Fermé 24-30 déc., vend. soir, dim. midi et sam.*

Hôtel de France   ⌂ 𝓕₆ ⊟ ఉ 𝖠𝖢 𝜁ᴬ

TRADITIONNEL · FONCTIONNEL Les propriétaires, un jeune couple sympathique, se sont installés ici après une dizaine d'années passées au Cameroun. Un
retour aux sources : les lieux respirent la tradition hôtelière française, des salles à
manger aux chambres. Et les projets ne manquent pas...

36 chambres – ▮54 € ▮▮61/68 € – ☲ 9 € – ½ P

4 bd de Strasbourg – *✆ 05 49 84 09 09* – *www.hoteldefrance-lelucullus.fr*

⊕ **Le Lucullus** • 🍽 **Bistrot de Lucullus** – voir les restaurants ci-dessus

MONTNER

✉ 66720 (Pyrénées-Orientales) – 311 hab. – Alt. 127 m – Carte régionale n° **22**-B3

▶ Paris 860 km – Amélie-les-Bains-Palalda 60 km – Font-Romeu-Odeillo-Via 82 km –
Perpignan 28 km
Carte Michelin 344-H6

✿ **Auberge du Cellier** (Pierre-Louis Marin)   🕮 ⇔ 𝓕 ఉ 𝖠𝖢

CUISINE MODERNE · AUBERGE ✕✕ Dans cette charmante maison locale, Pierre-
Louis Marin – un enfant du pays revenu aux sources – s'approvisionne surtout
chez les petits producteurs locaux et concocte une cuisine délicate, sincère et
éclatante de saveurs. Un régal pour les yeux et les papilles ! Quant aux chambres,
elles sont simples mais agréables.

➔ Foie gras mi-cuit, anchois de Collioure et parmesan. Homard et foie gras
poêlé, bisque et rouille, comme une zarzuela au safran de Sahorre. Schiste de
Montner, chocolat, caramel et praliné.

Menu 23 € (déj. en semaine), 36/73 € – Carte 56/70 €

4 chambres – ▮65 € ▮▮79 € – ☲ 10 €

1 r. Ste-Eugénie – *✆ 04 68 29 09 78* – *www.aubergeducellier.com*
– Fermé 29 fév.-9 mars, 17 oct.-10 nov., lundi d'oct. à avril, mardi et merc.

© B. Rieger/hemis.fr

ON AIME...

La belle terrasse de **La Réserve Rimbaud**, au bord du Lez. Les recettes du marché pleines de fraîcheur et les bons vins régionaux servis à **L'Artichaut**. La salle à manger du **Cellier Morel**, installée sous de superbes voûtes du 13ᵉ s...

MONTPELLIER

✉ 34000 (Hérault) – 268 456 hab. – Agglo. 400 470 hab. – Alt. 27 m
– Carte régionale n° **23**-C2
▶ Paris 758 km – Marseille 173 km – Nice 330 km – Nîmes 55 km
Carte Michelin 339-I7 – Guide Vert Michelin Languedoc

Restaurants

❀ **La Réserve Rimbaud** (Charles Fontes) ⟨ 🏠 ⴱ

CUISINE MODERNE · ÉLÉGANT XXX Des compositions judicieuses, centrées sur le produit, pleines de fraîcheur et gorgées de soleil ! Cette table rend hommage au Sud... et prend tout son sens sur la belle terrasse au bord du Lez, sous les platanes.

➜ Homard bleu, melon, pesto d'amandes et raviole en bouillon épicé. Filet de pigeon rôti, cèpes de Lozère, butternut et pesto de roquette. Citron, huile d'olive de Camargue.

Formule 32 € – Menu 40 € (déj. en semaine), 75/100 € – Carte environ 77 €

Plan : DT-w – *820 av. St-Maur*
– 𝒞 *04 67 72 52 53* – *www.reserve-rimbaud.com*
– *Fermé sam. midi, dim. soir et lundi*

❀ **Mia** (Pascal Sanchez) 🏠 ⴱ 𝖠𝖢

CUISINE MODERNE · DESIGN X Aux côtés de Pierre Gagnaire pendant plus de 15 ans, Pascal Sanchez a décidé de se lancer en solo en créant, en 2012, ce Mia, du prénom de sa fille. La qualité de la table – à la croisée du Midi de la France, de l'Espagne et de l'Italie – s'impose comme une évidence : finesse, subtilité, générosité... les assiettes explosent de saveurs méditerranéennes !

➜ Carpaccio de noix de Saint-Jacques et jambon serrano. Carré de veau de lait rôti aux aromates, pêche safranée. Entremet chocolat et cassis.

Formule 29 € – Menu 36 € (déj.), 65/85 € – Carte environ 70 €

Plan : DV-m – *609 av. Raymond-Dugrand, (à Port Marianne)*
– 𝒞 *04 67 73 14 26* – *www.miarestaurant.fr*
– *Fermé 1ᵉʳ-4 janv., lundi soir et dim.*

MONTPELLIER

Anatole-France (R.) .... **BU** 3
Arceaux (Bd des) .... **AU** 7
Bazille (R. F.) .... **BCV** 12

Blum (R. Léon) .... **CU** 13
Broussonnet (R. A.) ...... **AT** 18
Chancel (Av.) .... **AT** 25
Citadelle (Allée) .... **CU** 26
Claples (R.) .... **AU** 28
Comte (R. A.) .... **AU** 29

Délicieux (R. B.) .... **CT** 31
États-du-Languedoc (Av.) .. **CU** 35
Fabre-de-Morlhon (Bd) .... **BV** 36
Fg-Boutonnet (R.) .... **BT** 37
Fg-de-Nîmes (R. du) ...... **CT** 41
Flahault (Av. Ch.) .... **AT** 43

Fontaine-de-Lattes (R.)	**CU** 44	Ollivier (R. A.)	**CU** 66	Prof.-E.-Antonelli (Av.)	**CDV** 72
Henri-II-de-Montmorency (Allée)	**CU** 51	Le Polygone	**CU**	Proudhon (R.)	**BT** 73
Leclerc (Av. du Mar.)	**CV** 58	Pont-de-Lattes (R. du)	**CU** 69	René (R. H.)	**CV** 74
Millénaire (Pl. du)	**CU** 62	Pont-Juvénal (Av.)	**CDU** 70	Villeneuve-d'Angoulême	
Nombre-d'Or (Pl. du)	**CU** 64	Près-d'Arènes (Av. des)	**BV** 71	(Av.)	**ABV** 88

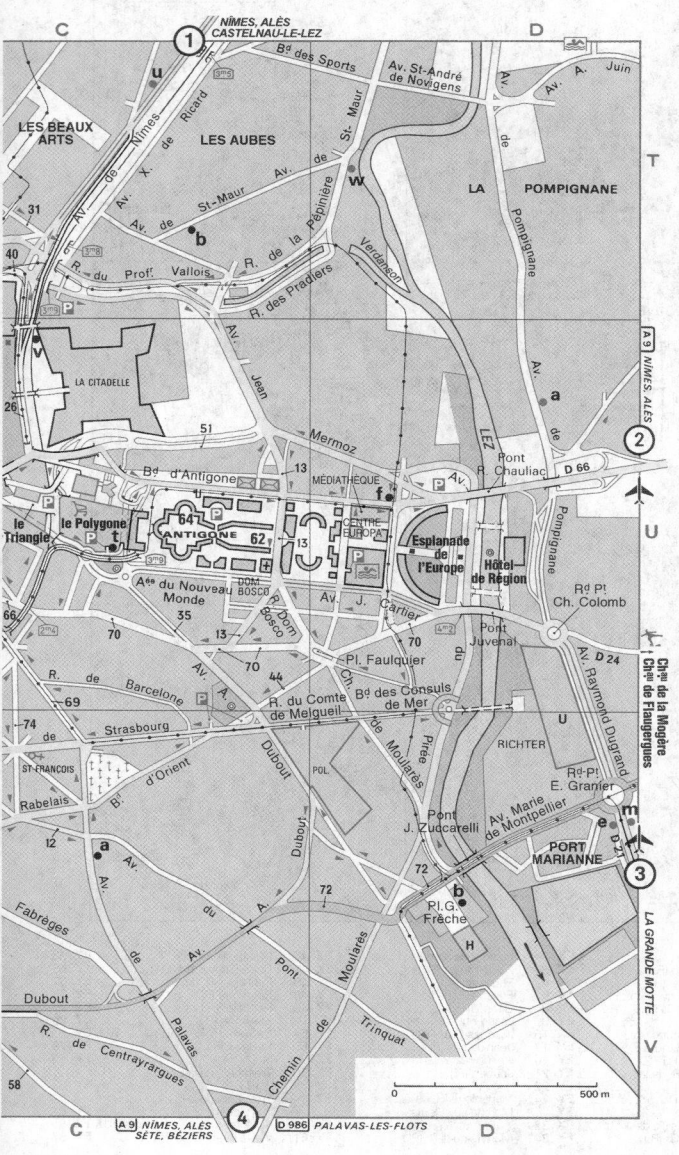

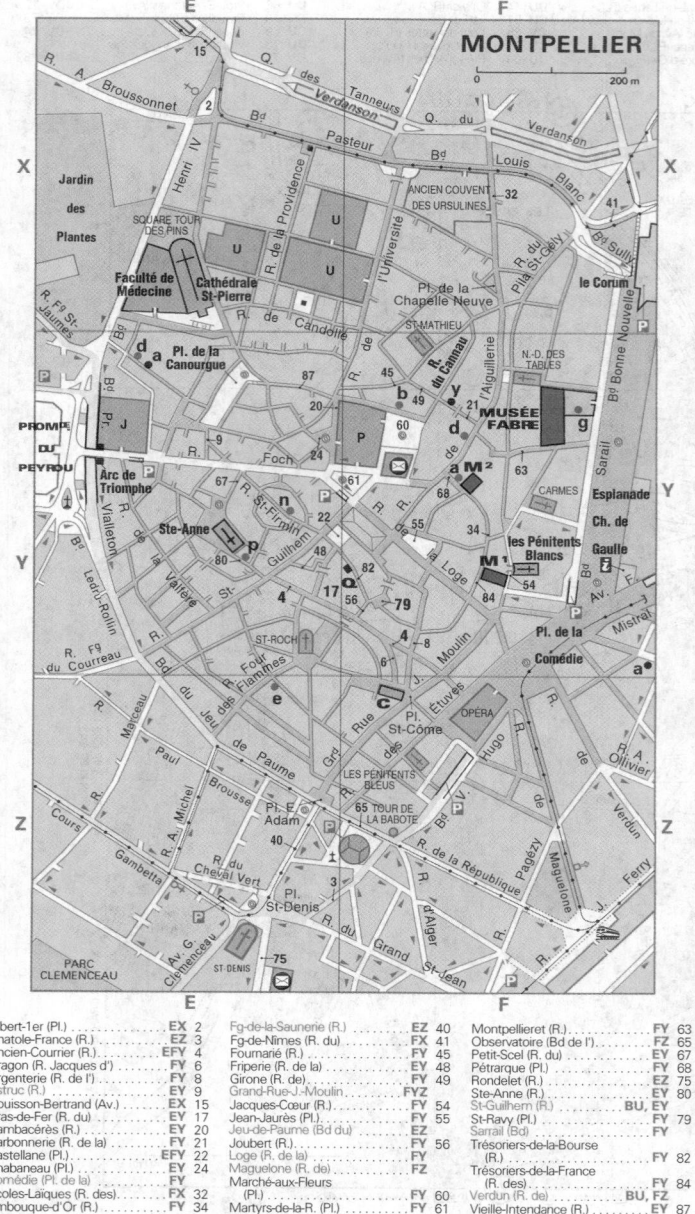

MONTPELLIER

0   200 m

Albert-1er (Pl.)	**EX** 2
Anatole-France (R.)	**EZ** 3
Ancien-Courrier (R.)	**EFY** 4
Aragon (R. Jacques d')	**FY** 6
Argenterie (R. de l')	**FY** 8
Astruc (R.)	**EY** 9
Bouisson-Bertrand (Av.)	**EX** 15
Bras-de-Fer (R. du)	**EY** 17
Cambacérès (R.)	**EY** 20
Carbonnerie (R. de la)	**FY** 21
Castellane (Pl.)	**EFY** 22
Chabaneau (Pl.)	**EY** 24
Comédie (Pl. de la)	**FY**
Écoles-Laïques (R. des)	**FX** 32
Embouque-d'Or (R.)	**FY** 34
Fg-de-la-Saunerie (R.)	**EZ** 40
Fg-de-Nîmes (R. du)	**FX** 41
Fournarié (R.)	**FY** 45
Friperie (R. de la)	**EY** 48
Girone (R. de)	**FY** 49
Grand-Rue-J.-Moulin	**FYZ**
Jacques-Cœur (R.)	**FY** 54
Jean-Jaurès (Pl.)	**FY** 55
Jeu-de-Paume (Bd du)	**EZ**
Joubert (R.)	**FY** 56
Loge (R. de la)	**FY**
Maguelone (R. de)	**FZ**
Marché-aux-Fleurs (Pl.)	**FY** 60
Martyrs-de-la-R. (Pl.)	**FY** 61
Montpellieret (R.)	**FY** 63
Observatoire (Bd de l')	**FZ** 65
Petit-Scel (R. du)	**EY** 67
Pétrarque (Pl.)	**FY** 68
Rondelet (R.)	**EZ** 75
Ste-Anne (R.)	**EY** 80
St-Guilhem (R.)	**BU, EY**
St-Ravy (Pl.)	**FY** 79
Sarrail (Bd)	**FY**
Trésoriers-de-la-Bourse (R.)	**FY** 82
Trésoriers-de-la-France (R. des)	**FY** 84
Verdun (R. de)	**BU, FZ**
Vieille-Intendance (R.)	**EY** 87

Prouhèze Saveurs

CUISINE TRADITIONNELLE · À LA MODE XX Après son père venu d'Aubrac, c'est aujourd'hui Pierre-Olivier Prouhèze qui dirige l'établissement situé en périphérie de Montpellier. Est-ce génétique, mais le chef démontre un habile savoir-faire ; on se régale de ses recettes, entre plats de tradition et inspirations méridionales. Et dès qu'il fait beau, direction le patio !

Formule 20 € – Menu 23 € (déj.)/32 € – Carte 40/46 €

Plan : DU-a – *728 av. de la Pompignane –* ☎ *04 67 79 43 34*
– www.prouhezesaveurs.com – Fermé 24 juil.-24 août, 23 déc.-2 janv., mardi soir, sam. midi, dim. et lundi

L'Artichaut

CUISINE MODERNE · CONVIVIAL X Ouvert en 2013 par un chef à la passion communicative, voici le temple de la cuisine de saison. Les recettes du marché s'y déclinent sous forme d'un menu-carte renouvelé régulièrement. Produits frais, préparations maison, vins régionaux : un restaurant qui fera fondre les cœurs... d'Artichaut !

Formule 20 € – Menu 23 € (déj. en semaine)/32 € – Carte 42/55 €

Plan : EY-n – *15 bis r. St-Firmin –* ☎ *04 67 67 91 86*
– www.artichaut-restaurant.com – Fermé 1 semaine en avril, 10-31 août, 1 semaine en janv., dim. et lundi

ⅈО Cellier-Morel

CRÉATIVE · ÉLÉGANT XxX C'est l'histoire d'une amitié, celle de deux gourmets ! Dans la Maison de la Lozère, sous de superbes voûtes du 13e s., on déguste une cuisine créative, goûteuse, et des vins régionaux. Une valeur sûre, notamment côté desserts !

Formule 35 € – Menu 59/95 €

Plan : FY-d – *27 r. Aiguillerie, (Maison de la Lozère) –* ☎ *04 67 66 46 36*
– www.celliermorel.com – Fermé 1er-15 août, lundi midi, merc. midi, sam. midi et dim.

ⅈО Castel Ronceray

CUISINE TRADITIONNELLE · CONVIVIAL XX Dans un parc ombragé, une maison de maître d'esprit Napoléon III (boiseries, velours, etc.) pour savourer une agréable cuisine gastronomique concoctée avec des produits régionaux. Le plus : l'épouse du chef est une sommelière passionnée !

Formule 28 € – Menu 53/85 € – Carte 46/79 €

130 r. Castel-Ronceray, au Sud-Ouest par Av. de Toulouse – ☎ *04 67 42 46 30*
– www.lecastelronceray.fr – Fermé 15 août-5 sept, dim. et lundi

ⅈО Le Petit Jardin

CUISINE MODERNE · À LA MODE XX Qu'il est doux de venir s'attabler dans ce restaurant prisé des Montpelliérains ! On y profite de petits plats joliment tournés, qui évoluent au fil des saisons ; le "must" est évidemment de s'installer sur la terrasse, nichée dans un... Petit Jardin très calme, et abritée par de grands parasols blancs.

Formule 28 € – Menu 37/53 € – Carte 50/67 €

Plan : EY-d – *20 r. J.-J.-Rousseau –* ☎ *04 67 60 78 78 – www.petit-jardin.com*
– Fermé vacances de Noël, dim. et lundi de nov. à mars

ⅈО La Diligence

CUISINE CLASSIQUE · ÉLÉGANT XX Installé dans une ancienne teinturerie de la vieille ville, avec une salle voûtée du 14e s., ce restaurant a su se constituer une large clientèle d'habitués. Et pour cause : le cadre est sympathique, et l'on y déguste une cuisine au goût du jour élaborée avec de bons produits. Dont un menu dédié au whisky !

Formule 21 € – Menu 39/70 € ☼ – Carte 41/56 €

Plan : FY-a – *2 pl. Pétrarque –* ☎ *04 67 66 12 21 – www.la-diligence.com – Fermé sam. midi, lundi midi et dim.*

ⵑO Tamarillos   🪑 AC

CUISINE MODERNE · INDIVIDUEL X Cet ancien chef pâtissier de Guy Savoy, sacré par deux fois champion de France des desserts, a dans les veines du sang de botaniste : il concocte une cuisine actuelle et inventive à base de fleurs comestibles et autres douceurs colorées... qui ne manque pas d'originalité !

Formule 19 € – Menu 50 € – Carte 50/74 €

Plan : FY-b – *2 pl. du Marché-aux-Fleurs* – 𝒞 *04 67 60 06 00 (réservation conseillée) – www.tamarillos.biz*

ⵑO L'Alliance des Plaisirs   AC

CUISINE MODERNE · INTIME X Goûteuse cuisine que celle de ce jeune chef passé par les établissements des frères Pourcel ! Derrière les fourneaux, mais à la vue des clients, il travaille les produits frais avec un soin évident. Accueil sympathique.

Menu 42/49 €

Plan : EZ-e – *8 b r. du Petit-Saint-Jean* – 𝒞 *04 34 26 50 94 (réservation conseillée) – www.lalliancedesplaisirs.fr – Fermé 1 semaine en avril, août, dim. et le midi*

ⵑO Pastis Restaurant   🪑 AC

CUISINE MODERNE · INTIME X À deux pas de la promenade du Peyrou, on se faufile dans l'étroite rue Terral pour accéder à ce restaurant de poche. Et pour peu que vous aimiez les surprises, vous allez être conquis par le menu "les yeux fermés", variant au gré du marché et de l'inspiration du chef. Jolie terrasse au pied de l'église.

Formule 25 € – Menu 38/53 €

Plan : EY-p – *3 r. Terral* – 𝒞 *04 67 66 37 26 (réservation conseillée) – www.pastis-restaurant.com – Fermé 1 semaine en avril, 3 semaines en août, 1 semaine fin déc., dim. et lundi*

ⵑO La Factory   🪑 AC

CUISINE MODERNE · BRANCHÉ X La décoration mi-Art déco, mi entrepôt industriel "made in New York" donne à cette Factory un look résolument à part. Côté assiette, on retrouve une bonne cuisine dans l'air du temps, avec des recettes bien marquées en saveurs : gâteau d'aubergines, homard breton et risotto au parmesan, milk-shake à la fraise...

Carte 34/62 €

Plan : DV-e – *598 av. Raymond-Dugrand, (Port Marianne)* – 𝒞 *04 67 20 20 60 – www.lafactory-restaurant.fr – Fermé 20 déc.-3 janv., sam. sauf en juil.-août et dim.*

Hôtels & maisons d'hôtes

🏨 Pullman Centre   🀄 ⌇ ⌁ & AC 🛗

HÔTEL DE CHAÎNE · ACTUEL Au sein du quartier d'affaires dessiné par l'architecte catalan Ricardo Bofill, cet hôtel a été entièrement rénové en 2011. De belles prestations : confort contemporain, salles de séminaire, piscine chauffée et restaurant sur le toit, etc.

86 chambres – ♦120/650 € ♦♦120/650 € – 2 suites – ⌷ 26 €

Plan : CU-t – *1 r. des Pertuisanes* – 𝒞 *04 67 99 72 72 – www.pullmanhotels.com*

🏨 Crowne Plaza Corum   🀄 ⌇ ⌁ & AC 🛗 🚗

HÔTEL DE CHAÎNE · ACTUEL Un hôtel d'affaires récent, face au centre des congrès. Les chambres se révèlent confortables et élégantes, avec des références originales – et colorées – à l'Asie, l'Afrique, etc. Réussi !

140 chambres – ♦99/300 € ♦♦99/300 € – 4 suites – ⌷ 23 €

Plan : CU-v – *190 r. d'Argencourt* – 𝒞 *04 67 72 22 22 – www.crowneplaza.com/montpellier*

Mercure Antigone

HÔTEL DE CHAÎNE · FONCTIONNEL Situation idéale au cœur du quartier Antigone, face à la médiathèque et la piscine olympique. Les chambres, fonctionnelles, les salles de séminaires et le parking fermé raviront la clientèle d'affaires, mais aussi touristique.

114 chambres – ♦93/179 € ♦♦117/240 € – 6 suites – ☲ 16 €

Plan : DU-f - *285 bd Aéroport-International* - *✆ 04 67 20 63 63*
- *www.accorhotels.com*

Courtyard by Marriott

HÔTEL DE CHAÎNE · ACTUEL À côté de la nouvelle mairie, dessinée par Jean Nouvel, cet hôtel très contemporain ne dépareille pas ! Les chambres y sont spacieuses, calmes et très bien tenues. Bel espace détente. Facilement accessible par le tramway, l'établissement est notamment idéal pour la clientèle d'affaires.

120 chambres – ♦135/225 € ♦♦135/400 € – 3 suites – ☲ 19 €

Plan : DV-b - *105 pl. Georges-Frêche, (r. Chélia)* - *✆ 04 99 54 74 00*
- *www.marriott.fr/mplcy*

Aragon

TRADITIONNEL · CLASSIQUE Dans une rue calme, un petit hôtel confortable, avec des détails charmants : meubles de style, cheminées, fenêtres à espagnolette... Le petit-déjeuner sous la verrière est agréable.

12 chambres – ♦81/185 € ♦♦97/185 € – ☲ 15 €

Plan : FY-a - *10 r. Baudin* - *✆ 04 67 10 70 00* - *www.hotel-aragon.fr*
- *Fermé 1er-17 janv.*

Hôtel du Parc

FAMILIAL · CLASSIQUE Une bonne adresse, assez centrale : cette maison du 18e s., tenue par deux associées, a l'allure d'une demeure particulière (meubles et objets chinés, tapis, cour fleurie...).

19 chambres – ♦56/92 € ♦♦60/112 € – ☲ 10 €

Plan : BT-k - *8 r. A.-Bège* - *✆ 04 67 41 16 49* - *www.hotelduparc-montpellier.com*

Le Guilhem

FAMILIAL · CLASSIQUE Près du Peyrou, cinq maisons des 16e et 17e s. mêlant caractère et esprit cosy : portes anciennes, alcôves, jolis imprimés... Certaines chambres toisent les tours de la cathédrale, alors que l'une est aménagée dans l'ancienne cave voûtée. Ainsi donc, de la terre au ciel, il n'y a qu'un pas !

35 chambres – ♦80/340 € ♦♦80/340 € – ☲ 12 €

Plan : EY-a - *18 r. J.-J. Rousseau* - *✆ 04 67 52 90 90* - *www.leguilhem.com*

Baudon de Mauny

HISTORIQUE · PERSONNALISÉ Beautés d'hier et d'aujourd'hui... Dallage ancien, portes sculptées, hauts plafonds, mais aussi mobilier design et aménagement très contemporain : au cœur de la ville, cet hôtel particulier du 18e s. arbore une mine superbe !

8 chambres – ♦140/290 € ♦♦165/290 € – ☲ 17 €

Plan : FY-y - *1 r. de la Carbonnerie* - *✆ 04 67 02 21 77*
- *www.baudondemauny.com* - *Fermé 2 semaines en fév. et 1 semaine en août*

Ulysse

FAMILIAL · MODERNE Heureux qui comme Ulysse... Dans un quartier pavillonnaire, cet hôtel sympathique et impeccablement tenu propose des chambres coquettes et chaleureuses. Copieux petit-déjeuner.

28 chambres – ♦85/135 € ♦♦95/155 € – ☲ 13 €

Plan : CT-b - *338 av. de St-Maur* - *✆ 04 67 02 02 30* - *www.hotel-ulysse.fr*

⊞ Clos de l'Herminier ⇇ ⌶ ㏐ ⌇ 🅿 ⇥

FAMILIAL · PERSONNALISÉ Cultivez les charmes d'antan dans cette ancienne propriété vinicole du 19ᵉ s., isolée dans un quartier en construction. On oublie la ville dans le joli parc arboré (avec piscine), les chambres aux notes champêtres et autour du petit-déjeuner, avec confitures maison...

4 chambres ⌷ – ♦90 € ♦♦100/130 €

201 r. du Mas-de-Nègre, (face au stade Yves du Manoir), 3 km au Sud-Ouest par Av. de Toulouse – ℰ 04 67 07 98 88 – www.closdelherminier.com

⊞ Mon Jardin en Ville ⌇ ⇇ ⌶ ㏐ ⌇ 🅿 ⇥

VILLA · ACTUEL Joli métissage architectural pour cette bâtisse de 1892 et ses extensions contemporaines ! À 10mn de la place de Comédie, dans un parc boisé de 2500 m², cet élégant établissement – décor baroque et design – est parfait pour se reposer après une visite de la ville. Ne passez pas à côté du petit-déjeuner maison !

3 chambres ⌷ – ♦120/140 € ♦♦140/160 €

Plan : CV-a – *23 av. de Palavas – ℰ 04 67 64 00 35 – www.monjardinenville.com*

à Castries 8 km au Nord par D66 et D613 – ✉ 34160 – 5 873 hab. – Alt. 70 m

⊡ Disini ⌂ ⌇ ⇇ ⌶ ⊟ ⌖ ㏐ ⌶ 🅿

BUSINESS · PERSONNALISÉ Disini ou "ici" en balinais... Dans une forêt de chênes verts, cet hôtel récent mêle touches ethniques (Asie et Afrique) et confort high-tech, dans une ambiance feutrée et reposante. Et l'esprit de Bali règne aussi sur la salle du restaurant gastronomique.

15 chambres – ♦90/255 € ♦♦200/335 € – 1 suite – ⌷ 15 € – ½ P

1 r. des Carrières – ℰ 04 67 41 97 86 – www.disini-hotel.com

à Castelnau-le-Lez 7 km au Nord par D66 et D613 – ✉ 34170
– 16 664 hab. – Alt. 60 m

ⓘ○ Domaine de Verchant ⇇ ⌖ ⌖ ㏐ 🅿

CUISINE MODERNE · DESIGN XX Un lieu design et contemporain pour une cuisine fraîche et tout à fait dans l'air du temps... En prime, on sert les vins du domaine.

Menu 48 € (déj.), 60/95 € – Carte 82/98 €

1 bd Philippe-Lamour, par r. de la Vieille-Poste – ℰ 04 67 07 26 00 (réservation conseillée) – www.domainedeverchant.com – Fermé dim. soir et merc.

⌂⌂⌂ Domaine de Verchant ⌂ ⌇ ⇇ ⌶ ▢ ⊛ ₰ ㏐ ⌶ 🅿

GRAND LUXE · DESIGN Une allée de platanes mène à cette belle propriété viticole du 16ᵉ s., cernée par les vignes... Les chambres sont superbes (design italien, équipements high-tech, charpentes et vieilles pierres), le spa exquis.

26 chambres – ♦260/950 € ♦♦260/950 € – 5 suites – ⌷ 27 € – ½ P

1 bd Philippe-Lamour, par r. de la Vieille-Poste – ℰ 04 67 07 26 00
– www.domainedeverchant.com

ⓘ○ **Domaine de Verchant** – voir les restaurants ci-dessus

à Baillargues 8 km au Nord par D66 et D613 – ✉ 34670 – 6 548 hab. – Alt. 23 m

⌂⌂⌂ Golf Hôtel de Massane ⌂ ⌇ ⌶ ⊛ ₰ ℀ ⊟ ⌖ ㏐ ⌶ 🅿

BUSINESS · FONCTIONNEL Vaste complexe hôtelier doté de nombreux équipements pour les loisirs et la détente. Les chambres, spacieuses et colorées, regardent pour certaines la piscine. Salle à manger contemporaine tournée vers le golf ; cuisine actuelle et vins régionaux.

32 chambres – ♦119/135 € ♦♦139/163 € – ⌷ 12 € – ½ P

au golf de Massane – ℰ 04 67 87 87 87 – www.massane.com

près échangeur A9-Montpellier-Sud 2 km au Sud par D986 –
✉ 34000 Montpellier :

🏨 Novotel ✿ ⌂ 🛏 🖦 ☷ 🄰🄲 🛎 🅿

HÔTEL DE CHAÎNE · FONCTIONNEL Situation utile à proximité d'un échangeur sur l'A9. Le restaurant ouvre sur la piscine.
162 chambres – ♦90/180 € ♦♦90/180 € – ⌷ 15 €
125 bis av. Palavas – ☎ 04 99 52 34 34 – www.novotel.com

à Lattes 5 km Sud par D986 – ✉ 34970 – 15 719 hab. – Alt. 3 m

🍽 Domaine de Soriech ⌂ 🎧 🄰🄲 ⟷ 🅿

CUISINE TRADITIONNELLE · DESIGN XxX Dans son parc avec palmiers et pins géants, cette belle villa évoque les modèles californiens des années 1950 et 1960. Décor design et œuvres contemporaines. Cuisine régionale.
Formule 34 € – Menu 42/80 € – Carte 50/77 €
*chemin de Soriech, (face Z.A.C. Soriech) – ☎ 04 67 15 19 15
– www.domaine-de-soriech.fr – Fermé 18 août-1er sept., 3-12 janv., dim. soir et lundi*

🍽 Le Mazerand ⌂ 🎧 🄰🄲 ⟷ 🅿

CUISINE TRADITIONNELLE · ÉLÉGANT XxX Cette propriété, dont l'origine remonte au 17e s., marie avantageusement vieilles pierres et décor moderne. Jolies terrasses. Cuisine régionale un brin créative.
Formule 25 € – Menu 31/68 € – Carte 40/84 €
*Mas de Causse – CD 172 – ☎ 04 67 64 82 10 – www.le-mazerand.com
– Fermé vacances de fév., sam. midi, dim. soir et lundi*

🍽 Le Bistrot d'Ariane 🍸 🎧 🄰🄲 ⟷

CUISINE TRADITIONNELLE · BISTRO X Sur le port, un grand et chaleureux bistrot (comptoir en bois, luminaires anciens). Les patrons annotent – avec pertinence – la carte des vins, où dominent les crus régionaux.
Formule 18 € – Menu 22 € (semaine), 34/44 € – Carte 29/61 €
*5 r. des Chevaliers-de-Malte, à Port Ariane – ☎ 04 67 20 01 27
– www.bistrot-ariane.fr – Fermé 19 déc.-4 janv. et dim.*

🍽 Sensation 🎧 ☷ 🄰🄲 ⚐

CRÉATIVE · CONVIVIAL X Sensation, impression, émotion... Tout ce que recherche ce jeune chef très créatif (pâtissier de formation – on le ressent), qui s'est lancé ici avec sa compagne. Décor contemporain.
Formule 21 € – Menu 39 € (semaine), 47/77 €
*2 r. des Consuls, à Port Ariane – ☎ 04 67 50 39 31 – www.restaurantsensation.fr
– Fermé sam. midi, dim. et lundi*

à Juvignac 6 km à l'Ouest, rte de Millau – ✉ 34990 – 7 865 hab. – Alt. 32 m

🏨 Golf Hôtel ✿ ⌂ 🛏 🖦 🖫 ☷ 🄰🄲 🛎 🅿

BUSINESS · FONCTIONNEL Après avoir testé la régularité de votre swing sur le parcours 18 trous, cap sur cet hôtel dont la majorité des chambres (certaines avec terrasse) ouvrent sur les greens. Un ensemble élégant – golf oblige –, lumineux et très confortable !
46 chambres – ♦65/170 € ♦♦65/170 € – 40 suites – ⌷ 14 € – ½ P
*38 av. des Hameaux-du-Golf, (au golf international) – ☎ 04 67 45 90 00 –
www.qualityhotelgolfmontpellier.com*

à St-Gély-du-Fesc 13 km au Nord-Ouest par D986 – ✉ 34980
– 9 222 hab. – Alt. 95 m

ⅈ⃝ Le Clos des Oliviers

CUISINE MODERNE · À LA MODE ✕✕ Du goût, de la simplicité, des produits de qualité bien travaillés : on apprécie ici une bonne cuisine, sans complications inutiles, et on se fait plaisir ! À noter : la carte des vins est réalisée avec le caviste voisin. L'été, on profite de la terrasse à l'ombre des canisses.

Formule 20 € – Menu 25 € (déj. en semaine), 38/67 € – Carte 48/70 €

53 r. de l'Aven – ℰ 04 67 84 36 36 – www.clos-des-oliviers.com – Fermé dim. soir et lundi

---

MONTPON-MÉNESTÉROL

✉ 24700 (Dordogne) – 5 482 hab. – Alt. 93 m – Carte régionale n° **4**-C1
▶ Paris 532 km – Bergerac 40 km – Libourne 43 km – Périgueux 56 km
Carte Michelin 329-B5

à Ménestérol 1 km au Nord – ✉ 24700 Montpon Menesterol

ⅈ⃝ Auberge de l'Eclade

CUISINE MODERNE · ÉLÉGANT ✕✕ Au calme, près de la chapelle romane du village, cette maison de pays abrite une table connue des gourmands de la région. Dans un décor soigné, tout en tons clairs, ou sur la terrasse, on se régale d'une savoureuse cuisine dans l'air du temps. Bon choix de vins et de whiskys.

Menu 15 € ♟ (déj. en semaine), 32/60 € – Carte 39/60 €

17 r. Paul-Émile-Victor, rte de Coutras – ℰ 05 53 80 28 64
– www.auberge-de-leclade.com – Fermé vacances de la Toussaint, dim. soir, lundi soir, mardi soir et merc.

MONTRABÉ – 31 (Haute-Garonne) ➔ voir Toulouse

MONTRÉAL

✉ 32250 (Gers) – 1 197 hab. – Alt. 131 m – Carte régionale n° **28**-A2
▶ Paris 725 km – Agen 57 km – Auch 59 km – Condom 16 km
Carte Michelin 336-D6

🏵 Daubin

CUISINE TRADITIONNELLE · BISTRO ✕ Terrasse sous les platanes, cuisine du terroir pleine de goût, produits de première qualité, dégustation de vins régionaux... Côté bar, on mange à la bonne franquette, bien calé sur des tonneaux. Quant à l'accueil, il est sans pareil. Une adresse authentique où l'on vient non pas en client mais en ami !

Formule 20 € – Menu 30/60 € – Carte 46/82 €

3 r. Aurensan, (face à l'église) – ℰ 05 62 29 44 40 – www.bernarddaubin.com
– Fermé vacances de fév., dim. soir, lundi et mardi

ⅈ⃝ La Bombance

CUISINE MODERNE · ÉLÉGANT ✕✕ Une grande et belle maison dans la campagne : un cadre lumineux et à l'élégance champêtre où il est agréable de faire... bombance ! En chef inspiré qui connaît recettes et produits comme sa poche, Fabrice Gosset cuisine d'instinct, proposant chaque jour un menu surprise qui transforme le repas en découverte.

Menu 33/46 €

lieu-dit Bidon – ℰ 05 62 29 28 80 – www.labombance.fr – Fermé 1 semaine en fév. et merc.

MONTREDON - 11 (Aude) ➜ voir Carcassonne

MONTREUIL

✉ 62170 (Pas-de-Calais) – 2 191 hab. – Alt. 54 m – Carte régionale n° **30**-A2
▶ Paris 232 km – Abbeville 49 km – Arras 86 km – Boulogne-sur-Mer 38 km
Carte Michelin 301-D5

Château de Montreuil (Christian Germain)

CUISINE MODERNE • ÉLÉGANT XXX Les assiettes sont belles à regarder, plus encore à déguster... Joli moment de gastronomie au cœur de Montreuil, sous l'égide d'un chef amoureux du produit et précis dans son travail. Décor classique.
➜ Anguille fumée, radis glaçon et soupe verte. Ris de veau pané aux câpres, gratin dauphinois et jus simple. Soufflé chaud au chocolat noir.

Menu 37 € (déj.), 78/100 € – Carte environ 80 €

Hôtel Château de Montreuil, 4 chaussée des Capucins – ✆ 03 21 81 53 04 – www.chateaudemontreuil.com – Fermé 13 déc.-31 janv., mardi midi et lundi sauf juil.-août et jeudi midi

Anecdote N

CUISINE TRADITIONNELLE • BISTRO X Alexandre Gauthier, chef de la Grenouillère près du Touquet, revient ici aux fondamentaux : bouillon de crevettes grises, entrecôte béarnaise, crêpes Suzette, tarte Tatin... avec même certains plats en hommage à son père. Bons produits, belles présentations, saveurs et générosité : une table loin d'être anecdotique.

Formule 17 € – Menu 22 € (déj. en semaine) – Carte 40/55 €

1 r. des Juifs, (pl. de l'église) – ✆ 03 21 86 65 80 – Fermé 2 semaines en janv. , merc. en juil.-août, dim. et lundi de sept. à juin

Château de Montreuil

VILLA • PERSONNALISÉ Dans la partie haute de la ville, une grande et élégante demeure toute blanche (années 1920) dans un jardin clos, à l'abri des remparts... et du monde extérieur. Beaucoup de calme et de raffinement en ces lieux, dans une veine "so British".

8 chambres – †245/300 € ††245/300 € – 2 suites – ☕ 19 €

4 chaussée des Capucins – ✆ 03 21 81 53 04 – www.chateaudemontreuil.com – Fermé 20 déc.-31 janv. et lundi sauf juil.-août et fériés

Château de Montreuil – voir les restaurants ci-dessus

Coq Hôtel

TRADITIONNEL • FONCTIONNEL Cette maison bourgeoise dresse sa belle façade en brique rouge sur une placette du centre. Les chambres sont spacieuses et coquettes : parfait pour une étape dans cette petite ville médiévale.

19 chambres – †90/125 € ††90/125 € – ☕ 12 €

2 pl. de la Poissonnerie – ✆ 03 21 81 05 61 – www.coqhotel.fr – Fermé 20 déc.-début fév.

à La Madelaine-sous-Montreuil 3 km à l'Ouest par D139 et rte secondaire –

✉ 62170 – 172 hab. – Alt. 7 m

La Grenouillère (Alexandre Gauthier)

CUISINE MODERNE • DESIGN XXX Très design, tout en matériaux bruts, la salle ouvre à la fois grand sur la nature et les fourneaux. Le spectacle est total ! Un superbe écrin pour la cuisine d'Alexandre Gauthier, connu pour bousculer les conventions. Ses assiettes sont autant d'instantanés de créativité, où le produit s'exprime en toute liberté... Expérience très contemporaine.
➜ Ormeaux au naturel. Pigeon au blé vert. Baba au vert.

Menu 95/125 € – Carte 80/115 €

19 r. de la Grenouillère – ✆ 03 21 06 07 22 – www.lagrenouillere.fr – Fermé janv., lundi midi et jeudi midi de sept. à juin, mardi sauf le soir en juil.-août, merc. midi sauf juil.-août et merc. soir de nov. à Pâques

La Grenouillère ⛱ 🐾 🛏 ♿ 🍴 🅿

AUBERGE · DESIGN De l'hôtel-restaurant familial – une ancienne ferme picarde dans les champs –, Alexandre Gauthier a fait... un lieu d'avant-garde. À l'image de sa cuisine tout en recherches, les chambres jouent une carte très contemporaine, notamment les "huttes" créées dans le jardin par l'architecte Patrick Bouchain, au luxe sauvage !

12 chambres – ♦140/260 € ♦♦140/260 € – ⌂ 23 € – ½ P

19 r. de la Grenouillère – ℰ 03 21 06 07 22 – www.lagrenouillere.fr
– Fermé janv.

❀ **La Grenouillère** – voir les restaurants ci-dessus

au Moulinel 8 km à l'Ouest par D139 – ✉ 62170

❍ Auberge du Moulinel 🛏 AC 🅿

CUISINE TRADITIONNELLE · AUBERGE ✗✗ Un petit air de campagne chic, non loin du Touquet. Entrez donc dans la salle, un brin rustique avec sa collection de cuivres anciens. Escalope de foie gras chaud, turbot rôti, vacherin, paris-brest... Le chef réalise une alléchante cuisine traditionnelle. Tout est fait maison, y compris le pain et les glaces !

Formule 20 € – Menu 31 € (semaine), 45/63 € – Carte 61/75 €

116 chaussée de l'Avant-Pays
– ℰ 03 21 94 79 03 – www.aubergedumoulinel.com
– Fermé 3 semaines en janv., lundi et mardi sauf juil.-août et dim. soir

MONTREUIL – 93 (Seine-Saint-Denis) ➜ voir Autour de Paris

MONTREVEL-EN-BRESSE

✉ 01340 (Ain) – 2 415 hab. – Alt. 215 m – Carte régionale n° **44**-B1
▶ Paris 395 km – Bourg-en-Bresse 18 km – Mâcon 25 km – Pont-de-Vaux 22 km
Carte Michelin 328-D2 – Guide Vert Michelin Lyon et sa région

❀ Léa (Louis Monnier) AC 🍴 ⟳

CUISINE CLASSIQUE · COSY ✗✗ Quel plaisir de déguster une vraie cuisine classique dans cette très accueillante maison bourgeoise ! Beaucoup de charme et le goût des produits nobles (homard, volaille de Bresse, belles viandes et poissons sauvages) : au-delà des modes, ici, on défend les saveurs intemporelles.

➜ Gâteau de foies blonds, sauce au coulis de homard. Poularde de Bresse à la crème, savagnin et morilles. Marquise au chocolat amer, orange confite et crème à la vanille.

Menu 36 € (déj. en semaine), 56/82 € – Carte 71/111 €

10 rte d'Etrez – ℰ 04 74 30 80 84 (réservation conseillée)
– www.restaurant-lea.com – Fermé 2-16 juil., 20 déc.-15 janv., lundi et mardi de sept. à juin, dim. soir et merc.

❍ Le Comptoir 🍴 ♿ AC

CUISINE TRADITIONNELLE · BISTRO ✗ Envie d'un verre au Comptoir ? Ce café de village joue la carte de la nostalgie, façon Gabin et Verneuil : banquettes, affiches, miroirs et... spécialités bistrotières, sans oublier quelques plats régionaux. Vous y reviendrez forcément !

🍸 Menu 16 € (semaine), 20/34 € – Carte 28/38 €

9 Grande-Rue – ℰ 04 74 25 45 53 – Fermé 2 semaines en juil., 22 déc.-13 janv., dim. soir sauf juil.-août, mardi soir et merc.

rte de Bourg-en-Bresse 2 km au Sud sur D975 –
✉ 01340 Montrevel-en-Bresse :

⑪○ Les Vallons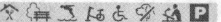

CUISINE TRADITIONNELLE · TRADITIONNEL XX Pourquoi ne pas se laisser tenter par le restaurant de l'hôtel Pillebois ? Au menu, des recettes traditionnelles réalisées avec une pointe d'originalité : filet de turbot, sauce champagne ; grenouilles fraîches sautées en persillade ; souris d'agneau caramélisée... Aux beaux jours, on s'installe dans le patio !

ↄ Formule 16 € – Menu 19 € (semaine), 23/49 € – Carte 27/64 €
Hôtel Le Pillebois – & 04 74 25 48 44 – www.hotellepillebois.com
– Fermé 2 déc.-5 janv., dim. soir et lundi midi

⌂ Le Pillebois

BUSINESS · FONCTIONNEL Cette bâtisse moderne, de style bressan, abrite des chambres fonctionnelles et bien tenues, toutes dans un style contemporain. La piscine découverte et la terrasse sont propices au farniente, et l'espace fitness permet de garder la forme !

30 chambres – ♦70/115 € ♦♦75/130 € – 1 suite – ☲ 10 € – ½ P
– & 04 74 25 48 44 – www.hotellepillebois.com – Fermé 20 déc.-6 janv.
⑪○ **Les Vallons** – voir les restaurants ci-dessus

MONTRICHARD

✉ 41400 (Loir-et-Cher) – 3 383 hab. – Alt. 62 m – Carte régionale n° **11**-A1
▶ Paris 220 km – Blois 37 km – Châteauroux 85 km – Châtellerault 95 km
Carte Michelin 318-E7 – Guide Vert Michelin Châteaux de la Loire

⌂ Le Bellevue

FAMILIAL · FONCTIONNEL Enseigne-vérité : la plupart des chambres offrent une vue panoramique sur le Cher. Quelques suites dans une villa toute proche. Au restaurant, baies vitrées sur la vallée et carte traditionnelle.

32 chambres – ♦74/98 € ♦♦78/110 € – 3 suites – ☲ 13 € – ½ P
24 quai de la République – & 02 54 32 06 17 – www.hotel-le-bellevue41.com
– Fermé vend., sam. et dim. du 22 nov. au 13 déc.

à Chissay-en-Touraine 4 km à l'Ouest par D176 – ✉ 41400
– 1 157 hab. – Alt. 63 m

⌂ Château de Chissay

CHÂTEAU · CLASSIQUE Louis XI, le général de Gaulle : ce château du 15ᵉ s. a accueilli d'illustres personnages ! Chambres classiques ; la troglodytique et le duplex du donjon ne manquent pas d'originalité... Au restaurant : voûtes, boiseries, mobilier Louis XIII et... cuisine actuelle.

26 chambres – ♦145/255 € ♦♦145/315 € – 6 suites – ☲ 17 €
– & 02 54 32 32 01 – www.chateaudechissay.com – Ouvert avril-nov.

MONTRICOUX

✉ 82800 (Tarn-et-Garonne) – 1 082 hab. – Alt. 113 m – Carte régionale n° **29**-C2
▶ Paris 618 km – Cahors 51 km – Gaillac 39 km – Montauban 25 km
Carte Michelin 337-F7

⑪○ Les Gorges de l'Aveyron

CUISINE MODERNE · CONVIVIAL XXX Au cœur d'un parc verdoyant baigné par l'Aveyron, cette villa cossue est une véritable invitation à savourer une cuisine de saison agréable et bien ficelée. La grande terrasse se révèle incontournable aux beaux jours.

ↄ Menu 15 € (déj. en semaine), 29/75 €
5 chambres – ♦85/160 € ♦♦85/160 € – ☲ 13 €
Le Bugarel-Bruniquel – & 05 63 24 50 50 – www.gorges-aveyron.com
– Fermé mars, 2-31 janv., mardi sauf du 15 juin au 15 sept. et lundi

MONTROND-LES-BAINS

✉ 42210 (Loire) – 5 270 hab. – Alt. 356 m – Carte régionale n° **44**-A2

▶ Paris 447 km – Lyon 69 km – Montbrison 15 km – Roanne 58 km

Carte Michelin 327-E6 – Guide Vert Michelin Lyon et sa région

⅋O Carré Sud

CUISINE MODERNE · CONVIVIAL XX Velouté de châtaigne aux copeaux de foie gras et pleurote en persillade, joues de bœuf confites au romarin à la pulpe de topinambour... De jolies présentations, des cuissons justes, des saveurs bien marquées : en dépit de son jeune âge, le chef cuisine franchement et sans complexe, pour notre plus grand plaisir !

æ Menu 18 € (déj. en semaine), 28/52 € – Carte 23/47 €

55 av. de la gare – ℰ 04 77 54 42 71 – www.carre-sud.fr – Fermé 2 semaines en sept., dim. soir et merc.

MONTROUGE – 92 (Hauts-de-Seine) ➜ voir Autour de Paris

MONTS

✉ 37260 (Indre-et-Loire) – 7 246 hab. – Alt. 50 m – Carte régionale n° **11**-B2

▶ Paris 254 km – Azay-le-Rideau 13 km – Chenonceaux 48 km – Chinon 33 km

Carte Michelin 317-M5

⅋O Au Carrousel des Saveurs

CUISINE MODERNE · CONVIVIAL X Le jeune chef, après un parcours dans de belles maisons, a posé ses valises dans cette petite auberge familiale des bords de l'Indre pour en faire... un carrousel de jolies saveurs ! Au coin de la cheminée, on se régale d'une bonne cuisine du marché, réalisée avec de bons produits.

Formule 14 € – Menu 25 €

2 r. Jean-Colin – ℰ 02 47 26 76 86 – www.aucarrouseldessaveurs.fr – Fermé 6-20 juil., 2-16 janv., dim. soir et lundi

MONT-SAINT-JEAN

✉ 21320 (Côte-d'Or) – 254 hab. – Alt. 478 m – Carte régionale n° **8**-C2

▶ Paris 265 km – Dijon 62 km – Mâcon 146 km – Nevers 183 km

– Guide Vert Michelin Bourgogne

⅏ Les Roches

CHÂTEAU · HISTORIQUE Lustres à pampilles, moulures, mobilier chiné : cette maison bourgeoise (1901) cultive son style châtelain avec une certaine élégance. Le jardin est charmant, tout comme la vue sur le Morvan et l'accueil des propriétaires. Le soir, les résidents – et les autres ! – dînent autour de petits plats de tradition.

5 chambres ⌂ – †111/169 € ††143/179 €

r. de Glanot – ℰ 03 80 84 32 71 – www.lesroches-burgundy.com

LE MONT-ST-MICHEL

✉ 50170 (Manche) – 41 hab. – Alt. 10 m – Carte régionale n° **32**-A3

▶ Paris 359 km – Alençon 135 km – Avranches 23 km – Dinan 58 km

Carte Michelin 303-C8 – Guide Vert Michelin Normandie Cotentin, Bretagne

à la Digue 2 km au Sud sur D976 – ✉ 50170 Le Mont-St-Michel

⅏⅏ Le Relais Saint-Michel

HÔTEL DE VACANCES · MODERNE Pour les touristes et les pèlerins d'aujourd'hui, une étape confortable... face à la silhouette du Mont : dans ce relais contemporain (1995), la quasi totalité des chambres ouvrent par de grandes baies – et avec balcon ou terrasse – sur l'étendue des herbus et l'abbaye. Restaurant panoramique.

32 chambres – †170/525 € ††170/525 € – 7 suites – ⌂ 25 € – ½ P

– ℰ 02 33 89 32 00 – www.relais-st-michel.fr

Mercure

HÔTEL DE CHAÎNE · FONCTIONNEL Tous les avantages de la chaîne Mercure juste à côté du Couesnon, à l'amorce de la voie d'accès au Mont. Un ensemble confortable et bien tenu.

100 chambres – ♦96/142 € ♦♦101/167 € – ☲ 14 €

– *☎ 02 33 60 14 18 – www.hotelmercure-montsaintmichel.com*

⌂ Le Relais du Roy

TRADITIONNEL · FONCTIONNEL À l'entrée de la digue, une ancienne ferme de la fin du 18e s. toute en pierre, et son extension plus récente. Les chambres, fonctionnelles et bien tenues, ouvrent pour certaines (les plus calmes) sur le Couesnon.

27 chambres – ♦88/126 € ♦♦88/126 € – ☲ 11 € – ½ P

– *☎ 02 33 60 14 25 – www.le-relais-du-roy.com – Fermé 16 janv.-1er fév.*

MONTSALVY

✉ 15120 (Cantal) – 877 hab. – Alt. 800 m – Carte régionale n° **5**-B3
▶ Paris 586 km – Aurillac 31 km – Entraygues-sur-Truyère 14 km – Figeac 57 km
Carte Michelin 330-C6 – Guide Vert Michelin Auvergne

⊛ L'Auberge Fleurie

CUISINE MODERNE · AUBERGE ✕✕ Avis aux amateurs : ici, on a la passion du terroir et des bons vins ! Quenelle de saumon aux moules sur bisque de langoustine, côtelette de porc fermier "Lou Téchou" à la graine de moutarde... Dans cette auberge couverte de vigne vierge, le chef revisite joliment la tradition. Quelques chambres à l'étage.

⊛ Menu 16 € (semaine), 26/46 € – Carte 39/54 €

7 chambres – ♦50/70 € ♦♦50/70 € – ☲ 9 €

pl. du Barry – ☎ 04 71 49 20 02 – www.auberge-fleurie.com – Ouvert de mi-mars à mi-nov. et fermé dim. soir et lundi sauf juil.-août

MONT-SAXONNEX

✉ 74130 (Haute-Savoie) – 1 592 hab. – Alt. 1 000 m – Carte régionale n° **46**-F1
▶ Paris 572 km – Annecy 57 km – Genève 38 km – Lyon 189 km
Carte Michelin 328-L4 – Guide Vert Michelin Alpes du Nord

Jalouvre

FAMILIAL · COSY Bien au calme dans un village de montagne, un hôtel confortable et avenant, dont les chambres sont décorées dans un bel esprit de chalet contemporain – certaines ont un balcon donnant sur la vallée. Côté cuisine, carte de spécialités régionales.

14 chambres – ♦60/70 € ♦♦75/105 € – ☲ 9 € – ½ P

45 rte Gorge-du-Cé – ☎ 04 50 96 90 67 – www.lejalouvre.com – Fermé 2 semaines mi août

MONTSOREAU

✉ 49730 (Maine-et-Loire) – 465 hab. – Alt. 77 m – Carte régionale n° **35**-C2
▶ Paris 292 km – Angers 75 km – Châtellerault 65 km – Chinon 18 km
Carte Michelin 317-J5 – Guide Vert Michelin Pays de la Loire

ⵏO Diane de Méridor

CUISINE MODERNE · ÉLÉGANT ✕✕ Une grande salle avec vue sur la Loire... Des murs en tuffeau et quelques touches contemporaines s'accordant parfaitement avec la cuisine dans l'air du temps du chef. Le tout ponctué de quelques recettes régionales. Voilà une adresse qui sait conjuguer passé et présent !

Formule 19 € – Menu 29/85 € ♈ – Carte environ 57 €

12 quai Philippe-de-Commines – ☎ 02 41 51 71 76

– *www.restaurant-dianedemeridor.com – Fermé 4-29 janv., mardi et merc.*

La Marine de Loire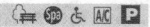

LUXE · PERSONNALISÉ Un hôtel de charme décoré avec goût : les chambres, aux noms poétiques, sont confortables et bien tenues. Il fait bon se promener dans le jardin d'agrément, avant d'aller se prélasser dans l'espace bien-être, avec hammam et cabines de soins...

7 chambres – 🛏155/255 € 🛏🛏155/255 € – 4 suites – ☕14 €

9 av. de la Loire
– ☎ 02 41 50 18 21 – www.hotel-lamarinedeloire.com

Le Bussy

FAMILIAL · RUSTIQUE La plupart des chambres de cette maison du 18ᵉ s. regardent le joli château de la Dame de Monsoreau, dont Bussy était l'amant. Salle des petits-déjeuners troglodytique.

12 chambres – 🛏89/138 € 🛏🛏89/138 € – ☕13 €

4 r. Jeanne-d'Arc – ☎ 02 41 38 11 11 – www.hotel-lebussy.fr
– Ouvert de mi-fév. à mi-déc.

MOOSCH

✉ 68690 (Haut-Rhin) – 1 721 hab. – Alt. 390 m – Carte régionale n° **1**-A3
▶ Paris 469 km – Colmar 53 km – Mulhouse 29 km – Strasbourg 128 km
Carte Michelin 315-G9

Aux Trois Rois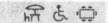

CUISINE MODERNE · RÉTRO XX Pâté en croûte, tête de veau... Ici, les éternels bistrotiers sont rois, mais ils partagent volontiers leur couronne avec les produits de la mer. À l'ardoise, des propositions sans cesse renouvelées et des vins qui sont de vraies petites trouvailles : un royaume du goût, de la qualité et de la convivialité !

Formule 14 € – Menu 36/56 € – Carte 38/55 €

35 r. du Gén.-de-Gaulle
– ☎ 03 89 82 34 66 – www.aux-trois-rois.com
– Fermé 2 semaines fin juin-début juil., 28 déc.-8 janv., lundi et mardi

MOREILLES – 85 (Vendée) ➜ voir Luçon

MORESTEL

✉ 38510 (Isère) – 4 261 hab. – Alt. 220 m – Carte régionale n° **45**-C2
▶ Paris 506 km – Lyon 65 km – Vénissieux 63 km – Villeurbanne 64 km
Carte Michelin 333-F3 – Guide Vert Michelin Lyon et sa région

🍴 Auberge du Fouron

CUISINE MODERNE · SIMPLE X Des herbes aromatiques, des fleurs comestibles, des légumes du potager et des épices en tous genres : la recette du bonheur selon cette auberge. On se laisse donc facilement tenter par un pavé de merlu rôti au jus de viande et côtes de blettes, ou un jubilé de cerises et blanc-manger... Fameux !

Formule 17 € – Menu 37/52 € – Carte 22/31 €

254 chemin de Malissole, N75, rte de Bourg
– ☎ 04 74 80 28 69 – www.aubergedufouron.com
– Fermé 15-22 fév., 8-18 avril, 17-26 oct., 16-26 déc., sam. midi de sept. à mai, mardi midi de juin à août, dim. soir et lundi

MORET-SUR-LOING

✉ 77250 (Seine-et-Marne) – 4 305 hab. – Alt. 50 m – Carte régionale n° **19**-C3
▶ Paris 74 km – Fontainebleau 11 km – Melun 28 km – Nemours 17 km
Carte Michelin 312-F5 – Guide Vert Michelin Île-de-France

Ⅱ○ Hostellerie du Cheval Noir

CRÉATIVE · CLASSIQUE XX Cet ex-relais postal du 18ᵉs., bâti face à l'une des portes de l'ancienne place forte, propose une cuisine inventive jouant sur les saveurs douces et épicées.

Formule 20 € – Menu 30/60 € – Carte 56/73 €

11 chambres – †90/175 € ††90/175 € – ☑ 16 €

47 av. Jean-Jaurès – ℰ 01 60 70 80 20 – www.chevalnoir.fr – Fermé 1ᵉʳ-11 fév., 25 juil.-11 août, lundi et mardi

MOREY-ST-DENIS

✉ 21220 (Côte-d'Or) – 688 hab. – Alt. 275 m – Carte régionale n° **8**-D1

▶ Paris 318 km – Beaune 30 km – Dijon 16 km

Carte Michelin 320-J6

Ⅱ○ Castel de Très Girard

CUISINE MODERNE · ÉLÉGANT XX Dans ce restaurant mêlant élégamment charme rustique et douceur contemporaine, le chef réalise une belle cuisine, faite de fraîcheur de saison, de saveurs du terroir et de modernité... L'art de la conjugaison !

Formule 19 € – Menu 25 € (déj.), 49/68 € – Carte 37/49 €

7 r. de Très-Girard – ℰ 03 80 34 33 09 – www.castel-tres-girard.com

ⅢⅢ Castel de Très Girard

TRADITIONNEL · PERSONNALISÉ Une très belle maison de maître du 18ᵉ s. au cœur de ce village typiquement bourguignon. Les chambres, cossues et spacieuses, sont idéales pour se prélasser, tout comme la belle terrasse, le jardin et la piscine...

8 chambres – †180/240 € ††180/280 € – ☑ 16 €

7 r. de Très-Girard – ℰ 03 80 34 33 09 – www.castel-tres-girard.com

Ⅱ○ **Castel de Très Girard** – voir les restaurants ci-dessus

MORGAT

✉ 29160 Crozon (Finistère) – 7 535 hab. – Carte régionale n° **9**-A2

▶ Paris 590 km – Brest 62 km – Châteaulin 38 km – Douarnenez 42 km

Carte Michelin 308-E5 – Guide Vert Michelin Bretagne Nord

Ⅱ○ Saveurs et Marée

POISSONS ET FRUITS DE MER · BRASSERIE X Une cuisine "dans le vent" pour cette maison conviviale, au cœur de la station balnéaire. Marée et saveurs sont au rendez-vous avec des spécialités comme le poisson au beurre blanc, la marmite de homard, etc.

 Formule 15 € – Menu 20 € (déj. en semaine), 29/46 € – Carte 25/61 €

52 bd de la Plage – ℰ 02 98 26 23 18 – www.saveurs-et-maree.com – Fermé de mi-janv. à mi- fév. et lundi de fin sept. à avril

Ⅲ Hôtel de la Baie

HÔTEL DE VACANCES · FONCTIONNEL Au cœur de Morgat, l'établissement offre une vue imprenable sur la plage... Les chambres, d'esprit actuel, gaies et soignées, sont d'un bon rapport qualité-prix, tout comme les quelques studios et chambres avec kitchenette et coin salon. Une adresse où l'on se sent bien.

24 chambres – †60/90 € ††60/90 € – ☑ 10 €

46 bd de la Plage – ℰ 02 98 27 07 51 – www.hoteldelabaie-crozon-morgat.com

MORILLON – 74 (Haute-Savoie) → voir Samoëns

MORLAIX

✉ 29600 (Finistère) – 15 507 hab. – Alt. 7 m – Carte régionale n° **9**-B1

▶ Paris 538 km – Brest 61 km – Quimper 78 km – St-Brieuc 86 km

Carte Michelin 308-H3 – Guide Vert Michelin Bretagne Nord

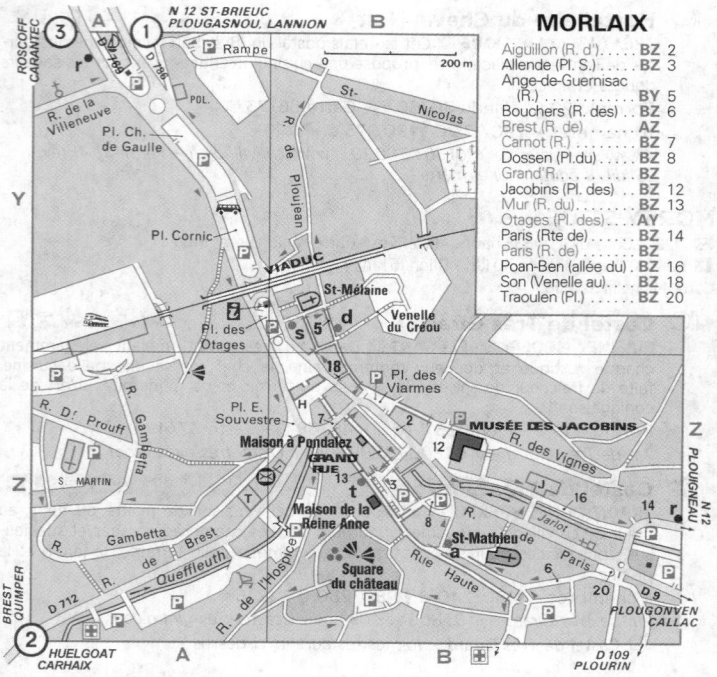

MORLAIX

Aiguillon (R. d') . . . . . **BZ** 2
Allende (Pl. S.) . . . . . **BZ** 3
Ange-de-Guernisac
  (R.) . . . . **BY** 5
Bouchers (R. des) . . **BZ** 6
Brest (R. de) . . . . . . **AZ** 7
Carnot (R.) . . . . . . **BZ** 7
Dossen (Pl.du) . . . . . **BZ** 8
Grand'R. . . . . **BZ**
Jacobins (Pl. des) . . **BZ** 12
Mur (R. du) . . . . . . **BZ** 13
Otages (Pl. des) . . . . **AY**
Paris (Rte de) . . . . . **BZ** 14
Paris (R. de) . . . . . **BZ**
Poan-Ben (allée du) . **BZ** 16
Son (Venelle au) . . . **BZ** 18
Traoulen (Pl.) . . . . . **BZ** 20

L'Estaminet

CUISINE MODERNE · BISTRO X Il est conseillé d'aller mordre à pleines dents dans les plats de ce sympathique restaurant, situé dans une rue semi-piétonne du vieux Morlaix. Le jeune chef privilégie les produits du terroir breton (oignons de Roscoff, andouille de Guémené, cocos de Paimpol), qu'il retravaille avec soin, dans le respect des saveurs.

Formule 16 € – Menu 29/46 € – Carte 32/48 €

Plan : BZ-t – 23 r. du Mur – ☏ 02 98 88 00 17 – www.restaurant-morlaix.com
– Fermé merc. et dim.

Le Viaduc

CUISINE TRADITIONNELLE · COSY X Cette maison compte parmi les plus vieilles du secteur de l'église St-Mélaine. Les spécialités du chef, dont le père était boucher : la viande, les abats et le célèbre kig-ha-farz, le pot-au-feu breton. Mais il y a aussi du poisson, bien sûr !

Formule 16 € – Menu 31 € – Carte 27/53 €

Plan : BY-s – 3 rampe St-Mélaine – ☏ 02 98 63 24 21 – www.le-viaduc.com
– Fermé dim. soir et lundi sauf juil.-août

L'Evidence

CUISINE MODERNE · BISTRO X Un bistrot contemporain au cadre coloré – orange, noir, blanc –, situé dans le vieux Morlaix, et qui s'impose... comme une Évidence ! On y déguste une cuisine dans l'air du temps, qui évolue au fil des saisons ; le chef propose une formule attractive pour déjeuner. Spécialité de la maison : le pigeonneau rôti au chou.

Formule 16 € – Menu 22 € (déj. en semaine), 25/65 € ☝ – Carte environ 49 €

Plan : BZ-a – 4 r. Basse – ☏ 02 98 15 58 25 – www.levidence.eu
– Fermé 1 semaine en janv., 1 semaine en mai, 1 semaine en sept., dim. et lundi

L'Hermine

BRETONNE · RUSTIQUE X Poutres, tables en bois ciré, objets rustiques : une crêperie bien sympathique dans un pittoresque quartier piétonnier, avec une petite terrasse... On peut choisir parmi une cinquantaine de crêpes au sarrasin et au froment, avec une spécialité : la Godaille, une galette au thon, au beurre d'ail et aux algues.

Carte 12/26 €

Plan : BY-d – 35 r. Ange-de-Guernisac – ℰ 02 98 88 10 91
– www.restaurantmorlaix.com – Fermé 7-14 fév.

Cozy Hôtel

BUSINESS · ACTUEL En léger retrait de la route, une construction cubique des années 1970, qui abrite des chambres fonctionnelles, joliment rénovées dans un style contemporain. L'accueil est sympathique et les prix raisonnables.

30 chambres – †60/85 € ††60/85 € – ⌧ 10 €

3 km par rte de Plouigneau Est sur D712 – ℰ 02 98 88 08 68
– www.hotel-morlaix.com – Fermé 16 déc.-2 janv.

Hôtel du Port

TRADITIONNEL · FONCTIONNEL Une bonne petite adresse que cette maison bretonne du 19ᵉ s. face au port de plaisance. Les chambres sont pratiques et bien insonorisées ; certaines avec vue sur les quais. Randonneurs, le GR 34 passe juste là !

25 chambres – †55/72 € ††66/83 € – ⌧ 10 €

Plan : AY-r – 3 quai de Léon – ℰ 02 98 88 07 54 – www.hotelduport-morlaix.com
– Fermé 18 déc.-3 janv.

MORNAC-SUR-SEUDRE

✉ 17113 (Charente-Maritime) – 839 hab. – Alt. 5 m – Carte régionale nº **38**-A3
▶ Paris 510 km – Angoulême 109 km – Poitiers 177 km – La Rochelle 70 km
Carte Michelin 324-D5 – Guide Vert Michelin Poitou-Charentes

Les Basses Amarres

CUISINE MODERNE · BISTRO X Dans ce petit bourg typique de l'estuaire de la Seudre, marqué par la tradition ostréicole, ce bistrot marin transmet joyeusement la tradition : huîtres du cru et nombreux plats du large (raviole ouverte de coques et crevettes, maigre sauce bouillabaisse...) sont pleins de goût, pour le meilleur de la pêche locale.

Menu 29/34 € – Carte 45/60 €

5 r. des Basses-Amarres, (au port) – ℰ 05 46 22 63 31
– www.lesbassesamarres.com – Fermé vacances de fév., 2 semaines en nov., 1 semaine vacances de Noël, 2 semaines en janv., lundi et mardi sauf juil.-août

MOROGUES

✉ 18220 (Cher) – 415 hab. – Alt. 216 m – Carte régionale nº **12**-C2
▶ Paris 217 km – Bourges 27 km – Nevers 72 km – Orléans 121 km
Carte Michelin 323-L3

Au Grès des Ouches ⓝ

CUISINE TRADITIONNELLE · TRADITIONNEL X Au centre de la commune, une auberge où l'on s'installe dans une atmosphère chaleureuse et familiale. Le chef donne dans la belle tradition avec des assiettes goûteuses et généreuses : tête de veau, terrine de jarret de porc et de foie gras, saumon fumé maison... avec quelques propositions plus actuelles.

⌾ Menu 19 € (déj. en semaine), 27/40 € – Carte 35/49 €

2 Grande-Rue – ℰ 02 48 64 17 51 – www.augresdesouches.fr – Fermé 1 semaine vacances de la Toussaint, dim. soir, merc. et jeudi

MORSBRONN-LES-BAINS

✉ 67360 (Bas-Rhin) – 742 hab. – Alt. 200 m – Carte régionale n° **1**-B1
▶ Paris 489 km – Haguenau 11 km – Sarreguemines 68 km – Strasbourg 44 km
Carte Michelin 315-K3

⊪○ **La Source des Sens** ⟅⟆ 🛋 ⓰ 🅐🅒 🅿

CUISINE MODERNE · À LA MODE ✕✕✕ Le cadre est résolument contemporain
– mobilier design et vue sur les fourneaux via un écran plasma – et la cuisine se
fait volontiers créative : foie gras à la plancha et rhubarbe rôtie au miel, lotte bretonne dans un bouillon de coques au lait de coco... Des recettes qui ont du sens !
Formule 18 € – Menu 27 € (déj. en semaine), 40/68 € – Carte 52/64 €
*19 rte d'Haguenau – 𝒞 03 88 09 30 53 – www.lasourcedessens.fr – Fermé dim.
soir, mardi midi et lundi*

🏠 **La Source des Sens** 🗻 ⟅⟆ 🛋 📺 ⓦ 🅵 ⓰ 🅐🅒 🍽 🧖 🅿

SPA ET BEAUTÉ · DESIGN Un hôtel-restaurant très agréable dans cette station
thermale au nord de l'Alsace. Chambres tendance au design sobre – plus calmes
sur l'arrière du bâtiment –, espace bien-être complet avec un magnifique spa de
2 000 m² : tous les sens sont flattés.
32 chambres – ♦130/240 € ♦♦180/330 € – ⊇ 18 €
19 rte d'Haguenau – 𝒞 03 88 09 30 53 – www.lasourcedessens.fr
⊪○ **La Source des Sens** – voir les restaurants ci-dessus

MORTAGNE-AU-PERCHE

✉ 61400 (Orne) – 4 059 hab. – Alt. 260 m – Carte régionale n° **33**-C3
▶ Paris 153 km – Alençon 39 km – Chartres 80 km – Lisieux 89 km
Carte Michelin 310-M3 – Guide Vert Michelin Normandie Vallée de la Seine

⊪○ **Restaurant du Tribunal** 🛋 ⓰

CUISINE MODERNE · ÉLÉGANT ✕✕ Le décor, élégant et cossu, ne manque pas
d'attrait, mais c'est la cuisine du tout jeune chef qui interpelle : portés par son
entrain et son inventivité, les produits du terroir épousent la tendance... Les spécialités régionales ne sont pas oubliées, tels le boudin noir (la grande spécialité
de Mortagne) et la teurgoule !
Formule 16 € 𝚼 – Menu 31/57 € – Carte 46/80 €
4 pl. du Palais – 𝒞 02 33 25 04 77 – www.hotel-tribunal.fr

🏠 **Hôtel du Tribunal** 🗻 🐾 ⓰

AUBERGE · PERSONNALISÉ Une ravissante maison fleurie (13ᵉ-18ᵉ s.), parfaite
pour partir à la découverte de la cité et des collines du Perche. Classiques ou joliment contemporaines, les chambres allient fraîcheur et confort. Avec en prime un
accueil très sympathique.
21 chambres – ♦65/80 € ♦♦75/130 € – ⊇ 12 €
4 pl. du Palais – 𝒞 02 33 25 04 77 – www.hotel-tribunal.fr
⊪○ **Restaurant du Tribunal** – voir les restaurants ci-dessus

au Pin-la-Garenne 9 km au Sud par rte Bellême sur D938 – ✉ 61400
– 733 hab. – Alt. 158 m

🐵 **La Croix d'Or** 🛋 ⟳ 🅿

CUISINE TRADITIONNELLE · AUBERGE ✕✕ Une auberge accueillante comme une
maison de famille... La demeure appartenait déjà à l'arrière-grand-mère du chef !
Après avoir fait ses classes dans de grands établissements, il est revenu au pays
avec son épouse – originaire du Sud-Ouest comme l'indique son accent chantant – ;
ensemble, ils ont créé un véritable repaire gourmand. La tradition a du bon !
Formule 14 € – Menu 27/47 € – Carte 28/53 €
*6 r. de la Herse – 𝒞 02 33 83 80 33 – www.lacroixdor.free.fr – Fermé vacances
de fév., de la Toussaint, mardi et merc.*

MORTEAU

✉ 25500 (Doubs) – 6 779 hab. – Alt. 780 m – Carte régionale n° **17**-C2
▶ Paris 468 km – Basel 121 km – Belfort 88 km – Besançon 65 km
Carte Michelin 321-J4 – Guide Vert Michelin Franche-Comté Jura

⃝ Auberge de la Roche

CUISINE TRADITIONNELLE · CONVIVIAL XX Une table de tradition, nichée dans la verte campagne du Haut-Doubs. Madame et Monsieur Feuvrier mettent tout leur cœur à satisfaire les clients, elle en salle, assurant un accueil très attentif ; lui aux fourneaux, jouant la carte du classicisme et des généreuses saveurs franc-comtoises...

Menu 27/85 € – Carte 65/93 €
9 r. du Pont-de-la-Roche, 3 km au Sud-Ouest par D437 ✉ 25570 – 🕿 03 81 68 80 05 – www.aubergedelaroche.com – Fermé 1 semaine en juin, 1 semaine en janv., mardi soir, dim. soir et lundi

⃝ Jacques Alexandre

CUISINE TRADITIONNELLE · CONVIVIAL X Un sympathique bistrot dans une maison de pays. Vue alléchante sur les cuisines depuis la salle "Comptoir" ; carte faisant honneur aux spécialités du genre et à la tradition.

Formule 16 € – Menu 25/49 € – Carte 28/52 €
34 Grande-Rue – 🕿 03 81 43 14 19 – www.jacques-alexandre.com – Fermé dim. et lundi

⃝ La Guimbarde

URBAIN · MODERNE Un imposant édifice du 19ᵉ s. en plein centre-ville. Les chambres, de style contemporain, sont spacieuses et bien tenues, et l'on peut profiter de l'espace bien-être (jacuzzi, sauna, fitness). Le week-end, piano-bar au salon... sans guimbarde !

25 chambres – †59/110 € ††64/110 € – ⊑ 8,50 €
10 pl. Carnot – 🕿 03 81 67 14 12 – www.la-guimbarde.com

MORZINE

✉ 74110 (Haute-Savoie) – 2 889 hab. – Alt. 960 m – Carte régionale n° **46**-F1
▶ Paris 586 km – Annecy 84 km – Cluses 26 km – Genève 58 km
Carte Michelin 328-N3 – Guide Vert Michelin Alpes du Nord

⃝ L'Atelier

CUISINE MODERNE · ÉLÉGANT XxX Au sein de l'hôtel Samoyède, un cadre montagnard chic, pour une cuisine inspirée directement par les produits du marché, rehaussée de jolies influences exotiques et déclinée à travers une courte carte et un menu dégustation.

Menu 79 € – Carte 59/67 €
Plan : B-g – *Hôtel Le Samoyède, 9 pl. de l'Office-du-Tourisme – 🕿 04 50 79 00 79 – www.hotel-lesamoyede.com – Ouvert de mi-juin à mi-sept. et de mi-déc. à mi-avril et fermé le midi sauf dim.*

⃝ Le Restaurant du Chalet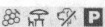

CUISINE MODERNE · RURAL XX Saint-Jacques, tourteaux et croustillant de légumes, carré d'agneau de Sisteron, côte de bœuf charolais et embeurrée de pomme de terre... Une cuisine actuelle, réalisée à partir de bons produits : voilà ce que l'on peut déguster dans ce restaurant certes un peu excentré, mais où l'on se réfugie avec plaisir.

Carte 46/55 €
Plan : B-b – *Hôtel Chalet Philibert, 480 rte des Putheys – 🕿 04 50 79 25 18 (réservation conseillée) – www.chalet-philibert.com – Ouvert 1ᵉʳ déc.-20 avril et fermé le midi*

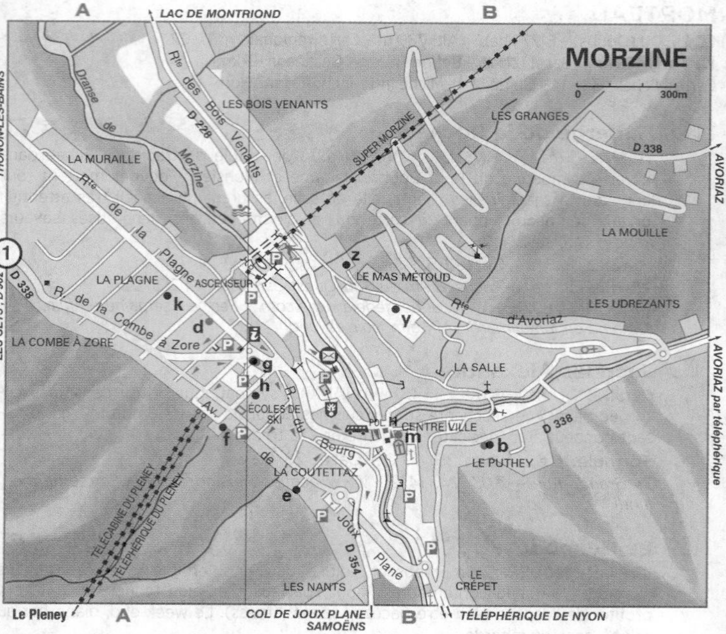

🍴○ **La Ferme de la Fruitière**　　　　　　　　⊞ ⌂ ⅙ ⅗ ⟳ 🅿

FROMAGES, FONDUES-RACLETTES · CONVIVIAL X Dans cette salle boisée, une belle cheminée crépite sous vos yeux ; vous attendez l'arrivée de votre Berthoud, entre autres spécialités fromagères. Tournez la tête : à travers la vitre, la cave d'affinage de la fruitière voisine affiche ses meules d'Abondance, tommes et reblochons... Au cœur de la tradition !

Carte 44/74 €

Plan : A-d – *337 rte de la Plagne* – ℰ *04 50 79 77 70 – www.alpage-morzine.com – Ouvert 20 juin-15 sept. et 15 déc.-15 avril, fermé lundi fin juin et début sept.*

🍴○ **Les Vents d'Anges** Ⓝ　　　　　　　　　　　　　　　🏠

CUISINE TRADITIONNELLE · SIMPLE X Laissez les vents vous porter jusqu'à cette petite adresse du "bas" de Morzine, à deux pas de la mairie. Le chef, originaire de Bretagne, réalise une cuisine goûteuse et maîtrisée, qu'il agrémente volontiers d'agrumes ; il propose aussi quelques plats nordiques, un clin d'œil aux origines picardes de sa compagne.

Carte 26/65 €

Plan : B-m – *10 chemin du Moulin* – ℰ *04 50 37 66 71 – Fermé 30 avril-16 juin, 18 sept.-10 nov.*

🏚️ **Le Samoyède**　　　　　　　　　　　⇗ ≤ ⊞ ⓢⓟⓢ ⊡ 🅿

HÔTEL DE VACANCES · ÉLÉGANT Au cœur de la station, un grand chalet plein de charme. Du skieur en solitaire à la famille nombreuse, tout le monde trouvera une chambre à son goût ; en bois blond ou contemporaines, elles donnent pour la plupart sur la montagne. Un cocon chic et chaleureux !

30 chambres ⌷ – †66/152 € ††142/342 € – 1 suite

Plan : B-g – *9 pl. de l'Office-du-Tourisme* – ℰ *04 50 79 00 79 – www.hotel-lesamoyede.com – Ouvert de mi-juin à mi-sept. et de mi-déc. à mi-avril*

🍴○ **L'Atelier** – voir les restaurants ci-dessus

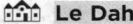 Le Dahu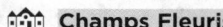

HÔTEL DE VACANCES · ALPIN Contrairement au dahu, dont la légende a traversé les siècles (avec ses pattes plus courtes d'un côté), ce grand chalet n'a rien d'imaginaire ! L'hôtel domine la vallée et dévoile une atmosphère joliment montagnarde dans les chambres, ainsi qu'une bonne cuisine au goût du jour au restaurant.

29 chambres – ♥100/165 € ♥♥150/350 € – 8 suites – ⊊ 18 €

Plan : B-z – *293 chemin du Mas-Métout* – ✆ *04 50 75 92 92* – *www.dahu.com*
– Ouvert 25 juin-4 sept. et 17 déc.-9 avril

 Champs Fleuris

TRADITIONNEL · ALPIN Hôtel idéalement situé au pied du téléphérique du Pléney. Dans le salon crépite la cheminée et, après une journée de ski, on a plaisir à regagner sa chambre, si douillette ! On pourra également profiter de l'agréable spa avec sa piscine sensorielle.

52 chambres – ½ P seult 99/266 €

Plan : A-f – *247 rte du Téléphérique* – ✆ *04 50 79 14 44*
– www.hotel-champs-fleuris.com – Ouvert 24 juin-4 sept. et 17 déc.-10 avril

 La Bergerie

TRADITIONNEL · ALPIN Un chalet sympathique où règne une ambiance familiale : chambres cosy et presque toutes équipées d'une kitchenette, jeux pour les enfants et piscine chauffée. À l'intérieur ou en terrasse, bon choix de fromages savoyards pour le petit-déjeuner.

27 chambres – ♥130/465 € ♥♥170/465 € – 2 suites – ⊊ 18 €

Plan : B-h – *103 rte du Téléphérique* – ✆ *04 50 79 13 69*
– www.hotel-bergerie.com – Ouvert de fin juin à mi-sept. et fin déc. à mi-avril

Chalet Philibert

TRADITIONNEL · ALPIN Chalet rénové dans le respect de l'authenticité savoyarde, avec de beaux matériaux anciens (bois, pierre) glanés dans les fermes voisines. Les chambres sont confortables et chaleureuses ; celles de l'annexe sont plus sommaires (peu de mobilier et pas de téléphone) et privatisables sur demande.

26 chambres ⊊ – ♥85/135 € ♥♥105/285 €

Plan : B-b – *480 rte des Putheys* – ✆ *04 50 79 25 18* – *www.chalet-philibert.com*
– Ouvert 15 juin-15 sept. et 1ᵉʳ déc.-20 avril

|◯ **Le Restaurant du Chalet** – voir les restaurants ci-dessus

 La Clef des Champs

FAMILIAL · ALPIN Un chalet au pied des pistes, dont les balcons en bois semblent découpés dans une fine dentelle. Les chambres, de style montagnard, sont joliment arrangées et très bien tenues ; pour la relaxation, un petit détour s'impose par le hammam et le grand bassin à jets...

30 chambres – ♥76/155 € ♥♥85/215 € – ⊊ 15 €

Plan : B-e – *40 Taille de Mas du Chateau, (av. Joux-Plane)* – ✆ *04 50 79 10 13*
– www.clefdeschamps.com – Ouvert 1ᵉʳ juil.-1ᵉʳ sept. et 18 déc.-9 avril

 Fleur des Neiges

FAMILIAL · RUSTIQUE La Fleur des Neiges ? Une jolie plante tenue par un couple franco-canadien accueillant et jovial. C'est chaleureux, typique et bien entretenu ! Côté sport et détente : fitness, sauna, tennis et piscine. Cuisine traditionnelle (menu unique).

31 chambres ⊊ – ♥70/110 € ♥♥100/215 €

Plan : A-k – *227 Taille de Mas de Nant-Crue* – ✆ *04 50 79 01 23*
– www.hotelfleurdesneigesmorzine.com – Ouvert 2 juil.-3 sept. et 22 déc.-15 avril

🏠 L'Hermine Blanche

FAMILIAL · ALPIN Près de la route d'Avoriaz, un chalet dont les chambres sont fraîches et accueillantes ; une partie d'entre elles a été rénové dans un style cosy et contemporain. L'été, on sort profiter de la piscine chauffée et de l'espace détente (jacuzzi, sauna), avant d'aller marcher sur les hauteurs de Morzine...

25 chambres – ♦67/89 € ♦♦80/150 € – ☷9 €

Plan : B-y – *414 chemin du Mas-Metout* – *✆ 04 50 75 76 55*
– www.hermineblanche.com – Ouvert 25 juin-4 sept. et 19 déc.-16 avril

MOSNAC – 17 (Charente-Maritime) → voir Pons

MOSNES

✉ 37530 (Indre-et-Loire) – 740 hab. – Alt. 70 m – Carte régionale n° **11**-A1
▶ Paris 211 km – Blois 26 km – Orléans 86 km – Tours 37 km
Carte Michelin 317-P4

🏰 Domaine des Thômeaux

CHÂTEAU · PERSONNALISÉ Ce château tourangeau en brique et tuffeau abrite des chambres thématiques sur les villes du monde. Détente et loisirs garantis avec le spa et le parc Fantasy Forest. La salle à manger est vraiment grande ! On y sert une cuisine traditionnelle, teintée de saveurs du monde.

29 chambres – ♦70/140 € ♦♦70/140 € – ☷12 €

12 r. des Thômeaux – *✆ 02 47 30 40 14 – www.domainedesthomeaux.fr – Fermé dim.*

LA MOTHE-ACHARD

✉ 85150 (Vendée) – 2 825 hab. – Alt. 20 m – Carte régionale n° **34**-B3
▶ Paris 446 km – Challans 40 km – Nantes 90 km – La Roche-sur-Yon 25 km
Carte Michelin 316-G8

🍴 Domaine de Brandois

CUISINE MODERNE · DESIGN XX Moulures, parquet et mobilier design : on est immédiatement saisi par le charme châtelain et le raffinement contemporain de l'endroit. Dans l'assiette, on découvre une cuisine sobre, basée sur de bons produits, qui mêle habilement la tradition et l'air du temps... Un moment agréable !

Formule 25 € – Menu 30/48 € – Carte 35/44 €

La Forêt, proche du potager extraordinaire – *✆ 02 51 06 24 24*
– www.domainedebrandois.com – Fermé sam. midi et dim. soir

🏰 Domaine de Brandois

CHÂTEAU · PERSONNALISÉ Au cœur d'un immense parc boisé, en pleine nature, ce petit château du 19e s. et ses dépendances cultivent l'art de la convivialité. Patine du temps, charme historique et... élégance résolument contemporaine et design. Du style !

26 chambres – ♦110/210 € ♦♦110/210 € – ☷12 € – ½ P

La Forêt, proche du potager extraordinaire – *✆ 02 51 06 24 24*
– www.domainedebrandois.com

🍴 **Domaine de Brandois** – voir les restaurants ci-dessus

LA MOTTE

✉ 83920 (Var) – 3 000 hab. – Alt. 79 m – Carte régionale n° **41**-C3
▶ Paris 864 km – Cannes 54 km – Fréjus 25 km – Marseille 118 km
Carte Michelin 340-O5

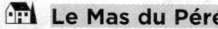 Le Mas du Péré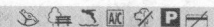

FAMILIAL · PERSONNALISÉ Sur les hauteurs du village, un havre charmant que ce mas provençal établi dans un grand jardin verdoyant, avec le massif des Maures pour horizon. Les chambres se révèlent cosy, et toutes disposent d'une terrasse privative. N'est qu'à profiter de la belle piscine...

3 chambres ⌇ – †♦95/110 €

280 chemin du Péré – ℰ 04 94 47 00 16 – www.lemasdupere.com

MOTTEVILLE – 76 (Seine-Maritime) → voir Yvetot

MOUGINS

✉ 06250 (Alpes-Maritimes) – 17 884 hab. – Alt. 260 m – Carte régionale n° **42**-E2
▶ Paris 902 km – Antibes 13 km – Cannes 8 km – Grasse 12 km
Carte Michelin 341-C6 – Guide Vert Michelin Côte d'Azur

✿ ✿ Paloma

CRÉATIVE · ÉLÉGANT XXX Cette colombe – "paloma" en espagnol – s'est posée au pied du village de Mougins... pour le plus grand plaisir des gastronomes. Dans un cadre baroque, ou sur la belle terrasse, on se régale d'une saisissante cuisine méridionale, qui fait des merveilles aussi bien dans la tradition que dans la création.
→ Foie gras de canard du sud-ouest. Marinière de homard breton. Soufflé chaud.

Formule 45 € – Menu 89/149 € – Carte 112/193 €

47 av. du Moulin-de-la-Croix – ℰ 04 92 28 10 73 – www.restaurant-paloma.com
– Fermé 1 semaine en fév., 1 semaine en juin, dim. et lundi

✿ Le Candille

CUISINE MODERNE · COSY XXX Une table élégante, avec une belle vue en terrasse... Ici, le chef et sa brigade réalisent une cuisine subtile, avec d'excellents produits du marché, en faisant régulièrement des clins d'œil aux traditions asiatiques. Fraîcheur, finesse et précision : une belle expérience !
→ Crespeou façon Candille, condiments en trois couleurs. Bonbons de sole à l'écume de verveine, raviole de carotte des sables et citron de Menton. Dessert autour de la vanille, de l'abricot et de la pêche.

Menu 49 € (déj.), 62/135 € – Carte 90/110 €

Hôtel Le Mas Candille, bd C.-Rebuffel – ℰ 04 92 28 43 43
– www.lemascandille.com – Fermé 3 janv.-4 fév., lundi et mardi sauf le soir de mai à sept.

☺ L'Amandier de Mougins

PROVENÇALE · AUBERGE XX Aux portes de ce village cher à Picasso, cette maison cultive un charme provençal plein de fraîcheur et d'élégance. Au piano, un chef au beau parcours joue une savoureuse musique niçoise : artichauts à la barigoule, aïoli traditionnel, tarte au citron confit... Et la superbe terrasse domine Grasse et ses collines !

Formule 22 € ♟ – Menu 29 € (déj.), 32/55 € – Carte 62/77 €

48 av. Jean-Charles-Mallet, (au vieux village) – ℰ 04 93 90 00 91
– www.amandier.fr

⅋◯ Le Moulin de Mougins

CRÉATIVE · ROMANTIQUE XXX Frappée de plein fouet par les intempéries d'octobre 2015, cette vénérable institution de la Côte d'Azur – fondée par Roger Vergé en 1969 – rouvrira ses portes en cours d'année. Nous avons hâte de profiter à nouveau de cette cuisine du marché savoureuse et gorgée de soleil, et des élégants plats "signature" du chef !

Formule 31 € – Menu 45 € (déj.), 60/85 € – Carte 55/70 €

8 chambres – †150/200 € ††150/200 € – 1 suite – ⌇ 20 €

Réouverture prévue au printemps après travaux - 1028 av. Notre-Dame-de-Vie,
2,5 km au Sud-Est par D3 – ℰ 04 93 75 78 24 – www.moulindemougins.com
– Hôtel ouvert d'avril à oct., rest. fermé dim. et lundi

⫶⃝ La Place de Mougins

CRÉATIVE · ÉLÉGANT XX Sur la place du village, évidemment ! Dans ce charmant restaurant règne une atmosphère chic et cosy, tandis qu'en cuisine, c'est l'ébullition autour d'un chef créatif et passionné ; chaque mois, il met en valeur un produit de saison, magnifiant la truffe, l'asperge, etc.

Formule 27 € – Menu 37 € (déj.), 60/130 € – Carte 70/143 €

41 pl. du Cdt-Lamy, (au vieux village) – 𝒞 04 93 90 15 78
– www.laplacedemougins.com – Fermé 3-10 fév., 18 nov.-3 déc., lundi et mardi de sept. à juin

⫶⃝ Le Clos St-Basile

CUISINE MODERNE · MÉDITERRANÉEN XX Nouveau départ en 2014 pour ce restaurant, avec l'arrivée d'un couple aussi professionnel que dynamique. Le chef excelle dans la confection d'une cuisine du marché savoureuse et inventive ; la patronne, sommelière, a d'excellents vins à vous conseiller. Enfin, la belle terrasse est idéale pour les beaux jours !

Formule 22 € – Menu 39/60 € – Carte 61/83 €

351 av. St-Basile – 𝒞 04 92 92 93 03 (réservation conseillée) – fermé 4-27 janv., mardi et merc. hors saison

⛩ Le Mas Candille

GRAND LUXE · PERSONNALISÉ Ce superbe mas du 18e s. et sa bastide récente ne sont que douceur et quiétude : chambres raffinées, suites mêlant élégamment le contemporain à l'esprit Sud, délicieux spa japonisant et parc immense aux doux effluves méridionaux...

38 chambres – ♦320/1455 € ♦♦320/1455 € – 7 suites – ⌑ 30 € – ½ P
bd C.-Rebuffel – 𝒞 04 92 28 43 43 – www.lemascandille.com
– Fermé 3 janv.-4 fév.

❀ **Le Candille** – voir les restaurants ci-dessus

⛩ Royal Mougins Golf Resort

LUXE · DESIGN Tout ici est dernier cri, et pour cause : l'établissement est surtout fréquenté par une clientèle privilégiée qui vient profiter du golf privé, l'un des plus exigeants et sélects au monde. Une ode au luxe contemporain, y compris sur la superbe terrasse du restaurant qui domine les greens.

29 suites – ♦♦250/480 € – ⌑ 25 €
424 av. du Roi – 𝒞 04 92 92 49 69 – www.royalmougins.fr

⛩ Hôtel de Mougins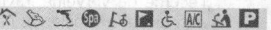

VILLA · MÉDITERRANÉEN Le jardin fleure bon l'oranger, la lavande et le romarin... Au détour d'une senteur, on trouve refuge dans quatre charmantes bastides, dont une datant du 18e s. Les chambres affichent un style provençal chic – très apprécié de la clientèle étrangère – et la piscine est délicieuse !

50 chambres – ♦195/395 € ♦♦195/395 € – 1 suite – ⌑ 22 €
205 av. du Golf, 2,5 km par rte d'Antibes – 𝒞 04 92 92 17 07
– www.hotel-de-mougins.com – Fermé 22 déc.-9 fév.

⛩ Le Mas du Golf

BUSINESS · MODERNE Cet établissement, inauguré en 2012, joue à la fois la carte du confort et du minimalisme contemporain (murs clairs, peintures unies, mobilier design). À noter : certaines chambres bénéficient d'une terrasse privative. Un hôtel pratique et néanmoins agréable !

24 chambres – ♦79/149 € ♦♦79/189 € – ⌑ 13 €
348 av. de la Valmasque, D35D – 𝒞 04 92 28 88 20 – www.lemasdugolf.com
– Fermé 1er déc.-4 janv.

MOULIN-DE-MALFOURAT – 24 (Dordogne) → voir Bergerac

LE MOULINEL – 62 (Pas-de-Calais) → voir Montreuil

MOULINS

✉ 03000 (Allier) – 18 959 hab. – Alt. 240 m – Carte régionale n° **6**-C1
▶ Paris 294 km – Bourges 101 km – Clermont-Ferrand 105 km – Nevers 56 km
Carte Michelin 326-H3 – Guide Vert Michelin Auvergne

ⵗ◯ Le Clos de Bourgogne

CUISINE MODERNE · COSY XXX On resterait volontiers enfermé dans ce clos où défilent les bons petits plats ! Cuisine traditionnelle en salle, bistronomie au salon, les gourmands ont le choix... mais quel que soit l'endroit, on prend plaisir à déguster son repas dans le cadre cossu de cette gentilhommière du 18e s.
Formule 20 € – Menu 30/80 € ▼ – Carte 44/68 €
Plan : DY-n – *Hôtel Le Clos de Bourgogne, 83 r. de Bourgogne*
– ℰ 04 70 44 03 00 – www.clos-de-bourgogne.com – Fermé 3 semaines en août, 2 semaines en déc., dim. et lundi

ⵗ◯ Restaurant des Cours

CUISINE TRADITIONNELLE · COSY XXX Il serait dommage de sécher les Cours ! Un restaurant traditionnel, vrai de vrai, dans le décor (vaisselle de Gien, lustre en cristal...) comme dans l'assiette.
Menu 24 € (semaine), 33/58 € – Carte 37/72 €
Plan : DY-x – *36 cours Jean-Jaurès – ℰ 04 70 44 25 66*
– www.restaurant-des-cours.com – Fermé 2 semaines en sept., 2 semaines en mars, dim. soir, mardi soir sauf juil.-août et merc.

ⵗ◯ Le Trait d'Union

CUISINE MODERNE · DESIGN XX Trait d'union entre l'agréable cadre contemporain (fauteuils en rotin, tableaux modernes, fleurs et soliflores) et la cuisine du jeune chef (fraîche, sérieuse et bien présentée), ce restaurant est dans le ton !
Menu 23 € (déj. en semaine), 42/85 € ▼ – Carte 48/77 €
Plan : DZ-t – *16 r. Gambetta – ℰ 04 70 34 24 61 – www.traitdunion-restaurant.fr*
– Fermé 15-23 fév., 15-31 juil., dim. et lundi

ⵗ◯ Le Parc

CUISINE TRADITIONNELLE · FAMILIAL XX Dans ce sympathique restaurant familial – bâtisse du 19e s. –, on sert une cuisine traditionnelle "aux petits oignons" : foie gras maison, filet de charolais aux morilles... Le chef ne ménage pas sa peine pour satisfaire ses clients.
Formule 21 € – Menu 26 € (semaine), 35/42 € – Carte 40/58 €
Plan : BX-a – *Hôtel Le Parc, 31 av. du Gén.-Leclerc – ℰ 04 70 44 12 25*
– www.hotel-moulins.com – Fermé 29 juil.-20 août, 22 déc.-4 janv., dim. soir et sam.

ⵗ◯ 9/7 Olivier Mazuelle

CUISINE MODERNE · À LA MODE X Au n° 97, le décor est zen et épuré (murs vert pastel, tables en bois, plantes...). Le jeune chef signe une cuisine soignée, à la mode des bistrots gourmands : de bons produits, de belles saveurs !
Formule 24 € – Menu 27/30 € – Carte 36/49 €
Plan : DY-a – *97 r. d'Allier – ℰ 04 70 35 01 60 – www.restaurant-9-7.com – Fermé 1 semaine en juil., 2 semaines en août, sam. midi, lundi soir et dim.*

MOULINS

Allier (Pl. d')	**CDZ**
Allier (R. d')	**DYZ**
Alsace-Lorraine (Av. d')	**BX** 3
Ancien Palais (R.)	**DY** 4
Bourgogne (R. de)	**BV, DY** 6
Bréchimbault (R.)	**DZ** 7
Cerf-Volant (R. du)	**BV** 8
Clermont-Ferrand (Rte de)	**AX** 10
Desboutins (R. M.)	**BX** 16
Fausses Braies (R. des)	**DY** 19
Flèche (R. de la)	**DZ** 20
Grenier (R.)	**DY** 25
Horloge (R. de l')	**DZ** 26
Hôtel de Ville (Pl. de l')	**DY** 27
Jeu de Paume (R. du)	**BV** 28
Leclerc (Av. Général)	**BX** 30
Libération (Av. de la)	**AX** 31
Montilly (Rte de)	**AX** 32
Orfèvres (R. des)	**DY** 33
Pascal (R. Blaise-)	**CZ** 34
Péron (R. F.)	**BX** 35
République (Av. de la)	**BX** 36
Tanneries (R. des)	**BV, DV** 38
Tinland (R. M.)	**CY** 39
Vert Galant (R. du)	**CDY** 40
4 Septembre (R. du)	**DZ** 42

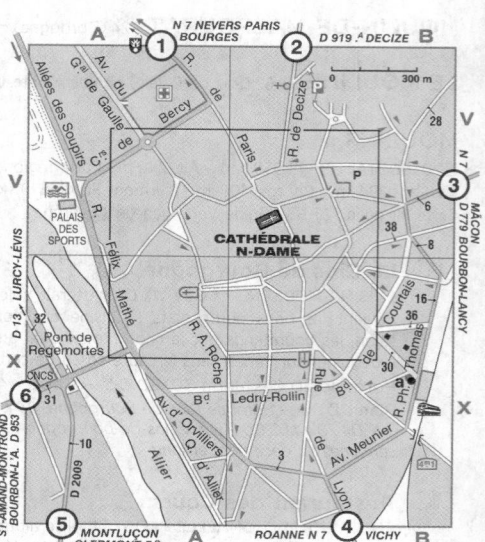

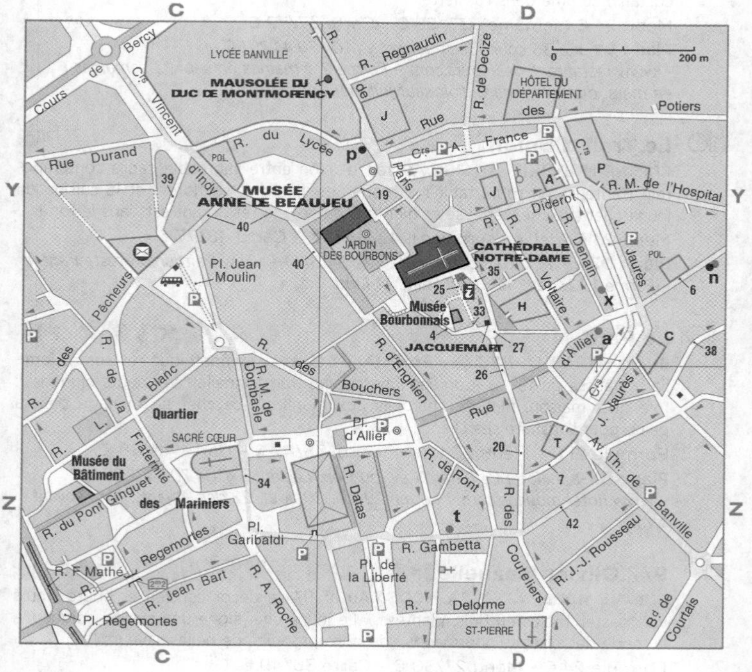

Hôtel de Paris

TRADITIONNEL · ÉLÉGANT À 100 m de la cathédrale, cet hôtel-restaurant, créé en 1834, fait figure d'institution ! Il se distingue notamment par de très jolies chambres (mobilier de style, moulures...) et une salle de réception aménagée dans une superbe chapelle du 19e s. Bel endroit !

32 chambres – †90/395 € ††115/395 € – 8 suites – ⌂ 16 €

Plan : DY-p – *21 r. de Paris* – ℰ *04 70 44 00 58* – *www.hoteldeparis-moulins.com*

Le Clos de Bourgogne

TRADITIONNEL · PERSONNALISÉ Un superbe hôtel particulier du 18e s., installé au cœur d'un écrin de verdure, et légèrement excentré du centre-ville. Les chambres sont spacieuses et confortables ; on y accède par un magnifique escalier d'époque. Quel charme !

11 chambres – †80/170 € ††80/170 € – ⌂ 13 €

Plan : DY-n – *83 r. de Bourgogne* – ℰ *04 70 44 03 00*
– www.clos-de-bourgogne.com – Fermé 3 semaines en août, 2 semaines en déc. et dim. soir

🍴 **Le Clos de Bourgogne** – voir les restaurants ci-dessus

Le Parc

FAMILIAL · CLASSIQUE Tout près de la gare et d'un petit parc, cet établissement est tenu par la même famille depuis plusieurs générations. Les chambres sont claires, les salles de bains très colorées.

25 chambres – †64/88 € ††64/88 € – ⌂ 10 €

Plan : BX-a – *31 av. du Gén.-Leclerc* – ℰ *04 70 44 12 25* – *www.hotel-moulins.com*
– Fermé 22 déc.-4 janv.

🍴 **Le Parc** – voir les restaurants ci-dessus

rte de Paris 8 km au Nord par N7 – ✉ 03460 Trevol

Mercure

BUSINESS · MODERNE L'hôtel borde un axe passant, mais les chambres tournent le dos à la route et font face au jardin et à la piscine. Le restaurant propose une cuisine traditionnelle. Aux premiers rayons de soleil, profitez de la terrasse !

42 chambres – †84/103 € ††87/113 € – ⌂ 15 €

RN7 – ℰ *04 70 46 84 84* – *www.mercure.com*

à Coulandon 8 km au Sud-Ouest par D945 – ✉ 03000 – 687 hab. – Alt. 250 m

🍴 Montégut

CUISINE TRADITIONNELLE · CONVIVIAL XX Même si l'orthographe est différente, Roméo – famille des Montaigu – et Juliette n'auraient certainement pas boudé ce restaurant ! Ici, les produits régionaux sont à l'honneur... Et l'été, on profite de la jolie terrasse pour manger au grand air !

Menu 21 € (semaine), 26/59 € – Carte 37/55 €

Hôtel Le Chalet – 26 rte du Chalet, 2 km au Nord-Est – ℰ *04 70 46 00 66*
– www.hotel-lechalet.fr – Fermé 19 déc.-10 janv.

Le Chalet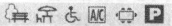

AUBERGE · RUSTIQUE Faux air de chalet pour cette maison au cœur d'un joli parc avec étang où, comme en montagne, le calme est absolu ! Les chambres sont coquettes et bien tenues. Une adresse dépaysante et reposante.

28 chambres – †65/75 € ††85/95 € – ⌂ 11 € – ½ P

26 rte du Chalet, 2 km au Nord-Est – ℰ *04 70 46 00 66* – *www.hotel-lechalet.fr*
– Fermé 19 déc.-10 janv.

🍴 **Montégut** – voir les restaurants ci-dessus

La Grande Poterie

FAMILIAL · PERSONNALISÉ Dans cette ancienne grange, la douceur de vivre se niche dans les moindres recoins ! On profite de la quiétude des chambres, décorées avec soin (coussins, boutis, jolies lampes, etc.), ou l'on se prélasse dans le parc fleuri, au bord de la piscine... La table d'hôte (sur réservation) honore les spécialités auvergnates.

4 chambres ⌑ – ♦75/80 € ♦♦90/95 €

9 r. de la Grande-Poterie, 3 km au Sud-Ouest – ✆ 04 70 44 30 39
– www.lagrandepoterie.com – Ouvert 15 mars-1er nov.

MOULON

✉ 33420 (Gironde) – 982 hab. – Alt. 8 m – Carte régionale n° **4**-C1
▶ Paris 603 km – Agen 126 km – Bordeaux 41 km – Périgueux 108 km
Carte Michelin 335-J5

5 Lasserre

LUXE · DESIGN En pleine nature, cette ferme a été rénovée luxueusement dans un esprit contemporain chic... Les chambres sont grandes et très raffinées ; la piscine à débordement donne sur la Dordogne et il y a même une vraie salle de cinéma. Un lieu d'exception !

3 chambres ⌑ – ♦130/220 € ♦♦145/250 €

5 lieu-dit La Serre – ✆ 05 57 51 79 62 – www.5lasserre.com – Fermé nov.
et janv.-fév.

MOUMOUR

✉ 64400 (Pyrénées-Atlantiques) – 848 hab. – Alt. 210 m – Carte régionale n° **3**-B3
▶ Paris 834 km – Bordeaux 255 km – Pau 38 km – Tarbes 81 km
Carte Michelin 342-I3

Château de Lamothe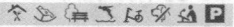

CHÂTEAU · PERSONNALISÉ Cette ancienne résidence d'été des évêques d'Oloron, dont les origines remontent au 13ᵉ s., s'épanouit dans un grand jardin verdoyant, face aux Pyrénées... Un cadre historique et superbe : abondance d'antiquités et de tentures chatoyantes, salle de cinéma, fitness, etc. Et partout les œuvres des propriétaires, qui sont artistes !

5 chambres ⌑ – ♦225/295 € ♦♦225/295 €

14 r. de l'Embarry – ✆ 06 88 28 38 61 – www.chateau-de-lamothe.eu

MOURÈZE

✉ 34800 (Hérault) – 183 hab. – Alt. 200 m – Carte régionale n° **23**-C2
▶ Paris 717 km – Bédarieux 22 km – Clermont-l'Hérault 8 km – Montpellier 50 km
Carte Michelin 339-F7

Navas "Les Hauts de Mourèze"

FAMILIAL · FONCTIONNEL À deux pas du superbe cirque de Mourèze, on trouve cette bâtisse des années 1970, d'inspiration régionale. Les chambres sont modernes et bien agencées, avec la TV et Internet, mais... sans téléphone, ce qui fait partie du charme de cette adresse à petit prix.

14 chambres – ♦65/75 € ♦♦80/95 € – ⌑9 €

Pioch Rascas, (cirque dolomitique) – ✆ 04 67 96 04 84 – www.hotelmoureze.fr
– Ouvert de mars à nov.

MOURIÈS

✉ 13890 (Bouches-du-Rhône) – 3 484 hab. – Alt. 13 m – Carte régionale n° **42**-E1
▶ Paris 713 km – Avignon 36 km – Arles 29 km – Marseille 75 km
Carte Michelin 340-E3

Terriciaë

FAMILIAL · FONCTIONNEL Cet hôtel propose des chambres fonctionnelles et confortables – esprit provençal –, dont deux duplex et deux junior suites, donnant pour certaines sur la grande piscine. Jardin d'oliviers et terrasse.

31 chambres – ♦94/175 € ♦♦132/204 € – ☑ 12 €

rte de Maussane, D17 – ℰ 04 90 97 06 70 – www.hotel-terriciae.fr – Fermé 18 déc.-25 janv.

Le Vallon du Gayet

AUBERGE · RUSTIQUE Agréable auberge familiale dans un mas au pied des Alpilles. Les chambres, confortables, sont toutes de plain-pied et donnent sur le parc. Préférez celles – plus spacieuses – dans le pavillon. Au restaurant, on apprécie des grillades et pizzas cuites au feu de bois.

29 chambres – ♦110/128 € ♦♦110/128 € – ☑ 12 €

rte de Servannes – ℰ 04 90 47 50 63 – www.levallondegayet.com – Fermé 15 déc.-15 janv.

MOUSSEY – 10 (Aube) → voir Troyes

MOUSSOULENS – 11 (Aude) → voir Carcassonne

MOUSTIERS-STE-MARIE

✉ 04360 (Alpes-de-Haute-Provence) – 691 hab. – Alt. 631 m – Carte régionale n° **41**-C2
▶ Paris 783 km – Aix-en-Provence 90 km – Digne-les-Bains 47 km – Draguignan 61 km
Carte Michelin 334-F9 – Guide Vert Michelin Alpes du Sud

La Bastide de Moustiers

PROVENÇALE · ROMANTIQUE XXX En cette belle bastide – propriété d'Alain Ducasse –, on déguste une cuisine méditerranéenne et légumière pleine des senteurs du marché et du potager (ne manquez pas le jardin des simples attenant !). Un joli résumé de la Provence...
→ Cookpot de légumes des jardins de Provence, caillé de chèvre de Quinson. Agneau de Riez à la broche, légumes de saison et panisse dorée. Clafoutis aux amandes provençales, fruits de saison et glace au lait.

Formule 40 € – Menu 50 € (déj. en semaine), 64/82 € – Carte 70/110 €

Hôtel La Bastide de Moustiers, chemin de Quinson, au Sud du village, par D952 et rte secondaire – ℰ 04 92 70 47 47 (réservation conseillée) – www.bastide-moustiers.com – Ouvert 5 mars-31 oct. et fermé mardi et merc. de mi-avril à mi-oct. sauf fériés

Les Santons

CUISINE TRADITIONNELLE · COSY X Claude Terrier et Sylvie De Backer ont voulu leur fief tout en contrastes : le moderne (chaises bariolées, tableaux contemporains) y côtoie l'ancien (poutres et plafonds boisés) ; la cuisine est traditionnelle, ancrée dans la région, mais ne recule pas devant quelques touches plus actuelles. Goûteux et charmant !

Menu 32/65 € – Carte 49/88 €

pl. Pomey, (près de l'église) – ℰ 04 92 74 66 48 (réservation conseillée) – www.lessantons.com – Fermé de mi-nov. à début fév., mardi sauf juil.-août et lundi

La Ferme Ste-Cécile

CUISINE MODERNE · ROMANTIQUE XX Poussez la grille et empruntez la belle allée pavée... au bout de laquelle cette ancienne ferme du 18ᵉ s. fait le bonheur des gourmands ! Derrière les fourneaux, le chef concocte avec délicatesse et subtilité une savoureuse cuisine du Sud. Belle carte des vins.

Formule 29 € – Menu 38 €

1,5 km par rte de Castellane – ℰ 04 92 74 64 18 – www.ferme-ste-cecile.com – Fermé 15 nov.-début mars, dim. soir sauf juil.-août et lundi

⁏|◯ La Treille Muscate

PROVENÇALE · À LA MODE XX Au pied des falaises, voilà un sympathique bistrot provençal devant lequel le cœur des gourmands ne reste pas de pierre ! On s'y régale d'une savoureuse cuisine à l'accent du Sud et, aux beaux jours, on profite tout naturellement de la terrasse, à l'ombre d'un platane qui fêtera bientôt ses 200 ans.

Menu 22 € (déj. en semaine), 31/50 € – Carte 53/71 €

pl. de l'Église – *𝒞 04 92 74 64 31* – *www.restaurant-latreillemuscate.fr* – Fermé 1er déc.-5 fév., merc. soir et jeudi sauf juil.-août

⌂⌂⌂ La Bastide de Moustiers

AUBERGE · PERSONNALISÉ Un petit chemin, une grille en fer forgé, des arbres fruitiers, des vieilles pierres, des faïences régionales, des draps en lin, un grand potager aromatique, un âne, des chevaux, un poney... Plus qu'un inventaire à la Prévert, le charme irrésistible d'une bastide du 17e s. !

11 chambres – ♦215/800 € ♦♦215/800 € – 2 suites – ☲ 24 €

chemin de Quinson, au Sud du village, par D952 et rte secondaire – *𝒞 04 92 70 47 47* – *www.bastide-moustiers.com* – Ouvert 5 mars-31 oct. et fermé mardi et merc. de mi-oct. à mi-avril sauf fériés

❀ **La Bastide de Moustiers** – voir les restaurants ci-dessus

⌂⌂ Les Restanques de Moustiers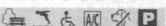

FAMILIAL · FONCTIONNEL Cette bâtisse domine la vallée. On s'y repose dans des chambres sobres et bien tenues ; celles du rez-de-chaussée disposent d'une terrasse. Le matin, on prend son petit-déjeuner dans la salle, ornée de faïences locales, ou sur la jolie terrasse.

20 chambres – ♦90/125 € ♦♦90/125 € – ☲ 10 €

rte des Gorges-du-Verdon, à 500 m par rte de Castellane – *𝒞 04 92 74 93 93* – *www.hotel-les-restanques.com* – Ouvert 25 mars-12 nov.

⌂ La Ferme Rose

MAISON DE CAMPAGNE · PERSONNALISÉ Sympathique ambiance guesthouse dans cette ancienne ferme située au pied du village. Meubles chinés, bibelots et collections diverses en font un petit musée vivant au charme incroyable ! Une adresse pour les chineurs... et les autres.

12 chambres – ♦85/160 € ♦♦85/160 € – ☲ 12 €

chemin de Peyrengue, au Sud du village, par rte Ste-Croix-du-Verdon – *𝒞 04 92 75 75 75* – *www.lafermerose.com* – Ouvert 1er avril-6 nov.

⌂ Le Colombier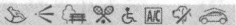

FAMILIAL · FONCTIONNEL Hôtel situé à 400 m du charmant village. Les chambres sont coquettes et colorées, la plupart avec terrasse. Beau jardin avec petite piscine (à contre-courant) et jacuzzi.

22 chambres – ♦85/140 € ♦♦85/140 € – 1 suite – ☲ 11 €

Quartier Saint-Michel, à 500 m par rte de Castellane – *𝒞 04 92 74 66 02* – *www.le-colombier.com* – Ouvert 8 avril-2 nov.

⌂ Le Clos des Iris

FAMILIAL · PERSONNALISÉ Un hôtel, au milieu des fleurs, où mère et fille œuvrent de concert ! Il fait bon poser ses valises dans les jolies chambres provençales et s'installer sur sa terrasse privative pour profiter du soleil. Le charme d'une maison à la campagne... Accueil au diapason.

9 chambres – ♦73/140 € ♦♦73/140 € – ☲ 12 €

chemin de Quinson, au Sud du village, par D952 et rte secondaire – *𝒞 04 92 74 63 46* – *www.closdesiris.fr* – Ouvert 1er mars-22 nov.

MOÛTIERS

✉ 73600 (Savoie) – 3 811 hab. – Alt. 480 m – Carte régionale n° **46**-F2

▶ Paris 607 km – Albertville 26 km – Chambéry 76 km – St-Jean-de-Maurienne 85 km
Carte Michelin 333-M5 – Guide Vert Michelin Alpes du Nord

ⵔO Le Coq Rouge

CUISINE MODERNE · FAMILIAL XX Inutile de se lever au chant du coq pour goûter à la cuisine traditionnelle de ce restaurant ! Derrière les fourneaux, le chef travaille les produits frais avant de retourner à ses pinceaux... Passionné de peinture, il a décoré la salle – cosy – avec ses toiles.

Formule 15 € – Menu 33/56 € – Carte 41/77 €

115 pl. A. Briand – ℰ 04 79 24 11 33 – www.lecoqrouge.fr – Fermé 26 juin-30 juil., dim. et lundi

MOUTIERS-AU-PERCHE

✉ 61110 (Orne) – 434 hab. – Alt. 190 m – Carte régionale n° **33**-C3
▶ Paris 152 km – Alençon 73 km – Caen 178 km – Rouen 147 km
Carte Michelin 310-O4

🏠 Villa Fol Avril

MAISON DE CAMPAGNE · COSY Un vrai hôtel de charme au cœur du parc naturel du Perche... Telle une maison de campagne cosy et feutrée, cet ancien relais de poste (19e s.) associe matériaux naturels (bois, chaux, terre cuite, lin), mobilier chiné et tons apaisants. Au restaurant, la tradition est à l'honneur. Idéal pour une échappée bucolique !

12 chambres – †80/180 € ††80/180 € – ⌴ 13 €

*2 r. des Fers-Chauds – ℰ 02 33 83 22 67 – www.villafolavril.fr
– Fermé 3 janv.-10 fév.*

MOUTIERS-SOUS-CHANTEMERLE

✉ 79320 (Deux-Sèvres) – 604 hab. – Alt. 190 m – Carte régionale n° **38**-B1
▶ Paris 411 km – Poitiers 92 km – Nantes 114 km – Niort 51 km
Carte Michelin 322-C4

🏠 Le Domaine de Chantemerle

TRADITIONNEL · FONCTIONNEL Sur la route du Puy du Fou, arrêtez-vous dans cet ancien relais de chasse du 19e s., au cœur d'un parc de 2 ha. Les chambres sont confortables et spacieuses (quelques familiales), l'ambiance évoque une maison d'hôtes. Idéal pour se ressourcer au grand calme.

7 chambres – †65/72 € ††70/125 € – ⌴ 9 €

30 r. de la Vendée – ℰ 05 49 74 19 18 – www.hotel-chantemerle.com

MUHLBACH-SUR-MUNSTER

✉ 68380 (Haut-Rhin) – 739 hab. – Alt. 460 m – Carte régionale n° **1**-A2
▶ Paris 462 km – Colmar 24 km – Gérardmer 37 km – Guebwiller 45 km
Carte Michelin 315-G8

ⵔO Perle des Vosges

CUISINE MODERNE · ÉLÉGANT XX Le chef, formé dans de grandes maisons, est une perle ! Ses assiettes, gorgées de saveurs, copieuses et joliment présentées, honorent la région et les grands classiques de la gastronomie française. Et l'été, on file en terrasse...

Formule 12 € – Menu 25/59 € – Carte 43/51 €

*22 rte Gaschney – ℰ 03 89 77 61 34 – www.perledesvosges.net – Fermé
12-20 mars, 2 janv.-2 fév. et lundi midi*

🏠 Perle des Vosges

FAMILIAL · FONCTIONNEL Au pied du Hohneck, cet hôtel tenu en famille – les deux fils ont repris le flambeau, mais leur mère n'est jamais loin – est bien agréable : les chambres, spacieuses et pratiques, donnent très souvent sur les Vosges ; on se détend au fitness panoramique et... l'on se régale au restaurant !

45 chambres – †58/139 € ††58/139 € – ⌴ 9 €

*22 rte Gaschney – ℰ 03 89 77 61 34 – www.perledesvosges.net – Fermé 12-20 mars
et 2 janv.-2 fév.*

ⵔO **Perle des Vosges** – voir les restaurants ci-dessus

MUIDES-SUR-LOIRE

✉ 41500 (Loir-et-Cher) – 1 348 hab. – Alt. 82 m – Carte régionale n° **11**-B2
▶ Paris 169 km – Blois 20 km – Châteauroux 109 km – Orléans 48 km
Carte Michelin 318-G5

🍴 Auberge du Bon Terroir   🛋 ❄ 🅿

CUISINE **TRADITIONNELLE** · **RÉTRO** XX Dans cette auberge de village, la
patronne – une véritable passionnée de gastronomie ! – concocte une agréable
cuisine traditionnelle, où les herbes du potager tiennent une bonne place. Son
mari, maître-sommelier de son état, vous accueille tout sourire. Charmante terrasse à l'ombre des tilleuls !

Menu 21 € (déj. en semaine), 33/43 € – Carte 47/65 €
*20 r. du 8-Mai-1945 – ℰ 02 54 87 59 24 – Fermé 16 nov.-6 déc., 2 semaines
en janv., dim. soir, lundi et mardi sauf juil.-août*

🏠 Château de Colliers   🐾 🛏 ❄ 🅿

CHÂTEAU · **HISTORIQUE** Au bout de l'allée bordée de tilleuls, de frênes et de
marronniers... ce beau château de la Loire (18ᵉ s.). Peintures classées, mobilier
de style dans les chambres : du cachet !

5 chambres ☲ – †135/166 € ††135/166 €
rte de Blois, RD951 – ℰ 02 54 87 50 75
– www.chambre-chateau-bnb-decharme.com

MULHOUSE

✉ 68100 (Haut-Rhin) – 110 755 hab. – Agglo. 243 894 hab. – Alt. 240 m
– Carte régionale n° **1**-A3
▶ Paris 465 km – Basel 34 km – Belfort 43 km – Freiburg-im-Breisgau 59 km
Carte Michelin 315-I10 – Guide Vert Michelin Alsace Vosges

🏵🏵 Il Cortile (Stefano D'Onghia)   🍽 🛋 ⚫ 🅰🅲 ❄

ITALIENNE · **ÉLÉGANT** XXX Autodidacte passionné par les saveurs de son pays
natal, Stefano D'Onghia aura finalement créé... l'une des meilleures tables italiennes de France ! Aujourd'hui cosignées par son fils, les assiettes, vibrantes de couleurs et de parfums, livrent une superbe réinterprétation de la cuisine de la Botte.
En outre, la carte de vins transalpins et la terrasse sont enchanteresses...
➜ Involtini de lotte aux herbes, aux câpres et aux anchois, poêlée d'asperges
vertes. Tagliata de bœuf Black Angus, caponata d'aubergine. Tiramisu aux petits
pois mentholés et sorbet à la rhubarbe.

Menu 40 € (déj. en semaine), 90/110 € – Carte 96/122 €
Plan : EY-a – *11 r. des Franciscains – ℰ 03 89 66 39 79 – www.ilcortile-mulhouse.fr
– Fermé 2-8 mai, 15-28 août, 11-24 janv., dim. et lundi*

🍴 L'Estérel   🛋 🅿

CUISINE **MODERNE** · **AUBERGE** XX Et oui, Mulhouse aussi possède son Estérel...
Dans ce restaurant posté sur la route qui monte au zoo, on savoure une agréable
cuisine du marché 100 % maison. Un exemple ? Ce millefeuille de filet mignon et
ris de veau aux girolles et trompettes de la mort... Miam ! L'été, la terrasse
ombragée est prise d'assaut.

😋 Menu 15 € (déj. en semaine), 26/54 € – Carte 46/66 €
Plan : CV-t – *83 av. de la 1ᵉʳᵉ-Division-Blindée – ℰ 03 89 44 23 24
– www.esterel-weber.fr – Fermé vacances de fév., 1 semaine en mai, 2 semaines
en août, 1 semaine vacances de la Toussaint, dim. soir, merc. soir et lundi*

🍴 La Table de Michèle   🛋 🅰🅲

CUISINE **MODERNE** · **COSY** XX Michèle Brouet est une figure de la gastronomie
locale. Sa table est à son image, généreuse et enjouée, tout comme l'atmosphère
de la maison, très chaleureuse avec son décor d'objets hétéroclites et de bouquets de fleurs. Gourmandise et plaisir sont au rendez-vous !

😋 Menu 19 € (déj. en semaine), 25/45 € – Carte 40/56 €
Plan : FY-t – *16 r. de Metz – ℰ 03 89 45 37 82 – www.latabledemichele.fr
– Fermé 15-31 août, sam. midi, dim. et lundi*

‖○ Chez Auguste Ⓝ   AC ⟷

CUISINE TRADITIONNELLE · INTIME X Derrière sa façade boisée et joliment rétro, cette maison chaleureuse est un lieu de ralliement pour les amateurs de plats de tradition. Poêlée de pleurotes à l'ail, terrine de foie gras et chutney à la pomme, joues de porc confites façon grand-mère... C'est soigné, goûteux, et servi avec le sourire : on en redemande.

Formule 20 € – Menu 25 € – Carte 28/37 €

Plan : FY-b – *11 r. Poincaré* – *𝒞 03 89 46 62 71* – *www.chezauguste.com* – *Fermé dim. et lundi*

‖○ Le 4 Ⓝ   ⌂

CUISINE MODERNE · CONVIVIAL X Le 4, comme le croisement des initiales de Lionel et Tatiana, le jeune couple à la tête de ce petit restaurant du cœur de Mulhouse. Leurs plats sont colorés et inventifs, et font de réguliers clins d'œil aux produits et épices découverts lors de leurs nombreux voyages à l'autre bout du monde... Rafraîchissant !

Formule 16 € – Carte environ 48 €

Plan : EY-b – *5 r. Bonbonnière* – *𝒞 03 89 44 94 11 (réservation conseillée)* – *www.restaurantle4.com* – *Fermé dim. soir et lundi*

🏨 Hôtel du Parc   🐾 🔲 ⑆ & AC 🛎 🚗

TRADITIONNEL · RÉTRO Luxueux palace dans les années 1930, cet hôtel a conservé son charme rétro et son esprit Art déco. Un incontournable parmi les hôtels de la ville ! Et c'est un vrai lieu de vie également, en particulier avec son Charlie's Bar, où résonnent tous les soirs des mélodies jazzy...

75 chambres – ♦110/350 € ♦♦160/350 € – 1 suite – � 23 €

Plan : FZ-p – *26 r. Sinne* – *𝒞 03 89 66 12 22* – *www.hotelduparc-mulhouse.com*

🏨 Holiday Inn   🐾 🔲 ⌕ ⑆ & AC 🛎 🚗

HÔTEL DE CHAÎNE · MODERNE Dans une zone d'affaires aux portes de la ville, un complexe d'esprit contemporain et international : lounge bar, chambres confortables, agréable espace bien-être et, pour se restaurer, une brasserie du groupe Flo.

75 chambres – ♦102/244 € ♦♦102/258 € – 5 suites – ⊑ 16 €

Plan : AV-c – *34 r. Paul-Cézanne* – *𝒞 03 89 60 44 44* – *www.holidayinn-mulhouse.com*

🏨 Bristol   ⑆ & 🛎 🚗

BUSINESS · PERSONNALISÉ À deux pas du centre historique, cet hôtel bourgeois et cossu est une valeur sûre. Ses nombreuses salles de séminaire sont prisées : n'oublions pas que Mulhouse se trouve à la croisée de la France, de l'Allemagne et de la Suisse !

85 chambres – ♦60/150 € ♦♦69/210 € – 6 suites – ⊑ 10 €

Plan : FY-e – *18 av. de Colmar* – *𝒞 03 89 42 12 31* – *www.hotelbristol.com*

🏨 Mercure Centre   🐾 ⑆ & AC 🛎 🚗

HÔTEL DE CHAÎNE · FONCTIONNEL En face de la gare TGV, ce Mercure des années 1970 abrite des chambres confortables, rénovées pour la plupart dans un esprit épuré et contemporain. Parfait pour la clientèle de passage.

92 chambres – ♦150/195 € ♦♦150/195 € – ⊑ 17 €

Plan : FZ-b – *4 pl. du Gén.-de-Gaulle* – *𝒞 03 89 36 29 39* – *www.mercure.com*

🏨 Kyriad Centre   ⌕ ⑆ & AC 🛎

BUSINESS · SIMPLE Une excellente situation au cœur de la ville, dans un quartier piéton, pour cet hôtel franchisé, aux chambres simples et accueillantes. Au petit-déjeuner, on déguste le pain fraîchement sorti du four du boulanger voisin. Cet ensemble récent dégage une certaine âme.

70 chambres – ♦59/190 € ♦♦59/250 € – ⊑ 10 €

Plan : FY-a – *15 r. Lambert, (zone piétonne, accès par le parking des Maréchaux)* – *𝒞 03 89 66 44 77* – *www.kyriad-mulhouse-centre.fr*

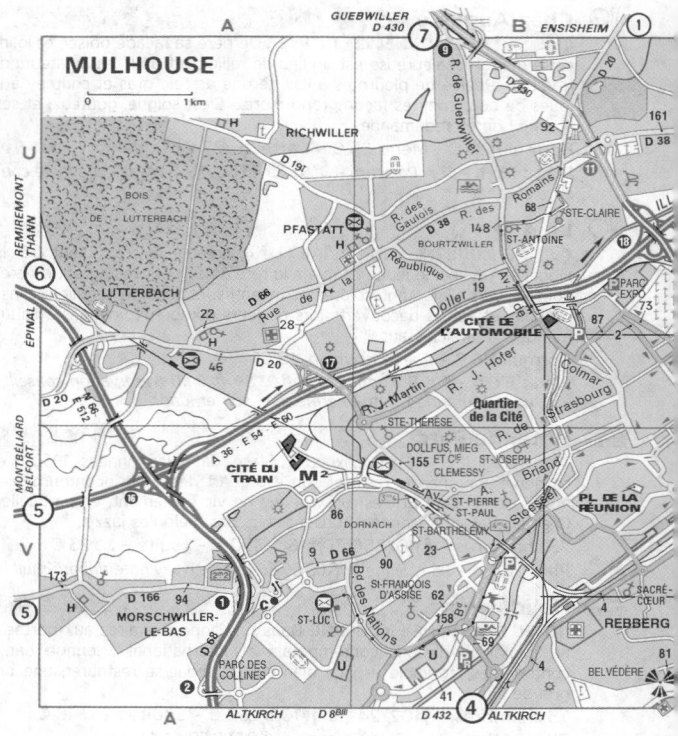

MULHOUSE

Agen (R. d')	**BU** 2	Briand (R. Aristide)	**AU** 22
Altkrich (Av.)	**BV** 4	Brunstatt (R. de)	**BV** 23
Bâle (Rte de)	**CU** 7	Dollfus (Av. Gustave)	**CV** 27
Bartholdi (R.)	**CV** 8	Dornach (R. de)	**AU** 28
Belfort (R. de)	**AV** 9	Fabrique (R. de la)	**CU** 36
Belgique (Av. de)	**CU** 12	Frères-Lumière (R. des)	**AV** 41
Bourtz (R. Sébastien)	**BU** 19	Gaulle (R. du Gén.-de)	**AU** 46

Hardt (R. de la)	**CV** 51	
Hollande (Av. de)	**CU** 57	
Ile Napoléon (R. de l')	**CU** 58	
Illberg (R. de l')	**BV** 62	
Ilot (R. de l')	**DU** 63	
Kingersheim (R. de)	**BU** 68	
Lagrange (R. Léo)	**BV** 69	

🏠 Villa Éden   ⇦ ⌣ ⚄ 🅿 🛏

VILLA · PERSONNALISÉ Sur les hauteurs de Mulhouse, cette belle villa bourgeoise ne manque pas de superbe : toit à la Mansart, beau jardin, superbes volumes, nombreuses œuvres d'art contemporain, etc. Les chambres, très confortables, déclinent chacune une thématique originale, de l'esprit chalet... aux notes rock ! Un nouvel Éden...

4 chambres ⌣ – ♦170 € ♦♦195 €

Plan : CV-n – *99 av. de la 1ère-Division-Blindée* – ☎ 03 89 44 50 72
– *www.villa-eden.fr*

à Sausheim 3 km au Nord par D38 – ⊠ 68390 – 5 454 hab. – Alt. 238 m

🏨 Golden Tulip   🍴 ⇦ ⚄ ℉ 🍽 ⊡ ᕼ 🄰 🎣 🅿

BUSINESS · FONCTIONNEL L'art du feng shui a inspiré l'aménagement de cet hôtel. Le décor de chaque étage s'inspire d'un thème original : le métal, la terre, le feu, le bois... On l'aura compris : l'esprit des lieux est résolument zen et nature – et le confort est excellent.

99 chambres – ♦89/250 € ♦♦89/250 € – 2 suites – ⌣ 15 €

Plan : DU-b – *r. des Cévennes, (Ile Napoléon), RD201* – ☎ 03 89 61 87 87
– *www.goldentulipmulhousebasel.com*

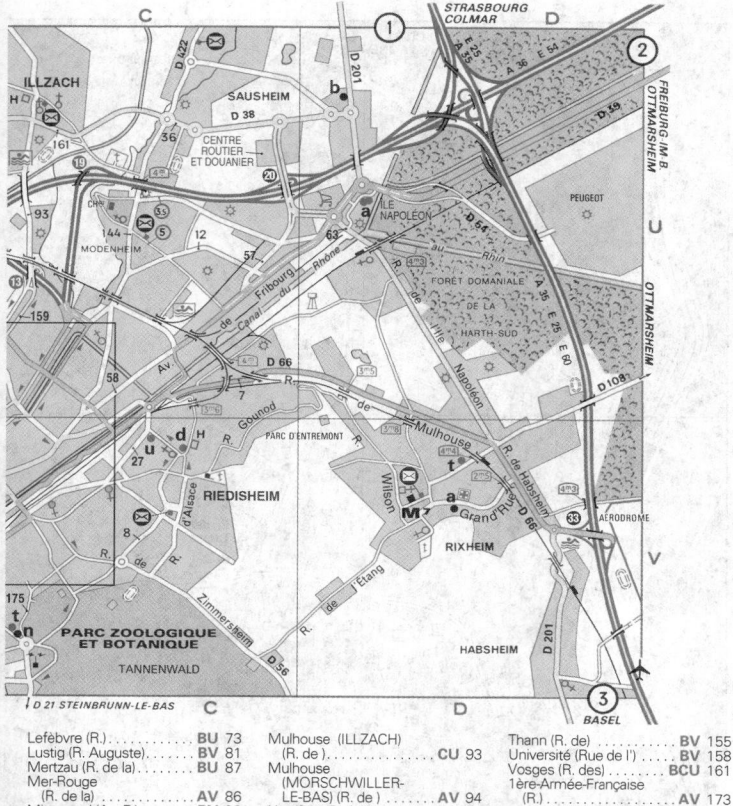

STRASBOURG
COLMAR

FREIBURG IM B.
OTTMARSHEIM

OTTMARSHEIM

ILLZACH

SAUSHEIM

CENTRE
ROUTIER
ET DOUANIER

PEUGEOT

ÎLE NAPOLÉON

MODENHEIM

FORÊT DOMANIALE
DE LA
HARTH-SUD

PARC D'ENTREMONT

Mulhouse

Wilson

RIEDISHEIM

Grand'Rue

RIXHEIM

AÉRODROME

PARC ZOOLOGIQUE
ET BOTANIQUE

TANNENWALD

HABSHEIM

D 21 STEINBRUNN-LE-BAS

BASEL

Lefèbvre (R.) . . . . **BU** 73
Lustig (R. Auguste) . . . . . . **BV** 81
Mertzau (R. de la) . . . . . . **BU** 87
Mer-Rouge
   (R. de la) . . . . **AV** 86
Mitterrand (Av. F.) . . . . . . **BV** 90
Mulhouse (Fg de) . . . . . . **BU** 92

Mulhouse (ILLZACH)
   (R. de) . . . . **CU** 93
Mulhouse
   (MORSCHWILLER-
   LE-BAS) (R. de) . . . . . . **AV** 94
Nordfeld (R. du) . . . . **CV** 98
Soultz (R. de) . . . . **BU** 148

Thann (R. de) . . . . **BV** 155
Université (Rue de l') . . . . **BV** 158
Vosges (R. des) . . . . **BCU** 161
1ère-Armée-Française
   (R.) . . . . **AV** 173
9e-Div.-d'Infanterie-Col.
   (R.) . . . . **CV** 175

à Illzach 3 km au Nord – ⊠ 68110 – 14 812 hab. – Alt. 239 m

😊 **La Bistronomie**

🎭 ⅙ 🆔 🛇 ⇆ **P**

CUISINE TRADITIONNELLE · DESIGN ✕ Imaginez une maison centenaire noyée dans la verdure... cachant une extension ultra-contemporaine, tout en hautes verrières ! C'est là que se cache cette Bistronomie, qui renouvelle les codes de la gourmandise. Avis aux amateurs de poisson : le chef travaille en direct avec la criée des Sables-d'Olonne.

Menu 31 € – Carte environ 34 €

Plan : DU-a – Restaurant La Closerie, 6 r. Henry-de-Crousaz – 𝒞 03 89 61 88 00 – www.closerie.fr – Fermé 30 juil.-18 août, 23 déc.-3 janv., dim., lundi et le midi

✵⃝ **La Closerie**

🎭 🎭 ⅙ 🆔 🛇 ⇆ **P**

CUISINE MODERNE · ÉLÉGANT ✕✕ Le fond et la forme ; la légèreté et l'harmonie ; mets et les vins ; la finesse et le goût de la qualité... Dans cette maison centenaire baignée de verdure, à l'élégance toute naturelle, on ne plaisante pas avec la gastronomie !

Menu 30 € (déj.), 52/78 € – Carte 55/103 €

Plan : DU-a – 6 r. Henry-de-Crousaz – 𝒞 03 89 61 88 00 – www.closerie.fr – Fermé 30 juil.-18 août, 23 déc.-3 janv., sam. midi, lundi soir et dim.

😊 **La Bistronomie** – voir les restaurants ci-dessus

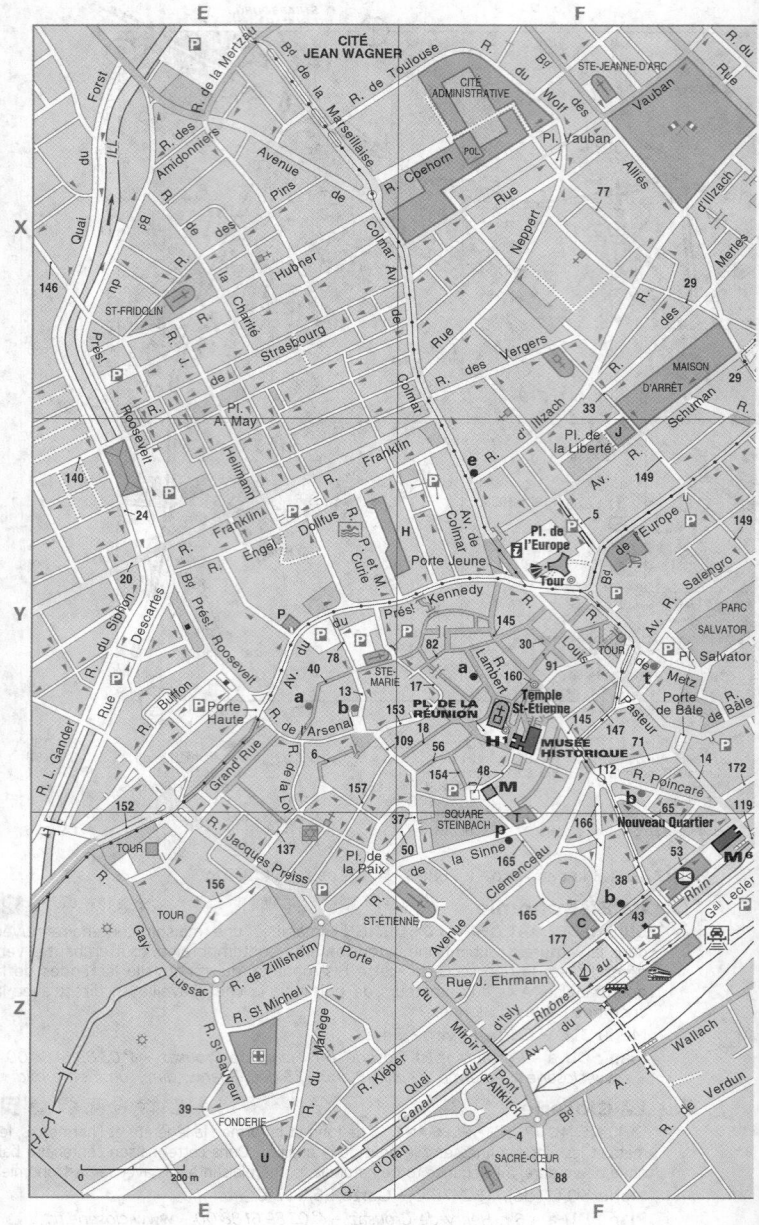

MULHOUSE

Altkrich (Av. d')............ **FZ** 4
Anvers (R. d')............. **FY** 5
Augustins (Passage des) .. **EY** 6
Bonbonnière (R.)........ **EY** 13
Bonnes-Gens (R. des)..... **FY** 14
Bons-Enfants (R. des).... **EY** 17
Boulangers (R.)......... **FY** 18
Briand (Av. Aristide) .... **EY** 20
Cloche (Quai de la) ..... **EY** 24
Colmar (Av. de) .... **EFXY**
Dollfus (Av. Gustave) ..... **GY** 27
Dreyfus (R. du Capit.) .... **FX** 29
Engelmann (R.)......... **FY** 30
Ensisheim (R. d').... **FX** 33
Fleurs (R. des)......... **FYZ** 37
Foch (Av. du Mar.)....... **EZ** 38
Fonderie (R. de la) ...... **EZ** 39
Franciscains (R. des)..... **EY** 40
Gaulle (Pl. du Gén.-de) .... **FZ** 43
Guillaume-Tell (Pl. et R.) .. **FY** 48
Halles (R. des)......... **FZ** 50
Henner (R. J.-J.)........ **FZ** 53
Henriette (R.)........... **FY** 56
Jardin-Zoologique (R. du) .. **GZ** 64
Joffre (Av. du Mar.)...... **FYZ** 65
Lambert (R.)........... **FY**
Lattre-de-Tassigny
  (Av. Mar.-de).......... **FY** 71
Loisy (R. du Lt de)....... **FX** 77
Lorraine (R. de la) ...... **EY** 78
Maréchaux (R. des)...... **EY** 82
Montagne (R. de la) ...... **FZ** 88
Moselle (R. de la) ...... **FY** 91
Président-Kennedy
  (Av. du)........... **EFY**
Raisin (R. du) .... **EFY** 109
République (Pl. de la) .... **EY** 112
Riedisheim (Pont de).... **FZ** 119
Ste-Claire (R.).......... **EZ** 137
Ste-Thérèse (R.) ...... **EY** 140
Sauvage (R. du)....... **EX** 145
Schoen (R. Anna) ...... **EX** 146
Somme (R. de la) ...... **FY** 147
Stalingrad (R. de)....... **FY** 149
Stoessel (Bd Charles).... **EYZ** 152
Tanneurs (R. des) ...... **EFY** 153
Teutonique (Passage) .... **FY** 154
Tour-du-Diable (R.)....... **EZ** 156
Trois-Rois (R. des)...... **FY** 157
Victoires (Pl. des)....... **FY** 160
Wicky (Av. Auguste) ..... **FZ** 165
Wilson (R.)........... **FYZ** 166
Zuber (R.)............. **FY** 172
17-Novembre (R. du) ..... **FZ** 177

à Baldersheim 8 km au Nord-Est par D201 – ✉ 68390 – 2 603 hab. – Alt. 226 m

🏠 **Au Cheval Blanc** ✿ ▢ ▣ & AC ⅏ P

FAMILIAL · RUSTIQUE La tradition est de mise dans cet établissement couvert de géraniums aux beaux jours. Parfaitement tenues, les chambres dégagent fraîcheur et confort, et se révèlent particulièrement lumineuses ; celles de l'annexe sont pourvues de kitchenettes – idéal pour les longs séjours !

80 chambres – ♦79/150 € ♦♦79/180 € – 2 suites – ☲ 14 €

27 r. Principale – ℰ 03 89 45 45 44 – www.hotel-cheval-blanc.com
– fermé 24 déc.- 2 janv.

à Rixheim 3 km au Sud-Est par D66 – ✉ 68170 – 13 632 hab. – Alt. 240 m

✿ **Le 7ème Continent** (Laurent Haller) 🍴 & AC P

CUISINE MODERNE · ÉLÉGANT XX Un véritable continent gastronomique ! Le chef, Laurent Haller, est un passionné : cours de cuisine, menus à thème... tout est bon pour partager son amour de la bonne chère. Quant à sa carte, renouvelée tous les mois, elle est une véritable ode au marché et aux produits.

➔ Betterave entière farcie de chèvre et espuma de betterave. Bœuf Wagyu, coquillages et déclinaison sur l'artichaut. Le 7 décliné en toutes saisons.

Formule 25 € – Menu 52/88 € – Carte 60/75 €

Plan : DV-t – *35 av. du Gén.-de-Gaulle – ℰ 03 89 64 24 85 (réservation conseillée)*
– www.le7emecontinent.com – Fermé 1er-15 juil., 24 déc.-5 janv., sam. midi, dim. soir et lundi

🏠 **La Grange à Élise** 🐾 🍴 & ⌀ P

FAMILIAL · RUSTIQUE Rose, Lys, Iris... Les chambres de cette charmante demeure – une ancienne grange – évoquent un joli jardin fleuri. Objets chinés, boutis, bibelots et confort douillet : cet esprit "maison de poupée" ravira les amateurs !

5 chambres ☲ – ♦79 € ♦♦105 €

Plan : DV-a – *66 Grand'rue Pierre-Braun – ℰ 03 89 54 20 71*
– www.grange-elise.com

à Riedisheim 2 km au Sud-Est par D56 et D432 – ✉ 68400
– 12 012 hab. – Alt. 225 m

✿ **La Poste** (Jean-Marc Kieny) 🍸 AC ⌀

CUISINE MODERNE · ÉLÉGANT XXX Dans ce chaleureux relais de poste (1850) se transmettent depuis six générations les secrets de la bonne cuisine ! Aujourd'hui aux commandes, Jean-Marc Kieny revisite la tradition alsacienne avec brio, inspiration et finesse... L'histoire de la maison s'écrit au présent, et le plaisir est de chaque instant.

➔ Tapas alsaciens en hommage à notre région. Croustillant de sandre à la choucroute. Une version contemporaine de la tarte au citron meringuée.

Menu 32 € (semaine), 67/95 € – Carte 73/83 €

Plan : CV-d – *7 r. du Gén.-de-Gaulle – ℰ (00-0033) 03 89 44 07 71*
– www.restaurant-kieny.com – Fermé 3 semaines en août, dim. soir, mardi midi et lundi

🍴 **Auberge de la Tonnelle** 🍸 🍴 AC ⌀ P

CUISINE MODERNE · CONVIVIAL XX Dans un quartier résidentiel un peu excentré, cette auberge ravit ses habitués : ils y savourent une cuisine classique accompagnée de jolis crus (bourgognes et vins de petits producteurs) ; l'été, on les retrouve sur la terrasse.

Formule 25 € – Menu 31 € (semaine), 49/72 € – Carte 56/78 €

Plan : CV-u – *61 r. du Mar.-Joffre – ℰ 03 89 54 25 77 (réservation conseillée)*
– www.aubergedelatonnelle.fr – Fermé dim. soir

à Zimmersheim 5 km au Sud par D56 – ✉ 68440 – 1 114 hab. – Alt. 290 m

⅋○ **Aromi & Sapori** ᴀᴄ

ITALIENNE · ÉLÉGANT XX Cette maison située en bord de route est désormais un repaire de la belle gastronomie italienne ! Tagliolini aux olives noires, risotto aux algues, langoustines ou encore nuage de mascarpone : à travers des plats raffinés, pleins de goût et de couleurs, le jeune chef fait souffler un joyeux vent d'Italie en pays alsacien.

⊗ Menu 18 € (déj. en semaine), 38/45 € – Carte 50/60 €

5 r. de Mulhouse – ℰ 03 89 36 05 01 – Fermé sam. midi, dim. soir et lundi

à Hochstatt 7 km au Sud-Ouest par D8ᴵᴵᴵ – ✉ 68720 – 2 085 hab. – Alt. 286 m

⅋○ **Au Cheval Blanc** ⌘ ☂ ₺ ⇄

CUISINE MODERNE · FAMILIAL XX Dans ce petit village aux portes du Sundgau, on se délecte de plats soignés et gourmands – foie gras à l'anguille fumée et fruits secs, carrelet rôti sur l'arête et polenta moelleuse à la truffe – réalisés par le chef au fil de son inspiration et du marché. Une adresse pour le moins appétissante...

Formule 25 € – Menu 38/58 € – Carte 56/62 €

*55 Grande-Rue – ℰ 03 89 06 27 77 – www.auchevalblanc-hochstatt.fr
– Fermé 24 déc.-3 janv., dim. soir, lundi soir, mardi soir et merc.*

MUNSTER
✉ 68140 (Haut-Rhin) – 4 791 hab. – Alt. 400 m – Carte régionale n° **1**-A2
▸ Paris 458 km – Colmar 19 km – Guebwiller 40 km – Mulhouse 60 km
Carte Michelin 315-G8

⅋○ **Verte Vallée** ⌘ ⌫ ☂ ₺ ᴀᴄ 🅿

CUISINE MODERNE · ÉLÉGANT XXX Terrine de hareng, rémoulade de céleri et pomme granny smith ; médaillon de lotte lardé sur lit de choucroute, sauce vin blanc au genièvre... Le chef concocte une savoureuse cuisine d'aujourd'hui et le sommelier se fait un plaisir de vous parler de ses jolis crus. Inutile d'aller voir si la vallée est plus verte ailleurs !

⊗ Formule 15 € – Menu 20/52 € – Carte 32/51 €

*Hôtel Verte Vallée, 10 r. A. Hartmann, (parc de la Fecht) – ℰ 03 89 77 15 15
– www.vertevallee.com – Fermé 3-28 janv.*

⅋○ **À l'Agneau d'Or** ✄

CUISINE TRADITIONNELLE · CONVIVIAL XX Quenelles de truite aux écrevisses et beurre blanc au riesling, choucroute... Dans cette chaleureuse maison régionale, le chef revisite à sa façon la tradition et le terroir. Gibier en saison.

Menu 37/48 € – Carte 43/63 €

*2 r. St-Grégoire – ℰ 03 89 77 34 08 (réservation conseillée)
– www.martinfache.com – Fermé lundi et mardi*

🏨 **Verte Vallée** ⚐ ⌘ ▨ ☰ ₤ ⊡ ₺ ᴀᴄ ♨ 🅿

FAMILIAL · ÉLÉGANT Dans un grand jardin bordant la Fecht, cette bâtisse est un îlot de quiétude et de détente. Les chambres, classiques ou contemporaines, sont spacieuses et cosy... Et pour barboter sereinement dans la piscine à jets, il y a même une garderie d'enfants.

101 chambres – ♦73/135 € ♦♦93/180 € – 7 suites – ☲ 17 €

*10 r. A.-Hartmann, (parc de la Fecht) – ℰ 03 89 77 15 15 – www.vertevallee.com
– Fermé 3-28 janv.*

⅋○ **Verte Vallée** – voir les restaurants ci-dessus

🏨 **Deybach**

FAMILIAL · FONCTIONNEL Accueil souriant, atmosphère chaleureuse et familiale, chambres agréables et bien tenues, copieux petit-déjeuner et... excellent rapport qualité-prix ! Un petit hôtel vivement recommandé.

16 chambres – ♦52/70 € ♦♦60/80 € – ☲ 10 €

*4 r. du Badischhof, 1 km par rte de Colmar, D417 – ℰ 03 89 77 32 71
– www.hotel-deybach.com*

à Wihr-au-Val 6 km à l'Est par D417 – ✉ 68230 – 1 271 hab. – Alt. 330 m

La Nouvelle Auberge (Bernard Leray)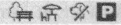

CUISINE CLASSIQUE · AUBERGE XX Dans cette Nouvelle Auberge, élégante et attachante, les propriétaires jouent un délicieux "double jeu" culinaire ! Gastronomie à l'étage, avec une fine cuisine classique parfaitement maîtrisée par le chef ; bistrot alsacien au rez-de-chaussée... et ses savoureuses spécialités régionales.

➜ Chair de tourteau, fine mayonnaise blanche, navets en aigre doux, déclinaison de radis. Pêche du lac Léman, duxelles forestière, essence de poisson émulsionnée au vin jaune. Soufflé au marc de Gewurztraminer et raisins macérés, sorbet thé vert.

Menu 40/87 € – Carte 62/88 €

9 rte Nationale – ☎ 03 89 71 07 70 – www.nauberge.com – Fermé 7-15 mars, 27 juin-12 juil., 7-15 nov., dim. soir, lundi et mardi

MURAT

✉ 15300 (Cantal) – 1 911 hab. – Alt. 930 m – Carte régionale n° **5**-B3
▶ Paris 520 km – Aurillac 48 km – Brioude 59 km – Issoire 74 km
Carte Michelin 330-F4 – Guide Vert Michelin Auvergne

à l'Est 4 km par N122, rte de Clermont-Ferrand

Le Jarrousset

CUISINE MODERNE · CONVIVIAL XX Dans un environnement verdoyant, cette auberge traditionnelle cultive le goût des produits locaux : le chef s'approvisionne auprès d'un réseau de fermes sélectionnées avec soin. Quant à l'ambiance, chapeau : le décor est épuré et moderne, et le mobilier et la vaisselle ont été réalisés par des artisans locaux.

Formule 13 € ♈ – Menu 24/75 € ♈ – Carte 45/55 €

– ☎ 04 71 20 10 69 – www.restaurant-le-jarrousset.com – Fermé janv., dim. soir, mardi soir, merc. soir sauf juil.-août et lundi

LA MURAZ

✉ 74560 (Haute-Savoie) – 1 051 hab. – Alt. 630 m – Carte régionale n° **46**-F1
▶ Paris 545 km – Annecy 33 km – Annemasse 11 km – Thonon-les-Bains 41 km
Carte Michelin 328-K4

L'Angélick

CRÉATIVE · DESIGN XX Un restaurant gastronomique, où le chef travaille de bons produits du terroir et ose des mariages audacieux, aux accents asiatiques. On se régale par exemple d'un filet d'agneau étuvé au foin, accompagné de ses légumes du moment rôtis "à la paysanne", dans une salle au décor épuré et design. À découvrir !

Menu 45/85 €

160 Centre-Village – ☎ 04 50 94 51 97 – www.angelick.fr
– Fermé 8-24 août, 23 déc.-5 janv., dim. soir, lundi, mardi et le midi en semaine

🍴 La Brasserie – voir les restaurants ci-dessous

La Brasserie

CUISINE TRADITIONNELLE · BISTRO X Le midi en semaine, la Brasserie ouvre ses portes aux gourmands de passage ; on y fait dans la simplicité, avec une bonne cuisine de bistrot et une carte des vins minimaliste, composée de coups de cœur des propriétaires.

Formule 15 € – Menu 25 € (déj. en semaine) – Carte 20/30 €

Restaurant L'Angélick, 160 Centre-Village – ☎ 04 50 94 51 97 – www.angelick.fr
– Fermé 8-24 août, 23 déc.-5 janv., dim. soir, lundi, mardi et le soir en semaine

MURBACH – 68 (Haut-Rhin) → voir Guebwiller

MUR-DE-BARREZ

✉ 12600 (Aveyron) – 800 hab. – Alt. 790 m – Carte régionale n° **29**-D1
▶ Paris 567 km – Aurillac 38 km – Rodez 73 km – St-Flour 56 km
Carte Michelin 338-H1

Auberge du Barrez

CUISINE TRADITIONNELLE · CONVIVIAL XX Attention, poème : "Une table précieuse, un endroit attachant / Où règnent sympathie et générosité / Madame, pâtissière, accueille les clients / Pendant que son mari est aux fourneaux rivé / Terroir aveyronnais, plats copieux, beaux produits / On déguste cela dans un bel intérieur / On s'installe en terrasse quand le soleil luit / Et l'on chérit l'instant... l'âme emplie de bonheur !"
Formule 13 € – Menu 28/42 € – Carte 37/48 €
av. du Carladez – ℰ 05 65 66 00 76 – www.aubergedubarrez.com
– Fermé 4 janv.-28 fév., mardi midi sauf du 7 juil. au 2 sept. et lundi midi

Auberge du Barrez

FAMILIAL · FONCTIONNEL On est accueilli à bras ouverts dans cette maison située à l'écart du centre-ville, entourée d'un joli jardin et d'un potager. Les chambres sont fraîches et bien tenues (certaines avec terrasse) et, à l'heure du repas, la table réserve de jolis plaisirs...
18 chambres – ♦58/74 € ♦♦65/95 € – ☲ 10 € – ½ P
av. du Carladez – ℰ 05 65 66 00 76 – www.aubergedubarrez.com
– Fermé 4 janv.-28 fév.

⊛ **Auberge du Barrez** – voir les restaurants ci-dessus

MÛR-DE-BRETAGNE

✉ 22530 (Côtes-d'Armor) – 2 106 hab. – Alt. 225 m – Carte régionale n° **10**-C2
▶ Paris 457 km – Carhaix-Plouguer 50 km – Guingamp 47 km – Loudéac 20 km
Carte Michelin 309-E5 – Guide Vert Michelin Bretagne Nord

⅃○ Auberge Grand'Maison

CRÉATIVE · DESIGN XXX En utilisant les nombreux produits de l'Armor et l'Argoat, Christophe Le Fur dessine des assiettes contemporaines et originales – voire parfois déroutantes, à l'image de ces langoustines, noix de coco et curry ! La cuisine de cet habile technicien est servie dans un cadre moderne, et le service est charmant.
Menu 30 € (déj. en semaine), 58/90 €
6 chambres – ♦50/90 € ♦♦50/90 € – ☲ 13 €
1 r. Léon-le-Cerf – ℰ 02 96 28 51 10 – www.auberge-grand-maison.com
– Fermé 8-23 fév., 27 juin-5 juil., 2 semaines en oct., 2-8 janv., dim. soir, lundi et mardi

MURET-LE-CHÂTEAU

✉ 12330 (Aveyron) – 338 hab. – Alt. 540 m – Carte régionale n° **29**-C1
▶ Paris 621 km – Aurillac 75 km – Rodez 19 km – Toulouse 166 km
Carte Michelin 338-H4

⅃○ L'Auberge du Château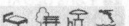

CUISINE MODERNE · FAMILIAL XX Dans ce village de l'Aveyron, face à la mairie, l'adresse est bien connue des gourmands, qui s'y régalent d'une cuisine qui donne la priorité aux herbes, à la fraîcheur et aux produits bio, sur lesquels le chef ne transige pas ! Dans l'assiette, couleurs et saveurs sont au rendez-vous. Terrasse joliment fleurie.
Formule 28 € – Menu 40/65 €
7 chambres – ♦72/103 € ♦♦72/103 € – ☲ 11 €
Le Bourg – ℰ 05 65 47 71 57 – www.laubergeduchateau.com – Fermé janvier, février, lundi et mardi sauf le midi de mars à octobre, dimanche soir et mercredi

MURS

✉ 84220 (Vaucluse) – 410 hab. – Alt. 510 m – Carte régionale n° **42**-E1
▶ Paris 713 km – Avignon 47 km – Digne-les-Bains 106 km – Marseille 101 km
Carte Michelin 332-E10

🍴 Le Crillon

CUISINE MODERNE · BISTRO X Nouveau propriétaire et nouveau chef dans cette petite adresse située en plein cœur du village. On y trouve son compte à toute heure : le midi, avec de bons plats de bistrot, et le soir avec une cuisine plus élaborée et créative. Quelques chambres confortables pour l'étape.
Menu 28 € (déj. en semaine), 45/70 € – Carte 69/91 €
8 chambres – ♦98/125 € ♦♦98/125 € – ☲ 11 €
r. du Brave-Crillon – ℰ 04 90 72 60 31 – www.lecrillon-luberon.com – Fermé 1er janv.-14 fév.

MUS

✉ 30121 (Gard) – 1 326 hab. – Alt. 53 m – Carte régionale n° **23**-C2
▶ Paris 737 km – Arles 52 km – Montpellier 37 km – Nîmes 26 km
Carte Michelin 339-K6 – Guide Vert Michelin Provence

🏠 La Paillère

FAMILIAL · PERSONNALISÉ Charme et authenticité : voici les principales qualités de cette belle maison du 17e s., qui fut une ferme, un presbytère, et... le restaurant de la chanteuse Régine. On y est chaleureusement reçu par la propriétaire actuelle, qui cultive un certain art de vivre. Le tout aux portes de la Camargue !
5 chambres ☲ – ♦85/95 € ♦♦85/145 €
26 av. du Puits-Vieux – ℰ 04 66 35 55 93 – www.lapaillere.com

MUTIGNY – 51 (Marne) → voir Épernay

LE MUY

✉ 83490 (Var) – 9 327 hab. – Alt. 27 m – Carte régionale n° **41**-C3
▶ Paris 861 km – Antibes 59 km – Marseille 132 km – Toulon 77 km
Carte Michelin 340-O5 – Guide Vert Michelin Côte d'Azur

au Nord 3 km par rte de Callas

🏠 Château des Demoiselles

LUXE · PERSONNALISÉ Ce pourrait être un hôtel de charme d'un beau standing, et c'est une maison d'hôtes au cœur d'un domaine viticole... De la majestueuse allée d'entrée bordée de platanes, jusqu'aux chambres de la demeure – une superbe bastide de 1830 –, s'incarne tout l'art de vivre de la Provence !
5 chambres ☲ – ♦135/155 € ♦♦140/165 €
2040 rte de Callas – ℰ 04 94 99 50 31 – www.chateaudesdemoiselles.com – Fermé 30 nov.-13 déc. et 5 janv.-6 fév.

NACONNE – 42 (Loire) → voir Feurs

NAJAC

✉ 12270 (Aveyron) – 731 hab. – Alt. 315 m – Carte régionale n° **29**-C1
▶ Paris 629 km – Albi 51 km – Cahors 85 km – Gaillac 51 km
Carte Michelin 338-D5

🍴 L'Oustal del Barry

CUISINE MODERNE · RUSTIQUE XX Dans ce charmant restaurant rustique, le chef met à l'honneur la région et le terroir en travaillant de beaux produits, à l'instar de ce ris d'agneau ou de ce filet de bœuf... Ici, même la pâte feuilletée est "maison" ! Depuis l'une des salles, on peut admirer le potager : tout simplement délicieux.
Formule 22 € – Menu 25/60 € ☖ – Carte 62/70 €
Hôtel L'OUstal del Barry, 2 pl. Sol de Barry – ℰ 05 65 29 74 32 – www.oustaldelbarry.com – Ouvert 20 mars-11 nov. et le midi du 15 nov. au 30 déc.

⌂ L'Oustal del Barry

FAMILIAL · RUSTIQUE Nichée au cœur de ce magnifique village médiéval dominé par sa forteresse du 11ᵉ s., une maison accueillante avec des chambres sobres et douillettes, donnant sur le bourg ou la vallée.

17 chambres – ½ P seult 59/82 €

2 pl. Sol-de-Barry – ℰ 05 65 29 74 32 – www.oustaldelbarry.com – Ouvert 25 mars-11 nov.

⫛○ **L'Oustal del Barry** – voir les restaurants ci-dessus

⌂ Le Belle Rive

AUBERGE · FONCTIONNEL Une histoire de famille... depuis cinq générations ! Cet hôtel-restaurant borde l'Aveyron et abrite des chambres traditionnelles, simples et propres. Grande terrasse fleurie et ombragée pour profiter de la cuisine régionale du chef.

20 chambres – ♦56/66 € ♦♦56/66 € – ⌑ 9 € – ½ P

4 r. Roc-du-Pont, 3 km au Nord-Ouest par D39 – ℰ 05 65 29 73 90 – www.lebellerive.com – Ouvert d'avril à fin oct. et fermé dim. soir en oct. et lundi midi

NALZEN – 09 (Ariège) → voir Lavelanet

© R. Mattes/mauritius images/age fotostock

NANCY

✉ 54000 (Meurthe-et-Moselle) – 105 067 hab. – Agglo. 279 365 hab. – Alt. 206 m
– Carte régionale n° **26**-B2
▶ Paris 314 km – Dijon 216 km – Metz 57 km – Reims 209 km
Carte Michelin 307-I6 – Guide Vert Michelin Lorraine

Restaurants

🏵 **La Maison dans le Parc** (Françoise Mutel) 88 🎪 🕏 🅰🅲

CUISINE MODERNE · DESIGN ✕✕ L'une des meilleures tables dans les parages. Le long corridor d'entrée, aux pierres savamment éclairées, instaure une ambiance solennelle ; la salle est chic. Pourtant, la cuisine de Françoise Mutel illumine par... sa simplicité. Car cette autodidacte passionnée sait cuisiner l'essentiel : le goût ! Belle terrasse face au parc.
➙ Foie gras de canard, éclats de pistache. Poularde de Bresse, girolles et crème de pomme de terre. Tuile au citron vert, crémeux au yuzu et sorbet citron.
Menu 37 € (déj. en semaine), 69/97 €

Plan : BY-n – *3 r. Ste-Catherine*
– *☎ 03 83 19 03 57 – www.lamaisondansleparc.com*
– *Fermé 1er-10 mai, 14-24 août, 1er-19 janv., dim. soir, lundi et mardi*

🏵 **La Toq'** 88 🅰🅲

CUISINE CLASSIQUE · À LA MODE ✕✕ Avec ou sans toque, le chef de cet élégant restaurant est un sérieux professionnel, qui signe de savoureuses assiettes en se basant sur de beaux produits. Le tout accompagné d'une carte des vins de plus de 300 références, et toc ! À déguster dans un décor mêlant voûtes en pierre séculaire et aménagement contemporain.
Menu 22 € (déj. en semaine), 30/75 € – Carte 55/76 €

Plan : ABY-z – *1 r. Mgr-Trouillet*
– *☎ 03 83 30 17 20 – www.latoqueblanche.fr*
– *Fermé 1 semaine vacances de fév. et vacances de printemps, 27 juil.-17 août, dim. soir et lundi*

Il fait beau ? Repérez le symbole 🎪 et attablez-vous en terrasse...

⊛ V Four 🔐 AC

CUISINE MODERNE · INTIME 𝕏 Disciple de Gérard Vessière, Bruno Faonio crée une cuisine actuelle et soignée, associant fraîcheur des produits, harmonie des saveurs, belles présentations... Sa compagne assure le service – à la fois attentif et souriant. Inutile de dire qu'on joue souvent à guichets fermés et qu'il vaut mieux réserver !

Formule 21 € – Menu 32/68 € – Carte 54/88 €

Plan : BX-r – *10 r. St-Michel* – ℰ *03 83 32 49 48 (réservation conseillée)* – *www.levfour.fr* – *Fermé 8-15 mars, 30 août-6 sept., dim. soir et lundi*

⊶ Le Cap Marine 🔐 AC ⇔

CUISINE MODERNE · ÉLÉGANT 𝕏𝕏 Cette institution nancéienne – née il y a 60 ans – a pris un nouveau cap avec une rénovation complète, de la salle aux fourneaux. On découvre un décor chic et contemporain, tout en tons chocolat et bois blond, et une belle cuisine de la mer, tel ce bar de ligne en tournedos grillé à la plancha... Un régal.

Formule 19 € – Menu 40 €

Plan : BY-e – *60 r. Stanislas* – ℰ *03 83 37 05 03* – *www.restaurant-capmarine.fr* – *Fermé 2 semaines en août, 24 déc.-2 janv., sam. midi, dim. et fériés*

⊶ Le Capu ⅙ AC ⇔

CUISINE CLASSIQUE · À LA MODE 𝕏𝕏 Une table en vue dans la ville : ici, on apprécie le décor, au chic contemporain affirmé, rehaussé de notes baroques et de tons originaux, et la cuisine, inventive et généreuse. Et après un passage en semaine, on revient bruncher le dimanche !

Formule 25 € – Menu 36/80 € – Carte 54/82 €

Plan : BY-m – *31 r. Gambetta* – ℰ *03 83 35 26 98* – *www.lecapu.com* – *Fermé dim. sauf le midi de sept. à juin et sam. midi*

⊶ Madame

CUISINE MODERNE · CONVIVIAL 𝕏𝕏 En face de la citadelle, on a le plaisir de découvrir ce restaurant tenu par deux sœurs éminemment sympathiques, l'une aux fourneaux et l'autre en salle. La cuisine est pensée au jour le jour, au fil des saisons et du marché : tartare de tomates bio, épaule d'agneau confite au jus de safran... Tout simplement bon !

Menu 27 € (déj. en semaine) – Carte 40/50 €

Plan : BX-v – *52 r. Henri-Deglin* – ℰ *03 83 22 37 18* – *Fermé 1 semaine en mars, 1 semaine en mai, 4-10 janv., sam. midi, dim. soir et lundi*

⊶ Les Agaves 🔐 AC ⅗

PROVENÇALE · CONVIVIAL 𝕏𝕏 Cap au Sud pour ce restaurant élégant qui flirte avec l'esprit bistrot. Le chef mêle influences méditerranéennes, provençales et italiennes ; même la carte des vins fait la part belle aux crus transalpins. La Botte en Lorraine !

Menu 32 € – Carte 43/51 €

Plan : BY-u – *2 r. des Carmes* – ℰ *03 83 32 14 14* – *www.les-agaves-nancy.fr* – *Fermé 1er-15 août, lundi soir, merc. soir et dim.*

⊶ Les Petits Gobelins ⊶ 🔐 ⅙ AC ⇔

CRÉATIVE · À LA MODE 𝕏𝕏 C'est dans une rue piétonne derrière la cathédrale, au pied d'une demeure du 18e s., qu'on déniche cet agréable restaurant familial. C'est le territoire de la famille Grosse : Patrice, chef, met l'accent sur le choix des produits et l'originalité des recettes, tandis que sa fille, sommelière, choisit les vins adéquats !

Formule 22 € – Menu 28 € (semaine), 40/60 € – Carte 42/67 €

Plan : CY-z – *18 r. de la Primatiale* – ℰ *03 83 35 49 03* – *www.lespetitsgobelins.fr* – *Fermé 1er-23 août, 2-6 janv., dim. et lundi*

JARVILLE-LA-MALGRANGE

République (R. de la) ..... **EX** 76

LAXOU

Europe (Av. de l') .... **DX** 32
Poincaré (R. R.) .... **DX** 71
Résistance (Av. de la) ..... **CV** 78
Rhin (Av. du) .... **CV** 79

NANCY

Adam (R. Sigisbert) .... **BX** 2
Albert-1er (Bd) .... **DV** 3
Anatole-France (Av.) ...... **DV** 6
Armée-Patton (R.) .... **DV** 7
Auxonne (R. d') .... **DV** 8
Barrès (R. Maurice) .... **CY** 10
Bazin (R. H.) .... **CY** 13
Benit (R.) .... **BY** 14
Blandan (R. du Sergent) ... **DX** 15
Braconnot (R.) .... **BX** 19
Carmes (R. des) .... **BY** 20
Chanoine-Jacob (R.) ...... **AX** 23
Chanzy (R.) .... **AY** 24
Cheval-Blanc (R. du) ..... **BY** 25
Clemenceau (Bd G.) ...... **EX** 26
Craffe (R. de la) .... **AX** 27
Croix de Bourgogne (Espl.) . **AZ** 28
Dominicains (R. des) ...... **BY** 29
Erignac (R. C.) .... **BY** 31
La-Fayette (Pl. de) .... **BY** 47
Foch (Av.) .... **DV** 34
Gambetta (R.) .... **BY** 36
Gaulle (Pl. Gén.-de) ...... **BX** 37
Grande-Rue .... **BXY**
Haussonville (Bd d') ...... **DX** 38
Haut-Bourgeois (R.) ...... **AX** 39
Héré (R.) .... **BY** 40
Ile de Corse (R. de l') .... **CY** 41
Jeanne-d'Arc (R.) .... **DEX** 44
Jean-Jaurès (Bd) .... **EX** 43
Keller (R. Ch.) .... **AX** 46
Linnois (R.) .... **EX** 49
Louis (R. Baron) .... **AXY** 50
Loups (R. des) .... **AX** 51
Majorelle (R. Louis) ...... **DX** 52
Mazagran (R.) .... **AY** 54
Mengin (Pl. Henri) .... **BY** 55
Mgr-Ruch (Pl.) .... **CY** 63
Molitor (R.) .... **CZ** 60
Monnaie (R. de la) .... **BY** 62
Mon-Désert (R. de) ...... **ABZ** 61
Mouja (R. du Pont) ...... **BY** 64
Nabécor (R. de) .... **EX** 65
Oudinot (R. Maréchal) .... **EX** 68
Poincaré (R.H.) .... **AY** 69
Poincaré (R. R.) .... **AY** 70
Point-Central .... **BY** 72
Ponts (R. des) .... **BYZ** 73
Primatiale (R. de la) ...... **CY** 74

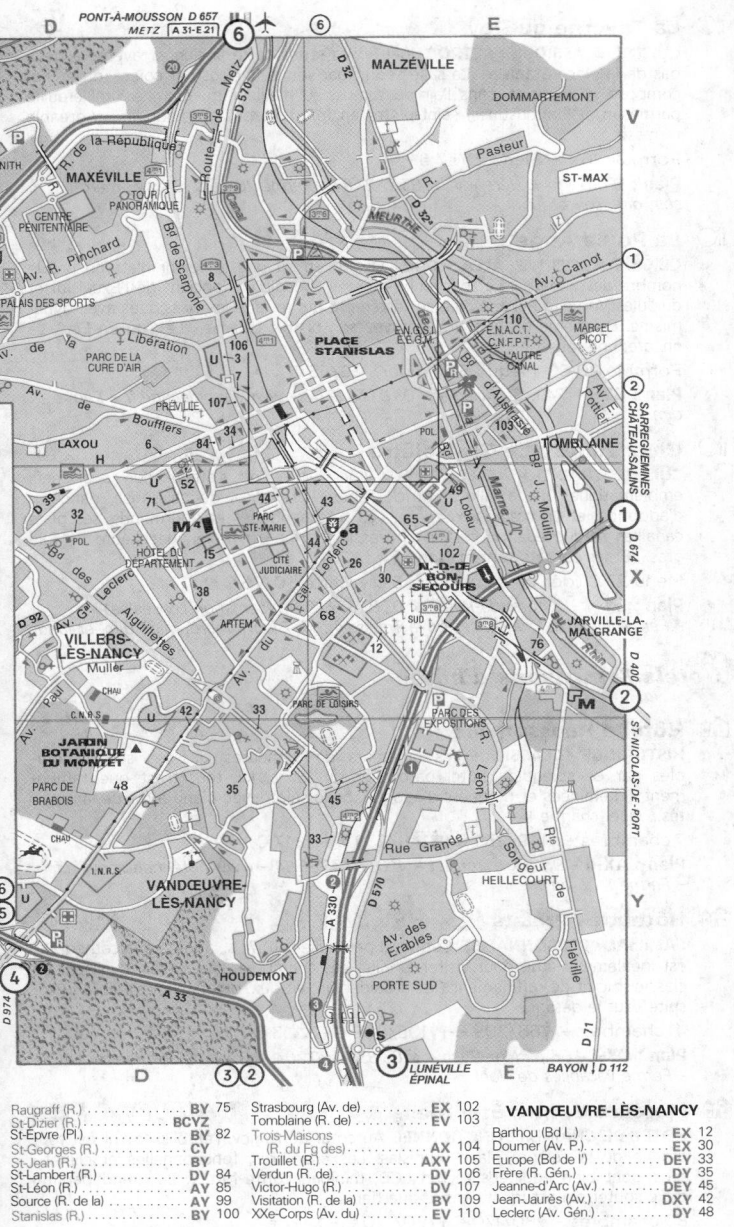

Raugraff (R.)	**BY**	75
St-Dizier (R.)	**BCYZ**	
St-Épvre (Pl.)	**BY**	82
St-Georges (R.)	**CY**	
St-Jean (R.)	**BY**	
St-Lambert (R.)	**DV**	84
St-Léon (R.)	**AY**	85
Source (R. de la)	**AY**	99
Stanislas (R.)	**BY**	100

Strasbourg (Av. de)	**EX**	102
Tomblaine (R. de)	**EV**	103
Trois-Maisons		
(R. du Fg des)	**AX**	104
Trouillet (R.)	**AXY**	105
Verdun (R. de)	**DV**	106
Victor-Hugo (R.)	**DV**	107
Visitation (R. de la)	**BY**	109
XXe-Corps (Av. du)	**EV**	110

VANDŒUVRE-LÈS-NANCY

Barthou (Bd L.)	**EX**	12
Doumer (Av. P.)	**EX**	30
Europe (Bd de l')	**DEY**	33
Frère (R. Gén.)	**DY**	35
Jeanne-d'Arc (Av.)	**DEY**	45
Jean-Jaurès (Av.)	**DXY**	42
Leclerc (Av. Gén.)	**DY**	48

ⅰⅩ La Taverne du Roy

CUISINE CLASSIQUE · RÉTRO Ⅹ Joël Roy a repris cette ancienne taverne à deux pas de la place Stanislas. La salle séduit par son décor cosy et coloré, et le chef compose une cuisine dans l'air du temps, au meilleur du marché : millefeuille parmesan et langoustines, saint-pierre en foin d'herbes aromatiques... Agréable terrasse.

Formule 16 € – Menu 21/37 €

Plan : BY-b – *17 r. Héré – ℰ 03 83 32 27 87 – Fermé 26-déc. -9 janv., merc. soir, dim. soir et lundi*

ⅰⅠ La Poule Ange

CUISINE MODERNE · À LA MODE Ⅹ Quand on dit que la valeur n'attend pas le nombre des années... Le tout jeune Jérémy Grosdidier, "ancien" de l'Excelsior et du Jules Verne, à Paris, a créé ce restaurant qui revisite les classiques avec dynamisme. Du même propriétaire, essayez son bistrot canaille, "Le Coq En Fer". Là encore, une réussite !

Formule 20 € – Menu 25 € (dîner), 35/55 €

Plan : BY-t – *74 r. St-Julien – ℰ 03 83 34 19 62 – www.lapouleange.fr – Fermé dim.*

ⅰⅩ Chez Tanésy Le Gastrolâtre

CUISINE TRADITIONNELLE · COSY Ⅹ Voici l'antre où s'affaire l'un des chefs emblématiques de la ville : Patrick Tanésy, provençal de naissance, nancéien d'adoption, et un cœur gros comme ça ! Authentiques et gourmands, ses plats canailles se succèdent : volaille en vessie, terrine du tripier, baeckeofe de foie gras... Et les sorbets sont maison !

Menu 27 € (déj. en semaine)/45 € – Carte 50/75 €

Plan : BY-v – *23 Grande-Rue – ℰ 03 83 35 51 94 (réservation conseillée) – Fermé 14-30 juil., vacances de la Toussaint, 1er-7 janv., mardi midi, dim. et lundi*

Hôtels & maisons d'hôtes

Hôtel d'Haussonville

HISTORIQUE · CLASSIQUE Les amateurs de demeures classées seront comblés par ce splendide hôtel particulier du 16e s. Ici, tout n'est que raffinement : cheminées et parquets d'époque, beau salon avec piano à queue, antiquités... Quel charme !

7 chambres – ♥149/239 € ♥♥149/239 € – ☖17 €

Plan : AX-g – *9 r. Mgr-Trouillet – ℰ 03 83 35 85 84 – www.hotel-haussonville.fr – Fermé 1er-7 janv.*

Hôtel des Prélats

FAMILIAL · PERSONNALISÉ Cet hôtel particulier du 17e s., adossé à la cathédrale, est idéalement situé pour visiter la ville. Les chambres, spacieuses, rivalisent de classicisme et de raffinement (lits à baldaquin, vitraux, objets chinés), et la junior suite vaut le détour...

41 chambres – ♥65/209 € ♥♥105/209 € – ☖13 €

Plan : CY-r – *56 pl. Mgr-Ruch – ℰ 03 83 30 20 20 – www.hoteldesprelats.com – Fermé vacances de Noël*

Mercure Centre Stanislas

HÔTEL DE CHAÎNE · FONCTIONNEL Au cœur de Nancy, l'établissement est tout proche de la célèbre place Stanislas. Les chambres, fonctionnelles et climatisées, sont bien équipées (écran LCD, minibar, coffre-fort...). Le grand parking privé souterrain est idéal dans le quartier.

80 chambres – ♥80/170 € ♥♥80/170 € – ☖17 €

Plan : BY-m – *5 r. des Carmes – ℰ 03 83 30 92 60 – www.mercure-nancy-centre-stanislas.com*

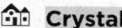 Crystal

FAMILIAL · MODERNE Voilà un établissement idéalement situé ! Quelques minutes suffisent pour rejoindre la gare ou le Palais des Congrès à pied, aller au musée ou faire les magasins. Les chambres sont agréables et bien tenues, avec un mobilier contemporain et de bons équipements.

58 chambres – ♦49/179 € ♦♦49/179 € – ♀14 €

Plan : AY-a – *5 r. Chanzy* – *♐ 03 83 17 54 00 – www.bwcrystal.com – Fermé 23 déc.-3 janv.*

La Villa 1901

VILLA · DESIGN À 15mn à pied du centre de Nancy, cette demeure de 1901 distille une ambiance rare... À son charme de maison de ville, intime et confidentielle, s'ajoute un aménagement très étudié, où dominent le mobilier industriel et le design vintage. Un sommet de style jusque dans les détails ! Et le petit-déjeuner est excellent...

5 chambres ♀ – ♦145/165 € ♦♦165/185 €

Plan : EX-a – *63 av. du Général-Leclerc* – *♐ 06 30 03 21 62 – www.lavilla1901.fr*

Maison de Myon

VILLA · PERSONNALISÉ Dans cette demeure du 18ᵉ s., proche de la cathédrale, tout est du meilleur goût : chambres et salons mêlent meubles anciens et design, tissus élégants, œuvres d'art, objets précieux, etc. Même l'ancienne écurie s'est transformée en belle bibliothèque ! On propose aussi cours de cuisine, dégustations de vins, table d'hôte...

5 chambres ♀ – ♦105/115 € ♦♦135/145 €

Plan : CY-s – *7 r. Mably* – *♐ 03 83 46 56 56 – www.maisondemyon.com – Fermé 6-22 fév.*

à Houdemont – ✉ 54180 – 2 301 hab. – Alt. 270 m

Ibis Styles Nancy Sud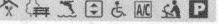

HÔTEL DE CHAÎNE · MODERNE À la croisée des autoroutes Nancy-Paris-Strasbourg, faire une halte dans cet hôtel peut s'avérer salutaire. La plupart des chambres, spacieuses, ont adopté un style épuré. Parfaite pour se détendre avant de reprendre la route, la terrasse du restaurant au bord de la piscine.

86 chambres ♀ – ♦79/139 € ♦♦89/149 € – ½ P

Plan : EY-s – *8 allée de la Genelière, (près du centre commercial)* – *♐ 03 83 56 10 25 – www.ibisstyles.com*

à Vandoeuvre-lès-Nancy – ✉ 54500 – 30 569 hab. – Alt. 300 m

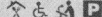 Cottage-Hôtel

BUSINESS · FONCTIONNEL Nous voici au cœur du technopôle de Nancy-Brabois, près de l'hippodrome à deux minutes de l'autoroute... Pratique ! Les chambres sont progressivement rénovées dans un style contemporain et se révèlent très fonctionnelles. On apprécie également le grand parking privé devant l'hôtel.

64 chambres – ♦78/194 € ♦♦78/194 € – ♀11 € – ½ P

4 allée de Bourgogne – *♐ 03 83 44 69 00 – www.groupe-mengin.com – Fermé 1ᵉʳ-15 août et 24-31 déc.*

à Neuves-Maisons 14 km au sud-Ouest par D974 – ✉ 54230 – 7 067 hab. – Alt. 230 m

Ⅰ○ L'Union

CUISINE TRADITIONNELLE · FAMILIAL ✕✕ Cette jolie petite maison colorée, autrefois café du village, propose une cuisine traditionnelle bien sympathique : râble de lapin à la truffe, fricassée de volaille au champagne, tête de veau, etc. Et puis, il y a la terrasse ombragée...

Formule 14 € – Menu 29/37 € – Carte 35/50 €

1 r. A.-Briand – *♐ 03 83 47 30 46 – www.restaurantlunion.com – Fermé 9-25 août, mardi soir, merc. soir, jeudi soir et lundi*

NANS-LES-PINS

✉ 83860 (Var) – 4 153 hab. – Alt. 380 m – Carte régionale n° **40**-B3
▶ Paris 794 km – Aix-en-Provence 44 km – Brignoles 26 km – Marseille 42 km
Carte Michelin 340-J5

�○ Domaine de Châteauneuf ⟮🛏 🛋 ⅙ 🅿⟯

CUISINE MODERNE · COSY XXX Un décor classique, en camaïeu de gris, et une belle terrasse sous des platanes centenaires : le goût de la Provence ! La carte aussi est ancrée dans la région (grosses crevettes sauvages en riz vénéré ; déclinaison d'agneau de Sisteron et sa fine ratatouille ; millefeuille aux fraises et glace vanille).

Menu 42/89 € – Carte 65/90 €

3 km au Nord par D560 – ⚐ 04 94 78 90 06 – www.domaine-de-chateauneuf.fr
– Ouvert mai-oct.

🏰 Domaine de Châteauneuf ⟮🛜 🐾 ⟨ 🛏 ⅃ 🍽 ⅙ 🅐 🕰 🅿⟯

CHÂTEAU · CAMPAGNARD Pas de luxe opulent, mais un charme bourgeois discret et une certaine authenticité dans cette belle bastide du 18ᵉ s., nichée au cœur du golf de la Sainte-Baume – un environnement d'une grande quiétude. Persiennes en bois, mobilier provençal, salles de bains à l'ancienne...

29 chambres – ♦189/399 € – ♦♦189/399 € – 1 suite – ♱ 21 € – ½ P

3 km au Nord par D560 – ⚐ 04 94 78 90 06 – www.domaine-de-chateauneuf.fr
– Ouvert mai-oct.

Ⅰ○ **Domaine de Châteauneuf** – voir les restaurants ci-dessus

© G. Rigoulet/hemis.fr

ON AIME...

Déjeuner chez **Clémence**, en bord de Loire, dans la grande tradition nantaise : c'est ici qu'a été inventé le beurre blanc ! Se régaler de la cuisine savoureuse du jeune chef de **L'Instinct Gourmand**. Plonger dans les douces saveurs iodées de **L'Océanide**. S'attabler à la **Maison Baron Lefèvre**, où l'on prouve chaque jour que la tradition a vraiment du bon...

NANTES

✉ 44000 (Loire-Atlantique) – 291 604 hab. – Agglo. 597 879 hab. – Alt. 8 m
– Carte régionale n° **34**-B2
▶ Paris 381 km – Angers 88 km – Bordeaux 325 km – Quimper 233 km
Carte Michelin 316-G4 – Guide Vert Michelin Bretagne Sud

Restaurants

🕸 **L'Atlantide 1874** (Jean-Yves Guého)   🕸 ⇦ ⮜ 🖭 ⅋ 🗚 🏊

CUISINE MODERNE · DESIGN XxX Désormais installée dans une belle maison du 19ᵉ s. surplombant la Loire, cette Atlantide recèle toujours de beaux trésors : Jean-Yves Guého signe une cuisine très exacte et d'une belle finesse, qui fait la part belle au poisson. Intéressante carte de vins de Loire. Quelques chambres pour l'étape.
➔ Burger de homard de pays, oignon doux et tomate épicée. Turbot en viennoise d'épices cantonaises, jeunes primeurs nantais. Mojito imaginé comme un dessert.
Formule 32 € – Menu 40 € (déj.), 50/100 € – Carte 77/86 €
4 chambres – ♦130 € ♦♦130 € – ☒ 15 €
Plan : 1BX-a – *5 r. de l'Hermitage* ✉ *44100* – *𝒞 02 40 73 23 23*
– *www.restaurant-atlantide.net – Fermé 2 semaines en août, 24-29 déc., dim. et fériés*

🕸 **L'Océanide**   🕸 🗚 ⅋ ⇔

POISSONS ET FRUITS DE MER · RÉTRO Xx Filets cuits sur la peau ou coquilles dorées au beurre : cette Océanide-là est bien nymphe de la mer. C'est en voisin que le chef va faire ses achats au célèbre marché de Talensac, et la fraîcheur du poisson, parfaitement travaillé, ne trompe pas ! Cadre agréable au charme désuet.
Menu 22 € (semaine), 30/85 € – Carte 42/72 €
Plan : 4GY-n – *2 r. Paul-Bellamy* – *𝒞 02 40 20 32 28*
– *www.restaurant-oceanide.com – Fermé 22 juil.-15 août, lundi soir et dim.*

🕸 **L'Instinct Gourmand** ⓝ   🗚 ⅋

CUISINE TRADITIONNELLE · SIMPLE X Deux jeunes professionnels se sont associés pour créer ce bistrot "sans étiquette", qui trace son sillon loin de tout formalisme : ici, la simplicité et la fraîcheur sont les seuls mots d'ordre. Le menu, présenté à l'ardoise, est réalisé chaque jour au gré du marché et réserve de savoureuses surprises... Pari gagnant !
🍴 Formule 14 € – Menu 16 € (déj. en semaine)/32 €
Plan : 4GY-g – *14 r. St-Léonard* – *𝒞 02 40 47 41 64 (réservation conseillée)*
– *www.linstinctgourmand.com – Fermé 1 semaine en mai, 2 semaines fin août-début sept., vacances de Noël, dim., lundi et fériés*

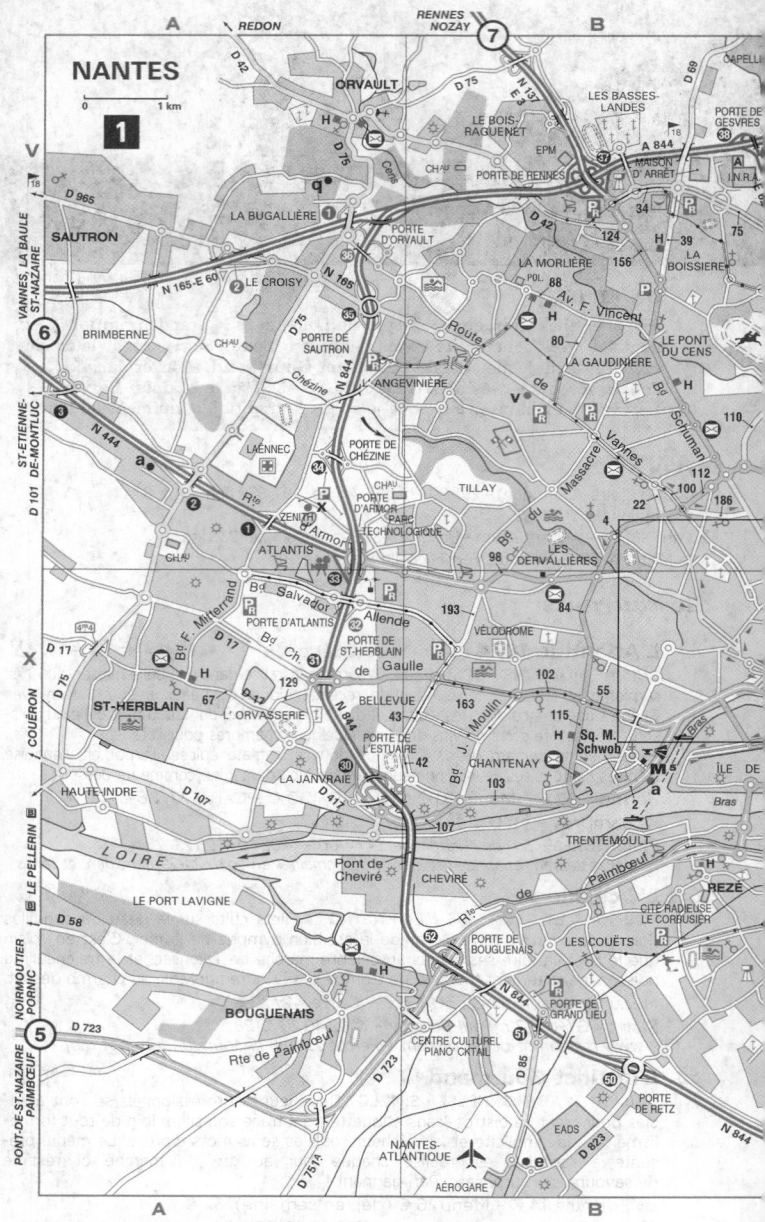

NANTES

0 ——— 1 km

1

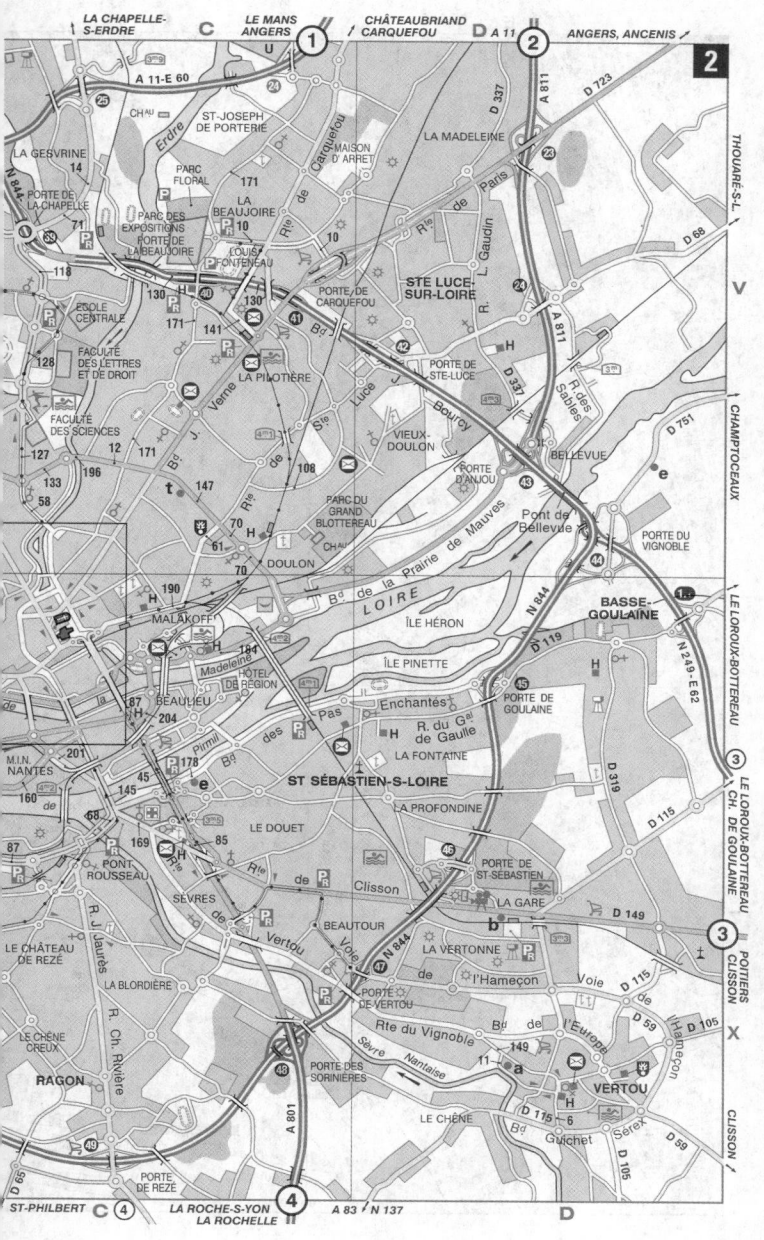

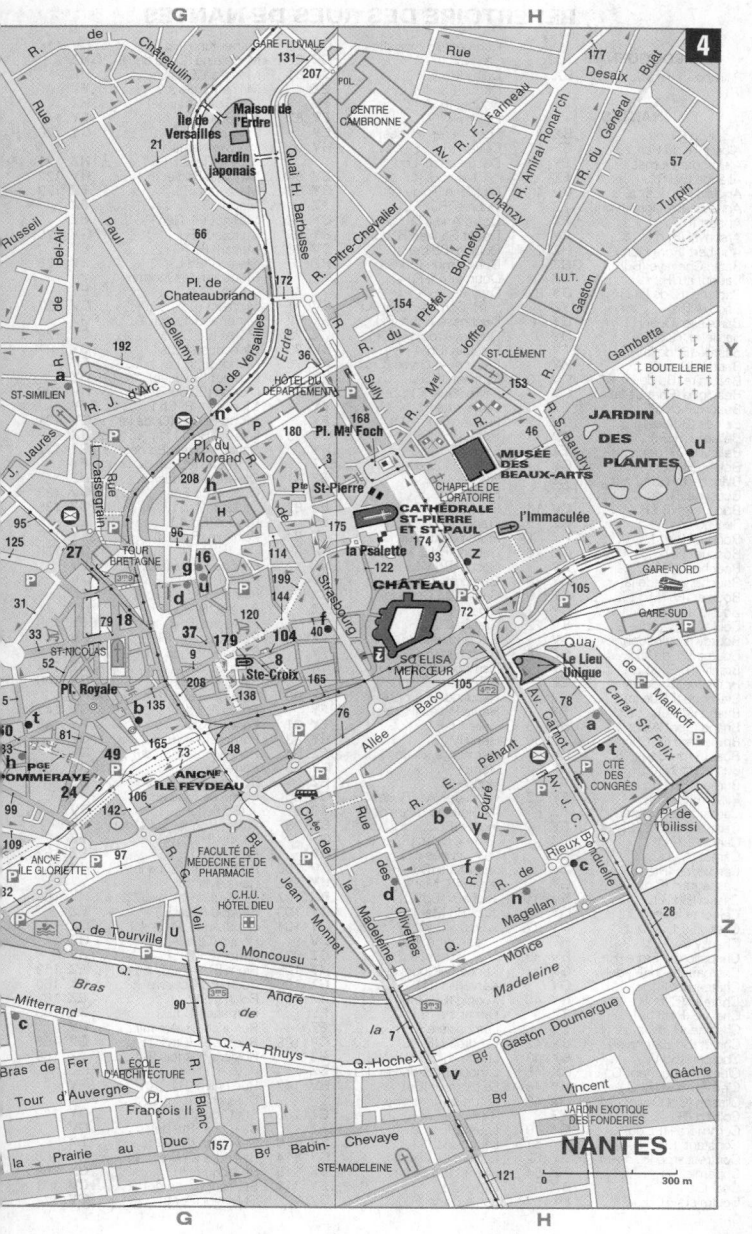

NANTES

RÉPERTOIRE DES RUES DE NANTES

BOUGUENAIS

Paimbœuf (Rte de) . . . . **BX**

NANTES

Aiguillon (Q. d') . . . . **BX** 2
Albert (R. du Roi) . . . . **GY** 3
Alexandre-Dumas (R.) . . . . . **EY**
Allende (Bd S.) . . . . **EZ**
Anglais (Bd des) . . . . **BV** 4
Anne-de-Bretagne (Pont) . . **FZ** 5
Appert (R.) . . . . **EZ**
Arsonval (R. d') . . . . **EY**
Audibert (Pont Gén.) . . . . . **HZ** 7
Babin-Chevaye (Bd) . . . . . **GHZ**
Baboneau (R.) . . . . **EZ**
Bâclerie (R. de la) . . . . . . **GY** 8
Baco (Allée) . . . . **HYZ**
Barbusse (Quai H.) . . . . . . **GY**
Barillerie (R. de la) . . . . . . **GY** 9
Bastille (R. de la) . . . . **EFY**
Baudry (R. S.) . . . . **HY**
Beaujoire (Bd de la) . . . . . **CV** 10
Beaujoire (Pont de la) . . . . **CV**
Beaumanoir (Pl.) . . . . **EZ**
Belges (Bd des) . . . . **CV** 12
Bellamy (R. P.) . . . . **GY**
Belleville (R. de) . . . . **EZ** 13
Bel-Air (R. de) . . . . **GY**
Blanchart (R. J.) . . . . **EZ**
Boccage (R. du) . . . . **EFY**
Bocquerel (Bd H.) . . . . **CV** 14
Boileau (R.) . . . . **GZ** 15
Bonduel (Av. J. C.) . . . . . . **HZ**
Bossuet (R.) . . . . **GY** 16
Bouchaud (R.) . . . . **EY**
Boucherie (R. de la) . . . . . **GY** 18
Bouhier (Pl. R.) . . . . **EZ** 19
Bouille (R. de) . . . . **GY** 21
Bouley Paty (Bd) . . . . **BV** 22
Bourcy (Bd Joseph) . . . . . **CDV**
Bourse (Pl. de la) . . . . **GZ** 24
Branly (R. É.) . . . . **EY**
Brasserie (R. de la) . . . . . **EZ** 25
Bretagne (Pl. de la) . . . . . . **GY** 27
Briand (Pl. A.) . . . . **FY**
Briand (Pont A.) . . . . **HZ** 28
Brunellière (R. Ch.) . . . . . . **FZ** 30
Buat (R. du Gén.) . . . . **GY**
Budapest (R. de) . . . . **GY** 31
Bureau (Bd L.) . . . . **FZ**
Calvaire (R. du) . . . . **FY** 33
Cambronne (Cours) . . . . . **FY**
Camus (Av.) . . . . **EY**
Canclaux (Pl.) . . . . **EZ**
Carnot (Av.) . . . . **HYZ**
Carquefou (Rte de) . . . . . . **CV**
Cassegrain (R. L.) . . . . **GY**
Cassin (Bd R.) . . . . **BV** 34
Ceineray (Quai) . . . . **GY** 36
Change (Pl. du) . . . . **GY** 37
Chanzy (Av.) . . . . **HY**
Chapelle-sur-Erdre (Rte) . . **BV** 39
Chateaubriand (Pl. de) . . . **GY**
Châteaulin (R. de) . . . . **GY**
Château (R. du) . . . . **GY** 40
Cheviré (Pont de) . . . . **ABX**
Chézine (R. de la) . . . . **EY**
Cholet (Bd Bâtonnier) . . . . **BX** 42
Churchill (Bd W.) . . . . **BX** 43
Clemenceau (Pont G.) . . . **CX** 45
Clemenceau (R. G.) . . . . . **HY** 46
Clisson (Crs Olivier de) . . . **GZ** 48
Colbert (R.) . . . . **FYZ**
Commerce (Pl. du) . . . . . . **GZ** 49
Constant (Bd Clovis) . . . . . **EY** 51
Contrescarpe (R. de la) . . . **GY** 52
Copernic (R.) . . . . **FZ** 54
Coty (Bd R.) . . . . **BX** 55
Coulmiers (R. de) . . . . **HY** 57

Courbet (Bd Amiral) . . . . . **CV** 58
Crébillon (R.) . . . . **FGZ** 60
Dalby (Bd E.) . . . . **CV** 61
Daubenton (Pl. L.) . . . . **EZ**
Daudet (R. A.) . . . . **FY**
Delorme (Pl.) . . . . **FY** 63
Dervallières (R. des) . . . . . **EY**
Desaix (R.) . . . . **HY**
Desgrées-du-Lou
 (R. du Col.) . . . . **EY** 64
Distillerie (R. de la) . . . . . . **GY** 66
Dobrée (R.) . . . . **FZ**
Dos-d'Ane (R.) . . . . **CX** 68
Douet Garnier (R. du) . . . . **EY** 69
Doulon (Bd de) . . . . **CV** 70
Doumergue (Bd G.) . . . . . **HZ**
Doumer (Pl. P.) . . . . **EY**
Dreyfus
 (R. Commandant A.) . . . **CV** 71
Duchesse-Anne (Pl.) . . . . . **HY** 72
Duguay-Trouin (Allée) . . . . **GZ** 73
Einstein (Bd A.) . . . . **BV** 75
Estienne-d'Orves (Crs d') . **HZ** 76
Farineau (R. F.) . . . . **HY**
Favre (Quai F.) . . . . **HYZ** 78
La-Fayette (R.) . . . . **FY**
Félibien (R.) . . . . **FY**
Feltre (R. de) . . . . **GY** 79
Foch (Pl. Mar.) . . . . **HY**
Fosse (Quai de la) . . . . . . **EFZ**
Fosse (R. de la) . . . . **GZ** 81
Fouré (R.) . . . . **HZ**
Frachon (Bd B.) . . . . **EZ** 82
France (Pl. A.) . . . . **EY**
Fraternité (Bd de la) . . . . . **BX** 84
Gabory (Bd E.) . . . . **CX** 85
Gâche (Bd V.) . . . . **HZ**
Gambetta (R.) . . . . **HY**
Gaulle (Bd Gén.-de) . . . . . **CX** 87
Gigant (R. de) . . . . **EFZ**
Graslin (Pl.) . . . . **FZ**
Guinaudeau (R.) . . . . **FZ** 89
Guist'hau (Bd G.) . . . . **FY**
Hameçon (Voie de l') . . . **CDX**
Harouys (R.) . . . . **FY**
Haudaudine (Pont) . . . . . . **GZ** 90
Hauts-Pavés (R. des) . . . . **FY**
Hélie (R. F.) . . . . **FY** 91
Henri IV (R.) . . . . **HY** 93
Hermitage (R. de l') . . . . . **EZ** 94
Herriot (R. É.) . . . . **EY** 95
Hoche (Q.) . . . . **HZ**
Hôtel-de-Ville (R. de l') . . . **GY** 96
Ile Gloriette (Allée de l') . . . **GZ** 97
Ingres (Bd J.) . . . . **BX** 98
Jeanne-d'Arc (R.) . . . . **GY**
Jean-Jaurès (R.) . . . . **FGY**
Jean XXIII (Bd) . . . . **BV** 100
Joffre (R. Mar.) . . . . **HY**
Jouhaux (Bd L.) . . . . **BX** 102
Juin (Bd Mar.) . . . . **BX** 103
Juiverie (R. de la) . . . . **GY** 104
Jules-Verne (Bd) . . . . **CV**
J.-J. Rousseau (R.) . . . . . **FGZ** 99
Kennedy (Cours J.-F.) . . . . **HY** 105
Kervégan (R.) . . . . **GZ** 106
Koenig (Bd Gén.) . . . . **BX** 107
Lamartine (R.) . . . . **EY**
Lamoricière (R.) . . . . **EZ**
Landreau (R. du) . . . . **CV** 108
Langevin (Bd P.) . . . . **EZ**
Lanoue Bras-de-Fer (R.) . **FGZ**
Le Lasseur (Bd) . . . . **BV** 112
Lattre-de-Tassigny
 (R. Mar.-de) . . . . **FGZ** 109
Launay (Bd de) . . . . **EZ**
Lauriol (Bd G.) . . . . **BV** 110
Leclerc (R. Mar.) . . . . **GY** 114
Liberté (Bd de la) . . . . **BX** 115
Littré (R.) . . . . **EY** 117
Louis-Blanc (R.) . . . . **GZ**

Luther-King (Bd M.) . . . . . **CV** 118
Madeleine (Chée de la) . . **GHZ**
Magellan (Quai) . . . . **HZ**
Maine (R. du) . . . . **FY**
Malakoff (Quai de) . . . . . . **HZ**
Marceau (R.) . . . . **FY**
Marne (R. de la) . . . . **GY** 120
Martyrs-Nantais-
 de-la-Résist. (Bd) . . . . . **HZ** 121
Mathelin-Rodier (R.) . . . . . **HY** 122
Mazagran (R.) . . . . **FZ** 123
Mellier (R.) . . . . **EZ**
Mellinet (Pl. Gén.) . . . . . . **EZ**
Mercœur (R.) . . . . **FGY** 125
Merlant (R. F.) . . . . **EY**
Merson (Bd L.-O.) . . . . . . **EY** 126
Meusnier-de-Querlon
 (Bd) . . . . **EY**
Michelet (Bd) . . . . **CV** 127
Mitterrand (Q. F.) . . . . . . **FGZ**
Mollet (Bd G.) . . . . **CV** 128
Moncousu (Quai) . . . . **GZ**
Mondésir (R.) . . . . **FY**
Monnet (Bd Jean) . . . . **GZ**
Monod (Bd du Prof.-J.) . . . **CV** 130
Monselet (R. Ch.) . . . . . . **EFY**
Motte Rouge (Q. de la) . . . **GY** 131
Moulin (Bd J.) . . . . **BX**
Nations-Unies (Bd des) . . . **GZ** 132
Normand (Pl. E.) . . . . **FY**
Olivettes (R. des) . . . . **HZ**
Orieux (Bd E.) . . . . **CV** 133
Orléans (R. d') . . . . **GZ** 135
Pageot (Bd A.) . . . . **EY**
Painlevé (R. Paul) . . . . . . **EY** 136
Paix (R. de la) . . . . **GZ** 138
Parc de Procé (R. du) . . . . **EY**
Paris (Rte de) . . . . **DV**
Pasteur (Bd) . . . . **EZ**
Péhant (R. E.) . . . . **HY**
Pelleterie (R. de la) . . . . . **EFY** 139
Petite Baratte (R.) . . . . **CV** 141
Petite-Hollande (Pl.) . . . . . **GZ** 142
Pilori (Pl. du) . . . . **GY** 144
Pirmil (Pont de) . . . . **CX** 145
Pitre-Chevalier (R.) . . . . . **GHY**
Poilus (Bd des) . . . . **CV** 147
Poitou (R. du) . . . . **FY** 148
Pommeraye (Pas.) . . . . . . **GZ**
Pont-Morand (Pl. du) . . . . **GY**
Porte-Neuve (R.) . . . . . . **FGY** 151
Prairie-au-Duc (Bd) . . . . . **FGZ**
Prairie de Mauves
 (Bd de la) . . . . **DV**
Préfet Bonnefoy (R. du) . . **HY**
Racine (R.) . . . . **FZ**
Raspail (R.) . . . . **EYZ** 152
Refoulais (R. L. de la) . . . . **HY** 153
Reine Margot
 (Allée de la) . . . . **HY** 154
Renaud (Quai E.) . . . . **EZ**
République (Pl. de la) . . . . **GZ** 157
Rhuys (Quai A.) . . . . **GZ**
Rieux (R. de) . . . . **HZ**
Riom (R. Alfred) . . . . **EZ** 159
Roch (Bd Gustave) . . . . . . **CX** 160
Rollin (R.) . . . . **EZ** 162
Romanet (Bd E.) . . . . **BX** 163
Ronar'ch (R. Amiral) . . . . . **HY**
Roosevelt (Crs F.) . . . . . . **GZ** 165
Rosière d'Artois (R.) . . . . . **FZ** 166
Royale (Pl.) . . . . **GZ**
Rue Noire (R.) . . . . **FY**
Russeil (R.) . . . . **FGY**
Ste-Croix (R.) . . . . **GY** 179
Ste-Luce (Rte de) . . . . **CV**
St-Aignan (Bd) . . . . **EZ**
St-André (Cours) . . . . **HY** 168
St-Jacques (R.) . . . . **CV** 169
St-Joseph (Rte de) . . . . . . **CV** 171
St-Mihiel (Pont) . . . . **GY** 172

St-Pierre (Cours)	**HY**	174
St-Pierre (Pl.)	**GY**	175
St-Rogatien (R.)	**HY**	177
St-Sébastien (Côte)	**CX**	178
Salengro (Pl. R.)	**GY**	180
Sanitat (Pl. du)	**FZ**	181
Santeuil (R.)	**GZ**	183
Sarrebrück (Bd de)	**CX**	184
Say (R. L.)	**BV**	186
Schuman (Bd R.)	**BV**	
Scribe (R.)	**FZ**	187
Serpette (Bd G.)	**EY**	
Sibille (R. M.)	**FZ**	188
Simon (R. Jules)	**EY**	189
Stalingrad (Bd de)	**CX**	190
Strasbourg (R. de)	**GY**	
Sully (R.)	**HY**	
Talensac (R.)	**GY**	192
Tbilissi (Pt de)	**ZH**	
Tertre (Bd du)	**BX**	193
Thomas (Bd A.)	**EY**	195
Tortière (Pont de la)	**CV**	196
Tourville (Quai de)	**GZ**	
Turpin (R. Gaston)	**HY**	
Vannes (Rte de)	**BV**	
Veil (R. G.)	**GZ**	
Verdun (R. de)	**GY**	199
Versailles (Quai de)	**GY**	

Vertou (Rte de)	**CX**	
Viarme (Pl.)	**FY**	
Victor-Hugo (Bd)	**CX**	201
Villebois-Mareuil (R.)	**FY**	202
Ville-en-Bois (R. de la)	**EZ**	
Viviani (R. René)	**CX**	204
Voltaire (R.)	**FY**	205
Waldeck-Rousseau (Pl.)	**GHY**	207
50-Otages (Crs des)	**GYZ**	208

ORVAULT

Ferrière (Av. de la)	**BV**	80
Goupil (Av. A.)	**BV**	88
Mendès-France (Bd)	**BV**	124
Rennes (Rte de)	**BV**	156
Vannes (Rte de)	**BV**	
Vincent (Av. F.)	**BV**	

REZÉ

Gaulle (Bd Gén.-de)	**CX**	87
Jean-Jaurès (R.)	**CX**	
Rivière (R. Ch.)	**CX**	

STE-LUCE-SUR-LOIRE

Bellevue (Pont de)	**DV**	

Gaudin (R. L.)	**DV**	
Sables (R. des)	**DV**	

ST-HERBLAIN

Allende (Bd S.)	**ABX**	
Armor (Rte d')	**AV**	
Dr-Boubée (R. du)	**AX**	67
Gaulle (Av. Ch.-de)	**AX**	
Massacre (Bd du)	**BV**	
Mitterrand (Bd F.)	**AX**	
Monnet (R. J.)	**AX**	125

ST-SÉBASTIEN-SUR-LOIRE

Clisson (Rte de)	**CDX**	
Gaulle (R. du Gén.-de)	**DX**	
Pas-Enchantés (Bd des)	**CDX**	

VERTOU

Arnaud (R. A.)	**DX**	6
Beauséjour (R.)	**DX**	11
Europe (Bd de l')	**DX**	
Guichet Sérex (Bd)	**DX**	
Pont de l'Arche (R. du)	**DX**	149
Vignoble (Rte du)	**DX**	

❙○ Le Rive Gauche

CUISINE MODERNE · À LA MODE ✕✕ Direction la rive gauche de la Loire, au sud de l'île Beaulieu, où le fleuve prend des accents presque champêtres... Autre atout de cette ancienne guinguette : une terrasse sur l'arrière, face à la verdure d'un jardin ensoleillé. Au menu : une cuisine soignée, associée à un joli choix de vins du Val de Loire.

Formule 18 € – Menu 36/84 €

Plan : 2CX-e – *10 Côte St-Sébastien* – *☎ 02 40 34 38 52*
– www.lerivegauche-restaurant.com – Fermé 25-30 déc., 1ᵉʳ-4 janv., sam. midi, dim. soir et lundi

❙○ L'Abélia

CUISINE MODERNE · INTIME ✕✕ Légèrement excentrée du centre-ville, cette demeure bourgeoise du début du 20e s., restaurée avec goût (parquet, tomettes, pierres apparentes, jardin d'hiver...), jouit d'une clientèle fidèle. Il faut dire que la carte honore la région nantaise, entre légumes du marché et poisson de la côte !

Formule 27 € – Menu 35 € (semaine), 37/54 € – Carte 44/58 €

Plan : 2CV-t – *125 bd des Poilus* – *☎ 02 40 35 40 00* – *www.restaurantlabelia.com*
– Fermé 26 juil.-18 août, 22 déc.-2 janv., dim. et lundi

❙○ L'U.ni

CRÉATIVE · COSY ✕✕ Histoires d'univers, d'unité, d'unicité... Son premier restaurant (ouvert fin 2011), Nicolas Guiet l'a voulu sur un mode singulier. Laissant libre cours à son imagination, tout en gardant la tête bien posée sur les épaules, il cuisine autant qu'il cherche à surprendre. De belles découvertes en perspective.

Formule 18 € – Menu 39/59 € – Carte environ 65 €

Plan : 4HZ-y – *36 r. Fouré* – *☎ 02 40 75 53 05 (réservation conseillée)*
– Fermé 3-12 janv., 2-17 mai, 3 semaines en août, dim. midi, lundi et mardi

❙○ La Cigale

CUISINE TRADITIONNELLE · BRASSERIE ✕✕ Véritable institution que cette brasserie née en 1895, face à l'opéra : son décor classé (céramiques, miroirs) illustre toute l'ivresse ornementale du Modern Style. Pour un repas plein de superbe !

👄 Formule 15 € – Menu 18 € (déj. en semaine)/29 € – Carte 32/50 €

Plan : 3FZ-d – *4 pl. Graslin* – *☎ 02 51 84 94 94* – *www.lacigale.com*

‖○ Le 1   🛋 ♿ AC

CUISINE MODERNE · BRASSERIE XX On peut être dans un nouveau quartier (celui de l'île de Nantes), arborer un décor très design, ludique et coloré, et faire honneur à la tradition : cabillaud sauce hollandaise, tartare de bœuf au couteau et frites maison, côte de bœuf sauce béarnaise... Une belle brasserie d'aujourd'hui !

🍴 Formule 15 € – Menu 18 € (semaine)/29 € – Carte 35/54 €

Plan : 4GZ-c – *1 r. Olympe-de-Gouges, (à l'angle du quai F.-Mitterrand) – ☏ 02 40 08 28 00 – www.leun.fr*

‖○ Félix   🛋 ♿ AC ⇔

CUISINE TRADITIONNELLE · BRASSERIE XX Tout près de la cité des congrès, le type même de la grande brasserie contemporaine qui n'a pas oublié ses classiques : produits frais, tartares, huîtres, service 7j/7, ambiance... En prime, une jolie vue sur le canal St-Félix.

🍴 Formule 15 € – Menu 18 € (déj. en semaine)/28 € – Carte 34/56 €

Plan : 4HZ-a – *1 r. Lefèvre-Utile – ☏ 02 40 34 15 93 – www.brasseriefelix.com*

‖○ Song, Saveurs & Sens   AC

CRÉATIVE · COSY X Nhung Phung a changé de vie pour créer son restaurant. Autodidacte, certes, mais vraie cuisinière ! La faute à ses racines vietnamiennes ? À sa passion pour la gastronomie ? À sa sensibilité ? Sa table séduit, entre Asie du Sud-Est et France, tradition et modernité, épices subtiles et produits de qualité...

🍴 Formule 15 € – Menu 19 € (déj. en semaine)/33 € – Carte 38/54 €

Plan : 4GZ-h – *5 r. Santeuil – ☏ 02 40 20 88 07 – www.restaurant-song.fr – Fermé 1 semaine en mai, 3 semaines en août, dim. et lundi*

‖○ Maison Baron Lefèvre   ♿ AC ⇔

CUISINE TRADITIONNELLE · CONVIVIAL X Le genre de maison qui a tout compris : décor à la pointe du goût d'aujourd'hui (un ancien entrepôt de maraîchers en brique, bois et métal), bons produits, cocottes en fonte et plats de tradition... Ce Baron-là achète même des bêtes entières (cochon, veau) pour préparer ses boudins, terrines, etc. Verdict : salle comble !

🍴 Menu 19 € (déj. en semaine)/26 € – Carte 37/61 €

Plan : 4HZ-n – *33 r. de Rieux – ☏ 02 40 89 20 20 – www.baron-lefevre.fr – Fermé 1ᵉʳ-15 août, dim. et lundi*

‖○ Le Bouchon 🆕   🛋 ⇔

CUISINE MODERNE · ÉLÉGANT X Sa bonne cuisine dans l'air du temps, réinventée jour après jour ; son intérieur joliment décoré (tommettes au sol, poutres anciennes, miroirs) ; sa terrasse incontournable, véritable havre de verdure en plein cœur de la ville... On comprend mieux pourquoi cette adresse est aussi prisée des Nantais !

Formule 15 € – Menu 29/33 € – Carte 34/50 €

Plan : 4GY-u – *7 r. Bossuet – ☏ 02 40 20 08 44 (réservation conseillée) – Fermé sam. midi, dim. et lundi*

‖○ LuluRouget

CUISINE MODERNE · CONVIVIAL X Parfumée et savoureuse, précise et incisive, originale et bien pensée : telle est la cuisine de Lulu Rouget, sympathique bistrot contemporain créé par un jeune chef passé par quelques belles maisons. Très bon rapport plaisir-prix, en toute convivialité !

Formule 19 € – Menu 23 € (déj.), 39/59 €

Plan : 4GY-d – *1 r. du Cheval-Blanc – ☏ 02 40 47 47 98 (réservation conseillée) – Fermé 1 semaine vacances de printemps, 3 semaines en août, 1 semaine à Noël, sam. midi, dim. et lundi*

¡O Le Canclaux ⓝ 🕍

CUISINE MODERNE · BISTRO ✗ Grande-Bretagne, Suisse, Espagne, Maroc... Pendant 20 ans, Henri Berthaud a exercé son métier de chef aux quatre coins du monde. En 2013, il s'est associé à son frère pour créer cette table sympathique, où il mitonne une cuisine du marché agrémentée de saveurs exotiques. Sans chichi, et tout simplement bon !

Formule 20 € – Menu 24 € – Carte 38/50 €

Plan : 3EZ-b – 7 pl. Canclaux – ✆ 09 52 76 27 62 – www.lecanclaux.com – Fermé 3 semaines en août, 10 jours à Noël, mardi soir, merc. soir, sam. soir, dim. et lundi

¡O Analude 🕍 🅰🅲

CUISINE MODERNE · À LA MODE ✗ Derrière l'ancien palais de justice, ce restaurant contemporain, doublé d'une épicerie gourmande, est l'une des adresses en vogue dans la ville, et c'est justice. Son chef, Christophe Levet, est un autodidacte, qui travaille les produits du marché selon son inspiration, à grand renfort d'herbes et d'épices. Une réussite !

🍴 Formule 17 € – Menu 20 € (déj. en semaine), 45/60 € 🍷
– Carte 35/41 €

Plan : 3FY-g – 2 r. de la Bastille – ✆ 02 53 55 65 46 – www.analude.fr – Fermé 29 juil. -23 août, mardi soir, lundi, sam., dim. et fériés

¡O L'Atelier d'Alain 🕸 🅰🅲 ⟷

CUISINE MODERNE · CONVIVIAL ✗ Alain Ruffault a créé son Atelier dans l'ancienne boucherie de ses parents, aujourd'hui métamorphosée. Signes distinctifs des lieux : une bonne cuisine, à la fois gourmande et soignée, et de la décontraction ! Belle carte de vins du Val de Loire et de Bordeaux.

Carte 25/55 €

Plan : 4HZ-d – 24 r. des Olivettes – ✆ 02 40 84 38 66 (réservation conseillée) – www.atelieralain.fr – Fermé août, sam. midi et dim.

¡O Les Chants d'Avril ⓝ 🕸

CUISINE TRADITIONNELLE · BISTRO ✗ Christophe François est le type même du chef passionné... et passionnant. Il cultive ici l'esprit de bistrot en toute simplicité : vieux parquet, comptoir en formica, bibelots... Côté cuisine, idem : il décline un menu unique au gré de son humeur et du marché du jour, en utilisant de beaux produits de la région. Rafraîchissant !

Formule 19 € – Menu 23 € (semaine)/28 € – Carte 35/50 €

Plan : 4HZ-b – 2 r. Laennec – ✆ 02 40 89 34 76 – www.leschantsdavril.fr
– Fermé vacances de fév., vacances de printemps, 3 semaines en août, 25 déc.-1er janv., lundi soir, mardi soir, merc. soir, sam. et dim.

¡O Au Plaisir 🕍

CUISINE MODERNE · CONVIVIAL ✗ Dans l'une des rues semi-piétonnes du vieux Nantes, au cœur de l'animation, ce restaurant sympathique tient sa promesse : le plaisir est au rendez-vous ! Ris de veau caramélisé à la façon du chef, filet de bœuf grillé aux huîtres bretonnes... On se régale de cette cuisine de caractère, qui évolue au gré des saisons.

Formule 13 € – Menu 24/40 € 🍷 – Carte environ 38 €

Plan : 4GY-h – 10 r. Léon-Blum – ✆ 02 40 89 41 56
– www.restaurant-au-plaisir.com – Fermé 1er-21 août, mardi soir, merc. soir, dim. et lundi

¡O Le Gressin

CUISINE TRADITIONNELLE · RUSTIQUE ✗ Dans ce quartier proche de la Cité des congrès, se trouve ce vrai bon petit restaurant familial, tenu par deux frères sympathiques. On fait son choix dans un menu-carte tourné vers la tradition, avec notamment la spécialité de la maison : le sandre au beurre blanc nantais !

🍴 Formule 13 € – Menu 16 € (déj. en semaine)/30 €

Plan : 4HZ-f – 40 bis r. Fouré – ✆ 02 40 48 26 24 – Fermé 3 semaines en août, lundi soir, sam. midi et dim.

ⅰ◯ Les Bouteilles

CUISINE TRADITIONNELLE · BISTRO À côté du marché de Talensac, un bistrot à vins épatant : décor sympathique honorant Bacchus, belle cuisine de produits (charcuteries corses, plats canailles, poisson de la marée...) sans oublier – enseigne oblige – une mémorable carte des vins (600 appellations !) faisant notamment honneur à la Bourgogne.

Carte 25/45 €

Plan : 4GY-a – *11 r. de Bel-Air* – *📞 02 40 08 27 65* – *Fermé 3 semaines en août, 1 semaine en fév., sam. midi, dim. et lundi*

Hôtels

Radisson Blu

BUSINESS · DESIGN Un beau bâtiment classique dont le fronton central reste sculpté des mots "Palais de Justice" : c'est bel et bien dans un ancien tribunal – en activité jusqu'en 2000 – qu'a été créé ce Radisson Blu ! Esprit contemporain, grand confort et belles prestations seront les juges de vos nuits.

137 chambres ⊊ – ♦139/450 € ♦♦139/450 € – 5 suites

Plan : 3FY-b – *6 pl. Aristide-Briand* – *📞 02 72 00 10 00*
– *www.radissonblu.com/hotel-nantes*

Mercure Centre

HÔTEL DE CHAÎNE · FONCTIONNEL Derrière la belle façade du 19e s., un hall sous verrière, un lounge bar flambant neuf et même des salles "easy-work" réservables à l'heure, idéales pour une réunion d'affaires improvisée. Les chambres sont confortables et bien équipées.

161 chambres – ♦89/199 € ♦♦89/199 € – 1 suite – ⊊ 19 €

Plan : 4GZ-b – *4 r. du Couëdic* – *📞 02 51 82 10 00* – *www.mercure.com*

Novotel Cité des Congrès

HÔTEL DE CHAÎNE · FONCTIONNEL Créé en 1992, il jouxte la cité des congrès. Ses chambres se révèlent confortables et spacieuses, pour le bénéfice de la clientèle d'affaires comme des familles. Novotel Café pour se restaurer.

103 chambres – ♦99/209 € ♦♦129/259 € – 2 suites – ⊊ 16 € – ½ P

Plan : 4HZ-t – *3 r. de Valmy* – *📞 02 51 82 00 00* – *www.novotel.com*

Océania Hôtel de France 🄽

URBAIN · PERSONNALISÉ Après de longs travaux, cet hôtel particulier du 18e s., dont le porche est classé monument historique, a rouvert ses portes. Et il n'a rien perdu de son charme ! Les fresques murales et hauts plafonds sont toujours d'actualité ; les chambres, bien rénovées dans un style contemporain, sont particulièrement agréables.

72 chambres – ♦99/259 € ♦♦99/259 € – ⊊ 15 €

Plan : 3FZ-f – *24 r. Crébillon* – *📞 02 40 73 57 91* – *www.oceaniahotels.com*

Sozo Hotel

HISTORIQUE · PERSONNALISÉ Né en 2012 près de la gare, cet hôtel a été créé dans une ancienne chapelle du 19e s. ! Chambres dans les absidioles ou le chœur, vitraux pour fenêtre, clés de voûte en guise de tête de lit et, partout, un aménagement des plus design... Le cachet d'un monument historique associé à l'épure contemporaine : unique !

24 chambres – ♦139/474 € ♦♦139/474 € – ⊊ 17 €

Plan : 4HY-u – *16 r. Frédéric-Cailliaud* – *📞 02 51 82 40 00* – *www.sozohotel.fr*

Okko

URBAIN · DESIGN Sur un boulevard passant, ce bâtiment du début du 20e s. – ancienne fabrique à chaussures – a été choisi pour accueillir le premier des hôtels Okko, nouvelle chaîne hôtelière à vocation "urbaine". Design, espace, confort : un concept réussi !

80 chambres ⊊ – ♦109/210 € ♦♦109/210 €

Plan : 4GY-f – *15 bis r. de Strasbourg* – *📞 02 52 20 00 70* – *www.okkohotels.com*

 Graslin

TRADITIONNEL · PERSONNALISÉ Près de l'opéra, cet hôtel propose deux catégories de chambres, décorées dans un esprit contemporain alliant fonctionnalité et notes Art déco.

47 chambres – †55/129 € ††60/149 € – ☱ 12 €

Plan : 3FZ-v – *1 r. Piron –* 𝒞 *02 40 69 72 91 – www.hotel-graslin.com*

 L'Hôtel

BUSINESS · DESIGN Accueil très aimable dans cet Hôtel où l'on prend facilement ses aises. Vue sur le château en façade, le jardin à l'arrière ; décor contemporain aux notes rétro (références aux fifties), salon feutré : une agréable villégiature au cœur de la ville.

31 chambres – †79/140 € ††79/140 € – ☱ 12 €

Plan : 4HY-z – *6 r. Henri-IV –* 𝒞 *02 40 29 30 31 – www.nanteshotel.com*

 Pommeraye

BUSINESS · FONCTIONNEL Une situation idéale en centre-ville – à côté du célèbre passage Pommeraye et des boutiques de la rue Crébillon – pour cet hôtel contemporain élégant et feutré, tenu avec soin. À noter : produits bio et locaux au petit-déjeuner.

50 chambres – †64/169 € ††64/169 € – ☱ 11 €

Plan : 4GZ-t – *2 r. Boileau –* 𝒞 *02 40 48 78 79 – www.hotel-pommeraye.com*

 Belfort

FAMILIAL · FONCTIONNEL Non loin des quais de la Loire, cet établissement a tout du petit hôtel moderne d'aujourd'hui, à la fois fonctionnel et coloré. Au dernier étage, certaines chambres jouissent d'un balcon dominant la ville.

50 chambres – †69/100 € ††69/110 € – ☱ 11 €

Plan : 4HZ-c – *1 r. de Belfort –* 𝒞 *02 40 47 05 57 – www.hotel-belfort-nantes.fr*
– Fermé 31 déc.-3 janv.

 Voltaire Opéra

BUSINESS · FONCTIONNEL Tout près de la place Graslin et du cours Cambronne, cette ancienne pension de famille (datant de 1855) est aujourd'hui un hôtel résolument contemporain. Les chambres sont confortables et bien tenues ; aux beaux jours, on prend son petit-déjeuner à ciel ouvert...

40 chambres – †58/143 € ††58/143 € – ☱ 11 €

Plan : 3FZ-t – *10 r. Gresset, (quartier Graslin) –* 𝒞 *02 40 73 31 04*
– www.hotelvoltaireoperanantes.com

Environs

à Sucé-sur-Erdre 16 km au Nord, sortie n° 23 et D37 - (Plan : CV) – ⌗ 44240
– 6 473 hab. – Alt. 14 m

 Les Arbres Rouges

VILLA · DESIGN Dans un quartier résidentiel, une grande maison d'architecte à la décoration pointue, véritable précis de savoir-vivre contemporain. Piscines intérieur-extérieur, matériaux de qualité, équipements high-tech... Un certain luxe, sans ostentation.

5 chambres ☱ – †98/108 € ††113/120 €

570 rte de Carquefou – 𝒞 *02 51 81 15 00 – www.lesarbresrouges.com*

au Bord de l'Erdre 11 km par D178 ou sortie n° 24 autoroute A11 et rte de la Chantrerie - (Plan : CV)

ⅰ⊙ Manoir de la Régate

CUISINE MODERNE · ÉLÉGANT ✗✗✗ Une élégante demeure toute blanche et couverte de vigne vierge (19e s.), dans un cadre très bucolique. L'escapade charme aux portes de Nantes. Au menu, une gastronomie d'aujourd'hui, qui évolue au gré des saisons. Agréable terrasse.

Menu 22 € (semaine), 35/45 € – Carte 39/58 €

Hôtel de la Régate, 155 rte de Gachet ⊠ 44300 Nantes – ℰ 02 40 18 02 97
– www.manoirdelaregate.com – Fermé dim. soir et fériés

ⅰ⊙ Auberge du Vieux Gachet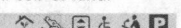

CUISINE MODERNE · À LA MODE ✗✗ Cette ancienne ferme – entièrement rénovée en 2013 – rappelle la campagne d'antan, à deux pas de la ville : au bord de l'Erdre, face aux flots, la vue se révèle très nature. La carte a le parfum de la tradition : croustillant de homard et beurre à l'estragon, mignon de porc en croûte au romarin et citron confit...

Menu 21 € (déj. en semaine), 31/59 € – Carte 52/108 €

rte de Gachet ⊠ 44470 Carquefou – ℰ 02 40 25 10 92
– www.aubergeduvieuxgachet.com – Fermé 22-28 août, dim. soir et lundi

⌂ La Régate

RURAL · MODERNE Près de l'Erdre, au calme, le bâtiment (2009) respecte les dernières normes environnementales et a reçu l'Écolabel européen. Toit végétalisé, panneaux solaires, structure de béton aux motifs de bambou... La planète est zen, les clients aussi !

42 chambres – ♦89/180 € – ♦♦89/180 € – ⊡ 14 €

155 rte de Gachet ⊠ 44300 Nantes – ℰ 02 40 50 22 22
– www.hotel-nantes-laregate.com

ⅰ⊙ **Manoir de la Régate** – voir les restaurants ci-dessus

rte des Bords de Loire par D751 (Plan : DV), sortie 44 Porte du Vignoble

⊛ La Divate

CUISINE TRADITIONNELLE · RUSTIQUE ✗✗ Alors qu'on flâne au fil de la Loire, cette ancienne maison de pêcheurs tombe à point nommé pour une pause repas : anguilles et grenouilles en persillade, sandre au beurre blanc... Le bon goût de la tradition ! Côté décor, pierres, poutres et vieux objets de pêche parfont le spectacle des flots paisibles...

⊜ Formule 15 € – Menu 19/39 € – Carte 45/55 €

28 Levée-de-la-Divate, à Boire-Courant, 11 km – ℰ 02 40 54 19 66
– www.restaurantladivate.com.sitew.com – Fermé vacances de fév., 3 semaines en juil., lundi soir en hiver, dim. soir, mardi et merc.

ⅰ⊙ Villa Mon Rêve

CUISINE MODERNE · ÉLÉGANT ✗✗ Dans un grand jardin protégé par une levée de la Loire, une jolie maison bourgeoise de la fin du 19e s., au cadre élégant et feutré. Une nouvelle direction en a repris les rênes : le chef cale ses recettes sur les saisons et les produits frais ; une jolie suite...

Formule 21 € – Menu 35/42 € – Carte 45/75 €

Plan : 2DV-e *– 2 Levée-de-la-Divate, à 9 km – ℰ 02 40 03 55 50*
– www.villa-mon-reve.com – Fermé dim. soir, lundi et mardi

ⅰ⊙ Clémence

CUISINE TRADITIONNELLE · CONVIVIAL ✗✗ C'est en cette auberge ligérienne que Clémence Lefeuvre (1860-1932) créa le fameux beurre blanc ! Le chef lui rend un savoureux hommage, mêlant tradition, produits frais et invention. Une bonne étape sur la route des bords de Loire.

Formule 17 € – Menu 21 € (semaine), 33/63 €

91 levée de la Divatte, à 15 km, à la Chebuette – ℰ 02 40 36 03 18
– www.restaurantclemence.com – Fermé 1 semaine vacances de fév.,
25 juil.-10 août, merc. soir, dim. soir et lundi

à Haute-Goulaine 14 km au Sud-Est par D119 – ⊠ 44115 – 5 539 hab. – Alt. 41 m

❀❀ **Manoir de la Boulaie** (Laurent Saudeau)

CRÉATIVE · ÉLÉGANT XXX À 15 km de Nantes, un beau domaine des années 1920 au cœur des vignobles du muscadet... Derrière les fourneaux, Laurent Saudeau signe une cuisine très inventive, toujours recherchée, parfois complexe, mêlant produits d'ici et épices d'ailleurs. Décor contemporain et coloré.

➜ Lotte fumée au thé noir, dashi et émulsion de riz. Bar aux coquillages, ail noir d'Aomori, pak-choï et jus au galanga. Citron, fromage blanc, coriandre et framboises.

Menu 41 € (déj. en semaine), 85/148 € – Carte environ 110 €

33 r. de la Chapelle-St-Martin – ℰ 02 40 06 15 91 – www.manoir-de-la-boulaie.fr – Fermé 31 juil.-25 août, 24 déc.-12 janv., dim. soir, lundi et merc.

à Vertou 10 km par D59 sortie porte de Vertou – ⊠ 44120 – 22 307 hab. – Alt. 32 m

🍴◯ **Monte-Cristo**

CUISINE MODERNE · COSY XX On dit que c'est dans cette maison ancienne (450 ans) qu'Alexandre Dumas père commença l'écriture de son Comte de Monte-Cristo ! Mais point de tragique vengeance en ce lieu paisible où l'on vient déguster une bonne cuisine actuelle, près de la véranda ou sur la terrasse, face à la Sèvre...

🍴 Formule 17 € – Menu 20 € (déj. en semaine), 29/65 € 🍷

Plan : 2DX-a – *11 quai Chaussée-des-Moines – ℰ 02 40 34 40 36 – www.monte-cristo.fr – Fermé 1 semaine en fév., 1 semaine en sept., 2 semaines vacances de la Toussaint, 1 semaine à Noël, merc. soir, dim. soir et lundi*

🍴◯ **Le Laurier Fleuri**

CUISINE MODERNE · TRADITIONNEL XX Un jeune couple fait souffler un vent de renouveau sur cet ancien relais de diligence d'aspect très traditionnel ! C'est après un solide parcours dans des maisons de renom que le chef a repris les rênes des fourneaux. On sent dans chaque assiette un réel travail et une vraie envie de surprendre et de faire plaisir...

🍴 Formule 17 € – Menu 20 € (semaine), 30/44 € – Carte 37/58 €

10 chambres – †62 € ††72/81 € – ⊡ 7 €

Plan : 2DX-b – *460 rte de Clisson – ℰ 02 51 79 01 01 – www.lelaurierfleuri.fr – Fermé 30 juil.-22 août, dim. et lundi*

à Château-Thébaud 18 km au Sud-Est par D149, D74 et D63 – ⊠ 44690
– 2 926 hab. – Alt. 58 m

😊 **Auberge La Gaillotière**

CUISINE TRADITIONNELLE · RUSTIQUE XX Pour un tête-à-tête avec le vignoble nantais... Les alignements de ceps viennent presque caresser les murs de cet ancien chai ! Anjou, muscadet, bourgueil, etc. : le Val de Loire est aussi à l'honneur à la carte. Quant à la cuisine, du terroir, généreuse et soignée, elle finit de convertir aux bienfaits de la région.

🍴 Menu 14 € (déj. en semaine), 20/28 €

La Gaillotière – ℰ 02 28 21 31 16 – www.auberge-la-gaillotiere.fr – Fermé 31 janv.-22 fév., 31 juil.-22 août, dim. et lundi

à St-Fiacre-sur-Maine 10 km au Sud-Est par D59 – ⊠ 44690
– 1 165 hab. – Alt. 46 m

🏠 **La Demeure de Saint-Fiacre**

FAMILIAL · PERSONNALISÉ Cette Demeure est l'œuvre de Thomas, un jeune Allemand qui a entièrement rénové cette bâtisse ancienne, au cœur des vignes du muscadet sur lie. Espaces et volumes ne manquent pas de séduire, alliant vieilles pierres et aménagements très contemporains, tout en aplats de blanc et mobilier design. Avis aux amateurs !

3 chambres ⊡ – †99 € ††120 €

Les Gras-Moutons – ℰ 02 40 43 46 33 – www.lademeure.fr

à l'aéroport international Nantes-Atlantique sortie 51 porte de Grandlieu-Bouguenais – ✉ 44340 Bouguenais

🏨 Océania   ⌂ ⼿ ℁ 🖭 ⬦ 𝔸𝕂 ⽕ 🅿

BUSINESS · FONCTIONNEL Une navette relie directement l'hôtel à l'aéroport tout proche. Architecture moderne (1989), chambres fonctionnelles et très confortables, brasserie face à la piscine.

85 chambres – ♦99/159 € ♦♦99/159 € – 2 suites – ⌘ 15 €

Plan : 1BX-e – *r. de L'Aviation* – ℰ 02 40 05 05 66 – www.oceaniahotels.com

à Coueron 15 km par D107, sortie porte de l'Estuaire – ✉ 44220 – 19 765 hab. – Alt. 13 m

⊛ Le François II   ⽕ ⬦ ✿

CUISINE TRADITIONNELLE · CONVIVIAL ✗✗ L'enseigne rend hommage au duc de Bretagne, père d'Anne, mort à Couëron. Ici, la tradition est reine, et le couple de propriétaires – d'origine bretonne – sait la faire vivre ! Le chef aime s'approvisionner dans la région et travaille en véritable artisan : tout est fait maison. Une adresse attachante.

👄 Formule 13 € – Menu 15 € (déj. en semaine), 24/57 €
– Carte 35/50 €

5 pl. Aristide-Briand – ℰ 02 40 38 32 32 – www.francois2.com
– *Fermé 4-10 avril, 25 juil.-15 août, 1er-7 janv., merc. soir sauf juil.-août, dim. soir, mardi soir, jeudi soir et lundi*

à St-Herblain 8 km à l'Ouest – ✉ 44800 – 43 287 hab. – Alt. 8 m

✸○ Les Caudalies   𝔸𝕂 ✿

CUISINE MODERNE · COSY ✗✗ Savez-vous que les caudalies mesurent la durée de persistance aromatique du vin en bouche ? Un véritable programme pour cette table gastronomique tenue par un couple complémentaire : lui chef, elle sommelière. Au menu : de beaux accords mets-vins, pour une cuisine elle-même inventive et soignée.

Menu 22 € (semaine), 29/50 € – Carte 39/59 €

Plan : 1BV-v – *229 rte de Vannes, (sortie N° 35)*
– ℰ 02 40 94 35 35 – www.restaurant-lescaudalies.com
– *Fermé 1er-21 août, 15-23 fév., merc. soir, dim. et lundi*

✸○ Les Pellières   ⽕ ⬦ ✿

CUISINE TRADITIONNELLE · RUSTIQUE ✗✗ Un petit coin de campagne dans une zone aujourd'hui urbanisée, tout près du Zénith... On remonte le temps dans cette ferme du 16e s. (avec une extension en bois et verre), où l'on déguste une cuisine de tradition très généreuse, valorisant produits du terroir, herbes et légumes du potager, au plus près des saisons.

👄 Formule 16 € – Menu 19 € (déj. en semaine)/26 € – Carte 32/47 €

Plan : 1AV-x – *esplanade Georges-Brassens, (parking P1 du Zénith)*
– ℰ 02 40 65 08 88 – www.baron-lefevre.fr
– *Fermé lundi soir et dim.*

🏨 Le Colisée   ⌂ ⼐ 🖭 ⬦ 𝔸𝕂 ⽕ 🅿

BUSINESS · ACTUEL Ne vous arrêtez pas à l'environnement de cet hôtel-restaurant, créé en 2012 dans une zone industrielle à côté de la voie rapide menant à St-Nazaire ! Ce Colisée n'est certes pas à Rome, mais il dispose de chambres spacieuses et très fonctionnelles. Bel espace détente.

48 chambres ⌘ – ♦91/129 € ♦♦101/139 € – 2 suites – ½ P

Plan : 1AV-a – *29 r. Bobby-Sands* – ℰ 02 28 27 07 00
– www.hotel-lecolisee.com

à Orvault 6 km par N137 sortie porte de Rennes – ⌧ 44700 – 24 761 hab. – Alt. 45 m

🏠 Hôtel du Parc   🌤 ♿ **P**

TRADITIONNEL · FONCTIONNEL Parfait pour une étape, un petit hôtel familial fort bien tenu et sympathique, entouré d'un parc boisé qui invite à la promenade (ou, pourquoi pas, au jogging). Petite restauration proposée le soir.

30 chambres – ♦58/73 € ♦♦58/73 € – ⌧ 8,50 €

Plan : 1AV-q – *92 r. de la Garenne* – *☎ 02 40 63 04 79*
– *www.hotel-du-parc-nantes.com – Fermé 8-23 août et 24 déc.-3 janv.*

NANTHEUIL

⌧ 24800 (Dordogne) – 988 hab. – Alt. 210 m – Carte régionale n° **4**-C1
▶ Paris 458 km – Bordeaux 168 km – Limoges 64 km – Périgueux 35 km
Carte Michelin 329-G3

🏡 Domaine de la Brugère   🌳 🌤 🛏 ⌛ 🚫 **P** 🚫

MAISON DE CAMPAGNE · CLASSIQUE Le charme intact d'une superbe demeure provinciale ! Le parc verdoyant traversé par une rivière, la longue façade couverte de vigne vierge, les décors admirablement préservés (parquets, carreaux de ciment, papiers peints à l'ancienne... jusqu'à la robinetterie rétro) : tout semble intemporel. Et la table d'hôte est fort séduisante !

4 chambres ⌧ – ♦100/150 € ♦♦100/150 €

Lieu-dit la Brugère – *☎ 05 53 62 03 57* – *www.labrugere.com – Fermé 1ᵉʳ janv.-28 fév.*

NANTUA

⌧ 01130 (Ain) – 3 588 hab. – Alt. 479 m – Carte régionale n° **45**-C1
▶ Paris 476 km – Aix-les-Bains 79 km – Annecy 67 km – Bourg-en-Bresse 52 km
Carte Michelin 328-G4 – Guide Vert Michelin Franche-Comté Jura

🍽 L'Embarcadère   ⬑ 🛏 ♿ AC **P**

CUISINE CLASSIQUE · À LA MODE XX Les atouts de cet Embarcadère gourmand ? Sa situation près du lac bien entendu, sans oublier sa vue panoramique, mais surtout sa cuisine ! Entre spécialités du terroir bressan et quenelles de brochet de Nantua, on apprécie le travail propre et méticuleux du chef, ainsi que la fraîcheur des produits utilisés.

Formule 19 € – Menu 25 € (semaine), 48/74 € – Carte 46/76 €

13 av. du Lac – *☎ 04 74 75 22 88* – *www.hotelembarcadere.com – Fermé 19 déc.-3 janv.*

🏨 L'Embarcadère   🌳 🌤 ⬑ 🛏 ⬆ ♿ AC 🏋 **P**

TRADITIONNEL · SIMPLE Cette vaste bâtisse est posée en bordure du lac de Nantua, tout environné de collines boisées. Le panorama offre une véritable bouffée d'air pur, mais on ne rechigne pas à regagner son lit : les chambres sont spacieuses, fonctionnelles et bien tenues.

47 chambres – ♦68/83 € ♦♦68/83 € – ⌧ 11 € – ½ P

13 av. du Lac – *☎ 04 74 75 22 88* – *www.hotelembarcadere.com – Fermé 19 déc.-3 janv.*

    🍽 **L'Embarcadère** – voir les restaurants ci-dessus

à Brion 5 km au Nord-Ouest par D1084 et D979 – ⌧ 01460 – 517 hab. – Alt. 475 m

🍽 Bernard Charpy   🛏 🌳 🚫 **P**

POISSONS ET FRUITS DE MER · CLASSIQUE XX Une haute charpente, des tons gris et lavande, de grandes baies ouvrant sur la verdure... Le ton est contemporain, mais la cuisine cultive le meilleur de la tradition. Mention spéciale au choix de poissons, d'eau douce comme d'eau salée (carrelet, turbot, barbue, etc.). Une bonne adresse locale.

Formule 19 € – Menu 22 € (déj. en semaine), 29/52 € – Carte 34/77 €

– *☎ 04 74 76 24 15* – *www.restaurant-bernard-charpy.fr*
– *Fermé 1ᵉʳ-9 mai, 7 août-4 sept., 26 déc.-3 janv., sam. midi, dim. soir, mardi soir et lundi*

LA NAPOULE – 06 (Alpes-Maritimes) ➔ voir Mandelieu

NARBONNE

✉ 11100 (Aude) – 51 869 hab. – Alt. 13 m – Carte régionale n° **22**-B3
▶ Paris 787 km – Béziers 28 km – Carcassonne 61 km – Montpellier 96 km
Carte Michelin 344-J3

⁜ La Table Saint-Crescent (Lionel Giraud)   ⚭ ⛱ AC ⇔ P

CRÉATIVE · ÉLÉGANT XxX On oublie vite l'environnement peu guilleret, en bordure de route, pour se concentrer sur l'essentiel : un lieu plaisant, contemporain et raffiné, dans un ancien oratoire médiéval ; une cuisine inventive, passionnée, respectueuse de l'âme des produits et accompagnée de bons vins régionaux. Cette table séduit !
➔ Maquereau cuit au yuzu, raviole de pomme de terre à l'huile d'olive et au caviar. Côte de bœuf Wagyu, burrata fumée, réduction vin rouge au poivre. Vacherin à la fraise des bois, crème chantilly mascarpone à l'amande amère.
Menu 31 € (déj. en semaine), 57/87 € – Carte 66/92 €
68 av. du Gén.-Leclerc, au Palais du Vin au Sud par rte de Perpignan
– ☏ 04 68 41 37 37 (réservation conseillée) – www.la-table-saint-crescent.com
– Fermé 20 mars-5 avril, 18 sept.-4 oct., 2-5 janv., mardi sauf en été et en déc., dim. soir et lundi

⏺ Le Petit Comptoir   ⚭ AC ⇔

CUISINE TRADITIONNELLE · RÉTRO XX Un bistrot au cachet 1930 où l'on célèbre les bons produits (charcuterie et poissons notamment) et la cuisine... bistrotière. La riche cave – 350 références, essentiellement régionales – et le bar à vins feront le bonheur des amateurs de nectars !
⊛ Formule 16 € – Menu 19 € (déj. en semaine), 29/39 € – Carte 31/58 €
Plan : AY-b – *4 bd Mar-Joffre – ☏ 04 68 42 30 35 – www.petitcomptoir.com*
– Fermé mi- juil. à mi-août, 1 semaine en janv., dim. et lundi

⏺ La Table des Cuisiniers Cavistes   ⚭ ⛱ 占

CUISINE TRADITIONNELLE · BISTRO X Cuisiniers et cavistes, même combat ! Dans une ambiance de bar à vins, avec quelques tables formées de tonneaux en bois, cette table privilégie le marché et les produits locaux labellisés, dans l'assiette comme dans le verre. Les saveurs sont mises en valeur avec simplicité : on passe un bon moment.
Menu 21 € (déj.), 31/75 € ⚇ – Carte 40/72 €
Plan : BZ-f – *4 pl. Lamourguier – ☏ 04 68 32 96 45 – www.cuisiniers-cavistes.com*
– Fermé dim. et lundi

🏠 Clarion Suites Île du Gua   ⚟ ⩻ ▣ 占 AC ⚙ ⛴

BUSINESS · MODERNE Entendez-vous le clapotis de l'eau ? Sur les rives du canal de la Robine – classé au patrimoine mondial de l'Unesco –, cet hôtel associe architecture en bois, jardin aquatique et vue sur la verdure (toutes les chambres jouissent d'une terrasse). Avec, dans un moulin datant du 11ᵉ s., une brasserie !
52 chambres – ♦135/168 € ♦♦135/168 € – ⌑ 16 €
Plan : AY-d – *28 r. de l'Aude – ☏ 04 68 41 44 14 – www.moulindugua.com*

🏠 La Résidence   ▣ 占 AC

TRADITIONNEL · PERSONNALISÉ Jean Marais, Louis de Funès, Georges Brassens, Michel Serrault... un prestigieux livre d'or ! Salons aux notes baroques, grand escalier en marbre : l'esprit de cet immeuble du 19ᵉ s. a été préservé, tout en actualisant peu à peu les chambres. Entre passé et présent, un établissement dans l'air du temps.
26 chambres – ♦75/145 € ♦♦75/145 € – ⌑ 12 €
Plan : AY-r – *6 r. du 1ᵉʳ-Mai – ☏ 04 68 32 19 41*
– www.hotel-laresidence-narbonne.fr

NARBONNE

Anatole-France (Av.) . . . . . . **AYZ** 2
Ancienne Porte de Béziers
(R. de l') . . . . **BY** 4
Ancien Courrier (R. de l') . . . **BY** 3
Blum (Sq. Th.-Léon) . . . . . . **BY** 6
Cabirol (R.) . . . . **AZ** 7
Chennebier (R.) . . . . **AY** 9
Concorde (Pont de la) . . . . **AY** 10
Condorcet (Bd) . . . . **BY** 12
Courier (R. P.-L.) . . . . **BZ** 13
Crémieux (R. B.) . . . . **BZ** 15
Deymes (R. du Lt.-Col.) . . . **AY** 16

Droite (R.) . . . . **BY**
Escoute (Pont de l') . . . . . . **AY** 17
Fabre (R. Gustave) . . . . . . **AY** 18
Foch (Av. Mar.) . . . . **BY** 19
Garibaldi (R.) . . . . **BY** 20
Gaulle (Bd Gén.-de) . . . . . **BY** 21
Gauthier (R. Armand) . . . . **BY** 22
Hôtel de Ville
(Pl. de l') . . . . **BYZ**
Jacobins (R. des) . . . . **BZ** 23
Jean-Jaurès (R.) . . . . **AY** 24
Joffre (Bd Mar.) . . . . **AYZ** 25
Liberté (Pont de la) . . . . . . **BZ** 27
Lion d'Or (R. du) . . . . **AY** 28
Louis-Blanc (R.) . . . . **BY** 29

Luxembourg
(R. du) . . . . **AZ** 30
Major (R. de la) . . . . **BZ** 31
Maraussan (R.) . . . . **AZ** 32
Marchands (Pont des) . . . . **BZ** 36
Michelet (R.) . . . . **BY** 33
Mirabeau (Cours) . . . . **BZ** 35
Pyrénées (Av. des) . . . . . . **AY** 37
Pyrénées (Pl. des) . . . . **AY** 39
Rabelais (R.) . . . . **AY** 40
République (Crs de la) . . . . **BZ** 41
Salengro (Pl. R.) . . . . **BY** 43
Sermet (Av. E.) . . . . **BY** 44
Toulouse (Av. de) . . . . **AZ** 45
Voltaire (Pont) . . . . **AY** 47

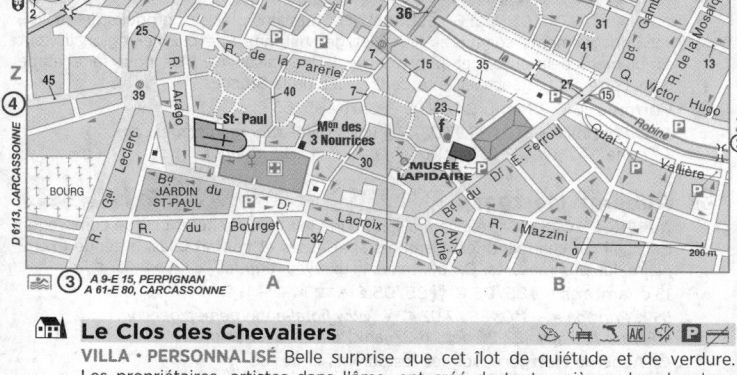

Le Clos des Chevaliers

VILLA · PERSONNALISÉ Belle surprise que cet îlot de quiétude et de verdure. Les propriétaires, artistes dans l'âme, ont créé de toutes pièces des chambres insolites : mobilier argenté dans l'une, œuvres en métal dans l'autre, etc. Toutes disposent d'un accès direct sur le jardin. Un Clos original et décalé !

5 chambres ☟ – 🛏120/140 € 🛏🛏120/140 €

21 impasse Hélène-Boucher, Les Hauts-de-Narbonne (5 km au Sud) – ☎ 04 68 41 50 79 – www.leclosdeschevaliers.com

à l'Hospitalet 10 km à l'Est par D168, rte de Narbonne-Plage – ✉ 11100 Narbonne

 Château l'Hospitalet

DOMAINE VITICOLE · COSY En pleine garrigue et au cœur d'un domaine viticole, ce complexe hôtelier cultive l'art de l'hospitalité. Les chambres arborent un agréable style contemporain et tout invite à la détente : expos d'art, boutiques d'artisanat, restaurant valorisant les vins du domaine... Un lieu qui bouge !

38 chambres – ♦120/185 € ♦♦195/240 € – ☲ 14 € – ½ P

rte de Narbonne-Plage – ℰ 04 68 45 28 50 – www.chateau-hospitalet.com
– Fermé 2 semaines fin déc.-début janv.

LA NARTELLE – 83 (Var) ➔ voir Ste-Maxime

NASBINALS
✉ 48260 (Lozère) – 505 hab. – Alt. 1 180 m – Carte régionale n° **22**-B1
▶ Paris 573 km – Aurillac 105 km – Aumont-Aubrac 24 km – Mende 57 km
Carte Michelin 330-G7

La Borie de l'Aubrac

FAMILIAL · DESIGN Il est aveyronnais, elle est espagnole et, après un joli parcours hôtelier, ils ont eu envie d'ouvrir leur maison d'hôtes de charme. Cette ferme sur le plateau de l'Aubrac était le lieu idéal : ils en ont fait un havre raffiné, mêlant habilement vieilles pierres et épure contemporaine. Une réussite !

5 chambres ☲ – ♦75/115 € ♦♦95/135 €

La Grange des Enfants, 4,5 km au Sud par D900 et rte secondaire
– ℰ 04 66 45 76 97 – www.borie-aubrac.com

NATZWILLER
✉ 67130 (Bas-Rhin) – 586 hab. – Alt. 500 m – Carte régionale n° **2**-C1
▶ Paris 422 km – Barr 25 km – Molsheim 31 km – St-Dié 43 km
Carte Michelin 315-H6

Auberge Metzger

CUISINE TRADITIONNELLE · ÉLÉGANT 🕸🕸 Cuissons précises, produits de qualité, accompagnements soignés : Yves Metzger mitonne une cuisine régionale tout simplement délicieuse... et bon marché ! Une raison de plus pour faire étape dans cette auberge accueillante de la vallée de la Bruche.

Formule 16 € – Menu 24/68 € – Carte 35/55 €

55 r. Principale – ℰ 03 88 97 02 42 – www.hotel-aubergemetzger.com
– Fermé 1ᵉʳ-7 juil., 22-25 déc., 6-27 janv., dim. soir et lundi

Auberge Metzger

AUBERGE · COSY Cette jolie maison fleurie fait l'unanimité et cela se comprend ! L'accueil est charmant, les chambres spacieuses et confortables, la tenue exemplaire, les prix mesurés. On quitte les lieux avec regret...

15 chambres – ♦85/95 € ♦♦85/95 € – ☲ 14 € – ½ P

55 r. Principale – ℰ 03 88 97 02 42 – www.hotel-aubergemetzger.com
– Fermé 1ᵉʳ-7 juil., 22-25 déc., 6-27 janv., dim. soir et lundi

🕸 **Auberge Metzger** – voir les restaurants ci-dessus

NAUCELLE
✉ 12800 (Aveyron) – 1 954 hab. – Alt. 490 m – Carte régionale n° **29**-C1
▶ Paris 690 km – Albi 41 km – Rodez 32 km – Toulouse 119 km
Carte Michelin 338-G5

ⅼ◯ **L'Aromatique**

CUISINE MODERNE ✕ Les jolies histoires commencent souvent ainsi : un jeune couple, passé par de prestigieuses maisons, décide de redonner de l'allant à une ancienne pizzeria – et y parvient ! Décor chaleureux, produits frais et menu unique le midi (cuisine plus travaillée le soir et le week-end). Ici, tout est fait maison !

⇴ Formule 14 € – Menu 17 € (déj. en semaine), 26/41 €

7 bd Eugène-Viala – ℰ 05 65 42 49 64 – www.laromatique-naucelle.fr – Fermé 26 juin-7 juil., 15 nov.-1ᵉʳ déc., 22-27 déc.. Ouvert à déj. du mardi au dim., merc. soir et jeudi soir de mai à août, vend. et sam. soir

NÉAC

✉ 33500 (Gironde) – 392 hab. – Alt. 39 m – Carte régionale n° **4**-C1

▶ Paris 586 km – Agen 137 km – Bordeaux 42 km – Périgueux 94 km

Carte Michelin 335-J5

🏠 **La Maison de Tournefeuille**

VILLA · ÉLÉGANT Cette maison pleine de caractère surplombe les prestigieux vignobles de St-Émilion et Pomerol. Les chambres ne manquent ni de goût ni de raffinement, et les amateurs de grand air se laisseront tenter par une tournée en barque ou une partie de pêche... L'adresse de charme par excellence !

5 chambres ⌷ – ♦90/120 € ♦♦100/120 €

24 r. de l'Église – ℰ 06 47 23 20 29 – www.chateau-tournefeuille.com

NEAUPHLE-LE-CHÂTEAU

✉ 78640 (Yvelines) – 3 044 hab. – Alt. 185 m – Carte régionale n° **18**-A2

▶ Paris 38 km – Dreux 42 km – Mantes-la-Jolie 32 km – Rambouillet 24 km

Carte Michelin 311-H3 – Guide Vert Michelin Île de France

🏠 **Domaine du Verbois**

TRADITIONNEL · PERSONNALISÉ On ferait bien une halte romantique dans cette belle demeure bourgeoise de la fin du 19ᵉ s. : terrasse entourée de balustrades dominant la vallée de la Mauldre, jardin bien tenu, chambres cosy – préférez celles du 1ᵉʳ étage. Le classique a du bon !

21 chambres – ♦89/129 € ♦♦109/159 € – ⌷ 12 € – ½ P

38 av. de la République – ℰ 01 34 89 11 78 – www.hotelverbois.com – Fermé 2 semaines en août

🏠 **Le Clos St-Nicolas**

FAMILIAL · CLASSIQUE Atmosphère familiale dans cette belle et noble maison de 1830. Chambres d'esprit classique, aux teintes variées (jaune, vert, rouge). Agréable véranda pour le petit-déjeuner.

5 chambres ⌷ – ♦102 € ♦♦117/167 €

33 r. St-Nicolas – ℰ 01 34 89 76 10 – www.clos-saint-nicolas.com

NÉGREVILLE

✉ 50260 (Manche) – 838 hab. – Alt. 70 m – Carte régionale n° **32**-A1

▶ Paris 342 km – Caen 22 km – Cherbourg 72 km – Saint-Lô 108 km

Carte Michelin 303-C3

au Nord-Est 5 km par D146 et D62 - ✉ 50260 Négreville

🏠 **Château de Pont Rilly**

CHÂTEAU · HISTORIQUE C'est au bout d'une longue allée que se dévoilent ce superbe château du 18ᵉ s. et son grand jardin à la française... Boiseries, cheminée en pierre de Valognes, mobilier ancien et belle cuisine rustique où l'on prend le petit-déjeuner : un cadre plein de quiétude et de caractère !

3 chambres ⌷ – ♦130 € ♦♦150 €

– ℰ 02 33 40 47 50 – www.chateau-pont-rilly.com

NÉRONDES

✉ 18350 (Cher) – 1 599 hab. – Alt. 200 m – Carte régionale n° **12**-D3
▶ Paris 240 km – Bourges 37 km – Montluçon 84 km – Nevers 33 km
Carte Michelin 323-M5

🌐 Le Lion d'Or   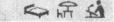

CUISINE TRADITIONNELLE · AUBERGE XX Sur une place du village, ce Lion d'Or se tient avenant et fier. Entrez donc : l'accueil est charmant, et le décor rustique et coquet. Aux odeurs qui s'échappent des cuisines, nos papilles s'affolent déjà : c'est que le chef cuisine la tradition avec finesse et goût. De quoi rugir de plaisir !
Menu 22 € (semaine), 32/43 €
10 chambres – ♦62 € ♦♦62 € – ☑ 9 €
pl. de la Mairie – 𝒞 02 48 74 87 81 – www.lion-dor.net
– Fermé 27 janv.-24 fév., merc. midi, dim. soir et lundi

NESTIER

✉ 65150 (Hautes-Pyrénées) – 161 hab. – Alt. 500 m – Carte régionale n° **28**-A3
▶ Paris 789 km – Auch 74 km – Bagnères-de-Luchon 45 km – Lannemezan 14 km
Carte Michelin 342-O6

⫶○ Relais du Castéra

CUISINE TRADITIONNELLE · FAMILIAL XX Une auberge de tradition, tenue par le même couple de professionnels depuis de longues années. Les recettes, qui mettent à l'honneur le terroir et les produits de qualité, sont alléchantes. Quelques chambres, confortables et simplement arrangées, pour l'étape.
🍴 Menu 20 € (déj. en semaine), 30/55 €
6 chambres – ♦65/80 € ♦♦65/80 € – ☑ 10 €
pl. du Calvaire – 𝒞 05 62 39 77 37 – www.hotel-castera.com – Fermé 2-30 janv.,
dim. soir, mardi midi et lundi

LE NEUBOURG

✉ 27110 (Eure) – 4 141 hab. – Alt. 130 m – Carte régionale n° **33**-C2
▶ Paris 122 km – Évreux 26 km – Rouen 47 km – Versailles 112 km
Carte Michelin 304-F7 – Guide Vert Michelin Normandie Vallée de la Seine

⫶○ La Longère ⓝ   ♿ 🚫

CUISINE MODERNE · À LA MODE X Cette ancienne longère normande, reconvertie en restaurant sous l'impulsion d'un jeune couple passionné, propose une savoureuse cuisine du marché, déclinée au fil des saisons, dans un cadre de bistrot contemporain.
Formule 19 € ♟ – Menu 30/69 € – Carte 38/56 €
1 C r. du Dr-Couderc – 𝒞 02 32 60 29 83 – www.restaurant-la-longere.fr – Fermé
dim. soir et lundi

🏠 Acadine Hôtel   

BUSINESS · MODERNE Créé en 2010 à la sortie du Neubourg, cet hôtel propose des chambres très spacieuses, simples et contemporaines, à des prix fort compétitifs. Une bonne affaire.
46 chambres – ♦69/90 € ♦♦73/90 € – ☑ 9 €
11 rte de Conches, (Le Mont Rôti) – 𝒞 02 32 36 00 36
– www.hotel-acadine-le-neubourg.com

NEUF-BRISACH

✉ 68600 (Haut-Rhin) – 1 997 hab. – Alt. 197 m – Carte régionale n° **2**-C2
▶ Paris 475 km – Basel 63 km – Belfort 80 km – Colmar 17 km
Carte Michelin 315-J8

à Biesheim 3 km au Nord par D468 – ⊠ 68600 – 2 506 hab. – Alt. 189 m

🏠 Aux Deux Clefs

FAMILIAL · CLASSIQUE Cette belle maison régionale est presque aussi fleurie que son jardin ! Les chambres, assez spacieuses, sont fonctionnelles et bien tenues. Deux clefs pour les affamés, une brasserie traditionnelle et un restaurant d'esprit plus gastronomique.

25 chambres – †67/116 € ††67/116 € – � 11 € – ½ P
50 Grand-Rue – ℰ 03 89 30 30 60 – www.deux-clefs.com

NEUFCHÂTEAU

⊠ 88300 (Vosges) – 6 633 hab. – Alt. 300 m – Carte régionale n° **26**-B3
▶ Paris 321 km – Belfort 158 km – Chaumont 57 km – Épinal 75 km
Carte Michelin 314-C2

🍴 L'Eden

CUISINE MODERNE · ÉLÉGANT ✕✕ Après une promenade dans le centre-ville, reprenez donc des forces dans cet Éden ! Le jeune chef met un point d'honneur à bien choisir ses produits et signe de belles recettes appuyées sur la tradition. Cadre cossu.

Menu 30 € – Carte 32/50 €
2 r. 1ère-Armée-Française – ℰ 03 29 95 61 30 – www.leden.fr – Fermé dim. soir et lundi

🏠 L'Eden

TRADITIONNEL · FONCTIONNEL Ce grand bâtiment propose des chambres actuelles et confortables de tailles variables, aux couleurs chaleureuses. Celles du dernier étage sont équipées d'un bain à remous.

27 chambres – †66/93 € ††76/113 € – ⊠ 10 €
2 r. 1ère-Armée-Française – ℰ 03 29 95 61 30 – www.leden.fr
🍴 **L'Eden** – voir les restaurants ci-dessus

NEUFCHÂTEL-EN-BRAY

⊠ 76270 (Seine-Maritime) – 4 866 hab. – Alt. 99 m – Carte régionale n° **33**-D1
▶ Paris 133 km – Abbeville 57 km – Amiens 72 km – Rouen 50 km
Carte Michelin 304-I3 – Guide Vert Michelin Normandie Vallée de la Seine

🍴 Les Airelles

CUISINE MODERNE · CLASSIQUE ✕✕ Dans cette avenante demeure traditionnelle du centre-ville, le registre culinaire est actuel, mais n'oublie pas le terroir : trou normand, croustillant de Neufchâtel, camembert... En été, on s'attarde sur la terrasse fleurie et, pour l'étape, il y a même quelques chambres d'une fraîcheur immaculée.

🍴 Menu 17 € (semaine), 25/45 € – Carte 38/49 €
14 chambres – †62/72 € ††62/72 € – ⊠ 10 €
2 passage Michu, (près de l'église) – ℰ 02 35 93 14 60
– www.les-airelles-neufchatel.com – Fermé vacances de fév. et vacances de la Toussaint, dim. soir, lundi midi et mardi midi sauf juil.-août

NEUFCHÂTEL-SUR-AISNE

⊠ 02190 (Aisne) – 402 hab. – Alt. 59 m – Carte régionale n° **37**-D2
▶ Paris 163 km – Laon 46 km – Reims 22 km – Rethel 33 km
Carte Michelin 306-G6

🍴 Le Jardin

CUISINE TRADITIONNELLE · AUBERGE ✕✕ Un authentique restaurant familial et, comme disent certains citadins, "provincial". Loin des modes, on y apprécie des recettes de toujours 100 % maison (jusqu'au pain et aux sorbets). Spécialités : ris de veau aux morilles, filet de bœuf au ratafia et... le croustillant de Picardie (un parfait glacé à la confiture de lait).

🍴 Formule 16 € – Menu 18 € (déj. en semaine), 29/65 € – Carte 51/66 €
22 r. Principale – ℰ 03 23 23 82 00 – www.restaurant-le-jardin.com
– Fermé 1 semaine en avril, 2 semaines en sept., 2 semaines en janv., dim. soir, lundi et mardi

NEUILLÉ-LE-LIERRE

✉ 37380 (Indre-et-Loire) – 809 hab. – Alt. 92 m – Carte régionale n° **11**-B2
▶ Paris 217 km – Amboise 16 km – Château-Renault 10 km – Montrichard 34 km
Carte Michelin 317-O3

🏵 Auberge de la Brenne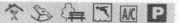

CUISINE TRADITIONNELLE · RUSTIQUE XX Andouillette et sa tarte à l'échalote, lapin délicatement mijoté dans une sauce au sauvignon : la tradition et les bons produits ont trouvé leur repaire tourangeau. Accueil charmant. À 50 m du restaurant, maison des années 1900 disposant de chambres confortables.
Formule 18 € – Menu 32/57 € – Carte 45/75 €
5 chambres – ♦68/105 € ♦♦89/105 € – ☑ 12 €
*19 r. de la République – ℰ 02 47 52 95 05 (réservation conseillée)
– www.auberge-brenne.com – Fermé dim. soir de mi-sept. à mi-juin, mardi et merc.*

NEUILLY-SUR-SEINE – 92 (Hauts-de-Seine) → voir Autour de Paris

NEUVES-MAISONS – 54 (Meurthe-et-Moselle) → voir Nancy

NEUVILLE-BOSC

✉ 60119 (Oise) – 533 hab. – Alt. 139 m – Carte régionale n° **36**-A3
▶ Paris 57 km – Amiens 89 km – Beauvais 33 km – Rouen 87 km
Carte Michelin 305-D5

🏠 Le Clos des Vignes

MAISON DE CAMPAGNE · PERSONNALISÉ Au cœur du Vexin, entre prés et étangs, ce corps de ferme abrite aujourd'hui un hôtel de charme quasi confidentiel… Les chambres sont de vrais cocons, spécialement les grandes suites (L'Indonésienne, La Nature, La Nuptiale, etc.), sans oublier la piscine, le sauna, les jacuzzis… Idéal pour un séjour à deux.
4 chambres – ♦80/380 € ♦♦100/380 € – 4 suites – ☑ 12 € – ½ P
13 r. des Vignes – ℰ 03 44 22 36 90 – www.leclosdesvignes.fr

NEUVILLE-DE-POITOU

✉ 86170 (Vienne) – 5 265 hab. – Alt. 116 m – Carte régionale n° **39**-C1
▶ Paris 335 km – Châtellerault 36 km – Parthenay 41 km – Poitiers 16 km
Carte Michelin 322-H4

🍽 St-Fortunat

CUISINE MODERNE · COSY XX Dans le centre de Neuville, un restaurant familial et intime. Fabien et Aurélie Dupont y accueillent leurs fidèles clients avec une cuisine rythmée par les saisons… à déguster, aux beaux jours, sur l'agréable terrasse !
Formule 18 € – Menu 26 € (semaine), 53/70 €
4 r. Bangoura-Moridé – ℰ 05 49 54 56 74 – www.saintfortunat.com – Fermé dim., lundi et fériés

🏠 La Roseraie

VILLA · PERSONNALISÉ Le jardin est évidemment fleuri de roses et l'ensemble de cette maison de maître (19ᵉ s.) dégage un frais et élégant parfum, simple et soigné (mobilier ancien, tons clairs). Esprit international autour de la table d'hôte : les propriétaires sont originaires du Zimbabwe et d'Angleterre !
5 chambres ☑ – ♦63/90 € ♦♦68/95 €
78 r. Armand-Caillard – ℰ 05 49 54 16 72 – www.laroseraiefrance.fr – Fermé de mi-nov. à janv.

NEUVILLE-LÈS-DIEPPE – 76 (Seine-Maritime) → voir Dieppe

NEUVILLE-ST-AMAND – 02 (Aisne) → voir St-Quentin

NÉVACHE
✉ 05100 (Hautes-Alpes) – 366 hab. – Alt. 1 640 m – Carte régionale n° **41**-C1
▶ Paris 693 km – Briançon 21 km – Le Monêtier-les-Bains 35 km – Montgenèvre 25 km
Carte Michelin 334-H2 – Guide Vert Michelin Alpes du Sud

🏠 Le Chalet d'En Hô   ☆ ♨ ⬅ 🛏 🐾 ℗
FAMILIAL · ALPIN Là-haut dans la montagne... Environnement naturel privilégié pour ce chalet, qui a tout d'un petit cocon d'altitude : quiétude, décor de bois très chaleureux, mais aussi sauna et jacuzzi pour récupérer après une balade au grand air. Restaurant traditionnel.
14 chambres – †102/158 € ††140/158 € – ⬜ 13 € – ½ P
hameau des Chazals – *☏ 04 92 20 12 29 – www.chaletdenho.fr*
– Ouvert 4 juin-18 sept. et 17 déc.-2 avril

NEVERS
✉ 58000 (Nièvre) – 35 327 hab. – Agglo. 61 062 hab. – Alt. 194 m – Carte régionale n° **7**-A2
▶ Paris 236 km – Bourges 70 km – Clermont-Ferrand 161 km – Orléans 167 km
Carte Michelin 319-B10 – Guide Vert Michelin Bourgogne

🍽️ Jean-Michel Couron
CRÉATIVE · COSY ✕✕ Une valeur sûre de la gastronomie nivernaise, menée depuis de longues années par le chef Jean-Michel Couron, dont la cuisine associe bons produits, jolis visuels et notes d'invention. L'intérieur a été entièrement repensé dans une veine contemporaine, et l'on peut dîner sous les voûtes du 14e s. d'un ancien cloître !
Formule 24 € – Menu 36/58 € – Carte 56/73 €
Plan : Y-r – *21 r. St-Étienne – ☏ 03 86 61 19 28 (réservation conseillée)*
– www.jm-couron.com – Fermé 15 fév.-1er mars, 18 juil.-9 août, dim. soir, lundi et mardi

🏨 Mercure Pont de Loire   ☆ ⬅ 🖥 🐾 🔤 ⁒ 🛁 🚗
HÔTEL DE CHAÎNE · FONCTIONNEL Hôtel bien situé au bord de la Loire. Chambres agréables, certaines offrant une belle perspective sur le fleuve. Repas dans la salle panoramique ou sur la vaste terrasse ; carte des vins inspirée par la région.
59 chambres – †90/135 € ††90/135 € – ⬜ 15 €
Plan : Z-a – *quai Médine – ☏ 03 86 93 93 86 – www.mercure.com*

🏠 Diane   ☆ 🖥 🐾 🛁
URBAIN · CLASSIQUE Dans cette demeure ancienne, tout près de la gare, les chambres sont vastes, bien entretenues et meublées avec soin. La salle du petit-déjeuner occupe une tour du 14e s.
29 chambres – †91/105 € ††91/105 € – ⬜ 14 € – ½ P
Plan : Z-b – *38 r. du Midi – ☏ 03 86 57 28 10*
– www.bestwesterndiane-nevers.com – Fermé 18 déc.-3 janv.

rte d'Orléans par D907 – ✉ 58640 Varennes-Vauzelles :

🍽️ Le Bengy   ❀ 🍴 🔤 ⬌ ℗
CUISINE MODERNE · CONVIVIAL ✕✕ À deux pas du circuit Nevers-Magny-Cours, ce restaurant a pignon sur rue ! On s'y rend avec plaisir : le chef et son équipe concoctent une bonne cuisine avec des produits de qualité, et font évoluer la carte chaque mois. Une bonne adresse.
🍴 Menu 20 € (semaine), 24/34 € – Carte 36/52 €
25 rte de Paris, à 4,5 km par D907 – ☏ 03 86 38 02 84
– www.le-bengy-restaurant.com – Fermé 15 fév.-2 mars, 31 juil.-23 août, 1er-5 janv., dim. et lundi

NEVERS

Ardilliers (R. des) . . . . Y 2
Banlay (R. du) . . . . V 3
Barre (R. de la) . . . . Y 4
Bourgeois (R. Mlle) . . . . V 5
Champ-de-Foire (R. du) . . . . . Z 6
Charnier (R. du) . . . . Y 7
Chauvelles (R. des) . . . . Y 8
Cloître-St-Cyr (R. du) . . . . . . Z 9
Colbert (Av.) . . . . Y 10
Coquille (Pl. G.) . . . . V 12
Docks (R. des) . . . . V 13
Fer (R. du) . . . . Y 47
Fonmorigny (R.) . . . . Y 48
Francs-Bourgeois (R. des) . . . Y 14
Jacobins (R. des) . . . . Z 16
Lattre-de-Tassigny (Bd Mar.-de) V 17
Mancini (Pl.) . . . . Y 50
Mantoue (Quai de) . . . . Y 18
Marceau (Av.) . . . . Y 19
Midi (R. du) . . . . Y 20
Mirangron (R.) . . . . Y 49
Nièvre (R. de) . . . . Y 21
Ouches (R. des) . . . . YZ 22
Passière (Rue de la) . . . . Y 23
Pelleterie (R. de la) . . . . Y 24
Petit-Mouësse (R. du) . . . . . . X 26
Porte-du-Croux (R. de la) . . . . Z 51
Préfecture (R. de la) . . . . Y 27
Remigny (R. de) . . . . Y 28
Renardats (R. des) . . . . V 30
République (Bd de la) . . . . . . VX 32
République (Pl. de la) . . . . . . Y 34
Roy (R. Ch.) . . . . Y 36
St-Martin (R.) . . . . Y 38
St-Sébastien (Pl.) . . . . Y 39
Tillier (R. C.) . . . . Z 40
Vaillant-Couturier (R. Paul) . . . V 42
14-Juillet (R. du) . . . . Z 45

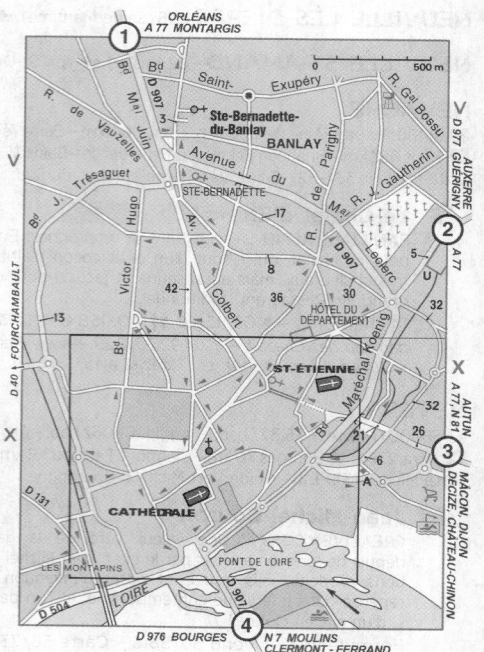

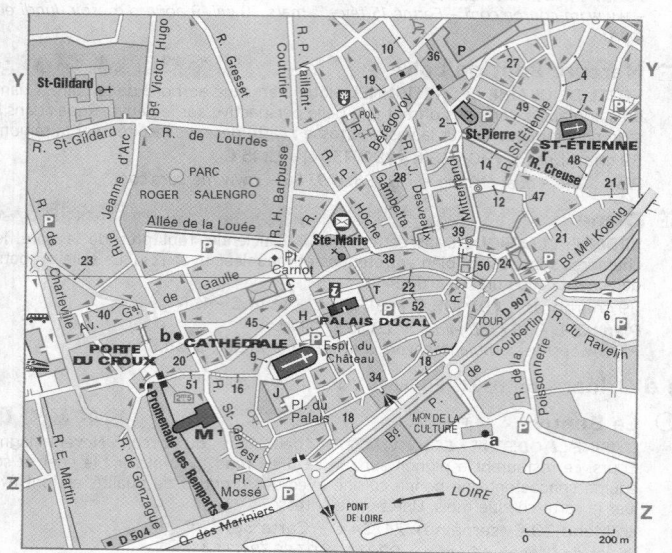

au Nord-Est 4 km par D207

🍴○ **La Fontaine Cavalier**

CUISINE MODERNE · **AUBERGE** 🗙 Au menu de cet ancien corps de ferme transformé en restaurant, une savoureuse cuisine de produits : terrine de canard au foie gras vinaigrette, carré de veau en croûte de basilic et pignons de pin torréfiés, cheesecake aux fruits rouges... Le tout à prix raisonnables. Belle terrasse ouverte sur la nature.

🍽 Menu 19 € (déj. en semaine), 29/39 € – Carte 30/50 €

3 chambres ⌑ – †70 € ††70 €

Domaine Jeunot ✉ 58130 Urzy – ℰ 03 86 57 41 71 – www.fontaine-cavalier.com – Fermé lundi soir, mardi soir et merc.

à Sauvigny-les-Bois 10 km au Sud-Est par D978 et D18 – ✉ 58160

– 1 536 hab. – Alt. 210 m

🍴○ **Moulin de l'Étang**

CUISINE TRADITIONNELLE · **CONVIVIAL** 🗙🗙 Une ancienne ferme voisine d'un étang cerné par les bois... Un cadre champêtre, à l'unisson de la cuisine du chef, qui cultive le goût du produit frais et de la tradition : fricassée d'escargots aux artichauts, turbot rôti au thym, filet de bœuf aux jeunes légumes... Agréable terrasse face à la nature.

Formule 19 € – Menu 23/50 € – Carte 38/54 €

64 rte de l'Étang – ℰ 03 86 37 10 17 – www.moulindeletang.fr – Fermé vacances de fév., 30 juil.-20 août, 28-31 déc., merc. soir, dim. soir et lundi

rte de Moulins 3 km au Sud par N7 – ✉ 58000 Challuy :

🍴○ **La Gabare**

CUISINE TRADITIONNELLE · **RUSTIQUE** 🗙🗙 Sur la route de Lyon, une ancienne ferme simple en apparence, mais champêtre et élégante, avec sur l'arrière une charmante terrasse arborée. Le chef fait profession de tradition et donne sa préférence au poisson, dont il soigne particulièrement la cuisson – en particulier avec sa spécialité, le saumon de douze heures.

Formule 21 € – Menu 28 € – Carte 35/60 €

171 rte de Lyon – ℰ 03 86 37 54 23 – Fermé 22 juil.-12 août, dim. et merc.

à Varennes-Vauzelles 5 km au Nord-Ouest par D167 – ✉ 58640

🏛 **Château du Four de Vaux**

CHÂTEAU · **ÉLÉGANT** Non loin de la cité ducale de Nevers, ce château datant du 19e s. est niché au cœur d'un parc de 4 ha. Dans les chambres, le confort le dispute au charme (mobilier chiné, parquet, etc.). Piscine, sauna, jacuzzi... Idéal pour un séjour au calme.

5 chambres ⌑ – †145 € ††165 €

65 r. Daniel-Bollon – ℰ 06 32 09 35 84 – www.chateaudufourdevaux.com

à Saincaize-Meauce 13 km au Sud-Ouest par D907 et D149 – ✉ 58470

– 416 hab. – Alt. 210 m

🏛 **Château le Sallay**

CHÂTEAU · **ÉLÉGANT** Résidence d'été des ducs de Nevers puis propriété de la famille Clemenceau, ce château du 16e s. dessine un charmant tableau avec sa tour de façade effilée, ses dépendances des 18e-19e s. et son parc de 4 ha. L'esprit des chambres ? Épuré et "éco-responsable" (plus traditionnel dans les dépendances). Cuisine au goût du jour au restaurant.

16 chambres – †89/178 € ††89/178 € – ⌑ 15 € – ½ P

lieu-dit Le Sallay – ℰ 03 86 61 10 10 – www.lesallay.com – Fermé 24 déc.-18 janv.

NÉVEZ

✉ 29920 (Finistère) – 2 717 hab. – Alt. 40 m – Carte régionale n° **9**-B2
▶ Paris 547 km – Lorient 51 km – Quimper 40 km – Rennes 196 km
Carte Michelin 308-I8

au Port-de-Kerdruc 3 km à l'Est par D77 et rte secondaire ✉ 29920 Nevez

🍴 Le Bistrot de l'Écailler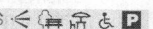

POISSONS ET FRUITS DE MER · BISTRO 🕱 Un joli bistrot marin assis sur le petit port de Kerdruc, au bord de l'Aven. À la carte, de beaux fruits de mer – la propriétaire est la fille d'un célèbre ostréiculteur de la région –, une sole meunière ou une belle entrecôte accompagnée de non moins belles frites maison. Et en bonus, une terrasse bien abritée !

Menu 45 € – Carte 42/52 €

au port – ✆ *02 98 06 78 60 – Ouvert de mi-avril à mi-sept. et fermé mardi et merc. sauf le soir en juil.-août*

à Raguenès-Plage 4 km au Sud par rte secondaire – ✉ 29920

✿ Ar Men Du

CUISINE MODERNE · À LA MODE 🕱🕱 À vos pieds, la lande sauvage est battue par l'océan, et à quelques encablures, les rochers de l'îlot de Raguenès brillent au soleil. Au calme, vous découvrez la belle cuisine de Patrick Le Guen, amoureux du terroir et de la mer : soin d'exécution, produits de qualité, et une pointe de créativité bien maîtrisée !

→ Tartare de bar minute. Turbot en croûte de pomme de terre. Millefeuille à la vanille de Tahiti.

Menu 49/87 € – Carte 70/115 €

47 r. des Îles – ✆ *02 98 06 84 22 (réservation conseillée) – www.men-du.com – Fermé 6 nov.-15 déc., 2 janv.-13 mars, mardi midi et merc. midi*

🏠 Ar Men Du

HÔTEL DE VACANCES · PERSONNALISÉ Sur une lande sauvage cernée par l'océan (site classé), cette maison néobretonne vibre avec les éléments : décor des chambres façon clipper, vue sur les flots et l'île Raguenès... Bol d'air et évasion garantis !

17 chambres – †90/209 € ††90/209 € – ☑ 14 €

47 r. des Îles – ✆ *02 98 06 84 22 – www.men-du.com – Fermé 6 nov.-15 déc. et 2 janv.-13 fév.*

✿ **Ar Men Du** – voir les restaurants ci-dessus

NÉVILLE

✉ 76460 (Seine-Maritime) – 1 154 hab. – Alt. 80 m – Carte régionale n° **33**-C1
▶ Paris 191 km – Caen 148 km – Évreux 120 km – Rouen 61 km
Carte Michelin 304-E3

🏡 Nature et Lin

MAISON DE CAMPAGNE · PERSONNALISÉ Rosaline, Élise, Aurore, etc. : chaque chambre porte le nom d'une variété de lin. Hommage aux cultures environnantes mais aussi aux matériaux naturels, au blanc et à l'écru... Cette ancienne ferme respire le bien-être – et la piscine couverte est délicieuse ! Pour le petit-déjeuner, pain aux graines de lin, bien sûr.

4 chambres ☑ – †130/140 € ††140/160 €

9 r. de la Bergerie – ✆ *02 35 57 07 66 – www.nature-lin.com*

NEXON

✉ 87800 (Haute-Vienne) – 2 509 hab. – Alt. 359 m – Carte régionale n° **24**-B2
▶ Paris 416 km – Limoges 27 km – Panazol 27 km – St-Junien 56 km
Carte Michelin 325-E6 – Guide Vert Michelin Limousin Berry

ᵗⁱ○ **Les Chaumières de Nexon** ⇔ ❧ 🛏 ⌐ ✼ 🅿

CUISINE MODERNE · COSY XX Un cottage couvert de chaume dans un parc peuplé d'arbres centenaires... Ce tableau bucolique se révèle charmant quand on en pousse la porte : la demeure allie élégance et ambiance feutrée. Joli décor pour apprécier une cuisine inspirée par les saisons. Chambres chaleureuses pour prolonger l'étape.

Menu 43/65 €

2 chambres – 🛉80 € 🛉🛉80 € – ⌑ 20 €

Domaine des Landes, à 2 km par D11 – ℰ *05 55 58 25 26 (réservation conseillée)*
– *www.les-chaumieres.com* – *Fermé 15 août-6 sept., 1ᵉʳ-12 janv., dim. soir, lundi et mardi*

NEYRAC-LES-BAINS

✉ 07380 (Ardèche) – Carte régionale n° **44**-A3

▶ Paris 606 km – Alès 92 km – Aubenas 16 km – Montélimar 56 km

Carte Michelin 331-H5 – Guide Vert Michelin Ardèche Drôme

🈺 **Brioude** 🍴 🏡 ♿ ✼ 🅿

CUISINE MODERNE · TRADITIONNEL XX Près des thermes, cette auberge familiale vous régale depuis 1887 d'une cuisine soignée à base de produits locaux : châtaigne, volaille, agneau... Terrasse sous les platanes.

Formule 20 € – Menu 28/65 €

Meyras – ℰ *04 75 36 41 07* – *www.hotel-levant.com*
– *Fermé 22 fév.-3 mars, 21 nov.-10 déc., mardi sauf le soir en juil.-août, dim. soir de sept. à juin et lundi*

NÉZIGNAN-L'ÉVÊQUE – 34 (Hérault) ➜ voir Pézenas

© Cyril Comtat/Fotolia.com

ON AIME...

La Réserve, sans doute l'un des plus beaux spots sur la mer ! **L'Atelier**, dont le chef revisite avec talent la socca, cette galette bien connue dans la région. **Jan**, pour découvrir la cuisine raffinée d'un talentueux chef sud-africain. **Le Petit Palais**, un hôtel plein de charme. Et le mythique **Negresco**, cela va sans dire...

NICE

✉ 06000 (Alpes-Maritimes) – 343 629 hab. – Agglo. 943 665 hab. – Alt. 6 m
– Carte régionale n° **42**-E2
▶ Paris 927 km – Cannes 33 km – Genova 192 km – Lyon 471 km
Carte Michelin 341-E5 et 115-]26]27 – Guide Vert Michelin Côte d'Azur

Restaurants

✿✿ **Chantecler**

CUISINE MODERNE · LUXE ✗✗✗✗ Boiseries, tapisserie d'Aubusson, rideaux en damas ou en lampas de soie : un magnifique décor Régence ! Les mets, fins et délicats, ne sont pas en reste : sélectionnant les meilleurs produits, Jean-Denis Rieubland fait montre d'une superbe ambition dans la création. Les sens sont à la fête...

➔ Langoustines rôties au piment d'Espelette, cromesquis de tête de veau à la roquette. Ris de veau clouté au chorizo, fricassée de girolles, petits oignons et jus de braisage. Tourte de blettes niçoise à la fleur d'oranger.

Menu 110/230 € – Carte 120/185 €

Plan : 3FZ-k – *Hôtel Le Negresco, 37 promenade des Anglais*
– *☎ 04 93 16 64 00 – www.lenegresco.com*
– *Fermé janv., dim., lundi et le midi*

✿ **Flaveur** (Gaël et Mickaël Tourteaux)

CUISINE MODERNE · DESIGN ✗✗ Passion, fraîcheur et personnalité résument cette table créée par deux frères qui associent leurs talents en cuisine. Mariages d'ingrédients très étudiés, jeux sur les textures, recherche et finesse... On ne résiste pas à ces belles flaveurs, qui plus est orchestrées dans un décor très original.

➔ Rouget de roche, fenouil et cébette, feuille de riz et sésame. Filet de canard au sang, satay et tomate noire de Crimée fumée. Banane au vieux rhum, tapioca vert et coriandre, vanille de Tahiti.

Formule 39 € – Menu 65/115 €

Plan : 4HY-x – *25 r. Gubernatis*
– *☎ 04 93 62 53 95 (réservation conseillée) – www.flaveur.net*
– *Fermé 15-31 août, sam. midi, dim. et lundi*

ജ **L'Aromate** (Mickaël Gracieux)   AC �

CRÉATIVE · **ROMANTIQUE** XX Une table tenue par un couple amoureux de la gastronomie... Préparations délicates, assiettes graphiques : Mickaël Gracieux se révèle perfectionniste – le fruit d'un joli parcours dans de grandes maisons, mais aussi d'un indéniable talent. Cadre intime.

➜ Ravioles de haricots coco au beurre de romarin, jus de vongole. Brochet de mer cuit entier au laurier, grecque de légumes acidulés. Tarte intense de café expresso, crémeux à la vanille de Madagascar et brioche toastée.

Menu 60/80 € – Carte 76/90 €

Plan : 4GY-v – 20 av. du Mar.-Foch – ℰ 04 93 62 98 24 (réservation conseillée) – www.laromate.fr – Fermé 1 semaine en août, 2 semaines en janv., dim., lundi et le midi

ജ **JAN** (Jan Hendrik van der Westhuizen)   AC

CUISINE MODERNE · **COSY** X Tour à tour chef sur des yachts privés à Monaco et reporter-photographe pour un grand magazine, le jeune Sud-Africain Jan Hendrik a déjà eu plusieurs vies... Dans son petit repaire intime et romantique, près du port, il signe une cuisine créative et contemporaine qui fait le bonheur des clients de passage sur la Riviera !

➜ Cuisine du marché.

Menu 75/115 € ♟

Plan : 4JY-b – 12 r. Lascaris – ℰ 04 97 19 32 23 (réservation conseillée) – www.restaurantjan.com – Fermé dim., lundi et le midi sauf vend.

☺ **Bistrot d'Antoine**   🛋 AC �

CUISINE TRADITIONNELLE · **BISTRO** X C'est l'accent du Sud qui chante dans ce bistrot de copains, où règne une ambiance très conviviale. En cuisine, c'est l'ébullition ! Cocotte de cochon à l'ancienne, langue de bœuf sauce raifort, tarte aux pommes : tout sent si bon, tout est si soigné... Bondé, vous avez dit bondé ? Antoine connaît un franc succès.

Carte 29/45 €

Plan : 4HZ-x – 27 r. de la Préfecture – ℰ 04 93 85 29 57 (réservation conseillée) – Fermé vacances de printemps, 3 semaines en août, vacances de Noël, dim. et lundi

☺ **Comptoir du Marché**   🛋 �

CUISINE TRADITIONNELLE · **BISTRO** X Le nom de ce joli bistrot rétro dit tout du travail du jeune chef, Loïs Guenzati, dont les créations sont pleines des couleurs et des parfums du marché. Raviolis de joue de bœuf et émulsion de truffes, tartines de rougets et riquette, rognon de veau cuit sur le grill... Comme prévu, le restaurant fait souvent salle comble !

Carte 29/46 €

Plan : 4HZ-p – 8 r. du Marché – ℰ 04 93 13 45 01 (réservation conseillée) – Fermé 1 semaine vacances de printemps, 3 semaines en août, 1 semaine vacances de Noël, dim. et lundi

☺ **La Merenda**   AC ✂

PROVENÇALE · **FAMILIAL** X Un petit restaurant "à l'ancienne", d'une charmante simplicité... Son chef n'est pas inconnu : Dominique Le Stanc, autrefois étoilé au Negresco, a voulu ici renouer avec la confection de bons petits plats de la région (sardines farcies, tarte de Menton, etc.). Attention, pas de téléphone : il faut passer pour réserver !

Carte 30/48 €

Plan : 4HZ-a – 4 r. Raoul-Bosio (réservation conseillée) – www.lamerenda.net – Fermé 6-14 fév., 6-19 juin, 8-21 août, sam. et dim.

RÉPERTOIRE DES RUES DE NICE

Alberti (R.) . . . . **GHY** 2
Alphonse-Karr (R.) . . . . . . **FYZ**
Alsace-Lorraine (Jardin d') **EZ** 3
Anglais (Promenade des) **EFZ**
Arènes-de-Cimiez
  (Av. des) . . . . **HVX**
Arène (Av. P.) . . . . **DXY**
Armée-des-Alpes
  (Bd de l') . . . . **CT** 4
Armée-du-Rhin (Pl. de l'). . **JX** 5
Arson (Pl. et R.) . . . . **JY**
Auber (Av.) . . . . **FY**
Auriol (Pont Vincent) . . . . **JV** 7
Barberis (R.) . . . . **JXY**
Barel (Bd. V.) . . . . **CT**
Barel (Pl. Max) . . . . **JY**
Barla (R.) . . . . **JY**
Baumettes (Av. des). . . . . **DZ**
Bellanda (Av.) . . . . **HV** 10
Berlioz (R.) . . . . **FY** 12
Besset (Av. Cyrille) . . . . . **EFV**
Bieckert (Av. Émile) . . . . . **HX**
Binet (R.) . . . . **FX**
Bischoffsheim (Bd) . . . . . **CT**
Bonaparte (R.) . . . . **JY** 13
Borriglione (Av.) . . . . **FV**
Bounin (R.P.) . . . . **FV**
Boyer (Square R.) . . . . . . **EV**
Brancolar (Av.) . . . . **FV**
Carabacel (Bd) . . . . **HXY**
Carlone (Bd) . . . . **AT** 14
Carnot (Bd) . . . . **CT** 15
Cassini (R.) . . . . **JY**
Cassin (Bd R.) . . . . **AU** 16
Cavell (Av.) . . . . **GV**
Cessole (Bd de) . . . . **EV**
Châteauneuf (R. de) . . . . **DEY**
Cimiez (Bd de) . . . . **GVX**
Clemenceau (Av. G.) . . . . **FY**
Comboul (Av. R.) . . . . . . **FX**
Congrès (R. du) . . . . **FZ**
Cyrnos (Av. de) . . . . **EV**
Dante (R.) . . . . **EZ**
Delfino (Bd Gén. L.) . . . . . **JX**
Desambrois (Av.) . . . . . **GHY** 18
Diables-Bleus (Av. des) . . **JX** 19

Dubouchage (Bd) . . . . . **GHY**
Durante (Av.) . . . . **FY**
Estienne-d'Orves (Av. d')**DEY**
Estienne (Av. Gén.) . . . . . **HV**
États-Unis (Quai) . . . . . . **GHZ**
Europe (Parvis de l') . . . . **JX** 21
Félix-Faure (Av.) . . . . **GZ** 22
Fleurie (Corniche) . . . . . . **AU** 23
Fleurs (Av. des) . . . . **DEZ**
Flirey (Av. de) . . . . **HV**
Flora (Av.) . . . . **GVX**
Foch (Av. Mar.) . . . . **GY**
France (R. de) . . . . **DFZ**
Gallieni (Av.) . . . . **HJX** 24
Gal (R. Auguste) . . . . **JXY**
Gambetta (Bd) . . . . **EXZ**
Garibaldi (Pl.) . . . . **HJY**
Garnier (Bd Joseph) . . . . **EFX**
Gaulle (Av. Gén.-de) . . . . **AU**
Gaulle (Pl. Ch.-de) . . . . . **FX**
Gautier (Pl. P.) . . . . **HZ** 25
George-V (Av.) . . . . **GVX**
Gioffredo (R.) . . . . **HY**
Gorbella (Bd de) . . . . **EV**
Gounod (R.) . . . . **FY**
Grosso (Bd François) . . . **DYZ**
Guisol (R. F.) . . . . **JY**
Guynemer (Pl.) . . . . **JZ**
Hôtel-des-Postes (R. de l') **HY** 30
Ile-de-Beauté (Pl. de l') . . **JZ** 31
Jean-Jaurès (Bd) . . . . . **HYZ** 32
Joffre (R. du Mar.). . . . . . **EFZ**
Joly (Corniche A.-de-) . . . **CT**
Liberté (R. de la) . . . . . . **GZ** 35
Lunel (Quai) . . . . **JZ** 37
Lyautey (Quai Mar.) . . . . **JVX**
Madeleine (Bd) . . . . **AT**
Maeterlinck (Bd) . . . . . . **CU** 39
Malausséna (Av.) . . . . . . **FX**
Malraux (Tunnel et voie). . **HX**
Marceau (R.) . . . . **FX**
Masséna (Pl. et Espace) . **GZ**
Masséna (R.) . . . . **FGZ** 43
Médecin (Av. J.) . . . . . . **FGY** 44
Mercantour (Bd du) . . . . **AU**
Meyerbeer (R.) . . . . **FZ** 45

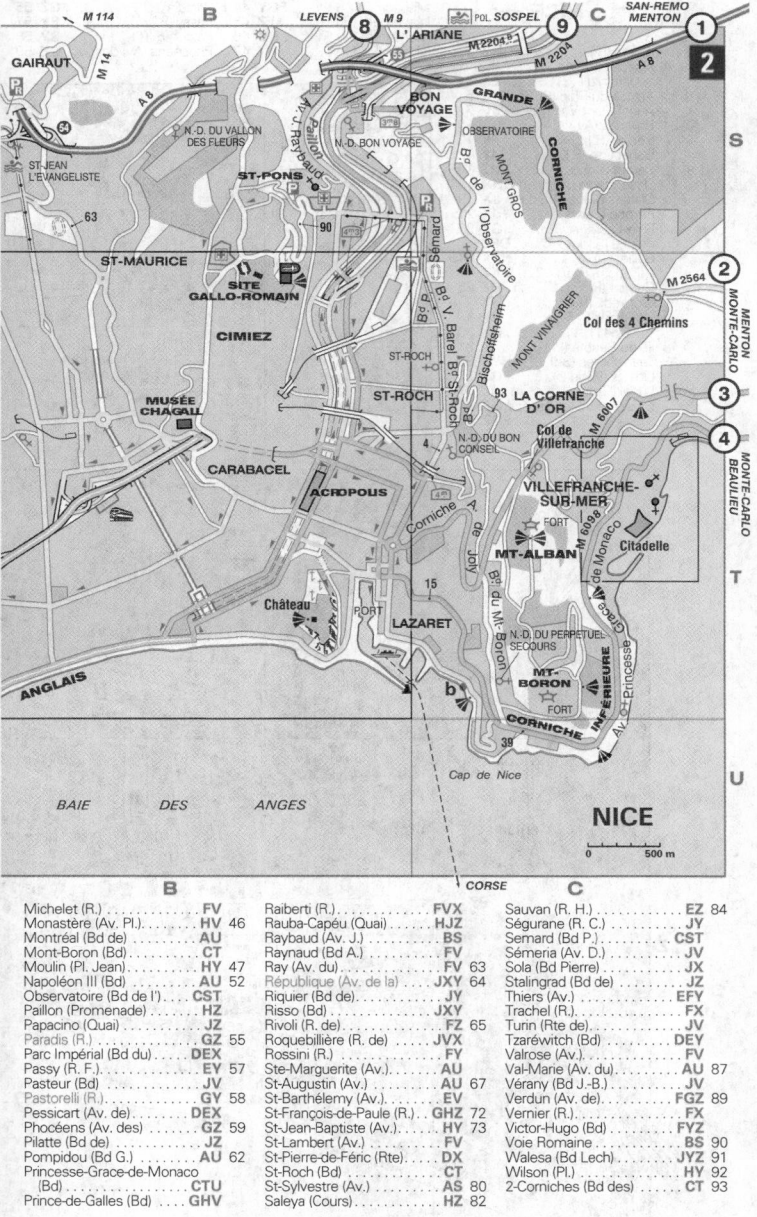

NICE

0   500 m

BAIE   DES   ANGES

Michelet (R.)	FV
Monastère (Av. Pl.)	HV 46
Montréal (Bd de)	AU
Mont-Boron (Bd)	CT
Moulin (Pl. Jean)	HY 47
Napoléon III (Bd)	AU 52
Observatoire (Bd de l')	CST
Paillon (Promenade)	HZ
Papacino (Quai)	JZ
Paradis (R.)	GZ 55
Parc Impérial (Bd du)	DEX
Passy (R. F.)	EY 57
Pasteur (Bd)	JV
Pastorelli (R.)	GY 58
Pessicart (Av. de)	DEX
Phocéens (Av. des)	GZ 59
Pilatte (Bd de)	JZ
Pompidou (Bd G.)	AU 62
Princesse-Grace-de-Monaco (Bd)	CTU
Prince-de-Galles (Bd)	GHV

Raiberti (R.)	FVX
Rauba-Capéu (Quai)	HJZ
Raybaud (Av. J.)	BS
Raynaud (Bd A.)	FV
Ray (Av. du)	FV 63
République (Av. de la)	JXY 64
Riquier (Bd de)	JY
Risso (Bd)	JXY
Rivoli (R. de)	FZ 65
Roquebillière (R. de)	JVX
Rossini (R.)	FY
Ste-Marguerite (Av.)	AU
St-Augustin (Av.)	AU 67
St-Barthélemy (Av.)	EV
St-François-de-Paule (R.)	GHZ 72
St-Jean-Baptiste (Av.)	HY 73
St-Lambert (Av.)	FV
St-Pierre-de-Féric (Rte)	DX
St-Roch (Bd)	CT
St-Sylvestre (Av.)	AS 80
Saleya (Cours)	HZ 82

Sauvan (R. H.)	EZ 84
Ségurane (R. C.)	JY
Semard (Bd P.)	CST
Sémeria (Av. D.)	JV
Sola (Bd Pierre)	JX
Stalingrad (Bd de)	JZ
Thiers (Av.)	EFY
Trachel (R.)	FX
Turin (Rte de)	JV
Tzaréwitch (Bd)	DEY
Valrose (Av.)	FV
Val-Marie (Av. du)	AU 87
Vérany (Bd J.-B.)	JV
Verdun (Av. de)	FGZ 89
Vernier (R.)	FX
Victor-Hugo (Bd)	FYZ
Voie Romaine	BS 90
Walesa (Bd Lech)	JYZ 91
Wilson (Pl.)	HY 92
2-Corniches (Bd des)	CT 93

NICE

Alberti (R.) . . . . **GHY** 2
Alsace-Lorraine
(Jardin d') . . . . **EZ**
Armée-du-Rhin (Pl. de l') **JX** 5
Auriol (Pont V.). . . . . . **JV** 7
Bellanda (Av.) . . . . . . **HV** 10
Berlioz (R.) . . . . **FY** 12
Bonaparte (R.). . . . . . **JY** 13
Carnot (Bd). . . . . **JZ** 15
Desambrois (Av.). . . **GHX** 18
Diables-Bleus (Av. des) **JX** 19
Europe (Parvis de l') . . **JX** 21
Félix-Faure (Av.). . . . . **GZ** 22
France (R. de) . . . . . . **DFZ**
Gallieni (Av.) . . . . . **HJX** 24
Gambetta (Bd) . . . . . **EXZ**
Gautier (Pl. P.) . . . . . **HZ** 25
Gioffredo (R.) . . . . . . **HY**
Hôtel-des-Postes
(R. de l') . . . . **HY** 30
Ile-de-Beauté (Pl.) . . . **JZ** 31
Jean-Jaurès (Bd) . . . **HYZ** 32
Liberté (R. de la) . . . . **GZ** 35
Lunel (Quai) . . . . **JZ** 37
Masséna (Pl. et Espace) **GZ**
Masséna (R.) . . . . . . **FGZ** 43

Médecin (Av. J.) . . . . . **FGY** 44
Meyerbeer (R.) . . . . . . **FZ** 45
Monastère (Av. Pl.). . . **HV** 46
Moulin (Pl. J.) . . . . **HY** 47

Paradis (R.) . . . . **GZ** 55
Passy (R. F.). . . . . **EY** 57
Pastorelli (R.). . . . . . . **GY** 58
Phocéens (Av. des). . . **GZ** 59

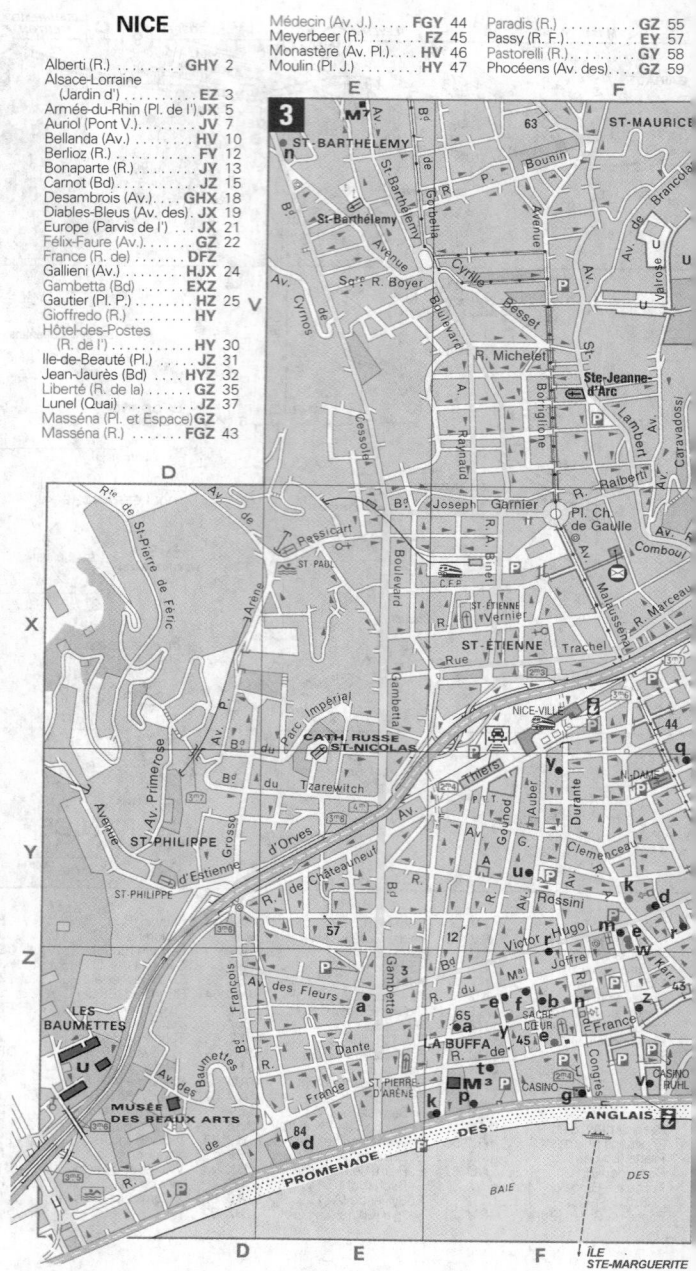

Ray (Av. du) . . . . **FV** 63
République
  (Av. de la) . . . . **JXY** 64
Rivoli (R. de) . . . . **FZ** 65
St-François-de-Paule
  (R.) . . . . **GHZ** 72
St-Jean-Baptiste (Av.) . . **HY** 73
Saleya (Cours) . . . . **HZ** 82
Sauvan (R. H.) . . . . **EZ** 84
Verdun (Av. de) . . . . **FGZ** 89
Walesa (Bd Lech) . . . . **JYZ** 91
Wilson (Pl.) . . . . **HY** 92

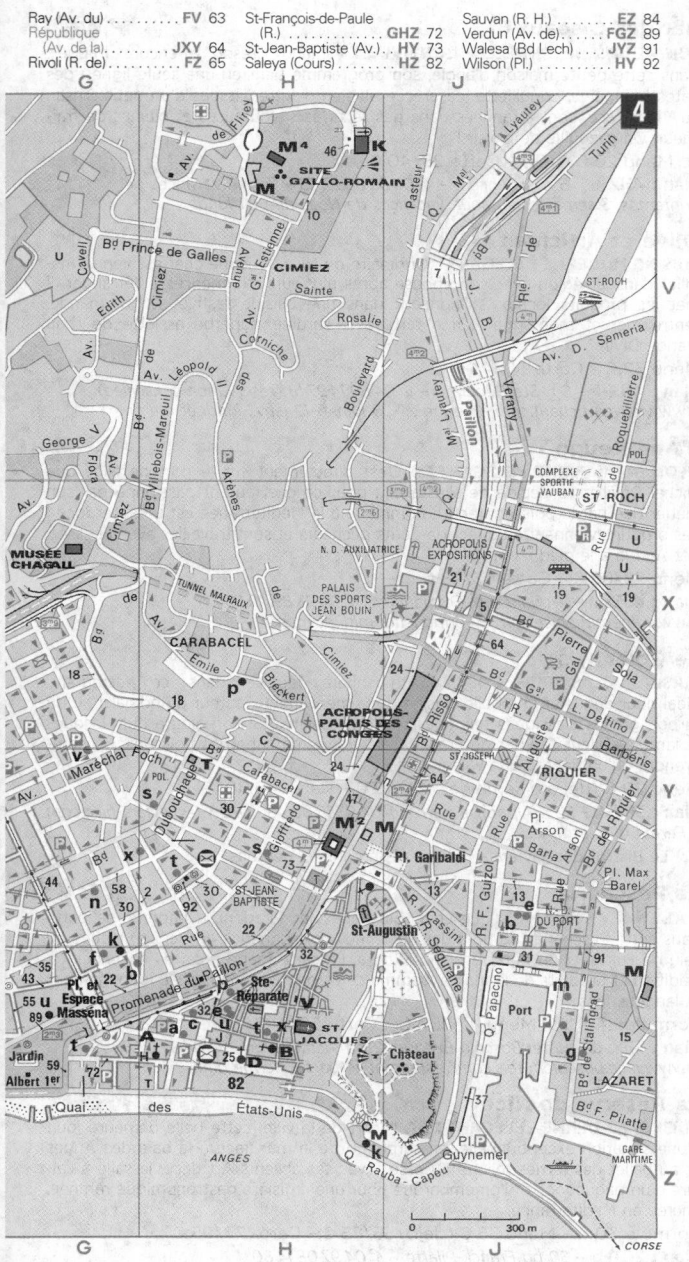

Bar des Oiseaux 🔵 🏠 🆔 ⚗

CUISINE TRADITIONNELLE · CONVIVIAL ҳ Armand Crespo a encore frappé... Dans cette petite maison d'angle, son programme tient en une seule ligne : des pâtes ! Linguine, coquillette, casarecce et bien d'autres, issues d'un petit artisan du Vieux-Nice, sont arrangées dans des recettes savoureuses et pleines de fraîcheur. On gazouille de plaisir !

🍴 Menu 20 € (déj.) – Carte 28/40 €

Plan : 4HZ-u – 5 r. St-Vincent – 𝒞 04 93 80 27 33 – Fermé vacances de printemps, 3 semaines en août, vacances de Noël, dim. et lundi

Olive et Artichaut 🔵 🆔

CUISINE MODERNE · ÉLÉGANT ҳ Originaire de Nice, le jeune chef est venu s'installer dans la région après avoir épousé plusieurs expériences à l'étranger. Il met les produits locaux à l'honneur dans une cuisine festive et gourmande, "entre mer et montagne" : fine tarte à la sardine, superbe assiette de thon blanc... Divin !

Menu 32 € – Carte 30/44 €

Plan : 4HZ-t – 6 r. Ste-Réparate – 𝒞 04 89 14 97 51 (réservation conseillée) – www.oliveartichaut.com – Fermé 22-28 juin, 6-19 janv., lundi et mardi

🍴 L'Âne Rouge 🎪 🏠 🆔

MÉDITERRANÉENNE · ÉLÉGANT ҳҳҳ C'est directement sur le port de Nice que Michel Devillers a décidé de s'installer : pour ce chef autant passionné par son métier que par le poisson, rendre hommage à la Méditerranée est un sacerdoce ! Les produits viennent en direct de petits pêcheurs et sont travaillés avec finesse... Cet Âne-là a le pied marin.

Menu 27/68 € – Carte 63/78 €

Plan : 4JZ-m – 7 quai Deux-Emmanuel – 𝒞 04 93 89 49 63 – www.anerougenice.com – Fermé jeudi midi et merc.

🍴 Le Rolancy's 🆔

CUISINE CLASSIQUE · COSY ҳҳ Atmosphère feutrée dans ce restaurant, idéal pour déguster une belle cuisine de la mer : menus autour du homard ou du turbot, grands classiques tels que la sole meunière... Si l'on ajoute que Jacques Rolancy, Meilleur Ouvrier de France, sélectionne de superbes poissons, on comprendra qu'on tient là une valeur sûre !

Menu 29 € (déj. en semaine), 44/68 € – Carte 46/101 €

Plan : 3FY-k – 22 r. Alphonse-Karr – 𝒞 04 93 16 00 48 – www.les-viviers-nice.com – Fermé dim. et fériés

🍴 **Le Bistrot des Viviers** – voir les restaurants ci-dessous

🍴 La Pescheria 🏠 ♿ 🆔

ITALIENNE · ÉLÉGANT ҳҳ Le chef, Giuseppe Mandaradoni, a imprimé sa patte dans cette Pescheria (du nom des anciennes poissonneries de Venise) nichée au sein de l'ultradesign hôtel Boscolo Exedra. La carte marie recettes italiennes de tradition et produits de la marée, comme ce carpaccio de la mer au loup, gambas et langoustines...

Formule 24 € 🍷 – Menu 47/150 € – Carte 56/71 €

Plan : 3FY-d – Hôtel Boscolo Exedra, 12 bd Victor-Hugo – 𝒞 04 97 03 89 72 – www.nice.boscolohotels.com/restaurant-et-bars – Fermé dim.

🍴 La Réserve de Nice 🔍 🏠 ♿ 🆔 ⇆ 🛥

CUISINE MODERNE · ÉLÉGANT ҳҳ À l'écart de la ville, cette belle demeure jouit d'une situation exceptionnelle, en surplomb de la mer, face à la baie des Anges et au ballet des ferries reliant la Corse. Avec ses accents Art déco, la salle a l'allure d'un paquebot... et l'on embarque pour une croisière gastronomique raffinée, ancrée en Méditerranée.

Formule 30 € – Menu 35 € (déj.), 55/85 € – Carte 77/95 €

Plan : 2CT-b – 60 bd Franck-Pilatte – 𝒞 04 97 08 14 80 – www.lareservedenice.com – Fermé 2 dernières semaines de nov.

🍴 La Rotonde 🛋

CUISINE TRADITIONNELLE · RÉTRO XX Un décor unique : celui d'un véritable carrousel, orné de chevaux de bois et d'automates. Avec sa terrasse ouverte sur la promenade des Anglais, la brasserie chic du mythique Negresco fait tourner les têtes ! Au menu : une cuisine traditionnelle de bonne facture.

Formule 25 € – Menu 39 € – Carte 48/80 €

Plan : 3FZ-k – *Hôtel Le Negresco, 37 promenade des Anglais –* ℰ *04 93 16 64 00 – www.lenegresco.com*

🍴 Aphrodite 🕸 🛋 AC

CUISINE MODERNE · À LA MODE XX S'il sait interpréter avec goût les classiques du répertoire niçois, David Faure aime aussi l'expérimentation, la cuisine moléculaire et toutes les dernières tendances. Certaines techniques sont aujourd'hui bien connues, mais l'étonnement est au rendez-vous... surtout à travers le menu à base d'insectes !

Formule 20 € – Menu 31 € (déj.), 47/103 € – Carte 63/99 €

Plan : 4HY-s – *10 bd Dubouchage –* ℰ *04 93 85 63 53 – www.restaurant-aphrodite.com – Fermé dim. et lundi*

🍴 Le Bistro Gourmand 🛋 AC ✧

CUISINE MODERNE · MINIMALISTE XX Une jolie adresse contemporaine, lumineuse avec son décor où le blanc domine... La cuisine n'en a que plus de couleur : pensée au gré du marché, elle mêle sans complexe bons produits et créativité.

Formule 23 € – Menu 35 € (dîner en semaine), 52/145 € 🍷 – Carte 55/73 €

Plan : 4GZ-t – *3 r. Desboutin –* ℰ *04 92 14 55 55 (réservation conseillée) – www.lebistrogourmand.fr – Fermé 1 semaine vacances de Noël, merc. et dim.*

🍴 Le Séjour Café 🛋 🚺 AC 🍴

CUISINE MODERNE · COSY XX Des étagères garnies de livres, de bibelots et de plantes vertes, des tableaux et des photos aux murs... On se croirait dans la salle de séjour d'une jolie maison particulière ! Et que dire du charme exercé par la cuisine, inspirée par le marché et mitonnée avec soin ? On aimerait vivre ici...

Carte 36/63 €

Plan : 3FY-w – *11 r. Grimaldi –* ℰ *04 97 20 55 35 (réservation conseillée) – www.lesejourcafe.fr – dim. et lundi*

🍴 Les Deux Canailles AC

CUISINE MODERNE · MINIMALISTE XX Ces Deux Canailles niçoises vont tambour battant, sous la houlette d'un chef japonais qui ne manque ni d'expérience ni de passion. La cuisine ? Méridionale et épurée, fraîche et d'une belle finesse, elle se pare de jolies touches nippones. Bilan : un bon moment !

Formule 23 € – Menu 29 € (déj.), 49 € 🍷/79 € – Carte 56/63 €

Plan : 4GZ-b – *6 r. Chauvain –* ℰ *09 53 83 91 99 – www.lesdeuxcanailles.com – Fermé dim. et le midi*

🍴 Les Épicuriens 🛋 AC

CUISINE TRADITIONNELLE · FAMILIAL XX Un digne représentant de la bistronomie ! Dans un cadre contemporain, on déguste des petits plats estampillés "retour du marché" et de jolis classiques (foie gras chaud aux cèpes, joue de bœuf braisée, etc.). Avec en prime un beau choix de vins au verre, tous les épicuriens seront satisfaits...

Formule 20 € – Menu 26 € (déj.), 32/39 € – Carte 33/57 €

Plan : 4HY-t – *6 pl. Wilson –* ℰ *04 93 80 85 00 – Fermé août et dim.*

¡¡○ Les Pêcheurs

POISSONS ET FRUITS DE MER · RUSTIQUE XX De grosses poutres en bois vieilli, des murs vert océan, une grande terrasse sur les quais... Voilà qui donne envie de partir sur les traces du capitaine Nemo ! D'autant que la carte aime voyager en Méditerranée : bouillabaisse, soupe de poisson, loup en croûte de sel, etc. Ces Pêcheurs-là ramènent à terre un bien beau butin.

Menu 31 € – Carte 42/100 €

Plan : 4JZ-v – *18 quai des Docks* – ℰ 04 93 89 59 61 *(réservation conseillée)* – *www.lespecheurs.com* – *Fermé janv., mardi midi et lundi*

¡¡○ Les Brasseries Georges Nice

CUISINE TRADITIONNELLE · BRASSERIE XX Les Niçois connaissent bien ce lieu qui fut un casino, un théâtre, un grand restaurant... avant de devenir cette belle brasserie-salon de thé. La salle étonne par ses proportions et surtout par ses cuisines... créées sur l'ancienne scène ! La représentation ne déçoit pas : des fruits de mer aux pâtisseries, tout est soigné.

Menu 33 € – Carte 27/75 €

Plan : 4GZ-f – *4 r. Sacha-Guitry* – ℰ 04 92 00 90 40 – *www.brasseriesgeorgesnice.com*

¡¡○ Keisuke Matsushima

CRÉATIVE · MINIMALISTE XX Le décor est minimaliste, à la japonaise, mais la cuisine est bien française ! Passionné par la gastronomie de l'Hexagone, Keisuke Matsushima la revisite au fil de son inspiration ; les produits sont de bonne qualité et l'interprétation séduit.

Menu 30 € (déj.), 48/130 € – Carte 87/116 €

Plan : 3FZ-e – *22 ter r. de France* – ℰ 04 93 82 26 06 – *www.keisukematsushima.com* – *Fermé lundi midi, sam. midi et dim.*

¡¡○ Les Sens

CUISINE MODERNE · CONVIVIAL XX Étonnante, cette salle aux allures de loft, avec ses murs en brique rouge et ses fauteuils clubs ! Cabillaud à la plancha, daurade rôtie, carré et poitrine de porcelet gratinée aux blettes et parmesan : tout est fait maison dans ces assiettes bien tournées, qui flirtent avec la bistronomie. À essayer d'urgence.

Formule 18 € – Menu 24 € (semaine)/38 € – Carte 41/55 €

Plan : 4GY-n – *37 r. Pastorelli* – ℰ 09 81 06 57 00 – *www.les-sens-nice.fr* – *Fermé dim. et sam. midi*

¡¡○ Le Mesclun

CUISINE MODERNE · ÉLÉGANT XX Depuis dix ans, deux excellents professionnels sont à la tête de ce petit restaurant de quartier. Ils proposent une cuisine bien tournée, soignée et pleine de fraîcheur, que l'on déguste dans un intérieur élégant – mobilier en bois massif, argenterie et porcelaine – ou sur la terrasse. Une adresse attachante !

Formule 23 € – Menu 38/72 € – Carte 55/75 €

Plan : 1AU-n – *215 av. de la Californie* – ℰ 04 93 83 81 21 – *www.le-mesclun-nice.com* – *Fermé 20 déc. au 20 janv. et dim.*

¡¡○ Vino & Cucina

ITALIENNE · MINIMALISTE X "Una cucina deliziosa", diraient les Italiens ! Fabio, originaire des Pouilles, a les saveurs de la Botte dans le sang et il justifie d'un sérieux parcours professionnel. Quand on découvre par exemple son lapin du Piémont façon porchetta, relevé d'herbes aromatiques, on dit "Bravo !", en italien comme en français.

Formule 15 € – Menu 42 € (dîner) – Carte 35/59 €

Plan : 3EV-n – *118 bis bd de Cessole* – ℰ 04 93 52 28 08 – *www.vinocucina.eu* – *Fermé 1 semaine à Pâques, 10-26 août, 22-27 déc., lundi midi, sam. midi et dim.*

✗◯ L'Atelier ⓝ   🐸 🛋 🆎

CUISINE MODERNE · BISTRO ✗ Originaire de Vendée, le jeune chef de cette maison doit être un peu "fada" ! Pensez-donc, oser revisiter la socca, cette indétrônable galette réalisée à base de farine de pois chiche... Et pourtant, quel succès ! Filet de bœuf, Saint-Jacques et gambas sont aussi au rendez-vous : c'est frais et bon, on se régale.

Formule 18 € – Menu 22 € – Carte 42/57 €

Plan : 4HY-s – *17 r. Gioffredo –* 𝒞 *04 93 85 50 74 – Fermé dim. et lundi*

✗◯ HANgoût ⓝ   🛋 🆎

CUISINE MODERNE · COSY ✗ Filet de bœuf sauté et sa sauce soja et oignons, poisson du jour poêlé ou en risotto, magret rôti au miso : rien à redire à ces assiettes parfaitement maîtrisées ! On les doit à un jeune chef japonais, ancien second du Château Eza, qui applique quelques touches nippones à la tradition française. Une franche réussite !

Menu 38 € (dîner) – Carte 35/46 €

Plan : 4HZ-e – *5 r. du Moulin –* 𝒞 *04 22 16 99 26 – www.hangout-nice.com – Fermé le midi*

✗◯ Carré Llorca   🆎 🚫

PROVENÇALE · À LA MODE ✗ Dans une ruelle du vieux Nice, une ancienne boulangerie transformée en restaurant. La carte, courte, est axée sur les recettes régionales : fleurs de courgettes à la niçoise, raviolis de veau à la ricotta et aux olives, poisson du jour au basilic et à la tapenade... Ici, pas de doute, le Sud est dans l'assiette !

Formule 19 € – Menu 26 € (déj. en semaine) – Carte 37/43 €

Plan : 4HZ-c – *3 r. de la Préfecture –* 𝒞 *04 93 92 95 86 – www.carrellorca.com – Fermé dim.*

✗◯ Agua   🛋

POISSONS ET FRUITS DE MER · BISTRO ✗ Ce petit bistrot, près du port de Nice, est tenu par deux frères, Alexis et Serge. Le premier, en cuisine, réalise une appétissante cuisine de la mer où la pêche du jour a la part belle. Le résultat est à l'image de ce dos de cabillaud aux poivrons et risotto : frais, bien réalisé et parfumé ! Ambiance conviviale.

Formule 19 € – Carte 43/61 €

Plan : 4JZ-g – *41 bd Stalingrad –* 𝒞 *04 97 19 08 15 – www.restaurant-agua.fr – dim. et lundi*

✗◯ Le Canon   🆎

PROVENÇALE · BISTRO ✗ Séduisante adresse que ce Canon, ouvert en 2014, proposant une cuisine à la fois simple et exigeante : brandade de corb au citron Meyer, rosbif de limousine et taboulé aux herbes du pays... Des fournisseurs locaux triés sur le volet, quelques clins d'œil à la Méditerranée, de jolis vins 100 % nature : on se régale.

Carte 23/52 €

Plan : 3FZ-y – *23 r. Meyerbeer –* 𝒞 *04 93 79 09 24 – Fermé 2 semaines en fév., 15 août-4 sept., sam. et dim.*

✗◯ Le Bistrot des Viviers   🛋 🆎

POISSONS ET FRUITS DE MER · BISTRO ✗ Ce Bistrot est attaché au fameux restaurant de la mer, Le Rolancy's. On profite ici, avec plus de simplicité, de l'expertise de la maison mère et de la qualité de ses poissons et fruits de mer, venus directement de Vendée et de Bretagne... Air marin au menu !

Formule 20 € – Menu 35 € (dîner en semaine) – Carte 39/80 €

Plan : 3FY-k – *Restaurant le Rolancy's, 22 r. A.-Karr –* 𝒞 *04 93 16 00 48 – www.les-viviers-nice.com – Fermé 27 juil.-17 août, dim. et fériés*

ⵛⵔ Mon Petit Café Ⓝ   🍴 AC ♨

CUISINE MODERNE · BISTRO Dans sa petite cuisine ouverte sur la salle, l'ancien chef du Jardin des Plumes (Giverny) s'entoure des meilleurs légumes du marché pour composer des assiettes pleines de fraîcheur et de sincérité. On opte pour l'une des propositions de l'ardoise ; l'ambiance de bistrot contemporain ajoute au plaisir du moment.

Carte 38/61 €

Plan : 3FY-e – *11 bis r. Grimaldi* – ℰ *04 97 20 55 36* – *Fermé nov., dim. et lundi*

ⵛⵔ L'École de Nice   AC

PROVENÇAL · MINIMALISTE 🗙 En association avec une célèbre galerie de la ville, des œuvres de l'École de Nice – fameux courant d'art moderne – ornent la salle du restaurant, par ailleurs très simple. Elle n'a décidément rien de banal, cette cantine provençale, créée par le chef Keisuke Matsushima, bien connu dans la cité et... vrai gage de qualité.

Formule 17 € – Menu 27 € – Carte 31/52 €

Plan : 3FZ-n – *16 r. de la Buffa* – ℰ *04 93 81 39 30* – *www.lecoledenice.com* – *Fermé sam. midi et dim.*

ⵛⵔ Vinivore Ⓝ   🐾 🍴 AC

CUISINE TRADITIONNELLE · BISTRO 🗙 Situé dans le quartier du port, ce petit "bistroquet" aux murs en pierre et poutres apparentes propose une cuisine du marché d'une grande fraîcheur, concoctée par un Niçois pur jus. Côté vins, jolie sélection au verre de petits producteurs (200 références).

Formule 16 € – Menu 32 € (dîner) – Carte environ 35 €

Plan : 4JY-e – *10 r. Lascaris* – ℰ *04 93 14 68 09* – *www.vinivore.fr*

Hôtels & maisons d'hôtes

🏨 Le Negresco   ⵛ ⵣ ⅃ᵦ 🔼 AC ⵚ⵻ 🚗

PALACE · GRAND STYLE Bâti en 1912 par Henri Negresco, cet établissement mythique regorge d'œuvres d'art exceptionnelles et cultive la démesure dans un choc des styles qui n'appartient qu'à lui. De l'emphase, de la majesté et des restaurants tout aussi somptueux... Cet "hôtel-musée" est assurément unique !

110 chambres – 🛏145/980 € 🛏🛏145/1280 € – 7 suites – ⵤ 30 €

Plan : 3FZ-k – *37 promenade des Anglais* – ℰ *04 93 16 64 00* – *www.lenegresco.com*

❀❀ **Chantecler** • ⵛⵔ **La Rotonde** – voir les restaurants ci-dessus

🏨 Boscolo Exedra   ⵛ 🔲 ⚈ ⅃ᵦ 🔼 ⅋ AC ⵚ⵻ 🚗

LUXE · DESIGN Une façade Belle Époque éclatante pour un vaisseau grandiose et immaculé, tout en luxe et sobriété... Comment résister au charme de ce design très italien, au spa, à la piscine ? Le Boscolo Exedra, ou l'art de vivre la Côte d'Azur à l'heure internationale et urbaine !

109 chambres – 🛏140/900 € 🛏🛏160/1050 € – 3 suites – ⵤ 30 €

Plan : 3FY-d – *12 bd Victor-Hugo* – ℰ *04 97 03 89 89* – *www.nice.boscolohotels.com*

ⵛⵔ **La Pescheria** – voir les restaurants ci-dessus

🏨 Hyatt Regency Palais de la Méditerranée   ⵛ ⵣ ⅃ 🔲 ⅃ᵦ

LUXE · DESIGN Un véritable palais dédié à la 🔼 ⅋ AC ♨ ⵚ⵻ 🚗 Méditerranée... Derrière sa façade Art déco, grandiose face à la Grande Bleue, on découvre un ensemble éminemment contemporain, aussi stylé que luxueux. Les suites sont superbes, la vue sur les flots divine (au dernier étage), et le restaurant joue la carte du bistrot très chic. Toute l'allure d'une villégiature *made in* promenade des Anglais !

187 chambres – 🛏169/1000 € 🛏🛏169/1200 € – 11 suites – ⵤ 28 €

Plan : 3FZ-g – *13 promenade des Anglais* – ℰ *04 93 27 12 34* – *www.nice.regency.hyatt.com*

Radisson Blu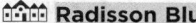

BUSINESS · MODERNE Esprit international pour cet hôtel qui abrite notamment de nombreuses salles de séminaire. Le décor des chambres, sur les thèmes "Urban", "Chili" ou "Océan", est soigné et original. Mention spéciale pour celles côté plage, avec balcons face à la Méditerranée, et la piscine sur le toit. La baie des Anges est à vous...

331 chambres ⌷ – ♦160/450 € ♦♦175/465 € – 13 suites

Plan : 1AU-n – *223 promenade des Anglais* – ℰ 04 97 17 71 77
– *www.radissonblu.fr/hotel-nice*

Boscolo Hôtel Plaza

BUSINESS · FONCTIONNEL Cette architecture Belle Époque se dresse au cœur de Nice. On profite du calme sur l'arrière ou, en façade, de la jolie vue sur l'avenue et la coulée verte. Sans parler, aux étages supérieurs, du panorama sur les toits de la cité, les hauteurs de l'arrière-pays et la mer ! Le sobre décor des lieux met d'autant mieux en valeur ce paysage...

167 chambres – ♦105/605 € ♦♦105/605 € – 5 suites – ⌷ 20 € – ½ P

Plan : 4GZ-u – *12 av. de Verdun* – ℰ 04 93 16 75 75 – *www.boscolohotels.com*

La Pérouse

VILLA · PERSONNALISÉ Une ligne d'horizon qui suit les courbes de la baie des Anges, des terrasses en surplomb de la Méditerranée, un beau jardin planté de citronniers... On est aux anges dans cette demeure un peu secrète, qui cultive une charmante simplicité, arrimée au rocher du château !

54 chambres ⌷ – ♦205/680 € ♦♦205/1650 € – 2 suites – ½ P

Plan : 4HZ-k – *11 quai Rauba-Capéu* ✉ 06300 – ℰ 04 93 62 34 63
– *www.hotel-la-perouse.com*

Goldstar Resort

URBAIN · MODERNE Cinquante véritables petits appartements, modernes et chaleureux – dominantes de bois et granit –, particulièrement propices aux séjours en famille. Sur la terrasse, il fait bon profiter du fitness, de la piscine et du solarium...

46 suites – ♦♦120/1500 € – 3 chambres – ⌷ 20 €

Plan : 3FZ-e – *45 r. du Maréchal-Joffre* – ℰ 04 93 16 92 77
– *www.hotel-goldstar-nice.com*

AC by Marriott

BUSINESS · DESIGN Sobriété contemporaine : telle est la marque de ce grand hôtel, dont l'architecture moderne (lignes géométriques, verre fumé) cache des chambres d'une grande neutralité, tout en blanc et beige, entièrement rénovées en 2013. Plus qu'un style, un parti pris !

141 chambres – ♦128/419 € ♦♦128/419 € – 2 suites – ⌷ 20 €

Plan : 3EZ-d – *2 r. Honorée-Sauvan* – ℰ 04 93 97 90 90 – *www.achotelnice.com*

Mercure Promenade des Anglais

HÔTEL DE CHAÎNE · MODERNE Très belle situation, sur la promenade des Anglais, pour ce Mercure qui a récemment bénéficié d'une complète rénovation. Les lieux sont agréables (esprit design, touches colorées), avec, de-ci de-là, de jolies échappées sur le front de mer...

124 chambres – ♦99/479 € ♦♦99/479 € – ⌷ 19 €

Plan : 3FZ-v – *2 r. Halévy* – ℰ 04 93 82 62 22 – *www.mercure.com*

Masséna

FAMILIAL · FONCTIONNEL Tout près de la place Masséna, un hôtel à la jolie façade Belle Époque. Passé le hall, original avec ses fresques signées par la propriétaire, qui est aussi artiste, on découvre des chambres sobres et très bien tenues, certaines avec terrasse au 6ᵉ étage. Une confortable option pour résider au cœur même de Nice.

109 chambres – ♦199/329 € ♦♦199/670 € – 1 suite – ⌷ 17 €

Plan : 4GZ-k – *58 r. Gioffredo* – ℰ 04 92 47 88 88
– *www.hotel-massena-nice.com*

West End

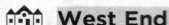

TRADITIONNEL · CLASSIQUE La promenade des Anglais, un certain esprit Belle Époque, une jolie brasserie de tradition... Voilà pour le charme rétro de cet établissement fondé en 1842 ! Pour les amoureux de contemporain, cap sur les chambres épurées et immaculées des 5e et 6e étages ; les autres s'en remettront à un classicisme de bon aloi.

121 chambres – ♦305/950 € ♦♦305/950 € – 立18 € – ½ P

Plan : 3FZ-p – *31 promenade des Anglais* – ℘ *04 92 14 44 00*
– *www.hotel-westend.com*

Hi Hotel

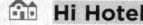

URBAIN · DESIGN Attention, concept ! Cet hôtel est l'œuvre de la designer Matali Crasset, connue pour son style hyper original. Elle a conçu un décor insolite, ludique et coloré, des chambres épurées et hyper-connectées : cette véritable création ne peut laisser indifférent...

38 chambres 立 – ♦110/489 € ♦♦110/489 € – 1 suite

Plan : 3EZ-a – *3 av. des Fleurs* – ℘ *04 97 07 26 26* – *www.hi-hotel.net*

Excelsior

HISTORIQUE · PERSONNALISÉ Voiture, bateau, train et avion : à chaque étage sa thématique ! Les voyageurs de tout poil aimeront faire escale dans cet hôtel entièrement rénové en 2013 : derrière une belle façade fin 19e, la décoration, colorée, originale et aboutie, transporte de plaisir...

42 chambres – ♦89/329 € ♦♦99/434 € – 立17 €

Plan : 3FY-y – *19 av. Durante* – ℘ *04 93 88 18 05* – *www.excelsiornice.com*

Villa Victoria

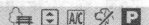

VILLA · ÉLÉGANT Dans un immeuble ancien du quartier chic de la ville, des chambres lumineuses, gaies, colorées et originales. Mais le principal atout de l'hôtel, c'est son grand jardin méditerranéen, où l'on prend le petit-déjeuner aux beaux jours ! On y trouve même un terrain de pétanque...

38 chambres – ♦80/240 € ♦♦100/260 € – 立15 €

Plan : 3FY-s – *33 bd Victor-Hugo* – ℘ *04 93 88 39 60* – *www.villa-victoria.com*

Mercure Centre Notre-Dame

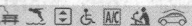

BUSINESS · FONCTIONNEL Des chambres confortables et fonctionnelles, plus calmes côté jardin, mais surtout idéalement situées en plein cœur de Nice – l'atout principal de ce Mercure.

198 chambres – ♦99/409 € ♦♦99/409 € – 3 suites – 立19 €

Plan : 3FXY-q – *28 av. Notre-Dame* – ℘ *04 93 13 36 36* – *www.mercure.com*

Windsor

VILLA · PERSONNALISÉ L'hôtel se revendique "espace de création" : de fait, un grand nombre de ses chambres ont été décorées par des artistes contemporains (Ben, Basserole, François Morellet, etc.). Avis aux amateurs ! Mention spéciale pour le jardin planté de bambous et de bougainvillées, où l'on dîne les soirs d'été...

57 chambres – ♦97/290 € ♦♦97/290 € – 立14 € – ½ P

Plan : 3FZ-f – *11 r. Dalpozzo* – ℘ *04 93 88 59 35* – *www.hotelwindsornice.com*

Roosevelt

URBAIN · FONCTIONNEL Dans un immeuble de la fin du 19e s., en centre-ville, un bon hôtel d'aujourd'hui, au décor contemporain chaleureux. Certaines chambres sont idéalement aménagées pour recevoir des familles. Le rapport qualité-prix est intéressant.

46 chambres – ♦68/138 € ♦♦98/178 € – 立12 €

Plan : 3FY-r – *16 r. Mar.-Joffre* – ℘ *04 93 87 94 71* – *www.hotelroosevelt.fr*

🏠 Petit Palais

VILLA · PERSONNALISÉ Ce "Petit Palais", où vécut Sacha Guitry, se dresse sur la colline de Cimiez. Certaines chambres offrent une vue plongeante sur la baie des Anges ! On profite à loisir du calme des lieux, qui distillent un agréable charme bourgeois...

25 chambres – †110/130 € ††150/250 € – ⊑ 16 €

Plan : 4HX-p – 17 av. Émile-Bieckert – ℰ 04 93 62 19 11 – www.petitpalaisnice.fr

🏠 La Villa Nice Victor Hugo

URBAIN · PERSONNALISÉ Le grand hall clair, mariant touches modernes et inspiration rococo, affirme déjà un certain style ; la suite de la visite – salle de petit-déjeuner entièrement blanche, chambres épurées oscillant entre mobilier moderne et chaises Louis XVI – confirme que cette Villa a du cachet !

47 chambres – †69/159 € ††79/189 € – ⊑ 12 €

Plan : 3FY-m – 19 bis bd Victor-Hugo – ℰ 04 93 87 15 00
– www.hotels-la-villa.com

🏠 Aria

FAMILIAL · FONCTIONNEL Dans le quartier des Musiciens, face au square Mozart, l'hôtel Aria est aujourd'hui la propriété... d'une compositrice de musique ! Les chambres sont simples et très bien tenues, plus calmes sur l'arrière. Un intéressant point de chute.

30 chambres – †55/107 € ††65/187 € – ⊑ 12 €

Plan : 3FY-u – 15 av. Auber – ℰ 04 93 88 30 69 – www.hotel-aria.fr

🏠 Les Cigales

FAMILIAL · FONCTIONNEL Derrière la façade raffinée de cet hôtel particulier niçois ? Des chambres colorées et fonctionnelles, mansardées au dernier étage. Et sur le toit ? Une jolie petite terrasse. L'ensemble impeccablement tenu.

19 chambres – †70/140 € ††73/185 € – ⊑ 11 €

Plan : 3FZ-b – 16 r. Dalpozzo – ℰ 04 97 03 10 70 – www.hotel-lescigales.com
– Fermé 13-27 déc. et 10-24 janv.

🏠 Hôtel de la Fontaine

FAMILIAL · MODERNE La fontaine murmure dans le charmant patio fleuri, où l'on prend son petit-déjeuner en saison... Les chambres qui ouvrent sur cette cour sont les plus agréables, car plus calmes. Une bonne petite adresse, très centrale.

29 chambres – †75/120 € ††82/175 € – ⊑ 12 €

Plan : 3FZ-t – 49 r. de France – ℰ 04 93 88 30 38 – www.hotel-fontaine.com
– Fermé 10-24 janv.

🏠 Villa Rivoli

FAMILIAL · COSY De cet hôtel particulier Belle Époque, devenu un temps pension de famille, la propriétaire a fait un hôtel charmant. Toile de Jouy, antiquités, boutis : un joli esprit bonbonnière règne sur les lieux... Agréable terrasse pour le petit-déjeuner.

26 chambres – †76/167 € ††87/230 € – ⊑ 12 €

Plan : 3FZ-a – 10 r. Rivoli – ℰ 04 93 88 80 25 – www.villa-rivoli.com

🏠 Hôtel de Flore

TRADITIONNEL · FONCTIONNEL Un hôtel tout simple et bien tenu, non loin de la promenade des Anglais : voilà qui est pratique ! Avis aux intéressés : l'établissement est entièrement non-fumeur.

65 chambres – †105/260 € ††105/260 € – 2 suites – ⊑ 14 €

Plan : 3FZ-z – 2 r. Maccarani – ℰ 04 92 14 40 20 – www.hoteldeflore-nice.fr

à l'aéroport de Nice-Côte-d'Azur 7 km – ✉ 06200 Nice

🏨 Novotel Arenas

HÔTEL DE CHAÎNE · FONCTIONNEL Ce Novotel fait face à l'aéroport. Avec sa bonne insonorisation et ses salles de séminaire, il est idéal pour la clientèle d'affaires ou un transit.

131 chambres – ∤84/300 € ∤∤84/300 € – ☷17 €

Plan : 1AU-e – *455 promenade des Anglais* – ☎ *04 93 21 22 50*
– *www.novotel.com*

🏨 Ibis Styles Nice Aéroport

HÔTEL DE CHAÎNE · FONCTIONNEL Un ensemble bien conçu, installé au sein du quartier d'affaires Arenas, proche de l'aéroport. Pratique et néanmoins sympathique.

91 chambres ☷ – ∤80/235 € ∤∤90/245 €

Plan : 1AU-b – *127 bd René-Cassin* – ☎ *04 92 29 44 30* – *www.ibisstyles.com*

à l'Aire St-Michel 9 km au Nord par bd de Cimiez – BS

🛖 Au Rendez-vous des Amis

PROVENÇALE · AUBERGE ✗ Accueil chaleureux et ambiance amicale... évidemment ! Un couple très aimable vous donne ici rendez-vous : elle signe les entrées et les desserts, lui les plats chauds. L'ensemble donne un véritable amour de cuisine niçoise ! Et l'été, on profite de la terrasse à l'ombre d'un tilleul...

Formule 21 € – Menu 29 € – Carte 34/50 €

176 av. Rimiez ✉ *06100 Nice* – ☎ *04 93 84 49 66* – *www.rdvdesamis.fr*
– *Fermé 8-24 fév., 23 oct.-15 nov., mardi sauf juil.-août et merc.*

à St-Isidore 13 km au Nord-Ouest par bd du Mercantour – ✉ 06200

🏨 Servotel

BUSINESS · MODERNE Non loin de la sortie d'autoroute, dans une zone commerciale marquée en 2013 par l'inauguration du nouveau stade de foot de Nice – qui vaut le coup d'œil –, un hôtel moderne et bien équipé (en particulier pour les séjours d'affaires), aux chambres chaleureuses.

88 chambres – ∤125/220 € ∤∤125/220 € – 4 suites – ☷17 € – ½ P

30 av. A.-Verola – ☎ *04 93 29 99 00* – *www.servotel-nice.fr*

à St-Roman-de-Bellet 13 km au Nord par bd Carlone et rte de Canta Galet – ✉ 06200

🏠 Villa Kilauea

VILLA · COSY Sur les hauteurs de Nice, une charmante villa et son parc de 6000 m². Les chambres marient style provençal et touches plus actuelles ; elles disposent toutes d'une petite terrasse. Dehors, au calme, on profite de la vue sur la chapelle de Bellet, les collines de Gattières et le Mercantour... Un régal !

4 chambres ☷ – ∤130/185 € ∤∤180/250 €

6 chemin du Candeu – ☎ *06 25 37 21 44* – *www.villakilauea.com* – *Fermé vacances de Noël*

NIEDERBRONN-LES-BAINS

✉ 67110 (Bas-Rhin) – 4 327 hab. – Alt. 190 m – Carte régionale n° **1**-B1
▶ Paris 460 km – Haguenau 23 km – Sarreguemines 55 km – Saverne 40 km
Carte Michelin 315-J3

▮○ L'Atelier du Sommelier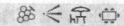

CUISINE MODERNE · ÉLÉGANT XX Sur les hauteurs de la ville, à l'orée de la forêt, ce restaurant au charme rustique est dédié à Bacchus : il vous sera possible de repartir avec sous le bras une ou deux bouteilles de vins d'Alsace – mais aussi d'ailleurs. Le chef compose une bonne cuisine actuelle avec les plantes et les fleurs du jardin.

Formule 25 € – Menu 29/55 € – Carte 40/61 €

*35 r. des Acacias, (proche du complexe sportif), à 2 km – ☏ 03 88 09 06 25
– www.atelierdusommelier.com – Fermé 1 semaine début sept., 1ᵉʳ-21 janv., dim. soir, lundi et mardi*

▮▮▮ Mercure

HÔTEL DE CHAÎNE · FONCTIONNEL Non loin du casino, l'ancien Grand Hôtel, mué en Mercure, a conservé un peu de son cachet Art déco d'antan. Chambres spacieuses (trois niveaux de confort) et agréable salon.

59 chambres – ♦76/150 € ♦♦76/168 € – ☲ 16 €

14 av. Foch – ☏ 03 88 80 84 48 – www.mercure.com

▮ Hôtel du Parc

FAMILIAL · COSY Un hôtel plaisant à deux pas du centre-ville. Classiques (boiseries alsaciennes) ou plus actuelles, les chambres y sont coquettes et bien tenues. Et l'on se presse à l'espace bien-être, avec sa piscine et sa grotte de sel...

46 chambres – ♦80/100 € ♦♦100/130 € – ☲ 10 € – ½ P

r. de la République – ☏ 03 88 09 01 42 – www.parchotel.net

NIEDERSCHAEFFOLSHEIM

✉ 67500 (Bas-Rhin) – 1 315 hab. – Alt. 185 m – Carte régionale n° **1**-B1
▶ Paris 473 km – Haguenau 7 km – Saverne 35 km – Strasbourg 28 km
Carte Michelin 315-K4

▮○ Au Bœuf Rouge

CUISINE CLASSIQUE · ÉLÉGANT XXX Tout comme le bœuf est une viande rouge, il coule de source que ce restaurant, dans la même famille depuis 1880, est une institution. On y déguste une cuisine soignée reposant sur des bases classiques : selle de veau de lait, girolles et cosses truffées... Accueil chaleureux et chambres pour l'étape.

Menu 38 € (semaine), 48/82 € – Carte 62/82 €

19 chambres – ♦90/160 € ♦♦90/160 € – ☲ 13 €

*39 r. du Gén.-de-Gaulle – ☏ 03 88 73 81 00 – www.boeufrouge.com
– Fermé 8-24 fév.-11 juil.-3 août, mardi midi, dim. soir et lundi*

NIEDERSTEINBACH

✉ 67510 (Bas-Rhin) – 143 hab. – Alt. 225 m – Carte régionale n° **1**-B1
▶ Paris 460 km – Bitche 24 km – Haguenau 33 km – Lembach 8 km
Carte Michelin 315-K2 – Guide Vert Michelin Alsace Lorraine

☺ Au Cheval Blanc

CUISINE TRADITIONNELLE · AUBERGE XX L'âme d'une winstub... et le goût du pays porté avec amour : quiche lorraine, truite du vivier au riesling, mousse au kirsch, etc. Même esprit côté décor, tout en boiseries et composé de plusieurs "stuben", ces salles rustiques typiquement régionales. Enfin, mention spéciale pour l'accueil, tout à fait exemplaire !

Menu 30/60 € – Carte 34/72 €

*11 r. Principale – ☏ 03 88 09 55 31 – www.hotel-cheval-blanc.fr
– Fermé 1ᵉʳ fév.-10 mars, 22 juin-7 juil., 23 nov.-3 déc. et jeudi*

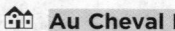

Au Cheval Blanc

AUBERGE · CLASSIQUE Toute une famille passionnée tient les rênes de ce Cheval Blanc posté sur l'axe principal du village. Derrière la façade à colombages, des chambres coquettes et confortables, dont certaines ont conservé un décor alsacien typique, pour notre plus grand plaisir... Une excellente adresse.

28 chambres – †52/83 € ††80/122 € – 1 suite – �E=14 € – ½ P

11 r. Principale – ℰ 03 88 09 55 31 – www.hotel-cheval-blanc.fr
– Fermé 1er fév.-10 mars, 22 juin-7 juil. et 23 nov.-3 déc.

Au Cheval Blanc – voir les restaurants ci-dessus

à Wengelsbach 5 km au Nord-Ouest par D190 – ✉ 67510

Au Wasigenstein

CUISINE TRADITIONNELLE · AUBERGE ✗ Une auberge de montagne toute simple, située dans un vallon de la forêt vosgienne. Gibier, atmosphère rustique (trophées de chasse), terrasse... un lieu prisé des randonneurs.

Menu 13 € (déj. en semaine), 22/32 € – Carte 21/38 €

32 r. Principale – ℰ 03 88 09 50 54 – www.restaurantwasigenstein.com – Fermé de mi-janv. à mi-fév., merc. et jeudi en hiver, lundi et mardi

NIEUIL

✉ 16270 (Charente) – 918 hab. – Alt. 150 m – Carte régionale n° **39**-C2
▶ Paris 434 km – Angoulême 42 km – Confolens 24 km – Limoges 66 km
Carte Michelin 324-N4

à l'Est 2 km par D739 et rte secondaire - ✉ 16270 Nieuil

La Grange aux Oies

CUISINE MODERNE · À LA MODE ✗✗ Dans les écuries du Château de Nieuil, ce restaurant associe avec bonheur déco tendance et vieilles pierres. La cuisine met en avant les herbes aromatiques et autres légumes du potager ; on profite de la belle terrasse face au château, avant de conclure son repas avec l'un des nombreux cognacs proposés... Un plaisir !

Formule 25 € – Menu 54 € – Carte 43/72 €

dans le parc du château – ℰ 05 45 71 81 24 – www.grange-aux-oies.com
– Fermé 29 mars-8 avril, 2 nov.-3 déc., mardi de Pâques à la Toussaint, dim. soir et lundi en juil.-août

Château de Nieuil

CHÂTEAU · CLASSIQUE Cet ancien domaine de chasse royal appartient à la même famille depuis 1937 ; le château se dresse fièrement dans un vaste parc arboré, au grand calme. Piscine, tennis, jardin à la française, belles chambres de style Empire et Art déco... Détente et élégance !

12 chambres – †130/225 € ††145/275 € – 2 suites – �E=15 €

– ℰ 05 45 71 36 38 – www.chateaunieuilhotel.com – Ouvert de mai à fin sept. et weekends de d'oct. à avril

NÎMES

✉ 30000 (Gard) – 146 709 hab. – Agglo. 178 503 hab. – Alt. 39 m
– Carte régionale n° **23**-C3
▶ Paris 706 km – Lyon 251 km – Marseille 123 km – Montpellier 58 km
Carte Michelin 339-L5

Briçonnet (R.)	**BY** 8	Fontaine (Quai de la)	**AX** 20	Martyrs de la Résistance (Pl. des)	**AZ** 36
Cirque Romain (R. du)	**AY** 13	Gambetta (Bd)	**ABX**	Mendès-France (Av. Pierre)	**BZ** 39
		Gamel (Av. P.)	**BZ** 22	République (R. de la)	**AYZ**
		Générac (R. de)	**AYZ** 23	Ste-Anne (R.)	**AY** 46
		Mallarmé (R. Stéphane)	**AX** 34	Verdun (R. de)	**AY** 47

[Map of NÎMES with grid references A, B, X, Y, Z and numbered points 1–7. Labels include: TOUR MAGNE, MONT CAVALIER, Temple de Diane, JARDIN DE LA FONTAINE, MAISON CARRÉE, ARÈNES, PALAIS DES CONGRÈS, COMPLEXE NEMAUSUS, PARC SCIENTIFIQUE G. BESSE, MONT DUPLAN, PLANÉTARIUM. Road references: UZÈS, LYON N 86, AVIGNON A 9, BEAUCAIRE TARASCON, MARSEILLE ARLES, MONTPELLIER A 9-N 113, ARLES A 54, ANDUZE ALÈS N 106 D 926, LE VIGAN SAUVE D 999, SOMMIÈRES D 40. Scale: 0 — 200 m]

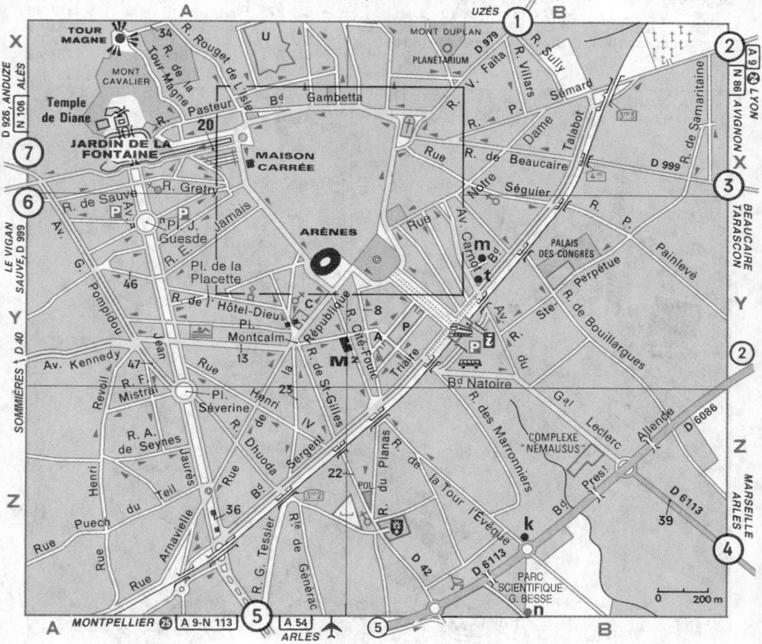

⌘ **Jérôme Nutile - Le Mas de Boudan**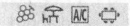

CUISINE MODERNE · ÉLÉGANT XxX C'est dans un quartier d'affaires du sud de Nîmes que Jérôme Nutile (ancien chef deux étoiles au Castellas, à Collias) a décidé d'enchanter le terroir, au gré d'une déambulation de saveurs. Maîtrise technique, sens esthétique de la composition des plats : les bonnes surprises se multiplient tout au long du repas ! Agréable terrasse.
→ Haddock dans un bouillon vert. Saint-Jacques aux cocos de Paimpol et bouillon à l'huile de truffe. Sphère cristaline aux fruits de saison.

Menu 62/160 € – Carte 95/130 €

3 chambres – †140/160 € – 1 suite – � 18 €

Plan : BZ-n – 351 chemin Bas-du-Mas-de-Boudan, (au Parc Georges-Besse)
– ℰ 04 66 40 65 65 – www.jerome-nutile.com – Fermé 16 fév.-2 mars,
31 août-7 sept., 18 oct.-2 nov., mardi et merc.

☺ **Aux Plaisirs des Halles**

CUISINE TRADITIONNELLE · COSY XX Pour l'hiver, une salle moderne habillée de bois ; pour l'été, un joli patio ; toute l'année, une cuisine du marché simple et bien tournée. Admirez la belle galerie de photos sur les murs : celles des vignerons languedociens qui composent l'impressionnante carte des vins !

Formule 18 € – Menu 23 € (semaine), 25/60 € – Carte 53/81 €

Plan : CU-r – 4 r. Littré – ℰ 04 66 36 01 02 – www.auxplaisirsdeshalles.com
– Fermé 1 semaine en avril, 4-19 oct., 4-19 janv., mardi soir en hiver, dim. et lundi

NÎMES

Arènes (Bd des) .... **CV** 2
Aspic (R. de l') .... **CUV**
Auguste (R.) .... **CU** 4
Bernis (R. de) .... **CV** 6
Chapitre (R. du) .... **CU** 12
Courbet (Bd Amiral) .... **DUV** 14
Crémieux (R.) .... **DU** 16

Curaterie (R. de la) .... **DU** 17
Daudet (Bd Alphonse) .... **CU** 18
Fontaine (Quai de la) ...... **CU** 20
Gambetta (Bd) .... **CDU**
Grand'Rue .... **DU** 24
Guizot (R.) .... **CU** 26
Halles (R. des) .... **CU** 27
Horloge (R. de l') .... **CU** 28
Libération (Bd de la) ...... **DV** 30
Madeleine (R. de la) ...... **CU** 32

Maison Carrée
    (Pl. de la) .... **CU** 33
Marchands (R. des) ...... **CU** 35
Nationale (R.) .... **CDU**
Perrier (R. Gén.) .... **CU**
Prague (Bd de) .... **DV** 42
République (R. de la) ...... **CU** 43
Saintenac (Bd E.) ...... **DU** 45
Victor-Hugo (Bd) .... **CUV**
Violette (R. de la) .... **CV** 49

😊 **Tendances Lisita**   🏠 ♿ 🆎 🔄

CUISINE MODERNE · À LA MODE ✗✗ Manger en terrasse face aux arènes de Nîmes et, la nuit venue, voir le monument s'illuminer... C'est tous les sens en éveil que l'on s'attable ici. Au menu, une cuisine régionale gorgée de soleil, soignée et généreuse, accompagnée d'un joli choix de vins. Plaisir des pupilles et des papilles !

Formule 25 € – Menu 30/48 € – Carte 48/54 €

Plan : CV-h – *2 bd des Arènes*
– ☎ 04 66 67 29 15 – www.lelisita.com
– *Fermé dim. et lundi sauf juil.-août*

🍴 **Vincent Croizard**   🍽 🏠 🆎

CRÉATIVE · ÉLÉGANT ✗✗✗ Dans une rue étroite près du Carré d'Art, il faut d'abord sonner à la porte de cette discrète maison de ville. Surprise : celle-ci cache une salle lumineuse et contemporaine, ouverte sur un patio. Atmosphère feutrée et jolie cuisine créative, osant des mariages inédits.

Formule 23 € – Menu 28 € (déj. en semaine), 48/70 €
– Carte 34/78 €

Plan : CU-p – *17 r. des Chassaintes*
– ☎ 04 66 67 04 99 – www.restaurantcroizard.com
– *Fermé 24 déc.-7 janv., 29 août-11 sept., dim. soir et lundi hors saison*

⅋O Skab

CUISINE MODERNE · CONVIVIAL XX Derrière les arènes, un repaire contemporain empreint de jeunesse et sympathique, pour une cuisine originale et enlevée, tout à fait dans le ton des lieux. Dès les premiers rayons de soleil, on s'installe dans le patio à l'ombre des érables.

Menu 30 € (déj.), 54/78 € – Carte 73/90 €

Plan : CV-b – *7 r. de la République* – *&04 66 21 94 30* – *www.restaurant-skab.fr* – *Fermé 15-30 août, 1 semaine en janv., dim. et lundi*

⅋O L'Imprévu

CUISINE TRADITIONNELLE · MÉDITERRANÉEN XX Faites face à L'Imprévu et vous verrez que le hasard a du bon ! Une grande terrasse sur une jolie place à deux pas de la Maison Carrée, une salle colorée avec un patio intérieur, une bonne cuisine traditionnelle à l'accent du Sud : cette brasserie contemporaine a fait provision d'atouts.

Formule 17 € – Menu 21 € (semaine), 24/28 € – Carte 26/45 €

Plan : CU-b – *6 pl. d'Assas* – *&04 66 38 99 59* – *www.l-imprevu.com* – *Fermé vacances de fév., vacances Noël, mardi en hiver et merc.*

⅋O Le Passage de Virginie

CUISINE TRADITIONNELLE · CONVIVIAL X Voilà un passage où l'on aime s'arrêter... Au cœur de la vieille ville, sa cuisine méridionale embaume de doux parfums. Au choix pour s'attabler : la salle voûtée, très cosy, ou la toute petite terrasse. Un bistrot du Sud typique et animé.

⊛ Menu 15 € (déj. en semaine) – Carte 36/40 €

Plan : CV-a – *15 imp. Fresque* – *&04 66 38 29 26 (réservation conseillée)* – *Fermé vacances de fév., 1 semaine en mai et en sept., vacances de la Toussaint, mardi soir en hiver, dim. et lundi*

⅋O Le Patio Littré

CUISINE MODERNE · ÉLÉGANT X Le jeune chef, ancien second d'Alain Passard (L'Arpège, Paris), est venu s'installer dans la région d'origine de son épouse. Bien lui en a pris ! Imprégnées par le souci du produit, ses recettes sont tout simplement épatantes. Quant au patio annoncé par l'enseigne, il est parfait pour les beaux jours... Tout cela à petit prix !

⊛ Formule 16 € – Menu 19 € (déj.)/30 € – Carte 33/49 €

Plan : CU-e – *10 r. Littré* – *&04 66 67 22 50* – *www.lepatiolittre.fr* – *Fermé 1 semaine en oct., 2 semaines en janv., lundi et mardi*

⅋O Le Bistr'Au - Le Mas de Boudan ⊗

CUISINE MODERNE · À LA MODE X Jérôme Nutile propose ici une ardoise composée au gré du marché ; ses préparations revisitent les classiques et fleurent bon la bistronomie. À déguster au comptoir, avec un œil sur les fourneaux, ou au calme de la terrasse, qui offre une belle échappée sur le jardin et un platane multi-centenaire...

Formule 18 € – Menu 23/32 € ⵙ

Plan : BZ-n – *351 chemin Bas-du-Mas-de-Boudan, (au Parc Georges-Besse)* – *&04 66 40 60 75 (réservation conseillée)* – *www.jerome-nutile.com* – *Fermé 21-28 fév., 28 août-4 sept., 30 oct.-6 nov. et dim.*

⅋O Le Bistrot Nîmois

CUISINE TRADITIONNELLE · BISTRO X S'il a fait ses armes à Londres, c'est bien sous le soleil de Nîmes que le chef a finalement posé ses valises ! Dans son sympathique bistrot, au cœur de la ville, il concocte une savoureuse cuisine, fondée sur la tradition et des ingrédients de qualité. Terrasse ombragée pour les beaux jours.

⊛ Menu 17 € (déj.), 23/26 € – Carte 33/40 €

Plan : DU-q – *22 r. de la Curaterie* – *&04 66 36 15 75* – *www.lebistrotnimois.com* – *Fermé 2 semaines en août, dim. et lundi*

🏠 Jardins Secrets

LUXE · PERSONNALISÉ Exquis et confidentiel... Au cœur de la ville, cet hôtel est une parenthèse : au sein d'un jardin semé de milles essences, le décor, œuvre d'un décorateur de talent, puise dans tous les raffinements du 18e s. Le spa est très beau.

14 chambres – ♦195/450 € ♦♦195/450 € – 4 suites – ☐ 25 €

Plan : BY-m – *3 r. Gaston-Maruejols* – ℰ 04 66 84 82 64 – www.jardinssecrets.net

🏠 Vatel

BUSINESS · MODERNE Rien ne le laisse soupçonner, mais c'est ici que les élèves de l'école hôtelière voisine se forment ! Cet immeuble contemporain est très agréable pour jouer au client : ambiance feutrée, chambres modernes, espace bien-être... et même deux restaurants : gastronomique et bistrot. Des bonnes notes en vue !

42 chambres – ♦132/152 € ♦♦143/175 € – 4 suites – ☐ 16 € – ½ P

140 r. Vatel, par av. Kennedy – ℰ 04 66 62 57 57 – www.hotelvatel.fr

🏠 Novotel Atria Nîmes Centre

HÔTEL DE CHAÎNE · FONCTIONNEL Comme son nom l'indique, ce Novotel est au cœur de la ville ! Autres atouts : son garage privé et son centre de congrès très appréciés de la clientèle d'affaires. Entre deux réunions, montez au dernier étage, la vue sur Nîmes est magnifique !

112 chambres – ♦120/250 € ♦♦120/250 € – 7 suites – ☐ 17 €

Plan : DV-f – *5 bd de Prague* – ℰ 04 66 76 56 56 – www.novotel.com

🏠 L'Orangerie

FAMILIAL · PERSONNALISÉ Un hôtel familial dans un quartier d'affaires, rien de tel pour se sentir comme à la maison lors d'un déplacement professionnel ! Dans cette maison des années 1980, avec jardin et piscine, le décor des chambres varie : provençal, contemporain, exotique...

37 chambres – ♦84/219 € ♦♦84/219 € – ☐ 13 €

Plan : BZ-k – *755 r. Tour-de-l'Évêque* – ℰ 04 66 84 50 57 – www.orangerie.fr

🏠 Kyriad Plazza

HÔTEL DE CHAÎNE · FONCTIONNEL Près des arènes, un hôtel fonctionnel – et commode avec son garage en plein centre-ville. Chambres bien tenues, certaines avec terrasse et vue sur les toits. Accueil charmant.

28 chambres – ♦58/98 € ♦♦68/130 € – ☐ 10 €

Plan : DU-n – *10 r. Roussy* – ℰ 04 66 76 16 20 – www.hotel-kyriad-nimes.com
– *Fermé 1 semaine à Noël*

🏠 La Maison de Sophie

FAMILIAL · PERSONNALISÉ Hall en marbre, bel escalier, vitraux d'époque, salons cosy, bibliothèques... Sophie vous accueille dans sa maison, une demeure bourgeoise imprégnée par l'esprit des années 1900 !

5 chambres – ♦165/325 € ♦♦235/345 €

Plan : BY-t – *31 av. Carnot* – ℰ 04 66 70 96 10 – www.hotel-nimes-gard.com
– *Fermé 24 déc.-3 janv. et 25 fév.-7 mars*

à Garons 9 km au Sud par D42 et D442 – ✉ 30128 – 4 617 hab. – Alt. 90 m

✿✿ Alexandre (Michel Kayser)

CUISINE MODERNE · ÉLÉGANT XxxX Dès le printemps, le jardin dévoile tous ses charmes, sous la lumière filtrée par des cèdres du Liban centenaires... Diaphane et émouvante : telle est aussi la cuisine de Michel Kayser, qui signe des assiettes à la fois créatives et très maîtrisées.

➔ Île flottante aux truffes sur un velouté de cèpes. Filet de taureau de manade poêlé, pommes de terre aux olives noires, lasagne de céleri, câpres et anchois. L'écrin des gourmandises "Alexandre".

Formule 52 € 🍷 – Menu 82 € (semaine), 118/178 € – Carte 115/170 €

2 r. Xavier-Tronc – ℰ 04 66 70 08 99 – www.michelkayser.com – *Fermé*
15 fév.-8 mars, 28 août-13 sept., mardi de sept. à juin, dim. sauf le midi de sept.
à juin et lundi

rte de Générac 6 km au Sud par D13 - ⊠ 30000 Nîmes

Le Pré Galoffre ⬛ ♿ AC P

FAMILIAL · SIMPLE Aux portes de la garrigue et de Nîmes, ce mas du 17ᵉ s. plaira aux rats des villes comme aux rats des champs ! Suivez la belle allée de platanes et entrez dans le grand hall aux murs de pierre pour prendre les clefs de l'une des chambres : claires et bien tenues. L'été, le petit-déjeuner se prend près de la piscine.

27 chambres – ♦65/130 € ♦♦65/130 € – ⌑10 €
– ☏ 04 66 29 65 41 – www.lepregaloffre.com

NIORT
⊠ 79000 (Deux-Sèvres) – 57 607 hab. – Alt. 24 m – Carte régionale n° **38**-B2
◨ Paris 408 km – Bordeaux 184 km – Nantes 142 km – Poitiers 76 km
Carte Michelin 322-D7 – Guide Vert Michelin Poitou-Charentes

❙◯ La Belle Étoile ⬛ 🔥 ♿ ⟲ P

CUISINE TRADITIONNELLE · CLASSIQUE XXX Au bord de la Sèvre, une élégante maison bourgeoise d'esprit cosy, avec une terrasse ombragée. Cuisine plutôt classique, accompagnée d'une jolie collection de vieux millésimes.

Formule 28 € – Menu 36/67 € – Carte 62/72 €
115 quai Maurice-Métayer, près du périphérique Ouest : 2,5 km - AY
– ☏ 05 49 73 31 29 – www.la-belle-etoile.fr – Fermé 1 semaine vacances de fév., 3 semaines en août, dim. soir, merc. soir et lundi

❙◯ L'Adress... ⬛ 🔥 AC P

CRÉATIVE · DESIGN X Au sud de Niort, un long parallélépipède de verre prolongé par une belle terrasse face à la verdure : telle est la nouvelle adresse de ce restaurant. Le jeune chef a souhaité déménager pour mieux exprimer ses envies. Sa cuisine, originale et soignée, est bien à l'image de ce cadre séduisant.

Formule 20 € – Menu 35/70 € – Carte 45/67 €
1 r. des Iris, par rond-point de Bessines puis D611 – ☏ 05 49 79 41 06
– www.restaurant-ladress.fr – dim. et lundi

La Chamoiserie ⬛ ♿ AC P

LUXE · PERSONNALISÉ Une très belle demeure de famille de la fin du 19ᵉ s. Joli parquet, moulures pleines de charme et ravissant jardin ; les chambres sont décorées dans le style contemporain en vogue.

16 chambres – ♦88/138 € ♦♦98/138 € – ⌑12 €
Plan : AZ-f – *10 r. de l'Espingole* – ☏ 05 49 78 07 07
– www.hotelparticulierniort.com – Fermé 23 déc.-9 janv. et week-ends d'oct. a mars

🏨 Hôtel de la Brèche 📺 ♿ AC ⚘ 🛁

BUSINESS · FONCTIONNEL Un hôtel entièrement rénové en 2012, à deux pas de l'office de tourisme. Les chambres arborent des tons apaisants et allient confort et fonctionnalité. Une bonne adresse, idéale pour découvrir la vieille ville ou la Coulée verte (sur les berges de la Sèvre Niortaise).

47 chambres – ♦89/99 € ♦♦99/154 € – 2 suites – ⌑12 €
Plan : BZ-t – *9 av. Jacques-Bujault* – ☏ 05 49 35 11 11
– www.niorthoteldelabreche.com

Mercure 🌳 🐾 ⬛ ⬛ 🛗 📺 ♿ AC 🛁 🚗

HÔTEL DE CHAÎNE · FONCTIONNEL Des chambres soignées et de bonne ampleur dans cet hôtel contemporain à deux pas du centre-ville. Jardin avec piscine. Restaurant sous une verrière, chaleureux et moderne. En été, on peut dîner à l'ombre des arbres.

99 chambres – ♦80/150 € ♦♦80/150 € – ⌑15 €
Plan : BY-a – *80 bis av. de Paris* – ☏ 05 49 24 29 29 – www.mercure.com

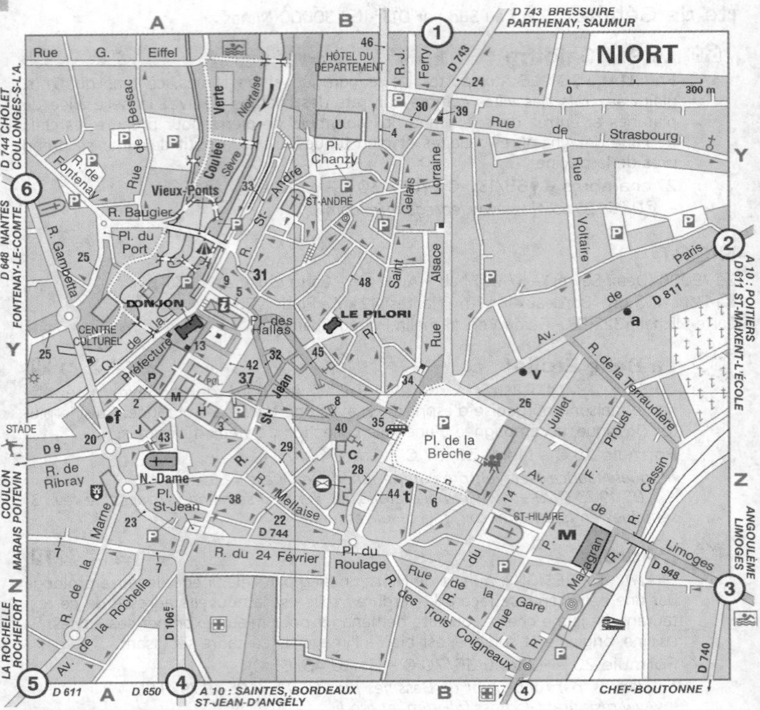

NIORT

D 743 BRESSUIRE PARTHENAY, SAUMUR

300 m

Abreuvoir (R. de l')	**AYZ** 2	Leclerc (R. Mar.)	**BY** 24	St-Jean (R.)	**AYZ**
Ancien-Oratoire (R. de l')	**AZ** 3	Main (Bd)	**AY** 25	St-Jean (R. de la Porte)	**AZ** 38
Boutteville (R. Th.-de)	**BY** 4	Martyrs-Résistance		St-Jean (R. du Petit)	**AY** 37
Brisson (R.)	**AY** 5	(Av.)	**BZ** 26	Strasbourg (Pl. de)	**BY** 39
Bujault (Av. J.)	**BZ** 6	Pérochon (R. Ernest)	**BZ** 28	Temple (Pl. du)	**BZ** 40
Chabaudy (R.)	**AZ** 7	Petit-Banc (R. du)	**AZ** 29	Thiers (R.)	**AY** 42
Commerce (Passage du)	**BZ** 8	Pluviault (R. de)	**BY** 30	Tourniquet (R. du)	**AZ** 43
Cronstadt (Quai)	**AY** 9	Pont (R. du)	**AY** 31	Verdun (Av. de)	**BZ** 44
Donjon (Pl. du)	**AY** 13	Rabot (R. du)	**AY** 32	Victor-Hugo (R.)	**BY** 45
Espingole (R. de l')	**AZ** 20	Regratterie (R. de la)	**AY** 33	Vieux-Fourneau	
Huilerie (R. de l')	**AZ** 22	République (Av. de la)	**BY** 34	(R. du)	**BY** 46
Largeau (R. Gén.)	**AZ** 23	Ricard (R.)	**BZ** 35	Yvers (R.)	**BY** 48

Ibis Styles

BUSINESS · FONCTIONNEL Un établissement central, pratique pour sillonner la ville. Les chambres sur rue sont spacieuses et cosy, d'autres donnent sur le petit jardin. Buffet au petit-déjeuner.

39 chambres ☲ – ♦75/125 € ♦♦85/135 €

Plan : BY-v – *32 av. de Paris* – ℰ 05 49 24 22 21 – *www.ibis.fr*

Sandrina

FAMILIAL · FONCTIONNEL Adresse familiale du centre proposant des chambres fonctionnelles, colorées et d'une tenue irréprochable. Parking fermé à disposition.

18 chambres – ♦49/58 € ♦♦49/58 € – ☲ 7 €

43 av. St-Jean-d'Angély, 200 m au Sud par D106E
– ℰ 05 49 79 28 42 – www.hotel-sandrina.com
– Fermé 14-21 août et 16 déc.-2 janv.

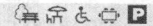

à St-Symphorien 7 km au Sud par rte de St-Jean-d'Angély, D650 et D174 –
✉ 79270 – 1 851 hab. – Alt. 28 m

🍴○ **Auberge de Crespé**

CUISINE TRADITIONNELLE • RUSTIQUE X Cuisine traditionnelle confectionnée selon le marché et les saisons ; on grille la côte de bœuf à la cheminée dans la salle à manger rustique. Agréable terrasse dominant le parc.

Formule 19 € – Menu 24 € – Carte 27/52 €

99 rte d'Aiffres – ℰ 05 49 32 97 61 – Fermé 13 juil.-5 août, mardi soir, dim. et lundi

NISSAN-LEZ-ENSERUNE

✉ 34440 (Hérault) – 3 844 hab. – Alt. 21 m – Carte régionale n° **22**-B2
▶ Paris 774 km – Béziers 12 km – Capestang 9 km – Montpellier 82 km
Carte Michelin 339-D9

🏠🏠 **Résidence**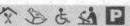

FAMILIAL • TRADITIONNEL Près du cœur du village, cette imposante demeure bourgeoise du 19ᵉ s. abrite des chambres confortables, rehaussées pour certaines de mobilier chiné et de cheminées d'époque. Côté restaurant, cuisine au goût du jour et terrasse ombragée face à la piscine.

23 chambres – ▮73/85 € ▮▮75/124 € – ⌑ 12 € – ½ P

35 av. Cave – ℰ 04 67 37 00 63 – www.hotel-residence.com
– Fermé 20 déc.-5 janv.

NITRY

✉ 89310 (Yonne) – 375 hab. – Alt. 240 m – Carte régionale n° **7**-B1
▶ Paris 195 km – Auxerre 36 km – Avallon 23 km – Vézelay 31 km
Carte Michelin 319-G5

🏠🏠 **Auberge La Beursaudière**

HISTORIQUE • PERSONNALISÉ Les dépendances de ce prieuré du 12ᵉs. ne manquent pas de caractère : pierres apparentes, tomettes et poutres dans les chambres, pigeonnier médiéval... Authentique ! Cuisine du terroir servie en costume régional, dans un cadre joliment rustique. Belle cave.

11 chambres – ▮85/125 € ▮▮85/125 € – ⌑ 13 €

9 chemin de Ronde – ℰ 03 86 33 69 69 – www.beursaudiere.com

Amateurs de bons vins ? Le symbole 🍷 signale une belle carte des vins.

NOAILHAC

✉ 81490 (Tarn) – 836 hab. – Alt. 222 m – Carte régionale n° **29**-C2
▶ Paris 730 km – Albi 55 km – Béziers 99 km – Toulouse 90 km
Carte Michelin 338-G9

🍴○ **Hostellerie d'Oc**

CUISINE TRADITIONNELLE • RUSTIQUE X Au cœur du village, un petit restaurant de campagne au charme rustique... Et dans l'assiette, une cuisine régionale simple et copieuse.

🍷 Menu 13 € (déj. en semaine), 19/37 € – Carte 26/47 €

av. Charles-Tailhades – ℰ 05 63 50 50 37 – www.hostelleriedoc.fr
– Fermé 5-22 sept., merc. soir et lundi

NOAILHAC

✉ 19500 (Corrèze) – 373 hab. – Alt. 400 m – Carte régionale n° **24**-B3
▶ Paris 502 km – Cahors 100 km – Limoges 113 km – Tulle 42 km
Carte Michelin 329-K5

La Bastidie ⇐ 🍴 📶 ⟲ 🅿

CUISINE MODERNE · COSY XX Poussez la porte de cette ancienne bâtisse en pierre, joliment restaurée. On y vient pour l'agréable restaurant, où le chef propose des menus courts et fait évoluer sa cuisine au gré des saisons. En bonus, quatre chambres spacieuses, pleines de charme et décorées avec goût. Une adresse très recommandable !

🍴 Formule 18 € – Menu 20 € (déj. en semaine), 34/58 €

4 chambres – †100/140 € ††110/150 € – ⊆ 11 €

1 r. des Écoles – ℰ 05 55 88 22 88 – www.la-bastidie.fr – Fermé début janv. à mi-fév., lundi et mardi sauf le soir en saison et dim. soir

NOAILLY

✉ 42640 (Loire) – 804 hab. – Alt. 240 m – Carte régionale n° **44**-A1

◐ Paris 395 km – Lyon 98 km – Roanne 13 km – Vichy 68 km

Carte Michelin 327-D3

 Château de la Motte ⟐ 🐕 🛏 🍴 🍸 🅿

CHÂTEAU · PERSONNALISÉ Dans ce magnifique château du 18ᵉ et 19ᵉ s. on aime les belles lettres ! La preuve, chaque chambre porte le nom d'un écrivain : Apollinaire, Proust, Sand, etc. Celle dédiée à Lamartine, très originale, possède une baignoire ronde dans l'une des tours... La table d'hôte, traditionnelle, privilégie les légumes du potager.

5 chambres ⊆ – †110/150 € ††110/166 €

La Motte Nord, à 1,5 km – ℰ 04 77 66 64 60 – www.chateaudelamotte.net – Ouvert 1ᵉʳ mars-21 déc.

NOCÉ – 61 (Orne) → voir Bellême

NŒUX-LES-MINES

✉ 62290 (Pas-de-Calais) – 12 300 hab. – Alt. 29 m – Carte régionale n° **30**-B2

◐ Paris 208 km – Arras 28 km – Béthune 5 km – Bully-les-Mines 8 km

Carte Michelin 301-I5

 L'Atelier des Saveurs ⟐

CUISINE MODERNE · COSY XX Créée par un jeune couple de la région, une vraie mine de saveurs ! Le chef se livre à un joli travail autour du goût ; rien de compliqué cependant, juste une inspiration judicieuse et un savoir-faire précis, pour des assiettes fines et gourmandes, où s'expriment de beaux produits... Le tout dans un décor intime et chaleureux.

Formule 17 € – Menu 21 € (semaine), 25/40 €

94 r. Nationale – ℰ 03 21 26 74 74 – www.restaurant-latelierdessaveurs.fr – Fermé dim. soir et lundi

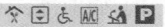 **La Maison Rouge** ⟐ 📶 ⟲ AC 🛁 🅿

TRADITIONNEL · MODERNE Dans cette ancienne localité minière située entre Béthune et Lens, cette imposante Maison Rouge – tout en briques – abrite un confortable hôtel-restaurant. Les chambres, spacieuses et fonctionnelles, sont parfaites pour un séjour dans la région, entre le Musée de la mine voisin et le Louvre-Lens à 15 km.

40 chambres – †110/140 € ††110/140 € – ⊆ 13 € – ½ P

374 r. Nationale – ℰ 03 21 61 61 65 – www.hotel-lamaisonrouge.com

NOGARO

✉ 32110 (Gers) – 1 966 hab. – Alt. 98 m – Carte régionale n° **28**-A2

◐ Paris 729 km – Agen 88 km – Auch 63 km – Mont-de-Marsan 45 km

Carte Michelin 336-B7

ⅈ○ Solenca

CUISINE TRADITIONNELLE · CONVIVIAL ╳ Les beaux produits du terroir gersois sont ici à l'honneur, mais pas seulement eux : homard et autres ingrédients nobles ont les faveurs du chef, qui sait les mettre en valeur à travers des recettes bien pensées, généreuses et soignées. Le cadre est aussi sympathique avec sa haute charpente apparente.

⌾ Formule 12 € – Menu 17/54 € – Carte 32/64 €
rte d'Auch – ℰ 05 62 09 09 08 – www.solenca.com

⌂ Solenca

BUSINESS · PERSONNALISÉ Une étape sympathique et conviviale au cœur du pays gersois. Les chambres sont fonctionnelles et actuelles, relevées de couleurs vives. Agréable piscine entourée d'un jardin arboré. L'établissement est certifié Ecolabel.

49 chambres – ♦74/82 € ♦♦74/82 € – ⌑ 10 € – ½ P
rte d'Auch – ℰ 05 62 09 09 08 – www.solenca.com
ⅈ○ **Solenca** - voir les restaurants ci-dessus

NOGENT

✉ 52800 (Haute-Marne) – 3 926 hab. – Alt. 410 m – Carte régionale n° **14**-C3
▶ Paris 289 km – Bourbonne-les-Bains 35 km – Chaumont 24 km – Langres 25 km
Carte Michelin 313-M5 – Guide Vert Michelin Champagne Ardenne

⌂ Hôtel du Commerce

TRADITIONNEL · FONCTIONNEL Bonne étape sur la coquette place de la mairie, près du musée de la Coutellerie. Chambres fraîches, meublées simplement. Ambiance un brin bourgeoise au restaurant ou atmosphère plus décontractée à la brasserie... pour une cuisine régionale.

18 chambres – ♦79 € ♦♦79 € – ⌑ 10 € – ½ P
pl. du Gén.-de-Gaulle – ℰ 03 25 31 81 14 – www.relais-sud-champagne.com
– Fermé 23 déc.-3 janv., sam., dim. et fériés

NOGENT-LE-ROI

✉ 28210 (Eure-et-Loir) – 4 133 hab. – Alt. 93 m – Carte régionale n° **11**-B1
▶ Paris 77 km – Ablis 35 km – Chartres 28 km – Dreux 19 km
Carte Michelin 311-F4 – Guide Vert Michelin Île-de-France

ⅈ○ Le Relais des Remparts

CUISINE TRADITIONNELLE · AUBERGE ╳╳ Les clés du succès de ce restaurant ? Une cuisine traditionnelle et goûteuse, un service aimable et efficace, un cadre agréable et des tarifs abordables. Une adresse assurément sympathique !

⌾ Formule 17 € – Menu 20 € (semaine), 33/39 € – Carte 38/49 €
2 r. du Marché-aux-Légumes – ℰ 02 37 51 40 47 – www.relais-des-remparts.com
– Fermé 4-10 fév., 5-30 août, mardi soir, dim. soir et lundi

NOGENT-LE-ROTROU

✉ 28400 (Eure-et-Loir) – 10 643 hab. – Alt. 116 m – Carte régionale n° **11**-B1
▶ Paris 146 km – Alençon 65 km – Chartres 54 km – Châteaudun 55 km
Carte Michelin 311-A6 – Guide Vert Michelin Normandie Vallée de la Seine

ⅈ○ L'Alambic

CUISINE TRADITIONNELLE · AUBERGE ╳╳ Un restaurant tout simple, à l'entrée de la localité. Au menu, une cuisine traditionnelle avec, pour spécialités, le foie gras et surtout la tête de veau. Le chef, bon professionnel, passe souvent en salle, l'occasion de discuter gastronomie.

⌾ Menu 16 € (semaine), 27/46 € – Carte 51/70 €
20 av. de Paris, à Margon 1,5 km au Nord-Est – ℰ 02 37 52 19 03
– www.lalambic-margon.fr – Fermé 15 fév.-2 mars, 4-24 août, mardi soir, merc. soir, dim. soir et lundi

Hôtel du Perche   🕭 AC P

BUSINESS · ACTUEL En dehors de Nogent-le-Rotrou, desservi par la rocade, un hôtel moderne et plutôt agréable, avec des chambres confortables et parfaitement tenues. Petit-déjeuner sous forme de buffet.

40 chambres – ♦59/67 € ♦♦67/80 € – ☑ 8,50 €

r. de la Bruyère – ℰ 02 37 53 43 60 – www.hotel-du-perche.com

🏠 Sully   🖵 ⚒ P

HÔTEL DE CHAÎNE · FONCTIONNEL Si vous ne le saviez pas, le duc de Sully repose à Nogent-le-Rotrou (son cénotaphe est visible dans l'Hôtel-Dieu). Pour faire étape, cet hôtel paisible du centre-ville propose des chambres fonctionnelles et bien tenues ; préférez les plus récentes. Pratique et abordable.

42 chambres – ♦67/89 € ♦♦79/99 € – ☑ 9 €

51 r. des Viennes – ℰ 02 37 52 15 14 – www.hotelsullynogent.fr
– Fermé 26 déc.-4 janv.

NOGENT-SUR-SEINE

✉ 10400 (Aube) – 5 992 hab. – Alt. 67 m – Carte régionale n° **13**-A2
▶ Paris 105 km – Épernay 83 km – Fontainebleau 66 km – Provins 19 km
Carte Michelin 313-B3 – Guide Vert Michelin Champagne Ardenne

🕭 Beau Rivage   

CUISINE MODERNE · FAMILIAL 🗙🗙 Voici un Beau Rivage où il serait dommage de ne pas accoster... Ses atouts : une salle lumineuse ouverte sur une terrasse bucolique bordant la Seine, une cuisine de saison embellie d'épices et d'herbes du jardin et, pour l'étape, des chambres fraîches et confortables.

Formule 20 € – Menu 28/50 € – Carte 54/68 €

10 chambres – ♦80 € ♦♦86 € – ☑ 10 €

20 r. Villiers-aux-Choux, (près de la piscine) – ℰ 03 25 39 84 22
– www.hotel-beaurivage-nogentsurseine.com
– Fermé 15 fév.-8 mars, 16 août-2 sept., dim. soir et lundi

NOIRLAC – 18 (Cher) → voir St-Amand-Montrond

NOIRMOUTIER (ÎLE DE) – 85 (Vendée) → voir Île de Noirmoutier

NOIZAY

✉ 37210 (Indre-et-Loire) – 1 148 hab. – Alt. 56 m – Carte régionale n° **11**-B2
▶ Paris 230 km – Amboise 11 km – Blois 44 km – Tours 21 km
Carte Michelin 317-O4

🍴 Château de Noizay   🛏 🕭 ⇄ P

CUISINE MODERNE · INTIME 🗙🗙 Pour dîner au château, quoi de mieux que ses charmants salons bourgeois avec leurs boiseries d'époque ? Ici, la cuisine joue la carte de la modernité et de la créativité, avec de doux intitulés : le jardin "Terre de Brume" (gambas, rillon et légumes de saison), l'agneau aux doux parfums d'Afrique du Nord...

Formule 35 € – Menu 45 € (déj. en semaine), 68/130 € – Carte 80/97 €

124 promenade de Waulsort – ℰ 02 47 52 11 01 – www.chateaudenoizay.com
– Fermé 17 janv.-18 mars

🏰 Château de Noizay   🕭 🕭 🛏 🍴 🕭 P

CHÂTEAU · CLASSIQUE Grand escalier, vitraux, armures : ce château du 16ᵉ s., niché dans un parc, domine le village et son vignoble. Les chambres sont confortables et joliment meublées. Préférez celles, plus récentes, dans le Pavillon de l'Horloge. Idéal pour un séjour romantique.

19 chambres – ♦185/365 € ♦♦185/365 € – ☑ 25 € – ½ P

124 promenade de Waulsort – ℰ 02 47 52 11 01 – www.chateaudenoizay.com
– Fermé 17 janv.-18 mars

🍴 **Château de Noizay** – voir les restaurants ci-dessus

NOLAY

✉ 21340 (Côte-d'Or) – 1 496 hab. – Alt. 299 m – Carte régionale n° **7**-A3
▶ Paris 316 km – Autun 30 km – Beaune 20 km – Chalon-sur-Saône 34 km
Carte Michelin 320-H8 – Guide Vert Michelin Bourgogne

🏠 Hôtel de la Halle

FAMILIAL · RUSTIQUE Sur la place centrale, face aux halles et à l'église,
deux maisons du 14ᵉ s. séparées par une cour intérieure. Les chambres, joliment
champêtres, sont très bien tenues (plus spacieuses sur l'arrière).
13 chambres – ♦70/72 € ♦♦70/72 € – ☑ 9 €
pl. des Halles – 𝒞 03 80 21 76 37 – www.hotel-la-halle-nolay.com

NONANCOURT

✉ 27320 (Eure) – 2 323 hab. – Alt. 117 m – Carte régionale n° **33**-D2
▶ Paris 97 km – Alençon 97 km – Chartres 51 km – Évreux 35 km
Carte Michelin 304-H9 – Guide Vert Michelin Normandie Vallée de la Seine

🍴 Relais du Vieux Château   ⇔

CUISINE MODERNE · AUBERGE ✕✕ Une simple auberge traditionnelle, bien tranquille sur son bord de route normand ? Que nenni ! Un jeune chef fait ici souffler
un vent de fraîcheur sur la tradition. Produits de qualité, cuissons et sauces dans
les règles, recettes renouvelées avec tact : tout est mis en œuvre pour révéler un
maximum de saveurs, à prix doux...
Formule 19 € – Menu 26/55 € – Carte 26/60 €
*39 av. Victor-Hugo – 𝒞 02 32 58 00 74 – www.lervc.com – Fermé 1 semaine
en mars, 2 semaines en sept., merc. soir, dim. soir et lundi*

LES NONIÈRES

✉ 26410 (Drôme) – Alt. 282 m – Carte régionale n° **45**-C3
▶ Paris 648 km – Die 25 km – Gap 84 km – Grenoble 73 km
Carte Michelin 332-G5

🏠 Le Mont-Barral   ☆ ☜ ⇲ ☐ ✕ ☝ 🅿

FAMILIAL · FONCTIONNEL Dans le parc du Vercors, cet établissement abrite des
chambres calmes et confortables, où il fait bon se reposer après une randonnée.
Au restaurant, on reprend des forces avec les plats régionaux. Une bonne
adresse pour un séjour au vert.
19 chambres – ♦62/73 € ♦♦66/90 € – ☑ 10 € – ½ P
*Les Nonières – 𝒞 04 75 21 12 21 – www.hotelmontbarral-vercors.com
– Ouvert 1ᵉʳ mars-11 nov. et fermé mardi soir et merc. hors vacances scolaires*

NONZA – 2B (Haute-Corse) ➡ voir Corse

NOTRE-DAME-DE-BELLECOMBE

✉ 73590 (Savoie) – 494 hab. – Alt. 1 150 m – Carte régionale n° **46**-F1
▶ Paris 585 km – Albertville 25 km – Annecy 54 km – Chambéry 76 km
Carte Michelin 333-M3 – Guide Vert Michelin Alpes du Nord

🍴 La Ferme de Victorine   🏠 🅿

CUISINE MODERNE · CONVIVIAL ✕ Une ferme plus vraie que nature ; l'hiver,
depuis la jolie salle rustique, on aperçoit même les vaches dans l'étable... Le chef
est un passionné du terroir savoyard, toujours à la recherche des meilleurs fromages et charcuteries. Une table éminemment sympathique et très gourmande !
Formule 25 € – Menu 31/55 € – Carte 44/62 €
*Le Planay, 3 km à l'Est par rte des Saisies – 𝒞 04 79 31 63 46
– www.la-ferme-de-victorine.com – Fermé 9 juin-3 juil., 11 nov.-19 déc., dim. soir et
lundi sauf en juil.-août et en saison d'hiver*

NOTRE-DAME-DE-LIVAYE

✉ 14340 (Calvados) – 128 hab. – Alt. 27 m – Carte régionale n° **33**-C2
▶ Paris 185 km – Caen 36 km – Le Havre 86 km – Lisieux 16 km
Carte Michelin 303-M5

🏠 Aux Pommiers de Livaye   🏠 🐾 🖨 ⚒ 🅿 🛏

TRADITIONNEL · RUSTIQUE Une allée de pommiers conduit à cette paisible ferme du 18e s. Dans les chambres, des lits en fer forgé, des tissus fleuris, des armoires de famille... Ici, tout a ce petit côté dépareillé qui fait le charme des maisons authentiques. Petite production de cidre et cuisine régionale : pas de doute, on est bien en Normandie !

5 chambres ☲ – †85 € ††95 €

– ℰ 02 31 63 01 28 – *Ouvert de mars à mi-nov.*

NOTRE-DAME-DU-HAMEL

✉ 27390 (Eure) – 228 hab. – Alt. 200 m – Carte régionale n° **33**-C2
▶ Paris 158 km – L'Aigle 21 km – Argentan 48 km – Bernay 28 km
Carte Michelin 304-D8

🍽 Le Moulin de la Marigotière   🖨 🛋 🕭 🅿

CUISINE MODERNE · ÉLÉGANT 🕽🕽🕽 Cet ancien moulin prête son atmosphère bourgeoise à des plats classiques ou plus dans l'air du temps : déclinaisons autour du homard, association fruits et foie gras, risotto aux escargots, etc. Les plus : l'accueil et le joli parc traversé par la Charentonne.

Menu 35 € (déj. en semaine), 47/79 € – Carte 50/80 €

D45 – ℰ *02 32 44 58 11 – www.moulin-marigotiere.com – Fermé vacances de fév., lundi soir sauf juil.-août, dim. soir, mardi soir et merc.*

NOUAN-LE-FUZELIER

✉ 41600 (Loir-et-Cher) – 2 362 hab. – Alt. 113 m – Carte régionale n° **12**-C2
▶ Paris 177 km – Blois 59 km – Cosne-Cours-sur-Loire 74 km – Gien 56 km
Carte Michelin 318-J6

🏠 Domaine des Fontaines   🐾 🖨 🕭 🆎 🅿

TRADITIONNEL · ÉLÉGANT Belle maison bourgeoise en brique rouge, au charme typiquement solognot... Les chambres sont confortables, sobres, élégantes, et mansardées au dernier étage. Petit-déjeuner servi sous la véranda.

11 chambres – †80/100 € ††120/170 € – ☲ 12 €

rte de Lamotte-Beuvron, 2 km au Nord par N 20 – ℰ *02 54 83 78 87*
– www.hotel-domaine-des-fontaines.com

NOUILHAN

✉ 65500 (Hautes-Pyrénées) – 200 hab. – Alt. 196 m – Carte régionale n° **28**-A2
▶ Paris 771 km – Pau 47 km – Tarbes 24 km – Toulouse 144 km
Carte Michelin 342-M4

🍽 Les 3B   ⇆ 🛋 🕭 🎵 🅿

CUISINE TRADITIONNELLE · CONVIVIAL 🕽 Les 3B ? Béarn, Bigorre et Pays... basque, pardi ! En bord de route, ce corps de ferme typiquement bigourdan est l'occasion d'une agréable étape sur la route des Pyrénées. À la carte, la tradition domine – foie gras maison, garbure paysanne, poule noir de Bigorre – et l'on se régale !

🍴 Formule 12 € – Menu 18 € (semaine), 26/34 € – Carte environ 37 €

7 chambres – †62/70 € ††62/70 € – ☲ 7 €

8 rte des Pyrénées, D935 – ℰ *05 62 96 79 78 – www.hoteldes3b.com – Fermé dim. soir et vend.*

LE NOUVION-EN-THIÉRACHE

✉ 02170 (Aisne) – 2 801 hab. – Alt. 185 m – Carte régionale n° **37**-D1
▶ Paris 198 km – Avesnes-sur-Helpe 20 km – Guise 21 km – Hirson 25 km
Carte Michelin 306-E2

La Paix

CUISINE TRADITIONNELLE · CLASSIQUE XX Briques, miroirs, tons pastel et bibelots : un décor agréable, au service d'une appétissante cuisine ! Installé ici depuis
plus de trente ans, Didier Pierrart honore la tradition des bons petits plats avec un
savoir-faire qui ne se dément pas. Sa spécialité : le pavé de bœuf au maroilles...
Formule 19 € – Menu 24 € (semaine), 29 € ♈/46 € ♈ – Carte 50/63 €
37 r. Jean Vimont-Vicary – ℰ 03 23 97 04 55 – www.hotel-la-paix.fr
– Fermé 13 fév.-2 mars, 14 août-2 sept., 23 déc.-3 janv. et dim.

La Paix

TRADITIONNEL · PERSONNALISÉ Un hôtel-restaurant de qualité, où l'on profite
à la fois du gîte et du couvert avec plaisir. L'ensemble est parfaitement tenu, l'accueil charmant et les prix mesurés. Et dernier atout : les chambres sont peu à peu
rénovées dans un style plus contemporain.
16 chambres – ♦68/85 € ♦♦68/85 € – ⚌ 10 € – ½ P
*37 r. Jean-Vimont-Vicary – ℰ 03 23 97 04 55 – www.hotel-la-paix.fr – Fermé
13 fév.-2 mars, 14 août-2 sept., 23 déc.-3 janv. et dim.*
⍥○ **La Paix** – voir les restaurants ci-dessus

NOUZERINES – 23 (Creuse) → voir Boussac

NOVES
✉ 13550 (Bouches-du-Rhône) – 5 293 hab. – Alt. 42 m – Carte régionale n° **42**-E1
▶ Paris 688 km – Arles 38 km – Avignon 14 km – Carpentras 33 km
Carte Michelin 340-E2 – Guide Vert Michelin Provence

⍥○ **Auberge de Noves**

CUISINE CLASSIQUE · RÉTRO XXX Cette auberge se révèle tout à fait charmante,
et sa terrasse sous les arbres idyllique ! À l'image du lieu, la cuisine donne dans le
beau classicisme : le chef vous régalera, par exemple, d'un foie gras, d'un tartare
de bœuf au couteau, etc. Belle carte des vins de plus de 350 références.
Menu 50 € ♈ (déj. en semaine), 75/125 € – Carte 80/136 €
rte de Châteaurenard, 2 km par D28 – ℰ 04 90 24 28 28
– www.aubergedenoves.com – Fermé 3 janv.-12 fév., lundi et mardi d'oct. à mai

 Auberge de Noves

TRADITIONNEL · CLASSIQUE Une noble demeure du 19e s. et son vaste parc :
une certaine idée de l'art de vivre provençal, dans une veine classique. Les chambres sont élégantes et volontairement rétro – ah, ces boutons d'éclairage des
années 1970... Certaines sont nichées dans l'ancienne chapelle.
23 chambres – ♦165/490 € ♦♦165/490 € – 2 suites – ⚌ 25 € – ½ P
rte de Châteaurenard, 2 km par D28 – ℰ 04 90 24 28 28
– www.aubergedenoves.com – Fermé 3 janv.-12 fév.
⍥○ **Auberge de Noves** – voir les restaurants ci-dessus

NOYAL-MUZILLAC
✉ 56190 (Morbihan) – 2 529 hab. – Alt. 52 m – Carte régionale n° **10**-C3
▶ Paris 456 km – La Baule 44 km – St-Nazaire 52 km – Vannes 30 km
Carte Michelin 308-Q9

 Manoir de Bodrevan

AUBERGE · PERSONNALISÉ Ce pavillon de chasse du 16e s. en pierre est envahi
de verdure. Les chambres tirent leur cachet de ce cadre rustique et élégant.
Accueil cordial et calme assuré. Menu du jour, poissons et produits de la mer préparés par le maître des lieux selon le marché.
6 chambres – ♦96/159 € ♦♦96/159 € – ⚌ 13 € – ½ P
2 km au Nord-Est par D153 et rte secondaire – ℰ 02 97 45 62 26
– www.manoir-bodrevan.com – Fermé 23-27 decembre

NOYALO

⌧ 56450 (Morbihan) – 781 hab. – Carte régionale n° **9**-A3
▶ Paris 468 km – La Baule 75 km – Rennes 116 km – Vannes 15 km
Carte Michelin 308-O9

⫟○ L'Hortensia   🐋 🦽 🏵

CUISINE MODERNE · À LA MODE XX On mange bien dans cette ancienne ferme en pierre du 19ᵉ s., parée de toiles et d'un mobilier contemporains. La cuisine, qui fait la part belle aux produits de la mer et au terroir breton, se révèle savoureuse et bien maîtrisée. Pour l'étape, des chambres coquettes décorées sur le thème de l'hortensia.

Menu 22 € 🍷 (déj. en semaine), 32/67 €
7 chambres – 🛏66/99 € 🛏🛏66/99 € – 🍽 9 €
*18 r. Ste-Brigitte – ☏ 02 97 43 02 00 – www.restaurantlhortensia.com
– Fermé 2 semaines en oct., dim. soir et lundi*

NOYAL-SUR-VILAINE – 35 (Ille-et-Vilaine) ➜ voir Rennes

NOYANT-DE-TOURAINE – 37 (Indre-et-Loire) ➜ voir Ste-Maure-de-Touraine

NOYERS

⌧ 89310 (Yonne) – 675 hab. – Alt. 175 m – Carte régionale n° **7**-B1
▶ Paris 211 km – Auxerre 46 km – Dijon 129 km – Troyes 82 km
Carte Michelin 319-G5 – Guide Vert Michelin Bourgogne

⫟○ Les Miliésimes   🐋 🏠 AC ⟠

CUISINE TRADITIONNELLE · RUSTIQUE X Ce restaurant champêtre et élégant se tient derrière la boucherie-charcuterie familiale. Le terroir et les vins bourguignons sont à l'honneur... ainsi que les produits maison ! Feuilleté d'escargots à la crème de persil, tarte d'andouille aux oignons rouges, etc.

Formule 27 € – Menu 30/38 €
*14 pl. de l'Hôtel-de-Ville – ☏ 03 86 82 82 16 – www.maison-paillot.com
– Ouvert de début mars à fin janv., fermé le soir sauf le sam. et lundi*

NOYON

⌧ 60400 (Oise) – 13 658 hab. – Alt. 52 m – Carte régionale n° **37**-C2
▶ Paris 108 km – Amiens 67 km – Compiègne 29 km – Laon 53 km
Carte Michelin 305-J3

⫟○ Dame Journe   AC 🏵

CUISINE TRADITIONNELLE · AUBERGE XX Dans la capitale des fruits rouges, les gourmands ont rendez-vous avec Dame Journe. Dans un cadre très classique, on apprécie une vraie cuisine traditionnelle : saumon fumé maison, rognons de veau, chariot de desserts... Une adresse appréciée dans la ville.

👓 Menu 19 € (déj. en semaine), 23/45 € – Carte 43/69 €
*2 bd Mony – ☏ 03 44 44 01 33 – www.restaurant-damejourne-noyon.fr
– Fermé 19-25 sept., dim. soir, mardi soir, merc. soir, jeudi soir et lundi*

🏠 Saint-Eloi   🏵 🦽 🛁 P

TRADITIONNEL · PERSONNALISÉ Un élégant castel tout en briques, tourelles et colombages (1870), abritant des chambres classiques et confortables – plus sobres et moins spacieuses dans l'annexe. Restaurant traditionnel.

29 chambres – 🛏67/87 € 🛏🛏87/110 € – 🍽 12 € – ½ P
*81 bd Carnot – ☏ 03 44 44 01 49 – www.hotelsainteloi.fr
– Fermé dim. soir et vend.*

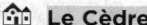 Le Cèdre

TRADITIONNEL · FONCTIONNEL Au cœur de la cité, une longue bâtisse en briques rouges, datant de 1989 mais en harmonie avec l'architecture environnante. Les chambres, chaleureuses et bien équipées, offrent pour la plupart une vue sur la cathédrale, située juste en face.

33 chambres – †65/84 € ††74/92 € – ⌑ 10 €

8 r. de l'Évêché – ℰ 03 44 44 23 24 – www.hotel-lecedre.com – Fermé 21 déc.-3 janv.

NOZAY

✉ 44170 (Loire-Atlantique) – 3 894 hab. – Alt. 50 m – Carte régionale n° **34**-B2
▶ Paris 410 km – Angers 124 km – Nantes 43 km – Rennes 68 km
Carte Michelin 316-G2

La Pierre Bleue

CUISINE MODERNE · CONVIVIAL XX Vous cherchez Éric Meunier ? Il est dans sa cuisine, évidemment ! Travailleur infatigable, discret autant que passionné, voilà un chef qui aime son métier, et cela se sent dans ses assiettes. Créations de saison, plats mijotés en hiver, fumaisons maison... Cette Pierre Bleue est une pépite.

Formule 18 € – Menu 28/40 € – Carte environ 41 €

22 r. Alexis-Letourneau – ℰ 02 40 79 30 49 – www.restaurantlapierrebleue.com – Fermé 11-28 juil., 1er-19 janv., dim. soir, lundi soir et merc.

NUEIL-LES-AUBIERS

✉ 79250 (Deux-Sèvres) – 5 569 hab. – Carte régionale n° **38**-B1
▶ Paris 364 km – Bressuire 15 km – Cholet 29 km – Poitiers 100 km
Carte Michelin 316-M6

ⅠO Le Moulin de la Sorinière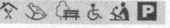

CUISINE MODERNE · CONVIVIAL XX Les grandes baies vitrées de cette ancienne grange donnent sur un jardin bien agréable, source d'inspiration pour un chef amoureux des produits de saison. Après le repas, une balade digestive près de la rivière s'impose.

⌘ Formule 16 € – Menu 19 € (semaine), 29/35 € – Carte environ 35 €

2 km au Sud-Ouest par D33, rte de Cerizay et C3 – ℰ 05 49 72 39 20 – www.hotel-moulin-soriniere.com – Fermé 27 avril-11 mai, 1 semaine vacances de la Toussaint, 1er-6 janv., dim. soir et lundi

⌂ Le Moulin de la Sorinière

TRADITIONNEL · SIMPLE Ce vieux moulin du 19e s. a conservé son charme bucolique ; la rivière traverse le jardin et le potager, et les chambres ont des noms de fleurs. Pour les effeuiller au grand calme...

8 chambres – †65/70 € ††65/70 € – ⌑ 9 € – ½ P

2 km au Sud-Ouest par D33, rte de Cerizay et C3 – ℰ 05 49 72 39 20 – www.hotel-moulin-soriniere.com – Fermé 27 avril-11 mai, 1 semaine vacances de la Toussaint et 1er-6 janv.

ⅠO **Le Moulin de la Sorinière** – voir les restaurants ci-dessus

NUITS-ST-GEORGES

✉ 21700 (Côte-d'Or) – 5 566 hab. – Alt. 243 m – Carte régionale n° **8**-D1
▶ Paris 320 km – Beaune 22 km – Chalon-sur-Saône 45 km – Dijon 22 km
Carte Michelin 320-J7 – Guide Vert Michelin Bourgogne

La Cabotte

CUISINE MODERNE · BISTRO X Une cuisine actuelle, fine et gourmande à prix doux, de la convivialité à revendre, un cadre rustique modernisé avec poutres, pierres apparentes et mobilier contemporain... Et même une carte de vins bourguignons étoffée et judicieuse : cette Cabotte en a dans la caboche, et l'on se régale !

Formule 20 € – Menu 30/57 € – Carte 38/56 €

24 Grande-Rue – ℰ 03 80 61 20 77 (réservation conseillée) – www.restaurantlacabotte.fr – Fermé dim. et lundi

La Gentilhommière

HÔTEL DE VACANCES · PERSONNALISÉ Vieilles pierres et toits de tuiles vernissées : un beau pavillon de chasse du 16ᵉ s., dans un écrin de verdure, non loin du fameux village viticole. Au choix : de jolies chambres contemporaines ou plus originales (Afrique, Oriental, Pop Art...) ; les plus spacieuses se situent dans l'annexe.

31 chambres – 📍115/200 € 📍📍115/200 € – 🛏 15 €

13 vallée de la Serrée, rte Concoeur-Meuilley, 2 km à l'Ouest – 📞 03 80 61 12 06
– www.lagentilhommiere.fr – Fermé de mi-déc. à mi-janv.

Hostellerie St-Vincent

TRADITIONNEL · FONCTIONNEL Dans cette grosse maison d'aspect traditionnel, les chambres sont pratiques et bien insonorisées... et pour faire le plein de gourmandises, il y a même une petite boutique de produits régionaux !

23 chambres – 📍89/129 € 📍📍100/143 € – 🛏 11 € – ½ P

23 r. du Gén.-de-Gaulle – 📞 03 80 61 14 91 – www.hostellerie-st-vincent.com
– Fermé 1 semaine vacances de Noël et dim. soir de nov. à avril

à Curtil-Vergy 7 km au Nord-Ouest par D25, D35 et rte secondaire – ✉ 21220
– 126 hab. – Alt. 350 m

Manassès

HÔTEL DE VACANCES · RUSTIQUE Une maison vigneronne typique et... atypique. Évidemment il y a de jolies chambres (classiques ou rustiques), mais aussi un musée de la vigne, une salle de dégustation et un petit-déjeuner gargantuesque !

12 chambres – 📍83/108 € 📍📍83/108 € – 🛏 14 €

r. Guillaume-de-Tavanes – 📞 03 80 61 43 81 – www.hotelmanasses.com – Ouvert
de mars à mi-déc.

NYONS

✉ 26110 (Drôme) – 6 632 hab. – Alt. 271 m – Carte régionale n° **44**-B3
▶ Paris 653 km – Alès 109 km – Gap 106 km – Orange 43 km
Carte Michelin 332-D7 – Guide Vert Michelin Ardèche Drôme

🍴 Une Autre Maison

POISSONS ET FRUITS DE MER · INTIME X Dans cette belle maison ancienne au fond d'un divin jardin, le chef concocte une bonne cuisine du marché, et notamment de jolis plats de poisson. Les résidents de l'hôtel sont ravis et les autres aussi !

Formule 18 € – Menu 21 €, 45/45 €

Hôtel Une Autre Maison, pl. de la République – 📞 04 75 26 43 09
– www.uneautremaison.com – Fermé de mi-déc. à mi-janv. et le midi

🍴 Le Verre à Soie

FUSION · CONVIVIAL X Après une carrière chez Christian Têtedoie (Lyon), Fei-Hsin et Jérome Lamy ont décidé de reprendre ce Verre à Soie. Lui œuvre toujours comme sommelier, proposant de séduisants accords mets et vins, mettant en valeur la jolie cuisine de son épouse, inspirée par ses origines taïwanaises. Un beau mariage franco-asiatique !

Formule 19 € ☡ – Menu 23 € ☡ (déj.) – Carte 21/36 €

12 pl. des Arcades – 📞 04 75 26 15 18 – Fermé 1ᵉʳ- 8 juin, 1ᵉʳ-7 sept. mardi et merc.

🍴 D'un Goût à l'Autre

CUISINE MODERNE · SIMPLE X Un tout petit restaurant dans la rue la plus animée de la ville, créé par un jeune couple ayant fait ses classes dans de belles maisons sur la côte. Dès la lecture de la carte, nos papilles sont en éveil, d'autant que le chef privilégie au maximum les produits bio. D'un goût à l'autre, les assiettes sont fort bien composées...

Formule 27 € – Menu 31/49 € – Carte 36/44 €

21 r. des Déportés – 📞 04 75 26 62 27 – www.dungoutalautre.fr – Fermé dim. soir
et lundi

La Caravelle

FAMILIAL · CLASSIQUE Au cœur de la Drôme provençale, cette villa des années 1930 et son jardin planté de catalpas sont propices à la détente. Et les chambres, décorées avec les hublots d'un ancien navire de guerre, n'en sont pas moins calmes. Un havre de paix !

12 chambres – ♦69/99 € ♦♦69/109 € – ☲ 10 €

8 r. Antignans, par prom. de la Digue – ☏ 04 75 26 07 44
– www.lacaravelle-nyons.com – Fermé 15 nov.-1er déc. et 20 déc.-5 janv.

Une Autre Maison

FAMILIAL · PERSONNALISÉ Confort, bien-être et élégance : une Maison d'un Autre siècle (fin du 19e s.), vraiment charmante ! Les chambres sont ravissantes et toutes différentes ; la piscine et le jardin tout bonnement délicieux.

10 chambres – ♦85/145 € ♦♦85/165 € – ☲ 15 € – ½ P

pl. de la République – ☏ 04 75 26 43 09 – www.uneautremaison.com
– Fermé de mi-déc. à mi-janv.

🍽 **Une Autre Maison** – voir les restaurants ci-dessus

rte de Gap 7 km par D94 – ✉ 26110 Condorcet – ✉ 26110

 La Charrette Bleue

CUISINE TRADITIONNELLE · RUSTIQUE 🍴 Impossible de manquer ce relais de poste du 18e s. avec sa charrette bleue posée sur le toit ! Joli hommage à René Barjavel, dont l'œuvre du même nom racontait son enfance au pays. L'esprit de la région habite le décor (terrasse sous les canisses) comme la cuisine, soignée et gourmande. Une bonne adresse, aux prix doux.

Formule 20 € – Menu 30/46 € – Carte 37/56 €

– ☏ 04 75 27 72 33 – www.lacharrettebleue.net
– Fermé 14-21 nov., 2 janv.-3 fév., dim. soir d'oct. à mars, mardi de sept. à juin et merc.

rte d'Orange 4 km par D94 – ✉ 26110 Nyons :

La Bastide des Monges

FAMILIAL · MÉDITERRANÉEN "Nyons me paraît être le paradis terrestre" disait Jean Giono. Voilà une phrase qui aurait trouvé écho chez les sœurs de cet ancien couvent du 18e s. Les chambres, de style provençal, donnent sur le jardin ou les vignes. Accueil charmant.

9 chambres – ♦75/95 € ♦♦100/195 € – ☲ 12 €

– ☏ 04 75 26 99 69 – www.bastidedesmonges.com
– Fermé 1er decembre-20 janv.

à Montaulieu 14 km à l'Est par D94, D64 et D501 – ✉ 26110 – 78 hab. – Alt. 510 m

 Les Terrasses

VILLA · PERSONNALISÉ C'est l'histoire d'un village en ruine revenu à la vie grâce à une bande d'amis. Parmi eux, un couple a restauré cette bâtisse où le charme le dispute à l'authenticité : déco chinée, terrasses et jardins suspendus... Une adresse hors du temps où l'on met la cuisine régionale et les côtes-du-rhône à l'honneur.

3 chambres ☲ – ♦180/250 € ♦♦200/270 €

au village – ☏ 04 75 27 42 91 – www.lesterrasses-montaulieu.fr
– Ouvert 15 avril-15 nov.

OBERHASLACH

✉ 67280 (Bas-Rhin) – 1 773 hab. – Alt. 270 m – Carte régionale n° **1**-A1
▶ Paris 482 km – Molsheim 16 km – Saverne 32 km – St-Dié 57 km
Carte Michelin 315-H5

ⅠⅠ◯ Hostellerie St-Florent

CUISINE TRADITIONNELLE · RÉTRO ✗✗ Il a vraiment du charme, ce restaurant, avec ses jolies boiseries et ses lampes rétro. Dans l'assiette, crème de girolles et magret fumé, dos de cabillaud en croûte de chorizo et julienne de légumes... on profite d'une bonne cuisine traditionnelle et de quelques spécialités alsaciennes.

Formule 12 € – Menu 27 € (semaine)/40 € – Carte 31/49 €

28 r. Nideck – ℰ 03 88 50 94 10 – www.hostellerie-saint-florent.com
– Fermé 6-16 juil., 9-18 nov., 26 janv.-3 fév., sam. midi, dim. soir et lundi sauf le soir d'avril à oct.

Hostellerie St-Florent

FAMILIAL · RÉTRO Il règne une ambiance très chaleureuse dans cette maison alsacienne, nichée entre les vignes, au cœur de ce village fleuri du Nideck. Les chambres sont à prix très doux et les jolis chemins aux alentours n'attendent que les randonneurs !

20 chambres – ♦50/55 € ♦♦57/63 € – ⌷ 10 € – ½ P

28 r. Nideck – ℰ 03 88 50 94 10 – www.hostellerie-saint-florent.com – Fermé 6-16 juil., 9-18 nov. et 26 janv.-3 fév.

ⅠⅠ◯ **Hostellerie St-Florent** – voir les restaurants ci-dessus

OBERNAI

✉ 67210 (Bas-Rhin) – 10 822 hab. – Alt. 185 m – Carte régionale n° **1**-A2
▶ Paris 488 km – Colmar 50 km – Molsheim 12 km – Sélestat 27 km
Carte Michelin 315-I6

✿✿ La Fourchette des Ducs (Nicolas Stamm)

CRÉATIVE · ÉLÉGANT ✗✗✗ L'hiver, atmosphère cosy (boiseries et poutres apparentes) ; l'été, fraîcheur contemporaine dans une salle ouverte sur la cour intérieure... Et en toute saison, des assiettes de haute volée, dans lesquelles de bons produits sont travaillés avec une pointe de créativité, pour de succulents coups de fourchette.

→ Jambonnettes de cuisses de grenouilles, émulsion de foie gras de canard d'Alsace. Poule Noire d'Alsace en deux services. Paris-brest en éclair, glace à la vanille Bourbon.

Menu 120/155 € – Carte 135/205 €

Plan : B-e – *6 r. de la Gare – ℰ 03 88 48 33 38 (réservation conseillée) – www.lafourchettedesducs.com – Fermé 1er-15 août, 1er-10 janv., dim. soir, lundi et le midi sauf dim.*

✿ Le Bistro des Saveurs (Thierry Schwartz)

CRÉATIVE · RUSTIQUE ✗✗ Poutres apparentes, bouteilles en vitrine, cheminée : le cadre est raffiné... et en cuisine, le jeune chef fait des merveilles : avec de bons produits bio ou achetés à des petits producteurs locaux, il concocte des plats remarquables de saveurs et d'imagination. On sent là tout le travail d'un véritable passionné !

→ L'oeuf dans l'oeuf à la truffe noire. Épaule de cabri grillée au feu de bois. Lait et meringue.

Formule 29 € – Menu 55/105 € – Carte 65/105 €

Plan : B-t – *35 r. de Sélestat – ℰ 03 88 49 90 41 – www.bistro-saveurs.fr – Fermé 17 juil.-9 août, 3-11 janv., dim. et lundi*

ⅠⅠ◯ Jardin des Remparts

CUISINE MODERNE · ÉLÉGANT ✗✗✗ Une adresse de caractère ! Décorée dans un style classique et luxueux, elle propose des plats traditionnels ou plus créatifs : velouté d'escargots, foie gras à la rhubarbe, etc.

Menu 45/79 € – Carte 44/80 €

Plan : A-a – *Hôtel À la Cour d'Alsace, 3 r. Gail – ℰ 03 88 95 07 00 – www.cour-alsace.com – Fermé 1er août-2 sept., 23 janv.-11 mars, le soir sauf jeudi, vend. et sam. et le midi sauf dim.*

OBERNAI

Chanoine Gyss (R. du) ..... **A** 2
Chapelle (R. de la) .... **A** 3

Dietrich (R.) .... **A** 4
Étoile (Pl. de l') .... **A** 5
Fines Herbes
(Pl. des) .... **AB** 6

Juifs (Ruelle des) .... **A** 8
Marché (R. du) .... **B** 12
Sainte-Odile
(R.) .... **A** 16

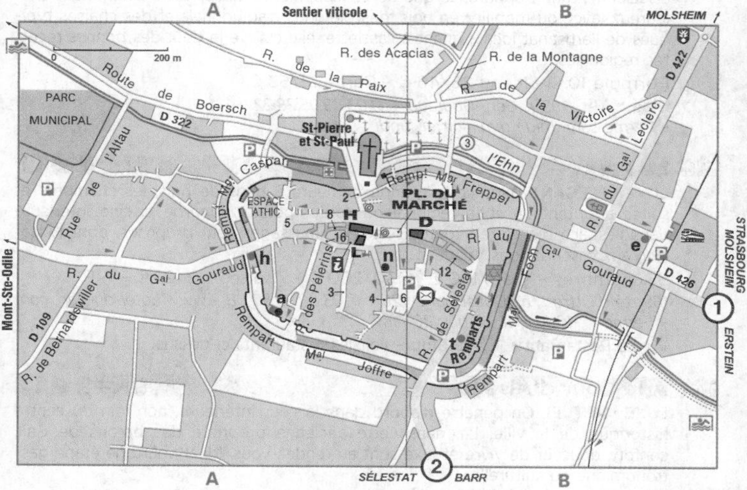

ℑ◯ Le Restaurant ⇱ 🄰🄲 ⚒ ⇔ 🄿

CUISINE MODERNE · ÉLÉGANT 𝕏𝕏𝕏 Voilà, dans les faubourgs de la ville, une imposante maison alsacienne où les générations se succèdent depuis la création de l'établissement en 1954. Saumon d'Écosse fumé aux asperges blanches, lieu jaune à l'avocat, coriandre et agrumes... On se régale d'une bonne cuisine actuelle, fine et bien réalisée.

Menu 58/77 € – Carte 59/74 €

Hôtel Le Parc, 169 rte d'Ottrott, à l'Ouest par D426
– ℰ 03 88 95 50 08 – www.hotel-du-parc.com
– Fermé 1ᵉʳ-10 juil., 20 déc.-10 janv., lundi et le midi

ℑ◯ Caveau de Gail ⛱ ⇱ 🄿

ALSACIENNE · CONVIVIAL 𝕏𝕏 Ce Caveau est en fait une sorte de winstub de luxe ! La cuisine traditionnelle y est à l'honneur, avec de belles allusions au terroir alsacien : truite aux amandes, choucroute aux trois poissons, crème brûlée au marc de gewurztraminer, etc.

Formule 20 € – Menu 28 € (déj. en semaine), 32/42 € ℉ – Carte 40/60 €
Plan : A-a – *Hôtel À la Cour d'Alsace, 3 r. Gail*
– ℰ 03 88 95 07 00 – www.cour-alsace.com
– Fermé 24 déc.-27 janv., jeudi soir et sam. midi

ℑ◯ La Stub ⇱ 🄰🄲 ⚒ 🄿

CUISINE TRADITIONNELLE · CONVIVIAL 𝕏 Le bois qui décore les murs de cette Stub a été récupéré dans d'anciennes fermes ; un cadre chaleureux avec ses alcôves et son poêle en faïence, pour déguster tartare de hareng "grand-mère", pied de porc farci, quenelles de brochet...

Carte 37/49 €

Hôtel Le Parc, 169 rte d'Ottrott, à l'Ouest par D426
– ℰ 03 88 95 50 08 – www.hotel-du-parc.com
– Fermé 1ᵉʳ-10 juil., 20 déc.-10 janv., dim., lundi et le soir

⒣○ À l'Agneau d'Or

ALSACIENNE · TRADITIONNEL ⅹ Près des remparts, une maison typiquement alsacienne, tant d'apparence que de philosophie. Le décor est éminemment chaleureux, avec du mobilier en bois, des plafonds traditionnels et des chaises typiques de l'artisanat local ; quant à l'assiette, elle cultive le goût des bonnes recettes régionales.

Formule 10 € – Menu 26/46 € – Carte 23/53 €

Plan : A-h – *99 r. Gén.-Gouraud* – ✆ *03 88 95 28 22*
– *Fermé sam. midi, dim. soir et lundi*

Le Parc ⚐ ⌂ ⛉ ⛱ 🔲 ⓈⓅ 🛁 💺 & 🅰️🄲 🛗 🅿️

LUXE · ÉLÉGANT Dans cette grande demeure à pans de bois, les chambres et suites adoptent un style régional ou contemporain. Superbe piscine intérieure dans l'espace bien-être ; toutes sortes de massages sont proposés, dont l'Alsacien aux essences des Vosges !

55 chambres – ♟130/160 € ♟♟130/260 € – 7 suites – ⌧ 22 € – ½ P
169 rte d'Ottrott, à l'Ouest par D426 – ✆ *03 88 95 50 08* – *www.hotel-du-parc.com*
– *Fermé 1ᵉʳ-10 juil. et 20 déc.-10 janv.*

⒣○ **Le Restaurant** • ⒣○ **La Stub** – voir les restaurants ci-dessus

À la Cour d'Alsace ⚐ ⌂ ⛉ ⛱ 💺 & 🛗 🅿️

LUXE · ACTUEL On pénètre d'abord dans la cour intérieure, non loin du centre historique de la ville. Là, dans cette ancienne propriété des barons de Gail, confort, douceur de vivre et luxe sont au rendez-vous. Idéal pour une étape gastronomique ou culturelle.

53 chambres – ♟151/242 € ♟♟179/392 € – 5 suites – ⌧ 20 € – ½ P

Plan : A-a – *3 r. Gail* – ✆ *03 88 95 07 00* – *www.cour-alsace.com*
– *Fermé 24 déc.-27 janv.*

⒣○ **Jardin des Remparts** • ⒣○ **Caveau de Gail** – voir les restaurants ci-dessus

Le Colombier 🛁 💺 & 🄰🄲 🚗

BUSINESS · ACTUEL Au cœur de la vieille ville, cette bâtisse régionale propose des chambres confortables et sobrement décorées, dont celles du 4ᵉ étage offrent une jolie vue sur les toits. Également une annexe, Pavillon 7, juste en face.

46 chambres – ♟89/185 € ♟♟89/185 € – 6 suites – ⌧ 13 €

Plan : A-n – *6 r. Dietrich* – ✆ *03 88 47 63 33* – *www.hotel-colombier.com*

Les Jardins d'Adalric ⛉ ⛱ ⅹ 💺 & 🄰🄲 🛗 🅿️

BUSINESS · MODERNE Chambres sobres et contemporaines dans cet hôtel légèrement excentré, à dix minutes à pied du centre historique. Deux duplex sont à disposition des familles ; l'été, on prend son petit-déjeuner sur la terrasse et on profite du jardin.

44 chambres – ♟89/199 € ♟♟89/199 € – 2 suites – ⌧ 12 €

19 r. du Mar.-Koenig, par D426 – ✆ *03 88 47 64 47*
– *www.lesjardinsadalric.com*

à **Ottrott** 4 km à l'Ouest par D426 – ✉ 67530 – 1 589 hab. – Alt. 268 m

⊛ À l'Ami Fritz ⛉ 🅿️

ALSACIENNE · TRADITIONNEL ⅹⅹⅹ M. Fritz, c'est le chef-patron, mais l'enseigne fait aussi référence au roman d'Erckmann et Chatrian (1854), dont le héros sacrifie tout à la bonne chère. Un sacré patronage pour une cuisine très savoureuse, dans un décor qui porte également haut le charme de la région !

Formule 25 € – Menu 32/70 € – Carte 43/58 €

Hôtel À l'Ami Fritz, Ottrott-le-Haut – ✆ *03 88 95 80 81* – *www.amifritz.com*
– *Fermé 2 semaines en janv. et merc.*

ⅠⅠ○ Hostellerie des Châteaux

CUISINE CLASSIQUE · ÉLÉGANT XXX Un cadre feutré et intime, pour une carte qui se veut sophistiquée : saumon mariné aux fleurs de câpres, feuilletage de ris de veau, caillé de munster à l'ail des ours...

Menu 49 € (déj. en semaine), 69/92 € – Carte 60/87 €

Hostellerie des Châteaux, 11 r. des Châteaux, (Ottrott-le-Haut) – ℰ 03 88 48 14 14 – www.hostellerie-chateaux.fr – Fermé 2 janv.-2 fév.

ⅠⅠ○ Le Châtelain

CUISINE MODERNE · CLASSIQUE XXX Un restaurant qui ouvre sur les bois... En terrasse ou dans la jolie salle, on savoure une bonne cuisine traditionnelle non dénuée de créativité : pintade pochée et pesto à l'ail des ours, sphère meringuée comme un vacherin... Idéal pour se restaurer au vert !

Formule 24 € – Menu 28 € (déj. en semaine), 49/75 € – Carte 71/78 €

Hôtel le Clos des Délices, 17 rte de Klingenthal, 1 km au Nord-Ouest par D426 – ℰ 03 88 95 81 00 – www.leclosdesdelices.com – Fermé le midi du lundi au jeudi

🏨 Hostellerie des Châteaux

TRADITIONNEL · PERSONNALISÉ Cet imposant hôtel vous invite à un grand moment de détente : spa et soins très complets, superbe piscine intérieure, deux restaurants, formule brunch le dimanche... Dans les chambres, spacieuses, l'esprit contemporain se marie au style alsacien. Le chic même !

55 chambres – ♦129/199 € ♦♦129/359 € – 11 suites – � 22 € – ½ P

11 r. des Châteaux, (Ottrott-le-Haut) – ℰ 03 88 48 14 14 – www.hostellerie-chateaux.fr – Fermé 2 janv.-2 fév.

ⅠⅠ○ **Hostellerie des Châteaux** – voir les restaurants ci-dessus

🏨 Le Clos des Délices

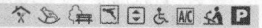

TRADITIONNEL · PERSONNALISÉ Dans un grand parc, on remarque d'abord la jolie façade tapissée de verdure... puis on paresse agréablement dans une chambre raffinée, colorée et bien insonorisée. Petit spa.

20 chambres – ♦99/279 € ♦♦99/279 € – 1 suite – ⊳ 19 € – ½ P

17 rte de Klingenthal, 1 km au Nord-Ouest par D426 – ℰ 03 88 95 81 00 – www.leclosdesdelices.com

ⅠⅠ○ **Le Châtelain** – voir les restaurants ci-dessus

🏠 À l'Ami Fritz

AUBERGE · PERSONNALISÉ Une maison régionale avec beaucoup de charme. Le décor des chambres est très soigné, dans une veine contemporaine agréable à vivre ; quatre d'entre elles, spacieuses et design, sont situées dans le pavillon voisin. Un bel ensemble.

24 chambres – ♦103/127 € ♦♦103/172 € – 2 suites – ⊳ 16 € – ½ P

Ottrott-le-Haut – ℰ 03 88 95 80 81 – www.amifritz.com – Fermé 2 semaines en janv.

🍴 **À l'Ami Fritz** – voir les restaurants ci-dessus

OBERSTEINBACH

✉ 67510 (Bas-Rhin) – 237 hab. – Alt. 239 m – Carte régionale n° **1**-B1
▶ Paris 458 km – Bitche 22 km – Haguenau 35 km – Strasbourg 68 km
Carte Michelin 315-K2

ⅠⅠ○ Anthon

CUISINE MODERNE · ÉLÉGANT XXX Une élégante salle en rotonde dans une maison à colombages (1860) : l'endroit est idéal pour savourer une cuisine classique et de terroir. Chambres spacieuses, dont deux conservent des lits traditionnels en alcôve.

Menu 26/54 € – Carte 49/64 €

12 chambres – ♦65/80 € ♦♦80/110 € – ⊳ 12 €

40 r. Principale – ℰ 03 88 09 55 01 – www.restaurant-anthon.fr – Fermé janv., mardi et merc.

OBJAT

⊠ 19130 (Corrèze) – 3 564 hab. – Alt. 131 m – Carte régionale n° **24**-B3
▶ Paris 467 km – Brive-la-Gaillarde 21 km – Limoges 79 km – Tulle 45 km
Carte Michelin 329-J4 – Guide Vert Michelin Limousin Berry

⑩○ La Tête de L'Art 🍴 🎴 ⚅ 🛝 🅿

CUISINE TRADITIONNELLE · SIMPLE ✗ Afin de marier l'art avec le goût, ce restaurant familial expose des toiles d'artistes locaux. En cuisine, le chef prépare des recettes traditionnelles rehaussées d'une pointe d'originalité. Une enseigne appréciée dans la région.

🍴 Formule 15 € – Menu 18 € (déj. en semaine), 20/33 €
53 av. Jean-Lascaux – 𝒞 05 55 25 50 42 – www.tete-de-lart.fr
– Fermé 2 semaines fin juin-début juil., 1 semaine vacances de la Toussaint, merc. soir sauf juil.-août, dim. soir et lundi

OFFENDORF

⊠ 67850 (Bas-Rhin) – 2 222 hab. – Alt. 125 m – Carte régionale n° **1**-B1
▶ Paris 494 km – Karlsruhe 70 km – Strasbourg 29 km – Karlsruhe 70 km

⑩○ A la Forêt du Rhin 🍴

CUISINE TRADITIONNELLE · RUSTIQUE ✗ Au piano, père et fils jouent une partition à quatre mains, dans laquelle le marché et le terroir sont les thèmes dominants. Pendant ce temps, en salle, l'épouse du premier et mère du second veille à ce que la musique plaise aux gourmands. Une histoire de famille !

Formule 11 € – Menu 29/38 € – Carte 25/50 €
2 r. Principale – 𝒞 03 88 96 54 04 – www.foret-du-rhin.com – Fermé 2 semaines en sept., mardi soir, merc. soir, lundi

OFFRANVILLE – 76 (Seine-Maritime) ➜ voir Dieppe

OGNES – 02 (Aisne) ➜ voir Chauny

L'OIE

⊠ 85140 (Vendée) – 1 174 hab. – Alt. 102 m – Carte régionale n° **34**-B3
▶ Paris 394 km – Cholet 40 km – Nantes 62 km – Niort 94 km
Carte Michelin 316-J7

🏠 Le Grand Turc 🏮 🍹 🖥 🛝 🍴 🅿

TRADITIONNEL · FONCTIONNEL L'enseigne évoque le mamelouk Amakuc, chef de la garde de Napoléon Iᵉʳ lors du passage de ce dernier à l'auberge. Si celle-ci donne sur la nationale, les chambres – fraîches et agréables – se trouvent sur l'arrière, au calme.

29 chambres – ♦55/130 € ♦♦55/230 € – ☐ 11 € – ½ P
33 r. Nationale – 𝒞 02 51 66 08 74 – www.hotel-legrandturc.fr – Fermé 22 déc.-12 janv.

OINVILLE-SOUS-AUNEAU

⊠ 28700 (Eure-et-Loir) – 341 hab. – Alt. 150 m – Carte régionale n° **12**-C1
▶ Paris 77 km – Chartres 20 km – Montigny-le-Bretonneux 50 km – Orléans 88 km
Carte Michelin 311-G5

🏠 Moulin de Lonceux 🏮 🛏 🛝 🍴 🅿

MAISON DE CAMPAGNE · PERSONNALISÉ En pleine campagne, on vient se ressourcer dans la quiétude de cet ancien moulin du 18ᵉ s, dont les chambres sont à la fois élégantes et confortables. Au petit-déjeuner, ne passez pas à côté des gâteaux dont la farine est fabriquée sur place. Charmant !

5 chambres ☐ – ♦110/120 € ♦♦110/170 €
Hameau de Lonceux – 𝒞 06 70 00 60 45 – www.moulin-de-lonceux.com

OIZON

✉ 18700 (Cher) – 706 hab. – Alt. 230 m – Carte régionale n° **12**-C2

▶ Paris 179 km – Bourges 54 km – Cosne-Cours-sur-Loire 35 km – Gien 29 km

Carte Michelin 323-L2

ⅠⓄ **Les Rives de l'Oizenotte** ⩻ 斉 ⅋ 🅿

CUISINE TRADITIONNELLE · CONVIVIAL XX Sur la terrasse avec vue sur l'étang, ou dans la salle joliment décorée sur le thème de la pêche, on déguste une bonne cuisine traditionnelle : fromage blanc de chèvre aux herbes, travers de cochon fermier d'auvergne laqué au cassis... De quoi mettre l'eau à la bouche !

Menu 32/45 €

à l'étang de Nohant, 1 km à l'Est – 𝒞 02 48 58 06 20 (réservation conseillée) – www.lesrivesdeloizenotte.fr – Fermé 27 juin-6 juil., 29 août-7 sept., 19 déc.-20 janv., dim. soir de la Toussaint à Pâques, lundi et mardi

OLEMPS – 12 (Aveyron) ➜ voir Rodez

OLÉRON (ÎLE D') – 17 (Charente-Maritime) ➜ voir Île d'Oléron

OLIVET – 45 (Loiret) ➜ voir Orléans

OLLIOULES

✉ 83190 (Var) – 13 267 hab. – Alt. 52 m – Carte régionale n° **40**-B3

▶ Paris 829 km – Aix-en-Provence 80 km – Marseille 59 km – Toulon 8 km

Carte Michelin 340-K7 – Guide Vert Michelin Côte d'Azur

ⅠⓄ **L'Atelier du Vigneron**

CUISINE MODERNE · ROMANTIQUE XXX Un restaurant créé dans un ancien garage, voilà qui ne manque pas de sel ! Cet Atelier-là est à l'image de son sympathique patron : original et exubérant. Meubles de famille, tableaux anciens, touches rococo... Un écrin de choix pour des assiettes de tradition, préparées avec soin.

Formule 22 € – Menu 28/45 € – Carte 53/69 €

348 av. de la Résistance – 𝒞 04 94 62 42 34 – www.atelier-du-vigneron.fr – Fermé 15 fév.-10 mars, merc. midi, dim. soir et lundi

ⅠⓄ **La Promesse** Ⓝ

CUISINE MODERNE · CONVIVIAL XX Ce restaurant cosy et chaleureux est une halte, la promesse d'un instant suspendu au milieu des vignes. Saluons la modernité des nouveaux propriétaires : Valérie Costa réalise une cuisine savoureuse et élégante, tandis que son mari s'occupe de la salle et de la cave, qui ne compte pas moins de 300 références.

Formule 35 € – Menu 45/75 € – Carte 75/100 €

724 chemin de la Tourelle, (domaine de Terrebrune) – 𝒞 04 94 98 79 39 (réservation conseillée) – www.restaurant-lapromesse.fr – Fermé janv., dim. et lundi

OLMETO – 2A (Corse-du-Sud) ➜ voir Corse

OLMETO PLAGE – 2A (Corse-du-Sud) ➜ voir Corse, Olmeto

OLORON-STE-MARIE

✉ 64400 (Pyrénées-Atlantiques) – 10 678 hab. – Alt. 224 m – Carte régionale n° **3**-B3

▶ Paris 809 km – Bayonne 105 km – Mont-de-Marsan 101 km – Pau 34 km

Carte Michelin 342-I5 – Guide Vert Michelin Aquitaine

🏨 Alysson

BUSINESS · FONCTIONNEL En bordure d'un axe passant, ce hôtel récent abrite des chambres spacieuses et fonctionnelles (certaines avec baignoire balnéo), rénovées pied en cap ces dernières années. Le restaurant s'ouvre sur le jardin. Idéal pour la clientèle d'affaires.

46 chambres – ♦90/130 € ♦♦110/220 € – 1 suite – ⭐12 € – ½ P

24 bd des Pyrénées – ☏ 05 59 39 70 70 – www.alysson-hotel.fr

OMIÉCOURT

✉ 80320 (Somme) – 237 hab. – Alt. 85 m – Carte régionale n° **37**-B2
▶ Paris 128 km – Amiens 64 km – Compiègne 53 km – Saint-Quentin 39 km
Carte Michelin 301-K9

🏰 Château d'Omiécourt

CHÂTEAU · PERSONNALISÉ Dans ce château de famille, entouré d'un parc de 16 ha, on est accueilli par la 5ᵉ génération ! Il fait bon se reposer dans les chambres ("1900", "Louis XVI", etc.) au beau mobilier chiné. À noter, le bel espace bien-être (sauna, hammam, jacuzzi...), parfait pour un week-end détente.

5 chambres ⭐ – ♦95/125 € ♦♦145/165 €

4 r. du Bosquet – ☏ 03 22 83 01 75 – www.chateau-omiecourt.com

OMONVILLE-LA-PETITE

✉ 50440 (Manche) – 144 hab. – Alt. 33 m – Carte régionale n° **32**-A1
▶ Paris 380 km – Barneville-Carteret 45 km – Cherbourg 25 km – Nez de Jobourg 7 km
Carte Michelin 303-A1 – Guide Vert Michelin Normandie Cotentin

🏠 La Fossardière

FAMILIAL · RUSTIQUE Dans un paisible hameau, en retrait du village où repose Jacques Prévert, un hôtel qui ne ressemble pas à un hôtel... Les chambres sont réparties dans des petites maisons de pays, toutes plus mignonnes les unes que les autres. Reposant !

8 chambres – ♦70/89 € ♦♦70/89 € – ⭐11 €

*au hameau de la Fosse – ☏ 02 33 52 19 83 – www.lafossardiere.fr
– Ouvert 15 mars-15 oct.*

ONET-LE-CHÂTEAU – 12 (Aveyron) ➡ voir Rodez

ONZAIN

✉ 41150 (Loir-et-Cher) – 3 478 hab. – Alt. 69 m – Carte régionale n° **11**-A1
▶ Paris 201 km – Amboise 21 km – Blois 19 km – Château-Renault 24 km
Carte Michelin 318-E6

❀❀ Domaine des Hauts de Loire

CUISINE CLASSIQUE · TRADITIONNEL 𝕏𝕏𝕏𝕏 Dans cet élégant pavillon de chasse du 19ᵉ s., du gibier bien sûr (automne-hiver), mais aussi des poissons de la Loire, de beaux légumes et fruits de saison... D'excellents produits et une exécution très fine, avec comme but ultime : le goût.

➡ Anguille poêlée, mie de pain dorée et salade à la vinaigrette d'échalote. Bœuf poché, croustillant d'artichaut et de céleri, jus de barigoule aux truffes. Framboises au cassis, sorbet citron et basilic.

Formule 49 € ♟ – Menu 79 € (déj.), 85/165 € – Carte 115/170 €

*79 r. Gilbert Navard, rte de Mesland, 3 km au Nord-Ouest par D1 et voie privée
– ☏ 02 54 20 72 57 – www.domainehautsloire.com – Fermé 18-27 déc.,
3-31 janv., merc. midi, jeudi midi, vend. midi, lundi et mardi d'oct. à avril sauf fériés*

Domaine des Hauts de Loire

LUXE · PERSONNALISÉ Dans son parc forestier à mi-chemin entre Chenonceaux, Amboise et Blois, ce castel centenaire exprime l'âme noble de la région. Objets anciens, imprimés chatoyants, beaux volumes (certaines chambres sous la charpente apparente) : le savoir-vivre à la ligérienne...

20 chambres ⌐ – ♦250/399 € ♦♦250/990 € – 11 suites – ½ P

79 r. Gilbert-Navard, rte de Mesland, 3 km au Nord-Ouest par D1 et voie privée
– ℰ 02 54 20 72 57 – www.domainehautsloire.com
– Fermé 18-27 déc. et 3-21 janv.

❀❀ **Domaine des Hauts de Loire** – voir les restaurants ci-dessus

OPIO

✉ 06650 (Alpes-Maritimes) – 2 184 hab. – Alt. 300 m – Carte régionale n° **42**-E2
▶ Paris 911 km – Cannes 17 km – Digne-les-Bains 125 km – Draguignan 74 km
Carte Michelin 341-C5

⏸○ **Le Mas des Géraniums**

CUISINE TRADITIONNELLE · AUBERGE XX Une belle auberge sur la colline d'Opio, avec un jardin fleuri et ouvert sur la campagne... Poulet aux écrevisses, foie gras poêlé : comme au bon vieux temps, on déguste ici une authentique cuisine de tradition réalisée dans les règles, avec des ingrédients gorgés de fraîcheur. Comment se lasser de tels plaisirs ?

Formule 19 € – Menu 25 € (semaine), 37/49 € – Carte 43/85 €
1 km à San-Peyre, à l'Est sur D7 – ℰ 04 93 77 23 23
– www.le-mas-des-geraniums.com – Fermé 3 nov.-19 déc., mardi et merc.

ORADOUR-SUR-GLANE

✉ 87520 (Haute-Vienne) – 2 375 hab. – Alt. 275 m – Carte régionale n° **24**-B2
▶ Paris 408 km – Angoulême 85 km – Bellac 26 km – Confolens 33 km
Carte Michelin 325-D5 – Guide Vert Michelin Limousin Berry

⏸○ **Le Milord**

CUISINE TRADITIONNELLE · BRASSERIE X Ici règne une atmosphère résolument familiale. Épaulée par ses parents, la jeune cuisinière concocte des plats traditionnels sans fioriture, mais généreux. Allez venez, Milord...

❀ Formule 13 € – Menu 15/38 € – Carte 22/55 €
10 av. du 10-Juin – ℰ 05 55 03 10 35 – www.restaurantlemilordtraiteur.fr
– Fermé dim. soir

ORANGE

✉ 84100 (Vaucluse) – 28 948 hab. – Alt. 97 m – Carte régionale n° **42**-E1
▶ Paris 655 km – Alès 84 km – Avignon 31 km – Carpentras 24 km
Carte Michelin 332-B9 – Guide Vert Michelin Provence

❀ **Le Parvis**

PROVENÇALE · FAMILIAL XX Fidèle à sa Provence natale, Jean-Michel Berengier concocte, avec les produits de la région, une cuisine du terroir fine et goûteuse. Résultat ? Des saveurs et de l'émotion dans chaque assiette, que ce soit avec le menu autour de la truffe en saison ou les produits tripiers à l'automne... Et tout est fait maison !

❀ Formule 17 € – Menu 20 € (déj. en semaine), 30/49 €
– Carte environ 43 €

Plan : BZ-e – *55 cours Pourtoules – ℰ 04 90 34 82 00*
– restaurant-leparvis-orange.com – Fermé 9-30 août, 15-22 nov., 17-31 janv., dim. et lundi

ORANGE

Arc de Triomphe (Av. de l') AY
Artaud (Av. A.) .... ABY
Blanc (R. A.) .... BZ
Briand (Crs A.) .... AYZ
Caristie (R.) .... BY 2
Châteauneuf (R. de) ..... BZ 3
Clemenceau (Pl. G.) ..... BY 4
Concorde (R. de la) ...... BY
Contrescarpe (R. de la) .. BY
Daladier (Bd E.) .... ABY
Fabre (Av. H.) .... BY
Frères-Mounet (Pl. des) .. BY 5
Guillaume-le-Taciturne (Av.) .... BY
Herbes (Pl. aux) .... BY 7
Lacour (R.) .... AY
Leclerc (Av. Gén.) .... BZ
Levade (R. de la) .... BY
Mistral (Av. F.) .... BY 9
Noble (R. du) .... ABY
Pourtoules (Cours) .... BZ
Pourtoules (R.) .... BZ 12
Princes d'Orange-Nassau (Mtée des) .... AZ
République (Pl. de la) .... BY 14
République (R. de la) .... BY 16
Roch (R. Madeleine) ...... BZ 18
St-Clement (R.) .... AZ
St-Florent (R.) .... BY 20
St-Jean (R.) .... AY
St-Martin (R.) .... AY 22
Tanneurs (R. des) .... AY 24
Thermes (Av. des) .... AZ
Tourre (R. de) .... AZ 26
Victor-Hugo (R.) .... AY

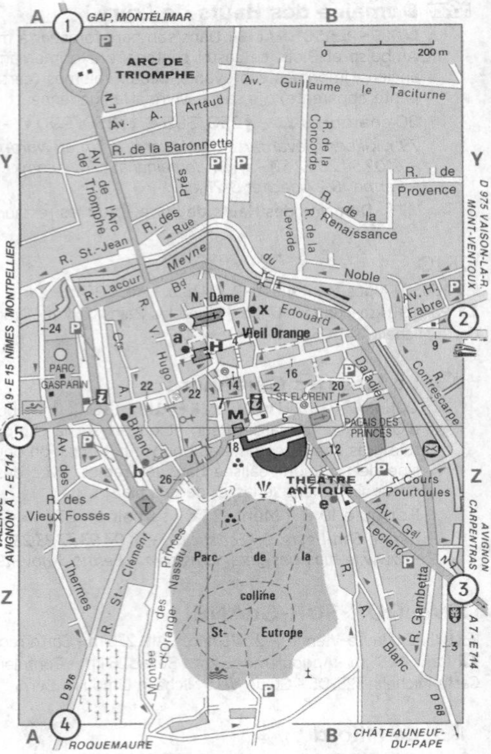

Au Petit Patio

PROVENÇALE • RUSTIQUE XX À la lisière de la vieille ville, une allée discrète mène à ce petit patio préservé du bruit et du passage. Quelques tables y prennent leurs aises aux beaux jours, mais vous pouvez préférer la salle, élégante et confortable. Le chef aime travailler les produits de Provence et le poisson : jolie palette !

Formule 19 € – Menu 28/39 € – Carte 43/55 €

Plan : AZ-b – *58 cours Aristide-Briand* – *04 90 29 69 27* – *Fermé 27 août-3 sept., 21 déc.-6 janv., merc. soir, jeudi soir et dim.*

Arène Külm

HISTORIQUE • CLASSIQUE L'hôtel de référence à Orange, agréablement situé sur une place piétonne au cœur de la cité (le bâtiment date du 19e s.). Il offre un bon rapport qualité-prix compte tenu de ses prestations : chambres spacieuses et bien équipées, bassin de nage, piscine, etc.

40 chambres – 80/180 € 80/265 € – 11 € – ½ P

Plan : AY-a – *pl. Langes* – *04 90 11 40 40* – *www.hotel-arene.fr*

Lou Cigaloun

FAMILIAL • CLASSIQUE À deux pas du théâtre antique, cet établissement familial a bénéficié en 2013 d'une véritable cure de jouvence, optant pour un décor à la fois sobre et chaleureux. Aux beaux jours, on prend son petit-déjeuner côté patio. Une agréable étape.

24 chambres – 50/99 € 65/136 € – 3 suites – 10 €

Plan : BY-x – *4 r. Caristie* – *04 90 34 10 07* – *www.hotel-loucigaloun.com*

Le Glacier

FAMILIAL · RÉTRO Sur le boulevard de ceinture de la ville, derrière une façade rose, un hôtel tout simple, d'esprit provençal, tenu par la même famille depuis trois générations. L'accueil est d'une grande gentillesse, et l'on s'y sent bien.

33 chambres – †59/150 € ††69/150 € – 🖵 10 €

Plan : AY-r – *46 cours Aristide-Briand* – ℰ *04 90 34 02 01* – *www.le-glacier.com* – *Fermé 1er-10 oct., 16-31 déc., vend., sam. et dim. de nov. à fév.*

Justin de Provence

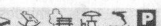

MAISON DE CAMPAGNE · GRAND STYLE Le mas du grand-père Justin, mué en une superbe maison de campagne... Chambres rétro et pleines de style, mobilier chiné par la propriétaire, décor de bistrot à la Pagnol – sans oublier les oliviers et la lavande : un concentré de Provence !

5 chambres 🖵 – †120/195 € ††125/210 €

chemin du Mercadier, 2 km à l'Est par D975 – ℰ *04 90 69 57 94* – *www.justin-de-provence.com*

au Nord 4 km au Nord par N7 et rte secondaire – ✉ 84100 Orange :

🐝 Le Mas des Aigras - Table du Verger

PROVENÇALE · COSY XX Un charmant mas en pierre, installé tranquillement au milieu des vignes et des champs. Le chef y prépare une goûteuse cuisine de saison, simple et bonne, avec de beaux produits. S'il fait beau, direction l'agréable terrasse. Pour l'étape, quelques chambres décorées dans un esprit contemporain.

Menu 22 € (déj. en semaine), 31/55 € – Carte 61/85 €

9 chambres – †85/120 € ††85/160 € – 🖵 15 €

chemin des Aigras, Russamp Est – ℰ *04 90 34 81 01* – *www.masdesaigras.com* – *Fermé vacances de la Toussaint et de Noël, lundi midi, merc. midi et sam. midi d'avril à sept., mardi et merc. d'oct. à mars*

à Sérignan-du-Comtat 8 km au Nord par N7 et D976 – ✉ 84830 – 2 448 hab. – Alt. 80 m

✿ Le Pré du Moulin (Caroline et Pascal Alonso)

CUISINE CLASSIQUE · ÉLÉGANT XXX D'abord moulin, puis école communale, cette maison de village en pierre séduit par son atmosphère bucolique... et plus encore par sa cuisine, qui cultive le classicisme avec un soin précieux. La terrasse ombragée par de vieux platanes fleure bon, elle aussi, la Provence !

➜ Raviole ouverte de truffes et artichauts sautés. Mitonnée de pigeon aux champignons. Soufflé chaud au Grand Marnier.

Menu 55/89 € – Carte 76/126 €

cours J.-Esteve, rte de Ste-Cécile-les-Vignes – ℰ *04 90 70 14 55* – *www.predumoulin.com* – *Ouvert 15 avril-15 oct. et fermé dim. soir et lundi de sept. à juin*

🍽 Les Tables de Campagne

CUISINE TRADITIONNELLE · À LA MODE X Sous l'égide du Pré du Moulin, un vrai bistrot de chef, où l'on profite du savoir-faire de la maison mère à travers de jolis plats du marché. Œuf en cocotte aux champignons et parmesan, filet de canette au piment d'Espelette et petits légumes... Le cadre, contemporain et baroque, ajoute au plaisir du moment.

Formule 24 € – Menu 31 € – Carte 41/88 €

Hôtel Le Pré du Moulin, cours J.-Esteve, rte de Ste-Cécile-les-Vignes – ℰ *04 90 70 14 55* – *www.predumoulin.com* – *Ouvert 15 avril-15 oct. et fermé dim. soir et lundi de sept. à juin*

🏠 Le Pré du Moulin   🌳 🐾 🛏 🍴 🔥 🅰🅲 🅿

MAISON DE CAMPAGNE · DESIGN Une belle bâtisse en pierre à la sortie du village, dans un jardin paysager avec piscine. Les chambres jouent le contraste avec leur style design et contemporain. Un ensemble confortable et séduisant – notamment pour profiter du savoir-faire gastronomique de la maison...

12 chambres – 📍85/320 € 📍📍85/320 € – ⊊ 20 € – ½ P

cours J.-Esteve, rte de Ste-Cécile-les-Vignes – ℰ 04 90 70 14 55
– www.predumoulin.com – Fermé dim. soir et lundi de sept. à juin

  🌸 **Le Pré du Moulin** · 🍽 **Les Tables de Campagne** – voir les restaurants ci-dessus

ORBEY

✉ 68370 (Haut-Rhin) – 3 647 hab. – Alt. 550 m – Carte régionale n° **1**-A2
▶ Paris 434 km – Colmar 23 km – Gérardmer 42 km – Munster 21 km
Carte Michelin 315-G8

🏠 Bois Le Sire et son Motel   🌳 🖥 🛁 🔥 🍴 🚗

FAMILIAL · FONCTIONNEL Sur la route principale du village, une grande bâtisse colorée et son annexe aux airs de motel. Dans cette dernière, les chambres sont plus grandes et plus calmes, mais partout elles sont pratiques et agréables. Pour la détente, un espace forme (piscine, hammam...). Restaurant traditionnel.

36 chambres – 📍66/106 € 📍📍66/106 € – 1 suite – ⊊ 12 € – ½ P

20 r. Ch.-de-Gaulle – ℰ 03 89 71 25 25 – www.bois-le-sire.fr – Fermé 3 janv.-4 fév.

ORCET

✉ 63670 (Puy-de-Dôme) – 2 673 hab. – Alt. 400 m – Carte régionale n° **5**-B2
▶ Paris 429 km – Aurillac 146 km – Clermont-Ferrand 13 km – Moulins 110 km
Carte Michelin 326-G8

🍽 Toît pour Toi

CUISINE MODERNE · SIMPLE 🗶 De vous à nous, à Toît pour toi, on se régale ! Ici, la cuisine se teinte de notes japonaises, thaïlandaises ou italiennes... Dépaysement garanti pour des gourmands en mal d'horizons lointains. Formule plus simple le midi. Une adresse originale, au cadre coloré.

Menu 27/47 € – Carte environ 45 €

1 r. de la Narse – ℰ 04 73 78 17 24 – www.toit-pour-toi.fr – Fermé dim. soir, lundi, mardi et le midi sauf sam. et dim.

ORCHIES

✉ 59310 (Nord) – 8 196 hab. – Alt. 40 m – Carte régionale n° **31**-C2
▶ Paris 219 km – Denain 28 km – Douai 20 km – Lille 29 km
Carte Michelin 302-H5

🏠 Le Manoir   🌳 🖥 🔥 🅰🅲 🚗

BUSINESS · FONCTIONNEL Cet établissement a beau se trouver à proximité immédiate de l'A 23, ses chambres n'en sont pas moins parfaitement insonorisées, en plus d'être fonctionnelles et très bien tenues ! Quant au restaurant, il propose une généreuse cuisine traditionnelle dans un joli cadre de bistrot chic.

34 chambres – 📍69/125 € 📍📍69/125 € – ⊊ 9 €

Hameau de Manneville, à l'Ouest par D549, rte de Seclin – ℰ 03 20 64 68 68
– www.manoir.net – Fermé août

ORCIÈRES

✉ 05170 (Hautes-Alpes) – 725 hab. – Alt. 1 446 m – Carte régionale n° **41**-C1
▶ Paris 676 km – Briançon 109 km – Gap 32 km – Grenoble 113 km
Carte Michelin 334-F4 – Guide Vert Michelin Alpes du Sud

à Merlette 5 km au Nord par D76 – ✉ 05170 Orcieres

Les Gardettes

CUISINE TRADITIONNELLE • RUSTIQUE X Dans cet hôtel-restaurant créé par ses parents dans la ferme familiale, le chef porte haut la continuité, autour de bonnes saveurs du terroir, telle cette "soupe d'orties d'Orcières comme faisait ma grand-mère". Côté chambres, beaucoup de simplicité et de savoureuses confitures maison au petit-déjeuner.

Menu 26/36 € – Carte 26/49 €

15 chambres – †76/100 € ††76/100 € – ☕ 8 €

– ✆ 04 92 55 71 11 – www.gardettes.com – Ouvert 20 juin-4 sept. et 15 déc.-fin avril

ORCINES – 63 (Puy-de-Dôme) → voir Clermont-Ferrand

ORCIVAL

✉ 63210 (Puy-de-Dôme) – 234 hab. – Alt. 840 m – Carte régionale n° **5**-B2

▶ Paris 441 km – Aubusson 82 km – Clermont-Ferrand 27 km – Le Mont-Dore 17 km

Carte Michelin 326-E8 – Guide Vert Michelin Auvergne

Notre Dame

FAMILIAL • ACTUEL Vous apprécierez l'ambiance familiale qui règne dans cet établissement face à la basilique. Les chambres sont confortables et colorées. Cuisine régionale servie dans un décor de bistrot auvergnat. Une adresse sympathique.

7 chambres – †50 € ††60 € – ☕ 10 € – ½ P

– ✆ 04 73 65 82 02 – Fermé 11 nov.-31 janv.

ORGELET

✉ 39270 (Jura) – 1 593 hab. – Alt. 500 m – Carte régionale n° **16**-B3

▶ Paris 434 km – Besançon 104 km – Bourg-en-Bresse 68 km – Lons-le-Saunier 20 km

Carte Michelin 321-D7 – Guide Vert Michelin Franche-Comté Jura

La Valouse

FAMILIAL • MODERNE Face à l'église classée (14e s.), cet hôtel familial propose des chambres sobres, pratiques et bien insonorisées, idéales pour une étape.

14 chambres – †74 € ††88 € – ☕ 10 € – ½ P

12 r. des Fossés, (face à l'église) – ✆ 03 84 25 54 80
– www.hotel-restaurant-lavalouse.com – Fermé 20 déc.-13 janv. et dim.

ORGEVAL – 78 (Yvelines) → voir Autour de Paris

ORGON

✉ 13660 (Bouches-du-Rhône) – 3 120 hab. – Alt. 90 m – Carte régionale n° **42**-E1

▶ Paris 712 km – Aix-en-Provence 58 km – Avignon 29 km – Marseille 72 km

Carte Michelin 340-F3 – Guide Vert Michelin Provence

Le Potager du Mas

CUISINE TRADITIONNELLE • MÉDITERRANÉEN XX Le potager, c'est le cœur de cette table ensoleillée : fruits et légumes sont cultivés sur la propriété (en bio), les autres ingrédients provenant de petits producteurs locaux. Agneau des Alpilles en habit d'herbes et pignons, asperge verte de Provence sur velouté à l'huile de truffe et œuf mollet... De belles saveurs !

Menu 65 € (dîner)/83 € – Carte 58/89 €

Hôtel Le Mas de la Rose, rte d'Eygalières, 4 km au Sud-Ouest par D24b
– ✆ 04 90 73 08 90 – www.lepotagerdumas.com – Ouvert 1er avril-13 nov. et fermé dim. soir sauf juil.-août, mardi midi et lundi

🏠 Le Mas de la Rose

🏠 🐾 🛋 ⓘ ✖ AC 🌿 ⚒ **P**

MAISON DE CAMPAGNE · PERSONNALISÉ Dans un site bucolique, d'anciennes bergeries (17ᵉ s.) joliment réaménagées en adresse de charme. Les chambres, décorées avec soin, ont l'accent de la Provence... Superbe jardin paysager avec piscine.

11 chambres – 🛏230/450 € 🛏🛏230/450 € – 3 suites – ⌷ 27 € – ½ P

rte d'Eygalières, 4 km au Sud-Ouest par D24b – 📞 *04 90 73 08 91*

– www.mas-rose.com – Ouvert 1ᵉʳ avril-13 nov.

🍴○ **Le Potager du Mas** – voir les restaurants ci-dessus

ORLÉANS

✉ 45000 (Loiret) – 114 286 hab. – Agglo. 270 470 hab. – Alt. 100 m

– Carte régionale n° 12-C2

▶ Paris 132 km – Caen 311 km – Clermont-Ferrand 295 km – Le Mans 143 km

Carte Michelin 318-I4 – Guide Vert Michelin Châteaux de la Loire

✿ Le Lièvre Gourmand (Tristan Robreau)

⅚ AC ⇔

CUISINE MODERNE · ÉLÉGANT XXX Des fournisseurs choisis avec soin, des jeux de saveurs et de textures qui interpellent, un concept original – pour le plat principal, un même produit est décliné en deux propositions –, etc. Cette maison du 19ᵉ s., en bord de Loire, vit avec son époque et se révèle d'autant plus délicieuse...

→ Truffe, courgette et légumes croquants. Ris de veau, beurre de sauge et pleurotes. Nougat, pain de Gênes et glace chocolat au lait.

Menu 35 € (déj.), 45/70 €

Plan : EZ-q *– 28 quai du Chatelet –* 📞 *02 38 53 66 14 (réservation conseillée)*

– www.lelievregourmand.com – Fermé 2-17 mai, 5-20 sept. et mardi

✿ Eugène

 AC ⇔

CUISINE MODERNE · COSY XX Désormais, dans le Loiret, les cigales se font entendre ! Ici, les plus beaux produits de saison servent une cuisine aux saveurs méridionales : le chef, Alain Gérard, puise son inspiration dans le Sud, d'où est originaire son épouse. Au final : des plats soignés, goûteux et fins. Le cadre est cosy (mobilier chic, tons pastel...).

Formule 15 € – Menu 27/51 € – Carte 33/69 €

Plan : EY-u *– 24 r. Ste-Anne –* 📞 *02 38 53 82 64 – www.restauranteugene.fr*

– Fermé 30 juil.-15 août, 24 déc.-8 janv., sam. et dim.

✿ La Parenthèse

🍽 ⇔

CUISINE TRADITIONNELLE · CONVIVIAL X Avec sa façade à colombages rouges, cette bâtisse de 1597 fait de l'œil aux gourmands ! Assiettes copieuses, produits frais, jus et sauces bien cuisinés... Les saveurs sont au rendez-vous de cette jolie Parenthèse, portée par l'enthousiasme d'une jeune équipe.

Formule 16 € – Menu 30/39 €

Plan : EZ-a *– 26 pl. du Châtelet –* 📞 *02 38 62 07 50*

– www.restaurant-la-parenthese.com – Fermé 31 juil.-23 août, dim. et lundi

✿ La Dariole

CUISINE MODERNE · COSY X Une véritable bonbonnière que cette maison à colombages (15ᵉ s.) près de la cathédrale : tissus, fleurs, poutres, pierres apparentes... Le décor se prête à un bon repas et, de fait, le chef fait mouche à chaque plat : soin, tradition, pointe d'originalité. Une bonne adresse.

Formule 21 € – Menu 26 €

Plan : EZ-v *– 25 r. Étienne-Dolet –* 📞 *02 38 77 26 67 (réservation conseillée)*

– Fermé 8-29 août, sam., dim. et le soir sauf mardi et vend.

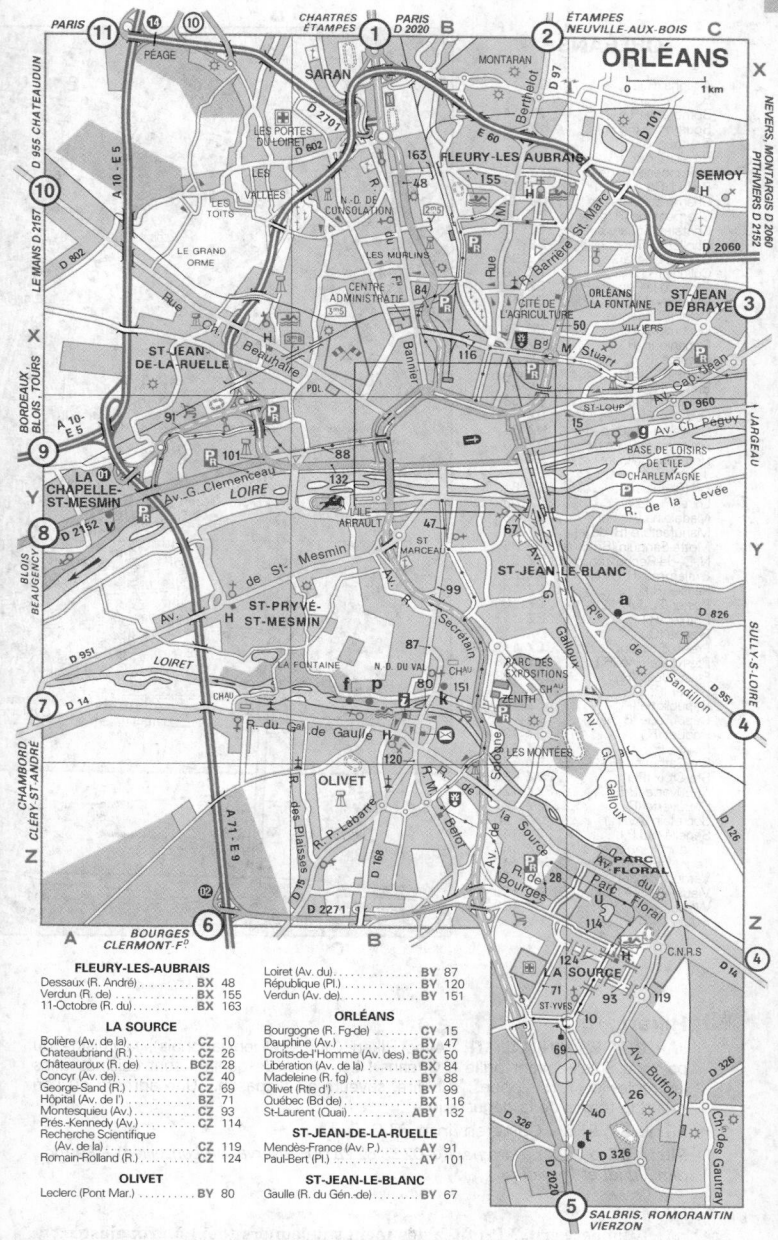

ORLÉANS

0   1 km

FLEURY-LES-AUBRAIS

Dessaux (R. André)	**BX**	48
Verdun (R. de)	**BX**	155
11-Octobre (R. du)	**BX**	163

LA SOURCE

Bolière (Av. de la)	**CZ**	10
Chateaubriand (R.)	**CZ**	26
Châteauroux (R. de)	**BCZ**	28
Concyr (Av. de)	**CZ**	40
George-Sand (R.)	**CZ**	69
Hôpital (Av. de l')	**BZ**	71
Montesquieu (Av.)	**CZ**	93
Prés.-Kennedy (Av.)	**CZ**	114
Recherche Scientifique (Av. de la)	**CZ**	119
Romain-Rolland (R.)	**CZ**	124

OLIVET

Leclerc (Pont Mar.)	**BY**	80

ORLÉANS

Loiret (Av. du)	**BY**	87
République (Pl.)	**BY**	120
Verdun (Av. de)	**BY**	151

ORLÉANS

Bourgogne (R. Fg-de)	**CY**	15
Dauphine (Av.)	**BY**	47
Droits-de-l'Homme (Av. des)	**BCX**	50
Liberation (Av. de la)	**BX**	84
Madeleine (R. fg)	**CZ**	88
Olivet (Rte d')	**BY**	99
Québec (Bd de)	**BX**	116
St-Laurent (Quai)	**ABY**	132

ST-JEAN-DE-LA-RUELLE

Mendès-France (Av. P.)	**AY**	91
Paul-Bert (Pl.)	**AY**	101

ST-JEAN-LE-BLANC

Gaulle (R. du Gén.-de)	**BY**	67

ORLÉANS

Antigna (R.)	DY 4
Bannier (R.)	DY
Bothereau (R. R.)	FY 14
Bourgogne (Fg de)	FZ 15
Bourgogne (R. de)	EFZ
Brésil (R. du)	FY 16
Bretonnerie (R. de la)	DEY 17
Briand (Bd A.)	FY 19
Champ-de-Mars (Av.)	DZ 25
Charpenterie (R. de la)	EZ 34
Châtelet (Square du)	EZ 32
Chollet (R. Théophile)	EY 36
Claye (R. de la)	FY 38
Coligny (R.)	FZ 39
Croix-de-la-Pucelle (R.)	EZ 43
Dauphine (Av.)	EZ 47
Dolet (R. Étienne)	EZ 49
Ducerceau (R.)	EZ 51
Dupanloup (R.)	EFY 53
Escures (R. d')	EY 55
Étape (Pl. de l')	EY 56
Ételon (R. de l')	FY 57
Folie (R. de la)	FZ 58
Fort-des-Tourelles (Q.)	EZ 60
Gaulle (Pl. du Gén.-de)	EZ 65
Hallebarde (R. de la)	DY 70
Hôtelleries (R. des)	EZ 71
Jeanne d'Arc (R.)	EY
Lin (R. au)	EZ 81
Loire (Pl. de la)	EZ 85
Madeleine (R. Fg)	DZ 88
Manufacture (R. de la)	FY 89
Motte-Sanguin (Bd de la)	FZ 95
N.-D.-de-Recouvrance (R.)	DZ 97
Oriflamme (R. de l')	FZ 98
Parisie (R.)	EZ 100
Poirier (R. du)	EZ 106
Pothier (R.)	EZ 112
Prague (Quai)	DZ 113
Pressoir (R. du)	FY 115
Pte-Madeleine (R.)	DY 108
Pte-St-Jean (R.)	DY 109
Rabier (R. F.)	EY 117
République (Pl.)	EZ 121
République (R. de la)	EY
Roquet (R.)	EZ 124
Royale (R.)	EZ 125
Ste-Catherine (R.)	EZ 135
Ste-Croix (Pl.)	EYZ 139
St-Euverte (Bd)	FYZ 126
St-Euverte (R.)	FY 127
Secrétain (Av. R.)	DZ 140
Segellé (Bd P.)	FY 141
Tabour (R. du)	EZ 145
Tour Neuve (R. de la)	FZ 147
Verdun (Bd de)	DY 152
Vieux-Marché (Pl.)	DZ 159
Weiss (R. L.)	FY 160
6-Juin 1944 (Pl. du)	FY 162

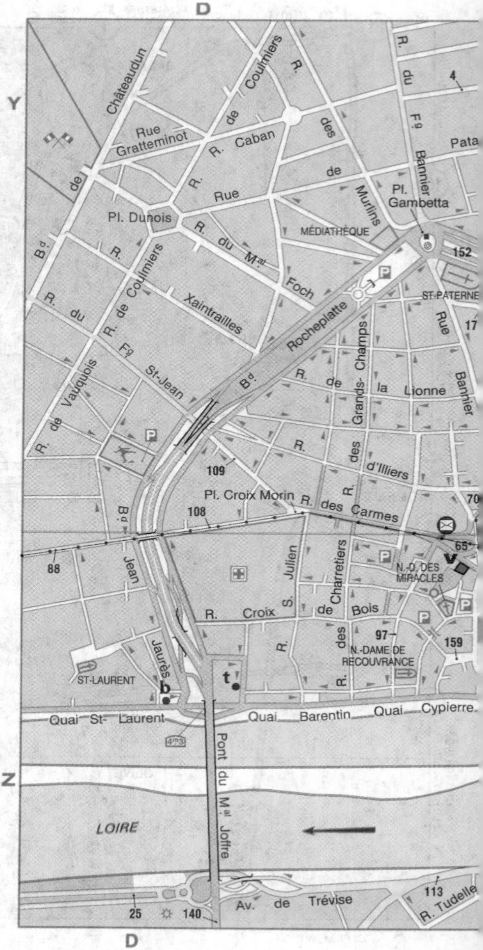

○ Hikari

JAPONAISE · MINIMALISTE X Avec Hikari ("lumière" en japonais), la cuisine du pays du Soleil-Levant brille à Orléans ! Les mets, de qualité, sont cuisinés dans les règles de l'art nippon : subtilité, saveurs au diapason... Une adresse où l'on prend le temps de la dégustation.

Menu 34/51 € – Carte environ 67 €

Plan : EZ-b – 28 r. Poterne – ℰ 02 38 62 28 00 (réservation conseillée) – Fermé dim., lundi et le midi

> Budget serré ? Profitez des menus déjeuners (déj.) à prix ajustés.

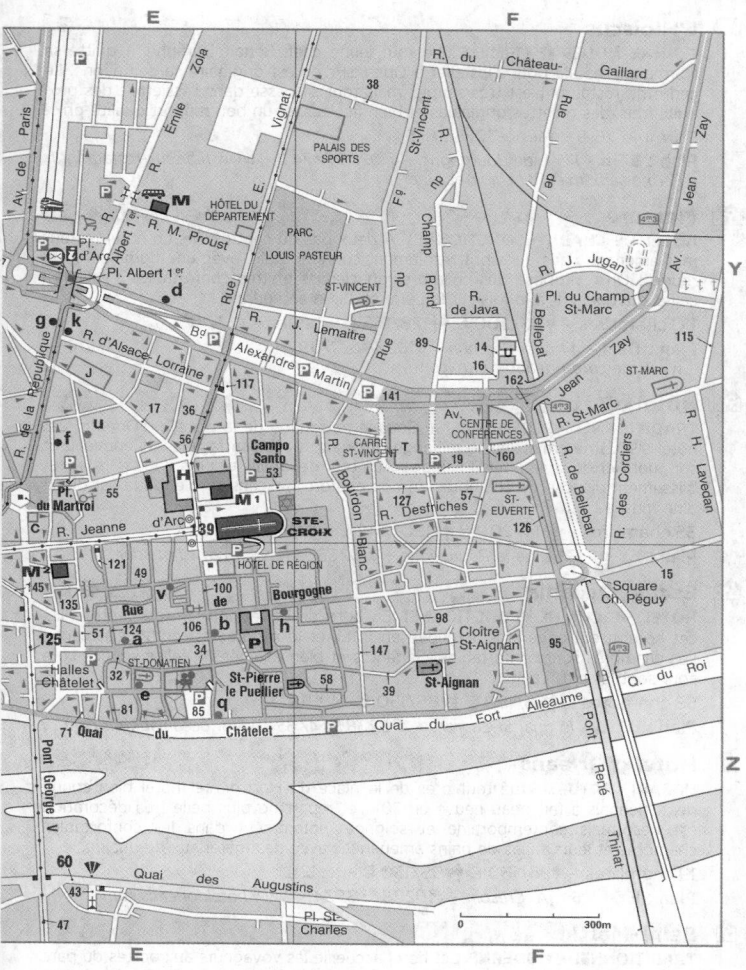

Brasserie Éric Lecerf

⌂ & A/C

CUISINE TRADITIONNELLE · BRASSERIE X Nouvelle vie pour Éric Lecerf, après trente années passées dans la galaxie Joël Robuchon à Paris. Une forme de retour aux sources pour ce natif du Loiret, dont la belle expérience s'épanouit dans cette élégante brasserie contemporaine. Sa spécialité résume l'ensemble de la carte : le pâté en croûte de veau et foie gras.

Formule 20 € - Menu 25 € (déj.)/33 € - Carte 32/58 €

Plan : EZ-e - *12 r. des Halles*
- *𝄐 02 38 54 20 00 - www.brasserie-eric-lecerf.fr*
- *Fermé dim.*

🍽 L'Hibiscus &

CUISINE MODERNE · SIMPLE Le tout jeune chef, Benoît Doraphé, a quitté sa Normandie natale pour s'installer à Orléans, d'où est originaire sa compagne. Le cadre du restaurant est très simple, mais tout se passe dans l'assiette : des produits frais, des recettes originales et bien ficelées, et un bon rapport qualité-prix !

Formule 26 € – Menu 30/55 € ⚤

Plan : EZ-h – *175 r. de Bourgogne – ℰ 02 38 72 74 11 – www.hibiscus-restaurant.fr – Fermé sam. midi, dim. soir et lundi*

🏨 Mercure

HÔTEL DE CHAÎNE · FONCTIONNEL À deux pas du centre-ville, un hôtel-restaurant aménagé dans un esprit résolument contemporain, avec une dominante : le rouge ! On y propose des chambres spacieuses et très confortables ; préférez celles qui donnent à la fois sur la Loire et sur la cathédrale.

110 chambres – ♟113/200 € ♟♟128/215 € – 1 suite – ☲ 17 €

Plan : DZ-t – *44 quai Barentin – ℰ 02 38 62 17 39 – www.mercure-orleans-centre.com*

🏨 Hôtel d'Arc ⬍ ⒶⒸ

TRADITIONNEL · PERSONNALISÉ Sous le patronage de la pucelle d'Orléans, cet hôtel (1902) ne craint pas le mélange des genres avec sa façade Art nouveau et son mobilier de style Louis-Philippe ! Au cœur de la ville et près de la gare, l'établissement dispose de chambres de bon confort. L'ascenseur d'époque est digne d'un musée !

35 chambres – ♟114/200 € ♟♟130/242 € – ☲ 16 €

Plan : EY-g – *37 r. de la République – ℰ 02 38 53 10 94 – www.hotelarc.fr*

🏨 Escale Océania

HÔTEL DE CHAÎNE · FONCTIONNEL En bord de Loire, non loin du centre-ville, cet hôtel a été entièrement rénové en 2013, et le résultat est enthousiasmant ! Les chambres sont confortables, élégantes et bien équipées – celles situées côté cour sont les plus calmes.

58 chambres – ♟65/150 € ♟♟65/150 € – ☲ 11 €

Plan : DZ-b – *16 quai St-Laurent – ℰ 02 38 54 47 65 – www.oceaniahotels.com*

🏠 Hôtel d'Orléans

URBAIN · ACTUEL Situé tout près de la place du Martroi, cet hôtel bien connu des Orléanais a fait peau neuve en 2014 et repart de plus belle ! La décoration est désormais contemporaine et soignée, notamment dans les confortables chambres et leurs salles de bains aménagées avec des matériaux de qualité.

19 chambres – ♟95/130 € ♟♟95/130 € – ☲ 12 €

Plan : EY-f – *6 r. A.-Crespin – ℰ 02 38 53 35 34 – www.hoteldorleans.com*

🏠 Saint-Martin &⚥

TRADITIONNEL · MODERNE Cet hôtel accueille les voyageurs aux portes du parc Louis-Pasteur. Déco chic et moderne dans les chambres : moquette épaisse, murs gris, têtes de lit matelassées... avec des fauteuils et un bureau pour que le confort soit complet. Pour un calme total, on s'installe côté cour.

21 chambres – ♟78/105 € ♟♟90/105 € – ☲ 10 €

Plan : EY-d – *52 bd Alexandre Martin – ℰ 02 38 53 02 28 – www.hotel-st-martin.fr*

🏠 Hôtel de l'Abeille

TRADITIONNEL · PERSONNALISÉ Voici une adresse où butiner un petit-déjeuner bio ! En outre, l'hôtel de l'Abeille, appartenant à la même famille depuis quatre générations, n'a pas pris une ride : jolis papiers peints anglais, meubles chinés... Agréable terrasse au dernier étage.

24 chambres – ♟89/120 € ♟♟98/145 € – ☲ 13 €

Plan : EY-k – *64 r. d'Alsace-Lorraine – ℰ 02 38 53 54 87 – www.hoteldelabeille.com*

à Cercottes 10 km au Nord par D2020 – ✉ 45520 – 1 343 hab. – Alt. 139 m

🍴⃝ **Fleur de Sel**

CUISINE MODERNE · CONVIVIAL XX Trois jeunes et sérieux professionnels – dont le chef – se sont associés pour reprendre avec une belle ambition cette table du pays orléanais. La qualité de l'accueil, le caractère du cadre (murs et poutres anciens revus avec fraîcheur) et le plaisir d'une cuisine pensée dans le respect du bon produit : une triade gagnante.

⥰ Menu 15 € (semaine), 31 € ℉/38 €

68 D 2020 – ☎ 02 38 75 41 11 – www.fleurdeselorleans.fr

à St-Jean-de-Braye 4 km à l'Est - (Plan : CXY) – ✉ 45800
– 19 404 hab. – Alt. 108 m

🍴⃝ **Les Toqués** 🏠 ⮎ ♻

CUISINE MODERNE · CONVIVIAL XX Parmentier de bœuf au foie gras, papillote de crevettes, baba au rhum (la bouteille est posée sur la table...) et crème légère à la vanille, etc. Pas de doute, le chef en a sous la toque ! Bon à savoir : l'été, la terrasse en bord de Loire est prise d'assaut.

Menu 23 € (déj. en semaine)/34 € – Carte 35/50 €

Plan : CY-g – *71 chemin de Halage* – *☎ 02 38 86 50 20 – Fermé 11-24 août, dim. et lundi*

à St-Jean-le-Blanc 3 km au Sud – ✉ 45650 – 8 099 hab. – Alt. 95 m

🏠 **Villa Marjane** ⮎ 🅿

FAMILIAL · PERSONNALISÉ Cette maison bourgeoise du 18ᵉ s., à 3 km d'Orléans, ne manque pas de charme : vieux parquet, mobilier chiné et cheminée, chambres soigneusement décorées... Une halte pour le moins agréable.

19 chambres – ♦73/96 € ♦♦73/96 € – � 11 €

Plan : CY-a – *121 rte de Sandillon, D951* – *☎ 02 38 66 35 13*
– *www.villamarjane.com*

à La Source 11 km au Sud-Est - (Plan : BCZ) – ✉ 45100 Orleans

🏨 **Novotel Orléans La Source** 🏠 ⮎ 🗤 ♻ 🖸 ⮎ 🆎 🔌 🅿

HÔTEL DE CHAÎNE · FONCTIONNEL Dans un parc de 3 ha, près de l'A 71, ce Novotel s'adapte à la clientèle familiale comme à celle d'affaires : chambres spacieuses et contemporaines, salles de séminaires, aire de jeux pour enfants, piscine...

119 chambres – ♦112/190 € ♦♦112/190 € – ⊑ 17 €

Plan : CZ-t – *r. Honoré-de-Balzac, carrefour N20-D326, rte de Concyr*
– *☎ 02 38 63 04 28 – www.novotel.com*

à Olivet 5 km au Sud par av. du Loiret et bords du Loiret – ✉ 45160
– 19 807 hab. – Alt. 100 m

🍴⃝ **Le Rivage**

CUISINE TRADITIONNELLE · ROMANTIQUE XXX Belles villas, vieux moulins... Profitez pleinement du spectacle bucolique des rives du Loiret depuis la véranda ou la terrasse à fleur d'eau. Cuisine traditionnelle de qualité, très goûteuse, fine et visuelle.

Menu 29/69 € – Carte 49/114 €

17 chambres – ♦65/103 € ♦♦70/120 € – ⊑ 13 €

Plan : BY-f – *635 r. de la Reine-Blanche* – *☎ 02 38 66 02 93*
– *www.lerivage-olivet.com – Fermé 25 déc.-21 janv., dim. soir de nov. à Pâques et sam. midi*

♨○ Le Pavillon Bleu

CUISINE MODERNE · ROMANTIQUE XX Esprit guinguette pour cette bâtisse des bords du Loiret, où il fait bon s'installer à l'ombre de vieux platanes... Pour l'anecdote, la salle est aménagée dans un ancien hangar à bateaux. Côté assiettes, les techniques sont maîtrisées, les assaisonnements équilibrés : c'est savoureux. Très bon choix de vins.

Formule 29 € – Menu 39 € – Carte 40/84 €

6 chambres – ♦67 € ♦♦92 € – ☲ 12 €

Plan : BY-p – *351 r. de la Reine-Blanche* – ℰ *02 38 66 14 30*
– *www.lepavillonbleu-restaurant.com* – *Fermé dim. soir et lundi*

♨○ La Laurendière

CUISINE TRADITIONNELLE · CLASSIQUE XX Ce restaurant de bord de route nous accueille dans un décor épuré et contemporain. Derrière les fourneaux, le chef met le terroir à l'honneur : foie gras chaud au vinaigre balsamique, ris de veau poêlé aux cèpes, etc. Assiettes généreuses, beaucoup de goût et... une carte des vins de plus de 1 400 références !

Menu 29/51 € – Carte 37/64 €

Plan : BY-k – *68 av. du Loiret* – ℰ *02 38 51 06 78*
– *lalaurendiere.pagesperso-orange.fr/menus.htm* – *Fermé 15-24 fév., 4-20 juil., lundi soir, mardi soir et merc.*

à la Chapelle-St-Mesmin 4 km à l'Ouest - (Plan : AY) – ✉ 45380
– 9 937 hab. – Alt. 101 m

⊛ Côté Saveurs

CUISINE MODERNE · ÉLÉGANT XX Cachet d'une maison bourgeoise du 19ᵉ s. et... peps de notre époque ! Ici, on déguste une cuisine fine, franche et savoureuse, qui réserve son lot de belles surprises, tel ce carré d'agneau fumé à la bruyère de Sologne, blettes à l'ail et parmesan.

Formule 23 € – Menu 31/35 € – Carte 46/60 €

Plan : AY-v – *55 rte d'Orléans* – ℰ *02 38 72 29 51* – *www.cotesaveurs.com*
– *Fermé 3-11 avril, 7-22 août, 23 déc.-2 janv., dim. et lundi*

ORMOY-LA-RIVIÈRE – 91 (Essonne) → voir Étampes

ORNANS

✉ 25290 (Doubs) – 4 259 hab. – Alt. 355 m – Carte régionale n° **16**-B2
▶ Paris 428 km – Baume-les-Dames 42 km – Besançon 26 km – Morteau 48 km
Carte Michelin 321-G4 – Guide Vert Michelin Franche-Comté Jura

⊛ Le Courbet

CUISINE MODERNE · CONVIVIAL XX Au cœur de la "Petite Venise" franc-comtoise, ne manquez pas cette ravissante maison surplombant la Loue. Deux salles s'offrent à vous (bistrot ou classique), et l'on peut même s'installer sur la petite terrasse (au rez-de-chaussée) pour déguster une cuisine du marché délicieuse et pleine de fraîcheur !

Menu 27/42 € – Carte 42/60 €

34 r. Pierre-Vernier – ℰ *03 81 62 10 15* – *www.restaurantlecourbet.com*
– *Fermé 15 fév.-8 mars, 24 déc.-17 janv., mardi soir, dim. soir et lundi*

⌂ La Table de Gustave

URBAIN · ACTUEL Le nom est un clin d'œil à Gustave... Courbet, bien sûr ! Né à Ornans, le célèbre peintre réaliste aimait sa ville natale, et la peignait à l'occasion ; ce sympathique hôtel-restaurant, confortable et bien pratique, est situé à quelques pas seulement du musée qui lui est consacré.

28 chambres – ♦57/85 € ♦♦57/85 € – ☲ 8,50 € – ½ P

11 r. Jacques-Gervais – ℰ *03 81 62 16 79* – *www.latabledegustave.fr*

à Saules 6 km au Nord-Est par D492 – ⊠ 25580 – 226 hab. – Alt. 585 m

La Griotte

CUISINE TRADITIONNELLE · AUBERGE Un clocher et des champs alentour, une véranda plongeant sur un jardin verdoyant... cette ferme revêt de forts jolis atours ! Tradition, saveurs de saison et spécialités régionales : voilà bien une belle Griotte, tendre et goûteuse. Cerise sur le gâteau : l'accueil souriant et l'addition sans acidité.

Menu 16 € (déj. en semaine), 25/37 € – Carte 34/47 €

3 r. des Cerisiers – ℰ 03 81 57 17 71 (réservation conseillée) – www.lagriotte.fr – Fermé de mi-janv. à mi-mars, 29 août-14 sept., mardi de sept. à mai, merc. soir, dim. soir et lundi

ORPIERRE

⊠ 05700 (Hautes-Alpes) – 327 hab. – Alt. 682 m – Carte régionale n° **40**-B2
▶ Paris 689 km – Château-Arnoux 47 km – Digne-les-Bains 72 km – Gap 55 km
Carte Michelin 334-C7 – Guide Vert Michelin Alpes du Sud

aux Bégües 4,5 km au Sud-Ouest – ⊠ 05700

Le Céans

FAMILIAL · FONCTIONNEL Au sein d'un hameau du massif des Baronnies, deux bâtiments principaux et plusieurs pavillons dispersés dans un parc agreste descendant jusqu'à la rivière, le Céans. Les chambres associent esprit campagne et fonctionnalité. Cuisine traditionnelle au restaurant.

19 chambres – ♦53/59 € ♦♦63/106 € – ☑ 9 € – ½ P

rte des Princes-d'Orange – ℰ 04 92 66 24 22 – www.le-ceans.fr.st – Ouvert 15 mars-31 oct. et fermé merc. du 1ᵉʳ oct. au 15 avril

ORTHEVIELLE

⊠ 40300 (Landes) – 902 hab. – Alt. 20 m – Carte régionale n° **3**-B3
▶ Paris 764 km – Bordeaux 185 km – Mont-de-Marsan 90 km – Pau 82 km
Carte Michelin 335-E13

La Ferme d'Orthe

CUISINE TRADITIONNELLE · RURAL Grande cheminée pour griller la côte de bœuf, poutres solides, gros tonneau en guise de table et murs en pierre : le cadre a été rénové, mais ce restaurant de campagne a su garder son âme. À l'unisson de l'atmosphère, les plats servis sont simples et réjouissants : confit maison, parillada, foie gras...

Formule 10 € – Menu 12 € (déj. en semaine)/24 € – Carte 34/47 €

9 r. de la Fontaine – ℰ 05 58 73 01 03 – www.lafermedorthe.fr – Fermé 9-25 avril, 1 semaine en sept., 20 déc.-4 janv., mardi soir, merc. soir de sept. à juin, dim. soir et lundi

ORTHEZ

⊠ 64300 (Pyrénées-Atlantiques) – 10 859 hab. – Alt. 55 m – Carte régionale n° **3**-B3
▶ Paris 765 km – Bayonne 74 km – Dax 39 km – Mont-de-Marsan 57 km
Carte Michelin 342-H4 – Guide Vert Michelin Aquitaine

Au Temps de la Reine Jeanne

FAMILIAL · SIMPLE Face à la maison et au musée Jeanne-d'Albret, mère d'Henri IV, des maisons du 14ᵉs. organisées autour d'un joli patio. Chambres modestes (plus modernes, spacieuses et confortables dans l'un des bâtiments). Petit espace fitness. Recettes traditionnelles et du terroir servies au restaurant, rustique à souhait.

30 chambres – ♦59/68 € ♦♦59/105 € – ☑ 11 € – ½ P

44 r. Bourg-Vieux – ℰ 05 59 67 00 76 – www.reine-jeanne.fr

ORVAULT – 44 (Loire-Atlantique) → voir Nantes

OSSÈS

✉ 64780 (Pyrénées-Atlantiques) – 878 hab. – Alt. 102 m – Carte régionale n° **3**-B3
▶ Paris 811 km – Bordeaux 233 km – Pamplona 89 km – Pau 151 km
Carte Michelin 342-E3 – Guide Vert Michelin Aquitaine

La Ferme Gourmande ⩽ 🏠 🄰🄲

CUISINE MODERNE · CONVIVIAL XX Verts pâturages et grelot chantant des vaches : cette ancienne ferme ressuscite le mythe paysan ! Le chef affectionne les produits régionaux et sait les mettre en valeur...
Menu 31/57 € – Carte environ 36 €
Landaburia, 3 km à l'Est par D8 et rte secondaire – ℰ 05 59 37 77 32
– www.restaurant-fermegourmande.com – Fermé 3 semaines en fév.-mars, 1 semaine en nov., dim. soir, lundi et mardi

OSTHOUSE

✉ 67150 (Bas-Rhin) – 926 hab. – Alt. 155 m – Carte régionale n° **1**-B2
▶ Paris 502 km – Obernai 17 km – Offenburg 35 km – Sélestat 23 km
Carte Michelin 315-J6

🍽️ À l'Aigle d'Or 🏨 🄰🄲 ⚄ 🄿

CUISINE CLASSIQUE · AUBERGE XXX Accroché à un coin de cette jolie maison de village, un magnifique aigle en fer forgé semble annoncer : "Vous êtes arrivé !" À l'intérieur, on se régale d'une bonne cuisine classique servie dans un cadre alsacien bourgeois et chaleureux. Côté Winstub, plats traditionnels et ambiance plus familiale.
Formule 10 € – Menu 33 € (semaine), 42/80 € – Carte 49/71 €
14 r. de Gerstheim – ℰ 03 88 98 06 82 – www.hotelalaferme.com – Fermé vacances de fév., 3 semaines en août, vacances de Noël, lundi et mardi

🏠 À la Ferme 🍴 ♿ 🄰🄲 🅂🄰 🄿

MAISON DE CAMPAGNE · ÉLÉGANT Calme et sérénité, dans cette ferme du 18ᵉ s. et ses séchoirs. Les chambres sont spacieuses et cosy, avec leur mobilier de famille ; le beau jardin et la terrasse sont l'endroit parfait pour un petit-déjeuner ensoleillé...
15 chambres – ♦94/154 € ♦♦156/200 € – 🍽 15 €
10 r. du Château – ℰ 03 90 29 92 50 – www.hotelalaferme.com

OSTWALD – 67 (Bas-Rhin) → voir Strasbourg

OTTROTT – 67 (Bas-Rhin) → voir Obernai

OUCHAMPS

✉ 41120 (Loir-et-Cher) – 803 hab. – Alt. 92 m – Carte régionale n° **11**-A1
▶ Paris 199 km – Blois 18 km – Montrichard 19 km – Romorantin-Lanthenay 40 km
Carte Michelin 318-E7

🏠 Relais des Landes 🌳 ♙ 🍴 🄽 🅂🄰 🄿

TRADITIONNEL · PERSONNALISÉ Dans cette belle gentilhommière du 17ᵉs. entourée d'un grand parc avec plan d'eau, des chambres spacieuses et confortables, et même des duplex avec terrasse privative... On est au calme ! Dîner dans la salle champêtre (cheminée, fresque) ou la véranda donnant sur le jardin.
28 chambres – ♦80/179 € ♦♦85/179 € – 🍽 14 € – ½ P
1,5 km au Nord sur D7 – ℰ 02 54 44 40 40 – www.relaisdeslandes.com
– Ouvert 14 mars-29 nov.

OUCQUES

✉ 41290 (Loir-et-Cher) – 1 509 hab. – Alt. 127 m – Carte régionale n° **11**-B2
▶ Paris 160 km – Beaugency 30 km – Blois 27 km – Châteaudun 30 km
Carte Michelin 318-E5

🏵 Le Commerce   ⇔ 🏡 ⚹ AC P

CUISINE MODERNE · COSY XX Voilà un commerce qui tourne bien ! Le chef concocte des recettes bien ficelées avec de beaux produits, pour un résultat flatteur au palais et doux pour le porte-monnaie... Jolie salle au décor contemporain. Chambres confortables et colorées pour prolonger l'étape.

Formule 20 € – Menu 26/62 € – Carte 58/78 €
12 chambres – ♦84 € ♦♦90/95 € – ☲ 13 €
9 r. de Beaugency – ℰ 02 54 23 20 41 (réservation conseillée)
– www.hotel-commerce-oucques.com – Fermé 1 semaine en mars, 22 déc.-5 janv., dim. soir et lundi

OUESSANT (ÎLE D') – 29 (Finistère) ➜ voir Île d'Ouessant

OUILLY-DU-HOULEY – 14 (Calvados) ➜ voir Lisieux

OUISTREHAM

✉ 14150 (Calvados) – 9 452 hab. – Carte régionale n° **32**-B2
▶ Paris 234 km – Arromanches-les-Bains 33 km – Bayeux 44 km – Cabourg 20 km
Carte Michelin 303-K4 – Guide Vert Michelin Normandie Cotentin

🏵 La Table d'Hôtes   ⍍

CUISINE TRADITIONNELLE · ÉLÉGANT XX Ce restaurant est le repaire d'un jeune couple passé par de belles maisons. Dorénavant maître de ses fourneaux, Yoann Lavalley fait preuve d'un habile savoir-faire à travers des assiettes délicatement composées et finement travaillées. Poisson du jour, viande locale, fromages normands... Les saveurs éclatent en bouche !

Formule 20 € – Menu 31/45 € – Carte 45/55 €
10 av. du Gén.-Leclerc – ℰ 02 31 97 18 44 (réservation conseillée)
– www.latabledhotes-caen.com – Fermé 13-20 avril, 29 juin-10 juil., mardi soir, dim. soir et merc.

🍴○ La Mare Ô Poissons   🏡 ⚹ ⍍ P

CUISINE MODERNE · BRANCHÉ XX Dans cette Mare plutôt design, la mer et les produits du terroir normand sont à l'honneur : soupe de poisson, andouille de Vire et foie gras, lotte et cabillaud en brochette, caille à la rouennaise... Pas d'esbroufe mais une cuisine à la page, réalisée par un chef sympathique et travailleur.

Formule 17 € – Menu 26 € (déj. en semaine), 31/42 €
68 r. Emile-Herbline – ℰ 02 31 25 32 91 – www.restaurant-mareopoissons.com
– Fermé dim. soir et lundi midi

🏠 La Mare Ô Poissons   ⌖ ⚹ AC ⍾ P

TRADITIONNEL · ACTUEL La Mare, bien connue à l'entrée de Ouistreham, a fait des petits, avec 30 chambres avenantes et contemporaines. L'art est ici à l'honneur, avec des expositions de sculptures et de tableaux. Une adresse dynamique.

30 chambres – ♦80/105 € ♦♦80/115 € – ☲ 13 € – ½ P
68 r. Emile-Herbline – ℰ 02 31 37 53 05 – www.lamareopoissons.fr
🍴○ **La Mare Ô Poissons** - voir les restaurants ci-dessus

à Riva-Bella - ✉ 14150 Ouistreham

Riva Bella

SPA ET BEAUTÉ • DESIGN En bord de plage, à deux pas du casino, ce complexe hôtelier fait partie d'un grand centre de thalassothérapie. Il affiche un décor résolument contemporain et relaxant, surtout dans les chambres donnant sur la mer. Parfait pour les amateurs de séjour "detox".

84 chambres - 🚹109/209 € 🚹🚹129/209 € - 5 suites - ☕16 € - ½ P

av. du Cdt-Kieffer - ✆ 02 31 96 40 40 - www.hotel-rivabella-ouistreham.com – Fermé 1 semaine en déc.

Villa Andry

TRADITIONNEL • PERSONNALISÉ C'est vraiment l'hôtel typique de bord de mer, installé dans une bâtisse de la fin du 19e s., avec un jardin sur l'arrière. Les chambres sont agréables, classiques et bien tenues ; certaines ont vue sur la Manche.

20 chambres - 🚹59/79 € 🚹🚹79/104 € - ☕10 € - ½ P

51 av. Andry - ✆ 02 31 97 18 79 - www.villa-andry.fr

LES OURSINIÈRES - 83 (Var) ➜ voir Pradet

OUSSON-SUR-LOIRE

✉ 45250 (Loiret) – 737 hab. – Alt. 158 m – Carte régionale n° **12**-D2

▶ Paris 165 km – Gien 19 km – Montargis 51 km – Orléans 96 km

Carte Michelin 318-N6

Le Clos du Vigneron

CUISINE MODERNE • CONVIVIAL XX Tons pastel, nappes claires, tableaux colorés, etc. Il règne une élégance simple et champêtre dans cette maison à colombages. On y apprécie une cuisine de saison et surtout... de fraîcheur, faisant la part belle au poisson.

Formule 20 € - Menu 23 € (déj. en semaine), 33/51 € - Carte 38/56 €

18 rte Nationale 7 - ✆ 02 38 31 43 11 - www.hotel-clos-du-vigneron.com - Fermé 8-25 sept., 22 déc.-15 janv., dim. soir, mardi soir et merc.

Le Clos du Vigneron

FAMILIAL • FONCTIONNEL Ses propriétaires choient ce Clos très fleuri et parfaitement tenu. Les chambres se répartissent entre un bâtiment au fond du jardin – où elles sont toutes de plain-pied et assez indépendantes – et une maison voisine, d'esprit plus contemporain. Une bonne étape.

11 chambres - 🚹62 € 🚹🚹62 € - ☕10 € - ½ P

18 rte Nationale 7 - ✆ 02 38 31 43 11 - www.hotel-clos-du-vigneron.com - Fermé 8-25 sept. et 22 déc.-15 janv.

Le Clos du Vigneron - voir les restaurants ci-dessus

OUZOUER-SUR-LOIRE

✉ 45570 (Loiret) – 2 777 hab. – Alt. 140 m – Carte régionale n° **12**-C2

▶ Paris 151 km – Gien 16 km – Montargis 45 km – Orléans 54 km

Carte Michelin 318-L5

L'Abricotier

CUISINE TRADITIONNELLE • CLASSIQUE XX Ici, point d'abricotier mais un beau conifère sous lequel on se restaure à la belle saison ! Dans cette auberge familiale, le chef concocte une appétissante cuisine traditionnelle : croustillant de ris de veau, escalope de sandre au sésame, parmentier de canard au porto... Une bonne adresse.

Formule 18 € - Menu 26/45 € - Carte 42/50 €

106 r. Gien - ✆ 02 38 35 07 11 (réservation conseillée) - Fermé 2 semaines en août, merc. soir, dim. soir et lundi

OYONNAX

✉ 01100 (Ain) – 22 436 hab. – Alt. 540 m – Carte régionale n° **45**-C1
▶ Paris 484 km – Bourg-en-Bresse 60 km – Nantua 19 km
Carte Michelin 328-G3 – Guide Vert Michelin Franche-Comté Jura

au Lac Genin 10 km au Sud-Est par D13 – ✉ 01130 Charix

🍴 Auberge du Lac Genin   ⇔ 🕭 ⇐ ⌂ & 🅿

CUISINE TRADITIONNELLE • AUBERGE 🕱 Une charmante petite auberge au bord
d'un lac, au milieu de la forêt : l'endroit a mérité son surnom de "petit Canada du
Haut-Bugey". Depuis plus de cinquante ans, la cheminée de la salle à manger
dore les grillades au feu de bois : on y cuit saucisson au vin rouge, côtes de
veau, de porc et faux-filet...

🍴 Menu 13 € (déj. en semaine), 19/22 € – Carte 27/39 €
3 chambres – 🛏55/65 € 🛏🛏55/65 € – ☕ 7 €
– 𝒞 04 74 75 52 50 – www.lacgenin.fr – Fermé 20 oct.-5 déc., dim. soir et lundi

OZENAY – 71 (Saône-et-Loire) ➜ voir Tournus

OZOIR-LA-FERRIÈRE – 77 (Seine-et-Marne) ➜ voir Autour de Paris

PAILHEROLS

✉ 15800 (Cantal) – 137 hab. – Alt. 1 000 m – Carte régionale n° **5**-B3
▶ Paris 558 km – Aurillac 32 km – Entraygues-sur-Truyère 45 km – Murat 39 km
Carte Michelin 330-E5

🙂 L'Auberge des Montagnes   🕭 ℀ ⇔ 🅿

CUISINE TRADITIONNELLE • AUBERGE 🕱 Dans cette ferme située au cœur de
ce village isolé, le chef cuisine exclusivement des produits locaux finement choisis. Le terroir est à l'honneur, revisité avec grand soin ! En hiver, le paysage est
féerique et invite à la promenade ; cela tombe bien, car la cuisine est très généreuse. Un véritable concentré de Cantal...

Formule 24 € – Menu 28 € (semaine), 32/41 € – Carte 26/40 €
Le Bourg – 𝒞 04 71 47 57 01 – www.auberge-des-montagnes.com
– Fermé 29 mars-7 avril, 5 oct.-17 déc. hors vacances de la Toussaint, mardi midi
et lundi

🏠 L'Auberge des Montagnes   ✿ ⇔ ⌶ 🖻 ◉ ⽬ & 🅿

AUBERGE • COSY Ce qui frappe d'abord dans cette charmante adresse perdue
en pleine montagne, c'est la gentillesse de l'accueil. On vous reçoit en famille et
tout est prévu pour un séjour parfait : de jolies chambres, un spa avec piscine, des jeux...

14 chambres – 🛏60/75 € 🛏🛏60/75 € – ☕ 10 € – ½ P
Le Bourg – 𝒞 04 71 47 57 01 – www.auberge-des-montagnes.com
– Fermé 29 mars-7 avril et 5 oct.-17 déc. hors vacances de la Toussaint
🙂 **L'Auberge des Montagnes** – voir les restaurants ci-dessus

🏠 Le Clos des Gentianes   ✿ 🕭 ⇐ & 🅿

TRADITIONNEL • COSY Un environnement superbe, des chambres calmes et
agréables, un soin tout particulier apporté à la décoration : une bouffée d'air
pur ! En prime, le spa "Fleur de Montagne" est accessible gratuitement pour les
clients de l'hôtel (à 300 m).

10 chambres – 🛏82/117 € 🛏🛏82/103 € – ☕ 13 € – ½ P
Le Bourg – 𝒞 04 71 47 57 01 – www.auberge-des-montagnes.com
– Fermé 20 mars-4 avril et 3 nov.-20 déc.

PAIMPOL

✉ 22500 (Côtes-d'Armor) – 7 293 hab. – Alt. 15 m – Carte régionale n° **10**-C1
▶ Paris 494 km – Guingamp 29 km – Lannion 33 km – St-Brieuc 46 km
Carte Michelin 309-D2 – Guide Vert Michelin Bretagne Nord

🍽 Restaurant de la Marne 🍇 🛏 ♿ A/C 🅿

CUISINE MODERNE • À LA MODE XX En bordure du centre touristique de Paimpol, on trouve cette auberge en pierre datant du 19e s., tenue par un jeune couple. Lui, en cuisine, élabore des recettes très inventives et pleines d'allant, où la recherche visuelle occupe une place importante ; elle, en salle, assure un service rapide et efficace !

Formule 21 € – Menu 29 € (semaine), 39/69 € – Carte 63/88 €
9 chambres – 👤50/95 € 👥50/95 € – ☕ 10 €

30 r. de la Marne – ✆ 02 96 16 33 41 – www.hoteldelamarne-paimpol.fr
– Fermé 27 juin-4 juil., 3-17 oct., 2-23 janv., sam. midi hors saison, dim. soir et lundi

🍽 La Vieille Tour

CUISINE TRADITIONNELLE • RÉTRO XX Un bel exemple du rustique d'aujourd'hui ! La cuisine joue avec la tradition : cabillaud aux asperges et espuma d'andouille fumée, hamburger de tourteaux… Et pour cause, les propriétaires (monsieur aux fourneaux, madame en salle) animent cette belle adresse depuis plus de 40 ans !

Formule 20 € – Menu 25 € 🍷 (déj. en semaine), 29/48 € – Carte 56/76 €

13 r. de l'Église – ✆ 02 96 20 83 18 – www.lavieilletour-paimpol.com
– Fermé 20 juin-5 juil., 14 nov.-1 déc., dim. soir et merc. soir sauf juil.-août et lundi

à Ploubazlanec 3,5 km au Nord par D789 – ✉ 22620 – 3 125 hab. – Alt. 60 m

🏠 Les Agapanthes 🌳 ♿

FAMILIAL • COSY Au cœur d'un petit village sur les hauteurs de Paimpol, cette maison régionale (datant de 1768) accueillait autrefois une épicerie-café. On y propose des chambres cosy et bien tenues, dont certaines ont vue sur la mer. Très agréable jardin.

20 chambres – 👤65/108 € 👥65/148 € – ☕ 10 €

1 r. Adrien-Rebours – ✆ 02 96 55 89 06 – www.hotel-les-agapanthes.com
– Fermé 3 ème semaine de nov. et 15 janv.-15 fév.

à la Pointe de l'Arcouest 6 km au Nord – ✉ 22620 Ploubazlanec

🍽 Le 360° 👁 🌳 ⛱ ♿ A/C 🅿

CUISINE MODERNE • FAMILIAL XX Un restaurant… panoramique, comme son nom le suggère ! Depuis la véranda et la terrasse, la vue sur Bréhat est tout simplement magnifique. Dans un cadre contemporain, on découvre une bonne cuisine de brasserie "marine" - salades, fruits de mer, homard et bar du vivier, Saint-Jacques en saison… et quelques plats actuels.

⚭ Formule 13 € – Menu 20/40 € – Carte 33/51 €

Hôtel Les Terrasses de Bréhat, Pointe de l'Arcouest – ✆ 02 96 55 77 92
– www.lesterrassesdebrehat.fr – Ouvert de mi-mars à mi-nov.

🏨 Les Terrasses de Bréhat 🍴 👁 🌳 🏊 Spa 🚴 ⇕ ♿ 💼 🅿

HÔTEL DE VACANCES • MODERNE Cet établissement, fondé en 1892, jouxte l'embarcadère et fait face à l'île de Bréhat. Les chambres, confortables et accessibles par des coursives en bois, portent le nom de villes-escales : Gustavia, Le Cap, Bergen, Kayar… La garantie d'une nuit voyageuse !

35 chambres – 👤60/110 € 👥90/225 € – ☕ 15 € – ½ P

Pointe de L'Arcouest – ✆ 02 96 55 77 92 – www.lesterrassesdebrehat.fr – Ouvert de mi-mars à mi-nov.

🍽 **Le 360°** – voir les restaurants ci-dessus

PAIMPONT

✉ 35380 (Ille-et-Vilaine) – 1 622 hab. – Alt. 159 m – Carte régionale n° **10**-C2
▶ Paris 393 km – Bruz 37 km – Cesson-Sévigné 54 km – Rennes 42 km
Carte Michelin 309-I6 – Guide Vert Michelin Bretagne Nord

🏠 La Corne de Cerf

FAMILIAL · PERSONNALISÉ Une longère décorée dans l'esprit d'une maison d'artistes, à deux pas de la forêt de Brocéliande. Les chambres sont lumineuses et printanières. Au petit-déjeuner, on apprécie les pains, brioches et confitures maison, le tout bio...

3 chambres ☎ – ♥55 € ♥♥63 €
Le Cannée, 2 km au Sud par D71 – ℰ 02 99 07 84 19 – www.corneducerf.bcld.net – Ouvert 1er mars-15 déc.

LE PALAIS – 56 (Morbihan) ➜ voir Belle-Ile-en-Mer

PALAVAS-LES-FLOTS

✉ 34250 (Hérault) – 6 106 hab. – Alt. 1 m – Carte régionale n° **23**-C2
▶ Paris 763 km – Aigues-Mortes 26 km – Montpellier 17 km – Nîmes 60 km
Carte Michelin 339-I7

🍽 Le St-Georges   AC

CUISINE CLASSIQUE · CONVIVIAL 𝕏 Après plusieurs années passées à Pézenas, Paul Courtaux a finalement pris son envol : désormais seul aux fourneaux, il laisse librement aller son inspiration et réalise une cuisine pétillante et savoureuse. On se souviendra de cette joue de lotte émiettée, garnie de légumes croquants, accompagnée d'un vin blanc du pays...

Formule 20 € – Menu 32/43 € – Carte 43/54 €
4 bd du Mar.-Foch, (à côté du casino, rive droite) – ℰ 04 67 68 31 38 – www.lestgeorges.fr – Fermé lundi et mardi

🍽 L'Escale   ≤ AC

CUISINE MODERNE · CONVIVIAL 𝕏𝕏 L'élégante salle à manger et la véranda offrent une belle perspective sur la plage. Proximité de la mer oblige, la généreuse cuisine au goût du jour s'en inspire largement.

Formule 19 € – Menu 23 € (déj. en semaine), 33/50 € – Carte 46/80 €
5 bd Sarrail, (rive gauche) – ℰ 04 67 68 24 17 – www.restaurant-escale-palavas-les-flots.com – Fermé 2-15 janv., merc. et dim. soir de sept. à juil., merc. midi et jeudi midi en juil.-août

🏠 Brasilia   ≤ AC

URBAIN · MODERNE Ambiance contemporaine pour cet hôtel à la jolie façade de mosaïque bleue, situé sur le front de mer. Chambres fonctionnelles, toutes avec balcon ou terrasse.

24 chambres – ♥65/130 € ♥♥65/160 € – ☎ 10 €
9 bd Joffre – ℰ 04 67 68 00 68 – www.brasilia-palavas.com – Fermé 15 déc.-15 janv.

🏠 Amérique Hôtel   🛏 🔼 ⟨ AC P

FAMILIAL · FONCTIONNEL Cet hôtel se compose de deux bâtiments séparés par une avenue conduisant droit à la mer : la partie principale abrite des chambres rénovées, plus confortables ; l'autre la piscine.

47 chambres – ♥75/112 € ♥♥75/143 € – ☎ 8 €
av. F.-Fabrège – ℰ 04 67 68 04 39 – www.hotelamerique.com

PALEYRAC – 24 (Dordogne) → voir Buisson-de-Cadouin

LA PALUD-SUR-VERDON

✉ 04120 (Alpes-de-Haute-Provence) – 329 hab. – Alt. 930 m – Carte régionale n° **41**-C2
▶ Paris 796 km – Castellane 25 km – Digne-les-Bains 65 km – Draguignan 60 km
Carte Michelin 334-G10 – Guide Vert Michelin Alpes du Sud

🏠 Hôtel des Gorges du Verdon

FAMILIAL · COSY Un rêve pour les randonneurs fatigués que cet hôtel de charme dominant les vallées... Chambres colorées (duplex, suites) et bons équipements pour les loisirs : hamman, jacuzzi, piscine. Au restaurant, cuisine régionale et ambiance chaleureuse.

27 chambres – ♦160/350 € ♦♦160/350 € – 3 suites – ⌨ 15 €
1 km par rte de la Maline Sud – ✆ *04 92 77 38 26*
– www.hotel-des-gorges-du-verdon.fr – Ouvert 16 avril-16 oct.

PAMIERS

✉ 09100 (Ariège) – 15 483 hab. – Alt. 280 m – Carte régionale n° **29**-C3
▶ Paris 745 km – Auch 147 km – Carcassonne 76 km – Castres 106 km
Carte Michelin 343-H6

😊 Deymier

CUISINE MODERNE · COSY 🗙🗙 Le personnel, dynamique, nous propose une table dans une salle chaleureuse et joliment décorée... Un début prometteur. En pleine maîtrise de son sujet, le chef fait la part belle au terroir et revisite à sa façon quelques fameuses recettes. Harmonie des saveurs, exécution sans défaut : on se régale à petit prix !

🍽 Formule 15 € – Menu 18 € (déj. en semaine), 28/52 € – Carte 42/54 €
1 r. Bernard-Saisset – ✆ *05 61 60 08 11 – Fermé dim. et lundi*

🏠 Hôtel de France

FAMILIAL · FONCTIONNEL Si vous êtes en route vers Andorre ou les stations de ski des Pyrénées, n'hésitez pas à vous arrêter dans cet hôtel proche du centre-ville. Ses chambres sont contemporaines, sobres et bien tenues. Une halte sympathique.

31 chambres – ♦68 € ♦♦75 € – ⌨ 9 € – ½ P
5 cours Joseph-Rambaud – ✆ *05 61 60 20 88 – www.hotel-de-france-pamiers.com*

LE PARADOU – 13 (Bouches-du-Rhône) → voir Maussane-les-Alpilles

PARAMÉ – 35 (Ille-et-Vilaine) → voir St-Malo

PARAY-LE-MONIAL

✉ 71600 (Saône-et-Loire) – 9 029 hab. – Alt. 245 m – Carte régionale n° **7**-B3
▶ Paris 360 km – Mâcon 67 km – Montceau-les-Mines 37 km – Moulins 67 km
Carte Michelin 320-E11 – Guide Vert Michelin Bourgogne

🍴 L'Apostrophe

CUISINE MODERNE · CONVIVIAL 🗙 La cité du Sacré-Cœur se laisse désormais apostropher par ce restaurant moderne et sympathique où le chef utilise les bases traditionnelles à bon escient. Un vrai coup de jeune sur la ville.

Formule 20 € – Menu 25/38 € – Carte 38/55 €
69 av. Charles-de-Gaulle – ✆ *03 85 25 45 07 – www.restaurantlapostrophe.fr*
– Fermé 9-25 avril, 16-30 août, dim. et lundi

Terminus

TRADITIONNEL · CLASSIQUE Rose bonbon ! Cet hôtel de gare ne passe pas inaperçu... Dans un style assez classique, les chambres sont agréables et confortables. Et il y a aussi un restaurant traditionnel, avec sa terrasse dès les premiers beaux jours.

18 chambres – ♦64/69 € ♦♦81/90 € – ☑ 9 € – ½ P

27 av. de la Gare – ✆ 03 85 81 59 31 – www.terminus-paray.fr – Fermé vacances de la Toussaint et dim.

Grand Hôtel de la Basilique

FAMILIAL · RÉTRO Depuis quatre générations, la même famille tient cet hôtel-restaurant à l'ambiance délicieusement surannée – pour ne pas dire vieille France ! –, situé à deux pas de la basilique ; certaines chambres donnent d'ailleurs sur cette merveille romane. Carte traditionnelle au restaurant.

45 chambres – ♦54/100 € ♦♦62/100 € – ☑ 9 € – ½ P

18 r. de la Visitation – ✆ 03 85 81 11 13 – www.hotelbasilique.com – Ouvert de mars à fin oct.

PARC du FUTUROSCOPE – 86 (Vienne) → voir Poitiers

PARCEY – 39 (Jura) → voir Dole

PARENTIS-EN-BORN

✉ 40160 (Landes) – 5 513 hab. – Alt. 32 m – Carte régionale n° **3**-B2
▶ Paris 658 km – Arcachon 43 km – Bordeaux 76 km – Mimizan 25 km
Carte Michelin 335-E8 – Guide Vert Michelin Aquitaine

Chez Flo

CUISINE MODERNE · BISTRO 𝖃 Un restaurant convivial, avec des photos, des dessins, des objets personnels du patron... Dans l'esprit du lieu, la cuisine est généreuse : sous la houlette d'un jeune chef passionné, tout est fait maison, avec des produits régionaux. Quelques chambres toutes simples pour l'étape.

Formule 13 € 𝖄 – Menu 23 € – Carte environ 28 €

6 chambres – ♦45 € ♦♦45 € – ☑ 7 €

9 r. St-Barthélémy – ✆ 05 58 78 40 21 – Fermé 25 déc.-1er janv., dim. et lundi

PARIS
ET SES ENVIRONS

Grandes brasseries historiques, restaurants de palaces, tables de chefs japonais, brésiliens, italiens ou coréens, adresses de poche et maisons « historiques » au majestueux décor, assiettes diablement créatives ou célébrant la grande tradition française...
À l'image de la ville elle-même, la cuisine parisienne est un exemple de richesse et de diversité. Rien d'étonnant, entre nous, quand on sait que c'est ici-même qu'a été forgé le concept de restaurant !

- Carte régionale n° 21-D2
- Carte Michelin 301-E7 et 101
- Plan de l'agglomération parisienne page suivante

Blend Images/hemis.fr

DE A À Z...

A

L'Abeille ✿✿ (16ᵉ) 1399
Abri ⅋○ (10ᵉ) 1370
L'Absinthe ⅋○ (1ᵉʳ) 1290
A et M Restaurant ⅋○ (16ᵉ) 1403
Afaria ⅋○ (15ᵉ) 1395
L'Affable ⅋○ (7ᵉ) 1333
Les Affranchis ⅋○ (9ᵉ) 1362
L'Affriolé ⅋○ (7ᵉ) 1334
Agapé ✿ (17ᵉ) 1412
L'Agrume ⅋○ (5ᵉ) 1313
Aida ✿ (7ᵉ) 1330
Akrame ✿ (16ᵉ) 1401
À La Biche au Bois ⅋○ (12ᵉ) 1379
À La Coupole ⅋○ (Neuilly-sur-Seine) .1446
Alain Ducasse
   au Plaza Athénée ✿✿✿ (8ᵉ) 1339
Albion ⅋○ (10ᵉ) 1368
Alcazar ⅋○ (6ᵉ) 1318
Allard ⅋○ (6ᵉ) 1320
L'Altro ⅋○ (6ᵉ) 1322
Ambassade d'Auvergne ⅋○ (3ᵉ) 1303
L'Ambassade de Pékin ⅋○
   (Saint-Mandé) 1454
L'Ambassade des Terroirs ⅋○
   (Gennevilliers) 1439
L'Ambroisie ✿✿✿ (4ᵉ) 1306
À mère ⅋○ (10ᵉ) 1367
L'Amourette ⅋○ (Montreuil) 1445
L'Ancienne Maison Gradelle ⅋○ (10ᵉ) .1369
L'Angélique ✿ (Versailles) 1461
A Noste ⅋○ (2ᵉ) 1299
Antoine ✿ (16ᵉ) 1400
Aoki Makoto ⅋○ (8ᵉ) 1349
L'Apibo ⅋○ (2ᵉ) 1301
Apicius ✿ (8ᵉ) 1341
L'Ardoise ⅋○ (Le Perreux-sur-Marne) .1448
L'Ardoise ⅋○ (1ᵉʳ) 1291
L'Ardoise du XV ⅋○ (15ᵉ) 1395
L'Armoise ⅋○ (Versailles) 1462
L'Arôme ✿ (8ᵉ) 1343
Arpège ✿✿✿ (7ᵉ) 1327
L'Assiette ⅋○ (14ᵉ) 1386
Astier ⅋○ (11ᵉ) 1375
Astrance ✿✿✿ (16ᵉ) 1398
AT ⅋○ (5ᵉ) 1312

L'Atelier de Joël Robuchon -
   Étoile ✿ (8ᵉ) 1344
L'Atelier de Joël Robuchon -
   St-Germain ✿✿ (7ᵉ) 1328
L'Atelier du Parc ⅋○ (15ᵉ) 1391
L'Atelier Gourmand ⅋○
   (Saint-Jean-de-Beauregard) 1454
Atelier Maître Albert ⅋○ (5ᵉ) 1311
Atelier Rodier ⅋○ (9ᵉ) 1361
Atelier Vivanda - Cherche Midi ⅋○ (6ᵉ) . 1317
Atelier Vivanda - Lauriston ⅋○ (16ᵉ) . .1401
Atelier Vivanda - Marais ⅋○ (3ᵉ) 1303
Au Bascou ⅋○ (3ᵉ) 1305
Auberge des Saints Pères ✿
   (Aulnay-sous-Bois) 1427
Auberge du Cheval Blanc ⅋○
   (Cergy-Pontoise) 1434
Auberge du Pont de Bry -
   La Grappille ⅋○ (Bry-sur-Marne) . . .1432
L'Auberge du 15 ⅋○ (13ᵉ) 1381
L'Auberge du Roi Gradlon ⅋○ (13ᵉ) . . .1382
Auberge Flora ⅋○ (11ᵉ) 1373
Auberge Pyrénées Cévennes ⅋○ (11ᵉ) .1372
Auberge Ravoux ⅋○ (Auvers-sur-Oise) .1427
Au Bon Accueil ⅋○ (7ᵉ) 1330
Au Bord de l'Eau ⅋○
   (Conflans-Sainte-Honorine) 1436
Au Bourguignon du Marais ⅋○ (4ᵉ) . . .1307
Au Cœur de la Forêt ⅋○
   (Montmorency) 1445
L'Audacieux ⅋○ (Levallois-Perret) . . . 1441
Au Fulcosa ⅋○
   (Saint-Germain-en-Laye) 1454
Auguste ✿ (7ᵉ) 1329
Au Moulin à Vent ⅋○ (5ᵉ) 1312
Au Père Lapin ⅋○ (Suresnes) 1457
Au Petit Marguery ⅋○ (13ᵉ) 1382
Au Pouilly Reuilly ⅋○
   (Le Pré-Saint-Gervais) 1449
Au Rendez-vous des Camionneurs ⅋○
   (1ᵉʳ) 1288
Au Trou Gascon ✿ (12ᵉ) 1378
Au Vieux Chêne ⅋○ (11ᵉ) 1375
Aux Amis ⅋○ (6ᵉ) 1319
Aux Armes de France ⅋○
   (Corbeil-Essonnes) 1436

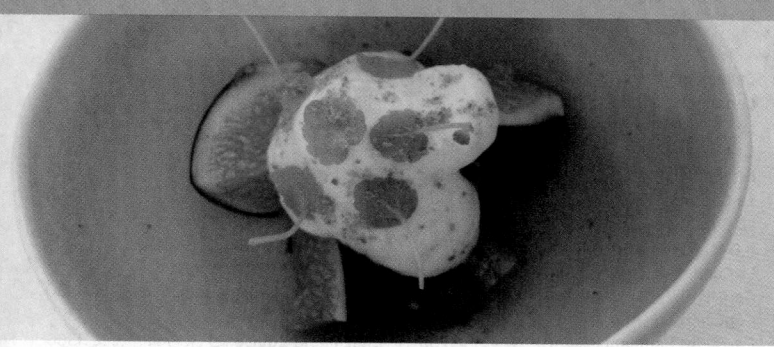

© Michelin

Aux Enfants Gâtés ⭐○ (14ᵉ) 1385
Aux Lyonnais ⭐○ (2ᵉ). 1300
Aux Prés ⭐○ (6ᵉ). 1319
Aux Verres de Contact ⭐○ (5ᵉ) 1311
L'Avant Goût ⭐○ (13ᵉ) 1382
Axuria ⭐○ (15ᵉ) 1395
Azabu ⭐○ (6ᵉ). .1322

B

Baan Boran ⭐○ (1ᵉʳ) 1291
Baffo ⭐○ (4ᵉ). .1308
Le Baratin ⭐○ (20ᵉ) 1424
Barbezingue ⭐○ (Châtillon) 1435
La Barrière de Clichy ⭐○ (Clichy) . . .1436
Basilic et Spice ⭐○ (13ᵉ) 1383
Le Baudelaire ✿ (1ᵉʳ) 1287
Beaucoup ⭐○ (3ᵉ). 1304
La Belle Époque ⭐○ (Châteaufort) . . .1435
Benkay ⭐○ (15ᵉ) 1392
Benoit ✿ (4ᵉ). 1307
Beurre Noisette ⭐○ (15ᵉ) 1391
Bibimbap ⭐○ (5ᵉ) 1313
Bissac ⭐○ (2ᵉ). .1299
Bistro des Gastronomes ⭐○ (5ᵉ) 1311
Bistro Poulbot ⭐○ (18ᵉ) 1421
Bistro d'Italie ⭐○ (17ᵉ) 1415
Bistrot Augustin ⭐○ (14ᵉ) 1386
Bistrot Belhara ⭐○ (7ᵉ) 1333
Le Bistrot d'À Côté Flaubert ⭐○ (17ᵉ). . 1415
Le Bistrot d'Oscar ⭐○ (Levallois-Perret) 1441
Le Bistrot du Maquis ⭐○ (18ᵉ). 1420
Bistrot du Sommelier ⭐○ (8ᵉ) 1348
Bistrot Mavrommatis ⭐○ (1ᵉʳ) 1291
Bistrot Papillon ⭐○ (9ᵉ). 1359
Bistrot Paul Bert ⭐○ (11ᵉ). 1374
Bistrotters ⭐○ (14ᵉ). 1385

Bistro Volnay ⭐○ (2ᵉ). 1299
Bizan ⭐○ (2ᵉ). 1300
Blue Valentine ⭐○ (11ᵉ) 1373
Bofinger ⭐○ (4ᵉ). 1307
Le Bon Georges ⭐○ (9ᵉ) 1362
Bon Kushikatsu ⭐○ (11ᵉ). 1373
Bonne Franquette ⭐○ (Janvry) 1441
Le Bon Saint-Pourçain ⭐○ (6ᵉ). 1323
Les Botanistes ⭐○ (7ᵉ). 1335
Le Bouchon et l'Assiette ⭐○ (17ᵉ) 1415
Le Boudoir ⭐○ (8ᵉ). 1349
Bouillon ⭐○ (9ᵉ) 1361
Les Bouquinistes ⭐○ (6ᵉ) 1318
La Bourgogne ⭐○ (Maisons-Alfort). . .1442
La Bourse et la Vie ⭐○ (2ᵉ). 1299
La Boutarde ⭐○ (Neuilly-sur-Seine) . .1446
Braisenville ⭐○ (9ᵉ) 1358
Brasserie Gallopin ⭐○ (2ᵉ) 1298
Brasserie Thoumieux by Sylvestre ⭐○
    (7ᵉ). 1332
Breizh Café ⭐○ (3ᵉ) 1304

C

Café Constant ⭐○ (7ᵉ) 1331
Le Café d'Angel ⭐○ (17ᵉ). 1416
Café de la Paix ⭐○ (9ᵉ) 1360
Café de l'Esplanade ⭐○ (7ᵉ). 1332
Café des Abattoirs ⭐○ (1ᵉʳ) 1288
Le Café des Artistes ⭐○ (Ville-d'Avray) .1462
Café des Concerts ⭐○ (19ᵉ). 1423
Café Max ⭐○ (7ᵉ) 1333
Café Trama ⭐○ (6ᵉ) 1323
Caffè Stern ⭐○ (2ᵉ). 1298
La Cagouille ⭐○ (14ᵉ). 1387
Le Caillebotte ⭐○ (9ᵉ) 1358
Les Cailloux ⭐○ (13ᵉ) 1382

1239

Caïus ⅏○ (17ᵉ)	1414
Caméléon d'Arabian ⅏○ (6ᵉ)	1318
Le Camélia ❀ (Bougival)	1428
Camélia ⅏○ (1ᵉʳ)	1289
Les Canailles ⅏○ (9ᵉ)	1359
La Cantine du Troquet ⅏○ (14ᵉ)	1388
La Cantine du Troquet Daguerre ⅏○ (14ᵉ)	1387
Cap ⅏○ (17ᵉ)	1415
Capucine ⅏○ (11ᵉ)	1375
Carré des Feuillants ❀❀ (1ᵉʳ)	1286
Les Cartes Postales ⅏○ (1ᵉʳ)	1290
Casa Bini ⅏○ (6ᵉ)	1319
Le Casse Noix ⅏○ (15ᵉ)	1392
La Causerie-Chez Géraud ⅏○ (16ᵉ)	1401
Caves Petrissans ⅏○ (17ᵉ)	1414
Cazaudehore ⅏○ (Saint-Germain-en-Laye)	1453
Le Céladon ❀ (2ᵉ)	1296
Le Cénacle ⅏○ (Tremblay-en-France)	1458
Les 110 de Taillevent ⅏○ (8ᵉ)	1346
114, Faubourg ❀ (8ᵉ)	1343
116 ⅏○ (16ᵉ)	1406
Le 122 ⅏○ (7ᵉ)	1333
Le Cette ⅏○ (14ᵉ)	1386
Chamarré Montmartre ⅏○ (18ᵉ)	1420
Chameleon ⅏○ (10ᵉ)	1368
Le Chardenoux ⅏○ (11ᵉ)	1372
Le Chateaubriand ⅏○ (11ᵉ)	1374
Château des Îles ⅏○ (Saint-Maur-des-Fossés)	1455
Chatomat ⅏○ (20ᵉ)	1424
Chaumette ⅏○ (16ᵉ)	1405
Le Chefson ⅏○ (Bois-Colombes)	1428
Le Cherche Midi ⅏○ (6ᵉ)	1320
Chez Casimir ⅏○ (10ᵉ)	1369
Chez Cécile - La Ferme des Mathurins ⅏○ (8ᵉ)	1344
Chez Frezet ⅏○ (18ᵉ)	1420
Chez Georges ⅏○ (2ᵉ)	1300
Chez Graff ⅏○ (7ᵉ)	1335
Chez les Anges ⅏○ (7ᵉ)	1331
Chez Madeleine ⅏○ (Boulogne-Billancourt)	1430
Chez Mademoiselle ⅏○ (15ᵉ)	1396
Chez Marie-Louise ⅏○ (10ᵉ)	1366
Chez Michel ⅏○ (Boulogne-Billancourt)	1430
Chez Michel ⅏○ (10ᵉ)	1366
Chez Monsieur ⅏○ (8ᵉ)	1349
Le Chiberta ❀ (8ᵉ)	1342
Le Chiquito ❀ (Cergy-Pontoise)	1434
Le Christine ⅏○ (6ᵉ)	1323
Ciasa Mia ⅏○ (6ᵉ)	1312
Le Cinq ❀❀❀ (8ᵉ)	1339
Le Cinq Codet ⅏○ (7ᵉ)	1332
52 Faubourg Saint-Denis ⅏○ (10ᵉ)	1367
Circonstances ⅏○ (2ᵉ)	1297
Citrus Étoile ⅏○ (8ᵉ)	1345
Clamato ⅏○ (11ᵉ)	1372
Claude Colliot ⅏○ (4ᵉ)	1307
Les Climats ❀ (7ᵉ)	1328
Le Clos des Gourmets ⅏○ (7ᵉ)	1331
Le Clos Y ⅏○ (15ᵉ)	1393
Le Clou de Fourchette ⅏○ (17ᵉ)	1415
Clover ⅏○ (7ᵉ)	1335
Clown Bar ⅏○ (11ᵉ)	1373
Cobéa ❀ (14ᵉ)	1384
Les Cocottes - Arc de Triomphe ⅏○ (8ᵉ)	1347

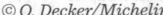

© O. Decker/Michelin

Les Cocottes - Tour Eiffel ⓘ○ (7e) 1331
Comme Chez Maman ⓘ○ (17e) 1416
Comptoir Canailles ⓘ○ (9e). 1361
Le Comptoir du Relais ⓘ○ (6e) 1323
Comptoir Gourmet ⓘ○ (4e). 1308
Les Comptoirs du Médoc ⓘ○ (9e) 1360
Le Concert de Cuisine ⓘ○ (15e) 1394
Conti ⓘ○ (16e) 1404
La Contre Allée ⓘ○ (14e) 1387
Copenhague ⓘ○ (8e) 1346
Le Coq de la Maison Blanche ⓘ○
    (Saint-Ouen) 1455
Le Coq Rico ⓘ○ (18e) 1420
Coretta ⓘ○ (17e) 1413
Le Cornichon ⓘ○ (14e) 1385
Le Corot ✿ (Ville-d'Avray) 1462
Le Cotte Rôti ⓘ○ (12e) 1379
La Coupole ⓘ○ (14e) 1386
Le Court-Bouillon ⓘ○ (15e) 1393
Cristal Room Baccarat ⓘ○ (16e) 1403
Crom'Exquis ⓘ○ (8e) 1349
Crudus ⓘ○ (1er) 1292

D

Le Dali ⓘ○ (1er). 1288
La Dame de Pic ✿ (1er) 1287
Dar Lyakout ⓘ○ (7e) 1334
Daru ⓘ○ (8e) .1350
David Toutain ✿ (7e) 1329
D'Chez Eux ⓘ○ (7e). 1332
Les Délices d'Aphrodite ⓘ○ (5e) 1312
Dersou ⓘ○ (12e) 1379
Les Déserteurs ⓘ○ (11e) 1374
Des Gars dans la Cuisine ⓘ○ (3e). 1304
Dessirier par Rostang Père et Filles
    ⓘ○ (17e) 1413
Le Diane ✿ (8e) 1342
Diep ⓘ○ (8e). 1348
Dilia ⓘ○ (20e) 1424
Dix-Huit ⓘ○ (17e) 1417
XVII sur Vin ⓘ○ (17e) 1416
Le Dôme ⓘ○ (14e) 1385
Dominique Bouchet ✿ (8e) 1344
Le Dorcia ⓘ○ (2e) 1301
Drouant ⓘ○ (2e) 1297
Le Duc ⓘ○ (14e). 1385

E

L'Écailler du Bistrot ⓘ○ (11e) 1374
Eclectic ⓘ○ (15e) 1393

L'Écu de France ⓘ○
    (Chennevières-sur-Marne). 1435
Les Écuries de Richelieu ⓘ○
    (Rueil-Malmaison). 1451
Ellsworth ⓘ○ (1er) 1291
Encore ⓘ○ (9e) 1362
L'Entredgeu ⓘ○ (17e) 1412
L'Envie du Jour ⓘ○ (17e) 1417
Épicure au Bristol ✿✿✿ (8e) 1339
L'Épi Dupin ⓘ○ (6e) 1320
ES ✿ (7e) 1329
L'Escarbille ✿ (Meudon). 1445
L'Escient ⓘ○ (17e) 1415
L'Escudella ⓘ○ (7e). 1334
L'Esquisse ⓘ○ (18e). 1420
L'Essentiel ⓘ○ (14e) 1388
Les Étoiles ⓘ○ (Roissy-en-France) 1449
Étoile sur Mer ✿ (17e) 1411
Étude ⓘ○ (16e). 1403

F

Les Fables de La Fontaine ✿ (7e) 1330
La Fabrique ⓘ○ (Brie-Comte-Robert). 1431
Faim et Soif ⓘ○
    (Saint-Maur-des-Fossés) 1455
La Ferme d'Argenteuil ⓘ○ (Argenteuil).1426
La Ferme de Voisins ⓘ○
    (Saint-Quentin-en-Yvelines) 1456
La Ferme St-Simon ⓘ○ (7e) 1332
La Ferrandaise ⓘ○ (6e) 1320
Les Fils de la Ferme ⓘ○ (14e) 1388
Le First ⓘ○ (1er) 1289
Fish La Boissonnerie ⓘ○ (6e) 1321
Flandrin ⓘ○ (16e). 1404
Florimond ⓘ○ (7e) 1335
Fogón ⓘ○ (6e). 1318
Fontaine de Mars ⓘ○ (7e) 1334
La Fontaine Gaillon ⓘ○ (2e) 1298
Fontanarosa ⓘ○ (15e) 1393
Fouquet's ⓘ○ (8e) 1346
La Fourchette du Printemps ✿ (17e). . 1412
Les Fous de l'Île ⓘ○ (4e) 1308
Fraîche ⓘ○ (10e) 1369
Le Frank ⓘ○ (16e) 1407
Frédéric Simonin ✿ (17e) 1411
Frenchie ⓘ○ (2e). 1300

G

Le Gabriel ✿✿ (8e) 1340
Le Gaigne ⓘ○ (8e). 1347

© O. Decker/Michelin

Le Galopin ‖○ (10ᵉ) 1368
Garance ❀ (7ᵉ) .1329
Le Garde-Manger ‖○ (Saint-Cloud) . .1452
Le Garde Temps ‖○ (9ᵉ) 1363
Gare au Gorille ‖○ (17ᵉ) 1414
La Gauloise ‖○ (15ᵉ) 1392
Gaya Rive Gauche
   par Pierre Gagnaire ❀ (7ᵉ) 1330
La Gazzetta ‖○ (12ᵉ) 1379
Le George ‖○ (8ᵉ) 1345
Giova ‖○ (17ᵉ) .1416
Glou ‖○ (3ᵉ) 1304
Gordon Ramsay au Trianon ❀
   (Versailles) .1458
Le Gorille Blanc ‖○ (4ᵉ) 1308
Goust d'Enrico Bernardo ❀ (2ᵉ) 1296
Graindorge ‖○ (17ᵉ) 1412
Grand Cœur ‖○ (4ᵉ) 1307
Le Grand Restaurant -
   Jean-François Piège ❀❀ (8ᵉ) 1340
La Grande Cascade ❀ (16ᵉ) 1399
La Grande Ourse ‖○ (14ᵉ) 1388
Le Grand Pan ‖○ (15ᵉ) 1394
Le Grand Véfour ❀❀ (1ᵉʳ) 1286
La Grange aux Dîmes ‖○ (Wissous) . .1464
La Grange des Halles ‖○ (Rungis) . . .1451
La Gueulardière ‖○ (Ozoir-la-Ferrière) .1447
Guy Savoy ❀❀❀ (6ᵉ) 1316
Gwadar ‖○ (1ᵉʳ) 1292
Gwon's Dining ‖○ (15ᵉ) 1392

H

Haï Kaï ‖○ (10ᵉ) 1369
Hanawa ‖○ (8ᵉ) 1347
Helen ❀ (8ᵉ) 1342
Hélène Darroze ❀ (6ᵉ) 1316

Hexagone ❀ (16ᵉ) 1401
Hiramatsu ❀ (16ᵉ) 1399
Hostellerie du Nord ‖○
   (Auvers-sur-Oise) 1427
Hostellerie du Prieuré ‖○ (Saint-Prix) . .1456
Hotaru ‖○ (9ᵉ) .1362

I

Ida by Denny Imbroisi ‖○ (15ᵉ) 1393
I Ghiotti ‖○ (17ᵉ) 1416
I Golosi ‖○ (9ᵉ) 1359
Il Carpaccio ❀ (8ᵉ) 1343
Il Goto ‖○ (12ᵉ) 1378
Il Gusto Sardo ‖○ (16ᵉ) 1406
Il Piccolino ‖○ (8ᵉ) 1350
Il Vino d'Enrico Bernardo ❀ (7ᵉ) 1328
Impérial Choisy ‖○ (13ᵉ) 1381
L'Inattendu ‖○ (15ᵉ) 1392
Intuition Gourmande ‖○ (15ᵉ) 1393
Invictus ‖○ (6ᵉ) 1322
Isami ‖○ (4ᵉ) 1308
Itinéraires ❀ (5ᵉ) 1310

J

Jacques Faussat ❀ (17ᵉ) 1412
Jadis ‖○ (15ᵉ) .1394
Jamin ‖○ (16ᵉ) .1405
Les Jardins de Camille ‖○ (Suresnes) . .1457
Jarrasse L'Écailler de Paris ‖○
   (Neuilly-sur-Seine) 1446
Jean ‖○ (9ᵉ) 1360
Jeanne B ‖○ (18ᵉ) 1421
Jérémie ‖○ (16ᵉ) 1404
Le Jeu de Quilles ‖○ (14ᵉ) 1387
Jin ❀ (1ᵉʳ) 1287
Juan ‖○ (16ᵉ) 1406

Le Jules Verne ✿ (7ᵉ) 1328
La Jument Verte ⵔ◯
(Tremblay-en-France) 1458

K

Karl et Erick ⵔ◯ (17ᵉ) 1414
Kei ✿ (1ᵉʳ) 1287
KGB ⵔ◯ (6ᵉ) 1320
Kigawa ⵔ◯ (14ᵉ) 1386
Kiku ⵔ◯ (9ᵉ) 1363
Kinugawa Vendôme ⵔ◯ (1ᵉʳ) 1289
Kokoro ⵔ◯ (5ᵉ) 1311
Kunitoraya ⵔ◯ (1ᵉʳ) 1290
Kura ⵔ◯ (16ᵉ) 1406

L

La Laiterie Sainte-Clotilde ⵔ◯ (7ᵉ) . . . 1331
Lao Lane Xang 2 ⵔ◯ (13ᵉ) 1383
Lao Siam ⵔ◯ (19ᵉ) 1423
Lasserre ✿ (8ᵉ) 1341
Laurent ✿ (8ᵉ) 1341
Lazare ⵔ◯ (8ᵉ) 1348
Lescure ⵔ◯ (1ᵉʳ) 1292
Lhassa ⵔ◯ (5ᵉ) 1313
Lili ⵔ◯ (16ᵉ) 1402
Liza ⵔ◯ (2ᵉ) 1300
Loiseau rive Droite ⵔ◯ (8ᵉ) 1348
Loiseau rive Gauche ⵔ◯ (7ᵉ) 1332
Le Lotus ⵔ◯ (13ᵉ) 1383
Louis ⵔ◯ (9ᵉ) 1361
Lou Tíap ⵔ◯ (20ᵉ) 1425
Lucas Carton ✿ (8ᵉ) 1342
Le Lulli ⵔ◯ (1ᵉʳ) 1289
Le Lumière ⵔ◯ (9ᵉ) 1360

M

Macéo ⵔ◯ (1ᵉʳ) 1288
La Machine à Coudes ⵔ◯
(Boulogne-Billancourt) 1430
Ma Cocotte ⵔ◯ (Saint-Ouen) 1455
Les Magnolias ⵔ◯
(Le Perreux-sur-Marne) 1448
Maison Blanche ⵔ◯ (8ᵉ) 1345
Maison Courtine ⵔ◯ (14ᵉ) 1386
La Maison de Charly ⵔ◯ (17ᵉ) 1414
La Maison des Bois ⵔ◯ (Plaisir) 1448
La Maison du Jardin ⵔ◯ (6ᵉ) 1317
La Maison du Pressoir ⵔ◯ (Crosne) . . . 1437
Maison Rostang ✿✿ (17ᵉ) 1411
Mamou ⵔ◯ (9ᵉ) 1363

Mandoobar ⵔ◯ (8ᵉ) 1344
Mangetout ⵔ◯ (6ᵉ) 1321
Mansouria ⵔ◯ (11ᵉ) 1371
Manufacture ⵔ◯ (Issy-les-Moulineaux) . . 1440
Le Marcigny ⵔ◯ (Viry-Châtillon) 1463
Marco Polo ⵔ◯ (6ᵉ) 1321
La Mare au Diable ⵔ◯
(Sainte-Geneviève-des-Bois) 1457
La Marée Passy ⵔ◯ (16ᵉ) 1407
Marius ⵔ◯ (16ᵉ) 1403
Marius et Janette ⵔ◯ (8ᵉ) 1346
Marloe ⵔ◯ (8ᵉ) 1349
La Marlotte ⵔ◯ (6ᵉ) 1317
MaSa ✿ (Boulogne-Billancourt) 1428
Mathieu Pacaud - Histoires ✿✿ (16ᵉ) . 1399
Matière à... ⵔ◯ (10ᵉ) 1368
Mavrommatis ⵔ◯ (5ᵉ) 1311
Maxan ⵔ◯ (8ᵉ) 1347
La Méditerranée ⵔ◯ (6ᵉ) 1318
Mee ⵔ◯ (1ᵉʳ) 1288
Mer de Chine ⵔ◯ (13ᵉ) 1383
Le Metropolitan ⵔ◯ (16ᵉ) 1404
Les Mets de Mo ⵔ◯ (Créteil) 1437
Le Meurice Alain Ducasse ✿✿ (1ᵉʳ) . . . 1286
1728 ⵔ◯ (8ᵉ) 1345
Mini Palais ⵔ◯ (8ᵉ) 1347
Mirama ⵔ◯ (5ᵉ) 1313
Miroir ⵔ◯ (18ᵉ) 1421
Le Moderne ⵔ◯ (2ᵉ) 1299
Moissonnier ⵔ◯ (5ᵉ) 1312
Mon Bistrot ⵔ◯ (Boulogne-Billancourt) . 1430
Monsieur Bleu ⵔ◯ (16ᵉ) 1404
Mon Vieil Ami ⵔ◯ (4ᵉ) 1307
Le Mordant ⵔ◯ (10ᵉ) 1368
Mori Venice Bar ⵔ◯ (2ᵉ) 1297
Moulin d'Orgeval ⵔ◯ (Orgeval) 1447
Le Mûrier ⵔ◯ (15ᵉ) 1395

N

Nakatani ✿ (7ᵉ) 1330
Neige d'Été ✿ (15ᵉ) 1391
Nina ⵔ◯ (14ᵉ) 1385
Nodaïwa ⵔ◯ (1ᵉʳ) 1292
Noglu ⵔ◯ (2ᵉ) 1301
Nolita ⵔ◯ (8ᵉ) 1347
Le Nom M'échappe ⵔ◯ (2ᵉ) 1301
Nomos ⵔ◯ (18ᵉ) 1420

O

Ô Divin ⵔ◯ (19ᵉ) 1422
L'Office ⵔ◯ (9ᵉ) 1359

Officina Schenatti ⅰ○ (5e). 1312
L'Oiseau Blanc ⅰ○ (16e). 1402
Oka ⅰ○ (9e) 1359
Okuda ❀ (8e) 1343
L'Oriental ⅰ○ (9e). 1363
L'Os à Moelle ⅰ○ (15e) 1392
L'Ourcine ⅰ○ (13e) 1382

P

Pages ❀ (16e) 1401
Le Palanquin ⅰ○ (17e) 1416
Le Pantruche ⅰ○ (9e). 1358
Les Papilles ⅰ○ (5e) 1312
Paradis ⅰ○ (10e) 1369
Le Pario ⅰ○ (15e). 1391
Pascade ⅰ○ (2e) 1297
Passage 53 ❀❀ (2e) 1296
La Passerelle ⅰ○ (Issy-les-Moulineaux) .1440
Passy Mandarin La Muette ⅰ○ (16e) . .1405
Passy Mandarin Palais Royal ⅰ○ (2e) .1298
Le Patte Noire ⅰ○ (Rueil-Malmaison).1450
Pavillon Elysée Lenôtre ⅰ○ (8e). 1348
Pavillon Henri IV ⅰ○
  (Saint-Germain-en-Laye). 1452
Pavillon Ledoyen ❀❀❀ (8e) 1340
Penati al Baretto ❀ (8e) 1343
Le Percolateur ⅰ○ (8e). 1350
Le Pergolèse ❀ (16e). 1400
Le Petit Boileau ⅰ○ (16e). 1406
La Petite Marmite ⅰ○ (Livry-Gargan).1442
La Petite Sirène de Copenhague ⅰ○
  (9e). 1361
Le Petit Marius ⅰ○ (8e) 1349
Le Petit Pergolèse ❀ (16e). 1405
Les Petits Plats ⅰ○ (14e) 1387
Le Petit Verdot du 17ème ⅰ○ (17e) . . . 1412
Le Petit Vingtième ⅰ○ (20e). 1425
Petrossian - Le 144 ⅰ○ (7e). 1332
Pétrus ⅰ○ (17e) 1413
Philippe Excoffier ⅰ○ (7e). 1333
Philou ⅰ○ (10e) 1367
Pho Tai ⅰ○ (13e). 1381
Pierre Gagnaire ❀❀❀ (8e). 1340
Pierre Sang in Oberkampf ⅰ○ (11e) . . . 1374
Pierrot ⅰ○ (2e). 1300
Pinxo - Tuileries ⅰ○ (1er) 1290
Pirouette ⅰ○ (1er) 1290
La Plancha ⅰ○ (Maisons-Laffitte) 1443
La Plantxa ⅰ○ (Boulogne-Billancourt) .1430
Pollop ⅰ○ (2e) 1301

Pomze ⅰ○ (8e). 1344
Porte 12 ⅰ○ (10e). 1367
Pottoka ⅰ○ (7e). 1331
Les Poulettes Batignolles ⅰ○ (17e) . . . 1417
Pramil ⅰ○ (3e) 1304
Le Pré Carré ⅰ○ (17e) 1413
Le Pré Catelan ❀❀❀ (16e). 1398
Prémices ⅰ○ (9e) 1360
Professore ⅰ○ (9e) 1362
Prunier ⅰ○ (16e) 1402
Le P'tit Troquet ⅰ○ (7e). 1334
La Puce ⅰ○ (Saint-Ouen) 1455
La Pulpéria ⅰ○ (11e) 1375
Pur' - Jean-François Rouquette ❀ (2e) .1296

Q

Quai de Meudon ⅰ○ (Meudon) 1445
Quedubon ⅰ○ (19e) 1423
Quincy ⅰ○ (12e) 1378
Quinte ⅰ○ (16e) 1405
Le Quinzième - Cyril Lignac ❀ (15e). .1390
Qui plume la Lune ❀ (11e). 1371

R

Rafaël ⅰ○ (17e) 1414
La Rallonge ⅰ○ (18e) 1420
Ratapoil du Faubourg ⅰ○ (10e) 1367
Ratn ⅰ○ (8e). 1348
Le Récamier ⅰ○ (7e) 1335
Rech ⅰ○ (17e) 1413
La Régalade ⅰ○ (14e). 1387
La Régalade Conservatoire ⅰ○ (9e) . . .1361
La Régalade St-Honoré ⅰ○ (1er). 1291
Relais d'Auteuil ❀ (16e). 1400
Relais Louis XIII ❀ (6e) 1316
Le Relais Plaza ⅰ○ (8e) 1346
Le Restaurant ❀ (6e) 1317
Restaurant du Palais Royal ⅰ○ (1er). . .1289
Ribote ⅰ○ (Neuilly-sur-Seine) 1446
Richer ⅰ○ (9e). 1359
La Rigadelle ⅰ○ (Vincennes) 1463
La Romantica ⅰ○ (Clichy). 1436
Rossi et Co ⅰ○ (2e). 1301
La Rotonde ⅰ○ (6e) 1319

S

St-James Paris ❀ (16e) 1399
Le St-Joseph ⅰ○
  (La Garenne-Colombes) 1439
St-Martin ⅰ○ (Triel-sur-Seine) 1458

Les Saisons 🍽 (9e) ... 1362
Samesa 🍽 (17e) ... 1414
Sanukiya 🍽 (1er) ... 1292
Saperlipopette ! 🍽 (Puteaux) ... 1449
Sassotondo 🍽 (11e) ... 1374
Saturne ✿ (2e) ... 1297
Saudade 🍽 (1er) ... 1289
Les Saveurs Sauvages 🍽 (Gif-sur-Yvette) ... 1440
La Scène ✿ (8e) ... 1341
Semilla 🍽 (6e) ... 1320
Le 7 à Issy 🍽 (Issy-les-Moulineaux) ... 1440
750g La Table 🍽 (15e) ... 1395
Septime ✿ (11e) ... 1371
Le Servan 🍽 (11e) ... 1373
Severo 🍽 (14e) ... 1388
Shang Palace ✿ (16e) ... 1400
Shin Jung 🍽 (8e) ... 1350
Shu 🍽 (6e) ... 1321
Silk et Spice 🍽 (2e) ... 1300
6 New York 🍽 (16e) ... 1403
Le 6 Paul Bert 🍽 (11e) ... 1373
Sola ✿ (5e) ... 1311
Soon Grill 🍽 (2e) ... 1304
Sormani 🍽 (17e) ... 1413
Le Sot l'y Laisse 🍽 (11e) ... 1375
Spring 🍽 (1er) ... 1290
STAY Faubourg 🍽 (8e) ... 1346
Stéphane Martin 🍽 (15e) ... 1394
Suan Thaï 🍽 (4e) ... 1308
Sukhothaï 🍽 (13e) ... 1383
Sur la Braise 🍽 (6e) ... 1321
Sur Mesure par Thierry Marx ✿✿ (1er) ... 1286
Le Sushi Okuda 🍽 (8e) ... 1350
Sylvestre ✿✿ (7e) ... 1328

T

Table - Bruno Verjus 🍽 (12e) ... 1378
La Table d'Antan 🍽 (Sainte-Geneviève-des-Bois) ... 1457
La Table de Botzaris 🍽 (19e) ... 1423
La Table de Cybèle 🍽 (Boulogne-Billancourt) ... 1430
La Table des Blot - Auberge du Château ✿ (Dampierre-en-Yvelines) ... 1437
La Table d'Eugène ✿ (18e) ... 1419
La Table du Baltimore 🍽 (16e) ... 1402
La Table du Lancaster ✿✿ (8e) ... 1341
La Table du 11 ✿ (Versailles) ... 1461
La Table du Vietnam 🍽 (7e) ... 1334
La Table Lauriston 🍽 (16e) ... 1406
Les Tablettes de Jean-Louis Nomicos ✿ (16e) ... 1400
Le Tablier Rouge 🍽 (20e) ... 1425
Le Taillevent ✿✿ (8e) ... 1340
Taokan 🍽 (6e) ... 1322
Le Tastevin 🍽 (Maisons-Laffitte) ... 1442
Tempero 🍽 (13e) ... 1381
Le Temps au Temps 🍽 (11e) ... 1375
Teppanyaki Ginza Onodera 🍽 (6e) ... 1319
Terrasse Mirabeau 🍽 (16e) ... 1403
Terroir Parisien - Palais Brongniart 🍽 (2e) ... 1299
Le Timbre 🍽 (6e) ... 1317
Timgad 🍽 (17e) ... 1413
Tintilou 🍽 (11e) ... 1372
Tipaza 🍽 (15e) ... 1396
La Tour 🍽 (Versailles) ... 1461
La Tour d'Argent ✿ (5e) ... 1310
La Tour de Marrakech 🍽 (Antony) ... 1426

© O. Decker/Michelin

Le Tournesol ⫟○ (16ᵉ) 1405
Toyo ⫟○ (6ᵉ) 1319
35° Ouest ⫟○ (7ᵉ) 1333
Le 39V ❀ (8ᵉ) 1342
Les Trois Marmites ⫟○ (Courbevoie) . 1437
Le Troquet ⫟○ (15ᵉ) 1391
La Truffière ❀ (5ᵉ) 1310
Tsé Yang ⫟○ (16ᵉ) 1402
Tsukizi ⫟○ (6ᵉ) 1322

U

Le Un, Bistrot Gourmand ⫟○ (15ᵉ) 1394
Un Dimanche à Paris ⫟○ (6ᵉ) 1318

V

Le V ⫟○ (8ᵉ) 1345
Le Vaisseau Vert ⫟○ (9ᵉ) 1360
Le Van Gogh ⫟○ (Asnières-sur-Seine) . 1427
Variations ⫟○ (13ᵉ) 1382
Vaudeville ⫟○ (2ᵉ) 1298
Verre Chez Moi ⫟○ (Deuil-la-Barre) . . 1438
Le Versance ⫟○ (2ᵉ) 1297
Victoria 1836 ⫟○ (16ᵉ) 1402
Les Vignes Rouges ⫟○
    (Cergy-Pontoise) 1434
Le Vilgacy ⫟○ (Gagny) 1439
Le Village ❀ (Marly-le-Roi) 1443
Villa9Trois ⫟○ (Montreuil) 1445
Villaret ⫟○ (11ᵉ) 1372
Le Vinci ⫟○ (16ᵉ) 1404

20 Eiffel ⫟○ (7ᵉ) 1335
La Violette ⫟○ (19ᵉ) 1423
Le Violon d'Ingres ❀ (7ᵉ) 1329
Le Vitis ⫟○ (15ᵉ) 1391
Vivant Table ⫟○ (10ᵉ) 1369
Le Vraymonde ⫟○ (8ᵉ) 1345

W

Wadja ⫟○ (6ᵉ) 1322
Wakaba ⫟○ (7ᵉ) 1336
Le Wauthier by Cagna ⫟○
    (Saint-Germain-en-Laye) 1452
Will ⫟○ (12ᵉ) 1379

Y

Yam'Tcha ❀ (1ᵉʳ) 1287
Yanasé ⫟○ (15ᵉ) 1395
Yard ⫟○ (11ᵉ) 1372
Yen ⫟○ (6ᵉ) 1321

Z

Zébulon ⫟○ (1ᵉʳ) 1291
Ze Kitchen Galerie ❀ (6ᵉ) 1317
Zen ⫟○ (1ᵉʳ) 1288
Zerda ⫟○ (10ᵉ) 1368
Zinc Opéra ⫟○ (2ᵉ) 1298
Zin's à l'Étape Gourmande ⫟○
    (Versailles) 1461

LES TABLES À NE PAS MANQUER

TOUTES LES ÉTOILES

❀ ❀ ❀
Une cuisine unique. Vaut le voyage !

Alain Ducasse au Plaza Athénée **N**	8e	1339
L'Ambroisie	4e	1306
Arpège	7e	1327
Astrance	16e	1398
Le Cinq **N**	8e	1339
Épicure au Bristol	8e	1339
Guy Savoy	6e	1316
Pavillon Ledoyen	8e	1340
Pierre Gagnaire	8e	1340
Le Pré Catelan	16e	1398

❀ ❀
Une cuisine d'exception. Vaut le détour !

L'Abeille **N**	16e	1399
L'Atelier de Joël Robuchon - St-Germain	7e	1328
Carré des Feuillants	1er	1286
Le Gabriel **N**	8e	1340
Le Grand Restaurant - Jean-François Piège **N**	8e	1340
Le Grand Véfour	1er	1286
Maison Rostang	17e	1411
Mathieu Pacaud - Histoires **N**	16e	1399
Le Meurice Alain Ducasse	1er	1286
Passage 53	2e	1296
Sur Mesure par Thierry Marx	1er	1286
Sylvestre **N**	7e	1328
La Table du Lancaster	8e	1341
Le Taillevent	8e	1340

❀
Une cuisine d'une grande finesse. Vaut l'étape !

Agapé	17e	1412
Aida	7e	1330
Akrame	16e	1401
L'Angélique	Versailles	1461
Antoine	16e	1400
Apicius	8e	1341
L'Arôme	8e	1343
L'Atelier de Joël Robuchon - Étoile	8e	1344
Auberge des Saints Pères	Aulnay-sous-Bois	1427
Auguste	7e	1329

Au Trou Gascon	12e	1378
Le Baudelaire	1er	1287
Benoit	4e	1307
Le Camélia	Bougival	1428
Le Céladon	2e	1296
114, Faubourg	8e	1343
Le Chiberta	8e	1342
Le Chiquito	Cergy-Pontoise	1434
Les Climats	7e	1328
Cobéa	14e	1384
Le Corot	Ville-d'Avray	1462
La Dame de Pic	1er	1287
David Toutain	7e	1329
Le Diane	8e	1342
Dominique Bouchet	8e	1344
ES	7e	1329
L'Escarbille	Meudon	1445
Étoile sur Mer **N**	17e	1411
Les Fables de La Fontaine	7e	1330
La Fourchette du Printemps	17e	1412
Frédéric Simonin	17e	1411
Garance	7e	1329
Gaya Rive Gauche par Pierre Gagnaire	7e	1330
Gordon Ramsay au Trianon	Versailles	1458
Goust d'Enrico Bernardo	2e	1296
La Grande Cascade	16e	1399
Helen	8e	1342
Hélène Darroze	6e	1316
Hexagone **N**	16e	1401
Hiramatsu	16e	1399
Il Carpaccio	8e	1343
Il Vino d'Enrico Bernardo	7e	1328
Itinéraires	5e	1310
Jacques Faussat	17e	1412
Jin	1er	1287
Le Jules Verne	7e	1328
Kei	1er	1287
Lasserre	8e	1341
Laurent	8e	1341
Lucas Carton **N**	8e	1342
MaSa	Boulogne-Billancourt	1428
Nakatani **N**	7e	1330
Neige d'Été **N**	15e	1391
Okuda	8e	1343
Pages **N**	16e	1401
Penati al Baretto	8e	1343
Le Pergolèse	16e	1400
Pur' - Jean-François Rouquette	2e	1296
Le Quinzième - Cyril Lignac	15e	1390
Qui plume la Lune	11e	1371

© O. Decker/Michelin

Relais d'Auteuil	16e	1400
Relais Louis XIII	6e	1316
Le Restaurant	6e	1317
St-James Paris	16e	1399
Saturne N	2e	1297
La Scène	8e	1341
Septime	11e	1371
Shang Palace	16e	1400
Sola	5e	1311
La Table des Blot - Auberge du Château	Dampierre-en-Yvelines	1437
La Table d'Eugène	18e	1419
La Table du 11 N	Versailles	1461
Les Tablettes de Jean-Louis Nomicos	16e	1400
La Tour d'Argent	5e	1310
Le 39V	8e	1342
La Truffière	5e	1310
Le Village	Marly-le-Roi	1443
Le Violon d'Ingres	7e	1329
Yam'Tcha	1er	1287
Ze Kitchen Galerie	6e	1317

BIB GOURMAND 😊
Nos meilleurs rapports qualité-prix

À mère **N**	10ᵉ	1367
L'Atelier du Parc	15ᵉ	1391
Atelier Vivanda - Cherche Midi	6ᵉ	1317
Atelier Vivanda - Lauriston	16ᵉ	1401
Atelier Vivanda - Marais **N**	3ᵉ	1303
Auberge Pyrénées Cévennes	11ᵉ	1372
Au Bon Accueil	7ᵉ	1330
Au Rendez-vous des Camionneurs **N**	1ᵉʳ	1288
Aux Enfants Gâtés **N**	14ᵉ	1385
Aux Verres de Contact	5ᵉ	1311
Barbezingue	Châtillon	1435
Beurre Noisette	15ᵉ	1391
Bistro des Gastronomes	5ᵉ	1311
Bistrot Papillon **N**	9ᵉ	1359
Bistrotters **N**	14ᵉ	1385
La Bourgogne	Maisons-Alfort	1442
Braisenville	9ᵉ	1358
Café Constant **N**	7ᵉ	1331
Café des Abattoirs	1ᵉʳ	1288
Le Caillebotte **N**	9ᵉ	1358
Les Canailles	9ᵉ	1359
Le Casse Noix	15ᵉ	1392
La Causerie - Chez Géraud **N**	16ᵉ	1401
Le Chefson	Bois-Colombes	1428
Chez Cécile - La Ferme des Mathurins	8ᵉ	1344
Chez les Anges	7ᵉ	1331
Chez Marie-Louise	10ᵉ	1366

© O. Decker/Michelin

Chez Michel	10ᵉ	1366
Circonstances	2ᵉ	1297
Clamato N	11ᵉ	1372
Le Clos des Gourmets	7ᵉ	1331
Les Cocottes - Tour Eiffel	7ᵉ	1331
Le Cornichon	14ᵉ	1385
L'Entredgeu	17ᵉ	1412
L'Esquisse N	18ᵉ	1420
Graindorge	17ᵉ	1412
I Golosi N	9ᵉ	1359
Il Goto	12ᵉ	1378
Impérial Choisy	13ᵉ	1381
La Jument Verte	Tremblay-en-France	1458
Kokoro	5ᵉ	1311
La Laiterie Sainte-Clotilde	7ᵉ	1331
La Maison du Jardin	6ᵉ	1317
Mandoobar	8ᵉ	1344
Mansouria	11ᵉ	1371
La Marlotte	6ᵉ	1317
Mee N	1ᵉʳ	1288
Nina N	14ᵉ	1385
L'Office	9ᵉ	1359
Oka	9ᵉ	1359
L'Os à Moelle N	15ᵉ	1392
Le Pantruche	9ᵉ	1358
Le Pario	15ᵉ	1391
Pascade	2ᵉ	1297
Le Petit Verdot du 17ème	17ᵉ	1412
Pho Tai	13ᵉ	1381
Pomze	8ᵉ	1344
Pottoka	7ᵉ	1331
Richer N	9ᵉ	1359
La Rigadelle	Vincennes	1463
Le St-Joseph	La Garenne-Colombes	1439
La Table d'Antan	Sainte-Geneviève-des-Bois	1457
Tempero	13ᵉ	1381
Le Timbre N	6ᵉ	1317
Tintilou	11ᵉ	1372
Le Troquet	15ᵉ	1391
Villaret	11ᵉ	1372
Le Vitis N	15ᵉ	1391
Yard N	11ᵉ	1372
Zen	1ᵉʳ	1288

LES TABLES PAR TYPE DE CUISINE

Basque

Au Bascou ⑪○ (3ᵉ) 1305
Pottoka ⊕ (7ᵉ) 1331

Bretonne

L'Auberge du Roi Gradlon ⑪○ (13ᵉ). . .1382
Breizh Café ⑪○ (3ᵉ) 1304

Chinoise

L'Ambassade de Pékin ⑪○
    (Saint-Mandé) 1454
Diep ⑪○ (8ᵉ) .1348
Impérial Choisy ⊕ (13ᵉ) 1381
Lili ⑪○ (16ᵉ) 1402
Mer de Chine ⑪○ (13ᵉ) 1383
Mirama ⑪○ (5ᵉ) 1313
Passy Mandarin La Muette ⑪○ (16ᵉ) .1405
Passy Mandarin Palais Royal ⑪○ (2ᵉ) .1298
Shang Palace ✿ (16ᵉ). 1400
Taokan ⑪○ (6ᵉ) 1322
Tsé Yang ⑪○ (16ᵉ) 1402
Le Vraymonde ⑪○ (8ᵉ) 1345

Coréenne

Bibimbap ⑪○ (5ᵉ) 1313
Gwon's Dining ⑪○ (15ᵉ) 1392
Mandoobar ⊕ (8ᵉ) 1344
Mee ⊕ (1ᵉʳ) 1288
Shin Jung ⑪○ (8ᵉ) 1350
Soon Grill ⑪○ (2ᵉ) 1304

Créative

Akrame ✿ (16ᵉ). 1401
Alain Ducasse au Plaza Athénée ✿✿✿
    (8ᵉ). 1339
À mère ⊕ (10ᵉ) 1367
Arpège ✿✿✿ (7ᵉ) 1327
Astrance ✿✿✿ (16ᵉ) 1398
AT ⑪○ (5ᵉ) 1312
L'Atelier de Joël Robuchon - Étoile ✿
    (8ᵉ). 1344
L'Atelier de Joël Robuchon -
    St-Germain ✿✿ (7ᵉ). 1328
Auberge des Saints Pères ✿
    (Aulnay-sous-Bois). 1427

L'Audacieux ⑪○ (Levallois-Perret) 1441
Caïus ⑪○ (17ᵉ) 1414
116 ⑪○ (16ᵉ) 1406
Chamarré Montmartre ⑪○ (18ᵉ) 1420
Le Chiberta ✿ (8ᵉ). 1342
Le Clos Y ⑪○ (15ᵉ). 1393
Le Concert de Cuisine ⑪○ (15ᵉ) 1394
La Dame de Pic ✿ (1ᵉʳ) 1287
Dersou ⑪○ (12ᵉ) 1379
Dilia ⑪○ (20ᵉ) .1424
Le Gabriel ✿✿ (8ᵉ) 1340
Garance ✿ (7ᵉ) 1329
Gordon Ramsay au Trianon ✿
    (Versailles) 1458
Le Grand Véfour ✿✿ (1ᵉʳ). 1286
Guy Savoy ✿✿✿ (6ᵉ) 1316
Jean ⑪○ (9ᵉ) 1360
KGB ⑪○ (6ᵉ). .1320
Les Magnolias ⑪○
    (Le Perreux-sur-Marne). 1448
MaSa ✿ (Boulogne-Billancourt) 1428
Mathieu Pacaud - Histoires ✿✿
    (16ᵉ) 1399
Les Mets de Mo ⑪○ (Créteil). 1437
1728 ⑪○ (8ᵉ) 1345
Nina ⊕ (14ᵉ) 1385
Nomos ⑪○ (18ᵉ). 1420
Ô Divin ⑪○ (19ᵉ) 1422
Pages ⑪○ (16ᵉ) 1401
Passage 53 ✿✿ (2ᵉ) 1296
Pierre Gagnaire ✿✿✿ (8ᵉ). 1340
Le Pré Catelan ✿✿✿ (16ᵉ) 1398
Pur' - Jean-François Rouquette ✿
    (2ᵉ) 1296
Restaurant du Palais Royal ⑪○ (1ᵉʳ). . .1289
Saturne ✿ (2ᵉ) 1297
Spring ⑪○ (1ᵉʳ). 1290
Sur Mesure par Thierry Marx ✿✿ (1ᵉʳ). .1286
Tempero ⊕ (13ᵉ). 1381
Toyo ⑪○ (6ᵉ) 1319
Verre Chez Moi ⑪○ (Deuil-la-Barre) .1438
Yam'Tcha ✿ (1ᵉʳ) 1287
Ze Kitchen Galerie ✿ (6ᵉ). 1317

Cuisine classique

L'Ambassade des Terroirs ⅢO
  (Gennevilliers) 1439
L'Ambroisie ✿✿✿ (4ᵉ) 1306
Apicius ✿ (8ᵉ) 1341
L'Assiette ⅢO (14ᵉ) 1386
Aux Amis ⅢO (6ᵉ) 1319
Benoit ✿ (4ᵉ) 1307
Bistrotters 🍴 (14ᵉ) 1385
Bonne Franquette ⅢO (Janvry) 1441
Caméléon d'Arabian ⅢO (6ᵉ) 1318
Cazaudehore ⅢO
  (Saint-Germain-en-Laye) 1453
Le Chiquito ✿ (Cergy-Pontoise) 1434
Fouquet's ⅢO (8ᵉ) 1346
La Gueulardière ⅢO (Ozoir-la-Ferrière) .1447
Hostellerie du Nord ⅢO
  (Auvers-sur-Oise) 1427
Les Jardins de Camille ⅢO (Suresnes) 1457
Lasserre ✿ (8ᵉ) 1341
Laurent ✿ (8ᵉ) 1341
Maison Rostang ✿✿ (17ᵉ) 1411
La Mare au Diable ⅢO
  (Sainte-Geneviève-des-Bois) 1457
Pavillon Henri IV ⅢO
  (Saint-Germain-en-Laye) 1452
Quincy ⅢO (12ᵉ) 1378
Relais Louis XIII ✿ (6ᵉ) 1316
Le Taillevent ✿✿ (8ᵉ) 1340
Le Tastevin ⅢO (Maisons-Laffitte) 1442
La Tour d'Argent ✿ (5ᵉ) 1310

Cuisine du Sud-Ouest

Au Trou Gascon ✿ (12ᵉ) 1378
D'Chez Eux ⅢO (7ᵉ) 1332

Lou Tíap ⅢO (20ᵉ) 1425
La Table d'Antan 🍴
  (Sainte-Geneviève-des-Bois) 1457

Cuisine moderne

L'Abeille ✿✿ (16ᵉ) 1399
Abri ⅢO (10ᵉ) 1370
A et M Restaurant ⅢO (16ᵉ) 1403
L'Affable ⅢO (7ᵉ) 1333
Les Affranchis ⅢO (9ᵉ) 1362
L'Affriolé ⅢO (7ᵉ) 1334
Agapé ✿ (17ᵉ) 1412
L'Agrume ⅢO (5ᵉ) 1313
Albion ⅢO (10ᵉ) 1368
Alcazar ⅢO (6ᵉ) 1318
L'Angélique ✿ (Versailles) 1461
A Noste ⅢO (2ᵉ) 1299
Aoki Makoto ⅢO (8ᵉ) 1349
L'Apibo ⅢO (2ᵉ) 1301
L'Ardoise du XV ⅢO (15ᵉ) 1395
L'Armoise ⅢO (Versailles) 1462
L'Arôme ✿ (8ᵉ) 1343
L'Atelier du Parc 🍴 (15ᵉ) 1391
Atelier Rodier ⅢO (9ᵉ) 1361
Auberge du Cheval Blanc ⅢO
  (Cergy-Pontoise) 1434
Auberge du Pont de Bry - La Grappille
  ⅢO (Bry-sur-Marne) 1432
L'Auberge du 15 ⅢO (13ᵉ) 1381
Auberge Flora ⅢO (11ᵉ) 1373
Au Bon Accueil 🍴 (7ᵉ) 1330
Au Fulcosa ⅢO
  (Saint-Germain-en-Laye) 1454
Auguste ✿ (7ᵉ) 1329

Aux Armes de France ⅼ◯
(Corbeil-Essonnes) 1436
Aux Enfants Gâtés ⊕ (14ᵉ) 1385
Aux Prés ⅼ◯ (6ᵉ) 1319
L'Avant Goût ⅼ◯ (13ᵉ) 1382
Axuria ⅼ◯ (15ᵉ) 1395
Le Baudelaire ✿ (1ᵉʳ) 1287
Beaucoup ⅼ◯ (3ᵉ) 1304
La Belle Époque ⅼ◯ (Châteaufort) . . .1435
Bistrot Papillon ⊕ (9ᵉ) 1359
Bistro Volnay ⅼ◯ (2ᵉ) 1299
Blue Valentine ⅼ◯ (11ᵉ) 1373
Le Boudoir ⅼ◯ (8ᵉ) 1349
Les Bouquinistes ⅼ◯ (6ᵉ) 1318
La Bourgogne ⊕ (Maisons-Alfort) . . .1442
Braisenville ⊕ (9ᵉ) 1358
Brasserie Thoumieux by Sylvestre ⅼ◯
(7ᵉ) 1332
Café de la Paix ⅼ◯ (9ᵉ) 1360
Café de l'Esplanade ⅼ◯ (7ᵉ) 1332
Le Café des Artistes ⅼ◯ (Ville-d'Avray) .1462
Le Caillebotte ⊕ (9ᵉ) 1358
Le Camélia ✿ (Bougival) 1428
Camélia ⅼ◯ (1ᵉʳ) 1289
Les Canailles ⊕ (9ᵉ) 1359
Cap ⅼ◯ (17ᵉ) 1415
Carré des Feuillants ✿✿ (1ᵉʳ) 1286
La Causerie - Chez Géraud ⊕ (16ᵉ) . .1401
Le Céladon ✿ (2ᵉ) 1296
114, Faubourg ✿ (8ᵉ) 1343
Le 122 ⅼ◯ (7ᵉ) .1333
Le Chateaubriand ⅼ◯ (11ᵉ) 1374
Château des Îles ⅼ◯
(Saint-Maur-des-Fossés) 1455
Chatomat ⅼ◯ (20ᵉ) 1424
Chez Cécile - La Ferme des Mathurins
⊕ (8ᵉ) 1344
Le Christine ⅼ◯ (6ᵉ) 1323
Le Cinq ✿✿✿ (8ᵉ) 1339
Le Cinq Codet ⅼ◯ (7ᵉ) 1332
52 Faubourg Saint-Denis ⅼ◯ (10ᵉ) . . .1367
Citrus Étoile ⅼ◯ (8ᵉ) 1345
Claude Colliot ⅼ◯ (4ᵉ) 1307
Les Climats ✿ (7ᵉ) 1328
Le Clos des Gourmets ⊕ (7ᵉ) 1331
Le Clou de Fourchette ⅼ◯ (17ᵉ) 1415
Clover ⅼ◯ (7ᵉ) .1335
Clown Bar ⅼ◯ (11ᵉ) 1373
Cobéa ✿ (14ᵉ) .1384
Comptoir Canailles ⅼ◯ (9ᵉ) 1361

Les Comptoirs du Médoc ⅼ◯ (9ᵉ) 1360
La Contre Allée ⅼ◯ (14ᵉ) 1387
Coretta ⅼ◯ (17ᵉ) 1413
Le Cornichon ⊕ (14ᵉ) 1385
Le Corot ✿ (Ville-d'Avray) 1462
Le Cotte Rôti ⅼ◯ (12ᵉ) 1379
Le Court-Bouillon ⅼ◯ (15ᵉ) 1393
Cristal Room Baccarat ⅼ◯ (16ᵉ) 1403
Crom'Exquis ⅼ◯ (8ᵉ) 1349
Le Dali ⅼ◯ (1ᵉʳ) 1288
David Toutain ✿ (7ᵉ) 1329
Les Déserteurs ⅼ◯ (11ᵉ) 1374
Des Gars dans la Cuisine ⅼ◯ (3ᵉ) 1304
Le Diane ✿ (8ᵉ) 1342
Dix-Huit ⅼ◯ (17ᵉ) 1417
Dominique Bouchet ✿ (8ᵉ) 1344
Le Dorcia ⅼ◯ (2ᵉ) 1301
Eclectic ⅼ◯ (15ᵉ) 1393
L'Écu de France ⅼ◯
(Chennevières-sur-Marne) 1435
Ellsworth ⅼ◯ (1ᵉʳ) 1291
Encore ⅼ◯ (9ᵉ) .1362
L'Envie du Jour ⅼ◯ (17ᵉ) 1417
Épicure au Bristol ✿✿✿ (8ᵉ) 1339
L'Épi Dupin ⅼ◯ (6ᵉ) 1320
ES ✿ (7ᵉ) 1329
L'Escarbille ✿ (Meudon) 1445
L'Escient ⅼ◯ (17ᵉ) 1415
L'Escudella ⅼ◯ (7ᵉ) 1334
L'Esquisse ⊕ (18ᵉ) 1420
Les Étoiles ⅼ◯ (Roissy-en-France) . . .1449
Étude ⅼ◯ (16ᵉ) .1403
Les Fables de La Fontaine ✿ (7ᵉ) 1330
La Fabrique ⅼ◯ (Brie-Comte-Robert) . 1431
Faim et Soif ⅼ◯
(Saint-Maur-des-Fossés) 1455
La Ferme d'Argenteuil ⅼ◯ (Argenteuil) .1426
La Ferme de Voisins ⅼ◯
(Saint-Quentin-en-Yvelines) 1456
La Ferme St-Simon ⅼ◯ (7ᵉ) 1332
Le First ⅼ◯ (1ᵉʳ) 1289
La Fourchette du Printemps ✿ (17ᵉ) . . 1412
Fraîche ⅼ◯ (10ᵉ) 1369
Le Frank ⅼ◯ (16ᵉ) 1407
Frédéric Simonin ✿ (17ᵉ) 1411
Frenchie ⅼ◯ (2ᵉ) 1300
Le Gaigne ⅼ◯ (8ᵉ) 1347
Le Galopin ⅼ◯ (10ᵉ) 1368
Le Garde Temps ⅼ◯ (9ᵉ) 1363
Gare au Gorille ⅼ◯ (17ᵉ) 1414

Glou ⑪○ (3e). 1304
Goust d'Enrico Bernardo ⑬ (2e) 1296
Grand Cœur ⑪○ (4e). 1307
Le Grand Restaurant -
    Jean-François Piège ⑬⑬ (8e). 1340
La Grande Cascade ⑬ (16e) 1399
La Grande Ourse ⑪○ (14e). 1388
La Grange aux Dîmes ⑪○ (Wissous)..1464
La Grange des Halles ⑪○ (Rungis) . . .1451
Haï Kaï ⑪○ (10e). 1369
Hélène Darroze ⑬ (6e) 1316
Hexagone ⑬ (16e). 1401
Hiramatsu ⑬ (16e) 1399
Ida by Denny Imbroisi ⑪○ (15e) 1393
Il Vino d'Enrico Bernardo ⑬ (7e). 1328
Itinéraires ⑬ (5e) 1310
Jamin ⑪○ (16e). .1405
Jeanne B ⑪○ (18e) 1421
Jérémie ⑪○ (16e). 1404
Le Jules Verne ⑬ (7e) 1328
La Jument Verte ⑭
    (Tremblay-en-France) 1458
Karl et Erick ⑪○ (17e) 1414
Kei ⑬ (1er). 1287
Kokoro ⑭ (5e). 1311
Louis ⑪○ (9e) 1361
Lucas Carton ⑬ (8e). 1342
Le Lulli ⑪○ (1er). .1289
Le Lumière ⑪○ (9e) 1360
Macéo ⑪○ (1er). .1288
La Machine à Coudes ⑪○
    (Boulogne-Billancourt) 1430
Maison Blanche ⑪○ (8e). 1345
Maison Courtine ⑪○ (14e). 1386
La Maison du Pressoir ⑪○ (Crosne). . .1437
Mangetout ⑪○ (6e) 1321
Manufacture ⑪○ (Issy-les-Moulineaux). .1440
Marloe ⑪○ (8e). .1349
Matière à... ⑪○ (10e) 1368
Maxan ⑪○ (8e) 1347
Le Metropolitan ⑪○ (16e). 1404
Le Meurice Alain Ducasse ⑬⑬ (1er). .1286
Mini Palais ⑪○ (8e) 1347
Le Moderne ⑪○ (2e). 1299
Mon Bistrot ⑪○ (Boulogne-Billancourt) .1430
Monsieur Bleu ⑪○ (16e). 1404
Le Mordant ⑪○ (10e). 1368
Nakatani ⑬ (7e). 1330
Neige d'Été ⑬ (15e) 1391
Noglu ⑪○ (2e) 1301

Le Nom M'échappe ⑪○ (2e) 1301
L'Office ⑭ (9e) 1359
L'Oiseau Blanc ⑪○ (16e). 1402
Oka ⑭ (9e). 1359
Le Pantruche ⑭ (9e) 1358
Paradis ⑪○ (10e) 1369
Le Pario ⑭ (15e) 1391
Pascade ⑭ (2e). .1297
La Passerelle ⑪○ (Issy-les-Moulineaux) .1440
Le Patte Noire ⑪○ (Rueil-Malmaison).1450
Pavillon Elysée Lenôtre ⑪○ (8e). 1348
Pavillon Ledoyen ⑬⑬⑬ (8e) 1340
Le Pergolèse ⑬ (16e). 1400
Pétrus ⑪○ (17e) 1413
Philippe Excoffier ⑪○ (7e). 1333
Pierre Sang in Oberkampf ⑪○ (11e) . . .1374
Pinxo - Tuileries ⑪○ (1er). 1290
La Plancha ⑪○ (Maisons-Laffitte) 1443
La Plantxa ⑪○ (Boulogne-Billancourt)1430
Pollop ⑪○ (2e). 1301
Pomze ⑭ (8e) 1344
Porte 12 ⑪○ (10e). 1367
Les Poulettes Batignolles ⑪○ (17e) . . . 1417
Pramil ⑪○ (3e) 1304
Prémices ⑪○ (9e) 1360
La Puce ⑪○ (Saint-Ouen) 1455
La Pulpéria ⑪○ (11e) 1375
Quinte ⑪○ (16e) .1405
Le Quinzième - Cyril Lignac ⑬ (15e)..1390
Qui plume la Lune ⑬ (11e). 1371
Rafaël ⑪○ (17e) 1414
La Rallonge ⑪○ (18e) 1420
Ratapoil du Faubourg ⑪○ (10e) 1367
La Régalade Conservatoire ⑪○ (9e) . . 1361
Relais d'Auteuil ⑬ (16e). 1400
Le Restaurant ⑬ (6e) 1317
Ribote ⑪○ (Neuilly-sur-Seine) 1446
Richer ⑭ (9e) 1359
St-James Paris ⑬ (16e) 1399
Saperlipopette ! ⑪○ (Puteaux). 1449
Les Saveurs Sauvages ⑪○
    (Gif-sur-Yvette) 1440
La Scène ⑬ (8e) 1341
Semilla ⑪○ (6e) .1320
Septime ⑬ (11e). 1371
Le Servan ⑪○ (11e). 1373
6 New York ⑪○ (16e). 1403
Le 6 Paul Bert ⑪○ (11e) 1373
Sola ⑬ (5e) 1311
Le Sot l'y Laisse ⑪○ (11e) 1375

STAY Faubourg ⫻○ (8ᵉ) 1346
Stéphane Martin ⫻○ (15ᵉ) 1394
Sylvestre ✿✿ (7ᵉ) 1328
Table - Bruno Verjus ⫻○ (12ᵉ) 1378
La Table de Botzaris ⫻○ (19ᵉ) 1423
La Table de Cybèle ⫻○
   (Boulogne-Billancourt) 1430
La Table des Blot - Auberge du Château
   ✿ (Dampierre-en-Yvelines) 1437
La Table d'Eugène ✿ (18ᵉ) 1419
La Table du Baltimore ⫻○ (16ᵉ) 1402
La Table du Lancaster ✿✿ (8ᵉ) 1341
La Table du 11 ✿ (Versailles) 1461
Les Tablettes de Jean-Louis Nomicos
   ✿ (16ᵉ) 1400
Terrasse Mirabeau ⫻○ (16ᵉ) 1403
Tintilou ⊕ (11ᵉ) 1372
Le 39V ✿ (8ᵉ) 1342
La Truffière ✿ (5ᵉ) 1310
Le Un, Bistrot Gourmand ⫻○ (15ᵉ) 1394
Un Dimanche à Paris ⫻○ (6ᵉ) 1318
Le V ⫻○ (8ᵉ) 1345
Le Vaisseau Vert ⫻○ (9ᵉ) 1360
Le Van Gogh ⫻○ (Asnières-sur-Seine) 1427
Le Versance ⫻○ (2ᵉ) 1297
Victoria 1836 ⫻○ (16ᵉ) 1402
Le Village ✿ (Marly-le-Roi) 1443
Villa9Trois ⫻○ (Montreuil) 1445
La Violette ⫻○ (19ᵉ) 1423
Vivant Table ⫻○ (10ᵉ) 1369
Le Wauthier by Cagna ⫻○
   (Saint-Germain-en-Laye) 1452
Will ⫻○ (12ᵉ) 1379
Yard ⊕ (11ᵉ) 1372
Zin's à l'Étape Gourmande ⫻○
   (Versailles) 1461

Cuisine traditionnelle

L'Absinthe ⫻○ (1ᵉʳ) 1290
Afaria ⫻○ (15ᵉ) 1395
À La Biche au Bois ⫻○ (12ᵉ) 1379
À La Coupole ⫻○ (Neuilly-sur-Seine) . 1446
Allard ⫻○ (6ᵉ) 1320
L'Amourette ⫻○ (Montreuil) 1445
L'Ancienne Maison Gradelle ⫻○ (10ᵉ) . 1369
L'Ardoise ⫻○ (Le Perreux-sur-Marne) . 1448
L'Ardoise ⫻○ (1ᵉʳ) 1291
Astier ⫻○ (11ᵉ) 1375
L'Atelier Gourmand ⫻○
   (Saint-Jean-de-Beauregard) 1454
Atelier Maître Albert ⫻○ (5ᵉ) 1311
Auberge Ravoux ⫻○ (Auvers-sur-Oise) . 1427
Au Bord de l'Eau ⫻○
   (Conflans-Sainte-Honorine) 1436
Au Bourguignon du Marais ⫻○ (4ᵉ) . . . 1307
Au Cœur de la Forêt ⫻○
   (Montmorency) 1445
Au Moulin à Vent ⫻○ (5ᵉ) 1312
Au Père Lapin ⫻○ (Suresnes) 1457
Au Petit Marguery ⫻○ (13ᵉ) 1382
Au Pouilly Reuilly ⫻○
   (Le Pré-Saint-Gervais) 1449
Au Rendez-vous des Camionneurs ⊕
   (1ᵉʳ) 1288
Au Vieux Chêne ⫻○ (11ᵉ) 1375
Aux Verres de Contact ⊕ (5ᵉ) 1311
Le Baratin ⫻○ (20ᵉ) 1424
Barbezingue ⊕ (Châtillon) 1435
La Barrière de Clichy ⫻○ (Clichy) 1436
Beurre Noisette ⊕ (15ᵉ) 1391
Bissac ⫻○ (2ᵉ) 1299
Bistro des Gastronomes ⊕ (5ᵉ) 1311
Bistro Poulbot ⫻○ (18ᵉ) 1421

© Lauri Patterson/iStock

Bistrot Augustin ✿○ (14ᵉ) 1386
Bistrot Belhara ✿○ (7ᵉ) 1333
Le Bistrot d'À Côté Flaubert ✿○ (17ᵉ) . 1415
Le Bistrot d'Oscar ✿○ (Levallois-Perret) 1441
Le Bistrot du Maquis ✿○ (18ᵉ). 1420
Bistrot du Sommelier ✿○ (8ᵉ) 1348
Bistrot Paul Bert ✿○ (11ᵉ). 1374
Bofinger ✿○ (4ᵉ). 1307
Le Bon Georges ✿○ (9ᵉ) 1362
Le Bon Saint-Pourçain ✿○ (6ᵉ). 1323
Les Botanistes ✿○ (7ᵉ) 1335
Le Bouchon et l'Assiette ✿○ (17ᵉ) 1415
Bouillon ✿○ (9ᵉ) 1361
La Bourse et la Vie ✿○ (2ᵉ) 1299
La Boutarde ✿○ (Neuilly-sur-Seine) . .1446
Brasserie Gallopin ✿○ (2ᵉ) 1298
Café Constant ✿○ (7ᵉ) 1331
Le Café d'Angel ✿○ (17ᵉ). 1416
Café des Concerts ✿○ (19ᵉ). 1423
Café Max ✿○ (7ᵉ) 1333
Café Trama ✿○ (6ᵉ) 1323
La Cantine du Troquet ✿○ (14ᵉ). 1388
La Cantine du Troquet Daguerre ✿○
(14ᵉ). 1387
La Cantine du Troquet Dupleix ✿○
(15ᵉ). 1394
Les Cartes Postales ✿○ (1ᵉʳ) 1290
Le Casse Noix ✿○ (15ᵉ) 1392
Caves Petrissans ✿○ (17ᵉ) 1414
Le Cénacle ✿○ (Tremblay-en-France).1458
Les 110 de Taillevent ✿○ (8ᵉ) 1346
Le Cette ✿○ (14ᵉ) 1386
Chameleon ✿○ (10ᵉ). 1368
Le Chardenoux ✿○ (11ᵉ) 1372
Chaumette ✿○ (16ᵉ) 1405
Le Chefson ✿○ (Bois-Colombes) 1428
Chez Casimir ✿○ (10ᵉ) 1369
Chez Frezet ✿○ (18ᵉ) 1420
Chez Georges ✿○ (2ᵉ) 1300
Chez Graff ✿○ (7ᵉ) 1335
Chez les Anges ✿○ (7ᵉ) 1331
Chez Marie-Louise ✿○ (10ᵉ). 1366
Chez Michel ✿○ (Boulogne-Billancourt).1430
Chez Michel ✿○ (10ᵉ). 1366
Chez Monsieur ✿○ (8ᵉ) 1349
Circonstances ✿○ (2ᵉ). 1297
Les Cocottes - Arc de Triomphe ✿○
(8ᵉ). 1347
Les Cocottes - Tour Eiffel ✿○ (7ᵉ). 1331
Comme Chez Maman ✿○ (17ᵉ) 1416

Le Comptoir du Relais ✿○ (6ᵉ). 1323
Le Coq de la Maison Blanche ✿○
(Saint-Ouen) .1455
Le Coq Rico ✿○ (18ᵉ) 1420
La Coupole ✿○ (14ᵉ). 1386
XVII sur Vin ✿○ (17ᵉ) 1416
Drouant ✿○ (2ᵉ) 1297
Les Écuries de Richelieu ✿○
(Rueil-Malmaison). 1451
L'Entredgeu ✿○ (17ᵉ). 1412
L'Essentiel ✿○ (14ᵉ) 1388
La Ferrandaise ✿○ (6ᵉ) 1320
Les Fils de la Ferme ✿○ (14ᵉ) 1388
Fish La Boissonnerie ✿○ (6ᵉ) 1321
Flandrin ✿○ (16ᵉ). 1404
Florimond ✿○ (7ᵉ) 1335
Fontaine de Mars ✿○ (7ᵉ) 1334
Les Fous de l'Île ✿○ (4ᵉ) 1308
Le Garde-Manger ✿○ (Saint-Cloud) . .1452
La Gauloise ✿○ (15ᵉ). 1392
Le Gorille Blanc ✿○ (4ᵉ) 1308
Hostellerie du Prieuré ✿○ (Saint-Prix). .1456
L'Inattendu ✿○ (15ᵉ). 1392
Intuition Gourmande ✿○ (15ᵉ) 1393
Invictus ✿○ (6ᵉ). 1322
Jacques Faussat ✿ (17ᵉ) 1412
Jadis ✿○ (15ᵉ) .1394
Le Jeu de Quilles ✿○ (14ᵉ). 1387
Kigawa ✿○ (14ᵉ) 1386
La Laiterie Sainte-Clotilde ✿○ (7ᵉ). . . . 1331
Lazare ✿○ (8ᵉ). 1348
Lescure ✿○ (1ᵉʳ). 1292
Loiseau rive Droite ✿○ (8ᵉ). 1348
Loiseau rive Gauche ✿○ (7ᵉ). 1332
Ma Cocotte ✿○ (Saint-Ouen) 1455
La Maison des Bois ✿○ (Plaisir). 1448
La Maison du Jardin ✿○ (6ᵉ) 1317
Mamou ✿○ (9ᵉ) 1363
Le Marcigny ✿○ (Viry-Châtillon) 1463
La Marlotte ✿○ (6ᵉ) 1317
Miroir ✿○ (18ᵉ). 1421
Mon Vieil Ami ✿○ (4ᵉ) 1307
Moulin d'Orgeval ✿○ (Orgeval) 1447
Le Mûrier ✿○ (15ᵉ) 1395
L'Os à Moelle ✿○ (15ᵉ) 1392
L'Ourcine ✿○ (13ᵉ) 1382
Les Papilles ✿○ (5ᵉ) 1312
Le Percolateur ✿○ (8ᵉ). 1350
Le Petit Boileau ✿○ (16ᵉ). 1406
La Petite Marmite ✿○ (Livry-Gargan).1442
Le Petit Pergolèse ✿○ (16ᵉ). 1405

Les Petits Plats ⵔⵔⵔ (14ᵉ) 1387
Le Petit Verdot du 17ème ⵔ (17ᵉ) 1412
Le Petit Vingtième ⵔⵔⵔ (20ᵉ) 1425
Philou ⵔⵔⵔ (10ᵉ) 1367
Pierrot ⵔⵔⵔ (2ᵉ). 1300
Pirouette ⵔⵔⵔ (1ᵉʳ) 1290
Le Pré Carré ⵔⵔⵔ (17ᵉ) 1413
Le P'tit Troquet ⵔⵔⵔ (7ᵉ). 1334
Quai de Meudon ⵔⵔⵔ (Meudon) 1445
Quedubon ⵔⵔⵔ (19ᵉ) 1423
Le Récamier ⵔⵔⵔ (7ᵉ). 1335
La Régalade ⵔⵔⵔ (14ᵉ) 1387
La Régalade St-Honoré ⵔⵔⵔ (1ᵉʳ). 1291
Le Relais Plaza ⵔⵔⵔ (8ᵉ) 1346
La Rotonde ⵔⵔⵔ (6ᵉ) 1319
Le St-Joseph ⵔ
    (La Garenne-Colombes) 1439
St-Martin ⵔⵔⵔ (Triel-sur-Seine) . . . 1458
Les Saisons ⵔⵔⵔ (9ᵉ) 1362
Le 7 à Issy ⵔⵔⵔ (Issy-les-Moulineaux). 1440
750g La Table ⵔⵔⵔ (15ᵉ) 1395
La Table Lauriston ⵔⵔⵔ (16ᵉ). 1406
Le Tablier Rouge ⵔⵔⵔ (20ᵉ) 1425
Le Temps au Temps ⵔⵔⵔ (11ᵉ) 1375
Terroir Parisien - Palais Brongniart ⵔⵔⵔ
    (2ᵉ). 1299
Le Timbre ⵔ (6ᵉ) 1317
Le Tournesol ⵔⵔⵔ (16ᵉ). 1405
Les Trois Marmites ⵔⵔⵔ (Courbevoie). . 1437
Le Troquet ⵔ (15ᵉ) 1391
Variations ⵔⵔⵔ (13ᵉ) 1382
Vaudeville ⵔⵔⵔ (2ᵉ) 1298
Les Vignes Rouges ⵔⵔⵔ
    (Cergy-Pontoise). 1434
Le Vilgacy ⵔⵔⵔ (Gagny) 1439
Villaret ⵔ (11ᵉ). 1372
20 Eiffel ⵔⵔⵔ (7ᵉ) 1335
Le Violon d'Ingres ⵔⵔⵔ (7ᵉ) 1329
Le Vitis ⵔ (15ᵉ) 1391
Wadja ⵔⵔⵔ (6ᵉ) 1322
Zébulon ⵔⵔⵔ (1ᵉʳ) 1291
Zinc Opéra ⵔⵔⵔ (2ᵉ). 1298

Danoise

Copenhague ⵔⵔⵔ (8ᵉ) 1346
La Petite Sirène de Copenhague ⵔⵔⵔ
    (9ᵉ). 1361

Espagnole

Fogón ⵔⵔⵔ (6ᵉ). 1318

Flamande

Graindorge ⵔ (17ᵉ) 1412

Grecque

Bistrot Mavrommatis ⵔⵔⵔ (1ᵉʳ) 1291
Les Délices d'Aphrodite ⵔⵔⵔ (5ᵉ) 1312
Mavrommatis ⵔⵔⵔ (5ᵉ). 1311

Indienne

Gwadar ⵔⵔⵔ (1ᵉʳ). 1292
Ratn ⵔⵔⵔ (8ᵉ). 1348

Italienne

L'Altro ⵔⵔⵔ (6ᵉ). 1322
Baffo ⵔⵔⵔ (4ᵉ) 1308
Bistro d'Italie ⵔⵔⵔ (17ᵉ) 1415
Caffè Stern ⵔⵔⵔ (2ᵉ). 1298
Les Cailloux ⵔⵔⵔ (13ᵉ) 1382
Capucine ⵔⵔⵔ (11ᵉ) 1375
Casa Bini ⵔⵔⵔ (6ᵉ) 1319
Le Cherche Midi ⵔⵔⵔ (6ᵉ) 1320
Ciasa Mia ⵔⵔⵔ (5ᵉ) 1312
Comptoir Gourmet ⵔⵔⵔ (4ᵉ). 1308
Conti ⵔⵔⵔ (16ᵉ) 1404
Crudus ⵔⵔⵔ (1ᵉʳ) 1292
Fontanarosa ⵔⵔⵔ (15ᵉ) 1393
Giova ⵔⵔⵔ (17ᵉ) 1416
I Ghiotti ⵔⵔⵔ (17ᵉ) 1416
I Golosi ⵔ (9ᵉ) 1359
Il Carpaccio ⵔⵔⵔ (8ᵉ). 1343
Il Goto ⵔ (12ᵉ) 1378
Il Gusto Sardo ⵔⵔⵔ (16ᵉ) 1406
Il Piccolino ⵔⵔⵔ (8ᵉ) 1350
Marco Polo ⵔⵔⵔ (6ᵉ). 1321
Mori Venice Bar ⵔⵔⵔ (2ᵉ) 1297
Nolita ⵔⵔⵔ (8ᵉ) 1347
Officina Schenatti ⵔⵔⵔ (5ᵉ). 1312
Penati al Baretto ⵔⵔⵔ (8ᵉ) 1343
Professore ⵔⵔⵔ (9ᵉ) 1362
La Romantica ⵔⵔⵔ (Clichy). 1436
Rossi et Co ⵔⵔⵔ (2ᵉ) 1301
Samesa ⵔⵔⵔ (17ᵉ) 1414
Sassotondo ⵔⵔⵔ (11ᵉ) 1374
Sormani ⵔⵔⵔ (17ᵉ). 1413
Le Vinci ⵔⵔⵔ (16ᵉ) 1404

Japonaise

Aida ❀ (7ᵉ) 1330
Azabu ❀ (6ᵉ) 1322
Benkay ❀ (15ᵉ) 1392
Bizan ❀ (2ᵉ) 1300
Bon Kushikatsu ❀ (11ᵉ) 1373
Hanawa ❀ (8ᵉ) 1347
Hotaru ❀ (9ᵉ) 1362
Isami ❀ (4ᵉ) 1308
Jin ❀ (1ᵉʳ) 1287
Juan ❀ (16ᵉ) 1406
Kiku ❀ (9ᵉ) 1363
Kinugawa Vendôme ❀ (1ᵉʳ) 1289
Kunitoraya ❀ (1ᵉʳ) 1290
Kura ❀ (16ᵉ) 1406
Nodaïwa ❀ (1ᵉʳ) 1292
Okuda ❀ (8ᵉ) 1343
Sanukiya ❀ (1ᵉʳ) 1292
Shu ❀ (6ᵉ) 1321
Le Sushi Okuda ❀ (8ᵉ) 1350
Teppanyaki Ginza Onodera ❀ (6ᵉ) . . 1319
Tsukizi ❀ (6ᵉ) 1322
Wakaba ❀ (7ᵉ) 1336
Yanasé ❀ (15ᵉ) 1395
Yen ❀ (6ᵉ) 1321
Zen ❀ (1ᵉʳ) 1288

Libanaise

Chez Madeleine ❀
  (Boulogne-Billancourt) 1430
Liza ❀ (2ᵉ) 1300

Lyonnaise

Aux Lyonnais ❀ (2ᵉ) 1300
Moissonnier ❀ (5ᵉ) 1312

Méditerranéenne

La Gazzetta ❀ (12ᵉ) 1379
Le George ❀ (8ᵉ) 1345

Nord-africaine

Dar Lyakout ❀ (7ᵉ) 1334
La Maison de Charly ❀ (17ᵉ) 1414
Mansouria ❀ (11ᵉ) 1371
L'Oriental ❀ (9ᵉ) 1363
Timgad ❀ (17ᵉ) 1413
Tipaza ❀ (15ᵉ) 1396

La Tour de Marrakech ❀ (Antony) . . . 1426
Zerda ❀ (10ᵉ) 1368

Poissons et fruits de mer

Antoine ❀ (16ᵉ) 1400
La Cagouille ❀ (14ᵉ) 1387
Clamato ❀ (11ᵉ) 1372
Dessirier par Rostang Père et Filles
  ❀ (17ᵉ) 1413
Le Dôme ❀ (14ᵉ) 1385
Le Duc ❀ (14ᵉ) 1385
L'Écailler du Bistrot ❀ (11ᵉ) 1374
Étoile sur Mer ❀ (17ᵉ) 1411
La Fontaine Gaillon ❀ (2ᵉ) 1298
Gaya Rive Gauche par Pierre Gagnaire
  ❀ (7ᵉ) 1330
Helen ❀ (8ᵉ) 1342
Jarrasse L'Écailler de Paris ❀
  (Neuilly-sur-Seine) 1446
La Marée Passy ❀ (16ᵉ) 1407
Marius ❀ (16ᵉ) 1403
Marius et Janette ❀ (8ᵉ) 1346
La Méditerranée ❀ (6ᵉ) 1318
Le Petit Marius ❀ (8ᵉ) 1349
Petrossian - Le 144 ❀ (7ᵉ) 1332
Prunier ❀ (16ᵉ) 1402
Rech ❀ (17ᵉ) 1413
La Rigadelle ❀ (Vincennes) 1463
35° Ouest ❀ (7ᵉ) 1333

Portugaise

Saudade ❀ (1ᵉʳ) 1289

Russe

Chez Mademoiselle ❀ (15ᵉ) 1396
Daru ❀ (8ᵉ) 1350

Terroir

Ambassade d'Auvergne ❀ (3ᵉ) 1303
Auberge Pyrénées Cévennes ❀ (11ᵉ) . 1372

Thaïlandaise

Baan Boran ❀ (1ᵉʳ) 1291
Basilic et Spice ❀ (13ᵉ) 1383
Lao Siam ❀ (19ᵉ) 1423
Silk et Spice ❀ (2ᵉ) 1300
Suan Thaï ❀ (4ᵉ) 1308
Sukhothaï ❀ (13ᵉ) 1383

Tibétaine

Lhassa ⅈ○ (5ᵉ) 1313

Viandes

Atelier Vivanda - Cherche Midi ⊕ (6ᵉ) . 1317
Atelier Vivanda - Lauriston ⊕ (16ᵉ) . . 1401
Atelier Vivanda - Marais ⊕ (3ᵉ) 1303
Café des Abattoirs ⊕ (1ᵉʳ) 1288
Le Grand Pan ⅈ○ (15ᵉ) 1394

Severo ⅈ○ (14ᵉ) 1388
Sur la Braise ⅈ○ (6ᵉ) 1321
La Tour ⅈ○ (Versailles) 1461

Vietnamienne

Lao Lane Xang 2 ⅈ○ (13ᵉ) 1383
Le Lotus ⅈ○ (13ᵉ) 1383
Le Palanquin ⅈ○ (17ᵉ) 1416
Pho Tai ⊕ (13ᵉ) 1381
La Table du Vietnam ⅈ○ (7ᵉ) 1334

LE PLAT QUE VOUS RECHERCHEZ

Andouillette

Auberge Pyrénées Cévennes ⊕ (11ᵉ) . 1372
Au Moulin à Vent ⅈ○ (5ᵉ) 1312
Brasserie Gallopin ⅈ○ (2ᵉ) 1298
Fontaine de Mars ⅈ○ (7ᵉ) 1334
La Marlotte ⊕ (6ᵉ) 1317
Les Trois Marmites ⅈ○ (Courbevoie) . . 1437

Boudin

Au Bascou ⅈ○ (3ᵉ) 1305
Au Pouilly Reuilly ⅈ○
   (Le Pré-Saint-Gervais) 1449
D'Chez Eux ⅈ○ (7ᵉ) 1332
Fontaine de Mars ⅈ○ (7ᵉ) 1334
Le Gorille Blanc ⅈ○ (4ᵉ) 1308
La Marlotte ⊕ (6ᵉ) 1317
Moissonnier ⅈ○ (5ᵉ) 1312
Les Trois Marmites ⅈ○ (Courbevoie) . . 1437

Bouillabaisse

Antoine ✿ (16ᵉ) 1400
Le Dôme ⅈ○ (14ᵉ) 1385
Marius ✿ (16ᵉ) 1403
La Méditerranée ⅈ○ (6ᵉ) 1318

Cassoulet

L'Assiette ⅈ○ (14ᵉ) 1386
Auberge Pyrénées Cévennes ⊕ (11ᵉ) . 1372
Au Trou Gascon ✿ (12ᵉ) 1378
Benoit ✿ (4ᵉ) 1307
D'Chez Eux ⅈ○ (7ᵉ) 1332
Lou Tíap ⅈ○ (20ᵉ) 1425
Quincy ⅈ○ (12ᵉ) 1378
La Table d'Antan ⊕
   (Sainte-Geneviève-des-Bois) 1457

Le Violon d'Ingres ✿ (7ᵉ) 1329

Choucroute

Bofinger ⅈ○ (4ᵉ) 1307
La Coupole ⅈ○ (14ᵉ) 1386

Confit

Auberge Pyrénées Cévennes ⊕ (11ᵉ) . 1372
D'Chez Eux ⅈ○ (7ᵉ) 1332
Fontaine de Mars ⅈ○ (7ᵉ) 1334
Le Gorille Blanc ⅈ○ (4ᵉ) 1308
Lescure ⅈ○ (1ᵉʳ) 1292
Pierrot ⅈ○ (2ᵉ) 1300
La Table d'Antan ⊕
   (Sainte-Geneviève-des-Bois) 1457

Coq au vin

Auberge Ravoux ⅈ○ (Auvers-sur-Oise) . 1427
Le Coq de la Maison Blanche ⅈ○
   (Saint-Ouen) 1455

Escargots

Allard ⅈ○ (6ᵉ) 1320
L'Assiette ⅈ○ (14ᵉ) 1386
Au Bourguignon du Marais ⅈ○ (4ᵉ) . . 1307
Au Moulin à Vent ⅈ○ (5ᵉ) 1312
Au Pouilly Reuilly ⅈ○
   (Le Pré-Saint-Gervais) 1449
Benoit ✿ (4ᵉ) 1307
Brasserie Gallopin ⅈ○ (2ᵉ) 1298
Chez Monsieur ⅈ○ (8ᵉ) 1349
Lescure ⅈ○ (1ᵉʳ) 1292
Le Marcigny ⅈ○ (Viry-Châtillon) 1463
La Tour ⅈ○ (Versailles) 1461
Vaudeville ⅈ○ (2ᵉ) 1298

© O. Decker/Michelin

Fromages

Astier ⅋○ (11ᵉ) .1375

Grillade

Atelier Vivanda - Cherche Midi ⊛ (6ᵉ) . 1317
Atelier Vivanda - Lauriston ⊛ (16ᵉ) . . 1401
Atelier Vivanda - Marais ⊛ (3ᵉ) 1303
Au Moulin à Vent ⅋○ (5ᵉ) 1312
Bofinger ⅋○ (4ᵉ) 1307
La Coupole ⅋○ (14ᵉ) 1386
Flandrin ⅋○ (16ᵉ) 1404
Quincy ⅋○ (12ᵉ) 1378
Severo ⅋○ (14ᵉ) 1388
Sur la Braise ⅋○ (6ᵉ) 1321
La Tour ⅋○ (Versailles) 1461
Vaudeville ⅋○ (2ᵉ) 1298

Soufflés

L'Assiette ⅋○ (14ᵉ) 1386
Au Cœur de la Forêt ⅋○
  (Montmorency) 1445
Auguste ❀ (7ᵉ) 1329

Au Petit Marguery ⅋○ (13ᵉ) 1382
La Belle Époque ⅋○ (Châteaufort) . . .1435
Le Cénacle ⅋○ (Tremblay-en-France) .1458
Frédéric Simonin ❀ (17ᵉ) 1411
Laurent ❀ (8ᵉ) 1341
Le Pantruche ⊛ (9ᵉ) 1358
Le Récamier ⅋○ (7ᵉ) 1335
Relais d'Auteuil ❀ (16ᵉ) 1400
Le Violon d'Ingres ❀ (7ᵉ) 1329

Tête de veau

Au Petit Marguery ⅋○ (13ᵉ) 1382
Au Pouilly Reuilly ⅋○
  (Le Pré-Saint-Gervais) 1449
Benoit ❀ (4ᵉ) .1307
Brasserie Gallopin ⅋○ (2ᵉ) 1298
Caves Petrissans ⅋○ (17ᵉ) 1414
Chez Frezet ⅋○ (18ᵉ) 1420
Le Coq de la Maison Blanche ⅋○
  (Saint-Ouen) 1455
La Ferme de Voisins ⅋○
  (Saint-Quentin-en-Yvelines) 1456
Manufacture ⅋○ (Issy-les-Moulineaux). .1440

RESTAURANTS À MOINS DE 30 €

Abri ⅋○ (10ᵉ) 1370
Afaria ⅋○ (15ᵉ) 1395
L'Affriolé ⅋○ (7ᵉ) 1334
L'Agrume ⅋○ (5ᵉ) 1313
À La Biche au Bois ⅋○ (12ᵉ) 1379
Alcazar ⅋○ (6ᵉ) 1318
L'Altro ⅋○ (6ᵉ) 1322

L'Ambassade de Pékin ⅋○
  (Saint-Mandé) 1454
L'Amourette ⅋○ (Montreuil) 1445
L'Apibo ⅋○ (2ᵉ) 1301
L'Ardoise du XV ⅋○ (15ᵉ) 1395
L'Armoise ⅋○ (Versailles) 1462
L'Atelier du Parc ⊛ (15ᵉ) 1391
Au Bascou ⅋○ (3ᵉ) 1305

1261

© Fotosearch/GraphicObsession

Auberge du Cheval Blanc ⬥○
  (Cergy-Pontoise). 1434
L'Auberge du Roi Gradlon ⬥○ (13ᵉ) . .1382
Auberge Flora ⬥○ (11ᵉ) 1373
Au Bourguignon du Marais ⬥○ (4ᵉ) . .1307
Au Moulin à Vent ⬥○ (5ᵉ) 1312
Au Pouilly Reuilly ⬥○
  (Le Pré-Saint-Gervais) 1449
Au Vieux Chêne ⬥○ (11ᵉ). 1375
Azabu ⬥○ (6ᵉ) 1322
Baan Boran ⬥○ (1ᵉʳ). 1291
Le Baratin ⬥○ (20ᵉ). 1424
Barbezingue ⬥ (Châtillon) 1435
Basilic et Spice ⬥○ (13ᵉ). 1383
Bissac ⬥○ (2ᵉ). 1299
Bistro des Gastronomes ⬥ (5ᵉ) 1311
Bistro Poulbot ⬥○ (18ᵉ). 1421
Le Bistrot d'Oscar ⬥○ (Levallois-Perret) 1441
Le Bistrot du Maquis ⬥○ (18ᵉ) 1420
Bistrot Papillon ⬥ (9ᵉ) 1359
Bistrot Paul Bert ⬥○ (11ᵉ) 1374
Bistrotters ⬥ (14ᵉ) 1385
Bon Kushikatsu ⬥○ (11ᵉ) 1373
Le Bouchon et l'Assiette ⬥○ (17ᵉ). . . .1415
Braisenville ⬥ (9ᵉ) 1358
Brasserie Gallopin ⬥○ (2ᵉ). 1298
Brasserie Thoumieux by Sylvestre ⬥○
  (7ᵉ). 1332
Café Constant ⬥ (7ᵉ) 1331
Casa Bini ⬥○ (6ᵉ) 1319
Le Cénacle ⬥○ (Tremblay-en-France) 1458
116 ⬥○ (16ᵉ). 1406
Le 122 ⬥○ (7ᵉ). 1333
Le Cette ⬥○ (14ᵉ). 1386
Chameleon ⬥○ (10ᵉ) 1368
Le Chardenoux ⬥○ (11ᵉ). 1372

Chaumette ⬥○ (16ᵉ). 1405
Le Chefson ⬥ (Bois-Colombes). 1428
Chez Casimir ⬥○ (10ᵉ). 1369
Chez Graff ⬥○ (7ᵉ). 1335
Chez Madeleine ⬥○
  (Boulogne-Billancourt) 1430
Chez Mademoiselle ⬥○ (15ᵉ). 1396
Chez Michel ⬥○ (Boulogne-Billancourt) 1430
Le Christine ⬥○ (6ᵉ) 1323
Ciasa Mia ⬥○ (5ᵉ). 1312
Le Clos des Gourmets ⬥ (7ᵉ) 1331
Clover ⬥○ (7ᵉ) 1335
Les Cocottes - Tour Eiffel ⬥ (7ᵉ) 1331
Comptoir Canailles ⬥○ (9ᵉ) 1361
Le Cotte Rôti ⬥○ (12ᵉ). 1379
Les Déserteurs ⬥○ (11ᵉ). 1374
Des Gars dans la Cuisine ⬥○ (3ᵉ) 1304
Dilia ⬥○ (20ᵉ) 1424
Dix-Huit ⬥○ (17ᵉ) 1417
Le Dorcia ⬥○ (2ᵉ). 1301
L'Écailler du Bistrot ⬥○ (11ᵉ) 1374
Les Écuries de Richelieu ⬥○
  (Rueil-Malmaison). 1451
Ellsworth ⬥○ (1ᵉʳ). 1291
Encore ⬥○ (9ᵉ) 1362
L'Esquisse ⬥ (18ᵉ). 1420
L'Essentiel ⬥○ (14ᵉ). 1388
La Ferrandaise ⬥○ (6ᵉ). 1320
Florimond ⬥○ (7ᵉ) 1335
Fontanarosa ⬥○ (15ᵉ) 1393
Les Fous de l'Île ⬥○ (4ᵉ) 1308
Fraîche ⬥○ (10ᵉ) 1369
Gare au Gorille ⬥○ (17ᵉ) 1414
La Gauloise ⬥○ (15ᵉ) 1392
Giova ⬥○ (17ᵉ) 1416
Graindorge ⬥ (17ᵉ) 1412

Grand Cœur ⬭○ (4ᵉ) 1307
La Grande Ourse ⬭○ (14ᵉ) 1388
Le Grand Pan ⬭○ (15ᵉ) 1394
La Grange des Halles (Rungis) . . .1451
Gwadar ⬭○ (1ᵉʳ) 1292
Hotaru ⬭○ (9ᵉ) 1362
Ida by Denny Imbroisi ⬭○ (15ᵉ) 1393
Il Goto ⬭ (12ᵉ) 1378
Jeanne B ⬭○ (18ᵉ) 1421
Le Jeu de Quilles ⬭○ (14ᵉ) 1387
La Jument Verte ⬭
  (Tremblay-en-France) 1458
Kiku ⬭○ (9ᵉ) .1363
Kokoro ⬭ (5ᵉ) 1311
Lescure ⬭○ (1ᵉʳ) 1292
Lhassa ⬭○ (5ᵉ) 1313
Lou Tíap ⬭○ (20ᵉ) 1425
Macéo ⬭○ (1ᵉʳ) 1288
Ma Cocotte ⬭○ (Saint-Ouen) 1455
La Maison du Pressoir ⬭○ (Crosne) .1437
Mangetout ⬭○ (6ᵉ) 1321
Mansouria ⬭ (11ᵉ) 1371
Le Marcigny ⬭○ (Viry-Châtillon) 1463
La Marlotte ⬭ (6ᵉ) 1317
Matière à... ⬭○ (10ᵉ) 1368
Mer de Chine ⬭○ (13ᵉ) 1383
Mini Palais ⬭○ (8ᵉ) 1347
Miroir ⬭○ (18ᵉ) 1421
Le Mordant ⬭○ (10ᵉ) 1368
Le Mûrier ⬭○ (15ᵉ) 1395
Nina ⬭ (14ᵉ) .1385
Nodaïwa ⬭○ (1ᵉʳ) 1292
Ô Divin ⬭○ (19ᵉ) 1422
L'Office ⬭ (9ᵉ) 1359
Passy Mandarin La Muette ⬭○ (16ᵉ) .1405
Le Percolateur ⬭○ (8ᵉ) 1350
Le Petit Vingtième ⬭○ (20ᵉ) 1425
Philippe Excoffier ⬭○ (7ᵉ) 1333
Pierre Sang in Oberkampf ⬭○ (11ᵉ) . . .1374
Pollop ⬭○ (2ᵉ) 1301
Pottoka ⬭ (7ᵉ) 1331
Le P'tit Troquet ⬭○ (7ᵉ) 1334

La Pulpéria ⬭○ (11ᵉ) 1375
Quedubon ⬭○ (19ᵉ) 1423
La Rallonge ⬭○ (18ᵉ) 1420
Ratapoil du Faubourg ⬭○ (10ᵉ) 1367
La Rigadelle ⬭ (Vincennes) 1463
Rossi et Co ⬭○ (2ᵉ) 1301
St-Martin ⬭○ (Triel-sur-Seine) 1458
Les Saisons ⬭○ (9ᵉ) 1362
Samesa ⬭○ (17ᵉ) 1414
Saudade ⬭○ (1ᵉʳ) 1289
Les Saveurs Sauvages ⬭○
  (Gif-sur-Yvette) 1440
750g La Table ⬭○ (15ᵉ) 1395
Septime ⬭ (11ᵉ) 1371
Le Servan ⬭○ (11ᵉ) 1373
Silk et Spice ⬭○ (2ᵉ) 1300
Le 6 Paul Bert ⬭○ (11ᵉ) 1373
Soon Grill ⬭○ (2ᵉ) 1304
Le Sot l'y Laisse ⬭○ (11ᵉ) 1375
Stéphane Martin ⬭○ (15ᵉ) 1394
Suan Thaï ⬭○ (4ᵉ) 1308
Sukhothaï ⬭○ (13ᵉ) 1383
Table - Bruno Verjus ⬭○ (12ᵉ) 1378
La Table de Cybèle ⬭○
  (Boulogne-Billancourt) 1430
La Table du Vietnam ⬭○ (7ᵉ) 1334
Le Tablier Rouge ⬭○ (20ᵉ) 1425
Taokan ⬭○ (6ᵉ) 1322
Tempero ⬭ (13ᵉ) 1381
Le Timbre ⬭ (6ᵉ) 1317
Tipaza ⬭○ (15ᵉ) 1396
La Tour de Marrakech ⬭○
  (Antony) 1426
Variations ⬭○ (13ᵉ) 1382
Le Vilgacy ⬭○ (Gagny) 1439
Villaret ⬭ (11ᵉ) 1372
20 Eiffel ⬭○ (7ᵉ) 1335
Wakaba ⬭○ (7ᵉ) 1336
Yanasé ⬭○ (15ᵉ) 1395
Yard ⬭ (11ᵉ) .1372
Zébulon ⬭○ (1ᵉʳ) 1291
Zen ⬭ (1ᵉʳ) 1288

TABLES EN TERRASSE

L'Absinthe ⬭○ (1ᵉʳ) 1290
A et M Restaurant ⬭○ (16ᵉ) 1403
L'Ambassade des Terroirs ⬭○
  (Gennevilliers) 1439
L'Amourette ⬭○ (Montreuil) 1445
L'Apibo ⬭○ (2ᵉ) 1301

L'Atelier du Parc ⬭ (15ᵉ) 1391
L'Atelier Gourmand ⬭○
  (Saint-Jean-de-Beauregard) 1454
Auberge du Cheval Blanc ⬭○
  (Cergy-Pontoise) 1434
L'Auberge du Roi Gradlon ⬭○ (13ᵉ) . .1382

Auberge Ravoux ⅱ○ (Auvers-sur-Oise) 1427
Au Bourguignon du Marais ⅱ○ (4ᵉ) ..1307
Au Cœur de la Forêt ⅱ○
   (Montmorency)..................1445
Au Fulcosa ⅱ○
   (Saint-Germain-en-Laye)........1454
Au Père Lapin ⅱ○ (Suresnes) 1457
La Belle Époque ⅱ○ (Châteaufort)...1435
Bissac ⅱ○ (2ᵉ)...................1299
Bistrot Augustin ⅱ○ (14ᵉ)..........1386
Le Bistrot d'À Côté Flaubert ⅱ○ (17ᵉ) 1415
Le Bistrot d'Oscar ⅱ○ (Levallois-Perret) 1441
Le Bon Saint-Pourçain ⅱ○ (6ᵉ)......1323
Les Botanistes ⅱ○ (7ᵉ)............1335
Café de l'Esplanade ⅱ○ (7ᵉ) 1332
Le Café des Artistes ⅱ○ (Ville-d'Avray).1462
Café des Concerts ⅱ○ (19ᵉ)........1423
Café Trama ⅱ○ (6ᵉ)................1323
La Cagouille ⅱ○ (14ᵉ)...............1387
Camélia ⅱ○ (1ᵉʳ)...................1289
La Cantine du Troquet Daguerre ⅱ○
   (14ᵉ)..........................1387
La Cantine du Troquet Dupleix ⅱ○ (15ᵉ)1394
Capucine ⅱ○ (11ᵉ)..................1375
Caves Petrissans ⅱ○ (17ᵉ)..........1414
Cazaudehore ⅱ○
   (Saint-Germain-en-Laye).........1453
Chamarré Montmartre ⅱ○ (18ᵉ) 1420
Chameleon ⅱ○ (10ᵉ) 1368
Château des Îles ⅱ○
   (Saint-Maur-des-Fossés).........1455
Chaumette ⅱ○ (16ᵉ)................1405
Le Cherche Midi ⅱ○ (6ᵉ)............1320
Chez Casimir ⅱ○ (10ᵉ)..............1369
Le Cinq Codet ⅱ○ (7ᵉ) 1332
Les Climats ✿ (7ᵉ)................1328
Clown Bar ⅱ○ (11ᵉ)................1373
Le Comptoir du Relais ⅱ○ (6ᵉ) 1323
La Contre Allée ⅱ○ (14ᵉ)............1387
Copenhague ⅱ○ (8ᵉ)...............1346
Le Coq de la Maison Blanche ⅱ○
   (Saint-Ouen) 1455
Coretta ⅱ○ (17ᵉ)...................1413
Le Court-Bouillon ⅱ○ (15ᵉ)..........1393
Dar Lyakout ⅱ○ (7ᵉ)...............1334
D'Chez Eux ⅱ○ (7ᵉ)...............1332
Les Délices d'Aphrodite ⅱ○ (5ᵉ).....1312
Dessirier par Rostang Père et Filles
   ⅱ○ (17ᵉ) 1413

Le Diane ✿ (8ᵉ)...................1342
XVII sur Vin ⅱ○ (17ᵉ)..............1416
Drouant ⅱ○ (2ᵉ)...................1297
Eclectic ⅱ○ (15ᵉ)..................1393
L'Écu de France ⅱ○
   (Chennevières-sur-Marne)........1435
Épicure au Bristol ✿✿✿ (8ᵉ)......1339
L'Escarbille ✿ (Meudon)...........1445
L'Essentiel ⅱ○ (14ᵉ)...............1388
Les Fables de La Fontaine ✿ (7ᵉ) ...1330
La Ferme de Voisins ⅱ○
   (Saint-Quentin-en-Yvelines) 1456
Le First ⅱ○ (1ᵉʳ)...................1289
Flandrin ⅱ○ (16ᵉ).................1404
Fontaine de Mars ⅱ○ (7ᵉ)..........1334
La Fontaine Gaillon ⅱ○ (2ᵉ).........1298
Fontanarosa ⅱ○ (15ᵉ) 1393
Fouquet's ⅱ○ (8ᵉ) 1346
Le Frank ⅱ○ (16ᵉ)................1407
Le Gabriel ✿✿ (8ᵉ)...............1340
La Gauloise ⅱ○ (15ᵉ)...............1392
Gordon Ramsay au Trianon ✿
   (Versailles).....................1458
Grand Cœur ⅱ○ (4ᵉ) 1307
La Grande Cascade ✿ (16ᵉ).........1399
La Grange aux Dîmes ⅱ○ (Wissous) .1464
La Grange des Halles ⅱ○ (Rungis) ...1451
La Gueulardière ⅱ○ (Ozoir-la-Ferrière).1447
Hostellerie du Nord ⅱ○
   (Auvers-sur-Oise)................1427
Il Carpaccio ✿ (8ᵉ) 1343
Il Piccolino ⅱ○ (8ᵉ) 1350
Les Jardins de Camille ⅱ○ (Suresnes) .1457
Jeanne B ⅱ○ (18ᵉ) 1421
La Jument Verte ☖
   (Tremblay-en-France) 1458
Kura ⅱ○ (16ᵉ)....................1406
Laurent ✿ (8ᵉ)...................1341
Lescure ⅱ○ (1ᵉʳ) 1292
Ma Cocotte ⅱ○ (Saint-Ouen).......1455
Maison Blanche ⅱ○ (8ᵉ) 1345
Maison Courtine ⅱ○ (14ᵉ)..........1386
La Maison des Bois ⅱ○ (Plaisir) 1448
La Maison du Pressoir ⅱ○ (Crosne)...1437
Manufacture ⅱ○ (Issy-les-Moulineaux) .1440
Marco Polo ⅱ○ (6ᵉ) 1321
La Mare au Diable ⅱ○
   (Sainte-Geneviève-des-Bois) 1457
Marius ⅱ○ (16ᵉ)...................1403

© apeyron/iStock

Marius et Janette ⅟○ (8e) 1346
La Marlotte ⊕ (6e) 1317
MaSa ✿ (Boulogne-Billancourt) 1428
Mavrommatis ⅟○ (5e) 1311
Mini Palais ⅟○ (8e) 1347
Monsieur Bleu ⅟○ (16e) 1404
Mori Venice Bar ⅟○ (2e) 1297
Moulin d'Orgeval ⅟○ (Orgeval) 1447
Ô Divin ⅟○ (19e) 1422
L'Oiseau Blanc ⅟○ (16e) 1402
L'Oriental ⅟○ (9e) 1363
La Passerelle ⅟○ (Issy-les-Moulineaux).1440
Le Patte Noire ⅟○ (Rueil-Malmaison) 1450
Pavillon Elysée Lenôtre ⅟○ (8e) 1348
Pavillon Henri IV ⅟○
    (Saint-Germain-en-Laye) 1452
La Petite Marmite ⅟○ (Livry-Gargan) 1442
Le Petit Marius ⅟○ (8e) 1349
Pétrus ⅟○ (17e) 1413
Philou ⅟○ (10e) 1367
Pierrot ⅟○ (2e) 1300
Pirouette ⅟○ (1er) 1290
Prunier ⅟○ (16e) 1402
Quai de Meudon ⅟○ (Meudon) 1445
Le Quinzième - Cyril Lignac ✿ (15e) .1390
Le Récamier ⅟○ (7e) 1335
Rech ⅟○ (17e) 1413
Restaurant du Palais Royal ⅟○ (1er) . .1289
Ribote ⅟○ (Neuilly-sur-Seine) 1446
La Romantica ⅟○ (Clichy) 1436
La Rotonde ⅟○ (6e) 1319

St-James Paris ✿ (16e) 1399
Sanukiya ⅟○ (1er) 1292
Saperlipopette ! ⅟○ (Puteaux) 1449
Les Saveurs Sauvages ⅟○
    (Gif-sur-Yvette) 1440
750g La Table ⅟○ (15e) 1395
STAY Faubourg ⅟○ (8e) 1346
Table - Bruno Verjus ⅟○ (12e) 1378
La Table d'Antan ⊕
    (Sainte-Geneviève-des-Bois) 1457
La Table de Botzaris ⅟○ (19e) 1423
La Table du Lancaster ✿✿ (8e) 1341
Le Tastevin ⅟○ (Maisons-Laffitte) 1442
Terrasse Mirabeau ⅟○ (16e) 1403
Terroir Parisien - Palais Brongniart
    ⅟○ (2e) 1299
La Tour ⅟○ (Versailles) 1461
Le Tournesol ⅟○ (16e) 1405
Le Van Gogh ⅟○ (Asnières-sur-Seine). .1427
Vaudeville ⅟○ (2e) 1298
Verre Chez Moi ⅟○ (Deuil-la-Barre) . .1438
Le Vilgacy ⅟○ (Gagny) 1439
Villa9Trois ⅟○ (Montreuil) 1445
La Violette ⅟○ (19e) 1423
Le Vraymonde ⅟○ (8e) 1345
Yard ⊕ (11e) 1372
Zen ⊕ (1er) 1288
Zerda ⅟○ (10e) 1368
Zin's à l'Étape Gourmande ⅟○
    (Versailles) 1461

RESTAURANTS AVEC SALONS PARTICULIERS

Aida ❀ (7ᵉ).....................1330
Alcazar ⅠⓄ (6ᵉ) 1318
Ambassade d'Auvergne ⅠⓄ (3ᵉ).....1303
L'Ancienne Maison Gradelle ⅠⓄ (10ᵉ) 1369
L'Angélique ❀ (Versailles) 1461
Antoine ❀ (16ᵉ)..................1400
Apicius ❀ (8ᵉ) 1341
L'Ardoise ⅠⓄ (1ᵉʳ)................. 1291
Arpège ❀❀❀ (7ᵉ)..............1327
AT ⅠⓄ (5ᵉ)......................1312
L'Atelier de Joël Robuchon - Étoile
    ❀ (8ᵉ)......................1344
L'Atelier de Joël Robuchon -
    St-Germain ❀❀ (7ᵉ).............1328
L'Atelier Gourmand ⅠⓄ
    (Saint-Jean-de-Beauregard).......1454
Atelier Maître Albert ⅠⓄ (5ᵉ).........1311
Auberge Ravoux ⅠⓄ (Auvers-sur-Oise) 1427
Aux Armes de France ⅠⓄ
    (Corbeil-Essonnes)...............1436
Aux Lyonnais ⅠⓄ (2ᵉ) 1300
L'Avant Goût ⅠⓄ (13ᵉ)..............1382
La Barrière de Clichy ⅠⓄ (Clichy)....1436
La Belle Époque ⅠⓄ (Châteaufort)...1435
Benkay ⅠⓄ (15ᵉ)..................1392
Benoit ❀ (4ᵉ)....................1307
Bibimbap ⅠⓄ (5ᵉ) 1313
Bissac ⅠⓄ (2ᵉ)....................1299
Bistrot du Sommelier ⅠⓄ (8ᵉ).......1348
Bizan ⅠⓄ (2ᵉ)....................1300
Bofinger ⅠⓄ (4ᵉ)..................1307

La Bourgogne ❀ (Maisons-Alfort)...1442
Brasserie Gallopin ⅠⓄ (2ᵉ)..........1298
Café de la Paix ⅠⓄ (9ᵉ).............1360
Café des Abattoirs ❀ (1ᵉʳ)..........1288
Caffè Stern ⅠⓄ (2ᵉ)................1298
La Cagouille ⅠⓄ (14ᵉ)..............1387
Caïus ⅠⓄ (17ᵉ)....................1414
La Cantine du Troquet ⅠⓄ (14ᵉ) 1388
Carré des Feuillants ❀❀ (1ᵉʳ) 1286
Caves Petrissans ⅠⓄ (17ᵉ)...........1414
Cazaudehore ⅠⓄ
    (Saint-Germain-en-Laye).........1453
Le Céladon ❀ (2ᵉ)................1296
Le Cénacle ⅠⓄ (Tremblay-en-France)..1458
Le 122 ⅠⓄ (7ᵉ)....................1333
Chalet du Parc ⅠⓄ (Yerres) 1464
Chamarré Montmartre ⅠⓄ (18ᵉ) 1420
Château des Îles ⅠⓄ
    (Saint-Maur-des-Fossés)..........1455
Chez les Anges ⅠⓄ (7ᵉ)............. 1331
Le Chiberta ❀ (8ᵉ)................1342
Le Chiquito ❀ (Cergy-Pontoise).....1434
Le Cinq ❀❀❀ (8ᵉ)................1339
Le Clos des Gourmets ❀ (7ᵉ)....... 1331
Le Clos Y ⅠⓄ (15ᵉ) 1393
Le Clou de Fourchette ⅠⓄ (17ᵉ)......1415
Le Coq de la Maison Blanche ⅠⓄ
    (Saint-Ouen)....................1455
La Coupole ⅠⓄ (14ᵉ)...............1386
Le Court-Bouillon ⅠⓄ (15ᵉ)..........1393
Cristal Room Baccarat ⅠⓄ (16ᵉ) 1403

© O. Decker/Michelin

La Dame de Pic ✿ (1er)............1287
David Toutain ✿ (7e)...............1329
Dessirier par Rostang Père et Filles
  ⑪○ (17e) 1413
Le Dôme ⑪○ (14e) 1385
Dominique Bouchet ✿ (8e)........1344
Drouant ⑪○ (2e)...................1297
L'Écu de France ⑪○
  (Chennevières-sur-Marne)........1435
L'Escarbille ✿ (Meudon)...........1445
Étoile sur Mer ⑪○ (17e) 1411
La Ferme de Voisins ⑪○
  (Saint-Quentin-en-Yvelines) 1456
La Ferme St-Simon ⑪○ (7e)........1332
La Ferrandaise ⑪○ (6e)...........1320
Les Fils de la Ferme ⑪○ (14e)......1388
Fontaine de Mars ⑪○ (7e)..........1334
La Fontaine Gaillon ⑪○ (2e).......1298
Fouquet's ⑪○ (8e) 1346
Garance ✿ (7e)...................1329
La Gauloise ⑪○ (15e) 1392
Goust d'Enrico Bernardo ✿ (2e).....1296
Grand Cœur ⑪○ (4e) 1307
La Grande Cascade ✿ (16e).........1399
La Grande Ourse ⑪○ (14e).........1388
Le Grand Véfour ✿✿ (1er)..........1286
La Gueulardière ⑪○ (Ozoir-la-Ferrière).1447
Guy Savoy ✿✿✿ (6e)...............1316
Hanawa ⑪○ (8e) 1347
Helen ✿ (8e)......................1342
Hélène Darroze ✿ (6e).............1316
Hiramatsu ✿ (16e).................1399
Il Carpaccio ✿ (8e)................1343
Jacques Faussat ✿ (17e) 1412
Jamin ⑪○ (16e)...................1405
Jarrasse L'Écailler de Paris ⑪○
  (Neuilly-sur-Seine) 1446
Jean ⑪○ (9e).....................1360
Jin ✿ (1er)........................1287
Karl et Erick ⑪○ (17e)..............1414
Kunitoraya ⑪○ (1er)...............1290
Kura ⑪○ (16e)....................1406
L'Ambassade des Terroirs ⑪○
  (Gennevilliers) 1439
Lasserre ✿ (8e)...................1341
Laurent ✿ (8e)....................1341
Le Tastevin ⑪○ (Maisons-Laffitte)....1442
Le Vitis ⓐ (15e) 1391
Lili ⑪○ (16e).....................1402
Loiseau rive Droite ⑪○ (8e)........1348

Loiseau rive Gauche ⑪○ (7e).......1332
Lucas Carton ✿ (8e)...............1342
Le Lumière ⑪○ (9e)................1360
Macéo ⑪○ (1er)...................1288
Ma Cocotte ⑪○ (Saint-Ouen).......1455
La Maison de Charly ⑪○ (17e) 1414
La Maison du Pressoir ⑪○ (Crosne) .1437
Maison Rostang ✿✿ (17e) 1411
La Mare au Diable ⑪○
  (Sainte-Geneviève-des-Bois) 1457
Mathieu Pacaud - Histoires ⑪○ (16e) .1399
Mavrommatis ⑪○ (5e)..............1311
Maxan ⑪○ (8e)...................1347
La Méditerranée ⑪○ (6e) 1318
Le Metropolitan ⑪○ (16e)..........1404
Le Meurice Alain Ducasse ✿✿ (1er)..1286
1728 ⑪○ (8e).....................1345
Moissonnier ⑪○ (5e) 1312
Mon Bistrot ⑪○ (Boulogne-Billancourt) 1430
Monsieur Bleu ⑪○ (16e)............1404
Le Mordant ⑪○ (10e)..............1368
Okuda ✿ (8e).....................1343
L'Oriental ⑪○ (9e).................1363
Restaurant du Palais Royal ⑪○ (1er) .1289
Les Papilles ⑪○ (5e)..............1312
Paradis ⑪○ (10e).................1369
Le Pario ⓐ (15e)..................1391
Pavillon Elysée Lenôtre ⑪○ (8e)....1348
Pavillon Henri IV ⑪○
  (Saint-Germain-en-Laye)..........1452
Pavillon Ledoyen ✿✿✿ (8e)........1340
Le Pergolèse ✿ (16e) 1400
Petrossian - Le 144 ⑪○ (7e) 1332
Pétrus ⑪○ (17e)..................1413
Pierre Gagnaire ✿✿ (8e)..........1340
Pierre Sang in Oberkampf ⑪○ (11e)..1374
La Plancha ⑪○ (Maisons-Laffitte)....1443
Pollop ⑪○ (2e)...................1301
Pomze ⓐ (8e) 1344
Pottoka ⓐ (7e)................... 1331
Le Pré Catelan ✿✿✿ (16e).........1398
Prunier ⑪○ (16e).................1402
Le P'tit Troquet ⑪○ (7e) 1334
Quai de Meudon ⑪○ (Meudon)......1445
Le Quinzième - Cyril Lignac ✿ (15e) .1390
Ratapoil du Faubourg ⑪○ (10e)......1367
La Régalade Conservatoire ⑪○ (9e)..1361
Relais Louis XIII ✿ (6e) 1316
La Romantica ⑪○ (Clichy).........1436
St-James Paris ✿ (16e)............1399

Saperlipopette ! ⏺○ (Puteaux) 1449
Saudade ⏺○ (1er) 1289
La Scène ⏺ (8e) 1341
Shang Palace ⏺ (16e) 1400
Silk et Spice ⏺○ (2e) 1300
Sola ⏺ (5e) .1311
Sormani ⏺○ (17e) 1413
STAY Faubourg ⏺○ (8e) 1346
Stéphane Martin ⏺○ (15e) 1394
Sylvestre ⏺○ (7e) 1328
La Table de Botzaris ⏺○ (19e) 1423
La Table des Blot - Auberge du Château
    ⏺ (Dampierre-en-Yvelines) 1437
La Table du Baltimore ⏺○ (16e) 1402
La Table du Lancaster ⏺⏺ (8e) 1341

Le Taillevent ⏺⏺ (8e) 1340
Terroir Parisien - Palais Brongniart
    ⏺○ (2e) .1299
Tintilou ⏺ (11e) 1372
La Tour d'Argent ⏺ (5e) 1310
Toyo ⏺○ (6e) 1319
La Truffière ⏺ (5e) 1310
Tsé Yang ⏺○ (16e) 1402
Un Dimanche à Paris ⏺○ (6e) 1318
Le Van Gogh ⏺○ (Asnières-sur-Seine). 1427
Villa9Trois ⏺○ (Montreuil) 1445
La Violette ⏺○ (19e) 1423
Le Wauthier by Cagna ⏺○
    (Saint-Germain-en-Laye) 1452
Yanasé ⏺○ (15e) 1395

RESTAURANTS OUVERTS TARD LE SOIR
Heure de la dernière commande entre parenthèses

Alcazar ⏺○ (6e) . . . . (23 h30) 1318
L'Atelier de Joël Robuchon - Étoile ⏺ (8e) . . (0 h) 1344
L'Atelier de Joël Robuchon -
    St-Germain ⏺⏺ (7e) . . . . (0 h) 1328
Atelier Maître Albert ⏺○ (5e) . . . . . . (23 h30) 1311
Atelier Vivanda - Cherche Midi ⏺ (6e) . . . . . (23 h30) 1317
Bistrot Augustin ⏺○ (14e) . . . . (23 h30) 1386
Brasserie Gallopin ⏺○ (2e) . . . . (0 h) .1298
Brasserie Thoumieux by Sylvestre ⏺○ (7e) . . . (23 h30) 1332
Café de l'Esplanade ⏺○ (7e) . . . . (0 h) .1332
Chez Michel ⏺ (10e) . . . . (0 h) .1366
La Coupole ⏺○ (14e) . . . . (23 h30) 1386
Diep ⏺○ (8e) . . . . (0 h) .1348
Drouant ⏺○ (2e) . . . . (23 h30) 1297
Fouquet's ⏺○ (8e) . . . . (23 h30) 1346
Il Vino d'Enrico Bernardo ⏺ (7e) . . . . (23 h30) 1328
Mer de Chine ⏺○ (13e) . . . . (0 h) .1383
Mori Venice Bar ⏺○ (2e) . . . . (23 h30) 1297
La Plantxa ⏺○ (Boulogne-Billancourt) . . . . . . (23 h30) 1430
La Rotonde ⏺○ (6e) . . . . (0 h30) 1319
Vaudeville ⏺○ (2e) . . . . (0 h) .1298

RESTAURANTS OUVERTS
SAMEDI ET DIMANCHE

L'Absinthe ⏺○ (1er) 1290
Les Affranchis ⏺○ (9e) 1362

Aida ⏺ (7e) .1330
Alcazar ⏺○ (6e) 1318

Allard ‖○ (6ᵉ).................1320
L'Altro ‖○ (6ᵉ).................1322
Ambassade d'Auvergne ‖○ (3ᵉ).....1303
L'Ambassade de Pékin ‖○
(Saint-Mandé).................1454
L'Ambroisie ✿✿✿ (4ᵉ)..........1306
A Noste ‖○ (2ᵉ).................1299
L'Ardoise ‖○ (1ᵉʳ)................1291
L'Ardoise du XV ‖○ (15ᵉ)..........1395
L'Armoise ‖○ (Versailles).........1462
L'Assiette ‖○ (14ᵉ)................1386
Astier ‖○ (11ᵉ)...................1375
L'Atelier de Joël Robuchon - Étoile
✿ (8ᵉ).........................1344
L'Atelier de Joël Robuchon -
St-Germain ✿✿ (7ᵉ)............1328
Atelier Maître Albert ‖○ (5ᵉ).........1311
Atelier Vivanda - Marais ☺ (3ᵉ).....1303
Auberge du Pont de Bry - La Grappille
‖○ (Bry-sur-Marne).............1432
L'Auberge du Roi Gradlon ‖○ (13ᵉ)..1382
Auberge Flora ‖○ (11ᵉ)............1373
Auberge Ravoux ‖○ (Auvers-sur-Oise).1427
Au Bord de l'Eau ‖○
(Conflans-Sainte-Honorine).......1436
Au Cœur de la Forêt ‖○
(Montmorency)..................1445
Au Père Lapin ‖○ (Suresnes).......1457
Au Petit Marguery ‖○ (13ᵉ).........1382
Aux Prés ‖○ (6ᵉ)..................1319
Axuria ‖○ (15ᵉ)...................1395
Barbezingue ☺ (Châtillon).........1435
Basilic et Spice ‖○ (13ᵉ)............1383

Beaucoup ‖○ (3ᵉ).................1304
Benkay ‖○ (15ᵉ)..................1392
Benoit ✿ (4ᵉ).....................1307
Bibimbap ‖○ (5ᵉ).................1313
Bistro d'Italie ‖○ (17ᵉ)............1415
Le Bistrot du Maquis ‖○ (18ᵉ)......1420
Blue Valentine ‖○ (11ᵉ)............1373
Bofinger ‖○ (4ᵉ)..................1307
Les Bouquinistes ‖○ (6ᵉ)..........1318
Brasserie Gallopin ‖○ (2ᵉ).........1298
Brasserie Thoumieux by Sylvestre ‖○
(7ᵉ).............................1332
Breizh Café ‖○ (3ᵉ)...............1304
Café Constant ☺ (7ᵉ).............1331
Café de la Paix ‖○ (9ᵉ)............1360
Café de l'Esplanade ‖○ (7ᵉ).......1332
Café des Abattoirs ☺ (1ᵉʳ).........1288
Le Café des Artistes ‖○ (Ville-d'Avray).1462
Café des Concerts ‖○ (19ᵉ)........1423
La Cagouille ‖○ (14ᵉ).............1387
Les Cailloux ‖○ (13ᵉ).............1382
Camélia ‖○ (1ᵉʳ)..................1289
La Cantine du Troquet Dupleix ‖○
(15ᵉ)............................1394
Capucine ‖○ (11ᵉ)................1375
Casa Bini ‖○ (6ᵉ).................1319
Cazaudehore ‖○
(Saint-Germain-en-Laye)..........1453
Le Cénacle ‖○ (Tremblay-en-France) 1458
Les 110 de Taillevent ‖○ (8ᵉ).......1346
114, Faubourg ✿ (8ᵉ).............1343
Chamarré Montmartre ‖○ (18ᵉ).....1420
Le Chardenoux ‖○ (11ᵉ)...........1372

© O. Decker/Michelin

© O. Decker/Michelin

Château des Îles ⑩
  (Saint-Maur-des-Fossés) 1455
Le Cherche Midi ⑩ (6ᵉ) 1320
Chez Casimir ⑩ (10ᵉ) 1369
Chez Frezet ⑩ (18ᵉ) 1420
Chez Monsieur ⑩ (8ᵉ) 1349
Le Cinq ✿✿✿ (8ᵉ) 1339
Le Cinq Codet ⑩ (7ᵉ) 1332
52 Faubourg Saint-Denis ⑩ (10ᵉ) 1367
Clamato ⓐ (11ᵉ) 1372
Le Clos Y ⑩ (15ᵉ) 1393
Clown Bar ⑩ (11ᵉ) 1373
Les Cocottes - Arc de Triomphe ⑩
  (8ᵉ) 1347
Les Cocottes - Tour Eiffel ⓐ (7ᵉ) 1331
Comme Chez Maman ⑩ (17ᵉ) 1416
Le Comptoir du Relais ⑩ (6ᵉ) 1323
Le Coq Rico ⑩ (18ᵉ) 1420
Coretta ⑩ (17ᵉ) 1413
Le Corot ✿ (Ville-d'Avray) 1462
La Coupole ⑩ (14ᵉ) 1386
Le Dali ⑩ (1ᵉʳ) .1288
La Dame de Pic ✿ (1ᵉʳ) 1287
Dar Lyakout ⑩ (7ᵉ) 1334
D'Chez Eux ⑩ (7ᵉ) 1332
Les Délices d'Aphrodite ⑩ (5ᵉ) 1312
Dersou ⑩ (12ᵉ) 1379
Des Gars dans la Cuisine ⑩ (3ᵉ) 1304
Dessirier par Rostang Père et Filles
⑩ (17ᵉ) 1413
Diep ⑩ (8ᵉ) 1348
Le Dôme ⑩ (14ᵉ) 1385
Le Dorcia ⑩ (2ᵉ) 1301
Drouant ⑩ (2ᵉ) 1297

L'Écailler du Bistrot ⑩ (11ᵉ) 1374
Eclectic ⑩ (15ᵉ) 1393
L'Écu de France ⑩
  (Chennevières-sur-Marne) 1435
Les Écuries de Richelieu ⑩
  (Rueil-Malmaison) 1451
Ellsworth ⑩ (1ᵉʳ) 1291
L'Envie du Jour ⑩ (17ᵉ) 1417
Épicure au Bristol ✿✿✿ (8ᵉ) 1339
L'Essentiel ⑩ (14ᵉ) 1388
Les Fables de La Fontaine ✿ (7ᵉ) . . .1330
Le First ⑩ (1ᵉʳ) 1289
Fish La Boissonnerie ⑩ (6ᵉ) 1321
Flandrin ⑩ (16ᵉ) 1404
Fogón ⑩ (6ᵉ) 1318
Fontaine de Mars ⑩ (7ᵉ) 1334
Fontanarosa ⑩ (15ᵉ) 1393
Fouquet's ⑩ (8ᵉ) 1346
Les Fous de l'Île ⑩ (4ᵉ) 1308
Le Frank ⑩ (16ᵉ) 1407
Le Gabriel ✿✿ (8ᵉ) 1340
La Gauloise ⑩ (15ᵉ) 1392
Le George ⑩ (8ᵉ) 1345
Glou ⑩ (3ᵉ) 1304
Gordon Ramsay au Trianon ✿
  (Versailles) 1458
Grand Cœur ⑩ (4ᵉ) 1307
La Grande Cascade ✿ (16ᵉ) 1399
La Gueulardière ⑩ (Ozoir-la-Ferrière) .1447
Gwon's Dining ⑩ (15ᵉ) 1392
Hostellerie du Nord ⑩
  (Auvers-sur-Oise) 1427
Impérial Choisy ⓐ (13ᵉ) 1381
Les Jardins de Camille ⑩ (Suresnes) .1457

Jeanne B ⓄⓄ (18ᵉ) 1421
Le Jules Verne ✿ (7ᵉ) 1328
Kigawa ⓄⓄ (14ᵉ) 1386
Kinugawa Vendôme ⓄⓄ (1ᵉʳ) 1289
Kunitoraya ⓄⓄ (1ᵉʳ) 1290
Kura ⓄⓄ (16ᵉ) 1406
Lao Lane Xang 2 ⓄⓄ (13ᵉ) 1383
Lao Siam ⓄⓄ (19ᵉ) 1423
Lazare ⓄⓄ (8ᵉ) 1348
Lhassa ⓄⓄ (5ᵉ) 1313
Lili ⓄⓄ (16ᵉ) 1402
Le Lotus ⓄⓄ (13ᵉ) 1383
Le Lumière ⓄⓄ (9ᵉ) 1360
Ma Cocotte ⓄⓄ (Saint-Ouen) 1455
Maison Blanche ⓄⓄ (8ᵉ) 1345
La Maison de Charly ⓄⓄ (17ᵉ) 1414
La Maison des Bois ⓄⓄ (Plaisir) 1448
La Maison du Pressoir ⓄⓄ (Crosne) . . 1437
Le Marcigny ⓄⓄ (Viry-Châtillon) 1463
Marco Polo ⓄⓄ (6ᵉ) 1321
La Mare au Diable ⓄⓄ
    (Sainte-Geneviève-des-Bois) 1457
La Marée Passy ⓄⓄ (16ᵉ) 1407
Marius et Janette ⓄⓄ (8ᵉ) 1346
La Marlotte ⓐ (6ᵉ) 1317
Mathieu Pacaud - Histoires ✿✿ (16ᵉ) 1399
La Méditerranée ⓄⓄ (6ᵉ) 1318
Mer de Chine ⓄⓄ (13ᵉ) 1383
Les Mets de Mo ⓄⓄ (Créteil) 1437
Mini Palais ⓄⓄ (8ᵉ) 1347
Mirama ⓄⓄ (5ᵉ) 1313
Miroir ⓄⓄ (18ᵉ) 1421
Monsieur Bleu ⓄⓄ (16ᵉ) 1404
Mon Vieil Ami ⓄⓄ (4ᵉ) 1307
Moulin d'Orgeval ⓄⓄ (Orgeval) 1447
Nodaïwa ⓄⓄ (1ᵉʳ) 1292
Nolita ⓄⓄ (8ᵉ) 1347
L'Oiseau Blanc ⓄⓄ (16ᵉ) 1402
Okuda ✿ (8ᵉ) 1343
L'Oriental ⓄⓄ (9ᵉ) 1363
Passy Mandarin La Muette ⓄⓄ (16ᵉ) . 1405
Passy Mandarin Palais Royal ⓄⓄ (2ᵉ) 1298
Le Patte Noire ⓄⓄ (Rueil-Malmaison) . 1450
Pavillon Elysée Lenôtre ⓄⓄ (8ᵉ) 1348
Pavillon Henri IV ⓄⓄ
    (Saint-Germain-en-Laye) 1452
La Petite Marmite ⓄⓄ (Livry-Gargan) 1442
Le Petit Marius ⓄⓄ (8ᵉ) 1349
Pétrus ⓄⓄ (17ᵉ) 1413
Pho Tai ⓐ (13ᵉ) 1381
Pierre Sang in Oberkampf ⓄⓄ (11ᵉ) . . 1374
La Plancha ⓄⓄ (Maisons-Laffitte) 1443

Pottoka ⓐ (7ᵉ) 1331
Pramil ⓄⓄ (3ᵉ) 1304
Professore ⓄⓄ (9ᵉ) 1362
Le P'tit Troquet ⓄⓄ (7ᵉ) 1334
Pur' - Jean-François Rouquette ✿
    (2ᵉ) 1296
Quai de Meudon ⓄⓄ (Meudon) 1445
Qui plume la Lune ✿ (11ᵉ) 1371
Ratn ⓄⓄ (8ᵉ) 1348
La Régalade Conservatoire ⓄⓄ (9ᵉ) . . 1361
Le Relais Plaza ⓄⓄ (8ᵉ) 1346
Richer ⓐ (9ᵉ) 1359
La Rigadelle ⓐ (Vincennes) 1463
La Rotonde ⓄⓄ (6ᵉ) 1319
Sanukiya ⓄⓄ (1ᵉʳ) 1292
Saperlipopette ! ⓄⓄ (Puteaux) 1449
Semilla ⓄⓄ (6ᵉ) 1320
750g La Table ⓄⓄ (15ᵉ) 1395
Shang Palace ✿ (16ᵉ) 1400
Soon Grill ⓄⓄ (2ᵉ) 1304
STAY Faubourg ⓄⓄ (8ᵉ) 1346
Suan Thaï ⓄⓄ (4ᵉ) 1308
Le Sushi Okuda ⓄⓄ (8ᵉ) 1350
La Table d'Antan ⓐ
    (Sainte-Geneviève-des-Bois) 1457
La Table des Blot - Auberge du Château
    ✿ (Dampierre-en-Yvelines) 1437
Les Tablettes de Jean-Louis Nomicos
    ✿ (16ᵉ) 1400
Taokan ⓄⓄ (6ᵉ) 1322
Le Tastevin ⓄⓄ (Maisons-Laffitte) 1442
Timgad ⓄⓄ (17ᵉ) 1413
Tipaza ⓄⓄ (15ᵉ) 1396
La Tour ⓄⓄ (Versailles) 1461
La Tour de Marrakech ⓄⓄ (Antony) . . 1426
Le Tournesol ⓄⓄ (16ᵉ) 1405
Tsé Yang ⓄⓄ (16ᵉ) 1402
Tsukizi ⓄⓄ (6ᵉ) 1322
Un Dimanche à Paris ⓄⓄ (6ᵉ) 1318
Le Van Gogh ⓄⓄ (Asnières-sur-Seine) . 1427
Vaudeville ⓄⓄ (2ᵉ) 1298
Les Vignes Rouges ⓄⓄ
    (Cergy-Pontoise) 1434
Le Vilgacy ⓄⓄ (Gagny) 1439
Le Village ✿ (Marly-le-Roi) 1443
Villa9Trois ⓄⓄ (Montreuil) 1445
Le Violon d'Ingres ✿ (7ᵉ) 1329
Le Vraymonde ⓄⓄ (8ᵉ) 1345
Wakaba ⓄⓄ (7ᵉ) 1336
Zen ⓐ (1ᵉʳ) 1288
Zerda ⓄⓄ (10ᵉ) 1368

L'Absinthe ⇡○ (1er)..............1290
Les Affranchis ⇡○ (9e)..........1362
Agapé ❀ (17e)...................1412
Alcazar ⇡○ (8e).................1318
Allard ⇡○ (6e)..................1320
L'Altro ⇡○ (6e).................1322
Ambassade d'Auvergne ⇡○ (3e).....1303
L'Ambassade de Pékin ⇡○
   (Saint-Mandé)................1454
À mère ⊛ (10e)..................1367
L'Amourette ⇡○ (Montreuil)......1445
L'Ancienne Maison Gradelle ⇡○ (10e) 1369
L'Apibo ⇡○ (2e).................1301
L'Ardoise ⇡○ (1er)..............1291
Arpège ❀❀❀ (7e)................1327
Astier ⇡○ (11e).................1375
L'Atelier de Joël Robuchon - Étoile
   ❀ (8e)......................1344
L'Atelier de Joël Robuchon -
   St-Germain ❀❀ (7e)..........1328
L'Atelier du Parc ⊛ (15e).......1391
Atelier Maître Albert ⇡○ (5e)...1311
Atelier Vivanda - Cherche Midi ⊛ (6e). 1317
Auberge Flora ⇡○ (11e).........1373
Auberge Ravoux ⇡○ (Auvers-sur-Oise) 1427
Au Bourguignon du Marais ⇡○ (4e). 1307
Au Père Lapin ⇡○ (Suresnes)....1457
Au Petit Marguery ⇡○ (13e).....1382
Au Rendez-vous des Camionneurs ⊛
   (1er).......................1288
Aux Prés ⇡○ (6e)...............1319
Aux Verres de Contact ⊛ (5e)...1311
Axuria ⇡○ (15e)................1395
Azabu ⇡○ (6e)..................1322
Baan Boran ⇡○ (1er)............1291
Baffo ⇡○ (4e)..................1308
Basilic et Spice ⇡○ (13e)......1383
Le Baudelaire ❀ (1er)..........1287
Beaucoup ⇡○ (3e)...............1304
Beurre Noisette ⊛ (15e)........1391
Bibimbap ⇡○ (5e)...............1313
Bistro des Gastronomes ⊛ (5e)..1311
Bistro d'Italie ⇡○ (17e).......1415
Bistrot Augustin ⇡○ (14e)......1386
Le Bistrot du Maquis ⇡○ (18e)..1420
Bistrot Papillon ⊛ (9e)........1359
Bistrot Paul Bert ⇡○ (11e).....1374
Bistrotters ⊛ (14e)............1385
Bizan ⇡○ (2e)..................1300
Blue Valentine ⇡○ (11e)........1373

Bofinger ⇡○ (4e)...............1307
Bon Kushikatsu ⇡○ (11e)........1373
Bonne Franquette ⇡○ (Janvry)...1441
Le Bon Saint-Pourçain ⇡○ (6e)..1323
Le Boudoir ⇡○ (8e).............1349
Les Bouquinistes ⇡○ (6e).......1318
Braisenville ⊛ (9e)............1358
Brasserie Gallopin ⇡○ (2e).....1298
Brasserie Thoumieux by Sylvestre ⇡○
   (7e)........................1332
Café Constant ⊛ (7e)...........1331
Café de la Paix ⇡○ (9e)........1360
Café de l'Esplanade ⇡○ (7e)....1332
Café des Abattoirs ⊛ (1er).....1288
Le Café des Artistes ⇡○ (Ville-d'Avray) 1462
La Cagouille ⇡○ (14e)..........1387
Les Cailloux ⇡○ (13e)..........1382
Camélia ⇡○ (1er)...............1289
La Cantine du Troquet Dupleix ⇡○
   (15e).......................1394
Capucine ⇡○ (11e)..............1375
Casa Bini ⇡○ (6e)..............1319
Cazaudehore ⇡○
   (Saint-Germain-en-Laye).....1453
Le Cénacle ⇡○ (Tremblay-en-France) 1458
Chamarré Montmartre ⇡○ (18e)...1420
Chameleon ⇡○ (10e).............1368
Le Chardenoux ⇡○ (11e).........1372
Le Chateaubriand ⇡○ (11e)......1374
Château des Îles ⇡○
   (Saint-Maur-des-Fossés).....1455
Chatomat ⇡○ (20e)..............1424
Le Cherche Midi ⇡○ (6e)........1320
Chez Casimir ⇡○ (10e)..........1369
Chez Cécile - La Ferme des Mathurins
   ⊛ (8e)......................1344
Chez Frezet ⇡○ (18e)...........1420
Chez Monsieur ⇡○ (8e)..........1349
Le Chiquito ❀ (Cergy-Pontoise).1434
Le Christine ⇡○ (6e)...........1323
Ciasa Mia ⇡○ (5e)..............1312
Le Cinq ❀❀❀ (8e)..............1339
Le Cinq Codet ⇡○ (7e)..........1332
Citrus Étoile ⇡○ (8e)..........1345
Le Clos Y ⇡○ (15e).............1393
Le Clou de Fourchette ⇡○ (17e).1415
Clown Bar ⇡○ (11e).............1373
Les Cocottes - Arc de Triomphe ⇡○
   (8e)........................1347
Les Cocottes - Tour Eiffel ⊛ (7e)... 1331

Comme Chez Maman ⅼ○ (17e)....... 1416
Le Comptoir du Relais ⅼ○ (6e) 1323
La Contre Allée ⅼ○ (14e)...........1387
Le Coq de la Maison Blanche ⅼ○
 (Saint-Ouen) 1455
Le Coq Rico ⅼ○ (18e)..............1420
Coretta ⅼ○ (17e)................. 1413
La Coupole ⅼ○ (14e) 1386
Cristal Room Baccarat ⅼ○ (16e)....1403
Le Dali ⅼ○ (1er)..................1288
La Dame de Pic ✿ (1er)...........1287
Dar Lyakout ⅼ○ (7e) 1334
D'Chez Eux ⅼ○ (7e)...............1332
Les Délices d'Aphrodite ⅼ○ (5e)..... 1312
Les Déserteurs ⅼ○ (11e)...........1374
Des Gars dans la Cuisine ⅼ○ (3e) 1304
Dessirier par Rostang Père et Filles
 ⅼ○ (17e) 1413
Diep ⅼ○ (8e)....................1348
XVII sur Vin ⅼ○ (17e) 1416
Le Dôme ⅼ○ (14e).................1385
Dominique Bouchet ✿ (8e)........1344
Le Dorcia ⅼ○ (2e)................. 1301
Drouant ⅼ○ (2e)..................1297
Eclectic ⅼ○ (15e)..................1393
L'Écu de France ⅼ○
 (Chennevières-sur-Marne).........1435
Ellsworth ⅼ○ (1er)................. 1291
Encore ⅼ○ (9e)...................1362
L'Entredgeu ⊕ (17e)..............1412
L'Envie du Jour ⅼ○ (17e).......... 1417
Épicure au Bristol ✿✿✿ (8e) 1339
L'Escient ⅼ○ (17e) 1415
L'Essentiel ⅼ○ (14e)...............1388
Étoile sur Mer ✿ (17e)............1411
Étude ⅼ○ (16e)...................1403
Les Fables de La Fontaine ✿ (7e) ...1330
Faim et Soif ⅼ○
 (Saint-Maur-des-Fossés)..........1455
La Ferrandaise ⅼ○ (6e)...........1320
Le First ⅼ○ (1er).................1289
Fish La Boissonnerie ⅼ○ (6e)....... 1321
Flandrin ⅼ○ (16e).................1404
Florimond ⅼ○ (7e)................1335
Fontaine de Mars ⅼ○ (7e).........1334
Fontanarosa ⅼ○ (15e).............1393
Fouquet's ⅼ○ (8e)................1346
Les Fous de l'Île ⅼ○ (4e)..........1308
Fraîche ⅼ○ (10e)..................1369
Le Frank ⅼ○ (16e).................1407
Le Gabriel ✿✿ (8e)...............1340
Le Galopin ⅼ○ (10e)..............1368
Garance ✿ (7e) 1329

Le Garde-Manger ⅼ○ (Saint-Cloud)..1452
La Gauloise ⅼ○ (15e)..............1392
Gaya Rive Gauche par Pierre Gagnaire
 ✿ (7e).......................1330
Le George ⅼ○ (8e)................1345
Giova ⅼ○ (17e) 1416
Glou ⅼ○ (3e)....................1304
Gordon Ramsay au Trianon ✿
 (Versailles)....................1458
Le Gorille Blanc ⅼ○ (4e)...........1308
Goust d'Enrico Bernardo ✿ (2e).....1296
Graindorge ⊕ (17e)............. 1412
Grand Cœur ⅼ○ (4e).............1307
La Grande Cascade ✿ (16e).......1399
La Gueulardière ⅼ○ (Ozoir-la-Ferrière).1447
Gwadar ⅼ○ (1er) 1292
Gwon's Dining ⅼ○ (15e)...........1392
Hanawa ⅼ○ (8e).................1347
Hélène Darroze ✿ (6e)............1316
Hexagone ✿ (16e)...............1401
Hostellerie du Nord ⅼ○
 (Auvers-sur-Oise)...............1427
I Golosi ⊕ (9e)..................1359
Il Piccolino ⅼ○ (8e)...............1350
Il Vino d'Enrico Bernardo ✿ (7e) 1328
Impérial Choisy ⊕ (13e)........... 1381
L'Inattendu ⅼ○ (15e) 1392
Intuition Gourmande ⅼ○ (15e)......1393
Invictus ⅼ○ (6e).................1322
Itinéraires ⅼ○ (5e)...............1310
Jadis ⅼ○ (15e)...................1394
Les Jardins de Camille ⅼ○ (Suresnes)..1457
Jeanne B ⅼ○ (18e) 1421
Juan ⅼ○ (16e)...................1406
Le Jules Verne ✿ (7e)............1328
Kigawa ⅼ○ (14e).................1386
Kiku ⅼ○ (9e)....................1363
Kokoro ⊕ (5e)...................1311
Kura ⅼ○ (16e)...................1406
Lao Lane Xang 2 ⅼ○ (13e) 1383
Lao Siam ⅼ○ (19e)...............1423
Laurent ✿ (8e)..................1341
Lazare ⅼ○ (8e)..................1348
Lhassa ⅼ○ (5e).................. 1313
Lili ⅼ○ (16e).....................1402
Liza ⅼ○ (2e)....................1300
Le Lotus ⅼ○ (13e)................1383
Louis ⅼ○ (9e)...................1361
Le Lumière ⅼ○ (9e) 1360
Macéo ⅼ○ (1er) 1288
La Machine à Coudes ⅼ○
 (Boulogne-Billancourt) 1430
Ma Cocotte ⅼ○ (Saint-Ouen).......1455

Maison Blanche ⑪○ (8ᵉ) 1345
La Maison des Bois ⑪○ (Plaisir) 1448
Maison Rostang ⊛⊛⊛ (17ᵉ) 1411
Mansouria ⊛ (11ᵉ) 1371
Le Marcigny ⑪○ (Viry-Châtillon). 1463
Marco Polo ⑪○ (6ᵉ) 1321
La Marée Passy ⑪○ (16ᵉ). 1407
Marius et Janette ⑪○ (8ᵉ). 1346
La Marlotte ⊛ (6ᵉ) 1317
Matière à... ⑪○ (10ᵉ) 1368
Maxan ⑪○ (8ᵉ) 1347
La Méditerranée ⑪○ (6ᵉ) 1318
Mee ⊛ (1ᵉʳ) 1288
Mini Palais ⑪○ (8ᵉ). 1347
Mirama ⑪○ (5ᵉ). 1313
Moissonnier ⑪○ (5ᵉ) 1312
Monsieur Bleu ⑪○ (16ᵉ). 1404
Mon Vieil Ami ⑪○ (4ᵉ) 1307
Mori Venice Bar ⑪○ (2ᵉ) 1297
Moulin d'Orgeval ⑪○ (Orgeval). 1447
Neige d'Été ⊛ (15ᵉ). 1391
Nina ⊛ (14ᵉ). 1385
Noglu ⑪○ (2ᵉ). 1301
Nolita ⑪○ (8ᵉ). 1347
Nomos ⑪○ (18ᵉ) 1420
Ô Divin ⑪○ (19ᵉ). 1422
L'Oiseau Blanc ⑪○ (16ᵉ) 1402
Okuda ⊛ (8ᵉ). .1343
L'Oriental ⑪○ (9ᵉ) 1363
Pages ⊛ (16ᵉ). .1401
Paradis ⑪○ (10ᵉ). 1369
Le Pario ⊛ (15ᵉ). 1391
Pascade ⊛ (2ᵉ) 1297
Passy Mandarin Palais Royal ⑪○ (2ᵉ).1298
Pavillon Henri IV ⑪○
   (Saint-Germain-en-Laye). 1452
Le Percolateur ⑪○ (8ᵉ) 1350
Le Petit Marius ⑪○ (8ᵉ). 1349
Pho Tai ⊛ (13ᵉ) 1381
Pierre Sang in Oberkampf ⑪○ (11ᵉ). . . 1374
Pierrot ⑪○ (2ᵉ) 1300
Pomze ⊛ (8ᵉ) .1344
Professore ⑪○ (9ᵉ) 1362
Le P'tit Troquet ⑪○ (7ᵉ) 1334
Quedubon ⑪○ (19ᵉ). 1423
La Rallonge ⑪○ (18ᵉ). 1420
Ratapoil du Faubourg ⑪○ (10ᵉ). 1367
Ratn ⑪○ (8ᵉ) 1348
Le Récamier ⑪○ (7ᵉ) 1335
La Régalade Conservatoire ⑪○ (9ᵉ). . 1361
Restaurant du Palais Royal ⑪○ (1ᵉʳ) . .1289

La Romantica ⑪○ (Clichy) 1436
La Rotonde ⑪○ (6ᵉ). 1319
St-James Paris ⊛ (16ᵉ). 1399
Saperlipopette ! ⑪○ (Puteaux) 1449
Semilla ⑪○ (6ᵉ). 1320
Le 7 à Issy ⑪○ (Issy-les-Moulineaux) .1440
750g La Table ⑪○ (15ᵉ). 1395
Shang Palace ⊛ (16ᵉ). 1400
Shin Jung ⑪○ (8ᵉ) 1350
Silk et Spice ⑪○ (2ᵉ) 1300
Le 6 Paul Bert ⑪○ (11ᵉ) 1373
Soon Grill ⑪○ (2ᵉ) 1304
Spring ⑪○ (1ᵉʳ) 1290
STAY Faubourg ⑪○ (8ᵉ) 1346
Stéphane Martin ⑪○ (15ᵉ). 1394
Suan Thaï ⑪○ (4ᵉ) 1308
Sukhothaï ⑪○ (13ᵉ) 1383
Le Sushi Okuda ⑪○ (8ᵉ) 1350
La Table de Botzaris ⑪○ (19ᵉ) 1423
La Table de Cybèle ⑪○
   (Boulogne-Billancourt) 1430
Les Tablettes de Jean-Louis Nomicos
   ⊛ (16ᵉ). 1400
Taokan ⑪○ (6ᵉ). 1322
Teppanyaki Ginza Onodera ⑪○ (6ᵉ). . 1319
Terroir Parisien - Palais Brongniart
   ⑪○ (2ᵉ) 1299
Timgad ⑪○ (17ᵉ) 1413
Tipaza ⑪○ (15ᵉ). 1396
La Tour ⑪○ (Versailles) 1461
Le Tournesol ⑪○ (16ᵉ) 1405
Toyo ⑪○ (6ᵉ) 1319
La Truffière ⊛ (5ᵉ) 1310
Tsé Yang ⑪○ (16ᵉ) 1402
Le Un, Bistrot Gourmand ⑪○ (15ᵉ) . . .1394
Le Vaisseau Vert ⑪○ (9ᵉ) 1360
Le Van Gogh ⑪○ (Asnières-sur-Seine). . . .
   1427
Vaudeville ⑪○ (2ᵉ). 1298
Victoria 1836 ⑪○ (16ᵉ). 1402
Villa9Trois ⑪○ (Montreuil) 1445
Villaret ⊛ (11ᵉ) 1372
Le Violon d'Ingres ⊛ (7ᵉ) 1329
Le Vitis ⑪○ (15ᵉ) 1391
Le Vraymonde ⑪○ (8ᵉ) 1345
Wakaba ⑪○ (7ᵉ) 1336
Will ⑪○ (12ᵉ) 1379
Yanasé ⑪○ (15ᵉ) 1395
Yen ⑪○ (6ᵉ). 1321
Ze Kitchen Galerie ⊛ (6ᵉ) 1317
Zerda ⑪○ (10ᵉ) 1368

INDEX DES HÔTELS

A

Le A 🏨 (8e). 1356
L'Abbaye 🏨 (6e) 1324
Abbaye des Vaux de Cernay 🏨
  (Cernay-la-Ville) 1435
Acanthe 🏨 (Boulogne-Billancourt) . . 1431
Aiglon 🏨 (14e) 1389
Albe 🏨 (5e) 1315
Alison 🏨 (8e) 1358
Alpha Eiffel 🏨 (Boulogne-Billancourt) 1431
Ampère 🏨 (17e) 1418
Angely 🏨 (11e) 1377
Apollon Montparnasse 🏨 (14e) 1390
Apostrophe 🏨 (6e) 1327
Arcade 🏨 (8e) 1356
Arc de Triomphe Étoile 🏨 (17e) 1419
Ares 🏨 (15e) 1397
Athénée 🏨 (9e) 1365
Atlantic 🏨 (8e) 1357
Atmosphères 🏨 (5e) 1313
Auberge Flora 🏨 (11e) 1376
Au Manoir St-Germain-des-Prés 🏨
  (6e) 1325
Au Palais de Chaillot 🏨 (16e) 1411
Austin's Arts et Métiers 🏨 (3e) 1306

B

Les Bains 🏨 (3e) 1305
Baltimore 🏨 (16e) 1408
Balzac 🏨 (8e) 1353
Banke 🏨 (9e) 1364
Bassano 🏨 (16e) 1410
Beaubourg 🏨 (4e) 1309
Beauséjour Montmartre 🏨 (17e) 1418
Bedford 🏨 (8e) 1354
Bel Ami St-Germain des Prés 🏨 (6e) . 1324
Le Bellechasse 🏨 (7e) 1337
La Belle Juliette 🏨 (6e) 1326
Bourg Tibourg 🏨 (4e) 1309
Le Bristol 🏨 (8e) 1351
Britannique 🏨 (1er) 1295
Buci 🏨 (6e) 1325
Buddha-Bar Hotel 🏨 (8e) 1352
Le Burgundy 🏨 (1er) 1293

C

Cambon 🏨 (1er) 1294
Canal St-Martin 🏨 (19e) 1424
Caron de Beaumarchais 🏨 (4e) 1309

Castex 🏨 (4e) 1310
Castille Paris 🏨 (1er) 1293
Le 123 🏨 (8e) 1355
123 Sébastopol 🏨 (2e) 1302
Chambellan Morgane 🏨 (16e) 1410
Chambiges Élysées 🏨 (8e) 1355
Champ de Mars 🏨 (7e) 1338
Champs-Élysées Plaza 🏨 (8e) 1352
Chateaubriand 🏨 (8e) 1355
Château des Îles 🏨
  (Saint-Maur-des-Fossés) 1455
Châtillon Paris Montparnasse 🏨 (14e) 1389
Le Chat Noir 🏨 (18e) 1422
Chavanel 🏨 (8e) 1357
Le Cinq Codet 🏨 (7e) 1336
Concorde Montparnasse 🏨 (14e) . . . 1389
Costes 🏨 (1er) 1293
Courtyard by Mariott 🏨
  (Boulogne-Billancourt) 1431
Courtyard by Marriott 🏨 (Colombes) . 1436
Courtyard Paris St-Denis 🏨
  (Saint-Denis) 1452
Le Crayon 🏨 (1er) 1295
Le Crayon Rouge 🏨 (1er) 1295

D

La Dame du Panthéon 🏨 (5e) 1313
Daumesnil Vincennes 🏨 (Vincennes) 1463
Delambre 🏨 (14e) 1389
Demeure 🏨 (13e) 1384
Doisy 🏨 (17e) 1419
Dokhan's Radisson Blu 🏨 (16e) 1408
Dream Castle 🏨 (Marne-la-Vallée) . 1444
Duc de St-Simon 🏨 (7e) 1336
Duo 🏨 (4e) 1309
Duret 🏨 (16e) 1410

E

Eden 🏨 (15e) 1398
L'Edmond 🏨 (17e) 1418
Édouard VII 🏨 (2e) 1302
Eiffel Cambronne 🏨 (15e) 1397
Elysée Gare de Lyon 🏨 (12e) 1380
Empereur 🏨 (7e) 1337
Espace Champerret 🏨
  (Levallois-Perret) 1441
Esprit St-Germain 🏨 (6e) 1324
Les Étangs de Corot 🏨 (Ville-d'Avray) 1463
Eurostars Panorama 🏨 (10e) 1370

© Jzhuk/Fotolia.com

F

Le Fabe 🏠 (14ᵉ) 1389
Fabric 🏠 (11ᵉ). 1376
Faubourg 88 🏠 (10ᵉ) 1370
Faubourg Saint-Martin 🏠 (10ᵉ) 1370
Félicien 🏠 (16ᵉ) 1409
First 🏠 (15ᵉ) .1397
La Forestière 🏠🏠
    (Saint-Germain-en-Laye). 1454
Fouquet's Barrière 🏠🏠🏠 (8ᵉ). 1351
Four Seasons George V 🏠🏠🏠🏠 (8ᵉ). . . .1351
François 1er 🏠 (8ᵉ) 1355
Franklin 🏠 (Montreuil). 1446

G

Gabriel Paris 🏠 (11ᵉ) 1376
Garden Élysée 🏠🏠 (16ᵉ) 1409
Le Général 🏠 (11ᵉ). 1376
Gramont Opéra 🏠 (2ᵉ). 1303
Le Grand Hôtel 🏠🏠 (Enghien-les-Bains)1439
Grand Hôtel du Palais Royal 🏠🏠 (1ᵉʳ) .1294
Grand Hôtel Français 🏠 (11ᵉ) 1377
Grand Hôtel St-Michel 🏠 (5ᵉ). 1314
Le Grey 🏠 (9ᵉ). 1365

H

Hidden 🏠 (17ᵉ). 1418
Hilton 🏠🏠 (Roissy-en-France) 1450
Hilton La Défense 🏠🏠 (La Défense) .1438
Hilton Paris Opéra 🏠🏠 (8ᵉ) 1352

Holiday Inn Express Canal de la Villette
    🏠 (19ᵉ). 1423
Hor 🏠 (10ᵉ). 1370
L'Horset Opéra 🏠🏠 (2ᵉ) 1302
Hostellerie du Prieuré 🏠 (Saint-Prix). .1456
L'Hôtel 🏠🏠 (6ᵉ). 1323
Hôtel d'Aubusson 🏠🏠 (6ᵉ). 1324
Hôtel de Banville 🏠 (17ᵉ). 1418
Hôtel de Berny 🏠 (Antony) 1426
Hôtel de Fleurie 🏠 (6ᵉ) 1326
Hôtel de la Paix 🏠 (14ᵉ) 1390
Hôtel de Nell 🏠🏠 (9ᵉ) 1364
Hôtel de Noailles 🏠 (2ᵉ) 1303
Hôtel des Académies et des Arts
    🏠 (6ᵉ) 1326
Hôtel de Sers 🏠🏠 (8ᵉ). 1354
Hôtel de Sèvres 🏠 (6ᵉ) 1326
Hôtel des Grands Hommes 🏠 (5ᵉ). . . 1314
Hôtel de Varenne 🏠 (7ᵉ). 1338
Hôtel de Vendôme 🏠🏠🏠 (1ᵉʳ). 1293
L'Hôtel du Collectionneur 🏠🏠🏠 (8ᵉ) .1353
Hôtel du Continent 🏠 (1ᵉʳ). 1295
Hôtel du Lac 🏠🏠 (Enghien-les-Bains)1439
Hôtel du Levant 🏠 (5ᵉ) 1314
Hôtel du Ministère 🏠 (8ᵉ) 1355
Hôtel du Nord 🏠 (10ᵉ). 1371
Hôtel du Printemps 🏠 (12ᵉ) 1380
Hôtel du Vieux Saule 🏠 (3ᵉ) 1306
Hôtel Elysées 8 🏠 (8ᵉ) 1357
Hôtel Odyssey 🏠 (1ᵉʳ) 1295
L'Hôtel Particulier Montmartre 🏠 (18ᵉ) 1422

I

Intercontinental Avenue Marceau
⌂ (8ᵉ) 1354
Intercontinental Le Grand ⌂ (9ᵉ). .1363

J

Jack's Hôtel ⌂ (13ᵉ). 1384
Jacques de Molay ⌂ (3ᵉ) 1306
Jardin de Cluny ⌂ (5ᵉ). 1314
Jardin de Neuilly
⌂ (Neuilly-sur-Seine) 1447
Les Jardins d'Eiffel ⌂ (7ᵉ) 1338
Les Jardins de la Villa ⌂ (17ᵉ) 1418
Jeu de Paume ⌂ (4ᵉ) 1309
Joyce ⌂ (9ᵉ) 1365
Jules et Jim ⌂ (3ᵉ) 1305
Juliana ⌂ (7ᵉ). 1336

K

Keppler ⌂ (16ᵉ) 1408
K+K Hotel Cayré ⌂ (7ᵉ) 1336
Kube ⌂ (18ᵉ). 1421

L

Lancaster ⌂ (8ᵉ). 1352
Le Lapin Blanc ⌂ (5ᵉ) 1313
Le Lavoisier ⌂ (8ᵉ). 1357
Legend ⌂ (6ᵉ) 1327
Little Palace ⌂ (3ᵉ). 1305
Londres Eiffel ⌂ (7ᵉ). 1338
Louvre St-Honoré ⌂ (1ᵉʳ). 1294
Lumières ⌂ (18ᵉ) 1422
Lutèce ⌂ (4ᵉ). 1309
Luxembourg Parc ⌂ (6ᵉ) 1325

M

Le M ⌂ (14ᵉ). .1389
Mac Mahon ⌂ (17ᵉ) 1417
Madison ⌂ (6ᵉ) 1325
Magic Circus ⌂ (Marne-la-Vallée) . .1444
La Maison Champs-Élysées ⌂ (8ᵉ). .1354
La Maison Favart ⌂ (2ᵉ) 1302
Maison FL ⌂ (16ᵉ). 1409
Mama Shelter ⌂ (20ᵉ) 1425
Mandarin Oriental ⌂ (1ᵉʳ). 1293
Le Manoir de Gressy ⌂ (Gressy). . . .1440
La Manufacture ⌂ (13ᵉ). 1384
Marais Bastille ⌂ (11ᵉ) 1376
Le Marianne ⌂ (8ᵉ). 1356
Marignan ⌂ (8ᵉ). 1354
Marquis Faubourg Saint-Honoré
⌂ (8ᵉ) 1355

Marriott Champs-Élysées ⌂ (8ᵉ). . . 1353
Marriott Opéra Ambassador
⌂ (9ᵉ) 1364
Marriott ⌂ (Roissy-en-France). 1450
Le Mathurin ⌂ (8ᵉ). 1356
Mayet ⌂ (6ᵉ) .1327
Melia Paris La Défense ⌂
(La Défense) 1438
Mercure Airport ⌂
(Roissy-en-France). 1450
Mercure ⌂ (Cergy-Pontoise) 1433
Mercure Gare de Lyon ⌂ (12ᵉ). 1380
Mercure ⌂ (Massy). 1444
Mercure Montmartre ⌂ (18ᵉ) 1421
Mercure ⌂ (Montrouge). 1446
Mercure Notre-Dame
St-Germain des Prés ⌂ (5ᵉ) 1315
Mercure Paris 15
Porte de Versailles ⌂ (15ᵉ) 1397
Mercure Paris Porte de Versailles
Expo ⌂ (Vanves) 1458
Mercure Place d'Italie ⌂ (13ᵉ). 1383
Mercure Raspail Montparnasse ⌂
(14ᵉ). 1389
Mercure Roissy ⌂ (Roissy-en-France).1450
Mercure
⌂ (Saint-Quentin-en-Yvelines) 1456
Mercure Paris Centre Tour Eiffel ⌂
(15ᵉ). 1396
Mercure Versailles Château ⌂
(Versailles). .1462
Le Metropolitan Radisson Blu ⌂ (16ᵉ).1409
Le Meurice ⌂ (1ᵉʳ) 1292
Meyerhold ⌂ (9ᵉ) 1364
Molitor ⌂ (16ᵉ). 1409
Mon Hôtel ⌂ (16ᵉ) 1409
Montalembert ⌂ (7ᵉ) 1336
Monterosa ⌂ (9ᵉ) 1366
Moulin d'Orgeval ⌂ (Orgeval) 1447
Muguet ⌂ (7ᵉ). 1337

N

Napoléon ⌂ (8ᵉ). 1353
9 Hotel ⌂ (9ᵉ). 1366
9 Hotel Montparnasse ⌂ (14ᵉ). 1390
Neuilly Park ⌂ (Neuilly-sur-Seine). . .1447
New Hotel Roblin ⌂ (8ᵉ) 1354
Nicolo ⌂ (16ᵉ). 1410
Nord et Est ⌂ (11ᵉ). 1377
Novotel Convention et Wellness ⌂
(Roissy-en-France). 1450
Novotel Gare de Lyon ⌂ (12ᵉ). 1380

Novotel 🏠 (Marne-la-Vallée) 1444
Novotel Paris Est 🏠 (Bagnolet) 1428
Novotel Porte d'Italie 🏠
    (Le Kremlin-Bicêtre). 1441
Novotel 🏠 (Rueil-Malmaison) 1451
Novotel 🏠 (Saclay). 1451
Novotel St-Quentin Golf National 🏠
    (Saint-Quentin-en-Yvelines) 1456
Novotel Tour Eiffel 🏠 (15ᵉ). 1396

O

Odéon St-Germain 🏠 (6ᵉ). 1326
Opal 🏠 (8ᵉ) 1356
Opéra Diamond 🏠 (8ᵉ). 1354
Opéra Pavillon 🏠 (9ᵉ) 1365
Opéra Richepanse 🏠 (1ᵉʳ). 1294
L'Orée 🏠 (Longjumeau). 1442
Original 🏠 (11ᵉ) 1377

P

Paris Bastille 🏠 (12ᵉ) 1380
Park Hyatt 🏠 (2ᵉ) 1302
Pas de Calais 🏠 (6ᵉ) 1325
Passy Eiffel 🏠 (16ᵉ). 1410
Le Patio St-Antoine 🏠 (11ᵉ). 1377
Pavillon de la Reine 🏠 (3ᵉ). 1305
Le Pavillon des Lettres 🏠 (8ᵉ). 1357
Pavillon Henri IV 🏠
    (Saint-Germain-en-Laye). 1452
Peninsula 🏠 (16ᵉ). 1407
Pershing Hall 🏠 (8ᵉ). 1355
Le Petit Moulin 🏠 (3ᵉ) 1305
Le Petit Paris 🏠 (5ᵉ) 1315
Platine 🏠 (15ᵉ). 1397
Plaza Athénée 🏠 (8ᵉ). 1350
Le Plessis Grand Hôtel 🏠
    (Le Plessis-Robinson). 1448
Prince de Galles 🏠 (8ᵉ) 1351
Pulitzer 🏠 (9ᵉ) 1365
Pullman La Défense 🏠 (La Défense) . 1438
Pullman Montparnasse 🏠 (14ᵉ) 1388
Pullman Paris Centre-Bercy 🏠 (12ᵉ) 1379
Pullman Paris Tour Eiffel 🏠 (15ᵉ). . . 1396
Pullman 🏠 (Versailles). 1461

Q

Quartier Latin Panthéon 🏠 (5ᵉ). 1315
Queen's 🏠 (16ᵉ) 1410

R

Radisson Blu 🏠
    (Boulogne-Billancourt) 1431
Radisson Blu at Disneyland 🏠
    (Marne-la-Vallée) 1444
Raphael 🏠 (16ᵉ) 1407
Récamier 🏠 (6ᵉ) 1326
Régence Etoile 🏠 (17ᵉ) 1419
Regent's Garden 🏠 (17ᵉ) 1417
Regina 🏠 (1ᵉʳ) 1294
Relais Bosquet 🏠 (7ᵉ) 1338
Relais Christine 🏠 (6ᵉ) 1324
Le Relais de la Malmaison 🏠
    (Rueil-Malmaison). 1451
Relais du Louvre 🏠 (1ᵉʳ) 1295
Relais Madeleine 🏠 (9ᵉ) 1366
Relais Montmartre 🏠 (18ᵉ) 1422
Relais St-Germain 🏠 (6ᵉ) 1324
Relais St-Honoré 🏠 (1ᵉʳ) 1295
Renaissance Arc de Triomphe 🏠
    (17ᵉ) 1417
Renaissance Hippodrome de St-Cloud
    🏠 (Rueil-Malmaison) 1451
Renaissance Le Parc Trocadéro 🏠
    (16ᵉ). 1408
Renaissance Paris Vendôme 🏠 (1ᵉʳ) 1293
La Réserve 🏠 (8ᵉ). 1351
La Résidence du Berry 🏠 (Versailles). . 1462
Résidence Foch 🏠 (16ᵉ). 1410
Résidence Henri IV 🏠 (5ᵉ) 1315
Le Royal Monceau 🏠 (8ᵉ). 1351
Royal St-Honoré 🏠 (1ᵉʳ) 1294
Royal St-Michel 🏠 (5ᵉ). 1314

S

Le Saint 🏠 (7ᵉ) 1337
St-Dominique 🏠 (7ᵉ) 1338
St-Germain 🏠 (7ᵉ) 1337
St-James Paris 🏠 (16ᵉ) 1407
St-Louis 🏠 (Vincennes). 1463
Ste-Beuve 🏠 (6ᵉ). 1325
San Régis 🏠 (8ᵉ). 1353
Scribe 🏠 (9ᵉ). 1363
Select 🏠 (5ᵉ) 1314
Le Sénat 🏠 (6ᵉ) 1326
Seven 🏠 (5ᵉ) 1314
Sezz 🏠 (16ᵉ) 1408
Shangri-La 🏠 (16ᵉ) 1407
Sheraton 🏠 (Roissy-en-France). . . . 1449
Signature St-Germain des Prés 🏠 (7ᵉ) . 1338
Le Six 🏠 (6ᵉ). 1324
Sofitel Arc de Triomphe 🏠 (8ᵉ) 1353

Sofitel le Faubourg 🏨 (8ᵉ) 1352
Sofitel Paris La Défense 🏨
  (La Défense) 1438
Sorbonne 🏨 (5ᵉ) 1315
Splendid Étoile 🏨 (17ᵉ) 1418
Square 🏨 (16ᵉ) 1408
Le Standard Design 🏨 (11ᵉ) 1376
Star Champs Élysées 🏨 (17ᵉ) 1419
Le Swann 🏨 (8ᵉ) 1356

T

Terrass' Hôtel 🏨 (18ᵉ) 1421
The Chess Hotel 🏨 (9ᵉ) 1364
Thérèse 🏨 (1ᵉʳ) 1294
Thoumieux 🏨 (7ᵉ) 1337
Tourisme Avenue 🏨 (15ᵉ) 1397
La Trémoille 🏨 (8ᵉ) 1353
Triangle d'Or 🏨 (9ᵉ) 1365
Trianon Palace 🏨 (Versailles) 1461
Trocadéro La Tour 🏨 (16ᵉ) 1410
Les Trois Poussins 🏨 (9ᵉ) 1365

U

Université 🏨 (7ᵉ) 1337

V

Vernet 🏨 (8ᵉ) 1352
Le Versailles 🏨 (Versailles) 1462
Vic Eiffel 🏨 (15ᵉ) 1397
Vice Versa 🏨 (15ᵉ) 1396
Victoires Opéra 🏨 (2ᵉ) 1303
Victoria Palace 🏨 (6ᵉ) 1323
Le Vignon 🏨 (8ᵉ) 1356
La Villa d'Estrées et Résidence des Arts
  🏨 (6ᵉ) 1326
Villa et Hôtel Majestic 🏨 (16ᵉ) 1408
La Villa Maillot 🏨 (16ᵉ) 1409
Villa Mazarin 🏨 (4ᵉ) 1309
La Villa St-Germain 🏨 (6ᵉ) 1325
Villa Sorel 🏨 (Boulogne-Billancourt) . 1431
Le 20 Prieuré Hôtel 🏨 (11ᵉ) 1377
Vivaldi 🏨 (Puteaux) 1449

W

West-End 🏨 (8ᵉ) 1357
The Westin Paris 🏨 (1ᵉʳ) 1293
Westminster 🏨 (2ᵉ) 1302
Windsor Opéra 🏨 (10ᵉ) 1370
WO' 🏨 (8ᵉ) 1357
W Paris Opéra 🏨 (9ᵉ) 1364

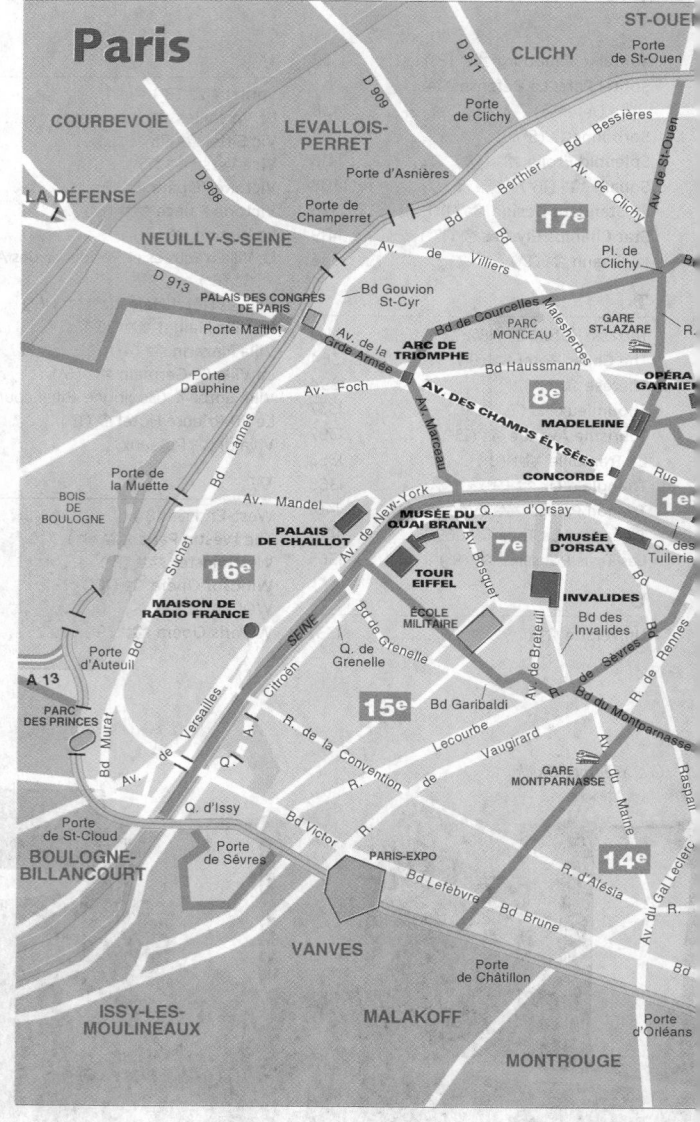

Paris

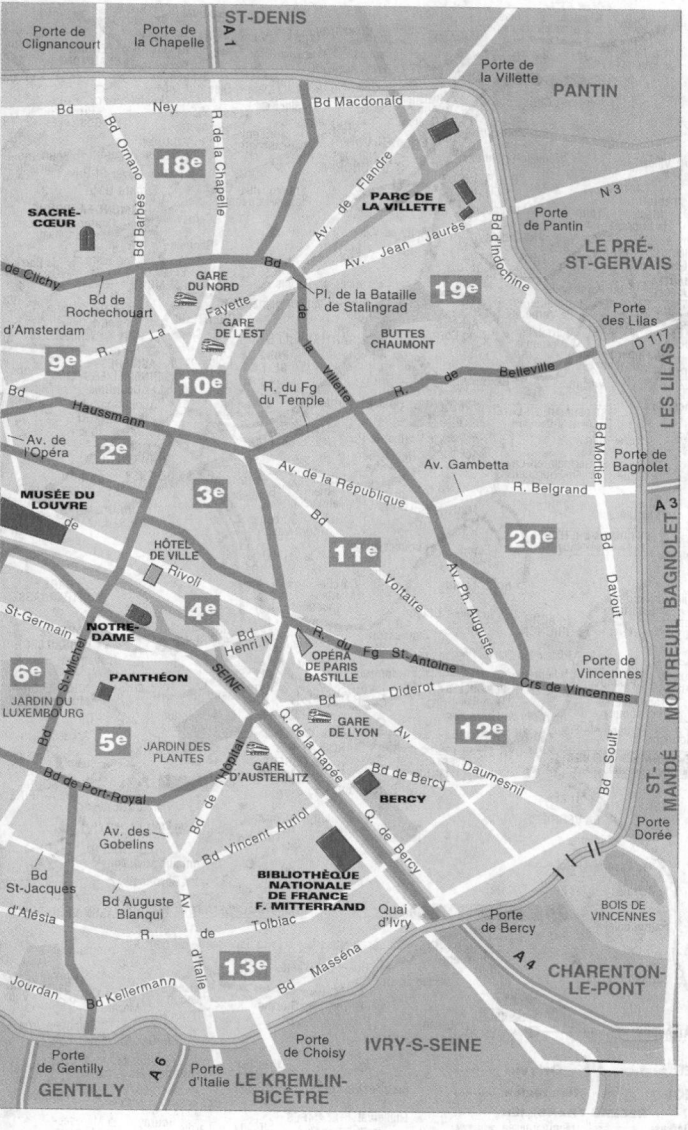

PARIS

ST-DENIS

Porte de Clignancourt
Porte de la Chapelle
A 1

Porte de la Villette
PANTIN

Bd Ney
Bd Ornano
Bd Macdonald
Porte de Pantin
N 3

18e

R. de la Chapelle
Av. de Flandre
PARC DE LA VILLETTE
Bd d'Indochine
LE PRÉ-ST-GERVAIS

SACRÉ-CŒUR
Av. Jean Jaurès
Porte des Lilas
D 117

de Clichy
Bd de Rochechouart
GARE DU NORD
Bd
Pl. de la Bataille de Stalingrad
19e
LES LILAS

d'Amsterdam
La Fayette
GARE DE L'EST
BUTTES CHAUMONT
Belleville

9e
R.
10e
R. du Fg du Temple
R. de la Villette
R. de

Bd
Haussmann
Av. de l'Opéra
2e
Av. de la République
Av. Gambetta
Bd Mortier
Porte de Bagnolet

MUSÉE DU LOUVRE
3e
Bd
R. Belgrand
A 3

de
HÔTEL DE VILLE
Rivoli
11e
Voltaire
20e
Bd Davout
MONTREUIL BAGNOLET

St-Germain
4e
Bd Henri IV
R. du Fg St-Antoine
Av. Ph.-Auguste
Porte de Vincennes

NOTRE-DAME
SEINE
OPÉRA DE PARIS BASTILLE
Crs de Vincennes

6e
PANTHÉON
Bd
Diderot
ST-MANDÉ

JARDIN DU LUXEMBOURG
5e
JARDIN DES PLANTES
GARE DE LYON
Av.
12e
Daumesnil
Bd Soult

Bd de Port-Royal
GARE D'AUSTERLITZ
Q. de la Rapée
Bd de Bercy
BERCY
Porte Dorée

Av. des Gobelins
Bd Vincent Auriol
Q. de Bercy
BOIS DE VINCENNES

Bd St-Jacques
Bd Auguste Blanqui
BIBLIOTHÈQUE NATIONALE DE FRANCE F. MITTERRAND
Quai d'Ivry
Porte de Bercy

d'Alésia
R. de
Tolbiac
13e
Bd Masséna
A 4
CHARENTON-LE-PONT

Jourdan
Bd Kellermann
d'Italie
Porte de Choisy
IVRY-S-SEINE

Porte de Gentilly
A 6
Porte d'Italie
LE KREMLIN-BICÊTRE
GENTILLY

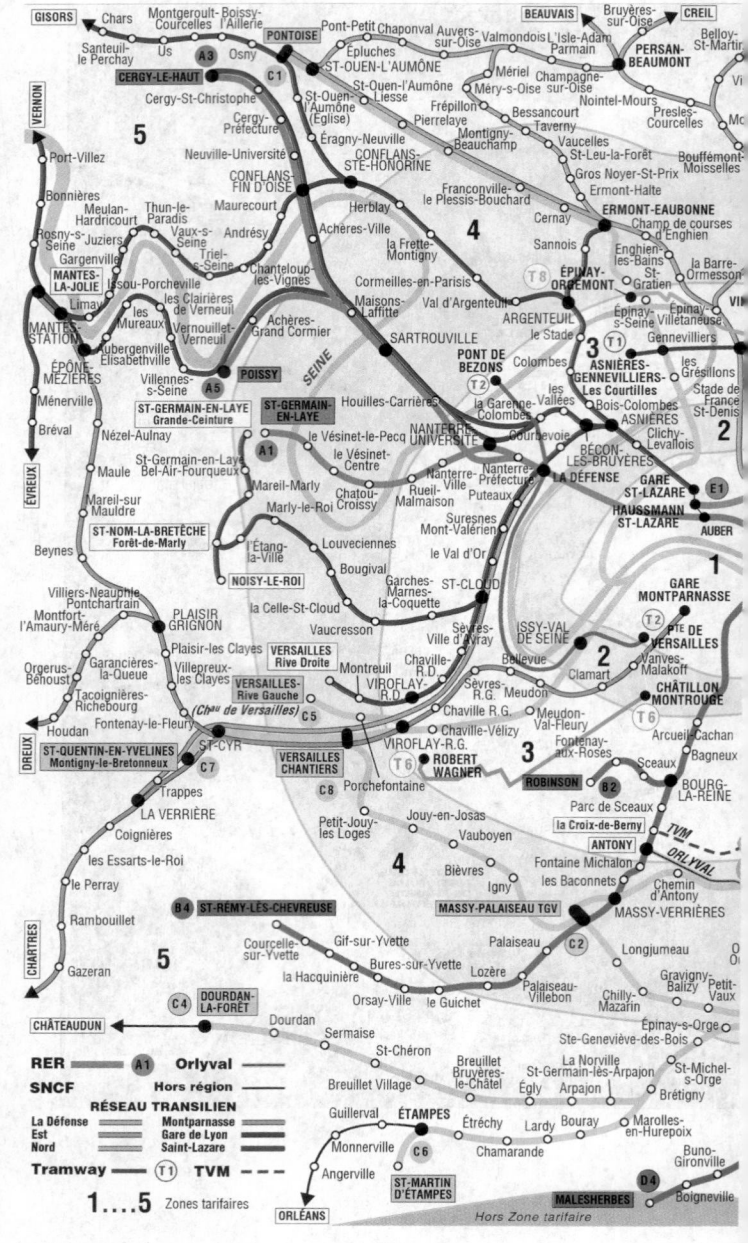

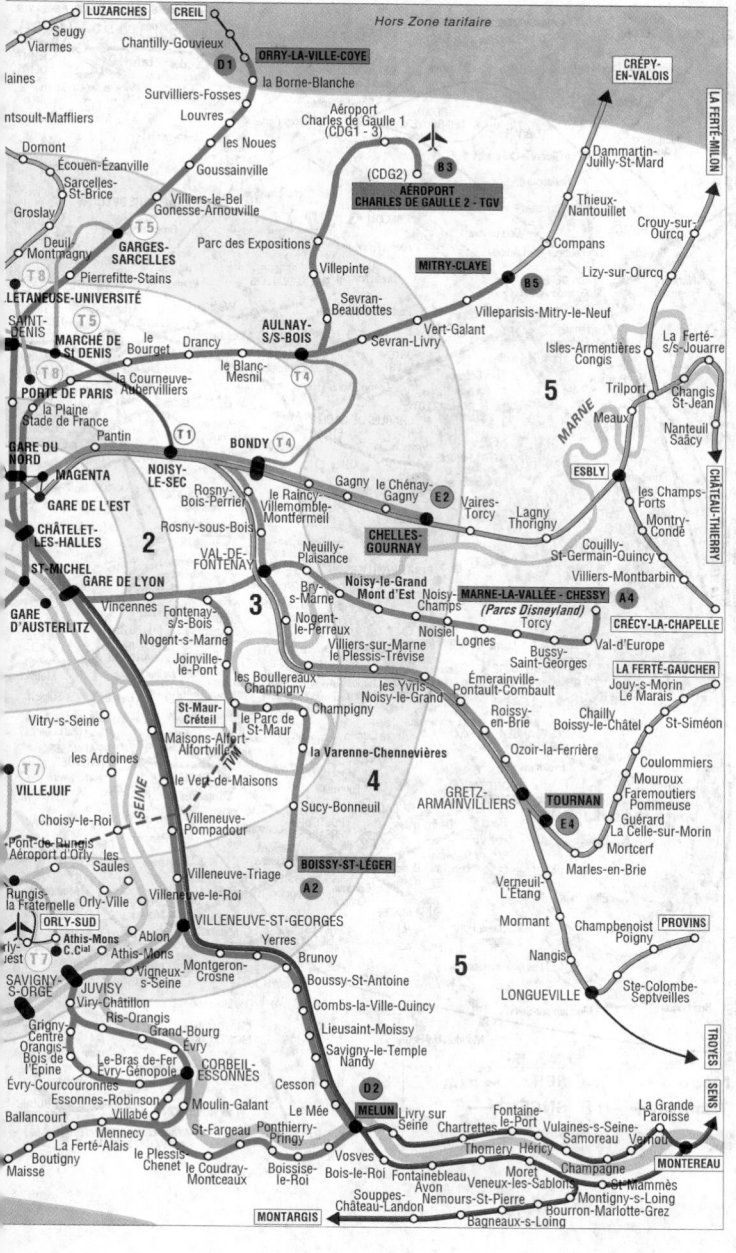

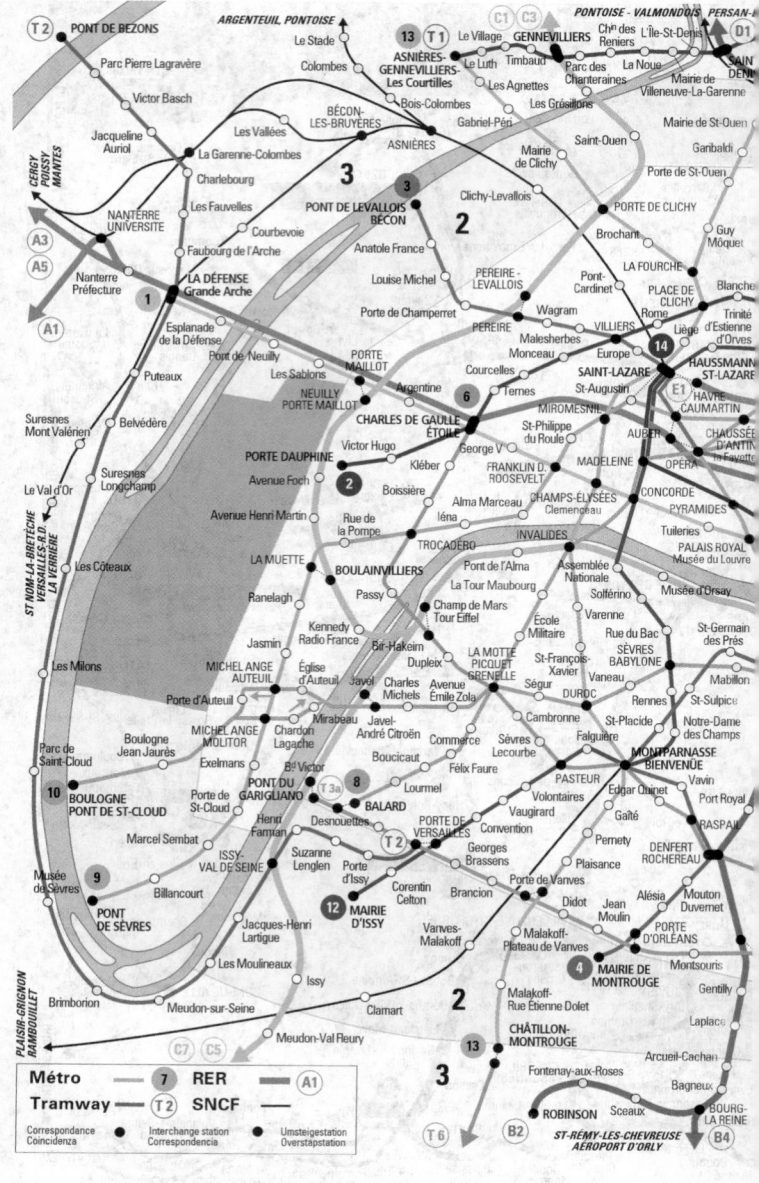

Métro — 7 RER A1
Tramway — T2 SNCF —

Correspondance
Coincidenza | Interchange station
Correspondencia | Umsteigestation
Überstapstation

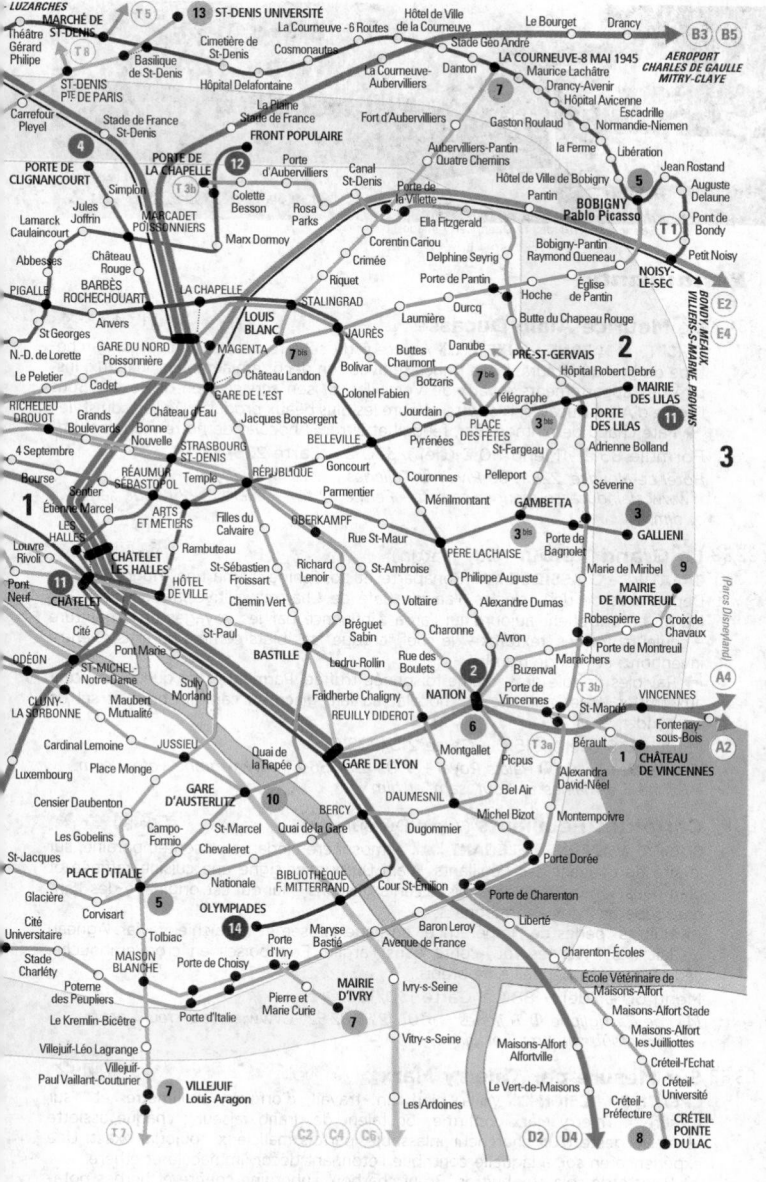

Gabriela Tulian/Moment Open/Getty Images

Palais-Royal · Louvre · Tuileries · Les Halles

✉ 75001

1ᵉʳ ARRONDISSEMENT

Restaurants

✿✿ **Le Meurice Alain Ducasse**   ⬯ AC ⚹ ⇔ ⬯

CUISINE MODERNE · LUXE XxXxX Au cœur du célèbre palace, ce lieu est l'archétype du grand restaurant à la française avec son décor éminemment luxueux, inspiré des appartements royaux de Versailles, et son service bien orchestré. Sous
l'égide d'Alain Ducasse, l'assiette célèbre les plus beaux produits. De l'art, du style !
→ Pâté chaud de pintade. Bar, fenouil et citron. Chocolat de notre manufacture.
Formule 85 € – Menu 110 € (déj.)/380 € – Carte 225/280 €

Hôtel Le Meurice, 228 r. de Rivoli Ⓜ *Tuileries –* ℰ *01 44 58 10 55*
– www.alainducasse-meurice.com/fr – Fermé 22 fév.-7 mars, 1ᵉʳ-29 août, sam.
et dim.

✿✿ **Le Grand Véfour** (Guy Martin)   ⬯ AC ⇔ ⬯

CRÉATIVE · CLASSIQUE XxxX Bonaparte et Joséphine, Lamartine, Hugo, Sartre...
Depuis plus de deux siècles, l'ancien Café de Chartres cultive la légende ! Guy
Martin en entretient aujourd'hui l'aura : influencé par les voyages et la peinture
– couleurs, formes, textures –, le chef "croque" ses plats comme un artiste, entre
invention... et grande histoire.
→ Ravioles de foie gras, crème foisonnée truffée. Parmentier de queue de bœuf
aux truffes. Palet noisette et chocolat au lait, glace au caramel brun et sel de
Guérande.
Menu 115 € (déj.)/315 € – Carte 215/285 €

17 r. de Beaujolais Ⓜ *Palais Royal –* ℰ *01 42 96 56 27 – www.grand-vefour.com*
– Fermé 3 semaines en août, sam. et dim.

✿✿ **Carré des Feuillants** (Alain Dutournier)   ⬯ AC ⇔ ⬯

CUISINE MODERNE · ÉLÉGANT XxxX Atmosphère élégante et contemporaine, sur
le site du couvent des Feuillants. Alain Dutournier signe une cuisine raffinée et
bien dans son époque, aux jolis accents gascons – lui qui est originaire des Landes. Superbes vins et armagnacs.
→ Huîtres "perles de l'impératrice" en nage infusée et rafraîchie, caviar. Agneau
de lait des Pyrénées rôti, confit dans l'argile. Framboises en croquembouche,
cédrat en zigzag et caillé de brebis.
Menu 60 € (déj.)/188 € – Carte 130/180 €

14 r. de Castiglione Ⓜ *Tuileries –* ℰ *01 42 86 82 82 – www.carredesfeuillants.fr*
– Fermé août, sam. midi et dim.

✿ **Sur Mesure par Thierry Marx**   ⬯ ♿ AC ⚹

CRÉATIVE · DESIGN XxX Voilà bien un travail d'orfèvre, millimétré et "sur
mesure" : Thierry Marx confirme son talent de grand faiseur ; chaque assiette
révèle le geste d'un chercheur inlassable, parfois malicieux, toujours exact. Une
expérience en soi, à laquelle contribue l'étonnant décor, immaculé et éthéré.
→ Risotto de soja aux huîtres. Bœuf charbon, aubergine confite et herbes potagères. Sweet bento.
Menu 85 € (déj. en semaine), 180/210 €

Hôtel Mandarin Oriental, 251 r. St-Honoré Ⓜ *Concorde –* ℰ *01 70 98 73 00*
– www.mandarinoriental.fr/paris/ – Fermé août, dim. et lundi

❀ Le Baudelaire

CUISINE MODERNE · ÉLÉGANT XxX Au sein du luxueux hôtel Burgundy – belle atmosphère autour du patio intérieur de l'établissement –, une table gastronomique de qualité, où la cuisine révèle finesse et légèreté...

→ Saint-Jacques de plongée, sésame noir, mouron des oiseaux et marmelade de citron. Filet de bœuf de Galice, grosse frite, condiment d'échalote et olives taggiasche. Crémeux chocolat guanaja, sphère caramel et biscuit cacao.

Menu 54 € (déj.)/105 € – Carte 90/130 €

Hôtel Le Burgundy, 6-8 r. Duphot Ⓜ *Madeleine – ℰ 01 71 19 49 11*
– www.leburgundy.com – Fermé le midi en août, sam. midi et dim.

❀ Kei (Kei Kobayashi)

CUISINE MODERNE · ÉLÉGANT XxX Enfant au Japon, Kei Kobayashi découvre la gastronomie française à la télévision. Une révélation ! La majorité venue, il gagne l'Hexagone pour une formation dans les plus grandes maisons. Ce parcours s'incarne aujourd'hui chez lui, dans des menus métissés, finement composés, qu'il renouvelle régulièrement selon son inspiration.

→ Jardin de légumes croquants. Bar de ligne rôti et son écaille croustillante. Vacherin fraise, miso et sésame.

Menu 52 € (déj.), 99/188 €

5 r. du Coq-Héron Ⓜ *Louvre Rivoli – ℰ 01 42 33 14 74 – www.restaurant-kei.fr*
– Fermé vacances de printemps, 3 semaines en août, vacances de Noël, jeudi midi, dim. et lundi

❀ La Dame de Pic

CRÉATIVE · DESIGN XX Le restaurant parisien d'Anne-Sophie Pic, créé en 2012 à deux pas du Louvre. On reconnaît bien le sens des saveurs de la chef valentinoise, l'exactitude de ses créations, sa capacité à associer des ingrédients inédits – décliné ici autour du leitmotiv des arômes et des parfums...

→ Berlingots de chèvre fumés, tomates de toutes les couleurs en marinade. Agneau de l'Aveyron mariné à la vodka et bourgeon de sapin, asperges vertes et lard de Colonnata. Palet de chocolat illanka, premières cerises.

Menu 59 € (déj. en semaine), 95/125 €

20 r. du Louvre Ⓜ *Louvre Rivoli – ℰ 01 42 60 40 40 – www.ladamedepic.fr*

❀ Yam'Tcha (Adeline Grattard)

CRÉATIVE · ÉLÉGANT XX C'est dorénavant rue St-Honoré (à 50 m de sa précédente adresse) qu'œuvre Adeline Grattard. Sens du produit remarquable, associations simples et saisissantes – entre France et Asie – pensées en accord avec une sélection d'excellents thés : la jeune chef, formée à l'Astrance et à Hong Kong, cultive la limpidité avec brio !

→ Cuisine du marché.

Menu 60 € (déj. en semaine)/120 €

121 r. St-Honoré Ⓜ *Louvre Rivoli – ℰ 01 40 26 08 07 (réservation conseillée)*
– www.yamtcha.com – Fermé août, vacances de Noël, mardi midi, dim. et lundi

❀ Jin

JAPONAISE · ÉLÉGANT X Un nouvel écrin pour la gastronomie japonaise, en plein cœur de Paris ! Jin, c'est d'abord – et surtout – le savoir-faire de Takuya Watanabe, chef originaire de Niseko ; il réalise sous vos yeux de délicieux sushis et sashimis, avec des poissons venus de Bretagne, d'Oléron et d'Espagne... Toute la carte est un régal.

→ Cuisine du marché.

Menu 65 € (déj.)/145 €

6 r. de la Sourdière Ⓜ *Tuileries – ℰ 01 42 61 60 71 (réservation conseillée)*
– Fermé 2 semaines en août, vacances de Noël, lundi midi, mardi midi et dim.

PARIS

Café des Abattoirs

VIANDES · BISTRO ⅹ Le pari de Michel Rostang ? Créer un bistrot à viande en clin d'œil à celui que son aïeul tenait jadis à Pont-de-Beauvoisin, dans l'Isère. De beaux morceaux de choix, tendres et bien maturés – veau du Limousin, agneau de l'Aveyron, bœuf Black Angus –, à accompagner des délicieuses sauces maison... On se régale.

Menu 32/45 €

10 r. Gomboust **Ⓜ** *Pyramides – 𝒞 01 76 21 77 60 (réservation conseillée) – www.cafedesabattoirs.com*

Au Rendez-vous des Camionneurs

CUISINE TRADITIONNELLE · BISTRO ⅹ Banquette bleu électrique, tables en formica orange... Ce restaurant situé sur les quais de l'île de la Cité cultive la nostalgie des années 1950 ! On y savoure une cuisine de bistrot qui va à l'essentiel, telle cette blanquette de joue de veau "du commissaire Maigret". Ambiance décontractée.

Formule 24 € – Menu 32 € – Carte 39/52 €

72 quai des Orfèvres **Ⓜ** *Cité – 𝒞 01 43 29 78 81 – www.aurdvdescamionneurs.com – Fermé 1 semaine mi-août, dim. et lundi*

Zen

JAPONAISE · MINIMALISTE ⅹ Cette table japonaise séduisante associe un décor contemporain rafraîchissant et une authentique cuisine nippone : la carte, étoffée, est fidèle aux classiques sushis, grillades et autres tempuras, les grandes spécialités de la maison étant les gyozas et le chirashi. Idéal pour un déjeuner sur le pouce ou un dîner zen...

☜ Formule 18 € – Menu 20 € (déj. en semaine), 32/60 € – Carte 20/46 €

8 r. de L'Échelle **Ⓜ** *Palais Royal – 𝒞 01 42 61 93 99 – Fermé 8-22 août, 31 déc.-5 janv. et lundi soir*

Mee Ⓝ

CORÉENNE · SIMPLE ⅹ Le jeune patron a ouvert ce bistrot avec une idée en tête : proposer des plats coréens de qualité à prix serrés. Pari tenu ! On se régale de bouchées (ravioles, beignets), de soupes et de bons plats – basse-côte de bœuf, échine de porc, seiche – préparés à la coréenne. C'est goûteux et relevé : on se régale !

Formule 15 € – Carte 22/29 €

5 r. d'Argenteuil **Ⓜ** *Palais Royal – 𝒞 01 42 86 11 85 – www.mee.paris – Fermé dim.*

🍽️○ Macéo

CUISINE MODERNE · CLASSIQUE ⅹⅹⅹ Macéo, c'est d'abord un hommage du patron à Maceo Parker, grand saxophoniste américain et ancien acolyte de James Brown... C'est aussi un cadre Second Empire (moulures, parquet, beaux miroirs) et une cuisine de saison bien de notre époque, comme on les aime. Menu végétarien et carte de vins du monde.

Formule 28 € – Menu 30 € (déj.)/40 € – Carte 50/56 €

15 r. Petits-Champs **Ⓜ** *Bourse – 𝒞 01 42 97 53 85 – www.maceorestaurant.com – Fermé sam. midi, dim. et fériés*

🍽️○ Le Dali

CUISINE MODERNE · BRANCHÉ ⅹⅹ Le "deuxième" restaurant du Meurice, situé au cœur de la vie du palace, à la fois point de passage, lieu de rendez-vous et... table soignée, façon cantine chic et mondaine. Le beau décor classique – pilastres et miroirs – est relevé d'une pointe de surréalisme, en hommage à Dalí.

Formule 54 € – Carte 80/124 €

Hôtel Le Meurice, 228 r. de Rivoli **Ⓜ** *Tuileries – 𝒞 01 44 58 10 44 – www.lemeurice.com*

⫶○ Camélia

CUISINE MODERNE · ÉLÉGANT XX Faire simple, se concentrer sur la saveur de très beaux produits, s'inspirer des classiques de la gastronomie française et les rehausser d'une touche d'Asie : tel est le credo de Thierry Marx pour ce Camélia, un lieu élégant, apaisant, zen...

Formule 52 € – Carte 72/120 €

Hôtel Mandarin Oriental, 251 r. St-Honoré **Ⓜ** *Concorde* – *☏ 01 70 98 74 00*
– www.mandarinoriental.fr/paris/

⫶○ Le Lulli

CUISINE MODERNE · DESIGN XX Décoration végétale et peintures contemporaines : la belle décoration incite à profiter de l'instant ! En cuisine, on trouve Clément Le Norcy, chef au beau parcours, qui compose une cuisine franche au plus près des saisons et des produits. Quant au service, aimable et pro, il achève de nous convaincre !

Formule 29 € – Menu 38 € (déj. en semaine) – Carte 52/80 €

Grand Hôtel du Palais Royal, 4 r. de Valois **Ⓜ** *Palais Royal* – *☏ 01 42 96 15 35*
– www.grandhoteldupalaisroyal.com – Fermé 31 juil.-28 août, sam., dim. et fériés

⫶○ Restaurant du Palais Royal **Ⓝ**

CRÉATIVE · ÉLÉGANT XX Dans un cadre exceptionnel – sous les arcades longeant le Palais Royal –, on trouve cet élégant restaurant où officie le jeune chef Philip Chronopoulos, ancien de l'Atelier de Joël Robuchon – Étoile. Il signe une cuisine créative et percutante, comme en témoignent ces langoustines justes saisies, girolles et amandes fraîches.

Menu 48/140 € – Carte 70/96 €

110 Galerie de Valois **Ⓜ** *Palais Royal* – *☏ 01 40 20 00 27*
– www.restaurantdupalaisroyal.com – Fermé dim. et lundi

⫶○ Le First

CUISINE MODERNE · ÉLÉGANT XX À deux pas des Tuileries, au sein du Westin, un véritable boudoir aux éclairages veloutés – la griffe Jacques Garcia –, où la cuisine revisite la tradition avec respect. L'été, direction la terrasse dressée dans la cour, si paisible...

Carte 60/70 €

Hôtel The Westin Paris, 234 r. de Rivoli **Ⓜ** *Tuileries* – *☏ 01 44 77 10 40*
– www.lefirstrestaurant.com/fr/

⫶○ Kinugawa Vendôme

JAPONAISE · DESIGN XX Cette table japonaise bien connue s'est métamorphosée sous l'égide du tandem Gilles & Boissier, qui en a repensé le décor, mêlant esprit contemporain et esthétique nippone : une élégante réussite. Au menu : de belles spécialités, tout en fraîcheur et maîtrise. Comptoir à sushis à l'étage.

Formule 45 € – Menu 65/89 € – Carte 40/110 €

9 r. du Mont-Thabor **Ⓜ** *Tuileries* – *☏ 01 42 60 65 07* – *www.kinugawa.fr* – *Fermé 8-21 août*

⫶○ Saudade

PORTUGAISE · EXOTIQUE XX Pour un repas au Portugal... en plein Paris ! Gardienne des traditions, Maria De Fatima n'a pas son pareil pour préparer viande de porc aux palourdes, "caldo verde" (soupe au chou) et "arroz doce" (riz au lait à la cannelle). Sans oublier le plat national, la morue, proposée sous toutes ses formes.

Menu 24 € 𝖸 (déj. en semaine) – Carte 31/52 €

34 r. des Bourdonnais **Ⓜ** *Pont Neuf* – *☏ 01 42 36 03 65*
– www.restaurantsaudade.com – Fermé août et dim.

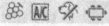

ⅈ○ Spring   ꝸ AC

CRÉATIVE · BRANCHÉ ⅹ Daniel Rose, originaire de Chicago, est un chef décontracté, épicurien et inspiré... Il a créé un lieu à son image ! Sa cuisine, cosmopolite
et libérée, abolit les conventions sans jamais dérouter, car elle est toujours guidée
par le souci des saveurs. Le printemps... en toute saison.

Menu 84 €

*6 r. Bailleul ⓂLouvre Rivoli – 𝒞 01 45 96 05 72 (réservation conseillée)
– www.springparis.fr – Fermé le midi, dim. et lundi*

ⅈ○ Kunitoraya   AC ⇦⇨

JAPONAISE · RÉTRO ⅹ Vieux zinc, miroirs et faïence métro : le Paris des soupers
1900... pour une cuisine nippone soignée à base d'udon, pâtes maison réalisées
avec une farine de blé importée du Japon !

Formule 23 € – Menu 32 € (déj. en semaine), 70/100 € – Carte environ
40 €

*5 r. Villedo ⓂPyramides – 𝒞 01 47 03 07 74 – www.kunitoraya.com
– Fermé 2 semaines en août, vacances de Noël, dim. soir et lundi*

ⅈ○ Pinxo - Tuileries   AC

CUISINE MODERNE · À LA MODE ⅹ C'est Alain Dutournier – du Carré des Feuillants – qui a imaginé ce restaurant où l'on vient "pinxer" (picorer avec les doigts)
de succulentes créations façon tapas : chipirons sautés, tartare de bœuf esprit
Rossini... Un concept novateur, l'invention d'un nouveau partage gourmand pour
appétits "zappeurs" !

Carte 35/59 €

*9 r. d'Alger ⓂTuileries – 𝒞 01 40 20 72 00 – www.pinxo.fr – Fermé août, sam.
midi et dim.*

ⅈ○ Les Cartes Postales   AC

CUISINE TRADITIONNELLE · MINIMALISTE ⅹ Galette de crabe à la vinaigrette de
pamplemousse, turbot mi-cuit mi-cru façon japonaise, croustillant de marron
glacé : voilà la savoureuse cuisine française relevée de notes nippones que signe
Yoshimasa Watanabe, chef arrivé du Japon il y a une trentaine d'années. Intéressante formule et demi-portions à la carte.

Formule 30 € – Menu 70 € – Carte 45/80 €

*7 r. Gomboust ⓂPyramides – 𝒞 01 42 61 02 93 – Fermé 3 semaines en août,
vacances de Noël, lundi soir, sam. midi et dim.*

ⅈ○ L'Absinthe   ⸜⸝ AC

CUISINE TRADITIONNELLE · BISTRO ⅹ Un bistrot néorétro plein d'allure, qui
rappelle l'époque où la "fée verte" était en vogue (zinc, carrelage ancien, horloge monumentale). Dans l'assiette, plats traditionnels de saison et spécialités
de la maison : pâté en croûte et foie gras, ravioles de Romans à la crème de
langoustines...

Formule 25 € – Menu 45/50 € – Carte environ 50 €

*24 pl. Marché-St-Honoré ⓂPyramides – 𝒞 01 49 26 90 04
– www.restaurantabsinthe.com – Fermé sam. midi et dim.*

ⅈ○ Pirouette   ⸜⸝ AC

CUISINE TRADITIONNELLE · À LA MODE ⅹ À deux pas de la nouvelle "canopée"
des Halles, sur une petite place tranquille avec terrasse, une adresse contemporaine aux airs de loft gourmand. Son jeune chef, Tomy Gousset, est passé par le
Meurice et Taillevent ; il s'empare des classiques avec finesse et inspiration. Jolie
pirouette !

Formule 20 € – Menu 42/62 € – Carte 36/51 €

*5 r. Mondétour ⓂChâtelet-Les Halles – 𝒞 01 40 26 47 81
– www.restaurantpirouette.com – Fermé août et dim.*

PARIS

⑪○ L'Ardoise

CUISINE TRADITIONNELLE · À LA MODE X Avec ses murs recouverts d'ardoise, ce restaurant porte bien son nom. Voilà un sympathique hommage rendu à l'esprit bistrotier, hommage qui prévaut également dans l'assiette, à l'instar de ce délicieux filet de bœuf sauce bordelaise et pommes anna. Générosité et parfums : on se régale !

Formule 34 € – Menu 38 €

28 r. du Mont-Thabor Ⓜ *Concorde –* 𝒞 *01 42 96 28 18 – www.lardoise-paris.com – Fermé dim. midi*

⑪○ La Régalade St-Honoré

CUISINE TRADITIONNELLE · RÉTRO X Ne soyez pas surpris : l'adresse a déménagé en 2015 de l'autre côté de la rue, passant du 123 au 106... En revanche, pas de changement de cap en cuisine : Bruno Doucet régale toujours les épicuriens du quartier des Halles avec des recettes à la gloire du terroir et du marché.

Menu 37 €

106 r. St-Honoré Ⓜ *Louvre Rivoli –* 𝒞 *01 42 21 92 40 (réservation conseillée) – Fermé août, 24 déc.-4 janv., sam. et dim.*

⑪○ Zébulon Ⓝ

CUISINE TRADITIONNELLE · À LA MODE X A deux pas du Palais-Royal, la deuxième adresse des associés à l'origine de Pirouette, dans le 1er arrondissement. Ils font à nouveau mouche avec de bonnes recettes classiques – poêlée de cèpes, palombes déclinaison de pommes de terre – servies dans une belle salle aux allures de loft.

Formule 20 € – Menu 25 € (déj.)/45 €

10 r. de Richelieu Ⓜ *Palais Royal –* 𝒞 *01 42 36 49 44 – www.zebulon-palaisroyal.com – Fermé 1er-22 août et dim.*

⑪○ Bistrot Mavrommatis

GRECQUE · CONVIVIAL X Un petit temple grec à deux pas de l'église de la Madeleine : épicerie au rez-de-chaussée, taverne à l'étage (photos du pays), nombreuses spécialités pour se restaurer à bon compte.

Formule 23 € – Carte 30/45 €

18 r. Duphot, (1er étage) Ⓜ *Madeleine –* 𝒞 *01 42 97 53 04 – www.mavrommatis.com – Fermé 3 semaines en août, sam., dim., fériés et le soir*

⑪○ Baan Boran

THAÏLANDAISE · EXOTIQUE X Juste en face du théâtre du Palais-Royal, un voyage à travers les provinces de la Thaïlande... Voilà la promesse de ce Baan Boran ; on s'y croirait ! Les classiques de la gastronomie thaïe sont préparés au wok et servis dans un cadre contemporain épuré (bois exotique, cuir, tons beige et gris).

🍴 Menu 16 € (déj.)/40 € – Carte 30/45 €

43 r. Montpensier Ⓜ *Palais Royal –* 𝒞 *01 40 15 90 45 – www.baan-boran.com – Fermé sam. midi et dim.*

⑪○ Ellsworth Ⓝ

CUISINE MODERNE · BISTRO X Dans cette petite adresse aux faux airs de bistrot, la jeune chef canadienne compose une cuisine aux multiples influences, bien dans l'air du temps, avec une parfaite maîtrise des saveurs et des assaisonnements. Encornet grillé, poivron rouge et poireau ; merlan, tomates anciennes, céleri et beurre noisette... Simple et bon.

Formule 18 € – Menu 24 € (déj. en semaine) – Carte 29/47 €

34 r. de Richelieu Ⓜ *Pyramides –* 𝒞 *01 42 60 59 66 – www.ellsworthparis.com – Fermé dim. soir et lundi*

PARIS

◯ **Nodaïwa**

JAPONAISE · MINIMALISTE X Cette petite adresse, dont la maison-mère est située à Tokyo, est spécialisée dans un produit atypique... l'anguille ! Elle est travaillée méticuleusement et assaisonnée avec du soja ou du sancho, un poivre asiatique. La grande majorité de la clientèle est japonaise, ce qui en dit long sur la qualité de la cuisine.

Formule 20 € – Menu 24/78 €

272 r. St-Honoré ◍ *Palais Royal – ℰ 01 42 86 03 42 – www.nodaiwa.com – Fermé 1er-20 août, 30 déc.-10 janv. et dim.*

◯ **Crudus**

ITALIENNE · MINIMALISTE X Dans ce petit restaurant italien, priorité aux produits bio... Des saveurs naturelles à déguster dans un décor simple et avenant (parquet, murs blancs, tables en plexiglas).

Formule 28 € – Carte 38/60 €

21 r. St-Roch ◍ *Pyramides – ℰ 01 42 60 90 29 (réservation conseillée) – Fermé août, sam., dim. et fériés*

◯ **Sanukiya**

JAPONAISE · MINIMALISTE X Savez-vous ce que sont les udon ? Pour le découvrir, rendez-vous chez Sanukiya : ces nouilles japonaises à base de farine de blé sont la spécialité de cette petite table nippone ! Elles s'accompagnent de galettes de légumes et de crevettes, d'algues, de beignets nature... Simple et authentique.

Formule 15 € – Carte 15/24 €

9 r. d'Argenteuil ◍ *Pyramides – ℰ 01 42 60 52 61 – Fermé 2 semaines en août et 31 déc.-5 janv.*

◯ **Lescure**

CUISINE TRADITIONNELLE · CONVIVIAL X Une auberge familiale et conviviale tout près de la grandiose place de la Concorde, voilà qui est original ! On trouve ici de quoi se rasséréner, en dégustant, au coude-à-coude à la table commune, de copieuses recettes traditionnelles : pâté en croûte, canard confit, poule au pot farcie...

Menu 26 € ♼ (semaine) – Carte 26/46 €

7 r. Mondovi ◍ *Concorde – ℰ 01 42 60 18 91 – www.lescure1919.fr – Fermé août, 23 déc.-3 janv., sam. et dim.*

◯ **Gwadar**

INDIENNE · EXOTIQUE X Niché sur une banquette en velours, dans un cadre cosy et sobre, on voit défiler de beaux petits plats indo-pakistanais... Et l'on salive en attendant son poulet tandoori...

⊜ Menu 16 € (déj.), 21/26 € – Carte 25/40 €

39 r. St-Roch ◍ *Pyramides – ℰ 01 42 96 28 24 – www.restaurantgwadar.com – Fermé dim.*

Hôtels

⭤ **Le Meurice**

PALACE · HISTORIQUE L'un des premiers hôtels de luxe parisiens, né au début du 19e s. Face aux frondaisons du jardin des Tuileries, les lieux sont fastueux, dans un esprit très classique auquel le designer Philippe Starck a su apporter une touche contemporaine. Un spa superbe, un bar très intime, etc. Le Meurice ou l'art du raffinement.

120 chambres – †695/1850 € ††1550/2050 € – 40 suites – ☲ 46 €

228 r. de Rivoli ◍ *Tuileries – ℰ 01 44 58 10 10 – www.lemeurice.com*

✿✿ **Le Meurice Alain Ducasse** • ◯ **Le Dali** – voir les restaurants ci-dessus

🏠🏠🏠🏠🏠 Mandarin Oriental 　　　🛬 🖼 💯 🛗 🔲 🚭 🆔 🏊

PALACE · ÉLÉGANT Le vaisseau amiral du groupe hongkongais à Paris. Fidèle à ses principes, celui-ci a signé un établissement d'un extrême raffinement, à la croisée de l'élégance française et de la délicatesse... orientale. Jeux de lignes, d'espace, de quiétude, etc. Au cœur de la capitale, un palace capital !

98 chambres – ♦975/1395 € ♦♦975/1395 € – 40 suites – � 47 €
251 r. St-Honoré ⓜ *Concorde –* ℰ *01 70 98 78 88 – www.mandarinoriental.fr/paris/*
　❀❀ **Sur Mesure par Thierry Marx •** ⁄○ **Camélia –** voir les restaurants ci-dessus

🏠🏠🏠🏠 Costes 　　　　　🛬 🖼 💯 🛗 🔲 🚭 🆔

LUXE · PERSONNALISÉ Partout des recoins intimes – avec confidents en poirier et fauteuils crapauds –, des chambres raffinées jusque dans les détails (linge avec monogramme, superbe collection de tableaux, élégants meubles chinés, etc.), un restaurant décoré par Jacques Garcia : ce palace très chic et feutré reste le repaire de la jet-set !

80 chambres – ♦500/1500 € ♦♦600/1500 € – 2 suites – ⊏br 35 €
239 r. St-Honoré ⓜ *Concorde –* ℰ *01 42 44 50 00 – www.hotelcostes.com*

🏠🏠🏠🏠 Le Burgundy 　　　　🛬 🖼 💯 🛗 🔲 🚭 🆔

GRAND LUXE · DESIGN Luxueux, feutré et arty... Dans cet hôtel de standing, le chic parisien se décline de manière artistique : meubles design et œuvres d'art contemporain – spécialement créées – émaillent les lieux. Une réussite...

51 chambres ⊏br – ♦455/750 € ♦♦660/1100 € – 8 suites
6-8 r. Duphot ⓜ *Madeleine –* ℰ *01 42 60 34 12 – www.leburgundy.com*
　❀ **Le Baudelaire –** voir les restaurants ci-dessus

🏠🏠🏠🏠 Hôtel de Vendôme 　　　🛬 🔲 🚭 🆔 🚿 🏊

LUXE · GRAND STYLE L'autre hôtel de la place Vendôme ! Dans ce noble bâti-ment du 18e s., les meubles anciens et le marbre côtoient les équipements les plus confortables, et l'élégance joue la carte de la discrétion et du beau classi-cisme. Quant au restaurant, il évoque un boudoir parisien chic et confidentiel...

19 chambres – ♦390/590 € ♦♦750/920 € – 10 suites – ⊏br 39 €
1 pl. Vendôme ⓜ *Opéra –* ℰ *01 55 04 55 00 – www.hoteldevendome.com*

🏠🏠🏠🏠 Renaissance Paris Vendôme 　　🖼 💯 🛗 🔲 🚭 🆔

BUSINESS · COSY Immeuble du 19e s. métamorphosé en boutique-hôtel contem-porain. Bois, tons miel et chocolat : les chambres sont élégantes et très conforta-bles ! Et l'on paresse avec ravissement dans le joli bar chinois...

97 chambres – ♦339/1700 € ♦♦339/1700 € – 15 suites – ⊏br 30 €
4 r. du Mont-Thabor ⓜ *Tuileries –* ℰ *01 40 20 20 00*
– www.renaissanceparisvendome.fr

🏠🏠🏠🏠 Castille Paris 　　　　　🛬 🛗 🔲 🆔 🏊

LUXE · PERSONNALISÉ Côté "Opéra", un précieux décor contemporain d'inspira-tion vénitienne ; côté "Rivoli", un cadre noir et blanc très graphique, en écho à la maison Chanel voisine. Dans les deux cas, un hôtel très haute couture !

94 chambres – ♦280/800 € ♦♦280/800 € – 14 suites – ⊏br 30 €
33 r. Cambon ⓜ *Madeleine –* ℰ *01 44 58 44 58 – www.castille.com*

🏠🏠🏠🏠 The Westin Paris 　　　🛬 💯 🛗 🔲 🚭 🆔 🏊

LUXE · PERSONNALISÉ Entre Tuileries et place Vendôme, cet hôtel haussman-nien édifié en 1878 mêle charme historique (fastueux salons Napoléon III) et tou-ches contemporaines... Et pour ne rien gâter, certaines chambres ont vue sur les Tuileries ! Agréable spa.

394 chambres – ♦295/840 € ♦♦395/840 € – 34 suites – ⊏br 39 €
3 r. de Castiglione ⓜ *Tuileries –* ℰ *01 44 77 11 11 – www.thewestinparis.fr*
　⁄○ **Le First –** voir les restaurants ci-dessus

PARIS

🏨 Regina   ☆ 🖼 🛗 ♿ AC 🛁

HISTORIQUE · RÉTRO Année après année, cet hôtel 1900 préserve son décor Art nouveau et sa belle atmosphère rétro ! Entièrement rénovées en 2015, les chambres (certaines avec une belle vue du Louvre à la tour Eiffel, ou plus calmes côté patio) mêlent touches contemporaines et culture classique... Un charme indémodable.

67 chambres – 🛏350/650 € 🛏🛏350/650 € – 32 suites – 🍽 32 €

2 pl. des Pyramides Ⓜ *Tuileries –* 𝒞 *01 42 60 31 10 – www.regina-hotel.com*

🏨 Grand Hôtel du Palais Royal   ☆ 🌐 🖼 🖼 ♿ AC

HISTORIQUE · MODERNE Voisin du Palais-Royal, du ministère de la Culture et du Conseil d'État, cet immeuble du début du 18e s. est impeccablement situé ! À l'intérieur, de l'élégance mais point de faste : les chambres jouent la sobriété avec leurs meubles contemporains et leurs murs blancs. Et bien que très central, le quartier est calme...

64 chambres – 🛏415/790 € 🛏🛏415/790 € – 4 suites – 🍽 38 €

4 r. de Valois Ⓜ *Palais Royal –* 𝒞 *01 42 96 15 35*
– www.grandhoteldupalaisroyal.com

🍽○ **Le Lulli** – voir les restaurants ci-dessus

🏨 Cambon   🖼 AC

TRADITIONNEL · PERSONNALISÉ Entre le jardin des Tuileries et la rue St-Honoré, cet hôtel compte de nombreux fidèles : accueil charmant, plaisantes chambres mêlant mobilier contemporain et tableaux anciens...

39 chambres – 🛏250/320 € 🛏🛏280/850 € – 1 suite – 🍽 24 €

3 r. Cambon Ⓜ *Concorde –* 𝒞 *01 44 58 93 93 – www.hotelcambon.com*

🏨 Opéra Richepanse   🖼 AC

URBAIN · ART DÉCO Tchaïkovski avait ses habitudes dans ce bel hôtel Art déco. Point besoin d'être mélomane pour apprécier le confort des chambres, donnant pour certaines sur la Madeleine. Une adresse avec un certain cachet.

37 chambres – 🛏350/500 € 🛏🛏350/800 € – 2 suites – 🍽 22 €

14 r. Chevalier-de-St-George Ⓜ *Madeleine –* 𝒞 *01 42 60 36 00*
– www.richepanse.com

🏨 Royal St-Honoré   🖼 AC

TRADITIONNEL · CLASSIQUE Sur la rue St-Honoré, fameuse pour ses boutiques de créateurs, un immeuble cossu du 19e s., aux chambres très confortables. On prend son petit-déjeuner dans un décor Louis XVI et, le soir venu, on profite du bar, cosy et accueillant...

67 chambres – 🛏200/450 € 🛏🛏230/500 € – 5 suites – 🍽 19 €

221 r. St-Honoré Ⓜ *Tuileries –* 𝒞 *01 42 60 32 79 – www.hotel-royal-st-honore.com*

🏨 Thérèse   🖼 ♿ AC

URBAIN · PERSONNALISÉ Une adresse charmante, nichée entre le Palais-Royal et l'avenue de l'Opéra. Son décor se révèle très cosy et chic, avec par exemple des pièces de mobilier inspirées des années 1950 et des références néo-industrielles... Une réussite !

40 chambres – 🛏200/400 € 🛏🛏200/400 € – 🍽 15 €

5 r. Thérèse Ⓜ *Pyramides –* 𝒞 *01 42 96 10 01 – www.hoteltherese.com*

🏨 Louvre St-Honoré   🖼 ♿ AC

BUSINESS · MODERNE À deux pas du Louvre, voici une jolie façade du 18e s. (classée) qui cache un hôtel aménagé dans une veine contemporaine colorée. Grand calme pour les chambres donnant sur la cour : très appréciable au cœur de la capitale.

37 chambres – 🛏150/500 € 🛏🛏200/1000 € – 🍽 19 €

141 r. St-Honoré Ⓜ *Louvre Rivoli –* 𝒞 *01 42 96 23 23*
– www.paris-hotel-louvresainthonore.com

Britannique

TRADITIONNEL · COSY Créé par une famille anglaise sous le règne de Victoria, cet hôtel à deux pas de la Seine superpose les influences impériales. Chambres au décor chaleureux ; charmant salon. So British !

39 chambres – ♦149/295 € ♦♦176/295 € – ☲14 €

20 av. Victoria Ⓜ Châtelet – ℰ 01 42 33 74 59 – www.hotel-britannique.fr

Relais St-Honoré

BUSINESS · CLASSIQUE Dans cet hôtel (17e s.), le petit-déjeuner est servi dans les chambres exclusivement ! Le matin, on peut donc musarder tout à son aise, entre poutres (sauf au 1er étage) et meubles anciens.

14 chambres – ♦175/250 € ♦♦175/250 € – 1 suite – ☲13 €

308 r. St-Honoré Ⓜ Tuileries – ℰ 01 42 96 06 06 – www.relaissainthonore.com

Hôtel Odyssey

URBAIN · DESIGN Un voyage dans l'espace tout en restant dans le quartier des Halles, voilà qui est original ! La décoration – signée Ora-Ïto – évoque un vaisseau spatial... et les chambres portent des noms évocateurs : "Cocoon", "Odyssey", "Galileo", etc. Les amateurs de design – et les autres – pousseront des "Oh !"

29 chambres – ♦149/429 € ♦♦149/429 € – ☲16 €

19 r. Hérold Ⓜ Sentier – ℰ 01 42 36 04 02 – www.hotelodysseyparis.com

Hôtel du Continent

TRADITIONNEL · ÉLÉGANT Près des Tuileries, cet hôtel à taille humaine a été entièrement relooké en 2013 par Christian Lacroix, sur le thème des six continents. Élégance, jeux sur les couleurs, cachet de l'ensemble : on parcourt ce nouveau monde avec bonheur...

25 chambres – ♦200/400 € ♦♦200/400 € – ☲10 €

30 r. du Mont-Thabor Ⓜ Tuileries – ℰ 01 42 60 75 32 – www.hotelcontinent.com

Le Crayon Rouge

URBAIN · PERSONNALISÉ Dans les chambres, des papiers peints "arty" et du mobilier chiné, des couleurs vives et acidulées et des équipements dernier cri... On aime la personnalité explosive de cet hôtel flambant neuf, ouvert en 2014 juste en face de la Banque de France.

17 chambres – ♦129/347 € ♦♦129/347 € – ☲15 €

42 r. Croix-des-Petits-Champs Ⓜ Palais Royal - Musée du Louvre
– ℰ 01 42 36 54 19 – www.hotelcrayonrouge.com

Le Crayon

URBAIN · PERSONNALISÉ Le grand frère du Crayon Rouge n'est pas banal non plus ! À mi-chemin entre la demeure d'artiste et la maison de famille, il ose la couleur, le vintage et les contrastes détonants. La décoratrice a elle-même chiné tout le mobilier : chaque chambre est une création originale.

26 chambres – ♦149/347 € ♦♦149/347 € – ☲12 €

25 r. du Bouloi Ⓜ Palais Royal – ℰ 01 42 36 54 19 – www.hotelcrayon.com

Relais du Louvre

BUSINESS · PERSONNALISÉ Derrière cette étroite façade du 18e s., un hôtel de caractère, paisible et bien tenu. Chambres raffinées et confortables ; belle suite au dernier étage, idéale en famille. Petit-déjeuner servi en chambre uniquement !

22 chambres – ♦135/175 € ♦♦175/295 € – ☲13 €

19 r. Prêtres-St-Germain-l'Auxerrois Ⓜ Louvre Rivoli – ℰ 01 40 41 96 42
– www.relaisdulouvre.com

tbralnina/iStock

Restaurants

❀ ❀ **Passage 53** (Shinichi Sato) ⚘ AC ⚘

CRÉATIVE · INTIME ✗✗ Dans ce passage couvert où les concepts branchés (restos, cavistes) ont progressivement remplacé les petites boutiques d'antan, une adresse rare... Au gré du marché, le chef japonais Shinichi Sato – formé à l'Astrance – délivre des compositions d'une netteté imparable et millimétrées. Un superbe panorama de cuisine contemporaine !

➜ Calamars et chou-fleur, huître, mousse de haddock et pomme. Pigeonneau, sauce hydromel et mousse de carotte. Dessert autour du citron, crème brûlée au sureau, glace acacia et sorbet miel.

Menu 60 € (déj. en semaine), 140/180 €

53 passage des Panoramas Ⓜ *Grands Boulevards* – ☎ *01 42 33 04 35 (réservation conseillée) – www.passage53.com – Fermé 2 semaines en août, dim. et lundi*

❀ **Pur' – Jean-François Rouquette** ⚘ AC ⚘ ⚘

CRÉATIVE · ÉLÉGANT ✗✗✗ Pure réjouissance à l'heure du dîner : décor contemporain très élégant et mets créatifs concoctés par le chef qui accorde avec soin d'excellents produits. Beau, savoureux et raffiné !

➜ Fricassée de girolles, mûres acidulées et crumble de noisettes. Bar de nos côtes, voile de seiche, courgette et jus de persil. Lait ribot glacé, crémeux vanille, pomme verte et caramel de lait au gingembre.

Menu 135/255 € – Carte 115/225 €

Hôtel Park Hyatt, 5 r. de la Paix Ⓜ *Opéra* – ☎ *01 58 71 10 60 – www.paris-restaurant-pur.fr – Fermé août et le midi*

❀ **Goust d'Enrico Bernardo** ⚘ AC ⟷ ⚘

CUISINE MODERNE · ÉLÉGANT ✗✗✗ Au sein d'Éléphant Paname, centre d'art et de danse créé dans un bel hôtel particulier voisin de l'Opéra, cette table cultive l'élégance... Enrico Bernardo, Meilleur Sommelier du Monde, mène la danse, et le chef, d'origine espagnole, rehausse la cuisine française d'influences méditerranéennes. Mets et vins exécutent un suave duo !

➜ Légumes de saison et sabayon aux truffes. Jarret de veau confit, jus de veau et topinambour. Millefeuille aux noisettes et chocolat.

Formule 39 € – Menu 45 € (déj.) – Carte 80/95 €

10 r. Volney Ⓜ *Opéra* – ☎ *01 40 15 20 30 – www.enricobernardo.com – Fermé sam. midi, dim. et lundi*

❀ **Le Céladon** AC ⟷ ⚘

CUISINE MODERNE · ÉLÉGANT ✗✗✗ Décor très raffiné au Céladon, entre style Régence, tableaux anciens et notes orientales (vases en céladon : porcelaine chinoise vert pâle). Sur de belles bases classiques, le chef concocte une cuisine dans l'air du temps.

➜ Fleur de courgette farcie à l'araignée de mer, émulsion de crustacés. Noix de ris de veau croustillante en voile de truffe blanche. Framboise tulameen crue et cuite à la mélisse, biscuit sablé au gingembre.

Formule 45 € – Menu 53 € (déj.)/69 € – Carte 85/120 €

Hôtel Westminster, 15 r. Daunou Ⓜ *Opéra* – ☎ *01 42 61 77 42 – www.leceladon.com – Fermé août, sam., dim. et fériés*

Saturne (Sven Chartier)

CRÉATIVE · BRANCHÉ XX Saturne : dieu de l'agriculture et anagramme de "natures". Le credo du chef, Sven Chartier : de très bons produits au service d'une cuisine volontiers créative, que l'on découvre au fil d'un menu unique, dans un décor tendance scandinave (mobilier en bois blond, béton ciré). Oui, on peut faire branché et très savoureux !
→ Cuisine du marché.

Menu 45 € (déj.)/75 € – Carte environ 60 €

17 r. N.-D.-des-Victoires **Ⓜ** *Bourse* – *𝒞 01 42 60 31 90* – *www.saturne-paris.fr*
– Fermé 2 semaines en août, vacances de Noël, sam. et dim.

Circonstances

 soir,

CUISINE TRADITIONNELLE · À LA MODE X Tout près du métro Grands Boulevards, ce bistrot a été créé par deux associés expérimentés, dont l'objectif est simple : réaliser une bonne cuisine du marché avec de bons produits. D'un foie gras poêlé avec émulsion de homard, à un pressé de lapin façon chasseur, on se délecte de plats goûteux et bien exécutés.

Menu 35/45 € – Carte environ 36 € déjeuner

174 r. Montmartre **Ⓜ** *Grands Boulevards* – *𝒞 01 42 36 17 05* – *www.circonstances.fr*
– Fermé 3 semaines en août, lundi soir, mardi soir, sam. et dim.

Pascade

CUISINE MODERNE · BISTRO X Alexandre Bourdas, chef fameux installé à Honfleur, rend hommage dans cette "cantine-auberge" à sa région d'origine, l'Aveyron, à travers l'une de ses spécialités : la pascade, une délicieuse crêpe déclinée tout au long du menu en salé et sucré, et garnie de bons produits, version gastronomique. Un régal !

Menu 32 € – Carte 37/51 €

14 r. Daunou **Ⓜ** *Opéra* – *𝒞 01 42 60 11 00* – *www.alexandre-bourdas.com* – *Fermé dim. et lundi*

Drouant

CUISINE TRADITIONNELLE · BRASSERIE XXX Un lieu mythique : on y décerne le prix Goncourt depuis 1914 ! Sous la houlette d'Antoine Westermann, les plats de tradition se parent de modernité. Élégant décor cossu.

Menu 45 € (déj. en semaine)/59 € – Carte 64/90 €

16 pl. Gaillon **Ⓜ** *Quatre Septembre* – *𝒞 01 42 65 15 16* – *www.drouant.com*

Le Versance

CUISINE MODERNE · ÉLÉGANT XXX Un cadre épuré où poutres, vitraux et mobilier design font des étincelles. La cuisine du chef globe-trotter n'est pas en reste : homard au curry, ris de veau et poires aux épices...

Formule 35 € 🍷 – Menu 38 € (déj.) – Carte 70/87 €

16 r. Feydeau **Ⓜ** *Bourse* – *𝒞 01 45 08 00 08* – *www.leversance.fr* – *Fermé 1ᵉʳ-22 août, 22 déc.-4 janv., sam. midi, dim. et lundi*

Mori Venice Bar

ITALIENNE · ÉLÉGANT XX La gastronomie vénitienne est méconnue, et le chef, passionné, la défend avec goût ! Starck a signé le décor, évoquant le raffinement et le secret propres à Venise... Véranda face à la Bourse et comptoir pour prendre un verre autour de quelques antipasti ou d'une délicieuse glace maison.

Formule 40 € – Menu 50 € – Carte 69/113 €

2 r. du Quatre-Septembre **Ⓜ** *Bourse* – *𝒞 01 44 55 51 55* – *www.mori-venicebar.com*
– Fermé sam. midi et dim.

La Fontaine Gaillon

POISSONS ET FRUITS DE MER · ÉLÉGANT XX Ce bel hôtel particulier du 17ᵉ s., qui appartient au comédien Gérard Depardieu, est géré au quotidien par un chef de talent, Laurent Audiot. Cadre feutré (avec une belle collection d'estampes et de dessins), terrasse au pied de la fontaine, cuisine valorisant la mer et plaisante sélection de vins.

Formule 47 € – Menu 58/140 € ℣ – Carte 65/91 €

pl. Gaillon ⓜ *Quatre Septembre –* ☏ *01 47 42 63 22*
– www.restaurant-la-fontaine-gaillon.com – Fermé 3 semaines en août, sam. et dim.

Passy Mandarin Palais Royal

CHINOISE · EXOTIQUE XX Panneaux en bois laqué, sculptures, statues et chaises ouvragées... si ce n'est pas la Chine, ça y ressemble ! Cette adresse, tenue par la famille Vong, réserve bien des délices : filet d'agneau à la ciboulette et au gingembre, crevettes à la feuille de lotus à la vapeur, canard laqué à la pékinoise... Un plaisir.

Formule 17 € ℣ – Menu 49 € – Carte 35/150 €

6 r. d'Antin ⓜ *Pyramides –* ☏ *01 42 61 25 52 – www.restaurant-passy-madarin.fr*
– Fermé juil.

Brasserie Gallopin

CUISINE TRADITIONNELLE · BRASSERIE XX Face au palais Brongniart, une véritable institution, créée en 1876 par un certain... Gallopin. Après Arletty et Raimu, Parisiens et touristes s'y pressent pour son beau décor victorien (boiseries en acajou, verrière Belle Époque, etc.) et ses grands classiques pleins de goût : tartare, baba au rhum, paris-brest...

Formule 19 € – Menu 29 € – Carte 40/85 €

40 r. N.-D.-des-Victoires ⓜ *Bourse –* ☏ *01 42 36 45 38*
– www.brasseriegallopin.com

Vaudeville

CUISINE TRADITIONNELLE · BRASSERIE XX Grande brasserie Art déco, dans la pure tradition parisienne. Fruits de mer, tagliatelles fraîches aux morilles et beaufort, tête de veau sauce ravigote, andouillette ou choucroute royale sont à la carte... Le jour, "cantine" de nombreux journalistes, et le soir, "relâche" des sorties de théâtres !

Formule 25 € – Menu 35/42 € – Carte 35/65 €

29 r. Vivienne ⓜ *Bourse –* ☏ *01 40 20 04 62 – www.vaudevilleparis.com*

Zinc Opéra

CUISINE TRADITIONNELLE · À LA MODE XX Les saveurs mènent la danse dans ce Zinc Opéra ! Aux commandes de ce jeune bistrot chic et cosy, une équipe très solide signe des recettes à la fois simples et soignées, centrées sur les produits. Confit de canard et pommes de terre sautées, clafoutis aux cerises, etc. : des classiques pleins de parfums.

Formule 26 € – Menu 32 € (déj.)/35 € – Carte 37/54 €

8 r. de Hanovre ⓜ *Opéra –* ☏ *01 42 65 58 95 – www.zinc-opera.com – Fermé août, sam. et dim.*

Caffè Stern ⓝ

ITALIENNE · ÉLÉGANT X Dans le passage des Panoramas, l'ancien atelier de gravure Stern a été reconverti en trattoria chic, sans rien perdre de son cachet de l'époque. À la carte, on trouve une cuisine italienne bien troussée et volontiers originale : taglionis à l'aneth, foie "alla veneziana", ou encore pizza à la vapeur...

Formule 38 € – Menu 65/95 € – Carte 60/91 €

47 passage des Panoramas ⓜ *Grands Boulevards –* ☏ *01 75 43 63 10*
– www.caffestern.fr – Fermé 1ᵉʳ-9 mai, 10-17 juil., 7-29 août, 24-27 déc., 1ᵉʳ-9 janv., dim. et lundi

Ⅱ◯ Bissac

CUISINE TRADITIONNELLE · À LA MODE ✗ Damien Boudier, ancien chef du restaurant Tante Louise, réalise ici une belle cuisine de tradition : têtes de cèpes farcies, jeunes pousses de salade et jambon de Bayonne ; filet de rascasse, "échaudés" à l'encre de seiche et chanterelles... Le tout dans un décor de bistrot de luxe qui ne manque pas de cachet.

Formule 24 € – Menu 30 € – Carte 47/63 €

10 r. de la Bourse ◍ *Bourse – ℰ 01 49 27 01 90 – www.bissac.fr – Fermé 3 semaines en août, sam. midi et dim.*

Ⅱ◯ La Bourse et la Vie

CUISINE TRADITIONNELLE · BISTRO ✗ Ouvert en 2015, ce bistrot tenu par un chef américain (patron du restaurant Spring, dans le 1ᵉʳ) a connu un franc succès dès sa première semaine d'activité. Sa recette ? Des plats biens français, sagement revisités par le maître des lieux, des produits de qualité et des saveurs ô combien plaisantes...

Carte 35/53 €

12 r. Vivienne ◍ *Bourse – ℰ 01 42 60 08 83 (réservation conseillée) – Fermé août, sam. et dim.*

Ⅱ◯ Terroir Parisien - Palais Brongniart

CUISINE TRADITIONNELLE · BISTRO ✗ Après le succès de son Terroir Parisien dans le 5ᵉ arrondissement, Yannick Alléno a créé ce second opus au sein du palais Brongniart, ancien siège de la Bourse de Paris. Décor chaleureux, recettes franciliennes retrouvées et... superbes charcuteries (préparées par un Meilleur Ouvrier de France) : fort indice de satisfaction !

Menu 60 € – Carte 35/60 €

28 pl. de la Bourse ◍ *Bourse – ℰ 01 83 92 20 30 – www.yannick-alleno.com – Fermé 2 semaines en août, sam. midi et dim.*

Ⅱ◯ A Noste

CUISINE MODERNE · À LA MODE ✗ Julien Duboué rend hommage à son Sud-Ouest natal avec cet A Noste ("Chez nous" en patois gascon) double-face. Au rez-de-chaussée, il revisite les tapas façon landaise, dans une ambiance animée ; en haut, à la Table, il laisse aller ses élans créatifs dans une atmosphère plus cosy. Dans les deux cas, on se régale !

Formule 29 € – Menu 38/60 €

6 bis r. du Quatre-Septembre, (1ᵉʳ étage) ◍ *Bourse – ℰ 01 47 03 91 91 – www.a-noste.com – Fermé 2-25 août et 24 déc.-5 janv.*

Ⅱ◯ Bistro Volnay

CUISINE MODERNE · BISTRO ✗ Miroirs, luminaires, comptoir en bois, banquettes moelleuses... Cet élégant bistrot revisite avec réussite l'esprit des années 1930. En cuisine, le jeune chef compose des recettes dans l'air du temps, goûteuses et bien réalisées ; on accompagne son repas d'une belle sélection de vins au verre, avec près de 400 références.

Formule 34 € – Menu 38/65 €

8 r. Volney ◍ *Opéra – ℰ 01 42 61 06 65 – Fermé 1ᵉʳ-21 août, sam. et dim.*

Ⅱ◯ Le Moderne

CUISINE MODERNE · À LA MODE ✗ À deux pas du palais Brongniart aujourd'hui déserté par les boursicoteurs, ce Moderne permet de se replonger dans l'ambiance toujours affairée du quartier : le midi, l'endroit est bondé, et le soir venu, il se fait intime... Au menu : de beaux produits frais, cuisinés avec goût. Recettes et vins français sont bien cotés !

Formule 31 € – Menu 38/49 €

40 r. N.-D.-des-Victoires ◍ *Bourse – ℰ 01 53 40 84 10 – Fermé 1ᵉʳ-29 août, sam. et dim.*

ⅠⅠ◯ Aux Lyonnais

LYONNAISE · BISTRO Ⅹ Dans ce bistrot fondé en 1890, on se régale d'une savoureuse cuisine qui explore la gastronomie lyonnaise. Cadre délicieusement rétro : zinc, banquettes, miroirs biseautés, moulures...

Menu 34 € (déj.) – Carte 45/76 €

32 r. St-Marc ⓜ *Richelieu Drouot – ℰ 01 42 96 65 04 (réservation conseillée) – www.auxlyonnais.com – Fermé août, sam. midi, dim. et lundi*

ⅠⅠ◯ Liza

LIBANAISE · INDIVIDUEL Ⅹ Originaire de Beyrouth, Liza Asseily met ici la cuisine de son pays à l'honneur. Dans un décor contemporain parsemé de touches orientales, on opte pour un chich taouk, ou pour un kafta méchouiyé (agneau, houmous et tomates confites)... Des mets soignés, réalisés avec de bons produits frais : un régal !

Formule 18 € – Menu 38 € (dîner)/53 € – Carte 34/63 €

14 r. de la Banque ⓜ *Bourse – ℰ 01 55 35 00 66 – www.restaurant-liza.com – Fermé sam. midi et dim. soir*

ⅠⅠ◯ Bizan

JAPONAISE · MINIMALISTE Ⅹ Dans ce quartier où les restaurants japonais ont pignon sur rue, Bizan – du nom d'une montagne de la ville de Tokushima – ne démérite pas, loin de là ! Zen, voire minimaliste, cette table propose de bons produits, travaillés avec précision par un chef méticuleux. Comptoir et salle à l'étage ; belle carte de sakés.

Carte 32/53 €

56 r. Ste-Anne ⓜ *Quatre Septembre – ℰ 01 42 96 67 76 – Fermé dim., lundi et fériés*

ⅠⅠ◯ Chez Georges

CUISINE TRADITIONNELLE · RÉTRO Ⅹ À deux pas de la place des Victoires, un vrai bistrot parisien dans son jus rétro ! Au menu : une solide cuisine traditionnelle et des vins bien choisis, à savourer au coude-à-coude.

Carte 34/76 €

1 r. du Mail ⓜ *Bourse – ℰ 01 42 60 07 11 – Fermé août, vacances de Noël, sam. et dim.*

ⅠⅠ◯ Silk & Spice

THAÏLANDAISE · EXOTIQUE Ⅹ Atmosphère feutrée et belles saveurs d'inspiration thaïe. Gambas et crevettes dans une réduction à la citronnelle, bœuf mijoté au curry vert : les grands classiques de la maison !

Formule 19 € – Menu 25 € (déj.), 35/42 € – Carte 34/49 €

6 r. Mandar ⓜ *Sentier – ℰ 01 44 88 21 91 – www.silkandspice.fr – Fermé sam. midi et dim.*

ⅠⅠ◯ Pierrot soir,

CUISINE TRADITIONNELLE · BISTRO Ⅹ L'endroit idéal pour découvrir les saveurs et les beaux produits de l'Aveyron. Viande fermière de l'Aubrac, confit de canard, foie gras maison, carré d'agneau rôti aux herbes, ou encore rognons de veau à la graine de moutarde... Des petits plats francs, simples, généreux, servis rapidement et avec le sourire !

Menu 50 € ℙ – Carte 40/55 €

18 r. Étienne-Marcel ⓜ *Etienne Marcel – ℰ 01 45 08 00 10 – Fermé dim.*

ⅠⅠ◯ Frenchie

CUISINE MODERNE · CONVIVIAL Ⅹ Drôlement *Frenchy*, le jeune chef Grégory Marchand, lui qui a fait ses classes dans plusieurs grandes tables anglo-saxonnes, avant de prendre ses quartiers dans le Sentier, où son petit restaurant ne désemplit pas. La "faute" à sa cuisine, très contemporaine et... drôlement *savoury* !

Menu 68 € – Carte 45/76 €

5 r. du Nil ⓜ *Sentier – ℰ 01 40 39 96 19 (réservation conseillée) – www.frenchie-restaurant.com – Fermé 22 juil.-23 août, 24 déc.-4 janv., sam., dim. et le midi*

Pollop

CUISINE MODERNE · BRANCHÉ X Belle surprise que ce Pollop au décor vintage et sans esbroufe, qui s'est installé discrètement dans une rue emblématique du Sentier. À la carte, on trouve une bonne cuisine du marché aux influences thaïes, préparée par un ex-comédien devenu cuisinier... Le tout servi avec discrétion et efficacité. Impeccable !

Formule 16 € – Menu 19 € (déj.), 27/33 €

15 r. d'Aboukir **Ⓜ** *Sentier – ℰ 01 40 41 00 94 – www.pollop.fr – Fermé 2 semaines en août, lundi soir, sam. midi et dim.*

Noglu

CUISINE MODERNE · SIMPLE X Comme son nom l'évoque, Noglu propose une cuisine certifiée "sans gluten". Asperges blanches et truite fumée, sauté de veau aux champignons ou encore parfait au chocolat et orange confite: autant de plats soignées que l'on savoure dans un cadre convivial. Et pour les plus pressés, il est même possible d'emporter !

Formule 24 € – Menu 37 € (dîner) – Carte 35/50 €

16 passage des Panoramas **Ⓜ** *Grands Boulevards – ℰ 01 40 26 41 24 – www.noglu.fr – Fermé lundi soir et dim.*

Rossi & Co Ⓝ

ITALIENNE · SIMPLE X Si vous ne jurez que par les pâtes et les pizzas "à l'ancienne", passez votre chemin : Marco Rossi, le chef napolitain, revisite la tradition italienne dans des plats ébouriffants, où les mariages de saveurs sont légion... et toujours heureux. Une table attachante, d'autant que les prix sont plutôt mesurés.

Formule 18 € – Menu 24 € (déj.)/48 € – Carte 43/54 €

10 r. Mandar **Ⓜ** *Sentier – ℰ 09 54 96 00 38 (réservation conseillée) – Fermé août, 1 semaine vacances de Noël, dim. et lundi*

Le Dorcia

CUISINE MODERNE · RÉTRO X À un jet de lingot du palais Brongniart – qui n'abrite plus la Bourse depuis belle lurette ! –, ce restaurant nous replonge dans l'ambiance rétro du Palm Springs des années 1950. Carpaccio de daurade, citron vert et mangue : le chef utilise de bons produits et respecte les saisons. Une bonne adresse !

Formule 20 € – Menu 26 € (déj. en semaine)/35 €

24 r. Feydeau **Ⓜ** *Bourse – ℰ 01 42 36 09 95*

L'Apibo

CUISINE MODERNE · BISTRO X L'ancien chef de Jean – une bonne table du 9ᵉ – s'est lancé dans une nouvelle aventure : ouvrir sa propre adresse ! Dans son petit bistrot du quartier Montorgueil, il signe une belle cuisine de produits, originale et délicate, tel ce thon rouge snacké, pâte de tomate et mangue, ou cette joue de veau confite.

Formule 20 € – Menu 26 € (déj.), 35/55 € – Carte 45/55 €

31 r. Tiquetonne **Ⓜ** *Etienne Marcel – ℰ 01 55 34 94 50 – www.restaurant-lapibo.fr – Fermé 8-17 mai, lundi midi, sam. midi et dim.*

Le Nom M'échappe Ⓝ

CUISINE MODERNE · BISTRO X Ce sympathique bistrot est l'œuvre de Damien et Catherine Moeuf, que l'on avait connus au Café qui Parle (dans le 18ᵉ). Ils proposent ici une cuisine au goût du jour, sans chichis ni esbroufe, réalisée avec de beaux produits frais. Quant au service, convivial et sans prétention, il colle parfaitement à l'esprit des lieux !

Formule 19 € – Carte 37/54 €

28 r. N.D.-des-Victoires **Ⓜ** *Bourse – ℰ 09 82 20 20 41 – Fermé 2 semaines en août, vacances de Noël, sam. et dim.*

Hôtels

🏨🏨 Park Hyatt ⚡ 🌐 ⅃♨ 🔁 ⅄ 🅰🅲 🛝 🛎 🚗

LUXE · ÉLÉGANT Ed Tuttle a conçu un hôtel conforme à ses rêves, sur la célèbre rue de la Paix : collection d'art contemporain et classicisme à la française, mobilier mêlant avec subtilité le style Louis XVI et les années 1930, spa et équipements high-tech, restaurants pour toutes les envies... Le grand luxe !

110 chambres – �$890 € ♦♦1280 € – 43 suites – ♋44 €

5 r. de la Paix **Ⓜ** *Opéra – ℰ 01 58 71 12 34 – www.paris.vendome.hyatt.fr*

❀ **Pur' - Jean-François Rouquette** – voir les restaurants ci-dessus

🏨🏨 Westminster ⚡ ⅃♨ 🔁 🅰🅲 🛝 🚗

LUXE · CLASSIQUE Né en 1809 et aujourd'hui bicentenaire, c'est en 1846 qu'il prit le nom de son plus fidèle client, le duc de Westminster. Ce dernier avait le goût du raffinement à la française ! À noter, le week-end, Céladon devient Petit Céladon : carte plus simple et service décontracté.

85 chambres – ♦250/550 € ♦♦250/550 € – 17 suites – ♋30 €

13 r. de la Paix **Ⓜ** *Opéra – ℰ 01 42 61 57 46*
– www.hotel-westminster-opera-paris.fr

❀ **Le Céladon** – voir les restaurants ci-dessus

🏨 Édouard VII ⚡ ⅃♨ 🔁 🅰🅲 🛝

LUXE · PERSONNALISÉ Chatoiement des tissus et raffinement dans les chambres "Couture", tandis que les "Edouard VII" se veulent plus sobres... Partout règne une véritable élégance et les suites sont superbes. Bar cosy et petite restauration dans un cadre contemporain très plaisant.

69 chambres – ♦209/550 € ♦♦229/790 € – 10 suites – ♋35 €

39 av. de l'Opéra **Ⓜ** *Opéra – ℰ 01 42 61 86 11 – www.edouard7hotel.com*

🏨 123 Sébastopol ⅃♨ 🔁 ⅄ 🅰🅲 🛝 🛎

URBAIN · PERSONNALISÉ Cet hôtel atypique est entièrement dédié au 7ᵉ art. Dans l'entrée sont inscrits les noms de Belmondo, Lelouch, Morricone ; aux étages, on trouve de la moquette rouge, des extraits de script et des bandes de film... Mais les confortables chambres, elles, ne sont pas une fiction !

63 chambres – ♦209/399 € ♦♦229/420 € – ♋18 €

123 bd Sébastopol **Ⓜ** *Réaumur Sébastopol – ℰ 01 40 39 61 23 – www.astotel.com*

🏨 L'Horset Opéra 🔁 🅰🅲

FAMILIAL · CLASSIQUE Dans cet hôtel à deux pas du palais Garnier, l'atmosphère est très feutrée ; dans les chambres, classicisme de bon goût (tentures et tissus assortis, boiseries chaleureuses).

54 chambres – ♦190/285 € ♦♦210/325 € – ♋16 €

18 r. d'Antin **Ⓜ** *Opéra – ℰ 01 44 71 87 00 – www.hotelhorsetopera.com*

🏨 La Maison Favart ⅃♨ 🔁 ⅄ 🅰🅲 🛝

LUXE · ÉLÉGANT Il règne une atmosphère intemporelle dans cet hôtel (1824) où séjourna le peintre Francisco de Goya. Les chambres – certaines tournées vers l'Opéra-Comique – sont agréables, et le sous-sol abrite un délicieux espace détente (fitness, sauna, table massante). Une adresse de charme.

36 chambres – ♦260/590 € ♦♦260/590 € – 3 suites – ♋24 €

5 r. Marivaux **Ⓜ** *Richelieu Drouot – ℰ 01 42 97 59 83 – www.lamaisonfavart.com*

🏨 Hôtel de Noailles

URBAIN · MODERNE Élégance très contemporaine et design derrière une jolie façade 1900. Chambres zen et épurées, ouvertes pour la plupart sur le patio (avec balcon aux 5ᵉ et 6ᵉ étages).

56 chambres – †205/425 € ††225/455 € – 🍽 18 €

9 r. de la Michodière ⓂQuatre Septembre – ℰ01 47 42 92 90
– www.hotelnoailles.com

🏨 Victoires Opéra

URBAIN · MODERNE Montorgueil : un quartier piéton et animé... C'est ici que se trouve cet hôtel contemporain, dans un immeuble du 17ᵉ s. Sobriété des couleurs (beige, chocolat), mobilier actuel : les chambres ont du style !

24 chambres – †195/245 € ††215/275 € – 🍽 15 €

56 r. Montorgueil ⓂEtienne Marcel – ℰ01 42 36 41 08 – www.victoiresopera.com

🏨 Gramont Opéra

URBAIN · COSY Un charmant hôtel près de l'Opéra-Comique... Imprimés floraux, teintes mauve et chocolat : frais, harmonieux et vraiment joli. Duplex avec terrasse donnant sur les toits.

25 chambres – †119/165 € ††242/315 € – 🍽 13 €

22 r. Gramont ⓂRichelieu Drouot – ℰ01 42 96 85 90
– www.hotel-gramont-opera.com

Le Haut Marais · Temple

✉ 75003

3ᵉ ARRONDISSEMENT

Image by Michael Talalaev/Moment Open/getty Images

Restaurants

😊 Atelier Vivanda - Marais ⓃVIANDES · BISTRO

VIANDES · BISTRO Vivanda, troisième ! Situé dans une rue du Haut-Marais, cette nouvelle adresse aligne sa carte sur les deux précédentes : hommage aux belles viandes donc (bœuf persillé Black Angus en tête), dans un cadre associant boucherie et bistrot. Réservation conseillée : les 20 places sont disputées.

Menu 35/70 €

82 r. des Archives ⓂArts et Métiers – ℰ01 42 71 48 07 (réservation conseillée)
– www.ateliervivanda.com – Fermé 2 semaines en août, 1 semaine vacances de Noël, lundi et mardi

🍴 Ambassade d'Auvergne

TERROIR · CONVIVIAL Les classiques d'une province riche de traditions et de saveurs : saucisse sèche, lentilles vertes du Puy et l'incontournable aligot... le tout arrosé de vins d'Auvergne.

Formule 23 € – Menu 33 € – Carte 36/62 €

22 r. du Grenier-St-Lazare ⓂRambuteau – ℰ01 42 72 31 22
– www.ambassade-auvergne.com

⅋⃝ Soon Grill ❶   &. AC

CORÉENNE · CONVIVIAL XX Ouvert en 2015, ce restaurant célèbre la gastronomie coréenne de bien belle manière. Les incontournables sont au rendez-vous
– bibimbap servi dans un bol de pierre brûlant, raviolis grillés, bœuf mariné
sauce soja –, mais on trouve aussi à la carte quelques préparations plus mécon-
nues. C'est fin et parfumé : un régal !

Formule 18 € – Menu 25 € (déj. en semaine) – Carte 40/60 €

78 r. des Tournelles Ⓜ *Chemin Vert –* ☏ *01 42 77 13 56 – www.soon-grill.com*

⅋⃝ Beaucoup   &. AC

CUISINE MODERNE · À LA MODE X Ce Beaucoup mérite quelques superlatifs !
Parfaitement dans le ton de ce Haut Marais aujourd'hui très en vue, il évoque un
grand et beau loft post-industriel. Et si tout y est soigneusement designé – fauteuils en bois, suspensions en métal, etc. –, la cuisine ne l'est pas moins, dégageant un vrai parfum de cosmopolitisme !

Formule 18 € – Carte 36/63 €

7 r. Froissart Ⓜ *St-Sébastien Froissart –* ☏ *01 42 77 38 47*
– www.beaucoup-resto.com

⅋⃝ Breizh Café

BRETONNE · SIMPLE X Après avoir conquis le Japon avec ses crêperies nouvelle
mode (farines bio, bons produits), Bertrand Larcher a ramené en France des crê-
piers nippons ! Ils défendent joliment le slogan maison : "La crêpe autrement." Un
exemple ? La basquaise : asperges, tomate, chorizo, basilic et fromage fondu.
Voilà qui ne tombe pas à plat !

Carte 25/38 €

109 r. Vieille-du-Temple Ⓜ *St-Sébastien Froissart –* ☏ *01 42 72 13 77*
– www.breizhcafe.com – Fermé 3 semaines en août, lundi et mardi

⅋⃝ Des Gars dans la Cuisine

CUISINE MODERNE · À LA MODE X À deux pas du Marais gay, les gars sont aux
commandes et c'est tant mieux : Gil Rosinha en cuisine et Jean-Jacques Delaval
en salle forment un duo aussi enjoué que professionnel. La cuisine croque notre
époque avec gourmandise ; l'ambiance est branchée et chaleureuse. La belle
image d'un restaurant fédérateur et plein de vie !

⊛ Formule 16 € – Menu 20 € (déj.) – Carte 47/60 €

72 r. Vieille-du-Temple Ⓜ *Chemin Vert –* ☏ *01 42 74 88 26*
– www.desgarsdanslacuisine.com

⅋⃝ Pramil

CUISINE MODERNE · BISTRO X Des pierres apparentes, un sol en béton ciré,
beaucoup de sobriété : le décor met d'autant mieux en valeur la belle générosité
de la cuisine du marché d'Alain Pramil, un autodidacte passionné qui, dans une
autre vie, était professeur de physique. Jolis vins, prix doux et accueil chaleureux :
dans le mille, Pramil !

Formule 24 € – Menu 33 € – Carte 38/48 €

9 r. Vertbois Ⓜ *Temple –* ☏ *01 42 72 03 60 – www.pramilrestaurant.fr*
– Fermé 25 avril-2 mai, 15-28 août, 19-26 déc., dim. midi et lundi

⅋⃝ Glou

CUISINE MODERNE · BISTRO X Près du musée Picasso, un bistrot d'esprit loft
– décontraction comprise –, où la cuisine du marché se pense avec un joli
cru. Beau choix de vins au verre et ardoise du jour très intéressante !

Formule 18 € – Carte 32/53 €

101 r. Vieille-du-Temple Ⓜ *St-Sébastien Froissart –* ☏ *01 42 74 44 32*
– www.glou-resto.com

ᵗᵗ○ Au Bascou

BASQUE · SIMPLE ✗ Dans ce bistrot, véritable institution parisienne, la cuisine chante avec les chauds accents de la terre basque. Les produits viennent du "pays", et les spécialités du terroir fraternisent avec les recettes canailles : pipera-des, chipirons sautés au piment d'Espelette, fricassée d'escargots, raviole de foie gras, axoa de veau...

Formule 18 € – Menu 25 € (déj.) – Carte 35/50 €

38 r. Réaumur ⓜ Arts et Métiers – ℰ 01 42 72 69 25 – www.au-bascou.fr
– Fermé août, 23-29 déc., sam. et dim.

Hôtels

🏨 Pavillon de la Reine ⁂ ᵭ ᵔ ⒶⒸ ᵴᵭ 🚗

LUXE · HISTORIQUE L'élégance du Paris historique, tout en noble discrétion. Passé les voûtes de la place des Vosges, première illumination à la vision de la belle cour verdoyante. Et le ravissement continue avec les chambres, feutrées et raffinées. Le luxe sans ostentation !

51 chambres – ⓘ350/510 € ⓘⓘ350/510 € – 3 suites – ⌷ 35 €

28 pl. des Vosges ⓜ Bastille – ℰ 01 40 29 19 19 – www.pavillon-de-la-reine.com

🏨 Les Bains ⁑ ⛶ ᵭ ᵔ ⒶⒸ ᵴᵭ

URBAIN · PERSONNALISÉ Tel le phénix, les Bains renaissent toujours. Ils pren-nent aujourd'hui la forme d'un hôtel de caractère, mêlant habilement les styles (contemporain, design, Art déco) jusque dans les chambres, confortables et bien insonorisées. On profite aussi d'un bar à cocktails, de salons privés et... d'un club avec piscine !

37 chambres – ⓘ392/900 € ⓘⓘ392/900 € – 2 suites – ⌷ 25 €

7 r. du Bourg-L'Abbé ⓜ Réaumur - Sébastopol – ℰ 01 42 77 07 07
– www.lesbains-paris.com

🏨 Le Petit Moulin ᵔ ⒶⒸ ⚟

LUXE · PERSONNALISÉ Christian Lacroix a imaginé le décor "couleur du temps" de cet hôtel du Marais. C'est inédit, raffiné... entre tradition et modernité. Baignoi-res à pieds, tons flashy : chaque chambre est un bijou !

17 chambres – ⓘ195/490 € ⓘⓘ195/490 € – ⌷ 16 €

29 r. du Poitou ⓜ St-Sébastien Froissart – ℰ 01 42 74 10 10
– www.hoteldupetitmoulin.com

🏨 Jules et Jim ᵔ ᵭ ⒶⒸ

URBAIN · ACTUEL Ne cherchez pas de lien avec le film de François Truffaut... sinon un affichage branché, voire hipster ! Cette ancienne usine du Marais, trans-formée en hôtel, est l'un des derniers repaires urbains à la mode. Atypiques et confortables, les chambres sont une belle démonstration du goût contemporain, version jeune et épicurienne...

23 chambres – ⓘ190/400 € ⓘⓘ190/400 € – ⌷ 19 €

11 r. des Gravilliers ⓜ Arts et Métiers – ℰ 01 44 54 13 13 – www.hoteljulesetjim.com

🏨 Little Palace ᵔ ᵭ ⒶⒸ ⚟

URBAIN · FONCTIONNEL Un Little Palace "so charming", mêlant avec bon-heur styles Belle Époque et contemporain. Chambres chaleureuses, à choisir de préférence aux 6ᵉ et 7ᵉ étages – pour profiter de la belle vue sur Paris !

49 chambres – ⓘ240/370 € ⓘⓘ265/490 € – 4 suites – ⌷ 16 €

4 r. Salomon-de-Caus ⓜ Réaumur-Sébastopol – ℰ 01 42 72 08 15
– www.littlepalacehotel.com

PARIS

🏠 Austin's Arts et Métiers

FAMILIAL · FONCTIONNEL Pas de mystère dans les chambres jaunes, rouges ou bleues de ce petit hôtel faisant face au musée des Arts et Métiers : elles sont sobres, chaleureuses et bien tenues.

31 chambres – ♦90/160 € ♦♦120/190 € – ⊆10 €

6 r. Montgolfier Ⓜ *Arts et Métiers* – 𝒞 *01 42 77 17 61* – *www.austinsamhotel.com*

🏠 Hôtel du Vieux Saule

BUSINESS · ACTUEL Dans une petite rue du haut Marais, on découvre un hôtel familial à l'intérieur zen et coloré ; les chambres y sont petites mais joliment décorées. Il fait bon se détendre au sauna ou dans le salon donnant sur la cour. Puis, direction la place des Vosges et le musée Carnavalet !

26 chambres – ♦115/205 € ♦♦155/345 € – ⊆12 €

6 r. de Picardie Ⓜ *Filles du Calvaire* – 𝒞 *01 42 72 01 14* – *www.hotelvieuxsaule.com*

🏠 Jacques de Molay

FAMILIAL · DESIGN On découvre d'abord cette façade originale, en bois peint, et le nom de l'hôtel : Jacques de Molay, qui fut au 13ᵉ s. le dernier maître de l'ordre des Templiers. Chaque étage a son thème (bleu, rose, jaune...), et les chambres sont impeccablement tenues.

23 chambres – ♦167/255 € ♦♦167/255 € – ⊆15 €

94 r. des Archives Ⓜ *République* – 𝒞 *01 42 72 68 22* – *www.hotelmolay.fr*

Île de la Cité ·
Île St-Louis ·
Le Marais ·
Beaubourg

✉ 75004
4ᵉ ARRONDISSEMENT

Nikada/iStock

Restaurants

✿✿✿ L'Ambroisie (Bernard Pacaud)

CUISINE CLASSIQUE · LUXE XXXX L'ambroisie n'est-elle pas la nourriture des dieux de l'Olympe ? Sans conteste, la cuisine de Bernard Pacaud touche à l'absolu : éclat des saveurs, science des produits, perfection d'exécution. Un classicisme imparable ! Le tout dans l'écrin royal d'un hôtel particulier de la place des Vosges (17ᵉ s.). Nourritures immortelles...

➜ Feuillantine de langoustines aux graines de sésame, sauce curry. Escalopine de bar à l'émincé d'artichaut, nage réduite au caviar. Tarte fine sablée au cacao, glace à la vanille Bourbon.

Carte 210/330 €

9 pl. des Vosges Ⓜ *St-Paul* – 𝒞 *01 42 78 51 45* – *www.ambroisie-paris.com* – *Fermé 23 fév.-8 mars, 3-24 août, dim. et lundi*

⸎ Benoit

CUISINE CLASSIQUE · BISTRO ✕✕ Alain Ducasse supervise ce bistrot chic et animé, l'un des plus anciens de Paris... fondé en 1912 ! La cuisine, réalisée dans les règles de l'art, célèbre les trésors de la cuisine française ; on se régale dans une ambiance animée et chaleureuse. Une authentique et belle maison.

→ Pâté en croûte, cœur de laitue à l'huile de noix et chapons aillés. Filet de sole Nantua, épinards à peine crémés. Profiteroles Benoit, sauce au chocolat chaud.

Menu 42 € (déj.) – Carte 70/100 €

20 r. St-Martin Ⓜ *Châtelet-Les Halles –* ✆ *01 42 72 25 76 – www.benoit-paris.com*
– Fermé août

ⅠⅠ◯ Bofinger

CUISINE TRADITIONNELLE · RÉTRO ✕✕ Institution de la vie parisienne au remarquable décor alsacien : coupole, marqueteries, miroirs, peintures signées Hansi. Le charme de cette brasserie créée en 1864 opère toujours.

Formule 31 € – Menu 38/60 € – Carte 40/81 €

5 r. de la Bastille Ⓜ *Bastille*
– ✆ *01 42 72 87 82 – www.bofingerparis.com*

ⅠⅠ◯ Grand Cœur Ⓝ

CUISINE MODERNE · COSY ✕✕ Les poutres et la pierre, les grands miroirs et le mobilier éclectique, sans oublier l'incontournable terrasse : cette maison installée dans une cour d'immeuble impose son style d'entrée. La cuisine, imaginée par Mauro Colagreco, agrémente la tradition française de quelques touches internationales. Un vrai plaisir !

Formule 23 € – Menu 30 € – Carte 42/80 €

41 r. du Temple Ⓜ *Rambuteau –* ✆ *01 58 28 18 90 (réservation conseillée)*
– www.grandcoeur.paris – Fermé dim. soir et lundi

ⅠⅠ◯ Claude Colliot

CUISINE MODERNE · À LA MODE ✕ Chez Claude Colliot, point d'énoncés pompeux, mais une cuisine de saison qui traite les excellents produits avec tous les égards... Léger, sain et savoureux. Le soir, réservez !

Menu 62 € – Carte 40/60 €

40 r. des Blancs-Manteaux Ⓜ *Rambuteau –* ✆ *01 42 71 55 45*
– www.claudecolliot.com – Fermé 2 semaines en août, dim. et lundi

ⅠⅠ◯ Mon Vieil Ami

CUISINE TRADITIONNELLE · AUBERGE ✕ Vieilles poutres et décor contemporain... Une auberge tendance, où savourer de goûteuses recettes traditionnelles, joliment modernisées et ponctuées de clins d'œil à l'Alsace.

Menu 48 € (dîner)/55 € – Carte 36/56 €

69 r. St-Louis-en-l'Île Ⓜ *Pont Marie –* ✆ *01 40 46 01 35*
– www.mon-vieil-ami.com

ⅠⅠ◯ Au Bourguignon du Marais

CUISINE TRADITIONNELLE · BISTRO ✕ Dans le quartier du Marais, une enseigne qui dit vrai : on savoure ici de bons petits plats régionaux, tout en générosité. Incontournable bœuf bourguignon, escargots à l'ail et au persil... et jolie carte de vins 100 % bourguignonne !

Formule 19 € – Menu 24 € (déj.) – Carte 33/62 €

52 r. François-Miron Ⓜ *St-Paul –* ✆ *01 48 87 15 40*

⅋○ Suan Thaï

THAÏLANDAISE · EXOTIQUE ⅂ De la rue se dévoile une salle tout en longueur, au fond de laquelle se devine un mur végétal, telle une promesse de fraîcheur... Voilà qui va bien au menu, authentiquement thaï et concocté par des cuisiniers venus du pays : salade de bœuf mi-cuit à la citronnelle, soupe de jacquier au lait de coco, etc.

⊜ Formule 15 € – Menu 19 € (déj.) – Carte 30/55 €

35 r. Temple **Ⓜ** *Rambuteau* – ℰ *01 42 77 10 20 – www.suanthai.fr*

⅋○ Les Fous de l'Île   ⒜⒞

CUISINE TRADITIONNELLE · BISTRO ⅂ Au cœur de l'île St-Louis, un néobistrot qui fait rimer saveurs et bonne humeur. Chapeau aussi à la déco, entre casiers en bois et collection de poules. Régalé, mais pas plumé !

Formule 19 € – Menu 25 € (déj. en semaine)/29 € – Carte 38/55 €

33 r. des Deux-Ponts **Ⓜ** *Pont Marie* – ℰ *01 43 25 76 67 – www.lesfousdelile.com*

⅋○ Le Gorille Blanc

CUISINE TRADITIONNELLE · BISTRO ⅂ Gare au Gorille Blanc, il est si gourmand ! Heureusement, dans ce bistrot rétro, le chef concocte une généreuse cuisine bistrotière et ménagère : terrine de champignons à la crème d'ail, chipirons sautés, fricassée de lapin aux oignons...

Formule 17 € – Carte 33/58 €

4 impasse Guéménée **Ⓜ** *Bastille* – ℰ *01 42 72 08 45 – www.legorilleblanc.fr – Fermé dim.*

⅋○ Isami   ⒜⒞ ⌇

JAPONAISE · MINIMALISTE ⅂ Isami est renommé auprès des Japonais, qui savent où se rendre pour manger "comme chez eux"... Derrière son bar, Katsuo Nakamura réalise en effet des merveilles de sushis et de chirashis, démontrant une maîtrise fascinante des couteaux au service de produits ultrafrais. Un must parmi les adresses nipponnes de la capitale.

Carte 41/88 €

4 quai d'Orléans **Ⓜ** *Pont Marie* – ℰ *01 40 46 06 97 (réservation conseillée) – Fermé août, vacances de Noël, dim. et lundi*

⅋○ Baffo   ⒜⒞

ITALIENNE · COSY ⅂ Originaire de la Maremme (au sud de la Toscane) et passionné de cuisine, Fabien Zannier a décidé de changer de vie pour rendre hommage aux saveurs de son enfance. De là cette petite table italienne forte en goût, où priment les produit frais et bio. L'occasion d'un "pranzo con i baffi", un repas à s'en lécher les moustaches !

Formule 20 € – Carte 36/85 €

12 r. Pecquay **Ⓜ** *Rambuteau* – ℰ *01 44 59 86 72 – www.baffo.fr – Fermé mardi midi, dim. et lundi*

⅋○ Comptoir Gourmet   ⒜⒞ ⌇

ITALIENNE · CONVIVIAL ⅂ Le comptoir est bien là, sa vocation gourmet aussi ! Ses propriétaires sillonnent l'Italie à la recherche de ses meilleurs produits, emblématiques comme les tomates séchées, le pecorino ou la mozzarella di bufala, ou plus rares comme le caciocavallo. Planchas et assiettes composées offrent un excellent rapport qualité-prix !

Carte 31/62 €

51 r. du Temple **Ⓜ** *Rambuteau* – ℰ *01 84 17 24 07 – www.comptoirgourmet.com – Fermé août, dim. et lundi*

Hôtels

🏨 Jeu de Paume

HISTORIQUE · PERSONNALISÉ Au cœur de l'île St-Louis, cette halle du 17ᵉ s., jadis vouée au jeu de paume, s'est muée en hôtel de caractère. Poutres apparentes, belle hauteur sous plafond : une sobre élégance contemporaine dans les chambres.

28 chambres – ♦195/255 € ♦♦295/450 € – 2 suites – ⌚18 €

54 r. St-Louis-en-l'Île Ⓜ Pont Marie – ☏ 01 43 26 14 18
– www.jeudepaumehotel.com

🏨 Bourg Tibourg

DESIGN · PERSONNALISÉ Un hôtel entièrement décoré par Jacques Garcia. Néogothique, baroque, oriental... chaque chambre a son propre univers, tout en luxe et raffinement. Une petite perle en plein Marais.

30 chambres – ♦220/320 € ♦♦290/400 € – 1 suite – ⌚20 €

19 r. du Bourg-Tibourg Ⓜ Hôtel de Ville – ☏ 01 42 78 47 39
– www.bourgtibourg.com

🏨 Duo

URBAIN · MODERNE Un passé préservé (escalier classé, cave voûtée du 16ᵉ s.) et une atmosphère résolument contemporaine, douce et design : un beau Duo gagnant tenu par la même famille depuis 1918.

58 chambres – ♦110/250 € ♦♦185/690 € – 2 suites – ⌚17 €

11 r. Temple Ⓜ Hôtel de Ville – ☏ 01 42 72 72 22 – www.duoparis.com

🏨 Villa Mazarin

FAMILIAL · PERSONNALISÉ Parfait pour rejoindre Notre-Dame, la place des Vosges ou Beaubourg. Un hôtel central qui revisite le style Second Empire sous l'angle contemporain. Quelques duplex.

29 chambres – ♦220/380 € ♦♦220/380 € – ⌚14 €

6 r. des Archives Ⓜ Hôtel de Ville – ☏ 01 53 01 90 90 – www.villamazarin.com

🏨 Caron de Beaumarchais

URBAIN · PERSONNALISÉ Un voyage qui vous transporte au 18ᵉ s. Les chambres révèlent un univers raffiné : jolis imprimés, gravures évoquant Le Mariage de Figaro, antiquités...

19 chambres – ♦160/250 € ♦♦160/250 € – ⌚13 €

12 r. Vieille-du-Temple Ⓜ Hôtel de Ville – ☏ 01 42 72 34 12
– www.carondebeaumarchais.com

🏨 Beaubourg

URBAIN · FONCTIONNEL Juste derrière le Centre Pompidou ! Cet hôtel dispose de chambres accueillantes et bien insonorisées, plus grandes et souvent dotées de poutres dans le bâtiment donnant sur la rue.

28 chambres – ♦95/200 € ♦♦95/300 € – ⌚10 €

11 r. Simon Le Franc Ⓜ Rambuteau – ☏ 01 42 74 34 24 – www.hotelbeaubourg.com

🏨 Lutèce

URBAIN · FONCTIONNEL Un emplacement idéal sur l'île St-Louis, pour les amoureux du Paris historique. Boiseries, poutres et tomettes au salon ; petites chambres cosy et fonctionnelles, tout en sobriété.

23 chambres – ♦210 € ♦♦250 € – ⌚14 €

65 r. St-Louis-en-l'Île Ⓜ Pont Marie – ☏ 01 43 26 23 52 – www.hoteldelutece.com

PARIS

🏠 Castex

☐ 🗚 ⌖

URBAIN · RUSTIQUE La clientèle américaine, entre autres, apprécie la mise en scène Grand Siècle de cette demeure. Petites chambres soignées (tomettes, mobilier Louis XIII et rustique).

30 chambres – 🛉199/229 € 🛉🛉199/229 € – ⌣ 13 €

5 r. Castex Ⓜ *Bastille –* ☏ *01 42 72 31 52 – www.castexhotel.com*

Quartier Latin · Jardin des Plantes · Mouffetard

✉ 75005

5ᵉ ARRONDISSEMENT

mauinow1/iStock

Restaurants

✿ La Tour d'Argent

🏵 ⩽ 🗚 ⌖ ⟳ 🎴

CUISINE CLASSIQUE · LUXE XXXXX Un panorama inoubliable – le chevet de Notre-Dame serti dans Paris ! – et une table de grande tradition, dont les classiques valent un musée de la gastronomie ; ainsi le mythique caneton de Challans... Service formel et élégant, à l'ancienne. Cave exceptionnelle !

→ Quenelles de brochet "André Terrail". Caneton "Tour d'Argent". Crêpes "Belle Époque".

Menu 85 € (déj.) – Carte 165/330 €

15 quai de la Tournelle Ⓜ *Maubert Mutualité –* ☏ *01 43 54 23 31*
– www.tourdargent.com – Fermé août, dim. et lundi

✿ La Truffière

🏵 🗚 ⌖

CUISINE MODERNE · INTIME XX Une valeur sûre que cette belle maison du 17ᵉ s., où l'on déguste des recettes pleines de finesse et révélant les produits du terroir, rehaussées, en saison, par les suaves parfums de la truffe blanche ou noire... La carte des vins, riche de crus du monde entier, est remarquable.

→ Déclinaison de légumes de saison, vinaigrette à la truffe blanche. Parmentier de queue de bœuf à la truffe noire. Soufflé chaud à la truffe noire, glace truffe et bière blanche.

Menu 40 € (déj.), 65/135 € – Carte 115/155 €

4 r. Blainville Ⓜ *Place Monge –* ☏ *01 46 33 29 82 – www.latruffiere.com – Fermé 17-26 déc., mardi midi en juil.-août, dim. et lundi*

✿ Itinéraires (Sylvain Sendra)

🏵 ⅊ 🗚

CUISINE MODERNE · À LA MODE XX La cuisine est-elle histoire d'itinéraires ? Sylvain Sendra n'aura pas attendu le nombre des années pour installer son joli restaurant – très clair et lumineux – parmi les bonnes tables de la capitale. Finesse, saveurs, originalité et produits de qualité : l'itinéraire de clients gâtés.

→ Tarte à l'oignon doux des Cévennes, champignons de Paris et noix de muscade. Carré d'agneau de Lozère, cèpes, noisettes, mousseline de pomme de terre. Tartelette mûre-framboise et basilic, parfum litchi et rose.

Menu 50 € (déj.), 65/105 € – Carte 55/95 €

5 r. de Pontoise Ⓜ *Maubert Mutualité –* ☏ *01 46 33 60 11 (réservation conseillée)*
– www.restaurant-itineraires.com – Fermé 9-24 août, 21-28 déc., sam. midi, dim. et lundi

Sola

CUISINE MODERNE · EXOTIQUE X Tout près des quais donnant sur Notre-Dame et... déjà au Japon ! Le jeune chef, originaire du pays du Soleil-Levant, confirme que les gastronomies française et nippone peuvent fusionner en d'harmonieuses créations. Les produits d'ici sont rehaussés de saveurs originales et présentés avec grâce.
→ Cuisine du marché.
Menu 48 € (déj.), 78/98 €

12 r. de l'Hôtel-Colbert Ⓜ *Maubert Mutualité –* ℰ *01 43 29 59 04*
– www.restaurant-sola.com – Fermé 2 semaines en août, 30 déc.-7 janv., dim. et lundi

Bistro des Gastronomes

CUISINE TRADITIONNELLE · ÉLÉGANT X Avis aux gastronomes : voici une bonne cantine au cœur du 5ᵉ, sous l'égide d'un jeune chef partageur ! Céleri rémoulade, onglet poêlé aux pommes grenaille : les classiques du bistrot, reproduits dans la fraîcheur du dernier marché, et servis dans un décor élégant, avec boiseries et... bocaux de condiments.
Formule 24 € – Menu 30 €

10 r. du Cardinal-Lemoine ⓂCardinal Lemoine – ℰ *01 43 54 62 40 – Fermé dim. et lundi*

Aux Verres de Contact

CUISINE TRADITIONNELLE · BISTRO X L'équipe du Jadis – dans le 15ᵉ – gère ce sympathique bistrot contemporain et coloré, dont le nom emprunte à l'écrivain et journaliste Antoine Blondin (qui mentionnait "verres de contact" sur ses notes de frais...). On y déguste une bonne et généreuse cuisine du marché, en levant haut son verre. À la vôtre !
Formule 18 € – Menu 35 € – Carte 33/49 €

33 r. de Bièvre, angle du bd St-Germain ⓂMaubert Mutualité – ℰ *01 46 34 58 02*
– www.auxverresdecontact.com – Fermé sam. midi et dim.

Kokoro

CUISINE MODERNE · CONVIVIAL X Depuis août 2013, un jeune couple franco-japonais (tous deux anciens de chez Passard) travaille d'arrache-pied dans cette adresse à deux pas du métro Cardinal-Lemoine. Leur cuisine, réglée sur les saisons, se révèle à la fois fine, intelligente et subtile, et réserve de belles surprises... Kokoro, c'est "cœur" en japonais !
Formule 20 € – Menu 25/48 € – Carte 36/50 €

36 r. des Boulangers ⓂCardinal Lemoine – ℰ *01 44 07 13 29 (réservation conseillée) – www.restaurantkokoro.blogspot.fr – Fermé 2-13 juil., mardi midi, dim. et lundi*

Mavrommatis

GRECQUE · ÉLÉGANT XX Une autre vision de la gastronomie grecque à Paris ! Si les recettes prennent certaines libertés avec la tradition hellénique, en s'appuyant notamment sur de solides bases de cuisine française, elles se révèlent toujours soignées et parfumées. Un vrai plaisir de dégustation, de surcroît dans un cadre élégant.
Menu 42/75 € – Carte 50/72 €

42 r. Daubenton ⓂCensier Daubenton – ℰ *01 43 31 17 17 – www.mavrommatis.com*
– Fermé août, mardi midi, merc. midi, dim. et lundi

Atelier Maître Albert

CUISINE TRADITIONNELLE · COSY XX Une cheminée médiévale et des rôtissoires cohabitent avec un bel intérieur design signé J.-M. Wilmotte. Guy Savoy a imaginé la carte, avec des produits d'une qualité indéniable. Imaginez une volaille à la peau croustillante, son jus parfumé...
Formule 26 € – Menu 31 € (déj.), 36/70 € – Carte 40/70 €

1 r. Maître-Albert ⓂMaubert Mutualité – ℰ *01 56 81 30 01*
– www.ateliermaitrealbert.com – Fermé sam. midi et dim. midi

Moissonnier

LYONNAISE · BISTRO ⚒ Le décor de ce bistrot a résisté à toutes les modes : zinc rutilant, murs patinés, banquettes... Chaussons de ris de veau et autre terrine de queue de bœuf ne sont que quelques exemples parmi les spécialités du chef, qui a un joli tour de main et une prédilection évidente pour les cuisines lyonnaise et franc-comtoise !

Carte 35/68 €

28 r. des Fossés-St-Bernard Ⓜ *Jussieu – ℰ 01 43 29 87 65 – Fermé dim. et lundi*

Au Moulin à Vent

CUISINE TRADITIONNELLE · BISTRO ⚒ Depuis 1946, rien n'a changé dans ce bistrot parisien... ou si peu. Le joli décor rétro s'est patiné avec les ans et la cuisine traditionnelle s'est enrichie de spécialités de viandes : steack au couteau, côte de bœuf, etc. Bien sympathique.

Formule 25 € – Menu 29 € – Carte 46/71 €

20 r. des Fossés-St-Bernard Ⓜ *Jussieu – ℰ 01 43 54 99 37*
– www.au-moulinavent.com – Fermé août, lundi midi, sam. midi et dim.

Ciasa Mia

ITALIENNE · AUBERGE ⚒ Le jeune chef est originaire de l'Italie et réalise une cuisine à son image, généreuse, authentique et sincère. Bien installé devant la cheminée, on profite pleinement de ses créations originales. Tout est fait maison, du pain jusqu'aux desserts.

Formule 25 € – Menu 30 € (déj.), 55/76 € – Carte 62/80 €

19 r. Laplace Ⓜ *Maubert Mutualité – ℰ 01 43 29 19 77 (réservation conseillée)*
– www.ciasamia.com – Fermé 2 semaines en sept., 2 semaines en janv., sam. midi, lundi midi et dim.

Les Papilles ⬭

CUISINE TRADITIONNELLE · BISTRO ⚒ Bistrot, cave et épicerie : une adresse attachante, où l'on fait pitance entre casiers à vins et étagères garnies de conserves. Le soir, on vous propose un menu unique où les suggestions gourmandes affolent les papilles.

Formule 29 € – Menu 35 € – Carte 40/55 €

30 r. Gay-Lussac Ⓜ *Luxembourg – ℰ 01 43 25 20 79 – www.lespapillesparis.com*
– Fermé 20 juil.-20 août, vacances de Noël, dim. et lundi

Les Délices d'Aphrodite

GRECQUE · EXOTIQUE ⚒ Dans ce sympathique restaurant aux allures de taverne, on se croirait presque en Grèce ! Poulpe mariné, caviar d'aubergines, moussaka, etc. Cette cuisine fraîche et ensoleillée tire le meilleur parti de produits de qualité.

Formule 22 € – Carte 34/51 €

4 r. Candolle Ⓜ *Censier Daubenton – ℰ 01 43 31 40 39 – www.mavrommatis.fr*

Officina Schenatti

ITALIENNE · BRANCHÉ ⚒ Ivan Schenatti, originaire de Lombardie, a choisi cette rue proche de la Seine pour y installer son "officina" – son atelier –, au décor mêlant pierre et mobilier design. Il concocte une savoureuse cuisine des régions italiennes, tels ces raviolis maison farcis aux girolles... Le tout accompagné de bons vins transalpins !

Formule 19 € – Menu 35 € – Carte 48/74 €

15 r. Frédéric-Sauton Ⓜ *Maubert Mutualité – ℰ 01 46 34 08 91*
– www.officinaschenatti.com – Fermé 3 semaines en août, 24-27 déc., lundi midi et dim.

AT 🆕

CRÉATIVE · DESIGN ⚒ A deux pas des quais de Seine et de la Tour d'Argent, ce petit restaurant au décor minimaliste cultive l'âme japonaise : le chef Tanaka, passé chez Pierre Gagnaire, aime la fraîcheur et la précision ; il tient sa clientèle en haleine avec des assiettes créatives et variées. Salle voûtée au sous-sol.

Menu 35 € (déj. en semaine)/95 €

4 r. Cardinal-Lemoine Paris 05 Ⓜ *Cardinal Lemoine – ℰ 01 56 81 94 08*
– www.atushitanaka.com – Fermé août, dim. et lundi

ⅡⓄ **L'Agrume**

CUISINE MODERNE · CONVIVIAL ✕ Ici, on mise sur les saisons, la fraîcheur des produits (le poisson vient de Bretagne et les primeurs des meilleures adresses) et une exécution pleine de finesse. L'assiette pétille de saveurs. Un bon bistrot de chef !

Formule 22 € – Menu 25 € (déj.)/45 € – Carte 45/65 €

15 r. des Fossés-St-Marcel Ⓜ *St-Marcel –* ℰ *01 43 31 86 48*
– www.restaurantlagrume.fr – Fermé août, 22 déc.-6 janv., dim. et lundi

ⅡⓄ **Lhassa**

TIBÉTAINE · EXOTIQUE ✕ Une belle occasion de découvrir la cuisine tibétaine. Accroché au murs orangés, le dalaï-lama observe avec bienveillance le repas : raviolis grillés, sauté de bœuf mariné, yaourt maison… Le nirvana ?

🍴 Formule 14 € – Menu 16 € (déj. en semaine), 20/26 € – Carte 23/30 €

13 r. Montagne-Ste-Geneviève Ⓜ *Maubert Mutualité –* ℰ *01 43 26 22 19 – Fermé lundi*

ⅡⓄ **Bibimbap** 🥢 ⇔

CORÉENNE · RUSTIQUE ✕ Êtes-vous plutôt ssambap ou bap ? Pour en décider, courez vite au Bibimbap, petit restaurant typiquement coréen. Vive, très fraîche, soignée, diététique (pour les initiés : fondée sur l'énergie), sa cuisine est un vrai plaisir ! Côté surprise, ces petites sonnettes, sur chaque table, permettant d'appeler le serveur…

Carte 25/35 €

32 bd de l'Hôpital Ⓜ *Gare d'Austerlitz –* ℰ *01 43 31 27 42 – www.bibimbap.fr*

ⅡⓄ **Mirama** 🥢

CHINOISE · SIMPLE ✕ À deux pas du boulevard St-Michel, juste derrière l'église St-Séverin, le Mirama est un véritable repaire pour les amateurs d'une authentique cuisine chinoise. Ne passez pas à côté des soupes et des canards laqués, spécialités de la maison.

Carte 20/30 €

17 r. St Jacques Ⓜ *Cluny La Sorbonne –* ℰ *01 43 54 71 77*

Hôtels

🏠 **La Dame du Panthéon** ⇐ 🔲 ⅋ 🄰🄲

LUXE · COSY Le Panthéon, la Sorbonne, le jardin du Luxembourg : pas de doute, nous sommes en plein cœur du Quartier latin ! Face au "temple des grands hommes", le décor des chambres s'inspire… de femmes françaises ayant marqué l'histoire : Duras, Gréco, Sand ou encore Piaf. Un hôtel romanesque et raffiné.

35 chambres – 🛏200/450 € 🛏🛏200/450 € – ☲ 18 €

19 pl. du Panthéon Ⓜ *Luxembourg –* ℰ *01 43 54 32 95*
– www.hoteldupantheon.com

🏠 **Atmosphères** 🕏 🔲 ⅋ 🄰🄲 🥢

BUSINESS · DESIGN Un hôtel tout en lignes épurées et mobilier design dernier cri. Dès le hall, on découvre une belle exposition de photos de Thierry des Ouches ; du salon à l'espace détente (avec sauna et fitness), en passant par les chambres, le confort est total. Une réussite.

56 chambres – 🛏160/340 € 🛏🛏160/720 € – ☲ 16 €

31 r. des Écoles Ⓜ *Maubert Mutualité –* ℰ *01 43 26 56 02*
– www.hotelatmospheres.com

🏠 **Le Lapin Blanc** 🔲 🄰🄲 🥢

URBAIN · DESIGN Comme Alice, l'héroïne de Lewis Carroll, laissez-vous emporter par ce Lapin Blanc ! Les chambres, modernes et feutrées, rappellent par petites touches (papiers peints, téléphones, interrupteurs) le style "so british" de l'époque victorienne… Quelle élégance !

27 chambres – 🛏170/400 € 🛏🛏200/650 € – ☲ 12 €

41 bd St-Michel Ⓜ *Luxembourg –* ℰ *01 53 10 27 77 – www.hotel-lapin-blanc.com*

🏠 Seven ⊡ 🕭 AC ✍

LUXE · PERSONNALISÉ Surprise ! Une fois franchie la porte de ce bâtiment très parisien, on découvre un hôtel ultradesign et presque fantasmagorique. Lumières bleutées, plafonds figurant un ciel nuageux, lits en lévitation, transparences : une expérience ultime.

35 chambres – ♦177/997 € ♦♦177/997 € – ⊑ 21 €
20 r. Berthollet 🚇 *Les Gobelins* – *☎ 01 43 31 47 52* – *www.sevenhotelparis.com*

🏠 Hôtel des Grands Hommes ≤ ⊡ AC 🕭

TRADITIONNEL · HISTORIQUE Bel emplacement près du Panthéon pour cet hôtel plein de charme. Les chambres, très bien tenues et aménagées dans un style Empire, ont beaucoup de caractère. De même la vue des balcons et terrasses des 5ᵉ et 6ᵉ étages !

30 chambres – ♦250/340 € ♦♦300/470 € – ⊑ 14 €
17 pl. du Panthéon 🚇 *Luxembourg* – *☎ 01 46 34 19 60*
– www.hoteldesgrandshommes.com

🏠 Select ⊡ AC ✍

BUSINESS · MODERNE Lorsque l'on pénètre dans le hall de cet hôtel très... sélect, on est saisi par son design contemporain. Les chambres, en revanche, marient avec habileté pierres et poutres historiques avec un mobilier tendance. Une adresse de qualité.

66 chambres – ♦178/456 € ♦♦218/456 € – ⊑ 12 €
1 pl. de la Sorbonne 🚇 *Cluny La Sorbonne* – *☎ 01 46 34 14 80* – *www.selecthotel.fr*

🏠 Jardin de Cluny ⊡ AC ✍

BUSINESS · PERSONNALISÉ Les voyageurs soucieux de leur environnement apprécieront cet hôtel certifié Écolabel. L'élégance et le confort des chambres ne sont en rien sacrifiés ; la salle voûtée où l'on sert le petit-déjeuner a beaucoup de charme.

39 chambres – ♦140/250 € ♦♦210/360 € – ⊑ 17 €
9 r. du Sommerard 🚇 *Maubert Mutualité* – *☎ 01 43 54 22 66*
– www.hoteljardindecluny.com

🏠 Hôtel du Levant ⊡ AC

URBAIN · PERSONNALISÉ Les chambres de cet hôtel bâti en 1875 sont hautes en couleurs : rouge, jaune, rose vifs... Les bons points : un salon reposant, un bon emplacement pour découvrir la capitale et des prix raisonnables.

46 chambres ⊑ – ♦85/160 € ♦♦180/210 €
18 r. de la Harpe 🚇 *St-Michel* – *☎ 01 46 34 11 00* – *www.hoteldulevant.com*

🏠 Grand Hôtel St-Michel 🕭 ⊡ 🕭 AC ✍ 🕭

BUSINESS · MODERNE À quelques pas du trépidant boulevard St-Michel, cet hôtel a fait le pari – réussi – du design et du confort : formes épurées, détails originaux et teintes apaisantes. Fitness et hammam permettent de se délasser avant une bonne nuit de sommeil.

46 chambres – ♦180/360 € ♦♦180/440 € – 1 suite – ⊑ 15 €
19 r. Cujas 🚇 *Luxembourg* – *☎ 01 46 33 33 02* – *www.hotel-saintmichel-paris.com*

🏠 Royal St-Michel ⊡ AC ✍

BUSINESS · MODERNE Juste en face de la fontaine St-Michel, aux portes du Quartier latin, un hôtel contemporain et chaleureux. Les chambres sont bien insonorisées – boulevard oblige – et dotées d'une literie (avec surmatelas) particulièrement confortable.

39 chambres ⊑ – ♦190/310 € ♦♦190/340 €
3 bd St-Michel 🚇 *St-Michel* – *☎ 01 44 07 06 06* – *www.hotelroyalsaintmichel.com*

PARIS

Albe

🔲 ⓕ AC ⚡

BUSINESS · MODERNE Notre-Dame, le Quartier latin, l'île St-Louis... Paris est à vous ! Outre ces atouts géographiques, cet hôtel se révèle très agréable avec son style clair et design. Les chambres ne sont pas très grandes mais on s'y sent vraiment bien.

43 chambres – ♦140/230 € ♦♦260/360 € – ⌒15 €

1 r. de la Harpe Ⓜ *St-Michel*
– 📞 01 46 34 09 70 – www.albehotel.fr

Le Petit Paris

🔲 ⓕ AC

URBAIN · DESIGN Design et ludique, pop et noble à la fois... Les chambres épousent avec raffinement l'époque médiévale, les seventies, les années 1920, les styles Louis XV ou Napoléon III, le tout en technicolor !

20 chambres – ♦195/350 € ♦♦200/450 € – ⌒15 €

214 r. St-Jacques Ⓜ *Luxembourg*
– 📞 01 53 10 29 29 – www.hotelpetitparis.com

⌂ Quartier Latin Panthéon Ⓝ

🔲 ⓕ AC

URBAIN · ACTUEL Cet hôtel rénové de la tête aux pieds propose une halte appréciable au cœur du quartier du Panthéon, au coin de la rue Monge et de la rue Lacépède. Business corner et hammam.

37 chambres – ♦125/240 € ♦♦125/240 € – ⌒13 €

71 r. Monge Ⓜ *Place Monge*
– 📞 01 43 31 25 64 – www.bestwertern-quartier-latin.com

⌂ Sorbonne

🔲 AC ⚡

URBAIN · DESIGN Couleurs très vives ou aplats de noir profond, mobilier design ou fauteuils Louis XVI habillés d'imprimés flashy, hall gris brillant : le Sorbonne est entré dans le 21ᵉ s. Chaque étage célèbre un thème photographique : la Sorbonne, les voyages, l'art, l'Orient...

38 chambres – ♦120/400 € ♦♦120/400 € – ⌒14 €

6 r. Victor-Cousin Ⓜ *Cluny La Sorbonne*
– 📞 01 43 54 58 08 – www.hotelsorbonne.com

⌂ Résidence Henri IV

🔲 AC ⚡

HISTORIQUE · COSY Le souvenir du bon roi Henri plane sur cet hôtel entièrement rénové ces dernières années. Avec leurs ciels de lits, leurs boiseries claires et leurs tissus fleuris, les chambres sont à la fois classiques et contemporaines. Et le quartier est si beau...

13 chambres – ♦120/299 € ♦♦120/299 € – ⌒8 €

50 r. des Bernardins Ⓜ *Maubert Mutualité*
– 📞 01 44 41 31 81 – www.residencehenri4.com

⌂ Mercure Notre-Dame St-Germain des Près

🔲 AC ⚡ ⚶

BUSINESS · FONCTIONNEL Un hôtel totalement rénové et fort bien situé, juste à côté du musée de Cluny : l'occasion de découvrir les superbes tapisseries de la Dame à la licorne. Si vous avez besoin de plus de calme, choisissez les chambres donnant sur l'arrière.

47 chambres – ♦114/288 € ♦♦114/288 € – ⌒17 €

20 r. du Sommerard Ⓜ *Cluny La Sorbonne*
– 📞 01 43 54 47 60 – www.accorhotels.com

 Ne confondez pas les couverts ✕ et les étoiles ✿ ! Les couverts définissent une catégorie de confort et de service, tandis que l'étoile couronne uniquement la qualité de la cuisine, quel que soit le standing de la maison.

St-Germain-des-Prés · Odéon · Jardin du Luxembourg

✉ 75006

6ᵉ ARRONDISSEMENT

Restaurants

✾✾✾ Guy Savoy 🔵

CRÉATIVE · LUXE XxX Guy Savoy, acte II ! En 2015, le chef a pris ses nouveaux quartiers dans l'Hôtel de la Monnaie, sur les bords de Seine. Le cadre est somptueux – six salles parées d'œuvres contemporaines prêtées par François Pineau –, et l'hôte fidèle à lui-même : sincère et passionné, inventif sans excès, d'une générosité sans faille. Irrésistible !

→ Huîtres en nage glacée et deux nouvelles préparations. Saumon figé sur la glace, consommé brûlant et perles de citron. Millefeuille à la gousse de vanille.

Menu 110 € (déj.), 360/530 € ☗ – Carte 205/335 €

11 quai de Conti Ⓜ *St-Michel*

– ☎ 01 43 80 40 61 – www.guysavoy.com

– Fermé août, vacances de Noël, sam. midi, dim. et lundi

✾ Hélène Darroze

CUISINE MODERNE · COSY XxX Héritière d'une famille de cuisiniers du Sud-Ouest, Hélène Darroze trouve dans ce terroir (Aquitaine, Landes, Pays basque...) la matière première de sa cuisine. Voilà pour l'inné. C'est ensuite l'acquis qui fait la différence : son expérience, son insatiable curiosité, et ce mélange de talent et d'intuition qui la caractérise.

→ Huître, caviar d'Aquitaine et haricots maïs du Béarn. Homard tandoori, carotte, agrumes et coriandre. Chocolat araguani, fève tonka, caramel et yaourt grec.

Menu 58 € (déj.), 98/185 €

4 r. d'Assas Ⓜ *Sèvres Babylone*

– ☎ 01 42 22 00 11 – www.helenedarroze.com

– Fermé dim. et lundi

✾ Relais Louis XIII (Manuel Martinez)

CUISINE CLASSIQUE · RUSTIQUE XxX À deux pas de la Seine, cette maison historique du vieux Paris nous transporte au siècle de Louis XIII... Colombages, pierres apparentes, vitraux : le décor est plein de caractère, et il forme un élégant écrin pour la cuisine de Manuel Martinez, tenante d'un noble classicisme culinaire. Bon rapport qualité-prix au déjeuner.

→ Quenelle de bar, mousseline de champignons, glaçage au champagne. Canard challandais rôti aux épices. Millefeuille, crème légère à la vanille Bourbon.

Menu 60 € (déj. en semaine), 90/140 € – Carte 130/140 €

8 r. des Grands-Augustins Ⓜ *Odéon*

– ☎ 01 43 26 75 96 – www.relaislouis13.com

– Fermé 3 semaines en août, 1 semaine en janv., dim., lundi et fériés

✿ Le Restaurant

CUISINE MODERNE • ÉLÉGANT ✕✕ Le "Restaurant" de "L'Hôtel", dont le décor est lui aussi signé Jacques Garcia. Le chef y revisite les classiques de la gastronomie française à travers des créations parfumées, basées sur d'excellents produits ; son épouse, Johanna, réalise de son côté de savoureuses pâtisseries. Un duo gagnant !
→ Tourteau de Loctudy, avocat et yuzu. Ris de veau "crousti-moelleux", jus aux herbes. Chocolat au parfum de poivre long, poudre de meringue.
Formule 45 € – Menu 55 € (déj.), 85 € ♟/115 € – Carte 118/145 €
Hôtel L'Hôtel, 13 r. des Beaux-Arts ⓜ St-Germain des Prés – ℰ 01 44 41 99 01 – www.l-hotel.com – Fermé août, 22-28 déc., dim. et lundi

✿ Ze Kitchen Galerie (William Ledeuil)

CRÉATIVE • CONVIVIAL ✕ Séduisante carte influencée par l'Asie, cadre épuré aux airs de loft, tableaux contemporains, vue sur les cuisines. Depuis plus de dix ans, Ze Kitchen reste l'un des incontournables de la rive gauche.
→ Coquillages, jus de wasabi et pomme verte. Thon blanc, vitello tonnato, sauce vierge. Reines-claudes et mirabelles, sablé et glace gingembre.
Formule 41 € – Menu 48 € (déj.), 85/98 €
4 r. des Grands-Augustins ⓜ St-Michel – ℰ 01 44 32 00 32 – www.zekitchengalerie.fr – Fermé 2 semaines en août, 1 semaine fin déc., sam. midi et dim.

☺ La Marlotte

CUISINE TRADITIONNELLE • RUSTIQUE ✕ Une "auberge d'aujourd'hui", non loin du Bon Marché, où l'on croise éditeurs et hommes politiques. L'ambiance y est chaleureuse et conviviale, et la cuisine honore la tradition : harengs pommes à l'huile, terrine de foies de volaille, raie à la grenobloise, boudin noir et andouillette, etc. Généreux et de saison.
Formule 23 € – Menu 28 € (déj. en semaine)/33 € – Carte 32/51 €
55 r. du Cherche-Midi ⓜ St-Placide – ℰ 01 45 48 86 79 – www.lamarlotte.com – Fermé 13-21 août

☺ La Maison du Jardin

CUISINE TRADITIONNELLE • BISTRO ✕ À deux pas du Luxembourg, ce bistrot explore la tradition avec bonté et simplicité : terrine de lapin "mémé Coupeau" ; cabillaud juste salé, vinaigrette tomate, polenta aux courgettes ; gaufre façon "Lenôtre"... et bouteilles à prix sages.
Formule 22 € – Menu 35 €
27 r. Vaugirard ⓜ Rennes – ℰ 01 45 48 22 31 (réservation conseillée) – Fermé 1ᵉʳ-23 août, sam. midi et dim.

☺ Atelier Vivanda - Cherche Midi

VIANDES • BISTRO ✕ Bienvenue dans le nouveau bistrot à viande d'Akrame Benallal ! De superbes pièces de boucher sont évidemment au programme : hampe et persillé de Black Angus, suprême de volaille, ou côte de porc ibérique, sont travaillés avec amour et accompagnés d'un gratin dauphinois ou de pommes dauphine. Férocement bon.
Menu 35 € – Carte 50/70 €
20 r. du Cherche-Midi ⓜ Sèvres Babylone – ℰ 01 45 44 50 44 – www.ateliervivanda.com – Fermé 2 semaines en août, 1 semaine vacances de Noël, dim. et lundi

☺ Le Timbre

CUISINE TRADITIONNELLE • BISTRO ✕ Le jeune chef de ce bistrot grand comme un... timbre-poste, a réussi à conserver tout le charme des lieux – tables en bois, banquettes et ambiance à la bonne franquette. Il propose une cuisine du marché originale et goûteuse, que l'on accompagne de bons vins grâce aux conseils d'Agnès, sa compagne.
Menu 26 € (déj.), 36/49 €
3 r. Ste-Beuve ⓜ Notre-Dame des Champs – ℰ 01 45 49 10 40 (réservation conseillée) – www.restaurantletimbre.com – Fermé août, 1ᵉʳ-6 janv., dim. et lundi

Fogón

AC 🛇 soir,

ESPAGNOLE · À LA MODE XX L'Espagne s'invite sur les quais de la Seine. Charcuteries de Guijuelo, préparations de riz en paëlla – aux légumes, valenciana, aux seiches et calamars, aux langoustines, au jambon... De fort belles spécialités ibériques qui se mettent en scène dans un cadre design chic des plus tendance !

Formule 36 € – Menu 51 € – Carte 45/70 €

45 quai des Grands-Augustins ⓜ *St-Michel* – ℰ *01 43 54 31 33*
– www.restaurantfogon.com – Fermé 3 semaines en août et lundi

Alcazar

👤 AC ⇔

CUISINE MODERNE · BRANCHÉ XX Cet ancien cabaret a fait peau neuve à l'automne 2015, sous la direction de l'architecte et décoratrice Lola Gonzalez. Le végétal domine, donnant à l'ensemble l'élégance intemporelle d'un grand jardin d'hiver ; en cuisine, on compose toujours une alléchante carte de brasserie contemporaine.

Menu 22 € (déj.) – Carte 55/65 €

62 r. Mazarine ⓜ *Odéon* – ℰ *01 53 10 19 99 – www.alcazar.fr*

Les Bouquinistes

AC 🛇

CUISINE MODERNE · À LA MODE XX À l'angle d'une rue, face aux bouquinistes alignés sur les quais de la Seine, un restaurant entièrement redessiné par Jean-Michel Wilmotte ; l'intérieur est joliment contemporain, et l'on y sert une bonne cuisine qui évolue selon le marché et les saisons. Agréable et typiquement parisien !

Formule 32 € – Menu 36 € (déj.)/89 € – Carte 66/91 €

53 quai des Grands-Augustins ⓜ *St-Michel* – ℰ *01 43 25 45 94*
– www.guysavoy.com

La Méditerranée

AC ⇔ 🛇

POISSONS ET FRUITS DE MER · BRASSERIE XX Dans ce restaurant face au théâtre de l'Odéon, des fresques évoquent la Méditerranée et la cuisine de la mer chante avec l'accent du Sud. Un soin tout particulier est apporté au choix des produits, comme dans ces spécialités maison : bouillabaisse, carpaccio de bar, dorade laquée au miel...

Formule 29 € – Menu 36 € – Carte 42/69 €

2 pl. Odéon ⓜ *Odéon* – ℰ *01 43 26 02 30 – www.la-mediterranee.com – Fermé 24-31 déc.*

Un Dimanche à Paris

👤 AC 🛇 ⇔

CUISINE MODERNE · À LA MODE XX Un petit passage pavé accueille ce "concept store", où le cacao est roi ! Au restaurant, il relève viandes et poissons de notes épicées, leur donnant un supplément d'élégance et de style. Ensuite, n'hésitez pas à faire un détour par la boutique, dans les locaux qui abritaient autrefois l'imprimerie de Marat...

Formule 25 € – Menu 31 € (déj. en semaine), 39/62 € – Carte 45/65 €

4 cours du Commerce-St-André ⓜ *Odéon* – ℰ *01 56 81 18 18*
– www.un-dimanche-a-paris.com – Fermé 1ᵉʳ-22 août, mardi midi, dim. soir et lundi

Caméléon d'Arabian

CUISINE CLASSIQUE · CONVIVIAL XX Un restaurant chaleureux et confortable (banquettes en velours, vue sur les fourneaux). On apprécie ici une cuisine bourgeoise revisitée dont le véritable "must" est le châteaubriant de foie de veau – délicieux. Un Caméléon aux couleurs du temps !

Formule 30 € – Menu 35 € (déj.)/48 € – Carte 58/82 €

6 r. Chevreuse ⓜ *Vavin* – ℰ *01 43 27 43 27*
– www.cameleonjeanpaularabianparis.com – Fermé 8-22 août, sam. midi et dim.

⁺○ La Rotonde

CUISINE TRADITIONNELLE · BRASSERIE ✗✗ À deux pas des théâtres de la rue de la Gaîté, cette Rotonde incarne depuis plus d'un siècle l'essence même de la brasserie parisienne. Un décor typique – très 1930 – avec cuivre et banquettes rouges, et des plats classiques du genre, tartare de bœuf en tête... Et l'on vous accueille jusqu'à 1h du matin !

Formule 24 € ☂ – Menu 44 € – Carte 31/77 €

105 bd Montparnasse Ⓜ *Vavin – ℰ 01 43 26 68 84*
– www.rotondemontparnasse.com

⁺○ Toyo

CRÉATIVE · DESIGN ✗ Dans une autre vie, Toyomitsu Nakayama était le chef privé du couturier Kenzo ; aujourd'hui, il excelle dans l'art d'assembler les saveurs et les textures – paella japonaise aux fruits de mer, cabillaud fumé Ô-cha (au thé)... Une cuisine fraîche et parfumée, servie par une équipe attentive et discrète : impeccable.

Menu 39 € (déj.), 95/125 €

17 r. Jules-Chaplain Ⓜ *Vavin – ℰ 01 43 54 28 03 – www.restaurant-toyo.com*
– Fermé 2 semaines en août, vacances de Noël, lundi midi et dim.

⁺○ Aux Amis Ⓝ

CUISINE CLASSIQUE · COSY ✗ Deux anciens de l'Apicius (Jérôme Vigato, fils de Jean-Pierre et Stéphane Paillard, son second pendant 16 ans) ont lancé cette affaire en 2015 avec la volonté de se lancer un nouveau défi culinaire. La cuisine, gourmande et savoureuse, fait la part belle aux produits de saison ; elle s'accompagne de vins bien choisis.

Formule 27 € – Menu 34 € (déj. en semaine) – Carte 40/60 €

9 rue de l'École de Médecine Ⓜ *Odéon – ℰ 01 46 34 19 41*
– www.restaurantauxamis.com – Fermé août, sam. midi et dim.

⁺○ Aux Prés

CUISINE MODERNE · RÉTRO ✗ C'est un fait : Cyril Lignac a toujours un projet d'avance ! Changement de nom et de concept, donc, pour son bistrot germano-pratin : il propose désormais une cuisine voyageuse et spontanée, volontiers créative, avec toujours un pied dans le(s) terroir(s) français. Et le dimanche, le brunch rencontre un franc succès...

Formule 32 € – Menu 45/52 €

27 r. du Dragon Ⓜ *St-Germain des Prés – ℰ 01 45 48 29 68*
– www.restaurantauxpres.com

⁺○ Casa Bini

ITALIENNE · CONVIVIAL ✗ Une trattoria chaleureuse dans une rue calme de St-Germain-des-Prés. Dans une salle aux couleurs de la Toscane, on déguste des plats pleins de saveurs, tels que linguine *seppie e limone* (aux seiches et citron), ou ce tiramisu au caramel beurre salé. Et soudain le quartier des éditeurs prend des airs de *dolce vita*...

Formule 25 € – Menu 29 € (déj. en semaine) – Carte 39/60 €

36 r. Grégoire-de-Tours Ⓜ *Odéon – ℰ 01 46 34 05 60 – www.casabini.fr*

⁺○ Teppanyaki Ginza Onodera Ⓝ

JAPONAISE · INTIME ✗ Dans cette salle intimiste, on s'installe face au teppanyaki – une plaque chauffante utilisée dans la cuisine japonaise – et l'on salive d'avance ! Bar cuit à la vapeur et sauce au safran, bœuf Simmental et riz à l'œuf, oignons et légumes au vinaigre... On se régale au gré d'une carte renouvelée tous les mois.

Menu 45 € (déj.), 80/150 €

6 r. des Ciseaux Ⓜ *Mabillon – ℰ 01 42 02 72 12 (réservation conseillée) – Fermé lundi midi et dim.*

⑪◯ KGB

CRÉATIVE · DESIGN ⅹ KGB pour Kitchen Galerie Bis. Il y règne le même esprit qu'à la maison mère, à mi-chemin entre galerie d'art et restaurant peu conventionnel. On s'y régale de "zors d'œuvres" – déclinaisons des hors-d'œuvres à la française –, de pâtes ou de plats cuisinés mêlant tradition hexagonale et assaisonnements asiatiques.

Formule 29 € – Menu 36 € (déj.), 55/66 € – Carte 51/65 €

25 r. des Grands-Augustins Ⓜ *St-Michel –* ℰ *01 46 33 00 85*
– www.kitchengaleriebis.com – Fermé 1ᵉʳ-20 août, dim. et lundi

⑪◯ Allard

CUISINE TRADITIONNELLE · BISTRO ⅹ On pénètre par la cuisine dans cette véritable institution, qui fait désormais partie du groupe Ducasse. Servis dans un décor 1900 pur jus, les plats hésitent entre registre bistrotier et plats canaille : cocotte de cervelas, blanquette de veau – succulente ! –, savarin au rhum en dessert... On se régale.

Menu 36 € (déj.) – Carte 50/94 €

41 r. St-André-des-Arts Ⓜ *St-Michel –* ℰ *01 43 26 48 23 – www.restaurant-allard.fr*

⑪◯ L'Épi Dupin

CUISINE MODERNE · CONVIVIAL ⅹ Le chef, François Pasteau, a mis en place une démarche écologique et locavore : achat de fruits et légumes en Île-de-France, traitement des déchets organiques, eau filtrée sur place, etc. Un respect de la nature et du "bien-vivre" que l'on retrouve dans ses assiettes, qui revisitent joliment la tradition de nos campagnes.

Formule 28 € – Menu 39/52 €

11 r. Dupin Ⓜ *Sèvres Babylone –* ℰ *01 42 22 64 56 (réservation conseillée)*
– www.epidupin.com – Fermé 1ᵉʳ-24 août, lundi midi, sam. et dim.

⑪◯ La Ferrandaise

CUISINE TRADITIONNELLE · BISTRO ⅹ Dans ce joli restaurant près du Luxembourg, on honore le Puy-de-Dôme. Le patron a même imaginé un partenariat avec des éleveurs de vaches ferrandaises ! Le chef breton concocte une cuisine franche et savoureuse : hure de tête de veau gratinée sauce ravigote, joue de bœuf confite et lentilles blondes de Saint-Flour...

⊛ Menu 16 € (déj.), 37/55 €

8 r. de Vaugirard Ⓜ *Odéon –* ℰ *01 43 26 36 36 – www.laferrandaise.com – Fermé 3 semaines en août, lundi midi, sam. midi et dim.*

⑪◯ Le Cherche Midi

ITALIENNE · BISTRO ⅹ Un authentique bistrot italien ! Pâtes fraîches maison et superbes charcuteries : jambon de Parme (affiné au moins 24 mois), mortadelle, bresaola... Quant à la mozzarella, bien crémeuse, elle arrive par avion deux à trois fois par semaine !

Carte 39/57 €

22 r. du Cherche-Midi Ⓜ *Sèvres Babylone –* ℰ *01 45 48 27 44 (réservation conseillée) - www.lecherchemidi.fr – Fermé 24 déc.-1ᵉʳ janv.*

⑪◯ Semilla

CUISINE MODERNE · BRANCHÉ ⅹ Une bonne "graine" (*semilla* en espagnol) que ce bistrot né à l'initiative des patrons de Fish La Boissonnerie, juste en face. Ambiance conviviale, déco branchée et, dans la cuisine ouverte sur la salle, une équipe jeune et passionnée, qui travaille avec des fournisseurs triés sur le volet. Gourmand et bien ficelé !

Formule 24 € – Carte 37/60 €

54 r. de Seine Ⓜ *Odéon –* ℰ *01 43 54 34 50 – Fermé 2 semaine en août et 23 déc.-2 janv.*

PARIS

⅋○ **Yen** · AC

JAPONAISE · À LA MODE X Un restaurant au décor japonais très épuré pour amateurs de minimalisme zen. La carte fait la part belle à la spécialité du chef : le soba, des nouilles de sarrasin chaudes ou froides, préparées sous vos yeux.

Formule 39 € – Menu 69 € (dîner) – Carte 32/68 €

22 r. St-Benoît Ⓜ *St-Germain-des-Prés – ℰ 01 45 44 11 18 – www.yen-paris.fr*
– Fermé 2 semaines en août et dim.

⅋○ **Shu**

JAPONAISE · MINIMALISTE X Il faut se baisser pour passer par la porte qui mène à cette cave du 17e s. Dans un décor minimaliste, on découvre une cuisine japonaise authentique et bien maîtrisée, où la fraîcheur des produits met en valeur kushiage, sushis et sashimis.

Menu 38 € (dîner), 48/63 €

8 r. Suger Ⓜ *St-Michel – ℰ 01 46 34 25 88 (réservation conseillée)*
– www.restaurant-shu.com – Fermé vacances de printemps, 3 semaines en août,
dim. et le midi

⅋○ **Marco Polo** 🛖

ITALIENNE · TRADITIONNEL X Les habitués apprécient l'ambiance à la fois feutrée et conviviale du Marco Polo ; comme ils sont nombreux, mieux vaut réserver. Il faut dire que les antipasti, raviolis aux cèpes et autres risottos du jour sont préparés avec soin.

Formule 21 € – Menu 36 € – Carte 45/65 €

8 r. de Condé Ⓜ *Odéon – ℰ 01 43 26 79 63 (réservation conseillée)*
– www.restaurant-marcopolo.com

⅋○ **Fish La Boissonnerie** 🕸 AC

CUISINE TRADITIONNELLE · BISTRO X La façade en mosaïque de cette ancienne poissonnerie (avec un p !) est un must du quartier. Voilà une dizaine d'années que ce restaurant honore Bacchus et les produits de la mer : vichyssoise aux huîtres, Saint-Jacques aux cocos de Paimpol, dorade aux artichauts barigoule. Convivial !

Formule 36 € – Carte 36/46 €

69 r. de Seine Ⓜ *Odéon – ℰ 01 43 54 34 69 – Fermé 1 semaine en août et*
23 déc.-2 janv.

⅋○ **Sur la Braise** Ⓝ · ♿ AC

VIANDES · À LA MODE X Carnivore, tu es ici chez toi. Les viandes de bœuf les plus réputées – Blonde de Galice, Black Angus, Wagyu... – sont grillées dans un four à braise et accompagnées de frites maison ou de légumes. Dans l'assiette, la simplicité est de mise : tout le plaisir est dans la qualité des produits et dans la précision des cuissons !

Menu 49/59 € – Carte 60/80 €

19 r. Bréa Ⓜ *Vavin – ℰ 01 43 27 08 80 – www.surlabraise.com – Fermé 1er-21 août et*
dim.

⅋○ **Mangetout**

CUISINE MODERNE · DESIGN X Pinxo est devenu Mangetout, mais pas de panique : les habitués retrouveront leurs marques ! Alain Dutournier est toujours le maître d'œuvre de ce concept original, celui de tapas à la française. Et c'est ainsi que l'on peut picorer des chipirons façon pibales ou une terrine pistachée de canard et foie gras des Landes...

Menu 25 € – Carte 32/50 €

82 r. Mazarine Ⓜ *Odéon – ℰ 01 43 54 02 11 – www.mangetout.fr – Fermé août,*
dim. et lundi

PARIS

⭑○ **Invictus**　　　　　　　　　　　　　　　　AC ⌗

CUISINE TRADITIONNELLE · BISTRO X De retour à Paris après six ans passés en Afrique du Sud, Christophe Chabanel n'a pas tardé à retrouver les suffrages de la capitale : son bistrot, à deux pas du jardin du Luxembourg, fait salle comble ! À la carte, gambas rôties au soja et sésame, rognon de veau entier cuit au four et jus corsé : un régal.

Carte 39/58 €

5 r. Ste-Beuve ◍ *Notre-Dame des Champs –* ☏ *01 45 48 07 22 – Fermé 2 semaines en août, 1 semaine vacances de Noël, 1 semaine début janv., dim. et lundi midi*

⭑○ **L'Altro**　　　　　　　　　　　　　　　　　　AC

ITALIENNE · À LA MODE X L'Italie à la carte, dans un décor qui hésite entre loft et bistrot new-yorkais (banquettes noires, carrelage blanc aux murs, cuisines vitrées). L'ambiance est décontractée : idéal pour savourer de bonnes pasta et des antipasti.

Formule 17 € – Menu 22 € (déj. en semaine) – Carte 30/60 €

16 r. du Dragon ◍ *St-Germain des Prés –* ☏ *01 45 48 49 49 – www.laltro.fr – Fermé 1 semaine en août*

⭑○ **Azabu**　　　　　　　　　　　　　　　　　AC ⌗

JAPONAISE · MINIMALISTE X Une bonne adresse japonaise au décor sobre et contemporain. On mange à table ou au comptoir, face au teppanyaki. Parmi les spécialités, le king crab à la plancha, le zensai bento (un assortiment d'entrées), le bar grillé ou le bœuf Wagyu au radis râpé.

⊜ Menu 19 € (déj. en semaine), 45/68 € – Carte 40/65 €

3 r. André-Mazet ◍ *Odéon –* ☏ *01 46 33 72 05 (réservation conseillée) – www.azabu.fr – Fermé 2 semaines en août, dim. midi et lundi*

⭑○ **Wadja**

CUISINE TRADITIONNELLE · BISTRO X Tables serrées, vieux zinc, miroirs, lithographies années 1930 : pas de doute, c'est un bistrot. Un seul menu le midi, d'un bon rapport qualité-prix ; le soir, l'ardoise s'épanouit entre agneau de lait rôti au citron et crêpe fourrée de compote d'aubergines à la cardamome.

Formule 19 € – Menu 39/49 €

10 r. de la Grande-Chaumière ◍ *Vavin –* ☏ *01 46 33 02 02 – Fermé 1 semaine en fév., 3 semaines en août, sam., dim. et fériés*

⭑○ **Tsukizi**

JAPONAISE · MINIMALISTE X Dans la petite salle de ce restaurant tout simple, on a l'impression d'être au Japon. Le chef prépare sous vos yeux sushis, makis et sashimis à partir de poissons d'une bonne fraîcheur. Oursins et Saint-Jacques en saison.

Formule 20 € – Carte 30/60 €

2 bis r. des Ciseaux ◍ *St-Germain des Prés –* ☏ *01 43 54 65 19 – Fermé 1ᵉʳ-22 août, 26 déc.-9 janv., dim. midi et lundi*

⭑○ **Taokan**　　　　　　　　　　　　　　　　　AC

CHINOISE · À LA MODE X Au cœur de St-Germain-des-Prés, on pousse la porte de ce joli restaurant pour célébrer la cuisine chinoise, et particulièrement cantonaise : incontournables dim-sum, poisson à la vapeur, magret de canard au miel, émincé de poulet caramélisé... De belles présentations, de bons produits : une vraie ambassade !

Menu 22 € (déj.), 29/37 € – Carte 35/60 €

8 r. du Sabot ◍ *St-Germain des Prés –* ☏ *01 42 84 18 36 – www.taokan.fr – Fermé 1er-15 août et dim. midi*

⅏○ Le Christine

CUISINE MODERNE · CONVIVIAL ✗ C'est dans une ruelle plutôt calme que l'on découvre la façade du restaurant, avenante et colorée ; à l'intérieur, on trouve deux salles à manger coquettes. La cuisine, pile dans l'air du temps, se démarque par l'attention portée à chaque plat et par une fraîcheur de tous les instants. Merci Christine !

Formule 22 € – Menu 28 € (déj. en semaine), 42/65 € – Carte 28/51 €

1 r. Christine ⓜ St-Michel – ℰ 01 40 51 71 64 – www.restaurantlechristine.com
– Fermé sam. midi et dim. midi

⅏○ Le Bon Saint-Pourçain

CUISINE TRADITIONNELLE · BISTRO ✗ Planqué derrière l'église St-Sulpice, en plein cœur de St-Germain-des-Prés, cet ancien restaurant bougnat a réouvert ses portes au printemps 2015. La cuisine lorgne vers la tradition bistrotière revisitée : c'est tout simplement délicieux, sans doute grâce à l'utilisation exclusive de bons produits frais. Réservez !

Carte 40/52 €

10 bis r. Servandoni ⓜ Mabillon – ℰ 01 42 01 78 24 (réservation conseillée) – Fermé dim. et lundi

⅏○ Café Trama

CUISINE TRADITIONNELLE · BRANCHÉ ✗ Tout près du Bon Marché, cette table a tous les atours du bistrot branché, du décor – comptoir, petites tables carrées, banquettes en moleskine et ardoises au mur – à la cuisine : rillettes de la Sarthe, croustillant de boudin noir, croque-monsieur, tartare de bœuf au couteau, gingembre et basilic... Tout simplement bon.

Carte 32/65 €

83 r. du Cherche-Midi ⓜ St-Placide – ℰ 01 45 43 33 71 – Fermé 30 juil.-22 août, 24 déc.-3 janv., dim. et lundi

⅏○ Le Comptoir du Relais

CUISINE TRADITIONNELLE · BISTRO ✗ Dans ce sympathique bistrot de poche des années 1930, Yves Camdeborde régale ses clients d'une généreuse cuisine traditionnelle. Le midi, on sert des plats de brasserie tandis que le soir, un menu unique plus raffiné vous est proposé.

Carte 35/60 €

Hôtel Relais St-Germain, 5 carr. de l'Odéon ⓜ Odéon – ℰ 01 44 27 07 50 (réservation conseillée) – www.hotelrsg.com

Hôtels

🏨 Victoria Palace

HISTORIQUE · GRAND STYLE Désormais centenaire, cet hôtel célèbre fièrement la tradition : tissus choisis, mobilier Louis XVI et salles de bains en marbre dans les chambres ; les junior suites offrent de beaux volumes, propices à la détente. Tout aussi séduisant, le salon, très victorien. Une certaine idée de l'hôtellerie française.

58 chambres ⌷ – ♦285/402 € ♦♦285/402 € – 4 suites

6 r. Blaise-Desgoffe ⓜ St-Placide – ℰ 01 45 49 70 00 – www.victoriapalace.com

🏨 L'Hôtel

LUXE · PERSONNALISÉ C'est à "L'Hôtel" que mourut en 1900 le grand Oscar Wilde. Le décor, signé Jacques Garcia, n'est pas sans rappeler les fastes de l'art pour l'art, avec des allusions aux styles baroque, Empire, oriental... Esthétique et atypique.

20 chambres ⌷ – ♦305/1150 € ♦♦305/1150 €

13 r. des Beaux-Arts ⓜ St-Germain des Prés – ℰ 01 44 41 99 00 – www.l-hotel.com
🍴 Le Restaurant – voir les restaurants ci-dessus

PARIS

Relais Christine

HISTORIQUE · PERSONNALISÉ Une demeure historique ! Les salons feutrés, les chambres joliment décorées, dégagent un charme très particulier, et l'on prend son petit-déjeuner sous des voûtes du 13ᵉ s. Très plaisants : le petit espace détente et le prêt de vélos.

44 chambres – ♦350/750 € ♦♦350/750 € – 5 suites – ☐ 29 €

3 r. Christine Ⓜ *St-Michel –* ℰ *01 40 51 60 80 – www.relais-christine.com*

Relais St-Germain

TRADITIONNEL · PERSONNALISÉ Au carrefour de l'Odéon, l'animation ne cesse jamais. Raison de plus pour trouver refuge dans cet hôtel raffiné. Poutres patinées, étoffes chatoyantes et meubles anciens lui donnent un réel cachet. De vraies chambres d'écrivains...

22 chambres ☐ – ♦230/460 € ♦♦295/460 €

9 carr. de l'Odéon Ⓜ *Odéon –* ℰ *01 44 27 07 97 – www.hotelrsg.com*

🍴○ **Le Comptoir du Relais** – voir les restaurants ci-dessus

L'Abbaye

LUXE · PERSONNALISÉ Un hôtel d'un charme rare. Installé dans un ancien couvent du 17ᵉ s., il propose des chambres très raffinées, à la fois classiques et lumineuses. Dans la cour verdoyante coule une fontaine, tout est si calme... Personnel attentif et prévenant.

40 chambres ☐ – ♦275/640 € ♦♦275/640 € – 4 suites

10 r. Cassette Ⓜ *St-Sulpice –* ℰ *01 45 44 38 11 – www.hotel-abbaye.com*

Esprit St-Germain

URBAIN · PERSONNALISÉ Dans le salon-bibliothèque, les tableaux orientalistes et la moquette léopard donnent le ton : élégance et confort pour un style très lounge. Les chambres sont plus sobres mais une réelle attention est portée à votre bien-être.

23 chambres – ♦355/530 € ♦♦355/690 € – 5 suites – ☐ 20 €

22 r. St-Sulpice Ⓜ *Mabillon –* ℰ *01 53 10 55 55 – www.espritsaintgermain.com*

Hôtel d'Aubusson

LUXE · COSY Cet hôtel particulier conserve ce raffinement propre au 17ᵉ s. avec son salon, ses beaux parquets, ses tapisseries d'Aubusson... Paradoxalement, les chambres sont d'une sobre modernité. Et selon les jours, on organise des soirées jazz au Café Laurent, où résonnent encore les solos de trompette de Boris Vian !

49 chambres – ♦420/730 € ♦♦420/730 € – ☐ 25 €

33 r. Dauphine Ⓜ *Odéon –* ℰ *01 43 29 43 43 – www.hoteldaubusson.com*

Le Six

URBAIN · DESIGN Un hôtel contemporain parfaitement situé, entre le jardin du Luxembourg, St-Germain-des-Prés et Montparnasse. Les chambres, sobres et bien agencées, rendent hommage en photo aux légendes du quartier ; petit spa bien aménagé.

37 chambres – ♦229/499 € ♦♦229/499 € – 4 suites – ☐ 19 €

14 r. Stanislas Ⓜ *Notre-Dame des Champs –* ℰ *01 42 22 00 75*
– www.hotel-le-six.com

Bel Ami St-Germain des Prés

URBAIN · MODERNE Rien à voir avec le roman de Maupassant même si nous sommes à St-Germain, quartier littéraire s'il en est. Une adresse pour urbains chic, avec un bar tendance et des chambres sobres et contemporaines, rénovées pour certaines. Bel espace détente.

108 chambres ☐ – ♦270/1190 € ♦♦290/1190 € – 7 suites

7 r. St-Benoit Ⓜ *St-Germain des Prés –* ℰ *01 42 61 53 53 – www.hotel-bel-ami.com*

Buci

[⇕] [AC]

TRADITIONNEL · PERSONNALISÉ Une bien belle situation au cœur d'une rue commerçante et animée pour cet hôtel intime. Les chambres, entièrement rénovées, s'essayent à tous les styles, du contemporain en passant par les tentures à la Pompadour ou le style boudoir.

19 chambres – ♦220/420 € ♦♦220/420 € – 5 suites – ☑ 20 €
22 r. Buci Ⓜ *Mabillon – ℰ 01 55 42 74 74 – www.buci-hotel.com*

Madison

[⇐] [⇕] [AC]

LUXE · MODERNE Camus aimait fréquenter cet établissement, probablement à cause de son emplacement idéal, au cœur de St-Germain-des-Prés. Les chambres ont toutes été rénovées dans un style contemporain assez composite ; certaines ont vue sur l'église.

47 chambres – ♦220/780 € ♦♦250/780 € – 3 suites – ☑ 25 €
143 bd St-Germain Ⓜ *St-Germain des Prés – ℰ 01 40 51 60 00*
www.hotel-madison.com

Ste-Beuve

[⇕] [AC] [✗]

URBAIN · COSY Cosy et chaleureux : deux adjectifs qui correspondent bien à cet hôtel du meilleur goût. Dans les chambres, les meubles chinés tranchent sur des teintes raffinées et l'on se rafraîchit dans les salles de bains en noir et blanc. Bien agréable.

22 chambres – ♦165/370 € ♦♦165/370 € – ☑ 16 €
9 r. Ste-Beuve Ⓜ *Notre-Dame des Champs – ℰ 01 45 48 20 07*
– www.hotelsaintebeuve.com

La Villa St-Germain

[♿] [⇕] [AC]

URBAIN · DESIGN À mi-chemin entre les Beaux-Arts et l'église St-Germain, cet hôtel discret n'est pas sans évoquer une demeure de famille, version contemporaine : beau parquet en chêne massif, mobilier moderne, étoffes précieuses, lumières douces... Vous êtes ici chez vous.

31 chambres – ♦225/560 € ♦♦225/560 € – ☑ 22 €
29 r. Jacob Ⓜ *St-Germain des Prés – ℰ 01 43 26 60 00*
– www.villa-saintgermain.com

Pas de Calais

[⇕] [AC]

TRADITIONNEL · PERSONNALISÉ La légende dit que Sartre et Beauvoir auraient séjourné ici, peut-être appréciaient-ils cette rue tranquille ? Les chambres sont régulièrement rénovées dans un style clair et contemporain, avec de beaux matériaux : tissus, bois clairs... Joli mur végétal dans le salon, sous une verrière.

38 chambres – ♦180/380 € ♦♦180/470 € – ☑ 15 €
59 r. des Saints-Pères Ⓜ *St-Germain des Prés – ℰ 01 45 48 78 74*
– www.hotelpasdecalais.com

Au Manoir St-Germain-des-Prés

[⇕] [AC]

TRADITIONNEL · COSY Un manoir juste en face du Café de Flore ? Pas tout à fait, mais une belle adresse néanmoins, à la fois douillette et cosy. Dans les chambres, les tissus chatoyants flattent l'œil et certaines ont vue sur l'église. Charmant, le jardin d'hiver.

28 chambres – ♦225/395 € ♦♦225/395 € – ☑ 16 €
153 bd St-Germain Ⓜ *St-Germain des Prés – ℰ 01 42 22 21 65*
– www.hotelaumanoir.com

Luxembourg Parc

[⇕] [AC]

TRADITIONNEL · CLASSIQUE Nul besoin d'être parisien pour apprécier la poésie du jardin du Luxembourg. L'hôtel est juste en face ! Délicieusement bourgeois, son décor classique ravira les amateurs d'élégance feutrée. Détente assurée dans le salon, près de la cheminée.

23 chambres – ♦300/370 € ♦♦370/540 € – ☑ 15 €
42 r. Vaugirard Ⓜ *St-Sulpice – ℰ 01 53 10 36 50 – www.hotelluxparc.com*

Le Sénat

LUXE · PERSONNALISÉ La devanture sombre annonce la couleur : voici un hôtel contemporain aux chambres confortables et feutrées (plus calmes sur cour). Parmi ses atouts : la proximité du palais du Sénat et un petit-déjeuner buffet de qualité.

35 chambres – ♦150/750 € ♦♦150/750 € – 6 suites – ☐17 €
10 r. de Vaugirard ⓂLuxembourg – ☏01 43 54 54 54 – www.hotelsenat.com

La Villa d'Estrées et Résidence des Arts

URBAIN · COSY Un établissement qui donne sa propre version, actuelle, du style Napoléon III. Côté Villa, les détails précieux foisonnent et les chambres sont feutrées et confortables. Plus fonctionnelle, la Résidence permet de longs séjours (cuisinettes).

21 chambres – ♦155/305 € ♦♦205/365 € – ☐14 €
17 r. Gît-le-Coeur ⓂSt-Michel – ☏01 55 42 71 11 – www.villadestrees.com

Récamier

LUXE · COSY Une rénovation remarquable a fait de cet ancien hôtel particulier un lieu chic et intemporel : décors soignés (différents styles 20e s.), équipements high-tech... Le tout sur la place St-Sulpice, à quelques minutes de marche de la Seine.

24 chambres – ♦290/530 € ♦♦290/530 € – ☐20 €
3 bis pl. St-Sulpice ⓂSt-Sulpice – ☏01 43 26 04 89 – www.hotelrecamier.com

Odéon St-Germain

LUXE · ACTUEL Un hôtel très bien situé derrière l'Odéon. Les murs sont du 16e s. mais le style, intemporel, est signé Jacques Garcia : tentures en soie, mobilier opulent, ciels de lit damassés... Un confort et un charme indéniables.

27 chambres – ♦141/480 € ♦♦171/480 € – ☐14 €
13 r. St-Sulpice ⓂOdéon – ☏01 43 25 70 11 – www.hotelosg.com

La Belle Juliette

URBAIN · ÉLÉGANT Chaque étage de l'hôtel est décoré selon un thème différent : Madame Récamier au 1er (la fameuse Juliette), l'Italie au 2e, Chateaubriand au 3e, etc. Un cadre qui marie l'ancien au moderne en restant toujours chaleureux. Un endroit de caractère !

39 chambres – ♦250/800 € ♦♦350/800 € – 6 suites – ☐20 €
92 r. du Cherche-Midi ⓂVaneau – ☏01 42 22 97 40 – www.labellejuliette.com

Hôtel des Académies et des Arts

URBAIN · COSY Les corps blancs de Jérôme Mesnager et les sculptures de Sophie de Watrigant se déclinent partout dans cet hôtel dédié à la création. Les chambres, bien que relativement petites, sont chaleureuses. Espace bien-être et salon de thé.

20 chambres – ♦165/370 € ♦♦165/370 € – ☐16 €
15 r. de la Grande-Chaumière ⓂVavin – ☏01 43 26 66 44*
– www.hoteldesacademies.com

Hôtel de Sèvres

URBAIN · PERSONNALISÉ Amoureux du shopping, cet hôtel se trouve juste à côté du Bon Marché ! L'ensemble est chaleureux, dominé par des teintes beige et marron. La salle des petits-déjeuners donne sur une courette fleurie. Espace bien-être.

32 chambres – ♦100/300 € ♦♦130/300 € – 1 suite – ☐13 €
22 r. Abbé-Grégoire ⓂSt-Placide – ☏01 45 48 84 07 – www.hoteldesevres.com

Hôtel de Fleurie

URBAIN · FONCTIONNEL Cet hôtel à la façade ornée de statues jouit d'un bon emplacement : les chambres, sobres et simplement agencées, sont calmes, qu'elles donnent sur la cour ou sur la rue, peu passante.

29 chambres – ♦129/229 € ♦♦189/289 € – ☐13 €
32 r. Grégoire-de-Tours ⓂOdéon – ☏01 53 73 70 00 – www.hotel-de-fleurie.fr

Legend

☝ ⚙ AC 🚭

TRADITIONNEL · DESIGN Un hôtel entièrement rénové en 2012, entre la gare Montparnasse et St-Germain-des-Prés. Ici, la décoration est résolument design et les chambres des plus confortables. Un pied-à-terre idéal pour les personnes arrivant du Grand Ouest... et les autres.

38 chambres – ♦99/629 € ♦♦99/629 € – ☕ 16 €

151 bis r. de Rennes ⓜ Montparnasse
– ☎ 01 45 48 97 38 – www.legendhotelparis.com

Apostrophe

☝ ⚙ AC 🚭

URBAIN · DESIGN Osant un design singulier, toutes les chambres de cet hôtel hors normes racontent une histoire : ici des voilages imprimés de photographies, là un papier peint insolite... À noter : les mini-chaînes adaptées aux iPods.

16 chambres – ♦149/353 € ♦♦149/353 € – ☕ 11 €

3 r. Chevreuse ⓜ Vavin
– ☎ 01 56 54 31 31 – www.apostrophe-hotel.com

Mayet

☝ AC 🚭 🧖

URBAIN · PERSONNALISÉ Dépaysement garanti dans ce petit hôtel avenant proche du métro Duroc. Entre tags d'artistes contemporains et déco orientalisante, l'endroit distille un charme très particulier. Les 1 001 nuits du 21ᵉ s. en quelque sorte.

23 chambres – ♦95/170 € ♦♦140/200 € – ☕ 12 €

3 r. Mayet ⓜ Duroc
– ☎ 01 47 83 21 35 – www.mayet.com

Tour Eiffel · École Militaire · Invalides

✉ 75007

7ᵉ ARRONDISSEMENT

Lawton/SoFood/Photononstop

Restaurants

✿✿✿ **Arpège** (Alain Passard)

AC ⟷

CRÉATIVE · ÉLÉGANT 🏠🏠🏠 Bois précieux, décor de verre signé Lalique : préférez l'élégante salle contemporaine au caveau, et dégustez l'éblouissante cuisine "légumière" d'un chef-poète du terroir, amoureux des produits et cultivant son beau jardin – en l'occurrence, ses trois potagers spécialement créés dans l'Ouest de la France !

→ Fines ravioles potagères multicolores, consommé aux légumes. Corps-à-corps de volaille haute couture. Tarte aux pommes bouquet de roses.

Menu 140 € (déj.), 260/340 € – Carte 185/295 €

84 r. de Varenne ⓜ Varenne
– ☎ 01 47 05 09 06 – www.alain-passard.com
– Fermé sam. et dim.

✿✿ Sylvestre ⓝ   ⚮ AC ⇔

CUISINE MODERNE · ÉLÉGANT XXX Arrivé en 2015 chez Thoumieux, tout près des Invalides, Sylvestre Wahid n'a pas tardé à gagner les cœurs des gourmets de la capitale. La salle à manger sert d'écrin feutré à cet authentique artiste : tout au long d'une symphonie gourmande et délicate, il nous emporte vers de savoureux territoires... Magique.

→ Tourteau de Roscoff rafraîchi, avocat, brocoli et caviar osciètre. Saint-Jacques de plongée, jus-vinaigrette tiède des barbes, courge butternut et truffe d'Alba. Tarte au citron soufflée au chocolat, sorbet aux agrumes.

Menu 120/210 € – Carte 130/170 €

79 r. St-Dominique Ⓜ *La Tour Maubourg* – ℰ *01 47 05 79 00 (réservation conseillée) – www.thoumieux.fr – Fermé août, mardi midi, merc. midi, sam. midi, dim. et lundi*

✿✿ L'Atelier de Joël Robuchon - St-Germain   ⚮ AC ⇔ ⌷

CRÉATIVE · DESIGN X Un long comptoir flanqué de hauts tabourets, une petite salle confidentielle, des tons rouge et noir, une semi-pénombre étudiée... et toute la lumière portée sur de brillantes assiettes, ciselées avec une précision d'orfèvre. Cet Atelier contemporain signé Joël Robuchon – le premier d'une longue série – est un must du genre !

→ Caviar sur un œuf de poule mollet, friand au saumon fumé. Merlan frit Colbert, beurre aux herbes. Ganache onctueuse au chocolat araguani, glace au grué de cacao.

Menu 169 € – Carte 80/175 €

5 r. de Montalembert Ⓜ *Rue du Bac* – ℰ *01 42 22 56 56 – www.joel-robuchon.net – Accueil de 11h30 à 15h30 et de 18h30 à minuit. Réservations uniquement pour certains services : se renseigner.*

✿ Le Jules Verne   ⚮ ≼ AC ⌷ ⌷

CUISINE MODERNE · DESIGN XXX Au 2ᵉ étage de la tour Eiffel, son décor design atteint des hauteurs, vue magique sur Paris en prime ! Le patrimoine français est à l'honneur : grands plats et vins d'excellence paraissent ici autant de symboles... À noter : les réservations se font uniquement par Internet.

→ Homard, céleri et truffe noire comme une rémoulade, salade de pomme sauvage. Grenadin de veau rôti, pomme de terre Anna. Écrou croustillant au chocolat de notre manufacture à Paris.

Menu 108 € (déj. en semaine), 190/230 €

2ème étage Tour Eiffel, (Ascenseur privé pilier sud) Ⓜ *Bir-Hakeim* – ℰ *01 45 55 61 44 – www.lejulesverne-paris.com*

✿ Les Climats   ⚮ ⌂ AC ⌷ soir,

CUISINE MODERNE · RÉTRO XX Mosaïques au sol, luminaires en laiton, marbres verts d'Estours : l'ancienne Maison des Dames des Postes (qui hébergea les opératrices des PTT) ne manque pas de cachet. Sous l'égide du jeune chef, Julien Boscus, la cuisine française n'y a rien de téléphoné : beaux produits et accords créatifs reconnectent tous les sens... et la carte de vins de Bourgogne est remarquable !

→ Homard, bouillon de carapace à la verveine fraîche, fricassée de girolles et d'abricots. Canard de Challans rôti, sauce aux cerises, raviole de cuisse et d'abattis. Crème onctueuse au citron, calisson et parfait aux olives.

Formule 36 € – Menu 42 € (déj.) – Carte 80/120 €

41 r. de Lille Ⓜ *Rue du Bac* – ℰ *01 58 62 10 08 – www.lesclimats.fr – Fermé 28 fév.-7 mars, 3 semaines en août, 24-28 déc., dim. et lundi*

✿ Il Vino d'Enrico Bernardo   ⚮ AC ⌷

CUISINE MODERNE · DESIGN XX "Sur les routes du monde", "Sur les routes de France et d'Italie" : ces menus à thème permettent à Enrico Bernardo, éminent sommelier, de faire découvrir ses coups de cœur du moment, en accompagnement de délicieuses assiettes. Et le décor, avec sarments de vigne peints aux murs et armoire à vins, est tout à fait dans le ton !

→ Menu surprise.

Menu 35 € (déj. en semaine)/70 € – Carte 50/70 €

13 bd la Tour-Maubourg Ⓜ *Invalides* – ℰ *01 44 11 72 00 – www.enricobernardo.com – Fermé sam. midi, dim. et lundi*

David Toutain
🅰️ ⇔

CUISINE MODERNE · DESIGN ✕✕ Le voici chez lui, David Toutain, qui s'était fait connaître dans de bien belles tables (Arpège, Agapé Substance). C'est tout un parcours qui prend sens ici : la finesse, la créativité, la palette d'expressions révèlent sagesse et singularité, tout en se situant au cœur des tendances culinaires – bel équilibre !

→ Cuisine du marché.

Menu 45 € (déj.), 72/105 €

29 r. Surcouf Ⓜ *Invalides* – ✆ *01 45 50 11 10 – www.davidtoutain.com – Fermé 3 semaines en août, sam. et dim.*

Le Violon d'Ingres (Christian Constant)
🅰️ 🍴

CUISINE TRADITIONNELLE · ÉLÉGANT ✕✕ On se bouscule toujours chez Christian Constant, pour qui l'art du restaurant est bien loin d'être un simple violon d'Ingres ! Ses recettes révèlent l'âme d'un authentique cuisinier, dans la droite ligne de la belle tradition, et leur mise en œuvre le savoir-faire d'une équipe de talent. La rénovation récente du décor est l'occasion de redécouvrir cette table...

→ Œuf de poule mollet roulé à la mie de pain, toast de beurre truffé. Véritable cassoulet montalbanais. Millefeuille traditionnel à la vanille Bourbon.

Menu 45 € (déj. en semaine) – Carte 65/85 €

135 r. St-Dominique Ⓜ *École Militaire* – ✆ *01 45 55 15 05*
– www.maisonconstant.com

ES (Takayuki Honjo)
🅰️ 🍴

CUISINE MODERNE · MINIMALISTE ✕✕ Une adresse créée en 2013 par Takayuki Honjo, jeune chef japonais adepte de cuisine française. Dès les premières bouchées, son talent saute aux papilles ! Foie gras et oursins, pigeon et cacao : toutes les associations fonctionnent sans fausse note, il dompte les saveurs et n'oublie jamais l'harmonie de l'ensemble. Limpide.

→ Foie gras, jus de navet et oursin. Pigeon rôti, sauce cacao, pomme de terre grenaille et herbes de saison. Déclinaison autour de la fraise gariguette, crème mascarpone et vieux balsamique.

Menu 42 € (déj. en semaine)/105 €

91 r. de Grenelle Ⓜ *Solférino* – ✆ *01 45 51 25 74 (réservation conseillée)*
– Fermé 3 semaines en août, mardi midi, dim. et lundi

Garance (Guillaume Iskandar)
🎋 🅰️ ⇔

CRÉATIVE · DESIGN ✕✕ Deux Guillaume (Muller et Iskandar), anciens de l'Arpège, se sont associés pour créer ce bistrot contemporain près des Invalides. Une réussite, aussi sympathique que savoureuse ! On se régale de belles assiettes où le produit est roi et l'inspiration et le savoir-faire du cuisinier palpables. Garance ? Celle des Enfants du Paradis ?

→ Cuisine du marché.

Menu 39 € (déj.)/88 € – Carte 75/105 €

34 r. St-Dominique Ⓜ *Invalides* – ✆ *01 45 55 27 56 (réservation conseillée)*
– www.garance-saintdominique.fr – Fermé sam. et dim.

Auguste (Gaël Orieux)
🅰️

CUISINE MODERNE · ÉLÉGANT ✕✕ Ambiance feutrée, miroirs, murs blancs sculptés et jolis fauteuils... Auguste sied bien à la cuisine de Gaël Orieux, un chef passionné et amoureux des produits. Ses plats ? Une quête d'harmonie et d'inventivité, mêlant finement la terre et la mer. Prix étudiés le midi, grand jeu le soir.

→ Croustillant de langoustine à la verveine, bavarois de betterave jaune et kumquat. Ris de veau croustillant, girolles aux abricots secs et vin du Jura. Soufflé au chocolat Caraïbes, glace au miel.

Menu 37 € (déj.), 88/154 € 🍷 – Carte 80/110 €

54 r. de Bourgogne Ⓜ *Varenne* – ✆ *01 45 51 61 09 (réservation conseillée)*
– www.restaurantauguste.fr – Fermé 1er-14 août, sam. et dim.

⁜ Nakatani (Shinsuke Nakatani)   AC ⌿

CUISINE MODERNE · INTIME XX Le chef japonais Shinsuke Nakatani (ancien de chez Hélène Darroze) vole de ses propres ailes ! Avec un sens aigu de l'assaisonnement, des cuissons et de l'esthétique des plats, il compose une belle cuisine française au gré des saisons. Tout cela est servi par un personnel discret et efficace : impeccable !

➜ Cuisine du marché.

Menu 40 € (déj.), 68/80 € – menu unique

27 r. Pierre-Leroux ◍ *Vaneau – ℰ 01 47 34 94 14*
– Fermé 3 semaines en août, dim. et lundi

⁜ Gaya Rive Gauche par Pierre Gagnaire   AC

POISSONS ET FRUITS DE MER · COSY X Avec son décor signé Violaine Jeantet, cette adresse – la seconde de Pierre Gagnaire à Paris – se révèle cosy et raffinée : boiseries en sapelli, mur en écailles de métal... Quant à la cuisine, elle met à l'honneur les produits de la mer avec originalité, mais sans exubérance. Délicieux !

➜ Tartare de thon rouge et maquereau aux algues, riquette et salicornes. Gambas au curcuma, risotto rose et côtes de blette. Biscuit roulé de poivrons rouges confits au safran.

Menu 65 € ₮ (déj.) – Carte 60/95 €

44 r. du Bac ◍ *Rue du Bac – ℰ 01 45 44 73 73 – www.pierre-gagnaire.com*
– Fermé 1 semaine en août, vacances de Noël, lundi et dim.

⁜ Aida (Koji Aida)   ⅋⅋ AC ⟷

JAPONAISE · ÉLÉGANT X Le cadre, typiquement japonais, est sobre et élégant : on s'assied au comptoir (neuf places !) ou dans la petite salle privée, avec tatami. Cuissons, assaisonnements, découpes, températures : tout est précis et sublime l'expression du produit ; sushis, huîtres et homard sont préparés sous vos yeux par un chef virtuose...

➜ Sashimi. Teppanyaki. Wagashi.

Menu 160 €

1 r. Pierre-Leroux ◍ *Vaneau – ℰ 01 43 06 14 18 (réservation conseillée)*
– www.aida-paris.net – Fermé 1 semaine en mars, 3 semaines en août, lundi et le midi

⁜ Les Fables de La Fontaine   ⌂ AC

CUISINE MODERNE · BISTRO X L'ancienne seconde de ces Fables en a repris, à 21 ans à peine, la toque de chef ! Elle compose une cuisine résolument moderne, parfumée et pleine de couleurs, et fait preuve d'une impressionnante maturité dans ses préparations. À déguster dans le décor de bistrot épuré et lumineux, tout en élégance.

➜ Jaune d'œuf croustillant, betterave jaune en carpaccio, rouge à l'huile de noix et mousse de chèvre. Aïoli de lieu, légumes de saison et huile d'olive. Soufflé litchi, cœur coulant aux fruits rouges, sorbet thym-framboise.

Formule 25 € – Menu 70 € – Carte 45/60 €

131 r. St-Dominique ◍ *École Militaire – ℰ 01 44 18 37 55 (réservation conseillée)*
– www.lesfablesdelafontaine.net

⊛ Au Bon Accueil   AC

CUISINE MODERNE · BISTRO XX À l'ombre de la tour Eiffel, dans une rue calme, un bistrot au chic discret où l'on sert une appétissante cuisine du marché, sensible au rythme des saisons. Saumon français mariné puis fumé, écrasé de pommes de terre au beurre noisette ; brioche perdue au caramel, sauce mangue et passion... À prix doux !

Formule 30 € – Menu 36/55 € – Carte 65/85 €

14 r. Monttessuy ◍ *Pont de l'Alma – ℰ 01 47 05 46 11*
– www.aubonaccueilparis.com – Fermé 3 semaines en août, sam. et dim.

Chez les Anges

CUISINE CLASSIQUE · À LA MODE XX Une salle élégante pour une cuisine goûteuse et sincère, entre tradition et modernité : assiette de légumes de Joël Thiébault au coulis de citron jaune, pintade fermière, aubergine à l'orange et épeautre au curry ou encore tarte au chocolat noir Venezuela 72 %... Et en accompagnement, une belle carte de vins et whiskys.

Menu 36/55 € – Carte 70/85 €

54 bd de la Tour-Maubourg Ⓜ *La Tour Maubourg –* ℰ *01 47 05 89 86*
– www.chezlesanges.com – Fermé 3 semaines en août, sam. et dim.

Le Clos des Gourmets

CUISINE MODERNE · À LA MODE X Dans ce néobistrot épuré et chaleureux, le chef, en véritable amateur de bonne chère, a le souci de bien faire. Persillé de lapin en gelée parfumée à l'estragon, poulette du Gers rôtie et ses pommes grenaille, tête de cochon croustillante à la vinaigrette d'herbes... Une cuisine franche et pleine de jolies saveurs !

Menu 30 € (déj.), 35/39 € – Carte 39/60 € déjeuner

16 av. Rapp Ⓜ *Alma Marceau –* ℰ *01 45 51 75 61 – www.closdesgourmets.com*
– Fermé 1ᵉʳ-25 août, dim. et lundi

Pottoka

BASQUE · CONVIVIAL X Un bistrot convivial, où il fait bon boire et se régaler, en toute simplicité. Sébastien Gravé, le chef-patron, est originaire du Sud-Ouest et vénère le rugby et les bons produits... Il concocte une cuisine d'inspiration basque, avec de jolies touches contemporaines. Gourmand et généreux !

Formule 22 € – Menu 27 € (déj. en semaine), 35/60 €

4 r. de l'Exposition Ⓜ *École Militaire –* ℰ *01 45 51 88 38 – www.pottoka.fr – Fermé 3 semaines en août et 24-26 déc.*

Les Cocottes - Tour Eiffel

CUISINE TRADITIONNELLE · À LA MODE X Une création gourmande de Christian Constant, juste à côté de sa maison mère, Le Violon d'Ingres. Le concept ? Il propose ici une cuisine de bistrot joliment revisitée et servie... dans des cocottes : velouté de légumes d'autrefois, terrine de campagne, côte de veau rôtie, etc. Très convivial, mais l'on ne peut pas réserver !

Formule 23 € – Menu 28 € (déj. en semaine) – Carte 25/57 €

135 r. St-Dominique Ⓜ *École Militaire –* ℰ *01 45 50 10 28*
– www.maisonconstant.com

Café Constant

CUISINE TRADITIONNELLE · BISTRO X Cette annexe de Christian Constant conjugue recettes bistrotières et prix doux : œufs mimosa, tartare de saumon, huîtres et bar au gingembre, parmentier de cuisse de canard croisé au vin rouge, pommes gaufrettes, etc. Simple, gourmand, convivial... et sans réservation : premier arrivé, premier servi !

Formule 16 € – Menu 23 € (déj. en semaine) – Carte 34/54 €

139 r. St-Dominique Ⓜ *École Militaire –* ℰ *01 47 53 73 34*
– www.maisonconstant.com

La Laiterie Sainte-Clotilde

CUISINE TRADITIONNELLE · RÉTRO X Une ancienne laiterie (fin du 19ᵉ s.) où l'on cultive un esprit bobo-nostalgique : chaises en formica, grande banquette rouge, et une cuisine mi-bistrot, mi-ménagère. Au menu : soupe de betterave au hareng fumé et estragon, onglet de bœuf grillé et pommes grenailles, merlu rôti à la sauce à l'oseille... À déguster d'une traite !

Formule 23 € – Carte environ 36 €

64 r. de Bellechasse Ⓜ *Solférino –* ℰ *01 45 51 74 61 (réservation conseillée) – Fermé 30 juil.-24 août, vacances de Noël, sam. midi et dim.*

PARIS

⫶○ **La Ferme St-Simon** 🅝   🄰🄲 ⇔ 🕮

CUISINE MODERNE · COSY XxX Cette institution s'est réinventée en club de gent-lemen (salle feutrée, fauteuils en cuir, banquettes capitonnées) et séduit la clien-tèle des ambassades et de l'Assemblée nationale. La chef nippone Chiho Kanzaki, formée auprès de Mauro Colagreco à Menton, se laisse porter par les saisons, avec fraîcheur et créativité.

Menu 42 € (déj.)/80 € – Carte 68/95 €

6 r. St-Simon Ⓜ *Rue du Bac – 𝒞 01 45 48 35 74 – www.fermestsimon.com – Fermé 3 semaines en août, sam. midi et dim.*

⫶○ **Petrossian - Le 144** 🅝   🄰🄲 🕅 ⇔ 🕮

POISSONS ET FRUITS DE MER · HUPPÉ XxX Un nom mythique pour les amateurs de caviar depuis 1920, quand les frères Petrossian, d'origine arménienne, se lan-cèrent dans son importation. À l'étage de la boutique, le restaurant honore l'his-toire de la maison : caviar, saumon fumé, coupes du tsar, tartare de bœuf et Napoléon, œuf Petrossian... Une valeur sûre.

Menu 35 € (déj.), 66/98 € – Carte 80/123 €

144 r. de l'Université Ⓜ *Invalides – 𝒞 01 44 11 32 32 – www.petrossian.fr – Fermé août, dim. et lundi*

⫶○ **Le Cinq Codet** 🅝   🛋 🅶 🄰🄲

CUISINE MODERNE · ÉLÉGANT XX La carte, courte et efficace, met l'eau à la bou-che : tataki de thon, vinaigrette à l'orange et au sésame ; carpaccio de maigre mariné, jeunes pousses... De bonnes assiettes à découvrir dans un intérieur design et chaleureux, ou sur le confortable patio, au calme.

Formule 35 € – Carte 50/78 €

Hôtel Le Cinq Codet, 5 r. Louis-Codet Ⓜ *Ecole-Militaire – 𝒞 01 53 85 15 60 – www.le5codet.com*

⫶○ **Brasserie Thoumieux by Sylvestre**   🄰🄲 🕅 🕮

CUISINE MODERNE · BRASSERIE XX Banquettes rouges et miroirs, actrices et hommes du monde : cette brasserie de 1923 marie Belle Époque et actualité ! Foie gras de canard poêlé aux figues, "big burger XXL", volaille jaune des Landes rôtie : la carte fait de jolies œillades à l'esprit des lieux. Un régal !

Formule 22 € – Menu 29 € (déj. en semaine) – Carte 45/80 €

Hôtel Thoumieux, 79 r. St-Dominique Ⓜ *La Tour Maubourg – 𝒞 01 47 05 79 00 – www.thoumieux.fr*

⫶○ **D'Chez Eux**   🛋 🄰🄲

CUISINE DU SUD-OUEST · RUSTIQUE XX Poulet rôti "coucou de Rennes" aux girolles, confit de canard, cassoulet, gibiers à l'automne... De copieuses assiettes inspirées du Sud-Ouest et concoctées avec de beaux produits, dans une ambiance d'auberge provinciale avec serveurs en tablier de bougnat. La recette séduit depuis plus de 50 ans et n'a pas pris une ride !

Formule 29 € – Menu 34 € (déj. en semaine) – Carte 54/108 €

2 av. Lowendal Ⓜ *École Militaire – 𝒞 01 47 05 52 55 – www.chezeux.com*

⫶○ **Café de l'Esplanade**   🛋 🄰🄲 🕮

CUISINE MODERNE · DESIGN XX Un Café des frères Costes ? Forcément ten-dance ! Décor signé Jacques Garcia – en phase avec l'hôtel des Invalides tout proche – et carte d'esprit brasserie chic, savoureuse quoiqu'un peu chère. Oubliez les horaires contraignants : on ouvre sans interruption entre 8h et 2h !

Carte 46/85 €

52 r. Fabert Ⓜ *La Tour Maubourg – 𝒞 01 47 05 38 80*

⫶○ **Loiseau rive Gauche**   🄰🄲 ⇔

CUISINE TRADITIONNELLE · ÉLÉGANT XX À deux pas du Palais-Bourbon, une cuisine traditionnelle qui défend notamment de belles racines bourguignonnes, escargots compris. Boiseries, chaises Louis XV et... étonnante table design (la n° 20) : l'atmosphère est résolument cossue.

Formule 29 € – Menu 39 € (déj.), 45/85 € – Carte 49/94 €

5 r. Bourgogne Ⓜ *Assemblée Nationale – 𝒞 01 45 51 79 42 – www.bernard-loiseau.com – Fermé 3 semaines en août, sam. et dim.*

Philippe Excoffier 🆕 AC

CUISINE MODERNE · **COSY** X Philippe Excoffier, chef d'origine savoyarde, a posé sa toque dans un arrondissement où les ambassades sont partout. Il concocte une cuisine gourmande et canaille, à l'instar de ce ris de veau aux champignons des bois, ou de cette cassolette de homard et tatin d'artichauts... Bon rapport qualité-prix.

Formule 22 € – Menu 27/38 € – Carte 55/70 €

18 r. de l'Exposition 🚇 *Ecole Militaire* – 𝒞 *01 45 51 78 08*
– www.philippe-excoffier.fr – Fermé 3 semaines en août, lundi midi et dim.

L'Affable

CUISINE MODERNE · **BISTRO** X L'Affable, forcément, vous accueille avec amabilité ! L'ambiance est conviviale dans ce bistrot des quartiers chic, qui joue une jolie carte rétro et régale avec savoir-faire : langoustines, légumes verts et passion ; œuf parfait, girolles et fritons de veau ; ris de veau, céleri et anguille fumée... Un conseil : réservez, c'est souvent complet.

Formule 29 € – Carte 53/74 €

10 r. de St-Simon 🚇 *Rue du Bac* – 𝒞 *01 42 22 01 60 – www.laffable.fr – Fermé 3 semaines en août, 25 déc.-1er janv., sam. et dim.*

Café Max

CUISINE TRADITIONNELLE · **BISTRO** X Un restaurant discret à l'atmosphère rococo, où se pressent les habitués, dont de nombreux hommes politiques. La carte est résolument traditionnelle : oreilles de cochon sur salade de lentilles, rognon de veau grillé à la sauce moutarde, andouillette et boudin ; une ode aux – véritables – nourritures terrestres !

Carte 29/67 €

7 av. de la Motte-Picquet 🚇 *École Militaire* – 𝒞 *01 47 05 57 66 – Fermé 3 semaines en août, vacances de Noël, sam. et dim.*

Bistrot Belhara

CUISINE TRADITIONNELLE · **BISTRO** X Belhara ? Un site célèbre pour ses vagues superbes sur la côte basque. C'est par ce clin d'œil que le chef de ce bistrot rend hommage à ses origines... mais on ne saurait leur résumer son impressionnant parcours (Guérard, Loiseau, Ducasse, etc.) : converti à la mode bistrot, Thierry Dufroux fait des merveilles en revisitant les classiques. En haut de la vague !

Formule 24 € – Menu 34 € (déj.), 38/52 € – Carte 43/51 €

23 r. Duvivier 🚇 *École Militaire* – 𝒞 *01 45 51 41 77 – www.bistrotbelhara.com – Fermé 31 juil.-25 août, 24-29 déc., dim. et lundi*

35° Ouest AC

POISSONS ET FRUITS DE MER · **CONVIVIAL** X Discret et tout petit, ce restaurant fait l'éloge des mets iodés. Le chef privilégie la simplicité, la fraîcheur et la saveur de produits bien choisis... Résultat : une cuisine sans fioritures, qui met résolument le cap à l'Ouest !

Formule 36 € 𝟸 – Menu 48 € 𝟸 (dîner) – Carte 50/90 €

35 r. de Verneuil 🚇 *Rue du Bac* – 𝒞 *01 42 86 98 88 (réservation conseillée) – 35degresouestparis.fr – Fermé 31 juil.-29 août, dim. et lundi*

Le 122 AC

CUISINE MODERNE · **DESIGN** X À deux pas de la mairie du 7e, cette table sympathique attire à chaque repas de nombreux hommes et femmes politiques. Le chef réalise une cuisine savoureuse et bien maîtrisée : noix de Saint-Jacques poêlées, risotto vénéré, poutargue, ou encore filet de saint-pierre, condiments coings et raisins, purée de céleri...

Formule 22 € – Menu 29 € (déj.), 37/65 € – Carte 50/60 €

122 r. de Grenelle 🚇 *Solférino* – 𝒞 *01 45 56 07 42 – www.le122.fr – Fermé 25 juil.-25 août, sam. et dim.*

🍴 Fontaine de Mars

CUISINE TRADITIONNELLE · BISTRO X Un parfait bistrot des années 1930 (restauré à l'identique), rétro et convivial... Presque une image d'Épinal, ce qui n'est pas pour déplaire aux touristes ! La carte donne dans la vraie tradition : boudin, andouillette, filet de bœuf sauce béarnaise, magret de canard, cassoulet, etc. En un mot : à l'ancienne !

Carte 35/94 €

129 r. St-Dominique Ⓜ *École Militaire – ☏ 01 47 05 46 44*
– www.fontainedemars.com

🍴 L'Escudella

CUISINE MODERNE · CONVIVIAL X L'Escudella, c'est évidemment... l'assiette, en occitan ! Paul-Arthur Berlan, le jeune chef, est passé par de belles maison (Michel Sarran, Yannick Alléno) ; il fait ici la liaison entre le terroir francilien et les saveurs languedociennes. De beaux produits frais, des plats bien ficelés : il s'en sort avec les honneurs.

Formule 25 € – Carte 35/50 €

41 av. de Ségur Ⓜ *Ségur – ☏ 09 82 28 70 70 – Fermé 2 semaines en août,*
24 déc.-4 janv., sam. et dim.

🍴 La Table du Vietnam

VIETNAMIENNE · TRADITIONNEL X Tout est dans le nom du restaurant ! Noix de Saint-Jacques à la mode de la baie d'Along, banh cuon (raviolis de pâte de riz fourrés aux crevettes), "Saigon ardent" (filet de bœuf grillé à la citronnelle)... Une avalanche de bons plats vietnamiens soignés et parfumés, réalisés avec de beaux produits.

Formule 19 € – Menu 29/41 € – Carte 40/68 €

6 av. Bosquet Ⓜ *Pont de l'Alma – ☏ 01 45 56 97 26 – www.tableduvietnam.fr*
– Fermé août, sam. midi et dim.

🍴 Le P'tit Troquet

CUISINE TRADITIONNELLE · BISTRO X Ce P'tit Troquet, niché dans une ruelle commerçante du 7e arrondissement, est absolument charmant : salle de bistrot rétro, comptoir en zinc avec percolateur, luminaires du début du 20e s., bibelots et banquettes... Parfait pour déguster tatin d'endives, bœuf bourguignon ou crème brûlée dans une ambiance conviviale !

Formule 18 € – Menu 25 € (déj. en semaine)/35 € – Carte 43/58 €

28 r. de l'Exposition Ⓜ *École Militaire – ☏ 01 47 05 80 39 – Fermé 2 semaines*
en août

🍴 L'Affriolé

CUISINE MODERNE · À LA MODE X Ardoise du jour, menu du mois... Le chef suit de près les arrivages du marché et en tire de belles assiettes qui flirtent avec la modernité : thon au fenouil cuit à la plancha, pâté Pantin en hiver et ceviche de dorade aux beaux jours... Et il y a même une formule "bento", pour les hommes et les femmes pressé(e)s.

Formule 26 € – Menu 30 € (déj. en semaine)/39 €

17 r. Malar Ⓜ *Invalides – ☏ 01 44 18 31 33 – www.laffriole.fr*
– Fermé 3 semaines en août, dim. et lundi

🍴 Dar Lyakout

NORD-AFRICAINE · EXOTIQUE X Couscous, tajines, pâtisseries orientales... Une table marocaine gourmande et fine, dans un décor qui réconcilie le style lounge et l'artisanat marocain. Et l'été, on profite de la terrasse, claire et lumineuse.

Formule 19 € 🍷 – Menu 38 € – Carte 37/53 €

94 bd de la Tour-Maubourg Ⓜ *École Militaire – ☏ 01 45 50 16 16*
– www.darlyakout.com

ⓘ◯ **Florimond**

CUISINE TRADITIONNELLE • BISTRO ⅹ Florimond – du nom du jardinier de Monet à Giverny – a l'esprit bistrotier et convivial... Pour faire honneur à ce prénom chantant, le chef agrémente sa cuisine du terroir (nombreux produits de Corrèze, sa région d'origine) de beaux légumes. Et ce fils de charcutier fait lui-même ses saucisses, boudins et conserves !

Formule 20 € – Menu 25 € (déj.)/37 € – Carte 44/64 €

19 av. de La Motte-Picquet Ⓜ *École Militaire –* ℰ *01 45 55 40 38*
– www.leflorimond.com – Fermé 20-28 fév., 8-17 août, sam. midi et dim.

ⓘ◯ **Le Récamier**

CUISINE TRADITIONNELLE • CONVIVIAL ⅹ Installez-vous sur la belle terrasse d'été de ce sympathique restaurant, situé à deux pas du Bon Marché et de l'hôtel Lutétia, dans une rue calme et piétonne. Ce jour-là, au menu : soufflé au fromage, filet de bœuf sauce au poivre, soufflé Grand Marnier... Une cuisine traditionnelle goûteuse et bien troussée.

Carte 35/50 €

4 r. Récamier Ⓜ *Sèvres Babylone –* ℰ *01 45 48 86 58*
– Fermé dim.

ⓘ◯ **Clover**

CUISINE MODERNE • CONVIVIAL ⅹ Une mini-salle sobre et épurée, au fond de laquelle trois cuisiniers s'agitent aux fourneaux : bienvenue dans la nouvelle adresse de poche de Jean-François Piège, en plein cœur de St-Germain-des-Prés. Au fil d'un menu rondement mené, on se régale d'une cuisine fine, colorée et forte en saveurs. Réservation indispensable.

Menu 30 € (déj. en semaine), 42/73 €

5 r. Perronet Ⓜ *St-Germain-des-Prés –* ℰ *01 75 50 00 05 (réservation conseillée)*
– www.clover-paris.com – Fermé 2-23 août, dim. et lundi

ⓘ◯ **Chez Graff**

CUISINE TRADITIONNELLE • BISTRO ⅹ Tables en bois massif, grand miroir et vieilles photos : un bistrot dans l'esprit des années 1960, relooké façon 2013 ! On y propose une bonne cuisine française – ceviche de bar, poulpe à la coriandre ; carré de porc aux girolles ; mousse au chocolat – et des assiettes de charcuterie et fromage. Ambiance conviviale garantie !

Menu 22 € (déj. en semaine) – Carte 35/47 €

62 r. de Bellechasse Ⓜ *Solférino –* ℰ *01 45 51 33 42*
– Fermé dim.

ⓘ◯ **20 Eiffel**

CUISINE TRADITIONNELLE • CLASSIQUE ⅹ Dans une rue calme à deux pas de la Tour Eiffel, ce restaurant vous accueille dans un cadre sobre mais lumineux. Dans l'assiette, on trouve une cuisine au goût du jour, exécutée à quatre mains ; les belles saveurs sont au rendez-vous, comme avec ce beau filet de lieu jaune sauvage et potimarron.

Formule 24 € – Menu 29 € – Carte 45/55 €

20 r. de Monttessuy Ⓜ *Alma Marceau –* ℰ *01 47 05 14 20*
– Fermé août et dim.

ⓘ◯ **Les Botanistes**

CUISINE TRADITIONNELLE • BISTRO ⅹ Foie gras de canard mi-cuit au torchon, chipirons au piment d'Espelette et leur risotto d'épeautre au chorizo, millefeuille d'agneau confit, baba au rhum... De beaux spécimens de cuisine bistrotière, dans leur environnement naturel : banquettes, tables en bois, etc. Sympathique et convivial !

Carte 33/58 €

11 bis r. Chomel Ⓜ *Sèvres-Babylone –* ℰ *01 45 49 04 54*
– Fermé août, dim. et fériés

ᵢ⃝ Wakaba

JAPONAISE · MINIMALISTE Une enseigne dont le nom pourrait se traduire par "jeune pousse" : un signe d'humilité de la part de M. Yamada, le patron, entré dans la restauration sur le tard. Il s'appuie sur le savoir-faire d'un chef originaire de Kyoto, dont la cuisine est simple et authentique ; sakés, vins français et thé vert complètent ce bon repas.

🍴 Menu 20 € (déj.), 45/80 € – Carte 31/81 €
20 r. de l'Exposition Ⓜ *École Militaire –* ☎ *01 45 51 90 81*
– Fermé sam. midi, dim. midi et lundi

Hôtels

🏨 Duc de St-Simon   ⬆ Ⓐ🄲 ❌

LUXE · PERSONNALISÉ Passé le petit porche apparaît la courette pavée, puis c'est l'émerveillement devant ce bel hôtel particulier du 18ᵉ s. Tentures, boiseries, gravures, mobilier d'antiquaire : une vraie demeure bourgeoise d'autrefois, où le charme le dispute à la quiétude !

29 chambres – †295/395 € ††295/395 € – 5 suites – ⌷ 19 €
14 r. St-Simon Ⓜ *Rue du Bac –* ☎ *01 44 39 20 20*
– www.hotelducdesaintsimon.com

🏨 Le Cinq Codet 🅽   ✿ 🛁 ⬆ ♿ Ⓐ🄲 ❌

LUXE · DESIGN A deux pas des Invalides, ce nouvel hôtel design a tout pour plaire : un emplacement rêvé, un mobilier chic et confortable, des équipements dernier-cri, plus de 400 œuvres d'art contemporain, un espace bien-être... sans oublier la belle terrasse patio. Concierge et voiturier.

59 chambres – †259/3000 € ††259/3000 € – 8 suites – ⌷ 29 €
5 r. Louis-Codet Ⓜ *Ecole-Militaire –* ☎ *01 53 85 15 60 – www.le5codet.com*
ᵢ⃝ **Le Cinq Codet** – voir les restaurants ci-dessus

🏨 Juliana 🅽   🛁 ⬆ ♿ Ⓐ🄲

LUXE · ÉLÉGANT Ce tout nouvel hôtel se distingue par son incontestable élégance – lustre monumental, miroirs extravagants, statues ethniques, console en nacre... Les chambres répondent à la double exigence du bon goût et d'un confort optimal (toilettes japonaises). Belle façade aux fenêtres fleuries en été.

35 chambres – †450/900 € ††450/900 € – 5 suites – ⌷ 29 €
10-12 r. Cognacq-Jay Ⓜ *Alma-Marceau –* ☎ *01 44 05 70 00*
– www.hoteljuliana.paris

🏨 K+K Hotel Cayré   🛁 ⬆ ♿ Ⓐ🄲

BUSINESS · MODERNE Une jolie façade haussmannienne qui contraste avec les salons et les chambres d'esprit contemporain : joli mariage de styles... et grand confort ! Au sous-sol, on profite d'un petit espace de remise en forme, avec sauna et salle de massage.

125 chambres – †260/460 € ††350/575 € – ⌷ 30 €
4 bd Raspail Ⓜ *Rue du Bac –* ☎ *01 45 44 38 88 – www.kkhotels.com/cayre*

🏨 Montalembert   ✿ ⬆ Ⓐ🄲 ❌ 🛋

HISTORIQUE · PERSONNALISÉ Un noble bâtiment Belle Époque (1926) dont les chambres ont été redécorées par Christian Liaigre dans un esprit contemporain chic. Sa situation est idéale, entre la Seine, le musée d'Orsay et St-Germain-des-Prés – la terrasse du restaurant, côté rue, voisine d'ailleurs des éditions Gallimard...

49 chambres – †220/685 € ††220/685 € – 5 suites – ⌷ 26 €
3 r. Montalembert Ⓜ *Rue du Bac –* ☎ *01 45 49 68 68*
– www.hotelmontalembert-paris.fr

Le Bellechasse

LUXE · PERSONNALISÉ Un bel hôtel entièrement décoré par Christian Lacroix. Le créateur a signé des chambres design aux touches colorées, résolument contemporaines, souvent oniriques : un "voyage dans le voyage" très mode et plein de caractère !

33 chambres – ♦179/470 € ♦♦179/470 € – ☲ 21 €

8 r. de Bellechasse **Ⓜ** *Musée d'Orsay* – *𝒞 01 45 50 22 31* – *www.lebellechasse.com*

Thoumieux

URBAIN · ÉLÉGANT Élégance, tons bruns ou vert amande : la décoratrice, India Mahdavi, a imaginé des chambres décalées, tout en imprimés chatoyants, et des salles de bains en marbre aux formes courbes. Un style unique, à voir et à vivre...

15 chambres – ♦190/250 € ♦♦290/360 € – ☲ 30 €

79 r. St-Dominique **Ⓜ** *La Tour Maubourg* – *𝒞 01 47 05 79 00* – *www.thoumieux.fr*

⍥○ **Brasserie Thoumieux by Sylvestre** – voir les restaurants ci-dessus

Le Saint Ⓝ

HISTORIQUE · PERSONNALISÉ Au cœur du Carré Rive gauche, quartier célèbre pour ses antiquaires et ses galeries d'art, cet hôtel particulier chic et feutré (adossé à deux autres établissements) compte de nombreux habitués. Les chambres, soignées et chaleureuses, revisitent l'esprit Napoléon III avec élégance.

54 chambres – ♦350/500 € ♦♦400/850 € – ☲ 25 €

3 r. Pré-aux-Clercs **Ⓜ** *Rue du Bac* – *𝒞 01 42 61 01 51* – *www.lesaint-hotelaparis.com*

Université

URBAIN · MODERNE Dans un immeuble datant du 17e s., près du musée d'Orsay, cet hôtel a joui d'une véritable cure de jouvence : les chambres sont décorées à la mode contemporaine, dans des couleurs bien choisies (taupe, gris, beige), et l'ensemble est moderne et élégant... Une métamorphose !

27 chambres – ♦110/170 € ♦♦130/370 € – ☲ 15 €

22 r. de l'Université **Ⓜ** *St-Germain des Prés* – *𝒞 01 42 61 09 39* – *www.universitehotel.com*

St-Germain

HISTORIQUE · COSY Papiers peints dans l'esprit de la toile de Jouy, lustres à pendeloques, mobilier ancien... Cet hôtel dégage une atmosphère douce et cosy, à deux pas du Bon Marché, des ministères et de St-Germain-des-Prés. Confortable et plaisant.

29 chambres ☲ – ♦139/370 € ♦♦139/370 €

88 r. du Bac **Ⓜ** *Rue du Bac* – *𝒞 01 49 54 70 00* – *www.hotel-saint-germain.fr*

Empereur

BUSINESS · PERSONNALISÉ Un hôtel qui a une âme. Mobilier d'inspiration Empire et, côté façade (avec balcon au 5e étage), vue parfaite sur les ors du dôme des Invalides, sous lequel repose l'empereur Napoléon Ier. Pour plus de calme, choisir les chambres sur l'arrière.

31 chambres – ♦120/350 € ♦♦150/350 € – ☲ 14 €

2 r. Chevert **Ⓜ** *La Tour Maubourg* – *𝒞 01 45 55 88 02* – *www.hotelempereurparis.com*

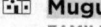 Muguet

FAMILIAL · CLASSIQUE Dans une rue peu passante, à deux pas des Invalides, un hôtel chaleureux, classique et très bien tenu, où règne une sympathique atmosphère familiale. Le plus : certaines chambres donnent sur un jardinet fleuri, au calme.

43 chambres – ♦120/220 € ♦♦120/220 € – ☲ 14 €

11 r. Chevert **Ⓜ** *École Militaire* – *𝒞 01 47 05 05 93* – *www.hotelparismuguet.com* – *réouverture prévue début mai 2016 après travaux*

Relais Bosquet

URBAIN · MODERNE On pose avec plaisir ses valises dans cet hôtel bien situé, proposant des chambres tout en sobriété. Au petit-déjeuner, on vous propose le choix entre trois formules, selon votre appétit !

40 chambres – ♦160/295 € ♦♦160/295 € – ☷16 €
19 r. du Champ-de-Mars Ⓜ *École Militaire* – ☎ *01 47 05 25 45*
– www.hotelrelaisbosquet.com

Les Jardins d'Eiffel

URBAIN · MODERNE Un hôtel en forme de U, situé dans une rue plutôt calme du quartier du Gros-Caillou. Mobilier d'inspiration scandinave et couleurs douces (gris et beige) dans les parties communes et les chambres, patio sur l'arrière : une adresse de qualité.

81 chambres – ♦120/300 € ♦♦140/330 € – ☷15 €
8 r. Amélie Ⓜ *La Tour Maubourg* – ☎ *01 47 05 46 21*
– www.hoteljardinseiffel.com

Hôtel de Varenne

FAMILIAL · COSY Entre le musée Rodin et l'Assemblée nationale, un hôtel niché dans une jolie courette, en toute quiétude. L'esprit des lieux ? Très classique (style Louis XVI ou Empire), mais avec des équipements modernes : de quoi séduire les amateurs de charme "made in Paris".

24 chambres – ♦169/319 € ♦♦169/319 € – 2 suites – ☷15 €
44 r. de Bourgogne Ⓜ *Varenne* – ☎ *01 45 51 45 55* – *www.hoteldevarenne.com*

St-Dominique

FAMILIAL · ÉLÉGANT À deux pas des Invalides, cet ancien couvent du 17ᵉ s. a été entièrement réhabilité : on y trouve désormais des chambres coquettes et bien équipées (peignoirs, cafetière expresso, etc.), la majorité d'entre elles donnant sur la cour. Très plaisant !

32 chambres – ♦150/489 € ♦♦150/509 € – ☷18 €
62 r. St-Dominique Ⓜ *Invalides* – ☎ *01 44 18 10 10* – *www.hotelstdominique.com*

Londres Eiffel

FAMILIAL · PERSONNALISÉ Ce petit hôtel est si douillet avec ses beaux tissus choisis (Liberty, toile de Jouy, etc.), et il y règne un sympathique esprit familial ! Autre atout de taille : le calme, tout près de la très vivante rue St-Dominique...

30 chambres – ♦150/240 € ♦♦165/340 € – ☷14 €
1 r. Augereau Ⓜ *École Militaire* – ☎ *01 45 51 63 02* – *www.londres-eiffel.com*

Signature St-Germain des Prés

URBAIN · PERSONNALISÉ Un hôtel idéalement situé, à deux pas du Bon Marché et des autres prestigieuses boutiques de la rue de Sèvres. Les chambres arborent des lignes modernes et personnalisées, avec du mobilier contemporain inspiré des années 1950 : un ensemble chic !

26 chambres – ♦180/270 € ♦♦190/390 € – ☷12 €
5 r. Chomel Ⓜ *Sèvres Babylone* – ☎ *01 45 48 35 53*
– www.signature-saintgermain.com

Champ de Mars

FAMILIAL · COSY Entre le Champ-de-Mars et les Invalides, à deux pas de l'agréable marché de la rue Cler, un hôtel familial aux chambres charmantes et assez romantiques, avec leur joli décor "Liberty". Les prix restent mesurés, ce qui ne gâte rien.

25 chambres – ♦105/130 € ♦♦130/170 € – ☷10 €
7 r. du Champ-de-Mars Ⓜ *École Militaire* – ☎ *01 45 51 52 30*
– www.hotelduchampdemars.com

Champs-Élysées · Concorde · Madeleine

✉ 75008

8ᵉ ARRONDISSEMENT

Restaurants

❁❁❁ Alain Ducasse au Plaza Athénée 🏵 AC ⌘ 🍴

CRÉATIVE · **LUXE** XxXxX Dans un magnifique écrin, Alain Ducasse donne ses lettres de noblesse au concept de "naturalité" – son graal de cuisinier – et touche à la vérité même du produit. Fondées sur la trilogie poisson-légumes-céréales (le respect de la nature, là encore), certaines recettes sont hors du commun, et la quête semble infinie...

➜ Légumes des jardins du château de Versailles, pousses de moutarde pilées. Rouget de l'Île d'Yeu en écailles, jus civet lié au foin, tian. Citron et algues kombu à l'estragon.

Menu 210 € 🍷 (déj.)/380 € – Carte 230/380 €

Hôtel Plaza Athénée, 25 av. Montaigne ⓜ *Alma Marceau*
– ℰ 01 53 67 65 00 – www.alain-ducasse.com
– Fermé août, 19-29 déc., lundi midi, mardi midi, merc. midi,
sam. et dim.

❁❁❁ Le Cinq 🏵 AC ⌘ 🍴

CUISINE MODERNE · **LUXE** XxXxX Après de magnifiques années passées chez Ledoyen, Christian Le Squer a repris les rênes de cette maison de renom. La majesté du décor inspiré du Grand Trianon reste entière, les serveurs en costume jouent toujours un ballet étourdissant, et le savoir-faire du cuisinier fait le reste, dans la droite ligne de la plus belle tradition !

➜ Gratinée d'oignons à la parisienne. Bar de ligne au caviar et lait ribot. Croquant de pamplemousse confit cru et cuit.

Menu 145 € (déj.), 210/310 € – Carte 175/300 €

Hôtel Four Seasons George V, 31 av. George V ⓜ *George V*
– ℰ 01 49 52 71 54 – www.fourseasons.com/paris

❁❁❁ Épicure 🏵 🍴 AC ⌘ 🍴

CUISINE MODERNE · **LUXE** XxXxX Moment d'exception au sein du Bristol. Face au jardin, on découvre une salle lumineuse, d'une élégance sobre et racée, où brillent l'art de vivre à la française et... la cuisine d'Éric Frechon, toute de classicisme et de fraîcheur. Ce technicien virtuose fait preuve d'une liberté exigeante à l'égard de la grande tradition, pour les plus belles saveurs !

➜ Macaronis farcis à la truffe noire, artichaut et foie gras de canard gratinés au vieux parmesan. Poularde de Bresse en vessie, écrevisses et girolles. Chocolat du Pérou en cabosse, mousseux et croquant, sorbet chocolat.

Menu 145 € (déj.)/320 € – Carte 165/315 €

Hôtel Bristol, 112 r. du Faubourg-St-Honoré ⓜ *Miromesnil*
– ℰ 01 53 43 43 40 – www.lebristolparis.com

Pavillon Ledoyen (Yannick Alléno) 🕸🕸🕸 [AC] ⇦ 🍽 [P]

CUISINE MODERNE · LUXE XXXXX Reprise par Yannick Alléno, cette institution parisienne – dans un élégant pavillon Second Empire des jardins des Champs-Élysées – écrit une nouvelle page de son histoire. Le chef réalise un tour de force en imprimant d'emblée sa signature, parvenant avec toute sa maestria à renouveler la grande cuisine, en magnifiant par exemple jus et sauces à travers de savantes extractions. Tout est marquant !

➔ Tarte friande de langoustine au caviar osciètre. Timbale de coquillages, feuille et chair de navet, grenailles de Camargue fondantes au piment d'Espelette. Charlotte norvégienne moderne aux mirabelles.

Menu 135 € (déj.), 295/380 € – Carte 150/320 €

8 av. Dutuit, (carré Champs-Élysées) Ⓜ *Champs-Elysées Clemenceau – ℰ 01 53 05 10 01 – www.yannick-alleno.com – Fermé 6-22 août, 23-26 déc., sam. midi et dim.*

Pierre Gagnaire 🕸🕸🕸 🕸 & [AC] 🕸 ⇦ 🍽

CRÉATIVE · ÉLÉGANT XXXX Le cadre contemporain, chic et feutré, s'efface devant l'avalanche de mets, d'inventivité, de curiosité, d'ouverture d'esprit... Grand amateur de jazz et d'art, Pierre Gagnaire fait chanter saveurs, couleurs et textures ! Une fête pour les sens.

➔ Gambas de Palamos coraillées, raidies au four, pistes, casserons et poulpitos à l'omiza. Saint-pierre pimenté saisi à la poêle, compote de concombre, tomate et txistorra. Le grand dessert de Pierre Gagnaire.

Formule 85 € – Menu 155/310 € – Carte 325/405 €

6 r. Balzac Ⓜ *George V – ℰ 01 58 36 12 50 – www.pierregagnaire.com – Fermé 3 semaines en août, 1 semaine à Noël, sam. et dim.*

Le Taillevent 🕸🕸 🕸 [AC] ⇦ 🍽

CUISINE CLASSIQUE · LUXE XXXXX Son nom évoque l'élégance, la discrétion, l'exigence, le style... Depuis 1946, Taillevent est incontournable dans le paysage de la haute gastronomie française, cultivant un classicisme brillant – et nullement figé.

➔ Boudin de homard bleu "tradition Taillevent". Bar de ligne, poireau, champagne et caviar osciètre. Crêpes Suzette.

Menu 88 € (déj.), 218/278 € – Carte 155/295 €

15 r. Lamennais Ⓜ *Charles de Gaulle-Etoile – ℰ 01 44 95 15 01 (réservation conseillée) – www.taillevent.com – Fermé 30 juil.-29 août, sam., dim. et fériés*

Le Gabriel Ⓝ 🕸🕸 🛖 & [AC] 🍽

CUISINE MODERNE · ÉLÉGANT XXX Le restaurant se niche dans le cadre élégant de la Réserve – parquet Versailles, cuir de Cordoue patiné à l'or... Jérôme Banctel, chef habitué des grandes maisons parisiennes, y décline une superbe cuisine classique revisitée, mâtinée de touches asiatiques et exécutée dans les règles de l'art : une réussite !

➔ Saumon miso, raviole de daïkon, aubergines fumées et pâte de citron. Cochon de lait croustillant, carrottes maraîchères au cumin. Soufflé au chocolat, cœur coulant au safran, sorbet cacao.

Menu 67 (déj.)/115 € – Carte 90/150 €

Hôtel La Réserve, 42 av. Gabriel Ⓜ *Champs Elysées Clemenceau – www.lareserve-paris.com*

Le Grand Restaurant - Jean-François Piège Ⓝ 🕸🕸 🕸 & [AC]

CUISINE MODERNE · ÉLÉGANT XXX Jean-François Piège a trouvé ici l'écrin parfait pour le "laboratoire de grande cuisine" dont il rêvait depuis tant d'années. Pour les quelques chanceux attablés en salle (25 couverts au maximum), il compose des assiettes fines et légères, dans lesquelles l'émotion affleure à chaque instant. Le talent, tout simplement !

➔ Gâteau de foie blond baigné d'une sauce aux écrevisses selon Lucien Tendret. Homard bleu de Bretagne mijoté en feuille de figuier. Blanc à manger, noisettes, lait d'amande glacé et gelée de citron.

Menu 80 € (déj. en semaine)/245 € – Carte 155/205 €

7 r. d'Aguesseau Ⓜ *Madeleine – ℰ 01 53 05 00 00 (réservation conseillée) – www.jeanfrancoispiege.com – Fermé 1ᵉʳ-22 août, sam. et dim.*

✿✿ La Table du Lancaster

CUISINE MODERNE · ÉLÉGANT XxX Toute l'atmosphère exclusive et confidentielle d'un restaurant de grand hôtel – et quand il s'agit du Lancaster... Le moment est d'autant plus rare que le jeune chef, Julien Roucheteau, signe une cuisine brillante, impeccable dans sa technique, subtile dans ses jeux de textures et de saveurs, au service de produits d'exception. Une prestation d'une grande délicatesse.

→ Fricassée d'escargots de Bourgogne aux herbes folles. Côte de veau de tradition française. Fraîcheur de mangue pimentée de curry.

Menu 65 € (déj.), 115/205 € – Carte 135/155 €

Hôtel Lancaster, 7 r. de Berri Ⓜ *George V – ℰ 01 40 76 40 18*
– www.hotel-lancaster.fr – Fermé 3 semaines en août, sam., dim. et fériés

✿ Lasserre

CUISINE CLASSIQUE · LUXE XxXxX L'un des temples de la gastronomie parisienne... L'élégance du décor (avec son fameux toit ouvrant !), les arts de la table, la qualité du service, tout concourt à magnifier la grande cuisine. En 2015, une page se tourne avec l'arrivée d'un nouveau chef ; nul doute que nous viendrons encore souvent nous régaler dans ce lieu chargé d'histoire !

→ Macaroni, truffe noire et foie gras de canard. Bœuf Rossini, pommes soufflées. Crêpes Suzette.

Menu 90 € (déj.), 195/375 € ♈ – Carte 170/240 €

17 av. F.-D.-Roosevelt Ⓜ *Franklin D. Roosevelt – ℰ 01 43 59 02 13*
– www.restaurant-lasserre.com – Fermé août, mardi midi, merc. midi, sam. midi, dim. et lundi

✿ Laurent

CUISINE CLASSIQUE · ÉLÉGANT XxXxX Classique, la cuisine d'Alain Pégouret cultive les codes de la tradition bleu-blanc-rouge et séduit une clientèle d'habitués – et de célébrités – de longue date ! Le décor néoclassique (pilastres, colonnes, frontons, chapiteaux antiques) se pare désormais de peintures et de tissus muraux plus actuels.

→ Araignée de mer dans ses sucs en gelée, crème de fenouil. Turbot nacré à l'huile d'olive, bardes et légumes verts dans une fleurette iodée. Glace vanille minute.

Menu 95 € (déj.)/180 € – Carte 165/250 €

41 av. Gabriel Ⓜ *Champs Elysées Clemenceau – ℰ 01 42 25 00 39*
– www.le-laurent.com – Fermé 23 déc.-2 janv., sam. midi, dim. et fériés

✿ Apicius (Jean-Pierre Vigato)

CUISINE CLASSIQUE · ÉLÉGANT XxX Dans un hôtel particulier classé (18e s.), un cadre élégant – à la fois contemporain, baroque et rococo – sans être guindé... Jean-Pierre Vigato y signe une "cuisine vérité" guidée par le beau produit. Superbe cave.

→ Huîtres et crustacés rafraîchis d'eau de mer, cresson. Ris et côte de veau au sautoir, purée de pomme de terre. Soufflé chocolat.

Menu 180/200 € – Carte 135/215 €

20 r. d'Artois Ⓜ *St-Philippe du Roule – ℰ 01 43 80 19 66*
– www.restaurant-apicius.com – Fermé août, sam., dim. et fériés

✿ La Scène

CUISINE MODERNE · ÉLÉGANT XxX Au cœur de l'élégant hôtel Prince de Galles, cette Scène braque les projecteurs sur les cuisines, séparées de la salle par un simple comptoir de marbre blanc. Elles sont le domaine de Stéphanie Le Quellec, habituée des feux de la rampe car victorieuse de l'émission Top Chef en 2011. Imaginées, harmonieuses et précises, ses recettes crèvent l'écran...

→ Œuf fermier d'Île-de-France, jaune tiède acidulé, asperges vertes et morilles. Ris de veau doré au jus, compression de romaine, salicornes et olives noires. Vanille en cinq feuilles, crème onctueuse.

Formule 50 € – Menu 65 € (déj.), 95/195 € – Carte 95/190 €

Hôtel Prince de Galles, 33 av. George-V Ⓜ *George V – ℰ 01 53 23 78 50*
– www.restaurant-la-scene.fr – Fermé août, sam. midi et dim.

Lucas Carton

CUISINE MODERNE · ÉLÉGANT XxX L'histoire continue pour Lucas Carton, la fameuse enseigne de la place de la Madeleine. Le jeune chef, Julien Dumas, sait rendre le meilleur de beaux produits – mention spéciale pour l'agneau de lait ! – et ses assiettes, bien équilibrées, sont portées par un irrésistible souffle méditerranéen.

➜ Foie gras de canard laqué. Agneau de lait des Pyrénées. Paris-reims.

Menu 89 € (semaine), 99 € 🍷/179 € 🍷 – Carte 105/170 €

9 pl. de la Madeleine 🔵 *Madeleine* – ℰ *01 42 65 22 90* – *www.lucascarton.com*
– Fermé 3 semaines en août, dim. et lundi

Le Diane

CUISINE MODERNE · LUXE XxX Confidentiel au sein de l'hôtel Fouquet's Barrière, le Diane offre élégance et discrétion : sa salle en rotonde, tout en tons mordorés, ouvre sur un agréable patio. On y déguste une cuisine actuelle de grande qualité, où l'élégance est le maître mot...

➜ Ormeaux, effiloché de tourteau et condiment gingembre. Ris de veau braisé, oignons de Roscoff et arroche rouge. Soufflé chocolat et poire, glace au miel.

Formule 52 € – Menu 62 € (déj.), 90/210 € 🍷 – Carte 115/165 €

Hôtel Fouquet's Barrière, 46 av. George-V 🔵 *George V* – ℰ *01 40 69 60 60*
– www.fouquets-barriere.com – Fermé août, 1ᵉʳ-7 janv., sam. midi, dim. et lundi

Le Chiberta

CRÉATIVE · DESIGN XxX Lumière tamisée, décor feutré et dépouillé conçu par J.-M. Wilmotte (tons sombres, insolites "murs à bouteilles") : l'écrin chic d'une cuisine inventive supervisée par Guy Savoy.

➜ Cœur de saumon mariné aux agrumes, pastèque et concombre au pomélo. Filet de saint-pierre à la plancha, risotto verde et jus vert à l'amande douce. Sablé au citron, meringue croquante et sorbet citron.

Menu 110/165 € 🍷 – Carte 90/135 €

3 r. Arsène-Houssaye 🔵 *Charles de Gaulle-Etoile* – ℰ *01 53 53 42 00*
– www.lechiberta.com – Fermé 3 semaines en août, sam. midi et dim.

Helen

POISSONS ET FRUITS DE MER · ÉLÉGANT XxX Une valeur sûre parmi les restaurants de poisson des beaux quartiers. Au menu : uniquement des pièces sauvages issues de la pêche quotidienne de petits bateaux – quelle qualité ! –, mises en valeur avec un respect et une précision tout à fait particuliers. Tout est franc et évident, c'est excellent.

➜ Carpaccio de daurade royale au citron caviar. Bar de ligne aux olives taggiasche. Saint-honoré.

Menu 48 € (déj.)/130 € – Carte 80/170 €

3 r. Berryer 🔵 *George V* – ℰ *01 40 76 01 40* – *www.helenrestaurant.com* – *Fermé 3 semaines en août, 24 déc.-4 janv., sam. midi, dim. et lundi*

Le 39V (Frédéric Vardon)

CUISINE MODERNE · DESIGN XX La température monte au 39 de l'avenue George-V ! Au 6ᵉ étage de ce bel immeuble haussmannien – sur les toits de Paris –, dans un décor épuré, on s'enfièvre pour les belles saveurs : le chef signe une cuisine raffinée, sur de solides bases classiques, avec pour clef de voûte d'excellents produits...

➜ Œuf bio cuit mollet aux petits pois, mousserons des prés. Turbot sauvage aux girolles et pommes de terre de Noirmoutier en cocotte lutée, jus perlé. Fraises et fraises des bois, crémeux sansho et vanille.

Formule 40 € – Menu 50 € (déj.), 95/195 € 🍷 – Carte 95/138 €

39 av. George-V, (6ᵉᵐᵉ étage - entrée par le 17 r. Quentin-Bauchart) 🔵 *George V* – ℰ *01 56 62 39 05* – *www.le39v.com – Fermé août, sam. et dim.*

❄ 114, Faubourg ⓐⓒ ⌘

CUISINE MODERNE · BRASSERIE XX Au sein du Bristol, une brasserie *so chic*, au décor chatoyant (colonnes dorées, motifs floraux, grand escalier, etc.), pour une prestation dans les règles de l'art : on retrouve à la carte les beaux classiques du genre, cuisinés avec soin et beaucoup de goût.

→ Pâté en croûte de canard et légumes aux vinaigres. Sole, pousse d'épinard, huile vierge aux câpres. Millefeuille à la vanille Bourbon, caramel au beurre demi-sel.

Formule 54 € – Carte 80/150 €

Hôtel Bristol, 114 r. du Faubourg-St-Honoré ⓜ *Miromesnil –* ℰ *01 53 43 44 44 – www.lebristolparis.com – Fermé 1ᵉʳ-21 août, sam. midi et dim. midi*

❄ Il Carpaccio 🍸 ⌂ ⓖ ⓐⓒ ⟷ ⧨

ITALIENNE · ÉLÉGANT XX On y accède par un couloir orné de milliers de coquillages, qui évoque les nymphées du baroque italien... Même ravissement dans la salle, qui a tout d'un élégant jardin d'hiver. Un bel écrin, donc, pour apprécier une cuisine où resplendit le soleil de l'Italie : beaux produits et saveurs affirmés au menu.

→ Salade de poulpe de roche grillé, olives taggiasche et fenouil sauvage. Ventrèche de thon rôtie, céleri, tomate verte, olives et câpres. Biscuit cuillère imbibé au café et à l'amaretto, crème de mascarpone.

Menu 150/200 € – Carte 75/130 €

Hôtel Le Royal Monceau, 37 av. Hoche ⓜ *Charles de Gaulle-Etoile – ℰ 01 42 99 88 00 – www.leroyalmonceau.com – Fermé août, dim. et lundi*

❄ Okuda ⓖ ⓐⓒ ⌘ ⟷ ⧨

JAPONAISE · ÉLÉGANT XX Vingt-trois couverts, un décor sobre et élégant, des hôtesses en kimono traditionnel et un silence d'or : c'est dans cet écrin que l'on déguste depuis 2013 les créations "kaiseki" du célèbre chef japonais Toru Okuda, couronné d'étoiles à Tokyo. Harmonie des saveurs, subtilité des sauces, délicatesse des textures... du grand art.

→ Menu omakase.

Menu 85 € (déj.), 158/198 €

7 r. de la Trémoille ⓜ *Alma Marceau – ℰ 01 40 70 19 19 (réservation conseillée) – www.okuda.fr – Fermé 2 semaines en août, mardi midi et lundi*

❄ L'Arôme 🍸 ⓐⓒ ⧨

CUISINE MODERNE · À LA MODE XX En salle, Éric Martins vous conseille des vins en parfaite harmonie avec les plats de Thomas Boullault. Ce dernier réalise une cuisine française raffinée et inventive, accordant la toute première place aux produits de saison. Chic, chaleureux et... plein d'arômes !

→ Tourteau, tartare de pêche et concombre, vinaigrette de homard au yuzu. Côte de veau et encornets, cèpes poêlés aux figues et jus à la mûre. Vacherin aux fruits exotiques, meringue au citron vert et sorbet noix de coco.

Menu 59 € (déj.), 99/155 € – Carte 85/110 €

3 r. St-Philippe-du-Roule ⓜ *St-Philippe-du-Roule – ℰ 01 42 25 55 98 – www.larome.fr – Fermé 1ᵉʳ-23 août, 20-28 déc., sam. et dim.*

❄ Penati al Baretto (Alberico Penati) 🍸 ⓐⓒ

ITALIENNE · CLASSIQUE XX Alberico Penati aura d'emblée imposé sa table italienne, née mi-2014, parmi les meilleures de la capitale ! Conformément à la plus belle tradition transalpine, la générosité et le raffinement distinguent chaque recette ; les assiettes débordent de saveurs en explorant tous les terroirs de la Botte. Succulent voyage...

→ Jambon de Parme et melon cantaloup. Spaghettis di Verrigni aux sardines à la sicilienne. Pannacotta à la vanille de Tahiti et aux fruits rouges.

Formule 39 € – Menu 45 € (déj.), 115/180 € 🍸 – Carte 75/120 €

9 r. Balzac ⓜ *George V – ℰ 01 42 99 80 00 – www.penatialbaretto.eu – Fermé août, sam. midi et dim.*

❀ Dominique Bouchet

CUISINE MODERNE · ÉLÉGANT ✕✕ C'est le genre d'adresse que l'on a envie de recommander à tous ses proches : atmosphère contemporaine et intime, service alerte, cuisine du marché savoureuse et bien troussée...

→ Raviole de fromage de chèvre, émulsion de crème au pineau des Charentes. Gigot d'agneau de sept heures à la cuillère, sauce au vin et fèves de cacao. Millefeuille à la vanille Bourbon.

Carte 75/115 €

11 r. Treilhard ⓜ *Miromesnil*
– ℰ 01 45 61 09 46 (réservation conseillée) – www.dominique-bouchet.com
– Fermé 2 semaines en août, sam. et dim.

❀ L'Atelier de Joël Robuchon - Étoile

CRÉATIVE · DESIGN ✕ Paris, Londres, Las Vegas, Tokyo, Taipei, Hong Kong, Singapour et encore une fois Paris... Destin franco-international pour ces Ateliers qui collent à l'époque ! Le grand chef signe là un beau concept : long comptoir avec tabourets, tons rouge et noir... et recettes millimétrées, entre France, Espagne et Asie.

→ Langoustine en ravioli truffé à l'étuvée de chou vert. Caille caramélisée au foie gras, pomme purée. Chocolat tendance, crémeux onctueux au chocolat araguani, sorbet cacao et biscuit Oréo.

Menu 44 € (déj.)/179 € – Carte 95/185 €

133 av. des Champs-Élysées, (Publicis Drugstore niveau -1)
ⓜ *Charles de Gaulle-Étoile*
– ℰ 01 47 23 75 75 – www.joel-robuchon.com

☺ Pomze

CUISINE MODERNE · MINIMALISTE ✕ Adresse originale que cette Pomze, qui invite à un "voyage autour de la pomme" ! De l'épicerie (où l'on trouve cidre et calvados) au restaurant, le "fruit défendu" est le fil rouge de la maison. La cuisine se révèle créative et voyageuse, avec d'originaux accords mets-cidres... et un excellent rapport qualité-prix.

Menu 35/58 € – Carte 47/67 €

109 bd Haussmann, (1ᵉʳ étage) ⓜ *St -Augustin*
– ℰ 01 42 65 65 83 – www.pomze.com
– Fermé 22 déc.-2 janv., sam. sauf le soir de sept. à juin et dim.

☺ Chez Cécile - La Ferme des Mathurins

CUISINE MODERNE · BISTRO ✕ Simenon avait ses habitudes dans cette petite institution de la Madeleine, aujourd'hui tenue par une jeune femme dynamique. Vent de fraîcheur sur le décor et sur une cuisine du marché, goûteuse et bien ficelée. Un vrai bon plan côté prix.

Menu 36 €

17 r. Vignon ⓜ *Madeleine*
– ℰ 01 42 66 46 39 – www.chezcecile.com
– Fermé sam. et dim.

☺ Mandoobar

CORÉENNE · SIMPLE ✕ Dans une toute petite salle (12 couverts), raviolis et tartare de bœuf sont réalisés directement sous vos yeux par le chef, Kim Kwang-Loc, qui se révèle aussi agile que précis dans ses préparations. Il réalise une cuisine coréenne fine et parfumée, sans fausse note et joliment relevée... Nul doute, sa table sort du lot !

Carte 20/30 €

7 r. d'Edimbourg ⓜ *Europe – ℰ 01 55 06 08 53 – www.mandoobar.fr*
– Fermé août, 1 semaine à Noël, dim. et lundi

POUR TOUS CEUX QUI FONT DE L'EXCEPTIONNEL LEUR QUOTIDIEN.

La cuisine d'exception exige des produits d'une grande qualité.
Chaque jour METRO est fier de fournir aux plus grandes tables,
viande, produits de la mer, fruits et légumes d'une fraîcheur irréprochable.

POUR TOUS CEUX QUI FONT DE L'EXCEPTIONNEL LEUR QUOTIDIEN.

La cuisine d'exception exige des produits d'une grande qualité. Chaque jour METRO est fier de fournir aux plus grandes tables, viande, produits de la mer, fruits et légumes d'une fraîcheur irréprochable.

FRANCE
2015

SIGMA SPIRIT

MAIN SPONSOR

🍴 1728 ⚜ 🅰🅲 🍽 ♻ 🎁

CRÉATIVE · ROMANTIQUE XXX Un lieu chargé d'histoire ! Construit par Antoine Mazin en 1728, cet hôtel particulier fut la demeure de La Fayette de 1827 jusqu'à sa mort. La cuisine du chef, Nicolas Roudier, marie volontiers les saveurs de l'Orient et de l'Occident : l'occasion d'un voyage de par le monde... Très belle carte des vins.

Formule 39 € – Menu 52 € (déj. en semaine), 65 € 🍷/165 € 🍷
– Carte 80/118 €

8 r. d'Anjou 🚇 *Madeleine* – *☎ 01 40 17 04 77* – *www.1728-paris.com* – *Fermé 3 semaines en août, dim., lundi et fériés*

🍴 Le George ❶ ⚜ ♿ 🅰🅲 🎁

MÉDITERRANÉENNE · LUXE XXX Magistral lustre Baccarat, blancheur immaculée du décor et délicates compositions florales : pas de doute, on est bien au sein de l'hôtel Four Seasons George V ! La cuisine, aux jolis accents méditerra-néens, mise sur la légèreté et les portions à partager ; ne manquez surtout pas de goûter les délicieux desserts...

Formule 65 € – Menu 110 € – Carte 75/90 €

Hôtel Four Seasons George V, 31 av. George-V 🚇 *George V* – *☎ 01 49 52 70 00*
– www.legeorge.com

🍴 Le V 🅰🅲 🎁

CUISINE MODERNE · ÉLÉGANT XXX Au cœur de l'hôtel Vernet, la salle vaut le coup d'œil pour sa grande verrière zénithale très ouvragée, signée Eiffel. Dans ce cadre immuable, la cuisine joue la carte du beau classicisme, avec quelques variations plus originales.

Formule 39 € – Carte 51/81 €

Hôtel Vernet, 25 r. Vernet 🚇 *Charles de Gaulle-Etoile* – *☎ 01 44 31 98 00*
– www.hotelvernet.com – *Fermé août, sam. midi et dim.*

🍴 Maison Blanche ⟨ 🏠 🅰🅲 🎁

CUISINE MODERNE · À LA MODE XXX Prenez vos quartiers sur le toit du théâtre des Champs-Élysées, dans ce grand loft design en duplex qui domine Paris, face à la Tour Eiffel ! Cuisine contemporaine aux saveurs méditerranéennes, empreintes du parcours international du chef.

Formule 49 € – Menu 69 € (déj.), 95/125 € – Carte 78/209 €

15 av. Montaigne 🚇 *Alma Marceau* – *☎ 01 47 23 55 99* – *www.maison-blanche.fr*
– Fermé 2 semaines en août, sam. midi et dim. midi

🍴 Le Vraymonde 🏠 ♿ 🅰🅲 🍽 🎁

CHINOISE · À LA MODE XXX Au sein du très branché Buddha-Bar Hotel, un décor rare, chic et feutré, dont l'esthétique semble puiser à la source de la Chine éter-nelle... Utilisation d'épices, accords sucrés-salés : à l'unisson du cadre, la cuisine est une ode au métissage, et nous invite au voyage, à la rencontre des saveurs !

Formule 35 € – Menu 45 € (déj. en semaine) – Carte 48/80 €

Buddha-Bar Hotel, 4 r. d'Anjou 🚇 *Madeleine* – *☎ 01 83 96 88 70*
– www.buddhabarhotelparis.com

🍴 Citrus Étoile ♿ 🅰🅲 🎁

CUISINE MODERNE · ÉLÉGANT XXX Dans cette maison décorée avec talent par son épouse Élisabeth, Gilles Épié signe une cuisine originale et bien maîtrisée. Elle témoigne autant de sa solide formation classique que de ses expériences américaines (le couple a vécu en Californie pendant dix ans) et asiatiques. Service souriant et professionnel.

Menu 49/69 € – Carte 50/95 €

6 r. Arsène-Houssaye 🚇 *Charles de Gaulle-Etoile* – *☎ 01 42 89 15 51*
– www.citrusetoile.com – *Fermé vacances de Noël, sam., dim. et fériés*

⅋○ Fouquet's   ⌂

CUISINE CLASSIQUE · CLASSIQUE XXX Le rendez-vous du Tout-Paris depuis 1899... On va au Fouquet's comme on visite la tour Eiffel, pour son décor classé et sa terrasse sur les Champs. Mets classiques et plats de brasserie.

Menu 89 € – Carte 84/186 €

99 av. Champs-Élysées Ⓜ George V – ☏ 01 40 69 60 50 – www.lucienbarriere.com

⅋○ STAY Faubourg Ⓝ   ⌂ P

CUISINE MODERNE · ÉLÉGANT XXX STAY, pour "Simple Table Alléno Yannick" : voici donc le grand chef qui se cache derrière ce sigle mystérieux ! La carte s'inspire joliment des classiques et s'habille de saveurs ramenées de voyage par le chef... avec, en prime, des desserts réalisés à la minute dans une bibliothèque-pâtisserie.

Formule 52 € 🍷 – Menu 68 € 🍷 (déj. en semaine) – Carte 54/104 €

Hôtel Sofitel le Faubourg, 15 r. Boissy-d'Anglas Ⓜ Concorde – ☏ 01 44 94 14 14
– www.stay-faubourg.com – Fermé 2 semaines en août

⅋○ Copenhague

DANOISE · ÉLÉGANT XXX Dans la Maison du Danemark, avec le portrait de la reine ! Les saveurs danoises ne font pas vitrine : blinis, aquavit, saumon, renne fumé... Vue sur les Champs, terrasse à l'arrière.

Menu 51 € (déj.), 70/98 € – Carte 75/150 €

142 av. des Champs-Élysées, (Maison du Danemark - 1ᵉʳ étage) Ⓜ George V
– ☏ 01 44 13 86 26 – www.restaurants-maisondudanemark.com
– Fermé 3 semaines en août, sam., dim. et fériés

⅋○ Le Relais Plaza

CUISINE CLASSIQUE · ÉLÉGANT XX Au sein du Plaza Athénée, la cantine chic et feutrée des maisons de couture voisines. Comment résister au charme de cette brasserie au beau décor 1930, inspiré du paquebot Normandie ? Une ambiance unique pour une cuisine qui joue la carte de la belle tradition. Si parisien...

Formule 46 € – Menu 58 € – Carte 75/140 €

Hôtel Plaza Athénée, 21 av. Montaigne Ⓜ Alma Marceau – ☏ 01 53 67 64 00
– www.dorchestercollection.com/fr/paris/hotel-plaza-athenee/
– Fermé mi-juil. à fin août

⅋○ Les 110 de Taillevent

CUISINE TRADITIONNELLE · ÉLÉGANT XX Sous l'égide de la prestigieuse maison Taillevent, une brasserie très chic, qui joue la carte des associations mets et vins. Une réussite, aussi bien le choix remarquable de 110 vins au verre, que la cuisine, traditionnelle et bien tournée (pâté en croûte, bavette sauce au poivre, etc.). Cadre élégant et chaleureux.

Menu 44 € – Carte 45/120 €

195 r. du Faubourg-St-Honoré Ⓜ Charles de Gaulle-Etoile
– ☏ 01 40 74 20 20 – www.taillevent.com/les-110-de-taillevent-brasserie.com
– Fermé 3-24 août

⅋○ Marius et Janette

POISSONS ET FRUITS DE MER · MÉDITERRANÉEN XX Un élégant décor façon yacht, des filets de pêche, etc. Ici, les produits de la mer sont évidemment à l'honneur ; la carte est renouvelée chaque jour, au gré des arrivages...

Menu 48 € (déj. en semaine) – Carte 85/130 €

4 av. George V Ⓜ Alma Marceau
– ☏ 01 47 23 41 88 – www.mariusjanette.com

⅏○ Mini Palais

CUISINE MODERNE · CONVIVIAL XX Au Grand Palais se cache ce Mini Palais, dédié aux plaisirs... du palais ! Honneur aux beaux produits, à la générosité et à la simplicité ; en complément, carte d'en-cas pour grignoter de midi à minuit et salon de thé. La terrasse est exquise.

Menu 29 € (déj. en semaine) – Carte 35/75 €

Au Grand Palais - 3 av. Winston Churchill ⓂChamps-Elysées Clemenceau *– ✆ 01 42 56 42 42 – www.minipalais.com*

⅏○ Hanawa

JAPONAISE · À LA MODE XX Grand restaurant japonais raffiné et zen (bois, fleurs) sur 1 100 m². Sushi-bar à l'étage et, au sous-sol, teppanyaki aux influences françaises.

Menu 43 € (déj. en semaine), 53/105 € – Carte 41/104 €

26 r. Bayard Ⓜ*Franklin D. Roosevelt – ✆ 01 56 62 70 70 – www.hanawa.fr – Fermé 2 semaines en août, dim. et fériés*

⅏○ Maxan

CUISINE MODERNE · À LA MODE XX C'est donc ici, à deux pas de l'avenue Georges-V, que l'on retrouve Maxan, autrefois installé près de Miromesnil. On découvre un décor élégant et discret, tout en camaïeu de gris, et on renoue non sans plaisir avec cette cuisine du marché bien parfumée. La formule déjeuner est très intéressante !

Formule 32 € – Menu 40 € – Carte 46/82 €

3 r. Quentin-Bauchart Ⓜ*George V – ✆ 01 40 70 04 78 – www.rest-maxan.com – Fermé sam. midi et dim.*

⅏○ Nolita

ITALIENNE · DESIGN XX Un restaurant chic, au sein du MotorVillage (showroom d'un grand groupe auto italien). La cuisine joue la carte de l'authenticité transalpine et les saveurs démarrent au quart de tour !

Formule 39 € ▾ – Carte 58/85 €

1 av. Matignon, (Motor Village - 2ème étage) Ⓜ*Franklin D. Roosevelt – ✆ 01 53 75 78 78 – www.nolitaparis.fr – Fermé 2 semaines en août, sam. midi et dim. soir*

⅏○ Les Cocottes - Arc de Triomphe

CUISINE TRADITIONNELLE · DESIGN XX Après la Tour Eiffel, les Cocottes de Christian Constant ont traversé la Seine et trouvé un nid douillet au sein de l'hôtel Sofitel - Arc de Triomphe. Le chef y décline son concept de bons petits plats mijotés dans des cocottes en fonte : tranche de foie de veau épaisse cuite au sautoir, merlan croustillant aux amandes... Miam !

Formule 28 € – Menu 32 € (déj. en semaine) – Carte 39/60 €

Hôtel Sofitel Arc de Triomphe, 2 r. Bertie Albrecht Ⓜ*Charles de Gaulle-Etoile – ✆ 01 53 89 50 53 – www.lescocottes-arcdetriomphe.com*

⅏○ Le Gaigne

CUISINE MODERNE · À LA MODE XX Le Gaigne, c'est le surnom donné il y a quelques années par Frédéric Anton (chef du Pré Catelan) à Mickaël Gaignon... Depuis, ce dernier a fait du chemin : il signe ici une belle cuisine actuelle, teintée de classicisme, qui évolue au gré des saisons. De bons produits, une exécution soignée : on est conquis !

Formule 33 € – Menu 42/95 € ▾ – Carte 62/85 €

2 r. de Vienne Ⓜ*St-Augustin – ✆ 01 45 22 23 62 – www.restaurantlegaigne.fr – Fermé août, sam. midi et dim.*

⑪○ Lazare   &. AC ⅔ soir,

CUISINE TRADITIONNELLE · BRASSERIE XX Au cœur de la fameuse gare St-Lazare, on doit à Éric Frechon l'idée de cette élégante brasserie "ferroviaire", version 2013, qui respecte les canons du genre : œufs mimosa ou maquereaux au vin blanc, la belle tradition française est sur les rails ! Et les voyageurs pressés profiteront des sandwichs, non moins délicieux.

Carte 30/85 €

parvis de la gare St-Lazare, r. Intérieure ◎ *St-Lazare –* ℰ *01 44 90 80 80*
– www.lazare-paris.fr

⑪○ Ratn   AC ⅗

INDIENNE · EXOTIQUE XX Une authentique adresse indienne, dont le nom signifie... joyau. Le cadre très soigné et feutré (tentures dorées, panneaux de bois sculptés, statues hindoues, etc.), l'accueil délicat, et surtout la cuisine qui offre un bel aperçu du répertoire moghol et indien : de beaux parfums d'ailleurs !

Formule 21 € – Carte 47/70 €

9 r. de la Trémoille ◎ *Alma Marceau –* ℰ *01 40 70 01 09 – www.restaurantratn.com*

⑪○ Bistrot du Sommelier   🎇 AC ⇦

CUISINE TRADITIONNELLE · CONVIVIAL XX On vient dans ce bistrot de Philippe Faure-Brac, meilleur sommelier du monde en 1992, pour sa cuisine du marché, ses caves d'une richesse indescriptible (1 200 appellations et 35 pays représentés !) et ses "vendredis du vigneron".

Formule 34 € – Menu 39 € (déj.), 70 € ♀/118 € ♀ – Carte 50/70 €

97 bd Haussmann ◎ *St-Augustin –* ℰ *01 42 65 24 85*
– www.bistrotdusommelier.com – Fermé 3-24 août, sam. et dim.

⑪○ Loiseau rive Droite   🎇 AC ⇦

CUISINE TRADITIONNELLE · CONVIVIAL XX Ce restaurant Art déco, fondé en 1929, est un fringant octogénaire ! À la carte, des recettes traditionnelles et des allusions au terroir bourguignon : escargots au beurre persillé, rognons de veau, etc. Un grand classique.

Formule 29 € – Menu 39 € (déj.), 65/85 € – Carte 64/85 €

41 r. Boissy-d'Anglas ◎ *Madeleine –* ℰ *01 42 65 06 85 – www.bernard-loiseau.com*
– Fermé 1 semaine en fév., 3 semaines en août, sam., dim. et fériés

⑪○ Diep   AC ⅔

CHINOISE · EXOTIQUE XX Du rouge, du noir, des alcôves et des panneaux sculptés : l'Asie dans le décor, tout comme dans l'assiette, où l'on trouve des spécialités de Hong Kong et de Canton, mais aussi certains plats thaïlandais et vietnamiens. Avis aux amateurs : poissons et crustacés sont à l'honneur !

Carte 40/80 €

55 r. Pierre-Charon ◎ *George V –* ℰ *01 45 63 52 76 – www.diep.fr*

⑪○ Pavillon Elysée Lenôtre   � &. AC ⇦ ⅔ 🅿

CUISINE MODERNE · CONVIVIAL X Ce pavillon, bâti pour l'Exposition universelle de 1900, distille une sobre élégance. Au déjeuner, la formule est attractive et, sous le soleil, la terrasse est très courue... Boutique dédiée aux arts de la table et école de cuisine.

Formule 37 € – Carte 48/70 €

10 av. des Champs-Elysées ◎ *Champs Elysées Clemenceau –* ℰ *01 42 65 85 10*
– www.lenotre.fr – Fermé 20-27 fév., 3 semaines en août, dim. sauf le midi d'avril à oct. et lundi de nov. à mars

⅑○ Marloe   [AC] 🍴

CUISINE MODERNE · BISTRO ⅓ Ce restaurant, repris par l'équipe de l'Arôme voisin, a des allures de bistrot chic et cosy (tons rouge, blanc et noir, miroirs anciens, etc.). La cuisine ne déçoit pas : cœur de saumon fumé impérial et beurre aux algues, bœuf Black Angus au jus de cassis... Des plats sans esbroufe, nets et précis !

Menu 44 € (dîner) – Carte 39/67 €

12 r. du Cdt.-Rivière ⓜ *St-Philippe-du-Roule*
– 𝒞 01 53 76 44 44 – www.marloe.fr
– Fermé 1ᵉʳ-21 août, 21-29 déc., sam. et dim.

⅑○ Chez Monsieur   ⅜ [AC]

CUISINE TRADITIONNELLE · BISTRO ⅓ Un bistrot des années 1940 (ancien café-charbon) avec ses miroirs d'époque et ses gravures rétro. Au menu : une cuisine bistrotière très soignée et un beau choix de vins à prix raisonnable. Voilà qui est... royal.

Carte 45/85 €

11 r. Chevalier-St-George ⓜ *Madeleine – 𝒞 01 42 60 14 36 – www.chezmonsieur.fr*
– Fermé 1 semaine en janv. et week-ends en juil.-août

⅑○ Crom'Exquis   [AC]

CUISINE MODERNE · CONVIVIAL ⅓ Ce Crom'Exquis paraît un simple petit restaurant de quartier, mais on ne peut taire sa filiation : à sa tête œuvre Pierre Meneau, fils de Marc – chef fameux de L'Espérance, près de Vézelay. Au menu : une cuisine au goût du jour, réalisée avec des produits de bonne qualité.

Menu 39 € (déj.), 46/56 € – Carte 55/85 €

22 r. d'Astorg ⓜ *St-Augustin – 𝒞 01 42 65 10 74 – www.cromexquis.com*
– Fermé août, vacances de Noël, sam. midi et dim.

⅑○ Le Boudoir   [AC]

CUISINE MODERNE · BISTRO ⅓ Meilleur Ouvrier de France en charcuterie, le jeune chef a travaillé dans de belles maisons et exprime aujourd'hui dans ce Boudoir son amour du... boudin. Oui, la charcuterie peut être un art : voyez le pâté en croûte de volaille et foie gras ! Terrines et autres saucisses sont créées sur place. Décor sobre et élégant.

Formule 32 € – Menu 35 € (déj. en semaine)/62 € – Carte 45/65 €

25 r. du Colisée ⓜ *Franklin D. Roosevelt – 𝒞 01 43 59 25 29 – www.boudoirparis.fr*
– Fermé 1ᵉʳ-15 août, sam. et dim.

⅑○ Aoki Makoto

CUISINE MODERNE · BISTRO ⅓ Aoki Makoto, chef japonais, réalise une cuisine on ne peut plus française – et de belle tenue ! Assiette aux treize légumes, mosaïque de foie gras, côte de porc rôtie...

Formule 23 € – Menu 38/68 € – Carte 65/85 €

19 r. Jean Mermoz ⓜ *Mirosmenil – 𝒞 01 43 59 29 24*
– Fermé août, 23 déc.-7 janv., sam. midi, lundi soir, dim.

⅑○ Le Petit Marius   🍽 🍴

POISSONS ET FRUITS DE MER · BISTRO ⅓ Le digne fils de la maison mère Marius et Janette : petites tables serrées et simplement dressées, décoration provençale colorée et cuisine de la mer bien iodée.

Menu 31 € (déj. en semaine) – Carte 48/80 €

6 av. George-V ⓜ *Alma Marceau – 𝒞 01 40 70 11 76*

○ Il Piccolino

ITALIENNE · BISTRO X C'est vrai qu'il est *piccolino* ("tout petit" en italien) ce restaurant, mais il en a sous la Botte ! Charcuterie transalpine à la coupe, pecorino et parmesan présentés entiers, légumes grillés, risotto, osso-buco... Les produits sont de qualité, les recettes maîtrisées et les vins de la péninsule bien représentés.

Formule 25 € – Carte 36/60 €

10 r. de Constantinople Ⓜ *Europe – ℰ 01 42 93 73 33 – Fermé 1ᵉʳ-10 mai, 13-23 août, dim. et fériés*

○ Daru

RUSSE · CONVIVIAL X Fondée en 1918, la maison Daru fut la première épicerie russe de Paris. La tradition slave s'y perpétue et l'on retrouve la Russie d'autrefois : taramas, bœuf stroganoff, blinis...

Formule 34 € – Carte 60/150 €

19 r. Daru Ⓜ *Courcelles – ℰ 01 42 27 23 60 – www.daru.fr – Fermé août, sam. midi et dim.*

○ Le Percolateur

CUISINE TRADITIONNELLE · BISTRO X Cette ancienne gargote s'est muée en bistrot où brille une collection de... percolateurs. Cuisine à l'image du lieu : terrine maison, macaronis aux olives, poulet aux saveurs exotiques, etc.

Formule 16 € – Menu 30 € (dîner) – Carte 32/59 €

20 r. de Turin Ⓜ *Rome – ℰ 01 43 87 97 59 – www.lepercolateur.fr – Fermé 2 semaines en août, sam. midi et dim.*

○ Shin Jung

CORÉENNE · EXOTIQUE X Une modeste adresse de quartier, simple, moderne et conviviale. Spécialités sud-coréennes : bibimbap, kimchi, barbecue, poissons crus...

Formule 16 € – Carte 30/40 €

7 r. Clapeyron Ⓜ *Rome – ℰ 01 45 22 21 06 – www.shinjung.fr – Fermé dim.*

○ Le Sushi Okuda 🆕

JAPONAISE · MINIMALISTE X Ce bar à sushis, attenant au restaurant Okuda, rappelle les izakayas (les bars) japonais, tant par le cèdre du Japon qui habille les murs que par l'étroitesse du lieu et l'irrésistible fraîcheur des poissons, travaillés selon la méthode ikéjimé. Menus remarquables et dépaysants.

Menu 95 € ♟ (déj.), 125 € ♟/155 € ♟

18 r. Boccador Ⓜ *Alma Marceau – ℰ 01 47 20 17 18 (réservation conseillée) – www.sushiokuda.com – Fermé 2 semaines en août, mardi midi et lundi*

Hôtels

🏨 Plaza Athénée

PALACE · GRAND STYLE Palace parisien par excellence, inauguré en 1911, le Plaza Athénée s'est offert une nouvelle jeunesse en 2014, suite à de longs mois de travaux. Ceux-ci confirment la primauté de l'établissement, véritable sommet de luxe et d'élégance à la française. Un brillant classicisme, des services d'exception : le mythe continue...

154 chambres – ♦995 € ♦♦1295 € – 54 suites – ☲ 90 €

25 av. Montaigne Ⓜ *Alma Marceau – ℰ 01 53 67 66 65 – www.dorchestercollection.com/en/paris/hotel-plaza-athenee*

❀❀❀ **Alain Ducasse au Plaza Athénée** · ○ **Le Relais Plaza** – voir les restaurants ci-dessus

PARIS

🏰🏰🏰 Le Bristol

PALACE · GRAND STYLE Ce palace de 1925, agencé autour d'un magnifique jardin, a conservé toute sa superbe. Les luxueuses chambres de style Louis XV ou Louis XVI cohabitent avec des suites (Lune de miel, Impériale, etc.) aux impressionnantes proportions. Non moins exceptionnelle, la piscine dominant Paris...

152 chambres – †950/1600 € ††950/1600 € – 36 suites – ☑ 45 €

112 r. du Faubourg-St-Honoré Ⓜ *Miromesnil –* ✆ *01 53 43 43 00*
– www.lebristolparis.com

❀❀❀ **Épicure** • ❀ **114, Faubourg** – voir les restaurants ci-dessus

🏰🏰🏰 Four Seasons George V

PALACE · ÉLÉGANT Ce palace mythique, né en 1928, s'est paré des splendeurs et raffinements du 18ᵉ s. Ses chambres, luxueuses et spacieuses, ses collections d'œuvres d'art, son spa superbe et sa belle cour intérieure – sans parler de son histoire gastronomique – : voilà bien un ensemble d'exception !

185 chambres – †990/1350 € ††990/1350 € – 59 suites – ☑ 55 €

31 av. George-V Ⓜ *George V –* ✆ *01 49 52 70 00 – www.fourseasons.com/paris*

❀❀❀ **Le Cinq** • ⅠⓄ **Le George** – voir les restaurants ci-dessus

🏰🏰🏰 Le Royal Monceau

PALACE · DESIGN Ce palace du 21ᵉ s., décoré par Philippe Starck, se joue des codes en vigueur : galerie d'art, librairie, salle de cinéma high-tech, spa superbe... Depuis 2016, il accueille un nouveau restaurant : Matsuhisa, concept du chef emblématique Nobu Matsuhisa.

108 chambres – †780/1700 € ††780/1700 € – 41 suites – ☑ 58 €

37 av. Hoche Ⓜ *Charles de Gaulle-Etoile –* ✆ *01 42 99 88 00*
– www.leroyalmonceau.com

❀ **Il Carpaccio** – voir les restaurants ci-dessus

🏰🏰 Prince de Galles

GRAND LUXE · ART DÉCO Après deux années de rénovation, ce fleuron légendaire de l'Art déco parisien, trônant sur l'avenue George-V, a rouvert ses portes en mai 2013. Nimbé d'une nouvelle fraîcheur, le charme des lieux reste entier, notamment dans les chambres, luxueuses et raffinées. Le goût intemporel de la Belle Époque !

115 chambres – †670/1020 € ††670/1020 € – 44 suites – ☑ 39 €

33 av. Georges-V Ⓜ *George V –* ✆ *01 53 23 77 77 – www.hotelprincedegalles.fr*

❀ **La Scène** – voir les restaurants ci-dessus

🏰🏰 La Réserve Ⓝ

GRAND LUXE · ÉLÉGANT Parquet Versailles, larges canapés, corniches dorées à l'or fin : c'est vers le chic parisien de la Belle Époque que lorgne ce superbe hôtel particulier du 19ᵉs., décoré par Jacques Garcia. Suites avec vue sur les jardins de l'Élysée, le Grand Palais ou la Tour Eiffel. Et si le vrai luxe, c'était la Réserve ?

26 suites ☑ – ††2100/8000 € – 14 chambres

42 av. Gabriel Ⓜ *Champs Elysées Clémenceau –* ✆ *01 58 36 60 60*
– www.lareserve-paris.com

❀❀ **Le Gabriel** – voir les restaurants ci-dessus

🏰🏰 Fouquet's Barrière

GRAND LUXE · MODERNE Né en 2006 dans le sillage de la mythique brasserie, ce luxueux hôtel a été décoré par Jacques Garcia : styles Empire et Art déco, foisonnement d'acajou, de soie, de velours... associés à des équipements high-tech et un spa superbe !

48 chambres – †800/1500 € ††800/1500 € – 33 suites – ☑ 49 €

46 av. George-V Ⓜ *George V –* ✆ *01 40 69 60 00 – www.fouquets-barriere.com*

❀ **Le Diane** – voir les restaurants ci-dessus

🏨 Champs-Élysées Plaza ✿ ⅃⚶ ⊡ 🛗 AC ⚒

LUXE · PERSONNALISÉ Élégance et espace, harmonie des couleurs, mélange des styles, service attentionné, fitness... Cet hôtel est un concentré de luxe feutré et cossu.

35 chambres – ♦290/890 € ♦♦290/890 € – 10 suites – ⊆ 32 €

35 r. de Berri **Ⓜ** *George V* – 𝒞 *01 53 53 20 20* – *www.champselyseesplaza.com*

🏨 Lancaster ✿ ⅃⚶ ⊡ 🛗 AC ⚒ ⅃⚶

LUXE · CLASSIQUE Marlène Dietrich appréciait le luxe discret de cet hôtel particulier, construit en 1889 à deux pas des Champs-Élysées. Parquets d'époque et cheminées, mobilier des 18e et 19e s., œuvres d'art, etc. Le charme le dispute à l'authenticité, dans une veine infiniment parisienne...

45 chambres – ♦350/530 € ♦♦450/730 € – 11 suites – ⊆ 42 €

7 r. de Berri **Ⓜ** *George V* – 𝒞 *01 40 76 40 76* – *www.hotel-lancaster.com*

❀❀ **La Table du Lancaster** – voir les restaurants ci-dessus

🏨 Vernet ✿ ⊡ 🛗 AC ⅃⚶

LUXE · ÉLÉGANT Un immeuble des Années folles dans une petite rue près des Champs-Élysées... qui abrite un hôtel flambant neuf, entièrement rénové ! Il se dégage de ces lieux un je-ne-sais-quoi de très parisien, du hall d'entrée, lumineux, aux chambres, élégantes et raffinées.

41 chambres – ♦269/690 € ♦♦269/690 € – 9 suites – ⊆ 35 €

25 r. Vernet **Ⓜ** *Charles de Gaulle-Etoile* – 𝒞 *01 44 31 98 00*
– *www.hotelvernet.com*

🍴 **Le V** – voir les restaurants ci-dessus

🏨 Buddha-Bar Hotel ✿ ⅃⚶ ⊡ 🛗 AC

LUXE · PERSONNALISÉ On connaissait le Buddha-Bar, adresse parisienne très branchée ; voici le Buddha-Bar Hotel, créé dans un hôtel particulier du 18e s. Entre boiseries anciennes et décor néo-asiatique, l'ensemble se révèle très glamour et raffiné ! Inédit et exclusif.

56 chambres – ♦400/980 € ♦♦400/980 € – 19 suites – ⊆ 29 €

4 r. d'Anjou **Ⓜ** *Madeleine* – 𝒞 *01 83 96 88 88* – *www.buddhabarhotelparis.com*

🍴 **Le Vraymonde** – voir les restaurants ci-dessus

🏨 Hilton Paris Opéra Ⓝ ✿ ⅃⚶ ⊡ 🛗 AC ⅃⚶

LUXE · ÉLÉGANT Entièrement rénové en 2015, cet hôtel renoue avec son passé Belle Époque : hall avec colonnes en marbre et plafond ouvragé à la feuille d'or, grand salon majestueux, avec verrière et fresques... quant aux chambres, lumineuses et contemporaines, elles se révèlent très confortables.

257 chambres – ♦269/999 € ♦♦269/999 € – 11 suites – ⊆ 29 €

108 r. St-Lazare **Ⓜ** *Saint-Lazare* – 𝒞 *01 40 08 44 44* – *www.parisopera.hilton.com*

🏨 Sofitel le Faubourg ✿ ⅃⚶ ⊡ 🛗 AC ⅃⚶ ⌂

LUXE · MODERNE Élégant hôtel dans deux demeures des 18e et 19e s. Les chambres ont été entièrement redessinées en 2014 dans un style moderne et épuré, toujours élégant ; on profite d'un salon sous verrière, ainsi que d'un joli fitness avec hammam et salles de massages.

118 chambres – ♦380/1150 € ♦♦380/1300 € – 29 suites – ⊆ 36 €

15 r. Boissy-d'Anglas **Ⓜ** *Concorde* – 𝒞 *01 44 94 14 14*
– *www.sofitel-paris-lefaubourg.com*

🍴 **STAY Faubourg** – voir les restaurants ci-dessus

Napoléon

LUXE · PERSONNALISÉ À deux pas de l'Étoile chère à Napoléon, un hôtel rendant hommage à cette figure de l'Histoire (autographes, figurines, tableaux d'époque). Chambres feutrées de style Directoire ou Empire. Carte traditionnelle au restaurant dans un décor de boiseries.

102 chambres – †280/440 € ††350/640 € – 37 suites – 😋 30 €

40 av. Friedland **Ⓜ** *Charles de Gaulle-Etoile* – *✆ 01 56 68 43 21*
– www.hotelnapoleonparis.com

La Trémoille

LUXE · GRAND STYLE Moulures, jolis tissus tendus, marbre noir et blanc dans les salles de bains : un bel esprit néo-rétro règne dans les chambres ! Atmosphère lounge au Louis² et... cuisine actuelle.

88 chambres 😋 – †365/1000 € ††415/1000 € – 5 suites

14 r. Trémoille **Ⓜ** *Alma Marceau* – *✆ 01 56 52 14 00* – *www.hotel-tremoille.com*

San Régis

LUXE · GRAND STYLE Hôtel particulier de 1850 remanié avec goût : un bel escalier (vitraux et statues) conduit aux chambres, ravissantes et résolument classiques. Le restaurant occupe un luxueux salon feutré – une vraie bonbonnière – et cultive la tradition.

39 chambres – †310/610 € ††425/1100 € – 3 suites – 😋 35 €

12 r. J.-Goujon **Ⓜ** *Champs-Elysées Clemenceau* – *✆ 01 44 95 16 16*
– www.hotel-sanregis.fr

Balzac

LUXE · CLASSIQUE À quelques pas des Champs-Élysées, cet hôtel arbore un décor néoclassique, tout en opulence et chatoiement (mobilier de style Louis XVI, dorures, marbre).

60 chambres – †300/700 € ††300/700 € – 10 suites – 😋 38 €

6 r. Balzac **Ⓜ** *George V* – *✆ 01 44 35 18 00* – *www.hotelbalzac.com*

L'Hôtel du Collectionneur

LUXE · ÉLÉGANT Inspiré des paquebots des années 1930, cet hôtel en restitue tout l'esprit, luxueux et raffiné : élégantes chambres Art déco signées Jacques Garcia – très calmes côté patio –, spa, fitness...

443 chambres – †220/789 € ††220/789 € – 35 suites – 😋 25 €

51 r. de Courcelles **Ⓜ** *Courcelles* – *✆ 01 58 36 67 00*
– www.hotelducollectionneur.com

Sofitel Arc de Triomphe

LUXE · ÉLÉGANT Rénové de A à Z, ce grand hôtel impeccablement situé ne manque pas d'allure : un grand hall clair prolongé par un salon tout en design et en élégance, des chambres spacieuses et décorées sobrement, où l'on séjourne en toute tranquillité... Un bel établissement.

93 chambres – †330/850 € ††330/850 € – 31 suites – 😋 34 €

14 r. Beaujon **Ⓜ** *Charles de Gaulle-Etoile* – *✆ 01 53 89 50 50*
– www.sofitel.com/1296

🍴○ **Les Cocottes - Arc de Triomphe** – voir les restaurants ci-dessus

Marriott Champs-Élysées

LUXE · MODERNE Un bel immeuble haussmanien sur les Champs-Élysées... Les chambres, spacieuses, sont d'une sobre élégance contemporaine ; certaines donnent sur la mythique avenue, d'autres sur l'atrium ou la cour intérieure. Plats traditionnels et grillades au Restaurant ; terrasse paisible.

167 chambres – †399/1269 € ††399/1269 € – 25 suites – 😋 42 €

70 av. des Champs-Élysées **Ⓜ** *Franklin D. Roosevelt* – *✆ 01 53 93 55 00*
– www.marriott.fr

Bedford

LUXE · PERSONNALISÉ Cet hôtel fondé en 1848 perpétue avec élégance une certaine idée de la tradition hôtelière. Les chambres, agréables, sont d'un raffinement discret. Une adresse à la fois confortable et d'un bon rapport qualité-prix pour le quartier.

131 chambres – ♦234/295 € ♦♦250/430 € – 10 suites – ⌑21 € – ½ P

17 r. de l'Arcade Ⓜ *Madeleine* – ☏ *01 44 94 77 77* – *www.hotel-bedford.com*

Intercontinental Avenue Marceau

LUXE · MODERNE Luxueux hôtel design à deux pas de la place de l'Étoile. Le décor marie haute technologie, meubles contemporains et répliques de fresques et de croquis de la Renaissance italienne.

55 chambres – ♦350/1600 € ♦♦550/1600 € – ⌑30 €

64 av. Marceau Ⓜ *George V* – ☏ *01 44 43 36 36* – *www.ic-marceau.com*

Marignan

LUXE · MODERNE Un luxe discret : voilà le parti pris de cet ancien hôtel particulier, voisin des Champs-Élysées. Toutes les chambres révèlent une décoration élégante et épurée, avec parquet en chêne, mobilier chic des années 1950 et 1960, grandes literies... Du style et de la subtilité !

45 chambres – ♦310/580 € ♦♦360/680 € – 5 suites – ⌑29 €

12 r. de Marignan Ⓜ *Franklin D. Roosevelt* – ☏ *01 40 76 34 56*
– www.hotelmarignanelyseesparis.com

Hôtel de Sers

LUXE · MODERNE Le marquis de Sers ne reconnaîtrait pas son hôtel particulier de la fin du 19ᵉ s. Il faut dire qu'il mélange les styles avec succès : si le hall a conservé son caractère d'origine, les chambres, elles, sont résolument contemporaines et tendance. Un "baby palace" élégant...

45 chambres ⌑ – ♦450/790 € ♦♦450/790 € – 7 suites

41 av. Pierre-1ᵉʳ-de-Serbie Ⓜ *George V* – ☏ *01 53 23 75 75* – *www.hoteldesers.com*

La Maison Champs-Élysées

HISTORIQUE · ÉLÉGANT Un hôtel très particulier, où le faste du Second Empire côtoie les lignes épurées d'un design contemporain dû à Martin Margiela. Salon blanc, fumoir noir, équipements dernier cri, restaurant très graphique : une signature.

51 chambres – ♦300/1050 € ♦♦300/1050 € – 6 suites – ⌑28 €

8 r. Jean-Goujon Ⓜ *Franklin D Roosevelt* – ☏ *01 40 74 64 64*
– www.lamaisonchampselysees.com

Opéra Diamond

URBAIN · PERSONNALISÉ Hôtel ouvert en 2009, tout de noir et de cristal vêtu. L'intérieur, intime et romantique, rend hommage à la féminité et aux diamants : parfait pour les amoureux ! Esprit baroque dans les chambres ; patio avec fontaine et brin de verdure.

37 chambres – ♦390/750 € ♦♦390/750 € – ⌑23 €

4 r. de la Pépinière Ⓜ *St-Lazare* – ☏ *01 44 70 02 00*
– www.paris-hotel-diamond.com

New Hotel Roblin

LUXE · COSY Préférez-vous l'esprit bourgeois du 16ᵉ arrondissement, le côté trendy du Marais, les ateliers d'artistes du canal St-Martin ou l'ambiance rive gauche de St-Germain ? Tels sont les thèmes déclinés par les chambres de cet hôtel... qui met tout Paris à deux pas de la place de la Madeleine. Un ensemble très réussi.

77 chambres – ♦180/610 € ♦♦200/630 € – ⌑22 €

6 r. Chauveau-Lagarde Ⓜ *Madeleine* – ☏ *01 44 71 20 80* – *www.new-hotel.com*

Marquis Faubourg Saint-Honoré

HISTORIQUE · ÉLÉGANT Inauguré en 2013, ce boutique-hôtel doit son nom au marquis de La Fayette, le "héros des deux mondes", qui vécut dans cet hôtel particulier du 18ᵉ s. De vastes chambres, une décoration chic et sobre, de luxueuses salles de bains : l'adresse ne manque ni de charme ni de panache !

10 suites – ♦♦1100/1480 € – 5 chambres – ⊑ 29 €

8 r. d'Anjou ⓂMadeleine – ☎01 44 80 00 00
– www.marquisfaubourgsainthonore.com

Hôtel du Ministère

URBAIN · PERSONNALISÉ Un hôtel à deux pas du ministère de l'Intérieur, du palais de l'Élysée et du faubourg St-Honoré. Les chambres – confortables et très fonctionnelles – rendent hommage aux années 1970, ce qui ne manquera pas de plaire aux amateurs... ou aux nostalgiques. Accueil charmant.

43 chambres ⊑ – ♦245/900 € ♦♦280/900 €

31 r. de Surène Ⓜ Madeleine – ☎01 42 66 21 43 – www.ministerehotel.com

Pershing Hall

LUXE · MODERNE Hôtel particulier, demeure du général Pershing pendant la Grande Guerre, club de vétérans et désormais établissement de standing, scénographié par la designer Andrée Putman. Une véritable page de la vie parisienne, au chic discret.

20 chambres ⊑ – ♦324/590 € ♦♦324/890 € – 6 suites

49 r. Pierre-Charron Ⓜ George V – ☎01 58 36 58 00 – www.pershinghall.com

Chateaubriand

LUXE · PERSONNALISÉ Des peintures, des bibelots et de beaux meubles d'antiquaire dans les chambres ; dans le petit patio, un grand miroir et un superbe lustre créent, le soir venu, une ambiance tout à fait spéciale... Le charme d'une maison particulière !

28 chambres – ♦220/390 € ♦♦230/450 € – ⊑ 22 €

6 r. Chateaubriand Ⓜ George V – ☎01 40 76 00 50
– www.hotelchateaubriand.com

François 1er

LUXE · PERSONNALISÉ Marbre de Carrare, moulures, objets chinés, meubles anciens et tableaux à foison : Pierre-Yves Rochon a créé un cadre luxueux et raffiné. Copieux petit-déjeuner (buffet).

38 chambres – ♦320/520 € ♦♦320/520 € – 2 suites – ⊑ 22 €

7 r. Magellan Ⓜ George V – ☎01 47 23 44 04 – www.hotelfrancoispremier.com

Le 123

URBAIN · PERSONNALISÉ Mélange des genres, des couleurs et des matières, croquis de stylistes : les chambres de cet hôtel sont vraiment "haute couture". Parfait pour un séjour shopping dans un faubourg très... mode.

41 chambres – ♦209/399 € ♦♦209/399 € – ⊑ 18 €

123 r. du Faubourg-St-Honoré Ⓜ St-Philippe du Roule – ☎01 53 89 01 23
– www.astotel.com

Chambiges Élysées

TRADITIONNEL · ÉLÉGANT Le mot "cosy" semble avoir été inventé pour cet hôtel installé dans un immeuble hausmmannien. Tout y est : boiseries, tentures et tissus chaleureux, meubles chinés, jardin fleuri. Une atmosphère romantique et feutrée, tout près des Champs-Élysées.

26 chambres – ♦230/410 € ♦♦250/490 € – 8 suites – ⊑ 16 €

8 r. Chambiges Ⓜ Alma Marceau – ☎01 44 31 83 83 – www.hotelchambiges.com

Le Mathurin 🌊 ⊡ ♿ AC 🏋

LUXE · PERSONNALISÉ La devise de la maison : "Le luxe d'être chez soi." Et l'on aimerait faire de cet hôtel, garni de livres, feutré, élégant et apaisant, son home sweet home !

52 chambres – 🛏300/360 € 🛏🛏350/600 € – 2 suites – ⌷ 24 €
43 r. des Mathurins Ⓜ *Havre Caumartin –* 𝒞 *01 44 94 20 94*
– www.le-mathurin.com

Le A ⊡ AC

URBAIN · DESIGN "A" comme rue d'Artois, Alphabet (il y a 26 chambres) et évidemment Art : cet hôtel moderne et design, imaginé par le plasticien Hyber et l'architecte Méchiche, accueille aussi des expositions. Les chambres, comme les salons, jouent l'épure... avec un "e" majuscule !

25 chambres – 🛏299/499 € 🛏🛏299/499 € – 1 suite – ⌷ 24 €
4 r. d' Artois Ⓜ *St-Philippe du Roule –* 𝒞 *01 42 56 99 99 – www.hotel-le-a.com*

Le Marianne Ⓝ ⊡ ♿ AC

URBAIN · ÉLÉGANT Cette séduisante Marianne se cache dans un immeuble haussmannien, tout près des Champs-Élysées. L'hôtel a des allures de maison particulière ; les chambres, confortables, se parent de matériaux nobles (marbre, laiton) et de beaux dégradés de couleurs.

31 chambres – 🛏215/390 € 🛏🛏215/390 € – ⌷ 19 €
11 r. Paul-Baudry Ⓜ *St-Philipe du Roule –* 𝒞 *01 45 04 30 30*
– www.lemarianne.com

Opal ⊡ ♿ AC 🚫

BUSINESS · PERSONNALISÉ Entre les grands magasins et la Madeleine, cet hôtel propose des chambres modernes, bien conçues et chaleureuses (tissus rayés, couleurs vives). Esprit design au salon, agréable avec sa cheminée !

33 chambres – 🛏199/599 € 🛏🛏199/599 € – 1 suite – ⌷ 19 €
19 r. Tronchet Ⓜ *Havre Caumartin –* 𝒞 *01 42 65 77 97 – www.bestwestern-opal.com*

Le Swann ⊡ ♿ AC

URBAIN · ACTUEL Bienvenue du côté de chez Swann ! Cet hôtel datant de 1870 a accueilli de nombreux artistes et écrivains au long des années ; les chambres, récemment rénovées, sont confortables et chacune porte le nom d'un personnage de Proust... Très tendance.

81 chambres – 🛏129/459 € 🛏🛏149/649 € – ⌷ 15 €
15 r. de Constantinople Ⓜ *Europe –* 𝒞 *01 45 22 80 80 – www.hotel-leswann.com*

Arcade ⊡ ♿ AC 🏋

URBAIN · PERSONNALISÉ Depuis quatre générations, la même famille dirige cet hôtel situé tout près de la Madeleine. Chambres sobrement décorées, égayées de gravures et de tableaux.

48 chambres – 🛏130/199 € 🛏🛏150/240 € – 7 suites – ⌷ 16 €
9 r. de l'Arcade Ⓜ *Madeleine –* 𝒞 *01 53 30 60 00 – www.hotel-arcade.com*

Le Vignon ⊡ AC

URBAIN · ACTUEL Hôtel chaleureux à deux pas de la Madeleine. Dans les chambres, le mobilier, très coloré et presque pop, contraste avec les murs blancs. Au 6e étage, charme des mansardes !

28 chambres – 🛏140/340 € 🛏🛏140/340 € – ⌷ 20 €
23 r. Vignon Ⓜ *Madeleine –* 𝒞 *01 47 42 93 00 – www.levignon.com*

West-End

URBAIN · PERSONNALISÉ Lithographies anciennes, copies de tableaux de maîtres et équipements dernier cri vous attendent dans ces chambres classiques, souvent très colorées. Agréable salon.

49 chambres ☲ – †229/499 € ††229/799 €

7 r. Clément-Marot ⓜ Alma Marceau – ℰ 01 47 20 30 78
– www.hotel-west-end.com

Atlantic

URBAIN · MODERNE Aquarelles, maquettes de bateaux et déclinaisons de bleu dans les chambres... De subtiles notes marines qui invitent au voyage ! Cela donne un charme certain à cet établissement familial, situé juste derrière la gare St-Lazare.

81 chambres – †135/265 € ††195/265 € – ☲ 16 €

44 r. de Londres ⓜ St-Lazare – ℰ 01 43 87 45 40 – www.atlanticparis.fr

Le Lavoisier

URBAIN · MODERNE Chambres cosy, petit salon-bibliothèque intime faisant office de bar et salle voûtée pour les petits-déjeuners, tout près de l'église St-Augustin.

27 chambres – †200/350 € ††200/450 € – 3 suites – ☲ 15 €

21 r. Lavoisier ⓜ St-Augustin – ℰ 01 53 30 06 06 – www.hotellavoisier.com

WO'

URBAIN · DESIGN WO' pour Wilson-Opéra ! Dans une rue calme, proche de la gare St-Lazare et des grands magasins, cet hôtel abrite des chambres certes petites, mais design et cosy, certaines avec un balcon offrant une vue dégagée. En plein cœur de Paris, on se sent ainsi comme dans un cocon.

30 chambres – †149/349 € ††149/530 € – ☲ 15 €

10 r. de Stockholm ⓜ St-Lazare – ℰ 01 45 22 10 85 – www.hotelwo.com

Le Pavillon des Lettres

URBAIN · ÉLÉGANT Un hôtel littéraire en plein cœur de Paris ? Vingt-six chambres pour les vingt-six lettres de l'alphabet, chacune portant le nom d'un écrivain et déclinant son œuvre dans leur décoration. Élégant et subtil : parfait pour réviser ses classiques et découvrir la ville autrement.

26 chambres – †225/530 € ††225/530 € – ☲ 26 €

12 r. des Saussaies ⓜ Miromesnil – ℰ 01 49 24 26 26 – www.pavillondeslettres.com

Chavanel

URBAIN · ÉLÉGANT Derrière le hall d'entrée de cet hôtel résolument contemporain, un espace boutique est mis à disposition d'un artisan (par exemple : dentellière, parfumeur) pendant plusieurs mois. De quoi faire de cette adresse l'un des temples du chic parisien...

27 chambres – †200/380 € ††200/500 € – ☲ 20 €

22 r. Tronchet ⓜ Madeleine – ℰ 01 47 42 26 14 – www.hotelchavanel.com

Hôtel Elysées 8 ⓝ

URBAIN · MODERNE Au cœur du 8ᵉ arrondissement, un hôtel dont le salon coloré nous plonge dans les années 1970. Les chambres sont modernes et chaleureuses : moquettes, têtes de lit en bois sculpté, murs joliment carrelés...

34 chambres – †170/350 € ††190/500 € – ☲ 18 €

16 r. Cambacérès ⓜ Miromesnil – ℰ 01 42 65 71 40 – www.elysees8.com

⌂ Alison

FAMILIAL · FONCTIONNEL Près de la Madeleine, ce petit hôtel familial offre un bon rapport qualité-prix. Chambres fonctionnelles et de bon confort. Simple et sympathique.

34 chambres – ♦110/192 € ♦♦135/212 € – ☕12 €

21 r. de Surène ⓜ *Madeleine –* ☏ *01 42 65 54 00 – www.hotelalison.com*

Opéra · Grands Boulevards

✉ 75009

9ᵉ ARRONDISSEMENT

Getty Images

Restaurants

☺ Le Pantruche

CUISINE MODERNE · BISTRO ✗ Pantruche, c'est Paris en argot... Un nom tout trouvé pour ce bistrot au décor rétrochic, qui cultive volontiers l'atmosphère gouailleuse et canaille des années 1940-1950. Côté papilles, le chef et sa petite équipe concoctent de jolis plats de saison, pile dans la tendance bistronomique.

Formule 19 € – Menu 35 € – Carte 42/50 €

3 r. Victor-Massé ⓜ *Pigalle –* ☏ *01 48 78 55 60 (réservation conseillée) – www.lepantruche.com – Fermé 1 semaine vacances de printemps, 3 semaines en août, 24 déc.-5 janv., sam. et dim.*

☺ Braisenville

CUISINE MODERNE · À LA MODE ✗ Jeu de mot canaille pour l'enseigne de ce repaire très contemporain, dont la cuisine tourne notamment autour d'un four à braise très affûté. Menu du marché au déjeuner, succession de petits plats façon "raciones" espagnoles le soir... Inventive et pétillante, la formule fait mouche – avec les vins qui lui vont bien.

Formule 18 € – Menu 22 € (déj.) – Carte 28/45 € dîner

36 r. Condorcet ⓜ *Anvers –* ☏ *09 50 91 21 74 (réservation conseillée) – www.braisenville.fr – Fermé 1 semaine en août, sam. midi et dim.*

☺ Le Caillebotte

CUISINE MODERNE · CONVIVIAL ✗ Franck Baranger, le chef, compose ces assiettes fraîches et résolument modernes dont il a le secret : langoustines servies crues sur des lasagnes de concombre, thon blanc de St-Gilles et coulis de petits pois mentholés... C'est gourmand, coloré, et colle parfaitement à l'ambiance conviviale des lieux.

Formule 19 € – Menu 35/49 €

8 r. Hippolyte-Lebas ⓜ *Notre-Dame-de-Lorette –* ☏ *01 53 20 88 70 – Fermé 1 semaine en avril, 31 juil.-23 août, 25 déc.-3 janv., sam. et dim.*

Bistrot Papillon

CUISINE MODERNE · À LA MODE ⅩCe bistrot contemporain (parquet et pierres grattées) abrite les talents d'un jeune chef japonais (second de Yannick Alléno puis de Christophe Saintagne au Meurice). Les produits et légumes bios sont irréprochables et l'on mord à pleines dents dans la belle viande "Rouge des prés" d'un petit éleveur sarthois.

Menu 23 € (déj.), 36/50 € – Carte 45/56 €

6 r. Papillon **Ⓜ** *Cadet –* *☎ 01 47 70 90 03 (réservation conseillée)*
– www.bistrotpapillon.fr – Fermé sam. et dim.

I Golosi

ITALIENNE · CONVIVIAL ⅩUn décor coloré et sans âge pour cette authentique trattoria proche de la salle des ventes Drouot. La carte varie chaque semaine et s'accompagne d'une superbe sélection de vins en accord avec les mets du moment... Et le café est excellent, Italie oblige ! On peut aussi faire des provisions à l'épicerie fine.

Carte 25/45 €

6 r. de la Grange-Batelière **Ⓜ** *Richelieu Drouot –* *☎ 01 48 24 18 63*
– Fermé 2 semaines en août, sam. soir et dim.

Les Canailles

CUISINE MODERNE · BISTRO ⅩParfaite pour s'encanailler, cette sympathique adresse a été créée par deux Bretons formés à bonne école. Ici, ils jouent la carte de la bistronomie et des recettes de saison. Spécialités : le carpaccio de langue de bœuf et sauce ravigote, et le baba au rhum avec sa chantilly à la vanille... On se régale !

Menu 35 € – Carte 44/72 €

25 r. La Bruyère **Ⓜ** *St-Georges –* *☎ 01 48 74 10 48 (réservation conseillée)*
– www.restaurantlescanailles.fr – Fermé 3 semaines en août, sam. et dim.

Richer

CUISINE MODERNE · DESIGN ⅩUbiquité réussie pour Charles Compagnon, le patron de l'Office (situé juste en face) : l'esprit cantine arty est préservé et l'assiette propose une même cuisine du marché, fraîche et goûteuse. Attention cependant, il n'y a toujours pas de téléphone, le seul moyen de réserver est de se présenter sur place !

Carte environ 36 €

2 r. Richer **Ⓜ** *Poissonnière – lericher.com – Fermé 27 juil.-22 août et*
23 déc.-1er janv.

Oka

CUISINE MODERNE · CONVIVIAL ⅩOka, c'est "maison" en langue amérindienne... Un symbole fort, choisi par Raphaël Rego pour baptiser sa première affaire : le jeune chef est originaire du Brésil. Formé à travers de belles tables étoilées, marqué par ses racines cariocas, il signe des recettes inspirées et délicates, qui donnent à sa "maison" un goût... d'universel !

Menu 35 €

28 r. Tour-d'Auvergne **Ⓜ** *Cadet –* *☎ 01 45 23 99 13 (réservation conseillée)*
– www.okaparis.fr – Fermé août, 23 déc.-5 janv., le midi, sam. et dim.

L'Office

CUISINE MODERNE · BISTRO ⅩUn bistrot de poche, à deux pas des Folies Bergère... Assis au coude-à-coude, on se régale d'une cuisine qui change au rythme des saisons. Des préparations justes et savoureuses, accompagnées d'un judicieux choix de vins. Le tout à prix serrés.

Menu 22 € (déj.), 28/39 €

3 r. Richer **Ⓜ** *Poissonnière –* *☎ 01 47 70 67 31 (réservation conseillée)*
– www.office-resto.com – Fermé 3 semaines en août, vacances de Noël, sam. et dim.

ⅉ○ Café de la Paix ❶　　　　　　　　& AC ⅍ ⇔

CUISINE MODERNE · ÉLÉGANT ✗✗ Fresques, lambris dorés et mobilier inspiré du style Napoléon III : ce luxueux et légendaire restaurant, ouvert de 7h à minuit, reste le rendez-vous du Tout-Paris.

Formule 39 € – Menu 43 € (déj.)/82 € – Carte 70/110 €

Hôtel Intercontinental Le Grand, 12 bd des Capucines ⓜ *Opéra –* 𝒞 *01 40 07 36 36 – www.cafedelapaix.fr*

ⅉ○ Jean　　　　　　　　　　　　　AC ⇔

CRÉATIVE · TRADITIONNEL ✗✗ En plein cœur du 9e, Jean nous plonge dans une atmosphère cossue et bourgeoise (motifs floraux au mur, poutres peintes), délicieusement surrannée. La carte met en valeur de bons produits – langoustines, cuisses de grenouilles, noix de Saint-Jacques, omble chevalier – dans des assiettes sagement créatives.

Formule 39 € – Menu 45 € (déj. en semaine), 65/90 € – Carte 60/90 €

8 r. St-Lazare ⓜ *Notre-Dame de Lorette –* 𝒞 *01 48 78 62 73 – www.restaurantjean.fr – Fermé 8-22 août, dim. et lundi*

ⅉ○ Prémices

CUISINE MODERNE · À LA MODE ✗✗ Financier dans une banque d'affaires, Alexandre Weill est reparti de zéro... pour se livrer à sa passion de la gastronomie et apprendre la cuisine. Bien lui en a pris ! Sa table – au cadre de bon goût – se révèle savoureuse, ses recettes limpides et sans esbroufe, les produits de choix. Et ce ne sont que les prémices...

Formule 24 € – Menu 36 € (déj.) – Carte 52/90 €

24 r. Rodier ⓜ *Cadet –* 𝒞 *01 45 26 86 26 (réservation conseillée) Fermé 1 semaine en mai, 3 semaines en août, 1 semaine vacances de Noël, lundi midi, sam. et dim.*

ⅉ○ Le Lumière　　　　　　　　　　& AC ⅍ ⇔

CUISINE MODERNE · ÉLÉGANT ✗✗ Les frères Lumière firent en ces lieux leur première projection publique. La salle, sous sa grande verrière, leur rend hommage... Quant au chef, il met habilement en scène des produits de qualité. Cadrage, scénario : les assiettes se révèlent savoureuses.

Formule 45 € – Menu 95 € – Carte 60/80 €

Hôtel Scribe, 1 r. Scribe ⓜ *Opéra –* 𝒞 *01 44 71 24 24 – www.hotel-scribe.com*

ⅉ○ Les Comptoirs du Médoc ❶　　　　& AC ⅍

CUISINE MODERNE · ÉLÉGANT ✗✗ Son nom l'indique : les produits du Médoc sont à l'honneur dans ce restaurant imaginé par l'ex-bras droit de Jean-François Piège chez Thoumieux. Le décor est cossu (étonnantes cariatides !), la cave 100% médocaine (160 références) et la cuisine goûteuse, à l'image du filet de canard rôti sur sa carcasse.

Formule 31 € – Menu 60 € (dîner), 85/160 € – Carte 45/70 €

93 r. de la Victoire ⓜ *Havre Caumartin –* 𝒞 *01 45 26 61 88 – www.lescomptoirsdumedoc.com – Fermé 3 semaines en août , sam. et dim.*

ⅉ○ Le Vaisseau Vert ❶　　　　　　　　⅍

CUISINE MODERNE · COSY ✗✗ La jolie façade gris taupe dissimule une adresse originale. Le décor a été imaginé par le sculpteur (et associé) Philippe Angot ; les fourneaux ont été confiés à Jérémy Moscovici – vu dans Top Chef 2015 – qui partage avec nous les fruits d'un périple l'ayant mené à Londres, Tokyo et Tahiti... Séduisant !

Formule 28 € – Menu 33 € (déj.), 50/69 € – Carte 42/60 €

10 r. de Parme ⓜ *Place de Clichy –* 𝒞 *01 49 70 03 55 (réservation conseillée) – www.levaisseauvert.fr – Fermé 2 semaines en août, sam. et dim.*

‖○ Atelier Rodier

CUISINE MODERNE • À LA MODE ‰ Visibles depuis la salle, les cuisines s'exhibent fièrement... et dévoilent un certain brio dans l'art de cuisiner ! Ici œuvre Santiago Torrijos, un jeune homme passé par de bonnes maisons et tout à fait à l'aise dans son rôle de bistronome en chef. Ses recettes sont créatives, inspirées et pleines de surprises !

Formule 29 € – Menu 41/80 €

17 r. Rodier Ⓜ *Notre-Dame de Lorette –* ☏ *09 67 19 94 90*
– www.latelier-rodier.com – Fermé août, 1 semaine vacances de Noël, mardi midi, merc. midi, sam. midi, dim. et lundi

‖○ Bouillon Ⓝ   ⑁ 🅰🅲

CUISINE TRADITIONNELLE • CONVIVIAL ‰ Le restaurant rend hommage aux fameux "bouillons parisiens", ces gargotes de quartier dans lesquelles venaient se restaurer les ouvriers. Ici, le cadre est élégant et la cuisine pleine de caractère, à l'instar de ce paleron de bœuf braisé au vin rouge, concocté par un ancien bras droit de J.-F. Piège. Miam !

Menu 60 € – Carte 35/60 €

47 r. de Rochechouart Ⓜ *Cadet –* ☏ *09 51 18 66 59 (réservation conseillée) – Fermé 3 semaines en août, dim. et lundi*

‖○ Louis Ⓝ   ⑁ 🍽

CUISINE MODERNE • À LA MODE ‰ Situé près des grands magasins dans une rue tranquille, ce restaurant intimiste tenu par un chef breton passé chez Senderens propose des menus en petites portions : ravioles de veau et consommé de coriandre, merlan rôti et jeunes carottes aïoli, volaille de Challans et girolles, etc. Spontané et inventif.

Menu 32 € (déj.), 48/62 € – menu unique

23 r. de la Victoire Ⓜ *Le Peletier –* ☏ *01 55 07 86 52 (réservation conseillée)*
– www.louis.paris – Fermé 2 semaines en août, sam. et dim.

‖○ La Régalade Conservatoire   ⑁ 🅰🅲 ⇔ 🍴

CUISINE MODERNE • À LA MODE ‰ Et de trois ! Après ses Régalades des 14ᵉ et 1ᵉʳ arrondissements, Bruno Doucet réplique à deux pas des Grands Boulevards, au sein du luxueux hôtel de Nell. L'esprit bistrot se fait chic, et la cuisine du chef toujours aussi enlevée, généreuse et savoureuse. Vivement le nouvel opus !

Menu 37 €

Hôtel de Nell, 7-9 r. du Conservatoire Ⓜ *Bonne Nouvelle –* ☏ *01 44 83 83 60*
(réservation conseillée) – www.charmandmore.com

‖○ Comptoir Canailles Ⓝ

CUISINE MODERNE • CONVIVIAL ‰ Installez-vous en toute quiétude face à l'armoire vitrée où maturent de belles pièces de bœuf Simmental, vous êtes entre de bonnes mains : ce jeune couple (Alain Ducasse pour lui, Paul Bocuse pour elle) signe une cuisine de bistrot goûteuse, et d'appétissantes cocottes. Vins natures de petits vignerons.

Formule 18 € – Menu 24 € (déj. en semaine) – Carte 43/78 €

47 r. Rodier Ⓜ *Anvers –* ☏ *01 53 20 95 56 – www.restaurantcomptoircanailles.com*
– Fermé 3 semaines en août, vacances de Noël, dim. et lundi

‖○ La Petite Sirène de Copenhague

DANOISE • INDIVIDUEL ‰ Au-dessus de la devanture flotte un drapeau danois... qui annonce tout de suite la couleur gourmande de cet antre ! Menu du jour sur ardoise et carte plus étoffée (mais plus chère)... pour se régaler d'une cuisine qui s'amuse des contrastes sucré-salé, comme ces harengs à la danoise.

Formule 25 € – Menu 35 € (déj.)/41 € – Carte 50/82 €

47 r. Notre-Dame-de-Lorette Ⓜ *St-Georges –* ☏ *01 45 26 66 66 (réservation conseillée) – www.lapetitesireneparis.com – Fermé août, 23 déc.-2 janv., sam. midi, dim. et lundi*

ⅠⅠ○ **Encore** &

CUISINE MODERNE · BRANCHÉ X Encore un bistrot branché ? Détrompez-vous, l'affaire n'a rien d'une simple copie, car c'est un vrai chef qui œuvre aux fourneaux ! Il signe une cuisine inventive, respectueuse des produits, comme ces encornets de l'île d'Yeu associés à un jambon affiné 30 mois et ses noisettes du piémont. On en veut encore !

Formule 25 € – Menu 30 € (déj.)/42 € – Carte 40/60 €

43 r. Richer Ⓜ *Le Peletier – 𝒞 01 72 60 97 72 – www.encore-restaurant.fr*
– Fermé 2 semaines en août, 2 semaines vacances de Noël, sam. et dim.

ⅠⅠ○ **Hotaru**

JAPONAISE · RUSTIQUE X Un restaurant japonais accueillant, dont le jeune chef concocte une cuisine traditionnelle et familiale qui fait la part belle au poisson. Sushis, makis, sashimis, mais aussi quelques plats mijotés (délicates aubergines chaudes au miso noir, doucement sucrées ; maquereau grillé et laqué).

Menu 24 € (déj.) – Carte 25/60 €

18 r. Rodier Ⓜ *Notre-Dame de Lorette – 𝒞 01 48 78 33 74 – Fermé 3 semaines*
en août, 2 semaines en hiver, dim. et lundi

ⅠⅠ○ **Le Bon Georges**

CUISINE TRADITIONNELLE · BISTRO X Voilà un bistrot tel qu'on les aime, avec son décor dans son jus (ardoise, vieux plancher, banquettes), son ambiance de quartier... et ses assiettes savoureuses, à l'instar de cette belle terrine au beaujolais, ou du pigeon rôti. L'ardoise ouvre l'appétit, les produits sont frais et la simplicité de rigueur : attachant !

Formule 19 € – Carte 34/53 €

45 r. St-Georges Ⓜ *St-Georges – 𝒞 01 48 78 40 30 – www.lebongeorges.com*
– Fermé 3 semaines en août, sam. midi, dim. et lundi

ⅠⅠ○ **Les Affranchis** ⅗

CUISINE MODERNE · BISTRO X L'adresse est séduisante, avec sa déco vintage (banquettes en moleskine, objets chinés et livres de poche) et son ardoise qui se joue joliment des classiques pour élaborer une cuisine goûteuse et inspirée. Une adresse qui va comme un gant à ce 9e arrondissement, aussi bourgeois que bohème.

Formule 28 € – Menu 32 € (déj. en semaine)/40 €

5 r. Henri-Monnier Ⓜ *St-Georges – 𝒞 01 45 26 26 30 – Fermé lundi*

ⅠⅠ○ **Les Saisons** ⅗

CUISINE TRADITIONNELLE · BISTRO X Les bistrots parisiens ont aussi leurs saisons. L'heure du printemps est revenue pour cette adresse au cachet d'antan (bois, moleskine, etc.) sur laquelle le chef souffle un vent de fraîcheur, revisitant les classiques du genre (foie gras poêlé aux framboises, filet de veau) avec générosité et au plus près des saisons.

Formule 17 € – Menu 22 € (déj. en semaine) – Carte 34/50 €

52 r. Lamartine Ⓜ *Notre-Dame de Lorette – 𝒞 01 48 78 15 18*
– www.restaurant-les-saisons.com – Fermé 3 semaines en août, dim. et lundi

ⅠⅠ○ **Professore** AC

ITALIENNE · À LA MODE X Un écrin de *buon gusto*, à deux pas de la très animée rue des Martyrs. Décor vintage et atmosphère tamisée pour cette trattoria italienne pur jus. Le chef sicilien concocte un superbe émincé de dorade crue, ou un riz noir vénéré avec moules et palourdes, appelés à devenir des plats signature...

Carte 30/48 €

7 r. Choron Ⓜ *Notre-Dame-de-Lorette – 𝒞 01 45 26 52 15 (réservation conseillée)*

ⅩⅠ◯ **Kiku** [AC]

JAPONAISE · INTIME Ⅹ Au Japon, on les appelle des "izakaya", ces bars à saké proposant à la dégustation des petits plats. À deux coups de baguettes des Folies Bergère, le concept est original et totalement convaincant : limpide et très parfumée, cette cuisine fait rimer nippon et très bon.

🍴 Formule 14 € – Menu 17 € – Carte 17/26 €

56 r. Richer Ⓜ *Cadet* – ℰ *01 44 83 02 30 – Fermé 1 semaine en août, 1 semaine en déc., sam., dim. et le soir*

ⅩⅠ◯ **Le Garde Temps** Ⓝ [AC]

CUISINE MODERNE · BISTRO Ⅹ Murs en pierres apparentes, comptoir en carrelage de métro : bienvenue au Garde Temps, sympathique bistrot ouvert par un ancien d'Yves Camdeborde : c'est frais et bien travaillé, comme cette royale de carotte, ou le lieu jaune. En saison, l'ardoise s'autorise quelques plats ambitieux (truffe, homard).

Formule 17 € – Menu 35 € (semaine) – Carte 42/66 €

19 bis r. Pierre-Fontaine Ⓜ *Blanche* – ℰ *09 81 48 50 55*
– www.restaurant-legardetemps.fr – Fermé 3 semaines en août, sam. midi et dim.

ⅩⅠ◯ **L'Oriental** 🌳 [AC] ⟷

NORD-AFRICAINE · EXOTIQUE Ⅹ Comme dans la chanson, on l'appelle l'Oriental et on apprécie sa compagnie ! Voyage express pour le Maroc autour de petits plats parfumés, dont les incontournables tajines et couscous...

Formule 16 € 🍷 – Menu 35 € – Carte 32/52 €

47 av. Trudaine Ⓜ *Pigalle* – ℰ *01 42 64 39 80 – www.loriental-restaurant.com*

ⅩⅠ◯ **Mamou**

CUISINE TRADITIONNELLE · DE QUARTIER Ⅹ À deux pas des grands magasins, ce restaurant de quartier est tout indiqué pour ponctuer ou conclure une journée de shopping. Comment ne pas reprendre des forces en dégustant un menu aussi généreux : saumon gravlax et poireaux vinaigrette sauce miso, quasi de veau rôti et ganache de spéculos... Vive la cuisine du marché !

Formule 19 € – Carte 38/55 €

42 r. Taitbout Ⓜ *Chaussée d'Antin* – ℰ *01 44 63 09 25 – Fermé 3 semaines en août, 1 semaine vacances de Noël, lundi soir, mardi soir, sam. midi et dim.*

Hôtels

🏨🏨 **Intercontinental Le Grand** ☆ 🕸 ⅃♨ ⊟ ⅋ [AC] ✻ 🛁 🚗

HISTORIQUE · GRAND STYLE Né en 1862, il a fêté son 150ᵉ anniversaire en 2012. Voilà bien un Grand Hôtel, exemplaire du 19ᵉ s., sur la place même de l'Opéra, au cœur du Paris d'Haussmann ! Son Café de la Paix au sublime décor, sa cour intérieure à l'ambiance proustienne, ses chambres de style Second Empire... Un monument parisien.

442 chambres – 🛏335/950 € 🛏🛏335/950 € – 28 suites – ⚏ 45 €

2 r. Scribe Ⓜ *Opéra* – ℰ *01 40 07 32 32 – www.paris.intercontinental.com*

ⅩⅠ◯ **Café de la Paix** – voir les restaurants ci-dessus

🏨🏨 **Scribe** ☆ 🕸 ⅃♨ ⊟ [AC] 🛁

LUXE · PERSONNALISÉ Chic, très feutré et tellement parisien... On tombe sous le charme du Scribe, presque confidentiel dans son immeuble haussmannien proche de l'Opéra. En 1895, le public y découvrait en première mondiale le cinématographe des frères Lumière. L'élégance discrète des lieux n'a rien d'un mirage.

204 chambres – 🛏300/910 € 🛏🛏300/910 € – 9 suites – ⚏ 35 €

1 r. Scribe Ⓜ *Opéra* – ℰ *01 44 71 24 24 – www.hotel-scribe.com*

ⅩⅠ◯ **Le Lumière** – voir les restaurants ci-dessus

PARIS

Marriott Opéra Ambassador

BUSINESS · ÉLÉGANT Panneaux de bois peints, lustres en cristal et objets anciens : cet hôtel préserve toute l'élégance du style Art déco, dont le charme rétro est encore rehaussé par d'élégants ajouts contemporains. Une belle manière de vivre le mythe des Grands Boulevards... Esprit brasserie au 16 Haussmann.

290 chambres – †275/700 € ††275/700 € – 8 suites – ⌷ 29 €
16 bd Haussmann Ⓜ *Richelieu Drouot* – *𝒞 01 44 83 40 40*
– www.marriott.com/paroa

W Paris Opéra

LUXE · ACTUEL Comment être plus au cœur du Paris d'Haussmann, que dans ce bel immeuble de 1870 jouxtant l'Opéra ? Si cet hôtel inauguré en 2012 joue la carte du chic parisien, c'est dans une veine résolument design, alliant luxe et décontraction. Ou comment associer lit circulaire et vue sur le palais Garnier... Très branché, très séduisant.

89 chambres – †750/3200 € ††750/3200 € – 2 suites – ⌷ 38 €
4 r. Meyerbeer ⓂChaussée d'Antin – *𝒞 01 77 48 94 94* – *www.wparisopera.fr*

Hôtel de Nell

LUXE · DESIGN Un fort bel établissement voisin du Conservatoire national supérieur d'Art dramatique. Ferait bien de la comédie qui se plaindrait de ses aménagements, au style affirmé, signés Jean-Michel Wilmotte. Bois brut, tons clairs, lignes épurées... ou tout l'esprit du luxe contemporain.

33 chambres – †250/450 € ††250/1200 € – ⌷ 21 €
7-9 r. du Conservatoire ⓂBonne Nouvelle – *𝒞 01 44 83 83 60*
– www.charmandmore.com

🍽○ **La Régalade Conservatoire** – voir les restaurants ci-dessus

Banke

LUXE · DESIGN Reconversion originale : au cœur du quartier des affaires de la Belle Époque, entre Bourse et Opéra, cet ancien siège bancaire est aujourd'hui un imposant hôtel de luxe... Le hall opulent, sous une immense verrière opaline, mérite le coup d'œil ; les chambres se révèlent aussi confortables que chaleureuses.

94 chambres – †250/530 € ††300/705 € – 11 suites – ⌷ 29 €
20 r. Lafayette ⓂChaussée d'Antin – *𝒞 01 55 33 22 22* – *www.derbyhotels.com*

The Chess Hotel Ⓝ

LUXE · DESIGN Ambiance chic et exclusive, à deux pas de l'Opéra, pour ce bel établissement qui mise sur la sobriété et l'élégance plutôt que sur l'esbroufe. Les chambres sont des cocons, l'accueil est sur-mesure. Restauration légère à toute heure.

50 chambres – †180/460 € ††180/460 € – ⌷ 22 €
6 r. du Helder ⓂOpéra – *𝒞 01 48 24 10 10* – *www.thechesshotel.com*

Meyerhold Ⓝ

LUXE · ÉLÉGANT Ce petit hôtel chic, qui doit son nom au célèbre dramaturge russe des années 1920, ravira ceux qui aiment le luxe discret et l'atmosphère des années 1930. Chaque chambre raconte une histoire : Bauhaus, l'architecture... Espace fitness et salon de massage.

29 chambres – †180/450 € ††180/450 € – ⌷ 25 €
4 r. Cadet ⓂCadet – *𝒞 01 76 76 69 26*
– www.hotel-meyerhold-opera-paris.com/fr/

Athénée

LUXE · COSY Non loin du théâtre de l'Athénée, cet hôtel chic assume un style néobaroque très "opéra"... signé Jacques Garcia. Draperies, velours pourpre, boiseries, chambres décorées sur un thème lyrique ("Traviata", "Faust"...), bar à cocktails et fumoir. Chamarré et précieux !

20 chambres – ♦200/470 € ♦♦200/470 € – ⌷ 18 €

19 r. Caumartin ⓂHavre Caumartin – ☎ 01 40 17 99 29 – www.maisonathenee.com

Le Grey

BUSINESS · ACTUEL On dit que le gris (*grey* en anglais) est une couleur particulière à Paris, entre toits de zinc et ciel brumeux... En en déclinant toutes les nuances du blanc au noir, ce boutique-hôtel est dans le ton de la capitale, jusque dans sa "suite des toits de Paris" ! Confort et esprit arty à deux pas de la place de Clichy.

32 chambres – ♦140/300 € ♦♦160/480 € – 1 suite – ⌷ 15 €

12 r. de Parme ⓂLiège – ☎ 01 55 31 93 93 – www.legrey-hotel.com

Triangle d'Or

URBAIN · PERSONNALISÉ Derrière l'Olympia, son décor ne pouvait qu'être musical. Pour repenser les chambres, ses propriétaires ont fait appel à MC Solaar, Manu Katché, Higelin... Textes de chansons et photos, djembés en guise de têtes de lit, etc. Good Vibrations !

47 chambres – ♦189/249 € ♦♦229/369 € – ⌷ 16 €

6 r. Godot-de-Mauroy ⓂHavre Caumartin – ☎ 01 47 42 25 05
– www.hoteldutriangledor.com

Pulitzer

BUSINESS · PERSONNALISÉ Le charme d'une bibliothèque so British (fauteuils Chesterfield très confortables) et l'élégance contemporaine du style industriel, le tout au cœur du Paris des théâtres et des grands magasins... Ce Pulitzer mérite le prix de l'originalité.

44 chambres – ♦150/550 € ♦♦160/550 € – ⌷ 18 €

23 r. du Faubourg-Montmartre ⓂGrands Boulevards – ☎ 01 53 34 98 10
– www.hotelpulitzer.com

Joyce

URBAIN · DESIGN Têtes de lit, bibliothèques, luminaires et boiseries sont dessinés sur les murs, tel un croquis d'architecte. Du style dans ce boutique-hôtel plein de caractère ! Petit-déjeuner sous une jolie verrière.

44 chambres – ♦179/369 € ♦♦179/369 € – ⌷ 16 €

29 r. La Bruyère ⓂSt-Georges – ☎ 01 55 07 00 01 – www.astotel.com

Opéra Pavillon

BUSINESS · FONCTIONNEL Dans une rue tranquille, un hôtel sobre et élégant, où règne une atmosphère feutrée (chambres petites mais intimes, avec du bois, des tons chauds...). Le plus : la formule "tout inclus" comprenant notamment le petit-déjeuner et le goûter.

30 chambres – ♦135/270 € ♦♦200/330 € – ⌷ 15 €

7 r. de Parme ⓂLiège – ☎ 01 55 31 60 00 – www.pavillonparis.com

Les Trois Poussins

BUSINESS · DESIGN Dans une rue calme, un nid douillet que ces Trois Poussins, entièrement rénovés en 2013. Les chambres allient esprit contemporain et fonctionnalité : un bon point de chute au cœur du joli quartier de la Nouvelle-Athènes. Au dernier étage, on profite en prime de la vue sur Paris.

40 chambres – ♦160/480 € ♦♦160/480 € – ⌷ 14 €

15 r. Clauzel ⓂSt-Georges – ☎ 01 53 32 81 81 – www.les3poussins.com

🏠 Relais Madeleine   ⊡ 🚻 🗚 🕸

TRADITIONNEL · PERSONNALISÉ Un peu comme dans une maison de famille, mais en plein centre de Paris ! Indéniablement, ce petit hôtel a du charme, avec son mobilier chiné, ses teintes chatoyantes et ses tissus choisis... Sans parler de l'accueil attentionné.

23 chambres – †155/359 € ††185/359 € – ⌇ 15 €

11 bis r. Godot-de-Mauroy Ⓜ *Havre Caumartin –* ☎ *01 47 42 22 40*
– www.relaismadeleine.fr

🏠 Monterosa   ⊡ 🗚

URBAIN · MODERNE Urbain, sobre et fonctionnel : cet établissement est le petit frère du Joyce (juste en face) et cultive le même esprit frais et lumineux.

36 chambres – †149/319 € ††149/319 € – ⌇ 15 €

30 r. La Bruyère Ⓜ *St-Georges –* ☎ *01 48 74 87 90 – www.astotel.com*

🏠 9 Hotel   ⊡ 🚻 🗚 🕸 🏋

URBAIN · ACTUEL Non loin de la gare du Nord, dans une rue assez calme, un hôtel contemporain et pratique : les chambres, très épurées (parquet noir, murs blancs), sont petites et néanmoins agréables.

48 chambres – †99/230 € ††99/250 € – ⌇ 15 €

14 r. Papillon Ⓜ *Cadet –* ☎ *01 47 70 78 34 – www.le9hotel.com*

Gare de l'Est · Gare du Nord · Canal St-Martin

✉ 75010

10ᵉ ARRONDISSEMENT

Jacques Palut/Fotolia.com

Restaurants

😊 Chez Michel

CUISINE TRADITIONNELLE · RUSTIQUE ✗ Breizh ! Cette table traditionnelle propose de bons petits plats du terroir breton, mais pas seulement : tronçon de barbue aux petits légumes, joue de bœuf à la ficelle, riz au lait grand-mère, etc. Le décor met le bleu et le blanc à l'honneur, et le chef se nomme... Thierry Breton !

Formule 28 € – Menu 34/50 €

10 r. Belzunce Ⓜ *Gare du Nord –* ☎ *01 44 53 06 20 – Fermé 3 semaines en août, lundi midi, sam. et dim.*

😊 Chez Marie-Louise

CUISINE TRADITIONNELLE · BISTRO ✗ À deux pas du canal St-Martin, ce néobistrot a conquis le cœur des bobos. Banquettes en moleskine, moulures, etc. : l'ambiance joue la carte rétro, et l'ardoise annonce des plaisirs indémodables. Terrine de lapin en gelée et aromates, magret de canard rôti et jus aux griottines, millefeuille à la vanille...

Formule 16 € – Carte 29/38 €

11 r. Marie-et-Louise Ⓜ *Goncourt –* ☎ *01 53 19 02 04 – www.chezmarielouise.com – Fermé août, 24 déc.-2 janv., dim. et lundi*

🐳 À mère

CRÉATIVE · BISTRO X Maurizio Zillo, chef italo-brésilien au parcours scintillant (Bocuse, Alléno, Atala à São Paulo...), s'est entouré d'une équipe de choc (un ex-sommelier du George V, notamment) pour créer ce bistrot branché. Ses plats regorgent de saveurs, et son inventivité fait mouche à tous les coups : quelle belle surprise !

Menu 39/57 € – Carte 36/41 €

49 r. de l'Échiquier Ⓜ *Bonne Nouvelle*
– 𝒞 01 73 20 24 52 – www.amere.fr
– Fermé 2 semaines en août, sam. et dim.

🍴 Porte 12

CUISINE MODERNE · DESIGN X Vincent Crépel, jeune chef français originaire du Pays basque, élabore ici une cuisine d'auteur percutante, résolument contemporaine, inspirée par ses voyages et ses différentes expériences professionnelles (notamment en Asie). Verdict : ses associations audacieuses font mouche à tous les coups. Une belle adresse !

Menu 35 € (déj.), 55/75 €

12 r. des Messageries Ⓜ *Poissonnière*
– 𝒞 01 42 46 22 64 (réservation conseillée) – www.porte12.com
– Fermé août, vacances de Pâques et de Noël, sam. midi, dim. et lundi

🍴 Ratapoil du Faubourg

CUISINE MODERNE · BISTRO X La déco originale – portrait de Lénine, natures mortes – nous sort un peu de la routine. Même impression avec l'assiette, qui célèbre les petits producteurs dans des assiettes enlevées et généreuses, d'une efficacité à toute épreuve. De bons petits vins nature pour accompagner tout ça. Conclusion : courez-y !

Formule 20 € – Menu 24 € – Carte 30/68 €

72 r. du Faubourg-Poissonnière Ⓜ *Poissonnière*
– 𝒞 01 42 46 30 53 – www.ratapoildufaubourg.fr
– Fermé 2 semaines en août, 1 semaine en janv., sam. midi et dim.

🍴 52 Faubourg Saint-Denis

CUISINE MODERNE · DESIGN X Dans un cadre "indus" réduit à sa plus simple expression – béton brut et pierres apparentes aux murs, conduits d'aération à la façon d'une usine –, on découvre une carte courte et efficace, bien dans l'air du temps parisien, accompagnée de jolis vins et de bière artisanale. Attention : pas de réservation ni de téléphone.

Carte 34/45 €

52 r. du Faubourg-St-Denis Ⓜ *Strasbourg-St-Denis*
– www.faubourgstdenis.com – Fermé 3 semaines en août

🍴 Philou

CUISINE TRADITIONNELLE · BISTRO X Près du canal St-Martin, de grandes et alléchantes ardoises, des miroirs, une affiche d'un film de Marcel Carné : voilà une sympathique adresse bistronomique. Poêlée de girolles et œuf mollet, rognons de veau et galette de maïs, saint-pierre rôti et endives caraméli-sées, paris-brest et kouign amann... On se régale.

Formule 20 € – Menu 35 €

12 av. Richerand Ⓜ *Gouncourt*
– 𝒞 01 42 38 00 13 – www.restophilou.com
– Fermé août, dim. et lundi

ⅢⓄ **Le Galopin**

CUISINE MODERNE · BISTRO Ⅹ Vainqueur de l'émission Top Chef en 2010, Romain Tischenko a choisi la discrétion en créant ce bistrot sur la jolie place Ste-Marthe. Il cuisine ici comme à des amis, avec l'envie palpable de faire découvrir et partager : jeux sur les saveurs, les herbes, les températures... Belle illustration de cuisine contemporaine !

Menu 34 € (déj.)/54 €

34 r. Sainte-Marthe Ⓜ *Belleville – ℰ 01 42 06 05 03 (réservation conseillée) – www.le-galopin.com – Fermé 2 semaines en août, 1 semaine vacances de Noël, lundi midi, mardi midi, merc. midi, sam. et dim.*

ⅢⓄ **Zerda**   🕸 ☗

NORD-AFRICAINE · EXOTIQUE Ⅹ À la tête de cette institution née dans les années 1940, Jaffar Achour est un spécialiste, voire un démiurge du couscous, toujours à la recherche de combinaisons inédites et très parfumées. Décor arabisant et ambiance partageuse... Une belle graine !

Carte 32/48 €

15 r. René-Boulanger Ⓜ *Strasbourg-St-Denis – ℰ 01 42 00 25 15 (réservation conseillée) – www.zerdacafe.fr – Fermé lundi midi et sam. midi*

ⅢⓄ **Chameleon**   ☗

CUISINE TRADITIONNELLE · BRANCHÉ Ⅹ Mobilier chiné, luminaires post-industriels, cuisine bistronomique et terrasse colorée... Cette adresse s'inscrit tout droit dans la tendance urbaine et contemporaine (qui a dit bobo ?). Les deux associés, Valérie et Arnaud, sont passionnés de restauration et amoureux des bons produits. Et cela se sent !

Formule 18 € – Menu 23 € (déj.)/42 € – Carte environ 48 €

70 r. René-Boulanger Ⓜ *Strasbourg-St-Denis – ℰ 01 42 08 99 41 – www.chameleonrestaurant.fr – Fermé 21-28 fév., 7-21 août, sam. midi et dim.*

ⅢⓄ **Le Mordant** Ⓝ   ⅋ ⇆

CUISINE MODERNE · DESIGN Ⅹ À la carte, des plats de saison d'une grande fraîcheur : tomates panachées pleins champs et vinaigrette "ume", langue de chat de bœuf et frites maison, pintade fermière au savagnin, chou rouge et blettes... le tout accompagné d'une belle sélection de vins naturels. Cadre branché et accueil convivial : parfait !

Formule 20 € – Menu 24 € – Carte 27/60 €

61 r. de Chabrol Ⓜ *Poissonnière – ℰ 09 83 40 60 04 – Fermé 3 semaines en août, sam. midi et dim.*

ⅢⓄ **Matière à...**

CUISINE MODERNE · CONVIVIAL Ⅹ On se sent comme à la maison dans ce restaurant aux allures de loft, avec sa grande table haute en chêne, ses lampes suspendues et sa collection de miroirs sur l'un des murs. Dans ses cuisines ouvertes sur la salle, le chef prépare des plats délicats et parfumés, tout en finesse : il y a Matière à... revenir souvent !

Formule 19 € – Menu 23 € (déj.)/44 € – Carte 32/44 €

15 r. Marie-et-Louise Ⓜ *Goncourt – ℰ 09 83 07 37 85 (réservation conseillée) – Fermé 2-17 août, sam. midi et dim.*

ⅢⓄ **Albion**

CUISINE MODERNE · BISTRO Ⅹ Nulle perfidie en cette Albion où œuvre un chef... britannique ! De bons produits, des recettes bien maîtrisées et originales, des saveurs marquées, une jolie sélection de vins de propriétaire et des tarifs raisonnables : on peut s'entraîner à prononcer : *"This bistro is very friendly"*.

Menu 34 € (déj.) – Carte 36/50 €

80 r. du Faubourg-Poissonnière Ⓜ *Poissonnière – ℰ 01 42 46 02 44 – Fermé 3 semaines en août, vacances de Noël, sam. et dim.*

⁑⃝ Vivant Table

CUISINE MODERNE • BISTRO ⨯ Avec ce bistrot installé dans une ancienne oisellerie (les faïences d'époque en témoignent !), Pierre Jancou rend hommage aux petits producteurs. Les produits, soigneusement sélectionnés et achetés en direct, sont mis en valeur par Yamamoto Masaaki, natif d'Osaka, qui a du talent à revendre. Une belle découverte !

Formule 28 € – Menu 34 € – Carte 46/60 €

43 r. des Petites-Écuries ⓜ *Chateau d'Eau* – ℰ *01 42 46 43 55*
– www.vivantparis.com – Fermé 3 semaines en août, 2 semaines vacances de Noël, sam. midi et dim.

⁑⃝ Chez Casimir

CUISINE TRADITIONNELLE • BISTRO ⨯ Une sympathique adresse 100 % bistrot, pour une cuisine franche et bien troussée. Les samedi et dimanche midi, c'est traou mad ("bonnes choses" en breton), un brunch renversant de générosité : buffet d'entrées, omelette, soupe, plat en cocotte et dessert... Un conseil, réservez !

Formule 24 € – Menu 28 € (déj. en semaine)/32 €

6 r. Belzunce ⓜ *Gare du Nord* – ℰ *01 48 78 28 80*

⁑⃝ Paradis

CUISINE MODERNE • CONVIVIAL ⨯ Dans l'assiette, œuf parfait à 64° C, salade de lentilles et jambon de parme ; pavé de merlu de ligne, risotto vert, navets et brocolis... Des créations généreuses et colorées, que l'on doit à un chef passé par la case Passard. On se régale dans une salle pleine de caractère : une certaine idée du Paradis !

Formule 16 € – Carte 33/60 €

14 r. de Paradis ⓜ *Gare de l'Est* – ℰ *01 45 23 57 98* – *www.restaurant-paradis.com*
– Fermé 2 semaines en août, sam. midi, dim. et lundi

⁑⃝ Fraîche

CUISINE MODERNE • BISTRO ⨯ Tiffany Depardieu, que l'on a notamment vue dans l'émission Top Chef, compose ici une jolie cuisine du marché : œuf mollet aux girolles et mimolette, filet de canette autour de maïs, riz au lait coco-citron vert... Quant à Michael Boivin, son associé, il confectionne de savoureuses pâtisseries. Une sympathique adresse.

⍟ Formule 14 € – Menu 16 € (déj.), 38/54 € – Carte 35/50 €

8 r. Vicq-d'Azir ⓜ *Colonel Fabien* – ℰ *01 73 20 28 43* – *www.fraicheparis.fr*
– Fermé 2 semaines en août, sam. midi, dim. et lundi

⁑⃝ Haï Kaï

CUISINE MODERNE • BRANCHÉ ⨯ Haï Kaï, c'est la création de deux passionnées, Gabi et Amélie, installées au bord du canal Saint-Martin. La première a créé la carte des vins, riche et variée ; la seconde réalise des plats intelligents et bien ficelés, qui doivent tout à son instinct et aux beaux produits qu'elle a choisis. On en redemande !

Menu 50 € – Carte 31/60 €

104 quai Jemmapes ⓜ *Jacques Bonsergent* – ℰ *09 81 99 98 88* – *www.haikai.fr*
– Fermé 3 semaines en août, dim. et lundi

⁑⃝ L'Ancienne Maison Gradelle

VIANDES • INTIME ⨯ Le décor – plafond en dorures vieillies, murs bordeaux ou suie, ancien monte-charge – a été inspiré par le Ventre de Paris, de Zola : atypique ! Quant à la cuisine, elle s'inspire... du marché, avec un penchant pour les belles viandes : poulette de Racan à la sauce au vin jaune, onglet de bœuf aux échalotes confites, etc.

Formule 14 € – Menu 35 € (dîner) – Carte 36/51 €

8 r. du Fbg Poissonnière ⓜ *Bonne Nouvelle* – ℰ *01 47 70 03 23*
– www.anciennemaisongradelle.com – Fermé sam. midi et dim.

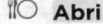 Abri

CUISINE MODERNE · SIMPLE Un Abri minuscule... où l'on se réfugie avec plaisir ! Dans la lignée de tous ces jeunes chefs japonais qui s'installent aujourd'hui à Paris après y avoir travaillé dans de grandes maisons, Katsuaki rend un bel hommage à la cuisine française, avec une sensibilité toute nippone. Très bon rapport qualité-prix !

Menu 26 € (déj.)/46 €

92 r. du Faubourg-Poissonnière Ⓜ Poissonnière – ℰ 01 83 97 00 00 (réservation conseillée) – Fermé août, sam. midi, dim. et lundi

Hôtels

Windsor Opéra

URBAIN · MODERNE Dès que l'on passe le hall d'entrée, on est conquis par la décoration design et l'exceptionnelle collection de pièces d'aéronautique. Hélices d'avion, hublots, moteurs... vous incitent à embarquer pour des chambres modernes et élégantes.

24 chambres – †185/300 € ††200/360 € – ⌥ 17 €

10 r. G.-Laumain Ⓜ Bonne Nouvelle – ℰ 01 48 00 98 98 – www.hotelwindsor.com

Faubourg Saint-Martin

BUSINESS · PERSONNALISÉ Une bonne situation pour cet hôtel moderne et chaleureux, à mi-chemin entre les gares et le très animé faubourg St-Martin. Les chambres, bien aménagées, déclinent des thèmes aériens : nature, plumes, pois, etc. Confortable et impeccablement tenu.

42 chambres – †99/349 € ††99/349 € – ⌥ 12 €

6 r. Gustave-Goublier Ⓜ Strasbourg St-Denis – ℰ 01 40 40 02 02 – www.hotel-faubourg-saint-martin.com

Eurostars Panorama

BUSINESS · MODERNE Cet hôtel récent a élu domicile dans une rue tranquille, à proximité des gares du Nord et de l'Est. Si la façade est typique du 19ᵉ s., les chambres sont contemporaines, sobres, presque épurées, avec des clins d'œil à la culture parisienne.

43 chambres – †95/550 € ††95/550 € – ⌥ 10 €

9 r. des Messageries Ⓜ Poissonnière – ℰ 01 47 70 44 02 – www.eurostarshotels.com

Hor

BUSINESS · MODERNE Cet hôtel a ouvert ses portes en 2012 entre les gares du Nord et de l'Est. Les chambres y sont contemporaines et fonctionnelles ; certaines disposent même d'une terrasse privative. Et le matin, on prend le petit-déjeuner dans une jolie salle ouverte sur un patio.

47 chambres – †169/399 € ††169/399 € – ⌥ 15 €

160 r. La Fayette Ⓜ Gare du Nord – ℰ 01 40 05 18 05 – www.hotel-hor.com

Faubourg 88

TRADITIONNEL · ACTUEL Attendez-vous à une vraie "claque" visuelle : moquettes composées de codes QR (ces codes-barres de forme carrée), chambres au design minimaliste noir et blanc, têtes de lit en miroir et petits personnages disséminés dans la déco... Cet hôtel ne manque pas de personnalité !

29 chambres – †120/500 € ††130/750 € – ⌥ 14 €

88 r. Faubourg-Poissonnière Ⓜ Poissonnière – ℰ 01 53 16 13 10 – www.hotel-faubourg88.com

🏠 Hôtel du Nord

FAMILIAL · PERSONNALISÉ Dans une rue tranquille, cet hôtel propose des chambres très simples à prix modéré. Hall décoré d'objets chinés et de bibelots rétro, confitures maison au petit-déjeuner, vélo à disposition : une adresse atypique et sympathique.

23 chambres – ♦74/87 € – ♦♦87/126 € – 😋 8 €

47 r. Albert-Thomas ⓜ Jacques Bonsergent – 𝒞 01 42 01 66 00
– www.hoteldunord-leparivelo.com

Nation · Voltaire · République

✉ 75011

11ᵉ ARRONDISSEMENT

Jacques Palut/Fotolia.com

Restaurants

✿ Qui plume la Lune (Jacky Ribault)

CUISINE MODERNE · COSY ✗ C'est d'abord un joli endroit, chaleureux et romantique. Et c'est aussi, et surtout, une cuisine signée par un passionné, pleine de vitalité et de fraîcheur, inventive, avec des produits triés sur le volet (bio, beaux légumes, etc.). Savoureux moment sous la clarté de cette table aussi lunaire que terrestre...

➜ Cuisine du marché.

Menu 60 € (déj. en semaine), 85/120 €

50 r. Amelot ⓜ Chemin Vert – 𝒞 01 48 07 45 48 (réservation conseillée)
– www.quiplumelalune.fr – Fermé août, 1ᵉʳ-11 janv., dim., lundi, mardi et fériés

✿ Septime (Bertrand Grébaut)

CUISINE MODERNE · BISTRO ✗ Des fournisseurs triés sur le volet, beaucoup de fraîcheur et d'aisance, de la passion et même un peu de malice, mais toujours de la précision et de la justesse : mené par le jeune Bertrand Grébaut, Septime symbolise le meilleur de cette nouvelle génération de tables parisiennes à la fois très branchées et... très épicuriennes !

➜ Cuisine du marché.

Menu 30 € (déj.)/65 €

80 r. de Charonne ⓜ Charonne – 𝒞 01 43 67 38 29 (réservation conseillée)
– www.septime-charonne.fr – Fermé 3 semaines en août, lundi midi, sam. et dim.

☺ Mansouria

⎚Ⓐⓒ ⌀

NORD-AFRICAINE · EXOTIQUE ✗✗ Tajines, couscous, crème à la fleur d'oranger... Des spécialités très parfumées, préparées par d'habiles cuisinières marocaines, sous la houlette de Fatema Hal, ethnologue, écrivain et véritable figure de la gastronomie nord-africaine.

Formule 16 € – Menu 28/36 € – Carte 32/50 €

11 r. Faidherbe ⓜ Faidherbe-Chaligny – 𝒞 01 43 71 00 16 (réservation conseillée)
– www.mansouria.fr – Fermé lundi midi et dim.

Yard

CUISINE MODERNE · BISTRO ✗ Une adresse qui a les deux pieds dans son époque : jolie petite façade, intérieur de bistrot chaleureux – parquet, vieille cheminée, luminaires métalliques –, service décontracté... Aux fourneaux, on trouve un jeune chef britannique qui décline une cuisine sans complexe, pile dans l'air du temps, goûteuse et bien tournée.

⌨ Formule 15 € – Menu 18 € (déj.) – Carte 24/43 €

6 r. Mont-Louis ⓜ *Philippe Auguste* – *ℰ 01 40 09 70 30 (réservation conseillée) – Fermé août, 24-31 déc., sam. et dim.*

Clamato

POISSONS ET FRUITS DE MER · BISTRO ✗ L'annexe de Septime a tout du "hit" bistronomique, avec ce décor tendance et cette carte courte qui met en avant la mer et les légumes. Les produits sont choisis avec grand soin : on se régale dans une atmosphère franchement conviviale. Attention, la réservation est impossible : premier arrivé, premier servi !

Carte 28/50 €

80 r. de Charonne ⓜ *Charonne* – *ℰ 01 43 72 74 53 (sans réservation) – www.clamato-charonne.fr – Fermé 3 semaines en août, merc. midi, jeudi midi, vend. midi, lundi et mardi*

Tintilou

CUISINE MODERNE · CONVIVIAL ✗ Cet ancien relais de mousquetaires du 16ᵉ s. est désormais un lieu contemporain et original. Le cadre idéal pour une cuisine voyageuse et soignée, qui mise sur de très beaux produits.

Formule 17 € – Menu 36/49 € – Carte 52/58 €

37 bis r. de Montreuil ⓜ *Faidherbe-Chaligny* – *ℰ 01 43 72 42 32 – www.letintilou.fr – Fermé 1 semaine en fév., 3 semaines en août, lundi midi, sam. midi et dim.*

Villaret  soir,

CUISINE TRADITIONNELLE · CONVIVIAL ✗ Les délicieux parfums qui vous accueillent dès la porte d'entrée ne trompent pas : voici une vraie adresse gourmande ! Ce bistrot chic propose des plats de saison attrayants : salade de girolles et petit salé avec son œuf poché, poulet fermier au savagnin et cocos de Paimpol... Beau choix de vins.

Menu 27 € (déj.)/34 € – Carte 45/59 €

13 r. Ternaux ⓜ *Parmentier* – *ℰ 01 43 57 75 56 – Fermé 2 semaines en août, sam. midi et dim.*

Auberge Pyrénées Cévennes

TERROIR · AUBERGE ✗ Les plaisanteries fusent, la patronne prodigue un accueil inégalable et les assiettes – un véritable tour de France gourmand – débordent de générosité... L'adresse pour bons vivants !

Menu 31 € – Carte 30/70 €

106 r. de la Folie-Méricourt ⓜ *République* – *ℰ 01 43 57 33 78 – Fermé 3 semaines en août, sam. midi, dim. et fériés*

🍴 Le Chardenoux

CUISINE TRADITIONNELLE · BISTRO ✗✗ Ce charmant bistrot "réinventé" par Cyril Lignac remet à la mode la tradition : pâté en croûte, œuf cocotte aux cèpes, saumon mariné, hachis parmentier de canard, paris-brest... Une cuisine gouailleuse et conviviale, réalisée avec les bons produits du terroir hexagonal !

Formule 22 € – Menu 27 € (déj. en semaine)/39 €

1 r. Jules-Vallès ⓜ *Charonne* – *ℰ 01 43 71 49 52 – www.restaurantlechardenoux.com*

ⅈ◯ **Bon Kushikatsu**   🏷 AC ℅

JAPONAISE · INTIME ✗ Pour un voyage express à Osaka, à la découverte de la spécialité culinaire de la ville : les kushikatsu (des minibrochettes panées et frites à la minute). Bœuf au sansho, foie gras poivré, champignon shiitaké : les préparations se succèdent et révèlent de belles saveurs. Et l'accueil délicat finit de transporter au Japon...

Menu 30 € (déj. en semaine)/60 €

24 r. Jean-Pierre Timbaud ⓜ Oberkampf – 𝒞 01 43 38 82 27 (réservation conseillée) – http://kushikatsubon.fr – Fermé dim.

ⅈ◯ **Blue Valentine**

CUISINE MODERNE · BISTRO ✗ Une enseigne noire où le nom du restaurant se détache en lettres dorées ; à l'intérieur, une grande peinture murale et un look de bistrot... Ce Blue Valentine n'manque pas de cachet ! La cuisine est réalisée par un chef japonais au beau parcours, qui travaille des produits de qualité avec finesse et justesse.

Formule 21 € – Menu 46/80 € – Carte 46/72 €

*13 r. de la Pierre-Levée ⓜ République – 𝒞 01 43 38 34 72
– www.bluevalentine-restaurant.com – Fermé merc. midi, lundi et mardi*

ⅈ◯ **Le Servan**

CUISINE MODERNE · BISTRO ✗ À l'angle de la rue St-Maur, cet ancien troquet quelque peu défraîchi a été rénové par deux sœurs, Katia et Tatiana Levha. Cette dernière compose une cuisine fraîche et spontanée, basée sur des produits simples mais toujours très bons ; elle ne rechigne pas à tenter des associations inattendues, avec succès !

Menu 25 € (déj.) – Carte 43/65 €

*32 r. St-Maur ⓜ Rue Saint-Maur – 𝒞 01 55 28 51 82 – http://leservan.com
– Fermé 3 semaines en août, 1ère semaine de janv., lundi midi, sam. et dim.*

ⅈ◯ **Clown Bar**   🖼

CUISINE MODERNE · BISTRO ✗ Une véritable petite "bombe" que ce Clown Bar installé à deux pas du Cirque d'hiver. Dans des locaux inclassables, ouvertement rétro et kitsch, on se régale des plats millimétrés du chef japonais : thon blanc / betterave / framboise ; escargot / radis glaçon / jaune d'œuf... Le buzz bat son plein : pensez à réserver !

Carte 35/55 €

*114 r. Amelot ⓜ Fille du Calvaire – 𝒞 01 43 55 87 35 (réservation conseillée)
– Fermé vacances de Noël, lundi et mardi*

ⅈ◯ **Auberge Flora**   🏷 AC

CUISINE MODERNE · BRANCHÉ ✗ Un vrai lieu de vie que cette auberge d'aujourd'hui, créée par la chef Flora Mikula : que l'on réside à l'hôtel ou non, on a l'impression d'être reçu comme à la maison ! La cuisine, pétillante et débordante de soleil et de saveurs, invite à la convivialité. Et l'on peut passer simplement pour grignoter quelques tapas...

Formule 19 € – Menu 23 € (déj. en semaine)/34 € – Carte 31/62 €

*Hôtel Auberge Flora, 44 bd Richard-Lenoir ⓜ Bréguet Sabin – 𝒞 01 47 00 52 77
– www.aubergeflora.com*

ⅈ◯ **Le 6 Paul Bert**

CUISINE MODERNE · BISTRO ✗ Après le Bistrot et l'Écailler, les gourmets du 11e arrondissement (tendance "hipster" et "foodista") ont jeté leur dévolu sur le 6 Paul Bert... et pour cause : le chef japonais Kosuke Tada, ancien bras droit de David Toutain, y régale avec de savoureuses recettes dans l'air du temps. Et le menu déjeuner est une affaire !

👄 Menu 19 € (déj.)/44 € – Carte 45/54 €

*6 r. Paul-Bert ⓜ Faidherbe-Chaligny – 𝒞 01 43 79 14 32 (réservation conseillée)
– Fermé mardi midi, dim. et lundi*

🍴○ Bistrot Paul Bert

CUISINE TRADITIONNELLE · RÉTRO X Sur la façade de ce sympathique bistrot s'affiche "Cuisine familiale". Traduisez : entrecôte, parmentier de joue de bœuf, etc. Gardez de la place pour le baba au rhum !

🍴 Formule 17 € – Menu 19 € (déj. en semaine)/41 € – Carte environ 50 €
18 r. Paul-Bert Ⓜ *Faidherbe Chaligny* – 𝒞 *01 43 72 24 01 (réservation conseillée)*
– Fermé dim. et lundi

🍴○ L'Écailler du Bistrot

POISSONS ET FRUITS DE MER · BISTRO X Le point fort de la maison ? Des produits de la mer très frais, et des huîtres ! Ambiance 100 % marine, ardoise du jour iodée, menu homard toute l'année et belle carte des vins.

🍴 Formule 15 € – Menu 19 € (déj. en semaine)/60 € – Carte 40/65 €
22 r. Paul-Bert Ⓜ *Faidherbe Chaligny* – 𝒞 *01 43 72 76 77 – Fermé août, dim. et lundi*

🍴○ Pierre Sang in Oberkampf

CUISINE MODERNE · BRANCHÉ X Qui est adepte de l'émission Top Chef connaît forcément Pierre Sang, finaliste de l'édition 2011. On retrouve toute la gentillesse du jeune homme, qui délivre, ici chez lui, une cuisine sensible et partageuse – particulièrement bon marché le midi ! On a grand plaisir à passer en ami (pas de réservation).

Formule 20 € – Menu 25 € (déj.), 35/39 €
55 r. Oberkampf Ⓜ *Parmentier* – 𝒞 *01 40 21 00 70 – www.pierresangboyer.com*

🍴○ Sassotondo

ITALIENNE · CONVIVIAL X Cette trattoria contemporaine porte le nom d'un domaine viticole. L'ambiance est sympathique et décontractée, idéale pour se régaler de spécialités italiennes traditionnelles : acquacotta, crespelle alla fiorentina, zuppa inglese, etc. Va bene !

Formule 21 € – Menu 33 €
40 r. Jean-Pierre-Timbaud Ⓜ *Parmentier* – 𝒞 *01 43 55 57 00*
– www.sassotondo.com – Fermé 1 semaine en fév., 3 semaines en août,
25 déc.-1ᵉʳ janv., dim. et lundi

🍴○ Les Déserteurs

CUISINE MODERNE · BISTRO X Un antre cosy et accueillant, créé par deux anciens du Sergent Recruteur (le second de cuisine et le sommelier) qui ont... déserté ! Ils se laissent aller à une cuisine pleine de fraîcheur, résolument axée sur le produit, et dans laquelle créativité rime avec maîtrise. Le tout accompagné d'une jolie carte des vins.

Menu 28 € (déj.), 45/60 €
46 r. Trousseau Ⓜ *Ledru-Rollin* – 𝒞 *01 48 06 95 85 – www.les-deserteurs.com*
– Fermé 28 fév.-7 mars, 24 avril-2 mai, 14-29 août, 18 déc.-2 janv., mardi midi,
dim. et lundi

🍴○ Le Chateaubriand

CUISINE MODERNE · MINIMALISTE X Le Chateaubriand, c'est un peu le temple de la mouvance bistronomique, placé sous le feu des projecteurs médiatiques depuis de longues années maintenant. Une institution en somme, qui cultive une formule éprouvée : celle d'un menu unique qui joue sur des associations de saveurs originales. Créativité rime avec branché...

Menu 70/135 € ⚑
129 av. Parmentier Ⓜ *Goncourt* – 𝒞 *01 43 57 45 95 – www.lechateaubriand.net*
– Fermé dim., lundi et le midi

♨○ Le Sot l'y Laisse

CUISINE MODERNE · BISTRO ⋇ Bien sot qui laisserait de côté ce beau bistrot ! Aux fourneaux, Eiji Doihara, originaire d'Osaka, rend un bel hommage à cette gastronomie française qui le passionne : généreuses et gourmandes, ou légères et délicates, ses recettes font mouche à chaque fois. L'adresse remporte un succès mérité.

Formule 19 € – Menu 25 € (déj.) – Carte 48/70 €

70 r. Alexandre-Dumas ⓜ *Alexandre Dumas* – ℰ *01 40 09 79 20*
– Fermé 3 semaines en août, 1 semaine en déc., lundi midi, sam. midi et dim.

♨○ La Pulpéria

CUISINE MODERNE · BISTRO ⋇ Elle se situe à Charonne, cette Pulpéria – du nom de ces épiceries qu'on trouve en Amérique latine –, mais elle porte bien cette appellation : c'est l'affaire d'un jeune chef argentin, formé dans de fameuses maisons parisiennes, qui revisite ici les recettes de son pays – dont de belles viandes – et de l'Hexagone. *Bueno !*

⊖ Menu 18 € (déj.) – Carte 45/60 €

11 r. Richard-Lenoir ⓜ *Voltaire* – ℰ *01 40 09 03 70 (réservation conseillée)*
– www.lapulperia.fr – Fermé août, 31 déc.-6 janv., sam. midi et dim.

♨○ Astier   🎔 🅰🅲

CUISINE TRADITIONNELLE · BISTRO ⋇ Nappes à carreaux, tables à touche-touche : on se sustente à la bonne franquette dans ce bistrot traditionnel très animé. Le menu offre un excellent rapport qualité-prix, et l'on pioche parmi un grand choix de vins au classement original : vins de soif, de méditation...

Menu 45 € – Carte 36/59 €

44 r. Jean-Pierre-Timbaud ⓜ *Parmentier* – ℰ *01 43 57 16 35 (réservation conseillée)*
– www.restaurant-astier.com – Fermé 1ᵉʳ-15 janv., lundi et mardi en été

♨○ Capucine 🅽

ITALIENNE · SIMPLE ⋇ L'ancien Caffe Dei Cioppi renaît en "Capucine" grâce à Stefania Melis, originaire de Sardaigne, qui concocte une cuisine transalpine parfumée, avec au choix : soupe froide ou chaude selon la saison, burrata, polpettes (boulettes de viande) ou tiramisu. La salle minuscule favorise la convivialité... à l'italienne !

Carte 30/40 €

159 r. du Faubourg-St-Antoine, (passage St-Bernard) ⓜ *Ledru Rollin*
– ℰ 01 43 46 10 14 (réservation conseillée)

♨○ Le Temps au Temps   🅰🅲 ⌘

CUISINE TRADITIONNELLE · BISTRO ⋇ Prenez donc le temps de découvrir cette charmante petite adresse. L'ardoise énumère de belles suggestions bistrotières : tartine de maquereaux et rillettes, carré de veau et caviar d'aubergines, baba au rhum et pêches au sirop, etc.

Formule 19 € – Menu 32 €

13 r. Paul-Bert ⓜ *Faidherbe Chaligny* – ℰ *01 43 79 63 40 – Fermé 7-23 août,*
29 déc.-2 janv., mardi midi, dim. et lundi

♨○ Au Vieux Chêne   🎔

CUISINE TRADITIONNELLE · RÉTRO ⋇ Ce bistrot de quartier ne désemplit pas. Sa cuisine bistrotière et son cadre authentique y sont pour beaucoup, de même sa carte des vins qui propose des crus à prix très sages.

⊖ Formule 16 € – Menu 20 € (déj.)/33 € – Carte 40/50 €

7 r. du Dahomey ⓜ *Faidherbe Chaligny* – ℰ *01 43 71 67 69 – www.vieuxchene.fr*
– Fermé 25 avril-2 mai, 25 juil.-16 août, 23 déc.-4 janv., sam. et dim.

Hôtels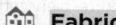

🏨 Gabriel Paris   🔲 🚫 🗚 ⌀

LUXE · DESIGN Cet hôtel ultramoderne joue la carte du haut de gamme dans une atmosphère zen : esprit design, belles finitions, ambiance feutrée, etc. À noter : les chambres sont équipées du système NightCove, ces jeux de lumière avec musique qui accompagnent l'endormissement et préparent à un réveil tout en douceur...

41 chambres ☟ – †149/255 € ††169/405 €
25 r. du Grand-Prieuré ⓜ Oberkampf – ☎ 01 47 00 13 38
– www.hotelgabrielparis.com

🏨 Fabric   🛗 🔲 🚫 🗚 ⌀

URBAIN · DESIGN Dans une ancienne fabrique de textiles, à mi-chemin de République et de Bastille, un bel hôtel qui a gardé un peu de son héritage industriel : poutres et luminaires en fer, mobilier ancien, nuances de gris... Et des chambres design et élégantes, pour les amateurs !

33 chambres – †240/360 € ††240/360 € – ☟17 €
31 r. de la Folie-Méricourt ⓜ Saint-Ambroise – ☎ 01 43 57 27 00
– www.hotelfabric.com

🏨 Le Général   🛗 🔲 🚫 🗚

BUSINESS · MODERNE Nulle rigueur militaire chez ce Général-là ! Cet agréable hôtel, proche de la place de la République, abrite des chambres chaleureuses, aménagées avec soin et goût de la couleur. L'enseigne fait référence au général Rampon, qui a donné son nom à la rue.

43 chambres – †200/270 € ††250/400 € – 3 suites – ☟18 €
5 r. Rampon ⓜ République – ☎ 01 47 00 41 57 – www.legeneralhotel.com

🏨 Le Standard Design   🔲 🗚 ⌀ 🛁

TRADITIONNEL · COSY Design en effet, mais pas standard : du style, des tissus aux motifs osés, aussi bien dans les chambres que dans le hall. Même la salle de petit-déjeuner est sous les toits...

37 chambres – †90/190 € ††95/200 € – ☟15 €
29 r. des Taillandiers ⓜ Bastille – ☎ 01 48 05 30 97
– www.standard-design-hotel-paris.com

🏨 Auberge Flora   ⌖ 🔲 🚫 🗚

TRADITIONNEL · PERSONNALISÉ Voilà une auberge où l'on se sent bien ! C'est la dernière création de Flora Mikula, cuisinière généreuse qui a décidé d'associer le couvert et le gîte. Les chambres sont joliment décorées, certaines très colorées, et bien confortables. Mention spéciale pour la "chambre gourmande" avec champagne et foie gras...

21 chambres – †124/224 € ††124/224 € – ☟14 €
44 bd Richard-Lenoir ⓜ Bréguet Sabin – ☎ 01 47 00 52 77
– www.aubergeflora.com
🍴 **Auberge Flora** – voir les restaurants ci-dessus

🏨 Marais Bastille   🔲 🚫 🗚 ⌀

BUSINESS · ACTUEL Ambiance cosy dans cet hôtel bordant le boulevard Richard-Lenoir, dont le terre-plein couvrant une partie du canal St-Martin accueille une agréable promenade. Décoration sobre dans les chambres, confortables et élégantes (plus calmes sur l'arrière).

37 chambres – †129/229 € ††139/279 € – ☟15 €
36 bd Richard-Lenoir ⓜ Bréguet Sabin – ☎ 01 48 05 75 00
– www.maraisbastille.com

PARIS

 Le Patio St-Antoine ⬆ AC ⚡ 🛁 🚗

BUSINESS · FONCTIONNEL Le point fort de cet hôtel aux chambres fonctionnelles (équipées d'une cuisinette) : le calme et la verdure de ses patios fleuris. Petit-déjeuner servi dans une salle agréable.

88 chambres – 🛏89/286 € 🛏🛏139/667 € – ☲ 18 €

289 bis r. du Faubourg-St-Antoine Ⓜ *Nation*
– 𝒞 01 40 09 40 00 – www.lepatiosaintantoine.com

 Original ⬆ AC

TRADITIONNEL · PERSONNALISÉ Niché entre la place des Vosges et la Bastille, cet hôtel est on ne peut plus... original ! Les chambres, signées Stella Cadente, multiplient les références malicieuses à l'univers des contes de fées... Une adresse magique, donc, pour des nuits enchantées et décalées au cœur du Paris historique.

38 chambres – 🛏220/310 € 🛏🛏300/350 € – ☲ 12 €

8 bd Beaumarchais Ⓜ *Bastille*
– 𝒞 01 47 00 91 50 – www.hoteloriginalparis.com

 Angely ⬆ ♿ AC ⚡

TRADITIONNEL · ÉLÉGANT Éclairage au sol, lit suspendu, esprit baroque ou arty... Près de la place de la République, cet hôtel est des plus tendance : quoi de plus normal puisque les chambres sont signées par différents designers ? Une adresse atypique, où l'accueil se montre de surcroît charmant.

22 chambres – 🛏129/259 € 🛏🛏149/309 € – ☲ 12 €

22 r. du Grand-Prieuré Ⓜ *Oberkampf*
– 𝒞 01 48 07 55 25 – www.angelyhotelparis.com

 Le 20 Prieuré Hôtel ⬆ ♿ AC

TRADITIONNEL · DESIGN Un hôtel sympathique, qui s'aligne sur le style citadin contemporain et propose de petites chambres agréables : nuances de blancs, mobilier design, immenses photos évoquant Paris...

32 chambres – 🛏99/199 € 🛏🛏109/249 € – ☲ 13 €

20 r. Grand-Prieuré Ⓜ *Oberkampf*
– 𝒞 01 47 00 74 14 – www.hotel20prieure.com

 Grand Hôtel Français ⬆ AC

BUSINESS · MODERNE Cet hôtel a été entièrement rénové avec de beaux matériaux et le résultat est vraiment plaisant. Ses atouts : bonne situation, literie de qualité et chambres joliment meublées.

36 chambres – 🛏160/190 € 🛏🛏160/300 € – ☲ 12 €

223 bd Voltaire Ⓜ *Nation*
– 𝒞 01 43 71 27 57 – www.grand-hotel-francais.fr

 Nord et Est ⬆

TRADITIONNEL · CLASSIQUE Proche de la République, cet hôtel a su fidéliser ses clients grâce à son ambiance familiale et ses tarifs raisonnables. Préférez les chambres rénovées, plus contemporaines.

45 chambres – 🛏99/159 € 🛏🛏99/219 € – ☲ 12 €

49 r. de Malte Ⓜ *Oberkampf*
– 𝒞 01 47 00 71 70 – www.paris-hotel-nordest.com

Budget serré ? Profitez des menus déjeuners (déj.) à prix ajustés.

M. Kreuzer/Look/Photononstop

Restaurants

❀ **Au Trou Gascon**

CUISINE DU SUD-OUEST · ÉLÉGANT XX Cette institution de la cuisine du Sud-Ouest compte de nombreux habitués de longue date. Pâté en croûte au foie gras de canard, lièvre à la royale, tourtière chaude et croustillante, sans oublier l'incontournable cassoulet : la carte bichonne le terroir, avec quelques touches plus contemporaines. Une valeur sûre !

➔ Pâté en croûte au foie gras de canard des Landes. Caneton croisé rôti, escalope de foie gras, escaoutoun de maïs aux cèpes. Russe pistaché et framboises craquantes, crème glacée à la pistache.

Menu 42 € (déj.)/78 € – Carte 65/80 €

40 r. Taine ⓜ *Daumesnil –* ℰ *01 43 44 34 26 – www.autrougascon.fr
– Fermé août, 1er-10 janv., sam. et dim.*

☺ **Il Goto** ♿

ITALIENNE · SIMPLE X Sympathique, ce restaurant tenu par Marzia et Simone, un couple d'Italiens passionnés. Tartare de bœuf mariné au romarin et poivrons doux siciliens ; gnocchis de pain aux orties et asiago, pesto d'aubergine, crumble de pecorino... Des créations goûteuses et soignées, que l'on accompagne d'un bon rouge transalpin !

🍷 Menu 16 € 🍷 (déj. en semaine) – Carte 30/43 €

212 bis r. de Charenton ⓜ *Dugommier –* ℰ *01 43 46 30 02 – www.ilgoto.fr
– Fermé 3 semaines en août, vacances de Noël et de Pâques, dim. et lundi*

⌑ **Table - Bruno Verjus**

CUISINE MODERNE · DESIGN X Choisir les plus beaux produits, les cuisiner avec humilité : tel est le credo de Bruno Verjus, étonnant personnage, entrepreneur, blogueur et critique gastronomique... devenu chef ! Dans ses recettes, pleines d'énergie et de saveurs, tout en jeux de textures, l'on devine une passion sincère et... communicative !

Formule 19 € – Menu 25 € (déj.), 39/99 € – Carte 72/82 €

3 r. de Prague ⓜ *Ledru Rollin –* ℰ *01 43 43 12 26 (réservation conseillée)
– www.tablerestaurant.fr – Fermé 3 semaines en août, sam. midi et dim.*

⌑ **Quincy**

CUISINE CLASSIQUE · RUSTIQUE X Une ambiance chaleureuse règne dans ce bistrot indémodable, dominé par "Bobosse", son patron truculent et haut en couleurs. Depuis trente ans (à la louche !), les amateurs de bonne chère s'y régalent des généreuses et savoureuses spécialités du Berry et de l'Ardèche. Une table comme on n'en fait plus.

Carte 55/80 €

28 av. Ledru-Rollin ⓜ *Gare de Lyon –* ℰ *01 46 28 46 76 – www.lequincy.fr
– Fermé 1er août-1er sept., sam., dim. et lundi*

⅋○ Dersou ⓝ   🖼

CRÉATIVE · MINIMALISTE ⅏ Un barman expert en cocktails et un chef nippon, passé par chez Alain Ducasse à Tokyo, proposent une expérience inédite : associer mets et cocktails, sur 5 ou 7 plats. Les produits sont de première qualité (légumes d'Annie Bertin, agneau acheté sur pied, etc.) et la mixologie tient ses promesses. Envoûtant !

Menu 90 € 🍷/130 € 🍷 – Carte 30/100 €

21 r. St-Nicolas Ⓜ *Ledru-Rollin – ℰ 09 81 01 12 73 (réservation conseillée)*
– www.dersouparis.com – Fermé 24 juil.-25 août, lundi et le midi en semaine

⅋○ À La Biche au Bois

CUISINE TRADITIONNELLE · RUSTIQUE ⅏ De nombreux habitués se pressent dans ce discret restaurant, qui n'est pas sans rappeler les bons bistrots d'antan. Dans une ambiance animée, au coude-à-coude, on profite d'un condensé de tradition (terrine maison, coq au vin) et de gibier en saison : sanglier, civet de lièvre et… biche, bien entendu !

Formule 19 € – Menu 25 € 🍷 (déj.)/31 € – Carte 31/42 €

45 av. Ledru-Rollin Ⓜ *Gare de Lyon – ℰ 01 43 43 34 38 – Fermé 23 juil.-24 août,*
23 déc.-4 janv., lundi midi, sam. et dim.

⅋○ La Gazzetta   🖼

MÉDITERRANÉENNE · BISTRO ⅏ Luigi Nastri, chef en provenance d'Italie, s'est installé ici avec une équipe 100 % transalpine et décline une savoureuse cuisine méditerranéenne, s'autorisant quelques escapades plus exotiques (petites touches d'épices). Ici, la règle est claire : de beaux produits, de belles saveurs et de la simplicité.

Menu 39/59 € – Carte 40/65 € dîner

29 r. de Cotte Ⓜ *Ledru Rollin – ℰ 01 43 47 47 05 – www.lagazzetta.fr*
– Fermé août, dim., lundi et le midi

⅋○ Le Cotte Rôti   🍸

CUISINE MODERNE · BISTRO ⅏ Un restaurant à l'image de son chef, convivial et bon vivant, qui revisite avec finesse la tradition bistrotière : au gré du marché et de l'humeur du jour, il compose des plats simples et fins, qui vont droit au cœur ! Et pour accompagner le tout, rien de tel que quelques bons crus de la vallée du Rhône…

Formule 20 € – Menu 24 € (déj.)/42 €

1 r. de Cotte Ⓜ *Ledru Rollin – ℰ 01 43 45 06 37 (réservation conseillée) – Fermé 3*
semaines en août, vacances de Noël, sam. midi, dim. et lundi

⅋○ Will   🍽

CUISINE MODERNE · DESIGN ⅏ Ouverte en 2014, cette adresse déjà tendance est située à deux pas du trépidant marché d'Aligre. Au menu, on trouve les belles recettes de William Pradeleix, jeune chef au beau parcours ; il régale ses clients de créations actuelles à l'âme voyageuse, tel ce carpaccio de maigre, radis cerise et vinaigrette au gingembre.

Formule 19 € – Menu 45 € (dîner) – Carte environ 45 €

75 r. Crozatier Ⓜ *Ledru Rollin – ℰ 01 53 17 02 44 (réserver)*
– www.will-restaurant.com – Fermé 2 semaines août, dim. et lundi

Hôtels

🏨 Pullman Paris Centre-Bercy   🏊 🛋 🖥 ♿ 🖼 🍸

BUSINESS · DESIGN Un immeuble reconnaissable à son imposante façade en verre. Les chambres, dont certaines offrent une belle vue sur Paris, ont été récemment rénovées dans le style contemporain caractéristique de l'hôtel. Au restaurant règne l'ambiance sympathique du "village" de Bercy ; brunch le dimanche.

396 chambres ☐ – 🛏110/705 € 🛏🛏110/705 € – 20 suites

1 r. de Libourne Ⓜ *Cour St-Émilion – ℰ 01 44 67 34 00 – www.pullmanhotels.com*

🏨 Novotel Gare de Lyon

HÔTEL DE CHAÎNE · FONCTIONNEL Les chambres sont conformes aux dernières normes de la chaîne, avec des terrasses au 6ᵉ étage. Préférez, si possible, celles donnant sur la place Henri-Fresnay, plus calmes. Piscine, fitness et espace enfant bien aménagé.

251 chambres – ♦179/733 € ♦♦179/733 € – 2 suites – ⌁18 €
2 r. Hector-Malot Ⓜ *Gare de Lyon*
– ☎ 01 44 67 60 00 – www.accorhotels.fr

🏨 Mercure Gare de Lyon

HÔTEL DE CHAÎNE · MODERNE L'architecture récente de cet hôtel contraste avec le beffroi de la gare de Lyon tout proche. Les chambres sont résolument tendance et bien équipées. Et le concept "Easy Work" permet de réserver une table de réunion avec connexion Internet, pendant une demi-journée, à petit prix. Pratique !

315 chambres – ♦112/395 € ♦♦112/395 € – ⌁18 €
2 pl. Louis-Armand Ⓜ *Gare de Lyon*
– ☎ 01 43 44 84 84 – www.mercure.com

🏨 Paris Bastille

BUSINESS · FONCTIONNEL Décor sobre, tons gris et bordeaux : voilà comment se déclinent les chambres et la salle des petits-déjeuners de cet hôtel moderne et confortable, situé face à l'Opéra Bastille.

37 chambres – ♦214/332 € ♦♦228/332 € – ⌁15 €
67 r. de Lyon Ⓜ *Bastille*
– ☎ 01 40 01 07 17 – www.hotelparisbastille.com

🏨 Elysée Gare de Lyon

URBAIN · COSY Blanc, gris clair et rouge : voilà les teintes dominantes de cet hôtel joyeux, qui décline dans ses chambres le personnage de la Parisienne – chic, élégante et moderne. De quoi dépoussiérer avec brio l'image un peu austère des hôtels de gare !

37 chambres – ♦149/199 € ♦♦159/349 € – ⌁12 €
234 r. de Bercy Ⓜ *Gare de Lyon*
– ☎ 01 43 43 77 77 – www.elyseegaredelyon.com

🏨 Hôtel du Printemps

BUSINESS · PERSONNALISÉ Parquet couleur chêne naturel, chaises style Louis XVI : cet hôtel, situé tout près de la place de la Nation, est chaleureux et impeccablement tenu. Les chambres (y compris les plus petites) sont confortables, et le mini-patio est idéal pendant les beaux jours.

38 chambres – ♦81/106 € ♦♦93/140 € – ⌁10 €
80 bd de Picpus Ⓜ *Picpus*
– ☎ 01 43 43 62 31 – www.hotel-paris-printemps.com

Les prix indiqués devant le symbole ♦ correspondent au prix le plus bas en basse saison puis au prix le plus élevé en haute saison, pour une chambre single. Même principe avec le symbole ♦♦, cette fois pour une chambre double.

Jacques Palut/Fotolia.com

Place d'Italie ·
Gare d'Austerlitz ·
Bibliothèque
nationale de France

✉ 75013
13ᵉ ARRONDISSEMENT

Restaurants

🕸 Impérial Choisy   AC 🍴

CHINOISE · MINIMALISTE 🍴 Au cœur du Chinatown parisien, un restaurant chinois apprécié par de nombreux Asiatiques qui en ont fait leur cantine. Dans une salle qui ne désemplit pas (service non-stop, voire un peu expéditif !), on se régale au coude-à-coude de belles spécialités cantonaises. Un vrai goût d'authenticité, sans se ruiner !

Carte 18/54 €

32 av. de Choisy 🇲 *Porte de Choisy –* ☎ *01 45 86 42 40*

🕸 Tempero   🍴

CRÉATIVE · BISTRO 🍴 Un petit bistrot sympathique, à l'image de sa chef, Alessandra Montagne, originaire du Brésil et passée par de belles tables parisiennes. Ici chez elle, elle cuisine au gré du marché de beaux produits frais et signe des recettes vivifiantes – et aux prix doux –, à la croisée de la France, du Brésil et de l'Asie. Joli métissage !

🕸 Formule 15 € – Menu 20 € (déj.) – Carte 33/44 € dîner

5 r. Clisson 🇲 *Chevaleret –* ☎ *09 54 17 48 88 (réservation conseillée)*
– www.tempero.fr – Fermé août, 1 semaine vacances de Noël, lundi soir, mardi soir, merc. soir, sam. et dim.

🕸 Pho Tai   AC

VIETNAMIENNE · SIMPLE 🍴 Dans une rue isolée du quartier asiatique, ce petit restaurant vietnamien sort du lot : tout le mérite en revient à son chef, Monsieur Te, arrivé en France en 1968 et fort bel ambassadeur de la cuisine du Vietnam. Raviolis, poulet croustillant au gingembre frais, bo bun et soupes phô : tout est parfumé et plein de saveurs !

Carte 20/30 €

13 r. Philibert-Lucot 🇲 *Maison Blanche –* ☎ *01 45 85 97 36*
– Fermé 2 semaines en août, vacances de Noël et merc.

🕪 L'Auberge du 15   ♿

CUISINE MODERNE · ÉLÉGANT 🍴🍴 Changement radical dans cette Auberge du 15 hier connue pour célébrer les saveurs de l'Aubrac, aujourd'hui menée par un chef japonais dont le terroir de prédilection est celui de l'invention ! Dans l'assiette, il agrémente la tradition de touches modernes et créatives, toujours en utilisant des produits de choix.

Menu 39 € (déj.), 68/89 €

15 r. de la Santé 🇲 *Glacière*
– ☎ *01 47 07 07 45 – www.laubergedu15.com*
– Fermé août, vacances de Noël, dim. et lundi

║○ L'Auberge du Roi Gradlon   🏠 ♿

BRETONNE · INTIME ✗✗ Dans la salle à manger (qui porte les marques de l'ancienne abbaye des Cordeliers) ou sur l'agréable terrasse entourée de verdure, on s'assied volontiers chez le Roi Gradlon ! Les classiques bretons y sont revisités en mode chic bien léché (kig-ha-farz, kouign amann) et la mer n'est jamais très loin. Un régal...

Formule 19 € – Menu 26/48 €

36 bd Arago Ⓜ *Les Gobelins –* ✆ *01 45 35 48 71 (réservation conseillée)*
– www.roigradlon.fr – Fermé 3 semaines en août, 1 semaine vacances de Noël, merc. et jeudi

║○ Au Petit Marguery   AⱵ

CUISINE TRADITIONNELLE · RÉTRO ✗✗ Un décor Belle Époque authentique, plaisant et convivial. La carte est dans la grande tradition : terrines maison, tête de veau ravigote, gibier en saison... Juste à côté, le Comptoir Marguery se joue canaille, façon bistrot à sensation. Une adresse qui a une âme !

Formule 31 € – Menu 42 € ⍟ (déj. en semaine) – Carte 40/73 €

9 bd de Port-Royal Ⓜ *Les Gobelins –* ✆ *01 43 31 58 59 – www.petitmarguery.com*

║○ L'Ourcine

CUISINE TRADITIONNELLE · BISTRO ✗ Qualité et modestie résument bien l'esprit de l'Ourcine, un sympathique petit bistrot – rénové en 2013 – qui propose une cuisine inspirée et liée aux saisons. Menu du jour et ardoise "coups de cœur" regorgent de belles propositions...

Formule 28 € – Menu 38 €

92 r. Broca Ⓜ *Les Gobelins –* ✆ *01 47 07 13 65 – www.restaurant-lourcine.fr*
– Fermé 3 semaines en août, dim. et lundi

║○ Variations

CUISINE TRADITIONNELLE · BISTRO ✗ Au menu de ce charmant bistrot : une cuisine traditionnelle osant... les variations au gré du marché et des saisons. Le chef (un ancien pilote de chasse !) est un amoureux du beau produit.

Formule 24 € – Menu 30 € – Carte 45/65 €

18 r. des Wallons Ⓜ *Saint-Marcel –* ✆ *01 43 31 36 04*
– www.restaurantvariations.com – Fermé août, sam. et dim.

║○ Les Cailloux

ITALIENNE · BISTRO ✗ Le nom du restaurant laisse imaginer un bistrot à la française... Raté ! Il suffit de parcourir la carte pour comprendre que c'est l'Italie que l'on célèbre : carpaccio de bœuf, roquette et parmesan ; raviolis maison ricotta épinard ; tiramisu... Frais et gourmand, tout simplement !

Formule 14 € ⍟ – Carte 34/49 €

58 r. des Cinq Diamants Ⓜ *Corvisart –* ✆ *01 45 80 15 08 – www.lescailloux.fr*
– Fermé 1 semaine en août

║○ L'Avant Goût   AⱵ ⇔

CUISINE MODERNE · BISTRO ✗ Non loin de la place d'Italie, on déguste au coude-à-coude une cuisine du marché assez originale (le pot-au-feu de cochon aux épices !), dans une ambiance décontractée.

Formule 16 € ⍟ – Menu 38 € – Carte 39/58 €

26 r. Bobillot Ⓜ *Place d'Italie –* ✆ *01 53 80 24 00 (réservation conseillée)*
– www.lavantgout.com – Fermé 1 semaine en mai, 3 semaines en août,
1 semaine vacances de Noël, dim. et lundi

ⅼ○ Basilic & Spice

THAÏLANDAISE · EXOTIQUE ⅹ Au cœur du Chinatown parisien, ce restaurant propose une carte essentiellement thaïlandaise, où s'invitent quelques recettes du Cambodge voisin. Salade de papaye aux crevettes, poulet sauté au curry rouge, ou encore bar entier grillé dans une feuille de bananier à la façon khmère... Le plaisir est au rendez-vous !

Formule 14 € – Menu 22 € (déj. en semaine)/48 € – Carte 26/44 €

88 av. de Choisy Ⓜ Tolbiac – ℰ 01 45 85 19 30 – www.basilicspice.com – Fermé 25 juil.-11 août

ⅼ○ Sukhothaï

THAÏLANDAISE · EXOTIQUE ⅹ Dans une ruelle calme à deux pas de la place d'Italie, une savoureuse cuisine thaïe servie dans un décor adéquat... où l'on joue des coudes. Accueil tout sourire.

😊 Formule 14 € 🍷 – Menu 16 € 🍷/29 € – Carte 24/37 €

12 r. du Père Guérin Ⓜ Place d'Italie – ℰ 01 45 81 55 88 – Fermé dim.

ⅼ○ Lao Lane Xang 2 🛦 🆔 🍴

VIETNAMIENNE · À LA MODE ⅹ L'histoire parisienne des Siackhasone, originaires du Laos, commence dans les années 1990, avec la création du Lao Lane Xang 1. En 2007, Do et Ken – dignes héritiers du savoir-faire familial – ouvrent cette table "bis". La carte marie spécialités laotiennes, thaïes et vietnamiennes : simplicité et parfums au menu !

Formule 13 € 🍷 – Carte 20/35 €

102 av. d'Ivry Ⓜ Tolbiac – ℰ 01 58 89 00 00 – Fermé jeudi midi et merc.

ⅼ○ Le Lotus

VIETNAMIENNE · SIMPLE ⅹ Madeleine N'Guyen et son mari sont les heureux propriétaires de ce savoureux Lotus. Cette "cantine" ne cherche pas midi à quatorze heures et mise tout sur une cuisine 100 % vietnamienne sachant mettre l'eau à la bouche : salade d'ananas aux fruits de mer, brochette de porc grillé... Parfums et générosité !

Carte 15/35 €

121 av. d'Ivry Ⓜ Tolbiac – ℰ 01 53 61 00 61 – www.lelotus13.com – Fermé 15-30 sept. et lundi

ⅼ○ Mer de Chine

CHINOISE · EXOTIQUE ⅹ Dans ce restaurant près de la place d'Italie, on prépare de la cuisine teochew, traduisez : du sud de Canton. Goûteux et accueillant, le tout sur une bande-son bien chinoise !

😊 Menu 15 € (déj. en semaine)/25 € – Carte 18/89 €

159 r. du Château-des-Rentiers Ⓜ Place d'Italie – ℰ 01 45 84 22 49 – Fermé août et mardi

Hôtels

🏠 Mercure Place d'Italie

HÔTEL DE CHAÎNE · FONCTIONNEL À proximité de la place d'Italie, un hôtel dont les chambres ont été entièrement rénovées en 2014. Désormais décorées dans un style sobre et contemporain, elles se révèlent fonctionnelles et bien équipées (écran plat, coffre-fort, wifi).

50 chambres – 🛏119/450 € 🛏🛏135/465 € – ☑ 16 €

*25 bd Auguste-Blanqui Ⓜ Place d'Italie – ℰ 01 45 80 82 23
– www.mercure-paris-italie.com*

🏠 La Demeure

TRADITIONNEL · PERSONNALISÉ Dans un bel immeuble haussmannien, un hôtel moderne et design, où l'on a plaisir à séjourner. Les chambres sont pratiques et colorées, celles des derniers étages offrant une belle vue sur les toits de Paris et... la tour Eiffel !

37 chambres – ♦95/270 € ♦♦95/270 € – 6 suites – 🍴 16 €
51 bd St-Marcel Ⓜ Les Gobelins – 𝒞 01 43 37 81 25
– www.hotel-paris-lademeure.com

🏠 La Manufacture

BUSINESS · PERSONNALISÉ À deux pas de la place d'Italie, un hôtel chaleureux décoré avec élégance, où l'on cultive le sens de l'accueil. Les chambres sont plutôt petites mais impeccablement tenues.

57 chambres – ♦70/325 € ♦♦90/325 € – 🍴 13 €
8 r. Philippe-de-Champagne Ⓜ Place d'Italie – 𝒞 01 45 35 45 25
– www.hotel-la-manufacture.com

🏠 Jack's Hôtel

BUSINESS · ACTUEL Dans une artère assez calme, légèrement en retrait de l'agitation, cet hôtel dispose de chambres fonctionnelles et contemporaines. Pour l'anecdote, l'une d'elles fut celle où l'écrivain Jean Genet passa les derniers moments de sa vie. Prix raisonnables.

30 chambres – ♦85/250 € ♦♦95/280 € – 🍴 10 €
19 av. Stephen Pichon Ⓜ Place d'Italie – 𝒞 01 45 85 17 34 – www.jacks-hotel.com

Montparnasse · Denfert Rochereau · Parc Montsouris

✉ 75014

14ᵉ ARRONDISSEMENT

Ekaterina Pokrovsky/Fotolia.com

Restaurants

✿ Cobéa (Philippe Bélissent)

CUISINE MODERNE · ÉLÉGANT XxX Co comme Jérôme Cobou en salle, Bé comme Philippe Bélissent aux fourneaux et A comme Associés : Cobéa est l'affaire de deux jeunes professionnels passionnés, guidés par le goût du bon. Sens du produit, harmonie et force des saveurs, autour d'un menu imposé en plusieurs plats... selon votre appétit !

→ Couteaux de plongée, concombre et céleri du bassin parisien. Lotte en kadaïf, carotte et orange. Fraises et meringue.

Menu 50 € (déj.), 70/120 €

11 r. Raymond-Losserand Ⓜ Gaité – 𝒞 01 43 20 21 39 (réservation conseillée)
– www.cobea.fr – Fermé semaine de Pâques, août, 1 semaine vacances de Noël, dim. et lundi

😊 Nina 🅽

CRÉATIVE · BISTRO 💥 Un choix de produits de qualité (maigre, rascasse, bœuf de Galice...), des cuissons impeccables, voilà déjà de quoi nous réjouir ; mais c'est le travail des légumes qui impressionne vraiment, sous toutes leurs formes, avec une grande variété de textures et une vraie maîtrise technique. Viva Nina !

🍽 Formule 17 € – Menu 20 € (déj. en semaine)/38 € – Carte 25/44 €

139 r. du Château 🅜 *Mouton Duvernet –* 𝒞 *09 83 01 88 40*
– www.nina-restaurant.fr – Ferme dim. et lundi

😊 Bistrotters 🅽   AC

CUISINE CLASSIQUE · BISTRO 💥 Une bien jolie découverte que ce Bistrotters ins-tallé dans le sud du 14ᵉ, près du métro Plaisance. On célèbre ici la bistronomie et l'épicurisme avec des plats gourmands, travaillés, et de beaux produits – avec une préférence pour les petits producteurs d'Île-de-France. Cadre de bistrot et service décontracté.

Formule 32 € – Menu 29 € (déj. en semaine)/36 €

9 r. Decrès 🅜 *Plaisance –* 𝒞 *01 45 45 58 59 – www.bistrotters.com – Fermé dim. et lundi*

😊 Aux Enfants Gâtés   AC

CUISINE MODERNE · COSY 💥 Aux murs, des citations de grands chefs et quel-ques recettes montrent que le patron est allé à bonne école... De fait, sa cuisine est bien troussée, avec des jus et bouillons aux saveurs percutantes, et de bons produits du marché qui rafraîchissent les recettes, même les plus traditionnelles. Une jolie petite maison !

Formule 28 € – Menu 36 € – Carte environ 43 €

4 r. Danville 🅜 *Denfert Rochereau –* 𝒞 *01 40 47 56 81 – www.auxenfantsgates.fr – Fermé vacances de fév., août, vacances de Noël, dim. et lundi*

😊 Le Cornichon

CUISINE MODERNE · BISTRO 💥 L'affaire de deux passionnés : le premier, ingé-nieur informatique depuis toujours épris de restauration ; le second, jeune chef formé à bonne école. Ensemble, ils ont créé ce bistrot bien d'aujourd'hui. Beaux produits, jolies recettes, riches saveurs, etc. : ce Cornichon est plein de croquant et de peps !

Menu 35/50 € – Carte 45/86 €

34 r. Gassendi 🅜 *Denfert Rochereau –* 𝒞 *01 43 20 40 19 – www.lecornichon.fr – Fermé août, 1 semaine vacances de Noël, sam. et dim.*

🍽 Le Dôme

POISSONS ET FRUITS DE MER · ÉLÉGANT 💥💥💥 L'un des temples de la bohème littéraire et artistique des Années folles, dont le cadre Art déco est resté mythique. Poissons et fruits de mer sont d'une grande fraîcheur et préparés dans les règles de l'art.

Carte 75/140 €

108 bd Montparnasse 🅜 *Vavin –* 𝒞 *01 43 35 25 81*

🍽 Le Duc

POISSONS ET FRUITS DE MER · COSY 💥💥 On s'y croirait dans une cabine de yacht, à l'ambiance très surannée... Une large clientèle d'habitués de longue date affectionne l'adresse pour ses produits de la mer cuisinés avec soin et sim-plicité – un beurre émulsionné, une huile d'olive bien choisie, etc. – afin d'en révé-ler toute la fraîcheur. Un classique.

Menu 55 € (déj.) – Carte 70/167 €

243 bd Raspail 🅜 *Raspail –* 𝒞 *01 43 20 96 30 – www.restaurantleduc.com – Fermé 1ᵉʳ-24 août, 23 déc.-5 janv., dim. et lundi*

⫶○ La Coupole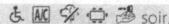

CUISINE TRADITIONNELLE · BRASSERIE ✗✗ Faut-il encore présenter cette brasserie mythique, emblème du Montparnasse des Années folles ? Née en 1927, elle eut pour habitués Kessel, Picasso, Man Ray, Sartre... Son splendide cadre Art déco, le ballet de ses serveurs, les incontournables de sa carte (banc d'écailler, curry d'agneau, etc.) : tout est intemporel.

Formule 31 € – Menu 38/60 € – Carte 40/78 €

102 bd Montparnasse Ⓜ *Vavin – ℰ 01 43 20 14 20 – www.lacoupole-paris.com*

⫶○ Kigawa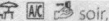

CUISINE TRADITIONNELLE · ÉLÉGANT ✗✗ Kigawa comme Michihiro Kigawa, le chef de cet établissement tout simple. Fort de son expérience dans un restaurant français à Osaka, le voilà à Paris pour vous régaler de pâté en croûte, pigeon rôti et autres beaux classiques de l'Hexagone, revisités avec tact.

Formule 22 € – Menu 47 € – Carte 45/80 €

186 r. du Château Ⓜ *Mouton Duvernet – ℰ 01 43 35 31 61 (réservation conseillée) – www.kigawa.fr – Fermé lundi midi et mardi*

⫶○ Maison Courtine

CUISINE MODERNE · CONVIVIAL ✗✗ Jadis bastion de la cuisine du Sud-Ouest bien connu entre Montparnasse et Alésia, la Maison Courtine est désormais un restaurant contemporain et intime. On y savoure une cuisine d'aujourd'hui rehaussée de touches méridionales.

Formule 26 € – Menu 40/46 €

157 av. du Maine Ⓜ *Mouton Duvernet – ℰ 01 45 43 08 04 – www.lamaisoncourtine.com – Fermé 1 semaine en fév., 3 semaines en août, lundi midi, sam. midi et dim.*

⫶○ Le Cette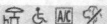

CUISINE TRADITIONNELLE · BISTRO ✗ "Cette", c'est l'ancienne graphie de Sète et... l'hommage du patron à sa ville d'origine. Il a confié les fourneaux de son restaurant à une équipe japonaise pleine d'allant, qui réalise une merveille de cuisine française : carré de veau, rattes et truffes d'été ; turbot rôti et bouillon de mer... Très savoureux.

Formule 20 € ⵜ – Menu 24 € (déj.) – Carte 46/70 €

7 r. Campagne-Première Ⓜ *Raspail – ℰ 01 43 21 05 47 – www.lecette.fr – Fermé 3 semaines en août, sam. et dim.*

⫶○ Bistrot Augustin Ⓝ

CUISINE TRADITIONNELLE · BISTRO ✗ Ce bistrot chic, au cadre intimiste, propose une cuisine du marché (et de saison) aux accents du sud, qui réveille la gourmandise. Un exemple : cette superbe côte de cochon du Périgord... Les produits sont ici à la fête, et nos appétits avec !

Menu 38 € – Carte 40/65 €

79 r. Daguerre Ⓜ *Gaîté – ℰ 01 43 21 92 29 – www.augustin-bistrot.fr – Fermé dim.*

⫶○ L'Assiette

CUISINE CLASSIQUE · BISTRO ✗ Une adresse franche et généreuse où l'on peut voir ce qui se trame en cuisine. Cassoulet maison, crevettes bleues obsiblue façon tartare, crème caramel au beurre salé, soufflé au chocolat... La cuisine de tradition prend l'accent bistrot chic.

Formule 23 € – Menu 35 € – Carte 45/65 €

181 r. du Château Ⓜ *Mouton Duvernet – ℰ 01 43 22 64 86 (réservation conseillée) – www.restaurant-lassiette.com – Fermé août, 1 semaine vacances de Noël, lundi et mardi*

↑○ Le Jeu de Quilles

CUISINE TRADITIONNELLE · CONVIVIAL ☓ Une adresse minuscule, conviviale et sans prétention... car l'essentiel se joue autour des produits ! On s'y fournit auprès des meilleurs commerçants du quartier : saumon d'Écosse, mousse d'avocat et blinis d'oursin au tarama, tarte fine poire et amande... L'ardoise est courte et savoureuse.

Formule 18 € – Menu 21 € (déj. en semaine), 38/50 € – Carte 32/65 €

45 r. Boulard **Ⓜ** *Mouton Duvernet – 𝒞 01 53 90 76 22 (réservation conseillée) – www.jdequilles.fr – Fermé 3 semaines en août, 24-29 déc., mardi midi, dim. et lundi*

↑○ La Cantine du Troquet Daguerre Ⓝ

CUISINE TRADITIONNELLE · BISTRO ☓ Les vertus cardinales du "troquet façon Etchebest" sont ici respectées à la lettre : zinc ouvragé, carrelage à l'ancienne, banquette et mur-ardoise, avec les incontournables œufs mayo. Sans oublier les spécialités, couteaux à la plancha, oreilles de cochon grillées et terrine de pâté de chez Ospital, bien entendu !

Carte 29/43 €

89 r. Daguerre **Ⓜ** *Gaîté – 𝒞 01 43 20 20 09 (sans réservation) – Fermé 9-24 août, sam. midi et dim.*

↑○ La Régalade

CUISINE TRADITIONNELLE · CONVIVIAL ☓ Un bistrot convivial, pour une cuisine du marché bien ficelée et généreuse, accompagnée de vins bien choisis. La Régalade ne désemplit pas et l'on sait pourquoi... Réservez !

Formule 31 € – Menu 37 €

49 av. Jean-Moulin **Ⓜ** *Porte d'Orléans – 𝒞 01 45 45 68 58 (réservation conseillée) – Fermé 1ᵉʳ-21 août, 1ᵉʳ-10 janv., lundi midi, sam. et dim.*

↑○ La Cagouille

POISSONS ET FRUITS DE MER · BISTRO ☓ Accord parfait entre le cadre d'inspiration marine et de beaux produits de la mer, à l'image des couteaux grillés au beurre citronné, des calamars frits ail et oignons ou de la dorade farcie à la tapenade... Belle collection de cognacs.

Formule 29 € – Menu 35/90 € ☗ – Carte 33/100 €

10 pl. Constantin-Brancusi **Ⓜ** *Gaîté – 𝒞 01 43 22 09 01 – www.la-cagouille.fr*

↑○ La Contre Allée

CUISINE MODERNE · BRASSERIE ☓ Sur une discrète contre-allée, l'adresse a tout du restaurant parisien traditionnel... Et pourtant ! On y découvre une vraie cuisine de cuisinier, joliment travaillée et qui fait résonner l'époque avec goût. Ambiance conviviale en prime : à découvrir sans contre-indication.

Formule 31 € – Menu 37/70 € ☗ – Carte 50/61 €

83 av. Denfert-Rochereau **Ⓜ** *Denfert Rochereau – 𝒞 01 43 54 99 86 – www.contre-allee.com – Fermé 2 semaines en août, 21-27 déc., sam. et dim.*

↑○ Les Petits Plats

CUISINE TRADITIONNELLE · BISTRO ☓ Moulures, miroirs, comptoir en bois, grande ardoise présentant les mets du moment : un petit bistrot élégant, dans son jus 1910, pour une cuisine canaille et familiale, où les belles viandes de l'Aubrac sont notamment à l'honneur. Formule originale : la possibilité de choisir des demi-portions. Joli choix de vins.

Formule 18 € – Carte 35/70 €

39 r. des Plantes **Ⓜ** *Alésia – 𝒞 01 45 42 50 52 (réservation conseillée) – Fermé 4-25 août et dim.*

¶○ L'Essentiel

CUISINE TRADITIONNELLE · BISTRO X Vous aimez les ambiances animées ? Ce café-bistrot est pour vous : dans sa petite salle souvent archi-comble, on mange… serrés comme des sardines ! La cuisine aussi invite à la convivialité, entre plats canailles et jolies recettes de saison. Le tout avec la belle sélection de vins. Oui, l'adresse sait cultiver l'Essentiel.

🌐 Formule 15 € – Menu 18 € (déj. en semaine) – Carte 27/34 €

168 r. d'Alesia ⓜ Plaisance – ℰ 01 45 42 64 80 (réservation conseillée)

¶○ Les Fils de la Ferme

CUISINE TRADITIONNELLE · BISTRO X Deux frères travaillent ici à quatre mains de bons produits de saison, dans un esprit bistrot contemporain. Pelmenis croustillants au gorgonzola, concombre et menthe poivrée ; filet de canette de Challans rôti aux pêches et risotto ; clafouti amandine aux mirabelles… appétissant !

Formule 25 € – Menu 35 € – Carte environ 42 €

5 r. Mouton-Duvernet ⓜ Mouton Duvernet – ℰ 01 45 39 39 61
– www.filsdelaferme.com – Fermé 3 semaines en août, 2 semaines début janv., dim. et lundi

¶○ La Cantine du Troquet

CUISINE TRADITIONNELLE · CONVIVIAL X Banquettes rouges, tables en bois et ardoise du jour : cette cantine respire la convivialité, et l'on se régale, par exemple, d'une terrine maison, d'oreilles de cochon grillées, de couteaux à la plancha, etc. Pas de réservation.

Menu 34 € – Carte 30/40 €

101 r. de l'Ouest ⓜ Pernety – ℰ 01 45 40 04 98 – Fermé 3 semaines en août, dim. et lundi

¶○ La Grande Ourse

CUISINE MODERNE · BISTRO X Plutôt séduisant, ce bistrot où le gris le dispute au prune et à l'orange. La carte fait la part belle au poisson, mais pas seulement ; les cuissons sont bien maîtrisées (gambas et morue), les saveurs franches (bouillon de tomate au gingembre), et les produits de toute première qualité. Menucarte plus étoffé au dîner.

Formule 19 € – Menu 23 € (déj.)/38 €

9 r. Georges-Saché ⓜ Mouton Duvernet – ℰ 01 40 44 67 85
– www.restaurantlagrandeourse.fr – Fermé août, sam. midi, dim. et lundi

¶○ Severo

VIANDES · BISTRO X La qualité de la viande – rassise sur place – et de la charcuterie est l'atout majeur de ce chaleureux bistrot, tenu par un ancien boucher. Les carnivores apprécieront également la belle carte des vins, ses bourgognes et ses côtes-du-rhône.

Carte 29/70 €

8 r. des Plantes ⓜ Mouton Duvernet – ℰ 01 45 40 40 91 (réservation conseillée)
– Fermé vacances de Pâques, 25 juil.-17 août, vacances de la Toussaint et de Noël, sam. et dim.

Hôtels

🏨 Pullman Montparnasse

BUSINESS · MODERNE Avec ses 957 chambres et sa cinquantaine de salles de réunion, c'est l'un des plus importants hôtels d'affaires de la capitale. Près de la moitié des chambres offrent une vue panoramique sur Paris ; toutes sont très confortables.

926 chambres – †159/517 € ††159/517 € – 31 suites – ⌷ 26 €

19 r. du Cdt-Mouchotte ⓜ Montparnasse Bienvenüe – ℰ 01 44 36 44 36
– www.pullmanhotels.com

Concorde Montparnasse

BUSINESS · MODERNE Sur la place de Catalogne, dessinée par Ricardo Bofill, cet hôtel contemporain, aux chambres spacieuses et fonctionnelles, est particulièrement adapté aux voyages d'affaires. Parmi ses prestations : un bar lounge, un restaurant (avec formules buffet) et un patio aménagé en terrasse.

354 chambres – ♦125/500 € ♦♦129/500 € – ☕ 19 € – ½ P

40 r. du Cdt-Mouchotte Ⓜ Gaîté – ✆ 01 56 54 84 00 – http://montparnasse.concorde-hotels.fr

Aiglon

URBAIN · PERSONNALISÉ L'immeuble est né pendant les Années folles et a accueilli Giacometti et Buñuel. En accord avec la façade, l'esprit des années 1920 a inspiré la décoration des chambres (motifs rétro, mosaïques des salles de bains, etc.), très chaleureuses et confortables.

36 chambres – ♦122/360 € ♦♦122/360 € – 10 suites – ☕ 18 €

232 bd Raspail Ⓜ Raspail – ✆ 01 43 20 82 42 – www.aiglon.com

Mercure Raspail Montparnasse

BUSINESS · MODERNE Tout près des brasseries légendaires du boulevard du Montparnasse, cet établissement rénové en 2014 propose des chambres confortables, autour des thèmes de Saint-Germain-des-Prés et des écrivains célèbres. Pour un séjour d'affaires ou week-end dans la capitale.

63 chambres – ♦99/265 € ♦♦99/265 € – ☕ 17 €

207 bd Raspail Ⓜ Vavin – ✆ 01 43 20 62 94 – www.mercure.com

Delambre

TRADITIONNEL · FONCTIONNEL Dans cet hôtel proche de la gare Montparnasse, le souvenir d'André Breton et de Paul Gauguin plâne encore... On pourra donc relire Nadja ou méditer sur l'école de Pont-Aven dans une chambre sobre et fonctionnelle, avant une belle promenade.

30 chambres – ♦99/185 € ♦♦99/199 € – ☕ 13 €

35 r. Delambre Ⓜ Edgar Quinet – ✆ 01 43 20 66 31 – www.hoteldelambreparis.com

Le M

URBAIN · ACTUEL Sur l'animée rue de la Gaîté, où s'est forgé le mythe du Montparnasse festif, cet hôtel ne lésine pas sur le confort des clients : bonne insonorisation, confort sûr et esprit contemporain... avec même dans quelques chambres des détails canailles, tels une moquette léopard et un escarpin en tableau. Les Montparnos auraient aimé !

61 chambres – ♦129/430 € ♦♦129/430 € – ☕ 19 €

20 bis r. de la Gaîté Ⓜ Gaieté – ✆ 01 40 47 48 49 – www.hotelmparis.com

Le Fabe

URBAIN · MODERNE De grandes photographies colorées veillent sur votre sommeil, donnant à chaque chambre sa personnalité. Un style très moderne et volontiers élégant, proposé à prix sage dans ce petit hôtel du quartier Pernety. Pour rester zen...

17 chambres – ♦110/200 € ♦♦110/200 € – ☕ 10 €

113 bis r. de l'Ouest Ⓜ Pernety – ✆ 01 40 44 09 63 – www.lefabehotel.fr

Châtillon Paris Montparnasse

URBAIN · FONCTIONNEL Les habitués de cet hôtel apprécient son calme, il faut dire que les chambres donnent sur un square au fond d'une impasse. Un certain charme donc pour une adresse impeccablement tenue, qui permet de bien se reposer à prix raisonnable. Mais chut...

31 chambres – ♦169/219 € ♦♦169/219 € – ☕ 13 €

11 square Châtillon Ⓜ Porte d'Orléans – ✆ 01 45 42 31 17 – www.hotelchatillon.fr

Hôtel de la Paix

TRADITIONNEL · PERSONNALISÉ Une maison de charme, que ses propriétaires décorent avec passion : les lieux regorgent d'objets chinés et de mobilier ancien ! Les chambres affichent un style sage, clair et coquet.

40 chambres – ♦90/138 € ♦♦195/220 € – ☲10 €
225 bd Raspail Ⓜ *Raspail – 𝒞 01 43 20 35 82*
– www.paris-montparnasse-hotel.com

9 Hotel Montparnasse

URBAIN · MODERNE Dans la rue Losserand, la façade blanche et épurée donne une idée de l'esprit des lieux : le confort en toute discrétion… Les chambres, sans être particulièrement spacieuses, sont bien équipées et ont du style. Demandez celles sur l'arrière, côté jardin, plus calmes.

42 chambres – ♦120/295 € ♦♦120/295 € – ☲12 €
76 r. Raymond-Losserand Ⓜ *Pernety – 𝒞 01 40 52 12 40*
– www.le9hotel-montparnasse.com

Apollon Montparnasse

URBAIN · FONCTIONNEL Dans ce quartier parisien préservé au sud de la gare Montparnasse, ce petit hôtel familial, entièrement rénové, allie fraîcheur et classicisme. On apprécie l'accueil chaleureux, et le petit-déjeuner pris dans une ancienne cave voûtée. Idéal pour un saut dans la capitale.

33 chambres – ♦100/110 € ♦♦150/180 € – ☲12 €
91 r. de l'Ouest Ⓜ *Pernety – 𝒞 01 43 95 62 00 – www.paris-hotel-paris.net*

Porte de Versailles · Vaugirard · Beaugrenelle

✉ 75015

15ᵉ ARRONDISSEMENT

Delphotostock/ Fotolia.com

Restaurants

Le Quinzième - Cyril Lignac

CUISINE MODERNE · ÉLÉGANT XxX Aucun doute, les assiettes siglées Lignac font belle impression : esthétiquement très abouties, elles révèlent des associations de saveurs originales et flatteuses. Ainsi ces trois superbes noix de Saint-Jacques d'une fraîcheur incomparable, avec leur purée de carotte et clémentines de Corse… Un régal.

➜ Foie gras de canard des Landes poêlé, vinaigrette aigre-douce. Homard au beurre de corail, petits pois et framboise, crème de homard à la menthe. Crémeux chocolat Caraïbes et fruits exotiques, sorbet litchi et streusel.

Menu 60 € (déj.), 120/150 €
14 r. Cauchy Ⓜ *Javel – 𝒞 01 45 54 43 43 – www.restaurantlequinzieme.com*
– Fermé 2 semaines en août, sam. et dim.

Neige d'Été (Hideki Nishi)

CUISINE MODERNE • MINIMALISTE XX Neige d'Été... Un nom d'une poésie toute japonaise, et pour cause : l'adresse, née mi-2014, est l'œuvre d'un jeune chef nippon, Hideki Nishi, venu du George V. Un nom qui annonce aussi des jeux de contraste et une forme d'épure : un travail en justesse et en contrepoints, qui brille comme la neige en été...

→ Cuisine du marché.

Menu 40 € (déj.), 70/100 €

12 r. de l'Amiral-Roussin Ⓜ Avenue Émile Zola – ✆ 01 42 73 66 66 (réservation conseillée) – www.neigedete.fr – Fermé 2 semaines en août, 1 semaine vacances de Noël, dim. et lundi

L'Atelier du Parc

CUISINE MODERNE • À LA MODE XX Cet Atelier impose son style contemporain chic et sa belle cuisine inventive dans un quartier inattendu, face au parc des expositions. Saumon mi-fumé par nos soins, poutargue et sorbet granny-smith ; entremet noix de coco et pistache, sorbet griotte, etc. Du travail dans l'assiette et une vraie recherche de la différence !

Formule 22 € – Menu 27 € (déj. en semaine), 36/85 € – Carte 50/73 €

35 bd Lefèbvre Ⓜ Porte de Versailles – ✆ 01 42 50 68 85 – www.atelierduparc.fr – Fermé 2 semaines en août, lundi midi et dim.

Le Pario

CUISINE MODERNE • CONVIVIAL XX Eduardo Jacinto, jeune chef brésilien formé chez Constant, a imaginé ce Pario, une table à égale distance de Paris et Rio. Comment définir son talent ? En parcourant la carte : tartare de bar, saumon et huîtres ; pressé de paleron de bœuf et foie gras aux éclats de noix de cajou, gibier en saison... Fin et équilibré !

Formule 20 € – Menu 35 € – Carte 35/68 €

54 av. Émile-Zola Ⓜ Charles Michels – ✆ 01 45 77 28 82 (réservation conseillée) – www.lepario.com – Fermé dim.

Le Troquet

CUISINE TRADITIONNELLE • RÉTRO X Le "troquet" dans toute sa splendeur : décor bistrotier usé par les ans, banquettes en moleskine, ardoises, miroirs, petites tables invitant à la convivialité, etc. On vient ici autant pour l'atmosphère que pour la cuisine. Une cuisine délicieuse, concoctée avec des produits ultrafrais... et l'accent du Sud-Ouest !

Menu 32 € (déj.), 34/40 € – Carte environ 35 € déjeuner

21 r. François-Bonvin Ⓜ Cambronne – ✆ 01 45 66 89 00 – Fermé 1 semaine en mai, 3 semaines en août, 1 semaine en déc., dim. et lundi

Beurre Noisette

CUISINE TRADITIONNELLE • CONVIVIAL X Un bistrot chaleureux... et délicieux ! Thierry Blanqui puise son inspiration au marché : pâté en croûte de canard et foie gras, épaule d'agneau de lait mitonnée en cocotte et légumes de saison, et aussi de belles recettes canailles ! Un pied dans la tradition, l'autre dans la nouveauté : on se délecte...

Formule 23 € – Menu 32 € (déj.), 36/55 €

68 r. Vasco-de-Gama Ⓜ Lourmel – ✆ 01 48 56 82 49 (réservation conseillée) – Fermé 7-15 août, dim. et lundi

Le Vitis Ⓝ

CUISINE TRADITIONNELLE • BISTRO X Les frères Delacourcelle, que l'on avait connus au Pré Verre (dans le 5e arrondissement), sont de retour avec ce nouveau bistrot de poche. Ils nous régalent de recettes bien tournées, franches et parfumées : hure de cochon snackée servie avec une purée de dattes, cochon de lait fondant aux épices douces... Excellent !

Formule 16 € 🍷 – Carte 32/47 €

8 r. Falguière Ⓜ Falguière – ✆ 01 42 73 07 02 (réservation conseillée) – www.levitis.fr – Fermé 2 semaines en août, 24 déc.-3 janv., dim. et lundi

L'Os à Moelle

CUISINE TRADITIONNELLE · CONVIVIAL X Après avoir passé la main quelques années (pour se concentrer sur son Barbezingue, à Châtillon), Thierry Faucher reprend son Os à Moelle, où il fut l'un des précurseurs de la bistronomie. Caille rôtie au lard paysan et son œuf accompagné de lentilles vertes du Puy, soupe du jour... C'est simple et bon : on se régale !

Formule 20 € – Menu 32/60 € – Carte environ 35 €

3 r. Vasco-de-Gama ◍ *Lourmel – ℰ 01 45 57 27 27 – Fermé 3 semaines en août, dim. et lundi*

Le Casse Noix

CUISINE TRADITIONNELLE · BISTRO X Vieilles affiches, pendules et meubles vintage : le décor est planté. Côté petits plats, l'authenticité prime aussi : charcuteries et boudin en provenance directe de chez le papa du chef, Meilleur Ouvrier de France à Orléans ; délicieuse cuisine canaille, bons vins... Ce Casse Noix casse des briques !

Formule 21 € – Menu 34/50 €

56 r. de la Fédération ◍ *Bir-Hakeim – ℰ 01 45 66 09 01 – www.le-cassenoix.fr – Fermé 3 semaines en août, 1 semaine vacances de Noël, sam. et dim.*

Benkay

JAPONAISE · ÉLÉGANT XXX Sur le front de Seine – avec une vue plongeante sur le fleuve –, l'élégant Benkay honore la gastronomie japonaise avec art ! On opte au choix pour le teppanyaki (cette plaque chauffante où les mets sont cuisinés minute) ou la formule "washoku" (service à table). Sans parler du comptoir à sushis, tout simplement divin...

Menu 59 € (déj.), 130/160 € – Carte 93/190 €

Novotel Tour Eiffel, 61 quai de Grenelle ◍ *Bir-Hakeim – ℰ 01 40 58 21 26 – www.restaurant-benkay.com – Fermé 24 juil.-24 août*

Gwon's Dining

CORÉENNE · ÉLÉGANT XX Le propriétaire est philosophe, sa femme sociologue : en ouvrant cet établissement élégant, ils ont souhaité faire connaître les saveurs les plus fines de leur pays. Ici, la gastronomie coréenne enchante la diaspora... et les novices !

Carte 45/55 €

51 r. Cambronne ◍ *Cambronne – ℰ 01 47 34 53 17 – Fermé le midi*

La Gauloise

CUISINE TRADITIONNELLE · ÉLÉGANT XX Une brasserie Belle Époque au doux parfum de vie parisienne d'autrefois. Au menu : fricassée d'escargots, œuf mollet et sa frisée aux lardons, pot-au-feu à la viande d'Aubrac, Paris-Brest, etc. Un lieu qu'on apprécie aussi pour sa jolie terrasse.

Formule 25 € – Menu 30 € – Carte 38/72 €

59 av. La Motte-Picquet ◍ *La Motte Picquet Grenelle – ℰ 01 47 34 11 64*

L'Inattendu

CUISINE TRADITIONNELLE · COSY XX Dans ce restaurant à la fois feutré et élégant œuvrent deux associés expérimentés et férus de qualité. Au menu : ravioles de langoustine à la crème d'estragon, fine tête de veau aux épices, ris de veau poêlé aux morilles, etc. Des propositions canailles, bien ficelées et parfois... inattendues.

Formule 20 € – Menu 37/50 €

99 r. Blomet ◍ *Vaugirard – ℰ 01 55 76 93 12 – www.restaurant-inattendu.fr – Fermé dim. et lundi*

Fontanarosa

ITALIENNE · TRADITIONNEL XX Oubliés le métro aérien et l'agitation urbaine, cap sur l'Italie ! Ici, le soleil s'invite dans l'assiette : honneur aux plats transalpins et aux spécialités sardes... Dont une bonne partie (pâtes, vins, gappa, huile d'olive) est aussi disponible à la boutique.

Menu 21 € (déj.)/30 € – Carte 49/69 €

28 bd Garibaldi Ⓜ *Cambronne* – ℰ *01 45 66 97 84*
– www.restaurant-fontanarosa.eu

Le Court-Bouillon

CUISINE MODERNE · COSY XX Foie gras de canard au sel de Guérande ; ravigote de crabe et salade d'herbes ; asperges au jus de veau, copeaux de parmesan et ail des ours ; tiramisu aux framboises... Dans ce petit restaurant, on se régale de bons plats réalisés avec savoir-faire et passion par un chef expérimenté.

Formule 39 € – Menu 47 € – Carte 50/60 €

51 r. du Théâtre Ⓜ *Avenue Émile Zola* – ℰ *01 45 77 08 18*
– www.lecourtbouillon.com – Fermé 9-28 août, vacances de Noël, sam. midi, dim. et lundi

Eclectic Ⓝ

CUISINE MODERNE · DESIGN X Cette brasserie chic, installée dans le nouveau centre commercial Beaugrenelle, se distingue autant par son décor original revisitant les années 1970 (signé Tom Dixon) que par sa cuisine, qui jongle joliment entre cultures et saveurs, comme avec ce saumon "new style" sauce uzupon. Belle terrasse ouverte sur les quais.

Formule 33 € – Menu 37 € 🍷 (déj. en semaine) – Carte 35/70 €

7 r. Linois Ⓜ *Charles Michel* – ℰ *01 77 36 70 00* – *www.restauranteclectic.fr*

Intuition Gourmande

CUISINE TRADITIONNELLE · RÉTRO X Le savoir-faire d'un chef passé par la case Gagnaire, la qualité de ses produits : cela compte bien sûr, mais que seraient ses recettes si elles n'étaient inspirées... par la gourmandise ? Telle est la leçon de ce sympathique bistrot : terrine de lapin, lotte lardée aux légumes de printemps, tiramisu au beurre salé, etc.

Formule 18 € – Menu 35 € – Carte environ 41 €

4 r. Pétel Ⓜ *Vaugirard* – ℰ *01 45 32 58 76* – *www.intuition-gourmande.com*
– Fermé 2 semaines en août, dim. et lundi

Ida by Denny Imbroisi Ⓝ

CUISINE MODERNE · BISTRO X Une table petite par la taille... mais grande par la cuisine. Dans un sympathique décor de trattoria, on se régale de recettes composées au gré du marché et rendant hommage aux belles saveurs italiennes et françaises. Quelques touches actuelles viennent couronner le tout : un vrai plaisir de bout en bout !

Menu 30 € (déj. en semaine), 42/65 € – Carte 30/50 €

117 r. de Vaugirard Ⓜ *Falguière* – ℰ *01 56 58 00 02 (réservation conseillée)*
– www.restaurant-ida.com – Fermé 3 semaines en août, vacances de Noël et dim.

Le Clos Y

CRÉATIVE · DESIGN X Élégamment posés les uns à côté des autres, couverts à la française et baguettes à la japonaise semblent dialoguer sur les tables... Un véritable symbole ! Qualité des produits, soin d'exécution, recherche de la subtilité : Yoshitaka Ikeda révèle, s'il le fallait encore, toutes les affinités des gastronomies française et japonaise.

Formule 23 € – Menu 45 € (dîner)/60 €

27 av. du Maine Ⓜ *Montparnasse Bienvenüe* – ℰ *01 45 49 07 35* – *www.leclosy.com*
– Fermé dim. midi et lundi

Le Concert de Cuisine `A/C`

CRÉATIVE · MINIMALISTE X La salle de concert ? Très simple, sans chichi ni folklore japonisant. Et le chef d'orchestre ? Sous vos yeux, il réalise une belle cuisine fusion, créant des recettes très personnelles basées sur la technique du teppanyaki. Jolie mélodie !

Formule 27 € – Menu 33 € (déj.), 46/63 €

14 r. Nélaton Ⓜ *Bir-Hakeim –* ℰ *01 40 58 10 15 (réservation conseillée) – Fermé 7-28 août, lundi midi, sam. midi et dim.*

Le Grand Pan

VIANDES · BISTRO X Un bistrot de quartier qu'aurait pu fréquenter Georges Brassens, qui habita tout près. À l'ardoise, de belles viandes accompagnées de mesclun ou de frites maison, du homard, des Saint-Jacques... des produits d'une indéniable qualité, respectueux de la saison.

Menu 30 € (déj.) – Carte 35/60 €

20 r. Rosenwald Ⓜ *Plaisance –* ℰ *01 42 50 02 50 – www.legrandpan.fr – Fermé 1 semaine en mai, 1ᵉʳ-25 août, vacances de Noël, sam. et dim.*

Stéphane Martin `A/C` ✻ ⇔

CUISINE MODERNE · CONVIVIAL X Une adresse bien connue des gourmets de la rive gauche. Cadre cosy et de bon goût, appétissantes recettes canailles revisitées : c'est un vrai plaisir de s'y attabler pour déguster un émincé de foie gras de canard cru aux herbes folles, un jarret de porc braisé au miel d'épices, ou encore du gibier en saison...

Menu 30 € (déj. en semaine)/38 € – Carte 49/75 €

67 r. des Entrepreneurs Ⓜ *Charles Michels –* ℰ *01 45 79 03 31 – www.stephanemartin.com – Fermé 24 avril-2 mai, 31 juil.-22 août, 24 déc.-4 janv., dim. et lundi*

Le Un, Bistrot Gourmand Ⓝ

CUISINE MODERNE · BISTRO X Le chef, Christophe Alloy, compose de bonnes recettes qui rendent hommage à la tradition bistrotière, avec quelques touches originales : œuf poché cocotte, aubergine, émulsion au chorizo ; "langue de chat" de bœuf aux échalotes confites et pommes grenailles... Une ode au métissage culinaire et à l'harmonie des saveurs.

Formule 24 € – Menu 35 € – Carte 37/49 €

1 r. Lefèbvre Ⓜ *Porte de Versailles –* ℰ *01 42 50 82 16 – www.leunbistrot.fr – Fermé lundi soir et dim.*

La Cantine du Troquet Dupleix

CUISINE TRADITIONNELLE · BISTRO X Création de Christian Etchebest, cette Cantine du Troquet version Dupleix surfe sur une recette éprouvée : pourquoi s'en plaindre ? Comme dans le 14ᵉ, la carte joue sur un registre mi-brasserie mi-bistrot qui mise tout sur des recettes bien tournées... où transparaissent les origines basques du patron. En toute convivialité.

Carte 30/50 €

53 bd de Grenelle Ⓜ *Dupleix –* ℰ *01 45 75 98 00*

Jadis

CUISINE TRADITIONNELLE · BISTRO X "Jadis" et pourtant tellement d'aujourd'hui ! Ce bistrot est à l'image de son jeune chef, sympathique et plein d'entrain. Ses spécialités ? Terrine de saison, bisque de crustacés nappée d'une chantilly de raifort et accompagnée de billes de harengs, jambon braisé au porto... Le tout accompagné d'un bon vin !

Carte 34/67 €

208 r. de la Croix-Nivert Ⓜ *Convention –* ℰ *01 45 57 73 20 – www.bistrotjadisparis.com – Fermé sam. et dim.*

🍴○ 750g La Table ⓝ

CUISINE TRADITIONNELLE · SIMPLE ✗ Damien Duquesne, fondateur du site de recettes 750g.com, a ouvert ce restaurant pour partager dans le "monde réel" sa passion pour les belles saveurs. Grand bien lui en a pris ! L'idée : proposer des plats sans chichis, à base de produits frais et de saisons, dans un esprit familial et convivial. Pari gagnant.

Formule 20 € – Menu 24 €

*397 r. de Vaugirard ⓜ Porte de Versailles – ☏ 01 45 30 18 47
– www.750glatable.com*

🍴○ Axuria

CUISINE MODERNE · COSY ✗ Axuria, c'est l'agneau de lait des Pyrénées, en basque... Et le Pays basque, c'est précisément la région du chef, Olivier Amestoy, qui signe une cuisine fraîche, centrée sur le produit, nourrie de classiques et néanmoins personnelle. Sa spécialité ? L'agneau de lait des Pyrénées rôti au thym et à l'ail, bien sûr !

Formule 26 € – Menu 37 € (dîner) – Carte 43/58 €

54 av. Félix-Faure ⓜ Boucicaut – ☏ 01 45 54 13 91 – www.axuria-restaurant.fr

🍴○ Afaria

CUISINE TRADITIONNELLE · BAR À VIN ✗ On opte pour de belles tapas (uniquement au comptoir), ou pour des plats gourmands et créatifs : terrine d'artichaut au lard fumé et au vieux comté, magret de canard cuit aux sarments de vigne, cuisse de sanglier farcie au chorizo... Afaria signifie "À table" en basque, le message est clair !

Formule 23 € – Menu 27 € (déj. en semaine)/45 € – Carte 35/51 €

15 r. Desnouettes ⓜ Convention – ☏ 01 48 42 95 90 – www.afaria.fr – Fermé 31 juil.-22 août, vacances de Noël, dim. et lundi

🍴○ L'Ardoise du XV

CUISINE MODERNE · BISTRO ✗ Os à moelle en tartine, noix de Saint-Jacques de Bretagne cuites à la plancha, volaille rôtie au foie gras, millefeuille à la vanille... Des intitulés bien représentatifs de cette Ardoise nichée à l'ouest du 15ᵉ, et qui se révèlent dans des assiettes fraîches et savoureuses ! Décor bistrotier tout en sobriété.

Formule 19 € – Menu 24 € (déj. en semaine)/35 € – Carte 34/49 €

*70 r. Sébastien-Mercier ⓜ Charles Michels – ☏ 01 45 78 91 38
– www.lardoiseduxv.fr – Fermé août, 1 semaine vacances de Noël, dim. soir et lundi*

🍴○ Yanasé

JAPONAISE · EXOTIQUE ✗ Yanasé ? C'est un cèdre du sud de l'archipel nippon. Dans un intérieur épuré et serein, on se régale des traditionnels sushis, sashimis et brochettes (de poisson et de viande), mais aussi d'un menu autour de l'anguille. Avec, comme il se doit, le spectacle des cuisiniers qui s'affairent aux fourneaux.

👓 Menu 20 € (déj. en semaine)/50 € – Carte 38/76 €

75 r. Vasco-de-Gama ⓜ Lourmel – ☏ 01 42 50 07 20 – Fermé 2 semaines en août, dim. et lundi

🍴○ Le Mûrier

CUISINE TRADITIONNELLE · TRADITIONNEL ✗ Le Mûrier séduit avec ses petits airs de chaleureux troquet de quartier, tout simplement convivial... On y sert une cuisine d'esprit traditionnel, goûteuse et soignée, et l'accueil est charmant.

Formule 21 € – Menu 24 € (déj.)/27 €

42 r. Olivier-de-Serres ⓜ Convention – ☏ 01 45 32 81 88 – Fermé 3 semaines en août, sam. et dim.

ⅼ○ Tipaza ⓃY

NORD-AFRICAINE · EXOTIQUE Ⅹ A peine poussée la porte de ce discret restaurant, la magie opère : murs en stuc blanc, tableaux orientaux, parfum de bouillons, de légumes et d'épices... Pas de doute, vous êtes au Maghreb ! Dans l'assiette, couscous berbères ou tajines patiemment mijotés réjouiront vos papilles. Dépaysement garanti.

Formule 15 € – Menu 24/35 € Ⓨ – Carte 26/36 €

155 r. St-Charles Ⓜ *Boucicaut –* ℘ *01 45 54 01 17 – www.tipaza.fr*

ⅼ○ Chez Mademoiselle ⓄY

RUSSE · BISTRO Ⅹ Chez Mademoiselle, les goûts sont sûrs et les rations généreuses ! Et comme il s'agit de cuisine russe et kazakhe, sachez que vous ne sortirez pas de table en ayant faim. Goûtez à la salade russe d'Olivier et au bœuf Strogonoff : tout ici est au service de la gourmandise et de la convivialité. Nazdarovie !

Menu 27/35 €

21 r. Mademoiselle Ⓜ *Commerce –* ℘ *01 48 28 50 79*
– www.chezmademoiselle-parisastana.fr – Fermé août, dim. et lundi

Hôtels

🏨 Pullman Paris Tour Eiffel   ☆ ⤂ 🛋 ⊟ ⅋ 🄰🄲 🕍 ⌂

HÔTEL DE CHAÎNE · DESIGN Ce grand bâtiment des années 1960 bénéficie avant tout d'un emplacement exceptionnel, quasiment au pied du plus célèbre monument de Paris ! On y dort dans de grandes chambres épurées et lumineuses, dont certaines disposent d'un balcon avec vue sur la tour. Superbe espace fitness.

421 chambres – 🛉260/1200 € 🛉🛉260/1200 € – 9 suites – ⌫ 26 €

18 av. de Suffren Ⓜ *Bir-Hakeim –* ℘ *01 44 38 56 00 – www.pullmanhotels.com*

🏨 Novotel Tour Eiffel   ☆ ⤂ 🖻 🛋 ⊟ ⅋ 🄰🄲 🕍 ⌂

HÔTEL DE CHAÎNE · MODERNE Le front de Seine et ses tours des années 1970, parmi lesquelles ce Novotel de facture contemporaine disposant d'un centre de conférence high-tech. Le plus : la majorité des chambres donnent sur le fleuve.

758 chambres – 🛉149/430 € 🛉🛉149/860 € – 6 suites – ⌫ 20 € – ½ P

61 quai de Grenelle Ⓜ *Bir-Hakeim –* ℘ *01 40 58 20 00*
– www.restaurant-benkay.com

ⅼ○ **Benkay** – voir les restaurants ci-dessus

🏨 Mercure Paris Centre Tour Eiffel   ☆ 🛋 ⊟ ⅋ 🄰🄲 🕍 🄿

HÔTEL DE CHAÎNE · MODERNE Un vaste Mercure rénové dans un esprit d'aujourd'hui, avec un restaurant, des salles de réunion, un fitness ouvert 24h/24... Atout typiquement parisien : les chambres des étages supérieurs offrent une jolie vue sur la tour Eiffel.

394 chambres – 🛉155/720 € 🛉🛉275/840 € – 11 suites – ⌫ 20 €

20 r. Jean-Rey Ⓜ *Bir-Hakeim –* ℘ *01 45 78 50 00 – www.mercure.com*

🏨 Vice Versa   ⊟ ⅋ 🄰🄲

URBAIN · PERSONNALISÉ Avarice, gourmandise, orgueil, luxure, colère, paresse et envie : les chambres de cet hôtel décoré par Chantal Thomas illustrent les sept péchés capitaux ! Pour y accéder, traversez le hall aux airs de paradis. En revanche, si vous descendez au sous-sol pour profiter du hammam, vous voilà en enfer... Diablement inspiré !

37 chambres – 🛉115/365 € 🛉🛉115/365 € – ⌫ 15 €

213 r. de la Croix-Nivert Ⓜ *Porte de Versailles –* ℘ *01 55 76 55 55*
– www.viceversahotel.com

Ares

TRADITIONNEL • PERSONNALISÉ Un soupçon de baroque, une touche de cachet parisien, un bel esprit feutré... pour un hôtel chic et cossu, tout près de la tour Eiffel – certaines chambres donnent d'ailleurs sur la Grande Dame ! On profite aussi d'un accès gratuit à la salle de gym voisine.

40 chambres – 🚹190/650 € 🚹🚹190/650 € – ☕18 €

7 r. Général-Larminat Ⓜ La Motte-Piquet Grenelle – ✆ 01 47 34 74 04 – www.ares-paris-hotel.com

Platine

URBAIN • PERSONNALISÉ Blonde... Platine comme Marilyn Monroe à laquelle cet hôtel rend hommage. Les chambres sont confortables et bien tenues ; préférez celles avec un lit rond... Glamour à souhait ! Agréable espace détente au sous-sol. Une bonne adresse pour cultiver la "poupoupidou" attitude.

46 chambres – 🚹129/315 € 🚹🚹149/415 € – ☕15 €

20 r. de l'Ingénieur-Robert-Keller Ⓜ Charles Michels – ✆ 01 45 71 15 15 – www.platinehotel.fr

Tourisme Avenue Ⓝ

URBAIN • MODERNE Une avenante façade blanche, une situation idéale à deux pas de La Motte-Picquet-Grenelle, des chambres soignées et bien isolées : voilà quelques-uns des atouts de cet hôtel familial, rénové en 2014. Et pour les amateurs de "sensations", toilettes à la japonaise !

55 chambres – 🚹99/219 € 🚹🚹99/349 € – ☕12 €

66 av. La Motte-Picquet Ⓜ La Motte-Picquet Grenelle – ✆ 01 47 34 28 01 – www.hoteltourismeavenue.com

Vic Eiffel Ⓝ

URBAIN • COSY Judicieusement situé au pied du métro Sèvres-Lecourbe, aux frontières du 7e arrondissement, cet hôtel lumineux joue la carte moderne et cosy, avec une salle de petit-déjeuner sous véranda et des chambres confortables aux couleurs apaisantes.

30 chambres – 🚹109/199 € 🚹🚹129/259 € – ☕14 €

92 bd Garibaldi Ⓜ Sèvres Lecourbe – ✆ 01 53 86 83 83 – www.viceiffel.com

First

URBAIN • DESIGN Face au métro aérien, un décor "black and white" tout en contraste pour cet hôtel à l'esprit résolument design. Les chambres ont du style, c'est indéniable, et certaines (dès le 3eétage) ont vue sur la tour Eiffel...

42 chambres – 🚹119/299 € 🚹🚹139/629 € – ☕15 €

2 bd Garibaldi Ⓜ Cambronne – ✆ 01 43 06 93 26 – www.firsthotelparis.com

Eiffel Cambronne

URBAIN • FONCTIONNEL Un hôtel sympathique avec des chambres classiques et bien tenues (plus calmes sur l'arrière), et un salon douillet qui invite à la lecture de son journal... Le plus : le copieux petit-déjeuner servi sous une jolie verrière.

30 chambres – 🚹109/309 € 🚹🚹109/309 € – 1 suite – ☕13 €

46 r. Croix-Nivert Ⓜ Avenue Emile Zola – ✆ 01 56 58 56 78 – www.eiffel-cambronne.fr

Mercure Paris 15 Porte de Versailles

HÔTEL DE CHAÎNE • MODERNE Tout près de la porte de Versailles, mais au calme, un Mercure récent et accueillant, avec des chambres confortables. On prend son petit-déjeuner dans une véranda qui donne sur un jardinet fleuri... Plutôt agréable avant une réunion !

54 chambres – 🚹140/350 € 🚹🚹140/350 € – 2 suites – ☕17 €

6 r. St-Lambert Ⓜ Boucicaut – ✆ 1 45 58 61 00 – www.mercure.com

⌂ **Eden**    🛏 ⬍ & A/C

BUSINESS · COSY Situé au cœur du 15ᵉ arrondissement, ce petit hôtel a bénéficié d'une rénovation complète pour offrir à sa clientèle le meilleur confort possible. Les chambres sont coquettes et le petit espace fitness bienvenu. Mini patio dans la cour de l'immeuble.

37 chambres – ♦94/250 € ♦♦94/250 € – � 11 €
110 r. Blomet Ⓜ *Vaugirard*
– ☎ 01 48 28 13 95 – www.hoteledenparis.com

Trocadéro · Étoile · Passy · Bois de Boulogne

✉ 75016

16ᵉ ARRONDISSEMENT

ekash/E+/Getty Images

Restaurants

❀❀❀ **Le Pré Catelan**   🎨 ⇔ & A/C 🍸 ✿ 🕯 🅿

CRÉATIVE · LUXE ✕✕✕✕✕ Œil vif, geste sûr : impossible de distinguer, dans les créations de Frédéric Anton, la technique exigeante de l'intuition fulgurante. Si chaque assiette est un chef-d'œuvre, toutes s'érigent en monuments de plaisir – plaisir sensible et communicatif – à déguster, au cœur du bois, dans un décor de fête blanc et argent.

➜ Langoustine en ravioli, bouillon à l'huile d'olive et en nem frit. Crabe parfumé au curry, crème légère au caviar, saveur thaïe. Pomme soufflée croustillante, crème glacée au caramel

Menu 130 € (déj.), 220/280 € – Carte 250/300 €
au Bois de Boulogne - rte de Suresnes ✉ 75016
– ☎ 01 44 14 41 14 – www.precatelanparis.com
– Fermé 21 fév.-7 mars, 31 juil.-22 août, 23-31 oct., dim. et lundi

---

❀❀❀ **Astrance** (Pascal Barbot)   🎨 A/C

CRÉATIVE · MINIMALISTE ✕✕✕ Chaque service est un éblouissement, chaque assiette une symphonie. Le chef-artiste réinvente la cuisine pour une représentation unique : sans carte ni menu, on se laisse surprendre par des créations qui subjuguent les sens, et dont les produits livrent leurs plus belles confidences. Impossible de réserver plus d'un mois à l'avance.

➜ Ravioles de butternut, amande amère et chair de crabe épicée. Turbot vapeur, beurre noisette et miso blanc, jeunes poireaux. Tartelette aux agrumes, streusel au sucre muscovado.

Menu 70 € (déj.), 150/230 €
4 r. Beethoven ✉ 75016 Ⓜ *Passy*
– ☎ 01 40 50 84 40 (réservation conseillée) – www.astrancerestaurant.com
– Fermé 25 juil.-26 août, 1 semaine en nov., vacances de Noël, sam., dim., lundi et fériés

❀❀ L'Abeille

CUISINE MODERNE · LUXE XxxX Le "restaurant français" du Shangri-La, baptisé ainsi en hommage à l'emblème napoléonien. La grande tradition hexagonale est logiquement à l'honneur : sous l'égide de Christophe Moret, chef au grand savoir-faire, la carte se fait chantre du beau classicisme et de la noblesse des produits. Une table au goût de miel...

→ Oursin et caviar en délicate royale. Homard rôti, primeurs au sautoir, sucs savoureux. Citron de pays confit, perles du Japon au thé matcha d'Uji.

Menu 88 € (déj.), 195/230 € ☍ – Carte 165/195 €

Hôtel Shangri-La, 10 av. d'Iéna ⊠ 75116 Ⓜ Iéna – ℰ 01 53 67 19 90
– www.shangri-la.com – Fermé août, 20-30 déc., mardi midi, merc. midi, sam. midi, dim. et lundi

❀❀ Mathieu Pacaud - Histoires Ⓝ

CRÉATIVE · ÉLÉGANT XxxX Il aura fallu de nombreux mois à Mathieu Pacaud et son équipe pour explorer d'innombrables combinaisons et faire éclore une carte inédite et bien ciselée. Le chef met à profit de nombreuses techniques – infusion, macération, déglaçage, marinade – et réalise des assiettes innovantes : chaque plat est une expérience !

→ Écrevisses pattes rouges, gaspacho de cerise burlat et dentelle russe rouge. Volaille de Bresse déglacée au xérès, gnocchis à la sauge. Chocolat madong, croquant chocolat blanc et glace mascarpone.

Menu 95 € (déj.), 195/250 € – Carte 220/290 €

85 av. Kléber ⊠ 75016 Ⓜ Trocadéro – ℰ 01 70 98 16 35 (réservation conseillée)
– www.histoires-paris.fr – Fermé 27 fév.-7 mars, 1ᵉʳ-29 août, dim., lundi et mardi midi

❀ St-James Paris

CUISINE MODERNE · CLASSIQUE XxxX Un établissement exclusif, à l'atmosphère de club privé anglais... Le cadre est superbe, aussi chic qu'élégant avec ses boiseries, ses tissus mordorés, son haut plafond en trompe l'œil et son jardin très secret. La cuisine est à l'avenant, délicate, précise et bien construite. Un lieu qui ne manque pas de goût...

→ Tartare de bar et huîtres, crème légère au citron et caviar. Dos de cabillaud cuit au plat, légumes de saison, beurre citron-mélisse. Café moka d'Éthiopie en crème légère, fines feuilles de chocolat dulcey, crème glacée à la fève tonka.

Menu 135 € – Carte 106/155 €

Hôtel St-James Paris, 43 av. Bugeaud ⊠ 75116 Ⓜ Porte Dauphine
– ℰ 01 44 05 81 81 – www.saint-james-paris.com – Fermé dim. soir et le midi

❀ La Grande Cascade

CUISINE MODERNE · CLASSIQUE XxxX Un charmant pavillon 1850, à quelques pas de la Grande Cascade du bois de Boulogne. Déguster une cuisine raffinée sous sa majestueuse rotonde ou sur sa ravissante terrasse est un plaisir d'une élégance rare...

→ Tourteau au naturel, fine gelée iodée, chou-fleur, caviar d'Aquitaine. Carré d'agneau de Lozère au piment d'Espelette, épaule en pastilla et aubergine riviera. Chocolat grand cru de République Dominicaine, sorbet cacao.

Menu 79/192 € – Carte 140/190 €

au Bois de Boulogne - allée de Longchamp ⊠ 75016 – ℰ 01 45 27 33 51
– www.restaurantsparisiens.com – Fermé 19 déc.-9 janv.

❀ Hiramatsu

CUISINE MODERNE · ÉLÉGANT XxxX Sous son enseigne japonaise, Hiramatsu honore la cuisine française avec inventivité et talent. Dans un cadre très élégant, la haute gastronomie s'exprime à travers un menu unique ("carte blanche" le soir), qui change chaque mois au gré du marché.

→ Cuisine du marché.

Menu 48 € (déj.), 75/115 €

52 r. Longchamp ⊠ 75116 Ⓜ Trocadéro – ℰ 01 56 81 08 80 (réservation conseillée)
– www.hiramatsu.co.jp – Fermé août, 24 déc.-2 janv., sam. et dim.

Shang Palace   🕭 AC ⇄ 🍴

CHINOISE · EXOTIQUE XXX Situé au niveau inférieur du Shangri-La, ce Shang Palace recrée avec grâce le décor d'un luxueux restaurant chinois : colonnes de jade, paravents sculptés, lustres en cristal... La carte fait honneur à la gastronomie cantonaise, authentique et parfumée.

→ Saumon Lo Hei. Canard laqué façon pékinoise en deux services. Crème de mangue, pomélo et perles de sagou.

Menu 52 € ⟟ (déj.), 78/128 € – Carte 60/280 €

Hôtel Shangri-La, 10 av. d'Iéna ⊠ 75116 Ⓜ Iéna – ℰ 01 53 67 19 92
– www.shangri-la.com – Fermé 12 juil.-3 août, mardi et merc.

✿ Relais d'Auteuil (Patrick Pignol)   ✾ AC 🍴

CUISINE MODERNE · ÉLÉGANT XXX Le cadre intimiste met en valeur de nombreuses peintures et sculptures contemporaines. La belle cuisine au goût du jour s'inspire de produits de qualité (gibier en saison). Superbe livre de cave et beau choix de champagnes.

→ Amandine de foie gras. Épais filet de bar de ligne cuit au four, peau croustillante au poivre et vinaigre balsamique. Profiteroles, glace à la vanille Bourbon et sauce au chocolat de St-Domingue.

Menu 100 € ⟟ (déj.), 125/145 € – Carte 90/125 €

31 bd Murat ⊠ 75016 Ⓜ Michel Ange Molitor – ℰ 01 46 51 09 54
– www.relaisdauteuil-pignol.fr – Fermé août, vacances de Noël, sam. midi, dim. et lundi

✿ Les Tablettes de Jean-Louis Nomicos   🕭 AC ✽ 🍴

CUISINE MODERNE · ÉLÉGANT XXX Après avoir œuvré chez Lasserre – l'un des temples de la cuisine classique –, Jean-Louis Nomicos a créé ces Tablettes où il a souhaité apposé son nom. C'est dans un décor contemporain original que s'épanouit sa belle cuisine aux accents méditerranéens, marquée à la fois par ses racines marseillaises et son exigeant savoir-faire.

→ Macaroni, truffe noire, foie gras de canard, céleri et jus de veau. Rouget croustillant, marjolaine, pulpe d'olives noires et oignon doux. Tarte soufflée chocolat grand cru, sorbet cacao et émulsion mascarpone.

Menu 58 € ⟟ (déj.), 80 € ⟟/145 € – Carte 100/145 €

16 av. Bugeaud ⊠ 75116 Ⓜ Victor Hugo – ℰ 01 56 28 16 16
– www.lestablettesjeanlouisnomicos.com

✿ Antoine   AC ⇄ 🍴

POISSONS ET FRUITS DE MER · ÉLÉGANT XXX Sous l'égide du chef Thibault Sombardier, une valeur sûre de la cuisine de la mer à Paris. La carte change chaque jour pour offrir le meilleur de la marée, en liaison directe avec les ports bretons, basques ou méditerranéens. Le tout travaillé avec savoir-faire et inspiration : un must. Élégant décor contemporain.

→ Carpaccio de mulet noir, huile d'olive parfumée aux feuilles de citronnier. Turbot laqué aux sucs de volaille, girolles et purée d'ail noir. Galet chocolat ivoire et algue, compotée de cédrat et sorbet citron.

Menu 48 € (déj.), 86/138 € – Carte 110/160 €

10 av. de New-York ⊠ 75116 Ⓜ Alma Marceau – ℰ 01 40 70 19 28
– www.antoine-paris.fr – Fermé 3 semaines en août, 1 semaine vacances de Noël, dim. et lundi

✿ Le Pergolèse (Stéphane Gaborieau)   ✾ AC ✽ ⇄ 🍴

CUISINE MODERNE · ÉLÉGANT XXX Une cuisine du soleil joliment revisitée par un chef Meilleur Ouvrier de France qui ne dédaigne pas y apporter quelques notes japonaises. Le tout dans un décor à la fois sobre et élégant.

→ Moelleux de filets de sardines marinés aux épices, poivron à la basquaise et sorbet tomate. Sole meunière. Soufflé chaud aux saveurs de saison.

Menu 58 € ⟟ (déj.), 110/125 € – Carte 80/145 €

40 r. Pergolèse ⊠ 75116 Ⓜ Porte Maillot – ℰ 01 45 00 21 40
– www.lepergolese.com – Fermé 3 semaines en août, 25 déc.-1ᵉʳ janv., sam. midi et dim.

✿ Hexagone ⓝ 　　　　　　　　　　　　　　　[AC]

CUISINE MODERNE · BRANCHÉ XX Après de nombreuses années passées auprès de son père Bernard à l'Ambroisie, Mathieu Pacaud s'est enfin lancé dans une aventure gastronomique en solo. On ne va pas s'en plaindre : il régale ses convives avec des assiettes maîtrisées, construites, composées... en un mot, cuisinées !

→ Velouté de cèpes et jaune d'œuf bio coulant. Noix de ris de veau braisée, émulsion d'estragon, sauce diable. Blanc d'œuf en neige, crème anglaise à la vanille, Melba de brioche et pralin rose.

Menu 49 € (déj.), 125/175 € – Carte 75/95 €

85 av. Kléber ⓜ *Trocadero – ℰ 01 42 25 98 85 – www.hexagone-paris.fr – Fermé dim.*

✿ Akrame (Akrame Benallal) 　　　　　　　　　[⅋] [AC] [⅏]

CRÉATIVE · DESIGN XX Passé notamment chez Gagnaire et Adrià, le jeune et sémillant Akrame Benallal développe ici une cuisine énergique et décomplexée, où les saveurs se bousculent ! Une originalité que l'on retrouve aussi dans l'esthétique des plats, volontiers déroutants, et dans ces menus que le chef renouvelle tous les mois.

→ Cuisine du marché.

Menu 60 € (déj.), 100/130 €

19 r. Lauriston ✉ *75016* ⓜ *Kléber – ℰ 01 40 67 11 16 (réservation conseillée) – www.akrame.com – Fermé 16 avril-1ᵉʳ mai, août, 23 déc.-2 janv., sam. et dim.*

✿ Pages 　　　　　　　　　　　　　　　　　　[⅏]

CRÉATIVE · MINIMALISTE XX Le tartare de veau rencontre le zeste de citron, la poutargue et la crème d'anchois ; le céleri rave épouse la langoustine et le saint-nectaire... Des mariages de saveurs détonants dans ce restaurant tenu par un jeune chef japonais amoureux de la cuisine française. Le tout dans un décor épuré autant à la page !

→ Cuisine du marché.

Menu 40 € (déj.), 65/80 €

4 r. Auguste-Vacquerie ✉ *75016* ⓜ *Charles de Gaulle-Etoile – ℰ 01 47 20 74 94 (réservation conseillée) – www.restaurantpages.fr – Fermé 2 semaines en août, dim. et lundi*

⊛ La Causerie - chez Géraud ⓝ 　　　　　　　　[⅋]

CUISINE MODERNE · ÉLÉGANT XX L'heure du renouveau a sonné pour cette petite institution de La Muette, reprise en 2013 par deux jeunes associés venus du Royal Monceau. La carte, sûre de ses fondamentaux, est aussi carrée que gourmande, et le cadre allie joliment lustre d'antan et esprit contemporain. À (re-)découvrir très vite !

Formule 29 € – Menu 35 € – Carte 41/61 €

31 r. Vital ✉ *75016* ⓜ *La Muette – ℰ 01 45 20 33 00 – www.chezgeraud.com – Fermé 3 semaines en août, 20-28 déc., sam. midi et dim.*

⊛ Atelier Vivanda - Lauriston 　　　　　　　　[AC] [⅏]

VIANDES · BISTRO X Le premier "Vivanda" créé par Akrame Benallal, qui célèbre aussi bien la vie que la viande... Au menu : bœuf Black Angus, poulet fermier, etc., au gré du marché et des saisons – le tout servi sur de petites tables façon billot de boucher. Le chef garde toujours un œil sur les cuisines : son gastro se trouve juste en face !

Menu 35 € – Carte 50/70 €

18 r. Lauriston ✉ *75016* ⓜ *Kléber – ℰ 01 40 67 10 00 (réservation conseillée) – www.ateliervivanda.com – Fermé 3 semaines en août, vacances de Noël, sam. et dim.*

⃝ Lili ⓝ   ᕼ 🅰 ⇔

CHINOISE · ÉLÉGANT XxX Créé par le groupe hôtelier de luxe hongkongais du même nom, le déjà célèbre hôtel Peninsula abrite comme il se doit une table asiatique : Lili, du nom d'une fameuse cantatrice chinoise des années 1920. Dans un décor très théâtral, la longue carte révèle un large éventail de spécialités chinoises. Une véritable ambassade !

Menu 68 € (déj.), 115/160 € – Carte 70/250 €

Hôtel Peninsula, 19 av. Kléber ⊠ *75116* Ⓜ *Kléber –* ☏ *01 58 12 67 50 – http:// paris.peninsula.com/fr/ – Fermé 22-29 fév. et 13-30 août*

⃝ Prunier   🏠 🅰 ⇔ ♨

POISSONS ET FRUITS DE MER · CLASSIQUE XxX Institution créée en 1925 par l'architecte Boileau, au superbe décor Art déco classé (marbre noir, mosaïques, vitraux). Outre d'excellents produits de la mer, c'est l'occasion de découvrir le caviar maison du Sud-Ouest.

Menu 47 € (déj.), 65/155 € – Carte 69/204 €

16 av. Victor-Hugo ⊠ *75116* Ⓜ *Charles de Gaulle-Etoile –* ☏ *01 44 17 35 85 – www.prunier.com – Fermé août, sam. midi, dim. et fériés*

⃝ Tsé Yang   🅰 ⅗ ⇔

CHINOISE · EXOTIQUE XxX D'élégantes salles à manger (dominantes de noir, plafond doré) en forme d'écrin pour une cuisine traditionnelle chinoise de Pékin, de Shanghai et du Sichuan. Un lieu dépaysant, où l'on apprécie également un service attentif et stylé.

Menu 39 € (déj.), 49/59 € – Carte 50/100 €

25 av. Pierre-1er-de-Serbie ⊠ *75016* Ⓜ *Iéna –* ☏ *01 47 20 70 22*

⃝ La Table du Baltimore   🅰 ⅗ ⇔ ♨

CUISINE MODERNE · COSY XxX L'hôtel Baltimore, c'est aussi cette Table chic qui associe boiseries anciennes, mobilier contemporain et dessins d'art. Un cadre élégant pour une cuisine qui cultive l'air du temps : tourteau à la tomate séchée et ciboule ; ris et joue de veau aux carottes confites ; ananas comme un sushi à la noix de coco...

Formule 40 € 🍷 – Menu 95 € – Carte 81/102 €

Hôtel Baltimore, 1 r. Léo-Delibes ⊠ *75016* Ⓜ *Boissière –* ☏ *01 44 34 54 34 – www.hotel-baltimore-paris.com – Fermé août, sam., dim. et fériés*

⃝ L'Oiseau Blanc ⓝ   🏠 ᕼ 🅰

CUISINE MODERNE · DESIGN XX La table de "gastronomie française contemporaine" du Peninsula, ce luxueux hôtel né en 2014 près de l'Arc de Triomphe. Sur les toits, où trône une reproduction de l'Oiseau Blanc (l'avion avec lequel Nungesser et Coli tentèrent la traversée de l'Atlantique en 1927), le restaurant semble partir à l'assaut du ciel de Paris !

Formule 57 € – Menu 69 € (déj.), 99/109 €

Hôtel Peninsula, 19 av. Kléber ⊠ *75116* Ⓜ *Kléber –* ☏ *01 58 12 67 30 – http://paris.peninsula.com/fr/*

⃝ Victoria 1836 ⓝ   🅰 ♨

CUISINE MODERNE · ÉLÉGANT XX Après dix ans passés auprès de Yannick Alléno au Meurice, Alexandre Auger a pris les rênes de cette superbe brasserie à deux pas de l'Arc de Triomphe. En bon fils de boucher, il ne transige pas sur la qualité des produits ; ses préparations, fines et bien pensées, portent l'empreinte d'un chef perfectionniste.

Formule 36 € – Menu 45 € – Carte environ 100 €

12 r. de Presbourg ⊠ *75016* Ⓜ *Charles de Gaulle-Etoile –* ☏ *01 44 17 97 72 – www.victoria-1836.com – Fermé sam. midi et dim.*

⁂○ **Cristal Room Baccarat**

CUISINE MODERNE · HUPPÉ XX L'ancien hôtel particulier de Madame de Noailles sert aujourd'hui d'écrin à la célèbre maison Baccarat. La salle du restaurant (fresque peinte, lustres en cristal) a été relookée par Philippe Starck. Un cadre superbe pour une cuisine actuelle.

Formule 36 € – Menu 55 € (déj.), 109/159 € ♟ – Carte 88/105 €

11 pl. des Etats-Unis - Maison Baccarat, (1ᵉʳ étage) ⊠ *75116* Ⓜ *Boissière
– ℰ 01 40 22 11 10 – www.cristalroom.fr – Fermé dim. et fériés*

⁂○ **Marius**

POISSONS ET FRUITS DE MER · ÉLÉGANT XX Près du Parc des Princes, une adresse dédiée aux produits de la mer. L'influence méditerranéenne se fait sentir avec des incontournables comme la bouillabaisse. Dans la salle toute blanche, égayée de vieux gréements, on prend le large...

Carte 52/74 €

82 bd Murat ⊠ *75016* Ⓜ *Porte de St-Cloud – ℰ 01 46 51 67 80
– www.restaurantmarius.fr – Fermé août, sam. midi et dim.*

⁂○ **6 New York**

CUISINE MODERNE · DESIGN XX L'enseigne vous dit tout sur l'adresse, avenue de New York... mais rien sur la cuisine : on est loin d'une table nord-américaine ! Saveurs franches et bien marquées, respect des saisons : la cuisine est en parfaite harmonie avec le cadre contemporain et élégant. Et les clients sont accueillis comme à la maison...

Menu 38 € (déj.), 70 € ♟/90 € ♟ – Carte 45/80 €

6 av. de New-York ⊠ *75016* Ⓜ *Alma Marceau – ℰ 01 40 70 03 30
– www.6newyork.fr – Fermé août, sam. midi et dim.*

⁂○ **Étude**

CUISINE MODERNE · ÉLÉGANT XX Une leçon d'épure : voilà ce qu'inspirent les créations du chef, Keisuke Yamagishi. Il a choisi de nommer son restaurant "Étude" parce que c'est ainsi qu'il considère son travail : une recherche inlassable pour atteindre la substance même de la cuisine. Le tout dans un décor lui aussi minimaliste. Une exigence totale.

Menu 45 € (déj.)/80 €

14 r. Bouquet-de-Longchamp ⊠ *75016* Ⓜ *Boissière – ℰ 01 45 05 11 41 (réservation conseillée) – Fermé sam. midi, dim. et lundi*

⁂○ **A et M Restaurant**

CUISINE MODERNE · ÉLÉGANT XX Un vrai bistrot de chef, au décor chic et chaleureux. Aux fourneaux, on trouve Tsukasa Fukuyama, qui s'approprie avec aisance les grands classiques de la gastronomie de l'Hexagone : pressé de tête de veau tiède et sa sauce ravigote, gigot d'agneau au cumin et jus d'olives noires : on passe un bon moment !

Menu 38 € – Carte 40/50 €

136 bd Murat ⊠ *75016* Ⓜ *Porte de St-Cloud – ℰ 01 45 27 39 60
– www.am-restaurant.com – Fermé août, sam. midi et dim.*

⁂○ **Terrasse Mirabeau**

CUISINE MODERNE · COSY XX Sa terrasse à l'ombre des platanes est bien agréable, tout comme sa cuisine bourgeoise qui varie au fil des saisons. Le chef élabore lui-même ses cuvées (languedoc, côtes-du-rhône, bordeaux) ; servies au verre, elles ont un franc succès.

Formule 25 € – Menu 42/75 € – Carte 50/65 €

5 pl. de Barcelone ⊠ *75016* Ⓜ *Mirabeau – ℰ 01 42 24 41 51
– www.terrasse-mirabeau.com – Fermé 3 semaines en août, 1 semaine fin déc., sam. et dim.*

ŧ◯ Le Vinci

ITALIENNE · ÉLÉGANT XX La décoration intérieure sympathique et l'amabilité du service font du Vinci un établissement très prisé, à deux pas de l'avenue Victor-Hugo. Le beau choix de pâtes et de risottos, les viandes et poissons à la carte, varient selon le marché.

Menu 35 € – Carte 46/81 €

*23 r. Paul-Valéry ⊠ 75116 ◍ Victor Hugo – ℰ 01 45 01 68 18
– www.restaurantlevinci.fr – Fermé 1ᵉʳ-21 août, sam. et dim.*

ŧ◯ Conti

ITALIENNE · INTIME XX Velours rouge, miroirs et lustres en cristal : le décor intimiste hésite entre club privé et théâtre à l'italienne. La cuisine de la Botte, généreuse et classique, a su séduire de nombreux habitués.

Menu 38 € – Carte 56/78 €

72 r. Lauriston ⊠ 75116 ◍ Boissière – ℰ 01 47 27 74 67 – www.leconti.fr – Fermé 1ᵉʳ-21 août, 24 déc.-2 janv., sam., dim. et fériés

ŧ◯ Le Metropolitan

CUISINE MODERNE · DESIGN XX L'ancien second du restaurant de l'hôtel Metropolitan est est devenu le chef, et a réorienté la carte vers une belle cuisine traditionnelle revisitée, forte de saveurs bien marquées et de cuissons d'une extrême justesse. Blanquette de veau au riz basmati, chateaubriand à la sauce béarnaise... Fin et goûteux !

Menu 31 € (déj.)/59 € ☌ – Carte 46/61 €

*Hôtel Metropolitan Radisson Blu, 10 pl. de Mexico ⊠ 75116 ◍ Trocadéro
– ℰ 01 56 90 40 04 – www.radissonblu.com/hotel-pariseiffel – Fermé 3 semaines en août, dim. et lundi*

ŧ◯ Monsieur Bleu

CUISINE MODERNE · ÉLÉGANT XX L'adresse a alimenté la chronique mondaine dès son inauguration au printemps 2013... Il faut dire qu'au sein du palais de Tokyo, elle est superbe avec sa salle Art déco tout en gris, vert et or, et sa terrasse regardant la Seine et la tour Eiffel. L'assiette n'est pas en reste, sophistiquée et savoureuse. Un endroit très en vue !

Carte 42/80 €

*20 av. de New-York, (Palais de Tokyo) ⊠ 75016 ◍ Iéna – ℰ 01 47 20 90 47
– www.monsieurbleu.com*

ŧ◯ Flandrin

CUISINE TRADITIONNELLE · BRASSERIE XX Emplacement original pour ce Flandrin, niché dans une ancienne gare de la Petite Ceinture devenue station du RER C. Au menu : un décor chic, aux allures de brasserie contemporaine, et une cuisine qui sait satisfaire tous les goûts, entre grands classiques et recettes exotiques. Verdict : descendez à la station Henri-Martin !

Carte 45/110 €

80 av. Henri-Martin ⊠ 75116 ◍ Avenue Henri Martin – ℰ 01 45 04 34 69

ŧ◯ Jérémie

CUISINE MODERNE · ÉLÉGANT XX Jérémie Tourdjman a créé cette élégante table en 2014. Le jeune chef est un tenant de la bistronomie, soucieux notamment de mettre en avant le produit de façon simple, franche et directe... mais sans rechigner à livrer un vrai travail de cuisinier (il est passé par les cases Constant et Ducasse). Une partition à encourager !

Formule 30 € – Menu 40 € (déj.)/75 € – Carte 55/65 €

*33 r. de Longchamp ⊠ 75116 ◍ Boissière – ℰ 01 47 04 96 81
– www.restaurantjeremie.com – Fermé 30 juil.-29 août, sam. midi et dim.*

⁞○ Jamin · ⊼⒞ ⇆ 🖼

CUISINE MODERNE · ÉLÉGANT XX Atmosphère chic et feutrée pour cette table tout en camaïeu de crème et de beige. On y apprécie une cuisine savoureuse et bien troussée, à l'image de ce tartare d'écrevisses aux zestes de citron vert. Pour l'anecdote, les gastronomes avertis se rappelleront que Joël Robuchon fit la célébrité de Jamin dans les années 1980...

Formule 30 € – Menu 37 € – Carte 40/50 €

32 r. de Longchamp ⊠ 75116 Ⓜ Iéna – 𝒞 01 45 53 00 07
– www.restaurant-jamin.com – Fermé août, sam. midi et dim.

⁞○ Le Tournesol · 🖼

CUISINE TRADITIONNELLE · RÉTRO X Une jolie terrasse d'où la vue porte jusque sur la Seine, un beau décor inspiré des années 1920 (murs blanc et or, motifs floraux, banquettes en velours...) et, à la carte, de grands classiques de la brasserie ainsi que des recettes plus originales – mais toujours bien parfumées. Ce Tournesol a déjà fait tourner quelques têtes !

Carte 37/73 €

2 av. de Lamballe ⊠ 75016 Ⓜ Avenue du Président Kennedy – 𝒞 01 45 25 95 94
– www.le-tournesol.fr – Fermé 1 semaine en août

⁞○ Quinte · ⛫ ⊼⒞ 🖼

CUISINE MODERNE · DESIGN X David Alberge (en salle) et Gaël Boulay (en cuisine) ont métamorphosé leur restaurant en 2014, imaginant cette Quinte comme un hommage à nos cinq sens. Décor stylé d'inspiration scandinave (bois clair, cuir beige) et recettes originales et percutantes : les cinq sens agréent, le compte est bon !

Formule 29 € – Carte 45/70 €

79 r. de la Tour ⊠ 75116 Ⓜ Rue de la Pompe – 𝒞 01 40 72 84 46
– www.quinte-restaurant.com – Fermé 3 semaines en août, 22 déc.-3 janv., sam.
midi, dim. et lundi

⁞○ Passy Mandarin La Muette

CHINOISE · EXOTIQUE X Fondé en 1976, le Passy Mandarin La Muette joue la carte de la permanence : l'authenticité est de mise dans les assiettes, où l'on retrouve les grandes spécialités de la cuisine chinoise – mais aussi thaïlandaise et vietnamienne –, cuisinées avec un savoir-faire éprouvé. Quant au décor, il assume pleinement ses chinoiseries !

Formule 17 € – Menu 22 € (déj. en semaine) – Carte 30/60 €

6 r. Bois-le-Vent ⊠ 75016 Ⓜ La Muette – 𝒞 01 42 88 12 18
– www.restaurant-passy-mandarin.fr – Fermé août et dim. en juil.

⁞○ Chaumette · 🖼 🖼

CUISINE TRADITIONNELLE · BISTRO X Un beau bistrot à l'ancienne, tel qu'on se l'imagine : boiseries sombres, tables alignées, comptoir. La clientèle chic du quartier vient y manger au coude-à-coude pot-au-feu et millefeuilles tout à fait recommandables. Canaille et convivial.

Formule 25 € – Menu 29 € (déj.) – Carte 50/65 €

7 r. Gros ⊠ 75016 Ⓜ Mirabeau – 𝒞 01 42 88 29 27
– www.restaurant-chaumette.com – Fermé 6-22 août, 24-27 déc., 31 déc.-3 janv.,
sam. midi, dim. et fériés

⁞○ Le Petit Pergolèse · ⊼⒞ 🖼

CUISINE TRADITIONNELLE · À LA MODE X Entre bistrot chic et galerie d'art contemporain, cette adresse très animée ose une déco branchée, à mi-chemin entre l'univers de David LaChapelle et le pop art. L'alléchante ardoise suggère une cuisine de tradition joliment revisitée.

Carte 44/74 €

38 r. Pergolèse ⊠ 75016 Ⓜ Porte Maillot – 𝒞 01 45 00 23 66 – Fermé août, sam. et
dim.

‖○ Le Petit Boileau ⓝ   A/C

CUISINE TRADITIONNELLE · BISTRO ⅹ L'ancien chef du Petel, dans le 15ᵉ arrondissement, n'a pas changé de politique : il présente toujours de bonnes recettes bistrotières bien maîtrisées, servies dans une ambiance conviviale, et à des prix très sages... pour notre plus grand plaisir !

Formule 18 € – Carte 30/44 €

98 r. Boileau ⊠ 75016 Ⓜ Porte de St Cloud – ℰ 01 42 24 48 67
– www.lapetitboileau.com – Fermé 1ᵉʳ-24 août, dim. et lundi

‖○ 116 ⓝ

CRÉATIVE · À LA MODE ⅹ Le chef Ryuji Teshima, dit "Teshi", a ouvert cette belle table aux allures de loft juste à côté de son restaurant Pages. Poulpe grillé, thon rouge snacké, salade de poulet crudités : il décline une cuisine simple et fraîche, au fort accent japonais, préparée dans une mini-cuisine très fonctionnelle. Un vrai plaisir.

Formule 19 € – Menu 24 € (déj.) – Carte 30/40 €

2 r. Auguste-Vacquerie ⊠ 75016 Ⓜ Kleber – ℰ 01 47 20 10 45 - Fermé 1ᵉʳ-21 août, sam. et dim.

‖○ Il Gusto Sardo   A/C

ITALIENNE · CONVIVIAL ⅹ Ici, c'est tout le goût de la Sardaigne qui s'exprime ! Aidée de ses fils, Nicoletta œuvre en cuisine. Les habitués apprécient l'ambiance familiale et des classiques comme la saucisse sarde ou les antipastis de thon. Une authentique trattoria.

Carte 45/90 €

18 r. Chaillot ⊠ 75016 Ⓜ Alma Marceau – ℰ 01 47 20 08 90
– www.restaurant-ilgustosardo.com – Fermé vacances de printemps, août, vacances de Noël, sam. midi, dim. et fériés

‖○ Juan   A/C ⅻ

JAPONAISE · MINIMALISTE ⅹ Une devanture noire, des vitres fumées et une salle minuscule, typiquement nippone. Le soir, on se laisse tenter par le menu shabu-shabu (de fines tranches de bœuf trempées dans un bouillon de légumes), sukiyaki ou omakasé. Le goût du Japon...

Menu 35 € (déj.), 67/70 €

144 r. de la Pompe ⊠ 75016 Ⓜ Victor Hugo – ℰ 01 47 27 43 51 – Fermé 2 semaines en août, dim., lundi et fériés

‖○ Kura   🍽 A/C ⅻ ⇔

JAPONAISE · CONVIVIAL ⅹ Au cœur de Passy, à deux pas du métro La Muette, une vraie auberge japonaise d'aujourd'hui (mobilier en bois sombre, petit sushi-bar, accueil prévenant, etc.). Réalisée dans les règles de l'art, la cuisine ravit par sa finesse et ses parfums – et l'inventivité des menus du soir. Autre atout : la terrasse ensoleillée.

Menu 39/105 € ⏀

56 r. de Boulainvilliers ⊠ 75016 Ⓜ La Muette – ℰ 01 45 20 18 32
– www.kuraparis.com – Fermé dim. en août

‖○ La Table Lauriston   A/C ⅻ 🐂

CUISINE TRADITIONNELLE · À LA MODE ⅹ Cette table des quartiers chic mise sur la simplicité et la qualité d'une belle cuisine de bistrot. L'ardoise est alléchante et la carte n'oublie pas les classiques (tripes maison, canard à l'orange, baba au rhum). Sympathique.

Formule 28 € – Carte 43/95 €

129 r. Lauriston ⊠ 75016 Ⓜ Trocadéro – ℰ 01 47 27 00 07
– www.restaurantlatablelauriston.com – Fermé 30 juil.-29 août, sam. midi et dim.

⅋○ Le Frank ☎ 🀫 AC

CUISINE MODERNE · DESIGN ✗ Le chef étoilé Jean-Louis Nomicos est le conseiller culinaire de cette table au cadre feutré, installée dans la fondation Louis Vuitton. À la carte, des préparations goûteuses et bien réalisées, avec même quelques en-cas dans l'après-midi. L'accès au restaurant est payant : seule les 15 premières réservations sont gratuites.

Formule 28 € – Carte 51/80 €

8 av. Mahatma-Gandhi, (Fondation Louis-Vuitton) ⊠ 75016 – ℰ 01 58 44 25 70 – www.restaurantlefrank.fr – Fermé lundi soir, merc. soir, jeudi soir, dim. soir et mardi

⅋○ La Marée Passy

POISSONS ET FRUITS DE MER · CONVIVIAL ✗ Boiseries, tons rouges et allusions à la navigation : le décor sied parfaitement aux recettes iodées de cette adresse vouée à la mer. L'ardoise change en fonction des arrivages en provenance de la côte atlantique. Beaucoup de fraîcheur !

Carte 45/60 €

71 av. Paul-Doumer ⊠ 75016 ⓜ La Muette – ℰ 01 45 04 12 81 – www.lamareepassy.com

Hôtels

🏨 Shangri-La

PALACE · GRAND STYLE L'Empire mâtiné d'Asie... La signature de ce palace créé dans l'ancien hôtel du prince Roland Bonaparte (1896). Architectures classiques, salons grandioses, luxe opulent, tables pour toutes les envies, etc. Sentiment d'exclusivité !

75 chambres – †695/1375 € ††695/1375 € – 25 suites – ⏍ 58 €

10 av. d'Iéna ⊠ 75116 ⓜ Iéna – ℰ 01 53 67 19 98 – www.shangri-la.com

🕸🕸 L'Abeille • 🕸 Shang Palace – voir les restaurants ci-dessus

🏨 Peninsula

PALACE · ÉLÉGANT C'est donc avec cet établissement que le groupe hongkongais Peninsula a pris pied à Paris en 2014. Un coup de maître ! À deux pas de l'Arc de Triomphe, dans un superbe bâtiment Belle Époque, l'hôtel a tout des plus grands : décors luxueux, équipements high-tech, prestations de haut vol, etc. Un roc, un pic, un cap... une péninsule !

166 chambres – †850/1250 € ††850/1250 € – 34 suites – ⏍ 55 €

19 av. Kléber ⊠ 75116 ⓜ Kléber – ℰ 01 58 12 28 88 – http://paris.peninsula.com/fr/

⅋○ L'Oiseau Blanc • ⅋○ Lili – voir les restaurants ci-dessus

🏨 St-James Paris

HISTORIQUE · PERSONNALISÉ Ce superbe hôtel particulier de la fin du 19ᵉ s. s'est offert un nouveau look signé Bambi Sloan. De superbes matières, des imprimés chatoyants : le style Napoléon III flirte avec une originalité toute british ! La délicieuse bibliothèque, le majestueux escalier, les volumes harmonieux : l'empreinte d'un lieu unique...

32 suites – ††685/1650 € – 17 chambres – ⏍ 36 €

43 av. Bugeaud ⊠ 75116 ⓜ Porte Dauphine – ℰ 01 44 05 81 81 – www.saint-james-paris.com

🕸 St-James Paris – voir les restaurants ci-dessus

🏨 Raphael

LUXE · CLASSIQUE Une magnifique galerie d'entrée tout en boiseries, des chambres très raffinées (certaines avec vue sur Paris), un restaurant gastronomique et un bar anglais à l'élégance indéniable : tels sont les trésors du Raphael... Né en 1925 à deux pas de l'Arc de Triomphe, l'un des mythes de la grande hôtellerie parisienne.

83 chambres – †650/950 € ††650/950 € – 37 suites – ⏍ 40 €

17 av. Kléber ⊠ 75116 ⓜ Kléber – ℰ 01 53 64 32 00 – www.raphael-hotel.com

🏨 Renaissance Le Parc Trocadéro

LUXE · ÉLÉGANT L'année 2011 fut celle de la "renaissance" pour cet établissement, qui bénéficia alors d'une véritable cure de jouvence. L'idée du jardin à la française a servi d'inspiration pour la décoration contemporaine des chambres. Un ensemble en harmonie avec l'architecture parisienne.

122 chambres – ♦299/899 € ♦♦329/1199 € – 4 suites – ☐ 31 €
55-57 av. Raymond-Poincaré ⊠ *75116* Ⓜ *Victor Hugo* – ℰ *01 44 05 66 66*
– www.renaissanceleparctrocadero.com

🏨 Baltimore

HISTORIQUE · ÉLÉGANT Mobilier épuré, tissus tendance : le décor contemporain des chambres contraste avec l'architecture haussmannienne du 19ᵉ s. L'ensemble est chaleureux – mention spéciale pour le bar – et apprécié des hommes d'affaires.

103 chambres – ♦200/690 € ♦♦200/690 € – 1 suite – ☐ 30 €
88 bis av. Kléber ⊠ *75116* Ⓜ *Boissière* – ℰ *01 44 34 54 54*
– www.hotel-baltimore-paris.com
🍽️ **La Table du Baltimore** – voir les restaurants ci-dessus

🏨 Villa & Hôtel Majestic

LUXE · COSY Luxueuse sans ostentation, très confortable et stylée, cette Villa du 19e s. porte bien son nom. Du cachet, des chambres spacieuses, un spa offrant les meilleures prestations : le bien-être à deux pas des Champs-Élysées !

25 chambres – ♦400/850 € ♦♦400/850 € – 23 suites – ☐ 40 €
30 r. La Pérouse ⊠ *75016* Ⓜ *Kléber* – ℰ *01 45 00 83 70* – *www.majestic-hotel.com*

🏨 Square

LUXE · DESIGN Un hôtel contemporain, juste en face de la Maison de la Radio. Les chambres sont à la fois spacieuses, feutrées et bien insonorisées. L'équipement high-tech et la collection d'art contemporain soulignent son style, très "boutique-hôtel".

22 chambres – ♦250/840 € ♦♦250/840 € – ☐ 25 €
3 r. Boulainvilliers ⊠ *75016* Ⓜ *Mirabeau* – ℰ *01 44 14 91 90* – *www.hotelsquare.com*

🏨 Keppler

LUXE · PERSONNALISÉ Le décor, tout en luxe et raffinement, est signé Pierre-Yves Rochon. Que ce soit dans les salons, la bibliothèque ou les chambres, la magie opère... Hammam, sauna et fitness complètent cet ensemble des plus élégants.

34 chambres – ♦300/500 € ♦♦300/1200 € – 5 suites – ☐ 22 €
10 r. Keppler ⊠ *75116* Ⓜ *George V* – ℰ *01 47 20 65 05* – *www.keppler.fr*

🏨 Dokhan's Radisson Blu

LUXE · COSY Ce superbe boutique-hôtel tranche avec le style habituellement "business" des établissements Radisson Blu. L'élégante décoration Empire des chambres, leur confort douillet, le style néoclassique du salon et son mobilier contemporain... Autant de garanties d'un délicieux séjour.

42 chambres – ♦230/700 € ♦♦230/700 € – 3 suites – ☐ 20 €
117 r. Lauriston ⊠ *75116* Ⓜ *Trocadéro* – ℰ *01 53 65 66 99*
– www.radissonblu.com/dokhanhotel-paristrocadero

🏨 Sezz

LUXE · DESIGN Cet immeuble à la belle façade ouvragée (1913) a adopté un style ultradesign (pierre grise, mobilier original, équipements high-tech et sauna). À noter : chaque client se voit attribuer un assistant particulier pour la durée de son séjour.

19 chambres – ♦269/484 € ♦♦269/587 € – 7 suites – ☐ 30 €
6 av. Frémiet ⊠ *75016* Ⓜ *Passy* – ℰ *01 56 75 26 26* – *www.paris.hotelsezz.com*

Molitor

LUXE · DESIGN Véritable emblème de l'Ouest parisien depuis les années 1920, la piscine Molitor est ressuscitée en 2014 sous la forme de cet hôtel de luxe au charme ravageur. Clins d'œil à l'histoire (façade bleue et jaune autour de la piscine, déco du restaurant), épure ultramoderne dans les chambres : le mythe renaît sous nos yeux.

117 chambres – 🛏260/450 € 🛏🛏260/450 € – 7 suites – ☲ 26 € – ½ P
2 av. de la Porte-Molitor ✉ *75016* Ⓜ *Michel Ange Molitor* – ☏ *01 56 07 08 50*
– www.mltr.fr

Maison FL Ⓝ

URBAIN · ART DÉCO Décrochés, ferronnerie Art déco : la façade de cet établissement de 1930 est classée monument historique ! L'architecte François Champsaur en a rénové l'intérieur, l'habillant de touches modernes tout en respectant la belle tradition des lieux : une réussite.

62 chambres – 🛏120/230 € 🛏🛏165/390 € – 1 suite – ☲ 20 €
6 r. de la Tour ✉ *75016* Ⓜ *Passy* – ☏ *01 55 74 75 75* – *www.maisonfl.com*

La Villa Maillot Ⓝ

URBAIN · MODERNE À proximité de la porte Maillot, l'établissement a récemment bénéficié d'une complète cure de jouvence. L'architecte Patrick Ribes en a signé le décor, d'un élégant classicisme contemporain. La qualité du service et l'espace bien-être (sauna et hammam) ajoutent encore au confort des lieux.

40 chambres – 🛏229/500 € 🛏🛏229/500 € – 2 suites – ☲ 30 €
143 av. Malakoff ✉ *75116* Ⓜ *Porte Maillot* – ☏ *01 53 64 52 52* – *www.lavillamaillot.fr*

Le Metropolitan Radisson Blu

BUSINESS · DESIGN Au sein d'un immeuble haussmannien dont la façade en pointe se dresse sur la place de Mexico, un havre apaisant : dominantes de blanc, parquet brut, sobre élégance... Certaines chambres offrent une petite vue sur la tour Eiffel, tout comme le bar qui est parfait pour apprécier un cocktail. Un ensemble très "métropolitain" !

38 chambres – 🛏260/650 € 🛏🛏260/650 € – 10 suites – ☲ 30 €
10 pl. de Mexico ✉ *75116* Ⓜ *Trocadéro* – ☏ *01 56 90 40 04*
– www.radissonblu.com/hotel-pariseiffel
🍴 **Le Metropolitan** – voir les restaurants ci-dessus

Garden Élysée

URBAIN · MODERNE Le principal atout de cet hôtel ? Le calme ! Bien qu'à deux pas du Trocadéro, il est situé dans une cour verdoyante, délicieuse en été. Avec sa véranda et ses chambres sobrement contemporaines, l'endroit se révèle très chaleureux.

46 chambres – 🛏195/680 € 🛏🛏195/680 € – ☲ 22 €
12 r. St-Didier ✉ *75116* Ⓜ *Boissière* – ☏ *01 47 55 01 11*
– www.paris-hotel-gardenelysee.com

Mon Hôtel

URBAIN · DESIGN Un hôtel rien que pour soi ? Un rêve... Pourtant cette adresse dégage un je-ne-sais-quoi de confidentiel bien appréciable dans pareil quartier ! Chambres très design et confortables ; room service de midi à minuit et petit espace bien-être.

36 chambres – 🛏199/690 € 🛏🛏199/1200 € – ☲ 22 €
1 r. d'Argentine ✉ *75016* Ⓜ *Argentine* – ☏ *01 45 02 76 76* – *www.monhotel.fr*

Félicien

URBAIN · DESIGN Du noir, du blanc et quelques touches de rouge : voilà qui habille ce charmant hôtel esprit "haute couture", décoré par Olivier Lapidus, fils du fameux couturier français. Les chambres ont du cachet ; l'espace détente (hammam, sauna) est tout bonnement délicieux.

32 chambres – 🛏159/499 € 🛏🛏159/499 € – 2 suites – ☲ 18 €
21 r. Félicien-David ✉ *75016* Ⓜ *Mirabeau* – ☏ *01 55 74 00 00*
– www.hotelfelicienparis.com

🏨 Bassano ⚡ 🖥 AC ⚘ ⚒

BUSINESS · MODERNE Cet hôtel, situé légèrement en retrait des avenues passantes, arbore un décor ancré dans le 21e s. : chambres élégantes et fonctionnelles, aux tons bleu et gris. Un bon point de chute entre le Trocadéro et les Champs-Élysées.

33 chambres – 🛏195/365 € 🛏🛏215/525 € – 1 suite – 🍽 19 €

15 r. Bassano ✉ 75116 Ⓜ George V – ☏ 01 47 23 78 23 – www.hotel-bassano.com – Fermé août

🏨 Duret 🖥 AC

BUSINESS · MODERNE Atmosphère lounge dans le hall, bar cosy, chambres contemporaines spacieuses et colorées (beige, prune, anis…) : cet hôtel proche de la porte Maillot a du caractère. Chaleureux.

25 chambres – 🛏150/280 € 🛏🛏150/280 € – 2 suites – 🍽 18 €

30 r. Duret ✉ 75116 Ⓜ Argentine – ☏ 01 45 00 42 60 – www.hotelduret.com

🏨 Passy Eiffel 🖥

FAMILIAL · PERSONNALISÉ La rue est animée, commerçante. Un emplacement sympathique pour cet hôtel familial aux chambres fonctionnelles. Décorées dans des styles neutre, chatoyant ou plus design, elles sont toutes bien tenues ; certaines avec vue sur la tour Eiffel.

49 chambres – 🛏98/235 € 🛏🛏98/275 € – 🍽 14 €

10 r. de Passy ✉ 75016 Ⓜ Passy – ☏ 01 45 25 55 66 – www.passyeiffel.com

🏨 Trocadéro La Tour 🖥 AC ⚘ ⚒

TRADITIONNEL · CLASSIQUE Il règne dans cet hôtel une atmosphère qui n'est pas sans évoquer un club anglais : fauteuils en cuir, lambris d'acajou… Avec leur mobilier d'inspiration Louis XVI et leurs gravures anciennes, les chambres ont un certain cachet.

41 chambres – 🛏149/365 € 🛏🛏149/415 € – 🍽 19 €

5 bis r. Massenet ✉ 75016 Ⓜ Passy – ☏ 01 45 24 43 03 – www.trocaderolatour.com

🏨 Résidence Foch 🖥 ♿ AC ⚘

FAMILIAL · CLASSIQUE Entre la porte Maillot et l'avenue Foch, ce petit hôtel familial bien entretenu cultive un sage classicisme. Un charme hors du temps, dans un environnement tranquille.

25 chambres – 🛏70/300 € 🛏🛏80/500 € – 🍽 15 €

10 r. Marbeau ✉ 75116 Ⓜ Porte Maillot – ☏ 01 45 00 46 50 – www.foch-paris-hotel.com

🏨 Nicolo ⚘ 🖥

FAMILIAL · PERSONNALISÉ Nuits calmes assurées dans cet hôtel décoré avec goût. Dans les jolies chambres de caractère, les meubles chinés (indonésiens, africains…) et les bibelots asiatiques dépaysent en douceur. Accueil sympathique.

27 chambres – 🛏80/250 € 🛏🛏80/250 € – 🍽 16 €

3 r. Nicolo ✉ 75116 Ⓜ Passy – ☏ 01 42 88 83 40 – www.hotel-nicolo.fr

🏨 Chambellan Morgane 🖥 AC ⚒

BUSINESS · FONCTIONNEL Petit hôtel situé dans une rue calme, à deux pas des Champs-Élysées. Les chambres, intimes et confortables, ont toutes été rénovées avec sobriété. Esprit trendy dans les parties communes !

20 chambres – 🛏100/300 € 🛏🛏120/320 € – 🍽 13 €

6 r. Keppler ✉ 75016 Ⓜ George V – ☏ 01 47 20 35 72 – www.hotelchambellanmorgane.fr

🏠 Queen's 🖥 AC

FAMILIAL · PERSONNALISÉ Des tableaux d'artistes contemporains ornent le joli hall ainsi que la plupart des chambres. Certaines, plus spacieuses, ont été décorées dans un style chic et agréable. Cette adresse tombe à point dans le quartier d'Auteuil.

17 chambres – 🛏129/219 € 🛏🛏159/219 € – 🍽 13 €

4 r. Bastien-Lepage ✉ 75016 Ⓜ Michel Ange Auteuil – ☏ 01 42 88 89 85 – www.queens-hotel-paris.com

⌂ Au Palais de Chaillot ⊡ ⅋ AC

BUSINESS · FONCTIONNEL Bien situé près du Trocadéro, cet hôtel familial a fait entièrement peau neuve. Gaies et colorées, les chambres sont fonctionnelles, bien agencées et jouissent d'une bonne isolation phonique. Accueil sympathique.

31 chambres - 👤119/289 € 👤👤129/299 € - ☕ 15 €
35 av. Raymond-Poincaré ✉ 75116 Ⓜ Trocadéro
– ☏ 01 53 70 09 09
– www.hotelpalaisdechaillot.com

Palais des Congrès · Wagram · Ternes · Batignolles

✉ 75017

17ᵉ ARRONDISSEMENT

lucydphoto/Moment Open/Getty Images

Restaurants

✿✿ Maison Rostang 🌿 AC 🚫 ⇔ 🍷

CUISINE CLASSIQUE · ÉLÉGANT XxxX Boiseries, figurines de Robj, œuvres de Lalique et vitrail Art déco composent le décor, à la fois luxueux et insolite. La cuisine est fine, superbement classique, embellie d'une magnifique carte des vins.

➔ Homard bleu confit, risotto d'artichaut et jus de presse au Condrieu. Ris de veau croustillant, pâtes farcies de champignons et écrevisses au vin jaune. Cigare croustillant au tabac Havane et mousseline Cognac.

Menu 80 € (déj.), 185/225 € – Carte 150/215 €
20 r. Rennequin Ⓜ Ternes
– ☏ 01 47 63 40 77 – www.maisonrostang.com
– Fermé 2 semaines en août, sam. midi et dim.

✿ Frédéric Simonin AC

CUISINE MODERNE · COSY XX Dans ce restaurant proche de la place des Ternes, le décor est très chic, tout de noir et de blanc. Il sied à la cuisine fine et délicate d'un chef au beau parcours... Voilà bel et bien une table raffinée !

➔ Tourteau, gelée de tomate, onctuosité d'avocat légèrement épicé. Veau de Normandie en cocotte, lard de colonnata, polenta de Savoie et condiments citronnés. Dessert tout chocolat, biscuit Oreo et sorbet cacao.

Formule 38 € – Menu 49 € (déj.), 86/139 € – Carte 95/155 €
25 r. Bayen Ⓜ Ternes
– ☏ 01 45 74 74 74 – www.fredericsimonin.com
– Fermé 31 juil.-24 août, dim. et lundi

Retrouvez toutes les tables du guide MICHELIN
(et plein d'autres) sur notre site Michelin Restaurants :
restaurant.michelin.fr

❀ Agapé

CUISINE MODERNE · **ÉLÉGANT** XX Un nom grec célébrant l'amour, un lieu chic au décor minimaliste en teintes douces, une carte courte et alléchante. Cette table contemporaine ravit les gourmets.

→ Œuf florentine, parmesan et jambon de Paris. Pêche côtière de Noirmoutier. Arabica du Brésil, whisky pur malt et chocolat grand cru.

Menu 39 € (déj.), 99/129 € – Carte 90/150 €

51 r. Jouffroy-d'Abbans ◍ *Wagram* – *℘ 01 42 27 20 18* – *www.agape-paris.fr*
– Fermé sam. et dim.

❀ Jacques Faussat

CUISINE TRADITIONNELLE · **ÉLÉGANT** XX Dans un quartier tranquille, un restaurant chaleureux et confortable. La carte, qui évolue au gré du marché et selon l'inspiration du chef, gersois d'origine, associe avantageusement savoir-faire traditionnel et registre actuel.

→ Soupe de langoustines au lait de coco. Écrevisses pattes rouges mariées à l'aileron de poulet laqué au poivre du Sichuan. Soufflé chaud aux fruits de saison.

Menu 40 € (déj.), 98/138 € – Carte 75/90 €

54 r. Cardinet ◍ *Malesherbes* – *℘ 01 47 63 40 37* – *www.jacquesfaussat.com*
– Fermé août, 24 déc.-2 janv., sam. sauf le soir d'oct. à avril, dim. et fériés

❀ La Fourchette du Printemps (Nicolas Mouton)

CUISINE MODERNE · **BISTRO** X Le printemps en toute saison ! Ce bistrot contemporain sort du lot : aux commandes, le jeune chef, passé par de belles maisons, cultive le goût du produit sans fard ni détours, pour révéler de jolies saveurs. Le tout dans un décor et avec un service sans chichis. Le goût dans la simplicité.

→ Gambas croustillantes, tête de veau et sauce gribiche. Merlan de ligne rôti dans une pomme darphin, sauce choron. Tarte au chocolat, sablé chocolat craquant, brownie, ganache légère aux chocolats noir et lait.

Menu 55/75 € – Carte environ 60 €

30 r. du Printemps ◍ *Wagram* – *℘ 01 42 27 26 97 (réservation conseillée)*
– www.lafourchetteduprintemps.com – Fermé août, 24 déc.-2 janv., dim. et lundi

⬡ Graindorge

FLAMANDE · **RÉTRO** XX Potjevlesch, bintje farcie, waterzoï aux crevettes grises d'Ostende, kippers de Boulogne... Ici, on se régale d'une généreuse cuisine flamande accompagnée de belles bières artisanales ! Joli cadre Art déco.

Formule 26 € – Menu 30 € (déj.), 36/59 € – Carte 45/65 €

15 r. Arc-de-Triomphe ◍ *Charles de Gaulle-Étoile* – *℘ 01 47 54 00 28*
– www.le-graindorge.fr – Fermé 2 semaines en août, sam. midi et dim.

⬡ L'Entredgeu

CUISINE TRADITIONNELLE · **BISTRO** X Accueil souriant, décor de bistrot, ambiance animée et savoureuse cuisine du marché : entraînez-vous à prononcer son nom, l'Entredgeu en vaut la peine ! L'un des meilleurs rapports qualité-prix de la capitale.

Formule 26 € – Menu 36 €

83 r. Laugier ◍ *Porte de Champerret* – *℘ 01 40 54 97 24 – Fermé 2 semaines*
en août, 1 semaine vacances de Noël et dim.

⬡ Le Petit Verdot du 17ème

CUISINE TRADITIONNELLE · **BISTRO** X Deux jeunes trentenaires se sont associés pour donner un coup de fouet à cette antique adresse du quartier des Ternes. Ils déclinent ici une cuisine de bistrot généreuse et sincère, fraîche et goûteuse : terrine de lapin maison, fricassée de rognons de veau à la moutarde... À dévorer en toute convivialité !

Carte 25/49 €

9 r. Fourcroy ◍ *Ternes* – *℘ 01 42 27 47 42 – Fermé 3 semaines en août, sam. midi*
et dim.

ⅱ◯ Sormani   ⅋ 🅐🅒 ⇔ 🍽

ITALIENNE · ROMANTIQUE XXX Tissus tendus, lustres en verre de Murano, moulu-res et miroirs : toute l'élégance de l'Italie s'exprime dans ce restaurant chic et feutré. La cuisine de Pascal Fayet rend un bel hommage à la cuisine transalpine – et à la précieuse truffe en saison : œufs au plat à la truffe, lasagnes à la truffe noire et foie gras poêlé...

Carte 65/145 €

4 r. Gén.-Lanrezac Ⓜ *Charles de Gaulle-Etoile* – 𝄐 *01 43 80 13 91*
– www.restaurantsormani.fr – Fermé 3 semaines en août, sam., dim. et fériés

ⅱ◯ Rech   🍴 🅐🅒 🍽

POISSONS ET FRUITS DE MER · ÉLÉGANT XXX Cette institution née en 1925, tou-jours élégante avec son décor repensé dans un esprit épuré (murs blancs, miroirs, sol en mosaïque) fera le bonheur des amateurs de saveurs iodées : poissons et coquillages, préparés avec rigueur, y révèlent de belles saveurs naturelles.

Menu 44 € (déj.), 54/76 € – Carte 80/130 €

62 av. des Ternes Ⓜ *Ternes* – 𝄐 *01 45 72 29 47 – www.restaurant-rech.fr*
– Fermé août, dim. et lundi

ⅱ◯ Dessirier par Rostang Père et Filles   ⅋ 🍴 🅐🅒 ⇔ 🍽

POISSONS ET FRUITS DE MER · ÉLÉGANT XXX Contemporain, arty et chic : le Dessirier, par Michel Rostang... et ses filles Caroline et Sophie. On y fait toujours la part belle aux produits de la mer, avec finesse.

Formule 40 € – Menu 48 € – Carte 62/128 €

9 pl. Mar.-Juin Ⓜ *Pereire* – 𝄐 *01 42 27 82 14 – www.restaurantdessirier.com*
– Fermé sam. et dim. en juil.-août

ⅱ◯ Pétrus   🍴 🅐🅒 ⇔ 🍽

CUISINE MODERNE · À LA MODE XXX L'élégance de la façade se retrouve tant dans le cadre, contemporain, que dans l'assiette : on se régale ici d'une cuisine actuelle et soignée. Une belle halte gourmande.

Carte 52/103 €

12 pl. du Mar.-Juin Ⓜ *Pereire* – 𝄐 *01 43 80 15 95 – Fermé 3 semaines en août et sam. midi*

ⅱ◯ Timgad   🅐🅒 ⅋ 🍽

NORD-AFRICAINE · EXOTIQUE XX Retrouvez la splendeur passée de la cité de Timgad dans ce cadre mauresque raffiné, tout en mobilier traditionnel et stucs finement sculptés ! La carte est au diapason : riche sélection de couscous (la semoule est d'une rare finesse) et tajines et pastillas appréciés pour leurs mille et un parfums...

Menu 79 € 🍷/125 € 🍷 – Carte 45/90 €

21 r. Brunel Ⓜ *Argentine* – 𝄐 *01 45 74 23 70 – www.timgad.fr*

ⅱ◯ Le Pré Carré   🅐🅒

CUISINE TRADITIONNELLE · À LA MODE XX Dans la salle, deux miroirs face à face reflètent à l'infini l'élégant et chaleureux décor. À la carte, des classiques comme la sole meunière, le tartare ou l'entrecôte de salers. Les produits sont bien choisis... et le plaisir des papilles garanti !

Menu 39 € (dîner) – Carte 45/75 €

Hôtel Splendid Étoile, 1 bis av. Carnot Ⓜ *Charles de Gaulle-Etoile*
– 𝄐 01 46 22 57 35 – www.restaurant-le-pre-carre.com – Fermé 3 semaines en août, 1 semaine vacances de Noël, sam. midi et dim.

ⅱ◯ Coretta   🍴 ⅋ 🅐🅒

CUISINE MODERNE · DESIGN XX Dans le nouveau quartier Clichy-Batignolles, face au parc Martin-Luther-King (dont l'épouse s'appelait Coretta), cette table née en 2014 se veut éco-responsable. Décor design où domine le chêne, vue sur les cimes à l'étage et belle cuisine de produits signée par un jeune chef, Jean-François Pantaleon. Le goût de la nature, oui !

Formule 25 € – Menu 35/41 € – Carte 48/68 €

151b r. Cardinet Ⓜ *Brochant* – 𝄐 *01 42 26 55 55 – Fermé dim. soir*

Rafaël ⓝ   AC ✕

CUISINE MODERNE · ÉLÉGANT XX Le Rafaël vous accueille dans un cadre néo-moderne, qui donne aussi le ton de la cuisine, actuelle – et casher, puisque c'est l'identité du lieu. Quelques exemples de plats : raviole de veau, ou bar et sa purée de panais, et mousse de cassis.

Formule 48 € – Menu 70/110 € – Carte 79/106 €

105 r. de Prony ⓜ *Péreire – ℰ 01 44 40 05 88 – www.lerafael.fr – Fermé 7-22 août, vend. et sam.*

Samesa   ✕ AC ✕

ITALIENNE · CONVIVIAL XX La cuisine transalpine se porte bien dans ce restaurant proche de l'Étoile : tagliatelles aux langoustines flambées au cognac, bar grillé farci à la ratatouille à la sicilienne... le tout associé à une belle sélection de vins italiens. On vient pour les saveurs ensoleillées du Sud ; on revient aussi pour la convivialité.

Menu 19 € (déj.)/31 € – Carte 38/54 €

13 r. Brey ⓜ *Charles de Gaulle-Etoile – ℰ 01 43 80 69 34 – www.samesa.fr – Fermé 3 semaines en août, sam. midi et dim.*

La Maison de Charly   AC ↔

NORD-AFRICAINE · CONVIVIAL XX L'entrée est encadrée d'oliviers ! Élégant décor mauresque, palmier sous verrière et trio couscous-tajines-pastilla sérieusement exécuté : une sympathique parenthèse orientale.

Formule 35 € – Carte 37/53 €

97 bd Gouvion-St-Cyr ⓜ *Porte Maillot – ℰ 01 45 74 34 62 – www.lamaisondecharly.fr – Fermé 3 semaines en août et lundi*

Caïus   AC ✕ ↔

CRÉATIVE · COSY X Chaque saison, le chef particulièrement inventif de ce restaurant chic et feutré concocte une cuisine ludique et parfumée, rehaussée d'épices et de produits "oubliés".

Formule 33 € – Menu 42/120 € – Carte 55/120 €

6 r. d'Armaillé ⓜ *Charles de Gaulle-Etoile – ℰ 01 42 27 19 20 – www.caius-restaurant.fr – Fermé 3 semaines en août, sam. et dim.*

Gare au Gorille ⓝ

CUISINE MODERNE · BISTRO X Marc Cordonnier, "jeune" ancien de Septime et de l'Arpège, se distingue notamment par sa capacité à faire graviter une poignée de saveurs autour d'un beau produit sans le dénaturer : maquereau, féta et groseille ; bœuf cru, anchois et pecorino... Une cuisine franche et originale, à ne manquer sous aucun prétexte !

Menu 27 € (déj.)/45 € – Carte 38/50 €

68 r. des Dames ⓜ *Rome – ℰ 01 42 94 24 02 (réservation conseillée) – Fermé 3 semaines en août, vacances de Noël, sam. et dim.*

Caves Petrissans   🐿 🏠 ↔ 🍽

CUISINE TRADITIONNELLE · RÉTRO X Céline, Abel Gance, Roland Dorgelès aimaient fréquenter ces caves plus que centenaires, à la fois boutique de vins et restaurant. Cuisine bistrotière bien ficelée.

Menu 36 € – Carte 43/84 €

30 bis av. Niel ⓜ *Pereire – ℰ 01 42 27 52 03 (réservation conseillée) – www.cavespetrissans.fr – Fermé août, sam., dim. et fériés*

Karl & Erick   ↔

CUISINE MODERNE · À LA MODE X Quand des jumeaux créent un bistrot contemporain, son nom est tout trouvé ! Malgré la ressemblance physique, les rôles sont bien définis : Erick assure l'accueil dans la salle aux airs de loft, tandis que Karl signe un savoureux menu-carte : terrine de lapin à l'estragon ; daurade royale, pack-choï et pamplemousse...

Formule 33 € – Menu 39 €

20 r. de Tocqueville ⓜ *Villiers – ℰ 01 42 27 03 71 – Fermé août, sam. midi et dim.*

ⓉⓄ Le Bouchon et l'Assiette

CUISINE TRADITIONNELLE · BISTRO X Au déjeuner, l'ardoise du jour propose un joli panaché de petits plats gourmands. Le soir, place à des plaisirs plus subtils, autour d'une cuisine du marché avide de jolies saveurs. Quant à la carte des vins, elle met en avant d'intéressants petits producteurs. Rue Cardinet, le bouchon et l'assiette forment un couple épatant.

Menu 25 € (déj. en semaine)/37 €

127 r. Cardinet Ⓜ Malesherbes - ℰ 01 42 27 83 93 (réservation conseillée)
– Fermé 3-10 mai, 3 semaines en août, 31 déc.-10 janv., dim. et lundi

ⓉⓄ L'Escient

CUISINE MODERNE · À LA MODE X Gambas, tarama, daïkon, citron vert et gingembre ; morue fraîche, figues sèches, chorizo et citron confit... Eu menu de cet Escient, les associations originales ne manquent pas, et elles sont toujours faites... à bon escient ! Un savoureux métissage signé par un père et sa fille, dans un décor qui joue la carte de la simplicité.

Formule 28 € – Menu 37/55 € – Carte environ 47 €

28 r. Poncelet Ⓜ Ternes - ℰ 01 47 64 49 13 - www.restaurantescient.fr
– Fermé 6-17 août, dim. et fériés

ⓉⓄ Le Bistrot d'À Côté Flaubert

CUISINE TRADITIONNELLE · RÉTRO X Un bistrot sympathique, sous l'égide de Michel Rostang dont le restaurant gastronomique se trouve juste à côté. Cuisine bistrotière valorisant de beaux produits.

Formule 29 € – Menu 36 € – Carte 41/60 €

10 r. Gustave-Flaubert Ⓜ Ternes - ℰ 01 42 67 05 81 - www.bistrotflaubert.com
– Fermé 2 semaines en août, sam. midi, dim. et lundi

ⓉⓄ Le Clou de Fourchette

CUISINE MODERNE · À LA MODE X Voilà un restaurant qui plante fièrement le nom de son propriétaire ! Avec ses associés, Christian Leclou invite à un bon "coup de fourchette" autour de recettes bien mitonnées, à l'instar d'une épaule d'agneau confite aux agrumes et ses navets au miel de romarin. On se régale et l'ambiance est conviviale.

Formule 22 € – Carte 35/60 €

121 r. de Rome Ⓜ Rome - ℰ 01 48 88 09 97 - www.lecloudefourchette.com
– Fermé 2 semaines en août, 1 semaine fin déc., dim. et lundi

ⓉⓄ Bistro d'Italie

ITALIENNE · À LA MODE X Une trattoria comme de l'autre côté des Alpes, et où la gourmandise reste chose sérieuse – comme toujours en Italie ! La carte se divise en deux chapitres principaux : les pizzas (garnies de produits de premier choix) et les pâtes (alla puttanesca – olives, câpres et anchois – par exemple). Une cuisine droit dans sa Botte !

Carte 30/55 €

4 r. Gén.-Lanzerac Ⓜ Charles de Gaulle-Etoile - ℰ 01 40 55 90 00
– Fermé sam. midi et les week-ends en août

ⓉⓄ Cap

CUISINE MODERNE · MINIMALISTE X L'enseigne rend hommage au Cap, en Afrique du Sud, ville d'origine du jeune chef qui a repris cet élégant petit restaurant avec son épouse. On s'en doute, la cuisine est métissée, mariant souvenirs d'ici, souvenirs sud-africains et même notes d'Asie (fil rouge : le salé-sucré). Des recettes bien tournées !

Formule 28 € – Menu 39/55 € – Carte 45/60 €

42 bd Péreire Ⓜ Wagram - ℰ 01 44 40 04 15 - www.restaurantcap.fr
– Fermé août, mardi soir, sam. midi, dim. et lundi

🍴⟲ XVII sur Vin

CUISINE TRADITIONNELLE · BISTRO ✗ On traverse une terrasse d'été, protégée du soleil (et du brouhaha urbain) par des buis pour gagner la salle, au décor d'inspiration bistrotière. Bistrotière, la cuisine l'est aussi, à l'instar de cet onglet de bœuf beurre maître d'hôtel, ou du suprême de volaille rôti au romarin. Sympathique ardoise du marché.

Carte 41/60 €

99 r. Jouffroy-d'Abbans ⓜ Wagram – ☎ 01 42 27 26 16
– www.xviisurvin-lebistrot.com – Fermé dim. et lundi

🍴⟲ Comme Chez Maman

CUISINE TRADITIONNELLE · CONVIVIAL ✗ Oui, on se sent comme chez maman dans ce bistrot du cœur des Batignolles ! Le jeune chef, Wim Van Gorp, joue la carte des jolies recettes ménagères : rognon de veau grillé aux aromates, gnocchis maison au beurre et à la sauge, gaufre – un délicieux hommage à ses origines flamandes... Généreux et goûteux !

Formule 18 € – Carte 40/60 €

5 r. des Moines ⓜ Brochant – ☎ 01 42 28 89 53 – www.comme-chez-maman.com
– Fermé 10-23 août et 23-27 déc.

🍴⟲ Giova

ITALIENNE · SIMPLE ✗ Vous rêvez d'une belle cuisine italienne légèrement revisitée à la française ? Vous avez frappé à la bonne porte ! Risotto aux copeaux de foie gras, aubergines à la parmigiana, tiramisu : les plats sont réalisés dans les règles de l'art par un jeune chef transalpin qui a su garder le meilleur de toutes ses expériences passées.

👓 Menu 19 € (déj.)/29 – Carte 35/50 €

34 r. St-Ferdinand ⓜ Argentine – ☎ 01 83 98 92 85 – Fermé 2 semaines en août et déc., sam. midi et dim.

🍴⟲ Le Café d'Angel

CUISINE TRADITIONNELLE · BISTRO ✗ Cette petite adresse a la nostalgie des bistrots parisiens d'antan : banquettes en skaï, faïences aux murs, plats traditionnels à l'ardoise et cuisine visible derrière le comptoir.

Formule 27 € – Menu 33 € – Carte 48/57 €

16 r. Brey ⓜ Charles de Gaulle-Etoile – ☎ 01 47 54 03 33 – www.lecafedangel.com
– Fermé 2-24 août, 24 déc.-2 janv., sam., dim. et fériés

🍴⟲ Le Palanquin

VIETNAMIENNE · MINIMALISTE ✗ Qualité rime souvent avec simplicité. Parfaite démonstration avec ce petit restaurant vietnamien où l'on savoure une cuisine authentique et très parfumée (brochettes de crevettes, porc épicé à la citronnelle et crème de coco, etc.). Madame Someaud œuvre seule aux fourneaux, tandis que ses enfants assurent un service charmant.

Carte 32/51 €

4 pl. Boulnois ⓜ Ternes – ☎ 01 43 80 46 90 (réservation conseillée) – Fermé août, sam. et dim.

🍴⟲ I Ghiotti

ITALIENNE · BISTRO ✗ I Ghiotti, ce sont "les gourmands" en italien... Tout est dit ! Cette petite table tenue en famille (deux jeunes frères siciliens et la compagne, toscane, de l'un d'eux) sort du lot. Une grande partie des produits vient directement d'Italie, les assiettes sont généreuses et colorées : voilà bien un royaume pour la *golosità* !

Formule 20 € – Carte 42/53 €

11 r. d'Armaillé ⓜ Charles de Gaulle-Etoile – ☎ 01 44 09 05 10 (réserver) – Fermé 3 semaines en août, 1 semaine vacances de Noël, dim. et lundi

ⅼⓄ L'Envie du Jour

CUISINE MODERNE · À LA MODE ✕ La création d'un jeune chef qui ne manque pas d'envies, Sergio Dias Lino. Les cuisines, ouvertes sur la petite salle, concentrent toute l'attention : le geste du cuisinier prime, bichonnant de beaux produits afin qu'ils donnent le meilleur. Ses assiettes, colorées et parfumées, donnent envie.

Formule 24 € – Menu 32 €

106 r. Nollet Ⓜ *Brochant – 𝓒 01 42 26 01 02 – www.lenviedujour.com – Fermé dim. soir et lundi*

ⅼⓄ Dix-Huit Ⓝ

CUISINE MODERNE · À LA MODE ✕ Julien Péret, le jeune patron de ce Dix-Huit installé dans le... 17ᵉ, l'a conçu avec la ferme intention de "casser les codes" de la restauration à la française. Au programme, ambiance bobo chic mais sans prétention, décor moderne et épuré, cuisine savoureuse aux intonations asiatiques... et bon rapport qualité-prix.

Formule 19 € – Menu 24 € – Carte 37/55 €

18 r. de Bayen Ⓜ *Ternes – 𝓒 01 53 81 79 77 – www.dix-huit.fr – Fermé 1ᵉʳ-24 août, 24 déc.-2 janv., sam. midi, dim. et lundi*

ⅼⓄ Les Poulettes Batignolles Ⓝ

CUISINE MODERNE · CLASSIQUE ✕ Situé dans une rue calme, à deux pas du théâtre Hébertot (boulevard des Batignolles), ce bistrot bien tenu propose une ardoise appétissante qui change en fonction des saisons et du marché, avec de fréquentes œillades à la tradition espagnole. En période estivale, les parois vitrées s'ouvrent sur l'extérieur.

Formule 20 € – Carte 44/53 €

10 r. de Chéroy Ⓜ *Villiers – 𝓒 01 42 93 10 11 – www.lespoulettes-batignolles.fr – Fermé 1 semaine vacances de printemps, 3 semaines en août, 1ᵉʳ-8 janv., dim. et lundi*

🏨 Hôtels

🏨 Renaissance Arc de Triomphe

LUXE · DESIGN À deux pas de la place de l'Étoile, on ne peut pas manquer l'impressionnante façade de cet hôtel dessiné par Christian de Portzamparc. L'originalité et le parti-pris contemporain sont aussi de mise à l'intérieur, des élégantes chambres au vaste hall d'accueil. Une réussite !

118 chambres ⌓ – 🛏299/799 € 🛏🛏299/799 € – 5 suites

39 av. Wagram Ⓜ *Ternes – 𝓒 01 55 37 55 37 – www.marriott.fr*

🏨 Regent's Garden

LUXE · ÉLÉGANT Savant mélange d'ancien (cheminée, mobilier de style) et de moderne (teintes sombres, motifs originaux) dans cet hôtel particulier datant de l'époque de Napoléon III. Des espaces feutrés, un délicieux petit jardin japonisant... Quel charme !

39 chambres – 🛏152/720 € 🛏🛏152/720 € – 1 suite – ⌓ 21 €

6 r. Pierre-Demours Ⓜ *Ternes – 𝓒 01 45 74 07 30 – www.hotel-regents-paris.com*

🏨 Mac Mahon

LUXE · DESIGN Un immeuble haussmannien à deux pas de l'Arc de Triomphe. Entièrement rénové en 2012, cet établissement mêle habilement le style Empire et la décoration contemporaine. Un pied-à-terre parfait pour partir aux quatre coins de Paris.

40 chambres – 🛏219/750 € 🛏🛏219/750 € – ⌓ 25 €

3 av. Mac-Mahon Ⓜ *Charles de Gaulle-Etoile – 𝓒 01 43 80 23 00 – www.champselyseesmm.com*

Splendid Étoile �^ ⊡ AC 🛁

TRADITIONNEL · PERSONNALISÉ On reconnaît cet hôtel à sa belle façade ouvragée. Les chambres sont d'inspiration Louis XV ou contemporaines ; certaines ont vue sur l'Arc de Triomphe. Un style feutré très plaisant.

55 chambres – ♦220/420 € ♦♦220/750 € – 2 suites – ♀25 €

1bis av. Carnot ⓜ Charles de Gaulle-Etoile – ✆01 45 72 72 00
– www.hsplendid.com

🍽 **Le Pré Carré** – voir les restaurants ci-dessus

Ampère ⊡ � AC 🛁 🚗

URBAIN · MODERNE Les chambres, décorées dans un style contemporain, donnent sur la cour intérieure. Avec son bar feutré, son jardin au calme de l'agitation extérieure, cet hôtel possède un certain cachet.

96 chambres – ♦140/330 € ♦♦140/460 € – 1 suite – ♀20 €

102 av. de Villiers ⓜ Pereire – ✆01 44 29 17 17 – www.hotelampere.paris

Hidden ⊡ � AC 🍽 🛁

LUXE · DESIGN Ambiance "nature" revendiquée pour cet hôtel créé en 2009 et agrandi en 2012 : matériaux nobles comme le bois et l'ardoise, literie en fibres de coco, etc. Un lieu apaisant et très dépaysant, pour vivre un peu caché...

35 chambres – ♦199/409 € ♦♦199/849 € – ♀19 €

28 r. de l'Arc-de-Triomphe ⓜ Charles de Gaulle-Etoile – ✆01 40 55 03 57
– www.hidden-hotel.com

Les Jardins de la Villa 🛁 ⊡ � AC 🛁

LUXE · DESIGN Les "fashion addicts" vont raffoler de ce petit hôtel très couture. Noir, rose shocking, gris... Les références à l'univers de la mode sont nombreuses. Original, chic et confortable !

33 chambres – ♦155/400 € ♦♦155/400 € – ♀22 €

5 r. Bélidor ⓜ Porte Maillot – ✆01 53 81 01 10 – www.jardinsdelavilla.com

Hôtel de Banville ⊡ AC

URBAIN · PERSONNALISÉ Un véritable hôtel de charme, décoré avec goût. Les chambres (bois patiné, détails précieux) sont séduisantes, certaines avec une vue magique !

38 chambres ♀ – ♦159/350 € ♦♦159/600 €

166 bd Berthier ⓜ Porte de Champerret – ✆01 42 67 70 16 – www.hotelbanville.fr

Beauséjour Montmartre ⊡ � AC

URBAIN · DESIGN Quelques clichés de David LaChapelle, des photos dédicacées de Brigitte Bardot... Un esprit glamour qui fait écho à la place de Clichy voisine, mais auquel on ne saurait résumer cette ancienne pension de famille, transformée en hôtel par un propriétaire issu de la haute couture. Un ensemble très chic et très parisien !

36 chambres – ♦125/500 € ♦♦159/600 € – ♀18 €

6 r. Lécluse ⓜ Place de Clichy – ✆01 42 93 35 77 – www.b-montmartre.com

L'Edmond ⊡ � AC 🍽

URBAIN · ÉLÉGANT Edmond, comme Edmond Rostand, l'auteur de Cyrano de Bergerac, qui vécut dans cette maison, devenue hôtel contemporain, élégant et feutré. Certaines suites, avec balcon, offrent une vue sur le Sacré-Cœur et la tour Eiffel. Très parisien.

17 suites – ♦♦350/1000 € – 6 chambres – ♀18 €

22 av. de Villiers ⓜ Villiers – ✆01 44 01 09 40 – www.edmond-hotel.com

🏠 Régence Etoile   🔲 ⚅ AC ❄

TRADITIONNEL · FONCTIONNEL À deux pas de l'Arc de Triomphe et des Champs-Élysées, cet établissement bénéficie d'un emplacement de choix pour apprécier les charmes de la Ville Lumière. Les chambres y sont confortables et bien tenues, l'accueil des plus charmants.

38 chambres – ♦130/259 € ♦♦130/259 € – ⏟ 14 €

24 av. Carnot Ⓜ *Charles de Gaulle-Etoile – ℰ 01 58 05 42 42*
– www.hotelregenceetoile.com

🏠 Star Champs Élysées   🔲 AC

URBAIN · MODERNE Dans une rue calme près de la place de l'Étoile, cet établissement dispose de chambres certes petites, mais fonctionnelles et bien tenues. Original : la réception avec sa décoration médiévale ! Une bonne adresse qui s'adapte aussi bien à la clientèle d'affaires que touristique.

62 chambres – ♦100/290 € ♦♦120/390 € – ⏟ 13 €

18 r. de l'Arc-de-Triomphe Ⓜ *Charles de Gaulle-Etoile – ℰ 01 43 80 27 69*
– www.hotelstarchampselysees.com

🏠 Doisy   🔲 AC ❄

URBAIN · MODERNE Sur l'avenue des Ternes, cet immeuble abrite des chambres fonctionnelles et bien tenues. Préférez celles – plus calmes – qui donnent côté cour. Idéal pour la clientèle d'affaires, notamment, souhaitant se rendre au palais des congrès tout proche.

33 chambres – ♦100/150 € ♦♦150/250 € – ⏟ 14 €

55 av. des Ternes Ⓜ *Ternes – ℰ 01 45 74 21 86 – www.doisy.com*

🏠 Arc de Triomphe Étoile   🔲 ⚅ AC ❄

URBAIN · MODERNE Son nom dit tout de son emplacement privilégié. L'établissement a été entièrement rénové en 2012 : ses petites chambres, bien aménagées et plutôt design, s'agrémentent pour certaines de fresques abstraites évoquant les monuments de Paris... Une forme de "street art" bien inspiré !

27 chambres – ♦130/320 € ♦♦150/340 € – ⏟ 14 €

3 r. de l'Etoile Ⓜ *Charles de Gaulle-Etoile – ℰ 01 56 68 90 00*
– www.hotelarcdetriompheetoile.com

Montmartre · Pigalle

✉ 75018

18ᵉ ARRONDISSEMENT

M. Carassale/Sime/Photononstop

Restaurants

❀ La Table d'Eugène (Geoffroy Maillard)   ❄

CUISINE MODERNE · DESIGN ✕✕ Sans coup férir, Geoffroy Maillard – passé notamment par la case Frechon – aura hissé sa charmante Table d'Eugène au rang des meilleures. Une heureuse nouvelle pour le 18ᵉ et... tous les gastronomes ! Il signe une cuisine très fraîche, pleine de couleurs et de parfums, généreuse même dans sa subtilité. Puissance et finesse...

➔ Calamars de ligne "black and white". Pigeon en croûte de noisettes. Sphère chocolat et fève tonka.

Formule 31 € – Menu 38 € (déj.), 79/99 €

18 r. Eugène-Sue Ⓜ *Jules Joffrin – ℰ 01 42 55 61 64 (réservation conseillée)*
– www.latabledeugene.com – Fermé août, 1 semaine vacances de Noël, dim. et lundi

L'Esquisse

CUISINE MODERNE · BISTRO X Deux jeunes passionnés se sont associés pour créer ici ce bistrot vintage et accueillant : parquet massif, banquettes en bois... On y dévore des assiettes graphiques et sans chichis, qui mettent en valeur la qualité des produits utilisés. Cuissons impeccables, assaisonnements contrastés : on se régale !

Formule 17 € – Menu 22 € (déj. en semaine) – Carte 35/42 €

151 bis r. Marcadet ⓜ *Lamarck-Caulaincourt –* ☏ *01 53 41 63 04 – Fermé 3 semaines en août, dim. et lundi*

Chamarré Montmartre

CRÉATIVE · À LA MODE XX Sur la butte Montmartre, ce restaurant contemporain ose la créativité et le métissage culinaire : filet de bar à la seychelloise, homard au jus de kalamantsi, savarin punché... Une invitation au voyage qui commence dès la jolie terrasse.

Formule 24 € – Menu 32 € (déj.), 39/70 € – Carte 61/71 €

52 r. Lamarck ⓜ *Lamarck Caulaincourt –* ☏ *01 42 55 05 42*
– www.chamarre-montmartre.com

Le Coq Rico

CUISINE TRADITIONNELLE · ÉLÉGANT XX Cocorico ! La volaille française a trouvé son ambassade à Paris, en cette adresse chic et discrète créée par le fameux chef strasbourgeois, Antoine Westermann. Poulet fermier de Challans, géline de Touraine, volaille de Bresse, etc. Les pièces sont rôties avec art et dégagent de succulents parfums. Les amateurs sont comblés.

Carte 45/85 €

98 r. Lepic ⓜ *Lamarck Caulaincourt –* ☏ *01 42 59 82 89 – www.lecoqrico.com*

Chez Frezet

CUISINE TRADITIONNELLE · BRASSERIE XX Cette brasserie, fondée en 1946 par un couple de restaurateurs lyonnais, n'a rien perdu de son esprit d'antan. L'équipe actuelle y rend hommage aux grands classiques : tête de veau, rognons, coq au vin... et la star des lieux : le homard, tiré du vivier au fond du restaurant et brûlé au cognac. Un délice !

Formule 17 € – Menu 33/48 € – Carte 33/67 €

181 r. Ordener ⓜ *Jules Joffrin –* ☏ *01 46 06 64 20 – www.chezfrezet.com*

Nomos

CRÉATIVE · BRANCHÉ X Le 18ᵉ attendait impatiemment l'ouverture de ce bistrot branché en lieu et place de l'ancien – et très couru – Chéri Bibi. Le jeune chef – look de rockeur dandy et solides antécédents en pâtisserie – s'est jeté dans l'aventure de toutes ses forces et il a eu raison : son menu unique en 5 ou 9 plats, créatif et inspiré, est une réussite.

Formule 25 € – Menu 39/70 €

15 r. André-del-Sarte ⓜ *Château Rouge –* ☏ *06 95 84 75 97*
– www.nomosrestaurant.com – Fermé 15-30 août, dim. et lundi

La Rallonge

CUISINE MODERNE · BISTRO X La Rallonge de la fameuse Table d'Eugène, plus haut dans la rue ! Le chef décline ici sa cuisine en version tapas, dans un joli décor de bistrot. Risotto de coquillettes à la truffe ou suprêmes de caille et mousseline de potiron sont servis en petites portions et font merveille... Attention : on ne réserve pas, arrivez tôt !

ⴾ Formule 15 € – Menu 19 € (déj.) – Carte 23/33 €

16 r. Eugène-Sue ⓜ *Jules Joffrin –* ☏ *01 42 59 43 24 – www.larallonge.fr*
– Fermé vacances de Noël, dim. et lundi

Le Bistrot du Maquis

CUISINE TRADITIONNELLE · BISTRO X Dans la fameuse rue Caulaincourt, André Le Letty – ancien chef de l'Anacréon – célèbre les classiques du genre bistrotier : compressé de joue de bœuf au citron confit, rognons de veau à la moutarde, dos de merlu rôti... et, bien sûr, sa spécialité : le canard au sang en deux services. On se régale !

ⴾ Formule 16 € – Menu 20 € (déj. en semaine)/36 € – Carte 42/60 €

69 r. Caulaincourt ⓜ *Lamarck Caulaincourt –* ☏ *01 46 06 06 64 – Fermé merc. midi et mardi*

⊫◯ Bistro Poulbot

CUISINE TRADITIONNELLE · DE QUARTIER ✗ Lorenzo Torrini, le chef italien, a roulé sa bosse aux quatre coins du monde avant de poser ses valises en France. Il reviste la tradition française en utilisant de beaux produits transalpins : ceviche de dorade, oignons rouges et coriandre ; carpaccio de courgettes... Une cuisine généreuse et ensoleillée !

Formule 22 € – Menu 27 € (déj. en semaine)/39 € – Carte 43/60 €

39 r. Lamarck Ⓜ *Lamarck Caulaincourt – ℰ 01 46 06 86 00*
– www.bistropoulbot.com – Fermé août, dim. et lundi

⊫◯ Jeanne B

CUISINE MODERNE · BISTRO ✗ Ce charmant néobistrot est installé à mi-hauteur de la rue Lepic, cauchemar des cyclistes de la butte Montmartre. Décor chaleureux, parfois onirique (ces bouleaux sur fond bleu !), bonne cuisine du marché, colorée et goûteuse, basée sur de bons produits : poulet patte noire de Challans, agneau de lait rôti, etc.

Formule 15 € – Menu 24 € (déj. en semaine)/29 € – Carte 35/48 €

61 r. Lepic Ⓜ *Lamarck Caulincourt – ℰ 01 42 51 17 53*
– www.jeanne-b-comestibles.com

⊫◯ Miroir

CUISINE TRADITIONNELLE · CONVIVIAL ✗ Vieux carrelage et comptoir à l'ancienne : un bistrot typique et... branché, comme il se doit aux Abbesses ! La qualité du produit est un impératif : légumes bio, poisson sauvage, viande d'origine France... Une bonne cuisine du marché, que l'on accompagne de belles bouteilles.

Formule 20 € 🍷 – Menu 28/69 € 🍷

94 r. des Martyrs Ⓜ *Abbesses – ℰ 01 46 06 50 73 – www.restaurantmiroir.com*
– Fermé 3 semaines en août

Hôtels

🏨 Terrass' Hôtel

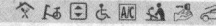

TRADITIONNEL · PERSONNALISÉ Non loin du cimetière de Montmartre, cet hôtel a été entièrement rénové en 2015 : la déco mêle désormais les styles scandinave et industriel, tandis que les chambres s'inspirent de l'esprit artiste et bohème de la butte... Un très bel établissement.

92 chambres – ♦160/380 € ♦♦180/450 € – 6 suites – ⌸ 25 €

12 r. J.-de-Maistre Ⓜ *Place de Clichy – ℰ 01 46 06 72 85 – www.terrass-hotel.com*

🏨 Kube

LUXE · DESIGN Ce n'est pas le quartier le plus séduisant de Paris, mais cet hôtel du 21ᵉ s., design et high-tech, ravira les amateurs du genre. Jeux sur la transparence et la blancheur, chambres d'esprit loft, livrent une interprétation "on the rocks" de l'hôtellerie. Restaurant et bars, dont le glacial Ice Kube (- 10° C, tenue fournie) à l'étage.

40 chambres – ♦169/429 € ♦♦169/829 € – ⌸ 21 € – ½ P

1-5 passage Ruelle Ⓜ *La Chapelle – ℰ 01 42 05 20 00 – www.kubehotel-paris.com*

🏨 Mercure Montmartre

HÔTEL DE CHAÎNE · FONCTIONNEL Difficile de croire que l'on est ici dans un hôtel de chaîne ! Ce Mercure sort de l'ordinaire avec sa décoration atypique et "arty", à l'image du quartier qui l'accueille : le Moulin-Rouge et la place Clichy sont à deux pas. Chambres confortables, dans un esprit contemporain et épuré.

305 chambres – ♦105/360 € ♦♦105/360 € – ⌸ 20 €

3 r. Caulaincourt Ⓜ *Place de Clichy – ℰ 01 44 69 70 70*
– www.mercure-paris-montmartre.com

🏨 L'Hôtel Particulier Montmartre

LUXE · PERSONNALISÉ Un hôtel très... particulier. À l'issue d'un étroit passage montmartrois, on découvre une demeure Directoire au cœur d'un jardin luxuriant. Salons raffinés, chambres décorées dans un style contemporain aussi séduisant que surprenant, ravissante terrasse : so chic.

4 chambres – 🛏390/590 € 🛏🛏390/590 € – 1 suite – ☲ 20 €
Ⓜ *Lamarck Caulaincourt* – ☎ 01 53 41 81 40
– www.hotel-particulier-montmartre.com

🏨 Relais Montmartre

BUSINESS · COSY Non loin des commerces de la rue Lepic, ce petit hôtel de caractère – inattendu dans un quartier aussi vivant – a le charme d'une maison bourgeoise. Avec leur mobilier de style, les chambres sont bien coquettes. Et quel calme...

26 chambres – 🛏119/259 € 🛏🛏119/259 € – ☲ 15 €
6 r. Constance Ⓜ *Abbesses* – ☎ 01 70 64 25 25 – www.relaismontmartre.fr

🏨 Le Chat Noir

BUSINESS · MINIMALISTE L'enseigne fait référence au célèbre cabaret du bas de la Butte ; on retrouve partout le célèbre félin dessiné par Steinlen. Rouge, noir, blanc, graphique et malicieux... le décor joue la carte de l'épure. Apaisant à Pigalle, quartier "noctambule".

40 chambres – 🛏135/399 € 🛏🛏145/599 € – ☲ 15 €
68 bd de Clichy Ⓜ *Blanche* – ☎ 01 42 64 15 26 – www.hotel-chatnoir-paris.com

🏨 Lumières

BUSINESS · DESIGN Au nord de l'arrondissement, la butte Montmartre fait écran et préserve le quartier de l'agitation du centre de Paris. Le style de l'hôtel, au design épuré et aux aménagements de qualité, prête également à la tranquillité. Un lieu de séjour séduisant, bien qu'excentré.

36 chambres – 🛏79/215 € 🛏🛏79/240 € – ☲ 10 €
110 r. Damrémont Ⓜ *Jules Joffrin* – ☎ 01 42 64 25 75 – www.hotel-lumieres.com

Parc de la Villette · Parc des Buttes Chaumont

✉ 75019

19ᵉ ARRONDISSEMENT

Jacques Palut/Fotolia.com

Restaurants

🍴 Ô Divin

CRÉATIVE · BISTRO Ô Divin est aujourd'hui le fief de Federico Colombo, chef italien instinctif et talentueux. Sa cuisine va à l'essentiel, et il sait sublimer les beaux produits du marché. L'attention portée à l'assiette, mais aussi l'ambiance conviviale et décalée : tout cela fait de cette table une adresse à ne pas manquer !

🍴 Formule 18 € – Menu 20 € (déj.) – Carte 28/50 €
35 r. des Annelets Ⓜ *Botzaris* – ☎ 01 40 40 79 41 (réservation conseillée) – Fermé 1 semaine en août, le midi du lundi au merc., sam. et dim.

ⅈ○ Lao Siam

THAÏLANDAISE • EXOTIQUE Ⅹ Rien ne distingue Lao Siam des nombreuses cantines asiatiques de Belleville... sinon la file d'attente à l'entrée ! Créé par les parents de l'actuel patron, originaires de Thaïlande et du Laos, il met à l'honneur les cuisines de ces deux pays. Tout est fait maison, fin et parfumé. Nous voilà transporté en Asie – enfin presque !
Carte 18/46 €

49 r. de Belleville ⓜ Pyrénées – ☏ 01 40 40 09 68

ⅈ○ La Table de Botzaris

CUISINE MODERNE • SIMPLE Ⅹ Le parc des Buttes-Chaumont est à deux pas de cette table contemporaine où la cuisine épouse l'air du temps. Pour un épigramme de saumon aux agrumes ou une brioche façon pain perdu, arrêtez-vous à Botzaris !
Menu 35/39 €

10 r. du Gén.-Brunet ⓜ Botzaris – ☏ 01 40 40 03 30 – www.latabledebotzaris.fr – Fermé 27 juil.-18 août, dim. soir et lundi

ⅈ○ La Violette

CUISINE MODERNE • BRASSERIE Ⅹ Non loin de la Villette, ce restaurant contemporain n'a de violette... que sa banquette. Tourteau crémeux et son eau de tomate ; pavé de thon, mousseline de petits pois à la menthe ; cheesecake aux fruits de saison.
Formule 24 € – Carte 45/56 €

11 av. Corentin-Cariou ⓜ Corentin Cariou – ☏ 01 40 35 20 45 (réservation conseillée) – www.restaurant-laviolette.com – Fermé 8-31 août, 24 déc.-1er janv., sam. et dim.

ⅈ○ Café des Concerts

CUISINE TRADITIONNELLE • BRASSERIE Ⅹ À l'entrée de la Cité de la musique, une vaste brasserie moderne au décor épuré, avec un espace lounge orné de marbre de Carrare et une belle terrasse face à la Halle de la Villette. On retrouve de bons classiques à la carte : steak tartare, fish and chips, saumon rôti, cheeseburger au comté... Jusqu'à 2h du matin !
Formule 20 € – Carte 30/45 €

211 av. Jean-Jaurès ⓜ Porte de Pantin – ☏ 01 42 49 74 74 – www.cafedesconcerts.com – Fermé août

ⅈ○ Quedubon

CUISINE TRADITIONNELLE • BISTRO Ⅹ Un patron gouailleur, une collection de tire-bouchons, une grande ardoise proposant des vins de petits producteurs : voilà un bistrot contemporain ! Et comme il se doit, les plats changent au gré du marché et des saisons... Chaleureux.
🍷 Formule 15 € – Menu 18 € (déj.) – Carte 35/55 €

22 r. du Plateau ⓜ Buttes-Chaumont – ☏ 01 42 38 18 65 – Fermé 1er-7 janv., sam. midi, dim. et lundi

Hôtels

🏨 Holiday Inn Express Canal de la Villette

BUSINESS • MODERNE Les promeneurs du bassin de la Villette connaissent bien cet édifice : son jumeau (un entrepôt de 1853) se dresse toujours sur l'autre rive ; lui, reconstruit en 2008, a été habillé d'une originale gaine métallique. Il abrite cet hôtel chaleureux, aux chambres spacieuses, très prisé des touristes !
144 chambres ⌷ – ♦110/360 € ♦♦110/360 €

68 quai de Seine ⓜ Crimée – ☏ 01 44 65 01 01 – www.holidayinnexpress.com/paris-canal

🏠 Canal St-Martin ⊕ ᗱ AC

BUSINESS · MODERNE Entre le canal St-Martin et le bassin de la Villette, cet hôtel propose plusieurs catégories de chambres dont les "Confort" et "Privilège", modernes et épurées. Une courette fleurie relie les bâtiments entre eux. Le métro est tout proche.

69 chambres - ♦85/279 € ♦♦95/329 € - ☲ 12 €

5 av. Secrétan Ⓜ Jaurès - ℰ 01 42 06 62 00 - www.hotel-canal-saint-martin.com

Cimetière du Père Lachaise · Gambetta · Belleville

✉ 75020
20ᵉ ARRONDISSEMENT

Adam Wasilewski/Fotolia.com

Restaurants

ⅈⓄ Le Baratin

CUISINE TRADITIONNELLE · BAR À VIN ✗ Pas question de faire du baratin ! L'ardoise est plaisante à lire, les prix sont sages et les vins séduisants. Tourte de morue au lard de pimiento ; artichauts poivrades en barigoule : la chef argentine Raquel Carena propose au déjeuner un menu assez simple et, le soir, un choix plus élaboré qui ravit les habitués.

🍴 Menu 19 € (déj.) - Carte 38/55 € dîner

3 r. Jouye-Rouve ⓂPyrénées - ℰ 01 43 49 39 70 (réservation conseillée)
- Fermé 1 semaine en mai, août, 1 semaine en fév., sam. midi, dim. et lundi

ⅈⓄ Dilia 🆕

CRÉATIVE · BISTRO ✗ Un nouveau départ pour l'ancien Roseval, sous la houlette d'un jeune chef italien aux solides références. Ses assiettes sont parsemées de touches transalpines ; il y dévoile de jolies associations de saveurs (gnocchis à la betterave, huître et raifort) et fait preuve d'une inventivité réjouissante.

🍴 Formule 16 € - Menu 20 € (déj. en semaine), 44/60 €

1 r. d'Eupatoria ⓂMénilmontant - ℰ 09 53 56 24 14 - www.dilia.fr - Fermé dim. et lundi

ⅈⓄ Chatomat

CUISINE MODERNE · MINIMALISTE ✗ Petite par la taille, mais grande par la qualité ! Nichée dans une ruelle improbable, cette table discrète compte nombre d'aficionados. À sa tête, un couple de talent, qui signe une courte carte aussi vive que savoureuse... Les jeunes gourmets de l'Est parisien en sont "fans" sur les réseaux sociaux, à juste titre.

Menu 40 €

6 r. Victor-Letalle ⓂMénilmontant - ℰ 01 47 97 25 77 (réservation conseillée)
- Fermé le midi, lundi et dim.

⅋○ Le Tablier Rouge

CUISINE TRADITIONNELLE · BISTRO ⅊ Un sympathique bistrot à vins, tenu par un couple franco-britannique. La carte célèbre la tradition française – poitrine de veau farcie, gigot d'agneau rôti, profiteroles – avec une pointe d'Angleterre, of course (fish and chips, notamment) ; le tout s'accompagne d'un beau choix de vins nature à prix doux !

🍴 Formule 16 € – Menu 19 € (déj.)/35 € – Carte 35/45 €

40 r. de la Chine Ⓜ *Gambetta –* ℰ *01 46 36 18 30 (réservation conseillée) – www.letablierrouge.com – Fermé 1 semaine début mai, 3 semaines en août, sam. midi, lundi soir et dim.*

⅋○ Lou Tíap

CUISINE DU SUD-OUEST · CONVIVIAL ⅊ C'est à la tête de ce Lou Tíap dédié à la cuisine du Sud-Ouest que l'on retrouve Anne Escoffier et Olivier Laterrot (ex-L'Hermès, dans le 19ᵉ). Ils déclinent de belles recettes de tradition – asperges rôties, côte de cochon noir de Bigorre –accompagnées de jolis vins : une bien sympathique auberge !

🍴 Menu 19 € 🍷 (déj. en semaine)/35 € – Carte 39/68 €

81 r. de Bagnolet Ⓜ *Alexandre Dumas –* ℰ *01 43 70 77 93 – www.loutiap.fr – Fermé 1 semaine en fév., 1 semaine en avril, 3 semaines en août, merc. midi, dim., lundi et fériés*

⅋○ Le Petit Vingtième

CUISINE TRADITIONNELLE · DE QUARTIER ⅊ Un ancien professeur de français, reconverti dans la cuisine, a réhabilité cet atelier textile du quartier Jourdain : parquet et carrelage bleuté au sol, poutres apparentes, mobilier de bistrot... Charmant ! À la carte, une savoureuse cuisine de tradition, qui privilégie le bio et les artisans du quartier (fromager, boucher).

🍴 Formule 17 € – Menu 20 € (déj. en semaine) – Carte 29/42 €

381 r. des Pyrénées Ⓜ *Jourdain –* ℰ *01 43 49 34 50 – www.petit20.com – Fermé 1ᵉʳ-22 août, 24 déc.-2 janv., lundi midi, mardi midi, merc. midi et dim.*

Hôtels

🏠 Mama Shelter

URBAIN · DESIGN Philippe Starck a signé le décor, à la fois épuré, design et fantaisiste, de ce vaste hôtel à la pointe de la modernité. Une ambiance jeune et urbaine, à l'image de ce quartier en plein renouveau. Restaurant ouvert jusqu'à 1h30 du matin.

171 chambres – 🛏79/249 € 🛏🛏89/249 € – 1 suite – ⌑ 16 €

109 r. de Bagnolet Ⓜ *Gambetta –* ℰ *01 43 48 48 48 – www.mamashelter.com*

© Ekaterina Pokrovsky/Fotolia.com

Autour de Paris

40 km autour de Paris
Cartes régionales 18 à 21

ANTONY

✉ 92160 (Hauts-de-Seine) – 61 624 hab. – Alt. 80 m – Carte régionale n° **20**-B3
▶ Paris 13 km – Bagneux 6 km – Corbeil-Essonnes 28 km – Nanterre 23 km
Carte Michelin 311-J3 et 101-25

ⓘ○ La Tour de Marrakech   AC ⌖

NORD-AFRICAINE · EXOTIQUE ✗ Un Paris-Marrakech par voie express ! Décor délicieusement mauresque, plats du pays joliment mitonnés – notamment la pastilla de pigeon et amandes, une valeur sûre de la maison –, desserts faits maison... avec, pour ne rien gâcher, un accueil et un service très prévenants.
Menu 22 € (déj. en semaine), 34 € ▽/58 € ▽ – Carte 30/50 €
72 av. Division-Leclerc – ℰ 01 46 66 00 54 – www.latourdemarrakech.com – Fermé août et lundi

🏠 Hôtel de Berny   ⊡ & AC ⅍ ⌂

BUSINESS · ACTUEL Près de la Croix de Berny, hôtel récent avec d'agréables chambres contemporaines (tons chauds, parquet et mobilier en teck...) et quelques suites. Garage bien pratique et salle de séminaire.
40 chambres – ♦89/190 € ♦♦144/220 € – 4 suites – ⊇ 12 €
129 av. A.-Briand – ℰ 01 46 11 43 90 – www.hotel-berny.com

ARGENTEUIL

✉ 95100 (Val-d'Oise) – 104 962 hab. – Alt. 33 m – Carte régionale n° **20**-B1
▶ Paris 16 km – Chantilly 38 km – Pontoise 20 km – St-Germain-en-Laye 19 km
Carte Michelin 305-E7 et 101-14 – Guide Vert Michelin Île de France

ⓘ○ La Ferme d'Argenteuil   AC P

CUISINE MODERNE · ÉLÉGANT ✗✗✗ Il n'y a rien d'agricole dans cette jolie ferme ! Tout est feutré, douillet, mignon... Aux commandes, deux sœurs soucieuses de bien faire. Amélia vous reçoit, tandis que Marie, aux fourneaux, concocte une sympathique cuisine d'aujourd'hui.
Menu 35/55 €
2 bis r. Verte – ℰ 01 39 61 00 62 – www.lafermedargenteuil.com – Fermé 1ᵉʳ-8 mai, 1ᵉʳ-22 août, lundi soir, mardi soir, merc. soir, sam. midi et dim.

ASNIÈRES-SUR-SEINE

✉ 92600 (Hauts-de-Seine) – 83 845 hab. – Alt. 37 m – Carte régionale n° **20**-B1
▶ Paris 10 km – Argenteuil 6 km – Nanterre 8 km – Pontoise 26 km
Carte Michelin 311-J2 et 101-15 – Guide Vert Michelin Île de France

⍥○ **Le Van Gogh**   ⌂ ♿ **P**

CUISINE MODERNE · TRADITIONNEL XXX Sur les bords de Seine immortalisés par Van Gogh, presque les pieds dans l'eau ! Sur la jolie terrasse, on voit passer les péniches en se délectant d'une cuisine d'aujourd'hui honorant les poissons de l'Atlantique... Et dans la salle à la déco très "bateau", on apprécie la vue sur les cuisines.

Menu 39 € – Carte 48/67 €

1 Port Van-Gogh, (accès par le Pont de Clichy) – ℰ 01 47 91 05 10
– www.levangogh.com – Fermé 7-29 août, 19-26 déc., lundi en août, sam. midi et dim. soir

AULNAY-SOUS-BOIS

✉ 93600 (Seine-Saint-Denis) – 81 899 hab. – Alt. 46 m – Carte régionale n° **21**-D1
D Paris 19 km – Bobigny 9 km – Lagny-sur-Marne 23 km – Meaux 30 km
Carte Michelin 305-F7 et 101-18

✿ **Auberge des Saints Pères** (Jean-Claude Cahagnet)   **AC**

CRÉATIVE · INTIME XXX Jus de coquillage en gelée, sésame de wasabi et huîtres ; poitrine de cochon et gambas... Des assiettes sophistiquées, originales et techniques, où dialoguent de nombreux ingrédients, accompagnés d'épices et d'herbes : telle est la savoureuse signature de ces Saints Pères, au cadre épuré et élégant.
➜ Carpaccio de veau et de tourteau, marinade pamplemousse, coriandre et soja. Dorade marinée sur un lit de légumes et purée d'ail nougatine. Tartare fraise-rhubarbe, sorbet au poivre.

Menu 44/105 €

212 av. de Nonneville – ℰ 01 48 66 62 11 – www.auberge-des-saints-peres.fr
– Fermé 3 semaines en août, merc. soir, sam. et dim.

AUVERS-SUR-OISE

✉ 95430 (Val-d'Oise) – 6 846 hab. – Alt. 30 m – Carte régionale n° **18**-B1
D Paris 36 km – Beauvais 52 km – Chantilly 35 km – Compiègne 84 km
Carte Michelin 305-E6 et 106-61013 – Guide Vert Michelin Île de France

⍥○ **Hostellerie du Nord**   ⇦ ⌂ ♿ ⌸ **P**

CUISINE CLASSIQUE · AUBERGE XXX Élégance et confort distinguent cet ancien relais de poste, fréquenté au 19ᵉ s. par de nombreux peintres. Le chef, Joël Boilleaut, est une vraie figure, dont le rigoureux savoir-faire s'exprime à travers une palette de recettes sûres et soignées. Idéal pour marcher sur les traces des impressionnistes !

Formule 55 € ♟ – Menu 65/85 €
8 chambres – †99/129 € ††129/189 € – ⌷15 €
6 r. du Gén.-de-Gaulle – ℰ 01 30 36 70 74 – www.hostelleriedunord.fr – Fermé sam. midi, dim. soir et lundi

⍥○ **Auberge Ravoux**   ⌂ ♽ ♿

CUISINE TRADITIONNELLE · BISTRO X Bienvenue en terre artiste... Non loin de l'église qu'il a rendue célèbre et du cimetière où il repose, l'âme de Van Gogh plane encore sur "sa" dernière auberge. Ici, la cuisine cultive les recettes d'antan, entre tradition populaire et manières familiales... À noter : la petite chambre du peintre se visite.

Formule 29 € – Menu 34/75 € – Carte 41/63 €

52 r. du Gén.-de-Gaulle, (face à la mairie) – ℰ 01 30 36 60 60 (réservation conseillée) – www.maisondevangogh.fr – Ouvert début mars à fin nov. et fermé dim. soir, merc. soir, jeudi soir, lundi et mardi

BAGNOLET

✉ 93170 (Seine-Saint-Denis) – 34 920 hab. – Alt. 96 m – Carte régionale n° **21**-C2
D Paris 8 km – Bobigny 6 km – Lagny-sur-Marne 32 km – Meaux 39 km
Carte Michelin 305-F7 et 101-17

🏨 **Novotel Paris Est** ✿ 🖫 🖭 ⅙ 🗚 ℅ 🎧 🚗

HÔTEL DE CHAÎNE · FONCTIONNEL En bordure du périphérique, l'un des premiers hôtels de la chaîne (construit en 1973), et l'un des plus fréquentés (plus de 600 chambres). Hommes d'affaires, groupes et touristes du monde entier ne cessent de s'y croiser.

602 chambres – ♦129/480 € ♦♦129/550 € – 7 suites – 🖵 18 €
1 av. de la République, (échangeur porte de Bagnolet) ⓜ *Galliéni*
– ℰ *01 49 93 63 00 – www.novotel.com*

BOIS-COLOMBES
✉ 92270 (Hauts-de-Seine) – 28 709 hab. – Alt. 37 m – Carte régionale n° **20**-B1
▶ Paris 12 km – Nanterre 6 km – Pontoise 25 km – St-Denis 11 km
Carte Michelin 311-J2 et 101-15

😋 **Le Chefson** ⅙

CUISINE TRADITIONNELLE · BISTRO ✕ Le Chefson ? Tout le quartier en parle ! Si vous ne connaissez pas, imaginez une cuisine traditionnelle simple et généreuse, une atmosphère bistrotière (ou plus cossue dans la deuxième salle), sans oublier de jolies suggestions du marché à l'ardoise. Plutôt rare dans une banlieue résidentielle très paisible.

Formule 24 € – Menu 30/40 €
17 r. Ch.-Chefson – ℰ *01 42 42 12 05 (réservation conseillée) – Fermé 1 semaine vacances de fév., août, lundi soir, sam. et dim.*

BOUGIVAL
✉ 78380 (Yvelines) – 8 498 hab. – Alt. 40 m – Carte régionale n° **20**-A2
▶ Paris 21 km – Rueil-Malmaison 5 km – St-Germain-en-Laye 6 km – Versailles 8 km
Carte Michelin 311-I2 et 101-13 – Guide Vert Michelin Île de France

🌸 **Le Camélia** (Thierry Conte) 🕃 ⅙ 🗚 🕾

CUISINE MODERNE · ÉLÉGANT ✕✕ L'enseigne évoque le passé artistique de cette charmante auberge, récemment transformée dans l'esprit d'un bistrot chic et feutré, avec cuisines ouvertes sur la salle : une métamorphose réussie. On apprécie d'autant mieux l'œuvre du chef : des recettes inventives, suaves et délicates, réalisées au gré du marché.
→ Royale de foie gras aux girolles. Sole au jus de rôti et herbes du jardin. Soufflé citron vert et griottes.
Formule 32 € – Menu 47/120 € 🍷 – Carte 95/135 €
7 quai Georges-Clemenceau – ℰ *01 39 18 36 06 – www.lecamelia.com – Fermé 1 semaine vacances de printemps, 3 semaines en août, 1 semaine vacances de Noël, dim. et lundi*

BOULOGNE-BILLANCOURT
✉ 92100 (Hauts-de-Seine) – 117 126 hab. – Alt. 35 m – Carte régionale n° **20**-B2
▶ Paris 10 km – Nanterre 9 km – Versailles 11 km
Carte Michelin 311-J2 et 101-24 – Guide Vert Michelin Île de France

🌸 **MaSa** (Hervé Rodriguez)

CRÉATIVE · À LA MODE ✕✕ Œuf de Marans, bœuf de Coutancie, canette de Challans... Le chef utilise de bons produits pour composer une cuisine volontiers ludique et créative, qui n'hésite pas à jouer la carte de la surprise. Autant de couleurs et de saveurs ne peuvent laisser indifférent !
→ Couteaux, riz vénéré comme une polenta et chorizo. Cabillaud, potiron-passion et fève tonka. Chocolat grand cru, poivron et piment d'Espelette.
Formule 42 € – Menu 49 € (déj.), 70/115 € – Carte environ 80 €
Plan : BZ-m *– 112 av. Victor-Hugo* ⓜ *Marcel Sembat –* ℰ *01 48 25 49 20
– www.masa-paris.fr – Fermé 3 semaines en août, sam. et dim.*

BOULOGNE-BILLANCOURT

Le Corbusier (R.)	AY 2
Fessart (R.)	AY 3
Gorse (Q. G.)	AZ 4
Guilbaud (R. du Cdt)	BY 6
Gutenberg (R.)	BY 7
Lattre-de-Tassigny (Av. du Mar-de)	AY 8
Loyau (R. M.)	BY 10
Nungesser-et-Coli (R.)	BY 12
Reinach (R. S.)	BY 13
La-Rochefoucauld (R. de)	BY 15

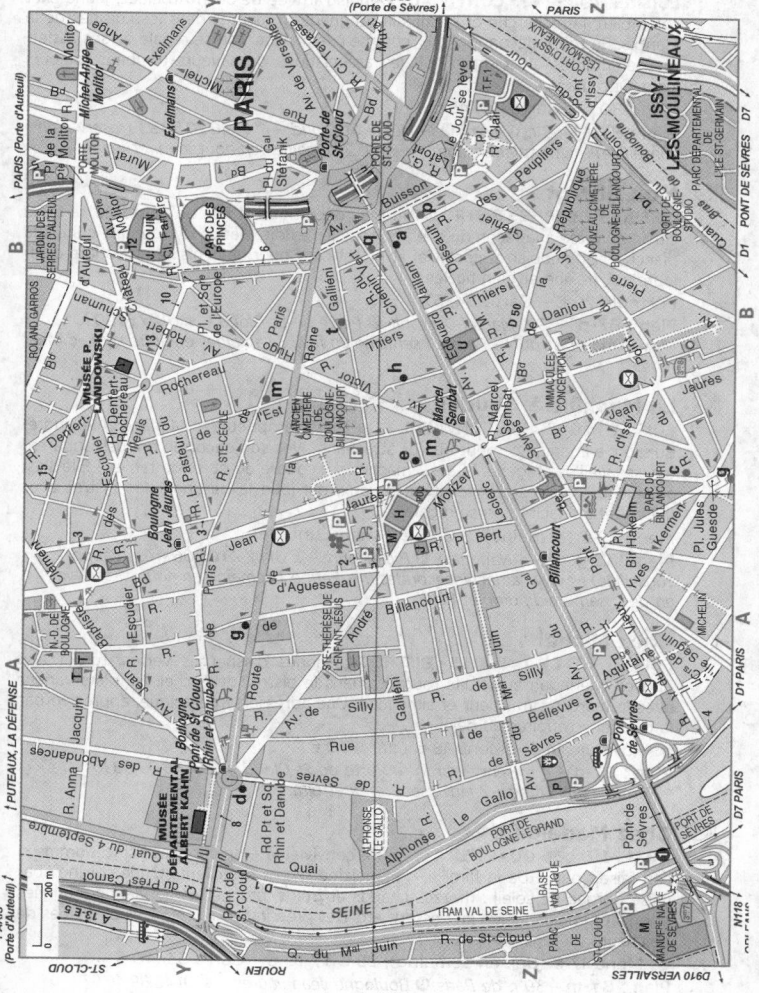

❄️○ La Table de Cybèle   &

CUISINE MODERNE · BISTRO X À la tête de ce néobistrot né à Billancourt en 2013 œuvre un couple franco-américain, et c'est Cybèle, née à San Francisco, qui officie en cuisine, signant des recettes originales, axées sur les bons produits. La Table de Cybèle est si jolie...

Formule 24 € – Menu 29 € (déj. en semaine) – Carte 40/50 € dîner

Plan : BZ-c – *38 r. de Meudon* Ⓜ *Billancourt* – *✆ 01 46 21 75 90*
– www.latabledecybele.com – Fermé dim. et lundi

❄️○ La Plantxa 🅽

CUISINE MODERNE · CONVIVIAL X Depuis l'arrivée de Juan Arbelaez, jeune chef colombien, la recherche et l'originalité règnent en maîtres dans les cuisines de la Plantxa. En toute décontraction, "comme à la maison", on se régale de ses assiettes percutantes et soignées, où les associations de saveurs tombent toujours juste. Décoiffant !

Menu 50 € – Carte 30/45 €

Plan : BY-t – *58 r. Gallieni* Ⓜ *Porte de St-Cloud* – *✆ 01 46 20 50 93 (réservation conseillée) - www.plantxa.com – Fermé 2 semaines en août, dim. et lundi*

❄️○ Mon Bistrot   🆐 ⌀ 🏠

CUISINE MODERNE · BISTRO X Tourteau décortiqué et flan de crustacés, tarte au citron revisitée à la façon du chef, et, tous les jeudis, viande d'Argentine cuite à la plancha... Un néobistrot convivial et plutôt cosy pour une cuisine bistrotière d'aujourd'hui, fraîche et bien ficelée.

Formule 29 € – Carte 34/57 €

Plan : BZ-p – *33 r. Marcel-Dassault* Ⓜ *Porte de St-Cloud* – *✆ 01 47 61 90 10 – www.mon-bistrot.fr – Fermé 1 semaine en fév., 3 semaines en août, sam., dim. et fériés*

❄️○ La Machine à Coudes 🅽

CUISINE MODERNE · CONVIVIAL X La jeune propriétaire, Marlène Alexandre-Buisson, a imaginé ce petit bistrot attachant, avec son décor de briques apparentes, ses vieilles étagères et ses... machines à coudre en guise de tables ! Elle s'est adjoint les services d'un chef talentueux, qui joue la partition néo-bistrot avec finesse et efficacité : on se régale.

Menu 32 € (semaine), 37/45 € – menu unique

Plan : BZ-g – *35 r. Nationale* Ⓜ *Billancourt* – *✆ 01 47 79 05 06 (réservation conseillée) - www.lamachineacoudes.fr – Fermé 1 semaine en août , 1 semaine en déc., sam. midi, dim. et lundi*

❄️○ Chez Michel

CUISINE TRADITIONNELLE · BISTRO X Lasagnes d'asperges vertes, turbot aux girolles, meringue aux fruits rouges... Dans le bistrot de Michel, les plats varient avec le marché : fraîcheur et simplicité. Une adresse sympathique, appréciée par la clientèle d'affaires au déjeuner.

😑 Formule 14 € – Menu 18 € (déj.)/30 €

Plan : BY-q – *4 r. Henry-Martin* Ⓜ *Porte de St-Cloud* – *✆ 01 46 09 08 10 – Fermé août, 24 déc.-2 janv., sam. midi et dim.*

❄️○ Chez Madeleine 🅽

LIBANAISE · DE QUARTIER X En toute convivialité – on est accueilli ici comme si l'on faisait partie de la famille –, Madeleine régale ses clients d'une cuisine libanaise gorgée de soleil : mezzes chauds et froids, brochettes de viande marinées et grillées, mouhalabieh en dessert, etc. Des préparations goûteuses et pleines de fraîcheur : un régal !

😑 Menu 17 € (déj. en semaine), 25 € 🍷/40 € – Carte 33/40 €

Plan : BY-m – *39 r. de Paris* Ⓜ *Boulogne Jean Jaurès* – *✆ 01 46 89 46 57 – chezmadeleine.perso.sfr.fr – Fermé août, 1 semaine à Noel , sam. midi, dim. et lundi soir*

🏨 Radisson Blu ☆ 🖼 🖹 🕹 📶 🎽 🕸 🐟

BUSINESS · DESIGN Matériaux naturels et démarche écologique : tel est le credo de ce Radisson contemporain certifié "vert". Le restaurant ouvre sur une grande terrasse plantée de vignes... Nature toujours !

160 chambres – ♦139/490 € ♦♦139/490 € – 10 suites – ☕ 24 €

Plan : BZ-a – *33 av. Édouard-Vaillant* Ⓜ *Porte de St-Cloud* – ℰ *01 46 08 85 00* – *www.radissonblu.com/hotel-parisboulogne*

🏨 Courtyard by Mariott ☆ 🖼 🖹 🕹 🕸 📶

HÔTEL DE CHAÎNE · MODERNE Dans une ancienne agence de la Banque de France, voilà une adresse en or. Cet établissement ouvert en 2013 dispose de salons avec une belle hauteur sous plafond, de chambres de style contemporain assez spacieuses, et, sur le toit, d'une terrasse ensoleillée... Le bijou de l'hôtel !

113 chambres – ♦109/289 € ♦♦109/289 € – ☕ 18 €

Plan : AY-g – *114 rte de la Reine* Ⓜ *Jean-Jaurès* – ℰ *01 81 89 06 80* – *www.courtyardparisboulogne.fr*

🏨 Acanthe 🖹 🕹 📶 📶

HÔTEL DE CHAÎNE · FONCTIONNEL Près des studios de Boulogne et des beaux jardins du musée Albert-Kahn, voici un hôtel agréable, aux chambres spacieuses, douillettes et bien insonorisées. Joli patio fleuri et buffet au petit-déjeuner.

70 chambres – ♦209/229 € ♦♦209/229 € – ☕ 16 €

Plan : AY-d – *9 rd-pt Rhin-et-Danube* Ⓜ *Boulogne Pont de Saint-Cloud* – ℰ *01 46 99 10 40* – *www.hotelacanthe.com*

🏨 Alpha Eiffel 🖹 🕸

BUSINESS · DESIGN Un établissement dans une petite rue à l'écart de l'agitation. Comme son nom l'indique, la décoration – entièrement refaite en 2012 – a pour thème la tour Eiffel ; les chambres, joliment décorées dans un style contemporain, sont confortables et bien tenues.

34 chambres ☕ – ♦85/210 € ♦♦105/235 €

Plan : BZ-h – *26 r. Émile-Landrin* Ⓜ *Marcel Sembat* – ℰ *01 46 05 80 51* – *www.alpha-paris-hotel.com*

🏨 Villa Sorel 🖹

FAMILIAL · ACTUEL Dans une rue calme, un petit hôtel très central où l'on se sent comme chez soi. Les chambres sont fraîches et colorées ; aux beaux jours, on prend le petit-déjeuner dans la cour intérieure où, l'après-midi, on peut également boire le thé. L'hiver, on préférera la véranda.

20 chambres – ♦70/130 € ♦♦75/150 € – ☕ 10 €

Plan : BZ-e – *20 r. Georges-Sorel* Ⓜ *Marcel Sembat* – ℰ *01 46 04 91 58* – *www.villasorel.com* – *Fermé 29 juil.-25 août*

BRIE-COMTE-ROBERT

✉ 77170 (Seine-et-Marne) – 16 415 hab. – Alt. 90 m – Carte régionale n° **19**-C2
▶ Paris 30 km – Brunoy 10 km – Évry 20 km – Melun 18 km
Carte Michelin 312-E3 et 101-39 – Guide Vert Michelin Île de France

🍴 La Fabrique 🕹 🅿

CUISINE MODERNE · DESIGN ✗✗ Ce loft d'esprit industriel est bien caché au bout d'une petite allée, et il fait bon s'y régaler dans une belle atmosphère conviviale... Une adresse d'aujourd'hui, qui décline les nouveaux codes de la gastronomie bistrotière et gourmande !

Formule 28 € – Menu 35 € (déj.) – Carte 50/65 €

1 bis r. du Coq-Gaulois – ℰ *01 60 02 10 10* – *www.restaurantlafabrique.fr* – *Fermé 1 semaine en mars, août, 24 déc.-2 janv., mardi soir, merc. soir, sam. midi, dim. et lundi*

BRY-SUR-MARNE

✉ 94360 (Val-de-Marne) – 16 319 hab. – Alt. 40 m – Carte régionale n° **21**-D2
▶ Paris 16 km – Créteil 12 km – Joinville-le-Pont 5 km – Nogent-sur-Marne 3 km
Carte Michelin 312-E2 et 101-18

⭑○ **Auberge du Pont de Bry - La Grappille**   AC

CUISINE MODERNE · AUBERGE XX Aux commandes de cette auberge, un chef de métier qui fait preuve de savoir-faire pour sélectionner des ingrédients de qualité et rehausser les saveurs des recettes – même les plus traditionnelles. Pour un résultat très convaincant !

Formule 25 € – Menu 35/65 € – Carte 49/65 €

3 av. du Gén.-Leclerc
– ☎ 01 48 82 27 70 – www.lagrappille.fr
– Fermé 16-31 août, lundi et mardi

CERGY-PONTOISE

(Val-d'Oise) – 192 859 hab. – Carte régionale n° **18**-B1
▶ Paris 35 km – Mantes-la-Jolie 40 km – Pontoise 3 km – Rambouillet 60 km
Carte Michelin 305-D6 et 106-51012 – Guide Vert Michelin Île de France

CERGY-PONTOISE

Bougara (Av. Rédouane) . . . **BV** 4	Constellation (Av. de la) . . . . **AV** 13	Mitterrand (Av. Fr.) . . . . **BVX** 45
Bouticourt (Bd Ch.) . . . . **BV** 6	Delarue (Av. du Gén.-G.) . . . **BV** 15	Moulin à Vent (Bd du) . . . . . **AV** 47
	Genottes (Av. des) . . . . **AV** 28	Petit Albi (R. du) . . . . **AV** 55
	Lavoye (R. Pierre) . . . . **BV** 40	Verdun (Av. de) . . . . **BX** 76
	Mendès-France (Mail) . . . . . **AX** 44	Viosne (Bd de la) . . . . **BVX** 83

CERGY-PRÉFECTURE

Arts (Pl. des) .... **Z** 2
Boude (R. de la) .... **Y** 3
Bourgognes (R. des) .... **Z** 5
Chênes Émeraude .... **Y** 13
Columbia (Square) .... **Y** 14
Diapason (Square du) .... **Y** 17
Écureuil (R. de l') .... **Y** 19
Étoile (Allée de l') .... **Y** 21
Galeries (R. des) .... **Z** 24
Gare (R. de la) .... **Z** 25
Grouettes (Av. des) .... **Z** 33
Herbes (R. aux) .... **Y** 34
Italiens (R. des) .... **Y** 39
Marché Neuf (R. du) .... **Y** 43
Pays de France (R. des) .... **Y** 52
Pergola (Pl. de la) .... **Z** 53
Platanes (Allée des) .... **Z** 59
Préfecture (Parvis de la) .... **Z** 63
Préfecture (R. de la) .... **Z** 64
Prieuré (R. du) .... **Z** 66
Théâtre (Allée du) .... **Z** 71
Traversière
(R.) .... **Y** 74
Verger (R. du) .... **Y** 77
Villarceaux (R. de) .... **Z** 81

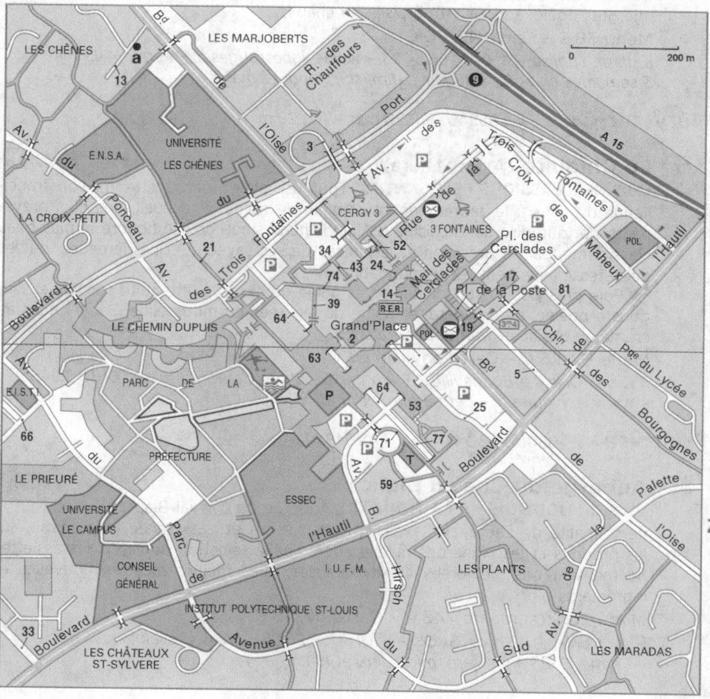

Cergy – ⊠ 95800 – 60 528 hab. – Alt. 30 m

🏨 **Mercure**

🔁 🛗 AC 🛋 🚗

HÔTEL DE CHAÎNE · FONCTIONNEL Dans la ville nouvelle de Cergy-Pontoise, cet hôtel datant de 1991 a été entièrement rénové en 2013. Les chambres sont contemporaines, dans des teintes marron et caramel, bien équipées (écran plat, wifi) et fonctionnelles.

57 chambres – †95/160 € ††95/160 € – ⌓ 15 €

Plan : Y-a – *3 r. des Chênes-Émeraude, par bd de l'Oise* – ℰ 01 34 24 94 94 – *www.mercure.com*

Se régaler sans se ruiner ? Repérez les Bib Gourmand 😊
Ils vous aideront à dénicher les bonnes tables sachant marier cuisine de qualité et prix ajustés !

Hérouville 8 km au Nord-Est par D927 – ✉ 95300 – 609 hab. – Alt. 120 m

🍴○ Les Vignes Rouges
AC 🕊

CUISINE TRADITIONNELLE · AUBERGE 🗙 La tradition est de mise dans cette maison surannée, au cœur de ce village proche d'Auvers-sur-Oise (l'enseigne fait d'ailleurs référence à une œuvre de Van Gogh). De bonnes saveurs au menu : foie gras poêlé, andouillette braisée au chablis...

Menu 38 € – Carte 45/70 €

3 pl. de l'Église – ☎ *01 34 66 54 73 – www.vignesrouges.fr – Fermé 4-13 mai,*
3 semaines en août, 4-15 janv., dim. soir, lundi et mardi

Méry-sur-Oise – ✉ 95540 – 9 320 hab. – Alt. 29 m

❀ Le Chiquito (Alain Mihura)
🕊 🍴 ৬ AC ⇔ P

CUISINE CLASSIQUE · ÉLÉGANT 🗙🗙🗙 Tout est plaisir dans cette maison francilienne du 17ᵉ s. : le cadre, élégant et plein de cachet ; l'accueil, des plus prévenants... et que dire de la cuisine d'Alain Mihura, sinon qu'elle honore le plus beau classicisme, par sa précision et la finesse de ses saveurs ? Une demeure tout en délicatesse, vivement recommandable...

➜ Foie gras poêlé, fruit de saison et gelée de citron. Lotte cuite sur l'os et langouste poêlée, nem végétal et tajine de légumes en mousseline. Sablé chocolat, crème au basilic et framboises fraîches.

Menu 62/76 € – Carte environ 63 €

3 r. de l'Oise, La Bonneville, 1,5 km par D922, rte de Pontoise – ☎ *01 30 36 40 23*
– www.lechiquito.fr – Fermé dim. et lundi

Pontoise – ✉ 95000 – 30 164 hab. – Alt. 48 m

🍴○ Auberge du Cheval Blanc
🕊 🍴

CUISINE MODERNE · À LA MODE 🗙🗙 L'Auberge du Cheval Blanc, c'est surtout la personnalité de Laurence Ravail, chef truculente et passionnée, intarissable sur les produits et les vignerons qu'elle adore (belle sélection de vins). Ses assiettes ne mentent pas : colorées et savoureuses, elles mêlent recettes nouvelles et ingrédients bio.

Menu 25 € (semaine)/43 € – Carte 42/79 €

Plan : BV-t *– 47 r. de Gisors –* ☎ *01 30 32 25 05 – www.chevalblanc95.net*
– Fermé 1ᵉʳ-25 août, sam. midi, dim. et lundi

PONTOISE

Bretonnerie (R. de la)	**D** 7
Butin (R. Pierre)	**DE** 8
Canrobert (Av. du Mar.)	**D** 10
Château (R. du)	**E** 12
Delacour (R.)	14
Écluse (Quai de l')	**E** 18
Flamel (Pl. Nicolas)	**E** 22
Gisors (R. de)	**D** 30
Grand Martroy (Pl. du)	**D** 32
Hôtel de Ville (R. de l')	**E** 36
Hôtel Dieu (R. de l')	**E** 37
Lavoye (R. Pierre)	**D** 40
Leclerc (R. du Gén.)	**E** 41
Lecomte (R. A.)	**E** 42
Parc aux Charrettes (Pl. du)	**D** 50
Petit Martroy (Pl. du)	**D** 56
Pierre aux Poissons (R. de la)	**D** 57
Pothuis (Quai du)	**E** 62
Roche (R. de la)	**E** 67
Rouen (R. de)	**D** 69
Souvenir (Pl. du)	**D** 70
Thiers (R.)	**D** 72
Vert Buisson (R. du)	**E** 80

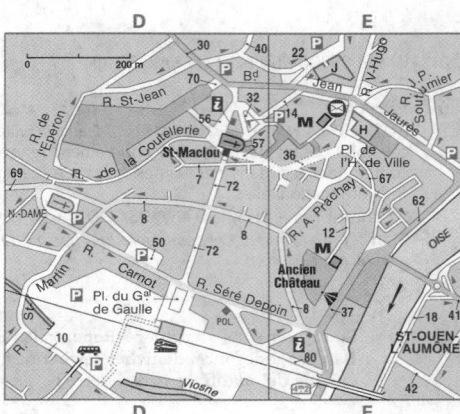

CERNAY-LA-VILLE

✉ 78720 (Yvelines) – 1 641 hab. – Alt. 170 m – Carte régionale n° **18**-B2
▶ Paris 45 km – Chartres 52 km – Longjumeau 31 km – Rambouillet 12 km
Carte Michelin 311-H3 et 106-2910131

Abbaye des Vaux de Cernay

CHÂTEAU · HISTORIQUE On accède par un grand parc à cette abbaye cistercienne, magnifique ensemble architectural du 12ᵉs. Salons gothiques, vastes chambres au mobilier ancien ou plus actuel. Cuisine traditionnelle servie dans l'étonnante salle à manger coiffée de superbes voûtes.

57 chambres – ♦130/295 € ♦♦130/660 € – 3 suites – ☲ 20 € – ½ P
rte d'Auffargis, 2,5 km à l'Ouest par D24 – ☎ *01 34 85 23 00*
– www.abbayedecernay.com

CHÂTEAUFORT

✉ 78117 (Yvelines) – 1 401 hab. – Alt. 153 m – Carte régionale n° **20**-A3
▶ Paris 28 km – Arpajon 28 km – Chartres 75 km – Versailles 15 km
Carte Michelin 311-I3 et 101-22

La Belle Époque

CUISINE MODERNE · ÉLÉGANT XXX L'enseigne ne ment pas : derrière une devanture digne d'une auberge d'autrefois, on découvre un décor d'une sobre élégance, au noir et blanc très "début de siècle", assorti d'une jolie terrasse dominant la vallée de Chevreuse. Mais le chef signe une cuisine dans le goût de... notre époque.

Formule 30 € – Menu 39 € (semaine), 59/80 € – Carte 65/80 €
10 pl. de la Mairie – ☎ *01 39 56 95 48 – www.labelleepoque78.fr*
– Fermé 2-22 août, dim. et lundi

CHÂTILLON

✉ 92320 (Hauts-de-Seine) – 34 960 hab. – Alt. 115 m – Carte régionale n° **20**-B2
▶ Paris 10 km – Bobigny 25 km – Créteil 19 km – Nanterre 23 km
Carte Michelin 311-J3 et 101-25

Barbezingue

CUISINE TRADITIONNELLE · BISTRO X Drôle de nom pour un étonnant concept : le Barbezingue fait restaurant, table d'hôte (buffet à l'étage) et... barbier le vendredi matin ! On y déguste une généreuse cuisine canaille, avec, en prime, une terrasse pour l'apéritif et un terrain de pétanque. Plus qu'un concept, un lieu de vie plein de gourmandise.

Menu 20 € (déj.), 23/42 € – Carte 20/35 €
14 bd de la Liberté – ☎ *01 49 85 83 50 – www.barbezingue.com – Fermé 3
semaines en août, dim. soir et lundi*

CHENNEVIÈRES-SUR-MARNE

✉ 94430 (Val-de-Marne) – 18 304 hab. – Alt. 108 m – Carte régionale n° **21**-D2
▶ Paris 18 km – Créteil 14 km – Melun 35 km – Nogent-sur-Marne 8 km
Carte Michelin 312-E3 et 101-28

L'Écu de France

CUISINE MODERNE · AUBERGE XXX Sur les rives de la Marne, dans un site bucolique, une bâtisse de 1717 tout en colombages et toits de tuiles : un ensemble très pittoresque, même les salles intérieures au cachet vieille France assumé. Dans un tel décor, la cuisine surprend par... son inventivité ! Superbes millésimes à la carte des vins.

Menu 38/69 € – Carte 98/132 €
31 r. de Champigny – ☎ *01 45 76 00 03 – www.ecudefrance.com – Fermé dim. soir
et lundi*

1435

CLICHY

✉ 92110 (Hauts-de-Seine) – 59 240 hab. – Alt. 30 m – Carte régionale n° **20**-B1
▶ Paris 9 km – Argenteuil 8 km – Nanterre 9 km – Pontoise 26 km
Carte Michelin 311-J2 et 101-15

ⓘ⃝ La Romantica

ITALIENNE · ÉLÉGANT XXX Derrière une porte cochère, une étonnante cour intérieure (avec une terrasse pavée de marbre blanc) et une salle d'une belle élégance, pour un festival de saveurs italiennes. On recommande les pâtes maison, comme ces tagliolinis à la crème légère de sauge, flambées dans une roue de fromage de bufflonne : *gustoso !*
Menu 41 € (déj.), 51/92 € – Carte 50/100 €
73 bd Jean-Jaurès Ⓜ *Mairie de Clichy – ☏ 01 47 37 29 71 – www.laromantica.fr – Fermé sam. midi et dim.*

ⓘ⃝ La Barrière de Clichy

CUISINE TRADITIONNELLE · CLASSIQUE XX Nappes blanches, argenterie, décor feutré, menu dégustation qui change avec les saisons : un bon restaurant traditionnel, tenu par un couple avenant et animé par le désir de bien faire.
Formule 29 € – Menu 36/60 € – Carte 50/90 €
1 r. de Paris Ⓜ *Mairie de Clichy – ☏ 01 47 37 05 18 – Fermé août, sam., dim. et fériés*

COLOMBES

✉ 92700 (Hauts-de-Seine) – 85 357 hab. – Alt. 38 m – Carte régionale n° **20**-B1
▶ Paris 19 km – Boulogne-Billancourt 19 km – Montreuil 23 km – Nanterre 9 km
Carte Michelin 312-C2 et 101-14

🏠 Courtyard by Marriott

HÔTEL DE CHAÎNE · MODERNE Un bâtiment récent, doté de chambres spacieuses et bien équipées. Hall-salon moderne, réchauffé par une cheminée et accueillant un "market" (boutique self-service). Cuisine méditerranéenne au restaurant.
150 chambres – †99/319 € – ††99/329 € – ⊡ 20 €
91 bd Charles-de-Gaulle – ☏ 01 47 69 59 49 – www.courtyardcolombes.com

CONFLANS-STE-HONORINE

✉ 78700 (Yvelines) – 35 135 hab. – Alt. 25 m – Carte régionale n° **18**-B1
▶ Paris 38 km – Mantes-la-Jolie 39 km – Poissy 10 km – Pontoise 8 km
Carte Michelin 311-I2 et 101-3 – Guide Vert Michelin Île de France

ⓘ⃝ Au Bord de l'Eau

CUISINE TRADITIONNELLE · FAMILIAL X Cet ancien bistrot de bateliers des bords de Seine abrite un sympathique restaurant familial. Le décor intérieur rend hommage à la batellerie conflanaise. Cuisine traditionnelle.
Menu 31 € (déj. en semaine), 45/67 €
15 quai Martyrs-de-la-Résistance – ☏ 01 39 72 86 51 – Fermé 3 semaines en août, 26 déc.-5 janv., lundi sauf fériés et le soir sauf sam.

CORBEIL-ESSONNES

✉ 91100 (Essonne) – 46 017 hab. – Alt. 37 m – Carte régionale n° **18**-B2
▶ Paris 36 km – Créteil 27 km – Évry 6 km – Fontainebleau 37 km
Carte Michelin 312-D4 et 101-37

ⓘ⃝ Aux Armes de France

CUISINE MODERNE · COSY XX Il souffle comme un vent de fraîcheur sur cet ancien relais de poste tenu par un jeune chef passé par plusieurs maisons étoilées. Au menu : des recettes généreuses en saveurs, à l'image de ces macaronis farcis au foie gras et céleri-rave, gratinés au parmesan. Ambiance feutrée, accueil charmant.
Menu 37 € (déj.), 48/69 €
1 bd Jean-Jaurès – ☏ 01 60 89 27 10 – www.aux-armes-de-france.fr – Fermé 1er-15 août, lundi soir, sam. midi et dim.

COURBEVOIE

✉ 92400 (Hauts-de-Seine) – 86 854 hab. – Alt. 28 m – Carte régionale n° **20**-B1
▶ Paris 10 km – Asnières-sur-Seine 4 km – Levallois-Perret 4 km – Nanterre 5 km
Carte Michelin 311-J2 et 101-15 – Guide Vert Michelin Île de France

au Parc de Bécon

¶○ **Les Trois Marmites**

CUISINE TRADITIONNELLE · DE QUARTIER ‹ Face au parc de Bécon et tout près des quais, un petit restaurant de quartier tenu en couple – monsieur aux fourneaux, madame en salle. À la carte, honneur à la belle tradition : turbot poché au beurre blanc, rognons de veau rôtis...

Formule 39 € – Menu 44 € (déj. en semaine)/69 €

215 bd St-Denis – ℰ 01 43 33 25 35 – Fermé août, le soir en semaine et le week-ends

CRÉTEIL

✉ 94000 (Val-de-Marne) – 89 845 hab. – Alt. 48 m – Carte régionale n° **21**-C2
▶ Paris 14 km – Bobigny 22 km – Évry 32 km – Lagny-sur-Marne 29 km
Carte Michelin 312-D3 et 101-27 – Guide Vert Michelin Île de France

¶○ **Les Mets de Mo**

CRÉATIVE · ÉLÉGANT ‹‹‹ Des plats créatifs et instinctifs, aux influences multiples, dans lesquelles les épices sont utilisés à bon escient ; de bons produits frais issus des circuits courts... Pas besoin d'avoir fait de grandes études pour comprendre comment cette table a gagné les cœurs (et les ventres) des Cristoliens. Irrésistible !

Formule 29 € – Menu 32 € (déj. en semaine), 46/110 € – Carte 55/90 €

29 av. Pierre-Brossolette – ℰ 01 48 98 49 52 – www.lesmetsdemo.com – Fermé 7-21 août et dim. soir de mai à oct.

CROSNE

✉ 91560 (Essonne) – 9 191 hab. – Alt. 36 m – Carte régionale n° **21**-C_D3
▶ Paris 23 km – Bobigny 28 km – Créteil 10 km – Évry 20 km
Carte Michelin 312-D3 et 101-37

¶○ **La Maison du Pressoir**

CUISINE MODERNE · BISTRO ‹ Dehors, une pancarte annonce la couleur : "Restaurant au feu de bois" ! Dans cette ancienne auberge traditionnelle dont le décor a été modernisé, la cheminée reste une carte maîtresse. Le chef signe de jolies recettes, qui ne manquent ni d'idées ni de saveurs... Et la terrasse est au calme.

Formule 21 € – Menu 26 € (déj.), 38/58 €

34 av. Jean-Jaurès – ℰ 01 69 06 49 83 – www.lamaisondupressoir.fr – Fermé 29 fév.-8 mars, 24 juil.-16 août, dim. soir, lundi et mardi

DAMPIERRE-EN-YVELINES

✉ 78720 (Yvelines) – 1 087 hab. – Alt. 100 m – Carte régionale n° **18**-B2
▶ Paris 38 km – Chartres 57 km – Longjumeau 32 km – Rambouillet 16 km
Carte Michelin 311-H3 et 101-31

✿ **La Table des Blot - Auberge du Château** (Christophe Blot)

CUISINE MODERNE · AUBERGE ‹‹‹ Une belle et élégante auberge du 17ᵉ s., où le talent du chef et les saisons rythment la créativité des recettes. L'accueil se révèle chaleureux et, pour prolonger l'étape, on peut réserver une jolie chambre façon maison de campagne.

→ Raviole de langoustines, jus des carapaces crémé et tomate au yuzu. Homard poêlé fumé à la livèche. Chocolat soufflé, mi-cuit et glacé.

Menu 50/80 € – Carte 55/80 €

6 chambres – †80/120 € ††80/120 € – ⌑ 12 €

1 Grande-Rue – ℰ 01 30 47 56 56 – www.latabledesblot.com – Fermé en fév., en août, en déc., dim. soir, lundi et mardi

AUTOUR DE PARIS

LA DÉFENSE

✉ 92400 (Hauts-de-Seine) – Carte régionale n° **20**-B1

▶ Paris 10 km – Courbevoie 1 km – Nanterre 4 km – Puteaux 2 km

Carte Michelin 311-J2 et 101-14 – Guide Vert Michelin Paris

🏨 Sofitel Paris La Défense

LUXE · PERSONNALISÉ Un hôtel d'affaires parfaitement intégré au paysage des tours de la Défense, non loin de la Grande Arche. Chambres chic et feutrées, à l'élégance intemporelle... et cuisine méditerranéenne au restaurant.

151 chambres – †144/1082 € ††144/1082 € – ☐ 27 €

34 cours Michelet, par bd circulaire sortie La Défense 4 ✉ 92060 Puteaux
Ⓜ *Esplanade de la Défense –* ✆ *01 47 76 44 43 – www.sofitel-paris-ladefense.com*

🏨 Melia Paris La Défense Ⓝ

BUSINESS · DESIGN C'est l'un des projets hôteliers les plus ambitieux de l'Ouest parisien. Un grand immeuble en forme de voile de bateau, 369 chambres high-tech et lumineuses, dont la plupart offrent une jolie vue sur Paris, une esthétique d'ensemble très soignée... De la belle ouvrage !

340 chambres – †150/350 € ††150/350 € – 29 suites – ☐ 25 €

4 esplanade du Gén.-de-Gaulle ✉ 92400 Courbevoie Ⓜ *Esplanade de la Défense*
– ✆ *01 75 57 99 00*

🏨 Hilton La Défense

BUSINESS · MODERNE Hôtel situé dans l'enceinte du Cnit. Certaines chambres ont été pensées pour le bien-être de la clientèle d'affaires : espaces travail, repos, relaxation et salle de bains-jacuzzi. Côté Parvis, cuisine dans l'air du temps et jolie vue sur l'Arche.

153 chambres – †169/450 € ††469/600 € – 4 suites – ☐ 26 €

2 pl. de la Défense ✉ 92053 Ⓜ *La Défense –* ✆ *01 46 92 10 10*
– www.hiltonparisladefense.com

🏨 Pullman La Défense

HÔTEL DE CHAÎNE · DESIGN Belle architecture en proue de navire, toute de verre et de pierre ocre. Chambres spacieuses et élégantes, espace séminaire équipé des dernières technologies (et notamment la fibre optique). Le tout doté d'une isolation acoustique à toute épreuve !

382 chambres – †150/550 € ††150/550 € – 31 suites – ☐ 26 €

11 av. de l'Arche, sortie La Défense 6 ✉ 92081 Ⓜ *La Défense –* ✆ *01 47 17 50 00*
– www.pullmanhotels.com

DEUIL-LA-BARRE

✉ 95170 (Val-d'Oise) – 21 983 hab. – Alt. 25 m – Carte régionale n° **18**-B1

▶ Paris 19 km – Amiens 121 km – Bobigny 16 km – Pontoise 24 km

Carte Michelin 305-E7 et 101-5

🍴 Verre Chez Moi

CRÉATIVE · INTIME 🗙 Une belle surprise que cette discrète maison de ville, tenue par un jeune sommelier passionné : à l'unisson de ses vins "coup de cœur" – surtout de petits propriétaires –, on déguste une cuisine très appétissante, fine et parfumée. L'été venu, profitez de la jolie cour sur l'arrière. Arrêt recommandé Verre Chez Moi !

Formule 28 € – Menu 36 € (déj.) – Carte 40/66 €

75 av. de la Division-Leclerc – ✆ *01 39 64 04 34*
– www.restaurant-verrechezmoi.com – Fermé vacances de fév., 3 semaines en août, lundi soir, sam. midi et dim.

ENGHIEN-LES-BAINS

✉ 95880 (Val-d'Oise) – 11 410 hab. – Alt. 45 m – Carte régionale n° **20**-B1

▶ Paris 17 km – Argenteuil 7 km – Chantilly 34 km – Pontoise 22 km

Carte Michelin 305-E7 et 101-5 – Guide Vert Michelin Île de France

Le Grand Hôtel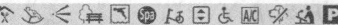

SPA ET BEAUTÉ · PERSONNALISÉ Face au lac d'Enghien, ce "grand hôtel" joue la carte d'un classicisme chic et feutré. L'établissement offre un accès direct à un superbe ensemble spa et fitness. Idéal pour une villégiature aux portes de la région parisienne.

43 chambres – ♦309/399 € ♦♦429/519 € – ☒ 20 € – ½ P

85 r. du Gén.-de-Gaulle – ℰ 01 39 34 10 00 – www.lucienbarriere.com – Fermé 14 juil.-15 août et dim. soir

 Hôtel du Lac 🖼️

BUSINESS · FONCTIONNEL Associé au Grand Hôtel Barrière, il offre accès au même spa, l'un des plus grands de France. À deux pas du casino, face au lac, l'adresse est propice à un week-end détente, mais elle satisfait aussi la clientèle d'affaires en semaine, avec son espace séminaires et ses chambres classiques et fonctionnelles.

141 chambres – ♦309/399 € ♦♦429/519 € – ☒ 20 € – ½ P

89 r. du Gén.-de-Gaulle – ℰ 01 39 34 11 00 – www.lucien-barriere.com

GAGNY

✉ 93220 (Seine-Saint-Denis) – 39 172 hab. – Alt. 70 m – Carte régionale n° **21**-D1
▶ Paris 17 km – Bobigny 11 km – Raincy 3 km – St-Denis 18 km
Carte Michelin 305-G7 et 101-18

🍴 **Le Vilgacy** 🖼️

CUISINE TRADITIONNELLE · CLASSIQUE XX Marbré de canard et foie gras, filet de bœuf au ragoût d'escargots, tarte fine aux pommes, etc. : le goût de la tradition dans cet établissement au cadre bourgeois, situé dans un quartier pavillonnaire de Gagny. Tables en extérieur aux beaux jours.

Formule 22 € – Menu 27 € (semaine) – Carte 50/70 €

45 av. H.-Barbusse – ℰ 01 43 81 23 33 – www.vilgacy.com – Fermé 1 semaine en fév., 30 juil.-23 août, dim. soir, lundi et mardi sauf fériés

LA GARENNE-COLOMBES

✉ 92250 (Hauts-de-Seine) – 28 371 hab. – Alt. 40 m – Carte régionale n° **20**-B1
▶ Paris 13 km – Argenteuil 7 km – Asnières-sur-Seine 5 km – Courbevoie 2 km
Carte Michelin 311-J2 et 101-14

🖼️ **Le St-Joseph** 🖼️

CUISINE TRADITIONNELLE · BISTRO X Ce bistrot de quartier ne paie pas de mine, pourtant c'est une pépite. La salle est toute simple, le service sans chi-chi, mais l'assiette... est à tomber ! Le chef concocte une belle cuisine bistrotière, avec les meilleurs produits de saison. Quant à la sélection de vins, elle est tout à fait judicieuse.

Menu 31 € – Carte 32/57 €

100 bd de la République – ℰ 01 42 42 64 49 – www.restaurantlesaintjoseph.fr – Fermé 2 semaines en mai, 3 semaines en août, sam. midi, dim. et le soir du lundi au jeudi

GENNEVILLIERS

✉ 92230 (Hauts-de-Seine) – 42 919 hab. – Alt. 28 m – Carte régionale n° **20**-B1
▶ Paris 15 km – Bobigny 14 km – Créteil 31 km – Nanterre 12 km

🍴 **L'Ambassade des Terroirs** Ⓝ 🖼️

CUISINE CLASSIQUE · BISTRO X La philosophie de la maison ? Des produits labellisés rigoureusement sélectionnés, du circuit court, du bio ! Avec tout cela, les deux associés proposent une bonne cuisine du terroir, savoureuse et cuisinée avec application. La bonne adresse des environs.

Formule 20 € – Menu 34 € – Carte 40/70 €

45 r. Pierre-Timbaud – ℰ 01 47 98 39 26 – www.ambassadedesterroirs.com – Fermé 3 semaines en août, sam. midi, lundi soir et dim.

GIF-SUR-YVETTE

✉ 91190 (Essonne) – 20 346 hab. – Alt. 61 m – Carte régionale n° **20**-A3

▶ Paris 34 km – Boulogne-Billancourt 23 km – Évry 37 km – Montreuil 41 km

Carte Michelin 312-B3 et 101-33

ⅠⅠ◯ **Les Saveurs Sauvages**   🛋 ♿ AC

CUISINE MODERNE · À LA MODE ⅩⅩ Face à la petite gare RER de Gif-sur-Yvette, cette adresse entre bistrot et gastro nous accueille dans un bel intérieur contemporain. La cuisine, soignée et goûteuse, est traversée de quelques touches asiatiques – l'un des deux chefs est d'origine vietnamienne. Vous y retournerez avec plaisir : le menu change tous les jours !

Formule 21 € – Menu 29 € (déj.), 31/44 € – Carte environ 42 €

4 r. Croix-Grignon, (face à la gare RER) – ℰ 01 69 07 01 16 – Fermé 5-25 août, vacances de Noël, dim. et lundi

GRESSY

✉ 77410 (Seine-et-Marne) – 893 hab. – Alt. 98 m – Carte régionale n° **19**-C1

▶ Paris 32 km – Meaux 20 km – Melun 56 km – Senlis 35 km

Carte Michelin 312-F2 et 101-10

🏚 **Le Manoir de Gressy**   🌳 ⅏ 🛖 ⅏ Ⅰ₆ 🖥 ♿ 🛁 🅿

HISTORIQUE · PERSONNALISÉ Ce manoir, édifié sur le site d'une ferme fortifiée du 18ᵉ s., marie joliment les styles. Les chambres, toutes différentes, ont un charme rétro et donnent sur le jardin et la piscine. On peine à croire que l'on est si près de Paris !

85 chambres – ♦210/290 € ♦♦210/290 € – ☑ 19 €

chemin des Carosses – ℰ 01 60 26 68 00 – www.manoirdegressy.com – Fermé 20 juil.-17 août et 23 déc.-5 janv.

ISSY-LES-MOULINEAUX

✉ 92130 (Hauts-de-Seine) – 65 322 hab. – Alt. 37 m – Carte régionale n° **20**-B2

▶ Paris 8 km – Boulogne-Billancourt 3 km – Clamart 4 km – Nanterre 11 km

Carte Michelin 311-J3 et 101-25 – Guide Vert Michelin Île de France

ⅠⅠ◯ **Manufacture**   🛋 AC

CUISINE MODERNE · BRANCHÉ ⅩⅩ Cette manufacture de tabac (1904) est devenue un sympathique restaurant design. Petit comptoir, cuisines ouvertes sur la salle, jolie terrasse, carte classique – joue de bœuf braisé au vin rouge, poêlée d'encornets et piments doux – et propositions de saison : reconversion réussie !

Formule 31 € – Menu 39 €

20 espl. Manufacture, (face au 30 r. E.-Renan) Ⓜ *Corentin-Celton – ℰ 01 40 93 08 98 – www.restaurantmanufacture.com – Fermé 3 semaines en août, sam. et dim.*

ⅠⅠ◯ **La Passerelle** Ⓝ   🛋 ♿ AC

CUISINE MODERNE · À LA MODE ⅩⅩ Des produits rigoureusement sélectionnés, une cuisine fine et colorée où la Méditerranée fait de fréquentes incursions, le tout réalisé par un jeune chef talentueux et motivé... On emprunte joyeusement cette Passerelle pour se rendre sur les terres de la gourmandise et des saveurs !

Formule 34 € – Menu 40 € (déj. en semaine), 85/100 €

172 quai de Stalingrad – ℰ 01 46 48 80 81 – www.lapasserelle-issy.com – Fermé août, dim. et lundi

ⅠⅠ◯ **Le 7 à Issy**   AC

CUISINE TRADITIONNELLE · CONVIVIAL ⅩⅩ Jarret et fondant de veau cuits façon pot-au-feu, dos de cabillaud à la plancha et vinaigrette de betterave... Ici, on savoure une cuisine traditionnelle copieuse et bien ficelée. Habitués et hommes d'affaires ne boudent pas leur plaisir !

Formule 27 € – Menu 35/49 € – Carte 44/62 €

7 rond-point Victor-Hugo Ⓜ *Corentin-Celton – ℰ 01 46 45 22 12 – www.7aissy.fr – Fermé 1ᵉʳ-25 août, 24-30 déc., lundi soir, sam. midi et dim.*

JANVRY

✉ 91640 (Essonne) – 603 hab. – Alt. 160 m – Carte régionale n° **18**-B2
▶ Paris 35 km – Briis s/s Forges 4 km – Dourdan 20 km – Palaiseau 19 km
Carte Michelin 312-B4 et 101-33

⍟○ **Bonne Franquette** ▢

CUISINE CLASSIQUE · BISTRO ✕✕ Ex-relais de poste situé face au château (17ᵉ s.) d'un joli village francilien. Deux grandes ardoises annoncent la cuisine du jour servie dans un cadre de bistrot chaleureux. Spécialité : cervelle de veau meunière aux câpres.

Formule 33 € – Menu 41 €

1 r. du Marchais – ℰ 01 64 90 72 06 – www.bonnefranquette.fr – Fermé 2 semaines en mai, 21 août-13 sept., 18 déc.-3 janv., sam. midi, dim. et lundi

LE KREMLIN-BICÊTRE

✉ 94270 (Val-de-Marne) – 26 119 hab. – Alt. 60 m – Carte régionale n° **21**-C2
▶ Paris 5 km – Boulogne-Billancourt 11 km – Évry 28 km – Versailles 23 km
Carte Michelin 312-D3 et 101-26

🏨 **Novotel Porte d'Italie** ⍟ ▣ ♿ ▢ 🛁 🚗

HÔTEL DE CHAÎNE · MODERNE Ce Novotel ne saurait être plus près de Paris, puisqu'il borde le périphérique. Même du côté du boulevard, les chambres sont calmes, car parfaitement insonorisées. Tout est confortable et moderne dans cet établissement !

168 chambres – †129/450 € ††129/450 € – ⌑ 18 €

22 r. Voltaire ⓂPorte d'Italie – ℰ 01 45 21 19 09 – www.novotel.com

LEVALLOIS-PERRET

✉ 92300 (Hauts-de-Seine) – 64 654 hab. – Alt. 30 m – Carte régionale n° **20**-B1
▶ Paris 9 km – Argenteuil 8 km – Nanterre 8 km – Pontoise 27 km
Carte Michelin 311-J2 et 101-15

⍟○ **L'Audacieux**

CRÉATIVE · DE QUARTIER ✕ "De l'audace, encore de l'audace, toujours de l'audace", disait Danton. De cela, Pierre Lambert, le chef de ce restaurant de poche, n'en manque pas, signant une cuisine inspirée et originale, où les saveurs asiatiques surprennent et la technique sublime le produit. Essayez le menu-surprise, c'est un bol d'air frais !

Menu 35 € (déj. en semaine), 42/78 €

51 r. Danton Ⓜ Anatole France – ℰ 01 47 59 94 17 – www.laudacieux.com – Fermé 1 semaine en fév., 3 semaines en août, sam. midi, dim. et lundi

⍟○ **Le Bistrot d'Oscar**

CUISINE TRADITIONNELLE · BISTRO ✕ Ici, on joue la carte bistrot ! Cabillaud façon "fish and chips", selle d'agneau farcie à la mozzarella... Les plats sont généreux et bien ficelés, parfumés à souhait, et surfent entre les saveurs d'hier et d'aujourd'hui. Et pour ceux qui veulent profiter du grand air, direction la terrasse !

Formule 22 € – Menu 30 € (déj. en semaine) – Carte 33/52 €

1 pl. du Maréchal-de-Tassigny Ⓜ Louise Michel – ℰ 01 47 59 00 82 – Fermé 2 semaines en août, sam., dim. et fériés

🏨 **Espace Champerret** ▣ ♿ ▢

FAMILIAL · FONCTIONNEL Sobres, chic et bien tenues : telles sont les chambres de cet hôtel proche des quartiers d'affaires et du métro. Aux beaux jours, on prend son petit-déjeuner dans une agréable cour intérieure. Excellent rapport qualité-prix.

39 chambres – †72/127 € ††77/145 € – ⌑ 10 €

*26 r. Louise-Michel Ⓜ Louise Michel – ℰ 01 47 57 20 71
– www.hotel-espace-champerret.com*

LIVRY-GARGAN

✉ 93190 (Seine-Saint-Denis) – 42 699 hab. – Alt. 60 m – Carte régionale n° **21**-D1

▶ Paris 19 km – Aubervilliers 14 km – Aulnay-sous-Bois 4 km – Bobigny 8 km

Carte Michelin 305-G7 et 101-18

⁑○ La Petite Marmite   🍴 🌳 AC

CUISINE TRADITIONNELLE · CLASSIQUE 🟵🟵 Un auvent couvert de chaume, une salle tout en bois, des banquettes douillettes… Cette Petite Marmite réchauffe les cœurs ! Aux commandes œuvre un duo complémentaire ; monsieur au marché et madame en cuisine : saumon fumé au bois de hêtre, tatin, profiteroles, etc., le tout accompagné de bons bordeaux.

Menu 35 € – Carte 48/75 €

8 bd de la République – ☏ 01 43 81 29 15 – www.lapetitemarmite-livry gargan .com – Fermé vacances de fév., 8-31 août, dim. soir et merc.

LONGJUMEAU

✉ 91160 (Essonne) – 21 739 hab. – Alt. 78 m – Carte régionale n° **20**-B3

▶ Paris 20 km – Chartres 70 km – Dreux 84 km – Évry 15 km

Carte Michelin 312-C3 et 101-35

à Saulx-les-Chartreux 2,5 km au Sud-Ouest par D118 – ✉ 91160

– 5 128 hab. – Alt. 75 m

🏨 L'Orée   🌾 🐾 🍃 🛗 📺 🌐 🧖 🍽 📶 🛗 🧖 🅿

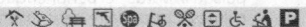

BUSINESS · PERSONNALISÉ À 20 km au sud de Paris, un établissement tout indiqué pour un séjour au vert ! Dans un parc de 6 ha à l'orée de la forêt du Rocher-de-Saulx, le calme est complet et les occasions de se détendre nombreuses : chambres confortables, courts de tennis, terrains de volley, spa, restaurant face à la nature… Le tout certifié Écolabel !

60 chambres – 🍴125/175 € – 🍴🍴125/175 € – ⬭ 16 €

rte de Montlhéry, par N20, sortie "La Ville du Bois" – ☏ 01 64 48 38 38 – www.loree.fr – Fermé 1ᵉʳ-23 août

MAISONS-ALFORT

✉ 94700 (Val-de-Marne) – 54 186 hab. – Alt. 37 m – Carte régionale n° **21**-C2

▶ Paris 10 km – Créteil 4 km – Évry 34 km – Melun 39 km

Carte Michelin 312-D3 et 101-27 – Guide Vert Michelin Île de France

🌝 La Bourgogne   AC ⇔

CUISINE MODERNE · ÉLÉGANT 🟵🟵 La bonne table de Maisons-Alfort et au-delà. Ses atouts : un cadre très moderne, chaleureux et intime, et surtout de belles saveurs. La cuisine est ici une chose sérieuse, fondée sur les meilleurs produits et savoir-faire… sans craindre la nouveauté !

Menu 36/71 € – Carte 55/83 €

164 r. Jean-Jaurès – ☏ 01 43 75 12 75 – www.restaurant-labourgogne.com – Fermé 5-23 août, 23 déc.-2 janv., sam. midi et dim.

MAISONS-LAFFITTE

✉ 78600 (Yvelines) – 23 215 hab. – Alt. 38 m – Carte régionale n° **20**-A1

▶ Paris 21 km – Mantes-la-Jolie 38 km – Poissy 9 km – Pontoise 17 km

Carte Michelin 311-I2 et 101-13 – Guide Vert Michelin Île de France

⁑○ Le Tastevin 🅝   🍴 🌳 ⇔

CUISINE CLASSIQUE · ÉLÉGANT 🟵🟵🟵 En bordure de parc, cette maison bourgeoise élégamment décorée cultive un certain art de vivre à la française… et chante son amour des beaux produits ! Le chef, d'origine italienne, maîtrise bien son sujet ; il revisite les classiques en y apportant quelques touches méditerranéennes. Jolie carte des vins.

Formule 39 € – Menu 48/96 € – Carte 75/95 €

9 av. Eglé – ☏ 01 39 62 73 09 – www.letastevin.com – Fermé 2 semaines en août, dim. soir et lundi

🍴⃝ La Plancha

CUISINE MODERNE · COSY X Ambiance "voyage" dans ce restaurant à deux pas de la gare du RER A. La carte, assez originale, propose des recettes combinant avec succès les produits français, espagnols et japonais.

Formule 26 € – Menu 36 € – Carte 50/70 €

5 av. de St-Germain – 𝒞 *01 39 12 03 75*

– *Fermé 26 fév.-8 mars, 15 juil.-22 août, dim. soir, mardi et merc.*

MARLY-LE-ROI

✉ 78160 (Yvelines) – 16 600 hab. – Alt. 90 m – Carte régionale n° **20**-A2
▶ Paris 24 km – Bougival 5 km – St-Germain-en-Laye 5 km – Versailles 9 km
Carte Michelin 312-B2 et 101-12

❄ Le Village (Uido Tomohiro)

CUISINE MODERNE · FAMILIAL XX Une jolie auberge dans une ruelle pittoresque du vieux Marly. Le chef, né au Japon, signe une cuisine très maîtrisée, avec de jolis accords de textures et de saveurs. La France inspire l'Asie, et réciproquement...

➡ Goï cuôn de homard breton et foie gras en terrine au vieux calvados. Pigeonneau d'Anjou en croûte de gros sel de Guérande au café-vanille, cuisses confites. Soufflé chaud au yuzu de Kôchi.

Formule 40 € – Menu 50/100 € – Carte 125/240 €

3 Grande-Rue – 𝒞 *01 39 16 28 14 (réservation conseillée)*

– *www.restaurant-levillage.fr – Fermé 3 semaines en août, 1 semaine en janv., sam. midi, dim. soir et lundi*

MARNE-LA-VALLÉE

(Île-de-France) – 295 128 hab. – Carte régionale n° **19**-C2
▶ Paris 27 km – Meaux 29 km – Melun 40 km
Carte Michelin 312-E2 et 101-19 – Guide Vert Michelin Île de France

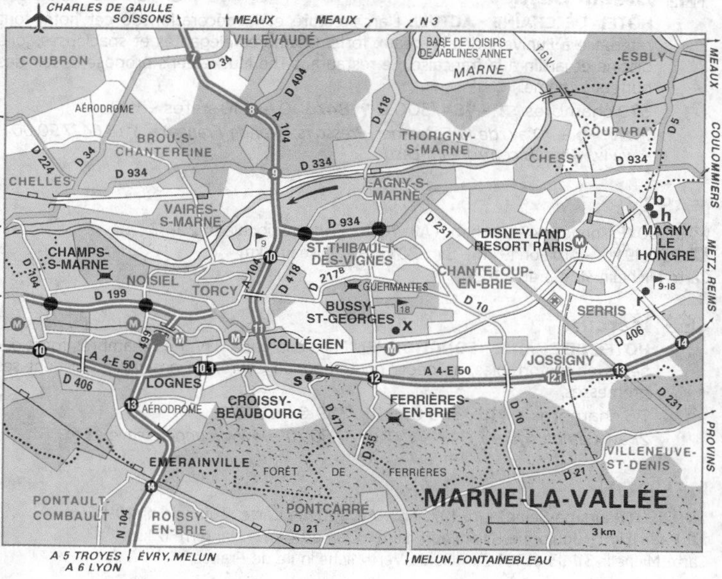

à Collégien – ⊠ 77090 – 3 150 hab. – Alt. 105 m

🏨 Novotel   ⚡ 🛋 🏊 🛗 ⊡ ♿ AC 🧖 🅿

HÔTEL DE CHAÎNE · MODERNE Non loin de l'autoroute, cet hôtel de chaîne est aussi bien adapté à la clientèle d'affaires (salles de séminaires, fitness) qu'aux familles (aire de jeux et piscine aux beaux jours). Les chambres, au décor actuel (mobilier en bois) sont confortables et correspondent aux standards de la chaîne.

193 chambres – 🛏110/460 € 🛏🛏110/460 € – � 16 €

Plan : -s – *2 allée des Portes-de-la-Forêt, (sortie 12)* – ✆ 01 64 80 53 53
– *www.novotel.com/0385*

à Magny-le-Hongre – ⊠ 77700 – 7 148 hab. – Alt. 117 m

🏨 Radisson Blu at Disneyland   ⚡ 🏊 🛋 🖥 🕒 🛗 ⊡ ♿ AC 🧖 🅿

HÔTEL DE CHAÎNE · MODERNE On peut venir à Disneyland Paris pour profiter des attractions, mais aussi pour jouer au golf... la preuve avec cet hôtel très design. Chambres et suites ont vue sur les greens : un bon compromis entre hôtel d'affaires et de loisirs.

232 chambres – 🛏119/790 € 🛏🛏119/790 € – 18 suites – � 23 € – ½ P

Plan : -r – *allée de la Mare-Houleuse, (près du golf)* – ✆ 01 60 43 64 00
– *www.radissonblu.com/golfresort-paris*

🏨 Magic Circus   ⚡ 🏊 🛋 🖥 🕒 ⊡ ♿ AC 🍽 🧖 🅿

HÔTEL DE CHAÎNE · FONCTIONNEL Attention, le spectacle va commencer ! Le monde du cirque inspire le décor haut en couleur de cet hôtel proche de Disneyland. Piscine couverte. Le soir, entrez en piste sous le chapiteau du restaurant (formule buffet traditionnel).

396 chambres ⊏ – 🛏84/300 € 🛏🛏84/300 € – 9 suites – ½ P

Plan : -h – *20 av. de la Fosse-des-Pressoirs, (Val de France)* – ✆ 01 64 63 37 37
– *www.vi-hotels.com/magic-circus*

🏨 Dream Castle   ⚡ 🏊 🛋 🖥 🕒 🛗 ⊡ ♿ AC 🧖 🅿

HÔTEL DE CHAÎNE · ACTUEL L'architecture et la décoration de cet hôtel font référence à l'univers des châteaux forts. Chambres élégantes et spacieuses, jolie piscine et jardin à la française. Le restaurant The Musketeer's propose le soir des buffets à thème.

379 chambres ⊏ – 🛏84/300 € 🛏🛏84/300 € – 10 suites – ½ P

Plan : -b – *40 av. de la Fosse-des-Pressoirs, (Val de France)* – ✆ 01 64 17 90 00
– *www.vi-hotels.com/dream-castle*

MASSY

⊠ 91300 (Essonne) – 43 524 hab. – Alt. 78 m – Carte régionale n° **20**-B3
▶ Paris 19 km – Arpajon 19 km – Évry 20 km – Palaiseau 4 km
Carte Michelin 312-C3 et 101-25

🏨 Mercure   ⚡ ⊡ ♿ AC 🧖 🚗

HÔTEL DE CHAÎNE · FONCTIONNEL Face à la gare TGV, des chambres fonctionnelles et confortables, au décor contemporain épuré. Un ensemble qui tient ses promesses.

116 chambres – 🛏119/359 € 🛏🛏119/359 € – ⊏ 18 €

21 av. Carnot, (gare T.G.V) – ✆ 01 69 32 80 20 – *www.loungelessaveurs.fr*

MEUDON

⊠ 92190 (Hauts-de-Seine) – 45 107 hab. – Alt. 100 m – Carte régionale n° **20**-B2
▶ Paris 11 km – Boulogne-Billancourt 4 km – Clamart 4 km – Nanterre 12 km
Carte Michelin 311-J3 et 101-24 – Guide Vert Michelin Île de France

❀ L'Escarbille (Régis Douysset)

CUISINE MODERNE · ÉLÉGANT XX Un buffet de gare ? Oui... et non ! Un passé "ferroviaire" certes, mais un présent résolument gourmet, dans une atmosphère chic et contemporaine. Amoureux du beau produit, le chef réalise ici une élégante cuisine du marché : c'est frais, bien tourné et très bon !

→ Tarte aux girolles, purée de céleri et œuf de caille poché. Turbot meunière, endives caramélisées et émulsion à la citronnelle. Éclair garni de fruits rouges et crème glacée au basilic.

Menu 56/108 € ♀ – Carte 60/75 €

8 r. Vélizy – ℰ 01 45 34 12 03 – www.lescarbille.fr – Fermé 3 semaines en août, 24 déc.-2 janv., dim. et lundi

○ Quai de Meudon ⓝ

CUISINE TRADITIONNELLE · À LA MODE X Cette ancienne gare, avec ses poutres métalliques et ses rivets, vous rappelle quelque chose ? Normal : elle a été bâtie par les équipes d'Eiffel pour l'exposition universelle de 1889... Les plats sont intéressants et bien réalisés ; la terrasse, au deuxième étage, offre une belle vue sur les îles de la Seine... Courez-y !

Formule 26 € – Carte 32/58 €

10 rte des Gardes – ℰ 01 40 95 24 60 – www.quaidemeudon.com – Fermé 2 semaines en août et dim. soir

MONTMORENCY

✉ 95160 (Val-d'Oise) – 20 842 hab. – Alt. 82 m – Carte régionale n° **18**-B1
▶ Paris 19 km – Enghien-les-Bains 4 km – Pontoise 24 km – St-Denis 9 km
Carte Michelin 305-E7 et 101-5 – Guide Vert Michelin Île de France

○ Au Cœur de la Forêt

CUISINE TRADITIONNELLE · AUBERGE XX À l'issue d'un chemin cahotant, vous voilà bien au cœur de la forêt... Si le dépaysement est garanti, la cuisine suit sans détour la voie de la tradition : au menu, rien que des valeurs sûres, au gré du marché ! Cadre élégant et champêtre, comme il se doit, avec une jolie terrasse face aux frondaisons.

Menu 48 €

av. du Repos-de-Diane, accès par chemin forestier – ℰ 01 39 64 99 19 – www.aucoeurdelaforet.com – Fermé 15-25 fév., août, jeudi soir, dim. soir et lundi

MONTREUIL

✉ 93100 (Seine-Saint-Denis) – 103 520 hab. – Alt. 70 m – Carte régionale n° **21**-C2
▶ Paris 11 km – Argenteuil 28 km – Bobigny 10 km – Boulogne-Billancourt 18 km
Carte Michelin 311-K2 et 101-17 – Guide Vert Michelin Île de France

○ Villa9Trois

CUISINE MODERNE · DESIGN XX Une jolie demeure ancienne, un décor bourgeois et design, une grande terrasse sous les arbres, une cuisine en prise sur les dernières tendances... Cette Villa du "9Trois" est un havre pour une clientèle, disons-le, dorée. Dress code : chic et décontracté.

Menu 39/48 € – Carte 49/60 €

28 r. Colbert Ⓜ Mairie de Montreuil – ℰ 01 48 58 17 37 – www.villa9trois.com – Fermé dim. soir

○ L'Amourette

CUISINE TRADITIONNELLE · BISTRO X Il se dit que les Parisiens n'aiment pas passer le périph'... Et si les "banlieusards" avaient de bonnes raisons de snober la capitale ? C'est le cas à Montreuil avec cet amour de bistrot contemporain. Au menu, point de parigots, mais une superbe tête de veau !

⊛ Formule 15 € – Menu 19 € (déj. en semaine)/30 € ♀ – Carte 27/60 €

54 r. Robespierre Ⓜ Robespierre – ℰ 01 48 59 99 94 – www.lamourette.fr – Fermé 1er-8 mai, 24 déc.-1er janv., sam., dim. et fériés

⌂ Franklin

URBAIN · FONCTIONNEL Moderne, fonctionnel et chaleureux, cet établissement est bien apprécié de la clientèle d'affaires (bureau dans chaque chambre). L'accueil sympathique ajoute à la qualité de l'adresse.

96 chambres – ♦135/190 € ♦♦145/190 € – ☲ 16 €

15 r. Franklin ⓜ Mairie de Montreuil – ℰ 01 48 59 00 03 – www.hotel-franklin.fr

MONTROUGE

✉ 92120 (Hauts-de-Seine) – 48 909 hab. – Alt. 75 m – Carte régionale n° **20**-B2
▶ Paris 5 km – Boulogne-Billancourt 8 km – Longjumeau 18 km – Nanterre 16 km
Carte Michelin 311-J3 et 101-25

⌂ Mercure

HÔTEL DE CHAÎNE · ACTUEL En léger retrait du périphérique, un Mercure dédié à la clientèle d'affaires avec ses chambres contemporaines bien insonorisées et ses nombreuses salles de réunion.

188 chambres – ♦139/410 € ♦♦139/410 € – 7 suites – ☲ 19 €

13 r. François Ory ⓜ Porte d'Orléans – ℰ 01 58 07 11 11 – www.mercure.com/0374

NEUILLY-SUR-SEINE

✉ 92200 (Hauts-de-Seine) – 62 021 hab. – Alt. 34 m – Carte régionale n° **20**-B1
▶ Paris 9 km – Argenteuil 10 km – Nanterre 6 km – Pontoise 29 km
Carte Michelin 311-J2 et 101-15 – Guide Vert Michelin Île de France

� Jarrasse L'Écailler de Paris

POISSONS ET FRUITS DE MER · ÉLÉGANT XX Un restaurant au décor intimiste et original où les luminaires ont, par exemple, la forme d'oursins. Dans l'assiette, on se régale de produits de la mer en provenance directe des petits bateaux de pêche bretons. Fraîcheur garantie !

Menu 42 € – Carte 60/85 €

*4 av. de Madrid ⓜ Pont de Neuilly – ℰ 01 46 24 07 56 (réservation conseillée)
– www.jarrasse.com – Fermé sam. et dim. du 7 au 21 août*

ⓦ La Boutarde ⓝ

CUISINE TRADITIONNELLE · BISTRO X Un vrai bistrot ! Service décontracté, boiseries, ardoise du jour suivant l'inspiration du chef, et belle cuisine traditionnelle dans l'assiette : Saint-Jacques rôties, côte de veau, brioche caramélisée et glace à la vanille... C'est bon, tout simplement.

Formule 30 € – Menu 36 € – Carte 36/55 €

*4 r. Boutard ⓜ Pont de Neuilly – ℰ 01 47 45 34 55 (réservation conseillée)
– www.laboutarde.com – Fermé 3 semaines en août, vacances de Noël, sam. et dim.*

ⓦ Ribote ⓝ

CUISINE MODERNE · CONVIVIAL X Fringant, ce néo-bistrot ouvert au début 2015 ! En cuisine, on trouve un duo de chef trentenaires ; ils composent une cuisine légère et parfumée, bien dans l'air du temps, dans un esprit "so bistronomie" : ceviche de haddock au fenouil, filet de canette au jus de wasabi... Un souffle d'air frais sur Neuilly !

Formule 22 € – Carte 35/48 €

17 r. Paul-Chatrousse ⓜ Pont de Neuilly – ℰ 01 47 47 73 17 – Fermé 3 semaines en août, 1 semaine à Noël , sam. et dim.

ⓦ À La Coupole

CUISINE TRADITIONNELLE · FAMILIAL X Un lieu chic et sobre, d'esprit feutré (boiseries sombres, tons crème et chocolat), où l'on savoure une bonne cuisine traditionnelle. Parmi les spécialités de la maison : le foie gras et les abats, ris et rognons en tête !

Formule 31 € – Menu 40 €

3 r. de Chartres ⓜ Porte Maillot – ℰ 01 46 24 82 90 – Fermé vacances de printemps, août, sam., dim. et fériés

Jardin de Neuilly

BUSINESS · MODERNE Autour d'un joli jardin fleuri, un bel ensemble de trois bâtiments : un hôtel particulier du 19ᵉ s. à l'esprit classique, un cottage très Belle Époque et un édifice des années 1950. Calme, confort et cachet, à 300 m de la porte Maillot.

28 chambres – †85/198 € ††100/225 € – ☲ 15 €

5 r. Paul-Déroulède ❷ Porte Maillot – ⌀ 01 46 24 22 77

– www.hoteljardindeneuilly.com

⌂ Neuilly Park

BUSINESS · CLASSIQUE Dans une rue commerçante du quartier des Sablons, à 5mn de la porte Maillot, un petit hôtel qui ne manque pas de personnalité : chaque chambre est décorée selon un terme différent, mis en scène sans détour et avec couleur (flamenco, Japon, abécédaire, toile de Jouy, etc.).

30 chambres – †120/230 € ††120/230 € – ☲ 13 €

23 r. Madeleine-Michelis ❷ Porte Maillot – ⌀ 01 46 40 11 15

– www.hotelneuillypark.com

ORGEVAL

✉ 78630 (Yvelines) – 5 978 hab. – Alt. 100 m – Carte régionale n° **18**-B1

▶ Paris 32 km – Mantes-la-Jolie 28 km – Pontoise 22 km – St-Germain-en-Laye 11 km

Carte Michelin 311-H2 et 101-11

⫿○ Moulin d'Orgeval

CUISINE TRADITIONNELLE · RUSTIQUE XX La grande salle de restaurant donnant sur la pièce d'eau, le mobilier en rotin, les tentures... Tout ici a un petit côté rétro. Plusieurs menus sont proposés (cuisine du monde, de la mer, de saison ; beau chariot de desserts...) et l'on vient là comme à la campagne. Option "brasserie" au déjeuner.

Formule 31 € – Menu 41 € (déj. en semaine), 50/75 € – Carte 52/73 €

200 r. de l'Abbaye, 1,5 km au Sud – ⌀ 01 39 75 85 74 – www.moulindorgeval.com

– Fermé 21 déc.-5 janv. et dim. soir

Moulin d'Orgeval

BUSINESS · FONCTIONNEL Au cœur d'un grand parc arboré, où les cygnes glissent silencieusement sur le plan d'eau, cet ancien moulin invite à la détente. Les chambres sont classiques, avant tout fonctionnelles ; on organise ici beaucoup de mariages et de séminaires.

14 chambres – †145 € ††165 € – ☲ 17 €

200 r. de l'Abbaye, 1,5 km au Sud – ⌀ 01 39 75 85 74 – www.moulindorgeval.com

– Fermé 21 déc.-5 janv.

⫿○ **Moulin d'Orgeval** – voir les restaurants ci-dessus

OZOIR-LA-FERRIÈRE

✉ 77330 (Seine-et-Marne) – 20 074 hab. – Alt. 110 m – Carte régionale n° **19**-C2

▶ Paris 34 km – Coulommiers 42 km – Lagny-sur-Marne 22 km – Melun 29 km

Carte Michelin 312-F3 et 106-3310130

⫿○ La Gueulardière

CUISINE CLASSIQUE · ÉLÉGANT XXX En place depuis plus de 25 ans, Alain Bureau est un vrai chef à l'ancienne, un authentique artisan, inconditionnel du "fait maison", du foie gras au saumon fumé en passant par le pain et les glaces. Classique par ses racines, actuelle par son inspiration, sa cuisine séduit ! Cadre élégant et raffiné, dont une superbe terrasse.

Formule 27 € – Menu 39/78 € – Carte 64/117 €

66 av. du Gén.-de-Gaulle – ⌀ 01 60 02 94 56 – www.la-gueulardiere.com

– Fermé dim. soir

LE PERREUX-SUR-MARNE

✉ 94170 (Val-de-Marne) – 33 248 hab. – Alt. 50 m – Carte régionale n° **21**-D2
▶ Paris 16 km – Créteil 12 km – Lagny-sur-Marne 23 km – Villemomble 6 km
Carte Michelin 312-E2 et 101-18

⫶○ **Les Magnolias**   AC

CRÉATIVE · **ÉLÉGANT** XXX Un jeune chef est désormais aux fourneaux de ces agréables Magnolias. Il met un soin particulier dans la présentation de ses plats, goûteux et traversés d'influences asiatiques. Autour de lui, en cuisine et dans l'élégante salle, s'affaire une jeune équipe soucieuse de bien faire.
Formule 39 € – Menu 58/97 €
48 av. de Bry – ℰ 01 48 72 47 43 – www.lesmagnolias.com
– Fermé 1er-9 mai, 7-29 août, sam. midi, dim. et lundi

⫶○ **L'Ardoise**

CUISINE TRADITIONNELLE · **BISTRO** X Le credo du patron : "je ne fais que ce que je maîtrise bien." Son baron d'agneau aux herbes, son parmentier de boudin basque ou encore son riz au lait lui donnent raison ! Son petit bistrot – avec le mobilier patiné et les murs couleur beurre frais qui vont bien – est épatant.
Formule 18 € – Carte 30/50 €
22 bd de la Liberté – ℰ 01 43 24 18 31 – Fermé août, dim., lundi et fériés

PLAISIR

✉ 78370 (Yvelines) – 31 119 hab. – Alt. 111 m – Carte régionale n° **18**-B2
▶ Paris 39 km – Créteil 45 km – Pontoise 37 km – Versailles 19 km
Carte Michelin 311-H3

à Ste-Apolline 5 km au Sud-Est par D30 et D23 – ✉ 78370 Plaisir

⫶○ **La Maison des Bois**   🍴 🌳 **P**

CUISINE TRADITIONNELLE · **AUBERGE** XXX Dans la même famille depuis 1926, cette auberge typique, couverte de vigne vierge, affiche un décor des plus classiques. Même esprit à la carte, avec des recettes traditionnelles et des suggestions du marché. Terrasse ombragée sous un vieux marronnier.
Carte 63/82 €
av. d'Armorique – ℰ 01 30 54 23 17 – www.lamaisondesbois.fr
– Fermé dim. soir, mardi soir et merc.

LE PLESSIS-ROBINSON

✉ 92350 (Hauts-de-Seine) – 28 673 hab. – Alt. 130 m – Carte régionale n° **20**-B2
▶ Paris 13 km – Bobigny 25 km – Créteil 21 km – Nanterre 24 km
Carte Michelin 312-E3 et 101-E5

🏠 **Le Plessis Grand Hôtel**   🌞 🛗 ⬆ 🌱 AC ⚙ 🚗

URBAIN · **COSY** En plein centre-ville, cet établissement propose des chambres fonctionnelles et assez spacieuses. Pour vous détendre, faites donc une halte au salon, cosy et un rien british ! Au restaurant, cuisine traditionnelle suivant le rythme des saisons.
50 chambres – †92/175 € ††92/175 € – 5 suites – ☲ 15 €
51 av. Aristide-Briand – ℰ 01 41 28 16 16 – www.grandhotel-plessis92.com

LE PRÉ ST-GERVAIS

✉ 93310 (Seine-Saint-Denis) – 18 025 hab. – Alt. 82 m – Carte régionale n° **21**-C1
▶ Paris 8 km – Bobigny 6 km – Lagny-sur-Marne 33 km – Meaux 38 km
Carte Michelin 305-F7 et 101-16

⅍○ Au Pouilly Reuilly AC

CUISINE TRADITIONNELLE · BISTRO ⅍ Un bistrot dans son jus, pour une cuisine qui ne l'est pas moins : ris de veau aux morilles, rognons émincés sauce moutarde, boudin noir grillé, côte de bœuf... Le respect de la tradition, avec des produits de qualité.

Menu 25 € – Carte 37/83 €

68 r. André-Joineau – ℰ 01 48 45 14 59 – Fermé août, sam. midi, lundi soir et dim.

PUTEAUX

✉ 92800 (Hauts-de-Seine) – 44 514 hab. – Alt. 36 m – Carte régionale n° **20**-B1
▶ Paris 11 km – Nanterre 4 km – Pontoise 30 km – St-Germain-en-Laye 17 km
Carte Michelin 311-J2 et 101-14

⅍○ Saperlipopette !

CUISINE MODERNE · DESIGN ⅍⅍ N'hésitez pas à venir vous restaurer de ce côté de Puteaux, non loin de la Défense : cette ancienne brasserie a subi un sacré lifting, devenant un restaurant chaleureux et branché. La cuisine, façon bistrot chic – côte de bœuf et côte de veau sont toujours à l'ardoise – est généreuse et bien tournée. Service attentionné.

Menu 39/54 €

9 pl. du Théâtre – ℰ 01 41 37 00 00 (réservation conseillée)
– www.saperlipopette1.fr

⌂ Vivaldi AC

FAMILIAL · FONCTIONNEL Oubliez Les Quatres Saisons... dans une rue tranquille menant au quartier d'affaires de la Défense, ce joli immeuble en brique propose des chambres fonctionnelles, propres et bien insonorisées. L'été, petit-déjeuner servi dans le patio.

27 chambres – †59/207 € ††69/232 € – ⏜ 12 €

5 r. Roque-de-Fillol – ℰ 01 47 76 36 01 – www.hotelvivaldi.com

ROISSY-EN-FRANCE (AÉROPORTS DE PARIS)

✉ 95700 (Val-d'Oise) – 2 816 hab. – Alt. 85 m – Carte régionale n° **19**-C1
▶ Paris 26 km – Chantilly 28 km – Meaux 38 km – Pontoise 39 km
Carte Michelin 305-G6 et 101-8

à l'aérogare n° 2

⅍○ Les Étoiles

CUISINE MODERNE · ÉLÉGANT ⅍⅍⅍ La table qui sort du lot dans le périmètre de l'aéroport, au sein de l'hôtel Sheraton. L'endroit mise avec réussite sur une atmosphère feutrée et une cuisine classique. À noter : le menu "100 % local", réalisé exclusivement avec des produits des environs de Paris, et le menu "Affaires", servi en moins d'1h !

Formule 51 € – Menu 63 € – Carte 64/79 €

Hôtel Sheraton Roissy-en-France – ℰ 01 49 19 70 70
– www.sheraton.com/parisairport – Fermé août, vacances de Noël, sam., dim. et fériés

⛪ Sheraton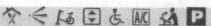

HÔTEL DE CHAÎNE · MODERNE Le seul hôtel de Roissy qui soit en contact direct avec l'aérogare n° 2, face à la gare TGV. L'escale est séduisante dans ce bâtiment aux lignes futuristes, qui joue la carte du plus grand confort. Dans les chambres, ambiance feutrée et vue sur les pistes !

252 chambres – †164/650 € ††164/650 € – ⏜ 33 €

– ℰ 01 49 19 70 70 – www.sheraton.com/parisairport

⅍○ **Les Étoiles** – voir les restaurants ci-dessus

à Roissypole

🏨 Hilton

HÔTEL DE CHAÎNE · PERSONNALISÉ Un hall immense sous une verrière vertigineuse, des chambres particulièrement spacieuses, de nombreux équipements (restaurants, piscine, salles de réunion, etc.) : il règne une certaine démesure dans cet établissement de grand confort, véritable ville moderne au cœur de la zone aéroportuaire.

392 chambres – ♦179/809 € ♦♦179/809 € – ☕ 25 €
– ☏ 01 49 19 77 77 – www.hiltonhotels.com/fr_fr

🏨 Mercure Airport

HÔTEL DE CHAÎNE · DESIGN Premier hôtel construit sur le site, entre les deux aérogares, ce vaste building a bénéficié d'une véritable cure de jouvence : une nouvelle page s'écrit, toujours avec le même souci de satisfaire les clients (salles de séminaire, piscine couverte, fitness, etc.).

345 chambres – ♦99/450 € ♦♦129/600 € – 6 suites – ☕ 20 €
Zone centrale Ouest – ☏ 01 49 19 29 29 – www.mercure.com

à Roissy-Ville

🏨 Marriott

HÔTEL DE CHAÎNE · CLASSIQUE Parfait pour une clientèle d'affaires transitant par Paris, soucieuse d'un certain standing et d'un grand confort. Fitness, sauna, restaurant, etc.

297 chambres – ♦119/529 € ♦♦129/529 € – 3 suites – ☕ 29 €
allée du Verger – ☏ 01 34 38 53 53 – www.parismarriottcharlesdegaulle.fr

🏨 Novotel Convention et Wellness

HÔTEL DE CHAÎNE · MODERNE Fonctionnement parfaitement huilé dans cet hôtel habitué à recevoir voyageurs et clientèle d'affaires. Ses services sont à la pointe pour l'organisation de séminaires (vaste espace avec régie intégrée) comme pour la détente (spa, Novotel Café, etc.).

288 chambres ☕ – ♦95/529 € ♦♦95/529 € – 7 suites
10 allée du Verger – ☏ 01 30 18 20 00 – www.novotel.com/5418

🏨 Mercure Roissy

HÔTEL DE CHAÎNE · FONCTIONNEL Le fait mérite d'être souligné : cet établissement privilégie la clientèle individuelle à l'accueil de séminaires et de groupes. On découvre des chambres spacieuses, aux tons apaisants. Le restaurant mérite également attention avec sa carte traditionnelle et ses prix raisonnables.

194 chambres – ♦99/399 € ♦♦99/399 € – 8 suites – ☕ 18 €
3 allée du Verger – ☏ 01 34 29 40 00
– www.mercure-paris-roissy-charles-de-gaulle.com

RUEIL-MALMAISON

✉ 92500 (Hauts-de-Seine) – 79 563 hab. – Alt. 40 m – Carte régionale n° **20**-A1
▶ Paris 16 km – Argenteuil 12 km – Nanterre 3 km – St-Germain-en-Laye 9 km
Carte Michelin 311-J2 et 101-14 – Guide Vert Michelin Île de France

🍴 Le Patte Noire

CUISINE MODERNE · COSY ✕✕ Inutile de montrer patte blanche pour espérer manger dans ce restaurant du centre-ville ! Derrière les fourneaux, le chef réalise une cuisine bien dans l'air du temps avec de beaux produits. Dans l'assiette, les assaisonnements sont bons, les cuissons réussies. Accueil et service tout sourire.

Formule 29 € – Menu 35/65 € – Carte 56/74 €
56 r. du Gué – ☏ 09 81 20 81 69 – www.lepattenoire.com – *Fermé 1ᵉʳ-4 janv.,
15 août-8 sept., dim. soir et lundi*

⁆○ **Les Écuries de Richelieu**

CUISINE TRADITIONNELLE · **CLASSIQUE** Ⅹ Nichées dans une élégante bâtisse du 17ᵉ s., ces Écuries de Richelieu vous accueillent dans une salle voûtée et fraîche, où vous dégusterez une jolie cuisine traditionnelle autour d'un court menu. Bon rapport qualité-prix.

🕮 Formule 15 € – Menu 18 € (déj. en semaine)/35 €

21 r. du Dr-Zamenhof – ℰ 01 47 08 63 54 – www.ecuries-richelieu.com
– Fermé août, sam. midi, dim. soir et lundi

Renaissance Hippodrome de St-Cloud 🆕   ⑂ 🖴 🏋 ⌂ 🖪

BUSINESS · **PERSONNALISÉ** En bordure de l'hippo-drome de Saint-Cloud, un hôtel élégant et huppé dont le décor rend un hommage vibrant aux chevaux et aux courses équestres. Les chambres, spacieuses, donnent sur la verdure ou directement sur le champ de course : so chic !

107 chambres – †139/309 € ††159/359 € – 1 suite – ⌷ 22 €

123 r. du Lt.-Colonel-de-Montbrison ✉ 92500 Rueil-Malmaison – ℰ 01 47 77 64 64
– www.renaissanceparissaintcloud.com

Le Relais de la Malmaison   ⑂ 🛇 🖴 🖳 📶 ✕ ⊡ ⌂ 🖾 ✾ 🏋 🅿

BUSINESS · **MODERNE** Dans un grand parc et juste à côté du golf, un établissement élégant, avec des chambres contemporaines et de nombreux salons pour les réceptions et séminaires : idéal pour la clientèle d'affaires. Spa avec hammam, sauna, piscine couverte, restaurant... Tout est pensé pour la détente.

60 chambres ⌷ – †128/300 € ††128/300 €

93 bd Franklin-Roosevelt – ℰ 01 47 32 01 33 – www.relaismalmaison.fr
– Fermé 1ᵉʳ-24 août et 24 déc.-3 janv.

Novotel   ⑂ 🖪 ⊡ ⌂ 🖾 ✾ 🏋 🚗

BUSINESS · **MODERNE** Au sein du quartier d'affaires Rueil 2000 et à deux pas de la gare RER, un Novotel de facture contemporaine particulièrement adapté à la clientèle business.

118 chambres – †80/282 € ††130/332 € – ⌷ 17 €

21 av. Edouard-Belin – ℰ 01 47 16 60 60 – www.novotel.com

RUNGIS

✉ 94150 (Val-de-Marne) – 5 691 hab. – Alt. 80 m – Carte régionale n° **21**-C3
▶ Paris 14 km – Antony 5 km – Corbeil-Essonnes 30 km – Créteil 13 km
Carte Michelin 312-D3 et 101-26

⁆○ **La Grange des Halles**   🍴 🅿

CUISINE MODERNE · **CONVIVIAL** ⅩⅩ Rungis, ce n'est pas seulement le célèbre marché connu de tous les chefs, mais aussi un vieux bourg, où se trouve cette Grange au look atypique – tableaux contemporains, banquettes en velours... Homard du vivier, macaroni de foie gras et céleri : la cuisine, bien travaillée, est calée sur les saisons et, évidemment, le marché.

Menu 27 € (déj. en semaine) – Carte 37/63 €

28 r. Notre-Dame – ℰ 01 46 87 08 91 – www.restaurant-lagrange-rungis.com
– Fermé 3 semaines en août, dim. et lundi

SACLAY

✉ 91400 (Essonne) – 3 637 hab. – Alt. 147 m – Carte régionale n° **20**-A3
▶ Paris 27 km – Antony 14 km – Chevreuse 13 km – Montlhéry 16 km
Carte Michelin 312-C3 et 101-24

Novotel   ⑂ 🖴 🏋 🖾 ✕ ⊡ 🖪 ⌂ 🖾 🏋 🅿

HÔTEL DE CHAÎNE · **FONCTIONNEL** Dans un ancien corps de ferme dont subsistent la cour pavée et la maison de maître (19ᵉ s.), un Novotel conforme aux standards de la chaîne, avec de bons équipements sportifs et un restaurant ouvert sur la piscine.

139 chambres – †99/300 € ††99/300 € – ⌷ 17 €

r. Charles-Thomassin – ℰ 01 69 35 66 00 – www.novotel.com/0392

ST-CLOUD

✉ 92210 (Hauts-de-Seine) – 29 436 hab. – Alt. 63 m – Carte régionale n° **20**-B2
▶ Paris 12 km – Nanterre 7 km – Rueil-Malmaison 6 km – St-Germain 16 km
Carte Michelin 311-J2 et 101-14 – Guide Vert Michelin Île de France

ⅠⅠ○ Le Garde-Manger

CUISINE TRADITIONNELLE · BISTRO Ⅹ Dans son garde-manger, le chef stocke de beaux produits et concocte une jolie cuisine bistrotière, pile dans la tendance. Et tendance, son restaurant l'est aussi, avec ses grandes ardoises, ses lampes indus' et son comptoir très... néobistrot !

Formule 17 € – Carte 20/38 €

21 r. d'Orléans – ℰ *01 46 02 03 66 – www.legardemanger.com – Fermé dim.*

ST-DENIS

✉ 93200 (Seine-Saint-Denis) – 108 274 hab. – Alt. 33 m – Carte régionale n° **21**-C1
▶ Paris 11 km – Argenteuil 12 km – Beauvais 70 km – Chantilly 31 km
Carte Michelin 305-F7 et 101-16 – Guide Vert Michelin Île de France

🏨 Courtyard Paris St-Denis

HÔTEL DE CHAÎNE · MODERNE Un bon hôtel dans une zone où ils sont rares. Non loin du Carrefour Pleyel et du Stade de France, il abrite des chambres confortables et bien insonorisées, colorées et chaleureuses. Parking, restaurant.

150 chambres – ♦115/450 € ♦♦115/450 € – ☐ 19 €

34 bd de la Libération, (ZAC Pleyel) Ⓜ *Carrefour Pleyel –* ℰ *01 58 34 91 10 – www.courtyardsaintdenis.com*

ST-GERMAIN-EN-LAYE

✉ 78100 (Yvelines) – 39 476 hab. – Alt. 78 m – Carte régionale n° **20**-A1
▶ Paris 25 km – Beauvais 81 km – Dreux 66 km – Mantes-la-Jolie 36 km
Carte Michelin 311-I2 et 101-13 – Guide Vert Michelin Île de France

ⅠⅠ○ Pavillon Henri IV ⪕ 🏠 ℅ ♻ P

CUISINE CLASSIQUE · ÉLÉGANT ⅩⅩⅩ L'un des atouts de ce restaurant est sans conteste son superbe panorama sur la vallée de la Seine. Un cadre exceptionnel où l'on vient savourer une cuisine classique et de beaux produits ; on y inventa les pommes soufflées et la béarnaise !

Formule 35 € – Menu 51 € (semaine)/57 € – Carte 60/89 €

Plan : BYZ-t *– Hôtel Pavillon Henri IV, 19 r. Thiers –* ℰ *01 39 10 15 15 – www.pavillonhenri4.fr – Fermé sam. midi et dim. soir*

ⅠⅠ○ Le Wauthier by Cagna

CUISINE MODERNE · DE QUARTIER Ⅹ Risotto du Piémont au homard et beurre blanc, escalopes de ris de veau braisées, mousseline de céleri et sauce Albufera... Une cuisine bien dans l'air du temps, réalisée avec de bons produits du marché : voilà la promesse de cette sympathique maison sangermanoise au joli intérieur de bistrot chic. Service attentionné.

Formule 28 € – Menu 34 € (déj. en semaine)/68 € ℙ – Carte environ 55 €

Plan : AZ-a *– 31 r. Wauthier –* ℰ *01 39 73 10 84 – www.restaurant-wauthier-by-cagna.fr – Fermé 3 semaines en août, 1 semaine en janv., merc. midi, dim. et lundi*

🏨 Pavillon Henri IV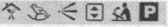

HISTORIQUE · CLASSIQUE Achevée en 1604 sous Henri IV, à la lisière du parc du château, cette demeure vit naître Louis XIV. Le décor des chambres fait preuve d'un classicisme de belle fraîcheur, tout comme les salons et la grande galerie (parquet, lustres en cristal). Royal !

42 chambres – ♦130/370 € ♦♦130/370 € – ☐ 19 € – ½ P

Plan : BYZ-t *– 21 r. Thiers –* ℰ *01 39 10 15 15 – www.pavillonhenri4.fr*

ⅠⅠ○ **Pavillon Henri IV** – voir les restaurants ci-dessus

ST-GERMAIN-EN-LAYE

Bonnenfant (R. A.) .... **AZ** 3
Coches (R. des) .... **AZ** 4
Denis (R. M.) .... **AZ** 5

Detaille (Pl. É.) .... **AY** 6
Gde-Fontaine (R. de la) ... **AZ** 10
Giraud-Teulon (R.) .... **BZ** 9
Loges (Av. des) .... **AY** 14
Malraux (Pl. A.) .... **BZ** 16
Marché-Neuf (Pl. du) ..... **AZ**
Mareil (Pl.) .... **AZ** 19
Pain (R. au) .... **AZ** 20

Paris (R. de) .... **AZ**
Poissy (R. de) .... **AZ** 22
Pologne (R. de) .... **AY** 23
Surintendance
  (R. de la) .... **AY** 28
Victoire (Pl. de la) .... **AY** 30
Vieil-Abreuvoir (R. du) ... **AZ** 32
Vieux-Marché (R. du) ..... **AZ** 33

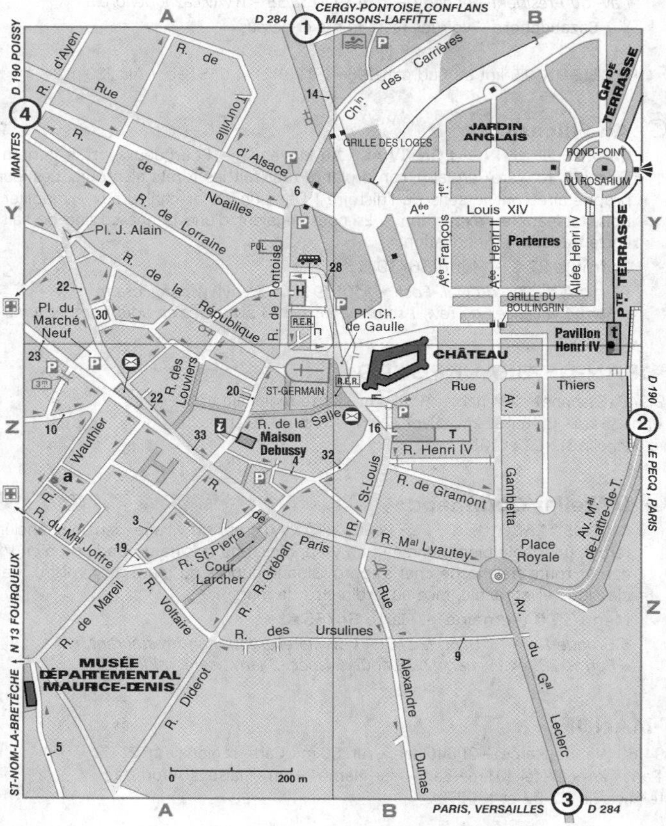

(plan de la ville de St-Germain-en-Laye)

---

au Nord 2,5 km au Nord par D284 – ⊠ 78100 St-Germain-en-Laye :

ⅠⓄ **Cazaudehore**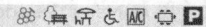

CUISINE CLASSIQUE · ÉLÉGANT 𝕏𝕏𝕏 Ambiance chic et cosy, décor dans l'air du temps, délicieuse terrasse sous les acacias, cuisine soignée et belle carte des vins... Une vraie histoire de famille depuis 1928.

Formule 39 € – Menu 59/110 € ♟ – Carte 60/90 €

Hôtel La Forestière, 1 av. du Président-Kennedy
– ℰ 01 30 61 64 64 – www.cazaudehore.fr
– Fermé dim. soir en août et de nov. à mars et lundi

🏠 La Forestière

MAISON DE CAMPAGNE · PERSONNALISÉ Charme et confort sont au rendez-vous dans cette séduisante maison entourée de verdure. Beau mobilier contemporain ou ancien, et coloris choisis agrémentent les chambres, toutes uniques.

27 chambres – †155/339 € – ††155/359 € – 3 suites – ☑ 15 € – ½ P

1 av. du Président-Kennedy – ✆ 01 39 10 38 38 – www.cazaudehore.fr

🍽 **Cazaudehore** – voir les restaurants ci-dessus

à Fourqueux 2,5 km au Sud par D98 – ✉ 78112 – 4 055 hab. – Alt. 120 m

🍽 Au Fulcosa

CUISINE MODERNE · CONVIVIAL ✗ Au Moyen Âge, Fourqueux portait le nom de Fulcosa, "fougère" en latin, car la plante tapissait les forêts alentour... Les jeunes propriétaires ont le sens de l'histoire ! Dans un décor chaleureux – mobilier en bois, tableaux en exposition –, ils nous régalent d'une bonne cuisine de saison, entre tradition et innovation.

Formule 27 € – Menu 36/39 €

Plan : A2 – *2 r. du Mal.-Foch – ✆ 01 39 21 17 13 – www.aufulcosa.fr*
– Fermé vacances de fév., 1 semaine en juil., 3 semaines en août, dim. et lundi

ST-JEAN-DE-BEAUREGARD

✉ 91940 (Essonne) – 284 hab. – Alt. 164 m – Carte régionale n° **20**-A3
▶ Paris 35 km – Créteil 32 km – Évry 27 km – Nanterre 40 km
Carte Michelin 312-C3 et 101-33

🍽 L'Atelier Gourmand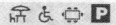

CUISINE TRADITIONNELLE · ÉLÉGANT ✗✗ Au cœur du village, dans une ancienne ferme, une table bien nommée : on y apprécie une cuisine de tradition bien tournée et toute fraîche (le chef s'approvisionne auprès du maraîcher voisin). Cadre classique et agréable, face au jardin clos de murs.

Menu 39 € (semaine) – Carte 54/65 €

5 Grande-Rue – ✆ 01 60 12 31 01 – www.lateliergourmand-restaurant.fr
– Fermé 28 fév.-6 mars, 7-28 août, 24 déc.-3 janv., sam. midi et dim.

ST-MANDÉ

✉ 94160 (Val-de-Marne) – 21 846 hab. – Alt. 50 m – Carte régionale n° **21**-C2
▶ Paris 7 km – Créteil 10 km – Lagny-sur-Marne 29 km – Maisons-Alfort 6 km
Carte Michelin 312-D2 et 101-27

🍽 L'Ambassade de Pékin

CHINOISE · EXOTIQUE ✗✗ Cette Ambassade au décor typique représente non seulement Pékin, mais aussi le Sichuan, le Vietnam, la Thaïlande, etc. Au menu, donc, un joli éventail de spécialités asiatiques, parmi lesquelles les crevettes à l'ail et au poivre, ou le canard laqué.

🍴 Menu 13 € (déj. en semaine)/24 € – Carte 35/75 €
6 av. Joffre ⓂSt-Mandé-Tourelle – ✆ 01 43 98 13 82

ST-MAUR-DES-FOSSÉS

✉ 94100 (Val-de-Marne) – 74 176 hab. – Alt. 38 m – Carte régionale n° **21**-D2
▶ Paris 12 km – Créteil 6 km – Nogent-sur-Marne 6 km
Carte Michelin 312-D3 et 101-27

AUTOUR DE PARIS

à La Varenne-St-Hilaire - ⊠ 94210

⅃○ Château des Îles
🕸 🏠 ⅃ 🄰🄲 ⇔ 🄿

CUISINE MODERNE · À LA MODE 𝕏𝕏𝕏 Dans le calme de cette charmante adresse, le chef réalise une cuisine au goût du jour, évoluant au fil des saisons ; on l'accompagne d'un vin de Bordeaux choisi dans une imposante carte. À savourer en terrasse pendant les beaux jours !

Menu 45/80 € – Carte 57/85 €

85 quai Winston-Churchill – 𝒞 01 48 89 65 65 – www.chateau-des-iles.com – Fermé lundi en août et dim. soir

⅃○ Faim et Soif
🄰🄲

CUISINE MODERNE · DESIGN 𝕏 Imaginez une bonbonnière version très contemporaine : alors vous aurez une petite idée de Faim et Soif. Chaleureuse, cette petite table l'est assurément. On s'y retrouve pour déguster des mets appétissants, ceux d'une vraie cuisine de produits.

Carte 55/67 €

28 r. St-Hilaire – 𝒞 01 48 86 55 76 – www.faimetsoif.com – Fermé 1 semaine en août, dim. et lundi

🏠 Château des Îles
🍴 🐾 ⅃ 🄿

TRADITIONNEL · FONCTIONNEL Dans un paisible secteur résidentiel en bord de Marne, cette demeure familiale entourée de verdure est la promesse d'un séjour ô combien reposant... Les chambres, fonctionnelles et sobrement décorées, profitent pleinement du calme des lieux.

12 chambres – †88/98 € – ††98/155 € – ⊑ 12 €

85 quai Winston-Churchill – 𝒞 01 48 89 65 65 – www.chateau-des-iles.com

⅃○ **Château des Îles** – voir les restaurants ci-dessus

ST-OUEN

⊠ 93400 (Seine-Saint-Denis) – 47 499 hab. – Alt. 36 m – Carte régionale n° **21**-C1
▶ Paris 9 km – Bobigny 12 km – Chantilly 46 km – Meaux 49 km
Carte Michelin 305-F7 et 101-16

⅃○ Le Coq de la Maison Blanche
🕸 🏠 🄰🄲 ⇔

CUISINE TRADITIONNELLE · RÉTRO 𝕏𝕏 Une cuisine très traditionnelle (tête de veau sauce ravigote, coq au vin, etc.), un authentique décor estampillé 1950, des serveurs efficaces et de nombreux habitués de longue date : cette adresse, incontournable à St-Ouen, ressuscite un film d'Audiard !

Menu 32 € – Carte 40/85 €

37 bd Jean-Jaurès ⓦ Mairie de St-Ouen – 𝒞 01 40 11 01 23 – www.lecoqdelamaisonblanche.com – Fermé sam. en juil.-août et dim.

⅃○ Ma Cocotte
🏠 ⅃ 🄰🄲 ⇔

CUISINE TRADITIONNELLE · BRANCHÉ 𝕏 Nichée dans les puces de St-Ouen, une cantine chic signée "by Philippe Starck". La déco joue la carte du loft contemporain chaleureux, la cuisine celle des classiques – bien troussés – dont on ne se lasse pas : poulet fermier à la broche, tarte Tatin, etc. Cette cocotte a la cote !

Menu 26 € 🍷 (semaine) – Carte 30/60 €

106 r. des Rosiers ⓦ Porte de Clignancourt – 𝒞 01 49 51 70 00 – www.macocotte-lespuces.fr

⅃○ La Puce

CUISINE MODERNE · BISTRO 𝕏 À un saut de puce des puces de St-Ouen, cette Puce-là ne fait pas faux bond à la qualité : dans ce bistrot sympathique, on apprécie ravioles au foie gras et lentilles à la crème de porto blanc, ch'tiramisu aux spéculos, etc. Des plats bien tournés, aux prix raisonnables, comme les vins. De quoi mettre la puce à l'oreille !

Formule 18 € 🍷 – Menu 36 € – Carte 35/40 €

17 r. Ernest-Renan ⓦ Mairie de St-Ouen – 𝒞 01 40 12 63 75 – Fermé 2 semaines en fév., 3 semaines en août, dim. et lundi

ST-PRIX

✉ 95390 (Val-d'Oise) – 7 214 hab. – Alt. 70 m – Carte régionale n° **18**-B1

▶ Paris 26 km – Cergy 22 km

Carte Michelin 305-E6 et 101-5

🍴◯ Hostellerie du Prieuré   🅰🅒

CUISINE TRADITIONNELLE · BISTRO 𝕏 Banquettes, nappes à carreaux, objets anciens... Dans ce village pittoresque, cette jolie auberge ravit les amoureux d'autrefois – et la salle avec sa cheminée, les romantiques ! À la carte, pas de nostalgie : foie gras poêlé aux girolles, fricassée d'écrevisses et ris de veau, macaron glacé au caramel...

Formule 24 € – Carte 45/60 €

74 r. Auguste-Rey – 𝒞 01 34 27 51 51 – www.restaurantduprieure.com – Fermé 31 juil.-17 août, 27-31 déc., sam. midi, lundi midi et dim.

🏠 Hostellerie du Prieuré   🍴 ♿ 🅰🅒

AUBERGE · PERSONNALISÉ Sa façade du 17e s. pourrait servir de décor pour un film... Jolie carte postale que cet ancien café de village, qui cache des chambres originales et soignées ("Romance", "Aladin", "Pompadour", etc.). Et St-Prix est idéal pour découvrir le Vexin et la forêt de Montmorency... après un petit-déjeuner bien copieux !

7 chambres – 🛏125/148 € 🛏🛏125/148 € – 1 suite – 🍽 15 € – ½ P

74 r. Auguste-Rey – 𝒞 01 34 27 51 51 – www.hostelduprieure.com – Fermé 31 juil.-17 août et 27-31 déc.

🍴◯ **Hostellerie du Prieuré** – voir les restaurants ci-dessus

ST-QUENTIN-EN-YVELINES

✉ 78690 (Yvelines) – 144 419 hab. – Carte régionale n° **18**-B2

▶ Paris 33 km – Houdan 33 km – Palaiseau 28 km – Rambouillet 21 km

Carte Michelin 311-H3 et 101-21 – Guide Vert Michelin Île de France

Montigny-le-Bretonneux – ✉ 78180 – 33 680 hab. – Alt. 162 m

🏠 Mercure   🍴 📶 ♿ 🅰🅒 🏋 🚗

HÔTEL DE CHAÎNE · MODERNE En centre-ville (gare RER à proximité), hôtel récent dont les chambres affichent un style épuré. Cuisine traditionnelle au restaurant (buffets de hors-d'œuvre et desserts).

74 chambres 🍽 – 🛏99/220 € 🛏🛏99/220 €

9 pl. Choiseul – 𝒞 01 39 30 18 00 – www.mercure.com

Voisins-le-Bretonneux – ✉ 78960 – 11 470 hab. – Alt. 163 m

🍴◯ La Ferme de Voisins   🍽 ❄

CUISINE MODERNE · AUBERGE 𝕏𝕏 On accède à ce joli corps de ferme du 19e s. par une cour fleurie, qui fait office de terrasse l'été venu. La carte, plutôt courte, met en valeur les incontournables de la maison – sucettes de gambas, tête de veau "irremplaçable" – et recèle des plats goûteux et créatifs. Une belle adresse à découvrir au plus vite.

Formule 27 € – Menu 44/68 €

Plan : A2 – *4 r. Port-Royal – 𝒞 01 30 44 18 18 – www.lafermedevoisins.fr – Fermé 1er-15 août, sam. midi, dim. et fériés.*

🏠 Novotel St-Quentin Golf National   🍴 🐾 ◁ 🛏 🏊 🏋 🍴 📶 ♿ 🅰🅒 🏋 🅿

HÔTEL DE CHAÎNE · MODERNE Un hôtel idéalement situé sur le golf, au grand calme. Aucune mauvaise surprise : chambres confortables, équipements de détente (piscine, solarium, tennis), Novotel Café, club-house pour les golfeurs...

130 chambres – 🛏145/220 € 🛏🛏145/220 € – 1 suite – 🍽 17 €

au Golf National, 2 km à l'Est par D36 ✉ 78114 – 𝒞 01 30 57 65 65 – www.novotel.com

STE-GENEVIÈVE-DES-BOIS

✉ 91700 (Essonne) – 35 035 hab. – Alt. 78 m – Carte régionale n° **18**-B2

▶ Paris 27 km – Arpajon 10 km – Corbeil-Essonnes 18 km – Étampes 30 km

Carte Michelin 312-C4 et 101-35 – Guide Vert Michelin Île de France

⊕ La Table d'Antan

CUISINE DU SUD-OUEST · CLASSIQUE XX Vous serez d'abord séduit par un accueil prévenant en ce restaurant d'un quartier résidentiel. On y savoure une cuisine classique et des spécialités du Sud-Ouest de qualité.

Formule 26 € – Menu 32/50 € – Carte 45/80 €

38 av. Grande-Charmille-du-Parc, (près de l'hôtel de ville) – ℰ 01 60 15 71 53
– www.latabledantan.fr – Fermé 5-25 août, dim. soir, mardi soir, merc. soir et lundi sauf fériés

SÉNART

✉ 77127 (Seine-et-Marne) – 10 508 hab. – Alt. 89 m – Carte régionale n° **19**-C2

Carte Michelin 312-E4 et 101-39 – Guide Vert Michelin Île de France

Le Plessis-Picard - ✉ 77550

ⅇO La Mare au Diable

CUISINE CLASSIQUE · AUBERGE XX Amateurs de vieilles pierres, vous apprécierez cette demeure du 15ᵉ s. tapissée de vigne vierge et de glycine, ses poutres, sa grande cheminée, son parc bucolique... Un décor qui charma en son temps George Sand ! Le classicisme est de mise dans l'assiette, mais aussi quelques spécialités italiennes, origines du chef obligent.

Menu 35 € ▾ (semaine)/47 € – Carte 50/80 €

– ℰ 01 64 10 20 90 – www.lamareaudiable.fr – Fermé 3 semaines en août, dim. soir et lundi sauf fériés

SURESNES

✉ 92150 (Hauts-de-Seine) – 47 263 hab. – Alt. 42 m – Carte régionale n° **20**-B2

▶ Paris 12 km – Nanterre 4 km – Pontoise 32 km – St-Germain-en-Laye 13 km

Carte Michelin 311-J2 et 101-14 – Guide Vert Michelin Île de France

ⅇO Les Jardins de Camille

CUISINE CLASSIQUE · FAMILIAL XX Aux abords du mont Valérien, les Jardins de Camille offrent une vue magnifique sur Paris et la Défense, en terrasse comme en salle. On y apprécie une bonne cuisine actuelle (par exemple, un filet de maquereau fumé minute et espuma de wasabi) avant de passer la nuit dans l'une des chambres d'hôtes, calmes et jolies.

Formule 28 € – Menu 42 € – Carte 50/58 €

5 chambres ⌷ – †120 € ††120 €

70 av. Franklin-Roosevelt – ℰ 01 45 06 22 66 – www.lesjardinsdecamille.com
– Fermé dim. soir

ⅇO Au Père Lapin 🏠 🍽 midi,

CUISINE TRADITIONNELLE · BISTRO X Dîner face à la tour Eiffel, ça vous dit ? Dans ce cas, installez-vous sur la terrasse du Père Lapin, pour savourer une bonne cuisine de bistrot sans prétention. Un conseil : ne passez pas à côté des glaces artisanales. Par mauvais temps, on prend place dans une salle au décor contemporain... et l'on n'est pas malheureux !

Formule 28 € – Menu 32 € (déj. en semaine) – Carte 39/50 €

10 r. du Calvaire – ℰ 01 45 06 72 89 – www.auperelapin.com – Fermé dim. soir

TREMBLAY-EN-FRANCE

✉ 93290 (Seine-Saint-Denis) – 34 081 hab. – Alt. 60 m – Carte régionale n° **21**-D1

▶ Paris 24 km – Aulnay-sous-Bois 7 km – Bobigny 13 km – Villepinte 4 km

Carte Michelin 305-G7 et 101-18

à Tremblay-Vieux-Pays – ⊠ 93290 Tremblay en France

🛞 La Jument Verte   🏠

CUISINE MODERNE · À LA MODE ✗ Dans un hameau qui semble tranquille... et pourtant stratégiquement situé, tout près du parc des expositions de Villepinte et de l'aéroport de Roissy, voici une escale gourmande toute trouvée. On y déguste une belle cuisine tout en fraîcheur et saveurs, recherchée juste comme il faut. Décor à la fois simple et avenant.

Formule 26 € – Menu 30/46 € – Carte 48/71 €

43 rte de Roissy – ✆ 01 48 60 69 90 – www.aubergelajumentverte.fr – Fermé août, sam., dim. et fériés

⑪◯ Le Cénacle   🎐 Ⓐ🖂 ☆ ⇔

CUISINE TRADITIONNELLE · CLASSIQUE ✗✗ Rien de confidentiel dans ce Cénacle, mais la tradition dans toute sa générosité – menu homard – et un décor qui joue une carte très classique (poutres peintes, chaises de style, etc.).

Menu 30 € (déj. en semaine), 45/130 € 🍷 – Carte 56/91 €

1 r. de la Mairie – ✆ 01 48 61 32 91 – www.restaurantcenacle.com – Fermé sam. midi et dim. soir

TRIEL-SUR-SEINE

⊠ 78510 (Yvelines) – 11 431 hab. – Alt. 20 m – Carte régionale n° **18**-B1

▶ Paris 39 km – Mantes-la-Jolie 27 km – Pontoise 18 km – Rambouillet 55 km

Carte Michelin 311-I2 et 101-10 – Guide Vert Michelin Île de France

⑪◯ St-Martin   ☆

CUISINE TRADITIONNELLE · FAMILIAL ✗ Proche d'une jolie église gothique du 13ᵉ s. et des bords de Seine, un restaurant à l'atmosphère familiale. Au menu, des recettes de tradition ou plus actuelles, et des suggestions qui varient selon le marché. Simple et bien tourné.

Formule 21 € – Menu 26 € (déj. en semaine), 41/67 € 🍷

2 r. Galande, (face à la poste) – ✆ 01 39 70 32 00 (réservation conseillée)
– www.restaurantsaintmartin.com – Fermé 2 semaines en août, vacances de Noël, merc. et dim.

VANVES

⊠ 92170 (Hauts-de-Seine) – 27 367 hab. – Alt. 61 m – Carte régionale n° **20**-B2

▶ Paris 7 km – Boulogne-Billancourt 5 km – Nanterre 13 km

Carte Michelin 311-J3 et 101-25

🏨 Mercure Paris Porte de Versailles Expo   🎐 🖺 🖂 Ⓐ🖂 🛋 🚗

BUSINESS · MODERNE Derrière le parc des Expositions, un Mercure imposant, avec un mur végétal dans l'atrium, des chambres de facture contemporaine et de nombreuses salles de séminaire : idéal pour la clientèle business.

384 chambres – 🛏143/390 € 🛏🛏143/390 € – 4 suites – 🍽 19 €

36 r. du Moulin – ✆ 01 46 48 55 55 – www.mercure.com

VERSAILLES

⊠ 78000 (Yvelines) – 85 424 hab. – Alt. 130 m – Carte régionale n° **20**-A2

▶ Paris 22 km – Beauvais 94 km – Dreux 59 km – Évreux 90 km

Carte Michelin 311-I3 et 101-23 – Guide Vert Michelin Île de France

🎐 Gordon Ramsay au Trianon   🎐 ≤ 🖂 🏠 🛗 Ⓐ🖂 ☆ 🚗

CRÉATIVE · ÉLÉGANT ✗✗✗ À la lisière du parc du château, un cadre baroque, chic et d'une élégance rare. La carte, signée Gordon Ramsay, se pare de jolies touches méditerranéennes ; elle est joliment interprétée par le chef italien Simone Zanoni.

➜ Raviolo de langoustines d'Écosse à la vapeur de riesling, marmelade citron vert. Saint-Jacques de plongée de l'île de Skye. Pomme rôtie au caramel demi-sel et fruits de la passion, sabayon glacé à la noisette.

Menu 90 € (déj.), 143/199 € – Carte 135/170 €

Plan : X-r – *Hôtel Trianon Palace, 1 bd de la Reine – ✆ 01 30 84 50 18*
– www.trianonpalace.com – Fermé 1ᵉʳ janv.-9 fév., 7 août-5 sept., mardi soir et vend. midi de fév. à avril et en nov., dim., lundi et le midi sauf sam.

VERSAILLES

Bellevue (Av. de) . . . . U 2
Coste (R.) . . . . V 9
Dr-Schweitzer (Av. du) . . . . . U 12
Franchet-d'Esperey
(Av. du Mar.) . . . . U 15

Glatigny (Bd de) . . . . U 19
Leclerc (Av. du Gén.) . . . . . . V 22
Marly-le-Roi (R. de) . . . . U 26
Mermoz (R. Jean) . . . . V 27
Moxouris (R.) . . . . U 29
Napoléon III (Rte) . . . . U 30
Pelin (R. L.) . . . . U 32

Porchefontaine
(Av.) . . . . V 33
Pottier (R.) . . . . U 35
Rocquencourt (Av. de) . . . . . U 39
St-Antoine (Allée) . . . . U 40
Sports (R. des) . . . . U 43
Vauban (R.) . . . . V 45

VERSAILLES

Carnot (R.) . . . . **Y**
Chancellerie (R. de la) . . . . . **Y** 3
Clemenceau (R. Georges) . **Y** 7
Cotte (R. Robert de) . . . . . . **Y** 10
États-Généraux (R. des) . . . **Z**

Europe (Av. de l') . . . . **Y** 14
Foch (R. du Mar.) . . . . **XY**
Gambetta (Pl.) . . . . **Y** 17
Gaulle (Av. du Gén.-de-) . . **YZ** 18
Indép.-Américaine (R. de l') **Y** 20
Leclerc (R. du Gén.) . . . . . **Z** 24
Mermoz (R. Jean) . . . . **Z** 27

Nolhac (R. Pierre-de-) . . . . **Y** 31
Orangerie (R. de l') . . . . . . **YZ**
Paroisse (R. de la) . . . . **Y**
Porte-de-Buc (R. de la) . . . **Z** 34
Rockefeller (Av.) . . . . **Y** 37
Royale (R.) . . . . **Z**
Satory (R. de) . . . . **YZ** 42
Vieux-Versailles (R. du) . . **YZ** 47

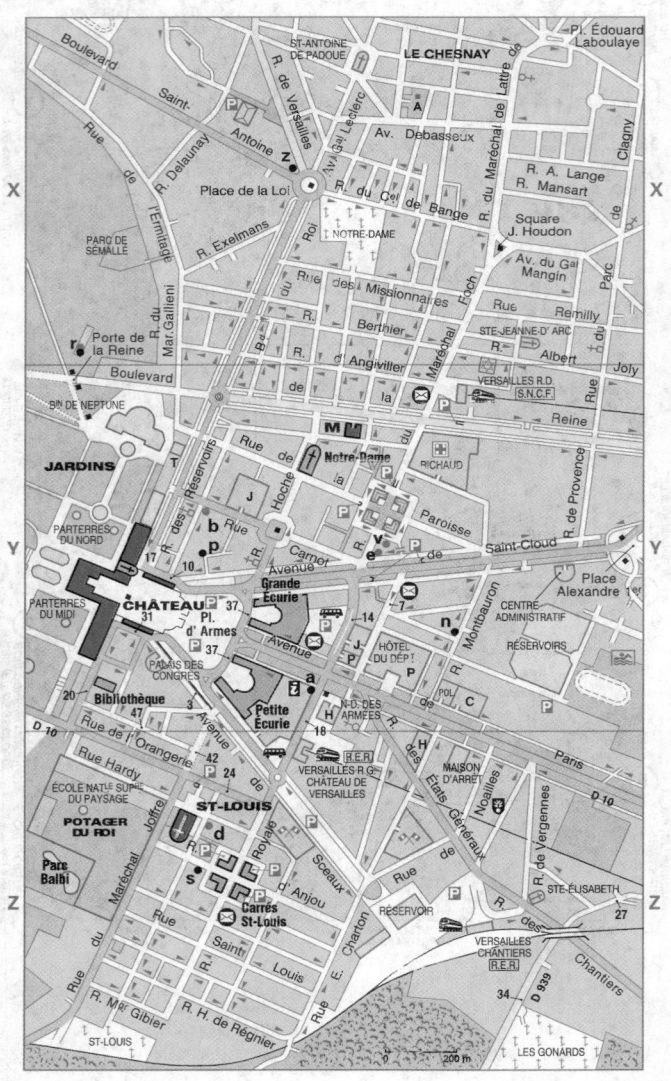

⌂ **L'Angélique** (Régis Douysset) ⌂

CUISINE MODERNE · CONVIVIAL ✕✕ Régis Douysset, chef de l'Escarbille à Meudon, fait coup double : il a placé ici des fidèles en salle comme en cuisine, tous au service d'une cuisine gastronomique travaillée dans les règles. Un conseil : préférez la salle de l'étage, plus élégante et chaleureuse.

→ Homard mariné au gingembre, julienne de mangue et cappuccino des sucs des têtes. Pavé de maigre, pousses d'épinard au beurre, salade tiède de pois chiche et citron jaune. Tarte soufflée au chocolat noir et aux fruits de la passion, sorbet cacao.

Menu 56/108 € ♟ – Carte 62/74 €

Plan : Y-e – *27 av. de St-Cloud* – ℰ *01 30 84 98 85* – *www.langelique.fr* – *Fermé 3 semaines en août, 24 déc.-5 janv., dim. et lundi*

⌂ **La Table du 11** ⓝ (Jean-Baptiste Lavergne Morazzani)

CUISINE MODERNE · COSY ✕✕ Au centre de Versailles, en face de la cathédrale Saint-Louis, deux générations (le fils en cuisine, le père en salle) mettent en valeur le produit, rien que le produit ! Leur cuisine est pleine de saveurs, comme ce cabillaud, maïs, et haricot beurre. En prime, la carte change tous les mois : courez-y !

→ Cuisine du marché.

Formule 29 € – Menu 38 € (déj. en semaine), 49/65 €

Plan : Z-d – *11 r. St -Honoré* – ℰ *09 83 34 76 00* – *www.latabledu11.com* – *Fermé 3 semaines en août, dim. et lundi*

🍴 **Zin's à l'Étape Gourmande** ⚭ 🍃

CUISINE MODERNE · CONVIVIAL ✕✕ Une vraie étape gourmande, dans le quartier de Porchefontaine. Faire le marché tous les deux jours, ne proposer que du fait-maison (à part le pain) et une large collection de vins : tel est le sacerdoce du chef, Alain Zinsmeister ! L'hiver, on mange au coin du feu et, l'été, sur la jolie terrasse à l'arrière...

Formule 30 € – Menu 38 € (dîner en semaine)/45 €

Plan : V-n – *125 r. Yves-Le-Coz* – ℰ *01 30 21 01 63* (réservation conseillée) – *www.arti-zins.fr* – *Fermé 2 semaines en août, sam. midi, dim. et lundi*

🍴 **La Tour** 🍃 🅰🅲

VIANDES · BISTRO ✕ Avis aux amateurs de viande ! Ici, on est expert en la matière : choix des morceaux, maturation, etc. Dans la salle, on a même accroché les plaques émaillées remportées par des éleveurs de bovins. Le cadre est celui d'un bistrot pur jus : tables serrées, comptoir... Ambiance conviviale.

Formule 25 € – Carte 31/69 €

Plan : Y-b – *6 r. Carnot* – ℰ *01 39 50 58 46* – *www.restaurant-yvelines.com*

🏨 **Trianon Palace** ⚜ 🐾 ≼ 🛏 📺 🌐 ⅃♨ ✕ 🗇 ⅃ 🅰🅲 🎱 🚗

GRAND LUXE · MODERNE Tout le monde, ou presque, a entendu parler de cet hôtel luxueux, à la lisière du parc du château. Avec ses très belles chambres, mariant avec aisance l'élégance du design contemporain et le classicisme du lieu, il n'usurpe pas sa réputation !

176 chambres – ♟229/1200 € ♟♟229/1200 € – 23 suites – ☲ 37 € – ½ P

Plan : X-r – *1 bd de la Reine* – ℰ *01 30 84 50 00* – *www.trianonpalace.com*

⌂ **Gordon Ramsay au Trianon** – voir les restaurants ci-dessus

🏨 **Pullman** ⚜ ⅃♨ 🗇 ⅃ 🅰🅲 🎱 🚗

HÔTEL DE CHAÎNE · DESIGN Protégé par son portail d'époque classé, cet hôtel élégant et design est un havre de paix : on profite à loisir de son ambiance feutrée, de ses chambres et suites très confortables (rénovées dans un esprit contemporain) ou encore de l'espace forme. Le meilleur point de chute au plus près du château.

152 chambres – ♟199/279 € ♟♟199/279 € – 5 suites – ☲ 26 €

Plan : Y-a – *2 bis av. de Paris* – ℰ *01 39 07 46 46* – *www.pullmanhotels.com*

🏠 Le Versailles

BUSINESS · PERSONNALISÉ À deux pas de l'aile du Nord du château, dans une petite rue tranquille, des chambres spacieuses et confortables, fonctionnelles et sans fioritures. Le garage est également un atout de choix à proximité immédiate de la place d'Armes.

45 chambres – †109/229 € ††109/229 € – ☑ 15 €

Plan : Y-p – 7 r. Ste-Anne – 𝒞 01 39 50 64 65 – www.hotel-le-versailles.fr

🏠 La Résidence du Berry

BUSINESS · CLASSIQUE Entre carrés St-Louis et potager du Roi, ce bel immeuble du 18ᵉ s. abrite des chambres intimes et décorées avec soin. Espace bar-billard cosy, petit patio.

38 chambres – †120/159 € ††130/319 € – ☑ 14 €

Plan : Z-s – 14 r. d'Anjou – 𝒞 01 39 49 07 07 – www.hotel-berry.com

🏠 Mercure Versailles Château

HÔTEL DE CHAÎNE · FONCTIONNEL Dans un quartier paisible du centre-ville, cet établissement a bénéficié d'une cure de jouvence. Lignes épurées et décor contemporain habillent les chambres, fonctionnelles.

60 chambres – †95/409 € ††95/409 € – ☑ 15 €

Plan : Y-n – 19 r. Ph.-de-Dangeau – 𝒞 01 39 50 44 10 – www.mercure.com/1909

au Chesnay – ✉ 78150 – 28 980 hab. – Alt. 120 m

🍴 L'Armoise

CUISINE MODERNE · DE QUARTIER ✗ Le jeune chef délivre une cuisine du marché rythmée par les saisons, mêlant subtilement les bons produits frais et les saveurs. Décor contemporain épuré, relevé de couleurs vives.

Formule 25 € – Menu 29 € (déj.) – Carte 50/65 €

Plan : U-k – 41 rte de Rueil – 𝒞 01 39 55 63 07 – www.restaurant-larmoise.fr
– Fermé août, sam. midi, dim. soir et lundi

VILLE-D'AVRAY

✉ 92410 (Hauts-de-Seine) – 11 027 hab. – Alt. 130 m – Carte régionale n° **20**-B2
▶ Paris 14 km – Antony 16 km – Boulogne-Billancourt 5 km – Neuilly-sur-Seine 10 km
Carte Michelin 311-J3 et 101-24

✽ Le Corot

CUISINE MODERNE · ÉLÉGANT ✗✗✗ Le jeune chef, excellent technicien, met un point d'honneur à inscrire pleinement sa cuisine dans l'époque : fraîcheur, légèreté et esthétisme distinguent ses assiettes. Joli moment de gastronomie en ces lieux qui préservent avec élégance le souvenir de Camille Corot, qui immortalisa les étangs voisins...

→ Ballottine de volaille, poêlée de champignons de nos forêts. Ris de veau doré au sautoir, pimprenelle, carottes confites aux noix et jus de veau. Crémeux pistache de Sicile, sorbet carotte-orange.

Menu 48 € (déj. en semaine), 95/130 € – Carte 95/105 €

Hôtel Les Étangs de Corot, 55 r. de Versailles – 𝒞 01 41 15 37 00 (réservation conseillée) – www.etangs-corot.com – Fermé 26 juil.-26 août, 4-14 janv., dim. soir, merc. midi, lundi et mardi

🍴 Le Café des Artistes

CUISINE MODERNE · BISTRO ✗ Gaspacho poivrons tomates et glace basilic, œuf parfait aux girolles et velouté de foie gras, échine de cochon confite au curry... Une cuisine contemporaine goûteuse et inspirée, réalisée avec de beaux produits, que l'on ira volontiers déguster en terrasse, en contemplant distraitement le charmant jardin. Bucolique !

Menu 35 € – Carte environ 45 €

Hôtel Les Étangs de Corot, 55 r. de Versailles – 𝒞 01 41 15 37 00
– www.etangs-corot.com

🏛 Les Étangs de Corot   🔉 🚗 🕙 🛁 ☐ 🔥 🗚 🛎 🚗

LUXE · PERSONNALISÉ Ce ravissant hameau bâti au bord des étangs de Ville-d'Avray inspira le peintre Camille Corot. Il abrite aujourd'hui un hôtel de charme (élégantes chambres au décor soigné) et ses différents restaurants. Le spa est divin... vinothérapie oblige. Un charme bucolique unique aux portes de la capitale !

41 chambres – †161/210 € ††161/210 € – 2 suites – ☐ 20 € – ½ P
55 r. de Versailles – ℰ 01 41 15 37 00 – www.etangs-corot.com
❀ **Le Corot** • ⑩ **Le Café des Artistes** – voir les restaurants ci-dessus

VINCENNES

✉ 94300 (Val-de-Marne) – 49 831 hab. – Alt. 51 m – Carte régionale n° **21**-C2
▶ Paris 7 km – Créteil 11 km – Lagny-sur-Marne 26 km – Meaux 47 km
Carte Michelin 312-D2 et 101-17

⊛ La Rigadelle   🔥 🗚

POISSONS ET FRUITS DE MER · TRADITIONNEL X Spécialité du lieu : le poisson, d'une grande fraîcheur (arrivages de Bretagne) et préparé dans les règles. Le chef fait tout lui-même et travaille comme un artisan (il s'investit aussi dans la formation des jeunes). Une adresse pleine de goût... et de mérite !

Formule 26 € – Menu 28/56 € – Carte 45/69 €
23 r. de Montreuil Ⓜ Château de Vincennes – ℰ 01 43 28 04 23 (réservation conseillée) – Fermé 14 août-6 sept., dim., lundi et mardi

🏛 St-Louis   ☐ 🔥 🗚 🍴 🛎

URBAIN · PERSONNALISÉ Au cœur de Vincennes, près du château cher à Saint Louis, un hôtel au charme bourgeois (meubles de style, tentures, etc.), parfait pour une clientèle soucieuse de calme et de confort, à deux pas de Paris (le métro est à 100 m).

25 chambres – †120/230 € ††140/290 € – ☐ 13 €
*2 bis r. Robert-Giraudineau Ⓜ Château de Vincennes – ℰ 01 43 74 16 78
– www.hotel-paris-saintlouis.com*

🏛 Daumesnil Vincennes   ☐ 🔥 🗚 🚗

TRADITIONNEL · PERSONNALISÉ Amoureuse de son établissement, la propriétaire a soigné le décor de chaque chambre, inspiré par la Provence, son charme et sa fraîcheur. Avis aux amateurs ! À noter : le parking, très utile à Vincennes. Accueil charmant.

49 chambres – †80/230 € ††90/250 € – ☐ 14 €
50 av. de Paris Ⓜ Bérault – ℰ 01 48 08 44 10 – www.hotel-daumesnil.com

VIRY-CHÂTILLON

✉ 91170 (Essonne) – 31 221 hab. – Alt. 34 m – Carte régionale n° **21**-C3
▶ Paris 26 km – Corbeil-Essonnes 15 km – Évry 8 km – Longjumeau 10 km
Carte Michelin 312-D3 et 101-36

⑩ Le Marcigny   🗚

CUISINE TRADITIONNELLE · FAMILIAL X La Bourgogne mise à l'honneur ! Ce petit restaurant à succès porte le nom du village dont est originaire l'épouse du chef. Plats traditionnels, pain maison et vins régionaux.

Menu 29 €
*27 r. Danielle-Casanova
– ℰ 01 69 44 04 09 – www.lemarcigny.fr
– Fermé dim. soir et lundi*

Viry-Châtillon

WISSOUS

✉ 91320 (Essonne) – 6 624 hab. – Alt. 80 m – Carte régionale n° **21**-C3
▶ Paris 22 km – Créteil 17 km – Évry 19 km – Nanterre 32 km
Carte Michelin 312-C3 et 101-25

🍽️ **La Grange aux Dîmes**   🏠 🅿️

CUISINE MODERNE · RUSTIQUE XX Vieilles pierres, cheminée monumentale, haute charpente en bois... Cette belle grange aux dîmes du 13ᵉ s. transporte dans l'Île-de-France d'hier ! Pour autant, la cuisine joue la carte de la gastronomie d'aujourd'hui, sous l'égide d'un chef venu de grandes maisons parisiennes. Saveurs flatteuses et accueil aimable.

Menu 36 € – Carte 58/81 €

*3 r. André-Dolimier – ℰ 01 69 81 70 08 – www.grangeauxdimes.com
– Fermé 1 semaine en fév., une semaine à Pâques, 3 semaines en août, sam., dim. et fériés*

PASSENANS – 39 (Jura) ➜ voir Poligny

PATRIMONIO – 2B (Haute-Corse) ➜ voir Corse

© P. Jacques/hemis.fr

ON AIME...

La convivialité et les assiettes gourmandes du **Café Anaïak**. La découverte de très bons vins aux **Papilles Insolites**. Un bon repas à la **Table d'Hôte**, très prisée des locaux. La qualité des produits de **Ze bistrot**...

PAU

✉ 64000 (Pyrénées-Atlantiques) – 78 506 hab. – Agglo. 197 157 hab. – Alt. 207 m
– Carte régionale n° **3**-B3
▶ Paris 773 km – Bayonne 112 km – Bordeaux 198 km – Toulouse 198 km
Carte Michelin 342-J5 – Guide Vert Michelin Aquitaine

Restaurants

🌐 Café Anaïak   🛖 AC ❌

RÉGIONALE · **CONVIVIAL** ✕ Voilà une adresse qui fleure bon l'esprit de famille ! Anaïak, c'est "frère" en basque : un nom tout trouvé pour ce bistrot tenu par les frères Ithurriague, du Fin Gourmet. Sur le mur, on aperçoit même une photo des parents. Ici, la cuisine honore le Sud-Ouest : poule au pot, confit de canard... Terrasse pour les beaux jours.
Menu 23 € (semaine) – Carte 31/45 €
Plan : EZ-a – *24 av. Gaston-Lacoste, (face à la gare) –* ☎ *05 59 27 47 71*
– www.restaurant-aufingourmet.com – Fermé 23 juil.-7 août, 1 semaine fin fév., dim., lundi et le soir

🍽 Au Fin Gourmet   🛖 AC ❌

CUISINE MODERNE · **CONVIVIAL** ✕✕✕ Au pied du funiculaire, voilà un endroit prisé des amoureux ! La verrière aux allures de jardin d'hiver offre un cadre romantique pour savourer une cuisine de... fin gourmet. Après quoi, vous pourrez vous rendre sur les hauteurs de la ville et admirer la chaîne des Pyrénées.
Menu 29 € (semaine), 40/78 € ▾ – Carte 52/61 €
Plan : EZ-v – *24 av. Gaston-Lacoste –* ☎ *05 59 27 47 71*
– www.restaurant-aufingourmet.com – Fermé 1 semaine fin fév.-début mars, 2 semaines fin juil.-début août, mardi midi, dim. soir et lundi

🍽 Villa Navarre   ≤ 🛏 🛖 ⅗ 🅿

CUISINE MODERNE · **ÉLÉGANT** ✕✕✕ La table est à l'image de l'hôtel Villa Navarre qui l'abrite : raffinée et chaleureuse. Derrière les fourneaux, le chef revisite la cuisine béarnaise en faisant la part belle aux produits du terroir. Belle vue sur le parc.
Menu 22 € (déj. en semaine), 38/95 € ▾ – Carte 56/66 €
Plan : BX-a – *Hôtel Villa Navarre, 59 av. Trespoey –* ☎ *05 59 14 65 65*
– www.villanavarre.fr

⫶○ **Le Jeu de Paume** ⪕ 🎍 ⅙ 🆈 🚗

CUISINE MODERNE · À LA MODE 🏠🏠🏠 Bois exotique et meubles design, ce restaurant d'hôtel joue la carte du chic et de l'élégance. La cuisine valorise les produits de saison et du terroir, tout en laissant s'exprimer une belle créativité : délicieuses Saint-Jacques, pavé de cabillaud skrei, soufflé chaud à la menthe... On se régale.

Formule 34 € – Menu 44/90 € – Carte 75/105 €

Plan : FZ-b – *Hôtel Parc Beaumont, 1 av. Edouard-VII* – ✆ *05 59 11 84 00*
– *www.hotel-parc-beaumont.com*

⫶○ **Marc Destrade** 🆈

CUISINE MODERNE · COSY 🏠🏠 Poussez la porte de cette ancienne ferme paloise, chic et confortable, et installez-vous devant la cheminée pour déguster une appétissante cuisine traditionnelle. Cassolette de ris d'agneau aux girolles, lotte aux légumes : les préparations sont fines et goûteuses, réalisées avec de bons produits frais.

🕸 Menu 17 € 🍷 (déj. en semaine)/35 € – Carte 35/49 €

Plan : EY-s – *30 r. Pasteur* – ✆ *05 59 27 62 60* – *www.restaurant-marc-destrade.fr*
– *Fermé août, dim. soir, mardi soir,merc. soir et lundi*

⫶○ **Ze bistrot** 🎍

CUISINE TRADITIONNELLE · CONVIVIAL 🏠 Brouillade aux truffes, carré d'agneau rosé, paris-brest... La cuisine du chef est comme son bistrot : sans chichis, simplement gourmande, juste et authentique. On l'accompagne de petits vins bien choisis, inscrits à l'ardoise. Ze bistrot est ze place to be !

Formule 18 € – Carte 38/49 €

Plan : DZ-a – *13 r. Henri-IV* – ✆ *05 59 27 44 44 (réservation conseillée)*
– *www.zebistrot.com* – *Fermé 2 semaines en janv., dim. et lundi*

⫶○ **Les Papilles Insolites** 🐝

CUISINE TRADITIONNELLE · BISTRO 🏠 Objets insolites et rétro, petites tables en bois : voilà un bistrot-cave atypique et raffiné ! Ici, on choisit sa bouteille directement sur l'étal. La courte carte du marché met à profit les terroirs et les petits producteurs français, et se révèle particulièrement appétissante ; belle sélection de vins naturels.

Menu 22 € (déj. en semaine) – Carte 38/48 €

Plan : EZ-z – *5 r. Alexander-Taylor* – ✆ *05 59 71 43 79 (réservation conseillée)*
– *www.lespapillesinsolites.blogspot.com* – *Fermé vacances de fév.,1 semaine en mai, août, dim., lundi et mardi*

⫶○ **La Table d'Hôte** 🎍

CUISINE MODERNE · CONVIVIAL 🏠 Dans une impasse du quartier du Hédas, une adresse connue des seuls initiés... Ou comment une ancienne tannerie du 17ᵉˢ. est devenue le repaire des gourmands ! Dans un cadre authentique – briques, poutres, galets –, on apprécie une cuisine dans l'air du temps et les produits frais qui vont avec.

Menu 25/33 €

Plan : EZ-k – *1 r. du Hédas* – ✆ *05 59 27 56 06* – *Fermé vacances de Noël, dim. et lundi*

Hôtels & maisons d'hôtes

🏨 **Parc Beaumont** 🌳 ⪕ 📺 📶 🔼 ⅙ 🆈 🧖 🚗

BUSINESS · MODERNE Ce bâtiment de style contemporain est proche du parc et du palais des congrès ; ses chambres sont confortables, élégantes et design. Un bel hôtel polyvalent où rien n'a été oublié pour la détente (piscine, jacuzzi, spa) et les affaires.

69 chambres – 🛏290/370 € 🛏🛏290/370 € – 11 suites – ⫴ 26 € – ½ P

Plan : FZ-b – *1 av. Edouard-VII* – ✆ *05 59 11 84 00*
– *www.hotel-parc-beaumont.com*

⫶○ **Le Jeu de Paume** – *voir les restaurants ci-dessus*

BILLÈRE

Baron Séguier (Av. du) . . . . **AX** 7
Château d'Este (Av. du) . . . **AX** 23
Claverie (R.) . . . . **AX** 24
Entrepreneurs (R. des) . . . . **AX** 57
Galas (R. de) . . . . **BV** 70
Golf (R. du) . . . . **AX** 81
J.J. Rousseau (R.) . . . . **AX** 145
Lalanne (Av.) . . . . **AVX** 91
Lavoir (R. du) . . . . **AX** 95
Lons (Av. de) . . . . **ABV** 100
Piedmont (R.) . . . . **AX** 129
Pilar (R.) . . . . **BV** 130
Plaine (R. de la) . . . . **AX** 132

BIZANOS

Albert 1er (Av.) . . . . **BCX** 2
Clemenceau (R. G.) . . . . . . **BX** 27
Foch (R. Maréchal) . . . . . . **BX** 64
Larribau (Chemin) . . . . **CX** 93
Pic du Midi (R. du) . . . . . . **CX** 127
République (Av. de la) . . . . **CX** 138

GELOS

Barthou (R. L.) . . . . **BX** 9
Gélos (Av. de) . . . . **BX** 80
Leclerc (Av. du Maréchal) . **BX** 96
Vallée Heureuse (Av. de la) **BX** 162

JURANÇON

Cambot (Av. G.) . . . . **AX** 17
Corps Franc Pommiès
(Av. du) . . . . **AX** 36
Espagne (Pont d'). . . . . . . **AX** 58
Gaulle (R. Ch.-de) . . . . **AX** 77
Ollé-Laprune . . . . **AX** 115

LESCAR

Carrérot (Av.) . . . . **AV** 19
Coustettes (Chemin des) . **AV** 42
Lacau (R.) . . . . **AV** 89
Santos-Dumont (Av.) . . . . **AV** 147
Vigné (Côte du) . . . . **AV** 168

LONS

Ampère (Av. André-Marie) **AV** 3
Ariste (R.) . . . . **AV** 6
Château (R. du) . . . . **AV** 22
Dassault (Av. Marcel) . . . . **AX** 45
Ecoles (R. des) . . . . **AV** 51
Église (R. de l') . . . . **AV** 53
Frères Farman (Bd des) . . **AV** 67
Frères Mongolfier (Av. des) **AX** 68
Mairie (R. de la) . . . . **AV** 103
Moulin (Av. du) . . . . **AV** 110
Pau (Av. de) . . . . **AV** 125
Souvenir
(R. du) . . . . **AV** 152

PAU

Bérard (Cours Léon) . . . . . **BV** 12

🏨 Villa Navarre 🏮🛁🍽️🛋️🎿🖥️📶♿️✂️🅿️

BUSINESS · PERSONNALISÉ Atmosphère délicieusement bourgeoise dans cette maison de maître de 1865 et son aile récente, nichées dans un parc de 2 ha. Les chambres sont vastes et lumineuses ; préférez celles dans le bâtiment le plus ancien. Les lecteurs apprécieront le salon-bibliothèque habillé de boiseries. Une belle parenthèse "made in Sud-Ouest".

26 chambres – 🛏179/219 € 🛏🛏229/329 € – 4 suites – 🍽 19 €

Plan : BX-a – *59 av. Trespoey* – 🕿 *05 59 14 65 65* – *www.villanavarre.fr*

🍽️○ **Villa Navarre** – voir les restaurants ci-dessus

🏨 La Palmeraie 🏮♿️🅰️✂️🅿️

BUSINESS · FONCTIONNEL Cette grande bâtisse blanche (1991), habillée de lierre, abrite des chambres confortables et spacieuses. Préférez les plus récentes. Plats traditionnels au restaurant. Idéal pour la clientèle d'affaires.

36 chambres – 🛏88/99 € 🛏🛏93/109 € – 🍽 15 € – ½ P

Plan : BV-f – *1 passage de l'Europe* – 🕿 *05 59 14 14 14* – *www.paupalmeraie.com*

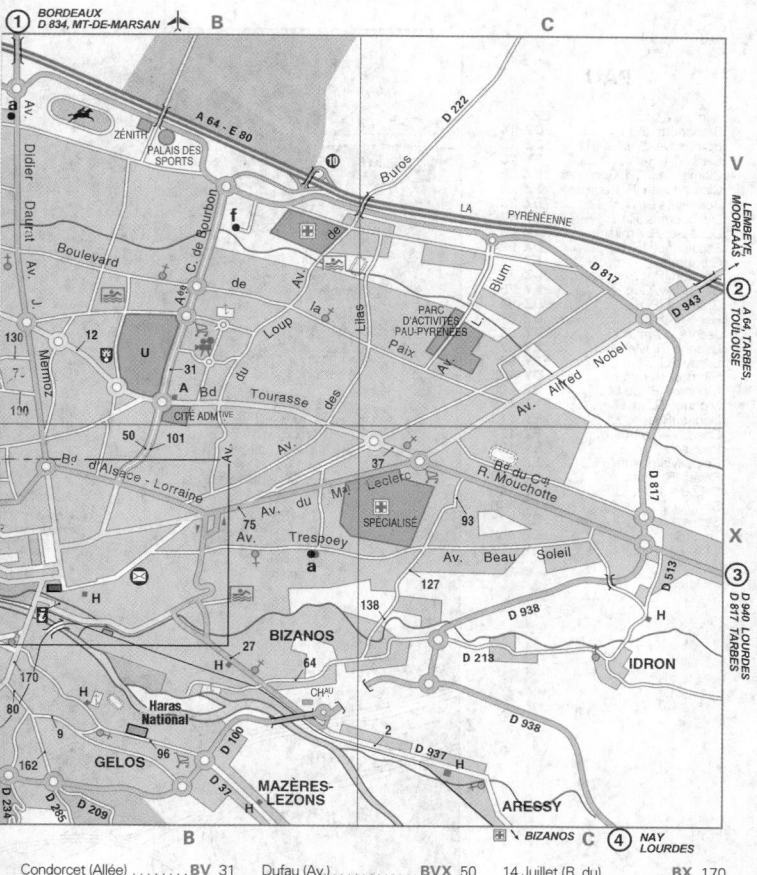

Condorcet (Allée) . . . . **BV** 31
Corps Franc Pommiès
  et du 49e R.I. (Bd) . . . . . **CX** 37
Dufau (Av.) . . . . **BVX** 50
Gaulle (Av. Gén.-de) . . . . . **BV** 75
Lyautey (Cours) . . . . **BVX** 101
14 Juillet (R. du) . . . . **BX** 170

🏨 Hôtel de Gramont   ⊟ ⚹

FAMILIAL · PERSONNALISÉ Ce relais de poste du 18ᵉ s. serait le plus vieil hôtel de la ville. Entre le château où naquit Henri IV et le musée Bernadotte, voilà une bonne adresse pour découvrir Pau ! Les chambres – bien insonorisées – sont toutes différentes, du classique au plus contemporain. Copieux buffet au petit-déjeuner.

30 chambres – 🛏78/122 € 🛏🛏90/150 € – 3 suites – ☑ 11 €

Plan : DZ-t – *3 pl. Gramont* – ℰ 05 59 27 84 04 – www.hotelgramont.com
– *Fermé 22 déc.-10 janv.*

🏨 Bristol   ⊟ A/C ⚹ P

VILLA · ACTUEL Ouvrez le portail en fer forgé et traversez la cour... Au cœur de Pau, cette belle bâtisse du 19ᵉ s. abrite des chambres spacieuses et lumineuses, certaines avec cheminée. Et sachez qu'au 4ᵉ étage, elles offrent une belle vue sur la ville ! En été, petit-déjeuner sur la terrasse.

21 chambres – 🛏55/99 € 🛏🛏87/110 € – ☑ 12 €

Plan : EZ-a – *3 r. Gambetta* – ℰ 05 59 27 72 98 – www.hotelbristol-pau.com

PAU

Barthou (R. Louis)	**EFZ**	
Bernadotte (R.)	**DZ**	14
Bordenave-d'Abère (R.)	**DZ**	15
Cassin (R. René)	**EY**	20
Clemenceau (Pl. Georges)	**EZ**	25
Clemenceau (R. Georges)	**FZ**	28
Cordeliers (R. des)	**EZ**	33
Despourrins (R.)	**EY**	47
Ducasse (R. Amiral)	**DY**	48
Espalungue (R. d')	**DZ**	59
Gambetta (R.)	**EZ**	72
Gassion (R.)	**DZ**	73
Gaulle (Av. Gén.-de)	**FY**	75
Gramont (Pl.)	**DZ**	84
Henri-IV (R.)	**DZ**	87
Jeanne-d'Arc (R.)	**DY**	88
Lalanne (R. Mathieu)	**EY**	92
Lespy (R.)	**EFY**	98
Mermoz (Av. Jean)	**DY**	105
Monnaie (Pl. de la)	**DZ**	106
Monnet (R. J.)	**EYZ**	108
Nogue (R.)	**EY**	113
Ossau (Av. d')	**EZ**	121
Palassou (R.)	**EY**	123
Reine-Marguerite (Pl.)	**EZ**	135
Réveil (R. Jean)	**EZ**	140
St-Louis (R.)	**EZ**	146
Say (Av. L.)	**EFZ**	149
Serviez (R.)	**EZ**	
Tran (R.)	**EZ**	158
218e-R.I. (R. du)	**DY**	172

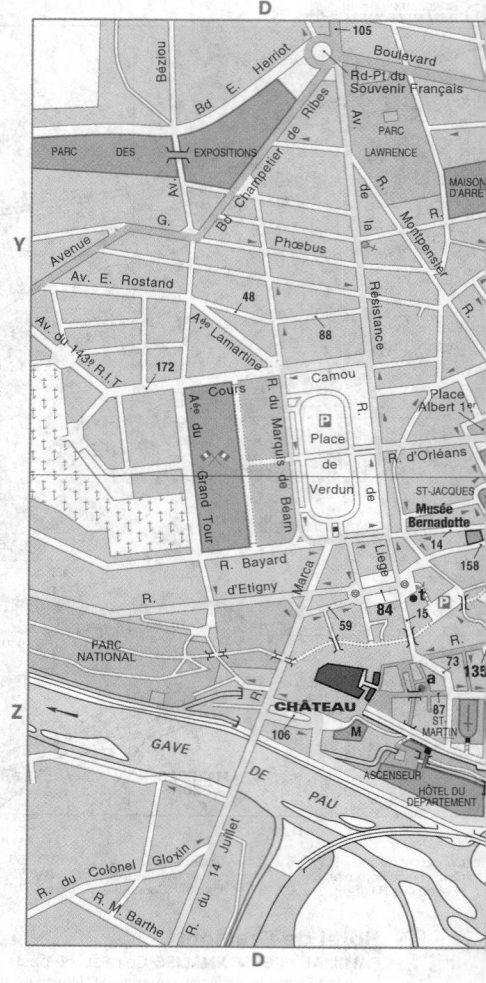

Amateurs de bons vins ? Le symbole 🍇 signale une belle carte des vins.

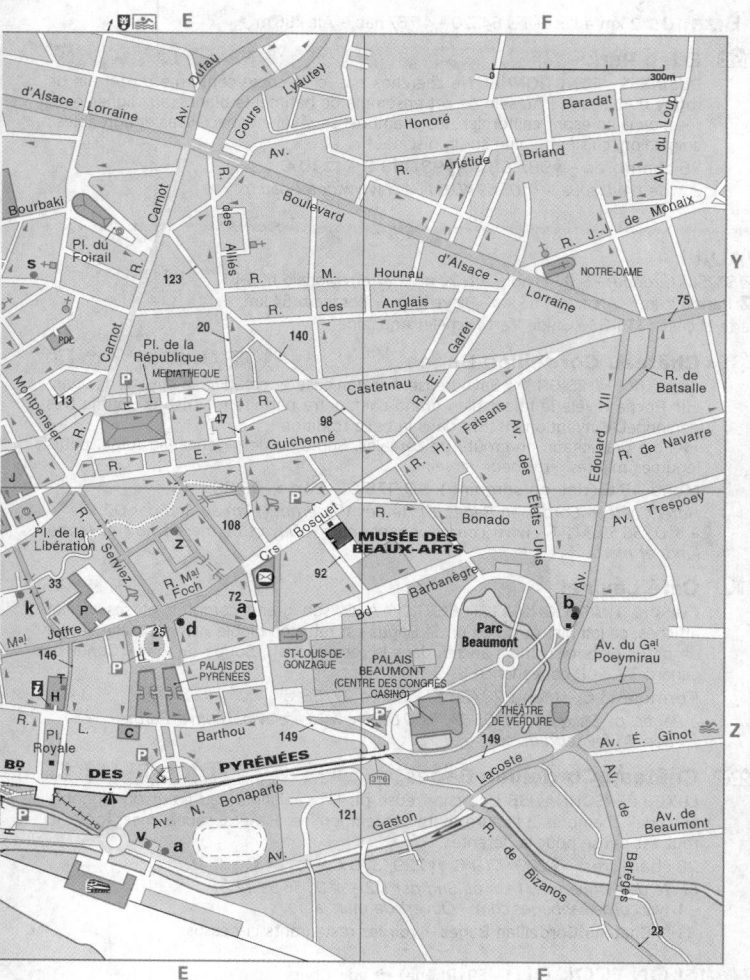

à Lons 2 km au Nord – ✉ 64140 – 12 068 hab. – Alt. 162 m

🏠 Le Fer à Cheval　　　　　　　　　　　🏕 🛏 🛎 🅿

BUSINESS · COSY Ce relais de poste vit avec son temps : les chambres marient baroque, classicisme et design avec simplicité, et sont bien insonorisées. L'été, on profite de la terrasse : glycine, tilleul, camélias... Cuisine actuelle au restaurant.

10 chambres – 🛏56/76 € – 🛏🛏66/86 € – ☕ 9 € – ½ P
Plan : BV-a – *1 av. des Martyrs-du-Pont-Long*
– 📞 *05 59 32 17 40 – www.hotel-leferacheval.com*
– *Fermé 19 déc.-4 janv.*

à Bizanos 2 km à l'Est – ⊠ 64320 – 4 767 hab. – Alt. 186 m

🏠 Eden Park   🎾 🕭 ♿ 🆔 🖧 🅿

BUSINESS · FONCTIONNEL Ne cherchez pas ici la copie conforme du terrain de rugby d'Auckland ! Au sein de cet ensemble de bâtiments blancs, aux lignes épurées, dans un esprit californien, les chambres se révèlent spacieuses et agréables : coin salon, cuisinette, vue sur la piscine...

26 chambres – †98/168 € ††98/168 € – � 10 €

2 r. de l'Aubisque – ℰ 05 59 40 64 64 – www.hotel-pau.fr

PAUILLAC

⊠ 33250 (Gironde) – 5 024 hab. – Alt. 20 m – Carte régionale n° **3**-B1

▶ Paris 625 km – Arcachon 113 km – Blaye 16 km – Bordeaux 54 km

Carte Michelin 335-G3 – Guide Vert Michelin Aquitaine

❀❀ Château Cordeillan Bages   🈂 ⏍ 🈺 🆔 🖧 ⇄ 🅿

CRÉATIVE · DESIGN 🗙🗙🗙 Savoureuse, harmonieuse et créative, la cuisine de Jean-Luc Rocha révèle le talent d'un grand chef, entre parfaite maîtrise et souffle très personnel. L'invention inscrite dans la belle tradition !

→ Foie gras chaud en croûte de céréales. Suprême de pigeonneau fumé, petits légumes mijotés. Fraîcheur verveine.

Menu 45 € (déj. en semaine), 90/175 € – Carte 105/185 €

Hôtel Château Cordeillan Bages, 61 rte des Vignerons, 1 km au Sud par D2 – ℰ 05 56 59 24 24 – www.cordeillanbages.com – Ouvert de mars à nov. et fermé lundi et mardi

🍴 Café Lavinal   🈺 🆔 ⇄

CUISINE TRADITIONNELLE · BISTRO 🗙 Avec son grand comptoir et ses vieilles affiches, ce joli bistrot du cœur de Bages est rétro en diable... On s'installe autour de petits plats bistrotiers ancrés dans le terroir local... Soupe du jour ? Confit de canard ? À vot' convenance !

Formule 13 € – Menu 28/38 € – Carte 27/58 €

à Bages, pl. Desquet – ℰ 05 57 75 00 09 – www.cafelavinal.com – Fermé 23 déc.-1er fév. et dim. soir

🏠 Château Cordeillan Bages   🎾 🛁 ⏍ 🎾 🕭 🔲 ♿ 🆔 🅿

LUXE · PERSONNALISÉ Une chartreuse du 17e s. alanguie au cœur du vignoble, avec des chambres à l'épure toute contemporaine. Fitness, sauna, massages : ici tout est pensé pour la détente...

28 chambres – †229/379 € ††229/379 € – ⊒ 24 € – ½ P

61 rte des Vignerons, 1 km au Sud par D2 – ℰ 05 56 59 24 24 – www.cordeillanbages.com – Ouvert de mars à nov.

   ❀❀ **Château Cordeillan Bages** – voir les restaurants ci-dessus

PAVILLON (COL DU) – 69 (Rhône) → voir Cours

PÉGOMAS

⊠ 06580 (Alpes-Maritimes) – 7 285 hab. – Alt. 18 m – Carte régionale n° **42**-E2

▶ Paris 896 km – Cannes 12 km – Draguignan 59 km – Grasse 9 km

Carte Michelin 341-C6

🏠 Hôtel du Bosquet   🛁 ⏍ 🎾 🗙 🆔 🖧 🅿

FAMILIAL · FONCTIONNEL On est au calme dans cet hôtel simple, fonctionnel et très bien tenu. À l'intérieur, le décor est moderne ; dans le parc, oliviers et lauriers roses entourent la piscine et contribuent largement au sentiment de détente. Un bon plan aux prix sages.

22 chambres – †70/80 € ††75/85 € – ⊒ 8 €

chemin des Périssols, rte de Mouans-Sartoux – ℰ 04 92 60 21 20 – www.hoteldubosquet.com – Fermé 15 janv.-1er fév.

PEILLON

06440 (Alpes-Maritimes) – 1 439 hab. – Alt. 200 m – Carte régionale n° **42**-E2
Paris 947 km – Contes 14 km – L'Escarène 14 km – Menton 38 km
Carte Michelin 341-F5 – Guide Vert Michelin Côte d'Azur

❘|○ Auberge de la Madone   ⇐ 🚗 🛋 🅿

PROVENÇALE · MÉDITERRANÉEN ✗✗ Cette auberge de tradition semble vivre en symbiose avec l'arrière-pays de Nice... En terrasse, la vue sur le village perché de Peillon est exquise, et les assiettes cultivent le goût du répertoire niçois et des beaux produits locaux. Le plat "phare" met l'eau à la bouche : agneau rôti au four en deux cuissons...

Formule 25 € – Menu 40/70 € – Carte 56/80 €

3 pl. Auguste-Arnulf – ℰ 04 93 79 91 17 – www.auberge-madone-peillon.com – Fermé 1ᵉʳ-12 fév., 22 fév.-18 mars, 7 nov.-2 déc. et merc. d'oct. à avril

🏠 Auberge de la Madone   🕏 🦮 ⇐ 🚗 ✗ 🅰 🅿

AUBERGE · PERSONNALISÉ Peillon, village médiéval perché sur son rocher de l'arrière-pays niçois, est délicieux, et, à ses pieds, cette auberge de caractère semble l'admirer ! Dans les chambres, tomettes anciennes et murs colorés expriment l'esprit de la Provence ; au jardin, les odeurs du Sud, les cigales, le calme...

15 chambres – ♦85/205 € ♦♦100/230 € – 2 suites – ☲ 15 € – ½ P

3 pl. Auguste-Arnulf – ℰ 04 93 79 91 17 – www.auberge-madone-peillon.com – Fermé 1ᵉʳ-12 fév., 22 fév.-18 mars, 7 nov.-2 déc. et merc. d'oct. à avril

❘|○ **Auberge de la Madone** – voir les restaurants ci-dessus

PEISEY-NANCROIX

73210 (Savoie) – 652 hab. – Alt. 1 320 m – Carte régionale n° **45**-D2
Paris 635 km – Albertville 55 km – Bourg-St-Maurice 13 km
Carte Michelin 333-N4 – Guide Vert Michelin Alpes du Nord

à Plan-Peisey 4 km à l'Est – 73210

🏠 La Vanoise   🕏 🦮 ⇐ 🔟 🔳 🛗 🔳 ✗ 🅿

FAMILIAL · PERSONNALISÉ Au bord des pistes, à l'écart des habitations, ce grand chalet alpin offre une jolie vue sur le dôme de Bellecôte... Sachez que les chambres au sud disposent d'un balcon, parfait pour prendre le soleil entre deux descentes à ski. Restauration traditionnelle (formule rapide au déjeuner).

30 chambres ☲ – ♦85/120 € ♦♦110/150 € – ½ P

Peisey-Vallandry – ℰ 04 79 07 92 19 – www.hotel-la-vanoise.com – Ouvert 1ᵉʳ juil.-31 août et 16 déc.-26 avril

PENHORS – 29 (Finistère) ➜ voir Pouldreuzic

PENNEDEPIE – 14 (Calvados) ➜ voir Honfleur

PENVINS – 56 (Morbihan) ➜ voir Sarzeau

PERI – 2A (Corse-du-Sud) ➜ voir Corse

PÉRIGNAT-LÈS-SARLIÈVE – 63 (Puy-de-Dôme) ➜ voir Clermont-Ferrand

PÉRIGUEUX

24000 (Dordogne) – 29 906 hab. – Alt. 86 m – Carte régionale n° **4**-C1
Paris 482 km – Agen 138 km – Bordeaux 128 km – Limoges 96 km
Carte Michelin 329-F4 – Guide Vert Michelin Périgord Quercy

PÉRIGUEUX

Abreuvoir (R. de l') .... CY 2
Amphithéâtre (R. de l') .... AZ 3
Arènes (Bd des) .... AZ 6
Aubergerie (R.) .... BZ 9
Barbecane (R.) .... CY 12
Barbusse (Av. Henri) .... AY 13
Bride (R. de la) .... BZ 15
Bugeaud (Pl.) .... BZ
Calvaire (R. du) .... BZ 16
Cavaignac (Av.) .... AZ 18
Cité (R. de la) .... ABZ 23
Clarté (R. de la) .... BZ 24
Clautre (Pl. de la) .... BZ 26
Clos-Chassaing .... BY 27
Coderc (Pl. du) .... BYZ 28
Condé (R.) .... BZ 29
Constitution (R. de la) ... CY 30
Daumesnil (Av. et Pl.) ... BCZ 32
Daumesnil (Galerie) ..... BYZ 31
Durand (Rd-Pt Charles) .. AZ 34
Eguillerie (R.) .... BY 35
Fénelon (Cours) .... BZ
Goudeau (Pl. Émile) ..... CY 36
Hôtel de Ville (Pl. de l') .. BZ 37
Lammary (R.) .... BY 38
Limogeanne (R.) .... BY
Maurois (Pl. André) ..... BY 39
Miséricorde (R. de la) ... BY 40
Mobiles-de-Coulmiers (R.) . AY 41
Montaigne (Bd M.) ...... BYZ
Montaigne
  (Cours et Pl. M.) ..... BYZ
Notre-Dame (R.) .... CY 42
Port-de-Graule (R. du) ... CYZ 44
Port (Allée du) .... AY 43
Président-Wilson (R. du) .. AY
République (R. de la) .... BYZ 45
Sagesse (R. de la) .... BY 46
Ste-Marthe (R.) .... CZ 50
St-Pierre-ès-Liens (R.) ... ABZ 47
St-Roch (R.) .... BZ 48
St-Silain (Pl.) .... BY 49
Sully (R.) .... BZ 53
Taillefer (R.) .... BZ
Talleyrand-Périgord (R.) .. CZ 54
Théâtre (Espl. du) .... BY 55
Turenne (R. de) .... AZ 60
15e-Régt-de-Tirailleurs-Algériens
  (R. du) .... AZ 61
50e-Régt-d'Infanterie
  (Av. du) .... AZ 62

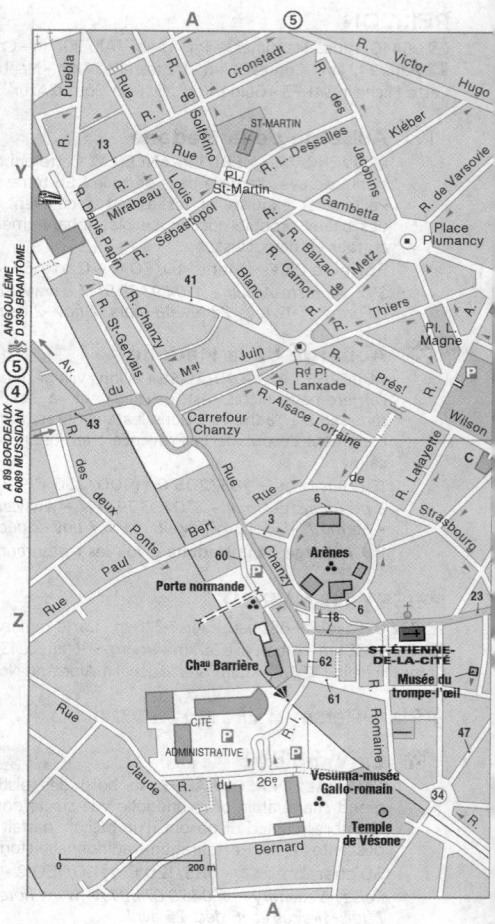

🕸 **L'Essentiel** (Eric Vidal) 🎐 AC 🔄

CUISINE MODERNE · CONVIVIAL XX Inutile de se perdre en conjectures, mieux vaut aller à L'Essentiel ! Dans ce restaurant familial voisin de la cathédrale, le produit est roi... et le chef son brillant serviteur. C'est donc une explosion de saveurs, rehaussée par une belle sélection de vins au verre. Et un service attentionné, par-dessus le marché !

→ Huîtres en gelée de légumes, tourteau et langoustine. Pigeon rôti en croûte de dragées à la goûte de sang et sauce aux épices douces. Feuille croustillante de pistache, fraises, crème légère basilic et gingembre.

Formule 29 € – Menu 43/98 € – Carte 63/86 €

Plan : BZ-n – 8 r. de la Clarté
– 📞 05 53 35 15 15 (réservation conseillée) – www.restaurant-perigueux.com
– Fermé vacances de printemps, 1er-14 juil., dim. et lundi

1474

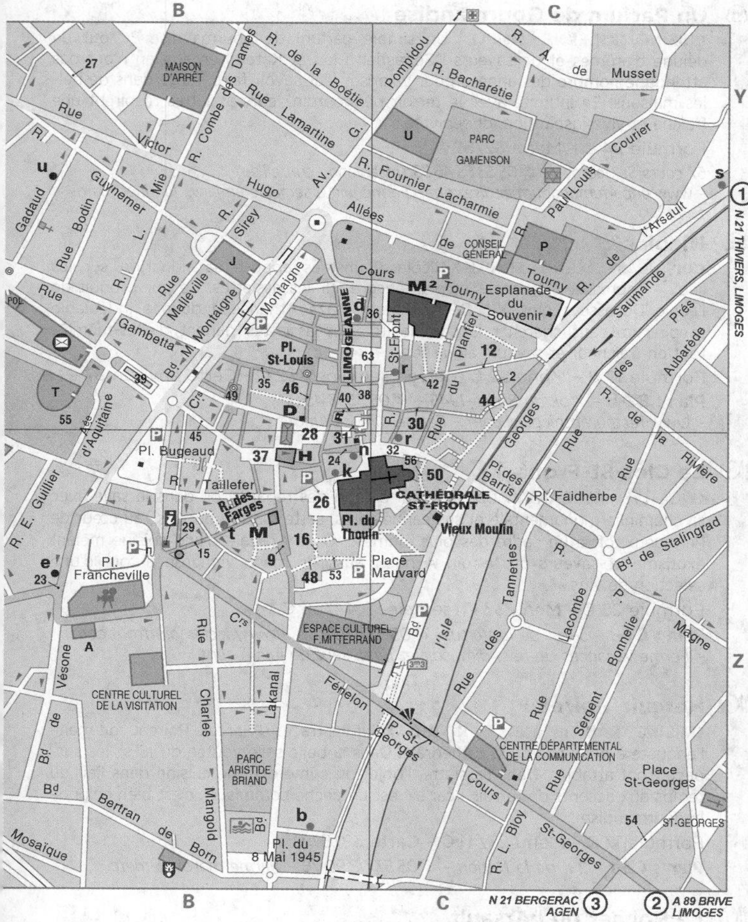

Le Grain de Sel

CUISINE MODERNE · TRADITIONNEL ✕✕ Après St-Émilion, le chef a décidé de mettre son Grain de Sel dans la vieille ville de Périgueux ! Au menu : une cuisine du marché gourmande, spontanée et vibrante de saveurs, où les produits de la mer sont à l'honneur. Pour une addition tout sauf salée...

Formule 25 € – Menu 32/70 € – Carte 50/73 €

Plan : BZ-t – 7 r. des Farges – ℰ 05 53 53 45 22 – Fermé 26 juin-17 juil., 21 déc.-6 janv., dim. et lundi

Il fait beau ? Repérez le symbole 🍸 et attablez-vous en terrasse...

🙂 Un Parfum de Gourmandise

CUISINE MODERNE · SIMPLE ✗ Un simple parfum de gourmandise ? Tout un déluge d'arômes et de saveurs ! Sébastien Riou et Katell Kergadallan n'ont pas attendu le nombre des années pour valoriser leur savoir-faire, forgé dans de belles maisons. En intimité avec le terroir périgourdin, leurs assiettes respirent une fraîche et vive inspiration, qui enivre...

Formule 24 € – Menu 32/52 €

67 cours St-Georges – 𝒞 *05 53 53 46 33 (réservation conseillée)*
– www.unparfumdegourmandise.com – Fermé juin, 1 semaine en janv., lundi et mardi

🙂 Nicolas L

CUISINE MODERNE · SIMPLE ✗ Nicolas Lamstaes appose sa signature sur les lieux – sobres et élégants – et plus encore sur les assiettes. Ce pur produit de l'école Ducasse (Louis XV, Rech, Benoit, Plaza Athénée...) dévoile indéniable savoir-faire sans chercher la complexité : les assiettes parlent d'elles-mêmes, tout en fraîcheur et saveurs aiguisées.

Formule 19 € – Menu 22 € (déj. en semaine)/32 € – Carte environ 37 €

Plan : BZ-b *– 7 pl. du 8-mai-1945 –* 𝒞 *05 53 13 45 02*
– www.restaurantnicolasl.com – Fermé dim. et lundi

🍴 Le Clos St-Front

CRÉATIVE · ÉLÉGANT ✗✗ Dans la cour à l'abri des regards, ou dans la salle avec sa cheminée monumentale et ses candélabres, cette maison du 16ᵉs., au cœur de Périgueux, offre un cadre des plus intimes... On s'y régale d'une cuisine mêlant exotisme et saveurs du terroir. À noter aussi, le menu vigneron autour d'une sélection de vins.

Formule 28 € – Menu 33 € (semaine), 44/66 € 🍷

Plan : CY-r *– 5-7 r. de la Vertu –* 𝒞 *05 53 46 78 58 – www.leclossaintfront.com*
– Fermé vacances de fév., dim. soir et lundi sauf de juin à sept.

🍴 Hercule Poireau

CUISINE TRADITIONNELLE · INTIME ✗✗ Sur les traces d'Hercule Poireau, on mène l'enquête à deux pas de la cathédrale. Dans la belle salle voûtée du 16ᵉs., les suspects sont attablés. Dans l'assiette, l'objet du crime est une cuisine dans l'air du temps aux accents du terroir... car s'il est un péché commis ici, c'est bien celui de la gourmandise !

Formule 17 € – Menu 27/41 € – Carte 38/57 €

Plan : CZ-r *– 2 r. de la Nation –* 𝒞 *05 53 08 90 76 – Fermé mardi et merc.*

🍴 Le Rocher de l'Arsault

CUISINE MODERNE · FAMILIAL ✗✗ Quelles couleurs préférez-vous : blanc et vert ou rouge et noir ? Votre préférence déterminera le choix de la salle, à moins que vous ne vous installiez dans la mezzanine... Au menu : une bonne cuisine de saison.

Formule 17 € – Menu 21 € (déj. en semaine), 35/50 € – Carte 35/53 €

Plan : CY-s *– 15 r. L'Arsault –* 𝒞 *05 53 53 54 06 – www.rocher-arsault.com*
– Fermé dim. soir et lundi

🍴 La Taula

CUISINE TRADITIONNELLE · RUSTIQUE ✗✗ À la Taula (prononcez "taola"), table en patois, les gourmands se régalent d'une bonne cuisine familiale. Parmi les spécialités : pâtés, terrines et cous farcis maison... Voilà une adresse authentique où l'on ne badine pas avec les traditions !

Formule 19 € 🍷 – Menu 32/39 € – Carte 42/52 €

Plan : BZ-k *– 3 r. Denfert-Rochereau –* 𝒞 *05 53 35 40 02*
– www.restaurantlataula.com – Fermé 7-13 mars, 4-10 juil. et lundi midi

ⅠO L'Épicurien

CUISINE MODERNE · RUSTIQUE ✕ Tout le charme d'une vieille maison croquigno-lette, au cœur de Périgueux, pour une cuisine assurément épicurienne, signée par un tout jeune chef, Gilles Labbé de son nom. Du travail dans les assiettes, une jolie inspiration légumière, des cuissons précises... ou comment allier finesse et gourmandise.

Formule 20 € – Menu 35 € – Carte 48/74 €

Plan : BY-d – 1 r. du Conseil – ℰ 05 53 09 88 04 – www.lepicurien-restaurant.fr
– Fermé dim. soir, mardi soir et merc.

🏠 Mercure

BUSINESS · FONCTIONNEL Cet hôtel à la façade – en pierre de taille – classée bénéficie d'une situation idéale, près d'un jardin et d'un multiplex. Agréables chambres contemporaines.

65 chambres – ♦60/147 € ♦♦72/159 € – ⌷ 16 €

Plan : BZ-e – 7 pl. Francheville – ℰ 05 53 06 65 00 – www.mercure.com

🏠 Bristol

BUSINESS · CLASSIQUE Les Anglais, nombreux à s'être installés dans la région, apprécieront la référence à l'une des villes de leur pays ! D'autant que cet hôtel familial est idéalement situé pour visiter la vieille ville. Les chambres, parfaitement tenues, sont bien insonorisées. Une bonne adresse.

29 chambres – ♦71/90 € ♦♦71/100 € – ⌷ 10 €

Plan : BY-u – 37 r. A.-Gadaud – ℰ 05 53 08 75 90 – www.bristolfrance.com
– Fermé 16 déc.-1er janv.

à Antonne-et-Trigonant 11 km à l'Est par N21 – ⌧ 24420 – Alt. 106 m

🏠 Le Mas des Bories

TRADITIONNEL · ÉLÉGANT À 10 km de Périgueux en direction de Limoges, cet ancien mas tout en pierre a joui d'une belle rénovation : entre esprit campagne, notes rétro et confort contemporain, l'ensemble se révèle cosy... Et l'on cultive des joies simples au petit-déjeuner et au restaurant, sous l'égide de la patronne passionnée de cuisine.

11 chambres – ♦70/160 € ♦♦70/160 € – ⌷ 12 €

51 rte de Limoges – ℰ 05 53 02 23 52 – www.masdesbories-dordogne.fr – Fermé 1 semaine en fév. et 2 semaines en déc.

à Chancelade 5,5 km à l'Ouest par D710 et D1 – ⌧ 24650 – 4 275 hab. – Alt. 88 m

✿ L'Oison

CRÉATIVE · ÉLÉGANT ✕✕✕ Au sein du Château des Reynats, le décor est évidem-ment aristocratique, et l'assiette ne manque pas de noblesse : si le chef fait mon-tre d'une fort belle technique (jus et cuissons sont remarquables), celle-ci s'efface pour laisser transparaître la finesse, l'invention... et le plaisir. Une cuisine qui a du style et de l'âme !

➜ Cromesquis de jarret et de pied de cochon, cèpes du Périgord et crème gla-cée à la moutarde de Brive. Carré d'agneau du Quercy et anchois façon rollmops. Chocolat, framboises et zeste de citron vert, sorbet fruits exotiques.

Menu 99 € – Carte environ 95 €

Hôtel Château des Reynats, 15 av. des Reynats – ℰ 05 53 03 53 59
– www.chateau-hotel-perigord.com – Fermé 2 janv.-2 fév., dim., lundi et le midi

✿ La Verrière

CUISINE TRADITIONNELLE · À LA MODE ✕ Le versant bistrot du Château des Reynats, moins raffiné que sa table gastronomique – L'Oison – et néanmoins très gourmand. Fondées sur des produits sélectionnés avec choix, dans la droite ligne de la tradition, les assiettes se révèlent savoureuses et légères. Le savoir-faire de l'établissement n'est plus à prouver...

⬩ Menu 19 € (déj. en semaine), 26/40 € – Carte environ 31 €

Hôtel Château des Reynats, 15 av. des Reynats – ℰ 05 53 03 53 59
– www.chateau-hotel-perigord.com – Fermé dim. soir de nov. à mars

🏠 Château des Reynats ⚘ 🍴 🎿 ✕ 🖥 ♨ **P**

CHÂTEAU · PERSONNALISÉ Fruit d'un 19e s. éclectique et imitateur, ce château néo-Renaissance associe fenêtres à meneaux et tours élégantes... Le confort des lieux est authentique, mais sachez que les chambres ont beaucoup moins de cachet dans l'Orangerie.

50 chambres – ♦70/210 € ♦♦70/210 € – 5 suites – ♨14 €
15 av. des Reynats – ✆ 05 53 03 53 59 – *www.chateau-hotel-perigord.com*
❀ **L'Oison** • ♨ **La Verrière** – voir les restaurants ci-dessus

à Champcevinel 5 km au Nord par av. G. Pompidou (Plan : CY) – ✉ 24750
– 2 782 hab. – Alt. 210 m

❀ La Table du Pouyaud (Gilles Gourvat) ⚘ ⇆ **P**

CUISINE MODERNE · ÉLÉGANT ✕✕ Sur les hauteurs de Périgueux, une ferme joliment rénovée dont le chef honore les classiques. Au fil du repas, on le suit dans ses pérégrinations gourmandes ; il réalise une partition maîtrisée, dont les notes modernes et subtiles réveillent la belle tradition. Le tout à des prix proprement imbattables !
➜ Rémoulade de tourteau, émulsion au fenouil. Pigeon fumé et rôti a la broche, millefeuille de pommes de terre aux cèpes. Puits d'amour aux abricots et crème chiboust au lait d'amande.

Menu 28 € (déj. en semaine), 34/74 € – Carte 55/75 €
rte de Paris, D 8 – ✆ 05 53 09 53 32 – *www.table-pouyaud.fr* – *Fermé dim. soir et lundi*

à Annesse-et-Beaulieu 15 km à l'Ouest par D3, rte de Périgueux – ✉ 24430
– 1 488 hab. – Alt. 95 m

🏠 Château de Lalande ⚘ ♨ 🍴 🎿 ♿ 🅰 ✕ ♨ **P**

CHÂTEAU · ÉLÉGANT À 12 km de Périgueux, dans un écrin de verdure, cette noble demeure du 18e s. a conservé son cachet d'antan. On s'y repose dans des chambres empreintes de classicisme : mobilier de style, parquet, tentures, etc. L'été, on profite de la belle piscine. Beaucoup de charme et de personnalité en ces lieux...

17 chambres – ♦115/229 € ♦♦115/229 € – 2 suites – ♨15 € – ½ P
57 rte de St-Astier – ✆ 05 53 54 52 30 – *www.chateau-lalande-perigord.com*
– *Fermé 14 fév.-3 mars*

PERNAND-VERGELESSES – 21 (Côte-d'Or) ➜ voir Beaune

PERNAY

✉ 37230 (Indre-et-Loire) – 1 132 hab. – Alt. 76 m – Carte régionale n° **11**-B2
▶ Paris 256 km – Joué-lès-Tours 26 km – Orléans 132 km – Tours 21 km
Carte Michelin 317-L4

🏠 Domaine de l'Hérissaudière ♨ 🍴 🎿 ✕ ♿ 🅰 ✕ **P**

CHÂTEAU · PERSONNALISÉ Maison de maître bâtie en 1640, blottie dans un parc aux essences rares. Mobilier d'époque et chambres aux noms gouleyants (Vouvray, Chinon...). Bon petit-déjeuner maison.

5 chambres ♨ – ♦130/150 € ♦♦130/200 €
3 km au Nord-Est par D48 – ✆ 06 03 22 34 45 – *www.herissaudiere.com*
– *Ouvert de mi-mars à mi-nov.*

LA PERNELLE

✉ 50630 (Manche) – 246 hab. – Alt. 86 m – Carte régionale n° **32**-A1
▶ Paris 348 km – Caen 115 km – St-Lô 71 km
Carte Michelin 303-E2

⫶○ Le Panoramique ⟨ 🏠 & ♻ **P**

CUISINE TRADITIONNELLE · CONVIVIAL XX À côté de l'église du village, sur une colline surplombant la mer et l'île de Tatihou, un restaurant tenu par la même famille depuis... 1966. À l'origine bar, puis crêperie, c'est désormais un agréable restaurant gastronomique, où la cuisine met joliment en avant le terroir normand, au rythme des saisons !

Formule 17 € – Menu 23 € (semaine), 34/44 € – Carte 26/49 €
– ℰ 02 33 54 13 79 – www.le-panoramique.fr – *Fermé 2 semaines en oct., 3 semaines en janv. et lundi sauf fériés*

PERNES-LES-FONTAINES

✉ 84210 (Vaucluse) – 10 429 hab. – Alt. 75 m – Carte régionale n° **42**-E1
🚹 Paris 685 km – Apt 43 km – Avignon 23 km – Carpentras 6 km
Carte Michelin 332-D10 – Guide Vert Michelin Provence

⫶○ Au Fil du Temps 🏠 🗚🗚

CRÉATIVE · BISTRO X Sur la place du monument aux morts, en face de la vieille église – transformée en centre culturel –, cette ancienne épicerie est devenue un charmant petit restaurant. Dans une ambiance légèrement vintage, on déguste des plats créatifs, réalisés avec de bons produits provençaux.

Formule 26 € – Menu 40 €
51 pl. Louis-Giraud, (face au centre culturel) – ℰ 04 90 30 09 48 (réservation conseillée) – www.aufildutemps84.blogspot.fr – Fermé 2 semaines en fév. et en nov., mardi midi, dim. soir et lundi

au Nord-Est 4 km par D1 et rte secondaire – ✉ 84210 Pernes-les-Fontaines :

⫶○ Mas de la Bonoty ⟨ ⑤ 🛏 🏠 ⌸ **P**

CUISINE MODERNE · RUSTIQUE XX Une jolie bergerie du 17ᵉ s., en pleine campagne. Lové près de la cheminée, on est séduit par le charme rustique de la salle autant que par la cuisine locale, concoctée avec de beaux produits de saison. Chambres de style provençal et jolie piscine extérieure... Le charme de la ruralité !

Formule 19 € – Menu 34 €
4 chambres ⌷ – ♦74/99 € ♦♦74/99 €
chemin de la Bonoty – ℰ 04 90 61 61 09 – www.bonoty.com – Fermé mardi sauf le soir d'avril à oct., merc. midi et dim. soir de nov. à mars, jeudi midi d'avril à oct. et lundi

PÉRONNAS – 01 (Ain) ➜ voir Bourg-en-Bresse

PÉRONNE

✉ 80200 (Somme) – 7 737 hab. – Alt. 52 m – Carte régionale n° **37**-C1
🚹 Paris 141 km – Amiens 58 km – Arras 48 km – Doullens 54 km
Carte Michelin 301-K8

🏠 Le St-Claude ✕ ⊡ & ℅ 🔖

TRADITIONNEL · FONCTIONNEL Cet ancien relais de poste de la fin du 19ᵉ s. se trouve sur une grande place commerçante. Les chambres sont plutôt spacieuses, bien tenues et confortables. Au restaurant, on propose une carte traditionnelle. Parfait pour faire étape.

40 chambres – ♦65/78 € ♦♦86/112 € – ⌷ 11 € – ½ P
42 pl. du Cdt-L.-Daudré – ℰ 03 22 79 49 49 – www.hotelsaintclaude.com

PÉROUGES

✉ 01800 (Ain) – 1 209 hab. – Alt. 290 m – Carte régionale n° **44**-B1
🚹 Paris 460 km – Bourg-en-Bresse 39 km – Lyon 37 km – Villefranche-sur-Saône 58 km
Carte Michelin 328-E5 – Guide Vert Michelin Lyon et sa région

‖○ Hostellerie du Vieux Pérouges ⌲ 🅿

CUISINE TRADITIONNELLE · RUSTIQUE ✕✕ Avis aux amoureux du Moyen Âge : le décor, patiné par les siècles, comme le service, assuré en costume, vous séduiront ! Au menu, toutes les spécialités de la Bresse, de la Dombes et du Bugey (morilles, écrevisses, volailles...), sans oublier la galette "pérougienne" au beurre et aux zestes d'agrumes, une recette familiale.

Menu 39/67 € – Carte 47/84 €

pl. du Tilleul – ℰ 04 74 61 00 88 – www.hostelleriedeperouges.com

🏠 Hostellerie du Vieux Pérouges ☂ ⬙ ⌲ ⚔ 🚗

HISTORIQUE · GRAND STYLE Au cœur de ce charmant village médiéval, plusieurs admirables bâtisses évidemment... moyenâgeuses, réparties dans toute la cité. Lits à baldaquin, poutres et tomettes y côtoient le meilleur confort moderne. Préférez les chambres du Manoir et du Saint-Georges.

28 chambres – †98/147 € ††136/257 € – ☖17 € – ½ P

pl. du Tilleul – ℰ 04 74 61 00 88 – www.hostelleriedeperouges.com

‖○ **Hostellerie du Vieux Pérouges** – voir les restaurants ci-dessus

PERPIGNAN

✉ 66000 (Pyrénées-Orientales) – 120 489 hab. – Agglo. 192 268 hab. – Alt. 60 m
– Carte régionale n° **22**-B3
🚩 Paris 848 km – Andorra-la-Vella 170 km – Béziers 94 km – Montpellier 156 km
Carte Michelin 344-I6

✿ La Galinette (Christophe Comes) ⅏ 🅰

CRÉATIVE · DESIGN ✕✕ Pour composer de jolis menus uniques, Christophe Comes dispose de deux armes de choix : son talent, bien sûr, mais aussi son amour des beaux produits. Le poisson est issu de la pêche locale, et les légumes viennent du potager (3 ha !) entretenu avec soin par son père. Résultat ? Une cuisine franche, fine et fraîche !

→ Collection de nos tomates anciennes. Cabillaud de ligne, jeunes courgettes et basilic. Prunes reines-claudes rôties, spéculos et crème vanille.

Menu 23 € (déj. en semaine)/48 € – Carte 70/80 €

Plan : BY-e – *23 r. Jean-Payra – ℰ 04 68 35 00 90 (réservation conseillée) – www.restaurant-galinette.com – Fermé juil., 22 déc.-5 janv., dim. et lundi*

☺ Le Garriane 🅰

CUISINE MODERNE · SIMPLE ✕ "Garriane" pour Garry et Ariane... L'originalité est ici de mise ! Aux fourneaux, Garry, venu d'Australie, concocte une cuisine de saison ouverte sur le monde, dans laquelle le produit est roi. Midi et soir, dégustation autour d'un menu unique. Surtout, n'oubliez pas de réserver : la salle est toute petite...

Menu 26 € (déj.), 31/40 € – menu unique

Plan : AZ-a – *15 r. Valette – ℰ 04 68 67 07 44 (réservation conseillée) – Fermé merc. midi, sam. midi, dim., lundi et mardi*

‖○ La Passerelle 🏡 🅰 ⇔

POISSONS ET FRUITS DE MER · FAMILIAL ✕✕ En bord de rivière, une table sympathique et raffinée... qui rajeunit avec l'arrivée d'un jeune couple en octobre 2014. Au décor marin répond une cuisine de produits de la mer rehaussée de touches contemporaines : noix de Saint-Jacques marinées au poivre timut, crème Dubarry à l'œuf mollet et à la poudre de wasabi...

Menu 22 € (déj.), 32/53 € – Carte 52/64 €

Plan : BY-z – *1 cours Palmarole – ℰ 04 68 51 30 65 – Fermé 1 semaine en mai, 15-21 août, 19 déc.-1ᵉʳ janv., lundi midi et dim.*

⊗ Les Antiquaires

CUISINE TRADITIONNELLE · CLASSIQUE XX Dans les ruelles du vieux Perpignan, ce petit restaurant porte bien son nom. Objets chinés, bibelots et... convivialité autour d'une cuisine traditionnelle et régionale. Pour ne rien gâcher, les petits prix sont de la partie : de quoi se faire plaisir sans se ruiner !

Menu 25/45 € – Carte 34/56 €

Plan : BZ-u – *pl. Desprès, (r. Michel-Torrent)* – *𝒞 04 68 34 06 58* – *www.lesantiquairesperpignan.fr.gd* – *Fermé 24 juin-16 juil.,13-24 janv., dim. soir et lundi*

⊗ La Rencontre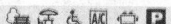

CUISINE MODERNE · SIMPLE XX Partez à la rencontre de ce tout jeune chef, qui a ici créé sa première affaire après un passage au sein de bonnes maisons du Sud-Ouest. Colorée et soignée, sa cuisine est une découverte qui mérite... au moins un deuxième rendez-vous ! Le petit plus : une alléchante carte de crus régionaux, dont une trentaine de vins doux...

Formule 18 € – Menu 42/55 € – Carte 53/61 €

Plan : BY-b – *16 r. des Cardeurs* – *𝒞 04 68 34 42 73* – *www.restaurant-larencontre.fr* – *Fermé 13 juin-4 juil., 31 oct.-7 nov., 1er-15 janv., dim. et lundi*

⊗ Villa Duflot 🅝

CUISINE MODERNE · ÉLÉGANT XX Un "mélomane des saveurs catalanes" : voici comment se décrit le chef expérimenté qui tient les fourneaux de la Villa Duflot ! Il compose une cuisine gourmande, régulièrement repensée au gré des saisons : croustillant de pied de porc aux morilles, dos de cabillaud grillé et son riz cantonais...

Menu 25 € (semaine)/33 € – Carte 39/55 €

Hôtel Villa Duflot, rd-pt Albert-Donnezan, 3 km au Sud – *𝒞 04 68 56 67 67* – *www.villa-duflot.com*

⊗ La Cuisine des Sentiments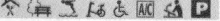

CUISINE MODERNE · SIMPLE X Madame, en cuisine, taquine la tradition en faisant la part belle aux producteurs locaux. Tendresse, passion ou câlin : choisissez votre menu selon vos humeurs ! Le rapport qualité-prix est excellent et le bouche-à-oreille fonctionne à plein : n'oubliez pas de réserver.

Formule 10 € – Menu 26/35 € – Carte 34/40 €

Plan : AZ-b – *9 av. Julien-Panchot* – *𝒞 04 68 54 16 86 (réservation conseillée)* – *www.la-cuisine-des-sentiments.com* – *Fermé sam. midi, merc. midi et mardi*

🏠 Villa Duflot

FAMILIAL · ART DÉCO Certes, cette villa se trouve en bordure d'une zone commerciale, mais le très beau parc arboré, la piscine, la déco contemporaine et les grandes chambres de style Art déco nous le font bien vite oublier ! L'hôtel le plus confortable de la ville.

27 chambres – ♦130/210 € ♦♦170/250 € – 3 suites – ⌑ 15 € – ½ P

rd-pt Albert-Donnezan, 3 km au Sud – *𝒞 04 68 56 67 67* – *www.villa-duflot.com*

⊗ **Villa Duflot** – voir les restaurants ci-dessus

🏠 Comfort & Quality Hotel Centre del Mon

BUSINESS · DESIGN Pour Dalí, la gare de Perpignan était le centre du monde... Reste à savoir ce qu'il aurait pensé de cet hôtel concept, véritable patchwork de verre à la déco design, tout en noir et blanc. Très tendance, très confortable.

101 chambres – ♦70/120 € ♦♦70/120 € – ⌑ 8 €

Plan : AZ-y – *35 bd St-Assiscle* – *𝒞 04 11 64 71 00* – *www.hotels-centredelmon.com*

PERPIGNAN

Alsace-Lorraine (R.) . . . . . **BY** 2
Anciens-Combattants-
d'Indochine (Pl. des) . . **BY** 3
Ange (R. de l') . . . . **BZ** 4
Arago (Pl.) . . . . **BZ** 5
Argenterie (R. de l') . . . . . **BY** 6
Barre (R. de la) . . . . **BY** 7
Bartissol (R. E.) . . . . **BY** 8
Batllo (Quai F.) . . . . **BY** 9
Castillet (R. du) . . . . **BY** 21
Clemenceau (Bd G.) . . . . **BY**
Cloche d'Or (R. de la) . . **BYZ** 22
Côte des Carmes (R.) . . . . **CZ** 23
Fabriques d'En Nabot
(R. des) . . . . **BY** 24
Fabriques d'En Nadal
(R. des) . . . . **BY** 25
Fontaine-Neuve (R.) . . . . **CZ** 26
Fontfroide (R.) . . . . **BY** 27
Gambetta (Pl.) . . . . **BY** 28
Grande la Monnaie (R.) . . **BZ** 31
Lattre-de-Tassigny
(Quai de) . . . . **BZ** 32
Loge (R. et Pl. de la) . . . . **BY** 33
Louis-Blanc (R.) . . . . . . **ABY** 34
Marchands (R. des) . . . . . **BY** 35
Mermoz (Av. J.) . . . . **CZ** 36
Mirabeau (R.) . . . . **BY** 37
Payra (R. J.) . . . . **BY** 38
Péri (Pl. Gabriel) . . . . **BZ** 39
Petite la Monnaie (R.) . . . **BZ** 40
Porte d'Assaut (R.) . . . . . **BZ** 41
Porte de Canet (R.) . . . . **CZ** 42
Remparts la Réal (R. des) **BZ** 43
République (Pl. de la) . . . **BZ** 44
Résistance (Pl. de la) . . . **BY** 45
Révolution Française
(R. de la) . . . . **CY** 46
Rigaud (Pl.) . . . . **BZ** 47
Sadi-Carnot (Quai) . . . . . **BY** 50
St-Jean (R.) . . . . **BY** 52
Théâtre (R. du) . . . . **BZ** 55
Trois-Journées (R. des) . . **BY** 58
Vauban (Quai) . . . . **BY** 60
Verdun (Pl. de) . . . . **BY** 64
Victoire (Pl. de la) . . . . . **BY** 67
Vielledent (R. J.) . . . . . . **CZ** 69
Waldeck-Rousseau (R.) . **CZ** 72

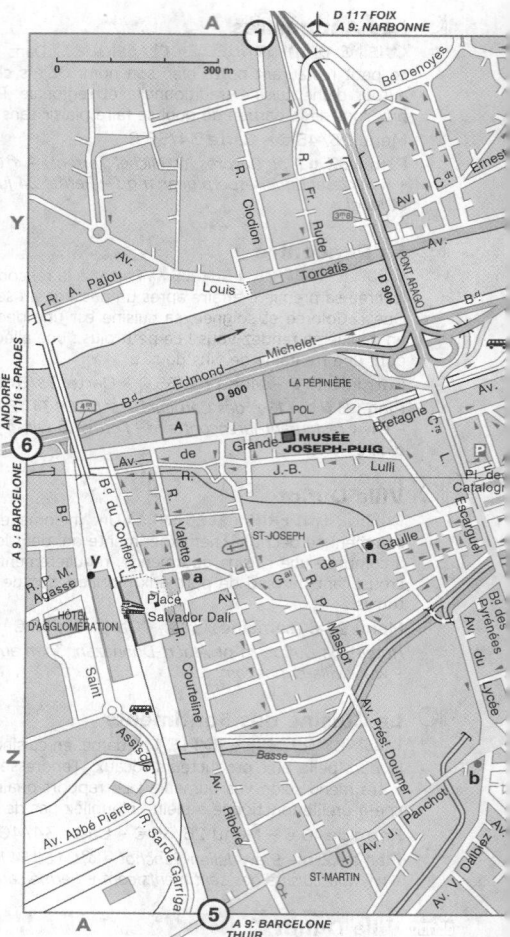

🏨 Suite Novotel 🔼 ♿ AC

HÔTEL DE CHAÎNE · ACTUEL Voilà le genre d'hôtel qui plaît aussi bien à la clientèle d'affaires qu'aux touristes de passage amateurs de déco très contemporaine. Les chambres sont spacieuses – 30 m² –, avec un vrai coin salon. Aux beaux jours, on prend le petit-déjeuner en terrasse.

50 chambres – ♥95/200 € ♥♥95/200 € – ☐ 15 €

Plan : BY-d – *34 av. du Gén.-Leclerc (Espace Méditerranée)* – ✆ 04 68 92 72 72 – *www.accor.com*

🏨 La Fauceille ♨ ⚏ 🛗 🔼 ♿ AC 🧖 P

BUSINESS · MODERNE Situé près d'une rocade et d'une zone d'activité, cet hôtel contemporain se révèle très fonctionnel. Petit patio et mini-piscine.

35 chambres – ♥113/270 € ♥♥113/270 € – 3 suites – ☐ 15 € – ½ P

860 chemin de la Fauceille, 4 km au Sud – ✆ 04 68 21 09 10 – *www.lafauceille.com*

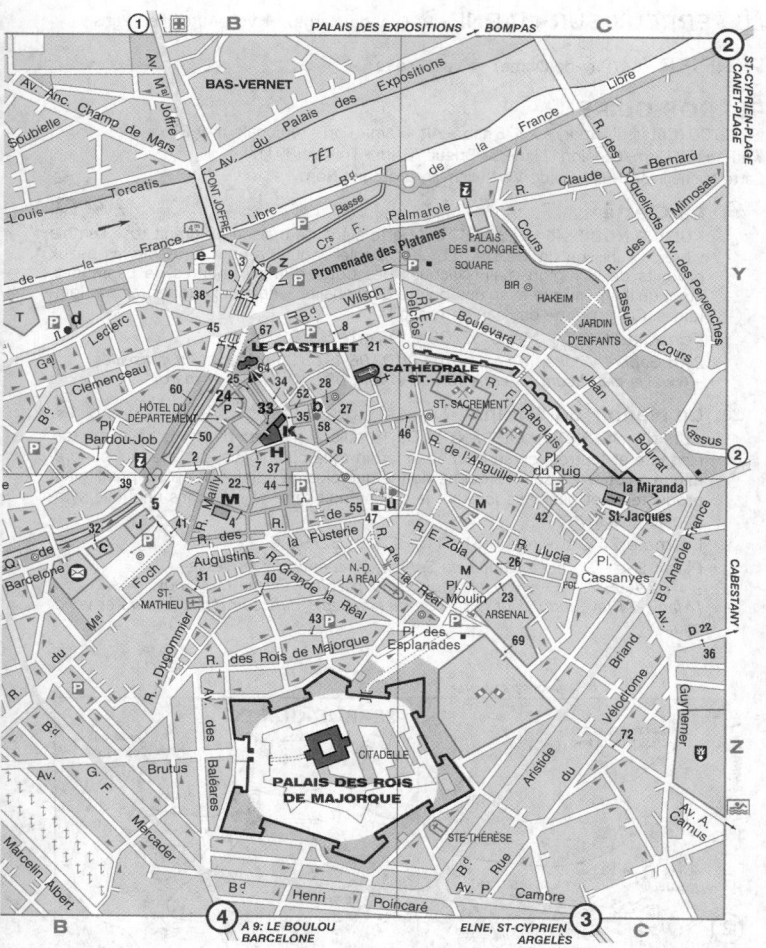

🏠 **Nyx** Ⓝ

⬆ ⚙ AC ⚗

BUSINESS · FONCTIONNEL Judicieusement situé entre le centre-ville et la gare, ce petit hôtel familial et décoré avec soin a été entièrement rénové en 2014. Chambres irréprochables, certaines avec terrasse et balcon.

17 chambres – ♦59/99 € ♦♦69/135 € – ☲ 10 €

Plan : AZ-n – *62 bis av. du Gén.-de-Gaulle –* ☏ *04 68 34 87 48 – www.nyxhotel.fr*

à Cabestany 5 km à l'Est par D22ᶜ – ⊠ 66330 – 9 399 hab. – Alt. 35 m

🏠 **Les Deux Mas**

⚘ ⚙ AC ⚗ 🚗

BUSINESS · FONCTIONNEL Dans un environnement industriel et commercial, cet hôtel propose des chambres fonctionnelles pour un court séjour. Le sympathique patio (au calme !) s'impose aux beaux jours.

32 chambres – ♦72/185 € ♦♦72/185 € – 1 suite – ☲ 10 € – ½ P

1 r. Madeleine Brès – ☏ *04 68 50 08 08 – www.les2mas.com*

LE PERREUX-SUR-MARNE – 94 (Val-de-Marne) ➜ voir Autour de Paris

PERRIER – 63 (Puy-de-Dôme) ➜ voir Issoire

PERROS-GUIREC

✉ 22700 (Côtes-d'Armor) – 7 376 hab. – Alt. 60 m – Carte régionale n° **9**-B1
🚍 Paris 527 km – Lannion 12 km – St-Brieuc 76 km – Tréguier 19 km
Carte Michelin 309-B2 – Guide Vert Michelin Bretagne Nord

La Clarté

CUISINE MODERNE • ÉLÉGANT XXX Cette élégante maison en granit rose semble vibrer à l'unisson de la côte... Le chef, Daniel Jaguin, a pour boussole les beaux produits de la région (Saint-Jacques des Côtes-d'Armor, huîtres de Lanmodez, etc.), qu'il agrémente avec une pointe d'originalité – notes exotiques, épices lointaines. Clair comme de l'eau de roche !

Formule 26 € 🍷 – Menu 32/60 € – Carte 53/88 €

24 r. Gabriel-Vicaire, (à La Clarté) – ✆ *02 96 49 05 96 (réservation conseillée)*
– www.la-clarte.com – Fermé 16 déc.-4 fév., dim. soir, lundi et mardi

Le Manoir du Sphinx

CUISINE MODERNE • ÉLÉGANT XX De la salle à manger de cette belle maison, élégante et feutrée, on surplombe le jardin et la côte rocheuse. Une vue panoramique à couper le souffle, qui ne donne que plus de relief à des plats privilégiant producteurs et pêcheurs locaux ; la cuisine unit terre et mer dans une jolie symphonie gustative.

Formule 24 € 🍷 – Menu 31/51 € – Carte 52/90 €

Plan : B-e – *Hôtel Le Manoir du Sphinx, 67 chemin de la Messe*
– ✆ 02 96 23 25 42 – www.lemanoirdusphinx.com – Fermé 13-30 nov.,
17 janv.-24 fév., lundi sauf le soir de mars à sept., dim. soir d'oct. à mars et vend.
midi

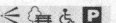

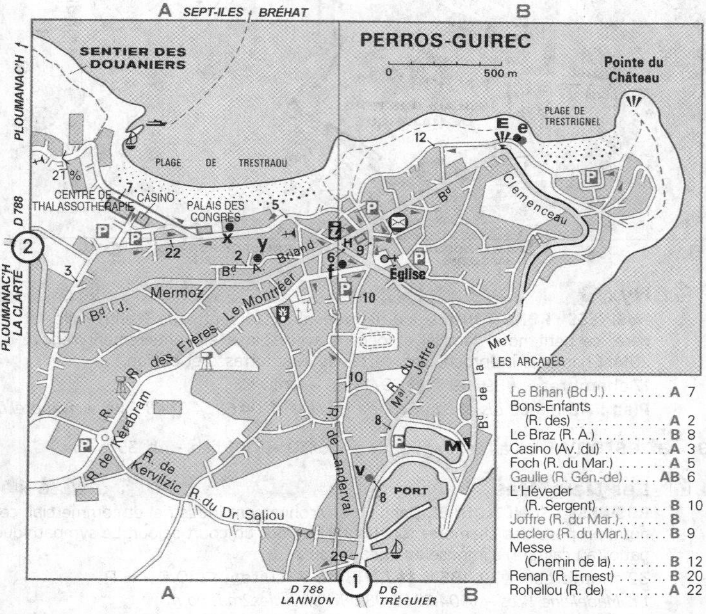

Le Bihan (Bd J.) . . . . **A** 7
Bons-Enfants
(R. des) . . . . **A** 2
Le Braz (R. A.) . . . . **B** 8
Casino (Av. du) . . . . **A** 3
Foch (R. du Mar.) . . . . . . **A** 5
Gaulle (R. Gén.-de) . . . . **AB** 6
L'Héveder
(R. Sergent) . . . . **B** 10
Joffre (R. du Mar.) . . . . . . **B**
Leclerc (R. du Mar.) . . . . . **B** 9
Messe
(Chemin de la) . . . . . . **B** 12
Renan (R. Ernest) . . . . . . **B** 20
Rohellou (R. de) . . . . **A** 22

❌ Au Bon Accueil

CUISINE TRADITIONNELLE · À LA MODE ✕✕ Les amateurs de gréements se réjouiront de l'emplacement de ce restaurant, installé directement devant le port. La marée est à l'honneur, comme il se doit : dos de cabillaud au tartare d'andouille, soupe de poisson maison... que l'on déguste en regardant partir les équipages, en murmurant : un jour, peut-être !

Formule 16 € – Menu 20 € (semaine), 30/47 € – Carte 29/56 €

Plan : B-v – *11 r. de Landerval* – ✆ *02 96 23 24 11* – *www.au-bon-accueil.com* – *Fermé dim. soir et lundi sauf juil.-août*

L'Agapa

LUXE · DESIGN Une impression de luxe zen se dégage de cet hôtel tout de verre, granit et acier. Offrant pour la plupart une magnifique vue sur la mer, les chambres, modernes, au design épuré, invitent à la détente ; un confort que l'on retrouve au spa.

45 chambres – ♦99/470 € ♦♦99/470 € – 1 suite – ☑ 25 € – ½ P

Plan : A-y – *12 r. des Bons-Enfants* – ✆ *02 96 49 01 10* – *www.lagapa.com* – *Fermé 13-25 déc.*

Le Manoir du Sphinx

TRADITIONNEL · CLASSIQUE Cette ravissante villa 1900 surplombant la mer n'a rien d'une énigme... Ses chambres, décorées dans un style classique plutôt cosy, contemplent à loisir la magnifique baie et les îles ; son charmant jardin dégringole jusqu'à la mer.

19 chambres – ♦96/116 € ♦♦96/200 € – ☑ 12 € – ½ P

Plan : B-e – ✆ *02 96 23 25 42* – *www.lemanoirdusphinx.com* – *Fermé 13-30 nov. et 17 janv.-24 fév.*

 Le Manoir du Sphinx – voir les restaurants ci-dessus

Ker Mor

FAMILIAL · ACTUEL Ces deux charmantes villas de 1905, typiques de la station, dominent la plage du Trestraou. Les chambres, sobres et épurées, sont parfaitement équipées ; de certaines d'entre elles, on contemple l'archipel des Sept-Îles, au large.

29 chambres – ♦68/182 € ♦♦68/182 € – ☑ 11 € – ½ P

Plan : A-x – *38 r. du Mar.-Foch, (plage de Trestraou)* – ✆ *02 96 23 14 19* – *www.hotel-ker-mor.com* – *Fermé 20 déc.-12 fév.*

Hermitage

FAMILIAL · SIMPLE Une grande bâtisse d'esprit balnéaire, au cœur d'un jardin arboré en centre-ville. Les chambres, qui jouent la carte de la fraîcheur et de la simplicité, se révèlent agréables. Et les nombreux habitués apprécient l'ambiance familiale des lieux...

16 chambres – ♦56/65 € ♦♦62/78 € – ☑ 9 € – ½ P

Plan : B-f – *20 r. Frères-Le-Montréer* – ✆ *02 96 23 21 22* – *www.hotelhermitage-22.com* – *Ouvert 27 mars-1ᵉʳ nov.*

à Ploumanach 6 km à l'Ouest par D788 – ✉ 22700 Perros Guirec

❌ La Table de mon Père

CUISINE MODERNE · À LA MODE ✕✕ Profiter, sur la plage de St-Guirec, des dernières lueurs du couchant, bien au chaud dans une salle design, en dégustant un menu dédié à un produit de saison (Saint-Jacques, homard, etc.)... Une cuisine au goût du jour, présentée avec soin, où l'on sent du sérieux et de l'application.

Menu 44/65 €

Hôtel Castel Beau Site, plage de St-Guirec – ✆ *02 96 91 40 87* – *www.castelbeausite.com* – *Fermé le midi*

ⅈO Restaurant des Rochers ≤ 🏠 ⅇ

POISSONS ET FRUITS DE MER · CONVIVIAL XX Cadre chaleureux, baies vitrées offrant une vue imprenable sur le port, boiseries aux murs et lambris au plafond : cet intérieur rappelle furieusement celui... d'un bateau ! La cuisine, au goût du jour, est aussi dans cet esprit : elle privilégie les produits de la mer, agrémentés de quelques notes créatives.

🍽 Formule 16 € – Menu 20 € (déj. en semaine), 28/58 € – Carte 36/80 €
Hôtel des Rochers, 70 chemin de la Pointe, (au port de Ploumanach)
– 𝒞 02 96 46 50 08 – www.hotel-desrochers-perros.com
– Fermé 13 nov.-8 déc., 3 janv.-11 fév. et lundi

🏠 Castel Beau Site 🏠 🐾 ≤ 🖥 ⅇ 🅿

TRADITIONNEL · DESIGN Cette grande bâtisse en granit rose des années 1930 a presque les pieds dans l'eau ! À l'intérieur, un décor très design et réussi : couleurs tranchées, toiles contemporaines, douches à l'italienne, etc. Pour découvrir le Trégor autrement...

32 chambres – 🛏119/449 € 🛏🛏119/449 € – 🖵 19 € – ½ P
plage de St-Guirec – 𝒞 02 96 91 40 87 – www.castelbeausite.com
ⅈO **La Table de mon Père** – voir les restaurants ci-dessus

🏠 Hôtel du Parc 🏠 🅿

TRADITIONNEL · FONCTIONNEL Au centre du village, non loin de la plage et de ses célèbres rochers, cette maison propose des chambres bien agencées et fonctionnelles. Une sympathique étape sur cette côte de granit rose.

10 chambres 🖵 – 🛏77/92 € 🛏🛏86/113 € – ½ P
174 pl. St-Guirec – 𝒞 02 96 91 40 80 – www.hotel-duparc-perros.com
– Fermé 1er janv.-5 fév.

🏠 Hôtel des Rochers 🏠 ≤ ⅇ 🍽

TRADITIONNEL · COSY Face au joli petit port de Ploumanach, cette maison cultive un bel esprit... marin. Les chambres, actuelles et cosy, sont bien insonorisées et affichent clairement la couleur : du bleu et du blanc. Le plus ? Deux junior suites dans l'esprit d'une cabine de yacht !

16 chambres – 🛏65/220 € 🛏🛏65/220 € – 🖵 12 € – ½ P
70 chemin de la Pointe, (au port de Ploumanach) – 𝒞 02 96 91 67 54
– www.hotel-desrochers-perros.com – Fermé 3 janv.-11 fév.
ⅈO **Restaurant des Rochers** – voir les restaurants ci-dessus

PERTUIS

✉ 84120 (Vaucluse) – 19 141 hab. – Alt. 246 m – Carte régionale n° **40**-B2
▶ Paris 747 km – Aix-en-Provence 23 km – Apt 36 km – Avignon 76 km
Carte Michelin 332-G11 – Guide Vert Michelin Provence

🏠 Sévan Parc Hôtel 🏠 ≤ 🛏 ⊐ 🍽 🖥 AC 🏊 🅿

BUSINESS · MODERNE Au pied du Luberon, dans un parc fleuri, cet hôtel profite d'un environnement calme et verdoyant. Chambres ensoleillées d'inspiration provençale. Cuisine régionale à L'Olivier (agréable salle contemporaine). À La Paillote, ambiance décontractée, cuisine traditionnelle et terrasse au bord de la piscine.

41 chambres – 🛏95/210 € 🛏🛏95/210 € – 🖵 13 € – ½ P
1862 rte de la Bastidonne, 1,5 km à l'Est – 𝒞 04 90 79 19 30
– www.sevanparchotel.com

🏠 Château Grand Callamand 🐾 🛏 ⊐ 🍽 🅿

FAMILIAL · PERSONNALISÉ Superbe bastide du 16e s. posée au cœur d'un domaine viticole. Accueil charmant, quiétude, piscine, terrasse face à la montagne Ste-Victoire et déco de bon goût dans les chambres.

3 chambres 🖵 – 🛏170/200 € 🛏🛏170/200 €
rte de la Loubière, 2 km par r. Léon-Arnoux – 𝒞 04 90 09 61 00
– www.chateaugrandcallamand.com

PETIT-ATTICHES – 59 (Nord) → voir Attiches

PETITE-HETTANGE – 57 (Moselle) → voir Malling

LA PETITE-PIERRE

✉ 67290 (Bas-Rhin) – 629 hab. – Alt. 340 m – Carte régionale n° **1**-A1
▶ Paris 433 km – Haguenau 41 km – Sarreguemines 48 km – Sarre-Union 24 km
Carte Michelin 315-H3

⍥○ **Au Lion d'Or**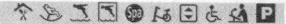

CUISINE TRADITIONNELLE · À LA MODE XX Le credo de l'hôtel, "être en communion avec la forêt", s'applique également au restaurant, avec sa décoration élégante, ses boiseries et sa vue panoramique sur la vallée. Au menu, de bonnes recettes régionales, très "nature".
Formule 12 € – Menu 39/65 € – Carte 28/66 €
Hôtel Au Lion d'Or, 15 r. Principale – ℰ 03 88 01 47 57 – www.liondor.com
– Fermé 2-15 mars

🏨 **La Clairière**

SPA ET BEAUTÉ · FONCTIONNEL Lové au cœur de la forêt, cet hôtel moderne est dédié au bien-être : spa de 1 200 m², piscine ouverte sur la terrasse en teck, salles de séminaire avec possibilité d'épreuves sportives... et chambres spacieuses. Cuisine saine et vins bio au restaurant.
49 chambres ☲ – ♦145/225 € ♦♦210/310 €
– ℰ 03 88 71 75 00 – www.la-clairiere.com
– Fermé 4-23 janv.

🏨 **Au Lion d'Or**

FAMILIAL · MODERNE Parfaite adresse pour se ressourcer ! En pleine nature, cet établissement dispose d'un centre d'arbrothérapie (traduire : utiliser la forêt pour se sentir mieux). Les chambres "arbro" justement, actuelles et épurées, sont bien plaisantes.
38 chambres – ♦58/152 € ♦♦80/254 € – ☲ 15 € – ½ P
15 r. Principale – ℰ 03 88 01 47 57 – www.liondor.com
– Fermé 2-15 mars
⍥○ **Au Lion d'Or** – voir les restaurants ci-dessus

à Grauftthal 11 km au Sud-Ouest par D178 et D122 – ✉ 67320

⊛ **Au Cheval Blanc**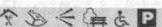

CUISINE TRADITIONNELLE · AUBERGE XX Une sympathique auberge, chaleureuse et familiale, nichée au cœur du tranquille village troglodytique de Grauftthal. Derrière les fourneaux, le chef, Gilles Stutzmann, concocte à sa façon une cuisine traditionnelle, soignée et savoureuse. En prime : un décor rustique à souhait.
Formule 25 € – Menu 28/49 € – Carte 35/53 €
19 r. Principale – ℰ 03 88 70 17 11 – www.auchevalblanc.net
– Fermé 25 août-12 sept., 2-19 janv., lundi soir, merc. soir et mardi

🏨 **Au Vieux Moulin**

AUBERGE · FONCTIONNEL Dans ce hameau dont Erckmann et Chatrian ont vanté la sérénité, cette maison vous réserve un accueil chaleureux. Les chambres sont simples et fraîches, avec des touches de couleurs vives. Au restaurant, cuisine familiale aux accents alsaciens.
15 chambres – ♦70/75 € ♦♦70/75 € – 1 suite – ☲ 10 € – ½ P
7 r. du Vieux-Moulin – ℰ 03 88 70 17 28 – www.auvieuxmoulin.eu
– Fermé vacances de fév. et 1 semaine fin juin-début juil.

LE PETIT-PRESSIGNY

✉ 37350 (Indre-et-Loire) – 328 hab. – Alt. 80 m – Carte régionale n° **11**-B3

▶ Paris 290 km – Le Blanc 38 km – Châtellerault 36 km – Châteauroux 68 km

Carte Michelin 317-O7

ॐ **La Promenade** (Fabrice et Jacky Dallais)   🕸 ᵭ AC

CUISINE MODERNE • ROMANTIQUE XXX Ce restaurant invite à une jolie promenade ! Derrière les fourneaux, père et fils jouent, à quatre mains, une partition aux notes actuelles, à la fois savoureuse et gourmande. À déguster, au choix, dans un cadre bourgeois ou contemporain. Une des meilleures tables de la région.
→ Bouillon de carotte aux fèves, sarriette et lard. Poulette de Racan rôtie au citron, beurre d'écrevisse et royale de foie blond. Profiteroles en négatif au sorbet cacao amer.

Menu 43/92 € – Carte 65/110 €

11 r. du Savoureulx – ℰ 02 47 94 93 52 – www.restaurantdallaislapromenade.com – Fermé 14 sept.-3 oct., 4 janv.-6 fév., mardi sauf le soir en juil.-août, dim. soir et lundi

LE PETIT-QUEVILLY – 76 (Seine-Maritime) → voir Rouen

PEYREHORADE

✉ 40300 (Landes) – 3 613 hab. – Alt. 19 m – Carte régionale n° **3**-B3

▶ Paris 808 km – Bordeaux 229 km – Mont-de-Marsan 96 km – Pau 80 km

Carte Michelin 335-E13 – Guide Vert Michelin Aquitaine

🍴 **Le Central**   ⇆ 🖬 ᵭ ᴙ

CUISINE TRADITIONNELLE • ÉLÉGANT X Tradition et produits du terroir : tel est le credo de cette maison sympathique. Œufs brouillés aux langoustines, terrine de foie gras maison, velouté de cresson au magret fumé, ou encore médaillons de lotte au gingembre et tête de veau... De jolies préparations que l'on doit à un chef motivé et partageur.

🍴 Menu 16/38 € – Carte 42/64 €

14 chambres – ♥59 € ♥♥72 € – ⌒ 9 €

pl. Aristide-Briand – ℰ 05 58 73 01 44 – www.hotel-le-central.com – Fermé 1 semaine vacances de fév., 18 déc.-10 janv., vend. soir, dim. soir et lundi sauf en été

PEYRUIS

✉ 04310 (Alpes-de-Haute-Provence) – 2 767 hab. – Alt. 402 m – Carte régionale n° **40**-B2

▶ Paris 735 km – Avignon 165 km – Digne-les-Bains 27 km – Marseille 117 km

Carte Michelin 334-D8 – Guide Vert Michelin Alpes du Sud

🏠 **Auberge les Galets**   ⚘ 🍴 P

FAMILIAL • COSY Impossible de ne pas remarquer la façade couleur framboise de cette charmante auberge ! On s'y repose dans de jolies chambres thématiques : Bambou, Acajou, Ébène... Et on apprécie l'ambiance familiale. Restauration traditionnelle.

13 chambres – ♥59/75 € ♥♥65/89 € – ⌒ 12 € – ½ P

quartier Pont-Bernard – ℰ 04 92 35 27 68 – www.auberge-les-galets.fr – Fermé 3-20 janv.

PÉZENAS

✉ 34120 (Hérault) – 8 317 hab. – Alt. 15 m – Carte régionale n° **23**-C2

▶ Paris 734 km – Agde 22 km – Béziers 24 km – Lodève 39 km

Carte Michelin 339-F8

🕸 **L'Entre Pots**   🕸 🍽 AC ⇌

CUISINE MODERNE • À LA MODE XX Voilà un jeu de mots justifié pour cet ancien entrepôt de vins dédié aux plaisirs du palais ! En cuisine, le chef mêle saveurs du terroir et touches créatives. En salle, les gourmands s'installent dans un cadre branché à la lumière tamisée. Belle sélection de crus régionaux. Le tout à prix doux.

Formule 21 € – Menu 29 € (déj. en semaine)/31 € – Carte 42/55 €

8 av. Louis-Montagne – ℰ 04 67 90 00 00 – www.restaurantentrepots.com – Fermé 2 semaines en janv., dim. et lundi

Le Pré St-Jean

CUISINE MODERNE · BISTRO XX La devanture en Corten – un acier à l'aspect de rouille – s'inscrit dans une belle façade en pierre, sur le boulevard circulaire de la ville. En cuisine, beau-père et gendre réalisent une cuisine inspirée, goûteuse et gourmande, sur laquelle viennent se greffer quelques plats bistrotiers. Une réussite !

Formule 22 € – Menu 30/59 € – Carte 38/68 €

18 av. Mar.-Leclerc – ℰ 04 67 98 15 31 – www.restaurant-leprestjean.fr
– Fermé dim. soir, jeudi soir et lundi

ⅠⅠ◯ L'Amphitryon

CUISINE MODERNE · MÉDITERRANÉEN X Difficile d'imaginer qu'on se trouve ici dans une ancienne caserne de pompiers ! Aux commandes, un jeune chef qui a été meilleur apprenti d'Europe et sa compagne ex-prof de gym… pour un service tout en souplesse. Extrait de la carte : fleurs de courgettes farcies et émulsion au vin blanc. Une bonne adresse.

Formule 18 € – Menu 32/49 €

5 r. du Mar.-Plantavit – ℰ 04 67 90 11 84 – Fermé dim. et lundi

Distillerie de Pézenas

URBAIN · ACTUEL Enivrante, cette ancienne distillerie transformée en hôtel ? Les amateurs apprécieront son décor résolument contemporain et ses chambres, dont la plupart disposent d'une terrasse ou d'un jardin privatif ; certaines ont même un coin cuisine.

50 chambres – ♦119/179 € ♦♦119/249 € – 27 suites – ⌂16 € – ½ P

6 r. Calquières-Hautes – ℰ 04 67 11 51 10 – www.garrigae-resorts.fr

Vigniamont

FAMILIAL · HISTORIQUE Dans ce village qu'appréciait tant Molière, cet hôtel particulier du 17e s. abrite de jolies chambres, calmes et décorées avec soin – certaines avec un ciel de lit un rien théâtral. Ne passez pas à côté du petit-déjeuner maison ! Accueil chaleureux.

5 chambres – ♦85/95 € ♦♦120/140 € – ⌂9 €

5 r. Massillon – ℰ 04 67 35 14 88 – www.hoteldevigniamont.com

à Montagnac 6,5 km au Nord-Est par D613 – ⊠ 34530 – 3 731 hab. – Alt. 41 m

ⅠⅠ◯ Côté Mas

CUISINE MODERNE · ÉLÉGANT X Installé au beau milieu des vignes, un restaurant chaleureux et joliment décoré : objets d'art contemporain, lustres de Murano, mobilier en bois exotique… L'atmosphère idéale pour savourer cette cuisine étonnante, pleine de saveurs, qui marie accents du Sud et touches d'Asie. Belle carte de vins au verre.

Formule 21 € ♀ – Menu 28 € ♀ (déj. en semaine), 39/69 € ♀
– Carte 40/60 €

rte de Villeveyrac – ℰ 04 67 24 36 10 – www.cote-mas.fr – Fermé dim. soir et lundi

PEZENS – 11 (Aude) ➔ voir Carcassonne

PFAFFENHEIM

⊠ 68250 (Haut-Rhin) – 1 319 hab. – Alt. 210 m – Carte régionale n° **1**-A2
▶ Paris 497 km – Basel 67 km – Colmar 15 km – Strasbourg 94 km
Carte Michelin 315-H9 – Guide Vert Michelin Alsace Vosges

La Maison d'Émilie

FAMILIAL · ÉLÉGANT Émilie et Guillaume ont rénové l'ancienne demeure de la grand-mère de ce dernier, pour en faire leur maison de famille… et l'ouvrir aux hôtes de passage. Alliance de poutres anciennes et de grand confort, salle de jeux pour enfants, joli jardin et bonne table d'hôte (Guillaume est chef de profession) : un vrai nid alsacien !

5 chambres ⌂ – ♦80/115 € ♦♦95/130 €

3 r. du Moulin – ℰ 03 69 34 06 96 – www.maisondemilie.com

PFAFFENHOFFEN

✉ 67350 (Bas-Rhin) – 2 829 hab. – Alt. 170 m – Carte régionale n° **1**-B1

▶ Paris 457 km – Haguenau 16 km – Sarrebourg 55 km – Sarre-Union 50 km
Carte Michelin 315-J3

⑪○ A l'Agneau ⊛ ⇦ 🍽 🛋 👍 🄰🄲 🏊

CUISINE MODERNE · AUBERGE ✕✕ Dans cette auberge alsacienne (1769), la restauration est une affaire de famille ! Deux sœurs (7ᵉ génération) sont à la tête de l'établissement, où l'on sert une cuisine traditionnelle parsemée de touches de modernité, qui évolue au fil des saisons. Le tout accompagné de bons crus.

Formule 15 € – Menu 29 € (semaine), 37/67 € – Carte 47/65 €

11 chambres – ♦69/85 € ♦♦69/85 € – ☑ 13 €

3 r. de Saverne – ℰ *03 88 07 72 38* – *www.hotel-restaurant-delagneau.com*
– Fermé 7-15 mars, 20-28 juin, 6-22 sept., dim. soir, lundi et mardi

PFULGRIESHEIM – 67 (Bas-Rhin) ➡ voir Strasbourg

PHALSBOURG

✉ 57370 (Moselle) – 4 789 hab. – Alt. 365 m – Carte régionale n° **27**-D2

▶ Paris 435 km – Metz 110 km – Sarrebourg 17 km – Sarreguemines 50 km
Carte Michelin 307-O6

⑪○ Au Soldat de l'An II ⊛ ⇦ 🍽 🄿

CUISINE CLASSIQUE · RUSTIQUE ✕✕✕ Un Soldat distingué : cette ancienne grange affiche une élégance subtilement baroque (pierres, poutres, tableaux). Recettes plutôt classiques, crus d'exception : les saveurs sont au garde-à-vous !

Menu 40 € (semaine), 78/158 € – Carte 84/103 €

7 chambres – ♦160/185 € ♦♦160/210 € – ☑ 26 €

1 r. de Saverne – ℰ *03 87 24 16 16* – *www.soldatan2.com* – *Fermé 31 mai-10 juin,*
1ᵉʳ-18 nov., 1ᵉʳ-20 janv., dim. soir, mardi midi et lundi

⑪○ Erckmann-Chatrian 🍽 ⅁ 🄰🄲 ⇦

CUISINE TRADITIONNELLE · COSY ✕✕ La table de l'hôtel Erckmann-Chatrian met les recettes traditionnelles à l'honneur. Ici, on privilégie les produits frais et le "fait maison"... pour le plus grand bonheur des gourmands ! Côté déco, le classicisme de l'établissement se retrouve dans l'une des salles, l'autre étant plus moderne.

Formule 15 € – Menu 23/47 € – Carte 42/67 €

Hôtel Erckmann-Chatrian, pl. d'Armes – ℰ *03 87 24 31 33*
– www.erckmann-chatrian.net – Fermé dim. soir, mardi midi et lundi

🏠 Erckmann-Chatrian ⌂ ⅁ 🏊

FAMILIAL · FONCTIONNEL Une maison typique de la région dont la façade fleurie ne manque pas de cachet. Les chambres sont relativement spacieuses, plutôt fonctionnelles, et adoptent un style classique. Parfait pour visiter l'ancienne cité fortifiée par Vauban ou pour se rendre, l'été venu, au festival littéraire Erckmann-Chatrian.

16 chambres – ♦68/82 € ♦♦68/82 € – ☑ 12 € – ½ P

pl. d'Armes – ℰ *03 87 24 31 33* – *www.erckmann-chatrian.net*

ⵙ⑪○ **Erckmann-Chatrian** – voir les restaurants ci-dessus

PHILIPPSBOURG

✉ 57230 (Moselle) – 627 hab. – Alt. 215 m – Carte régionale n° **27**-D1

▶ Paris 450 km – Haguenau 29 km – Strasbourg 58 km – Wissembourg 42 km
Carte Michelin 307-Q5

⑪○ Au Tilleul ⇦ ⅁ ⇦ 🄿

CUISINE TRADITIONNELLE · AUBERGE ✕✕ Deux espaces dans cette auberge familiale : d'abord un bar où l'on sert des plats du jour, puis une agréable salle dédiée à la cuisine traditionnelle. Parmi les spécialités de la maison, la truite au bleu.

☜ Menu 13 € (déj. en semaine), 18/44 € – Carte 30/60 €

24 rte de Niederbronn – ℰ *03 87 06 50 10* – *www.resto.fr/autilleul* – *Fermé*
11 janv.-3 fév., le soir en nov. sauf week-ends, lundi soir, mardi soir et merc.

PIANA – 2A (Corse-du-Sud) → voir Corse

LE PIAN-MÉDOC

✉ 33290 (Gironde) – 6 066 hab. – Alt. 36 m – Carte régionale n° **3**-B1
▶ Paris 578 km – Bordeaux 20 km – Mérignac 18 km – Pessac 24 km
Carte Michelin 335-H5

Golf du Médoc Hôtel & Spa

BUSINESS · ACTUEL Sur le site du golf du Médoc (320 ha), cet ensemble récent s'intègre parfaitement dans le paysage. Chambres spacieuses, fonctionnelles et chaleureuses ; agréable spa (soins esthétiques et modelages) ; club house et restaurant... Tout pour la détente !

79 chambres – ♦110/220 € ♦♦124/245 € – ☐ 25 €
chemin de Courmanteau, à Louens – ℰ 05 56 70 31 31
– www.hotelgolfdumedoc.com

Le Pont Bernet

FAMILIAL · FONCTIONNEL En bordure de la route menant à Bordeaux, cet hôtel d'une excellente tenue est l'un des plus anciens établissements de la région ! On s'y repose dans des chambres confortables et bien équipées ; préférez celles donnant sur l'arrière, plus calmes.

18 chambres – ♦75 € ♦♦89 € – ☐ 11 € – ½ P
1160 rte de Soulac – ℰ 05 56 70 20 19 – www.pont-bernet.fr – Fermé 20 déc.-7 janv.

PIERRE-BUFFIÈRE

✉ 87260 (Haute-Vienne) – 1 163 hab. – Alt. 330 m – Carte régionale n° **24**-B2
▶ Paris 415 km – Brantôme 84 km – Guéret 107 km – Limoges 22 km
Carte Michelin 325-F6

La Providence

FAMILIAL · CLASSIQUE Vous êtes fatigué de rouler ? Heureusement, la providence a mis cette auberge de village sur votre chemin ! Les chambres y sont très bien tenues et, côté restaurant, on propose des recettes traditionnelles à base de produits régionaux.

14 chambres – ♦65/99 € ♦♦65/130 € – ☐ 10 €
pl. Adeline – ℰ 05 55 00 60 16 – www.hotel-limoges.net – Ouvert 10 fév.-15 nov.

PIERRE-DE-BRESSE

✉ 71270 (Saône-et-Loire) – 1 972 hab. – Alt. 202 m – Carte régionale n° **8**-D2
▶ Paris 354 km – Beaune 47 km – Chalon-sur-Saône 42 km – Dole 36 km
Carte Michelin 320-L8 – Guide Vert Michelin Bourgogne

⍟○ La Poste

CUISINE TRADITIONNELLE · AUBERGE ⅹ Face au château du 17ᵉ s., cette auberge joue la carte de l'authenticité : poutres apparentes, déco champêtre, mais aussi et surtout de bons produits du terroir cuisinés avec soin, pour des assiettes généreuses et goûteuses : œufs pochés en meurette, poulet de Bresse à la crème et aux morilles...

Formule 14 € ♀ – Menu 25/52 € – Carte 36/55 €
9 pl. Comte-André-d'Estampes, (face au château) – ℰ 03 85 76 24 47
– www.hoteldelaposte.free.fr – Fermé jeudi

PIERREFITTE-EN-AUGE – 14 (Calvados) → voir Pont-L'Évêque

PIERREFITTE-SUR-SAULDRE

✉ 41300 (Loir-et-Cher) – 841 hab. – Alt. 125 m – Carte régionale n° **12**-C2
▶ Paris 185 km – Aubigny-sur-Nère 23 km – Blois 73 km – Orléans 52 km
Carte Michelin 318-J6 – Guide Vert Michelin Châteaux de la Loire

🍴⃝ Le Lion d'Or

CUISINE TRADITIONNELLE · RUSTIQUE ✕✕ Solognote dans l'âme, cette maison dégage un charme indéniable. Tout comme les plats qui y sont concoctés, résolument traditionnels : andouillette de gésiers confits, saumon fumé maison, lièvre à la royale... Amateur de recettes régionales et de gibier ? Vous pourrez revenir souvent : les menus changent toutes les semaines.

Menu 34 € (semaine)/47 €

1 pl. de l'Église – ℰ 02 54 88 62 14 – www.liondor-sologne.com – Fermé 2 semaines en sept., 2 semaines en janv., merc. soir et jeudi soir hors saison, lundi et mardi sauf fériés

PIERREFONDS

✉ 60350 (Oise) – 1 874 hab. – Alt. 81 m – Carte régionale n° **37**-C2

▶ Paris 82 km – Beauvais 78 km – Compiègne 15 km – Soissons 31 km

Carte Michelin 305-I4

à St-Jean-aux-Bois 6 km par D85 – ✉ 60350 – 279 hab. – Alt. 71 m

✿ Auberge à la Bonne Idée

CUISINE MODERNE · ÉLÉGANT ✕✕ Plus qu'une bonne, une excellente idée qu'un repas en cette jolie auberge (pierres, poutres, cheminée...). La cuisine est raffinée et harmonieuse, soucieuse du respect des saveurs, des cuissons et des assaisonnements : on sent tout le travail d'une équipe animée par le désir de bien faire.
➜ Ravioles de foie gras de canard, bouillon de poule crémé, jus de truffe. Ris de veau, carottes des sables, moutarde et morilles. Crêpe de l'auberge garnie d'une crème légère au beurre, flambée au kirsch, jus de griottines.

Menu 36 € (semaine), 54/88 € – Carte 92/102 €

3 r. des Meuniers – ℰ 03 44 42 84 09 – www.a-la-bonne-idee.fr – Fermé 2 semaines en janv., dim. soir et lundi

🏠 Auberge à la Bonne Idée

AUBERGE · PERSONNALISÉ En plein cœur de la forêt de Compiègne, cette charmante auberge s'articule autour d'un jardin fleuri aux beaux jours. L'intérieur se pare de belles touches rustiques (poutres apparentes, grande cheminée) ; les chambres sont cosy et bien entretenues.

23 chambres – †110/120 € ††110/170 € – ☲ 14 € – ½ P

3 r. des Meuniers – ℰ 03 44 42 84 09 – www.a-la-bonne-idee.fr – Fermé 2 semaines en janv., dim. soir et lundi

✿ **Auberge à la Bonne Idée** – voir les restaurants ci-dessus

PIERRE-PERTHUIS – 89 (Yonne) ➜ voir Vézelay

PIETRANERA – 2B (Haute-Corse) ➜ voir Corse (Bastia)

PIGNA – 2B (Haute-Corse) ➜ voir Corse (Ile-Rousse)

LE PIN-AU-HARAS

✉ 61310 (Orne) – 316 hab. – Alt. 202 m – Carte régionale n° **33**-C2

▶ Paris 183 km – Alençon 47 km – Caen 78 km – Lisieux 68 km

Carte Michelin 310-J2 – Guide Vert Michelin Normandie Cotentin

🍴⃝ La Tête au Loup

CUISINE TRADITIONNELLE · AUBERGE ✕✕ La faim chasse le loup du bois... Si l'animal peuplait encore la région, on pourrait le pister – à pas de loup – pour découvrir cette auberge traditionnelle, voisine du célèbre haras du Pin. En vieux loup de mer, le chef concocte de bonnes terrines maison et autres spécialités de poissons... Que du bon !

Menu 31/43 € – Carte 47/59 €

– ℰ 02 33 35 57 69 (réservation conseillée) – www.lateteauloup.fr
– Fermé 1er déc.-30 janv., dim. soir, lundi et mardi

LE PIN-LA-GARENNE – 61 (Orne) → voir Mortagne-au-Perche

PINSAGUEL

✉ 31120 (Haute-Garonne) – 2 682 hab. – Alt. 151 m – Carte régionale n° **28**-B2
▶ Paris 692 km – Albi 97 km – Foix 71 km – Toulouse 18 km
Carte Michelin 343-G3

⅋○ **Le Gentiane**   🏡 ♿ 🍴 ⇩ 🅿

CUISINE CLASSIQUE · SIMPLE XX Entre autres vertus, la gentiane est connue
pour stimuler l'appétit... Comme cet endroit ! Après avoir tenu une épicerie fine
à Toulouse, le couple Bachon a réalisé son rêve : ouvrir un restaurant aux airs de
maison privée, où l'on se rend "comme chez des amis". À un détail près : ici, on
est sûr de bien manger.

⇔ Menu 16 € (déj. en semaine), 31/49 € – Carte environ 58 €
7 r. du Cagire – ℰ 05 62 20 55 00 – www.legentiane.fr – Fermé
10-19 août, 2-5 janv., dim. soir, lundi et mardi

PIOGGIOLA – 2B (Haute-Corse) → voir Corse

PIOLENC

✉ 84420 (Vaucluse) – 5 113 hab. – Alt. 40 m – Carte régionale n° **40**-A2
▶ Paris 659 km – Avignon 36 km – Marseille 123 km – Montélimar 50 km
Carte Michelin 332-B8

⅋○ **Au Comptoir**   🏡 🅰🅒

CUISINE TRADITIONNELLE · BAR À VIN X Ce bar à vins est tenu par un couple
éminemment sympathique, qui mène sa barque selon deux principes immuables :
servir une cuisine de bistrot simple et bien tournée, et privilégier de bons produits frais. Après avoir dégusté une paupiette de veau bouchère avec sa poêlée
de légumes, on peut le confirmer : c'est un succès !

⇔ Menu 17 € (déj.)/28 € – Carte 47/52 €
13 av. de Provence – ℰ 04 86 71 67 81 – www.aucomptoir-restaurant.fr – Fermé
dim. et lundi

PISCIATELLO – 2A (Corse-du-Sud) → voir Corse (Ajaccio)

PITHIVIERS

✉ 45300 (Loiret) – 8 966 hab. – Alt. 115 m – Carte régionale n° **12**-C1
▶ Paris 82 km – Chartres 74 km – Fontainebleau 46 km – Montargis 46 km
Carte Michelin 318-K2 – Guide Vert Michelin Châteaux de la Loire

⅋○ **Aux Saveurs Lointaines**   ♿

VIETNAMIENNE · CONVIVIAL X Envie de goûter aux spécialités vietnamiennes
sans subir les cinq heures de décalage horaire ? Si oui, rendez-vous dans ce restaurant où la cuisine évoque les saveurs lointaines. Dans un cadre au diapason, les
assiettes sont colorées, parfumées et bien maîtrisées. Une invitation au voyage...

Formule 15 € – Carte 17/35 €
1 pl. Martroi – ℰ 02 38 30 18 18 – www.auxsaveurslointaines.com
– Fermé 15 déc.-15 janv., dim. soir et lundi

🏠 **Le Relais de la Poste**   🏡 ♿ 🛁

TRADITIONNEL · RUSTIQUE Dans une grande bâtisse du centre-ville, autrefois
relais de poste (19e s.), des chambres spacieuses et bien tenues (dont certaines
ont été entièrement rénovées), avec poutres et mansardes aux étages supérieurs.

41 chambres – ♦60 € ♦♦70 € – ⊑ 8 € – ½ P
10 Mail Ouest – ℰ 02 38 30 40 30 – www.hotel-pithiviers.com

PIZAY – 69 (Rhône) → voir Belleville

PLAGE DE CALALONGA – 2A (Corse-du-Sud) → voir Corse (Bonifacio)

LA PLAGE
✉ 73210 (Savoie) – Carte régionale n° **45**-D2
▶ Paris 678 km – Bourg-St-Maurice 32 km – Grenoble 140 km – Lyon 219 km
Carte Michelin 333-N4 – Guide Vert Michelin Alpes du Nord

à Plagne-Bellecôte 4 km à l'Est – ✉ 73210

🏠 **Carlina**   ⚘ ⟨ 🔲 🆗 🔁 ⛟ 🚗

FAMILIAL · PERSONNALISÉ Ce grand chalet se niche sur les hauteurs, à Belle-Plagne. La vue depuis la terrasse n'en est que plus belle, sans parler de l'accès direct aux pistes... Les chambres se déclinent dans un esprit montagnard ou dans un style plus épuré. Une adresse fort sympathique.

46 chambres – ½ P seult 161/345 €
à Belle-Plagne : 2 km – ℰ 04 79 09 78 46 – www.carlina-belleplagne.com
– Ouvert 15 déc.-24 avril

PLAGNE-BELLECÔTE – 73 (Savoie) → voir la Plagne

PLAILLY
✉ 60128 (Oise) – 1 662 hab. – Alt. 100 m – Carte régionale n° **19**-C2
▶ Paris 40 km – Beauvais 69 km – Chantilly 16 km – Compiègne 46 km
Carte Michelin 305-G6

🍽○ **La Gentilhommière**   ⅙

CUISINE TRADITIONNELLE · AUBERGE 🗙🗙 Cette table prend ses aises dans l'ancienne étable d'un relais de poste du 17ᵉ s. ! Ambiance feutrée, carte traditionnelle et suggestions du jour selon le marché.

Menu 25 € (déj. en semaine), 35/45 €
25 r. Georges Bouchard, (derrière l'église) – ℰ 03 44 54 30 20
– www.lagentilhommiere-plailly.perso.neuf.fr – Fermé 20 fév.-6 mars,
26 juil.-21 août, sam. midi, dim. soir, lundi et mardi

PLAIMPIED-GIVAUDINS
✉ 18340 (Cher) – 1 822 hab. – Alt. 165 m – Carte régionale n° **12**-C3
▶ Paris 254 km – Bourges 14 km – Châteauroux 74 km – Orléans 128 km
Carte Michelin 323-K5 – Guide Vert Michelin Limousin Berry

😊 **Aux Marais**

CUISINE MODERNE · RUSTIQUE 🗙 Une cuisine réalisée à quatre mains... à Plaimpied ! Formés dans de belles maisons, Amandine et Stéphane Pasquier signent une carte fraîche et plutôt audacieuse, renouvelée tous les deux mois : mariage terre-mer, sucré-salé, etc. Du plaisir à prix doux. Cadre rustique (tomettes, poutres, cheminée, etc.).

Formule 24 € – Menu 28 €
12 r. des Marais – ℰ 02 48 25 54 45 – Fermé 3 semaines en juil.-août, vacances de fév., dim. soir, lundi et merc.

PLAINE-DE-WALSCH
✉ 57870 (Moselle) – 626 hab. – Alt. 300 m – Carte régionale n° **27**-D2
▶ Paris 454 km – Épinal 150 km – Metz 130 km – Nancy 94 km
Carte Michelin 307-N6

ⅢO Étable Gourmande   ⇔ ᴴ ᴬᶜ P

CUISINE MODERNE • AUBERGE XX Élégant et rustique, le cadre surprend d'abord agréablement. Puis viennent les délices du saumon fumé maison, de la belle charcuterie de cochon fermier, d'une cuisine généreuse et bien réalisée. Une étable – ou étape – effectivement gourmande ! Les chambres, agencées dans un esprit chalet, ne sont pas mal non plus...

Formule 24 € – Menu 49/63 € – Carte 56/69 €

10 chambres – †70 € ††70 € – ☷ 9 €

3 rte du Stossberg, rte de Vallerysthal – 𝒞 03 87 25 66 34
– www.aubergedeletable.com – Fermé 2 semaines en août, 1 semaine en déc. et en janv., lundi midi, mardi midi, sam. midi et dim.

LA PLAINE-SUR-MER

✉ 44770 (Loire-Atlantique) – 3 929 hab. – Alt. 26 m – Carte régionale n° **34**-A2
▶ Paris 438 km – Nantes 58 km – Pornic 9 km – St-Michel-Chef-Chef 7 km
Carte Michelin 316-C5

❀❀ Anne de Bretagne (Philippe Vételé)   ⁂ ⇔ ⇱ & P

CUISINE MODERNE • DESIGN XXX Une grande salle ouverte sur la mer : le cœur d'un sujet superbement illustré. Philippe Vételé témoigne d'une grande adresse en faisant siens recettes classiques et bons produits (pêche locale, mais aussi terroir), pour les mettre au service de son inspiration. Le service, aimable et efficace, ajoute encore au plaisir...

→ Palourdes de la baie, poireaux, sorbet vinaigrette au muscat blanc et huile de colza bio. Turbot à la plancha, émulsion de lait d'amande fraîche et girolles. Crémeux de chocolat guanaja à l'armoise, macaron estragon.

Formule 39 € – Menu 77 € (déj. en semaine), 88/159 € – Carte 105/130 €

au Port de la Gravette, 3 km au Nord-Ouest – 𝒞 02 40 21 54 72
– www.annedebretagne.com – Fermé 1ᵉʳ janv.-13 fév., dim. soir d'oct. à mai, mardi sauf le soir de juin à sept., merc. midi de sept. à juin et lundi

⌂⌂ Anne de Bretagne   ⌂ ⍣ ⇔ ⇱ ⌕ ✗ ⊡ & ♨ P

VILLA • DESIGN Une grande bâtisse contemporaine, toute blanche, posée sur une dune. À l'horizon : le petit port de la Gravette et... rien que la mer ! Idéal pour une escale marine rassérénante, d'autant que le décor – au beau design épuré – repose les sens...

20 chambres – †150/461 € ††150/461 € – ☷ 25 € – ½ P

au Port de la Gravette, 3 km au Nord-Ouest – 𝒞 02 40 21 54 72
– www.annedebretagne.com – Fermé 1ᵉʳ janv.-13 fév.

❀❀ **Anne de Bretagne** – voir les restaurants ci-dessus

PLAISIANS

✉ 26170 (Drôme) – 183 hab. – Alt. 612 m – Carte régionale n° **44**-B3
▶ Paris 690 km – Carpentras 44 km – Nyons 33 km – Vaison-la-Romaine 27 km
Carte Michelin 332-E8

☺ Auberge de la Clue   ⇔ ᴴ ᴬᶜ P ✗

CUISINE TRADITIONNELLE • AUBERGE X En montant vers ce village montagnard, arrêtez-vous devant la jolie Clue, goulet d'étranglement où les cours d'eau s'emballent. On vient parfois de loin pour savourer cette alléchante cuisine du terroir face au mont Ventoux : caillette aux herbes, blanquette de chevreau, lapin à la tapenade... Sympathique !

Formule 20 € – Menu 30/36 € – Carte 35/44 €

pl. de l'Église – 𝒞 04 75 28 01 17 – Ouvert 1ᵉʳ avril-20 oct., week-ends et fériés de nov. à mars sauf fév. et fermé dim. soir et lundi

PLAISIR – 78 (Yvelines) ➔ voir Autour de Paris

PLANCOËT

⌧ 22130 (Côtes-d'Armor) – 3 068 hab. – Alt. 41 m – Carte régionale n° **10**-C2
▶ Paris 417 km – Dinan 17 km – Dinard 20 km – St-Brieuc 46 km
Carte Michelin 309-I3

❀ **Maison Crouzil et Hôtel L'Écrin** (Maxime Crouzil)   舘 ⬅ ᴴ
   ᴬᶜ ᴾ
CUISINE MODERNE • À LA MODE XXX L'occasion d'une bien
agréable étape entre Dinard et le cap Fréhel : à la suite de son père, Maxime
Crouzil signe une cuisine fine et savoureuse, où le savoir-faire le dispute à l'originalité ! Le tout dans un séduisant décor contemporain.
➔ Saint-Jacques en ventrèche paysanne. Saint-pierre grillé, pommes grenaille et
girolles. Soufflé chaud à la pêche de vigne.
Formule 20 € – Menu 27 € (déj. en semaine), 35/110 € – Carte 85/105 €
7 chambres – ♥75/120 € ♥♥100/120 € – ⌕ 15 €
*20 les Quais – ℰ 02 96 84 10 24 – www.crouzil.com – Fermé mardi sauf le soir
en juil.-août, dim. soir et lundi*

PLAN-DE-LA-TOUR

⌧ 83120 (Var) – 2 829 hab. – Alt. 69 m – Carte régionale n° **41**-C3
▶ Paris 859 km – Cannes 68 km – Draguignan 36 km – Fréjus 28 km
Carte Michelin 340-O5

⌂ **Mas des Brugassières**   ⬙ ⬅ ⟱ ᴬᶜ ⌾ ᴾ
VILLA • PERSONNALISÉ Ce mas, situé au cœur des Maures, ne manque pas
d'atouts ! Les chambres sont coquettes, décorées dans un esprit zen et nature,
et certaines disposent d'une terrasse ; à toute heure, la piscine chauffée vous
tend les bras...
9 chambres – ♥99/105 € ♥♥112/139 € – 1 suite – ⌕ 12 €
*1,5 km au Sud par rte de Grimaud – ℰ 04 94 55 50 55
– www.mas-des-brugassieres.com – Ouvert 1ᵉʳ mai-30 sept.*

PLAN-DU-VAR

⌧ 06670 (Alpes-Maritimes) – ⌧ Levens – Carte régionale n° **41**-D2
▶ Paris 941 km – Antibes 38 km – Cannes 48 km – Nice 32 km
Carte Michelin 341-E4 – Guide Vert Michelin Côte d'Azur

⫼○ **Cassini**   ⌾ ᴴ ᴬᶜ ⟷
CUISINE MODERNE • AUBERGE XX Sur la rue principale du village, cette table a
été créée par la famille Cassini il y a plus de 80 ans ! La maison a su évoluer
avec son temps, avec un décor soigné aux touches contemporaines et une carte
qui revisite la tradition régionale au gré des saisons.
Formule 20 € – Menu 30/38 € – Carte 36/57 €
*231 av. Porte des Alpes, D6202 – ℰ 04 93 08 91 03 – www.restaurantcassini.com
– Fermé 2 semaines en août, 26-30 déc., mardi soir, merc. soir, jeudi soir, dim. soir
et lundi*

PLANGUENOUAL

⌧ 22400 (Côtes-d'Armor) – 2 137 hab. – Alt. 76 m – Carte régionale n° **10**-C2
▶ Paris 449 km – Rennes 96 km – Saint-Brieuc 19 km – Saint-Malo 56 km
Carte Michelin 309-G3

Manoir de la Hazaie

CHÂTEAU · PERSONNALISÉ En pleine campagne, ce beau manoir en granit du 16ᵉ s. trône au milieu d'un parc verdoyant, avec un plan d'eau et un petit jardin d'herbes médiévales. Quant aux chambres, elles ont belle allure (mobilier ancien, baldaquin ou ciel de lit...), sans rien négliger du confort douillet du 21ᵉ s. De quoi traverser les époques !

5 chambres – ♦145/177 € ♦♦162/272 € – ☲ 16 €
r. de Lamballe, 2,5 km au Sud-Est par D59 – ☏ 02 96 32 73 71
– www.manoir-hazaie.fr

PLAN-PEISEY - 73 (Savoie) ➜ voir Peisey-Nancroix

PLAPPEVILLE - 57 (Moselle) ➜ voir Metz

PLAZAC

✉ 24580 (Dordogne) – 688 hab. – Alt. 110 m – Carte régionale n° **4**-D1
▶ Paris 530 km – Bordeaux 170 km – Brive-la-Gaillarde 60 km – Périgueux 38 km
Carte Michelin 329-H5 – Guide Vert Michelin Périgord Quercy

Béchanou

AUBERGE · RUSTIQUE Vieille demeure en pierre située au bout d'un chemin pentu, qui offre tranquillité et vue imprenable sur la vallée. Les chambres sont sobres, fidèles à l'âme du lieu. Jolie piscine. À la table d'hôte, on se régale d'une alléchante cuisine familiale.

5 chambres ☲ – ♦90/95 € ♦♦100/105 €
Lieu-dit Béchanou, 4 km au Nord par D6 et rte secondaire – ☏ 05 53 50 39 52
– www.bechanou.com

PLÉLO

✉ 22170 (Côtes-d'Armor) – 3 289 hab. – Alt. 110 m – Carte régionale n° **10**-C1
▶ Paris 470 km – Lannion 54 km – Rennes 118 km – Saint-Brieuc 22 km
Carte Michelin 309-E3

○ Au Char à Bancs

CUISINE TRADITIONNELLE · RUSTIQUE ✗ Une ferme-auberge de charme, véritable paradis du tourisme vert. On vient d'abord pour les crêpes et les galettes, et pour la bonne potée mijotée à la cheminée. Légumes, cidre, cochon ; tout est cultivé, élevé ou transformé sur place ! Les chambres, dans un style brocante et rétro chic, sont adorables...

Carte 15/30 €
5 chambres ☲ – ♦80/120 € ♦♦82/122 €
Moulin de la Ville-Geffroy, 1 km au Nord par D84 – ☏ 02 96 74 13 63 (réservation conseillée) – www.aucharabanc.com – Fermé janv. et en semaine sauf juil.-août

PLÉNEUF-VAL-ANDRÉ

✉ 22370 (Côtes-d'Armor) – 4 063 hab. – Alt. 52 m – Carte régionale n° **10**-C1
▶ Paris 446 km – Dinan 43 km – Erquy 9 km – Lamballe 16 km
Carte Michelin 309-G3 – Guide Vert Michelin Bretagne Nord

au Val-André 2 km à l'Ouest - ✉ 22370 Pleneuf Val Andre

○ Au Biniou

CUISINE TRADITIONNELLE · CLASSIQUE ✗✗ Ce Biniou résonne du vent du large... Dans cette petite maison blanche proche de la plage du Val-André, les produits de la mer et les saveurs fraîches et iodées ont la cote, pour le plaisir des amateurs.

Formule 17 € – Menu 28/38 € – Carte 44/50 €
121 r. Clemenceau – ☏ 02 96 72 24 35 – www.restaurant-au-biniou.com – Fermé vacances de fév., mardi soir et merc. sauf du 10 juil. au 25 août

PLÉRIN ➜ voir St-Brieuc - 22 (Côtes-d'Armor)

LE PLESSIS-PICARD – 77 (Seine-et-Marne) ➜ voir Autour de Paris (Sénart)

LE PLESSIS-ROBINSON – 92 (Hauts-de-Seine) ➜ voir Autour de Paris

PLOEMEUR
✉ 56270 (Morbihan) – 17 875 hab. – Alt. 45 m – Carte régionale n° **9**-B2
▶ Paris 509 km – Concarneau 51 km – Lorient 6 km – Quimper 68 km
Carte Michelin 308-K8

à Lomener 4 km au Sud par D163 – ✉ 56270 Ploemeur

ⅡO Le Vivier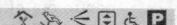
CUISINE TRADITIONNELLE · À LA MODE XX Dans cet établissement posé face au large, la cuisine est évidemment vouée à Neptune : les pieds presque dans l'eau, on fait le plein d'iode avec de très beaux produits de la pêche (entre autres). Le menu enfant ravit les petits gourmands.
Formule 26 € – Menu 32/85 € – Carte 50/71 €
9 r. de Beg-Er-Vir – 𝓒 02 97 82 99 60 – www.levivier-lomener.com – Fermé 23 déc.-7 janv. et dim. soir de mi-sept. à Pâques

🏠 Le Vivier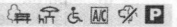
HÔTEL DE VACANCES · FONCTIONNEL Imaginez tout l'océan, l'île de Groix, et encore tout l'océan, à perte de vue... Tel est le panorama unique offert par cette maison moderne ancrée sur un rocher ! On n'y entend que le bruit des vagues...
14 chambres – ♥105/127 € ♥♥115/142 € – ☎ 15 € – ½ P
*9 r. de Beg-Er-Vir – 𝓒 02 97 82 99 60 – www.levivier-lomener.com
– Fermé 23 déc.-7 janv.*
ⅡO **Le Vivier** – voir les restaurants ci-dessus

PLOËRMEL
✉ 56800 (Morbihan) – 9 373 hab. – Alt. 93 m – Carte régionale n° **10**-C2
▶ Paris 417 km – Lorient 88 km – Loudéac 47 km – Rennes 68 km
Carte Michelin 308-Q7 – Guide Vert Michelin Bretagne Sud

ⅡO Le Roi Arthur
CUISINE CLASSIQUE · ÉLÉGANT XXX Les chevaliers non pas de la Table ronde mais des Temps modernes se sentiront comme des rois dans ce restaurant baigné de lumière. Par les baies vitrées, on peut même contempler les flots. Au menu, cuisine classique et service sans fausse note. Une bonne adresse.
Menu 27/44 € – Carte 39/56 €
*Hôtel Le Roi Arthur, au lac au Duc, 1,5 km par D8 – 𝓒 02 97 73 64 64
– www.hotelroiarthur.com – Fermé 2 semaines en fév.-mars*

🏠 Le Roi Arthur
HÔTEL DE VACANCES · PERSONNALISÉ En quête du Graal ? Il se cache peut-être ici, entre le lac au Duc et le golf... Les chambres sont confortables et d'esprit actuel, la majorité d'entre elles donnant sur le plan d'eau.
46 chambres – ♥94/134 € ♥♥157/215 € – ☎ 16 € – ½ P
*au lac au Duc, 1,5 km par D8 – 𝓒 02 97 73 64 64 – www.hotelroiarthur.com
– Fermé 2 semaines en fév.-mars*
ⅡO **Le Roi Arthur** – voir les restaurants ci-dessus

PLOMBIÈRES-LES-BAINS
✉ 88370 (Vosges) – 1 845 hab. – Alt. 429 m – Carte régionale n° **27**-C3
▶ Paris 378 km – Belfort 79 km – Épinal 38 km – Gérardmer 43 km
Carte Michelin 314-G5

Le Grand Hôtel ☆ 🛏 ఉ 🏊 P

HISTORIQUE · MODERNE On entre dans cet hôtel Napoléon III – relié aux thermes de la ville – par un hall lumineux, sous une verrière. Vastes chambres sobres et contemporaines ; au restaurant, immense salle à manger Belle Époque avec moulures, lustres et bustes... du cachet !

78 chambres – ♦99/179 € ♦♦99/179 € – 2 suites – ☲ 14 € – ½ P
av. des Etats-Unis – 𝒞 03 29 30 07 07 – www.plombieres-les-bains.com – Fermé janv.

PLOMODIERN

✉ 29550 (Finistère) – 2 194 hab. – Alt. 60 m – Carte régionale n° **9**-A2
▶ Paris 559 km – Brest 60 km – Châteaulin 12 km – Crozon 25 km
Carte Michelin 308-F5

❀❀ L'Auberge des Glazicks (Olivier Bellin) ✍ 🍷 🛏 ఉ ♨ 🏊

CRÉATIVE · À LA MODE ✕✕✕ Inventif et touche-à-tout, Olivier Bellin n'a qu'une passion : cultiver le meilleur de la pêche locale et du terroir breton. Chaque assiette est un hymne aux saveurs de la région, réinventées et toujours aussi... vivifiantes ! Et pour découvrir ce travail, pourquoi ne pas profiter des chambres, élégantes et confortables ?

➜ Langoustines croustillantes, ananas et sarrasin. Fameux "kig homardz". Fuseau, crémeux de riz, fraises et basilic.

Menu 55 € (déj. en semaine), 90/180 € – Carte 95/150 €
8 chambres – ♦160/200 € ♦♦200/305 € – ☲ 18 €
7 r. de la Plage – 𝒞 02 98 81 52 32 – www.aubergedesglazick.com – Fermé 2 semaines en mars, 2 semaines en nov., dim. soir sauf vacances scolaires, lundi et mardi

PLONÉOUR-LANVERN

✉ 29720 (Finistère) – 6 004 hab. – Alt. 71 m – Carte régionale n° **9**-A2
▶ Paris 581 km – Quimper 20 km – Rennes 230 km
Carte Michelin 308-F7

❙○ Manoir de Kerhuel ⓝ 🏠 ఉ ✿ P

CUISINE MODERNE · SIMPLE ✕✕ Dans ce cadre charmant, une table qui ne l'est pas moins ! On y déguste une jolie cuisine actuelle, réalisée à base de bons produits régionaux, et servie dans une salle avec vue sur la terrasse et le jardin.

Menu 27/70 €
rte de Quimper – 𝒞 02 98 82 60 57 – www.manoirdekerhuel.fr – Fermé janv., dim. soir et lundi midi

Manoir de Kerhuel ⓝ ☆ 🗻 ✕ P

TRADITIONNEL · MODERNE En bordure de route de campagne, dans un parc de 6 ha, ce manoir en pierre a fière allure ! Plusieurs chambres de style sobre et contemporain vous y attendent – dont une, insolite, dans le pigeonnier. Court de tennis et salle de jeux avec billard.

24 chambres – ♦110/135 € ♦♦135 € – ☲ 18 €
rte de Quimper – 𝒞 02 98 82 60 57 – www.manoirdekerhuel.fr – Fermé janv.
❙○ **Manoir de Kerhuel** – voir les restaurants ci-dessus

PLOUBALAY

✉ 22650 (Côtes-d'Armor) – 2 872 hab. – Alt. 32 m – Carte régionale n° **10**-C1
▶ Paris 412 km – Dinan 18 km – Dol-de-Bretagne 35 km – Lamballe 36 km
Carte Michelin 309-J3 – Guide Vert Michelin Bretagne Nord

⊛ Restaurant de la Gare 🏠 ఉ ♨

CUISINE MODERNE · AUBERGE ✕✕ Si vous parcourez les stations de la Côte d'Émeraude, faites donc un arrêt dans cette Gare gourmande ! À travers une cuisine personnelle et savoureuse, Thomas Mureau joue sans excès avec la tradition régionale, la mer et la terre bretonnes. Évidemment, les menus s'adaptent aux opportunités du marché... qualité oblige.

🍴 Formule 15 € – Menu 20 € (déj. en semaine), 29/62 € – Carte 38/60 €
4 r. des Ormelets – 𝒞 02 96 27 25 16 – www.restaurant-la-gare-ploubalay.com – Fermé 15 fév.-16 mars, 27 juin-6 juil., mardi sauf le midi de sept. à juin, merc. sauf juil.-août et lundi

PLOUBAZLANEC – 22 (Côtes-d'Armor) → voir Paimpol

PLOUER-SUR-RANCE
✉ 22490 (Côtes-d'Armor) – 3 408 hab. – Alt. 62 m – Carte régionale n° **10**-D2
▶ Paris 397 km – Dinan 13 km – Dol-de-Bretagne 20 km – Lamballe 53 km
Carte Michelin 309-J3 – Guide Vert Michelin Bretagne Nord

🏚 Manoir de Rigourdaine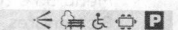
TRADITIONNEL · RUSTIQUE Dominant l'estuaire de la Rance, cette ancienne ferme a été restaurée avec goût. Poutres ancestrales, cheminée et mobilier campagnard... Un décor de caractère, au grand calme !
19 chambres – ♦89/105 € ♦♦97/105 € – ☵ 10 €
à Rigourdaine, 3 km par rte de Langrolay puis rte secondaire – ✆ *02 96 86 89 96 – www.hotel-rigourdaine.fr – Ouvert d'avril à début nov.*

PLOUFRAGAN – 22 (Côtes-d'Armor) → voir St-Brieuc

PLOUGASNOU
✉ 29630 (Finistère) – 3 107 hab. – Alt. 55 m – Carte régionale n° **9**-B1
▶ Paris 550 km – Rennes 198 km – Quimper 100 km – Lannion 34 km
Carte Michelin 308-I2 – Guide Vert Michelin Bretagne Nord

ⅠO La Maison de Kerdiès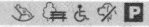
CUISINE TRADITIONNELLE · RUSTIQUE XX Cette maison de la pointe du Trégor fut à l'origine un sémaphore, avant d'être transformée en colonie de vacances, puis en restaurant. De la salle, on profite d'une vue panoramique sur Roscoff et l'île de Batz... Mais on se recentre vite sur l'assiette, et sur cette généreuse cuisine de tradition, servie avec le sourire !
🍴 Menu 17 € (déj. en semaine), 24/31 € – Carte 29/43 €
5 rte de Perherel, lieu dit St-Samson – ✆ *02 98 72 40 66
– www.maisonkerdies.com – Fermé janv., dim. soir d'oct. à mars et lundi*

PLOUGRESCANT
✉ 22820 (Côtes-d'Armor) – 1 284 hab. – Alt. 53 m – Carte régionale n° **9**-B1
▶ Paris 514 km – Guingamp 38 km – Lannion 23 km – Rennes 162 km
Carte Michelin 309-C1 – Guide Vert Michelin Bretagne Nord

🏚 Manoir de Kergrec'h
CHÂTEAU · PERSONNALISÉ Ce superbe manoir épiscopal (17e s.), ancienne demeure des évêques de Tréguier, trône au milieu d'un parc majestueux qui descend jusqu'à la mer... Les chambres, claires et spacieuses, sont ornées de mobilier chiné ou de famille. Confort total et calme absolu.
11 chambres – ♦99/178 € ♦♦99/178 € – ☵ 15 €
– ✆ *02 96 92 59 13 – www.manoirdekergrech.com*

PLOUHARNEL
✉ 56340 (Morbihan) – 2 126 hab. – Alt. 21 m – Carte régionale n° **9**-B3
▶ Paris 492 km – Lorient 50 km – Rennes 141 km – Vannes 32 km
Carte Michelin 308-M9 – Guide Vert Michelin Bretagne Sud

🏚 Carnac Lodge
HÔTEL DE VACANCES · PERSONNALISÉ Entre Carnac et Plouharnel, cet hôtel dispose de chambres au décor soigné, un brin branché (plexiglas, touches néobaroques, etc.). Agréable piscine ; jardin calme et verdoyant.
20 chambres – ♦89/179 € ♦♦89/179 € – ☵ 13 €
Kerhueno – ✆ *02 97 58 30 30 – www.carnaclodge.com – Fermé de mi-nov. à Noël*

PLOUIDER
✉ 29260 (Finistère) – 2 016 hab. – Alt. 74 m – Carte régionale n° **9**-A1
▶ Paris 582 km – Brest 36 km – Landerneau 21 km – Morlaix 46 km
Carte Michelin 308-F3

❄ **La Butte** (Nicolas Conraux) ≤ 🛦 🏠 ఉ 🕏 **P**

CUISINE MODERNE · À LA MODE ✕✕✕ Fraîcheur, précision, parfums : c'est un véritable hommage aux produits de Bretagne que rend le jeune chef, Nicolas Conraux, qui sait allier maîtrise technique et créativité. La sympathie du service, comme la vue sur la baie, ajoutent au plaisir du repas. Une Butte ? Un roc... un pic... un cap !
→ Ormeaux sauvages, dulse et vermicelles au jus de volaille. Lieu de ligne, échalote grillée et saucisse fumée aux algues. Dentelle de froment, crémeux aux framboises et bergamote.

Menu 30 € 🍷 (déj. en semaine), 52/112 € – Carte 65/95 €

12 r. de la Mer – ℰ 02 98 25 40 54 – www.labutte.fr – Fermé 1ᵉʳ-25 janv., sam. midi, lundi et mardi

🏠 **La Butte** ✿ ≤ 🛦 ▢ 🌐 ☐ ఉ 🛁 **P**

BUSINESS · ACTUEL Une saga familiale débutée en 1952... et qui n'est pas prête de se terminer ! Les chambres, contemporaines et épurées, donnent toutes sur la mer, et un spa est à disposition. Idéal pour se ressourcer au grand air...

21 chambres – 🛏129/154 € 🛏🛏154/320 € – 🖵 18 € – ½ P

12 r. de la Mer – ℰ 02 98 25 40 54 – www.labutte.fr – Fermé 1ᵉʳ-25 janv.

❄ **La Butte** – voir les restaurants ci-dessus

PLOUMANACH – 22 (Côtes-d'Armor) → voir Perros-Guirec

PLUGUFFAN – 29 (Finistère) → voir Quimper

LE POËT-LAVAL – 26 (Drôme) → voir Dieulefit

POINTE DE MOUSTERLIN – 29 (Finistère) → voir Fouesnant

POINTE DE ST-MATHIEU – 29 (Finistère) → voir Conquet

POINTE DU GROUIN – 35 (Ille-et-Vilaine) → voir Cancale

POINTE-DU-RAZ

✉ 29770 Plogoff (Finistère) – Carte régionale n° **9**-A2
▐ Paris 614 km – Douarnenez 37 km – Pont-l'Abbé 48 km – Quimper 53 km
Carte Michelin 308-C6 – Guide Vert Michelin Bretagne Sud

à La Baie des Trépassés 3,5 km par D784 et rte secondaire –
✉ 29770 Cleden Cap Sizun

🏠 **Hôtel de la Baie des Trépassés** ✿ ⑅ ≤ 🕏 🛁 **P**

TRADITIONNEL · FONCTIONNEL Cette bâtisse semble avoir été déposée devant la plage de la baie des Trépassés, qu'encadrent les pointes du Raz et du Van. Les chambres, progressivement rénovées, sont fraîches et fonctionnelles ; l'école de surf voisine donnera peut-être des idées à certains...

25 chambres – 🛏87/98 € 🛏🛏87/190 € – 2 suites – 🖵 14 € – ½ P

– ℰ 02 98 70 61 34 – www.baiedestrepasses.com – Ouvert de mi-fév. à mi-nov.

POINT-SUBLIME

✉ 04120 Rougon (Alpes-de-Haute-Provence) – Carte régionale n° **41**-C2
▐ Paris 803 km – Castellane 18 km – Digne-les-Bains 71 km – Draguignan 53 km
Carte Michelin 334-G10 – Guide Vert Michelin Alpes du Sud

🍴 **Auberge du Point Sublime** ⇔ ≤ 🏠 **P**

PROVENÇALE · RUSTIQUE ✕ Un point de vue... sublime, au cœur des gorges du Verdon ! Cette sympathique auberge familiale propose une cuisine qui fleure bon le terroir (bonne viande et frites maison), dans un cadre à l'ancienne. Pratique : les petites chambres pour l'étape.

Formule 19 € – Menu 27/38 € – Carte 41/48 €

13 chambres – 🛏69/77 € 🛏🛏69/77 € – 🖵 10 €

D952 – ℰ 04 92 83 60 35 – www.auberge-pointsublime.com
– Ouvert 30 avril-2 oct. et fermé merc. sauf en août

POISSON – 71 (Saône-et-Loire) → voir Paray-le-Monial

POITIERS

✉ 86000 (Vienne) – 87 646 hab. – Agglo. 128 160 hab. – Alt. 116 m
– Carte régionale n° **39**-C1
▶ Paris 335 km – Angers 134 km – Limoges 126 km – Nantes 215 km
Carte Michelin 322-H5 – Guide Vert Michelin Poitou-Charentes

Les Archives

CRÉATIVE • **BRASSERIE** XX Premièrement, il faut planter le décor : une chapelle du 19ᵉ s. dont la nef, tout en colonnes et arcs, a été transfigurée par un aménagement contemporain saisissant ! Depuis la salle, on observe l'équipe s'affairer en cuisine. Les assiettes se distinguent par leur créativité, à l'aune des lieux...
🍴 Formule 15 € – Menu 19 € (déj. en semaine), 26/55 € – Carte 33/53 €
Plan : DY-t – *Hôtel Mercure Centre, 14 r. Édouard-Grimaux* – ☏ 05 49 30 53 00
– *www.lesarchives.fr*

Le Poitevin

CUISINE TRADITIONNELLE • **AUBERGE** XX Voilà trente ans que les époux Palard gèrent ce restaurant situé légèrement en retrait du centre-ville ; autant dire que ces deux-là connaissent la musique. La tradition est ici à l'honneur, tant dans le décor que dans l'assiette, et tout est fait maison. Les gourmands locaux ne s'y trompent pas : ils sont au rendez-vous !
Formule 12 € – Menu 25/36 € – Carte 38/71 €
Plan : CZ-r – *76 r. Carnot* – ☏ 05 49 88 35 04 – *www.le-poitevin.fr*
– *Fermé 10-25 avril, 3 semaines en juil., 23 déc.-5 janv., sam. midi, dim. soir et lundi*

Toqué ! 🆕

CUISINE TRADITIONNELLE • **BISTRO** X Cet ancien restaurant indien est devenu un bistrot moderne sous la houlette d'un jeune chef originaire du Nord. Sa cuisine, généreuse et sans artifice, ne manque pas de goût : pâté au piment d'Espelette – une recette de son grand-père ! –, steack tartare coupé au couteau et frites maison... On se régale.
Formule 14 € – Menu 29 € (dîner) – Carte 31/40 €
Plan : DY-a – *44 r. de la Cathédrale* – ☏ 05 49 62 19 33 – *www.bistro-toque.com*
– *Fermé 1ᵉʳ-24 août, 24 déc.-1ᵉʳ janv., dim. et lundi*

Mercure Centre

HISTORIQUE • **ÉLÉGANT** Au cœur de la ville, cet établissement prend ses aises dans une ancienne chapelle jésuite de 1854. Dans les chambres, confortables et fonctionnelles, le mobilier contemporain se marie aux chapiteaux et voûtes néo-gothiques ! Le restaurant, lui, a été créé dans la nef. Original et réussi.
50 chambres – ♦138/280 € ♦♦138/280 € – ☐ 16 € – ½ P
Plan : DY-t – *14 r. Édouard-Grimaux* – ☏ 05 49 50 50 60
– *www.hotelmercurepoitiers.com*
🍴 **Les Archives** – voir les restaurants ci-dessus

Le Grand Hôtel

BUSINESS • **FONCTIONNEL** Dans une rue très animée du centre-ville, mais au calme sur une cour intérieure... Un établissement très bien tenu, aux chambres assez spacieuses et confortables. Agréable terrasse pour le petit-déjeuner.
41 chambres – ♦63/136 € ♦♦63/136 € – 6 suites – ☐ 13 €
Plan : CZ-k – *28 r. Carnot* – ☏ 05 49 60 90 60 – *www.grandhotelpoitiers.fr*

Ibis Styles 🆕

HÔTEL DE CHAÎNE • **FONCTIONNEL** Cet hôtel de chaîne est situé en plein centre-ville, en lieu et place d'une ancienne... banque ! On y trouve de belles chambres lumineuses, modernes et design, dont plusieurs disposent d'une terrasse privative.
56 chambres ☐ – ♦84/164 € ♦♦94/194 €
Plan : CYZ-e – *7 r. Victor-Hugo* – ☏ 05 49 00 06 06 – *www.ibisstyles.com*

POITIERS

Aérospatiale (R. de l') ...... **AV** 3
Allende (R. Salvador) ...... **BX** 7
Blaiserie (R. de la) .... **AV** 9
Ceuille-Mirebalaise (R.) .... **AV** 19
Coligny (Bd) .... **BX** 23

Demi-Lune (Carr. de la) .... **AV** 27
Fg-Ceuille-Mirebalaise
(R. du) .... **AV** 29
Fg-du-Pont-Neuf (R. du) .... **BX** 30
Fg-St-Cyprien (R. du) ...... **AX** 31
Fief-de-Grimoire (R.) ...... **AX** 33
Gibaudirie (R. de la) ...... **BX** 39
Guynemer (R.) .... **AX** 43

Maillochon (R. de) .... **AX** 54
Miletrie (R. de la) .... **BX** 57
Montbernage (R. de) ...... **BV** 58
Montmidi (R. de) .... **AX** 62
Pierre-Levée (R.) .... **BX** 69
Rataudes (R. des) .... **AX** 70
Schuman (Av. R.) .... **BV** 88
Vasles (Rte de) .... **AX** 93

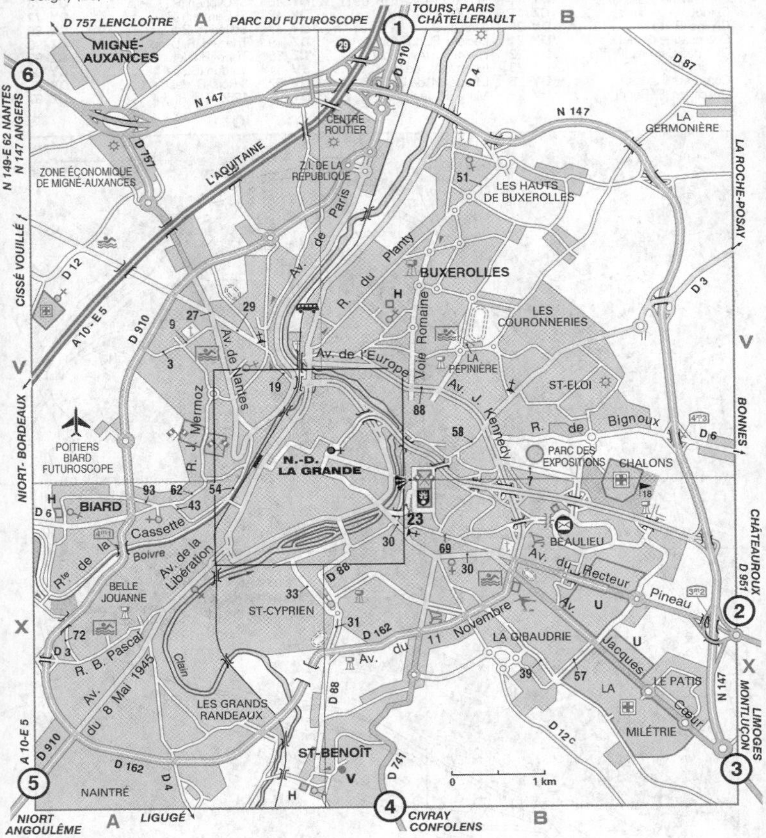

Parc du Futuroscope 12 km au Nord - ✉ 86360 Chasseneuil-du-Poitou

🏨 Plaza Futuroscope   ⌂ 🖼 ╚╝ ♿ 🅰🅒 ♨ 🅿

HÔTEL DE CHAÎNE · FONCTIONNEL Son architecture moderne s'intègre parfaitement au site du Futuroscope, à côté du palais des congrès. Du hall d'accueil aux chambres, on apprécie l'espace et le confort, le tout dans un style contemporain épuré et sobre. Sûrement le meilleur hôtel du secteur.

274 chambres - 🛏90/160 € 🛏🛏90/300 € - ☲ 15 €
av. du Futuroscope, Téléport 1 – ☎ 05 49 49 07 07
– www.hotel-plaza-site-du-futuroscope.com

Une bonne table sans se ruiner ? Repérez les Bib Gourmand 🍴.

POITIERS

Abbé-Frémont (Bd) . . . . **DY** 2
Alexandre (R. J.) . . . . **DZ** 4
Blossac (R. de) . . . . **CZ** 10
Boncenne (R.) . . . . **CDY** 9
Bouchet (R. Jean) . . . . **DY** 14
Bretonnerie (R. de la) . . . . . **DY** 16
Carnot (R.) . . . . **CZ** 17
Chaîne (R. de la) . . . . **DY** 20
Champagne (R. de) . . . . **DY** 21
Clos-des-Carmes (Pl. du) . . . **DY** 22
Coligny (Bd) . . . . **DZ** 23
Cordeliers (R. des) . . . . **DY** 25
Descartes (R. René) . . . . . . **DY** 28

Fg-du-Pont-Neuf . . . . **DZ** 30
Gabillet (R. H.) . . . . **DY** 34
Gambetta (R.) . . . . **DY** 35
Gaulle (Pl. Ch.-de) . . . . **DY** 36
Grand-Rue . . . . **DY**
Grignon-de-Montfort
(R.) . . . . **DY** 40
Hôtel-Dieu (R. de l') . . . . . . **DY** 45
Intendante-Nain (R. de l') . . **DY** 46
Jeanne-d'Arc (Bd) . . . . **DY** 46
Jean-de-Berry (Pl.) . . . . **DY** 47
Leclerc (Pl. du Mar.) . . . . . . **DZ** 49
Libération (Av. de la) . . . . . **CZ** 50
Liberté (Av. de la) . . . . **BV** 51
Liberté (Pl. de la) . . . . **DY** 52
Macé (R. Jean) . . . . **DY** 53

Marché-Notre-Dame
(R. du) . . . . **DYZ** 55
Marne (R. de la) . . . . **CY** 56
Mouton (R. du) . . . . **DY** 63
Oudin (R. H.) . . . . **DY** 67
Puygarreau (R. du) . . . . **DZ** 70
Rat (R. Pierre) . . . . **DY** 71
Riffault (R.) . . . . **DY** 74
St-Cyprien (R.) . . . . **DZ** 76
St-Germain (R.) . . . . **DY** 77
Solférino (Bd) . . . . **CY** 89
Thezard (R. Léopold) . . . . . . **CZ** 90
Tison (Bd de) . . . . **CZ** 92
Verdun (Bd de) . . . . **CY** 94
3-Rois (R. des) . . . . **DY** 95
125e-R.-I. (R. du) . . . . **CZ** 97

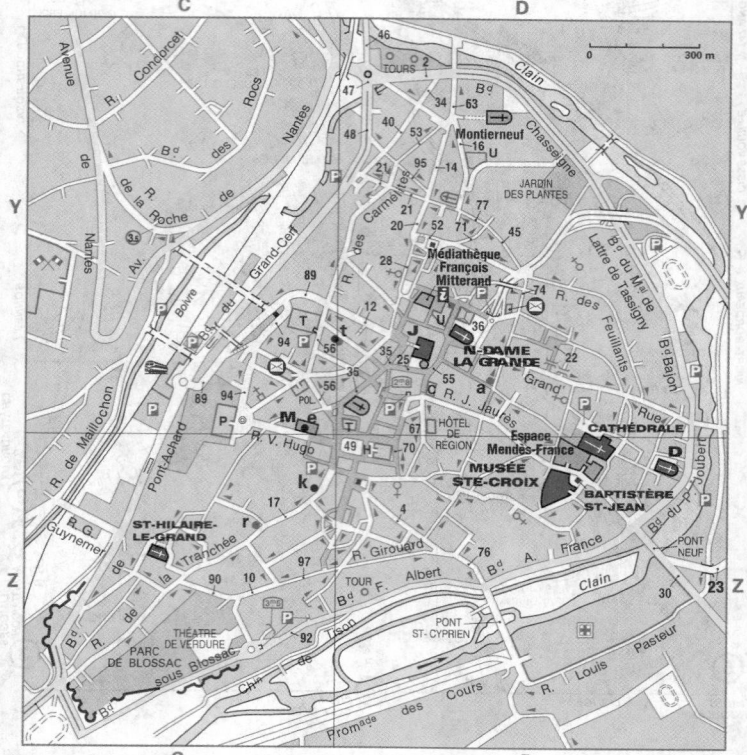

Novotel Futuroscope

⟨icons⟩

HÔTEL DE CHAÎNE · FONCTIONNEL Offrant un accès rapide à l'autoroute et au parc du Futuroscope, cet hôtel propose des chambres d'une tenue irréprochable à des tarifs raisonnables : une bonne adresse !

125 chambres – ♦73/176 € ♦♦83/258 € – ⌧17 € – ½ P
Av. René Monory Téléport 4 – ℰ 05 49 49 91 91 – www.novotel.com

Ibis Site du Futuroscope

⟨icons⟩

HÔTEL DE CHAÎNE · FONCTIONNEL À proximité de la sortie de l'autoroute – bien pratique –, un hôtel qui propose des chambres bien confortables. Pendant les beaux jours, on profite de la terrasse et de la piscine.

90 chambres – ♦69/146 € ♦♦69/146 € – ⌧10 €
av. Thomas-Edison – ℰ 05 49 49 90 00 – www.ibishotel.com

rte de Limoges 10 km au Sud-Est par N147 et rte secondaire –
✉ 86550 Mignaloux :

Manoir de Beauvoir

CHÂTEAU · PERSONNALISÉ Pour un week-end golf ou pour une parenthèse au calme, une demeure de style victorien (1872) sur le site du 18-trous de Poitiers. Confort et sobriété des chambres du Manoir (poutres aux 2ᵉ et 3ᵉ étages) ; kitchenettes côté "Résidence". Décor de boiseries au restaurant, club-house sur les greens.

40 chambres – †72/156 € ††72/156 € – 5 suites – ☑ 13 € – ½ P
635 rte de Beauvoir, au golf – ℰ 05 49 55 47 47 – www.manoirdebeauvoir.com

à St-Benoît 4 km au Sud du plan par D88 – ✉ 86280 – 7 094 hab. – Alt. 77 m

❀ Passions et Gourmandises (Richard Toix)

CUISINE MODERNE · ÉLÉGANT ✕✕✕ Passions et gourmandises, vaste programme ! Passion de l'accueil, d'abord, avec ce décor très soigné et une jolie terrasse en bord de ruisseau. Puis gourmandise dans l'assiette, évidemment : le chef a le goût du produit – d'origine locale –, le sens de l'invention, et sa cuisine magnifie les saveurs sans les dénaturer.
→ Cuisine de marché.

Formule 25 € – Menu 34 € (déj. en semaine), 59/92 €

Plan : BX-v – *6 r. du Square – ℰ 05 49 61 03 99*
– www.passionsetgourmandises.com – Fermé 31 déc.-8 janv., dim. soir, mardi midi et lundi

rte d'Angoulême 6 km au Sud-Ouest, sortie Hauts-de-Croutelle –
✉ 86240 Croutelle :

❚❖ La Chênaie

CUISINE TRADITIONNELLE · ÉLÉGANT ✕✕✕ Dans un jardin planté de... chênes. On admire leurs ramures centenaires à travers les grandes baies de la salle, en appréciant une cuisine généreuse et fraîches : ravioles de fruits de mer à l'effiloché de poireaux, parmentier de volaille et son escalope de foie gras poêlé, mille-feuille aux fraises...

Menu 21 € (semaine), 28/49 € – Carte 48/88 €
Les Hauts de Croutelle, lieu-dit La Berlanderie, r. du Lejat – ℰ 05 49 57 11 52
– www.la-chenaie.com – Fermé 1 semaine vacances de fév., 14 juil.-15 août, dim. soir et lundi

à Aslonnes 11 km au Sud-Ouest par D910, N10 et route secondaire – ✉ 86340
– 1 041 hab. – Alt. 121 m

Le Moulin de Port Laverré

MAISON DE CAMPAGNE · PERSONNALISÉ Pour vivre au fil de l'eau, un site bucolique à souhait, baigné par une jolie rivière... Cannes à pêche et barques sont à disposition, et l'on peut aussi divaguer dans la piscine. Une belle propriété, mêlant vieilles pierres et esprit contemporain.

5 chambres ☑ – †80 € ††100 €
17 Le Port Laverré, rte de Vaintray – ℰ 05 49 61 08 38 – www.moulinlaverre.com

POLIGNY

✉ 39800 (Jura) – 4 158 hab. – Alt. 373 m – Carte régionale n° **16**-B3
▶ Paris 397 km – Besançon 57 km – Dole 45 km – Lons-le-Saunier 30 km
Carte Michelin 321-E5 – Guide Vert Michelin Franche-Comté Jura

à Passenans 11 km au Sud-Ouest par D1083 et D57 – ✉ 39230
– 344 hab. – Alt. 320 m

🏠 Domaine du Revermont ☆ ⅋ ⪡ ⌂ ⌁ ※ ⊞ ⅋ 🅰 ⅋ ⬡

FAMILIAL · FONCTIONNEL Dans un environnement privilégié – champs et vignes –, une grande bâtisse ocre et jaune où règne un bel esprit détente et loisirs : piscine, tennis, babyfoot, billard, etc. Les chambres se déclinent dans un style contemporain ; recettes régionales au restaurant !

28 chambres – †79/133 € ††79/133 € – ⊑ 13 € – ½ P

600 rte de Revermont – ✆ 03 84 44 61 02 – www.domaine-du-revermont.fr – Fermé 20 déc.-1er mars

POLLIAT

✉ 01310 (Ain) – 2 374 hab. – Alt. 260 m – Carte régionale n° **44**-B1
▶ Paris 415 km – Bourg-en-Bresse 12 km – Lyon 74 km – Mâcon 26 km
Carte Michelin 328-D3

🙂 Téjérina-Hôtel de la Place ⪡ 🛏 ⅋ 🅰

CUISINE TRADITIONNELLE · AUBERGE ⅩⅩ L'auberge familiale par excellence, où l'on vous sert avec le sourire une goûteuse et généreuse cuisine du terroir. Tête de veau, poulet à la crème, soufflé aux foies de volaille et grenouilles sont à l'honneur ! Chambres bien tenues pour prolonger l'étape.

Menu 21 € (semaine), 30/66 € – Carte 28/53 €

7 chambres – †57 € ††64 € – ⊑ 10 €

51 pl. de la Mairie – ✆ 04 74 30 40 19 – www.restaurant-tejerina-logis.fr – Fermé 22 juil.-10 août, 25 déc.-8 janv., dim. soir et lundi

LA POMARÈDE

✉ 11400 (Aude) – 162 hab. – Alt. 304 m – Carte régionale n° **22**-A2
▶ Paris 728 km – Auterive 49 km – Carcassonne 49 km – Castres 38 km
Carte Michelin 344-C2

☸ Hostellerie de la Pomarède (Gérald Garcia) ⪡ ⅋ 🛏 ⌁ ⅋ 🅰 ⅋ 🅿

CUISINE MODERNE · ÉLÉGANT ⅩⅩⅩ S'il sait être inventif, Gérald Garcia n'oublie pas la tradition : dans ce château du 11e s., il propose de bons plats locaux – foie gras, agneau du Lauragais, cassoulet en cassole –, dans lesquels les associations de saveurs font mouche. Plusieurs possibilités d'hébergement, dont des chambres "au château".

➜ Macaronade de truffes. Ris de veau, homard snacké et croustillant, légumes croquants. Nems de riz au lait à la vanille et combava.

Formule 25 € – Menu 39/98 € – Carte 65/105 €

14 chambres ⊑ – †99/250 € ††99/250 €

Château de la Pomarède – ✆ 04 68 60 49 69 – www.hostellerie-lapomarede.fr – Fermé dim. soir, lundi et mardi du 13 sept. au 15 juin et le midi

🍴 **Ô Bercail** – voir les restaurants ci-dessous

🍴 Ô Bercail ⓝ 🛏

TERROIR · BISTRO Ⅹ Ô Bercail, c'est la version brasserie de l'Hostellerie de la Pomarède, cette maison bien connue des habitants du Lauragais ! Le midi, du mercredi au samedi, on y sert une jolie cuisine du terroir déclinée en formules à petit prix.

Formule 16 € – Menu 21 €

Hostellerie de la Pomarède, Château de la Pomarède – ✆ 04 68 60 49 69 – Fermé dim., lundi, mardi et le soir

POMMARD - 21 (Côte-d'Or) ➜ voir Beaune

POMMIERS

✉ 69480 (Rhône) - 2 311 hab. - Alt. 315 m - Carte régionale n° **43**-E1

▶ Paris 442 km - Lyon 32 km - Villeurbanne 45 km - Vénissieux 45 km

Carte Michelin 327-H4 - Guide Vert Michelin Lyon et sa région

🍴 Les Terrasses de Pommiers ⋖ ⛱ ♿ A/C 🅿

CUISINE MODERNE • CONVIVIAL XX Un beau travail d'architecte : entièrement vitrée, tout en lignes épurées et en tons bleu-gris – écho au ciel sur lequel elle ouvre en grand ? –, la salle domine les monts du Lyonnais et la vallée… Côté papilles, on savoure des plats qui font de l'œil à la méditerranée, comme ce risotto aux légumes ou gambas.

Formule 19 € - Menu 35/55 € - Carte 42/60 €

706 montée de Buisante - ✆ 04 74 65 05 27 - www.terrasses-de-pommiers.com - Fermé vacances de la Toussaint et de fév., mardi et merc.

PONS

✉ 17800 (Charente-Maritime) - 4 144 hab. - Alt. 39 m - Carte régionale n° **38**-B3

▶ Paris 493 km - Blaye 64 km - Bordeaux 97 km - Cognac 24 km

Carte Michelin 324-G6 - Guide Vert Michelin Poitou-Charentes

☺ Bordeaux ⛱

CUISINE MODERNE • CLASSIQUE XX Crêpe de pied de porc et sa sauce aux champignons ; noix de veau et julienne de citron ; tarte au chocolat amer et glace au lait… Une cuisine fort soignée, à la rencontre du marché et de l'inspiration du chef, pour un rapport plaisir-prix excellent. Cadre cosy avec un joli patio fleuri aux beaux jours.

⚭ Formule 14 € - Menu 19 € (déj. en semaine), 31/60 € - Carte 31/57 €

1 av. Gambetta - ✆ 05 46 91 31 12 - www.hotel-de-bordeaux.com - Fermé vacances de Noël, sam. midi et dim. d'oct. à avril

à Mosnac 11 km au Sud par rte de Bordeaux et D134 - ✉ 17240 - 465 hab. - Alt. 23 m

🍴 Moulin du Val de Seugne 🌳 ⛱ ♿ 🅿

CUISINE MODERNE • CLASSIQUE XXX Comment résister à un cadre si bucolique ? Ce moulin au bord de l'eau, cerné par la verdure, est tout simplement délicieux… Et la carte proposée – une cuisine d'aujourd'hui aux doux accents du terroir local, inspirée par le marché et les saisons – lui va si bien !

Formule 23 € - Menu 30/80 € - Carte 60/101 €

lieu-dit Marcouze - ✆ 05 46 70 46 16 - www.valdeseugne.com - Fermé 2 janv.-3 fév., lundi midi, mardi midi, merc. midi et jeudi midi d'oct. à mars, dim. soir et lundi soir de nov. à mars

🏨 Moulin du Val de Seugne 🍴 🐴 🌳 🏊 A/C 💆 🅿

TRADITIONNEL • CLASSIQUE Un élégant moulin tout en pierre (16e s.), au bord de la Seugne, en pleine nature. Sur l'île voisine vivent en liberté lapins, oies, chèvres, poneys… Les chambres, spacieuses et raffinées, sont décorées dans un bel esprit maison d'hôtes. Charme champêtre !

14 chambres - 🚹119/169 € 🚹🚹119/169 € - ☕ 15 €

lieu-dit Marcouze - ✆ 05 46 70 46 16 - www.valdeseugne.com - Fermé 2 janv.-3 fév.

🍴 **Moulin du Val de Seugne** - voir les restaurants ci-dessus

PONTAILLAC – 17 (Charente-Maritime) → voir Royan

PONT-A-MOUSSON

✉ 54700 (Meurthe-et-Moselle) – 15 053 hab. – Alt. 180 m – Carte régionale n° **26**-B2

▶ Paris 325 km – Metz 31 km – Nancy 30 km – Toul 48 km

Carte Michelin 307-H5

⍩○ **Le Fourneau d'Alain**

CUISINE TRADITIONNELLE · FAMILIAL ✗ Ce restaurant sagement contemporain s'est installé sur la place principale, dans l'une des maisons à arcades du 16ᵉ s. Poissons, crustacés et noisettière de Saint-Jacques sont très prisés des habitués. Une carte courte mais sûre.

Menu 29/55 € – Carte 32/54 €

64 pl. Duroc, (1ᵉʳ étage) – ℰ 03 83 82 95 09 – www.lefourneaudalain.com – Fermé 1ᵉʳ-18 juil., merc. soir, dim. soir et lundi

PONTAUBERT – 89 (Yonne) → voir Avallon

PONT-AUDEMER

✉ 27500 (Eure) – 9 011 hab. – Alt. 15 m – Carte régionale n° **32**-B3

▶ Paris 164 km – Caen 74 km – Évreux 68 km – Le Havre 44 km

Carte Michelin 304-D5 – Guide Vert Michelin Normandie Vallée de la Seine

🏠🏠🏠 **Belle Isle sur Risle**

VILLA · PERSONNALISÉ Un environnement privilégié, digne d'un tableau impressionniste : cette maison de maître du 19ᵉ s., noyée sous la vigne vierge, se dresse sur une île de la Risle, transformée en un superbe jardin. Avec leurs mobilier de style, tentures et tapis, les lieux cultivent un classicisme intemporel...

28 chambres – †115/325 € ††135/325 € – ☲ 19 € – ½ P

112 rte de Rouen, à l'Est par D810 – ℰ 02 32 56 96 22 – www.bellile.com – Ouvert 13 mars-15 nov.

à Campigny 6 km au Sud-Est par D810 et D29 – ✉ 27500 – 1 086 hab. – Alt. 121 m

⍩○ **Le Petit Coq aux Champs**

CUISINE CLASSIQUE · AUBERGE ✗✗✗ Des toits de chaume, des colombages, un écrin de verdure : voilà une bien élégante chaumière normande ! À l'unisson de ce cadre, la carte fait profession de classicisme et joue le répertoire régional. On ne se privera pas des chambres, décorées avec goût, contemporaines ou "campagne chic"...

Menu 36/74 € – Carte 48/73 €

16 chambres – †90/136 € ††119/240 € – ☲ 16 €

400 chemin du Petit-Coq – ℰ 02 32 41 04 19 – www.lepetitcoqauxchamps.fr – Fermé 20 déc.-2 fév., dim. soir et lundi d'oct. à mars

PONT-AVEN

✉ 29930 (Finistère) – 2 843 hab. – Alt. 18 m – Carte régionale n° **9**-B2

▶ Paris 536 km – Carhaix-Plouguer 65 km – Concarneau 15 km – Quimper 36 km

Carte Michelin 308-I7 – Guide Vert Michelin Bretagne Nord

⍣ **Le Moulin de Rosmadec** (Frédéric Sebilleau)

CUISINE CLASSIQUE · RUSTIQUE ✗✗✗ On se sent bien dans ce pittoresque moulin du 15ᵉ s. La rivière, l'exubérance des frondaisons, tout concourt au beau moment gastronomique. La cuisine est logiquement orientée mer, et soignée, goûteuse, ne retenant que les meilleurs produits. Pour prolonger ce bon moment, quatre chambres d'hôtes à disposition.

→ Langoustines marinées au blé noir et en kadaïf, purée de fenouil et vierge de tomate. Bar de ligne poêlé, pomme de terre amandine et émulsion au beurre de soja. Crêpes soufflées au citron.

Menu 45 € (semaine), 67/81 € – Carte 80/90 €

4 chambres – †98/107 € ††98/107 € – ☲ 15 €

venelle de Rosmadec, (près du pont) – ℰ 02 98 06 00 22 – www.moulinderosmadec.com – Fermé 12 nov.-10 déc., dim. soir et lundi

🍴 Sur le Pont ...

CUISINE MODERNE · BISTRO ✗ Annexe du Moulin de Rosmadec, cette maison ancienne s'appuie en partie sur le vieux pont qui enjambe l'Aven... Un lieu plein de charme, au service d'une cuisine dans l'air du temps et concentrée sur le poisson : le chef l'accommode à toutes les sauces, avec ce qu'il faut d'originalité, sans jamais dénaturer le produit.

Menu 25 € (déj. en semaine)/31 € – Carte 38/46 €

11 pl. Paul-Gauguin – ℰ 02 98 06 16 16 (réservation conseillée) – www.surlepont-pontaven.fr – Fermé 2 semaines en oct., 2 semaines en janv. et merc.

🏠 Hôtel des Mimosas

FAMILIAL · SIMPLE Sur les quais de Pont-Aven, une maison de pays toute mignonne. Les chambres, lumineuses et bien tenues, offrent une vue imprenable sur les bateaux. Aux beaux jours, on se régale de fruits de mer sur la terrasse face au port.

10 chambres – ♦69/90 € ♦♦69/90 € – ☲ 9 € – ½ P

22 square Théodore-Botrel – ℰ 02 98 06 00 30 – www.lesmimosas-pontaven.com – Fermé 1er-15 janv.

🏠 Les Ajoncs d'Or

FAMILIAL · SIMPLE Gauguin aurait logé dans cette accueillante maison bretonne, juste sur la place du marché (attention où vous vous garez !). Simples et colorées, les chambres portent des noms de peintres... Sympathiques, le restaurant et ses spécialités terre et mer.

14 chambres – ♦68/74 € ♦♦68/85 € – ☲ 10 € – ½ P

1 pl. de l'Hôtel-de-Ville – ℰ 02 98 06 02 06 – www.ajoncsdor-pontaven.com – Fermé vacances de fév., 18-28 oct., dim. soir et lundi hors saison

rte de Concarneau 4 km à l'Ouest par D783 – ✉ 29930 Pont-Aven :

🍴 La Taupinière

POISSONS ET FRUITS DE MER · AUBERGE ✗✗✗ Cette chaumière à la campagne est, depuis plusieurs décennies, une institution pour de nombreux habitués, qui ne se lassent pas de sa cuisine très iodée, soignée et de première fraîcheur (le chef fait son marché à Concarneau chaque matin). La "demoiselle des mers" – la langoustine – est l'une des vedettes de la carte...

Menu 55/90 € – Carte 75/90 €

Croissant St-André – ℰ 02 98 06 03 12 – www.la-taupiniere.fr – Fermé 14-20 mars, 3-23 oct., 4-10 janv., lundi et mardi

PONTCHARTRAIN

✉ 78760 (Yvelines) – 5 289 hab. – Carte régionale n° **18**-A2
▶ Paris 37 km – Dreux 42 km – Mantes-la-Jolie 32 km – Montfort-l'Amaury 10 km
Carte Michelin 311-H3

🍴 Bistro Gourmand

CUISINE MODERNE · CONVIVIAL ✗✗ Au menu, cuisine traditionnelle teintée de touches actuelles et suggestions à l'ardoise. Salle classique (bordeaux et grise) et terrasse au calme pour les beaux jours.

Formule 30 € ☸ – Menu 40 € ☸/46 € – Carte environ 48 €

7 rte du Pontel, (N12) – ℰ 01 34 89 25 36 – www.bistrogourmand.fr – Fermé dim. soir, merc. soir et lundi

PONTCHÂTEAU

✉ 44160 (Loire-Atlantique) – 9 982 hab. – Alt. 7 m – Carte régionale n° **34**-A2
▶ Paris 430 km – Nantes 55 km – Rennes 118 km – Vannes 61 km
– Guide Vert Michelin Pays de la Loire

🐝 Le 11   &. 🏧

CUISINE MODERNE • CONVIVIAL X Au cœur de Pontchâteau, ce bistrot minimaliste fait saliver la région depuis 2011. À sa tête, un chef qui a, comme on dit, du métier, et qui revient ici à plus de simplicité, avec des plats ancrés dans une jolie tradition gourmande (navarin d'agneau, filets de rouget en tempura, tarte Tatin, etc.).

Formule 19 € – Menu 26 € (déj.)/32 € – Carte environ 38 €

11 r. de Verdun – 𝒞 02 40 42 23 28 – www.restaurant-le11.fr – Fermé lundi soir, merc. soir et dim.

PONT-DE-BRIQUES – 62 (Pas-de-Calais) ➜ voir Boulogne-sur-Mer

PONT-DE-DORE – 63 (Puy-de-Dôme) ➜ voir Thiers

PONT-DE-FILLINGES – 74 (Haute-Savoie) ➜ voir Bonne

PONT-DE-L'ARCHE

✉ 27340 (Eure) – 4 163 hab. – Alt. 20 m – Carte régionale n° **33**-D2
▶ Paris 114 km – Les Andelys 30 km – Elbeuf 15 km – Évreux 36 km
Carte Michelin 304-G6 – Guide Vert Michelin Normandie Vallée de la Seine

🏠 Hôtel de la Tour   🕸

BUSINESS • PERSONNALISÉ À deux pas des bords de Seine, cet hôtel – créé dans deux maisons de pays accolées – se révèle simple et accueillant. Ambiance familiale, chambres soigneusement tenues : une étape sympathique.

18 chambres – †76 € ††85 € – ☲ 10 €

41 quai Foch – 𝒞 02 35 23 00 99 – www.hoteldelatour.org

Aux Damps 2 km à l'Est, au bord de l'Eure – ✉ 27340 – 1 301 hab. – Alt. 20 m

🌼 L'Auberge de la Pomme (William Boquelet)   🍴🛖🕸♻🅿

CUISINE MODERNE • DESIGN XXX Un nom hautement normand, une façade à colombages typique de la région... mais l'image d'Épinal s'arrête là ! La maison cache un décor très contemporain, bien à l'image de la cuisine du chef, William Boquelet, aussi inventif que passionné. Ses assiettes, pleines de relief, mettent bien en valeur les producteurs locaux...

➜ Homard et pied de cochon. Ris de veau poché et rôti, jus court et citron confit. Pommes du jardin et caramel au beurre salé.

Menu 32 € (déj. en semaine), 54/98 € – Carte 70/95 €

aux Damps, (44 rte de l'Eure), 1,5 km au bord de l'Eure – 𝒞 02 35 23 00 46 – www.laubergedelapomme.com – Fermé 31 juil.-16 août, 24 déc.-7 janv., dim. et lundi

PONT-DE-L'ISÈRE – 26 (Drôme) ➜ voir Valence

PONT-DE-ROIDE

✉ 25150 (Doubs) – 4 309 hab. – Alt. 351 m – Carte régionale n° **17**-C2
▶ Paris 478 km – Belfort 36 km – Besançon 77 km – La Chaux-de-Fonds 55 km
Carte Michelin 321-K2 – Guide Vert Michelin Franche-Comté Jura

🍴○ La Tannerie   🛖

CUISINE TRADITIONNELLE • FAMILIAL X Au menu de cette maison toute simple qui borde le Doubs, une cuisine traditionnelle bien tournée, où les produits locaux sont privilégiés. Aux beaux jours, profitez de la terrasse au-dessus de la rivière.

Formule 13 € – Menu 24 € (semaine), 24/30 € – Carte 29/39 €

1 pl. Gén.-de-Gaulle – 𝒞 03 81 92 48 21 – www.restaurant-latannerie.com – Fermé 26 déc.-1ᵉʳ janv., dim. soir, jeudi soir et merc.

PONT-DE-VAUX

✉ 01190 (Ain) – 2 261 hab. – Alt. 177 m – Carte régionale n° **44**-B1

▶ Paris 380 km – Bourg-en-Bresse 40 km – Lons-le-Saunier 69 km – Mâcon 24 km

Carte Michelin 328-C2 – Guide Vert Michelin Lyon et sa région

✿ Le Raisin (Frédéric Michel)   ఉ 🅰 🅿

CUISINE TRADITIONNELLE · **CLASSIQUE** XXX Quelle bonne surprise... Comment imaginer, au menu de cette authentique maison bressane (vieux fourneau, ustensiles de cuivre, poutres, etc.), une aussi belle cuisine, fine et travaillée, cultivant avec réussite la tradition comme l'originalité ? Frédéric Michel nous offre une expérience d'un excellent rapport qualité-prix !

➜ Escalope de foie gras poêlée, araignée de mer en raviole et consommé citron-nelle. Poulet de Bresse aux écrevisses. Tatin revisitée aux abricots et à la vanille, caramel et sorbet abricot.

Formule 23 € – Menu 31/74 € – Carte 59/74 €

Hôtel Le Raisin, 2 pl. M.-Poisat – ✆ 03 85 30 30 97 – www.leraisin.com
– Fermé janv., dim. sauf fériés le midi, mardi midi et lundi

⑩ Les Platanes   ⇦ 🈂 🈯 ఉ 🅰 🈳 🅿

CUISINE TRADITIONNELLE · **AUBERGE** XX L'enseigne de cette auberge régio-nale ne ment pas : elle jouit d'une terrasse... sous les platanes ! La cuisine est bressane, évidemment, mais le chef propose aussi quelques plats dans l'air du temps. Dans un cas comme dans l'autre, la générosité est là !

Menu 22/68 € – Carte 47/61 €

8 chambres – ♦71/76 € ♦♦71/76 € – �10 €

aux Quatre-Vents – ✆ 03 85 30 32 84 – www.hotelplatanes.com
– Fermé 20 janv.-20 fév., vend. midi, dim. soir et lundi

🏠 Le Raisin   ✿ ఉ 🅿

TRADITIONNEL · **FONCTIONNEL** Dans cet ancien relais de poste, les enfants ont pris la suite de leurs parents. Pour les chambres, vous avez deux options : authenticité dans le bâtiment principal, spacieuses dans l'aile plus récente. Une bonne adresse pour profiter des bienfaits – notamment culinaires ! – de la Bresse.

17 chambres – ♦70 € ♦♦70 € – ⊆ 10 €

2 pl. M.-Poisat – ✆ 03 85 30 30 97 – www.leraisin.com – Fermé janv., dim. et lundi
✿ **Le Raisin** – voir les restaurants ci-dessus

à St-Bénigne 2 km au Nord-Est par D2 – ✉ 01190 – 1 209 hab. – Alt. 208 m

⑩ St-Bénigne   🈯 🅰 ⇔ 🅿

CUISINE TRADITIONNELLE · **RUSTIQUE** X Un vrai restaurant de campagne, où l'on trouve même un bar pour les habitués ! On vient ici pour les grenouilles au beurre et à la persillade, la spécialité de la maison, mais pas seulement : le chef, en bon artisan, travaille les produits locaux et maîtrise de nombreuses recettes de la région...

⊛ Menu 14 € (déj. en semaine), 23/43 € – Carte 30/50 €

– ✆ 03 85 30 96 48 – www.restaurant-le-saint-benigne.fr
– Fermé 4-14 avril, 27 juin-7 juil., 26 sept.-6 oct., 24 déc.-11 janv., lundi et le soir sauf sam.

PONT-DU-BOUCHET

✉ 63380 (Puy-de-Dôme) – ✉ Miremont – Carte régionale n° **5**-B2

▶ Paris 390 km – Clermont-Ferrand 39 km – Pontaumur 13 km – Riom 36 km

Carte Michelin 326-D7

🏠 La Crémaillère   ✿ 🈂 ⩽ ⇦ 🈳 🅿

FAMILIAL · **RUSTIQUE** Vous n'êtes pas adepte des pendaisons de crémaillère ? Cela pourrait changer... Cette auberge de village, au-dessus du lac de Miremont, propose des chambres simples et confortables. Le restaurant, lui, cultive cuisine traditionnelle et décor campagnard. Une adresse authentique.

16 chambres – ♦51/53 € ♦♦52/60 € – ⊆ 8 € – ½ P

– ✆ 04 73 86 80 07 – www.hotel-restaurant-cremaillere.com – Fermé 16 déc.-17 janv., vend. soir, dim. soir et sam. hors saison

PONT-DU-CHÂTEAU

✉ 63430 (Puy-de-Dôme) – 10 541 hab. – Alt. 365 m – Carte régionale n° **5**-B2

▶ Paris 418 km – Billom 13 km – Clermont-Ferrand 16 km – Riom 21 km

Carte Michelin 326-G8 – Guide Vert Michelin Auvergne

ℍ○ **Auberge du Pont**　　　◁ 🛋 🔥 🎴 ↔ 🅿

CUISINE MODERNE • ÉLÉGANT XX Rodolphe Regnauld possède la fougue du vent breton (il a grandi dans la péninsule) comme le souci du détail et de la finesse : de là, des assiettes joliment travaillées, à la fois savoureuses et ludiques. Le cadre de cet ancien relais de batellerie (19ᵉ s.) séduit tout autant, comme la terrasse bordant l'Allier...

Formule 25 € – Menu 30 € (déj. en semaine), 38/120 € 🍷
– Carte 66/104 €

70 av. Dr.-Besserve – 𝒞 04 73 83 00 36 – www.auberge-du-pont.com – Fermé 15 août-1ᵉʳ sept., 1ᵉʳ-17 janv., dim. soir, lundi et merc.

ℍ○ **Le Calliope**　　　　　　　　　🎴

CUISINE MODERNE • SIMPLE XX Du nom du premier bateau sur lequel le chef travailla... Ce restaurant au cœur de Pont-du-Château propose une cuisine mariant tradition et saveurs actuelles, tout en privilégiant les produits frais. De quoi partir à l'abordage des assiettes !

Formule 15 € – Menu 32/80 € – Carte environ 38 €

*6 r. de la Poste – 𝒞 04 73 83 50 03 – www.restaurant-calliope.com
– Fermé 1ᵉʳ-15 août, 2-15 janv., dim. soir, lundi et merc.*

PONT-DU-GARD

✉ 30210 (Gard) – Carte régionale n° **23**-D2

▶ Paris 688 km – Alès 48 km – Arles 40 km – Avignon 26 km

Carte Michelin 339-M5

à Castillon-du-Gard 4 km au Nord-Est par D19 et D228 – ✉ 30210

– 1 513 hab. – Alt. 90 m

ℍ○ **Le Vieux Castillon**　　　　🛋 🎴 🅿

CUISINE MODERNE • CLASSIQUE XXX Tout autour ce ne sont que ruelles médiévales et champs de lavande... Dans ce coin de Provence inondé de lumière, cette table élégante – aux couleurs du Sud – vit au rythme des saisons et des produits gorgés de soleil.

Menu 86 € (dîner) – Carte 65/83 €

*Hôtel Le Vieux Castillon, r. Turion-Sabatier – 𝒞 04 66 37 61 61
– www.vieuxcastillon.fr*

ℍ○ **L'Amphitryon**　　　　　　　🔥 ↔

CUISINE MODERNE • COSY XX Voûtes, pierre brute et touches modernes composent le cadre de cette demeure ancienne. Joli patio pour l'été. Cuisine régionale actualisée, ambiance à la fois chic et conviviale.

Menu 49/70 € – Carte 57/70 €

pl. 8-Mai-1945 – 𝒞 04 66 37 05 04 – Fermé 2 semaines en déc., mardi et merc.

🏯 **Le Vieux Castillon**　　🕊 🛏 🛋 🎴 🅿

LUXE • PERSONNALISÉ Au cœur de ce beau village médiéval, surplombant la région, un havre au luxe discret : vieilles pierres, patios, terrasses, décor provençal, grand confort... Le charme intemporel du Sud, à quelques encablures du pont du Gard.

30 chambres ⌷ – ♦341/516 € ♦♦341/516 € – 3 suites – ½ P

r. Turion-Sabatier – 𝒞 04 66 37 61 61 – www.vieuxcastillon.fr

ℍ○ **Le Vieux Castillon** – voir les restaurants ci-dessus

à Collias 7 km à l'Ouest par D981, D112 et D3 – ✉ 30210 – 1 073 hab. – Alt. 45 m

🏠 Hostellerie Le Castellas   🏠 🐾 🎿 🆔 🅿

AUBERGE · PERSONNALISÉ Au sein de ce village des bords du Gard – franchi par le célèbre pont romain à quelques kilomètres –, une hostellerie en pierre du pays du 17ᵉ s., avec son jardin verdoyant, ses petits coins salon et ses chambres confortables, aux styles variés (simplicité provençale, moderne chic, ethnique, etc.). Une adresse de charme !

12 chambres – 🛏63/209 € 🛏🛏83/229 € – 2 suites – ☐ 12 € – ½ P

30 Grand'rue – ☎ 04 66 22 88 88 – www.lecastellas.fr – Fermé 15 janv.-16 mars

🏠 Le Gardon   🐾 < 🛏 🎿 🔲 🆗 🆔 🅿

FAMILIAL · MÉDITERRANÉEN Agréable refuge dans la garrigue, cet hôtel bordé par une oliveraie respire la sérénité. Les chambres y sont confortables et bien tenues, et aux beaux jours il fait bon se promener dans le jardin et profiter de la piscine. Accueil familial.

27 chambres – 🛏77/87 € 🛏🛏77/134 € – ☐ 11 €

Campchestève – ☎ 04 66 22 80 54 – www.hotel-le-gardon.com
– Ouvert 1ᵉʳ mars-1ᵉʳ nov.

à Vers-Pont-du-Gard 3,5 km au Nord par D19 et D112 – ✉ 30210
– 1 788 hab. – Alt. 40 m

🍴 La Bégude Saint-Pierre   🛏 🍴 🆔 🧺 ♻ 🅿

CUISINE MODERNE · DESIGN XX Tout le caractère d'un mas provençal qui a traversé les siècles, l'élégance contemporaine en plus... On passe un agréable moment dans ce charmant restaurant, où la gastronomie se montre sous son jour le plus délicat. Produits de qualité et recettes joliment ciselées au menu !

Formule 28 € ▼ – Menu 47/80 € – Carte 59/83 €

295 chemin des Bégudes, (rive gauche du Gardon), D 981 – ☎ 04 66 02 63 60
– www.hotel-begude-saint-pierre.com – Fermé 13-25 nov.

🏠 La Bégude Saint-Pierre   🏠 🐾 🛏 🎿 🔲 🧺 🛁 🅿

MAISON DE CAMPAGNE · DESIGN À proximité du pont du Gard, autour d'une cour fermée, un charmant corps de bâtiment du 17ᵉ s. tout en vieilles pierres et toits de tuiles. L'ensemble a été rénové avec grand soin et joue avec réussite la sobriété contemporaine, entre design zen et luxe sage. Comment ne pas avoir le béguin pour cette Bégude ?

23 chambres – 🛏109/345 € 🛏🛏109/345 € – ☐ 15 €

295 chemin des Bégudes, (rive gauche du Gardon), D981 – ☎ 04 66 02 63 60
– www.hotel-begude-saint-pierre.com – Fermé 13-25 nov.

🍴 **La Bégude Saint-Pierre** – voir les restaurants ci-dessus

PONT-EN-ROYANS

✉ 38680 (Isère) – 803 hab. – Alt. 197 m – Carte régionale n° **43**-E2
▶ Paris 604 km – Grenoble 63 km – Lyon 143 km – Valence 45 km
Carte Michelin 333-F7 – Guide Vert Michelin Alpes du Nord

🏠 Le Musée de l'Eau   🏠 🔲 🆗 🆔 🛁 🅿

BUSINESS · FONCTIONNEL Au sein même du musée de l'Eau et surplombant la Bourne, au pied de cet étonnant village accroché à la falaise, des chambres propres et fonctionnelles ; certaines ont vue sur la montagne. Thématique aquatique oblige, on trouve un bar à eaux et une terrasse équipée de brumisateurs.

31 chambres – 🛏48/50 € 🛏🛏60/63 € – ☐ 9 € – ½ P

pl. Breuil – ☎ 04 76 36 15 53 – www.musee-eau.com – Fermé 4-17 janv.

LE PONTET – 84 (Vaucluse) → voir Avignon

PONTGIBAUD

✉ 63230 (Puy-de-Dôme) – 720 hab. – Alt. 735 m – Carte régionale n° **5**-B2
▶ Paris 432 km – Aubusson 68 km – Clermont-Ferrand 23 km – Le Mont-Dore 37 km
Carte Michelin 326-E8 – Guide Vert Michelin Auvergne

ⅠⓄ Poste ⇔ & AC ⌀

CUISINE TRADITIONNELLE · FAMILIAL XX Les gourmands, au régime par exemple, pourront toujours cacher leur forfait en disant qu'ils vont à La Poste....
Dans cette maison de pays, au cœur d'un bourg tranquille, on se régale de recettes régionales à l'abri des regards. Chambres pour l'étape.
Formule 14 € – Menu 23/53 € – Carte 33/51 €
11 chambres – ♦49/87 € ♦♦49/87 € – ⌑ 7 €
pl. de la République – ℰ 04 73 88 70 02 – www.hoteldelaposte-pontgibaud.com
– Fermé 15 fév.-9 mars, dim. soir, lundi et mardi d'oct. à juin

à La Courteix 4 km à l'Est par D941B – ✉ 63230 St-Ours :

🖐 L'Ours des Roches 🎇 🏠 & 🅿

CUISINE MODERNE · ÉLÉGANT XXX Non loin de Vulcania, sous les voûtes d'une
ancienne bergerie : un cadre de pierre pour une cuisine de douceur, signée par
un chef amoureux du produit. Dans l'assiette, le terroir n'est jamais très loin et le
rythme des saisons respecté. Une éruption de saveurs !
Formule 22 € ⌤ – Menu 32/63 € – Carte 58/90 €
– ℰ 04 73 88 92 80 – www.oursdesroches.com
– Fermé 24 sept.-7 oct., 2-22 janv., dim. soir, lundi et mardi sauf fériés

PONTIVY

✉ 56300 (Morbihan) – 13 973 hab. – Alt. 99 m – Carte régionale n° **10**-C2
▶ Paris 460 km – Lorient 59 km – Rennes 110 km – St-Brieuc 58 km
Carte Michelin 308-N6 – Guide Vert Michelin Bretagne Sud

ⅠⓄ La Pommeraie

CUISINE MODERNE · CONVIVIAL XX Cette Pommeraie à la façade framboise
et citron ne manque pas de piquant ! Ici, point de pommier mais des plats tout
en simplicité et finement cuisinés avec de bons produits du terroir. Le cadre est
élégant et convivial, ce qui donne à l'ensemble une allure de bistrot chic. Une
bonne adresse.
⊛ Menu 20 € (déj. en semaine), 26/50 € – Carte environ 42 €
Plan : Y-s *– 17 quai du Couvent – ℰ 02 97 25 60 09*
– Fermé 15 août-5 sept., 26 déc.-5 janv., lundi soir, mardi soir,
sam. midi et dim.

🏠 Le Rohan 🔼 ♨ 🅿

URBAIN · PERSONNALISÉ Belle demeure fin 19e sur la rue principale de Pontivy.
Orientale, marine, romantique, BD ou cinéma : chaque chambre est unique ; toutes
sont coquettes...
16 chambres – ♦58/150 € ♦♦58/150 € – ⌑ 13 €
Plan : Z-u *– 90 r. Nationale – ℰ 02 97 25 02 01 – www.hotelpontivy.com*

🏠 L'Europe ⇦ 🔼 🅿

URBAIN · CLASSIQUE Dans cette maison Napoléon III datant de 1850, les chambres sont délicieusement classiques (mais plus modernes sous les mansardes du
3e étage) ; on prend son petit-déjeuner dans un salon à l'élégance bourgeoise
(parquet et boiseries) ou sous une jolie véranda.
17 chambres – ♦75/100 € ♦♦82/140 € – ⌑ 11 €
Plan : Z-t *– 12 r. François Mitterrand – ℰ 02 97 25 11 14 – www.hotellerieurope.com*
– Fermé 27 déc.-6 janv.

PONTIVY

Anne-de-Bretagne (Pl.) . . . . **Y** 2
Cainain (R.) . . . . **Z** 3
Couvent (Q. du) . . . . **Y** 4
Dr-Guépin (R. du) . . . . **Y** 5
Fil (R. du) . . . . **Y** 6
Friedland (R. de) . . . . **Y** 8
Gaulle (R. du Gén.-de) . . . . **Y** 9
Le Goff (R.) . . . . **Z** 16
Jean-Jaurès (R.) . . . . **Z** 10
Lamennais (R. J.-M. de) . . . . . **Z** 13
Lorois (R.) . . . . **Y** 17
Marengo (R.) . . . . **Z** 19
Martray (R. du) . . . . **Y** 20
Mitterrand (R. François) . . . . . **Z** 24
Nationale (R.) . . . . **YZ**
Niémen (Q.) . . . . **Y** 27
Plessis (Q. du) . . . . **YZ** 29
Pont (R. du) . . . . **Y** 28
Presbourg (Q.) . . . . **Y** 32
Récollets (Q. des) . . . . **Y** 33
Viollard (Bd) . . . . **Z** 38

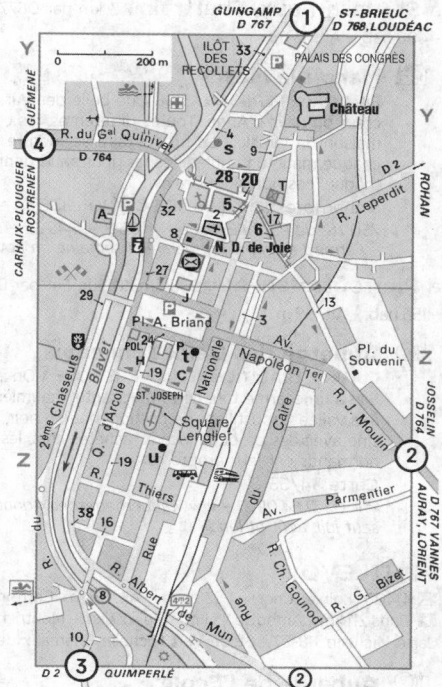

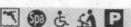

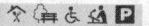

PONT-L'ÉVÊQUE

✉ 14130 (Calvados) – 4 518 hab. – Alt. 12 m – Carte régionale n° **32**-A3
▶ Paris 190 km – Caen 49 km – Le Havre 43 km – Rouen 78 km
Carte Michelin 303-N4 – Guide Vert Michelin Normandie Vallée de la Seine

🏠 Le Lion d'Or   🔲 🐕 ⚹ 🛎 **P**

TRADITIONNEL · PERSONNALISÉ Cet ancien relais de poste du 17ᵉ s. abrite des
chambres fort confortables, au sobre décor (mobilier en fer forgé), la plupart en
duplex, ainsi qu'un centre de soins (piscine couverte, hammam, sauna, etc.). Dans
le salon, quelques objets chinés donnent un supplément d'âme au moment du
petit-déjeuner.

25 chambres – †79/159 € ††89/189 € – 1 suite – ⌂ 12 €
8 pl. Saint Melaine – 𝒞 02 31 65 01 55 – www.hotel-deauville.com

🏠 Eden Park   ⚒ 🐕 ⚹ 🛎 **P**

TRADITIONNEL · ACTUEL Un agréable ensemble de bâtiments situé sur les
rives du lac de Pont-l'Évêque, en face de la base de loisirs. Les chambres
sont confortables, décorées avec des meubles en bois patiné, et l'ensemble
est plutôt cosy. Côté restaurant, le chef fait la part belle à la tradition et aux
produits frais.

50 chambres – †60/109 € ††70/140 € – ⌂ 11 € – ½ P
*av. de la Libération, RD48 – 𝒞 02 31 64 64 00 – www.edenparkhotel.com
– Fermé 19 déc.-5 janv.*

à St-Martin-aux-Chartrains 3 km par D677, direction Deauville – ⊠ 14130
– 400 hab. – Alt. 13 m

🏠 Manoir le Mesnil

FAMILIAL · PERSONNALISÉ Une belle demeure bourgeoise de la fin du 19ᵉ s., au cœur du pays d'Auge. Toutes différentes, les chambres distillent le charme d'une maison de famille... La propriétaire se montre des plus accueillantes, et prépare chaque matin un petit-déjeuner gourmand dont on se régale dans le salon-bibliothèque. Les hôtes sont ravis !

5 chambres � – †95/105 € ††105/135 €

750 rte de Pont-l'Évêque – ✆ 06 87 64 49 38 – www.manoirlemesnil.com – Fermé 1 semaine en mars et 1 semaine en nov.

à Pierrefitte-en-Auge 5 km au Sud-Est par D48 et D280ᴬ – ⊠ 14130
– 156 hab. – Alt. 59 m

🍽 Auberge des Deux Tonneaux

CUISINE TRADITIONNELLE · RUSTIQUE ☓ On se croirait dans un pub anglais ! Elle a un charme fou, cette ravissante chaumière avec sa terrasse ombragée face à la vallée. Croustillant de cochon, boudin noir, tripes, tarte aux pommes... on cuisine avec des produits locaux, achetés chez les artisans de la région. Et les cidres normands ont leur propre carte !

Carte 34/53 €

– ✆ 02 31 64 09 31 – www.aubergedesdeuxtonneaux.com – Fermé mardi sauf juil. août et lundi

PONTLEVOY

⊠ 41400 (Loir-et-Cher) – 1 538 hab. – Alt. 99 m – Carte régionale n° **11**-A1
▶ Paris 211 km – Amboise 25 km – Blois 27 km – Montrichard 9 km
Carte Michelin 318-E7 – Guide Vert Michelin Châteaux de la Loire

🍽 Auberge de l'École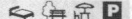

CUISINE TRADITIONNELLE · INTIME ☓☓ Cuisine traditionnelle dans une jolie maison ligérienne abritant deux salles rustiques, dont l'une avec cheminée. La spécialité des lieux ? La cassolette de cœur de ris de veau aux morilles. En été, on s'installe dans le jardin fleuri où murmure une fontaine... Chambres totalement rénovées ; copieux petit-déjeuner.

Formule 22 € – Menu 27/59 € – Carte 44/74 €

11 chambres – †67/97 € ††67/97 € – ⊐ 10 €

12 rte Montrichard – ✆ 02 54 32 50 30 (réservation conseillée) – www.hotelrestaurantdelecole.com – Fermé 2 semaines en fév., 1 semaine en oct., 2 semaines en déc., lundi hors saison, dim. soir, et merc. midi sauf fériés

PONTOISE – 95 (Val-d'Oise) → voir Autour de Paris, (Cergy-Pontoise)

PONT-ST-PIERRE

⊠ 27360 (Eure) – 1 153 hab. – Alt. 15 m – Carte régionale n° **33**-D2
▶ Paris 106 km – Les Andelys 20 km – Évreux 47 km – Louviers 23 km
Carte Michelin 304-H5 – Guide Vert Michelin Normandie Vallée de la Seine

🍽 Auberge de l'Andelle

CUISINE TRADITIONNELLE · RUSTIQUE ☓☓ Une maison à colombages chaleureuse et charmante, dont la belle cheminée ravit les habitués. Dans l'entrée, le patron a installé un vivier, faisant du homard la star d'un menu... qui vient compléter une sympathique carte traditionnelle.

Menu 25/66 € – Carte 38/55 €

27 Grande-Rue – ✆ 02 32 49 70 18 – www.aubergedelandelle.fr – Fermé vacances de Noël et mardi soir

PONT-STE-MARIE – 10 (Aube) ➜ voir Troyes

PONT-SCORFF

✉ 56620 (Morbihan) – 3 407 hab. – Alt. 42 m – Carte régionale n° **9**-B2
🚆 Paris 503 km – Lanester 13 km – Lorient 13 km – Rennes 152 km
Carte Michelin 308-K8 – Guide Vert Michelin Bretagne Sud

🕲 L'Art Gourmand   ♿ 🄰🄲

CUISINE MODERNE · À LA MODE ✗ La maison célèbre l'art sous toutes ses formes. Les artistes locaux sont à l'honneur sur les murs et, en cuisine, le chef s'exprime à travers les bons produits, en particulier le poisson. Beaucoup de simplicité, presque de la modestie, mais également un certain sens du détail, ce qui est loin d'être l'enfance de l'art...

🍴 Formule 14 € – Menu 17 € (déj. en semaine), 22/30 € – Carte 36/43 €
*14 pl. de la Maison-des-Princes – ✆ 02 97 32 65 08 (réservation conseillée)
– www.lartgourmand.com – Fermé 1 semaine vacances de fév., 1 semaine en juin, vacances de la Toussaint, mardi soir et merc.*

LES PONTS-NEUFS

✉ 22400 (Côtes-d'Armor) – Carte régionale n° **10**-C2
🚆 Paris 441 km – Dinan 51 km – Dinard 52 km – Lamballe 9 km
Carte Michelin 309-G3

🍽️ La Cascade   ≤ 🄿

CUISINE MODERNE · ÉLÉGANT ✗✗ En jetant un coup d'œil par les larges baies vitrées de ce restaurant cosy et feutré, on peut se laisser captiver par l'étang des Ponts-Neufs et la verdure qui l'entoure... En cuisine, le chef sait capter l'air du temps et privilégie le meilleur de la pêche de la baie, qu'il associe aux produits du terroir breton.

Formule 18 € – Menu 24 € (déj. en semaine), 35/62 € – Carte 39/70 €
*4 r. des Ponts-Neufs, sur D786 – ✆ 02 96 32 82 20
– www.restaurant-lacascade-22.fr – Fermé mardi soir, merc. soir et jeudi soir du 16 sept. au 14 juin, dim. soir et lundi*

PORNIC

✉ 44210 (Loire-Atlantique) – 13 937 hab. – Alt. 20 m – Carte régionale n° **34**-A2
🚆 Paris 429 km – Nantes 49 km – La Roche-s-Yon 89 km – Les Sables-d'Olonne 93 km
Carte Michelin 316-D5 – Guide Vert Michelin Pays de la Loire

🍽️ Auberge La Fontaine aux Bretons   🍴 🏡 ♿ 🄿

CUISINE TRADITIONNELLE · RUSTIQUE ✗✗ Une superbe salle à manger à la mode d'autrefois, pour une cuisine du terroir saine et savoureuse, concoctée avec de bons produits et les légumes bio du jardin. Pot-au-feu, filet de sandre façon grand-mère, gâche vendéenne comme un pain perdu... Et une belle rôtissoire pour cuire les porcelets !

🍴 Formule 15 € – Menu 20 € (semaine), 35/55 € – Carte 41/54 €
Hôtel Auberge La Fontaine aux Bretons, chemin des Noëlles, 3 km au Sud-Est par rte de la Bernerie – ✆ 02 51 74 08 08 – www.auberge-la-fontaine.com – Fermé dim. soir et lundi de nov. à mars sauf fériés et vacances scolaires

🍽️ La Poissonnerie du Môle   🏡 ♿ 🄰🄲

POISSONS ET FRUITS DE MER · BRANCHÉ ✗ Derrière le port de pêche, un restaurant installé dans l'ancienne poissonnerie des grands-parents de son actuel propriétaire. On y déguste des recettes où, évidemment, le poisson a la part belle. Les amateurs apprécieront la fraîcheur des produits, cuisinés avec un soupçon d'originalité. Cadre épuré.

Formule 21 € – Menu 29 € (déj. en semaine), 39/45 € – Carte 39/54 €
30 r. de la Marine – ✆ 02 40 21 04 86 – www.la-poissonnerie-du-mole.fr – Fermé lundi midi en juil.-août, jeudi et merc. de sept. à juin

🏨 Alliance

HÔTEL DE CHAÎNE · PERSONNALISÉ Beau programme dans ce complexe hôtelier dressé dans une crique bordée de rochers et de pins : centre de thalasso (large palette de soins), vue sur la mer, calme, lumière et espace... Différentes options pour se restaurer : cuisine traditionnelle à La Source ou menus diététiques à La Terrasse.

118 chambres – †125/299 € ††175/369 € – 2 suites – ☐ 16 € – ½ P
plage de la Source, 1 km au Sud – ✆ 02 40 82 21 21 – www.thalassopornic.com
– Fermé 4-17 déc.

🏨 Auberge La Fontaine aux Bretons

AUBERGE · RUSTIQUE Entre mer et campagne, cette ancienne ferme (1867) conserve un grand potager et des enclos avec animaux... Idéal avec des enfants ! Les chambres sont rustiques et cosy, le petit-déjeuner excellent.

32 chambres – †98/147 € ††98/147 € – ☐ 15 € – ½ P
chemin des Noëlles, 3 km au Sud-Est par rte de la Bernerie – ✆ 02 51 74 07 07
– www.auberge-la-fontaine.com

🍽️ **Auberge La Fontaine aux Bretons** – voir les restaurants ci-dessus

🏨 Pornic

BUSINESS · MODERNE Certes, sa situation n'est pas des plus idylliques (une zone commerciale et industrielle), mais le golf de Pornic se trouve à 500 m et ses infrastructures se révèlent agréables : des chambres confortables et spacieuses, une ambiance feutrée, avec espace fitness, jacuzzi et hammam. Spécialités de grillades au restaurant.

59 chambres – †90/132 € ††90/150 € – ☐ 13 € – ½ P
12 r. Jean-Monnet – ✆ 02 40 82 55 55 – www.bestwesternhotelpornic.com

🏠 Beau Soleil

TRADITIONNEL · FONCTIONNEL Bâtiment des années 1980 face au port et au château : la plupart des chambres offrent une jolie vue. Décor contemporain, simple et avenant. Faïence de Pornic pour le petit-déjeuner.

17 chambres – †69/100 € ††69/115 € – ☐ 11 €
70 quai Leray – ✆ 02 40 82 34 58 – www.hotel-beausoleil-pornic.com

PORNICHET

✉ 44380 (Loire-Atlantique) – 10 323 hab. – Alt. 12 m – Carte régionale n° **34**-A2
🚄 Paris 444 km – La Baule 6 km – Nantes 70 km – St-Nazaire 11 km
Carte Michelin 316-B4 – Guide Vert Michelin Pays de la Loire

🏨 Sud Bretagne

TRADITIONNEL · COSY Entre port, commerces et plages, hôtel d'un certain cachet : chaque chambre a une vraie personnalité (design, classique, baroque, etc.) ; la moitié ouvre sur le grand jardin avec piscine. Salle à manger soignée, coquette terrasse et cuisine iodée.

30 chambres – †100/180 € ††120/250 € – ☐ 15 € – ½ P
42 bd de la République – ✆ 02 40 11 65 00 – www.hotelsudbretagne.com

🏨 Château des Tourelles

LUXE · ACTUEL Sur le front de mer, difficile de manquer cette élégante demeure de 1850, avec ses tours, ses dépendances et son grand parc. On y trouve tout le confort souhaitable : piscine avec jacuzzi, plusieurs hammams et un sauna, des chambres luxueuses avec balcon donnant sur la mer... Tout simplement délicieux.

103 chambres – †180/770 € ††180/770 € – 2 suites – ☐ 29 € – ½ P
1 av. Léon Dubas - Pointe du Bec – ✆ 02 40 60 80 80
– www.thalasso-tourelles.com – Fermé 20 nov.-4 déc.

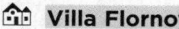 Villa Flornoy

VILLA · PERSONNALISÉ Dans un quartier résidentiel proche de l'hôtel de ville, une grande villa de style anglo-normand. Chambres assez spacieuses, colorées ou plus classiques (toile de Jouy), d'un bon rapport confort-prix. Piscine couverte, restaurant.

30 chambres – †99/179 € ††99/179 € – ☲ 12 € – ½ P
7 av. Flornoy, (près de l'hôtel de ville) – ☏ 02 40 11 60 00 – www.villa-flornoy.com – Fermé 15 déc.-6 janv.

Escale Océania

HÔTEL DE CHAÎNE · FONCTIONNEL Cet hôtel est très bien situé, entre la place du marché et la plage des Libraires. Au choix : chambres ou appartements, tous bien équipés et confortables.

95 chambres – †75/175 € ††75/175 € – ☲ 11 €
50 av. de la Plage – ☏ 02 40 11 26 26 – www.oceaniahotels.com

Le Régent

FAMILIAL · FONCTIONNEL Un hôtel-restaurant centenaire, tenu en famille, et un lieu plein de vie ! Les chambres sont chaleureuses, plutôt modernes, certaines avec une terrasse embrassant l'Atlantique... Espace bien-être.

23 chambres – †99/179 € ††99/209 € – ☲ 12 € – ½ P
150 bd des Océanides – ☏ 02 40 61 04 04 – www.le-regent.fr

PORQUEROLLES (ÎLE DE) – 83 (Var) → voir Île de Porquerolles

PORSPODER

✉ 29840 (Finistère) – 1 781 hab. – Alt. 25 m – Carte régionale n° **9-A1**
◼ Paris 618 km – Quimper 103 km – Rennes 266 km

✿ Le Château de Sable

CUISINE MODERNE · ÉLÉGANT XX Julien Marseault, jeune chef revenu sur ses terres après un beau parcours en Corse, a rapidement trouvé ses marques : il sait mettre en avant les meilleurs produits du terroir breton et de la pêche locale, et ose quelques mariages originaux... Menu à petit prix au déjeuner, esprit gastronomique le soir.

→ Ormeaux des Abers ou Saint-Jacques d'Erquy, émulsion terre et mer. Saint-pierre, compression de princesse amandine, coquillages et mousserons. Poire williams en cuisson douce, cube de pain d'épice perdu.

Formule 20 € – Menu 26 € ▯ (déj. en semaine), 42/140 € ▯
38 r. de l'Europe – ☏ 02 29 00 31 32 – www.lechateaudesablehotel.fr – Fermé 1er janv.-10 fév., dim. soir, lundi et mardi

Le Château de Sable

HÔTEL DE VACANCES · ACTUEL Face à la presqu'île St-Laurent – un lieu hors du temps –, un établissement à la pointe de la réglementation environnementale (bois, verre, etc.). Les chambres sont lumineuses, aux teintes douces et tournées en grande partie vers la côte sauvage et l'océan... Idéal pour se reposer entre deux châteaux de sable !

26 chambres – †104/368 € ††104/368 € – 1 suite – ☲ 13 €
38 r. de l'Europe – ☏ 02 29 00 31 32 – www.lechateaudesablehotel.fr – Fermé 1er janv.-10 fév.

✿ **Le Château de Sable** – voir les restaurants ci-dessus

PORT-CAMARGUE – 30 (Gard) → voir Grau-du-Roi

PORT-CROS (ÎLE DE) – 83 (Var) → voir Île de Port-Cros

PORT-DE-GAGNAC – 46 (Lot) → voir Bretenoux

PORT-DE-SALLES – 86 (Vienne) → voir l'Isle-Jourdain

PORT-DE-SECHEX – 74 (Haute-Savoie) → voir Thonon-les-Bains

PORT-EN-BESSIN

✉ 14520 (Calvados) – 2 039 hab. – Alt. 10 m – Carte régionale n° **32**-B2

▷ Paris 275 km – Bayeux 10 km – Caen 41 km – Cherbourg 92 km

Carte Michelin 303-H3 – Guide Vert Michelin Normandie Cotentin

⅃○ La Chenevière

CUISINE MODERNE · ÉLÉGANT XxX Panneaux de bois sculptés, superbe parquet, mobilier du 18ᵉ s. : un cadre plein de noblesse. La cuisine est aussi délicate, avec de jolies variations autour du terroir normand et d'agréables mariages de saveurs.

Menu 36 € (semaine), 57/95 € – Carte 65/92 €

Hôtel La Chenevière, 1,5 km au Sud par D6 – ✆ 02 31 51 25 25
– www.lacheneviere.com – Ouvert mars-nov. et fermé le midi

⅃○ La Marine ⓝ

POISSONS ET FRUITS DE MER · ÉLÉGANT XX On ne peut rêver emplacement plus idéal, face à la Manche... qu'on retrouve dans l'assiette, dédiée comme il se doit aux produits de la mer : fraîcheur garantie ! Pour ceux qui souhaitent s'attarder, huit chambres regardent l'horizon dans les yeux. Salle panoramique et agréable terrasse.

Formule 19 € – Menu 25/49 € – Carte 37/74 €

16 chambres – ☖55/95 € ☖☖55/95 € – ☖ 10 €

5 quai Letourneur – ✆ 02 31 21 70 08 – www.hoteldelamarine.fr – Fermé 4 janv.-4 fév.

⅃○ Fleur de Sel

POISSONS ET FRUITS DE MER · CONVIVIAL X Un sympathique restaurant sur le port. À la carte, des propositions simples, des fruits de mer, un menu homard : les must de la côte normande. Belle vue sur la tour Vauban de la salle à l'étage.

⊜ Menu 18/46 € – Carte 28/64 €

6 quai Félix-Faure – ✆ 02 31 21 73 01 – www.fleudesel-restaurant.fr
– Fermé 5 janv.-12 fév., mardi et merc. sauf de mai à sept.

▦ La Chenevière

CHÂTEAU · COSY Un havre de paix... Cette demeure normande du 18ᵉ s. et ses dépendances entourées d'un parc – lequel mérite une promenade ! – allient grâce et grand confort. Entre tissus imprimés et mobilier de style, il règne même l'esprit d'un manoir anglais...

26 chambres – ☖220/425 € ☖☖220/425 € – 3 suites – ☖ 25 € – ½ P

1,5 km au Sud par D6 – ✆ 02 31 51 25 25 – www.lacheneviere.com
– Ouvert mars-nov.

⅃○ **La Chenevière** – voir les restaurants ci-dessus

▦ Mercure

HÔTEL DE CHAÎNE · ACTUEL Un complexe parfait pour les golfeurs, directement situé sur les greens du golf d'Omaha Beach. Chambres spacieuses au style contemporain, espace bien-être, esprit brasserie au restaurant.

74 chambres – ☖100/270 € ☖☖110/270 € – ☖ 18 € – ½ P

chemin du Colombier, (sur le golf), 2 km à l'Ouest par D514 – ✆ 02 31 22 44 44
– www.mercure.com – Fermé 4-31 déc.

PORT-GOULPHAR – 56 (Morbihan) → voir Belle-Ile-en-Mer

PORT-GRIMAUD

✉ 83310 (Var) – Carte régionale n° **41**-C3

▷ Paris 867 km – Brignoles 63 km – Fréjus 27 km – Hyères 47 km

Carte Michelin 340-O6 – Guide Vert Michelin Côte d'Azur

🏠 Suffren

HÔTEL DE VACANCES · PERSONNALISÉ Dans un secteur semi-piéton au cœur de la "Venise provençale", on trouve cet hôtel récent et bien entretenu. Patines à l'ancienne et couleurs du Sud égayent les chambres, dont la plupart ont leur propre balcon.

19 chambres – ♦100/200 € ♦♦100/330 € – 😒 13 €

16 pl. du Marché – ℰ 04 94 55 15 05 – www.hotel-suffren.com
– Ouvert 9 avril-8 oct.

PORTICCIO – 2A (Corse-du-Sud) ➜ voir Corse

PORTIRAGNES

✉ 34420 (Hérault) – 3 243 hab. – Alt. 10 m – Carte régionale n° **23**-C2
▶ Paris 762 km – Agde 13 km – Béziers 13 km – Montpellier 72 km
Carte Michelin 339-F9

🏠 Mirador

FAMILIAL · FONCTIONNEL Près du rivage, un hôtel familial aux chambres fonctionnelles et bien tenues. Certaines disposent de terrasses orientées vers les flots.

16 chambres – ♦58/146 € ♦♦58/146 € – 😒 10 € – ½ P

4 bd Front-de-Mer, à Portiragnes-Plage – ℰ 04 67 90 91 33
– www.hotel-le-mirador.com – Fermé nov., déc. et janv.

PORTIVY – 56 (Morbihan) ➜ voir Quiberon

PORT-JOINVILLE – 85 (Vendée) ➜ voir Île d'Yeu

PORT-LESNEY

✉ 39330 (Jura) – 556 hab. – Alt. 251 m – Carte régionale n° **16**-B2
▶ Paris 401 km – Arbois 12 km – Besançon 36 km – Dole 39 km
Carte Michelin 321-E4 – Guide Vert Michelin Franche-Comté Jura

🌸 Château de Germigney

CUISINE MODERNE · COSY XXX Dans cet élégant Château, cossu et chic comme il se doit, la Provence et le Jura se sont unis pour le meilleur... Dans la salle voûtée, à l'orangerie ou sur la terrasse, on savoure une cuisine fine et harmonieuse, toute en simplicité, autour de produits régionaux et méditerranéens. Et le service est impeccable !
➜ Langoustine en ravioli, beurre blanc et vin jaune, fenouil. Cabillaud, compotée d'oignons aux épices, gelée d'eau de tomate et gaspacho. Chocolats noir et lait, caramel aux arachides et glace au lait d'amande.

Menu 45 € (déj.), 80/110 € – Carte 55/90 €

r. Edgar-Faure – ℰ 03 84 73 85 85 – www.chateaudegermigney.com
– Fermé vacances de fév. et de la Toussaint, lundi midi et mardi midi

😊 Le Bistrot Pontarlier

FRANC-COMTOISE · BISTRO X Au bord de la Loue, un grand bistrot foisonnant de bibelots chinés, une terrasse digne d'une guinguette et... une ode au terroir : comté, truite de rivière, etc. Évidemment, c'est sur une nappe à carreaux que l'on savoure le repas, généreux et canaille à souhait !

Menu 29/36 € – Carte 34/40 €

pl. du 8-Mai-1945 – ℰ 03 84 37 83 27 – www.bistrotdeportlesney.com
– Fermé vacances de fév., Toussaint et Noël, merc. et jeudi

🏠 Château de Germigney

CHÂTEAU · ÉLÉGANT Bucolique ! Un parc superbe, une piscine écologique (l'eau d'un étang filtrée naturellement) et ce joli manoir, avec ses grandes chambres élégantes et pleines de charme. Tissus choisis, raffinement romantique, fumoir avec une cheminée monumentale... Tout cela pour vous donner une petite idée de la vie de château.

19 chambres – ♦100/320 € ♦♦100/320 € – 1 suite – 😒 19 €

r. Edgar-Faure – ℰ 03 84 73 85 85 – www.chateaudegermigney.com – Fermé vacances de fév. et de la Toussaint

🌸 **Château de Germigney** - voir les restaurants ci-dessus

PORT-LOUIS

✉ 56290 (Morbihan) – 2 685 hab. – Alt. 5 m – Carte régionale n° **9**-B2

▶ Paris 505 km – Lorient 19 km – Pontivy 61 km – Vannes 50 km

Carte Michelin 308-K8 – Guide Vert Michelin Bretagne Sud

✿ **Avel Vor** (Patrice Gahinet)

CUISINE MODERNE · ÉLÉGANT XX Un Avel Vor ("vent de mer" en breton) souffle sur cette table au cadre contemporain et raffiné. Cet air iodé sied visiblement à la cuisine, pleine de finesse et sublimant, entre autres, les poissons fraîchement pêchés... Belle carte des vins.

➔ Salade de légumes de saison en tarte croustillante et filet de rouget. Turbot poché dans son jus, marmelade et beurre de citron. Fruits de saison caramélisés et glace maison.

Menu 30 € (semaine), 57/95 € – Carte 75/95 €

3 chambres ⌂ – ♦110/140 €

25 r. de Locmalo – ℰ 02 97 82 47 59 – www.restaurant-avel-vor.com – Fermé 1 semaine en juin, 2 semaines en oct., 2 semaines en janv., mardi sauf juil.-août, dim. soir et lundi

PORT-MANECH

✉ 29920 (Finistère) – ✉ Nevez – Carte régionale n° **9**-B2

▶ Paris 545 km – Carhaix-Plouguer 73 km – Concarneau 18 km – Quimper 44 km

Carte Michelin 308-I8 – Guide Vert Michelin Bretagne Sud

🏚 **Manoir Dalmore**

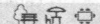

VILLA · ÉLÉGANT Un ravissant manoir de 1926, isolé au-dessus de la plage de Port-Manec'h... Une situation idyllique, avec un chemin d'accès direct à la mer ! Les chambres mêlent avec goût l'ancien (cheminées, mobilier de famille) et des notes plus épurées ; la cuisine fait la part belle aux produits de la mer.

10 chambres – ♦100/230 € ♦♦100/230 € – ⌂ 14 €

7 corniche de Pouldon, (plage de Port-Manec'h) – ℰ 02 98 06 82 43 – www.manoirdalmore.com – Fermé 4-28 janv.

PORT-MORT

✉ 27940 (Eure) – 941 hab. – Alt. 19 m – Carte régionale n° **33**-D2

▶ Paris 89 km – Les Andelys 11 km – Évreux 33 km – Rouen 55 km

Carte Michelin 304-I6

ⅈ○ **Auberge des Pêcheurs**

CUISINE TRADITIONNELLE · RUSTIQUE XX Depuis trente ans, la passion du couple Bicot pour le métier ne se dément pas : toujours de nouveaux projets en tête, et la même envie de satisfaire les clients ! Dans ce petit village proche de la Seine, leur sympathique auberge cultive la tradition avec goût et simplicité, à l'image de cette compotée de lapin en gelée de cidre...

🍴 Menu 17 € (déj. en semaine), 27/37 € – Carte 38/56 €

122 Grande Rue – ℰ 02 32 52 60 43 – Fermé 1er fév.-3 mars, 1er-18 août, dim. soir, mardi soir et merc.

PORT-NAVALO – 56 (Morbihan) ➔ voir Arzon

PORTO – 2A (Corse-du-Sud) ➔ voir Corse

PORTO-POLLO – 2A (Corse-du-Sud) ➔ voir Corse

PORTO-VECCHIO – 2A (Corse-du-Sud) ➔ voir Corse

PORT-ST-PÈRE

✉ 44710 (Loire-Atlantique) – 2 820 hab. – Alt. 16 m – Carte régionale n° **34**-B2

▶ Paris 409 km – Angers 114 km – Nantes 22 km – La Roche-sur-Yon 86 km

Carte Michelin 316-F5

🏠 Demeure Les Arabesques

VILLA · PERSONNALISÉ Roland Petit, Maurice Béjart et Patrick Dupont : ainsi se prénomment les chambres de ces Arabesques, créées par une ancienne professeur de danse. Entre ces murs du 16ᵉ s., l'ambiance est à la grâce et à la douceur... Un beau refuge parmi les bois et les étangs, à mi-chemin entre Nantes et Pornic.

3 chambres ☑ – †90/127 € ††90/127 €

La Bogetterie, 3 km au Nord-Ouest par D103, rte du Pellerin – 𝒞 *02 40 47 80 42 – www.demeure-arabesques.com*

PORTSALL

✉ 29830 (Finistère) – Carte régionale n° **9**-A1

▶ Paris 616 km – Brest 29 km – Quimper 98 km – Rennes 263 km

Carte Michelin 308-C3 – Guide Vert Michelin Bretagne Nord

🍽️ Les Littorines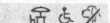

POISSONS ET FRUITS DE MER · BISTRO 🗶 À deux pas du joli port de Portsall, cette charmante maison familiale (19ᵉ s.) dégage incontestablement un air marin... La cuisine est tournée vers le large, avec pour spécialités le saumon fumé, l'aile de raie aux câpres et le "Pesked a Farz" !

Formule 16 € – Menu 22 € (semaine), 29/34 € – Carte 34/48 €

8 square de l'Aberic – 𝒞 *02 98 48 61 85 – Ouvert de fév. à oct., dim. soir et lundi*

🏠 La Demeure Océane

VILLA · PERSONNALISÉ Une agréable maison bourgeoise datant de la fin du 19ᵉ s., au-dessus du port. Les chambres sont fraîches et romantiques, un peu rêveuses (Violette, Jeanne et Victor, Napoléon, etc.). Une bonne adresse pour les amoureux de paysages sauvages et naturels.

5 chambres ☑ – †72/80 € ††72/84 €

20 r. Bar-Al-Lan – 𝒞 *02 98 48 77 42 – www.demeure-oceane.fr – Fermé 4 nov.-10 janv.*

PORT-SUR-SAÔNE

✉ 70170 (Haute-Saône) – 3 022 hab. – Alt. 228 m – Carte régionale n° **16**-B1

▶ Paris 347 km – Besançon 61 km – Bourbonne-les-Bains 46 km – Épinal 75 km

Carte Michelin 314-E6

à Vauchoux 3 km au Sud par D6 – ✉ 70170 – 126 hab. – Alt. 210 m

🌸 Château de Vauchoux (Jean-Michel Turin)

CUISINE CLASSIQUE · ÉLÉGANT 🗶🗶🗶 Étonnant destin pour ce château, ancien relais de chasse de Louis XV devenu l'une des meilleures tables de la région ! La salle allie mobilier de style et pièces design. Dans l'assiette, en revanche, pas de mélange des genres avec une cuisine de tradition centrée sur le produit. Très belle sélection de vins.

➔ Œufs brouillés aux truffes melanosporum. Dos d'oie rôti au caramel d'épices, mangue et gingembre confit. Excellence de chocolat noir et sorbet menthe fraîche.

Menu 78/148 €

rte de la vallée de la Saône – 𝒞 *03 84 91 53 55 (réservation conseillée) – Fermé 22-29 fév., merc. midi, lundi et mardi*

PORT-VENDRES

✉ 66660 (Pyrénées-Orientales) – 4 227 hab. – Alt. 3 m – Carte régionale n° **22**-B3

▶ Paris 881 km – Montpellier 192 km – Perpignan 32 km

Carte Michelin 344-J7

🙂 Le Cèdre

CUISINE MODERNE · COSY 🗶🗶 Velouté de carottes et cumin, chantilly aux zestes d'orange ; dos de cabillaud en croûte d'herbes et coulis de poivron rouge... Voici quelques exemples de la belle cuisine de produits frais réalisée par le jeune chef, qui renouvelle son menu chaque semaine. Avec, en prime, une agréable vue sur le port et sur la mer.

Formule 24 € – Menu 29/46 € – Carte environ 52 €

Hôtel Les Jardins du Cèdre, 29 rte de Banyuls – 𝒞 *04 68 82 62 20 – www.restaurant-lecedre.com – Fermé 4 janv.-12 fév. et lundi*

ⅼ◯ Côte Vermeille

POISSONS ET FRUITS DE MER · CONVIVIAL XX Sous l'égide de deux frères, une belle table marine ancrée sur le port ! On revendique ici une cuisine simple et fraîche, dans le respect absolu du produit : achetés à la criée voisine, tous les poissons sont sauvages et cuisinés avec goût. Grillades et plats du marché au Côté Terrasse.

Formule 25 € – Menu 34 € (semaine), 45/58 € – Carte 60/72 €

quai du Fanal, (en direction de la criée) – ℰ 04 68 82 05 71
– www.restaurantlacotevermeille.com – Fermé 3 semaines en fév.-mars, 1 semaine en nov., dim. sauf juil.-sept. et lundi

ⅼ◯ Les Clos de Paulilles ◍

RÉGIONALE · RURAL X Prisonnier entre vignes et mer, à deux pas de la plage, le site laisse rêveur ; la maison Cazes – de grands vignerons de la région – a pris les rênes de ce domaine de 90 ha, pour le ravissement de nos sens. Les recettes, régionales, n'utilisent que des produits locaux. Ne manquez pas la superbe terrasse face aux vignes...

Menu 30/50 €

baie de Paulilles – ℰ 04 68 81 49 79 – www.cazes-rivesaltes.com
– Ouvert avril-nov.

⌂ Les Jardins du Cèdre

FAMILIAL · SIMPLE Jolie piscine, palmiers, chambres simples – préférez celles donnant sur la mer – et... vieux cèdre du Liban : un hôtel agréable, malgré la route toute proche.

19 chambres – †72/146 € ††72/146 € – 1 suite – ☑ 12 € – ½ P

29 rte de Banyuls – ℰ 04 68 82 01 05 – www.lesjardinsducedre.com
– Fermé 4 janv.-12 fév.

☺ **Le Cèdre** – voir les restaurants ci-dessus

LA POTERIE – 22 (Côtes-d'Armor) → voir Lamballe

POUANÇAY

✉ 86120 (Vienne) – 240 hab. – Alt. 73 m – Carte régionale n° **39**-C1
▶ Paris 348 km – Bressuire 56 km – Poitiers 75 km – Saumur 29 km
Carte Michelin 322-F2

ⅼ◯ Trésor Belge

FLAMANDE · RUSTIQUE XX Une "ambassade" de la cuisine flamande où l'on déguste en toute convivialité de belles spécialités belges arrosées d'une très belle sélection d'incontournables bières du "plat pays". Une adresse bien gourmande !

Menu 33/49 € – Carte 38/59 €

1 allée du Jardin-Secret – ℰ 05 49 98 72 25 (réservation conseillée)
– www.tresorbelge.com – Fermé 29 juin-5 juil., 31 août-6 sept., 21 déc.-3 janv., lundi et mardi

POUILLON

✉ 40350 (Landes) – 2 953 hab. – Alt. 28 m – Carte régionale n° **3**-B3
▶ Paris 742 km – Dax 16 km – Mont-de-Marsan 69 km – Orthez 28 km
Carte Michelin 335-F13

☺ L'Auberge du Pas de Vent

CUISINE TRADITIONNELLE · RUSTIQUE XX Le nouveau chef, ancien de chez Passédat, opère une transition en douceur : en bon enfant du pays, il met en avant les beaux produits du terroir – bœuf de Chalosse, poulet fermier des Landes... – dans des assiettes généreuses, et ne manque pas d'y apporter une touche personnelle. Service pro et efficace.

Formule 13 € – Menu 25 € – Carte 44/55 €

281 av. du Pas-de-Vent – ℰ 05 58 98 34 65 – www.auberge-dupasdevent.com
– Fermé vacances de fév., de la Toussaint, dim. soir, lundi soir, mardi soir et merc.

POUILLY-EN-AUXOIS

✉ 21320 (Côte-d'Or) – 1 555 hab. – Alt. 390 m – Carte régionale n° **8**-C2
▶ Paris 270 km – Avallon 66 km – Beaune 42 km – Dijon 44 km
Carte Michelin 320-H6 – Guide Vert Michelin Bourgogne

🍴 Restaurant de la Poste ⛱

CUISINE TRADITIONNELLE • AUBERGE ✕ Sur la place centrale de cette petite localité bourguignonne, cette auberge est tenue par la même famille depuis 1947. Il y règne une sympathique atmosphère champêtre et l'on déguste une cuisine traditionnelle aux accents régionaux.
◎ Formule 15 € – Menu 20 € (semaine), 27/41 € – Carte 32/50 €
pl. de la Libération – ✆ 03 80 90 86 44 – www.hoteldelaposte-pouilly.fr – Fermé 3 semaines en nov., dim. et lundi

à Ste-Sabine 8 km au Sud-Est par D981, D977bis et D970 – ✉ 21320

– 190 hab. – Alt. 365 m

🍴 Château Sainte Sabine 👁 🌳 ♿ ❄ 🚫 🅿

CUISINE MODERNE • ÉLÉGANT ✕✕✕ Dans le cadre historique du château Sainte-Sabine, né au Grand Siècle, face au parc et à son plan d'eau, une table élégante et raffinée. Quenelle de brochet aux pâtes zita et écrevisses sauce homardine, soufflé au biscuit rose et ratafia : voici les belles spécialités du nouveau chef !
Menu 26 € (déj. en semaine), 42/75 € – Carte 67/80 €
– ✆ 03 80 49 22 01 – www.saintesabine.com – Fermé 15-23 fév., 20 nov.-20 déc., mardi midi et merc.

🏰 Château Sainte Sabine 🍴 👁 🌳 🏊 ↕ ♿ ❄ 🚫 👥 🅿

CHÂTEAU • PERSONNALISÉ L'art de vivre à la française imprègne ce beau château du 17e s., d'architecture classique. Chic et impeccables, les chambres jouent la carte d'une élégance intemporelle, dans une version plus "châtelaine" pour celles de la tour. Et l'on ne se lasse pas des belles échappées sur le parc environnant, où vagabondent des animaux en liberté...
22 chambres – 👤110/220 € 👥110/220 € – ☕ 14 € – ½ P
– ✆ 03 80 49 22 01 – www.saintesabine.com – Fermé 15-23 fév. et 20 nov.-20 déc.
🍴 **Château Sainte Sabine** – voir les restaurants ci-dessus

à Chailly-sur-Armançon 6,5 km à l'Ouest par D977bis – ✉ 21320

– 260 hab. – Alt. 387 m

🍴 L'Armançon 🌳 ⛱ ♿ 🚫 🅿

CUISINE CLASSIQUE • TRADITIONNEL ✕✕✕ En ce beau château des 15e-16e s., dames et damoiseaux viennent déguter de bons plats traditionnels : foie gras de canard au cassis, filet de bœuf charolais avec des pommes savonnettes parfumées à la truffe, etc. Le tout dans un cadre pour le moins... distingué !
Formule 21 € – Menu 29 € (déj.), 54/85 € – Carte 57/78 €
Hôtel Château de Chailly – ✆ 03 80 90 30 30 – www.chailly.com – Ouvert 9 janv.-14 fév., 5 mars-17 déc. et fermé dim. soir, lundi soir et mardi soir de nov. à mars et le midi

🏰 Château de Chailly 🍴 ♨ 🌳 🏊 🎾 ⛳ ↕ ♿ ❄ 👥 🅿

CHÂTEAU • HISTORIQUE Une riche façade Renaissance, une autre grandiose et médiévale : ce château a du style ! Ses hôtes pourront musarder dans le superbe parc, s'adonner aux joies du golf ou de la natation, profiter des deux restaurants... Vous avez dit "vie de château" ?
39 chambres – 👤150/695 € 👥150/695 € – 6 suites – ☕ 21 €
– ✆ 03 80 90 30 30 – www.chailly.com – Ouvert 9 janv.-14 fév. et 5 mars-17 déc.
🍴 **L'Armançon** – voir les restaurants ci-dessus

POUILLY-LE-FORT

✉ 77240 (Seine-et-Marne) – Carte régionale n° **19**-C2
▶ Paris 57 km – Créteil 35 km – Évry 23 km – Melun 7 km
Carte Michelin 312-E4

✸ **Le Pouilly**

CUISINE MODERNE · **RUSTIQUE** XX On se sent bien, dans l'ancienne grange de cette vieille ferme briarde... Le décor est charmant (pierres apparentes, poutres, etc.) et l'on savoure une agréable cuisine d'aujourd'hui.

➜ Foie gras poêlé, compote de fenouil et croustillant d'amandes. Turbot grillé, carottes à la chermoula et jus de poulet. Cigare au citron, crémeux yuzu, meringue au combava et glace bergamote.

Menu 29 € (déj. en semaine), 50/90 € – Carte 75/90 €
1 r. de la Fontaine – ✆ *01 64 09 56 64* – *www.lepouilly.fr*
– Fermé 8 août-3 sept., 23-28 déc., dim. soir et lundi

POUILLY-SOUS-CHARLIEU

✉ 42720 (Loire) – 2 534 hab. – Alt. 264 m – Carte régionale n° **44**-A1
▶ Paris 393 km – Charlieu 5 km – Digoin 43 km – Roanne 15 km
Carte Michelin 327-D3

⬤ **Loire**

CUISINE MODERNE · **CONVIVIAL** XX Cette auberge, en bord de Loire, servait jadis de la friture... Aujourd'hui, c'est un joli restaurant, avec une terrasse côté jardin. On y apprécie une cuisine traditionnelle et soignée, qui privilégie les produits frais.

Formule 17 € – Menu 22 € (semaine), 32/70 € – Carte 37/79 €
r. de la Berge – ✆ *04 77 60 81 36* – *www.restaurant-loire.fr*
– Fermé 30 mai-10 juin, 10-22 oct., 2-23 janv., dim. soir, lundi et mardi

> Un important déjeuner d'affaires ou un dîner entre amis ?
> Le symbole ✿ vous signale les salons privés.

POUILLY-SUR-LOIRE

✉ 58150 (Nièvre) – 1 690 hab. – Alt. 168 m – Carte régionale n° **7**-A2
▶ Paris 200 km – Bourges 58 km – Clamecy 54 km – Cosne-Cours-sur-Loire 18 km
Carte Michelin 319-A8 – Guide Vert Michelin Bourgogne

⬤ **Le Coq Hardi-Relais Fleuri**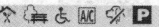

CUISINE TRADITIONNELLE · **RÉTRO** XX Dans cette vénérable hostellerie, on s'installe dans une salle donnant sur le jardin qui borde la Loire... Le chef concocte une cuisine traditionnelle pleine de saveur. Certaines des chambres ouvrent sur la verdure.

Formule 20 € – Menu 26 € (semaine), 40/67 € – Carte 60/73 €
11 chambres – ♦84/102 € ♦♦84/102 € – ☲ 11 €
42 av. de la Tuilerie – ✆ *03 86 39 12 99* – *www.lecoqhardi.fr*
– Fermé 15 fév.-10 mars, 20-29 déc., 4-20 janv., mardi sauf le soir de mai à sept. et lundi

⌂ **Relais de Pouilly**

AUBERGE · **FONCTIONNEL** Pour l'étape, un hôtel proche de la cité vigneronne et d'une aire d'autoroute (accès piétonnier). Chambres insonorisées tournées vers la réserve naturelle de la Loire ; jardin et aire de jeux. Cuisine traditionnelle, buffets, grillades et sélection de pouillys.

23 chambres – ♦70/74 € ♦♦77/87 € – ☲ 10 € – ½ P
rte de Mesves-sur-Loire, 3 km au Sud par D28^A – ✆ *03 86 39 03 00*
– www.relaisdepouilly.com

POULDREUZIC

✉ 29710 (Finistère) – 2 087 hab. – Alt. 51 m – Carte régionale n° **9**-A2
▶ Paris 587 km – Audierne 17 km – Douarnenez 17 km – Pont-l'Abbé 15 km
Carte Michelin 308-E7 – Guide Vert Michelin Bretagne Sud

à Penhors 4 km à l'Ouest par D40 – ✉ 29710

Breiz Armor ☆ ⌂ ⊂ ⇔ ✍ ⊡ 齿 ⚐ P

FAMILIAL · FONCTIONNEL Ce grand bâtiment est idéalement situé près de la plage, face au large. Les chambres, assez spacieuses, disposent d'un équipement complet (écran plat, minibar, coffre-fort), et l'on profite aussi d'un espace bien-être et d'une salle de jeux.

36 chambres – ♦86/104 € ♦♦86/165 € – ⊑ 12 € – ½ P
à la plage – ℰ 02 98 51 52 53 – www.breiz-armor.fr – Ouvert 1ᵉʳ avril-10 oct. et 25-31 déc.

POULIGNY-NOTRE-DAME – 36 (Indre) → voir La Châtre

LE POUZIN

✉ 07250 (Ardèche) – 2 785 hab. – Alt. 90 m – Carte régionale n° **44**-B3
▶ Paris 590 km – Lyon 127 km – Privas 16 km – Valence 28 km
Carte Michelin 331-K5

La Cardinale ☆ ⇔ ⤴ ⚏ P

TRADITIONNEL · CLASSIQUE Un beau mas, un parc aux essences choisies, un élégant restaurant, une jolie piscine, des kiosques... c'est charmant ! Les chambres sont raffinées (salles de bains rétro), certaines de plain-pied dans l'annexe récente (avec terrasse). Un établissement de qualité.

8 chambres – ♦120/245 € ♦♦155/255 € – ⊑ 15 €
quartier Serre-Petou – ℰ 04 75 41 20 39 – www.le.hotellacardinale.com – Ouvert d'avril à oct.

PRADES

✉ 66500 (Pyrénées-Orientales) – 5 851 hab. – Alt. 360 m – Carte régionale n° **22**-B3
▶ Paris 892 km – Mont-Louis 36 km – Olette 16 km – Perpignan 46 km
Carte Michelin 344-F7

Pradotel ☆ ⇔ ⤴ ✍ 齿 P

BUSINESS · FONCTIONNEL En bordure de nationale, un hôtel récent, pratique, familial... et économique. Abri pour les vélos, terrain de pétanque, grande piscine, parking, etc. : parfait pour une étape.

39 chambres – ♦58/81 € ♦♦64/81 € – ⊑ 9 € – ½ P
av. Festival, sur la rocade – ℰ 04 68 05 22 66 – www.hotel-prades.com

à Clara 5 km au Sud par D35 – ✉ 66500 – 243 hab. – Alt. 650 m

Les Loges du Jardin d'Aymeric ⇔ ⌂ ⇔ ⤴ P

CUISINE TRADITIONNELLE · AUBERGE XxX Au sein de ce village perché, il fait bon s'attabler dans cette maison typique de la région, lumineuse et élégante ! Le chef concocte une belle cuisine du marché avec de bons produits locaux et les légumes de son potager – son autre passion. Et s'il vous prend l'envie de rester, les chambres sont pleines de cachet...

Formule 20 € – Menu 38/58 €
3 chambres ⊑ – ♦65/75 € ♦♦75/85 €
7 r. du Canigou – ℰ 04 68 96 08 72 (réservation conseillée)
– www.logesaymeric.com – Fermé janv., dim. soir et lundi sauf juil.-août

LE PRADET

83220 (Var) – 11 336 hab. – Alt. 1 m – Carte régionale n° **41**-C3

▶ Paris 842 km – Draguignan 76 km – Hyères 11 km – Toulon 10 km

Carte Michelin 340-L7 – Guide Vert Michelin Côte d'Azur

aux Oursinières 3 km au Sud par D86 – ⊠ 83220

🍽○ **La Chanterelle**

PROVENÇALE · ÉLÉGANT XX Une cuisine provençale délicate et pleine d'arômes, que l'on déguste avec plaisir dans une jolie maison en pierre (plafond en bois sculpté, vitraux colorés, jardin fleuri).

Formule 24 € – Menu 42 € – Carte 55/62 €

50 r. de la Tartane – ℰ 04 94 08 52 60 – www.hotel-escapade.com – Ouvert de mars à oct. et fermé lundi et mardi de sept. à avril

🏨 **L'Escapade**

TRADITIONNEL · PERSONNALISÉ À 100 m de la mer, un petit nid au calme, idéal pour une escapade sous le soleil. Atmosphère douillette dans des chambres rustiques, d'une tenue irréprochable ; agréable piscine avec transats à l'abri des arbres...

9 chambres – ♥129/239 € ♥♥129/239 € – 1 suite – ♀ 15 €

1 r. de la Tartane – ℰ 04 94 08 39 39 – www.hotel-escapade.com – Ouvert 7 mars-4 nov.

PRALOGNAN-LA-VANOISE

73710 (Savoie) – 747 hab. – Alt. 1 425 m – Carte régionale n° **45**-D2

▶ Paris 634 km – Albertville 53 km – Chambéry 103 km – Moûtiers 28 km

Carte Michelin 333-N5 – Guide Vert Michelin Alpes du Nord

🏠 **Les Airelles**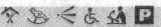

FAMILIAL · ALPIN Pralognan est très apprécié par les randonneurs et ces Airelles sont idéales pour un séjour nature ! Dans un hameau à l'orée de la forêt des Granges, on se sent comme chez soi dans ce beau chalet des années 1980, qui allie ambiance familiale, calme et vue sur les montagnes. Restaurant savoyard.

21 chambres – ♥89/99 € ♥♥89/110 € – ♀ 10 € – ½ P

les Darbelays, 1 km au Nord – ℰ 04 79 08 70 32 – www.hotel-les-airelles.fr – Ouvert 4 juin-17 sept. et 19 déc.-15 avril

🏠 **Hôtel de la Vanoise**

HÔTEL DE VACANCES · ALPIN L'aîné des hôtels de cette sympathique station de montagne, au cœur de la Vanoise. Derrière une façade traditionnelle, on découvre des chambres coquettes et chaleureuses, la plupart avec balcon face aux sommets... Avis aux skieurs : les remontées mécaniques sont toutes proches.

32 chambres – ♥80/140 € ♥♥80/140 € – ♀ 12 € – ½ P

chemin du Dou-des-Ponts – ℰ 04 79 08 70 34 – www.hoteldelavanoise.fr – Ouvert de mi-juin à mi-sept. et 15 déc.-15 avril

🏠 **Hôtel du Grand Bec**

FAMILIAL · ALPIN La crête du Grand Bec veille sur ce chalet des années 1930, posté à l'entrée de Pralognan. Les chambres se révèlent toutes simples, avec un décor d'esprit montagnard. Autres atouts : une très belle piscine couverte et un restaurant traditionnel dont la terrasse regarde les sommets...

39 chambres ♀ – ♥85/125 € ♥♥112/155 € – ½ P

av. Grande Casse – ℰ 04 79 08 71 10 – www.hoteldugrandbec.fr – Ouvert 4 juin-11 sept. et 17 déc.-15 avril

LE PRARION – 74 (Haute-Savoie) ➜ voir Les Houches

PRATS-DE-MOLLO-LA-PRESTE

66230 (Pyrénées-Orientales) – 1 074 hab. – Alt. 740 m – Carte régionale n° **22**-B3

▶ Paris 905 km – Céret 32 km – Perpignan 64 km

Carte Michelin 344-F8

Bellevue

CATALANE · TRADITIONNEL XX Voilà une délicieuse découverte ! La carte fleure bon le terroir régional, et pour cause : le chef met en valeur les petits producteurs locaux, qui viennent dans la cité uniquement pour le livrer. Agneau catalan, fromage des Pyrénées... Les assiettes forment de véritables bouquets de saveurs.

Formule 20 € – Menu 32/56 € – Carte 45/58 €

pl. du Foiral – ☎ 04 68 39 72 48 – www.hotel-le-bellevue.fr
– Ouvert 12 fév.-29 nov. et fermé mardi et merc. de nov. à mars

Bellevue

FAMILIAL · FONCTIONNEL Cet hôtel trône sur la place du village, au pied des remparts médiévaux. Les chambres sont fonctionnelles. Idéal pour une étape dans cette pittoresque cité frontalière.

15 chambres – †43/68 € ††56/85 € – ☲ 10 € – ½ P

pl. du Foiral – ☎ 04 68 39 72 48 – www.hotel-le-bellevue.fr
– Ouvert 12 fév.-29 nov. et fermé mardi et merc. de nov. à mars

Bellevue – voir les restaurants ci-dessus

PRATZ

⊠ 39170 (Jura) – 568 hab. – Alt. 682 m – Carte régionale n° **16**-B3
▶ Paris 460 km – Besançon 130 km – Genève 113 km – Lons-le-Saunier 47 km
Carte Michelin 321-E8

Les Louvières

CUISINE MODERNE · MINIMALISTE X Cette ferme de pays a été rénovée dans un esprit chic et contemporain, sans rien renier de son cachet montagnard. Un endroit vraiment sympathique, où l'on savoure une cuisine créative alléchante et de bons vins du monde.

Menu 48 €

– ☎ 03 84 42 09 24 – www.leslouvieres.com – Ouvert 8-14 fév., avril- mi-nov. et fermé dim. soir, lundi et mardi

LE PRAZ – 73 (Savoie) ➔ voir Courchevel

LES PRAZ-DE-CHAMONIX – 74 (Haute-Savoie) ➔ voir Chamonix-Mont-Blanc

PRAZ-SUR-ARLY

⊠ 74120 (Haute-Savoie) – 1 305 hab. – Alt. 1 036 m – Carte régionale n° **46**-F1
▶ Paris 602 km – Albertville 28 km – Chambéry 79 km – Chamonix-Mont-Blanc 37 km
Carte Michelin 328-M5

La Griyotire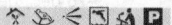

AUBERGE · RUSTIQUE Un élégant chalet savoyard, à la fois central et paisible, avec des chambres charmantes et cosy. Piscine intérieure, sauna et massages, restaurant montagnard (spécialités traditionnelles et régionales) : les vacances en version alpine, tout simplement !

16 chambres – †128/254 € ††128/254 € – 5 suites – ☲ 15 € – ½ P

50 rte de La Tonnaz – ☎ 04 50 21 86 36 – www.griyotire.com – Ouvert 8 juin-15 sept. et 20 déc.-10 avril

PREIGNAC – 33 (Gironde) ➔ voir Langon

PRÉNERON – 32 (Gers) ➔ voir Vic-Fezensac

PRENOIS – 21 (Côte-d'Or) ➔ voir Dijon

LE PRÉ-ST-GERVAIS – 93 (Seine-Saint-Denis) ➔ voir Autour de Paris

PRINGY

✉ 77310 (Seine-et-Marne) – 2 549 hab. – Alt. 70 m – Carte régionale n° **19**-C2

▶ Paris 50 km – Évry 17 km – Melun 11 km – Orléans 140 km

Carte Michelin 312-E4

✥ L'Inédit (Eddy Creuzé) ⊛ 🍴 AC ✗ ⇔ P

CUISINE MODERNE · À LA MODE 🗙🗙🗙 Une image de l'Inédit ? Cette entrée : un capuccino de pomme de terre de Noirmoutier bien crémeux, avec un foie gras savamment poêlé et un jus à la truffe noire parfumé. Une belle association, qui illustre l'esprit de création du chef et son goût pour les produits nobles – comme la truffe, mise en avant en saison !

→ Cappuccino de pomme de terre de Noirmoutier, foie gras de canard poêlé, sauce Périgueux et truffe. Pastilla de pigeonneau fermier du Poitou à la royale. Tarte au chocolat destructurée.

Formule 32 € – Menu 45/135 € 🍷 – Carte 85/120 €

20 av. de Fontainebleau, D607 – ☏ *01 60 65 57 75 – www.linedit.fr*
– Fermé 31 juil.-31 août, 24 déc.-1ᵉʳ janv., dim. soir, mardi et merc.

PROISSANS

✉ 24200 (Dordogne) – 953 hab. – Alt. 188 m – Carte régionale n° **4**-D3

▶ Paris 524 km – Bordeaux 198 km – Limoges 135 km – Périgueux 75 km

Carte Michelin 329-I6

🍴 Au Puits Gourmand 🍴 P

TERROIR · SIMPLE 🗙 Le chef, normand d'origine, puise son inspiration dans les produits frais et cherche à proposer le meilleur rapport qualité-prix : pari réussi, en toute simplicité ! Côté décor : une petite maison de pays, aux murs vert flashy, et une sympathique terrasse.

Formule 13 € – Menu 27/39 € – Carte 35/51 €

☏ *05 53 29 52 71 – www.aupuitsgourmand.net – Fermé vacances de Noël et merc.*

PROJAN

✉ 32400 (Gers) – 162 hab. – Alt. 157 m – Carte régionale n° **28**-A2

▶ Paris 742 km – Pau 42 km – Tarbes 60 km – Toulouse 169 km

Carte Michelin 336-A8

🏰 Le Château de Projan 🔥 🐾 ← 🛏 ⛴ ✗ 🐾 P

CHÂTEAU · PERSONNALISÉ Ambiance de maison d'hôtes dans ce château blotti dans un parc au sommet d'une colline. Beau mobilier ancien et tableaux contemporains ornent chambres et salons. Lumineuse salle à manger prolongée d'une terrasse où l'on sert des plats régionaux. Cours de cuisine.

7 chambres – 🛏120/150 € 🛏🛏150/200 € – 🍽 14 € – ½ P

500 rte Château – ☏ *05 62 09 46 21 – www.chateau-de-projan.com*
– Fermé 1 semaines vacances de la Toussaint,
19-26 déc., début janv.-début mars, dim. et lundi

PROPRIANO – 2A (Corse-du-Sud) → voir Corse

PROVINS

✉ 77160 (Seine-et-Marne) – 12 161 hab. – Alt. 91 m – Carte régionale n° **19**-D2

▶ Paris 88 km – Châlons-en-Champagne 98 km – Fontainebleau 55 km – Sens 47 km

Carte Michelin 312-I4 – Guide Vert Michelin Île-de-France

🏯 Aux Vieux Remparts 🔥 🐾 🗏 ⊛ 🖨 🕭 AC 🐾 P

TRADITIONNEL · PERSONNALISÉ Ces Vieux Remparts évoquent tout le charme de la cité médiévale : dans trois maisons attenantes, les chambres se révèlent raffinées et cosy – et plus loin du Moyen Âge, certaines adoptent même un agréable esprit contemporain, sans parler du spa. L'adresse comblera aussi les gros appétits, avec pas moins de quatre restaurants !

42 chambres – 🛏99/249 € 🛏🛏119/279 € – 🍽 19 € – ½ P

Plan : AV-b *– 3 r. Couverte - ville haute, (cité médiévale) –* ☏ *01 64 08 94 00*
– www.auxvieuxremparts.com

PROVINS

Alips (R. Guy) .... **AX**
Anatole-France (Av.) .... **AV** 2
Arnoul (R. Victor) .... **BX** 3
Balzac (Pl. Honoré-de) ..... **BVX** 4
Bellevue (Rampe de) .... **BX**
Bordes (R. des) .... **BX** 7
Bourquelot (R. Félix) .... **BV** 8
Bray (Rte de) .... **AX**
Briand (R. Aristide) .... **BX**
Canal (R. du) .... **AX**
Carnot (Bd) .... **BX**
Champbenoist (Rte de) ...... **BX** 13
Changis (R. de) .... **BX** 14
Châtel (Pl. du) .... **AV** 18
Chomton (Bd Gilbert) .... **AX** 19
Collège (R. du) .... **ABV** 23

Cordonnerie (R. de la) .... **BV** 24
Courloison (R.) .... **BV** 27
Couverte (R.) .... **AV** 28
Delort (Rue du Gén.) .... **BVX** 29
Desmarets (R. Jean) .... **AV** 30
Dromigny (R. Georges) ...... **AX**
Esternay (R. d') .... **BX**
Ferté (Av. de la) .... **BV** 33
Fourtier-Masson (R.) .... **BX** 35
Friperie (R. de la) .... **BV** 37
Garnier (R. Victor) .... **BX** 39
Gd-Quartier-Gén. (Bd du) ... **BX** 42
Hugues-le-Grand (R.) .... **BX** 43
Jacobins (R. des) .... **BV** 44
Jean-Jaurès (Av.) .... **BX**
Leclerc (Pl. du Mar.) .... **BV** 47
Malraux (Av. André) .... **AVV**
Michelin (R. Maximilien) .... **AX**
Nanteuil (Rte de) .... **BV**

Nocard (R. Edmond) ...... **BVX** 54
Opoix (R. Christophe) .... **BV** 57
Palais (R. du) .... **AV** 59
Pasteur (Bd) .... **BV**
Plessier (Bd du Gén.) ..... **BVX** 64
Pompidou (Av. G.) .... **BV** 67
Pont-Pigy (R. du) .... **BV** 68
Prés (R. des) .... **BV** 69
Rebais (R.) .... **BV**
Remparts (Allée des) .... **AV** 72
Ste-Croix (R.) .... **BV**
St-Ayoul (Pl.) .... **BV** 73
St-Jean (R.) .... **AV** 74
St-Quiriace (Pl.) .... **AV** 77
St-Syllas (Rampe) .... **BV**
Val (R. du) .... **BV** 79
Voulzie (Av. de la) .... **BX** 85
29e-Dragons
(Pl. du) .... **BX** 84

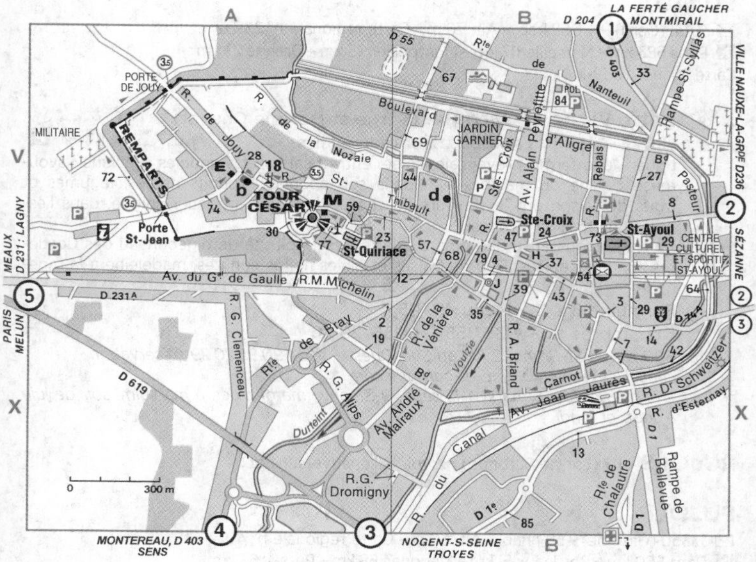

🏠 **Demeure des Vieux Bains** 🦢 🍴 ♻ ♨ **P**

HISTORIQUE · PERSONNALISÉ Une belle demeure seigneuriale (12e-17e s.) à flanc de colline. Le nom de chaque chambre évoque son élégant décor : Hortensia, Pleyel (avec hammam), Flamande (avec balnéo)...

5 chambres ☑ – 🛏140/320 € 🛏🛏170/320 €

Plan : BV-d – *7 r. du Moulin-de-la-Ruelle, (au pied de la cité médiévale)* – ☎ 06 74 64 54 00 – *www.demeure-des-vieux-bains.com*

PRUNETE – 2B (Haute-Corse) ➜ voir Corse (Cervione)

PUGET-SUR-ARGENS

✉ 83480 (Var) – 6 915 hab. – Alt. 17 m – Carte régionale n° **41**-C3
▶ Paris 871 km – Marseille 143 km – Monaco 88 km – Toulon 86 km
Carte Michelin 340-P5

Le Clos des Escapades

VILLA · PERSONNALISÉ Au grand calme, sur les premiers contreforts de l'Esterel, ce grand mas provençal ouvre sur un horizon de mimosas et d'oliviers... "Lune de Miel", "Rêverie", "Perle de Rose" : le nom des chambres dit beaucoup de leur esprit ! Autres atouts : une belle piscine et un espace bien-être pour parfaire la détente.

5 chambres ☲ – ♦110/195 € ♦♦110/195 €

2323 bd Gén.-Leclerc, 3 km au Nord, direction La Lieutenante – ℰ 04 94 45 89 88 – www.leclosdesescapades.com – Fermé 5 nov.-1ᵉʳ fév.

PUJAUDRAN – 32 (Gers) ➜ voir L'Isle-Jourdain

PUJAUT

✉ 30131 (Gard) – 4 068 hab. – Alt. 70 m – Carte régionale n° **23**-D2
▶ Paris 683 km – Marseille 117 km – Montpellier 95 km – Orange 23 km
Carte Michelin 339-N4

 Entre Vigne et Garrigue (Serge et Maxime Chenet)

PROVENÇALE · À LA MODE XXX Un cadre authentique – une ferme provençale isolée, entre falaises et vignobles – et une savoureuse cuisine du marché, bien dans son époque. Produits nobles, légumes et fruits de saison ont les faveurs du chef... Chambres au décor soigné, dans l'esprit d'une maison d'hôtes.

➜ Nage mousseuse de homard à la réglisse. Poitrine de pigeonneau des Costières aux fines épices. Duo de fraises et olives noires confites, madeleine à la tapenade.

Formule 36 € ♈ – Menu 49/115 €

5 chambres ☲ – ♦135/155 € ♦♦155/295 €

600 rte de St-Bruno, 2 km au Sud-Ouest – ℰ 04 90 95 20 29 (réservation conseillée) – www.vigne-et-garrigue.com
– Fermé 29 fév.-8 mars, 4-12 sept., 9-31 janv., mardi d'oct. à mai, dim. soir de juin à sept. et lundi

PUJOLS – 47 (Lot-et-Garonne) ➜ voir Villeneuve-sur-Lot

PUJOLS

✉ 33350 (Gironde) – 594 hab. – Alt. 60 m – Carte régionale n° **4**-C2
▶ Paris 560 km – Bordeaux 51 km – Mérignac 68 km – Pessac 63 km
Carte Michelin 335-K6 – Guide Vert Michelin Aquitaine

🍴 **La Poudette**

CUISINE MODERNE · AUBERGE X Dans le jardin courent poules et oies... Quoi de plus naturel dans une ancienne ferme ? Ici, on est vraiment à la campagne et l'on se régale d'une jolie cuisine de produits, fraîche et fine. Et pour se mettre au vert, il y a aussi deux confortables chambres.

Formule 22 € – Menu 35/45 € – Carte environ 54 €

La Rivière, par D17 – ℰ 05 57 40 71 52 – www.lapoudette.com – Fermé janv.

 Les Gués Rivières

FAMILIAL · PERSONNALISÉ Sur la place du village, une maison locale (1854) avec des chambres mignonnes et bien tenues... L'atout charme des lieux ? Une superbe terrasse surplombant les vignes et St-Émilion, sur laquelle on peut prendre le petit-déjeuner – gargantuesque ! – et se restaurer d'une agréable cuisine du Sud-Ouest.

4 chambres ☲ – ♦70/80 € ♦♦80 €

5 pl. du Gén. de Gaulle – ℰ 05 57 40 74 73 – http:// margotte.olivier.pagesperso-orange.fr – Fermé 20 déc.-5 janv.

PULIGNY-MONTRACHET

✉ 21190 (Côte-d'Or) – 384 hab. – Alt. 227 m – Carte régionale n° **7**-A3
▶ Paris 329 km – Dijon 59 km – Lons-le-Saulnier 121 km – Mâcon 82 km
Carte Michelin 320-I8 – Guide Vert Michelin Bourgogne

❀ Le Montrachet

CUISINE CLASSIQUE · ÉLÉGANT XxX Classique et raffiné : voilà qui qualifie à merveille ce restaurant – tout en poutres et pierres apparentes – et la cuisine de saison que l'on y sert... À noter également, la très belle cave de 1000 références dont plus de 200 grands crus.
→ Escargots de Bourgogne en cocotte, beurre d'herbes. Poularde de Bresse servie en deux services. Composition carrément chocolat.
Menu 34 € (déj.), 64/90 € – Carte 75/96 €
Hôtel Le Montrachet, 10 pl. du Pasquier-de-la-Fontaine, (ex pl. des Marronniers)
– ℰ 03 80 21 30 06 – www.le-montrachet.com
– Fermé 26 nov.-15 janv.

🏠 La Maison d'Olivier Leflaive

DOMAINE VITICOLE · MODERNE Authentique bâtisse du 17ᵉ s. avec de belles chambres d'esprit baroque. Les vins du domaine sont bien sûr à l'honneur : visite des caves et vignes, dégustation dans le beau salon contemporain... Idéal pour la clientèle d'affaires.
13 chambres – ♦130/250 € ♦♦130/250 € – ☲ 16 €
10 pl. du Monument – ℰ 03 80 21 95 27 – www.maison-olivierleflaive.fr
– Fermé 20 déc.-3 fév.

🏠 Le Montrachet

TRADITIONNEL · CLASSIQUE Sur une place tranquille, une belle bâtisse en pierre de pays et ses dépendances ; en fait l'auberge du village peu à peu métamorphosée en hôtel cossu. Les chambres, spacieuses et classiques (plafonds à la française...), sont bien agréables.
31 chambres – ♦155/285 € ♦♦155/285 € – ☲ 18 € – ½ P
10 pl. du Pasquier-de-la-Fontaine, (ex pl. des Marronniers) – ℰ 03 80 21 30 06
– www.le-montrachet.com – Fermé 26 nov.-15 janv.
❀ **Le Montrachet** – voir les restaurants ci-dessus

🏠 La Chouette

FAMILIAL · COSY Une maison paisible et chaleureuse, un jardin donnant sur les vignes, de grandes chambres au décor soigné : chouette ! Et le petit-déjeuner est délicieux, avec ses gâteaux et confitures maison, ses charcuteries et ses fromages...
6 chambres ☲ – ♦135/145 € ♦♦150/160 €
3 bis r. des Creux-de-Chagny – ℰ 03 80 21 95 60 – www.la-chouette.fr
– Fermé 1ᵉʳ déc.-4 janv.

🏠 Domaine des Anges

DOMAINE VITICOLE · COSY D'une propriété viticole au cœur du village, ce couple de la bonne société anglaise a fait un lieu very charming... Meubles d'antiquaire, poutres, moulures, cuisine bourgeoise à la table d'hôte : pittoresque et so french ! Quant au breakfast et à l'afternoon tea, ils séduisent par leur majesté toute britannique.
4 chambres ☲ – ♦90/140 € ♦♦90/140 €
pl. du Pasquier-de-la-Fontaine, (ex pl. des Marronniers) – ℰ 03 80 21 38 28
– Fermé 19 déc.-3 janv.

PUPILLIN – 39 (Jura) → voir Arbois

PUTEAUX – 92 (Hauts-de-Seine) → voir Autour de Paris

PUYCELCI

✉ 81140 (Tarn) – 474 hab. – Alt. 258 m – Carte régionale n° **29**-C2
▶ Paris 637 km – Albi 44 km – Gaillac 25 km – Montauban 40 km
Carte Michelin 338-C7

⌂ L'Ancienne Auberge   🕭 🐾 🏄

AUBERGE · PERSONNALISÉ Au cœur d'un village fortifié authentique et charmant, ce presbytère du 13ᵉ s. s'est mué en une auberge de caractère. Dans les
chambres cohabitent meubles anciens et confort d'aujourd'hui et, au bistrot, la
cheminée médiévale fait son petit effet : du style, c'est certain !
8 chambres – 🛏85/125 € 🛏🛏85/125 € – 🖵 10 € – ½ P
pl. de l'Église – ☎ 05 63 33 65 90 – www.ancienne-auberge.com
– *Fermé fév.*

LE PUY-EN-VELAY

✉ 43000 (Haute-Loire) – 18 599 hab. – Alt. 629 m – Carte régionale n° **6**-C3
▶ Paris 539 km – Clermont-Ferrand 129 km – Mende 87 km – St-Étienne 76 km
Carte Michelin 331-F3 – Guide Vert Michelin Ardèche Drôme

⊛ Tournayre   🅐🅒

CUISINE TRADITIONNELLE · RUSTIQUE XX Croisées d'ogives, boiseries, fresques... Le cadre rare et charmant d'une ancienne chapelle du 16ᵉ s. ! La cuisine y
est gardienne d'une certaine tradition, pour le meilleur (lentilles, veau du Velay,
jambon cru d'Auvergne, fromages, etc.).
Menu 29/75 € – Carte 50/83 €
Plan : AY-f – *12 r. Chênebouterie* – ☎ 04 71 09 58 94
– *www.restaurant-tournayre.com* – *Fermé 1ᵉʳ-10 sept., 21 déc.-31 janv., mardi
sauf juil.-août, dim. soir et lundi*

⊛ Bambou et Basilic   ♿ 🍽

CUISINE MODERNE · CONVIVIAL XX Cette petite maison du centre historique
mise tout sur la fraîcheur ! S'inspirer des bons produits du terroir : tel est
le credo de ses jeunes et sympathiques propriétaires, qui aiment aussi
apporter cette touche de modernité qui fait la différence. Et côté prix, on
est loin du coup de bambou...
Menu 22 € (déj. en semaine), 28/62 € – Carte 46/58 €
Plan : AY-b – *18 r. Grangevieille* – ☎ 04 71 09 25 59 – www.bambou-basilic.com
– *Fermé 28 mars-3 avril, 19-25 sept., dim. soir de mi-nov. à mi-mars, lundi et
mardi*

🍽○ Le Poivrier   🍴 ♿ 🅐🅒

CUISINE TRADITIONNELLE · BISTRO X Un design épuré, du skaï, des expositions
de photographies, de la musique jazzy : un lieu branché et chaleureux. Agréable
paradoxe, on sert de la cuisine du terroir et des spécialités de viande de bœuf de
Haute-Loire.
🍴 Menu 18 € (semaine), 23/40 € – Carte 40/57 €
Plan : AY-v – *69 r. Pannessac* – ☎ 04 71 02 41 30 – www.lepoivrier.fr
– *Fermé lundi sauf le soir en août, mardi soir sauf en août et dim.*

🍽○ Comme à la Maison   🍴

CUISINE MODERNE · CONVIVIAL X Déclinaison autour de la tomate, magret et
écrasé de pomme de terre, crème brûlée, etc. Le jeune chef de ce bistrot contemporain – niché dans la vieille ville, au pied de la cathédrale – joue la carte "cuisine
du marché". La terrasse dans le patio s'avère être un petit havre de paix... et l'on
se sent comme à la maison.
Formule 20 € – Menu 40 € – Carte 37/43 €
Plan : AY-u – *7 r. Séguret* – ☎ 04 71 02 94 73 – www.guillaume-fourcade.fr/
– *Fermé 19-25 sept., 3-10 janv., merc. soir et dim.*

LE PUY-EN-VELAY

Aiguières (R. Porte) . . . . **AZ** 2
Becdelièvre (R.) . . . . **AY** 3
Bouillon (R. du) . . . . **BY** 5
Card.-de-Polignac (R.) . . . . . **BY** 8
Chamarlenc (R. du) . . . . **AY** 10
Charbonnier (Av. C.) . . . . . . **AZ** 12
Chaussade (R.) . . . . **BZ**
Chênebouterie (R.) . . . . **AY** 13
Clair (Bd A.) . . . . **AZ** 14
Collège (R. du) . . . . **BZ** 17
Consulat (R. du) . . . . **AY** 19
Courrerie (R.) . . . . **AZ** 20

Crozatier (R.) . . . . **BZ** 23
Dr-Chantemesse (Bd) . . . . **AY** 24
Fayolle (Bd Mar.) . . . . **BZ**
Foch (Av. Mar.) . . . . **BZ**
For (Pl. du) . . . . **BY** 27
Gambetta (Bd) . . . . **AY** 29
Gaulle (Av. Gén.-de) . . . . . **ABZ** 30
Gouteyron (R.) . . . . **AY** 31
Grangevieille (R.) . . . . **AY** 32
Martouret (Pl. du) . . . . **ABZ** 34
Monteil (R. A.-de) . . . . **AY** 35
Pannessac (R.) . . . . **AY**
Philibert (R.) . . . . **AY** 36
Pierret (R.) . . . . **AY** 37
Plot (Pl. du) . . . . **AZ** 38

Raphaël (R.) . . . . **AY** 39
République (Bd de la) . . . . **BY** 40
Roche-Taillade (R.) . . . . . . **AY** 42
Saint-François-Régis (R.) . . **BY** 43
Saint-Georges (R.) . . . . . . **AY** 45
Saint-Gilles (R.) . . . . **AZ**
Saint-Jean (R. du Fg) . . . . **BY** 46
Saint-Louis (Bd) . . . . **AZ**
Saint-Maurice (Pl.) . . . . . . **AY** 47
Séguret (R.) . . . . **AY** 48
Tables (Pl. des) . . . . **AY** 49
Tables (R. des) . . . . **AY** 52
Vallès (R. J.) . . . . **BY** 54
Vaneau (R.) . . . . **BY** 55
Verdun (R.) . . . . **BY** 58

🏨 Regina   ☆ ⊞ & 🛁 🚗

FAMILIAL · FONCTIONNEL Ce bel immeuble (1905) flanqué d'une tourelle possède un indéniable cachet. Ses chambres, fonctionnelles et généralement spacieuses, sont décorées avec goût dans un style contemporain. Au restaurant, cuisine de tradition et plats méditerranéens.

25 chambres – ▪74/119 € ▪▪83/119 € – ⊡ 12 € – ½ P

Plan : BZ-d – *34 bd Mar.-Fayolle* – *✆ 04 71 09 14 71* – *www.hotelrestregina.com*

🏨 Ibis Styles   ⊞ & 🆒 🛁 🚗

HÔTEL DE CHAÎNE · MODERNE Très central, un hôtel de chaîne décoré dans un style contemporain et plutôt vitaminé, avec des chambres bien équipées. Le bon plan : les chambres familiales à prix doux.

50 chambres ⊡ – ▪81/111 € ▪▪91/121 €

Plan : BZ-a – *47 bd du Mar.-Fayolle* – *✆ 04 71 09 32 36*
– *www.lepuy-hotels.com*

à Espaly-St-Marcel 3 km au Nord-Ouest par N102 – ⊠ 43000
– 3 511 hab. – Alt. 650 m

🍴 L'Ermitage   🍽 🅿

CUISINE TRADITIONNELLE · ÉLÉGANT ✗✗ Cette ancienne grange joliment restaurée a conservé son cachet rustique et le petit côté nature de ses origines. La terrasse est sympathique ; on s'attable avec plaisir pour apprécier une cuisine de tradition qui ne manque pas de finesse ! Et en hiver, il y a la cheminée...

Formule 21 € – Menu 28 € (semaine), 38/60 € – Carte 36/62 €

73 av. de l'Ermitage, rte de Clermont-Ferrand – *✆ 04 71 04 08 99 (réservation conseillée)* – *Fermé 22 août-5 sept., 2-23 janv., dim. soir, merc. soir et lundi*

PUYLAURENS

⊠ 81700 (Tarn) – 3 239 hab. – Alt. 350 m – Carte régionale n° **29**-C2
▶ Paris 726 km – Albi 62 km – Carcassonne 72 km – Toulouse 51 km
Carte Michelin 338-E9 – Guide Vert Michelin Midi Toulousain

🍴 Cap de Castel   🛏 🍽 🍴

CUISINE MODERNE · COSY ✗ Sur l'agréable terrasse, toisant les Pyrénées lointaines et la Montagne noire toute proche, on déguste la délicate cuisine de Xavier Mannier. Saveurs et textures sont au rendez-vous, comme les bons produits locaux. Un avant-goût du paradis !

Menu 33/56 € – Carte 60/75 €

36 r. du Cap-de-Castel – *✆ 05 63 70 21 76* – *www.capdecastel.com*
– *Fermé 1ᵉʳ janv.-10 fév., dim. et le midi*

🏨 Cap de Castel   ☆ 🐾 🛏 🛁 & 🍴

MAISON DE CAMPAGNE · PERSONNALISÉ Ici, tout est beau dans sa simplicité : l'accueil souriant, le charme d'une maison du pays, les chambres pleines de caractère réparties dans deux demeures historiques (16ᵉ et 18ᵉ s.)... Sans oublier la petite piscine et sa vue sur la campagne !

11 chambres – ▪80/140 € ▪▪96/180 € – ⊡ 15 € – ½ P

36 r. du Cap-de-Castel – *✆ 05 63 70 21 76* – *www.capdecastel.com*
– *Fermé 1ᵉʳ janv.-10 fév.*

🍴 **Cap de Castel** – voir les restaurants ci-dessus

PUY-L'ÉVÊQUE

⊠ 46700 (Lot) – 2 044 hab. – Alt. 130 m – Carte régionale n° **28**-B1
▶ Paris 601 km – Agen 71 km – Cahors 31 km – Gourdon 41 km
Carte Michelin 337-C4

a Culinary Agents

Connectez-vous au réseau

Trouvez le meilleur job
Trouvez le meilleur candidat
CulinaryAgents.fr

a Culinary Agents

Connectez-vous au réseau

Trouvez le meilleur job
Trouvez le meilleur candidat
CulinaryAgents.fr

⫶◯ Côté Lot et Bellevue

CUISINE MODERNE · FAMILIAL XX Cet établissement mérite bien son nom ! Depuis la salle surplombant le Lot, la vue est à couper le souffle. Côté cuisine, le chef travaille les beaux produits du terroir. Côté hôtel, les chambres sont claires et confortables... et le panorama toujours aussi admirable.

🍴 Formule 15 € – Menu 20 € (déj. en semaine), 34/34 €
11 chambres – †68/96 € ††76/96 € – � 10 €
pl. de la Truffière – ℰ 05 65 36 06 60 – www.hotelbellevue-puyleveque.com
– Ouvert mars-nov. et fermé merc. soir hors saison, dim. soir et lundi

à Mauroux 12 km au Sud-Ouest par D8 et D5 – ✉ 46700 – 522 hab. – Alt. 213 m

🏠 Hostellerie le Vert

FAMILIAL · RUSTIQUE Ambiance chaleureuse dans cette ferme quercynoise du 14ᵉs. perdue en pleine nature. Dans les chambres, le mobilier de style cohabite avec les meubles campagnards. Cuisine réalisée à quatre mains à partir de produits frais et bio, au gré de l'inspiration.

6 chambres – †85/130 € ††85/130 € – ⊑ 10 € – ½ P
Lieu dit "Le Vert" – ℰ 05 65 36 51 36 – www.hotellevert.com – Ouvert avril-oct.

à Anglars-Juillac 8 km à l'Est par D811 et D67 – ✉ 46140 – 341 hab. – Alt. 98 m

🍴 Clau del Loup

CUISINE MODERNE · ÉLÉGANT XX Une belle demeure en pierre (1818), un univers feutré et une cuisine gastronomique aux accents du Sud, savoureuse et réalisée avec des produits de qualité, signée par un enfant du pays. Conquis ? Si oui, des chambres agréables et soignées permettent de ne pas refermer trop vite cette douce parenthèse.

🍴 Menu 15 € (déj. en semaine), 31 € ▼/75 € – Carte 39/52 €
5 chambres – †90/150 € ††90/150 € – ⊑ 13 €
Métairie Haute, D8 – ℰ 05 65 36 76 20 – www.claudelloup.com

PUYMIROL

✉ 47270 (Lot-et-Garonne) – 967 hab. – Alt. 153 m – Carte régionale n° **4**-C2
▶ Paris 649 km – Agen 17 km – Moissac 35 km – Villeneuve-sur-Lot 30 km
Carte Michelin 336-G4 – Guide Vert Michelin Aquitaine

🟢🟢 Michel Trama

CRÉATIVE · ÉLÉGANT XXX Le hamburger de foie gras – un classique – résume l'esprit du style Michel Trama : entre terroir et invention, artifice et vérité... Sous des voûtes du 13ᵉ s., le décor ne laisse pas indifférent : fastueux, dandy, énigmatique !
➜ Papillote de pomme de terre en habit vert à la truffe. Hamburger de foie gras chaud aux cèpes. Cristalline de pomme verte.

Menu 75 € (semaine), 115 € ▼/150 € – Carte 120/195 €
52 r. Royale – ℰ 05 53 95 31 46 – www.aubergade.com
– Fermé 20-30 nov., 2-23 janv., dim. soir et lundi soir d'oct. à juin, lundi midi et mardi midi

🟢 La Poule d'Or

CUISINE CLASSIQUE · BISTRO X Au sein de sa maison mère – le fameux restaurant de Michel Trama –, cette Poule d'Or a tout d'une auberge chic. Au menu : du grand classique de bistrot, dans le droit fil de la (belle) tradition française : pâté pantin, parmentier de queue de bœuf... Tout est maîtrisé, savoureux et gourmand. Une adresse en or !

Formule 20 € – Menu 29/39 €
52 r. Royale – ℰ 05 53 95 29 00 – www.aubergade.com
– Fermé 20-30 nov., 2-23 janv., dim. soir et lundi soir d'oct. à juin, lundi midi et mardi midi

⭐⭐⭐ Michel Trama   🕊 🐌 🍸 ℀ 🛁 🚗

HISTORIQUE · PERSONNALISÉ Drapés de soie, baldaquins, mobilier 19ᵉ s., tons cramoisi et pourpre, etc. Au cœur de la campagne agenaise, ce décor opulent et théâtral est signé Jacques Garcia. Étape luxueuse et onirique entre ces murs superbes des 13ᵉ-17ᵉ s. !

9 chambres – 🍴220/620 € 🍴🍴220/620 € – 1 suite – ⌿ 29 € – ½ P

52 r. Royale – ☏ 05 53 95 31 46 – www.aubergade.com
– Fermé 20-30 nov., 2-23 janv.

   ⭐⭐ **Michel Trama** • ☺ **La Poule d'Or** – voir les restaurants ci-dessus

---

PUY-ST-PIERRE – 05 (Hautes-Alpes) → voir Briançon

PUY-ST-VINCENT

✉ 05290 (Hautes-Alpes) – 286 hab. – Alt. 1 325 m – Carte régionale n° **41**-C1
▶ Paris 700 km – L'Argentière-la-Bessée 10 km – Briançon 21 km – Gap 83 km
Carte Michelin 334-G4 – Guide Vert Michelin Alpes du Sud

⬤ La Pendine   ⪡ 🛏 🏠 🍽 🅿

CUISINE TRADITIONNELLE · FAMILIAL ⁝⁝ Le panorama sur la Vallouise et les Écrins est magnifique, en terrasse comme en salle ! On y déguste une cuisine plutôt rustique, authentique et concoctée avec savoir-faire : voilà qui va bien au paysage...

Menu 30 € – Carte 25/63 €

Les Prés, 1 km à l'Est par D404 – ☏ 04 92 23 32 62 – www.lapendine.com
– Ouvert juil.-août, 16 déc.-5 avril et fermé lundi midi, mardi midi et merc. midi en été et hors vacances scolaires en hiver

🏠 La Pendine   🕊 🐌 ⪡ 🛏 🍽 🛁 🅿

FAMILIAL · RUSTIQUE Perché sur les hauteurs, ce beau chalet en bois abrite des chambres agréables, d'esprit montagnard, certaines avec balcon. Espace détente (sauna, jacuzzi). La référence de la station.

25 chambres ⌿ – 🍴56/75 € 🍴🍴79/124 € – ½ P

Les Prés, 1 km à l'Est par D404 – ☏ 04 92 23 32 62 – www.lapendine.com
– Ouvert 26 juin-30 août et 16 déc.-5 avril

   ⬤ **La Pendine** – voir les restaurants ci-dessus

PYLA-SUR-MER

✉ 33115 (Gironde) – Carte régionale n° **3**-B2
▶ Paris 648 km – Arcachon 8 km – Biscarrosse 34 km – Bordeaux 66 km
Carte Michelin 335-D7 – Guide Vert Michelin Aquitaine

Voir plan d'Arcachon agglomération.

⬤ L'Authentic d'Éric Thore   🏠 ℀

CUISINE TRADITIONNELLE · COSY ⁝⁝ Une table chaleureuse et élégante, avec un petit salon privé et une jolie pergola. La cuisine privilégie les produits du terroir (caviar d'Aquitaine, viande du Sud-Ouest) et suit les saisons ; le petit menu offre un bon rapport qualité-prix.

Formule 27 € – Menu 35/65 € – Carte 60/90 €

Plan : AY-e – *35 bd de l'Océan – ☏ 05 56 54 07 94*
– www.ericthore-authentic.com – Fermé dim. soir et mardi sauf juil.-août et lundi

⭐⭐⭐ La Co(o)rniche   ❀ 🕊 ⪡ 🍸 ♿ ℀ 🛁

LUXE · DESIGN Sur les hauteurs – entre sable et pinède – cette villa néobasque des années 1930 a été entièrement rénovée par Philippe Starck. Chambres d'une blancheur immaculée, échappées superbes sur le bassin ou les dunes, brasserie avec une magnifique terrasse panoramique extrêmement animée. Un endroit très en vue !

29 chambres ⌿ – 🍴245/845 € 🍴🍴245/845 €

46 bd Louis-Gaume – ☏ 05 56 22 72 11 – www.lacoorniche-pyla.com

QUARRÉ-LES-TOMBES

✉ 89630 (Yonne) – 730 hab. – Alt. 457 m – Carte régionale n° **7**-B2
▶ Paris 233 km – Auxerre 73 km – Avallon 18 km – Château-Chinon 49 km
Carte Michelin 319-G7 – Guide Vert Michelin Bourgogne

Le Morvan   ⇦ 🍴 🏡 🌿 P

CUISINE MODERNE · FAMILIAL XX Un petit salon feutré et une salle cosy, des poutres apparentes, une belle horloge comtoise... Tout invite à la découverte du terroir, joliment revisité par le chef, au plus près des saisons. L'été, attablez-vous dans le jardin fleuri et musardez au soleil ! Une bonne étape à l'entrée du Parc naturel régional du Morvan.

Menu 25/54 € – Carte 39/57 €

8 chambres – ♦60/86 € ♦♦65/91 € – ☲ 11 €

*6 r. des Écoles, (face au parc municipal) – ℰ 03 86 32 29 29 – www.le-morvan.fr
– Fermé 14 déc.-4 mars, merc. midi, lundi et mardi*

Hôtel du Nord   ✿ ⴺ AC 🏊

FAMILIAL · FONCTIONNEL Face à la célèbre église St-Georges, cet ancien relais de poste a été restauré avec goût. Les chambres y sont pratiques, bien tenues et bon marché, et l'on peut profiter du bistrot du terroir. Une adresse sympathique.

8 chambres – ♦50/58 € ♦♦68/78 € – ☲ 9 € – ½ P

*25 pl. de l'Église – ℰ 03 86 32 29 30 – www.hoteldunord-morvan.com ou .fr
– Ouvert 16 fév.-3 nov. et fermé merc. et jeudi*

aux Lavaults 5 km au Sud-Est par D10

Auberge de l'Âtre   🍽 ⇦ 🐌 🍴 🏡 ⴺ 🏊 P

CUISINE CLASSIQUE · RÉTRO XXX Au bord d'une route de campagne, cette ferme distille un charme rustique et authentique... Pour ne rien gâter, la carte célèbre les bons vins et le terroir (spécialité de champignons), et les desserts sont particulièrement soignés. Chambres très bien tenues, agréables pour une étape.

Formule 30 € – Menu 36 € (semaine), 59/65 € – Carte 50/84 €

7 chambres – ♦60/70 € ♦♦85/96 € – ☲ 10 €

*– ℰ 03 86 32 20 79 (réservation conseillée) – www.auberge-de-latre.com
– Fermé 16 fév.-11 mars, 21 juin-5 juil., lundi et mardi*

QUÉDILLAC

✉ 35290 (Ille-et-Vilaine) – 1 170 hab. – Alt. 85 m – Carte régionale n° **10**-C2
▶ Paris 389 km – Dinan 30 km – Lamballe 45 km – Loudéac 57 km
Carte Michelin 309-J5

Le Relais de la Rance   ⇦ 🏊 P

CUISINE TRADITIONNELLE · AUBERGE XX Dès le printemps, cette maison de granit (1880) croule sous les géraniums. Derrière ce rideau de fleurs se cache un cadre très classique, à l'unisson de la cuisine qui joue la carte de la tradition. Chambres bien tenues aux prix raisonnables. Accueil familial et sympathique.

🐌 Formule 16 € – Menu 20/69 € – Carte 38/87 €

13 chambres – ♦59/73 € ♦♦59/73 € – ☲ 10 €

*6 r. de Rennes – ℰ 02 99 06 20 20 – www.relais-rance-quedillac.fr
– Fermé 20 juil.-1er août, 23 déc.-11 janv., dim. soir et lundi midi*

LES QUELLES – 67 (Bas-Rhin) ➜ voir Schirmeck

QUEND

✉ 80120 (Somme) – 1 398 hab. – Alt. 5 m – Carte régionale n° **36**-A1
▶ Paris 209 km – Abbeville 35 km – Amiens 91 km – Boulogne-sur-Mer 58 km
Carte Michelin 301-C6

🏠 Les Augustines   🚗 **P**

TRADITIONNEL · FONCTIONNEL Sur la route de la plage, ces Augustines jouent
la carte motel, en alignant de plain-pied des chambres confortables et fonctionnelles. Comme le veut le concept, le client jouit d'une grande indépendance et
les tarifs sont mesurés : on s'y arrête volontiers !

15 chambres – ♦82/101 € ♦♦82/101 € – � 10 €
*18 rte de la plage Monchaux – ℰ 03 22 23 54 26 – www.hotel-augustines.com
– Fermé déc.-janv.*

QUIBERON

✉ 56170 (Morbihan) – 5 008 hab. – Alt. 10 m – Carte régionale n° **9**-B3
▶ Paris 505 km – Auray 28 km – Concarneau 98 km – Lorient 47 km
Carte Michelin 308-M10 – Guide Vert Michelin Bretagne Sud

🌳 La Chaumine   🏠 🚗 AK

CUISINE TRADITIONNELLE · CONVIVIAL XX Sur la route du port, c'est dans leur
ancienne maison de famille qu'officient le chef et sa sœur – qui assure l'accueil.
Une demeure lumineuse qui a l'esprit du large (mouettes en bois, coque de
bateau, etc.), comme la cuisine, très iodée et gourmande... Un refuge idéal après
une balade sur la Côte Sauvage !

Menu 31/46 € – Carte 32/58 €

Plan : B-q – *79 r. de Port-Haliguen – ℰ 02 97 50 17 67 (réservation conseillée)
– www.restaurant-lachaumine.com – Ouvert de mi-mars à mi-nov. et fermé dim.
soir sauf juil.-août, mardi midi et lundi*

🍴 Villa Margot   ≤ 🏠 🚗

CUISINE MODERNE · COSY XX Une jolie demeure en pierre (1872) face à la
plage... Aux fourneaux, le chef signe une savoureuse cuisine de la mer où les producteurs locaux ont la part belle. Les amateurs de poissons et autres crustacés
prennent place sur la terrasse, quasiment les pieds dans le sable, ou dans l'une
des salles sobres et élégantes.

Formule 23 € – Menu 33/70 € – Carte 51/75 €

Plan : A-n – *7 r. de Port-Maria – ℰ 02 97 50 33 89 – www.villamargot.fr
– Ouvert de Pâques à fin sept. et fermé mardi sauf juil.-août*

🍴 Le Verger de la Mer

CUISINE TRADITIONNELLE · À LA MODE XX Dans ce Verger-là, les fruits de la
mer sont à l'honneur ! Douceur de crabe ou dos de cabillaud sur un risotto : les
assiettes attestent l'expérience du chef... Face à l'institut de thalassothérapie de
Quiberon, une table qui respire la tradition.

Formule 21 € – Menu 27/40 € – Carte 30/65 €

Plan : B-x – *bd Goulvars – ℰ 02 97 50 29 12 – www.le-verger-de-la-mer.com
– Fermé du 3 janv. à mi-fév., mardi et merc.*

🏨 Sofitel Thalassa   🌳 🏊 ≤ 🏠 🗓 🌐 🛁 🖨 🚗 🏋 🧺 **P**

SPA ET BEAUTÉ · ÉLÉGANT Pour un séjour iodé et tonique, ce complexe hôtelier
fait face à la plage et communique avec l'institut de thalassothérapie. Au programme : un décor résolument contemporain et un grand confort. Certaines chambres donnent sur les flots, tout comme les deux restaurants (produits de la mer).

110 chambres – ♦128/585 € ♦♦128/585 € – 19 suites – ⊠ 27 € – ½ P

Plan : B-a – *bd Louison Bobet – ℰ 02 97 50 20 00 – www.sofitel.com – Fermé 2
semaines en déc.*

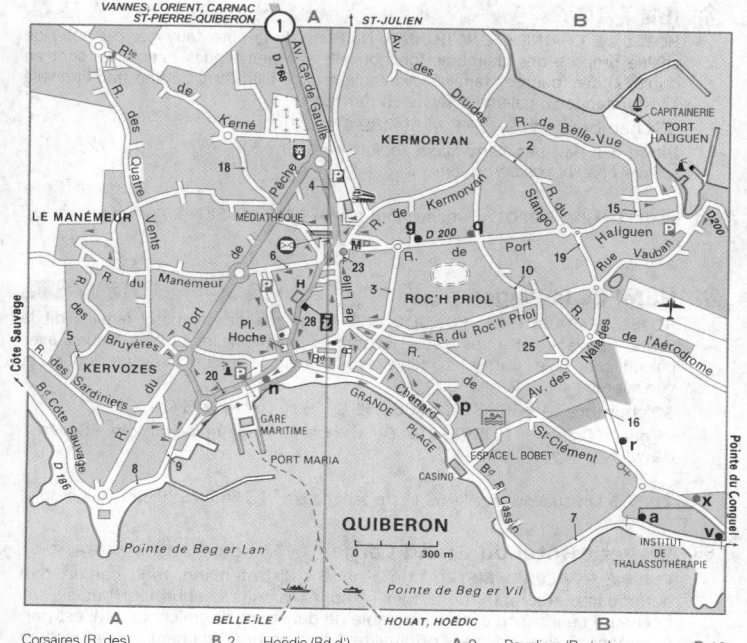

Corsaires (R. des)	....	**B** 2
France (Bd A.)	....	**B** 3
Gare (R. de la)	....	**AB** 4
Genêts (R. des)	....	**A** 5
Golvan (R. V.)	....	**A** 6
Goviro (Bd du)	....	**B** 7
Hoëdic (Bd d')	....	**A** 8
Houat (Quai de)	....	**A** 9
Korrigans (R. des)	....	**B** 10
Mané (R. du)	....	**B** 15
Marronniers (Av. des)	....	**B** 16
Petit Pont d'Eau (R. du)	.....	**A** 18
Peupliers (R. des)	....	**B** 19
Port Maria		
(R. de)	....	**A** 20
Repos (Pl. du)	....	**B** 23
Sirènes (R. des)	....	**B** 25
Verdun (R. de)	....	**A** 28

🏨 Sofitel Diététique

🐾 🐕 ⟨ 🛏 🖥 🚿 🛁 ✂ 🔱 🚭 **P**

HÔTEL DE CURE · ÉLÉGANT Un hôtel parfait pour retrouver la ligne... Les chambres, sur le thème de l'eau, sont spacieuses et très confortables. On accède directement au spa de 1 000 m² et le restaurant propose des menus diététiques. Pas une goutte d'alcool, même au bar !

74 chambres ⌑ – 🛏200/430 € 🛏🛏220/830 € – 2 suites – ½ P

Plan : B-v – *pointe de Goulvars* – *℮ 02 97 50 20 00 – www.sofitel.com – Fermé 2 semaines en déc.*

🏨 Ker Noyal

🐕 **P**

HÔTEL DE VACANCES · ACTUEL Un hôtel tout blanc, typique du bord de mer, au calme dans un quartier résidentiel situé près du casino. Les chambres sont décorées avec goût dans un style contemporain.

17 chambres – 🛏69/130 € 🛏🛏69/130 € – ⌑ 11 €

Plan : B-p – *43 chemin des Dunes* – *℮ 02 97 50 33 31 – www.ker-noyal.com – Ouvert 14 mars-11 nov.*

🏨 Ibis Styles

🛁 🛁 🔱 ⟨ 🏋 **P**

HÔTEL DE CHAÎNE · FONCTIONNEL À deux pas du port de plaisance d'Haliguen, animé l'été par des régates, cet hôtel récent accueille les amateurs d'air marin. Les chambres y sont confortables et bien tenues, et il fait bon se détendre à l'espace bien-être...

57 chambres ⌑ – 🛏49/199 € 🛏🛏59/209 €

Plan : B-g – *43 r. du Port-Haliguen* – *℮ 02 97 58 35 80 – www.hotelibisstyles-quiberon.com – Fermé déc. et janv.*

⌂ Ibis
❀ ⇥ ▣ ₠ ⌂ 🅿

HÔTEL DE CHAÎNE · FONCTIONNEL Non loin de la côte sauvage, cet hôtel de chaîne propose des chambres fonctionnelles et bien tenues ; certaines sont en duplex... Idéal pour les familles. Agréable espace bien-être. Cuisine traditionnelle sans prétention, également servie en terrasse.

95 chambres – ♦59/159 € ♦♦59/189 € – ☖ 11 € – ½ P

Plan : B-r – *av. des Marronniers, (pointe de Goulvars)* – ℰ *02 97 30 47 72*
– *www.hotelibis-quiberon.com*

à St-Pierre-Quiberon 5 km au Nord par D768 – ⊠ 56510 – 2 116 hab.
– Alt. 12 m

⌂ Hôtel de la Plage
❀ ≼ ▣ ₠ ⌗ 🅿

HÔTEL DE VACANCES · FONCTIONNEL L'enseigne de cet hôtel familial dit la vérité : la plage est à vos pieds ! Chambres fonctionnelles et bien tenues, avec balcon côté baie. Cartes et menus typiques de la région ; saveurs iodées et vue superbe sur le large.

30 chambres – ♦66/139 € ♦♦66/139 € – 6 suites – ☖ 13 € – ½ P

25 quai d'Orange – ℰ *02 97 30 92 10* – *www.hotel-plage-quiberon.com* – *Ouvert d'avril à fin sept.*

à Portivy 6 km au Nord par D768 et rte secondaire – ⊠ 56510 St Pierre Quiberon

✿ Le Petit Hôtel du Grand Large (Hervé Bourdon)
⇦ ≼ ₠

CUISINE MODERNE · BISTRO ⋇ Un étonnant bistrot marin, tenu par un chef autodidacte amoureux de la mer et approvisionné chaque jour par un ami pêcheur ! Le poisson est remarquable de qualité et de fraîcheur, et il est parfaitement cuisiné, non sans originalité. Les chambres, joliment décorées, donnent sur le petit port...
→ Cuisine du marché.

Menu 33 € (déj. en semaine), 55/110 €

6 chambres – ♦95/115 € ♦♦115/135 € – ☖ 13 €

11 quai St-Ivy – ℰ *02 97 30 91 61* – *www.lepetithoteldugrandlarge.fr*
– Fermé fév., dim. soir, merc. sauf le soir hors saison et mardi

QUILINEN – 29 (Finistère) → voir Quimper

QUIMPER
⊠ 29000 (Finistère) – 63 360 hab. – Agglo. 79 124 hab. – Alt. 41 m
– Carte régionale n° **9**-B2
▶ Paris 564 km – Brest 73 km – Lorient 67 km – Rennes 215 km
Carte Michelin 308-G7 – Guide Vert Michelin Bretagne Sud

✿ Allium Ⓝ (Lionel Hénaff)
⌂ ₠ ⇧ 🅿

CRÉATIVE · BRANCHÉ ⋇⋇⋇ Avec l'aide des internautes (sous la forme d'un financement participatif), Frédérique et Lionel Hénaff ont créé ici le restaurant de leurs rêves. La cuisine du chef, inventive et bien dans l'air du temps, démontre qu'il n'a rien perdu de son savoir-faire ; elle s'accompagne d'une belle sélection de vins de la Loire.
→ Tourteau "citron vert". Lieu jaune de ligne, cocos de Paimpol et chorizo. Poire williams dorée aux graines de sésame, mousseux à la vanille Bourbon.

Menu 28 € (déj. en semaine), 48/88 €

88 bd de Créac'h-Gwen, (ZA de Créac'h-Gwen) – ℰ *02 98 10 11 48*
– www.restaurant-allium.com – Fermé 2 semaines en août, dim. et lundi

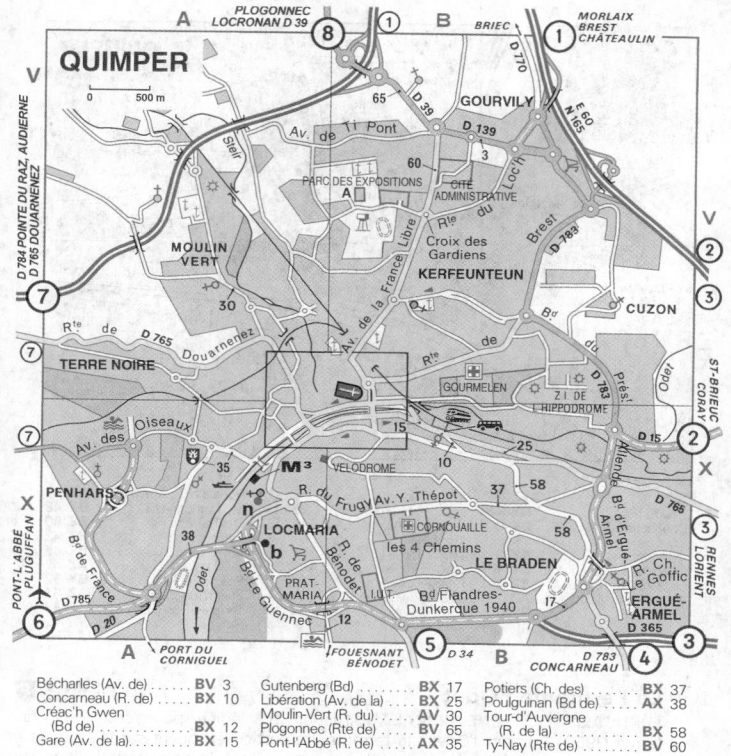

QUIMPER

Bécharles (Av. de)	**BV** 3	Gutenberg (Bd)	**BX** 17	Potiers (Ch. des)	**BX** 37
Concarneau (R. de)	**BX** 10	Libération (Av. de la)	**BX** 25	Poulguinan (Bd de)	**AX** 38
Créac'h Gwen		Moulin-Vert (R. du)	**AV** 30	Tour-d'Auvergne	
(Bd de)	**BX** 12	Plogonnec (Rte de)	**BV** 65	(R. de la)	**BX** 58
Gare (Av. de la)	**BX** 15	Pont-l'Abbé (R. de)	**AX** 35	Ty-Nay (Rte de)	**BV** 60

🌸 L'Ambroisie (Gilbert Guyon)   🕉 ✿

CUISINE MODERNE · INTIME ✕✕ L'ambroisie coule à flots dans ce restaurant de poche à la fois sobre et original. Dès les amuse-bouches, les papilles frémissent. Voilà une cuisine bretonne ancrée dans l'époque, centrée sur des produits locaux de première fraîcheur, des Saint-Jacques fraîches au turbot de la baie d'Audierne. Le tout réalisé avec soin !

→ Homard de nos côtes, bouillon marin et perles du Japon. Saint-pierre, basilic et tomates. Bouchées glacées, chocolat manjari et infusion de reines-des-prés.

Menu 29 € (déj. en semaine), 46/85 €

Plan : BY-u – 49 r. Elie-Fréron – ℰ 02 98 95 00 02 (réservation conseillée)
– www.ambroisie-quimper.com – Fermé dim. soir et lundi

�🍽 Le Prieuré 🆕   🕉 & 🅰🅲 ✿

CUISINE MODERNE · DESIGN ✕✕ Cet ancien prieuré du 18ᵉ s. est installé dans le fameux quartier de Locmaria, en face de la faïencerie Henriot et à côté d'une biscuiterie. Dans un cadre entre design et vieilles pierres, on profite d'une cuisine qui célèbre poissons, coquillages, et autres langoustines du Guilvinec. La Bretagne, assurément !

Formule 20 € – Menu 27 € (déj. en semaine), 31/85 € – Carte 55/75 €

Plan : AX-n – 1 r. Chanoine-Moreau – ℰ 02 98 75 05 55 – www.le-prieure.fr

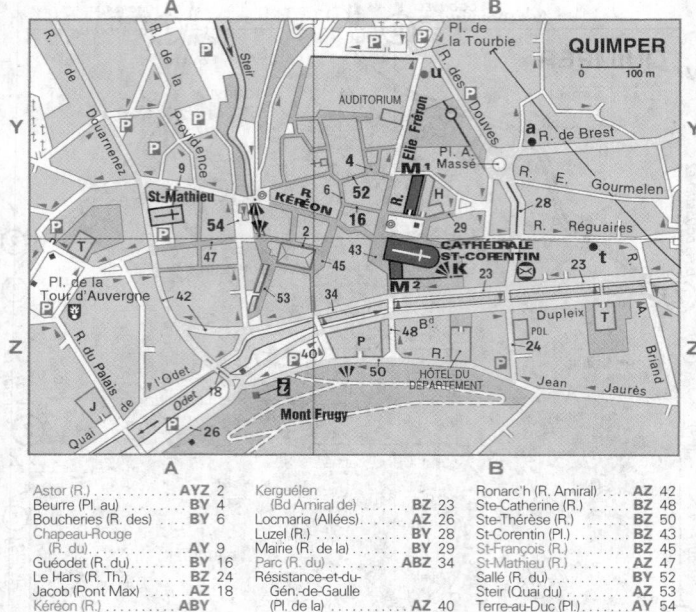

Astor (R.) . . . . **AYZ** 2
Beurre (Pl. au) . . . . **BY** 4
Boucheries (R. des) . . . . **BY** 6
Chapeau-Rouge
  (R. du) . . . . **AY** 9
Guéodet (R. du) . . . . **BY** 16
Le Hars (R. Th.) . . . . **BZ** 24
Jacob (Pont Max) . . . . . **AZ** 18
Kéréon (R.) . . . . **ABY**

Kerguélen
  (Bd Amiral de) . . . . **BZ** 23
Locmaria (Allées) . . . . . . **AZ** 26
Luzel (R.) . . . . **BY** 28
Mairie (R. de la) . . . . **BY** 29
Parc (R. du) . . . . **ABZ** 34
Résistance-et-du-
  Gén.-de-Gaulle
  (Pl. de la) . . . . **AZ** 40

Ronarc'h (R. Amiral) . . . . **AZ** 42
Ste-Catherine (R.) . . . . . . **BZ** 48
Ste-Thérèse (R.) . . . . **BZ** 50
St-Corentin (Pl.) . . . . **AZ** 43
St-François (R.) . . . . **BZ** 45
St-Mathieu (R.) . . . . **AZ** 47
Sallé (R. du) . . . . **BY** 52
Steir (Quai du) . . . . **AY** 53
Terre-au-Duc (Pl.) . . . . . . **AY** 54

Ⅰ○ La Ferme de l'Odet

FRANÇAISE MODERNE · RURAL XX Situation privilégiée pour cette ancienne ferme (1900) bordant l'Odet ; la terrasse, en particulier, ouvre sur les berges et les bois voisins... Un cadre champêtre qui se prête à la dégustation d'une cuisine actuelle bien tournée, avec une intéressante formule au déjeuner et des recettes plus pointues le soir.

Menu 24 € (déj. en semaine), 35/46 € - Carte 47/62 €

74 chemin de la Baie-de-Kerogan, 5 km par rte de Bénodet – ℰ 02 98 95 63 13 – www.restaurant-lafermedelodet-quimper.com – Fermé vacances de fév., 2 semaines en juil., dim. soir, lundi soir, mardi soir et merc.

🏨 Océania

BUSINESS · FONCTIONNEL À proximité du centre-ville et juste derrière un centre commercial, cet hôtel est niché dans un îlot de verdure et propose des chambres spacieuses, dont les "Océane", joliment design et bien équipées. Petits plus : la cuisine traditionnelle du restaurant et la piscine.

92 chambres – †72/160 € ††72/160 € – ⊡ 15 €

Plan : AX-b *– 17 r. du Poher, zone de Kerdrézec – ℰ 02 98 90 46 26 – www.oceaniahotels.com*

🏨 Kregenn

BUSINESS · PERSONNALISÉ Kregenn, pour "coquillage" en breton : un joli nom pour cet hôtel contemporain décoré avec goût. Dès la réception, on se sent bien ; impression qui perdure dans les chambres, à l'ambiance feutrée, ou dans la cour, près de la pièce d'eau. Bon accueil !

32 chambres – †89/139 € ††104/204 € – ⊡ 13 €

Plan : BZ-t *– 13 r. des Réguaires – ℰ 02 98 95 08 70 – www.hotel-kregenn.fr*

Manoir-Hôtel des Indes

MAISON DE CAMPAGNE · PERSONNALISÉ Les Indes, où voyagea René Madec, aventurier quimpérois et ancien maître de ce manoir... C'est en souvenir de lui que les propriétaires ont décoré leurs chambres sur le thème de l'exotisme. Parc, espace bien-être avec bassin et massages : original et dépaysant.

14 chambres – †98/225 € †137/255 € – ☐ 15 €

*1 allée de Prad-ar-C'hras, 4 km à l'Est par D765 – ☎ 02 98 55 48 40
– www.manoir-hoteldesindes.com*

Gradlon   ᾱ

TRADITIONNEL · PERSONNALISÉ Ce petit hôtel indépendant, situé en plein centre-ville, abrite des chambres au style "very british", fleuri et cosy à souhait. Un soin tout particulier est accordé aux détails, des rosiers du jardin à l'agréable véranda. Charming !

20 chambres – †78/190 € ††78/190 € – ☐ 12 €

Plan : BY-a – *30 r. de Brest – ☎ 02 98 95 04 39 – www.hotel-gradlon.com*

Le Logis du Stang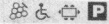

MAISON DE CAMPAGNE · ÉLÉGANT Il a de l'allure, ce manoir du 19e s., avec son ravissant jardin. Les trois chambres sont réellement délicieuses, et pour s'isoler au calme en pleine campagne, il n'y a pas mieux. Romantique et bucolique !

3 chambres ☐ – †70/80 € ††78/88 €

*allée de Stang-Youen, r. Ch-Le-Goffic et chemin de Linéostic, 4 km à l'Est du plan : BX – ☎ 02 98 52 00 55 – www.logis-du-stang.com
– Fermé 1er déc.-1er fév.*

à Ty-Sanquer 7 km au Nord par D770 – ✉ 29000 Quimper

Auberge de Ti-Coz   🅿

CUISINE MODERNE · AUBERGE XX Comme un rêve de Bretagne : une charmante auberge en pierre, à la fois rustique, moderne et élégante. Le chef y prépare une savoureuse cuisine, qui fait la part belle aux meilleurs produits du terroir breton. En ancien sommelier passionné, il accompagne ses recettes d'une belle carte des vins (plus de 450 références).

Formule 20 € – Menu 23 € (déj. en semaine), 32/60 € – Carte 63/74 €

4 Hent-Koz – ☎ 02 98 94 50 02 – www.restaurantticoz.com – Fermé dim. soir et lundi sauf fériés

à Quilinen 11 km au Nord par D770 – ✉ 29510 Landrevarzec

Auberge de Quilinen

CUISINE TRADITIONNELLE · AUBERGE X Une coquette maison bretonne, dans un hameau avec une belle chapelle du 15e s. Le genre d'adresse où déguster d'appétissantes recettes du terroir, un kouign amann par exemple, beurré, croustillant, avec de la glace à la vanille artisanale !

Menu 21 € (déj. en semaine), 30/39 €

– ☎ 02 98 57 93 63 – www.aubergequilinen.com – Fermé 18-31 août, le soir du dim. au jeudi et lundi

à Pluguffan 7 km au Sud-Ouest par D40 – ✉ 29700 – 3 735 hab. – Alt. 90 m

La Coudraie

FAMILIAL · SIMPLE Dans une localité calme et tranquille de la périphérie quimpéroise, ce petit hôtel réserve un accueil charmant aux voyageurs de passage. En hiver, au petit-déjeuner, c'est à la chaleur d'un feu de cheminée que l'on déguste crêpes et far breton maison !

11 chambres – †62/82 € ††66/82 € – ☐ 9 €

7 r. du Stade – ☎ 02 98 94 31 26 – www.lacoudraie.fr – Fermé 3 semaines en nov. et dim. hors saison

QUIMPERLÉ

✉ 29300 (Finistère) – 12 052 hab. – Alt. 30 m – Carte régionale n° **9**-B2
▶ Paris 517 km – Carhaix-Plouguer 57 km – Concarneau 32 km – Pontivy 76 km
Carte Michelin 308-J7 – Guide Vert Michelin Bretagne Sud

⍥○ Le Bistro de la Tour

CUISINE MODERNE · BISTRO XX Un charmant bistrot de la vieille ville, dont l'intérieur volontiers 1930 est décoré de nombreux bibelots, tableaux et autres appareils photo anciens... La cuisine, actuelle, n'oublie pas la tradition (viande à la broche tous les jours), et l'on peut compter sur l'équipe pour nous aider à choisir le vin adéquat !

Formule 28 € – Menu 39/59 € ⍑ – Carte environ 52 €
2 r. Dom-Morice – ℰ 02 98 39 29 58 (réserver) – www.bistrodelatour.fr
– Fermé 27 juin-10 juil., 26 sept.-2 oct., 1ᵉʳ-5 janv., lundi sauf le soir en juil.-août, sam. midi et dim.

⍥○ La Cigale Egarée

CRÉATIVE · INDIVIDUEL X Une cigale égarée en Bretagne, qui n'en finit pas de chanter dans son décor néoprovençal atypique : original ! À la carte : frivolités de demoiselle langoustine, la cloche de fumée, le black sandwich, etc. On l'aura compris, l'insecte est créatif.

Formule 22 € – Menu 27 € (déj.), 40/89 €
Villeneuve-Braouic par rte de Lorient – ℰ 02 98 39 15 53
– www.lacigaleegaree.com – Fermé 2 semaines en oct. et en fév., dim. et lundi

🏠 Le Vintage ⛛

TRADITIONNEL · PERSONNALISÉ Au cœur de la vieille ville, on jette un œil admiratif sur la façade de cet ancien hôtel particulier de 1907, dont les propriétaires gèrent aussi le Bistro de la Tour, à deux pas. Tableaux, sculptures, escalier en bois et grandes chambres : ces lieux ont du caractère !

10 chambres – ♦63/95 € ♦♦95/128 € – ⌛13 €
20 r. Bremond-d'Ars – ℰ 02 98 35 09 10 – www.hotelvintage.fr
– Fermé 27 juin-3 juil.

QUINSON

✉ 04500 (Alpes-de-Haute-Provence) – 443 hab. – Alt. 370 m – Carte régionale n° **41**-C2
▶ Paris 804 km – Aix-en-Provence 76 km – Brignoles 44 km – Castellane 72 km
Carte Michelin 334-E10 – Guide Vert Michelin Alpes du Sud

⍥○ Relais Notre-Dame

CUISINE TRADITIONNELLE · FAMILIAL X Une jolie salle champêtre et beaucoup de générosité... Ici, on savoure une cuisine régionale copieuse et bien faite. Sur la carte, les végétariens ne sont pas laissés pour compte et, en saison, on se régale de truffe. Que dire enfin de la ravissante terrasse sous les platanes ? C'est le Sud tout entier !

Formule 21 € – Menu 25/41 €
– ℰ 04 92 74 40 01 – www.relaisnotredame-04.com
– Ouvert 25 fév.-15 déc. et fermé lundi et mardi hors saison

🏠 Relais Notre-Dame

FAMILIAL · COSY Sur la route des gorges du Verdon, près du musée de la Préhistoire, un hôtel familial avec jardin et piscine. Les chambres sont décorées dans un style provençal actuel et plaisant.

13 chambres – ♦67/105 € ♦♦85/106 € – ⌛11 € – ½ P
– ℰ 04 92 74 40 01 – www.relaisnotredame-04.com
– Ouvert 30 mars-15 nov.

⍥○ **Relais Notre-Dame** – voir les restaurants ci-dessus

QUINT-FONSEGRIVES – 31 (Haute-Garonne) → voir Toulouse

QUINTIN
✉ 22800 (Côtes-d'Armor) – 2 826 hab. – Alt. 180 m – Carte régionale n° **10**-C2
▶ Paris 463 km – Lamballe 35 km – Loudéac 31 km – St-Brieuc 18 km
Carte Michelin 309-E4 – Guide Vert Michelin Bretagne Nord

⌂ Hôtel du Commerce
AUBERGE · SIMPLE Cette maison de granit, ancien relais de diligence du village, date probablement du 18ᵉ s. et a conservé le charme et la simplicité des vieilles pierres. Les chambres, particulièrement bien tenues, portent toutes un nom d'épice exotique...
11 chambres ☐ – ♦65/70 € ♦♦80/90 € – ½ P
2 r. Rochonen – ℰ 02 96 74 94 67 – www.hotelducommerce-quintin.com

RABAT-LES-TROIS-SEIGNEURS – 09 (Ariège) → voir Tarascon-sur-Ariège

RAGUENÈS-PLAGE – 29 (Finistère) → voir Névez

RAISMES – 59 (Nord) → voir Valenciennes

RAMATUELLE
✉ 83350 (Var) – 2 126 hab. – Alt. 136 m – Carte régionale n° **41**-C3
▶ Paris 873 km – Fréjus 35 km – Le Lavandou 34 km – St-Tropez 10 km
Carte Michelin 340-O6 – Guide Vert Michelin Côte d'Azur

✿ La Voile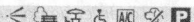
CUISINE MODERNE · DESIGN ✕✕✕ La lumière, la nature, la mer... Au sein de cet hôtel exclusif s'il en est, la table ne déroge pas à la règle du raffinement, mettant à l'honneur les légumes, le thym et le romarin du potager, l'huile d'olive et les produits bio, à travers des recettes légères et enlevées. Propositions plus simples le midi : salades, grillades, etc.
→ Thon rouge frotté aux épices du voyage. Loup de Méditerranée, huître et caviar. Calisson de sablé breton, cinq citrons et trèfle du littoral.
Menu 109/129 € – Carte 100/150 €
Hôtel La Réserve Ramatuelle, chemin de la Quessine, au Sud-Est, direction Plage de l'Escalet et rte secondaire – ℰ 04 94 44 94 44 – www.lareserve-ramatuelle.com – Ouvert mi-avril à début oct. et fermé le midi

❍ L'Écurie du Castellas
CUISINE CLASSIQUE · AUBERGE ✕✕ Belle adresse, où l'on se régale d'une fine cuisine classique dans un joli intérieur provençal, en profitant d'un superbe panorama : la terrasse domine le village, les pinèdes et, au loin, la Grande Bleue !
Menu 33/53 € – Carte 46/61 €
13 chambres – ♦76/230 € ♦♦76/230 € – ☐ 15 €
rte du Moulins-de-Paillas – ℰ 04 94 79 11 59 – www.lecurieducastellas.com – Fermé 21 nov. -21 déc., 9-26 janv., lundi et mardi en hiver

🏠 La Réserve Ramatuelle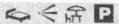
LUXE · DESIGN Un lieu caché, rare... Dès l'arrivée, le bâtiment éblouit : tout en transparence, comme suspendu au-dessus de la mer, avec la flore méditerranéenne pour écrin. Chaque chambre, au minimalisme racé, est un balcon sur la Grande Bleue ! Un sommet de luxe contemporain, qui capte l'essence de cette côte si azurée...
22 chambres ☐ – ♦500/4500 € ♦♦500/4500 € – 6 suites
chemin de la Quessine, au Sud-Est, direction Plage de l'Escalet et rte secondaire – ℰ 04 94 44 94 44 – www.lareserve-ramatuelle.com – Ouvert mi-avril à début oct.
✿ **La Voile** – voir les restaurants ci-dessus

🏠 La Vigne de Ramatuelle

HÔTEL DE VACANCES · COSY Presque une maison d'amis, au milieu des vignes... Cette villa concilie charme, atmosphère contemporaine et tranquillité. Chambres raffinées, avec terrasse. Piscine dans la verdure.

16 chambres – 🛏200/550 € 🛏🛏200/550 € – 2 suites – 🍽 18 €

rte de La Croix-Valmer, sur D93, à 3 km – ℰ 04 94 79 12 50
– www.lavignederamatuelle.com – Ouvert 20 mars-1ᵉʳ nov.

🏠 La Bastide de Ramatuelle

HÔTEL DE VACANCES · DESIGN Au cœur de cette presqu'île de St-Tropez couverte de pinèdes et de vignobles, cet hôtel-restaurant dispose de chambres contemporaines et confortables. Il fait bon se promener dans le joli jardin ou faire quelques brasses dans la piscine. Un point de chute idéal pour profiter du soleil du Midi !

9 chambres 🍽 – 🛏330/430 € 🛏🛏450/700 €

La Rouillière Sud, D61 direction Gassin – ℰ 04 94 55 23 40
– www.labastideramatuelle.com – Ouvert de mai à sept.

à la Bonne Terrasse 5 km à l'Est par D93 et rte de Camarat –
✉ 83350 Ramatuelle

🍴 Chez Camille

POISSONS ET FRUITS DE MER · RUSTIQUE Depuis la fin des années 1930, pères et fils se succèdent en cuisine. On vient ici pour déguster la "vraie" bouillabaisse et les poissons de la pêche locale, les pieds dans l'eau... Authentique !

Carte 53/106 €

quartier de Bonne Terrasse – ℰ 04 98 12 68 98 (réservation conseillée)
– www.chezcamille.fr – Ouvert 16 avril-2 oct. et fermé mardi

RAMBERVILLERS

✉ 88700 (Vosges) – 5 511 hab. – Alt. 287 m – Carte régionale n° **27**-C3
▶ Paris 407 km – Epinal 27 km – Lunéville 36 km – Nancy 68 km
Carte Michelin 314-H2

🍴 Mirabelle

CUISINE TRADITIONNELLE · COSY Dans ce restaurant intime, décoré aux couleurs de la Lorraine, le message est clair : tout est fait maison ! On se régale de bonnes spécialités régionales (pâté lorrain, quiche et tourte) agrémentées avec les fruits et légumes du potager, et de la grande fierté du chef : la tête de veau "sauce Ginette".

Formule 19 € – Menu 41 € – Carte 40/75 €

6 r. de l'Église – ℰ 03 29 65 37 37 – www.restaurantmirabelle.fr – Fermé
15 août-15 sept., 23 déc.-10 janv. et merc. de nov. à juin

RAMBOUILLET

✉ 78120 (Yvelines) – 25 833 hab. – Alt. 160 m – Carte régionale n° **18**-A2
▶ Paris 53 km – Chartres 42 km – Mantes-la-Jolie 50 km – Orléans 93 km
Carte Michelin 311-G4 – Guide Vert Michelin Île-de-France

🍴 L'Orangerie des Trois Roys

POISSONS ET FRUITS DE MER · ÉLÉGANT Face aux grilles du parc du château, un établissement raffiné et lumineux, avec sa véranda donnant sur un charmant jardin. On y déguste une belle sélection de produits de la mer : bar de ligne grillé sur pierre de lave, huîtres chaudes pochées au champagne et fondue de poireaux... Les amateurs seront comblés !

Carte 53/93 €

Plan : Y-a – 4 r. Raymond-Poincarré – ℰ 01 30 88 69 95
– www.lorangeriedestroisroys.fr – Fermé dim. et lundi

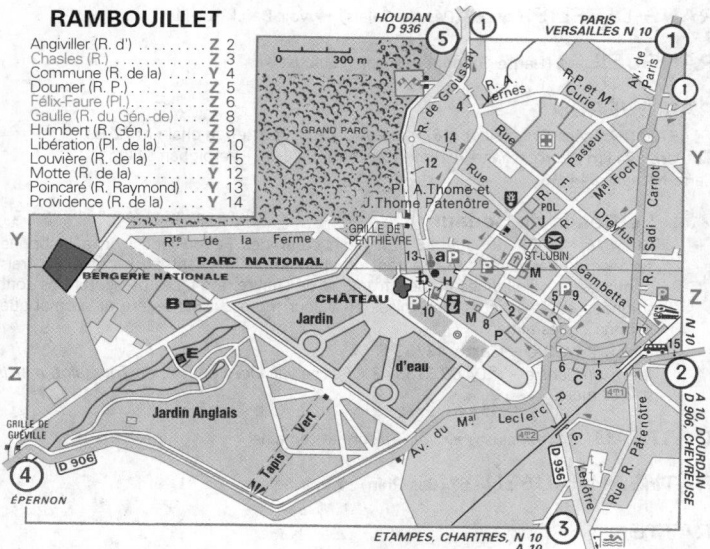

RAMBOUILLET

Angiviller (R. d') . . . . **Z** 2
Chasles (R.) . . . . **Z** 3
Commune (R. de la) . . . . . **Y** 4
Doumer (R. P.) . . . . **Z** 5
Félix-Faure (Pl.) . . . . **Z** 6
Gaulle (R. du Gén.-de) . . . **Z** 8
Humbert (R. Gén.) . . . . . . **Z** 9
Libération (Pl. de la) . . . . **Z** 10
Louvière (R. de la) . . . . . **Z** 15
Motte (R. de la) . . . . **Y** 12
Poincaré (R. Raymond) . . **Y** 13
Providence (R. de la) . . . . **Y** 14

🏨 **Mercure Relays du Château**　　　　　🔲 ♿ 🆎 🎿

HÔTEL DE CHAÎNE · ACTUEL Face au château, cet ancien relais de poste du 17e s. est désormais un agréable hôtel de chaîne, ayant conservé quelques touches de classicisme. Les chambres sont confortables et fonctionnelles, l'ensemble est bien entretenu.

83 chambres – 🛏105/155 € 🛏🛏105/185 € – 🍽 14 €

Plan : Z-b – *1 pl. de la Libération* – 𝒞 01 34 57 30 00
– *www.mercure-rambouillet.com*

à Gazeran 5 km au Nord par D936 – ⊠ 78125 – 1 265 hab. – Alt. 162 m

🍴 **Villa Marinette**　　　　　　　　　🚪 🛏 ♿

CUISINE MODERNE · ÉLÉGANT XXX Cette ancienne auberge cache un intérieur cossu, au décor soigné, et, l'été, une agréable terrasse dressée dans le joli jardin clos. Au menu, une cuisine au goût du jour rythmée par les saisons, signée par un jeune chef respectueux du produit. Accueil souriant.

Menu 34 € (déj. en semaine)/66 € – Carte 62/69 €

20 av. du Gén.-de-Gaulle – 𝒞 01 34 83 19 01 – *www.villamarinette.fr* – *Fermé dim. soir, lundi et mardi*

RANCÉ

⊠ 01390 (Ain) – 667 hab. – Alt. 282 m – Carte régionale n° **43**-E1
▶ Paris 437 km – Bourg-en-Bresse 44 km – Lyon 32 km – Villefranche-sur-Saône 13 km
Carte Michelin 328-C5

🍴 **Restaurant de Rancé**　　　　　　　🛏 🆎 ♿

CUISINE TRADITIONNELLE · AUBERGE XX Face à la petite église du village, on vient ici pour apprécier une cuisine dombiste généreuse et pleine de fraîcheur (grenouilles, carpe, poulet...). Le salle est lumineuse et l'accueil chaleureux, que demander de mieux ?

Formule 15 € – Menu 21 € (déj. en semaine), 31/66 € – Carte 31/80 €

10 rte de St-Jean – 𝒞 04 74 00 81 83 – *www.restaurantderance.com* – *Fermé 1 semaine en août, lundi et le soir sauf vend. et sam.*

RANG-DU-FLIERS – 62 (Pas-de-Calais) ➜ voir Berck-sur-Mer

RANGUEIL – 31 (Haute-Garonne) ➜ voir Toulouse

RASIGUÈRES
✉ 66720 (Pyrénées-Orientales) – 167 hab. – Alt. 178 m – Carte régionale n° **22**-B3
▣ Paris 874 km – Carcassonne 140 km – Montpellier 178 km – Perpignan 34 km
Carte Michelin 344-G6

😊 Le Relais de Sceaury
CUISINE MODERNE · SIMPLE ✕ En plein cœur des Fenouillèdes, on a la bonne surprise de découvrir ce restaurant où chantent, et enchantent, les produits frais (légumes du soleil, fines herbes, fromage de chèvre, etc.). Les présentations sont soignées et les saveurs bien mises en valeur ; une cuisine légère et aromatique comme on les aime !
Menu 24/32 € – Carte 43/53 €
1bis r. du Centre – ✆ *04 68 63 33 42 – Fermé vacances de fév., de Toussaint, mardi soir et merc.*

RASTEAU – 84 (Vaucluse) ➜ voir Vaison-la-Romaine

RATHSAMHAUSEN – 67 (Bas-Rhin) ➜ voir Sélestat

RATTE
✉ 71500 (Saône-et-Loire) – 388 hab. – Alt. 201 m – Carte régionale n° **8**-D3
▣ Paris 386 km – Chalon-sur-Saône 47 km – Dijon 111 km – Mâcon 97 km
Carte Michelin 320-L10

🍴 Le Chaudron
CUISINE MODERNE · CONVIVIAL ✕ L'auberge peut sembler modeste sur cette route qui traverse le hameau, pourtant le cadre est chaleureux. Dans le chaudron du chef, passé notamment chez Georges Blanc, de belles recettes telles que : cuisses de grenouilles comme dans les Dombes, poulette de Bresse à la crème, tête de veau sauce gribiche...
Formule 16 € – Menu 24/33 €
71 route de Louhans, (au bourg) – ✆ *03 85 75 57 81*
– www.lechaudron-restaurant.fr – Fermé dim. soir, lundi soir et mardi

RAULHAC
✉ 15800 (Cantal) – 302 hab. – Alt. 740 m – Carte régionale n° **5**-B3
▣ Paris 571 km – Aurillac 31 km – Clermont-Ferrand 156 km – St-Flour 73 km
Carte Michelin 330-D5

🏠 Château de Courbelimagne
HISTORIQUE · PERSONNALISÉ Dans son parc romantique, ce beau manoir de famille (16e-19e s.) cultive une veine naturaliste avec sa superbe collection d'herbiers (plantes de la région), les cours de naturothérapie proposés par sa propriétaire, et sa table d'hôte qui mêle champignons de la forêt, mûres des haies alentour, herbes et fleurs... Quel charme !
5 chambres ☟ – ♦85 € ♦♦105/140 €
4 km au Sud par rte de Mur-de-Barrez (D600) – ✆ *04 71 49 58 25 – http:// perso.wanadoo.fr/courbelimagne/ – Ouvert 2 avril-15 nov.*

RAYOL-CANADEL-SUR-MER
✉ 83820 (Var) – 714 hab. – Alt. 100 m – Carte régionale n° **41**-C3
▣ Paris 886 km – Fréjus 49 km – Hyères 35 km – Le Lavandou 13 km
Carte Michelin 340-N7

Le Relais des Maures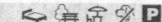

CUISINE TRADITIONNELLE · RUSTIQUE X Cette grande auberge, décorée dans un style rétro plutôt chic, cultive le goût du Sud. Le chef y réalise une cuisine pétrie de tradition, calée sur le marché : soupe de poisson, cocotte d'agneau, pannacotta aux fruits de saison... Quelques chambres d'esprit rustique pour faire étape, avec vue sur la mer au 2e étage.

Menu 32 € – Carte 46/83 €

10 chambres – †85/105 € ††85/105 € – ☑ 10 €

av. Ch.-Koeklin, Le Canadel – ℰ 04 94 05 61 27 – www.lerelaisdesmaures.fr
– Ouvert de mi-mars à oct. et fermé le midi en juil.-août, dim. soir et lundi hors saison

La Praya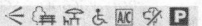

MÉDITERRANÉENNE · ROMANTIQUE XXX Un bel endroit, d'une élégance toute provençale et jouissant d'une superbe terrasse sous les palmiers, face à la Méditerranée... La Méditerranée, précisément, est la source d'inspiration du chef, qui signe une cuisine actuelle, légère et appétissante, à l'image de ces sardines en escabèche et gelée aux zestes de citron.

Menu 56/106 € – Carte 60/102 €

Hôtel Le Bailli de Suffren, av. des Américains – ℰ 04 98 04 47 00
– www.lebaillidesuffren.com – Ouvert 15 avril-31 oct. et fermé le midi

Le Bailli de Suffren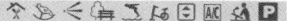

HÔTEL DE VACANCES · PERSONNALISÉ Superbe vue sur les îles d'Hyères depuis ce bel hôtel les pieds dans l'eau. Plage privée, balcons et terrasses face aux flots, restaurants panoramiques... Ou comment vivre en intimité avec la mer !

55 chambres – †195/525 € ††195/525 € – ☑ 23 € – ½ P

av. des Américains – ℰ 04 98 04 47 00 – www.lebaillidesuffren.com
– Ouvert 15 avril-31 oct.

La Praya – voir les restaurants ci-dessus

Les Terrasse du Bailli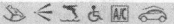

HÔTEL DE VACANCES · MODERNE Une séduisante adresse sur les hauteurs du Rayol, dans un quartier résidentiel proche de la mer. Les chambres les plus spacieuses et confortables se situent dans l'extension contemporaine, où certaines jouissent de grandes terrasses d'où la vue porte jusque sur les îles du Levant et de Port-Cros...

24 chambres – †85/285 € ††85/285 € – ☑ 15 €

18 av. du Capitaine-Thorel ⊠ 83820 Rayol-Canadel-sur-Mer – ℰ 04 98 04 47 00
– www.lebaillidesuffren.com

RÉ (ÎLE DE) – 17 (Charente-Maritime) → voir Île de Ré

REDON

⊠ 35600 (Ille-et-Vilaine) – 9 306 hab. – Alt. 10 m – Carte régionale n° **10**-C3
Paris 410 km – Nantes 78 km – Rennes 65 km – St-Nazaire 53 km
Carte Michelin 309-J9 – Guide Vert Michelin Bretagne Sud

La Bogue

CUISINE MODERNE · CONVIVIAL XX Dans ce pays de Redon réputé pour ses châtaigneraies, ce restaurant a bien choisi son nom ! À deux pas des halles, la cuisine évolue au fil du marché et des saisons, et les produits de la mer dominent : huîtres froides et chaudes, bar rôti au beurre demi-sel... Le tout servi avec le sourire !

Formule 15 € – Menu 22/62 € – Carte 33/55 €

3 r. des Etats – ℰ 02 99 71 12 95 – Fermé dim. soir et lundi

REHAUPAL
✉ 88640 (Vosges) – 193 hab. – Alt. 510 m – Carte régionale n° **27**-C3
▶ Paris 424 km – Épinal 27 km – Metz 151 km – Strasbourg 132 km
Carte Michelin 314-I4

⫶○ Auberge du Haut-Jardin

CUISINE TRADITIONNELLE · AUBERGE ⅹ Poutres, cheminée (difficile de la quitter l'hiver...) et saveurs du terroir : un vrai concentré des Vosges dans cette auberge, dont le chef privilégie au maximum les produits locaux.

Menu 28/59 € – Carte 33/72 €

43 bis Le Village – 𝒞 *03 29 66 37 06 – www.domaine-du-haut-jardin.com – Fermé 1 semaine en mars, 1 semaine en nov., 1 semaine en janv., lundi midi et merc. midi hors vacances scolaires*

⌂ Auberge du Haut-Jardin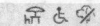

FAMILIAL · COSY Dans ce petit village de la campagne vosgienne, une maison de pays tenue par un couple accueillant ; les chambres associent esprit rustique et confort, avec un soin notable. Et dans le parc, on découvre six magnifiques chalets avec spa privatif sur la terrasse...

8 chambres – ♦89/119 € ♦♦89/119 € – 7 suites – ⌑ 15 € – ½ P

43 bis Le Village – 𝒞 *03 29 66 37 06 – www.domaine-du-haut-jardin.com – Fermé 1 semaine en mars, 1 semaine en nov. et 1 semaine en janv.*

⫶○ **Auberge du Haut-Jardin** – voir les restaurants ci-dessus

REIGNIER
✉ 74930 (Haute-Savoie) – 7 125 hab. – Alt. 475 m – Carte régionale n° **46**-F1
▶ Paris 550 km – Annecy 40 km – Genève 16 km – Lyon 158 km
Carte Michelin 328-k4

⫶○ La Table d'Angèle

CUISINE CLASSIQUE · BISTRO ⅹ Ce restaurant avec véranda propose une appétissante cuisine de bistrot dans un cadre contemporain. Aux choix notamment, à la carte : œuf parfait, poivrons de Sicile et mesclun, joue de bœuf braisée, et tarte alsacienne aux cerises pour les gourmands...

Formule 20 € – Carte 31/45 €

273 Grande-Rue – 𝒞 *04 50 31 16 16 – www.tabledangele.com – Fermé mardi midi, dim. et lundi*

© Govin-Sorel/Photononstop

ON AIME...

Le Bocal, une toute petite adresse nichée à côté d'une poissonnerie. **Le Pavillon CG**, sa belle cuisine de saison et son élégante salle à manger en rotonde. **Le Jardin des Crayères**, "petite adresse" du Domaine du même nom, pour sa cuisine de saison et sa jolie situation dans une dépendance du parc...

REIMS

✉ 51100 (Marne) – 181 893 hab. – Agglo. 209 086 hab. – Alt. 85 m
– Carte régionale n° **13**-B2
▶ Paris 144 km – Bruxelles 218 km – Châlons-en-Champagne 48 km – Lille 208 km
Carte Michelin 306-G7 – Guide Vert Michelin Champagne Ardenne

Restaurants

✿✿✿ **L'Assiette Champenoise** (Arnaud Lallement)　　❀ ⇦ ㅤ ⅃ ℁ **P**

CRÉATIVE · LUXE ✗✗✗✗ À quoi reconnaît-on un grand cuisinier ? Au caractère de ses recettes, à sa capacité à apprivoiser même la simplicité, et bien sûr à révéler les saveurs... Ces qualités, Arnaud Lallement les possède toutes. Sans artifice, ses assiettes, rehaussées notamment de sauces magnifiques, réservent des émotions rares ! Le tout dans un cadre chic et moderne des plus agréables.
→ Langoustine royale et nage réduite. Homard bleu hommage à mon papa. Baba et fruits jaunes.
Menu 98 € (déj. en semaine), 175/255 € – Carte 160/220 €
Plan : V-e – *Hôtel L'Assiette Champenoise, 40 av. Paul-Vaillant-Couturier, à Tinqueux* ✉ *51430 – ℰ 03 26 84 64 64 – www.assiettechampenoise.com*
– Fermé 7 fév.-3 mars, 2-16 août, merc. sauf le soir de mai à sept. et mardi

✿✿ **Le Parc Les Crayères**　　　　　　　❀ ⇦ ℁ **P**

CUISINE MODERNE · LUXE ✗✗✗✗✗ Un décor magnifique (boiseries, stucs, tapisseries, etc.) pour une cuisine qui ne l'est pas moins. La présentation des plats, la maîtrise dans l'exécution, les produits... tout semble ciselé avec art. Un beau moment de gastronomie, porté également par un service d'une qualité rare !
→ Foie gras de canard poché au champagne. Pigeon d'Onjon laqué au vin des coteaux champenois. Soufflé chaud selon la saison.
Menu 69 € (déj. en semaine), 120/210 € – Carte 156/206 €
Plan : CZ-a – *Hôtel Domaine Les Crayères, 64 bd Henry-Vasnier*
– ℰ 03 26 24 90 00 (réservation conseillée) – www.lescrayeres.com
– Fermé 19 déc.-10 janv., lundi et mardi

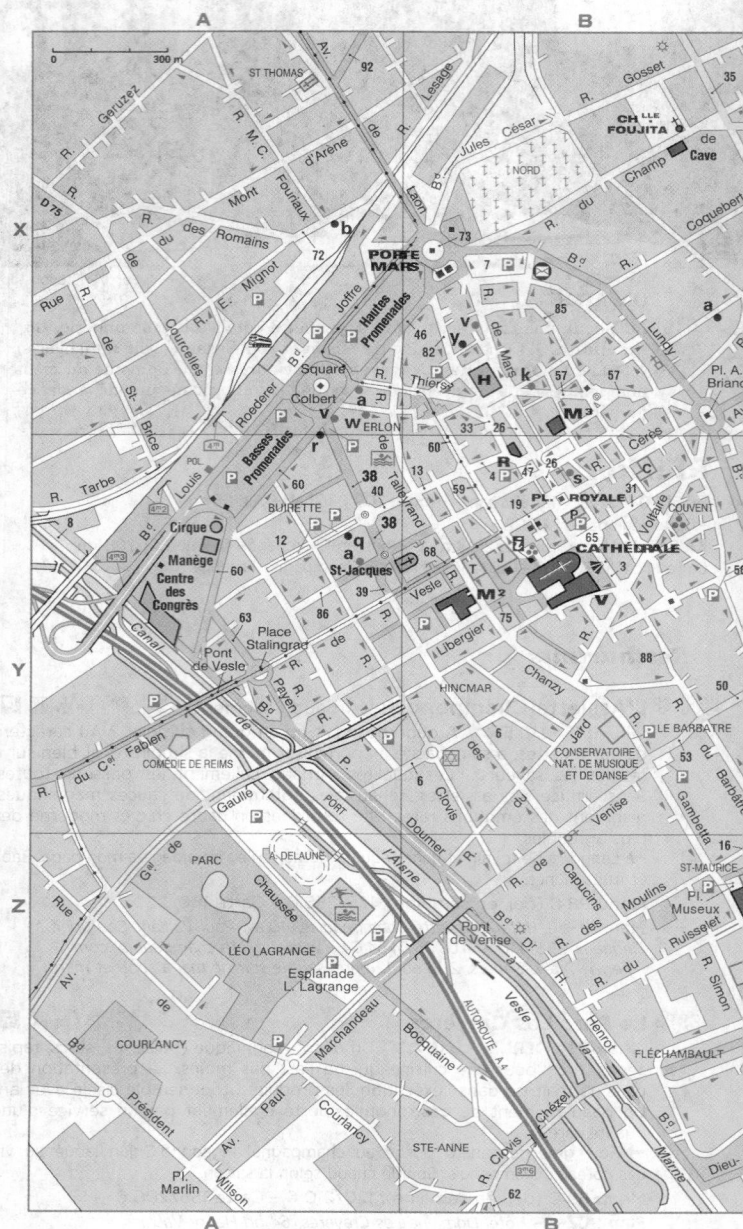

REIMS

Alsace-Lorraine (R. d') . . . **CX** 2
Anatole-France (Cours) . . . **BY** 3
Arbalète (R. de l') . . . . . . **BY** 4
Boulard (R.) . . . . **BY** 6
Boulingrin (Pl. du) . . . . . . **BX** 7
Brébant (Av.) . . . . **AY** 8
Buirette (R.) . . . . **AY** 12
Cadran St-Pierre (R.) . . . . **BY** 13
Carmes (R. des) . . . . **BZ** 16
Carnégie (Pl.) . . . . **BY** 17
Carnot (R.) . . . . **BY** 19
Champagne (Av. de) . . . . . **CZ** 22
Chemin Vert (R. du) . . . . . **CZ** 23
Colbert (R.) . . . . **BXY** 26
Desteuque (R. E.) . . . . **BY** 31
Dieu-Lumière (R.) . . . . **CZ** 32
Dr-Jacquin (R.) . . . . **BXY** 33
Dr-Knoéri (Pl. du) . . . . **CX** 34
Dr-Lemoine (R.) . . . . **BX** 35
Droits-de-l'Homme
  (Pl. des) . . . . **CX** 37
Drouet d'Erlon (Pl.) . . . . . **AY** 38
Dubois (R. Th.) . . . . **AY** 39
Etape (R. de l') . . . . **AY** 40
Farman (Av. H.) . . . . **CZ** 43
Foch (Bd) . . . . **ABX** 46
Forum (Pl.) . . . . **BY** 47
Gerbert (R.) . . . . **BCY** 50
Gouraud (Pl. Gén.) . . . . . . **CZ** 51
Grand-Cerf (R. du) . . . . . . **CZ** 52
Herduin (R. Lt.) . . . . **BY** 53
Houzeau-Muiron (R.) . . . . **CY** 54
Jamot (R. Paul) . . . . **BY** 56
Jean-Jaurès (Av.) . . . . **BCX**
J.-J.-Rousseau (R.) . . . . . . **BX** 57
Lambert (Bd Victor) . . . . . . **BZ** 58
Langlet (Crs J.-B.) . . . . **BY** 59
Laon (Av. de) . . . . **ABX**
Leclerc (Bd Général) . . . . **AX** 60
Lefèbvre (R. E.) . . . . **CX** 61
Louvois (R. de) . . . . **BZ** 62
Magdeleine (R.) . . . . **AY** 63
Martyrs-de-la-Résistance
  (Pl. des) . . . . **BY** 65
Montlaurent (R.) . . . . **CY** 67
Myron-Herrick (Pl.) . . . . . . **BY** 68
Philipe (R. Gérard) . . . . . . **CZ** 70
Prés.-F.-Roosevelt (R.) . . . **AX** 72
République (Pl. de la) . . . . **BX** 73
Rockefeller (R.) . . . . **BY** 75
St-Nicaise (Pl.) . . . . **CZ** 78
Salines (R. des) . . . . **CZ** 80
Sarrail (R. Gén.) . . . . **CX** 82
Strasbourg (R. de) . . . . . . **CX** 84
Talleyrand (R. de) . . . . . . **ABY**
Temple (R. du) . . . . **BX** 85
Thillois (R. de) . . . . **AY** 86
Université (R. de l') . . . . . . **BY** 88
Vesle (R. de) . . . . **ABY**
Victor-Hugo (Bd) . . . . **CZ** 90
Zola (R. Emile) . . . . **AX** 92
16e-et-22e-Dragons
  (R. des) . . . . **CY** 94

REIMS

Berthelot (Bd M.) . . . . **U** 5
Brébant (Av.) . . . . **U** 8
Brimontel (R. de) . . . . **U** 10
Carré (R. du Gén.) . . . . **UV** 20

Champagne (Av. de) . . . . **V** 22
Cognacq-Jay (R.) . . . . **V** 25
Danton (R.) . . . . **U** 30
Dr-Lemoine (R.) . . . . **V** 35
Europe (Av. de l') . . . . **V** 42
Farman (Av. Henri) . . . . **V** 43
Maison-Blanche (R.) . . . . **V** 64

Paris (Av. de) . . . . **V** 69
Pompidou (Av. G.) . . . . **V** 71
Robespierre (Bd) . . . . **U** 74
Tinqueux (R. de) . . . . **V** 87
Vaillant-Couturier (Av.) . . . . . . **V** 89
Witry (Rte de) . . . . **U** 91
Zola (R. Émile) . . . . **U** 92

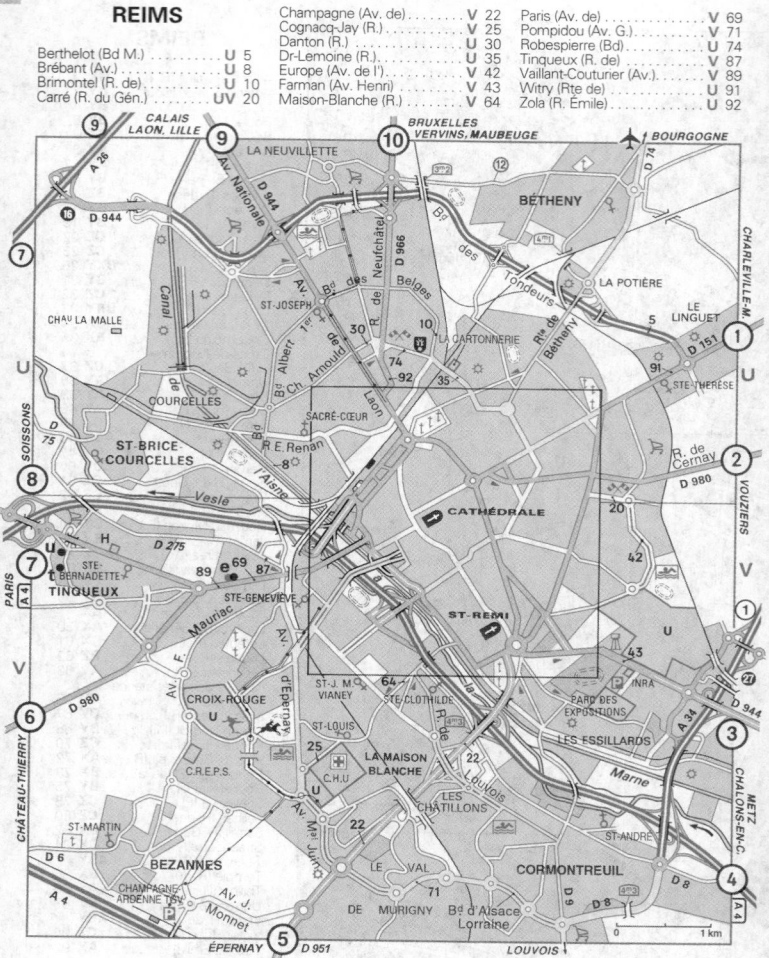

☼ **Le Millénaire** (Laurent et Thibault Laplaige)   ⅗ 🅰🅺 ⟷

CUISINE MODERNE · ÉLÉGANT XxX Non loin de la place Royale, une table d'une prestance toute contemporaine, associant tons crème, chêne clair et lignes élégantes. Une véritable invitation à découvrir cette cuisine réalisée à quatre mains (père et fils), bien ancrée dans le siècle... et dans le Millénaire !

→ Langoustines, concombres et crème revisitée. Carré de cochon ibérico et gnocchis à la crème. Millefeuille chocolat, poivron et sorbet framboise.

Menu 38 € (déj. en semaine), 55/97 € – Carte 88/119 €

Plan : BY-s – *4 r. Bertin* – ℰ *03 26 08 26 62* – *www.lemillenaire.com* – *Fermé sam. midi et dim.*

❀ **Le Foch** (Jacky Louazé)   ❀ AC

CUISINE MODERNE · COSY XXX Le restaurant borde les Promenades, ces cours ombragés dessinés au 18ᵉ s. On y retrouve avec plaisir la cuisine volontiers inventive du chef, où les produits de qualité sont rois (homard, beaux poissons, etc.).
→ Raviole virtuelle de Saint-Jacques, huître Marennes-Oléron et caviar osciètre. Bar cuit en terre d'argile de Vallauris. Forêt noire revisitée.

Menu 33 € (déj. en semaine), 51/89 € – Carte 70/115 €

Plan : AX-a – *37 bd Foch* – *𝒞 03 26 47 48 22* – *www.lefoch.com* – *Fermé 1 semaine en avril, août, sam. midi, dim. soir et lundi*

⊛ **Le Pavillon CG**   🏠 ⅃ AC ⇔ P

CUISINE MODERNE · À LA MODE XXX Cette maison bourgeoise (1850) abritait une banque avant d'être transformée en restaurant ! C'est une valeur sûre pour apprécier une cuisine gastronomique réalisée avec de beaux produits. On appréciera également l'amabilité du service et l'élégance de la salle, en rotonde.

Formule 27 € – Menu 32/49 €

Plan : AX-w – *7 r. Noël* – *𝒞 03 26 03 15 15* – *www.le-pavillon-cg.com* – *Fermé 4-14 avril, 26 juil.-11 août, 21-30 déc., mardi soir, dim. soir et merc.*

🍴○ **La Vigneraie**   ❀ 🏠 AC ⇔

CUISINE MODERNE · CLASSIQUE XXX Charmant restaurant qui, comme son nom l'indique, rend hommage à la vigne. Les murs s'égayent de citations de grands auteurs, tandis que les assiettes déclinent pigeon en deux façons, ficelle champenoise aux escargots, etc. Beau choix de vins et de champagnes.

Formule 18 € – Menu 27 € (semaine), 35/72 € – Carte 63/88 €

Plan : AY-a – *14 r. Thillois* – *𝒞 03 26 88 67 27* – *www.vigneraie.com* – *Fermé 15-21 fév., 2-10 avril, 25 juil.-14 août, merc. midi, dim. soir et lundi*

🍴○ **Le Pré Champenois**   AC

CUISINE MODERNE · COSY XX À deux pas de l'hôtel de ville, ce Pré Champenois se révèle intime et feutré. C'est un endroit où l'on se sent bien, sans compter que l'on s'y régale de plats savoureux, dans l'air du temps ou plus classiques (comme cet œuf meurette au foie gras poêlé).

Formule 18 € – Menu 22/72 € – Carte 34/57 €

Plan : BX-k – *1 r. Jean-Jacques-Rousseau* – *𝒞 03 26 24 27 15* – *www.leprechampenois.fr* – *Fermé 9-23 août, dim. et lundi*

🍴○ **Le Jardin Les Crayères**   🛏 🏠 ⅃ AC P

CUISINE TRADITIONNELLE · À LA MODE X La "petite adresse" du Domaine Les Crayères est située dans une dépendance du parc : une brasserie chic, très contemporaine, avec sa jolie véranda et sa terrasse juste en face du jardin d'herbes aromatiques. On y apprécie une savoureuse cuisine de saison réalisée avec de beaux produits.

Menu 31/47 € – Carte 47/67 €

Plan : CZ-b – *Hôtel Domaine Les Crayères, 7 av. du Gén.-Giraud* – *𝒞 03 26 24 90 90* – *www.lescrayeres.com* – *Fermé 19 déc.-10 janv.*

🍴○ **Le Jamin**   AC

CUISINE TRADITIONNELLE · DE QUARTIER X Un petit restaurant de quartier simple et généreux. On vient là pour la cuisine traditionnelle (cuisses de grenouille à la provençale, rognons aux girolles, etc.) et les suggestions à l'ardoise, aux prix doux. Service aimable et efficace.

Formule 16 € 🍷 – Menu 25 € 🍷/37 € – Carte 32/48 €

Plan : CX-n – *18 bd Jamin* – *𝒞 03 26 07 37 30* – *www.lejamin.com* – *Fermé 25 avril-2 mai, 15-29 août, 15-29 janv., dim. soir et lundi*

ⅠⅠ○ Le Bocal

POISSONS ET FRUITS DE MER · SIMPLE Une adresse insolite et confidentielle... À l'arrière de la Poissonnerie des Halles, on découvre une petite salle toute simple, où l'on célèbre sans chichis les saveurs de la mer : huîtres, saumon fumé maison, tartares, poisson du jour, etc. On surnomme les habitués les "agités du bocal" : attention à la contagion !
Carte 22/64 €

Plan : BX-v – *27 r. de Mars* – *℘ 03 26 47 02 51 (réservation conseillée)*
– *www.restaurantlebocal.fr* – *Fermé dim. et lundi*

Hôtels

Domaine Les Crayères

GRAND LUXE · GRAND STYLE Dans un grand parc, un décor brillant comme... du champagne. Faut-il préciser que cette superbe demeure est entourée des caves les plus renommées ? Un vrai symbole du luxe à la française que cet établissement, tout en raffinement, tentures épaisses, mobilier bourgeois...
20 chambres – ♦370/755 € ♦♦370/755 € – ⌒ 29 €

Plan : CZ-a – *64 bd Henry-Vasnier* – *℘ 03 26 24 90 00* – *www.lescrayeres.com*
– *Fermé 19 déc.-10 janv.*

❀❀ **Le Parc Les Crayères** • ⅠⅠ○ **Le Jardin Les Crayères** – voir les restaurants ci-dessus

L'Assiette Champenoise

LUXE · DESIGN Une élégante maison de maître de la fin du 19ᵉ s., dans un grand parc clos. Les chambres, très spacieuses, jouent la carte du goût contemporain avec beaucoup de réussite. On les regagne avec plaisir après avoir profité des délices de la table... La satisfaction est complète.
25 chambres – ♦230/780 € ♦♦230/780 € – 8 suites – ⌒ 33 €

Plan : V-e – *40 av. Paul-Vaillant-Couturier, à Tinqueux* ✉ *51430*
– *℘ 03 26 84 64 64* – *www.assiettechampenoise.com*
– *Fermé 7 fév.-3 mars et 2-16 août*

❀❀❀ **L'Assiette Champenoise** – voir les restaurants ci-dessus

Hôtel de la Paix

BUSINESS · MODERNE Cet hôtel, tenu par la même famille depuis 1912, vit avec son temps : jolies chambres contemporaines (tableaux d'artistes rémois, meubles Starck), bar pop et très tendance, et cadre design à la brasserie Au Café de la Paix, qui propose fruits de mer, tartares, choucroutes... Le tout à proximité de la cathédrale.
164 chambres – ♦140/240 € ♦♦140/240 € – 1 suite – ⌒ 15 €

Plan : AY-q – *9 r. Buirette* – *℘ 03 26 40 04 08* – *www.hotel-lapaix.fr*

Mercure - Cathédrale

HÔTEL DE CHAÎNE · FONCTIONNEL Nuits calmes garanties dans ce grand bâtiment des années 1970 bordant un boulevard mais totalement insonorisé, aux chambres fonctionnelles et bien équipées, très confortables. Du restaurant, à l'étage, on a une belle vue panoramique sur le canal et les péniches.
130 chambres – ♦99/209 € ♦♦99/209 € – ⌒ 18 €

Plan : AY-v – *31 bd Paul-Doumer* – *℘ 03 26 84 49 49* – *www.accorhotels.com*

Grand Hôtel des Templiers

TRADITIONNEL · GRAND STYLE Luxe et raffinement sont au rendez-vous dans cette belle demeure du 19e s. : mobilier de style, tissus opulents, salon bourgeois, chambres feutrées... Une certaine image de l'hôtellerie classique à la française.

18 chambres – †190/280 € ††190/280 € – � 25 €

Plan : BX-a – *22 r. des Templiers* – *℘ 03 26 88 55 08*
– *www.grandhoteldestempliers-reims.com*

Grand Hôtel Continental

TRADITIONNEL · CLASSIQUE La belle façade de cet ancien hôtel particulier de 1862 dissimule des chambres confortables, calmes et décorées dans des styles variés (classique, ancien, actuel, etc.). Un ensemble bourgeois bien adapté au tourisme comme aux voyages d'affaires. Cuisine traditionnelle au Conti.

63 chambres – †65/295 € ††65/295 € – ☲ 10 € – ½ P

Plan : AXY-r – *93 pl. Drouet-d'Erlon* – *℘ 03 26 40 39 35*
– *www.grandhotelcontinental.com*

Suite Novotel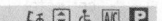

HÔTEL DE CHAÎNE · MODERNE Un hôtel bien situé, dans le nouveau quartier d'affaires créé juste derrière la gare. Conformément aux normes de la chaîne, les chambres sont modernes et spacieuses, bien insonorisées et équipées. Et, le soir, une navette transporte les clients au restaurant...

80 chambres – †100/200 € ††100/200 € – ☲ 15 €

Plan : AX-b – *1 r. Édouard-Mignot* – *℘ 03 26 89 52 00* – *www.suitenovotel.com*

Azur

FAMILIAL · PERSONNALISÉ Quelques minutes suffisent pour rejoindre la gare ou l'hôtel de ville : une bonne situation pour ce petit hôtel familial, aux chambres simples et particulièrement bien tenues, aux prix sages. Agréable : en été, on sert le petit-déjeuner dans un patio fleuri.

19 chambres – †55/75 € ††69/99 € – ☲ 10 €

Plan : BX-y – *9 r. des Ecrevées* – *℘ 03 26 47 43 39* – *www.hotel-azur-reims.com*
– *Fermé dim. soir en janv. et fév.*

à Rilly-la-Montagne 14 km par D951 et D26 – ✉ 51500 – 1 034 hab. – Alt. 160 m

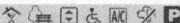 Château de Rilly

CHÂTEAU · ÉLÉGANT Au centre de ce village de vignerons de la vallée de Reims, cette belle maison bourgeoise datant du 19e s. a été transformée en un hôtel charmant et intime, avec son élégant cadre classique (moulures, lustres à pampilles, mobilier de style), son jardin à la française, son spa, son restaurant où le champagne est roi...

15 chambres – †135/195 € ††175/195 € – ☲ 18 € – ½ P

38 r. de Reims – *℘ 03 26 07 53 21* – *www.lechateauderilly.com*

à Sillery 11 km au Sud-Est par D944 et D8ᴱ – ✉ 51500 – 1 661 hab. – Alt. 90 m

⁑○ Le Relais de Sillery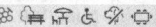

CUISINE TRADITIONNELLE · À LA MODE XxX Une auberge élégante dont la terrasse domine la Vesle. Le cadre est bucolique, la gastronomie classique : langoustines en risotto crémeux, gratin de cuisses de grenouille... La cave – aux prix étudiés – impressionne !

Menu 22 € (semaine), 43/72 € – Carte 53/76 €

3 r. de la Gare – *℘ 03 26 49 10 11* – *www.relaisdesillery.fr* – *Fermé 5 août-1ᵉʳ sept., 2-9 janv., 8-17 fév., dim. soir, lundi et mardi*

à Montchenot 11 km au Sud par D951 – ⊠ 51500 Villers Allerand

🐉 **Le Grand Cerf** (Dominique Giraudeau et Pascal Champion)

CUISINE CLASSIQUE · ÉLÉGANT XXX Au pied de la montagne de Reims, cette auberge affiche un style cossu... Un écrin élégant pour une belle cuisine classique concoctée à quatre mains. Les deux chefs, Pascal Champion et Dominique Giraudeau, aiment travailler les produits nobles, avec par exemple un menu dédié aux morilles !

→ Homard et poire en vinaigrette aigre-douce. Turbot, sauce au champagne et huître. Tarte sablée au chocolat.

Menu 39 € (déj. en semaine), 92/107 € – Carte 100/140 €

50 rte Nationale – ℰ 03 26 97 60 07 – www.le-grand-cerf.fr – Fermé 4 avril-4 mai, 4-17 août, dim. soir, mardi soir et merc.

à l'Ouest 6 km à l'Ouest par autoroute A4 sortie Tinqueux

🏨 **Novotel**

HÔTEL DE CHAÎNE · FONCTIONNEL Dans une zone commerciale et d'affaires, cet hôtel des années 1970 vit avec son temps : style épuré et concept Novation dans toutes les chambres, impeccables. Même tendance au restaurant avec des plats réalisés à la plancha.

127 chambres – †106/190 € ††106/190 € – ⊆ 16 €

Plan : V-u – *rte de Soissons* – ℰ *03 26 08 11 61* – *www.novotel.com*

🏠 **Qualys**

BUSINESS · FONCTIONNEL Près de l'autoroute, un hôtel fonctionnel et bien tenu, pratiquant des tarifs très raisonnables. Dans les chambres, on met les photographes locaux à l'honneur avec des clichés du vignoble champenois. Parfait pour une étape ou un voyage d'affaires.

66 chambres – †86/140 € ††86/140 € – ⊆ 11 €

Plan : V-t – *1 av. d'A.F.N.* – ℰ *03 26 83 84 85* – *www.qualys-reims-tinqueux.com*

REIPERTSWILLER

⊠ 67340 (Bas-Rhin) – 912 hab. – Alt. 230 m – Carte régionale n° **1**-A1
▶ Paris 450 km – Bitche 19 km – Haguenau 33 km – Sarreguemines 48 km
Carte Michelin 315-J3

🍽️ **La Couronne**

CUISINE CLASSIQUE · ÉLÉGANT XX Pour sûr, le chef mérite une couronne de laurier – voire tout un bouquet garni – pour sa cuisine classique et raffinée, qui régale (presskopf, tarte chaude aux quetsches...). Le décor est grand ouvert sur la nature – la vraie reine de cette table.

Formule 10 € – Menu 22 € (déj. en semaine), 28/52 € – Carte 40/63 €

13 r. Wimmenau – ℰ 03 88 89 96 21 – www.hotel-la-couronne.com
– Fermé 15 fév.-3 mars, 13-30 juin et 14 nov.-1ᵉʳ déc., merc. sauf le soir de nov. à mars, dim. soir, lundi et mardi

🏨 **La Couronne**

AUBERGE · CLASSIQUE Un hôtel sympathique, installé sur les pentes d'un paisible village du parc naturel des Vosges du Nord. Chambres spacieuses et confortables, confitures et brioche maison au petit-déjeuner, accueil familial : on s'y sent bien !

16 chambres – †48/65 € ††55/75 € – ⊆ 13 € – ½ P

13 r. Wimmenau – ℰ 03 88 89 96 21 – www.hotel-la-couronne67.com
– Fermé 15 fév.-3 mars, 13-30 juin et 14 nov.-1ᵉʳ déc.

🍽️ **La Couronne** – voir les restaurants ci-dessus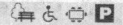

LA REMIGEASSE - 17 (Charente-Maritime) ➜ voir Île d'Oléron

REMIGNY

✉ 71150 (Saône-et-Loire) – 446 hab. – Alt. 215 m – Carte régionale n° **7**-A3
▶ Paris 335 km – Dijon 65 km – Lons-le-Saunier 127 km – Mâcon 82 km
Carte Michelin 320-I8

🍴 L'Escale ⛱ A/C 🅿

CUISINE TRADITIONNELLE • AUBERGE ✕ Sur la route du vignoble, au bord du canal, cette auberge semble sourire. Une escale simple et animée, où l'accueil est charmant et où l'on cultive la tradition : foie gras maison, croustillant d'escargots, coq au chardonnay, pintade aux pruneaux... Petits prix au menu !

◎ Menu 14 € (déj. en semaine), 24/32 € - Carte 30/51 €

2 rte de Chassey-le-Camp – ✆ 03 85 87 07 03 – www.restaurant-lescale-remigny.fr – Fermé 15-30 sept., 2-20 janv., dim. soir, mardi soir et merc.

REMIREMONT

✉ 88200 (Vosges) – 7 766 hab. – Alt. 400 m – Carte régionale n° **27**-C3
▶ Paris 413 km – Belfort 70 km – Colmar 80 km – Épinal 28 km
Carte Michelin 314-H4

🍴 Le Clos Heurtebise ⛲ ⛱ ⚙ 🅿

CUISINE MODERNE • ÉLÉGANT ✕✕ Cette engageante maison bourgeoise, tenue par un jeune couple sympathique, propose une bonne cuisine actuelle – asperges tièdes à l'huile d'olive des Baux-de-Provence, carré d'agneau en croûte d'herbes et harissa... On se régale dans une élégante salle ou sur la terrasse, d'où l'on aperçoit les Vosges.

◎ Menu 19 € (déj. en semaine), 30/67 € - Carte environ 52 €

13 chemin des Capucins, par r. Capit.-Flayelle – ✆ 03 29 62 08 04 – www.leclosheurtebise.com – Fermé 16-30 août, dim. soir, jeudi soir et lundi

🍴 La Carterelle

CUISINE MODERNE • CONVIVIAL ✕ C'est en couple qu'on préside à la destinée de cette Quarterelle. Monsieur concocte une cuisine mâtinée d'épices et madame vous accueille avec le sourire. Pensez à réserver !

Formule 22 € – Menu 32/36 € – Carte 44/60 €

3 r. de la Carterelle – ✆ 03 29 23 98 69 (réservation conseillée) – Fermé dim. soir, lundi soir, mardi soir et merc.

à Dommartin-lès-Remiremont 5 km à l'Est par D23 – ✉ 88200

– 1 835 hab. – Alt. 398 m

🍴 Le Karelian 🅿

CUISINE MODERNE • RUSTIQUE ✕✕ Une généreuse cuisine du marché, recherchée et parfumée – pressé de veau et légumes acidulés, maquereau mariné à la citronnelle thaïe –, à découvrir dans cette maison de pays rustique et accueillante. Le petit plus ? Un superbe chariot de desserts qui ravira les amateurs.

Formule 18 € – Menu 29/52 € – Carte 38/59 €

36 r. du Cuchot – ✆ 03 29 62 44 05 – www.lekarelian.fr – Fermé 1 semaine en avril, 25 juil.-7 août, 1 semaine en déc., dim. soir et lundi

à Girmont-Val-d'Ajol 9 km au Sud-Est par D23, D57 et rte secondaire –

✉ 88340 – 234 hab. – Alt. 650 m

⌂ La Vigotte ⛺ ♘ ⋞ ⛲ ✂ ♿ 🅿

FAMILIAL • SIMPLE Entourée de forêt vosgienne, de prairies et d'étangs, cette ferme de 1750 ravira les amoureux de la nature. Chambres simples et sympathiques. Cuisine de tradition et de terroir servie dans la grande salle rustique ; chaleureuse ambiance montagnarde.

20 chambres – 👤50/120 € 👥50/120 € – ☕ 8,50 € – ½ P

131 lieu-dit la Vigotte – ✆ 03 29 24 01 82 – www.vigotte.com – Fermé 3-29 janv.

RENAISON

✉ 42370 (Loire) – 2 924 hab. – Alt. 387 m – Carte régionale n° **44**-A1
▶ Paris 385 km – Chauffailles 43 km – Lapalisse 39 km – Roanne 11 km
Carte Michelin 327-C3 – Guide Vert Michelin Lyon et sa région

Jacques Cœur

CUISINE TRADITIONNELLE · COSY ХХ "À cœur vaillant, rien d'impossible !" La devise de Jacques Cœur accompagne le chef, qui ne manque pas d'allant lorsqu'il s'agit de mitonner de bons petits plats de tradition : tête de veau sauce gribiche, terrine de langoustines, etc.

Formule 24 € ⫪ – Menu 30/57 € – Carte 43/51 €
15 r. de Roanne – ☏ 04 77 64 25 34 – www.restaurant-jacques-coeur.fr
– Fermé 14 nov.-3 déc., dim. soir, lundi et mardi

St-Haon-le-Vieux 3 km au Nord par D8 – ✉ 42370 – 930 hab. – Alt. 424 m

Auberge du Bon Accueil

CUISINE MODERNE · CONVIVIAL ХХ En bordure de route, une agréable auberge avec un petit jardin et une terrasse ombragée. Le chef y concocte une cuisine dans l'air du temps avec des produits de saison. Et ici, le bon accueil n'est pas qu'un simple nom...

Formule 18 € ⫪ – Menu 29/45 €
La Croix-Lucas – ☏ 04 77 64 40 72 – www.restaurant-lebonaccueil.fr
– Fermé vacances de printemps, 4-31 janv., dim. soir, lundi et mardi

RENESCURE

✉ 59173 (Nord) – 2 085 hab. – Alt. 30 m – Carte régionale n° **30**-B2
▶ Paris 253 km – Arras 72 km – Lille 57 km
Carte Michelin 302-C3

La Table de Romain

CUISINE CLASSIQUE · CONVIVIAL Х Située au cœur du bourg, en face du château de Zuthove, cette maison de village est le quartier-général d'un jeune chef plein d'allant. Il réalise une goûteuse cuisine du marché, et revisite le terroir au gré d'une carte qui évolue chaque semaine. Le tout dans un intérieur chic et convivial, qui ne manque pas de séduire !

⊕ Formule 18 € ⫪ – Menu 20 € ⫪/30 €
1 r. Gaston-Robbe – ☏ 09 67 35 23 60 – Fermé 1er-15 août, mardi soir, merc. soir, jeudi soir, sam. midi, dim. soir et lundi

© Hussenot/SoFood/Photononstop

ON AIME...

Le superbe **marché de la place des Lices**, avec ses produits très réputés : volaille, légumes, etc. Le duo de jeunes professionnels qui réalisent, aux fourneaux d'**Aozen**, une cuisine d'auteur, fraîche et spontanée. Enfin, le petit joyau des hôtels de la ville : le **Balthazar Hôtel & Spa**...

RENNES

⊠ 35000 (Ille-et-Vilaine) – 209 860 hab. – Agglo. 313 480 hab. – Alt. 40 m
– Carte régionale n° **10**-D2
▶ Paris 349 km – Angers 129 km – Brest 246 km – Caen 185 km
Carte Michelin 309-L6 – Guide Vert Michelin Bretagne Nord

Restaurants

ॐ **La Coquerie**　　　　　　　　　　　　🛆 🛋 🍽 🅿

CRÉATIVE · DESIGN XXX Le chef, arrivé aux fourneaux de cette institution rennaise en 2012, laisse libre cours à son instinct voyageur : il en résulte des plats modernes, épurés, traversés de touches japonisantes, entre saveurs aigres-douces et apparitions d'algues... Une cuisine qui colle parfaitement avec le décor, épuré et naturel.
➜ Huître juste raidie, oseille et galanga. Pintade rôtie à la sauge, aubergine et sésame. Pêche blanche pochée au shiso et fenouil.
Formule 22 € – Menu 29 € (déj. en semaine), 55/75 € – menu unique
Plan : DU-x – Hôtel Le Coq-Gadby, 156 r. d'Antrain
– ✆ 02 99 38 05 55 – www.lecoq-gadby.com
– Fermé 7-16 fév., 3 semaines en août, 27 déc.-3 janv., merc. midi,
dim. et lundi

ॐ **Aozen** (Pierre Legrand)　　　　　　　　　　　　ㅤ 🛆 🍽

CUISINE MODERNE · COSY X Des recettes subtiles, légères et naturelles, composées avec grand soin, à travers un "menu unique" qui joue la carte de la surprise et de la nouveauté... Caroline et Pierre Legrand font des merveilles dans leur Aozeñ ("ingrédient", en breton), la nouvelle coqueluche des gourmets rennais. Une adresse qui fait plaisir !
➜ Maquereau et rhubarbe au poivre sauvage. Pigeonneau, condiment betterave et griotte. Fruits rouges, macaron et sorbet framboise-poivron rouge.
Menu 49/80 € ☍ – menu unique
Plan : AZ-a – 12 r. de l'Arsenal
– ✆ 02 99 65 64 21 (réservation conseillée) – www.aozen-restaurant.com
– Fermé 2 semaines en août, dim., lundi et le midi

RENNES

Bourgeois (Bd L.) . . . . **DV** 3
Canada (Av. du) . . . . **CV** 6
Churchill (Av. Sir W.) . . . . . . **CU** 13
Combes (Bd E.) . . . . **DV** 14
Duchesse-Anne (Bd de la) . **DU** 15

Guilloux (R. L.) . . . . **CU** 23
Laennec (Bd) . . . . **DU** 31
Leroux (Bd Oscar) . . . . . . **DV** 36
Lorient (R. de) . . . . **CU** 38
Maginot (Av. du Sergent) . **DU** 39
Mitterrand (Mail Fr.) . . . . . **CU** 43
Pompidou (Bd G.) . . . . . . **CV** 55
St-Brieuc (R. du) . . . . **CU** 64

St-Jean-Baptiste de la Salle
(Bd) . . . . **CU** 70
Strasbourg
(Bd de) . . . . **DU** 83
Ukraine (Allée d') . . . . . . **CV** 84
Vitré (Bd de) . . . . **DU** 87
Yser (Bd de l') . . . . **CV** 88
3-Croix (Bd des) . . . . **CU** 89

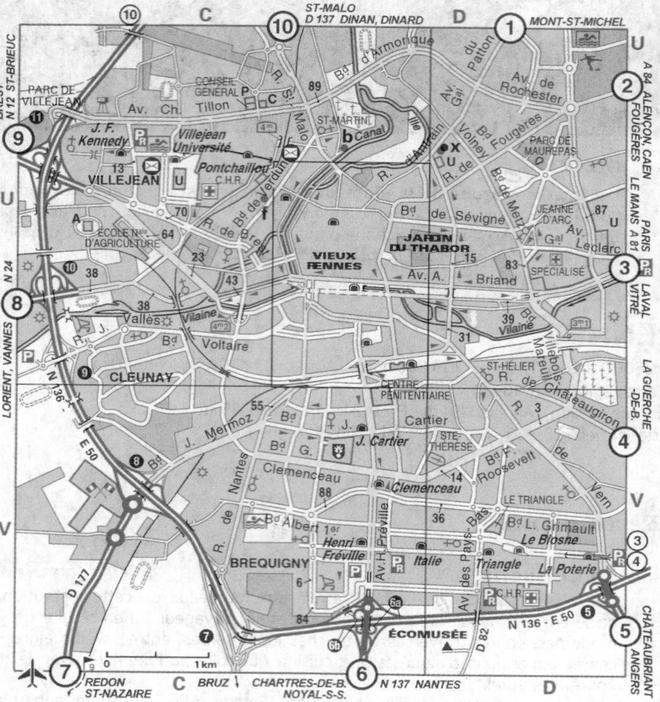

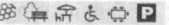

🐸 Le Cours des Lices

AK ⟷

CUISINE MODERNE • CONVIVIAL ✗✗ Voilà un chef qui ne manquerait le marché de la place des Lices pour rien au monde ! Pourquoi s'en priver ? Dans sa maison de 1659, son restaurant est situé à deux pas : une source d'inspiration inépuisable pour sa cuisine de saison qui révèle un véritable savoir-faire d'artisan. Accueil fort charmant de son épouse.

Formule 19 € – Menu 21 € (déj. en semaine), 30/45 € – Carte 40/61 €
Plan : AY-g – *18 pl. des Lices –* ℰ *02 99 30 25 25 – www.lecoursdeslices.fr
– Fermé 1ᵉʳ-22 août, dim. et lundi*

⅃O La Fontaine aux Perles

🏵 🍴 🛆 🛝 ⟷ 🅿

CUISINE MODERNE • HUPPÉ ✗✗✗ Au calme d'un jardin arboré, ce petit manoir du 19ᵉ s. laisse échapper de savoureux fumets... En cuisine, beaux produits et maîtrise des cuissons sont de mise, avec un superbe accompagnement de champagnes et de digestifs. Côté décor, trois salles, trois thèmes : le champagne, le vin ou le Stade rennais !

Menu 28 € (déj. en semaine), 39/95 € – Carte 63/97 €
96 r. de la Poterie, (quartier de la Poterie) – ℰ *02 99 53 90 90
– www.lafontaineauxperles.com – Fermé dim. soir et lundi*

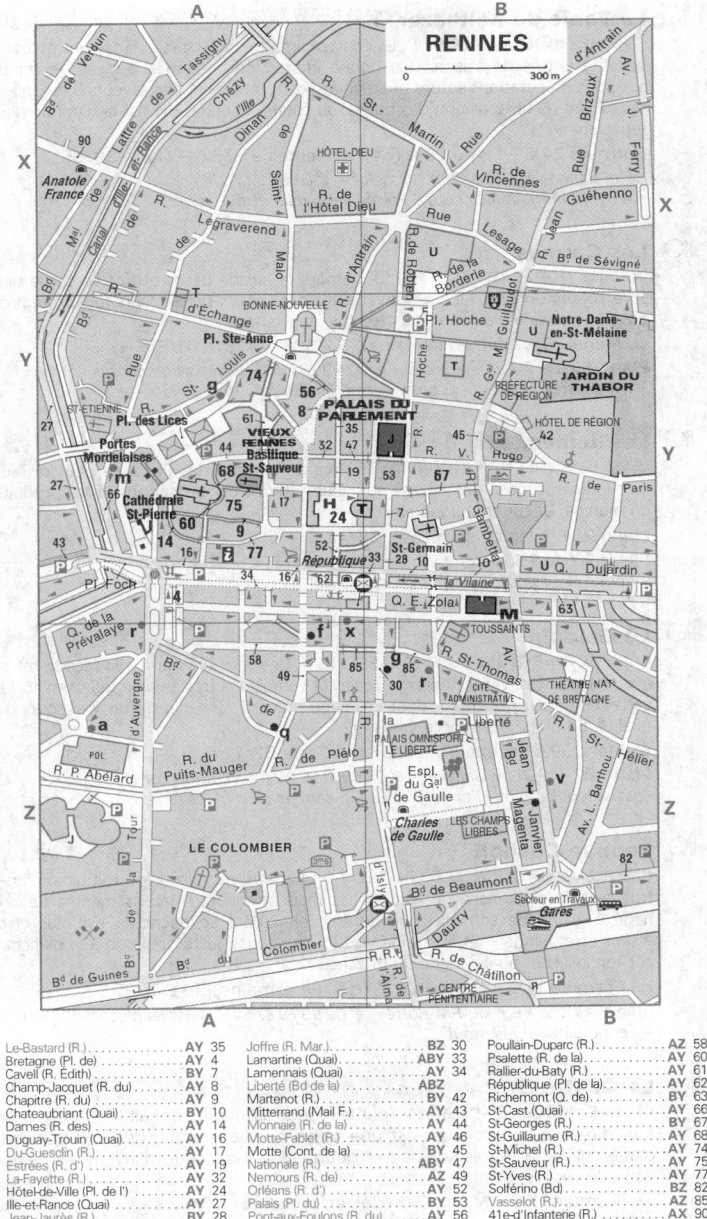

RENNES

0   300 m

Le-Bastard (R.)	**AY** 35	Joffre (R. Mar.)	**BZ** 30	Poullain-Duparc (R.)	**AZ** 58
Bretagne (Pl. de)	**AY** 4	Lamartine (Quai)	**ABY** 33	Psalette (R. de la)	**AY** 60
Cavell (R. Edith)	**BY** 7	Lamennais (Quai)	**AY** 34	Rallier-du-Baty (R.)	**AY** 61
Champ-Jacquet (R. du)	**AY** 8	Liberté (Bd de la)	**ABZ**	République (Pl. de la)	**AY** 62
Chapitre (R. du)	**AY** 9	Martenot (R.)	**BY** 42	Richemont (Q. de)	**BY** 63
Chateaubriant (Quai)	**BY** 10	Mitterrand (Mail F.)	**AY** 43	St-Cast (Quai)	**AY** 66
Dames (R. des)	**AY** 14	Monnaie (R. de la)	**AY** 44	St-Georges (R.)	**BY** 67
Duguay-Trouin (Quai)	**AY** 16	Motte-Fablet (R.)	**AY** 46	St-Guillaume (R.)	**AY** 68
Du-Guesclin (R.)	**AY** 17	Motte (Cont. de la)	**BY** 45	St-Michel (R.)	**AY** 74
Estrées (R. d')	**AY** 19	Nationale (R.)	**ABY** 47	St-Sauveur (R.)	**AY** 75
La-Fayette (R.)	**AY** 32	Nemours (R. de)	**AZ** 49	St-Yves (R.)	**AY** 77
Hôtel-de-Ville (Pl. de l')	**AY** 24	Orléans (R. d')	**AY** 52	Solférino (Bd)	**BZ** 82
Ille-et-Rance (Quai)	**AY** 27	Palais (Pl. du)	**BY** 53	Vasselot (R.)	**AZ** 85
Jean-Jaurès (R.)	**BY** 28	Pont-aux-Foulons (R. du)	**AY** 56	41e-d'Infanterie (R.)	**AX** 90

ⅢО La Table de Balthazar ⓝ ⌂ ⼕ 🅰🅒

CUISINE MODERNE · COSY ✗✗ La courte carte, très alléchante, laisse entrevoir de belles assiettes de saison. Une bonne impression confirmée pendant le repas, avec des préparations sobres et soignées, où retentissent des saveurs harmonieuses. Quant à la disposition des tables, au coude-à-coude, elle est la garantie d'un repas animé !

Formule 24 € – Menu 28 € (déj. en semaine)/33 € – Carte 39/55 €
Hôtel Balthazar & Spa, 28 r. Vasselot – ☏ 02 99 32 76 14
– www.hotel-balthazar.com – Fermé sam. midi et dim. soir

ⅢО Les Carmes ⼕ 🔄

CUISINE MODERNE · ÉLÉGANT ✗✗ Derrière la façade de ce bistrot se cache une salle contemporaine. Le chef travaille avec les petits producteurs locaux et propose une cuisine d'aujourd'hui, attentive aux saisons.

👓 Menu 20 € (déj. en semaine), 33/60 € – Carte 41/51 €
Plan : BZ-r *– 2 r. des Carmes – ☏ 02 99 79 28 95 (réservation conseillée)*
– www.lescarmes-rennes.com – Fermé 24-30 déc., dim. et lundi

ⅢО Le Guehennec ⼕ 🅰🅒 🔄

CUISINE MODERNE · CONVIVIAL ✗✗ Près de la place des Lices, ce petit restaurant intime propose une cuisine soignée, rythmée par les saisons et les produits du marché. Décor contemporain.

Menu 25 € (déj. en semaine), 38/47 €
Plan : AY-m *– 33 r. Nantaise – ☏ 02 99 65 51 30*
– Fermé 8-24 août, sam. midi, lundi soir et dim.

ⅢО Le Galopin ⌂ 🅰🅒 🚿 🔄 🍴

CUISINE TRADITIONNELLE · BRASSERIE ✗✗ Une jolie brasserie à la façade rétro, avec banquettes, vivier, tables serrées... et l'ambiance très animée qui va avec. La carte, entre terre et mer – dont un menu homard –, manifeste un vrai souci de qualité. En prime, un service voiturier.

👓 Menu 19 € (semaine), 28/37 € – Carte 32/72 €
Plan : BZ-v *– 21 av. Janvier – ☏ 02 99 31 55 96 (réservation conseillée)*
– www.legalopin.fr – Fermé 1ᵉʳ-15 août, sam. midi, dim. et fériés

ⅢО Léon le Cochon ⼕ 🅰🅒 🔄

CUISINE TRADITIONNELLE · BISTRO ✗ On ne présente plus Léon le Cochon, bistrot canaille et branché du centre-ville, mais attention, l'établissement a déménagé à 200m de son ancienne adresse en 2013 ! Le décor en est plus chic – sans être guindé –, et la cuisine vise toujours aussi juste : poisson à la plancha, cochonnailles et abats, menu du marché...

👓 Formule 12 € – Menu 16 € 🍷 (déj. en semaine), 19 € 🍷/25 €
Plan : AYZ-x *– 6 r. du Pré-Botté – ☏ 02 99 79 37 54 – www.leonlecochon.com*
– Fermé dim. en juil.-août

ⅢО Le Quatre B 🅰🅒 🔄

CUISINE MODERNE · DESIGN ✗ Tout le monde à Rennes connaît Le Quatre B ! Il faut dire que son concept est une réussite, alliance d'un décor élégant et d'une cuisine à la fois soignée et gourmande. Beaucoup d'invention, beaucoup de succès.

👓 Formule 13 € – Menu 17 € (déj. en semaine), 26/32 €
– Carte 34/55 €
Plan : AYZ-r *– 4 pl. de Bretagne – ☏ 02 99 30 42 01 – www.quatreb.fr*
– Fermé sam. midi et dim. soir

ⅱ◯ Essentiel

CUISINE MODERNE · CONVIVIAL ✗ Sur le pittoresque canal d'Ille-et-Rance, un bâtiment original, tout en verre, avec terrasse sur deux niveaux. Bois, briques, tons gris : le lieu évoque un loft urbain ! La chef Blandine Lucas, ancienne de l'hôtel Shangri-La et de la Chèvre d'Or, a repris les rênes des lieux et y propose d'alléchantes adresses dans l'air du temps.

Menu 22 € (déj.), 32/42 €

Plan : CU-b – *11 r. Armand-Rebillon* – ☏ *02 99 14 25 14*
– *www.restaurantessentiel.com* – *Fermé merc. soir, sam. midi et dim.*

ⅱ◯ Chez Meh

THAÏLANDAISE · SIMPLE ✗ Des parfums de gingembre, de citron vert et de citronnelle, de subtils aigres-doux, des woks généreux et d'incontournables larmes du tigre : les saveurs de la Thaïlande et du Laos (dont est originaire la famille propriétaire) révélées par une cuisinière émérite, qui s'approvisionne sur les meilleurs marchés rennais. Réservez !

Formule 16 € – Menu 25/30 € – Carte 24/36 €

Plan : CU-f – *37 bd de Verdun* – ☏ *02 99 54 59 18* – *www.chezmehissan.fr*
– *Fermé dim. et lundi*

Hôtels

🏠 Balthazar Hôtel & Spa

LUXE · DESIGN Inauguré mi-2014, l'établissement s'impose d'emblée comme le meilleur de la ville : derrière une belle façade classique, peinte de gris perle, les aménagements allient lignes élégantes et larges volumes, matières naturelles et ambiance feutrée, services de qualité et spa superbe... Un ensemble contemporain qui fera date.

56 chambres – ♦135/655 € ♦♦135/655 € – ☐ 23 € – ½ P

Plan : BZ-g – *19 r. du Mar.-Joffre* – ☏ *02 99 32 32 32* – *www.hotel-balthazar.com*
ⅱ◯ **La Table de Balthazar** – voir les restaurants ci-dessus

🏠 Novotel Centre Gare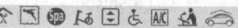

HÔTEL DE CHAÎNE · ACTUEL À 2mn à pied de la gare, ce Novotel allie esprit contemporain et caractère fonctionnel, espace et luminosité. À noter : une agréable petite piscine à contre-courant.

89 chambres – ♦89/350 € ♦♦89/350 € – 14 suites – ☐ 17 €

Plan : BZ-t – *22 av. Janvier* – ☏ *02 99 84 08 08* – *www.novotel.com*

🏠 Le Coq-Gadby

URBAIN · PERSONNALISÉ Au 156 rue d'Antrain, on voit la vie en vert ! Dans un jardin, une maison du 17e s. doublée d'une bâtisse en bois conçue selon les dernières normes environnementales. Au choix, chambres cosy et feutrées, ou plus spacieuses et contemporaines. Spa écologique et soins bio.

24 chambres – ♦100/130 € ♦♦150/350 € – 2 suites – ☐ 18 € – ½ P

Plan : DU-x – *156 r. d'Antrain* – ☏ *02 99 38 05 55* – *www.lecoq-gadby.com*
❀ **La Coquerie** – voir les restaurants ci-dessus

🏠 Anne de Bretagne

BUSINESS · MODERNE Hôtel entièrement rénové, entre le centre historique et la gare. Les chambres, assez spacieuses, sont bien équipées et parfaitement tenues. Préférez celles – plus calmes – situées sur l'arrière du bâtiment.

42 chambres – ♦68/185 € ♦♦68/185 € – ☐ 12 €

Plan : AZ-q – *12 r. Tronjolly* – ☏ *02 99 31 49 49* – *www.hotel-rennes.com* – *Fermé 23 déc.-3 janv.*

🏠 Hôtel de Nemours

URBAIN · COSY Non loin de la Vilaine et du centre historique, cet hôtel à la façade noire annonce la couleur. Ici, point d'extravagance mais un intérieur tout en sobriété et élégance : chambres confortables et épurées où domine le mobilier cérusé.

41 chambres – �player74/109 € ♦♦74/149 € – ☐ 10 €

Plan : AZ-f – *5 r. de Nemours* – *✆ 02 99 78 26 26* – *www.hotelnemours.com*

à St-Grégoire 3 km au Nord par D82 - (Plan : CU) – ✉ 35760
– 8 783 hab. – Alt. 45 m

✿ Le Saison (David Etcheverry)

CUISINE MODERNE · HUPPÉ 🔾🔾🔾 Ce pourrait être une simple longère aux portes de Rennes, c'est un petit havre de design contemporain, élégant et lumineux... Le repas n'en est que plus agréable, car le chef signe une cuisine de saison très soignée, centrée sur le produit et subtile dans ses effets !

→ Tomate "grand cru", glacée et confite. Côte de cochon kintoa, pois chiche, soja et shiso. Forêt blonde, griottes et chocolat.

Formule 33 € – Menu 50/95 € – Carte 95/127 €

Hôtel les Patios, 1 imp. du Vieux-Bourg, (près de l'église)
– ✆ 02 99 68 79 35 – www.le-saison.com
– Fermé dim. soir et lundi

🏠 Les Patios

VILLA · DESIGN Lassé par l'agitation de la ville ? Faites une pause dans cet hôtel situé à 6 km au nord de Rennes. Avec son joli jardin et son décor zen et épuré, l'endroit respire la sérénité. Et les chambres, immenses et très soignées, comptent incontestablement parmi les plus belles de la métropole rennaise...

5 chambres ☐ – ♦180/200 € ♦♦195/215 € – ½ P

1 imp. du Vieux-Bourg, (près de l'église) – ✆ 02 99 68 79 35
– www.le-saison.com

✿ **Le Saison** – voir les restaurants ci-dessus

à Cesson-Sévigné 6 km à l'Est – ✉ 35510 – 16 206 hab. – Alt. 28 m

🍴 Le Germinal

CUISINE MODERNE · CLASSIQUE 🔾🔾 Une terrasse aux airs de pont de bateau avec vue plongeante sur la rivière... Ah, la douceur champêtre d'un moulin sur la Vilaine ! Dans ce très sympathique restaurant, on savoure une cuisine bien tournée et pleine de fraîcheur, mâtinée de touches inventives.

Formule 18 € – Menu 21 € (déj. en semaine), 32/42 € – Carte 32/63 €

Hôtel Le Germinal, 9 cours de la Vilaine, au bourg
– ✆ 02 99 83 11 01 – www.legerminal.com
– Fermé 8-20 fév., 30 juil.-29 août, 21 déc.-5 janv., sam. midi, dim. et fériés

🍴 L'Adresse

CUISINE MODERNE · CONVIVIAL 🔾🔾 Cette maison en granit, bordant la Vilaine, dispose de salles contemporaines, dont une très feutrée. L'été, préférez la terrasse avec sa pergola où grimpe une superbe glycine. Cuisine qui suit la tendance.

🍴 Formule 16 € – Menu 19 € (déj. en semaine), 24/45 €
– Carte 34/51 €

32 cours de la Vilaine – ✆ 02 99 83 82 06 – www.restaurant-ladresse.com
– Fermé 1 semaine en fév., 2 semaines en août, 1 semaine en oct., sam. midi, dim. soir, mardi soir et lundi

🏠 Le Germinal ☆ ⅋ ⪡ 🎒 ⅍ 🏛

AUBERGE · COSY Germinal, c'est le printemps et la renaissance de la nature... Un nom parfait pour cet ancien moulin familial posé sur un îlot de la Vilaine. Depuis les chambres, cosy et parfaitement tenues, on observe les méandres de la rivière. Un lieu bucolique à souhait !

17 chambres – ♦88/130 € ♦♦88/130 € – ☐ 12 € – ½ P

9 cours de la Vilaine, au bourg – 𝒞 02 99 83 11 01 – www.legerminal.com – Fermé 8-20 fév., 30 juil.-29 août et 21 déc.-5 janv.

🍽○ **Le Germinal** – voir les restaurants ci-dessus

à Noyal-sur-Vilaine 12 km à l'Est – ✉ 35530 – 5 526 hab. – Alt. 75 m

✿ Auberge du Pont d'Acigné (Sylvain Guillemot) ⅋⅋ 🏠 ⅍ 🅿

CUISINE MODERNE · ÉLÉGANT ✕✕✕ Une cuisine du terroir maîtrisée et inventive, qui témoigne d'un soin de tous les instants. Le cadre, élégant et lumineux, la terrasse en bord de la Vilaine, comme le service, très agréable, ajoutent au plaisir de cette parenthèse gastronomique. Très beau choix de vins.

→ Composition de légumes, mousse à l'eau de tomate et rhubarbe. Agneau de pré salé du Mont-St-Michel et betterave. Craquant de framboises et de concombre, mousse de foin.

Menu 44 € (déj. en semaine), 63/130 €

*3 km au Nord par rte d'Acigné – 𝒞 02 99 62 52 55
– www.auberge-du-pont-dacigne.com – Fermé 15-18 fév., 4-14 avril, 1ᵉʳ-18 août, 24 oct.-3 nov., 2-5 janv., dim. soir, lundi et mardi*

🍽○ Les Forges ⪡ 🏠 🅰🅲 ⅍ 🅿

CUISINE TRADITIONNELLE · FAMILIAL ✕✕ Cette auberge engageante, située au bord de la route, est installée dans les anciennes forges de la ville. À l'intérieur, l'une des salles est contemporaine et colorée, l'autre plus classique. Côté cuisine, on est en plein dans la tradition : tout est fait maison et le chef travaille comme un véritable artisan !

Formule 17 € – Menu 25/39 € – Carte 33/47 €

12 chambres – ♦46/55 € ♦♦46/65 € – ☐ 8 €

22 av. du Gén.-de-Gaulle – 𝒞 02 99 00 51 08 – Fermé 1 semaine en fév., 3 semaines en août, vend. soir, sam. midi et dim. soir

rte de St-Nazaire 8 km au Sud-Ouest par D177 – ✉35170 Bruz

🏠 Kerlann ☆ 🖼 ⅍ 🅰🅲 ⅍ 🅿

BUSINESS · FONCTIONNEL Entre Rennes et St-Nazaire, non loin de l'aéroport et du golf de Cicé, cet hôtel bénéficie d'une excellente situation. Les chambres, réparties autour d'un patio, sont confortables et bien tenues. Restaurant traditionnel.

49 chambres – ♦82/148 € ♦♦82/174 € – 3 suites – ☐ 13 € – ½ P

ZA La Porte de Ker Lann – 𝒞 02 99 05 95 80 – www.hotel-kerlann.com – Fermé vacances de Noël

Le Rheu 8 km à l'Ouest par N24 et D129 – ✉ 35650 – 7 788 hab. – Alt. 30 m

🍽○ Les Tourelles ⪡ ⅍ ⟳ 🅿

CUISINE MODERNE · INTIME ✕✕✕ Le plafond en ogive, les boiseries, les tentures... Il règne ici une atmosphère raffinée, romantique et si châtelaine ! Un décor superbe qui sert à merveille la cuisine gastronomique du chef, créative mêlant sucré et salé.

Formule 19 € 🍷 – Menu 29 € (semaine), 41/59 € – Carte environ 57 €

*Hôtel Château d'Apigné, rte de Chavagne – 𝒞 02 99 14 80 66
– www.chateau-apigne.fr – Fermé 15-21 fév., 1ᵉʳ-4 janv., mardi midi, merc. midi, sam. midi, dim. soir et lundi*

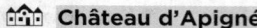 **Château d'Apigné**

CHÂTEAU · CLASSIQUE Envie de jouer les aristocrates le temps d'une escapade en Bretagne ? Dans ce cas, cet élégant château néo-Renaissance (1833), au cœur d'un parc immense, est fait pour vous ! Vous apprécierez les chambres alliant classicisme et raffinement : boiseries, moulures, parquet d'époque... Très classe, of course !

16 chambres – ♦130/230 € ♦♦145/230 € – ⊑ 16 €

rte de Chavagne – ℰ *02 99 14 80 66 – www.chateau-apigne.fr*

⃝ **Les Tourelles** *– voir les restaurants ci-dessus*

LA RÉOLE

✉ 33190 (Gironde) – 4 125 hab. – Alt. 44 m – Carte régionale n° **4**-C2
▶ Paris 649 km – Bordeaux 74 km – Casteljaloux 42 km – Duras 25 km
Carte Michelin 335-K7 – Guide Vert Michelin Aquitaine

⃝ **Aux Fontaines**

CUISINE TRADITIONNELLE · FAMILIAL ✗✗ Dans cette petite ville des bords de Garonne, une belle maison de maître datant du 18ᵉ s., entourée d'un parc verdoyant : l'endroit est tout simplement charmant. Au calme de la terrasse, on déguste une cuisine traditionnelle branchée sur les saisons, accompagnée d'un bon vin issu de la cave. Plaisant !

Formule 18 € – Menu 26/38 € – Carte 32/60 €

8 r. de Verdun – ℰ *05 56 61 15 25 (réservation conseillée)*
– www.restaurant-aux-fontaines.com – Fermé vacances de fév., 2 semaines en nov., merc. soir hors saison, dim. soir et lundi

LA RÉPARA-AURIPLES *– 26 (Drôme)* ➜ voir Crest

RESTONICA (GORGES DE LA) *– 2B (Haute-Corse)* ➜ voir Corse (Corte)

RETHONDES *– 60 (Oise)* ➜ voir Compiègne

REUGNY

✉ 03190 (Allier) – 268 hab. – Alt. 204 m – Carte régionale n° **5**-B1
▶ Paris 312 km – Bourbon-l'Archambault 43 km – Montluçon 15 km – Montmarault 45 km
Carte Michelin 326-C4

⊛ **La Table de Reugny**

CUISINE MODERNE · COSY ✗✗ Dans les cuisines de cette jolie maison rose aux volets blancs, Jean-Luc Sanguillon a la main sûre et fait parler son instinct. "Mon plus grand bonheur, explique-t-il, est de donner une émotion à mes convives." C'est réussi : on se régale avec des plats du terroir pleins de saveurs, d'énergie et de générosité. Vivifiant !

Formule 20 € – Menu 23 € (semaine), 32/52 € – Carte environ 42 €

25 rte de Paris – ℰ *04 70 06 70 06 – www.restaurant-reugny.com*
– Fermé 16 août-13 sept., 2-19 janv., dim. soir, lundi et mardi

REUILLY

✉ 36260 (Indre) – 2 073 hab. – Alt. 116 m – Carte régionale n° **12**-C3
▶ Paris 232 km – Bourges 20 km – Châteauroux 55 km – Orléans 107 km
Carte Michelin 323-I4 – Guide Vert Michelin Limousin Berry

🏵️ **Les 3 Cépages** Ⓝ   ⇔ & 🅿️

CUISINE MODERNE · À LA MODE XX En plein cœur du Berry, au centre du célèbre village viticole de Reuilly, cet ancien hôtel à la façade blanche a trouvé un
second souffle sous la houlette d'un couple japonais. Avec des produits de belle
qualité (ris de veau, magret, cochon noir...), on réalise une cuisine fine, savoureuse et bien maîtrisée.

Menu 30/88 € – Carte 38/143 €

6 chambres – †58 € ††65 € – ⌑ 8,50 €

*17 r. de la Gare – ℰ 02 54 03 23 13 – www.les-3-cepages.com – Fermé lundi d'oct.
à mars et mardi*

REUILLY-SAUVIGNY

✉️ 02850 (Aisne) – 223 hab. – Alt. 78 m – Carte régionale n° **37**-C3

▶️ Paris 109 km – Château-Thierry 16 km – Épernay 34 km – Reims 50 km

Carte Michelin 306-D8

🕸️ **Auberge Le Relais** (Martial Berthuit)   ⁂ ⇔ ⋜ 🛏️ & 🏧 🅿️

CUISINE MODERNE · COSY XXX Cette coquette auberge cumule de nombreux
atouts : intérieur actuel et élégant, belle véranda entourée de verdure et fine cuisine mariant habilement tradition et modernité. Décor contemporain dans les
chambres.

→ Rouelles de concombre, tourteau et huile de pistache. Langoustines rôties aux
épices, courgettes en carpaccio et jus aux pomélos. Sablé au chocolat noir de
Tanzanie, crème caramel et crème glacée café.

Menu 36 € (semaine), 59/93 € – Carte 87/112 €

7 chambres – †90/108 € ††96/114 € – ⌑ 18 €

*2 r. de Paris – ℰ 03 23 70 35 36 – www.relaisreuilly.com – Fermé fév.,
15 août-3 sept., mardi et merc.*

REVEL

✉️ 31250 (Haute-Garonne) – 9 341 hab. – Alt. 210 m – Carte régionale n° **29**-C2

▶️ Paris 727 km – Carcassonne 46 km – Castelnaudary 21 km – Castres 28 km

Carte Michelin 343-K4

à Garrevaques 6 km au Nord-Ouest par D79ᶠ, D145 puis D45 – ✉️ 81700
– 383 hab. – Alt. 192 m

🏯 **Le Pavillon du Château**   ✿ 🦢 🛏️ 🍽️ 🔊 🖥️ & 🏧 🍴 🏊 🅿️

BUSINESS · PERSONNALISÉ Au cœur du pays cathare, dans un parc de 7 ha, ce
bel hôtel occupe les écuries d'un château du 16ᵉ s. remanié au 19ᵉ s. Charme,
authenticité et tableaux contemporains, meubles chinés et agréable spa, restaurant classique et salle voûtée au dîner (pour les groupes et séminaires)... Tout se
mêle avec élégance.

15 chambres – †110/250 € ††110/250 € – ⌑ 12 € – ½ P

*Château de Garrevaques – ℰ 05 63 75 04 54 – www.garrevaques.com – Fermé une
semaine à Noël*

REVIGNY-SUR-ORNAIN

✉️ 55800 (Meuse) – 3 005 hab. – Alt. 144 m – Carte régionale n° **26**-A2

▶️ Paris 239 km – Bar-le-Duc 18 km – St-Dizier 30 km – Vitry-le-François 36 km

Carte Michelin 307-A6

🏚️ **La Maison Forte**   🦢 🛏️ 🅿️

HISTORIQUE · PERSONNALISÉ Cette demeure du 18ᵉ s. fut jadis la propriété du
duc de Bar, puis du duc de Lorraine. Les chambres ont été personnalisées dans
des tons doux, avec de jolis matériaux (pierre, tomettes) ; au petit-déjeuner, on
se régale de confitures et tartes maison.

5 chambres ⌑ – †85/140 € ††85/140 €

*6 pl. Henriot-du-Coudray – ℰ 06 63 46 03 26 – www.lamaisonforte.fr – Fermé
15 déc.-15 janv.*

RÉVILLE

✉ 50760 (Manche) – 1 175 hab. – Alt. 12 m – Carte régionale n° **32**-A1

▶ Paris 351 km – Carentan 44 km – Cherbourg 30 km – St-Lô 72 km

Carte Michelin 303-E2

Au Moyne de Saire

TRADITIONNEL • FONCTIONNEL En bordure de route, au cœur de ce village, se trouve cette auberge entièrement rénovée en 2012. Des chambres bien tenues, dans un style actuel et fonctionnel ; une cuisine traditionnelle, servie dans une salle claire et confortable... Plaisant !

11 chambres – 🚹59/63 € 🚹🚹77/98 € – ☕ 9 €

15 r. du Gén.-de-Gaulle – ✆ 02 33 54 46 06 – www.au-moyne-de-saire.com

La Villa Gervaiserie

HÔTEL DE VACANCES • ACTUEL À la sortie de Réville, une construction contemporaine à toit plat, bordée d'un jardin verdoyant. Les chambres, spacieuses et sobrement décorées, ont toutes un balcon ou une terrasse donnant sur l'île de Tatihou.

10 chambres – 🚹91/135 € 🚹🚹91/135 € – ☕ 10 €

17 rte des Monts – ✆ 02 33 54 54 64 – www.lagervaiserie.com – Ouvert avril-sept.

REZÉ – 44 (Loire-Atlantique) ➜ voir Nantes

LE RHEU – 35 (Ille-et-Vilaine) ➜ voir Rennes

LE RHIEN – 70 (Haute-Saône) ➜ voir Ronchamp

RHINAU

✉ 67860 (Bas-Rhin) – 2 689 hab. – Alt. 158 m – Carte régionale n° **1**-B2

▶ Paris 525 km – Marckolsheim 26 km – Molsheim 38 km – Obernai 28 km

Carte Michelin 315-K7

Au Vieux Couvent (Alexis Albrecht)

CRÉATIVE • ÉLÉGANT XXX On repère de loin cette engageante maison couleur terre, située près des berges fleuries du Brunnwasser. À l'intérieur, une salle baignée de lumière ; dans l'assiette, la cuisine du chef, pleine d'inventivité, qui met en avant les poissons des rivières alsaciennes... et les bons légumes du potager familial !

➜ Carpaccio d'espadon, dés de tomates séchées, valses d'herbes et fleurs sauvages. Filet de brochet, vinaigrette à l'huile de tagète et légumes de notre potager. Festival des desserts d'Alexis.

Menu 37 € (semaine), 56/101 € – Carte 64/164 €

6 r. des Chanoines ✉ 67860 Rhinau – ✆ 03 88 74 61 15 – www.vieuxcouvent.fr – Fermé lundi soir, mardi et merc.

RIANS

✉ 83560 (Var) – 4 345 hab. – Alt. 406 m – Carte régionale n° **40**-B3

▶ Paris 770 km – Aix-en-Provence 40 km – Avignon 100 km – Manosque 33 km

Carte Michelin 340-J4

La Roquette

CUISINE TRADITIONNELLE • FAMILIAL XX Une petite maison provençale sur la route de Manosque... Du pain aux pâtisseries, tout est fait maison, et le jardin potager fournit aux cuisines une partie des fruits et légumes. Aux beaux jours, les recettes régionales prennent de jolies couleurs sur la terrasse, face aux collines environnantes.

Formule 22 € – Menu 29/52 € – Carte 41/58 €

quartier La Roquette, 1 km par rte de Manosque – ✆ 04 94 80 32 58 – www.laroquette-rians.com – Fermé 25-31 août, 2-19 janv., merc., dim. soir et le soir en hiver sauf vend. et sam.

RIBEAUVILLÉ

✉ 68150 (Haut-Rhin) – 4 806 hab. – Alt. 240 m – Carte régionale n° **2**-C2
▶ Paris 439 km – Colmar 16 km – Mulhouse 60 km – St-Dié 42 km
Carte Michelin 315-H7

😊 Au Relais des Ménétriers

CUISINE TRADITIONNELLE • RUSTIQUE ✗✗ Le temps est loin où les ménétriers, ces violonistes itinérants, allaient d'auberge en auberge... mais l'hospitalité est toujours la règle en ce relais, comme les bons plats ! Le chef concocte une vraie cuisine traditionnelle, achetant par exemple ses légumes chez les paysans du coin. Le résultat est là : générosité et goût.

🍴 Menu 15 € (déj. en semaine), 31/41 € – Carte 44/63 €
Plan : B-s – *10 av. du Gén.-de-Gaulle* – ℰ *03 89 73 64 52*
– *www.restaurant-menetriers.com* – *Fermé 22 fév.-8 mars, 11-26 juil., jeudi soir, dim. soir et lundi*

😊 Auberge du Parc Carola   🛏 🛖 & 🅿

CUISINE MODERNE • CONVIVIAL ✗ La jeune chef allemande, Michaela Peters, continue de régaler les gourmands à quelques pas de la source Carola. Avec son compagnon pâtissier, elle signe une cuisine sincère et inspirée, en utilisant de beaux produits de saison : champignons et gibier, truffe, asperges... Jolie terrasse sous les arbres.

Formule 19 € – Menu 23 € (déj. en semaine), 32/63 € – Carte 47/68 €
48 rte de Bergheim – ℰ *03 89 86 05 75* – *www.auberge-parc-carola.com*
– *Fermé 1ᵉʳ-24 fév., 15-31 août, 31 oct.-16 nov., mardi et merc.*

🍴 Wistub Zum Pfifferhüs

ALSACIENNE • RUSTIQUE ✗ Cette charmante winstub est un modèle du genre (boiseries, vieilles poutres, fresques) ; la convivialité règne, surtout lors du Pfifferdaj (fête des ménétriers). Le chef tient à ce que tout soit fait maison et défend avec amour la cuisine du terroir.

Menu 26 € – Carte 30/54 €
Plan : B-k – *14 Grand'Rue* – ℰ *03 89 73 62 28* (*réservation conseillée*)
– *Fermé vacances de fév., merc. et jeudi*

🍴 Cheval Blanc   🛖

CUISINE TRADITIONNELLE • RUSTIQUE ✗ Ce Cheval Blanc a du caractère. Dans un décor de bistrot contemporain, l'ardoise et la carte mettent en valeur le terroir alsacien : coq au riesling, choucroute, assiette de munster... Le tout accompagné d'une bonne sélection de vins d'Alsace au verre.

Formule 16 € – Menu 23/45 € – Carte 30/53 €
Plan : A-e – *Hôtel Cheval Blanc, 122 Grand'Rue* – ℰ *03 89 73 61 38*
– *www.cheval-blanc-alsace.fr* – *Fermé 21 fév.-7 mars, 14-24 nov., mardi midi et merc.*

🏨 Le Clos St-Vincent   🌿 🐾 ← 🛏 🖥 🛗 📶 & 🅿

TRADITIONNEL • PERSONNALISÉ Quelle vue sur la plaine d'Alsace ! Des vignes, des montagnes... Devant cette grande et belle maison, elles se déroulent à perte de vue. Les chambres y sont spacieuses, toutes personnalisées et confortables. Et pour se détendre, on file à l'espace fitness pour profiter du sauna et du jacuzzi.

18 chambres – 🛏150/180 € 🛏🛏180/350 € – 5 suites – ☲ 19 €
Plan : B-u – *chemin Osterbergweg, 1,5 km au Nord-Est par rte secondaire*
– ℰ *03 89 73 67 65* – *www.leclossaintvincent.com* – *Ouvert 19 mars-12 déc.*

🏨 Le Ménestrel   🛏 🛗 📶 & 🚲 🅿

FAMILIAL • MODERNE Un établissement proche du centre-ville. Le genre d'hôtel fonctionnel et pratique, décoré dans un style contemporain, qui permet de rayonner aux alentours. D'autant plus que l'on est sur la route des vins !

31 chambres – 🛏75/115 € 🛏🛏85/125 € – ☲ 12 €
27 av. Gén.-de-Gaulle – ℰ *03 89 73 80 52* – *www.hotel-menestrel.com* – *Fermé fév.*

RIBEAUVILLÉ

Abbé-Kremp (R. de l')	**A** 2	Frères-Mertian (R. des)	**A** 7
Château (R. du)	**A** 3	Gaulle (Av. du Gén.-de)	**B** 9
Flesch (R.)	**B** 5	Gouraud (Pl.)	**B** 10
Fontaine (R. de la)	**A** 6	Grand'Rue	**AB**
		Grand'Rue de l' Eglise	**A** 21
		Halle aux Blés (R. de la)	**B** 12
Hôtel de Ville (Pl. de l')	**A** 13
Ortlieb (R.)	**B** 14
Ste-Marie-aux-Mines (Rte)	**A** 15
Sinne (Pl. de la)	**A** 16
Synagogue (R. de la)	**B** 17
Tanneurs (R. des)	**B** 18

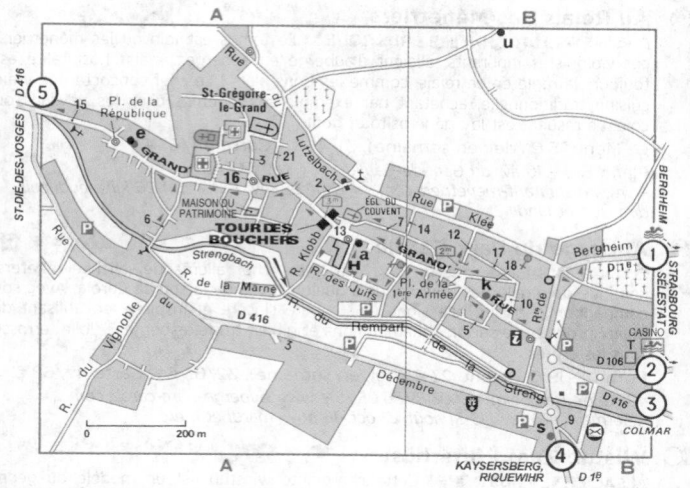

🏨 La Tour

FAMILIAL · PERSONNALISÉ Face à la tour des Bouchers, sur la place du village, cet hôtel porte bien son nom ! Et on se sent bien dans cette confortable maison à colombages – une ancienne propriété viticole – au décor d'inspiration alsacienne.

31 chambres – †79/104 € ††84/112 € – ☑ 11 €

Plan : A-a - *1 r. de la Mairie* – *☏ 03 89 73 72 73* – *www.hotel-la-tour.com* – *Fermé 3 janv.-10 mars*

🏨 Cheval Blanc

FAMILIAL · RÉTRO Une façade qui se couvre de fleurs en saison, des chambres fonctionnelles et confortables, une ambiance familiale, voilà qui n'est déjà pas si mal. Et si, en plus, vous ajoutez un très bon rapport qualité-prix, vous pouvez être sûr d'avoir mis la main sur une bonne affaire !

19 chambres – †68/125 € ††78/125 € – ☑ 10 € – ½ P

Plan : A-e - *122 Grand'Rue* – *☏ 03 89 73 61 38* – *www.cheval-blanc-alsace.fr* – *Fermé 21 fév.-7 mars et 14-24 nov.*

🍴 **Cheval Blanc** – voir les restaurants ci-dessus

RIBÉRAC

✉ 24600 (Dordogne) – 4 015 hab. – Alt. 68 m – Carte régionale n° **4**-C1
▶ Paris 505 km – Angoulême 58 km – Barbezieux 58 km – Bergerac 52 km
Carte Michelin 329-D4 – Guide Vert Michelin Périgord Quercy

🏨 Rêv'Hôtel

FAMILIAL · FONCTIONNEL À la sortie de la ville, dans une petite zone d'activités, des chambres bien tenues et joliment arrangées, toutes en rez-de-jardin – lequel est d'ailleurs bien tenu, la propriétaire étant ancienne fleuriste. Bon accueil et tarifs raisonnables.

29 chambres – †46/68 € ††51/75 € – ☑ 6,50 €
rte de Périgueux, à 1,5 km – *☏ 05 53 91 62 62* – *www.rev-hotel.fr*

LES RICEYS

✉ 10340 (Aube) – 1 319 hab. – Alt. 180 m – Carte régionale n° **13**-B3
▶ Paris 210 km – Bar-sur-Aube 48 km – St-Florentin 58 km – Tonnerre 37 km
Carte Michelin 313-G6 – Guide Vert Michelin Champagne Ardenne

⌑◯ **Le Magny**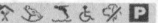

CUISINE TRADITIONNELLE · **AUBERGE** XX Une auberge au cadre champêtre, dont le chef concocte une cuisine traditionnelle inspirée par les produits du terroir, accompagnée d'une carte des vins où les champagnes de l'Aube ont la part belle. Une sympathique adresse.

⌘ Formule 20 € – Menu 17/46 € – Carte 30/56 €

Hôtel Le Magny, rte de Tonnerre, D452
– ℰ 03 25 29 38 39 – www.hotel-lemagny.com
– Fermé 23-30 août, 4 janv.-28 fév., mardi et merc.

⌂ **Le Magny**

FAMILIAL · **PERSONNALISÉ** Sur le site d'une ancienne ferme, une belle maison en pierre à la sortie du village, avec plusieurs corps de bâtiment. Les chambres, classiques, se révèlent plutôt spacieuses et tenues avec grand soin. Autre atout : on peut profiter de la piscine chauffée...

12 chambres – ♦66/85 € ♦♦66/85 € – ⌑ 10 € – ½ P

rte de Tonnerre, D452 – ℰ 03 25 29 38 39 – www.hotel-lemagny.com
– Fermé 23-30 août, 4 janv.-28 fév., mardi et merc.

⌑◯ **Le Magny** – voir les restaurants ci-dessus

⌂ **Le Marius** ⌂ ⌘ P

AUBERGE · **COSY** Ces quatre belles maisons du 16ᵉ s. ont appartenu à Marius, le grand-père de l'actuelle propriétaire. On est ici chez des vignerons ; poutres, cheminées et pierres apparentes donnent un vrai charme aux onze chambres dont les noms sont très... champenois. Une adresse où l'on se sent bien.

11 chambres – ♦63/160 € ♦♦63/160 € – ⌑ 11 € – ½ P

2 pl. de l'Église, Ricey-Bas
– ℰ 03 25 29 31 65 – www.hotel-le-marius.com
– Fermé 7-28 nov., 24 déc.-18 janv., dim. soir et lundi

 **Vous recherchez un hébergement particulièrement agréable, pour un séjour de charme ? Optez pour les établissements en rouge : ⌂...⌂⌂⌂.**

RICHELIEU

✉ 37120 (Indre-et-Loire) – 1 848 hab. – Alt. 40 m – Carte régionale n° **11**-A3
▶ Paris 299 km – Joué-lès-Tours 60 km – Orléans 175 km – Poitiers 66 km
Carte Michelin 317-K6 – Guide Vert Michelin Châteaux de la Loire

⌂ **Le Puits Doré** ⌂ ⊟ ⌑ ⌘

TRADITIONNEL · **FONCTIONNEL** Au cœur de la "ville nouvelle" due au cardinal de Richelieu, ce bel hôtel particulier date de la création même de la cité (1642). Charme historique de l'escalier classé, des chambres avec pierres et poutres – mais on pourra préférer celles récemment créées dans un esprit chic et cosy ! Restaurant traditionnel.

25 chambres – ♦68/101 € ♦♦68/101 € – ⌑ 10 € – ½ P

24 pl. du Marché – ℰ 02 47 58 16 02 – www.lepuitsdore.fr

RICHERENCHES

✉ 84600 (Vaucluse) – 671 hab. – Alt. 160 m – Carte régionale n° **40**-A2
▶ Paris 646 km – Avignon 66 km – Marseille 154 km – Valence 85 km
Carte Michelin 332-C7

😋 O'Rabasse

CUISINE MODERNE · FAMILIAL X Au cœur de la "capitale de la truffe", une bonne table tenue par un jeune couple de Belges. Comment ne pas être séduit par la qualité des assiettes, très soignées et aux beaux produits frais, à l'image de cette tempura de ris de veau, petits pois et raifort ? Une véritable ode au marché et, en saison, au diamant noir local !

Menu 31/85 €

5 pl. de la Pompe – ☏ 09 52 97 34 93 (réservation conseillée) – www.orabasse.com – Fermé mardi et merc.

🍴 L'Escapade

CUISINE TRADITIONNELLE · BISTRO X Dans un village mondialement connu pour son marché aux truffes noires (tuber melanosporum, pour les intimes), on s'installe sur la terrasse ombragée de cette maison familiale. Le jeune chef concocte de généreuses recettes traditionnelles : terrine de campagne, jarret de bœuf au vin rouge et... menu truffe en saison !

Formule 30 € – Menu 39/80 €

247 av. de la Rabasse – ☏ 04 90 28 01 46 – www.alescapade.com – Fermé 1 semaine en avril, 2 semaines début oct., lundi et mardi

RIEC-SUR-BELON

✉ 29340 (Finistère) – 4 108 hab. – Alt. 65 m – Carte régionale n° **9**-B2
▶ Paris 529 km – Carhaix-Plouguer 61 km – Concarneau 20 km – Quimper 43 km
Carte Michelin 308-I7

au Port de Belon 4 km au Sud par C3 et C5 – ✉ 29340 Riec-sur-Belon :

🍴 Chez Jacky

POISSONS ET FRUITS DE MER · SIMPLE X La fraîcheur à l'état brut. On ne sert que des produits de la mer dans cette avenante maison d'ostréiculteur située au bord du Belon ; le bassin d'affinage d'huîtres est juste à côté ! Une adresse bien connue dans la région.

Menu 28/89 € – Carte 31/104 €

6 port du Belon – ☏ 02 98 06 90 32 (réservation conseillée) – www.chez-jacky.com – Ouvert de Pâques à fin sept. et fermé dim. soir et lundi

RIEDISHEIM – 68 (Haut-Rhin) ➜ voir Mulhouse

RIEUMES

✉ 31370 (Haute-Garonne) – 3 432 hab. – Alt. 270 m – Carte régionale n° **28**-B2
▶ Paris 712 km – Auch 56 km – Foix 75 km – Toulouse 39 km
Carte Michelin 343-E4

🏡 Auberge les Palmiers

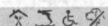

FAMILIAL · PERSONNALISÉ Une grande maison couverte de vigne vierge, très chaleureuse, tout comme sa propriétaire. L'ancien et le contemporain se mêlent avec douceur ; les chambres sont simples mais décorées avec de jolies champêtres...

12 chambres – ♦63 € ♦♦72 € – ☲ 9 € – ½ P

13 pl. du Foirail – ☏ 05 61 91 81 01 – www.auberge-lespalmiers.com – Fermé 25 août-5 sept. et vacances de Noël

RIEUPEYROUX

✉ 12240 (Aveyron) – 2 040 hab. – Alt. 750 m – Carte régionale n° **29**-C1
▶ Paris 632 km – Albi 54 km – Carmaux 38 km – Millau 94 km
Carte Michelin 338-F5

Hôtel du Commerce

FAMILIAL · FONCTIONNEL Un hôtel-restaurant familial au cœur du bourg. Les chambres, fonctionnelles et bien tenues, arborent pour la plupart un style contemporain très frais, voire zen et naturel pour certaines. Cuisine traditionnelle au restaurant.

22 chambres – ♦55/77 € – ♦♦55/77 € – ☲ 9 € – ½ P

60 r. l'Hom – ✆ 05 65 65 53 06 – www.hotel-commerce-aveyron.com
– Fermé 1 semaine en oct., 21 déc.-21 janv., vend. soir de mi-sept. à fin mai et dim. soir

RIGNY – 70 (Haute-Saône) → voir Gray

RILLIEUX-LA-PAPE – 69 (Rhône) → voir Lyon

RILLY-LA-MONTAGNE – 51 (Marne) → voir Reims

RIMBACH-PRÈS-GUEBWILLER – 68 (Haut-Rhin) → voir Guebwiller

RIMONT
✉ 09420 (Ariège) – 566 hab. – Alt. 525 m – Carte régionale n° **28**-B3
▶ Paris 765 km – Auch 136 km – Foix 32 km – St-Gaudens 56 km
Carte Michelin 343-F7

Domaine de Terrac

FAMILIAL · PERSONNALISÉ Située dans un petit hameau, cette ferme merveilleusement restaurée n'aura aucun mal à vous séduire. Les chambres sont personnalisées, et disposent d'un couchage en mezzanine – idéal pour les familles ! Par beau temps, les enfants se rueront au jardin, face aux Pyrénées...

5 chambres ☲ – ♦65/75 € – ♦♦85/135 €

4 km à l'Est par D117 et rte secondaire – ✆ 05 61 96 39 60
– www.chambresdhotesariege.fr – Ouvert 1er mai-31 oct.

RIOM
✉ 63200 (Puy-de-Dôme) – 18 484 hab. – Alt. 363 m – Carte régionale n° **5**-B2
▶ Paris 407 km – Clermont-Ferrand 15 km – Montluçon 102 km – Thiers 45 km
Carte Michelin 326-F7 – Guide Vert Michelin Auvergne

Le Moulin de Villeroze

CUISINE MODERNE · CONVIVIAL XX Le meunier a fait place au chef dans ce moulin bâti à la fin du 19e s. Dans une salle des plus sobres ou sur la terrasse, les gourmands apprécient des recettes dans l'air du temps. Et après le repas, il fait bon se promener dans le jardin, au bord du ruisseau de la Palle.

Menu 29/57 € – Carte 50/75 €

144 rte de Marsat, Sud-Ouest du plan par D83 – ✆ 04 73 38 62 23
– www.le-moulin-de-villeroze.fr – Fermé 18-26 avril, 15 août-1er sept., dim. soir, merc. soir et lundi

Le Flamboyant

CUISINE MODERNE · ÉLÉGANT XX Ce restaurant a été créé dans une ancienne école de filles. Que les gourmands se détendent, les interrogations écrites n'y ont plus cours depuis longtemps ! À présent, installé dans un décor zen, on apprécie une cuisine... aux notes actuelles.

Formule 17 € – Menu 23/47 € – Carte 70/89 €

Plan : -a – 21 bis r. de l'Horloge – ✆ 04 73 63 07 97
– www.restaurant-le-flamboyant.com – Fermé 27 juin-10 juil., 1 semaine en janv., merc. soir, dim. soir et lundi

RIOM

Bade (Fg de la) 2
Chabrol (R.) 3
Châtelguyon (Av. de) 4
Commerce (R. du) ....
Croisier (R.) 6
Daurat (R.) 7
Delille (R.) 8
Fédération (Pl. de la) 9
Hellénie (R.) 10
Horloge (R. de l') ....
Hôtel des Monnaies (R. de l') 12
Hôtel de Ville (R. de l') 13
Laurent (Pl. J.-B.) 14
Layat (Fg) 15
Libération (Av. de la) 16
Madeline (Av. du Cdt) 17
Marthuret (R. du) 18
Martyrs de la Résistance (Pl. des) 19
Menut (Pl. Marinette) 20
Pré Madame (Promenade du) 21
République (Bd de la) 22
Reynouard (Av. J.) 23
Romme (R. G.) 26
St-Amable (R.) 27
St-Louis (R.) 29
Soanen (Pl. Jean) 32
Soubrany (R.) 34
Taules (Coin des) 36

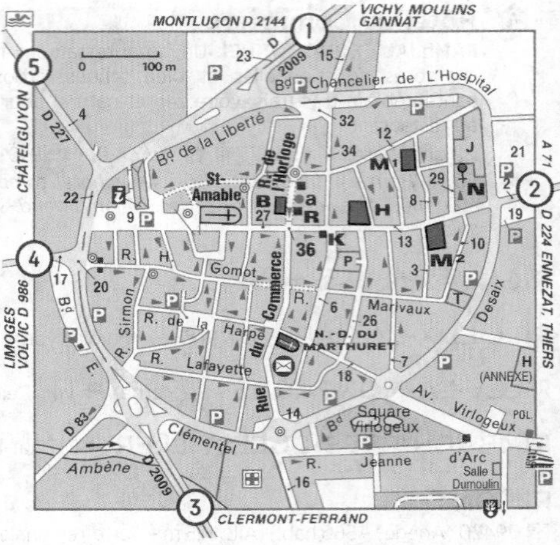

Le Pacifique

BUSINESS • SIMPLE On est bien loin du Pacifique et pourtant... À la périphérie du centre-ville, cette bâtisse des années 1970 présente plusieurs atouts : accueil tout sourire, chambres bien tenues, parking, etc. Parfait pour la clientèle d'affaires.

16 chambres – †65/75 € ††73/80 € – ☕ 9 €

52 av. de Paris, au Nord par D2009 – ✆ 04 73 38 15 65 – www.hotel-lepacifique-riom.com – Fermé 15 déc.-15 janv.

RIQUEWIHR

✉ 68340 (Haut-Rhin) – 1 164 hab. – Alt. 300 m – Carte régionale n° **2**-C2

▶ Paris 442 km – Colmar 15 km – Gérardmer 52 km – Ribeauvillé 5 km

Carte Michelin 315-H8

La Table du Gourmet (Jean-Luc Brendel)

CRÉATIVE • COSY XXX Cette maison a du caractère – poutres et murs rouge vif – comme la cuisine de son chef, Jean-Luc Brendel. Inventif, il met en valeur des produits de qualité, souvent bio et même de son propre potager. De l'originalité et du tempérament.

➜ Omble chevalier du Val d'Orbey mi-fumé, terre de cresson, wasabi, agrume et fleurs. Pigeon d'Alsace, sauce truffe, rôti d'abats, café et chips de betterave. Fraises et fraises des bois, pistache, sorbet fraise et céleri confit.

Menu 38 € (déj. en semaine), 80/115 €

Plan : A-u *– 5 r. de la 1ère-Armée – ✆ 03 89 49 09 09 – www.jlbrendel.com – Fermé 4 janv.-13 fév., merc. sauf le soir d'avril à mi-nov., jeudi midi et mardi*

Au Trotthus

CUISINE MODERNE • CONVIVIAL X Le chef a vécu plus de 20 ans à Kyoto, où il tenait un restaurant français. De là l'originalité de sa cuisine, qui mêle bons produits locaux et esprit japonisant. Les accords des vins alsaciens se révèlent également intéressants avec ces plats épicés ! Agréable bar à sushi en sous-sol. Service attentionné.

Menu 20 € (déj.), 29/39 € – Carte 59/67 €

Plan : A-a *– 9 r. des Juifs – ✆ 03 89 47 96 47 – www.trotthus.com – Fermé 2 semaines en juil., dim. soir, lundi midi et merc.*

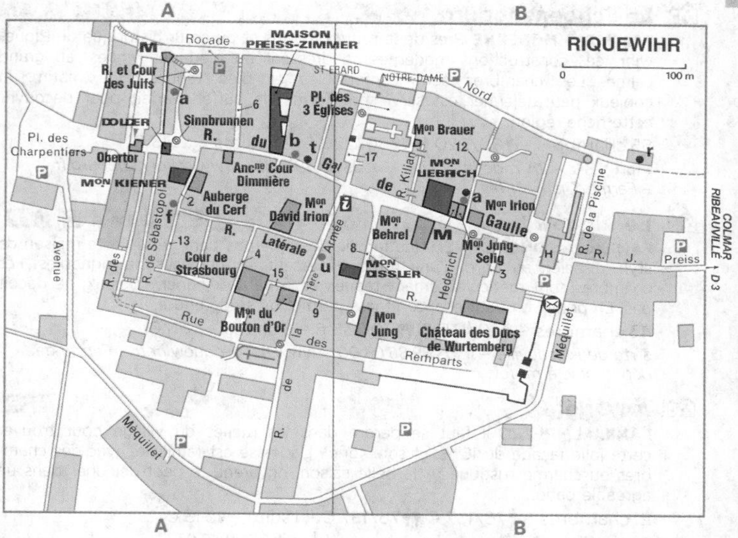

RIQUEWIHR

Plan map with labels:

MAISON PREISS-ZIMMER · Rocade · ST-ERARD · NOTRE DAME · Nord · R. et Cour des Juifs · DOLDER · Sinnbrunnen R. · Pl. des 3 Églises · M^on Brauer · Pl. des Charpentiers · Obertor · M^on KIENER · Anc^ne Cour Dimmière · Auberge du Cerf · David Irion · Latérale · Cour de Strasbourg · M^on UEBRICH · M^on Irion · de Gaulle · M^on Behrel · M^on Jung-Selig · M^on DISSLER · Hederich · R. de Sébastopol · R. de la Piscine · COLMAR RIBEAUVILLÉ D 3 · Megaillet · Preiss · M^on du Bouton d'Or · M^on Jung · Château des Ducs de Wurtemberg · Rehrparts · Megaillet · 0 100 m

Cerf (R. du)	A	2
Château (Cour du)	B	3
Cheval (R. du)	A	4
Cordiers (R. des)	A	6
Couronne (R. de la)	B	8
Dinzheim (R. de)	A	9
Écuries (R. des)	B	12
St-Nicolas (R.)	A	13
Strasbourg (Cour de)	A	15
3-Églises (R. des)	B	17

ⅠⓄ **Le Sarment d'Or**

CUISINE CLASSIQUE · RUSTIQUE ⅩⅩ Cette demeure du 17ᵉ s., proche du beffroi, a du caractère... Tout comme la cuisine, qui offre un large aperçu des traditions alsaciennes ! Faites confiance aux menus proposés et ne passez pas à côté des spécialités gastronomiques. Vous pourrez ensuite profiter des chambres de l'hôtel, douillettes à souhait.

Formule 20 € – Menu 27/39 € – Carte 44/93 €

9 chambres – †70/85 € ††70/85 € – ⊑ 10 €

Plan : A-f – 4 r. du Cerf – ℰ 03 89 86 02 86 – www.riquewihr-sarment-dor.fr – Fermé 3 semaines en mars, 1 semaine en juil.,1 semaine en nov., mardi midi, dim. soir et lundi

ⅠⓄ **La Grappe d'Or**

CUISINE TRADITIONNELLE · FAMILIAL Ⅹ Cette maison de 1554, toute fleurie, semble vous inviter à entrer. À l'intérieur, la décoration typique a tout le charme d'autrefois. Viennent ensuite les délices du terroir : choucroute, baeckeofe, jambonneau, paupiettes de truite...

Menu 22/38 € – Carte 33/50 €

Plan : B-a – 1 r. des Ecuries-Seigneuriales – ℰ 03 89 47 89 52 – www.restaurant-grappedor.com – Fermé 22-30 juin, 10 janv.-10 fév., merc. sauf le soir d'avril à sept. et jeudi

ⅠⓄ **d'Brendelstub**

CUISINE TRADITIONNELLE · CONVIVIAL Ⅹ Dans la rue principale de cette jolie cité, on reconnaît cette maison vigneronne (14ᵉ s.) à sa façade lie-de-vin. Surprise à l'intérieur : le décor est très tendance... et l'on propose aussi bien des recettes ouvertes sur le monde que des spécialités cuites au feu de bois ou à la rôtissoire !

⇔ Menu 20/41 € – Carte 23/54 €

Plan : A-b – 48 r. Gén.-de-Gaulle – ℰ 03 89 86 54 54 – www.jlbrendel.com – Fermé de début janv. à début fév., mardi et merc. sauf en saison

🏠 Le Schoenenbourg　　　🐾 🍴 ⌤ 🛁 🛗 ⚿ 🅰 🆑 🚗

FAMILIAL · MODERNE Près de la route des vins et du cœur historique de Rique-wihr, ces constructions modernes se dressent au pied des vignes, au grand calme. Les chambres sont confortables et bien tenues ; le matin, un copieux petit-déjeuner est servi sous forme de buffet. Parfait pour découvrir cette riche région.

55 chambres – †80/220 € ††80/220 € – 3 suites – ⌷ 13 €

Plan : B-r – *2A r. de la Piscine* – *ℰ 03 89 49 01 11* – *www.schoenenbourg.fr*
– Fermé 3 janv.-11 fév.

🏠 Le Riquewihr　　　　　≤ 🔲 🛁 ⌤ 🛗 🆑 ⚿ 🅿

FAMILIAL · FONCTIONNEL Une famille de vignerons tient cette vaste maison de style alsacien au bord d'une route traversant les parcelles de vignobles. Les chambres sont méticuleusement tenues et le petit-déjeuner, copieux, ne déçoit pas. En prime, un petit espace fitness permet de se détendre.

43 chambres – †70/135 € ††70/135 € – 6 suites – ⌷ 11 €

3 rte de Ribeauvillé – *ℰ 03 89 86 03 00* – *www.hotel-riquewihr.fr* – *Fermé de début janv. à mi-fév.*

🏠 À l'Oriel　　　　　　　🐾 ⌤ 🅿

FAMILIAL · RÉTRO Il faut se perdre dans les ruelles du village pour trouver cette jolie façade du 16ᵉ s. et son... oriel. L'adresse est familiale, avec des chambres au charme rustique. À la belle saison, on prend le petit-déjeuner dans un agréable patio.

21 chambres – †76/137 € ††76/137 € – 1 suite – ⌷ 13 €

Plan : B-a – *3 r. des Ecuries-Seigneuriales* – *ℰ 03 89 49 03 13*
– www.hotel-oriel.com

🏨 Le B. Espace Suites　　　　🆑 ⛔ 🅿

HISTORIQUE · DESIGN Cette magnifique maison au cœur du village date de la Renaissance... mais cultive avec art le luxe contemporain ! Design, racé et confortable : un ensemble très réussi. Les familles et les amoureux de charme bucolique préféreront le B. Cottage, à l'écart dans le luxuriant jardin où s'épanouissent herbes et légumes oubliés...

5 chambres – †129/225 € ††129/225 € – ⌷ 18 €

Plan : A-t – *48 r. Gén.-de-Gaulle* – *ℰ 03 89 86 54 55* – *www.jlbrendel.com*
– Fermé 3 janv.-6 fév.

à Zellenberg 1 km à l'Est par D3 – ✉ 68340 – 357 hab. – Alt. 300 m

❀ Maximilien (Jean-Michel Eblin)　　🐾 ≤ 🍴 🈺 🆑 ⛔ 🅿

CUISINE MODERNE · ÉLÉGANT 🟡🟡 Nul doute : Jean-Michel Eblin sait travailler les bons produits, et signe une cuisine fine et savoureuse, rehaussée d'une belle carte des vins. De plus, cette grande maison adossée à la colline, en bordure de vignoble, se révèle élégante avec ses boiseries claires. Tous les ingrédients pour passer un très bon moment.

→ Foie gras d'oie poêlé, fraise, rhubarbe confite et crue. Pavé de bar de ligne, grenouilles en raviole ouverte et oignons confits. Millefeuille rhubarbe et fraise, sorbet aux fraises et au poivre du Sichuan.

Menu 35 € (déj. en semaine), 52/99 € – Carte 85/100 €

19a rte d'Ostheim – *ℰ 03 89 47 99 69* – *www.le-maximilien.com* – *Fermé 25 août-9 sept., 23 déc.-9 janv., vend. midi, dim. soir et lundi*

🍽 Auberge du Froehn　　　　　🆑

CUISINE TRADITIONNELLE · RUSTIQUE 🟡🟡 Le nom de cet ancien caveau (19ᵉ s.) évoque le vignoble qui surplombe le village. Au menu, plats régionaux et cuisine du marché : foie gras, sandre rôti, agneau en croûte d'herbes... Avec en prime un accueil charmant.

Formule 13 € – Menu 24/47 € 🍷 – Carte 31/51 €

5 rte d'Ostheim – *ℰ 03 89 47 81 57* – *www.auberge-du-froehn.com* – *Fermé 28 juin-7 juil., 15-24 nov., mardi et merc.*

RIVA-BELLA – 14 (Calvados) → voir Ouistreham-Riva-Bella

RIVE-DE-GIER

✉ 42800 (Loire) – 14 633 hab. – Alt. 225 m – Carte régionale n° **44**-B2
▶ Paris 494 km – Lyon 38 km – Montbrison 65 km – Roanne 105 km
Carte Michelin 327-G6 – Guide Vert Michelin Lyon Drôme Ardèche

⅃○ **Hostellerie La Renaissance**

CUISINE CLASSIQUE · ÉLÉGANT ⅩⅩⅩ Une table élégante, où l'on déguste une cuisine de belle tenue, soignée et savoureuse : pigeon rôti au sautoir et sauce salmis, terrine de foie gras de canard grillé à la flamme, ou encore gelée de café et coulis acidulé aux fruits de la passion. Quelques chambres pour l'étape.

Formule 23 € – Menu 31 € (semaine), 45/77 €

5 chambres – †55/65 € ††55/65 € – ⊡ 14 €

*41 r. Antoine Marrel – ℰ 04 77 75 04 31 – www.hotellerie-la-renaissance.com
– Fermé merc. soir, dim. soir et lundi*

RIVEDOUX-PLAGE – 17 (Charente-Maritime) → voir Île de Ré

RIVESALTES

✉ 66600 (Pyrénées-Orientales) – 8 201 hab. – Alt. 13 m – Carte régionale n° **22**-B3
▶ Paris 842 km – Carcassonne 108 km – Montpellier 146 km – Perpignan 11 km
Carte Michelin 344-I6

☺ **La Table d'Aimé**

CUISINE MODERNE · ÉLÉGANT Ⅹ Le chef de cette adresse bucolique, installée dans les locaux d'une maison viticole, concocte une cuisine du marché inspirée, privilégiant les produits bios. Aux beaux jours, la terrasse ouverte sur les chais invite à prolonger l'instant de gourmandise. Sympathique carte des vins.

Formule 21 € – Menu 26 € (déj. en semaine), 32/42 €

*4 r. Fransisco-Ferrer – ℰ 04 68 34 35 77 – www.cazes-rivesaltes.com – Fermé
20 déc.-5 janv., dim. et lundi d'oct. à avril*

LA RIVIÈRE – 33 (Gironde) → voir Libourne

LA RIVIÈRE-ST-SAUVEUR – 14 (Calvados) → voir Honfleur

LA RIVIÈRE-THIBOUVILLE

✉ 27550 (Eure) – ✉ Nassandres – Alt. 72 m – Carte régionale n° **33**-C2
▶ Paris 140 km – Bernay 15 km – Évreux 34 km – Lisieux 39 km
Carte Michelin 304-E7

⅃○ **Le Manoir du Soleil d'Or**

CUISINE MODERNE · ÉLÉGANT ⅩⅩ À l'issue d'une longue allée forestière, un élégant castel anglo-normand (années 1930) dominant la vallée de la Risle et le village... Cet environnement privilégié est l'atout principal du repas, plutôt ancré dans la tradition (mention spéciale pour les légumes du potager). Deux chambres confortables pour la nuit.

Formule 24 € ☉ – Menu 30/57 € – Carte 45/59 €

*23 Côte-de-Paris – ℰ 02 32 44 90 31 – www.manoirdusoleildor.com – Fermé dim.
soir et merc.*

RIXHEIM – 68 (Haut-Rhin) → voir Mulhouse

ROANNE

✉ 42300 (Loire) – 35 799 hab. – Agglo. 80 512 hab. – Alt. 265 m – Carte régionale n° **44**-A1
▶ Paris 395 km – Clermont-Ferrand 115 km – Lyon 84 km – St-Étienne 85 km
Carte Michelin 327-D3 – Guide Vert Michelin Lyon et sa région

ROANNE

Alsace-Lor. (R.)	CY	2
Anatole-France (R.)	CY	3
Benoît (Bd C.)	AV	5
Cadore (R. de)	CX	7
Carnot (Av.)	BV	8
Clemenceau (Pl. G.)	DX	10
Clermont (R. de)	CY	12
Dourdein (R. A.)	AV	14
Edgar-Quinet (Bd)	BV	15
Foch (R. Mar.)	CDY	
Gaulle (Av. Ch.-de)	AV	16
Gaulle (R. Ch.-de)	CY	18
Hoche (R.)	AV	19
Hôtel de Ville (Pl.)	DY	20
Jean-Jaurès (R.)	CDY	
Joffre (Bd Mar.)	BV	21
Lattre-de-T. (Pl. de)	CX	22
Leclerc (Quai Mar.)	DY	23
Libération (Av. de la)	DY	24
Marne (Av. de la)	BV	26
Renaison (Levée du)	DY	28
République (Cours de la)	CXY	32
Roche (R. A.)	DY	34
Sernard (Q. P.)	BV	35
Thiers (Bd de)	AV	36
Thomas (R. A.)	AV	38
Vachet (R. J.)	AV	40
Villemontais (R. de)	AV	42

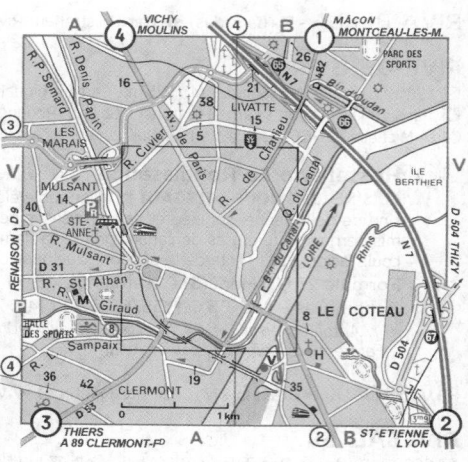

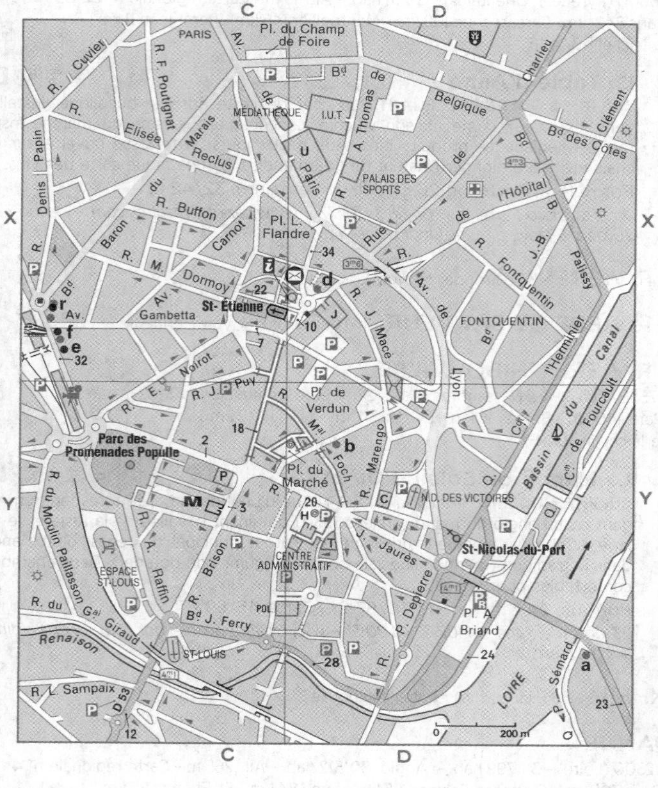

✿✿✿ **Troisgros** (Michel Troisgros)   ☆☆ 🍴 AC

CUISINE MODERNE · DESIGN XxxX Petit-fils... et grand chef ! Michel Troisgros aura résolument mis Roanne du centre de la France au centre du monde. Dans cette localité des bords de Loire dialoguent la canette de Challans, le wasabi, la ricotta, le jasmin... tous les terroirs sublimés par l'amour du goût. L'héritage Troisgros – trois étoiles en 1968 – porté avec audace !

→ Cuisses de grenouilles au satay de tamarin. Dentelle de saint-pierre à la truffe. Sablé à la rhubarbe et à la cardamome.

Menu 100 € (déj. en semaine), 200/240 € – Carte 165/195 €

Plan : CX-r – Hôtel Troisgros, pl. Jean-Troisgros – ℰ 04 77 71 66 97 (réservation conseillée) – www.troisgros.com – Fermé 1er-21 janv., 2-17 août, lundi midi d'oct. à fév., mardi et merc.

🌼 **Le Central**   AC ⟷

CUISINE TRADITIONNELLE · BISTRO X L'annexe de la Maison Troisgros, en forme de "bistrot-épicerie" ! Comme une échoppe d'autrefois – de longs rayonnages garnis de bons produits –, avec des portraits en noir et blanc de producteurs de la région, le décor est parfait pour déguster une cuisine très gourmande. Une belle affaire qui ne désemplit pas.

Formule 22 € ℤ – Menu 29 € (déj.)/32 € – Carte 45/63 €

Plan : CX-r – 58 cours de la République, (face à la gare) – ℰ 04 77 67 72 72 (réservation conseillée) – www.troisgros.com – Fermé 1er-22 août, dim. et lundi

Ⅰ○ **L'Astrée**   AC

CUISINE MODERNE · ÉLÉGANT XxX Boiseries blondes, beaux tissus, couleurs et élégance : le décor n'est pas sans évoquer une salle de théâtre. Ni drame ni comédie dans l'assiette, mais une jolie leçon de choses, où la tradition tient le premier rôle. La carte des vins sait mettre en valeur toutes les régions viticoles françaises.

Formule 24 € – Menu 28 € (semaine), 36/75 € – Carte 48/99 €

Plan : CX-f – 52 cours de la République, (face à la gare) – ℰ 04 77 72 74 22 – Fermé 27 janv.- 9 fév., dim. et lundi

Ⅰ○ **Le Relais Fleuri**   🍴 🌣 ও AC P

CUISINE MODERNE · TRADITIONNEL XX Dans ce restaurant des bords de Loire, la tradition domine dans le décor, comme dans l'assiette. Foie gras de canard maison et râble de lapin farci aux ris de veau ravissent une clientèle d'habitués depuis longtemps acquis.

🍸 Menu 19 € (semaine), 26/46 € – Carte 32/44 €

Plan : BV-v – 1 allée Claude-Barge – ℰ 04 77 67 18 52 – http://relaisfleuri.free.fr – Fermé dim. soir, mardi et merc.

ⅠО **Le Tourdion**   ও AC

CUISINE MODERNE · ÉLÉGANT XX Une déco contemporaine et épurée, bien en phase avec une cuisine qui fait la part belle aux produits, aux saveurs, aux couleurs... Les assiettes sont aussi jolies que bonnes, avec une pointe de raffinement qui achève de séduire. Très recommandable !

🍸 Formule 15 € – Menu 18 € (déj.), 28/50 € – Carte 39/56 €

Plan : DY-b – 17 r. de Sully – ℰ 04 77 70 84 58 – www.restaurant-letourdion.fr – Fermé merc. soir et dim.

ⅠО **Aux Anges**

ITALIENNE · BISTRO X Marco, le jeune chef italien, ne manque ni de fougue ni d'imagination, et il aime nlexpliquer lui-même ses plats à la clientèle. Mozzarella et sardine, macaronis à la truffe, pigeon à la poutargue... Une cuisine créative, brute de décoffrage, qui met en valeur de délicieux produits : on est aux Anges !

Formule 19 € – Menu 25 € (déj. en semaine), 29/53 € – Carte 50/61 €

Plan : DX-d – 6 pl. Georges-Clemenceau – ℰ 04 77 78 19 85 – www.aux-anges.com – Fermé merc. soir et dim.

🏨🏨🏨 **Troisgros** 🕽 🖨 🖨 🖨 🗚 🚗

LUXE · DESIGN De grandes signatures du design, des œuvres d'art contemporain, un confort pensé dans les moindres détails, etc., sans compter une table qui "vaut le voyage"... L'hôtel de gare créé par la famille Troisgros en 1930 est aujourd'hui un modèle pour la nouvelle hôtellerie française, tout au service de ses hôtes.

9 chambres – ♦350/550 € ♦♦350/660 € – 5 suites – ☑ 30 €

Plan : CX-r – *pl. Jean-Troisgros* – *✆ 04 77 71 66 97* – *www.troisgros.com*
– *Fermé 1ᵉʳ-21 janv., 2-17 août, mardi et merc.*

❀❀❀ **Troisgros** – voir les restaurants ci-dessus

🏨🏨 **Le Grand Hôtel** 🖨 🖨 🖨 **P**

BUSINESS · FONCTIONNEL Face à la gare, cet hôtel traditionnel (début du 20ᵉ s.) est apprécié des voyageurs comme de la clientèle d'affaires. Cossu – avec un salon à l'accent british au rez-de-chaussée – et bien tenu, il abrite aussi quelques chambres très design.

31 chambres – ♦68/85 € ♦♦75/95 € – ☑ 10 €

Plan : CX-f – *54 cours de la République, (face à la gare)*
– *✆ 04 77 71 48 82* – *www.grand-hotel-roanne.com*
– *Fermé 31 juil.-15 août*

🏨 **Ibis Styles** 🖨 🗚 **P**

HÔTEL DE CHAÎNE · ACTUEL L'ancien hôtel Terminus est devenu un bel établissement moderne, accueillant et bien conçu. Les chambres, de taille moyenne, sont originales et colorées ; un espace business est mis à disposition. Sans doute le meilleur hôtel de la ville !

41 chambres ☑ – ♦69/109 € ♦♦89/129 €

Plan : CX-e – *46 cours de la République* – *✆ 04 77 71 79 69*
– *www.ibis-styles-roanne.com*

au Coteau (rive droite de la Loire) – ✉ 42120 – 6 815 hab. – Alt. 350 m

🍴 **L'Auberge Costelloise** 🗚

CUISINE MODERNE · ÉLÉGANT ✗✗ Une déco originale – moderne et très colorée – pour ce restaurant gastronomique qui borde la Loire. La carte, elle aussi, épouse l'air du temps, avec une prédilection pour le poisson.

☞ Menu 18 € (semaine), 30/58 € – Carte 42/75 €

Plan : DY-a – *2 av. de la Libération* – *✆ 04 77 68 12 71*
– *www.auberge-costelloise.fr* – *Fermé 3 semaines en août, 1 semaine début janv., dim. soir, lundi et mardi*

à Villerest 6 km au Sud-Ouest par D53 – ✉ 42300 – 4 696 hab. – Alt. 363 m

🍴 **Château de Champlong** 🖨 🖨 🖨 🖨 🖨 🖨 🗚 **P**

CUISINE MODERNE · ÉLÉGANT ✗✗ Moments charmants dans cette demeure du 18ᵉs. nichée dans la verdure. Admirez par exemple la "salle des peintures" : tableaux d'époque, joli parquet et grande cheminée... Les chambres se révèlent aussi d'une belle élégance. Menu gastronomique.

Formule 20 € – Menu 28 € (semaine), 41/90 € – Carte 65/86 €

12 chambres – ♦130/220 € ♦♦130/220 € – ☑ 20 €

100 chemin de la Chapelle, (près du golf) – *✆ 04 77 69 69 69*
– *www.chateau-de-champlong.com* – *Fermé 8 fév.-1ᵉʳ mars, 24 oct.-8 nov., dim. soir, mardi midi et lundi*

ROCAMADOUR

✉ 46500 (Lot) – 637 hab. – Alt. 279 m – Carte régionale n° **29**-C1
▶ Paris 531 km – Brive-la-Gaillarde 54 km – Cahors 60 km – Figeac 47 km
Carte Michelin 337-F3

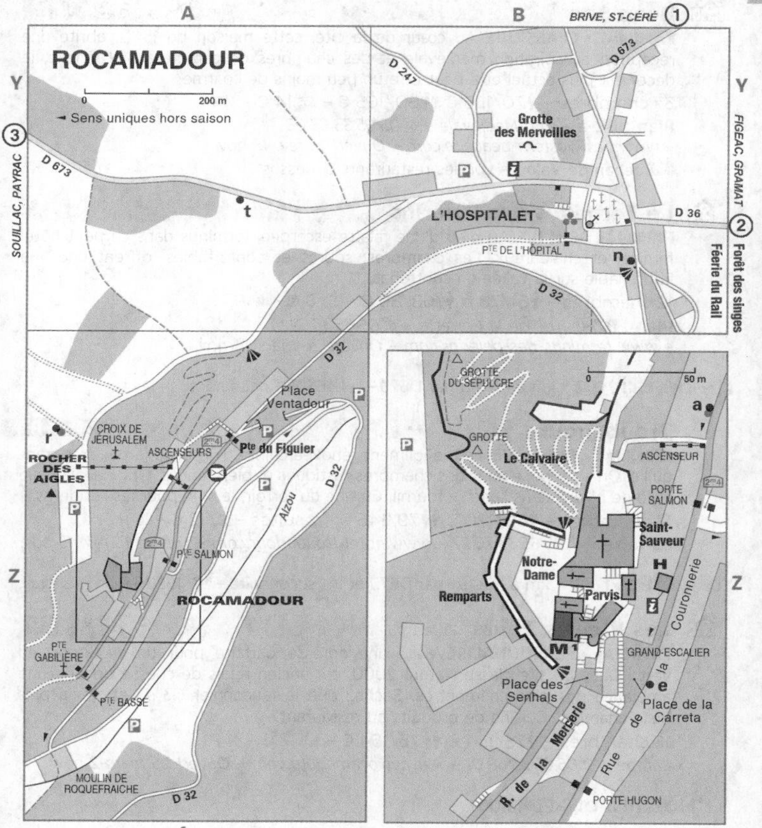

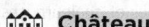

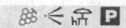

au château

🏰 Château 🏹 🐕 ≤ 🛏 🎾 ✂ & AIC 🏊 P

FAMILIAL · FONCTIONNEL Loin de l'agitation touristique, cet hôtel facile d'accès dispose de chambres spacieuses et fonctionnelles, avec piscine, tennis et jardin. Parfait pour visiter Rocamadour... et ses grottes !

57 chambres – ♦55/120 € ♦♦55/120 € – ☐ 11 € – ½ P

Plan : AZ-r – *rte du Château –* ℰ 05 65 33 62 22
– www.hotelchateaurocamadour.com – Ouvert 26 mars-6 nov.

dans la cité

🍴 Jehan de Valon 🍸 ≤ ☂ P

CUISINE TRADITIONNELLE · CLASSIQUE ✗✗ Dans cet agréable restaurant, que l'on déguste une croustade de truffes ou un magret rôti, il convient d'accompagner le repas... de vins du Sud-Ouest ! En outre, les lieux offrent une jolie vue sur la vallée de l'Alzou.

Menu 27/39 € – Carte 43/84 €

Plan : BZ-a – *Hôtel Beau Site, Cité Médiévale –* ℰ 05 65 33 63 08
– www.bestwestern-beausite.com – Ouvert 13 fév.-13 nov.

🏨 Beau Site 🎋 🐾 ≤ 🔲 🗚 🚗

FAMILIAL · CLASSIQUE Au cœur de la cité, cette maison du 15ᵉ s. abrite une réception d'inspiration médiévale et des chambres de caractère. À l'annexe, le décor est plus actuel et a peut-être un peu moins de charme.

37 chambres – 🛏70/135 € 🛏🛏80/165 € – ☕14 € – ½ P

Plan : BZ-a – *Cité Médiévale* – ℰ 05 65 33 63 08
– *www.bestwestern-beausite.com* – *Ouvert 13 fév.-13 nov.*

🍴○ **Jehan de Valon** – voir les restaurants ci-dessus

🏨 Le Terminus des Pèlerins 🎋 🐾 ≤

FAMILIAL · SIMPLE Au pied d'une falaise escarpée, terminus dans ce petit hôtel familial et chaleureux. Les chambres, sobres et confortables, offrent une vue imprenable sur la vallée en contrebas.

12 chambres – 🛏61/78 € 🛏🛏68/89 € – ☕8 € – ½ P

Plan : BZ-e – *pl. de la Carretta* – ℰ 05 65 33 62 14
– *www.terminus-des-pelerins.com* – *Ouvert 26 mars-1ᵉʳ nov.*

rte de Brive 2,5 km au Nord par D673 – ✉ 46500 Rocamadour :

🏨 Troubadour 🎋 🐾 ≤ 🛋 🏊 🅿

FAMILIAL · RUSTIQUE Ferme joliment rénovée ceinte d'un beau jardin, très tranquille. On s'y repose dans des chambres rustiques et bien tenues. Original : la belle salle de billard dans l'ancien fournil. Cuisine du terroir, le soir, pour les résidents.

13 chambres – 🛏69/120 € 🛏🛏79/145 € – 2 suites – ☕12 € – ½ P

Belveyre – ℰ 05 65 33 70 27 – *www.hotel-troubadour.com* – *Ouvert 13 fév.-15 nov.*

rte de Payrac 4 km à l'Ouest par D673 et rte secondaire – ✉ 46500 Rocamadour :

🏨 Les Vieilles Tours 🎋 🐾 ≤ 🛋 🏊 ⛳ 🅿

FAMILIAL · PERSONNALISÉ Voilà une adresse parfaite pour un week-end au vert ! Dans un site classé Natura 2000, cet ancien relais de chasse dégage une ambiance des plus champêtres. Sachez que le fauconnier (13ᵉs.) abrite la plus belle chambre. Cuisine de produits au restaurant.

15 chambres – 🛏75/154 € 🛏🛏75/154 € – ☕12 € – ½ P

Lafage – ℰ 05 65 33 68 01 – *www.vtrocamadour.com* – *Ouvert 25 mars-2 nov.*

à l'Hospitalet – ✉ 46100

🏨 Les Esclargies 🐾 🛋 🏊 ♿ 🗚 🅿

FAMILIAL · PERSONNALISÉ Dans une "esclargie" (petite clairière en occitan), bel édifice récent, mêlant le bois et la pierre. Les chambres, soignées et chaleureuses, se déclinent dans un esprit nature (jonc de mer, tons sable).

16 chambres – 🛏74/154 € 🛏🛏79/169 € – ☕12 €

Plan : AY-t – *rte de Payrac* – ℰ 05 65 38 73 23 – *www.esclargies.com*
– *Fermé 20 déc.-12 fév.*

🏨 Le Belvédère 🎋 ≤ 🅿

FAMILIAL · SIMPLE Un hôtel d'esprit familial, frais et sympathique. Les chambres bénéficient presque toutes d'une splendide vue panoramique sur la cité.

17 chambres – 🛏58/79 € 🛏🛏58/79 € – ☕8,50 € – ½ P

Plan : BY-n – *voie Sainte* – ℰ 05 65 33 63 25 – *www.hotel-le-belvedere.fr*
– *Fermé 4-18 janv.*

ROCBARON

✉ 83136 (Var) – 4 059 hab. – Alt. 376 m – Carte régionale n° **41**-C3
▶ Paris 832 km – Marseille 79 km – La Seyne-sur-Mer 43 km – Toulon 35 km
Carte Michelin 340-L6

La Maison de Rocbaron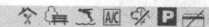

FAMILIAL · PERSONNALISÉ Atmosphère chaleureuse dans cette ancienne bergerie provençale entourée de verdure. Ici, on cultive l'esprit de famille : mobilier chiné, parquets et tapis, bibelots... La piscine et le calme jardin ne manquent pas de charme ; cuisine du marché à la table d'hôte.

5 chambres ☑ – ♦105/120 € ♦♦105/130 €

3 r. St-Sauveur, (face à la mairie) – ℰ 04 94 04 24 03
– www.maisonderocbaron.com – Fermé 1ᵉʳ déc.-31 mars

LA ROCHE-BERNARD

✉ 56130 (Morbihan) – 692 hab. – Alt. 38 m – Carte régionale n° **10**-C3
▶ Paris 444 km – Nantes 70 km – Ploërmel 55 km – Redon 28 km
Carte Michelin 308-R9 – Guide Vert Michelin Bretagne Sud

 Auberge des Deux Magots

CUISINE MODERNE · À LA MODE ✗ En 2015, deux anciens du domaine de la Bretesche (à Missillac) ont repris cette ancienne auberge. Ils y proposent une cuisine soignée, parfumée et sagement créative, à des prix défiant toute concurrence. Et, par-dessus le marché, le chef fait le pain lui-même... Fraîcheur, saveurs : une renaissance appétissante !

Formule 17 € – Menu 22 € ♁ (déj. en semaine), 32/70 €

1 pl. du Bouffay – ℰ 02 99 90 60 75 – www.aubergedesdeuxmagots.fr – Fermé dim. soir et lundi

⃝ L'Auberge Bretonne

CUISINE TRADITIONNELLE · CLASSIQUE ✗✗✗ Ne vous fiez pas aux apparences... Cette maison de granit n'a pas un cœur de pierre ! À l'image de la cuisine du chef, dans l'air du temps et respectant les saisons, qui console bien des gourmands. À cela s'ajoute le joli décor de la salle, donnant sur un petit jardin où poussent des herbes aromatiques. Attrayant !

Formule 18 € – Menu 27/47 €

10 chambres – ♦70/140 € ♦♦70/140 € – ☑ 15 €

2 pl. Duguesclin – ℰ 02 99 90 60 28 – www.auberge-bretonne.com – Fermé 16-20 fév., 1ᵉʳ-12 mars, 29 nov.-3 déc., 23-27 déc., dim. soir et lundi

Le Manoir du Rodoir

HÔTEL DE VACANCES · PERSONNALISÉ Cette ancienne fonderie de 1870 est entourée d'un parc aux chênes centenaires. Les chambres sont spacieuses et confortables, décorées dans un style cosy. Au restaurant, on apprécie la cuisine du terroir.

24 chambres – ♦85/130 € ♦♦85/130 € – ☑ 12 €

rte de Nantes – ℰ 02 99 90 82 68 – www.lemanoirdurodoir.com – Fermé 17 déc.-3 janv.

⛪ Le Domaine de Bodeuc

HISTORIQUE · PERSONNALISÉ Près de La Roche-Bernard, ce petit manoir du 19ᵉs. et ses dépendances se nichent dans un parc aux arbres centenaires, avec piscine ! Piano et cheminée confèrent aux salons un charme intime. Chambres plus spacieuses dans l'annexe. Restauration traditionnelle.

14 chambres – ♦72/97 € ♦♦85/202 € – 2 suites – ☑ 13 €

rte de St-Dolay, 6 km au Nord-Est par D34 et rte secondaire – ℰ 02 99 90 89 63 – www.hotel-bodeuc.com – Fermé janv.

ROCHECORBON – 37 (Indre-et-Loire) ➔ voir Tours

ROCHEFORT

✉ 17300 (Charente-Maritime) – 24 698 hab. – Alt. 12 m – Carte régionale n° **38**-B2
▶ Paris 475 km – Limoges 221 km – Niort 62 km – La Rochelle 38 km
Carte Michelin 324-E4 – Guide Vert Michelin Poitou-Charentes

ROCHEFORT

Audry-de-Puyravault (R.)	**ABZ**	
Combes (R. Émile)	**ABZ**	5
Courbet (R. Amiral)	**BZ**	2
La-Fayette (Av.)	**ABZ**	
Fosse-aux-Mâts (Av. de la)	**BZ**	8
Galliéni (R.)	**BY**	9
Gaulle (Av. Ch.-de)	**ABZ**	
Grimaux (R. Édouard)	**ABZ**	10
Laborit (R. Henri)	**AY**	15
Lesson (R.)	**BZ**	18
République (R. de la)	**ABZ**	
Résistance (Bd de la)	**AZ**	
Rochambeau (Av.)	**AZ**	23
11-Novembre-1918 (Av. du)	**BZ**	28
14-Juillet (R. du)	**AZ**	29

Les Remparts 🏠 �️ 🛗 �⛱

HÔTEL DE CURE • FONCTIONNEL Cet hôtel des années 1980, rénové au début des années 2010, dispose de grandes chambres bien tenues et fonctionnelles. Le petit plus ? L'accès direct aux thermes et à la source de l'Empereur.

71 chambres – ✝60/74 € ✝✝62/76 € – 🍽9 € – ½ P

Plan : BY-s – *43 av. Camille-Pelletan, (aux Thermes)* – 🕿 *05 46 87 12 44* – *www.hotel-remparts.com*

 Roca Fortis 🛋

FAMILIAL • CLASSIQUE Deux maisons régionales datant du 18ᵉ s., autour d'un petit patio... pour un même hôtel, tenu par un couple charmant. Le petit-déjeuner est copieux et réserve une surprise bien fraîche : de délicieux smoothies concoctés par le patron.

15 chambres – ✝62/115 € ✝✝62/115 € – 🍽10 €

Plan : BY-t – *14 r. de la République* – 🕿 *05 46 99 26 32* – *www.hotel-rochefort.fr* – *Fermé 1 semaine vacances de Noël*

 Hôtel de France 🛗 🍽 🔛

TRADITIONNEL • PERSONNALISÉ Cet hôtel, l'un des plus anciens de la ville – sa fondation remonte à 1677 –, a été repris en 2012 par un couple motivé et travailleur. Leur rénovation des lieux est un succès : il n'y a qu'à voir les chambres, chaleureuses et impeccablement tenues, pour s'en convaincre !

25 chambres – ✝61/76 € ✝✝71/78 € – 🍽9 €

Plan : AZ-f – *55 r. du Dr-Peltier* – 🕿 *05 46 99 34 00* – *www.hoteldefrancerochefort.com*

Au Sud   3 km rte de Royan, avant pont de Martrou – ✉ 17300 Rochefort

🍴 **La Belle Poule** 🍴 🛗 🅿

CUISINE MODERNE • RUSTIQUE XX Près du pont transbordeur de Martrou, cette imposante bâtisse accueille une bien belle table ! Face à l'imposante cheminée, on se laisse séduire par les créations du chef, qui repense les classiques en bon professionnel : huîtres, agneau de lait à la compotée d'abricots secs, fromages rochefortais, etc.

Formule 16 € – Menu 30/50 € – Carte 50/63 €

102 av. du 11-nov.-1918 – 🕿 *05 46 99 71 87* – *www.hotel-labellepoule.com* – *Fermé 3 semaines en nov., 1 semaine en janv., vend. sauf le soir en juil.-août et dim. soir de sept. à juin*

ROCHEFORT-EN-TERRE

✉ 56220 (Morbihan) – 708 hab. – Alt. 40 m – Carte régionale n° **10**-C2
🚗 Paris 431 km – Ploërmel 34 km – Redon 26 km – Rennes 82 km
Carte Michelin 308-Q8 – Guide Vert Michelin Bretagne Sud

🍴 **L'Ancolie** 🛗

CUISINE MODERNE • COSY XX Du nom d'une jolie fleur, une table agréable, mêlant avec réussite vieilles pierres et élégance contemporaine. La cuisine trahit une belle inspiration bourgeoise, à l'image de ce tartare d'écrevisses et de ces coquilles Saint-Jacques à l'orange vanillée.

Menu 32/42 € – Carte 30/57 €

12 r. St-Michel – 🕿 *02 97 43 33 09 (réservation conseillée)* – *Fermé 2 semaines en fév., 3 semaines en oct. et mardi sauf le soir en saison*

Le Pélican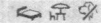

CUISINE MODERNE · RUSTIQUE XX Ce pélican-là ne manque pas de piquant ! Dans une salle rustique à souhait (poutres apparentes, cheminée monumentale et meubles en bois sculpté), les gourmands savourent une cuisine traditionnelle revisitée et saupoudrée d'épices. Quelques chambres parfaitement tenues à l'étage.

Menu 19/45 €

6 chambres – †68/74 € ††68/74 €

pl. des Halles – ℰ 02 97 43 38 48 – www.hotel-pelican-rochefort.com
– Fermé 15-22 fév., dim. soir, merc. soir et lundi

ROCHEFORT-EN-YVELINES

✉ 78730 (Yvelines) – 913 hab. – Alt. 140 m – Carte régionale n° **18**-B2
▶ Paris 50 km – Chartres 43 km – Dourdan 9 km – Étampes 26 km
Carte Michelin 311-H4 – Guide Vert Michelin Île-de-France

L'Escu de Rohan

CUISINE TRADITIONNELLE · RUSTIQUE XX Dans les murs d'un relais de poste du 16ᵉ s., un charmant restaurant d'esprit rustique : charpente apparente, cheminée monumentale… Au menu, une bonne cuisine traditionnelle, avec pour spécialités la tête de veau sauce gribiche, le gibier en saison et les profiteroles au chocolat. Une adresse sympathique.

Formule 29 € – Menu 37 €

15 r. Guy-le-Rouge – ℰ 01 30 41 31 33 – www.lescuderohan.com
– Fermé vacances de fév., août, dim. soir, lundi et mardi

ROCHEGUDE

✉ 26790 (Drôme) – 1 525 hab. – Alt. 121 m – Carte régionale n° **44**-B3
▶ Paris 641 km – Avignon 46 km – Bollène 8 km – Carpentras 34 km
Carte Michelin 332-B8

Château de Rochegude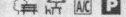

CUISINE MODERNE · ÉLÉGANT XxX Châtelain, classique, élégant… Un cadre plaisant, au service d'une agréable cuisine gastronomique, tenante d'un certain classicisme : ballottine de gibier et châtaignes, cassolette de homard et ris de veau, etc.

Formule 26 € – Menu 49 € (dîner), 55/95 € – Carte 74/95 €

– ℰ 04 75 97 21 10 – www.chateauderochegude.com
– Fermé nov., dim. soir, mardi midi et lundi de déc. à mars

 Château de Rochegude

CHÂTEAU · HISTORIQUE Pierre blonde et verdure… Ce superbe château du 11ᵉ s. – remanié au 18ᵉ – domine les vignobles des Côtes-du-Rhône. Daims et biches vagabondent dans l'immense parc et l'on se repose en toute quiétude, dans des chambres de grand caractère !

25 chambres – †170/540 € ††170/540 € – ⌑ 20 € – ½ P

– ℰ 04 75 97 21 10 – www.chateauderochegude.com
– Fermé nov.

Château de Rochegude – voir les restaurants ci-dessus

LA ROCHE-L'ABEILLE

✉ 87800 (Haute-Vienne) – 617 hab. – Alt. 400 m – Carte régionale n° **24**-B2
▶ Paris 423 km – Limoges 34 km – Panazol 34 km – St-Junien 63 km
Carte Michelin 325-E7

🕸 Le Moulin de la Gorce (Pierre Bertranet) 🕸 ⇦ 💲 ⇇ 📖 🏠 🅿️

CUISINE CLASSIQUE · ÉLÉGANT XxX Une institution dans le département... Dans ce moulin du 16ᵉ s., le chef réalise une cuisine classique revisitée, d'une belle finesse et respectueuse des produits. Pour prolonger l'étape en profitant du cadre bucolique – étang, parc romantique –, il y a les chambres cosy à souhait !

→ Carpaccio de langoustines, farinettes de pomme de terre et crème ciboulette au citron vert. Fricassée de ris de veau aux girolles et vin d'Arbois. Puits d'amour aux framboises de Juillac, coulis de fruits rouges.

Menu 53/79 €

10 chambres – 🛏100/180 € 🛏🛏100/180 € – 🍽18 €

La Gorce – ☎ 05 55 00 70 66 *– www.moulindelagorce.com – Ouvert 5 fév.-30 nov. et fermé lundi et merc. sauf le soir en juil.-août et mardi*

😊 La Table du Moulin 🏠 ♿ 🆎 🔄

CUISINE TRADITIONNELLE · BISTRO X Repris par le chef du Moulin de la Gorce, ce café de village s'est métamorphosé en un charmant bistrot, mêlant patine rustique et élégance contemporaine. On s'y régale de petits plats traditionnels et canailles qui fleurent bon le terroir. Pas de doute, la gourmandise est au rendez-vous !

Formule 24 € – Menu 32/41 €

3 r. du 8-mai-1945 – ☎ 05 55 00 22 03 *– www.moulindelagorce.com – Fermé 20 déc.-21 janv., mardi midi de sept. à juin, dim. soir et lundi*

ROCHE-LEZ-BEAUPRÉ – 25 (Doubs) → voir Besançon

© H. Stuart/robertharding /age fotostock

LA ROCHELLE

✉ 17000 (Charente-Maritime) – 74 123 hab. – Agglo. 126 882 hab. – Alt. 1 m
– Carte régionale n° **38**-A2

▶ Paris 472 km – Angoulême 150 km – Bordeaux 183 km – Nantes 141 km
Carte Michelin 324-D3 – Guide Vert Michelin Poitou-Charentes

Restaurants

✿✿ Christopher Coutanceau

POISSONS ET FRUITS DE MER · LUXE XXXX Une salle en rotonde, raffinée et contemporaine, grande ouverte sur l'Océan : cet écrin vient sublimer la belle et généreuse cuisine de la mer de Christopher Coutanceau, portée par un sens éclatant du produit et des saveurs ; à déguster avec un cru de la belle carte de vins de Loire et de Bourgogne.

→ Langoustines en trois services et en différentes textures. Civet de homard breton, beurre de crustacés et petits légumes de saison. Crêpe soufflée, poêlée de mirabelle et pain d'épice croustillant, sorbet prune.

Menu 65/130 € – Carte 140/225 €

Plan : AX-r – *plage de la Concurrence – ℰ 05 46 41 48 19
– www.coutanceaularochelle.com – Fermé 2 semaines en mars, 2 semaines en janv., lundi sauf le soir de juil. à août et dim.*

☺ La Cuisine de Jules

CUISINE MODERNE · CONVIVIAL X Jules, c'est Giuliano di Giovanni, chef italien installé depuis de nombreuses années à quelques enjambées du Vieux-Port de La Rochelle. Avec de bons produits locaux, il compose une cuisine du marché pleine de goût, et n'hésite pas à revisiter la tradition à sa façon. Un exemple ? Son rognon de veau cuit entier, un régal...

Formule 27 € – Menu 32 € – Carte 40/72 €

Plan : DY-a – *5 r. Thiers – ℰ 05 46 41 50 91 – www.lacuisinedejules.fr – Fermé dim. et lundi*

⬤O Les Flots

CUISINE MODERNE · ÉLÉGANT XX Turbot sauvage crousti-moelleux en kadaïf, ris de veau et langoustine, légumes bio et sauce acidulée au balsamique : dans cette adresse du vieux port, la mer a des reflets d'argent ! Élégance dans l'assiette mais aussi dans le décor, entre authenticité d'un ancien estaminet et sobriété contemporaine.

Menu 29 € (déj.), 44/83 € – Carte 55/79 €

Plan : CZ-g – *1 r. de la Chaîne – ℰ 05 46 41 32 51 – www.les-flots.com*

LA ROCHELLE

Briand (Av. Aristide) . . . . **AV** 13
Cognehors (Bd de) . . . . **BV** 23
Coligny (Av.) . . . . **AVX** 25
Crépeau (Av. Michel) . . . . . **ABX** 29
Denfert-Rochereau (Av.) . . . **AV** 33

Fétily (Av. de) . . . . **BV** 47
Joffre (Bd du Mar.) . . . . . . **BV** 61
Juin (Av. Mar.) . . . . **AV** 62
Lysiack (Av. Cdt.) . . . . **BX** 63
Mail (Allées du) . . . . **AX** 64
Marillac
(Av.) . . . . **AX** 65
Moulin (Av. Jean) . . . . **BX** 74

République (Bd de la) . . . . **BX** 90
Robinet (Av. L.) . . . . **BV** 92
Saintonge (R. A.-de) . . . . . **AV** 103
Salengro (Av. Roger) . . . . . **BX** 106
Sartre (Av. Jean-Paul) . . . . **BX** 109
8-Mai-1945 (Av. du) . . . . . **BV** 118
11-Novembre-1918
(Av. du) . . . . **BV** 121

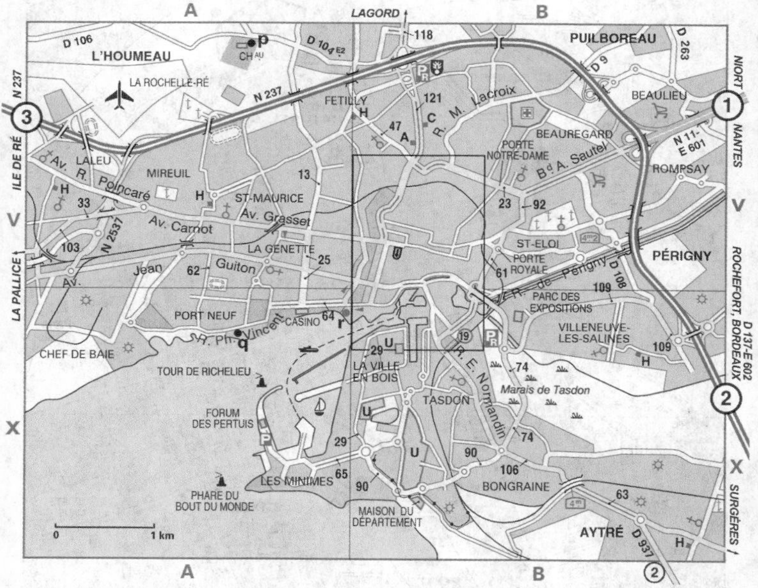

‖○ Les Quatre Sergents

CUISINE MODERNE · ÉLÉGANT ✕✕ Un authentique jardin d'hiver, avec une élégante structure métallique, à deux pas du port : voilà qui est charmant... Le chef y cultive des plaisirs très naturels : produits locaux et bio, vins de petits viticulteurs indépendants (sans omettre les grands crus)... Que du bon !

Formule 20 € – Menu 26/57 € – Carte 47/90 €

Plan : CZ-a – 49 r. St-Jean-du-Pérot – ✆ 05 46 41 35 80 – www.les4sergents.com
– Fermé lundi d'oct. à avril

‖○ L'Entracte, la Brasserie de Grégory

CUISINE TRADITIONNELLE · BRASSERIE ✕ Une brasserie chic signée Grégory Coutanceau, un nom de famille bien connu des gastronomes rochelais. Les cuisines ouvertes sur la salle n'autorisent aucun entracte pour le chef et sa brigade, qui livrent une jolie interprétation du genre, avec ce credo : cuisiner au plus près du produit !

Formule 19 € – Menu 22 € 🍷/32 € – Carte 28/48 €

Plan : CZ-v – 35 r. St-Jean-du-Pérot – ✆ 05 46 52 26 69 – www.lentracte.net

‖○ André

POISSONS ET FRUITS DE MER · BRASSERIE ✕ Une institution locale, depuis 1947, pour les amateurs de cuisine iodée et de beaux plateaux de fruits de mer. Voyages transatlantiques, pêche, voiliers : chaque salle – il y en a huit ! – célèbre les flots à sa façon.

Menu 37 € – Carte 32/58 €

Plan : CZ-f – 5 r. St-Jean-du-Pérot, (pl. de la Chaîne) – ✆ 05 46 41 28 24
– www.barandre.com

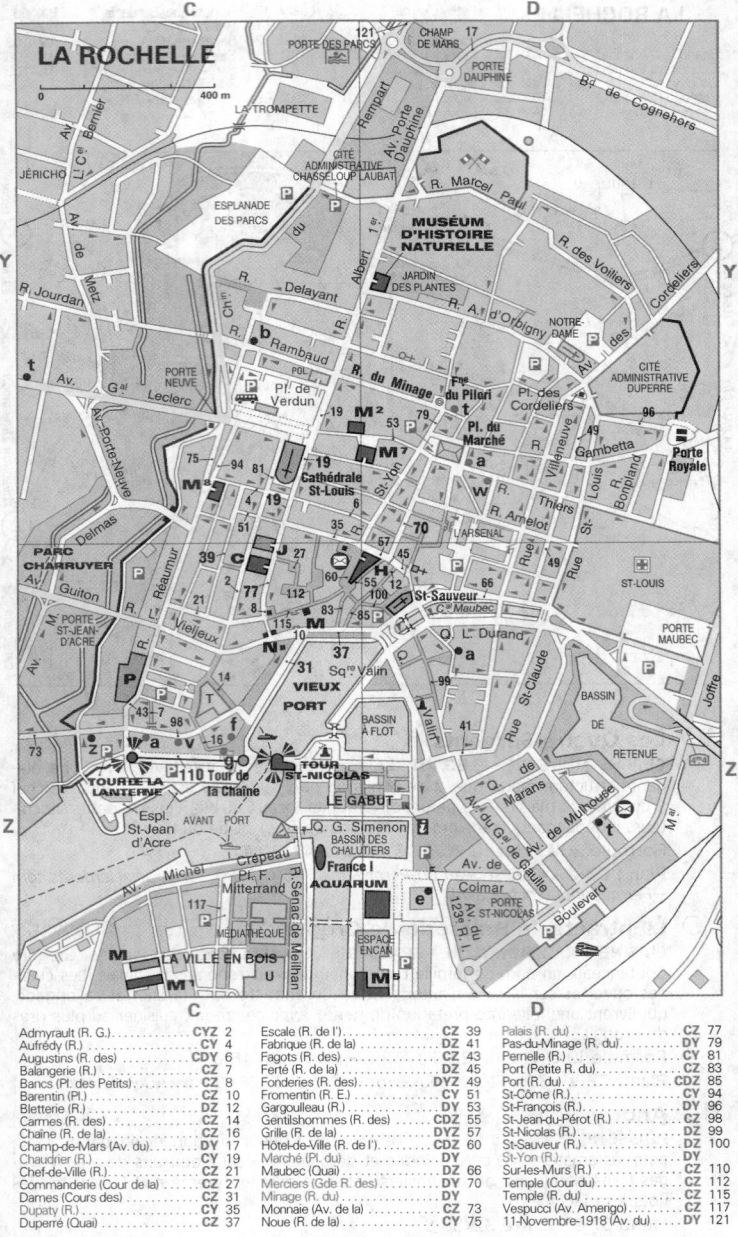

LA ROCHELLE

Admyrault (R. G.) .... **CYZ** 2
Aufrédy (R.) .... **CY** 4
Augustins (R. des) .... **CDY** 6
Balangerie (R.) .... **CZ** 7
Bancs (Pl. des Petits) .... **CZ** 8
Barentin (Pl.) .... **CZ** 10
Bletterie (R.) .... **DZ** 12
Carmes (R. des) .... **CZ** 14
Chaîne (R. de la) .... **DY** 16
Champ-de-Mars (Av. du) .... **DY** 17
Chaudrier (R.) .... **CY** 19
Chef-de-Ville (R.) .... **CZ** 21
Commanderie (Cour de la) .... **CZ** 27
Dames (Cours des) .... **CZ** 31
Dupaty (R.) .... **CY** 35
Duperré (Quai) .... **CZ** 37

Escale (R. de l') .... **CZ** 39
Fabrique (R. de la) .... **DZ** 41
Fagots (R. des) .... **CZ** 43
Ferté (R. de la) .... **DZ** 45
Fonderies (R. des) .... **DYZ** 49
Fromentin (R. E.) .... **CY** 51
Gargoulleau (R.) .... **DY** 53
Gentilshommes (R. des) .... **CDZ** 55
Grille (R. de la) .... **DZ** 57
Hôtel-de-Ville (R. de l') ...... **CDZ** 60
Marché (Pl. du) .... **DY**
Maubec (Quai) .... **DZ** 66
Merciers (Gde R. des) .... **DY** 70
Minage (R. du) .... **DY**
Monnaie (Av. de la) .... **CZ** 73
Noue (R. de la) .... **CY** 75

Palais (R. du) .... **CZ** 77
Pas-du-Minage (R. du) .... **DY** 79
Pernelle (R.) .... **CY** 81
Port (Petite R. du) .... **CZ** 83
Port (R. du) .... **CDZ** 85
St-Côme (R.) .... **CY** 94
St-François (R.) .... **DY** 96
St-Jean-du-Pérot (R.) .... **DZ** 98
St-Nicolas (R.) .... **DZ** 99
St-Sauveur (R.) .... **DZ** 100
St-Yon (R.) .... **DY**
Sur-les-Murs (R.) .... **CZ** 110
Temple (Cour du) .... **CZ** 112
Temple (R. du) .... **CZ** 115
Vespucci (Av. Amerigo) .... **CZ** 117
11-Novembre-1918 (Av. du) ...... **DY** 121

‖○ Les Orchidées 🕭 🛱 AC

CUISINE MODERNE · CONVIVIAL ✕ En plein cœur du quartier des halles, cette table contemporaine ne manque pas d'attraits ! La cuisine y évolue au gré des saisons, privilégiant toujours les produits frais, à l'instar de ce foie gras de canard à la noisette, parfumé au vouvray... Enfin, la jolie carte des vins invite à découvrir le Val de Loire.

Formule 28 € – Menu 31 € – Carte 63/99 €

Plan : DY-w – *24 r. Thiers* – *𝒞 05 46 41 07 63*
– *www.restaurant-les-orchidees.com*

‖○ Le Bistrot des Bonnes Femmes ❶ 🛱 ᨔ AC

CUISINE MODERNE · BISTRO ✕ Bistronomie pour tout le monde dans cette adresse branchée et conviviale ! Les produits sont au top (poissons de la criée, légumes des Halles voisines) et les préparations nettes et précises, sans superflu ni artifice. Et, aux beaux jours, on profite d'un repas dans l'agréable patio...

⊜ Formule 16 € – Menu 19 € – Carte 28/42 €

Plan : DY-t – *5 r. des Bonnes-Femmes* – *𝒞 05 46 52 19 91*
– *www.lebistrotdesbonnesfemmes.com* – *Fermé lundi en juil.-août et dim.*

Hôtels

🏨 Le Champlain 🕭 🖵 AC ᨔ 🕭

FAMILIAL · CLASSIQUE Un bel hôtel particulier du 19ᵉ s. avec son jardin bucolique, où plane l'odeur douce et entêtante des roses. Les salons sont superbes, les chambres délicates et pleines de cachet... Pour un séjour romantique à souhait !

32 chambres – ♦84/165 € ♦♦84/165 € – 4 suites – � 12 €

Plan : CY-b – *30 r. Rambaud* – *𝒞 05 46 41 34 66* – *www.hotelchamplain.com*

🏨 Masqhôtel 🖵 ᨔ AC ᨔ 🕭

BUSINESS · DESIGN Design, coloré, raffiné, minimaliste et chic tout à la fois : un hôtel très contemporain, d'esprit urbain. Pour l'anecdote, le totem du lieu n'est autre qu'un masque néoguinéen célébrant la fertilité.

76 chambres – ♦103/175 € ♦♦103/270 € – ⊃ 13 €

Plan : DZ-t – *17 r. de l'Ouvrage-à-Cornes, (par av. de Mulhouse)*
– *𝒞 05 46 41 83 83* – *www.masqhotel.com*

🏨 La Monnaie 🕭 ᨔ 🖵 ᨔ AC ᨔ 🕭

HISTORIQUE · DESIGN Près de la tour de la Lanterne, un hôtel particulier du 17ᵉ s., où l'on frappait jadis la monnaie, d'où son nom. Il arbore aujourd'hui un décor très contemporain : design épuré, beaucoup de noir et blanc, des douches à l'italienne, un espace bien-être, une cour intérieure où l'on prend le petit-déjeuner l'été... Un bel ensemble !

37 chambres – ♦134/244 € ♦♦134/244 € – 4 suites – ⊃ 18 €

Plan : CZ-z – *3 r. de la Monnaie* – *𝒞 05 46 50 65 65* – *www.hotelmonnaie.com*

🏨 Mercure Océanide 🕭 ᨔ 🖵 ᨔ AC ᨔ 🅿

HÔTEL DE CHAÎNE · FONCTIONNEL Un hôtel idéal pour la clientèle d'affaires, notamment à l'occasion de séminaires. Les chambres fonctionnelles s'agrémentent de salles de bains qui évoquent les cabines de bateaux. D'ailleurs, l'océan et l'aquarium sont tout proches.

123 chambres – ♦85/205 € ♦♦85/205 € – ⊃ 16 € – ½ P

Plan : DZ-e – *quai Louis-Prunier* – *𝒞 05 46 50 61 50*
– *www.mercure-la-rochelle-vieux-port.com*

🏨 St-Nicolas 🖵 ᨔ AC ᨔ 🅿

FAMILIAL · ACTUEL Cette bâtisse de la vieille ville, doublée d'une extension récente, abrite un hôtel bien agréable. Chambres modernes et fonctionnelles, entretien soigné et... petit-déjeuner gourmand. Autre point fort : le parking privé.

86 chambres – ♦100/145 € ♦♦100/145 € – ⊃ 12 €

Plan : DZ-a – *13 r. Sardinerie* – *𝒞 05 46 41 71 55* – *www.hotel-saint-nicolas.com*

🏨 Les Brises

TRADITIONNEL · FONCTIONNEL Sentez-vous cette légère brise ? Cet hôtel borde le littoral dans un secteur résidentiel, et certaines de ses chambres toisent l'Océan... Quant à la jolie terrasse au-dessus des flots, elle est bien agréable pour prendre son petit-déjeuner dès les premiers beaux jours !

48 chambres – ♦70/175 € ♦♦70/250 € – ⌕ 13 €

Plan : AX-q – *r. Philippe-Vincent, (chemin de la digue de Richelieu)* – *☏ 05 46 43 89 37 – www.hotellesbrises.com*

🏨 Le Manoir 🅽

HISTORIQUE · MODERNE En léger retrait du centre-ville et du port, cet hôtel particulier datant du 19ᵉ s. a été entièrement rénové en 2011. C'est aujourd'hui un établissement plein de charme, géré en famille, où l'on se repose dans des chambres spacieuses et contemporaines.

17 chambres – ♦85/159 € ♦♦85/180 € – ⌕ 13 €

Plan : CY-t – *8 av. du Gén.-Leclerc – ☏ 05 46 67 47 47 – www.hotel-le-manoir.fr*

à Lagord 3 km au Nord – ⊠ 17140 – 7 236 hab. – Alt. 23 m

🏨 Hôtel du Château

CHÂTEAU · DESIGN Au cœur d'un parc de deux hectares, un très joli château du 19ᵉ s. qui ne laisse rien deviner de sa décoration intérieure... Dans les chambres et les salons, un seul mot d'ordre : design ! Classique, contemporain et surtout très élégant : plaisir et détente assurés...

20 chambres – ♦90/240 € ♦♦90/240 € – ⌕ 15 € – ½ P

Plan : AV-p – *123 av. du Clavier – ☏ 05 46 07 91 42* – *www.hotel-du-chateau-la-rochelle.com*

à St-Rogatien 10 km à l'Est par D108 et D111 – ⊠ 17220 – 1 956 hab. – Alt. 35 m

🍴 La Pierrevue 🅽

CUISINE MODERNE · COSY XX Le poisson de la pêche locale, la viande des éleveurs de la région, les fruits et légumes du marché, les herbes aromatiques du jardin... Voici les beaux produits utilisés par Cécile Richard, la jeune chef de cette maison. Elle compose une cuisine nette et précise, aux saveurs marquées et harmonieuses : un régal.

Menu 23 € (déj. en semaine), 38/70 € – Carte 47/66 €

2 pl. de la Mairie – ☏ 05 46 31 67 08 – www.lapierrevue.fr – Fermé 19 fév.-1 mars, 6-28 août, 24 déc.-4 janv., mardi soir, merc. soir, dim. et lundi

LA ROCHE-POSAY

⊠ 86270 (Vienne) – 1 566 hab. – Alt. 112 m – Carte régionale n° **39**-D1

▶ Paris 325 km – Le Blanc 29 km – Châteauroux 76 km – Loches 49 km

Carte Michelin 322-K4 – Guide Vert Michelin Poitou-Charentes

🍴 St-Roch

CUISINE TRADITIONNELLE · FAMILIAL XX Croustillant de chèvre, joue de bœuf et ses petits légumes... Le chef réalise une cuisine fine et goûteuse, ainsi que de bons petits plats diététiques adaptés aux curistes. Le tout à apprécier dans un cadre contemporain ou, aux beaux jours, sur l'agréable terrasse.

Formule 16 € – Menu 29/44 € – Carte 41/57 €

4 cours Pasteur – ☏ 05 49 19 49 45 – http://www.saintroch-larocheposay.fr/ – *Fermé 1ᵉʳ-9 janv. et 17-31 déc.*

🏨 Les Loges du Parc

HÔTEL DE VACANCES · FONCTIONNEL Au cœur de la station thermale, ce bel hôtel 1900 a été entièrement rénové en 2015. Les chambres sont confortables et fonctionnelles, avec notamment trois suites décorées par thèmes (le jazz, l'Égypte et le bois). Formule résidence à la semaine, idéale pour les curistes.

49 chambres – ♦125/220 € ♦♦156/220 € – 3 suites – ⌕ 16 €

10 pl. de la République – ☏ 05 49 19 40 50 – www.resorthotel-laroheposay.info – *Fermé 23-29 déc. et 1ᵉʳ-8 janv.*

St-Roch ☆ 🍴 🔄 ₺ AC P

HÔTEL DE CURE · FONCTIONNEL Cet établissement central est apprécié pour son accès direct aux thermes St-Roch. Les chambres y sont avant tout fonctionnelles et très bien tenues, les plus agréables donnant sur le jardin.

37 chambres – †57/103 € ††82/124 € – ☲ 12 € – ½ P

4 cours Pasteur – ℰ 05 49 19 49 00 – http://www.saintroch-larocheposay.fr/ – Fermé 1ᵉʳ-9 janv. et 17-31 déc.

🍴 **St-Roch** – voir les restaurants ci-dessus

LE ROCHER – 07 (Ardèche) → voir Largentière

LES ROCHES-DE-CONDRIEU
✉ 38370 (Isère) – 1 994 hab. – Alt. 158 m – Carte régionale n° **44**-B2
▶ Paris 506 km – Grenoble 134 km – Lyon 43 km – Saint-Étienne 63 km
Carte Michelin 333-B5

Le Bellevue ☆ ← 🔄 ₺ AC 🖳 🚗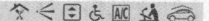

FAMILIAL · FONCTIONNEL Une belle bâtisse de couleur ocre, posée sur les rives du Rhône, dont une partie des chambres offrent une vue dégagée sur les flots. Entretien soigné, bons équipements, et même un restaurant proposant une cuisine traditionnelle !

16 chambres – †89/100 € ††89/100 € – 1 suite – ☲ 12 € – ½ P

1 pl. Carcan, (quai du Rhône) – ℰ 04 74 56 41 42 – www.le-bellevue.net – Fermé 2-15 janv.

LA ROCHE-SUR-YON
✉ 85000 (Vendée) – 52 808 hab. – Alt. 75 m – Carte régionale n° **34**-B3
▶ Paris 418 km – Cholet 69 km – Nantes 68 km – Niort 91 km
Carte Michelin 316-H7 – Guide Vert Michelin Pays de la Loire

🍴 L'Atable ₺ AC

CUISINE MODERNE · BISTRO ✕ Une cuisine "bistronomique" mettant en avant les produits de la région et les artisans du quartier (boucher et fromager notamment), un joli cadre épuré : ouverte en 2013, cette maison n'a pas volé son excellente réputation ! Ne pas manquer la spécialité du chef : le crabe farci et escargots de Vendée à l'andouille...

Formule 14 € – Menu 21/45 €

Plan : AZ-f – *20 bis r. Raymond-Poincaré – ℰ 02 51 36 21 35 – www.latable-larochesuryon.net – Fermé dim. soir, lundi soir et merc.*

🍴 Le Sale Gosse ₺ 🍽

CUISINE MODERNE · BISTRO ✕ Aux fourneaux, un chef trentenaire autodidacte et passionné par son métier, qui s'est lancé dans la cuisine après des études de psychologie... pas exactement un sale gosse ! On vient autant chez lui pour ses assiettes, soignées et fidèles aux saisons, que pour l'ambiance conviviale qui règne dans son restaurant.

Formule 16 € – Carte 27/36 €

Plan : BY-a – *7 r. du Prés.-de-Gaulle – ℰ 02 51 42 51 49 – www.lesalegosse.fr – Fermé 3 semaines en août, dim. et lundi*

Mercure ☆ 🔄 ₺ AC 🍽 🖳

HÔTEL DE CHAÎNE · FONCTIONNEL Idéalement situé entre la gare et la place Napoléon, un Mercure avec des chambres spacieuses et bien insonorisées, impeccablement rénovées dans un style contemporain. Cuisine traditionnelle au restaurant.

67 chambres – †66/200 € ††96/230 € – ☲ 15 €

Plan : AZ-u – *117 bd Aristide-Briand – ℰ 02 51 46 28 00 – www.mercure-la-roche-sur-yon.com*

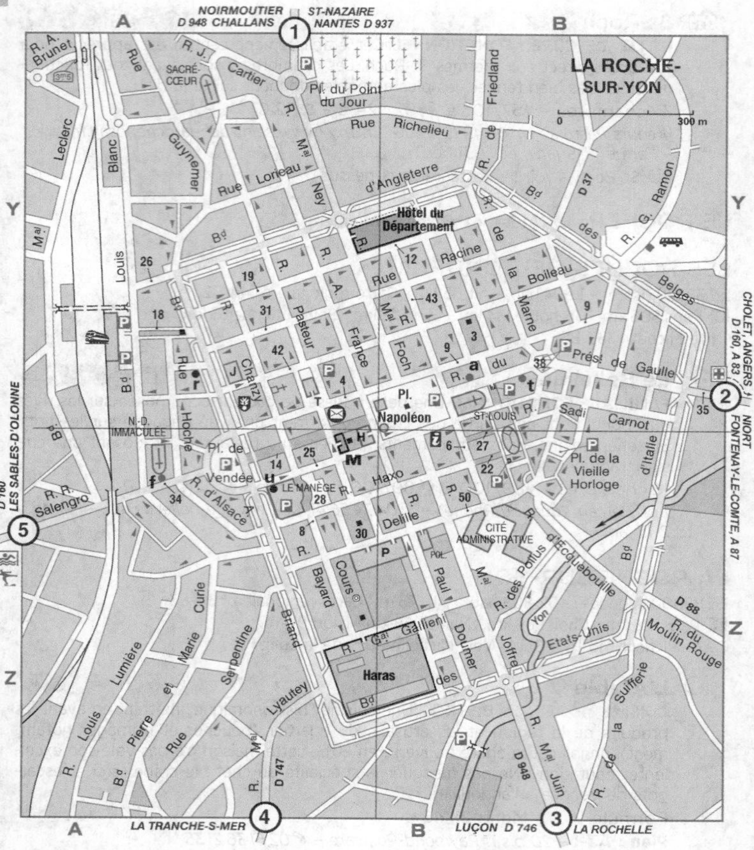

Albert-1er (Pl.) . . . . **BY** 3
Allende (R. Salv.) . . . . **AY** 4
Baudry (R. Paul) . . . . **BZ** 6
Bérégovoy (R. P.) . . . . **AZ** 8
Berthelot (R. M.) . . . . **BY** 9
Bossuet (R.) . . . . **BY** 12
Carnot (R. Sadi) . . . . **BY**
Clemenceau (R. G.) . . . . **AZ** 14
La-Fayette (R.) . . . . **AZ** 25
Gambetta (Av.) . . . . **AY** 18
Gén.-de-Castelnau (R.) . . . . . **AY** 19
Halles (R. des) . . . . **BZ** 22
Manuel (R.) . . . . **AY** 26
Marché (R. du) . . . . **BYZ** 27
Mazurelle (Esplanade J.) . . . **AZ** 28
Mitterrand (Pl. F.) . . . . **AZ** 30
Molière (R.) . . . . **AY** 31
Poincaré (R. Raymond) . . . . . **AZ** 34
Pompidou (R. G.) . . . . **BY** 35
Résistance (Pl. de la) . . . . . . **BY** 38
Verdun (R. de) . . . . **AY** 42
Victor-Hugo (R.) . . . . **BY** 43
93e-R.I. (R. du) . . . . **BZ** 50

Napoléon

BUSINESS • PERSONNALISÉ Sur un grand boulevard du centre-ville, mais au calme ! Les chambres, d'esprit contemporain, sont cosy et impeccablement tenues... Un lieu avenant, idéal pour la clientèle d'affaires.

29 chambres – 75/110 € 79/130 € – 10 €

Plan : AY-r – *50 bd Aristide-Briand – ☎ 02 51 05 33 56 – www.hotel-le-napoleon.com*

ROCHETAILLÉE - 42 (Loire) ➔ voir St-Étienne

ROCHETOIRIN - 38 (Isère) ➔ voir La Tour-du-Pin

RODEG

✉ 12000 (Aveyron) – 23 744 hab. – Alt. 635 m – Carte régionale n° **29**-C1
▶ Paris 623 km – Albi 76 km – Aurillac 87 km – Clermont-Ferrand 213 km
Carte Michelin 338-H4 – Guide Vert Michelin Lot Aveyron Vallée du Tarn

☼ **Goûts et Couleurs** (Jean-Luc Fau)   88 ☂

CUISINE MODERNE · À LA MODE XX Goûts et Couleurs : on ne saurait mieux
dire ! Dans l'assiette, de belles saveurs mâtinées d'épices et mises en valeur par
un chef vraiment passionné... et peintre à ses heures : ses toiles, inspirées par ses
plats, égayent l'intérieur du restaurant. Une adresse voyageuse, dont l'attrait ne
se discute pas !

➔ Carpaccio de gambas, huile de sureau, mangue et gelée des carapaces. Calamars poêlés à l'encre, basilic, anis vert, écume à la violette et riz noir. Sphère chocolat au porto, mousse de havane au rhum et soupe chocolat-café.

Menu 33 € (déj. en semaine), 43/83 € – Carte 60/75 €

Plan : BY-e – 38 r. Bonald – ℰ 05 65 42 75 10 – www.goutsetcouleurs.com
– Fermé 6-30 mars, 4-21 sept., mardi midi hors saison, dim. et lundi

☺ **Les Jardins de l'Acropolis**   ⴵ Ⓐ ⟲

CUISINE MODERNE · CONVIVIAL XX Les gourmands se donnent régulièrement
rendez-vous dans ce restaurant contemporain, dont le chef concocte une cuisine
du marché savoureuse, moderne et bien ficelée. Jarret de veau de lait confit, guimauve maison grillée au thé d'Aubrac... De bons produits, des assaisonnements
bien marqués : c'est frais et bon !

Formule 19 € – Menu 22 € (déj. en semaine), 32/50 € – Carte 45/82 €
r. d'Athènes, à Bourran, 1,5 km au Nord-Ouest – ℰ 05 65 68 40 07
– www.restaurant-acropolis.com – Fermé 21 fév.-1ᵉʳ mars, 25 juil.-2 août, lundi soir
et dim.

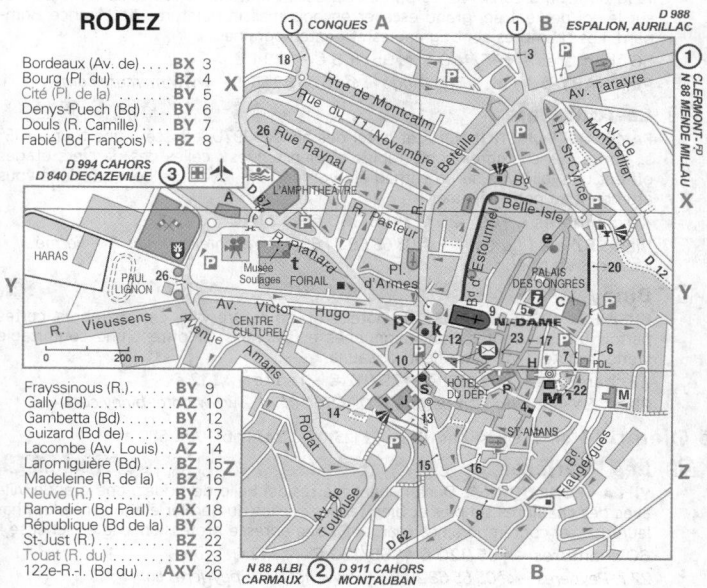

RODEZ

Bordeaux (Av. de) . . . . **BX** 3
Bourg (Pl. du) . . . . **BZ** 4
Cité (Pl. de la) . . . . . . **BY** 5
Denys-Puech (Bd) . . . . **BY** 6
Douls (R. Camille) . . . . **BY** 7
Fabié (Bd François) . . . **BZ** 8

Frayssinous (R.) . . . . . . **BY** 9
Gally (Bd) . . . . **AZ** 10
Gambetta (Bd) . . . . . . **BZ** 12
Guizard (Bd de) . . . . . **BZ** 13
Lacombe (Av. Louis) . . **AZ** 14
Laromiguière (Bd) . . . . **BZ** 15
Madeleine (R. de la) . . **BZ** 16
Neuve (R.) . . . . **BY** 17
Ramadier (Bd Paul) . . . **AX** 18
République (Bd de la) . **BY** 20
St-Just (R.) . . . . **BZ** 22
Touat (R. du) . . . . **BY** 23
122e-R.-I. (Bd du) . . . **AXY** 26

1599

ⓐ Isabelle Auguy 🕭 ᴋ 🄰🄲 ⇔ 🅿

CUISINE MODERNE · ÉLÉGANT 🅇 Dans son fief ruthénois, Isabelle Auguy propose une cuisine parfumée, entre terroir et modernité, fondée sur des produits bien choisis : assiette de charcuterie de la maison Conquet, faux-filet de l'Aubrac à la sauce poivrade et aligot maison... Le tout est servi avec gentillesse et attention, pour ne rien gâcher !

Formule 20 € – Menu 25 € (semaine), 32/53 € – Carte 42/54 €

154 r. Pierre-Carrère, parc d'activités La Gineste, au Sud – ℰ 05 65 47 77 51
– www.restaurantisabelleauguy.fr – Fermé 1ᵉʳ-8 mai, 21 juin-6 juil.,
8-16 nov., 27 déc.-4 janv., sam. midi, dim. soir et lundi

ⓐ Café Bras 🕭 🄰🄲

AVEYRONNAISE · DESIGN 🅇 Le Café du musée Soulages, dont l'ouverture a fait l'événement en 2014, a été confié à de hautes figures de la gastronomie locale : Michel et Sébastien Bras (Laguiole). Que ce soit Côté Comptoir (pour déjeuner sur le pouce) ou au restaurant, un hommage vibrant et inspiré aux bons produits du terroir aveyronnais !

Menu 31 €

Plan : AY-t – *7 r. Planard, Jardin du Foirail, (au musée Soulages)*
– ℰ 05 65 68 06 70 – www.cafebras.fr – Fermé janv., mardi en fév.-mars
et nov.-déc., lundi et le soir

🏚 La Ferme de Bourran 🕱 ᴨ ᴋ 🄰🄲 🅿

BUSINESS · DESIGN Perchée sur la colline, cette ancienne ferme à tout d'une maison de maître du 21ᵉ s. : le jardin vit au rythme des expositions, la déco se révèle contemporaine, épurée et très raffinée... Voilà qui invite à la quiétude ! Au petit-déjeuner, on se régale de produits régionaux.

7 chambres – 🛏99/179 € 🛏🛏99/179 € – 🍽 13 €

r. de Berlin, à Bourran 1,5 km au Nord-Ouest – ℰ 05 65 73 62 62
– www.fermedebourran.com

🏚 Mercure Cathédrale ᴨ ᴋ 🄰🄲 🏊

BUSINESS · ACTUEL Non loin de la cathédrale et du musée Soulages, un hôtel 1930 dont on a conservé les parties classées : mosaïques Art déco en façade et sur le sol de l'entrée, grand escalier en bois massif, peintures de Maurice Bompard. Les chambres sont agréables et contemporaines.

36 chambres – 🛏95/140 € 🛏🛏95/165 € – 🍽 14 €

Plan : ABY-p – *1 av. Victor-Hugo – ℰ 05 65 68 55 19 – www.mercure.com*

🏚 La Tour Maje ᴨ 🄰🄲 🚳

FAMILIAL · FONCTIONNEL Cet hôtel des années 1970, adossé à une tour du 15ᵉ s., abrite des chambres confortables et bien tenues ; celles des derniers étages offrent une jolie vue sur la cathédrale voisine ! Au réveil, de bons produits vous attendent au petit-déjeuner !

40 chambres – 🛏69/120 € 🛏🛏85/160 € – 🍽 14 €

Plan : BZ-s – *1 bd Gally – ℰ 05 65 68 34 68 – www.hoteltourmaje.fr – Fermé vacances de Noël*

🏚 Biney ᴨ

BUSINESS · PERSONNALISÉ Un hôtel en plein centre-ville. Les chambres, certes parfois un peu petites, sont mignonnes et soignées, et offrent une confortable literie. À noter : joli patio fleuri et sauna.

27 chambres – 🛏62/69 € 🛏🛏79/112 € – 1 suite – 🍽 12 €

Plan : BY-k – *7 bd Gambetta – ℰ 05 65 68 01 24 – www.hotel-biney.com*

à Olemps *3 km à l'Ouest par N88 – ⬚ 12510 – 3 247 hab. – Alt. 580 m*

🏚 Les Peyrières 🕱 🕭 🧺 ᴨ ᴋ 🏊 🅿

VILLA · FONCTIONNEL Dans la banlieue résidentielle de Rodez, une grande villa avec des chambres simples et bien tenues ; celles du dernier étage sont plus chaleureuses et contemporaines (parquet). Une adresse professionnelle et sérieuse !

60 chambres – 🛏55/120 € 🛏🛏55/120 € – 🍽 12 €

22 r. Peyrières – ℰ 05 65 68 20 52 – www.hotel-les-peyrieres.com

rte de Conques au Nord par D901

🏠 Hostellerie de Fontanges

CHÂTEAU · ACTUEL Une belle et vaste demeure des 16ᵉ et 17ᵉ s. blottie dans un parc attenant à un golf. Les chambres jouent la carte de la sobriété, quand les suites se révèlent très raffinées (mobilier de style). Quant au restaurant, il distille un esprit très châtelain...

43 chambres – 👤62/168 € 👥72/188 € – 5 suites – 🍽13 € – ½ P
rte de Conques, à 4 km – ☎ 05 65 77 76 00 – www.hostellerie-fontanges.com

🏠 Château de Labro

CHÂTEAU · PERSONNALISÉ Un château ravissant, avec des chambres romantiques (beaux meubles chinés) ou, pour les baroudeurs chics, une cabane dans un arbre. Le petit-déjeuner est servi au milieu des objets de brocante, il y a aussi une piscine dans les vignes, un petit spa, un restaurant aux airs de table d'hôte... Un lieu délicieux !

16 chambres – 👤90/170 € 👥130/170 € – 2 suites – 🍽14 €
Onet-Village, à 7 km par D901 et D568 – ☎ 05 65 67 90 62 – www.chateaulabro.fr

à Onet-le-Château 4 km au Nord par D988 – ✉ 12850 – 11 070 hab. – Alt. 628 m

🍴 Chai Alex & Co ⓝ

CUISINE TRADITIONNELLE · BISTRO Œuf meurette, andouillette en chemise, parmentier de canard, pied de porc du Chai farci au foie gras, rognons... Que de bonnes spécialités bistrotières dans cette sympathique adresse de la périphérie ruthénoise ! Le chef y travaille seul, et remanie l'ardoise au fil de la saison et de ses inspirations.

Formule 16 € – Menu 20 € (déj. en semaine) – Carte 29/44 €
rte d'Espalion, (à côté du rond-point St-Marc) – ☎ 05 65 42 21 36 – Fermé mardi soir, merc. soir, dim. soir et lundi

ROISSY-EN-FRANCE – 95 (Val-d'Oise) ➜ voir Autour de Paris

ROLLEBOISE

✉ 78270 (Yvelines) – 402 hab. – Alt. 20 m – Carte régionale n° **18**-A1
Paris 65 km – Dreux 45 km – Mantes-la-Jolie 9 km – Rouen 72 km
Carte Michelin 311-F1

🍴 Le Domaine de la Corniche

CUISINE MODERNE · À LA MODE Pas besoin de résider au Domaine de la Corniche pour apprécier ce restaurant contemporain et son belvédère. Plats classiques et préparations plus inventives se succèdent face aux méandres de la Seine.

Formule 32 € – Menu 45/65 € – Carte 72/109 €
5 rte de la Corniche – ☎ 01 30 93 20 00 – www.domainedelacorniche.com – Fermé 21-27 déc., lundi et mardi

🏠 Le Domaine de la Corniche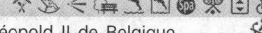

SPA ET BEAUTÉ · DESIGN Quelle "folie" Léopold II de Belgique ne fit-il pas pour son dernier amour ! Le résultat est cette jolie demeure dominant la Seine. Les amoureux d'aujourd'hui apprécieront son intérieur design, les chambres avec vue, la piscine panoramique et le superbe spa...

44 chambres – 👤105/405 € 👥105/405 € – 🍽16 € – ½ P
5 rte de la Corniche – ☎ 01 30 93 20 00 – www.domainedelacorniche.com
🍴 **Le Domaine de la Corniche** – voir les restaurants ci-dessus

ROMAGNIEU

✉ 38480 (Isère) – 1 524 hab. – Alt. 298 m – Carte régionale n° **45**-C2
▶ Paris 539 km – Chambéry 35 km – Grenoble 57 km – Lyon 109 km
Carte Michelin 333-G4

🏠 Auberge les Forges de la Massotte

AUBERGE · RUSTIQUE Cette ancienne forge transformée en auberge comblera les amoureux de nature et de calme. Les chambres coquettes affirment sans complexe un réconfortant style savoyard. Accueil charmant et petit-déjeuner copieux : on ne veut plus repartir !

5 chambres – †71 € ††79 € – ☲ 10 € – ½ P
655 chemin des Forges, 2 km à l'Ouest, sur l'A43 – 𝒞 04 76 31 53 00
– www.aubergemassotte.com – Fermé 1 semaine en mai, 3 semaines en oct. et dim.

ROMANÈCHE-THORINS

✉ 71570 (Saône-et-Loire) – 1 929 hab. – Alt. 187 m – Carte régionale n° **8**-C3
▶ Paris 406 km – Chauffailles 46 km – Lyon 55 km – Mâcon 17 km
Carte Michelin 320-I12 – Guide Vert Michelin Bourgogne

😊 Rouge & Blanc

CUISINE MODERNE · COLORÉ ✕✕ Rouge et (Georges) Blanc : le célèbre chef bressan est propriétaire de cet établissement où la tradition régionale est évidemment reine, de même que les vins locaux et le célèbre cru du village, le moulin-à-vent. Au cœur de la tradition de la bonne chère bourguignonne !

Formule 23 € – Menu 29/55 € – Carte 44/69 €
Hôtel Les Maritonnes Parc & Vignoble, 513 rte de Fleurie, (près de la gare)
– 𝒞 03 85 35 51 70 – www.lespritblanc.com

🏠 Les Maritonnes Parc & Vignoble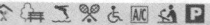

TRADITIONNEL · PERSONNALISÉ Dans ce fameux village viticole, une escale toute trouvée pour les amateurs d'œnotourisme... et les autres. Le parc verdoyant et fleuri, la piscine, l'imposante maison avec ses chambres contemporaines, confortables et agréables, le beau buffet au petit-déjeuner : une douce villégiature bourguignonne...

21 chambres – †89/220 € ††89/220 € – 2 suites – ☲ 19 €
513 rte de Fleurie, (près de la gare) – 𝒞 03 85 35 51 70 – www.lespritblanc.com
😊 **Rouge & Blanc** – voir les restaurants ci-dessus

ROMANS-SUR-ISÈRE

✉ 26100 (Drôme) – 33 701 hab. – Alt. 162 m – Carte régionale n° **43**-E2
▶ Paris 558 km – Die 78 km – Grenoble 81 km – St-Étienne 121 km
Carte Michelin 332-D3 – Guide Vert Michelin Ardèche Drôme

🍴 L'Instant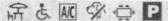

CUISINE MODERNE · À LA MODE ✕✕ Excentrée dans un quartier résidentiel proche de la gare, cette belle maison bourgeoise – datant des années 1930 – vous accueille dans un joli décor contemporain ; on vous sert une délicieuse cuisine du marché, réalisée à partir de bons produits frais. Des assiettes qui s'avalent... en un Instant !

Formule 25 € – Menu 28 € (déj. en semaine), 42/72 €
10 r. de Delay – 𝒞 04 75 45 40 72 – www.restaurant-instant.com – Fermé 24 déc.-2 janv., mardi en juil.-août, dim. et lundi

▮○ Mandrin 🏫 AC

CUISINE TRADITIONNELLE · RUSTIQUE ✕ Du nom du célèbre contrebandier qui y aurait séjourné, cette maison classée (15ᵉ s.) a le charme de l'authenticité : murs en galets roulés, bois, tomettes... Le chef y concocte une cuisine traditionnelle aux prix mesurés.

Formule 18 € – Menu 25/46 € – Carte 31/45 €

70 r. St-Nicolas – ℰ 04 75 02 93 55 – www.lemandrin.com
– Fermé 18-25 avril, 31 juil.-22 août, 24 déc.-2 janv., dim. sauf le midi de mi-sept. à juin et lundi

▮○ Nature Gourmande AC ✂

CUISINE MODERNE · INTIME ✕ Entrez donc dans ce restaurant de poche et faites preuve d'une Nature Gourmande ! Madame reçoit avant de rejoindre monsieur, en cuisine, pour préparer les pâtisseries. Dans l'assiette, les bons produits du marché sont à l'honneur. Un régal...

Menu 35/60 € – Carte 45/61 €

37 pl. Jacquemart – ℰ 04 75 05 30 46 (réservation conseillée)
– www.restaurant-naturegourmande.com – Fermé 27 juil.-24 août, dim., lundi et le midi sauf sam.

▥ L'Orée du Parc 🛏 ⤬ AC P

VILLA · PERSONNALISÉ À l'entrée de l'ancienne capitale du soulier, cette belle maison bourgeoise (début 20ᵉ s.) est entourée d'un joli jardin avec piscine. Les chambres, de bon confort, sont décorées avec soin. De quoi trouver chaussure à son pied !

10 chambres – †82/115 € ††87/125 € – ⏝ 13 €

6 av. Gambetta – ℰ 04 75 70 26 12 – www.hotel-oreeparc.com
– Fermé 26 déc.-2 janv.

à Granges-lès-Beaumont 6 km à l'Ouest – ✉ 26600 – 927 hab. – Alt. 155 m

✿✿ Les Cèdres (Jacques Bertrand) 🛏 🏫 AC ⇔ P

CUISINE MODERNE · ÉLÉGANT ✕✕✕✕ Les cèdres dressent leurs ramures aériennes au-dessus de cette demeure éminemment bourgeoise. On y déguste une cuisine pleine de classicisme, à base de très beaux produits travaillés sans fausse note. La carte des vins honore les Côtes du Rhône.

➔ Bar cuit à basse température, fondue de poireau à la truffe. Chartreuse de faisan, chou vert et foie gras, cerf sauce grand veneur et rôti de palombe sur canapé. Moelleux amandes et abricots de la Drôme, glace calisson.

Menu 46 € (déj. en semaine), 82/145 €

25 r. Henri-Machon – ℰ 04 75 71 50 67 (réservation conseillée)
– www.restaurantlescedres.fr – Fermé 11-21 avril, 16 août-1ᵉʳ sept., 24 déc.-5 janv., dim. soir sauf de juin à août, lundi et mardi

à St-Paul-lès-Romans 8 km à l'Est – ✉ 26750 – 1 787 hab. – Alt. 171 m

▮○ La Malle Poste 🍷 AC ✂ ⇔ P

CUISINE CLASSIQUE · CONVIVIAL ✕✕✕ Dans l'ancien café du village, on respecte le terroir et les saisons. Des plats à déguster avec l'un des crus de la belle carte des vins (plus de 350 références). Voilà une Malle Poste dans laquelle on apprécie de faire un bout de chemin...

Formule 21 € 🍷 – Menu 44/74 €

Le village – ℰ 04 75 45 35 43 – la-malle-poste.com
– Fermé 8-25 août, 2-25 janv., dim. soir, lundi et mardi

à Châtillon-St-Jean 11 km au Nord-Est – ⊠ 26750 – 1 280 hab. – Alt. 198 m

🏠 Maison Forte de Clérivaux   ⚲ 🛏 🕏 🅿 🍽

MAISON DE CAMPAGNE · HISTORIQUE Au milieu des champs, cette maison forte du 13ᵉ s. a bien traversé les siècles ! Les chambres – mobilier chiné et linge de famille – se trouvent dans de jolies dépendances (16ᵉ-17ᵉ s.). Tout le cachet, simple et évocateur, des vieilles pierres...

4 chambres ⌑ – †60/70 € ††65/75 €

*540 Montée de Clérivaux, 2,5 km au Nord par D123 direction Parnans et D184
direction St-Michel-sur-Savasse – 𝒞 04 75 45 32 53 – www.clerivaux.fr
– Fermé 2 janv.-31 mars*

ROMILLY-SUR-SEINE

⊠ 10100 (Aube) – 13 968 hab. – Alt. 76 m – Carte régionale n° **13**-B2

▶ Paris 124 km – Châlons-en-Champagne 76 km – Nogent-sur-Seine 18 km – Sens 65 km
Carte Michelin 313-C2

🏨 Auberge de Nicey   ✿ 🗋 🕭 🗐 🕭 🕏 🛁 🅿

FAMILIAL · FONCTIONNEL À deux pas de la gare, cet établissement propose des chambres confortables, joliment meublées et bien insonorisées. Autres atouts : un espace détente avec piscine et fitness, et un restaurant traditionnel.

23 chambres – †99/120 € ††130/151 € – ⌑ 14 € – ½ P

24 r. Carnot – 𝒞 03 25 24 10 07 – www.denicey.com – Fermé 17 déc.-3 janv.

ROMORANTIN-LANTHENAY

⊠ 41200 (Loir-et-Cher) – 16 746 hab. – Alt. 93 m – Carte régionale n° **12**-C2

▶ Paris 202 km – Blois 42 km – Bourges 74 km – Orléans 67 km
Carte Michelin 318-H7 – Guide Vert Michelin Châteaux de la Loire

🌸 Grand Hôtel du Lion d'Or (Didier Clément)   🕭 🛖 🅿

CUISINE MODERNE · ÉLÉGANT XxxX Une cuisine très joliment ciselée, pleine de saveurs et de subtilité ; un vrai travail au service du produit – mention spéciale pour le pigeon –, toujours très frais et relevé de quelques notes d'ailleurs (épices, condiments...) ; une superbe carte de vins de Loire... Une belle table dans la capitale de la Sologne !

➔ Variation d'asperges blanches de Sologne. Pigeon farci façon babylonienne. Brioche caramélisée à l'angélique fraîche.

Formule 49 € – Menu 64 € (déj. en semaine), 110/145 € – Carte 125/175 €

*69 r. Clemenceau – 𝒞 02 54 94 15 15 (réservation conseillée)
– www.hotel-liondor.fr – Fermé 15 fév.-24 mars et mardi midi*

🏨 Grand Hôtel du Lion d'Or   ✿ 🗐 🕭 🗚 🅿

HISTORIQUE · ÉLÉGANT Cette belle demeure Renaissance (avec des encadrements de pierre caractéristiques en façade) est un hôtel depuis 1774 ! Confort exquis, cour intérieure, espace et... sens de l'accueil peaufiné par les siècles.

13 chambres – †170/585 € ††170/585 € – 3 suites – ⌑ 25 €

*69 r. Clemenceau – 𝒞 02 54 94 15 15 – www.hotel-liondor.fr
– Fermé 15 fév.-24 mars*

🌸 **Grand Hôtel du Lion d'Or** – voir les restaurants ci-dessus

🏠 La Pyramide   ✿ 🗐 🕭 🛁 🅿

TRADITIONNEL · FONCTIONNEL Pour l'étape, un agréable hôtel, voisin d'un complexe culturel. Chambres fonctionnelles et bien tenues, dont neuf dans la catégorie "Prestige", plus contemporaines.

66 chambres – †60/88 € ††70/88 € – ⌑ 9 €

r. de la Pyramide – 𝒞 02 54 76 26 34 – www.hotellapyramide.com

RONCE-LES-BAINS

✉ 17390 (Charente-Maritime) – Alt. 6 m – Carte régionale n° **38**-A2
▶ Paris 505 km – Marennes 9 km – Rochefort 31 km – La Rochelle 68 km
Carte Michelin 324-D5 – Guide Vert Michelin Poitou-Charentes

⫧○ Le Brise-Lames

CUISINE TRADITIONNELLE · CLASSIQUE XX Soupe de poissons, huîtres de
Marennes, soufflé chaud au Grand Marnier... Dans ce restaurant de bord de mer,
la cuisine – traditionnelle et respectueuse des saisons – se révèle parfumée,
bien faite et tout simplement bonne. Le cadre est classique, et la vue sur les
flots imprenable !

Formule 20 € – Menu 31/58 € – Carte 38/71 €
Hôtel Le Grand Chalet, 2 av. de la Cèpe – 𝒞 *05 46 36 06 41*
– www.legrandchalet.net – Fermé 20 nov.-6 fév., lundi et mardi

⌂ Le Grand Chalet

TRADITIONNEL · CLASSIQUE Ne vous fiez pas à ses airs de chalet tranquille, le
lieu fut jadis un casino... surplombant la mer, avec un accès direct à la plage.
Les chambres, rafraîchies progressivement, sont bien tenues – préférez
celles côté Oléron, pour la vue ! Les viennoiseries "maison" servies au petit-
déjeuner sont un régal.

26 chambres – ♦67/135 € ♦♦67/135 € – ☷ 13 € – ½ P
2 av. de la Cèpe – 𝒞 *05 46 36 06 41 – www.legrandchalet.net – Fermé*
20 nov.-6 fév.

⫧○ **Le Brise-Lames** – voir les restaurants ci-dessus

RONCHAMP

✉ 70250 (Haute-Saône) – 2 930 hab. – Alt. 380 m – Carte régionale n° **17**-C1
▶ Paris 399 km – Belfort 22 km – Besançon 88 km – Lure 12 km
Carte Michelin 314-H6 – Guide Vert Michelin Franche-Comté Jura

⌂ La Maison d'Hôtes du Parc

VILLA · ÉLÉGANT Au pied de la colline de la chapelle Notre-Dame-du-Haut,
cette belle maison de maître du 19ᵉ s. est nichée dans un joli parc au bord de la
rivière... À l'intérieur, prime à l'élégance et au classicisme (mobilier de famille,
papiers peints et tissus) sans une once de nostalgie ! Table d'hôtes avec produits
du potager en saison.

5 chambres ☷ – ♦79/95 € ♦♦110/130 €
12-14 r. du Tram – 𝒞 *03 84 63 93 43 – www.hotesduparc.com*

au Rhien 3 km au Nord – ✉ 70250 Ronchamp

⌂ Rhien Carrer

FAMILIAL · FONCTIONNEL En pleine nature ! Dans cet agréable hôtel familial, on
se repose dans des chambres joliment rénovées dans un esprit contemporain.
À table, le terroir et les spécialités franc-comtoises sont à l'honneur. Terrasse
dans un écrin... de verdure.

19 chambres – ♦58/65 € ♦♦75/82 € – ☷ 11 € – ½ P
14 r. d'Orière – 𝒞 *03 84 20 62 32 – www.ronchamp.com – Fermé dim. soir*

à Champagney 4,5 km à l'Est par D4 – ✉ 70290 – 3 800 hab. – Alt. 370 m

⫧○ Le Pré Serroux

CUISINE TRADITIONNELLE · CLASSIQUE XX Le Pré Serroux, c'est aussi un restaurant avec sa salle classique et confortable. Les gourmands y apprécient une
cuisine à l'accent régional, accompagnée d'une belle sélection de vins. Aux
beaux jours, profitez de la terrasse !

Formule 15 € – Menu 26 € (déj. en semaine), 35/55 €
4 av. Gén.-Brosset – 𝒞 *03 84 23 13 24 – www.lepreserroux.fr – Fermé*
20 déc.-15 janv., sam. midi, dim. et le midi en août

Le Pré Serroux

BUSINESS · CLASSIQUE À deux pas de la Maison de la négritude et des Droits de l'homme – à laquelle Léopold Senghor accorda son patronage –, cet hôtel propose des chambres simples mais bien tenues. Les amateurs de brocante apprécieront la décoration, fruit d'un long travail de chine. Agréable piscine couverte.

25 chambres – †72/87 € ††72/87 € – ⌑ 12 €

4 av. Gén.-Brosset – ℰ 03 84 23 13 24 – www.lepreserroux.com – Fermé 20 déc.-15 janv.

  ⊪⃝ **Le Pré Serroux** – voir les restaurants ci-dessus

ROPPENHEIM
✉ 67480 (Bas-Rhin) – 944 hab. – Alt. 117 m – Carte régionale n° **1**-B1
▶ Paris 503 km – Haguenau 25 km – Karlsruhe 41 km – Strasbourg 48 km
Carte Michelin 315-M3

⊪⃝ Auberge à l'Agneau

CUISINE TRADITIONNELLE · AUBERGE 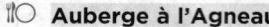 Généreuse table que celle de cette maison alsacienne du 18ᵉ s. En cuisine, les petits plats mijotent sous l'œil attentif du chef, amoureux de sa région. Dans l'assiette, on apprécie les spécialités du pays et de viandes. Simple et authentique !

Carte 24/70 €

*11 r. Principale – ℰ 03 88 86 40 08 – www.auberge-agneau.com
– Fermé 1ᵉʳ-5 mai, 17 juil.-16 août, 23 déc.-4 janv., dim., lundi et le midi sauf sam.*

ROQUEBRUNE-CAP-MARTIN
✉ 06190 (Alpes-Maritimes) – Alt. 257 m – Carte régionale n° **42**-E2
▶ Paris 953 km – Menton 3 km – Monaco 9 km – Monte-Carlo 7 km
Carte Michelin 341-F5 – Guide Vert Michelin Côte d'Azur

Plans : voir à Menton.

⊪⃝ Les Deux Frères

CUISINE TRADITIONNELLE · ROMANTIQUE XX La falaise plonge dans la mer, les flots ondoient au soleil, Monaco se dessine à l'horizon... Quelle terrasse, quel panorama ! Le repas, ancré dans le Sud, n'en est que plus agréable ; les chambres, entièrement relookées, ne sont pas en reste. Service voiturier en été.

Menu 28 € ♈ (déj.)/53 € – Carte environ 70 €

8 chambres – †75/110 € ††110/150 € – ⌑ 9 €

*pl. des Deux-Frères, au village, 3,5 km au Sud-Ouest – ℰ 06 80 86 22 41
– www.lesdeuxfreres.com – Fermé 1 semaine en mars, nov., dim. soir, mardi midi et lundi*

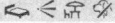 Victoria

HÔTEL DE VACANCES · DESIGN Un décor tout en bleu et blanc : telle est la signature de cet hôtel balnéaire, idéalement situé sur le front de mer. On appréciera le confort contemporain des chambres, leurs grands balcons face aux flots, et la situation, idéale pour découvrir la côte, de Monaco à Menton.

32 chambres – †95/330 € ††95/330 € – ⌑ 14 €

Plan : AV-k – *7 promenade du Cap – ℰ 04 93 35 65 90 – www.hotel-victoria.fr*

LA ROQUE-D'ANTHÉRON
✉ 13640 (Bouches-du-Rhône) – 5 390 hab. – Alt. 183 m – Carte régionale n° **42**-E1
▶ Paris 726 km – Aix-en-Provence 29 km – Cavaillon 34 km – Manosque 60 km
Carte Michelin 340-G3 – Guide Vert Michelin Provence

Mas de Jossyl

FAMILIAL · FONCTIONNEL Face au parc du château de Florans (17ᵉ s.), un hôtel récent, fonctionnel et bien tenu, pratique pour assister au Festival international de piano. Cuisine régionale au restaurant.

28 chambres – †89/157 € ††92/157 € – ⌑ 10 € – ½ P

av. P. Onoratini (ex av. du Parc) – ℰ 04 42 50 71 00 – www.masdejossyl.com

ROQUEFORT

✉ 40120 (Landes) – 1 876 hab. – Alt. 69 m – Carte régionale n° **3**-B2
▶ Paris 667 km – Bordeaux 107 km – Mont-de-Marsan 23 km – Saint-Pierre-du-Mont 31 km
Carte Michelin 335-J10 – Guide Vert Michelin Aquitaine

🕮 Le St-Vincent   🕭 ఉ P

CUISINE MODERNE · CLASSIQUE ✕✕ Originaire du Lot-et-Garonne, le jeune chef a
voulu fêter son retour dans le Sud-Ouest en renouant avec la clientèle locale. Il a
donc pris le parti d'une cuisine simple et efficace, accessible à toutes les bourses, mais... nullement oublieuse de la qualité des produits. Tout en saveurs, le
pari est réussi !

Menu 22/40 € – Carte environ 33 €

*Hôtel Le St-Vincent, 76 r. Laubaner – ℰ 05 58 45 75 36 (réservation conseillée)
– www.lestvincent.com – Fermé jeudi et dim. soir de sept. à mai*

🏠 Le St-Vincent   🕭 ఉ 🛁 P

FAMILIAL · PERSONNALISÉ Cette maison de maître du 19ᵉs. possède un indéniable cachet : beaux volumes, carrelages et parquets d'origine, murs en pierre,
etc., le tout aménagé dans une veine classique. À noter : les salles de bains sont
équipées uniquement d'une douche.

7 chambres – 🛏73/94 € 🛏🛏82/98 € – ⌑10 € – ½ P

76 r. Laubaner – ℰ 05 58 45 75 36 – www.lestvincent.com

🕮 **Le St-Vincent** – voir les restaurants ci-dessus

LA ROQUE-GAGEAC

✉ 24250 (Dordogne) – 438 hab. – Alt. 85 m – Carte régionale n° **4**-D3
▶ Paris 535 km – Brive-la-Gaillarde 71 km – Cahors 53 km – Périgueux 71 km
Carte Michelin 329-I7 – Guide Vert Michelin Périgord Quercy

🕮 La Belle Étoile   ⇔ ≤ 🕭 AC

CUISINE TRADITIONNELLE · SIMPLE ✕✕ Manger à La Belle Étoile en plein jour,
c'est possible ! Rendez-vous donc dans cette demeure tournée vers la Dordogne... La cuisine réserve de belles surprises : savoureuse et gourmande, elle
sait mettre le terroir en valeur et régale ! Et de petites chambres permettent de
prolonger son séjour dans ce joli village.

Formule 29 € – Menu 32/50 €

14 chambres – 🛏68/80 € 🛏🛏70/80 € – ⌑12 €

*Le Bourg – ℰ 05 53 29 51 44 – www.belleetoile.fr – Ouvert 2 avril-2 nov. et fermé
merc. midi et lundi*

rte de Vitrac au Sud-Est par D703 – ✉ 24250 La Roque Gageac:

🏠 Le Périgord   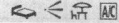

FAMILIAL · RUSTIQUE Au pied de la bastide de Domme, cette maison d'allure
régionale est entourée d'un grand jardin. Chambres confortables et bien tenues ;
préférez les plus récentes. Au restaurant : spécialités périgourdines – enseigne
oblige !

39 chambres – 🛏67/87 € 🛏🛏67/87 € – ⌑10 €

à 3 km – ℰ 05 53 28 36 55 – www.hotelleperigord.eu – Fermé janv. et fév.

LA ROQUE-SUR-PERNES

✉ 84210 (Vaucluse) – 441 hab. – Alt. 250 m – Carte régionale n° **42**-E1
▶ Paris 697 km – Avignon 34 km – Marseille 99 km – Salon-de-Provence 49 km
Carte Michelin 332-D10

Château La Roque

CHÂTEAU · HISTORIQUE Ce château du 11ᵉs. a été magnifiquement restauré. Chambres raffinées et spacieuses ; terrasses en restanques et belle piscine dans la roche. Vue provençale époustouflante ! Repas concoctés par le maître des lieux et pris dans la salle templière ou le jardin.

5 chambres – **♦**180/220 € **♦♦**180/320 € – 🖵 20 €

263 chemin du Château – 𝒞 *04 90 61 68 77 – www.chateaularoque.com*
– Fermé 22 nov.-4 mars

ROSBRUCK – 57 (Moselle) → voir Forbach

ROSCOFF

✉ 29680 (Finistère) – 3 515 hab. – Alt. 7 m – Carte régionale n° **9**-B1
▶ Paris 563 km – Brest 66 km – Landivisiau 27 km – Morlaix 27 km
Carte Michelin 308-H2 – Guide Vert Michelin Bretagne Nord

✿ Le Brittany

CUISINE MODERNE · ÉLÉGANT XxX Ce Brittany est bien élégant avec sa grande cheminée en pierre et ses fenêtres voûtées s'ouvrant sur le spectacle splendide de la baie. Au menu : une belle gastronomie marine, portée par l'extrême qualité et la fraîcheur tout océane des produits de la région.

→ Chair d'araignée, salmis de pigeonneau, abricot moelleux grillé. Bar de ligne, crème d'oignons roses, cornu et wakamé. Chocolat au caramel laitier, mendiants et framboises.

Menu 58/108 € – Carte 78/123 €

Plan : Z-a – *Hôtel Le Brittany, bd Ste-Barbe –* 𝒞 *02 98 69 70 78*
– www.hotel-brittany.com – Ouvert de mi-mars à mi-nov. et fermé lundi et le midi

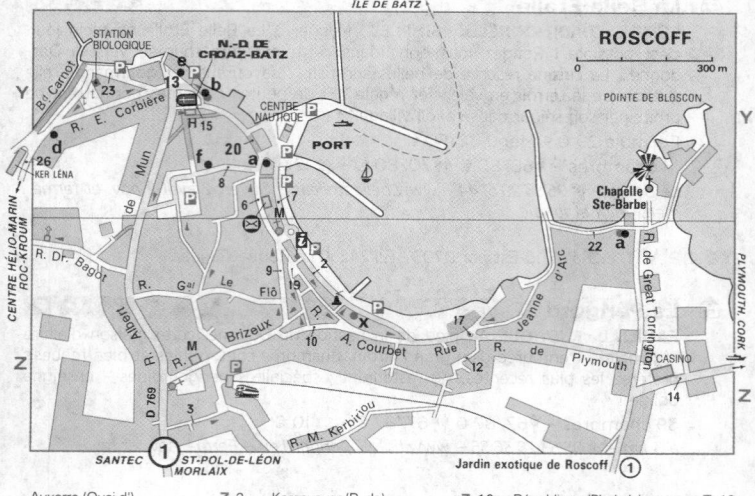

Auxerre (Quai d')	**Z** 2	Keranveyer (R. de)	**Z** 10	République (Pl. de la)	**Z** 19
Capucins (R. des)	**Z** 3	Kléber (R.)	**Z** 12	Reveillère (R. Amiral)	**Y** 20
Gambetta (R.)	**Y** 6	Lacaze-Duthiers (Pl.)	**Y** 13	Ste-Barbe (Bd)	**Z** 22
Gaulle (Q. Ch.-de)	**Y** 7	Lannurien (R. G.-de)	**Z** 14	Tessier (Pl. G.)	**Y** 23
Johnies (R. des)	**Y** 8	Pasteur (R. L.)	**Y** 15	Victor-Hugo	
Jules-Ferry (R.)	**Z** 9	Pen al Leur (Pl. de)	**Z** 17	(R.)	**Y** 26

❀ **Rackham**  (Arthur Péran)

CUISINE MODERNE · ÉLÉGANT XXX La grande salle lumineuse, avec ses baies vitrées tournées vers la mer et la jetée, le cadre d'inspiration Art déco (parquet clair, fauteuils en bois verni, éclairage par appliques) : les conditions sont parfaites pour profiter d'une cuisine actuelle et soignée, préparée avec entrain par une jeune équipe bien rodée.

→ Pastorale d'herbes et langoustines, consommé infusé. Lieu jaune de ligne acidulé au kumquat, crème de cresson iodée, coques et betterave. Fraîcheur exotique, baba épicé.

Formule 22 € – Menu 27 € (déj. en semaine), 38/68 € – Carte 50/80 €

Plan : Y-b – *Grand Hôtel de la Mer, 27 pl. Lacaze-Duthiers, (près de l'église)* – *☎ 02 98 61 24 95* – *Fermé janv., dim. soir, mardi midi et lundi*

◎ **L'Écume des Jours**

CUISINE MODERNE · RUSTIQUE XX Il faut marcher un peu vers le phare, face au port, pour trouver cette maison d'armateur datant du 16ᵉ s. Murs de granit, petite tourelle : elle n'a rien perdu de son charme d'antan ! On y déguste une cuisine généreuse, notamment basée sur les légumes du potager (35 variétés de tomates !) et la pêche locale.

Formule 23 € – Menu 29/48 € – Carte 44/72 €

Plan : Z-x – *quai d'Auxerre* – *☎ 02 98 61 22 83* – *www.ecume-roscoff.fr* – *Fermé 15 déc.-31 janv., mardi et merc. sauf juil.-août*

⌂ **Le Brittany**

LUXE · PERSONNALISÉ Ce beau manoir du 17ᵉ s. fut démonté puis reconstruit à l'identique sur le port de la petite cité corsaire ! Chambres au charme discret, salons cossus, spa avec piscine, sens de l'accueil : tout est mis en œuvre pour que l'on se sente bien.

20 chambres – ♦130/295 € ♦♦130/295 € – 3 suites – ☲ 23 € – ½ P

Plan : Z-a – *bd Ste-Barbe* – *☎ 02 98 69 70 78* – *www.hotel-brittany.com* – *Ouvert de mi-mars à mi-nov.*

❀ **Le Brittany** – voir les restaurants ci-dessus

⌂ **Le Temps de Vivre**

VILLA · DESIGN Plusieurs maisons corsaires, pétries du charme âpre de la pierre, pour de grandes chambres épurées. Extrêmement raffinées dans leur dépouillement (pierre, wengé, chêne), elles s'enroulent autour d'un patio fleuri ; le confort est au rendez-vous.

15 chambres – ♦110/315 € ♦♦110/315 € – ☲ 17 €

Plan : Y-e – *19 pl. Lacaze-Duthiers* – *☎ 02 98 19 33 19* – *www.letempsdevivre.net* – *Fermé 3 semaines début fév., 15 nov.-15 déc., dim. et lundi en hiver*

⌂ **Grand Hôtel de la Mer**

FAMILIAL · CLASSIQUE Bien que situé dans une des rues pittoresques de Roscoff, juste à côté de la superbe église, cet hôtel est un exemple de confort moderne. Bien sûr, les chambres les plus prisées ont vue sur la mer et la jetée.

37 chambres – ♦80/200 € ♦♦80/200 € – ☲ 13 € – ½ P

Plan : Y-b – *27 pl. Lacaze-Duthiers, (près de l'église)* – *☎ 02 98 61 24 95* – *www.grandhoteldelamer-roscoff.com*

❀ **Rackham** – voir les restaurants ci-dessus

⌂ **La Résidence des Artistes**

TRADITIONNEL · ACTUEL Cette hôtel est situé dans une rue tranquille, tout près du port et de l'église. Il abrite des chambres élégantes et cosy, toutes rénovées avec goût. La tenue de l'ensemble est irréprochable ; on profite de bons produits locaux au petit-déjeuner.

28 chambres – ♦69/109 € ♦♦69/109 € – ☲ 11 €

Plan : Y-f – *14 r. des Johnnies* – *☎ 02 98 69 74 85* – *www.hotelroscoff-laresidence.fr* – *Ouvert 10 fév.-15 déc.*

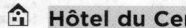

⌂ Hôtel du Centre

TRADITIONNEL • FONCTIONNEL Pour prendre le premier bateau pour l'île de Batz, c'est parfait ! Les chambres, en gris et rouge, s'exposent côté port ou côté ville ; des poèmes sur les murs veillent sur vos nuits. Au restaurant, artichaut farci et autres plats bistrotiers se donnent rendez-vous.

16 chambres – ♦69/99 € ♦♦69/124 € – ☑ 11 €

Plan : Y-a – *le Port* – ℰ 02 98 61 24 25 – www.chezjanie.fr – *Ouvert de mi-fév. à mi-nov.*

⌂ Aux Tamaris

FAMILIAL • SIMPLE Un hôtel un peu excentré, au calme, juste en face de la mer. Les chambres déclinent la panoplie du charme marin (voiles, phares, plancher en bois, etc.). L'ambiance est familiale et détendue, et l'on prend son petit-déjeuner devant l'île de Batz...

25 chambres – ♦69/119 € ♦♦69/119 € – ☑ 11 €

Plan : Y-d – *49 r. Édouard-Corbière* – ℰ 02 98 61 22 99 – www.hotel-aux-tamaris.com – *Fermé 3-22 janv.*

ROSENAU

✉ 68128 (Haut-Rhin) – 2 223 hab. – Alt. 230 m – Carte régionale n° **1**-B3
▶ Paris 492 km – Altkirch 25 km – Basel 15 km – Belfort 70 km
Carte Michelin 315-J11

Au Lion d'Or

CUISINE MODERNE • AUBERGE XX Une auberge sympathique et élégante, tenue par la même famille depuis 1928. Le chef mêle avec brio saveurs d'aujourd'hui et richesses du terroir, sans exclure les spécialités des autres régions de France ! La sélection de vins au verre est courte, mais bien ficelée. Et l'été, on profite de la jolie terrasse.

⊛ Menu 19 € (déj. en semaine), 31/47 € – Carte 33/59 €

5 r. Village-Neuf – ℰ 03 89 68 21 97 – www.auliondor-rosenau.com – *Fermé 2 semaines en juil.-août, 1 semaine vacances de fév. et de la Toussaint, dim. soir en janv.-fév., lundi et mardi*

ROSHEIM

✉ 67560 (Bas-Rhin) – 4 891 hab. – Alt. 190 m – Carte régionale n° **1**-A2
▶ Paris 485 km – Erstein 20 km – Molsheim 9 km – Obernai 6 km
Carte Michelin 315-I6

❀ Hostellerie du Rosenmeer (Hubert Maetz)

CUISINE MODERNE • ÉLÉGANT XXX Il fallait un décor sobre et contemporain pour mettre en valeur la cuisine volontiers inventive d'Hubert Maetz. La carte privilégie des produits d'une extrême fraîcheur, travaillés avec finesse, et la terre d'Alsace, y compris sa flore (coulis d'orties, jus de racine de primevère, ail des ours...).
➜ Carpaccio de chou-rave aux herbes. Pigeonneau des Vosges rôti au jus et aromates. Jardin de petits fruits et sa glace et sorbet.

Formule 36 € – Menu 62/122 € ☗ – Carte 46/72 €

45 av. de la Gare, 2 km au Nord-Est sur D35 – ℰ 03 88 50 43 29 – www.le-rosenmeer.com – *Fermé 17 fév.-12 mars, 21 juil.-7 août , dim. soir, lundi et merc.*

⫶○ Auberge du Cerf

ALSACIENNE • AUBERGE XX Au cœur de la cité vigneronne, bienvenue dans cette auberge à colombages joliment fleurie, reprise par un jeune couple. On y propose une cuisine traditionnelle et régionale, avec notamment de nombreuses spécialités de poisson. Saveurs et fraîcheur des produits sont au rendez-vous.

⊛ Menu 15 € (déj. en semaine), 30/47 € – Carte 35/71 €

120 r. du Gén.-de-Gaulle – ℰ 03 88 50 40 14 – *Fermé mardi soir, sam. midi et merc.*

ⅠⅠ○ **La Petite Auberge** 🛜 ♿ 🅰️ 🍴 ↻

CUISINE TRADITIONNELLE · BISTRO 🍴 Dans la rue principale, cette maison alsacienne typique cache une salle aux allures de bistrot chic. Nombreux menus traditionnels et, chaque jour, suggestions du marché.

Formule 12 € – Menu 23/40 € – Carte 27/55 €

41 r. du Gén.-de-Gaulle - ℰ 03 88 50 40 60 - www.petiteauberge-rosheim.com
– Fermé janv., jeudi soir et merc.

ⅠⅠ○ **Winstub d'Rosemer** 🛜 ♿ 🅿️

ALSACIENNE · CONVIVIAL 🍴 Qui dit winstub dit tradition ! Celle-ci ne déroge pas à la règle... Pâté en croûte et foie gras maison, hareng frais accompagné de munster et d'un verre de gewurztraminer : tout cela attire les gourmands.

Menu 38 € 🍷 – Carte 30/45 €

Hostellerie du Rosenmeer, 45 av. de la Gare, 2 km au Nord-Est sur D35
– ℰ 03 88 50 43 29 - www.le-rosenmeer.com – Fermé 17 fév.-12 mars,
21 juil.-7 août, dim. soir et lundi

🏠 **Hostellerie du Rosenmeer** ✿ 🛜 🖼️ ♿ 🧖 🅿️

TRADITIONNEL · FONCTIONNEL Cet hôtel d'inspiration alsacienne borde le ruisseau qui lui a donné son nom. Les chambres sont de facture classique ou plus contemporaine. Et l'étape gastronomique est tentante...

22 chambres – 🛏69/109 € 🛏🛏69/169 € – � 12 € – ½ P

45 av. de la Gare, 2 km au Nord-Est sur D35 - ℰ 03 88 50 43 29
– www.le-rosenmeer.com – Fermé 17 fév.-12 mars et 21 juil.-7 août

✿ **Hostellerie du Rosenmeer** • ⅠⅠ○ **Winstub d'Rosemer** – voir les restaurants ci-dessus

LA ROSIÈRE – 14 (Calvados) → voir Arromanches-les-Bains

LA ROSIÈRE 1850

✉️ 73700 (Savoie) – Alt. 1 850 m – Carte régionale n° **45**-D2
▶️ Paris 657 km – Albertville 76 km – Bourg-St-Maurice 22 km – Chambéry 125 km
Carte Michelin 333-O4 – Guide Vert Michelin Alpes du Nord

🏠 **Relais du Petit St-Bernard** ✿ 🦌 ∈

FAMILIAL · SIMPLE De retour du col du Petit-St-Bernard (2 188 m), vous pourrez reprendre des forces dans cet hôtel rustique à souhait et fort bien tenu. Préférez les chambres avec balcon : le panorama vaut le coup d'œil... Les fondues, raclettes et autres recettes traditionnelles servies au restaurant finiront de vous remettre sur pied !

20 chambres – 🛏39/68 € 🛏🛏52/99 € – ☐ 10 € – ½ P

– ℰ 06 60 69 80 48 - www.petit-saint-bernard.com – Ouvert 18 juin-4 sept. et
12 déc.-23 avril

LES ROSIERS-SUR-LOIRE

✉️ 49350 (Maine-et-Loire) – 2 341 hab. – Alt. 22 m – Carte régionale n° **35**-C2
▶️ Paris 304 km – Angers 32 km – Baugé 27 km – Bressuire 66 km
Carte Michelin 317-H4 – Guide Vert Michelin Châteaux de la Loire

ⅠⅠ○ **La Toque Blanche** 🛜 🅰️ ↻ 🅿️

CUISINE MODERNE · CLASSIQUE 🍴🍴 Un nouveau couple de propriétaires s'est installé en 2012 dans ce restaurant des bords de Loire. Le décor a été rafraîchi – mais la vue sur le fleuve demeure – et la carte a été renouvelée : crème de céleri à la julienne de truffe, tête de veau braisée aux petits légumes... Direction la terrasse aux beaux jours !

Formule 21 € 🍷 – Menu 26/65 € 🍷 – Carte 43/57 €

2 r. Quarte, rte d'Angers - ℰ 02 41 51 80 75 - www.restaurantlatoqueblanche.fr
– Fermé 3 semaines en janv., merc. de sept. à mai et mardi

ROSPEZ – 22 (Côtes-d'Armor) → voir Lannion

ROSTRENEN

✉ 22110 (Côtes-d'Armor) – 3 256 hab. – Alt. 216 m – Carte régionale n° **9**-B2

▶ Paris 485 km – Carhaix-Plouguer 22 km – Quimper 71 km – St-Brieuc 58 km

Carte Michelin 309-C5 – Guide Vert Michelin Bretagne Nord

ⅠⅠ○ **Le Bistrot qui Coz**

CUISINE TRADITIONNELLE · **BISTRO** Ⅹ Mobilier dépareillé, chaises chinées et ambiance chaleureuse : cette table, bien dans l'air du temps, joue la carte de la décontraction ! On y déguste de bons petits plats – rillettes de saumon aux épices douces, parmentier de canard au foie gras, brownie au chocolat – servis par une jeune équipe dynamique.

Formule 14 € – Carte 27/35 €

3 pl. du Bourg-Coz – ✆ *02 96 29 10 71* – *Fermé mardi soir, dim. et lundi*

ROUBAIX

✉ 59100 (Nord) – 94 536 hab. – Alt. 27 m – Carte régionale n° **31**-C2

▶ Paris 232 km – Kortrijk 23 km – Lille 15 km – Tournai 20 km

Carte Michelin 302-H3

Accès et sorties : voir plan de Lille

ⅠⅠ○ **Le Bô Jardin**

CUISINE TRADITIONNELLE · **BRASSERIE** Ⅹ Au cœur du magnifique parc de Barbieux, une grande salle lumineuse et une terrasse donnant toutes les deux sur le plan d'eau – une vue très agréable... On se régale de salades et de petits plats qui mettent en valeur les saveurs de saison.

Formule 18 € – Menu 34 € ▼ – Carte 27/38 €

Plan : 3HS-w – *av. Le Nôtre, (Parc Barbieux)* – ✆ *03 20 20 61 85*
– *www.lebeaujardin.fr* – *Fermé 25 déc.-1ᵉʳ janv., sam. de mi-oct. à fin mars et le soir*

© Ch. Rouffio/hemis.fr

ON AIME...

Le Saint-Hilaire, qui propose de belles assiettes gourmandes en toute simplicité. **Minute et Mijoté**, une table rétro et sympathique. **Rodolphe**, et son jeune chef prometteur. L'**Hôtel de Bourgtheroulde**, véritable joyau historique, pour son décor inimitable, ses deux restaurants et son impressionnante piscine couverte...

ROUEN

✉ 76000 (Seine-Maritime) – 111 557 hab. – Agglo. 464 237 hab. – Alt. 12 m
– Carte régionale n° **33**-D2
▶ Paris 134 km – Amiens 122 km – Caen 124 km – Le Havre 87 km
Carte Michelin 304-G5 – Guide Vert Michelin Normandie Vallée de la Seine

Restaurants

ಟಿ ಟಿ **Gill** (Gilles Tournadre)   ⚭ 🆎 ⇆

CUISINE MODERNE · ÉLÉGANT XxxX Sur les quais de la Seine, la table de Gilles Tournadre est la grande valeur sûre de la ville. Finesse, délicatesse et maîtrise ne sont pas de vains mots lorsque l'on découvre les assiettes de ce chef inventif et amoureux du beau produit. Un moment d'élégance, en harmonie avec le terroir normand.
→ Langoustines mi-cuites en salade, servies tièdes et vinaigrette de pamplemousse au poivre timut. Pigeon à la rouennaise, cuisses confites et laquées, sauce sang. Millefeuille "minute" à la vanille Bourbon.
Menu 39 € (déj. en semaine), 70/155 € – Carte 79/124 €
Plan : BZ-a – *9 quai de la Bourse*
– ℰ 02 35 71 16 14 – www.gill.fr
– *Fermé 3-19 avril, 7-30 août, dim., lundi et fériés*

ಟಿ **Origine** (Benjamin Lechevallier)   🆎 ⚭ ⇆

CUISINE MODERNE · COSY Xx Mariages de saveurs judicieux, belle maîtrise, fraîcheur et finesse : le jeune chef, Benjamin Lechevallier, a fait ses classes chez les plus grands... La force des origines ? Il signe en tout cas une cuisine personnelle et inspirée, dans laquelle le produit est toujours à l'honneur.
→ Langoustines nacrées, pot-au-feu "tradition" et petites pousses. Ris de veau doré au sautoir, panais, arachides, et gingembre confit. Barre gourmande au chocolat grand cru, truffe glacée.
Formule 30 € – Menu 35 € (déj.), 48/97 € – Carte 62/105 €
Plan : AY-g – *26 rampe Cauchoise*
– ℰ 02 35 70 95 52 – www.restaurant-origine.com
– *Fermé 18 juil.-8 août, sam. et dim.*

ROUEN

Alliés (Av. des)	DX	4
Ango (R. Jean)	EV	7
Béthencourt (Bd)	EV	14
Bicheray (Av. du Cdt)	DV	15
Boisguilbert (Quai de)	EV	18
Bois-des-Dames (Av. du)	EV	17
Bonsecours (Rte de)	EX	160
Briand (R. Aristide)	DX	33
Brossolette (Bd)	DX	34
Bruyères (Rond-Point des)	EX	36
Caen (Av. de)	EV	37
Canteleu (Rte de)	DV	39
Carnot (Av.)	DV	40
Carrel (R. Armand)	EV	21
Chasselièvre (R.)	EV	52
Clères (Chemin de)	EV	54
Coquelicots (R. des)	EX	55
Corneille (Quai Pierre)	EX	58
Corniche (Rte de la)	FV	60
Darnétal (Rte de)	FV	64
Duclair (R. de)	DV	69
Elbeuf (R. d')	EX	75
Europe (Av. de l')	EV	78
Europe (Bd de l')	EVX	79
La-Fayette (R.)	EV	103
Felling (Av. de)	EX	82
Flaubert (Pt)	EV	83
Fond-du-Val (Allée du)	EV	85
France (Quai de)	DV	87
Gaulle (Bd Charles-de)	DX	88
Grand'Mare (Av. de la)	FV	92
Grand-Cours (Av. du)	EX	91
Jean-Jaurès (Av.)	DX	97
Jean-Jaurès (Bd)	DV	99
Leclerc-de-Hauteclocque		
(Av. du Gén.)	DX	106
Leclerc (Av. Général)	DV	105
Lesseps (Bd Ferdinand-de)	EV	107
Maréchal-Juin (Av. du)	FV	109
Martyrs-de-la-Résistance		
(R. des)	DV	110
Mont-Riboudet (Av. du)	EV	112
Nansen (R.)	DV	114
Paris (Rte de)	FX	158
Pène (R. Annie-de)	FV	118
Quatre-Mares (Grande R. de)	EX	122
Renard (R. du)	EV	125
République (R. de la)	FV	126
Rondeaux (Av. Jean)	EV	131
Roosevelt (Bd Franklin)	DX	132
Ste-Lucie (Rond-Point)	DX	135
Siegfried (Bd André)	EV	142
Sotteville (R. de)	EX	145
Verdun (Bd de)	EV	150
Verdun		
(Bd de GRAND-QUEVILLY)	DX	165
11-Novembre (Bd du)	EX	157

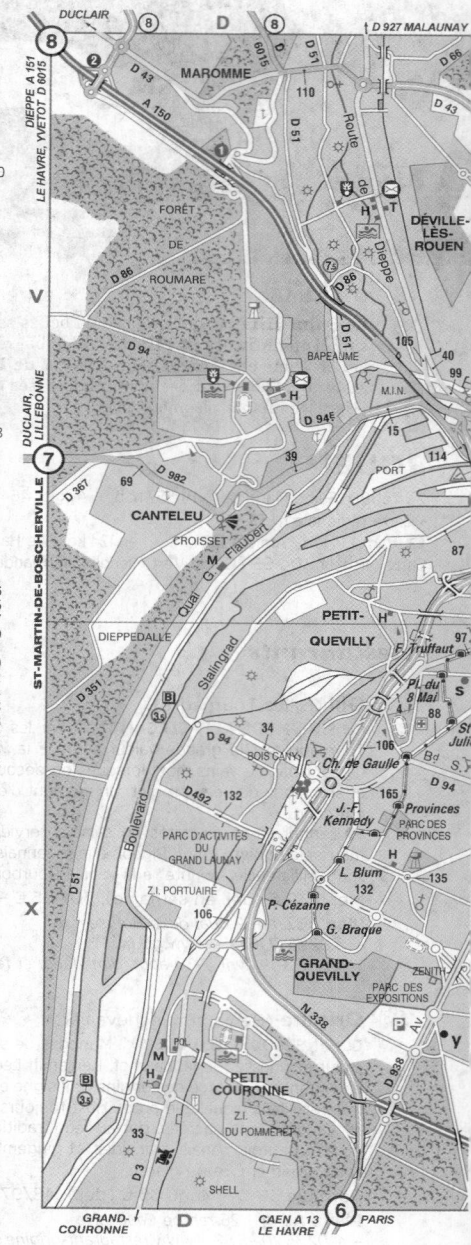

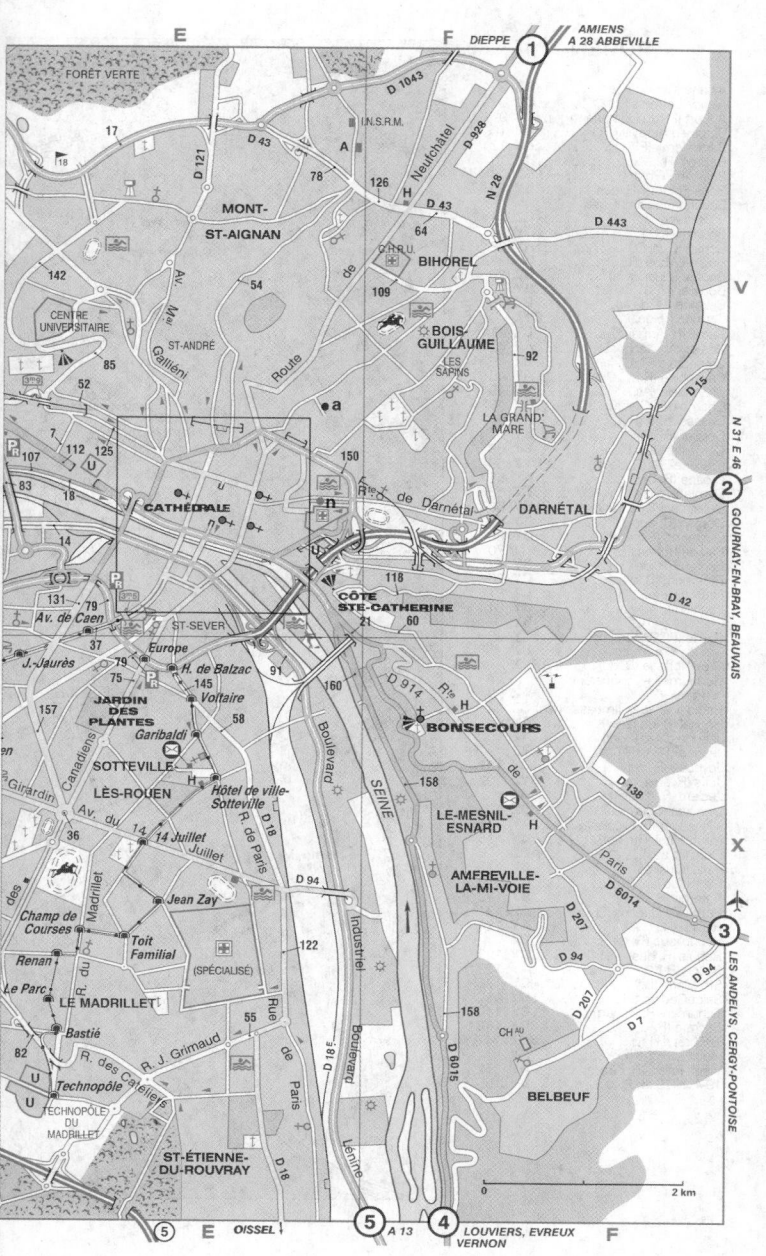

ROUEN

Albane (Cour d') .... **BZ** 3
Alsace-Lorraine (R.) .... **CZ** 6
Aubert (Pl. du Lieutenant) .... **CZ** 9
Barbey-d'Aurevilly (R.) .... **AZ** 10
Barthélemy (Pl.) .... **BZ** 12
Beffroy (R.) .... **BY** 13
Boieldieu (Pont) .... **BZ** 16
Bons-Enfants (R. des) ...... **ABY** 19
Boucheries-Saint-Ouen
    (R. des) .... **CZ** 22
Boudin (R. E.) .... **BY** 24
Boulet (Quai G.) .... **AY** 25
Bourg-l'Abbé (R.) .... **CY** 27
Bourse (Quai de la) .... **BZ** 28
Bouvreuil (R.) .... **BY** 30
Calende (Pl. de la) .... **BZ** 35
Carmes (R. des) .... **BYZ**
Carrel (R. Armand) .... **CZ** 21
Cartier (Av. Jacques) .... **AZ** 43
Cathédrale (Pl. de la) .... **BZ** 45
Cauchoise (R.) .... **AY** 46
Champlain (Av.) .... **BZ** 49
Champ-des-Oiseaux (R. du) .. **BY** 48
Chasselièvre (R.) .... **AY** 52
Cordier (R. du) .... **BY** 57
Corneille (Quai Pierre) ...... **BZ** 58
Croix-de-Fer (R. de la) ...... **BYZ** 59
Crosne (R. de) .... **AY** 61
Damiette (R.) .... **CZ** 63
Delacroix (Allée Eugène) ..... **BY** 66
Donjon (R. du) .... **BY** 67
Duchamp (Espl. M.) .... **BY** 68
Eau-de-Robec (R.) .... **CZ** 70
Écureuil (R. de l') .... **BY** 72
Ernemont (R. d') .... **CY** 76
Faulx (R. des) .... **CZ** 81
Foch (Pl.) .... **BZ** 84
Ganterie (R.) .... **BY**
Gaulle (Pl. Général-de) ...... **CY** 89
Grand-Pont (R.) .... **BZ**
Gros-Horloge (R. du) ...... **ABYZ**
Guillaume-le-Conquérant
    (Pont) .... **AZ** 93
Hauts-Mariages (Impasse des) **CZ** 94
Hôpital (R. de l') .... **BY** 96
Jeanne-d'Arc (Pont) .... **AZ** 100
Jeanne-d'Arc (R.) .... **BYZ**
Joyeuse (R. de) .... **CY** 101
Juifs (R. aux) .... **BYZ** 102
Leclerc (R. du Gén.) .... **BZ**
Libraires (Cour des) .... **BZ** 108
Mesnager (R. Nicolas) .... **AY** 111
Neufchatel (Rte de) .... **CY** 115
Ours (R. aux) .... **ABZ** 116
Paris (Quai de) .... **BZ** 117
Pie (R. de la) .... **AY** 119
Poterne (R. de la) .... **BY** 120
Pucelle-d'Orléans (Pl. de la) **AZ** 121
Racine (R.) .... **AY** 124
République (R. de la) .... **BZ**
Requis (R. des) .... **CY** 128
Rollon (R.) .... **AY** 129
Ste-Marie (R.) .... **CY** 138
Saint-Godard (Pl.) .... **BY** 137
Schuman (R. Robert) .... **CS** 140
Socrate (R.) .... **BY** 143
Thouret (R.) .... **BYZ** 147
Vieux-Marché (Pl. du) .... **AY**
Vieux-Palais (R. du) .... **AY** 152
19-Avril-1944 (Pl. du) .... **BY** 155

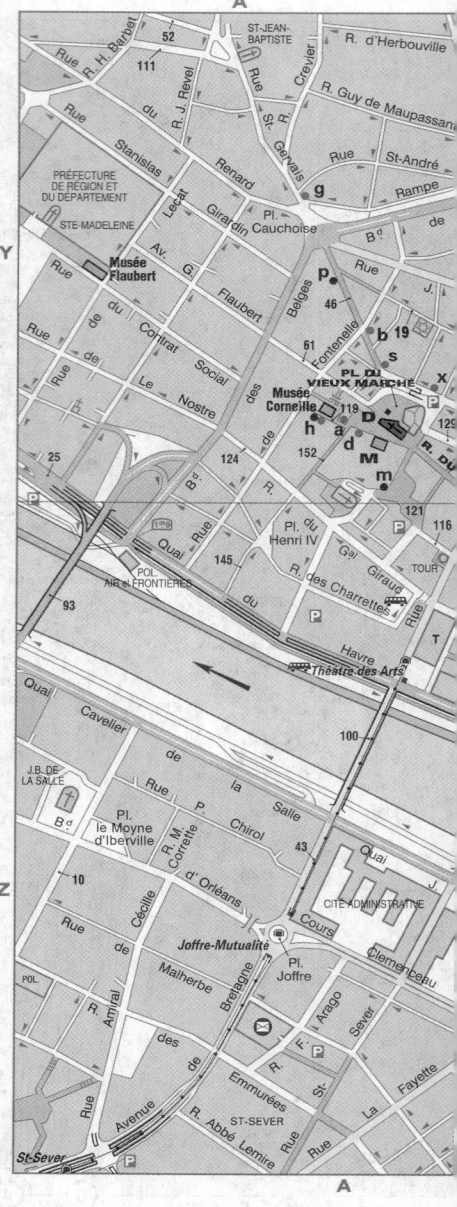

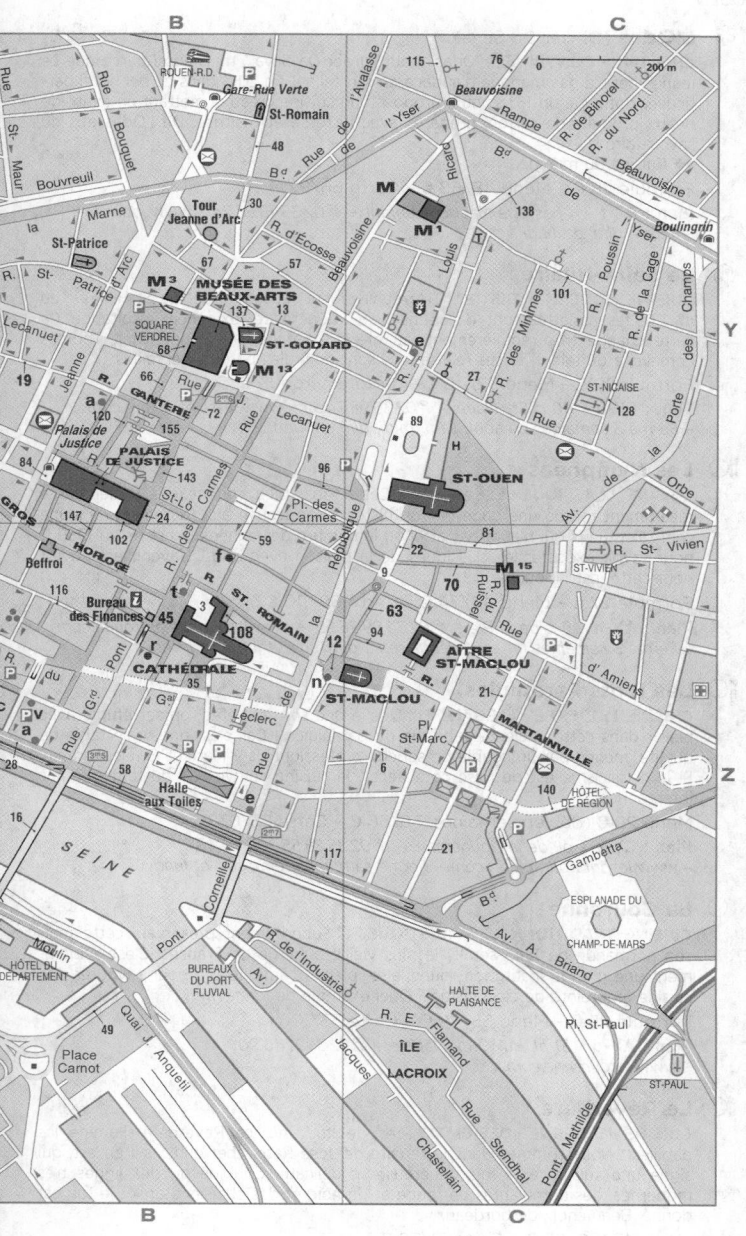

🌣 L'Odas (Olivier Da Silva)

CRÉATIVE · CONVIVIAL X "Odas" pour Olivier Da Silva... mais aussi parce que ce jeune chef n'a pas manqué d'audace en s'installant fin 2013 dans ce bel hôtel particulier gothique du 16e s., où il propose une cuisine créative mettant en avant de beaux produits de saison, préparés avec justesse et maîtrise. De l'Odas et... du savoir-faire !

→ Cuisine du marché.

Formule 28 € – Menu 48/68 € – Carte 66/92 €

Plan : BZ-t – *4 passage Maurice-Lenfant* – *℘ 02 35 73 83 24* – *www.lodas.fr*
– *Fermé dim. et lundi*

😊 Le Saint-Hilaire

CUISINE MODERNE · BISTRO XX Arrêt vivement recommandé rue St-Hilaire : au n° 110, les assiettes font des étincelles ! Générosité, exigence, inspiration (la carte change très régulièrement, au gré du marché) : le jeune chef, Thomas Lemelle, a du talent, et ses réalisations sont de vraies petites merveilles.

Formule 19 € – Menu 32/45 € – Carte environ 51 €

Plan : EV-n – *110 r. St-Hilaire* – *℘ 02 35 98 74 55* – *www.le-saint-hilaire.com*
– *Fermé 3 semaines en août, sam. midi, dim. et lundi*

Ⅰ○ Les Nymphéas

CUISINE CLASSIQUE · ÉLÉGANT XXX Cette table bien connue des Rouennais a récemment tourné une page de son histoire : on trouve aux fourneaux un jeune chef talentueux qui n'aura pas attendu le nombre des années (il est né en 1989 !) pour savoir exécuter les classiques de la maison avec brio... L'avenir est ouvert pour cette institution.

Formule 27 € – Menu 44/74 € – Carte 69/110 €

Plan : AY-h – *9 r. de la Pie* – *℘ 02 35 89 26 69* – *www.lesnympheas-rouen.com*
– *Fermé 3 semaines fin août-début sept., dim. soir et lundi sauf fériés*

Ⅰ○ Les P'tits Parapluies

CUISINE MODERNE · ÉLÉGANT XXX Quelle que soit la météo, on se réfugie avec plaisir dans cette ancienne fabrique de parapluies ! Car c'est une vraie table de qualité, menée par un couple de sérieux professionnels – Marc et Gisèle Andrieu. Si le classicisme est de mise côté décor, la cuisine cultive l'air du temps... sans intempéries.

Menu 29 € (déj. en semaine), 36/56 € – Carte 55/63 €

Plan : CY-e – *pl. de la Rougemare* – *℘ 02 35 88 55 26*
– *www.lesptits-parapluies.com* – *Fermé sam. midi, dim. soir et lundi*

Ⅰ○ La Couronne

CUISINE TRADITIONNELLE · RUSTIQUE XXX Superbement préservée, cette maison normande de 1345 serait "la plus vieille auberge de France". C'est évidemment une grande institution rouennaise, pleine d'âme, idéale pour savourer une cuisine empreinte de classicisme... Quel exemple de longévité !

Formule 25 € – Menu 35/49 € – Carte 53/106 €

Plan : AY-d – *31 pl. du Vieux-Marché* – *℘ 02 35 71 40 90*
– *www.lacouronne.com.fr*

Ⅰ○ Le Réverbère

CUISINE MODERNE · DESIGN XXX Près de la Seine, ce Réverbère illumine les papilles ! Nous sommes dans le repaire de José Rato, chef entier s'il en est, qui signe une cuisine à la fois généreuse et délicate. Côté décor, des lignes très modernes, des dominantes de rouge et de noir, et des chaises Starck : le ton est donné. Beau choix de bordeaux.

Menu 47 € ♟/65 € – Carte 31/58 €

Plan : BZ-e – *5 pl. de la République* – *℘ 02 35 07 03 14*
– *www.le-reverbere-rouen.fr* – *Fermé 1er-21 août*

‖○ Rodolphe

CUISINE MODERNE • À LA MODE ✕✕ "Aux âmes bien nées, la valeur n'attend point le nombre des années." Corneille avait raison : Rodolphe en est la preuve. Le chef, à peine passé la vingtaine, décline des plats de saison précis et soignés, où les produits sont rois ; sa jeunesse aidant, il combat la routine et renouvelle régulièrement sa carte. Enthousiasmant !

Formule 25 € – Menu 32 € (déj.), 45/65 €

Plan : YB-a – 35 r. Percière – ℰ 02 35 73 32 58 – www.restaurant-rodolphe.com
– Fermé sam. midi, dim. et lundi

‖○ Cancan

CUISINE MODERNE • À LA MODE ✕ En plein cœur de Rouen, sur la place du Vieux Marché, Cancan fait logiquement parler de lui ! La décoration est cosy et contemporaine, et la carte est signée Benjamin Lechevalier. Une cuisine actuelle et gourmande à déguster en salle, sur la table d'hôte en bois brut ou, aux beaux jours, sur la terrasse.

Formule 19 € – Menu 32 €

Plan : YA-a – 43 pl. du Vieux-Marché – ℰ 02 35 15 54 34
– www.cancan-rouen.com – Fermé dim. soir

‖○ Minute et Mijoté

CUISINE TRADITIONNELLE • BISTRO ✕ Des réclames rétro, des photos en noir et blanc, des pochettes de disques, des bibelots : ce bistrot regorge d'objets anciens et joue la carte de la plus chaleureuse nostalgie ! Dans le même esprit, le credo du chef est : faire simple mais bon. On en redemande...

Formule 17 € – Menu 21 € (semaine)/31 € – Carte environ 44 €

Plan : AY-b – 58 r. de Fontenelle, (angle r. Cauchoise) – ℰ 02 32 08 40 00
– www.minutemijote.canalblog.com – Fermé 2 semaines en août, 2 semaines en janv. et dim.

‖○ Le 37

CUISINE MODERNE • À LA MODE ✕ Bistrot tendance, ambiance décontractée et, au piano, un chef qui prépare une cuisine très fraîche et pétillante. En témoigne ce filet mignon de porc, tajine d'oignons aux fruits secs et polenta crémeuse, ou encore ce filet de merlu, étuvée de légumes au curry et jus de coquillages... Le 37 ? Un numéro gagnant !

Formule 20 € – Carte 32/46 €

Plan : BZ-v – 37 r. St-Étienne-des-Tonneliers – ℰ 02 35 70 56 65 – www.le37.fr
– Fermé 10-19 avril, 1er-30 août, dim., lundi et feriés

‖○ La Place

CUISINE MODERNE • À LA MODE ✕ Un concept signé Gilles Tournadre, du restaurant gastronomique Gill : un lieu chic et épuré ; une carte traditionnelle mâtinée d'Asie servie sous forme de petits plats à grignoter. Touche finale : le bar à cocktails. La formule est séduisante.

Formule 20 € – Menu 25 € – Carte 25/35 €

Plan : AY-s – 26 pl. du Vieux-Marché – ℰ 02 35 71 97 06
– www.laplace-restaurant-brasserie.com – Fermé dim. et lundi

‖○ Gill Côté Bistro

CUISINE MODERNE • BISTRO ✕ Sur la place du Vieux-Marché, le "côté bistro" du restaurant gastronomique de Gilles Tournadre. Tête de veau sauce gribiche, andouillette de campagne pur porc, saucisson chaud aux pistaches, joue de bœuf en mironton... Les produits frais sont à l'honneur, comme la générosité. L'assurance de plaisirs francs et sincères !

Formule 23 € – Menu 30 €

Plan : AY-x – 14 pl. du Vieux-Marché – ℰ 02 35 89 88 72

🍴○ Le Parvis

CUISINE MODERNE · CONVIVIAL ⅄ Une maison en colombages au pied des superbes dentelles de pierre de l'église St-Maclou : une vraie carte postale ancienne de la Normandie... Aux commandes, Laure fait tout maison et ne manque pas d'idées (voyez sa bouillabaisse à la normande !) ; en salle, Guillaume assure un service efficace. Une adresse épatante.

Formule 19 € – Menu 30 € (dîner)/42 €

Plan : BZ-n – 7 pl. Barthélémy – ℰ 02 35 15 28 80 – www.le-parvis-rouen.fr
– Fermé mardi midi, jeudi midi, dim. soir et lundi

Hôtels & maisons d'hôtes

🏨🏨🏨 Hôtel de Bourgtheroulde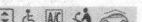

HISTORIQUE · MODERNE Tourelle gothique, meneaux, galerie Renaissance : ce véritable monument historique (16e s.) est un joyau... Avec ses chambres qui associent au mieux ancien et contemporain, son spa superbe, ses deux restaurants (dont une brasserie dédiée à la viande) et son bar qui impressionne avec son plancher de verre surplombant la piscine, voilà bien un ensemble d'exception !

78 chambres – ♥195/470 € ♥♥195/470 € – ⊊ 22 €

Plan : AY-m – 15 pl. de la Pucelle – ℰ 02 35 14 50 50 – www.hotelsparouen.com

🏨🏨 Mercure Centre Cathédrale

HÔTEL DE CHAÎNE · CLASSIQUE Dans le quartier piétonnier du vieux Rouen, ce bâtiment moderne s'insère plutôt bien entre les maisons à colombages environnantes. Certaines chambres donnent sur la cathédrale et leur déco met à l'honneur les grands écrivains de la région (Flaubert, Maupassant...) : un ensemble réussi et confortable.

124 chambres – ♥106/250 € ♥♥121/265 € – 1 suite – ⊊ 18 €

Plan : BZ-f – 7 r. de la Croix-de-Fer – ℰ 02 35 52 69 52 – www.mercure.com

🏨🏨 Gustave Flaubert

TRADITIONNEL · CLASSIQUE À deux pas de la place du Vieux-Marché, où périt Jeanne d'Arc, cet ensemble de maisons médiévales, tout en colombages, abrite des chambres... modernes, sobres et feutrées. Le calme des lieux est étonnant vu la situation en centre-ville !

51 chambres – ♥81/300 € ♥♥96/300 € – ⊊ 15 €

Plan : AY-h – 15 r. de la Pie – ℰ 02 35 71 00 88 – www.hotel-vieuxmarche.com

🏨🏨 Hôtel de l'Europe

BUSINESS · FONCTIONNEL Outre ses chambres "simples", de très bonne facture, cet hôtel à deux pas du centre historique abrite de véritables créations, ludiques voire futuristes : "Comic Strip", "Backstage", "Atelier"... Avis aux amateurs d'originalité !

24 chambres – ♥89/119 € ♥♥139/189 € – ⊊ 14 €

Plan : AZ-e – 87 r. aux Ours – ℰ 02 32 76 17 76 – www.h-europe.fr

🏨 Le Cardinal

FAMILIAL · FONCTIONNEL Cet établissement familial – entièrement rénové en 2012 dans un esprit contemporain – est voisin de la somptueuse cathédrale Notre-Dame : sa situation est idéale pour qui souhaite visiter la ville ! L'été, on prend son petit-déjeuner en terrasse.

15 chambres – ♥78/165 € ♥♥88/185 € – ⊊ 10 €

Plan : BZ-r – 1 pl. de la Cathédrale – ℰ 02 35 70 24 42 – www.cardinal-hotel.fr

Dandy

TRADITIONNEL • CLASSIQUE Dans une rue piétonne menant à la place du Vieux-Marché, un hôtel aux chambres très classiques, mêlant toile de Jouy, styles Louis XV ou Louis XVI. L'atmosphère surannée séduira les tenants de la tradition...

18 chambres – †65/105 € ††65/135 € – ☕12 €

Plan : AY-p – *93 bis r. Cauchoise – ✆ 02 35 07 32 00 – www.hotels-rouen.net*

Le Clos Jouvenet

VILLA • PERSONNALISÉ Un refuge délicieux sur les hauteurs de Rouen... Cette belle demeure bourgeoise et feutrée conserve tout le cachet du 19e s. Les chambres ouvrent sur l'écrin du jardin, très verdoyant, ou l'horizon du centre historique hérissé de clochers... Et l'accueil réservé par la maîtresse des lieux est charmant !

4 chambres ☕ – †100/120 € ††110/130 €

Plan : EV-a – *42 r. Hyacinthe-Langlois – ✆ 02 35 89 80 66 – www.leclosjouvenet.com – Fermé 15 nov.-15 fév.*

à Martainville-Épreville 13 km à l'Est par D13, D43 et rte secondaire – ✉ 76116 – 717 hab. – Alt. 152 m

Sweet Home

FAMILIAL • PERSONNALISÉ Au calme de la campagne, dans un petit hameau aux portes de Rouen, cette belle maison des années 1970 a des airs de gentilhommière... L'écrin de verdure du jardin, l'accueil chaleureux des propriétaires, le confort des chambres, comme le bon petit-déjeuner : tout séduit.

4 chambres ☕ – †59/110 € ††59/110 €

534 r. des Marronniers, accès par imp. Coquetier – ✆ 02 35 23 76 05 – http://jy.aucreterre.free.fr

au Petit-Quevilly 3 km au Sud-Ouest – ✉ 76140 – 22 089 hab. – Alt. 5 m

Les Capucines

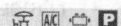

CUISINE MODERNE • À LA MODE XxX Une maison rouennaise dans laquelle la famille Demoget cultive l'art de recevoir depuis trois générations ! Décor élégant et cuisine généreuse, ancrée dans notre époque.

Menu 30/57 € – Carte 55/84 €

Plan : DX-s – *16 r. Jean-Macé – ✆ 02 35 72 62 34 (réservation conseillée) – www.les-capucines.fr – Fermé 3 semaines en août, 1 semaine en janv., sam. midi, dim. soir et lundi*

ROUFFACH

✉ 68250 (Haut-Rhin) – 4 561 hab. – Alt. 204 m – Carte régionale n° **1**-A3

▶ Paris 479 km – Basel 61 km – Belfort 57 km – Colmar 16 km

Carte Michelin 315-H9

Philippe Bohrer

CUISINE MODERNE • ÉLÉGANT XxX Une belle demeure régionale à l'élégance bourgeoise et champêtre, pour une cuisine gastronomique associée à un judicieux choix de vins, notamment régionaux. Ambiance conviviale à la Brasserie Chez Julien, aménagée dans un ancien cinéma.

Formule 30 € 🍷 – Menu 31/95 € – Carte 55/79 €

r. Poincaré – ✆ 03 89 49 62 49 – www.philippe-bohrer.fr – Fermé 20 juil.-2 août, lundi midi, merc. midi et dim.

Château d'Isenbourg

CHÂTEAU · RUSTIQUE Ce château du 18ᵉ s., bordé de vignes, domine la vieille ville. Les chambres sont spacieuses et cossues, mais un peu anciennes. Pour se détendre sereinement, on profite de la piscine, du sauna et du restaurant...

40 chambres – †160/340 € ††160/480 € – 1 suite – ⌑ 25 €

rte de Plaffenheim – ☎ 03 89 78 58 50 – www.isenbourg.com

ROUFFIAC-TOLOSAN – 31 (Haute-Garonne) ➜ voir Toulouse

ROUFFIGNAC

✉ 24580 (Dordogne) – 1 574 hab. – Alt. 300 m – Carte régionale n° **4**-D1
▶ Paris 532 km – Bordeaux 156 km – Limoges 143 km – Périgueux 32 km
Carte Michelin 329-G5 – Guide Vert Michelin Périgord Quercy

Manoir des Cèdres

FAMILIAL · FONCTIONNEL On se sent comme chez soi dans cette ancienne maison de famille transformée en hôtel ! Les chambres – réparties dans le manoir et ses dépendances – sont confortables et bien tenues ; préférez celles du bâtiment principal. Il fait bon se promener dans le parc ou profiter de la belle piscine. Une bonne adresse.

23 chambres – †50/60 € ††60/190 € – ⌑ 10 €

Tourtel – ☎ 05 53 03 01 60 – www.manoirdescedres.com – Ouvert d'avril à nov.

LE ROUGET

✉ 15290 (Cantal) – 962 hab. – Alt. 614 m – Carte régionale n° **5**-A3
▶ Paris 549 km – Aurillac 25 km – Figeac 41 km – Laroquebrou 15 km
Carte Michelin 330-B5

Restaurant des Voyageurs

CUISINE TRADITIONNELLE · CONVIVIAL ✕✕ À l'arrière de l'hôtel du même nom, un restaurant à l'atmosphère fraîche et lumineuse. Attablé non loin de la piscine, on déguste une cuisine traditionnelle faisant la part belle au terroir : ris de veau braisé aux morilles, chaud-froid au Grand Marnier... On passe un bon moment.

⊛ Menu 15 € (déj. en semaine), 25/43 € – Carte 28/56 €

20 av. du 15-Septembre-1945 – ☎ 04 71 46 10 14 – www.hotel-des-voyageurs.com
– Fermé 15 fév.-15 mars et dim. soir de sept. à juin

Hôtel des Voyageurs

FAMILIAL · FONCTIONNEL Cet hôtel sympathique, perpétue la tradition de l'hospitalité. Simples et cosy, les chambres adoptent plusieurs styles (montagnard, moderne ou british). Ne manquez pas l'espace bien-être avec sa douche à chromothérapie : idéal pour se détendre !

23 chambres – †68/74 € ††68/95 € – ⌑ 9 € – ½ P

20 av. du 15-Septembre-1945 – ☎ 04 71 46 10 14 – www.hotel-des-voyageurs.com
– Fermé 15 fév.-15 mars

✕○ **Restaurant des Voyageurs** – voir les restaurants ci-dessus

---

ROULLET – 16 (Charente) ➜ voir Angoulême

ROURE

✉ 06420 (Alpes-Maritimes) – 205 hab. – Alt. 1 130 m – Carte régionale n° **41**-D2
▶ Paris 892 km – Digne-les-Bains 145 km – Marseille 260 km – Nice 70 km
Carte Michelin 341-D3

🕸 Auberge le Robur (Christophe Billau)

CUISINE MODERNE · AUBERGE 🗡 Cette auberge nichée dans un joli village vaut bien l'ascension à 1 100 m ! Loin du luxe de la côte, on est époustouflé par la vue sur la vallée de la Tinée... et la qualité de la cuisine du chef : de beaux produits de saison, une technique sans faille et d'harmonieux accords de saveurs ; une divine surprise...

→ Cuisine du marché.

Menu 35/65 €

8 chambres ⌑ – †76 € ††76 €

r. Centrale, (accès piétonnier) ✉ *06240 Roure –* ☏ *04 93 02 03 57 (réservation conseillée) –* www.aubergelerobur.fr *– Fermé fév., janv., mardi et merc.*

LE ROURET

✉ 06650 (Alpes-Maritimes) – 3 965 hab. – Alt. 350 m – Carte régionale n° **42**-E2
🄳 Paris 913 km – Cannes 19 km – Grasse 10 km – Nice 28 km
Carte Michelin 341-D5

🕸 Le Clos St-Pierre (Daniel Ettlinger)

PROVENÇALE · RUSTIQUE 🗡🗡 Face à l'église de ce village dédié aux parfums, cette charmante auberge... embaume ! Le chef, Daniel Ettlinger, a su imposer son style, que l'on découvre à travers des menus imposés (sans choix) imaginés avec les beaux produits du marché. Parfums de Provence...

→ Chèvre frais de Tourrettes-sur-Loup, lard paysan grillé, salade et vinaigrette aux aromates. Retour de pêche locale, réduction de soupe de poissons et rouille. Abricots à la frangipane, glace et créole battue.

Menu 36 € (déj. en semaine), 54/65 €

pl. de la Mairie, (quartier St-Pons) – ☏ *04 93 77 39 18 (réservation conseillée) – Fermé mardi et merc.*

🕙 Bistro du Clos

MÉDITERRANÉENNE · BISTRO 🗡 Bel intérieur épuré, terrasse à l'ombre des micocouliers... Ce Bistro a du charme ! Sous l'égide de son grand frère Le Clos St-Pierre, on y mitonne une délicieuse cuisine méditerranéenne, dans laquelle la salade niçoise et les pâtes aux pérugines côtoient les pieds-paquets et le risotto piémontais aux gambas...

Menu 24 € – Carte 26/36 €

9 rte d'Opio, (La Maison du Terroir) – ☏ *04 97 05 08 34
–* www.hotel-du-clos.com/le-bistro-du-clos/ *– Fermé 3 semaines en janv., dim. et lundi*

🏠 Hôtel du Clos

FAMILIAL · COSY Dans le haut du village, voilà bien un hôtel de charme... Un grand jardin planté d'oliviers centenaires et d'arbres fruitiers, des murs en pierre, des toits de tuiles, de jolies chambres toutes différentes, etc. : l'ensemble est résolument orienté côté Provence.

11 chambres – †129/260 € ††129/260 € – ⌑ 15 €

3 chemin des Écoles – ☏ *04 93 40 78 85 –* www.hotel-du-clos.com

LES ROUSSES

✉ 39220 (Jura) – 3 133 hab. – Alt. 1 110 m – Carte régionale n° **16**-B3
🄳 Paris 461 km – Genève 45 km – Gex 29 km – Lons-le-Saunier 64 km
Carte Michelin 321-G8 – Guide Vert Michelin Franche-Comté Jura

🏠 Le Lodge

AUBERGE · COSY En plein centre-ville, ce relais de poste sur la voie Paris-Genève est né en 1850, mais il a su rester jeune. Des pierres, du bois : un vrai chalet chic – douillet et chaleureux –, et des chambres très confortables (excellente literie).

9 chambres – †96/141 € ††96/141 € – 1 suite – ⌑ 12 €

309 r. Pasteur – ☏ *03 84 60 50 64 –* www.hotellelodge.com

🏨 Le Chamois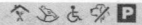

FAMILIAL · PERSONNALISÉ En retrait de la station et tout près des téléskis... en pleine nature ! Ce grand chalet dissimule des chambres vastes et apaisantes, autour d'un esprit montagnard chaleureux et décalé : tête de lit en vieux bois retravaillé, rideaux imitation peaux d'ours...

12 chambres – †80/180 € ††80/180 € – ♁ 12 € – ½ P

230 montée du Noirmont – ℰ 03 84 60 01 48 – www.lechamois.org

🏨 Hôtel du Village

FAMILIAL · FONCTIONNEL Dans la rue principale du village, petit hôtel pratique avec des chambres simples et très bien tenues. Possibilité d'accueillir les familles.

9 chambres – †52/70 € ††56/81 € – ♁ 7 €

344 r. Pasteur – ℰ 03 84 34 12 75 – www.hotelvillage.fr – Fermé 22 juin-5 juil.

🏨 La Ferme du Père François

TRADITIONNEL · ALPIN Au cœur de la station, ce petit hôtel-restaurant tenu par un couple sympathique arbore un esprit alpin sobre et élégant. Tenue impeccable, atmosphère conviviale, bon petit-déjeuner et cuisine du terroir (fondues, tartiflettes, etc.) : un lieu attachant.

7 chambres – †89/165 € ††89/165 € – ♁ 12 € – ½ P

214 r. Pasteur – ℰ 03 84 60 34 62 – www.perefrancois.fr – Ouvert juin-sept. et déc.-mars

ROUSSILLON

✉ 84220 (Vaucluse) – 1 318 hab. – Alt. 360 m – Carte régionale n° **42**-E1
▶ Paris 720 km – Apt 11 km – Avignon 46 km – Bonnieux 12 km
Carte Michelin 332-E10 – Guide Vert Michelin Provence

🍴 David

PROVENÇALE · ÉLÉGANT XX Dans cette belle maison de village, il fait bon se mettre à table ! On y propose en effet une appétissante cuisine provençale – épaule d'agneau de pays braisée aux aromates, artichauts en barigoule aux fanes du jardin –, à déguster sous la glycine pendant les beaux jours... Délicieux !

Menu 33/53 € – Carte 41/70 €

Hôtel Le Clos de la Glycine, pl. de la Poste – ℰ 04 90 05 60 13 (réservation conseillée) – www.luberon-hotel.com – Fermé 4 janv.-10 fév., dim. soir, jeudi midi et merc. hors saison

🏨 Le Clos de la Glycine

AUBERGE · PERSONNALISÉ Un hôtel-restaurant plein de charme, avec des chambres confortables et une vue magnifique sur la chaussée des Géants et le Ventoux. Très bon petit-déjeuner (fruits frais, yaourts fermiers).

9 chambres – †135/280 € ††135/280 € – 2 suites – ♁ 14 €

pl. de la Poste – ℰ 04 90 05 60 13 – www.luberon-hotel.com – Fermé 4 janv.-10 fév.

🍴 **David** – voir les restaurants ci-dessus

🏨 Les Sables d'Ocre

FAMILIAL · FONCTIONNEL Au cœur du pays de l'Ocre, ce mas récent à l'aspect engageant allie confort moderne et décoration d'inspiration provençale. Restauration prévue pour les résidents.

22 chambres – †115/155 € ††115/155 € – ♁ 13 €

rte d'Apt – ℰ 04 90 05 55 55 – www.sablesdocre.com – Ouvert mi-mars à mi-nov.

ROUTOT

✉ 27350 (Eure) – 1 434 hab. – Alt. 140 m – Carte régionale n° **33**-C2
▶ Paris 148 km – Bernay 45 km – Évreux 68 km – Le Havre 57 km
Carte Michelin 304-E5 – Guide Vert Michelin Normandie Vallée de la Seine

Auberge de l'Écurie

CUISINE TRADITIONNELLE • TRADITIONNEL XX Sur la place de la mairie, face aux jolies halles, cet ancien relais de poste cultive tout simplement le goût de la tradition. Et c'est ainsi que l'on apprécie des rillettes de canard au vin blanc, le ris de veau aux morilles de tante Denise (depuis 11 ans à la carte !), ou encore un millefeuille à la pomme...

Formule 15 € - Menu 21 € (semaine), 31/36 € - Carte 50/61 €

pl. de la Mairie - ✆ 02 32 57 30 30 - Fermé mardi soir, merc. soir, jeudi soir, dim. soir et lundi

ROUVRES-EN-XAINTOIS

✉ 88500 (Vosges) - 288 hab. - Alt. 330 m - Carte régionale n° **26**-B3

Paris 357 km - Épinal 42 km - Lunéville 58 km - Mirecourt 9 km

Carte Michelin 314-E3

Burnel

CUISINE TRADITIONNELLE • RUSTIQUE XX Au bonheur du marché, une cuisine du terroir mêlant civets, foie gras, poissons de lac, andouillette, gibier en saison... Des saveurs classiques, donc, dans un décor néorustique ou en terrasse, face au jardin fleuri.

Formule 12 € - Menu 16 € (semaine), 22/52 € - Carte 30/69 €

22 r. Jeanne-d'Arc - ✆ 03 29 65 64 10 - www.burnel.fr - Fermé 19-31 déc., dim. soir sauf du 13 juil. au 21 sept., sam. midi et lundi midi

Burnel

TRADITIONNEL • FONCTIONNEL Certaines chambres, façon chalet, donnent sur le jardin, tandis que d'autres, situées au-dessus du restaurant, adoptent l'esprit "savane" ; enfin, le salon est paré de tissus originaux. Au cœur d'un petit village, une auberge familiale et nullement vieillotte.

21 chambres - †62/69 € ††72/99 € - 2 suites - ☕ 11 € - ½ P

22 r. Jeanne-d'Arc - ✆ 03 29 65 64 10 - www.burnel.fr - Fermé 19-31 déc. et dim. soir sauf du 13 juil. au 21 sept.

Burnel - voir les restaurants ci-dessus

ROUVROIS-SUR-OTHAIN

- 55 (Meuse) → voir Longuyon (Meurthe-et-Moselle)

ROYAN

✉ 17200 (Charente-Maritime) - 17 690 hab. - Alt. 20 m - Carte régionale n° **38**-A3

Paris 504 km - Bordeaux 121 km - Périgueux 183 km - Rochefort 40 km

Carte Michelin 324-D6 - Guide Vert Michelin Poitou-Charentes

Les Filets Bleus

CUISINE TRADITIONNELLE • FAMILIAL XX En léger retrait du front de mer, ce restaurant se tourne logiquement vers les richesses de l'Atlantique pour composer sa carte. Le chef veille à n'y inscrire que des produits frais et de saison pour concocter des plats 100 % maison. Résultat ? Une cuisine traditionnelle agréable et bien iodée.

Formule 17 € - Menu 19 € (déj. en semaine), 30/60 € - Carte 29/70 €

Plan : B-s - *14 r. Notre-Dame - ✆ 05 46 05 74 00 - Fermé 1 semaine vacances de fév., 23 juin-7 juil., vacances de la Toussaint, dim. et lundi*

Cordouan

HÔTEL DE CURE • FONCTIONNEL Un hôtel surplombant la plage avec un beau centre de thalasso. Les chambres, spacieuses et contemporaines, ont toutes un balcon donnant sur la mer... Une belle idée de l'océan et du confort !

83 chambres - †136/286 € ††136/286 € - ☕ 17 € - ½ P

Plan : A-b - *6 allée des Rochers, (Conche du Chay) - ✆ 05 46 39 46 39 - www.hotel-cordouan-royan.com - Fermé 2 semaines en janv.*

ROYAN

Alsace-Lorraine (R.) . . . . **B** 3
Briand (Bd A.) . . . . **B** 5
Conche-du-Chay (Av. de la) . **A** 6
Desplats (R. du Colonel) . . . **B** 7
Dr-Audouin (Bd du) . . . . . . **B** 8
Dr-Gantier (Pl. du) . . . . **C** 9
Dugua (R. P.) . . . . **B** 10
Europe (Cours de l') . . . . . . **C**
Façade de Foncillon . . . . . . **B** 12
Foch (Pl. Mar.) . . . . **C** 15
Foncillon (R. de) . . . . **B** 16
Font-de-Cherves (R.) . . . . . . **B** 17
Gambetta (R.) . . . . **B**
Gaulle (Pl. Ch.-de) . . . . **B** 19
Germaine-de-la-Falaise
    (Bd) . . . . **AB** 20
Grandière (Bd de la) . . . . . . **C** 21
Leclerc (Av. Mar.) . . . . **C** 26
Libération (Av. de la) . . . . . **C** 28
Loti (R. Pierre) . . . . **B**
Notre-Dame (R.) . . . . **B** 32
Parc (Av. du) . . . . **C** 35
République (Bd de la) . . . . . **B** 40
Rochefort (Av. de) . . . . **B** 42
Schuman (Pl. R.) . . . . **B** 45
Semis (Av. des) . . . . **C** 46
Thibeaudeau (Rd-Pt du Cdt.) **B** 48
5-Janvier-1945 (Bd du) . . . . **B** 52

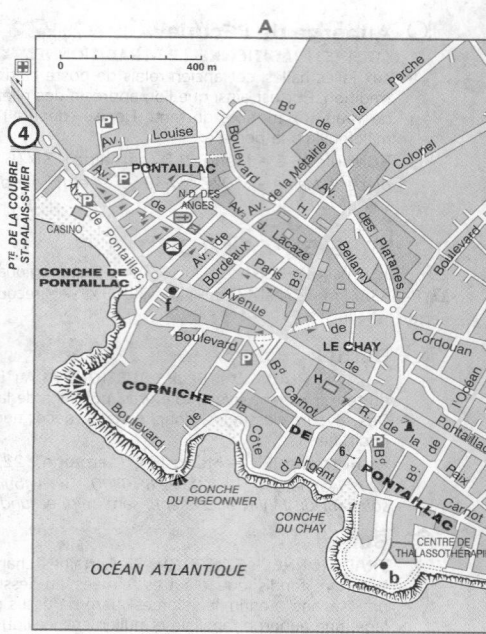

Family Golf Hôtel

FAMILIAL · PERSONNALISÉ Un agréable hôtel sur le front de mer, avec des chambres impeccablement tenues, donnant pour moitié sur les flots. L'été, on prend son petit-déjeuner sur la terrasse, avant de filer à la plage.

30 chambres – ♦78/145 € ♦♦155/199 € – ⊈12 €

Plan : C-m – *28 bd Garnier* – ℰ *05 46 05 14 66* – *www.family-golf-hotel.com* – *Ouvert 25 mars-15 nov.*

à Pontaillac - ✉ 17640

Belle-Vue

FAMILIAL · FONCTIONNEL Bordant le front de mer, une grande villa balnéaire typique des années 1950. Les chambres sont agréables et très bien tenues ; côté plage, elles offrent une bien belle vue sur les flots.

22 chambres – ♦60/92 € ♦♦60/120 € – ⊈8 €

Plan : A-f – *122 av. de Pontaillac* – ℰ *05 46 39 06 75* – *www.bellevue-pontaillac.com* – *Ouvert d'avril à nov.*

rte de St-Palais 3,5 km à l'Ouest - ✉ 17640 Vaux-sur-Mer :

Résidence de Rohan

FAMILIAL · COSY Jadis résidence d'été de la famille de Rohan, cette jolie demeure à l'architecture typique de la fin du 19e s. est douce et résolument feutrée : mobilier de style, chambres cosy... Même atmosphère dans les deux annexes au cœur du beau parc dominant la plage. Un vrai lieu de villégiature !

43 chambres – ♦85/175 € ♦♦85/195 € – ⊈13 €

7 av. de Rohan – ℰ *05 46 39 00 75* – *www.residence-rohan.com* – *Ouvert 1er avril-13 nov.*

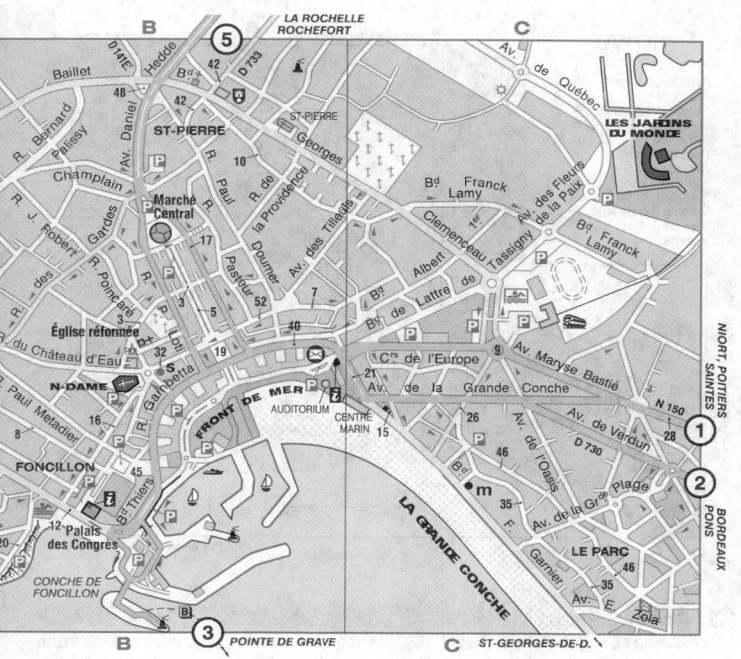

ROYAT

✉ 63130 (Puy-de-Dôme) – 4 590 hab. – Alt. 450 m – Carte régionale n° **5**-B2
▶ Paris 423 km – Aubusson 89 km – La Bourboule 47 km – Clermont-Ferrand 5 km
Carte Michelin 326-F8 – Guide Vert Michelin Auvergne

Accès et sorties : voir plan de Clermont-Ferrand agglomération.

Ⅰ○ **La Belle Meunière**

CUISINE MODERNE · RÉTRO 𝕏𝕏𝕏 En bord de Tiretaine, table où fusionnent produits de saison et touches asiatiques, dans un cadre – parquet, moulures, lustres – magnifié par des vitraux contemporains. L'idylle entre la Belle Meunière et le général Boulanger inspire le décor (19e s.) de certaines chambres.

Menu 29/69 € – Carte 46/85 €

4 chambres ⌑ – ♦130 € ♦♦130 € – 1 suite

Plan : A-r – *25 av. de la Vallée*
– *𝒞 04 73 35 80 17 – www.la-belle-meuniere.com*
– *Fermé sam. midi, dim. soir et lundi*

🏠 **Princesse Flore**

BUSINESS · COSY Pour un séjour haut de gamme aux portes de Clermont-Ferrand, ce superbe immeuble (1883) évoque les fastes de la cité thermale à la Belle Époque : marbres et décors anciens... mais aussi installations dernier cri, design contemporain et un accès direct au centre thermoludique Royatonic.

33 chambres ⌑ – ♦115/600 € ♦♦115/600 € – 11 suites

Plan : B-e – *5 pl. Allard*
– *𝒞 04 73 35 63 63 – www.princesse-flore-hotel.com*

ROYAT

Agid (av. Joseph)... **B** 3
Allard (pl.)........ **B** 4
Cohendy (pl. Jean) . **A** 6
Jaurès (av. Jean) . **AB**
Nationale (r.) ...... **A** 8
Paulet (r. Pierre).... **A** 9
Rouzaud
  (av. Auguste) .... **B** 10
Souvenir (r. du) .... **A** 12
Taillerie (bd de la).. . **A** 14
Vaquez (bd) .... **B** 15
Victoria (r.) .... **A** 16

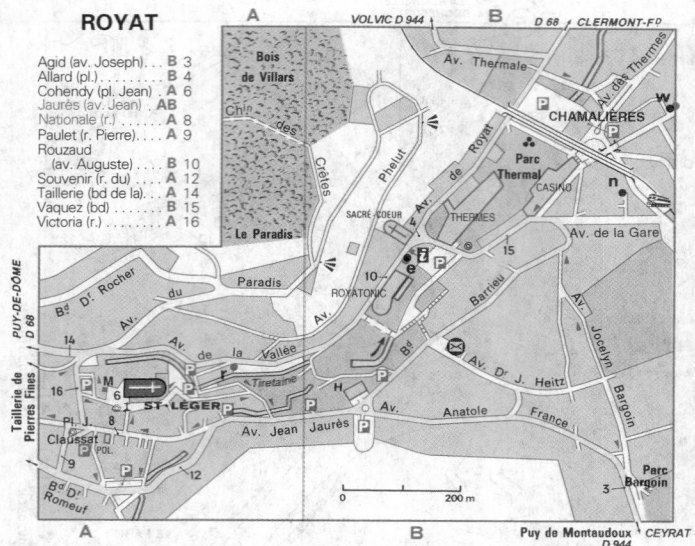

🏨 Royal St-Mart   ☆ ⇗ ⬍ 🛁 🅿

FAMILIAL · CLASSIQUE Depuis 1853, la même famille vous accueille dans cette demeure bourgeoise du Second Empire. Les chambres sont assez simples ; préférez-les côté jardin. Avec ses grands arbres et ses transats, ce dernier séduira curistes et nostalgiques.

50 chambres – ♦72/140 € ♦♦72/145 € – ☲ 13 €

Plan : B-n – *6 av. de la Gare* – ℰ *04 73 35 80 01* – *www.hotel-auvergne.com*

ROYE

✉ 80700 (Somme) – 6 158 hab. – Alt. 88 m – Carte régionale n° **36**-B2
▶ Paris 113 km – Amiens 44 km – Arras 75 km – Compiègne 42 km
Carte Michelin 301-J9

🍽 La Flamiche   🅰🅲

CUISINE MODERNE · COSY ✗✗ Rien d'étonnant à ce que ce restaurant, du nom de la fameuse spécialité locale, propose une cuisine à l'accent régional ! La salle à manger, juste rénovée, et la reprise de l'affaire par le chef laissent poindre de jolies ambitions...

Formule 30 € – Menu 35/58 € – Carte 58/85 €

20 pl. de l'Hôtel-de-Ville – ℰ *03 22 87 00 56* – *www.laflamiche.fr* – *Fermé 2 semaines en août, vacances de fév., sam. midi, dim. soir et lundi*

🍽 Le Florentin Hôtel Central   ⇔ 🅰🅲 🛁

CUISINE TRADITIONNELLE · FAMILIAL ✗✗ Ne vous fiez pas à la façade en brique rouge ! Celle-ci cache une salle d'inspiration italienne : colonnes, moulures, marbres et fresques. Dans ce décor pour le moins déroutant, on sert une cuisine de tradition : fricassée d'escargots, tête de veau sauce gribiche, etc.

⊛ Formule 15 € – Menu 17/40 € – Carte 36/55 €

8 chambres – ♦54 € ♦♦56/60 € – ☲ 8 €

36 r. d'Amiens – ℰ *03 22 87 11 05* – *www.leflorentin.com* – *Fermé 15-21 fév., 13-30 août, dim. soir et lundi*

🍴○ Le Roye Gourmet

CUISINE TRADITIONNELLE · RUSTIQUE XX Sur une place sympathique, cette enseigne célèbre gaiement le terroir : filet de bœuf flambé en salle, sauté de ris d'agneau et de foie gras, profiteroles... Une cuisine généreuse et bien tournée. Pas étonnant que les gourmets de Roye aient fait de l'adresse leur QG !

Formule 17 € 🍷 – Menu 25/40 € – Carte 33/52 €

1 pl. de la République – ℰ 03 22 87 10 87 – www.restaurant-leroyegourmet.fr
– Fermé 2 semaines en août, lundi, merc. soir et dim. soir

ROYE – 70 (Haute-Saône) ➜ voir Lure

LE ROZIER

✉ 48150 (Lozère) – 152 hab. – Alt. 400 m – Carte régionale n° **22**-B1
🅳 Paris 632 km – Florac 57 km – Mende 63 km – Millau 23 km
Carte Michelin 330-H9

🍴○ Doussière 🆕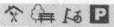

CUISINE MODERNE · FAMILIAL X Un jeune couple tient cet hôtel-restaurant du bord de la rivière Jonte, dans le cadre exceptionnel des gorges du Tarn. Le chef y cuisine exclusivement des produits de belle fraîcheur ; tout est fait maison, y compris les jus et les sauces !

Formule 21 € – Menu 27/33 €

Hôtel Doussière, rte de Meyrueis – ℰ 05 65 62 60 25 – www.hotel-doussiere.com
– Ouvert 15 mars-11 nov. et fermé lundi midi

🏠 Hôtel de la Muse et du Rozier

BUSINESS · MODERNE Dans le jardin de ce grand hôtel centenaire, une plage privée au bord du Tarn ! L'esprit des lieux ? Contemporain, sobre et zen, en harmonie avec les sublimes paysages environnants. Une certaine idée de l'élégance...

35 chambres – 🛏95/125 € 🛏🛏120/195 € – ☷ 15 € – ½ P

rte des Gorges, (à La Muse), D907 ✉ 12720 Mostuéjouls – ℰ 05 65 62 60 01
– www.hotel-delamuse.fr – Ouvert 1er avril-31 oct. et fermé lundi et mardi en avril et oct.

🏠 Doussière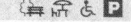

FAMILIAL · SIMPLE Une affaire de famille (2e génération) qui, pour l'anecdote, n'est autre que l'ex-auberge de jeunesse du village. Préférez les chambres de la bâtisse principale, plus récentes qu'à l'annexe ; au restaurant, cap sur le terroir et vue sur la Jonte.

19 chambres – 🛏50/60 € 🛏🛏50/60 € – ☷ 9 € – ½ P

rte de Meyrueis – ℰ 05 65 62 60 25 – www.hotel-doussiere.com – Ouvert 15 mars-11 nov.

🍴○ **Doussière** – voir les restaurants ci-dessus

RUE

✉ 80120 (Somme) – 3 121 hab. – Alt. 9 m – Carte régionale n° **36**-A1
🅳 Paris 212 km – Abbeville 28 km – Amiens 77 km – Berck-Plage 22 km
Carte Michelin 301-D6

🍴○ Au Petit Chaudron

CUISINE MODERNE · RUSTIQUE XX Tel Obélix tombé petit dans la potion magique, les gourmands ont toujours envie de plonger dans ce Petit Chaudron entouré de verdure ! Foie gras mi-cuit à la nougatine et sa tatin d'oignons, côtes d'agneau au thym, trilogie de poissons façon bouillabaisse... Le chef récite sa cuisine avec passion ; on se régale.

Formule 21 € – Menu 30/34 € – Carte 31/37 €

390 rte d'Abbeville – ℰ 03 22 25 80 16 – www.petit-chaudron.com – Fermé 3 semaines fin nov. à mi-déc. et lundi sauf fériés le midi

à St-Firmin 3 km à l'Ouest par D 4 – ✉ 80550

 Auberge de la Dune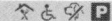

AUBERGE · FONCTIONNEL Cette ancienne ferme typiquement picarde, toute proche du parc ornithologique, s'est transformée en auberge champêtre. Labellisée "clef verte", elle propose des chambres très bien tenues, parfaites pour des randos écolos dans le Marquenterre.

11 chambres – ♦85/89 € ♦♦85/89 € – ⌓13 € – ½ P

1352 r. de la Dune – ℰ 03 22 25 01 88 – www.auberge-de-la-dune.com

RUEIL-MALMAISON – 92 (Hauts-de-Seine) → voir Autour de Paris

RUNGIS – 94 (Val-de-Marne) → voir Autour de Paris

RUPT-SUR-MOSELLE

✉ 88360 (Vosges) – 3 475 hab. – Alt. 424 m – Carte régionale n° **27**-C3
▶ Paris 423 km – Belfort 58 km – Colmar 80 km – Épinal 38 km
Carte Michelin 314-H5

 Hôtel du Centre

FAMILIAL · MODERNE On s'arrête toujours avec plaisir dans cette maison mosellane située aux portes du parc régional des ballons des Vosges. Les chambres, rénovées pour la plupart en 2013, s'habillent de matériaux naturels – bois, liège – et se révèlent très confortables.

8 chambres – ♦57/70 € ♦♦67/85 € – ⌓10 €

30 r. de l'Église – ℰ 03 29 24 34 73 – www.valerieetcedric.com – Fermé 24 juin-7 juil. et vacances de Noël

LES SABLES-D'OLONNE

✉ 85100 (Vendée) – 14 271 hab. – Alt. 4 m – Carte régionale n° **34**-A3
▶ Paris 456 km – Cholet 107 km – Nantes 102 km – Niort 115 km
Carte Michelin 316-F8 – Guide Vert Michelin Pays de la Loire

La Pilotine

POISSONS ET FRUITS DE MER · TRADITIONNEL X Saumon, palourdes, turbot, crevettes ou homard ? Dans ce restaurant du front de mer, on déguste une cuisine généreuse et soignée, axée sur les produits de la pêche. L'accueil est charmant et les prix doux ; prenez le large sans hésiter à bord de cette Pilotine, mais n'oubliez pas de réserver !

Menu 18/58 € – Carte 48/91 €

Plan : BY-a – *7 et 8 prom. Georges-Clemenceau – ℰ 02 51 22 25 25 (réservation conseillée) – Fermé dim. soir sauf juil.-août, mardi d'oct. à mai et lundi*

Loulou Côte Sauvage

POISSONS ET FRUITS DE MER · DESIGN XX Ce Loulou-là a accroché sa jolie maison aux rochers de la côte sauvage, face à la mer : la vue est imprenable ! Ici, les produits iodés – extrafrais – sont évidemment à l'honneur : homards tirés du vivier, poissons achetés directement à la criée des Sables... pour des plats savoureux et bien tournés.

Formule 24 € – Menu 33/66 € – Carte 48/82 €

19 rte Bleue, à La Chaume – ℰ 02 51 21 32 32 – www.louloucotesauvage.com – Fermé 21 nov.-20 déc., 4-14 janv., dim. soir, lundi et mardi sauf juil.-août et fériés

La Flambée

CUISINE MODERNE · COSY XX Un néobistrot épuré du quartier des halles, où saveur rime avec fraîcheur. Foie gras de canard de Vendée ; noix de ris de veau et émulsion de beurre noisette : le chef se donne du mal pour faire plaisir à ses hôtes... qui apprécient !

Formule 20 € – Menu 32 € (semaine), 42/55 € – Carte environ 43 €

Plan : AZ-e – *81 r. des Halles – ℰ 02 51 96 92 35 (réservation conseillée) – www.la-flambee-restaurant-85.fr – Fermé dim. soir, mardi soir et lundi*

LES SABLES D'OLONNE

Arago (Bd) . . . . **BY** 4
Baudry (R. P.) . . . . **BY** 5
Beauséjour (R.) . . . . **BY** 7
Briand (Av. A.) . . . . **CY** 9

Castelnau (Bd de) . . . . **BY** 12
Château-d'Olonne
    (Rte du) . . . . **CY** 13
Dr-Canteteau (R. du) . . . . . . **AY** 19
Dr-Schweitzer (R. du) . . . . . . **CY** 22
Doumer (Av. P.) . . . . **CY** 23
Estienne-d'Orves (Rd-Pt H. d') **AY** 25
Fricaud (R. D.) . . . . **BY** 26
Gabaret (Av. A.) . . . . **BY** 27

Godet (Prom. G.) . . . . **BY** 29
Ile Vertine (Bd de l') . . . . **AY** 32
Nouch (Corniche du) . . . . . . **AY** 43
Président-Kennedy
    (Prom.) . . . . **CY** 48
Rhin-et-Danube (Av.) . . . . . . **CY** 50
St-Nicolas (R.) . . . . **AY** 55
Sauniers (R. des) . . . . **AY** 57
Souvenir Français (Bd du) . . . **AY** 58

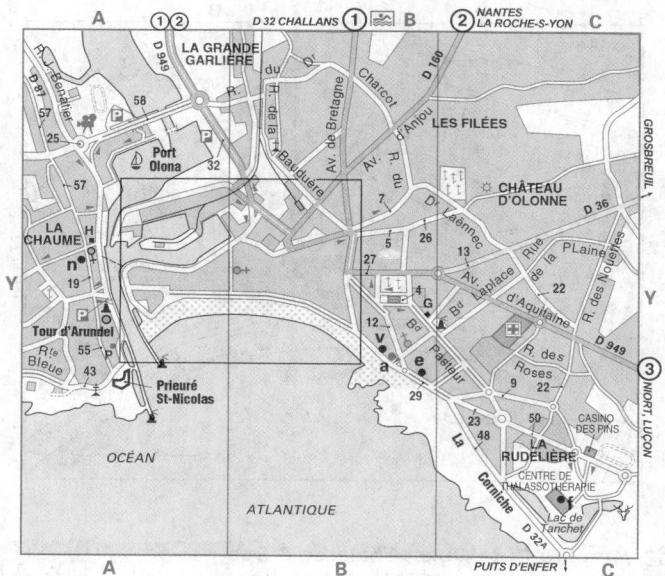

⑩ Le Clipper
🏠 🅰🅺 ☼

POISSONS ET FRUITS DE MER · CLASSIQUE ✗✗ Homard bleu à la chair très fine, filet de bar de ligne rôti, risotto crémeux de crevettes et légumes : dans ce restaurant du port au décor très marin, les beaux produits... de la mer sont à l'honneur !
🍴 Menu 20 € (semaine), 29/40 € – Carte 39/96 €

Plan : AZ-b – *19 bis quai Guiné* – 𝒞 *02 51 32 03 61* – *www.le-clipper.com*
– *Fermé 14-23 mars, 2-25 déc., 13-21 janv., mardi et jeudi midi en juil.-août, et lundi*

⑩ Le Quai des Saveurs
🅰🅺 ⌀

CRÉATIVE · À LA MODE ✗✗ Sur le port de pêche, derrière une discrète façade, une table tenue par un jeune couple très professionnel. Le chef signe un menu unique (décliné en 3, 4 ou 5 plats) qui évolue au gré du marché. Une cuisine métissée, créative et soignée : ce Quai des Saveurs n'a pas volé son nom.
Formule 20 € – Menu 25 € (déj. en semaine), 49/67 € – Carte environ 57 €

Plan : AZ-g – *10 quai Guiné* – 𝒞 *02 51 23 84 91 (réservation conseillée)*
– *www.lequaidessaveurs.net* – *Fermé fin juin-début juil., 1 semaine en oct., 2 semaines en janv., dim. soir, lundi et merc. hors saison*

⑩ La Cuisine de Bertrand
♿

CUISINE TRADITIONNELLE · COSY ✗ Face au port de pêche, ce petit restaurant assez discret mérite pourtant que l'on s'y attarde ! Deux courts menus, des produits frais de qualité... le chef va à l'essentiel et le fait bien. Son feuilleté de langoustines et son paris-brest sont les meilleurs témoignages d'une cuisine qui s'épanouit sans artifices.
Formule 23 € – Menu 29/39 € – Carte 32/42 €

Plan : AZ-q – *22 quai de Franqueville* – 𝒞 *02 51 95 37 07 (réservation conseillée)*
– *www.lacuisinedebertrand85.com* – *Fermé mardi soir et merc. hors saison*

LES SABLES D'OLONNE

Baudère (R. de la) . . . . **BZ** 6
Bisson (R.) . . . . **AZ** 8
Caisse-d'Épargne (R. de la) . . **AZ** 10
Collineau (Pl. du Gén.) . . . . . . **BZ** 14

Commerce (Pl. du) . . . . **AZ** 15
Digue (Pl. de la) . . . . **BZ** 17
Dingler (Quai) . . . . **AZ** 18
Église (Pl. de l') . . . . **AZ** 24
Gabaret (Av. A.) . . . . **BZ** 27
Gaulle (Av. Gén.-de) . . . . **BZ**
Guynemer (R.) . . . . **BZ**
Halles (R. des) . . . . **AZ** 30
Hôtel-de-Ville (R. de l') . . . . . **AZ**

Leclerc (R. Mar.) . . . . **ABZ** 33
Liberté (Pl. de la) . . . . **BZ** 35
Louis-XI (Pl.) . . . . **BZ** 36
Nationale (R.) . . . . **BZ**
Navarin (Pl.) . . . . **AZ** 40
Palais-de-Justice
(Pl.) . . . . **AZ** 46
Roosevelt (Bd F.) . . . . **AZ** 53
Travot (R.) . . . . **BZ** 60

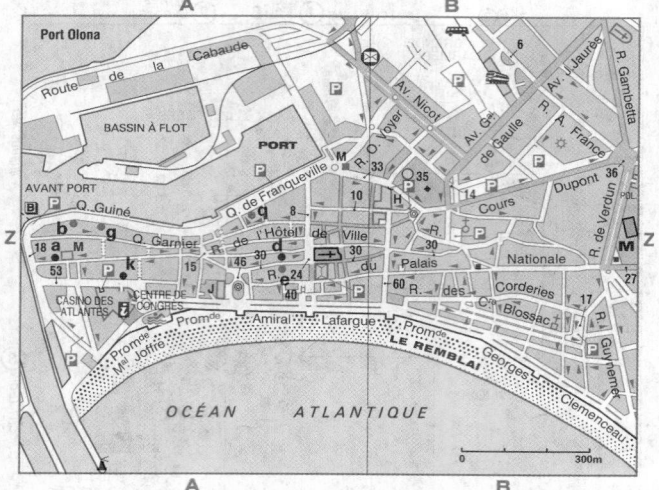

🏨 Mercure Côte Ouest Thalasso & Spa

HÔTEL DE CHAÎNE · ÉLÉGANT Situé en retrait de la mer, dominant le lac de Tanchet, cet établissement nous plonge dans l'atmosphère élégante et feutrée des paquebots des années 1930, avec leurs belles malles et le mobilier d'époque... Et les chambres, spacieuses et impeccablement tenues, prolongent cette expérience.

97 chambres – ♦128/590 € ♦♦148/590 € – ⌑ 19 € – ½ P

Plan : CY-f – *rte du Tour-de-France, au Lac de Tanchet, 2,5 km par la corniche* – ℰ 02 51 21 77 77 – www.restaurant-cote-ouest.fr

🏨 Atlantic Hôtel

HÔTEL DE VACANCES · ACTUEL Un bâtiment des années 1970 sur le front de mer. Derrière sa façade récemment refaite, un décor contemporain de bon ton, particulièrement agréable quand les chambres donnent sur l'Atlantique. Et pour les amateurs d'eau douce, la piscine et le spa sont là !

34 chambres – ♦90/180 € ♦♦110/245 € – ⌑ 13 € – ½ P

Plan : BY-e – *5 promenade Georges-Godet* – ℰ 02 51 95 37 71 – www.atlantichotel.fr

🏨 Kyriad Arundel

BUSINESS · FONCTIONNEL Idéalement situé entre plage et port, cet établissement réserve des chambres fonctionnelles, confortables et décorées dans un esprit actuel ; celles situées en façade ont même un balcon donnant sur l'océan...

42 chambres – ♦68/159 € ♦♦68/159 € – ⌑ 11 €

Plan : AZ-k – *8 bd Franklin-Roosevelt* – ℰ 02 51 32 03 77 – www.arundel-hotel.fr

Les Roches Noires

HÔTEL DE VACANCES · FONCTIONNEL Face à la plage, ces Roches Noires ont été rénovées en 2010 dans un style rafraîchissant : turquoise, blanc, gris, framboise... Chambres fonctionnelles et bien insonorisées. À noter : la salle des petits-déjeuners donne sur la mer.

36 chambres – ♦69/199 € ♦♦69/199 € – ♜12 €

Plan : BY-v – *12 prom. Georges-Clemenceau* – *02 51 32 01 71*
– *www.hotel-lesrochesnoires.com*

Les Embruns

FAMILIAL · PERSONNALISÉ Dans le quartier pittoresque de la Chaume, une maison avenante et familiale avec des chambres toutes différentes, fraîches et colorées... pour se loger à bon compte.

20 chambres – ♦51/70 € ♦♦54/77 € – ♜8,50 €

Plan : AY-n – *33 r. du Lt-Anger* – *02 51 95 25 99* – *www.hotel-lesembruns.com*
– *Ouvert 1er mars-7 nov.*

Antoine

FAMILIAL · FONCTIONNEL Entre le vieux port et la plage, une ancienne propriété d'armateur (18e s.) dans laquelle règne une atmosphère résolument familiale. Les chambres sont simples, mais spacieuses et très bien tenues.

20 chambres – ♦65/85 € ♦♦65/85 € – ♜8,50 € – ½ P

Plan : AZ-a – *60 r. Napoléon* – *02 51 95 08 36* – *www.antoinehotel.com*
– *Ouvert de mi-mars à mi-oct.*

Maison Richet

FAMILIAL · ACTUEL Il règne ici une agréable et chaleureuse atmosphère de maison d'hôtes. Les chambres sont petites mais douillettes (jonc de mer, tons gris perle et beige...) et il y a même un joli patio, où l'on prend le petit-déjeuner aux beaux jours.

17 chambres – ♦50/73 € ♦♦54/83 € – ♜9 €

Plan : AZ-d – *25 r. de la Patrie* – *02 51 32 04 12* – *www.maison-richet.fr* – *Fermé 3 janv.-15 fév.*

à l'anse de Cayola 7 km au Sud-Est par la Corniche – ⊠ 85180 Chateau d Olonne

✿ Cayola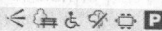

CUISINE MODERNE · ÉLÉGANT XxX Dans la salle ou sur la terrasse, la vue sur l'Atlantique est superbe et l'on se prend à rêver de croisières au long cours. Mais l'évasion est déjà dans l'assiette, raffinée et iodée : les produits de la mer sont rois en ce royaume...

→ Médaillon de homard, salade croquante de légumes, vinaigrette menthe et pamplemousse. Turbot, asperges vertes et sauce hollandaise à la fleur de capucine. Cerises, poivre timut et vanille.

Menu 37/90 € – Carte 85/120 €

76 promenade de Cayola – *02 51 22 01 01* – *www.le-cayola.com* – *Fermé 14-20 nov., 23 déc.-21 janv., mardi soir et merc. soir d'oct. à mars, dim. soir et lundi sauf fériés*

à Château-d'Olonne 3 km à l'Est – ⊠ 85180 – 13 387 hab. – Alt. 20 m

☺ La Ferme de Villeneuve

CUISINE MODERNE · DESIGN XX Les amateurs de belles saveurs seront aux anges dans cette chaleureuse "Ferme" ! Fricassée d'escargots petits gris du bocage vendéen, ris de veau aux macaronis gratinés, moelleux de poulet de Challans et riz vénéré en risotto : chaque plat démontre la maîtrise du chef, et le plaisir qu'il prend derrière les fourneaux...

≪ Formule 16 € – Menu 20 € (semaine), 32/48 €

28 r. du Pré-Étienne, 5 km à l'Est par D36 et rte secondaire – *02 51 33 41 83*
– *Fermé janv., 15-23 fév., 1 semaine en oct., mardi sauf juil.-août et lundi*

SABLES-D'OR-LES-PINS

✉ 22240 (Côtes-d'Armor) – Carte régionale n° **10**-C1

▶ Paris 437 km – Dinan 42 km – Dol-de-Bretagne 60 km – Lamballe 26 km

Carte Michelin 309-H3 – Guide Vert Michelin Bretagne Nord

🏨 Hôtel de Diane   ☆ 🛏 🖭 🕭 🕭 🅿

TRADITIONNEL · ACTUEL Au cœur de la station, à deux pas de la mer, l'Hôtel de Diane est né en 1921 comme l'atteste son architecture anglo-normande. Nulle nostalgie dans les chambres, au décor moderne de bon ton – certaines aux teintes ensoleillées, d'autres résolument contemporaines –, toutes parfaitement tenues. Restaurant traditionnel.

46 chambres – ♦96/198 € ♦♦96/198 € – � 13 € – ½ P

12 allée des Acacias – ℰ 02 96 41 42 07 – www.hoteldiane.fr

🏨 Le Manoir Saint-Michel   🦢 🛏 🕭 🅿

TRADITIONNEL · RUSTIQUE Ce beau manoir du 16e s. domine la plage et l'on s'y sent vraiment bien : vaste parc avec plan d'eau (pêche autorisée), chambres douillettes au charme d'antan (mobilier rustique et breton), petit-déjeuner servi près de la cheminée ou dans l'orangerie... Au rythme des marées !

20 chambres – ♦55/110 € ♦♦55/145 € – � 10 €

38 r. de la Carquois, 1,5 km à l'Est par D34 – ℰ 02 96 41 48 87
– www.manoirstmichel.com – Ouvert 1er avril-3 nov.

SABLÉ-SUR-SARTHE

✉ 72300 (Sarthe) – 12 510 hab. – Alt. 29 m – Carte régionale n° **35**-C1

▶ Paris 252 km – Angers 64 km – La Flèche 27 km – Laval 44 km

Carte Michelin 310-G7 – Guide Vert Michelin Pays de la Loire

🍽 Parfum d'Épices   🏠 🕭 🅿

CUISINE TRADITIONNELLE · EXOTIQUE XX Une étape agréable sur la route de Laval, pour déguster une bonne cuisine traditionnelle. Le restaurant est marqué par le souvenir des Antilles, où le chef vivait avant de rentrer en métropole : de la décoration – mobilier en rotin tressé, couleurs – à ce menu créole proposant acras de morue et boudin antillais.

Formule 19 € – Menu 23/42 € – Carte 33/53 €

rte de Laval (D306) – ℰ 02 43 92 94 14 – www.parfumdepices.com
– Fermé 19 août-1er sept. et lundi sauf fériés

à Solesmes 3 km au Nord-Est par D22 – ✉ 72300 – 1 316 hab. – Alt. 28 m

🍽 Grand Hôtel de Solesmes   🛏 🏠 🕭 🅿

CUISINE CLASSIQUE · ÉLÉGANT XXX Carpaccio de Saint-Jacques et tartare de légumes au gingembre ; poulet de Loué aux écrevisses ; poire pochée à la cannelle et glace aux spéculos... Une délicate cuisine classique qui séduit d'emblée ; on ne triche pas sur la qualité des produits. De plus, l'accueil et le service sont charmants !

Formule 22 € – Menu 28/66 € – Carte 49/93 €

16 pl. Dom-Guéranger – ℰ 02 43 95 45 10 – www.grandhotelsolesmes.com – Fermé 26 déc.-12 janv., sam. midi et dim. soir de sept. à mars

🏨 Grand Hôtel de Solesmes   ☆ 🛏 🖭 🕭 🕭 🅿

FAMILIAL · CLASSIQUE Face à la belle abbaye St-Pierre, d'où l'on entend parfois s'échapper les chants grégoriens des moines, cet hôtel est assurément propice au repos : très confortable, avec des chambres personnalisées et un entretien sans faille. Louange au Grand Hôtel de Solesmes !

26 chambres – ♦94/130 € ♦♦105/265 € – � 13 €

16 pl. Dom-Guéranger – ℰ 02 43 95 45 10 – www.grandhotelsolesmes.com – Fermé 26 déc.-12 janv.

🍽 **Grand Hôtel de Solesmes** – voir les restaurants ci-dessus

SABRES

☒ 40630 (Landes) – 1 205 hab. – Alt. 78 m – Carte régionale n° **3**-B2
▶ Paris 676 km – Arcachon 92 km – Bayonne 111 km – Bordeaux 94 km
Carte Michelin 335-G10 – Guide Vert Michelin Aquitaine

🍴○ Auberge des Pins

CUISINE CLASSIQUE · RUSTIQUE XX Des boiseries, des poutres, une chemi-née... Un endroit authentique et chaleureux, idéal pour savourer une cuisine clas-sique qui fait de jolis clins d'œil au terroir.

൞ Formule 16 € – Menu 20 € (déj. en semaine), 35/75 € – Carte 46/75 €
r. de la piscine – *𝒸 05 58 08 30 00* – *www.aubergedespins.fr* – *Fermé 3 semaines en janv., lundi sauf le soir en juil.-août et dim. soir*

🏠 Auberge des Pins

FAMILIAL · PERSONNALISÉ Un bel esprit maison de famille dans cette grande demeure landaise à colombages : joli parc arboré, chambres au décor soigné (meubles rustiques, bois peint...) et salon cosy.
20 chambres – ♦70/100 € ♦♦80/160 € – ♀12 €
r. de la piscine – *𝒸 05 58 08 30 00* – *www.aubergedespins.fr* – *Fermé 3 semaines en janv.*

🍴○ **Auberge des Pins** – voir les restaurants ci-dessus

SACHÉ – 37 (Indre-et-Loire) ➜ voir Azay-le-Rideau

SACLAY – 91 (Essonne) ➜ voir Autour de Paris

SAGELAT – 24 (Dordogne) ➜ voir Belves

SAIGNON – 84 (Vaucluse) ➜ voir Apt

SAILLAGOUSE

☒ 66800 (Pyrénées-Orientales) – 1 052 hab. – Alt. 1 309 m – Carte régionale n° **22**-A3
▶ Paris 855 km – Bourg-Madame 10 km – Font-Romeu-Odeillo-Via 12 km – Mont-Louis 12 km
Carte Michelin 344-D8

à Llo 3 km à l'Est par D33 – ☒ 66800 – 162 hab. – Alt. 1 424 m

🏠 L'Atalaya Bel-Encanto

AUBERGE · PERSONNALISÉ Que dire du jardinet fleuri, des chambres romanti-ques et de tous ces objets chinés par la propriétaire ? Qu'ils ont du charme, tout simplement ! Cette bergerie perchée sur la montagne cerdane a tout le cachet des belles maisons d'hôtes, et l'accueil réservé est délicieux...
5 chambres ♀ – ♦95/120 € ♦♦95/120 €
3 carrer del Senyalo – *𝒸 04 68 04 70 04* – *www.atalaya66.com* – *Fermé début nov.-20 déc.*

SAINCAIZE-MEAUCE – 58 (Nièvre) ➜ voir Nevers

SAINGHIN-EN-MÉLANTOIS – 59 (Nord) ➜ voir Lille

STE (Sainte) voir après la nomenclature des Saints

ST-AFFRIQUE

☒ 12400 (Aveyron) – 8 255 hab. – Alt. 325 m – Carte régionale n° **29**-D2
▶ Paris 662 km – Albi 81 km – Castres 92 km – Lodève 66 km
Carte Michelin 338-J7

🍴 **La Table de Jean**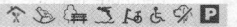

CUISINE MODERNE · À LA MODE X Les anciens propriétaires de l'hôtel Les Raspes, à St-Rome-de-Tarn, ont ouvert cet élégant restaurant dans le centre de St-Affrique. Un retour aux sources pour lui, cuisinier de formation ; il revisite la tradition avec finesse et montre qu'il maîtrise parfaitement son sujet ! Une bonne adresse.

Formule 17 € ⍟ – Menu 26/49 € – Carte 50/70 €

7 bd Émile-Trémoulet – ℰ 05 65 49 50 05
– Fermé mardi soir et dim. soir sauf juil.-août et lundi

ST-AFFRIQUE-LES-MONTAGNES

✉ 81290 (Tarn) – 789 hab. – Alt. 244 m – Carte régionale n° **29**-C2
▶ Paris 741 km – Albi 55 km – Carcassonne 53 km – Castres 12 km
Carte Michelin 338-F9

🏠 **Domaine de Rasigous**

MAISON DE CAMPAGNE · PERSONNALISÉ Au cœur d'un parc jalonné d'œuvres d'art – le propriétaire est un passionné –, cette demeure du 19ᵉ s. cultive un bel esprit maison d'hôtes. Parquet ancien, mobilier chiné, les chambres ont beaucoup de caractère ; à l'extérieur, l'espace bien-être vous tend les bras.

6 chambres – ♦80/230 € ♦♦130/230 € – 2 suites – ⍁ 12 €

lieu-dit Rasigous, 2 km au Sud par D85
– ℰ 05 63 73 30 50 – www.domainederasigous.com
– Ouvert 15 mars-15 nov.

ST-AGRÈVE

✉ 07320 (Ardèche) – 2 546 hab. – Alt. 1 050 m – Carte régionale n° **44**-A2
▶ Paris 582 km – Aubenas 68 km – Lamastre 21 km – Privas 64 km
Carte Michelin 331-I3 – Guide Vert Michelin Ardèche Drôme

🍴 **Domaine de Rilhac**

CUISINE MODERNE · SIMPLE XX Calme assuré dans cette ancienne ferme ardéchoise perdue dans la campagne, où l'on savoure une goûteuse cuisine de saison face au mont Gerbier-de-Jonc. Idéal pour se régaler tout en écoutant le chant des oiseaux ! Quelques chambres, dont certaines mansardées.

Formule 20 € – Menu 31/58 €

7 chambres – ♦95/132 € ♦♦95/132 € – ⍁ 15 €

2 km au Sud-Est par D120, D21 et rte secondaire
– ℰ 04 75 30 20 20 – www.domaine-de-rilhac.com
– Fermé 20 déc.-15 mars, mardi soir, jeudi midi et merc.

ST-AIGNAN

✉ 41110 (Loir-et-Cher) – 2 993 hab. – Alt. 115 m – Carte régionale n° **11**-A2
▶ Paris 221 km – Blois 41 km – Châteauroux 65 km – Romorantin-Lanthenay 36 km
Carte Michelin 318-F8 – Guide Vert Michelin Châteaux de la Loire

🍴 **Le Mange-Grenouille**

CUISINE TRADITIONNELLE · AUBERGE X Décoration baroque, mobilier chiné et grenouilles en tous genres offertes par les clients : cet ancien relais de poste ne manque pas de caractère ! On s'y régale d'une cuisine traditionnelle simple et bonne (rillettes de lapin et chèvre fermier, pluma de bellota grillée), qui évolue régulièrement. Attachant !

Formule 15 € – Menu 32/36 € – Carte 40/48 €

10 r. Paul-Boncour – ℰ 02 54 71 74 91 – www.lemangegrenouille.fr
– Fermé 20 juin-3 juil., 3 semaines en oct., sam. midi, dim. soir et lundi

Les Jardins de Beauval

HÔTEL DE VACANCES · MODERNE Cinq pavillons dans un jardin paysagé, au pied du magnifique parc animalier de Beauval. Source d'inspiration affichée : l'Indonésie... et les chambres – classiques – s'habillent de mobilier en bois exotique. Un lieu atypique et avec un certain cachet.

112 chambres – 🛏108/222 € 🛏🛏108/222 € – ☑ 14 €

(au zoo-parc de Beauval), 4 km par D675
– ☏ 02 54 75 60 00 – www.lesjardinsdebeauval.com
– Ouvert 21 fév.-1ᵉʳ nov.

ST-ALBAN-DE-MONTBEL – 73 (Savoie) → voir Aiguebelette-le-Lac

ST-ALBAN-LES-EAUX

✉ 42370 (Loire) – 931 hab. – Alt. 410 m – Carte régionale n° **44**-A1
▶ Paris 390 km – Lapalisse 45 km – Montbrison 56 km – Roanne 12 km
Carte Michelin 327-C3 – Guide Vert Michelin Lyon et sa région

 Le Petit Prince

CUISINE MODERNE · COSY ✕✕ Ce charmant restaurant n'est pas tombé d'un astéroïde : il a été fondé en 1805 par les arrière-grand-tantes de l'actuel patron ! Sa cuisine, fraîche, colorée et inventive, combine légèreté et gourmandise. Ce Petit Prince saura vous apprivoiser...

Formule 22 € – Menu 33/85 €

Le bourg – ☏ 04 77 65 87 13 – www.restaurant-lepetitprince.fr
– Fermé janv., mardi sauf le soir en juil.-août et lundi

ST-ALBAN-LEYSSE – 73 (Savoie) → voir Chambéry

ST-ALBAN-SUR-LIMAGNOLE

✉ 48120 (Lozère) – 1 449 hab. – Alt. 950 m – Carte régionale n° **23**-C1
▶ Paris 552 km – Espalion 72 km – Mende 40 km – Le Puy-en-Velay 75 km
Carte Michelin 330-I6

 **La Petite Maison**

CUISINE TRADITIONNELLE · RUSTIQUE ✕ Une table régionale où règne une atmosphère chaleureuse et rustique. Les spécialités de la maison ? La viande de bison américain (depuis 1992 !), la friture de truitelle, le whisky (400 références) et les vins du Languedoc-Roussillon. Enfin, les propriétaires sont aux petits soins : on se sent comme un coq en pâte...

Menu 29/69 € – Carte 54/75 €

Hôtel Relais St-Roch, av. de Mende
– ☏ 04 66 31 56 00 – www.la-petite-maison.fr
– Ouvert de mi-avril à la Toussaint et fermé lundi midi, mardi midi et merc. midi

 **Relais St-Roch**

FAMILIAL · RÉTRO "Verveine", "Violette", "Narcisse"... Dans cette gentilhommière du 19ᵉ s. en granit rose, les chambres honorent la nature dans un esprit d'antan (lambris vernissés, tissus tendus) qui a fidélisé de nombreux habitués. Agréable piscine dans le beau jardin.

9 chambres – 🛏116/296 € 🛏🛏116/296 € – ☑ 18 €

chemin du Carreirou – ☏ 04 66 31 55 48 – www.relais-saint-roch.fr
– Ouvert de mi-avril à la Toussaint

🍽 **La Petite Maison** – voir les restaurants ci-dessus

ST-AMAND-MONTROND

✉ 18200 (Cher) – 10 518 hab. – Alt. 160 m – Carte régionale n° **12**-C3

▶ Paris 282 km – Bourges 52 km – Châteauroux 65 km – Montluçon 56 km

Carte Michelin 323-L6 – Guide Vert Michelin Limousin Berry

🏠 L'Amandois   ✿ ⊡ 🕭 🖧 🅿

HÔTEL DE CHAÎNE · FONCTIONNEL Une adresse fonctionnelle et pratique, où les chambres, modernes et fort bien équipées, sont réparties dans deux bâtiments. Restaurant traditionnel.

43 chambres – 🛉72/85 € 🛉🛉85/97 € – 🖵 11 €

7 r. Henri-Barbusse, (face pl. de la République) – 𝒞 02 48 63 72 00
– www.logishotels.com

à Noirlac 4 km au Nord-Ouest par D2144 (rte de Bourges) et D35 –
✉ 18200 Bruere Allichamps

🍴 Auberge de l'Abbaye de Noirlac   🕭 🖧 🆎 🖋

CUISINE TRADITIONNELLE · CONVIVIAL 🗶 Face à l'abbaye de Noirlac, cette auberge créée dans une chapelle du 12ᵉ s. rend hommage à la cuisine du terroir. En digne enfant du pays, le chef orchestre la cérémonie avec les produits de la région : fromage berrichon, poule noire... et côté vins : châteaumeillant, st-pour-çain, sancerre, etc.

Menu 25 € (semaine), 30/42 € – Carte 47/65 €

– 𝒞 02 48 96 22 58 – www.aubergeabbayenoirlac.free.fr – Ouvert 25 fév.-30 nov.
et fermé mardi soir et merc.

à Bruère-Allichamps 8,5 km au Nord-Ouest par rte de Bourges (D2144) –
✉ 18200 – 646 hab. – Alt. 170 m

🍴 Les Tilleuls   ⇔ 🕭 🖋 🅿

CUISINE MODERNE · RURAL 🗶🗶 Sur la route touristique longeant le Cher, une construction des années 1960 derrière un rideau de... tilleuls. Au menu : une cuisine dans l'air du temps, avec quelques recettes très originales. Quelques chambres fonctionnelles à l'étage.

🍴 Formule 16 € – Menu 19 € (déj. en semaine), 26/70 €

9 chambres – 🛉50/55 € 🛉🛉55/60 € – 🖵 9 €

45 rte de Noirlac – 𝒞 02 48 61 02 75 – www.hotel-restaurant-tilleuls.com
– Fermé 15-22 fév., vacances de la Toussaint, de Noël, dim. soir de nov. à mai,
mardi midi de juin à oct., merc. midi et lundi

ST-AMARIN

✉ 68550 (Haut-Rhin) – 2 338 hab. – Alt. 410 m – Carte régionale n° **1**-A3

▶ Paris 461 km – Belfort 52 km – Colmar 53 km – Épinal 76 km

Carte Michelin 315-G9

🏠 Auberge du Mehrbächel   ✿ 🐾 ⇐ ⊡ 🖧 🖋 🖧 🅿

FAMILIAL · ACTUEL En plein cœur des Vosges et sur le passage d'un GR, cette auberge a été largement rénovée : ses chambres jouent désormais la carte de la modernité, tout en sobriété. Et au petit-déjeuner, on se régale de produits de la ferme (beurre, confiture, fromage, etc.) !

19 chambres – 🛉68/70 € 🛉🛉68/95 € – 🖵 10 €

4 km à l'Est par rte du Mehrbächel – 𝒞 03 89 82 60 68
– www.auberge-mehrbachel.com – Fermé 31 oct.-11 nov.

ST-AMBROIX

✉ 30500 (Gard) – 3 319 hab. – Alt. 142 m – Carte régionale n° **23**-C1

▶ Paris 686 km – Alès 20 km – Aubenas 56 km – Mende 111 km

Carte Michelin 339-K3

à St-Victor-de-Malcap 2 km au Sud-Est par D51 – ✉ 30500
– 812 hab. – Alt. 140 m

🍽○ **La Bastide des Senteurs**　　　🐌⇦🦡🏠🍸&♿ 🅿

CUISINE MODERNE · **MÉDITERRANÉEN** ✕✕ Dans cette ancienne magnanerie, quel plaisir de s'installer sur la terrasse dominant le vallon ! Les yeux sur l'horizon, on savoure une cuisine empreinte de classicisme et qui porte haut les couleurs de la Méditerranée. Spécialité : la poularde en vessie. Chambres aux noms de cépages, confortables et soignées.

Menu 28 € (dîner), 45/95 € 🍷 – Carte 70/103 €

14 chambres – ♦72/147 € ♦♦72/147 € – � 12 €

5 r. de la Traverse – 𝒞 04 66 60 24 45 – www.bastide-senteurs.com – Ouvert de mars à nov. et fermé lundi midi et sam. midi

à Larnac 3,5 km au Sud-Ouest par rte d'Alès – ✉ 30960 Les Mages

🏠 **Le Clos des Arts**　　　🎣🦡🍸&🅰🄲 🅿

FAMILIAL · **FONCTIONNEL** Dans une ancienne filature de soie du 17ᵉ s., des chambres spacieuses, déclinées en deux thématiques : Inde et design. De nombreuses œuvres d'art donnent du charme à ce clos bien nommé.

15 chambres – ♦61/79 € ♦♦61/79 € – � 8 € – ½ P

Domaine Villaret – 𝒞 04 66 25 40 91 – www.closdesarts.com

Un symbole passé en rouge désigne une maison particulièrement charmante, comme par exemple : 🏠.

ST-AMOUR-BELLEVUE

✉ 71570 (Saône-et-Loire) – 550 hab. – Alt. 306 m – Carte régionale n° **8**-C3
▶ Paris 402 km – Bourg-en-Bresse 48 km – Lyon 63 km – Mâcon 13 km
Carte Michelin 320-I12

✿ **Auberge du Paradis** (Cyril Laugier)　　🏠&🄰🄲 🍴

CRÉATIVE · **ROMANTIQUE** ✕✕ Dans un cadre cosy, une cuisine voyageuse, inspirée et soignée, qui exprime toute sa créativité à travers de belles notes d'épices rehaussant de superbes produits. Le chef se livre à un véritable travail d'équilibriste, et le repas a évidemment un petit goût... de paradis.
➔ Cuisine du marché.

Menu 69 € – menu unique

Hôtel Auberge du Paradis, Le Plâtre-Durand – 𝒞 03 85 37 10 26 (réservation conseillée) – www.aubergeduparadis.fr – Fermé 1 semaine en avril, vacances de la Toussaint, janv., lundi, mardi et le midi sauf dim.

✿ **Au 14 Février** (Masafumi Hamano)　　🏠&🄰🄲

CRÉATIVE · **À LA MODE** ✕✕ Après St-Valentin et Lyon, au tour de... St-Amour-Bellevue d'accueillir son 14 Février ! Dans une ancienne auberge, le décor se décline en cuir rouge et bois wengé ; une fois encore, on est séduit par cette savoureuse cuisine franco-japonaise, délicate et variée, qui est la marque de cette équipe si féconde en bonnes tables...
➔ Poêlée de foie gras de canard du Périgord. Homard breton rôti. Dôme de chocolat blanc.

Menu 52/92 €

Le Plâtre-Durand – 𝒞 03 85 37 11 45 (réservation conseillée) – www.au14fevrier.com – Fermé 23 août-1ᵉʳ sept., 2 semaines en janv., jeudi midi, mardi et merc.

Auberge du Paradis

AUBERGE · PERSONNALISÉ Un petit paradis en effet, aux chambres originales et contemporaines, décorées avec goût comme l'ensemble de l'établissement. Autres motifs de détente : le couloir de nage, le salon de lecture et un petit-déjeuner assez exceptionnel.

7 chambres – ♦145/260 € ♦♦215/260 € – 2 suites – ☲22 €

Le Plâtre-Durand – 𝒞 03 85 37 10 26 – www.aubergeduparadis.fr – Fermé vacances de la Toussaint, 31 déc.-22 janv. et 1 semaine en avril

❀ **Auberge du Paradis** – voir les restaurants ci-dessus

ST-ANDRÉ

✉ 66690 (Pyrénées-Orientales) – 3 266 hab. – Alt. 10 m – Carte régionale n° **22**-B3
▶ Paris 880 km – Girona 87 km – Montpellier 184 km – Perpignan 25 km
Carte Michelin 344-I7

⊛ La Table de Cuisine

CUISINE TRADITIONNELLE · BISTRO ✕ En reprenant cette maison de village, les propriétaires n'avaient qu'une idée en tête : travailler avec les meilleurs producteurs locaux. Les assiettes se révèlent fraîches et bien composées : pari tenu avec authenticité et générosité ! Un conseil : pensez à réserver, c'est souvent complet.

Formule 22 € – Menu 25 € (déj. en semaine), 32/45 €

8a r. de Taxo – 𝒞 04 68 95 42 06 – www.latabledecuisine.wordpress.com – Fermé vacances de fév., 1 semaine vacances de la Toussaint, sam. midi et merc.

ST-ANDRÉ-DE-BUÈGES

✉ 34190 (Hérault) – 59 hab. – Alt. 130 m – Carte régionale n° **7**-A2
▶ Paris 733 km – Mende 128 km – Montpellier 46 km – Nîmes 73 km
Carte Michelin 339-G5

Mas de Luzière

MAISON DE CAMPAGNE · PERSONNALISÉ On est instantanément séduit par ce superbe mas – un ancien domaine viticole –, bâti à flanc de colline dans la vallée de la Buèges ; les nouveaux propriétaires y ont aménagé des chambres spacieuses et confortables. Avantage de taille : les Cévennes sont tout près !

17 chambres ☲ – ♦59/89 € ♦♦79/99 €

– 𝒞 04 67 73 34 97 – www.luziere.com – Fermé janv. et fév.

ST-ANDRÉ-DE-NAJAC

✉ 12270 (Aveyron) – 419 hab. – Alt. 380 m – Carte régionale n° **29**-C2
▶ Paris 664 km – Albi 46 km – Rodez 74 km – Toulouse 103 km
Carte Michelin 338-E5

ⅱ○ Relais Mont le Viaur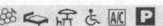

CUISINE TRADITIONNELLE · RUSTIQUE ✕ Le chef de cette jolie ferme régionale, chaleureuse et conviviale, a été auparavant sommelier dans plusieurs tables étoilées. Une chose le guide : la passion ! Il réalise ici une savoureuse cuisine du terroir : terrine de jarret de porc, foie gras maison, veau du Ségala... Pour l'étape, des chambres agréables.

Formule 14 € – Menu 22/45 € – Carte 33/61 €

7 chambres – ♦60 € ♦♦64 € – ☲9 €

La Croix-Grande – 𝒞 05 65 65 08 68 – www.montleviaur.fr – Fermé de mi-déc. à mi-janv., lundi en août, dim. soir, lundi soir et mardi soir

ST-ANDRÉ-DE-ROQUELONGUE

✉ 11200 (Aude) – 1 242 hab. – Alt. 72 m – Carte régionale n° **22**-B3
▶ Paris 821 km – Béziers 53 km – Montpellier 112 km – Perpignan 71 km
Carte Michelin 344-I4

Demeure de Roquelongue

FAMILIAL · PERSONNALISÉ En plein cœur du village, cette belle demeure de vigneron (1885) a le charme des maisons de famille : mobilier chiné, patio verdoyant, salles de bains rétro, cuisine traditionnelle à la table d'hôte... De l'âme et du style !

5 chambres ☲ – ♦100/125 € ♦♦110/135 €

53 av. de Narbonne – ℰ 04 68 45 63 57 – www.demeure-de-roquelongue.com
– Fermé 16 déc.-14 février

ST-ANDRÉ-LEZ-LILLE – 59 (Nord) ➜ voir Lille

ST-ANDRÉ-LES-VERGERS – 10 (Aube) ➜ voir Troyes

ST-ANTOINE-L'ABBAYE

✉ 38160 (Isère) – 1 039 hab. – Alt. 339 m – Carte régionale n° **43**-E2
▶ Paris 553 km – Grenoble 66 km – Romans-sur-Isère 26 km – St-Marcellin 12 km
Carte Michelin 333-E6 – Guide Vert Michelin Lyon et sa région

 Auberge de l'Abbaye

CUISINE MODERNE · CLASSIQUE XX Au cœur du village médiéval, une maison ancienne datant du 14ᵉ s., agréable et chaleureuse avec son décor d'inspiration Louis XIII. Au menu, une cuisine actuelle valorisant le terroir : foie gras en basse température au vin épicé ; selle d'agneau fumée aux grains de café, mousseline à l'ail des ours...

Formule 20 € – Menu 23/61 € – Carte 37/80 €

Mail de l'Abbaye – ℰ 04 76 36 42 83 – www.auberge-abbaye.com
– Fermé 4 janv.-8 fév., dim. soir, lundi sauf le midi de juil. à sept. et mardi

ST-ANTONIN-NOBLE-VAL

✉ 82140 (Tarn-et-Garonne) – 1 891 hab. – Alt. 125 m – Carte régionale n° **29**-C2
▶ Paris 628 km – Cahors 56 km – Montauban 45 km – Toulouse 98 km

 Le Carré des Gourmets

CUISINE MODERNE · INTIME XX Sur les bords de l'Aveyron, un restaurant au cadre contemporain, tout en nuances de gris. Derrière les fourneaux, le chef concocte une cuisine dans l'air du temps avec des produits du terroir : terrine de rouget et de légumes, ballotine de volaille fermière avec sa purée, etc. Terrasse face à la rivière.

Formule 20 € – Menu 23 € (déj. en semaine), 29/58 € ♀ – Carte environ 53 €

13 bd des Thermes – ℰ 05 63 30 65 49 – www.carredesgourmets.fr
– Fermé 20 déc.-1ᵉʳ fév., dim. soir, mardi soir et merc. en juil.-août

ST-AUBIN – 22 (Côtes-d'Armor) ➜ voir Erquy

ST-AUBIN-DE-LANQUAIS

✉ 24560 (Dordogne) – 313 hab. – Alt. 110 m – Carte régionale n° **4**-C1
▶ Paris 548 km – Bergerac 13 km – Bordeaux 101 km – Périgueux 56 km
Carte Michelin 329-E7

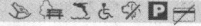 **L'Agrybella**

AUBERGE · PERSONNALISÉ Au cœur d'un village tranquille, une belle demeure (18ᵉ s.) dans un jardin clos de murs. Choisissez parmi trois chambres de style différent, très bien entretenues par la propriétaire... et n'oubliez pas de profiter de la piscine extérieure chauffée avec sauna, hammam et jacuzzi !

3 chambres ☲ – ♦95/110 € ♦♦95/110 €

pl. de l'Église – ℰ 05 53 58 10 76 – www.agrybella.fr.st – Fermé janv.-fév.

ST-AUBIN-DE-MÉDOC

✉ 33160 (Gironde) – 6 350 hab. – Alt. 29 m – Carte régionale n° **3**-B1
▶ Paris 592 km – Angoulême 132 km – Bayonne 193 km – Bordeaux 19 km
Carte Michelin 335-G5

ⅠO Le Pavillon de St-Aubin-Thierry Arbeau ⇦ 🏤 🅿

CUISINE MODERNE • FAMILIAL XX Makis de thon rouge, pigeonneau aux épices douces... Une carte bien dans son époque, pour un moment gourmand dans un lieu chaleureux – tons ensoleillés, cheminée et tables bien dressées. Pour l'étape, les chambres sont fonctionnelles et bien tenues.
Menu 29/59 €
12 chambres – 🛏75/85 € 🛏🛏80/90 € – ☑ 10 €
Le Hiou, rte de Picot – ℰ 05 56 95 98 68 – www.thierry-arbeau.com
– Fermé 2 semaines en août, sam. midi, dim. soir et lundi

ST-AUBIN-SUR-GAILLON – 27 (Eure) → voir Gaillon

ST-AVÉ – 56 (Morbihan) → voir Vannes

ST-AVIT-DE-TARDES

✉ 23200 (Creuse) – 182 hab. – Alt. 560 m – Carte régionale n° **25**-C2
▶ Paris 415 km – Guéret 55 km – Limoges 151 km – Ussel 67 km
Carte Michelin 325-K5

🏠 Le Moulin de Teiteix 🔊 🏤 ⚲ 🅿 🛏

RURAL • PERSONNALISÉ Au pied d'une petite rivière poissonneuse et au grand calme, un moulin du 19ᵉ s. rustique et bucolique à souhait, où priment la simplicité et la convivialité. Les chambres, toutes différentes, sont spacieuses et agréables ; à l'heure du repas, la propriétaire concocte même une cuisine traditionnelle et familiale.
4 chambres ☑ – 🛏59 € 🛏🛏79/129 €
– ℰ 05 55 67 34 18 – http://moulin-de-teiteix.pagesperso-orange.fr

ST-AVIT-SÉNIEUR

✉ 24440 (Dordogne) – 460 hab. – Alt. 164 m – Carte régionale n° **4**-C1
▶ Paris 551 km – Agen 82 km – Bordeaux 127 km – Périgueux 65 km
Carte Michelin 329-F7 – Guide Vert Michelin Périgord Quercy

ⅠO La Table de Léo 🏤

CUISINE MODERNE • CONVIVIAL X Une maison en pierre au cœur du village, avec une belle terrasse au-dessus de la place de l'église... L'ensemble cache une vraie bonne petite adresse, dont le chef ose sortir des sentiers battus des recettes régionales, et démontre une vraie attention aux produits, aux dressages et aux cuissons. De la légèreté, du goût...
🍴 Formule 15 € – Menu 20 € (déj. en semaine)/31 €
Le Bourg – ℰ 05 53 57 89 15 – www.latabledeleo.fr – Fermé 1 semaine en juin, 1 semaine en sept., 1 semaine en oct., 2 semaines en janv., merc. sauf juil.-août, dim. soir et lundi

ST-AVOLD

✉ 57500 (Moselle) – 16 349 hab. – Alt. 260 m – Carte régionale n° **27**-C1
▶ Paris 372 km – Metz 46 km – Saarbrücken 33 km – Sarreguemines 29 km
Carte Michelin 307-L4

au Nord 2,5 km sur D633 (près échangeur A 4) – ✉ 57500 St-Avold :

🏨 Novotel 🌳 🏤 ⚲ 🅿 🛏 🅰🅲 🕹 🅿

HÔTEL DE CHAÎNE • FONCTIONNEL Dans ce Novotel entre forêt et autoroute (heureusement très calme), l'idéal est de choisir une chambre face à la piscine. Au restaurant, l'étape est pratique et sans surprise, mais la terrasse a vue sur les bois.
61 chambres – 🛏95/175 € 🛏🛏95/195 € – ☑ 17 €
RN33 – ℰ 03 87 92 25 93 – www.novotel.com

ST-AY

⊠ 45130 (Loiret) – 3 188 hab. – Alt. 100 m – Carte régionale n° **12**-C2
▶ Paris 140 km – Blois 48 km – Châteaudun 52 km – Orléans 13 km
Carte Michelin 318-H4

⑩ La Grande Tour

CUISINE MODERNE · ROMANTIQUE ✖✖ La Pompadour séjourna dans cet ancien et chaleureux relais de poste, situé sur la route des châteaux de la Loire. Cuisine traditionnelle (tête de veau, canette rôtie, sandre au beurre blanc... avec une belle carte de soufflés en dessert), servie en terrasse l'été venu.
Formule 17 € – Menu 29/68 € – Carte 44/66 €
21 rte Nationale – ℰ 02 38 88 83 70 – www.lagrandetour.com
– Fermé 8-24 août, 9-18 janv., dim. soir, merc. soir et lundi

ST-AYGULF

⊠ 83370 (Var) – Alt. 12 m – Carte régionale n° **41**-C3
▶ Paris 872 km – Brignoles 69 km – Draguignan 35 km – Fréjus 6 km
Carte Michelin 340-P5 – Guide Vert Michelin Côte d'Azur

⌂ Cap Riviera

FAMILIAL · PERSONNALISÉ Sympathique hôtel familial, sur la route côtière, face à la mer. Chambres coquettes et colorées, plus calmes côté patio ; l'accueil est aimable et l'on profite toute l'année d'une petite restauration, réservée à la clientèle.
19 chambres – ♦66/145 € ♦♦66/145 € – 1 suite – ⌓ 9 €
21 r. de Claviers, (plage du Grand-Boucharel) – ℰ 04 94 81 21 42
– www.hotelcapriviera.com – Ouvert 21 mars-15 oct.

ST-BAZILE-DE-MEYSSAC

⊠ 19500 (Corrèze) – 143 hab. – Alt. 230 m – Carte régionale n° **25**-C3
▶ Paris 514 km – Brive-la-Gaillarde 28 km – Limoges 125 km – Tulle 37 km
Carte Michelin 329-L5

⌂ Le Manoir de la Brunie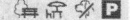

HISTORIQUE · PERSONNALISÉ Pour un week-end au calme, ce manoir du 18e s. chargé d'histoire – le propriétaire ne manque pas d'anecdotes sur le sujet – a conservé tout son cachet. Poutres et tomettes, mobilier chiné, joli jardin arboré... le tout aménagé avec goût. Belle escapade au programme !
4 chambres ⌓ – ♦105/120 € ♦♦120/140 €
La Brunie – ℰ 05 55 84 23 07 – www.manoirlabrunie.com

ST-BEAUZEIL

⊠ 82150 (Tarn-et-Garonne) – 126 hab. – Alt. 181 m – Carte régionale n° **28**-B1
▶ Paris 631 km – Agen 32 km – Cahors 55 km – Montauban 64 km
Carte Michelin 337-B5

⑩ Château de l'Hoste

CUISINE MODERNE · RUSTIQUE ✖✖ La table du Château de l'Hoste est à l'image de l'établissement : élégante et authentique. Ainsi, le chef privilégie les légumes du potager bio – ici, la tendance est au locavorisme – pour ses recettes qui osent les accords sucrés-salés. L'été, on profite de la terrasse et l'hiver, on s'installe devant la cheminée.
Menu 35/39 € – Carte 40/55 €
rte d'Agen, D656 – ℰ 05 63 95 25 61 – www.chateaudelhoste.com
– Ouvert de mi-avril à mi-oct. et fermé lundi soir hors saison et lundi midi

🏠 Château de l'Hoste 🔆 🐾 🛏 🍸 ♿ 🏊 ♨ 🅿

CHÂTEAU · PERSONNALISÉ Au cœur de la campagne quercynoise, dans un superbe jardin, une gentilhommière du 17ᵉ s. pleine de caractère et de confort. Que dire de la bibliothèque, du bar ou encore de la piscine ? Le temps d'un week-end ou d'un séjour plus long, on se rêve lady et gentleman-farmer...

24 chambres – 🛏110/130 € 🛏🛏140/250 € – ⌑15 €

rte d'Agen, D656 – ℰ 05 63 95 25 61 – www.chateaudelhoste.com – Ouvert de mi-avril à mi-oct.

🍴○ **Château de l'Hoste** – voir les restaurants ci-dessus

ST-BÉNIGNE – 01 (Ain) ➔ voir Pont-de-Vaux

ST-BENOIT – 86 (Vienne) ➔ voir Poitiers

ST-BENOÎT-SUR-LOIRE

✉ 45730 (Loiret) – 2 063 hab. – Alt. 126 m – Carte régionale n° **12**-C2

▶ Paris 166 km – Bourges 92 km – Châteauneuf-sur-Loire 10 km – Gien 32 km

Carte Michelin 318-K5 – Guide Vert Michelin Châteaux de la Loire

😊 Grand St-Benoît 🍴 ♿ 🆎 ↔

CUISINE MODERNE · CLASSIQUE ✗✗ Une maison chaleureuse, avec une jolie terrasse, au cœur de ce village où repose le poète Max Jacob. Au menu, de délicieux petits plats joliment cuisinés, avec de subtils mariages de saveurs. De quoi trouver l'inspiration !

Formule 22 € – Menu 32/52 €

7 pl. St-André – ℰ 02 38 35 11 92 (réservation conseillée) – www.restaurant-grand-saint-benoit.com – Fermé 15-29 fév., 16-31 août, 19-29 déc., dim. et lundi

ST-BONNET-LE-CHÂTEAU

✉ 42380 (Loire) – 1 570 hab. – Alt. 870 m – Carte régionale n° **44**-A2

▶ Paris 484 km – Ambert 48 km – Montbrison 31 km – Le Puy-en-Velay 66 km

Carte Michelin 327-D7 – Guide Vert Michelin Lyon et sa région

😊 La Calèche 🐾 ♿ ↔

CUISINE MODERNE · CONVIVIAL ✗✗ Dans cet hôtel particulier du 17ᵉ s., au pimpant décor, Jean-Marie Tatier propose une cuisine dans l'air du temps où chaque assiette est travaillée avec justesse. Couleurs et parfums sont au rendez-vous, avec juste ce qu'il faut de sophistication. Cette Calèche convie à une jolie promenade gourmande !

🍴 Formule 17 € – Menu 20 € (déj. en semaine), 30/62 € – Carte 42/51 €

2 pl. Cdt-Marey – ℰ 04 77 50 15 58 – www.restaurantlacaleche.fr – Fermé 2-10 janv., 2-10 sept., dim. soir, merc. soir, lundi et mardi

ST-BONNET-LE-FROID

✉ 43290 (Haute-Loire) – 244 hab. – Alt. 1 126 m – Carte régionale n° **6**-D3

▶ Paris 555 km – Annonay 27 km – Le Puy-en-Velay 58 km – St-Étienne 51 km

Carte Michelin 331-I3

🌸🌸🌸 Régis et Jacques Marcon 🐾 🤝 🐾 🍴 ♿ 🆎 🛏 soir, 🚗

CRÉATIVE · DESIGN ✗✗✗ Viandes du plateau, lentilles vertes du Puy, fromages locaux, etc. : la cuisine des Marcon magnifie le terroir et l'automne est leur saison de prédilection. C'est là, dans l'intimité des sous-bois aux feuilles rougissantes, qu'ils cueillent ces champignons dont ils ont fait... un art ! Le bâtiment, ceint de verre, rend également un superbe hommage à la nature.

➔ Chaud-froid d'omble chevalier à la cistre. Cassoulet de homard aux lentilles vertes du Puy. Brochette de banane au caramel de morilles.

Menu 133/205 € – Carte 185/205 €

10 chambres – 🛏380 € 🛏🛏380 € – ⌑25 €

Larsiallas, sur les hauteurs du village – ℰ 04 71 59 93 72 (réservation conseillée) – www.regismarcon.fr – Ouvert 2 avril-18 déc. et fermé lundi midi de juin à août, lundi soir de nov. à mai, mardi et merc.

⊕ André Chatelard
⚘ ⇦ ⌂ ⅏ AC

CUISINE TRADITIONNELLE · CONVIVIAL XX Des truites du Lignon, de la bonne charcuterie, des champignons aux parfums de sous-bois, des fromages nobles et fleuris, des bons vins à petits prix... et un beau chariot de desserts (le chef est ancien pâtissier) : cette cuisine régionale invite à la joie de vivre ! Atmosphère conviviale et jolies chambres en prime.

Formule 22 € – Menu 31/78 € – Carte 31/62 €

4 chambres ⌂ – ♦145 € ♦♦145 €

*pl. aux Champignons – ℰ 04 71 59 96 09 – www.restaurant-chatelard.com
– Fermé 5-9 sept., janv., fév., mardi sauf en août, dim. soir et lundi*

⊕ Le Fort du Pré
⇦ ⌂ ⅏ P

CUISINE MODERNE · ÉLÉGANT XX St-Bonnet-le-Froid peut bien se targuer du titre de "village gourmand" si l'on en juge par l'existence de ce Fort du Pré ! On y propose une savoureuse cuisine d'aujourd'hui, mettant admirablement en valeur le travail des producteurs de la région. Le tout dans un environnement verdoyant... Une valeur sûre.

Formule 21 € – Menu 29/71 € – Carte 42/67 €

*Hôtel Le Fort du Pré, rte du Puy – ℰ 04 71 59 91 83 – www.le-fort-du-pre.fr
– Fermé 28 août-2 sept., 1ᵉʳ déc.-10 mars, dim. soir de sept. à juin et lundi sauf le soir en juil.-août*

⊕ Bistrot la Coulemelle
⇦ ⌂ AC P

CUISINE TRADITIONNELLE · RUSTIQUE XX Au cœur du village, voici la délicieuse "annexe bistrotière" du grand restaurant de Régis Marcon. Nougat de poularde et foie gras, composé de cochon, beau choix de pâtisseries maison : rien à dire, tout est généreux et diablement bon. Et les cuisines ouvertes ajoutent un côté chaleureux à l'ensemble...

Formule 28 € – Menu 32/38 €

*Hôtel Clos des Cimes - Découverte & Spa, le village – ℰ 04 71 65 63 62
– www.regismarcon.fr – Fermé 20 déc.-13 fév. et mardi*

🏠 Le Fort du Pré
✿ ⇦ ⊼ ⃞ ⌂ ⅏ P

TRADITIONNEL · ACTUEL Un peu en dehors du village, cette maison de maître abrite des chambres contemporaines, privilégiant les matériaux bruts et les détails raffinés. N'hésitez pas à profiter des nombreux loisirs proposés (piscine, fitness, cours de cuisine...).

29 chambres – ♦84/104 € ♦♦84/134 € – ⌂ 13 € – ½ P

*rte du Puy – ℰ 04 71 59 91 83 – www.le-fort-du-pre.fr
– Fermé 28 août-2 sept., 1ᵉʳ déc.-10 mars, dim. soir de sept. à juin et lundi sauf le soir en juil.-août*

⊛ **Le Fort du Pré** – voir les restaurants ci-dessus

🏠 Clos des Cimes-Découverte & Spa
✿ ⇦ ⃞ ⅏ ⌂ AC P

AUBERGE · ACTUEL C'est ici que tout a commencé pour la famille Marcon ! Au cœur du village, une maison de pays accueillante et une nouvelle annexe, la Découverte, avec 19 chambres tout confort. Mention spéciale pour la vue sur la vallée et l'imposant centre de thalasso en libre accès (sauna, hammam, bains à remous...).

30 chambres – ♦115/240 € ♦♦115/240 € – ⌂ 15 €

le village – ℰ 04 71 59 93 72 – www.regismarcon.fr – Fermé 3 janv.-13 fév. et mardi

⊛ **Bistrot la Coulemelle** – voir les restaurants ci-dessus

au Nord-Ouest 6 km par D44

🏠 La Maison d'en Haut
⧖ ⇦ ⅏ P ⇥

FAMILIAL · PERSONNALISÉ Tout est si calme dans ce hameau de quelques âmes, au bout d'une route étroite et sinueuse ! Cette jolie ferme en pierre (18ᵉ s.), avec ses chambres meublées telle une maison de famille, est comme un refuge contre le temps qui passe. Ô cachet rustique...

3 chambres ⌂ – ♦85/95 € ♦♦85/95 €

Malatray – ℰ 04 71 61 96 20 – www.maison-den-haut.com – Ouvert d'avril à déc.

ST-BREVIN-LES-PINS

✉ 44250 (Loire-Atlantique) – 13 088 hab. – Alt. 9 m – Carte régionale n° **34**-A2
▶ Paris 442 km – Nantes 57 km – Saint-Herblain 62 km – Saint-Nazaire 15 km
Carte Michelin 316-C4 – Guide Vert Michelin Pays de la Loire

Hôtel du Beryl
HÔTEL DE CHAÎNE · FONCTIONNEL Dans cette petite station proche de Pornic, un bel établissement aux chambres spacieuses et lumineuses, ouvrant sur l'océan en façade et les pins à l'arrière... En plus des plaisirs du bord de mer : spa, casino, restaurant face aux flots, etc.
99 chambres – ♦71/225 € ♦♦71/225 € – 立13 € – ½ P
55 bd de l'Océan – ℰ 02 28 53 20 00 – www.hotel-stbrevinlocean.com

ST-BRICE

✉ 53290 (Mayenne) – 537 hab. – Alt. 71 m – Carte régionale n° **35**-C1
▶ Paris 271 km – Laval 43 km – Le Mans 70 km – Nantes 147 km
Carte Michelin 310-G7

Au Manoir des Forges
MAISON DE CAMPAGNE · PERSONNALISÉ Sur les hauteurs du village, petit manoir de 1570 au charme authentique : parc, plan d'eau où nagent des cygnes noirs... Chambres rustiques et cosy (tomettes, poutres, cheminée). Cuisine provençale et spécialités corses au coin du feu ou sous la tonnelle.
5 chambres 立 – ♦138/188 € ♦♦138/188 €
Les Forges, 0,5 km à l'Est par D212 – ℰ 02 43 70 84 40 – www.manoirdesforges.fr – Ouvert 1ᵉʳ mai-1ᵉʳ nov.

ST-BRICE-EN-COGLÈS

✉ 35460 (Ille-et-Vilaine) – 2 884 hab. – Alt. 105 m – Carte régionale n° **10**-D2
▶ Paris 343 km – Avranches 34 km – Fougères 17 km – Rennes 57 km
Carte Michelin 309-N4

Le Lion d'Or
AUBERGE · FONCTIONNEL Dans la rue principale du village, cet ancien relais de diligence en granit abrite des chambres confortables et régulièrement rénovées. Restaurant traditionnel et, au déjeuner, espace brasserie.
36 chambres – ♦69/100 € ♦♦79/135 € – 立10 €
6-8 r. Chateaubriand – ℰ 02 99 98 61 44 – www.hotel-leliondor.fr – Fermé dim. soir de sept. à juin

ST-BRIEUC

✉ 22000 (Côtes-d'Armor) – 45 936 hab. – Agglo. 94 351 hab. – Alt. 78 m
– Carte régionale n° **10**-C2
▶ Paris 451 km – Brest 144 km – Quimper 127 km – Rennes 101 km
Carte Michelin 309-F3 – Guide Vert Michelin Bretagne Nord

✿ Aux Pesked (Mathieu Aumont)
POISSONS ET FRUITS DE MER · À LA MODE XXX En ville... et déjà à la campagne : cette ancienne auberge, transformée dans un style résolument contemporain, offre une vue plongeante sur les rives verdoyantes du Gouët. Logiquement, les *pesked* ("poissons" en breton) sont à l'honneur : de superbe fraîcheur, cuisinés avec soin, au gré du marché. La mer à la campagne !
➜ Ormeaux selon la recette du moment. Poissons de nos côtes et légumes de saison. Tarte fine au citron.
Formule 25 € – Menu 29 € (déj. en semaine), 50/85 € – Carte 75/84 €
Plan : AV-a – *59 r. du Légué – ℰ 02 96 33 34 65 – www.auxpesked.com – Fermé 1 semaine en mai, 2 semaines en août, 2 semaines début janv., sam. midi, dim. soir et lundi*

ST-BRIEUC

Abbé-Garnier (R.) . . . . **AX** 2
Armor (Av. d') . . . . **BZ** 3
Chapitre (R. du) . . . . **AZ** 4
Charbonnerie (R.) . . . . **AY** 5
Corderie (R. de la) . . . . **AX** 13
Ferry (R. Jules) . . . . **AX** 16

Gambetta (Bd) . . . . **AV** 17
Gaulle (Pl. Gén.-de) . . . . **AY** 18
Glais-Bizoin (R.) . . . . **ABY** 20
Le Gorrec (R. P.) . . . . **AZ** 28
Hérault (Bd) . . . . **AZ** 23
Jouallan (R.) . . . . **AY** 26
Libération (Av. de la) . . . . **BZ** 29
Lycéens-Martyrs (R.) . . . . **BZ** 32
Martray (Pl. du) . . . . **AY** 33

Quinquaine (R.) . . . . **AY** 38
Résistance (Pl. de la) . . . . **AY** 39
Rohan (R. de) . . . . **AYZ** 40
St-Gilles (R.) . . . . **AY** 43
St-Guénou (R.) . . . . **AY** 44
St-Guillaume (R.) . . . . **BZ** 46
Victor-Hugo (R.) . . . . **BX** 50
3-Frères-Le-Goff (R.) . . . . **AY** 52
3-Frères-Merlin (R.) . . . . **AY** 53

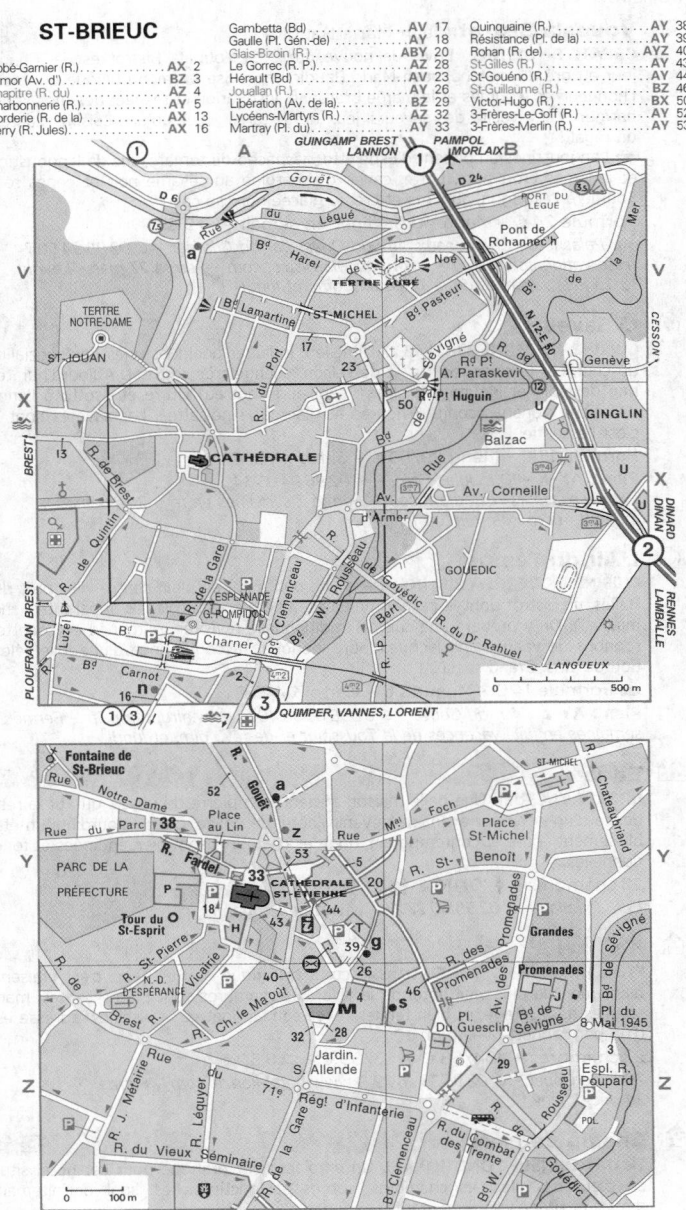

⇔ **Youpala Bistrot** (Jean-Marie Baudic)   🖭

CRÉATIVE · BISTRO X Envie de nouveauté ? Le Youpala Bistrot est là. Chaque jour au gré du marché, Jean-Marie Baudic improvise un menu unique qui met à l'honneur les légumes et la marée bretonne. Inspiration et respect des techniques, harmonie et vivacité des saveurs, jeux de textures : plus qu'une cuisine d'auteur, un régal !

➜ Langoustines au piment d'Espelette, gaspacho de tomate, suc de langoustines et légumes croquants. Lotte, caviar d'aubergine au sésame noir et cèpes rôtis. Soufflé à l'estragon, abricots et crème glacée noix de coco.

Formule 24 € – Menu 40 € (dîner en semaine)/79 € ⬯

5 r. Palasne-de-Champeaux, au Sud-Ouest par bd Charner – ℰ 02 96 94 50 74 (réservation conseillée) – www.youpala-bistrot.com – Fermé 27 mars-11 avril, 10-25 juil., vacances de la Toussaint, dim. et lundi

⊛ **Ô Saveurs**   ♿

CUISINE MODERNE · INTIME XX Difficile d'indiquer quelques-unes des spécialités du chef, car la carte, courte et de saison, change très souvent. Aujourd'hui, terrine de lapin et légumes "pickles"; cabillaud doré au beurre et risotto à l'encre de seiche ; ananas confit 7 heures et glace à la noisette... Les saveurs sont là, c'est l'essentiel !

Formule 16 € – Menu 29/53 € – Carte 41/51 €

Plan : AX-n – *10 r. Jules-Ferry – ℰ 02 96 94 05 34*
– www.osaveurs-restaurant.com – Fermé 2 semaines en fév., 2 semaines en août, merc. soir, dim. et lundi

ⅱ◯ **L'Air du Temps**

CUISINE MODERNE · BISTRO X Dans une petite rue en plein centre-ville, près des Halles, un bistrot dont le cachet mêle l'actuel et l'ancien (pierres apparentes, cheminée...). On y prépare une cuisine traditionnelle revisitée, mitonnée en cocotte : rognons de veau, Saint-Jacques, porc ibérique... accompagnée d'une jolie sélection de vins. Grand succès !

⊛ Formule 14 € – Menu 18 € – Carte 31/49 €

Plan : AY-z – *4 r. de Gouët – ℰ 02 96 68 58 40 – www.airdutemps.fr – Fermé 2 semaines en juil., vacances de la Toussaint et de fév., dim. et lundi*

🏠 **Edgar**   ⭑ 🖃 ♿ 🖭

URBAIN · ACTUEL Une belle maison ancienne en pierre du pays... qui fut la résidence d'un armateur avant de devenir l'hôtel de police. C'est aujourd'hui un établissement épuré et contemporain, dont les chambres sont bien équipées et fonctionnelles.

28 chambres – ♦70/110 € ♦♦70/135 € – ☷ 10 €

15 r. Jouallan – ℰ 02 96 60 27 27 – www.hotel-edgar.fr

🏠 **Ker Izel**   🛏 ⌁

FAMILIAL · FONCTIONNEL Dans le cœur historique de St-Brieuc, c'est vraisemblablement le plus vieil hôtel de la ville. Les chambres sont plutôt petites, mansardées au 2e étage, et bien tenues. Avec son jardinet et sa piscine, l'adresse est d'un bon rapport qualité-prix.

22 chambres – ♦54/58 € ♦♦63/69 € – ☷ 8,50 €

20 r. de Gouët – ℰ 02 96 33 46 29 – www.hotel-kerizel.com – Fermé 24 déc.-2 janv.

🏠 **Champ de Mars**   🖃 ♿

TRADITIONNEL · FONCTIONNEL Un emplacement pratique pour cet hôtel situé en cœur de ville. Les chambres, sobres et fonctionnelles, sont parfaitement tenues et proposées à des tarifs raisonnables.

21 chambres – ♦54/58 € ♦♦59/63 € – ☷ 8 €

13 r. du Gén.-Leclerc – ℰ 02 96 33 60 99 – www.hotel-saint-brieuc.fr – Fermé vacances de Noël

à Cesson 3 km à l'Est par r. de Genève – ✉ 22000 St Brieuc

La Croix Blanche

CUISINE MODERNE · **ÉLÉGANT** ✕✕ Chair de tourteau et gressins aux trois saveurs ; Saint-Jacques au chou pak-choï, jambon et oignons rouges... Dans ce plaisant restaurant ouvert sur un joli jardin, le chef concocte une cuisine d'aujourd'hui gourmande et raffinée, où le poisson tient le premier rôle. Un rapport plaisir-prix à marquer d'une croix blanche !

Formule 20 € – Menu 24/91 € – Carte environ 60 €

61 r. de Genève – ℰ 02 96 33 16 97 – www.restaurant-lacroixblanche.fr
– Fermé 8-22 fév., 4-25 août, 2-6 janv., dim. soir et lundi

Ⅰ○ Manoir le Quatre Saisons

CUISINE MODERNE · **AUBERGE** ✕✕ Hors de la ville, presque à la campagne, une maison typiquement régionale et très accueillante, avec un jardin fleuri. Dans ce décor classique et confortable, on déguste une cuisine traditionnelle revisitée ; le chef fait évoluer la carte en fonction des saisons, et travaille de bons produits frais.

☏ Formule 20 € – Menu 15 € ♀ (déj. en semaine), 29/80 € – Carte environ 65 €

61 chemin des Courses – ℰ 02 96 33 20 38 – www.manoirquatresaisons.fr
– Fermé 5-19 mars, 1er-15 oct., dim. soir et lundi

à Ploufragan 5 km au Sud-Ouest par rte de Quintin – ✉ 22440
– 11 346 hab. – Alt. 139 m

Ⅰ○ Le Brézoune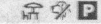

CUISINE MODERNE · **CONVIVIAL** ✕ Un jeune couple formé à bonne école est à la tête de cette adresse traditionnelle, dans laquelle pierres, poutres et déco contemporaine se côtoient harmonieusement. Même philosophie à la carte, où les produits du terroir breton se marient à des notes d'Asie. Originalité, fraîcheur et accueil charmant au menu !

☏ Formule 13 € – Menu 17 € (semaine), 25/50 €

15 r. de la Poste – ℰ 02 96 01 59 37 – Fermé août, janv., merc. soir, sam. midi, dim. soir et lundi

à Plérin 3 km au Nord-Est par Port Légué et D24 – ✉ 22190 Plerin
– 14 224 hab. – Alt. 106 m

✽ La Vieille Tour (Nicolas Adam)

CUISINE MODERNE · **À LA MODE** ✕✕ Le cadre, très contemporain, jouant sur la lumière et les matières (verre, wengé...), est en totale adéquation avec les saveurs fines et iodées de cette maison de pays, face au chenal. Les produits sont de belle qualité, les cuissons justes et l'harmonie des saveurs très convaincante. À votre Tour !

➜ Hamburger de foie gras chaud, cèpes et ketchup de framboise. Saint-Jacques snackées et potimarron, écume de lard fumé. Cheesecake litchi-framboise flambé au Grand Marnier.

Formule 21 € – Menu 29 € (semaine), 41/72 € – Carte 73/108 €

75 r. de la Tour – ℰ 02 96 33 10 30 (réservation conseillée)
– www.la-vieille-tour.com – Fermé vacances de fév., 16 août-8 sept., sam. midi, dim. et lundi

ST-CALAIS

✉ 72120 (Sarthe) – 3 359 hab. – Alt. 155 m – Carte régionale n° **35**-D1
▣ Paris 188 km – La Ferté-Bernard 33 km – Le Mans 47 km – Tours 66 km
Carte Michelin 310-N7 – Guide Vert Michelin Pays de la Loire

rte de la Ferté-Bernard 3 km au Nord par D1

 Château de la Barre

CHÂTEAU · GRAND STYLE Le comte et la comtesse de Vanssay, vingtièmes du nom, vous accueillent dans leur château des 15e-18e s. Un bijou d'élégance à la française... Portraits ancestraux, meubles d'époque, imprimés foisonnants et, dans le parc, des jardins à thème (japonais, italien, inca, etc.). Une villégiature rêvée pour les amateurs !

5 chambres ☐ – †170/470 € ††295/530 €

– ☏ 02 43 35 00 17 – www.chateaudelabarre.com – Fermé 10 janv.-1er mars

ST-CANNAT

✉ 13760 (Bouches-du-Rhône) – 5 431 hab. – Alt. 216 m – Carte régionale n° **40**-B3
▶ Paris 731 km – Aix-en-Provence 17 km – Cavaillon 39 km – Manosque 65 km
Carte Michelin 340-G4 – Guide Vert Michelin Provence

au Sud 2 km par rte d'Éguilles et rte secondaire – ✉13760 St-Cannat

 Mas de Fauchon

AUBERGE · PERSONNALISÉ Le calme à l'état pur avec pour seule musique le chant des cigales... En pleine campagne, autour d'une bergerie du 17e s., on découvre de grandes chambres d'un élégant style provençal, de plain-pied avec le jardin. Agréable piscine et espace détente. Restaurant traditionnel dans la bâtisse principale.

16 chambres – †130/240 € ††130/300 € – 2 suites – ☐ 15 €
1666 chemin de Berre – ☏ 04 42 50 61 77 – www.mas-de-fauchon.fr

ST-CÉRÉ

✉ 46400 (Lot) – 3 540 hab. – Alt. 152 m – Carte régionale n° **29**-C1
▶ Paris 531 km – Aurillac 62 km – Brive-la-Gaillarde 51 km – Cahors 80 km
Carte Michelin 337-H2

✿ **Les Trois Soleils de Montal** (Frédérik Bizat)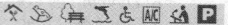

CUISINE MODERNE · CLASSIQUE XXX Un, deux, trois... soleil ! Le décor élégant d'abord, la qualité des produits ensuite, la finesse d'exécution en clap de fin : vous pouvez faire un mouvement et déguster sans craindre, le rapport qualité-plaisir est excellent.
➜ Homard breton en salade de betterave blanche. Filet de pintade de ferme, jus miso et girolles. Surprise de fruits rouges et sorbets.

Formule 32 € – Menu 48 € (déj.), 52/84 €

Hôtel les Trois Soleils de Montal, rte de Gramat, 2 km par D673 – ☏ 05 65 10 16 16
– www.3soleils.fr – Fermé 1 semaine fin mars, 1 semaine début oct., déc., janv., dim. soir et mardi midi d'oct. à mars et lundi sauf le soir d'avril à sept.

🍴 **Restaurant de France**

CUISINE TRADITIONNELLE · CLASSIQUE XX De passage à St-Céré ? Direction la table de l'Hôtel de France, où palpite le cœur du Quercy ! Épaule d'agneau farcie aux saveurs de pistou, carpaccio de noix de Saint-Jacques marinées au gingembre et citron vert... On se régale dans un intérieur élégant, dont les baies vitrées donnent sur un charmant jardin.

Formule 22 € – Menu 25/43 €

Hôtel de France, av. François-de-Maynard, rte d'Aurillac – ☏ 05 65 38 02 16
– www.hotel-de-france-saint-cere.fr – Fermé 16 déc.-17 janv., vend. soir hors saison, lundi midi, vend. midi et sam. midi

🏠 Les Trois Soleils de Montal

FAMILIAL · CLASSIQUE Dans cette campagne lotoise si bucolique, qui plus est dans un parc charmant, à deux pas du château de Montal : l'adresse est idéale pour voir la vie en vert ! Chambres spacieuses et confortables, dans une veine plutôt moderne.

25 chambres – 🛏95/185 € 🛏🛏125/185 € – 4 suites – ⌑ 13 € – ½ P

rte de Gramat, 2 km par D673 – ✆ 05 65 10 16 16 – www.3soleils.fr – Fermé 1 semaine fin mars, 1 semaine début oct., déc. et janv.

❀ **Les Trois Soleils de Montal** – voir les restaurants ci-dessus

🏠 Hôtel de France

FAMILIAL · RUSTIQUE À l'entrée de St-Céré, un hôtel aux chambres fonctionnelles, sobres et rustiques ; préférez celles donnant sur le jardin. Terrasse ombragée.

20 chambres – 🛏50/55 € 🛏🛏59/66 € – ⌑ 10 € – ½ P

av. François-de-Maynard, rte d'Aurillac – ✆ 05 65 38 02 16 – www.hotel-de-france-saint-cere.fr – Fermé 16 déc.-17 janv. et vend. soir de sept. à juin

🍴 **Restaurant de France** – voir les restaurants ci-dessus

ST-CHAMAS

✉ 13250 (Bouches-du-Rhône) – 7 852 hab. – Alt. 15 m – Carte régionale n° **40**-A3
▶ Paris 738 km – Arles 43 km – Marseille 50 km – Martigues 26 km
Carte Michelin 340-F4 – Guide Vert Michelin Provence

😊 Le Rabelais

CUISINE MODERNE · AUBERGE 🕸🕸 Installé dans la jolie salle voûtée du 17ᵉ s. d'un vieux moulin à blé, un restaurant qui n'aurait pas renié le héros de Rabelais, l'insatiable Gargantua ! On y sert une goûteuse cuisine, ancrée dans les saisons et préparée avec le plus grand soin. Pour faire étape, deux jolies chambres à l'étage.

Menu 30/69 € – Carte 37/53 €

2 chambres – 🛏90 € 🛏🛏90 € – ⌑ 9 €

8 r. Auguste-Fabre, (centre-ville) – ✆ 04 90 50 84 40 – www.restaurant-le-rabelais.com – Fermé merc. soir de sept. à juin, dim. sauf le midi de sept. à juin et lundi

ST-CHAMOND

✉ 42400 (Loire) – 35 564 hab. – Alt. 388 m – Carte régionale n° **44**-B2
▶ Paris 505 km – Feurs 55 km – Lyon 50 km – Montbrison 53 km
Carte Michelin 327-G7 – Guide Vert Michelin Lyon et sa région

🍴 Les Ambassadeurs

CUISINE MODERNE · ÉLÉGANT 🕸🕸 Sous l'égide d'un jeune chef arrivé en 2014, ces Ambassadeurs-là délivrent aux papilles un nouveau message : celui de recettes actuelles, pensées au fil des saisons, à l'image de cette épaule d'agneau cuite 8h, purée de pois chiches et légumes du moment. Cadre classique, d'un certain standing.

Menu 28 € (déj. en semaine), 39/79 € – Carte environ 77 €

28 av. de la Libération, (près de la gare) – ✆ 04 77 22 85 80 – www.hotel-ambassadeurs.fr – Fermé 25 juil.-21 août, 25-30 déc., sam. midi, dim. soir et lundi

ST-CHÉLY-D'APCHER

✉ 48200 (Lozère) – 4 187 hab. – Alt. 1 000 m – Carte régionale n° **22**-B1
▶ Paris 540 km – Aurillac 106 km – Mende 45 km – Le Puy-en-Velay 85 km
Carte Michelin 330-H6

à La Garde 9 km au Nord par D809 – ✉ 48200 Albaret Ste Marie

😊 Le Rocher Blanc ⅏ 🛏 AK P

CUISINE MODERNE · À LA MODE ✗ Une auberge campagnarde et… branchée ! Le chef aime bousculer les habitudes, dans le décor – aux styles mêlés – comme dans l'assiette. À la carte : goût du terroir et zeste d'audace (escargots de Massiac sautés avec une touche d'anis et de parmesan, pavés de lotte rôtis au vinaigre de Xérès…). Une réussite !

Menu 22/42 € – Carte 30/46 €

*Hôtel Le Rocher Blanc, Route du Gévaudan – ☎ 04 66 31 90 09
– www.lerocherblanc.com*

✥○ Château d'Orfeuillette ⅏ 🛏 ᷱ 🐾 P

CUISINE MODERNE · ROMANTIQUE ✗✗ Atmosphère châtelaine, feutrée et romantique pour une table associant élégance des vieilles pierres et esprit très contemporain. Avec de bons produits locaux, le chef concocte une cuisine d'aujourd'hui, fine et plaisante.

Menu 35 € (semaine), 49/99 € – Carte 51/60 €

Hôtel Château d'Orfeuillette, échangeur A75 sortie 32 puis sur D809, suivre la Garde – ☎ 04 66 42 65 65 – www.chateauorfeuillette.com – Fermé le midi sauf dim. et lundi soir

🏠 Le Rocher Blanc ⍩ 🛏 ﹃ 🖵 ﹗₆ ※ 🚗

FAMILIAL · PERSONNALISÉ "Mille et une nuits", "Temps modernes", "Masaï", "Campagnarde", etc. La plupart des chambres de cet hôtel déclinent un thème différent, parfaitement mis en scène. Un voyage dans le voyage… et une bonne étape, aux prestations variées et agréables.

19 chambres – ♦59/92 € ♦♦59/92 € – ☷ 10 € – ½ P

rte du Gévaudan – ☎ 04 66 31 90 09 – www.lerocherblanc.com

😊 **Le Rocher Blanc** – voir les restaurants ci-dessus

🏘 Château d'Orfeuillette ⍩ 🐾 🛏 ﹃ ⊡ ﹗ 🏊 P

CHÂTEAU · PERSONNALISÉ Dans le parc paressent des ânes et des chevaux… Au cœur du Gévaudan, voilà bien un lieu paisible et raffiné : ce château de la fin du 19ᵉ s. mêle charme de l'ancien, mobilier design et touches baroques avec un caractère certain ! Également quelques chambres côté "Orangerie".

9 chambres – ♦155/330 € ♦♦155/330 € – 2 suites – ☷ 16 € – ½ P

*échangeur A75 sortie 32 puis sur D809, suivre la Garde – ☎ 04 66 42 65 65
– www.chateauorfeuillette.com – Ouvert d'avril à nov.*

✥○ **Château d'Orfeuillette** – voir les restaurants ci-dessus

ST-CHÉLY-D'AUBRAC

✉ 12470 (Aveyron) – 543 hab. – Alt. 700 m – Carte régionale n° **29**-D1
▶ Paris 589 km – Espalion 20 km – Mende 74 km – Rodez 50 km
Carte Michelin 338-J3

✥○ Hôtel des Voyageurs

CUISINE TRADITIONNELLE · AUBERGE ✗ Les villages perdus dans la campagne réservent de belles surprises ! Ici, on déguste une bonne cuisine familiale à l'accent aveyronnais (tripoux, chou farci, foie gras…) et l'on peut même faire des provisions, car le chef a ouvert une conserverie artisanale. Pour l'étape, des chambres simples et impeccables.

😋 Menu 15/27 € – Carte 26/39 €

7 chambres – ♦52/55 € ♦♦52/55 € – ☷ 8 €

*av. d'Aubrac – ☎ 05 65 44 27 05 – www.hotel-conserverie-aubrac.fr
– Ouvert 9 avril-30 sept. et fermé merc. sauf le soir en juil.-août*

ST-CHRISTOPHE-LA-GROTTE – 73 (Savoie) → voir Échelles

ST-CIRQ-LAPOPIE
✉ 46330 (Lot) – 217 hab. – Alt. 320 m – Carte régionale n° **29**-C1
▶ Paris 574 km – Cahors 26 km – Figeac 44 km – Villefranche-de-Rouergue 37 km
Carte Michelin 337-G5

ⓘ◯ **Auberge du Sombral - Les Bonnes Choses**
CUISINE TRADITIONNELLE · CONVIVIAL ✗ Dans cette maison, au pied du châ-
teau des Lapopie, on sait ce que sont Les Bonnes Choses ! La preuve : on y
savoure une sympathique cuisine du terroir où les produits locaux ont la part
belle (agneau, foie gras, fromages...). Quelques jolies chambres pour prolonger
la visite de ce village dominant le Lot.
Formule 17 € – Menu 25 € (déj.), 28/30 € – Carte 34/54 €
8 chambres – ♦50/70 € ♦♦60/85 € – ♉9 €
– ℰ 05 65 31 26 08 – www.lesombral.com – Ouvert 1er avril-11 nov. et fermé mardi
sauf vacances scolaires, sept. et le soir sauf vend. et sam.

à **Tour-de-Faure** 2 km à l'Est par D8 – ✉ 46330 – 380 hab. – Alt. 137 m

⌂ **Le Saint-Cirq**
CHARME · PERSONNALISÉ Face au cirque de Lapopie, cet hôtel récent s'inspire
d'un hameau quercynois : accueil dans un ancien séchoir à tabac, matériaux
nobles et parc planté d'arbres fruitiers. L'ensemble dégage un charme et une
quiétude qui donnent envie de s'attarder...
25 chambres – ♦88/190 € ♦♦88/190 € – ♉14 €
Lieu-dit le Mas, (face à St-Cirq-Lapopie) – ℰ 05 65 30 30 30
– www.hotel-lesaintcirq.com – Fermé janv.

ST-CLAIR – 83 (Var) → voir Le Lavandou

ST-CLAR
✉ 32380 (Gers) – 999 hab. – Alt. 150 m – Carte régionale n° **28**-B2
▶ Paris 706 km – Agen 49 km – Auch 37 km – Toulouse 79 km
Carte Michelin 336-G6

⌂ **La Garlande**
FAMILIAL · PERSONNALISÉ Maison du 18e s. pleine de cachet : on accède aux
chambres cosy par un escalier ouvert sur un puits de lumière. Moulures, parquet
et cheminée ajoutent au charme des lieux.
3 chambres ♉ – ♦60/69 € ♦♦69/82 €
12 pl. de la Mairie – ℰ 05 62 66 47 31 – www.lagarlande.com – Ouvert 25
mars-13 nov.

ST-CLAUD
✉ 16450 (Charente) – 1 102 hab. – Alt. 144 m – Carte régionale n° **39**-C2
▶ Paris 437 km – Angoulême 44 km – Poitiers 111 km – Saint-Junien 38 km
Carte Michelin 324-M4

⌂ **Logis de la Broue**
VILLA · PERSONNALISÉ Joliment restaurée, cette propriété viticole est désor-
mais un lieu de villégiature charmant, bucolique et paisible. Salon bourgeois orné
d'authentiques tapisseries d'Aubusson, chambres classiques d'esprit maison de
famille, piscine, billard et plats du terroir à la table d'hôte : plaisirs intemporels...
3 chambres ♉ – ♦100 € ♦♦125/200 €
r. Abbé-Rousselot – ℰ 06 72 14 68 94 – www.logisdelabroue.com

ST-CLÉMENT-DES-BALEINES – 17 (Charente-Maritime) → voir Île de Ré

ST-CLÉMENT-LES-PLACES

✉ 69930 (Rhône) – 616 hab. – Alt. 625 m – Carte régionale n° **44**-A1
▶ Paris 458 km – Lyon 54 km – Saint-Étienne 69 km – Villeurbanne 63 km
Carte Michelin 327-F5

⫶◯ L'Auberge de Saint-Clément

CUISINE TRADITIONNELLE · AUBERGE X Dans les monts du Lyonnais, cette paisible auberge offre, depuis la terrasse, une jolie vue sur la campagne. Les propriétaires, sympathiques et bons vivants, y servent une cuisine de bistrot préparée en toute simplicité. Ne manquez pas leur spécialité : la tarte aux pommes bien beurrée !

Formule 15 € – Menu 22 € (déj. en semaine)
Le bourg – 𝒞 *04 74 26 03 83 (réservation conseillée) – Fermé*
21 déc.-3 janv., 4-29 août, merc. et le soir

ST-CLOUD – 92 (Hauts-de-Seine) → voir Autour de Paris

ST-CRÉPIN

✉ 05600 (Hautes-Alpes) – 653 hab. – Alt. 910 m – Carte régionale n° **41**-C1
▶ Paris 759 km – Briançon 26 km – Digne-les-Bains 140 km – Gap 60 km
Carte Michelin 334-H4 – Guide Vert Michelin Alpes du Sud

⸙ Les Tables de Gaspard (Sébastien Corniau)

CUISINE MODERNE · ROMANTIQUE X Ne vous attendez pas au cliché d'un grand restaurant "gastronomique" : ici, tout simplement, on se régale d'une cuisine franche, sincère et généreuse ! Le jeune chef, Sébastien Corniau, est sans nul doute un fieffé gourmand, tout entier guidé par les saveurs... La salle, avec ses voûtes du 16ᵉ s., ne manque pas non plus de caractère, comme les chambres d'hôtes à l'étage.
→ Rémoulade de chou-fleur, huîtres tièdes, pomme verte et amandes grillées. Ris de veau croustillant, mousseline d'oignon rouge et jus mousseux de carotte acidulé. Mangue rôtie, biscuit craquant au gingembre et sorbet coco.

Formule 20 € – Menu 26 € (déj. en semaine), 32/58 €
3 chambres ⌂ – †48/55 € ††48/55 €
r. Principale – 𝒞 *04 92 24 85 28 (réservation conseillée)*
– www.lestablesdegaspard.com – Fermé 1 semaine en juin et en oct., 3 semaines en déc., mardi et merc.

ST-CRÉPIN-ET-CARLUCET

✉ 24590 (Dordogne) – 531 hab. – Alt. 262 m – Carte régionale n° **4**-D3
▶ Paris 519 km – Bordeaux 196 km – Brive-la-Gaillarde 40 km – Sarlat-la-Canéda 12 km
Carte Michelin 329-I6 – Guide Vert Michelin Périgord Quercy

⌂ Les Charmes de Carlucet

FAMILIAL · PERSONNALISÉ Calme assuré dans cette propriété périgourdine nichée dans un parc clos de murs. Si la demeure affiche tout le caractère de l'architecture régionale, les chambres jouent la carte d'une certaine simplicité. Le confort des lieux, la piscine chauffée aux beaux jours, l'accueil attentionné : le plaisir de se sentir hôte...

4 chambres – †84/119 € ††84/119 € – ⌂ 5 €
Carlucet – 𝒞 *06 72 47 58 08 – www.carlucet.com – Ouvert 1ᵉʳ mars-12 nov.*

ST-CYPRIEN

⊠ 66750 (Pyrénées-Orientales) – 10 552 hab. – Alt. 5 m – Carte régionale n° **22**-B3
▶ Paris 859 km – Céret 31 km – Perpignan 17 km – Port-Vendres 20 km
Carte Michelin 344-J7

à St-Cyprien-Sud 3 km – ⊠ 66750 St-Cyprien

⫩○ L'Almandin   ⅏ ⩻ ⌂ ♿ AC P

CRÉATIVE · ÉLÉGANT XXX Au bord de la Méditerranée, dans un cadre contemporain, cette table joue l'inédit autour d'une cuisine qui prend les papilles par surprise avec de beaux mélanges sucré-salé. La sole juste snackée, crème de maïs et charlotte courgettes-ananas, en est un bon exemple... L'originalité au pouvoir !

Menu 30 € (déj. en semaine), 49/98 € – Carte 72/94 €

Hôtel L'Île de la Lagune, bd de l'Almandin, (par av. Armand-Lanoux)
– ℰ 04 68 21 01 02 – www.hotel-ile-lagune.com

⌂ L'Île de la Lagune   ⩫ ⩻ ⌐ ⑩ ⌂ AC ⩩ ⇜

HÔTEL DE VACANCES · ÉLÉGANT Au bout d'une petite route, sur une marina artificielle et... au grand calme ! Le bâtiment, entièrement rénové en 2012, se dresse sur les rives. Au programme : thalasso, piscine sur le toit et plage... L'été, un bateau y conduit même les clients.

18 chambres – ✦170/410 € ✦✦170/410 € – 6 suites – ☐ 22 € – ½ P

bd de l'Almandin, (par av. Armand-Lanoux) – ℰ 04 68 21 01 02
– www.hotel-ile-lagune.com

⫩○ **L'Almandin** – voir les restaurants ci-dessus

⌂ La Lagune   ⩫ ⩻ ⌐ ⑩ ⌸ ⌂ AC ⩩ P

HÔTEL DE VACANCES · FONCTIONNEL Sur la plage, un hôtel intégré à un vaste complexe résidentiel, idéal pour les familles et les groupes. Les chambres, fonctionnelles et bien tenues, donnent sur la piscine ou la lagune. Les adeptes de l'esprit club apprécieront les animations musicales en saison et les formules buffet, ainsi que le joli spa.

49 chambres – ✦95/205 € ✦✦95/205 € – ☐ 14 € – ½ P

28 av. Armand-Lanoux – ℰ 04 68 21 24 24 – www.hotel-lalagune.com
– Ouvert 8 avril-1ᵉʳ nov.

ST-CYR-AU-MONT-D'OR – 69 (Rhône) → voir Lyon

ST-CYR-DU-GAULT

⊠ 41190 (Loir-et-Cher) – 176 hab. – Alt. 130 m – Carte régionale n° **11**-A1
▶ Paris 222 km – Blois 28 km – Orléans 98 km – Tours 43 km
Carte Michelin 318-D6

⌂ Château Le Parc   ⩠ ⇜ ⬚ P ⇥

CHÂTEAU · PERSONNALISÉ Un château de 1870 construit sur des ruines du 15ᵉ s. Les chambres y sont très spacieuses et joliment décorées de meubles anciens ou contemporains. Mais l'atout majeur de l'adresse est sans aucun doute son superbe parc de 21 ha où il n'est pas rare d'apercevoir une biche ou un chevreuil.

3 chambres ☐ – ✦130 € ✦✦160 €

Le Parc – ℰ 02 54 46 19 58 – www.chateau-leparc.com
– Fermé déc. et janv.

ST-CYR-EN-TALMONDAIS

✉ 85540 (Vendée) – 350 hab. – Alt. 31 m – Carte régionale n° **34**-B3
▶ Paris 444 km – Luçon 14 km – La Rochelle 57 km – La Roche-sur-Yon 30 km
Carte Michelin 316-H9 – Guide Vert Michelin Pays de la Loire

ⅡO Auberge de la Court d'Aron   ⇦ 🚗 🛏 ᴔ ᴪ 🅿

CUISINE TRADITIONNELLE · AUBERGE ✕✕ Seconde vie pour les écuries du château... transformées en une charmante auberge rustique ! On y apprécie une cuisine traditionnelle simple dans son esprit, mais bien faite et concoctée avec de
bons produits. Et pour rester pour la nuit, quatre très jolies chambres mêlant
épure, esprit nature et chaleur du bois.

Formule 20 € – Menu 27/42 € – Carte 27/46 €
4 chambres – ♦68/89 € ♦♦76/97 € – ⌛ 11 €
*1 allée des Tilleuls – ℰ 02 51 30 81 80 – www.court-d-aron.com
– Fermé 21 nov.-8 déc., 18 janv.-4 fév., dim. soir et mardi soir hors saison et lundi*

ST-CYR-SUR-MER

✉ 83270 (Var) – 11 755 hab. – Alt. 10 m – Carte régionale n° **40**-B3
▶ Paris 810 km – Bandol 8 km – Le Beausset 10 km – Brignoles 70 km
Carte Michelin 340-J6 – Guide Vert Michelin Côte d'Azur

rte de Bandol 4 km par D559 – ✉ 83270 St-Cyr-sur-Mer :

🏨 Dolce Frégate Provence   ⚜ ᴔ ⇦ 🚗 🏊 🎾 ᴪ ⛱ ᴔ 🆒 ᴪ

LUXE · CLASSIQUE Calme et verdure dans cet établissement d'esprit resort. Superbe vue sur la mer, chambres de style provençal – dont une partie dans des bastides indépendantes en bordure de golf, à l'ombre des pins – et
espace séminaires. Au Mas des Vignes, cuisine gastronomique et cadre cosy.
Repas plus décontracté à la Restanque.

99 chambres – ♦209/900 € ♦♦209/900 € – 34 suites – ⌛ 25 €
*lieu-dit Frégate, RD559, rte de Bandol – ℰ 04 94 29 39 39
– www.dolcefregate.com*

ST-DALMAS-DE-TENDE – 06 (Alpes-Maritimes) → voir Tende

ST-DENIS-LE-VÊTU

✉ 50210 (Manche) – 610 hab. – Carte régionale n° **32**-A2
▶ Paris 327 km – Caen 95 km – St-Lô 32 km
Carte Michelin 303-D6

ⅡO La Baratte   🛏 ᴔ ⇔

CUISINE TRADITIONNELLE · AUBERGE ✕✕ Au cœur de la petite bourgade, cette
maison en pierre du pays – ancien bar-épicerie – est devenue une coquette
auberge familiale... Le cadre est délicieusement rustique, avec une agréable terrasse pour les beaux jours ; la cuisine, dans l'air du temps, s'ancre sur de solides
bases traditionnelles et les producteurs locaux.

🍴 Menu 18 € (déj. en semaine), 33/49 € – Carte 37/49 €
*Le Bourg – ℰ 02 33 45 45 49 – www.restaurant-labaratte.fr – Fermé vacances
de fév., de printemps, de la Toussaint, dim. soir, mardi soir et merc.*

ST-DIDIER – 35 (Ille-et-Vilaine) → voir Châteaubourg

ST-DIDIER-DE-FORMANS

✉ 01600 (Ain) – 1 782 hab. – Alt. 280 m – Carte régionale n° **43**-E1
▶ Paris 443 km – Bourg-en-Bresse 49 km – Lyon 33 km – St-Etienne 92 km
Carte Michelin 328-B5

Château de Tanay

CHÂTEAU · MODERNE Un château du 11e s. avec son beau parc à la française. Certains profiteront de la piscine chauffée tandis que d'autres préféreront se promener dans le verger. Quant aux chambres, dont la plupart sont situées dans l'annexe, elles sont confortables et contemporaines. Parfait pour un séjour au grand calme !

5 chambres ⌇ – †85/130 € ††110/160 €

chemin de Tanay – ✆ 06 63 94 70 27 – www.chateau-tanay.com – Fermé 20 déc.-15 janv.

ST-DIDIER-DE-LA-TOUR – 38 (Isère) → voir La Tour-du-Pin

ST-DIÉ-DES-VOSGES

✉ 88100 (Vosges) – 21 053 hab. – Alt. 350 m – Carte régionale n° **27**-C3
◧ Paris 397 km – Colmar 53 km – Épinal 53 km – Mulhouse 108 km
Carte Michelin 314-J3

Les Voyageurs

CUISINE TRADITIONNELLE · CLASSIQUE ✕✕ Une cuisine traditionnelle (foie gras maison, fricassée de rognons et ris de veau...) réalisée avec des produits soigneusement choisis : voici ce qui vous attend dans cette sympathique brasserie contemporaine. Sur la carte des vins, l'Alsace figure en tête.

Formule 21 € – Menu 27/39 € – Carte 40/59 €

*22 r. Hellieule – ✆ 03 29 56 21 56 – www.restaurant-des-voyageurs.fr
– Fermé 4-11 janv., 25 juil.-8 août, dim. soir et lundi*

Ibis

HÔTEL DE CHAÎNE · FONCTIONNEL Une adresse utile en centre-ville, sur un boulevard bordant la Meurthe.

58 chambres – †66/89 € ††66/89 € – ⌇10 €

5 quai Jeanne-d'Arc – ✆ 03 29 42 24 22 – www.ibishotel.com

ST-DISDIER

✉ 05250 (Hautes-Alpes) – 136 hab. – Alt. 1 024 m – Carte régionale n° **40**-B1
◧ Paris 643 km – Gap 46 km – Grenoble 81 km – La Mure 41 km
Carte Michelin 334-D4 – Guide Vert Michelin Alpes du Nord

La Neyrette

FAMILIAL · RUSTIQUE Une sympathique petite auberge, bordée par un plan d'eau où l'on peut ferrer sa truite pour le dîner... à moins de préférer l'espace bien-être avec son bassin de nage ! Les chambres, bien tenues, sont peu à peu rénovées. Beaucoup de calme.

12 chambres ⌇ – †82/113 € ††82/113 €

– ✆ 04 92 58 81 17 – www.la-neyrette.com – Fermé 11-27 avril et 17 oct.-23 déc.

ST-DONAT-SUR-L'HERBASSE

✉ 26260 (Drôme) – 3 912 hab. – Alt. 202 m – Carte régionale n° **43**-E2
◧ Paris 545 km – Grenoble 92 km – Hauterives 20 km – Romans-sur-Isère 13 km
Carte Michelin 332-C3 – Guide Vert Michelin Ardèche Drôme

✿ Chartron (Bruno Chartron)

CUISINE MODERNE · ÉLÉGANT ✕✕ Une institution locale au sein de ce village célèbre pour son festival Jean-Sébastien-Bach (juillet). Est-ce l'inspiration musicale ? Le fait est que la cuisine de cette table élégante se révèle harmonieuse et raffinée, tout en touches délicates. Une belle partition, jouée avec de très bons produits.

→ Couronne de homard aux asperges vertes du pays. Pigeonneau rôti, jus de carcasses aux épices de cacao. Soufflé au chocolat et crème glacée à la Chartreuse verte.

Menu 38/185 €

8 chambres – †85/98 € ††98/190 € – ⌇14 €

*1 av. Gambetta – ✆ 04 75 45 11 82 – www.restaurant-chartron.com
– Fermé 25 avril-6 mai, 5-22 sept., 2-9 janv., mardi et merc.*

Ⅰ○ La Mousse de Brochet 🛖 AK

CUISINE TRADITIONNELLE · FAMILIAL X Après avoir admiré les orgues de la collégiale, faites une halte dans ce petit restaurant aux airs de bistrot de campagne. Le chef privilégie les produits frais, souvent de la région. Mention spéciale pour... la mousse de brochet, évidemment.

🍽 Formule 16 € – Menu 20/37 € – Carte 31/45 €

6 av. du Cdt-Corlu – ℰ 04 75 45 10 47 – www.restaurant-lamousse-stdonat.fr
– Fermé 20 juin-8 juil., 2-10 janv., le soir en semaine de sept. à mai, dim. soir et lundi

ST-DYÉ-SUR-LOIRE

✉ 41500 (Loir-et-Cher) – 1 119 hab. – Alt. 96 m – Carte régionale n° **11**-B2
▶ Paris 173 km – Beaugency 21 km – Blois 17 km – Orléans 52 km
Carte Michelin 318-F6 – Guide Vert Michelin Châteaux de la Loire

🏠 Manoir Bel Air 🕸 ❮ 🛖 ⅍ 🏤 P

TRADITIONNEL · CLASSIQUE Cette maison de maître (17ᵉs.) et son jardin sont agréablement posés sur les bords de Loire. Les chambres, de facture classique, sont spacieuses. Au restaurant, on savoure des plats traditionnels et de vieux bordeaux millésimés en regardant couler le fleuve...

43 chambres – ♦88/108 € ♦♦88/108 € – ☲ 14 € – ½ P

1 rte d'Orléans – ℰ 02 54 81 60 10 – www.manoirbelair.com
– Fermé 1ᵉʳ fév.-10 mars

ST-ÉMILION

✉ 33330 (Gironde) – 1 931 hab. – Alt. 30 m – Carte régionale n° **4**-C1
▶ Paris 584 km – Bergerac 58 km – Bordeaux 40 km – Langon 49 km
Carte Michelin 335-K5 – Guide Vert Michelin Aquitaine

🕸 Hostellerie de Plaisance 🕸 ఉ AK P

CUISINE MODERNE · ÉLÉGANT XXXX La découverte de St-Émilion est toujours un ravissement ; prolongez idéalement le plaisir dans cette belle demeure qui honore les produits locaux et... le vignoble bordelais. À la tête des cuisines, Cédric Béchade signe une partition minutieuse : beauté des présentations et palette des saveurs vont comme un gant à la région !

→ Éclade au caviar, nuage aux senteurs d'écorces de pin et pineau des Charentes. Agneau de Gironde rôti, blettes au curcuma et polenta allégée. Chocolat madong, parfums de café, whisky et crumble cacao.

Menu 72/134 € – Carte 115/137 €

Hostellerie de Plaisance, 5 pl. du Clocher – ℰ 05 57 55 07 55
– www.hostelleriedeplaisance.com – Fermé 20 déc.-12 fév., dim., lundi et le midi sauf sam.

Ⅰ○ Le Tertre 🕸 🛖 AK

CUISINE TRADITIONNELLE · CONVIVIAL XX Un lieu champêtre et intime, avec un vivier à crustacés et une petite salle creusée dans la roche... Idéal pour déguster une agréable cuisine de tradition accompagnée de bons vins (400 références, dont beaucoup de saint-émilion).

Formule 25 € – Menu 33/75 € – Carte 64/85 €

5 r. Tertre-de-la-Tente – ℰ 05 57 74 46 33 – www.restaurant-le-tertre.com
– Ouvert 11 fév.-11 nov. et fermé merc. en fév.-mars et jeudi

Ⅰ○ Logis de la Cadène ⓝ 🕸 ⇐ 🛖

CUISINE MODERNE · À LA MODE XX Truffes en risotto lié au parmesan ; homard et volaille en fricassée, légumes de printemps croquants et émulsion d'ail nouveau... Le chef, Alexandre Baumard, met à profit le meilleur du terroir pour composer une cuisine fine et inventive, qui évolue au fil des saisons. Agréable terrasse aux beaux jours.

Menu 29 € (semaine), 46/69 € – Carte 70/83 €

4 chambres ☲ – ♦190/320 € ♦♦190/320 €

3 pl. du Marché-au-Bois – ℰ 05 57 24 71 40 – www.logisdelacadene.fr – Fermé 19 déc.-5 fév. et dim.

🍴 Huitrier Pie 🌿 ♿

POISSONS ET FRUITS DE MER ✗ En bas de la cité médiévale, un restaurant avec une jolie terrasse où l'on s'installe aux beaux jours... À moins de préférer la salle avec sa cheminée. On goûte ensuite aux bonnes recettes du chef, dans lesquelles le poisson est roi : pain de lotte et aïoli, barbu avec son beurre noisette, etc. Service aux petits soins.

Formule 23 € ▼ – Menu 25/53 € – Carte 38/74 €

11 r. de la Porte-Bouqueyre – ℰ 05 57 24 69 71 – www.lhuitrier-pie.net – Fermé 22 déc.-1ᵉʳ fév., mardi et merc.

🏨 Hostellerie de Plaisance 🌿 🐕 ⬅ 🖥 ♿ 📶 🧖 🅿

LUXE · PERSONNALISÉ Au cœur du village, cette belle demeure du 14ᵉ s. mêle luxe et douceur de vivre. Jardins élégants, vignes alentour : tout est si délicieux, verdoyant et calme... Un lieu rare pour profiter des charmes de St-Émilion !

18 chambres – 🛏250/710 € 🛏🛏250/710 € – 3 suites – ♨ 32 €

5 pl. du Clocher – ℰ 05 57 55 07 55 – www.hostelleriedeplaisance.com – Fermé 20 déc.-12 fév.

❀ **Hostellerie de Plaisance** – voir les restaurants ci-dessus

🏠 Au Logis des Remparts 🖥 🏊 📶 🧖 🅿

TRADITIONNEL · FONCTIONNEL Le charme des vieilles pierres – l'hôtel se compose de deux maisons des 14ᵉ et 17ᵉ s. –, la luxuriance d'un beau jardin à la lisière des vignes... Chambres sobres et agréables, dont trois suites contemporaines et luxueuses.

20 chambres – 🛏135/475 € 🛏🛏135/475 € – ♨ 16 €

18 r. Guadet – ℰ 05 57 24 70 43 – www.logisdesremparts.com – Fermé 15 déc.-31 janv.

🏠 Palais Cardinal 🌿 🖥 🏊 🗖 ♿ 🧖 🚗

FAMILIAL · CLASSIQUE Au 14ᵉ s., un cardinal vécut dans cette maison... comme un pape. Les chambres sont sympathiques (plus spacieuses et confortables dans l'aile la plus récente) ; quant au jardin et à la piscine, ils sont vraiment plaisants.

27 chambres – 🛏77/153 € 🛏🛏98/184 € – ♨ 15 € – ½ P

pl. 11-novembre-1918 – ℰ 05 57 24 72 39 – www.palais-cardinal.com – Ouvert d'avril à nov.

🏠 Auberge de la Commanderie 🖥 📶 🧖 🅿

FAMILIAL · MODERNE Commanderie du 17ᵉ s. avec des chambres fonctionnelles et bien tenues ; celles de l'annexe, plus grandes, conviennent bien aux familles. Et en prime, l'adresse est en plein centre-ville.

17 chambres – 🛏85/135 € 🛏🛏85/135 € – ♨ 11 €

2 r. Porte-Avant – ℰ 05 57 24 70 19 – www.aubergedelacommanderie.com – Fermé 20 déc.-20 fév.

Clos de la Barbanne 🌿 🐕 🖥 🗖 🧖 🅿

FAMILIAL · ÉLÉGANT Une maison girondine au milieu des vignes... et des propriétaires vignerons, qui produisent chaque année 3 000 bouteilles de leur nectar. Les chambres sont spacieuses et épurées ; sur demande, la maîtresse des lieux vous régalera de ses petits plats du terroir. Agréable et bucolique.

4 chambres ♨ – 🛏160/180 € 🛏🛏160/220 €

2 Les Grandes-Pièces, (La Berlière), à 5 km au Nord-Est, rte de St-Christophe-des-Bardes puis rte de Parsac ✉ 33570 Montagne – ℰ 06 27 05 27 13 – www.closdelabarbanne.com – Fermé 20 déc.-3 janv.

à l'Est 2 km à l'Est par rte de St-Christophe-des-Bardes D243 et D243E1

🔆 Les Belles Perdrix de Troplong-Mondot   🏵 ⇆ 🍸 🛏 🏠   🍽 AC 🕹 P

CUISINE MODERNE · À LA MODE XX C'est dans le vignoble, au sein même du château d'un 1er grand cru classé, que s'épanouit ce restaurant tout en pierre blonde, avec une superbe terrasse face aux coteaux. Aux commandes : un chef revisitant joliment la gastronomie du terroir... avec des créations qui siéent divinement bien aux vins du domaine !

→ Queue de bœuf confite à la vigneronne en habit vert. Lieu jaune de ligne en cuisson douce, risotto de pomme de terre, citron et parmesan. Baba au rhum des Philippines, crème battue à la vanille Bourbon.

Menu 39 € (déj. en semaine), 60/100 €

2 chambres ⊑ – 🛏180/350 € 🛏🛏180/540 € – 2 suites

1, lieu-dit Mondot ⊠ 33330 St-Emilion – 𝒞 05 57 55 32 05
– www.chateau-troplong-mondot.com – Fermé 15 nov.-2 déc., 20 déc.-10 fév.,
lundi soir de nov. à mars, mardi et merc.

rte de Libourne 4 km au Nord-Ouest par D243

🍽 Château Grand Barrail ⓝ   ⇇ 🛏 🏠 AC 🕹 P

CUISINE MODERNE · HUPPÉ XX Dans ce charmant domaine, une table non moins séduisante ! Roulade de lapin, tomates et pignons ; risotto aux langoustines rôties et parmesan... Les assiettes sont fraîches et bien réalisées : on passe un bon moment.

Formule 25 € – Menu 32 € (déj. en semaine), 55/85 € – Carte 70/85 €

⊠ 33330 St-Émilion – 𝒞 05 57 55 37 00 – www.grand-barrail.com – Fermé mi-déc.
à début fév.

🏨 Château Grand Barrail   🏵 🍸 ⇇ 🛏 🍽 🉐 🛁 ⚅ & AC 🈂 P

CHÂTEAU · PERSONNALISÉ Au milieu du vignoble, ce château du 19e s. d'allure si romantique. Le parc verdoyant ; le spa et la piscine pour se prélasser ; les chambres – douillettes, raffinées et pleines de caractère dans la bâtisse princi-pale ; le restaurant gastronomique... tout ici a du cachet !

43 chambres – 🛏180/500 € 🛏🛏180/500 € – 3 suites – ⊑ 24 € – ½ P

⊠ 33330 St-Émilion – 𝒞 05 57 55 37 00 – www.grand-barrail.com – Fermé
mi-déc. à début fév.

🍽 **Château Grand Barrail** – voir les restaurants ci-dessus

ST-ESTÈPHE

⊠ 24360 (Dordogne) – 592 hab. – Alt. 222 m – Carte régionale n° **4**-C1
▶ Paris 460 km – Bordeaux 163 km – Limoges 67 km – Périgueux 55 km
Carte Michelin 329-E2

🍽 Le Moulin du Grand Étang   ⇇ 🈂 & P

CUISINE TRADITIONNELLE · BISTRO X Un peintre pourrait faire sienne cette petite maison bordant un grand étang, dont les rives bucoliques se reflètent à loi-sir sur les ondes... Peintre, le jeune chef de cette table l'est pour ainsi dire, lui qui signe une cuisine vive et colorée, après avoir travaillé auprès de vrais maîtres (Arnaud Donckele, Michel Rochedy...).

Formule 14 € – Menu 26/40 € – Carte 39/68 €

– 𝒞 05 53 60 41 69 – www.lemoulindugrandetang.sitew.fr – Fermé
début janv.-11 fév., dim. soir, merc. soir, jeudi soir, lundi et mardi sauf juil.-août

ST-ÉTIENNE

⊠ 42000 (Loire) – 171 483 hab. – Agglo. 369 586 hab. – Alt. 520 m
– Carte régionale n° **44**-A2
▶ Paris 517 km – Clermont-Ferrand 147 km – Grenoble 154 km – Lyon 61 km
Carte Michelin 327-F7 – Guide Vert Michelin Lyon et sa région

ST-ÉTIENNE

Aciéries (R. des) . . . . T 2
Barrouin (R.) . . . . T 13
Crozet-Boussingault (R.) . . . . V 22
Daguerre (Bd) . . . . UV 24
Déchaud (R. H.) . . . . T 25
Dr-F.-Merlin (R. du) . . . . T 30
Drs-Charcot (R. des) . . . . V 31
Drs-H.-et-B.-Muller (R. des) . . T 32
Dunkerque (R. de) . . . . V 36

Fraissinette (Bd A.-de) . . . . . . V 45
Franchet-d'Esperey (Bd Mar.) U 46
Gauthier-Dumont (R.) . . . . V 48
Grignard (R. V.) . . . . T 55
Marx (Bd Karl) . . . . UV 67
Oddé (R. C.) . . . . V 78
Ogier (R. J.-B.) . . . . U 79
Paré (R. A.) . . . . V 131
Passementiers (R. des) . . . . . V 82
Pasteur (Bd) . . . . V 83
Péri (R. G.) . . . . V 84
Pompidou (Bd G.) . . . . T 88

Revollier (R. J.-F.) . . . . T 92
Robespierre (R.) . . . . V 95
Rochetaillée (Av. de) . . . . V 98
Scheurer-Kestner
    (R.) . . . . T 104
Terrenoire (R. de) . . . . U 110
Valbenoite (Bd) . . . . UV 119
Verdun (Av. de) . . . . U 120
Vivaraize (R. de la) . . . . V 125
8-Mai-1945 (Bd du) . . . . T 127
11-Novembre (R. du) . . . . V 128
38e-R.-I. (Bd du) . . . . U 130

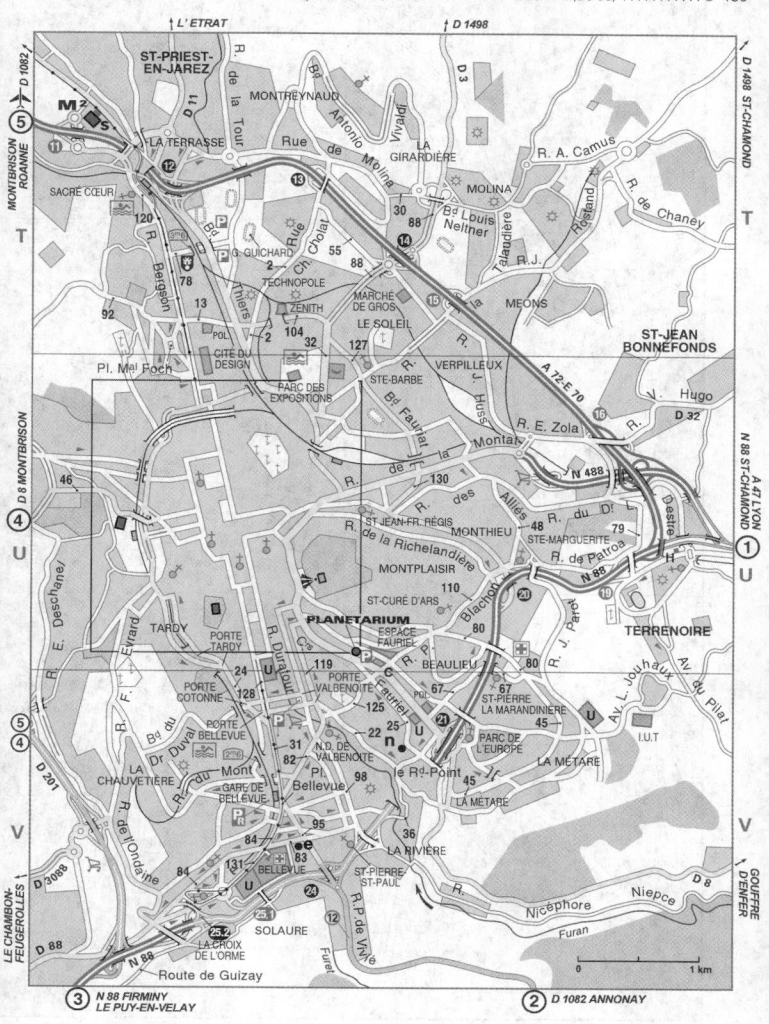

1661

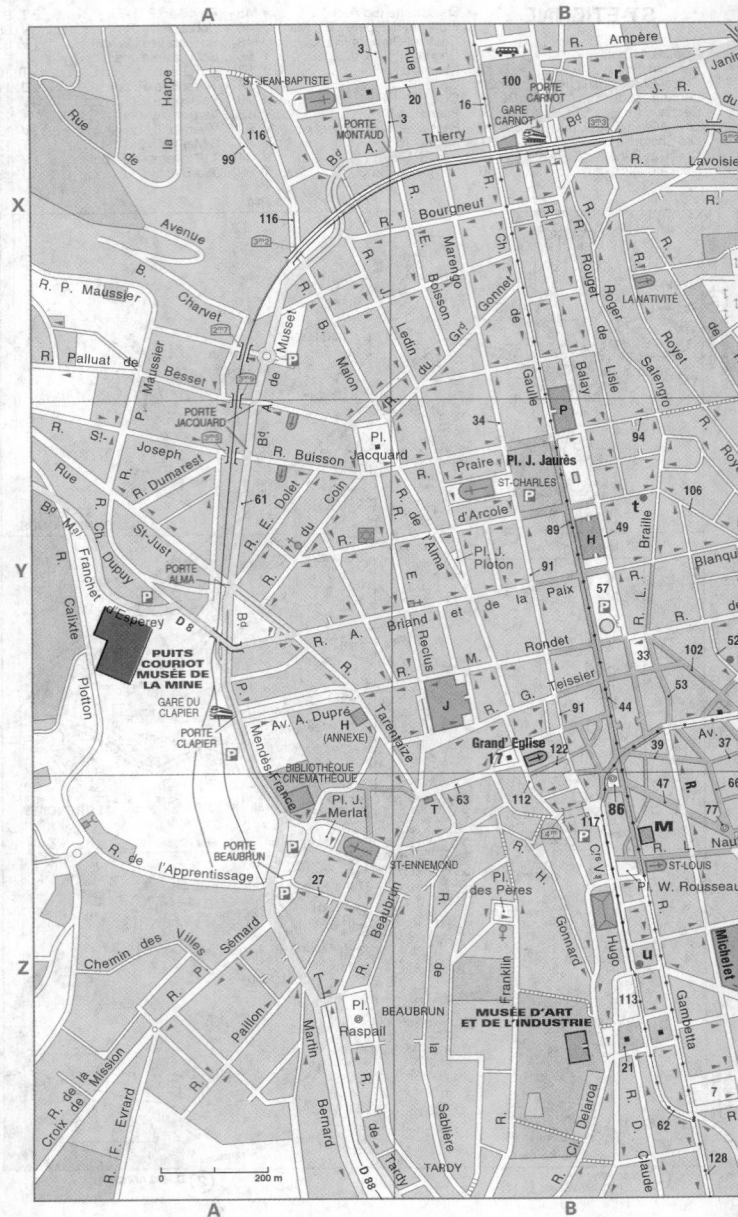

ST-ÉTIENNE

Albert-1er (Bd)	**ABX**	3
Anatole-France (Pl.)	**BZ**	7
Badouillère (R. de la)	**CZ**	9
Barbusse (R. H.)	**CZ**	12
Bérard (R. P.)	**BCY**	14
Bergson (R.)	**BX**	16
Boivin (Pl.)	**BY**	17
Chavanelle (Pl.)	**CZ**	18
Clovis-Hugues (R.)	**BX**	20
Comte (Pl. Louis)	**BZ**	21
Denfert-Rochereau (Av.)	**CY**	26
Descours (R.)	**AZ**	27
Dorian (Pl.)	**BY**	33
Dormoy (R. M.)	**BXY**	34
Dupré (R. G.)	**BY**	37
Durafour (R. A.)	**CZ**	38
Escoffier (R. D.)	**BY**	39
Fougerolle (R.)	**CZ**	41
Fourneyron (Pl.)	**CY**	42
Foy (R. Gén.)	**BY**	44
Frappa (R. J.)	**BZ**	47
Gambetta (R.)	**BZ**	
Gaulle (R. Ch.-de)	**BXY**	
Gérentet (R.)	**BY**	49
Gervais (R. E.)	**CY**	50
Gillet (R. F.)	**BY**	52
Grand Moulin (R. du)	**BY**	53
Gris de lin (R. du)	**CY**	54
Guesde (Pl. J.)	**BY**	56
Hôtel-de-Ville (Pl. de l')	**BY**	57
Jacob (R.)	**CX**	58
Krumnow (Bd F.)	**AY**	61
Leclerc (R. du Gén.)	**BZ**	62
Libération (Av. de la)	**BCY**	
Loubet (Av. du Président E.)	**BZ**	63
Martyrs-de-Vingré (R. des)	**BYZ**	66
Michelet (R.)	**BYZ**	
Moine (Pl. Antonin)	**CYZ**	68
Moulin (Pl. J.J)	**CY**	72
Mulatière (R. de la)	**CZ**	75
Neuve (Pl.)	**BZ**	77
Peuple (Pl. du)	**BZ**	86
Pointe-Cadet (R.)	**BCZ**	87
Président-Wilson (R.)	**BY**	89
République (R. de la)	**BCY**	
Résistance (R. de la)	**BY**	91
Rivière (R. du Sergent)	**CX**	93
Robert (R.)	**BY**	94
Ruel (R. A.)	**AX**	99
Sadi-Carnot (Pl.)	**BX**	100
St-Jean (R.)	**BY**	102
Sauzéa (Cours H.)	**CY**	103
Servet (R. M.)	**CY**	106
Stalingrad (Square de)	**CY**	109
Théâtre (R. du)	**BYZ**	112
Thomas (Pl. A.)	**BZ**	113
Tilleuls (R. des)	**AX**	116
Ursules (Pl. des)	**BZ**	117
Valbenoite (Bd)	**CZ**	119
Villeboeuf (Pl.)	**CZ**	123
Ville (R. de la)	**BY**	122
11-Novembre (R. du)	**BZ**	128

😊 Insens

CUISINE MODERNE · SIMPLE ⅹ Un joli restaurant, simple et élégant, dont le nom évoque à la fois les cinq sens et le goût de l'insensé... Son jeune chef signe une cuisine pétillante, savoureuse, colorée et ludique – fondée sur un vrai tour de main. Sans doute le meilleur rapport plaisir-prix de St-Étienne !

🍴 Formule 14 € – Menu 19 € (déj.), 27/45 € – Carte 20/45 €

Plan : BY-t – *10 r. de Lodi* – *𝒞 04 77 32 34 34* – *www.insens-restaurant.fr*
– Fermé août, vacances de Noël, dim. et lundi

ⅰ○ A la Table des Lys   🎎 AC ⟷

CUISINE MODERNE · ÉLÉGANT ⅹⅹ Une table élégante et intime, idéale pour un dîner en ville. Vous aurez le choix entre trois salles évoquant de petits salons feutrés, pour déguster une cuisine éprise de fraîcheur, de légèreté et de finesse.

Menu 31/100 € – Carte 42/96 €

Plan : CZ-q – *5 cours Fauriel* – *𝒞 04 77 25 48 55* – *www.latabledeslys.fr*
– Fermé 30 avril-8 mai, 30 juil.-21 août, sam. et dim.

ⅰ○ André Barcet   AC ⟷

CUISINE CLASSIQUE · ÉLÉGANT ⅹⅹ Non loin des halles, un restaurant empreint de classicisme. La cuisine maison a fait ses preuves : André Barcet compte à St-Étienne une clientèle nombreuse d'habitués de longue date !

Formule 24 € – Menu 37/70 € – Carte environ 75 €

Plan : BZ-u – *19 bis cours Victor-Hugo* – *𝒞 04 77 32 43 63*
– www.restaurantbarcet.com – Fermé 14 juil.-11 août, dim. soir et merc.

ⅰ○ Régency   AC

CUISINE MODERNE · ÉLÉGANT ⅹⅹ À la fois contemporain et intime, design et chaleureux, le décor du Régency séduit. Sa cuisine également, centrée sur des valeurs sûres du registre bistrotier – avec, au gré des approvisionnements, des suggestions proposées de vive voix par le chef, qui connaît bien les goûts de ses clients.

Menu 38/45 € – Carte 41/56 €

Plan : BX-r – *17 bd J.-Janin* – *𝒞 04 77 74 27 06* – *www.leregencyrestaurant.fr*
– Fermé août, sam. et dim.

ⅰ○ Aromatic - Pierre Daret

CUISINE MODERNE · À LA MODE ⅹⅹ Dans une petite ruelle du centre-ville, on trouve ce nouveau bistrot qui devrait ravir les Stéphanois. Le chef connaît son sujet : il réalise une cuisine du marché pleine de saveurs, dans laquelle les jus et les cuissons sont parfaitement maîtrisés. De plus, les prix sont raisonnables – le menu de midi est un vrai bon plan !

Formule 24 € – Menu 28/43 €

Plan : BY-a – *7 r. François-Gillet* – *𝒞 04 77 33 20 68*
– www.aromatic-pierredaret.fr – Fermé mardi soir, merc. soir, dim. et lundi

🏛 Hôtel du Golf   🌂 🐾 ⟵ ⅈ 🖥 ⅋ 🛁 P

BUSINESS · DESIGN L'hôtel le plus confortable de St-Étienne, sur les hauteurs de la ville, domine le golf municipal et la plaine du Forez. En ces lieux, un goût avéré de la modernité : mobilier design, couleurs vives, piscine face à la verdure, etc. Un établissement très trendy.

48 chambres ⌷ – 🛏125/144 € 🛏🛏140/169 € – 3 suites – ½ P

67 r. St-Simon, face au golf par r. Revollier T – *𝒞 04 77 41 41 00*
– www.hoteldugolf42.com

Hôtel du Midi

BUSINESS · FONCTIONNEL Un hôtel aussi joli dedans que dehors ! Derrière sa façade du début du 20ᵉ s., on découvre un décor charmant, qui revisite l'esprit chic et indémodable des années 1930. Cosy et original, en toute simplicité.

33 chambres – ♦68/94 € ♦♦68/94 € – ♜ 11 €

Plan : V-e – *19 bd Pasteur* – *☏ 04 77 57 32 55* – *www.hotelmidi.fr* – *Fermé 27 juil.-25 août et 26 déc.-5 janv.*

 ### Astoria

BUSINESS · SIMPLE Bon rapport qualité-prix dans cet hôtel proche du centre de congrès, très fonctionnel et bien tenu. Parfait pour la clientèle d'affaires.

33 chambres – ♦69/89 € ♦♦69/89 € – ♜ 9 €

Plan : V-n – *r. Henri-Déchaud* – *☏ 04 77 25 09 56* – *www.hotel-astoria.fr* – *Fermé 3 semaines en août*

à Sorbiers 10 km au Nord par D106, N82 et D3 – ⊠ 42290 – 7 868 hab. – Alt. 560 m

Le Valjoly

CUISINE TRADITIONNELLE · SIMPLE Aux portes de St-Étienne, ce restaurant tenu par un jeune couple cultive la tradition avec fraîcheur : terrine de canard aux noisettes et pistaches, Saint-Jacques et ris de veau aux morilles, cocotte de la mer au fumet de crustacés, etc. Simple et plaisant !

Formule 15 € – Menu 18 € (déj. en semaine), 22/45 € – Carte 28/51 €

9 r. de l'Onzon – *☏ 04 77 53 60 35* – *http://levaljoly.free.fr* – *Fermé 16-22 fév., 27 juil.-13 août, lundi et le soir sauf vend. et sam.*

à Rochetaillée 8 km au Sud-Est par D8 – ⊠ 42100

Yves Genaille

CUISINE MODERNE · AUBERGE Au pied du château de ce village médiéval, un restaurant résolument ancré dans... notre époque ! Le décor est design, la cuisine non moins contemporaine, mais elle n'en oublie pas le terroir et ses produits (vins de petits producteurs). De surcroît, la salle offre un panorama superbe sur la campagne alentour.

Formule 18 € – Menu 26 € (déj. en semaine), 34/65 € – Carte 50/61 €

3 r. du Parc – *☏ 04 77 32 88 48 (réservation conseillée)* – *www.restaurant-genaille.fr* – *Fermé 1 semaine en avril, 3 semaines en août, dim. soir, lundi et mardi*

à St-Priest-en-Jarez 4 km au Nord-Ouest – ⊠ 42270 – 6 142 hab. – Alt. 605 m

Restaurant du Musée

CUISINE MODERNE · SIMPLE Nourritures terrestres au sein du musée d'Art moderne de St-Étienne Métropole (l'un des plus importants de France) avec une cuisine épousant les tendances. La technique est impeccable et les prix renversants ! Pour les nourritures célestes, direction les salles d'exposition, à deux pas.

Formule 15 € – Menu 20 € – Carte 36/44 €

Plan : T-s – *musée d'Art moderne la Terrasse* – *☏ 04 77 79 24 52* – *www.restaurantdumusee.fr* – *Fermé le soir*

à La Fouillouse 10 km au Nord-Ouest par A72, D201 puis D1082 – ⊠ 42480 – 4 314 hab. – Alt. 438 m

Le 3ème Acte

CUISINE MODERNE · CONVIVIAL Le "3ème acte", car il s'agit de la troisième affaire des patrons, un couple dynamique qui met ici à profit son expérience. Les lieux se révèlent chaleureux, avec tableaux et références cinématographiques dans le décor ; la cuisine est pleine de sincérité (bonbon de pied de porc, chausson de truffe et foie gras poêlé, etc.).

Menu 16 € (déj. en semaine), 25 € / 74 € – Carte 45/70 €

7 r. des Grandes-Maisons – *☏ 04 77 30 24 81* – *www.le3emeacte.sitew.com* – *Fermé 22 août-5 sept., mardi soir, merc. soir, dim. soir et lundi*

ST-ÉTIENNE-DE-BAÏGORRY

✉ 64430 (Pyrénées-Atlantiques) – 1 601 hab. – Alt. 163 m – Carte régionale n° **3**-A3
▶ Paris 813 km – Biarritz 51 km – Cambo-les-Bains 31 km – Pau 116 km
Carte Michelin 342-D5 – Guide Vert Michelin Pays Basque et Navarre

😊 Arcé

CUISINE MODERNE · MINIMALISTE XX Faites donc une halte gourmande au pied du col d'Ispéguy ! Dans ce restaurant – un ancien trinquet (salle de pelote basque) –, on savoure une cuisine du marché bien ancrée dans sa région : tournedos de cochon de lait, boudin noir... L'été, on s'installe sur l'agréable terrasse bordée de platanes.

Menu 32 € – Carte 38/64 €

rte du col d'Ispéguy – ℰ 05 59 37 40 14 (réservation conseillée)
– www.hotel-arce.com – Ouvert 9 avril-11 nov. et fermé lundi midi du 1ᵉʳ sept.
au 31 juil., merc. midi et jeudi midi du 15 sept. au 15 juil. sauf fériés

🏠 Arcé

FAMILIAL · PERSONNALISÉ Une authentique maison basque au pied du col d'Ispéguy et de la Nive. Atout charme : la passerelle métallique au-dessus de la rivière, permettant d'accéder à la piscine.

16 chambres – 🛏105/180 € 🛏🛏105/180 € – 4 suites – ☒ 18 € – ½ P
rte du col d'Ispéguy – ℰ 05 59 37 40 14 – www.hotel-arce.com
– Ouvert 8 avril-11 nov.

😊 **Arcé** – voir les restaurants ci-dessus

ST-ÉTIENNE-DE-FURSAC – 23 (Creuse) ➡ voir La Souterraine

ST-ÉTIENNE-DU-VAUVRAY – 27 (Eure) ➡ voir Louviers

ST-ÉTIENNE-LÈS-REMIREMONT – 88 (Vosges) ➡ voir Remiremont

ST-EUTROPE-DE-BORN – 47 (Lot-et-Garonne) ➡ voir Cancon

ST-FARGEAU

✉ 89170 (Yonne) – 1 742 hab. – Alt. 175 m – Carte régionale n° **7**-A2
▶ Paris 180 km – Auxerre 45 km – Clamecy 48 km – Gien 41 km
Carte Michelin 319-B6 – Guide Vert Michelin Bourgogne

🏠 Les Grands Chênes

FAMILIAL · CAMPAGNARD En pleine Puisaye, cette jolie demeure bourgeoise est en fait un hôtel, niché dans un grand parc. Le salon avec cheminée et les chambres colorées ont beaucoup de charme.

17 chambres – 🛏92/115 € 🛏🛏92/115 € – ☒ 10 €
Les Berthes-Bailly, 4,5 km au Sud par D18 – ℰ 03 86 74 04 05
– www.hotellesgrandschenes.com

ST-FÉLIX-LAURAGAIS

✉ 31540 (Haute-Garonne) – 1 311 hab. – Alt. 332 m – Carte régionale n° **29**-C2
▶ Paris 716 km – Auterive 46 km – Carcassonne 58 km – Castres 38 km
Carte Michelin 343-J4

🍴 Auberge du Poids Public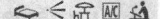

CUISINE TRADITIONNELLE · CLASSIQUE XXX Depuis la terrasse panoramique de cette auberge familiale, on profite d'une jolie vue sur la plaine du Lauragais. La tradition est à l'honneur, tant dans le décor – mi-rustique, mi-contemporain – que dans ces belles assiettes revisitant le terroir. Chambres confortables.

Menu 26 € (déj. en semaine), 46/76 € – Carte 55/97 €
9 chambres – 🛏66/88 € 🛏🛏75/106 € – 1 suite – ☒ 11 €
rte de Toulouse – ℰ 05 62 18 85 00 – www.auberge-du-poids-public.fr – Fermé
dim. soir sauf juil.-août

ST-FIRMIN – 80 (Somme) → voir Rue

ST-FLORENT – 2B (Haute-Corse) → voir Corse

ST-FLORENTIN

✉ 89600 (Yonne) – 4 733 hab. – Alt. 120 m – Carte régionale n° **7**-B1

▶ Paris 169 km – Auxerre 32 km – Chaumont 145 km – Dijon 172 km

Carte Michelin 319-F3 – Guide Vert Michelin Bourgogne

⭑○ **Les Tilleuls**

CUISINE TRADITIONNELLE · CONVIVIAL ⅹ Dans les murs d'un ancien couvent de capucins (1635), un décor classique ouvert sur un joli tableau de verdure – dont on profite en terrasse. Le cadre est soigné pour une vraie cuisine de tradition : terrine de biche aux champignons, sole meunière, fromages de Bourgogne...

☜ Menu 19 € (déj. en semaine)/35 € – Carte environ 50 €

9 chambres – ♦61/74 € ♦♦71/83 € – ☐ 11 €

*3 r. Descourtives – ℰ 03 86 35 09 09 (réservation conseillée)
– www.hotel-les-tilleuls.com*

ST-FLOUR

✉ 15100 (Cantal) – 6 645 hab. – Alt. 783 m – Carte régionale n° **5**-B3

▶ Paris 513 km – Aurillac 70 km – Issoire 67 km – Le Puy-en-Velay 94 km

Carte Michelin 330-G4 – Guide Vert Michelin Auvergne

Ville basse

⭑○ **Grand Hôtel de l'Étape**

CUISINE TRADITIONNELLE · CLASSIQUE ⅹⅹ Ne vous fiez pas à l'allure un peu "vintage" du restaurant. Il dissimule une authentique table régionale, emmenée par une nouvelle génération ! Croustillant de cantal, tripoux, entrecôte au bleu : une cuisine tout en simplicité et franchise, sous l'œil bienveillant de la grande tradition auvergnate.

Formule 19 € ♈ – Menu 29/46 € – Carte 38/58 €

*Grand Hôtel de l'Étape, 18 av. de la République – ℰ 04 71 60 13 03
– www.hotel-etape.com – Fermé dim. soir et lundi sauf juil.-août*

⭑○ **L'Ander**

CUISINE TRADITIONNELLE · CONVIVIAL ⅹ Pourquoi ne pas faire un tour dans la ville basse ? Ce sera l'occasion de découvrir ce restaurant chaleureux et coloré, où l'on sert une cuisine du terroir repensée, qui ne manque pas d'originalité.

☜ Formule 13 € – Menu 20/47 € – Carte 30/48 €

*Hôtel L'Ander, 6 av. du Cdt-Delorme – ℰ 04 71 60 21 63 – www.hotel-ander.com
– Fermé 25 janv.-20 mars et dim. soir d'oct. à mai*

🏠 **Grand Hôtel de l'Étape**

FAMILIAL · RÉTRO Rien n'a vraiment changé dans cet hôtel familial construit dans les années 1970. Les chambres ne sont pas de la première jeunesse mais elles sont plutôt grandes et bien pratiques ; préférez celles avec vue sur la montagne.

22 chambres – ♦75/85 € ♦♦75/120 € – ☐ 12 €

*18 av. de la République – ℰ 04 71 60 13 03 – www.hotel-etape.com – Fermé dim.
soir sauf juil.-août*

⭑○ **Grand Hôtel de l'Étape** – voir les restaurants ci-dessus

🏠 **L'Ander**

FAMILIAL · ACTUEL Au pied de la ville haute juchée sur sa colline, cet hôtel a retrouvé une nouvelle jeunesse, avec des chambres pimpantes et douillettes, parfois ponctuées d'allusions naturelles (des troncs de bouleau, par exemple).

20 chambres – ♦59/89 € ♦♦59/100 € – ☐ 10 € – ½ P

*6 av. du Cdt-Delorme – ℰ 04 71 60 21 63 – www.hotel-ander.com
– Fermé 25 janv.-20 mars*

⭑○ **L'Ander** – voir les restaurants ci-dessus

à St-Georges 5 km à l'Est par D909 et rte secondaire – ✉ 15100
– 1 106 hab. – Alt. 860 m

🏚 Le Château de Varillettes ⛲ 🐾 ⟨ 🍴 🎾 🏊 🅿

CHÂTEAU · HISTORIQUE Ce beau château du 15ᵉ s. servit de résidence aux évêques de St-Flour. Depuis certaines des jolies chambres (mobilier de style), on contemple le jardin médiéval et son carré des simples ; parfait pour un tourisme vert en quelque sorte.

12 chambres – 🛏86/260 € 🛏🛏86/260 € – 1 suite – ☐ 17 €
dir. Vabre – ☎ 04 71 60 45 05 – www.chateaudevarillettes.com
– Ouvert 2 mai-25 sept.

ST-FORGEUX-LESPINASSE

✉ 42640 (Loire) – 563 hab. – Alt. 330 m – Carte régionale n° **44**-A1
▶ Paris 387 km – Clermont-Ferrand 139 km – Lyon 100 km – St-Étienne 99 km
Carte Michelin 327-C3

🍴 L'Assiette Roannaise

CUISINE MODERNE · À LA MODE ✕✕ Voilà une table qui joue la carte de l'originalité ! À l'unisson de la déco, très contemporaine, le chef est à l'affût des nouvelles tendances et techniques : ses assiettes se révèlent très esthétiques, privilégiant créativité et fraîcheur.

🍴 Menu 19 € (déj. en semaine), 25/58 € ⟨ – Carte 32/64 €
pl. de Verdun – ☎ 04 77 65 65 99 – www.restaurant-assiette-roannaise.fr
– Fermé 18 août-4 sept., vacances de la Toussaint et de fév., mardi soir et merc.

ST-FRONT

✉ 43550 (Haute-Loire) – 440 hab. – Alt. 1 223 m – Carte régionale n° **6**-C3
▶ Paris 570 km – Clermont-Ferrand 156 km – Firminy 69 km – Le Puy-en-Velay 27 km
Carte Michelin 331-G4

🏠 La Vidalle d'Eyglet 🐾 ⟨ 🍴 🎾 🚲

FAMILIAL · COSY Au cœur du plateau du Mézenc, une jolie ferme restaurée par un couple d'enseignants amoureux de la nature. Les chambres sont coquettes et rustiques, offrant une superbe vue sur les bêtes qui paissent aux alentours ; au salon, on s'assied au coin du feu, près de la bibliothèque... Confort garanti !

5 chambres ☐ – 🛏105/130 € 🛏🛏120/135 €
Vidalle, 7 km au Sud par D39, D500 et rte secondaire – ☎ 04 71 59 55 58
– www.vidalle.fr – Ouvert 22 janv.-13 mars et 29 avril-9 oct.

ST-FRONT-DE-PRADOUX

✉ 24400 (Dordogne) – 1 148 hab. – Alt. 40 m – Carte régionale n° **4**-C1
▶ Paris 582 km – Angoulême 83 km – Bordeaux 104 km – Périgueux 40 km
Carte Michelin 329-D5

🏚 Château la Thuilière ⛲ 🐾 🍴 🎾 🅿

CHÂTEAU · HISTORIQUE Dans son parc arboré, cet élégant châtelet dévoile de belles ambiances : très 19ᵉs. (boiseries, stucs) ou résolument contemporaines (lignes épurées, grand confort), tout en grâce et équilibre. Et la table d'hôte sait jouer la carte des produits locaux et... de la créativité.

5 chambres ☐ – 🛏169/269 € 🛏🛏169/269 €
La Thuilière – ☎ 06 45 35 36 82 – www.lathuiliere.net – Fermé de début janv. à fin mars

ST-GALMIER

✉ 42330 (Loire) – 5 646 hab. – Alt. 400 m – Carte régionale n° **44**-A2
▶ Paris 457 km – Lyon 82 km – Montbrison 25 km – Montrond-les-Bains 11 km
Carte Michelin 327-E6 – Guide Vert Michelin Lyon et sa région

❚⦿ Le Bougainvillier

CUISINE MODERNE • DESIGN XX Une jolie demeure couverte de vigne vierge, à deux pas d'une rivière... Ce site verdoyant charme, et le décor très contemporain de la salle ne le dénature en rien, au contraire. Pas plus la cuisine, gastronomique, fraîche et bien travaillée. Esprit design dans les chambres, qui offrent calme et espace.

Menu 26 € (déj. en semaine), 45/70 € – Carte 60/66 €

4 chambres – ☝85/95 € ☝☝90/100 € – ☷12 €

2 av. de la Coise – ℰ04 77 54 03 31 (réservation conseillée)
– www.restaurant-bougainvillier.com – Fermé 7-29 août, 24 déc.-1er janv., merc. soir, dim. et lundi

❚⦿ Hostellerie du Forez

CUISINE MODERNE • AUBERGE XX Un restaurant chaleureux, aux allures de bistrot contemporain, dont le chef affectionne les produits frais et les légumes bio. À noter : trois belles salles voûtées – les anciennes écuries de ce relais de poste – pour les réceptions et cocktails.

Formule 15 € – Menu 23/32 € – Carte 36/52 €

Hostellerie du Forez, 6 r. Didier Guetton – ℰ04 77 54 00 23
– www.hostellerieduforez.com – Fermé 1er-21 août, 24 déc.-4 janv., lundi midi et dim.

❚⦿ Amphitryon 🏠 🛆

CUISINE MODERNE • BRANCHÉ X Gaspacho d'aubergine et maki de tofu ; saltimbocca de veau et pâtes fraîches ; tarte aux abricots... Un joli panaché d'influences multiples, mais ancré sur les produits locaux : telle est la recette de ce restaurant dont le cadre contemporain, voire baroque, ne laisse pas indifférent. Le menu déjeuner est une vraie bonne affaire.

☜ Menu 17 € (déj.)/26 €

9 bd du Dr-Cousin – ℰ04 77 56 33 39 – Fermé dim. et lundi

🏠 La Charpinière

AUBERGE • COSY Agréable étape, au calme, dans un environnement verdoyant : cette gentilhommière tapissée de vigne vierge se cache dans un grand parc, avec piscine, tennis et espace détente. Diverses formules aux restaurants : menus gastronomique, du marché ou brasserie.

46 chambres – ☝116/392 € ☝☝137/392 € – ☷14 € – ½ P

lieu-dit La Charpinière – ℰ04 77 52 75 00 – www.lacharpiniere.com

🏠 Hostellerie du Forez 🏠 🛆

AUBERGE • FONCTIONNEL Près de l'hôtel de ville, ce relais de poste du 19e s. arbore une façade bien avenante... De fait, les lieux se révèlent agréables pour une étape : les chambres ont été entièrement rénovées en 2012.

24 chambres – ☝77/109 € ☝☝77/109 € – ☷10 € – ½ P

6 r. Didier-Guetton – ℰ04 77 54 00 23 – www.hostellerieduforez.com

❚⦿ **Hostellerie du Forez** – voir les restaurants ci-dessus

ST-GATIEN-DES-BOIS

✉ 14130 (Calvados) – 1 313 hab. – Alt. 149 m – Carte régionale n° **32**-A3
▶ Paris 195 km – Caen 58 km – Deauville 10 km – Le Havre 36 km
Carte Michelin 303-N3

🏠 Le Clos Deauville St-Gatien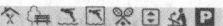

BUSINESS • PERSONNALISÉ Entre Deauville et Honfleur, au cœur d'un jardin arboré, cette ancienne ferme et ses dépendances ont été transformées en un complexe hôtelier particulièrement adapté pour les séminaires mais aussi propice à la détente avec plusieurs piscines, un espace bien-être, etc. Le tout à proximité de l'aéroport !

55 chambres – ☝87/209 € ☝☝87/209 € – ☷14 € – ½ P

4 r. des Brioleurs – ℰ02 31 65 16 08 – www.clos-st-gatien.fr

ST-GAUDENS

⊠ 31800 (Haute-Garonne) – 11 199 hab. – Alt. 405 m – Carte régionale n° **28**-B3
▶ Paris 766 km – Bagnères-de-Luchon 48 km – Tarbes 68 km – Toulouse 94 km
Carte Michelin 343-C6

🏠 Hôtel du Commerce   ✿ ㎰ 🖽 🖕 🅰 ❤ 🏰 🚗

FAMILIAL · FONCTIONNEL À deux pas du centre-ville, un hôtel moderne avec des chambres fonctionnelles, au décor mariant tradition et modernité (toutes climatisées). Pour se relaxer, on file à l'espace bien-être, avec son agréable spa.
48 chambres – ♦69/109 € ♦♦69/109 € – ⌑ 10 € – ½ P
*2 av. de Boulogne – ℰ 05 62 00 97 00 – www.commerce31.com
– Fermé 16 déc.-8 janv.*

ST-GÉLY-DU-FESC – 34 (Hérault) ➜ voir Montpellier

ST-GENIEZ-D'OLT

⊠ 12130 (Aveyron) – 1 983 hab. – Alt. 410 m – Carte régionale n° **29**-D1
▶ Paris 612 km – Espalion 28 km – Florac 80 km – Mende 68 km
Carte Michelin 338-J4 – Guide Vert Michelin Midi-Pyrénées

🏠 Château de la Falque   🖉 🛋 🛎 💿 🖕 🅰 🏰 🅿

HISTORIQUE · ÉLÉGANT Cet ancien couvent (17ᵉ s.), composé de plusieurs bâtisses en pierre, a été admirablement réhabilité. Les chambres, bien équipées, sont décorées avec goût (tableaux, sculptures, objets) et nous transportent du Maroc en Chine... Un hôtel plein de charme !
7 chambres – ♦90/160 € ♦♦90/160 € – 3 suites – ⌑ 14 €
*rte de Prades – ℰ 05 65 62 45 60 – www.chateau-la-falque.fr – Fermé
3 janv.-10 fév. et 15 nov.-10 déc.*

ST-GENIX-SUR-GUIERS

⊠ 73240 (Savoie) – 2 310 hab. – Alt. 235 m – Carte régionale n° **45**-C2
▶ Paris 513 km – Belley 22 km – Chambéry 34 km – Grenoble 58 km
Carte Michelin 333-G4 – Guide Vert Michelin Alpes du Nord

à Champagneux 4 km au Nord-Ouest par D1516 – ⊠ 73240 – 654 hab. – Alt. 214 m

🏠 Les Bergeronnettes   ✿ 🖉 ⪡ 🛋 🖽 🖕 🅿

FAMILIAL · FONCTIONNEL Un cadre verdoyant et champêtre pour cet hôtel alangui abritant des chambres spacieuses et fonctionnelles. Petit-déjeuner sous forme de buffet. Au restaurant, on apprécie la cuisine régionale (spécialités de cuisses de grenouilles). Terrasse sous un chapiteau.
18 chambres – ♦78/125 € ♦♦78/125 € – ⌑ 10 € – ½ P
*Le Bourg, près de l'église – ℰ 04 76 31 50 30 – www.hotel-bergeronnettes.com
– Fermé 24 déc.-1ᵉʳ fév.*

ST-GEORGES – 15 (Cantal) ➜ voir St-Flour

ST-GEORGES-DE-MONTAIGU – 85 (Vendée) ➜ voir Montaigu

ST-GEORGES-DE-RENEINS

⊠ 69830 (Rhône) – 4 292 hab. – Alt. 209 m – Carte régionale n° **44**-B1
▶ Paris 421 km – Bourg-en-Bresse 49 km – Lyon 41 km – Mâcon 36 km
Carte Michelin 327-H3

🍽 Hostellerie de Saint-Georges 🆕   🍴

CUISINE MODERNE · FAMILIAL 🗶 Entre cuisine du marché et plats du terroir, cette maison trace son sillon sous la houlette d'un chef d'expérience. Toutes les recettes s'appuient sur de bons produits frais, et même les glaces sont faites maison ! Petit choix de vins régionaux.
🍽 Formule 15 € – Menu 17 € (déj. en semaine), 25/48 € – Carte 37/60 €
*27 av. Charles de Gaulle – ℰ 04 74 67 62 78 – www.hostellerie-saint-georges.fr
– Fermé 3 semaines en août et le merc.*

ST-GEORGES-DES-SEPT-VOIES

✉ 49350 (Maine-et-Loire) – 694 hab. – Alt. 83 m – Carte régionale n° **35**-C2
🔼 Paris 314 km – Angers 30 km – Nantes 127 km – Saumur 27 km
Carte Michelin 317-H4

🍴 Auberge de la Sansonnière

CUISINE MODERNE · AUBERGE XX La vie s'écoule paisiblement dans cette charmante auberge de campagne, installée dans un ancien prieuré du 17ᵉ s. On y savoure une cuisine actuelle, fraîche et bien troussée, où les produits de saison ont la part belle. Chambres bien tenues pour l'étape.

Formule 13 € – Menu 25 € (semaine), 32/44 € – Carte 51/62 €

7 chambres – ♦75/85 € ♦♦80/90 € – ☲ 11 €

La Sansonnière, (près de la mairie) – ℰ 02 41 57 57 70
– www.auberge-sansonniere.com – Fermé 14 nov.-6 déc., 25 janv.-10 fév., dim. soir, lundi et mardi midi

ST-GEORGES-SUR-CHER

✉ 41400 (Loir-et-Cher) – 2 557 hab. – Alt. 70 m – Carte régionale n° **11**-A1
🔼 Paris 225 km – Blois 40 km – Orléans 102 km – Tours 40 km
Carte Michelin 318-D8

🏠 Prieuré de la Chaise

FAMILIAL · PERSONNALISÉ Un charmant prieuré du 16ᵉ s. niché dans un parc... au calme. Tomettes et meubles anciens dans les chambres. L'hiver venu, belles flambées dans la cheminée de la salle à manger.

5 chambres ☲ – ♦70/100 € ♦♦70/140 €

8 r. du Prieuré – ℰ 06 07 06 61 65 – www.prieuredelachaise.com

ST-GERMAIN-DE-BELVÈS – 24 (Dordogne) → voir Belvès

ST-GERMAIN-DES-VAUX

✉ 50440 (Manche) – 386 hab. – Alt. 59 m – Carte régionale n° **32**-A1
🔼 Paris 383 km – Barneville-Carteret 48 km – Cherbourg 28 km – Nez de Jobourg 7 km
Carte Michelin 303-A1

🍴 Le Moulin à Vent

POISSONS ET FRUITS DE MER · À LA MODE XX Sur une route qui domine la mer, on se réfugie avec plaisir dans cette ancienne auberge de pays : d'abord le bar, façon pub anglais très chaleureux ; puis la salle, toute blanche et élégante. Le jeune chef se fournit auprès des pêcheurs locaux – produits extrafrais – et signe une cuisine assez inventive.

Menu 25/67 € – Carte 42/71 €

10 rte de Port Racine, (Hameau Danneville), 1,5 km à l'Est par D45
– ℰ 02 33 52 75 20 (réservation conseillée) – www.le-moulin-a-vent.fr
– Fermé 15 déc.-3 janv., 3-21 fév., merc. et jeudi sauf juil.-août

🏠 L'Erguillère

FAMILIAL · COSY Direction le bout du monde... À la pointe de la Hague, au-dessus de la mer et de Port-Racine, un hôtel très cosy où se réfugier à la suite de Jacques Prévert, qui le fréquenta ; tout y respire le calme et la sérénité, jusqu'au charmant accueil des propriétaires.

10 chambres – ♦59/155 € ♦♦59/155 € – ☲ 17 €

Port Racine, 1,8 km à l'Est par D45 – ℰ 02 33 52 75 31 – www.hotel-lerguillere.com
– Fermé vacances de fév.

ST-GERMAIN-DU-BOIS

✉ 71330 (Saône-et-Loire) – 1 924 hab. – Alt. 210 m – Carte régionale n° **8**-D3
▶ Paris 367 km – Chalon-sur-Saône 33 km – Dole 58 km – Lons-le-Saunier 29 km
Carte Michelin 320-L9 – Guide Vert Michelin Bourgogne

⛌ Hostellerie Bressane   ⟵ 🛏 ♿ **P**

CUISINE TRADITIONNELLE · RÉTRO XX Au cœur du village, face à la place du marché, une grande maison régionale (18ᵉ s.), avec une terrasse ponctuée de chaises colorées. Le cadre est sympathique pour apprécier une bonne cuisine de tradition : le chef aime les beaux produits, et exprime sa personnalité avec une gourmandise et une générosité clairement affichées !

Formule 16 € – Menu 26/55 € – Carte 45/56 €

9 chambres – ♦58 € ♦♦65 € – ☲ 10 €

2 rte de Sens – ℰ 03 85 72 04 69 – www.giot-hostelleriebressane.fr – Fermé dim. soir sauf du 12 juin au 21 août et lundi

ST-GERMAIN-EN-LAYE - 78 (Yvelines) ➜ voir Autour de Paris

ST-GERMAIN-LÈS-ARLAY

✉ 39210 (Jura) – 481 hab. – Alt. 255 m – Carte régionale n° **16**-B3
▶ Paris 398 km – Besançon 74 km – Chalon-sur-Saône 58 km – Dole 46 km
Carte Michelin 321-D6

ⅠΟ Hostellerie St-Germain   🌿 ⟵ 🛏 🖥 ♿ 🅰 🍸 ♨ **P**

CUISINE MODERNE · ÉLÉGANT XXX Face à l'église, ce sympathique relais de poste du 17ᵉ s. a été entièrement rénové avec élégance dans un style sobre et lumineux. Le chef travaille des produits du terroir – souvent bio – et concocte une cuisine gourmande, accompagnée de bons vins du Jura. Pour l'étape, des chambres confortables, plus calmes côté terrasse.

Menu 29/74 € – Carte 49/80 €

12 chambres – ♦78/145 € ♦♦78/145 € – ☲ 13 €

635 Grande-Rue – ℰ 03 84 44 60 91 – www.hostelleriesaintgermain.com – Fermé dim. soir sauf juil.-août, mardi midi et lundi

ST-GERMAIN-SUR-AY

✉ 50430 (Manche) – 897 hab. – Alt. 5 m – Carte régionale n° **32**-A2
▶ Paris 344 km – Caen 111 km – St-Lô 44 km
Carte Michelin 303-C4

🏠 La Ferme des Mares   ✿ 🌿 ⟵ ♿ 🍸 **P**

TRADITIONNEL · COSY Isolé du reste du village, un ancien corps de ferme du 17ᵉ s. au cœur d'un parc de deux hectares... Les chambres, assez spacieuses et lumineuses, ont été rénovées dans un style contemporain, voire un brin design ; certaines sont plus cosy et feutrées. Cuisine actuelle – et chef britannique ! – au restaurant.

10 chambres – ♦90/153 € ♦♦90/153 € – ☲ 10 € – ½ P

26 r. des Mares – ℰ 02 33 17 01 02 – www.la-ferme-des-mares.com – Fermé janv.

ST-GERVAIS-D'AUVERGNE

✉ 63390 (Puy-de-Dôme) – 1 324 hab. – Alt. 725 m – Carte régionale n° **5**-B2
▶ Paris 377 km – Aubusson 72 km – Clermont-Ferrand 55 km – Gannat 41 km
Carte Michelin 326-D6 – Guide Vert Michelin Auvergne

🏠 Castel Hôtel 1904

FAMILIAL · CLASSIQUE Cette demeure du 17ᵉ s. a du caractère avec sa déco à l'ancienne et son jardin planté de beaux arbres. Un petit creux ? Vous avez le choix entre le bistrot et le gastro.

15 chambres – †65/85 € ††69/89 € – ⌑ 11 € – ½ P

r. du Castel – ℰ 04 73 85 70 42 – www.castel-hotel-1904.com – Fermé janv.

ST-GERVAIS-LES-BAINS

✉ 74170 (Haute-Savoie) – 5 599 hab. – Alt. 820 m – Carte régionale n° **46**-F1
▶ Paris 597 km – Annecy 84 km – Bonneville 42 km – Chamonix-Mont-Blanc 25 km
Carte Michelin 328-N5 – Guide Vert Michelin Alpes du Nord

🌼 Le Sérac (Raphaël Le Mancq)

CUISINE MODERNE · À LA MODE XXX Aucune chance que ce Sérac-là se dérobe sous vos pieds ! Bien installé dans une grande salle lumineuse et épurée, on se laisse séduire par la cuisine du chef, dont l'inspiration varie au gré des saisons. Son pigeon de Bresse, tendre et parfumé, laisse un souvenir délicieux...

➜ Nougat de foie gras aux asperges vertes, vinaigre de cidre et pollen. Pigeon rôti, jus au gingembre et patate douce. Tartelette sablée, acidulée de citron vert et fine gelée au basilic.

Menu 35 € (déj.), 52/75 € – Carte 70/80 €

22 r. de la Comtesse – ℰ 04 50 93 80 50 – www.3serac.fr – Fermé 2 semaines en nov., 2 semaines en mai-juin, lundi et merc. sauf vacances scolaires

😊 Bistrotsérac 🆕

VIANDES · BISTRO X La deuxième adresse de Raphaël Le Mancq (après Le Sérac voisin) fait la part belle aux viandes cuites à la braise. À vous les belles entrecôtes d'Angus américain ou australien, de Hereford irlandais, ou encore de Galicia espagnol, bien maturées et savoureuses... De quoi réveiller vos instincts carnivores !

Formule 19 € – Menu 26/42 €

40 av. du Mont-Paccard – ℰ 04 50 98 43 35 – www.3serac.fr – Fermé dim. soir et lundi sauf vacances scolaires

🍽 La Ferme de Cupelin 🆕

RÉGIONALE · AUBERGE X Dans cette superbe ferme, une table chaleureuse et accueillante ! Comme le bois dans la cheminée, les saveurs du marché crépitent joyeusement dans l'assiette : terrine de truite fumée maison, pavé d'omble chevalier et crème de vin blanc...

Formule 28 € – Menu 32 €

Hôtel La Ferme de Cupelin, 198 rte du Château, par rte de St-Nicolas-de-Véroce – ℰ 04 50 93 47 30 (réservation conseillée) – www.lafermedecupelin.com – Fermé 2 semaines en juin, oct., nov., lundi midi, vend. midi et jeudi

🏠 La Ferme de Cupelin 🆕

HÔTEL DE VACANCES · ALPIN Sur les hauteurs de Saint-Gervais, avec vue sur le massif du Mont-Blanc, cette ferme datant de 1870 porte haut le flambeau de l'esprit montagnard : le feu crépite dans la cheminée, les tableaux de gibier et autres peaux de bêtes habillent l'espace... et l'accueil est charmant.

7 chambres – †85/95 € ††85/95 € – ⌑ 12 €

198 rte du château, par rte de St-Nicolas-de-Véroce – ℰ 04 50 93 47 30 – www.lafermedecupelin.com – Fermé 2 semaines en juin, oct. et nov.

🍽 **La Ferme de Cupelin** – voir les restaurants ci-dessus

🏠 La Féline Blanche

HÔTEL DE VACANCES · COSY Cet hôtel de la fin du 19ᵉ s., à la façade colorée, diffuse un charme cosy : la décoration contemporaine joue sur le blanc et le bois. Chambres confortables ; agréable salle des petits-déjeuners.

10 chambres – †86/166 € ††86/166 € – ☑ 13 €

138 r. du Mont-Blanc – ℰ 04 50 96 58 70 – www.lafelineblanche.com – Fermé 17 avril-13 mai et nov.

au Fayet 4 km au Nord-Ouest par D902 – ✉ 74190

🏠 Hôtel des Deux Gares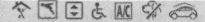

FAMILIAL · FONCTIONNEL Juste en face de la gare de départ du fameux tramway du Mont-Blanc, un chalet familial très sympathique, avec des chambres douillettes, une piscine couverte, un bar, une salle de jeux (billard, babyfoot...), etc. Excellent rapport qualité-prix.

23 chambres – ††63/70 € – ☑ 8 € – ½ P

50 imp. des Deux-Gares – ℰ 04 50 78 24 75 – www.hotel2gares.com – Fermé 5 nov.-12 déc.

ST-GERVAIS-SUR-MARE

✉ 34610 (Hérault) – 874 hab. – Alt. 330 m – Carte régionale n° **22**-B2
▶ Paris 734 km – Albi 100 km – Montpellier 91 km – Rodez 158 km
Carte Michelin 339-D7

🍽 L'Ortensia

CUISINE MODERNE · COSY ✕✕ Lui manque-t-il un "h" ? Non : c'est ainsi que l'on orthographie cette plante en occitan ! Créé dans une ancienne pépinière, le restaurant – au cadre intime – laisse s'épanouir de bien jolis bouquets de saveurs, tout à l'honneur des viandes et légumes issus des fermes environnantes. Une fleur très séduisante !

Formule 26 € ▼ – Menu 34/69 €

5 chambres ☑ – †61/98 € ††88/170 € – 1 suite

2 r. du Château – ℰ 04 67 97 69 88 – www.restaurant-ortensia.com – Fermé dim. soir et lundi

ST-GILLES

✉ 30800 (Gard) – 13 646 hab. – Alt. 10 m – Carte régionale n° **23**-D2
▶ Paris 724 km – Arles 18 km – Beaucaire 27 km – Lunel 31 km
Carte Michelin 339-L6

🏡 Le Mas de l'Espérance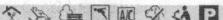

LUXE · ÉLÉGANT Dans un parc très fleuri environné d'oliviers et d'arbres fruitiers – les propriétaires du domaine sont aussi arboriculteurs –, une auguste demeure datée de 1780 à l'ombre de pins aériens. Voilà qui vaut le coup d'œil ! Beaux volumes, esprit cosy, terrasses privatives dans chaque chambre : un havre de charme...

5 chambres ☑ – †170/410 € ††170/410 €

lieu-dit Saint-Bénézet, 10 km au Nord par D42 rte de Nîmes et rte secondaire – ℰ 04 66 70 01 51 – www.mas-esperance.com

🏡 Domaine de la Fosse

RURAL · PERSONNALISÉ Camargue ! Au cœur d'un immense domaine rizicole, cette ancienne commanderie des Templiers (17ᵉs.) abrite des chambres de caractère (mansardes, mobilier chiné). Sauna, hammam, jacuzzi.

6 chambres ☑ – †110/125 € ††135/145 €

rte de Sylvéréal, 7 km au Sud par D179, croisement D202 – ℰ 04 66 87 05 05 – www.domainedelafosse.com

ST-GILLES-CROIX-DE-VIE

✉ 85800 (Vendée) – 7 409 hab. – Alt. 12 m – Carte régionale n° **34**-A3
▶ Paris 462 km – Cholet 112 km – Nantes 79 km – La Roche-sur-Yon 44 km
Carte Michelin 316-E7 – Guide Vert Michelin Pays de la Loire

⍏○ Boisvinet

AC

CUISINE MODERNE · CONVIVIAL XX Une villa de bord de mer à la déco contemporaine et épurée... Un lieu avenant pour découvrir une cuisine fort appétissante, qui évolue au fil des saisons. Ah, que l'on aime ces recettes dans l'air du temps !

Menu 23 € (déj. en semaine), 29/53 €

2 r. Louis-Cristau – ℰ 02 51 55 51 77 – www.boisvinet.com – Fermé dim. soir, mardi soir, merc. de sept. à juin et mardi en juil.-août

⍏○ La Cotriade

🧑‍🦽 AC

CUISINE MODERNE · À LA MODE X En retrait de l'agitation touristique, un restaurant au cadre contemporain, où l'on déguste une séduisante cuisine du moment et quelques spécialités plus traditionnelles. Ajoutez à cela du poisson local extrafrais et un service au petits oignons, vous obtenez une charmante petite adresse !

⌘ Formule 16 € – Menu 20/36 € – Carte 25/50 €

8 r. Louis-Cristau – ℰ 02 51 55 09 62 – www.restaurant-la-cotriade.com – Fermé 21 déc.-20 janv., dim. soir et lundi

⍏○ Le Casier

🏠

POISSONS ET FRUITS DE MER · BISTRO X À deux pas des quais, un bistrot marin très convivial installé... dans une ancienne charcuterie ! Le propriétaire – ancien mareyeur à St-Gilles-Croix-de-Vie – et son chef proposent une cuisine sans chichis et pleine de fraîcheur, faisant la part belle aux produits de la mer. Accueil et service tout sourire !

⌘ Menu 15 € (déj. en semaine)/19 € – Carte 25/45 €

pl. du Vieux-Port – ℰ 02 51 55 01 08 – www.lecasier.com – Fermé 15 déc.-1ᵉʳ mars et lundi de déc. à mars

🏠 Edena

HÔTEL DE VACANCES · ACTUEL Dans un quartier pavillonnaire, ce complexe hôtelier propose des chambres agréables et spacieuses – certaines ont même une terrasse privative –, mais aussi deux piscines, une aire de jeux pour enfants et des appartements familiaux, bref : de quoi plaire à tout le monde !

24 chambres – †87/126 € ††87/126 € – ⌒ 10 €

39 bd de Lattre-de-Tassigny – ℰ 02 51 55 30 44 – www.hoteledena.com – Ouvert 26 mars-6 nov.

à Coëx 14 km à l' Est par D6 – ✉ 85220 – 3 123 hab. – Alt. 50 m

😊 Le Balata

CUISINE MODERNE · COSY XX La tomate se décline en gaspacho, tartare ou sorbet ; la fraise s'allie au romarin... Une cuisine raffinée et recherchée, dans une atmosphère contemporaine feutrée avec vue sur le green. Idéal pour faire une pause gourmande entre deux swings !

Formule 15 € – Menu 28/42 € – Carte 34/54 €

Golf des Fontenelles, 2 km à l'Ouest par D6 – ℰ 02 28 10 63 96 – www.lebalata.com – Fermé 5-18 janv., dim. soir et lundi

ST-GINGOLPH

✉ 74500 (Haute-Savoie) – 783 hab. – Alt. 385 m – Carte régionale n° **46**-F1
▶ Paris 560 km – Annecy 102 km – Évian-les-Bains 19 km – Montreux 21 km
Carte Michelin 328-N2 – Guide Vert Michelin Alpes du Nord

ⅠⅠ○ **Aux Ducs de Savoie**   ⟨ 🛋 🍴 **P**

CUISINE TRADITIONNELLE • **CLASSIQUE** XXX Sur les hauteurs de ce village face au Léman, un agréable chalet, cossu et bourgeois : le chef concocte une goûteuse cuisine classique (appétissant chariot de desserts) et l'on profite de la terrasse ombragée face au lac, pendant les beaux jours. Accueil très sympathique.
Formule 21 € – Menu 26 € (déj. semaine), 43/83 € – Carte 43/75 €
r. du 23 Juillet 44 – ℰ 04 50 76 73 09 – www.ducsdesavoie.net – Fermé
20 oct.-29 nov., 4-27 janv., mardi sauf juil.-août et lundi sauf fériés

ST-GIRONS

✉ 09200 (Ariège) – 6 346 hab. – Alt. 398 m – Carte régionale n° **28**-B3
▶ Paris 774 km – Auch 123 km – Foix 45 km – St-Gaudens 43 km
Carte Michelin 343-E7

ⅠⅠ○ **Auberge d'Antan**   ⟨🛋 🛗 🅰🅲 **P**

CUISINE TRADITIONNELLE • **RUSTIQUE** X Dans l'ancienne grange du château, cette salle en impose par sa hauteur sous charpente ; jambons suspendus, pierres et poutres dégagent une belle atmosphère campagnarde. On retrousse ses manches au moment de s'attabler face à l'immense cheminée, où sont préparés grillades, plats traditionnels et cochons de lait...
Formule 15 € – Menu 30/48 € – Carte 36/40 €
Hôtel Château de Beauregard, av. de la Résistance – ℰ 05 61 64 11 02
– www.chateaubeauregard.net – Fermé sam. midi, dim. soir et lundi

🏠 **Château de Beauregard**   🌿 🦢 ⟨🛋 🍴 **P**

HISTORIQUE • **PERSONNALISÉ** Au cœur d'un parc paisible, un petit château et ses dépendances (19ᵉ s.) avec des chambres patinées par les ans, entre rustique et tradition, et des suites de caractère. Et dans les anciennes granges, un espace bien-être avec jacuzzi et sauna...
6 chambres – †60/220 € ††60/220 € – 4 suites – ⌷ 13 € – ½ P
av. de la Résistance – ℰ 05 61 66 66 64 – www.chateaubeauregard.net
ⅠⅠ○ **Auberge d'Antan** – voir les restaurants ci-dessus

à St-Lizier 2 km au Nord-Ouest par D117 – ✉ 09190 – 1 408 hab. – Alt. 381 m

ⅠⅠ○ **Le Carré de l'Ange**   ⟨ 🛋 **P**

CUISINE MODERNE • **ÉLÉGANT** XX On doit laisser sa voiture pour accéder aux caves voûtées du palais épiscopal. Un cadre exceptionnel pour une cuisine tournée vers de beaux produits, souvent régionaux.
Formule 19 € – Menu 21 € (déj. en semaine), 25/99 € ▼
Palais des Évêques – ℰ 05 61 65 65 65 – www.lecarredelange.com
– Ouvert 15 avril-11 nov. et 1ᵉʳ déc.-1ᵉʳ janv., et fermé dim. soir et lundi sauf du
9 juil. au 24 août

à Lorp-Sentaraille 4 km au Nord-Ouest par D117 – ✉ 09190
– 1 354 hab. – Alt. 361 m

😊 **La Petite Maison**   🍴

CUISINE MODERNE • **BISTRO** XX Dans un cadre contemporain, le jeune chef, Pao Magny, distille l'essentiel avec beaucoup de générosité. Il réalise des plats de saison aux saveurs fines et franches, imaginés avec justesse et toujours joliment présentés, et fait évoluer sa carte au gré du marché. Mention spéciale pour les pâtisseries !
Formule 18 € – Menu 28/70 € – Carte 47/60 €
rte de Toulouse – ℰ 05 61 66 54 49 – www.lapetitemaison-magnypao.com
– Fermé déc. à fév., mardi et merc.

ST-GRÉGOIRE – 35 (Ille-et-Vilaine) → voir Rennes

ST-GUÉNOLÉ

✉ 29760 (Finistère) – Carte régionale n° **9**-A2
▶ Paris 587 km – Douarnenez 47 km - Guilvinec 8 km – Pont-l'Abbé 14 km
Carte Michelin 308-E8 – Guide Vert Michelin Bretagne Sud

Sterenn

POISSONS ET FRUITS DE MER · TRADITIONNEL XX Dans ce sympathique restaurant, posé sur la pointe de Penmarch, on travaille en famille : le chef et son gendre composent une partition culinaire à quatre mains. Les produits de la mer dominent, avec des poissons issus de la pêche côtière locale, préparés avec attention et joliment présentés dans l'assiette.
Formule 20 € – Menu 28/69 € – Carte 37/70 €
Hôtel Sterenn, plage de la Joie – ℰ 02 98 58 60 36 – www.hotel-sterenn.com
– Fermé 15 déc.-30 janv., dim. soir et lundi hors saison

Sterenn

FAMILIAL · FONCTIONNEL Face à la plage, cette construction néobretonne des années 1970 a le charme des établissements familiaux. Les chambres sont simples, colorées et nettes ; la plupart donnent sur la mer. Pour une grande bouffée d'air iodé !
16 chambres – †76/117 € ††76/117 € – ⌸ 12 € – ½ P
plage de la Joie – ℰ 02 98 58 60 36 – www.hotel-sterenn.com
– Fermé 15 déc.-30 janv.
Sterenn – voir les restaurants ci-dessus

Les Ondines

TRADITIONNEL · FONCTIONNEL À l'extrême pointe du pays bigouden et à deux pas de la mer, un hôtel pour les enfants des ondes. On a parfois l'impression d'être dans un bateau, que ce soit dans les chambres ou sous la véranda, où l'océan préside aux repas : choucroute de la mer et sole meunière sont au menu...
14 chambres – †63/76 € ††63/76 € – ⌸ 11 € – ½ P
90 r. Pasteur, rte du phare d'Eckmühl – ℰ 02 98 58 74 95
– www.hotel-lesondines.net – Ouvert 2 avril-6 nov. et fermé mardi

ST-GUILHEM-LE-DESERT

✉ 34150 (Hérault) – 262 hab. – Alt. 89 m – Carte régionale n° **23**-C2
▶ Paris 726 km – Lodève 31 km – Millau 90 km – Montpellier 41 km
Carte Michelin 339-G6

Le Guilhaume d'Orange

FAMILIAL · COSY Face aux gorges de l'Hérault, cette bâtisse restaurée avec goût a su conserver son cachet d'origine. Les chambres sont coquettes et romantiques à souhait. En salle ou sur la belle terrasse, vous apprécierez la cuisine du terroir.
11 chambres – †73/104 € ††93/104 € – ⌸ 10 € – ½ P
2 av. Guilhaume-d'Orange – ℰ 04 67 57 24 53 – www.guilhaumedorange.com
– Fermé 22 déc.-18 janv. et merc. hors saison

ST-HAON-LE-VIEUX – 42 (Loire) → voir Renaison

ST-HERBLAIN – 44 (Loire-Atlantique) → voir Nantes

ST-HILAIRE-DE-BRETHMAS – 30 (Gard) → voir Alès

ST-HILAIRE-ST-FLORENT – 49 (Maine-et-Loire) → voir Saumur

ST-HIPPOLYTE

✉ 25190 (Doubs) – 899 hab. – Alt. 380 m – Carte régionale n° **17**-C2

▶ Paris 490 km – Basel 93 km – Belfort 48 km – Besançon 89 km

Carte Michelin 321-K3 – Guide Vert Michelin Franche-Comté Jura

🍴 Le Bellevue

CUISINE TRADITIONNELLE · RÉTRO XX Truite blanche, pieds de porc... Une agréable cuisine traditionnelle concoctée à quatre mains par un père et son fils. On la déguste dans un cadre rustique et cossu, ou sur la terrasse ombragée aux beaux jours.

Formule 13 € – Menu 28/40 € – Carte 35/67 €

28 Grande Rue – ☏ 03 81 96 51 53 – www.lebellevue-hotel.fr – Fermé 2-11 janv., dim. soir et vend. soir de sept. à avril

🏠 Le Bellevue ⌂ ☞

AUBERGE · RÉTRO À la sortie du village, dominant le Dessoubre, cette sympathique hostellerie familiale propose des chambres fort bien tenues, toutes différentes, bienvenues pour une étape. Accueil aimable.

16 chambres – ♦65/82 € ♦♦67/86 € – ☕ 12 € – ½ P

28 Grande-Rue – ☏ 03 81 96 51 53 – www.lebellevue-hotel.fr – Fermé 2-11 janv., dim. soir et vend. soir de sept. à avril

🍴 **Le Bellevue** – voir les restaurants ci-dessus

ST-HIPPOLYTE

✉ 68590 (Haut-Rhin) – 1 028 hab. – Alt. 234 m – Carte régionale n° **2**-C1

▶ Paris 439 km – Colmar 21 km – Ribeauvillé 8 km – St-Dié 42 km

Carte Michelin 315-I7

😊 Winstub Rabseppi-Stebel

CUISINE TRADITIONNELLE · RUSTIQUE X Une winstub conviviale, au sein de l'hôtel Le Parc. On s'y régale d'une cuisine authentique, généreuse et respectueuse des saisons, qui fait la part belle aux produits du terroir. Et pour parfaire le tout, on accompagne les recettes du chef de bons nectars du cru. Gourmand !

Menu 25/32 € – Carte 32/59 €

Hôtel Le Parc, 6 r. du Parc – ☏ 03 89 73 00 06 – www.le-parc.com – Fermé 11-28 janv., mardi midi et lundi

🍴 Joséphine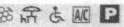

CUISINE MODERNE · ÉLÉGANT XXX Cœur de ris de veau aux écrevisses, sauce nantua ; suprême de pigeonneau contisé à la truffe ; Granny smith virtuelle et écume de manzana : raffinée, moderne sans extravagance, cette élégante Joséphine saura vous séduire...

Menu 38 € (semaine), 48/75 € – Carte 66/88 €

Hôtel Le Parc, 6 r. du Parc – ☏ 03 89 73 00 06 – www.le-parc.com – Fermé 11-28 janv., lundi et mardi

🏨 Le Parc

FAMILIAL · ACTUEL Un hôtel cosy où les chambres sont à la fois tendance et raffinées. Pour décompresser, on profite de l'espace détente et de la piscine avant de se régaler au restaurant ou à la winstub. Un programme des plus plaisants !

32 chambres – ♦95/130 € ♦♦105/200 € – 3 suites – ☕ 16 € – ½ P

6 r. du Parc – ☏ 03 89 73 00 06 – www.le-parc.com – Fermé 11-28 janv.

😊 **Winstub Rabseppi-Stebel** • 🍴 **Joséphine** – voir les restaurants ci-dessus

🏨 Val-Vignes 🆕 ⇐ ☞ 🖶 ⭐ 🄿

TRADITIONNEL · MODERNE Cet imposant bâtiment historique (dont les fondations datent du 13ᵉ s.), situé en bordure des vignes, domine la ville. Les chambres, fonctionnelles, s'ouvrent sur la vallée ou le château du Haut-Kœnigsbourg. Espace bien-être et salle de jeu pour enfants.

46 chambres – ♦76/143 € ♦♦115/143 € – ☕ 13 €

23 chemin du Wall – ☏ 03 89 22 34 00 – www.valvignes.com

ST-HUBERT

✉ 57640 (Moselle) – 206 hab. – Alt. 220 m – Carte régionale n° **27**-C1
▶ Paris 336 km – Luxembourg 63 km – Metz 21 km – Saarbrücken 69 km
Carte Michelin 307-I3

🏠 La Ferme de Godchure

FAMILIAL · PERSONNALISÉ Aux portes d'un petit village, en pleine campagne, cette maison d'hôtes n'est autre que la grange d'une ancienne ferme cistercienne. Les chambres – indépendants de la résidence des propriétaires – sont décorées dans un style plutôt zen que l'on retrouve aussi au spa. Apaisant à souhait !
4 chambres ♧ – †99/135 € ††99/135 €
r. Principale – ℰ 03 87 77 03 96 – www.godchure.com

ST-ISIDORE – 06 (Alpes-Maritimes) ➜ voir Nice

ST-JEAN – 06 (Alpes-Maritimes) ➜ voir Pégomas

ST-JEAN-AUX-AMOGNES

✉ 58270 (Nièvre) – 505 hab. – Alt. 230 m – Carte régionale n° **7**-B2
▶ Paris 252 km – Bourges 81 km – Château-Chinon 51 km – Clamecy 61 km
Carte Michelin 319-D9

⅊○ Le Relais de Bourgogne

CUISINE MODERNE · AUBERGE ☆☆ Dans cette maison de village, le décor est champêtre et chaleureux, la véranda ouvre sur un sympathique jardin et les plats respirent la générosité et la tradition.
Menu 28/45 € – Carte 45/55 €
– ℰ 03 86 58 61 44 – Fermé 1er-21 janv., dim. soir, lundi et merc. sauf juil.-août et fériés

ST-JEAN-AUX-BOIS – 60 (Oise) ➜ voir Pierrefonds

ST-JEAN-CAP-FERRAT

✉ 06230 (Alpes-Maritimes) – 1 889 hab. – Alt. 12 m – Carte régionale n° **42**-E2
▶ Paris 935 km – Menton 25 km – Nice 8 km
Carte Michelin 341-E5 – Guide Vert Michelin Côte d'Azur

✿ Le Cap

CUISINE MODERNE · LUXE ☆☆☆☆ Cap sur... une belle cuisine d'aujourd'hui, réalisée sur des bases classiques ! On y savoure, par exemple, des langoustines, des lasagnes au caviar d'Aquitaine ou un délicieux filet de loup. Aux beaux jours, on profite de la vue depuis la terrasse panoramique.
➜ Lasagnes au caviar d'Aquitaine, jeunes poireaux à l'huile d'olive. Côte de veau poêlée, légumes croquants à la niçoise, jus court à l'huile d'olive. Chocolat au parfum d'agrumes et gingembre.
Menu 158/248 € – Carte 172/390 €
Plan : -a – *Grand Hôtel du Cap Ferrat, 71 bd du Gén.-de-Gaulle, au Cap-Ferrat – ℰ 04 93 76 50 26 – www.fourseasons.com/fr/capferrat/ – Ouvert début mai-31 août et fermé le midi*

⅊○ La Voile d'Or

PROVENÇALE · ROMANTIQUE ☆☆☆ Poissons grillés, rôtisserie, pâtes et risotto : voici quelques-unes des préparations que le chef réalise avec de bons produits, notamment issus de la pêche locale. La vue depuis la terrasse est superbe : on n'a guère envie de mettre les voiles ! Attention : à la belle saison, ouverture le soir seulement.
Menu 49 € ♡/130 € – Carte 54/90 €
Plan : -f – *Hôtel La Voile d'Or, 7 av. Jean-Mermoz, au port – ℰ 04 93 01 13 13 – www.lavoiledor.fr – Ouvert de mi-avril à début oct.*

ST-JEAN-CAP-FERRAT

Albert-1er (Av.) 2
Gaulle (Bd Gén.-de) 6
Grasseuil (Av.) 7
Libération (Bd) 9
Mermoz (Av. J.) 12
Passable (Ch. de) 13
Phare (Av. du) 14
Prince-Rainier III de Monaco .
   (Av.) 3
Puncia (Av. de la) 15
Sabatier (Av. Marie-Louise) . . 5
St-Jean (Pont) 16
Sauvan (Bd H.) 17
Semeria (Av. D.) 18
Verdun (Av. de) 20
Vignon (Av. C.) 21

Les flèches noires
indiquent les sens
uniques
supplémentaires l'été

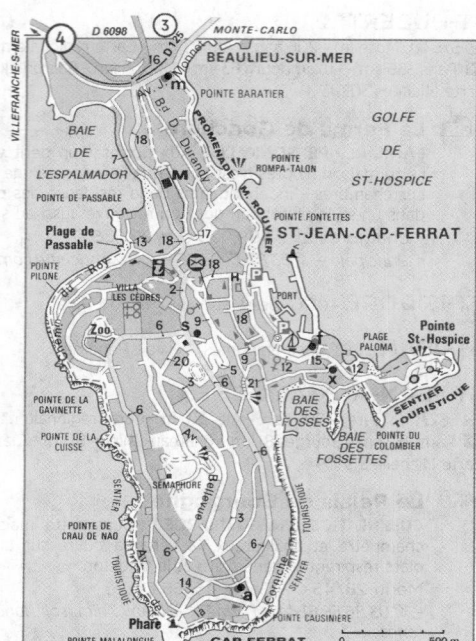

🍴 La Véranda

PROVENÇALE · ÉLÉGANT XxX Une salle à manger d'hiver très élégante, une délicieuse terrasse (l'une des plus belles de la côte ?), une carte attrayante, une formule salon de thé l'après-midi... Cette Véranda ne manque pas d'atouts ! Et que dire de la cuisine ? Avec ses accents de Provence, elle séduit dès la première bouchée...

Formule 68 € ♟ – Menu 78 € (déj.)/135 € – Carte 85/120 €

Plan : -a – *Grand Hôtel du Cap Ferrat, 71 bd du Gén.-de-Gaulle, au Cap-Ferrat*
– ℰ 04 93 76 50 27 – www.fourseasons.com/fr/capferrat/ – Fermé 1er janv.-19 mars

🍴 La Table du Royal

MÉDITERRANÉENNE · COSY XxX Imaginez un peu : assis sur la terrasse, vous profitez de la mer à perte de vue. Sur un guéridon voisin, on est en train de découper l'un des superbes poissons du jour – turbot, loup – ou encore une belle pièce de bœuf écossais... La carte de saison, les présentations dans l'air du temps : vous allez adorer !

Menu 63/95 € – Carte 73/189 €

Plan : -m – *Hôtel Royal Riviera, 3 av. Jean-Monnet – ℰ 04 93 76 31 00*
– www.royal-riviera.com – Fermé de fin-nov. à mi-janv. et le midi de mi-avril à mi-oct.

🍴 Club Dauphin

MÉDITERRANÉENNE · ROMANTIQUE XX Viandes et poissons grillés, saveurs méridionales, vue superbe sur la Grande Bleue et magnifique terrasse face à la piscine... Et, pour les clients de l'hôtel, un détail qui a son importance : on accède à ce restaurant par un funiculaire privé !

Carte 102/131 €

Plan : -a – *Grand Hôtel du Cap Ferrat, 71 bd du Gén.-de-Gaulle, au Cap-Ferrat*
– ℰ 04 93 76 50 21 – www.fourseasons.com/fr/capferrat/ – Ouvert 27 mars-1er nov.
et fermé le soir

ⅱ○ La Pergola ⪡ 🛋 ⚿ 🅿

MÉDITERRANÉENNE · BRASSERIE ✗ Tout près des flots, au bord de la piscine et presque les pieds dans l'eau... Cette pergola a de quoi séduire ! Les gourmands trouvent leur bonheur parmi les classiques de la brasserie et les grillades. Belle terrasse.

Menu 38 € (semaine)/50 € – Carte 50/90 €

Plan : -m – *Hôtel Royal Riviera, 3 av. Jean-Monnet* – *✆ 04 93 76 31 00*
– *www.royal-riviera.com* – *Ouvert le midi de mi-avril à mi-oct.*

🏨🏨 Grand Hôtel du Cap Ferrat ⇡ 🐦 ⪡ 🛏 🔱 ⊛ 🛗 ✗ 🖭 🛗 🗚

PALACE · GRAND STYLE Époustouflant ! Le parc divin et   ⚿ 🎱 🚗 ses superbes pins parasols, la vue sur la côte tout simplement sublime, le délicieux bassin à débordement, la gourmandise des restaurants, les suites avec leur piscine privée... L'élégance luxueuse d'un grand hôtel mythique, né en 1908. Tout ici est une invitation au farniente !

49 chambres – ♦300/2000 € ♦♦300/2000 € – 24 suites – � 45 €

Plan : -a – *71 bd du Gén.-de-Gaulle, au Cap-Ferrat* – *✆ 04 93 76 50 50*
– *www.fourseasons.com/fr/capferrat/* – *Fermé 1er janv.-18 mars*

❀ **Le Cap** • ⅱ○ **La Véranda** • ⅱ○ **Club Dauphin** – voir les restaurants ci-dessus

🏨🏨 Royal Riviera ⇡ ⪡ 🛏 🔱 🛗 🖭 🛗 🗚 🝙 ⚿ 🎱 🅿

LUXE · PERSONNALISÉ Une bâtisse construite en 1904 et son beau jardin au bord de l'eau. La plupart des chambres – contemporaines et raffinées – donnent sur la Grande Bleue et, dans l'Orangerie, elles ont adopté un style atypique, provençal et branché... Le charme haut en couleur de la French Riviera !

91 chambres – ♦305/2625 € ♦♦305/2625 € – 3 suites – ⊾ 38 € – ½ P

Plan : -m – *3 av. Jean-Monnet* – *✆ 04 93 76 31 00* – *www.royal-riviera.com*
– *Fermé de fin-nov. à mi-janv.*

ⅱ○ **La Table du Royal** • ⅱ○ **La Pergola** – voir les restaurants ci-dessus

🏨🏨 La Voile d'Or ⇡ 🐦 ⪡ 🛏 🔱 🛗 🖭 🛗 ⚿ 🎱 🚗

HÔTEL DE VACANCES · PERSONNALISÉ Ancré sur son rocher, face au port de plaisance, cet hôtel bénéficie d'une situation superbe : une véritable ode à la Méditerranée ! Chambres d'inspiration florentine, piscine d'eau de mer, plage... Une agréable étape.

45 chambres ⊾ – ♦404/767 € ♦♦547/824 €

Plan : -f – *7 av. Jean-Mermoz, au port* – *✆ 04 93 01 13 13* – *www.lavoiledor.fr*
– *Ouvert de mi-avril à début oct.*

ⅱ○ **La Voile d'Or** – voir les restaurants ci-dessus

🏨 Brise Marine 🐦 ⪡ 🛏 🖭 🚗

FAMILIAL · CLASSIQUE Surplombant une rue calme, cette jolie villa de style italien (1878), chaleureuse et familiale, possède ce supplément d'âme propre aux maisons d'hôtes. Les chambres sont sobres et donnent sur Beaulieu et Èze ; on prend son petit-déjeuner sur la terrasse, en admirant le jardin en espaliers.

16 chambres – ♦187/213 € ♦♦187/213 € – ⊾ 16 €

Plan : -x – *58 av. Jean-Mermoz* – *✆ 04 93 76 04 36* – *www.hotel-brisemarine.com*
– *Ouvert de mars à oct.*

ST-JEAN-D'ALCAS

✉ 12250 (Aveyron) – Carte régionale n° **29**-D2
▶ Paris 677 km – Millau 35 km – Rodez 118 km – Toulouse 170 km
Carte Michelin 338-K7

🏨 Le Moulin de Gauty 🐦 🛏 🔱 ⚿ 🅿 🍴

FAMILIAL · PERSONNALISÉ Au fond d'une vallée encaissée – on ne peut aller plus loin –, on quitte sa voiture pour enjamber le cours d'eau par une passerelle et rejoindre cet ancien moulin. Les chambres (dont une familiale) arborant une déco épurée, le petit-déjeuner avec de bons produits régionaux, le joli jardin : tout invite à la quiétude !

4 chambres ⊾ – ♦80/90 € ♦♦90/136 €

– *✆ 05 65 97 51 90* – *www.moulindegauty.com* – *Fermé janv.*

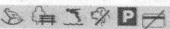

ST-JEAN-D'ANGÉLY

☒ 17400 (Charente-Maritime) – 7 468 hab. – Alt. 25 m – Carte régionale n° **38**-B2
◪ Paris 444 km – Niort 48 km – Royan 69 km – Saintes 36 km
Carte Michelin 324-G4 – Guide Vert Michelin Poitou-Charentes

ⅡO Le Scorlion   🏠 ⓐⓒ ⑭

CUISINE MODERNE · **ÉLÉGANT** XX Installé dans l'une des ailes de l'ancienne abbaye royale, ce restaurant est désormais le terrain de jeu d'un chef expérimenté, qui a notamment travaillé en Irlande, aux États-Unis et en Australie. Sa cuisine, bien maîtrisée, est rythmée par les saisons ; aux beaux jours, on en profite sur une agréable terrasse, au calme.

⊷ Formule 15 € – Menu 19 € (déj. en semaine), 26/39 € – Carte 35/55 €
5 r. de l'Abbaye – 𝒞 05 46 32 52 61 – www.restaurant-le-scorlion.fr – Fermé 2 semaines fin avril-début mai, 2 semaines en oct., 2 semaines début janv., merc. soir d'oct. à mai, dim. soir et lundi

ST-JEAN-DE-BEAUREGARD – 91 (Essonne) → voir Autour de Paris

ST-JEAN-DE-BLAIGNAC

☒ 33420 (Gironde) – 432 hab. – Alt. 50 m – Carte régionale n° **4**-C1
◪ Paris 592 km – Bergerac 56 km – Bordeaux 40 km – Libourne 17 km
Carte Michelin 335-K6

❀ Auberge St-Jean (Thomas L'Hérisson)   ⓐⓒ ⑭

CUISINE MODERNE · **CONVIVIAL** XX Un jeune couple plein d'allant – et justifiant de solides antécédents – préside aux destinées de cette auberge nichée au bord de la Dordogne... et par lui placée sur l'orbite des belles saveurs ! Au programme : un court menu qui varie au fil du marché et des saisons, des recettes inspirées, de l'habileté et de la finesse...
→ Raviole de langoustine à l'encre de seiche, bisque parfumée et radis rouge façon thaïe. Suprême de pigeon poêlé et cuisses cuites longuement, poivron, pastèque et arachides grillées. Poire pochée, parfait gianduja et caramel aux épices.
Formule 35 € – Menu 50/67 €

8 r. du Pont – 𝒞 05 57 74 95 50 – www.aubergesaintjean.com – Fermé 23 fév.-17 mars, 22-31 août, dim. soir, mardi sauf le midi de mars à oct. et merc.

ST-JEAN-DE-BRAYE – 45 (Loiret) → voir Orléans

ST-JEAN-DE-LINIERES – 49 (Maine-et-Loire) → voir Angers

ST-JEAN-DE-LUZ

☒ 64500 (Pyrénées-Atlantiques) – 12 994 hab. – Alt. 3 m – Carte régionale n° **3**-A3
◪ Paris 785 km – Bayonne 24 km – Biarritz 18 km – Pau 129 km
Carte Michelin 342-C4 – Guide Vert Michelin Pays Basque et Navarre

❀ Le Kaïku (Nicolas Borombo)   🏠

CUISINE MODERNE · **COSY** XX Au cœur de la station, on se réfugie avec plaisir dans ce restaurant cosy et élégant, qui s'abriterait dans la plus ancienne maison de la cité (16ᵉ s.). Rien de vieux cependant à la carte : Nicolas Borombo signe une belle cuisine, originale et raffinée, qui valorise les produits régionaux. Du beau travail... et un régal !
→ Langoustines "pêche au casier". Cochon teriyaki. Citron en sucre soufflé.
Menu 29 € (déj. en semaine)/64 € – Carte 66/96 €

Plan : AZ-x – *17 r. de la République – 𝒞 05 59 26 13 20 – www.kaiku.fr – Fermé mardi et merc. sauf juil.-août*

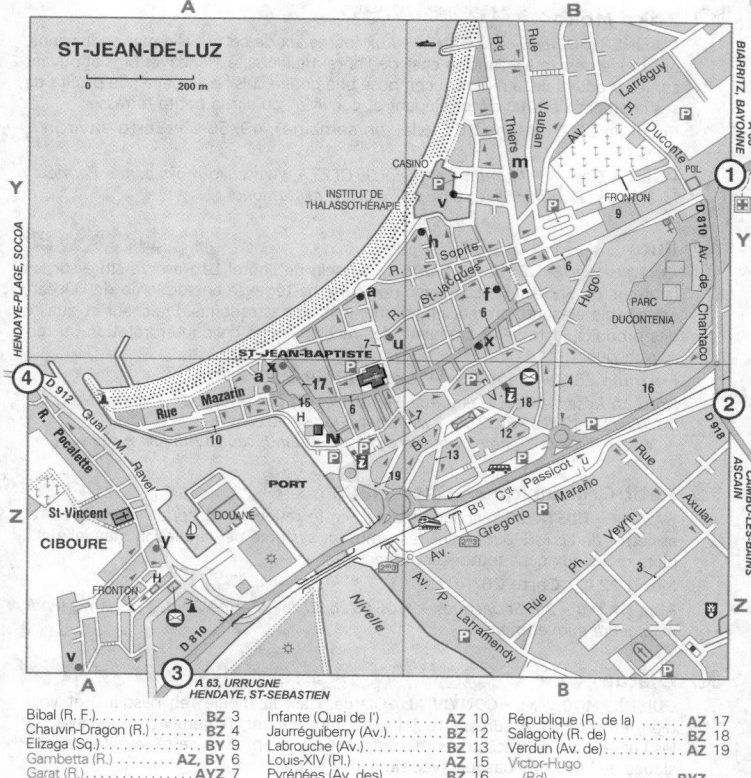

ST-JEAN-DE-LUZ

0 ——— 200 m

Bibal (R. F.)	**BZ** 3	Infante (Quai de l')	**AZ** 10
Chauvin-Dragon (R.)	**BZ** 4	Jaurréguiberry (Av.)	**BZ** 12
Elizaga (Sq.)	**BY** 9	Labrouche (Av.)	**BZ** 13
Gambetta (R.)	**AZ, BY** 6	Louis-XIV (Pl.)	**AZ** 15
Garat (R.)	**AYZ** 7	Pyrénées (Av. des)	**BZ** 16

République (R. de la)	**AZ** 17
Salagoity (R. de)	**BZ** 18
Verdun (Av. de)	**AZ** 19
Victor-Hugo (Bd)	**BYZ**

🏵️ Les Lierres

🚗 🌳 ♿ 🅰🅲

CUISINE MODERNE · COSY XxX La table de l'hôtel Parc Victoria est à l'image de l'établissement : raffinée et élégante. Dans la salle Art déco ou au bord de la piscine, on savoure une cuisine bien en prise avec son époque. Carte plus simple le midi (grillades, salades).

Formule 35 € – Menu 49/80 € – Carte 80/100 €

Hôtel Parc Victoria, 5 r. Cépé, par bd Thiers et rte du Quartier du Lac BY – 𝒞 05 59 26 78 78 – www.parcvictoria.com – Ouvert 15 mars-14 nov. et fermé mardi midi et merc. midi hors saison

🏵️ L'Océan 🆕

🕳️ ≼ 🌳 ♿ 🅰🅲 ♻️

CUISINE MODERNE · ÉLÉGANT XxX Dans le cadre mythique du Grand Hôtel, Christophe Grosjean n'a pas tardé à prendre ses marques. Pour lui, le parti-pris diététique – en phase avec la vocation de l'hôtel – n'est pas un frein à la gourmandise : sa cuisine, tout en contrastes et en finesse, est aussi gourmande et savoureuse ! Splendide terrasse sur... l'océan.

Formule 38 € – Menu 45 € (déj.), 80/105 € – Carte 60/80 €

Plan : BY-d – *Grand Hôtel Thalasso & Spa, 43 bd Thiers – 𝒞 05 59 26 35 36 – www.luzgrandhotel.fr*

ⅈⅉ○ **Zoko Moko** 🖼

CUISINE MODERNE · ÉLÉGANT XX Aux fourneaux de cette belle maison luzienne, on trouve désormais l'ancien chef de l'hôtel Héliantal, à Hendaye. En s'appuyant sur les produits de la région, il compose une bonne cuisine actuelle ; on profite de ses créations dans un décor élégant et convivial, ou sur la petite terrasse.

Formule 20 € – Menu 26 € (déj. en semaine), 49/56 € – Carte environ 55 €

Plan : AZ-a – *6 r. Mazarin –* ℰ *05 59 08 01 23 – www.zoko-moko.com – Fermé 13-21 mars, 27 nov.-5 déc., dim. soir d'oct. à juin et lundi*

ⅈⅉ○ **Ilura** ⬚ 🖼 🖼 ⬚ 🅐🅒 🄿

CUISINE MODERNE · À LA MODE XX Au sein de l'hôtel La Réserve situé sur les hauteurs de St-Jean-de-Luz, avec une superbe terrasse en surplomb de l'Océan, cette table élégante promet un joli moment de gastronomie. Fraîcheur et qualité des produits, justesse et créativité des recettes : une belle interprétation du terroir basque.

Formule 25 € – Menu 75 € – Carte 46/69 €

Hôtel La Réserve, 1 av. Gaëtan-de-Bernoville, (rd-pt Ste-Barbe), 2 km au Nord par bd Thiers – ℰ *05 59 51 32 00 – www.hotel-lareserve.com*
– Ouvert 1ᵉʳ mars-1ᵉʳ nov. et fermé dim. soir et lundi sauf du 15 juin au 15 sept.

ⅈⅉ○ **Petit Grill Basque - Chez Maya**

BASQUE · RUSTIQUE X Incontournable, cette auberge basque ! Fresques et assiettes de Louis Floutier, cuivres, amusant système de ventilation manuelle et... plats régionaux dans toute leur authenticité.

Menu 22 € – Carte 26/46 €

Plan : AY-u – *2 r. St-Jacques –* ℰ *05 59 26 80 76 – Fermé 20 déc.-25 janv., lundi midi, jeudi midi et merc.*

ⅈⅉ○ **Olatua** 🖼 ⬚

CUISINE MODERNE · CONVIVIAL X Olatua, c'est la "houle" en basque... et voilà bien, en effet, une adresse toujours en mouvement, largement fréquentée par les Luziens qui apprécient son bon rapport qualité-prix. La carte revisite les classiques de la cuisine basque avec simplicité et goût.

Formule 21 € – Menu 28 € – Carte 40/50 €

Plan : BY-m – *30 bd Thiers –* ℰ *05 59 51 05 22 – www.olatua.fr – Fermé de mi-nov. à mi-déc., lundi et mardi*

🏨 **Grand Hôtel Thalasso & Spa** 🅝 ⬚ ⬚ ⬚ 🆆 🖼 ⬚ ⬚ 🅐🅒 ⬚

LUXE · GRAND STYLE Élevé en 1909 face à l'océan, cet hôtel balnéaire de la Belle Époque séduit par ses chambres haut-de-gamme, très confortables, entièrement rénovées en 2015 dans un style contemporain. Au sous-sol, bel espace de thalassothérapie (1000 m2) zen et cosy.

52 chambres – ♦160/1008 € ♦♦160/1008 € – 8 suites – � 29 € – ½ P

Plan : BY-d – *43 bd Thiers –* ℰ *05 59 26 35 36 – www.luzgrandhotel.fr*

ⅈⅉ○ **L'Océan** – voir les restaurants ci-dessus

🏨 **Parc Victoria** ⬚ ⬚ 🖼 ⬚ 🖼 ⬚ ⬚ 🅐🅒 ⬚ ⬚

LUXE · PERSONNALISÉ Cette villa fin 19ᵉs. et ses annexes nichent dans un parc luxuriant et très fleuri. Les chambres cultivent un superbe esprit Art déco ou, plus classiques, Napoléon III : ce charme historique séduit et la piscine est superbe !

14 chambres – ♦195/445 € ♦♦195/550 € – 6 suites – � 21 € – ½ P

5 r. Cépé, par bd Thiers et rte du Quartier du Lac – ℰ *05 59 26 78 78*
– www.parcvictoria.com – Ouvert 15 mars-14 nov.

ⅈⅉ○ **Les Lierres** – voir les restaurants ci-dessus

🏠🏠🏠 Hélianthal

HÔTEL DE VACANCES · ART DÉCO Hôtel associé à un beau centre de thalasso-thérapie. L'esprit des années 1930 imprègne les chambres, fonctionnelles et conçues à l'identique. Cuisine au goût du jour dans une salle à manger ornée de fresques représentant un paquebot. Terrasse donnant sur le large.

100 chambres – †95/379 € ††95/379 € – ⊡ 18 € – ½ P

Plan : BY-v – *pl. Maurice-Ravel – ℰ 05 59 51 51 51 – www.helianthal.fr*
– Fermé 27 nov.-14 déc.

🏠🏠🏠 La Réserve

HÔTEL DE VACANCES · ÉLÉGANT Au faîte des falaises de la pointe Ste-Barbe, à l'écart de la station, cette Réserve domine superbement l'Océan, que l'on observe à loisir en se promenant dans le grand jardin ou de la piscine à débordement... Vue sur les flots également de la majorité des chambres, confortables et cossues. L'Atlantique est à vous !

37 chambres – †115/285 € ††115/285 € – 4 suites – ⊡ 18 € – ½ P

1 av. Gaëtan-de-Bernoville, (rd-pt Ste-Barbe), 2 km au Nord par bd Thiers
– ℰ 05 59 51 32 00 – www.hotel-lareserve.com – Ouvert 1er mars-1er nov.
🍴○ **Ilura** – voir les restaurants ci-dessus

🏠🏠 La Devinière

FAMILIAL · CLASSIQUE Tableaux, bibelots, photos, tentures et livres anciens participent au charme de cette maison basque. Côté jardin – lequel est très fleuri – les chambres ouvrent sur un balcon... idéal pour conter fleurette. Salon de thé à l'anglaise.

8 chambres – †120/180 € ††120/180 € – ⊡ 12 €

Plan : BY-f – *5 r. Loquin – ℰ 05 59 26 05 51 – www.hotel-la-deviniere.com*

🏠🏠 Hôtel de la Plage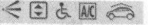

FAMILIAL · FONCTIONNEL Comme son nom l'indique, cette grande bâtisse de style régional borde l'Océan. Cadre actuel et fonctionnel dans les chambres ouvrant en majorité sur la plage.

22 chambres – †89/179 € ††89/179 € – ⊡ 11 €

Plan : AY-a – *48 promenade J.-Thibaud – ℰ 05 59 51 03 44*
– www.hoteldelaplage.com – Ouvert 12 fév.-11 nov. et 15 déc.-3 janv.

🏠🏠 Les Almadies

FAMILIAL · FONCTIONNEL Décor soigné dans ce charmant petit hôtel mêlant touches design et mobilier rustique. Chambres impeccables, terrasse fleurie.

7 chambres – †85/135 € ††85/135 € – ⊡ 12 €

Plan : BY-x – *58 r. Gambetta – ℰ 05 59 85 34 48 – www.hotel-les-almadies.com*

🏠 Villa Bel Air

FAMILIAL · FONCTIONNEL Villa basque (1875) située au cœur du centre piétonnier, face à la baie de St-Jean-de-Luz. Petit salon cossu et chambres bien tenues, la plupart tournées vers la plage.

20 chambres – †100/195 € ††100/195 € – ⊡ 11 €

Plan : BY-h – *60 promenade J.-Thibaud – ℰ 05 59 26 04 86*
– www.hotel-bel-air.com – Ouvert 26 mars-13 nov.

🏠 Maison Tamarin

VILLA · ÉLÉGANT Il est des destins originaux... À l'image de celui du propriétaire dont les parents, originaires d'Écosse, sont tombés amoureux de la région en faisant du stop ! De la villa basque qu'ils ont construite, près de la plage, leur fils a fait un bien joli lieu de villégiature. Préférez les chambres avec vue sur l'Océan.

5 chambres ⊡ – †90/110 € ††125/215 €

chemin de Kokotia, (rte des plages), 2,5 km au Nord – ℰ 05 59 47 59 60
– www.maisontamarin.com – Ouvert avril-nov.

à Urrugne 4 km au Sud par D810 – ✉ 64122 – 9 218 hab. – Alt. 34 m

⅋○ Ferme Lizarraga   🖮 🛏 ♿ 🅿

CUISINE TRADITIONNELLE · CONVIVIAL 𝕏 Dans un bel environnement naturel – *lizarraga* signifie "forêt de frênes" en basque –, une ferme du 17ᵉ s. au caractère préservé, à la fois chic et champêtre. Aux commandes, une femme chef signe une cuisine du marché éprise de tradition et du terroir. On passe un moment très sympathique !

Menu 30 € – Carte 31/50 €

chemin de Lizarraga – ℰ 05 59 47 03 76 – www.lizarraga.fr – Fermé 1ᵉʳ-25 déc., janv., lundi sauf juil.-août et le midi en semaine

⌂ Château d'Urtubie   🖮 🍽 ✂ 🔼 AC 🌾 🅿

HISTORIQUE · PERSONNALISÉ Sur la route de l'Espagne, ce château fort du 14ᵉ – remanié au cours des siècles – est la propriété de la même famille depuis 24 générations ! Aujourd'hui musée et hôtel, il abrite des chambres de caractère, garnies de mobilier ancien.

10 chambres – ♦85/175 € ♦♦95/175 € – ⌑ 12 €

1 r. B.-de-Coral – ℰ 05 59 54 31 15 – www.chateaudurtubie.fr – Ouvert 30 avril-31 oct.

à Ciboure 1 km à l'Ouest par D912 – ✉ 64500 – 6 855 hab. – Alt. 3 m

⅋○ L'Ephémère   🛏 AC

CUISINE TRADITIONNELLE · CONVIVIAL 𝕏𝕏 Voiles d'acier, murs gris métallisé, vaisselle design : la version moderniste du style nautique. La cuisine est tendance, foisonnante de saveurs et de contrastes – avec par exemple un très original dessert sans sucre.

Menu 29/45 € – Carte 29/62 €

Plan : AZ-y – *15 quai M.-Ravel – ℰ 05 59 47 29 16 – www.lephemere-ciboure.fr – Fermé lundi midi et mardi midi*

⅋○ Chez Mattin   AC 🌾

BASQUE · RUSTIQUE 𝕏 Ambiance très familiale dans cette maison de pays rustique à souhait (poutres, cuivres...). Spécialités basques et suggestions au gré du marché ; le poisson est à l'honneur.

Carte 44/50 €

Plan : AZ-v – *63 r. E.-Baignol – ℰ 05 59 47 19 52 – www.chezmattin.fr – Fermé de mi-fév. à mi-mars, 1 semaine en juin, 1 semaine en oct. , dim. et lundi*

à Socoa 3 km à l'Ouest par D912 – ✉ 64122

⅋○ Pantxua   🛏

BASQUE · AUBERGE 𝕏𝕏 Tableaux basques et tresses de piments dans la salle ; agréable vue sur la baie dans la véranda ou sur la terrasse. Dans l'assiette, les poissons frais ont le beau rôle.

Menu 26 € (semaine) – Carte 35/100 €

au port de Socoa – ℰ 05 59 47 13 73 – www.pantxua-socoa.com – Fermé 2 semaines en janv., 2 semaines en nov., lundi soir et mardi hors saison

ST-JEAN-DE-MAURIENNE

✉ 73300 (Savoie) – 8 067 hab. – Alt. 556 m – Carte régionale n° **46**-F2

▶ Paris 635 km – Albertville 62 km – Chambéry 75 km – Grenoble 105 km

Carte Michelin 333-L6 – Guide Vert Michelin Alpes du Nord

ⅢO **Le Gavroche** 🏠 & 🗚🗛

CUISINE MODERNE · FAMILIAL X Un Gavroche bien sympathique, ce restaurant, à l'image du personnage de Victor Hugo. Derrière les fourneaux, le chef signe une cuisine d'esprit créatif, très appréciée dans la région. L'hiver, dans la salle sous véranda, on regarde la neige tomber, et l'été, on apprécie la fraîcheur de la terrasse ombragée.

∞ Formule 16 € – Menu 19 € (déj. en semaine), 29/49 € – Carte 34/46 €
pl. du Marché – 𝒞 04 79 20 49 30 – www.restaurant-le-gavroche.com – Fermé 2-13 mai, 14-25 nov., 2-13 janv., dim. soir sauf juil.-août et lundi sauf fériés

🏠 **St-Georges** ⬍ & 🗚🗛 P

FAMILIAL · FONCTIONNEL Sur la route de la Croix-de-Fer, cet ancien relais de poste (1866) présente l'avantage d'être au calme et à la fois proche du centre-ville. Il abrite des chambres simples et fonctionnelles, parfaites pour une étape. Un conseil : au petit-déjeuner, goûtez les confitures maison !

30 chambres – ♦69/72 € ♦♦81/84 € – ☲ 11 €
334 r. de la République – 𝒞 04 79 64 01 06 – www.hotel-saintgeorges.com

🏠 **Nord** 🏠 ⬍ P

FAMILIAL · MINIMALISTE Au cœur de la cité, à côté de la cathédrale et du musée Opinel, des chambres toutes simples et bien tenues, aux tarifs mesurés : pratique pour séjourner dans la vallée. On peut également profiter du cadre chaleureux du restaurant, dont le chef aime revisiter les produits du terroir.

19 chambres – ♦50/54 € ♦♦68/70 € – ☲ 10 €
pl. Champ de Foire – 𝒞 04 79 64 02 08 – www.hoteldunord.net – Fermé 15-25 avril et 24 oct.-2 nov.

ST-JEAN-DE-MONTS

✉ 85160 (Vendée) – 8 221 hab. – Alt. 16 m – Carte régionale n° **34**-A3
◫ Paris 451 km – Cholet 123 km – Nantes 73 km – La Roche-sur-Yon 61 km
Carte Michelin 316-D7 – Guide Vert Michelin Pays de la Loire

ⅢO **Le Robinson** & 🗚🗛 🚗

CUISINE TRADITIONNELLE · À LA MODE XX Saumon fumé maison, gigot d'agneau, plateau de fruits de mer... Dans l'assiette de ce Robinson, on découvre une sympathique cuisine traditionnelle, un brin actualisée, qui privilégie les produits iodés ; le tout à apprécier dans un cadre contemporain. Pas sûr que l'on trouve tout cela sur une île déserte !

∞ Formule 17 € – Menu 19/42 € – Carte 32/54 €
Hôtel Le Robinson, 28 bd du Gén.-Leclerc – 𝒞 02 51 59 20 20 – www.hotel-lerobinson.com – Ouvert 6 fév.-27 nov.

ⅢO **Le Petit St-Jean** 🗚🗛 P

CUISINE TRADITIONNELLE · AUBERGE X En retrait de l'agitation touristique, voici une auberge vendéenne aussi sympathique que ses propriétaires ! L'endroit est idéal pour déguster une bonne cuisine traditionnelle rythmée par les saisons : anguille, cuisses de grenouilles, etc.

∞ Formule 10 € – Menu 15 € (déj. en semaine), 19 € ¶/48 €
– Carte 32/52 €
128 rte Notre-Dame-de-Monts – 𝒞 02 51 59 78 50 (réservation conseillée) – Fermé merc. soir hors saison, dim. soir et lundi sauf fériés

🏠 **Atlantic Thalasso** 🏠 🏊 🛋 🗗 🕐 🗚 ⬍ & 🗚 P

SPA ET BEAUTÉ · FONCTIONNEL Confort et douceur dans cet hôtel qui a fait peau neuve il y a seulement quelques années. Les chambres disposent toutes d'un balcon. Le tout à deux pas de la plage, du golf et du centre de thalasso, voilà ce que l'on appelle une situation de rêve !

44 chambres – ♦75/159 € ♦♦75/159 € – 3 suites – ☲ 14 €
16 av. des Pays-de-Monts – 𝒞 02 51 59 15 15 – www.atlantic-thalasso-hotel.com

⌂ Le Robinson   ☂ ☐ 🛁 🖥 🛗 AC ⚒ 🚗

TRADITIONNEL · FONCTIONNEL En retrait des plages, cet hôtel permet de se loger confortablement et à bon prix. Les chambres, entièrement rénovées il y a quelques années, sont agréables et fonctionnelles ; pour les inconditionnels de sport, il y a la piscine intérieure et la petite salle de musculation.

58 chambres – ♦65/108 € ♦♦65/108 € – ♾11 € – ½ P

28 bd du Gén.-Leclerc – ℰ 02 51 59 20 20 – www.hotel-lerobinson.com
– Ouvert 6 fév.-27 nov.

🍽 **Le Robinson** – voir les restaurants ci-dessus

⌂ L'Espadon   ☂ 🖥 ♿ AC ⚒ P

TRADITIONNEL · FONCTIONNEL Sur une avenue reliant la plage au bourg, un hôtel des années 1970 où l'on se repose dans des chambres fonctionnelles, confortables, climatisées... et dont certaines, cerise sur le gâteau, disposent d'un balcon ! Cuisine iodée au restaurant.

27 chambres – ♦60/120 € ♦♦60/120 € – ♾10 € – ½ P

8 av. de la Forêt – ℰ 02 51 58 03 18 – www.hotel-espadon.com

ST-JEAN-DU-BRUEL
✉ 12230 (Aveyron) – 655 hab. – Alt. 520 m – Carte régionale n° **29**-D2
▶ Paris 676 km – Lodève 43 km – Millau 40 km – Montpellier 97 km
Carte Michelin 338-M6

🍽 Midi-Papillon   🍴 P

CUISINE TRADITIONNELLE · CLASSIQUE ✕✕ Au bord de la Dourbie, une maison romantique où la famille Papillon choie ses hôtes depuis 1850... On produit presque tout sur place : légumes, fruits, lapins, volailles – sans oublier les cochons de la ferme voisine (délicieuses charcuteries) et les cèpes des bois alentour. Conclusion : une savoureuse cuisine du terroir !

🍷 Formule 16 € – Menu 20/47 € – Carte 24/52 €

*pl. du Manège – ℰ 05 65 62 26 04 – www.hoteldumidipapillon.fr – Ouvert
26 mars-11 nov.*

⌂ Midi-Papillon   ☂ 🍴 ⅃ P

FAMILIAL · RUSTIQUE Au bord de la Dourbie, cet ancien relais de poste allie le charme du bien recevoir au confort de chambres jolies et toutes différentes. Romantique et douillet...

18 chambres – ♦43/77 € ♦♦43/77 € – ♾7 €

*pl. du Manège – ℰ 05 65 62 26 04 – www.hoteldumidipapillon.fr
– Ouvert 26 mars-11 nov.*

🍽 **Midi-Papillon** – voir les restaurants ci-dessus

ST-JEAN-EN-ROYANS
✉ 26190 (Drôme) – 2 953 hab. – Alt. 250 m – Carte régionale n° **43**-E2
▶ Paris 584 km – Die 62 km – Grenoble 71 km – Romans-sur-Isère 28 km
Carte Michelin 332-E3 – Guide Vert Michelin Alpes du Nord

au col de la Machine 11 km au Sud-Est par D76 – ✉ 26190 – Alt. 1 011 m

🍽 Restaurant du Col de la Machine   ≼ 🍴 🏕 ♿ 🎇 🚗

CUISINE TRADITIONNELLE · AUBERGE ✕✕ Depuis six générations, la même famille tient cette maison du col de la Machine. La table rend hommage au terroir avec des plats goûteux et généreux : terrine de magret de canard, assiette aux trois viandes... Une halte bien agréable.

Menu 22/46 €

– ℰ 04 75 48 26 36 – www.hotel-coldelamachine.com
– Fermé 6-26 mars, 19-29 oct., 27 nov.- 26 déc., mardi soir et merc.

Hôtel du Col de la Machine

FAMILIAL · COSY Dans le superbe cadre des gorges du V.. ensemble de maisons en pierre à tout pour plaire ! Esprit chalet e. douillet dans les chambres (mobilier en bois brut, lambris...) ; jar. lisière de forêt.

11 chambres – ♦75/78 € ♦♦83/85 € – �²10 €
– ℰ 04 75 48 26 36 – www.hotel-coldelamachine.com
– Fermé 6-26 mars, 19-29 oct., 27 nov.-26 déc., mardi et merc.
🍴 **Restaurant du Col de la Machine** – voir les restaurants ci-dessus

ST-JEAN-LE-BLANC – 45 (Loiret) → voir Orléans

ST-JEAN-LE-COMTAL – 32 (Gers) → voir Auch

ST-JEAN-PIED-DE-PORT

✉ 64220 (Pyrénées-Atlantiques) – 1 486 hab. – Alt. 159 m – Carte régionale n° **3**-B3
▶ Paris 817 km – Bayonne 54 km – Biarritz 55 km – Pau 106 km
Carte Michelin 342-E6 – Guide Vert Michelin Pays Basque et Navarre

🌸 Les Pyrénées (Philippe Arrambide)   AC 🚗

CUISINE CLASSIQUE · FAMILIAL XXX De père en fils, une institution à St-Jean-Pied-de-Port. Dans le décor comme dans l'assiette, ces Pyrénées cultivent le goût du Pays basque avec délicatesse et finesse. Renouvelées sur le fondement de produits de grande qualité, les assiettes sont pleines d'allure !
→ Langoustine sous toutes ses formes, en salade, rôtie, ravioli, beignet au curry. Lasagne de foie gras aux truffes, pommes de terre sacristains, jus émulsionné. Soufflé chaud au fruit de la passion, salpicon de fruits, sorbet kiwi-passion.

Formule 32 € – Menu 42/110 € – Carte 80/112 €
Hôtel Les Pyrénées, 19 pl. Ch.-de-Gaulle – ℰ 05 59 37 01 01 (réservation conseillée) – www.hotel-les-pyrenees.com – Fermé 11-28 nov., 5 janv.-6 fév., lundi soir de nov. à mars et mardi du 20 sept. au 30 juin sauf fériés

🍴 Iratze Ostatua   🏠

CUISINE TRADITIONNELLE · AUBERGE X "L'auberge des fougères" en basque ! Pour retrouver les saveurs d'antan et la belle simplicité de la cuisine paysanne : gazpatxo, axoa, chipirons à l'encre ou encore etxeko bixkoxka (gâteau basque à la figue – une spécialité maison), etc.

Menu 27 € – Carte 34/60 €
*11 r. de la Citadelle – ℰ 05 59 49 17 09 – http://iratzeostatua.blogspot.fr
– Fermé janv., fév. et mardi*

🏨 Les Pyrénées   🌸 ⛱ 🖼 AC 🏊 🛁 🚗

FAMILIAL · FONCTIONNEL Au cœur de ce joli village – dernière étape française pour les pèlerins de Compostelle –, ce relais de poste jouit d'un jardin luxuriant (avec piscine) et abrite des chambres sobres et modernes, bien confortables. Une bonne étape avant l'Espagne !

14 chambres – ♦105/165 € ♦♦165/255 € – 4 suites – ☲ 17 € – ½ P
19 pl. Ch.-de-Gaulle – ℰ 05 59 37 01 01 – www.hotel-les-pyrenees.com – Fermé 11-28 nov., 5 janv.-6 fév., lundi soir de nov. à mars et mardi du 20 sept. au 30 juin sauf fériés
🌸 **Les Pyrénées** – voir les restaurants ci-dessus

d par D401 – ✉ 64220 – 129 hab. – Alt. 253 m

⇦ ≼ 🏠 🛋 AC P

RGE X Une auberge typique – façade blanche et volets rou-
...age cerné par les montagnes et le vignoble d'Irouléguy. À l'unis-
...la carte respire la générosité du terroir basque : piquillos à la
...ossau-iraty fermier... Quelques chambres toutes simples pour

Menu 18 € (semaine), 24/34 € – Carte 25/37 €

9 chambres – 🛏55/60 € 🛏🛏55/65 € – 🖂 6 €

*rte d'Iraty – ✆ 05 59 37 11 88 – www.hotel-pecoitz-pays-basque.com – Fermé
1ᵉʳ janv.-6 mars et jeudi d'oct. à avril*

ST-JEAN-SUR-VEYLE

✉ 01290 (Ain) – 1 087 hab. – Alt. 200 m – Carte régionale n° **44**-B1
▶ Paris 402 km – Bourg-en-Bresse 32 km – Mâcon 12 km – Villefranche-sur-Saône 45 km
Carte Michelin 328-C3

🏠 **Le Grand Saint Jean-Baptiste** 🏠

CUISINE TRADITIONNELLE · **RUSTIQUE** X Cet ancien relais de diligences du 18ᵉ s.
a été repris par un jeune couple passé par de grandes maisons. Produits du terroir,
goûteuses recettes traditionnelles, vins de petits producteurs, accueil tout sourire... Bref, tous les ingrédients sont réunis pour faire de ce lieu une bonne adresse.

Formule 26 € – Menu 32/69 € – Carte 42/55 €

*38 r. Chavagnat, (le bourg) – ✆ 03 85 36 26 14 – www.lgsjb.com – Fermé 1
semaine en janv., 2 semaines en août, dim. soir, mardi et merc.*

ST-JOACHIM

✉ 44720 (Loire-Atlantique) – 3 960 hab. – Alt. 5 m – Carte régionale n° **34**-A2
▶ Paris 435 km – Nantes 61 km – Redon 40 km – St-Nazaire 14 km
Carte Michelin 316-C3 – Guide Vert Michelin Pays de la Loire

✿ **La Mare aux Oiseaux** (Eric Guérin) 🏠⇦🏠🛋 & 🛋 P

CRÉATIVE · **ÉLÉGANT** XXX Moment de poésie au cœur de la Brière, parmi les
oiseaux en liberté... Éric Guérin signe une cuisine ludique et inventive, à base de
beaux produits régionaux. Pour prolonger la magie, des chambres luxueuses (certaines dans des bungalows) et un espace bien-être. Une grue viendra peut-être
toquer à votre porte...
➔ Hosties de foie gras, petits pois aux agrumes. Dos de mulet noir confit,
pomme fenouil, vinaigrette de betterave fumée à la tourbe. La fraise comme une
fleur, cœur cassis, crème glacée au lait d'amande.

Menu 55 € (déj. en semaine), 75/105 € – Carte 70/85 €

13 chambres – 🛏165/295 € 🛏🛏165/295 € – 2 suites – 🖂 20 €

*223 r. du chef de l'Île Fedrun – ✆ 02 40 88 53 01 – www.mareauxoiseaux.fr
– Fermé 18 janv.-11 fév. et lundi midi*

ST-JOUAN-DES-GUÉRETS

✉ 35430 (Ille-et-Vilaine) – 2 603 hab. – Alt. 31 m – Carte régionale n° **10**-D1
▶ Paris 398 km – Granville 89 km – Rennes 65 km – Saint-Malo 10 km
Carte Michelin 309-K3

🏠 **La Malouinière des Longchamps** 🛋🏠🍽 & 🚗

TRADITIONNEL · **FONCTIONNEL** Idéal pour un séjour reposant et champêtre !
Cette ancienne ferme et ses dépendances disposent de chambres confortables
et bien tenues. Jardin fleuri, piscine, espace beauté et bien-être.

9 chambres – 🛏79/198 € 🛏🛏79/198 € – 🖂 13 €

*1,5 km à l'Est par D204 – ✆ 02 99 82 74 00 – www.malouiniere.com
– Fermé 3 janv.-14 fév.*

ST-JOUIN-BRUNEVAL

✉ 76280 (Seine-Maritime) – 1 868 hab. – Alt. 110 m – Carte régionale n° **33**-C1
▶ Paris 202 km – Fécamp 25 km – Le Havre 20 km – Rouen 92 km
Carte Michelin 304-A4

ⅠⅠ◯ Le Belvédère   ⩽ ⴕ 🅿

CUISINE TRADITIONNELLE · CONVIVIAL XX Délicieux croustillant de camembert
fermier chaud, ou encore cabillaud en croûte d'herbes... C'est original, raffiné, et
l'on sent la patte très sûre d'un chef qui travaille comme un vrai artisan respectueux des produits. Le tout avec une vue à couper le souffle sur les falaises et le
grand large. Mer à l'horizon !

Menu 24 € (semaine), 34/44 € – Carte 48/70 €
rte du Belvédère – ℰ 02 35 20 13 76 (réservation conseillée)
– www.restaurant-lebelvedere.com – Fermé 10 janv.-10 fév., dim. soir, lundi soir et
mardi soir d'oct. à avril, merc. soir et jeudi sauf fériés

ST-JULIEN-CHAPTEUIL

✉ 43260 (Haute-Loire) – 1 873 hab. – Alt. 815 m – Carte régionale n° **6**-C3
▶ Paris 559 km – Lamastre 52 km – Privas 88 km – Le Puy-en-Velay 20 km
Carte Michelin 331-G3 – Guide Vert Michelin Lyon Drôme Ardèche

☺ Vidal

TERROIR · ÉLÉGANT XXX Dans une élégante salle au style contemporain, on profite d'une très savoureuse cuisine actuelle tournée vers le terroir local et son célèbre bœuf "Fin Gras du Mézenc". Un style rustique mais contemporain que l'on
retrouve au Bistrot de Justin, avec un menu différent chaque semaine.

Menu 31/80 € – Carte environ 70 €
18 pl. du Marché – ℰ 04 71 08 70 50 – www.restaurant-vidal.com – Fermé
1ᵉʳ-4 juil., 2-5 sept., mi-janv. à mi-fév., mardi soir hors saison, dim. soir et lundi

ST-JULIEN-DE-LAMPON

✉ 24370 (Dordogne) – 623 hab. – Alt. 120 m – Carte régionale n° **4**-D1
▶ Paris 530 km – Bordeaux 253 km – Limoges 141 km – Périgueux 124 km
Carte Michelin 329-J6

☺ La Gabarre   🏠 ⴕ

CUISINE MODERNE · SIMPLE X En surplomb de la Dordogne, cette maison du 12ᵉ
s. a vu passer bien des gabarres... Désormais, elle assiste à un tout autre défilé :
celui de bonnes recettes du terroir teintées d'inventivité. Aux premiers rayons de
soleil, à la salle rustique à souhait, on préfère la belle terrasse. Accueil tout sourire !

Menu 28/52 €
Le Mondou – ℰ 05 53 29 61 43 – www.restaurantlagabarre.com – Fermé nov. à
début mars, sam. midi, dim. soir et merc.

ST-JULIEN-DU-SAULT

✉ 89330 (Yonne) – 2 366 hab. – Alt. 82 m – Carte régionale n° **7**-A1
▶ Paris 137 km – Auxerre 40 km – Dijon 187 km – Sens 25 km
Carte Michelin 319-C3 – Guide Vert Michelin Bourgogne

☺ Les Bons Enfants   🏠 ⴕ

CUISINE MODERNE · COSY XX Ce ravissant endroit du cœur de la cité doit tout à
son propriétaire, ancien imprimeur pétri de culture gastronomique, qui réveille la
gourmandise au gré d'assiettes aux accents canailles, débordantes de saveurs. Le
terroir a rarement eu aussi brillant ambassadeur. Chapeau bas !

Formule 18 € – Menu 22 € (déj. en semaine)/32 €
4 pl. de l'Hôtel-de-Ville – ℰ 03 86 91 17 38 – www.lesbonsenfants.fr – Fermé
4-17 juil., 23 janv.-5 fév., dim. soir, lundi soir et mardi soir

ST-JULIEN-EN-CHAMPSAUR

⊠ 05500 (Hautes-Alpes) – 332 hab. – Alt. 1 050 m – Carte régionale n° **41**-C1
▶ Paris 658 km – Gap 17 km – Grenoble 95 km – La Mure 55 km
Carte Michelin 334-E5

😊 **Les Chenets**   ⇔ 🅰🅲

CUISINE TRADITIONNELLE · FAMILIAL XX Épatant, ce restaurant d'un petit village du Champsaur ! Aux commandes, un chef adepte du fait maison, dans le droit fil de la tradition et des spécialités du terroir. Bons points aussi pour l'accueil et le service, sympathiques et attentionnés. Sans oublier le cadre, avenant et soigné.

Menu 23/39 € – Carte 35/51 €
16 chambres – ♦37/49 € ♦♦51/63 € – � 9 €
Le village – ℰ *04 92 50 03 15 – www.les-chenets.com*
– Fermé avril, 11 nov.-26 déc., dim. soir et jeudi hors saison

ST-JULIEN-EN-GENEVOIS

⊠ 74160 (Haute-Savoie) – 12 099 hab. – Agglo. 161 364 hab. – Alt. 460 m
– Carte régionale n° **46**-F1
▶ Paris 525 km – Annecy 35 km – Bonneville 36 km – Genève 11 km
Carte Michelin 328-J4

à Archamps 5 km à l'Est par A40, sortie 13.1 – ⊠ 74160 – 2 472 hab. – Alt. 535 m

🏨 **Porte Sud de Genève** 🍃 🛏 🖵 🛗 🎬 ⚕ 🅰🅲 🎿 🅿

BUSINESS · MODERNE Au cœur de la technopole franco-suisse d'Archamps, un hôtel moderne, aux chambres contemporaines, reposantes et idéalement pensées pour la clientèle d'affaires, tout comme le restaurant et sa terrasse dressée dans le jardin.

90 chambres – ♦99/139 € ♦♦99/169 € – ⊒ 16 € – ½ P
parc d'affaires international, (site d'Archamps) – ℰ *04 50 31 16 06*
– www.bestwesterngeneve.com

Une bonne table sans se ruiner ? Repérez les Bib Gourmand 😊.

à Bossey 7 km à l'Est par D1206 – ⊠ 74160 – 876 hab. – Alt. 438 m

❀ **La Ferme de l'Hospital** (Jean-Jacques Noguier) ❀ 🍴 🅰🅲 ⇔ 🅿

CUISINE MODERNE · ÉLÉGANT XXX Ne vous fiez pas au caractère imposant de cette ferme (ancienne propriété de l'hôpital de Genève), l'intérieur est vraiment chaleureux. Le chef ne travaille que de beaux produits, sur des bases traditionnelles, mais il sait y apporter une note d'exotisme culinaire. On en sort comblé !

➔ Raviolis de foie gras, poularde, truffe et cèpe, émulsion des bois. Veau de lait en cocotte, truffe et lentin de chêne. Soufflé au Grand Marnier.

Menu 38/90 € – Carte environ 95 €
rte du golf – ℰ *04 50 43 61 43 (réservation conseillée) – www.ferme-hospital.com*
– Fermé 14-28 fév., 1er-17 août, dim. et lundi

ST-JULIEN-EN-VERCORS

⊠ 26420 (Drôme) – 240 hab. – Alt. 905 m – Carte régionale n° **45**-C2
▶ Paris 623 km – Gap 173 km – Grenoble 49 km – Valence 69 km
Carte Michelin 332-F3

⒳O Café Brochier

CUISINE TRADITIONNELLE · RÉTRO Ⅹ Une institution dans ce village de 200 âmes ! Elle a été reprise en 2014 par un chef au parcours original : il a quitté une carrière dans l'événementiel pour se consacrer à sa passion et passer un CAP de cuisine. Une démarche à soutenir : son travail, fondé sur le produit frais, est généreux et tout simplement bon.

Formule 22 € – Menu 29/31 € – Carte 29/37 €

3 chambres – 🛏60/75 € 🛏🛏60/75 € – ⊑ 7 €

pl. du village – 🞧 04 75 48 20 84 – www.cafebrochier.com – Fermé 3 semaines en avril, nov., 21-25 déc., merc. hors saison et mardi

ST-JULIEN-LE-FAUCON

✉ 14140 (Calvados) – 727 hab. – Alt. 40 m – Carte régionale n° **33**-C2
▶ Paris 192 km – Caen 41 km – Falaise 32 km – Lisieux 14 km
Carte Michelin 303-M5

⒳O Auberge de la Levrette

CUISINE TRADITIONNELLE · AMBIANCE MUSICALE Ⅹ Cette maison à colombages de 1550, typique du pays d'Auge, abrite un petit musée dédié à la musique mécanique : juke-box, orgues de Barbarie, phonographes, etc. Un cadre atypique pour une cuisine de tradition. Gourmandise et flonflons !

Menu 22/35 € – Carte 25/41 €

48 r. Lisieux – 🞧 02 31 63 81 20 – Fermé 7-14 mars, 11-25 juil., 2-10 nov., 21 déc.-3 janv., le soir du mardi au vend. de nov. à fin mars, dim. soir et lundi

ST-JULIEN-SUR-CHER

✉ 41320 (Loir-et-Cher) – 760 hab. – Alt. 110 m – Carte régionale n° **12**-C2
▶ Paris 227 km – Blois 51 km – Bourges 66 km – Châteauroux 62 km
Carte Michelin 318-H8

⒳O Les Deux Pierrots

CUISINE TRADITIONNELLE · RUSTIQUE Ⅹ Feuilleté d'escargots à la crème d'ail, terrine de foies de volaille, rognons de veau à la moutarde... Dans cette auberge de village, rustique à souhait, on ne plaisante pas avec la tradition. Ici, tout est fait maison et les légumes proviennent du potager. Difficile de faire plus authentique !

Menu 30/42 € – Carte environ 38 €

9 r. Nationale – 🞧 02 54 96 40 07 – Fermé août, dim. soir, lundi et mardi

ST-JUNIEN

✉ 87200 (Haute-Vienne) – 11 373 hab. – Alt. 240 m – Carte régionale n° **24**-A2
▶ Paris 416 km – Angoulême 73 km – Bellac 34 km – Confolens 27 km
Carte Michelin 325-C5 – Guide Vert Michelin Limousin Berry

⊛ Le Relais de Comodoliac

CUISINE TRADITIONNELLE · COSY ⅩⅩ Un croustillant de tête de veau joliment revisité et accompagné de cèpes poêlés, une blanquette de veau avec une viande bien tendre et de bons petits légumes, etc. Tout l'esprit d'une cuisine généreuse et savoureuse, réalisée avec un savoir-faire certain. Le cadre, contemporain et de bon goût, ajoute au plaisir du repas !

⊜ Formule 15 € – Menu 18 € (semaine), 29/41 € – Carte 40/61 €

22 av. Sadi-Carnot – 🞧 05 55 02 27 26 – www.comodoliac.fr – Fermé vacances de février, dim. soir

⌂ Le Relais de Comodoliac

RURAL · FONCTIONNEL Un hôtel bien situé, tout près de la route mais néanmoins au calme, dans un joli jardin. Les chambres, d'esprit contemporain, sont agréables et impeccablement tenues.

29 chambres – ♦69/80 € ♦♦75/90 € – ☲ 11 € – ½ P

22 av. Sadi-Carnot – ℰ 05 55 02 27 26 – www.comodoliac.fr – Fermé vacances de février

🍴 **Le Relais de Comodoliac** – voir les restaurants ci-dessus

au Sud 2 km par rte de Rochechouart, D675 et rte secondaire
– ⊠ 87200 St-Junien :

⍩○ Lauryvan

CUISINE TRADITIONNELLE · FAMILIAL ✕✕ Bistrot côté Auberge ou "gastro" classique ? Le Lauryvan répond à l'appétit et à l'envie du moment. L'été, on s'installe sur la jolie terrasse pour profiter de la vue sur l'étang.

👓 Formule 13 € – Menu 15 € (déj. en semaine), 36/80 €
– Carte 41/62 €

200 allée du Bois-au-Bœuf – ℰ 05 55 02 26 04 – www.lauryvan.fr
– Fermé 2-12 janv., merc. soir, dim. soir et lundi

ST-JUST-ET-VACQUIÈRES

⊠ 30580 (Gard) – 291 hab. – Alt. 190 m – Carte régionale n° **23**-C1
▶ Paris 699 km – Alès 18 km – Montpellier 104 km – Nîmes 54 km
Carte Michelin 339-K4

⍫ Mas Vacquières

RURAL · COSY Dans une ruelle du hameau, maison typique blottie dans un jardin fleuri bien au calme. Chambres fraîches et impeccablement tenues. Copieux petit-déjeuner servi en terrasse.

5 chambres ☲ – ♦95/140 € ♦♦95/150 €

hameau de Vacquières – ℰ 04 66 83 70 75 – www.masvac.com

ST-JUSTIN

⊠ 40240 (Landes) – 962 hab. – Alt. 90 m – Carte régionale n° **3**-B2
▶ Paris 694 km – Aire-sur-l'Adour 38 km – Casteljaloux 49 km – Dax 84 km
Carte Michelin 335-J11 – Guide Vert Michelin Aquitaine

⍩○ Hôtel de France ⇐ 🏠

CUISINE TRADITIONNELLE · FAMILIAL ✕ Une belle maison gasconne s'ouvrant sur les arcades de la place médiévale, où l'on s'installe en terrasse en saison. Deux salles, deux formules : d'un côté, esprit bistrotier et petite ardoise du terroir (boudin maison, millassou landais, etc.) ; de l'autre, âme bourgeoise et authentique cuisine de tradition.

Formule 25 € – Menu 38/55 €

8 chambres – ♦48/60 € ♦♦48/60 € – ☲ 9 €

21 pl. des Tilleuls – ℰ 05 58 44 83 61 – www.hotelrestaurant-landes.com
– Fermé 10 déc.-8 janv., dim. soir et lundi

ST-LARY

⊠ 09800 (Ariège) – 134 hab. – Alt. 692 m – Carte régionale n° **28**-B3
▶ Paris 786 km – Bagnères-de-Luchon 48 km – St-Gaudens 36 km – St-Girons 24 km
Carte Michelin 343-D7

Auberge de l'Isard

FAMILIAL · FONCTIONNEL L'authentique auberge de village ! Bar, maison de la presse, boutique de produits du terroir, agréable restaurant traditionnel – auquel on accède en traversant la rivière –, sans compter les chambres fraîches et fonctionnelles et l'accueil charmant... Un vrai poumon pour ce hameau de moyenne montagne.

8 chambres – ♦45/50 € ♦♦50/75 € – ⏛ 8 € – ½ P

r. des Bains – ℰ 05 61 96 72 83 – www.hotel-logis-ariege.com – Fermé fin fév.

ST-LARY-SOULAN

✉ 65170 (Hautes-Pyrénées) – 891 hab. – Alt. 820 m – Carte régionale n° **28**-A3
▶ Paris 830 km – Arreau 12 km – Auch 103 km – Bagnères-de-Luchon 44 km
Carte Michelin 342-N8

🍽 La Grange

CUISINE TRADITIONNELLE · RUSTIQUE XX Sur la route d'Autun, cette ancienne grange est aujourd'hui un restaurant chic et chaleureux, où règne une ambiance résolument montagnarde. Dans l'assiette, une cuisine goûteuse et soignée, réalisée avec de beaux produits régionaux : tartare de truite, côtes d'agneau de pays, far aux pruneaux... Une belle adresse.

Formule 14 € – Menu 25/45 € – Carte 35/53 €

3 rte d'Autun – ℰ 05 62 40 07 14 – www.restaurant-saint-lary.com
– Fermé fin avril-début mai, début nov. à mi-déc., mardi et merc. sauf le soir en saison

🏠 La Pergola

FAMILIAL · CLASSIQUE Paisible maison dans un jardin, avec de grandes chambres orientées au sud et ouvertes sur les cimes. Décor traditionnel au restaurant (cuisine actuelle).

20 chambres – ♦60/145 € ♦♦66/145 € – ⏛ 11 € – ½ P

25 r. Vincent-Mir – ℰ 05 62 39 40 46 – www.hotellapergola.fr

🏠 Neste de Jade

HÔTEL DE VACANCES · MONTAGNARD Authentique et chaleureux : lambris, parquet, tissus chatoyants... Certaines chambres sont mansardées. En bordure de rivière et proche de la télécabine.

19 chambres – ♦69/99 € ♦♦69/99 € – ⏛ 9 €

lieu-dit Graouès – ℰ 05 62 39 42 79 – www.hotelnestedejade.com
– Ouvert 15 juin-15 sept. et 3 déc.-3 avril

🏠 Aurélia

FAMILIAL · MONTAGNARD Près des thermes, un hôtel familial prisé pour ses activités de loisirs, sa piscine et son fitness. Chambres simples et bien tenues, mansardées au 3e étage. Au restaurant, cuisine traditionnelle modernisée.

20 chambres – ♦46/50 € ♦♦55/67 € – ⏛ 8 € – ½ P

à Vielle-Aure, par D116 et D19 – ℰ 05 62 39 56 90 – www.hotel-aurelia.com
– Ouvert 16 déc.-28 sept.

ST-LATTIER

✉ 38840 (Isère) – 1 270 hab. – Alt. 170 m – Carte régionale n° **43**-E2
▶ Paris 571 km – Grenoble 67 km – Romans-sur-Isère 13 km – St-Marcellin 15 km
Carte Michelin 333-E7

🍽 Auberge du Viaduc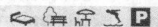

CUISINE TRADITIONNELLE · AUBERGE X Non loin d'un viaduc ferroviaire, cette demeure ancienne en pierre abrite un agréable petit restaurant (cuisine traditionnelle) et des chambres fort commodes pour l'étape. Accueillant également, le jardin fleuri avec piscine.

Menu 35/65 € – Carte 45/65 €

6 chambres – ♦98/152 € ♦♦98/152 € – ⏛ 12 €

hameau de la Rivière, D1092 – ℰ 04 76 64 51 65 (réservation conseillée)
– www.auberge-du-viaduc.fr – Ouvert 13 fév.-15 nov. et fermé dim. soir de nov.
à avril, merc. midi, lundi et mardi

🏠 Le Lièvre Amoureux ✿ 🍴 ⌁ ⚇ 🅿

MAISON DE CAMPAGNE · PERSONNALISÉ Cet ancien relais de chasse propose des chambres et duplex spacieux, au style simple et classique, parfaits pour profiter du calme et de la verdure. Une grande cheminée veille sur la table d'hôte où l'on déguste de savoureux produits du terroir dauphinois préparés par le propriétaire, enfant du pays.

5 chambres – †70/90 € ††90/130 € – � 8 €

La Gare – ℰ 04 76 64 50 67 – www.lelievreamoureux.com

ST-LAURENT-DE-CERDANS

✉ 66260 (Pyrénées-Orientales) – 1 204 hab. – Alt. 675 m – Carte régionale n° **22**-B3
▶ Paris 901 km – Céret 28 km – Perpignan 60 km
Carte Michelin 344-G8

au Sud-Ouest 6,5 km par D3 et rte secondaire – ✉ 66260 St-Laurent-de-Cerdans :

🏠 Domaine de Falgos ✿ 🐾 ◁ 🍴 🔲 ⊕ ⅏ 🅿 ✖ 🖼 🅿

TRADITIONNEL · COSY Sur la frontière espagnole, une ancienne ferme à plus de 1 000 m d'altitude ! Les chambres y sont spacieuses, cosy, bien équipées et... au grand calme. Les plus : le parcours de golf et le bel espace de remise en forme. Au restaurant, spécialités de brasserie et recettes traditionnelles. Terrasse face aux greens.

25 chambres – †99/145 € ††139/235 € – ⊆ 14 € – ½ P

– ℰ 04 68 39 51 42 – www.falgos.com – Ouvert de mi-mars à mi-nov.

ST-LAURENT-DE-MURE

✉ 69720 (Rhône) – 5 326 hab. – Alt. 252 m – Carte régionale n° **43**-E1
▶ Paris 478 km – Lyon 19 km – Pont-de-Chéruy 16 km – La Tour-du-Pin 38 km
Carte Michelin 327-J5

🍴 Christian Lavault 🍴 🏠 🅿

CUISINE TRADITIONNELLE · AUBERGE XX Cannelloni de chair de crabe aux petits légumes, risotto au vert de grenouilles et escargots de Bourgogne, duo de crêpes à l'orange et mousse au chocolat blanc : le chef, inspiré, ne se lasse pas de cuisiner la tradition ! A déguster dans un cadre chaleureux, ou sur la terrasse, à l'ombre d'un tilleul centenaire...

Formule 20 € – Menu 25 € (déj.), 30/63 € – Carte 46/71 €

Hostellerie Le St-Laurent, 8 r. Croix-Blanche – ℰ 04 78 40 91 44
– www.lesaintlaurent.fr – Fermé 1ᵉʳ-8 mai, 14-17 juil.,
1ᵉʳ-21 août, 24 déc.-3 janv., vend. soir, sam. et dim.

🏠 Hostellerie Le St-Laurent ✿ 🍴 ⅏ ✖ 🅿

AUBERGE · PERSONNALISÉ Au cœur d'un joli parc arboré, cette demeure dauphinoise (18ᵉ s.) a de l'allure. Les chambres sont agréables et très bien tenues, dans un style frais et contemporain... Une bonne adresse, sans parler de l'accueil souriant des propriétaires.

30 chambres – †88/140 € ††88/140 € – ⊆ 12 €

8 r. Croix-Blanche – ℰ 04 78 40 91 44 – www.lesaintlaurent.fr
– Fermé 1ᵉʳ-8 mai, 14-17 juil., 1ᵉʳ-21 août, 24 déc.-3 janv., vend. soir, sam. et dim.

🍴 **Christian Lavault** – voir les restaurants ci-dessus

ST-LAURENT-DES-ARBRES

✉ 30126 (Gard) – 2 662 hab. – Alt. 60 m – Carte régionale n° **23**-D2
▶ Paris 673 km – Alès 70 km – Avignon 20 km – Nîmes 47 km
Carte Michelin 339-N4

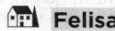 Le Saint-Laurent

TRADITIONNEL · PERSONNALISÉ Sur les hauteurs du village, au cœur d'un dédale de rues, cette ancienne maison de viticulteur distille le charme d'une bonbonnière (meubles anciens, tissus Liberty, toile de Jouy, poutres...). Avec de surcroît un petit espace bien-être et un bassin de nage.

7 chambres – 📱95/165 € 📱📱95/165 € – 3 suites – 🍽16 €

pl. de l'Arbre – 📞04 66 50 14 14 – www.lesaintlaurent.net

Felisa

RURAL · PERSONNALISÉ Une ancienne maison de vigneron (1830) très zen d'esprit ! Massages, yoga, joli jardin, piscine et déco tendance (béton ciré, carreaux de ciment, fauteuils club, etc.).

5 chambres 🍽 – 📱130/170 € 📱📱130/170 €

6 r. Barris – 📞04 66 39 99 84 – www.maison-felisa.com – Fermé 1er janv.-9 fév.

ST-LAURENT-DES-COMBES

✉ 33330 (Gironde) – 254 hab. – Alt. 19 m – Carte régionale n° **4**-C1
▶ Paris 592 km – Agen 127 km – Bordeaux 43 km – Périgueux 103 km
Carte Michelin 335-K5

L'Atelier de Candale

CUISINE MODERNE · CONVIVIAL Un restaurant au cœur du vignoble St-Émilionnais... Noblesse oblige, on aime les jolis crus locaux, qui accompagnent les bons petits plats du chef : crêpe parmentière aux Saint-Jacques et ormeaux persillade, saumon au beurre d'herbes, etc. Agréable terrasse pour les beaux jours.

👓 Formule 17 € – Menu 20 € (déj. en semaine)/32 € – Carte 48/59 €

allée des Grandes-Plantes, (Château de Candale) – 📞05 57 24 15 45
– www.chateaudecandale.fr – Fermé 21 déc.-18 janv., dim. et lundi

ST-LAURENT-DU-PONT

✉ 38380 (Isère) – 4 526 hab. – Alt. 410 m – Carte régionale n° **45**-C2
▶ Paris 560 km – Chambéry 29 km – Grenoble 34 km – La Tour-du-Pin 42 km
Carte Michelin 333-H5 – Guide Vert Michelin Alpes du Nord

🍽○ La Blache

CUISINE TRADITIONNELLE · ÉLÉGANT Dans ce restaurant proche des gorges du Guiers-Mort, on ne badine pas avec la tradition et les produits frais : terrine de pigeon, sot-l'y-laisse aux morilles, gibier (en saison de chasse) et pâtes fraîches maison, vacherin à la Chartreuse, etc. Des mets de qualité, fruits de la longue carrière du chef !

Menu 30/65 € – Carte 39/60 €

2 pl. du 10ème-Groupement – 📞04 76 55 29 57 – Fermé 1 semaine en mars, 1
semaine en juin, 1 semaine en sept., 1 semaine en nov., 2 semaines en janv., dim.
soir, lundi et mardi

ST-LAURENT-DU-VAR

✉ 06700 (Alpes-Maritimes) – 29 343 hab. – Alt. 18 m – Carte régionale n° **42**-E2
▶ Paris 919 km – Antibes 16 km – Cagnes-sur-Mer 5 km – Cannes 26 km
Carte Michelin 341-E5 – Guide Vert Michelin Côte d'Azur

au Port St-Laurent

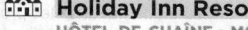 Holiday Inn Resort

HÔTEL DE CHAÎNE · MODERNE Cet hôtel moderne joint l'utile à l'agréable avec ses chambres confortables et son bon emplacement en bord de mer. On peut d'ailleurs profiter de la plage privée et de la belle terrasse les pieds dans le sable !

124 chambres – 📱99/400 € 📱📱99/400 € – 🍽19 €

167 promenade des Flots-Bleus – 📞04 93 14 80 00 – www.holinice.com

ST-LAURENT-DU-VERDON

✉ 04500 (Alpes-de-Haute-Provence) – 89 hab. – Alt. 468 m – Carte régionale n° **41**-C2
▶ Paris 806 km – Brignoles 49 km – Castellane 70 km – Digne-les-Bains 59 km
Carte Michelin 334-E10

🏠 Le Moulin du Château

FAMILIAL · PERSONNALISÉ Dans ce charmant moulin à huile du 17ᵉs., l'ancienne meule a toujours sa place dans le décor très soigné ! Farniente au jardin et éthique écologique (citerne d'eau de pluie, produits bio...). Table d'hôte à la provençale (menu unique pour les résidents).
9 chambres – ♦102/130 € ♦♦102/130 € – 1 suite – ☷10 € – ½ P
99 chemin d'Albiosc – ℰ 04 92 74 02 47 – www.moulin-du-chateau.com
– Ouvert 23 mars-2 nov.

ST-LAURENT-EN-GRANDVAUX

✉ 39150 (Jura) – 1 832 hab. – Alt. 904 m – Carte régionale n° **16**-B3
▶ Paris 442 km – Champagnole 22 km – Lons-le-Saunier 45 km – Morez 11 km
Carte Michelin 321-F7 – Guide Vert Michelin Franche-Comté Jura

🏠 Au Moulin des Truites Bleues

AUBERGE · RUSTIQUE En bord de nationale, cette grande bâtisse régionale est en fait un ancien moulin. Les chambres, grandes et pratiques, cultivent un certain esprit montagne qui ne manque pas de charme ; au restaurant, rusticité de bon aloi, truites du vivier, spécialités régionales et jolie terrasse dominant la Lemme.
17 chambres – ♦67/87 € ♦♦70/87 € – ☷10 € – ½ P
4 km au Nord par N5 – ℰ 03 84 60 83 03 – www.truites-bleues.com – Fermé sam. midi, dim. et vend. hors saison

ST-LAURENT-SUR-SAÔNE – 01 (Ain) ➜ voir Mâcon

ST-LÉON

✉ 47160 (Lot-et-Garonne) – 308 hab. – Alt. 80 m – Carte régionale n° **4**-C2
▶ Paris 667 km – Agen 43 km – Bordeaux 107 km – Villeneuve-sur-Lot 44 km
Carte Michelin 336-D4

🏠 Le Hameau des Coquelicots

FAMILIAL · PERSONNALISÉ En pleine campagne, ces trois maisons ont tout misé sur la quiétude et l'élégance très nature des matériaux bruts. Déco épurée, piscine "verte", légumes du potager à la table d'hôte, massages californiens dans une jolie roulotte et... accueil charmant : un endroit zen et plaisant !
5 chambres – ♦70/90 € ♦♦80/110 € – ☷10 €
lieu-dit Goutte-d'Or, 2 km au Sud par D285 – ℰ 05 53 84 06 13
– www.lehameaudescoquelicots.com

ST-LÉONARD-DE-NOBLAT

✉ 87400 (Haute-Vienne) – 4 624 hab. – Alt. 347 m – Carte régionale n° **24**-B2
▶ Paris 407 km – Aubusson 68 km – Brive-la-Gaillarde 99 km – Guéret 62 km
Carte Michelin 325-F5 – Guide Vert Michelin Limousin Berry

🍽○ Le Relais St-Jacques

CUISINE TRADITIONNELLE · FAMILIAL ⅩⅩ Les suaves odeurs qui s'échappent des cuisines ne laissent planer aucun doute : ce restaurant – tenu par un couple charmant – honore la bonne cuisine. En "locavore" convaincu, le chef favorise les produits de la région, dont la viande limousine bien sûr. En prime, un bon choix de vins au verre, et une déco moderne de bon ton.
Menu 22 € (semaine), 30/48 € – Carte 30/50 €
6 bd Adrien-Pressemane – ℰ 05 55 56 00 25 – www.lerelaissaintjacques.com
– Fermé 15 fév.-6 mars, 24 déc.-3 janv., et dim. soir de nov. à mars

Le Relais St-Jacques

FAMILIAL · FONCTIONNEL Non loin de la collégiale des 11e et 12e s., fameuse étape sur la route de St-Jacques-de-Compostelle, ce relais plutôt simple en apparence cache de jolies chambres contemporaines, sobres et confortables (mobilier en wengé, bonne literie, etc.). Pour les pèlerins... et les autres.

9 chambres – †65 € ††65 € – ☑ 9 € – ½ P

6 bd Adrien-Pressemane – ℰ 05 55 56 00 25 – www.lerelaissaintjacques.com – Fermé 15 fév.-6 mars, 24 déc.-3 janv., et dim. de nov. à mars

🍽 **Le Relais St-Jacques** – voir les restaurants ci-dessus

ST-LIEUX-LÈS-LAVAUR

✉ 81500 (Tarn) – 947 hab. – Alt. 125 m – Carte régionale n° **29**-C2
▶ Paris 713 km – Albi 44 km – Montauban 90 km – Toulouse 44 km
Carte Michelin 338-C8

🍽 **Le Colvert**

CUISINE MODERNE · RUSTIQUE XX Longtemps, cette charmante maison de 1860, baignée de verdure, a été une boulangerie-épicerie ; aujourd'hui, c'est toujours un repaire gourmand ! Le chef concocte une cuisine du marché au gré des saisons – canard colvert en deux cuissons, pigeon rôti –, et réserve de beaux crus pour accompagner ses plats.

🍴 Formule 12 € – Menu 15 € (déj. en semaine), 25/45 € – Carte 30/50 €
En Boyer – ℰ 05 63 41 32 47 – www.restaurantlecolvert.com – Fermé 28 fév.-7mars, 1er-11 janv., sam. midi, dim. soir et lundi

ST-LIZIER – 09 (Ariège) ➜ voir St-Girons

ST-LÔ

✉ 50000 (Manche) – 18 931 hab. – Alt. 20 m – Carte régionale n° **32**-A2
▶ Paris 296 km – Caen 62 km – Cherbourg 80 km – Laval 154 km
Carte Michelin 303-F5 – Guide Vert Michelin Normandie Cotentin

🍽 **Intuition**

CRÉATIVE · ÉLÉGANT XX À l'étage de la Brasserie Les Capucines, une table intime et feutrée, au décor sobre et épuré. Le chef laisse aller sa créativité, et fait mouche : il marie avec subtilité d'excellents produits du terroir normand et des saveurs exotiques. Une table qui ne laisse pas indifférent !

Menu 27 € (déj. en semaine), 40/68 €

1 r. Alsace-Lorraine, (1er étage) – ℰ 02 33 05 14 91 (réservation conseillée) – www.restaurant-intuition.com – Fermé sam. midi, dim. soir et lundi

🍽 **Brasserie Les Capucines** – voir les restaurants ci-dessus

🍽 **Brasserie Les Capucines**

CUISINE TRADITIONNELLE · BRASSERIE X Une salle de brasserie relookée à la mode contemporaine avec son long comptoir, ses mange-debout, ses couleurs actuelles – chocolat, crème et orange... Les plats sont à l'avenant : tartare, huîtres, salades, ou encore le pied de cochon grillé sauce béarnaise ou le paris-brest. Sans prétention, simplement bon !

🍴 Formule 15 € – Menu 20 € (déj. en semaine)/28 € – Carte 30/50 €
1 r. Alsace-Lorraine – ℰ 02 33 05 15 36 – www.brasserie-les-capucines.com – Fermé dim. soir

ST-LOUIS

✉ 68300 (Haut-Rhin) – 19 990 hab. – Alt. 250 m – Carte régionale n° **1**-B3
▶ Paris 498 km – Altkirch 29 km – Basel 5 km – Belfort 76 km
Carte Michelin 315-J11

ⅰ○ Le Trianon 🛋 🆎 ↩

CUISINE MODERNE · ÉLÉGANT XxX Ici, tout est finesse et élégance. Le cadre a été entièrement modernisé dans une veine contemporaine ; quant à la cuisine du chef, qui mêle terroir et saveurs d'aujourd'hui, elle se révèle goûteuse et soignée.
Menu 22 € (semaine), 29/69 € – Carte 40/65 €
46 r. de Mulhouse – 𝒞 03 89 67 03 03 – Fermé 25 juil.-15 août, 1ᵉʳ-10 janv., dim. soir, merc. soir et lundi

ⅰ○ La Cave ➊ 🛋 🆎

CUISINE MODERNE · CONVIVIAL X En angle de rue, un bistrot chic et contemporain, convivial et chaleureux, où le chef décline des assiettes bistrotières à tendance canaille. Terrine de lapin aux noisettes et pistaches ; rognons, ris et quasi de veau aux légumes et réduction de suc... le tout accompagné d'une belle sélection de vins.
Formule 18 € – Menu 22 € (déj. en semaine), 39/59 € ▼ – Carte 35/70 €
Hôtel La Villa K, 10 av. de Bâle – 𝒞 03 89 70 93 45 – www.bistrotlacave.com

🏠 La Villa K 🔾 🛁 🖃 ⅙ 🆎 🕸 �︎ 🅿

BUSINESS · ACTUEL Cette belle demeure de maître fut l'élégante "maison Katz", dont le claquant K de la raison sociale perpétue le souvenir. Aujourd'hui, place à un décor mêlant très subtilement l'ancien et le contemporain, dans un esprit zen et design. Espace bien-être.
41 chambres ☲ – †109/250 € ††119/270 € – ½ P
10 av. de Bâle – 𝒞 03 89 70 93 40 – www.lavillak.com
ⅰ○ **La Cave** – voir les restaurants ci-dessus

à Huningue 2 km à l'Est par D469 – ✉ 68330 – 6 884 hab. – Alt. 245 m

ⅰ○ Philippe Schneider 🕸 🛋 ⅙ 🆎 🅿

CUISINE MODERNE · ÉLÉGANT XxX Envie d'un repas dans un cadre feutré ? Optez pour ce restaurant ! Dans une salle élégante et confortable, on apprécie de belles recettes dans l'air du temps. Essayez par exemple cet œuf de poule "Création", ce turbot et risotto au romarin citron et émulsion anis, ou encore ce pigeonneau en croûte... Fameux !
Menu 69/99 € – Carte 60/75 €
15 av. de Bâle – 𝒞 03 89 69 73 05 – www.tivoli.fr
– Fermé 14 juil.-8 août, 24 déc.-9 janv., sam. et dim.

🏠 Tivoli 🔾 🖃 ⅙ 🆎 🚣 🚗

URBAIN · FONCTIONNEL À deux pas des frontières suisse et allemande, un hôtel confortable avec des chambres fonctionnelles (dans un style classique ou plus contemporain), et récemment rénovées pour la plupart. Avec, en plus, un agréable bistrot contemporain.
39 chambres – †85/220 € ††90/220 € – ☲ 10 €
15 av. de Bâle – 𝒞 03 89 69 73 05 – www.tivoli.fr – Fermé 14 juil.-8 août
ⅰ○ **Philippe Schneider** – voir les restaurants ci-dessus

à Hésingue 4 km à l'Ouest par D419 – ✉ 68220 – 2 541 hab. – Alt. 290 m

ⅰ○ Au Bœuf Noir 🛋 🆎 🅿

CUISINE CLASSIQUE · CONVIVIAL Xx L'ancien second du Bœuf Noir a repris les rênes de l'établissement à l'occasion du départ en retraite de son patron. Les produits frais de qualité sont toujours d'actualité, de même que la fraîcheur et le goût dans les assiettes ; on profite d'une jolie petite terrasse sur l'arrière, idéale aux beaux jours.
Formule 29 € – Menu 40/67 € – Carte 59/83 €
2 r. de Folgensbourg – 𝒞 03 89 69 76 40 – Fermé 18-25 mars, 18-31 août, sam. midi, dim. soir et lundi

ST-LOUP-DE-VARENNES – 71 (Saône-et-Loire) ➜ voir Chalon-sur-Saône

ST-LUNAIRE – 35 (Ille-et-Vilaine) ➜ voir Dinard

ST-LUPERCE – 28 (Eure-et-Loir) ➜ voir Chartres

ST-LYPHARD

✉ 44410 (Loire-Atlantique) – 4 401 hab. – Alt. 12 m – Carte régionale n° **34**-A2
▶ Paris 447 km – La Baule 17 km – Nantes 73 km – Redon 43 km
Carte Michelin 316-C3 – Guide Vert Michelin Pays de la Loire

⌂ Les Chaumières du Lac et Auberge Les Typhas   ⚘ 🏡 ⅗ ♨ 🅿

TRADITIONNEL · FONCTIONNEL Sur l'une des routes princi-
pales de la Brière, plusieurs petits bâtiments construits en 1990 dans un esprit
traditionnel (toits de chaume). Chambres simples et classiques. Avis aux coura-
geux : on peut se baigner dans le lac contigu.
20 chambres – ♦72/120 € – ♦♦72/120 € – ⊑ 11 € – ½ P
*rte d'Herbignac – ℰ 02 40 91 32 32 – www.leschaumieresdulac.com
– Fermé 23 déc.-12 janv.*

rte de St-Nazaire 3 km au Sud par D47

� Auberge le Nézil   ⚘ 🏠 ⇔ 🅿

CUISINE MODERNE · AUBERGE X Une façade blanche percée de petites fenêtres
et coiffée d'un lourd toit de chaume : voilà une auberge typique de la Brière !
Rien de passéiste cependant entre ses murs, dans le décor comme dans l'assiette,
laquelle met en valeur des recettes originales et de bons produits (dont les inévi-
tables anguilles et grenouilles).
Formule 20 € – Menu 32/39 €
*rte de St-Nazaire – ℰ 02 40 91 41 41 – www.aubergelenezil.fr – Fermé 23-27 déc.,
merc. soir sauf juil.-août, dim. soir et lundi*

à Bréca 6 km au Sud par D47 et rte secondaire – ✉ 44410 St Lyphard

IO Auberge de Bréca   ⚘ 🏠 ⅗

CUISINE TRADITIONNELLE · AUBERGE XX Récemment rénovée, cette maison a
gagné en confort et en luminosité, et assume toujours fièrement son passé de
relais de chasse. Comme il se doit, le gibier – à plumes et à poils – est à l'honneur
en saison, et le reste de la carte est une ode à la tradition : Saint-Jacques, anguilles, cuisses de grenouilles...
Formule 21 € – Menu 31/66 € – Carte environ 55 €
*D47 – ℰ 02 40 91 41 42 – www.auberge-breca.com – Fermé merc. soir et mardi
de nov. à mars, dim. soir et lundi sauf fériés*

ST-MACAIRE – 33 (Gironde) ➜ voir Langon

ST-MACLOU

✉ 27210 (Eure) – 581 hab. – Alt. 114 m – Carte régionale n° **32**-A3
▶ Paris 179 km – Le Grand-Quevilly 67 km – Le Havre 35 km – Rouen 73 km
Carte Michelin 304-C5

IO La Crémaillère   🏠

CUISINE TRADITIONNELLE · AUBERGE XX Au cœur du village, cette charmante
petite auberge fleurie se révèle pimpante avec ses boiseries et ses couleurs
gaies. Un côté chaleureux que l'on retrouve dans la cuisine traditionnelle. Poissons et produits du terroir sont à la fête, le tout à prix doux !
⊛ Menu 15 € (semaine), 23/46 € – Carte 30/55 €
*70 rte de Foulbec – ℰ 02 32 41 17 75 – www.la-cremaillere.fr – Fermé 10-18 fév.,
14-23 nov., mardi soir et merc.*

Château de Saint-Maclou-la-Campagne

CHÂTEAU · HISTORIQUE Un élégant appareillage de pierres et de briques, des toits à la Mansart : une belle illustration de l'architecture française du 17ᵉ s. et... une élégance so British ! Sous l'égide d'un sujet de Sa Majesté – ancien antiquaire –, ce château a retrouvé tout son lustre, mêlant meubles d'époque, portraits d'ancêtres... *Magnificent !*

4 chambres – †175/225 € ††175/225 € – ☶ 13 €

352 r. Émile-Desson – ℘ *02 32 57 26 62 – www.chateaudesaintmaclou.com*

ST-MAIXENT-L'ÉCOLE

✉ 79400 (Deux-Sèvres) – 6 852 hab. – Alt. 85 m – Carte régionale n° **38**-B2
▶ Paris 383 km – Angoulême 106 km – Niort 24 km – Parthenay 30 km
Carte Michelin 322-E6 – Guide Vert Michelin Poitou-Charentes

 ## Le Logis St-Martin

CUISINE MODERNE · COSY XX La jeune chef élabore une cuisine saine qui redonne de la vigueur au terroir régional. Le soir, la lueur des chandelles et la belle cheminée ajoutent au caractère intime du lieu. Formule bistrot au déjeuner.

 Formule 15 € ♈ – Menu 20 € ♈ (déj. en semaine), 34/54 €
– Carte 47/54 €

chemin de Pissot – ℘ *05 49 05 58 68 – www.logis-saint-martin.com – Fermé lundi hors saison et sam. midi*

 ## Le Logis St-Martin

TRADITIONNEL · PERSONNALISÉ Au cœur d'un parc bordé par la Sèvre, voilà une gentilhommière du 17ᵉ s. bien agréable. Les chambres sont chaleureuses ; la literie de qualité conjuguée au calme garantissent une bonne nuit de repos. Le copieux petit-déjeuner ne gâte rien !

11 chambres – †98/165 € ††105/180 € – 2 suites – ☶ 16 €

chemin de Pissot – ℘ *05 49 05 58 68 – www.logis-saint-martin.com*

 Le Logis St-Martin – voir les restaurants ci-dessus

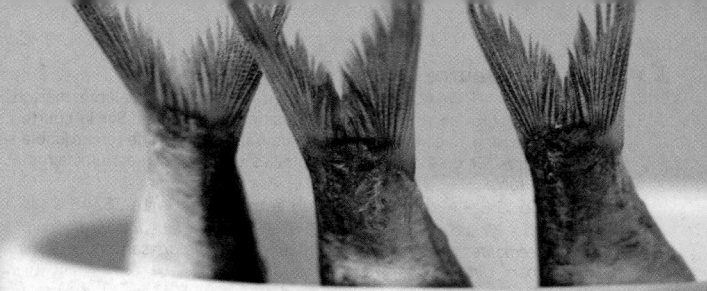

© E. Ereza/age fotostock

ON AIME...

Retrouver cette table de caractère où l'on se régale **Autour du Beurre**, mais pas n'importe lequel : celui de Jean-Yves Bordier. Goûter les délicieuses galettes au sarrasin du **Comptoir Breizh Café**, accompagnées d'une belle sélection de cidres.

ST-MALO

✉ 35400 (Ille-et-Vilaine) – 44 620 hab. – Alt. 5 m – Carte régionale n° **10**-D1
▶ Paris 404 km – Avranches 68 km – Dinan 32 km – Rennes 70 km
Carte Michelin 309-J3 – Guide Vert Michelin Bretagne Nord

Intra muros

❀ **Le Chalut** (Jean-Philippe Foucat)   AC

POISSONS ET FRUITS DE MER • CONVIVIAL XX En direct... du chalut ! Derrière cette façade bleu océan, on se régale de produits de la mer au top de leur fraîcheur. Le chef signe des préparations raffinées et savoureuses, dont un menu "tout homard" qui ravira les amateurs.
→ Noix de Saint-Jacques à l'huile de noix. Filet de saint-pierre à la coriandre fraiche. Délice glacé au whisky, croquant à l'orange.
Formule 26 € – Menu 29 € (déj. en semaine), 44/79 € – Carte 50/73 €
Plan : DZ-d – 8 r. de la Corne-de-Cerf – ✆ 02 99 56 71 58 (réservation conseillée)
– Fermé mardi et lundi

⭘ **À la Duchesse Anne**   🎋 🌣

CUISINE MODERNE • RÉTRO XX Dans cette institution (1945) de la cité corsaire, le temps semble s'être arrêté ! Dans la salle, rétro à souhait, la valse des serveurs en veste blanche et nœud papillon bat son plein. À table, la cuisine fait la part belle aux produits de la mer. Pas de doute, la duchesse Anne est dignement représentée.
Menu 21 € (semaine), 26/79 € – Carte 40/70 €
Plan : DZ-e – 5 pl. Guy-La-Chambre – ✆ 02 99 40 85 33
– www.restaurant-duchesse-anne.com

⭘ **Gilles**

CUISINE CLASSIQUE • INTIME X Voilà plus de vingt ans que Philippe Poignand est à la barre de ce petit restaurant où l'on vient reprendre des forces après une escapade sur les remparts de la citadelle. Dans l'assiette, on retrouve de bons plats de saison joliment présentés ; le cadre, entièrement rénové en 2014, est intime et reposant.
Formule 19 € – Menu 22 € (déj. en semaine), 30/42 €
Plan : DZ-t – 2 r. de la Pie-qui-Boit – ✆ 02 99 40 97 25 (réservation conseillée)
– www.restaurant-gilles-saint-malo.com – Fermé 2 semaines en déc., 3 semaines en janv., jeudi d'oct. à juin sauf vacances scolaires et merc.

‖○ Autour du Beurre

CUISINE CLASSIQUE · COSY ✕ Le restaurant attenant à la célèbre maison Bordier, dont le beurre se retrouve sur les plus grandes tables. Sur la courte carte, la tradition domine, avec des plats pleins de fraîcheur... et une remarquable sélection de beurres. Et côté décor, des bouteilles de lait font des luminaires et une baratte une table...

⊗ Formule 15 € – Menu 18 € (déj. en semaine) – Carte 35/45 €

Plan : DZ-n – *7 r. de l'Orme* – 𝒞 02 23 18 25 81 – www.lebeurrebordier.com
– *Fermé 2 semaines en juin, janv., merc. soir et mardi hors saison, jeudi soir de nov. à mars, dim. et lundi*

‖○ Le Comptoir Breizh Café

BRETONNE · CONVIVIAL ✕ Dans le dédale de l'intra-muros, une crêperie qui bat au rythme de la Bretagne. Les produits locaux (lard, andouilles, légumes) sont utilisés dans le respect de la tradition et du savoir-faire breton, avec une pointe d'originalité et quelques touches nippones... Pour redécouvrir l'éternelle galette au sarrasin !

Formule 16 € – Carte 15/35 €

Plan : DZ-z – *6 r. de l'Orme* – 𝒞 02 99 56 96 08 *(réservation conseillée)*
– *www.breizhcafe.com* – *Fermé 3 semaines en janv., mardi hors vacances scolaires et lundi*

‖○ L'Ancrage

POISSONS ET FRUITS DE MER · CONVIVIAL ✕ Jetez l'ancre dans ce restaurant digne d'une cabine de bateau (boiseries sombres, lampes en laiton) ou dans sa salle voûtée ! Le chef prépare des recettes résolument tournées vers la mer. Une bonne adresse pour faire le plein d'iode sur les remparts.

⊗ Menu 20 € (déj.), 24/35 € – Carte 35/65 €

Plan : DZ-r – *7 r. Jacques-Cartier* – 𝒞 02 99 40 15 97
– *Fermé 4 janv.-5 fév., merc. hors saison et mardi*

‖○ Le Cambusier

CUISINE MODERNE · A LA MODE ✕ Au cœur de la cité historique, bienvenue dans ce bar à vins lumineux et convivial. La patronne, charmante, se dit "Bretonne 100 % pur beurre" ! En cuisine, son mari réalise une cuisine créative avec les produits de la côte – Saint-Jacques aux betteraves et pistaches, pavé de bar aux topinambours... On se régale.

Formule 16 € – Menu 22 € (déj.)/35 € – Carte 35/55 €

Plan : DZ-h – *6 r. des Cordiers* – 𝒞 02 99 20 18 42 – www.cambusier.fr
– *Fermé dim. soir et merc. sauf juil.-août*

🏠 La Maison des Armateurs

HÔTEL DE VACANCES · PERSONNALISÉ Inutile d'avoir le pied marin pour apprécier les charmes de La Maison des Armateurs ! Au cœur de St-Malo, les chambres sont baptisées – selon leur taille – Matelot, Major ou Amiral, et les étages portent les noms de personnalités locales : Surcouf, Cartier... Ici, on ne badine pas avec le patrimoine.

45 chambres – ♦99/189 € ♦♦99/365 € – 7 suites – ⌴15 €

Plan : DZ-g – *6 Grand-Rue* – 𝒞 02 99 40 87 70
– *www.maisondesarmateurs.com*

🏠 Ajoncs d'Or

FAMILIAL · CLASSIQUE Un hôtel situé dans une rue tranquille de la vieille ville. Les chambres, confortables et bien tenues, distillent une atmosphère feutrée. De quoi se prendre pour un véritable Malouin !

23 chambres – ♦49/139 € ♦♦59/139 € – ⌴12 €

Plan : DZ-a – *10 r. des Forgeurs* – 𝒞 02 99 40 85 03
– *www.st-malo-hotel-ajoncs-dor.com* – *Fermé janv.*

🏠 Hôtel du Louvre

HÔTEL DE VACANCES · MODERNE Au cœur de la cité corsaire, cet hôtel dispose de chambres sobres et fonctionnelles. Copieux petit-déjeuner proposé dans une salle ornée de toiles d'un artiste local.

50 chambres – ♦60/135 € ♦♦67/170 € – ☲ 13 €

Plan : DZ-b – *2 r. des Marins* – *☎ 02 99 40 86 62*
– *www.hoteldulouvre-saintmalo.com*

🏠 Quic en Groigne

FAMILIAL · PERSONNALISÉ Quic-en-Groigne ? Le nom de la tour accolée au château... et de cet hôtel abritant des chambres actuelles et de bonne tenue. Petit-déjeuner sous la véranda ; accueil souriant.

15 chambres – ♦72/84 € ♦♦75/117 € – ☲ 11 €

Plan : DZ-u – *8 r. d'Estrées* – *☎ 02 99 20 22 20* – *www.quic-en-groigne.com*
– *Fermé 23-25 déc.*

🏠 Le Nautilus

FAMILIAL · FONCTIONNEL Dans une ruelle typique, cette maison érigée en 1692 (classée) abrite de petites chambres colorées, bien tenues et cosy. Décor marin au bar et bon accueil de l'équipage.

15 chambres – ♦56/70 € ♦♦61/84 € – ☲ 9 €

Plan : DZ-q – *9 r. de la Corne-de-Cerf* – *☎ 02 99 40 42 27*
– *www.hotel-lenautilus-saint-malo.com* – *Fermé 20 nov.-25 déc.*

St-Malo Est et Paramé – ✉ 35400 St-Malo

🍽 Les 7 Mers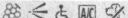

CUISINE MODERNE · À LA MODE ✕✕✕ Sur la plage du Sillon, face à la baie de St-Malo, la salle panoramique donne envie de parcourir les mers... C'est chose faite au cours du repas, où le terroir marin – mais aussi terrestre – est subtilement mis en valeur. Fraîcheur, soin, saveurs : une jolie échappée gastronomique.

Formule 32 € – Menu 45/89 € – Carte 50/96 €

Plan : BX-v – *Hôtel Le Nouveau Monde, 64 chaussée du Sillon*
– *☎ 02 99 40 40 00* – *www.hotel-le-nouveau-monde.fr*

🍽 Le Cap Horn

CUISINE CLASSIQUE · À LA MODE ✕✕ Au sein du Grand Hôtel des Thermes, un Cap Horn cossu, avec une jolie vue sur la mer, très loin des quarantièmes rugissants ! L'endroit idéal pour savourer une cuisine dans l'air du temps ou des recettes plus traditionnelles. Belle carte de bordeaux.

Menu 38/67 € – Carte 55/115 €

Plan : BX-n – *Grand Hôtel des Thermes, 100 bd Hébert* – *☎ 02 99 40 75 40*
– *www.restaurant-caphorn.fr* – *Fermé 7-20 janv.*

🏨 Grand Hôtel des Thermes

PALACE · ART DÉCO Sur le front de mer, le palace de Saint-Malo a le charme rétro des villégiatures bourgeoises du 19ᵉ s. Ses chambres et suites sont très douillettes (classiques ou contemporaines) ; quant à son centre de thalasso (six piscines à l'eau de mer, soins de qualité), il est superbe !

167 chambres – ♦108/647 € ♦♦108/647 € – 7 suites – ☲ 23 € – ½ P

Plan : BX-n – *100 bd Hébert* – *☎ 02 99 40 75 75*
– *www.le-grand-hotel-des-thermes.fr* – *Fermé 3-17 janv.*

🍽 **Le Cap Horn** – voir les restaurants ci-dessus

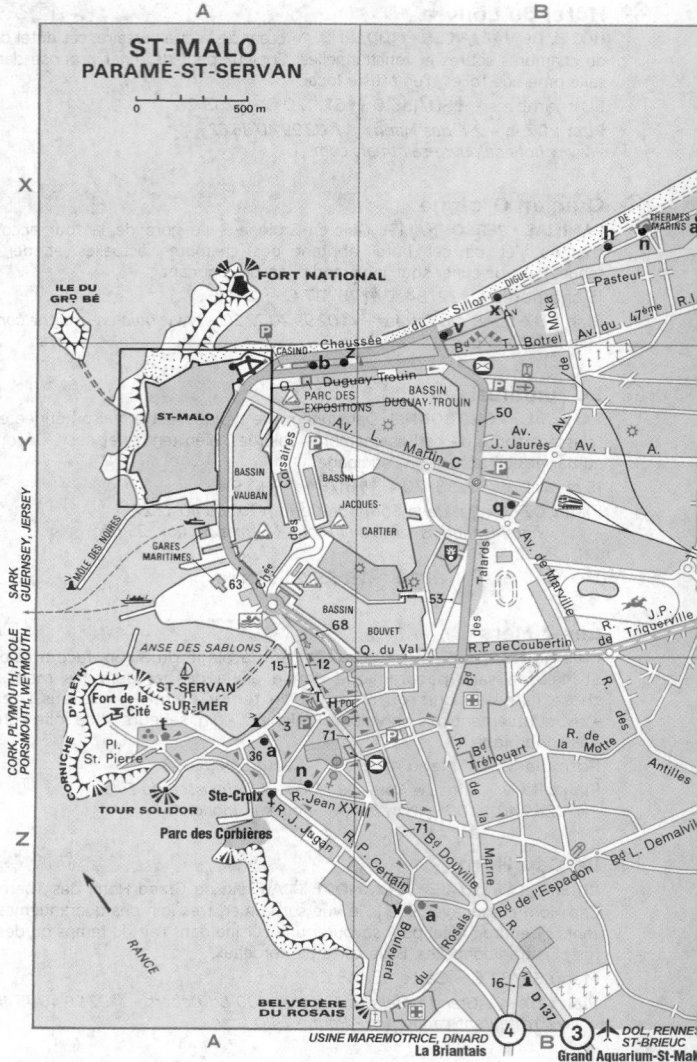

ST-MALO
PARAMÉ-ST-SERVAN

0   500 m

ILE DU GR? BÉ

FORT NATIONAL

ST-MALO

CASINO — Chaussée

Duguay-Trouin

PARC DES EXPOSITIONS

BASSIN DUGUAY-TROUIN

Av. L. Martin

BASSIN VAUBAN

des Corsaires

BASSIN

JACQUES-CARTIER

GARES MARITIMES

MÔLE DES NOIRES

63

BASSIN

68

BOUVET

Q. du Val

ANSE DES SABLONS

15 — 12

ST-SERVAN-SUR-MER

Fort de la Cité

Pl. St. Pierre

3

71

36

Ste-Croix

R. Jean XXIII

TOUR SOLIDOR

R. J. Jugan

Parc des Corbières

BELVÉDÈRE DU ROSAIS

RANCE

USINE MAREMOTRICE, DINARD (4)
La Briantais

Grand Aquarium-St-Ma (3)
DOL, RENNE ST-BRIEUC

THERMES MARINS

Pasteur

du Sillon

Moka

Botrel

Av. du 47ème

50

Av. J. Jaurès

Av. A.

Av. de Moville

R. P. de Coubertin

J.P. Triquerville

R. des Antilles

R. de la Motte

Bd Trehouart

Bd de la Marne

R. P. Certain

71 Bd Douville

Bd L. Demalville

Bd de l'Espadon

16 — D 137

SARK GUERNSEY, JERSEY

CORK, PLYMOUTH, POOLE PORSMOUTH, WEYMOUTH

CORNICHE D'ALETH

Le Nouveau Monde ☆ ▢ ▢ ⅗ AC ⅘ 🚗

URBAIN · ÉLÉGANT Face à l'Océan, cet établissement créé en 2012 conjugue beaux espaces, confort et élégance contemporaine. Pour tenter d'apercevoir le Nouveau Monde, préférez une chambre avec vue sur le large ! Bel espace bien-être.

83 chambres – †130/650 € ††130/650 € – ⌷ 20 € – ½ P

Plan : BX-v – *64 chaussée du Sillon* – ℰ 02 99 40 40 00
– *www.hotel-le-nouveau-monde.fr*

⍩⃝ **Les 7 Mers** – voir les restaurants ci-dessus

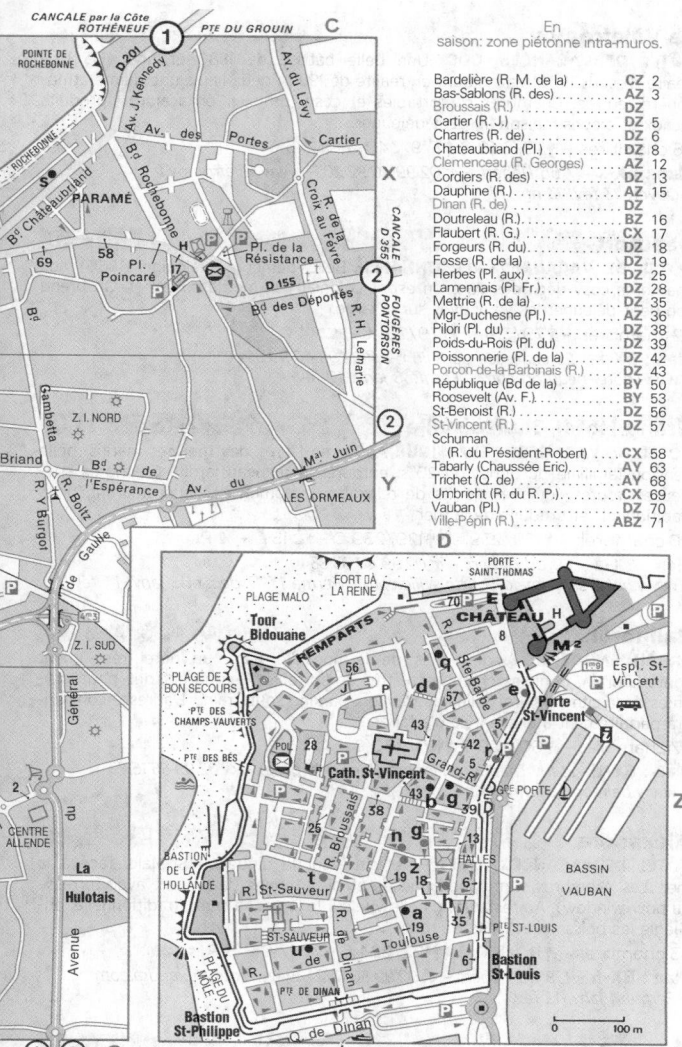

CANCALE par la Côte ROTHÉNEUF ① PTE DU GROUIN C

En saison: zone piétonne intra-muros.

Bardelière (R. M. de la)	CZ	2
Bas-Sablons (R. des)	AZ	3
Broussais (R.)	DZ	
Cartier (R. J.)	DZ	5
Chartres (R. de)	DZ	6
Chateaubriand (Pl.)	DZ	8
Clemenceau (R. Georges)	AZ	12
Cordiers (R. des)	DZ	13
Dauphine (R.)	AZ	15
Dinan (R. de)	DZ	
Doutreleau (R.)	BZ	16
Flaubert (R. G.)	CX	17
Forgeurs (R. du)	DZ	18
Fosse (R. de la)	DZ	19
Herbes (Pl. aux)	DZ	25
Lamennais (Pl. Fr.)	DZ	28
Mettrie (R. de la)	DZ	35
Mgr-Duchesne (Pl.)	AZ	36
Pilori (Pl. du)	DZ	38
Poids-du-Rois (Pl. du)	DZ	39
Poissonnerie (Pl. de la)	DZ	42
Porcon-de-la-Barbinais (R.)	DZ	43
République (Bd de la)	BY	50
Roosevelt (Av. F.)	DZ	53
St-Benoist (R.)	DZ	56
St-Vincent (R.)	DZ	57
Schuman (R. du Président-Robert)	CX	58
Tabarly (Chaussée Eric)	AY	63
Trichet (Q. de)	AY	68
Umbricht (R. du R. P.)	CX	69
Vauban (Pl.)	DZ	70
Ville-Pépin (R.)	ABZ	71

Océania

⊷ 🛁 🖨 ♿ AC 🐕 🚗

HÔTEL DE CHAÎNE · DESIGN Idéalement situé aux portes de la vieille ville, cet hôtel jouxte le palais du Grand Large et le casino. On s'y repose dans de grandes chambres lumineuses au décor épuré, donnant pour la plupart sur la mer ou sur le port. Plaisant !

78 chambres – 🛏109/374 € 🛏🛏109/374 € – ⊊ 15 €

Plan : AY-b – 2 r. Joseph-Loth – ℰ 02 99 56 84 84 – www.oceaniahotels.com

La Villefromoy

▣ ♿ **P**

HÔTEL DE VACANCES · COSY Une belle bâtisse de 1880 et une villa balnéaire d'esprit 1900 mais datant en réalité de 1980 : deux lieux, une même atmosphère feutrée. Chambres confortables et cosy (mobilier en acajou) ; produits locaux et crêpes maison au petit-déjeuner.

26 chambres – †79/349 € ††79/349 € – ⌒15 €

Plan : CX-s – 7 bd Hébert – ☏ 02 99 40 92 20 – www.villefromoy.fr
– Ouvert 13 fév.-13 nov.

Beaufort

⇐ ▣

HÔTEL DE VACANCES · PERSONNALISÉ Belle demeure malouine (1860) aux chambres cosy décorées dans un esprit colonial – la moitié côté mer. On prend son petit-déjeuner les yeux rivés sur le large.

22 chambres – †79/251 € ††79/251 € – ⌒14 €

Plan : BX-x – 25 chaussée du Sillon – ☏ 02 99 40 99 99
– www.hotel-beaufort.com – Fermé 8 janv.-10 fév.

Grand Hôtel Courtoisville

♔ ♨ ⇔ ▧ ▣ ♿ ⚗ **P**

HÔTEL DE VACANCES · CLASSIQUE Au calme ! Près des thermes marins, belle pension familiale du début du 20ᵉs. entourée d'un beau jardin. Chambres spacieuses, toutes équipées de lits de relaxation automatisés. Au restaurant, plats traditionnels et produits de la mer.

46 chambres – †129/239 € ††129/239 € – ⌒15 € – ½ P

Plan : BX-a – 69 bd Hébert – ☏ 02 99 40 83 83
– www.hotel-saint-malo-courtoisville.com – Fermé 1ᵉʳ-17 déc. et 5 janv.-1ᵉʳ fév.

Balmoral

▣ ♿ ⚘ ⚗ 🚗

URBAIN · MODERNE À deux pas de la nouvelle gare, un hôtel résolument contemporain, dont les chambres – très confortables – arborent des photographies de la cité corsaire. Salles de réunion, parking souterrain... L'adresse conviendra parfaitement à la clientèle d'affaires.

77 chambres – †60/109 € ††71/250 € – ⌒12 €

Plan : BY-q – 24 r. Théodore-Monod, (face à la gare) – ☏ 02 99 56 16 73
– www.balmoral-saintmalo.fr

Alexandra

♔ ⇐ ▣ ♿ 🅰 🚗

HÔTEL DE VACANCES · COSY Hôtel situé sur la digue de St-Malo, face à la mer. Les chambres sont fonctionnelles et bien tenues (la plupart avec terrasse ou bow-window). Au restaurant, belle vue sur le large. La carte, traditionnelle, privilégie les poissons et fruits de mer.

33 chambres – †110/160 € ††122/224 € – ⌒17 € – ½ P

Plan : BX-h – 138 bd Hébert – ☏ 02 99 56 11 12 – www.hotelalexandra.com
– Fermé 4 janv.-12 fév.

Mercure

▣ ♿ 🅰

HÔTEL DE CHAÎNE · FONCTIONNEL Un Mercure idéalement situé sur le Sillon, face à la mer. Aménagements fonctionnels et décoration contemporaine. Buffet pour le petit-déjeuner, servi également en chambre.

51 chambres – †84/229 € ††84/229 € – ⌒15 €

Plan : AY-z – 36 chaussée du Sillon – ☏ 02 23 18 47 47 – www.mercure.com

Question de standing : n'attendez pas le même service dans un 🛏 ou un ⌂ que dans un 🛏🛏🛏🛏 ou un 🏠🏠🏠.

à St-Servan-sur-Mer – ⊠ 35400 St Malo

ﾟ **Le St-Placide** (Luc Mobihan)

CUISINE MODERNE · DESIGN ✗✗ Si vous errez le ventre en peine, fiez-vous à saint Placide, patron des naufragés ! Dans le décor contemporain de ce restaurant de poche, le chef laisse libre cours à son imagination, concoctant une jolie cuisine en prise avec son époque. Accueil prévenant et belle carte des vins (Loire et Bourgogne).

➜ Homard, vanille et gingembre, cappuccino de combava. Bar de ligne, jus de volaille, pomme de terre et truffe. Framboises, sorbet basilic et citron vert.

Menu 30 € (déj. en semaine), 42/95 € – Carte 85/105 €

Plan : BZ-a – 6 pl. du Poncel – ℰ 02 99 81 70 73 – www.st-placide.com – Fermé 2 semaines en nov.,1 semaine en janv., dim. soir de mi-nov. à mi-mars, lundi et mardi sauf le soir en juil.-août

ﾟ **Bistrot Le Poncel** 🏠

CUISINE MODERNE · BISTRO ✗ Ce restaurant bien connu des Malouins affiche souvent complet ! Il faut dire qu'au menu (le midi) comme à l'ardoise (le soir), fraîcheur des produits, simplicité et saveurs sont au rendez-vous. Le tout à savourer dans un décor résolument bistrot. Un bon moment en perspective...

Formule 21 € – Menu 25 € (déj. en semaine)/31 € – Carte 40/50 €

Plan : BZ-v – 3 pl. du Poncel – ℰ 02 99 19 57 26 (réservation conseillée) – www.restaurant-bistrot-le-poncel.fr – Fermé 24 déc.-2 janv., lundi sauf le midi de sept. à juil., mardi soir sauf août et dim.

ﾟ **Bistrot Solidor**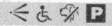

CUISINE CLASSIQUE · BISTRO ✗ Une ardoise alléchante qui privilégie les produits de saison, une jolie terrasse permettant de profiter d'une vue sur la tour Solidor toute proche, une ambiance conviviale assurée par le truculent patron, le tout tenu avec soin... Cette table présente de solides atouts !

Menu 19 € (déj.) – Carte 35/45 €

Plan : AZ-t – 1 pl. St-Pierre – ℰ 02 99 21 04 87 (réservation conseillée) – www.lebistrotdesolidor.com – Fermé sam. et dim.

🏠 **Manoir du Cunningham**

TRADITIONNEL · CLASSIQUE Belle demeure du 17ᵉ s., aux allures de manoir anglo-normand, face à l'anse des Sablons. Grandes chambres cosy aux charmants noms d'îles paradisiaques, la plupart donnant sur la mer...

12 chambres – †69/210 € †69/210 € – 🖵 13 €

Plan : AZ-a – 9 pl. Mgr-Duchesne – ℰ 02 99 21 33 33 – www.st-malo-hotel-cunningham.com – Ouvert de mars à début déc.

🏠 **Malouinière Le Valmarin** 🅿

FAMILIAL · HISTORIQUE Parquet d'origine, trumeaux, moulures : une authentique malouinière de la fin du 17ᵉ s., au charme raffiné. Les plus belles chambres s'ouvrent sur le paisible parc arboré.

12 chambres – †89/145 € ††95/165 € – 🖵 12 €

Plan : AZ-n – 7 r. Jean-XXIII – ℰ 02 99 81 94 76 – www.levalmarin.com

rte de Rennes 3 km au Sud-Ouest par D137 et av. Gén. de Gaulle – ⊠ 35400 St-Malo :

ﾟ **La Grassinais** 🏠 🅿

CUISINE TRADITIONNELLE · COSY ✗✗ Cabillaud, merlu et rouget sont finement accommodés avec des légumes de saison, et l'agneau de sept heures est toujours au rendez-vous... Une cuisine traditionnelle sympathique, dans un cadre mêlant charme rustique (poutres, boiseries) et touches plus contemporaines. Accueil et service aux petits soins.

Menu 18 € (déj. en semaine), 23/40 € – Carte 44/55 €

12 allée de la Grassinais – ℰ 02 99 81 33 00 – www.saint-malo-hebergement.com – Fermé de fin déc. à mi-janv., dim. soir de sept. à mi-juil., mardi midi de mi-juil. à fin août, sam. midi et lundi

🏠 La Grassinais

TRADITIONNEL · FONCTIONNEL En périphérie de St-Malo, au cœur d'une zone artisanale, on ne s'attend pas à trouver cette jolie ferme en pierre du pays du 17ᵉ s., restaurée avec soin. Les chambres sont simples, mais très bien tenues... Une bonne étape !

29 chambres – †69/109 € ††69/109 € – ⌂ 10 €

*12 allée de la Grassinais – ℰ 02 99 81 33 00 – www.saint-malo-hebergement.com
– Fermé de fin déc. à mi-janv.*

🍴 **La Grassinais** – voir les restaurants ci-dessus

ST-MANDÉ – 94 (Val-de-Marne) ➜ voir Autour de Paris

ST-MARCEL-LÈS-ANNONAY – 07 (Ardèche) ➜ voir Annonay

ST-MARCEL-LÈS-SAUZET – 26 (Drôme) ➜ voir Montélimar

ST-MARCELLIN

✉ 38160 (Isère) – 8 075 hab. – Alt. 282 m – Carte régionale n° **43**-E2
▶ Paris 570 km – Die 76 km – Grenoble 55 km – Valence 46 km
Carte Michelin 333-E7 – Guide Vert Michelin Lyon et sa région

🍴 La Tivollière

CUISINE MODERNE · COSY XX Aménagé dans un château du 15ᵉ s. dominant la ville, ce restaurant dispose d'une belle terrasse donnant sur le Vercors. Au menu, une sympathique cuisine d'aujourd'hui : capuccino de haricots tarbais, émulsion de cochon ; carré d'agneau en croûte d'ail des ours... C'est fin, goûteux et servi avec attention !

Menu 23 € (semaine), 37/47 € – Carte 35/50 €

*Château du Mollard – ℰ 04 76 38 21 17 – www.lativolliere.com – Fermé 2-20 janv.,
1ᵉʳ-14 août, mardi soir, merc. soir, dim. soir et lundi*

ST-MARTIAL-DE-NABIRAT

✉ 24250 (Dordogne) – 634 hab. – Alt. 175 m – Carte régionale n° **4**-D2
▶ Paris 556 km – Cahors 43 km – Périgueux 82 km – Bordeaux 213 km
Carte Michelin 329-I7

🍴 Le St-Martial

CUISINE MODERNE · ÉLÉGANT XX Une belle maison périgourdine à la décoration contemporaine. Ou comment un zeste de modernité magnifie l'authenticité des vieilles pierres ! Derrière les fourneaux, le chef réalise une cuisine en prise avec son époque, appuyée sur de bons produits.

Menu 36/70 € – Carte environ 65 €

*au bourg – ℰ 05 53 29 18 34 – www.lesaintmartial.com – Fermé 15 fév.-2 mars,
26 juin-6 juil., 19-24 déc., merc. midi en juil.-août, lundi et mardi sauf le soir en juil.
-août*

ST-MARTIN-AUX-CHARTRAINS – 14 (Calvados) ➜ voir Pont-L'Évêque

ST-MARTIN-DE-BELLEVILLE

✉ 73440 (Savoie) – 2 617 hab. – Alt. 1 450 m – Carte régionale n° **46**-F2
▶ Paris 624 km – Albertville 44 km – Chambéry 93 km – Moûtiers 20 km
Carte Michelin 333-M5 – Guide Vert Michelin Alpes du Nord

✿✿✿ La Bouitte (René et Maxime Meilleur)

CRÉATIVE · ÉLÉGANT XxX La Bouitte... ou une aventure familiale devenue épopée ! D'années en années, en toute discrétion, René et Maxime Meilleur – père et fils très complices – ont forgé une table d'une sincérité rare, ode superbe à la Savoie. Chaque ingrédient est à sa place, cuisiné à la perfection, sans nulles afféteries. Les assiettes débordent de senteurs originales ; elles transpirent, tout simplement, le bonheur.

→ Truite "cuisson au bleu", beurre frais fondu, sauce mousseline acidifiée. Ris de veau glacé, pomme de terre agria, cigarette russe au raifort et fumée de hêtre. Lait dans tous ses états.

Menu 130 € (semaine), 160/280 € – Carte 180/310 €

Hôtel La Bouitte, à St-Marcel, 2 km au Sud-Est – ℰ 04 79 08 96 77
– www.la-bouitte.com – Ouvert 18 juin -4 sept. et 3 déc. -1ᵉʳ mai et fermé mardi midi et lundi en été

ⅢO Étoile des Neiges

CUISINE TRADITIONNELLE · CONVIVIAL XX Si vous aimez le foie de veau persillé, cette table – dont c'est la spécialité – est faite pour vous ! Dans la salle, de style montagnard, on savoure des plats traditionnels devant la cheminée. Ambiance familiale.

Menu 27 € (dîner), 37/56 € – Carte 60/85 €

r. St-Martin – ℰ 04 79 08 92 80 – www.hotel-edelweiss73.com – Ouvert 15 déc.-30 avril

ⅢO Le Grenier

CUISINE TRADITIONNELLE · RUSTIQUE X Voilà une adresse qui n'est pas à remiser au grenier ! Dans la salle sous charpente, le décor, un brin rustique, colle à merveille avec les recettes savoyardes et autres spécialités fromagères du chef. Terrasse en front de neige.

Menu 29 € – Carte 40/50 €

Hôtel Saint-Martin, r. des Grangeraies – ℰ 04 79 00 88 00
– www.hotel-stmartin.com – Ouvert 19 déc.-6 avril

ⅢO Le Montagnard

RÉGIONALE · RUSTIQUE X Murs chaulés, mobilier en pin, vieux skis et photos des aïeux composent le sympathique décor de cette ancienne étable. Le chef concocte une cuisine traditionnelle avec les produits du marché, sans oublier les spécialités fromagères.

Carte 38/60 €

Le Village – ℰ 04 79 01 08 40 – www.le-montagnard.com – Ouvert 1ᵉʳ juil.-31 août et mi-déc. à fin avril et fermé le mardi en juil.-août

🏠 La Bouitte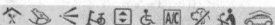

LUXE · ALPIN Si vous avez fait la route pour profiter de l'excellence culinaire de la Bouitte, sachez que l'on vous y accueille aussi pour la nuit. Dans un chalet mitoyen, six chambres et suites du dernier chic montagnard vous attendent. Un véritable cocon !

16 chambres – ♦230/520 € ♦♦230/520 € – 9 suites – 🛏 29 € – ½ P

à St-Marcel, 2 km au Sud-Est – ℰ 04 79 08 96 77 – www.la-bouitte.com
– Ouvert 18 juin -4 sept. et 3 déc. -1ᵉʳ mai

✿✿✿ **La Bouitte** – voir les restaurants ci-dessus

🏠 Saint-Martin

HÔTEL DE VACANCES · ALPIN Sur les hauteurs de ce village de montagne, un plaisant chalet au toit de lauzes, à deux pas des pistes. Les chambres, d'esprit savoyard, jouissent toutes d'un balcon. Restauration traditionnelle.

23 chambres 🛏 – ♦195/430 € ♦♦260/430 € – 4 suites – ½ P

r. des Grangeraies – ℰ 04 79 00 88 00 – www.hotel-stmartin.com
– Ouvert 12 déc.-6 avril

ⅢO **Le Grenier** – voir les restaurants ci-dessus

⌂ L'Edelweiss

FAMILIAL · ALPIN L'esprit montagnard fleurit à l'Edelweiss : logique, le maître des lieux est un enfant du pays. Les chambres, petites et au décor alpestre, sont bien tenues. Possibilité de demi-pension avec l'Étoile des Neiges. Navettes gratuites pour la télécabine.

16 chambres ⌑ – ♦100/120 € ♦♦146/225 €

*r. St-François – ℰ 04 79 08 96 67 – www.hotel-edelweiss73.com
– Ouvert 10 juil.-31 août et 20 déc.-26 avril*

ST-MARTIN-DE-BIENFAITE

✉ 14290 (Calvados) – 536 hab. – Alt. 100 m – Carte régionale n° **33**-C2
▶ Paris 172 km – Caen 69 km – Evreux 76 km – Rouen 93 km
Carte Michelin 303-O5

⽷○ Le Moulin du Fossard ⓝ

CUISINE MODERNE · CONVIVIAL Salade folle de langoustines à l'huile de noisette ; pavé de bar et ses légumes grillés, pesto : l'assiette enchante autant que le cadre, un ancien moulin, dont le mécanisme est encore visible. La charmante terrasse en bois surplombe la rivière, face à la roue à aube du moulin (qui fonctionne encore à l'occasion).

Formule 17 € – Menu 26/42 € – Carte 50/60 €

*rte de Lisieux – ℰ 02 31 31 46 77 – www.lemoulindufossard.com
– Fermé dim. soir et lundi*

ST-MARTIN-DE-LONDRES

✉ 34380 (Hérault) – 2 576 hab. – Alt. 194 m – Carte régionale n° **23**-C2
▶ Paris 744 km – Montpellier 25 km – Le Vigan 37 km
Carte Michelin 339-H6

⽷○ Le Coin Perdu

CUISINE MODERNE · ÉLÉGANT Vous évitez les coins perdus ? Cette adresse vous donnera tort : vous allez adorer le coin perdu de Dimitri Dufaux ! Ce jeune chef autodidacte a pris ses quartiers au pied des Cévennes ; il compose une cuisine fine et délicate, pleine de fraîcheur, tandis qu'en salle, son épouse assure un accueil charmant et efficace.

Formule 22 € – Menu 32/72 € – Carte 40/65 €

*19 rte des Cévennes – ℰ 04 67 55 23 10 – www.le-coin-perdu.fr
Fermé 26-30 déc., 1 semaine en janv., lundi et mardi*

au Sud 12 km par D32, D127 et D127^E6 – ✉ 34380 Argelliers :

⽷○ Auberge de Saugras

CUISINE TRADITIONNELLE · RUSTIQUE N'hésitez pas à braver la garrigue sauvage ! Avec à la clé, la découverte de ce mas en pierre du 12ᵉs. Généreuse cuisine du terroir, jolie terrasse et chambres fonctionnelles.

Formule 19 € – Menu 23 € (semaine), 31/75 € – Carte 44/145 €

7 chambres – ♦50/90 € ♦♦50/90 € – ⌑12 €

*Domaine de Saugras – ℰ 04 67 55 08 71 – www.aubergedesaugras.fr
– Fermé 2 semaines en nov. et merc.*

ST-MARTIN-DE-RÉ – 17 (Charente-Maritime) ➜ voir Île de Ré

ST-MARTIN-DES-CHAMPS – 50 (Manche) ➜ voir Avranches

ST-MARTIN-DE-VALGALGUES – 30 (Gard) ➜ voir Alès

ST-MARTIN-DU-FAULT – 87 (Haute-Vienne) ➜ voir Limoges

ST-MARTIN-DU-TOUCH – 31 (Haute-Garonne) ➜ voir Toulouse

ST-MARTIN-LESTRA
✉ 42110 (Loire) – 915 hab. – Alt. 550 m – Carte régionale n° **44**-A2
▶ Paris 450 km – Clermont 118 km – Lyon 53 km – St-Étienne 60 km
Carte Michelin 327-F5

⁍◯ L'École

CUISINE TRADITIONNELLE · CONVIVIAL X Sortez vos stylos, on retourne à l'école ! Ce bistrot/bouchon joue la thématique jusqu'au bout : ancien préau, marelle, cahiers, équerres... Au menu, nulle punition, mais des petits plats bien mijotés et des spécialités : museau vinaigrette, jambon persillé, tête de veau, etc. Une sympathique leçon !

Menu 25 €

Bouchala – 𝒞 *04 77 27 25 87 – www.lecoledebouchala.com – Fermé dim. soir, lundi et mardi*

ST-MARTIN-SUR-LA-CHAMBRE
✉ 73130 (Savoie) – 532 hab. – Alt. 560 m – Carte régionale n° **46**-F2
▶ Paris 635 km – Chambéry 69 km – Lyon 167 km
Carte Michelin 333-K5

⁍ Le Clocher des Pères (Pierre Troccaz)

CRÉATIVE · CONVIVIAL XX Dominant la vallée, cette ancienne maison forte (15e s.) toise la chaîne de Belledonne, dont le Clocher des Pères. Un lieu plein de cachet pour une cuisine séduisante : fine et créative, alliant élégance visuelle et gustative, elle porte la marque du chef, Pierre Troccaz. Accueil charmant et jolies chambres pour la nuit.

➜ Homard rôti au galanga et coco, les pinces en tempura. Féra, royale d'asperges, mousse aux morilles et farcement. Myrtille et Mont Corbier.

Menu 39/62 € – Carte environ 62 €

3 chambres ⌂ – ♦80 € ♦♦80 €

Le Mollard – 𝒞 *04 79 59 98 06 (réservation conseillée)*
– www.leclocherdesperes.com – Fermé 12 avril-5 mai, 15 oct.-15 nov., mardi, merc. et le midi sauf sam. et dim.

ST-MARTIN-VÉSUBIE
✉ 06450 (Alpes-Maritimes) – 1 345 hab. – Alt. 1 000 m – Carte régionale n° **41**-D2
▶ Paris 845 km – Antibes 73 km – Barcelonnette 111 km – Cannes 83 km
Carte Michelin 341-E3 – Guide Vert Michelin Côte d'Azur

⌂ La Bonne Auberge

AUBERGE · CLASSIQUE Cette auberge, construite au 19e s. dans ce joli village de la Suisse niçoise, est gérée par la même famille depuis 1946. L'endroit possède un charme rustique certain, avec ses cuivres et sa grande cheminée, et ses chambres fraîches et colorées !

12 chambres – ♦46/63 € ♦♦59/63 € – ⌂ 9 €

98 allée de Verdun – 𝒞 *04 93 03 20 49 – www.labonneauberge06.fr – Ouvert 16 fév.-14 nov.*

ST-MAUR-DES-FOSSÉS – 94 (Val-de-Marne) ➜ voir Autour de Paris

ST-MAURICE-DE-SATONNAY

✉ 71260 (Saône-et-Loire) – 439 hab. – Alt. 250 m – Carte régionale n° **8**-C3
▶ Paris 400 km – Chalon-sur-Saône 61 km – Mâcon 17 km – Dijon 129 km
Carte Michelin 320-I11

⏚ Auberge des Grenouillats   🛖

CUISINE TRADITIONNELLE · BISTRO ✗ Un petit bistrot avenant tenu par un couple sympathique. Le chef travaille de beaux produits frais et concocte de jolis plats faisant honneur à la région : bœuf charolais, fricassée de volaille au vinaigre et spécialité de... grenouilles, bien évidemment ! Belle terrasse sous les platanes.

Formule 23 € – Menu 26/35 € – Carte 30/42 €

Le Bourg – 𝒫 *03 85 33 40 50 (réservation conseillée) – Fermé 30 août-7 sept., vacances de Noël, dim. soir hors saison, mardi soir et merc.*

ST-MAXIMIN-LA-STE-BAUME

✉ 83470 (Var) – 14 734 hab. – Alt. 289 m – Carte régionale n° **40**-B3
▶ Paris 793 km – Aix-en-Provence 44 km – Marseille 51 km – Toulon 55 km
Carte Michelin 340-K5 – Guide Vert Michelin Provence

ⅉ◯ La Table de Bruno   ♿ 🄰🄲

CUISINE MODERNE · MINIMALISTE ✗✗ Après avoir fait les beaux jours de maisons provençales de qualité, Bruno Gazagnaire a créé cette table avec son épouse, elle-même pâtissière. Timbale d'écrevisses aux girolles, saint-pierre rôti au jus de bouillabaisse, pêche rôtie à la lavande, etc. : la carte cultive avec délicatesse les codes de la gastronomie d'aujourd'hui.

Formule 25 € – Menu 48 € – Carte 40/50 €

2 av. Maréchal-Foch – 𝒫 *04 94 80 50 39 – www.la-table-de-bruno.com – Fermé dim. soir et lundi*

ST-MÉDARD

✉ 46150 (Lot) – 160 hab. – Alt. 170 m – Carte régionale n° **28**-B1
▶ Paris 571 km – Cahors 17 km – Gourdon 34 km – Villeneuve-sur-Lot 59 km
Carte Michelin 337-D4

❀ Le Gindreau (Pascal Bardet)   ❀❀ ≤ 🛖 🄰🄲

TERROIR · AUBERGE ✗✗✗ Une ancienne école de village transformée en restaurant. Derrière les fourneaux, Pascal Bardet – ancien d'Alain Ducasse pendant 18 ans – signe une cuisine contemporaine qui met en valeur les produits du terroir, et particulièrement la truffe, dont il est un vrai spécialiste ! Terrasse sous les marronniers.

➔ Timbale de macaroni truffée, rognons de coq et céleri de pays au jus. Râble de lièvre à la royale, sauce civet. "Cara-miel", caillé de brebis, glace au lait et miel de châtaignier.

Menu 42 € (déj. en semaine), 59/147 €

– 𝒫 05 65 36 22 27 (réservation conseillée) – www.legindreau.com
– Fermé 18-27 avril, 17 oct.-9 nov., dim. soir et merc. midi en janv.-fév., mardi de mars à déc. et lundi

ST-MICHEL-D'EUZET

✉ 30200 (Gard) – 585 hab. – Alt. 110 m – Carte régionale n° **23**-D1
▶ Paris 667 km – Avignon 43 km – Montpellier 113 km – Nîmes 64 km
Carte Michelin 339-M3

La Table de Marine

CUISINE TRADITIONNELLE · RUSTIQUE X Un bon rapport qualité-prix dans ce restaurant traditionnel à l'ambiance rustique : saucisson lyonnais et salade de lentilles, pintade fermière et sauce au homard (association terre-mer), etc. Une adresse qui met en appétit.

Menu 26 € (déj.), 41/55 €

7 pl. Jean-Jaurès – ☎ 04 66 33 13 89 – Fermé 1 semaine vacances de printemps et de la Toussaint, 1 semaine en janv., sam. midi, dim. et lundi

ST-MICHEL-EN-L'HERM

✉ 85580 (Vendée) – 2 281 hab. – Alt. 9 m – Carte régionale n° **34**-B3
▶ Paris 453 km – Luçon 15 km – La Rochelle 46 km – La Roche sur Yon 47 km
Carte Michelin 316-I9 – Guide Vert Michelin Pays de la Loire

 La Rose Trémière

CUISINE MODERNE · RUSTIQUE XX Deux en un : côté gastronomique, une table au cachet rustique au service d'une cuisine traditionnelle teintée de touches actuelles ; côté bistrot, déco contemporaine, convivialité et bons petits plats... pour les gourmets pressés qui peuvent observer, en prime, la brigade s'activer en cuisine. Plaisant !

Menu 29/58 € – Carte 44/57 €

*4 r. de l'Église – ☎ 02 51 30 25 69 – www.restaurant-larosetremiere.fr
– Fermé 2 semaines en oct., dim. soir, lundi et mardi*

ST-MICHEL-ESCALUS

✉ 40550 (Landes) – 293 hab. – Alt. 23 m – Carte régionale n° **3**-B2
▶ Paris 721 km – Bayonne 67 km – Bordeaux 135 km – Dax 30 km
Carte Michelin 335-D11

 La Bergerie-St-Michel

FAMILIAL · PERSONNALISÉ La forêt landaise, rien que la forêt landaise, entoure cette ancienne ferme à colombages magnifiquement restaurée... Les chambres, indépendantes, marient beaux espaces, meubles anciens et contemporains. Quant au petit-déjeuner maison, raffiné et varié, il ne dépare pas en ces lieux !

3 chambres ⌚ – ♦80/120 € ♦♦95/125 €

*50 chemin du Plomb, à St-Michel le Bourg, par D142, rte de Castets
– ☎ 05 58 48 74 04 – www.bergeriestmichel.fr*

ST-MICHEL-MONT-MERCURE

✉ 85700 (Vendée) – 2 016 hab. – Alt. 284 m – Carte régionale n° **34**-B3
▶ Paris 383 km – Bressuire 36 km – Cholet 35 km – Nantes 85 km
Carte Michelin 316-K7 – Guide Vert Michelin Pays de la Loire

 Château de la Flocellière

CHÂTEAU · HISTORIQUE Un superbe château, mêlant les styles et les siècles (12e, 15e, 17e et 19e s.) : de quoi se rêver preux chevalier ou gente dame ! Les chambres, raffinées, donnent sur le parc ; dans le donjon, la "Médiévale" est splendide. Et pour festoyer, les propriétaires organisent des dîners thématiques dans une salle du 16e s.

5 chambres ⌚ – ♦160/235 € ♦♦160/235 €

*La Flocellière, 2 km à l'Est par D64 – ☎ 02 51 57 22 03
– www.chateaudelaflocelliere.com – Fermé janv. et fév.*

ST-MIHIEL

55300 (Meuse) – 4 339 hab. – Alt. 228 m – Carte régionale n° **26**-B2
▶ Paris 287 km – Bar-le-Duc 35 km – Nancy 66 km – Metz 63 km
Carte Michelin 307-E5

à Heudicourt-sous-les-Côtes 15 km au Nord-Est par D901 et D133 –
55210 – 174 hab. – Alt. 240 m

⌂ Lac de Madine

FAMILIAL · FONCTIONNEL Près du lac, une auberge familiale avec des chambres fonctionnelles et bien tenues, dont la plupart se trouvent dans une annexe aux airs de motel. Pratique aussi, le restaurant de tradition entièrement rénové dans un style moderne et cossu. Une adresse sûre.

44 chambres – ♦69/99 € ♦♦69/99 € – ☲ 12 € – ½ P
22 r. Charles-de-Gaulle – ☏ *03 29 89 34 80 – www.hotel-lac-madine.com
– Fermé 18 déc.-18 janv.*

ST-MONT

32400 (Gers) – 314 hab. – Alt. 133 m – Carte régionale n° **28**-A2
▶ Paris 719 km – Auch 84 km – Bordeaux 160 km – Mont-de-Marsan 47 km
Carte Michelin 336-B8

⌂ Château Monastère de Saint-Mont

HISTORIQUE · ÉLÉGANT Sur les hauteurs du village, cet ancien monastère du 11ᵉ s. assure d'un séjour au calme dans ses chambres pleines de charme (cheminée, tommettes). Grand parc, piscine, billard...

5 chambres ☲ – ♦90/130 € ♦♦90/130 €
(près de l'église) – ☏ *05 62 09 53 01
– www.chateau-monastere-de-saint-mont.com – Ouvert de mi-mars aux vacances de la Toussaint*

ST-NAZAIRE

44600 (Loire-Atlantique) – 67 940 hab. – Agglo. 147 535 hab. – Alt. 4 m
– Carte régionale n° **34**-A2
▶ Paris 435 km – La Baule 19 km – Nantes 61 km – Vannes 79 km
Carte Michelin 316-C4 – Guide Vert Michelin Pays de la Loire

⅋O Le Sabayon

CUISINE TRADITIONNELLE · DE QUARTIER ⅋ Sur une rue semi-piétonne, cette petite adresse familiale propose, dans un décor tout simple, une cuisine respectueuse de la tradition (préparations maison, produits frais).

⌛ Menu 20/47 € – Carte 30/60 €
Plan : AZ-b *– 7 r. de la Paix –* ☏ *02 40 01 88 21 – Fermé 3-11 avril, 3 semaines en août, dim. et lundi*

⌂ Le Berry

URBAIN · CLASSIQUE On est chaleureusement accueilli dans cet hôtel installé dans un bâtiment de l'après-guerre, juste en face de la gare ferroviaire. Autres atouts de taille : un entretien sans défaut et une bonne insonorisation.

27 chambres – ♦90/140 € ♦♦100/150 € – ☲ 12 €
Plan : AY-r *– 1 pl. Pierre-Semard –* ☏ *02 40 22 42 61 – www.hotel-du-berry.fr
– Fermé 24 déc.-3 janv.*

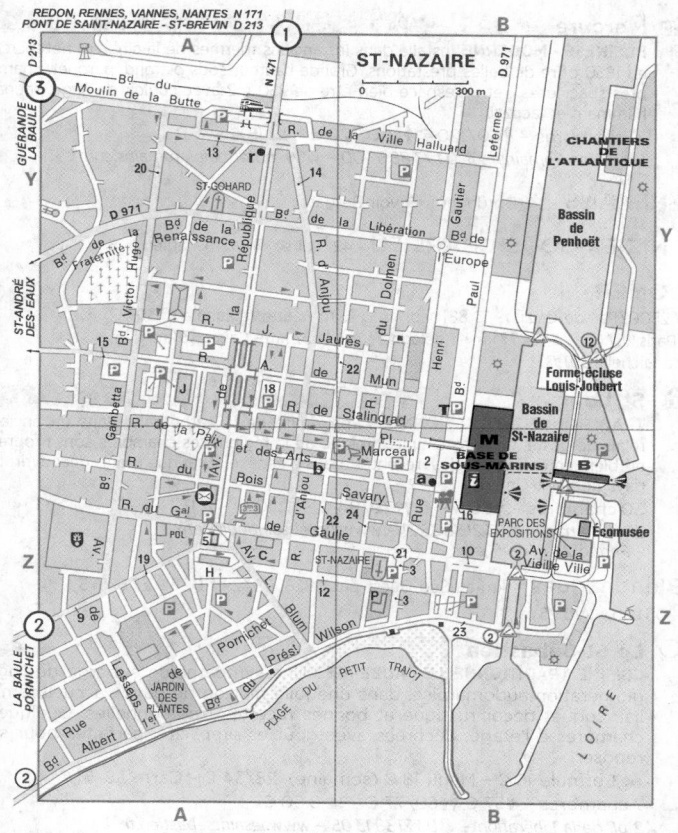

REDON, RENNES, VANNES, NANTES N 171
PONT DE SAINT-NAZAIRE - ST-BRÉVIN D 213

ST-NAZAIRE

0   300 m

CHANTIERS
DE
L'ATLANTIQUE

Bassin
de
Penhoët

Forme-écluse
Louis-Joubert

Bassin
de
St-Nazaire

BASE DE
SOUS-MARINS

PARC DES
EXPOSITIONS

Écomusée

JARDIN
DES
PLANTES

PLAGE DU PETIT TRAICT

Amérique Latine (Pl.de l')	**BZ** 2	Jean-Jaurès (R.)	**ABY**	Perrin (Bd P.)	**AY** 20
Auriol (R. Vincent)	**BZ** 3	Lechat (R. A. B.)	**AY** 15	Quatre Z'Horloges (Pl. des)	**BZ** 21
Blancho (Pl. F.)	**AZ** 5	Légion-d'Honneur (Bd de la)	**BZ** 16	République (Av. de la)	**AYZ**
Chêneveaux (R.)	**AZ** 9	Martyrs-de-la-Résistance (Pl. des)	**AY** 18	Salengro (R. R.)	**AYZ** 22
Coty (Bd René)	**BZ** 10	Mendès-France (R.)	**AZ** 19	Verdun (Bd de)	**BZ** 23
Croisic (R. du)	**AZ** 12	Paix et des Arts (R. de la)	**AYZ**	28-Février-1943 (R. du)	**BZ** 24
Herminier (Av. Cdt-l'.)	**AY** 13				
Ile-de-France (R. de l')	**AY** 14				

🏠 **Holiday Inn Express**   ⬆ ♿ 𝔸ℂ ⊗ 🚗

HÔTEL DE CHAÎNE · DESIGN Un établissement moderne à débusquer dans le nouveau cœur de la ville, face à l'ancienne base sous-marine transformée en centre culturel. Une bonne option pour une étape à St-Nazaire.

75 chambres ☐ – 👤89/155 € 👤👤89/155 €

Plan : BZ-a – *1 r. de la Floride* – 𝒞 02 40 19 01 01
– *www.hotelsaintnazaire.com*

ST-NECTAIRE

✉ 63710 (Puy-de-Dôme) – 726 hab. – Alt. 700 m – Carte régionale n° **5**-B2
▶ Paris 453 km – Clermont-Ferrand 43 km – Issoire 27 km – Le Mont-Dore 24 km
Carte Michelin 326-E9 – Guide Vert Michelin Auvergne

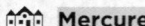 Mercure

BUSINESS · MODERNE Installé dans les anciens thermes de la cité, cet hôtel créé en 1850 offre de belles prestations. Grande hauteur sous plafond, parquet, chambres spacieuses... et un espace bien-être de 250 m2 avec couloir de nage, sauna, hammam et jacuzzi.

71 chambres – ♥60/120 € ♥♥60/120 € – ☐ 15 € – ½ P
Les Bains Romains – ℰ 04 73 88 57 00 – www.hotel-bains-romains.com

ST-NEXANS – 24 (Dordogne) ➜ voir Bergerac

ST-NIZIER-SOUS-CHARLIEU – 42 (Loire) ➜ voir Charlieu

ST-OMER

✉ 62500 (Pas-de-Calais) – 13 881 hab. – Alt. 23 m – Carte régionale n° **30**-B2
▶ Paris 257 km – Arras 77 km – Boulogne-sur-Mer 52 km – Calais 43 km
Carte Michelin 301-G3

St-Louis

TRADITIONNEL · FONCTIONNEL À proximité de la cathédrale, dans un ancien relais de poste, un hôtel simple, typique de la région. Les chambres sont propres et bien entretenues, plus récentes dans l'annexe. Pratique pour découvrir le pays de Saint-Omer.

30 chambres – ♥66/79 € ♥♥79/84 € – ☐ 10 € – ½ P
25 r. d'Arras – ℰ 03 21 38 35 21 – www.hotel-saintlouis.com
– Fermé 22 déc.-15 janv.

à Blendecques 4 km au Sud-Ouest par D928, D942 et D211 – ✉ 62575
– 5 205 hab. – Alt. 25 m

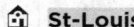 Le St-Sébastien

CUISINE TRADITIONNELLE · AUBERGE Une sympathique auberge de l'agglomération audomaroise, dans une jolie maison de pays : accueil familial, coquet décor rustique et bonnes recettes traditionnelles. Quelques chambres à l'étage, décorées avec goût et simplicité, parfaites pour se reposer.

Formule 16 € – Menu 18 € (semaine), 28/34 € – Carte 38/51 €
7 chambres – ♥57 € ♥♥69/77 € – ☐ 8,50 €
2 pl. de la Libération – ℰ 03 21 38 13 05 – www.lesaintsebastien.fr
– Fermé 20-30 déc., dim. soir et fériés le soir

à Tilques 10 km au Sud par D943 et rte secondaire – ✉ 62500 – 1 109 hab. – Alt. 27 m

Château Tilques

CUISINE MODERNE · ÉLÉGANT Les anciennes écuries du château de Tilques se sont transformées en un beau restaurant cossu. L'établissement propose des formules attractives avec un service rapide au déjeuner. Un conseil : goûtez les pâtisseries maison !

Formule 19 € – Menu 32/42 € – Carte 42/60 €
r. du château – ℰ 03 21 88 99 99 – www.tilques.najeti.fr

Château Tilques

CHÂTEAU · ÉLÉGANT Ne soyez pas surpris de voir des paons se promener dans le parc de ce château du 19ᵉ s. ! Quiétude et nature sont les maîtres mots de cette adresse à deux pas du parc naturel des Caps et Marais d'Opale. Tentures fleuries et meubles de style dans les chambres ; décoration plus contemporaine dans l'annexe.

52 chambres – ♥185/350 € ♥♥185/350 € – ☐ 16 €
r. du château – ℰ 03 21 88 99 99 – www.tilques.najeti.fr
Château Tilques – voir les restaurants ci-dessus

ST-OUEN – 93 (Seine-Saint-Denis) → voir Autour de Paris

ST-OUEN-LES-VIGNES – 37 (Indre-et-Loire) → voir Amboise

ST-OUEN-SUR-MORIN

✉ 77750 (Seine-et-Marne) – 553 hab. – Alt. 67 m – Carte régionale n° **19**-D1
▶ Paris 76 km – Amiens 170 km – Bobigny 74 km – Melun 77 km
Carte Michelin 312-I2

🍴○ Auberge de la Source

CUISINE MODERNE · AUBERGE X Les gourmands s'abreuvent à la source de cette auberge depuis 1763 ! Mais point de nostalgie du 18ᵉ s. : dans un cadre sobre et élégant, on propose une cuisine classique faisant quelques incursions du côté de l'Italie... Simple et bon.

Menu 30/42 € – Carte 35/60 €
8 chambres – †89/149 € ††89/149 € – ☐ 13 €

8 pl. St-Barthélémy – ℰ 01 60 24 80 61 – www.aubergedelasource.fr – Fermé 2 semaines en fév., 2 semaines en nov., lundi midi, mardi midi et merc.

ST-OUTRILLE

✉ 18310 (Cher) – 209 hab. – Alt. 108 m – Carte régionale n° **12**-C3
▶ Paris 233 km – Blois 71 km – Bourges 46 km – Châteaudun 39 km
Carte Michelin 323-H4 – Guide Vert Michelin Limousin Berry

🍴○ La Grange aux Dîmes

CUISINE MODERNE · ÉLÉGANT XX Une ancienne grange sur la place de la collégiale du 11ᵉ s. Le lieu a du cachet, sinon du charme. En cuisine, le jeune chef concocte des recettes dans l'air du temps, bien ficelées. Les beaux produits sont là, les saveurs aussi. Ainsi ne rechigne-t-on pas à verser la dîme à la fin du repas !

Formule 17 € – Menu 28 € (semaine), 34/41 €

pl. de l'église – ℰ 02 48 71 84 93 – www.lagrangeauxdimes.com – Fermé lundi soir, mardi et merc.

ST-PALAIS

✉ 64120 (Pyrénées-Atlantiques) – 1 856 hab. – Alt. 50 m – Carte régionale n° **3**-B3
▶ Paris 788 km – Bayonne 52 km – Biarritz 63 km – Dax 60 km
Carte Michelin 342-F5 – Guide Vert Michelin Pays Basque et Navarre

🏠 La Maison d'Arthezenea

FAMILIAL · PERSONNALISÉ Dans cette demeure en pierre et son jardin verdoyant, on se sent comme chez soi. Élégante atmosphère "maison de famille" : parquet, gravures et mobilier ancien... À la table d'hôte, belles spécialités (foie gras maison, ris d'agneau et palombe flambée en saison).

4 chambres ☐ – †70/75 € ††75/80 €

42 r. du Palais de Justice – ℰ 06 15 85 68 64
– www.gites64.com/maison-darthezenea

ST-PALAIS-SUR-MER

✉ 17420 (Charente-Maritime) – 3 936 hab. – Alt. 5 m – Carte régionale n° **38**-A3
▶ Paris 512 km – La Rochelle 82 km – Royan 6 km
Carte Michelin 324-D6 – Guide Vert Michelin Poitou-Charentes

😊 Les Agapes

CUISINE MODERNE · CONVIVIAL XX Dans cette maison face au marché, le chef concocte des plats traditionnels bien tournés, avec une pointe d'inventivité : foie gras de canard à l'Exose, ris de veau poêlé au saté et légumes de saison, moelleux au chocolat noir... De belles agapes dans un cadre accueillant !

Formule 19 € ▾ – Menu 29/54 € – Carte 57/66 €

8 r. Marcel-Vallet – ℰ 05 46 23 10 23 – www.les-agapes.fr – Fermé vacances de la Toussaint, janv., mardi et merc. de nov. à mars, dim. soir sauf juil.-août et lundi

1719

😊 Restaurant de la Plage   ✗

CUISINE MODERNE · CONVIVIAL ✗ Aile de raie cuite à la perfection et ses pommes de terre et tomates confites, délicieux financier aux cerises et glace au nougat... Le chef concocte une cuisine simple et juste, où fraîcheur rime avec saveur. Un vrai rendez-vous gourmand, avec vue sur la mer !

Formule 24 € – Menu 30 € – Carte 35/49 €

Hôtel de la Plage, 1 pl. de l'Océan – ℰ 05 46 23 10 32
– www.hoteldelaplage-stpalais.fr – Ouvert 10 mars-15 oct. et fermé dim. soir et lundi sauf de juin à mi-sept.

ⓘ○ Le Flandre   ⌂ P

CUISINE TRADITIONNELLE · AUBERGE ✗ Plafond façon coque de bateau renversée, vivier à homards et produits de la mer dans l'assiette : ce restaurant niché dans une forêt de pins affirme un bel ancrage maritime. Sans compter que cette escale gourmande est idéalement située sur la route du zoo de la Palmyre !

Formule 18 € – Menu 21 € (déj. en semaine), 27/34 € – Carte 30/65 €

av. Tamaris, 2 km par rte de la Palmyre – ℰ 05 46 23 36 16 – www.leflandre.com
– Fermé 4-29 janv., 28 nov.-16 déc., dim. soir et merc. de nov. à mars

🏠 Hôtel de la Plage   ⌂ ⏚ 🛏 ♿ ✗

FAMILIAL · FONCTIONNEL Un hôtel familial dans le centre-ville avec des chambres fonctionnelles, certes petites mais très bien tenues. Dans la courette, une piscine très sympathique... Esprit vacances !

29 chambres – ½ P seult 70/150 €

1 pl. de l'Océan – ℰ 05 46 23 10 32 – www.hoteldelaplage-stpalais.fr
– Ouvert 15 fév.-1ᵉʳ nov.

😊 **Restaurant de la Plage** – voir les restaurants ci-dessus

ST-PAL-DE-MONS

✉ 43620 (Haute-Loire) – 2 173 hab. – Alt. 840 m – Carte régionale n° **6**-D3
▶ Paris 516 km – Clermont-Ferrand 177 km – Le Puy-en-Velay 57 km – Saint-Étienne 35 km
Carte Michelin 331-H2

🏠🏠 Les Feuillantines   ⌂ ⩽ ♿ 🛁

BUSINESS · MODERNE Sur les hauteurs du village, un établissement contemporain au cœur d'un superbe environnement. Les chambres, spacieuses et confortables – certaines avec terrasse –, donnent majoritairement sur la vallée et les massifs : quelle vue !

16 chambres – ♦69/75 € ♦♦69/75 € – ⌒ 10 €

La Vialatte – ℰ 04 71 75 63 25 – www.lesfeuillantines.com – Fermé 8-24 avril,
1ᵉʳaoût-4 sept. et 31 déc.-5 janv.

ST-PARDOUX-L'ORTIGIER

✉ 19270 (Corrèze) – 477 hab. – Alt. 360 m – Carte régionale n° **24**-B3
▶ Paris 465 km – Limoges 76 km – Périgueux 88 km – Tulle 21 km
Carte Michelin 329-K4

ⓘ○ Les Coquelicots   🕏 ⌂ ♿ P

CUISINE TRADITIONNELLE · CONVIVIAL ✗✗ À l'origine autodidacte et passionnée de cuisine, la jeune patronne revisite la tradition avec de beaux produits frais : foie gras poêlé aux fruits, tête et langue de veau sauce ravigote, filet d'agneau du Quercy, râble de lapereau au thym... Et tout cela ne serait rien sans la très belle carte des vins !

Menu 30/50 € – Carte 45/70 €

La Croix-de-Fer – ℰ 05 55 84 51 02 – www.hotel-coquelicots.fr – Fermé
29 avril-10 mai, 14-24 oct., 20 déc.-5 janv. et le midi sauf dim.

🏠 Les Coquelicots

🐾 🐕 🛏 🍽 ♿ AC 🚫 🛁 🅿

TRADITIONNEL · MODERNE En bordure de l'ancienne N 20, un hôtel aux allures d'auberge, dont la bâtisse principale et les deux ailes encadrent un sympathique jardin avec piscine. On apprécie la sobriété des chambres, ainsi que leurs équipements (wifi, écran plat, etc.).

22 chambres ⌑ – ♦78/115 € ♦♦78/115 € – ½ P

La Croix-de-Fer – ℰ 05 55 84 51 02 – www.hotel-coquelicots.fr
– Fermé 29 avril-10 mai, 14-24 oct. et 20 déc.-5 janv.

🍽 **Les Coquelicots** – voir les restaurants ci-dessus

ST-PATERNE – 72 (Sarthe) → voir Alençon

ST-PATRICE – 37 (Indre-et-Loire) → voir Langeais

ST-PAUL-DE-VENCE

✉ 06570 (Alpes-Maritimes) – 3 548 hab. – Alt. 125 m – Carte régionale n° **42**-E2
▶ Paris 922 km – Antibes 18 km – Cagnes-sur-Mer 7 km – Cannes 28 km
Carte Michelin 341-D5 – Guide Vert Michelin Côte d'Azur

🍽 La Table de Pierre

🛏 🏡 ♿ AC 🚗

MÉDITERRANÉENNE · COSY 🌿🌿🌿 Tourteau au gingembre, petits farcis niçois, rouget recouvert d'une tapenade et accompagné d'un tian de légumes... Une jolie cuisine de la Méditerranée à déguster dans un élégant mas ! Jolie terrasse ouverte sur le jardin et la piscine.

Formule 49 € 🍷 – Menu 59 € 🍷/85 € – Carte environ 60 €

Hôtel Le Mas de Pierre, 2320 rte des Serres, 2 km au Sud – ℰ 04 93 59 00 10
– www.lemasdepierre.com – Fermé le midi en juil.-août

🍽 Le Saint-Paul ⑩

⬅ 🏡 AC 🚫

CUISINE MODERNE · ROMANTIQUE 🌿🌿 Le chef Richard Vicens, niçois pur jus, propose une cuisine méditerranéenne subtile et élégante, comme avec cette fraîcheur du rapé de poulpe, ou ce saint-pierre rôti au basilic. En guise de dessert, réservez votre billet pour le Paris Saint-Paul au mordant de cacao. Agréable terrasse fleurie.

Menu 46 € (déj.)/95 € – Carte 70/90 €

86 r. Grande, (au village) – ℰ 04 93 32 65 25 – www.lesaintpaul.com
– Ouvert 1ᵉʳ avril-1ᵉʳ nov. et fermé lundi hors saison

🍽 Toile Blanche

⬅ 🐕 🛏 🏡 🍽 🅿

CRÉATIVE · DESIGN 🌿 En contrebas du village, dans le vallon, cette Toile Blanche ne manque ni de couleur ni de piquant ! Dans l'assiette, la cuisine se fait inventive ; la piscine est ravissante, le jardin verdoyant et calme... Quant aux chambres, elles cultivent un style contemporain "trendy".

Carte 55/70 €

7 chambres – ♦100/350 € ♦♦100/350 € – ⌑ 17 €

826 chemin de la Pounchounière – ℰ 04 93 32 74 21 (réservation conseillée)
– www.toileblanche.com – Ouvert 15 mai-15 sept. et fermé le midi

🍽 Le Tilleul

🏡 🛋

PROVENÇALE · MÉDITERRANÉEN 🌿 Un joli bistrot provençal à l'entrée du vieux village. Entouré de nombreux habitués, on se réjouit de goûter cette jolie cuisine traditionnelle aux parfums de Provence, parsemée de petites touches personnalisées. La grande terrasse, abritée par un tilleul et un érable, est un havre pour les gourmands !

Formule 25 € – Menu 29 € (déj. en semaine) – Carte 35/65 €

pl. du Tilleul – ℰ 04 93 32 80 36 – www.restaurant-letilleul.com

⭐○ L'Olivier Rouge ⓝ 🍴 🅰 🅿

MÉDITERRANÉENNE • BRANCHÉ ✗ Une cuisine mediterranéenne simple et finement exécutée – avec un travail particulier sur les jus –, de beaux produits frais, une superbe terrasse où se dressent des sculptures et quelques oliviers centenaires... Voici un aperçu de ce qui vous attend dans cette vaste et élégante demeure, installée sur la route de Vence !

Formule 25 € – Menu 30 € (semaine) – Carte 35/65 €

777 rte de la Colle – ℰ 04 93 32 08 60 – www.lolivierrouge.com

⭐○ La Vague de St-Paul ⓝ ≤ 🍴 🅰 🅿

MÉDITERRANÉENNE • DESIGN ✗ Une cuisine méditerranéenne simple et goûteuse, présentée sous forme de tapas, et qui suit les saisons ; une grande salle à manger moderne, une vaste terrasse ouvrant sur la piscine et le jardin... Que demander de plus ?

Formule 19 € – Menu 29 € (déj. en semaine)/39 € – Carte 35/45 €

Hôtel La Vague de St-Paul, chemin des Salettes, 2 km par rte de la Fondation Maeght – ℰ 04 92 11 20 00 – www.vaguesaintpaul.com – Fermé 2 janv.-13 fév., dim. soir, lundi et mardi de nov. à mars

🏠 Le Mas de Pierre 🌳 🍴 ≤ 🍴 🛎 🅵 🔊 🅰 🏊 🚗

LUXE • PERSONNALISÉ Au cœur d'un jardin méridional enchanteur, de superbes bastides avec des chambres au luxe raffiné : beau décor de maison bourgeoise, tableaux et tapis, baldaquin au ciel de lit... et dehors, une agréable piscine. Pourquoi ne pas juste musarder en laissant le temps filer ?

54 chambres – †210/550 € ††210/950 € – 4 suites – ⌑ 29 € – ½ P

2320 rte des Serres, 2 km au Sud – ℰ 04 93 59 00 10 – www.lemasdepierre.com

⭐○ **La Table de Pierre** – voir les restaurants ci-dessus

🏠 Le Saint-Paul 🌳 🍴 ≤ 🍴 🅰 🏊

HISTORIQUE • PERSONNALISÉ Belles pierres, fresques champêtres, fontaine, chambres au charme feutré... Voilà le décor élégant de cette demeure provençale du 16e s. perchée dans le village médiéval.

16 chambres – †240/350 € ††240/680 € – 2 suites – ⌑ 28 € – ½ P

86 r. Grande, (au village) – ℰ 04 93 32 65 25 – www.lesaintpaul.com
– Ouvert 1er avril-1er nov.

⭐○ **Le Saint-Paul** – voir les restaurants ci-dessus

🏠 La Vague de St-Paul 🌳 🍴 ≤ 🍴 🛎 🅵 🍴 🍴 🅰 🏊 🅿

HÔTEL DE VACANCES • MODERNE Cette construction en forme de vague, conçue par André Minangoy dans les années 1970, laisse d'abord perplexe, puis séduit. À l'intérieur, grand hall lumineux très "seventies" ; belles chambres épurées et rehaussées de couleurs vives. Plaisant !

46 chambres – †90/400 € ††90/400 € – 4 suites – ⌑ 18 € – ½ P

45 chemin des Salettes, 2 km par rte de la Fondation Maeght – ℰ 04 92 11 20 00 – www.vaguesaintpaul.com – Fermé nov. et janv.

⭐○ **La Vague de St-Paul** – voir les restaurants ci-dessus

🏠 La Colombe d'Or 🌳 🍴 🅰 🅿

AUBERGE • RUSTIQUE Cet hôtel-restaurant est un vrai musée ! Il abrite une superbe collection de peintures et de sculptures d'artistes ayant séjourné ici, tels Braque, Léger, Ben... Cadre "vieille Provence" et chambres au décor rustique ; terrasse ombragée.

13 chambres – †250/335 € ††250/335 € – 12 suites – ⌑ 18 € – ½ P

pl. Charles-de-Gaulle – ℰ 04 93 32 80 02 – www.la-colombe-dor.com – Fermé 27 oct.-21 déc. et 5-16 janv.

Le Hameau

HÔTEL DE VACANCES · ÉLÉGANT Dans un jardin planté d'orangers et de cédrats, ce Hameau tout blanc a le charme de l'authenticité. Tomettes, murs à la chaux, faïence locale : rien ne manque ! Sans parler des bonnes confitures maison dont on se régale au petit-déjeuner...

15 chambres – †120/300 € ††120/300 € – 2 suites – ⌓ 15 €

528 rte de la Colle – ☏ 04 93 32 80 24 – www.le-hameau.com – Ouvert 14 fév.-15 nov.

Hostellerie des Messugues

VILLA · CAMPAGNARD Une villa provençale dans une pinède... au calme. Parmi les curiosités du lieu, il y a la jolie piscine circulaire et les portes des chambres, qui proviennent d'une prison du 19e s. ! L'ensemble est plaisant et bien tenu. Très bon rapport qualité-prix.

15 chambres – †100/170 € ††100/170 € – ⌓ 15 €

allée des Lavandes, 1 km, quartier Gardettes par rte de la Fondation Maeght – ☏ 04 93 32 53 32 – www.hotelmessugues.com – Ouvert 1er avril-30 oct.

Les Vergers de St Paul

VILLA · COSY À l'entrée du village, un hôtel niché dans un petit jardin. Du blanc, des moulures, des rayures pour un esprit assez cosy : les chambres (avec terrasse ou balcon) sont agréables et certaines donnent de plain-pied sur la piscine.

17 chambres – †95/265 € ††105/265 € – ⌓ 14 €

940 rte de la Colle – ☏ 04 93 32 94 24 – www.vergersdesaintpaul.com

ST-PAUL-DOUEIL – 31 (Haute-Garonne) ➜ voir Bagnères-de-Luchon

ST-PAUL-LÈS-DAX – 40 (Landes) ➜ voir Dax

ST-PAUL-LÈS-ROMANS – 26 (Drôme) ➜ voir Romans-sur-Isère

ST-PAUL-TROIS-CHATEAUX

✉ 26130 (Drôme) – 8 757 hab. – Alt. 90 m – Carte régionale n° **44**-B3
▶ Paris 628 km – Montélimar 28 km – Nyons 39 km – Orange 33 km
Carte Michelin 332-B7 – Guide Vert Michelin Ardèche Drôme

○ David Mollicone

CUISINE MODERNE · À LA MODE XXX Un lieu contemporain, à la fois feutré et lumineux – avec ses grandes baies ouvertes sur le jardin –, au service d'une cuisine fine et délicate : David Mollicone, chef expérimenté, n'est jamais à court d'idées lorsqu'il s'agit de marier les beaux produits, de faire varier les goûts et les textures...

Formule 22 € ♀ – Menu 28 € (déj. en semaine), 50/85 € – Carte environ 72 €

Hôtel Villa Augusta, 14 r. Serre-Blanc – ☏ 04 75 97 29 29 – www.villaaugusta.fr – Fermé 24-29 déc., dim. soir sauf juil.-août, sam. midi et lundi

○ L et Lui

CRÉATIVE · A LA MODE X L jardine et Lui cuisine les légumes et herbes aromatiques de ce potager bio, à travers des menus "improvisation" qui font la surprise des clients ! À noter : chaque mois, la cave met à l'honneur un vigneron de la région. Décor acidulé, comme le concept.

Formule 23 € – Menu 30 € (déj. en semaine), 40/55 €

2 r. Charles-Chaussy – ☏ 04 75 46 61 14 – www.letlui.com – Fermé 1 semaine vacances de la Toussaint, merc. soir hors saison, dim. et lundi

🏠 Villa Augusta
� 🐾 🚗 ᴣ ᵹ 🖾 🅿

LUXE · PERSONNALISÉ Au pays des oliviers et de la lavande, cette jolie villa du 19ᵉ s., avec son jardin arboré, est parfaite pour une escapade provençale. Côté déco, couleurs vives, esprit méridional et style contemporain se succèdent dans les chambres cosy...

20 chambres – 🛏99/320 € 🛏🛏99/320 € – 2 suites – ☲ 18 € – ½ P

14 r. Serre-Blanc – 𝒞 04 75 97 29 29 – www.villaaugusta.fr – Fermé 24-29 déc.

🍴◯ **David Mollicone** – voir les restaurants ci-dessus

ST-PÉE-SUR-NIVELLE
✉ 64310 (Pyrénées-Atlantiques) – 5 954 hab. – Alt. 30 m – Carte régionale n° **3**-A3
▶ Paris 785 km – Bayonne 22 km – Biarritz 17 km – Cambo-les-Bains 17 km
Carte Michelin 342-C4 – Guide Vert Michelin Pays Basque et Navarre

✿ L'Auberge Basque (Cédric Béchade)
🌮 🗝 🚗 🍴 ᵹ 🖾 🕭 🅿

CRÉATIVE · ÉLÉGANT ✕✕ Cette ferme du 17ᵉ s. cache une aile très contemporaine, ouverte sur la Rhune et la campagne... Même alliage en cuisine : le chef signe des mets très inventifs, dont les racines plongent dans le terroir. Assiettes pleines de saveurs et de couleurs ! Chambres confortables ; "grand" petit-déjeuner tout en gourmandises...

➔ Piperade aux copeaux d'épaule ibérique. Merlu de ligne aux oignons et iroulé-guy. Tarte amatxi, sorbet pomme verte et thym citron.

Formule 32 € – Menu 64/88 € – Carte 51/63 €

12 chambres ☲ – 🛏109/219 € 🛏🛏109/219 €

quartier Helbarron, D307 (ancienne rte de St-Pée à St-Jean-de-Luz) – 𝒞 05 59 51 70 00 – www.aubergebasque.com – Fermé 5 janv.-8 fév., mardi sauf le soir d'avril à oct., vend. midi de nov. à mars et lundi

🕭 Ttotta
🍴 ᵹ 🅿

BASQUE · FAMILIAL ✕ Sur la route de St-Jean-de-Luz, ce sympathique restaurant fait honneur au Pays basque ! Dans un décor contemporain, on déguste une cuisine du terroir avec de beaux produits du marché. Mention spéciale pour la viande et la charcuterie locales. Le tout accompagné de vins du Sud-Ouest. Une bonne adresse.

🍮 Formule 13 € – Menu 19 € (semaine)/26 €

quartier Ibarron, (Espace Ibarrondoan), rte de St-Jean-de-Luz, 1 km à l'Ouest par D918 – 𝒞 05 59 47 03 55 – www.ttotta.fr – Fermé 2 semaines en fév. et en nov., mardi soir hors saison et merc.

ST-PHILBERT-DE-GRAND-LIEU
✉ 44310 (Loire-Atlantique) – 8 434 hab. – Alt. 10 m – Carte régionale n° **34**-B2
▶ Paris 405 km – Nantes 27 km – Niort 150 km – Rennes 138 km
Carte Michelin 316-G5 – Guide Vert Michelin Pays de la Loire

🏠 La Bosselle
� ᵹ 🍽 🕭 🅿

TRADITIONNEL · FONCTIONNEL Étape utile que cet hôtel situé à deux pas de l'abbatiale de St-Philbert (9ᵉ s.), au sud de la réserve naturelle du lac de Grand-Lieu. Chambres toutes simples et bien tenues, plus calmes sur l'arrière. Au restaurant, poissons du lac et grillades au feu de bois.

14 chambres – 🛏60/64 € 🛏🛏60/64 € – ☲ 8 € – ½ P

8 r. du Port – 𝒞 02 40 78 73 47 – www.la-bosselle.fr

ST-PHILIBERT
✉ 56470 (Morbihan) – 1 612 hab. – Alt. 15 m – Carte régionale n° **9**-A3
▶ Paris 489 km – Lorient 50 km – Rennes 137 km – Vannes 29 km
Carte Michelin 308-N9

Le Galet

HÔTEL DE VACANCES · MODERNE Pour une escale tranquille à deux minutes de la Trinité-sur-Mer : un hôtel design entouré d'un joli jardin. Espace bien-être parfaitement conçu (soins du corps, sauna, jacuzzi).

19 chambres – ♦118/130 € ♦♦118/130 € – 2 suites – ⊇ 13 €
rte de la Trinité-sur-Mer, 1,2 km au Nord par D28 et D781
– ℰ 02 97 55 00 56 – www.legalet.fr

ST-PIERRE-D'ALBIGNY

✉ 73250 (Savoie) – 3 780 hab. – Alt. 410 m – Carte régionale n° **46**-F2
▶ Paris 596 km – Annecy 77 km – Chambéry 29 km – Lyon 137 km
Carte Michelin 333-J4 – Guide Vert Michelin Alpes du Nord

 Château des Allues

CHÂTEAU · PERSONNALISÉ Ce manoir du 19e s. a été rénové avec goût, dans un esprit mêlant subtilement ancien et contemporain : superbes boiseries, mobilier chiné, tissus raffinés... À la table d'hôte, on déguste les légumes du superbe potager bio – lequel est à découvrir.

5 chambres ⊇ – ♦115 € ♦♦140/165 €
Lieu-dit les Allues
– ℰ 06 75 38 61 56 – www.chateaudesallues.com
– Fermé 1ᵉʳ nov.-15 déc.

ST-PIERRE-DE-JARDS

✉ 36260 (Indre) – 109 hab. – Alt. 148 m – Carte régionale n° **12**-C3
▶ Paris 232 km – Bourges 35 km – Issoudun 22 km – Romorantin-Lanthenay 40 km
Carte Michelin 323-H4

 Les Saisons Gourmandes

CUISINE MODERNE · CONVIVIAL XX Une terrasse fleurie, des poutres peintes en "bleu berrichon" : l'endroit est sympathique et la gourmandise y est au rendez-vous, sous l'égide du jeune chef qui puise son inspiration dans la tradition et les produits de saison... qu'il agrémente de touches actuelles. Aux beaux jours, réservez une table en terrasse.

Menu 23 € (semaine), 39/50 € – Carte 30/50 €
pl. des Tilleuls
– ℰ 02 54 49 37 67 – www.lessaisonsgourmandes.fr
– Fermé 8-17 fév., 4-8 avril, 19 oct.-3 nov., 4-14 janv., lundi soir, mardi soir et merc. de sept. à juin, dim. soir et lundi en juil.-août

ST-PIERRE-DE-MANNEVILLE

✉ 76113 (Seine-Maritime) – 758 hab. – Alt. 6 m – Carte régionale n° **33**-C2
▶ Paris 150 km – Évreux 72 km – Rouen 18 km – Sotteville-lès-Rouen 20 km
Carte Michelin 304-F5 – Guide Vert Michelin Normandie Vallée de la Seine

Manoir de Villers

CHÂTEAU · PERSONNALISÉ Ce fabuleux manoir normand (16e-19e s.) appartient à la même famille depuis le 18e s. Parquets, toiles de Jouy et meubles anciens donnent l'impression d'être dans un vrai musée... ce qui ne manquera pas de ravir les amateurs d'Histoire. Et que dire du grand parc, sinon qu'il est idéal pour une balade bucolique !

4 chambres – ♦150/160 € ♦♦150/170 € – ⊇ 12 €
30 rte de Sahurs
– ℰ 02 35 32 07 02 – www.manoirdevillers.com

ST-PIERRE-DU-MONT

✉ 14450 (Calvados) – 73 hab. – Alt. 25 m – Carte régionale n° **32**-B2

▶ Paris 291 km – Bayeux 29 km – Caen 58 km – St-Lô 58 km

Carte Michelin 303-G3

🏠 Le Château Saint-Pierre   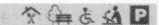

CHÂTEAU · RUSTIQUE L'adresse idéale pour visiter les plages du Débarquement tout en profitant des charmes d'une demeure normande du 16ᵉ s., classique et de bon goût. Au petit-déjeuner, on vous sert confitures maison et lait de ferme tout frais !

5 chambres ⊊ – †65/70 € ††78/90 €

1 km à l'Ouest par D514 – ℰ 02 31 22 63 79

– www.chambresdhotes-bayeuxarromanchesgrandcamp.com

ST-PIERRE-LA-NOAILLE – 42 (Loire) ➜ voir Charlieu

ST-PIERREMONT

✉ 88700 (Vosges) – 163 hab. – Alt. 251 m – Carte régionale n° **27**-C2

▶ Paris 366 km – Lunéville 24 km – Nancy 56 km – St-Dié 43 km

Carte Michelin 314-H2

🏠 Le Relais Vosgien

TRADITIONNEL · MODERNE Une grande maison – ancienne ferme – au cœur du bourg, tenue à ce jour par la quatrième génération Thénot, famille d'hôteliers dévoués ! On y dort dans des chambres confortables, au décor sobre et soigné. Côté restaurant, on joue la carte régionale et la tradition.

16 chambres – †68/128 € ††70/198 € – 1 suite – ⊊ 14 € – ½ P

9 Grande-Rue – ℰ 03 29 65 02 46 – www.relais-vosgien.fr – Fermé 3-15 janv.

ST-PIERRE-QUIBERON – 56 (Morbihan) ➜ voir Quiberon

ST-PIERRE-SUR-DIVES

✉ 14170 (Calvados) – 3 635 hab. – Alt. 30 m – Carte régionale n° **33**-C2

▶ Paris 194 km – Caen 35 km – Hérouville-Saint-Clair 34 km – Lisieux 27 km

Carte Michelin 303-L5 – Guide Vert Michelin Normandie Cotentin

🍴 Auberge de la Dives

CUISINE TRADITIONNELLE · CLASSIQUE Cette auberge champêtre, dont la terrasse borde la Dives, propose des recettes traditionnelles bien tournées qui font la part belle aux produits du terroir. Les plats mijotent sur le feu, ça sent si bon !

☜ Menu 16 € (déj. en semaine), 21/38 € – Carte 36/57 €

27 bd Collas – ℰ 02 31 20 50 50 – Fermé 16-30 mars, 15 nov.-2 déc., dim. soir, lundi soir et mardi

ST-POL-DE-LÉON

✉ 29250 (Finistère) – 6 711 hab. – Alt. 60 m – Carte régionale n° **9**-B1

▶ Paris 557 km – Brest 62 km – Brignogan-Plages 31 km – Morlaix 21 km

Carte Michelin 308-H2 – Guide Vert Michelin Bretagne Nord

✿ Auberge La Pomme d'Api (Jérémie Le Calvez)

CRÉATIVE · RUSTIQUE XX Si la maison conserve tout le cachet de ses murs anciens (1535) et de sa cheminée, la cuisine joue résolument la carte des recettes d'aujourd'hui et de la fraîcheur. Les assiettes, fines et inventives, mettent en valeur les meilleurs produits du terroir breton, le tout au rythme des saisons : cette Pomme séduit !

➜ Cannelloni de radis daïkon et tourteau de Roscoff. Turbot gratiné au sésame et au parmesan, sabayon d'agrumes. Chocolat à la cardamome noire, sorbet exotique-gingembre.

Menu 25 € (déj. en semaine), 47/95 € – Carte 67/95 €

49 r. Verderel – ℰ 02 98 69 04 36 – www.aubergelapommedapi.com – Fermé 2 semaines en mars, dim. soir et lundi soir de sept. à juin et lundi midi

Le Clos St-Yves ⓝ   ⇔ ⇗

HISTORIQUE · COSY Une jolie maison en pierre datant du 17e s., tout près de la cathédrale. Les chambres, sobres et décorées avec goût, donnent sur le jardin ; le salon, avec son poêle à bois, se révèle particulièrement confortable. Une adresse attachante.

5 chambres ⌇ – ♥90/100 € ♥♥95/105 €

5 r. St-Yves – ℰ 02 98 69 05 98 – www.le-clos-st-yves.fr

ST-PONS
✉ 07580 (Ardèche) – 280 hab. – Alt. 350 m – Carte régionale n° **44**-B3
▶ Paris 621 km – Aubenas 24 km – Montélimar 21 km – Privas 24 km
Carte Michelin 331-J6

⫶◯ Hostellerie Gourmande Mère Biquette   ⪕ ⇔ ⇞ 🅿

CUISINE TRADITIONNELLE · FAMILIAL Ⅹ Rustique et chaleureux : aucun doute, il fait bon s'installer chez cette Mère Biquette et savourer ses petits plats régionaux et traditionnels. L'hiver, on trouve refuge près de la cheminée...

Menu 29/43 € – Carte 40/56 €

Les Allignols, 4 km au Nord par rte secondaire – ℰ 04 75 36 72 61
– www.merebiquette.fr – Fermé 17 nov.-5 fév., dim. soir d'oct. à mars et lundi midi

⌂ Hostellerie Gourmande Mère Biquette   ⇭ ⌁ ⪕ ⇔ ⌁ ✖

AUBERGE · RUSTIQUE Les amoureux de nature et de grand   & 🅿 calme apprécieront cette ferme ardéchoise nichée entre vignes et châtaigniers. Chambres pratiques, plus spacieuses dans l'aile récente.

15 chambres – ♥71/120 € ♥♥71/120 € – ⌇ 13 €

Les Allignols, 4 km au Nord par rte secondaire – ℰ 04 75 36 72 61
– www.merebiquette.fr – Fermé 17 nov.-5 fév.

⫶◯ **Hostellerie Gourmande Mère Biquette** – voir les restaurants ci-dessus

ST-PONS – 04 (Alpes-de-Haute-Provence) ➜ voir Barcelonnette

ST-PORQUIER
✉ 82700 (Tarn-et-Garonne) – 1 419 hab. – Alt. 95 m – Carte régionale n° **28**-B2
▶ Paris 651 km – Colomiers 60 km – Montauban 18 km – Toulouse 55 km
Carte Michelin 337-D7

⌂ Les Hortensias   ⌁ ⇔ ⌁ ⅛ 🅿 ⇗

FAMILIAL · RUSTIQUE Dans cette jolie maison en brique rose avec son grand jardin et son potager, les propriétaires sont aux petits soins pour leurs hôtes. Monsieur est ancien pâtissier et prépare souvent des douceurs sucrées... Les chambres sont simples et coquettes, dans un esprit champêtre.

3 chambres ⌇ – ♥70 € ♥♥90 €

18 r. Ste-Catherine – ℰ 06 77 46 88 98 – www.chambres-hotes-leshortensias.com

ST-PRIEST – 69 (Rhône) ➜ voir Lyon

ST-PRIEST-EN-JAREZ – 42 (Loire) ➜ voir St-Étienne

ST-PRIEST-TAURION
✉ 87480 (Haute-Vienne) – 2 830 hab. – Alt. 255 m – Carte régionale n° **24**-B2
▶ Paris 387 km – Bellac 47 km – Bourganeuf 33 km – Limoges 15 km
Carte Michelin 325-F5 – Guide Vert Michelin Limousin Berry

⫶◯ Relais du Taurion   ⇔ ⇞ 🅿

CUISINE TRADITIONNELLE · RÉTRO Ⅹ Non loin de la rivière, ce restaurant – un ancien relais de poste – a été repris par un jeune couple il y a quelques années. On y apprécie une généreuse cuisine traditionnelle, en toute simplicité.

Menu 25 € (semaine), 31/45 € – Carte 33/52 €

2 chemin des Contamines – ℰ 05 55 39 70 14 – www.relais-taurion.fr
– Fermé 12-27 oct., 23 janv.-10 fév., dim. soir de mai à sept., mardi midi et lundi

ST-PRIVAT

✉ 19220 (Corrèze) – 1 095 hab. – Alt. 580 m – Carte régionale n° **25**-C3
▶ Paris 526 km – Aurillac 50 km – Limoges 137 km – Tulle 47 km
Carte Michelin 329-N5

🏡 Auberge de la Xaintrie ⚹ 🗗 🖫 🖨 🖳 🖼 🖳 🅿

TRADITIONNEL · MODERNE Un hôtel installé en plein centre de cette agréable bourgade. Les chambres sont spacieuses, bien équipées et décorées dans un esprit contemporain ; pour vous requinquer, l'espace bien-être (sauna, hammam et jacuzzi) et le généreux restaurant traditionnel vous tendent les bras !

28 chambres – ♦70/90 € ♦♦90/165 € – ♀9 € – ½ P

25 r. de la Xaintrie – ℰ 05 55 28 49 80 – www.aubergedelaxaintrie.fr – Fermé 10 janv.-10 fév.

ST-PRIX – 95 (Val-d'Oise) ➜ voir Autour de Paris

ST-QUAY-PORTRIEUX

✉ 22410 (Côtes-d'Armor) – 3 052 hab. – Alt. 25 m – Carte régionale n° **10**-C1
▶ Paris 470 km – Étables-sur-Mer 3 km – Guingamp 29 km – Lannion 54 km
Carte Michelin 309-F3 – Guide Vert Michelin Bretagne Nord

🏨 Ker Moor 🗗 ⟨ 🖨 🖳 🖳 🅿

HÔTEL DE VACANCES · COSY Dans l'extension moderne d'une belle villa d'inspiration mauresque, le long du chemin des douaniers, des chambres élégantes et confortables, au grand calme. Depuis leur terrasse, on dispose d'une vue sur toute la baie de St-Brieuc. Superbe situation !

30 chambres – ♦89/189 € ♦♦89/189 € – ♀15 €

13 r. du Prés.-Le-Sénécal – ℰ 02 96 70 52 22 – www.ker-moor.com

ST-QUENTIN

✉ 02100 (Aisne) – 56 217 hab. – Agglo. 65 552 hab. – Alt. 74 m – Carte régionale n° **37**-C2
▶ Paris 165 km – Amiens 81 km – Charleroi 161 km – Lille 113 km
Carte Michelin 306-B3

🍽 Auberge de l'Ermitage 🖨 🖳 🖳 🅿

CUISINE TRADITIONNELLE · COSY XX Un "ermitage" un peu à l'écart du centre-ville, à l'atmosphère contemporaine et feutrée. Le patron fait œuvre de tradition avec sérieux ; le filet de bœuf, le cœur de ris de veau et le foie gras de canard sont récurrents à la carte.

Formule 20 € ♀ – Menu 30/68 € ♀

*331 rte de Paris, 3 km au Sud-Ouest par D930 – ℰ 03 23 62 42 80
– www.aubergedelermitage.com – Fermé 1 semaine en fév., 3 semaines en août, sam. midi, dim. soir, lundi soir, mardi soir et merc.*

🏡 Le Grand Hôtel 🖳 🖼 🅿

TRADITIONNEL · PERSONNALISÉ L'hôtel le plus confortable de la ville, en bordure du centre. Derrière sa façade traditionnelle, on découvre un grand patio entouré de coursives, desservies par un amusant ascenseur vitré. Les chambres, elles, demeurent tout à fait classiques. Parking privé gratuit.

24 chambres – ♦95/125 € ♦♦95/135 € – ♀13 €

Plan : BZ-n – *6 r. Dachery – ℰ 03 23 62 69 77
– www.hotel-saint-quentin-aisne.com – Fermé 3 semaines en août, 1 semaine en déc. et 1 semaine en janv.*

🏡 Mémorial 🅿

TRADITIONNEL · CLASSIQUE Trois bâtiments réunis au cœur de la cité. La cour intérieure offre un parking bien utile, mais l'accès en est étroit. Certaines chambres ont été rénovées dans un esprit plus moderne, elles sont les plus agréables.

18 chambres – ♦51/90 € ♦♦51/90 € – ♀10 €

Plan : AZ-b – *8 r. de la Comédie – ℰ 03 23 67 90 09 – www.hotel-memorial.com*

ST-QUENTIN

Aumale (R. d') . . . . **AZ** 2
Basch (R. Victor) . . . . . . **AYZ** 3
Basilique (Pl. de la) . . . . . **ABY** 4
Campions (Pl. des) . . . . . . **AZ** 5
Croix-Belle-Porte (R.) . . . . . **AY** 6
Dufour-Denelle (Pl.) . . . . . **AZ** 7
États-Généraux (R. des) . . . **AY** 8
Foy (R. du Gén.) . . . . **AZ** 10
Gaulle (Av. du Gén.-de) . . . **BZ** 13

Gouvernement (R. du) . . . . . **BY** 15
Héros-du-2-Septembre-1945
(Pl. des) . . . . **BZ** 16
Herriot (R. Édouard) . . . . . **BZ** 17
Hôtel-de-Ville (Pl. de l') . . . **AZ** 18
Isle (R. d') . . . . **BZ**
Leclerc (R. Gén.) . . . . **BZ** 21
Lyon (R. de) . . . . **BZ** 24
Mulhouse (Pl.) . . . . **BY** 25
Ovres (R. E.) . . . . **BY** 26
Paringault (R.) . . . . **ABY** 27
Pompidou (R. G.) . . . . **AY** 28

Prés.-J.-F.-Kennedy (R. du) . . **AY** 29
Raspail (R.) . . . . **AY**
Rémicourt (Av. de) . . . . . . **BY** 31
St-André (R.) . . . . **AY** 32
Sellerie (R. de la) . . . . . . **BZ** 33
Le Sérurier (R.) . . . . **AY** 23
Sous-Préfecture (R. de la) . . **BZ** 34
Thomas (R. A.) . . . . **AY** 36
Toiles (R. des) . . . . **AY** 37
Verdun (Bd) . . . . **AZ** 38
Zola (R. Émile) . . . . **AZ**
8-Octobre (Pl. du) . . . . . . **BZ** 41

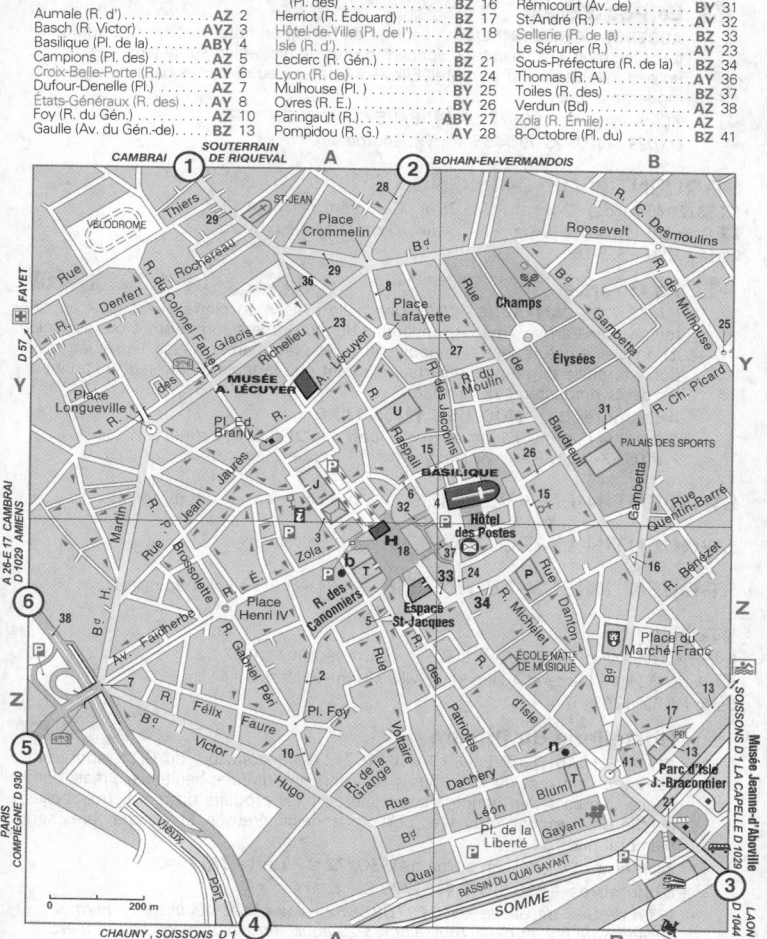

à **Neuville-St-Amand** 3 km par au Sud-Est par D1029 et D12 – ⊠ 02100
– 882 hab. – Alt. 82 m

🏠 Château   🏕 🐾 🛏 & Ꮨ 🅿

TRADITIONNEL · CLASSIQUE Quel calme... Cette jolie maison de maître, accueillante et chaleureuse, trône dans un grand parc où il fait bon flâner. Les chambres
sont rustiques et propres, avec de grandes salles de bains. Cuisine traditionnelle
au restaurant.

15 chambres – 🛏85 € 🛏🛏97 € – ⌁ 13 €

*11 r. de la Fontaine – ℰ 03 23 68 41 82 – www.chateauneuvillestamand.com
– Fermé 1er-22 août, 23 déc.-6 janv., dim. soir, lundi et fériés*

à Holnon 6 km à l'Ouest par D1029 – ✉ 02760 – 1 414 hab. – Alt. 102 m

🏠 Le Pot d'Étain

AUBERGE · PERSONNALISÉ À l'entrée du bourg, un hôtel-restaurant traditionnel fort bien tenu. Les chambres donnent toutes de plain-pied sur le jardin, au calme, un peu à la manière d'un motel. Elles sont peu à peu rénovées dans un style plus moderne et cosy.

30 chambres – 🛏65/72 € 🛏🛏88/115 € – ☲ 11 € – ½ P

D 1029 – ℰ 03 23 09 34 35 – www.lepotdetain.fr

ST-QUENTIN-DE-CAPLONG
✉ 33220 (Gironde) – 247 hab. – Alt. 75 m – Carte régionale n° **4**-C1

▶ Paris 571 km – Agen 106 km – Bordeaux 70 km – Périgueux 90 km

Carte Michelin 335-L6

🏠 La Girarde

MAISON DE CAMPAGNE · COSY Une belle maison en pierre ayant jadis appartenu à Jean Carrive, l'un des fondateurs du mouvement surréaliste. Nous sommes ici en pleine nature, entre vignobles et forêt ; les chambres, spacieuses et cosy, donnent envie de ne plus repartir... d'autant que la table d'hôte met à l'honneur les petits producteurs de la région !

4 chambres ☲ – 🛏100/115 € 🛏🛏105/120 €

Lieu-dit la Girarde, 4,5 km au Nord-Ouest par D128 et D18 rte de Gensac – ℰ 05 57 41 02 68 – www.lagirarde.com – Fermé 20 déc.-6 janv.

ST-QUENTIN-EN-YVELINES – 78 (Yvelines) ➔ voir Autour de Paris

ST-QUENTIN-LA-POTERIE – 30 (Gard) ➔ voir Uzès

ST-QUENTIN-SUR-LE-HOMME – 50 (Manche) ➔ voir Avranches

ST-QUIRIN
✉ 57560 (Moselle) – 784 hab. – Alt. 305 m – Carte régionale n° **27**-D2

▶ Paris 433 km – Baccarat 40 km – Lunéville 56 km – Phalsbourg 34 km

Carte Michelin 307-N7

😊 Hostellerie du Prieuré
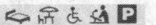

CUISINE TRADITIONNELLE · FAMILIAL XX Les randonneurs du GR 5 apprécient cet ancien couvent du 18ᵉ s. où ils ne viennent plus faire pénitence... mais bombance ! Le chef s'en donne à cœur joie avec les produits du terroir (mirabelles, perche de Hampont, etc.) ; les portions sont généreuses. Et les chambres sont bien pratiques.

🍴 Menu 14 € (déj. en semaine), 30/72 € – Carte 38/75 €

8 chambres – 🛏58/60 € 🛏🛏62/78 € – ☲ 9 €

163 r. du Gén.-de-Gaulle – ℰ 03 87 08 66 52 – www.saint-quirin.com – Fermé vacances de fév. et de la Toussaint, 23-29 août, sam. midi, mardi soir et merc.

ST-RAMBERT-D'ALBON
✉ 26140 (Drôme) – 6 056 hab. – Alt. 142 m – Carte régionale n° **43**-E2

▶ Paris 522 km – Grenoble 93 km – Lyon 59 km – Valence 53 km

Carte Michelin 332-B2

🏠 Golf d'Albon
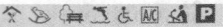

HÔTEL DE CHAÎNE · FONCTIONNEL À proximité immédiate du golf, cet hôtel est parfait pour ceux dont la main est greffée à un club ! Les chambres sont spacieuses ; certaines disposent même de lits king size. Au restaurant, cuisine traditionnelle face au green.

30 chambres – 🛏110/120 € 🛏🛏120/200 € – ☲ 12 € – ½ P

au golf d'Albon-Senaud, 4 km au Sud par N7 et D122A – ℰ 04 75 03 03 90 – www.golf-albon.com – Fermé dim. soir

ST-RAPHAËL

✉ 83700 (Var) – 34 115 hab. – Alt. 20 m – Carte régionale n° **41**-C3
▶ Paris 870 km – Aix-en-Provence 121 km – Cannes 42 km – Fréjus 4 km
Carte Michelin 340-P5 – Guide Vert Michelin Côte d'Azur

Accès et sorties : voir plan de Fréjus.

✿ **Archange** (Stéphane Léger)   ❀ 🌳 ♿ 🅰🅲

CUISINE MODERNE · **ÉLÉGANT** XXX Parmi les archanges bibliques, saint Raphaël veillerait-il sur cette table ? Dans le décor raphaëlois d'une salle surplombant le port de plaisance, Stéphane Léger met à l'honneur la pêche locale avec une grâce angélique : la qualité des produits le dispute à la justesse des préparations, portées par de belles notes créatives...
➜ Ma bourride imaginaire. Millefeuille de bœuf de Salers au foie gras. Tarte citron revisitée au parfum de yuzu.
Menu 43 € (déj.), 85/115 € – Carte 90/150 €
Plan : Y-a – *Parvis Kennedy - 1ᵉʳ étage, (vieux port)* – ℰ 04 94 40 96 46
– *www.stephaneleger.com* – *Fermé 4-28 janv., mardi et merc. sauf le soir en saison, lundi midi et jeudi midi du 15 juin au 15 sept.*

😊 **Les Voiles**   🌳

POISSONS ET FRUITS DE MER · **SIMPLE** X Sur le port de plaisance, vous aurez envie de tout... sauf de mettre les voiles ! De fait, dans ce restaurant au décor marin, on admire à loisir les bateaux... tout en s'offrant une jolie traversée gourmande : au menu, une cuisine du marché soignée et parfumée, à l'image de cette savoureuse terrine aux légumes et à la brousse.
Formule 18 € – Menu 32 € – Carte 42/63 €
Port Santa-Lucia, au Sud-Est par D558 – ℰ 04 94 40 39 15
– *www.facebook.com/les.voiles.saint.raphael* – *Fermé mi-déc. à mi-janv., mardi sauf juil.-août et lundi*

ᵗⁱ◯ **Elly's**   🌳

CUISINE MODERNE · **À LA MODE** XX Elly a grandi dans un restaurant en Bourgogne, Franck a appris la cuisine dans sa Franche-Comté natale, le duo s'est parfaitement trouvé... Légumes bio et jolis produits de saison sont à la carte, déclinés à travers une cuisine pétillante et libre. Une adresse qui renouvelle le genre du "restaurant gastronomique" !
Formule 24 € – Menu 35/70 € – Carte environ 68 €
Plan : Y-b – *54 r. de la Liberté* – ℰ 04 94 83 63 39 – *www.elly-s.com* – *Fermé le midi en juil.-août, dim. et lundi de sept. à juin*

ᵗⁱ◯ **Excelsior**   🌳 🅰🅲

PROVENÇALE · **TRADITIONNEL** XX La table de l'hôtel Excelsior, une valeur sûre pour un repas dans le respect de la tradition et des saveurs régionales. Au menu : produits frais et recettes appétissantes, particulièrement appréciables en terrasse, sous le soleil et avec la Méditerranée en ligne de mire.
Formule 29 € – Menu 36 € (semaine) – Carte 35/71 €
Plan : Z-h – *Hôtel Excelsior, 193 bd Félix-Martin, (prom. René-Coty)* – ℰ 04 94 95 02 42 – *www.excelsior-hotel.com*

ᵗⁱ◯ **Le Lamparo**   🌳 ♿ 🅰🅲

CUISINE TRADITIONNELLE · **BRASSERIE** X Millefeuille de tourteau, avocat et pomme verte ; salade niçoise ; bourride raphaëloise ; pièce de bœuf sauce béarnaise ; café liégeois ; profiteroles... Une vraie cuisine de tradition pour cette brasserie de qualité, située de plain-pied sur les quais et associée au restaurant gastronomique Archange situé à l'étage.
Formule 18 € – Menu 30 € – Carte 32/53 €
Plan : Y-a – *Parvis Kennedy, (au vieux port)* – ℰ 04 94 55 74 38
– *www.stephaneleger.com* – *Fermé 4-24 janv., dim. soir et lundi hors saison*

ST-RAPHAËL

Aicard (R. J.) . . . . **Z** 2
Albert-1er (Quai) . . . . **Z** 3
Allongue (R. Marius) . . . . **Y** 5
Barbier (R. J.) . . . . **Z** 6
Basso (R. Léon) . . . . **Y** 7

Baux (R. Amiral) . . . . **Y** 9
Carnot (Pl.) . . . . **Y** 10
Coty (Promenade René) . . . . . **Z** 13
Doumer (Av. Paul) . . . . **Z** 14
Gambetta (R.) . . . . **Y** 15
Gounod (R. Ch.) . . . . **Z** 17
Guilbaud (Cours Cdt) . . . . **Y** 18
Karr (R. A.) . . . . **Y** 21

Libération (Bd de la) . . . . **Z** 22
Liberté (R. de la) . . . . **Y** 23
Martin (Bd Félix) . . . . **YZ** 24
Péri (Pl. Gabriel) . . . . **Z** 26
Remparts (R. des) . . . . **Y** 28
Rousseau
    (R. W.) . . . . **Y** 30
Vadon (R. H.) . . . . **Z** 31

🍽️○ La Brasserie Tradition & Gourmandise   🍴 🆎 ⌘ ⇌

CUISINE TRADITIONNELLE · CONVIVIAL ✗ Une brasserie à la mode contemporaine, avec une terrasse conviviale entourée de verdure. On y déguste une cuisine
canaille et bien ficelée, parfaitement dans l'esprit "tradition et gourmandise" :
papillote croustillante au miel et chèvre, bourride raphaëloise... Le repaire des
gourmands dans la station.

🍴 Formule 17 € – Menu 20 € (déj. en semaine)/30 € – Carte 29/44 €
Plan : Y-r – *6 av. de Valescure –* ℰ *04 94 95 25 00 – www.labrasserietg.fr
– Fermé 1ᵉʳ-11 nov., 11-24 janv., merc. du 1ᵉʳ oct. au 30 avril, dim. et fériés
sauf juil.-août*

🍽️○ La Table   🆎

CUISINE TRADITIONNELLE · BAR À VIN ✗ La devise de la maison : "Détendez-
vous, l'équipe de La Table fait le reste." Il est vrai qu'il règne une belle ambiance
autour de la grande table en bois massif qui fait l'originalité de l'endroit. Au
menu, un esprit bistrot convaincant : nem de thon mi-cuit, pied de porc pané,
brouillade de truffe, tiramisu... Tous à table !

🍴 Formule 11 € – Menu 16 € (déj. en semaine) – Carte 29/50 €
Plan : Y-t – *47 r. Thiers –* ℰ *04 94 53 93 35 – www.latablerestaurant.fr – Fermé
1ᵉʳ-15 juin, 1ᵉʳ-15 janv., le midi en juil.-août, dim. et lundi*

La Marina

🏔 🛋 🛁 ⊡ 🚿 AC ♨ 🧖 🚗

BUSINESS · MODERNE Bel emplacement sur le port pour cet établissement, dont de nombreuses chambres ouvrent sur le bassin de plaisance et sa myriade de mâts... L'hébergement est à la fois fonctionnel et confortable : un bon point de chute, qui donne envie de prendre le large !

97 chambres – †105/305 € ††105/305 € – ⌷ 16 € – ½ P
port Santa-Lucia, (Palais des Congrès), au Sud-Est par D558 – ℰ 04 94 95 31 31
– www.hotel-lamarina.fr

Continental

⊲ ⊡ AC 🧖 🚗

BUSINESS · FONCTIONNEL Pour poser ses valises face à la plage, au cœur de l'animation de la station, l'établissement est tout indiqué. Spacieuses, lumineuses et d'un bel esprit contemporain, les chambres se prêtent à de douces nuits... surtout côté mer !

44 chambres – †99/269 € ††122/269 € – ⌷ 16 €
Plan : Z-e – *100 promenade René-Coty – ℰ 04 94 83 87 87*
– www.hotels-continental.com – Ouvert de fév. à oct.

Santa Lucia

AC ♨ P

FAMILIAL · PERSONNALISÉ Un établissement charmant, non seulement très soigné mais aussi décoré avec goût : chaque chambre évoque l'atmosphère d'un pays lointain, de la Chine au Kenya, en passant par Bali... Une réussite, qui ravira les âmes voyageuses !

12 chambres – †79/139 € ††94/154 € – ⌷ 9 €
418 Corniche-d'Or, au Sud-Est par D558 – ℰ 04 94 95 23 00
– www.hotelsantalucia.fr – Ouvert 15 mars-18 oct.

Excelsior

🏔 ⊡ AC 🧖

HÔTEL DE VACANCES · COSY L'esprit de villégiature règne sur cette grande bâtisse blanche, née à la fin du 19ᵉ s. et située légèrement en retrait sur le front de mer. Les chambres, feutrées et confortables, ne manquent pas de confort, et l'on peut profiter du bar de l'hôtel – une belle illustration du genre !

34 chambres – †150/225 € ††150/225 € – ⌷ 13 €
Plan : Z-h – *193 bd Félix-Martin, (prom. René-Coty) – ℰ 04 94 95 02 42*
– www.excelsior-hotel.com

🍴 **Excelsior** – voir les restaurants ci-dessus

à Valescure 5 km au Nord-Est – ✉ 83700

🍴 Le Jardin de Sébastien

🌿 AC P

CUISINE MODERNE · ÉLÉGANT XX Près des golfs de Valescure, une villa méditerranéenne cernée par les pins et les mimosas. Un couple charmant préside à ses destinées, et propose une cuisine qui sent bon la Provence : gnocchis aux anchois et basilic, pavé de cabillaud et bulots en aïgo boulido... À déguster sur la charmante terrasse.

Formule 24 € – Menu 30/49 € – Carte 41/58 €
599 av. des Golfs – ℰ 04 94 44 66 56 – jardinsebastien.canalblog.com
– Fermé vacances de la Toussaint, mardi midi et sam. midi en juil.-août, dim. soir,
merc. midi et lundi de sept. à juin

🍴 Les Pins Parasols

🍸 🌿 AC P

MÉDITERRANÉENNE · COSY XX Une terrasse sous les pins, face à la piscine, et une salle qui réinvente le répertoire provençal dans un camaïeu de gris et d'aubergine... La carte joue la même partition : soupe de poisson, trilogie autour du foie gras, daurade aux couleurs du Sud, filet de bœuf en brochette de romarin, etc. Et des grillades en été !

Menu 39 € ⌕/58 € ⌕ – Carte 46/83 €
Golf Hôtel de Valescure, 55 av. Paul-L'Hermite, (au golf) – ℰ 04 94 52 85 00
– www.valescure.najeti.fr – Fermé le midi

🏨 Golf Hôtel de Valescure 🎿 🐾 🛏 🌊 🏊 ✕ 🖼 🔲 ♿ 🗚 🎿 🦺

GOLF HÔTEL · PERSONNALISÉ Pour un séjour golf – mais pas seulement –, ce complexe hôtelier, tout près des greens, propose de belles prestations : chambres spacieuses, décor contemporain, piscine... et deux restaurants, dont le Club House établi dans l'ancien pavillon de la Norvège pour l'Exposition universelle de 1900 !

50 chambres – ♦89/215 € – ♦♦113/290 € – 12 suites – ☲16 € – ½ P
55 av. Paul-L'Hermite, (au golf) – 𝒞 *04 94 52 85 00* – *www.valescure.najeti.fr*
🍽️ **Les Pins Parasols** – voir les restaurants ci-dessus

à Boulouris 4 km au Sud-Est par D558 – 🖂 83700

🍽️ Le Bougainvillier ⋞ 🏮 🅿

CUISINE CLASSIQUE · ÉLÉGANT ✕✕✕ Tout St-Raphaël connaît la table de la Villa Mauresque, avec sa salle à manger au style caractéristique (arches en fer à cheval, grands luminaires) et sa superbe terrasse qui fait face à la Grande Bleue. L'endroit se prête aisément à la rêverie, d'autant que la cuisine se montre volontiers voyageuse...

Formule 35 € – Menu 45 € (déj.), 75/110 € – Carte 90/100 €
Hôtel La Villa Mauresque, 1792 rte de la Corniche – 𝒞 *04 94 83 02 42*
– *www.villa-mauresque.com* – Fermé 4 janv.-4 mars

🏨 La Villa Mauresque 🎿 ⋞ 🛏 🌊 🗚 🅿

VILLA · PERSONNALISÉ En bord de mer, cette magnifique villa d'inspiration mauresque – datant de 1881 – ne manque pas d'atouts. Mobilier chiné, bibelots et tableaux orientaux habillent superbement les chambres, toutes différentes et baptisées d'après de grands artistes (Degas, Wilde, Rimbaud...). Une demeure d'exception !

16 chambres – ♦225/1450 € – ♦♦225/1450 € – 2 suites – ☲23 €
1792 rte de la Corniche – 𝒞 *04 94 83 02 42* – *www.villa-mauresque.com* – Fermé 4 janv.-4 mars
🍽️ **Le Bougainvillier** – voir les restaurants ci-dessus

ST-RÈGLE – 37 (Indre-et-Loire) → voir Amboise

ST-RÉMY – 71 (Saône-et-Loire) → voir Chalon-sur-Saône

ST-RÉMY – 21 (Côte-d'Or) → voir Montbard

ST-RÉMY-DE-CHARGNAT – 63 (Puy-de-Dôme) → voir Issoire

© Bernard/imagebroker/age fotostock

ON AIME...

Le Château des Alpilles, ou tout le charme de la Provence réuni en un seul lieu. La **Maison Drouot**, sa cuisine sincère et sa terrasse incontournable. Le **Mas de l'Amarine**, pour son cadre élégant et design. Le parc de l'**Hôtel de l'Image**, pour boire un verre au calme, en plein centre-ville. La **Confiserie Lilamand**, sans conteste l'un des meilleurs confiseurs de France...

ST-RÉMY-DE-PROVENCE

✉ 13210 (Bouches-du-Rhône) – 10 406 hab. – Alt. 59 m – Carte régionale n° **42**-E1
▶ Paris 702 km – Arles 25 km – Avignon 20 km – Marseille 89 km
Carte Michelin 340-D3 – Guide Vert Michelin Provence

Restaurants

⅃○ Le Vallon de Valrugues

CUISINE MODERNE · ÉLÉGANT XX Un chef au beau parcours – Château de Courcelles, Anne-Sophie Pic – a investi les fourneaux du restaurant et y a rapidement pris ses marques : entouré d'une équipe motivée, il propose une cuisine classique et mâtinée de modernité, qui fait mouche. Les clients de l'hôtel en profiteront très judicieusement.

Menu 59/89 € – Carte 80/120 €

Hôtel Le Vallon de Valrugues & Spa, chemin Canto-Cigalo, 1 km à l'Est par D99A – ℰ 04 90 92 04 40 – www.vallondevalrugues.com – Fermé le midi de juin à sept.

⅃○ Le Château des Alpilles

PROVENÇALE · ÉLÉGANT XX Entre chic bourgeois et design seventies, la table du Château des Alpilles mêle les styles ! Sur la carte, recettes classiques et inspiration méridionale font bon ménage. L'été, on mange au bord de la piscine.

Formule 27 € – Menu 50 € (dîner) – Carte 53/67 €

Hôtel Le Château des Alpilles, 2 km à l'Ouest par D31 – ℰ 04 90 92 03 33 – www.chateaudesalpilles.com – Fermé 4 janv.-11 mars, merc. sauf le midi en juil.-août et jeudi midi hors saison

⅃○ Mas de l'Amarine

CUISINE MODERNE · DESIGN XX Ancienne ferme du 18ᵉ s., maison de l'artiste Roger Bezombes au 20ᵉ s., puis restaurant... Ce Mas a eu plusieurs vies ! On y propose une savoureuse cuisine de saison, à l'instar de ce fagot d'asperges vertes tièdes, de ce saint-pierre rôti au thym, ou de ces pois mangetout et artichaut barigoule... Cadre design.

Formule 29 € – Menu 35 € (déj.) – Carte 68/110 €

5 chambres – †190/345 € ††270/450 € – ⌑ 20 €

ancienne voie Aurélia, 2 km au Sud par D5 – ℰ 04 90 94 47 82 – www.mas-amarine.com – Fermé 4 janv.-4 mars, lundi et mardi sauf le soir et merc. midi en juil.-août

ST-RÉMY-DE-PROVENCE

Commune (R.) . . . . **Z** 2
Estrine (R.) . . . . **YZ** 3
La-Fayette (R.) . . . . **Z** 6
Hoche (R.) . . . . **Z** 4
Libération (Av. de la) . . . . . . **Y** 7
Mauron (Av. Ch.) . . . . **Y** 8
Mirabeau (Bd) . . . . **YZ** 9
Nostradamus (R.) . . . . **Y** 10
Parage (R.) . . . . **Y** 12
Pelletan (R. C.) . . . . **YZ** 14
Résistance (Av.) . . . . **Z** 15
Roux (R.) . . . . **Z** 16
Salengro (R. R.) . . . . **Y** 18
8 Mai 1945 (R. du) . . . . **Z** 20

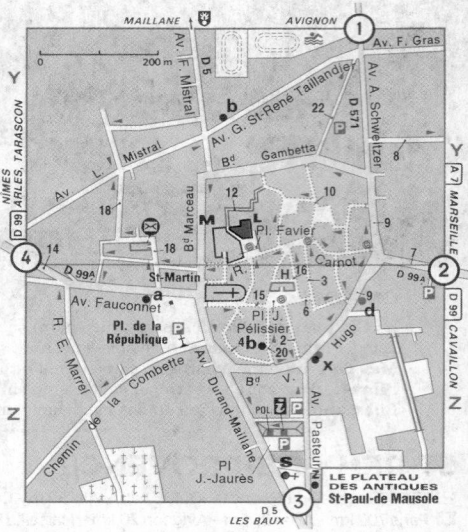

❚○ Auberge de la Reine Jeanne   ↩ 🏠 ⚹ ✖

CUISINE MODERNE · ÉLÉGANT ✕✕ Fanny Rey, finaliste de Top Chef 2011, est aux fourneaux de cette vénérable Reine Jeanne et décline une savoureuse cuisine du marché, mettant en valeur les produits des Alpilles. À ses côtés, on trouve nul autre que... Jonathan Wahid, son compagnon, pâtissier émérite et ancien champion de France du dessert. Un duo de choc !

Formule 25 € – Menu 32 € (déj. en semaine), 42/85 €
– Carte 78/108 €

10 chambres – 🛏90/100 € 🛏🛏95/140 € – 1 suite – ⌁ 15 €

Plan : Z-d – 12 bd Mirabeau – 𝓬 04 90 92 15 33 – www.auberge-reinejeanne.com
– Fermé 4 janv.-12 fév., dim. soir, jeudi midi et merc.

❚○ Mas Valentine

CUISINE TRADITIONNELLE · RUSTIQUE ✕✕ À la sortie de St-Rémy, cette charmante maison s'est mise à l'heure de la bistronomie sous la houlette du nouveau chef, Serge Alaimo. Avec de beaux produits locaux, il élabore une cuisine provençale raffinée et colorée.

Carte 47/59 €

Hôtel Mas Valentine, 44 rte de Noves, 3 km par D30
– 𝓬 04 90 90 14 91 – www.mas-valentine.com
– Fermé mardi de nov. à mars, dim. soir et lundi sauf fériés

❚○ Maison Drouot   🏠 ⚹ 🅰🅲 🅿

CUISINE MODERNE · À LA MODE ✕ Porc ibérique snacké, crémeux chou rouge myrtille ; quasi de veau rosé, feuille de romaine farcie à la ricotta et artichauts... Voilà quelques exemples de la belle cuisine du marché que l'on déguste dans cette Maison Drouot, tenue par un jeune couple. Avec une jolie terrasse ombragée, pour ne rien gâcher !

Formule 25 € – Menu 48/58 €

150 rte de Maillane – 𝓬 04 90 15 47 42 – www.maisondrouot.blogspot.com
– Fermé lundi et mardi

Hôtels & maisons d'hôtes

Le Château des Alpilles

CHÂTEAU · PERSONNALISÉ Superbe demeure du 19ᵉs. décorée avec goût, dans un parc aux platanes centenaires. Chambres classiques au château, contemporaines dans les annexes : mas, lavoir, chapelle... Impossible de ne pas trouver son bonheur !

18 chambres – ♦215/330 € ♦♦255/460 € – 3 suites – ⌷ 25 €

2 km à l'Ouest par D31 – ℰ 04 90 92 03 33 – www.chateaudesalpilles.com – Fermé 4 janv.-11 mars

⫧○ Le Château des Alpilles – voir les restaurants ci-dessus

Le Vallon de Valrugues & Spa

VILLA · CLASSIQUE Dans un quartier résidentiel, une grande villa entourée d'un beau jardin arboré avec piscine. Les chambres, provençales ou contemporaines, le spa et le restaurant participent au sentiment d'exclusivité...

47 chambres – ♦220/530 € ♦♦220/530 € – 1 suite – ⌷ 24 €

chemin Canto-Cigalo, 1 km à l'Est par D99A – ℰ 04 90 92 04 40 – www.vallondevalrugues.com

⫧○ Le Vallon de Valrugues – voir les restaurants ci-dessus

Hôtel de l'Image

LUXE · MODERNE Drôle de destin que celui de cet ancien cinéma et music-hall devenu un hôtel design ! Les chambres, aux lignes épurées, disposent pour la moitié d'une terrasse. À noter : une originale suite-cabane dans un arbre et un amusant labyrinthe dans le parc. Cuisine moderne et locavore au restaurant.

25 chambres – ♦200/210 € ♦♦360/460 € – 7 suites – ⌷ 22 €

Plan : Z-x – *36 bd Victor-Hugo – ℰ 04 90 92 51 50 – www.hoteldelimage.com – Ouvert de fin mars à début nov.*

Château de Roussan

CHÂTEAU · ÉLÉGANT Raffinement, élégance et douceur de vivre sont les mots d'ordre de ce beau château des 17ᵉ et 18ᵉ s., avec son allée de platanes séculaires et sa belle serre... Et à l'intérieur, le joli salon-bibliothèque et les vastes chambres ont au moins autant de caractère.

16 chambres ⌷ – ♦190/320 € ♦♦205/335 € – 4 suites

rte de Tarascon, 3 km par D99 – ℰ 04 90 90 79 00 – www.chateauderoussan.com

Gounod

URBAIN · PERSONNALISÉ Charles Gounod composa ici son opéra Mireille. En plein cœur de St-Rémy-de-Provence, un décor d'inspiration baroque, exubérant et haut en couleurs. Jardin, piscine avec spa et bon petit-déjeuner (100 % bio !) servi dans le salon de thé cosy.

32 chambres – ♦110/210 € ♦♦110/210 € – ⌷ 15 €

Plan : Z-a – *18 pl. de la République – ℰ 04 90 92 06 14 – www.hotel-gounod.com – Ouvert de mi-mars à mi-déc.*

Le Mas des Carassins

MAISON DE CAMPAGNE · PERSONNALISÉ Lavandes, citronniers, oliviers, fontaines et bassins, piscines... Dans un beau jardin se dressent ce mas du 19ᵉ s. aménagé avec goût – jolies chambres provençales – et son annexe contemporaine. Menu unique autour d'un produit (porc, bœuf, poisson) le soir au restaurant.

19 chambres ⌷ – ♦110/150 € ♦♦110/229 € – 3 suites

1 chemin des Gaulois, 1 km au Sud – ℰ 04 90 92 15 48 – www.masdescarassins.com – Fermé 1ᵉʳ-17 déc. et 5 janv.-28 fév.

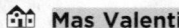 Mas Valentine

HÔTEL DE VACANCES · ÉLÉGANT Sur la route de Noves, cette ancienne ferme – entièrement rénovée en 2012 – a un sacré cachet ! Les chambres sont joliment meublées et dotées, pour certaines, de petites terrasses. Aux beaux jours, on profite de la grande piscine. Parfait pour se ressourcer et tout oublier !

12 chambres ☑ – †200/260 € ††230/360 €

44 rte de Noves, 3 km par D30 – ℰ 04 90 90 14 91 – www.mas-valentine.com

⍾○ **Mas Valentine** – voir les restaurants ci-dessus

 Sous les Figuiers

FAMILIAL · PERSONNALISÉ Un petit hôtel de charme aux chambres raffinées (boutis, meubles chinés – le tout sans télévision), certaines avec terrasse... sous les figuiers. Le petit-déjeuner est délicieux ! À noter : la piscine est petite. Cours de peinture.

14 chambres – †79/191 € ††89/191 € – ☑ 15 €

Plan : Y-b – *3 av. Taillandier – ℰ 04 32 60 15 40 – www.hotelsouslesfiguiers.com – Fermé 6 janv.-9 mars*

 Hôtel du Soleil

FAMILIAL · PERSONNALISÉ Du soleil, du calme, des toits de tuiles, quelques murs en pierre... et l'esprit de la Provence. L'établissement s'organise autour d'une vaste cour, arborée et avec piscine ; on profite même d'un espace bien-être avec sauna, jacuzzi et soins esthétiques.

27 chambres – †85/129 € ††85/129 € – 3 suites – ☑ 10 €

Plan : Z-z – *35 av. Pasteur – ℰ 04 90 92 00 63 – www.hotelsoleil.com*

Le Mas St-Joseph

URBAIN · PERSONNALISÉ Ne vous arrêtez pas à l'environnement – à côté d'un supermarché – de cet hôtel, une fois à l'intérieur vous aurez tôt fait de l'oublier ! L'établissement, entièrement rénové ces dernières années, dispose de chambres charmantes et bien insonorisées. Et pour se détendre, rien de mieux qu'un plongeon dans la piscine.

11 chambres – †85/160 € ††85/160 € – 2 suites – ☑ 10 €

271 rte de Maillane, par D5 – ℰ 04 90 92 13 43 – www.hotel-mas-saint-joseph.com

La Maison du Village

VILLA · ÉLÉGANT Un havre de paix au cœur de la cité... Cette jolie maison du 18e s. abrite de belles suites au charme rétro, décorées de teintes chaleureuses (écru, violette, rose, framboise, beige). Pour réinventer le passé...

5 chambres – †176/206 € ††220/270 € – ☑ 15 €

Plan : Z-b – *10 r. du 8-mai-1945 – ℰ 04 32 60 68 20 – www.lamaisonduvillage.com – Ouvert de mars à oct.*

 Mas des Figues

MAISON DE CAMPAGNE · COSY Quatre mille rosiers, mille oliviers, des parterres de lavande, un vaste potager... on ne compte plus les atouts de cette belle propriété, également ornée des sculptures du maître des lieux. La demeure est pleine de charme et regarde les Alpilles. Quant à la table d'hôte, elle met en valeur les produits maison !

5 chambres – †100/200 € ††125/250 € – ☑ 15 €

Vieux-Chemin-d'Arles, 3 km par chemin de la Combette – ℰ 04 32 60 00 98 – www.masdesfigues.com – Ouvert d'avril à oct.

à Eyragues 6,5 km au Nord par D571 – ✉ 13630 – 4 178 hab. – Alt. 23 m

Ⅱ○ Le Pré Gourmand   🖼 🏠 🕭 AC P

CUISINE MODERNE · TRADITIONNEL XX Foie gras de canard confit au laurier et julienne de légumes, raviolis de foie gras et chutney de fruits : voici deux plats phares de cette sympathique adresse située à la sortie du village. Depuis la terrasse abritée, on profite de la vue sur un grand pré recouvert de fleurs...

Formule 25 € ▼ – Menu 28 € (semaine), 45/72 € – Carte 63/74 €

175 av. Marx-Dormoy – ℰ 04 90 94 52 63 – www.restaurant-lepregourmand.com – Fermé dim. soir et lundi soir de sept. à juin, sam. midi et lundi midi

au Domaine de Bournissac 9 km à l'Est par D99, D30 et D29 –
✉ 13550 Paluds-de-Noves :

❀ La Maison de Bournissac (Christian Peyre)   ← 🖼 🏠 🕭 AC P

CUISINE MODERNE · ÉLÉGANT XX Pour déguster une belle cuisine du Sud dans le calme de la campagne provençale, loin de tout... Les sens en éveil – sous les figuiers l'été –, on se grise de saveurs méridionales et de bons produits : bouillabaisse le vendredi, homard le dimanche...
→ Langoustines croustillantes au pistou, ratatouille et beignet de fleur de courgette. Pigeon cuit sur coffre, cuisses et abatis confits en pastilla. Soufflé à la mandarine.

Menu 35 € ▼ (déj. en semaine), 46/89 € – Carte 75/105 €

montée d'Eyragues – ℰ 04 90 90 25 25 – www.lamaison-a-bournissac.com – Fermé 2-23 janv., lundi et mardi d'oct. à avril

🏠 La Maison de Bournissac   ❀ 🐾 ← 🖼 🎣 🕭 AC 👜 P

MAISON DE CAMPAGNE · PERSONNALISÉ Un long chemin serpentant parmi vignes et oliviers... et tout en haut, ce mas du 14e s. qui domine le Luberon, les Alpilles et le Ventoux. Un ravissement ! Les chambres offrent le charme simple – et si séduisant – de la Provence.

10 chambres – ♦145/165 € ♦♦190/240 € – 3 suites – ☲17 € – ½ P

montée d'Eyragues – ℰ 04 90 90 25 25 – www.lamaison-a-bournissac.com – Fermé 2-22 janv.

   ❀ **La Maison de Bournissac** – voir les restaurants ci-dessus

à Verquières 11 km l'Est par D99, D30 et D29 – ✉ 13670 – 799 hab. – Alt. 48 m

Ⅱ○ Le Croque Chou - La Table de Verquières   🐌 🏠

PROVENÇALE · RUSTIQUE XX On vous reçoit en famille, avec le sourire, dans cette ancienne bergerie transformée en auberge. Ici, on vient pour la cuisine du Sud, les produits bio et la belle carte de vins qui met en avant des domaines méconnus.

Formule 21 € – Menu 27 € (semaine) – Carte 37/50 €

8 r. Lucien Pellegrin, (face à l'église) – ℰ 04 90 95 18 55 (réservation conseillée) – www.le-croque-chou.fr – Fermé 16 fév.-8 mars, 1 semaine en oct., dim. soir de sept. à mi-juin, lundi et mardi

à Maillane 7 km au Nord-Ouest par D5 – ✉ 13910 – 2 437 hab. – Alt. 14 m

⊙ L'Oustalet Maïanen   🏠 AC

PROVENÇALE · COSY XX Le chef de cette maison, Christian Garino, est un vrai passionné qui prend lui-même les commandes et fait parfois le service... Ici, on ne triche pas ! Sous la tonnelle de vigne vierge ou dans le patio, les Mireille d'aujourd'hui savourent ses créations gorgées de soleil, qui font la part belle aux produits régionaux.

Formule 22 € – Menu 32/48 € – Carte 43/54 €

16 av. Lamartine – ℰ 04 90 95 74 60 – www.oustalet-maianen.fr – Ouvert de mars à nov. et fermé sam. midi et dim. soir sauf juil.-août, mardi midi en juil.-août et lundi

ST-ROGATIEN – 17 (Charente-Maritime) → voir la Rochelle

ST-ROMAIN
✉ 21190 (Côte-d'Or) – 225 hab. – Alt. 350 m – Carte régionale n° **7**-A3
▶ Paris 330 km – Dijon 59 km – Chalon-sur-Saône 41 km – Le Creusot 50 km
Carte Michelin 320-I8 – Guide Vert Michelin Bourgogne

Les Roches
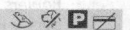

CUISINE TRADITIONNELLE · BISTRO Un bistrot simple et accueillant, pour savourer une cuisine du terroir bien copieuse et des plats canailles soignés, le tout à l'ardoise. La signature de la maison ? La tatin d'oreilles de cochon à la sauge ! Ici, on mange bien et il y a même quelques chambres sobres et pratiques pour l'étape.

Menu 29 € – Carte 29/45 €
8 chambres – 🛏55/72 € 🛏🛏55/72 € – 🍽 12 €
pl. de la Mairie – ℰ 03 80 21 21 63 – www.les-roches.fr – Fermé 21 déc.-6 janv., mardi et merc.

Domaine Corgette

FAMILIAL · PERSONNALISÉ Au cœur de ce village typique, au cachet préservé, une maison de vigneron rénovée avec goût. Les chambres sont charmantes et claires : jolis tissus, mobilier patiné... Au petit-déjeuner, on se régale de confitures maison, puis on peut se faire masser (sur rendez-vous).
5 chambres 🍽 – 🛏90/110 € 🛏🛏90/110 €
14 r. de la Perrière – ℰ 03 80 21 68 08 – www.domainecorgette.com

ST-ROMAIN-LE-PUY – 42 (Loire) → voir Montbrison

ST-ROMAN-DE-BELLET – 06 (Alpes-Maritimes) → voir Nice

ST-ROME-DE-TARN
✉ 12490 (Aveyron) – 858 hab. – Alt. 360 m – Carte régionale n° **29**-D2
▶ Paris 660 km – Millau 21 km – Rodez 68 km – Toulouse 170 km
Carte Michelin 338-J6

Les Raspes

AUBERGE · COSY Derrière une façade en pierre, dans ce village perché au-dessus de la rivière, se cache cette petite auberge chaleureuse ; on s'y repose dans des chambres douillettes, sobres et soignées, et on profite du restaurant traditionnel, avant d'aller marcher dans le charmant jardin... le calme absolu !
16 chambres – 🛏68/99 € 🛏🛏68/99 € – 🍽 11 € – ½ P
av. Denis-Affre – ℰ 05 65 58 11 44 – Ouvert de fév. à oct. et fermé sam. et dim. de fév. à mi-avril

ST-SATUR – 18 (Cher) → voir Sancerre

ST-SATURNIN
✉ 63450 (Puy-de-Dôme) – 1 024 hab. – Alt. 520 m – Carte régionale n° **5**-B2
▶ Paris 438 km – Clermont-Ferrand 24 km – Cournon-d'Auvergne 18 km – Riom 37 km
Carte Michelin 326-F9 – Guide Vert Michelin Auvergne

Château Royal de Saint-Saturnin

CHÂTEAU · PERSONNALISÉ L'histoire reste bien vivante dans ce noble château du 13e s. qui domine le village et la campagne auvergnate. Point de mœurs guerrières aujourd'hui, mais un cadre propice à chanter l'amour courtois : vieilles pierres, mobilier ancien, art contemporain...
5 chambres – 🛏175/240 € 🛏🛏175/240 € – 🍽 15 €
pl. de l'Ormeau – ℰ 04 73 39 39 64 – www.chateaudesaintsaturnin.com – Ouvert 18 mars-10 nov.

ST-SATURNIN-LÈS-APT

✉ 84490 (Vaucluse) – 2 726 hab. – Alt. 420 m – Carte régionale n° **42**-E1
▶ Paris 728 km – Apt 9 km – Avignon 55 km – Carpentras 44 km
Carte Michelin 332-F10 – Guide Vert Michelin Provence

⋔◯ Domaine des Andéols   ⇔ ⊗ ⇐ 🛋 🕆 ⊼ 🔲 ⊕ ♨ ⚓ 🈂 🅿

CUISINE MODERNE · LUXE ✗✗✗ En pleine campagne, au cœur du Luberon, cet ancien fief agricole accueille ce restaurant au cadre ultrachic, où la cuisine provençale se conjugue avec les fruits et légumes du potager. Et pour un séjour luxueux, réservez l'une des maisons du domaine, tout en œuvres d'art et mobilier design, certaines avec piscine privative !

Formule 29 € – Menu 38 € (dîner)/60 €
10 chambres – 🛏350/1400 € 🛏🛏350/1400 € – ☑ 25 €
D2 – 𝒞 04 90 75 50 63 – www.andeols.com – Ouvert 1ᵉʳ mai-31 oct.

ST-SAUD-LACOUSSIÈRE

✉ 24470 (Dordogne) – 867 hab. – Alt. 370 m – Carte régionale n° **4**-C1
▶ Paris 443 km – Brive-la-Gaillarde 105 km – Châlus 23 km – Limoges 57 km
Carte Michelin 329-F2

⋔◯ Hostellerie St-Jacques   🕫 🛋 🕆 🅿

CUISINE TRADITIONNELLE · ROMANTIQUE ✗✗ Carpaccio de veau, cubisme de coq au vin, espuma de choux fleurs, etc. Le chef réalise une cuisine du moment parfois un peu complexe, mais pleine de saveur, et accompagnée de bien jolis nectars. Aux beaux jours, direction la terrasse ombragée.

Menu 29 € ☗ (déj. en semaine), 44/56 € – Carte environ 70 €
*10 rte du Grand-Étang – 𝒞 05 53 56 97 21 – www.hostellerie-saint-jacques.com
– Ouvert 26 fév.-28 nov. et 25 déc.-1ᵉʳ janv. et fermé dim. soir, lundi et mardi hors saison sauf fériés*

🏠 Hostellerie St-Jacques   ⚘ ⊗ 🛋 ⊼ 🈂 🅿

BUSINESS · PERSONNALISÉ Ancienne halte des pèlerins de Compostelle, cette maison tapissée de lierre n'est en rien austère : chambres au décor précieux, piscine et jardin fleuri... Du caractère !

12 chambres – 🛏83/216 € 🛏🛏83/216 € – 1 suite – ☑ 14 €
*10 rte du Grand-Étang – 𝒞 05 53 56 97 21 – www.hostellerie-saint-jacques.com
– Ouvert 26 fév.-28 nov. et 25 déc.-1ᵉʳ janv.*

⋔◯ **Hostellerie St-Jacques** – voir les restaurants ci-dessus

ST-SAVIN

✉ 38300 (Isère) – 3 697 hab. – Alt. 260 m – Carte régionale n° **44**-B2
▶ Paris 514 km – Bourg-en-Bresse 81 km – Grenoble 77 km – Lyon 47 km
Carte Michelin 333-E4

⋔◯ Les 3 Faisans   🕆 ⚓ 🅿

CUISINE MODERNE · CONVIVIAL ✗✗ Aux pieds des vignes du côteau de la Rémonde, ce restaurant abrite deux petites salles chaleureuses à la décoration actuelle ; on peut aussi s'installer sur la jolie terrasse ombragée, pendant que mijotent en cuisine de délicieux plats au goût du jour, soignés, pleins de saveurs... et servis avec le sourire !

Menu 32/48 € – Carte 45/53 €
100 r. des Auberges – 𝒞 04 74 28 92 57 – www.les3faisans.fr – Fermé dim. soir, mardi et merc.

ST-SAVIN – 65 (Hautes-Pyrénées) ➜ voir Argelès-Gazost

ST-SERNIN-DU-BOIS – 71 (Saône-et-Loire) ➜ voir le Creusot

ST-SERNIN-SUR-RANCE

✉ 12380 (Aveyron) – 650 hab. – Alt. 300 m – Carte régionale n° **29**-D2
▶ Paris 694 km – Albi 50 km – Castres 69 km – Lacaune 29 km
Carte Michelin 338-H7

🏡 Carayon

FAMILIAL · FONCTIONNEL Sports, loisirs, cuisine du terroir ; tout est prévu dans cet hôtel familial. On a le choix entre les chambres simples et fonctionnelles du bâtiment principal ou les annexes du parc, plus originales (pigeonnier, maison de pêcheur, chalet et pavillon). Une bonne adresse pour un séjour prolongé dans la région.

55 chambres – †50/105 € ††50/105 € – 🍽 8 € – ½ P
pl. du Fort – 𝒞 05 65 98 19 19 – www.hotel-carayon.fr

ST-SERVAN-SUR-MER – 35 (Ille-et-Vilaine) ➜ voir St-Malo

ST-SORNIN

✉ 17600 (Charente-Maritime) – 322 hab. – Alt. 16 m – Carte régionale n° **38**-B2
▶ Paris 500 km – Poitiers 167 km – Rochefort 26 km – La Rochelle 56 km
Carte Michelin 324-E5 – Guide Vert Michelin Poitou-Charentes

🏠 La Caussolière

MAISON DE CAMPAGNE · PERSONNALISÉ Cette belle maison en pierre – une ferme du 19ᵉ s. typiquement charentaise – s'ouvre sur un superbe jardin avec piscine ; les chambres sont chaleureuses (poutres, parquet ou terre cuite) et disposent toutes d'une entrée indépendante. Charme !

4 chambres 🍽 – †67/81 € ††74/93 €
10 r. du Petit-Moulin – 𝒞 05 46 85 44 62 – www.caussoliere.com – Ouvert d'avril à oct.

ST-SOZY

✉ 46200 (Lot) – 496 hab. – Alt. 104 m – Carte régionale n° **29**-C1
▶ Paris 519 km – Cahors 75 km – Limoges 130 km – Toulouse 178 km
Carte Michelin 337-F2

🏠 Grangier

FAMILIAL · SIMPLE Une belle maison en pierre flanquée d'une tour, abritant des chambres bien tenues et confortables... L'été, on profite de la jolie piscine. Restaurant traditionnel.

18 chambres – †60/130 € ††60/130 € – 🍽 9 € – ½ P
– 𝒞 05 65 32 20 14 – www.hotel-grangier.com – Fermé fév.

ST-SULIAC

✉ 35430 (Ille-et-Vilaine) – 975 hab. – Alt. 30 m – Carte régionale n° **10**-D1
▶ Paris 396 km – Granville 87 km – Rennes 62 km – Saint-Malo 14 km
Carte Michelin 309-K3 – Guide Vert Michelin Bretagne Nord

 La Ferme du Boucanier

CUISINE MODERNE · RÉTRO X Étonnante adresse que cette auberge de pays au décor de brocante. Dans sa cuisine ouverte sur la salle, le chef d'origine belge revisite les plats du terroir grâce aux épices et autres marinades, sans pour autant oublier quelques spécialités de son pays. Voilà un digne boucanier, non pas des mers mais des saveurs !

Formule 15 € – Menu 17 € (déj. en semaine), 25/45 €
– Carte 39/52 € dîner

2 r. de l'Hôpital – 02 23 15 06 35 (réservation conseillée)
– www.boucanier-et-cie.fr – Fermé 25 déc.-30 janv., mardi et merc.

ST-SULPICE-LE-VERDON

85260 (Vendée) – 978 hab. – Alt. 65 m – Carte régionale n° **34**-B3
Paris 430 km – Cholet 51 km – Nantes 45 km – La Roche-sur-Yon 31 km
Carte Michelin 316-H6 – Guide Vert Michelin Poitou Vendée Charentes

✿✿ Thierry Drapeau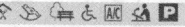

CUISINE MODERNE · ÉLÉGANT XXX En mars 1796, Charette était arrêté dans cette commune par les troupes républicaines, ce qui marqua la fin du soulève-ment de la Vendée. Point de heurts aujourd'hui en ces lieux, qui conjuguent même révolution et aristocratie : Thierry Drapeau met son sens de l'invention au service de saveurs... royales !

→ Parfait d'artichaut, truffe et noisettes. Canard de Challans au sang. Millefeuille kamok servi tiéde.

Menu 39 € (déj. en semaine), 85/185 € – Carte 110/160 €
Le Logis de la Chabotterie, 3 km au Sud-Est par D18 – 02 51 09 59 31
– www.thierry-drapeau.com – Fermé 2 semaines en fév., 2 semaines en juil., dim.
soir, lundi et mardi

☗ Thierry Drapeau

LUXE · MODERNE En pleine campagne, cette bâtisse toute de bois vêtue semble ne vouloir faire qu'un avec la nature. Les chambres, confortables et au grand calme, donnent sur la verdure ; pour se détendre, on se rend à l'espace bien-être avec sauna et jacuzzi. Un parfait complément à la table gastronomique de Thierry Drapeau !

14 chambres – 99/315 € 99/315 € – 24 € – ½ P
Le Logis de la Chabotterie, 3 km au Sud-Est par D18 – 02 51 40 00 03
– www.thierrydrapeau.com

✿✿ **Thierry Drapeau** – voir les restaurants ci-dessus

ST-THÉGONNEC

29410 (Finistère) – 2 618 hab. – Alt. 83 m – Carte régionale n° **9**-B1
Paris 549 km – Brest 50 km – Châteaulin 50 km – Morlaix 13 km
Carte Michelin 308-H3 – Guide Vert Michelin Bretagne Nord

⫶○ Auberge Saint-Thégonnec

CUISINE MODERNE · CLASSIQUE XX Fleuron du patrimoine breton, le magnifique calvaire sculpté de St-Thégonnec (1610) vaut assurément le détour... Et la visite du village est d'autant plus agréable qu'une adresse s'impose à l'heure du repas : cette auberge où la tradition, la simplicité et la fraîcheur sont de mise. La cuisine aussi est patrimoine !

Formule 9 € – Menu 15 € (déj. en semaine), 24/47 € – Carte 33/51 €
6 pl. de la Mairie – 02 98 79 61 18 – www.aubergesaintthegonnec.com – Fermé
27 juin-3 juil., 20 déc.-7 janv., dim. midi de sept. à mars, lundi soir d'avril à août,
sam. midi, dim. soir et lundi midi

Auberge Saint-Thégonnec

FAMILIAL • FONCTIONNEL Presque en face de l'église et de son célèbre enclos paroissial, véritables bijoux du patrimoine régional, cette bâtisse en pierres apparentes est bien située ! On apprécie les chambres, fonctionnelles, la plupart côté jardin, ainsi que le parking privé.

19 chambres – 🚹65/85 € 🚹🚹78/98 € – ☕ 10 € – ½ P

6 pl. de la Mairie – ✆ 02 98 79 61 18 – www.aubergesaintthegonnec.com – Fermé 27 juin-3 juil. et 20 déc.-7 janv.

🍴 **Auberge Saint-Thégonnec** – voir les restaurants ci-dessus

ST-THIBAULT - 18 (Cher) ➜ voir Sancerre

ST-TROJAN-LES-BAINS - 17 (Charente-Maritime) ➜ voir Île d'Oléron

ON AIME...

Pan Deï Palais, une demeure exotique chargée d'histoire et superbement décorée. **Villa Marie**, pour une tranche de repos dans la pinède, entre la plage et le centre-ville. **Salama**, pour une séduisante escapade vers les rivages marocains. **La Pomme de Pin**, où un chef sarde compose une cuisine italienne sans chichis : les Tropéziens adorent...

ST-TROPEZ

✉ 83990 (Var) – 4 452 hab. – Alt. 4 m – Carte régionale n° **41**-C3
▶ Paris 872 km – Aix-en-Provence 123 km – Cannes 73 km – Draguignan 47 km
Carte Michelin 340-O6 – Guide Vert Michelin Côte d'Azur

Restaurants

✿✿✿ La Vague d'Or

CRÉATIVE • **LUXE** XxxX Parcours fulgurant que celui d'Arnaud Donckele ! Ce jeune Normand rend aujourd'hui l'un des plus beaux hommages qui soient à... la Méditerranée. Comment rester insensible devant tant d'inspiration et d'exigence ? Des accords de saveurs enivrants, des produits rares qui sont la quintessence de la région, un service remarquable... La table d'un chef passionné par son art !
➜ Chopin de liche façon "Victor Petit", cuisson à l'âtre. Lomo et joue de loup cuits dans l'eau de mer, citronnelle et algues. Compromis sensuel chocolat noir extrême et framboises mûres.
Menu 280/325 € – Carte 220/290 €
Hôtel Résidence de la Pinède, plage de la Bouillabaisse, au Sud-Ouest par D98A – ☎ 04 94 55 91 00 – www.residencepinede.com – Ouvert de mi-avril à mi-oct. et fermé dim. et lundi de mi-avril à mi-mai et le midi

░○ Pan Deï Palais

CRÉATIVE • **ROMANTIQUE** XxX Dans ce palais placé sous le vocable de l'Asie, la cuisine se teinte d'exotisme et cultive un raffinement non dénué de grâce. Même inspiration côté décor, qui emprunte l'élégance de ses lignes à l'esthé-tique indienne.
Menu 59 € (dîner en semaine)/130 € – Carte 76/118 €
Plan : Z-v – *Hôtel Pan Deï Palais, 52 r. Gambetta – ☎ 04 94 17 71 71 – www.pandei.com – Fermé 2 nov.-15 déc. et le midi*

░○ La Ponche

CUISINE TRADITIONNELLE • **RUSTIQUE** XxX Soupe de poissons, salade de crusta-cés, moules à la provençale, filets de rouget et spaghettis de courgettes au basi-lic... Voici les indéboulonnables spécialités de ce bel établissement, qui cultive l'esprit méditerranéen sans nostalgie. Argument de poids : la terrasse offrant une belle échappée sur la mer.
Formule 35 € – Menu 28 € (déj.) – Carte 49/89 €
Plan : Y-v – *Hôtel La Ponche, 5 r. des Remparts, (pl. Revelin) – ☎ 04 94 97 09 29 – www.laponche.com – Ouvert 27 mars-1ᵉʳnov.*

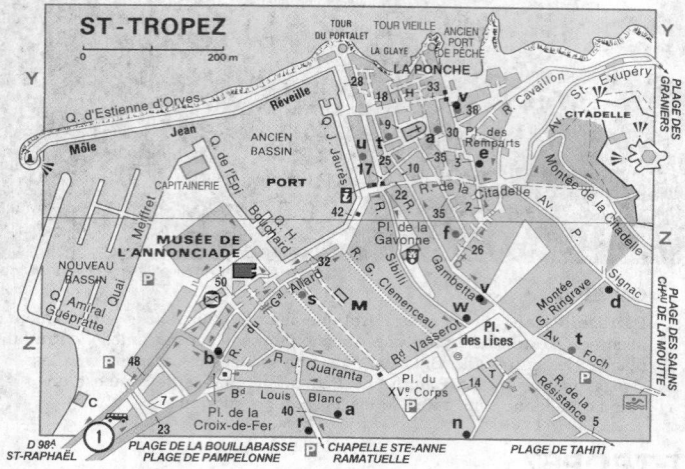

ST-TROPEZ

En saison: zone piétonne dans la vieille ville.

Aire du Chemin (R.)	Y 2
Aumale (Bd d')	Y 3
Belle Isnarde (Rte de la)	Z 5
Blanqui (Pl. Auguste)	Z 7
Clocher (R. du)	Y 9
Commerçants (R. des)	Y 10
Grangeon (Av.)	Z 14
Guichard (R. du Cdt)	Y 15
Herbes (Pl. aux)	Y 17
Hôtel de ville (Pl. de l')	Y 18
Laugier (R. V.)	Y 22
Leclerc (Av. Général)	Z 23
Marché (R. du)	Y 25
Miséricorde (R.)	Z 26
Mistral (Quai Frédéric)	Y 28
Ormeau (Pl. de l')	Y 30
Péri (Quai Gabriel)	Z 32
Ponche (R. de la)	Y 33
Portail Neuf (R. du)	YZ 35
Remparts (R. des)	Y 38
Roussel (Av. Paul)	Z 40
Suffren (Quai)	Y 42
8-Mai-1945 (Av. du)	Z 48
11-Novembre (Av. du)	Z 50

⬥O L'Olivier

CUISINE MODERNE · ROMANTIQUE XXX De belles saveurs sont à découvrir dans le cadre feutré de l'hôtel La Bastide. Dans son genre très classique, la véranda est superbe, et la terrasse idéale pour les beaux jours.

Menu 79 € – Carte 63/98 €

Hôtel La Bastide de St-Tropez, rte des Carles, 1 km par av. P.- Roussel – ℰ 04 94 55 82 55 – www.bastidesaint-tropez.com – Fermé 3 janv.-11 fév. et le midi

⬥O Rivea

MÉDITERRANÉENNE · ÉLÉGANT XX Au sein du Byblos, palace capital pour la chronique tropézienne, une table griffée Alain Ducasse, instigateur d'une cuisine ludique et contemporaine qui, ici, fait la part belle au terroir de la Riviera française sans oublier quelques saveurs italiennes. Cadre design, éclairage tamisé et terrasse sous les platanes...

Carte 52/124 €

Plan : Z-t – *Hôtel Byblos, 27 av. du Mar.-Foch – ℰ 04 94 56 68 20 – www.byblos.com – Ouvert d'avril à oct. et fermé le midi*

⬥O Le Pationata   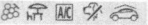

CUISINE MODERNE · DESIGN XX Des recettes parfaitement maîtrisées, parfumées, fondées sur de très beaux produits : voilà qui résume la cuisine servie dans ce restaurant situé en léger retrait du port. Les Tropéziens accourent, notamment le midi avec la formule d'un bon rapport qualité-prix... Et l'été, on profite de la terrasse !

Menu 50 € – Carte 60/110 €

Plan : Z-b – *Hôtel de Paris Saint-Tropez, 1 Traverse de la Gendarmerie – ℰ 04 83 09 60 00 – www.hoteldeparis-sainttropez.com – Fermé 2 janv.-13 fév. et le midi*

○ Le Girelier   🍴 ♿ 🅰🅲

POISSONS ET FRUITS DE MER · BRASSERIE ✕✕ Sur le port, ce restaurant a atteint sa vitesse de croisière : poissons et crustacés ultrafrais simplement cuisinés à la plancha, bouillabaisse, loup en croûte de sel et paella... Les produits de la mer sont les rois, le tout à des prix raisonnables pour la ville. Une adresse sérieuse.

Formule 27 € – Menu 34 € (déj.) – Carte 52/150 €

Plan : Y-u – *quai Jean-Jaurès* – *𝒞 04 94 97 03 87* – *www.legirelier.fr*
– *Ouvert 20 mars-6 nov. et 26 déc.-2 janv.*

○ Cristina Saulini   🍴 🅰🅲 ⇔

ITALIENNE · COSY ✕✕ Dans une toute petite ruelle du vieux St-Trop', une sympathique adresse italienne où tout est fait maison, même le pain ! Fleurs de courgettes farcies à la ricotta, raviolis à la crème de truffe, pannacotta aux noisettes croquantes et caramel... Des recettes fraîches et authentiques, qui régalent les papilles.

Carte 58/88 €

Plan : Z-f – *19 r. des Féniers* – *𝒞 04 94 97 46 10 (réservation conseillée)*
– *www.cristinasaulini.com* – *Ouvert début avril-fin oct. et fermé mardi hors saison et le midi*

○ Salama   🅰🅲 🍸

MAROCAINE · EXOTIQUE ✕✕ Dans une étroite venelle, cette bâtisse est en réalité une ancienne abbaye du 18ᵉ s. ; elle abrite aujourd'hui cette élégante table dédiée à la cuisine marocaine. Tajines traditionnels, couscous et autres pâtisseries orientales sont réalisés dans les règles de l'art par une chef méticuleuse, qui importe ses épices du Maroc.

Carte 42/91 €

Plan : Z-s – *1 r. des Tisserands* – *𝒞 04 94 97 59 62 (réservation conseillée)*
– *www.restaurant-salama.com* – *Ouvert début mars à mi-nov. et fermé le midi*

○ Les Viviers du Pilon   ≤ 🍴

POISSONS ET FRUITS DE MER · MÉDITERRANÉEN ✕ Le restaurant est pour ainsi dire un vivier à lui seul, car il est l'annexe d'une poissonnerie, qui plus est renommée ! Fruits de mer, homards, langoustes, poissons sauvages : la maison ne transige pas avec la qualité. Dernier atout : un cadre charmant, avec une vue imprenable sur le golfe de St-Tropez...

Formule 29 € – Carte 50/120 €

2 av. du Général-de-Gaulle, port du Pilon au Sud-Ouest par D98A
– *𝒞 04 94 97 00 92* – *www.viviers-dupilon-restaurant.com* – *Ouvert d'avril à oct. et fermé le midi en juil.-août*

○ Le Banh Hoï   🍴 🅰🅲 ⇔

VIETNAMIENNE · EXOTIQUE ✕ Un très joli décor... Lumière tamisée, murs et plafonds laqués de noir, bouddhas stylisés servent d'écrin à une sympathique cuisine parfumée, vietnamienne et thaïlandaise.

🍽 Carte 60/76 €

Plan : Y-a – *12 r. Petit-St-Jean* – *𝒞 04 94 97 36 29* – *www.banh-hoi.com*
– *Ouvert 1ᵉʳ avril-4 oct. et fermé le midi*

○ Le Bistrot à la Truffe   🍴 🅰🅲

CUISINE TRADITIONNELLE · BISTRO ✕ Les amateurs du "diamant noir" connaissent le restaurant Bruno, à Lorgues, véritable référence en la matière. C'est en association avec lui qu'est né ce bistrot au joli cadre rétro, où l'on retrouve des recettes fameuses : brouillade aux truffes, pomme de terre à la truffe, glace aux truffes... L'esprit de la maison mère est là !

Menu 69/149 €

Plan : Y-t – *2 r. de l'Eglise* – *𝒞 04 94 43 95 18 (réservation conseillée)*
– *www.bistrot-la-truffe.com* – *Ouvert mi-avril à fin oct. et fermé le midi*

Hôtels

⌂⌂⌂⌂ Byblos 　　　　　　　🌣 🏊 ⊼ 🕸 ⅃♪ 🛗 AC 🏋 🚗

LUXE · PERSONNALISÉ Le palace de St-Tropez, véritable village dans le village – un ensemble de maisons colorées entrelacées de jardins et de patios –, au cœur du mythe tropézien ! Les chambres regorgent de meubles anciens et d'œuvres d'art, le spa est superbe, la boîte de nuit incontournable... L'alliance du luxe et de la convivialité.

50 suites – ♥♥975/3170 € – 41 chambres – ⬚ 42 €

Plan : Z-d – *20 av. Paul-Signac* – ☏ *04 94 56 68 00* – *www.byblos.com – Ouvert d'avril à oct.*

⒩○ **Rivea** – voir les restaurants ci-dessus

⌂⌂⌂⌂ Résidence de la Pinède 　　🌣 🏊 ≼ 🏠 ⊼ 🛗 🕭 AC P

LUXE · ÉLÉGANT Un beau bouquet de pins maritimes bien sûr, mais aussi une vue superbe sur le golfe, une plage privée avec son ponton, des chambres d'un très grand confort, etc. Tous les délices de la Côte d'Azur, vécus dans la plus douce intimité qui soit... pour des séjours inoubliables !

32 chambres – ♥250/2500 € ♥♥250/2500 € – 4 suites – ⬚ 40 €

plage de la Bouillabaisse, au Sud-Ouest par D98A – ☏ *04 94 55 91 00 – www.residencepinede.com – Ouvert de mi-avril à mi-oct.*

❀❀❀ **La Vague d'Or** – voir les restaurants ci-dessus

⌂⌂⌂⌂ Hôtel de Paris Saint-Tropez 　　🌣 ⊼ 🕸 ♪🕭 AC 🏋 🚗

LUXE · DESIGN Sur la place de l'ancienne gendarmerie, le dernier-né des grands hôtels tropéziens n'a rien à envier à ses aînés. Ici, on joue la carte du design et, détail original, le patio est surmonté d'une piscine donnant sur le toit. Quant aux chambres, spacieuses, elles ont toutes une thématique : Paris, les arts, St-Tropez... Déjà culte !

58 chambres – ♥280/690 € ♥♥330/1240 € – 32 suites – ⬚ 32 €

Plan : Z-b – *1 Traverse de la Gendarmerie* – ☏ *04 83 09 60 00 – www.hoteldeparis-sainttropez.com – Fermé 2 janv.-13 fév.*

⒩○ **Le Pationata** – voir les restaurants ci-dessus

⌂⌂⌂⌂ La Bastide de St-Tropez 　　🌣 🏊 🏠 ⊼ ♪ 🕭 AC P

LUXE · PERSONNALISÉ Atmosphère chic et feutrée dans cette maison tropézienne et ses quatre mas : mobilier chiné, pointe de baroque et soupçon provençal relevés d'un luxuriant jardin méditerranéen. Un havre de paix et de charme à l'écart du centre-ville.

16 chambres – ♥190/950 € ♥♥415/1400 € – 10 suites – ⬚ 30 €

rte des Carles, 1 km par av. P.-Roussel – ☏ *04 94 55 82 55 – www.bastidesaint-tropez.com – Fermé 3 janv.-11 fév.*

⒩○ **L'Olivier** – voir les restaurants ci-dessus

⌂⌂⌂ Pan Deï Palais 　　　　　🌣 🏠 ⊼ 🕸 🕭 AC P

LUXE · ORIENTAL Une demeure construite en 1835, présent d'un général napoléonien à son épouse indienne. Ici règne un élégant parfum d'exotisme : tissus chamarrés, bois précieux, hammam, nombreux tableaux et autres bibelots... Un lieu pétri de charme, que l'on quitte à regret !

10 chambres – ♥210/1750 € ♥♥210/1750 € – 2 suites – ⬚ 35 €

Plan : Z-v – *52 r. Gambetta* – ☏ *04 94 17 71 71* – *www.pandei.com – Fermé 2 nov.-15 déc.*

⒩○ **Pan Deï Palais** – voir les restaurants ci-dessus

Le Yaca

HÔTEL DE VACANCES · PERSONNALISÉ Cet hôtel de charme (18ᵉ s.), le premier de St-Tropez, fut et demeure le refuge des artistes et des célébrités (P. Signac, Colette, B. Bardot, etc.). Tomettes et meubles anciens : tel est le caractère des chambres – cependant plus modernes dans l'aile située à l'arrière. Cuisine italienne au restaurant, en bord de piscine.

31 chambres – †275/795 € ††275/795 € – 2 suites – ☲ 28 €

Plan : Y-e – 1 bd Aumale – 𝒞 04 94 55 81 00 – www.hotel-le-yaca.fr – Ouvert 28 avril-3 oct.

La Ponche

HÔTEL DE VACANCES · COSY Ces anciennes maisons de pêcheurs, dans le pittoresque quartier de la Ponche, firent le bonheur de Romy Schneider, entre autres personnalités. Mobilier, tissus, vue sur les toits de tuiles... l'esprit de la région s'exprime dans chaque chambre.

18 chambres – †230/280 € ††470/630 € – 4 suites – ☲ 34 €

Plan : Y-v – 5 r. des Remparts, (pl. Revelin) – 𝒞 04 94 97 02 53 – www.laponche.com – Ouvert 27 mars-1ᵉʳ nov.

⇢○ **La Ponche** – voir les restaurants ci-dessus

Pastis

HÔTEL DE VACANCES · PERSONNALISÉ Chaque pièce de cet hôtel est superbe : mobilier ancien, provençal, contemporain, nombreux tableaux... Une véritable galerie d'art ! Les chambres sont élégantes et confortables ; dehors, un jardin avec palmiers centenaires et une piscine au calme.

10 chambres – †225/750 € ††225/750 € – ☲ 20 €

75 av. du Général-Leclerc, port du Pilon au Sud-Ouest par D98A – 𝒞 04 98 12 56 50 – www.pastis-st-tropez.com – Ouvert 4 fév.-31 oct.

White 1921

VILLA · DESIGN Sur la place des Lices, au cœur de l'animation tropézienne, cette belle maison bourgeoise (1900), toute blanche, joue contre toute attente la carte du design et de l'épure. Un refuge très tendance pour les amateurs d'ambiances exclusives !

5 chambres – †290/890 € ††290/890 € – 3 suites – ☲ 30 €

Plan : Z-w – 6 pl. des Lices – 𝒞 04 94 45 50 50 – www.white1921.com – Ouvert de mai à oct.

Hôtel des Lices

FAMILIAL · ACTUEL Près de la place des Lices, cette adresse familiale distille une atmosphère chaleureuse et cossue, pleine de cachet et de vie. Nombreux sont les habitués à en avoir fait un lieu de villégiature privilégié !

40 chambres – †155/420 € ††155/420 € – 1 suite – ☲ 17 €

Plan : Z-n – av. Augustin-Grangeon – 𝒞 04 94 97 28 28 – www.hoteldeslices.com – Ouvert 24 mars- 30 oct. et 29 déc.- 8 janv.

La Bastide du Port

HÔTEL DE VACANCES · MÉDITERRANÉEN De l'ocre, de la terre cuite, une terrasse fleurie et ombragée où l'on sert le petit-déjeuner en été : la Provence dans ce qu'elle a de meilleur ! Les chambres, dont certaines offrent une jolie vue sur la mer, incitent au repos.

29 chambres – †140/360 € ††140/360 € – ☲ 13 €

73 av. du Général-Leclerc, port du Pilon au Sud-Ouest par D98A – 𝒞 04 94 97 87 95 – www.bastideduport.com – Fermé 5 nov.-31 déc. et 5 janv.-25 mars

Y

VILLA · MÉDITERRANÉEN Une belle demeure ocre au pied de la citadelle... Une ambiance feutrée baigne les chambres, qui jouent la carte de la sobriété contemporaine. Un établissement associé au fameux hôtel Yaca.

11 chambres – †275/725 € ††275/725 € – 2 suites – ⊑ 28 €

Plan : Y-z – *2 av. Paul-Signac* – *✆ 04 94 55 55 15 – www.hotel-le-yaca.fr – Ouvert 28 avril-3 oct.*

 Le Mouillage

HÔTEL DE VACANCES · PERSONNALISÉ Jetez l'ancre à une encablure du port du Pilon, dans cet hôtel aux chatoyantes couleurs du Sud. Dans les chambres, le décor est une invitation au voyage : Capri, Paros, Lipari... Avec, au calme, une agréable piscine chauffée.

12 chambres – †130/320 € ††130/320 € – 2 suites – ⊑ 16 €

79 av. du Général-Leclerc, port du Pilon au Sud-Ouest par D98A – ✆ 04 94 97 53 19 – www.hotelmouillage.fr – Ouvert mi-fév. à mi-nov.

Le Colombier

HÔTEL DE VACANCES · FONCTIONNEL Au fond d'une impasse, au calme, on trouve cet hôtel familial et reposant. La fraîcheur de son intérieur (murs en crépi blanc, mobilier en bois peint, tissus clairs) en fait une étape de choix pendant les grandes chaleurs. Emplacement idéal en centre-ville.

10 chambres – †95/105 € ††105/255 € – ⊑ 13 €

Plan : Z-a – *17 impasse des Conquettes* – *✆ 04 94 97 05 31 – http:// lecolombierhotel.free.fr – Ouvert fin mars à mi-nov.*

 Lou Cagnard

FAMILIAL · RUSTIQUE Cette maison ancienne s'est dorée sous le cagnard et a pris de belles couleurs provençales. Les chambres sont simples et sans prétention ; l'été, on prend le petit-déjeuner à l'ombre des mûriers et figuiers, à la fraîche.

19 chambres – †86/176 € ††86/176 € – ⊑ 11 €

Plan : Z-r – *18 av. Paul-Roussel* – *✆ 04 94 97 04 24 – www.hotel-lou-cagnard.com – Ouvert de mars à oct.*

au Sud-Est par av. Foch - (Plan : Z) – ✉ 83990 St-Tropez

 La Régalade

CUISINE TRADITIONNELLE · DESIGN XX La Régalade de Bruno Doucet – dont il existe déjà trois déclinaisons à Paris – prend aussi ses quartiers à St-Tropez ! On retrouve avec plaisir le concept bistronomique du chef, dans l'écrin ultracontemporain de l'hôtel Benkiraï. Ou comment allier mode et gourmandise...

Menu 47 € – Carte 45/65 €

Hôtel Benkiraï, 70 chemin du Pinet, à 3 km – ✆ 04 94 97 04 37 – www.charmandmore.com – Ouvert de Pâques à mi-oct.

Sezz

LUXE · DESIGN Le Sezz parisien s'exporte à St-Tropez : ultramoderne, design et ouvert au maximum sur l'extérieur pour profiter du climat... Dans chaque chambre : matériaux naturels, terrasse et douche extérieure. Un art de vivre très tendance !

35 chambres – †360/720 € ††420/930 € – 2 suites – ⊑ 38 €

151 rte des Salins, à 2 km – ✆ 04 94 55 31 55 – www.saint-tropez.hotelsezz.com – Ouvert 15 avril-2 oct.

La Tartane Saint-Amour

LUXE · PERSONNALISÉ Chic, précieux, raffiné : sur la route des Salins, un lieu idéal pour se ressourcer... Tons chauds, influences ethniques (Afrique, Bali, etc.), beau hammam en mosaïque, fitness face au jardin et restaurant mettant à l'honneur la cuisine de l'Asie du Sud-Est : une vraie parenthèse.

23 chambres – ♦290/1250 € ♦♦290/1250 € – 5 suites – ☲ 31 € – ½ P
rte des Salins, à 3,5 km – ℰ 04 94 97 21 23 – www.saintamour-hotel.com
– Ouvert de Pâques à début oct.

 Benkiraï

LUXE · DESIGN Le fameux designer Patrick Jouin a signé la déco du Benkiraï, mêlant lignes pures, blancheur immaculée, béton ciré et jeux de lumière... Une œuvre minimaliste très aboutie, qui sied parfaitement à l'environnement plutôt tranquille dont jouit l'établissement, à l'écart du centre-ville.

38 chambres – ♦180/990 € ♦♦180/1200 € – 1 suite – ☲ 25 € – ½ P
70 chemin du Pinet, à 3 km – ℰ 04 94 97 04 37 – www.charmandmore.com
– Ouvert de Pâques à mi-oct.

🍽 **La Régalade** – voir les restaurants ci-dessus

 Le Pré de la Mer

VILLA · PERSONNALISÉ Il y a le ciel, le soleil et... le Pré de la Mer. Ambiance zen, terrasses privatives dans chaque chambre, jardin fleuri, belle piscine, fitness et hammam : un endroit nature et cosy, parfait pour une villégiature revigorante.

13 chambres ☲ – ♦290/620 € ♦♦290/620 € – 1 suite
rte des Salins, à 2 km – ℰ 04 94 97 12 23 – www.lepredelamer.fr
– Ouvert 15 avril -11 oct.

au Sud-Est par av. Paul-Roussel et rte de Tahiti - ✉ 83990 St-Tropez

🍽 **L'Acacia**

CUISINE MODERNE · LUXE XxxX Moment de gastronomie dans le cadre très chic du château de la Messardière, en surplomb de la pinède et de la baie de Pampelonne... Un décor très "Riviera" pour une cuisine contemporaine inspirée par la nature, les fleurs, les herbes et évidemment les saisons.

Menu 80/120 € – Carte 79/114 €
Hôtel Château de la Messardière, 2 rte de Tahiti, à 2 km – ℰ 04 94 56 76 00
– www.messardiere.com – Ouvert 14 avril-30 oct. et fermé le midi

🍽 **La Pomme de Pin**

ITALIENNE · SIMPLE X Le patron, d'origine sarde, est installé ici depuis 1992. Sur la terrasse, à l'abri des pins, on déguste les savoureuses spécialités italiennes qu'il concocte sans chichis. Les spécialités de la maison ? Assiette d'antipastis, pâtes aux fruits de mer, linguines au homard, ou encore tiramisu. Simple et authentique !

⊛ Menu 15 € (déj. en semaine) – Carte 30/50 €
rte de Tahiti, à 4 km ✉ 83350 Ramatuelle – ℰ 04 94 97 73 70 – Ouvert début avril à mi-oct.

Château de la Messardière

LUXE · PERSONNALISÉ Niché dans un parc de 10 ha dominant la baie, un château de conte de fées (1890) aux teintes ensoleillées. Tout y est si brillant et impeccable, que l'on voudrait y pénétrer avec des patins de feutre et préserver à jamais ce magnifique ensemble ! Mention spéciale au spa et aux services proposés, bien dignes d'un palace.

94 chambres ☲ – ♦300/1300 € ♦♦300/1520 € – 23 suites
2 rte de Tahiti, à 2 km – ℰ 04 94 56 76 00 – www.messardiere.com
– Ouvert 14 avril-30 oct.

🍽 **L'Acacia** – voir les restaurants ci-dessus

🏠 La Ferme d'Augustin

FAMILIAL · COSY Dans ce vaste domaine arboré et fleuri, une demeure familiale délicieuse, où on cultive l'art de recevoir. Les chambres sont élégantes, tout en sobriété ; à la Table d'Augustin, on se régale de l'huile d'olive maison et des légumes du potager... Un havre de douceur loin du bling-bling !

44 chambres – ♦265/590 € ♦♦265/590 € – 2 suites – ☲ 20 €
rte de Tahiti, à 4 km ⊠ 83350 Ramatuelle – ℰ 04 94 55 97 00
– www.fermeaugustin.com – Ouvert 18 mars-24 oct.

🏠 St-Vincent

FAMILIAL · CAMPAGNARD Quatre maisons provençales face aux lauriers-roses et aux vignes – nous sommes sur un domaine viticole ! Les chambres sont spacieuses et accueillantes ; on profite de la délicieuse quiétude des terrasses et de la piscine... un petit paradis bucolique.

20 chambres ☲ – ♦120/315 € ♦♦120/315 €
rte de Tahiti, à 4 km ⊠ 83350 Ramatuelle – ℰ 04 94 97 36 90
– www.hotelsaintvincent.com – Ouvert 24 mars-10 oct.

rte de Ramatuelle au Sud-Ouest par D93 – ⊠ 83350

🍽 Dolce Vita

PROVENÇALE · MÉDITERRANÉEN XxX Niché dans un parc de trois hectares, au pied de l'hôtel Villa Marie, un restaurant qui fait notre vie... plus douce ! De séduisantes recettes provençales et méditerranéennes : voilà les plaisirs qui nous attendent ici, avec une mention particulière pour le poisson et pour les herbes du potager qui agrémentent le tout.

Carte 77/118 €
Hôtel Villa Marie, 1100 chemin du Val-Rian – ℰ 04 94 97 40 22 – www.villamarie.fr
– Ouvert 5 mai -2 oct.

🏠 Villa Marie

LUXE · PERSONNALISÉ Raffinement, luxe et charme réunis sous le même toit en cette villa enchanteresse nichée dans une pinède dominant la baie de Pampelonne. Les chambres, soigneusement décorées dans un esprit de demeure bourgeoise provençale, ont un charme fou !

43 chambres – ♦410/882 € ♦♦410/1040 € – 2 suites – ☲ 32 €
1100 chemin du Val-Rian – ℰ 04 94 97 40 22 – www.villamarie.fr
– Ouvert 5 mai-2 oct.

🍽 **Dolce Vita** – voir les restaurants ci-dessus

🏠 Muse

LUXE · DESIGN Les Muses pourraient élire domicile dans ce domaine au charme infini ! Architecture en pierres sèches, jardin au naturel, aménagement ultradesign et vastes suites aux lignes épurées : un sommet d'élégance contemporaine et la dernière enclave exclusive, aux portes de St-Tropez.

12 suites ☲ – ♦♦370/3800 € – 2 chambres
rte des Marres – ℰ 04 94 43 04 40 – www.muse-hotels.com – Ouvert d'avril à oct.

🏠 Les Bouis

HÔTEL DE VACANCES · MÉDITERRANÉEN Un décor de carte postale ! La baie de Pampelonne pour tout horizon et l'ombre des pins parasols... Chambres au calme, avec terrasse ou balcon, très belle piscine avec vue sur la région, proximité des plages : que vouloir de plus ?

23 chambres – ♦180/330 € ♦♦180/330 € – ☲ 19 €
chemin des Bouis, 6 km par rte de la plage de Pampelonne – ℰ 04 94 79 87 61
– www.hotel-les-bouis.com – Ouvert 25 mars-3 nov.

à l'Ouest par D98A – ⊠ 83580 Gassin :

✿ Villa Belrose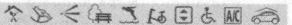

CUISINE MODERNE · LUXE XxxX Un chef italien, originaire de Naples, est aux fourneaux de cette maison dominant le golfe de St-Tropez. Avec le soutien de son compatriote Simone Zanoni, il propose une assiette parfumée et colorée, qui rend de beaux hommages à la Méditerranée. Quant au décor, il est toujours aussi élégant !

→ Ballottine de foie gras aux fraises et vinaigre balsamique. Filet de saint-pierre poêlé, crème d'artichaut et fricassée de coquillages. Pêches fraîches et rôties, mousse verveine et glace à huile d'olive citronnée.

Menu 110/140 € – Carte 125/160 €

Hôtel Villa Belrose, bd des Crêtes, à 3 km – ℰ 04 94 55 97 88
– www.villabelrose.com – Ouvert 22 avril-2 oct. et fermé le midi sauf dim. et fériés

🏨 Villa Belrose

GRAND LUXE · PERSONNALISÉ Cette grande villa contemporaine embrasse la baie de St-Tropez ! Colorée et lumineuse, elle semble tutoyer le soleil... Les prestations sont superbes, soignées jusqu'au moindre détail (marbre italien, mobilier de style, grand confort, etc).

34 chambres – †260/1500 € ††410/3120 € – 3 suites – � 37 € – ½ P
bd des Crêtes, à 3 km – ℰ 04 94 55 97 97 – www.villabelrose.com
– Ouvert 22 avril-2 oct.

✿ **Villa Belrose** – voir les restaurants ci-dessus

🏨 Kube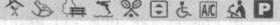

LUXE · DESIGN Bordant le golfe de St-Tropez, un écrin contemporain tout en blancheur, lignes géométriques et aménagement design. De la belle piscine face à la mer jusqu'au toit-terrasse aménagé en bar lounge – idéal pour surveiller son yacht en train de mouiller au large ! –, l'adresse ravira les amateurs d'ambiance branchée...

41 chambres – †265/780 € ††265/2500 € – ⊒ 25 €
rte de Saint-Tropez, à 2 km – ℰ 04 94 97 20 00
– www.kubehotel-saint-tropez.com – Ouvert mars-oct.

🏨 Mas de Chastelas

MAISON DE CAMPAGNE · ÉLÉGANT Voilà un endroit où apprécier l'art de vivre provençal ! Dans un parc de 3 ha aux senteurs d'arbousiers, la bastide du 18e s. et ses deux villas abritent des chambres élégantes et cosy, la plupart dans un bel esprit méditerranéen, certaines très contemporaines. Piscine, restaurant... Parfait pour une escapade romantique.

16 chambres – †290/890 € ††290/890 € – 7 suites – ⊒ 35 € – ½ P
2 chemin de Chastelas - quartier Bertaud, à 4 km, direction Gassin
– ℰ 04 94 56 71 71 – www.chastelas.com – Ouvert avril-oct.

ST-URCIZE

⊠ 15110 (Cantal) – 496 hab. – Alt. 1 050 m – Carte régionale n° **5**-B3
▶ Paris 567 km – Aurillac 89 km – Clermont-Ferrand 150 km – Rodez 68 km
Carte Michelin 330-G6 – Guide Vert Michelin Auvergne

🏠 La Fontaine de Grégoire ⓝ

HISTORIQUE · CLASSIQUE Plafonds à la française, parquets massifs, murs en pierre apparente : cette ancienne demeure de notaire du 18e s. a été restaurée avec goût. Les cinq chambres empruntent leur nom à des personnages de la révolution française, et le vaste jardin paysagé ouvre sur les mont de l'Aubrac.

5 chambres – †160 € ††160 €
– ℰ 04 71 23 20 02

ST-UZE – 26 (Drôme) → voir St-Vallier

ST-VAAST-LA-HOUGUE

✉ 50550 (Manche) – 1 904 hab. – Alt. 4 m – Carte régionale n° **32**-A1
▶ Paris 347 km – Carentan 41 km – Cherbourg 31 km – St-Lô 68 km
Carte Michelin 303-E2 – Guide Vert Michelin Normandie Cotentin

⁑ France et Fuchsias

CUISINE MODERNE • RUSTIQUE ⅩⅩ Les beaux produits normands, huîtres en tête, sont mis en valeur dans des assiettes actuelles et gourmandes. Trois possibilités pour en profiter : la salle à manger rustique ; la véranda sous verrière, ouverte sur un étonnant jardin planté de palmiers, de mimosas et d'eucalyptus ; et la jolie terrasse aux beaux jours.

Menu 25 € (semaine), 31/42 € – Carte 35/81 €

Hôtel France et Fuchsias, 20 r. du Mar.-Foch – ℰ 02 33 54 40 41
– www.france-fuchsias.com – Fermé 3 janv.-13 fév., 4-13 déc., dim. soir de nov.
à mars, lundi sauf le soir en juil.-août, mardi midi en mai-juin et sept. et le midi
d'oct. à avril sauf sam. et dim.

ⅠⅩ Le Chasse Marée

POISSONS ET FRUITS DE MER • CONVIVIAL Ⅹ Photos de bateaux, fanions laissés par les clients navigateurs, terrasse sur le port et bons produits de la pêche locale : un charmant petit bistrot marin où l'on se sent bien, tout simplement. Préférez les menus, qui offrent un meilleur rapport qualité-prix !

⇔ Menu 18 € (déj. en semaine), 25/37 € – Carte 28/67 €

8 pl. du Gén.-de-Gaulle
– ℰ 02 33 23 14 08 – www.chassemaree.com
– Fermé janv. à début fév., lundi et mardi hors saison

🏨 La Granitière

TRADITIONNEL • RÉTRO Station balnéaire et port de pêche, "St-Va" abrite cette belle demeure en granit gris, légèrement en retrait de la rue. L'entretien est impeccable, et les chambres ont un petit côté vieille France qui séduira les nostalgiques du feutre d'antan.

9 chambres – ▪76/99 € ▪▪99/125 € – ☑ 12 €

74 r. du Mar.-Foch – ℰ 02 33 54 58 99 – www.hotel-la-granitiere.com

🏠 France et Fuchsias

TRADITIONNEL • RUSTIQUE Fuchsias, palmiers, mimosas et eucalyptus : un bien joli jardin ! Les chambres, un peu "vieille France" dans l'annexe, sont plus modernes dans le bâtiment principal ; elles sont progressivement rénovées.

34 chambres – ▪59/138 € ▪▪59/138 € – ☑ 11 € – ½ P

20 r. du Mar.-Foch – ℰ 02 33 54 40 41 – www.france-fuchsias.com
– Fermé 3 janv.-13 fév., 4-13 déc., dim. soir et mardi midi de nov. à mars et lundi
sauf de juin à sept.

⁑ **France et Fuchsias** – voir les restaurants ci-dessus

ST-VALENTIN – 36 (Indre) → voir Issoudun

ST-VALERY-EN-CAUX

✉ 76460 (Seine-Maritime) – 4 314 hab. – Alt. 5 m – Carte régionale n° **33**-C1
▶ Paris 190 km – Bolbec 46 km – Dieppe 35 km – Fécamp 33 km
Carte Michelin 304-E2 – Guide Vert Michelin Normandie Vallée de la Seine

🍴 Le Port ⩽ 🛱

POISSONS ET FRUITS DE MER · FAMILIAL ✕✕ Ce restaurant n'a pas volé son nom : il domine le quai, où oscillent les bateaux. La salle est parée de photos en noir et blanc des falaises du pays de Caux ; quant à la cuisine de la mer, elle est réalisée avec de bons produits – cabillaud, sole, turbot – achetés exclusivement auprès des pêcheurs locaux.

Menu 27/46 € – Carte 47/76 €

18 quai d'Amont – ℰ 02 35 97 08 93 – Fermé dim. soir, jeudi soir et lundi

🏨 Hôtel du Casino ☆ 🕼 🖃 ঙ 🄰🄲 ⅏ 🄿

BUSINESS · MODERNE Face au port de plaisance, cet hôtel impressionne par ses grands volumes, depuis le grand hall d'entrée jusqu'aux chambres, contemporaines et fonctionnelles. Une adresse très appréciée des clientèles d'affaires et touristique.

76 chambres – 🛉74/148 € 🛉🛉98/148 € – ⌕ 12 € – ½ P

14 av. Clemenceau – ℰ 02 35 57 88 00 – www.hotel-casino-saintvalery.com

ST-VALERY-SUR-SOMME

✉ 80230 (Somme) – 2 703 hab. – Alt. 27 m – Carte régionale n° **36**-A1
▶ Paris 206 km – Abbeville 18 km – Amiens 71 km – Blangy-sur-Bresle 45 km
Carte Michelin 301-C6

🍴 La Table des Corderies 🖢 🛱 ঙ 🄿

CUISINE MODERNE · À LA MODE ✕ Envie de saveurs de la mer ? Rendez-vous aux Corderies, sur les hauteurs de la ville. Saumon façon gravlax, pavé de cabillaud à la fricassée de lentilles vertes et jus de coquillages... On fait ici la part belle à la pêche régionale et aux producteurs locaux, avec une touche de créativité maîtrisée.

Menu 38/88 € – Carte 40/70 €

Hôtel les Corderies, 214 r. des Moulins – ℰ 03 22 61 30 61 (réservation conseillée) – www.latabledescorderies.com – Fermé 3 semaines en janv.

🍴 Bistrot des Pilotes ⩽ 🛱 ঙ

CUISINE TRADITIONNELLE · BISTRO ✕ Il y a bien un pilote dans l'avion... ou plutôt le bistrot ! Derrière les fourneaux, le chef signe une belle cuisine du marché, travaillant de beaux produits frais : rognons de veau, crevettes grises, poisson en fonction de la marée... Et l'on se régale les yeux tournés vers la baie.

🍴 Menu 15 € (déj. en semaine) – Carte 25/44 €

Hôtel Les Pilotes, 37 quai Blavet – ℰ 03 22 60 38 95 – www.lespilotes.fr – Fermé janv., dim. soir, lundi et mardi

🏨 Les Corderies ☆ 🕭 ⩽ 🖢 🖃 🕥 🖃 ঙ 🕍 ⅏ 🄿

SPA ET BEAUTÉ · MODERNE Un imposant hôtel blanc comme l'albâtre, sur les hauteurs de St-Valéry. Sobriété, design et confort : quel plaisir de regagner sa chambre après un passage à l'espace bien-être ou une balade sur la plage... surtout si l'on a opté pour la vue sur la baie !

18 chambres – 🛉175/260 € 🛉🛉175/260 € – ⌕ 15 €

214 r. des Moulins – ℰ 03 22 61 30 61 – www.lescorderies.com – Fermé 3 semaines en janv.

🍴 **La Table des Corderies** – voir les restaurants ci-dessus

🏨 Les Pilotes ☆ ⩽ 🖃 ঙ 🕍

URBAIN · PERSONNALISÉ Sur les quais de la baie de Somme, un hôtel aux chambres petites mais bien aménagées, rétro à souhait, avec leur décoration qui fait des clins d'œil appuyés aux années 1960. Préférez celles côté baie : la vue y est superbe !

25 chambres – 🛉70/200 € 🛉🛉70/200 € – ⌕ 11 €

62 r. de la Ferté – ℰ 03 22 60 80 39 – www.lespilotes.fr

🍴 **Bistrot des Pilotes** – voir les restaurants ci-dessus

Picardia

TRADITIONNEL · PERSONNALISÉ Sympathique maison de pays à deux pas du petit quartier médiéval et des quais. Chambres spacieuses et cosy ; certaines, avec mezzanine, accueillent volontiers les familles.

18 chambres – ♦85/110 € ♦♦110 € – ☑ 14 €

41 quai Romerel – ℰ 03 22 60 32 30 – www.picardia.fr

Le Castel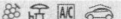

LUXE · COSY Au cœur de la ville haute, cette magnifique propriété est un ravissement... Son parc de 2 ha s'abrite derrière les anciens remparts du château médiéval, d'où l'on jouit d'une vue superbe sur la baie de Somme. La demeure (19ᵉ s.) a un charme fou : parquet à chevrons, cheminées, moulures, etc. Et l'accueil est charmant !

5 chambres ☑ – ♦175/195 € ♦♦175/195 €

r. du Castel – ℰ 03 22 60 45 79 – www.castel-baie-de-somme.com – Ouvert 18 mars-13 nov.

ST-VALLIER

✉ 26240 (Drôme) – 3 990 hab. – Alt. 135 m – Carte régionale n° **43**-E2
▶ Paris 526 km – Annonay 21 km – St-Étienne 61 km – Tournon-sur-Rhône 16 km
Carte Michelin 332-B2 – Guide Vert Michelin Ardèche Drôme

⑩ Le Bistrot d'Albert

CUISINE TRADITIONNELLE · CONVIVIAL X Plus qu'un bistrot, toute une épicerie fine et même une cave à vins ! On s'attable au milieu des présentoirs où trônent les victuailles sélectionnées par la maison (conserves et autres bouteilles) : sympathique pour apprécier des assiettes de tradition d'un bon rapport qualité-prix (plat du jour, grignotage pour l'apéro).

Menu 22 €

116 av. Jean-Jaurès, rte de Lyon – ℰ 04 75 23 01 12 – Fermé 2 semaines en fév., 2 semaines en août, sam. et dim.

à St-Uze 6 km à l'Est par D51 – ✉ 26240 – 1 977 hab. – Alt. 189 m

⑩ Philip Liversain

CUISINE MODERNE · TRADITIONNEL X Le soleil et la fraîcheur se donnent rendez-vous dans cet ancien relais de poste (19ᵉ s.) au cadre coloré. La carte est inspirée par le marché et les saisons : le chef est un vrai défenseur des produits de la région ; la tradition s'en trouve revigorée !

🍴 Formule 13 € – Menu 18 € (déj. en semaine), 23/47 €

23 r. Pierre-Sémard – ℰ 04 75 03 52 58 – www.philip-liversain.com – Fermé 3 dernières semaines de juil., 2-15 janv., merc. soir, dim. soir et lundi

ST-VICTOR – 03 (Allier) ➜ voir Montluçon

ST-VICTOR-DE-MALCAP – 30 (Gard) ➜ voir St-Ambroix

ST-VINCENT-DE-COSSE

✉ 24220 (Dordogne) – 358 hab. – Alt. 80 m – Carte régionale n° **4**-D3
▶ Paris 554 km – Bordeaux 157 km – Cahors 72 km – Périgueux 74 km
Carte Michelin 329-H6

⑩ Château de Monrecour

CUISINE MODERNE · À LA MODE XX Au sein de ce domaine dominant la campagne périgourdine, dans une extension contemporaine aménagée dans un style classique affirmé, une table gastronomique cultivant l'air du temps à travers des recettes de bonne facture et savoureuses. Parfait pour les résidents de l'hôtel, mais pas seulement...

Menu 29/50 €

– ℰ 05 53 28 33 59 – www.monrecour.com – Fermé le midi et merc. soir hors saison

Château de Monrecour

CHÂTEAU · PERSONNALISÉ Il s'annonce de loin sur la route de Sarlat à St-Cyprien avec ses hauts toits de tuile. Cette altière architecture (17ᵉ s.-début du 20ᵉ s.) fait un bel écho à la noble nature périgourdine qui lui sert d'écrin ! Au choix : grand style dans le château (lits à baldaquin, tentures, etc.) ou esprit champêtre dans les dépendances...

31 chambres – ♦69/180 € ♦♦69/180 € – ☐ 11 € – ½ P

– ℰ 05 53 28 33 59 – www.monrecour.com

🍴○ **Château de Monrecour** – voir les restaurants ci-dessus

ST-VINCENT-DE-TYROSSE

✉ 40230 (Landes) – 7 817 hab. – Alt. 24 m – Carte régionale n° **3**-B3
◗ Paris 743 km – Anglet 32 km – Bayonne 29 km – Bordeaux 157 km
Carte Michelin 335-D13

 Le Hittau

CUISINE MODERNE · RUSTIQUE XXX Cette ancienne bergerie ne manque pas de cachet avec sa charpente apparente et sa cheminée monumentale, et sa terrasse se révèle agréable. Au menu, une cuisine d'aujourd'hui qui fait la part belle aux bons produits de saison, aux recettes landaises et surtout au poisson de la criée de Capbreton.

Formule 24 € – Menu 36/78 € – Carte 57/63 €

1 r. du Nouaou – ℰ 05 58 77 11 85 – Fermé vacances de fév., 1ᵉʳ-7 juil., vacances de la Toussaint, mardi sauf de mi-juil. à fin août et merc.

STE-ANNE-D'AURAY

✉ 56400 (Morbihan) – 2 576 hab. – Alt. 42 m – Carte régionale n° **9**-A3
◗ Paris 475 km – Auray 7 km – Hennebont 33 km – Locminé 27 km
Carte Michelin 308-N8 – Guide Vert Michelin Bretagne Sud

 L'Auberge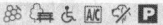

CUISINE MODERNE · ÉLÉGANT XXX Ste-Anne-d'Auray est une ville pieuse et Jean-Paul II se serait arrêté au restaurant de l'Auberge en 1996. Contentons-nous d'un pèlerinage devant ses assiettes joliment présentées et ses produits de la mer de qualité...

Menu 29/89 € – Carte 43/94 €

*56 r. de Vannes – ℰ 02 97 57 61 55 – www.auberge-sainte-anne.com
– Fermé 21 fév.-2 mars, 7-24 nov. et 3-28 janv.*

🍴○ **L'Aubergine**

CUISINE CLASSIQUE · CONVIVIAL X Dans un bâtiment couleur aubergine se niche ce chaleureux bar à vins, mettant à l'honneur des bouteilles de toutes les régions de France. À l'ardoise, des classiques bistrotiers bien ficelés : entrecôte au beurre persillé et pommes Anna, filet de daurade et risotto d'épeautre, gigot d'agneau à la purée de céleri...

 Formule 16 € – Menu 19 € (semaine)/22 € – Carte 26/35 €

20 pl. Y. Nicolazic – ℰ 02 97 31 37 19 – www.restaurant-aubergine-56.com – Fermé 8-22 fév., 8-15 juil., 26 oct.-2 nov., 21 déc.-4 janv., dim. soir, mardi soir et merc.

 L'Auberge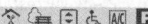

HÔTEL DE VACANCES · ART DÉCO L'hôtel joue la carte Art nouveau : palissandre, loupe d'orme, reproductions de Mucha, pâtes de verre Lalique. Les chambres sont douillettes, avec de spacieuses salles de bains en marbre.

14 chambres – ♦60/95 € ♦♦60/95 € – 2 suites – ☐ 12 €

*56 r. de Vannes – ℰ 02 97 57 61 55 – www.auberge-sainte-anne.com
– Fermé 21 fév.-2 mars, 7-24 nov. et 3-28 janv.*

🍴○ **L'Auberge** – voir les restaurants ci-dessus

STE-ANNE-LA-PALUD (Chapelle de)

✉ 29550 (Finistère) – Alt. 65 m – Carte régionale n° **9**-A2
▶ Paris 584 km – Brest 68 km – Châteaulin 20 km – Crozon 27 km
Carte Michelin 308-F6 – Guide Vert Michelin Bretagne Sud

🍴○ La Plage   ◁ 🛁 AC P

CUISINE MODERNE · **ÉLÉGANT** XXX La salle, panoramique, ouvre grand sur la plage et le va-et-vient des marées... Un cadre séduisant pour apprécier une cuisine mettant à l'honneur de beaux produits – en particulier de la mer – et exécutée avec attention. Le tout dans une veine classique.
Menu 58/110 € – Carte 73/98 €

– 𝒞 02 98 92 50 12 – www.plage.com – Ouvert 26 mars-2 nov. et fermé lundi midi, mardi midi, merc. midi et vend. midi

🏨 La Plage   🌸 🐬 ◁ 🛁 ⫯ ✕ 🗄 P

HÔTEL DE VACANCES · **PERSONNALISÉ** Un emplacement superbe, directement sur la plage, au pied de la chapelle ! Les chambres, cossues comme toute la demeure, donnent sur la baie ou sur le jardin fleuri. Mobilier de famille, antiquités, esprit contemporain... Comment mieux profiter de la plage ?
21 chambres – ✦192/380 € ✦✦192/487 € – ⫟ 22 €

– 𝒞 02 98 92 50 12 – www.plage.com – Ouvert 26 mars-2 nov.
🍴○ **La Plage** – voir les restaurants ci-dessus

STE-CÉCILE

✉ 71250 (Saône-et-Loire) – 286 hab. – Alt. 250 m – Carte régionale n° **8**-C3
▶ Paris 391 km – Charolles 35 km – Cluny 8 km – Mâcon 22 km
Carte Michelin 320-H11

🍴○ L'Embellie ❶   🛋 P

CUISINE MODERNE · **FAMILIAL** X Un jeune couple motivé a repris ce restaurant installé dans une ancienne étable au cachet rustique – poutres, meubles en frêne, cheminée... La cuisine, actuelle, revisite certains plats du terroir : œufs en meurette, brioche d'escargot et émulsion de persil... Glaces maison et agréable terrasse d'été.
🍂 Menu 16 € (déj. en semaine), 28/50 € – Carte 35/45 €

Le Bourg – 𝒞 03 85 50 81 81 – www.lembellie.com – Fermé 20 fév.-3 mars, dim. soir sauf juil.-août, mardi sauf le midi de sept. à juin et merc.

STE-CÉCILE-LES-VIGNES

✉ 84290 (Vaucluse) – 2 369 hab. – Alt. 108 m – Carte régionale n° **40**-A2
▶ Paris 646 km – Avignon 47 km – Bollène 13 km – Nyons 26 km
Carte Michelin 332-C8

🟢 Campagne, Vignes et Gourmandises   🛋 AC ✕ P

CUISINE MODERNE · **COSY** X Avec son ambiance entre charme rustique (pierres apparentes, mobilier en bois peint) et modernité (tableaux contemporains), ce restaurant ne manque pas de cachet. Côté cuisine, le chef, Sylvain Fernandes, travaille des produits frais et célèbre avec délicatesse les parfums du Sud. Et le service est d'une grande gentillesse !
Formule 19 € – Menu 25/42 € – Carte 46/55 €

rte de Suze-la-Rousse – 𝒞 04 90 63 40 11 (réservation conseillée)
– www.restaurant-cvg.com – Fermé 1 semaine en avril et oct., 25 déc.-22 janv., dim. soir d'oct. à avril, mardi sauf juil.-août et lundi

STE-COLOMBE – 84 (Vaucluse) ➜ voir Bédoin

STE-EULALIE

✉ 07510 (Ardèche) – 229 hab. – Alt. 1 233 m – Carte régionale n° **44**-A3
▶ Paris 587 km – Aubenas 47 km – Langogne 47 km – Privas 51 km
Carte Michelin 331-H5 – Guide Vert Michelin Ardèche Drôme

Hôtel du Nord

FAMILIAL · FONCTIONNEL Sympathique hostellerie appréciée des pêcheurs qui viennent ferrer le poisson dans la Loire, qui prend sa source à 5 km ! Chambres sobres, régulièrement rénovées. Cuisine du terroir au restaurant.

15 chambres – †64/76 € ††64/76 € – � 11 € – ½ P

– ✆ 04 75 38 80 09 – www.hoteldunord-ardeche.com – *Ouvert 15 mars-11 nov.*

STE-FOY-LA-GRANDE

✉ 33220 (Gironde) – 2 327 hab. – Alt. 10 m – Carte régionale n° **4**-C1

▶ Paris 555 km – Bordeaux 71 km – Langon 59 km – Marmande 44 km

Carte Michelin 335-M5 – Guide Vert Michelin Aquitaine

⃝ **Côté Bastide**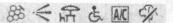

CUISINE MODERNE · CONVIVIAL XX Légèrement en retrait du centre-ville, voici le fief de Laurence et Cédric : elle, en cuisine, réalise une cuisine gourmande réglée sur les saisons ; lui, sommelier de formation, choisit les meilleurs vins – notamment de Bordeaux – pour accompagner les plats concoctés par sa compagne. Un duo qui fonctionne à merveille !

Formule 20 € ▾ – Menu 26/43 € – Carte 40/53 €

4 r. de l'Abattoir, (près hôpital) – ✆ 05 57 46 14 02 – www.cote-bastide.org

– Fermé dernière semaine d'août, lundi soir de sept. à juin, dim., merc. et fériés

STE-FOY-TARENTAISE

✉ 73640 (Savoie) – 809 hab. – Alt. 1 050 m – Carte régionale n° **45**-D2

▶ Paris 647 km – Albertville 66 km – Chambéry 116 km – Moûtiers 40 km

Carte Michelin 333-O4 – Guide Vert Michelin Alpes du Nord

🏠 **Le Monal**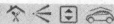

FAMILIAL · PERSONNALISÉ Dans la délicieuse quiétude d'un hameau alpin, ce chalet appartient à la même famille depuis 1888, mais il n'a cessé d'évoluer avec son temps. Résultat : les lieux – dont une annexe récemment aménagée – mêlent modernité et authenticité, confort et fraîcheur. Un lieu apaisant !

19 chambres – †70/80 € ††90/150 € – ⊑ 12 € – ½ P

rte de Val-d'Isère – ✆ 04 79 06 90 07 – www.le-monal.com

STE-GEMME-MORONVAL – 28 (Eure-et-Loir) → voir Dreux

STE-APOLLINE → voir Autour de Paris (Plaisir)

STE-GENEVIÈVE-DES-BOIS – 91 (Essonne) → voir Autour de Paris

STE-HERMINE

✉ 85210 (Vendée) – 2 839 hab. – Alt. 28 m – Carte régionale n° **34**-B3

▶ Paris 433 km – Nantes 93 km – La Rochelle 59 km – La Roche-sur-Yon 35 km

Carte Michelin 316-J8

 Clem'otel

BUSINESS · FONCTIONNEL À la sortie de l'autoroute, hôtel récent au cœur d'une zone artisanale, avec des chambres fonctionnelles, agréables et bien insonorisées... Pratique, économique et confortable !

49 chambres – †62/64 € ††75/78 € – ⊑ 9 € – ½ P

parc Vendée-Atlantique, 2 km au Sud par D137 – ✆ 02 51 28 46 94

– www.clemotel.com – Fermé 24 déc.-6 janv.

STE-JULIE – 01 (Ain) → voir Chazey-sur-Ain

STE-LIVRADE-SUR-LOT

✉ 47110 (Lot-et-Garonne) – 6 074 hab. – Alt. 56 m – Carte régionale n° **4**-C2
▶ Paris 647 km – Agen 35 km – Bordeaux 135 km – Montauban 121 km
Carte Michelin 336-F3

⫯○ **Au Bord de la Source** ⪪ 🛪 ᕒ ⟠ **P**

CUISINE MODERNE · SIMPLE ※ Sur les bords du Lot, une jolie maison typique de la région. On y déguste une cuisine dans l'air du temps, qui oscille entre créativité et tradition. Ambiance décontractée et vue imprenable sur la rivière.
Formule 19 € – Menu 27/55 € – Carte 31/62 €
rte de Bordeaux, 1,5 km à l'Ouest par D911 – ℰ 05 53 01 36 84
– www.auborddelasource.com – Fermé dim. soir, mardi hors saison et lundi

STE-LUCIE-DE-PORTO-VECCHIO – 2A (Corse-du-Sud) → voir Corse

STE-MAGNANCE

✉ 89420 (Yonne) – 449 hab. – Alt. 310 m – Carte régionale n° **7**-B2
▶ Paris 224 km – Auxerre 65 km – Avallon 15 km – Dijon 68 km
Carte Michelin 319-H7 – Guide Vert Michelin Bourgogne

⫯○ **Auberge des Cordois** 🛪 **P**

CUISINE TRADITIONNELLE · RUSTIQUE ※※ En bord de route, cette auberge du 18ᵉs. ne passe pas inaperçue avec sa façade jaune ! Et dans cet établissement tenu par la même famille depuis 1910, la tradition est sacrée, même si elle est joliment revisitée. Formule bistrot dans l'ancien bar. Attention : un projet de déménagement est envisagé courant 2015.
Formule 18 € – Carte 25/49 €
D606 – ℰ 03 86 33 11 79 – www.lescordois.fr – Fermé 27 juin-6 juil., 2-27 janv., lundi soir, mardi et merc.

STE-MARGUERITE (ÎLE) – 06 (Alpes-Maritimes) → voir Île Sainte-Marguerite

STE-MARIE-DE-RÉ – 17 (Charente-Maritime) → voir Île de Ré

STE-MARIE-DE-VARS – 05 (Hautes-Alpes) → voir Vars

STES-MARIES-DE-LA-MER → voir après Saintes

STE-MARIE-SICCHÉ – 2A (Corse-du-Sud) → voir Corse

STE-MARINE – 29 (Finistère) → voir Bénodet

STE-MAURE – 10 (Aube) → voir Troyes

STE-MAURE-DE-TOURAINE

✉ 37800 (Indre-et-Loire) – 4 222 hab. – Alt. 85 m – Carte régionale n° **11**-B3
▶ Paris 273 km – Le Blanc 71 km – Châtellerault 39 km – Chinon 32 km
Carte Michelin 317-M6 – Guide Vert Michelin Châteaux de la Loire

⫯○ **The Goat**

CUISINE MODERNE · ÉLÉGANT ※※ À la carte de ce restaurant rustique, peu de choix, mais un menu unique qui varie selon l'inspiration du chef et qui naît de bons produits, dont une partie issue du potager. Une cuisine gourmande et soignée, accompagnée d'une belle carte des vins.
Menu 49 € (dîner), 79/119 € – Carte environ 87 €
Hostellerie Les Hauts de Sainte Maure, 2 av. Gén.-de-Gaulle – ℰ 02 47 65 50 93
– www.hostelleriehautsdestemaure.fr – Fermé lundi midi et dim. d'oct. à mai

Hostellerie les Hauts de Sainte-Maure

TRADITIONNEL · CLASSIQUE Ce relais de poste du 16e s., organisé autour d'une paisible cour, abrite des chambres confortables et joliment décorées avec du mobilier ancien. Pour l'agrément : jardin et piscine intérieure avec balnéo.

10 chambres – ♦119/220 € ♦♦129/405 € – ⯑ 19 €

32 r. des Merigotteries – ℰ 02 47 65 50 65 – www.hostelleriehautsdestemaure.fr – Fermé dim. d'oct. à mai

⫟○ **The Goat** – voir les restaurants ci-dessus

rte de Chinon 2,5 km à l'Ouest par D760 – ⊠ 37800 Noyant-de-Touraine :

⫟○ **La Ciboulette**

CUISINE MODERNE · CLASSIQUE XX L'attrait de cette grande maison couverte de vigne vierge ? Ses bonnes recettes servies dans un intérieur chaleureux ou sur la terrasse bordée d'un jardinet où vous trouverez peut-être... de la ciboulette. Les gourmands de passage ont aussi un faible pour l'île flottante de la maison, généreuse et délicieuse !

Formule 25 € – Menu 32/67 € – Carte 40/60 €

78 rte de Chinon, face à l'échangeur A 10, sortie n° 25 – ℰ 02 47 65 84 64 – www.laciboulette.fr – Fermé le soir de janv. à mars sauf jeudi, vend., sam., dim. et fériés

STE-MAXIME

⊠ 83120 (Var) – 13 736 hab. – Alt. 10 m – Carte régionale n° **41**-C3
▶ Paris 872 km – Cannes 59 km – Draguignan 34 km – Fréjus 20 km
Carte Michelin 340-O6 – Guide Vert Michelin Côte d'Azur

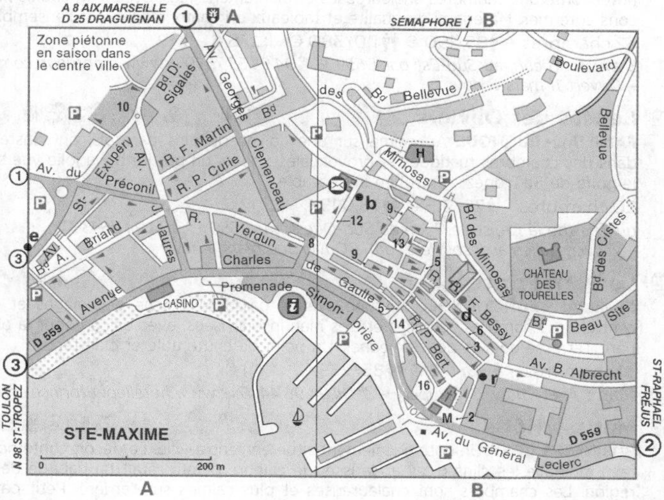

Alsace (R.)	B 3	Hoche (R.)	B 6	Mistral (Bd F.)	B 12
Bietti (Pl. L.)	B 16	Louis-Blanc (Pl.)	A 8	Pasteur (Pl.)	B 13
Courbet (R.)	B 5	Maures (R. des)	B 9	Victor-Hugo	
Germond (Pl. M. de)	B 2	Mermoz (Pl. J.)	A 10	(Pl.)	B 14

🌾 La Badiane (Geoffrey Poësson) AC

CUISINE MODERNE · ÉLÉGANT XX Geoffrey Poësson a une formation de pâtissier... mais il excelle dans tous les compartiments du repas ! Son restaurant, situé dans une ruelle piétonne de la vieille ville, est sobrement décoré ; il y régale les gourmands grâce à des recettes personnelles et graphiques, qu'il maîtrise à la perfection.

➔ Œuf parfait, fondue de fenouil, bouillon végétal comme une bouillabaisse. Filet de pigeon en carpaccio, cou farci au foie gras et aileron en croquette. Pêche pochée aux fruits rouges, quenelle de brousse à la verveine.

Menu 46/90 € – Carte 75/120 €

Plan : B-d – 6 r. Fernand-Bessy – ℰ 04 94 96 53 93 (réservation conseillée) – Fermé 24 nov.-8 déc., 14 janv.-3 fév., dim. et le midi

🏠 Villa les Rosiers 🌤 ≼ 🛋 ⌁ ㋡ ⅄ AC P

VILLA · ÉLÉGANT Une villa provençale aux murs roses, dans un jardin fleuri de... rosiers. De quoi embaumer la vue superbe sur le golfe de St-Tropez ! De grandes chambres blanches et élégantes, des sculptures et tableaux contemporains : beaucoup de raffinement. Repas en terrasse aux beaux jours.

12 chambres – ♦190/550 € ♦♦190/550 € – ☎ 25 € – ½ P

94 chemin de Guerrevieille Beauvallon-Grimaud, 5 km au Sud-Ouest par D559 – ℰ 04 94 55 55 20 – www.villa-les-rosiers.com – Ouvert 1ᵉʳ avril-2 nov. et 22 déc.-6 janv.

🏠 Hostellerie la Belle Aurore 🌤 ≼ ㋡ AC P

VILLA · PERSONNALISÉ La Grande Bleue vient caresser ses murs, face à St-Tropez, et chaque chambre dispose d'une terrasse ou d'un balcon. L'impression d'avoir la mer pour soi ! Teintes chaleureuses, grand confort, ambiance paisible : une Belle Aurore...

16 chambres – ♦150/460 € ♦♦150/460 € – 1 suite – ☎ 20 € – ½ P

5 bd Jean-Moulin, au Sud-Ouest par D559 – ℰ 04 94 96 02 45 – www.belleaurore.com – Ouvert 2 avril-9 oct.

🏠 Montfleuri 🌤 ⌁ ㋡ ⊟ AC P

BUSINESS · PERSONNALISÉ Dans un quartier résidentiel en bordure de côte, cet hôtel abrite des chambres chaleureuses et bien aménagées, avec d'agréables balcons côté mer. Matériaux de qualité et tableaux originaux rehaussent l'ensemble.

32 chambres – ♦85/190 € ♦♦110/380 € – ☎ 15 € – ½ P

3 av. Montfleuri, au Sud-Est par D559 – ℰ 04 94 55 75 10 – www.montfleuri.com – Ouvert 11 mars-5 nov.

🏠 Le Mas des Oliviers ⌇ ≼ ⌁ ㋡ ✕ AC P

FAMILIAL · RUSTIQUE Au calme sur une colline de pins parasols, on s'installe dans des chambres rustiques et provençales ; de là, on profite de la jolie vue sur le golfe de St-Tropez... Entretien impeccable.

20 chambres – ♦75/215 € ♦♦75/215 € – ☎ 12 €

quartier de la Croisette, 1 km au Sud-Ouest par D559 – ℰ 04 94 96 13 31 – www.hotellemasdesoliviers.com – Ouvert de mars à nov.

🏠 Le Petit Prince ⊟ ⅄ AC 🚗

FAMILIAL · FONCTIONNEL Sur une avenue passante proche des plages et du centre, des chambres actuelles et très bien insonorisées, avec balcon pour la plupart. Terrasse pour le petit-déjeuner. Un point de chute utile et bien tenu.

31 chambres – ♦66/178 € ♦♦85/239 € – ☎ 11 €

Plan : A-e – 11 av. St-Exupéry – ℰ 04 94 96 44 47 – www.hotellepetitprince.com

🏠 Matisse Hôtel ㋡ ⊟ ⅄ AC 🛁

BUSINESS · COSY Un hôtel idéalement situé en centre-ville. Le décor, contemporain, multiplie les clins d'œil à Matisse : le célèbre peintre était un habitué de la région. Les chambres sont chaleureuses et plus calmes sur l'arrière. Petit patio avec piscine.

28 chambres – ♦80/190 € ♦♦80/330 € – ☎ 13 €

Plan : B-b – 11 bd Frédéric-Mistral – ℰ 04 94 96 18 33 – www.hotel-matisse.com

Royal Bon Repos 🐾 & AC P

VILLA · PERSONNALISÉ Nichée dans une impasse proche d'une église et du musée de la Tour-Carrée, cette charmante bâtisse de 1939 a tout de l'élégante demeure de famille : mobilier provençal, tableaux chinés, billard... Les chambres, avec leurs vieux parquets ou leurs tomettes, sont élégantes et décorées avec goût. Un bel hôtel de caractère.

22 chambres – †85/215 € ††85/215 € – 🛏 11 €

Plan : B-r – *11 r. Jean-Aicard* – 𝒞 *04 94 96 08 74* – *www.hotelroyalbonrepos.fr*

à la Nartelle 4 km au Sud-Est par D559 – ✉ 83120 Ste Maxime

 La Plage AC 🍽 P

FAMILIAL · FONCTIONNEL Comme son nom l'indique, cet hôtel fonctionnel et bien tenu est situé juste à côté de la plage, en bordure de route ; les chambres de l'étage offrent une jolie vue sur la mer.

18 chambres – †65/175 € ††65/175 € – 🛏 11 €

36 av. Gén.-Touzet-du-Vigier – 𝒞 *04 94 96 14 01*
– www.hotel-plage-ste-maxime.com

à Val d'Esquières 6 km au Sud-Ouest par D559 – ✉ 83120 Ste-Maxime

 La Villa AC 🍽 P

HÔTEL DE VACANCES · MÉDITERRANÉEN Face à la plage (il faut simplement traverser la route), cet établissement familial abrite de petites chambres d'esprit provençal, plus calmes sur l'arrière.

8 chambres – †65/180 € ††85/310 € – 4 suites – 🛏 10 €

122 av. Croiseur-Léger-Le-Malin, à la Garonnette, D559 – 𝒞 *04 94 49 40 90*
– www.hotellavilla.fr – Ouvert 1er avril-1er nov.

STE-MÉNÉHOULD

✉ 51800 (Marne) – 4 321 hab. – Alt. 137 m – Carte régionale n° **14**-C2
▶ Paris 221 km – Bar-le-Duc 50 km – Châlons-en-Champagne 48 km – Reims 80 km
Carte Michelin 306-L8 – Guide Vert Michelin Champagne Ardenne

🍴 **Le Cheval Rouge**

CUISINE TRADITIONNELLE · TRADITIONNEL XX Connaissez-vous le pied de cochon "à la Sainte-Ménehould" ? C'est en tout cas le moment de découvrir LA spécialité culinaire de cette auberge ouverte en 1873. Une véritable institution !

Menu 24/65 € – Carte 55/74 €

1 r. Chanzy – 𝒞 *03 26 60 81 04* – *www.lechevalrouge.com* – *Fermé 19 déc.-2 janv., dim. soir et lundi*

🏠 **Le Cheval Rouge** 🐾 🛋

AUBERGE · RÉTRO À deux pas de l'hôtel de ville, on découvre les chambres fonctionnelles et bien tenues de cette auberge, où dormirez comme un loir ; préférez les plus récentes. Pour un repas express et sans prétention, la Brasserie vous tend les bras !

24 chambres – †60/70 € ††65/75 € – 🛏 9 €

1 r. Chanzy – 𝒞 *03 26 60 81 04* – *www.lechevalrouge.com* – *Fermé 19 déc.- 2 janv.*
🍴 **Le Cheval Rouge** – voir les restaurants ci-dessus

à Futeau 13 km à l'Est par D603 et D2 – ✉ 55120 – 165 hab. – Alt. 190 m

🍴 **L'Orée du Bois** 🌳 ≼ 🛏 & AC P

CUISINE CLASSIQUE · AUBERGE XXX Ambiance rustique et familiale dans cette auberge entre Marne et Meuse. Avec des produits frais et de saison, le chef concocte des spécialités traditionnelles : écrevisses venues de Bretagne, pigeonneau aux champignons sauvages, foie gras poêlé... Quant au pain et au chocolat, ils sont faits maison !

Menu 30 € (semaine), 48/78 € – Carte 54/82 €

Hameau de Courupt, 1 km au Sud – 𝒞 *03 29 88 28 41* – *www.aloreedubois.fr*
– Fermé 3 nov.-25 janv., lundi midi et mardi midi de Pâques à fin sept., lundi et mardi sauf fériés d'oct. à nov. et de fin janv. à Pâques

🏠 L'Orée du Bois

AUBERGE · CLASSIQUE Voilà une auberge accueillante, délicieusement isolée à la lisière de la grande forêt d'Argonne. Ici, parler de "tranquillité" est un euphémisme : dans les chambres, le calme n'est rompu que par le chant des oiseaux ! L'endroit idéal pour se mettre au vert.

14 chambres – ♦90/120 € ♦♦140/180 € – ⌨ 15 € – ½ P

Hameau de Courupt, 1 km au Sud – ☎ 03 29 88 28 41 – www.aloreedubois.fr – Fermé 3 nov.-25 janv.

🍴 **L'Orée du Bois** – voir les restaurants ci-dessus

STE-NATHALÈNE

✉ 24200 (Dordogne) – 581 hab. – Alt. 145 m – Carte régionale n° **4**-D3
▶ Paris 538 km – Bordeaux 205 km – Brive-la-Gaillarde 63 km – Périgueux 74 km
Carte Michelin 329-I6

🏠 La Roche d'Esteil

FAMILIAL · PERSONNALISÉ Un domaine restauré avec goût par des propriétaires passionnés, dans le respect de la tradition périgourdine. Les chambres sont joliment décorées dans un esprit de campagne chic ; le soir, ambiance conviviale et belles assiettes à la table d'hôtes.

5 chambres ⌨ – ♦81/100 € ♦♦89/111 €

La Croix d'Esteil – ☎ 05 53 29 14 42 – www.larochedesteil.com – Ouvert mars à nov.

STE-PREUVE

✉ 02350 (Aisne) – 83 hab. – Alt. 115 m – Carte régionale n° **37**-D2
▶ Paris 188 km – Laon 29 km – Reims 49 km – Saint-Quentin 69 km
Carte Michelin 306-F5

🍴 Les Epicuriens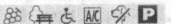

CUISINE MODERNE · ÉLÉGANT XXX Voilà bien une table destinée aux épicuriens ! Sérieux professionnel, le chef signe une cuisine raffinée, mêlant inspiration traditionnelle et méridionale : les assiettes ravissent l'œil comme le palais... Quant au cadre, il est élégant et ouvre sur la verdure. Service attentif.

Formule 30 € – Menu 41/95 € – Carte 60/99 €

Hôtel Domaine de Barive, 3 km au Sud-Ouest – ☎ 03 23 22 15 15 – www.domainedebarive.com

🏰 Domaine de Barive

CHÂTEAU · PERSONNALISÉ Une superbe bâtisse du 19e s. dans un immense parc : calme champêtre... Les chambres sont cosy (mansardées au 2e étage) et décorées avec soin, dans une veine contemporaine ou classique, les suites très jolies et l'accueil prévenant.

15 chambres – ♦135/250 € ♦♦185/250 € – 7 suites – ⌨ 18 €

3 km au Sud-Ouest – ☎ 03 23 22 15 15 – www.domainedebarive.com

🍴 **Les Epicuriens** – voir les restaurants ci-dessus

🏠 Le Prieuré

FAMILIAL · COSY Calme et détente assurés en cette ancienne ferme qui allie beaux volumes, éléments rustiques et confort contemporain, jusqu'au sauna et au jacuzzi. Les chambres, joliment décorées, sont toutes mansardées et donnent sur la nature environnante. Idéal pour un week-end au vert.

5 chambres ⌨ – ♦115/155 € ♦♦115/155 €

Domaine de Barive – ☎ 03 23 22 15 15 – www.domainedebarive.com

SAINTES

✉ 17100 (Charente-Maritime) – 25 645 hab. – Alt. 15 m – Carte régionale n° **38**-B3
▶ Paris 469 km – Bordeaux 117 km – Poitiers 138 km – Rochefort 42 km
Carte Michelin 324-G5 – Guide Vert Michelin Poitou-Charentes

SAINTES

St-Eutrope (R.) . . . . **AZ** 42
St-François (R.) . . . . **AZ** 43
St-Macoult (R.) . . . . **AZ** 45
St-Pierre (R.) . . . . **AZ** 46
St-Vivien (Pl.) . . . . **AZ** 47
Victor-Hugo (R.) . . . . **AZ** 49

Allende (Av. Salvador) . . . . **Y** 2
Alsace-Lorraine (R.) . . . . **AZ** 3
Arc-de-Triomphe (R.) . . . . . . **BZ** 4
Bassompierre (Pl.) . . . . **BZ** 5
Berthonnière (R.) . . . . **AZ** 7
Blair (Pl.) . . . . **AZ** 9
Bois d'Amour (R.) . . . . **AZ** 10
Bourignon (R.) . . . . **Y** 12
Brunaud (R. A.) . . . . **AZ** 13
Clemenceau (R.) . . . . **AZ** 15
Denfert-Rochereau (R.) . . . . **BZ** 16
Dufaure (Av. J.) . . . . **Y** 18
Foch (Pl. Mar.) . . . . **AZ** 20
Gambetta (Av.) . . . . **BZ**
Jacobins (R. des) . . . . **AZ** 25
Jean (R. du Dr.) . . . . **Y** 27
Kennedy (Av. J.-F.) . . . . **Y** 31
Lacurie (R.) . . . . **Y** 33
Leclerc (Crs Mar.) . . . . **Y** 34
Lemercier (Cours) . . . . **AZ** 35
Marne (Av. de la) . . . . **BZ** 37
Mestreau (R. F.) . . . . **BZ** 38
Monconseil (R.) . . . . **AZ** 39
National (Cours) . . . . **AZ**
République (Quai) . . . . **AZ** 41

🕸 L'Adresse

CUISINE MODERNE · À LA MODE 🗶 Jeunesse, dynamisme, professionnalisme, esprit contemporain : une recette qui fait mouche ici, dans l'accueil comme dans l'assiette. Au menu, un maximum de produits du marché et locaux, pleins de fraîcheur et cuisinés avec beaucoup... d'adresse, tel ce dos de maigre poêlé au pesto rouge et sa printanière de légumes.

🕸 Formule 16 € – Menu 19 € (déj. en semaine), 32/48 € – Carte 38/61 €

Plan : AZ-d – 48 r. St-Eutrope – ℰ 05 46 94 51 62 (réservation conseillée)
– www.adresserestosaintes.fr – Fermé 11-24 janv., 12-25 sept., dim. et lundi

ⅠO Le Relais du Bois St-Georges ❶   ≤ 🏡 🛏 🛁 🅿

CUISINE MODERNE · CLASSIQUE 🗶🗶🗶 Bistronomie et gastronomie : les deux tendances sont réunies à la carte de ce Relais bien connu des gourmets du secteur. Le chef, originaire de Vendée, a la main sûre et compose de bonnes assiettes rythmées par les saisons ; côté décor, les baies vitrées ouvrent sur la terrasse et sur l'étang. Plaisant !

Formule 26 € – Menu 33/102 € 🍷 – Carte 48/103 €

Plan : Y-d – Hôtel Le Relais du Bois St-Georges, 132 cours Genet-le-Pinier, (Le Pinier-Parc Atlantique) – ℰ 05 46 93 50 99 – www.relaisdubois.com

⅋○ Le Parvis   ⌂ 🅧

CUISINE MODERNE · ÉLÉGANT XxX Dans cette jolie maison en bord de Charente, tout près du centre-ville, Pascal Yenk concocte de savoureux plats du terroir avec les produits achetés le matin même au marché. Tout est fait maison, pour notre plus grand plaisir ! Aux beaux jours, on profite même d'une agréable terrasse à l'abri des regards.

🍴 Menu 20 € (déj. en semaine), 32/56 € – Carte 49/63 €

Plan : AZ-t – *12-12 bis quai de l'Yser, (Petite-Rue-du-Bois-d'Amour)*
– ℰ 05 46 97 78 12 – www.restaurant-le-parvis.fr – Fermé dim. soir et lundi

⅋○ Saveurs de l'Abbaye   ⇔ ⌂ 🅧

CUISINE MODERNE · À LA MODE XX À deux pas de l'abbaye aux Dames, devenue "cité musicale", ce restaurant au décor épuré propose une cuisine mêlant classicisme et touches plus actuelles, comme avec ce filet de dorade à la plancha et son sauté de légumes estivaux au citron confit. Pour la nuit, des chambres sobres et agréables.

🍴 Menu 17 € (déj. en semaine), 32/48 €

8 chambres – 🛏59/67 € 🛏🛏64/71 € – ☲ 9 €

Plan : BZ-t – *1 pl. St-Pallais – ℰ 05 46 94 17 91 – www.saveurs-abbaye.com*
– Fermé 25 sept.-18 oct., dim. et lundi

⅋○ La Table de Marion   🅐🅒

CRÉATIVE · DESIGN X Comme son prénom ne l'indique pas, le jeune chef est un homme. Au gré du marché, il concocte une cuisine variée, parfois surprenante (sucrés-salés, nombreux épices), toujours dans le respect du produit. Service charmant.

Formule 25 € – Menu 43/66 €

Plan : AZ-a – *10 pl. Blair – ℰ 05 46 74 16 38 (réservation conseillée) – Fermé 2 semaines fin sept.-début oct., 2 semaines fin janv.-début fév., dim. et lundi*

⅋○ Clos des Cours   ⌂ 🅐🅒

CUISINE MODERNE · CONVIVIAL X Quand on a travaillé plus de quinze ans en Australie et en Nouvelle-Zélande, on crée une cuisine métissée ! Du marché de Saintes (où le chef se fournit) aux mers du Sud, il n'y a ici qu'un pas... Une pointe d'exotisme à savourer sur une terrasse ombragée de palmiers ou dans un cadre contemporain et agréable.

Formule 15 € – Menu 29/45 € – Carte environ 39 €

Plan : AZ-b – *2 pl. du Théâtre – ℰ 05 46 74 62 62 – www.closdescours.com*
– Fermé 2-11 nov., 5-12 janv. et dim.

🏘 Le Relais du Bois St-Georges   ⚘ ⇔ 🛏 🅼 🅿

TRADITIONNEL · CLASSIQUE Banquise, Tombouctou, Monte-Cristo, Cerisaie, Clef des champs... Les chambres, décorées par thèmes, se révèlent spacieuses et bien équipées. Si vous avez le temps, prenez le temps de vous promener dans le parc, le long des étangs.

30 chambres – 🛏120/165 € 🛏🛏200/370 € – ☲ 21 €

Plan : Y-d – *132 cours Genet-le-Pinier, (Le Pinier-Parc Atlantique)*
– ℰ 05 46 93 50 99 – www.relaisdubois.com

⅋○ **Le Relais du Bois St-Georges** – voir les restaurants ci-dessus

🏠 Hôtel des Messageries   ✿ 🅼 🚗

FAMILIAL · COSY Dans cet ancien relais de poste (1792) du quartier historique règne une quiétude très "maison de famille". Les chambres sont confortables, dans une veine romantique. Et au petit-déjeuner, on se régale de bons produits charentais.

32 chambres – 🛏84/99 € 🛏🛏90/99 € – 2 suites – ☲ 10 €

Plan : AZ-r – *r. des Messageries – ℰ 05 46 93 64 99*
– www.hotel-des-messageries.com – Fermé vacances de Noël

L'Avenue

TRADITIONNEL · PERSONNALISÉ Cet hôtel des années 1970, situé entre le centre-ville et la gare, propose des chambres colorées, chaleureuses et très bien tenues. L'accueil des propriétaires est charmant, et les tarifs raisonnables.

14 chambres – 🛏66/73 € 🛏🛏69/76 € – ⌷ 8 €

Plan : BZ-s – *114 av. Gambetta*
– *𝒞 05 46 74 05 91 – www.hoteldelavenue.com*
– *Fermé 20-28 déc.*

STE-SABINE

✉ 24440 (Dordogne) – 396 hab. – Alt. 133 m – Carte régionale n° **4**-C2
▶ Paris 565 km – Bergerac 32 km – Bordeaux 130 km – Périgueux 79 km
Carte Michelin 329-F7

✿ Étincelles - La Gentilhommière (Vincent Lucas)

CRÉATIVE · CONVIVIAL XX Une chaleureuse maison périgourdine, dans un jardin aux arbres majestueux. Le concept : on réserve au plus tard la veille, car le chef ne travaille que des produits frais. Il propose un menu unique et sa créativité fait des étincelles ! Chambres thématiques (romantique, orientale, montagnarde...).

→ Esturgeon doré en croûte de mûres, ricotta de fromage de chèvre aux olives. Carré de cochon rôti au poivre de Belém, risotto carnaroli façon ratatouille. Crumble déstructuré à la marjolaine, à la prune sauvage et au fenouil.

Menu 53/101 €

4 chambres ⌷ – 🛏101 € 🛏🛏115 €

– *𝒞 05 53 74 08 79 (réservation conseillée) – www.gentilhommiere-etincelles.com*
– *Fermé vacances de fév. et de printemps, 1er-8 juil., 20-30 sept., vacances de la Toussaint, mardi sauf le soir en juil.-août, vend. midi et merc. de sept. à juin, dim. soir, lundi midi, jeudi midi et sam. midi*

STES-MARIES-DE-LA-MER

✉ 13460 (Bouches-du-Rhône) – 2 495 hab. – Alt. 1 m – Carte régionale n° **40**-A3
▶ Paris 778 km – Arles 39 km – Marseille 129 km – Nîmes 67 km
Carte Michelin 340-B5 – Guide Vert Michelin Provence

▯◯ Casa Româna

CUISINE MODERNE · RUSTIQUE X Voilà une Casa qu'on aimerait faire sienne ! Derrière les fourneaux, le chef concocte de généreuses recettes régionales, telles la daube de taureau aux olives, la soupe de poisson ou les tellines en persillade crémée... Un conseil : pensez à réserver, c'est souvent complet !

Formule 20 € ☖ – Menu 26 € – Carte 31/47 €

6 r. Joseph-Roumanille – 𝒞 04 90 97 83 33 (réservation conseillée)
– *Fermé 7 janv.-7 fév., 20-24 juin, 12-30 nov., mardi midi et lundi*

⌂ Mas de Cocagne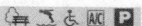

FAMILIAL · MODERNE Sur la route d'Arles, cet hôtel de standing moderne propose des chambres fort bien tenues, au décor contemporain et coloré, avec terrasse privative. Agréable piscine. Des prestations de qualité.

18 chambres – 🛏115/170 € 🛏🛏150/210 € – ⌷ 18 €

rte d'Arles – 𝒞 04 90 97 96 17 – www.mas-cocagne.com
– *Ouvert 26 mars-3 nov.*

rte de Cacharel 6 km au Nord par D85^{A} -

⊠ 13460 Les Stes-Maries-de-la-Mer

La Coursejade

CUISINE TRADITIONNELLE · RUSTIQUE XX Risotto au riz rouge et légumes de saison : voilà la spécialité du nouveau chef de cette Coursejade – le nom d'une épreuve équestre locale –, maison rustique installée dans un joli coin de Camargue... On s'y régale d'assiettes régionales réglées sur le marché : de quoi se sentir gardian pendant quelques heures !

Formule 28 € – Menu 38 € – Carte 31/45 €

Hôtel Mas de Calabrun, rte de Cacharel – ✆ 04 90 97 82 21 – www.mas-de-calabrun.fr – Fermé 11 nov.-26 déc., 3 janv.-12 fév., dim. et lundi hors saison et le midi sauf week-ends et juil.-août

Mas de Calabrun

MAISON DE CAMPAGNE · PERSONNALISÉ Un hôtel-restaurant dans une bâtisse typiquement régionale, isolée en pleine Camargue. Les chambres, confortables et bien tenues, donnent sur la piscine ou, plus au calme, sur le jardin. Et trois d'entre elles, face à l'étang, sont même installées dans de vraies roulottes gitanes !

34 chambres – 🚹99/169 € 🚹🚹99/169 € – ☕15 €

rte de Cacharel – ✆ 04 90 97 82 21 – www.mas-de-calabrun.fr – Fermé 11 nov.-26 déc. et 3 janv.-12 fév.

La Coursejade – voir les restaurants ci-dessus

rte du Bac du Sauvage 4 km au Nord-Ouest par D38 –

⊠ 13460 Les Stes-Maries-de-la-Mer :

Mas de la Fouque

VILLA · PERSONNALISÉ Des étangs, des chevaux, des flamants roses... Ce domaine séduisant joue, à l'écart de tout, la carte de la décontraction chic pour une clientèle discrète ; on y trouve même deux chambres originales dans des roulottes. Une fois installé, il n'est qu'à profiter du calme des lieux !

20 chambres – 🚹275/675 € 🚹🚹275/675 € – 6 suites – ☕23 € – ½ P

rte du Petit-Rhône – ✆ 04 90 97 81 02 – www.masdelafouque.com – Fermé janv.

L'Estelle en Carmargue

VILLA · CLASSIQUE Un hôtel-restaurant plein de charme, au bord du Petit-Rhône, avec la Camargue pour horizon. Les chambres, certaines de style provençal, ont vue sur l'étang ou le jardin ; préférez les plus récentes. Belle terrasse face à la piscine.

19 chambres ☕ – 🚹250/335 € 🚹🚹255/535 € – 1 suite – ½ P

rte du Petit-Rhône, D38 – ✆ 04 90 97 89 01 – www.hotelestelle.com – Ouvert 23 mars-6 nov. et 23 déc.-2 janv.

STE-VERGE – 79 (Deux-Sèvres) ➜ voir Thouars

LES SAISIES

⊠ 73620 (Savoie) – Carte régionale n° **45**-D1

▶ Paris 597 km – Albertville 29 km – Annecy 61 km – Bourg-St-Maurice 53 km

Carte Michelin 333-M3 – Guide Vert Michelin Alpes du Nord

⭑○ Le Calgary

CUISINE MODERNE · CLASSIQUE XX Foie gras aux épices douces, sirupeux au vin jaune ; omble chevalier sur une tulipe croustillante, chicorée aux cèpes, crème de panais et coulis d'écrevisses... Que de belles choses à la carte de ce restaurant ! On sent dans chaque assiette la motivation de l'équipe en cuisine, et de son chef tout particulièrement.

Formule 18 € – Menu 24/35 € – Carte 33/44 €

*73 r. des Periots – ℰ 04 79 38 98 38 – www.hotelcalgary.com
– Ouvert 11 juin-3 sept. et 10 déc.-24 avril et fermé le midi*

🏠 Le Calgary

HÔTEL DE VACANCES · ALPIN Son nom rappelle les exploits de Franck Piccard, originaire de la station et médaillé d'or aux Jeux olympiques de Calgary en 1988 : de fait, le skieur est propriétaire des lieux ! Évidemment, ce beau chalet, très confortable, est idéal pour profiter des joies de la montagne, que l'on soit sportif... ou non.

39 chambres – ½ P seult 78/235 € – 1 suite

*73 r. des Periots – ℰ 04 79 38 98 38 – www.hotelcalgary.com
– Ouvert 11 juin-3 sept. et 10 déc.-24 avril*

⭑○ **Le Calgary** – voir les restaurants ci-dessus

SALBRIS

✉ 41300 (Loir-et-Cher) – 5 621 hab. – Alt. 104 m – Carte régionale n° **12**-C2
▶ Paris 187 km – Blois 65 km – Bourges 62 km – Montargis 102 km
Carte Michelin 318-J7 – Guide Vert Michelin Châteaux de la Loire

🏠 Le Parc Sologne

FAMILIAL · CLASSIQUE Grande demeure bourgeoise dans un beau jardin arboré. Les chambres, sobres et élégantes, sont bien tenues. Au restaurant, ambiance rustique, cuisine traditionnelle et vaste cheminée pour réchauffer les rudes journées d'hiver de la Sologne...

26 chambres – ♦79/105 € ♦♦89/120 € – ⬛ 10 € – ½ P

8 av. d'Orléans – ℰ 02 54 97 18 53 – www.hotelleparcsologne.com – Fermé vacances de Noël

🏠 Domaine de Valaudran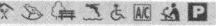

TRADITIONNEL · ÉLÉGANT Au cœur de la Sologne, laissez-vous charmer par cette gentilhommière du 19e s. avec son parc de 2 ha et sa piscine. Les chambres y sont confortables et très bien tenues ; certaines mansardées. Le soir, il fait bon prendre un cocktail au salon assis dans un fauteuil club. Restaurant traditionnel.

31 chambres – ♦78/95 € ♦♦98/150 € – ⬛ 13 € – ½ P

av. de Romorantin, 1,5 km au Sud-Ouest par rte de Romorantin (proche sortie A71) – ℰ 02 54 97 20 00 – www.hotelvalaudran.com – Fermé 23-30 déc.

SALERS

✉ 15140 (Cantal) – 345 hab. – Alt. 950 m – Carte régionale n° **5**-B3
▶ Paris 509 km – Aurillac 43 km – Brive-la-Gaillarde 100 km – Mauriac 20 km
Carte Michelin 330-C4 – Guide Vert Michelin Auvergne

⭑○ Le Bailliage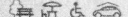

CUISINE TRADITIONNELLE · À LA MODE XX Dans la région, tout le monde connaît ce Bailliage gourmand ! Les meilleurs éleveurs fournissent le restaurant en viande... de salers, et l'on se presse pour goûter pounti, truffade, tripoux, etc., et de délicieux fromages auvergnats, dont... le salers. Une cuisine du terroir généreuse et débordante de saveurs !

Menu 25/56 € – Carte 30/85 €

*Hôtel Le Bailliage, r. Notre-Dame – ℰ 04 71 40 71 95
– www.salers-hotel-bailliage.com – Fermé 15 nov.-15 fév. et lundi midi*

Le Bailliage

FAMILIAL · COSY Cette grande demeure régionale constitue un point de chute plein de vie pour découvrir le village, si pittoresque. Les chambres, spacieuses et décorées avec goût, donnent sur le jardin ou la campagne ; certaines arborent un style plus moderne.

23 chambres – †75/170 € ††75/170 € – 2 suites – ☑ 13 €

r. Notre-Dame – ☎ 04 71 40 71 95 – www.salers-hotel-bailliage.com – Fermé 15 nov.-15 fév.

🍽 **Le Bailliage** – voir les restaurants ci-dessus

Hôtel Les Remparts

TRADITIONNEL · ACTUEL Une affaire familiale, que l'on se transmet de... mère en fille ! Ce bel hôtel est parfait pour découvrir ce fleuron du Cantal qu'est le village de Salers. D'autant que les chambres, chaleureuses et modernes, offrent un beau panorama sur la vallée de Fontanges...

15 chambres – †78/108 € ††78/108 € – ☑ 11 € – ½ P

1 av. Barrouze – ☎ 04 71 40 70 33 – www.salers-hotel-remparts.com – Fermé 4 nov.- 9 janv.

Saluces

FAMILIAL · PERSONNALISÉ Cette propriété appartenait au marquis de Lur Saluces, gouverneur de la cité au 17e s. Aujourd'hui, la maison affiche un style épuré, avec mobilier chiné et matériaux naturels (bois, marbre, ardoise). On appréciera également le petit-déjeuner sous le vieux marronnier !

8 chambres – †76/95 € ††76/95 € – ☑ 13 €

r. Martille – ☎ 04 71 40 70 82 – www.hotel-salers.fr – Fermé 15 nov.-20 déc. et 6 janv.-5 fév.

à Fontanges 5 km au Sud par D35 – ✉ 15140 – 211 hab. – Alt. 692 m

Auberge de l'Aspre

AUBERGE · FONCTIONNEL En pleine nature, cette ancienne ferme abrite des chambres simples et fonctionnelles (salles de bains en mezzanine). Avec vue sur le verger, la piscine ou bien la chapelle monolithe, elles permettent de se ressourcer en pleine campagne.

8 chambres – †62 € ††62 € – ☑ 9 € – ½ P

Le Bourg – ☎ 04 71 40 75 76 – www.auberge-aspre.fr – Ouvert 1er mai-24 nov. et fermé dim. soir et lundi d'oct. à mai

au Theil 6 km au Sud-Ouest par D35 et D37 – ✉ 15140 St Martin Valmeroux

Hostellerie de la Maronne

FAMILIAL · CLASSIQUE Quelle vue ! Les pâturages se déroulent à perte de vue devant cette belle maison de maître (19e s.) en pierres et lauzes. Chambres et salons élégants, piscine, tennis : un ensemble très confortable et un bon point de départ pour de superbes randonnées.

18 chambres – †80/160 € ††80/160 € – 3 suites – ☑ 12 €

– ☎ 04 71 69 20 33 – www.maronne.com – Ouvert 20 avril-20 oct.

SALIES-DE-BÉARN

✉ 64270 (Pyrénées-Atlantiques) – 4 854 hab. – Alt. 50 m – Carte régionale n° **3**-B3
▶ Paris 762 km – Bayonne 60 km – Dax 36 km – Orthez 17 km
Carte Michelin 342-G4 – Guide Vert Michelin Aquitaine

⊛ Restaurant des Voisins   🛋 🕭 AC

CUISINE MODERNE · CONVIVIAL XX Esprit design, piano, œuvres contemporaines, cuisines ouvertes, etc. : voilà le décor, chic et éclectique, de cette maison qui serait la plus ancienne du village. Un jeune couple l'a récemment reprise et y propose une cuisine bien ficelée, gourmande et originale. Une adresse où l'on aimerait toujours pouvoir venir en voisin !

Formule 16 € – Menu 22 € (déj. en semaine), 31/38 € – Carte 40/55 €

12 r. des Voisins – ℰ 05 59 38 01 79 – www.restaurant-des-voisins.fr – Fermé 22-29 juin, 9-30 nov., dim. soir sauf de juil. à sept., lundi et mardi

🏠 Hôtel du Parc   🕭 🚪 🖬 🕭 AC 🛴

BUSINESS · FONCTIONNEL L'entrée impressionne, avec ses galeries à l'italienne et sa verrière... sans oublier le casino ! Heureusement, l'isolation est parfaite, y compris dans les chambres, modernes et bien agencées. Restauration traditionnelle.

51 chambres – ∲80/130 € ∲∲80/130 € – ☑ 10 €

bd St-Guily – ℰ 05 59 38 31 27 – www.hotelsalies.com

🏠 Hôtel du Golf Le Lodge   🕭 🌊 🖬 🕭 AC 🛴 P

BUSINESS · PERSONNALISÉ La construction peut sembler somme toute banale, mais ses propriétaires en ont soigné la décoration, dans un style lodge : plantes exotiques, bambou, portraits d'animaux africains... Certaines chambres donnent sur le golf. Cuisine régionale au restaurant.

31 chambres – ∲79/88 € ∲∲79/89 € – ☑ 10 € – ½ P

chemin de Labarthe – ℰ 05 59 67 75 23 – www.le-lodge-salies.com – Fermé 18 déc.-2 janv.

à Castagnède 8 km au Sud-Ouest par D17, D27 et D384 – ✉ 64270 – 195 hab. – Alt. 38 m

🕪 La Belle Auberge   ⟸ 🌫 🚪 🛋 🌊 🕭 P

CUISINE TRADITIONNELLE · RUSTIQUE X Dans ce paisible hameau du Béarn, impossible de ne pas remarquer cette auberge aux volets rouges. On ne s'étonnera pas que les spécialités régionales y aient la part belle, entre tradition basque et... sauce béarnaise ! Aux beaux jours, profitez de la terrasse ombragée. Chambres fonctionnelles pour prolonger le séjour.

☞ Menu 13 € (semaine), 20/26 € – Carte 29/44 €

14 chambres – ∲49/52 € ∲∲80/90 € – ☑ 9 €

– ℰ 05 59 38 15 28 – Fermé 2 semaines début juin, mi-déc. à fin janv., dim. soir et lundi

SALINS-LES-BAINS

✉ 39110 (Jura) – 2 801 hab. – Alt. 340 m – Carte régionale n° **16**-B2
▶ Paris 419 km – Besançon 41 km – Dole 43 km – Lons-le-Saunier 52 km
Carte Michelin 321-F5 – Guide Vert Michelin Franche-Comté Jura

🏠 Grand Hôtel des Bains   🕭 🌊 🖬 AC 🚫 🛴 P

TRADITIONNEL · FONCTIONNEL Il est des records qui méritent d'être soulignés, tel cet établissement cité dans le guide rouge depuis plus d'un siècle ! Les chambres – presque toutes rénovées récemment – sont aussi agréables que la piscine des thermes, accessible aux hôtes.

30 chambres – ∲80/200 € ∲∲80/200 € – ☑ 12 € – ½ P

2 pl des Alliers – ℰ 03 84 37 90 50 – www.hotel-des-bains.fr – Fermé 3 semaines en janv.

Charles Sander

TRADITIONNEL · COSY Dans cette maison vigneronne, les chambres sont spacieuses, fonctionnelles et équipées d'une kitchenette. Et pour les amateurs de produits régionaux, une halte à l'épicerie fine s'impose !

12 chambres – †84/120 € ††84/120 € – ☐ 10 €

26 r. de la République – ℰ 03 84 73 36 40 – www.residencesander.com

 Hôtel des Deux Forts

TRADITIONNEL · MODERNE Face aux Salines, cette jolie maison traditionnelle se distingue par sa jolie façade blanche aux volets vert pâle ; on y dort dans des chambres confortables. Au restaurant, on apprécie une bonne cuisine de tradition, d'où jaillissent parfois des éclairs de modernité.

23 chambres – †78/94 € ††78/94 € – ☐ 10 € – ½ P

5 pl. du Vigneron – ℰ 03 84 73 70 40 – www.hoteldesdeuxforts.fr

SALLANCHES

✉ 74700 (Haute-Savoie) – 15 957 hab. – Alt. 550 m – Carte régionale n° **46**-F1
▶ Paris 585 km – Annecy 72 km – Bonneville 29 km – Chamonix-Mont-Blanc 28 km
Carte Michelin 328-M5 – Guide Vert Michelin Alpes du Nord

 Les Prés du Rosay

TRADITIONNEL · CLASSIQUE Cet hôtel traditionnel situé dans un quartier résidentiel a tous les atouts pour un séjour à la montagne : des chambres simples et fonctionnelles (écran plat, wifi) avec vue sur les sommets, un restaurant traditionnel, un espace détente et un spa.

15 chambres – †75/93 € ††85/103 € – ☐ 12 € – ½ P

285 rte de Rosay – ℰ 04 50 58 06 15 – www.lespresdurosay.fr

 Auberge de l'Orangerie

AUBERGE · FONCTIONNEL Dans cette maison coquette, l'accueil est charmant et dans les chambres, douillettes et lambrissées, on se repose en regardant le mont Blanc. Un petit tour au hammam et la détente est totale.

34 chambres – †75/85 € ††93/103 € – ☐ 12 €

*carrefour de la Charlotte, 2,5 km par D13, rte de Passy – ℰ 04 50 58 49 16
– www.orangeriemontblanc.fr*

LA SALLE-LES-ALPES

✉ 05240 (Hautes-Alpes) – 932 hab. – Carte régionale n° **41**-C1
▶ Paris 678 km – Chambéry 168 km – Gap 94 km – Marseille 269 km
Carte Michelin 334-H3 – Guide Vert Michelin Alpes du Sud

 Rock Noir & Spa

HÔTEL DE VACANCES · DESIGN Dans le grand domaine qu'est "Serre-Che", c'est le petit nouveau. Cet hôtel situé au pied des pistes devrait séduire les skieurs – et même les autres ! – avec sa décoration épurée mêlant bois brut, velours et fourrures, influences montagnardes et touches design... Original !

32 chambres – †120/390 € ††120/390 € – ☐ 17 €

1 pl. de l'Aravet – ℰ 04 92 25 54 90 – www.rocknoir.fr – Ouvert 24 juin-5 sept. et 18 déc.-1ᵉʳ avril

SALLELES-D'AUDE

✉ 11590 (Aude) – 2 759 hab. – Alt. 18 m – Carte régionale n° **22**-B2
▶ Paris 794 km – Carcassonne 73 km – Montpellier 98 km – Perpignan 77 km
Carte Michelin 344-I3

‖○ Les Écluses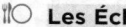

CUISINE TRADITIONNELLE · SIMPLE ✗ Le chef, passionné de gastronomie et de vins, réalise une cuisine de produits sans chichis, au gré de son inspiration. L'ardoise du jour fait la part belle aux petits producteurs de la région ; on passe un bon moment dans un intérieur atypique, décoré de divers objets et tentures rapportés de voyage.

Formule 16 € – Menu 24/36 € – Carte 34/48 €

20 Grand'Rue – 𝒞 04 68 46 94 47 (réservation conseillée)
– Fermé fév., 19 nov.-10 déc., lundi soir et mardi soir hors saison, dim. soir et merc.

SALLES-LA-SOURCE

✉ 12330 (Aveyron) – 2 131 hab. – Alt. 450 m – Carte régionale n° **29**-C1
▶ Paris 670 km – Rodez 13 km – Toulouse 160 km – Villefranche-de-Rouergue 71 km
Carte Michelin 338-H4

🏠 Gîtes de Cougousse

FAMILIAL · PERSONNALISÉ Une imposante demeure du 15ᵉ s., rustique à souhait, au sein d'un jardin avec potager baigné par une rivière et bordé par le vignoble du marcillac : un cadre bucolique... Ciels de lit, linge brodé à l'ancienne et mobilier chiné : les chambres sont douillettes et cultivent aussi le charme aveyronnais !

4 chambres ☲ – ♦60 € ♦♦67 €

– 𝒞 05 65 71 85 52 – www.gites-cougousse.com
– Ouvert 1ᵉʳ avril-15 oct.

LES SALLES-SUR-VERDON

✉ 83630 (Var) – 244 hab. – Alt. 440 m – Carte régionale n° **41**-C2
▶ Paris 790 km – Brignoles 57 km – Digne-les-Bains 60 km – Draguignan 49 km
Carte Michelin 340-M3 – Guide Vert Michelin Alpes du Sud

🏠 Auberge des Salles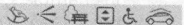

FAMILIAL · FONCTIONNEL Si ses chambres sont simples et fonctionnelles, son environnement est privilégié : bien au calme, l'établissement domine le lac de Ste-Croix et les collines verdoyantes qui lui servent d'écrin – un panorama dont on ne se lasse pas !

30 chambres – ♦67/87 € ♦♦67/87 € – ☲ 8 €

18 r. Ste-Catherine – 𝒞 04 94 70 20 04 – www.aubergedessalles.com
– Ouvert 1ᵉʳ avril-3 oct.

SALON-DE-PROVENCE

✉ 13300 (Bouches-du-Rhône) – 43 771 hab. – Alt. 80 m – Carte régionale n° **40**-B3
▶ Paris 720 km – Aix-en-Provence 37 km – Arles 46 km – Avignon 50 km
Carte Michelin 340-F4 – Guide Vert Michelin Provence

‖○ Le Mas du Soleil

CUISINE CLASSIQUE · TRADITIONNEL ✗✗ Villa méridionale où l'on goûte des plats aux saveurs du Sud dans un cadre lumineux et élégant, face au jardin. Chambres vastes et confortables, donnant pour certaines sur la piscine.

Menu 49/85 € – Carte 75/122 €

38 chemin St-Côme, à l'Est par D 17 – 𝒞 04 90 56 06 53 – www.lemasdusoleil.com
– Fermé dim. soir et lundi sauf fériés

au Nord-Est 5 km par D17 puis D16 (direction Aurons) –
✉ 13300 Salon-de-Provence :

ⅼ○ La Table de l'Abbaye   ≤ ⌂ ☂ ⅏ **P**

CUISINE MODERNE · ÉLÉGANT XxX Il règne une belle atmosphère provençale dans ce restaurant isolé dans la garrigue, et la cuisine n'y est pas pour rien ! D'un filet de veau rôti en croûte d'herbes, à une tatin aux poivrons confits, elle revisite joyeusement les classiques et met en avant les producteurs locaux. Agréable terrasse panoramique.

Menu 45/70 € – Carte environ 72 €

Hôtel Abbaye de Sainte-Croix, rte du Val-de-Cuech
– ☏ 04 90 56 24 55 – www.abbaye-de-saintecroix.com
– Fermé fév., 21-28 déc., dim. soir sauf de juin à sept., sam. et lundi
hors saison

⌂⌂⌂ Abbaye de Sainte-Croix   ⌘ ⅏ ≤ ⌂ ⥥ ฿ ᴀ̲ᴄ̲ ᵴᴬ **P**

HISTORIQUE · CLASSIQUE Dans un parc isolé sur les hauteurs de Salon, parmi les cyprès et les pieds de lavande, cette abbaye du 12ᵉ s. n'a rien d'ascétique ! Chambres confortables, certaines dans d'anciennes cellules...

21 chambres – ⅼ159/395 € ⅼⅼ159/395 € – 4 suites – ⥩ 20 €

rte du Val-de-Cuech – ☏ 04 90 56 24 55 – www.abbaye-de-saintecroix.com
– Fermé fév., 21-28 déc., sam. et dim. de nov. à mi-mars

ⅼ○ **La Table de l'Abbaye** – voir les restaurants ci-dessus

au Sud 5 km par N538, N113 et D19 (direction Grans) – ✉ 13250 Cornillon :

⌂⌂ Devem de Mirapier   ⅏ ⌂ ⥥ ⅏ ᴀ̲ᴄ̲ ᵴᴬ **P**

MAISON DE CAMPAGNE · PERSONNALISÉ Au milieu des pins et de la garrigue, une adresse parfaite pour se reposer et sillonner la région. Accueil sympathique, chambres douillettes au décor soigné, terrasse autour de la piscine...

13 chambres – ⅼ84/99 € ⅼⅼ104/129 € – 2 suites – ⥩ 10 €

rte de Grans, D19 – ☏ 04 90 55 99 22 – www.mirapier.com
– Fermé 20 déc.- 20 janv.

SALT-EN-DONZY – 42 (Loire) → voir Feurs

LES SALVAGES – 81 (Tarn) → voir Castres

SALZUIT
✉ 43230 (Haute-Loire) – 359 hab. – Alt. 590 m – Carte régionale n° **6**-C3
▶ Paris 500 km – Aurillac 129 km – Clermont-Ferrand 85 km – Le Puy-en-Velay 47 km
Carte Michelin 331-C2

ⅼ○ Domaine St Roch   ≤ ⌂ ⅓ **P**

CUISINE CLASSIQUE · ÉLÉGANT XX Au cœur de cette propriété qui surplombe le village, une grande salle ceinte de verrières, ouvrant à la fois sur le panorama et la forêt voisine... Quel paysage ! Illustration du menu : risotto de langoustine et lentilles vertes du Puy, déclinaison de bœuf bio aux légumes sautés, fromages régionaux...

Menu 27/36 €

Le Château – ☏ 04 71 74 04 23 – www.hotel-auvergne-saintroch.com
– Ouvert de mi-mars à fin nov. et fermé dim. soir, mardi midi et lundi

Domaine St Roch

CHÂTEAU · CLASSIQUE Cette imposante bâtisse du 19e s., flanquée d'une église remontant au 12e s., domine le village en lisière de forêt. Les chambres sont décorées avec goût et simplicité dans un style un peu rétro. Pour se détendre, direction le spa et ses soins à base d'argile !

21 chambres – †90/125 € ††90/125 € – ☐ 14 €

Le Château – ℰ 04 71 74 04 23 – www.hotel-auvergne-saintroch.com – Ouvert de mi-mars à fin nov.

‖○ **Domaine St Roch** – voir les restaurants ci-dessus

SAMATAN

✉ 32130 (Gers) – 2 378 hab. – Alt. 170 m – Carte régionale n° **28**-B2
▶ Paris 703 km – Auch 37 km – Gimont 18 km – L'Isle-Jourdain 21 km
Carte Michelin 336-H9

‖○ **Au Canard Gourmand**

CUISINE MODERNE · DESIGN XX Le cadre, design et ultravitaminé, accompagne bien la cuisine gasconne – véritable ode au canard – ainsi qu'une carte un peu plus tendance. Les chambres jouent leurs thèmes et variations (Sienne, Lolypop, Voyage...) avec raffinement ; une invitation au cocooning.

Menu 36 € (dîner), 40/45 € ♈

6 chambres – †86 € ††96/125 € – ☐ 10 €

*La Rente, par D632 – ℰ 05 62 62 49 81 (réservation conseillée)
– www.aucanardgourmand.com – fermé 23 fév.-1er mars, 14-21 juin,
25 oct.-1er nov., lundi midi et mardi*

SAMAZAN – 47 (Lot-et-Garonne) ➜ voir Marmande

LE SAMBUC

✉ 13200 (Bouches-du-Rhône) – Carte régionale n° **40**-A3
▶ Paris 742 km – Arles 25 km – Marseille 117 km – Stes-Marie-de-la-Mer 50 km
Carte Michelin 340-D4

‖○ **Le Mas de Peint**

PROVENÇALE · ÉLÉGANT XX Avec de bons produits – légumes du potager, riz de la propriété et taureau de l'élevage –, le chef concocte une belle cuisine du marché (menu unique le soir). La terrasse sous la glycine est ravissante et ce Mas tellement charmant... Une bonne adresse !

Formule 41 € – Menu 59/67 € – Carte déjeuner

*2,5 km par rte de Salins – ℰ 04 90 97 20 62 (réservation conseillée)
– www.masdepeint.com – Ouvert 20 mars-11 nov. et 26 déc.-3 janv. et fermé le
midi sauf sam. et dim.*

 Le Mas de Peint

LUXE · PERSONNALISÉ Dans un vaste domaine, ce superbe mas du 17e s. cultive la tradition camarguaise (promenades à cheval, arènes privées). La décoration est réussie, les chambres raffinées... Beaucoup d'élégance !

13 chambres – †245/465 € ††245/465 € – ☐ 24 € – ½ P

*2,5 km par rte de Salins – ℰ 04 90 97 20 62 – www.masdepeint.com
– Ouvert 20 mars-11 nov. et 26 déc.-3 janv.*

‖○ **Le Mas de Peint** – voir les restaurants ci-dessus

SAMER

✉ 62830 (Pas-de-Calais) – 3 891 hab. – Alt. 70 m – Carte régionale n° **30**-A2
▶ Paris 244 km – Arras 112 km – Calais 50 km – Lille 132 km
Carte Michelin 301-D4

ⅡO Le Clos des Brasseurs
🕸 ⅙ AC ⇔

CUISINE MODERNE · BRANCHÉ XX Revue à la mode contemporaine, cette ancienne distillerie du 18e s. n'a rien perdu de sa superbe. On y savoure une cuisine "bistronomique", bien en prise avec son époque, mais qui n'oublie pas le terroir ni le côté canaille. Un succès mérité !

Carte 20/49 €

73 r. de Montreuil – 🕾 03 21 92 33 33 – www.leclosdes3tonneaux.com
– Fermé lundi soir, mardi soir et merc. soir

SAMOËNS

✉ 74340 (Haute-Savoie) – 2 285 hab. – Alt. 710 m – Carte régionale n° **46**-F1
◨ Paris 581 km – Annecy 75 km – Chamonix-Mont-Blanc 60 km – Genève 53 km
Carte Michelin 328-N4 – Guide Vert Michelin Alpes du Nord

ⅡO Le 8M des Monts ⓝ
🛖 ⅙ 🍴

CUISINE MODERNE · BISTRO X Une carte courte et efficace, une sélection de bons produits bio favorisant les circuits courts, un accueil charmant : voilà quelques-uns des (nombreux) atouts de ce petit restaurant installé sur la place du village. Autre avantage, les plats changent régulièrement : une bonne excuse pour revenir au plus vite !

Carte 35/48 €

pl. de l'Église – 🕾 04 50 21 30 01 – www.facebook.com/8mdesmonts
– fermé juin, vacances de la toussaint à mi-déc., jeudi midi en saison, jeudi hors saison et dim.

🏠 Neige et Roc
🕏 ⪕ 🛏 ⅏ 🖵 ⅙ 🍴 🔁 ⅍ 🅿

TRADITIONNEL · FONCTIONNEL Légèrement en retrait du centre du village, cet imposant chalet est chaleureux et accueillant. Les chambres, spacieuses, jolies et montagnardes comme il se doit, ont toutes un balcon ; à l'annexe, on propose des studios avec cuisinette.

48 chambres – 🛉98/200 € 🛉🛉98/200 € – ⭸16 € – ½ P

rte de Taninges – 🕾 04 50 34 40 72 – www.neigeetroc.com
– Ouvert 10 juin-15 sept. et 17 déc.-15 avril

🏠 Gai Soleil et Lodge le Grand Cerf
🕏 ⪕ 🛏 🖵 ⅙ 🔁 ⅙ ⅍ 🅿

AUBERGE · FONCTIONNEL Un petit hôtel famillial posté à l'entrée du village. Huit nouvelles chambres ont été aménagées dans un esprit contemporain, tout en restant fidèle à l'esprit savoyard des lieux. Bar au coin du feu, spécialités régionales au restaurant, salle de jeux, sauna et piscine... Chaleureux et gai !

31 chambres – 🛉66/157 € 🛉🛉66/157 € – ⭸13 € – ½ P

26 rte de Taninges – 🕾 04 50 34 40 74 – www.hotel-samoens.com
– Ouvert 29 mai-18 sept. et 17 déc.-19 avril

à Morillon 4,5 km à l'Ouest – ✉ 74440 – 626 hab. – Alt. 687 m

🏠 Le Morillon
🕏 ⪕ 🛏 ⅏ ⅙ 🔁 ⅍ 🅿

AUBERGE · ALPIN Il règne une douce atmosphère familiale dans ce chalet... Les chambres sont sobres, petites mais bien tenues, ou (catégorie supérieure) cosy, dans un bel esprit montagnard d'aujourd'hui. Pour la détente, charmant espace balnéo.

22 chambres – 🛉105/185 € 🛉🛉105/220 € – ⭸14 €

– 🕾 04 50 90 10 32 – www.hotellemorillon.com – Ouvert 15 juin-15 sept. et 20 déc.- 15 avril

SAMOUSSY – 02 (Aisne) → voir Laon

SAMPANS – 39 (Jura) → voir Dole

SANARY-SUR-MER

✉ 83110 (Var) – 16 062 hab. – Alt. 1 m – Carte régionale n° **40**-B3
▶ Paris 824 km – Aix-en-Provence 75 km – La Ciotat 23 km – Marseille 55 km
Carte Michelin 340-J7 – Guide Vert Michelin Côte d'Azur

La P'tite Cour ⌂ AC

CUISINE MODERNE · COSY XX Bonite confite et croquettes de riz crémeux, poisson du jour en croûte d'anchois avec épinards frais et panisse... La jeune patronne mitonne avec le plus grand soin une succulente cuisine du marché, que l'on déguste idéalement dans la p'tite cour ensoleillée, cachée à l'arrière de la maison. Et le service est impeccable !

Menu 29 €

Plan : -p – *6 r. Barthélémy-de-Don*
– *𝒞 04 94 88 08 05 (réservation conseillée) – www.laptitecour.com*
– *Fermé sam. midi et mardi de sept. à juin, le midi en juil.-août et merc.*

Restaurant de la Tour ⌕ ⌂ AC

POISSONS ET FRUITS DE MER · BRASSERIE X Les amateurs de produits de la mer connaissent l'adresse par cœur... Langoustes et homards tirés du vivier, poissons en croûte de sel, aïoli et bouillabaisse : la carte est immuable et ce n'est pas pour leur déplaire. S'il fait beau, on court s'installer en terrasse, à côté des bateaux. Plaisant !

Formule 25 € – Menu 39/52 € – Carte 49/60 €

Plan : -n – *Hôtel de la Tour, quai Gén. de Gaulle*
– *𝒞 04 94 74 10 10 – www.sanary-hoteldelatour.com*
– *Fermé 23 fév.-9 mars, 11-19 oct., 15 nov.-14 déc., merc. sauf le soir en juil.-août et mardi*

La P'tite Fabrik ⌂

CUISINE MODERNE · BISTRO X Un bel emplacement sur le port de plaisance pour ce petit restaurant aux airs de bistrot rétro typé années 1950. La cuisine, ouverte sur le monde, sans tabou ni frontière, sort du lot, entre bouillon asiatique et cheesecake new-yorkais ! Et l'on peut débuter le repas avec une sélection de produits à grignoter...

Formule 16 € – Menu 31 € – Carte 42/53 €

Plan : -b – *16 quai Charles-de-Gaulle – 𝒞 04 94 74 02 17 (réservation conseillée) – www.ptitefabrik.com – Fermé 9-25 fév., 24 nov.-9 déc., mardi et merc. de sept. à juin, lundi midi et mardi midi en juil.-août*

Hostellerie La Farandole ⌂ ⌕ ⌂ ⌂ ⌂ ⌂ ⌂ AC ⌂ P

LUXE · ÉLÉGANT Face aux rondeurs de la baie, sur la plage de la Gorguette (entre Sanary et Bandol), un bâtiment géométrique, tout en pierre, bois et verre. Inaugurée en 2011, cette luxueuse hostellerie associe esprit Côte d'Azur et art de vivre contemporain, entre plage et spa.

22 chambres – ♦158/898 € – ♦♦158/898 € – 5 suites – ⌂ 15 €
140 chemin de la Plage-de-la-Gorguette, (rte de Toulon)
– *𝒞 04 94 90 30 20 – www.hostellerielafarandole.com*
– *Fermé 4-24 janv.*

Budget serré ? Profitez des menus déjeuners (déj.) à prix ajustés.

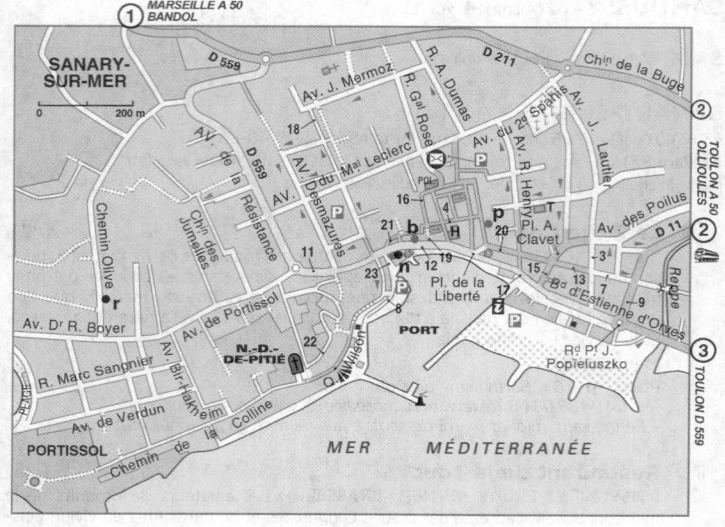

SANARY-SUR-MER

MARSEILLE A 50
BANDOL

TOULON A 50 OLLIOULES

TOULON D 559

MER MÉDITERRANÉE

PORTISSOL

N.-D.-DE-PITIÉ

PORT

Avenir (Bd de l')	3	Gaulle (Quai Charles-de)	12	Pacha (Pl. Michel)	19
Blanc (R. Louis)	4	Giboin (R.)	13	Péri (R. Gabriel)	20
Clemenceau (Av. G.)	7	Granet (R.)	15	Prudhomie (R. de la)	21
Esménard (Quai M.)	8	Gueirard (R. L.)	16	Sœur-Vincent	
Europe-Unie (Av. de l')	9	Jean-Jaurès (R.)	17	(Montée)	22
Galliéni (Av. du Mar.)	11	Lyautey (Av. Mar.)	18	Tour (Pl. de la)	23

🏠 Hôtel de la Tour   ☆ ⋖ AC 🚗

FAMILIAL · PERSONNALISÉ Sous le soleil, la grande façade de l'hôtel jette son ombre au-dessus des embarcations arrimées dans le port de Sanary. Dans cet établissement familial, les chambres sont chaleureuses (mobilier chiné, boutis) et conservent quelque chose de la tradition provençale...

24 chambres ☟ – ♦71/108 € ♦♦80/140 €

Plan : -n – *quai Gén. de Gaulle*
– 𝒞 *04 94 74 10 10 – www.sanary-hoteldelatour.com*
– *Fermé 1ᵉʳ-15 déc.*

🍴 **Restaurant de la Tour** – voir les restaurants ci-dessus

🏠 Synaya   🛥 🍽 ⛵ ⛱ AC ⌀

FAMILIAL · FONCTIONNEL Dans un quartier résidentiel, ce petit hôtel est agrémenté d'un jardin planté de palmiers. Les chambres sont sobres et fonctionnelles, avec de belles salles de bains ; on profite aussi d'une piscine au calme, idéale pour le farniente...

11 chambres – ♦80/240 € ♦♦80/240 € – ☟14 €

Plan : -r – *92 chemin Olive, (direction Plage de Portissol)*
– 𝒞 *04 94 74 10 50 – www.hotelsynaya.fr*
– *Ouvert 19 mars-29 oct.*

SANCERRE

✉ 18300 (Cher) – 1 541 hab. – Alt. 342 m – Carte régionale n° **12**-D2
▶ Paris 198 km – Bourges 46 km – La Charité-sur-Loire 30 km – Salbris 69 km
Carte Michelin 323-M3 – Guide Vert Michelin Limousin Berry

SANCERRE

Abreuvoirs (Remp. des)	2	Paix (R. de la)	8	Puits-des-Fins (R. du)	16
Marché-aux-Porcs (R. du)	5	Panneterie (R. de la)	9	St-André (R.)	18
Nouvelle Place	6	Pavé-Noir (R. du)	12	St-Jean (R.)	20
		Porte-César (R.)	13	St-Père (R.)	22
		Porte-Serrure (R.)	15	Trois-Piliers (R. des)	23

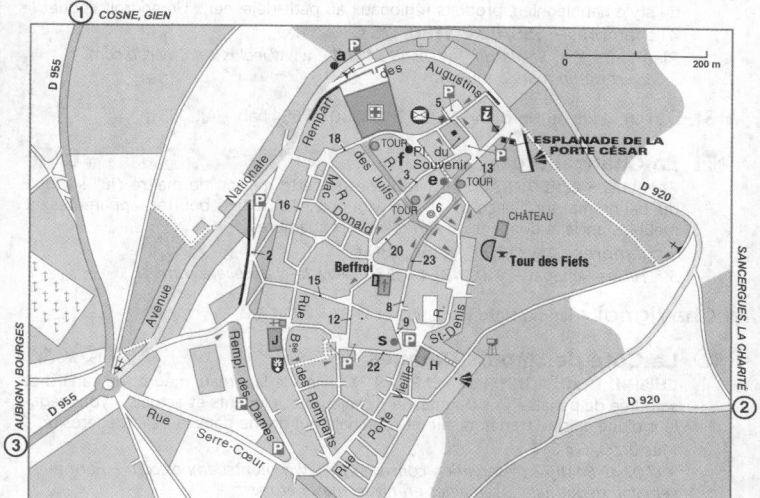

✿ La Tour (Baptiste Fournier) ✿✿ AIC

CUISINE MODERNE · COSY ✕✕✕ Saveurs et fraîcheur, au pied d'une tour du 14ᵉ s. ! Un jeune chef œuvre ici et concocte, avec de beaux produits, une cuisine non dénuée de finesse, de goût et de caractère. Pour ne rien gâcher, l'atmosphère est amicale et détendue ; depuis le premier étage, on profite tranquillement de la vue sur le vignoble...

→ Velouté de tomate, sauge, olives et focaccia. Agneau confit et grillé, girolles, amandes et sariette. Chocolat, thym et meringue au café.

Formule 25 € – Menu 42/110 € ☂ – Carte 55/65 €

Plan : -e – *31 Nouvelle-Place* – ☏ *02 48 54 00 81* – *www.latoursancerre.fr*
– *Fermé janv., dim. soir et lundi*

☺ La Pomme d'Or ♿

CUISINE TRADITIONNELLE · CONVIVIAL ✕ N'hésitez pas à croquer dans cette pomme ! Ici, le chef joue la carte de la tradition pour le plus grand bonheur des gourmands. Dans l'assiette, c'est parfumé et coloré. Le tout accompagné, cela va de soi, d'un verre de sancerre blanc, rosé ou rouge... selon votre envie.

Menu 21 € (déj. en semaine), 32/50 €

Plan : -s – *r. de la Panneterie* – ☏ *02 48 54 13 30 (réservation conseillée)*
– *Fermé vacances de Noël, dim. soir d'oct. à mars, mardi et merc.*

🏠 Le Panoramic ⇐ 🛏 🖥 ♿ AIC 🏊

TRADITIONNEL · FONCTIONNEL Le Panoramic n'a pas volé son nom ! Il offre un superbe point de vue sur le vignoble. Chambres fonctionnelles, plus agréables côté vignes ; boutique de vins.

55 chambres – ♦76/108 € ♦♦88/121 € – 2 suites – ☑ 12 €

Plan : -a – *rempart des Augustins* – ☏ *02 48 54 22 44* – *www.panoramicotel.com*

⌂ **Le Clos Saint-Martin**

TRADITIONNEL · PERSONNALISÉ Au cœur du village, cet ancien relais de poste (19ᵉ s.) dispose de chambres fonctionnelles, sobres et agréables. Petit salon cosy de style napoléonien, produits régionaux au petit-déjeuner... Un endroit coquet !

41 chambres – 🛏55/80 € 🛏🛏80/125 € – 立11 €

Plan : -f – *10 r. St-Martin* – ℰ 02 48 54 21 11 – *www.leclos-saintmartin.com*
– *Ouvert de fin mars à mi-nov.*

à St-Satur 3 km au Nord par D955 – ✉ 18300 – 1 554 hab. – Alt. 155 m

🏠 **La Chancelière**

FAMILIAL · PERSONNALISÉ La terrasse de cette maison de maître (18ᵉ s.) jouit du panorama sur Sancerre et son vignoble. Tomettes, poutres apparentes et meubles anciens donnent du caractère aux chambres.

5 chambres 立 – 🛏120 € 🛏🛏160/180 €

5 r. Hilaire-Amagat – ℰ 02 48 54 01 57 – *www.la-chanceliere.com*

à Chavignol 4 km au Nord par D955 et D183 – ✉ 18300

🍽○ **La Côte des Monts Damnés**

CUISINE TRADITIONNELLE · ÉLÉGANT XX Filet de lapereau, magret de canard et sa purée de panais... Ces Damnés-là – chaleureux, élégants et actuels – vous régalent d'une cuisine traditionnelle et régionale qui donne dans la belle générosité.

Menu 39/67 € ▼

– ℰ 02 48 54 01 72 *(réservation conseillée)* – *www.montsdamnes.com* – *Fermé 1 semaine début juil., 2 semaines en hiver, mardi et merc.*

🍽○ **Le Bistrot de Damnés**

CUISINE TRADITIONNELLE · BISTRO X Honneur au célèbrissime chavignol et aux belles viandes. Ici, on savoure moult plats du terroir dans une atmosphère conviviale et il y a aussi le petit menu du jour à l'ardoise, comme dans tout bistrot qui se respecte. Des Damnés... élus !

👄 Formule 11 € – Menu 14 € (déj. en semaine), 20/33 € – Carte 27/38 €
Hôtel La Côte des Monts Damnés – ℰ 02 48 54 01 72 – *www.montsdamnes.com*

🏠 **La Côte des Monts Damnés**

FAMILIAL · PERSONNALISÉ Un charmant hôtel au cœur de Chavignol, village vénéré pour son fameux "crottin". Les chambres, spacieuses et chaleureuses, adoptent une déco résolument contemporaine... Une adresse de caractère !

12 chambres – 🛏85/164 € 🛏🛏103/183 € – 2 suites – 立14 €

– ℰ 02 48 54 01 72 – *www.montsdamnes.com*

🍽○ **Le Bistrot de Damnés** • 🍽○ **La Côte des Monts Damnés** – voir les restaurants ci-dessus

à St-Thibault 4 km au Nord par D955 et D4 – ✉ 18300

⌂ **Hôtel de la Loire**

FAMILIAL · PERSONNALISÉ Original et confortable ! Des chambres décorées sur le thème du voyage, en bord de Loire... Ici, Georges Simenon écrivit deux romans. Grand choix de pains et confitures maison.

11 chambres – 🛏80/112 € 🛏🛏80/112 € – 立11 €

2 quai de Loire – ℰ 02 48 78 22 22 – *www.hotel-de-la-loire.fr*

SANCOINS

✉ 18600 (Cher) – 3 266 hab. – Alt. 210 m – Carte régionale n° **12**-D3
▶ Paris 284 km – Bourges 51 km – Nevers 46 km – Orléans 172 km
Carte Michelin 323-N6

Le St-Joseph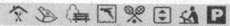

TRADITIONNEL · FONCTIONNEL Sur la place principale du village, une agréable maison de pays avec une petite cour fleurie ; on y propose des chambres fonctionnelles et confortables. Cuisine traditionnelle au restaurant. Une adresse sympathique.

16 chambres – †52 € ††52/62 € – ♤ 9 € – ½ P

pl. de la Libération – ℰ 02 48 74 61 21

SANCY

✉ 77580 (Seine-et-Marne) – 379 hab. – Alt. 142 m – Carte régionale n° **19**-C2
▶ Paris 55 km – Château-Thierry 48 km – Coulommiers 14 km – Meaux 13 km
Carte Michelin 312-G2

 Château de Sancy

TRADITIONNEL · CLASSIQUE Cette gentilhommière du 18ᵉ s. invite à la détente, avec son grand parc, ses agréables chambres (les plus confortables se trouvant "au château") et de nombreuses activités proposées : équitation, tennis, piscine, etc.

21 chambres – †160/230 € ††160/260 € – ♤ 16 €

1 pl. de l'Église – ℰ 01 60 25 77 77 – www.chateaudesancy.com et www.longitudehotels.com

SAND

✉ 67230 (Bas-Rhin) – 1 140 hab. – Alt. 159 m – Carte régionale n° **1**-B2
▶ Paris 501 km – Barr 15 km – Erstein 7 km – Molsheim 26 km
Carte Michelin 315-J6

 La Charrue

AUBERGE · FONCTIONNEL Une auberge familiale et conviviale, en lieu et place d'un ancien relais de charretiers (d'où l'enseigne). Les chambres sont bien tenues, dans des styles variés : moderne, classique ou plus rustique. Sympathique barwinstub ; cuisine régionale au restaurant, d'esprit bistrot chic.

23 chambres – †70/110 € ††80/130 € – ♤ 12 € – ½ P

4 r. du 1ᵉʳ-Décembre – ℰ 03 88 74 42 66 – www.lacharrue.com – Fermé 16-31 août et 23 déc.-5 janv.

SANDARVILLE

✉ 28120 (Eure-et-Loir) – 382 hab. – Alt. 171 m – Carte régionale n° **11**-B1
▶ Paris 105 km – Brou 23 km – Chartres 16 km – Châteaudun 36 km
Carte Michelin 311-E5

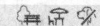 **Auberge de Sandarville**

CUISINE CLASSIQUE · RUSTIQUE XX Poutres, cheminée, meubles chinés et tableaux composent le cadre de cette ferme beauceronne (1850), au charme bucolique. Aux beaux jours, on profite de la terrasse fleurie et on se dit que la tradition a du bon !

Formule 31 € – Menu 37/63 € – Carte 55/70 €

14 r. Sente-aux-Prêtres, (près de l'église) – ℰ 02 37 25 33 18 – Fermé 26 juil.-6 août, 11-30 janv., mardi soir en hiver, dim. soir et lundi

SANDILLON

✉ 45640 (Loiret) – 3 971 hab. – Alt. 101 m – Carte régionale n° **12**-C2
▶ Paris 148 km – Châteaudun 65 km – Châteauneuf-sur-Loire 16 km – Orléans 13 km
Carte Michelin 318-J4

à l'Est 2 km par D951 et rte secondaire

 Château de Champvallins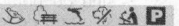

CHÂTEAU · HISTORIQUE Êtes-vous prêt à remonter le temps ? Si oui, passez le portail sécurisé de ce superbe château du 18ᵉ s., environné d'un parc de 10 ha. Dans les chambres, classicisme rime avec raffinement. Douceur et charme bucolique...

5 chambres – †130/270 € ††130/270 € – ♤ 14 €

1079 r. de Champvallins – ℰ 02 38 41 16 53 – www.chateaudechampvallins.com – Fermé fév.

SANILHAC – 07 (Ardèche) → voir Largentière

SAN-MARTINO-DI-LOTA – 2B (Haute-Corse) → voir Corse (Bastia)

SANTA-GIULIA (GOLFE DE) – 2A (Corse-du-Sud) → voir Corse (Porto-Vecchio)

SANT'ANTONINO – 2B (Haute-Corse) → voir Corse

SANTENAY
✉ 21590 (Côte-d'Or) – 859 hab. – Alt. 225 m – Carte régionale n° **7**-A3
▶ Paris 330 km – Autun 39 km – Beaune 18 km – Chalon-sur-Saône 25 km
Carte Michelin 320-I8 – Guide Vert Michelin Bourgogne

⭑○ Le Terroir
CUISINE TRADITIONNELLE · COSY ⅩⅩ Au cœur du village, une maison pimpante et chaleureuse au service d'une cuisine régionale appétissante : fricassée du braconnier, coq au vin rouge, parfait glacé au marc de Bourgogne... Joli choix de vins au verre.
Formule 22 € – Menu 27/55 € – Carte 45/75 €
pl. du Jet-d'Eau – ℰ 03 80 20 63 47 – www.restaurantleterrroir.com
– Fermé 1ᵉʳ-7 sept.,5 déc.-14 janv., merc. soir de nov. à avril, dim. soir et jeudi

🏠 Prosper Maufoux
CHÂTEAU · CLASSIQUE Cette imposante maison de maître, sur la place principale de Santenay, a été construite en 1860 par le notaire Prosper Maufoux. Les chambres, décorées avec raffinement, préservent l'esprit de l'époque : parquet à chevrons, mobilier de style, cheminées... Et le caveau de dégustation accueillera les amateurs de bons vins !
3 chambres ⌂ – ✦170 € ✦✦180 €
1 pl. du Jet-d'Eau – ℰ 03 80 20 68 71 – www.maufoux.com – Fermé 2 semaines en janv.

LE SAPPEY-EN-CHARTREUSE
✉ 38700 (Isère) – 1 101 hab. – Alt. 1 014 m – Carte régionale n° **45**-C2
▶ Paris 577 km – Chambéry 61 km – Grenoble 14 km – St-Pierre-de-Chartreuse 14 km
Carte Michelin 333-H6 – Guide Vert Michelin Alpes du Nord

⭑○ Les Skieurs
CUISINE TRADITIONNELLE · FAMILIAL ⅩⅩ Une bonne auberge pour les skieurs certes, mais aussi pour les marmottes – le feu de cheminée crépite tout l'hiver – et plus encore pour les gourmands. Dans un décor tout en bois, on déguste de solides assiettes pétries des saveurs du terroir... avant de voir arriver un beau chariot de fromages et de desserts maison !
Formule 20 € – Menu 25 € (semaine), 37/47 € – Carte 34/54 €
10 chambres – ✦79/87 € ✦✦79/87 € – ⌂12 €
– ℰ 04 76 88 82 76 – www.lesskieurs.com – Fermé vacances de Pâques, de Toussaint, de Noël, mardi midi, dim. soir et lundi

SARE
✉ 64310 (Pyrénées-Atlantiques) – 2 535 hab. – Alt. 70 m – Carte régionale n° **3**-A3
▶ Paris 794 km – Biarritz 26 km – Cambo-les-Bains 19 km – Pau 138 km
Carte Michelin 342-C5 – Guide Vert Michelin Pays Basque et Navarre

⭑○ Olhabidea
CUISINE MODERNE · FAMILIAL Ⅹ Une ferme basque du 16ᵉ s. où l'on sert une cuisine du potager simple et sans prétention, servie dans l'ambiance feutrée du salon ou de la bibliothèque... Les chambres regorgent d'objets personnels et de souvenirs ; autour, on flâne dans un parc de quatre hectares planté d'érables, de conifères et de camélias... Quel charme !
Menu 25 € (déj. en semaine)
5 chambres ⌂ – ✦85/90 € ✦✦85/90 €
quartier Sainte-Catherine, 2 km à l'Est par D4 – ℰ 05 59 54 21 85
– www.olhabidea.com – Fermé déc.-janv.

Arraya

FAMILIAL · PERSONNALISÉ Cet ancien relais de Compostelle, d'architecture traditionnelle, abrite des chambres coquettes (mobilier en bois, tissus cousus main), certaines ouvrant sur le jardin classé. Décor basque au restaurant, avec terrasse ombragée : plats régionaux et boutique gourmande.

18 chambres – †85/150 € ††85/195 € – ⌴ 11 €

pl. du village – ℘ 05 59 54 20 46 – www.arraya.com – Ouvert 28 mars-2 nov.

Lastiry

FAMILIAL · PERSONNALISÉ Derrière une façade typiquement basque, un hôtel chaleureux et familial. Les chambres sont confortables et soignées, certaines avec un petit cachet ancien. Au restaurant, recettes du terroir et ambiance rustique.

11 chambres ⌴ – †80/100 € ††80/140 €

pl. du village – ℘ 05 59 54 20 07 – www.hotel-lastiry.com – Ouvert 15 mars-12 nov.

Pikassaria

FAMILIAL · RUSTIQUE Bâtisse d'aspect régional située dans la campagne, sur la route de l'Espagne. Chambres propres et fonctionnelles, mais anciennes pour la plupart. Au restaurant, décor rustique et cuisine traditionnelle. Une adresse appréciée notamment des randonneurs.

17 chambres – †50/55 € ††55/60 € – ⌴ 8 €

à Lehenbiscay 2 km au Sud par D409 – ℘ 05 59 54 21 51
– www.hotel-pikassaria.com – Ouvert 18 mars-13 nov.

SARLAT-LA-CANÉDA

✉ 24200 (Dordogne) – 9 414 hab. – Alt. 145 m – Carte régionale n° **4**-D3
▶ Paris 526 km – Bergerac 74 km – Brive-la-Gaillarde 52 km – Cahors 60 km
Carte Michelin 329-I6 – Guide Vert Michelin Périgord Quercy

✿ Le Grand Bleu (Maxime Lebrun)

CUISINE MODERNE · CONVIVIAL ✗✗ De son passage dans de grandes maisons, Maxime Lebrun a retenu l'amour du travail bien fait, un vrai sens de la générosité et l'esprit d'invention. Il signe une cuisine de l'instant, très fine et en phase avec les saisons, revendiquant même ne travailler qu'avec les producteurs de son département !

➜ Roulé de bœuf, foie gras poêlé et consommé. Ris de veau caramélisé à la truffe, risotto à la truffe et sauce Périgueux. Macaron et glace à l'olive noire, crème d'asperge verte.

Menu 36 € (déj.), 54/125 €

43 av. de la Gare, au Sud par D704, rte de Domme et Bergerac – ℘ 05 53 31 08 48
– www.legrandbleu.eu – Ouvert d'avril à nov. et fermé mardi midi, merc. midi,
dim. soir et lundi

Clos La Boëtie

LUXE · PERSONNALISÉ Aux portes de la si belle cité de Sarlat, cette demeure bourgeoise joue la carte du raffinement et du confort : beaux tissus, mobilier de qualité et aménagements soignés créent une atmosphère feutrée et romantique. Autres atouts notables : la piscine couverte, l'espace bien-être et l'accueil soucieux du client.

8 chambres – †256/370 € ††256/370 € – 3 suites – ⌴ 14 €

Plan : V-b *– 97 av. de Selves – ℘ 05 53 29 44 18 – www.closlaboetie-sarlat.com*
– Ouvert 29 mars-15 nov.

Plaza Madeleine

BUSINESS · ACTUEL Emplacement avantageux pour cet hôtel de bonne facture, situé à l'entrée de la vieille ville. Les murs anciens de la demeure (19ᵉ s.), le chic contemporain des chambres, la piscine à débordement et l'espace bien-être, le soin apporté à l'entretien des lieux : tout invite à un agréable séjour.

39 chambres – †102/225 € ††102/225 € – ⌴ 15 €

Plan : Y-e *– 1 pl. de la Petite-Rigaudie – ℘ 05 53 59 10 41*
– www.plaza-madeleine.com

SARLAT-LA-CANÉDA

Albusse (R. d') . . . . **YZ** 2
Allende (Pl. Salvador) . . . . . . **Y** 3
Arlet (Bd Henri) . . . . **YZ**
La Boétie (R. de) . . . . **Z** 21
Bouquerie (Pl. de la) . . . . . . **Y**
Breuil (R. du) . . . . **X**
Brossard (Av.) . . . . **V** 4
Cahors (R. de) . . . . **X**
Cahuet (R. Alberic) . . . . **YZ**
Chanoines (Cour des) . . . . . **Z** 6
Consuls (R. des) . . . . **Y** 7
Cordil (R. du) . . . . **Z** 8
Delpeyrat (R. J.-Baptiste) . . . **X** 10
Desmouret (Chemin de) . . . . **V**
Escande (R. J.-Joseph) . . . . **Z**
Faure (R. Émile) . . . . **X, Z** 12
Fénelon (R.) . . . . **Y**
Fontaines (Cour des) . . . . . . **Z** 13
Frères Chambon (R. des) . . . **Z** 16
Gabin (R. Jean) . . . . **V** 17
Gallière (R.) . . . . **X**
Gambetta (Av.) . . . . **V** 18
Gaubert (R.) . . . . **Y**
Gaulle (Av. du Gén.-de) . . . . **Y** 20
Grande Rigaudie (Pl. de la) . . **Z**
Jean-Jaurès (R.) . . . . **Y**
J.-J.-Rousseau (R.) . . . . **Y**
Lakanal (R.) . . . . **Z** 22
Landry (R.) . . . . **Y** 25
Leclerc (Av. du Gén.) . . . . **X, Z** 26
Leroy (Bd Eugène) . . . . **Y**
Libération (Pl. de la) . . . . . . **X**
Liberté (Pl. de la) . . . . **Z**
Liberté (R. de la) . . . . **YZ** 27
Marché aux Oies (Pl. du) . . . **Y** 30
Monfort (R. Sylvia) . . . . **V** 31
Monges (Chemin des) . . . . . **V**
Montaigne (R.) . . . . **Z**
Moulin (R. Jean) . . . . **V** 32
Nessmann (Bd Victor) . . . . . **Y**
Papucie (R.) . . . . **Y** 34
Pasteur (Pl.) . . . . **X**
Peyrou (Pl. du) . . . . **Z** 35
Plantier (Chemin du) . . . . . . **X**
Présidial (R. du) . . . . **Y** 36
République (R. de la) . . . . . . **YZ**
Rossignol (R. Pierre) . . . . . . **X** 38
Rousset (R.) . . . . **Y** 39
Salamandre (R. de la) . . . . . **Y** 40
Ségogne (Pass. Henri-de) . . **V** 42
Selves (Av. de) . . . . **V** 43
Siège (R. du) . . . . **Z**
Thiers (Av.) . . . . **X**
Tourny (R.) . . . . **Z** 44
Trappe (R. de la) . . . . **X** 46
Trois Conils (R. des) . . . . . . **Z** 47
Troubadour Cayrels (R. du) . . **V** 48
Tunnel (R. du) . . . . **Z** 50
Turenne (R. de) . . . . **Z** 51
Victor-Hugo (Bd) . . . . **X, Z** 52
Voltaire (Bd) . . . . **YZ**
8-Mai-1945 (Square du) . . . . **Y**
11-Novembre (Pl. du) . . . . . . **Y**
14-Juillet (Pl. du) . . . . **Z**
19-Mars-1962 (Pl. du) . . . . . **V** 54
26-Juin-1944 (R. du) . . . . . . **V** 55

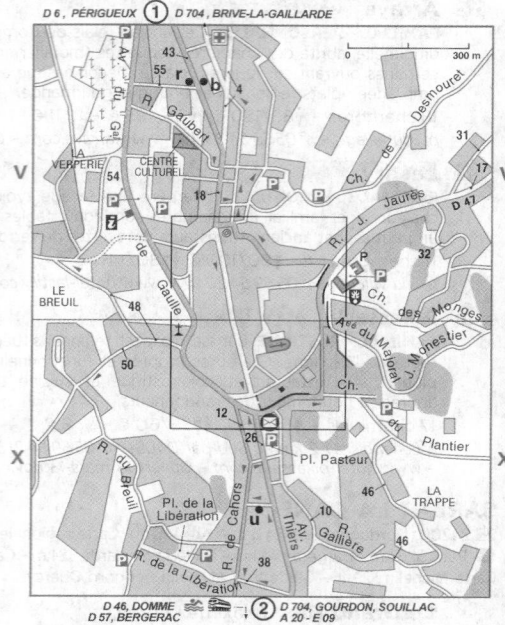

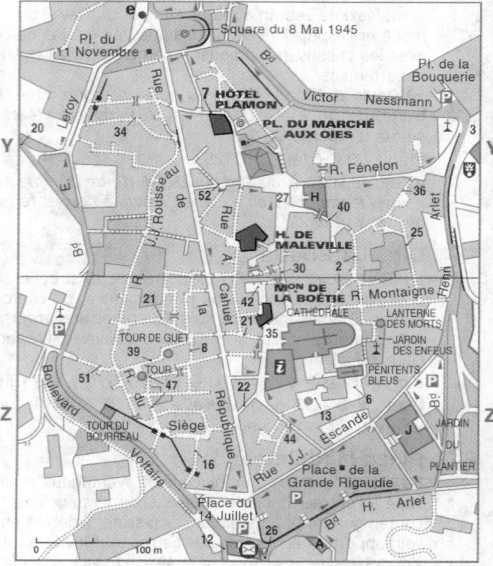

Le Renoir

BUSINESS · ACTUEL Rien d'impersonnel dans cet hôtel voisin de la cité médiévale, qui se répartit sur deux maisons de maître séparées par un petit jardin avec piscine. Toutes différentes, les chambres se révèlent cosy et tenues avec soin.

36 chambres – †93/190 € ††93/190 € – ⌑ 14 €

Plan : X-u – *2 r. Abbé-Surgier* – ℰ *05 53 59 35 98* – *www.hotel-renoir-sarlat.com*

Compostelle

FAMILIAL · FONCTIONNEL Un établissement familial, à 400 m du centre historique. Les chambres, dans un style contemporain, sont confortables et bien tenues. Idéal pour partir à la découverte de la cité !

23 chambres – †80/124 € ††88/200 € – ⌑ 12 €

Plan : V-r – *66 av. de Selves* – ℰ *05 53 59 08 53*
– *www.hotel-compostelle-sarlat.com* – *Ouvert 30 mars-15 nov.*

La Maison des Peyrat

FAMILIAL · CAMPAGNARD On s'y croirait dans une maison de famille à la campagne... Difficile de résister au charme de cette jolie demeure noyée sous la verdure, sur les hauteurs de Sarlat : vieilles pierres, poutres anciennes, mobilier en bois peint, joli jardin plein de recoins pour paresser, et accueil très chaleureux !

10 chambres – †59/112 € ††59/112 € – ⌑ 11 €

Le Lac de la Plane, à l'Est par chemin des Monges (Plan : VX) – ℰ *05 53 59 00 32*
– *www.maisondespeyrat.com* – *Ouvert 1ᵉʳ avril-15 nov.*

Les Peyrouses

FAMILIAL · ACTUEL Étape au calme, dans un environnement vallonné à deux pas du centre de Sarlat. Dans l'agréable salon avec cheminée, on se sent comme chez des amis. Chambres de belle taille, joliment rustiques. Sur réservation, table d'hôte le soir.

5 chambres – †76/82 € ††76/82 € – ⌑ 10 €

aux Peyrouses, 2 km à l'Ouest (Plan : Z) – ℰ *05 53 28 89 25*
– *www.lespeyrouses-24.com*

au Sud 5 km rte de Gourdon puis rte de la Canéda et rte secondaire - ✉ 24200
Sarlat-la-Canéda

 Le Mas de Castel

FAMILIAL · SIMPLE À la campagne, un ancien corps de ferme devenu sympathique hostellerie. Dans les chambres, simplement mais joliment arrangées (certaines en rez-de-jardin), les nuits sont paisibles, et une nouvelle extension vient d'être achevée, offrant plus d'espace et un bel esprit contemporain...

19 chambres – †85/130 € ††85/130 € – ⌑ 11 €

Le Sudalissant – ℰ *05 53 59 02 59* – *www.hotel-lemasdecastel.com*
– *Ouvert Pâques-11 nov.*

au Sud 3 km au Sud par rte de Bergerac et rte secondaire –
✉ 24200 Sarlat-la-Canéda :

 Relais de Moussidière

FAMILIAL · MODERNE Calme absolu dans cette maison de caractère bâtie à flanc de rocher. Les chambres, avec leurs notes exotiques, invitent au voyage. Dans la journée ou le soir venu, on se promène dans le parc en terrasse qui descend jusqu'à un étang. Un établissement idéal pour visiter les joyaux du Périgord noir !

35 chambres – †138/178 € ††158/198 € – ⌑ 15 €

Moussidière Basse – ℰ *05 53 28 28 74* – *www.hotel-moussidiere.com* – *Ouvert d'avril à oct.*

SARPOIL - 63 (Puy-de-Dôme) ➜ voir Issoire

SARRAS

✉ 07370 (Ardèche) – 2 072 hab. – Alt. 133 m – Carte régionale n° **43**-E2
▶ Paris 527 km – Annonay 20 km – Lyon 72 km – St-Étienne 60 km
Carte Michelin 331-K2

ⅡO Le Vivarais ⟵ AC P

CUISINE CLASSIQUE · CLASSIQUE XX Au menu de cette sympathique maison traditionnelle, on découvre une généreuse cuisine classique, réalisée par un chef qui connaît son sujet sur le bout des doigts ! Mention spéciale pour le chariot de desserts, toujours aussi appétissant... Quelques chambres bien pratiques pour une étape sur la route des vacances.

🍴 Menu 19 € (semaine), 32/62 € – Carte 44/59 €

6 chambres – ♦56/80 € ♦♦65/80 € – ☑8 €

– ℰ 04 75 23 01 88 – Fermé 15 fév.-10 mars, 3-25 août, dim. soir, lundi soir et mardi

SARREGUEMINES

✉ 57200 (Moselle) – 21 605 hab. – Alt. 210 m – Carte régionale n° **27**-D1

▶ Paris 396 km – Metz 70 km – Nancy 96 km – Saarbrücken 18 km

Carte Michelin 307-N4

❀ Auberge St-Walfrid (Stephan Schneider) 🍴 🏠 ⅋ AC P

CUISINE TRADITIONNELLE · ÉLÉGANT XXX Une bien jolie auberge, où l'on s'attable parmi les vitrines où brille la faïence de Sarreguemines. Le chef, Stephan Schneider, est un défenseur de la belle tradition ! Il aime travailler avec les maraîchers de la région et acheter des bêtes entières, pour les préparer lui-même. À la force du goût.

➔ Foie gras de canard poêlé à la mirabelle, streusel à la cannelle, réduction de vin de noix. Brochette de langoustines, croustillant de pommes de terre, jus vert. Feuille à feuille au chocolat, ganache parfumée à la framboise.

Menu 35 € (semaine), 68/108 € – Carte 70/105 €

Hôtel Auberge St-Walfrid - 58 r. de Grosbliederstroff, 2 km à l'Ouest par rte de Grosbliederstroff, St Avold et Forbach – ℰ 03 87 98 43 75 – www.stwalfrid.com – Fermé vacances de fév., 26 juil.-9 août, lundi midi, sam. midi et dim.

ⅡO La Charrue d'Or ⓝ

CUISINE TRADITIONNELLE · CONVIVIAL XX Le chef, sérieux et motivé, propose à la fois des classiques régionaux – gibier en saison, par exemple – et des propositions plus modernes. Dans les deux cas, les produits sont de bonne facture et travaillés avec goût : on passe un agréable moment.

Menu 21/60 € – Carte 40/55 €

Plan : BZ-f – 21 r Poincaré – ℰ 03 87 98 14 55 – www.lacharruedor.fr – Fermé 3 semaines en juil., 1 semaine en janv., sam. midi et dim.

ⅡO Le Petit Thierry P

CUISINE MODERNE · À LA MODE X Cet ancien moulin, face à la Sarre, arbore le look d'un bistrot contemporain... mais conserve son imposant poêle en faïence ! On y apprécie une cuisine du marché à travers un menu-carte qui change régulièrement. Frais et coloré.

Formule 24 € – Menu 37 €

135 r. de France, 1,5 km à l' Ouest par D910, St Avold et Forbach – ℰ 03 87 98 22 59 – Fermé 5-17 sept., 21-30 janv., merc. soir et jeudi

ⅡO Brasserie du Casino 🏠 ⅋ P

CUISINE TRADITIONNELLE · BRASSERIE X Sur les bords de la Sarre, l'ancienne faïencerie de Sarreguemines transformée en restaurant ! On y savoure des recettes régionales concoctées avec des produits de qualité. Et confortablement installé dans la salle, on peut admirer la belle collection de... faïences. En prime, les prix sont raisonnables.

Formule 17 € ♥ – Menu 22/32 € – Carte 27/54 €

Plan : BZ-e – 4 r. Col.-Édouard-Cazal, (casino des Faïenciers) – ℰ 03 87 09 59 78 – www.brasserie-du-casino.com – Fermé 4-19 janv., lundi et mardi du 17 oct. au 28 mars

SARREGUEMINES

Chamborand
(R. du Marquis-de) ..... **BZ** 2
Chapelle (R. de la) .... **BZ** 3
Cremer (R. des Généraux) **ABZ** 6

Faïenceries (Bd des) ...... **BZ** 7
France (R. de) .... **AZ** 8
Gare (Av. de la) .... **BZ** 12
Louvain (Chaussée de) ... **BYZ** 15
Marché (Pl. du) .... **AZ** 17
Nationale (R.) .... **ABZ** 20
Or (R. d') .... **AZ** 22

Paix (R. de la) .... **AY** 23
Pasteur (R. L.) .... **BZ** 24
Ste-Croix (R.) .... **BZ** 27
St-Nicolas (R.) .... **AZ** 26
Sibille (Pl. du Gén.) .... **BZ** 28
Utzschneider (R.) .... **BZ** 30
Verdun (R. de) .... **AZ** 33

🏨 Auberge St-Walfrid
🀫 🐾 🛏 🔁 ♿ 🎖 🅿

FAMILIAL · CLASSIQUE À la sortie de la ville, une belle maison en pierre où, depuis cinq générations, la même famille cultive l'art de recevoir. Dans les grandes chambres au parquet de chêne, on respire le charme discret de la bourgeoisie.

11 chambres – 🛏108/158 € 🛏🛏108/158 € – 🍽 15 € – ½ P

58 r. de Grosbliederstroff, 2 km à l'Ouest et rte de Grosbliederstroff, St Avold et Forbach – ℰ 03 87 98 43 75 – www.stwalfrid.com

🍴 **Auberge St-Walfrid** – voir les restaurants ci-dessus

Une bonne table sans se ruiner ? Repérez les Bib Gourmand 🙂.

⌂ Amadeus

BUSINESS · FONCTIONNEL Un immeuble des années 1930 près de la gare. Les chambres sont avant tout fonctionnelles, équipées de bonnes literies. Une adresse adaptée à la clientèle d'affaires ou de passage.

39 chambres – ♦63 € ♦♦73 € – �‿9 €

Plan : BZ-r – 7 av. de la Gare – ✆ 03 87 98 55 46 – www.amadeus-hotel.fr – Fermé vacances de Noël

⌂ Les Chalands

FAMILIAL · PERSONNALISÉ Un ancien presbytère du 19ᵉ s. au cachet d'autrefois. De ses grandes chambres au parquet de bois blond, on contemple la Sarre et le canal, espérant de mystérieux chalands... Le charme se prolonge au jardin et sur la terrasse sur pilotis pour un copieux petit-déjeuner.

5 chambres ☿ – ♦60/80 € ♦♦80/100 €

8 r. des Chalands, 1,5 km à l'Ouest par D910 – ✆ 06 37 50 84 58 – www.les-chalands.com

rte de Bitche 11 km à l'Est par D662 – ✉ 57200 Sarreguemines :

☺ Pascal Dimofski

CUISINE MODERNE · RÉTRO ✗✗ Julien Dimofski, fils de Pascal, a progressivement repris les fourneaux de la maison familiale. À la suite du paternel, il compose des assiettes soignées et savoureuses, pile dans l'air du temps : pommes de terre grillées farcies aux escargots, côte de veau de lait... Côté des décor, style rustique et notes contemporaines.

Menu 30/90 € – Carte 60/97 €

rte de Bitche, (2 Quartier de la Gare, d'Hagueneau) – ✆ 03 87 02 38 21 – Fermé 3 semaines en août, 2 semaines en fév., sam. midi, dim. soir, lundi et mardi

SARRE-UNION
✉ 67260 (Bas-Rhin) – 2 961 hab. – Alt. 240 m – Carte régionale n° **1**-A1
▣ Paris 407 km – Metz 81 km – Nancy 84 km – St-Avold 37 km
Carte Michelin 315-G3

rte de Strasbourg 10 km au Sud-Est par N61 – ✉ 67260 Burbach :

⫮○ Windhof

CUISINE CLASSIQUE · CONVIVIAL ✗✗✗ Escargots d'Hirschland, crème de panais et sablé au parmesan ; filet de sandre et choucroute nouvelle... Cette adresse familiale joue la carte de la gastronomie d'aujourd'hui ; soin et saveurs sont au rendez-vous. Bon à savoir : l'établissement est facilement accessible depuis l'autoroute A 4 (sortie 43).

Formule 24 € – Menu 27 € (semaine), 38/58 € – Carte 40/65 €

lieu-dit Windhof – ✆ 03 88 01 72 35 – www.windhof.fr – Fermé 1ᵉʳ-8 janv., 15-26 fév., 25 juil.-12 août , dim. soir, mardi soir et lundi

SARZEAU
✉ 56370 (Morbihan) – 7 710 hab. – Alt. 30 m – Carte régionale n° **9**-A3
▣ Paris 478 km – Nantes 111 km – Redon 62 km – Vannes 23 km
Carte Michelin 308-O9 – Guide Vert Michelin Bretagne Sud

à Penvins 7 km au Sud-Est par D198 – ✉ 56370 Sarzeau

⫮○ Le Mur du Roy

CUISINE MODERNE · FAMILIAL ✗✗ Les yeux dans le bleu... On savoure une cuisine iodée servie dans l'une des deux vérandas au décor marin ou sur la terrasse face à l'océan. Pas de fausse note, tout est raccord ! Petites chambres fonctionnelles pour prolonger l'étape.

☙ Formule 16 € – Menu 19 € (déj. en semaine), 27/47 € – Carte 38/63 €
10 chambres – ♦63/95 € ♦♦63/95 € – ☿11 €

43 chemin du Mur-du-Roy, Penvins – ✆ 02 97 67 34 08 – www.lemurduroy.com – Fermé 18 déc.-31 janv., vend. midi, dim. soir et jeudi

SASSENAY – 71 (Saône-et-Loire) → voir Chalon-sur-Saône

SASSETOT-LE-MAUCONDUIT
✉ 76540 (Seine-Maritime) – 1 050 hab. – Alt. 89 m – Carte régionale n° **33**-C1
◪ Paris 198 km – Bolbec 29 km – Fécamp 16 km – Le Havre 55 km
Carte Michelin 304-D3

ⅈ○ Le Relais des Dalles
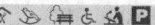

CUISINE TRADITIONNELLE · AUBERGE ✕✕ Un Relais qui fleure bon la Normandie... La maison est rustique à souhait, mais notre préférence va au jardin, charmant (terrasse). La carte cultive la tradition, avec un beau choix de vins de Loire et de bordeaux. Quelques jolies chambres dans la maison attenante.

Menu 33/59 € – Carte 50/70 €
5 chambres – ♦82/155 € ♦♦97/155 € – ☐13 €
6 r. Élisabeth-d'Autriche, (près du château) – ℰ 02 35 27 41 83
– www.relais-des-dalles.fr – Fermé 19 déc.-15 janv., lundi et mardi sauf le soir du 14 juil. au 24 août et merc. midi

🏠 Château de Sissi

CHÂTEAU · HISTORIQUE Point de cinéma, mais une réalité historique : l'impératrice Sissi séjourna trois mois dans ce beau château du 18ᵉ s. Photos et tableaux permettent de se confronter à la vérité du mythe, tout en cultivant l'art de vivre... à la viennoise !

26 chambres – ♦75/350 € ♦♦75/350 € – 2 suites – ☐16 €
r. Elisabeth-d'Autriche – ℰ 02 35 28 00 11 – www.hotelchateaudesissi.com
– Fermé 2 janv.-12 fév.

SAUGUES
✉ 43170 (Haute-Loire) – 1 822 hab. – Alt. 960 m – Carte régionale n° **6**-C3
◪ Paris 529 km – Brioude 51 km – Mende 72 km – Le Puy-en-Velay 43 km
Carte Michelin 331-D4 – Guide Vert Michelin Auvergne

ⅈ○ La Terrasse

CUISINE MODERNE · CLASSIQUE ✕✕ Rassurez-vous : la bête du Gévaudan n'est plus ! En revanche, si vous avez conservé un appétit de loup, cette adresse est pour vous : le chef, Cyril Tardy, livre une interprétation actuelle de la cuisine du terroir, en utilisant de bons produits locaux pleins de fraîcheur.

Formule 23 € – Menu 29/60 €
cours du Dr-Gervais – ℰ 04 71 77 83 10 – www.hotellaterrasse-saugues.com
– Ouvert 15 mars-15 nov. et fermé dim. soir et lundi

🏠 La Terrasse
FAMILIAL · COSY Au centre du village dominé par la tour des Anglais, maison ancienne tenue par la même famille depuis 1795. Chambres d'esprit contemporain, fraîches et bien équipées.

9 chambres – ♦70 € ♦♦85 € – ☐13 €
cours du Dr-Gervais – ℰ 04 71 77 83 10 – www.hotellaterrasse-saugues.com
– Ouvert 16 mars-16 nov.
ⅈ○ **La Terrasse** – voir les restaurants ci-dessus

SAUJON
✉ 17600 Saujon (Charente-Maritime) – 7 008 hab. – Alt. 7 m – Carte régionale n° **38**-B3
◪ Paris 499 km – Poitiers 165 km – La Rochelle 71 km – Saintes 28 km
Carte Michelin 324-E5 – Guide Vert Michelin Poitou-Charentes

ᵮ⃝ Le Ménestrel 🏠 🅐🅒

CUISINE MODERNE · ÉLÉGANT XX Sans verser dans la chanson épique, David Ménestrel laisse aller son imagination pour créer des plats actuels, forts en goût ; il développe une cuisine ambitieuse et recherchée, dans laquelle finesse et saveur se partagent la vedette. L'été, on déguste tout cela en terrasse, sous les arbres !

Formule 16 € – Menu 35/110 € ♈ – Carte 50/74 €

Hôtel Le Richelieu, pl. Richelieu – ℰ 05 46 06 92 35
– www.restaurant-lemenestrel.com – Fermé dim. soir sauf du 12 juil. au 23 août, mardi midi et lundi

🏠 Le Richelieu ✿ ㊤ 🅐🅒 🎬

TRADITIONNEL · ACTUEL Sur la place du village, une belle maison en pierre (18ᵉ s.) avec des chambres fonctionnelles, engageantes et parfaitement tenues. Un bon plan !

20 chambres – ♦61/85 € ♦♦61/143 € – ☲ 10 €

pl. Richelieu – ℰ 05 46 02 82 43 – www.hotel-lerichelieu-saujon.com – Fermé 5-18 janv.

ᵮ⃝ **Le Ménestrel** – voir les restaurants ci-dessus

SAULES – 25 (Doubs) → voir Ornans

SAULGES

✉ 53340 (Mayenne) – 297 hab. – Alt. 97 m – Carte régionale n° **35**-C1
▶ Paris 249 km – Château-Gontier 37 km – La Flèche 48 km – Laval 33 km
Carte Michelin 310-G7 – Guide Vert Michelin Pays de la Loire

🏠 L'Ermitage ✿ ㊥ 🏊 🍽 ㊤ 🏋 🚗

TRADITIONNEL · RUSTIQUE Cette maison ancienne se trouve dans un petit village connu pour ses grottes et son canyon. Les chambres sont coquettes et donnent sur la campagne ou le village, celles de l'annexe étant plus spacieuses et modernes. Ne manquez pas de visiter la jolie petite chapelle (16ᵉ s.) qui se trouve à deux pas.

33 chambres – ♦71/113 € ♦♦71/113 € – ☲ 11 €

3 pl. St-Pierre – ℰ 02 43 64 66 00 – www.hotel-ermitage.fr – Fermé vacances de Pâques, de la Toussaint et de Noël

SAULIEU

✉ 21210 (Côte-d'Or) – 2 514 hab. – Alt. 535 m – Carte régionale n° **8**-C2
▶ Paris 248 km – Autun 40 km – Avallon 39 km – Beaune 65 km
Carte Michelin 320-F6 – Guide Vert Michelin Bourgogne

🏵🏵 Le Relais Bernard Loiseau 🍽 ㊥ ㊤ 🅐🅒

CUISINE CLASSIQUE · ÉLÉGANT XXXX L'élégant cadre bourguignon, ouvert sur le jardin, est toujours aussi séduisant. La carte offre le choix entre les "classiques de Bernard Loiseau" et des propositions plus actuelles, imaginées par le chef Patrick Bertron. Quant au service, aimable et efficace, il ajoute encore au plaisir du repas !

→ Jambonnettes de grenouilles à la purée d'ail et au jus de persil. Sandre à la peau croustillante et fondue d'échalote, sauce au vin rouge. Rose des sables à la glace pur chocolat et coulis d'orange confite.

Menu 70 € (déj. en semaine), 155/225 € – Carte 137/245 €

Plan : -e – *Hôtel Le Relais Bernard Loiseau, 2 r. d'Argentine – ℰ 03 80 90 53 53 – www.bernard-loiseau.com – Fermé 11 janv.-18 fév., mardi et merc. sauf fériés*

🏠 Le Relais Bernard Loiseau ✿ ㊥ ㊥ 🏊 🈵 🏊 ㊤ 🅐🅒 🏋 🚗

LUXE · ÉLÉGANT Un Relais dans la grande tradition française, qui fait honneur à l'hospitalité bourguignonne. Murs du 18ᵉ s., poutres et colombages patinés par les ans, sols en terre cuite, mobilier ancien... mais aussi spa et piscine idyllique. Intemporel et furieusement chic !

19 chambres – ♦165/705 € ♦♦165/705 € – 13 suites – ☲ 30 €

Plan : -e – *2 r. d'Argentine – ℰ 03 80 90 53 53 – www.bernard-loiseau.com – Fermé 11 janv.-18 fév., mardi et merc. sauf fériés*

🏵🏵 **Le Relais Bernard Loiseau** – voir les restaurants ci-dessus

SAULIEU

Argentine (R. d')	3
Bertin (R. J.)	4
Collège (R. du)	6
Courtépée (R.)	7
Foire (R. de la)	8
Fours (R. des)	9
Gambetta (R.)	10
Gare (Av. de la)	12
Gaulle (Pl. Ch.-de)	14
Grillot (R.)	15
Marché (R. du)	17
Parc des Sports (R. du)	18
Sallier (R.)	19
Tanneries (R. des)	20
Vauban (R.)	21

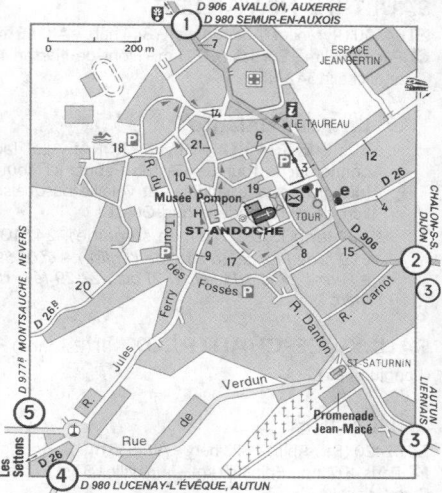

🏠 Hostellerie de la Tour d'Auxois

FAMILIAL · COSY Un couvent ? Oui... et non ! Il y a bien longtemps que les cellules ont fait place à des chambres cosy et à de jolis duplex, mais le charme bucolique du lieu est demeuré intact. Jardin paysager, piscine, cuisine actuelle réalisée par un jeune couple de cuisiniers : une halte sympathique.

29 chambres – ♦85/145 € ♦♦85/145 € – ☲ 13 €

Plan : -r – *square Alexandre-Dumaine* – 𝒞 03 80 64 36 19 – www.tourdauxois.com
– *Fermé 20 déc.-12 fév.*

SAULON-LA-RUE

✉ 21910 (Côte-d'Or) – 677 hab. – Alt. 215 m – Carte régionale n° **8**-D1
▶ Paris 324 km – Beaune 43 km – Dijon 12 km – Gevrey-Chambertin 9 km
Carte Michelin 320-K6

🏠 Château de Saulon

CHÂTEAU · DESIGN Dans son parc arboré où rien ne manque (piscine, étang...), ce joli petit château du 17ᵉ s. joue les dandys du 21ᵉ s. Mariages et séminaires trouveront ici un écrin de valeur, avec quatre espaces dédiés. Côté chambres, sobriété et classicisme sont de mise.

32 chambres – ♦99/195 € ♦♦105/195 € – ☲ 15 €

67 r. de Dijon, rte de Seurre – 𝒞 03 80 79 25 25 – www.chateau-saulon.com
– *Fermé 14 fév.-7 mars*

SAULT

✉ 84390 (Vaucluse) – 1 352 hab. – Alt. 765 m – Carte régionale n° **42**-E1
▶ Paris 718 km – Aix-en-Provence 86 km – Apt 31 km – Avignon 69 km
Carte Michelin 332-F9 – Guide Vert Michelin Provence

🏠 Hostellerie du Val de Sault

RURAL · PERSONNALISÉ Original : à la manière d'un hameau dans la pinède, les chambres se répartissent dans plusieurs bungalows. Spacieuses, avec coin salon et terrasse, certaines en duplex avec des salles de bains panoramiques ! Symbiose avec la Provence...

14 suites – ♦♦135/320 € – 6 chambres – ☲ 21 €

2 km, rte St-Trinit et rte secondaire – 𝒞 04 90 64 01 41 – www.valdesault.com
– *Ouvert 27 avril-3 nov.*

SAULT-DE-NAVAILLES

⊠ 64300 (Pyrénées-Atlantiques) – 844 hab. – Alt. 65 m – Carte régionale n° **3**-B3
▶ Paris 756 km – Bordeaux 177 km – Mont-de-Marsan 44 km – Pau 58 km
Carte Michelin 342-H1

⅋○ **La Tour Galante**　　　　　　　　　　🎍 ♿ AC ⇔ 🅿

CUISINE TRADITIONNELLE · RURAL ✕ La façade pimpante de ce restaurant donne sur la tour de Gaston Fébus. Ici, tout est frais et fait maison : garbure, foie gras, salade landaise et volaille basquaise. Voilà une adresse où l'on cultive l'art de vivre made in Sud-Ouest !

🍴 Menu 13 € ⅋ (déj. en semaine), 24/40 € – Carte 30/46 €
*699 r. de France, (à côté de l'Église) – 𝒞 05 59 67 55 29 – www.latourgalante.com
– Fermé 27 juin-13 juil., 11-21 oct., 22-29 fév., dim. soir, lundi soir, mardi soir et merc.*

SAULX-LES-CHARTREUX – 91 (Essonne) → voir Autour de Paris

(Longjumeau)

SAULXURES

⊠ 67420 (Bas-Rhin) – 523 hab. – Alt. 535 m – Carte régionale n° **1**-A2
▶ Paris 407 km – Épinal 71 km – Lunéville 65 km – Strasbourg 67 km
Carte Michelin 315-G6

🙂 **Côté Bistrot**　　　　　　　　　　　　　　🎍 🅿

RÉGIONALE · RUSTIQUE ✕ Au sein de l'auberge La Belle Vue, le pendant du "Côté Gastro" : ici, on profite à moindre coût du savoir-faire de la maison, de son souci du bon produit et du fait-main, à travers de savoureuses spécialités régionales et quelques recettes plus originales.

🍴 Menu 15 € (déj. en semaine)/24 € – Carte 33/59 €
*Hôtel La Belle Vue, 36 r. Principale – 𝒞 03 88 97 60 23 – www.la-belle-vue.com
– Fermé 3 semaines en janv., mardi et merc. de sept. à juin et dim. midi*

⅋○ **Côté Gastro**　　　　　　　　　　　　　　🎍 🅿

CUISINE MODERNE · ÉLÉGANT ✕✕ Lambris et plancher blond le disputent aux paravents peints ; la terrasse ombragée par des sapins domine la forêt des Vosges... Un bel endroit, assurément, pour une cuisine "gastro" qui prend racine dans la région et se montre aussi voyageuse, à l'image de ce thon snacké, tomates de plein champ et condiment ananas-vanille.

Menu 30/68 € – Carte 40/61 €
*Hôtel La Belle Vue, 36 r. Principale – 𝒞 03 88 97 60 23 – www.la-belle-vue.com
– Fermé 3 semaines en janv., mardi et merc. de sept. à juin*

🏠 **La Belle Vue**

TRADITIONNEL · FONCTIONNEL La même famille tient cette auberge depuis quatre générations. Point trop de tradition cependant : l'adresse surprend par son décor contemporain, tout en beaux matériaux ! Les chambres et suites sont confortables, avec du mobilier ramené de nombreux voyages... Agréable jardin.

9 chambres – ♦98 € ♦♦146 € – 2 suites – �13 € – ½ P
36 r. Principale – 𝒞 03 88 97 60 23 – www.la-belle-vue.com – Fermé 3 semaines en janv.

🙂 **Côté Bistrot** • ⅋○ **Côté Gastro** – voir les restaurants ci-dessus

SAUMUR

⊠ 49400 (Maine-et-Loire) – 27 523 hab. – Alt. 30 m – Carte régionale n° **35**-C2
▶ Paris 300 km – Angers 67 km – Le Mans 124 km – Poitiers 97 km
Carte Michelin 317-I5 – Guide Vert Michelin Châteaux de la Loire

SAUMUR

Anjou (R. d') . . . . **BZ** 2
Beaurepaire (R.) . . . . **AY** 3
Bilange (Pl. de la) . . . . **BY** 4
Cadets (Ponts des) . . . . **BX** 5
Dr-Bouchard (R. du) . . . . . . **AZ** 6

Dupetit-Thouars (Pl.) . . . . **BZ** 7
Fardeau (R.) . . . . **AZ** 9
Gaulle (Av. Général-de) . . . . **BX**
Leclerc (R. du Mar.) . . . . **AZ**
Nantilly (R. de) . . . . **BZ** 10
Orléans (R. d') . . . . **ABY**
Poitiers (R. de) . . . . **AZ** 12

Portail-Louis (R. du) . . . . **BY** 13
République (Pl. de la) . . . . . . **BY** 15
Roosevelt (R. Fr.) . . . . **BY** 16
St-Jean (R.) . . . . **BY** 18
St-Pierre (Pl.) . . . . **BY** 19
Tonnelle (R. de la) . . . . **BY** 20
Vieux-Pont (R. du) . . . . **BY** 22

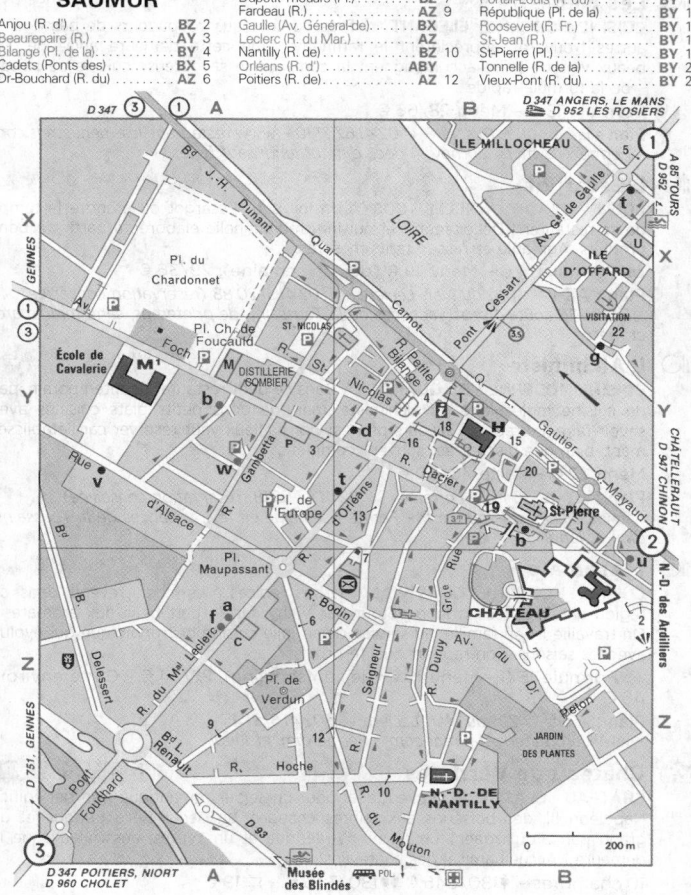

☸ **Le Gambetta** (Mickael Pihours)

CRÉATIVE · INTIME ✕✕ Jeux sur les textures, les associations de saveurs et les présentations : le jeune chef bouscule la tradition. Foie gras de canard, anguille et asperge verte ; saint-pierre cuit à 45°C, écorce de yuzu, couteaux à la grenade, quinoa au citron noir... La créativité est au rendez-vous, les sens sont en fête.

➜ Foie gras de canard, anguille et cocos de Paimpol en textures et en saveurs fumées. Saint-pierre cuit à 45°, écorces de yuzu, couteaux et quinoa au citron noir. Tartelette destructurée à la framboise, avocat et verveine.

Menu 28 € (déj. en semaine), 35/105 € – Carte 76/105 €

Plan : AY-w – *12 r. Gambetta*

– ℰ 02 41 67 66 66 – *www.restaurantlegambetta.fr*

– *Fermé 4-11 avril, 30 juil.-16 août, 1 semaine en oct., 18-27 déc., dim. soir, lundi et merc.*

ⅰ○ Les Ménestrels

CUISINE MODERNE · ÉLÉGANT XxX Près du château, troubadours de passage et autres trouvères apprécieront le raffinement de cette demeure ancienne. De beaux vins de Loire accompagnent la carte – une savoureuse cuisine de saison – ou la formule rapide.

Formule 18 € – Menu 28/66 €

Plan : BZ-u – 11 r. Raspail – ℰ 02 41 67 71 10 – www.restaurant-les-menestrels.com – Fermé 7-13 mars, 20 nov.-4 déc., dim. et lundi sauf fériés

ⅰ○ L'Escargot

CUISINE TRADITIONNELLE · COSY X Un joli petit Escargot où prendre le temps de se restaurer ! Décor feutré et cuisine traditionnelle élaborée à partir de bons produits. Agréable terrasse ; tarifs mesurés.

◉ Formule 14 € – Menu 19 € (déj. en semaine), 29/36 €

Plan : AZ-a – 30 r. du Mar.-Leclerc – ℰ 02 41 51 20 88 (réservation conseillée) – Fermé 16 août- 4 sept.,vacances de la Toussaint, de printemps, sam. midi, mardi et merc.

ⅰ○ L'Alchimiste

CUISINE MODERNE · DE QUARTIER X Dans ce petit restaurant contemporain, pas de cuisine moléculaire ou alchimiste, mais de bons petits plats cuisinés avec savoir-faire. Le rapport saveurs-prix est bon ! Mieux vaut réserver car l'établissement, bien que discret, est souvent complet...

Menu 22 € – Carte 30/50 €

Plan : AY-b – 6 r. de Lorraine – ℰ 02 41 67 65 18 (réservation conseillée) – www.lalchimiste-saumur.fr – Fermé 1 semaine en fév., vacances de la Toussaint, dim. et lundi

ⅰ○ L'Aromate

CUISINE MODERNE · CONVIVIAL X Herbes, épices... Le chef, revenu dans sa région natale après un long détour par Vichy, fait la part belle aux aromates ! On travaille ici en famille, au service d'une jolie cuisine bistronomique qui évolue avec les saisons. Bon rapport qualité-prix.

◉ Formule 15 € – Menu 19 € (déj. en semaine), 22/34 € – Carte environ 46 €

Plan : AZ-f – 42 r. du Mar.-Leclerc – ℰ 02 41 51 31 45 – www.laromate-restaurant.com – Fermé dim. et lundi

⌂ Château de Verrières

CHÂTEAU · CLASSIQUE Un lieu idéal pour un séjour romantique : un bel édifice Napoléon III, des boiseries aux teintes chaudes, un décor Belle Époque et un grand parc... où trônent un noyer d'Amérique et un cyprès, aussi vieux que la demeure ! Accueil amical des châtelains.

10 chambres – ♦180/345 € ♦♦180/345 € – ⌑ 19 €

Plan : AY-v – 53 r. d'Alsace – ℰ 02 41 38 05 15 – www.chateau-verrieres.com

⌂ St-Pierre

HISTORIQUE · PERSONNALISÉ Poutres massives, colombages, hautes cheminées en tuffeau, escalier à vis et meubles de style : un bien charmant hôtel installé dans des maisons datant de 1740 et joliment restaurées.

14 chambres – ♦125/210 € ♦♦245/300 € – ⌑ 15 €

Plan : BY-b – 8 r. Haute-St-Pierre – ℰ 02 41 50 33 00 – www.saintpierresaumur.com

⌂ Adagio

BUSINESS · MODERNE Au cœur de l'île d'Offard, en bord de Loire, cette imposante bâtisse abrite des chambres contemporaines et feutrées, très fonctionnelles. L'ensemble est propre et bien tenu, l'accueil est aimable : une bonne option pour découvrir la ville.

39 chambres – ♦70/109 € ♦♦80/163 € – ⌑ 13 €

Plan : BX-t – 94 av. du Gén.-de-Gaulle – ℰ 02 41 67 45 30 – www.hoteladagio.com – Fermé 23 déc.-2 janv.

🏠 Mercure Bord de Loire

HÔTEL DE CHAÎNE · FONCTIONNEL Sur l'île d'Offard, un hôtel moderne aux chambres fonctionnelles bien équipées. Atout de choix : certaines offrent un beau panorama sur la Loire et le centre historique.

45 chambres – ♦79/195 € ♦♦79/195 € – 3 suites – � 15 €
Plan : BY-g – *r. du Vieux-Pont*
– ☎ 02 41 67 22 42 – www.mercure.com

🏠 Kyriad

HÔTEL DE CHAÎNE · CLASSIQUE Situation centrale et calme assuré en cet établissement abritant de petites chambres confortables. Le décor est agréable : meubles de style ancien et teintes claires pour certaines ; épure contemporaine pour les autres...

29 chambres – ♦65/125 € ♦♦75/135 € – � 10 €
Plan : BY-d – *23 r. Daillé*
– ☎ 02 41 51 05 78 – www.hotelsaumur.com

🏠 Le Londres 🅿

TRADITIONNEL · PERSONNALISÉ Depuis quelques années, ses propriétaires ont su donner de la personnalité et un véritable coup de jeune à cet hôtel de 1837. Décors variés dans les chambres : anglais, lagon, prune, volupté... Deux appartements (avec cuisinettes) conviendront particulièrement aux familles.

27 chambres – ♦59/114 € ♦♦69/140 € – � 10 €
Plan : BY-t – *48 r. d'Orléans*
– ☎ 02 41 51 23 98 – www.lelondres.com

🏠 Ibis Styles

URBAIN · ACTUEL L'ancien hôtel Terminus – qui datait de 1890 ! – a bénéficié d'un lifting saisissant. Belle façade, intérieur moderne et graphique à tous les étages, agréables chambres climatisées avec douches à l'italienne... Une transformation réussie.

46 chambres � – ♦69/99 € ♦♦79/169 €
15 av. David-d'Angers, (face à la gare)
– ☎ 02 41 67 31 01 – www.ibisstyles.com

🏠 Manoir Plessis Bellevue

MAISON DE MAÎTRE · ÉLÉGANT Victor Hugo séjourna à plusieurs reprises dans ce beau manoir du 18e s., offrant une vue magistrale sur la Loire depuis les hauteurs de Saumur. Le jardin avec ses roses anciennes, la piscine panoramique, les chambres qui pourraient servir de décor à un film d'époque, tout exprime le bel art de vivre de la région...

5 chambres � – ♦150/195 € ♦♦170/220 €
15 r. Allix, (par la rue du Petit Puy) ✉ 49400 Saumur
– ☎ 02 41 51 32 73 – www.manoirplessisbellevue.com
– *Ouvert 15 mars-15 nov.*

à St-Hilaire-St-Florent 3 km par av. Foch (Plan : AXY) et D751 – ✉ 49400
– 4 200 hab. – Alt. 33 m

🏠 Les Terrasses de Saumur

TRADITIONNEL · COSY Tout près du Cadre noir, cet hôtel joue la carte des tendances : couleurs tranchées, lumière travaillée, espace bien-être... sans oublier la piscine et la terrasse en bois exotique ! Le restaurant offre même une vue superbe sur la ville.

20 chambres – ♦80/95 € ♦♦85/165 € – � 12 € – ½ P
chemin de l'Alat – ☎ 02 41 67 28 48 – www.lesterrassesdesaumur.fr

SAUSHEIM – 68 (Haut-Rhin) ➜ voir Mulhouse

LA SAUSSAYE

✉ 27370 (Eure) – 1 876 hab. – Alt. 137 m – Carte régionale n° **33**-D2
▶ Paris 130 km – Évreux 40 km – Louviers 20 km – Pont-Audemer 49 km
Carte Michelin 304-F6 – Guide Vert Michelin Normandie Vallée de la Seine

Manoir des Saules

CUISINE MODERNE • ÉLÉGANT XXX Les lieux évoquent à la fois une bonbonnière et un musée, mêlant œuvres d'art, objets décoratifs, recoins et poutres anciennes… Un cachet intemporel au service d'une cuisine qui joue elle aussi une partition classique : le goût de la tradition.

Menu 38 € (déj. en semaine), 60/75 € – Carte 74/92 €

2 pl. St-Martin – ☎ 02 35 87 25 65 (réservation conseillée) – www.manoirdessaules.com – Fermé fév., nov., merc. midi d'oct. à mars, dim. soir, lundi et mardi

Manoir des Saules

TRADITIONNEL • PERSONNALISÉ Ferronneries, cheminées, meubles anciens (dont quelques belles armoires normandes) : cet authentique manoir allie cachet et élégance, et l'on y fait étape comme dans une jolie gravure ancienne… Parfaitement tenu et charmant !

6 chambres – †150/320 € ††210/350 € – ☕ 20 €

2 pl. St-Martin – ☎ 02 35 87 25 65 – www.manoirdessaules.com – Fermé fév. et nov.

Manoir des Saules – voir les restaurants ci-dessus

SAUSSET-LES-PINS

✉ 13960 (Bouches-du-Rhône) – 7 703 hab. – Alt. 15 m – Carte régionale n° **40**-B3
▶ Paris 768 km – Aix-en-Provence 41 km – Marseille 37 km – Martigues 13 km
Carte Michelin 340-F6 – Guide Vert Michelin Provence

Les Girelles

POISSONS ET FRUITS DE MER • RÉTRO XX Simplement séparé de la Méditerranée par la route, cet agréable restaurant de bord de mer est une valeur sûre. Crustacés et poissons sont à l'honneur : homard, loup et dorade sont les spécialités de la carte, sans oublier le soufflé d'oursin (en hiver) et la bouillabaisse, avec ou sans girelles – ces petits poissons arc-en-ciel.

Menu 25 € 🍷 (déj. en semaine), 35/70 € – Carte 49/103 €

r. Frédéric-Mistral – ☎ 04 42 45 26 16 – www.restaurant-les-girelles.fr – Fermé janv., dim. soir, merc. midi et lundi

SAUTERNES

✉ 33210 (Gironde) – 752 hab. – Alt. 50 m – Carte régionale n° **3**-B2
▶ Paris 624 km – Bazas 24 km – Bordeaux 49 km – Langon 11 km
Carte Michelin 335-I7 – Guide Vert Michelin Aquitaine

Saprien

CUISINE MODERNE • TRADITIONNEL XX Un village réputé, une maison typique de vigneron, une terrasse pavée au pied des vignes du château Guiraud, des recettes inspirées, très joliment tournées et savoureuses, pensées autour du célèbre vin liquoreux… Au Saprien, on est au cœur du sujet "sauternes" !

Menu 29/90 € 🍷 – Carte 47/69 €

14 r. Principale – ☎ 05 56 76 60 87 – www.restaurantlesaprien.fr – Fermé 25 janv.-7 fév., merc. soir de nov. à mars, dim. soir et lundi

Relais du Château d'Arche

DOMAINE VITICOLE • PERSONNALISÉ Une charmante chartreuse du début du 17e s. au cœur d'un domaine viticole, dont on peut déguster les crus après une visite. Chambres classiques et cosy, avec une vue superbe sur les vignes alentour.

9 chambres – †120 € ††120/150 € – ☕ 10 €

rte de Bommes, 0,5 km au Nord – ☎ 05 56 76 67 67 – www.chateaudarche-sauternes.com

SAUVETERRE

⊠ 30150 (Gard) – 1 731 hab. – Alt. 23 m – Carte régionale n° **23**-D2
▶ Paris 669 km – Alès 77 km – Avignon 15 km – Nîmes 49 km
Carte Michelin 339-N4

🏰 Château de Varenne ⏦ 👝 ☔ AC 🛁 P

CHÂTEAU · CLASSIQUE Le parc à la française, où trône un superbe cèdre du Liban, ajoute au charme de cette élégante demeure du 18ᵉ s. Chambres raffinées, décorées de riches tissus et objets anciens.

13 chambres – ♦158/388 € ♦♦158/388 € – ⊆ 19 €

pl. St-Jean – 𝒞 04 66 82 59 45 – www.chateaudevarenne.com – Ouvert 25 mars-25 oct.

SAUVETERRE-DE-COMMINGES

⊠ 31510 (Haute-Garonne) – 724 hab. – Alt. 480 m – Carte régionale n° **28**-B3
▶ Paris 777 km – Bagnères-de-Luchon 36 km – Lannemezan 31 km – Tarbes 71 km
Carte Michelin 343-C6

🏨 Hostellerie des 7 Molles 🏠 👝 ⏦ ☔ ✕ ☰ P

FAMILIAL · CLASSIQUE Une grande maison dans une vallée calme, en pleine nature. Tranquillité, atmosphère familiale, restaurant traditionnel et... confort douillet ! Certaines chambres ont même un balcon donnant sur les citronniers et les orangers du jardin.

14 chambres – ♦92/180 € ♦♦118/180 € – ⊆ 14 € – ½ P

à Gesset – 𝒞 05 61 88 30 87 – www.hotel7molles.com – Fermé 15 fév.-15 mars, mardi et merc. d'oct. à juin

SAUVETERRE-DE-ROUERGUE

⊠ 12800 (Aveyron) – 793 hab. – Alt. 460 m – Carte régionale n° **29**-C1
▶ Paris 652 km – Albi 52 km – Millau 88 km – Rodez 30 km
Carte Michelin 338-F5

❀ Le Sénéchal (Michel Truchon) 👝 🛋 ⏦ AC

CUISINE MODERNE · ÉLÉGANT XxX Un poisson rouge en bocal sur chaque table, des œuvres d'art : le cadre sert à merveille la cuisine fine et délicate du chef, Michel Truchon. Il joue judicieusement sur les textures et les saveurs, proposant de beaux visuels, le tout avec des produits soigneusement choisis... Une cuisine généreuse et attentionnée !

→ Gnocchis de pommes de terre aux truffes. Bœuf d'Aubrac poêlé et pommes de terre confites à la graisse de canard. Dessert au fruit de saison.

Menu 30 € (semaine), 52/120 € – Carte 70/78 €

Le bourg – 𝒞 05 65 71 29 00 (réservation conseillée) – www.hotel-senechal.fr – Fermé 1ᵉʳ janv.-20 mars, dim. soir et lundi en juil.-août

🏨 Le Sénéchal 🏠 👝 ☰ ⏦ ☰ ☔ AC ✕ 🛁 P

AUBERGE · MODERNE Une auberge reconstruite dans le style du pays aux portes de cette bastide royale du 13ᵉ s. Les chambres sont spacieuses et confortables, certaines jouissant de belles terrasses. Un ensemble cossu et parfaitement tenu ; un beau représentant de la tradition hôtelière.

8 chambres – ♦135/150 € ♦♦135/150 € – 3 suites – ⊆ 18 € – ½ P

Le bourg – 𝒞 05 65 71 29 00 – www.hotel-senechal.fr – Fermé 1ᵉʳjanv.-20 mars, dim. soir et lundi sauf juil.-août

❀ **Le Sénéchal** – voir les restaurants ci-dessus

SAUVIAT-SUR-VIGE

⊠ 87400 (Haute-Vienne) – 946 hab. – Alt. 450 m – Carte régionale n° **24**-B2
▶ Paris 404 km – Guéret 49 km – Limoges 34 km – Panazol 30 km
Carte Michelin 325-G5

🏠 Auberge de la Poste   🌐 **P**

FAMILIAL · RUSTIQUE Une auberge chaleureuse sur l'axe principal du village. Les chambres sont pratiques, impeccablement tenues et se trouvent à l'écart des nuisances de la route ; quant au restaurant, il a un vrai cachet rustique et l'on y déguste des petits plats traditionnels.

10 chambres – 🛉50 € 🛉🛉63 € – ⊡ 8,50 €

141 r. Emile Dourdet – ℰ 05 55 75 30 12 – www.aubergedelaposte.fr – Fermé 21 déc.-6 janv.

SAUVIGNY-LES-BOIS – 58 (Nièvre) ➜ voir Nevers

SAUXILLANGES

⊠ 63490 (Puy-de-Dôme) – 1 194 hab. – Alt. 460 m – Carte régionale n° **6**-C2
▶ Paris 455 km – Ambert 46 km – Clermont-Ferrand 45 km – Issoire 14 km
Carte Michelin 326-H9 – Guide Vert Michelin Auvergne

🍴 Restaurant de la Mairie   🍴 **AC** ↔

CUISINE TRADITIONNELLE · ÉLÉGANT ✕✕ Un vrai coup de cœur pour cette maison typiquement auvergnate dont la chef, Chantal Fontbonne, nous régale littéralement ! Traditionnelle sans être vieux jeu, sa cuisine célèbre les beaux produits de la région et déborde de saveurs. En salle, son époux assure un service des plus charmants. On part avec l'envie de revenir vite...

≋ Formule 16 € – Menu 20 € (semaine), 32/68 € – Carte 28/65 €

11-17 pl. St-Martin – ℰ 04 73 96 80 32 – www.fontbonne.fr – Fermé 27 juin-4 juil., 26 sept.-3 oct., 8-22 janv., merc. sauf juil.-août, dim. soir et lundi

LE SAUZE – 04 (Alpes-de-Haute-Provence) ➜ voir Barcelonnette

SAUZON – 56 (Morbihan) ➜ voir Belle-Ile-en-Mer

SAVERNE

⊠ 67700 (Bas-Rhin) – 11 730 hab. – Alt. 200 m – Carte régionale n° **1**-A1
▶ Paris 450 km – Lunéville 88 km – St-Avold 89 km – Sarreguemines 65 km
Carte Michelin 315-I4

🍴 Le Clos de la Garenne   🛏 🍴 **P**

CUISINE MODERNE · ÉLÉGANT ✕✕ Il suffit parfois de prendre de la hauteur pour se croire à la montagne ! À l'image de ce restaurant, dominant la ville, avec sa salle à la décoration alpine. On y déguste de beaux produits travaillés dans un esprit gastronomique ou winstub (deux cartes distinctes). Accueil et service aux petits soins.

≋ Menu 20 € (déj. en semaine), 32/90 € – Carte 56/78 €

Hôtel le Clos de la Garenne, 88 rte du Haut-Barr, 1,5 km par rte de Haut-Barr – ℰ 03 88 71 20 41 – www.closgarenne.unblog.fr – Fermé merc. midi, sam. midi et dim. soir

🍴 Zum Staeffele   **AC** ⌀

CUISINE MODERNE · À LA MODE ✕✕ St-Pierre braisé à la crème, fraises marinées à la vanille meringuée et menthe, tartelette de morilles et ris de veau... Une cuisine dans l'air du temps, proposée dans un cadre contemporain. Louis XV, Louis XVI ou encore Goethe – hôtes du château tout proche – auraient sans doute apprécié !

Menu 26 € (déj. en semaine), 34/58 € – Carte 53/70 €

Plan : B-a – *1 r. Poincaré – ℰ 03 88 91 63 94 – www.staeffele.com/ – Fermé 3-25 août, 23 déc.-3 janv., dim. soir, lundi et mardi*

SAVERNE

Bouxwiller (R. de) . . . . **B** 2
Clés (R. des) . . . . **B** 3
Côte (R. de la) . . . . **B** 5
Dettwiller (R. de) . . . . **B** 6

Églises
(R. des) . . . . **B** 8
Foch (R. Mar.) . . . . **A** 12
Gare (R. de la) . . . . **A** 13
Gaulle (Pl. Gén.-de) . . . . . . **B** 14
Grand'Rue . . . . **AB**
Joffre (R. Mar.) . . . . **B** 15

Murs (R. des) . . . . **AB** 16
Pères (R. des) . . . . **B** 17
Poincaré (R.) . . . . **A** 20
Poste (R. de la) . . . . **B** 22
Tribunal (R. du) . . . . **B** 24
19-Novembre
(R. du) . . . . **A** 26

🍽️ Taverne Katz

ALSACIENNE · RUSTIQUE 🎋 Pour trouver ce restaurant, rien de plus simple : rendez-vous à l'hôtel de ville, c'est juste à côté ! Dans cette superbe maison à colombages (1605), on défend la cuisine locale dans une atmosphère conviviale.

Formule 13 € – Menu 46/56 € – Carte 32/60 €

Plan : B-n – *80 Grand'Rue* – ℰ *03 88 71 16 56* – *www.tavernekatz.com*
– *Fermé vacances de fév., lundi soir et jeudi soir*

🏨 Chez Jean

FAMILIAL · FONCTIONNEL Une affaire familiale proche de la gare, où l'on trouve des chambres confortables et spacieuses, dont deux en duplex pour accueillir les familles. Bel espace détente (hammam, jacuzzi, salle de soins, etc.). Spécialités régionales à la Winstub s'Rosestiebel.

40 chambres – 🛏69/89 € 🛏🛏89/133 € – ☲ 10 €

Plan : A-v – *3 r. de la Gare* – ℰ *03 88 91 10 19* – *www.chez-jean.com* – *Fermé 23-26 déc.*

🏨 Europe

BUSINESS · CLASSIQUE Derrière une belle façade en brique du début du 20ᵉ s., à deux pas du château des Rohan, un hôtel cossu et confortable, tenu avec soin. Les chambres sont spacieuses et sobrement décorées, et l'on profite d'un agréable salon feutré.

28 chambres – 🛏72/83 € 🛏🛏78/106 € – ☲ 11 €

Plan : A-e – *7 r. de la Gare* – ℰ *03 88 71 12 07* – *www.hotel-europe-fr.com*
– *Fermé 20 déc.-4 janv.*

à l'Est 3 km à l'Est par D421 – ⊠ 67700 Monswiller :

✿ **Kasbür** (Yves Kieffer)   ⊨ 📶 & AC 🅿

CUISINE MODERNE · À LA MODE XxX Né en 1932, le Kasbür est lié à la famille Kieffer depuis trois générations. Force de l'héritage ou fruit d'une exigence jamais démentie ? Yves Kieffer écrit aujourd'hui une nouvelle page de son histoire : produits de qualité, sauces pleines de parfums, pointe d'inédit... Une valeur sûre.
➜ Foie gras de canard. Canette des Dombes. Sphère au chocolat.

Menu 24 € (déj. en semaine), 49/95 € – Carte 65/80 €

8 r. de Dettwiller – ℰ 03 88 02 14 20 – www.restaurant-kasbur.fr – Fermé vacances de fév., 22 juil.-12 août, dim. soir, merc. soir, lundi et fériés le soir

SAVIGNEUX – 42 (Loire) ➜ voir Montbrison

SAVIGNY-LÈS-BEAUNE – 21 (Côte-d'Or) ➜ voir Beaune

SAVONNIÈRES
⊠ 37510 (Indre-et-Loire) – 3 132 hab. – Alt. 47 m – Carte régionale n° **11**-B2
▶ Paris 263 km – Blois 88 km – Orléans 139 km – Tours 17 km
Carte Michelin 317-M4 – Guide Vert Michelin Châteaux de la Loire

☺ **La Maison Tourangelle**   📶 AC ⇔

CUISINE MODERNE · RUSTIQUE XX Le rustique marié au moderne, une délicieuse terrasse sur le Cher et une belle cuisine de produits, gourmande et précise : voilà les atouts – et non des moindres – de cette maison tourangelle du 18ᵉ s.

Menu 32/69 € 🍷

9 rte des Grottes-Pétrifiantes – ℰ 02 47 50 30 05 – www.lamaisontourangelle.com – Fermé 16-31 août, 18 fév.-9 mars, dim. soir, lundi et merc.

SAZILLY – 37 (Indre-et-Loire) ➜ voir L'Île-Bouchard

SCHERWILLER
⊠ 67750 (Bas-Rhin) – 3 136 hab. – Alt. 185 m – Carte régionale n° **2**-C1
▶ Paris 439 km – Barr 21 km – Colmar 27 km – St-Dié 42 km
Carte Michelin 315-I7

ⅠО **Auberge Ramstein**   ⩽ 📶 ⅏ 🅿

CUISINE TRADITIONNELLE · AUBERGE XX Priorité à la tradition ! Foie gras et son chutney de prunes d'Alsace, filet de sandre au riesling : dans cette auberge au goût d'antan, les produits sont frais et de saison. Quant à la carte des vins, elle se montre digne de ce village vinicole.

Menu 32 € (dîner)/56 €

1 r. Riesling, direction Dambach-la-Ville – ℰ 03 88 82 17 00 – www.hotelramstein.fr – Fermé 23 déc.-15 janv., le midi sauf dim. de mi-nov. à mi-avril, dim. soir et lundi

🏠 **Auberge Ramstein**   ⇗ ⩽ 🗋 & ⅏ 🛎 🅿

TRADITIONNEL · CLASSIQUE "L'Alsace m'a adoptée !" affirme avec le sourire la patronne autrichienne... Cette demeure régionale, ouverte sur le vignoble, est très accueillante. Les chambres y sont spacieuses et soignées.

21 chambres ⌼ – ♦70/86 € ♦♦82/98 €

1 r. Riesling, direction Dambach-la-Ville – ℰ 03 88 82 17 00 – www.hotelramstein.fr – Fermé 23 déc.-15 janv.

ⅠО **Auberge Ramstein** – voir les restaurants ci-dessus

SCHILTIGHEIM – 67 (Bas-Rhin) ➜ voir Strasbourg

SCHIRMECK
⊠ 67130 (Bas-Rhin) – 2 372 hab. – Alt. 315 m – Carte régionale n° **1**-A2
▶ Paris 412 km – Nancy 101 km – St-Dié 41 km – Saverne 48 km
Carte Michelin 315-H6

aux Quelles 7,5 km au Sud-Ouest par D1420, D261 et rte forestière – ⌂ 67130

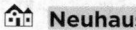 **Neuhauser** ⤳ ⏚ ⌖ ⌕ ⊡ ⌖ ⌖ ⌖ 🅿

AUBERGE · CAMPAGNARD Calme garanti dans cette auberge tapie dans un vallon de la forêt vosgienne. Chambres confortables (mobilier en bois clair) ; quelques chalets individuels sur le terrain. Au restaurant, cuisine régionale et... eau-de-vie de la distillerie familiale en digestif !

17 chambres – ♦92/97 € ♦♦99/198 € – ⌑ 14 €

– ⌕ 03 88 97 06 81 – www.hotel-neuhauser.com – Fermé 2 semaines fin nov. et 6-25 fév.

LA SCHLUCHT (COL DE) – 88 (Vosges) ➜ voir Col de la Schlucht

SCHNELLENBUHL – 67 (Bas-Rhin) ➜ voir Sélestat

SECLIN

⌂ 59113 (Nord) – 12 479 hab. – Alt. 30 m – Carte régionale n° **31**-C2
▶ Paris 212 km – Lens 26 km – Lille 17 km – Tournai 33 km
Carte Michelin 302-G4

🍴 **Auberge du Forgeron** ⌖ ⌖ ⊡ ⌖ ⌖

CUISINE MODERNE · ÉLÉGANT ⌖⌖⌖ Une auberge familiale pleine de charme. Côté restaurant gastronomique, la carte épouse l'air du temps ; côté bistrot, honneur au terroir et à la tradition. Et à l'heure du repos, on profite de chambres confortables et bien tenues.

Menu 32/89 € – Carte 61/114 €

16 chambres – ♦79/89 € ♦♦89/134 € – ⌑ 14 €

17 r. Roger-Bouvry

– ⌕ 03 20 90 09 52 – www.aubergeduforgeron.com

– Fermé 7-22 août, 24-30 déc., sam. midi et dim.

SEDAN

⌂ 08200 (Ardennes) – 18 430 hab. – Alt. 154 m – Carte régionale n° **14**-C1
▶ Paris 246 km – Charleville-Mézières 25 km – Metz 134 km – Reims 101 km
Carte Michelin 306-L4 – Guide Vert Michelin Champagne Ardenne

🍴 **Au Bon Vieux Temps** [AC]

CUISINE CLASSIQUE · TRADITIONNEL ⌖⌖ Une maison du 17e s. avec, comme au bon vieux temps, des murs ornés de fresques représentant Sedan dans les années 1900. Foie gras maison, suprême de turbot béarnaise : les amateurs de registre classique ne seront pas déçus. Ambiance plus décontractée, façon bistrot de terroir, au Marmiton.

Menu 29/35 € – Carte 32/57 €

Plan : BYZ-r – 3 pl. de la Halle – ⌕ 03 24 29 03 70

– www.restaurant-aubonvieuxtemps.com – Fermé 16 fév.-10 mars, 21-28 nov., dim. soir, merc. soir et lundi

🍴 **La Ronde des Sens** ⓝ ⌖

CUISINE MODERNE · CONVIVIAL ⌖⌖ Les sens sont à la fête dans ce restaurant du centre-ville, proche de la place de la Halle. La cuisine, généreuse et soignée, évoque la Méditerranée, comme avec ce superbe filet de saint-pierre, sa purée de pomme de terre vitelote et de panais. Excellent rapport qualité-prix. Profitez de la verrière.

Formule 13 € – Menu 30/37 €

Plan : BY-e – 34 r. du Ménil

– ⌕ 03 24 33 57 27 – www.larondedessens.fr

– Fermé 2 semaines en août et 3 semaines en janv.

SEDAN

Alsace-Lorraine (Pl. d')	**BZ** 2
Armes (Pl. d')	**BY** 3
Bayle (R. de)	**BY** 4
Berchet (R.)	**BY** 5
Blanpain (R.)	**BY** 6
Capucins (Rampe)	**BY** 7
Carnot (R.)	**BY** 8
Crussy (Pl.)	**BY** 9
Fleuranges (R. de)	**AY** 10

Francs-Bourgeois (R. des)	**BY** 12
Gambetta (R.)	**BY** 13
Goulden (Pl.)	**BY** 14
Halle (Pl. de la)	**BY** 15
Horloge (R. de l')	**BY** 17
Jardin (Bd du Gd)	**BY** 18
Lattre-de-Tassigny (Bd Mar.-de)	**AZ** 21
Leclerc (Av. du Mar.)	**BY** 24
Margueritte (Av. du G.)	**ABY** 26
Martyrs-de-la-Résistance (Av. des)	**AY** 27

Mesnil (R. du)	**BY**
Nassau (Pl.)	**BZ** 31
Promenoir-des-Prêtres	**BY** 33
Rivage (R. du)	**BY** 34
La Rochefoucauld (R. de)	**BY** 20
Rochette (Bd de la)	**BY** 35
Rovigo (R.)	**BY** 36
Strasbourg (R. de)	**BY** 39
Turenne (Pl.)	**BY** 41
Vesseron-Lejay (R.)	**AY** 42
Wuildet-Bizot (R.)	**BZ** 44

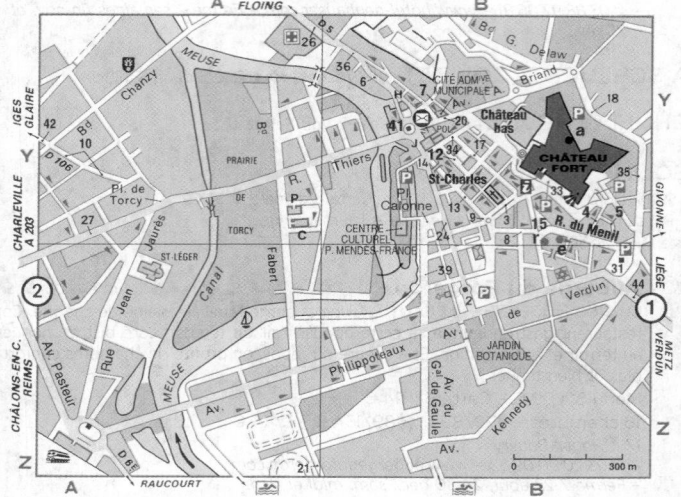

🏚 Hôtel le Château Fort   ⚜ 🔄 ♿ 🎐 🅿

HISTORIQUE · PERSONNALISÉ Cet impressionnant château fort du 15ᵉ s., aujourd'hui classé, surplombe la ville. Son ancien magasin à poudre s'est transformé en hôtel ! Dans les élégantes chambres et suites, de discrètes allusions médiévales évoquent le temps jadis. Quant aux repas, ils se déroulent dans l'ex-logis du lieutenant du roi.

44 chambres – ♦109/149 € ♦♦109/169 € – 10 suites – ☲ 14 €

Plan : BY-a – *dans le château fort, accès Porte-des-Princes* – ℰ 03 24 26 11 00
– *www.chateaufort-sedan.fr*

à **Donchery** 10 km à l'Ouest par D334 – ⊠ 08350 – 2 286 hab. – Alt. 150 m

🍽 Domaine Château du Faucon 🅝   🖼 🛏 ♿ 🆎 🅿

CUISINE TRADITIONNELLE · À LA MODE 🕱🕱 Le chef, ardennais de souche, met en valeur de beaux produits – viandes, poissons, crustacés – dans une cuisine volontairement classique, loin des modes ; il revisite les spécialités régionales en s'appuyant sur sa solide expérience.

Formule 28 € – Menu 36 € (déj. en semaine), 48/75 € – Carte 58/72 €
rte de Vrigne-aux-Bois – ℰ 03 24 41 87 83 – *www.domaine-chateaufaucon.com*
– *Fermé sam. midi, dim. soir et lundi*

🏚 Domaine Château du Faucon   ⚜ 🐾 🖼 🍽 ♿ 🎐 🅿

CHÂTEAU · PERSONNALISÉ Ce joli château du 17ᵉ s., entouré d'un beau parc de 28 ha, distille une ambiance feutrée ; ses chambres mêlent élégamment classique et contemporain. On peut même aller voir les chevaux dans les écuries voisines !

13 chambres – ♦85/220 € ♦♦150/220 € – 5 suites – ☲ 15 € – ½ P
rte de Vrigne-aux-Bois – ℰ 03 24 41 87 83 – *www.domaine-chateaufaucon.com*
🍽 **Domaine Château du Faucon** – voir les restaurants ci-dessus

SEGONZAC

✉ 19310 (Corrèze) – 227 hab. – Alt. 345 m – Carte régionale n° **24**-B3
▶ Paris 506 km – Brive-la-Gaillarde 31 km – Limoges 117 km – Tulle 58 km
Carte Michelin 329-I4 – Guide Vert Michelin Périgord Quercy

Pré Laminon

MAISON DE CAMPAGNE · PERSONNALISÉ Beaucoup de charme dans cette ancienne grange au calme des collines, à la croisée du Périgord et du Limousin. L'endroit est chaleureux et presque... savoyard, avec des chambres douillettes habillées de bois blond. La table d'hôte propose une bonne cuisine du terroir (confits et foie gras maison).

3 chambres ☕ – †50 € ††65 €

Laurégie – ✆ 05 55 84 17 39 – www.prelaminon.com – Ouvert avril-sept.

SÉGOS – 32 (Gers) ➜ voir Aire-sur-l'Adour

SEGRÉ

✉ 49500 (Maine-et-Loire) – 6 920 hab. – Alt. 40 m – Carte régionale n° **34**-B2
▶ Paris 334 km – Angers 44 km – Laval 55 km – Nantes 83 km
Carte Michelin 317-D2 – Guide Vert Michelin Pays de la Loire

Ibis Styles

HÔTEL DE CHAÎNE · FONCTIONNEL À côté d'une zone artisanale à la sortie de la ville, un complexe moderne abritant des chambres confortables, dans un esprit contemporain. Buffet et grillades sont proposés au restaurant.

48 chambres ☕ – †69/119 € ††79/119 € – ½ P

r. Gustave-Eiffel – ✆ 02 41 94 81 81 – www.accorhotels.com

SÉGURET – 84 (Vaucluse) ➜ voir Vaison-la-Romaine

SEIGNOSSE

✉ 40510 (Landes) – 3 461 hab. – Alt. 15 m – Carte régionale n° **3**-A3
▶ Paris 747 km – Biarritz 36 km – Dax 32 km – Mont-de-Marsan 85 km
Carte Michelin 335-C12

Villa de l'Étang Blanc

CUISINE MODERNE · ROMANTIQUE Une salle grande ouverte sur l'étang, une jolie terrasse... Les joies de la nature autour d'une belle cuisine du moment – calamar en tagliatelles façon carbonara, bonite à la mousseline de petits pois et tomate confite, etc. Priorité est donnée aux produits du terroir landais et au bio.

Formule 19 € – Menu 55 € – Carte 48/58 €

2265 rte de l'Étang-Blanc, 2,5 km au Nord par D185 et D432 – ✆ 05 58 72 80 15 – www.villaetangblanc.fr – Ouvert de fév. à oct. et fermé dim. soir, lundi et mardi de sept. à juin

Villa de l'Étang Blanc

FAMILIAL · PERSONNALISÉ Dans la forêt, à deux pas de l'Étang Blanc, une jolie villa landaise idéale pour une escapade romantique : dans ce site naturel privilégié, d'une grande quiétude, la demeure joue la carte d'un esprit contemporain empreint de douceur... Un bel endroit !

7 chambres – †80/160 € ††80/180 € – ☕ 12 €

2265 rte de l'Étang-Blanc, 2,5 km au Nord par D185 et D432 – ✆ 05 58 72 80 15 – www.villaetangblanc.fr – Fermé déc.-janv.

Villa de l'Étang Blanc – voir les restaurants ci-dessus

SEILH

✉ 31840 (Haute-Garonne) – 3 018 hab. – Alt. 133 m – Carte régionale n° **28**-B2
▶ Paris 671 km – Albi 90 km – Montauban 46 km – Toulouse 18 km
Carte Michelin 343-G2

Mercure Golf de Seilh

HÔTEL DE CHAÎNE · FONCTIONNEL Un "resort" propice aux affaires comme aux loisirs, au milieu de deux parcours de golf 18 trous. Chambres actuelles et fonctionnelles, aux teintes claires ; studios et appartements sont parfaits pour les longs séjours.

170 chambres – ♥77/225 € – ♥♥77/225 € – 2 suites – ☑17 €

rte de Grenade – ℰ 05 62 13 14 15 – www.mercure-toulouse-golf-de-seilh.com
– Fermé 18 déc.-4 janv.

SEILLANS

✉ 83440 (Var) – 2 489 hab. – Alt. 350 m – Carte régionale n° **41**-C3
▶ Paris 890 km – Antibes 54 km – Marseille 142 km – Toulon 106 km
Carte Michelin 340-O4 – Guide Vert Michelin Côte d'Azur

ⅼ○ La Gloire de mon Père

PROVENÇALE · BRASSERIE X L'atout de ce restaurant : sa terrasse dressée sur la place du village, entourant la belle fontaine et le lavoir. Au frais sous les vieux platanes, les plats traditionnels n'en ont que plus de relief...

Formule 23 € ♀ – Menu 31/41 € – Carte 31/61 €

1 pl. du Thouron – ℰ 04 94 60 18 65 – www.lagloiredemonpere.fr
– Fermé merc.

ⅼ○ Restaurant des Deux Rocs

CUISINE TRADITIONNELLE · ROMANTIQUE X La salle a le charme de la région, la terrasse prend ses aises sur les pavés et... sous les platanes, et la cuisine honore la gastronomie provençale. Ces Deux Rocs cultivent une vraie douceur de vivre, avec une pointe de raffinement.

Formule 20 € – Carte 34/43 €

Hôtel Des Deux Rocs, 1 pl. Font-d'Amont – ℰ 04 94 76 87 32
– www.hoteldeuxrocs.com – Ouvert 11 mars-14 nov. et fermé dim. soir, lundi et mardi midi d'oct. à mai et sam. midi, lundi et mardi midi en juil.-août

⌂ Hôtel des Deux Rocs

AUBERGE · COSY Il règne dans cette belle bastide du 18ᵉ s. postée sur les hauteurs du bourg l'atmosphère et le charme des maisons d'antan : mobilier ancien, jolis objets chinés, salles de bains rétro... Pour une escapade dans la Provence d'autrefois !

15 chambres – ♥75/80 € – ♥♥120/155 € – ☑15 €

1 pl. Font-d'Amont – ℰ 04 94 76 87 32 – www.hoteldeuxrocs.com
– Ouvert 11 mars-14 nov.

ⅼ○ **Restaurant des Deux Rocs** – voir les restaurants ci-dessus

SEIN (ÎLE DE) – 29 (Finistère) ➜ voir Île de Sein

SÉLESTAT

✉ 67600 (Bas-Rhin) – 19 397 hab. – Alt. 170 m – Carte régionale n° **2**-C1
▶ Paris 441 km – Colmar 24 km – Gérardmer 65 km – St-Dié 44 km
Carte Michelin 315-I7

⊛ La Vieille Tour

CUISINE TRADITIONNELLE · RUSTIQUE XX Au cœur du vieux Sélestat, dans cette chaleureuse maison alsacienne flanquée d'une tour (13ᵉ-15ᵉ s.), deux frères exécutent à quatre mains une partition généreuse, qui dévoile de jolis accords : tradition et notes plus actuelles, produits de qualité à prix raisonnables. Une adresse prisée !

⊜ Menu 14 € (déj. en semaine), 21/31 € – Carte 38/57 €

Plan : BY-s – *8 r. de la Jauge – ℰ 03 88 92 15 02 (réservation conseillée)*
– www.vieille-tour.com – Fermé 4-17 avril, dim. soir et lundi

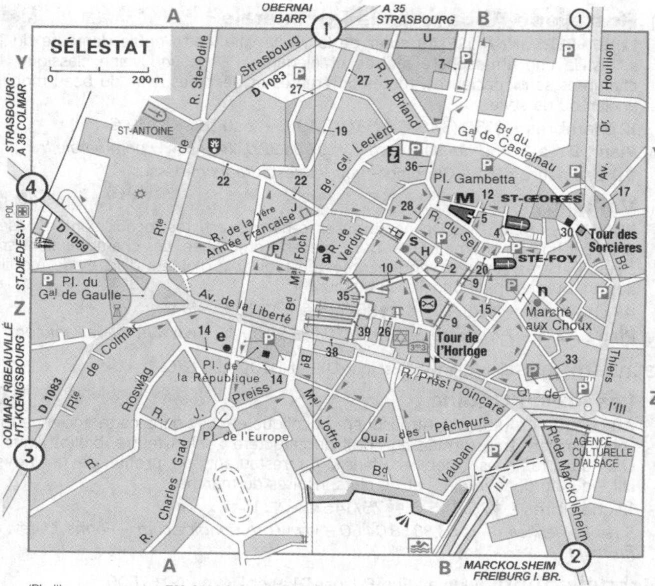

SÉLESTAT

Map area with labels: OBERNAI BARR, A 35 STRASBOURG, STRASBOURG A 35 COLMAR, COLMAR, RIBEAUVILLÉ HT-KŒNIGSBOURG, ST-DIÉ-DES-V., MARCKOLSHEIM FREIBURG I. BR.

Armes (Pl. d')	**BY** 2
Babil (R. du)	**BY** 4
Bibliothèque (R. de la)	**BY** 5
Charlemagne (Bd)	**BY** 7
Chevaliers (R. des)	**BYZ** 9
Clefs (R. des)	**BYZ** 10
Église (R. de l')	**BY** 12
Gallieni (R. du Gén.)	**AZ** 14
Hôpital (R. de l')	**BZ** 15

Lattre-de-Tassigny (Pl. du Mar.de).	**BY** 17
Maire-Knol (Allée du)	**BY** 19
Marché-Vert (Pl. du)	**BY** 20
Paix (R. de la)	**AY** 22
Prés.-Poincaré (R. du)	**BZ**
Sainte-Barbe (R.)	**BZ** 26
Schweisguth (Av.)	**ABY** 27

Serruriers (R. des)	**BY** 28
Strasbourg (Pl. Pte-de)	**BY** 30
Tanneurs (Quai des)	**BZ** 33
Victoire (Pl. de la)	**BZ** 35
Vieux-Marché aux Vins (R. du)	**BY** 36
4e-Zouaves (R. du)	**BZ** 38
17-Novembre (R. du)	**BZ** 39

ⅈ◯ Le Prieuré

⌂ AC

CUISINE MODERNE · ÉLÉGANT XXX Une vraie table gastronomique, où règne un esprit bourgeois et raffiné. Le jeune chef compose une cuisine d'aujourd'hui, réalisée avec des produits nobles, tels le foie gras, le bar sauvage, les Saint-Jacques, etc.

Formule 25 € – Menu 54/74 € – Carte 76/91 €

Plan : BY-a – Hostellerie Abbaye de la Pommeraie, 8 bd du Mar.-Foch
– ℰ 03 88 92 07 84 – www.pommeraie.fr – Fermé dim. soir et lundi

ⅈ◯ Il Giardino

⌂ AC

ITALIENNE · CONVIVIAL XX L'ambiance "brasserie", à la fois chic et conviviale, ne manque pas de charme. Et côté cuisine, on décline une carte de belles recettes italiennes : risotto "Carnaroli" au safran alsacien et girolles, ou encore poulpe en salade, tomates et huile extra-vierge au citron...

Formule 25 € – Menu 54 € ⚐ – Carte 43/61 €

Plan : BY-a – Hostellerie Abbaye de la Pommeraie, 8 bd du Mar.-Foch
– ℰ 03 88 92 07 84 – www.pommeraie.fr – Fermé dim. soir et lundi

ⅈ◯ Au Bon Pichet

⌂

CUISINE TRADITIONNELLE · CONVIVIAL X Il fait bon se restaurer dans cette maison tenue par la même famille depuis quatre générations ! Comme hier, le chef concocte de bonnes recettes traditionnelles : jarret de porc fumé en choucroute de pommes de terre, quenelles de sandre et sauce matelote... L'accueil convivial et le décor de winstub confirment que les règles du bien vivre sont indémodables !

Menu 23 € (déj. en semaine)/30 € – Carte 40/61 €

Plan : BZ-n – pl. du Marché-aux-Choux – ℰ 03 88 82 96 65 – Fermé 5-15 juil., 25 déc.-5 janv., dim. et lundi

🏠 Hostellerie Abbaye de la Pommeraie   🛜 🚲 📶 🅰️ 🎿 🚗

LUXE · PERSONNALISÉ Au cœur de la vieille ville, cette noble demeure du 17e s. distille une atmosphère feutrée et élégante... Dans une veine classique, les chambres sont spacieuses, toutes différentes et décorées avec du beau mobilier ancien ou de style.

12 chambres – 🛏150/349 € 🛏🛏150/349 € – 2 suites – ⊑ 19 €

Plan : BY-a – *8 bd du Mar.-Foch –* 𝒸 *03 88 92 07 84 –* www.pommeraie.fr

🍽 **Le Prieuré** • 🍽 **Il Giardino** – voir les restaurants ci-dessus

🏠 Vaillant   🛜 🚲 📶 ♿ 🅰️ 🎿

BUSINESS · MODERNE De nombreuses œuvres d'artistes locaux sont exposées dans cet hôtel moderne bordant une placette ombragée. Les chambres sont spacieuses et très soignées, agrémentées de tableaux, d'objets d'art et de mobilier design. Cuisine traditionnelle au restaurant.

47 chambres – 🛏85/105 € 🛏🛏85/125 € – ⊑ 10 € – ½ P

Plan : AZ-e – *7 r. Ignace-Spiess –* 𝒸 *03 88 92 09 46 –* www.hotel-vaillant.com

à Rathsamhausen 5 km à l'Est par D21 et D209 – ✉ 67600

🏠 Les Prés d'Ondine   🛜 🐾 ⟨ 🚲 ♿ 🎿 🅿️

AUBERGE · CLASSIQUE Atmosphère bucolique et cosy dans cette ancienne maison forestière transformée en hôtel de caractère : salon feutré, bibliothèque et chambres raffinées (mobilier chiné). Au restaurant, on profite de la vue sur l'Ill – qui borde le jardin – et de plats inspirés du marché.

12 chambres – 🛏75/145 € 🛏🛏75/145 € – ⊑ 13 €

5 rte Baldenheim – 𝒸 *03 88 58 04 60 –* www.presdondine.com – *Fermé 1er fév. à fin-mars*

Le Schnellenbuhl 8 km au Sud-Est par D159 et D424 – ✉ 67600

🍽 Auberge de l'Illwald   🚲 🅿️

CUISINE TRADITIONNELLE · AUBERGE XX Il règne ici une atmosphère de pavillon de chasse : trophées, tableaux représentant des scènes cynégétiques naïves et fantastiques, poêle en faïence, boiseries... La cuisine honore le terroir (civet de daim, terrines, etc.) et ose la modernité.

Formule 13 € – Menu 40/54 € – Carte 44/59 €

Hôtel de l'Illwald, Le Schnellenbuhl – 𝒸 *03 88 85 35 40 –* www.illwald.fr – *Fermé 30 juin-13 juil., 23 déc.-13 janv., mardi et merc.*

🏠 Hôtel de l'Illwald   🛜 🚲 🍵 🎿 ♿ 🅰️ 🎿 🅿️

AUBERGE · ACTUEL Ces jolies bâtisses régionales se trouvent en pleine forêt de l'Illwald, réserve naturelle depuis 1995. Les chambres, très confortables, sont décorées avec goût, mélange de boiseries et de meubles design. Espace bien-être avec salle de fitness.

16 chambres – 🛏95/155 € 🛏🛏115/155 € – ⊑ 16 €

Le Schnellenbuhl – 𝒸 *03 90 56 11 40 –* www.illwald.fr – *Fermé 23 déc.-13 janv.*

🍽 **Auberge de l'Illwald** – voir les restaurants ci-dessus

SEMBLANÇAY

✉ 37360 (Indre-et-Loire) – 2 112 hab. – Alt. 100 m – Carte régionale n° **11**-B2

▶ Paris 248 km – Angers 96 km – Blois 77 km – Le Mans 70 km

Carte Michelin 317-M4

🕸 La Mère Hamard   🍴 ⟨ 🏡 🎿 🅿️

CUISINE CLASSIQUE · TRADITIONNEL XX Une petite auberge chaleureuse, une terrasse charmante, un accueil des plus attentionnés, une cuisine généreuse, pleine de saveurs, sûre de ses classiques et aux prix doux : cette institution née en 1903 connaît la recette du bonheur !

Formule 24 € – Menu 31/63 € – Carte 58/71 €

11 chambres – 🛏94/125 € 🛏🛏99/129 € – ⊑ 15 €

pl. de l'Église – 𝒸 *02 47 56 62 04 –* www.lamerehamard.com – *Fermé 2 janv.-13 fév., dim. soir, mardi midi et lundi*

SEMÈNE – 43 (Haute-Loire) → voir Aurec-sur-Loire

SEMNOZ (MONTAGNE DU) – 74 (Haute-Savoie) → voir Montagne du Semnoz

SEMUR-EN-AUXOIS

✉ 21140 (Côte-d'Or) – 4 138 hab. – Alt. 286 m – Carte régionale n° **8**-C2
▶ Paris 246 km – Auxerre 87 km – Avallon 42 km – Beaune 78 km
Carte Michelin 320-G5 – Guide Vert Michelin Bourgogne

🏠 La Côte d'Or

URBAIN • MODERNE Cette maison de caractère fut jadis le relais de poste de Semur. Entièrement rénovée, elle arbore un style frais, soigné et plaisant, mêlant le contemporain et les beaux matériaux anciens. Charme, tranquillité... et produits régionaux au petit-déjeuner !

16 chambres – †95/115 € ††105/147 € – 1 suite – ⊇ 12 €
1 r. de la Liberté – ☎ 03 80 97 24 54 – *www.auxois.fr*

🏠 Hostellerie d'Aussois

BUSINESS • MODERNE À la sortie de Semur, capitale de l'Auxois, ne vous fiez pas à l'extérieur de cet établissement : les chambres, contemporaines, pratiques et bien insonorisées, sont très reposantes... Un lieu propice au travail (bel espace séminaire) comme à la détente (piscine, bar).

42 chambres – †80/130 € ††80/130 € – ⊇ 12 €
rte de Saulieu – ☎ 03 80 97 28 28 – *www.hostellerie.fr*

SÉNART – 77 (Île-de-France) → voir Autour de Paris

SÉNÉ – 56 (Morbihan) → voir Vannes

SENLIS

✉ 60300 (Oise) – 15 789 hab. – Alt. 76 m – Carte régionale n° **36**-B3
▶ Paris 52 km – Amiens 102 km – Beauvais 56 km – Compiègne 33 km
Carte Michelin 305-G5 – Guide Vert Michelin Île-de-France

🍴 Le Julianon

CRÉATIVE • BISTRO Dans cette charmante petite maison du 17e s., le décor de bistrot contemporain invite à s'asseoir et à profiter du repas. Le chef propose une cuisine inventive, jouant avec tact sur les textures et les harmonies de saveurs ; il fait évoluer la carte au gré des saisons et de son inspiration du moment.

Formule 16 € ♼ – Menu 25 € (déj.), 36/56 € – Carte 55/63 €
Plan : AY-d – *5 pl. Gérard-de-Nerval*
– ☎ 03 44 32 12 05 (réservation conseillée) – *www.le-julianon.fr*
– *Fermé 3 semaines en août, lundi sauf le midi d'oct. à mars, sam. midi et dim.*

🍴 Le Scaramouche

CUISINE TRADITIONNELLE • BISTRO Comme dans la Commedia dell'arte – dont Scaramouche est issu –, il se joue ici une sympathique pièce ! Terrine de canard à l'orange, blanquette d'agneau au riz pilaf et pignons de pin, des œufs à la neige à la praline rose... On se régale d'une cuisine bistrotière joliment réalisée, goûteuse et généreuse.

Formule 18 € – Menu 24 € – Carte 29/49 €
Plan : BY-e – *4 pl. Notre-Dame*
– ☎ 03 44 53 01 26 – *www.le-scaramouche.fr*
– *Fermé 31 juil.-22 août, dim. et lundi*

SENLIS

Apport-au-Pain (R.)	AY	2
Boutteville (Cours)	BY	5
Bretonnerie (R. de la)	AZ	6
Clemenceau (Av. G.)	BY	7
Cordeliers (R. des)	AZ	9
Halle (Pl. de la)	BY	12
Heaume (R. du)	AZ	13
Leclerc (Av. Gén.)	BY	15
Montagne St-Aignan (R. de la)	AY	17
Montauban (Rempart du)	AY	19
Moulin St-Rieul (R. du)	BY	21
Odent (R.)	BY	24
Parvis (Pl. du)	BY	26
Poterne (R. de la)	BZ	29
Poulaillerie (R. de la)	AY	31
Puits-Tiphaine (R. du)	AY	27
Ste-Geneviève (R.)	BZ	40
St-Vincent (Rempart)	BZ	36
St-Yves-à-l'Argent (R.)	BZ	38
Treille (R. de la)	AY	42
Vernois (Av. F.)	AY	47
Vignes (R. des)	BZ	49
Villevert (R. de)	BY	52

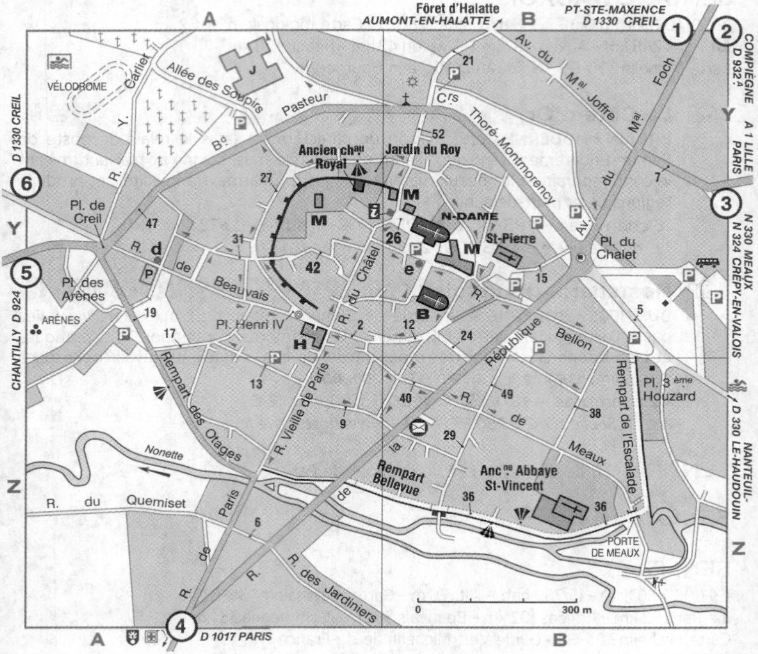

SENNECÉ-LÈS-MÂCON - 71 (Saône-et-Loire) ➔ voir Mâcon

SENONCHES

✉ 28250 (Eure-et-Loir) – 3 136 hab. – Alt. 223 m – Carte régionale n° **11**-B1

▶ Paris 115 km – Chartres 38 km – Dreux 38 km – Mortagne-au-Perche 42 km

Carte Michelin 311-C4 – Guide Vert Michelin Normandie Vallée de la Seine

La Pomme de Pin

CUISINE TRADITIONNELLE • RUSTIQUE XX On vient dans cet ancien relais de poste pour ses belles spécialités traditionnelles, dont le pâté de Chartres au canard et au foie gras ou le médaillon de ris de veau aux morilles. Le lieu est engageant avec sa belle façade à colombages et l'on découvre, sur l'arrière, un joli parc avec plan d'eau. Chambres simples pour l'étape.

Formule 15 € – Menu 29 € (semaine)/48 € – Carte 49/61 €

10 chambres – †52/65 € ††69/85 € – ☕ 11 €

15 r. Michel-Cauty

– ✆ 02 37 37 76 62 – www.restaurant-pommedepin.com

– Fermé 17-31 juil., 2-7 janv., dim. soir, mardi midi et lundi

⫶○ La Forêt ☂

CUISINE TRADITIONNELLE · CONVIVIAL XX Œuf mollet de la ferme fumé sous cloche, jus de veau infusé au foin bio... Ici, la tradition prend un sacré coup de jeune. Et ce restaurant est à la fois rustique et élégant, ce qui ne gâte rien !

☎ Formule 12 € – Menu 16 € (semaine), 31/69 € – Carte 44/70 €

Hôtel La Forêt, pl. du Champ-de-Foire – ℰ 02 37 37 78 50
– www.hoteldelaforet-senonches.com – Fermé 24 déc.-2 janv., le soir du lundi au merc. de nov. à avril, dim. soir et mardi soir de mai à oct.

🏠 La Forêt ☂ P

AUBERGE · ACTUEL Résurrection réussie pour cette jolie maison à colombages. Déco de bon goût dans les chambres, restaurant qui fait monter l'eau à la bouche : le Perche comme on l'aime.

13 chambres – ♦64/99 € ♦♦68/99 € – �).10 €

pl. du Champ-de-Foire – ℰ 02 37 37 78 50 – www.hoteldelaforet-senonches.com – Fermé 24 déc.-2 janv.

⫶○ **La Forêt** – voir les restaurants ci-dessus

SENONES

✉ 88210 (Vosges) – 2 513 hab. – Alt. 340 m – Carte régionale n° **27**-C2
▶ Paris 392 km – Épinal 57 km – Lunéville 50 km – St-Dié 23 km
Carte Michelin 314-J2

⫶○ Au Bon Gîte ☂ P

CUISINE MODERNE · À LA MODE X Sur la place centrale de cette bourgade, ancienne capitale de la principauté de Salm, la bâtisse rose abrite un restaurant sobre et contemporain : on doit cette rénovation à un architecte ami du chef ! La cuisine, actuelle, met l'accent sur de bons produits du terroir et un indéniable savoir-faire.

Formule 15 € – Menu 22 € (déj. en semaine), 30/40 € – Carte 37/58 €

7 chambres – ♦60/65 € ♦♦60/65 € – �).8 €

3 pl. Vaultrin – ℰ 03 29 57 92 46 – www.aubongite.fr – Fermé 22 fév.-14 mars, 29 août-19 sept., dim. soir et lundi

SENS

✉ 89100 (Yonne) – 25 106 hab. – Alt. 70 m – Carte régionale n° **7**-B1
▶ Paris 116 km – Auxerre 59 km – Fontainebleau 54 km – Montargis 50 km
Carte Michelin 319-C2 – Guide Vert Michelin Bourgogne

✿✿✿ La Madeleine (Patrick Gauthier) ⚘ AC

CUISINE MODERNE · CONVIVIAL XXX Dans le vestibule, un ancien fourneau et des rayonnages d'épicerie réveillent tous nos souvenirs de gourmandise... Une fois à table, le chef lui-même vient présenter le menu du jour, inspiré par son marché du matin. Autant dire qu'il signe une authentique cuisine de produits, de surcroît très enlevée et pleine de saveurs !

→ Tourteau, courgette et anguille fumée. Bar de ligne à l'huile d'olive des Baux-de-Provence. Dessert autour du fruit de la saison.

Menu 50 € (déj. en semaine), 67/89 €

Plan : -d *– 1 r. Alsace-Lorraine, (1er étage) – ℰ 03 86 65 09 31 (réservation conseillée) – www.restaurant-lamadeleine.fr – Fermé 2 semaines en juin, 2 semaines en août, 2 semaines en déc., mardi midi, dim. et lundi*

⫶○ Le Clos des Jacobins ☂ AC

CUISINE MODERNE · INTIME XX Croustillant de cabillaud et langoustines, crème basilic ; moelleux de joue de bœuf aux citrons confits et olives... De savoureuses recettes, en prise sur les saisons, à savourer dans un cadre contemporain et cosy (avec une terrasse côté cour intérieure), à deux pas de l'Yonne et de la cathédrale.

Formule 23 € ▼ – Menu 33/45 € – Carte 39/66 €

Plan : -t *– 49 Gde-Rue – ℰ 03 86 95 29 70 – www.restaurantlesjacobins.com – Fermé 9 juil.-1er août, 24 déc.-8 janv., dim. soir, mardi soir et merc.*

SENS

Alsace-Lorraine (R. d') 2
Beaurepaire (R.) 3
Chambonas (Cours) 8
Cornet (Av. Lucien) 9

Cousin (Square J.) 10
Déportés-
et-de-la-Résistance
(R. des)
Foch (Bd Mar.) 12
Garibaldi (Bd des) 13
Gateau (R. A.) 15

Grande-R. 16
Leclerc (R. du Gén.) 19
Maupéou (Bd de) 21
Moulin (Quai J.) 23
République ....
(Pl. de la) 27
République (R. de la) 28

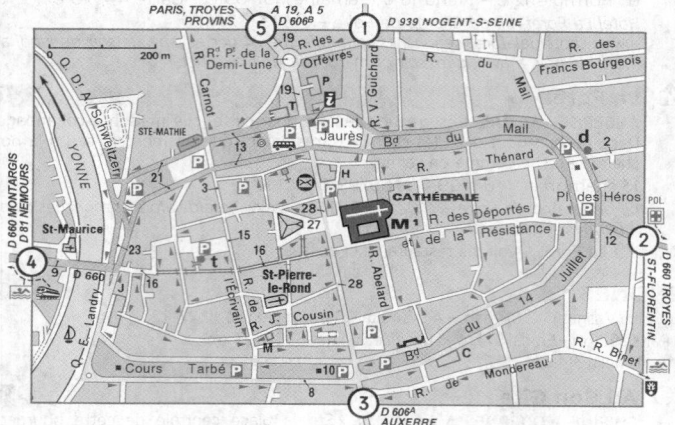

○ Au Crieur de Vin

AC

CUISINE TRADITIONNELLE · BISTRO X Un bistrot typique, où tradition et convivialité sont de mise. La carte fait honneur aux viandes à la broche ; petite sélection de vins proposée à l'ardoise.

Menu 27/47 € – Carte 49/58 €

Plan : -d – 1 r. Alsace-Lorraine – ℰ 03 86 65 92 80 – www.patrickgauthier.fr – Fermé *2 semaines en juin, 2 semaines en août, 18 déc.-3 janv., mardi midi, dim., lundi et fériés*

SÉREILHAC

✉ 87620 (Haute-Vienne) – 1 861 hab. – Alt. 322 m – Carte régionale n° **24**-B2
▶ Paris 405 km – Confolens 50 km – Limoges 19 km – Périgueux 77 km
Carte Michelin 325-D6

⌂ Le Relais des Tuileries

☆ 🍽 ☃ AC ⌘ P

FAMILIAL · FONCTIONNEL En rez-de-jardin, façon motel, des chambres propres et fraîches, une piscine et un grand jardin, ainsi qu'un restaurant traditionnel et terroir dans un cadre évidemment rustique ! Pratique pour l'étape.

10 chambres – ♦75/85 € ♦♦75/85 € – ☐ 10 €

aux Betoulles, 2 km au Nord-Est sur N21 – ℰ 05 55 39 10 27 – www.relais-tuileries.fr – Fermé 14-30 nov., 6 janv.-3 fév., lundi sauf juil.-août et dim. soir

SÉRIGNAN

✉ 34410 (Hérault) – 6 836 hab. – Alt. 7 m – Carte régionale n° **23**-C2
▶ Paris 770 km – Béziers 12 km – Montpellier 70 km – Narbonne 39 km
Carte Michelin 339-E9

⊛ L'Harmonie

🍽 🏠 ♿ AC ⇔ P

CUISINE MODERNE · À LA MODE XX Une maison ocre (1800) avec une terrasse au bord de l'Orb, à deux pas de la salle de spectacle La Cigalière. C'est dire qu'ici, on chante toute l'année, avec ou sans bise, mais toujours le plaisir de savoureuses assiettes aux notes méridionales. Et le rapport qualité-prix sait aussi contenter... les fourmis.

Formule 18 € 🍷 – Menu 25 € 🍷 (semaine), 32/85 € – Carte 43/80 €
chemin de la Barque, parking de la Cigalière – ℰ 04 67 32 39 30 – www.lharmonie.fr – Fermé sam. midi, dim. soir et lundi

SÉRIGNAN-DU-COMTAT - 84 (Vaucluse) ➜ voir Orange

SERPAIZE - 38 (Isère) ➜ voir Vienne

SERRE-CHEVALIER

✉ 05330 (Hautes-Alpes) - Alt. 2 483 m - Carte régionale n° **41**-C1
▶ Paris 678 km - Briançon 7 km - Gap 95 km - Grenoble 110 km
Carte Michelin 334-H3 - Guide Vert Michelin Alpes du Sud

à Chantemerle - ✉ 05330 - Alt. 1 350 m

Les Marmottes

FAMILIAL • RUSTIQUE Une maison d'hôtes dans une station de montagne, ce n'est pas si courant ! Il fait bon hiberner dans cette ancienne ferme au cœur du vieux village : un salon au coin du feu, une grande table d'hôte en bois, de jolies chambres dans l'esprit de la région… Pourquoi skier ou randonner ?

5 chambres ☕ - 🚹62/80 € 🚹🚹82/106 €

22 r. du Centre - ✆ 04 92 24 11 17 - www.chalet-marmottes.com

à Villeneuve-la-Salle - ✉ 05240

Le Mont Thabor

HÔTEL DE VACANCES • ALPIN Sur la route principale du village, un hôtel récent et fonctionnel, au décor sobre, d'inspiration montagnarde : on ne vient pas ici pour jouir du charme de l'ancien, mais d'un bon niveau de confort.

27 chambres - 🚹75/121 € 🚹🚹80/147 € - ☕10 €

1 bis chemin Envers - ✆ 04 92 24 74 41 - www.mont-thabor.com
- Ouvert 15 déc.-14 avril et 15 juin-15 sept.

au Monêtier-les-Bains - ✉ 05220 - 1 011 hab. - Alt. 1 480 m

La Table du Chazal

CUISINE TRADITIONNELLE • COSY XX Une table chaleureuse dont le décor mêle épure et zen avec élégance. Saint-Jacques et leur réduction de bière d'hiver, croustillant de lapin à la tapenade, soufflé à l'orange… le chef aime son métier et cela se sent !

Menu 32/49 €

Les Guibertes, 2,5 km au Sud-Est par rte de Briançon - ✆ 04 92 24 45 54 (réservation conseillée) - Fermé 2 semaines en juin, 15 nov.-15 déc., dim. soir, lundi et mardi

L'Auberge du Choucas

CUISINE MODERNE • RUSTIQUE XXX Une belle salle voûtée, un cadre élégant… Cette table a bien du cachet ! On s'y régale d'une jolie cuisine traditionnelle - montagnarde, mais pas seulement - concoctée avec de bons produits, ainsi que de plats plus sophistiqués, dans l'air du temps. Et l'on peut choisir parmi une belle sélection de vins.

Formule 23 € - Menu 32/79 € - Carte 35/83 €

17 r. de la Fruitière - ✆ 04 92 24 42 73 - www.aubergeduchoucas.com
- Fermé 17 avril-9 juin, 16 oct.-16 déc. et le midi en semaine sauf juil.-août

Maison Alliey

CUISINE MODERNE • CONVIVIAL X Le décor oscille entre lignes contemporaines et touches rustiques. Après tout, pourquoi vouloir toujours choisir ? Dans cet agréable intérieur, on déguste une cuisine pleine de parfums, variée et inventive, qui fait la part belle au terroir. Cerise sur le gâteau : l'accueil est sympathique !

Menu 28/55 € - Carte 39/52 €

Hôtel Alliey, 11 r. de l'École - ✆ 04 92 24 40 02 - www.alliey.com - Ouvert de fin juin à début sept. et de mi-déc. à fin avril et fermé le midi

L'Auberge du Choucas ☆ 🐾 🌿 🍽 🎿

TRADITIONNEL · PERSONNALISÉ Dans ce village typiquement haut-alpin, cette authentique maison du milieu du 17e s. ne manque pas de caractère. Le décor est résolument rustique et montagnard, du petit hall aux chambres avec leurs boiseries, et l'ensemble est bien tenu.

8 chambres – ♦90/200 € ♦♦90/330 € – 4 suites – 🖵 18 €

17 r. de la Fruitière – ✆ 04 92 24 42 73 – www.aubergeduchoucas.com – Fermé 1er-31 mai et 1er-30 nov.

🍴 **L'Auberge du Choucas** – voir les restaurants ci-dessus

 Alliey ☆ ← 🌿 🖼 🧖

FAMILIAL · ALPIN Une simple maison de village ? Un véritable refuge, charmant et très chaleureux, tout en bois blond... En termes d'agrément, l'espace balnéo n'est pas en reste. Une adresse très recommandable pour un séjour dans cette belle station des Alpes du Sud !

21 chambres 🖵 – ♦99/207 € ♦♦118/169 € – ½ P

11 r. de l'École – ✆ 04 92 24 40 02 – www.alliey.com
– Ouvert de fin juin à début sept. et de mi-déc. à fin avril

🍴 **Maison Alliey** – voir les restaurants ci-dessus

SERRIÈRES

✉ 07340 (Ardèche) – 1 133 hab. – Alt. 140 m – Carte régionale n° **43**-E2
▶ Paris 514 km – Annonay 16 km – Privas 91 km – St-Étienne 55 km
Carte Michelin 331-K2 – Guide Vert Michelin Ardèche Drôme

🍴 **Schaeffer**

CUISINE CLASSIQUE · ÉLÉGANT XXX Une bonne table face au pont à hau-bans qui enjambe le Rhône : dans un élégant décor d'inspiration contempo-raine, on déguste des recettes réalisées avec savoir-faire, accompagnées d'une magnifique sélection de côtes-du-rhône. Chambres confortables pour l'étape.

Formule 26 € – Menu 39/85 € – Carte 58/78 €

15 chambres – ♦67/100 € ♦♦77/125 € – 🖵 10 €

D86 – ✆ 04 75 34 00 07 – www.hotel-schaeffer.com
– Fermé 1er-8 mai, 1er-15 août, 2-15 janv., sam. midi, dim. soir et lundi

SERVON

✉ 50170 (Manche) – 258 hab. – Alt. 25 m – Carte régionale n° **32**-A3
▶ Paris 352 km – Avranches 15 km – Dol-de-Bretagne 30 km – St-Lô 72 km
Carte Michelin 303-D8

🍴 **Auberge du Terroir**

CUISINE TRADITIONNELLE · RUSTIQUE XX L'ancienne école de filles et l'ex-pres-bytère de Servon (fin 18e s.) prêtent désormais leurs murs à cette charmante auberge champêtre, où l'on se régale d'une cuisine traditionnelle bien gour-mande. Pour l'étape, des chambres coquettes et champêtres.

Menu 22/46 € – Carte 33/70 €

6 chambres – ♦69/88 € ♦♦80/90 € – 🖵 10 €

Le Bourg – ✆ 02 33 60 17 92 (réservation conseillée)
– www.aubergeduterroirservon.fr – Fermé 1er-8 mars, 18 nov.-10 déc., jeudi midi et merc.

SERVOZ

✉ 74310 (Haute-Savoie) – 932 hab. – Alt. 816 m – Carte régionale n° **46**-F1
▶ Paris 598 km – Annecy 85 km – Bonneville 43 km – Chamonix-Mont-Blanc 14 km
Carte Michelin 328-N5 – Guide Vert Michelin Alpes du Nord

Les Gorges de la Diosaz

CUISINE MODERNE · RUSTIQUE XX Sur la route menant aux célèbres gorges de la Diosaz, un chalet typique avec ses belles boiseries montagnardes. On vient ici pour la généreuse cuisine du chef, Marc Serres, respectueuse des saisons et inscrite dans la région : ou comment allier originalité et authenticité ! Quelques chambres pour une étape.

Formule 21 € – Menu 25 € (déj. en semaine), 32/49 € – Carte 32/60 €
6 chambres – ♦85/95 € ♦♦85/95 € – ☑ 11 €

81 r. du Mont - lieu-dit Le Bouchet – ℰ 04 50 47 20 97 – www.hoteldesgorges.com
– Fermé 1ᵉʳ-8 juin, 11 nov.-18 déc., dim. soir, lundi et mardi

SESSENHEIM

✉ 67770 (Bas-Rhin) – 2 190 hab. – Alt. 120 m – Carte régionale n° **1**-B1
▶ Paris 497 km – Haguenau 18 km – Strasbourg 39 km – Wissembourg 44 km
Carte Michelin 315-L4

❀ Auberge au Bœuf (Yannick Germain)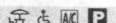

CUISINE MODERNE · AUBERGE XXX On est forcément séduit par cette auberge alsacienne, avec ses bancs d'église, ses chaises à haut dossier, et même... son petit musée dédié à Goethe. Les créations du jeune chef – la 3ᵉ génération de la famille – font briller la table d'un nouvel éclat : maîtrisées et empreintes de terroir, elles révèlent un talent indéniable !

➜ Foie gras de canard mi-cuit au porto, confit de betterave à la framboise et poivre du Tibet. Poitrine de pigeon rôtie, cuisse farcie, petits légumes et girolles. Mirlitons à la pêche, mousse et compotée de pêches jaunes.

Formule 20 € – Menu 50/85 € – Carte 70/90 €

1 r. de l'Église – ℰ 03 88 86 97 14 – www.auberge-au-boeuf.fr
– Fermé 13-17 mars, 20 juin-5 juil., 1ᵉʳ-12 janv., lundi et mardi

SÈTE

✉ 34200 (Hérault) – 44 558 hab. – Alt. 4 m – Carte régionale n° **23**-C2
▶ Paris 787 km – Béziers 48 km – Lodève 63 km – Montpellier 35 km
Carte Michelin 339-H8

❀ La Coquerie (Anne Majourel)

CUISINE MODERNE · DESIGN X Une petite maison chic et contemporaine, avec la Méditerranée pour horizon... Tel est le repaire d'Anne Majourel, qui prend toujours plaisir à nous régaler d'une cuisine délicate et savoureuse – en lien direct avec le marché et la criée. Que de parfums !

➜ Tataki de thon fumé et glace au parmesan. Dorade en croûte de sel, fleur de courgette et aromates. Craquelin au citron, aux framboises et au romarin.

Menu 65 € – menu unique

Plan : AZ-s *- 1 chemin du Cimetière Marin – ℰ 06 47 06 71 38 (réservation conseillée) – www.annemajourel.fr – Fermé 2 semaines en fév., 1 semaine en mai et en sept., déc., lundi, mardi et merc. d'oct. à mai, le midi de juin à sept. et dim. soir*

❀ Le Petit Bistrot

CUISINE TRADITIONNELLE · SIMPLE X Non loin des plages, un petit bistrot d'aujourd'hui, chaleureux et convivial, où les habitués aiment à se retrouver autour d'un patron plein de verve et de bons petits plats traditionnels (huîtres du bassin, supions à la plancha, salade d'artichaut et tartare de thon, etc.). Une bonne cantine !

Formule 19 € ♈ – Menu 32 € – Carte 33/97 €
14 rte de la Corniche-de-Neubourg – ℰ 04 99 02 43 89
– Fermé dim. soir et lundi

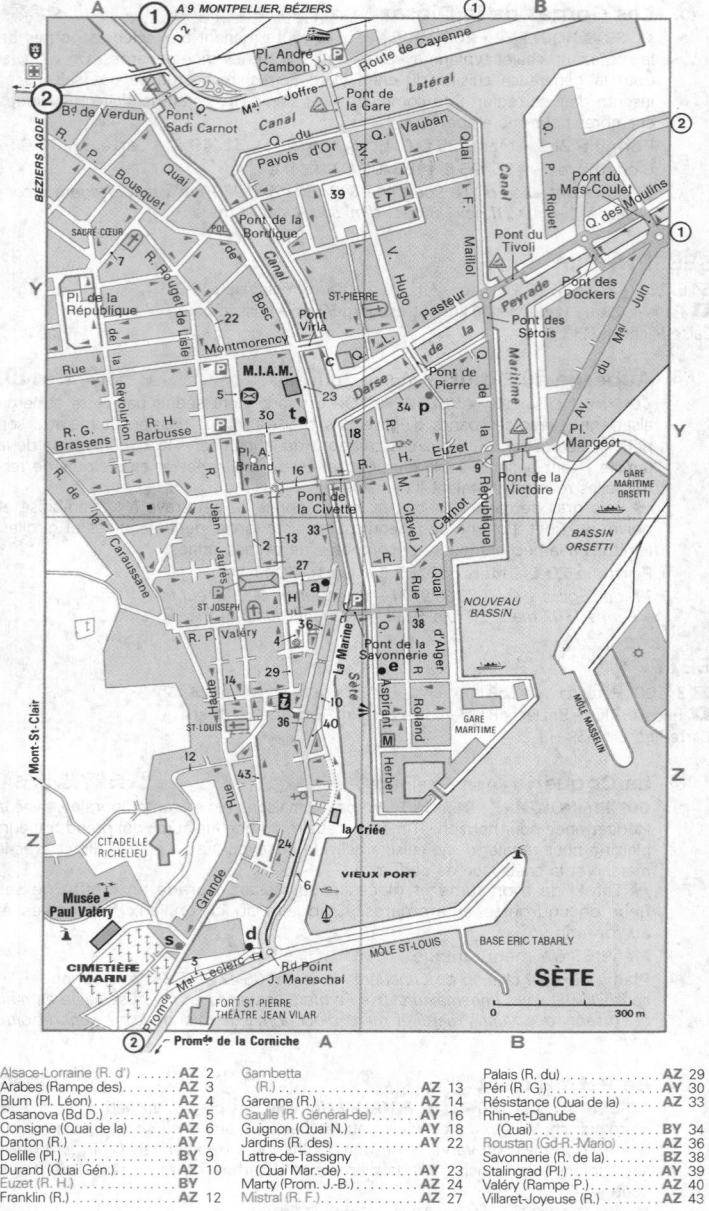

SÈTE

0   300 m

Alsace-Lorraine (R. d')	**AZ** 2	Gambetta	
Arabes (Rampe des)	**AZ** 3	(R.)	**AZ** 13
Blum (Pl. Léon)	**AZ** 4	Garenne (R.)	**AZ** 14
Casanova (Bd D.)	**AY** 5	Gaulle (R. Général-de)	**AY** 16
Consigne (Quai de la)	**AY** 6	Guignon (Quai N.)	**AY** 18
Danton (R.)	**AY** 7	Jardins (R. des)	**AY** 22
Delille (Pl.)	**BY** 9	Lattre-de-Tassigny	
Durand (Quai Gén.)	**AZ** 10	(Quai Mar.-de)	**AZ** 23
Euzet (R. H.)	**BY**	Marty (Prom. J.-B.)	**AZ** 24
Franklin (R.)	**AZ** 12	Mistral (R. F.)	**AZ** 27

Palais (R. du)	**AZ** 29
Péri (R. G.)	**AY** 30
Résistance (Quai de la)	**AZ** 33
Rhin-et-Danube	
(Quai)	**BY** 34
Roustan (Gd-R.-Mario)	**AZ** 36
Savonnerie (R. de la)	**BZ** 38
Stalingrad (Pl.)	**AY** 39
Valéry (Rampe P.)	**AZ** 40
Villaret-Joyeuse (R.)	**AZ** 43

⊛ Paris Méditerranée AC

CUISINE MODERNE · BISTRO ⅩⅩ Non seulement l'enseigne, mais tout l'esprit décalé de l'adresse rendent hommage à Brassens, né à Sète ! La patronne, issue des Beaux-Arts, a imaginé le surprenant décor ; le chef, parisien d'origine, s'est approprié en un tournemain les recettes locales, qu'il réinvente selon son humeur et la pêche du jour. Âme artiste...

Formule 28 € – Menu 32/50 €

Plan : BY-p – *47 r. Pierre-Semard* – ℰ 04 67 74 97 73
– *Fermé 20 juin-6 juil., 1 semaine en fév., sam. midi, dim. et lundi*

🏠 Le Grand Hôtel 🍴 🖃 ♿ AC 🛍 🚗

HISTORIQUE · PERSONNALISÉ Près de la maison natale de Brassens et face au canal, un élégant hôtel (1882) de style Belle Époque. Chambres raffinées mêlant ancien et moderne, joli patio sous verrière. Cuisine actuelle au restaurant décoré de fresques retraçant l'histoire maritime sétoise.

42 chambres – ♦95/125 € ♦♦95/235 € – 1 suite – ☲ 11 €

Plan : AY-t – *17 quai Mar.-de-Lattre-de-Tassigny*
– ℰ 04 67 74 71 77 – www.legrandhotelsete.com
– *Fermé 18 déc.-1ᵉʳ janv.*

🏠 Hôtel de Paris 🍴 🖃 ♿ AC 🛍

URBAIN · DESIGN Avec des œuvres de Robert Combas et une sirène signée Pierre Nocca, cet hôtel-restaurant a des allures de galerie ! Les chambres jouent la carte de la zen attitude : matériaux bruts, couleurs minérales... Espace détente. Cuisine traditionnelle au Café de Paris.

36 chambres – ♦99/179 € ♦♦99/179 € – ☲ 11 €

Plan : AZ-a – *2 r. Frédéric-Mistral* – ℰ 04 67 18 00 18
– www.hoteldeparis-sete.com

🏠 Port Marine 🍴 ⬅ 🖃 ♿ AC 🛍 🚗

BUSINESS · FONCTIONNEL Architecture moderne face au môle St-Louis d'où L'Exodus prit la mer en 1947. Chambres fonctionnelles au mobilier de style bateau. Solarium sur le toit. Cuisine traditionnelle servie au restaurant ou sur la terrasse avec vue sur la Grande Bleue.

55 chambres – ♦79/188 € ♦♦79/188 € – 6 suites – ☲ 12 € – ½ P

Plan : AZ-d – *Môle St-Louis* – ℰ 04 67 74 92 34 – www.hotel-port-marine.com

🏠 L'Orque Bleue 🖃 AC 🐾 🚗

FAMILIAL · ACTUEL Sur les quais, bel immeuble en pierre avec des balcons en fer forgé. Chambres confortables à choisir au calme côté patio ou côté canal pour découvrir les joutes sétoises !

30 chambres – ♦72/130 € ♦♦72/130 € – ☲ 10 €

Plan : BZ-e – *10 quai Aspirant-Herber*
– ℰ 04 67 74 72 13 – www.hotel-orquebleue-sete.com
– *Fermé 3-23 janv.*

SEUILLY – 37 (Indre-et-Loire) → voir Chinon

SEVENANS – 90 (Territoire de Belfort) → voir Belfort

SÉVRIER – 74 (Haute-Savoie) → voir Annecy

LA SEYNE-SUR-MER

✉ 83500 (Var) – 63 902 hab. – Alt. 3 m – Carte régionale n° **40**-B3
▶ Paris 830 km – Aix-en-Provence 81 km – La Ciotat 32 km – Marseille 60 km
Carte Michelin 340-K7 – Guide Vert Michelin Côte d'Azur

Voir plan de Toulon

à Fabrégas 4 km au Sud par rte de St-Mandrier et rte secondaire – ✉ 83500

🍴⃝ **Chez Daniel et Julia - Restaurant du Rivage**　　⩽ 🏡 🅿

POISSONS ET FRUITS DE MER · SIMPLE ✕✕ Daniel et Julia, père et fille, sont l'âme de cette institution nichée dans une charmante crique. En terrasse, à l'ombre des tamaris, on scrute l'île de Porquerolles au loin ; coquillages, langoustes et homards sont tirés du vivier, et côtoient à la carte les poissons de la pêche locale... Une adresse au cœur du Midi !

Menu 42/90 € – Carte 49/70 €

– 𝒞 04 94 94 85 13 – *chezdanieletjulia.com* – *Fermé 3 semaines en nov., dim. soir et lundi sauf juil.-août*

🏨 **Kyriad Prestige**　　⩽ 🛏 🖭 📺 ⅙ 🅰🅲 ⋈ 🅿

BUSINESS · FONCTIONNEL Parfait pour un séjour professionnel ou un week-end en dehors d'une grande ville, cet hôtel contemporain, ancré sur le port, mêle verre et bois. Inspirés par les anciens chantiers navals de la cité, ses décors se révèlent chaleureux, mais son principal atout, c'est la vue sur la rade de Toulon !

93 chambres – 🛏75/180 € 🛏🛏75/280 € – 1 suite – ⍽ 14 €

Plan : AV-k – *1 quai du 19-Mars-1962, (au port)* – 𝒞 04 94 05 34 00
– *www.hotel-kyriad-prestige-toulon-lssm.com*

SEYSSINS – 38 (Isère) ➜ voir Grenoble

SÉZANNE

✉ 51120 (Marne) – 5 160 hab. – Alt. 137 m – Carte régionale n° **13**-B2
▶ Paris 116 km – Châlons-en-Champagne 59 km – Meaux 78 km – Melun 89 km
Carte Michelin 306-E10 – Guide Vert Michelin Champagne Ardenne

🍴⃝ **Le Relais Champenois**　　🅰🅲 🅿

CUISINE TRADITIONNELLE · RUSTIQUE ✕✕ Gourmande et rustique, c'est ainsi que ce Relais conçoit la tradition régionale. Fricassée d'escargots aux orties sauvages, andouillette de Troyes à la moutarde, gratin de fruits au sabayon de champagne... Une cuisine généreuse, ancrée dans le terroir local, à déguster sans modération.

Formule 21 € – Menu 26/62 € – Carte 34/54 €

157 r. Notre-Dame – 𝒞 03 26 80 58 03 – *www.relaischampenois.com*
– *Fermé 1ᵉʳ-15 août, 20 déc.-5 janv. et dim. soir*

🏠 **Le Relais Champenois**　　♔ ⅙ ⋈ 🅿

AUBERGE · FONCTIONNEL De relais de poste, cet établissement est devenu une auberge de campagne joliment fleurie. Les chambres sont confortables et bien tenues ; pour ceux qui ont besoin d'espace, direction la suite familiale sous les combles... avec la climatisation !

19 chambres – 🛏46/90 € 🛏🛏50/120 € – ⍽ 13 €

157 r. Notre-Dame – 𝒞 03 26 80 58 03 – *www.relaischampenois.com*
– *Fermé 1ᵉʳ-15 août, 20 déc.-5 janv.*

　🍴⃝ **Le Relais Champenois** – voir les restaurants ci-dessus

à Mondement-Montgivroux 12 km par D951 et D439 – ✉ 51120
– 40 hab. – Alt. 188 m

🏨 **Domaine de Montgivroux**　　🐾  🅿

RURAL · PERSONNALISÉ Une ancienne ferme champenoise du 17ᵉ s. transformée en hôtel. Sa cour pavée, sa jolie piscine, ses jardins, ses chambres spacieuses et confortables... Ce lieu est une invitation au repos et à la détente. Le tout à proximité des domaines viticoles.

21 chambres – 🛏70/100 € 🛏🛏80/110 € – 3 suites – ⍽ 11 €

– 𝒞 03 26 42 06 93 – *www.audomainedemontgivroux.com* – *Ouvert de mai à oct.*

SIERCK-LES-BAINS

✉ 57480 (Moselle) – 1 681 hab. – Alt. 147 m – Carte régionale n° **27**-C1
▶ Paris 355 km – Luxembourg 40 km – Metz 46 km – Thionville 17 km
Carte Michelin 307-J2

à Montenach 3,5 km au Sud-Est sur D956 – ⊠ 57480 – 430 hab. – Alt. 200 m

Auberge de la Klauss P

CUISINE TRADITIONNELLE · RUSTIQUE XX Un délicieux petit coin de campagne ! Dans cette ferme du 19ᵉ s., palmipèdes et cochons s'ébattent en plein air... avant de finir en cochonnailles, foie gras, magret, etc. Une cuisine du terroir à déguster dans un décor rustique et que l'on retrouve dans la boutique attenante.

Menu 19/60 € – Carte 30/70 €

1 rte de Kirschnaumen – ℰ *03 82 83 72 38 – www.auberge-de-la-klauss.com – Fermé 24 déc.-7 janv. et lundi*

SIERENTZ
⊠ 68510 (Haut-Rhin) – 3 244 hab. – Alt. 270 m – Carte régionale n° **1**-A3
▶ Paris 487 km – Altkirch 19 km – Basel 18 km – Belfort 65 km
Carte Michelin 315-I11

Auberge St-Laurent (Laurent Arbeit) P

CUISINE MODERNE · AUBERGE XXX Ce relais de poste du 18ᵉ s. est une institution locale, authentique et élégante. Aux fourneaux, Laurent Arbeit compose une cuisine harmonieuse et fine, aux saveurs bien équilibrées. Du travail d'orfèvre... Et pour prolonger l'étape, les chambres sont mignonnes et douillettes.

→ Jaune d'œuf fermier mariné, caviar d'Aquitaine et artichaut violet. Turbot sauvage rôti en cocotte et enrichi aux copeaux de foie gras. Soufflé chaud au whisky, glace au café et crème fouettée au cacao.

Formule 33 € – Menu 40/86 € – Carte 70/85 €

10 chambres – †100/120 € ††120/150 € – �️ 15 €

1 r. de la Fontaine – ℰ *03 89 81 52 81 – www.auberge-saintlaurent.fr – Fermé 15-22 fév., 11-26 juil., 12-20 sept., 4-12 janv., lundi et mardi*

SIGNY-LE-PETIT
⊠ 08380 (Ardennes) – 1 293 hab. – Alt. 238 m – Carte régionale n° **13**-B1
▶ Paris 228 km – Châlons-en-Champagne 168 km – Charleville-Mézières 37 km – Hirson 15 km
Carte Michelin 306-H3 – Guide Vert Michelin Champagne Ardenne

Au Lion d'Or P

TRADITIONNEL · FONCTIONNEL Un ancien relais de poste, face à l'église de Signy. Les chambres, réparties entre la bâtisse principale et une dépendance, sont classiques et bien tenues, avec un petit côté rustique que l'on retrouve aussi au restaurant. Chouette (l'emblème de la maison), on est tout près de la forêt !

18 chambres – †74/85 € ††74/120 € – �️ 10 €

pl. de l'Église – ℰ *03 24 53 51 76 – www.lahulotte-auliondor.fr – Fermé 29 juil.-15 août et 23 déc.-15 janv.*

SILLERY – 51 (Marne) → voir Reims

SIORAC-EN-PÉRIGORD
⊠ 24170 (Dordogne) – 1 023 hab. – Alt. 77 m – Carte régionale n° **4**-C3
▶ Paris 548 km – Bergerac 45 km – Brive-la-Gaillarde 73 km – Sarlat-la-Canéda 29 km
Carte Michelin 329-G7 – Guide Vert Michelin Périgord Quercy

Relais du Périgord Noir P

AUBERGE · FONCTIONNEL Ce beau relais de poste du 19ᵉ s. vit avec son temps : comme les espaces communs, les chambres cultivent un esprit contemporain original et coloré, et si une partie restent plus classiques et anciennes, elles constituent une bonne alternative pour les petits budgets. Autre point fort : la piscine chauffée toute l'année.

41 chambres – †90/260 € ††90/260 € – �️ 14 €

pl. de la Poste – ℰ *05 53 31 60 02 – www.relais-perigord-noir.fr*

SISTERON

✉ 04200 (Alpes-de-Haute-Provence) – 7 360 hab. – Alt. 490 m – Carte régionale n° **40**-B2
▶ Paris 704 km – Barcelonnette 100 km – Digne-les-Bains 40 km – Gap 52 km
Carte Michelin 334-D7 – Guide Vert Michelin Alpes du Sud

🏠 Grand Hôtel du Cours   ✿ 🖬 🕭 🚗

FAMILIAL · RUSTIQUE Tenu par la même famille depuis 1900, cet hôtel se trouve en plein centre historique, entre deux tours d'enceinte du 14e s. ! Préférez les chambres, plus calmes et spacieuses, sur l'arrière du bâtiment. Au restaurant, on apprécie la cuisine traditionnelle.

45 chambres – ♦71/82 € ♦♦81/130 € – 5 suites – ☲ 12 €
pl. de l'Église – ℰ 04 92 61 04 51 – www.hotel-lecours.com – Ouvert 14 mars-5 nov.

SOCHAUX

✉ 25600 (Doubs) – 4 002 hab. – Alt. 310 m – Carte régionale n° **17**-C1
▶ Paris 478 km – Audincourt 5 km – Belfort 18 km – Besançon 77 km
Carte Michelin 321-L1 – Guide Vert Michelin Franche-Comté Jura

Voir plan de Montbéliard agglomération.

🏠 Arianis   ✿ 🖬 🕭 🗚 🛋 🅿

BUSINESS · FONCTIONNEL À deux pas du musée Peugeot, cet établissement a été entièrement rénové en 2013. Le décor est contemporain du hall jusqu'aux chambres, relativement spacieuses et bien équipées. Cuisine classique au restaurant.

68 chambres – ♦62/89 € ♦♦62/89 € – ☲ 10 €
Plan : X-u – *11 av. du Gén.-Leclerc – ℰ 03 81 32 17 17 – www.arianis.fr – Fermé 1er-21 août*

à Étupes 4 km par D663 et D437 – ✉ 25460 – 3 581 hab. – Alt. 337 m

😊 Au Fil des Saisons   🍴 🕭 ⇄

CUISINE MODERNE · DESIGN ✕✕ Dans la jolie maison de Stéphane et Fabienne Robinne, le fil des saisons est bien sûr un leitmotiv, mais pas seulement : les beaux produits sont à l'honneur, mis en valeur à travers de judicieuses harmonies de saveurs et une certaine recherche esthétique. Respect de la tradition et sensibilité d'aujourd'hui !

Formule 25 € – Menu 29/39 € – Carte 35/62 €
*3 r. de la Libération – ℰ 03 81 94 17 12 – www.aufildessaisons.eu
– Fermé 1er-21 août, 24 déc.-6 janv., sam. midi, dim. soir et lundi*

SOCOA – 64 (Pyrénées-Atlantiques) ➔ voir St-Jean-de-Luz

SOCX

✉ 59380 (Nord) – 939 hab. – Alt. 24 m – Carte régionale n° **30**-B1
▶ Paris 287 km – Calais 52 km – Dunkerque 20 km – Lille 64 km
Carte Michelin 302-C2

🍽 Au Steger   🍴 🕭 🗚 ⇄ 🅿

CUISINE TRADITIONNELLE · AUBERGE ✕✕ De génération en génération, cette table traditionnelle s'est forgée une belle réputation dans la région. Le chef est passionné par le vin et les terroirs, et il aime partager ses découvertes... Le tout s'apprécie dans un cadre résolument contemporain et une ambiance conviviale. Une adresse pleine de dynamisme !

⊗ Formule 15 € – Menu 19 € (déj. en semaine), 27/38 € – Carte 33/59 €
27 rte de St-Omer – ℰ 03 28 68 20 49 – www.restaurant-lesteger.com – Fermé 3 semaines en août et le soir sauf sam.

SOISSONS

✉ 02200 (Aisne) – 28 309 hab. – Alt. 47 m – Carte régionale n° **37**-C2
▶ Paris 102 km – Compiègne 39 km – Laon 37 km – Reims 59 km
Carte Michelin 306-B6

SOISSONS

Arquebuse (R. de l') . . . . **BZ** 2
Château-Thierry (Av.) . . . . **BZ** 4
Collège (R. du) . . . . **AY** 5
Commerce (R. du) . . . . **BY** 6
Compiègne (Av.) . . . . **AY** 8
Desmoulins (Bd C.) . . . . **ABZ** 12
Gambetta (Bd L.) . . . . **BY** 14

Intendance (R. de l') . . . . **BY** 15
Leclerc (Av. Gén.) . . . . **BZ** 22
Marquigny (Pl. F.) . . . . **BY** 23
Paix (R. de la) . . . . **BY** 24
Panleu (R. de) . . . . **AY** 25
Prés.-Kennedy
   (Av.) . . . . **AZ** 26
Quinquet (R.) . . . . **ABY** 28
Racine (R.) . . . . **BZ** 29
République (Pl. de la) . . . . **BZ** 30

St-Antoine (R.) . . . . **BY** 31
St-Christophe
   (Pl.) . . . . **AY** 32
St-Christophe (R.) . . . . **AY** 33
St-Jean (R.) . . . . **AZ** 34
St-Martin (R.) . . . . **AY** 35
St-Quentin (R.) . . . . **BY** 36
St-Rémy (R.) . . . . **AY** 37
Strasbourg (Bd de) . . . . **BY** 38
Villeneuve (R. de) . . . . **BZ** 39

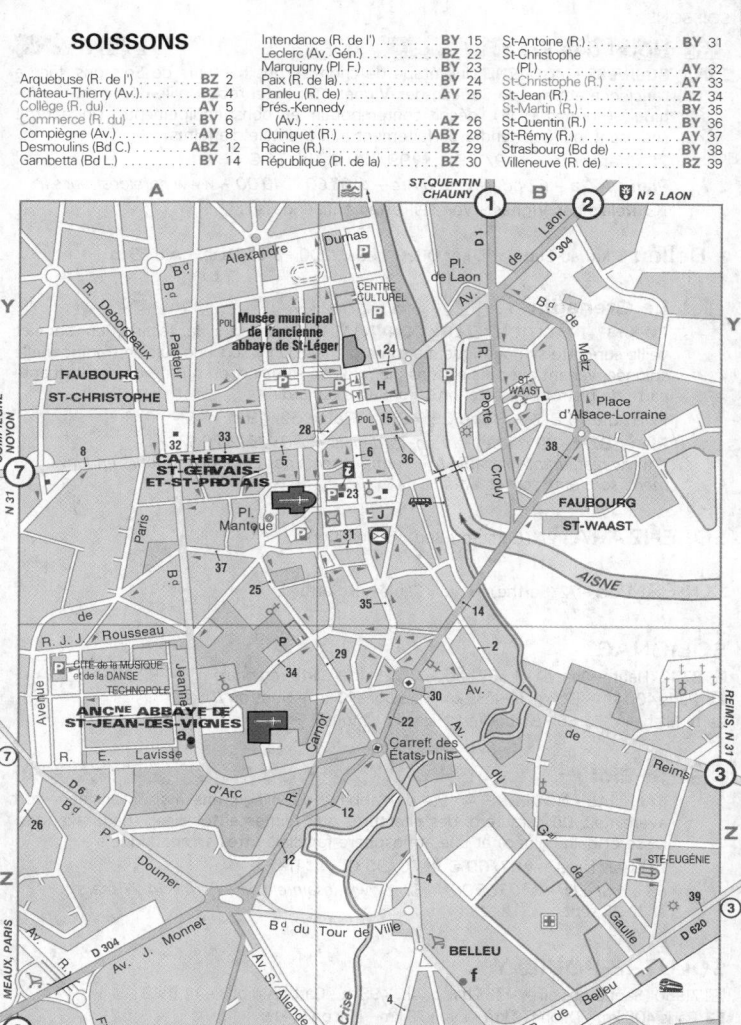

⊙ Relais des Vignes

CUISINE MODERNE · BRASSERIE ✕✕ Dans un agréable décor façon brasserie chic, on apprécie une bonne cuisine de saison avec, par exemple, un menu du marché et des spécialités bistrotières concoctés avec des produits frais.

Formule 19 € – Menu 25 € (déj. en semaine), 30/45 € – Carte 34/50 €

Plan : AZ-a – *Hôtel des Francs, 62 bd Jeanne-d'Arc* – ℰ 03 60 71 40 00
– *www.hoteldesfrancs.fr*

Hôtel des Francs

BUSINESS · MODERNE Une étape de choix sur les hauteurs de Soissons, face à l'ancienne abbaye de St-Jean-des-Vignes. Cet hôtel récent allie démarche écologique (normes HQE), décor contemporain et bons équipements. Un endroit séduisant, qui conviendra parfaitement à la clientèle d'affaires.

70 chambres – †99/129 € ††99/129 € – ☐ 14 €

Plan : AZ-a – *62 bd Jeanne-d'Arc* – *℘ 03 60 71 40 00* – *www.hoteldesfrancs.fr*

⫶○ **Relais des Vignes** – voir les restaurants ci-dessus

à Belleu 3 km au Sud par D1 et D690 – ⊠ 02200 – 3 848 hab. – Alt. 55 m

⫶○ Le Grenadin

CUISINE TRADITIONNELLE · CONVIVIAL XX Perché sur la façade, un angelot veille sur cette sympathique maison régionale. On y sert une cuisine traditionnelle soignée, variant avec les saisons ; le midi, en semaine, on profite d'une alléchante carte de bistrot... Et l'été, on se prélasse au jardin.

Formule 16 € ▾ – Menu 26/42 € – Carte 32/49 €

Plan : BZ-f – *19 rte de Fère-en-Tardenois* – *℘ 03 23 73 20 57*
– *www.restaurant-grenadin.fr* – *Fermé 2 semaines en août , 10 jours en janv., merc. soir, dim. soir et lundi*

SOLENZARA – 2A (Corse-du-Sud) ➜ voir Corse

SOLESMES – 72 (Sarthe) ➜ voir Sablé-sur-Sarthe

SOLIGNAC

⊠ 87110 (Haute-Vienne) – 1 507 hab. – Alt. 251 m – Carte régionale n° **24**-B2
▶ Paris 400 km – Bourganeuf 55 km – Limoges 10 km – Nontron 70 km
Carte Michelin 325-E6 – Guide Vert Michelin Limousin Berry

St-Éloi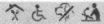

FAMILIAL · MODERNE À côté de l'abbaye du village, une maison ancienne fort avenante... Du caractère, des chambres aux teintes ensoleillées (deux avec terrasse et bain balnéo) et une atmosphère familiale : très sympathique !

15 chambres – †67/69 € ††70/95 € – ☐ 11 €

66 av. St-Éloi – *℘ 05 55 00 44 52* – *www.lesainteloi.fr* – *Fermé 14-27 mars et 12-25 sept.*

SOLUTRÉ-POUILLY

⊠ 71960 (Saône-et-Loire) – 365 hab. – Alt. 495 m – Carte régionale n° **8**-C3
▶ Paris 409 km – Dijon 139 km – Lyon 76 km – Mâcon 10 km
Carte Michelin 320-I12

La Courtille de Solutré

CUISINE TRADITIONNELLE · CONVIVIAL X Une jolie maison de pays, sa charmante terrasse à l'ombre d'un vieux marronnier... et ce jeune chef basque dynamique, qui travaille avec passion de fort bons produits. Foie gras poêlé façon pot-au-feu arrosé d'un bouillon thaï, velouté de homard au combava... Le tout accompagné d'une belle sélection de pouilly-fuissé !

Menu 23 € (déj.), 39/43 € – Carte 30/55 €

rte de la Roche – *℘ 03 85 35 80 73* – *www.lacourtilledesolutre.fr*
– *Fermé 1 semaine en janv., 1 semaine en nov. et 1 semaine vacances de Noël, dim. soir sauf en juil.-août, lundi et mardi*

La Courtille de Solutré

FAMILIAL · PERSONNALISÉ Au pied de la Roche de Solutré, cette demeure tout en pierre distille le charme d'une maison de village. Entre esprit rétro, objets chinés et notes contemporaines, la déco des chambres est une réussite ; on y fait escale avec plaisir, avec vue sur les vignes.

6 chambres – 🛏90/110 € – 🛏🛏90/110 € – ♎ 12 €

rte de la Roche – ✆ 03 85 35 80 73 – www.lacourtilledesolutre.fr – Fermé 1 semaine en août, 1 semaine en nov. et 1 semaine vacances de Noël

🍴 **La Courtille de Solutré** - voir les restaurants ci-dessus

SOMMIÈRES

✉ 30250 (Gard) – 4 529 hab. – Alt. 34 m – Carte régionale n° **23**-C2
▶ Paris 734 km – Montpellier 35 km – Nîmes 29 km
Carte Michelin 339-J6

🍴 Auberge du Pont Romain

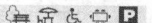

CUISINE MODERNE · RUSTIQUE ✕✕ Soupe froide d'asperges, épaule de lapin confite et sa polenta aux olives noires... Dans cette charmante auberge, chic et champêtre, le chef privilégie les produits du terroir et les légumes bio. Résultat : une cuisine fraîche et sympathique.

Formule 29 € – Menu 39/49 € – Carte 58/71 €

*2 av. Emile-Jamais – ✆ 04 66 80 00 58 – www.aubergedupontromain.com
– Ouvert 20 mars-30 sept. et 5 déc.-10 janv.*

🍴 Chez Tibère

CUISINE TRADITIONNELLE · BISTRO ✕ Machines à coudre, tables de tailleur... Ce bistrot contemporain joue la carte post-industrielle version textile ! Point de cuisine cousue de fil blanc pour autant ; au contraire, des spécialités de brasserie concoctées à grand renfort de produits frais. Un conseil : ne passez pas à côté des pâtisseries maison.

Formule 20 € – Menu 32 € – Carte 30/45 €

1 r. Compane, (parking du Vidourle) – ✆ 04 66 51 32 72 – Fermé vacances de la Toussaint, dim. et lundi

🏠 Auberge du Pont Romain

FAMILIAL · RUSTIQUE Au 19e s., cette belle demeure en pierre du Gard était... une fabrique de draps de laine. Aujourd'hui, il règne dans les chambres une belle atmosphère provençale, cosy et sobre. Aucun doute, on est dans de beaux draps !

15 chambres – 🛏87/137 € – 🛏🛏87/137 € – ♎ 13 €

*2 av. Émile-Jamais – ✆ 04 66 80 00 58 – www.aubergedupontromain.com
– Ouvert 20 mars-30 sept. et 5 déc.-10 janv.*

🍴 **Auberge du Pont Romain** - voir les restaurants ci-dessus

SONDERNACH

✉ 68380 (Haut-Rhin) – 653 hab. – Alt. 540 m – Carte régionale n° **1**-A2
▶ Paris 466 km – Colmar 27 km – Gérardmer 41 km – Guebwiller 39 km
Carte Michelin 315-G9

🍴 À l'Orée du Bois

CUISINE TRADITIONNELLE · RUSTIQUE ✕ Au-dessus du village, ce restaurant rustique (boiseries, poêle en faïence) vaut pour sa cuisine traditionnelle simple (tartes flambées, fondues...) et sa grande terrasse donnant sur la vallée. Pour l'étape, on propose des chambres d'esprit chalet, plutôt fonctionnelles et bon marché.

🍴 Formule 10 € – Menu 20/39 € – Carte 25/45 €

7 chambres ♎ – 🛏65 € 🛏🛏88 €

4 rte du Schnepfenried – ✆ 03 89 77 70 21 – www.oredubois.com – Fermé 22-30 juin, 3 semaines en janv., merc. midi et mardi

SONNAZ – 73 (Savoie) → voir Chambéry

SOPHIA-ANTIPOLIS – 06 (Alpes-Maritimes) → voir Valbonne

SORBIERS – 42 (Loire) → voir St-Étienne

SORGES
✉ 24420 (Dordogne) – 1 334 hab. – Alt. 178 m – Carte régionale n° **4**-C1
▶ Paris 463 km – Brantôme 24 km – Limoges 77 km – Nontron 36 km
Carte Michelin 329-G4 – Guide Vert Michelin Périgord Quercy

⑪〇 Auberge de la Truffe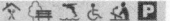
CUISINE TRADITIONNELLE · FAMILIAL XX Le "diamant noir" est roi en Périgord blanc, et plus encore en cette auberge classique, où il est la star d'un menu spécial, incontournable pour les amateurs ! Plus largement, le terroir et les belles recettes classiques sont à l'honneur, à l'image de ce lièvre à la royale cuisiné dans les règles de l'art...
⊕ Formule 15 € – Menu 20 € (semaine), 27 € ♑/115 € – Carte 31/78 €
par N21 – ℰ 05 53 05 02 05 – www.auberge-de-la-truffe.com – Fermé dim. soir du 3 nov. au 13 avril, lundi et merc.

🏠 Auberge de la Truffe
AUBERGE · PERSONNALISÉ À proximité de la Maison de la Truffe, cette auberge villageoise est une petite institution locale. Confortables et plutôt spacieuses, les chambres arborent des décors variés, du plus classique au plus contemporain, certaines ouvrant de plain-pied sur le jardin.
20 chambres – †61/78 € ††66/85 € – 7 suites – ☲ 12 €
par N21 – ℰ 05 53 05 02 05 – www.auberge-de-la-truffe.com
⑪〇 **Auberge de la Truffe** – voir les restaurants ci-dessus

SORGUES
✉ 84700 (Vaucluse) – 18 473 hab. – Alt. 24 m – Carte régionale n° **42**-E1
▶ Paris 672 km – Avignon 12 km – Carpentras 20 km – Cavaillon 34 km
Carte Michelin 332-C9

⑪〇 La Table de Sorgues
CUISINE TRADITIONNELLE · ÉLÉGANT XXX Au cœur de la localité, une belle maison de maître (1891) avec une terrasse dans une cour ombragée par deux grands pins. Idéal pour déguster une lotte de pêche bretonne frottée de l'"huile noire", et autres plats de saison savoureux et pleins de fraîcheur... Sans cesse réinventés au gré de l'inspiration du chef !
Menu 38/53 €
12 r. du 19-Mars-1962, (pl. de l'Hôtel-de-Ville) – ℰ 04 90 39 11 02 (réservation conseillée) – www.latabledesorgues.fr – Fermé 9-27 août, 24 déc.-7 janv., dim. et lundi

SOTTEVILLE-SUR-MER
✉ 76740 (Seine-Maritime) – 355 hab. – Alt. 60 m – Carte régionale n° **33**-C1
▶ Paris 191 km – Dieppe 26 km – Fontaine-le-Dun 11 km – Rouen 60 km
Carte Michelin 304-E2

⑪〇 Les Embruns
CUISINE TRADITIONNELLE · RUSTIQUE XX Lorsqu'il y a trop d'embruns, partez vous réfugier dans cette petite maison typique de la région, juste à côté de l'église. Dans un cadre rustique, on apprécie la bonne cuisine traditionnelle d'un couple sympathique et consciencieux. Ici, indéniablement, le terroir a la part belle !
Formule 21 € – Menu 36/51 €
4 pl. de la Libération, (près de l'église) – ℰ 02 35 97 77 99
– www.restaurantlesembruns.fr – Fermé 3-16 oct., 9-30 janv., dim. soir, lundi et mardi

SOUILLAC

⊠ 46200 (Lot) – 3 615 hab. – Alt. 104 m – Carte régionale n° **28**-B1
▶ Paris 516 km – Brive-la-Gaillarde 39 km – Cahors 68 km – Figeac 74 km
Carte Michelin 337-E2

Le Pavillon St-Martin

FAMILIAL · COSY Une maison de caractère (16ᵉ s.) face au beffroi. Le point fort
de l'endroit : l'accueil des charmants propriétaires, qui vous renseigneront sans
peine sur les trésors de la région ! Les chambres, décorées dans un style contemporain, sont agréables.

11 chambres – †81/115 € ††81/115 € – ☐ 12 €

5 pl. St-Martin – ℰ 05 65 32 63 45 – www.hotel-saint-martin-souillac.com

Le Quercy

FAMILIAL · FONCTIONNEL Accueil familial dans cet hôtel confortable, à l'écart
du centre. Les chambres y sont confortables et bien tenues. Préférez celles avec
balcon.

25 chambres – †55/60 € ††71/79 € – ☐ 12 €

1 r. Récège – ℰ 05 65 37 83 56 – www.le-quercy.fr – Ouvert 9 mars-20 nov.

SOULAC-SUR-MER

⊠ 33780 (Gironde) – 2 531 hab. – Alt. 7 m – Carte régionale n° **3**-B1
▶ Paris 515 km – Bordeaux 99 km – Lesparre-Médoc 31 km – Royan 12 km
Carte Michelin 335-E1 – Guide Vert Michelin Aquitaine

à l'Amélie-sur-Mer 5 km au Sud-Ouest par D101ᴱ – ⊠ 33780

⫶○ Restaurant des Pins

TERROIR · AUBERGE XX De beaux produits au service d'une carte qui privilégie le terroir et la région... Un restaurant traditionnel sympathique et bon. Les
nombreux fidèles (de toutes nationalités) ne laisseraient leur place pour rien
au monde !

Formule 18 € – Menu 29/45 € – Carte 38/70 €

92 bd de l'Amélie – ℰ 05 56 73 27 27 – www.hotel-des-pins.com
– Ouvert 2 avril-1ᵉʳ nov. et fermé le midi en semaine hors saison

Hôtel des Pins

AUBERGE · COSY À 100 m de la plage – sable fin à perte de vue – et en lisière
des pins, un hôtel balnéaire au milieu d'un grand jardin, avec des chambres
accueillantes et cosy. Et ici, les propriétaires sont aux petits soins !

29 chambres – †60/155 € ††60/155 € – ☐ 12 €

92 bd de l'Amélie – ℰ 05 56 73 27 27 – www.hotel-des-pins.com
– Ouvert 2 avril-2 nov.

⫶○ **Restaurant des Pins** – voir les restaurants ci-dessus

SOULAGES-BONNEVAL – 12 (Aveyron) ➜ voir Laguiole

LA SOURCE – 45 (Loiret) ➜ voir Orléans

SOUSCEYRAC

⊠ 46190 (Lot) – 889 hab. – Alt. 559 m – Carte régionale n° **29**-C1
▶ Paris 548 km – Aurillac 47 km – Cahors 96 km – Figeac 41 km
Carte Michelin 337-I2

{cuisine} **Au Déjeuner de Sousceyrac** (Patrick Lagnès)

CUISINE CLASSIQUE · COSY XX Beaucoup de générosité, des produits qui honorent le terroir, des assiettes pleines de saveurs, un excellent rapport qualité-prix... Décidément, on quitte cette maison avec l'envie d'y revenir très vite ! À moins de prolonger le séjour dans l'une des chambres, bien tenues et abordables.

→ Viennoise de sole, soufflé chaud au citron confit. Ris de veau fermier mariné et laqué. Tarte orange, pamplemousse, citron vert et coulis au miel de châtaignier.

Menu 30/70 € – Carte environ 70 €

10 chambres – ♦60 € ♦♦60 € – ☖10 €

Le Bourg – *✆ 05 65 33 00 56 (réservation conseillée)*
– www.au-dejeuner-de-sousceyrac.com – Ouvert 2 mars-9 nov. et fermé dim. soir et lundi

SOUSTONS

✉ 40140 (Landes) – 7 398 hab. – Alt. 9 m – Carte régionale n° **3**-B2
▶ Paris 736 km – Anglet 51 km – Bayonne 47 km – Bordeaux 150 km
Carte Michelin 335-D12 – Guide Vert Michelin Aquitaine

{cuisine} **Auberge Batby**

CUISINE TRADITIONNELLE · CONVIVIAL XX Un restaurant moderne situé juste au bord du lac, où l'on favorise le terroir : pintade fermière farcie à l'ancienne, palombe en saison, pibales (alevins d'anguilles)... C'est goûteux, généreux, et les prix sont très doux. Quelques chambres agréables permettent de prolonger l'étape.

Formule 18 € – Menu 32/42 € – Carte 49/83 €

6 chambres – ♦85/150 € ♦♦85/190 € – ☖12 €

63 av. Galleben – *✆ 05 58 41 18 80 – www.aubergebatby.fr – Fermé 1 semaine en juin, 23-26 déc., dim. soir et lundi hors saison*

LA SOUTERRAINE

✉ 23300 (Creuse) – 5 437 hab. – Alt. 390 m – Carte régionale n° **24**-B1
▶ Paris 344 km – Bellac 41 km – Châteauroux 79 km – Guéret 35 km
Carte Michelin 325-F3 – Guide Vert Michelin Limousin Berry

{hotel} **Alexia**

BUSINESS · ACTUEL Ouvert il y a quelques années, cet établissement de prime abord assez impersonnel affiche un style chaleureux : chambres douillettes et bien conçues décorées sur le thème du voyage, petite restauration... Une étape pour le moins pratique !

45 chambres – ♦62/72 € ♦♦62/88 € – ☖9,50 €

19 ZA la Prade – *✆ 05 55 63 01 01 – www.hotelalexia.com*

à l'Est 7 km par N145, D74 et rte secondaire – ✉ 23300

{cuisine} **Château de la Cazine**

CUISINE MODERNE · ÉLÉGANT XxX Au cœur de son immense parc, cette architecture du 18e s. semble cultiver le goût du siècle des Lumières pour la nature et l'élégance... Dans ses salles d'un beau classicisme, ou en terrasse, face à la verdure, on découvre une bonne cuisine basée sur les produits du terroir local. Une agréable maison.

Menu 35 € (déj. en semaine), 55/85 € – Carte 80/95 €

Domaine de la Fôt – *✆ 05 55 63 97 10 – www.chateaudelacazine.fr – Fermé 1er-15 janv., lundi midi, mardi midi et merc. midi*

Château de la Cazine 🔆 🦮 ⬅ 🛏 ✂ ✕ 🔲 🔥 🅰 🕍 🅿

CHÂTEAU · ACTUEL Une certaine image de l'art de vivre à la française... Ce beau château du 18e s. trône dans une superbe vallée, entre arbres centenaires et étangs bucoliques. Peintures classées, grand escalier et mobilier de style manifestent le caractère des lieux... où même le silence se fait élégance.

18 chambres – ♦95/295 € ♦♦110/295 € – 1 suite – ☑ 17 € – ½ P

Domaine de la Fôt – ✆ 05 55 63 97 10 – www.chateaudelacazine.fr – Fermé 1er-15 janv.

✿ **Château de la Cazine** – voir les restaurants ci-dessus

à St-Étienne-de-Fursac 11 km au Sud par rte de Fursac (D1) – ✉ 23290 – 811 hab. – Alt. 322 m

🕸 Nougier ⬅ 🛏 🏠 ✕ 🕍 🅿

FRANÇAISE MODERNE · À LA MODE ✕✕ Dans cette auberge de village, on cultive l'art du bon accueil et du bien manger depuis trois générations. Le chef concocte des plats actuels et soignés, qui honorent les bons produits et sont renouvelés au fil des saisons. Alors, attablez-vous dans la jolie salle, au décor sobre et contemporain, et commandez en confiance !

Formule 17 € – Menu 27/58 € – Carte 44/68 €

10 chambres – ♦82/109 € ♦♦82/109 € – ☑ 10 €

2 pl. de l'Église – ✆ 05 55 63 60 56 – www.hotelnougier.fr – Ouvert mi-mars à mi-déc. ; fermé dim. soir de sept. à juin, lundi sauf le soir en été et mardi midi

SOUVIGNY

✉ 03210 (Allier) – 1 949 hab. – Alt. 242 m – Carte régionale n° **5**-B1

▶ Paris 301 km – Bourbon-l'Archambault 16 km – Montluçon 70 km – Moulins 13 km

Carte Michelin 326-G3 – Guide Vert Michelin Auvergne

🍴 Auberge des Tilleuls 🏠 🅰

CUISINE TRADITIONNELLE · AUBERGE ✕✕ Non loin du célèbre prieuré St-Pierre (11e-15e s.), cette auberge traditionnelle joue la carte du terroir avec beaucoup de goût : aiguillettes de canard aux figues, terrine de pot-au-feu au foie gras, dessert émotion au chocolat blanc et passion...

🍴 Formule 14 € – Menu 20 € (semaine), 25/51 €

9 pl. St-Éloi – ✆ 04 70 43 60 70 – www.auberge-tilleuls.com – Fermé vacances de fév., 24 août-6 sept., 31 déc.-6 janv., mardi soir et merc. soir de sept. à mars, dim. soir et lundi

SOYAUX – 16 (Charente) ➜ voir Angoulême

STELLA-PLAGE – 62 (Pas-de-Calais) ➜ voir Le Touquet

STIRING-WENDEL – 57 (Moselle) ➜ voir Forbach

© J.-D. Sudres/hemis.fr

ON AIME...

La terrasse du **Pont Tournant**, dans la "petite France", pour un dîner exquis au bord du canal. La belle carte des vins d'**Au Pont du Corbeau**, une winstub authentique et attachante. Le bel accent alsacien à l'accueil du **Gavroche**, et les bons plats actuels qu'on y sert. Le confort et le charme désuet de la **Cour du Corbeau**, en plein centre-ville...

STRASBOURG

✉ 67000 (Bas-Rhin) – 274 394 hab. – Agglo. 451 522 hab. – Alt. 143 m
– Carte régionale n° **1**-B1
▶ Paris 489 km – Basel 141 km – Karlsruhe 81 km – Stuttgart 149 km
Carte Michelin 315-K5 – Guide Vert Michelin Alsace Vosges

Restaurants

❀ **Au Crocodile**   🕸 AC

CUISINE CLASSIQUE · ÉLÉGANT XxX Repris en 2015 par Cédric Moulot (aussi propriétaire du 1741), le Crocodile est en train de retrouver ses couleurs d'antan. Le service, professionnel, met en valeur une cuisine tout simplement délicieuse : ingrédients au top, subtilité et maîtrise des saveurs, recettes bien pensées... Douces retrouvailles !
→ Carpaccio de langoustines au citron vert, émietté de tourteau et huître végétale. Dos de chevreuil doré, mousseline de potimarron au gingembre, sauce réglisse. Vacherin litchi-rose et framboise.
Menu 39 € (déj.), 68/120 € – Carte 95/110 €

Plan : 6KY-x – *10 r. de l'Outre* – ℰ *03 88 32 13 02* – *www.au-crocodile.com*
– *Fermé dim. et lundi sauf déc.*

❀ **1741**   🕸 AC 🍷

CUISINE MODERNE · ÉLÉGANT XxX Face au palais Rohan, chef-d'œuvre du classicisme achevé en 1741, cette table cultive un esprit boudoir aussi intime qu'élégant. Un cadre très séduisant pour une cuisine tout en finesse, savoureuse et parfumée, et accompagnée d'une belle sélection de vins d'Alsace (grands crus, bio, etc.). On quitte l'endroit à regret...
→ Langoustines royales raidies, émulsion aux agrumes et persil. Entrecôte Simmental cuite au sautoir, petits pois et beurre de ciboulette. Blanc-manger au citron vert, eau de fruits rouges et sorbet fromage blanc.
Formule 38 € – Menu 58 € 🍷 (déj. en semaine), 92/133 €
– Carte 90/105 €

Plan : 6KZ-p – *22 quai des Bateliers* – ℰ *03 88 35 50 50* – *www.1741.fr*
– *Fermé 2 semaines en janv., mardi et merc. sauf déc.*

Buerehiesel (Eric Westermann) 🕸 ⪬ 🏠 🛋 ⚹ AC P

CUISINE MODERNE · INDIVIDUEL XXX Adresse exquise, sise dans une belle ferme à colombages du 17ᵉ s., remontée dans le parc de l'Orangerie (vue bucolique de la salle en verrière et de la terrasse). La cuisine, fine et actuelle, fait quelques détours par la tradition locale – mais sans s'y attarder – et met en valeur d'excellents produits. Un régal.

→ Cuisses de grenouilles poêlées au cerfeuil et schniederspaetle. Pillette de Bresse cuite entière comme un baeckeofe. Brioche caramélisée à la bière, glace à la bière et poire rôtie.

Menu 39 € (déj. en semaine), 70/98 € – Carte 70/100 €

Plan : 4GU-a – dans le parc de l'Orangerie – ℰ 03 88 45 56 65
– www.buerehiesel.fr – Fermé 7-17 fév., 31 juil.-22 août, 24 déc.-5 janv., dim. et lundi

Gavroche (Benoit Fuchs) AC

CUISINE MODERNE · À LA MODE XX On sent ici le souci de satisfaire les clients, en salle comme en cuisine... Le moment est agréable au fil du repas, qui ne manque ni de finesse ni de caractère. Les assiettes se concentrent sur de bons produits et on se régale !

→ Foie gras de canard cuit au torchon et fumé aux sarments de vigne, marmelade d'églantine. Turbot sauvage, risotto d'épeautre et coquillages, émulsion à l'ail doux. Douceur café et caramel.

Formule 37 € – Menu 58/86 € – Carte 85/90 €

Plan : 6KZ-g – 4 r. Klein – ℰ 03 88 36 82 89 (réservation conseillée)
– www.restaurant-gavroche.com – Fermé 23 juil.-16 août, 23 déc.-3 janv., sam. et dim.

Umami (René Fieger) AC

CUISINE CRÉATIVE · COSY XX Sucré, salé, acide, amer... et umami, la 5ᵉ saveur dans la gastronomie japonaise. Une signature pour une cuisine qui croise les goûts d'ici et d'ailleurs. Séduisant cadre moderne.

→ Cuisine du marché.

Menu 50/95 € ⚐ – Carte 60/80 €

Plan : 5JZ-b – 8 r. des Dentelles – ℰ 03 88 32 80 53 (réservation conseillée)
– www.restaurant-umami.com – Fermé 1 semaine en mai, 3 semaines en sept., 1 semaine en janv., lundi midi, mardi midi, vend. midi, merc. et jeudi

Esprit Terroir (Joël Philipps) AC ⟷

CUISINE CRÉATIVE · INTIME XX Savoureuse découverte que ce restaurant de poche – dans une vieille maison sur les quais – repris juste avant l'été 2014 par un jeune couple passé par de belles maisons (l'Auberge de l'Ill, Le Cerf à Marlenheim, etc.). Qualité des produits, finesse et parfums des assiettes : d'emblée une belle réussite !

→ Carpaccio de langoustines marinées au yuzu et au gingembre. Médaillon de lotte et de homard en habit de nori, fenouil et sauce au vin jaune. Finger à l'ananas, dacquoise et crème chiboust, sorbet citron et menthe.

Formule 25 € – Menu 29 € (déj. en semaine), 61/81 € – Carte 60/70 €

Plan : 5JZ-e – 2 quai Finkwiller – ℰ 03 88 37 32 34 – www.esprit-terroir.fr
– Fermé 3-9 mai, 26 juil.-8 août, 1ᵉʳ-11 janv., dim. et lundi

Le Bistrot du Boulanger 🏠 ⚹

CUISINE TRADITIONNELLE · BISTRO X L'histoire est peu commune : un ancien homme d'affaires, devenu maître boulanger sur le tard, a décidé de reprendre cette ancienne pizzeria avec l'aide de son fils... Bien lui en a pris ! Les recettes proposées sont généreuses et savoureuses, dans la pure tradition bistrotière : une belle interprétation du genre.

⊛ Formule 12 € – Menu 15 € (déj. en semaine)/29 € – Carte 27/46 €

Plan : 6LZ-n – 42 r. de Zürich – ℰ 03 88 37 95 95
– www.aupaindemongrandpere.com – Fermé 8-15 août, 23 déc.-3 janv. et dim. soir

BISCHHEIM

Marais (R. du) . . . . **CS** 121
Périgueux (Av. de) . . . . **BS** 159
Robertsau (R. de la) . . . . . . **BS** 179
Triage (R. du) . . . . **BS** 219

ECKBOLSHEIM

Gaulle (Av. du Gén.-de) . . . . . . **BS** 67
Wasselonne (Rte de) . . . . **BS** 237

HŒNHEIM

Fontaine (R. de la) . . . . **BR** 55
République (R. de la) . . . . **BR** 174

ILLKIRCH-GRAFFENSTADEN

Bürkell (Rte) . . . . **BT** 24
Ceinture (R. de la) . . . . **BT** 27
Faisanderie (R. de la) . . . . **BT** 48
Industrie (R. de l') . . . . **BT** 97
Kastler (R. Alfred) . . . . **BT** 99
Lixenbühl (R.) . . . . **BT** 115
Messmer (Av.) . . . . **BT** 138
Neuhof (Rte de) . . . . **BT** 144
Strasbourg (Rte de) . . . . **BT** 207
Vignes (R. des) . . . . **BT** 233

LINGOLSHEIM

Eckbolsheim (R. d') . . . . **BS** 44
Ostwald (R. d') . . . . **BT** 152
Près (R. des) . . . . **BS** 168

OBERHAUSBERGEN

Mittelhausbergen (Rte de) . . . . . **BS** 139
Oberhausbergen (Rte de) . . . . . **BS** 149

OSTWALD

Foch (R. du Maréchal) . . . . **BT** 50
Gelspolsheim (R. de) . . . . **BT** 73
Leclerc (R. du Gén.) . . . . **BT** 112
Vosges (R. des) . . . . **BT** 232
23-Novembre (R. du) . . . . **BT** 246

SCHILTIGHEIM

Bischwiller (Rte de) . . . . **BS** 18
Gaulle (Rte du Gén.-de) . . . . . . **BS** 70
Hausbergen (Rte de) . . . . **BS** 81
Mendès-France (Av. P.) . . . . . . **BS** 132
Pompiers (R. des) . . . . **BS** 164

STRASBOURG

Atenheim (Rte d') . . . . **CT** 8
Austerlitz (Pont d') . . . . **BS** 9
Bauerngrund (R. de) . . . . **CT** 15
Ganzau (R. de la) . . . . **BT** 66
Holtzheim (R. de) . . . . **AS** 88
Ill (R. de l') . . . . **CS** 96
Neuhof (Rte de) . . . . **CT** 144
Plaine des Bouchers (R. de la) . . **BS** 163
Polygone (Rte du) . . . . **BS** 165
Pont (R. du) . . . . **BT** 166
Ribeauvillé (R. de) . . . . **CS** 177
Romains (Rtes des) . . . . **BS** 180
Schirmeck (Rte de) . . . . **BS** 198

WOLFISHEIM

Oberhausbergen (R. d') . . . . . . **AS** 148
Seigneurs (R. des) . . . . **AS** 204

STRASBOURG
AGGLOMÉRATION

0   2 km

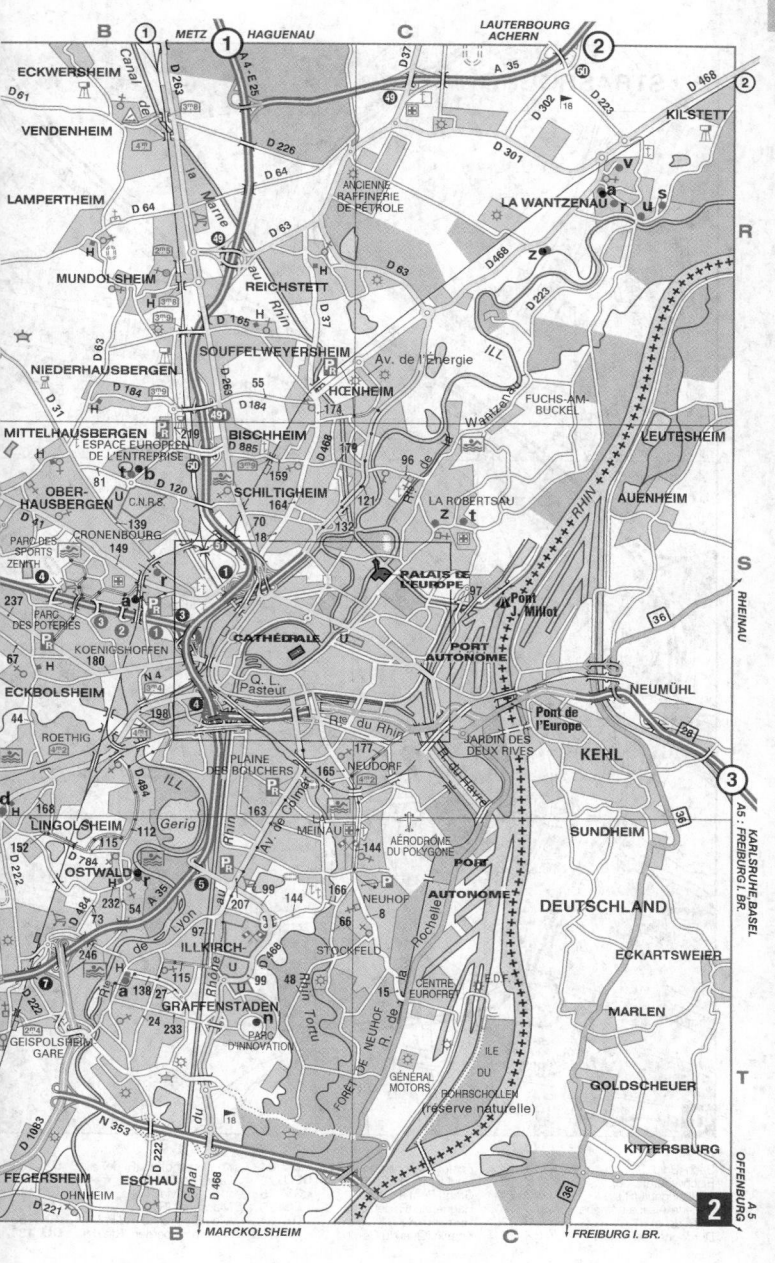

STRASBOURG

0   500 m

Bach (Bd J. S.)	**GUV** 13	Fustel-de-Coulanges (Quai)	**EX** 64	Koenisgshoffen (R. de)	**DV** 105
Bischwiller (R. de)	**EU** 16	Gaulle (Rte du Gén.-de)	**DEU** 70	Lattre-de-Tassigny	
Boussingault (R.)	**GU** 21	Grand-Pont (R. du)	**GV** 75	(Pl. du Mar.-de)	**EX** 110
Brigade Alsace-Lorraine		Haguenau (R. de)	**EU** 79	Massenet (R.)	**FUV** 130
(R. de la)	**FU** 22	Humann (R.)	**DX** 94	Mendès-France (Rd-Pt. P.)	**FX** 133
Dordogne (Bd de la)	**EX** 39	Koenig (Quai du Gén.)	**FX** 103	Mittelhausbergen (Rte de)	**DU** 139

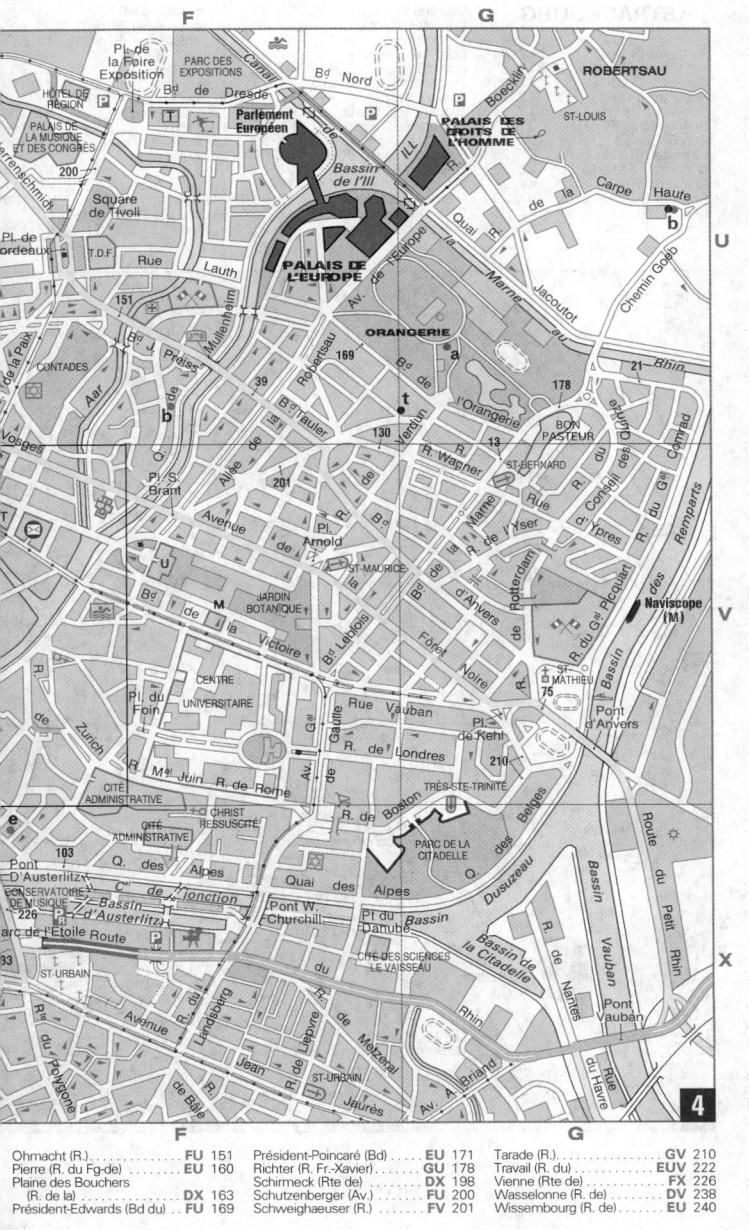

Ohmacht (R.) . . . . **FU** 151
Pierre (R. du Fg-de) . . . . **EU** 160
Plaine des Bouchers
  (R. de la) . . . . **DX** 163
Président-Edwards (Bd du) . . **FU** 169

Président-Poincaré (Bd) . . . . . **EU** 171
Richter (R. Fr.-Xavier) . . . . . . **GU** 178
Schirmeck (Rte de) . . . . **DX** 198
Schutzenberger (Av.) . . . . **FU** 200
Schweighaeuser (R.) . . . . **FV** 201

Tarade (R.) . . . . **GV** 210
Travail (R. du) . . . . **EUV** 222
Vienne (Rte de) . . . . **FX** 226
Wasselonne (R. de) . . . . **DV** 238
Wissembourg (R. de) . . . . **EU** 240

STRASBOURG

Abreuvoir (R. de l')	**LZ**	3
Arc-en-Ciel (R. de l')	**KLY**	7
Austerlitz (R. d')	**KZ**	10
Auvergne (Pont d')	**LY**	12
Bateliers (R. des)	**LZ**	14
Bonnes-Gens (R. des)	**JY**	19
Bouclier (R. du)	**JZ**	20
Castelnau (R. Gén.-de)	**KY**	25
Cathédrale (Pl. de la)	**KZ**	26
Chaudron (R. du)	**KY**	28
Cheveux (R. des)	**JZ**	29
Corbeau (Pl. du)	**KZ**	31
Cordiers (R. des)	**KZ**	32
Courtine (R. de la)	**LY**	34
Dentelles (R. des)	**JZ**	36
Division-Leclerc (R.)	**JKZ**	
Écarlate (R. de l')	**JZ**	43
Escarpée (R.)	**JZ**	45
Étudiants (R. et Pl. des)	**KY**	46
Faisan (Pont du)	**JZ**	47
Fonderie (Pont de la)	**KY**	52
Fossés-des-Treize (R. du)	**KY**	58
Fossé-des-Tanneurs (R. du)	**JZ**	57
Francs-Bourgeois (R. des)	**JZ**	60
Frey (Quai Charles)	**JZ**	63
Grandes-Arcades (R. des)	**JKY**	
Grande-Boucherie (Pl. de la)	**KZ**	76
Gutenberg (R.)	**JKZ**	78
Hallebardes (R. des)	**KZ**	80
Haute-Montée (R.)	**JY**	82
Homme de Fer (Pl. de l')	**JY**	90
Hôpital-Militaire (R. de l')	**LZ**	91
Humann (R.)	**HZ**	94
Ill (Quai de l')	**HZ**	95
Kellermann (Quai)	**JY**	100
Kléber (Pl.)	**JY**	
Krutenau (R. de la)	**LZ**	106
Kuss (Pont)	**HY**	108
Lamey (R. Auguste)	**LY**	109
Lezay-Marnésia (Quai)	**LY**	114
Luther (R. Martin)	**JZ**	117
Maire Kuss (R. du)	**HY**	120
Marché-aux-Cochons-de-Lait (Pl. du)	**KZ**	124

Marché-aux-Poissons
  (Pl. du) . . . . **KZ** 125
Marché-Gayot (Pl. du) . . . **KYZ** 126
Marché-Neuf (Pl. du) . . . . **KYZ** 127
Maroquin (R. du) . . . . **KZ** 129
Mercière (R.) . . . . **KZ** 135
Mésange (R. de la) . . . . . **JKY** 136
Monnaie (R. de la) . . . . **JZ** 141
Munch (R. Ernest) . . . . **LZ** 142
Noyer (R. du) . . . . **JY** 147
Nuée-Bleue (R. de la) . . . **KY**
Obernai (R. d') . . . . **HZ** 150
Outre (R. de l') . . . . **KY** 153
Paix (Av. de la) . . . . **KLY** 154
Parchemin (R. du) . . . . **KY** 156

Pierre (R. du Fg-de) . . . . . . **JY** 160
Pontonniers (R. des) . . . . **LY** 167
Récollets (R. des) . . . . . . **KLY** 172
Ste-Madeleine (Pont et R.)**KLZ** 192
St-Étienne (Quai) . . . . **LY** 183
St-Michel (R.) . . . . **HZ** 187
St-Nicolas (Pont) . . . . **KZ** 189
St-Pierre-le-Jeune (Pl.) . . **JKY** 190
Salzmann (R.) . . . . **JZ** 193
Sanglier (R. du) . . . . **KY** 194
Saverne (Pont de) . . . . . . **HY** 195
Schoelcher (Av. Victor) . . **LY** 199
Sébastopol (R. de) . . . . . . **JY** 202
Serruriers (R. des) . . . . . **JKZ** 205
Temple-Neuf (Pl. du) . . . . **KY** 213

Temple-Neuf (R. du) . . . . . **KY** 214
Théâtre (Pont du) . . . . . . **KY** 216
Thomann (R. des) . . . . **JY** 217
Tonneliers (R. des) . . . . . **KZ** 220
Turckheim (Quai) . . . . **HZ** 225
Vieil-Hôpital (R. du) . . . . . **KZ** 228
Vieux-Marché-aux-Poissons
  (R. du) . . . . **KZ** 229
Vieux-Marché-aux-Vins
  (R. et Pl. du) . . . . **JY** 230
Vieux-Seigle (R. du) . . . . . **JZ** 231
Wasselonne (R.) . . . . **HZ** 238
Wodli (R. Georges) . . . . . **HY** 242
22-Novembre
  (R. du) . . . . **HJYZ**

Colbert

CUISINE MODERNE · COSY X Le jeune chef-patron concocte une cuisine bien dans l'air du temps, soignée et parfumée, avec des présentations originales et élégantes : on ne citera que ces grenouilles juste panées, macaronis et jus émulsionné... C'est tout simplement bon : rien d'étonnant à ce que le restaurant affiche souvent complet !

Formule 17 € – Menu 22 € (déj. en semaine), 32/45 € – Carte 42/49 €

Plan : 2BS-r – 127 rte Mittelhausbergen – ℰ 03 88 22 52 16 *(réservation conseillée)* – www.restaurant-colbert.com – *Fermé 2 semaines en août, vacances de Noël, dim. et lundi*

Maison des Tanneurs dite Gerwerstub

CUISINE TRADITIONNELLE · ÉLÉGANT XX Au bord de l'Ill, dans la Petite France, cette maison alsacienne pleine de caractère (1572) est une institution de la choucroute, parmi d'autres célèbres spécialités régionales.

Menu 21 € (déj. en semaine) – Carte 41/62 €

Plan : 5JZ-t – 42 r. Bain-aux-Plantes – ℰ 03 88 32 79 70 – www.maison-des-tanneurs.com – *Fermé 1er-8 août, 2-23 janv., dim. et lundi*

La Casserole

CUISINE MODERNE · COSY XX Le jeune propriétaire, ancien responsable de salle au Crocodile, semble savourer chaque instant passé dans sa "propre" maison... qu'il se rassure : sa clientèle en profite autant que lui ! Le cadre, cosy et sobrement contemporain, met en valeur une cuisine dans l'air du temps, fraîche et bien réalisée.

Menu 37 € (déj.), 82/102 € – Carte 75/120 €

Plan : 6KY-b – 24 r. des Juifs – ℰ 03 88 36 49 68 *(réservation conseillée)* – www.restaurantlacasserole.fr – *Fermé 15-20 fév., 11-15 avril, 18-31 juil., 25-29 oct., 3-7 janv., dim. et lundi sauf déc.*

La Cambuse

POISSONS ET FRUITS DE MER · COSY XX Cette discrète adresse, à portée de ricochet des quais de l'Ill, est une institution de la cuisine de la mer à Strasbourg. Le cadre, intime et original, s'inspire d'une cabine de yacht, et les recettes empruntent quelques inspirations à l'Asie (épices, cuissons courtes...). Une plaisante traversée.

Carte 52/63 €

Plan : 5JZ-a – 1 r. des Dentelles – ℰ 03 88 22 10 22 *(réservation conseillée)* – *Fermé 1er-16 mai, 3 juil.-22 août, 23 déc.-9 janv., dim. et lundi*

Le Pont Tournant

CUISINE MODERNE · À LA MODE XX L'emplacement au bord du canal est vraiment séduisant ; la cuisine, composée avec talent, marie harmonieusement de bons produits frais. Pissaladière au maquereau ; dos de merlu rôti, tempura de tomate et feta ; abricots pochés, crème de pistache et gelée au gewurztraminer...

Menu 60/80 € – Carte 47/75 €

Plan : 5JZ-f – Hôtel Régent Petite France & Spa, 5 r. des Moulins – ℰ 03 88 76 43 43 – www.regent-petite-france.com – *Fermé le midi, dimanche et lundi*

Zuem Ysehuet

CUISINE MODERNE · À LA MODE XX Dans un quartier huppé au bord de l'Ill, cette jolie auberge est recouverte de vigne vierge. L'intérieur est résolument contemporain ; quant aux recettes, elles font la part belle aux produits de saison (légumes du potager), que l'on accompagne de l'une des 600 références présentes sur la carte des vins. Terrasse au calme.

Formule 30 € – Menu 38/51 € – Carte 42/56 €

Plan : 4FU-b – 21 quai Mullenheim – ℰ 03 88 35 68 62 – www.zuem-ysehuet.com – *Fermé 1 semaine vacances de fév., 8-22 août, lundi midi de nov. à mars, sam. sauf le soir d'avril à oct. et dim.*

Le Violon d'Ingres

CUISINE CLASSIQUE · RUSTIQUE XX Cette maison alsacienne est l'une des plus anciennes du quartier de la Robertsau, par-delà le Parlement européen. À la carte, une cuisine classique bien réalisée, avec homard, foie gras, poisson, gibier en saison, etc. À déguster dans l'élégante salle à manger ou en terrasse, à l'ombre d'un imposant marronnier...

Menu 36 € (déj. en semaine), 58/62 € – Carte 58/69 €

Plan : 2CS-z – *1 r. Chevalier-Robert, à La Robertsau*
– *☎ 03 88 31 39 50*
– *Fermé 2 semaines en août, 1 semaine en oct., 1 semaine en janv., sam. midi, dim. soir et lundi*

Maison Kammerzell et Hôtel Baumann

CUISINE TRADITIONNELLE · CONVIVIAL XX À côté de la cathédrale, maison strasbourgeoise du 16ᵉs. dégageant une authentique ambiance moyenâgeuse : vitraux, peintures, bois sculpté, voûtes gothiques. Cuisine du terroir et carte de brasserie, avec en spécialité la choucroute. Chambres sobres.

Menu 30/48 € – Carte 36/55 €

9 chambres – ♦110/210 € ♦♦150/210 € – ☲ 10 €

Plan : 6KZ-e – *16 pl. de la Cathédrale* – *☎ 03 88 32 42 14*
– *www.maison-kammerzell.com*

Pont des Vosges

CUISINE TRADITIONNELLE · BRASSERIE XX À l'angle d'un immeuble ancien, cette brasserie, dont la réputation n'est plus à faire, régale de bons plats généreux. Vieilles affiches publicitaires et miroirs en décor. Accueil et service agréables.

Carte 38/65 €

Plan : 6LY-h – *15 quai Koch*
– *☎ 03 88 36 47 75* – *www.lepontdesvosges.fr*
– *Fermé dim.*

L'Amuse Bouche

CUISINE MODERNE · FAMILIAL XX Restaurant discret hors de l'animation du centre-ville. Salle classique aux tons pastel, pour une cuisine dans l'air du temps, fraîche et sans fausse note.

Formule 16 € – Menu 39/75 € ♥ – Carte 46/61 €

Plan : 6LY-t – *3a r. de Turenne*
– *☎ 03 88 35 72 82* – *www.lamuse-bouche.fr*
– *Fermé dim. et lundi*

Villa Casella

ITALIENNE · MÉDITERRANÉEN XX Fermez les yeux, vous voilà en Italie ! Derrière les fourneaux, le chef, venu du sud de la Botte, met beaucoup de cœur à défendre la cuisine de ses origines. Pour preuve, il réalise lui-même ses pâtes... Que l'on dévore parmi les habitués, dans une ambiance méditerranéenne, ou en terrasse si le temps le permet.

Formule 20 € – Menu 36/70 € – Carte 40/55 €

Plan : 6KZ-a – *5 r. du Paon* – *☎ 03 88 32 50 50*
– *Fermé vacances de fév., 3 semaines en août et dim.*

La Brasserie des Haras

CUISINE MODERNE · DESIGN X Sous la tutelle du grand chef Marc Haeberlin, une table élégante et raffinée, au sein des anciens haras nationaux construits sous Louis XV. On y apprécie de belles recettes traditionnelles, sans oublier quelques plats du terroir local. Et le superbe décor contemporain, avec cuisines ouvertes, vaut le coup d'œil !

Formule 25 € – Menu 31 (déj.)/36 € – Carte 34/59 €

Plan : 3EVX-e – *23 r. des Glacières* – *☎ 03 88 24 00 00*
– *www.les-haras-hotel.com*

ⅠO La Cuiller à Pot   ⌂

CUISINE MODERNE • TRADITIONNEL ⅹ À deux pas de la Petite France, plongez allégrement votre cuiller dans ce Pot tout simple et gourmand : le jeune chef concocte une cuisine généreuse et soignée, qui a la fraîcheur de l'instant. Une carte courte, peu de tables : la formule du plaisir.

Carte 30/52 €

Plan : 5JZ-v – *18b r. Finkwiller* – ☏ *03 88 35 56 30 (réservation conseillée)* – *www.lacuillerapot.fr* – *Fermé sam. midi, dim. et lundi*

ⅠO Du côté de Chez Anne   ⌂ AC P

CUISINE MODERNE • CONVIVIAL ⅹ Langoustines cuites sur galet et espuma d'algues, moules de bouchot en différentes textures et échalotes confites, filet de bœuf de Salers cuit au foin, etc. Élégant moment de gastronomie dans cette superbe maison à colombages baignée, en bordure de ville, d'une délicieuse ambiance champêtre. L'occasion d'une douce escapade...

Formule 29 € – Menu 32 € (déj.), 49/89 € – Carte 59/80 €

Plan : 4GU-b – *4 r. de la Carpe-Haute* – ☏ *03 88 41 80 77* – *www.du-cote-de-chez-anne.com* – *Fermé dim. et lundi*

ⅠO Rivière

ASIATIQUE • COSY ⅹ Une Rivière aux multiples affluents... Voilà plus de 50 ans que l'adresse appartient à la famille Meier et, aujourd'hui sous la conduite de Richard – vietnamien par sa mère et dont l'épouse, d'origine iranienne, œuvre en cuisine –, elle nous fait voyager partout en Asie ! Des recettes élégantes, pour un endroit charmant...

Carte 50/70 €

Plan : 5JZ-r – *3 r. des Dentelles* – ☏ *03 88 22 09 25* – *Fermé 12-25 août, 23 déc.-13 janv., dim. lundi et le midi*

ⅠO La Vignette   ⌂ &

CUISINE TRADITIONNELLE • BISTRO ⅹ Il flotte comme un air de guinguette dans cette charmante maison à l'esprit rétro. En cuisine, le chef concocte de généreuses recettes bistrot aux saveurs bien marquées. Accueil sympathique et prix raisonnables : voilà une vignette à coller dans votre carnet d'adresses gourmandes !

Formule 15 € – Carte 36/48 €

Plan : 2CS-t – *29 r. Mélanie, à la Robertsau* – ☏ *03 88 31 38 10* – *www.lavignette-strasbourg-robertsau.com* – *Fermé 1er-15 août, 24 déc.-5 janv.*

ⅠO La Vieille Tour   ⌂ AC

CUISINE TRADITIONNELLE • DE QUARTIER ⅹ Cette adresse, toute proche de la Petite France, cultive le goût de la tradition, au gré du marché (ardoise). Décor simple, relevé d'affiches humoristiques sur l'Alsace.

Formule 23 € – Menu 40 € (semaine) – Carte 43/65 €

Plan : 5HZ-e – *1 r. Adolphe-Seyboth* – ☏ *03 88 32 54 30 (réservation conseillée)* – *Fermé dim. sauf le midi en déc., lundi et fériés*

ⅠO Lucullus   ⌂ AC

CUISINE MODERNE • BISTRO ⅹ Dans ce restaurant de poche, on s'assoit au coude-à-coude avant de faire son choix parmi les suggestions de l'ardoise. Que choisir ? Derrière les fourneaux, le chef réalise une appétissante cuisine du marché axée sur les beaux produits frais. Accueil sympathique.

🍴 Menu 18 € (déj. en semaine) – Carte 34/58 €

Plan : 4FX-e – *15 r. Jacques-Peirotes* – ☏ *03 88 37 11 07* – *Fermé 13-20 mars, 15-30 août, sam. et dim.*

ⅠO Le Pont aux Chats   ⌂ ☺

CUISINE MODERNE • CONVIVIAL ⅹ Mariage de colombages anciens et de mobilier contemporain, terrasse sur cour, produits de saison cuisinés dans l'air du temps : une petite adresse qui fait ronronner de plaisir.

Menu 25 €

Plan : 6LZ-t – *42 r. de la Krutenau* – ☏ *03 88 24 08 77* – *lepontauxchats.fr* – *Fermé 3 semaines en août, sam. midi et dim.*

🍽 Pierre Bois & Feu 🚫🐕

CUISINE TRADITIONNELLE • BISTRO 🍴 Dans une ruelle proche des quais, ce petit bistrot contemporain est abrité dans une maison datant du 17e s. Tables en bois brut, cuisine ouverte : l'endroit a du charme. À la carte, des plats de saison et de beaux produits, avec pour spécialité la viande de salers... cuite au fer à repasser, à découvrir !

Menu 44/150 € – Carte 55/232 €

Plan : 6KZ-t – *6 r. du Bain-aux-Roses – ✆ 03 88 36 25 59 – www.pierreboisetfeu.fr – Fermé 1 semaine en fév., 2 semaines en août, lundi midi, merc. midi, dim. et le midi*

🍽 Le Bistrot des Arts Ⓝ

CUISINE TRADITIONNELLE • CONVIVIAL 🍴 Aux portes du quartier de la Krutenau, ce petit Bistrot des Arts est emmené par Arnaud Barberis, chef sympathique et plutôt adroit : il concocte une bonne cuisine de produits sans fioritures, avec notamment certains plats mijotés en cocotte... Une bonne adresse.

Formule 13 € – Menu 30 € – Carte 31/46 €

Plan : 6LY-e – *10 quai des Pêcheurs – ✆ 03 88 35 10 60 – www.bistrotdesarts.eu – Fermé 3 semaines en août, 24 déc.-2 janv., sam. sauf le soir en déc., dim. et fériés*

Winstubs :

dégustation de vins et cuisine du pays, ambiance typiquement alsacienne

😋 Au Pont du Corbeau 🍇 ⛱ A/C

ALSACIENNE • TRADITIONNEL 🍴 À côté du Musée alsacien dédié à l'art populaire, une savoureuse manière de passer à la pratique ! Tout séduit dans cette authentique winstub tenue en famille : le décor traditionnel (éléments Renaissance, affiches), le choix de vins et, bien sûr, la cuisine alsacienne, appuyée sur un réseau de producteurs locaux... Coup de cœur !

Formule 14 € – Menu 31 € – Carte 31/52 €

Plan : 6KZ-b – *21 quai St-Nicolas – ✆ 03 88 35 60 68 – Fermé 1 semaine vacances de fév., 25 juil.-22 août, dim. midi et sam. sauf en déc.*

🍽 S'Burjerstuewel - Chez Yvonne ⌸

TERROIR • TRADITIONNEL 🍴 Atmosphère chic dans cette winstub qui fait figure d'institution (photos et dédicaces de stars à l'appui). On y mange au coude à coude et la carte respecte la plus pure tradition alsacienne. Ne passez pas à côté de l'une des spécialités maison : le coq au riesling. Une belle adresse.

Carte 30/61 €

Plan : 6KYZ-e – *10 r. du Sanglier – ✆ 03 88 32 84 15 – www.chez-yvonne.net*

🍽 Le Clou A/C

ALSACIENNE • RUSTIQUE 🍴 À deux pas de la cathédrale, cette antique winstub promet d'être le Clou... de votre soirée ! Comme attendu, le lieu fait la part belle à la tradition alsacienne : choucroute royale, baeckeofe ou jambon en croûte sont proposés dans un décor de marqueteries et de scènes du temps jadis... Attention : c'est souvent complet.

⊜ Formule 15 € – Menu 19 € (déj. en semaine) – Carte 28/56 €

Plan : 6KY-n – *3 r. du Chaudron – ✆ 03 88 32 11 67 – www.le-clou.com – Fermé dim.*

🍽 Le Tire-Bouchon ⛱ A/C ⌸

CUISINE TRADITIONNELLE • CONVIVIAL 🍴 Dans une ruelle pittoresque à deux pas de la cathédrale, ne passez pas à côté de cette winstub représentative de l'art de vivre alsacien ! Un cadre chaleureux (boiseries, lumière tamisée...), une généreuse cuisine du pays, des crus locaux : rien ne manque.

⊜ Formule 10 € – Menu 14 € (déj. en semaine), 24/29 € – Carte 27/47 €

Plan : 6KZ-t – *5 r. des Tailleurs-de-Pierre – ✆ 03 88 22 16 32 – www.letirebouchon.fr*

‖○ Fink'Stuebel

ALSACIENNE · FAMILIAL X Colombages, parquet brut, bois peints, mobilier régional et nappes fleuries : cet endroit a tout de l'image d'Épinal. On travaille ici en famille, dans le respect de la tradition : cuisine du terroir et foie gras sont à l'honneur. La winstub dans toute sa splendeur !

Carte 33/65 €

Plan : 5JZ-x – *26 r. Finkwiller* – ℰ *03 88 25 07 57*
– *www.restaurant-finksstuebel.com* – *Fermé 3 semaines en août, sam. et dim.*

‖○ Meiselocker ⓝ

ALSACIENNE · BISTRO X Meiselocker ("charmeur de mésange"), c'est ainsi que l'on surnommait autrefois les Strasbourgeois en Alsace. Un nom tout indiqué pour cette winstub récente, située à deux pas de la cathédrale, et dans laquelle on se régale des grands classiques de la région : jambonneau braisé au pinot noir, choucroute... Miam !

⊕ Formule 10 € – Menu 14 € (déj. en semaine), 24/29 € – Carte 26/41 €
Plan : 6KY-k – *39 r. des Frères* – ℰ *03 88 22 30 00* – *www.meiselocker.fr*

Hôtels & maisons d'hôtes

‖▦▦ Régent Petite France & Spa   ⌂ ☃ ≼ ⊕ L↯ ⊡ ⭧ ⏏ ⌘ ⚙ ⛻

LUXE · PERSONNALISÉ Dans la Petite France, une grande et belle adresse, aménagée dans les ex-glacières des bords de l'Ill. Intérieurs confortables, modernes et chic, sans ostentation ; chambres agréablement feutrées, dont 17 récemment ouvertes dans le "Pavillon", un bâtiment datant du 15ᵉ s...

63 chambres – †190/680 € ††190/680 € – 9 suites – ⌂ 24 €
Plan : 5JZ-f – *5 r. des Moulins* – ℰ *03 88 76 43 43*
– *www.regent-petite-france.com*

‖○ **Le Pont Tournant** – voir les restaurants ci-dessus

▦▦ Sofitel   ⌂ L↯ ⊡ ⭧ ⏏ ⚙ ⛻

URBAIN · MODERNE Dans un quartier calme, au nord de la cathédrale, cet établissement moderne conjugue espace, esprit contemporain et tenue impeccable. À quinze minutes de la gare, ses chambres agréables à vivre invitent à faire une étape reposante.

150 chambres – †140/396 € ††140/396 € – 4 suites – ⌂ 26 €
Plan : 5JY-s – *4 pl. St-Pierre-le-Jeune* – ℰ *03 88 15 49 00*
– *www.sofitel-strasbourg.com*

▦▦ Cour du Corbeau   ☃ ⊕ ⭧ ⏏ ⚙

HISTORIQUE · ÉLÉGANT Près du pont du Corbeau, l'alliance du confort le plus contemporain et du charme des vieilles pierres : cet hôtel s'épanouit dans plusieurs superbes maisons anciennes (16ᵉ-19ᵉ s.).

63 chambres – †169/605 € ††169/605 € – ⌂ 24 €
Plan : 6KZ-h – *6 r. des Couples* – ℰ *03 90 00 26 26* – *www.cour-corbeau.com*

▦▦ Les Haras   ⊡ ⭧ ⏏ ⚙ ⓟ

HISTORIQUE · DESIGN Au cœur de Strasbourg, l'établissement, inauguré en 2013, a été créé dans les anciens haras nationaux du 18ᵉ s. ! Un cadre exceptionnel pour une adresse qui l'est tout autant. Les chambres, au décor épuré, sont assez voire très spacieuses (17 à 35 m²), et le moindre détail est soigné...

55 chambres – †150/565 € ††150/565 € – ⌂ 24 €
Plan : 3EVX-e – *23 r. des Glacières* – ℰ *03 90 20 50 00*
– *www.les-haras-hotel.com*

▦▦ Le Bouclier d'Or   ☃ ⊕ ⊡ ⭧ ⏏ ⚙

HISTORIQUE · ÉLÉGANT Ouvert en 2012, cet établissement prend ses aises dans un ancien hôtel particulier dont la partie la plus ancienne remonte au 16ᵉ s. Dans les chambres, le luxe le dispute au raffinement. Et ne passez pas à côté du spa – de 150 m² – aménagé dans une superbe cave voûtée.

22 chambres – †156/531 € ††156/531 € – 1 suite – ⌂ 22 €
Plan : 5JZ-n – *1 r. du Bouclier* – ℰ *03 88 13 73 55* – *www.lebouclierdor.com*

Régent Contades

LUXE · CLASSIQUE Derrière la noble façade de cet hôtel particulier du 19ᵉ s., on évolue dans un décor empreint de raffinement et de classicisme (boiseries, tableaux, lustres à pampilles...). Les chambres sont spacieuses, avec du caractère, et le personnel est aux petits soins. Une belle adresse pour découvrir la ville.

46 chambres – †113/590 € ††113/590 € – 2 suites – ☑ 21 €

Plan : 6LY-f – *8 av. de la Liberté* – *☎ 03 88 15 05 05* – *www.regent-contades.com*

 Beaucour

FAMILIAL · PERSONNALISÉ Deux maisons alsaciennes du 18ᵉ s. autour d'une charmante cour fleurie. Les lieux dégagent un réel cachet ; certaines des chambres empruntent à la tradition alsacienne, d'autres sont plus contemporaines. Un ensemble chaleureux et confortable.

49 chambres – †96/132 € ††209/249 € – ☑ 14 €

Plan : 6KZ-k – *5 r. des Bouchers* – *☎ 03 88 76 72 00* – *www.hotel-beaucour.com*

 Maison Rouge

TRADITIONNEL · CLASSIQUE Au cœur de la ville, sur le passage d'une ligne de tramway, cet hôtel de tradition associe confort et service de standing. Les chambres sont spacieuses et soignées, desservies par des paliers ornés d'objets d'art.

139 chambres ☑ – †101/223 € ††111/233 € – 3 suites

Plan : 5JZ-g – *4 r. des Francs-Bourgeois* – *☎ 03 88 32 08 60*
– *www.maison-rouge.com*

 Hannong

TRADITIONNEL · FONCTIONNEL Un hôtel familial sur le site de la faïencerie Hannong (18ᵉ s.). Façade néoclassique, salon sous verrière, mariage de matériaux, etc. : l'ensemble est accueillant et parfaitement tenu. Agréable espace terrasse.

72 chambres – †79/239 € ††89/299 € – ☑ 16 €

Plan : 5JY-a – *15 r. du 22-Novembre* – *☎ 03 88 32 16 22*
– *www.hotel-hannong.com* – *Fermé 1ᵉʳ-11 janv.*

 Le Grand Hôtel

BUSINESS · MODERNE Face à la gare TGV, cet hôtel n'a pas raté le train de la modernité : décor actuel, ambiance zen, mobilier à la fois sobre et cossu, tenue minutieuse. Le centre-ville est à 5mn.

90 chambres ☑ – †76/375 € ††76/375 €

Plan : 5HY-a – *12 pl. de la Gare* – *☎ 03 88 52 84 84* – *www.le-grand-hotel.com*

 La Villa Novarina

BUSINESS · DESIGN Près du parc de l'Orangerie, dans le quartier huppé des ambassades, cette grande maison des années 1950 a été dessinée par l'architecte Maurice Novarina (1907-2002). Le hall d'entrée rend hommage au modernisme (meubles de Eames, Knoll et Le Corbusier), les chambres se révèlent épurées. Belle piscine et calme jardin.

24 chambres – †147/500 € ††147/900 € – ☑ 22 €

Plan : 4FGU-t – *11 r. Westercamp* – *☎ 03 90 41 18 28* – *www.villanovarina.com*

Athéna Hôtel Spa 🆕

BUSINESS · MODERNE Ce grand hôtel, construit en 2014, ne manque pas d'atouts : chambres modernes et colorées selon l'étage (bleu, orange, fuchsia, vert...), installations flambant neuves (spa avec hammam, sauna, cabines de massage et douches sensorielles), proximité du tram et de l'autoroute... Confortable et pratique !

92 chambres – †95/465 € ††95/465 € – ☑ 13 € – ½ P

Plan : 2BS-a – *1 r. Armande-Béjart* – *☎ 03 88 30 10 30*
– *www.athenaspahotel.com*

Hotel.D

BUSINESS · ACTUEL Proche des quais et du centre-ville, un hôtel contemporain dont l'intérieur, atypique et haut en couleurs, retient le regard ! Le confort des chambres (grand lit, douche à l'italienne) et le bon petit-déjeuner (yaourts du Climont, jus de pomme et mirabelle) en font une agréable étape.

37 chambres – †109/485 € ††109/485 € – ☑ 18 €

Plan : 6KY-p – *15 r. du Fossé-des-Treize* – *☎ 03 88 15 13 67* – *www.hoteld.fr*

🏨 Royal Lutetia
☒ 🅰🅲 🕸

TRADITIONNEL · CLASSIQUE Cette façade évoquant le style Art déco cache de plaisantes chambres contemporaines, garnies de mobilier clair ou foncé et très bien tenues. Confortable bar-salon anglais.

39 chambres – ♦75/180 € ♦♦75/180 € – ⊇ 10 €

Plan : 3EU-t – *2 bis r. du Gén.-Rapp* – ℰ *03 88 35 20 45* – *www.royal-lutetia.fr*

🏨 Gutenberg
☒ 🅰🅲

URBAIN · FONCTIONNEL Entièrement rénové en 2011, l'hôtel Gutenberg a écrit une nouvelle page de son histoire. Dans ce bâtiment qui date de 1745, au cœur du vieux Strasbourg, les chambres affichent un bel esprit contemporain, osant même les touches design. Et le personnel est des plus avenants.

42 chambres – ♦89/255 € ♦♦89/255 € – ⊇ 14 €

Plan : 6KZ-f – *31 r. des Serruriers* – ℰ *03 88 32 17 15* – *www.hotel-gutenberg.com*

🏨 Dragon
☒ 🕸 🦽

FAMILIAL · MODERNE Dans un quartier calme à deux pas du centre-ville, deux demeures du 17e s. autour d'un patio fleuri (où le petit-déjeuner est servi l'été). Chambres confortables et actuelles, mansardées au dernier étage.

32 chambres – ♦79/145 € ♦♦79/179 € – ⊇ 13 €

Plan : 5JZ-d – *12 r. du Dragon* – ℰ *03 88 35 79 80* – *www.dragon.fr*

🏨 Mercure Centre
☒ 🦽 🅰🅲 🚗

HÔTEL DE CHAÎNE · MODERNE Situation centrale pour cet établissement rénové avec des tons vifs et un mobilier design. Au 7e étage, la salle des petits-déjeuners jouit d'une petite vue sur la cathédrale.

98 chambres – ♦74/245 € ♦♦74/245 € – ⊇ 18 €

Plan : 5JY-q – *25 r. Thomann* – ℰ *03 90 22 70 70*
– *www.mercure-strasbourg-centre.com*

🏠 Chut - Au Bain aux Plantes
🏔 🦽

VILLA · PERSONNALISÉ Dans une rue pittoresque de la Petite France, un hôtel digne d'une maison d'hôtes, charme compris : esprit déco, objets et mobilier design ou chinés, ambiance zen... On ne s'étonnera pas d'apprendre que la propriétaire est architecte !

8 chambres – ♦95/168 € ♦♦95/205 € – 1 suite – ⊇ 12 € – ½ P

Plan : 5HZ-v – *4 r. Bain-aux-Plantes* – ℰ *03 88 32 05 06*
– *www.hote-strasbourg.fr*

🏠 Le Kléber
☒ 🕸

FAMILIAL · ACTUEL "Meringue", "Fraise", "Cannelle", etc. : ici, toutes les chambres se prêtent à une thématique sucrée-salée, richement colorée. Situation imparable sur la célèbre place Kléber.

37 chambres – ♦85/120 € ♦♦85/120 € – ⊇ 10 €

Plan : 5JY-p – *29 pl. Kléber* – ℰ *03 88 32 09 53* – *www.hotel-kleber.com*

🏡 Du côté de Chez Anne
🦽 🅰🅲 🕸 🅿

TRADITIONNEL · PERSONNALISÉ À la périphérie de la ville, on trouve cette idyllique maison datant du 19e s. avec ses colombages typiques de la région. Vous serez accueilli dans des chambres luxueuses et confortables, aux intitulés fleuris : Pivoine, Pâquerette, Coquelicot, Bleuet, Bouton d'Or... Voluptueux.

5 chambres – ♦85/195 € ♦♦115/295 € – ⊇ 23 €

4 r. de la Carpe-Haute – ℰ *03 88 41 80 77* – *www.du-cote-de-chez-anne.com*
– *Fermé une semaine vacances de Noël*

Environs

à Schiltigheim 4 km au Nord – ⊠ 67300 – 31 691 hab. – Alt. 140 m

⍐○ La Carambole   🏵 🛋 ♿ 🆒 ⬆ 🅿

CUISINE MODERNE · À LA MODE 🕸🕸🕸 Dans ce quartier d'affaires, un élégant restaurant au 3e étage d'un immeuble contemporain. Le jeune chef, passé par de bonnes maisons, démontre un joli savoir-faire : raviole de foie gras et anguille fumée, tartelette de potimarron et noix de pécan... le tout porté par un choix de vins avisé. Une adresse de qualité.

Menu 34 € (déj. en semaine), 62/75 € – Carte 59/77 €

Plan : 2BCS-z – *14 av. Pierre-Mendes-France* – ℰ 03 88 47 44 44
– *www.restaurant-lacarambole.com – Fermé 13-28 août, 24 déc.-1er janv., sam. et dim.*

⍐○ Côté Lac   🛋 ♿ �AC 🅿

CUISINE MODERNE · DESIGN 🕸🕸 Dans une zone d'activité du nord de la ville, on est surpris de découvrir ce parallélépipède de béton brut et de verre, posé au bord d'un petit lac. L'intérieur a tout du loft moderne, avec ses éclairages modernes et ses tableaux contemporains ; on y déguste une cuisine actuelle, soignée, qui évolue régulièrement.

Formule 25 € – Menu 37/59 €

Plan : 2BS-t – *2 pl. de Paris, Espace Européen de l'Entreprise* – ℰ 03 88 83 82 81
– *www.cote-lac.com – Fermé lundi soir, sam. midi, dim. et fériés*

🏨 Kyriad Prestige   🛗 ⬆ ♿ �AC 🧖 🚗

HÔTEL DE CHAÎNE · FONCTIONNEL En périphérie, dans l'Espace Européen de l'Entreprise (accès facile de l'autoroute), cet hôtel associe fonctionnalité et confort. Salle de petit-déjeuner avec terrasse.

66 chambres – †69/138 € ††79/168 € – ☁ 14 €

Plan : 2BS-b – *2 av. de l'Europe, (Espace Européen de l'Entreprise)*
– ℰ 03 90 22 60 60 – *www.kyriad-prestige-strasbourg-nord-schiltigheim.fr*

à La Wantzenau 12 km au Nord-Est – ⊠ 67610 – 5 773 hab. – Alt. 130 m

✿ Relais de la Poste   🏵 🛋 ♿ �AC 🆒 🅿

CUISINE MODERNE · ÉLÉGANT 🕸🕸🕸 Une partition classique fort bien exécutée, fine et flatteuse ; une belle carte des vins aux prix raisonnables : cette maison alsacienne, tout en colombages et toits de tuile, honore la tradition du goût – et aussi de l'accueil. Décor élégant : boiseries, véranda face à la terrasse...
➜ Foie gras de canard au muscat de Rivesaltes. Pigeon des Vosges rôti, poêlée de girolles et gel de kumquat. Crêpes Suzette au Grand Marnier et zestes d'oranges.

Formule 29 € – Menu 34/98 € – Carte 65/105 €

Plan : 2CR-a – *Hôtel Relais de la Poste, 21 r. du Gén.-de-Gaulle*
– ℰ 03 88 59 24 80 – *www.relais-poste.com – Fermé 25 juil.-7 août, sam. midi et dim. soir*

⍐○ Zimmer   🛋 🍽

CUISINE TRADITIONNELLE · ÉLÉGANT 🕸🕸🕸 Trois salons élégants, agrémentés de lambris blanc et de poutres colorées, où l'on sert une cuisine conjuguant terroir et notes actuelles (menus d'un bon rapport qualité-prix).

Formule 24 € – Menu 27/64 € – Carte 41/68 €

Plan : 2CR-r – *23 r. des Héros* – ℰ 03 88 96 62 08 – *www.restaurant-zimmer.fr*
– *Fermé 25 juil.-12 août, 15 fév.-10 mars, dim. soir et lundi sauf fériés*

⍐○ Les Semailles   🛋 ♿ �AC 🅿

CUISINE MODERNE · COSY 🕸🕸 Jolie graine que cette maison alsacienne chatoyante, dressée dans une petite rue calme. Aux beaux jours, profitez de la terrasse ombragée sous une glycine centenaire... Au menu : des produits au-dessus de tout soupçon, parfaitement cuisinés, avec personnalité.

Formule 23 € – Menu 40 € (déj. en semaine), 58/72 € – Carte 52/60 €

Plan : 2CR-s – *10 r. Petit-Magmod* – ℰ 03 88 96 38 38 – *www.semailles.fr*
– *Fermé dim. soir, merc. et jeudi*

⑪○ Au Moulin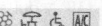

CUISINE CLASSIQUE · À LA MODE ✕✕ Un cadre élégant et lumineux, dans les dépendances d'un ancien moulin posté au bord de l'Ill. La terrasse profite du calme de la campagne environnante. Cuisine classique.

Formule 19 € – Menu 24 € (semaine), 29/104 € – Carte 42/73 €

Plan : 2CR-z – *Hôtel Le Moulin de la Wantzenau, 2 impasse du Moulin, 1,5 km au Sud par D468* – ✆ *03 88 96 20 01* – *www.restaurant-moulin-wantzenau.fr* – *Fermé 22 fév.-5 mars, 10 juil.-1ᵉʳ août, 27 déc.-5 janv., dim. soir, lundi et mardi*

⑪○ Le Jardin Secret

CUISINE MODERNE · COSY ✕ Face à la petite gare, accueillant restaurant tenu par une jeune équipe. Le cadre est contemporain (tons blanc et taupe, tableaux), la cuisine... bien d'aujourd'hui et ambitieuse. Et pour jardin secret, une terrasse sur l'arrière de la maison.

Formule 24 € – Menu 27 € (semaine), 46/55 € – Carte 50/56 €

Plan : 2CR-v – *32 r. de la Gare* – ✆ *03 88 96 63 44* – *www.restaurant-jardinsecret.fr* – *Fermé vacances fév., 26 déc.-5 janv., sam. midi, dim. soir et lundi*

⑪○ Au Pont de l'Ill

POISSONS ET FRUITS DE MER · BRASSERIE ✕ Fruits de mer et poissons jouent les vedettes sur la carte de cette brasserie très fréquentée, abritant pas moins de cinq salles (au choix : style marin, Art nouveau, etc.). À deux pas de Strasbourg, vous voilà au bord de la mer ! Le tout à prix doux.

Formule 12 € – Menu 24 € (semaine), 26/41 € – Carte 29/60 €

Plan : 2CR-u – *2 r. du Gén.-Leclerc* – ✆ *03 88 96 29 44* – *www.aupontdelill.com* – *Fermé sam. midi*

🏠 Le Moulin de la Wantzenau

FAMILIAL · ACTUEL Ancien moulin isolé dans la campagne, sur une rive de l'Ill. La bâtisse, d'apparence robuste, abrite des chambres colorées et design, pleines de fraîcheur : original et sympathique dans un tel environnement ! Produits régionaux au petit-déjeuner.

20 chambres – ♦82/108 € ♦♦97/136 € – 🖾 14 € – ½ P

Plan : 2CR-z – *3 impasse du Moulin, 1,5 km au Sud par D468* – ✆ *03 88 59 22 22* – *www.moulin-wantzenau.com* – *Fermé 24 déc.-6 janv.*

⑪○ **Au Moulin** – voir les restaurants ci-dessus

🏠 Relais de la Poste

AUBERGE · PERSONNALISÉ Dans cette localité du nord de Strasbourg, une imposante et belle maison alsacienne où l'on est accueilli chaleureusement ! Les chambres ont été entièrement rénovées en 2015 ; elles sont modernes et, pour certaines, assez coquettes.

18 chambres – ♦90/125 € ♦♦95/175 € – 🖾 16 € – ½ P

Plan : 2CR-a – *21 r. du Gén.-de-Gaulle* – ✆ *03 88 59 24 80* – *www.relais-poste.com* – *Fermé 25 juil.-7 août*

🍴 **Relais de la Poste** – voir les restaurants ci-dessus

à Illkirch-Graffenstaden 5 km au Sud – ✉ 67400 – 26 379 hab. – Alt. 140 m

🍽 Estaminet à l'Agneau

CUISINE TRADITIONNELLE · BISTRO ✕✕ Saumon gravlax, ferme et bien parfumé, blanquette de veau, pot-au-feu de skrei, navarin d'agneau, tartelette au citron et meringue... Dans un intérieur digne d'un bistrot parisien, Guillaume Kern régale désormais ses clients avec des petits plats du marché goûteux, généreux et variés. Le tout à prix doux !

Formule 15 € – Carte 28/41 €

Plan : 2BT-a – *185 rte de Lyon* – ✆ *03 88 66 06 58* – *www.agneau-illkirch.fr* – *Fermé 8-28 août, 26 déc.-1ᵉʳ janv., sam. midi, dim. soir et lundi*

à Fegersheim 14 km au Sud – ⊠ 67640 – 5 443 hab. – Alt. 145 m

⫯○ **Auberge du Bruchrhein**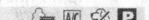

CUISINE TRADITIONNELLE · **DE QUARTIER** Ⅹ Une auberge alsacienne à la façade colorée, où la simplicité et la convivialité sont de mise. Au menu : des petits plats traditionnels où le répertoire régional a toute sa place. Prix mesurés.

⊛ Formule 12 € – Menu 16 € (déj. en semaine), 26/32 € – Carte 30/50 €
Plan : 1AT-x – 24 r. de Lyon – ℰ 03 88 64 17 77 – www.auberge-bruchrhein.fr
– Fermé dim. soir, lundi soir et jeudi soir

à Entzheim 12 km par A35 (sortie n° 8), D400 et D392 – ⊠ 67960
– 2 007 hab. – Alt. 150 m

⊛ **Steinkeller**

ALSACIENNE · **RUSTIQUE** ⅩⅩ Une belle winstub, une grande véranda, un caveau en pierre (d'où ce nom de "Steinkeller"), etc. : un vrai univers alsacien, regorgeant de bois sculpté, de vitraux, de mobilier traditionnel... Flammekueche, presskopf et autres recettes traditionnelles portent aussi haut les couleurs de la région ! Prix mesurés.

Formule 21 € – Menu 26 € – Carte 24/45 €
Plan : 1AT-h – Hôtel Père Benoit, 34 rte de Strasbourg – ℰ 03 88 68 91 65
– www.hotel-perebenoit.com – Fermé 1ᵉʳ-21 août, 23 déc.-1ᵉʳ janv., sam. midi, lundi midi et dim.

⭓ **Père Benoit**

AUBERGE · **FONCTIONNEL** Le village est coquet et cette belle ferme à colombages du 18ᵉ s. est alsacienne dans l'âme ! Après le porche, on découvre d'une part le restaurant, d'autre part l'hôtel avec des chambres agréables, rustiques ou plus contemporaines. Le petit-déjeuner est un pur régal !

60 chambres – †79/89 € ††85/95 € – ☲ 9 €
Plan : 1AT-h – 34 rte de Strasbourg – ℰ 03 88 68 98 00
– www.hotel-perebenoit.com – Fermé 1ᵉʳ-21 août et 23 déc.-1ᵉʳ janv.
⊛ **Steinkeller** – voir les restaurants ci-dessus

à Ostwald 7 km au Sud-Ouest – ⊠ 67540 – 11 682 hab. – Alt. 140 m

⭓⭓ **Château de l'Ile**

CHÂTEAU · **CLASSIQUE** Dans un parc baigné par l'Ill, un petit château à l'architecture éclectique (19ᵉ s.) entouré de grandes dépendances à colombages (construction moderne). Ils abritent des chambres spacieuses et confortables, tout en tissus imprimés et mobilier de style. Restaurant gastronomique et winstub.

60 chambres – †190/750 € ††190/750 € – 2 suites – ☲ 24 € – ½ P
Plan : 2BT-r – 4 quai Heydt – ℰ 03 88 66 85 00 – www.chateau-ile.com

à Lingolsheim 5 km au Sud-Ouest – ⊠ 67380 – 16 941 hab. – Alt. 140 m

⫯○ **L'ID**

CUISINE TRADITIONNELLE · **À LA MODE** ⅩⅩ Une belle maison de maître, décorée avec goût – tons gris et chocolat, magnifique escalier en bois datant du 18ᵉ s. Au menu, une bonne cuisine du marché (panaché de tomates et burrata ; filet de saint-pierre et fricassée de fèves ; pêche rôtie au miel), à déguster sur l'agréable terrasse aux beaux jours.

Formule 25 € – Menu 31 € (déj. en semaine) – Carte 40/60 €
Plan : 2BS-d – 11 r. du Château – ℰ 03 88 78 40 48 – www.restaurant-id.fr
– Fermé lundi soir et dim.

à Pfulgriesheim 10 km au Nord-Ouest – ⊠ 67370 – 1 222 hab. – Alt. 135 m

⫯○ **Bürestubel**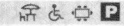

CUISINE TRADITIONNELLE · **AUBERGE** Ⅹ Cette ferme à colombages respire l'Alsace ! Joli décor régional et spécialités (très) locales : flammekueche, tartes flambées, sirops et sorbets réalisés avec les fruits du verger...

Formule 20 € – Menu 26 € (déj.), 28/38 € – Carte 27/48 €
Plan : 1AR-a – 8 r. de Lampertheim – ℰ 03 88 20 01 92
– www.restaurantburestubel.fr – Fermé 6-22 fév., 8-21 août, dim. et lundi

STURZELBRONN

✉ 57230 (Moselle) – 181 hab. – Alt. 250 m – Carte régionale n° **27**-D1

▶ Paris 449 km – Bitche 13 km – Haguenau 39 km – Strasbourg 68 km

Carte Michelin 307-Q4

⚪ **Au Relais des Bois**   ⟨⟩ ⌂ **P**

CUISINE TRADITIONNELLE · AUBERGE XX Une petite adresse familiale nichée au cœur d'un village du parc naturel régional des Vosges du Nord. À la carte : poulet au gris de Toul, ragoût de gibier à l'ancienne, rognons aux girolles... De quoi réjouir les adeptes de cuisine traditionnelle et autres amoureux des produits du terroir !

⌚ Menu 12 € (déj. en semaine), 20/29 € – Carte 26/46 €

13 r. Principale – ℰ 03 87 06 20 30 – www.aurelaisdesbois.fr – Fermé en fév., lundi et mardi

SUCÉ-SUR-ERDRE – 44 (Loire-Atlantique) → voir Nantes

SULLY-SUR-LOIRE

✉ 45600 (Loiret) – 5 444 hab. – Alt. 115 m – Carte régionale n° **12**-C2

▶ Paris 149 km – Bourges 84 km – Gien 25 km – Montargis 40 km

Carte Michelin 318-L5 – Guide Vert Michelin Châteaux de la Loire

⌂ **Burgevin**   ⟨⟩ **AC** ⟨⟩ **P**

TRADITIONNEL · MODERNE À 200 m du château de Sully-sur-Loire, cet hôtel familial existe depuis 1898 ! Pas de quoi concurrencer le monument historique, mais idéal pour poser ses bagages : l'établissement est confortable et l'on s'y sent vraiment bien. Service aux petits soins et très bon petit-déjeuner.

16 chambres – ♦110 € ♦♦115/165 € – 2 suites – ⌟ 14 €

r. du Faubourg-Saint-Germain – ℰ 02 38 38 13 12 – www.hotelburgevin.com – Fermé dim. de nov. à mars

⌂ **La Closeraie**   ⟨⟩ **AC** ⟨⟩

FAMILIAL · PERSONNALISÉ Dans cette maison du 19ᵉ s., on peut jouer sur le vieux piano ou bouquiner dans la bibliothèque en attendant le soir. Les chambres, romantiques à souhait, sont décorées avec goût et simplicité. Parfait pour un week-end en amoureux.

10 chambres – ♦75/105 € ♦♦75/105 € – ⌟ 10 €

14 r. Porte-Berry – ℰ 02 38 05 10 90 – www.hotel-la-closeraie.com

aux Bordes 6 km au Nord-Est par D948 et D961 – ✉ 45460 – 1 831 hab. – Alt. 132 m

⚪ **La Bonne Étoile**   ⌂ ⟨⟩ **AC** **P**

CUISINE TRADITIONNELLE · CONVIVIAL XX Votre bonne étoile vous conduira peut-être dans cette engageante petite auberge. Les gourmands y savourent une cuisine traditionnelle faisant la part belle aux produits du marché, lesquels sont sélectionnés avec le plus grand soin. Une fois votre repas terminé, promenez-vous dans la forêt d'Orléans toute proche.

⌚ Menu 18 € (semaine), 29/41 € – Carte 22/40 €

D952 – ℰ 02 38 35 52 15 – www.restaurant-labonneetoile.fr – Fermé dim. soir et lundi

SURESNES – 92 (Hauts-de-Seine) → voir Autour de Paris

SURVILLE

✉ 27400 (Eure) – 930 hab. – Alt. 147 m – Carte régionale n° **33**-D2

▶ Paris 109 km – Évreux 28 km – Rouen 33 km – Versaille 99 km

Carte Michelin 304-G6

⌂ **Manoir de Surville** 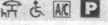   ⟨⟩ ⟨⟩ ⟨⟩ ⟨⟩ ⟨⟩ ⟨⟩ **P**

RURAL · DESIGN Au cœur de la Normandie, un jeune couple passionné propose "d'être au manoir comme à la maison", et ça fonctionne ! Un ancien corps de ferme du 16ᵉs., des chambres luxueuses (dont deux suites) toutes mansardées... Cuisine du marché au restaurant.

9 chambres – ♦180/270 € ♦♦180/270 € – 2 suites – ⌟ 17 €

82 r. Bernard-Petel – ℰ 02 32 50 99 89 – www.manoirdesurville.com

SUZE-LA-ROUSSE

✉ 26790 (Drôme) – 1 963 hab. – Alt. 92 m – Carte régionale n° **44**-B3
▶ Paris 641 km – Avignon 59 km – Bollène 7 km – Nyons 28 km
Carte Michelin 332-C8 – Guide Vert Michelin Ardèche Drôme

🏠 La Bastide Saint Bach   ✿ ⊐ ⁑ P

AUBERGE · RUSTIQUE À la sortie de la ville, cette bastide du 18e s., au cœur des vignes, regarde le mont Ventoux. Les chambres, simples et spacieuses, s'ouvrent sur la piscine... Idéal pour un plongeon au saut du lit ou un bain de minuit !
13 chambres – 🛏57 € 🛏🛏66 € – ⊊ 9 € – ½ P
rte de Bollène, 2 km à l'Ouest par D94 – ☏ 04 75 04 85 67 – www.saint-bach.com

🏡 Les Aiguières   ✿ ⇦ ⊐ ⁑

VILLA · PERSONNALISÉ À deux pas du château et de son université du vin, une maison du 18ᵉs. avec jardin, piscine, grand salon (feu de cheminée en hiver) et chambres d'esprit provençal. Table d'hôte sur réservation (spécialités du Sud).
5 chambres ⊊ – 🛏75 € 🛏🛏85 €
80 r. de la Fontaine-d'Argent – ☏ 04 75 98 40 80 – www.les-aiguieres.com

TAILLADES

✉ 84300 (Vaucluse) – 1 968 hab. – Alt. 80 m – Carte régionale n° **42**-E1
▶ Paris 715 km – Avignon 33 km – Marseille 81 km – Nîmes 81 km
Carte Michelin 332-D10

🍴 L'Auberge des Carrières   🍽 ♿ 🅰🅲 P

CUISINE MODERNE · AUBERGE X Au pied du Luberon, une auberge tenue par un charmant couple belge, installé en Provence depuis dix ans. Le temps de prendre place sur la jolie terrasse, et voilà déjà notre assiette ; la cuisine est de saison, principalement inspirée des recettes méditerranéennes, avec quelques touches flamandes... On se régale.
🍴 Menu 20 € (déj. en semaine)/40 € – Carte 52/66 €
*36 av. du Château – ☏ 04 32 50 19 97 – www.aubergedescarrierres.com
– Fermé sam. midi, dim. soir et lundi de juin à mi-sept.*

TAILLECOURT – 25 (Doubs) → voir Audincourt

TAIN-L'HERMITAGE

✉ 26600 (Drôme) – 5 845 hab. – Alt. 124 m – Carte régionale n° **43**-E2
▶ Paris 545 km – Grenoble 97 km – Le Puy-en-Velay 105 km – St-Étienne 76 km
Carte Michelin 332-C3 – Guide Vert Michelin Ardèche Drôme

😊 Le Quai   ⇦ 🍽 🅰🅲

CUISINE TRADITIONNELLE · BRASSERIE X On pourrait rester à quai pendant des heures, à admirer le Rhône et les vignobles... En terrasse ou dans la salle, très lumineuse, on se croirait presque sur un paquebot ! Et dans ce bistrot des temps modernes, les assiettes sont généreuses et soignées. Une bonne adresse.
Formule 19 € – Menu 24/42 € – Carte 40/61 €
17 r. J.-Péala – ☏ 04 75 07 05 90 – www.michelchabran.fr

😊 Le Mangevins   🍴 🍽 🅰🅲 ⁑

CUISINE TRADITIONNELLE · BISTRO X Il n'est pas vain de s'arrêter au Mangevins... Ce petit bistrot contemporain, tenu par un jeune couple franco-japonais, propose une cuisine du marché très soignée ! On y mange au coude-à-coude, servi par monsieur – et parfois madame qui quitte son "piano" pour voir si la musique vous plaît. Belle carte des vins.
Formule 28 € – Menu 32/35 €
6 av. du Dr.-Paul-Durand – ☏ 04 75 08 00 76 (réservation conseillée) – Fermé 1 semaine en janv., 2 semaines en avril, 2 semaines en août, 1ᵉʳ-7 janv., sam. et dim.

⫶○ Umia

⿻ ≼ 🕭 ⛶ 🄰🄲 ⟷ 🅿

CUISINE MODERNE · À LA MODE XX Umia, c'est "délicieux" en japonais... Cette table gastronomique, tenue par un couple franco-nippon, allie délicatesse et finesse en un subtil métissage. Frédéric Bau est aussi l'inspirateur de l'École du Grand Chocolat. Ses desserts chocolatés sont incontournables !

Formule 17 € – Menu 36 € (déj. en semaine), 49/74 €
– Carte environ 59 €

2 r. de la petite pierrelle – ℰ 04 75 09 19 85 – www.umia.fr – Fermé 10 août-10 sept., 25 déc.-1ᵉʳ janv., merc. soir, dim. et lundi

🏠 Le Pavillon de l'Ermitage

✧ � 🄰🄲 🛁 🅿

URBAIN · FONCTIONNEL Dans le centre de la ville, un hôtel confortable, aux chambres relativement spacieuses, les plus agréables jouissant d'une loggia face à la piscine, avec le coteau de l'Hermitage et les hauteurs de Tournon en ligne de mire.

40 chambres – ♥99/101 € ♥♥110/113 € – 2 suites – ⊊ 12 €
69 av J.-Jaurès – ℰ 04 75 08 65 00 – www.pavillon-ermitage.com

🏠 Les 2 Coteaux

🄰🄲 ⇔

TRADITIONNEL · FONCTIONNEL Dans cet hôtel familial, vous pourrez admirer le Rhône... Les chambres sont sobres, calmes et lumineuses ; préférez évidemment celles avec vue sur le fleuve.

18 chambres – ♥67/70 € ♥♥70/80 € – ⊊ 10 €
18 r. J.-Péala – ℰ 04 75 08 33 01 – www.hotel-les-2-coteaux-26.com – Fermé 27 déc.-15 janv.

🏠 Le Castel

🛁 🄰🄲 🅿

TRADITIONNEL · FONCTIONNEL À deux pas de la gare, cet hôtel a pris ses quartiers dans une ancienne école ! Révisez vos leçons en dormant, dans des chambres petites mais fonctionnelles. Décor sobre et contemporain.

14 chambres – ♥65 € ♥♥75 € – ⊊ 8 €
16 r. Paul-Durand – ℰ 04 75 08 04 53 – www.hotel-le-castel.fr

TALANT – 21 (Côte-d'Or) ➜ voir Dijon

TALLOIRES

✉ 74290 (Haute-Savoie) – 1 743 hab. – Alt. 470 m – Carte régionale n° **46**-F1
▶ Paris 551 km – Albertville 34 km – Annecy 13 km – Megève 49 km
Carte Michelin 328-K5 – Guide Vert Michelin Alpes du Nord

✿ L'Auberge du Père Bise

≼ 🚋 🕭 🛁 🄰🄲 ⟷ 🅿

CUISINE CLASSIQUE · ÉLÉGANT XXX Plus qu'une maison de tradition au charme fou, une institution ! Aux fourneaux, la brigade fourmille, s'activant autour de mille superbes produits... Et dans l'assiette, le grand classicisme le dispute à la modernité avec finesse, saveur et justesse. Sans parler de l'idyllique terrasse tournée vers les flots.

➜ Foie gras de canard, poêlé aux cerises, combava et jus d'hibiscus. Écrevisses pattes rouges en gratin façon Marguerite Bise. Le Gourmand : sorbets, glaces, fruits de saison et chariot des pâtisseries de l'Auberge.

Menu 82/183 € – Carte 112/153 €
303 rte du Port – ℰ 04 50 60 72 01 – www.perebise.com
– Fermé de mi-déc. à mi-fév., merc. d'oct. à mai et mardi sauf le soir de juin à sept.

⫶○ Le Cottage

≼ 🚋 🕭 🛁 🕱 ⟷ 🅿

CUISINE CLASSIQUE · ÉLÉGANT XXX Un restaurant cossu et bourgeois, une terrasse avec le lac pour horizon et de belles saveurs classiques, préparées avec d'excellents produits... On passe ici un moment gastronomique bien sympathique !

Formule 30 € 🍷 – Menu 48/80 € – Carte 68/79 €
Hôtel Le Cottage, Le Port – ℰ 04 50 60 71 10 – www.cottagebise.com – Ouvert fin avril-début oct.

⅃○ Aux Jardins des Délices ℕ ⇐ 🍴 🌫 🅿

CUISINE MODERNE · ROMANTIQUE XX Agneau au piment d'Espelette et légumes du Sud, filets de rouget à la coriandre : le chef concocte une cuisine gorgée de soleil (en saison, formule déjeuner plus simple) accompagnée de très bons vins. L'été, il fait bon la savourer en terrasse, face au lac.

Menu 36 € (déj.), 48/96 € – Carte 62/86 €

Hôtel L'Abbaye, chemin des Moines – ℰ 04 50 60 77 33
– www.abbaye-talloires.com – Fermé de mi-fév. à mi-nov. et le midi

🏨 L'Auberge du Père Bise ⇧ 🦢 ⇐ 🍴 ᵹ 🅰🅲 🆘 🅿

LUXE · PERSONNALISÉ Un environnement féerique, au pied du lac... Depuis plus d'un siècle, cette belle maison accueille les grands de ce monde. Tout y est feutré, et les chambres – classiques ou plus contemporaines – sont d'un luxe sobre et de bon ton.

19 chambres – ♦165/330 € ♦♦200/630 € – 4 suites – ☲ 22 €

303 rte du Port – ℰ 04 50 60 72 01 – www.perebise.com – Fermé de mi-déc. à mi-fév.

❀ **L'Auberge du Père Bise** – voir les restaurants ci-dessus

🏨 Le Cottage ⇧ 🦢 ⇐ 🍴 �🏊 🛗 🅰🅲 🅿

TRADITIONNEL · CLASSIQUE Face à l'embarcadère, ces maisons des années 1930 ont des airs de... cottage chic. Vue sur le lac, le jardin ou la montagne ; décor soigné et frais : les chambres, cosy et dans l'air du temps, ont toutes ce petit quelque chose qu'on nomme le charme !

28 chambres – ♦150/280 € ♦♦160/280 € – 6 suites – ☲ 21 €

Le Port – ℰ 04 50 60 71 10 – www.cottagebise.com – Ouvert fin avril-début oct.

⅃○ **Le Cottage** – voir les restaurants ci-dessus

🏨 L'Abbaye ⇧ 🦢 ⇐ 🍴 🆘 🅿

HISTORIQUE · CLASSIQUE Cette abbaye bénédictine du 17ᵉ s. aurait accueilli Cézanne... Et pour cause, tout y est si calme et la vue sur le lac est un vrai tableau ! Chambres d'un classicisme raffiné, jardin face aux flots avec ponton privé et... dépaysement.

31 chambres – ♦144/474 € ♦♦144/474 € – 2 suites – ☲ 25 €

chemin des Moines – ℰ 04 50 60 77 33 – www.abbaye-talloires.com – Ouvert mi-fév. à mi-nov.

⅃○ **Aux Jardins des Délices** – voir les restaurants ci-dessus

🏠 La Charpenterie ⇧ 🦢 🛗 🅿

FAMILIAL · MONTAGNARD Dans ce charmant chalet récent (jolis balcons ouvragés) règne une sympathique atmosphère familiale. Intérieur chaleureux et confortable, où le bois s'impose partout ; nombreuses chambres avec terrasse et cuisine d'aujourd'hui... Un lieu bien charpenté !

18 chambres – ♦80/130 € ♦♦80/130 € – ☲ 12 € – ½ P

72 r. A.-Theuriet – ℰ 04 50 60 70 47 – www.la-charpenterie.com – Ouvert 1ᵉʳ avril-2 nov.

🏠 Golf et Montagne 🦢 ⇐ 🅵 ᵹ 🅿

TRADITIONNEL · FONCTIONNEL Un joli lodge de montagne, créé il y a maintenant quelques années à l'entrée du golf. Les chambres, sobres et très pratiques, ont toutes une terrasse – certaines d'entre elles donnent sur le lac. Buffet du petit-déjeuner à l'anglaise avec œufs brouillés, beans et bacon grillé.

9 chambres – ♦92/148 € ♦♦92/148 € – ☲ 13 €

151 chemin des Sablons, à Echarvines – ℰ 04 50 05 35 35
– www.hotel-golf-montagne.fr

🏠 Chalet Christine ⇧ ⇐ 🔲 🧖 🅿

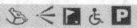

VILLA · ALPIN Cette jolie maison surplombant le lac propose des chambres contemporaines, confortables et bien tenues. Pour une détente optimale, on profite de la piscine couverte, du sauna ou du hammam... À la table d'hôte, on se régale de plats traditionnels réalisés avec de beaux produits locaux. Terrasse donnant sur le potager.

5 chambres ☲ – ♦180/250 € ♦♦190/380 €

181 Le Thoron – ℰ 04 50 02 03 03 – www.chaletchristine.com

à Angon 2 km au Sud par D909a – ✉ 74290 Talloires

Les Grillons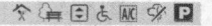

FAMILIAL · CLASSIQUE Un hôtel-restaurant traditionnel tenu par la même famille depuis trois générations. Accueil charmant, belle piscine et chambres fraîches donnant presque toutes sur le lac : aucun doute, ces Grillons portent bonheur !
32 chambres ☑ – †80/126 € ††138/192 € – ½ P
1199 rte d'Angon – ℰ 04 50 60 70 31 – www.hotel-grillons.com – Ouvert 30 avril-9 oct.

TALUYERS

✉ 69440 (Rhône) – 2 294 hab. – Alt. 340 m – Carte régionale n° **44**-B2
▶ Paris 485 km – Bourg-en-Bresse 102 km – Lyon 22 km – St-Étienne 41 km
Carte Michelin 327-H6

Château Talluy

HISTORIQUE · ÉLÉGANT Bienvenue dans cet hôtel confortable, créé en 2011 dans un ancien château du 18e s. transformé un temps en orphelinat. Les chambres, originales, sont toutes décorées sur le thème d'un art : cinéma, théâtre, peinture, sculpture, etc. Cuisine de tradition au restaurant.
10 chambres – †99/195 € ††99/195 € – ☑ 8 € – ½ P
144 r. du Pensionnat – ℰ 04 78 19 19 00 – www.chateautalluy.com

TAMNIÈS

✉ 24620 (Dordogne) – 375 hab. – Alt. 200 m – Carte régionale n° **4**-D3
▶ Paris 522 km – Brive-la-Gaillarde 47 km – Périgueux 60 km – Sarlat-la-Canéda 14 km
Carte Michelin 329-H6 – Guide Vert Michelin Périgord Quercy

Laborderie

AUBERGE · RUSTIQUE Dans cette maison périgourdine, tout est paisible ! Vaste parc tourné vers la vallée et chambres d'esprit rustique ou plus moderne. Au restaurant, on apprécie une cuisine régionale à l'ancienne dans une atmosphère campagnarde. Et à la belle saison, on profite de la terrasse.
44 chambres – †62/122 € ††62/122 € – ☑ 11 € – ½ P
Le Bourg – ℰ 05 53 29 68 59 – www.hotel-laborderie.com – Ouvert 4 avril-1er nov.

TANCARVILLE

✉ 76430 (Seine-Maritime) – 1 368 hab. – Alt. 10 m – Carte régionale n° **33**-C2
▶ Paris 175 km – Caen 86 km – Le Havre 32 km – Pont-Audemer 24 km
Carte Michelin 304-C5 – Guide Vert Michelin Normandie Vallée de la Seine

ⓘ◯ La Marine

CUISINE MODERNE · CONVIVIAL 🗙🗙🗙 Premier atout : une vue immanquable sur la Seine et le célèbre pont de Tancarville. Deuxième atout : une cuisine traditionnelle bien tournée, faisant la part belle aux produits de la mer. Les chambres évoquent les mythiques paquebots transatlantiques ("France", "Normandie", etc.). On embarque sur cette Marine...
Formule 15 € – Menu 24/50 € – Carte 58/76 €
9 chambres – †80/100 € ††85/100 € – ☑ 12 €
10 rte du Havre, au pied du pont (D982) – ℰ 02 35 39 77 15
– www.lamarine-tancarville.com – Fermé sam. midi, dim. soir et lundi

LA TANIA – 73 (Savoie) → voir Courchevel

TANNERON

✉ 83440 (Var) – 1 460 hab. – Alt. 376 m – Carte régionale n° **42**-E2
▶ Paris 903 km – Cannes 20 km – Draguignan 53 km – Grasse 20 km
Carte Michelin 340-Q4 – Guide Vert Michelin Côte d'Azur

Le Champfagou

PROVENÇALE • RUSTIQUE X Dans ce village perché sur les hauteurs, une auberge familiale tranquillement installée au milieu des mimosas... Ici, le chef réinterprète des classiques provençaux en utilisant de bons produits ; l'été, on court s'attabler sur la terrasse entourée de verdure.

Menu 22 € (semaine), 36/55 € – Carte 29/52 €

au village – ✆ 04 93 60 68 30 – www.lechampfagou.fr – Fermé déc., le soir en oct.-nov., mardi soir et merc.

TARARE

✉ 69170 (Rhône) – 10 401 hab. – Alt. 383 m – Carte régionale n° **44**-A1

▶ Paris 463 km – Lyon 45 km – Montbrison 60 km – Roanne 40 km

Carte Michelin 327-F4 – Guide Vert Michelin Lyon et sa région

Jean Brouilly (Eric Lambolez)

CUISINE CLASSIQUE • ÉLÉGANT XXX Dans un grand parc arboré bordant la route de Roanne, une belle maison bourgeoise datant de 1906 : un décor tout indiqué pour honorer la tradition ! Le classicisme culinaire est ici de mise, comme la générosité et la gentillesse. Une valeur sûre pour tous les amateurs...

➜ Déclinaison de homard aux fleurs du jardin. Chevreau en trois cuissons. Soufflé au chocolat, cœur coulant.

Menu 28 € (semaine), 42/75 € – Carte 40/80 €

3 ter r. de Paris – ✆ 04 74 63 24 56 – www.restaurant-brouilly.com – Fermé 29 fév.-14 mars, 25 juil.-10 août, dim. soir, fériés le soir, lundi et mardi

Burnichon

FAMILIAL • MODERNE À l'entrée de la ville, une grosse bâtisse avec de belles chambres aux couleurs vives, fraîches et pimpantes ; le restaurant est plutôt traditionnel, et il y a même une piscine entourée de verdure ! Une adresse sympathique et bon marché.

34 chambres – †53/61 € ††62/71 € – ☕ 9 € – ½ P

1,5 km à l'Est par D307 – ✆ 04 74 63 44 01 – www.hotel-burnichon.com – Fermé 19 déc.-1er janv.

TARASCON-SUR-ARIÈGE

✉ 09400 (Ariège) – 3 386 hab. – Alt. 474 m – Carte régionale n° **29**-C3

▶ Paris 777 km – Ax-les-Thermes 27 km – Foix 18 km – Lavelanet 30 km

Carte Michelin 343-H7

Saveurs du Manoir

CUISINE TRADITIONNELLE • BISTRO XX Du relief, des textures affirmées et des produits de bonne qualité : voilà qui définit bien le travail du chef, Jean Cazorla. Croustillant d'asperge et son velouté, filets de rouget au roulé d'aubergine... C'est léger, coloré ; bref : ce n'est rien de moins qu'une nouvelle approche de la gastronomie ariégeoise.

Formule 15 € – Menu 19 € (déj. en semaine), 29/52 € – Carte 34/60 €

Hôtel Le Manoir d'Agnès, 2 r. St-Roch – ✆ 05 61 64 76 93 – www.manoiragnes.com – Fermé 2 semaines en janv., 2 semaines en nov., dim. soir et lundi

Le Manoir d'Agnès

BUSINESS • ÉLÉGANT Un beau manoir du 19e s., situé le long de la route menant en Andorre. Les chambres, de facture sobre et contemporaine, séduisent avec leurs quelques touches de couleur... Un établissement bien dans l'air du temps !

15 chambres – †102/112 € ††117/127 € – ☕ 10 € – ½ P

2 r. St-Roch – ✆ 05 61 02 32 81 – www.manoiragnes.com

Saveurs du Manoir – voir les restaurants ci-dessus

à Rabat-les-Trois-Seigneurs 5,5 km au Nord-Ouest par D618 et D223 –
⊠ 09400 – 330 hab. – Alt. 625 m

La Table de la Ramade

CUISINE MODERNE · CONVIVIAL X Ce restaurant, niché au cœur d'un village ariégeois, est l'antre d'un jeune chef, Grégory Rodriguez. Symphonie de chèvre bio de Pleychou, tomate et courgette ; filet de canette laqué et wok de légumes croquants... Il concocte une cuisine du marché colorée et goûteuse, avec quelques épices et une pointe d'originalité !

Menu 20/37 € – Carte 32/48 €

r. des Écoles – ℰ 05 61 64 94 32 – www.latabledelaramade.com – Fermé janv., merc. sauf juil.-août et mardi

TARBES
⊠ 65000 (Hautes-Pyrénées) – 41 664 hab. – Agglo. 76 750 hab. – Alt. 320 m
– Carte régionale n° **28**-A3
▶ Paris 831 km – Bordeaux 218 km – Lourdes 19 km – Pau 44 km
Carte Michelin 342-M5

Le Petit Gourmand

CUISINE MODERNE · BISTRO X Sur une avenue proche du centre-ville de Tarbes, ce restaurant porte bien son nom. Derrière les fourneaux, le chef réalise une savoureuse cuisine du marché avec de beaux produits du terroir. On se régale du début à la fin !

Menu 20 € – Carte environ 36 €

Plan : AY-b – *62 av. B.-Barère – ℰ 05 62 34 26 86 – Fermé 2 semaines en août, début janv., sam. midi, dim. soir et lundi*

La Renaissance de l'Ambroisie

CUISINE CLASSIQUE · ÉLÉGANT XXX Un ancien presbytère de 1882 au cadre classique, avec une agréable terrasse face au jardin. Le cadre idéal pour déguster des plats de tradition française, mâtinés de quelques petites notes japonisantes – un couple nippon régnant sur les cuisines, mais démontrant un total investissement pour la gastronomie de l'Hexagone !

Formule 18 € – Menu 35/58 € ♀ – Carte 60/80 €

Plan : AY-n – *48 r. de l'Abbé-Torné – ℰ 05 62 93 09 34*
– www.restaurant-lambroisie.com – Fermé sam. midi, dim. soir et lundi

Le Fil à la Patte

CUISINE TRADITIONNELLE · BISTRO X L'atmosphère est conviviale et sans chichis dans ce restaurant où l'on s'attable coude à coude autour de plats du marché et de saveurs qui fleurent bon le terroir. Le chef puise son inspiration dans les produits de qualité.

Formule 16 € – Menu 21/31 € – Carte 23/33 €

Plan : AY-a – *30 r. Georges-Lassalle – ℰ 05 62 93 39 23 – Fermé 2 semaines en août, 1 semaine en sept., dim. et lundi*

Trait Blanc

CUISINE MODERNE · BRANCHÉ X Une salle immaculée et tout en longueur : un Trait Blanc original et sympathique, signé par deux jeunes amis d'enfance. Cuisine du marché haute en... couleurs et sans ratures !

Formule 19 € – Menu 24 € (déj. en semaine), 32/46 € – Carte 63/76 €

Plan : AY-f – *9 r. Victor-Hugo – ℰ 05 62 38 11 87 – Fermé dim. soir, mardi midi et lundi*

Le Rex Hôtel

LUXE · MODERNE Envie d'une nuit très branchée ? L'adresse est toute trouvée avec cette audacieuse architecture en verre qui s'anime de jeux de lumière la nuit. Dans les chambres cohabitent créations design et confort dernier cri. Une réussite.

86 chambres – ♦135/380 € ♦♦135/380 € – ♀ 18 €

Plan : AZ-b – *10 cours Gambetta – ℰ 05 62 54 44 44 – www.lerexhotel.com*

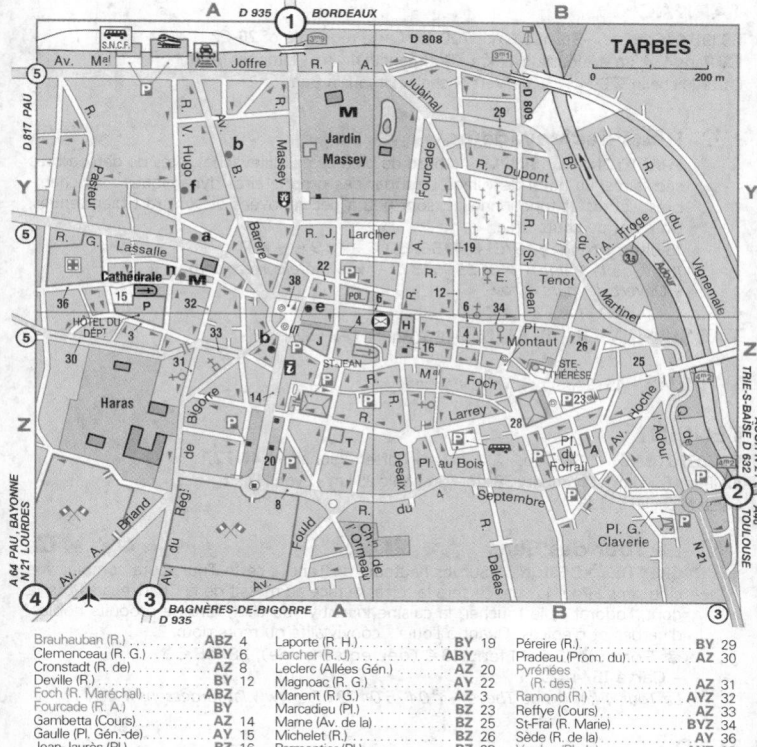

Brauhauban (R.) .... **ABZ** 4
Clemenceau (R. G.) .... **ABY** 6
Cronstadt (R. de) .... **AZ** 8
Deville (R.) .... **BY** 12
Foch (R. Maréchal) .... **ABZ**
Fourcade (R. A.) .... **BY**
Gambetta (Cours) .... **AZ** 14
Gaulle (Pl. Gén.-de) .... **AY** 15
Jean-Jaurès (Pl.) .... **BZ** 16

Laporte (R. H.) .... **BY** 19
Larcher (R. J) .... **ABY**
Leclerc (Allées Gén.) .... **AZ** 20
Magnoac (R. G.) .... **AY** 22
Manent (R. G.) .... **AZ** 3
Marcadieu (Pl.) .... **BZ** 23
Marne (Av. de la) .... **BZ** 25
Michelet (R.) .... **BZ** 26
Parmentier (Pl.) .... **BZ** 28

Péreire (R.) .... **BY** 29
Pradeau (Prom. du) .... **AZ** 30
Pyrénées
  (R. des) .... **AZ** 31
Ramond (R.) .... **AYZ** 32
Reffye (Cours) .... **AZ** 33
St-Frai (R. Marie) .... **BYZ** 34
Sède (R. de la) .... **AY** 36
Verdun (Pl. de) .... **AYZ** 38

🏠 **Foch**   🔼 AC 🛁

URBAIN · FONCTIONNEL En plein centre-ville, établissement bordant une place animée. Chambres simples et bien insonorisées, plus spacieuses et dotées d'agréables balcons aux deux derniers étages.

30 chambres – ♦65/115 € ♦♦85/115 € – 1 suite – � 8,50 €

Plan : AYZ-e – *18 pl. de Verdun* – 𝒞 05 62 93 71 58 – www.hotel-foch.eu
– *Fermé vacances de Noël*

rte de Lourdes par Juillan 4 km au Sud-Ouest par D921ᴬ

– ✉ 65290 Juillan :

🍽️ **L'Aragon**   ⇦ 🍴 ⭐ 🍽️ 🛁 P

CUISINE MODERNE · DESIGN 𝑋𝑋𝑋 Recettes au goût du jour dans une plaisante salle à manger d'esprit zen (murs d'eau, fleurs...) ou sur la terrasse ombragée. Chambres thématiques (rugby, golf, mer, vin, etc.). Au Bistrot : décor actuel et tables simplement dressées.

Menu 29 € (semaine), 39/66 € – Carte 48/74 €

9 chambres – ♦60 € ♦♦70 € – ⊒ 8 € – ½ P

2 ter rte de Lourdes – 𝒞 05 62 32 07 07 – www.hotel-aragon.com
– *Fermé 8-21 août et dim. soir*

TARNAC

⊠ 19170 (Corrèze) – 315 hab. – Alt. 700 m – Carte régionale n° **25**-C2

▶ Paris 434 km – Aubusson 47 km – Bourganeuf 44 km – Limoges 68 km

Carte Michelin 329-M1 – Guide Vert Michelin Limousin Berry

🏠 Hôtel des Voyageurs

TRADITIONNEL · SIMPLE Au bord du plateau de Millevaches, près de deux arbres séculaires, un hôtel de village tenu par des propriétaires dynamiques : les chambres, sobres et fonctionnelles, sont peu à peu rénovées et sont fort bien tenues. Un point de chute utile.

15 chambres – ♦46/51 € ♦♦56/60 € – ☐ 9 € – ½ P

18 av. de la Mairie – ℰ 05 55 95 53 12 – www.hotelcorreze.com
– Ouvert de mars à nov.

TASSIN-LA-DEMI-LUNE – 69 (Rhône) ➜ voir Lyon

TAVERS – 45 (Loiret) ➜ voir Beaugency

TENCIN

⊠ 38570 (Isère) – 1 622 hab. – Alt. 257 m – Carte régionale n° **46**-F2

▶ Paris 604 km – Chambéry 38 km – Grenoble 25 km – Lyon 137 km

Carte Michelin 333-I6

😊 La Tour des Sens

CRÉATIVE · DESIGN XX Sur les hauteurs de Tencin, cette Tour saura combler vos cinq sens ! Pour la vue, ce sera la terrasse face au massif de la Chartreuse. Pour le goût, l'odorat et le toucher, la cuisine inventive du chef, féru de produits nobles, d'herbes et d'épices. Quant à l'ouïe... convivialité ou mots doux ?

👄 Formule 12 € – Menu 16 € (déj. en semaine), 28/48 € ♥
– Carte 15/44 €

La Tour, 1 km rte de Theys – ℰ 04 76 04 79 67 – www.latourdessens.fr

TENDE

⊠ 06430 (Alpes-Maritimes) – 2 153 hab. – Alt. 815 m – Carte régionale n° **41**-D2

▶ Paris 888 km – Cuneo 47 km – Menton 56 km – Nice 78 km

Carte Michelin 341-G3 – Guide Vert Michelin Côte d'Azur

à St-Dalmas-de-Tende 4 km au Sud par D6204 – ⊠ 06430

🏠 Le Prieuré

RURAL · RUSTIQUE Le hameau est célèbre pour sa gare monumentale bâtie sur les ordres de Mussolini. Original, cet ancien prieuré est aussi un ESAT, qui œuvre à l'insertion des personnes handicapées par le travail. Les randonneurs préféreront les chambres qui donnent sur le parc.

24 chambres – ♦52/69 € ♦♦60/79 € – ☐ 8,50 € – ½ P

r. J. Médecin – ℰ 04 93 04 75 70 – www.leprieure.org – Fermé 20-28 déc.

à Casterino 15 km au Nord-Ouest par D91 – ⊠ 06430 Tende

🍴 Chamois d'Or 🔘

RÉGIONALE · RUSTIQUE XX Installez-vous sous les boiseries de cette belle salle d'esprit rustique, non loin de la cheminée, pour déguster une cuisine régionale d'inspiration italienne. On se régale d'un agnolotti maison, ou d'une truite au bleu. Jolie carte des vins.

Formule 13 € – Menu 25/35 € – Carte 26/37 €

hameau de Castérino – ℰ 04 93 04 66 66 – www.hotelchamoisdor.net
– Ouvert mai-oct.

🍴○ **Les Mélèzes**

RÉGIONALE · RUSTIQUE 🗶 Retiré au bout d'une petite route sinueuse – idéal pour aller randonner dans la vallée des Merveilles ! –, on trouve ce petit chalet au décor montagnard... On y déguste une bonne cuisine du terroir, à prix doux. L'accueil est charmant et, pour l'étape, de petites chambres sont à disposition.

Menu 25 € – Carte 39/53 €

10 chambres – 🛏70 € 🛏🛏70 € – � 9 €

– *6* 04 93 04 95 95 – www.hotelrestaurant-lesmelezes.fr – Fermé 15 nov.-27 déc., mardi et merc. hors saison

🏠 **Chamois d'Or**

HÔTEL DE VACANCES · ALPIN Près de la vallée des Merveilles, ce chalet fait face à la montagne et au torrent. L'intérieur élégant propose des chambres au décor montagnard, bien équipées et spacieuses pour certaines.

22 chambres – 🛏75/100 € 🛏🛏90/135 € – � 13 €

hameau de Castérino – *6* 04 93 04 66 66 – www.hotelchamoisdor.net

– Ouvert mai-oct.

🍴○ **Chamois d'Or** – voir les restaurants ci-dessus

TERRASSON-LAVILLEDIEU

✉ 24120 (Dordogne) – 6 237 hab. – Alt. 90 m – Carte régionale n° **4**-D1

▶ Paris 497 km – Brive-la-Gaillarde 22 km – Lanouaille 44 km – Périgueux 53 km

Carte Michelin 329-I5 – Guide Vert Michelin Périgord Quercy

🍴○ **L'Imaginaire** ⓝ

CRÉATIVE · ÉLÉGANT 🗶🗶🗶 Installez-vous dans la salle voûtée et lumineuse de cet ancien hospice du 17e s. pour déguster une cuisine créative et soignée, réalisée à base de produits de qualité. Pour ceux dont l'imaginaire ne suffit pas, les photos des plats du chef sont affichées au mur ! Quelques jolies chambres à l'étage.

Formule 26 € – Menu 32 € (déj. en semaine), 59/110 € 🍷 – Carte 74/84 €

7 chambres – 🛏85/125 € 🛏🛏85/125 € – � 13 €

1 rte de la Fontaine-St-Julien – *6* 05 53 51 37 27 – www.l-imaginaire.fr

– fermé lundi et mardi

TERRAUBE

✉ 32700 (Gers) – 389 hab. – Alt. 150 m – Carte régionale n° **28**-B2

▶ Paris 721 km – Agen 48 km – Auch 43 km – Toulouse 114 km

Carte Michelin 336-F6

🏠 **Maison Ardure**

MAISON DE CAMPAGNE · PERSONNALISÉ Superbe manoir gascon du 17es. entouré d'un joli parc planté d'arbres fruitiers. Chambres décorées avec goût selon des thèmes régionaux ou voyageurs. Beaux espaces de détente. Le soir, découvrez à la table d'hôte une cuisine créative inspirée du terroir.

5 chambres � – 🛏84/134 € 🛏🛏89/139 €

lieu-dit Ardure, 2 km par D42 rte de Lectoure – *6* 05 62 68 59 56 – www.ardure.fr

– Ouvert 1er avril-30 sept., vacances de la Toussaint et vacances de Noël

TERTENOZ – 74 (Haute-Savoie) → voir Faverges

TÉTEGHEM – 59 (Nord) → voir Dunkerque

TEYSSODE

✉ 81220 (Tarn) – 393 hab. – Alt. 270 m – Carte régionale n° **29**-C2

▶ Paris 699 km – Albi 54 km – Castres 27 km – Toulouse 51 km

Carte Michelin 338-D9

Domaine d'En Naudet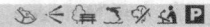

FAMILIAL · CAMPAGNARD Perchée sur sa colline, cette propriété de caractère domine la campagne environnante... Les chambres distillent charme champêtre et confort, de nombreuses activités sont proposées pour les enfants, et, au petit-déjeuner, on se régale des œufs de la ferme... Quiétude bucolique et bel accueil en prime !

5 chambres ⌂ - ♦89/99 € ♦♦99/109 €

rte de Pratviel, 3 km par D143 et D43 - ✆ *05 63 70 50 59*
– www.domainenaudet.com – Fermé 1 semaine en mars et 1 semaine en oct.

THANN

✉ 68800 (Haut-Rhin) – 7 931 hab. – Alt. 343 m – Carte régionale n° **1**-A3
▶ Paris 464 km – Belfort 42 km – Colmar 44 km – Épinal 87 km
Carte Michelin 315-G10

Le Parc

VILLA · PERSONNALISÉ Dans un parc arboré, une belle maison bourgeoise du 19ᵉ s. aux allures de petit palais : salon noble et raffiné ; fresques, statues, lustres italiens ; jolies chambres cossues (toutes différentes) et restaurant classique. Bel espace bien-être.

21 chambres – ♦69/169 € ♦♦89/209 € – ⌂16 € – ½ P

23 r. Kléber - ✆ *03 89 37 37 47 – www.alsacehotel.com*

THANNENKIRCH

✉ 68590 (Haut-Rhin) – 443 hab. – Alt. 520 m – Carte régionale n° **2**-C2
▶ Paris 436 km – Colmar 25 km – St-Dié 40 km – Sélestat 17 km
Carte Michelin 315-H7

Le Clos des Sources

TRADITIONNEL · PERSONNALISÉ Le nom de l'hôtel, quelque peu impersonnel, ne reflète en rien l'esprit chaleureux des lieux. Imaginez du lambris, de beaux tissus : bref, un vrai chalet douillet et tranquille, au pied du massif du Taennchel... Quant à l'espace balnéo, il est superbe. Un vrai coup de cœur !

33 chambres – ♦99/132 € ♦♦99/226 € – ⌂15 € – ½ P

2 rte du Haut-Koenigsbourg - ✆ *03 89 73 10 01 – www.leclosdessources.com*
– Fermé 3 janv.-25 mars

Auberge La Meunière

FAMILIAL · PERSONNALISÉ Une auberge ravissante, avec de jolies chambres offrant de belles échappées sur la campagne. Pour mieux contempler le paysage, préférez celles avec un balcon ! Accueil charmant.

25 chambres ⌂ - ♦60/84 € ♦♦84/130 € – ½ P

30 r. Ste-Anne - ✆ *03 89 73 10 47 – www.aubergelameuniere.com – Ouvert 25 mars-22 déc.*

THARON-PLAGE

✉ 44730 (Loire-Atlantique) – Alt. 0 m – Carte régionale n° **34**-A2
▶ Paris 437 km – Challans 53 km – Nantes 57 km – St-Nazaire 24 km
Carte Michelin 316-C5

Le Belem

CUISINE MODERNE · À LA MODE X Une maquette du Belem, célèbre trois-mâts français datant de 1896, trône dans la salle à manger de cet élégant restaurant situé à deux pas de la mer. Comme prévu, les saveurs iodées ont la part belle dans le menu : goujonnettes de sole au romarin, filet de turbot farci de sa mousseline de merlan... Montez à bord !

Formule 20 € – Menu 23 € (semaine), 32/69 € – Carte 50/64 €

56 av. de la Convention - ✆ *02 40 64 90 06 – www.restaurantlebelem.fr*
– Fermé 18 janv.-10 fév., 23 nov.-9 déc., merc. soir, dim. soir et lundi hors saison

LE THEIL – 15 (Cantal) → voir Salers

THENAY

✉ 36800 (Indre) – 888 hab. – Alt. 120 m – Carte régionale n° **11**-B3
▶ Paris 299 km – Le Blanc 30 km – Châteauroux 33 km – Limoges 104 km
Carte Michelin 323-E7

ⅠⅠ◯ Auberge de Thenay

CUISINE TRADITIONNELLE • AUBERGE X Une véritable auberge, accueillante et chaleureuse, où l'on se régale notamment de viandes rôties à la broche. Le propriétaire a vécu en Grande-Bretagne et organise des soirées irlandaises et écossaises (jolie carte de whiskys). Les chambres sont agréables et originales : leur thème commande celui... du petit-déjeuner !

Menu 13 € ♈ (déj. en semaine), 31/38 €
3 chambres – ♦85 € ♦♦85 € – ⌧ 6 €
23 r. R.-d'Helbingue – ℰ 02 54 47 99 00 (réservation conseillée)
– www.auberge-de-thenay.fr – Fermé 1er-15 sept., 19 janv.-2 fév., mardi midi, dim. soir et lundi

THÉOULE-SUR-MER

✉ 06590 (Alpes-Maritimes) – 1 526 hab. – Carte régionale n° **42**-E2
▶ Paris 895 km – Cannes 11 km – Draguignan 58 km – Nice 42 km
Carte Michelin 341-C6 – Guide Vert Michelin Côte d'Azur

à Miramar 5 km par D6098 rte de St-Raphaël – ✉ 06590 Theoule sur Mer

ⅠⅠ◯ L'Or Bleu

CUISINE MODERNE • ROMANTIQUE XX Depuis la terrasse, la vue somptueuse sur les roches rouges de l'Esterel et la mer devrait vous occuper quelques instants. Puis, l'assiette arrive : place à une cuisine méridionale légère et bien parfumée, avec quelques touches d'inventivité bien maîtrisées... un équilibre qui ne manque pas de séduire !

Menu 85 € – Carte 65/110 €
Hôtel Tiara Yaktsa, 6 bd de l'Esquillon – ℰ 04 92 28 60 30 – www.tiara-hotels.com
– Ouvert avril-oct.

⌂⌂⌂⌂ Tiara Miramar Beach Hotel & Spa

HÔTEL DE VACANCES • ORIENTAL Au cœur du massif de l'Esterel et au creux d'une calanque de roches rouges, les pieds dans l'eau. Depuis les chambres, parées de couleurs chatoyantes et de touches orientales, on distingue la jolie plage privée, en contrebas... La Méditerranée (presque) pour soi seul.

60 chambres ⌧ – ♦180/980 € ♦♦180/980 € – 5 suites
47 av. Miramar – ℰ 04 93 75 05 05 – www.tiara-hotels.com

⌂⌂⌂ Tiara Yaktsa

HÔTEL DE VACANCES • ORIENTAL Accrochée à la falaise, cette demeure abrite des chambres élégantes qui marient l'Orient et la Méditerranée. Un cadre sublime avec, notamment, une piscine à débordement bordée de transats et de lits balinais... d'où l'on profite d'une superbe vue sur le massif de l'Esterel.

20 chambres – ♦250/990 € ♦♦250/990 € – 1 suite – ⌧ 32 €
6 bd de l'Esquillon – ℰ 04 92 28 60 30 – www.tiara-hotels.com – Ouvert avril-oct.
ⅠⅠ◯ **L'Or Bleu** - voir les restaurants ci-dessus

THIERS

✉ 63300 (Puy-de-Dôme) – 11 217 hab. – Alt. 420 m – Carte régionale n° **6**-C2
▶ Paris 388 km – Clermont-Ferrand 43 km – Lyon 133 km – St-Étienne 108 km
Carte Michelin 326-I7 – Guide Vert Michelin Auvergne

à Pont-de-Dore 6 km au Sud-Ouest par D2089 – ⊠ 63920 Peschadoires

 Eliotel

BUSINESS · FONCTIONNEL Voyez la vie en rose ! À l'image de la façade de cet hôtel-restaurant où les chambres sont spacieuses et bien tenues (préférez les plus récentes). Côté restaurant, le chef mitonne recettes auvergnates et... spécialités bretonnes.

15 chambres – †65/90 € ††65/90 € – ⊊ 9 € – ½ P
rte de Maringues – ℰ *04 73 80 10 14 – www.eliotel.fr – Fermé 3-24 août et 22 déc.-11 janv.*

LE THILLOT

⊠ 88160 (Vosges) – 3 624 hab. – Alt. 495 m – Carte régionale n° **27**-C3
▶ Paris 434 km – Belfort 46 km – Colmar 72 km – Épinal 49 km
Carte Michelin 314-I5 – Guide Vert Michelin Alsace Lorraine

au Ménil 3,5 km au Nord-Est par D486 – ⊠ 88160 – 1 126 hab. – Alt. 524 m

⅋○ **Les Sapins**

CUISINE TRADITIONNELLE · CLASSIQUE ⅩⅩ Plantes vertes, tons clairs et de grandes baies vitrées : un cadre lumineux et assez nature, parfait pour découvrir une bonne cuisine du marché – risotto à l'encre de seiche, asperges vertes et crevettes sautées – où la truite occupe une place à part (vapeur, meunière, en écailles de pomme de terre, etc.). Alléchant !

⊕ Menu 13 € (déj. en semaine), 24/48 € – Carte 34/57 €
60 Gde-Rue – ℰ *03 29 25 02 46 – www.hotel-les-sapins.fr – Fermé 27 juin-8 juil., 21 nov.-12 déc., dim. soir, lundi midi et mardi midi*

 Les Sapins

FAMILIAL · MODERNE Il n'est pas rare de surprendre la propriétaire en train de mettre ses confitures en pot : sa boutique artisanale remporte un vif succès ! Accueil souriant, chambres spacieuses et joliment décorées, bonne literie... une adresse sucrée.

22 chambres – †57/68 € ††57/81 € – ⊊ 10 € – ½ P
60 Gde-Rue – ℰ *03 29 25 02 46 – www.hotel-les-sapins.fr – Fermé 27 juin-8 juil., 21 nov.-12 déc., dim. soir, lundi midi et mardi midi*
⅋○ **Les Sapins** – voir les restaurants ci-dessus

THIONNE

⊠ 03220 (Allier) – 324 hab. – Alt. 275 m – Carte régionale n° **6**-C1
▶ Paris 333 km – Clermont-Ferrand 101 km – Moulins 36 km – Nevers 89 km
Carte Michelin 326-I4

 **La Maison du Lac**

FAMILIAL · RUSTIQUE Du calme et de la verdure en cette bien nommée Maison du Lac, une jolie bâtisse aux allures de fermette. Chambres sobres, fonctionnelles et lumineuses. Au restaurant, le patron concocte une sympathique cuisine traditionnelle... Agréable terrasse face à l'étang.

7 chambres – †75/80 € ††75/80 € – ⊊ 9 €
Les Clayeux, 4 km au Nord par D161, rte de Chapeau – ℰ *04 70 34 74 23 – www.hotel-maisondulac.com – Fermé 15 déc.-13 fév. et dim.*

THIONVILLE

⊠ 57100 (Moselle) – 41 325 hab. – Agglo. 131 746 hab. – Alt. 155 m
– Carte régionale n° **26**-B1
▶ Paris 339 km – Luxembourg 32 km – Metz 30 km – Nancy 84 km
Carte Michelin 307-I2

Afrique (Chaussée d')	AV 3	Comte-de-Bertier
Amérique (Chaussée d')	BV 4	(Av.)
Asie (Chaussée d')	AV 6	Europe (Chaussée d')
Bel Air (Allée)	AV 7	Guentrange (Rte de)

Comte-de-Bertier (Av.)	BV 10
Europe (Chaussée d')	AV 13
Guentrange (Rte de)	AV 15
Longwy (R. de)	AV 18
Océanie (Chaussée d')	BV 25

Paul-Albert (R.)	AV 28
Pyramides (R. des)	BV 29
Romains (R. des)	AV 31
Terrasse (Allée de la)	AV 34
14-Juillet (Av. du)	AV 37

Aux Poulbots Gourmets

CUISINE CLASSIQUE · ÉLÉGANT XXX On connaissait les poulbots de Montmartre, il faut désormais compter avec ceux de Thionville, tant la réputation de cette table d'inspiration classique n'est plus à faire ! De grandes baies vitrées, des chaises Lloyd Loom et des lustres modernes participent au charme contemporain du lieu.

Menu 48/69 € – Carte 54/73 €

Plan : AV-p – 9 pl. aux Fleurs

– ✆ 03 82 88 10 91 – www.poulbotsgourmets.com

– Fermé 28 mars-4 avril, 25 juil.-15 août, 1er-15 janv., sam. midi, dim. soir, merc. soir et lundi

Black-White 🅝

CUISINE TRADITIONNELLE · CONVIVIAL XX Après plusieurs années passées à la tête d'une auberge vosgienne, ce couple mosellan a décidé de revenir au pays. Leur nouvelle adresse fait salle comble, et pour cause : on vient s'y délecter de bons plats du terroir respectueux des saisons, réalisés avec de bons produits frais. Le tout dans une ambiance conviviale !

Formule 22 € – Menu 41/58 € – Carte 53/64 €

Plan : DY-e – 23 r. du Luxembourg

– ✆ 03 82 53 62 96

– Fermé dim. et lundi

THIONVILLE

Berthe-au-Grand-Pied (R.) . . **DY** 8
Ditsch (R. G.) . . . . **DZ** 12
Hoche (R. Lazare) . . . . **DY** 16
Luxembourg
(R. du) . . . . **DY** 19
Marchal (Quai P.) . . . . **DY** 21
Marché (Pl. du) . . . . **DY** 22
Marie-Louise
(Pl.) . . . . **CZ** 24
Paris (R. de) . . . . **DZ** 27
République (Pl.) . . . . **CZ** 30
St-Pierre (R. de) . . . . **CZ** 33

🏨 Kyriad Prestige

HÔTEL DE CHAÎNE · FONCTIONNEL En plein centre-ville, un hôtel récent qui propose des chambres contemporaines et fonctionnelles (couettes, grandes douches), ainsi que deux salles de réunion, dont une avec terrasse panoramique. Sans oublier un espace bien-être avec une terrasse dédiée !

60 chambres – 🛏55/130 € – 🛏🛏55/130 € – 🍽14 €

Plan : CZ-t – *9 allée Raymond-Poincaré*
– 📞 03 82 50 34 67 – www.kyriad-prestige-thionville.com

🏨 Hôtel des Oliviers

FAMILIAL · FONCTIONNEL Un petit hôtel familial dans une rue piétonne du centre, à quelques minutes de la gare et des commerces. L'accueil est charmant et les chambres sont d'une tenue irréprochable. L'été, on prend le petit-déjeuner en terrasse.

26 chambres – 🛏50/63 € – 🛏🛏51/64 € – 🍽8,50 €

Plan : DY-n – *1 r. du Four-Banal*
– 📞 03 82 53 70 27 – www.hoteldesoliviers.com
– *Fermé 27 déc.-4 janv.*

Une bonne table sans se ruiner ? Repérez les Bib Gourmand 🙂.

au Crève-Coeur – ✉ 57100 Thionville

🍴○ **Auberge du Crève-Cœur** ⪦ 🛖 🍴 ↩ 🅿

CUISINE TRADITIONNELLE · RUSTIQUE 🕸🕸 Il y a fort à parier que vous ne ressortirez pas le cœur brisé de cette auberge familiale. Bacchus préside à la décoration (tonneaux fixés au mur, pressoir) et la cuisine du terroir se fait généreuse : pâté d'oie à la mode lorraine, lapin à la moutarde... Que l'on peut déguster en terrasse, en admirant la vue sur Thionville !

Formule 35 € 🍷 – Menu 48/60 € – Carte 38/60 €

Plan : AV-b – 9 Le Crève-Coeur – ☎ 03 82 88 50 52
– www.aubergeducrevecoeur.com – Fermé 28 déc.-3 janv. et merc.

à Manom 4 km au Nord-Est – ✉ 57100 – 2 594 hab. – Alt. 153 m

🍴○ **Les Étangs** 🏊 🛖 🍴 🕸 ↩ 🅿

CUISINE MODERNE · CLASSIQUE 🕸🕸 À la sortie de Manom, prenez donc la route de Garche, vous tomberez sur cette bâtisse des années 1970, sa terrasse au bord de l'eau, et sa salle aux faux-airs de club-house de golf. La cuisine, soignée et précise, explore les nouvelles tendances à travers des préparations fines et très goûteuses. Étang mieux !

Menu 30 € (déj. en semaine), 38/68 € – Carte 50/65 €

Plan : BV-5 – rte de Garche – ☎ 03 82 53 26 92 – www.restaurantlesetangs.com
– Fermé dim. soir, lundi et merc.

THIRON-GARDAIS

✉ 28480 (Eure-et-Loir) – 1 067 hab. – Alt. 237 m – Carte régionale n° **11**-B1
▶ Paris 148 km – Chartres 48 km – Lucé 46 km – Orléans 95 km
Carte Michelin 311-C6 – Guide Vert Michelin Normandie Vallée de la Seine

🍴○ **La Forge** 🍴 🛖

CUISINE MODERNE · RUSTIQUE 🕸 Les habitués ne s'y trompent pas : on se régale à prix doux dans cette ancienne forge... très chaleureuse. Le décor est coquet dans sa simplicité, pendant agréable d'une cuisine généreuse. À noter : une délicieuse tarte aux quetsches.

🍽 Menu 14 € (déj. en semaine), 25/35 € – Carte 35/47 €

1 r. Alfred-Chasseriaud – ☎ 02 37 49 42 30 – www.a-la-forge.com – Fermé lundi et le soir sauf vend. et sam.

THIVIERS

✉ 24800 (Dordogne) – 3 115 hab. – Alt. 273 m – Carte régionale n° **4**-C1
▶ Paris 449 km – Brive-la-Gaillarde 81 km – Limoges 62 km – Périgueux 34 km
Carte Michelin 329-G3 – Guide Vert Michelin Périgord Quercy

🏠 **Hôtel de France et de Russie**

FAMILIAL · PERSONNALISÉ Le foie gras de Thiviers faisait jadis la joie des tsars... Aujourd'hui, on cultive ce souvenir dans cette jolie maison où flotte comme un parfum d'antan. Les chambres y sont bien tenues. Accueil pour les pèlerins en route vers St-Jacques-de-Compostelle. Une adresse à la croisée des chemins et de l'histoire.

12 chambres – 🛏64/97 € – 🛏🛏64/97 € – ⌚8 €

51 r. du Gén.-Lamy – ☎ 05 53 55 17 80 – www.thiviers-hotel.com

THIZY

✉ 69240 (Rhône) – 6 369 hab. – Alt. 553 m – Carte régionale n° **44**-A1
▶ Paris 414 km – Lyon 65 km – Montbrison 74 km – Roanne 22 km
Carte Michelin 327-E3

La Terrasse

AUBERGE · PERSONNALISÉ Une ancienne usine textile dans un village perché, cela donne parfois un bien agréable hôtel, avec de jolies chambres décorées – et parfumées – sur le thème des plantes aromatiques et ouvertes sur le jardin. Frais, coloré et chaleureux !

10 chambres – 🛏56 € 🛏🛏66 € – ☕ 8 € – ½ P

Le bourg Marnand, 2 km au Nord-Est par D94 – ✆ 04 74 64 19 22
– www.laterrasse-marnand.com – Fermé vacances de fév., de la Toussaint et dim. soir sauf été

THOIRAS – 30 (Gard) → voir Anduze

THOIRY

✉ 01710 (Ain) – 5 733 hab. – Alt. 500 m – Carte régionale n° **45**-C1
▶ Paris 523 km – Bellegarde-sur-Valserine 27 km – Bourg-en-Bresse 99 km – Gex 13 km
Carte Michelin 328-I3

 Les Cépages

CUISINE CLASSIQUE · ÉLÉGANT ✗✗ Dans cette maison bourgeoise des années 1830, le chef élabore une cuisine de facture classique, en accord avec des crus choisis – 1 200 références en cave ! Un conseil : ne manquez pas la formule incluant trois verres de vin. Enfin, reste le cadre élégant et le service tout sourire.

Menu 39 € (déj. en semaine), 59/149 € – Carte 70/135 €

465 r. Briand-Stresemann – ✆ 04 50 20 83 85 (réservation conseillée)
– www.lescepages.com – Fermé 1 semaine en janv., merc. midi, dim. soir, lundi et mardi

LE THOLONET – 13 → voir Aix-en-Provence

THÔNES

✉ 74230 (Haute-Savoie) – 6 020 hab. – Alt. 650 m – Carte régionale n° **46**-F1
▶ Paris 560 km – Annecy 21 km – Genève 59 km – Lyon 171 km
Carte Michelin 328-K5 – Guide Vert Michelin Alpes du Nord

 Le Clos Zénon

FAMILIAL · RUSTIQUE Une bonne adresse pour les amoureux de la nature ! Dans ce chalet récent au milieu d'un joli jardin avec piscine, les chambres sont douillettes et l'accueil chaleureux... Côté gourmandises : confitures maison au petit-déjeuner et table d'hôte d'inspiration régionale dans un décor savoyard (sur réservation).

5 chambres ☕ – 🛏60/75 € 🛏🛏75/105 €

4 rte de Bellossier – ✆ 04 50 02 10 86 – www.thones-chalet-gite.com
– Ouvert fin avril-début déc.

THONON-LES-BAINS

✉ 74200 (Haute-Savoie) – 34 661 hab. – Alt. 431 m – Carte régionale n° **46**-F1
▶ Paris 568 km – Annecy 75 km – Chamonix-Mont-Blanc 99 km – Genève 34 km
Carte Michelin 328-L2 – Guide Vert Michelin Alpes du Nord

❀ **Raphaël Vionnet** (Raphaël Vionnet)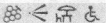

CUISINE MODERNE · BRANCHÉ ✗✗ À quelques mètres du port de Thonon, ce restaurant moderne offre une belle vue sur le Léman. Raphaël Vionnet, le chef, donne le meilleur de lui-même à chaque service : "tout-tomate" aux senteurs de verveine, filet de féra cuit à blanc aux girolles... Une cuisine qui ne manque pas de suite dans les idées.

→ Féra fumée du lac Léman, légumes en escabèche. Omble chevalier meunière à la grenobloise. Poire williams de Haute-Savoie en gelée mi-prise, crème chiboust vanillée.

Menu 30 € (déj. en semaine), 55/110 € 🍷 – Carte 79/103 €

Plan : AY-b – *43 av. du Gén.-Leclerc – ✆ 04 50 72 24 61 – www.raphaelvionnet.fr – fermé 7-30 nov., l2 janv.-1ᵉʳ fév., lundi sauf juil.-août et mardi*

Arts (R. des) .... **BZ** 3
Bordeaux (Pl. Henry)...... **AY** 4
Grande-Rue .... **AYZ**
Granges (R. des) .... **BY** 5
Léman (Av. du) .... **BY** 6
Michaud (R.) .... **AY** 10

Moulin (Pl. Jean) .... **AY** 12
Paix (R. de la)............. **AY** 20
Ratte (Ch.de la) .... **BZ** 13
Trolliettes (Bd des) ...... **AZ** 15
Ursules (R. des) .... **BY** 16
Vallées (Av. des) .... **BZ** 18

Allobroges (Av. des) .... **BZ** 2

Domaine de Ripaille / ♒

[Map of Thonon-les-Bains]

- Domaine de Ripaille
- RIVES
- Maison des Arts et Loisirs
- LAC LÉMAN
- DOUANE
- Quai de Rives
- TOUR
- Leclerc
- Jardin du Cha de Sonnaz
- Square Paul Jacquier
- Av. de St-François de Sales
- Pl. du Château
- St-François-de-Sales
- St-Hippolyte
- Av. de Corzent
- Corniche
- Vallon
- R. du Chablais
- Pl. du Marché
- ÉTABLISSEMENT THERMAL
- Pl. J. Mercier
- de Gaulle
- Carnot
- Pl. des Arts
- Bd G. Andrier
- Canal
- Desaix
- R. de l'Hôtel Dieu
- Av. de l'Hermitage
- Cerques
- Chemin
- Pl. de Crête
- David
- Av. de la Libération
- Av. des Allinges
- D 903 ANNEMASSE ANNECY
- ANNECY GENÈVE
- ANNEMASSE
- ÉVIAN-LES-BAINS
- D 902 ABONDANCE, MORZINE
- d'Evian
- Avenue de Savoie
- Ch. Vieux
- Jules Ferry

⏣ Le Prieuré

CUISINE CLASSIQUE · TRADITIONNEL 𝕏𝕏𝕏 Le chef, travailleur passionné, réalise une bonne cuisine du moment, et met un point d'honneur à choisir ses produits avec beaucoup d'attention. Son Prieuré est resté fidèle à lui-même, cossu et feutré : un véritable havre de paix pour les gourmands.
Menu 45/85 € – Carte 80/105 €

Plan : AY-f – *68 Grande-Rue* – ℰ *04 50 71 31 89* – *www.plumex-le-prieure.com* – *Fermé 18 avril-4 mai, 7-23 nov., dim. soir, lundi et mardi*

Envie de partir à la dernière minute ? Visitez les sites Internet des hôtels pour bénéficier de promotions tarifaires.

ⅡO Savoie Léman   🕭

CUISINE TRADITIONNELLE · CLASSIQUE XX Gambas, senteurs gingembre et citron vert, asperges sauce mousseline... Une agréable cuisine traditionnelle à déguster dans un cadre cossu, à moins que vous ne préfériez les spécialités de la brasserie dans un décor au diapason. Le tout pour un seul et même restaurant, celui de l'École hôtelière de Thonon, centenaire en 2012.

Formule 18 € – Menu 22 € (déj. en semaine)/35 € – Carte 20/40 €

Plan : AY-n – *Hôtel Savoie Léman, 40 bd Carnot –* 𝒞 *04 50 81 13 50*
– www.hotel-savoieleman.eu – Fermé vacances scolaires, sam. et dim.

ⅡO Les Alpes du Léman

CUISINE TRADITIONNELLE · À LA MODE XX Un restaurant sobre et contemporain dans une rue commerçante de la station thermale. On y savoure une cuisine du marché soignée, concoctée avec de beaux produits et des poissons du lac au top de leur fraîcheur !

Formule 22 € – Menu 31/67 € – Carte 50/57 €

Plan : AZ-a – *3 bis r. des Italiens –* 𝒞 *04 50 26 51 24 (réservation conseillée)*
– Fermé 15-30 juin, 1ᵉʳ-15 août, mardi soir, dim. soir et merc.

🏠 Savoie Léman   🕭 ⪡ ⊡ 🕭 🕍

TRADITIONNEL · ACTUEL Cet hôtel d'application de l'École hôtelière de Thonon a beau être né en 1935, il n'a pas pris une ride. Les chambres y sont spacieuses, confortables et bien équipées ; préférez celles côté Léman. À conseiller aux amateurs d'institutions locales !

30 chambres – †65/90 € – ††80/90 € – 2 suites – ⊐ 9 €

Plan : AY-a – *40 bd Carnot –* 𝒞 *04 50 81 13 50 – www.hotel-savoieleman.eu*
– Fermé vacances scolaires, sam. et dim.

ⅡO **Savoie Léman** – voir les restaurants ci-dessus

🏠 Arc en Ciel   🕭 🌊 ⊡ 🕍 🚗

TRADITIONNEL · FONCTIONNEL Près du centre-ville, cet établissement propose des chambres fonctionnelles, spacieuses et bien équipées (kitchenette pour certaines) ; toutes disposent d'un balcon ou d'une terrasse. Pour l'agrément, il y a même une petite piscine dans le jardinet.

37 chambres ⊐ – †66/89 € – ††69/89 €

Plan : BZ-k – *18 pl. de Crête –* 𝒞 *04 50 71 90 63 – www.hotelarcencielthonon.com*
– Fermé 20 déc.-3 janv.

à Anthy-sur-Léman   6 km au Sud-Ouest par D33 – ⊠ 74200
– 2 012 hab. – Alt. 400 m

ⅡO L'Auberge d'Anthy   🕭 🏠 🕭

CUISINE TRADITIONNELLE · AUBERGE X Ce petit hôtel-restaurant-café traditionnel mise tout sur des joies simples ! L'adresse est idéale pour apprécier le poisson du lac Léman (féra et omble), fourni par des pêcheurs locaux. Et le chef aime aussi mettre en valeur les charcuteries et fromages du terroir chablaisien.

🕭 Menu 19 € (déj. en semaine), 32/45 € – Carte 26/63 €

2 r. des Écoles – 𝒞 *04 50 70 35 00 – www.auberge-anthy.com – Fermé 1 semaine en avril, 1 semaine en oct., dim. soir et lundi sauf juil.-août*

🏠 L'Auberge d'Anthy   🕭 🛏 🕭 ⊡ 🕍

AUBERGE · FONCTIONNEL "Ici, on mange, on boit et on dort !" Telle est la devise de cette sympathique auberge de village refusant tout superflu : petites chambres sobres – préférez les "Charme" –, bistrot campagnard et restaurant du terroir. Le plaisir en toute simplicité.

13 chambres – †61/79 € – ††75/92 € – ⊐ 9 € – ½ P

2 r. des Écoles – 𝒞 *04 50 70 35 00 – www.auberge-anthy.com – fermé 1 semaine en avril et 1 semaine en oct.*

ⅡO **L'Auberge d'Anthy** – voir les restaurants ci-dessus

au Port-de-Séchex 7 km au Sud-Ouest – ⌧ 74200

Le Clos du Lac ⟵ ⌂ 🖾 ఈ 🅿

CUISINE MODERNE • TRADITIONNEL XX Dans cette vieille ferme restaurée, on a certes conservé les mangeoires en pierre, mais tout est feutré et élégant. Le chef réalise une cuisine soignée et bien sentie, mettant en avant ses trouvailles du marché et les beaux produits régionaux. Quant aux chambres, colorées et contemporaines, elles sont bien agréables.

Formule 24 € – Menu 32/66 € – Carte 56/76 €

3 chambres – †73 € ††73 € – ⌷ 12 €

2 rte des Meules, (port de Séchex) – ℰ 04 50 72 48 81
– www.restaurant-leclosdulac.com – Fermé 1 semaine en juil., vacances de la Toussaint, 3 semaines en janv., mardi sauf le soir en juil.-août, dim. soir et lundi

LE THOR

⌧ 84250 (Vaucluse) – 8 416 hab. – Alt. 50 m – Carte régionale n° **42**-E1
▶ Paris 696 km – Arles 84 km – Avignon 21 km – Marseille 89 km
Carte Michelin 332-C10 – Guide Vert Michelin Provence

La Bastide Rose ⌂ ⌂ 🖾 🍴 ఈ 🗚 🅿

FAMILIAL • PERSONNALISÉ Non loin d'Avignon, cette belle bastide est un vrai lieu culturel – musée à la mémoire du journaliste Pierre Salinger, expos – avec le charme d'une maison de famille : élégance, confort, vue sur le parc. Bien davantage qu'un simple hôtel !

3 chambres – †150/230 € ††150/230 € – 2 suites – ⌷ 12 € – ½ P

99 chemin des Croupières – ℰ 04 90 02 14 33 – www.bastiderose.com
– Fermé de mi-janv. à mi-mars

THORÉ-LA-ROCHETTE

⌧ 41100 (Loir-et-Cher) – 870 hab. – Alt. 75 m – Carte régionale n° **11**-B2
▶ Paris 176 km – Blois 42 km – La Flèche 94 km – Le Mans 72 km
Carte Michelin 318-C5 – Guide Vert Michelin Châteaux de la Loire

ⅠＯ Restaurant du Pont 🖾 ఈ

CUISINE TRADITIONNELLE • CONVIVIAL X Sur le trajet du train touristique de la vallée du Loir, arrêtez-vous dans ce coquet petit restaurant. On y déguste une appétissante cuisine traditionnelle où le terroir a la part belle. Mais gare ensuite à ne pas manquer le départ !

Menu 24/55 € – Carte 40/57 €

15 r. du Mar.-de-Rochambeau – ℰ 02 54 72 80 62 – http://laurentcoucaud.wix.com/hoteldupont – Fermé 16 août-3 sept., 18 janv.-12 fév., mardi soir, dim. soir et lundi

THORIGNÉ-SUR-DUÉ

⌧ 72160 (Sarthe) – 1 619 hab. – Alt. 82 m – Carte régionale n° **35**-D1
▶ Paris 178 km – Châteaudun 80 km – Mamers 44 km – Le Mans 30 km
Carte Michelin 310-M6

ⅠＯ Le Saint-Jacques 🍴 🖾 ఈ 🅿

CUISINE MODERNE • TRADITIONNEL XX Un jeune couple est aux commandes de cette maison traditionnelle ; nappes blanches et tables bien dressées côtoient des touches actuelles dans la décoration. Le chef est passionné et cela se sent ! Sa cuisine, rythmée par les saisons, privilégie les produits du terroir local.

Formule 16 € – Menu 23/65 €

pl. du Monument – ℰ 02 43 89 95 50 – www.hotel-sarthe.fr – Fermé vacances de la Toussaint

⌂ Le Saint-Jacques   ☆ 🚳 🛁 ⅋ 🕿 P

AUBERGE · FONCTIONNEL À l'entrée du village, cet hôtel-restaurant dispose de chambres simples et bien tenues ; le grand jardin à l'arrière est agréable. Une sympathique petite étape !

15 chambres – ♦55/80 € ♦♦68/90 € – 🖵 10 €

pl. du Monument – 𝒞 02 43 89 95 50 – www.hotel-sarthe.fr – Fermé vacances de la Toussaint

🕸○ **Le Saint-Jacques** – voir les restaurants ci-dessus

LE THORONET

⊠ 83340 (Var) – 2 373 hab. – Alt. 120 m – Carte régionale n° **41**-C3
🚹 Paris 831 km – Brignoles 24 km – Draguignan 21 km – St-Raphaël 51 km
Carte Michelin 340-M5

⌂ Hostellerie de l'Abbaye   ☆ 🕸 🍴 ⅋ AC 🚳 P

FAMILIAL · FONCTIONNEL Pour une étape à quelques kilomètres de la magnifique abbaye cistercienne du Thoronet (12e-13e s.), une grande bâtisse d'esprit méridional, aux chambres sobres et bien tenues, avec une piscine où il fait bon se rafraîchir. Recettes provençales au restaurant.

23 chambres – ♦75/95 € ♦♦75/95 € – 🖵 10 € – ½ P

r. Claudius Camail – 𝒞 04 94 73 88 81 – www.hotel-thoronet.com

THOUARS

⊠ 79100 (Deux-Sèvres) – 9 462 hab. – Alt. 102 m – Carte régionale n° **38**-B1
🚹 Paris 336 km – Angers 71 km – Bressuire 31 km – Châtellerault 72 km
Carte Michelin 322-E3 – Guide Vert Michelin Poitou-Charentes

🕸 Hôtellerie St-Jean   ⪕ 🕿 ⅋ AC P

CUISINE CLASSIQUE · CONVIVIAL XX Comment imaginer que cet hôtel traditionnel cache une table très gourmande ? Le mérite en revient au chef, homme passionné, soucieux de dénicher les meilleurs produits et de les cuisiner avec soin. Son père cultive un grand potager dans les environs et lui fournit fruits et légumes. Excellent rapport tradition-prix !

🍴 Formule 16 € – Menu 20 € (semaine), 27/38 € – Carte 43/58 €

25 rte de Parthenay – 𝒞 05 49 96 12 60 – www.hotellerie-st-jean.com
– Fermé 15-29 fév., 2 semaines en août, dim. soir et lundi

⌂ Hôtellerie St-Jean   ☆ ⪕ AC 🚳 P

TRADITIONNEL · FONCTIONNEL Cette bâtisse des années 1970 n'a rien de remarquable, mais elle offre une jolie vue sur la vieille ville. Les chambres, fonctionnelles et impeccablement tenues, sont aussi plus calmes sur l'arrière.

18 chambres – ♦56 € ♦♦56 € – 🖵 8 € – ½ P

25 rte de Parthenay – 𝒞 05 49 96 12 60 – www.hotellerie-st-jean.com
– Fermé 15-29 fév., 2 semaines en août, dim. soir et lundi

🕸 **Hôtellerie St-Jean** – voir les restaurants ci-dessus

à Ste-Verge 4 km au Nord – ⊠ 79100 – 1 418 hab. – Alt. 65 m

🕸○ Le Logis de Pompois   🕸 🕿 ⅋ ⟳ P

CUISINE MODERNE · CLASSIQUE XX Prenant ses aises dans l'ancien chai d'un élégant domaine viticole des 18e-19e s., le restaurant est associé à un centre d'aide par le travail. On joint donc l'utile à l'agréable en dégustant une cuisine d'aujourd'hui, accompagnée d'un beau choix de vins du Val de Loire.

Menu 30/50 €

13 r. de la Gosselinière – 𝒞 05 49 96 27 84 – www.logis-de-pompois.com
– Fermé de fin juil. à début août, de fin déc. à mi-janv., dim. soir, lundi et mardi

THUIR

⊠ 66300 (Pyrénées-Orientales) – 7 189 hab. – Alt. 99 m – Carte régionale n° **22**-B3

▶ Paris 897 km – Figueres 56 km – Montpellier 168 km – Perpignan 16 km

Carte Michelin 344-H7

☺ **Arbequina** ◍

CUISINE MODERNE · RUSTIQUE ✗ La cuisine du chef, méditerranéenne, parfumée et savoureuse, démontre son talent pour mettre en valeur le produit. Au hasard de la carte, on opte pour un croustillant de pied de cochon aux tomates confites, ou encore un pavé de cabillaud, jeunes légumes, coques et bouillon persillé... D'un bout à l'autre, un vrai régal !

Formule 13 € – Menu 32 € – Carte environ 38 €

21 r. de la République – ☎ 04 68 34 46 64 (réservation conseillée)
– www.restaurant-arbequina-thuir.fr – Fermé lundi et mardi

❄️○ **Le Patio Catalan**

CUISINE TRADITIONNELLE · RUSTIQUE ✗✗ De la tradition, de la simplicité, des produits bien choisis : voilà la recette du chef. Les habitués ont investi ce charmant restaurant rustique (juste en face des caves Byrrh et leurs énormes cuves) et ne le quittent plus !

Menu 16 € (déj. en semaine), 24/68 € ♈ – Carte 25/50 €

4 pl. du Gén.-de-Gaulle – ☎ 04 68 53 57 28 – Fermé 1 semaine en fév.,
24 août- 8 sept., vacances de la Toussaint, 22 déc.- 3 janv., merc. et jeudi

THURY

⊠ 21340 (Côte-d'Or) – 290 hab. – Alt. 382 m – Carte régionale n° **8**-C2

▶ Paris 303 km – Autun 25 km – Avallon 80 km – Beaune 33 km

Carte Michelin 320-H7

⌂ **Manoir Bonpassage**

FAMILIAL · RUSTIQUE Une ancienne ferme avicole en pleine campagne tenue par un couple hollandais très accueillant. De vrais airs de maison d'hôtes (dîner sans chichis pour les résidents), une jolie piscine et des chambres d'une tenue parfaite... Sympathique !

9 chambres – †62/95 € – ††62/95 € – ⌂ 10 €

5 r. du Moulin, 1 km au Sud par D36 et rte secondaire – ☎ 03 80 20 26 16
– www.bonpassage.com – Ouvert 25 mars-31 oct.

TIERCÉ

⊠ 49125 (Maine-et-Loire) – 4 261 hab. – Alt. 30 m – Carte régionale n° **35**-C2

▶ Paris 278 km – Angers 22 km – Château-Gontier 34 km – La Flèche 34 km

Carte Michelin 317-G3

❄️○ **La Table d'Anjou**   🛆 🅰🄲

CUISINE MODERNE · ÉLÉGANT ✗✗ Une table d'une douceur tout angevine, reprise par un jeune couple de professionnels de retour dans la région après un parcours dans des établissements de renom, elle en tant que sommelière, lui en tant que chef. La gastronomie d'aujourd'hui et les crus du val de Loire sont à l'honneur !

Menu 29 € (semaine), 39/59 € – Carte 41/69 €

16 r. d'Anjou – ☎ 02 41 87 99 63 – www.latabledanjou.com – Fermé 16 août-sept.,
4-24 janv., dim. soir, mardi soir et merc.

TIGNES

⊠ 73320 (Savoie) – 2 494 hab. – Alt. 2 100 m – Carte régionale n° **45**-D2

▶ Paris 665 km – Albertville 85 km – Bourg-St-Maurice 31 km – Chambéry 134 km

Carte Michelin 333-O5 – Guide Vert Michelin Alpes du Nord

⅏○ Les Suites du Montana   ৬ ⌀

CUISINE MODERNE · ÉLÉGANT XXX Pas besoin d'être résident des Suites du Montana pour profiter de ce restaurant entièrement rénové en 2015, où les produits nobles sont à l'honneur : homard, turbot, bœuf charolais, belles volailles...

Menu 50 € – Carte 50/87 €

Hôtel Les Suites du Montana, Les Almes – 𝄐 *04 79 40 01 44*
– www.village-montana.com – Ouvert de mi-déc. à mi-avril et fermé le midi

⅏○ Les Campanules   ≼ ⌂

CUISINE TRADITIONNELLE · CONVIVIAL XXX De très bons produits, une maîtrise culinaire de tous les instants : voilà les deux atouts maîtres de ce restaurant offrant une superbe vue sur les montagnes et les pistes. L'ambiance est chaleureuse, d'autant que toute la famille est aux petits soins !

Formule 32 € – Menu 48 € – Carte 54/69 €

Hôtel Les Campanules – 𝄐 *04 79 06 34 36 – www.campanules.com – Ouvert 28 nov.-5 mai*

⅏○ La Ferme des 3 Capucines   ⌂ P

RÉGIONALE · RUSTIQUE X Cette ferme-laiterie atypique mérite qu'on s'y attarde... même s'il n'est pas possible d'admirer les vaches en hiver, car elles sont alors en fermage du côté d'Albertville. Au menu : une savoureuse cuisine de tradition, mettant en avant les bons produits locaux (agneau du pays, par exemple) et le fromage maison !

Carte 29/54 €

– 𝄐 *04 79 06 35 10 (réservation conseillée) – www.lafermedes3capucines.com*
– Ouvert juil.- août et déc.-avril

🏠 Les Suites du Montana   ⛷ ⅀ ≼ ▦ ⊕ ♿ ৬ ᐃ ⊠

HÔTEL DE VACANCES · ALPIN Sur les hauteurs de la station, ce "hameau" de cinq chalets allie tranquillité et proximité des pistes du fameux Espace Killy. De grandes suites – de style savoyard, tyrolien ou provençal – vous y attendent, avec balcon et même sauna ou jacuzzi ! Le plus bel hôtel de Tignes.

27 suites ⌘ – ⫟⫟436/674 € – 1 chambre

Les Almes – 𝄐 *04 79 40 01 44 – www.village-montana.com*
– Ouvert de mi-déc. à mi-avril

⅏○ **Les Suites du Montana** *– voir les restaurants ci-dessus*

🏠 Village Montana   ⛷ ⅀ ≼ ▦ ⊕ ⊠ ⌀ ᐃ ⊠

HÔTEL DE VACANCES · ALPIN Ces splendides chalets conjuguent tradition, calme et confort. Les chambres, spacieuses et familiales, disposent d'un balcon ouvert sur les pistes ; on profite également d'un espace de remise en forme avec hammam, sauna, jacuzzi et... piscine extérieure chauffée à 32° C !

78 chambres ⌘ – ⫟139/277 € ⫟⫟206/418 € – 4 suites – ½ P

Les Almes – 𝄐 *04 79 40 01 44 – www.vmontana.com*
– Ouvert fin juin à fin août et fin nov. à début mai

🏠 Les Campanules   ⛷ ⅀ ≼ ▦ ⊕ ⊠ ⌀

HÔTEL DE VACANCES · ALPIN Ce beau chalet est tenu par une famille aux petits soins... On propose des chambres douillettes et très confortables, ainsi que de superbes suites (dont certaines en duplex). Le must : se baigner dans la piscine extérieure – chauffée à 32° C – en regardant les pistes !

25 chambres ⌘ – ⫟125/220 € ⫟⫟160/390 € – 14 suites

– 𝄐 *04 79 06 34 36 – www.campanules.com*
– Ouvert 8 juil.-26 août et 28 nov.-5 mai

⅏○ **Les Campanules** *– voir les restaurants ci-dessus*

🏨 Le Paquis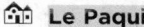

HÔTEL DE VACANCES · ALPIN Dans ce chalet des années 1960, où domine l'esprit savoyard, des chambres bien tenues, et surtout une douceur de vivre omniprésente. À l'image de son bar chaleureux, en bois et lauze, et de son restaurant qui propose une cuisine traditionnelle et régionale.

31 chambres ☐ - †80/115 € ††190/390 € - 1 suite - ½ P
Le Rosset - ℰ *04 79 06 37 33 - www.hotel-lepaquis.fr*
- Ouvert 1er juil.-19 août et 16 nov.-3 mai

🏨 Le Lévanna

HÔTEL DE VACANCES · ALPIN Du nom d'un sommet à la frontière franco-italienne, ce chalet récent abrite des chambres cosy, dont certaines aménagées en duplex. Au restaurant, la carte, traditionnelle, s'agrémente de spécialités fromagères. Agréable terrasse côté pistes.

40 chambres ☐ - †119/234 € ††118/324 € - ½ P
Le Rosset - ℰ *04 79 06 32 94 - www.levanna.com*
- Ouvert d'oct. à mai

au Val Claret 2 km au Sud-Ouest - ⊠ 73320 Tignes - Alt. 2 100 m

🍽 La Table en Montagne

CUISINE MODERNE · ÉLÉGANT XxX Chaleur du bois, tons dorés et verts, matériaux bruts : la décoration emprunte autant à l'univers de la forêt qu'au grand air des montagnes... Dans l'assiette, le terroir savoyard côtoie de bons produits de brasserie - telles les huîtres Gillardeau - dans des réalisations raffinées et franchement savoureuses.

Menu 42 € (dîner), 51/63 € · Carte 52/75 €
Hôtel Les Suites du Nevada - ℰ *04 79 01 11 43 - www.jeanmichelbouvier.com*
- Ouvert 3 juil.-27 août et 9 oct.-31 mai

🍽 Le Panoramic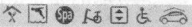

CUISINE TRADITIONNELLE · COSY X On accède en funiculaire à ce restaurant d'altitude qui tutoie le ciel (3032 m !), pour un bol d'air et de gourmandise. Dans un intérieur douillet, tout de bois vêtu, une équipe en costume traditionnel nous sert une authentique cuisine au feu de bois, typique du terroir savoyard. Dépaysement garanti.

Carte 46/81 €
Glacier de la Grande-Motte, (accès pieton par le funiculaire de Tignes-Val-Claret)
- ℰ *04 79 06 47 21 (réservation conseillée) - www.jeanmichelbouvier.com*
- Ouvert 1er déc.-2 mai et fermé le soir sauf jeudi

🏨 Les Suites du Nevada

LUXE · DESIGN Original, cet hôtel donne à voir l'univers montagnard dans le plus pur style contemporain : tronçons de bois massif, blocs de pierre, béton, tons sombres, etc. Le luxe à l'état brut, pour amateurs avertis.

31 chambres ☐ - †210/620 € ††270/680 € - 9 suites
- ℰ *04 79 41 68 30 - www.les-suites-du-nevada.com - Ouvert 3 juil.-27 août*
et 9 oct.-31 mai
🍽 **La Table en Montagne** - voir les restaurants ci-dessus

🏨 Le Ski d'Or

FAMILIAL · FONCTIONNEL Un beau bar-salon feutré avec cheminée, des chambres confortables et parées de bois dont la plupart donnent sur les montagnes : ce Ski d'Or respire la douceur de vivre ! Les nombreux services - ski-room, sauna, jacuzzi, hammam - ajoutent au plaisir du séjour.

27 chambres ☐ - †130/358 € ††200/550 € - ½ P
r. du Val Claret - ℰ *04 79 06 51 60 - www.hotel-skidor.com*
- Ouvert 25 oct.-3 mai

TONNEINS

✉ 47400 (Lot-et-Garonne) – 8 888 hab. – Alt. 26 m – Carte régionale n° **4**-C2
▶ Paris 683 km – Agen 44 km – Nérac 38 km – Villeneuve-sur-Lot 37 km
Carte Michelin 336-D3 – Guide Vert Michelin Aquitaine

🍴 **Quai 36**   & 🅰🅲 ⇄

CUISINE MODERNE · À LA MODE X L'enseigne fait référence à l'adresse, au bord de la Garonne. L'établissement est mené par une équipe jeune et dynamique ; on y apprécie une cuisine bien dans son temps, dans une salle où se mêle le baroque et le contemporain, tout en profitant de la jolie vue.
Formule 19 € – Menu 23 € (déj. en semaine), 29/59 € – Carte 40/60 €
36 cours de l'Yser – ℰ 05 53 94 36 38 – www.quai36.fr – Fermé 3 semaines en août, 1ᵉʳ-11 janv., sam. midi, dim. soir, mardi soir, merc. soir et lundi

🏠 **Hôtel des Fleurs**   & 🕍 🅿

FAMILIAL · SIMPLE Sur l'axe principal de la ville, sur la route de Bordeaux, un hôtel pratique et bon marché. Les chambres sont certes petites, quoique plus grande dans l'annexe, mais bien aménagées et d'une tenue irréprochable ; certaines sont très colorées... comme un parterre de fleurs ! Une étape fort commode.
26 chambres – ♦46/88 € ♦♦46/90 € – ☲ 8,50 €
66 r. Colisson, rte de Bordeaux – ℰ 05 53 79 10 47 – www.hoteldesfleurs47.fr – Fermé 22 déc.-3 janv., 1 semaine vacances de fév., vend. et sam. de mi-nov. à fin mars

TONNERRE

✉ 89700 (Yonne) – 5 060 hab. – Alt. 156 m – Carte régionale n° **7**-B1
▶ Paris 199 km – Auxerre 38 km – Châtillon-sur-Seine 49 km – Montbard 45 km
Carte Michelin 319-G4 – Guide Vert Michelin Bourgogne

🍴 **L'Auberge de Bourgogne**   🛋 & 🅰🅲 🅿

CUISINE TRADITIONNELLE · CONVIVIAL X Derrière les baies vitrées de la grande salle à manger – récemment relookée – se dessine le vignoble d'Épineuil : bien agréable vision ! La carte est résolument tournée vers le terroir local : escargots au beurre d'ail, mignon de porc à la dijonnaise, crème brûlée au miel de Bourgogne... Avis aux amateurs.
Formule 13 € – Menu 22 € – Carte 31/48 €
D905, 2 km par rte de Dijon – ℰ 03 86 54 41 41 – www.aubergedebourgogne.com – Fermé 15 déc.-15 janv., lundi midi, sam. midi et dim.

🏠 **L'Auberge de Bourgogne**   🛋 🕍 & 🕍 🅿

FAMILIAL · FONCTIONNEL Tout près des vignobles d'Épineuil, un hôtel des années 1990 disposant de chambres simples et mignonnes. Préférez-les sur l'arrière, pour la jolie vue champêtre.
40 chambres ☲ – ♦72/86 € ♦♦72/86 €
D905, 2 km par rte de Dijon – ℰ 03 86 54 41 41 – www.aubergedebourgogne.com – Fermé 15 déc.-15 janv.
🍴 **L'Auberge de Bourgogne** – voir les restaurants ci-dessus

TORCY – 71 (Saône-et-Loire) → voir Creusot

TOUL

✉ 54200 (Meurthe-et-Moselle) – 16 271 hab. – Alt. 209 m – Carte régionale n° **26**-B2
▶ Paris 291 km – Bar-le-Duc 62 km – Metz 75 km – Nancy 23 km
Carte Michelin 307-G6

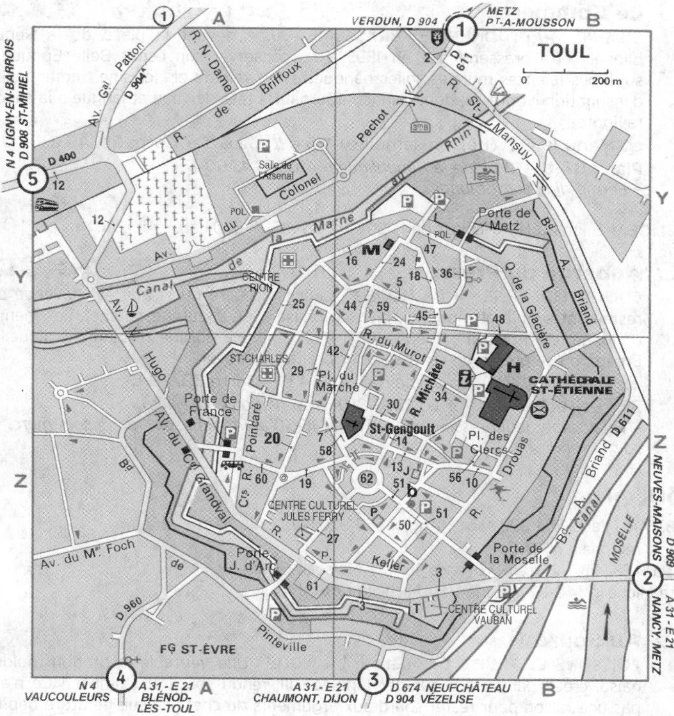

TOUL

0   200 m

N 4 LIGNY-EN-BARROIS
D 908 ST-MIHIEL

VAUCOULEURS
N 4 ④

A 31 - E 21
BLÉNOD-LÈS-TOUL Ⓐ

A 31 - E 21 ③
CHAUMONT, DIJON

D 674 NEUFCHÂTEAU
D 904 VÉZELISE Ⓑ

Albert-1er (Av.)	**BY** 2	Gambetta (R.)	**AZ** 19	Pont-de-Bois (R.)	**BY** 44
Anciens-Combattants		Gengoult (R. du Gén.)	**AZ** 20	Porte-de-Metz (R.)	**BY** 47
d'Afrique-du-Nord (R.)	**BZ** 3	Gouvion-St-Cyr (R.)	**BY** 24	Qui-Qu'en-Grogne	
Baron-Louis (R.)	**BY** 5	Hôpital-Militaire (R.)	**AYZ** 25	(R.)	**BY** 48
Carnot (R.)	**ABZ** 7	Jeanne-d'Arc (R.)	**ABZ** 27	République (Pl. de la)	**BZ** 50
Châtelet (R. du)	**BZ** 10	Joly (R.)	**AYZ** 29	République (R. de la)	**BZ** 51
Clemenceau (Av.)	**AY** 12	Lafayette (R.)	**BZ** 30	St-Waast (R.)	**BZ** 56
Corne-de-Cerf (R.)	**BZ** 13	Liouville (R.)	**BZ** 34	Schmidt (Pl. P.)	**BZ** 58
Dr-Chapuis (R. du)	**BZ** 14	Ménin (R. du)	**BY** 36	Tanneurs (R. des)	**BY** 59
Écuries-de-Bourgogne		Michâtel (R.)	**BZ**	Thiers (R.)	**AZ** 60
(R. des)	**BY** 16	Petite-Boucherie (R.)	**ABZ** 42	Vauban (R.)	**AZ** 61
Foy (R. du Gén.)	**BY** 18	Pont-des-Cordeliers (R.)	**BY** 45	3-Évêchés (Pl. des)	**BZ** 62

🍴 Brasserie K

CUISINE MODERNE · À LA MODE ✕✕ Dans l'enceinte de l'ancienne usine Kléber, une brasserie au cadre contemporain : banquettes en velours, espace lounge-bar, et une agréable terrasse... Dans l'assiette, des charcuteries ibériques tranchées devant le client à l'andouillette de Troyes, que des bons produits !

🍽 Formule 14 € ♟ – Menu 20/38 € – Carte 30/58 €

980 av. de l'Europe, (ZI Croix de Metz), rte de Pont-à-Mousson-2 km au Nord
– ℰ 03 83 62 46 95 – Fermé sam. midi et dim.

Le symbole ⌖ vous garantit des nuits dans un environnement calme.

⁑○ Le Commerce   ⌂ AC ⟷

CUISINE TRADITIONNELLE · BRASSERIE ⅹ Juste devant la place de la République, cette brasserie née en 1895 a su conserver son esprit Belle Époque : superbes faïences murales, jolies banquettes en velours et... cuisine traditionnelle d'inspiration lyonnaise, dont les incontournables tête de veau et langue à la sauce ravigote !

⌧ Menu 19 € ⍾ (déj. en semaine), 26 € ⍾/32 € ⍾ – Carte 26/45 €

Plan : BZ-b – 10 pl. de la République – ⌀ 03 83 43 00 41
– Fermé dim. soir et lundi

à **Lucey** 5 km au Nord-Ouest par D908 – ⌧ 54200 – 570 hab. – Alt. 260 m

⁑○ Auberge du Pressoir   ⌂ ⌂ ⌂ **P**

CUISINE MODERNE · À LA MODE ⅹⅹ L'ancienne gare du village est devenue un restaurant simple et moderne, bien en phase avec la cuisine du chef. Les menus ("Vigneron", "Pressoir", "Vendange") déclinent une cuisine résolument actuelle. En été, on se presse en terrasse pour profiter du soleil !

⌧ Menu 17 € (déj. en semaine), 21/54 € – Carte 39/59 €

7 r. des Pachenottes – ⌀ 03 83 63 81 91 (réservation conseillée)
– www.aubergedupressoir.com – Fermé 16-30 août, dim. soir, mardi soir, merc. soir et lundi

TOULON

⌧ 83000 (Var) – 164 899 hab. – Agglo. 556 920 hab. – Alt. 10 m
– Carte régionale n° **41**-C3
▶ Paris 835 km – Aix-en-Provence 86 km – Marseille 66 km
Carte Michelin 340-K7 – Guide Vert Michelin Côte d'Azur

⁑○ Au Sourd   ⌂ ⟷

POISSONS ET FRUITS DE MER · À LA MODE ⅹ Une véritable institution toulonnaise, créée par un artilleur de Napoléon III, rendu sourd au combat ! Ce n'est pas une raison pour rester sourd aux arguments du chef : sa cuisine attire depuis longtemps déjà des bancs entiers d'amateurs de poisson...

Menu 28 € (semaine)/35 € – Carte 40/70 €

Plan : GY-w – 10 r. Molière
– ⌀ 04 94 92 28 52 – www.ausourd.com
– Fermé dim. et lundi

⁑○ Carré 2 Vigne   AC

CUISINE MODERNE · CONVIVIAL ⅹ L'adresse passe presque inaperçue dans la vieille ville, mais une fois la porte franchie, on est conquis par son esprit accueillant... Aux commandes : un jeune couple voyageur, installé ici après avoir notamment travaillé en Italie. L'Italie : c'est elle qui inspire la carte, éprise également de fraîcheur et des saisons !

Menu 28/37 € – Carte 39/48 €

Plan : GY-x – 14 r. du Pomet – ⌀ 04 94 92 98 21 – www.carre2vigne.com
– Fermé 23 juil.-16 août, dim. et lundi

⁑○ Les P'tits Pins   ⌂ AC

CUISINE TRADITIONNELLE · À LA MODE ⅹ Sur la grande place de la Liberté, cette adresse sympathique étale sa forêt de chaises au soleil, faisant le bonheur des amateurs de farniente... Mais c'est surtout pour la bonne cuisine traditionnelle – chipirons, rouget, canard, ris de veau – que l'on fait le déplacement. Attention : c'est ouvert le midi uniquement !

Formule 19 € – Menu 27 €

Plan : GY-p – 237 pl. de la Liberté – ⌀ 04 94 41 00 00 – www.lesptitspins.com
– Fermé dim. et le soir sauf vend. et sam.

RÉPERTOIRE DES RUES DE TOULON

LA SEYNE-SUR-MER

Alsace (R. d') . . . . **AV** 4
Corse Résistante
  (Av. de la) . . . . **ABV** 40
Esprit Armando (Av.) . . . . . **AV** 50
Estienne-d'Orves (Av. d') . **AV** 53
Fabre (Quai Saturnin) . . . . **AV** 57
Faidherbe (Av.) . . . . **AV** 58
Gagarine (Av. Y.) . . . . **AV** 64
Garibaldi (Av.) . . . . **AV** 66
Giovannini (Corniche Ph.) **ABV**
Juin (Bd Maréchal A.) . . . . **AV** 86
Merle (Bd Toussaint) . . . . **AV**
1ère Armée Française
  Rhin et Danube (Av.
  de la) . . . . **AV** 184
8 Mai 1945
  (Rond Point du) . . . . . . **AV** 186

LA VALETTE-DU-VAR

Anatole-France (Av.) . . . . . **DU** 4
Char Verdun (Av. du) . . . . **DU** 33
Mirasouleou (Av.) . . . . . . **DU** 104
Nice (R. de) . . . . **DU** 116
Terres Rouges
  (Chemin des) . . . . **DU** 160

TOULON

Abel (Bd Jean-Baptiste) . . . **DV**
Albert-1er (Pl.) . . . . **FX**
Alger (R. d') . . . . **GY**
Amiral Senès (Pl.) . . . . **GY**
Anatole-France (R.) . . . . . . **FY**
Armand (Pont L.) . . . . **EX**
Armaris (Bd des) . . . . **DUV**
Armes (Pl. d') . . . . **FY**
Barre (Chemin de la) . . . . . **DV**
Barthou (Av. Louis) . . . . . . **DV** 7
Baudin (R.) . . . . **GY**
Bazeilles (Bd de) . . . . **CV** 8
Le Bellegou (Av. E.) . . . . . . **HZ**
Belle Visto (Chemin) . . . . . **AU**
Berthelot (R.) . . . . **GY** 12
Bert (Bd Paul) . . . . **HZ**
Besagne (Av. de) . . . . **GZ**
Bir-Hakeim (Rond-Point) . . **HY**
Blache (Pl. Noël) . . . . **HY**
Blondel (R. André) . . . . . **DV** 15
Blum (R. Léon) . . . . **EY**
Bois Sacré (Corniche du) **ABV**
Bonaparte (Rond-Point) . . **GHZ**
Bonnes Herbes
  (Chemin des) . . . . **AU** 18
Bonnet (R. A.) . . . . **EX**
Bony (R. A.) . . . . **EX**
Boucheries (R. des) . . . . . **GY** 20
Bozzo (Av. L.) . . . . **HX** 22
Brasserie (Bd de la) . . . . . **DV**
Briand (Av. Aristide) . . . . . **ABV**
Brunetière (R. F.) . . . . . . **GYZ** 25
Camus (Av. Albert) . . . . . . **AU**
Carnot (Av. L.) . . . . **EXY**
Cartier (Av. Jacques) . . . . **CV** 28
Cassin (Av. René) . . . . . . **DU** 30
Cathédrale (Traverse) . . **GYZ** 32
Centrale (R.) . . . . **HX**
Chalucet (R.) . . . . **FXY**
Le Chatelier (Av. André) . **ABU** 90
Churchill (Av. W.) . . . . **EY** 36
Clamour (Bd) . . . . **DV** 38
Clappier (R. Victor) . . . . . . **GY**
Claret (Av. de) . . . . **EX**
Clemenceau (Av. G.) . . . . . **HY**
Colbert (Av.) . . . . **GY**
Collet (Av. Amiral) . . . . **EX**
Corderie (R. de la) . . . . . . **EFY**

Cronstadt (Quai) . . . . **FGZ**
Cuzin (Av. François) . . **CV, HY**
Dardanelles (Av. des) . . . . **EXY**
Daudet (R. Alphonse) . . . . **HY** 43
David (R.) . . . . **AU**
Delpech (R.) . . . . **HX**
Démocratie (Bd de la) . . . . **HY**
Dr. Barnier (R.) . . . . **FX**
Dr. Barrois (R.) . . . . **CU**
Dr. Bourgarel (Bd) . . . . . . **DV** 46
Dr. Cunéo (Bd) . . . . **CV** 47
Dr. Fontan (R. du) . . . . **EX**
Escaillon (Bd de l') . . . . . . **AV** 49
Escartefigue
  (Corniche Marius) . . . . **CDU**
Estienne-d'Orves (Av. d') . . **BV**
Fabié (R. François) . . . . . . **GHY**
Fabre (Corniche Émile) . . . **BU** 56
Faron (Bd du) . . . . **CU**
Faron (Rte de) . . . . **BCU** 59
Foch (Av. Maréchal) . . . . . **EY**
Font Pré (Av. de) . . . . . **DUV** 60
Forgentier (Chemin de) . . . **AU**
Fort Rouge (Bd du) . . . . . **BU** 62
Fraize (Impasse) . . . . **HX**
Gambetta (Pl.) . . . . **GYZ** 65
Garibaldi (R.) . . . . **GYZ** 68
Gasquet (Av. Joseph) . . . . **DV**
Gaulle
  (Corniche du Gén.-de) . **CDV**
Glacière (R. de la) . . . . . . **GY** 70
Globe (Pl. du) . . . . **GY** 72
Gouraud (Av. Général) . . . **BU** 75
Granval (R.) . . . . **HX**
Groignard (R. Antoine) . . **ABU** 78
Guillemard (R. G.) . . . . **EY**
Hoche (R.) . . . . **EX**
Huile (Pl. à l') . . . . **GZ** 80
Infanterie de Marine
  (Av. de l') . . . . **CV, GZ** 82
Italie (Porte d') . . . . **HYZ**
Jacquemin (Bd) . . . . **BU** 85
Jaujard (R. Amiral) . . . . . . **HZ**
Jean-Jaurès (R.) . . . . **FGY**
Joffre (Bd Maréchal) . . . . . **CV**
Juin (Av. A.) . . . . **CV, HY**
Kléber (R.) . . . . **CUV**
Lafayette (Cours) . . . . **GYZ**
Lambert (Pl. Gustave) . . . **GY** 87
Landrin (Cours) . . . . **GY**
Landrin (R. P.) . . . . **GY**
Lattre-de-Tassigny
  (Av. Mar.-de) . . . . **CV, HZ** 88
Lebon (R. Philippe) . . . . . . **HY**
Leclerc (Bd. du Mar.) . . . . **EFY**
Lesseps
  (Bd Ferdinand de) . . . . **HXY**
Liberté (Pl. de la) . . . . **GY**
Lices (Av. des) . . . . **GHX**
Lices (Chemin des) . . . . . . **HX**
Lorgues (R. de) . . . . **GY**
Loti (Av. Pierre) . . . . **CV**
Loubière (Chemin de la) . . **HY**
Louis-Blanc (Pl.) . . . . **GZ** 92
Louvois (Bd) . . . . **FGX**
Lyautey (Av. Maréchal) . . . **EXY**
Magnan (Av. Gén.) . . . . . . **FY** 94
Marceau (Av.) . . . . **CV**
Marchand
  (Av. Commandant) . . . . **HY**
Méridienne (R.) . . . . **GZ** 97
Michelet (Bd Jules) . . . . . **CV** 100
Michelet (Av. V.) . . . . **FY** 102
Mistral (Littoral Frédéric) . **CV** 106
Monsenergue
  (Pl. Ingénieur-Gén.) . . . **FY** 108
Montserrat (R. de) . . . . . . **AU** 110
Mon Paradis
  (Chemin de) . . . . **AU**

Moulins (Av. des) . . . . **BU** 112
Moulin (Av. Jean) . . . . **FY**
Muraire (R.) . . . . **GY** 114
Murier (R. du) . . . . **GYZ**
Nardi (Av. François) . . . . . **CDV**
Nicolas
  (Bd Commandant) . . . . **FGX**
Noguès (Av. Gén.) . . . . **EX**
Notre Dame (R.) . . . . **GY** 118
Noyer (R. du) . . . . **GY** 120
Oliviers (Av. des) . . . . **DU** 122
Orfèvres (Pl. des) . . . . . **GYZ** 124
Ortolan
  (Av. Joseph-
  Louis) . . . . **CDU**
Pagnol (Quai Marcel) . . . **CV** 126
Pasteur (Pl.) . . . . **HZ**
Pastoureau (R. H.) . . . . . . **GY** 128
Péri (Pl. Gabriel) . . . . **EY**
Perrichi (R. Edouard) . . . **CU** 129
Peyresc (R.) . . . . **FY**
Picon (Bd Louis) . . . . **BU** 130
Picot (Av. Colonel) . . . . . . **DU**
Poincaré (R. H.) . . . . **HZ**
Poissonnerie (Pl. de la) . . **GZ** 132
Pont de Bois
  (Chemin du) . . . . **BU** 133
Pressencé (R. F. de) . . . . . **GZ** 134
Pruneau (Av. Gén.) . . . . . **CV** 136
Puget (Pl.) . . . . **GY**
Rageot-de-la-Touche
  (Av.) . . . . **EXY**
Raimu (Pl.) . . . . **GY** 140
Raynouard (Bd) . . . . **HY**
Rebufat (R.) . . . . **HX**
République (Av. de la) . . . **FGZ**
Résistance (Av. de la) . . . . **DV**
Riaux (R. des) . . . . **GY** 142
Richard (Bd G.) . . . . **HX**
Rigoumel (R. de) . . . . **BU** 144
Rivière
  (Av. Commandant) . . . . **BU**
Roosevelt (Av. Franklin) . . **HZ**
Routes (Av. des) . . . . **BU** 145
Sainte-Anne (Bd) . . . **CU, GX** 146
Sainte-Claire-Deville (R.) . **DUV** 150
Saint-Bernard (R.) . . . . . . **HY**
Saint-Roch (Av.) . . . . **EX**
Seillon (R. H.) . . . . **GZ** 152
Semard (R. Pierre) . . . . . . **GY**
Siblas (Av. des) . . . . **HX**
Sinse (Quai de la) . . . . **GZ**
Souvenir Français (Pl. du) . **HY**
Strasbourg (Bd de) . . . . . . **GY**
Temple (Chemin) . . . . **BU** 158
Tessé (Bd de) . . . . **GXY**
Thorez (Av. Maurice) . . . . **AV** 162
Tirailleurs Sénégalais
  (Av. des) . . . . **CV** 166
Toesca (Bd P.) . . . . **EFX**
Trois Dauphins (Pl. des) . **GY** 168
Trucy (Bd) . . . . **BU** 170
Valbourdin (Av. de) . . . . . **BU** 172
Vallée (Pl. A.) . . . . **HY**
Vauban (Av.) . . . . **FXY**
Vert Coteau (Av.) . . . . **HY** 175
Vezzani (Pl. César) . . . . . **GY** 178
Victoire (Av. de la) . . . . . **FGX**
Victor-Hugo (Pl.) . . . . **GY**
Vienne (R. Henri) . . . . **EX**
Vincent (Av. E.) . . . . **EFX**
Visitation (Pl. de la) . . . . **GHY** 180
1er Bataillon de Choc
  (Av. du) . . . . **BU** 182
9e D.I.C.
  (Rond-Point de la) . . . . **HZ** 188
15e Corps (Av. du) . . . . . . **BU** 190
112e Régt d'Infanterie
  (Bd du) . . . . **GXY**

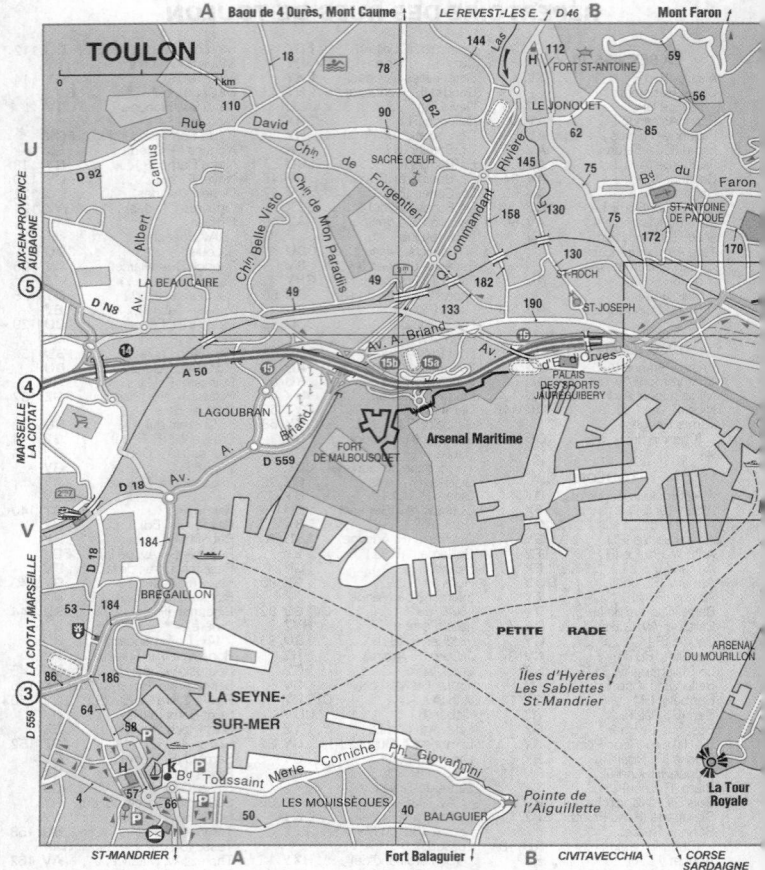

TOULON

🏨 Holiday Inn

🏊 🍴 🛗 🅿 🆎 🧖 🚗

HÔTEL DE CHAÎNE · FONCTIONNEL Cette structure originale est posée juste en face de la tour Concorde. Dans le grand hall lumineux, une verrière donne sur la piscine, en contrebas ; les chambres sont confortables et fonctionnelles, et l'accueil est aux petits soins. Le meilleur hôtel de la ville.

80 chambres – †90/190 € ††120/240 € – ⌗ 17 € – ½ P

Plan : EY-h – *1 av. Rageot-de-la-Touche*
– ℰ 04 94 92 00 21 – www.holidayinn.com/toulon-cityctr

🏨 Ibis Styles

🏨 🅿 🛗 🆎 🧖 🚗

HÔTEL DE CHAÎNE · FONCTIONNEL Un emplacement idéal, à proximité du port, du palais des congrès, de la vieille ville et même du stade Mayol, célèbre enceinte rugbystique. L'établissement se révèle agréable et fonctionnel, avec un choix entre deux types de chambres : les unes plutôt sobres, les autres très colorées.

139 chambres ⌗ – †72/150 € ††82/160 €

Plan : GZ-r – *pl. Besagne*
– ℰ 04 98 00 81 00 – www.ibis.com

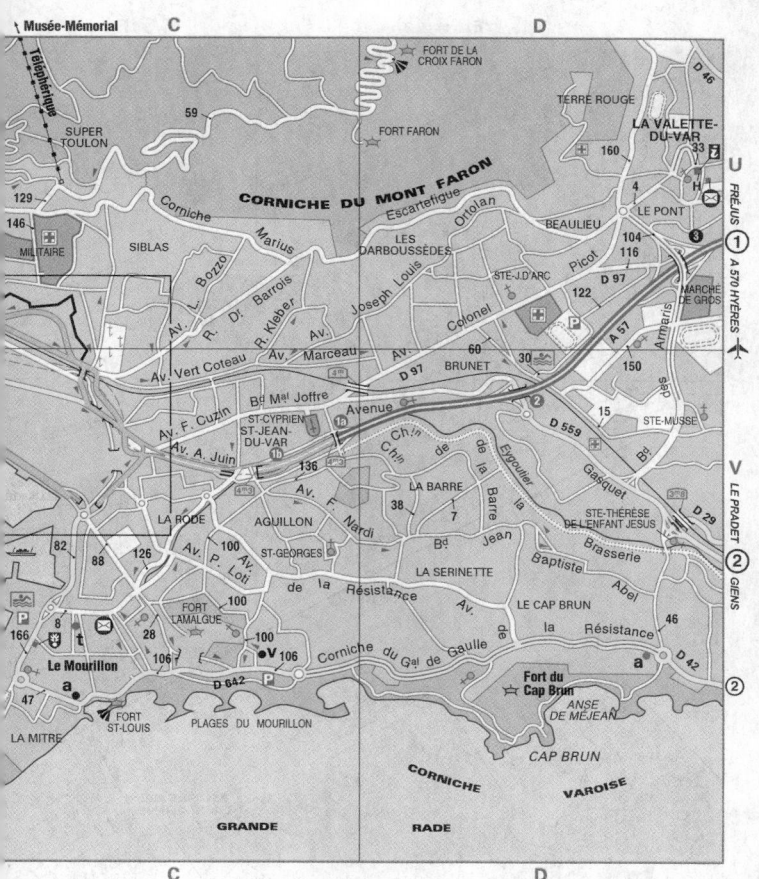

Musée-Mémorial

🏠 Grand Hôtel de la Gare

⊞ AC

FAMILIAL · FONCTIONNEL Un bon hôtel, situé face à la gare – on ne peut plus commode si l'on voyage en train – et à deux pas du centre-ville. Le décor des chambres évite trop de simplisme (mobilier cérusé, tons clairs, etc.), et le tout est tenu avec soin.

39 chambres – 🛏72/92 € 🛏🛏72/92 € – ☑11 €

Plan : FX-a – *14 bd Tessé* – *☎ 04 94 24 10 00* – *www.grandhotelgare.com*

au Mourillon – ☒ 83000 Toulon

🍴 Tables et Comptoir

AC

CUISINE MODERNE · BISTRO ✕ Une salle plutôt rétro, des banquettes, des miroirs... Aucun doute : voilà un bistrot ! Le chef, originaire de Roanne, est un passionné et a déjà une longue expérience derrière lui ; il compose une bonne cuisine du marché où la fraîcheur des produits est le critère n° 1.

Formule 18 € – Menu 42/65 € – Carte 40/72 €

Plan : CV-t – *3 bd Eugène-Pelletan* – *☎ 04 94 10 83 29* – *Fermé 2 semaines en juin, le midi en juil.-août, sam. midi, lundi et dim.*

1873

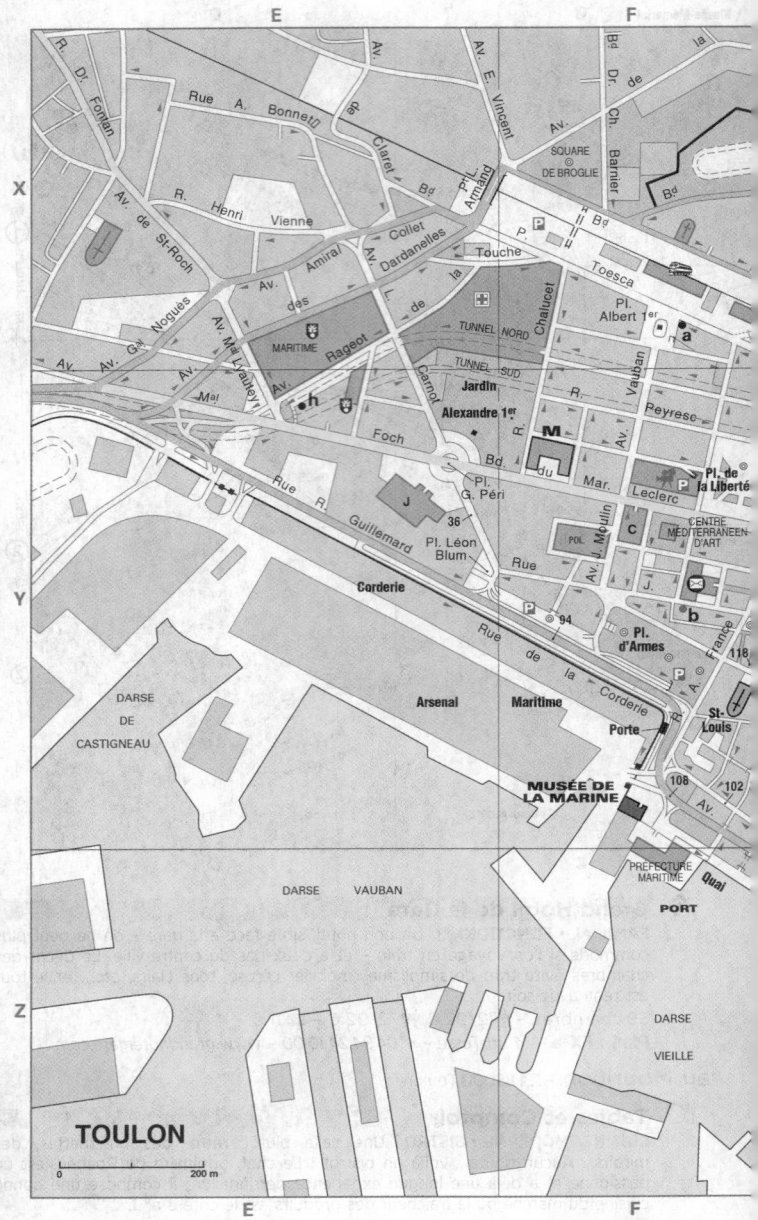

TOULON

0   200 m

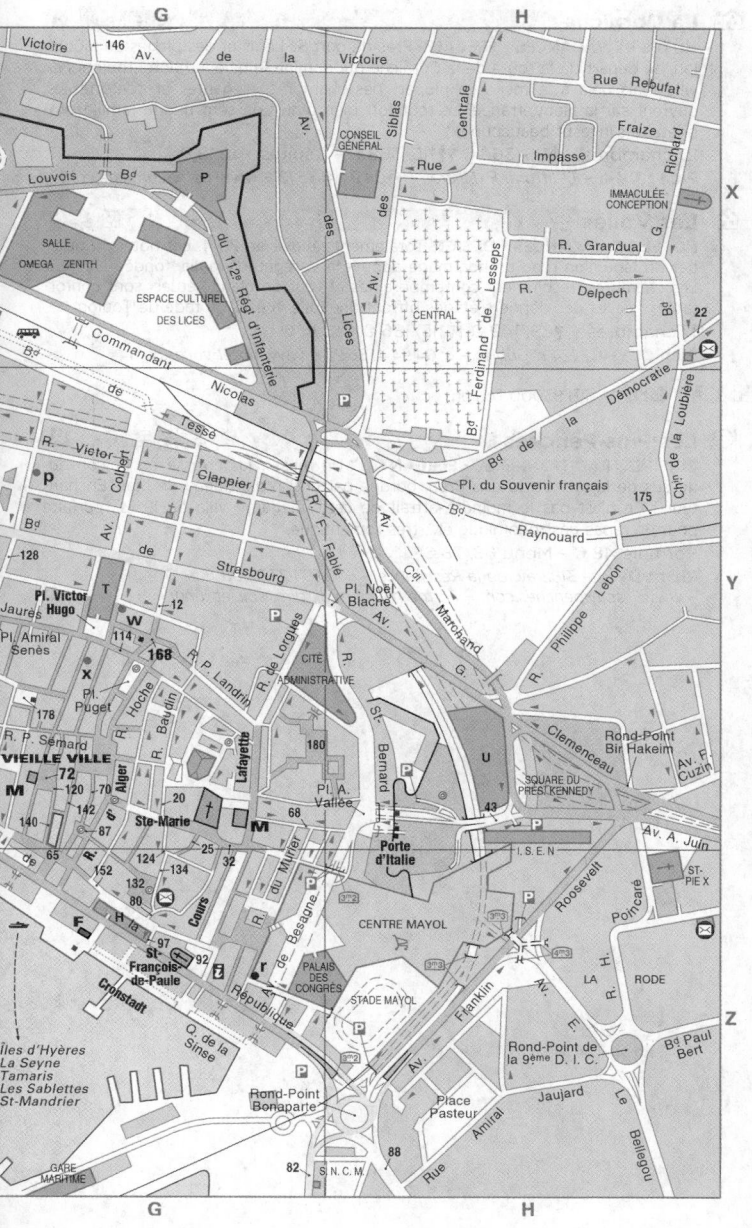

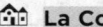

🏠 La Corniche

HÔTEL DE VACANCES · ÉLÉGANT Près du port St-Louis et des plages du Mouril-lon, au départ de la route de la Corniche qui domine la baie, un hôtel toujours en ville mais déjà à la mer... La plupart des chambres, élégantes et confortables, ouvrent sur la Méditerranée. Le tout fort bien tenu : on sent que la famille pro-priétaire s'investit beaucoup !

27 chambres – †115/368 € ††115/368 € – 3 suites – ☲ 18 €

Plan : CV-a – *17 littoral F.-Mistral* – ℰ *04 94 41 35 12* – *www.hotel-corniche.com*

🏠 Les Voiles

HÔTEL DE VACANCES · DESIGN Totalement rénové en 2014, cet hôtel du quar-tier du Mourillon rend un hommage appuyé à la régate Giraglia, fondée en 1953. Les chambres, résolument contemporaines et tout de blanc vêtues, sont confor-tables ; celles des derniers étages offrent une jolie vue sur la rade de Toulon.

17 chambres – †89/149 € ††115/186 € – ☲ 14 €

Plan : CV-v – *124 r. Gubler* – ℰ *04 94 41 36 23* – *www.hotel-voiles.com*

au Cap Brun – ✉ 83000 Toulon

� Les Pins Penchés

CUISINE TRADITIONNELLE · ÉLÉGANT XXX Un must : la terrasse en balcon au-dessus de la mer et du cap Brun, bordée par un simple rideau de pins. Enchan-teur ! Ce n'est pas le moindre attrait de cette élégante villa du 19ᵉ s., parfaite pour un repas gastronomique et... très romantique.

Formule 48 € – Menu 68/78 €

Plan : DV-a – *3182 av. de la Résistance* – ℰ *04 94 27 98 98*
– *www.lespinspenches.com* – *Fermé mardi midi, dim. soir et lundi*

© B. Boensch/imageBROKER/age fotostock

TOULOUSE

✉ 31000 (Haute-Garonne) – 453 317 hab. – Agglo. 892 115 hab. – Alt. 146 m
– Carte régionale n° **28**-B2
▶ Paris 677 km – Barcelona 320 km – Bordeaux 244 km – Lyon 535 km
Carte Michelin 343-G3 – Guide Vert Michelin Pyrénées Toulouse Gers

Restaurants

✿✿ **Michel Sarran**   ⚇ 🏠 AC ⇩

CRÉATIVE · ÉLÉGANT XxX En léger retrait du centre-ville, la table de Michel Sarran est la référence à Toulouse : comment ne pas saluer une cuisine aussi bien exécutée, marquée pleinement par la personnalité de son chef, et valorisant des produits locaux d'exception ? Quant à l'élégant décor feutré, il ajoute encore au charme du repas.
➜ Suprême de volaille poché au citron confit et au ras-el-hanout, crème onctueuse aux écrevisses. Cabillaud, bouillon mousseux à la sauge ananas et brandade légère. Chocolat, fenouil et crème glacée au parfum d'armagnac.
Menu 55 € ♀ (déj.), 100/176 € ♀ – Carte 110/145 €
Plan : 3DV-m – *21 bd A.-Duportal*
– ☏ 05 61 12 32 32 (réservation conseillée) – www.michel-sarran.com
– *Fermé août, 1 semaine vacances de Noël, merc. midi, sam. et dim.*

✿ **Stéphane Tournié - Les Jardins de l'Opéra**   🏠 AC ⇩

CUISINE MODERNE · ÉLÉGANT XxX Stéphane Tournié va à l'essentiel et le fait bien : de beaux produits (bio de préférence), des cuissons maîtrisées, de la finesse et du goût... À deux pas de la place du Capitole – dans une belle cour intérieure coiffée d'une verrière –, sa table est une valeur sûre.
➜ Foie gras de canard poché, huître et sauce onctueuse à la citronnelle. Cœur de ris de veau, sauce blanquette au citron et langoustine rôtie. La "brique" toulousaine.
Menu 32 € (semaine), 64/99 € – Carte 90/100 €
Plan : 4EY-q – *1 pl. du Capitole*
– ☏ 05 61 23 07 76 – www.lesjardinsdelopera.fr
– *Fermé 14-22 août, 1ᵉʳ-10 janv., fériés le midi, dim. et lundi*

1877

Agde (Rte d') . . . . **CS**
Albi (Rte d') . . . . **CS**
Arènes-Romaines (Av.) . . . . **AT** 3
Bayonne (Rte de) . . . . **AT**
Biarritz (Av. de) . . . . **AT** 12
Blagnac (Rte de) . . . . **AST**
Bonnefoy (R. Fg) . . . . **CS** 15
Bordebasse (R. de) . . . . . . **AS**
Brunaud (Av.) . . . . **CT**
Casselardit (Av. de) . . . . . . **AT** 28
Castres (Av. de) . . . . **CT**
Château d'Eau (Av. du) . . . . **BT** 32
Chaubet (Av. Jean) . . . . . . **CT**
Cornebarrieu (Av. de). . . . . **AS** 33
Crêtes (Bd des) . . . . **CT**
Déodat-de-Sév. (Bd) . . . . **BU** 43
Dr-Baylac (Pl. du) . . . . **AT** 47
Eisenhower (Av. du Gén.) . . **AU**
Espagne (Rte d') . . . . **BU**
Etats-Unis (Av. des) . . . . . . **BS** 55
Fronton (Av. de) . . . . **BS**
Gloire (Av. de la) . . . . **CT**
Gonin (Av. Cl.) . . . . **AS**
Grande-Bretagne (Av. de) . **AT** 67
Grenade (Rte de) . . . . **AS**
Julien (Av. J.) . . . . **BU** 80
Langer (Av. M.) . . . . **BU** 84
Lardenne (Av. de) . . . . **AT**
Lombez (Av. de) . . . . **AT** 88
Minimes (Av. des) . . . . **BS** 104
Mirail (Av. du) . . . . **AU**
Narbonne (Rte de) . . . . . . **BCU**
Paris (Barrière de) . . . . **BS** 109
Pt-Guilheméry (R.) . . . . **CT** 119
Pujol (Av. C.) . . . . **CT** 121
Ramelet-Moundi (Ch. de) . . **AU**
Récollets (Bd des) . . . . **BU** 123
Revel (Rte de) . . . . **CU** 125
Rieux (Av. J.) . . . . **DV**
Saint-Exupéry (Av.) . . . . . . **CU**
St-Simon (Rte de) . . . . **AU** 136
Ségoffin (Av. V.) . . . . **BU** 140
Suisse (Bd de) . . . . **BST**
Trentin (Bd S.) . . . . **BS** 148
U.R.S.S. (Av. de l') . . . . **BU** 154
Victor-Hugo (Pl.) . . . . **FX**
Wagner (Bd Richard) . . . . . **BT** 160

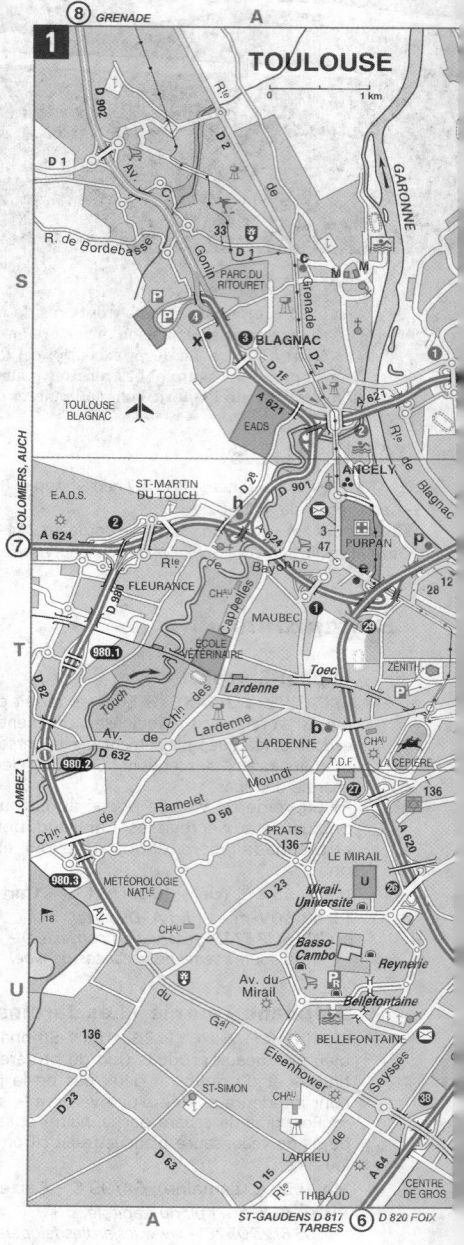

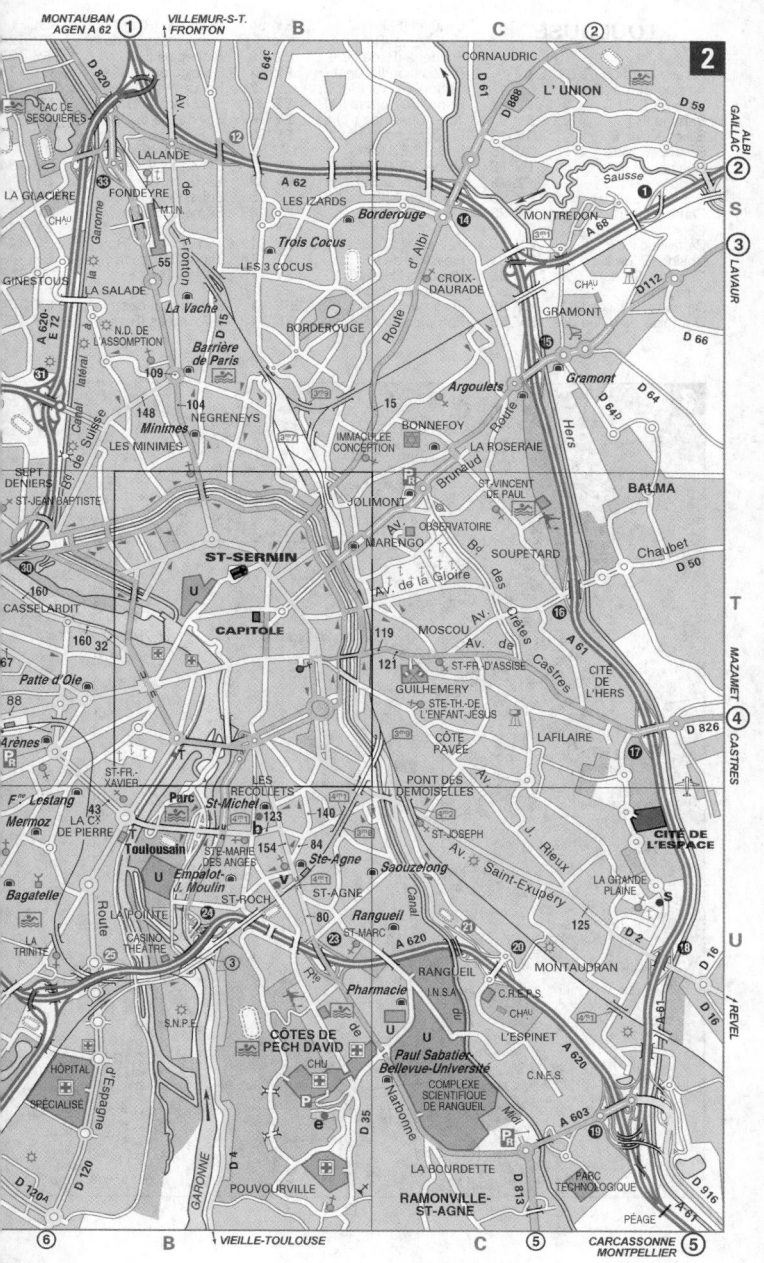

TOULOUSE

Alsace-Lorraine (R. d') . **EXY**
Arnaud-Bernard (R.) . . . . **EX** 4
Astorg (R. d') . . . . **FY** 5
Baronie (R.) . . . . **EY** 9
Billières (Av. E.) . . . . **DV** 13
Bonrepos (Bd) . . . . **DV** 16
Boulbonne (R.) . . . . **FY** 18
Bouquières (R.) . . . . **FZ** 19
Bourse (Pl. de la) . . . . . . **EY** 20
Cantegril (R.) . . . . **FZ** 23
Capitole (Pl. du) . . . . **EY**
Cartailhac (R: E.) . . . . . . **EX** 26
Chaîne (R. de la) . . . . **EX** 31
Cugnaux (R. de) . . . . **DV** 35
Cujas (R.) . . . . **EY** 36
Daurade (Quai de la) . . . . **EY** 38
Demoiselles (Allée des) . . **DV** 40

Esquirol (Pl.) . . . . **EY** 54
La-Fayette (R.) . . . . **EY**
Fonderie (R. de la) . . . . . **EZ** 60
Frères-Lion (R. des) . . . . **FY** 62
Griffoul-Dorval (Bd) . . . . **DV** 72
Henry-de-Gorsse (R.) . . . **EZ** 76
Jules-Chalande (R.) . . . . **EY** 79
Lapeyrouse (R.) . . . . **FY** 85
Leclerc (Bd Mar.) . . . . . . **DV** 87
Magre (R. Genty) . . . . . . **EY** 91
Malcousinat (R.) . . . . **EY** 92
Marchands (R. des) . . . . . **EY** 95
Mercié (R. A.) . . . . **EY** 103
Metz (R. de) . . . . **EFY**
Peyras (R.) . . . . **EY** 113
Pleau (R. de la) . . . . **FZ** 114
Poids-de-l'Huile (R.) . . . . **EY** 115
Polinaires (R. des) . . . . . **EZ** 116
Pomme (R. de la) . . . . . . **EFY** 117
Pompidou (Allée) . . . . . . **DV** 118

Rémusat (R. de) . . . . **EX**
République (R. de la) . . . **DV** 124
Riguepels (R.) . . . . **FY** 127
Romiguières (R.) . . . . **EY** 129
Roosevelt (Allées) . . . . . **FXY** 130
Ste-Ursule (R.) . . . . **EY** 137
St-Antoine-du-T.
  (R.) . . . . **FY**
St-Etienne (Port) . . . . . . **DV** 133
St-Michel (Gde-R.) . . . . . **DV** 134
St-Rome (R.) . . . . **EY**
Sébastopol (R. de) . . . . . **DV** 139
Semard (Bd P.) . . . . **DV** 142
Suau (R. J.) . . . . **EY** 146
Temponières (R.) . . . . . . **EY** 147
Trinité (R. de la) . . . . **EY** 149
Vélane (R.) . . . . **FZ** 158
Wilson (Pl. Prés.) . . . . . . **FY**
3-Piliers (R. des) . . . . . . **EX** 164
3-Journées (R. des) . . . . **FY** 162

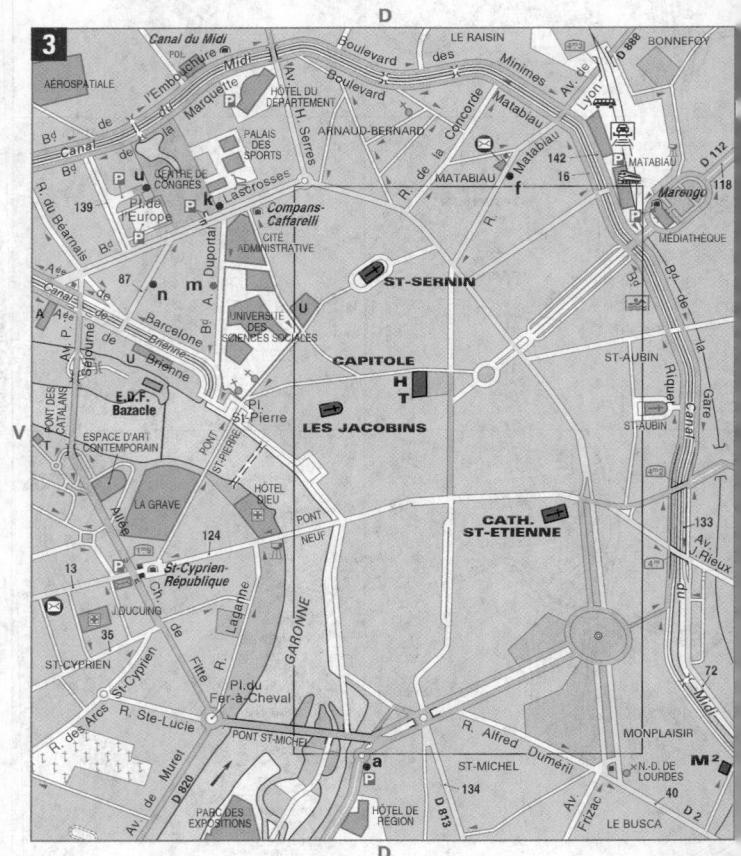

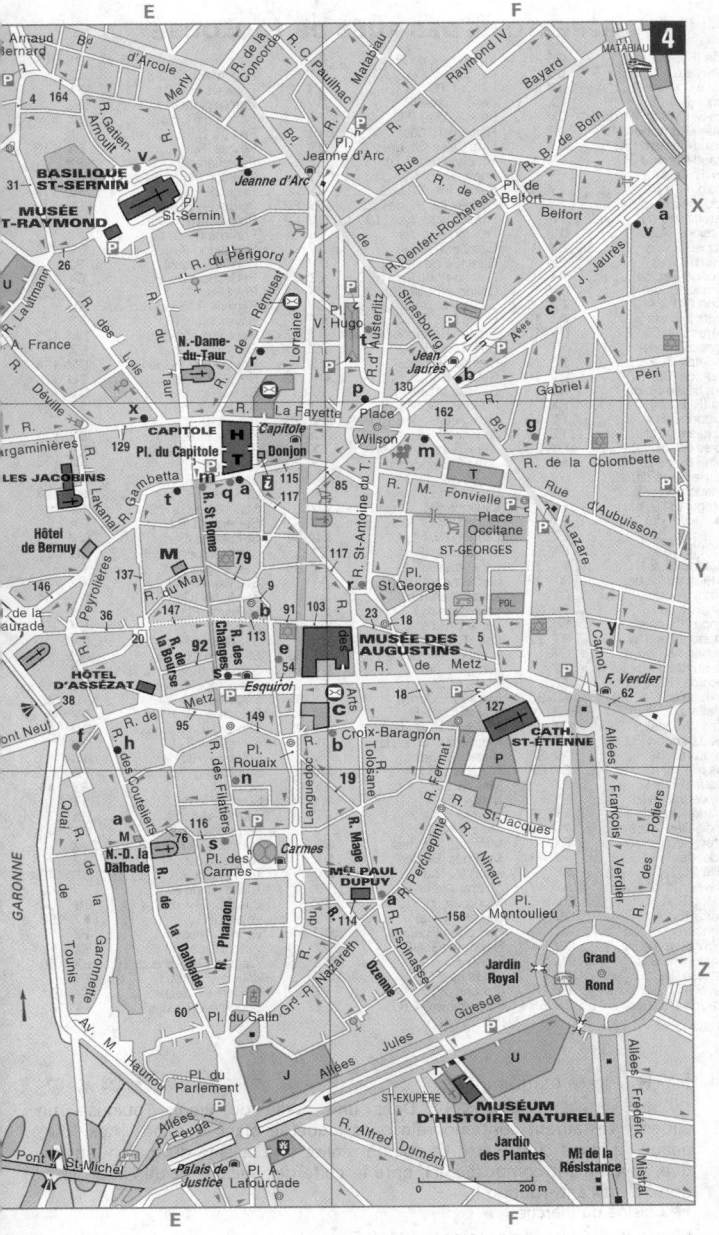

RÉPERTOIRE DES RUES DE TOULOUSE

Agde (Rte d'). . . . . CS
Albi (Rte d'). . . . . CS
Alsace-Lorraine (R. d') . . . . EXY
Arcole (Bd) . . . . EX
Arcs-St-Cyprien (R. des). . DV
Arènes-Romaines (Av.). . . AT 3
Arnaud-Bernard (Pl.). . . . . EX
Arnaud-Bernard (R.) . . . . . EX 4
Arts (R. des). . . . . FY
Astorg (R. d') . . . . FY 5
Aubuisson (R. d'). . . . . FY
Austerlitz (R. d'). . . . . FX
Barcelone (Allée) . . . . DV
Baronie (R.) . . . . EY 9
Bayard (R. de) . . . . FX
Bayonne (Rte de) . . . . AT
Béarnais (R. du) . . . . DV
Belfort (R.) . . . . FX
Biarritz (Av. de) . . . . AT 12
Billières (Av. E.). . . . . DV 13
Blagnac (Rte de). . . . . AST
Bonnefoy (R. Fg). . . . . . . CS 15
Bonrepos (Bd) . . . . DV 16
Bordebasse (R. de). . . . . AS
Born (R. B. de). . . . . FX
Boulbonne (R.) . . . . FY 18
Bouquières (R.). . . . . FZ 19
Bourse (Pl. de la). . . . . . . EY 20
Bourse (R. de la). . . . . . . EY
Brienne (Allée de). . . . . . . DV
Brunaud (Av.). . . . . CT
Cantegril (R.). . . . . FY 23
Capitole (Pl. du) . . . . EY
Carmes (Pl. des) . . . . EZ
Carnot (Bd L.) . . . . FY
Cartailhac (R. E.) . . . . . . EX 26
Casselardit (Av. de) . . . . AT 28
Castres (Av. de). . . . . CT
Chaîne (R. de la) . . . . . . EX 31
Changes (R. des) . . . . . . EY
Château d'Eau (Av. du). . . BT 32
Chaubet (Av. Jean) . . . . . CT
Colombette (R. de la) . . . . FZ
Concorde (R. de la) . . . . . FZ
Cornebarrieu (Av.). . . . . AS 33
Couteliers (R. des) . . . . . EYZ
Crêtes (Bd des). . . . . CT
Croix-Baragnon (R.). . . . . FY
Cugnaux (R. de) . . . . . . DV 35
Cujas (R.). . . . . EY 36
Dalbade (R. de la) . . . . . . EZ
Daurade (Pl. de la). . . . . . EY
Daurade (Quai de la) . . . EY 38
Demoiselles (Allée des). . . DV 40
Denfert-Rochereau (R.). . . FX
Déodat-de-Sév. (Bd). . . . BU 43
Déville (R.). . . . . EX
Dr-Baylac (R.). . . . . AT 47
Duménil (R. A.) . . . . DV
Duportal (Bd A.) . . . . DV
Eisenhower (Av. du Gén.). . AU
Embouchure (Bd de l'). . . . DV
Espagne (Rte d'). . . . . . . BU
Espinasse (R.) . . . . FZ
Esquirol (Pl.). . . . . EY 54
Etats-Unis (Av. des) . . . . BS 55

Europe (Pl. de l') . . . . DV
La-Fayette (R.). . . . . EY
Fermat (R.) . . . . FYZ
Fer-à-Cheval (Pl. du). . . . DV
Feuga (Allée P.). . . . . EZ
Filatiers (R. des) . . . . . . EYZ
Fitte (Allée Ch.-de) . . . . . DV
Fonderie (R. de la). . . . . EZ 60
Fonvielle (R. M.) . . . . FY
France (Pl. A.) . . . . EX
Frères-Lion (R. des). . . . . FY 62
Frizac (Av.). . . . . DV
Fronton (Av. de) . . . . BS
Gambetta (R.) . . . . EY
Gare (Bd de la) . . . . DV
Garonnette (R. de la). . . . EZ
Gatien-Arnoult (R.) . . . . . EX
Gloire (Av. de la) . . . . . . CT
Gonin (Av. Cl.). . . . . AS
Grande-Bretagne (Av. de). AT 67
Grand-Rond . . . . FZ
Grenade (Allée de). . . . . . AS
Griffoul-Dorval (Bd) . . . . DV 72
Guesde (Allée J.). . . . . . . FZ
Hauriou (Av. M.) . . . . EZ
Henry-de-Gorsse (R.). . . EZ 76
Jeanne-d'Arc (Pl.). . . . . . FX
Jean-Jaurès (Allées) . . . . FX
Jules-Chalande (R.). . . . . EY 79
Julien (Av. J.). . . . . BU 80
Lafourcade (Pl. A.). . . . . . EZ
Laganne (R.). . . . . DV
Lakanal (R.) . . . . EX
Langer (Av. M.). . . . . BU 84
Languedoc (R. du). . . . . . EZ
Lapeyrouse (R.) . . . . FY 85
Lardenne (Av. de) . . . . . . AT
Lascrosses (Bd) . . . . DV
Lautmann (R.) . . . . EX
Leclerc (Bd Mar.) . . . . . . DV 87
Lois (R. des) . . . . EX
Lombez (Av. de) . . . . AT 88
Lyon (Av. de). . . . . DV
Mage (R.). . . . . FZ
Magre (R. Genty) . . . . . . EY 91
Malcousinat (R.). . . . . . . EY 92
Marchands (R. des) . . . . . EY 95
Marquette (Bd de la) . . . . DV
Matabiau (Bd). . . . . DV
Matabiau (R.) . . . . DV
May (R. du) . . . . EY
Mercié (R. A.) . . . . EY 103
Merly (R.). . . . . FZ
Metz (R. de) . . . . EFY
Minimes (Av. des). . . . . . BS 104
Minimes (Bd des). . . . . . . DV
Mirail (Av. du) . . . . AU
Mistral (Allées-F.). . . . . . FZ
Montoulieu (Pl.). . . . . FZ
Muret (Av. de). . . . . DV
Narbonne (Rte de) . . . . . BCU
Nazareth (Gde-R.). . . . . . EFZ
Ninau (R.) . . . . FZ
Occitane (Pl.). . . . . FY
Ozenne (R.). . . . . FZ
Pargaminières (R.) . . . . . EY

Paris (Barrière de) . . . . . BS 109
Parlement (Pl. du) . . . . . . EZ
Pauilhac (R. C.) . . . . EFX
Perchepinte (R.). . . . . FZ
Périgord (R. du) . . . . EX
Péri (R. G.) . . . . FX
Peyras (R.) . . . . EY 113
Peyrolières (R.) . . . . EY
Pharaon (R.) . . . . EZ
Pleau (R. de la) . . . . FZ 114
Poids-de-l'Huile (R.). . . . EY 115
Polinaires (R. des) . . . . . EZ 116
Pomme (R. de la) . . . . . EFY 117
Pompidou (Allée) . . . . . DV 118
Potiers (R. des) . . . . EY
Pt-Guilhemery (R.) . . . . . CT 119
Pujol (Av. C.) . . . . CT 121
Ramelet-Moundi (Ch. de) . AU
Raymond IV (R.) . . . . FX
Récollets (Bd des). . . . . . BU 123
Rémusat (R. de) . . . . EX
République (R. de la) . . . DV 124
Revel (Rte de). . . . . CU 125
Rieux (Av. J.). . . . . DV
Riquepels (R.). . . . . FY 127
Riquet (Bd) . . . . DV
Romiguières (R.). . . . . . . EY 129
Roosevelt (Allées) . . . . FXY 130
Rouaix (Pl.). . . . . EY
Ste-Lucie (R.) . . . . DV
Ste-Ursule (R.). . . . . . . EY 137
St-Antoine-du-T. (R.) . . . . FY
St-Bernard (R.) . . . . EX
St-Etienne (Port) . . . . . . DV 133
Saint-Exupéry (Av.). . . . . CU
St-Georges (Pl.). . . . . . . FY
St-Jacques (R.) . . . . FZ
St-Michel (Gde-R.) . . . . . DV 134
St-Pierre (Pl.). . . . . DV
St-Rome (R.) . . . . EY
St-Sernin (Pl.) . . . . EX
St-Simon (Rte de). . . . . . AU 136
Salin (Pl. du). . . . . EZ
Sébastopol (R. de) . . . . DV 139
Ségoffin (Av. V.). . . . . . . BU 140
Séjourné (Av. P.). . . . . . . DV
Semard (Bd P.). . . . . DV 142
Serres (Av. H.). . . . . DV
Seysses (Rte de) . . . . . . AU
Strasbourg (Bd de) . . . . . FX
Suau (R. J.). . . . . EY 146
Suisse (Bd de) . . . . BST
Taur (R. du) . . . . EX
Temporières (R.) . . . . . . EY 147
Tolosane (R.) . . . . FYZ
Tounis (Quai de) . . . . EZ
Trentin (Bd S.). . . . . BS 148
Trinité (R. de la) . . . . . . EY 149
U.R.S.S. (Av. de l') . . . . BU 154
Vélane (R.) . . . . FZ 158
Verdier (Allées F.). . . . . . FZ
Victor-Hugo (R.). . . . . . . FX
Wagner (Bd Richard) . . . BT 160
Wilson (Pl. Prés.). . . . . . . FY
3-Piliers (R. des) . . . . . . EX 164
3-Journées (R. des). . . . . FY 162

☆ **PY-R** (Pierre Lambinon)   ⅍ AC ♿

CUISINE MODERNE · DESIGN XX Dans une ruelle du vieux Toulouse, un superbe restaurant contemporain dans lequel le blanc domine... Aux fourneaux, le jeune chef Pierre Lambinon réalise une cuisine du marché inventive, savamment composée. Ici, on a le culte des saisons et de l'improvisation : c'est l'anti-routine !
→ Cuisine du marché.

Menu 26 € (déj. en semaine), 42/62 €

Plan : 4EY-f – *19 descente de la Halle-aux-Poissons* – ✆ *05 61 25 51 52* – *www.py-r.com* – *Fermé dim. et lundi*

La Cantine de l'Opéra ⓝ 🏠 ⟨ AC ⟩ ⟨⟩

CUISINE TRADITIONNELLE · ÉLÉGANT XX La nouvelle adresse du chef Stéphane Tournié (qui officie aux Jardins de l'Opéra) mérite toute votre attention. La carte joue à merveille la partition toulousaine : foie gras de canard, cassoulet toulousain aux haricots tarbais... Des assiettes franches et gourmandes, et un mot d'ordre : priorité au plaisir !

Formule 19 € – Menu 28/35 € – Carte 32/56 €

Plan : 4FX-c – *54 allées Jean-Jaurès* – ☎ *05 61 20 52 85*
– *www.lacantinedelopera.fr* – *Fermé dim. et lundi*

Le Bibent 🏠 AC ⟨⟩ ⟨⟩

CUISINE TRADITIONNELLE · BRASSERIE X Un emplacement privilégié, au cœur de la Ville rose, et un superbe décor Belle Époque : le chef Christian Constant (originaire de Montauban) a rendu à l'établissement tout son lustre de brasserie historique. On s'y presse pour ses grands classiques : terrine de campagne, cassoulet montalbanais, tarte au chocolat...

Formule 25 € – Menu 32 € – Carte 39/57 €

Plan : 4EY-m – *5 pl. du Capitole* – ☎ *05 34 30 18 37* – *www.maisonconstant.com*

Monsieur Marius ⓝ AC

CUISINE MODERNE · DESIGN X Cadre contemporain et cuisine du marché pour cette adresse tendance, qui mise sur une carte changeante et toujours maîtrisée : noix de Saint-Jacques, shiitake, bouillon thaï, ou encore cabillaud, navet noir et chorizo... Et un excellent baba au rhum présenté en trois étages ! Quelques tables sur la petite mezzanine.

Formule 16 € – Menu 31 € – Carte environ 39 €

Plan : 4EZ-n – *40 r. des Filatiers* – ☎ *05 61 25 07 07 (réservation conseillée)*
– *www.marius-toulouse.com* – *Fermé 16-22 mai, 22 août-4 sept., 24 déc.-8 janv., dim. et lundi*

Les Sales Gosses ⓝ AC ⟨⟩

CUISINE MODERNE · BISTRO X Ce bistrot de poche, décoré de souvenirs d'enfance, décline sur de grandes ardoises ses plats bistrotiers et parfumés : purée de topinambour, soupe de foie gras poêlé à la châtaigne... C'est Doisneau revisité par le chef Bruno, qui a troqué le bonnet d'âne pour une toque de premier de la classe !

👄 Formule 18 € – Menu 20 € (déj. en semaine)/32 €

Plan : 4FY-g – *7 r. de l'Industrie* – ☎ *05 61 99 30 31 (réservation conseillée)*
– *www.restaurant-lessalesgosses.fr* – *Fermé 1 semaine en avril, 3 semaines en août, 1 semaine fin oct., 1 semaine à Noël, dim. et lundi*

🍴 Anges et Démons 🍽 AC ⟨⟩

CUISINE MODERNE · ÉLÉGANT XXX De beaux murs en brique apparente et de superbes voûtes au 16ᵉs. au sous-sol : nous ne sommes ni au paradis ni en enfer, mais au cœur de Toulouse, à laquelle le rose va si bien ! Au menu, une cuisine recherchée, qui prête au péché de gourmandise...

Menu 50/75 €

Plan : 4FZ-a – *1 r. Perchepinte* – ☎ *05 61 52 66 69*
– *www.restaurant-angesetdemons.com* – *Fermé 5-13 janv., dim. soir, lundi et le midi sauf dim.*

🍴 Genty Magre 🍽 ⟨⟩

CUISINE CLASSIQUE · COSY XX Ce restaurant lorgne vers l'esprit bistrot, et mêle le neuf (déco moderne) à l'ancien (les poutres apparentes, les murs en brique...). Côté cuisine, on revisite joyeusement le terroir avec de beaux produits, assortis de crus joliment choisis. À déguster dans des assiettes en céramique réalisées par le patron !

Formule 17 € – Menu 21 € (déj.)/38 € – Carte 35/67 €

Plan : 4EY-b – *3 r. Genty-Magre* – ☎ *05 61 21 38 60* – *www.legentymagre.com*
– *Fermé 2-24 août, dim. et lundi*

❦○ Au Pois Gourmand ⬥ 🕱 ⬥ 🄰🄲 🄿

CUISINE MODERNE · ÉLÉGANT ✕✕ Cette belle villa toulousaine de 1869, avec son porche rose encadré de cyprès, se mire dans la Garonne... Les expériences asiatiques du chef se retrouvent dans l'assiette (comme avec ce sashimi de homard), mais que les puristes se rassurent : il mitonne aussi le gibier en saison ! Agréable terrasse au bord de l'eau.

Formule 21 € – Menu 26 € (déj. en semaine), 42/73 € ❣ – Carte 54/86 €
5 chambres – ❢70/85 € ❢❢70/85 €

Plan : AT-p – *3 r. Émile-Heybrard* – ☎ *05 34 36 42 00 (réservation conseillée)* – *www.pois-gourmand.fr* – *Fermé 10-20 août, 20-30 déc., sam. midi, dim.*

❦○ Les Quatre Petits Cochons 🕱 🕽

CUISINE TRADITIONNELLE · À LA MODE ✕✕ Ces Quatre Petits Cochons ont trouvé refuge dans une vraie maison de ville. On y déguste des plats joliment présentés, colorés et goûteux, au gré d'une carte qui suit les saisons. La cheminée est allumée tout l'hiver, et quand reviennent les beaux jours, on s'installe dans le jardin, parmi les arbres... sans craindre le loup !

Formule 20 € – Menu 30 € (semaine)/50 € – Carte 42/75 €

Plan : 1AT-b – *99 av. de Lardenne* – ☎ *05 61 49 40 40* – *Fermé vacances de Noël, sam. et dim.*

❦○ 7 Place St-Sernin 🕱 🄰🄲 ⟷

CUISINE TRADITIONNELLE · COSY ✕✕ Une belle toulousaine, colorée et chaleureuse, dont la terrasse donne sur la basilique chère à Nougaro. Pour les papilles : tradition et terroir revus et corrigés. Et pour le portefeuille, un bon rapport qualité-prix !

👓 Formule 17 € – Menu 20 € (déj. en semaine), 28/63 € – Carte 61/92 €

Plan : 4EX-v – *7 pl. St-Sernin* – ☎ *05 62 30 05 30* – *www.7placesaintsernin.com* – *Fermé 1ᵉʳ-15 août, lundi midi, sam. midi et dim.*

❦○ Émile 🕸 🕱 🄰🄲

TERROIR · BISTRO ✕✕ Belle carte des vins, solide cuisine traditionnelle 100 % maison – produits frais et producteurs locaux sont à l'honneur – et, cerise sur le gâteau, jolie terrasse sur une agréable place. Quant à la vedette des lieux, c'est le cassoulet, évidemment !

Menu 22 € (déj.), 32/56 € – Carte 48/67 €

Plan : 4FY-r – *13 pl. St-Georges* – ☎ *05 61 21 05 56* – *www.restaurant-emile.com* – *Fermé vacances de Noël, lundi sauf le soir de mai à sept. et dim.*

❦○ L'Empereur de Huê 🄰🄲

VIETNAMIENNE · COSY ✕ Une adresse à conseiller aux adeptes de mariages réussis : dans ce petit restaurant contemporain, la cuisine vietnamienne rencontre la culture culinaire française... pour le meilleur ! Et la décoration, épurée et chaleureuse, rend ce moment encore plus précieux.

Menu 40 € (semaine) – Carte 50/63 €

Plan : 4EZ-a – *17 r. des Couteliers* – ☎ *05 61 53 55 72 (réservation conseillée)* – *www.empereurdehue.com* – *Fermé le midi, dim. et lundi*

❦○ Chez Fifi 🄰🄲

CUISINE MODERNE · DESIGN ✕ Poussez la porte de ce sympathique restaurant du vieux Toulouse : un chef plein de métier y officie, signant une cuisine du marché savoureuse et joliment maîtrisée. La devise ? "Cuisine familiale et un peu plus..." Avis aux gourmets curieux.

Menu 24 € (déj.)/48 €

Plan : 4FY-b – *17 r. Croix-Baragnon* – ☎ *05 61 53 34 24* – *www.chez-fifi.fr* – *Fermé 9 juil.-15 août, dim. et lundi*

ⅈ○ **Chez Yannick**

CUISINE TRADITIONNELLE · BISTRO X Une façade minuscule dans une ruelle à deux pas de la place Dupuy : discrète entrée en matière ! La cuisine, elle, se distingue sans peine : le jeune chef, Yannick Roux – qui a notamment travaillé avec Mathieu Vianney et Christian Têtedoie – compose une belle cuisine du moment, tout en couleurs et en contrastes. Un régal !

Formule 12 € – Menu 17 € (déj. en semaine)/29 € – Carte 35/50 €

Plan : 4FY-y – 3 r. Delacroix – ℰ 05 34 40 67 17 – www.chez-yannick.fr – Fermé 2 semaines en août, 1 semaine à Noël, sam., dim. et fériés

ⅈ○ **La Table de William**

CUISINE MODERNE · DESIGN X À l'abri d'une maison typiquement toulousaine, ce jeune restaurant possède déjà une clientèle d'habitués – c'est tout dire. Aux fourneaux, William Perucca vit enfin sa première passion autour d'une "cuisine de convivialité" aux influences régionales, méditerranéennes ou asiatiques. L'ardoise change toutes les semaines.

Menu 18 € (déj. en semaine), 19/28 € – Carte 30/40 €

Plan : BU-v – 90 r. St-Roch – ℰ 05 67 33 34 99 – www.latabledewilliam.com – Fermé 1ᵉʳ-22 août, sam., dim. et le soir du lundi au merc.

ⅈ○ **Le Pic Saint Loup**

CUISINE MODERNE · SIMPLE X Le cadre est volontairement dépouillé, car ici c'est l'assiette qui est reine : tatin de pied de porc aux champignons et lentilles, agneau rôti et ses pommes de terre en aligot. Sympathique terrasse au calme dans la cour à l'arrière.

Formule 15 € – Menu 18 € (déj. en semaine), 29/55 € – Carte 36/49 €

Plan : 2BU-b – 7 r. St-Léon – ℰ 05 61 53 81 51 – www.restaurantlepicsaintloup.com – Fermé 2 semaines en mai, 3 semaines en août, dim. et lundi

ⅈ○ **Solides**

CRÉATIVE · BISTRO X Sise en lieu et place de la Rôtisserie des Carmes (une institution toulousaine), face au marché du même nom, cette adresse décontractée se distingue surtout par l'imagination débordante de son chef, comme avec cette terrine de foie de volaille et gorge de porc au Banyuls et au genièvre... Vins bio et service informel.

Menu 20 € (déj. en semaine), 35/60 €

Plan : 4EZ-s – 38 r. des Polinaires – ℰ 05 61 53 34 88 (réservation conseillée) – www.solides.fr – Fermé sam. et dim.

ⅈ○ **L'Air de Famille**

CUISINE TRADITIONNELLE · SIMPLE X C'est vrai, il y a ici comme un air de bistrot de famille avec ces tables serrées, ces vieilles affiches, ces vins à l'ardoise... Et dans l'assiette, on sent la patte d'un vrai cuisinier qui respecte les produits en toute simplicité, au fil d'une ardoise renouvelée tous les jours. Une adresse très sympathique.

Formule 19 € – Menu 22/31 € – Carte 35/50 € dîner

Plan : 4FX-t – 20 pl. Victor-Hugo – ℰ 05 61 21 93 29 – Fermé 3 semaines en août, 1 semaine à Noël, mardi soir, merc. soir, dim. et lundi

ⅈ○ **Lo Specchio**

ITALIENNE · DESIGN X N'hésitez pas à venir contempler le reflet de ce Specchio ("miroir" en italien), situé dans une petite ruelle du centre de la ville rose. Dans une atmosphère conviviale, on déguste une cuisine fraîche et colorée, respectant parfaitement les saisons et... réalisée avec passion. Bref : un condensé d'Italie !

Formule 15 € – Carte 23/44 €

Plan : 4EY-e – 60 r. des Tourneurs – ℰ 05 61 38 19 40 – www.restaurant-lospecchio-toulouse.fr – Fermé 7-30 août, dim. et lundi

Hôtels

🏨 Pullman Centre

HÔTEL DE CHAÎNE · MODERNE Immeuble toulousain en briques roses, vaste hall, lignes épurées : cette adresse irréprochable propose des chambres fonctionnelles et spacieuses, mais aussi des salles de séminaires et un espace fitness. Idéal pour la clientèle d'affaires. Parking souterrain.

119 chambres ⌒ – ♦165/295 € ♦♦165/495 € – 6 suites – ½ P

Plan : 4FX-v – *84 allées Jean-Jaurès* – *℘ 05 61 10 23 10* – *www.pullmanhotels.com*

🏨 Crowne Plaza

BUSINESS · FONCTIONNEL Idéalement situé sur la place du Capitole, ce vaste hôtel répond parfaitement aux besoins de la clientèle d'affaires : centre business très complet ; chambres de facture classique ou plus contemporaine. Le restaurant donne sur un superbe patio.

162 chambres – ♦110/375 € ♦♦190/590 € – 3 suites – ⌒ 25 € – ½ P

Plan : 4EY-t – *7 pl. du Capitole* – *℘ 05 61 61 19 19*
– *www.crowneplaza.com/toulouse*

🏨 La Cour des Consuls Hôtel & Spa Ⓝ

LUXE · ACTUEL Dans un ancien hôtel particulier du 16e s. du quartier des Carmes, un beau mariage de styles ! Les éléments d'époque (parquets, cheminées) frayent avec une déco franchement contemporaine ; les chambres, spacieuses, témoignent d'un luxe sans faute de goût.

26 chambres – ♦206/380 € ♦♦232/406 € – 6 suites – ⌒ 26 €

Plan : 4EY-h – *46 r. des Couteliers* – *℘ 05 67 16 19 99*
– *www.lacourdesconsuls.com*

🏨 Grand Hôtel de l'Opéra

TRADITIONNEL · COSY En sortant d'une représentation de Verdi au Théâtre du Capitole, vous traverserez la place pour découvrir ce couvent du 17e s. plein de charme, qui regorge d'éléments historiques ! Dans les chambres, le mobilier acajou côtoie des tentures en velours rouge ou jaune... Un classicisme délicieux.

52 chambres – ♦115/245 € ♦♦125/465 € – 5 suites – ⌒ 19 €

Plan : 4EY-a – *1 pl. du Capitole* – *℘ 05 61 21 82 66* – *www.grand-hotel-opera.com*

🏨 Hôtel de Brienne

URBAIN · DESIGN À deux pas du canal du même nom, l'établissement a été entièrement rénové dans un style contemporain, avec un vrai travail de mise en valeur par les éclairages. Dans les chambres, le mobilier est pensé pour optimiser l'espace. Et on s'y sent bien !

77 chambres – ♦90/145 € ♦♦90/160 € – ⌒ 14 €

Plan : 3DV-n – *20 bd du Mar.-Leclerc* – *℘ 05 61 23 60 60*
– *www.hoteldebrienne.com*

🏨 Mercure Compans Caffarelli

HÔTEL DE CHAÎNE · MODERNE Ce Mercure ménage un accès direct au centre des congrès. Après une dure journée, on apprécie le calme des chambres, qui donnent toutes sur le patio ou le jardin. Pour la clientèle d'affaires, un bel espace séminaire est disponible.

134 chambres – ♦86/189 € ♦♦86/189 € – 2 suites – ⌒ 18 € – ½ P

Plan : 3DV-k – *8 espl. Compans-Caffarelli* – *℘ 05 61 11 09 09*
– *www.mercure-toulouse-compans-caffarelli.com*

Le Pier

BUSINESS · MODERNE Un établissement ouvert en 2013 à deux pas de la Garonne et de la station de tramway : pratique pour se rendre directement à l'aéroport. Les chambres, décorées dans un style contemporain, sont confortables et bien tenues.

28 chambres – †125/310 € ††125/310 € – 4 suites – ⊊ 15 €

Plan : 3DV-a – *26 bd du Mar.-Juin* – ✆ *05 62 24 03 60*
– *www.piertoulousehotel.com*

Novotel Centre Wilson

BUSINESS · FONCTIONNEL Sis dans un bâtiment de briques roses, au cœur de la vieille ville et à deux pas de la place du Capitole, cet hôtel s'ouvre sur un élégant hall d'accueil. On y profite de chambres confortables et l'on prend son petit-déjeuner sous une jolie verrière... Plaisant !

125 chambres – †115/395 € ††115/395 € – 8 suites – ⊊ 18 €

Plan : 4FXY-p – *13 pl. Wilson* – ✆ *05 61 10 70 70* – *www.novotel.com*

Novotel Centre Compans Caffarelli

BUSINESS · FONCTIONNEL Des chambres très confortables, fonctionnelles et parfaitement équipées, idéales pour la clientèle d'affaires. Modernité et convivialité au "Gourmet Bar", avec un choix de tapas, burgers, salades... et une salle ouvrant sur la terrasse et la piscine.

135 chambres – †85/160 € ††85/210 € – 2 suites – ⊊ 17 €

Plan : 3DV-u – *5 pl. A.-Jourdain* – ✆ *05 61 21 74 74* – *www.novotel.com*

Adagio Parthénon ⓝ

BUSINESS · FONCTIONNEL À quelques minutes à pied du centre-ville, cette résidence hôtelière moderne propose studios et appartements avec coin cuisine, pour un séjour business ou famille. Les derniers étages du côté sud dévoilent les sommets des Pyrénées par beau temps ! Bon rapport qualité-prix.

99 suites – ††97/196 € – ⊊ 11 €

Plan : 4FX-a – *86 allées Jean-Jaurès* – ✆ *05 61 10 24 00* – *www.adagio-city.com*

Le Grand Balcon

HISTORIQUE · DESIGN Il accueillit les plus grandes légendes de l'Aéropostale. La déco – design et créative – leur rend hommage, et la chambre n° 32 reproduit fidèlement celle qu'occupait Saint-Exupéry dans les années 1930. Une adresse mythique !

47 chambres – †220/420 € ††220/420 € – ⊊ 18 €

Plan : 4EY-x – *10 r. Romiguière* – ✆ *05 34 25 44 09* – *www.grandbalconhotel.com*

Mermoz

URBAIN · MODERNE Mermoz, héros de l'Aéropostale... Cet hôtel à la décoration épurée évoque par touches subtiles cette aventure du 20ᵉ s. Les chambres sont feutrées et confortables ; côté cour, un coin de verdure abrite la piscine chauffée à débordement. Un îlot de tranquillité au coeur de la ville !

51 chambres – †88/195 € ††88/240 € – ⊊ 17 €

Plan : 3DV-f – *50 r. Matabiau* – ✆ *05 61 63 04 04* – *www.privilegetoulouse.com*

Citiz

BUSINESS · MODERNE En plein centre (près de la place Wilson), un hôtel urbain et design, avec un salon de thé pour grignoter. Dans les chambres, le décor est épuré et contemporain, idéal pour un voyage d'affaires ou un week-end citadin.

56 chambres – †85/250 € ††85/290 € – ⊊ 18 €

Plan : 4FX-b – *18 allées Jean-Jaurès* – ✆ *05 61 11 18 18* – *www.citizhotel.com*

⛪ Mercure Wilson ⊞ & AC 🚗

HÔTEL DE CHAÎNE · PERSONNALISÉ À deux pas de la place Wilson, l'hôtel se dévoile par sa façade en brique rouge, typiquement toulousaine. Le hall, moderne et cosy, témoigne de la récente rénovation de l'ensemble ; on a le plaisir, quand l'été est là, de prendre son petit-déjeuner sur la terrasse intérieure.

91 chambres – 🛏92/319 € 🛏🛏92/319 € – 4 suites – ⊊18 €

Plan : 4FY-m – *7 r. Labéda* – *℘ 05 34 45 40 60*
– *www.mercure-toulouse-wilson.com*

🏠 Le Père Léon ⊞ & AC ⅍

URBAIN · FONCTIONNEL Dans le centre historique, cet hôtel – rénové en 2013 – propose des chambres confortables et bien tenues. Idéal pour les touristes ou la clientèle d'affaires qui ne souhaitent pas prendre leur voiture... Ici, tout est accessible à pied !

41 chambres – 🛏75/89 € 🛏🛏90/129 € – ⊊10 €

Plan : 4EY-s – *2 pl. Esquirol* – *℘ 05 61 21 70 39* – *www.pere-leon.com*

🏠 Ibis Styles Cité de l'Espace ⓝ 🌿 ⨉ ƒ⅃ ⊞ & AC ⅍⅄ 🅿

HÔTEL DE CHAÎNE · FONCTIONNEL Situé à 800 m de la Cité de l'Espace, cet hôtel créé en 2011 enchantera les passionnés d'espace et d'aéronautique. Les chambres y sont bien tenues ; on profite d'un petit espace fitness et d'une piscine extérieure aux beaux jours.

92 chambres ⊊ – 🛏75/135 € 🛏🛏85/145 € – ½ P

Plan : 2CU-s – *19 av. Marcel-Dassault* – *℘ 05 61 80 18 01* – *www.accorhotels.com*

🏠 Albert 1er ⊞ AC ⅍ ⅄

FAMILIAL · RÉTRO Une jolie façade classique, différentes salles de réunions, des chambres soignées d'esprit traditionnel, avec un mobilier en bois massif : parfait pour les amateurs d'hôtellerie à la française ! Un bon point de chute à deux pas du Capitole.

47 chambres ⊊ – 🛏65/139 € 🛏🛏78/139 €

Plan : 4EX-r – *8 r. Rivals* – *℘ 05 61 21 17 91* – *www.hotel-albert1.com*

à l'Union 7 km au Nord-Est par D888 – ⊠ 31240 – 11 702 hab. – Alt. 146 m

⅋○ La Bonne Auberge 🍽 & AC ⇔ 🅿

CUISINE TRADITIONNELLE · RUSTIQUE ⅩⅩ Dans une ancienne grange rénovée, toute proche de la départementale, on découvre cette auberge au cadre rustique et chaleureux : l'endroit rêvé pour déguster une généreuse cuisine du terroir !

Formule 20 € – Menu 30/58 € – Carte 44/57 €

2 bis r. Autan-Blanc, D888 – *℘ 05 61 09 32 26* – *www.bonneauberge31.fr*
– *Fermé 9-30 août, 21 déc.-7 janv., dim. et lundi*

à Rouffiac-Tolosan 12 km au Nord-Est par D888 – ⊠ 31180
– 1 849 hab. – Alt. 210 m

🌼 Ô Saveurs (Daniel Gonzalez et David Biasibetti) 🕸 🍽 AC ⇔

CUISINE MODERNE · COSY ⅩⅩⅩ Au centre d'un petit village de l'agglomération toulousaine, ce restaurant à la façade discrète propose une cuisine séduisante et colorée, parfaitement de son temps ! Aux beaux jours, on apprécie la petite terrasse en bordure de placette, face à la fontaine.
➔ Fricassée de langoustines, foie gras et pleurotes. Homard rôti, raviole de foie gras, girolles et tomates confites. Assiette de chocolats grand cru.

Menu 28 € (déj. en semaine), 48/98 € – Carte 83/105 €

8 pl. des Ormeaux, (au village) – *℘ 05 34 27 10 11* – *www.o-saveurs.com* – *Fermé 1 semaine en fév., 1 semaine en mai, 15-31 août, 1 semaine en sept., sam. midi, dim. soir et lundi*

à Montrabé 8 km au Nord-Ouest par D112 – ✉ 31850 – 3 815 hab. – Alt. 150 m

🏵 **L'Instant...** ☆ AK

CUISINE MODERNE · À LA MODE X L'Instant... d'une parenthèse gourmande non loin de Toulouse ! On s'installe à l'une des tables d'un blanc immaculé pour manger au coude-à-coude. Derrière les fourneaux, le chef signe une cuisine dans l'air du temps avec quelques touches méridionales et asiatiques. Ne manquez pas le menu "L'instant gourmet" !

⟿ Formule 14 € – Menu 18 € (déj. en semaine), 27/45 € – Carte 38/52 €
chemin du Logis-Vieux – ☏ 05 61 48 25 24 – www.restaurant-linstant.fr
– Fermé 15-21 août, lundi soir, mardi soir et dim.

à Quint-Fonsegrives 8 km à l'Est par D826 – ✉ 31130 – 5 052 hab. – Alt. 153 m

⌘ **En Pleine Nature** (Sylvain Joffre) ☆ & AK ⑨

CUISINE MODERNE · DESIGN XX Ici, pas de menu : le jeune chef, Sylvain Joffre, se laisse la liberté de cuisiner selon ses envies, puisant dans la nature, invitant à une balade sur terre ou en mer... Le voyage séduit. De la finesse, du goût, de l'enthousiasme ! Un plaisir pour les papilles et les pupilles.
→ Cuisine du marché.

Formule 25 € – Menu 30 € (déj.), 43/76 €
6 pl. de la Mairie – ☏ 05 61 45 42 12 – www.en-pleine-nature.com
– Fermé 1 semaine en mai, août, sam., dim., lundi et fériés

à Rangueil 6 km au Sud – ✉ 31400

🍴 **Mas de Dardagna** ☆ AK ⑨ P

CUISINE TRADITIONNELLE · RUSTIQUE X Voilà une cuisine respectueuse des produits, simple et bien faite... Aucun doute, cette ancienne ferme – typiquement toulousaine – est un joli repaire gourmand ! Et aux beaux jours, on peut même s'installer sous les canisses...

Menu 22 € (déj. en semaine), 32/53 €
Plan : 2BU-e – *1 chemin de Dardagna, (près de l'hôpital Rangueil)*
– ☏ 05 61 14 09 80 (réservation conseillée) – www.masdedardagna.com
– Fermé 3 semaines en août, 23 déc.-2 janv., sam., dim. et fériés

à Auzeville-Tolosane 13 km au Sud par D813 – ✉ 31320 – 3 535 hab. – Alt. 170 m

🏵 **La Table d'Auzeville** ☆ AK ⇔

CUISINE CLASSIQUE · CONVIVIAL XX Dans la banlieue de Toulouse, cette maison blanche propose de jolies recettes de tradition, réalisées par un chef enthousiaste au parcours impeccable – dont plusieurs maisons trois étoiles ! Risotto aux coquillages et copeaux de parmesan, filet de canette rôtie aux groseilles acidulées... Un régal à petit prix.

⟿ Formule 16 € – Menu 18 € (déj. en semaine)/31 € – Carte 39/65 €
35 chemin de l'Église – ☏ 05 61 13 42 30 – www.la-table-dauzeville.fr
– Fermé 3 semaines en août, mardi soir, dim. soir et lundi

à Castanet-Tolosan 14 km au Sud par D813 – ✉ 31320 – 11 440 hab. – Alt. 164 m

⌘ **La Table des Merville** (Thierry Merville) ☆ & AK ⇔ P

CUISINE MODERNE · ÉLÉGANT XX Une extension tout en verre sur une jolie place avec terrasse, des cuisines ouvertes sur la salle donnant l'impression que le chef travaille parmi les clients : Claudie et Thierry Merville ont su créer un lieu original... Et les assiettes, aussi joliment contemporaines et soignées, dégagent ce même parfum de "Mervilleux" !
→ Pâté chaud de canard au foie gras. Filet mignon de porc noir de Bigorre, pâtes queue de cochon, betterave et ventrèche grillée. Milefeuille à la vanille et caramel chaud.

Menu 22 € (déj. en semaine), 32/50 € – Carte 50/95 €
3 pl. Pierre-Richard – ☏ 05 62 71 24 25 (réservation conseillée)
– www.table-des-merville.fr – Fermé 17 avril-2 mai, 1er-15 août, 25-31 déc., dim. et lundi

à Lacroix-Falgarde 13 km au Sud par D4 – ✉ 31120 – 2 055 hab. – Alt. 154 m

Le Bellevue

CUISINE CLASSIQUE • COSY XX Quand on s'promène au bord de l'eau... Le Gabin de la "Belle Équipe" n'aurait pas renié cette charmante adresse, pas guindée pour un sou. Le sympathique chef mitonne une cuisine classique mais ouverte au changement ; aux beaux jours, la terrasse, perchée au bord de l'Ariège et ombragée, est un régal.

Formule 18 € – Menu 32/44 € – Carte 44/70 €

1 av. des Pyrénées – ☎ 05 61 76 94 97 – Fermé mardi d'oct. à avril et lundi

à Tournefeuille 12 km à l'Ouest par D632 – ✉ 31170 – 26 342 hab. – Alt. 155 m

L'Art de Vivre

CUISINE MODERNE • CLASSIQUE XX Une maison noyée dans la verdure, une terrasse donnant sur un petit cours d'eau... Bucolique, n'est-ce pas ? Quant à la carte, elle révèle un Art de Vivre dans l'air du temps, des plats plaisants et bien réalisés, et une cave de près de 300 références !

Formule 20 € – Menu 26 € (déj. en semaine), 39/62 € – Carte 64/88 €

279 chemin Ramelet-Moundi – ☎ 05 61 07 52 52 – www.lartdevivre.fr – Fermé 3 semaines en août, vacances de Noël, dim. soir, lundi et mardi

à Colomiers 12 km à l'Ouest par A624 – ✉ 31770 – 36 699 hab. – Alt. 182 m

L'Amphitryon (Yannick Delpech)

CRÉATIVE • ÉLÉGANT XXX Près du site aéronautique, un bel endroit cerné par la verdure, lumineux et au chic très contemporain... C'est ici qu'exerce Yannick Delpech, jeune chef dont le talent n'a pas attendu le nombre des années : très fines et soignées, ses assiettes sont à la fois inventives et solidement ancrées dans le classicisme et le Sud-Ouest. Un travail de haut vol !

→ Caviar bio des Pyrénées, lisette, crème de morue, raifort et vinaigre balsamique. Pigeonneau sur une tartine gourmande, cuisses en condiments, gnocchis et artichaut. Œuf coque, mangue fraîche, chocolat et sorbet mangue-passion.

Menu 38 € (déj. en semaine), 79/165 € – Carte 105/150 €

chemin de Gramont – ☎ 05 61 15 55 55 – www.lamphitryon.com – Fermé 2 semaines en août, 1 semaine en janv. et sam. midi

à St-Martin-du-Touch 7 km à l'Ouest par D2B – ✉ 31300 Toulouse

Le Cantou

CUISINE MODERNE • CONVIVIAL XX On se croirait à la campagne et l'on est pourtant à deux pas de la ville et des pistes de l'aéroport. Découvrez donc cette ancienne ferme et son immense jardin, ainsi que la brique et le bois qui habillent chaleureusement son intérieur. Au menu : une cuisine calée sur le marché et une sélection de vins de 1 000 références !

Menu 35 € (semaine), 46/90 € 🍷 – Carte 55/70 €

Plan : 1AT-h – *98 r. Velasquez, D2B – ☎ 05 61 49 20 21 – www.cantou.fr – Fermé sam. et dim.*

à Purpan 6 km à l'Ouest par D2 – ✉ 31300 Toulouse

Palladia

BUSINESS • MODERNE Hôtel d'affaires tout de verre et béton, situé entre l'aéroport et le centre-ville. Les chambres sont douillettes, spacieuses et bien insonorisées, et l'on peut profiter du spa après une réunion dans l'amphithéâtre ! Carte actuelle au restaurant.

90 chambres – 🚹85/240 € 🚹🚹85/460 € – 1 suite – ☕ 18 € – ½ P

Plan : 1AT-e – *271 av. de Grande-Bretagne – ☎ 05 62 12 01 20 – www.hotelpalladia.com*

à Blagnac 9 km au Nord-Ouest - direction aéroport – ⊠ 31700
– 22 983 hab. – Alt. 135 m

🍴○ **Jin Ji** 🔲 **P**

CORÉENNE · SIMPLE 🍴 Venez déguster un "jin ji" (repas) coréen, préparé par une jeune chef... coréenne ! Ici, honneur à la tradition en toute simplicité : suprême de poulet croustillant en sauce sucrée-épicée ; bibimbap aux champignons ou au saumon ; côte de bœuf de l'Aubrac en cuisson barbecue sur table... Carte des vins attrayante.

Formule 17 € – Menu 24 € (déj.), 32/43 €

Plan : 1AS-y – 23 r. des Mines
– ✆ 05 61 15 71 00 – www.jinjiresto.com
– Fermé en août, mardi soir, merc. soir, sam. midi, dim. et lundi

🏨 **Radisson Blu Airport** 🔁 📶 ⊞ ♿ 🔲 🦺 🚗

HÔTEL DE CHAÎNE · DESIGN Tout près de l'aéroport, cet hôtel à l'âme résolument urbaine... Les chambres sont colorées, spacieuses et très tendance, et leur équipement dernier cri ravira la clientèle d'affaires ; on apprécie aussi le superbe patio planté de ceps de vigne et d'oliviers. Bel espace de remise en forme.

193 chambres – ♦110/220 € ♦♦150/350 € – 7 suites – ☑ 25 €

Plan : 1AS-x – 2 r. Dieudonné-Costes
– ✆ 05 61 16 18 00 – www.radissonblu.com/hotel-toulouseairport

LE TOUQUET-PARIS-PLAGE

⊠ 62520 (Pas-de-Calais) – 4 588 hab. – Alt. 5 m – Carte régionale n° **30**-A2
▶ Paris 242 km – Abbeville 58 km – Arras 99 km – Boulogne-sur-Mer 30 km
Carte Michelin 301-C4

🌸 **Le Pavillon** 🏵 🍴 🚱 **P**

CUISINE MODERNE · ÉLÉGANT 🍴🍴🍴 Dans le cadre chic et classique de l'hôtel Westminster, beau palace des années 1930, on déguste une cuisine volontiers inventive, mettant en valeur des produits de qualité. La carte des vins, remarquable, est bien digne d'une bonne table.

➔ Calamar, jeune betterave et vinaigre vieux de Xérès. Bar sauvage, brocolis et pomme à cidre. Crème prise au cassis, biscuit pistache, fruits rouges et sorbet à la rhubarbe.

Menu 65 € (semaine), 95/155 € – Carte 83/115 €

Plan : BZ-a – Hôtel Westminster, av. du Verger
– ✆ 03 21 05 48 48 – www.westminster.fr
– Ouvert 1er avril-1er janv. et fermé merc. sauf juil.-août, mardi et le midi

🍴○ **Le Village Suisse** 🍴 🔲

CUISINE TRADITIONNELLE · COSY 🍴🍴 Cette jolie villa, construite en 1905, surplombe des boutiques d'antiquités et dispose même d'une terrasse sur les toits de ces dernières ! En cas de vent frais, on pourra se réfugier dans la salle, récemment relookée et cosy, pour savourer la cuisine traditionnelle du chef, réalisée avec de beaux produits frais. L'adresse idéale pour les gourmands chineurs...

Menu 29/76 € 🍷 – Carte 46/74 €

Plan : BZ-e – 52 av. St-Jean
– ✆ 03 21 05 69 93 – www.levillagesuisse.fr
– Fermé 2 semaines fin nov., 2 semaines en janv., dim. soir d'oct. à avril, mardi midi et lundi

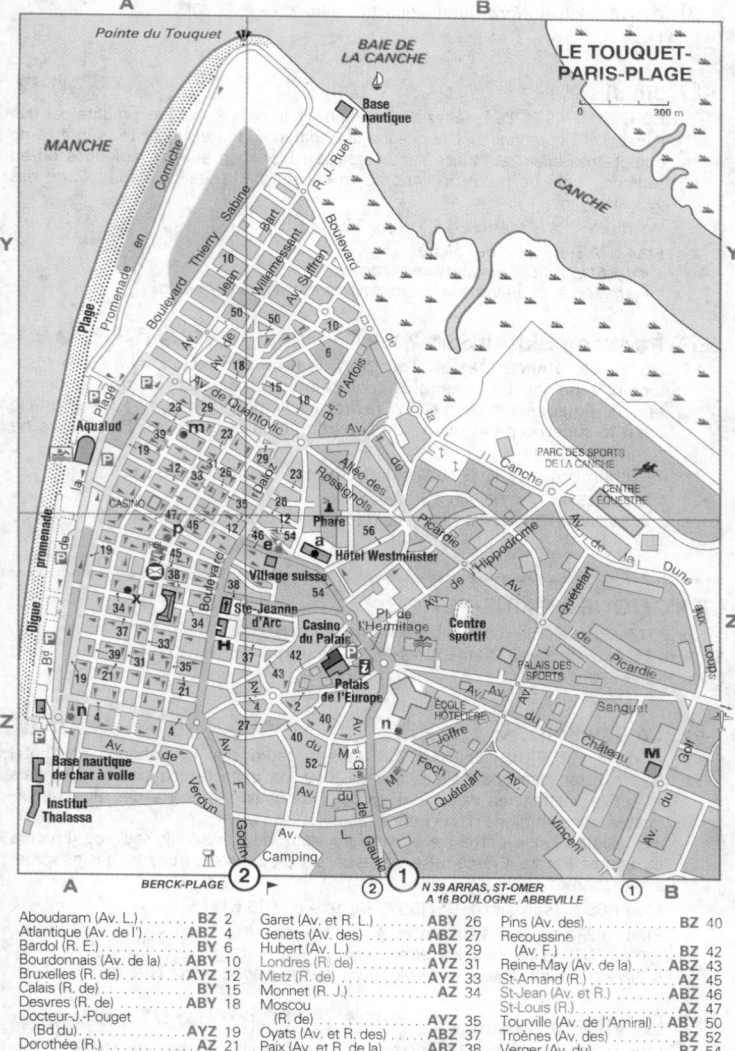

LE TOUQUET-
PARIS-PLAGE

Aboudaram (Av. L.)	**BZ** 2	Garet (Av. et R. L.)	**ABY** 26	Pins (Av. des)	**BZ** 40
Atlantique (Av. de l')	**ABZ** 4	Genets (Av. des)	**ABZ** 27	Recoussine	
Bardol (R. E.)	**BY** 6	Hubert (Av. L.)	**ABY** 29	(Av. F.)	**BZ** 42
Bourdonnais (Av. de la)	**ABY** 10	Londres (R. de)	**AYZ** 31	Reine-May (Av. de la)	**ABZ** 43
Bruxelles (R. de)	**AYZ** 12	Metz (R. de)	**AYZ** 33	St-Amand (R.)	**AZ** 45
Calais (R. de)	**BY** 15	Monnet (R. J.)	**AZ** 34	St-Jean (Av. et R.)	**ABZ** 46
Desvres (R. de)	**ABY** 18	Moscou		St-Louis (R.)	**AZ** 47
Docteur-J.-Pouget		(R. de)	**AYZ** 35	Tourville (Av. de l'Amiral)	**ABY** 50
(Bd du)	**AYZ** 19	Oyats (Av. et R. des)	**ABZ** 37	Troènes (Av. des)	**BZ** 52
Dorothée (R.)	**AZ** 21	Paix (Av. et R. de la)	**ABZ** 38	Verger (Av. du)	**BZ** 54
Duboc (Av. et R. J.)	**ABY** 23	Paris (R. de)	**AYZ** 39	Whitley (Av. J.)	**BZ** 56

🍴 Le Paris

CUISINE MODERNE · CONVIVIAL XX À quelques rues du bord de mer, une table en prise sur le marché et les saisons, très appréciée des gourmets de la station ! Le cadre épuré, dans des teintes taupe et framboise, ne manque pas de cachet. Une adresse agréable.

Formule 20 € – Menu 23 € (semaine)/36 € – Carte 43/58 €

Plan : AZ-p – *88 r. de Metz* – *✆ 03 21 05 79 33* – *www.restaurant-leparis.com* – *fermé dim. soir hors saison, mardi et merc.*

ⅈ|○ Côté Sud 🍽 🅰🅒

CUISINE MODERNE · CONVIVIAL ✕✕ On a beau être au Nord, on n'en a pas moins le soleil dans le cœur : la preuve avec Côté Sud ! Accueil sympathique dans ce restaurant situé le long de la digue du Touquet, face à la mer. Les gourmands y savourent une cuisine dans l'air du temps, honorant le poisson, dans un cadre aux teintes douces et reposantes...

Formule 19 € – Menu 24 € (semaine), 35/55 € – Carte 49/60 €

Plan : AZ-n – 187 bd du Dr-Pouget – 𝒞 03 21 05 41 24
– www.le-touquet-cote-sud.fr – Fermé 7-24 fév., 19-29 juin, 27 nov.-14 déc., lundi sauf le soir hors saison, merc. hors saison et dim. soir

ⅈ|○ Les Cimaises 🅰🅒 ⚘ 🅿

CUISINE TRADITIONNELLE · BRASSERIE ✕ Cette brasserie a été décorée dans l'esprit des années 1930. On y vient pour les buffets d'entrées et de desserts, les plats de poisson et la cuisine d'inspiration régionale.

Formule 37 € 🍷 – Menu 44 € – Carte 55/85 €

Plan : BZ-a – Hôtel Westminster, av. du Verger – 𝒞 03 21 06 74 95
– www.westminster.com

🏨🏨🏨🏨 Westminster ✿ 🖼 ♨ 🖼 ⚘ 🔉 🅿

LUXE · ART DÉCO Ce séduisant palace de style anglo-normand est posté entre la mer et la pinède. L'intérieur est du même acabit : superbes ascenseurs dans le hall ; chambres de style Art déco et bar rétro chic. Sans oublier le très beau spa !

114 chambres – 🛏170/440 € 🛏🛏260/950 € – 1 suite – ⌁ 21 €

Plan : BZ-a – av. du Verger – 𝒞 03 21 05 48 48 – www.westminster.fr

❀ Le Pavillon • ⅈ|○ Les Cimaises – voir les restaurants ci-dessus

🏨🏨🏨 Holiday Inn ✿ 🐾 🖼 🖼 🎱 ✕ 🔉 🔉 🅿

HÔTEL DE CHAÎNE · FONCTIONNEL À deux pas du casino, ce bel établissement dispose de chambres fonctionnelles, dont certaines en duplex. L'adresse conviendra autant aux familles (piscine intérieure, espace jeux) qu'à la clientèle professionnelle (salles de séminaires).

86 chambres – 🛏139/590 € 🛏🛏139/590 € – 2 suites – ⌁ 18 €

Plan : BZ-n – av. du Mar.-Foch – 𝒞 03 21 06 85 85
– www.holidayinnletouquet.com

🏨🏨🏨 Le Manoir Hôtel ✿ 🐾 🖼 ✕ ⚘ 🔉 🅿

TRADITIONNEL · COSY Beaucoup de golfeurs aiment à séjourner dans ce beau manoir du début du 20ᵉ s. entouré d'un jardin fleuri. La raison de cet engouement ? La proximité immédiate de la forêt et des greens, mais aussi les chambres coquettes et le bar cultivant sa petite touche "british".

40 chambres – 🛏135/195 € 🛏🛏150/300 € – 1 suite – ⌁ 16 € – ½ P

av. du Golf, 2,5 km au Sud par D939 – 𝒞 03 21 06 28 28 – www.manoirhotel.com
– fermé 15-29 déc. et 2-15 janv.

🏨🏨 Bristol 🔉 ⚘ 🔉 🅿

TRADITIONNEL · ACTUEL Entre plage et centre-ville, une coquette villa des années 1920 aux chambres petit à petit redécorées dans un style contemporain ; préférez donc les plus récentes. Bar feutré et agréable patio intérieur.

47 chambres – 🛏95/250 € 🛏🛏95/250 € – ⌁ 12 €

Plan : AZ-x – 17 r. Jean-Monnet – 𝒞 03 21 05 49 95 – www.hotelbristol.fr

🏨 Castel Victoria ⚘ ⚘

VILLA · COSY Non loin du front de mer, cette ancienne pension de famille du début du 20ᵉ s. est devenue un bel hôtel design et contemporain, avec notamment des salles de bains ouvertes dans la plupart des chambres. Même si certaines sont petites (les "Cosy"), elles sont idéales pour se reposer après la plage. Agréable bar lounge.

25 chambres – 🛏50/70 € 🛏🛏85/195 € – ⌁ 12 €

Plan : AY-m – 11 r. de Paris – 𝒞 03 21 90 01 00 – www.castelvictoria.com

TOURCOING

59200 (Nord) – 92 707 hab. – Alt. 37 m – Carte régionale n° **31**-C2
▶ Paris 234 km – Kortrijk 19 km – Gent 61 km – Lille 17 km
Carte Michelin 302-G3

Accès et sorties : voir plan de Lille

○ La Baratte

CUISINE TRADITIONNELLE · À LA MODE XX Une petite maison en briques dans un quartier résidentiel de Tourcoing. Surprise à l'intérieur : on découvre une salle résolument contemporaine et élégante, avec une agréable vue sur le jardin et sa terrasse en teck. Côté cuisine, le chef fait montre d'inventivité... pour le bonheur du produit frais !

Formule 20 € ▼ – Menu 33/65 € – Carte 48/66 €

Plan : Lille 3HR-d – 395 r. du Clinquet – ℰ 03 20 94 45 63 – www.la-baratte.com
– Fermé 3-23 août, sam. midi, dim. soir et lundi

○ Villa Paula

VILLA · PERSONNALISÉ Dans les faubourgs de la ville, cette jolie maison en brique, datant de 1929, a fière allure... De belles chambres au mobilier design, une excellente literie et des équipements dernier cri : l'ensemble est très séduisant, avec même un jacuzzi dans le jardin !

4 chambres � – ⫯130/200 € ⫯⫯150/220 €

Plan : Lille 3HR-e – 44 r. Ma Campagne – ℰ 06 12 95 97 97
– www.villapaula.fr

TOUR-DE-FAURE – 46 (Lot) → voir St-Cirq-Lapopie

LA TOUR-DU-PIN

38110 (Isère) – 7 927 hab. – Alt. 350 m – Carte régionale n° **45**-C2
▶ Paris 516 km – Aix-les-Bains 57 km – Chambéry 51 km – Grenoble 67 km
Carte Michelin 333-F4 – Guide Vert Michelin Lyon et sa région

○ Le Bec Fin

CUISINE MODERNE · COSY XX Cette ancienne maison de négociant, jaune et pimpante, semble vous attendre en souriant. Les menus mettent l'eau à la bouche : filet de pintade en croûte de sésame, chou frisé au beurre de cardamome, etc. Dans l'assiette, c'est fin et soigné, et il y a de la justesse dans les saveurs... Vive la tradition !

⊛ Formule 16 € – Menu 20 € (semaine), 31/50 €

1 pl. Alfred-Boucher – ℰ 04 74 97 58 79 – www.le-bec-fin-restaurant.com
– Fermé 1er-21 août, 1 semaine en janv., dim. soir et lundi

à St-Didier-de-la-Tour 3 km à l'Est par N6 – 38110 – 1 836 hab. – Alt. 380 m

○ Ambroisie

CUISINE MODERNE · ÉLÉGANT XXX Une vue sur le lac, une ambiance feutrée (salle aux tons grège et chocolat), une terrasse entourée de beaux platanes... Quoi de plus apaisant ? Ce cadre convient à merveille à la cuisine proposée, fine et délicate : chaque plat a été mûrement réfléchi, soigné, pour en faire ressortir les multiples parfums.

Menu 30 € (semaine), 50/80 € – Carte 60/75 €

– ℰ 04 74 97 25 53 (réservation conseillée) – www.restaurant-ambroisie.com
– Fermé 19-27 avril, 16-25 août, dim. soir, mardi et merc.

à Montagnieu 5 km au Sud par D17 – ✉ 38110 – 964 hab. – Alt. 500 m

Le Petit Dauphinois   ﾭ AC P

CUISINE MODERNE • **RUSTIQUE** X Dans cette maison traditionnelle, la cuisine est délicate, féminine, avec un penchant pour les jolis produits. Le cadre, quant à lui, est délicieusement rétro, avec deux grandes ardoises détaillant d'alléchantes propositions culinaires. La formule brasserie met de bonne humeur avec des plats efficaces à prix doux.

∞ Formule 14 € – Menu 20/35 € – Carte 25/40 €

1 rte de Virieu – ℰ 04 74 97 27 23 (réservation conseillée)
– www.lepetitdauphinois.com – Fermé août, 15-31 déc., merc. et le soir sauf vend. et sam.

à Rochetoirin 4 km au Nord-Ouest par N6 et D92 – ✉ 38110
– 1 077 hab. – Alt. 449 m

Le Rochetoirin   < ﾭ ﾭ P

CRÉATIVE • **À LA MODE** XX Non pas un, mais deux restaurants : bistrot (le "Tradi") et table de chef (le "Gastro"). Deux faces d'une même envie pour cette équipe jeune et décomplexée ! Saumon et aubergines comme un millefeuille ; cerise, griotte et citronnelle... Fraîcheur, couleur et mouvement.

∞ Formule 16 € – Menu 20 € (déj. en semaine), 30/62 €

10 rte de la Tour-du-Pin, (au village) – ℰ 04 74 97 60 38 – www.lerochetoirin.fr
– Fermé 15-30 août, 20 déc.-10 janv., merc. soir, sam. midi, dim. soir et lundi

TOURNEFEUILLE – 31 (Haute-Garonne) → voir Toulouse

TOURNEMIRE

✉ 12250 (Aveyron) – 387 hab. – Alt. 460 m – Carte régionale n° **29**-D2
▶ Paris 671 km – Albi 94 km – Montpellier 115 km – Toulouse 171 km
Carte Michelin 338-K7

ﾭO Auberge des Orchidées   ﾭ ﾭ AC ﾭ P

CUISINE MODERNE • **COSY** X Une auberge charmante, située dans l'ancien hôtel de la gare, où l'on déguste de délicieux plats du terroir (agneau, bœuf de l'Aubrac), qui jouent sur les couleurs, les saveurs et les textures. De plus, on est à deux kilomètres à peine de Roquefort et de son fromage... que l'on retrouve évidemment à la carte !

Formule 15 € ﾭ – Menu 22/42 € – Carte 34/44 €

av. Hippolyte-Puech – ℰ 05 65 62 80 42 – Fermé en fév., dim. soir, lundi et mardi

TOURNON-SUR-RHÔNE

✉ 07300 (Ardèche) – 10 781 hab. – Alt. 125 m – Carte régionale n° **43**-E2
▶ Paris 545 km – Grenoble 98 km – Le Puy-en-Velay 104 km – St-Étienne 77 km
Carte Michelin 332-B3 – Guide Vert Michelin Ardèche Drôme

ﾭO Le Tournesol   ﾭ ﾭ ﾭ

CUISINE MODERNE • **CONVIVIAL** XX Un restaurant chaleureux, aux murs habillés de pierre ou de bois. Comme le tournesol, ici, la carte suit le soleil et les saisons. Les amateurs de vins apprécieront la belle sélection de côtes-du-rhône exposés dans une cave vitrée. Prix attractifs.

Formule 20 € – Menu 29/38 € – Carte 33/43 €

44 av. du Mar.-Foch, par D86 – ℰ 04 75 07 08 26 – www.letournesol.net – Fermé 1 semaine en fév., 1 semaine vacances de Pâques, 3 semaines en août, 1 semaine vacances de la Toussaint, dim. soir, mardi et merc.

⏸️○ **Azalées** 🌫️ AC P

CUISINE TRADITIONNELLE · **CONVIVIAL** XX Tomates, poireaux, haricots vert, pommes de terre... Ici, les gourmands se régalent d'une cuisine traditionnelle faisant la part belle aux légumes du potager familial. Prix raisonnables.

Formule 10 € 🍷 – Menu 24/38 € – Carte 26/39 €

Hôtel Azalées, 6 av. de la Gare – 𝒞 04 75 08 05 23 – www.hotel-azalees.com
– Fermé 20 déc.-6 janv.

⏸️○ **Le Chaudron** 🌫️ 🌫️

CUISINE TRADITIONNELLE · **RÉTRO** X Un petit bistrot sympathique, dans une ruelle du centre-ville. Boiseries, banquettes... et dans le chaudron du chef, les produits du marché. Joli choix de vins du Rhône. Aux beaux jours, on profite de la terrasse ombragée.

Formule 15 € 🍷 – Menu 24/41 € – Carte 38/60 €

7 r. St-Antoine – 𝒞 04 75 08 17 90 – Fermé 2 semaines en août, 24 déc.-2 janv.,
mardi soir, jeudi soir et dim.

🏠 **Les Amandiers** ⊡ AC 🌫️ P

BUSINESS · **FONCTIONNEL** Bâtisse moderne fréquentée par la clientèle d'affaires en semaine. Les chambres y sont climatisées et bien insonorisées, avec de grandes salles de bains. Une adresse pratique à prix doux.

25 chambres – 🛏68/73 € 🛏🛏78/84 € – ☷ 9 €

13 av. de Nîmes – 𝒞 04 75 07 24 10 – www.hotel-amandiers.com
– Fermé 20-27 fév. et vacances de Noël

🏠 **Azalées** 🌫️ AC 🌫️ 🌫️ P

FAMILIAL · **FONCTIONNEL** Entre la gare et le centre-ville, deux bâtiments autour d'une cour, avec de petites chambres propres et bien conçues.

39 chambres – 🛏73/96 € 🛏🛏73/96 € – ☷ 9 €

6 av. de la Gare – 𝒞 04 75 08 05 23 – www.hotel-azalees.com
– Fermé 20 déc.-6 janv.

⏸️○ **Azalées** – voir les restaurants ci-dessus

TOURNUS

✉️ 71700 (Saône-et-Loire) – 5 849 hab. – Alt. 193 m – Carte régionale n° **8**-C3
▶️ Paris 360 km – Bourg-en-Bresse 70 km – Chalon-sur-Saône 28 km – Mâcon 37 km
Carte Michelin 320-J10 – Guide Vert Michelin Bourgogne

🕸️ **Greuze** (Yohann Chapuis) 🌫️ 🦽 AC ⇄ P

CRÉATIVE · **ÉLÉGANT** XXX Cette jolie maison fut d'abord un orphelinat fréquenté par Jean Ducloux. Ce dernier s'était promis d'en faire un restaurant et il a tenu son pari avec le succès que l'on sait... Aujourd'hui, le jeune Yohann Chapuis porte l'emblème en signant une cuisine fine et délicate, inventive et aux visuels remarquables. L'histoire n'est pas finie !

➡️ Cuisses de grenouilles. Volaille de Bresse. Soufflé chaud au Grand Marnier.

Menu 41/105 € – Carte 75/130 €

Plan : -e – *Hôtel Greuze, 1 r. Albert-Thibaudet – 𝒞 03 85 51 13 52*
– www.restaurant-greuze.fr – Fermé 18 nov.-4 déc., 21 janv.-6 fév., mardi et merc.

🕸️ **Quartier Gourmand** 🦽 AC 🚗

CUISINE TRADITIONNELLE · **CLASSIQUE** XXX Arrivé en 2015, le jeune chef compose une carte volontiers traditionnelle (escargots, quenelles de brochet, volaille de Bresse) avec également quelques recettes plus modernes. Les assiettes sont bien exécutées : on passe un bon moment.

➡️ Saumon bio d'Irlande. Agneau en croûte aux saveurs de tajine. Soufflé au Grand Marnier.

Menu 41/91 € – Carte 55/100 €

Plan : -x – *Hôtel Le Rempart, 2 av. Gambetta – 𝒞 03 85 51 10 56*
– www.lerempart.com – Fermé 7-23 mars, 2-17 nov., lundi et mardi

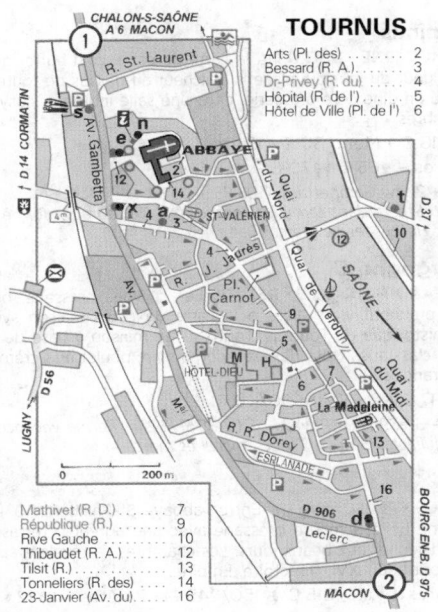

TOURNUS

Arts (Pl. des) 2
Bessard (R. A.) 3
Dr-Privey (R. du) 4
Hôpital (R. de l') 5
Hôtel de Ville (Pl. de l') . . . 6

Mathivet (R. D.) 7
République (R.) 9
Rive Gauche 10
Thibaudet (R. A.) 12
Tilsit (R.) 13
Tonneliers (R. des) 14
23-Janvier (Av. du) 16

🏵 **Aux Terrasses** (Jean-Michel Carrette)   🏖 🍴 ⅙ 🅰️🅲 🅿️

CUISINE MODERNE · DESIGN XX Une étape de charme ! Un intérieur de pierre et de bois, de grandes tables en chêne massif, un jardin paisible, un accueil attentionné... et un chef passionné, entretenant une délicieuse complicité avec le terroir, notamment végétal. Qualité des produits, précision des cuissons : ces Terrasses ont du bon !

➔ Pâté en croûte de volaille de Bresse au foie gras. Rouget de roche, bouillon basquaise, cédrat et piment de Bresse. Nectarine, eau de rhubarbe, verveine et oxalis.

Menu 25 € (déj. en semaine), 55/85 € – Carte 60/80 €

Plan : -d – *Hôtel Aux Terrasses, 18 av. du 23-Janvier* – ✆ 03 85 51 01 74
– *www.aux-terrasses.com* – *Fermé 22 mai-2 juin, 23 oct.-10 nov.
et 1ᵉʳ-19 janv., dim. et lundi*

🏵 **Meulien** (Valéry Meulien)   🅰️🅲 🅿️

CUISINE MODERNE · À LA MODE XX Un cadre design et chaleureux... pour une cuisine au diapason ! Gingembre, combava, coriandre, etc. Le chef a le goût des voyages et livre une cuisine subtile, parfumée d'épices enivrantes. Les légumes sont succulents, les produits bourguignons habilement mis en valeur, les saveurs pleines de peps. Voilà qui enchante...

➔ Escargots, ail rose de Lautrec et racines croquantes, saveurs d'agastache. Pluma de pata negra laquée au miel et au saté, carottes fanes au cumin. Sphère chocolat guanaja et mangue, cœur glacé au cassis de Bourgogne et géranium.

Menu 33 € (déj. en semaine), 57/92 € – Carte environ 88 €

Plan : -t – *1 bis av. des Alpes* – ✆ 03 85 51 20 86 – *www.meulien.com*
– *Fermé 6-22 juil., dim. soir, lundi et mardi*

🍴 Le Terminus

CUISINE MODERNE · RÉTRO 𝕏 À la carte de cet ancien buffet de gare 1900, une cuisine au goût du jour qui place la fraîcheur au-dessus de toutes les vertus ! On déjeune ou on dîne côté brasserie, dans une salle intime et cosy. À l'étage, quelques chambres.

Formule 18 € – Menu 30 € – Carte 33/55 €

11 chambres – †65 € ††70 € – ☖ 11 €

Plan : -s – *21 av. Gambetta* – ☏ *03 85 51 05 54*
– *www.hotel-restaurant-terminus-tournus.fr* – *Restaurant : fermé merc. midi et dim. midi ; Hôtel : fermé merc.*

🍴 Le Bourgogne

CUISINE TRADITIONNELLE · RÉTRO 𝕏 Les cuisines bressane, bourguignonne et lyonnaise prennent leurs aises à la carte de cette maison sympathique, dans le centre historique de Tournus. Tout est fait maison à base de produits frais, et les grands classiques (tête de veau, coq au vin, poulet à la crème) sont servis au plat, à la française !

⬠ Menu 17/27 € – Carte 30/40 €

Plan : -a – *37-39 r. Dr-Privey* – ☏ *03 85 51 12 23* – *Fermé vacances de fév., 15-juin-1ᵉʳ juilllet, 15 nov.-1ᵉʳ déc., mardi et merc.*

🏨 Greuze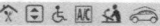

HISTORIQUE · PERSONNALISÉ Entre l'abbaye St-Philibert (10ᵉ-11ᵉ s.) et le centre-ville, une belle demeure bressane avec une agréable terrasse où l'on prend son petit-déjeuner aux beaux jours. Les chambres se révèlent spacieuses et raffinées, d'esprit Louis XVI, Directoire, Empire...

19 chambres – †120/215 € ††150/245 € – 2 suites – ☖ 12 € – ½ P

Plan : -e – *5 pl. de l'Abbaye* – ☏ *03 85 51 77 77* – *www.hotelgreuze.fr*

🍴 **Greuze** – voir les restaurants ci-dessus

🏨 Le Rempart

TRADITIONNEL · CLASSIQUE En 1956, lorsque le père du propriétaire a fondé cet hôtel sur les anciens remparts de Tournus, ce n'était qu'une affaire familiale toute simple... qui a crû et embelli au fil des ans. Aujourd'hui, cette maison du 15ᵉ s. affiche un bel esprit contemporain (excepté pour quelques chambres). Entre tradition et modernité !

29 chambres – †119/249 € ††139/275 € – 4 suites – ☖ 16 € – ½ P

Plan : -x – *2 av. Gambetta* – ☏ *03 85 51 10 56* – *www.lerempart.com*

🍴 **Quartier Gourmand** – voir les restaurants ci-dessus

🏨 Aux Terrasses

FAMILIAL · ACTUEL Un hôtel familial qui prend du galon ! Ici, c'est simple et efficace : on prend ses quartiers dans des chambres fonctionnelles, bien tenues, et les tarifs sont raisonnables. Pour un confort supérieur, on peut dormir "sous les toits", dans de magnifiques chambres contemporaines.

25 chambres – †80/200 € ††80/200 € – ☖ 17 €

Plan : -d – *18 av. du 23-Janvier* – ☏ *03 85 51 01 74* – *www.aux-terrasses.com*
– *Fermé 22 mai-2 juin, 23 oct.-10 nov. et 1ᵉʳ-19 janv.*

🍴 **Aux Terrasses** – voir les restaurants ci-dessus

🏨 La Tour du Trésorier

HISTORIQUE · PERSONNALISÉ Dans cette belle maison médiévale, le charme historique le dispute à l'épure contemporaine et au raffinement. Le magnifique jardin domine la Saône ; à l'heure des gourmandises, on profite d'un "plateau du voyageur" (charcuteries, fromages, dessert maison) et de dégustations de vins !

5 chambres ☖ – †150/250 € ††150/250 €

Plan : -n – *9 pl. de l'Abbaye* – ☏ *03 85 27 00 47* – *www.tour-du-tresorier.com*
– *Fermé 15 nov.-15 déc.*

à Jugy 5 km au Nord par D182 – ⊠ 71240 – 317 hab. – Alt. 230 m

 **Le Crot Foulot** ✿ ⑤ ⇔ ㉔ 🆎 ⑨ P 🛏

RURAL · DESIGN Cette maison de vigneron a été joliment restaurée par ses propriétaires, un couple de Belges tombés amoureux de la région. Résultat : des
pierres, des poutres et une décoration contemporaine raffinée, entre épure et
nature. Monsieur, ancien chef amoureux du poisson et des vins locaux, règne sur
la table d'hôte.

5 chambres ⌖ – ♦110/130 € ♦♦110/140 € – ½ P

– ⌀ 03 85 94 81 07 – www.crotfoulot.com
– Ouvert 15 fév.-31 oct.

> Les maisons d'hôtes 🏠 ne proposent pas les mêmes services
> qu'un hôtel : l'accueil, l'atmosphère, la décoration des lieux
> font son caractère et son charme, qui reflètent la personnalité
> de ses propriétaires.

à Le Villars 4 km au Sud par N6 et D210 – ⊠ 71700 – 266 hab. – Alt. 184 m

🍽 **L'Auberge des Gourmets** 🍴 ㉔ 🆎 P

CUISINE CLASSIQUE · COSY ✕✕ Une jolie petite auberge jaune aux volets
bleus, cosy avec ses pierres et ses poutres apparentes. Par la lucarne, on peut
observer le chef s'affairer aux fourneaux... avant d'apprécier ses recettes classiques et bien tournées : jambon persillé maison et salade aux noix, pigeonneau
du Louhannais rôti aux épices...

Formule 20 € – Menu 27 € (semaine), 32/65 € – Carte 42/73 €

9 pl. de l'Église
– ⌀ 03 85 32 58 80 – www.laubergedesgourmets.com
– Fermé 7-15 juin, 8-16 nov., 4-27 janv., dim. soir, mardi et merc.

à Ozenay 6 km au Sud-Ouest par D14 – ⊠ 71700 – 227 hab. – Alt. 250 m

☺ **Le Relais d'Ozenay** 🍴 ㉔

CUISINE MODERNE · AUBERGE ✕✕ Dans un village pittoresque, ne manquez
pas ce restaurant au décor moderne et élégant. Le chef, passé par de bien belles
maisons dont celle de Bernard Loiseau, travaille des produits de qualité, souvent bio et locaux. Résultat : une cuisine savoureuse, accompagnée de bons vins
du Mâconnais. Le tout à prix sage !

Menu 22 € (déj. en semaine), 32/53 € – Carte 50/83 €

Le Bourg – ⌀ 03 85 32 17 93 – www.le-relais-dozenay.com – Fermé
21-30 oct., 1ᵉʳ-23 janv., mardi hors saison et merc.

à Mancey 5 km à l'Ouest par D215 – ⊠ 71240 – 386 hab. – Alt. 280 m

🍽 **Auberge du Col des Chèvres** 🍴 P

CUISINE TRADITIONNELLE · RUSTIQUE ✕ Le goût du terroir, la convivialité et le
charme de la campagne... Il y a un peu de cela dans ce restaurant. La cuisine, traditionnelle, met en avant de bons produits, et la taille des assiettes ravira les plus
gourmands. Une bonne adresse !

Formule 20 € – Menu 29/35 € – Carte environ 36 €

Dulphey – ⌀ 03 85 51 06 38 – www.auberge-coldeschevres.fr – Fermé lundi
de déc. à mars, mardi et merc.

TOURRETTES

✉ 83440 (Var) – 2 823 hab. – Alt. 350 m – Carte régionale n° **41**-C3
▶ Paris 884 km – Castellane 56 km – Draguignan 31 km – Fréjus 35 km
Carte Michelin 340-P4 – Guide Vert Michelin Côte d'Azur

au Sud 6 km sur D56 – ✉ 83440 Tourrettes

⁂ **Faventia**
🍴 ♿ 🅰🅲 🍽 ⟳ 🐾 🅿

CUISINE MODERNE · LUXE XxxX Délicieux moment au sein du luxueux domaine hôtelier de Terre Blanche, qui semble si protégé du monde extérieur ! En terrasse, le panorama est superbe, toute l'équipe est pleine d'attentions pour les clients, et la cuisine est dans la droite ligne de cet art de vivre dit à la française...
→ Langoustines saisies, interprétation d'une ratatouille, fraîcheur d'un aïoli. Grogneur de ligne clouté de citron sur un lit de verveine, velours d'agrumes. Fraises mara des bois en fine gelée, pistou à la pistache et sorbet fraise.

Menu 75/185 € – Carte 120/170 €

Hôtel Terre Blanche, 3100 rte de Bagnols-en-Forêt, (Domaine de Terre Blanche) – ☎ 04 94 39 90 00 – www.terre-blanche.com – Ouvert 23 mars-8 oct. et fermé dim., lundi et le midi

⋔⋔⋔⋔⋔ **Terre Blanche**
🏕 🐎 🕊 ⌸ 🔲 🌐 ♨ 🍽 🎬 ♿ 🅰🅲 🍽 🧖 🚗

GRAND LUXE · MODERNE Sentiment d'exclusivité sur les hauteurs de l'arrière-pays, entre St-Raphaël et Cannes... Tout semble idyllique dans ce domaine de 300 ha, dédié au repos des sens : luxe sans ostentation (beaux matériaux naturels), espace (vastes suites disséminées dans 45 villas), piscines, golf 18 trous, plusieurs restaurants... Mention spéciale au spa, sommet du genre !

115 suites – ♦♦315/750 € – 1 chambres – ☲ 46 €

3100 rte de Bagnols-en-Forêt, (Domaine de Terre Blanche) – ☎ 04 94 39 90 00 – www.terre-blanche.com – Ouvert 26 fév.-27 nov.

⁂ **Faventia** – voir les restaurants ci-dessus

> Les prix indiqués devant le symbole ♦ correspondent au prix le plus bas en basse saison puis au prix le plus élevé en haute saison, pour une chambre single. Même principe avec le symbole ♦♦, cette fois pour une chambre double.

TOURRETTES-SUR-LOUP

✉ 06140 (Alpes-Maritimes) – 3 993 hab. – Alt. 400 m – Carte régionale n° **42**-E2
▶ Paris 929 km – Grasse 18 km – Nice 29 km – Vence 6 km
Carte Michelin 341-D5 – Guide Vert Michelin Côte d'Azur

⁂ **Clovis** (Julien Bousseau)
🅰🅲

CUISINE MODERNE · BISTRO X Dans ce bistrot contemporain plutôt intime, le jeune chef maîtrise... l'art de la simplicité ! Respectueux des saisons, il aime décliner un même produit (fenouil, veau, etc.) autour d'une entrée et d'un plat. Originalité, fraîcheur, soin : la formule du plaisir.
→ Cuisine du marché

Formule 38 € – Menu 45/105 €

21 Grand-Rue, (accès piéton) – ☎ 04 93 58 87 04 (réservation conseillée) – www.clovisgourmand.fr – Fermé 3 semaines fin-fév. à mi-mars, 2 semaines en déc., lundi et mardi

Résidence des Chevaliers

FAMILIAL · RUSTIQUE Vue splendide sur la côte et le village, grande quiétude, jardin, jolie piscine : l'endroit idéal pour se reposer. Dans une veine rustique et provençale, cet hôtel ne manque pas de cachet ; les chambres sont confortables et bien tenues.

12 chambres – ♦100/210 € ♦♦130/210 € – ☐14 €
521 rte du Caire – ℰ 04 93 59 31 97
– www.hoteldeschevaliers06.monsite.wanadoo.fr – Ouvert 1ᵉʳ avril-1ᵉʳ oct.

Les 4 Elements

MAISON DE CAMPAGNE · ÉLÉGANT Sur les hauteurs de Tourrettes, le grand jardin domine mer et collines : un panorama exceptionnel. Entourée de palmiers et d'oliviers, la bastide accueille quatre chambres sobres et confortables, décorées sur le thème des quatre éléments. Douceur et raffinement !

4 chambres ☐ – ♦185/240 € ♦♦185/240 €
765 rte de la Madeleine – ℰ 06 72 31 59 51 – www.les4elements.eu

ON AIME...

La Famille by Bardet, où l'on perpétue avec brio la tradition familiale.
Charles Barrier, l'institution gastronomique de la ville, ou son petit frère
le **Bistrot de la Tranchée** : deux belles adresses ! Sur les bords de Loire,
l'**Auberge de Port Vallières** et sa savoureuse cuisine tourangelle. **Barju**,
dont le chef marie à merveille produits de la mer et épices...

TOURS

✉ 37000 (Indre-et-Loire) – 134 978 hab. – Agglo. 347 614 hab. – Alt. 60 m
– Carte régionale n° **11**-B2
▶ Paris 237 km – Angers 124 km – Bordeaux 346 km – Le Mans 84 km
Carte Michelin 317-N4 – Guide Vert Michelin Châteaux de la Loire

Restaurants

🌸 **La Roche Le Roy** (Alain Couturier) 🚰 🅿

CUISINE CLASSIQUE · ÉLÉGANT XxX À deux minutes du centre-ville, dans
cette charmante gentilhommière tourangelle, on met un point d'honneur à réaliser
une belle cuisine classique, avec maîtrise et soin. Accueil et service sont des plus
charmants.
➜ Asperges vertes à l'œuf cassé, dentelle de parmesan et lard paysan. Vol-au-
vent aux morilles. Soufflé chaud à l'orange et au Grand Marnier.
Menu 37 € (déj.), 58/75 € – Carte 64/87 €
Plan : X-r – 55 rte St-Avertin – 𝒞 02 47 27 22 00 – www.rocheleroy.com
– Fermé 15-24 fév., 30 juil.-23 août, 24-28 déc., dim. et lundi

😊 **Le Saint-Honoré** 🚰 ♿

CUISINE MODERNE · RUSTIQUE X Installé dans une ancienne boulangerie de
1625, qui a conservé son four, ce restaurant a tout pour plaire aux amateurs d'authenticité. Le chef fait pousser ses légumes dans son potager et signe une cuisine
délicate, gourmande, pleine de saveurs...
Menu 28/48 € – Carte 43/55 €
Plan : DY-a – 7 pl. des Petites-Boucheries – 𝒞 02 47 61 93 82 (réservation
conseillée) – Fermé 6-14 fév., 1er-17 août, 24 déc.-3 janv., sam. et dim.

😊 **Le Bistrot de la Tranchée** AC

CUISINE MODERNE · BISTRO X On y mange au coude-à-coude tant il attire de
monde ! Aux fourneaux de ce sympathique bistrot, une équipe jeune et dyna-
mique signe une belle cuisine canaille et gourmande. Le rapport qualité-prix est
excellent ! À savoir : cette table dépend du restaurant Charles Barrier, mitoyen.
🍤 Formule 12 € – Menu 17 € (déj. en semaine), 24/42 € 🍷
– Carte 30/45 €
Plan : U-s – 103 av. de la Tranchée – 𝒞 02 47 41 09 08 – www.charles-barrier.fr
– Fermé dim. soir

CHAMBRAY-LÈS-TOURS

République (Av. de la) . . . . X 88

JOUÉ-LÈS-TOURS

Martyrs (R. des) . . . . X 64
Verdun (R. de) . . . . X 102

ST-AVERTIN

Brulon (R. Léon) . . . . X 14
Lac (Av. du) . . . . X 58
Larçay (R. de) . . . . X 59

ST-CYR-SUR-LOIRE

St-Cyr (Quai de) . . . . V 91

ST-PIERRE-DES-CORPS

Jaurès (Boulevard Jean) . . . . . . V 57
Moulin (R. Jean) . . . . V 70

TOURS

Alouette (Av. de l') . . . . X 2
Bordeaux (Av. de) . . . . V 51
Bordiers (R. des) . . . . U 9
Boyer (R. Léon) . . . . V 10
Chevallier (R.A.) . . . . V 19
Churchill (Bd W.) . . . . V 20
Compagnons
  d'Emmaüs
  (Av. des) . . . . U 23
Eiffel (Av. Gustave) . . . . V 37
Gaulle (Av. Gén.-de) . . . . V 44

Giraudeau (R.) . . . . V 46
Grammont (Av. de) . . . . V 47
Groison (R.) . . . . U 54
Marmoutier
  (Quai de) . . . . U 63
Monnet (Bd J.) . . . . U 69
Portillon (Quai de) . . . . U 81
Proud'hon (Av.) . . . . V 82
République
  (Av. de la) . . . . X 88
St-Avertin (Rte de) . . . . X 89
St-François (R.) . . . . V 92
St-Sauveur (Pont) . . . . V 94
Sanitas (Pont du) . . . . VX 95
Tonnellé (Bd) . . . . V 97
Tranchée (Av. de la) . . . . U 98
Vaillant (R. E.) . . . . V 99
Wagner (Bd R.) . . . . V 105

TOURS

Amandiers (R. des)	**CY** 4	Carmes (Pl. des)	**BY** 16
Berthelot (R.)	**BCY** 7	Châteauneuf (Pl. de)	**BY** 17
Bons Enfants (R. des)	**BY** 8	Châteauneuf (R. de)	**AY** 18
Bordeaux (R. de)	**CZ**	Coeur-Navré (Passage du)	**CY** 21
Boyer (R. Léon)	**AZ** 10	Commerce (R. du)	**BY**
Briçonnet (R.)	**AY** 13	Constantine (R. de)	**BY** 24
		Corneille (R.)	**CY** 25
		Courier (R. Paul-Louis)	**BY** 27
		Courteline (R. G.)	**AY** 28

Cygne (R. du)	**CY** 29
Descartes (R.)	**BZ** 33
Dolve (R. de la)	**BZ** 35
Favre (R. Jules)	**BY** 38
Fusillés (R. des)	**BY** 41
Gambetta (R.)	**BZ** 43
Giraudeau (R.)	**AZ** 46
Grammont (Av. de)	**CZ**
Grand-Marché (Pl. du)	**AY** 49

ÎLE SIMON

Pont Wilson

BIBLIOTHÈQUE

Pl. A. France

MUSÉE DU COMPAGNONNAGE

Pont Napoléon

Promenade des

Quai du Pont Neuf

Tanneurs

Gabares

Jardin François 1er

HÔTEL GOUIN

St-Julien

Rue

Commerce

Foch

R. Centiers

Bretonneau

PL. PLUMEREAU

Pl. de la Résistance

Halles

R. des Déportés

N. D. LA RICHE

Marché

Basilique St-Martin

Destouches

Pl. Rouget de l'Isle

Pl. des Halles

Néricault

Pl. du 14 Juillet

Clocheville

Rue

Rouget

de l'Isle

Pl. G. Paillhou

Rue H. Barbusse

Charpentier

Rue E. Pallu

POL

Rue Marceau

Bourde

Pl. J. Meunier

CLOCHEVILLE

R. de Courset

R. Chanoneau

Rue de la Grandière

Béranger

Pl. de la Cité A. Mame

Pl. N. Frumeaud

Dalbérier

Boulevard

Béranger

Boulevard

Hugo

Pl. St Éloi

Victor-

Jehan

Foulquet

Rue Simier

d' Entraigues

Sébastopol

Rue

Georget

Rue

Sand

Grand Passage	CZ 50	Merville (R. du Prés.)	BY 65
Grégoire-de-Tours (Pl.)	DY 52	Meusnier (R. Gén.)	DY 66
Grosse-Tour (R. de la)	AY 55	Monnaie (R. de la)	BY 68
Halles (Pl. des)	AZ	Mûrier (R. du)	AY 71
Halles (R. des)	BY	Nationale (R.)	BYZ
Herbes (Carroi aux)	AY 56	Paix (R. de la)	BY 73
Lavoisier (R.)	CY 60	Petites-Boucheries	
Manceau (R.)	DY 61	(Pl. des)	DY 80
Marceau (R.)	BYZ	Petit-Cupidon (R. du)	DY 77

Petit-St-Martin (R. du)	AY 78
Racine (R.)	DY 84
Rapin (R.)	AZ 85
St-Pierre-le-Puellier	
(Pl.)	ABY 93
Scellerie (R. de la)	BCY
Sully (R. de)	BZ 96
Victoire (Pl. de la)	AY 103
Vinci (R. Léonard de)	BZ 104

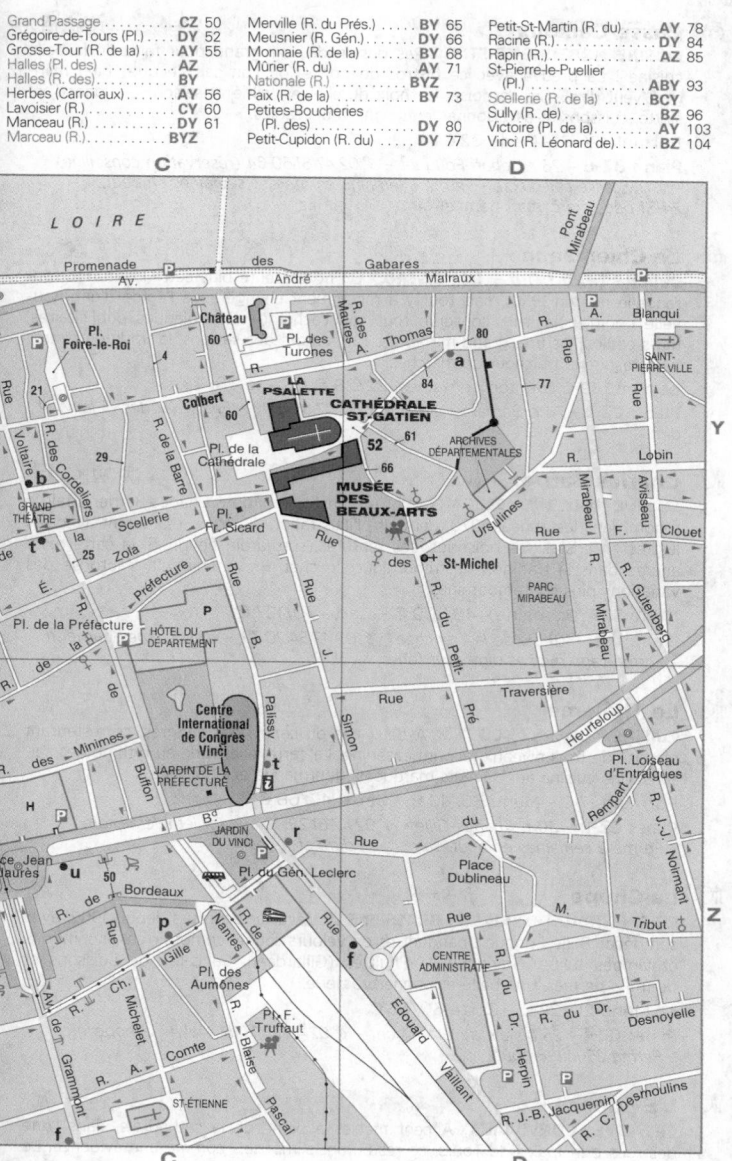

🙂 Casse-Cailloux   🕸 🍴

CUISINE MODERNE · BISTRO 🍴 Pas besoin de voir grand pour faire de la belle cuisine ! La preuve avec ce bistrot de poche, où l'on sait ce que "bien manger" veut dire... Sur l'ardoise, le choix du chef est ciblé et saisonnier ; dans l'assiette, cuissons et assaisonnements sont impeccables.

Formule 26 € – Menu 32 €

Plan : BZ-d – *26 r. Jehan-Fouquet* – *☎ 02 47 61 60 64 (réservation conseillée) – www.casse-cailloux.fr – Fermé 1 semaine en mars, 3 semaines en août, 24-31 déc., merc. midi, sam. et dim.*

🙂 Le Chien Jaune   🍴 ✥

CUISINE TRADITIONNELLE · BISTRO 🍴 On ne présente plus cette institution tourangelle née en 1930, mais tout y a récemment changé sous l'égide d'une nouvelle équipe : la salle conserve tout son cachet (vieilles plaques publicitaires, murs couleur beurre, grand miroir, etc.) et, au gré des saisons, la tradition bistrotière respire la fraîcheur du marché...

🍴 Menu 19 € (déj. en semaine), 22/29 € – Carte 36/48 €

Plan : CZ-t – *74 r. Bernard-Palissy* – *☎ 02 47 05 10 17 – Fermé 22 déc.-5 janv. et dim.*

🍴 Charles Barrier   🍴 🅰🅒 ✥ 🅿

CUISINE MODERNE · ÉLÉGANT 🍴🍴🍴 Cette institution, dont Charles Barrier a fait le renom dans les années 1970, demeure l'illustration du grand restaurant avec ses lustres en cristal, ses boiseries, ses tentures, son jardin fleuri... Si la carte reste ancrée dans la tradition gastronomique, le chef, Hervé Lussault, s'autorise des variations plus contemporaines.

Menu 37 € (semaine), 46/109 € – Carte 70/127 €

Plan : U-e – *101 av. de la Tranchée* – *☎ 02 47 54 20 39 – www.charles-barrier.fr – Fermé sam. midi et dim. sauf fériés*

🍴 Le Thélème   🅰🅒

CUISINE MODERNE · COSY 🍴🍴 À deux pas du centre des congrès, ce restaurant dispose de trois niveaux façon mezzanine. La carte, elle, varie au rythme des saisons. Une cuisine aux saveurs marquées, gourmande et parfumée.

Formule 17 € – Menu 36/43 € – Carte 42/68 €

Plan : CZ-p – *30 r. Charles-Gille* – *☎ 02 47 61 28 40 – www.letheleme.com – Fermé 2 semaines en août, sam. midi, dim. et fériés*

🍴 La Chope   🅰🅒

CUISINE TRADITIONNELLE · BRASSERIE 🍴🍴 L'écailler de Tours depuis 1902, avec son décor Belle Époque : banquettes en velours rouge, comptoir en zinc, miroirs et lampes tulipe. Grand choix d'huîtres (Gillardeau, Cancale), de poissons et de fruits de mer. Une belle et bonne brasserie.

🍴 Menu 20/27 € – Carte 30/55 €

Plan : CZ-f – *25 bis av. de Grammont* – *☎ 02 47 20 15 15 – www.lachope.info – Fermé 25 juil.-8 août*

🍴 L'Évidence   🅰🅒

CRÉATIVE · CONVIVIAL 🍴🍴 À cent mètres à peine de la cathédrale, dans l'une des rues principales de Tours, ce restaurant s'impose... comme une évidence. Le jeune chef, véritable passionné, propose une cuisine créative et instinctive évoluant au fil des saisons ; il fait la part belle à de beaux produits : caviar, escargot, truffe...

🍴 Menu 19 € (déj.), 38/68 €

Plan : BCY-w – *33 r. Colbert* – *☎ 02 47 66 33 08 – www.restaurant-levidence.com – Fermé 2 semaines pour les fêtes de fin d'année*

ᵗⓄ L'Odéon-Olivier Imbert   AC ⇌

CUISINE TRADITIONNELLE · ÉLÉGANT XX Ce restaurant est l'un des plus anciens de la capitale tourangelle – il est né en 1893 – mais il vit avec son temps, dans le décor comme dans l'assiette. Le chef signe une cuisine traditionnelle teintée d'originalité, exécutée avec soin. Bon choix de vins au verre.

Formule 23 € – Menu 43 € – Carte 67/76 €

Plan : CZ-r – 10 pl. du Gén.-Leclerc – ℰ 02 47 20 12 65
– www.restaurant-lodeon.com – Fermé 25 juil.-15 août, 2-15 janv., dim. soir, mardi soir et lundi

ᵗⓄ La Famille By Bardet

CUISINE MODERNE · BRANCHÉ X Un restaurant arty et branché au cœur du vieux Tours. Derrière les fourneaux, le chef – un ancien autodidacte qui a épousé la fille de Jean Bardet, figure de la cuisine locale – a la passion de la cuisine chevillée au corps : son investissement paie dans l'assiette, savoureuse, colorée et parfumée ! Accueil très aimable.

Formule 28 € – Menu 35/75 € – Carte 56/72 €

Plan : AY-f – 10 r. Grosse-Tour – ℰ 02 47 39 24 83 – www.restaurant-lafamille.fr
– Fermé dim. et lundi

ᵗⓄ Barju   🏠 &

CUISINE MODERNE · BISTRO X Cette petite adresse du vieux Tours a subi un sacré lifting ! On y a créé un côté "bistrot" avec courte carte à l'ardoise (huîtres, assiettes de charcuteries...), et on y a réduit la taille du restaurant principal (25 couverts). Les clients s'y régalent toujours de délicieux produits, et notamment de très beaux poissons.

Menu 42/82 € – Carte 62/90 €

Plan : ABY-t – 15 r. du Change – ℰ 02 47 64 91 12 (réservation conseillée)
– www.barju.fr – Fermé 2 semaines en août, 20 déc.-2 janv., jeudi midi, dim. et lundi

ᵗⓄ Le Bistrot N'home

CUISINE MODERNE · BISTRO X Salade de tomates séchées, jambon de pays, brebis, pesto et comté ; cabillaud poché, vert et blanc de blettes et bouillon câpres et citron... Dans sa nouvelle adresse située non loin des halles, le chef compose une belle et bonne cuisine de saison, avec une majorité de produits locaux. Fraîcheur et saveurs : le bonheur !

Formule 15 € – Menu 26/30 € – Carte 29/45 €

Plan : AY-y – 11 r. de la Serpe – ℰ 09 81 00 62 21 – www.lebistrotnhome.fr
– Fermé 1 semaine en fév., 1ᵉʳ-15 août, 1 semaine en déc., dim., lundi et le soir sauf vend. et sam.

ᵗⓄ La Deuvalière   AC

CUISINE MODERNE · FAMILIAL X Parcours atypique pour ce chef, originaire de Jérusalem, ex-officier de marine, formé à l'institut Bocuse... Une reconversion réussie : au fil des saisons, il signe des plats fort appétissants, toujours bien construits. Autre atout : le cadre chaleureux de cette maison du 15ᵉ s. (tuffeau, cheminée, etc.).

Formule 19 € – Menu 34/37 €

Plan : BY-e – 18 r. de la Monnaie – ℰ 02 47 64 01 57
– www.restaurant-ladeuvaliere.com – Fermé sam. midi, dim. et lundi

ᵗⓄ L'Atelier Gourmand   🏠

CUISINE TRADITIONNELLE · DESIGN X Couleurs pétantes, chaises en plexi, tables inox... Entre ses murs du 15ᵉ s., ce restaurant arbore une déco qui décoiffe. Côté assiettes, l'adresse, tenue par deux frères, semble démontrer que la gourmandise est une affaire de gènes !

Formule 13 € – Menu 25 € – Carte 30/45 €

Plan : AY-z – 37 r. Étienne-Marcel – ℰ 02 47 38 59 87 – www.lateliergourmand.fr
– Fermé 20 déc.-11 janv., sam. midi, lundi midi et dim.

⫾◯ Les Linottes

CUISINE MODERNE · BISTRO ⫽ Ambiance bistrot dans le cadre chaleureux (pierres et poutres apparentes, cheminée) de cette maison à colombages du vieux Tours. Les plats sont préparés en cuisine par une chef au beau parcours ; on peut notamment opter pour le réjouissant menu proposé à l'ardoise. Les têtes de linotte – et les autres – apprécieront !

Formule 20 € – Menu 31 € – Carte environ 34 €

Plan : AY-b – *22 r. Georges-Courteline – ℰ 02 47 38 34 82 (réservation conseillée) – www.leslinottesgourmandes.com – Fermé 3 semaines en août, dim. et lundi*

⫾◯ L'Arôme

CUISINE MODERNE · BISTRO ⫽ Le bouche-à-oreille le dit à juste titre : l'endroit est jeune, dynamique, sérieux et fait la part belle à la cuisine du marché. On se régale à prix doux, par exemple d'un marbré de cèpes accompagné de vins bien choisis. Une bonne adresse.

🚌 Formule 13 € – Menu 15 € (déj. en semaine), 29/32 €

Plan : BY-m – *26 r. Colbert – ℰ 02 47 05 99 81 (réservation conseillée) – Fermé 2 semaines en août, 1 semaine à Noël, dim. et lundi*

Hôtels

⌂⌂⌂⌂ L'Univers

LUXE · GRAND STYLE Accueil en grande pompe, dans le hall, avec une fresque représentant les plus célèbres clients de l'hôtel : Churchill, Hemingway... Depuis 1846, le meilleur établissement de Tours reçoit dans un esprit "petit palace" : marbre, boiseries, etc. Le must : siroter un cocktail au bar qui propose, en outre, une belle carte de whiskys.

91 chambres – ▪200/300 € ▪▪215/315 € – 3 suites – ☱ 15 €

Plan : CZ-u – *5 bd Heurteloup – ℰ 02 47 05 37 12 – www.oceaniahotels.com*

⌂⌂⌂ Château Belmont

BUSINESS · ÉLÉGANT Se croire à la campagne tout en étant en ville ! Cet hôtel, abrité dans un parc de 2,5 ha, est un véritable havre de paix. De surcroît, l'établissement offre un cadre épuré et chic.

56 chambres – ▪200/265 € ▪▪245/265 € – 9 suites – ☱ 19 € – ½ P

Plan : U-v – *57 r. Groison – ℰ 02 47 46 65 00 – www.chateaubelmont.com*

⌂⌂ Mercure Centre

HÔTEL DE CHAÎNE · FONCTIONNEL Parfait pour une étape, ce Mercure récemment rénové a l'avantage d'être situé à deux pas de la gare. Les chambres donnent sur la rue ou la voie ferrée, mais l'insonorisation est excellente.

92 chambres – ▪89/175 € ▪▪89/175 € – ☱ 18 €

Plan : DZ-f – *29 r. Édouard-Vaillant – ℰ 02 47 60 40 60 – www.mercure.com*

⌂ L'Adresse

FAMILIAL · COSY Dans le quartier historique du Plumereau, cette bâtisse du 18ᵉ s. est idéale pour une escapade. Pierres et poutres apparentes, dessus-de-lit en boutis, tons pastel... La déco, tout en simplicité et fraîcheur, met bien en valeur le charme des lieux. Cosy et chaleureux !

17 chambres – ▪55/105 € ▪▪78/105 € – ☱ 10 €

Plan : AY-u – *12 r. de la Rôtisserie – ℰ 02 47 20 85 76 – www.hotel-ladresse.com*

⌂ Ronsard

TRADITIONNEL · MODERNE L'histoire ne dit pas si l'auteur des Sonnets pour Hélène aurait aimé l'endroit, lui qui vécut et mourut tout près, au Prieuré de St-Cosme. Quoi qu'il en soit, cet hôtel est parfait pour découvrir la ville. Accueil très aimable.

20 chambres – ▪63/77 € ▪▪73/85 € – ☱ 9 €

Plan : CY-b – *2 r. Pimbert – ℰ 02 47 05 25 36 – www.hotel-ronsard.com*

⌂ Hôtel du Théâtre

FAMILIAL · FONCTIONNEL Dans cette maison du 15ᵉ s., face au Grand Théâtre, les trois coups du brigadier se font peut-être entendre ! Le cadre est intime. Rue animée, préférez les chambres – plus calmes – côté cour.

14 chambres – ♦59/79 € ♦♦64/84 € – ☲ 8 €

Plan : CY-t – *57 r. de la Scellerie – ℰ 02 47 05 31 29*
– www.hotel-du-theatre37.com

⌂ Châteaux de la Loire

FAMILIAL · FONCTIONNEL Cet hôtel, entre la gare et le vieux Tours, dispose de chambres fonctionnelles assez confortables et d'un parking à proximité. Accueil sympathique et familial.

30 chambres – ♦60/90 € ♦♦60/100 € – ☲ 9 €

Plan : BZ-x – *12 r. Gambetta – ℰ 02 47 05 10 05 – www.hoteldeschateaux.fr*
– Ouvert 7 mars-16 déc.

à Rochecorbon 6 km à l'Est par D140 – ✉ 37210 – 3 232 hab. – Alt. 58 m

✿ Les Hautes Roches

CUISINE MODERNE · ÉLÉGANT XXX Aux beaux jours, la terrasse qui domine le "fleuve royal" est incontournable, et rivalise avec l'élégance épurée de la salle. Le chef, breton d'origine, marie les influences océanes aux produits régionaux. Une cuisine franche et maîtrisée.

➜ Fricassée de petits encornets farcis au lard fumé, sorbet et chutney de bette-rave. Suprême de turbot, caviar de pomme de terre, artichaut, oignon fane et béarnaise. Tarte fine aux pommes caramélisées au fer, glace au lait d'amandes.

Menu 60/100 € – Carte 77/84 €

86 quai de Loire – ℰ 02 47 52 88 88 – www.leshautesroches.com – Fermé 15 fév.-16 mars, dim. et lundi

⌂⌂⌂ Les Hautes Roches

CHÂTEAU · PERSONNALISÉ Installé dans un ancien monastère en partie troglo-dyte, face à la Loire, cet hôtel creusé dans le tuffeau a du caractère ! Seules les fenêtres percées dans la falaise indiquent la présence de chambres. Une adresse insolite pour une expérience inédite.

14 chambres – ♦190/300 € ♦♦190/300 € – ☲ 21 € – ½ P

86 quai de Loire – ℰ 02 47 52 88 88 – www.leshautesroches.com
– Fermé 15 fév.-16 mars

✿ **Les Hautes Roches** – voir les restaurants ci-dessus

⌂⌂ Arthotel

CHÂTEAU · DESIGN Dans la périphérie de Tours, l'établissement est installé dans les murs du splendide château de la Taisserie. Une noble ascendance, que l'on oublie aussitôt en découvrant l'intérieur : mobilier contemporain, contrastes noir-blanc, chambres actuelles... Saisissant !

28 chambres – ♦147/312 € ♦♦147/312 € – ☲ 19 €

19 quai de la Loire – ℰ 02 47 22 24 44 – www.art-hotel-tours.com

à Joué-lès-Tours 5 km au Sud-Ouest, par rte de Chinon – ✉ 37300
– 37 196 hab. – Alt. 65 m

⌂⌂⌂ Château de Beaulieu

LUXE · CLASSIQUE Pour ceux qui aiment la vie de château, cette belle gentil-hommière du 18ᵉ s. dégage un charme sûr : moulures, mobilier de style, tissus choisis... Depuis le parc, soigneusement entretenu, la vue porte jusqu'à la cité tourangelle.

17 chambres – ♦105/207 € ♦♦105/207 € – ☲ 14 € – ½ P

Plan : X-b – *67 r. de Beaulieu – ℰ 02 47 53 20 26*
– www.chateaudebeaulieu37.com

⌂ Chéops ⚘ ▣ ♿ 🛁 🚗

BUSINESS · FONCTIONNEL Près du centre de Joué, cet hôtel est intégré à un ensemble résidentiel. Parfait pour un déplacement professionnel, il propose des chambres à la décoration contemporaine, des salles de séminaire et un service de restauration.

58 chambres ⌂ – ♦95/138 € ♦♦95/138 € – ½ P

Plan : X-a – *75 bd Jean-Jaurès* – ℰ *02 47 67 72 72* –
http://hotel-tours.brithotel.fr – *Fermé 24 déc.-4 janv.*

à Fondettes 7 km au Nord-Ouest par D952 – ⌧ 37230 – 10 235 hab.

⊛ Auberge de Port Vallières 🍴 🅰

CUISINE TRADITIONNELLE · ÉLÉGANT ✕✕ Entre Tours et Angers, voici une halte toute trouvée ! Une savoureuse cuisine d'inspiration tourangelle vous attend dans ce restaurant élégant et chaleureux, dont le chef affectionne les beaux produits, tels les Saint-Jacques de plongée ou le homard. Service attentionné et prix doux.

Formule 20 € – Menu 22 € (déj. en semaine), 32/65 € – Carte 57/73 €
195 quai des Bateliers, D 952, rte des bords de Loire – ℰ *02 47 42 24 04*
– www.auberge-de-port-vallieres.fr – *Fermé 25 août-10 sept., 7-20 janv., dim. soir et lundi*

au Nord 9 km par D910

⊛ L'Arche de Meslay 🍴 ♿ 🅰 🅿

CUISINE MODERNE · TRADITIONNEL ✕✕ Le quartier un peu austère (près d'un rond-point) et le décor un brin kitsch – une colonnade trône au centre de la salle – s'oublient très vite devant la finesse de la cuisine, véritablement pleine de saveurs... À l'image de la spécialité du chef : la bouillabaisse à la tourangelle – rouget, rascasse, rillons et andouillette !

☞ Formule 17 € – Menu 19 € (déj. en semaine), 28/55 € – Carte 45/66 €
14 r. des Ailes ⌧ *37210 Parçay-Meslay* – ℰ *02 47 29 00 07*
– www.larchedemeslay.fr – *Fermé 3 semaines en août, dim. et lundi sauf fériés*

TOURTOUR

⌧ 83690 (Var) – 593 hab. – Alt. 652 m – Carte régionale n° **41**-C3
◪ Paris 827 km – Aups 10 km – Draguignan 17 km – Salernes 11 km
Carte Michelin 340-M4 – Guide Vert Michelin Côte d'Azur

✿ Les Chênes Verts 🌡 🐾 🖐 🍴 🅰 🅿

CUISINE CLASSIQUE · ÉLÉGANT ✕✕ Maison provençale isolée dans un joli cadre forestier. Cuisine régionale forte en caractère (spécialités de truffes) servie dans deux confortables salles à manger ou en terrasse.

➜ Brouillade aux truffes. Suprême de canard au miel et aux épices. Le grand dessert.

Menu 59/145 € – Carte 110/192 €
3 chambres – ♦100 € ♦♦110 € – ⌂ 20 €
rte de Villecroze, 2 km par D51 – ℰ *04 94 70 55 06 (réservation conseillée)*
– Fermé 1er juin-19 juil., dim. soir, mardi et merc.

⫿O La Table de la Baume 🌡 🐾 ≤ 🖐 🍴 ⊿ 🍽 🅿

MÉDITERRANÉENNE · ÉLÉGANT ✕✕✕ Tout est caractère et volupté dans cette superbe demeure provençale – où vécut le peintre Bernard Buffet – toisant le massif des Maures ! Tomates, artichauts et aubergines, miel et huile d'olive : c'est sur cette production maison que se fonde la cuisine du chef, gorgée de soleil et au fort accent méditerranéen. Idyllique...

Formule 42 € ▽ – Menu 62 € ▽/104 € ▽
5 chambres – ½ P seult 230/480 €
2071 rte d'Aups – ℰ *04 83 13 27 27 (réservation conseillée)*
– www.domaine-delabaume.com – *Ouvert 4 avril-2 janv.*

🍴 La Table

CUISINE MODERNE · INTIME X Charmant petit restaurant contemporain (tableaux, chaises design) situé à l'étage d'une maison en pierre. La cuisine, savoureuse, valorise les produits du marché, notamment les légumes.

Menu 28/44 € – Carte 49/80 €

1 Traverse du Jas, Les Ribas – ℰ 04 94 70 55 95 (réservation conseillée)
– www.latable.fr – Fermé fin juin-début juil., lundi d'oct. à mi-avril et mardi sauf
du 15 juil. au 15 août

🏨 La Bastide de Tourtour

AUBERGE · PERSONNALISÉ Quel site ! Cette bastide – aux allures de château – domine le massif des Maures et... toute la région. Une partie des chambres, avec balcon, ouvrent sur ce fabuleux panorama. Cependant, beaux matériaux et grand confort dessinent une dimension... toute humaine.

23 chambres – ♦125/165 € ♦♦165/365 € – ☑ 20 € – ½ P

rte de Flayosc, (au village) – ℰ 04 98 10 54 20 – www.bastidedetourtour.com

🏠 La Petite Auberge

FAMILIAL · PERSONNALISÉ En retrait du village, face au massif des Maures, un mas entouré de végétation... et ouvert sur l'horizon côté piscine. Les chambres ne sont pas dénuées de romantisme ! On dîne dans un décor élégant d'une savoureuse cuisine traditionnelle.

15 chambres – ♦80/146 € ♦♦99/226 € – ☑ 13 € – ½ P

rte de Flayosc, 1,5 km par D77 – ℰ 04 98 10 26 16 – www.petiteauberge.net
– Ouvert 15 mars-27 oct.

🏠 Auberge St-Pierre

FAMILIAL · RUSTIQUE Passez le bonjour aux chèvres et aux moutons ! Au cœur d'une ferme de 90 ha, cette bâtisse du 16ᵉs. (poutres, pierres, mobilier rural) ne manque pas de cachet. Chambres confortables et piscine assez originale. Cuisine du terroir face à la campagne...

16 chambres – ♦90/128 € ♦♦90/138 € – ☑ 14 € – ½ P

534 chemin de Fonfiguière, 3 km à l'Est par D51 et rte secondaire
– ℰ 04 94 50 00 50 – www.aubergesaintpierre.com – Ouvert 15 avril-15 oct.

LA TOUSSUIRE

✉ 73300 (Savoie) – Alt. 1 690 m – Carte régionale n° **46**-F2
▶ Paris 651 km – Albertville 78 km – Chambéry 91 km – St-Jean-de-Maurienne 16 km
Carte Michelin 333-K6 – Guide Vert Michelin Alpes du Nord

🏠 Les Soldanelles

FAMILIAL · FONCTIONNEL Du nom d'une fleur qui apparaît à la fonte des neiges... Perchée sur les hauteurs de la station, face aux sommets, cette imposante bâtisse se prête à un séjour très montagne : les pistes de ski sont toutes proches, et pour se revigorer, on peut profiter de la piscine, de l'espace bien-être ou du restaurant traditionnel.

38 chambres – ♦72/160 € ♦♦72/160 € – ☑ 12 €

r. des Chasseurs-Alpins – ℰ 04 79 56 75 29 – www.hotelsoldanelles.com – Ouvert
28 juin-31 août et 18 déc.-20 avril

🏠 Le Beausoleil

HÔTEL DE VACANCES · ALPIN Un beau chalet refait à neuf, parfait pour profiter du domaine skiable des Sybelles : il se trouve dans un quartier calme, à deux pas du départ des pistes et du centre de la station. Les lieux revisitent l'esprit montagne dans une belle veine contemporaine et avec un vrai souci du bien-être : un ensemble agréable...

19 chambres – ½ P seult 122/228 €

– ℰ 04 79 56 74 59 – www.beausoleilhotel.com – Ouvert 21 juin-9 sept. et
21 déc.-24 avril

TRACY-SUR-MER – 14 (Calvados) → voir Arromanches-les-Bains

TRAENHEIM

✉ 67310 (Bas-Rhin) – 686 hab. – Alt. 200 m – Carte régionale n° **1**-A1
▶ Paris 471 km – Haguenau 54 km – Molsheim 8 km – Saverne 22 km
Carte Michelin 315-I5

⅋○ **Zum Loejelgucker** 　　　　　　　　　　　　🍴 ⅋ Ⓐ ⅋ ⅋

ALSACIENNE · RUSTIQUE ※ Dans un village viticole au pied des Vosges, cette ferme alsacienne du 18ᵉ s. ne manque pas de charme : bons plats régionaux avec quelques suggestions plus actuelles, boiseries sombres, fresques et cour fleurie l'été. Une maison sérieuse.

Formule 9 € – Menu 26/44 € – Carte 30/53 €

*17 r. Principale – ✆ 03 88 50 38 19 – www.loejelgucker-auberge-traenheim.com
– Fermé 24 déc.-4 janv., lundi soir et mardi soir*

LA TRANCHE-SUR-MER

✉ 85360 (Vendée) – 2 762 hab. – Alt. 4 m – Carte régionale n° **34**-B3
▶ Paris 459 km – La Rochelle 64 km – La Roche-sur-Yon 40 km –
Les Sables-d'Olonne 39 km
Carte Michelin 316-H9 – Guide Vert Michelin Pays de la Loire

⌂ **Les Dunes** 　　　　　　　　　　　　　　　　⅋ ▢ ⅋ ⅌

FAMILIAL · FONCTIONNEL Une grande maison face aux flots, avec sa véranda et son agréable piscine. Certaines chambres ont un balcon donnant sur la mer ; toutes sont fonctionnelles et impeccablement tenues. Attention : en pleine saison, le restaurant est réservé aux résidents.

45 chambres – ♦53/75 € ♦♦70/152 € – ⌑ 10 €

*68 av. Maurice-Samson – ✆ 02 51 30 32 27 – www.hotel-les-dunes.com
– Ouvert 26 mars-30 sept.*

TRÉBEURDEN

✉ 22560 (Côtes-d'Armor) – 3 670 hab. – Alt. 81 m – Carte régionale n° **9**-B1
▶ Paris 525 km – Lannion 10 km – Perros-Guirec 14 km – St-Brieuc 74 km
Carte Michelin 309-A2 – Guide Vert Michelin Bretagne Nord

❀ **Manoir de Lan-Kerellec** 　　　　　　　　　⅋ ⅊ ⅋ ▣

POISSONS ET FRUITS DE MER · CLASSIQUE ⅋⅋ Un cadre magique : la salle est couverte d'une splendide charpente en forme de carène de bateau renversée, et la vue porte sur la Manche et les îles... De quoi se laisser emporter par une cuisine inventive et variée – majoritairement sans gluten ni produits laitiers –, basée sur des produits de la mer de première qualité.

→ Maki de blé noir aux langoustines et lait ribot au wasabi. Homard bleu breton rôti demi-sel, gnocchis de fenouil et tomates confites. Tarte citron meringuée et sorbet yaourt.

Formule 24 € – Menu 30 € (déj. en semaine), 57/89 € – Carte 60/130 €

*Hôtel Manoir de Lan-Kerellec, allée centrale de Lan-Kerellec – ✆ 02 96 15 00 00
– www.lankerellec.com – Ouvert 12 mars à début-nov. et fermé lundi midi, mardi midi et merc. midi*

⅋○ **Ti al Lannec** 　　　　　　　　　⅋ ⅊ ⅋ ⅋ ⅋ ⅋ ▣

CUISINE CLASSIQUE · ÉLÉGANT ⅋⅋ Un restaurant bourré de charme avec ses beaux salons bourgeois. Dans la salle à manger panoramique, le spectacle vaut le coup d'œil et les produits de la mer valent... le coup de fourchette ! Judicieuse sélection de vins (bordeaux, appellations du Val de Loire...).

Formule 24 € – Menu 29 € (déj.), 45/80 € – Carte 50/120 €

*Hôtel Ti al Lannec, 14 allée de Mezo-Guen – ✆ 02 96 15 01 01 – www.tiallannec.com
– Ouvert de mars à fin nov.*

🍴○ Le Quellen

CUISINE TRADITIONNELLE · FAMILIAL XX Deux frères, l'un en cuisine et l'autre en salle, veillent aux destinées de cette maison traditionnelle, privilégiant des produits marins de grande fraîcheur (ormeaux sauvages et Saint-Jacques en saison, etc.). Gardez une place pour le délicieux kouign amann et sa glace au blé noir. Chambres pratiques à l'étage.

Formule 18 € – Menu 29/65 € – Carte 45/70 €

10 chambres – †58/73 € ††61/78 € – ☐ 9 €

18 corniche Goas-Treiz – ℰ 02 96 15 43 18 – www.le-quellen.com
– Fermé 1ᵉʳ janv.-17 fév., 17-30 oct., dim. soir et lundi hors vacances scolaires

🏠 Ti al Lannec

TRADITIONNEL · ÉLÉGANT Voilà l'adresse idéale pour profiter de Trébeurden dans une atmosphère luxueuse et feutrée, aux délicieux salons. Juchée sur une colline face à la mer, cette grande villa Belle Époque (1906) distille un charme sûr. Des meubles anciens, des tentures fleuries, un spa : délectable.

26 chambres – †149/377 € ††208/504 € – 7 suites – ☐ 18 €

14 allée de Mezo-Guen – ℰ 02 96 15 01 01 – www.tiallannec.com – Ouvert de mars à mi-nov.

🍴○ **Ti al Lannec** – voir les restaurants ci-dessus

🏠 Manoir de Lan-Kerellec

LUXE · PERSONNALISÉ Dominant les îles de la Côte de Granit rose, ce noble manoir breton du début du 20ᵉ s. est bourré de charme : vastes chambres aux tissus chatoyants avec balcon ou terrasse, jardin luxuriant et atmosphère familiale... Que demander de plus ?

19 chambres – †155/535 € ††198/535 € – ☐ 22 € – ½ P

allée centrale de Lan-Kerellec – ℰ 02 96 15 00 00 – www.lankerellec.com – Ouvert 12 mars à début nov.

🍽 **Manoir de Lan-Kerellec** – voir les restaurants ci-dessus

TRÉBOUL – 29 (Finistère) → voir Douarnenez

TRÉDARZEC

✉ 22220 (Côtes-d'Armor) – 1 126 hab. – Alt. 59 m – Carte régionale n° **9**-B1
▶ Paris 504 km – Rennes 153 km – St-Brieuc 57 km
Carte Michelin 309-C2

🍴○ L'Abri des Barges

POISSONS ET FRUITS DE MER · BISTRO X Ce bistrot convivial est installé dans l'ancienne étable d'un moulin à marée de la fin du 16ᵉ s., isolé sur les rives du Jaudy. Le chef – ancien photographe culinaire ! –, propose une courte carte, travaillant poissons et légumes locaux avec beaucoup de simplicité. Sa philosophie : le produit avant tout. Pari réussi !

Carte 35/69 €

Le Moulin du Carpont, 3 km au Nord-Ouest par rte de Kerbors et rte secondaire – ℰ 02 96 40 04 04 (réservation conseillée) – www.abridesbarges.com – Ouvert 1ᵉʳ avril-30 nov. et fermé merc. midi et mardi

TREFFORT

✉ 01370 (Ain) – 2 265 hab. – Alt. 280 m – Carte régionale n° **44**-B1
▶ Paris 436 km – Bourg-en-Bresse 18 km – Lons-le-Saunier 57 km – Mâcon 51 km
Carte Michelin 328-F3 – Guide Vert Michelin Lyon et sa région

😊 L'Embellie   ⇦ 🏠 ⊘

CUISINE TRADITIONNELLE · FAMILIAL ✕✕ Une maison en pierre sur la place principale du village... L'affaire a été reprise par un jeune couple "de retour au pays". Le chef, très soucieux de conserver le goût de chaque produit travaillé (dont de belles volailles de Bresse), signe une jolie cuisine. Quelle Embellie ! Chambres simples pour l'étape.

🍴 Formule 13 € – Menu 15 € (déj. en semaine), 30/35 € – Carte 31/57 €

9 chambres – ♦49 € ♦♦55/65 € – ⊆ 8 €

pl. du Champ-de-Foire – ☎ 04 74 42 35 64 – www.lembellie.org – Fermé vacances de Noël, sam. midi, dim. soir et lundi

TRÉGASTEL

✉ 22730 (Côtes-d'Armor) – 2 451 hab. – Alt. 58 m – Carte régionale n° **9**-B1

▶ Paris 526 km – Lannion 11 km – Perros-Guirec 9 km – St-Brieuc 75 km

Carte Michelin 309-B2 – Guide Vert Michelin Bretagne Nord

à la plage de Landrellec 3 km au Sud par D788 et rte secondaire - ✉ 22560 Pleumeur-Bodou

🍴 Le Macareux   ⇐ 🏠

POISSONS ET FRUITS DE MER · TRADITIONNEL ✕✕ Point besoin d'être un macareux pour se poser dans cette sympathique longère bretonne, il vous suffit d'être amateur de bonne cuisine. Spécialités du chef : les ormeaux, le homard et les fruits de mer, avec un coup de projecteur sur la pêche locale. On fait le plein d'iode ! En bonus : une terrasse face à... la mer.

Menu 29 € (semaine), 42/56 € – Carte 40/106 €

21 r. des Plages – ☎ 02 96 23 87 62 – www.lemacareux.com – Ouvert 14 fév.-14 oct. et fermé dim. soir sauf juil.-août, mardi midi et lundi

TRÉGUIER

✉ 22220 (Côtes-d'Armor) – 2 559 hab. – Alt. 40 m – Carte régionale n° **9**-B1

▶ Paris 509 km – Guingamp 28 km – Lannion 19 km – Paimpol 15 km

Carte Michelin 309-C2 – Guide Vert Michelin Bretagne Nord

🏵 Aigue Marine (Sabrina Chaumet)   ⇐ 🍴 🏠 ♿ 🅰🅺 🅿

CUISINE MODERNE · FAMILIAL ✕✕ L'aigue-marine : une pierre fine que l'on portait en talisman au moment de partir en mer... Un nom porte-bonheur pour cette table océane où Sabrina, chef de cuisine, livre une interprétation personnelle de la cuisine du large, mettant à l'honneur produits de la mer et légumes de petits producteurs.

➜ Langoustines rôties, crouty de langoustines au basilic, tempura d'artichaut, écrasé de framboises au vinaigre. Lieu jaune rôti, lentins de St-Pol-de-Léon, chorizo iberico, purée de brocolis. Parfait citron aux deux meringues.

Formule 21 € – Menu 49/89 €

5 r. Marcellin-Berthelot, (sur le port) – ☎ 02 96 92 97 00 – www.aiguemarine-hotel.com – Ouvert fév., 15-23 nov., 26-26 déc., janv. et fermé sam. midi, dim. soir et lundi

🏠 Aigue Marine   ✿ ⇐ 🍴 🏊 🛗 ⊡ 🧖 🅿

TRADITIONNEL · FONCTIONNEL Les familles apprécieront à coup sûr cet hôtel aux chambres fonctionnelles – souvent avec balcon –, à choisir côté port ou côté piscine et jardin. Le matin, le petit-déjeuner est soigné et copieux !

48 chambres – ♦70/95 € ♦♦95/140 € – ⊆ 15 € – ½ P

5 r. Marcellin-Berthelot, (sur le port) – ☎ 02 96 92 97 00 – www.aiguemarine-hotel.com – Fermé fév., 15-23 nov., 26-26 déc., janv. et dim. de nov. à mars

🏵 **Aigue Marine** – voir les restaurants ci-dessus

rte de Lannion 2 km au Sud-Ouest par D786 et rte secondaire

Kastell Dinec'h

FAMILIAL · PERSONNALISÉ Une maison en pierre comme on les aime, tout droit sortie du 17e s., hésitant entre la ferme et le manoir... Les chambres y sont cosy et soignées ; cuisine de qualité (producteurs locaux, bio, etc.) sur réservation.

16 chambres – **†**65/85 € **††**75/125 € – � 13 € – ½ P

lieu-dit le Castel, rte de Lannion – ℰ 02 96 92 92 92 – www.kastelldinech.com – Fermé 13 déc.-6 mars

TREIGNAC

✉ 19260 (Corrèze) – 1 395 hab. – Alt. 500 m – Carte régionale n° **25**-C2

▶ Paris 490 km – Brive-la-Gaillarde 74 km – Limoges 102 km – Tulle 40 km

Carte Michelin 329-L2 – Guide Vert Michelin Limousin Berry

Maison Grandchamp

FAMILIAL · PERSONNALISÉ Dans cette superbe maison familiale de la fin du 17e s., tout n'est que meubles anciens, portraits d'aïeux, souvenirs de voyages... Dans la cuisine, près du cantou, on savoure le menu du terroir concocté par Marielle. Beaucoup de charme et de coquetterie !

3 chambres ⊡ – **†**82/92 € **††**82/92 €

9 pl. des Pénitents – ℰ 05 55 98 10 69 – www.hotesgrandchamp.com – Ouvert 1er avril-8 nov.

TREILLES

✉ 11510 (Aude) – 223 hab. – Alt. 103 m – Carte régionale n° **22**-B3

▶ Paris 823 km – Carcassonne 89 km – Montpellier 127 km – Perpignan 37 km

Carte Michelin 344-I5

🍴 L'Atelier de Claude Giraud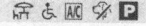

CUISINE TRADITIONNELLE · SIMPLE ⅹ Dans un petit village des Corbières, un endroit improbable, meublé de bric et de broc, mais attachant et très convivial ! Comme le dit le chef, ici, tout se concentre dans l'assiette : une belle cuisine de produits, simple, savoureuse et bien ficelée. Aux beaux jours, profitez de la terrasse.

œ Menu 20 € (déj. en semaine) – Carte 40/55 €

6 rte des Corbières – ℰ 04 68 33 08 59 (réservation conseillée) – Fermé en semaine d'oct. à Pâques et lundi midi d'avril à sept.

TRÉLAZÉ – 49 (Maine-et-Loire) ➜ voir Angers

TRÉLON

✉ 59132 (Nord) – 2 974 hab. – Alt. 188 m – Carte régionale n° **31**-D3

▶ Paris 218 km – Avesnes-sur-Helpe 15 km – Charleroi 53 km – Lille 115 km

Carte Michelin 302-M7

🍴 Le Framboisier

CUISINE TRADITIONNELLE · RUSTIQUE ⅹⅹ Un joli corps de ferme sur la route principale. Côté déco, on mêle le rustique et les touches plus actuelles ; côté papilles, on n'a d'yeux que pour la tradition aux accents régionaux.

Formule 18 € – Menu 22 € (semaine), 31/50 € – Carte 39/62 €

1 r. François Ansieau, rte du Val-Joly – ℰ 03 27 59 73 34 – http:// framboisier.terascia.com – Fermé 16 fév.-3 mars, 17 août-2 sept., dim. soir, mardi soir et lundi sauf fériés

LE TREMBLAY-SUR-MAULDRE

✉ 78490 (Yvelines) – 956 hab. – Alt. 132 m – Carte régionale n° **18**-A2
▶ Paris 42 km – Houdan 24 km – Mantes-la-Jolie 32 km – Rambouillet 18 km
Carte Michelin 311-H3

✿ **Numéro 3** (Laurent Trochain)   ♿

CUISINE MODERNE · DESIGN 𝕏𝕏𝕏 Une métamorphose ! Oubliées les poutres, la cheminée et même la façade traditionnelle ; place à un cadre éminemment contemporain, géométrique et design. La cuisine respecte ses fondamentaux : beaux produits, geste soigné et recettes nouvelles. Avec un original "bar à fromages" et un espace caviste...
➜ Foie gras de canard poêlé, fruits de saison et crumble salé. Ris de veau Français et oignons rouges, patate douce et légumes du jardin. Collections de douceurs de saison.
Menu 50/78 € – Carte 65/85 €
3 r. du Gén.-de-Gaulle – ✆ 01 34 87 80 96 – www.restaurant-numero3.fr
– Fermé merc. midi, lundi et mardi

⌂ **Les Chambres du Numéro 3**   ✥ ✿

AUBERGE · ACTUEL Cette maisonnette de village et sa grange accueillent trois belles chambres confortables et spacieuses, tout en beaux matériaux (bois, pierre). L'une d'entre elles, en duplex, domine la jolie cour pavée. Un ensemble élégant et accueillant, à l'unisson du restaurant Numéro 3 dont il dépend.
3 chambres – ♦115 € ♦♦135 € – ☲ 17 €
4 r. du Gén.-de-Gaulle – ✆ 01 34 87 80 96 – www.restaurant-numero3.fr

TRÉMOLAT

✉ 24510 (Dordogne) – 574 hab. – Alt. 53 m – Carte régionale n° **4**-C3
▶ Paris 532 km – Bergerac 34 km – Brive-la-Gaillarde 87 km – Périgueux 46 km
Carte Michelin 329-F6 – Guide Vert Michelin Périgord Quercy

✿ **Le Vieux Logis**

CUISINE CLASSIQUE · ÉLÉGANT 𝕏𝕏𝕏 Une valeur sûre que cette table de tradition, qui sait choisir ses produits et les accommoder avec justesse. De la belle gastronomie, classique sans être figée. Le cadre – un ancien séchoir à tabac, tout en pierre et bois peint – est tout à fait charmant.
➜ Foie gras poêlé, tuile croustillante, glace et salade de maïs. Selle d'agneau du Quercy rôtie, petites pâtes de cabécou frais, jus tranché à l'ail des ours. Fruits rouges, violette, crème vanille et meringue.
Formule 54 € – Menu 75/115 € – Carte 100/125 €
Le Bourg – ✆ 05 53 22 80 06 – www.vieux-logis.com – Fermé merc. et jeudi de mi-oct. à mi-avril

ⅼ○ **Bistrot de la Place**

CUISINE TRADITIONNELLE · CONVIVIAL 𝕏 Une adresse pour se restaurer dans le village où Claude Chabrol tourna le film Le Boucher (1970). Vieilles pierres, poutres et cuisine de bistrot mettant en avant les produits du terroir : andouillette, confit de canard...
Formule 18 € – Menu 25/30 € – Carte 35/42 €
Le Bourg – ✆ 05 53 22 80 69 – www.vieux-logis.com – Fermé lundi et mardi du 15 oct. au 15 avril

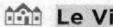 Le Vieux Logis

FAMILIAL · ACTUEL Cet ancien prieuré est le vivant récit de l'histoire de la famille des propriétaires, vieille de presque cinq siècles ! Les chambres sont meublées avec goût et le jardin est superbe. Un Logis extrêmement chaleureux.

23 chambres – 🛏210/480 € 🛏🛏210/480 € – ☲ 25 € – ½ P

Le Bourg – 𝒞 05 53 22 80 06 – www.vieux-logis.com

🍽 **Le Vieux Logis** – voir les restaurants ci-dessus

LE TRÉPORT

✉ 76470 (Seine-Maritime) – 5 217 hab. – Alt. 12 m – Carte régionale n° **33**-D1
◪ Paris 180 km – Abbeville 37 km – Amiens 92 km – Blangy-sur-Bresle 26 km
Carte Michelin 304-I1 – Guide Vert Michelin Normandie Vallée de la Seine

🍽 Villa Marine

CUISINE TRADITIONNELLE · CONVIVIAL ✗ Une villa qui porte bien son nom : on l'imagine dressée fièrement contre les embruns venus de la mer, les jours de gros temps... À l'intérieur, dans une ambiance de bistrot chic, on déguste une délicieuse cuisine du marché, soignée et goûteuse, qui donne envie de s'attarder un jour de plus !

Formule 18 € – Menu 23/44 € 🍷 – Carte 24/45 €

Hôtel Villa Marine, 1 pl. Pierre-Sémard – 𝒞 02 35 86 02 22
– www.hotel-lavillamarine.com – Fermé 23-29 déc., dim. midi de mi-nov.
à mi-avril, dim. soir sauf juil.-août et sam. midi

🏠 Le Saint-Yves

TRADITIONNEL · CLASSIQUE Sur l'avant-port (il suffit d'emprunter la passerelle pour rejoindre le centre-ville), un hôtel traditionnel où l'on vous reçoit avec la plus grande amabilité. L'intérieur, de style bourgeois, est particulièrement net et soigné.

25 chambres – 🛏70/85 € 🛏🛏85/95 € – 3 suites – ☲ 10 €

7 pl. Pierre-Sémard – 𝒞 02 35 86 34 66 – www.hotellesaintyves.com – Fermé
23 déc.-2 janv.

🏠 Villa Marine

TRADITIONNEL · ACTUEL Non loin de la gare, face au port, l'emplacement de cet hôtel ne présage en rien de ses qualités réelles, l'ensemble ayant été rénové dans un esprit contemporain de bon goût. Les chambres – presque toutes en blanc et bleu – ne sont pas très grandes mais vraiment plaisantes.

38 chambres – 🛏59/159 € 🛏🛏59/159 € – ☲ 10 € – ½ P

– 𝒞 02 35 86 02 22 – www.hotel-lavillamarine.com

🍽 **Villa Marine** – voir les restaurants ci-dessus

TRIEL-SUR-SEINE – 78 (Yvelines) → voir Autour de Paris

TRIGANCE

✉ 83840 (Var) – 171 hab. – Alt. 800 m – Carte régionale n° **41**-C2
◪ Paris 817 km – Castellane 20 km – Digne-les-Bains 74 km – Draguignan 43 km
Carte Michelin 340-N3 – Guide Vert Michelin Alpes du Sud

🏰 Château de Trigance

CHÂTEAU · PERSONNALISÉ Cet hôtel occupe les murs d'un ancien château fort, véritable nid d'aigle dominant la vallée du Verdon. L'ambiance médiévale imprègne les lieux, dans les chambres – avec lits à baldaquin ! – comme au restaurant, qui prend ses aises dans une salle sarrasine du 12ᵉs.

10 chambres – 🛏117/140 € 🛏🛏140/205 € – ☲ 15 € – ½ P

1400 rte de Breï, accès par voie privée – 𝒞 04 94 76 91 18
– www.chateau-de-trigance.fr – Ouvert d'avril à oct.

🏠 Le Vieil Amandier

☆ 🐾 🎄 & P

FAMILIAL · FONCTIONNEL Au pied de ce village pittoresque, cette construction récente respecte l'esprit de la région. Les chambres, tenues avec soin, disposent pour certaines d'une terrasse ouvrant sur le jardin. Piscine, sauna et jacuzzi à disposition, restaurant traditionnel.

12 chambres – 🛏72/88 € 🛏🛏72/96 € – ☲ 11 € – ½ P

montée de St-Roch – ℰ 04 94 76 92 92 – http://levieilamandier.free.fr
– Ouvert 20 avril-5 oct.

LA TRINITÉ-SUR-MER

✉ 56470 (Morbihan) – 1 635 hab. – Alt. 20 m – Carte régionale n° **9**-B3
▶ Paris 488 km – Auray 13 km – Carnac 4 km – Lorient 52 km
Carte Michelin 308-M9 – Guide Vert Michelin Bretagne Sud

🍽 L'Azimut

🎏 🎄 ۞

CUISINE MODERNE · À LA MODE ✕✕✕ Ambiance maritime tous azimuts dans la salle à manger et agréable terrasse offrant une échappée sur le port... À la carte, alliances terre et mer et recherche esthétique.

Formule 17 € – Menu 27 € (déj. en semaine), 37/60 €
– Carte 46/65 €

1 r. du Men-Dû – ℰ 02 97 55 71 88 – www.lazimut-latrinite.com
– Fermé mardi et merc. sauf juil.-août

🍽 L'Arrosoir

◁ &

POISSONS ET FRUITS DE MER · BISTRO ✕ On entre dans ce restaurant par sa terrasse en teck grande ouverte sur la mer. À l'intérieur, c'est un coquet décor de bistrot marin qui sert d'écrin à une jolie cuisine océane.

Formule 19 € – Carte 32/52 €

Le Petit Hôtel des Hortensias, 4 pl. Yvonne-Sarcey
– ℰ 02 97 30 13 58 – www.leshortensias.info
– Ouvert de mi-mars à mi-nov. et fermé mardi midi, merc. midi et lundi

🏠 Le Lodge Kerisper

🐾 🛋 🎄 & ⅄ P

VILLA · COSY Les bâtiments de cette ancienne ferme du 19ᵉ s. ont beaucoup de cachet : intérieur tout en matériaux nobles, meubles chinés et parquets bruts... Un véritable "boutique hôtel" ! Et en annexe, une ravissante maison bretonne peut accueillir jusqu'à dix personnes.

17 chambres – 🛏90/240 € 🛏🛏90/240 € – 3 suites – ☲ 14 €
4 r. du Latz – ℰ 02 97 52 88 56 – www.lodgekerisper.com

🏠 Le Petit Hôtel des Hortensias

☆ ◁

HÔTEL DE VACANCES · PERSONNALISÉ La silhouette nordique de cette charmante villa (1880) domine le port. Ambiance guesthouse, tissus tendus, tons chauds... Un vrai cocon face au va-et-vient des bateaux de plaisance.

6 chambres – 🛏99/200 € 🛏🛏99/200 € – ☲ 14 €

4 pl. Yvonne-Sarcey – ℰ 02 97 30 10 30 – www.leshortensias.info
🍽 **L'Arrosoir** – voir les restaurants ci-dessus

TRIZAY

✉ 17250 (Charente-Maritime) – 1 394 hab. – Alt. 20 m – Carte régionale n° **38**-B2
▶ Paris 475 km – Rochefort 13 km – La Rochelle 52 km – Royan 36 km
Carte Michelin 324-E4 – Guide Vert Michelin Poitou-Charentes

au Lac du Bois Fleuri 2,5 km à l'Ouest par D238, D123 et rte secondaire – ✉ 17250 Trizay

🍴 **Les Jardins du Lac**   ⋖ 🛋 🗼 🕭 🗚 🅿

CUISINE MODERNE · **COSY** 🕱🕱 La table de ces Jardins du Lac est le repaire du chef Yohann Suire, qui y fait des merveilles : grosses langoustines de la Cotinière poêlées aux cèpes et bouillon de homard, sole meunière et cocotte de légumes, ou encore le superbe baba au vieux rhum et crème à la vanille... Un régal !

Menu 36/60 € – Carte 65/90 €

3 chemin Fontchaude – 𝒞 05 46 82 03 56 – www.jardins-du-lac.com – Fermé 16 fév.-12 mars, dim. soir et lundi

🏠 **Les Jardins du Lac**   🌳 🐾 ⋖ 🛋 🗇 🕭 🖎 🅿

TRADITIONNEL · **PERSONNALISÉ** Des chambres spacieuses, contemporaines et cossues, dont les terrasses (ou balcons) donnent directement sur le lac... Voilà ce qui vous attend dans ce domaine situé au grand calme de la campagne charentaise. Un séjour délicieux !

15 chambres – 🛏145/185 € 🛏🛏145/185 € – 1 suite – ⌑ 17 € – ½ P

3 chemin Fontchaude – 𝒞 05 46 82 03 56 – www.jardins-du-lac.com – Fermé 16 fév.-12 mars, dim. soir et lundi de nov. à mars

🍴 **Les Jardins du Lac** – voir les restaurants ci-dessus

LE TRONCHET

✉ 35540 (Ille-et-Vilaine) – 1 108 hab. – Alt. 65 m – Carte régionale n° **10**-D2

🚗 Paris 391 km – Dinan 19 km – Fougères 56 km – Saint-Malo 27 km

Carte Michelin 309-K4 – Guide Vert Michelin Bretagne Nord

🏠 **Golf & Country Club**   🌳 🐾 ⋖ 🛋 🖻 🗇 🕭 🖎 🅿

HÔTEL DE VACANCES · **ACTUEL** Pour résider au cœur de ce golf 27 trous, un ancien prieuré du 19ᵉ s. abritant de grandes chambres aux tons clairs, disposant d'une loggia ou d'une petite terrasse, face à l'étang ou aux greens. Brasserie et club-house.

29 chambres – 🛏90/125 € 🛏🛏90/125 € – ⌑ 12 € – ½ P

Domaine St-Yvieux – 𝒞 02 99 58 96 69 – www.saintmalogolf.com – Ouvert début mars à mi-nov.

TROUVILLE-SUR-MER

✉ 14360 (Calvados) – 4 758 hab. – Alt. 2 m – Carte régionale n° **32**-A3

🚗 Paris 201 km – Caen 51 km – Le Havre 43 km – Lisieux 30 km

Carte Michelin 303-M3 – Guide Vert Michelin Normandie Vallée de la Seine

🍴 **1912** ⓝ   🗼 🕭 🗚 🛇 🅿

CUISINE MODERNE · **ÉLÉGANT** 🕱🕱 Dans cet établissement à la gloire de la vie balnéaire à la française, le restaurant nous réserve aussi de belles surprises : turbot sur os, sauce mousseline, cocotte d'artichauts au sel fumé et algues ; veau normand en médaillon rôti, pousses d'épinards et écume de lait... Des créations modernes et bien maîtrisées.

Formule 40 € – Menu 55 € (semaine), 75/95 € – Carte 62/98 €

Plan : AY-r – *Hôtel Les Cures Marines, bd de la Cahotte – 𝒞 02 31 14 25 90 – www.le1912.com*

🍴 **La Régence**

CUISINE CLASSIQUE · **HISTORIQUE** 🕱🕱 En passant sur le quai, on aperçoit les fastes de son superbe décor Napoléon III ; de nombreuses célébrités d'après-guerre appréciaient le lieu et on les comprend ! Homards, langoustes et beaux poissons frais sont à l'honneur. Et si vous vous y arrêtiez à votre tour ?

Formule 26 € – Menu 40/98 € – Carte 44/90 €

Plan : BY-r – *132 bd Fernand-Moureaux – 𝒞 02 31 88 10 71 – www.la-regence.com*

Bains (R. des)	**AY** 3
Carnot (R.)	**AY** 5
Chalet-Cordier (R.)	**BY** 6
Chapelle (R. de la)	**AY** 7
Foch (Pl. Mar.)	**AY** 9
Gaulle (R. Gén.-de)	**BZ** 10
Lattre-de-Tassigny (Pl. Mar.-de)	**AY** 12
Maigret (R. A.-de)	**AY** 20
Moureaux (Bd F.)	**BZ**
Moureaux (Pl. F.)	**BZ** 22
Notre-Dame (R.)	**BY** 23
Plage (R. de la)	**AY** 26
Verdun (R. de)	**BY** 29
Victor-Hugo (R.)	**AY** 31

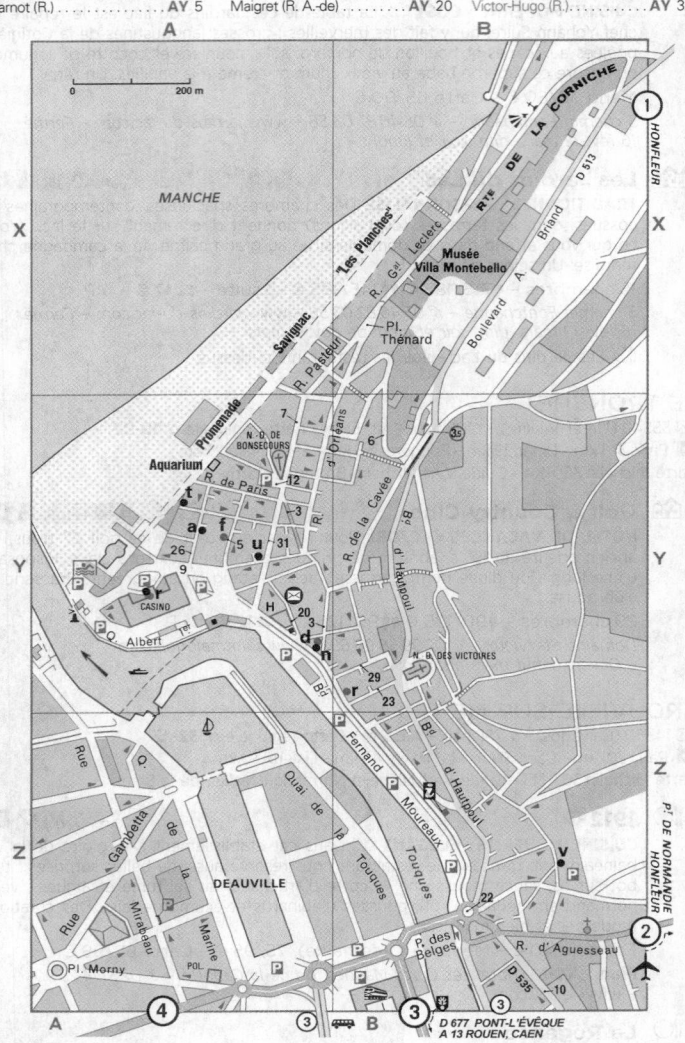

⑪○ La Petite Auberge

CUISINE TRADITIONNELLE · AUBERGE ⅺ Dans une rue au cœur de Trouville, une Petite Auberge conviviale et vraiment mignonne où l'on se sent tout de suite bien. La table valorise le terroir et les produits régionaux. Dans l'assiette, c'est généreux, gourmand et savoureux. En bref, une adresse sympathique !

Formule 29 € – Menu 40 € – Carte 60/74 €

Plan : AY-f – *7 r. Carnot* – *℘ 02 31 88 11 07 (réservation conseillée)* – *www.lapetiteaubergesurmer.fr* – *Fermé 20-30 juin, 20-30 janv., mardi et merc.*

⑪○ Les Mouettes

CUISINE TRADITIONNELLE · BISTRO ⅺ Imaginez un peu : Marguerite Duras, habituée des lieux, s'asseyant sur la terrasse et griffonnant sur un bout de papier jauni... Elle devait sûrement aimer cette ambiance de bistrot, le joli plafond peint et la terrasse sur le trottoir, sans oublier le pot-au-feu de la mer, le grand aïoli ou encore la fricassée de bulots.

⊕ Menu 15/31 € ⅌ – Carte 27/68 €

Plan : AY-d – *11 r. des Bains* – *℘ 02 31 98 06 97* – *www.brasserie-les-mouettes.com*

🏨 Les Cures Marines ⓝ

GRAND LUXE · ÉLÉGANT Cet hôtel, installé dans un imposant bâtiment néoclassique (1912) entre port et plage, en plein cœur de Trouville, signe le retour du balnéaire chic ! Tout y respire l'élégance et le confort, avec ce vaste hall superbement décoré, ces chambres lumineuses, et ces nombreux services haut-de-gamme... Exceptionnel.

97 chambres – ⅰ156/830 € ⅰⅰ156/830 € – 6 suites – ⊑ 27 €

Plan : AY-r – *bd de la Cahotte* – *℘ 02 31 14 26 00* – *www.mgallery.com*

⑪○ **1912** – voir les restaurants ci-dessus

🏨 Hostellerie du Vallon

TRADITIONNEL · PERSONNALISÉ L'endroit est en léger retrait des quais, au calme ! De plus, cette hostellerie de style normand offre un joli panorama sur la station balnéaire. Et pour se détendre : chambres spacieuses, piscine, hammam...

60 chambres – ⅰ128/280 € ⅰⅰ128/280 € – ⊑ 16 €

Plan : BZ-v – *12 r. Sylvestre-Lasserre* – *℘ 02 31 98 35 00* – *www.hostellerie-du-vallon.fr*

🏠 Le Flaubert

HÔTEL DE VACANCES · CLASSIQUE Il suffit de poser un pied dehors pour fouler les célèbres "planches" : cette villa à colombages très romantique (1936) est quasiment posée sur la plage ! Les chambres sont plutôt classiques et la moitié a vue sur la mer. Chabadabada...

31 chambres ⊑ – ⅰ120/200 € ⅰⅰ149/290 €

Plan : AY-t – *2 r. Gustave-Flaubert* – *℘ 02 31 88 37 23* – *www.flaubert.fr* – *Ouvert 8 fév.-11 nov.*

🏠 Le Fer à Cheval

FAMILIAL · PERSONNALISÉ On reconnaît cet établissement familial au cœur de Trouville à sa jolie façade typique. Les chambres sont confortables et feutrées, et l'on apprécie la proximité du casino et de la plage. Sans oublier l'accueil, plein de gentillesse !

34 chambres – ⅰ62/127 € ⅰⅰ89/224 € – ⊑ 13 €

Plan : AY-u – *11 r. Victor-Hugo* – *℘ 02 31 98 30 20* – *www.hotel-trouville.com*

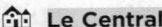 **Le Central** 🏠 📶

TRADITIONNEL · PERSONNALISÉ La halle aux poissons est en face ! Les chambres jouent la sobriété (tons harmonieux, mobilier en bois blanc patiné) et offrent, au choix, une vue sur le port, la rue ou les hauteurs de la station. La brasserie, très touristique, s'inspire des années 1930.

23 chambres – 🛏98/109 € 🛏🛏133/150 € – ⬜ 10 € – ½ P

Plan : AY-n – *5 et 7 r. des Bains* – ℰ *02 31 88 80 84*
– *www.le-central-trouville.com*

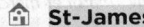 **St-James** 📶

VILLA · COSY La plage n'est pas loin, les chambres sont bien tenues, il y a un salon style british et, l'hiver, de belles flambées dans la cheminée : pas de doute, ce petit hôtel de charme a bien des atouts !

9 chambres ⬜ – 🛏85/230 € 🛏🛏85/230 €

Plan : AY-a – *16 r. de la Plage* – ℰ *02 31 88 05 23* – *www.hotel-saint-james.fr*
– *Fermé janv. et fév.*

TROYES

✉ 10000 (Aube) – 60 009 hab. – Agglo. 132 496 hab. – Alt. 113 m – Carte régionale n° **13**-B3
▶ Paris 170 km – Dijon 185 km – Nancy 186 km
Carte Michelin 313-E4 – Guide Vert Michelin Champagne Ardenne

🍴 **Le Bistroquet** 🔥 ♿ 🆎 ♻

FRANÇAISE · BRASSERIE ✕✕ Comme son nom l'indique, ce restaurant rend hommage à la cuisine bistrotière. La spécialité maison ? L'andouillette, véritable objet de culte, que l'on prépare dans un laboratoire spécialement dédié... Les assiettes sont gourmandes et généreuses, le service est efficace et proche de la clientèle : on passe un bon moment.

Formule 17 € – Menu 24/38 € – Carte 32/56 €

Plan : BZ-t – *10 r. Louis-Ulbach* – ℰ *03 25 73 65 65* – *www.bistroquet-troyes.fr*
– *Fermé dim. sauf le midi de sept. à juin*

🍴 **Valentino** 🔥

CUISINE MODERNE · INTIME ✕✕ Une valeur sûre que cette jolie maison à colombages, située dans le renfoncement d'une petite rue piétonne de la vieille ville. À l'intérieur, des fauteuils en rotin, des toiles contemporaines et un vivier à homards... Le chef propose une cuisine axée sur les produits de la mer, qui fait le bonheur des Troyens.

Menu 28 € (déj. en semaine), 38/58 € – Carte 57/73 €

Plan : BZ-s – *35 r. Paillot-de-Montabert* – ℰ *03 25 73 14 14* – *www.levalentino.com*
– *Fermé 14 août-5 sept., 1er-13 janv., dim. et lundi*

🍴 **La Mignardise** 🔥 ♿ ♻

CUISINE TRADITIONNELLE · CLASSIQUE ✕✕ Au cœur de la ville, cette maison à colombages (16e s.) se révèle chaleureuse : poutres, briques, tableaux contemporains, terrasse pour les beaux jours... On y apprécie une cuisine traditionnelle de qualité ; les menus sont particulièrement intéressants.

Formule 21 € – Menu 28 € ▼/62 € – Carte 49/81 €

Plan : BZ-e – *1 ruelle des Chats* – ℰ *03 25 73 15 30* – *www.lamignardise.eu*
– *Fermé dim. soir et lundi*

🍴 **Au Jardin Gourmand** 🔥 🆎

CUISINE TRADITIONNELLE · COSY ✕ Dans cette ruelle pittoresque du vieux Troyes, le patron vous accueille avec bonne humeur. Il sait vous conseiller ses bons plats du terroir – dont l'andouillette – ou des recettes plus actuelles. Sous les glycines, la terrasse !

Menu 24 € (déj. en semaine)/36 € – Carte 30/57 €

Plan : BZ-s – *31 r. Paillot-de-Montabert* – ℰ *03 25 73 36 13* – *Fermé 2 semaines en mars, 3 semaines en sept., lundi midi et dim.*

TROYES

Anatole-France (Av.) . . . . **AX** 2
Brossolette (Av. Pierre) . . . . **AX** 6
Buffard (Av. M.) . . . . **AV** 8
Chanteloup (R. de) . . . . **AX** 9
Clemenceau (R. G.) . . . . **AV** 12

Croix-Blanche (R. de la) . . . . **AX** 13
Croncels (R. du Faubourg) . . **AX** 14
Jean-Jaurès (Av.) . . . . **AV** 18
Lattre-de-Tassigny
  (Av. Mar.-de) . . . . **AV** 21
Leclerc (Av. Gén.) . . . . **AV** 22
Marots (R. des) . . . . **AV** 24
Noës (R. des) . . . . **AX** 26

Notre-Dame-des-Prés
  (R.) . . . . **AX** 27
Pasteur (R.) . . . . **AV** 32
Salengro (Av. Roger) . . . . . . **AV** 36
Salengro (R. Roger) . . . . **AV** 37
Schuman (Av. Robert) . . . . . **AV** 38
Vouldy (Chaussée du) . . . . . **AX** 42
1er Mai (Av. du) . . . . **AV** 48

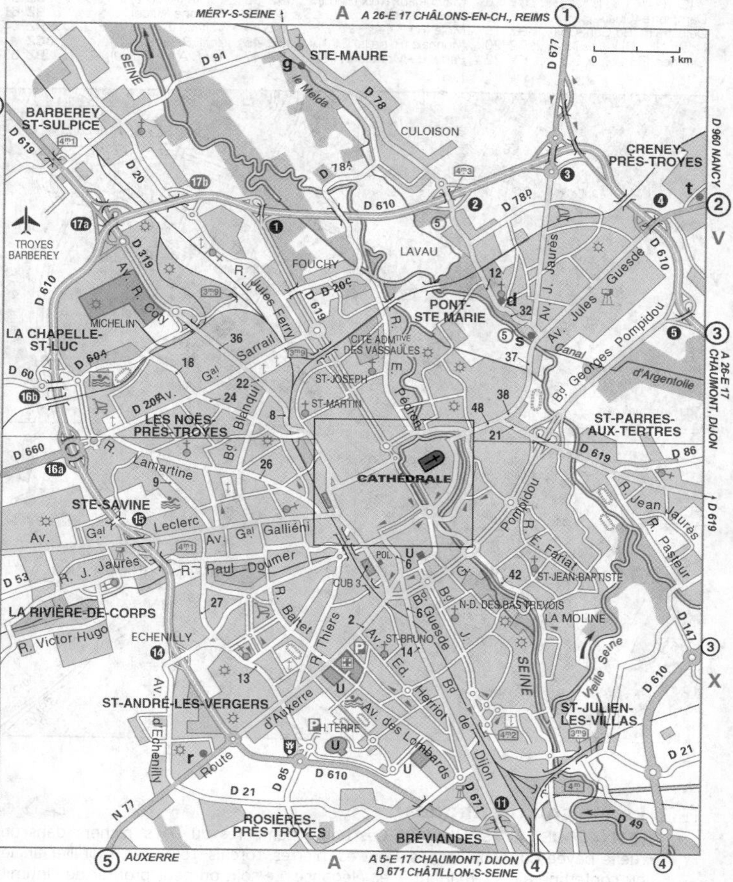

🍴 Aux Crieurs de Vin ♨ 🖼

CUISINE MODERNE · BISTRO ⅹ Briques nues, sol en béton ciré, mobilier bistrot... la déco est branchée et le concept aussi : on choisit sa bouteille dans la cave, avant de l'accompagner d'un bon petit plat centré sur le produit (charcuterie artisanale, viande fermière, fromages de chez Bordier, etc.). Une adresse gourmande et conviviale !

Carte 22/36 €

Plan : BZ-n – 4 pl. Jean-Jaurès
– ℘ 03 25 40 01 01 – www.auxcrieursdevin.fr
– Fermé 3 semaines en août, 1er-10 janv., dim., lundi et fériés

TROYES

Boucherat (R.) . . . . **CY** 4
Champeaux (R.) . . . . **BZ** 12
Charbonnet (R.) . . . . **BZ** 13
Clemenceau (R. G.) . . . . **BCY** 15
Comtes-de-Champagne
(Q. des) . . . . **CY** 16
Dampierre (Quai) . . . . **BCY** 17
Delestraint (Bd Gén.-Ch.) . . **BZ** 18
Driant (R. COl.) . . . . **BZ** 20
Girardon (R.) . . . . **CY** 22

Hennequin (R.) . . . . **CY** 23
Huez (R. Claude) . . . . **BYZ** 27
Israël (Pl. Alexandre) . . . . . **BZ** 28
Jaillant-Deschaînets (R.) . . **BZ** 29
Jean-Jaurès (Pl.) . . . . **BZ** 31
Joffre (Av. Mar.) . . . . **BZ** 33
Langevin (Pl. du Prof.) . . . . **BZ** 35
Libération (Pl. de la) . . . . . **CZ** 49
Marché aux Noix (R. du) . . **BZ** 36
Michelet (R.) . . . . **CY** 39
Molé (R.) . . . . **BZ** 44
Monnaie (R. de la) . . . . . . **BZ** 45
Paillot-de-Montabert (R.) . . **BZ** 47

Palais-de-Justice
(R.) . . . . **BZ** 48
République (R. de la) . . . . **BZ** 51
St-Pierre (Pl.) . . . . **CY** 52
St-Rémy (Pl.) . . . . **BY** 53
Siret (R. Nicolas) . . . . . . **CZ** 79
Synagogue (R. de la) . . . **BZ** 54
Tour-Boileau (R. de la) . . **BZ** 59
Trinité (R. de la) . . . . . . **BZ** 60
Turenne (R. de) . . . . **BZ** 61
Voltaire (R.) . . . . **BZ** 64
Zola (R. Émile) . . . . **BCZ**
1er-R.A.M. (Bd du) . . . . **BZ** 69

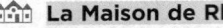

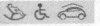

🏠 La Maison de Rhodes
🏡 🍴 🛁 ♿

HISTORIQUE · PERSONNALISÉ Ces belles demeures du 17ᵉ s. nichent dans une ruelle pavée du vieux Troyes. Poutres, pierres, torchis, tomettes, mobilier ancien ou contemporain s'y marient avec élégance. Le soir, on peut profiter de l'intimité du restaurant pour un dîner à base de produits bio.

7 chambres – 🛏199/240 € 🛏🛏269/349 € – 4 suites – 🍽 20 €

Plan : CY-e – 18 r. Linard-Gonthier – 𝒞 03 25 43 11 11 – www.maisonderhodes.com

---

🏠 Le Champ des Oiseaux
🍴 ♿ 🚗

HISTORIQUE · ÉLÉGANT Dans ces trois maisons des 15ᵉ-16ᵉ s., on aime à s'attarder près du feu qui crépite en hiver ou dans la ravissante cour pavée aux beaux jours. La magie se prolonge dans les chambres : pierre de Bourgogne, tomettes, linge de qualité...

9 chambres – 🛏199/240 € 🛏🛏240/349 € – 4 suites – 🍽 20 €

Plan : CY-e – 20 r. Linard-Gonthier – 𝒞 03 25 80 58 50
– www.champdesoiseaux.com

🏨 Mercure
🔲 ♿ AC 🛁 🚗

BUSINESS · MODERNE Bâti sur les fondations d'une ancienne bonneterie (dont on a conservé une machine à tisser), cet hôtel contemporain propose des chambres feutrées, très confortables, qui séduiront à la fois la clientèle d'affaires et les touristes de passage.

69 chambres – ♦110/212 € ♦♦110/281 € – 2 suites – ⏛ 16 €

Plan : CZ-h – *11 r. des Bas-Trévois* – ℰ 03 25 46 28 28
– *www.mercure-troyes.com*

🏨 Hôtel de la Poste
🔲 ♿ AC 🛁 🚗

TRADITIONNEL · PERSONNALISÉ Au cœur de la ville, près du secteur piétonnier, un ancien relais de poste entièrement rénové. Du coup, la plupart des chambres sont actuelles et cosy. Même ambiance feutrée au salon et dans la salle du petit-déjeuner.

32 chambres – ♦116/172 € ♦♦116/172 € – 2 suites – ⏛ 16 €

Plan : BZ-a – *35 r. Emile-Zola* – ℰ 03 25 73 05 05 – *www.hotel-de-la-poste.com*

🏨 Le Relais St-Jean
🛁 ♨ 🔲 ♿ AC 🛁 🚗

FAMILIAL · PERSONNALISÉ Une jolie ruelle, une bâtisse à colombages du 16e s., voilà qui a du cachet. Sous les poutres, les chambres, modernes, ont un charme feutré. Les petits plus : le jacuzzi dans une charmante cave voûtée et l'accueil prévenant.

23 chambres – ♦98/215 € ♦♦98/215 € – ⏛ 15 €

Plan : BZ-s – *51 r. Paillot-de-Montabert* – ℰ 03 25 73 89 90
– *www.hotel-relais-saint-jean.com*

🏨 Ibis Styles
♨ 🔲 ♿ AC 🛁 🚗

HÔTEL DE CHAÎNE · DESIGN Cet hôtel de chaîne, situé un peu en retrait du centre-ville, répond aux dernières normes HQE (Haute Qualité Environnementale) : lampes basse consommation, panneaux solaires... Un parti pris qui colle à son style très design. Bon rapport qualité-prix.

77 chambres ⏛ – ♦99/109 € ♦♦110/139 €

Plan : CZ-w – *r. Camille-Claudel* – ℰ 03 25 43 24 24 – *www.ibis.com*

à Ste-Maure 7 km au Nord par D78 – ⊠ 10150 – 1 439 hab. – Alt. 111 m

🍴 Auberge de Ste-Maure
🏵 🚗 🍴 🏡 ♿ 🅿

CUISINE MODERNE · ÉLÉGANT XxX Cette auberge près de la rivière a évolué avec son époque. Le cadre est élégant et repose sur des bases classiques ; la cuisine flirte avec la modernité : ainsi ce dessert oscillant entre tarte au citron et cheesecake... Original pour passer la nuit : trois roulottes en bois blond invitent à un voyage immobile.

Menu 30 € (semaine), 50/60 € – Carte 50/88 €

3 chambres ⏛ – ♦135 € ♦♦145 €

Plan : AV-g – *99 rte de Mery* – ℰ 03 25 76 90 41 – *www.auberge-saintemaure.fr*
– *Fermé 22 déc.-14 janv., dim. soir et lundi*

à Pont-Ste-Marie 3 km au Nord-Est par D77 – ⊠ 10150 – 4 823 hab. – Alt. 110 m

😊 Bistrot DuPont
🏡 AC ⇄

CUISINE TRADITIONNELLE · BISTRO X Au bord de la Seine, ce sympathique bistrot traditionnel joue la carte des bonnes recettes à l'ancienne : blanquette, coq au vin, suprême de volaille, que l'on dévore dans une ambiance animée... Et ne ratez pas la spécialité de la maison : l'andouillette.

🍽 Menu 19 € (semaine), 28/35 € – Carte 29/58 €

Plan : AV-s – *5 pl. Ch.-de-Gaulle* – ℰ 03 25 80 90 99 (réservation conseillée)
– *www.bistrotdupont.com* – *Fermé 1 semaine à Pâques, 3 semaines en août, vacances de Noël, jeudi soir, dim. soir et lundi*

à Creney-près-Troyes 6 km au Nord-Est par D960 – ✉ 10150
– 1 701 hab. – Alt. 118 m

❄️○ Célandon-Côté Restaurant

CUISINE MODERNE · ÉLÉGANT XX Un cadre feutré contemporain – moquette, murs gris, fauteuils beiges et chocolat –, une cuisine au goût du jour réalisée avec de bons produits, une sympathique terrasse sur l'arrière : cette ancienne pension du centre-ville est aujourd'hui un bien agréable restaurant !

Menu 16 € (semaine), 23/34 € – Carte 27/46 €

Plan : AV-t – 28 r. de la République – ℰ 03 25 81 08 54
– www.celadon-cote-restaurant.fr – Fermé le soir et le week-end

à Moussey 10 km au Sud par D671 et D444 – ✉ 10800 – 597 hab. – Alt. 131 m

🏠 Domaine de la Creuse

RURAL · PERSONNALISÉ Dans cette ferme champenoise du 18e s. perdue en pleine nature, les chambres qui entourent la cour intérieure aménagée en jardin sont vraiment adorables. Objets chinés, délicieux petit-déjeuner, accueil parfait, etc. Tout est très "campagne chic"...

5 chambres ☞ – ♦110/130 € ♦♦115/135 €

– ℰ 03 25 41 74 01 – www.domainedelacreuse.com – Fermé 20 déc.-5 janv.

à St-André-les-Vergers 5 km au Sud-Ouest – ✉ 10120 – 11 528 hab. – Alt. 112 m

❄️○ La Gentilhommière

CUISINE MODERNE · ÉLÉGANT XX Ce pavillon moderne, à la sortie de Troyes, offre un cadre confortable, parfait pour un dîner en toute intimité. La cuisine est traditionnelle, avec pour spécialité l'œuf poché au champagne, mais fait aussi des clins d'œil à la modernité comme ce chou farci déstructuré !

Formule 19 € – Menu 23 € (semaine), 29/41 € – Carte 41/57 €

Plan : AX-r – 180 rte d'Auxerre – ℰ 03 25 49 35 64 – www.lagentilhommiere10.fr
– Fermé dim. soir et lundi

TRUN

✉ 61160 (Orne) – 1 308 hab. – Alt. 90 m – Carte régionale n° **33**-C2
▶ Paris 198 km – Alençon 60 km – Caen 63 km – Lisieux 47 km
Carte Michelin 310-J1

🏠 La Villageoise

MAISON DE CAMPAGNE · COSY Ses origines se perdent entre le 13e et le 17e s., mais sa vocation reste intacte : cet ancien relais de poste se montre très accueillant – de surcroît avec un vrai esprit de maison de famille, simple et frais. Voyez la chambre "Tourterelle"...

4 chambres ☞ – ♦60 € ♦♦75 €

66 r. de la République – ℰ 06 79 49 49 64 – www.lavillageoise.fr – Ouvert d'avril à déc.

TULETTE

✉ 26790 (Drôme) – 1 933 hab. – Alt. 147 m – Carte régionale n° **44**-B3
▶ Paris 657 km – Avignon 56 km – Lyon 195 km – Valence 95 km
Carte Michelin 332-C8

🏠 K-Za

FAMILIAL · DESIGN Che bella casa ! Anne-Élisabeth, la maîtresse des lieux, est d'origine italienne. Et c'est en véritable *mamma*, passionnée par la gastronomie, qu'elle vous reçoit dans sa maison du 17e s. en galets roulés du Rhône, au superbe intérieur design. À table, on savoure une cuisine inventive et des vins locaux.

5 chambres ☞ – ♦150/185 € ♦♦150/185 €

258 r. Paul Ruat – ℰ 04 75 98 34 88 – www.maison-hotes-k-za.com – Fermé une semaine en sept.

TULLE

✉ 19000 (Corrèze) – 14 336 hab. – Alt. 210 m – Carte régionale n° **25**-C3

▶ Paris 475 km – Aurillac 83 km – Brive-la-Gaillarde 27 km – Clermont-Ferrand 141 km

Carte Michelin 329-L4 – Guide Vert Michelin Limousin Berry

Les 7 N

CUISINE MODERNE • À LA MODE X Cette adresse de poche (25 couverts au maximum) a été reprise en 2014 par un jeune couple plein d'allant. Œuf mollet frit à la bordelaise, cœur de rumsteack et chou farci, tatin de pommes et parfait glacé au caramel : le chef revisite joliment la tradition autour d'une courte carte à petit prix. Un vrai régal !

Formule 13 € – Menu 27/36 € – Carte 31/49 €

32 quai Baluze – ✆ 05 44 40 94 89 – www.restaurant-les7.fr – Fermé merc. soir et lundi

Inter-Hôtel

HÔTEL DE CHAÎNE • MODERNE En centre-ville, le long de la Corrèze, un hôtel moderne et complètement relooké ; les chambres, confortables et spacieuses – surtout côté quai –, sont impeccablement tenues. Wifi gratuit, salle de réunion bien équipée, bon petit-déjeuner : parfait !

50 chambres – †79/83 € ††87/99 € – ☕ 9 €

16 quai de la République – ✆ 05 55 26 42 00 – www.hotel-tulle.com

LA TURBALLE

✉ 44420 (Loire-Atlantique) – 4 554 hab. – Alt. 6 m – Carte régionale n° **34**-A2

▶ Paris 457 km – La Baule 13 km – Guérande 7 km – Nantes 84 km

Carte Michelin 316-A3 – Guide Vert Michelin Pays de la Loire

Le Terminus

POISSONS ET FRUITS DE MER • CONVIVIAL XX On y descend pour la vue sur le port de La Turballe, dont on jouit depuis toutes les tables ! La cuisine explore évidemment les produits de la mer.

Formule 16 € – Menu 29/58 € – Carte 27/121 €

18 quai St-Paul – ✆ 02 40 23 30 29 – www.laturballe.free.fr/restaurant-terminus – Fermé 2 semaines en fév., 1 semaines en oct., dim. soir, mardi soir et merc. hors saison

à Pen-Bron 3 km au Sud par D92 – ✉ 44420 La Turballe

Pen Bron

TRADITIONNEL • PERSONNALISÉ Tout à la pointe de la presqu'île guérandaise, face au Croisic... L'atout de cette maison bretonne : son aménagement moderne, pensé en détail pour les personnes à mobilité réduite. Restauration traditionnelle avec vue sur les flots.

43 chambres – †80/223 € ††80/223 € – ☕ 12 €

– ✆ 02 28 56 77 99 – www.hotels-aptitudes.com – Fermé 18 déc.-11 janv.

LA TURBIE

✉ 06320 (Alpes-Maritimes) – 3 179 hab. – Alt. 495 m – Carte régionale n° **42**-E2

▶ Paris 943 km – Monaco 8 km – Menton 13 km – Nice 16 km

Carte Michelin 341-F5 – Guide Vert Michelin Côte d'Azur

Hostellerie Jérôme (Bruno Cirino)

CUISINE CLASSIQUE • MÉDITERRANÉEN XXX Une noble hostellerie mêlant caractère des vieilles pierres – celles d'un réfectoire cistercien du 13ᵉ s. –, accueil délicat et savoureuse cuisine méridionale, signée par un chef épris des produits de la région. Son épouse, autodidacte passionnée, a constitué une cave de plus de 20 000 bouteilles ! Et les chambres distillent le même charme...

➜ Langoustines de Méditerranée à la vapeur, citron, citronnelle et jasmin. Galinette au fenouil sauvage servie en deux paliers. Le citronnier dans la garrigue.

Menu 85/138 € – Carte 95/140 €

5 chambres – †150/240 € ††150/240 € – ☕ 16 €

20 r. Comte-de-Cessole – ✆ 04 92 41 51 51 – www.hostelleriejerome.com – Ouvert 14 fév.-13 nov. et fermé lundi et mardi d'oct. à juin et le midi

☺ Café de la Fontaine   🏠 AC

CUISINE TRADITIONNELLE · BISTRO 𝄪 Repas au coude-à-coude entre des habitués gouailleurs et des gourmands ravis, atmosphère très conviviale : pas de doute, on est dans un authentique café de village. Ode aux terroirs ensoleillés, la cuisine – bistrotière et généreuse à souhait – est réalisée avec les meilleurs produits du marché et cela se sent !

Carte environ 30 €

4 av. du Gén.-de-Gaulle – ☎ 04 93 28 52 79 – www.hostelleriejerome.com

TURCKHEIM

✉ 68230 (Haut-Rhin) – 3 723 hab. – Alt. 225 m – Carte régionale n° **2**-C2
▶ Paris 471 km – Colmar 7 km – Gérardmer 47 km – Munster 14 km
Carte Michelin 315-H8

ⅠO À l'Homme Sauvage   🐾 🏠 ↻

CUISINE MODERNE · AUBERGE 𝄪𝄪 Maryon et John tiennent une maison comme on les aime... Bien sûr, il y a la belle cuisine "ni trop gastro ni trop tradi" de John, gourmande et fine, mais aussi cette belle convivialité, cette atmosphère branchée avec ces tables en métal créées sur mesure, ces chaises design, etc. Nulle sauvagerie ici !

Formule 14 € – Menu 31 € – Carte 35/55 €

19 Grand'Rue – ☎ 03 89 27 56 15 – www.restaurant-hommesauvage.com – Fermé mardi soir de nov. à avril, dim. soir et merc.

TURENNE

✉ 19500 (Corrèze) – 793 hab. – Alt. 350 m – Carte régionale n° **24**-B3
▶ Paris 496 km – Brive-la-Gaillarde 15 km – Cahors 91 km – Figeac 76 km
Carte Michelin 329-K5 – Guide Vert Michelin Périgord Quercy

⌂ Maison des Chanoines   ↗ 🐾

HISTORIQUE · PERSONNALISÉ Au cœur de ce beau village corrézien, cette demeure du 16ᵉ s. allie charme historique et confort, non sans évoquer une véritable maison d'hôtes (mobilier ancien, tableaux, etc.). Avis aux gourmets : la table gastronomique est très soignée, ne vous en privez pas...

7 chambres – ♥80/100 € ♥♥80/140 € – ⌂ 11 € – ½ P

*r. Joseph-Rouveyrol – ☎ 05 55 85 93 43 – www.maison-des-chanoines.com
– Ouvert 16 avril-16 oct.*

TURQUANT

✉ 49730 (Maine-et-Loire) – 577 hab. – Alt. 68 m – Carte régionale n° **35**-C2
▶ Paris 294 km – Angers 76 km – Châtellerault 68 km – Chinon 21 km
Carte Michelin 317-J5 – Guide Vert Michelin Pays de la Loire

⌂⌂ Demeure de la Vignole   🐾 ⪡ 🛏 📺 🛁 ⚒ 🏠 P

MAISON DE CAMPAGNE · PERSONNALISÉ Ambiance guesthouse dans cette belle demeure bâtie à flanc de coteau. Chambres décorées avec goût – dont plusieurs troglodytiques, comme la piscine ! Terrasse face au vignoble.

8 chambres – ♥130/270 € ♥♥130/270 € – 4 suites – ⌂ 17 €

*imp. Marguerite-d'Anjou
– ☎ 02 41 53 67 00 – www.demeure-vignole.com
– Ouvert 17 mars-12 nov.*

TUSSON

✉ 16140 (Charente) – 239 hab. – Alt. 125 m – Carte régionale n° **39**-C2
▶ Paris 421 km – Angoulême 41 km – Cognac 49 km – Poitiers 83 km
Carte Michelin 324-K4 – Guide Vert Michelin Poitou-Charentes

ⅠⅠ◯ Le Compostelle

CUISINE MODERNE · COSY XX Au cœur du village et sur l'antique route des pèlerins, un sympathique restaurant – un ancien relais de poste du 19ᵉ s. – où la rusticité des lieux se mêle à un style plus contemporain. Le chef réalise une jolie cuisine de produits et revisite avec simplicité la tradition régionale. Carte plus courte côté bistrot.

Menu 15 € (semaine), 35/55 €

– ℰ 05 45 31 15 90 – www.lecompostelle-tusson.fr – Fermé 29 sept.-14 oct., 1ᵉʳ-24 janv., mardi soir, merc. soir et jeudi soir sauf juil.-août, dim. soir et lundi

TY-SANQUER – 29 (Finistère) → voir Quimper

UBERACH

✉ 67350 (Bas-Rhin) – 1 184 hab. – Alt. 175 m – Carte régionale n° 1-B1
▶ Paris 473 km – Baden-Baden 59 km – Offenburg 64 km – Strasbourg 38 km
Carte Michelin 315-J3

ⅠⅠ◯ Restaurant de la Forêt

CUISINE TRADITIONNELLE · FAMILIAL XX Un accueil charmant, une cuisine traditionnelle concoctée avec les légumes et les herbes aromatiques du jardin... une Forêt très chaleureuse !

Menu 17 € (déj. en semaine), 43/47 € – Carte 27/50 €

94 Grande-Rue – ℰ 03 88 07 73 17 – www.restaurant-de-la-foret-uberach.com
– Fermé vacances de fév., 2 semaines fin juil.-début août, lundi soir, mardi soir, jeudi soir et merc.

UCHAUD

✉ 30620 (Gard) – 4 203 hab. – Alt. 26 m – Carte régionale n° 23-C2
▶ Paris 726 km – Avignon 57 km – Montpellier 42 km – Nîmes 13 km
Carte Michelin 339-K6

🏠 Le Huit

LUXE · PERSONNALISÉ Face à l'église, une façade discrète cache ce petit havre de paix et de confort... Murs anciens, chambres spacieuses, décor contemporain, belles salles de bains et invitations à la détente (espace bien-être, piscine). Un ensemble de grande qualité, d'une tenue parfaite.

5 chambres ⏢ – ✦170/320 € ✦✦170/320 €

8 pl. de l'Église – ℰ 04 66 77 93 69 – www.le-huit.com – Ouvert de mars à oct.

UCHAUX

✉ 84100 (Vaucluse) – 1 429 hab. – Alt. 80 m – Carte régionale n° 40-A2
▶ Paris 645 km – Avignon 40 km – Montélimar 45 km – Nyons 37 km
Carte Michelin 332-B8

🏵 Côté Sud

CUISINE MODERNE · ROMANTIQUE XX Une cuisine du marché soignée et bien tournée, goûteuse sans craindre la simplicité : voilà qui célèbre joliment la Provence... mais le patron n'a pas oublié ses origines bretonnes, avec pour spécialité le kouign amann ! Moment charmant dans cette maison en pierre et son ravissant jardin.

Menu 26/40 € – Carte 48/56 €

rte d'Orange – ℰ 04 90 40 66 08 (réservation conseillée)
– www.restaurantcotesud.com – Fermé 2-15 oct., 20 déc.-5 janv., lundi soir hors saison, mardi et merc.

🍽️ **Château de Massillan**   🛋️ 🌳 ♿ 🅿️

CUISINE MODERNE · HUPPÉ XX Fleur de courgette, sauce vierge et langoustines rôties ; carré d'agneau de Provence, caviar d'aubergine et artichauts barigoules : telles sont les spécialités du chef, qui rend un délicieux hommage à la cuisine provençale et aux produits locaux. Et l'on se repaît aussi du calme et de la beauté des lieux...

Formule 22 € – Menu 47 € (dîner)/79 €

Hôtel Château de Massillan, Hauteville, 3 km au Nord par D11 et rte secondaire – ☏ 04 90 40 64 51 (réservation conseillée) – www.chateau-de-massillan.com – Fermé fév., 6 nov.-2 decembre, dim. soir, mardi midi et lundi de mi-oct. à fin mars

🍽️ **Le Temps de Vivre**   🌳 AK 🅿️

PROVENÇALE · RUSTIQUE XX Chant des cigales, garrigue, vignes... Cette maison en pierre du 18e s. – mais au décor contemporain – invite à prendre le temps de vivre, en particulier sur sa terrasse ombragée. Le chef est un sérieux professionnel : il suffit de le voir préparer un fond de veau. Au menu : la générosité de la Provence, avec les légumes du beau-père en saison !

Formule 25 € – Menu 32/48 € – Carte 42/54 €

322 rte de Bollène, (Les Farjons), 3,5 km au Nord par D11 – ☏ 04 90 40 66 00 – www.letempsdevivre-uchaux.com – Fermé jeudi sauf juil.-août et merc.

🏨 **Château de Massillan**   ♨️ 🐾 🛋️ 🏊 ♿ AK 🧖 🅿️

CHÂTEAU · ÉLÉGANT Diane de Poitiers aurait séjourné dans ce châtelet des 16e-17e s. niché dans un magnifique parc entouré de vignes... Pierres et poutres d'époque, tentures et mobilier élégants : l'ensemble est splendide, et pour les esprits zen, une nouvelle annexe a été créée dans un esprit bio et naturel.

23 chambres – †225/595 € ††225/595 € – 1 suite – 🖵 19 €

Hauteville, 3 km au Nord par D11 et rte secondaire – ☏ 04 90 40 64 51 – www.chateaudemassillan.fr – Fermé fév., 6 nov.-2 decembre, dim. soir et lundi de mi-oct. à fin mars

🍽️ **Château de Massillan** – voir les restaurants ci-dessus

UGINE

✉️ 73400 (Savoie) – 7 043 hab. – Alt. 484 m – Carte régionale n° **45**-C1
▶ Paris 581 km – Annecy 37 km – Chambéry 63 km – Lyon 162 km
Carte Michelin 333-L3 – Guide Vert Michelin Alpes du Nord

🍽️ **La Châtelle**   🌿 ≤ 🌳 ⚒️ 🔄

CUISINE MODERNE · CONVIVIAL XX Une maison forte du 13e s. tout en vieilles pierres, un lieu de caractère pour un repas gastronomique. Sous les voûtes de la salle principale, on aurait célébré la messe sous la Révolution... Aujourd'hui, on y glorifie les saveurs et les bons vins ! Également une agréable salle en véranda, face à la belle terrasse.

Formule 19 € – Menu 27 € (déj. en semaine)/40 € – Carte 47/62 €

3 r. P.-Proust – ☏ 04 79 37 30 02 – www.lachatelle.com – Fermé sam. midi, dim. soir et lundi

---

L'UNION – 31 (Haute-Garonne) ➜ voir Toulouse

UNTERMUHLTHAL – 57 (Moselle) ➜ voir Baerenthal

URÇAY

✉️ 03360 (Allier) – 304 hab. – Alt. 169 m – Carte régionale n° **5**-B1
▶ Paris 297 km – La Châtre 55 km – Montluçon 34 km – Moulins 66 km
Carte Michelin 326-C3

ⅠⅠ○ L'Étoile d'Urçay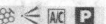

CUISINE TRADITIONNELLE · AUBERGE �X Après une balade dans la forêt de Tronçais toute proche, arrêtez-vous dans ce restaurant familial. Au son de la musique d'ambiance, on s'installe dans un décor classique pour apprécier des recettes traditionnelles bien ficelées. Le chef sélectionne les meilleurs produits et, dans l'assiette, cela se sent !

⊗ Menu 13 € (semaine), 24 € ▼/43 € – Carte 36/51 €

42 rte Nationale – ℰ 04 70 06 92 66 – Fermé 15 fév.-9 mars, 12-27 oct., mardi soir, merc. soir et jeudi soir sauf juil.-août, dim. soir et lundi

URIAGE-LES-BAINS

✉ 38410 (Isère) – Alt. 414 m – Carte régionale n° **45**-C2

▶ Paris 576 km – Grenoble 11 km – Vizille 11 km

Carte Michelin 333-H7 – Guide Vert Michelin Alpes du Nord

✿✿ Les Terrasses d'Uriage

CRÉATIVE · ÉLÉGANT XXX Une cuisine millimétrée, précise jusque dans les détails et sans sophistication inutile : Christophe Aribert a le don de rendre lisible chacune de ses recettes ! L'excellence des produits (en particulier du Vercors et du Dauphiné), les saveurs intenses et marquées : une expérience marquante, tout simplement...

➜ Homard rôti, coriandre, mélisse, amandes et sel fumé. Truite du Vercors, pochée-rôtie, champignons de Paris et benoîte urbaine. Raviole passion et abricot-verveine.

Menu 69 € (déj.), 108/185 € – Carte 135/145 €

Grand Hôtel, pl. Déesse-Hygie – ℰ 04 76 89 10 80 – www.grand-hotel-uriage.com – Fermé 15 août-1ᵉʳ sept., 18 déc.-19 janv., merc. midi, jeudi midi, dim. soir, lundi et mardi

✿ Le Bistrot des Terrasses ⓝ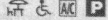

CUISINE TRADITIONNELLE · BISTRO X Au cœur de l'hôtel Napoléon III, ce Bistrot des Terrasses dévoile une petite salle au décor entre atelier et bistrot contemporain. Côté cuisine, on propose un menu-carte autour des produits du terroir : rillettes de saumon, poulet aux écrevisses, entrecôte sauce au poivre, tarte de saison... Réjouissant !

Formule 26 € – Menu 32 €

Grand Hôtel, pl. Déesse-Hygie – ℰ 04 76 89 10 80 (réservation conseillée) – www.grand-hotel-uriage.com – Fermé 18 déc.-9 janv.

ⅠⅠ○ La Tour Maline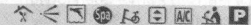

CUISINE MODERNE · COSY X En bordure du magnifique parc thermal, c'est une curiosité que ce restaurant construit dans une jolie tour ronde en brique rouge, surmontée d'un petit toit conique. Le chef, passionné, cuisine selon l'humeur du moment : filet mignon cuit doucement, ratatouille déstructurée ; déclinaison chocolat-avocat... Malin !

Formule 24 € – Menu 39/49 € – Carte 48/59 €

allée des Cèdres – ℰ 04 76 89 15 04 – www.la-tour-maline.fr – Fermé 10-17 oct., janv., mardi et merc.

🏠 Grand Hôtel

LUXE · PERSONNALISÉ Véritable institution d'Uriage, ce bel hôtel Napoléon III, relié au centre thermal, invite à un voyage au pays des arts... D'un grand raffinement, les chambres répondent aux noms de Coco Chanel, Colette, Mistinguett, Pierre Bonnard, etc., autant d'hôtes illustres dont elles perpétuent le souvenir.

38 chambres ☲ – †149/327 € ††197/394 € – 3 suites

pl. Déesse-Hygie – ℰ 04 76 89 10 80 – www.grand-hotel-uriage.com – Fermé 18 déc.-9 janv.

✿✿ **Les Terrasses d'Uriage** • ✿ **Le Bistrot des Terrasses** – voir les restaurants ci-dessus

au Sud 2 km par D524 – ⊠38410 Uriage-les-Bains

🏨 Le Manoir des Alberges   🛋 🕭 ≤ 🛎 ⛵ ⅛ **P**

FAMILIAL · PERSONNALISÉ Cette maison, construite à partir de 1903, surplombe un golf. Les cinq chambres, très différentes (styles bavarois, indien, ethnique, Art déco, etc.), sont très chaleureuses et impeccablement tenues. Dans la grande salle à manger, la propriétaire propose une cuisine inventive.

5 chambres ⊊ – ✚120/150 € ✚✚120/150 €

251 chemin des Alberges – ℰ 04 76 51 92 11 – www.lemanoirdesalberges.com

URMATT
⊠ 67280 (Bas-Rhin) – 1 474 hab. – Alt. 240 m – Carte régionale n° **1**-A2
▶ Paris 487 km – Molsheim 15 km – Saverne 37 km – Sélestat 49 km
Carte Michelin 315-H5

🍽️ Chez Jacques   🛋 �& 🆎 ⅛ ⇔

CUISINE TRADITIONNELLE · À LA MODE ✗ Surprise, le restaurant affiche des lignes très modernes, tout en pierre, bois au naturel et même peau de vache ! Un cadre original, pour une cuisine qui demeure sûre de ses classiques : priorité aux produits du terroir et aux spécialités alsaciennes...

Formule 15 € – Menu 29/39 € – Carte 31/48 €

*Hôtel le Clos de Hahnenberg, 65 r. du Gén.-de-Gaulle – ℰ 03 88 97 41 35
– www.clos-hahnenberg.fr – Fermé 1ᵉʳ-11 juil.*

🏨 Clos du Hahnenberg   🛋 🕭 ⛵ ⅛ 🖻 ⅙ **P**

FAMILIAL · FONCTIONNEL Ne vous fiez pas à l'apparence vieillissante de ce petit immeuble des années 1970, en retrait de la rue principale du village : il abrite des chambres séduisantes, offrant tout le confort nécessaire (écran plat, salle de bains avec baignoire, etc.).

42 chambres – ✚49/72 € ✚✚59/78 € – ⊊13 €

*65 r. du Gén.-de-Gaulle – ℰ 03 88 97 41 35 – www.clos-hahnenberg.fr – Fermé
1ᵉʳ-11 juil.*

 Chez Jacques – voir les restaurants ci-dessus

🏨 La Poste   🛋 🛎 **P**

AUBERGE · RUSTIQUE On apprécie l'ambiance familiale de cette auberge villageoise centenaire. Les chambres sont confortables et parfaitement entretenues ; de jolis vitraux et boiseries rehaussent le décor des salles à manger, où l'on sert une cuisine régionale.

14 chambres – ✚53/63 € ✚✚62/73 € – ⊊10 € – ½ P

*74 r. du Gén.-de-Gaulle – ℰ 03 88 97 40 55 – www.hotel-rest-laposte.fr
– Fermé 24 déc.-1ᵉʳ janv.*

URRUGNE – 64 (Pyrénées-Atlantiques) ➜ voir St-Jean-de-Luz

URVILLE-NACQUEVILLE
⊠ 50460 (Manche) – 2 150 hab. – Alt. 20 m – Carte régionale n° **32**-A1
▶ Paris 372 km – Caen 138 km – St-Lô 95 km
Carte Michelin 303-B1

🏨 Le Landemer   🛋 ≤ 🖻 �& ⅛ **P**

HÔTEL DE VACANCES · COSY Au pied de la falaise, cette ravissante maison a vu passer du beau monde (Boris Vian, Françoise Sagan, Édith Piaf et Marcel Cerdan) et ce n'est pas un hasard : ses chambres, cosy et confortables, offrent une vue imprenable sur la Manche. Un établissement plein de charme.

10 chambres – ✚90/169 € ✚✚90/169 € – ⊊16 €

*2 r. des Douanes – ℰ 02 33 04 05 10 – www.le-landemer.com
– Fermé 18 déc.-17 janv.*

USCLADES-ET-RIEUTORD

⊠ 07510 (Ardèche) – 130 hab. – Alt. 1 270 m – Carte régionale n° **44**-A3
▶ Paris 590 km – Aubenas 45 km – Langogne 41 km – Privas 59 km
Carte Michelin 331-G5

à Rieutord – ⊠ 07510 Usclades et Rieutord

⌁○ Ferme de la Besse   P ⌐

CUISINE TRADITIONNELLE · RUSTIQUE Ⅹ Une authentique ferme du 15ᵉ s. au toit de lauzes... Dans son décor rustique superbement préservé (pierres, poutres, cheminée), on apprécie charcuterie, cèpes, viandes locales...

🍽 Menu 17 € (déj. en semaine)/35 €

– ✆ 04 75 38 80 64 (réservation conseillée) – www.aubergedelabesse.com – Fermé 20 déc.-1ᵉʳ avril

USSAC – 19 (Corrèze) → voir Brive-La-Gaillarde

USSEL

⊠ 19200 (Corrèze) – 9 791 hab. – Alt. 631 m – Carte régionale n° **25**-D2
▶ Paris 444 km – Aurillac 99 km – Clermont-Ferrand 83 km – Guéret 101 km
Carte Michelin 329-O2 – Guide Vert Michelin Limousin Berry

⌁○ Auberge de l'Empereur

CUISINE MODERNE · RÉTRO Ⅹ Au milieu de la verdure, cette ancienne grange est devenue une auberge coquette et chaleureuse. Cheminée, charpente en coque de bateau renversée : l'endroit a beaucoup de cachet ! Dans l'assiette, de jolis produits travaillés avec soin et générosité : morilles de l'empereur, carré d'agneau au foin...

Formule 20 € – Menu 26 € (déj. en semaine), 33/60 € – Carte 42/67 €
La Goudouneche, (parc d'activité de l'Empereur), 5 km au Sud-Ouest par D1089
– ✆ 05 55 46 04 30 (réservation conseillée) – www.aubergedelempereur.com
– Fermé dim. soir et lundi

UTELLE

⊠ 06450 (Alpes-Maritimes) – 765 hab. – Alt. 800 m – Carte régionale n° **41**-D2
▶ Paris 883 km – Levens 24 km – Nice 51 km – Puget-Théniers 53 km
Carte Michelin 341-E4 – Guide Vert Michelin Côte d'Azur

⌁○ Bellevue   ⇐ 🏠 P

CUISINE TRADITIONNELLE · AUBERGE Ⅹ Cette auberge rustique va si bien à ce village du bout du monde, avec sa terrasse sous les platanes, sa vue imprenable sur la vallée et les montagnes, et ses petits plats du terroir de l'arrière-pays niçois ! Et l'on peut louer un gîte pour profiter du calme, si loin de l'agitation de la côte...

🍽 Menu 18/37 € – Carte 25/58 €
5 av. René Millo – ✆ 04 93 03 17 19 – Fermé janv., merc. sauf juil.-août et le soir

UZER

⊠ 07110 (Ardèche) – 444 hab. – Alt. 165 m – Carte régionale n° **44**-A3
▶ Paris 663 km – Alès 63 km – Lyon 196 km – Privas 44 km
Carte Michelin 331-H6

🏠 Château d'Uzer

FAMILIAL · PERSONNALISÉ La fibre décorative des propriétaires, leur belle hospitalité, le mélange des styles ancien et moderne, le jardin semi-sauvage, la piscine, le petit-déjeuner maison... Ce château médiéval a tout pour plaire. Plats régionaux servis en terrasse aux beaux jours.

5 chambres ⌑ – 🛏140/210 € 🛏🛏140/210 €
– ✆ 04 75 36 89 21 – www.chateau-uzer.com

UZERCHE

✉ 19140 (Corrèze) – 2 958 hab. – Alt. 380 m – Carte régionale n° **24**-B3
▶ Paris 444 km – Brive-la-Gaillarde 38 km – Limoges 57 km – Périgueux 106 km
Carte Michelin 329-K3 – Guide Vert Michelin Limousin Berry

ⵏⵔ La Treille Muscate

CUISINE MODERNE · ÉLÉGANT XX Au diapason de la demeure qui l'abrite, ce restaurant ne manque ni de grâce ni d'élégance ; sous de beaux luminaires et un
plafond à la française, on savoure une cuisine simple et actuelle, réalisée avec
des produits bien choisis – locaux pour la plupart. Le bouche-à-oreille fonctionne
à plein : un succès mérité !

Menu 27/36 €

pl. des Vignerons – ℰ 05 55 97 20 60 *– www.hotel-joyet-maubec.com*
*– Fermé 1ᵉʳ janv.-24 janv. et 1ᵉʳ-9 oct., mardi midi hors saison, dim. soir et lundi en
saison*

🏠 Joyet de Maubec

HISTORIQUE · COSY Cet ancien hôtel particulier, redécoré avec beaucoup de
goût et de très beaux matériaux, n'a rien perdu de son caractère d'antan. Le
charme y est niché dans tous les coins, depuis le parterre pavé de l'accueil jusqu'aux chambres spacieuses et délicieusement rétro.

8 chambres – ♦85/125 € ♦♦120/230 € – ☑ 14 €

pl. des Vignerons – ℰ 05 55 97 20 60 *– www.hotel-joyet-maubec.com*
– Fermé 1ᵉʳ janv.-24 janv. et 1ᵉʳ-9 oct.

ⵏⵔ **La Treille Muscate** – voir les restaurants ci-dessus

UZÈS

✉ 30700 (Gard) – 8 578 hab. – Alt. 138 m – Carte régionale n° **23**-D2
▶ Paris 682 km – Avignon 39 km – Montpellier 93 km – Nîmes 38 km
Carte Michelin 339-L4 – Guide Vert Michelin Provence

❀ La Table d'Uzès

CUISINE MODERNE · COSY XX Des tables dressées avec soin, un décor plein
d'élégance : cette adresse a le chic pour nous mettre dans de bonnes disposi-
tions. Avec des produits de grande qualité, le chef concocte des plats soignés et
goûteux. Par beau temps, on s'installe en terrasse, autour du tilleul... Tout simplement délicieux !

➔ Petit pois dans tous ses états, truite bio, sucrine, menthe et émulsion fumée.
Côte de taureau de Camargue rôtie, cromesquis de paleron, chou-fleur multico-
lore et sauce gardiane. Mon vacherin de pays.

Menu 29 € ▼ (déj. en semaine), 59/115 € – Carte 75/110 €

Hôtel La Maison d'Uzès, 18 r. du Dr-Blanchard
– ℰ 04 66 20 07 00 *– www.lamaisonduzes.fr*
– Fermé 29 fév.-22 mars, 24 oct.-8 nov., lundi et mardi

ⵏⵔ La Parenthèse

CUISINE TRADITIONNELLE · MÉDITERRANÉEN XX C'est bien à une jolie parenthèse qu'invite cette table charmante, imprégnée par l'esprit chaleureux de la
Provence. Au menu : de beaux produits et d'élégants équilibres de saveurs. Les
recettes méridionales sont revisitées avec gourmandise...

Formule 22 € – Menu 31/46 € – Carte 41/58 €

Hostellerie Provençale, 1-3 r. Grande-Bourgade
– ℰ 04 66 22 11 06 *– www.hostellerieprovencale.com*
– Fermé dim. soir en hiver, lundi midi et jeudi midi

🍴 Le 80 Jours

CUISINE TRADITIONNELLE · MÉDITERRANÉEN X Voûtes et vieilles pierres, décor ethnique, joli patio ombragé : il fait bon s'attabler dans cette brasserie moderne dont l'enseigne évoque Jules Verne et... les voyages du maître des lieux. De quoi donner envie de voguer, à son tour, vers d'autres horizons – mais seulement après un bon repas.

Formule 16 € – Menu 23 € (déj.), 29/39 € – Carte 42/53 €

2 pl. Albert-1er – ☏ 04 66 22 09 89 – Fermé fév., lundi sauf juil.-août et dim.

🍴 L'Artemise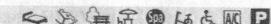

CRÉATIVE · DESIGN X Avec son mobilier design et ses œuvres d'artistes contemporains, ce mas du 16es. est plus que jamais dans le vent ! Aux commandes, un jeune chef inspiré qui signe, au gré du marché, de savoureux menus surprises. Magnifiques chambres, piscine et spa... pour transformer l'étape gourmande en séjour de charme.

Menu 35/70 €

8 chambres – 🛏190/350 € 🛏🛏190/350 € – ☲18 €

chemin de la Fontaine-aux-Bœufs, (par r. du Collège) – ☏ 04 66 63 94 14
– www.lartemise.com – Ouvert de fin avril à début nov. et fermé lundi midi, merc. midi et mardi

🏠 Hostellerie Provençale

FAMILIAL · PERSONNALISÉ À deux pas de la place aux Herbes, le plus vieil hôtel de la ville ne pouvait pas mieux porter son nom ! Mobilier et tissus provençaux, pierres et poutres apparentes, tommettes et meubles chinés dans les chambres... On s'y sent bien, d'autant plus que l'accueil est charmant.

9 chambres – 🛏90/128 € 🛏🛏95/155 € – ☲14 €

1-3 r. Grande-Bourgade – ☏ 04 66 22 11 06 – www.hostellerieprovencale.com
🍴 **La Parenthèse** – voir les restaurants ci-dessus

🏠 La Maison d'Uzès

HÔTEL PARTICULIER · ÉLÉGANT Dans la vieille ville, cet hôtel particulier du 17e s. accueille les voyageurs dans une atmosphère cosy et feutrée ; les chambres, aux noms poétiques – L'Écrin, Les Trois Lucarnes, La Dérobée, etc. –, sont confortables. Une charmante étape !

8 chambres – 🛏245/300 € 🛏🛏270/625 € – 1 suite – ☲22 € – ½ P

18 r. du Dr-Blanchard – ☏ 04 66 20 07 00 – www.lamaisonduzes.fr
– Fermé 29 fév.-22 mars, 24 oct.-8 nov., lundi et mardi
❀ **La Table d'Uzès** – voir les restaurants ci-dessus

🏠 Le Patio de Violette

FAMILIAL · FONCTIONNEL À l'écart du centre-ville, cette villa contemporaine aux formes géométriques abrite des chambres bien tenues, au décor épuré – certaines avec une terrasse privative. Un établissement accueillant et parfaitement fonctionnel.

25 chambres – 🛏65/103 € 🛏🛏65/103 € – ☲10 €

chemin Trinquelaïgues, lieu-dit la Perrine, au Nord – ☏ 04 66 01 09 83
– www.hotel-uzes-pontdugard.com

à St-Quentin-la-Poterie 5 km au Nord par D5 – ✉ 30700
– 2 956 hab. – Alt. 113 m

🍴 Clos de Pradines

CRÉATIVE · À LA MODE XX Dès que la météo le permet, prenez la direction de la terrasse face au jardin, véritable belvédère sur la vallée... Un horizon verdoyant, fort agréable pour déguster une cuisine gastronomique à l'accent régional, mais avant tout originale et soucieuse du bon produit !

Menu 29/54 € – Carte 44/63 €

pl. du Pigeonnier – ☏ 04 66 20 04 89 – www.clos-de-pradines.com – Fermé 15-29 nov., 2-31 janv. et lundi midi

🏠 Clos de Pradines 　　　　🕊 🦢 � 🍴 ⚹ 🆔 🚽 🅿

FAMILIAL · MÉDITERRANÉEN Sur les hauteurs du village, un hôtel-restaurant paisible, proposant de jolies chambres de style néoprovençal, avec miniterrasse ou balcon orienté plein sud. Bon niveau de confort.

20 chambres – ♦79/195 € ♦♦79/195 € – ⌑13 € – ½ P

pl. du Pigeonnier – ✆ 04 66 20 04 89 – www.clos-de-pradines.com – Fermé 15-29 nov., 2-31 janv. et lundi midi

🍴 **Clos de Pradines** – voir les restaurants ci-dessus

LA VACHETTE – 05 (Hautes-Alpes) ➔ voir Briançon

VACQUEYRAS

✉ 84190 (Vaucluse) – 1 085 hab. – Alt. 117 m – Carte régionale n° **42**-E1

▶ Paris 662 km – Avignon 35 km – Nyons 34 km – Orange 19 km

Carte Michelin 332-C9 – Guide Vert Michelin Provence

à Montmirail 2 km à l' Est par rte secondaire – ✉ 84190

🏠 Montmirail 　　　　　　🕊 🦢 � 🍴 ⚹ 🅿

TRADITIONNEL · RÉTRO Au pied des célèbres Dentelles de Montmirail, demeure de caractère (19°s.) au milieu d'un plaisant jardin planté de pins et de platanes. Chambres bien tenues. Au restaurant, l'ambiance est cosy... c'est idéal pour déguster une appétissante cuisine traditionnelle.

33 chambres – ♦66/78 € ♦♦76/145 € – ⌑14 € – ½ P

Château des Eaux – ✆ 04 90 65 84 01 – www.hotelmontmirail.com – Ouvert 15 avril-20 oct.

VAGNAS

✉ 07150 (Ardèche) – 557 hab. – Alt. 200 m – Carte régionale n° **44**-A3

▶ Paris 678 km – Alès 38 km – Aubenas 37 km – Mende 112 km

Carte Michelin 331-I7

🏠 La Bastide d'Iris 　　　　🦢 � 🍴 ⚹ 🆔 🕊 🅿

FAMILIAL · PERSONNALISÉ Un jardin de roses, de lavande et d'oliviers ; une terrasse où l'on peut prendre son petit-déjeuner ; des chambres coquettes et colorées (dont deux familiales) : tels sont les atouts de cette bastide de construction récente, située à la sortie du village.

13 chambres – ♦88/136 € ♦♦88/136 € – ⌑14 €

L'Estrade, D579 – ✆ 04 75 88 44 77 – www.labastidediris.com – Fermé 19 déc.-16 janv.

VAGNEY

✉ 88120 (Vosges) – 3 992 hab. – Alt. 412 m – Carte régionale n° **27**-C3

▶ Paris 437 km – Belfort 99 km – Épinal 40 km – Metz 163 km

Carte Michelin 314-I4

🍽 Les Lilas 　　　　　　　　　🍴 🅿

CUISINE TRADITIONNELLE · CONVIVIAL Ⅹ Bons produits et tradition sont au programme de ces Lilas : asperges fraîches, fricassée de morilles et Belle de Morteau, gigot d'agneau de lait au piment de la Vera... Le service est assuré par la patronne, aimable et accueillante ; on profite également d'une jolie terrasse ombragée, dès que le soleil se montre.

֍ Formule 13 € – Menu 18 € (semaine), 25/45 € – Carte 32/50 €

12 r. du Général-de-Gaulle – ✆ 03 29 23 69 47 (réservation conseillée) – www.restaurantleslilas.fr – Fermé 17-25 mai, 16 août-1er sept., 11-25 janv., lundi soir, mardi soir et merc.

VAILHAN

✉ 34320 (Hérault) – 173 hab. – Alt. 181 m – Carte régionale n° **23**-C2

▶ Paris 740 km – Albi 173 km – Carcassonne 127 km – Montpellier 71 km

Carte Michelin 339-E7

⫟◯ L'Auberge du Presbytère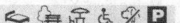

CUISINE MODERNE · AUBERGE X Un presbytère du 17ᵉ s. tout en vieilles pierres, dominant le lac des Olivettes : le jeune couple maître des lieux en est tombé amoureux, on le comprend ! À l'unisson de la nature environnante, la cuisine cultive le goût des choses vraies : produits locaux, saisonnalité, fraîcheur... et prix doux.

Menu 34 €, 40/50 €

4 r. de l'Église – ℰ 04 67 24 76 49 (réservation conseillée)
– www.aubergedupresbytere.fr – Fermé janv., lundi de nov. à mars, mardi et merc.

VAILLY

✉ 74470 (Haute-Savoie) – 855 hab. – Alt. 780 m – Carte régionale n° **46**-F1
▶ Paris 582 km – Annecy 72 km – Genève 48 km – Lyon 191 km
Carte Michelin 328-M3

⫟◯ Le Moulin de Léré

CUISINE MODERNE · RUSTIQUE X Au cœur de la vallée du Brevon, cet ancien moulin du 17ᵉs., tout de pierre et de bois, abrite un restaurant cosy de style montagnard. L'assiette donne la priorité à la fraîcheur, autour d'une délicieuse cuisine du marché. Cinq chambres de charme permettent de prolonger cette escale bucolique. Accueil très agréable.

Menu 29/70 € – Carte 44/60 €

5 chambres – ♦85/95 € ♦♦85/112 € – ☲ 11 €

Sous la côte – ℰ 04 50 73 61 83 – www.moulindelere.com – Fermé 15-25 nov., mardi midi, merc. midi, jeudi midi et lundi

VAISON-LA-ROMAINE

✉ 84110 (Vaucluse) – 6 123 hab. – Alt. 193 m – Carte régionale n° **40**-B2
▶ Paris 664 km – Avignon 51 km – Carpentras 27 km – Montélimar 64 km
Carte Michelin 332-D8 – Guide Vert Michelin Provence

⊛ Bistro du'O

CUISINE MODERNE · CONVIVIAL X "Bistro du'O" car l'adresse se trouve dans la ville haute (et même dans les anciennes écuries du château de Vaison, aux belles voûtes du 12ᵉ s.) et est tenue par... un jeune duo complice. Elle en salle, lui aux fourneaux, cuisinant au plus près des saisons et des producteurs locaux. Nous voilà... en haut de la gourmandise !

Formule 24 € – Menu 32/45 € – Carte 45/53 €

Plan : Z-f *– 1 r. du Château – ℰ 04 90 41 72 90 – www.bistroduo.fr – Fermé 16-30 nov., 17-30 janv., dim. et lundi*

⫟◯ Le Bateleur

CUISINE MODERNE · RUSTIQUE X Changement de capitaine en 2014 pour ce Bateleur voisin de l'Ouvèze. Dorénavant chez lui, le chef, issu de maisons étoilées, signe une cuisine du marché au bel accent provençal : poulpe grillé, pomme de terre, air, persil et piment ; jarret de veau confit, barigoule de légumes ; tarte au citron et crème au chocolat...

Menu 35/47 € – Carte 52/64 €

Plan : Z-k *– 1 pl. Théodore-Aubanel – ℰ 04 90 36 28 04*
– www.restaurant-lebateleur.com – Fermé sam. midi de mars à oct., dim. midi de juin à sept., dim. soir d'oct. à mai, mardi et merc. de nov. à fév. et lundi

⌂ Burrhus

TRADITIONNEL · ACTUEL De nombreux atouts pour cet établissement : une situation très centrale, des chambres alliant simplicité et esprit contemporain – avec des pièces de mobilier inspirées de grands noms du design –, des expositions d'art contemporain et une jolie terrasse pour le petit-déjeuner.

39 chambres – ♦61/98 € ♦♦61/98 € – ☲ 10 €

Plan : Y-n *– 2 pl. Monfort – ℰ 04 90 36 00 11 – www.burrhus.com*
– Fermé 11 déc.-25 janv. et dim. en janv. et fév.

VAISON-LA-ROMAINE

Aubanel (Pl.)	Z 2
Bon Ange (Chemin du)	Y 3
Brusquet (Chemin du)	Y 4
Burrus (R.)	Y 5
Chanoine-Sautel (Pl.)	Y 7
Coudray (Av.)	Y 8
Daudet (R. A.)	Y 9
Église (R. de l')	Z 10
Évêché (R. de l')	Z 12
Fabre (Cours H.)	Y 13
Foch (Quai Maréchal)	Z 14
Géoffray (Av. C.)	Y 15
Gontard (Quai P.)	Z 17
Grande-Rue	Y 18
Jean-Jaurès (R.)	Y 22
Mazen (Av. J.)	Y 23
Meffre (Espl. Y.)	Y 6
Mistral (R. Frédéric)	Y 24
Montée du Château	Z 25
Montfort (Pl.)	Y 26
Noël (R. B.)	Y 27
Poids (Pl. du)	Z 29
République (R.)	Y 32
St-Quenin (Av.)	Y 33
Sus Auze (Pl.)	Y 34
Taulignan (Crs)	Y 35
Victor-Hugo (Av.)	Y 36
Vieux Marché (Pl. du)	Z 38
11 Novembre (Pl. du)	Y 40

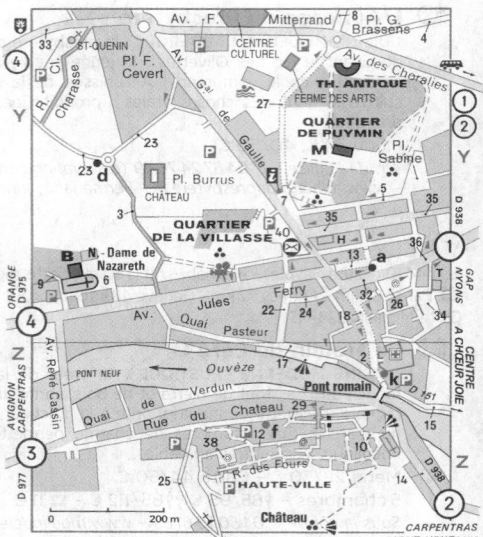

🏠 Les Tilleuls d'Élisée

🗞 ≤ 📶 AC ⅏ 🅿 🚭

FAMILIAL · RUSTIQUE Entre le site antique et la cathédrale, une belle ferme de 1880 entourée d'oliviers et d'arbres fruitiers ; on loge dans des chambres simples et fraîches. Confitures maison.

5 chambres ⌷ – ♦80 € ♦♦80 €

Plan : Y-d – *1 av. Jules-Mazen, (chemin du Bon-Ange) – ℰ 04 90 35 63 04 – www.vaisonchambres.info – Fermé 24-25 déc. et 1-24 janv.*

à **Entrechaux** 7 km au Sud-Est par D938 et D54 – ⊠ 84340 – 1 116 hab. – Alt. 280 m

🍴 St-Hubert

📶 🛏 ♿ 🅿

CUISINE TRADITIONNELLE · RUSTIQUE XX Toute la douceur immuable de la tradition dans cet établissement tenu par la même famille depuis 1929. Le calme du village, le cadre rustique de la maison, la terrasse sous la glycine, et surtout la franchise et la générosité de la cuisine (faisant la part belle au gibier l'hiver et aux fruits de mer l'été) : ne changez rien...

 Menu 18 € (déj. en semaine), 29/55 € – Carte 36/69 €

Le Village – ℰ 04 90 46 00 05 – http://restaurantsthubert.free.fr – Fermé 30 janv.-10 mars, 3-14 oct., lundi soir de nov. à fév., mardi et merc.

à **Séguret** 10 km au Sud-Ouest par D977 et D88 – ⊠ 84110 – 849 hab. – Alt. 250 m

🍴 Le Mesclun

🛏 AC ♿

CUISINE MODERNE · BISTRO X Au cœur de ce charmant village médiéval à flanc de colline, un restaurant au cadre contemporain feutré, doublé d'une agréable terrasse ombragée. Métissée et originale, la carte invite au voyage, à l'image de ce tajine croustillant de poulet fermier, légumes confits aux épices douces et parfums des souks du Caire...

Formule 19 € – Menu 29/52 € – Carte 43/59 €

r. des Poternes, (accès piétonnier) – ℰ 04 90 46 93 43 (réservation conseillée) – www.lemesclun.com – Fermé dim. soir, mardi soir de sept. à juin et merc.

Domaine de Cabasse

DOMAINE VITICOLE • FONCTIONNEL Au pied des Dentelles de Montmirail et du beau village de Séguret, au cœur d'un domaine viticole en activité – visites et dégustations sont proposées –, il n'est qu'à profiter de la quiétude des lieux, des senteurs et du soleil de la Provence... Chambres confortables et agréables ; joli restaurant où sont proposés les vins de la propriété.

23 chambres – 🚹70/180 € 🚹🚹70/180 € – ☕14 € – ½ P

rte de Sablet – ✆ 04 90 46 91 12 – www.cabasse.fr

à Rasteau 9 km à l'Ouest par D975 et D69 – ✉ 84110 – 814 hab. – Alt. 200 m

Bellerive

FAMILIAL • CLASSIQUE Une grande villa nichée au milieu des vignes, à l'issue d'un petit chemin... Toutes les chambres, de style provençal, jouissent d'une terrasse ou d'une loggia ouvrant sur le paysage : la vallée de l'Ouvèze, les Dentelles de Montmirail, le Ventoux au loin. Quel écrin de calme et de verdure !

20 chambres – 🚹85/165 € 🚹🚹85/165 € – ☕15 €

rte de Violès – ✆ 04 90 46 10 20 – www.hotel-bellerive.fr – Ouvert mars- oct.

VAÏSSAC

✉ 82800 (Tarn-et-Garonne) – 814 hab. – Alt. 134 m – Carte régionale n° **29**-C2

▶ Paris 620 km – Albi 60 km – Montauban 23 km – Toulouse 76 km

Carte Michelin 337-F7

Terrassier

FAMILIAL • FONCTIONNEL Cette auberge tenue en famille est très pratique pour rayonner dans le Quercy et l'Albigeois... Les chambres sont bien tenues (plus récentes et spacieuses à l'annexe) ; au restaurant, le chef – un ex-boucher – concocte une sympathique cuisine traditionnelle et du terroir. Tarifs mesurés.

18 chambres – 🚹57/77 € 🚹🚹57/77 € – ☕9 € – ½ P

205 r. du village – ✆ 05 63 30 94 60 – www.chezterrassier.net – Fermé 1 semaine en fév., 1 semaine en nov., vend. soir, sam. midi et dim. soir

LE VAL

✉ 83143 (Var) – 4 198 hab. – Alt. 242 m – Carte régionale n° **41**-C3

▶ Paris 818 km – Marseille 70 km – La Seyne-sur-Mer 63 km – Toulon 55 km

Carte Michelin 340-L5 – Guide Vert Michelin Côte d'Azur

La Crémaillère

CUISINE TRADITIONNELLE • RUSTIQUE Dans cet accueillant restaurant familial situé au cœur du village, la Provence est reine : pressé de lapereau aux aromates, dos de loup sur une bohémienne de légumes au pistou... Le décor, avec ses tons jaunes et son mobilier rustique, joue sur le même registre ! Petite terrasse dans la rue.

Menu 20 € 🍷 (déj. en semaine), 28/36 € – Carte 32/46 €

23 r. Nationale – ✆ 04 94 86 40 00 – lacremaillere-leval.fr – Fermé 24 fév.-4 mars, 17 nov.-2 déc., dim. soir sauf juil.-août, merc. sauf le soir en juil.-août et lundi

VALADY

✉ 12330 (Aveyron) – 1 551 hab. – Alt. 350 m – Carte régionale n° **29**-C1

▶ Paris 625 km – Decazeville 20 km – Rodez 20 km

Carte Michelin 338-G4

🕙 Auberge de l'Ady

CUISINE MODERNE · CONVIVIAL XX Au cœur d'un village rural de l'Aveyron, une agréable auberge, épurée et contemporaine. On y sert une cuisine fraîche, savoureuse et bien dans son époque, privilégiant les produits bio : terrine de foie gras de canard fumé, compressé de jarret de porc au poivre du Sichuan... Avec 200 références de vins au choix !

🍴 Menu 18 € (déj. en semaine), 29/70 € – Carte 49/68 €

4 chambres 🛏 – ♦70/110 € ♦♦80/120 €

1 av. du Pont-de-Malakoff, (près de l'église) – 𝒞 05 65 72 70 24
– www.auberge-ady.com – Fermé 4-25 janv., 1 semaine début juil., 1 semaine à la Toussaint, merc. soir d'oct. à avril, dim. soir, mardi soir et lundi

LE VAL-ANDRÉ – 22 (Côtes-d'Armor) → voir Pléneuf-Val-André

VALAURIE
✉ 26230 (Drôme) – 572 hab. – Alt. 162 m – Carte régionale n° **44**-B3
▶ Paris 622 km – Montélimar 21 km – Nyons 33 km – Pierrelatte 14 km
Carte Michelin 332-B7

🏠 Le Moulin de Valaurie

RURAL · ÉLÉGANT À l'extérieur du village, prenez un chemin bordé de vignes pour accéder à ce beau moulin du 19ᵉ s. Les chambres, décorées dans un esprit provençal (objets et meubles chinés), sont des plus charmantes. Restaurant traditionnel.

19 chambres – ♦99/225 € ♦♦99/225 € – 🛏 15 € – ½ P
Le Foulon – 𝒞 04 75 97 21 90 – www.lemoulindevalaurie.com

🏠 Les Mejeonnes

FAMILIAL · ACTUEL C'est une charmante ferme en pierre, posée sur un coteau. On y loge dans des chambres sobres et épurées. Et quel plaisir de lézarder près de la piscine ! Cuisine du marché dans un agréable décor de bistrot.

26 chambres – ♦69/135 € ♦♦69/135 € – 🛏 12 €

9 chemin de la Méjeonne, 2 km rte de Montélimar – 𝒞 04 75 98 60 60
– www.mejeonnes.com

VALBERG
✉ 06470 (Alpes-Maritimes) – ✉ Peone – Alt. 1 669 m – Carte régionale n° **41**-D2
▶ Paris 803 km – Barcelonnette 75 km – Castellane 67 km – Nice 84 km
Carte Michelin 341-C3 – Guide Vert Michelin Alpes du Sud

🍴 L'Etable ⓝ

TERROIR · RUSTIQUE X Ce petit restaurant du cœur de station n'a pas usurpé sa bonne réputation ! Non content de proposer de goûteuses spécialités montagnardes (fondues, raclettes etc.), l'Étable concocte aussi de bons petits plats mijotés, dans un décor alpin et une atmosphère conviviale. Excellents fromages des fermes voisines.

Carte 31/44 €

1 av. St-Bernard – 𝒞 04 93 02 68 20 (réservation conseillée) – Fermé de mi-avril à fin mai, de fin oct. à début déc., dim. soir et lundi

🏠 Le Chalet Suisse 🎿

HÔTEL DE VACANCES · COSY Un vrai chalet de montagne au cœur de cette jolie station. Confort et détente au hammam et au sauna après une journée de balade ou de ski, bain de soleil sur la terrasse, pause au bar ou au restaurant, puis repos douillet... Pour des vacances-plaisir dans les Alpes du Sud !

23 chambres – ♦72/97 € ♦♦88/130 € – 🛏 12 €

4 av. Valberg – 𝒞 04 93 03 62 62 – www.chaletsuisse.fr – Ouvert de mi-juin à mi-sept. et de mi-déc. à début-avril

L'Adrech de Lagas

FAMILIAL · ALPIN Au pied des pistes, un chalet avec un restaurant traditionnel et des chambres spacieuses – la plupart jouissant d'une loggia exposée plein sud. Pour les familles, l'établissement dispose également de duplex. Un point de chute utile.

20 chambres – ♦80/118 € ♦♦85/139 € – ☲ 12 € – ½ P

63 av. Valberg – ℰ 04 93 02 51 64 – www.adrech-hotel.com – Ouvert juin-sept. et déc.-mars

VALBONNE

✉ 06560 (Alpes-Maritimes) – 12 619 hab. – Alt. 250 m – Carte régionale n° **42**-E2
▶ Paris 907 km – Antibes 14 km – Cannes 13 km – Grasse 11 km
Carte Michelin 341-D6 – Guide Vert Michelin Côte d'Azur

ⅈ○ Lou Cigalon

CUISINE MODERNE · ÉLÉGANT XX Entrez dans cette charmante petite maison en pierre au cœur de Valbonne, vous ne le regretterez pas ! Dans l'assiette, une cuisine maîtrisée et créative, souvent originale : vous aimerez forcément cet œuf coulant et crustacé roti, ou encore ce pigeon au foie gras en croûte de charlotte... Savoureux.

Menu 49/83 € – Carte 71/84 €

6 bd Carnot – ℰ 04 93 12 01 61 (réservation conseillée) – www.loucigalon.fr – Fermé 21 août-7 sept., dim., lundi et le midi

Seventeen

HÔTEL DE VACANCES · MODERNE Un établissement très design qui propose... 23 chambres et appartements. Tout respire l'épure et la nouveauté : matériaux modernes, sobriété des couleurs (beige et taupe)... En prime, la terrasse permet de profiter de la douceur du climat provençal.

13 chambres – ♦145/195 € ♦♦145/290 € – 8 suites – ☲ 15 €

241 chemin Font-de-Cuberté, rte de Cannes – ℰ 04 93 12 37 70 – www.seventeenhotel.com – Fermé en janv.

La Bastide de Valbonne

HÔTEL DE VACANCES · COSY La demeure d'inspiration provençale, fleurie et pimpante, avec ses murs jaunes et ses volets bleus. Les chambres, parfaitement tenues, disposent parfois d'une terrasse. Et, pour se détendre, on ne se refuse pas un plongeon dans la piscine. Parfait pour le farniente.

34 chambres – ♦95/175 € ♦♦95/175 € – ☲ 15 €

107 chemin Font-Cuberté, rte de Cannes – ℰ 04 93 12 33 40 – www.bastidedevalbonne.com – Fermé en janv.

Les Armoiries

TRADITIONNEL · FONCTIONNEL C'est en marchant, quartier piéton oblige, que l'on arrive à cette bâtisse du 17ᵉ s. aux belles arcades, aussi pittoresque que le village lui-même. Les chambres y sont confortables et bien tenues. Le petit-déjeuner se prend sur la place baignée de lumière : tout le charme de l'arrière-pays grassois.

16 chambres – ♦95/159 € ♦♦95/159 € – ☲ 12 €

pl. des Arcades – ℰ 04 93 12 90 90 – www.hotellesarmoiries.com

au golf d'Opio-Valbonne 2 km au Nord-Est par rte de Biot (D4 et D204) –
✉ 06650 Opio :

ⅈ○ Le Ciste 🆕

CUISINE TRADITIONNELLE · CONVIVIAL XX Une petite faim après 18 trous ? En soirée, venez découvrir une belle carte gastronomique composée avec soin, et mettant en avant les produits de la région. À déguster près de la cheminée, dans une salle sobre et élégante, ou sur la terrasse donnant sur les greens du golf...

Menu 45/95 € – Carte 79/96 €

rte de Roquefort-les-Pins – ℰ 04 93 12 37 00 – www.chateau-begude.com – Ouvert d'avril à oct. et fermé dim., lundi et le midi

🏚🏚 Château de la Bégude　　　🔆 🐾 ⌲ 📶 🗲 ✕ ⅃ 🖘 AC ⏃ P

TRADITIONNEL · PERSONNALISÉ Les amateurs de swing vont se régaler ! Cette bastide du 17 ᵉs., flanquée de sa bergerie, est située au beau milieu du très réputé golf d'Opio. Les chambres, d'inspiration provençale ou plus contemporaines, ne manquent pas de cachet ; le midi, on déguste de bons plats de brasserie.

38 chambres – ♦90/230 € ♦♦110/370 € – 6 suites – ⌓ 20 € – ½ P
rte de Roquefort-les-Pins – ℰ 04 93 12 37 00 – www.chateau-begude.com
– Fermé 20 nov.-28 déc.

　　🍽○ **Le Ciste** – voir les restaurants ci-dessus

rte d'Antibes au Sud par D3 – ✉ 06560 Valbonne :

🍽○ Daniel Desavie　　　　　🔆 AC P

PROVENÇALE · ÉLÉGANT 🍴🍴 La clientèle locale apprécie cette adresse dont la cuisine honore les saveurs provençales : fleurs de courgettes, loup aux artichauts, tarte au citron revisitée... Un classicisme qui a de l'allure ! On peut aussi opter pour le petit bistrot attenant, à petit prix, avec une carte renouvelée chaque semaine.

Formule 20 € – Menu 26 € 🍷 (déj. en semaine), 41/59 € – Carte 63/97 €
1360 rte d'Antibes – ℰ 04 93 12 29 68 – www.restaurantdanieldesavie.fr – Fermé
15-22 fév., 6-13 nov., dim. et lundi

🏚🏚 Castel Provence　　　　　🖘 ⅃ 🗲 AC P

BUSINESS · FONCTIONNEL Cet hôtel récent, de style provençal, est parfait pour une courte escapade ou un voyage d'affaires. L'endroit est plutôt calme, les équipements fonctionnels, et la piscine et le jardin invitent à la détente.

36 chambres – ♦98/165 € ♦♦98/165 € – ⌓ 14 €
30 chemin de Pinchinade, à 2,5 km – ℰ 04 93 12 11 92
– www.hotelcastelprovence.fr

à Sophia-Antipolis 7 km au Sud-Est par D3 et D103 – ✉ 06560 Valbonne

🏚🏚🏚 Sophia Country Club　　🔆 🐾 📶 ⅃ ⊚ 🛁 ✕ 🖼 🗲 AC ⏃ P

BUSINESS · MODERNE En plein cœur du parc de Sophia-Antipolis, ce complexe hôtelier propose de nombreux équipements sportifs – notamment un club de tennis – ainsi que de grandes chambres modernes et contemporaines. Salles de séminaires pour la clientèle d'affaires.

155 chambres – ♦90/250 € ♦♦90/250 € – ⌓ 19 € – ½ P
Les Lucioles 2 - 3550 rte des Dolines – ℰ 04 92 96 68 78
– www.sophiacountryclub.com – Fermé 20 déc.-4 janv.

VALCEBOLLÈRE

✉ 66340 (Pyrénées-Orientales) – 47 hab. – Alt. 1 470 m – Carte régionale n° **22**-A3
▶ Paris 856 km – Bourg-Madame 9 km – Font-Romeu-Odeillo-Via 27 km – Perpignan 107 km
Carte Michelin 344-D8

🏚🏚 Auberge Les Ecureuils　　🔆 🐾 🖘 🖼 🛁 ⏃ P

AUBERGE · RUSTIQUE Au cœur des Pyrénées, dans un petit hameau du bout du monde, cette ancienne bergerie reconvertie en auberge permet de crapahuter en montagne en toute saison ! Cheminée, murs en pierre, piscine à la romaine, hammam, restaurant traditionnel, etc. : à la fois rustique et atypique.

19 chambres – ♦72/90 € ♦♦90 € – ⌓ 10 € – ½ P
Carrer Gorro Blanc – ℰ 04 68 04 52 03 – www.aubergeecureuils.com
– Fermé 12 nov.-5 déc.

VAL-CLARET – 73 (Savoie) ➙ voir Tignes

VALDAHON

✉ 25800 (Doubs) – 5 182 hab. – Alt. 645 m – Carte régionale n° **17**-C2
▶ Paris 436 km – Besançon 33 km – Morteau 33 km – Pontarlier 32 km
Carte Michelin 321-I4

ⅡO Relais de Franche Comté 🔣 🏠 🅿️

RÉGIONALE · TRADITIONNEL 🕱🕱 La gastronomie franc-comtoise à portée de bourse : terrines maison, gibier, sauce au vin jaune et aux morilles, fromages locaux (comté, bleu de Gex), vins d'Arbois... Simplicité et authenticité au menu !

🍴 Menu 16 € (semaine), 20/58 € – Carte 21/53 €

1 r. Charles-Schmitt – ☎ 03 81 56 23 18 – www.relais-de-franche-comte.com
– Fermé 18-24 avril, 22-28 août, 17 déc.-10 janv., vend. soir et sam. midi sauf du 10 juil. au 22 août et dim. soir de sept. à juin

🏠 Relais de Franche Comté 🕱 🔣 🛁 🅿️

FAMILIAL · FONCTIONNEL À l'entrée de la ville, cet hôtel-restaurant très fréquenté est un véritable lieu de vie, géré en famille. Chambres modernes et bien tenues. Un vrai relais en Franche-Comté.

24 chambres – ♦59/69 € ♦♦70/95 € – ☕ 10 €

1 r. Charles-Schmitt – ☎ 03 81 56 23 18 – www.relais-de-franche-comte.com
– Fermé 18-24 avril, 22-28 août, 17 déc.-10 janv., vend. sauf du 10 juil. au 22 août et dim. de sept. à juin

ⅡO **Relais de Franche Comté** – voir les restaurants ci-dessus

LE VAL-D'AJOL

✉️ 88340 (Vosges) – 3 967 hab. – Alt. 380 m – Carte régionale n° **27**-C3
▶️ Paris 382 km – Épinal 41 km – Luxeuil-les-Bains 18 km – Plombières-les-Bains 10 km
Carte Michelin 314-G5

ⅡO La Résidence 🔣 🏠 🛁 🅿️

TERROIR · AUBERGE 🕱🕱 Au menu de cette maison de maître lorraine, une cuisine qui plonge ses racines dans le terroir vosgien, et cultive la tradition comme le goût des bons produits. Agréable terrasse face aux arbres centenaires du parc.

Formule 14 € – Menu 29/65 € – Carte 41/62 €

5 r. des Mousses, par rte de Hamanxard – ☎ 03 29 30 68 52
– www.la-residence.com – Fermé 2-15 mars, 1er-25 déc., dim. soir d'oct. à juin sauf vacances scolaires et fériés

🏠 La Résidence 🕱 🏊 🔣 🍽️ 🛁 🅿️

AUBERGE · FONCTIONNEL Adossée à un beau parc arboré et fleuri, une grande maison bourgeoise du milieu du 19e s. avec des chambres spacieuses et confortables, et des installations bien pensées (piscine couverte, sauna, etc.). Nouveauté : trois "chellos", de sympathiques chalets en bois volontairement spartiates et nature !

48 chambres – ♦57/72 € ♦♦70/101 € – ☕ 12 € – ½ P

5 r. des Mousses, par rte de Hamanxard – ☎ 03 29 30 68 52
– www.la-residence.com – Fermé 29 fév.-15 mars et 1er-25 déc.

ⅡO **La Résidence** – voir les restaurants ci-dessus

VAL-DE-SAANE

✉️ 76890 (Seine-Maritime) – 1 460 hab. – Alt. 100 m – Carte régionale n° **33**-C1
▶️ Paris 172 km – Evreux 95 km – Rouen 42 km
Carte Michelin 304-F3

ⅡO Auberge de La Mère Duval 🔄

CUISINE TRADITIONNELLE · RUSTIQUE 🕱🕱 Un jeune couple œuvre aujourd'hui aux destinées de cette jolie petite auberge de pays, fondée en son temps par la mère Duval, dont les spécialités subsistent à la carte : truite aux amandes, diplomate... Mais c'est là la seule pointe de nostalgie de l'adresse qui joue la carte de la tradition avec une totale fraîcheur !

Formule 18 € – Menu 25/45 € – Carte 30/48 €

pl. Daniel-Boucour – ☎ 02 35 32 30 13 – www.auberge-mere-duval.com – Fermé mardi et merc.

VAL-D'ESQUIÈRES – 83 (Var) → voir Ste-Maxime

VAL-D'ISÈRE
✉ 73150 (Savoie) – 1 637 hab. – Alt. 1 850 m – Carte régionale n° **45**-D2
▶ Paris 667 km – Albertville 86 km – Chambéry 135 km
Carte Michelin 333-O5 – Guide Vert Michelin Alpes du Nord

✿✿ L'Atelier d'Edmond

CRÉATIVE · RUSTIQUE ✕✕ Un beau chalet à l'ancienne, tout en bois, avec vieux outils et lampes à pétrole créant un joli éclairage la nuit venue : nostalgie et chaleur... Délicieux contraste avec la cuisine de Benoît Vidal, pleinement ancrée dans le présent et aux arômes puissants ! Les assiettes sont si belles qu'on ose à peine les toucher... Formule bistrot au déjeuner en été.
→ Ravioles d'huîtres au lard de la vallée d'Aoste, bouillon de bœuf au citron kaffir. Suprême de pigeon mi-fumé et rôti, jus aux fèves de cacao. Feuille à feuille de pain craquant au chocolat, crème glacée au foin.
Formule 58 € – Menu 95/155 € – Carte 107/143 €
au Fornet, 2 km à l'Est, rte de l'Iseran – ℰ *04 79 00 00 82*
– www.atelier-edmond.com – Ouvert juil.-août et mi-déc. à fin avril ; été : fermé dim., mardi et le midi ; hiver : fermé mardi midi et lundi sauf vacances de Noël

✿ La Table de l'Ours
CUISINE MODERNE · ÉLÉGANT ✕✕✕ À l'unisson du charme de ce luxueux hôtel, une table agréable où l'on travaille dans le strict respect du produit ! La cuisine du chef fait montre d'un véritable sens de l'invention et de l'esthétisme ; elle évolue au fil des saisons.
→ Tête de veau et écrevisses. Omble chevalier, mousseline de panais, réduction de vin chaud épicé. Cheesecake les Barmes de l'Ours, myrtilles sauvages en chutney, chocolat blanc et sorbet myrtille.
Menu 95/170 € – Carte 110/125 €
Plan : A-b *– Hôtel Les Barmes de l'Ours, chemin des Carats –* ℰ *04 79 41 37 00*
– www.hotellesbarmes.com – Ouvert de mi-déc. à mi-avril et fermé dim. et lundi hors vacances scolaires et le midi

ⅈO La Table des Neiges
CUISINE MODERNE · COSY ✕✕✕ Les gourmands de Val-d'Isère connaissent bien cette adresse ! Dans la belle salle sous charpente, une fondue savoyarde revisitée côtoie un délicieux veau façon royale... De bons produits frais sont à l'honneur ; la carte est renouvelée régulièrement.
Menu 58 € (dîner)/85 € – Carte 65/77 €
Plan : B-s *– Hôtel Tsanteleina, av. Olympique –* ℰ *04 79 06 12 13*
– www.tsanteleina.com – Ouvert 3 déc.-1ᵉʳ mai et fermé le midi

ⅈO La Luge
FROMAGES, FONDUES-RACLETTES · RUSTIQUE ✕ Quoi de plus amusant qu'une descente en luge ? Belle ambiance dans cette auberge typiquement savoyarde, où l'on déguste évidemment... des spécialités fromagères, mais aussi des viandes rôties à la broche devant les clients. Effet garanti !
Carte 57/98 €
Plan : B-f *– Hôtel Le Blizzard, av. Olympique –* ℰ *04 79 06 68 58*
– www.hotelblizzard.com – Ouvert de début déc. à début mai et fermé le midi

ⅈⅈⅈ Les Barmes de l'Ours
GRAND LUXE · ALPIN Différentes ambiances dans cet hôtel idéalement situé au pied des pistes... une véritable invitation au voyage. Les aménagements sont luxueux et le confort à son apogée, depuis le bar au coin du feu jusqu'au restaurant gastronomique et à la rôtisserie. Hibernation en vue !
56 chambres ⌂ – ♦275/1510 € ♦♦305/1540 € – 20 suites – ½ P
Plan : A-b *– chemin des Carats –* ℰ *04 79 41 37 00 – www.hotellesbarmes.com*
– Ouvert de mi-déc. à mi-avril
✿ **La Table de l'Ours** – voir les restaurants ci-dessus

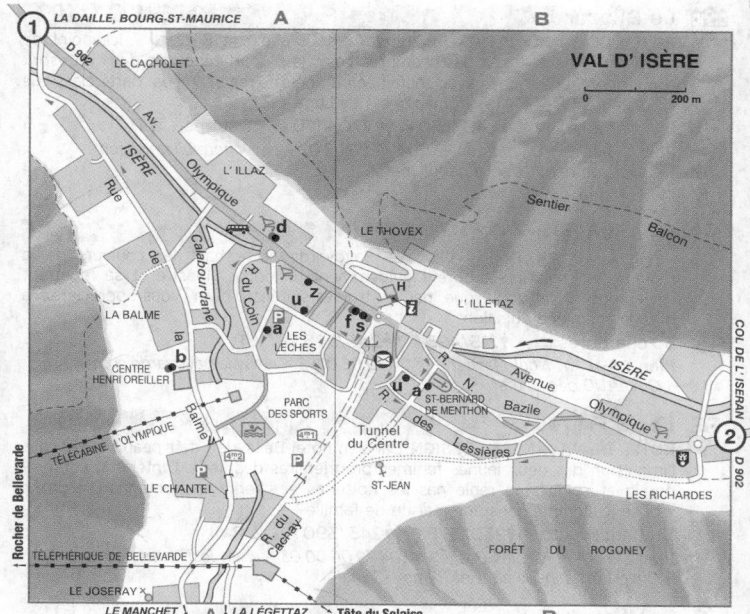

LA DAILLE, BOURG-ST-MAURICE

VAL D'ISÈRE

0   200 m

LE CACHOLET

AV. Olympique

ISÈRE

Rue de

L'ILLAZ

D 902

LA BALME

Calbourdane

R. du Coin

LES LÈCHES

CENTRE HENRI OREILLER

Blaime

PARC DES SPORTS

Tunnel du Centre

ST-JEAN

LE CHANTEL

R. DU Cachay

LE JOSERAY

LE MANCHET   LA LÉGETTAZ   Tête du Solaise

Rocher de Bellevarde

TÉLÉCABINE L'OLYMPIQUE

TÉLÉPHÉRIQUE DE BELLEVARDE

LE THOVEX

L'ILLETAZ

Sentier

Balcon

ISÈRE

ST-BERNARD DE MENTHON

Avenue

Olympique

Bazile

des

Lessières

FORÊT   DU   ROGONEY

LES RICHARDES

COL DE L'ISERAN

D 902

⌂⌂⌂⌂ Christiania

LUXE · ALPIN Charme indéniable pour ce chalet dont les chambres, de grand confort, sont décorées dans un élégant style alpin. Après quelques descentes sur les pistes, vous aimerez vous installer devant la cheminée du salon ou sur la belle terrasse panoramique.

68 chambres ⌂ – ♦328/1233 € ♦♦342/1340 € – 1 suite – ½ P

Plan : A-a – *r. du Parc-des-Sports* – ℰ 04 79 06 08 25
– *www.hotel-christiania.com* – *Ouvert de mi-déc. à mi-avril*

⌂⌂⌂ Avenue Lodge

HÔTEL DE VACANCES · DESIGN "Noir, c'est noir" : tel pourrait être le nom de ce chalet où dominent les couleurs sombres et tendance. Dans les chambres, tissus "peau de bête", bois wengé et petit coin salon semblent réinventer l'imaginaire de l'hiver... Bistrot chic.

51 chambres ⌂ – ♦420/995 € ♦♦420/995 € – 3 suites – ½ P

Plan : A-z – *av. Olympique* – ℰ 04 79 00 67 67 – *www.hotelavenuelodge.com*
– *Ouvert 11 déc.-10 avril*

⌂⌂⌂ La Table des Neiges

HÔTEL DE VACANCES · ALPIN Du nom du plus haut sommet au-dessus de Val-d'Isère, un agréable hôtel, au cœur de l'animation de la mythique station. Les chambres sont spacieuses et chaleureuses, avec, côté sud, vue sur la piste olympique de Bellevarde ! Superbe espace bien-être.

48 chambres ⌂ – ♦170/455 € ♦♦240/650 € – 14 suites

Plan : B-s – *av. Olympique* – ℰ 04 79 06 12 13 – *www.tsanteleina.com*
– *Ouvert 3 déc.-1ᵉʳ mai*

⍩○ **La Table des Neiges** – voir les restaurants ci-dessus

🏨 Le Blizzard   ⌂ ⟨ ⌁ 📶 ⌨ ▣ ♿

HÔTEL DE VACANCES • ALPIN Blizzard, vous avez dit Blizzard ? Ici, point de tempête de neige, mais des chambres cosy, la plupart rénovées dans un esprit contemporain (certaines avec cheminée ou poêle). Très beau spa. Carte classique au restaurant, spécialités fromagères à La Luge.

64 chambres ⌁ – ♦540/770 € ♦♦770/1170 € – 6 suites – ½ P

Plan : B-f – *av. Olympique* – ☏ 04 79 06 02 07 – *www.hotelblizzard.com*
– *Ouvert de début déc. à début mai*

🍴◯ **La Luge** – voir les restaurants ci-dessus

🏨 La Savoyarde   ⌂ ⌨ ▣

FAMILIAL • ALPIN Depuis 1954, La Savoyarde porte haut les couleurs de la région. Les chambres arborent évidement un décor alpestre et se montrent chaleureuses. Nul doute que, par les froides soirées d'hiver, vous apprécierez la grande cheminée du salon.

50 chambres ⌁ – ♦215/495 € ♦♦245/575 € – ½ P

Plan : A-u – *r. Noël-Machet* – ☏ 04 79 06 01 55 – *www.la-savoyarde.com*
– *Ouvert 10 déc.-5 mai*

🏨 Les 5 Frères   ⌂ ▣ ♿

HÔTEL DE VACANCES • DESIGN L'ancien hôtel Bellevue a fait peau neuve, sous l'impulsion des deux jeunes femmes propriétaires des lieux. L'intérieur, contemporain et soigné, ne renie pas les boiseries et l'héritage montagnard ; on se repose ici comme dans une maison de famille !

17 chambres ⌁ – ♦230/375 € ♦♦245/390 € – ½ P

Plan : B-u – *r. Nicolas-Bazile* – ☏ 04 79 06 00 03 – *www.les5freres.com*
– *Ouvert 20 juin-30 août et 28 nov.-3 mai*

🏠 Les Lauzes   ▣ ⌗

FAMILIAL • ALPIN Un charmant chalet au cœur du village, à deux pas de l'église baroque (18ᵉ s.). Les chambres sont toutes bien tenues et confortables, mais préférez celles du dernier étage, qui donnent sur les toits ! Une adresse sympathique.

23 chambres ⌁ – ♦129/199 € ♦♦152/212 €

Plan : B-a – *pl. de l'Église* – ☏ 04 79 06 04 20 – *www.hotel-lauzes.com*
– *Ouvert 27 nov.-1ᵉʳ mai*

VALENÇAY

✉ 36600 (Indre) – 2 577 hab. – Alt. 140 m – Carte régionale n° **11**-B3
▶ Paris 233 km – Blois 59 km – Bourges 73 km – Châteauroux 42 km
Carte Michelin 323-F4 – Guide Vert Michelin Châteaux de la Loire

à Veuil 6 km au Sud par D15 et rte secondaire – ✉ 36600 – 384 hab. – Alt. 140 m

🐷 Auberge St-Fiacre

CUISINE MODERNE • RUSTIQUE XX Le couple à la tête de cette sympathique auberge réalise un travail admirable : tout est fait maison – y compris le pain – et les préparations culinaires se révèlent fines et goûteuses, à l'image de ce filet de lieu jaune, haricots coco écrasés à l'huile d'olive, tomates confites et lard paysan... Une belle étape !

Menu 23 € (semaine), 32/47 € – Carte 35/51 €

5 r. de la Fontaine – ☏ 02 54 40 32 78 – *Fermé 1ᵉʳ-24 sept., janv., mardi de sept. à juin, dim. soir et lundi*

VALENCE

✉ 26000 (Drôme) – 62 481 hab. – Agglo. 127 559 hab. – Alt. 126 m
– Carte régionale n° **43**-E2
▶ Paris 558 km – Avignon 126 km – Grenoble 96 km – St-Étienne 121 km
Carte Michelin 332-C4 – Guide Vert Michelin Ardèche Drôme

VALENCE

André (Bd G.)	**AV** 3	Belle Meunière (R.)	**AV** 10	Lattre-de-Tassigny	
Beaumes (Av. des)	**AX** 8	Bonnet (R. G.)	**AV** 13	(Av. Mar. de)	**AV** 41
		Châteauvert (R.)	**AX** 18	Libération (Av. de la)	**AX** 44
		Grand Charran (Av. du)	**AX** 34	Montplaisir (R.)	**AVX** 52
		Kennedy (Bd J.-F.)	**AV** 40	Roosevelt (Bd Franklin)	**AX** 67

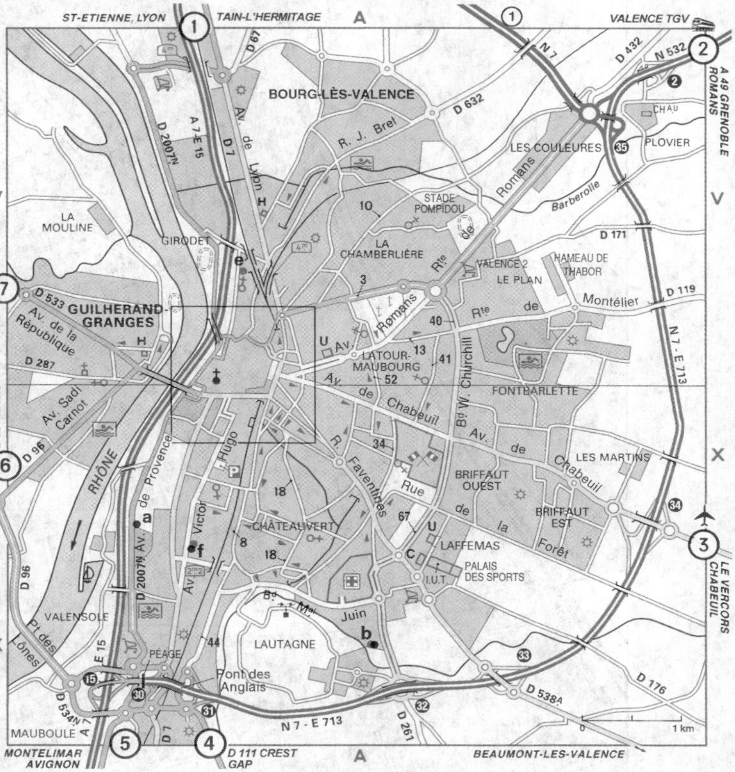

[Plan de la ville de Valence]

✿✿✿ Pic (Anne-Sophie Pic)   🏵 🛏 AC ✪ 🅿

CRÉATIVE · LUXE XxXxX 1934, 1973, 2007. Après André et Jacques, Anne-Sophie atteint l'excellence et confirme que l'histoire de la famille Pic est aussi celle de la plus grande cuisine. Toujours le même souci de la perfection, du meilleur produit et de l'assemblage inédit – à la pointe du goût de l'époque. Impeccable et impeccablement servi.

➔ Gélée et mousseux à la carotte, yaourt brassé à la fleur de jasmin et poivre voatsiperifery. Saint-pierre, concombre citron, bouillon à la tomate green zebra et à l'aspérule odorante. Millefeuille blanc, crème à la vanille de Tahiti.

Menu 110 € (déj. en semaine), 160/320 €

Plan : AX-f – *Hôtel Pic, 285 av. Victor-Hugo* – 𝒞 *04 75 44 15 32 (réservation conseillée)* – *www.anne-sophie-pic.com* – *Fermé 27 déc.-19 janv., dim. et lundi*

Se régaler sans se ruiner ? Repérez les Bib Gourmand ⊜
Ils vous aideront à dénicher les bonnes tables sachant marier cuisine de qualité et prix ajustés !

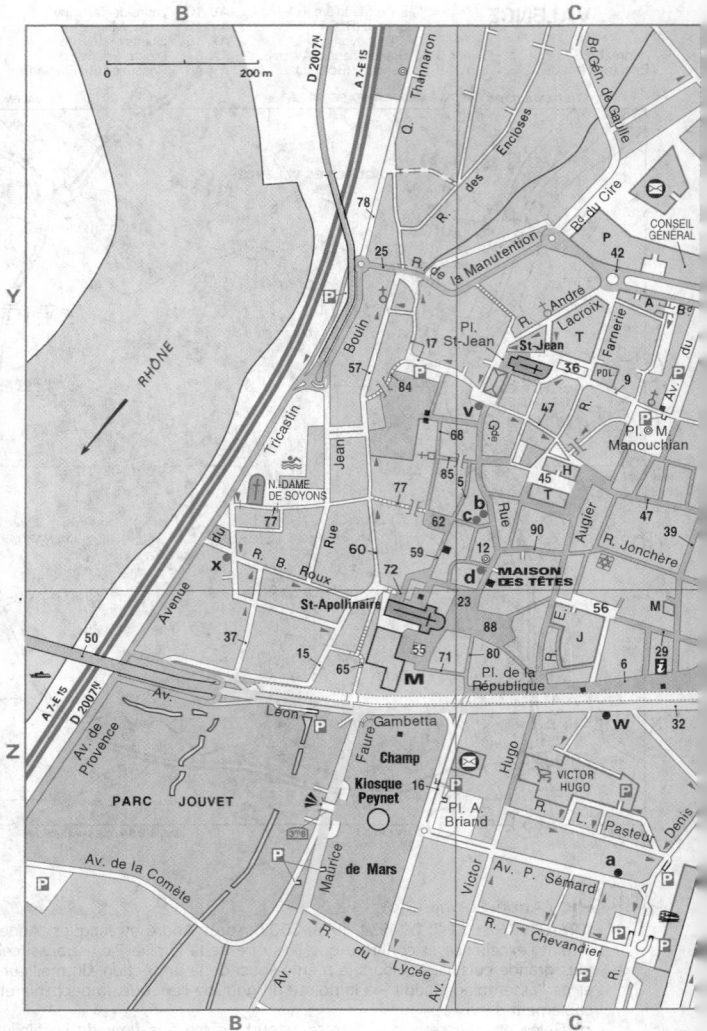

☆ **Flaveurs** (Baptiste Poinot)   A/C

CUISINE MODERNE · INTIME XXX Dans un décor coloré et chaleureux, une belle table gastronomique où chaque assiette atteste une réflexion mûrie, avec des produits excellents et une technique soignée. Ces flaveurs sont flatteuses !

→ Truite du Diois fumée, yaourt et pickles de champignons. Bar de ligne cuit à la vapeur douce, textures de chou-fleur, gingembre et combava. Chocolat manjari, orange sanguine et poivre des cimes.

Menu 38 € (déj. en semaine), 58/98 €

Plan : CY-b – *32 Grande-Rue* – ℰ *04 75 56 08 40 (réservation conseillée)* – *www.flaveurs-restaurant.com* – *Fermé 27 juil.-19 août, 1ᵉʳ-15 janv., merc. midi, dim. et lundi*

VALENCE

Alsace (Bd d') . . . . **DY**
Arménie (R. d') . . . . **DY** 4
Augier (R. Émile) . . . . **CYZ**
Balais (R. des) . . . . **BCY** 5
Bancel (Bd) . . . . **CY** 6
Barrault (R. J.-L.) . . . . . **DY** 7
Belle Image (R.) . . . . . . **CY** 9
Bonaparte
  (R. du Lieutenant) . . **BCY** 12
Chambaud (R. Mirabel) **BZ** 15
Championnet (Pl.) . . . . **BCZ** 16
Chapeliers (Côte des) **BCY** 17
Clercs (Pl. des) . . . . . . **BCZ** 23
Clerc (Bd M.) . . . . **DYZ** 22
Docteur-Schweitzer
  (R. du) . . . . **BY** 25
Dragonne (Pl. de la) . . . **DY** 26
Dupré-de-Loire (Av.) . . . **DY** 27
Farre (R. du Gén.) . . . . **CZ** 29
Félix-Faure (Av.) . . . . . **DYZ**
Gaulle (Bd du Gén.-de)**CDZ** 32
Huguenel (Pl. Ch.) . . . . **CY** 36
Jacquet (R. V.) . . . . **BYZ** 37
Jeu-de-Paume (R. du) **CYZ** 39
Lecardonnel (Pl. L.) . . . **CY** 42
Leclerc (Pl. Gén.) . . . . **DY** 43
Liberté (Pl. de la) . . . . . **CY** 45
Madier-de-Montjau
  (R.) . . . . **CDY** 47
Mistral (Pont Frédéric) . **BZ** 50
Montalivet (Pl. de) . . . . **DY** 51
Ormeaux (Pl. des) . . . . **BZ** 55
Palais (Pl. du) . . . . **CZ** 56
Paré (R. Ambroise) . . . . **BY** 57
Pérollerie (R.) . . . . **BY** 59
Petit Paradis (R.) . . . . . **BY** 60
Pierre (Pl. de la) . . . . . . **BY** 62
Repenties (R. des) . . . . **BZ** 65
République (Pl. de la) . . **CZ**
Sabaterie (R.) . . . . **BY** 68
St-Didier (R.) . . . . **BCZ** 71
St-Estève (Côte) . . . . . **BYZ** 72
St-Jacques (Faubourg) . **DY** 75
St-Martin (Côte et R.) . . **BY** 77
St-Nicolas (Q.) . . . . **BY** 78
Saunière (R.) . . . . **CZ** 80
Semard (Av.) . . . . **CZ**
Sylvante (Côte) . . . . . . **BY** 84
Temple (R. du) . . . . . . **BCY** 85
Université (Pl. de l') . . . **CZ** 88
Vernoux (R.) . . . . **CY** 90
Victor-Hugo (Av.) . . . . . **CZ**

🍳 **La Cachette** (Masashi Ijichi)   ❀ 😋

CRÉATIVE · INTIME XX Dans la ville basse, une Cachette qui gagne à être découverte ! Le chef, d'origine japonaise, prépare une cuisine inventive, fine et délicate. Quand le terroir drômois rencontre l'esprit d'Asie… les papilles frétillent !
➜ Salade de homard breton, vinaigrette de mangue et fruits de la passion. Pigeon de la Drôme cuit au charbon, cuisses confites et sauce salmis. Bœuf Wagyu grillé façon japonaise.

Menu 32 € (déj. en semaine), 65/100 €

Plan : BY-x – 16 r. des Cévennes – ☎ 04 75 55 24 13 (réservation conseillée)
– Fermé 2 semaines en août, 1 semaine en janv., dim. et lundi

⊛ Le 7　　　　　　　　　　　　　　🛋 � & AC P

CUISINE MODERNE · BRANCHÉ ✗ Sur l'historique N 7, belle étape gourmande avec cet excellent bistrot estampillé Pic. Le décor fait des clins d'œil à la "route des vacances" (bandes blanches au sol, bornes kilométriques) : une ambiance à la fois chic et canaille, pour des plats bistrotiers de belle tenue... qui ne laissent pas la modernité en panne !

Menu 32 € – Carte 38/52 €

Plan : AX-f – Hôtel Pic, 285 av. Victor-Hugo – ℰ 04 75 44 53 86
– www.anne-sophie-pic.com – Fermé 27 déc.-19 janv.

✺○ L'Épicerie　　　　　　　　　　　　　🕸 🛋

CUISINE TRADITIONNELLE · CONVIVIAL ✗✗ Au rayon épicerie, comptez désormais cette maison du 16ᵉ s. et son agréable terrasse ! Côté assiettes, le chef signe une cuisine traditionnelle. Côté salle, vous avez le choix entre un décor rustique ou design... de quoi satisfaire tout le monde !

Formule 18 € – Menu 24/72 € – Carte 38/61 €

Plan : CY-v – 18 pl. St-Jean – ℰ 04 75 42 74 46 – Fermé 1ᵉʳ mai-10 juin,
28 juil.-22 août, 22 déc.-4 janv., sam., dim. et fériés

✺○ La Syrah　　　　　　　　　　　　　🛏 🛋 P

CUISINE TRADITIONNELLE · CLASSIQUE ✗✗ Un restaurant traditionnel et régional qui met également... la mer à l'honneur : on présente un chariot de poissons entiers aux clients et on les découpe devant eux ! Quant à la carte des côtes-du-rhône, elle est joliment étoffée.

Menu 26/35 €

Plan : AX-b – Hôtel Clos Syrah, quartier Maninet, bd Pierre-Tézier, rte de
Montéléger – ℰ 04 75 55 52 52 – www.clos-syrah.com – Fermé vacances de Noël,
week-ends de sept. à mai, sam. midi de juin à août et le midi sauf dim. en août

✺○ Le Don Camillo　　　　　　　　　　　　AC P

CUISINE MODERNE · CONVIVIAL ✗✗ Comme on peut s'y attendre, Fernandel est la mascotte de la maison... mais la référence à l'Italie s'arrête là ! C'est bel et bien à une jolie cuisine gastronomique d'aujourd'hui qu'invite cette belle maison située à la périphérie de Valence. Du pain jusqu'aux glaces, tout est fait maison et le produit frais fait la loi.

Menu 22 € (déj. en semaine), 40/85 € ☥ – Carte 53/72 €

336 r. Faventines – ℰ 04 75 55 74 55 – www.ledoncamillovalence.fr – Fermé merc.
soir, sam. midi, dim. soir et lundi

✺○ Le Bistrot des Clercs　　　　　　　　　🛋 AC

CUISINE TRADITIONNELLE · BISTRO ✗ Près de la belle maison des Têtes (1532), un bistrot à la parisienne, cuisine copieuse et décor nostalgique compris. Pour l'anecdote, Napoléon Bonaparte séjourna dans ces murs !

Formule 19 € – Menu 24 € (semaine), 32/42 € – Carte 40/58 €

Plan : CY-d – 48 Grande-Rue – ℰ 04 75 55 55 15 – www.michelchabran.fr

✺○ Epithèque　　　　　　　　　　　　　　　AC

CUISINE MODERNE · À LA MODE ✗ Jolie formule que celle de cette "bibliothèque pour épicuriens", annexe du restaurant Flaveurs, version décontraction et découverte. Au menu : charcuteries ibériques, huîtres, éclairs salés, plat du jour (issu des cuisines de la maison mère), fromages, etc., accompagnés d'une belle sélection de vins. Formule tapas le soir.

Formule 22 € – Menu 29/69 € – Carte 35/60 €

Plan : CY-c – 3 r. Pelleterie – ℰ 04 75 56 08 40 – www.epitheque.com – Fermé
3-25 août, 1ᵉʳ-12 janv., dim. et lundi

🏨 Pic ☆ 🚗 🛋 🖥 🔽 & AC 🍴 🛎 🚗

GRAND LUXE · ÉLÉGANT L'une des grandes maisons nées avec la N 7 et qui accueille aujourd'hui... une clientèle internationale, entre New York et Tokyo ! Aura d'une cuisine d'exception et d'un art de l'accueil sans cesse renouvelé : les lieux sont d'un chic extrême, valant un précis de styles contemporains, tel le jardin, véritable îlot zen en ville...

16 chambres – ♦190/410 € ♦♦190/410 € – 1 suite – ☐ 33 €

Plan : AX-f – *285 av. Victor-Hugo* – ℰ *04 75 44 15 32* – *www.anne-sophie-pic.com* – *Fermé 27 déc.-19 janv.*

❀❀❀ **Pic** • 🍴 **Le 7** – voir les restaurants ci-dessus

🏨 Novotel ☆ 🚗 🛋 🖥 🔽 & AC 🛎 P

HÔTEL DE CHAÎNE · FONCTIONNEL Un bâtiment des années 1970 entre l'autoroute A 7 et un parc boisé – avec ruisseau et cascade –, lequel offre un cadre apaisant. Les chambres sont très fonctionnelles et confortables. Le jeudi, c'est... soirée jazz !

105 chambres – ♦85/199 € ♦♦85/199 € – 2 suites – ☐ 16 €

Plan : AX-a – *217 av. de Provence* – ℰ *04 75 82 09 09* – *www.novotelvalence.com*

🏨 Hôtel de France 🖥 & AC 🛎 P

BUSINESS · MODERNE Joli immeuble moderne situé sur un grand boulevard du centre-ville et à deux pas de l'office de tourisme. Dans les chambres, cosy et à l'insonorisation sans faille, on se sent comme dans un cocon. De même dans le salon, où l'on peut se lover devant la cheminée !

50 chambres – ♦90/220 € ♦♦90/220 € – ☐ 15 €

Plan : CZ-w – *16 bd du Gén.-de-Gaulle* – ℰ *04 75 43 00 87* – *www.hotel-valence.com*

🏨 Clos Syrah ☆ 🚗 🛋 AC 🛎 🚗

BUSINESS · FONCTIONNEL En périphérie de Valence, cet hôtel-restaurant est apprécié de la clientèle d'affaires pour ses chambres pratiques, bien tenues... et disposant d'un juke-box. Comme quoi la fonctionnalité n'empêche pas l'originalité !

37 chambres – ♦86/135 € ♦♦90/190 € – ☐ 12 €

Plan : AX-b – *quartier Maninet, bd Pierre-Tézier, rte de Montéléger* – ℰ *04 75 55 52 52* – *www.clos-syrah.com*

🍴 **Clos Syrah** – voir les restaurants ci-dessus

🏨 Atrium 🖥 AC 🍴 🛎 🚗

BUSINESS · DESIGN Dans un imposant bâtiment légèrement à l'extérieur du centre-ville, cet Atrium a subi une véritable cure de jouvence. Agréables chambres au mobilier design, grand hall d'accueil et parking : l'ensemble est accueillant.

56 chambres – ♦79/119 € ♦♦127/167 € – ☐ 14 €

Plan : DY-m – *20 r. Jean-Louis-Barrault* – ℰ *04 75 55 53 62* – *www.atrium-hotel.fr*

🏨 Les Négociants ☆ 🖥 🛎 🚗

TRADITIONNEL · ACTUEL Pas de négoce en vue, mais la gare toute proche pour ce sympathique hôtel qui se situe aussi non loin du vieux Valence ! Ses jolies chambres contemporaines sont certes un peu petites mais bien tenues. Restaurant traditionnel.

37 chambres – ♦54/77 € ♦♦54/77 € – ☐ 8,50 € – ½ P

Plan : CZ-a – *27 av. Pierre-Sémard* – ℰ *04 75 44 01 86* – *www.hotel-lesnegociantsvalence.com*

à Bourg-lès-Valence 2 km au Nord – ✉ 26500 – 19 305 hab. – Alt. 142 m

⅋⚬ Grenache

AC

CUISINE MODERNE · CONVIVIAL ⅋ On connaît le restaurant La Cachette dans le centre de Valence – une valeur sûre de la gastronomie locale – ; voici son annexe bistrotière, 2 km au nord en longeant le Rhône. Une jolie adresse, associant ambiance chaleureuse, petits plats originaux et bien tournés, et belle sélection de vins au verre, grenache en tête !

🍤 Formule 15 € – Menu 18 € (déj.)/28 €

Plan : AV-e – *61 quai Maurice-Barjon* – *℘ 04 75 42 10 54* – *Fermé dim. et lundi*

à Pont de l'Isère 9 km au Nord par N7 – ✉ 26600 – 3 048 hab. – Alt. 120 m

⅋ La Grande Table

⊗ 🛋 AC ⟷ P

CUISINE CLASSIQUE · ÉLÉGANT ⅋⅋⅋ Une table de tradition bien connue dans la région. Le classicisme y est maître, ainsi que les vins des côtes du Rhône, ce qui ne gâche rien. Décor bourgeois, avec véranda côté jardin.
→ Pommes de terre ratte écrasées à la truffe. Trilogie d'agneau de Sisteron, selle rôtie sur l'os, caillette aux herbes, nems de légumes et jus à l'ail. Palet de chocolat Dulcey, cœur à la framboise

Menu 69/240 € – Carte 85/180 €

Hôtel Michel Chabran, N7 – *℘ 04 75 84 60 09* – *www.michelchabran.fr* – *Fermé 2-12 janv., dim. soir d'oct. à mars, lundi, mardi et le midi sauf dim.*

⅋⚬ Espace Gourmand

🛋 AC

CUISINE MODERNE · CONVIVIAL ⅋ Un "espace gourmand" au sein de la maison Chabran, véritable institution de la gastronomie régionale. Une sympathique alternative à la table gastronomique, autour de formules volontairement festives et décontractées, à l'image de la carte de tapas à partager ou du menu déjeuner express...

Menu 32/79 € – Carte 75/107 €

Hôtel Michel Chabran, N7 – *℘ 04 75 84 60 09* – *www.michelchabran.fr* – *Fermé dim. soir d'oct. à mars*

🏠 Michel Chabran

🌣 AC P

TRADITIONNEL · ÉLÉGANT Depuis plus de 40 ans, sur la N 7 aux portes de Valence... Les vacances ne sont plus très loin lorsque l'on fait une pause dans cette confortable maison, qui a fait un art d'associer le gîte et le couvert ! En découvrant ses chambres cossues et contemporaines, on hésite à reprendre la route trop vite...

9 chambres – ♦110/175 € ♦♦130/295 € – � 25 € – ½ P

N7 – *℘ 04 75 84 60 09* – *www.michelchabran.fr* – *Fermé dim. soir d'oct. à mars*
⊗ **La Grande Table** • ⅋⚬ **Espace Gourmand** – voir les restaurants ci-dessus

VALENCE-D'AGEN

✉ 82400 (Tarn-et-Garonne) – 5 155 hab. – Alt. 69 m – Carte régionale n° **28**-B2
◫ Paris 645 km – Bordeaux 167 km – Montauban 64 km – Toulouse 93 km
Carte Michelin 337-B7

⅋⚬ L'Entracte

🛋 AC

CUISINE TRADITIONNELLE · CONVIVIAL ⅋ Un bistrot chaleureux et un chef passionné : voilà qui augure un agréable Entracte ! En scène : une généreuse cuisine du marché où les produits régionaux tiennent le premier rôle et sont travaillés avec savoir-faire. Ajoutez-y une ambiance conviviale et des petits vins bien choisis... et vous avez le clou du spectacle.

🍤 Formule 14 € – Menu 17 € (déj.) – Carte 29/58 €

20 r. des Limousins, (pl. Sylvain-Domont - à côté du cinéma Apollo)
– ℘ 05 63 39 06 02 – Fermé 15-31 août, 24 déc.-2 janv., sam. midi, dim. et lundi

VALENCIENNES

✉ 59300 (Nord) – 42 989 hab. – Agglo. 334 739 hab. – Alt. 22 m – Carte régionale n° **31**-C2
▶ Paris 208 km – Arras 68 km – Bruxelles 105 km – Lille 54 km
Carte Michelin 302-J5

ⓈⒾ **Le Musigny** (Emmanuel Hernandez)

CUISINE MODERNE · ÉLÉGANT XX Si le jeune chef, passé par de grandes maisons, a choisi ce discret point de chute valenciennois, au décor sobre et épuré, sa cuisine délicate a rapidement conquis la ville. Produits choisis, tour de main précis et recettes nouvelles : la clé de son succès.
→ Assiette autour de la langue Lucullus. Ris de veau aux morilles. Dessert du Ch'ti.

Formule 33 € ♈ – Menu 49/80 € – Carte 53/110 €

Plan : CV-t – *90 av. de Liège*
– *✆ 03 27 41 49 30 – www.lemusigny.fr*
– *Fermé 3 semaines en août, 1 semaine à Noël, sam. midi, dim. soir et lundi*

🏨 **Le Grand Hôtel**　　　　　　　　　　　　🐾 ▣ ♨

TRADITIONNEL · MODERNE Cet établissement des années 1920 appartient à la même famille depuis 1936, laquelle perpétue l'héritage avec professionnalisme ! Les chambres sont confortables et classiques, peu à peu rénovées dans un style contemporain. Au menu du restaurant : choucroute et viandes à la rôtissoire.

74 chambres – ♦68/145 € ♦♦68/145 € – 6 suites – ⌂ 14 €

Plan : AX-d – *8 pl. de la Gare*
– *✆ 03 27 46 32 01 – www.grand-hotel-de-valenciennes.fr*

🏨 **Mercure**　　　　　　　　　　　　　　　▣ ♿ ♨

HÔTEL DE CHAÎNE · MODERNE Une belle réussite que ce Mercure dernière génération, associant design épuré (béton brut et bois blond), fonctionnalité et grand confort. Le matin, on se restaure d'un copieux petit-déjeuner avec quelques produits bio. À noter : on profite de tarifs négociés pour le parking voisin, un atout en centre-ville !

87 chambres – ♦88/170 € ♦♦88/170 € – ⌂ 16 €

Plan : BY-f – *5 r. du St-Cordon*
– *✆ 03 27 23 50 60 – www.mercure.com*

🏨 **Auberge du Bon Fermier**　　　　　　　　　　　🐾

AUBERGE · HISTORIQUE Vieilles pierres et briques : un authentique relais de poste du 17ᵉ s. ! Les chambres ont du caractère (meubles chinés) et, quand l'heure du repas sonne, on file aux écuries... enfin, au restaurant, qui propose une copieuse cuisine régionale (cochon de lait à la broche et gibier en saison).

16 chambres – ♦78/96 € ♦♦94/115 € – ⌂ 11 €

Plan : AY-n – *64 r. de Famars*
– *✆ 03 27 46 68 25 – www.bonfermier.com*

🏨 **Le Chat Botté**　　　　　　　　　　　　　　▣ ♿

TRADITIONNEL · FONCTIONNEL Ce Chat Botté a plus d'un tour dans son sac ! Juste en face de la gare, cet hôtel propose des chambres bien tenues, fonctionnelles et agréables. Rançon de son bon emplacement : le quartier est un peu bruyant... malgré le double vitrage.

33 chambres – ♦76/85 € ♦♦76/95 € – ⌂ 11 €

Plan : AX-p – *25 r. Tholozé*
– *✆ 03 27 14 58 59 – www.hotel-lechatbotte.com*
– *Fermé 24 déc.-1ᵉʳ janv.*

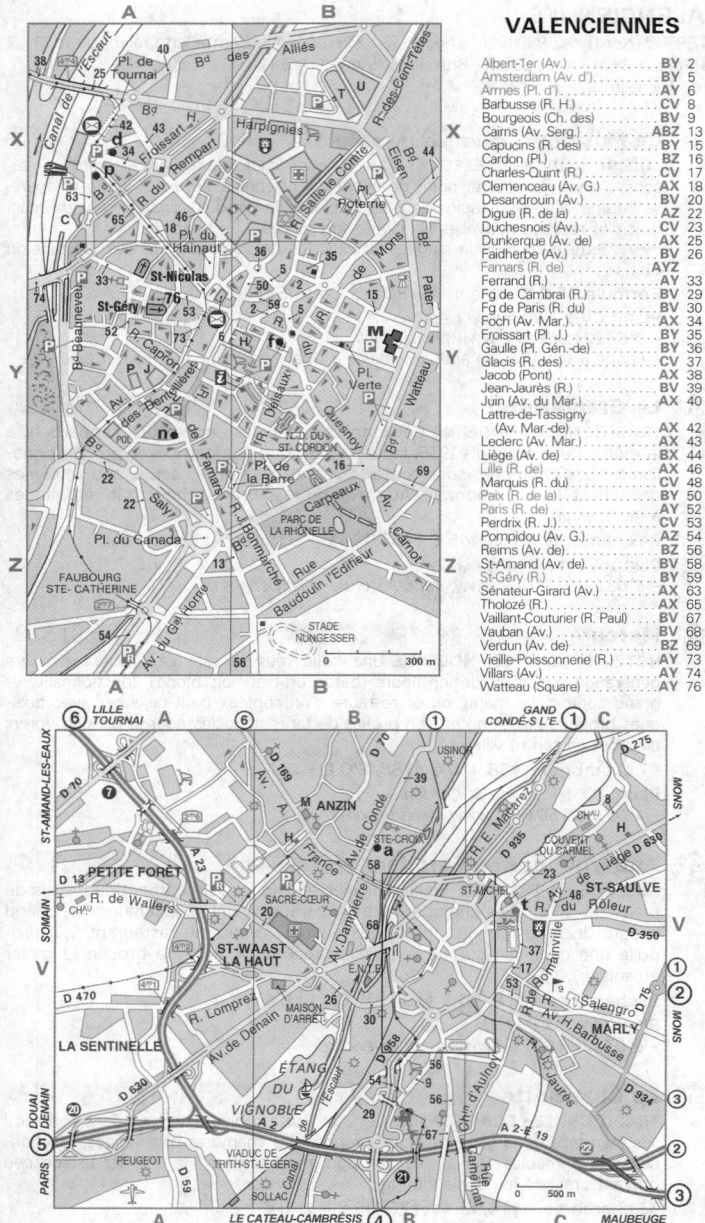

VALENCIENNES

Albert-1er (Av.)	BY 2
Amsterdam (Av. d')	BY 5
Armes (Pl. d')	AY 6
Barbusse (R. H.)	CV 8
Bourgeois (Ch. des)	BV 9
Cairns (Av. Serg.)	ABZ 13
Capucins (R. des)	BY 15
Cardon (Pl.)	BZ 16
Charles-Quint (R.)	CV 17
Clemenceau (Av. G.)	AX 18
Desandrouin (Av.)	BV 20
Digue (R. de la)	AZ 22
Duchesnois (Av.)	CV 23
Dunkerque (Av. de)	AX 25
Faidherbe (Av.)	BV 26
Famars (R. de)	AYZ
Ferrand (R.)	AY 33
Fg de Cambrai (R.)	BV 29
Fg de Paris (R. du)	BV 30
Foch (Av. Mar.)	AX 34
Froissart (Pl. J.)	BY 35
Gaulle (Pl. Gén.-de)	BV 36
Glacis (R. des)	CV 37
Jacob (Pont)	AX 38
Jean-Jaurès (R.)	BV 39
Juin (Av. du Mar.)	AX 40
Lattre-de-Tassigny (Av. Mar.-de)	AX 42
Leclerc (Av. Mar.)	AX 43
Liège (Av. de)	BX 44
Lille (R. de)	AX 46
Marquis (R. du)	CV 48
Paix (R. de la)	BY 50
Paris (R. de)	AY 52
Perdrix (R. J.)	CV 53
Pompidou (Av. G.)	AZ 54
Reims (Av. de)	BZ 56
St-Amand (Av. de)	BV 58
St-Géry (R.)	BV 59
Sénateur-Girard (Av.)	AX 63
Tholozé (R.)	AX 65
Vaillant-Couturier (R. Paul)	BV 67
Vauban (Av.)	BV 68
Verdun (Av. de)	BZ 69
Vieille-Poissonnerie (R.)	AY 73
Villars (Av.)	AY 74
Watteau (Square)	AY 76

1954

Le Grand Duc

VILLA · PERSONNALISÉ Cette maison bourgeoise a une âme d'artiste, comme son propriétaire. Non seulement elle mêle les styles avec goût (seventies, baroque...), mais elle accueille en son sein des soirées jazz et théâtre, sans oublier les cours de cuisine et la table d'hôte. Et le joli parc à l'anglaise se prête lui aussi à la fantaisie !

5 chambres – ♦97 € – ♦♦105 € – ☑ 11 €

Plan : BV-a – *104 av. de Condé* – ℰ 03 27 46 40 30 – www.legrandduc.fr – *Fermé août*

à Artres 11 km au Sud par D958 et D400 – ⊠ 59269 – 1 021 hab. – Alt. 65 m

ⅼ○ La Gentilhommière

CUISINE MODERNE · ROMANTIQUE ✗✗ Le restaurant est installé dans les anciennes écuries du domaine : la salle voûtée, avec ses briques rouges et sa cheminée crépitante, ne manque pas d'élégance ! Quant à la cuisine, elle célèbre les beaux produits de la région.

Menu 26 € (déj. en semaine), 39/50 € – Carte 41/78 €

2 r. de l'Église – ℰ 03 27 28 18 80 – www.hotel-lagentilhommiere.com – *Fermé 31 juil.-22 août, dim. soir et soirs fériés*

🏠 La Gentilhommière

AUBERGE · PERSONNALISÉ Passé le porche, on découvre cette jolie ferme seigneuriale de 1756. Les chambres, spacieuses et agréables, donnent sur le jardin intérieur... Évidemment, on vient d'abord pour la quiétude, mais on peut aussi profiter du restaurant, de bonne tenue (cuisine actuelle).

10 chambres – ♦75/85 € ♦♦85/100 € – ☑ 11 € – ½ P

2 r. de l'Église – ℰ 03 27 28 18 80 – www.hotel-lagentilhommiere.com – *Fermé dim. soir et soirs fériés*

ⅼ○ **La Gentilhommière** – voir les restaurants ci-dessus

à Raismes 5 km au Nord-Ouest par D169 – ⊠ 59590 – 12 906 hab. – Alt. 23 m

☃ La Grignotière (Pascal Coulon)

CUISINE MODERNE · À LA MODE ✗✗✗ Menée par un jeune chef formé à bonne école, une table gastronomique "nouvelle génération", à l'élégant décor contemporain. Au menu, on découvre une fine cuisine qui ne manque ni de fraîcheur ni de parfums, telle la spécialité de la maison : la langue Lucullus de Valenciennes revisitée par le chef !

→ Langue Lucullus, confit d'échalotes au vin rouge et pain au maïs toasté. Bar rôti aux graines de fenouil, poivron jaune et caviar d'aubergine. Tarte au citron de "mon tonton".

Formule 28 € – Menu 36/85 € – Carte 45/95 €

6 r. Jean-Jaurès – ℰ 03 27 36 91 99 – www.la-grignotiere.com – *Fermé 1er-17 août, 1er-14 janv., sam. midi, dim. soir et lundi*

VALESCURE – 83 (Var) → voir St-Raphaël

VALGORGE

⊠ 07110 (Ardèche) – 470 hab. – Alt. 560 m – Carte régionale n° **44**-A3
▶ Paris 614 km – Alès 76 km – Aubenas 37 km – Langogne 46 km
Carte Michelin 331-G6 – Guide Vert Michelin Ardèche Drôme

🏠 Le Tanargue

AUBERGE · COSY Un hôtel familial au pied du massif du Tanargue. Les chambres sont cossues et scrupuleusement tenues, à des tarifs compétitifs ! Quelques balcons face au jardin ou à la vallée. Salle à manger d'inspiration rustique (vieux objets) ; vente de produits du terroir.

18 chambres – ♦45/56 € ♦♦55/68 € – ☑ 10 € – ½ P

Le Village – ℰ 04 75 88 98 98 – www.hotel-le-tanargue.com – *Ouvert de mi-avril à fin oct. et fermé dim. soir et lundi en oct.*

VALIGNAT – 03 (Allier) ➜ voir Charroux

VALLAURIS – 06 (Alpes-Maritimes) ➜ voir Golfe-Juan

VALLERAUGUE
✉ 30570 (Gard) – 1 035 hab. – Alt. 346 m – Carte régionale n° **23**-C2
▶ Paris 684 km – Mende 100 km – Millau 75 km – Nîmes 86 km
Carte Michelin 339-G4

🏠 Hostellerie Les Bruyères
AUBERGE · SIMPLE Ancien relais de poste situé dans un pittoresque village cévenol. Un bel escalier dessert les chambres, rustiques, simples et très propres. Restaurant au décor champêtre, avec une charmante terrasse en surplomb de la rivière. Plats traditionnels.
20 chambres – 🛏57/70 € 🛏🛏57/70 € – ⌂9 € – ½ P
quai A.-Chamson – ☎ 04 67 82 20 06 – www.hotelvalleraugue.com – Ouvert 1ᵉʳ mai-30 sept.

🏠 Auberge Cévenole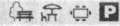
AUBERGE · RUSTIQUE L'Hérault musarde au pied de cette sympathique auberge de pays, située sur la route du mont Aigoual. Petites chambres fraîches et rustiques. Coquette salle à manger (poutres, cheminée, objets agricoles) et terrasse au-dessus de la rivière ; cuisine régionale.
6 chambres – 🛏45 € 🛏🛏45 € – ⌂7 € – ½ P
La Pénarié - rte du Mont-Aigoual, 4 km par D986 – ☎ 04 67 82 25 17 – Fermé 30 nov.-10 déc., lundi et mardi sauf juil.-août

VALLIÈRES-LES-GRANDES
✉ 41400 (Loir-et-Cher) – 855 hab. – Alt. 90 m – Carte régionale n° **11**-A1
▶ Paris 211 km – Blois 26 km – Orléans 88 km – Tours 42 km
Carte Michelin 318-D7

🍽 Les Closeaux
CUISINE TRADITIONNELLE · AUBERGE Sous l'Ancien Régime, ces Closeaux – avec leur domaine de 10 hectares – faisaient office de relais de chasse pour les rois de France. Aujourd'hui, le chef des lieux privilégie les producteurs locaux et les circuits courts, et réalise une bonne cuisine traditionnelle : millefeuille de betterave, langoustines rôties...
Formule 15 € – Menu 22/31 € – Carte 26/44 €
Lieu-dit Les Closeaux, 3,5 km au Nord-Ouest par D28 et rte secondaire – ☎ 02 47 57 32 73 – www.lescloseaux.com – Fermé 14-24 nov., 14 déc.-22 janv., mardi et merc. sauf juil.-août et lundi midi

VALLOIRE
✉ 73450 (Savoie) – 1 193 hab. – Alt. 1 430 m – Carte régionale n° **45**-D2
▶ Paris 664 km – Albertville 91 km – Briançon 52 km – Chambéry 104 km
Carte Michelin 333-L7 – Guide Vert Michelin Alpes du Nord

🏠 Christiania
HÔTEL DE VACANCES · ALPIN Belle situation au pied des pistes pour cet hôtel, le plus confortable de la station. Sous ses airs de grand chalet traditionnel, il cache des chambres originales, revisitant le style alpin dans une veine on ne peut plus cosy et chaleureuse... Avec le restaurant, voilà une "pension" idéale entre la Vanoise et les Écrins !
23 chambres – 🛏75/100 € 🛏🛏78/130 € – ⌂15 € – ½ P
av. de la Vallée-d'Or – ☎ 04 79 59 00 57 – www.christiania-hotel.com – Ouvert 15 juin-10 sept. et 17 déc.-15 avril

Grand Hôtel de Valloire et du Galibier

HÔTEL DE VACANCES • ALPIN Oubliez la façade un peu défraîchie ; face aux pistes, cet hôtel abrite des chambres lumineuses, plutôt spacieuses et bien tenues, une piscine, un espace fitness et restaurant traditionnel. Une bonne adresse.

37 chambres – 🚹85/120 € 🚹🚹85/160 € – ☕15 €

r. des Grandes-Alpes
– ✆ 04 79 59 00 95 – www.grand-hotel-valloire.com
– Ouvert 15 juin-11 sept. et 17 déc.-9 avril

VALLON-EN-SULLY

✉ 03190 (Allier) – 1 658 hab. – Alt. 192 m – Carte régionale n° **5**-B1
▶ Paris 318 km – Bourges 86 km – Clermont-Ferrand 119 km – Moulins 89 km
Carte Michelin 326-C3 – Guide Vert Michelin Auvergne

Auberge des Ris

CUISINE MODERNE • AUBERGE XX Bacchus n'aurait pas renié cette salle aux allures de chai, où tonneaux et pressoir font partie du décor. Derrière les fourneaux, un jeune chef dynamique concocte une cuisine savoureuse, mêlant tradition et recettes dans l'air du temps. Du goût, du parfum, de savoureux nectars : le dieu du vin est heureux, nous aussi.

Formule 19 € – Menu 28/80 € 🍷 – Carte 42/57 €

Les Ris, 2 km par D2144, rte de Bourges
– ✆ 04 70 06 51 12 – www.aubergedesris.com
– Fermé 2 semaines en janv., 1 semaine en juin, 2 semaines en oct., lundi et mardi

VALLON-PONT-D'ARC

✉ 07150 (Ardèche) – 2 343 hab. – Alt. 117 m – Carte régionale n° **44**-A3
▶ Paris 658 km – Alès 47 km – Aubenas 32 km – Avignon 81 km
Carte Michelin 331-I7 – Guide Vert Michelin Ardèche Drôme

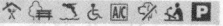

Le Clos des Bruyères

FAMILIAL • FONCTIONNEL Les gorges de l'Ardèche vous tendent les bras depuis cet établissement récent et très fonctionnel : le cours d'eau n'est qu'à une centaine de mètres, avec une base de canoës... mais les moins téméraires pourront préférer la piscine, l'espace bien-être et le restaurant (cuisine au feu de bois).

32 chambres ☕ – 🚹80/108 € 🚹🚹90/125 € – ½ P

rte des Gorges
– ✆ 04 75 37 18 85 – www.closdesbruyeres.fr
– Ouvert avril-sept.

Belvédère

FAMILIAL • ACTUEL À quelques centaines de mètres du célèbre pont d'Arc, creusé par l'Ardèche, cette imposante bâtisse est le point de départ idéal pour une excursion dans les gorges ! Ambiance feutrée dans les chambres (couleurs chaudes, terre cuite, meubles en bois peint) et piscine chauffée.

30 chambres – 🚹55/115 € 🚹🚹55/115 € – ☕10 € – ½ P

rte des gorges
– ✆ 04 75 88 00 02 – www.hotel-ardeche-beveldere.com
– Ouvert début mars-fin oct.

VALLOUX – 89 (Yonne) ➜ voir Avallon

VALMONT

✉ 76540 (Seine-Maritime) – 976 hab. – Alt. 60 m – Carte régionale n° **33**-C1

▶ Paris 193 km – Bolbec 22 km – Dieppe 58 km – Fécamp 11 km

Carte Michelin 304-D3 – Guide Vert Michelin Normandie Vallée de la Seine

🏵 Le Bec au Cauchois (Pierre Caillet) ⇦ 🖨 🕭 🕱 🅿

CUISINE MODERNE · AUBERGE 🕱🕱 Meilleur Ouvrier de France 2011, le jeune chef s'avère évidemment un excellent technicien, qui dévoile aussi une belle sensibilité. Jeux sur les textures et les saveurs, produits d'ici et d'ailleurs, etc. : dans cette auberge du 19ᵉ s. bordée par un étang, le terroir normand arbore de nouvelles couleurs !

➔ Cube de foie gras aux herbes sauvages, glace oxalis. Côte de veau cuite au foin, légumes de notre potager. Le "chocolat-basilic".

Menu 35 € (déj. en semaine), 49/85 € – Carte 65/80 €

5 chambres – ♦85/115 € ♦♦85/115 € – ⌓ 15 €

22 r. A.-Fiquet, 1,5 km à l'Ouest par rte de Fécamp – ☏ 02 35 29 77 56 (réservation conseillée) – www.lebecaucauchois.com – Fermé 24 déc.-24 janv., dim. soir sauf fériés et sauf juil.-août, mardi et merc.

VALOGNES

✉ 50700 (Manche) – 6 932 hab. – Alt. 35 m – Carte régionale n° **32**-A1

▶ Paris 336 km – Caen 103 km – Cherbourg 19 km – St-Lô 64 km

Carte Michelin 303-D2 – Guide Vert Michelin Normandie Cotentin

🏠 Manoir de Savigny 🐎 🖨 🅿 ⊭

RURAL · COSY Dans la campagne valognaise, une allée de peupliers mène à cette ferme-manoir du 16ᵉ s. nichée dans un vaste parc. On emprunte un bel escalier de pierre pour gagner les chambres, toutes charmantes ("Rustique", "Baroque", etc.). Quiétude...

5 chambres ⌓ – ♦85/115 € ♦♦90/120 €

lieu-dit Savigny, 3 km au Sud-Est par D976 et rte secondaire – ☏ 02 33 08 37 75 – www.manoir-de-savigny.com

VALRAS-PLAGE

✉ 34350 (Hérault) – 4 348 hab. – Alt. 1 m – Carte régionale n° **23**-C2

▶ Paris 767 km – Agde 25 km – Béziers 16 km – Montpellier 76 km

Carte Michelin 339-E9

🍽 Le Delphinium � 🕭

CUISINE MODERNE · ÉLÉGANT 🕱🕱 Brandade de cabillaud, noix de Saint-Jacques poêlées aux poireaux, crème catalane : à deux pas du casino, ce restaurant discret cultive des plaisirs simples, sous l'égide d'une chef d'expérience.

Menu 29/35 € 🍷 – Carte environ 39 €

av. des Élysées, (face au casino) – ☏ 04 67 32 73 10 – Fermé jeudi sauf fériés et dim. soir

🏠 Mira-Mar 🕭 ≤ 🖻 🕭 🕱 🔖

FAMILIAL · MÉDITERRANÉEN Les hispanophones auront compris que cet hôtel regarde la mer... Les chambres sont agréables, d'esprit méridional ou plus contemporain, avec balcon côté plage. Deux appartements pour les familles. Au restaurant, recettes dans l'air du temps faisant la part belle au poisson, avec vue sur la Grande Bleue.

27 chambres – ♦65/110 € ♦♦65/110 € – 2 suites – ⌓ 10 €

bd Front de Mer – ☏ 04 67 32 00 31 – www.hotel-miramar.org – Ouvert de mars à oct.

VALS-LES-BAINS

07600 (Ardèche) - 3 412 hab. - Alt. 210 m - Carte régionale n° **44**-A3
Paris 629 km - Aubenas 6 km - Langogne 58 km - Privas 33 km
Carte Michelin 331-I6 - Guide Vert Michelin Ardèche Drôme

Le Vivarais

CUISINE MODERNE • ÉLÉGANT XXX La table d'un vrai artisan, scrupuleux dans le choix de ses produits (fournisseurs locaux), rigoureux et élégant dans l'exécution de ses recettes… et entier dans son envie de satisfaire les clients. Stéphane Polly a hissé son restaurant parmi les meilleurs du département ; tout le terroir ardéchois est gagnant !

➜ Foie gras de canard mi-cuit aux abricots et basilic, chayotte et citron. Ris de veau, écrasé de pomme de terre à la truffe blanche, jus au vieux xérès. Macaron myrtille et vin de syrah, mousse fromage blanc et miel.

Menu 35/89 € - Carte 50/110 €

Hôtel Helvie, 5 av. Claude-Expilly - ✆ 04 75 94 65 85 - www.hotel-helvie.com – Fermé nov., 2 semaines en fév., 1 semaine en mars, dim. soir sauf juil.-août et lundi

Grand Hôtel de Lyon

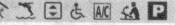

FAMILIAL • FONCTIONNEL Situation très centrale, à 100 m du parc de la source intermittente, pour cet hôtel familial abritant des chambres spacieuses et bien tenues. Piscine et solarium. De grandes baies vitrées éclairent l'agréable salle à manger ornée d'une fresque originale.

34 chambres - †68/81 € ††82/106 € - ☕ 11 € - ½ P

11 av. Paul-Ribeyre - ✆ 04 75 37 43 70 - www.grandhoteldelyon.fr – Ouvert 26 mars-2 oct.

Helvie

TRADITIONNEL • CLASSIQUE À proximité du parc et du casino, cet hôtel Belle Époque conserve tout son éclat d'antan, chic et feutré. Chambres confortables, salon cossu, belle piscine et restaurant de qualité : le plaisir est complet !

27 chambres - †80/175 € ††80/175 € - ☕ 12 € - ½ P

5 av. Claude-Expilly - ✆ 04 75 94 65 85 - www.hotel-helvie.com - Fermé nov., 2 semaines en fév. et 1 semaine en mars

Le Vivarais - voir les restaurants ci-dessus

Château Clément

CHÂTEAU • GRAND STYLE Sur les hauteurs de la ville, cette belle maison de maître est avant tout une demeure de famille… celle de Marie-Antoinette, Éric et leurs enfants. Leurs chambres d'hôtes comptent parmi les plus charmantes qui soient : superbes décors 19e s., jardin de rocailles, terrasse panoramique, table bio… Un lieu rare !

5 chambres ☕ - †150/250 € ††180/404 €

La Châtaigneraie - ✆ 04 75 87 40 13 - www.chateauclement.com - Ouvert de mi-mars à mi-nov.

Villa Aimée

FAMILIAL • PERSONNALISÉ Cette grande villa bourgeoise sur les hauteurs de la station (vue superbe) est une mer de tranquillité… Ses propriétaires : un commandant de marine (parfois à quai) et son épouse australienne. Cuisine internationale - principalement d'Asie - à la table d'hôte.

4 chambres ☕ - †79/145 € ††120/155 €

8 montée des Aulagniers - ✆ 06 15 04 01 68 - www.villaaimee.com

VAL-THORENS

✉ 73440 (Savoie) – Alt. 2 300 m – Carte régionale n° **46**-F2
▶ Paris 640 km – Albertville 60 km – Chambéry 109 km – Moûtiers 36 km
Carte Michelin 333-M6 – Guide Vert Michelin Alpes du Nord

✿✿ Jean Sulpice   ✿ ≤ 🛋 🅿

CRÉATIVE · ÉLÉGANT XXX À 2 300 m d'altitude, cette cuisine atteint des sommets : produits savoyards d'exception, jeux de textures (mousse, croustillant, velouté), cuissons et assaisonnements parfaits, harmonie des saveurs... Sous la baguette de Jean Sulpice et de son épouse, excellente sommelière, la magie opère !

→ Féra du lac Léman, oseille et vanille. Mousse de beaufort, esprit d'un alpage. Pomme meringuée, miel de montagne et parfum d'Antésite.

Menu 78/169 € – Carte 145/230 €

(entrée station) – ℰ 04 79 40 00 71 – www.jeansulpice.com – Ouvert juil.-août, 21 nov.-30 avril et fermé lundi et mardi en juil.-août

✿ L'Épicurien

CUISINE MODERNE · INTIME XX Une authentique bonne table, menée par une équipe soucieuse de proposer le meilleur à ses clients : herbes alpestres et produits des artisans locaux se révèlent dans des recettes volontiers recherchées, délicates et fort joliment exécutées. Le décor, intime, chic et feutré, se prête idéalement à un dîner soigné.

→ Butternut. Pigeon et topinambour. Betterave, noisette et sureau.

Menu 59/115 €

*r. du Soleil, (Résidence le Montana) – ℰ 04 79 00 21 30
– www.restaurantmontana.fr – Ouvert 17 déc.-22 avril et fermé le midi et sam.*

ⅈ○ Le Diamant Noir

CUISINE MODERNE · ÉLÉGANT XX Dans ce récent hôtel perché au sommet de la station (2 400m), un Bistrot baigné de lumière, avec sa charpente en bois et ses hauts plafonds. Quel style ! Mais on est vite rappelé à l'essentiel : des plats fins et gourmands, sans esbroufe, à l'image de cette soupe de potimarron et de cet impeccable filet de turbot...

Menu 45 € (déj.), 65/99 € – Carte 65/180 €

Hôtel Koh-I Nor, r. Gébroulaz – ℰ 04 79 31 00 00 – Ouvert début déc. à fin avril

ⅈ○ Chalet de la Marine   ≤ 🛋

CUISINE TRADITIONNELLE · CONVIVIAL X Impossible de rester insensible au charme de ce chalet situé à 2 400 m d'altitude : jolie salle tout en bois, objets agrestes, flambée dans la cheminée... Dans ce restaurant, tout est fait maison ; on se régale de bons plats traditionnels et d'un généreux buffet de desserts. Cette adresse a vraiment une âme !

Formule 40 € – Menu 48 € (dîner)/60 € – Carte 63/98 € déjeuner

*sur la piste des Dalles, accès à ski par le télésiège des Cascades – ℰ 04 79 00 11 90
– www.chaletmarine.com – Ouvert 12 déc.-2 mai*

🏠🏠 Altapura

LUXE · ALPIN Né au début des années 2010, l'établissement rivalise de luxe et d'élégance. Dans les chambres, le charme montagnard côtoie l'épure contemporaine. Le must : un spa de 1 000 m², où une salle igloo permet de goûter aux bienfaits des soins nordiques. Pour une délicieuse parenthèse au pays des neiges...

72 chambres – ♦260/1460 € ♦♦260/1460 € – 16 suites – ☲ 26 € – ½ P
*rte du Soleil, (à l'entrée de la station) – ℰ 04 80 36 80 36 – www.altapura.fr
– Ouvert 28 nov.-26 avril*

Koh-I Nor

LUXE · ÉLÉGANT Le dernier-né des hôtels de luxe des 3-Vallées a été baptisé d'après un célèbre diamant, et l'on comprend pourquoi : tout en haut de la station, l'imposant bâtiment, de bois et de verre, resplendit ! Intérieur moderne et lumineux, service attentionné et convivial... et vue sur les sommets.

60 chambres � – **ii**380/1280 € – 3 suites

r. Gebroulaz – 𝒞 04 79 31 00 00 – www.hotel-kohinor.com – Ouvert début déc. à fin avril

⫶○ **Le Diamant Noir** – voir les restaurants ci-dessus

Fitz Roy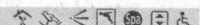

HÔTEL DE VACANCES · ALPIN Cette paisible institution, installée à 2 300 m d'altitude, a bénéficié d'un lifting complet ! Décoration en pierre et chêne dans les parties communes, style montagnard contemporain dans les chambres ; certaines d'entre elles donnent directement sur les pistes.

53 chambres ⊊ – **i**275/730 € **ii**275/730 € – 5 suites – ½ P

pl. de l'Église – 𝒞 04 79 00 04 78 – www.hotelfitzroy.com – Ouvert début déc.-mi avril

Le Val Thorens

HÔTEL DE VACANCES · COSY Au cœur de la station, cet établissement abrite des chambres spacieuses, toutes avec balcon, où l'esprit de la montagne se décline à travers de belles lignes contemporaines. L'espace bien-être ajoute à l'esprit chic et sport des lieux.

82 chambres ⊊ – **i**215/540 € **ii**215/540 € – 1 suite – ½ P

pl. de l'Église – 𝒞 04 79 00 04 33 – www.levalthorens.com – Ouvert 3 déc.-7 mai

Le Sherpa

FAMILIAL · ALPIN Ici, les pistes de ski sont à portée de bâton ! Dans les chambres la décoration est dans le ton : lambris et meubles en pin. Au restaurant, les résidents profitent de l'ambiance savoyarde, du buffet de desserts et des recettes de tradition, sauf le jeudi soir : fondue chinoise !

56 chambres ⊊ – **i**80/300 € **ii**120/330 € – ½ P

r. de Gébroulaz – 𝒞 04 79 00 00 70 – www.lesherpa.com – Ouvert 20 nov.-10 mai

Trois Vallées

HÔTEL DE VACANCES · ALPIN Un petit hôtel familial pour profiter du domaine des 3-Vallées. Les chambres sont coquettes et chaleureuses, dans un esprit très montagnard. Au bar, on sirote un verre en admirant les sommets, et l'espace bien-être (sauna, hammam, jacuzzi) vous tend les bras !

28 chambres ⊊ – **i**240/435 € **ii**240/435 € – ½ P

Grande Rue – 𝒞 04 79 00 01 86 – www.hotel3vallees.com – Ouvert 22 nov.-10 mai

LE VALTIN

⊠ 88230 (Vosges) – 90 hab. – Alt. 751 m – Carte régionale n° **27**-D3
▶ Paris 440 km – Colmar 46 km – Épinal 55 km – Guebwiller 55 km
Carte Michelin 314-K4

Auberge du Val Joli

CUISINE TRADITIONNELLE · RUSTIQUE ⟨⟨ Au creux de la vallée, cette petite hostellerie vosgienne ne manque pas de charme ! La salle principale a été rénovée entièrement en 2015 ; on profite d'une ambiance "nature" à côté de la large verrière donnant sur la terrasse... et d'une généreuse cuisine mettant le terroir et la tradition à l'honneur !

Formule 20 € – Menu 24 € (semaine), 30/65 € – Carte 36/58 €

7 chambres – **i**58/78 € **ii**58/78 € – ⊊ 10 €

12 bis le Village – 𝒞 03 29 60 91 37 – www.levaljoli.com – Fermé 6-25 nov., 3-13 janv., dim. soir, lundi soir et mardi midi hors vacances scolaires

LA VANCELLE – 67 (Bas-Rhin) ➜ voir Lièpvre

VANDOEUVRE-LÈS-NANCY – 54 (Meurthe-et-Moselle) ➜ voir Nancy

VANNES
✉ 56000 (Morbihan) – 52 648 hab. – Agglo. 76 899 hab. – Alt. 20 m
– Carte régionale n° **9**-A3
▶ Paris 459 km – Quimper 122 km – Rennes 110 km – St-Brieuc 107 km
Carte Michelin 308-O9 – Guide Vert Michelin Bretagne Sud

🍃 **Roscanvec** (Thierry Seychelles)
CRÉATIVE · À LA MODE ✕✕ Une maison à colombages près de la cathédrale...
Classique ? On découvre pourtant un vrai décor contemporain (avec vue sur les
fourneaux au rez-de-chaussée) et surtout une fine cuisine qui cultive franchement
le goût de l'époque, avec un beau respect des saveurs – le recours aux épices,
par exemple, est tout en équilibre...
➜ Langoustine. Turbot. Chocolat.
Formule 25 € – Menu 30 € (déj. en semaine), 53/75 € – Carte 55/82 €
Plan : AZ-s – 17 r. des Halles – ℰ 02 97 47 15 96 (réservation conseillée)
– www.roscanvec.com – Fermé 2 semaines en nov., 2 semaines en janv., mardi
sauf juil.-août, dim. soir et lundi

🍽○ **Les Remparts** 🅐🅒
FRANÇAISE MODERNE · BISTRO ✕ Face aux remparts du château, la cuisine bis-
tronomique a trouvé un fer de lance ! Arrivé dans les lieux au printemps 2014,
Anthony Evin met à l'honneur les producteurs locaux, le marché et les vins natu-
rels : sa cuisine est un joli panaché d'inspiration, de fraîcheur et de fine simplicité.
😋 Formule 11 € – Menu 19 € (déj.), 25/35 € – Carte 32/50 €
Plan : AZ-m – 6 r. Alexandre-le-Pontois – ℰ 02 97 47 52 44
– www.restaurant-lesremparts.fr – Fermé sam. midi, dim. et lundi

🍽○ **Le Vent d'Est** ♿ 🅐🅒
ALSACIENNE · WINSTUB ✕ Un Vent d'Est souffle sur la côte Ouest : face au port,
cette véritable winstub transporte en Alsace ! Flammekueche, choucroute, kougelhopf, etc. Les spécialités de la région trônent à la carte, avec quelques incursions dans le terroir breton. Ou comment deux régions se rencontrent... à petits
prix et avec gourmandise.
Formule 18 € – Menu 26 € – Carte 30/50 €
Plan : AZ-d – 23 r. Ferdinand-Le-Dressay – ℰ 02 97 01 34 53 – www.leventdest.fr
– Fermé 5-16 avril, 15-30 juin, dim. sauf le midi d'oct. à mars, jeudi soir et lundi

🍽○ **L'Annexe** ⓝ
CUISINE MODERNE · BISTRO ✕ Pressé de caille, foie gras et artichauts ; cabillaud, caviar d'aubergines et crème de coquillage ; lotte aux légumes de saison...
La cuisine met l'accent sur la fraîcheur des produits, majoritairement issus de
producteurs locaux : leur nom est même affiché fièrement à la carte ! Une
adresse attachante.
Formule 17 € – Menu 28/44 € – Carte 35/54 €
Plan : AZ-n – 18 r. Émile-Burgault – ℰ 02 97 42 58 85 – Fermé lundi sauf juil. aout
et dim.

🍽○ **L'Éden** ☂
CUISINE MODERNE · CONVIVIAL ✕ Voilà un jardin où les gourmands aiment se
promener... à côté de l'ancien cinéma Éden. Les habitués viennent y savourer
une cuisine dans l'air du temps, qui ose les associations originales.
😋 Formule 13 € – Menu 16/42 €
Plan : AZ-f – 3 r. Pasteur – ℰ 02 97 46 42 62 – www.restaurant-eden-vannes.fr
– Fermé dim. et lundi

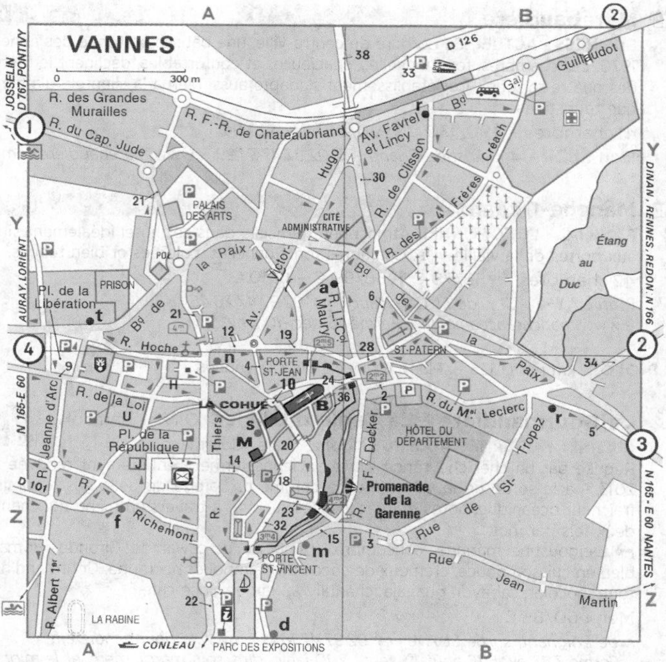

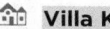

VANNES

Map with street labels including: JOSSELIN D 767, PONTIVY, R. des Grandes Murailles, R. du Cap. Jude, R. F. R. de Chateaubriand, D 126, Guillaudot, AURAY LORIENT, PALAIS DES ARTS, CITÉ ADMINISTRATIVE, Av. Favrel et Lincy, R. de Clisson, DINAN, RENNES, REDON N 166, PRISON, la Paix, Étang au Duc, Pl. de la Libération, R. Hoche, PORTE ST-JEAN, LA COHUE, ST-PATERN, R. du Mal Leclerc, HÔTEL DU DÉPARTEMENT, Pl. de la République, Promenade de la Garenne, N 165-E 60, R. de la Loi, Jeanne d'Arc, Richemont, PORTE ST-VINCENT, N 165-E 60 NANTES, R. Albert 1er, LA RABINE, CONLEAU, PARC DES EXPOSITIONS

Allain Legrand (R.)	**BZ** 2	Henri-IV (Pl.)	**AZ** 10
Bazvalan (R. J. de)	**BZ** 3	Lices (Pl. des)	**AZ** 18
Billault (R.)	**AZ** 4	Mené (R. du)	**AY** 19
Briand (R. A.)	**BZ** 5	Monnaie (R. de la)	**AZ** 20
Le Brix (R. J.)	**AY** 12	Monnet (Av. J.)	**AY** 21
Fontaine (R. de la)	**BY** 6	Le Pontois (R. A.)	**AZ** 15
Gambetta (Pl.)	**AZ** 7	Porte-Poterne	
Gougaud (R. J.)	**AZ** 9	(R.)	**AZ** 23
Le Hellec (R.)	**AZ** 14	Porte-Prison (R.)	**AZ** 24

Port (R. du)	**AZ** 22
St-Nicolas (R.)	**BZ** 28
St-Symphorien (Av.)	**BY** 30
St-Vincent-Ferrier	
(R.)	**AZ** 32
Strasbourg (R. de)	**BY** 33
Verdun (Av. de)	**BZ** 34
Vierges (R. des)	**AZ** 36
Wilson (Av.)	**ABY** 38

Villa Kerasy

VILLA · PERSONNALISÉ Pondichéry, Cadix... les chambres évoquent les différentes escales de la légendaire Compagnie des Indes. Jardin japonais, espace bienêtre inspiré par l'ayurveda, etc. Voilà un agréable établissement où l'élégance le dispute à la sérénité !

15 chambres – ∳99/149 € ∳∳99/219 € – ⌑15 €

Plan : BY-r – *20 av. Favrel-et-Lincy*
– *☏ 02 97 68 36 83 – www.villakerasy.com*
– *Fermé 15 nov.-15 déc. et janv.*

Best Western Vannes Centre

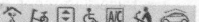

BUSINESS · MODERNE Hôtel récent à deux pas du centre historique, idéal pour une clientèle d'affaires. Chambres sobres et contemporaines ; salle de réunion et espace fitness. Au restaurant, on apprécie la cuisine traditionnelle.

58 chambres – ∳79/179 € ∳∳79/199 € – ⌑14 € – ½ P

Plan : AY-t – *6 pl. de la Libération*
– *☏ 02 97 63 20 20 – www.bestwestern-vannescentre.com*
– *Fermé dim. de nov. à mars*

Marébaudière

BUSINESS · ACTUEL En bordure du centre-ville, une bâtisse bretonne des années 1970. Les chambres, fonctionnelles, spacieuses et confortables, déclinent le thème des quatre saisons... Cet établissement s'adapte aussi bien à la clientèle d'affaires que touristique.

41 chambres – ♦90/130 € ♦♦90/130 € – ☐ 13 €

Plan : BZ-r – *4 r. Aristide-Briand* – *𝒞 02 97 47 34 29* – *www.marebaudiere.com*

Manche-Océan

FAMILIAL · FONCTIONNEL Atmosphère familiale dans cet hôtel idéalement situé aux portes de la vieille ville. Chambres fonctionnelles, colorées et bien tenues.

42 chambres – ♦58/79 € ♦♦58/99 € – ☐ 10 €

Plan : AY-a – *31 r. du Lt-Col.-Maury* – *𝒞 02 97 47 26 46*
– *www.manche-ocean.com* – *Fermé 16 déc.-10 janv.*

au Nord 3 km par D 126 - (Plan : BY) - ☒ 56000 Vannes

⁂ La Gourmandière - La Table d'Olivier (Olivier Samson)

CUISINE MODERNE · AUBERGE XX Une vraie Gourmandière !
Reprise par un chef chevronné, cette ancienne ferme – entièrement rénovée en 2013 – à la sortie de la ville s'impose comme un refuge de belle gastronomie : fraîcheur océanique, notes fruitées, délices sucrés... à travers un menu qui change deux fois par mois.

→ Langoustine marinée, concombre, framboise et caviar de Gironde. Homard bleu en cuisson douce, crémeux de cocos de Paimpol et nectarine. Gourmand'hier tout chocolat, sabayon guanaja, chantilly au lait et glace café.

Menu 60/85 €

r. de Poignant, sortie St-Avé – *𝒞 02 97 47 16 13* – *www.la-gourmandiere.fr*
– *Fermé 3-13 avril, 16 août-1ᵉʳ sept., 2-10 janv., dim. soir, mardi, merc. et le midi en semaine*

🍽 **La Gourmandière - Le Bistr'Aurélia** – voir les restaurants ci-dessous

🍽 La Gourmandière - Le Bistr'Aurélia

CUISINE TRADITIONNELLE · AUBERGE X Bienvenue dans la partie bistrot de la Gourmandière. Ouverte uniquement le midi, elle permet de profiter du savoir-faire d'Olivier Samson dans des menus simples et gourmands, dont un "retour du marché" qui porte bien son nom... le tout à prix raisonnables.

Formule 22 € – Menu 26/38 € – Carte 45/56 €

r. de Poignant, sortie St-Avé – *𝒞 02 97 47 16 13* – *www.la-gourmandiere.fr*
– *Fermé 3-13 avril, 16 août-1ᵉʳ sept., 2-10 janv., merc., sam., dim., fériés et le soir*

à St-Avé 6 km au Nord par D767 (près du centre hospitalier spécialisé) – ☒ 56890
- 10 630 hab. – Alt. 50 m

⁂ Le Pressoir (Vincent David)

CUISINE MODERNE · INTIME XXX Une véritable institution que cette table vanne-taise ! Le chef, Vincent David, signe une vraie cuisine d'auteur, inspirée et soi-gnée, où des produits de belle qualité sont conjugués avec équilibre... Un établis-sement tout indiqué pour les gourmets à la recherche de belles saveurs.

→ Carpaccio de langoustine et de foie gras, jus de carcasse aux cinq vinaigres, artichaut et champignons. Ris de veau en croûte d'amandes et homard breton en tempura. Éphémère de chocolat noir, yuzu et poivre timut.

Menu 34 € (déj. en semaine), 49/105 € – Carte 77/96 €

7 r. de l'Hôpital, à 1,5 km par rte de Plescop – *𝒞 02 97 60 87 63*
– *www.le-pressoir.fr* – *Fermé dim. soir et lundi*

à Meucon 9 km au Nord par D767 - ✉ 56890 - 2 212 hab. - Alt. 80 m

Le Tournesol

CUISINE MODERNE · À LA MODE XX Un soupçon de charme rustique (pierres apparentes), deux cuillerées contemporaines et quelques notes de verdure avec un joli jardin... Ici, le décor est plaisant et la cuisine dans l'air du temps.

Formule 16 € - Menu 20 € (déj. en semaine), 27/55 € - Carte 34/58 €

20 rte de Vannes - ✆ 02 97 44 50 50 - www.restaurant-le-tournesol.com - Fermé 2 semaines en juil., mardi soir, merc. soir, jeudi soir, dim. soir et lundi

à Conleau 4,5 km au Sud-Est - (Plan : AZ) - ✉ 56000 Vannes

Le Roof

BUSINESS · FONCTIONNEL La presqu'île de Conleau domine une anse peuplée de voiliers... et c'est là que se dresse cet hôtel-restaurant construit en 1989. Baignées de lumière, la majorité des chambres ouvrent sur les flots et les rives constellées de pins qui font le charme si pittoresque du golfe du Morbihan.

40 chambres - †79/175 € ††89/195 € - ☕ 13 €

10 allée des Frères-Cadoret - ✆ 02 97 63 47 47 - www.le-roof.com

rte d'Arradon 5 km à l'Ouest par D101 - ✉ 56610 Arradon :

L'Arlequin

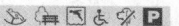

CUISINE MODERNE · ÉLÉGANT XX L'élégant intérieur témoigne de la récente rénovation de cet Arlequin : salle à manger lumineuse et contemporaine, extension coiffée d'une petite verrière... Quant à l'assiette, elle nous en fait toujours voir de toutes les saveurs : avec un œil sur la tradition, le chef concocte une cuisine bien ancrée dans son époque.

Menu 19 € (déj. en semaine), 22/42 € - Carte 37/52 €

parc d'activités de Botquelen -3 allée Denis-Papin - ✆ 02 97 40 41 41 - Fermé sam. midi, dim. soir et lundi

à Arradon 7 km à l'Ouest par D101, D101^{A} et D127 - ✉ 56610 - 5 463 hab. - Alt. 40 m

Les Vénètes

CUISINE TRADITIONNELLE · ÉLÉGANT XX Pour manger les pieds dans l'eau ! On s'installe dans la salle, superbement située au bord de la *mor bihan* ("petite mer" en breton). Une vue qui met en valeur de beaux produits iodés (huîtres et palourdes du golfe, poissons du jour, etc.).

Menu 35 € (déj. en semaine), 50/85 € - Carte 76/119 €

Hôtel Les Vénètes, à la pointe, 2 km - ✆ 02 97 44 85 85 - www.lesvenetes.com - Fermé dim. soir

Le Parc er Gréo

HÔTEL DE VACANCES · PERSONNALISÉ On se sent bien dans cette jolie maison entourée de verdure et postée à une centaine de mètres du chemin des douaniers. Maquettes de bateaux et mobilier chiné dans le salon, chambres raffinées et coquettes, piscine couverte. Charmant !

13 chambres - †79/119 € ††99/174 € - 1 suite - ☕ 15 €

9 r. Mané-Guen, au Gréo, 2 km à l'Ouest (dir. le Moustoir) - ✆ 02 97 44 73 03 - www.parcergreo.com - Fermé 1er janv.-11 fév.

Les Vénètes

HÔTEL DE VACANCES · PERSONNALISÉ Ce petit hôtel des années 1960 est vraiment bien placé, pour ainsi dire les pieds dans l'eau ! Dans les chambres, joliment aménagées, on jouit d'une vue exceptionnelle sur le golfe (balcons au 1er étage).

9 chambres - †100/270 € ††100/270 € - ☕ 15 € - ½ P

à la pointe, 2 km - ✆ 02 97 44 85 85 - www.lesvenetes.com

Les Vénètes - voir les restaurants ci-dessus

à Séné 3 km au Sud-Est par N165 – ⊠ 56860 – 8 781 hab. – Alt. 16 m

🕸 Le Puits des Saveurs   �& 𝔸�ℂ

FRANÇAISE MODERNE · COSY X On oublie tout de la zone commerciale peu avenante où se trouve le restaurant dès que l'on en découvre l'élégant et chaleureux décor, en camaïeu de gris et bois clair. Le plaisir de l'assiette fait le reste : présentations soignées, saveurs enlevées, produits de qualité... Emmanuel Monnier puise son inspiration à la source du bon !

☎ Menu 20 € (déj. en semaine), 31/42 €

rte de Nantes, Le Poulfanc – ℰ 02 97 42 60 69 (réservation conseillée)
– www.lepuitsdessaveurs.com – Fermé 24 déc.-3 janv., merc. soir, dim. soir et lundi

LES VANS

⊠ 07140 (Ardèche) – 2 774 hab. – Alt. 170 m – Carte régionale n° **44**-A3
▶ Paris 663 km – Alès 44 km – Aubenas 37 km – Pont-St-Esprit 66 km
Carte Michelin 331-G7 – Guide Vert Michelin Ardèche Drôme

❀ Likoké (Piet Huysentruyt)   𝔸ℂ

CRÉATIVE · CONVIVIAL X Après une belle carrière en Belgique (en partie à la télévision), Piet Huysentruyt poursuit sa route en Ardèche... et c'est tant mieux ! Des saveurs bien marquées, une vraie harmonie dans les textures, des plats qui célèbrent le terroir, la fête, le savoir-vivre, bref : voilà une table bien dans sa peau, pleine de plaisir.
→ Cuisine du marché.
Menu 85/175 €

7 rte de Païolive – ℰ 04 75 88 09 74 (réservation conseillée) – www.likoke.com
– Ouvert 4 mars-30 nov. et fermé sam. en juil.-août, lundi de sept. à juin et dim.

�🍽️ Le Carmel   ⇴ 🍴 🅿

CUISINE TRADITIONNELLE · FAMILIAL X Ouf ! L'ordre du Carmel n'interdit pas de faire bonne chère... car on se régale ici d'une cuisine traditionnelle soignée, rendant hommage au terroir : trilogie de poivron grillé, asperge blanche et filet de sardine, belle côte de veau parfaitement cuite, etc. Une table réjouissante.
Formule 18 € ▽ – Menu 31/45 € – Carte 34/45 €

Hôtel le Carmel, montée du Carmel – ℰ 04 75 94 99 60 – www.le-carmel.com –
Ouvert 1ᵉʳ avril-30 sept.

🏠 Le Carmel   ⇱ ⅏ ⇴ 🍴 & 🛗 🅿

HISTORIQUE · FONCTIONNEL Dominant le bourg médiéval, cet ancien couvent carmélite (1847) abrite des chambres de style provençal (murs ocre, mobilier en fer forgé). Et le joli jardin avec piscine ajoute encore un charme certain à l'ensemble...
26 chambres – ♦45/92 € ♦♦72/128 € – ☲ 11 € – ½ P
montée du Carmel – ℰ 04 75 94 99 60 – www.le-carmel.com – Ouvert
début mars à fin-oct.
🍽️ **Le Carmel** – voir les restaurants ci-dessus

🏡 La Seigneurie de Naves   ⇱ ⅏ ⇴ 🍴 ⅌

HISTORIQUE · PERSONNALISÉ Sur les hauteurs de ce village médiéval très préservé, cette seigneurie tout en pierre et toits de tuiles forme un havre des plus charmants ! Escalier à vis, cheminée monumentale, chambres aux tons pastel, jardin verdoyant et piscine : l'alliance délicieuse d'un cadre plein de caractère et d'une atmosphère très paisible...
5 chambres ☲ – ♦100/140 € ♦♦100/140 €
Village de Naves – ℰ 06 62 04 45 11 – www.seigneuriedenaves.com

VANVES – 92 (Hauts-de-Seine) ➜ voir Autour de Paris

VARADES

✉ 44370 (Loire-Atlantique) – 3 563 hab. – Alt. 13 m – Carte régionale n° **34**-B2
▶ Paris 333 km – Angers 40 km – Cholet 42 km – Laval 95 km
Carte Michelin 316-J3

La Closerie des Roses

CUISINE CLASSIQUE · À LA MODE XX Ce restaurant est ancré depuis 1938 en
bord de Loire : un site ravissant, presque en symbiose avec le fleuve... Et de la
salle panoramique, on admire l'abbatiale de St-Florent-le-Vieil, illuminée le soir.
Le chef achète son poisson aux pêcheurs du coin et concocte une délicieuse cuisine régionale. Le plaisir est complet.

⊛ Menu 20 € (déj. en semaine), 31/64 € – Carte 51/57 €

*455 La Haute Meilleraie, 1,5 km au Sud par rte de Cholet – ℰ 02 40 98 33 30
– www.lacloseriedesroses.com – Fermé 20 fév.-8 mars, 22-31 août, 17 oct.-2 nov.,
dim. soir, lundi soir, mardi soir et merc.*

VARENGEVILLE-SUR-MER

✉ 76119 (Seine-Maritime) – 1 013 hab. – Alt. 80 m – Carte régionale n° **33**-D1
▶ Paris 199 km – Dieppe 10 km – Fécamp 57 km – Fontaine-le-Dun 18 km
Carte Michelin 304-F2 – Guide Vert Michelin Normandie Vallée de la Seine

à Vasterival 3 km au Nord-Ouest par D75 et rte secondaire – ✉ 76119

La Terrasse

FAMILIAL · FONCTIONNEL Au bout d'une route bordée de pins, cette maison du
début du siècle (1902) est tenue par la même famille depuis quatre générations !
Ici, la moitié des chambres offrent une vue plongeante sur la mer, tout comme la
salle du restaurant. Et pour se détendre, on s'installe dans le grand et beau jardin.
22 chambres – ♦65/130 € ♦♦65/130 €

*rte de Vasterival – ℰ 02 35 85 12 54 – www.hotel-restaurant-la-terrasse.com
– Ouvert mi-mars au 10 oct. et vacances de la Toussaint*

VARENNES – 58 (Nièvre) ➜ voir Nevers

LA VARENNE-ST-HILAIRE – 94 (Val-de-Marne) ➜ voir Autour de Paris (St-Maur-des-Fossés)

VARETZ – 19 (Corrèze) ➜ voir Brive-la-Gaillarde

VARS

✉ 05560 (Hautes-Alpes) – 706 hab. – Alt. 1 650 m – Carte régionale n° **41**-C1
▶ Paris 726 km – Barcelonnette 41 km – Briançon 46 km – Digne-les-Bains 126 km
Carte Michelin 334-I5 – Guide Vert Michelin Alpes du Sud

aux Claux – ✉ 05560 Vars

L'Écureuil

HÔTEL DE VACANCES · CAMPAGNARD À 150 m des pistes, un beau chalet de
bois blond, noyé sous les fleurs l'été... et la neige l'hiver. On est tout de suite
conquis par l'ambiance chaleureuse des lieux, du salon avec cheminée jusqu'aux
chambres très cosy. Une adresse qui sort du lot.
20 chambres ⊡ – ♦70/210 € ♦♦70/225 € – ½ P

*allée Pierre Lelong – ℰ 04 92 46 50 72 – www.hotelecureuil.com
– Ouvert 1er juil.-31 août et 11 déc.-18 avril*

à Ste-Marie-de-Vars - ✉ 05560

🏠 Alpage & Spa

FAMILIAL · ALPIN L'esprit des alpages habite cette ferme villageoise joliment rénovée, tout en pierre et bois. Des lieux spacieux et agréables à vivre : salons avec cheminée, billard, espace bien-être, restaurant traditionnel sous les voûtes de l'ancienne étable, etc.

17 chambres ☲ – †62/92 € ††94/186 €

– ℰ 04 92 46 50 52 – www.hotel-alpage.com – Ouvert 15 juin-31 août et 15 déc.-17 avril

VASTERIVAL – 76 (Seine-Maritime) ➜ voir Varengeville-sur-Mer

VAUCHOUX – 70 (Haute-Saône) ➜ voir Port-sur-Saône

VAUCHRÉTIEN
✉ 49320 (Maine-et-Loire) – 1 498 hab. – Alt. 67 m – Carte régionale n° **35**-C2
▶ Paris 313 km – Angers 22 km – Cholet 66 km – Nantes 119 km
Carte Michelin 317-G5

🏠 Le Moulin de Clabeau

FAMILIAL · PERSONNALISÉ Pour les amoureux de la nature, des vignobles et des vieilles pierres, un moulin à eau de 1320 et sa belle maison de meunier du 19ᵉ s. Confitures et gâteaux maison au petit-déjeuner.

3 chambres ☲ – †75 € ††80 €

5 km au Nord par D55 puis D123 – ℰ 02 41 91 22 09 – www.gite-brissac.com

VAUDEVANT
✉ 07410 (Ardèche) – 197 hab. – Alt. 600 m – Carte régionale n° **44**-B2
▶ Paris 558 km – Lyon 96 km – Privas 89 km – Saint-Étienne 67 km
Carte Michelin 331-J3

🍽 La Récré

CUISINE MODERNE · CONVIVIAL Installé dans l'ancienne école de garçons du village, dont il a conservé les vestiges – tableau noir, cartes de géographie –, ce restaurant ne pouvait mieux porter son nom. On y découvre des créations pétillantes, qui piochent allègrement dans les produits du terroir : de quoi nous faire aimer les cours !

Formule 21 € – Menu 28/36 €

– ℰ 04 75 06 08 99 (réservation conseillée) – www.restaurant-la-recre.com
– Fermé de mi-nov. à mi-fév., merc. soir, jeudi soir et vend. soir de sept. à avril, lundi et mardi

VAUGINES
✉ 84160 (Vaucluse) – 494 hab. – Alt. 375 m – Carte régionale n° **42**-E1
▶ Paris 736 km – Digne-les-Bains 112 km – Apt 23 km – Cavaillon 36 km
Carte Michelin 332-F11

🏠 L'Hostellerie du Luberon

FAMILIAL · FONCTIONNEL Face à la Vallée de la Durance, un hôtel-restaurant familial, où l'on se repose dans des chambres fonctionnelles et bien tenues. Piscine et agréable jardin.

16 chambres – †69/92 € ††69/99 € – ☲ 11 € – ½ P

cours St-Louis – ℰ 04 90 77 27 19 – www.hostellerieduluberon.com – Ouvert 18 mars-31 oct.

VAULT-DE-LUGNY – 89 (Yonne) → voir Avallon

VAULX

✉ 74150 (Haute-Savoie) – 861 hab. – Alt. 530 m – Carte régionale n° **46**-F1
▶ Paris 539 km – Annecy 19 km – Genève 50 km – Lyon 158 km
Carte Michelin 328-I5

Par Monts et Par Vaulx

CUISINE TRADITIONNELLE · RURAL ✗ Une bonne auberge de village, champêtre comme il se doit ! Le jeune chef concocte une cuisine bistrotière goûteuse et vous régale, par exemple, d'une crème de petits pois au flétan fumé et piment d'Espelette, ou d'un suprême de poulet, jus crémeux et risotto arborio aux asperges... Le tout à prix doux !
◎ Menu 15 € ♈ (déj. en semaine), 32/42 € – Carte 38/48 €
Chef-Lieu – ℰ 04 50 60 57 20 (réservation conseillée) – www.restaurant-vaulx.fr
– Fermé 16-30 août, 24 déc.-6 janv., dim. soir, lundi soir, mardi soir et merc.

VAUX-EN-BEAUJOLAIS

✉ 69460 (Rhône) – 1 064 hab. – Alt. 360 m – Carte régionale n° **43**-E1
▶ Paris 443 km – Lyon 49 km – Villeurbanne 58 km
Carte Michelin 327-G3 – Guide Vert Michelin Lyon et sa région

Auberge de Clochemerle (Romain Barthe)

CRÉATIVE · AUBERGE ✗✗ On se sent bien à l'auberge de Clochemerle ; la reception spacieuse ouvre sur une salle à manger bourgeoise aux poutres et cheminées. Il ne manquerait plus que le chef soit talentueux... et c'est le cas ! Son menu surprise, misant sur les produits de saison, enthousiasme autant les habitués que les clients de passage.
→ Cuisine du marché.
Menu 42/81 €
10 chambres – ♦60/120 € ♦♦60/120 € – ⌂ 14 €
r. Gabriel-Chevallier – ℰ 04 74 03 20 16 – www.aubergedeclochemerle.fr – Fermé 22-30 août, 2-20 janv., lundi midi en juil.-août, merc. sauf le soir en juil.-août et mardi

VAUX-LE-PÉNIL – 77 (Seine-et-Marne) → voir Melun

VAUX-SOUS-AUBIGNY

✉ 52190 (Haute-Marne) – 693 hab. – Alt. 275 m – Carte régionale n° **14**-C3
▶ Paris 304 km – Dijon 44 km – Gray 43 km – Langres 25 km
Carte Michelin 313-L8

Auberge des Trois Provinces-Le Vauxois

CUISINE TRADITIONNELLE · AUBERGE ✗✗ Derrière l'église, cette auberge sous une glycine cache bien son jeu ! Les lieux ont en effet abrité un cabaret jusqu'en 1938. Désormais, dans la salle au décor sagement rustique, on déguste une bonne cuisine traditionnelle. Dans une annexe, au calme, quelques chambres sont à disposition pour faire étape.
◎ Menu 18 € (déj. en semaine), 23/38 € – Carte 45/61 €
9 chambres – ♦55 € ♦♦65 € – ⌂ 7 €
r. de Verdun – ℰ 03 25 88 31 98 (réservation conseillée) – www.levauxois.fr – Fermé 1 semaine en oct., 3 semaines en janv., dim. soir et lundi

VELARS-SUR-OUCHE – 21 (Côte-d'Or) ➜ voir Dijon

VELLÈCHES
✉ 86230 (Vienne) – 402 hab. – Alt. 69 m – Carte régionale n° **39**-C1
▶ Paris 302 km – Châtellerault 21 km – Joué-lès-Tours 60 km – Poitiers 58 km
Carte Michelin 322-J3

⅋○ La Table des Écoliers   🛱 ⅋ 🅰🅲
CUISINE MODERNE · CONVIVIAL ⅋ Sur la route entre Tours et Poitiers ? Faites un détour par votre enfance : cartes de géographie, cahiers d'écoliers, une vraie salle de classe pour... une authentique leçon de gourmandise. Les légumes proviennent d'une ferme toute proche, les deux menus de saison font de jolis clins d'œil à la tradition : youpi !
🍴 Menu 19 € (semaine)/32 € – Carte 39/48 €
1 bis r. de l'Étang, (derrière la mairie) – ℰ 05 49 93 35 51 (réservation conseillée) – www.latabledesecoliers.com – Fermé 20 août-10 sept., dim. soir, lundi soir, merc. soir et mardi

VELLERON
✉ 84740 (Vaucluse) – 2 927 hab. – Alt. 87 m – Carte régionale n° **42**-E1
▶ Paris 694 km – Avignon 27 km – Marseille 91 km – Nîmes 74 km
Carte Michelin 332-D10

⅋○ L'Auberge du Marché   🛱 🅿
CUISINE MODERNE · FAMILIAL ⅋ Rognons de veau aux saveurs de pain d'épices, magret de canard rôti à l'orange et au miel de Provence... Une cuisine du marché entièrement faite maison, voilà ce que propose le jeune couple qui a repris les rênes de cette maison datant des années 1930. Avec un bon petit choix de vins régionaux pour accompagner le tout !
Formule 20 € – Menu 38/54 € – Carte 52/58 €
276 r. du Jas – ℰ 04 90 20 18 31 – www.laubergedumarche.com – Fermé mardi et merc.

VELLUIRE – 85 (Vendée) ➜ voir Fontenay-le-Comte

VENAREY-LES-LAUMES
✉ 21150 (Côte-d'Or) – 2 906 hab. – Alt. 235 m – Carte régionale n° **8**-C2
▶ Paris 259 km – Avallon 54 km – Dijon 66 km – Montbard 15 km
Carte Michelin 320-G4 – Guide Vert Michelin Bourgogne

⅋○ Le Bistrot de Louise   🛱 ⅋ 🅿
CUISINE TRADITIONNELLE · SIMPLE ⅋ Ce bistrot contemporain n'est autre que le poulain "urbain" de l'Auberge du Cheval Blanc, à Alise-Ste-Reine. On y déguste de bons petits plats traditionnels et régionaux à prix doux : tête de veau sauce gribiche, joue de bœuf à la bourguignonne, crème brûlée au café...
🍴 Menu 15 € 🍷 (déj. en semaine), 21/26 € – Carte 32/38 €
7 r. Eugène-Edon – ℰ 03 80 89 69 94 – www.regis-bolatre.com – Fermé 24 août-2 sept., 1er-8 janv., dim. sauf le midi en été, lundi soir et mardi soir

à Alise-Ste-Reine 2 km à l'Est – ✉ 21150 – 606 hab. – Alt. 415 m

⊛ Auberge du Cheval Blanc   🅰🅲 🅿
CUISINE TRADITIONNELLE · RURAL ⅋⅋ Ah, qu'il est plaisant ce "petit" Cheval Blanc rustique, accueillant et agréablement réchauffé l'hiver par un bon feu de bois. Terrine de pigeon au foie gras, pot-au-feu de volaille à l'huile de truffe, voici les belles recettes traditionnelles et bourguignonnes que l'on y trouve. Brassens aurait sûrement apprécié...
Formule 23 € – Menu 30/52 € – Carte 40/59 €
r. du Miroir – ℰ 03 80 96 01 55 – www.regis-bolatre.com – Fermé 24 août-2 sept., 22 déc.-10 fév., dim. soir, lundi et mardi

VENCE

✉ 06140 (Alpes-Maritimes) – 19 241 hab. – Alt. 325 m – Carte régionale n° **42**-E2
▶ Paris 923 km – Antibes 20 km – Cannes 30 km – Grasse 24 km
Carte Michelin 341-D5 – Guide Vert Michelin Côte d'Azur

🕸 **Les Bacchanales** (Christophe Dufau) 🛁 🍴 ♻ ↺ 🅿

CRÉATIVE · BRANCHÉ ⅩⅩ Une cuisine du marché créative, pleine de fraîcheur et sans cesse renouvelée ; une atmosphère décontractée et contemporaine : est-il vraiment besoin de préciser que le chef est un passionné talentueux et que son restaurant lui ressemble ?

➜ Gamberonis de San Remo et géranium. Canard de rizières, cerises fermentées. Châtaigne, arbouse et coing.

Formule 34 € – Menu 40 € (déj. en semaine), 65/105 €

Plan : A-v – 247 av. de Provence – ℰ 04 93 24 19 19 – www.lesbacchanales.com
– Fermé 20-26 déc., merc. sauf le soir en juil.-août, le midi en semaine
en juil.-août et mardi

😊 **La Farigoule** 🍴

CUISINE TRADITIONNELLE · COSY ⅩⅩ La farigoule ? Du côté de Vence, c'est comme cela que l'on appelle le thym, pardi ! À l'image de l'aromate, le restaurant ne manque ni de fraîcheur ni de parfums : fraîcheur de chèvre frais a la ratatouille froide, pluma de porc ibérique à la plancha et son jus à l'ail confit... On redécouvre la Provence. Joli patio.

Menu 31/70 € – Carte 45/56 €

Plan : A-f – 15 av. Henri-Isnard – ℰ 04 93 58 01 27 – www.lafarigoule-vence.fr
– Fermé fin nov.-26 déc., lundi et mardi

🍴○ **Le Saint-Martin** 🌄 ≼ 🍴 🛋 🖭 ♻ ↺

CRÉATIVE · CLASSIQUE ⅩⅩⅩⅩ Un cadre superbement classique, des échappées sur les collines de Vence et la Méditerranée, un service de qualité : au sein de ce luxueux établissement, on cultive l'élégance et la fine gastronomie... comme l'art de vivre azuréen.

Formule 42 € – Menu 55/120 € – Carte 78/113 €

Hôtel Château Saint-Martin & Spa, 2490 av. des Templiers, 3 km par rte du col de Vence (D2) (Plan : A) – ℰ 04 93 58 02 02 – www.chateau-st-martin.com
– Ouvert 15 avril-19 oct. et fermé le midi de mi-mai à mi-sept.

Alsace Lorr. (R.)	**B** 3	Place Vieille (R. de la)	**B** 14
Évêché (R. de l')	**B** 5	Poilus (Av. des)	**A** 15
Hôtel de Ville (R.)	**B** 6	Portail Levis (R. du)	**B** 16
Leclerc (Av. Gén.)	**A** 9	Résistance (Av. de la)	**A, B** 17
Marché (R. du)	**B** 10	Rhin et Danube (Av.)	**A** 18
Meyère (Av. Col.)	**B** 12	St-Lambert (R.)	**B** 19
Peyra (Pl. du)	**B** 13	Tuby (Av.)	**A** 21

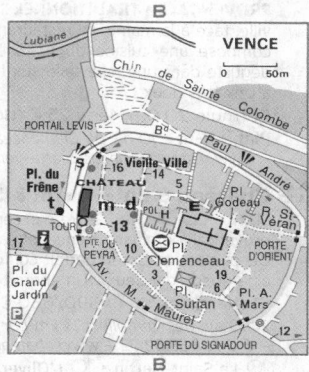

🍽️⚪ La Table du Cantemerle 🛏️ 🏠 🅿️

CUISINE CLASSIQUE · COSY XX Un Cantemerle chic, contemporain et raffiné. La terrasse est exquise et donne sur la piscine ; l'assiette se pare de jolies couleurs méridionales... Esprit Sud !

Formule 23 € – Menu 47 € (dîner)/55 € – Carte 45/70 €

*Hôtel Cantemerle, 258 chemin Cantemerle, au Sud-Est par av. Col.-Meyère
- (Plan : B) – ☎ 04 93 58 08 18 – www.cantemerle-hotel-vence.com
– Ouvert 25 mars-15 oct. et fermé mardi midi et lundi sauf de mi-juin à mi-sept. et dim. soir*

🍽️⚪ L'Oliveraie ≤ 🛏️ 🏠 🍽️ 🛁

VIANDES · MÉDITERRANÉEN X L'endroit idéal pour déguster une cuisine gourmande et estivale – pissaladières et pizzas au feu de bois, viandes au barbecue, poissons à la plancha –, dans un cadre idyllique : en terrasse, au calme, face au vaste parc et à ses oliviers... Attention : le restaurant n'est pas ouvert en cas de mauvais temps, réservez !

Carte 47/99 €

Hôtel Château Saint-Martin & Spa, 2490 av. des Templiers, 3 km par rte du col de Vence (D2) (Plan : A) – ☎ 04 93 58 02 02 – www.chateau-st-martin.com – Ouvert 15 avril-19 oct.

🍽️⚪ Auberge des Seigneurs ⟵ 🏠

PROVENÇALE · RUSTIQUE X Dans une aile du château de Villeneuve, cette authentique auberge rustique est... hors du temps ! On se régale de plats provençaux et de viandes à la broche et, pour l'étape, les chambres sont simples et bien tenues. Jolie terrasse.

Formule 25 € – Menu 34/40 € – Carte 46/57 €

6 chambres – ♦70 € ♦♦91/96 € – 🍽️ 10 €

Plan : B-s – *1 r. du Dr-Binet* – ☎ 04 93 58 04 24 – www.auberge-seigneurs.com
– *Fermé de mi-déc. à mi-janv., dim. et lundi*

🍽️⚪ Les Agapes 🏠 AC 🍽️

CUISINE MODERNE · CONVIVIAL X Tartare de dorade au melon et basilic, pavé de bar accompagné d'artichauts barigoules, tarte aux oignons au chorizo... à l'ardoise, toute la fraîcheur des saisons. De belles agapes dans ce petit restaurant sympathique et contemporain !

Formule 18 € – Menu 29/39 € – Carte 35/65 €

Plan : B-d – *4 pl. Clemenceau* – ☎ 04 93 58 50 64 – www.les-agapes.net – *Fermé 1 semaine en mai, 2 semaines en nov., 3 semaines en janv., dim. hors saison et lundi*

🍽️⚪ La Cassolette ⓝ 🏠

PROVENÇALE · TRADITIONNEL X Sur une ravissante place pavée de la vieille ville, face à la mairie, ce restaurant de poche est tenu par un chef expérimenté. Il compose une cuisine du marché goûteuse, aux accents provençaux, que l'on déguste dans une jolie salle aux tons pastels ou en terrasse, sur la place. Le tout à prix très doux !

Formule 20 € – Menu 25 € (déj.)/38 € – Carte 46/72 €

Plan : B-m – *10 bis pl. Clemenceau* – ☎ 04 93 58 84 15 *(réservation conseillée)
– www.restaurant-lacassolette-vence.com – Fermé mardi et merc.*

🏨 Château Saint-Martin & Spa ⚘ 🐾 ≤ 🛏️ 🏊 ⓬ ♨️ 🍽️ 🔲 ♿ AC

LUXE · CLASSIQUE Cadre d'exception pour ce luxueux hôtel 🍽️ 🦶 🚗 provençal dominant Vence et la mer depuis son vaste parc planté d'oliviers. Décor classique, d'un parfait confort ; villas nichées dans la verdure ; superbe piscine et spa délicieux... Un endroit divin.

51 chambres 🍽️ – ♦390/660 € ♦♦440/785 € – 12 suites

*2490 av. des Templiers, 3 km par rte du col de Vence (D2) (Plan : A)
– ☎ 04 93 58 02 02 – www.chateau-st-martin.com – Ouvert 15 avril-19 oct.*

🍽️⚪ **Le Saint-Martin** • 🍽️⚪ **L'Oliveraie** – voir les restaurants ci-dessus

Cantemerle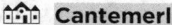

HÔTEL DE VACANCES · MODERNE Un jardin du Sud calme et délicat, deux pisci- nes – dont une couverte, pour les frileux –, de grandes chambres à l'élégance épurée (souvent en duplex) et un bel espace bien-être... Les vacances et le far- niente, tout simplement.

26 chambres – †180/298 € ††180/587 € – 1 suite – ⌁ 19 €

258 chemin Cantemerle, au Sud-Est par av. Col.-Meyère - (Plan : B)
– ☎ 04 93 58 08 18 – www.cantemerle-hotel-vence.com – Ouvert 25 mars-15 oct.

⫯○ **La Table du Cantemerle** – voir les restaurants ci-dessus

Diana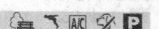

URBAIN · FONCTIONNEL Cet hôtel central et confortable propose des chambres de style provençal ou plus contemporain. Pour se détendre, on profite du sola- rium et du jacuzzi sur le toit. Quant au petit-déjeuner, il est servi dans la véranda ou dans le patio... De quoi bien commencer sa journée.

27 chambres – †77/123 € ††98/164 € – ⌁ 12 €

Plan : A-a *– 79 av. des Poilus – ☎ 04 93 58 28 56 – www.hotel-diana.fr*

Villa Roseraie

VILLA · MÉDITERRANÉEN Un jardin aux airs d'oasis, une jolie petite piscine et cette agréable villa 1900, un peu chargée mais tellement Provence ! Les cham- bres, typiquement provençales, ont un délicieux air de maison de famille : on s'y sent bien.

6 chambres – †64/115 € ††74/132 € – 4 suites – ⌁ 12 €

Plan : A-x *– 128 av. Henri-Giraud – ☎ 04 93 58 02 20 – www.villaroseraie.com*
– Ouvert de mi- fév. à mi-nov. et vacances de Noël

La Maison du Frêne

URBAIN · DESIGN Une belle demeure du 18e s., son escalier en fer forgé, ses tomettes superbes et, partout, des œuvres d'art contemporain... C'est pop et design, frais, atypique et très ludique. Le temps d'un séjour au chic décalé, les pro- priétaires – collectionneurs chevronnés – sauront vont faire partager leur passion.

4 chambres ⌁ – †165/185 € ††165/185 €

Plan : B-t *– 1 pl. du Frêne – ☎ 06 88 90 49 69 – www.lamaisondufrene.com*
– Fermé 15 nov.-14 déc.

VENDÔME

✉ 41100 (Loir-et-Cher) – 17 024 hab. – Alt. 82 m – Carte régionale n° **11**-B2
◗ Paris 169 km – Blois 34 km – Le Mans 78 km – Orléans 91 km
Carte Michelin 318-D5 – Guide Vert Michelin Châteaux de la Loire

⫯○ Pertica

CRÉATIVE · MINIMALISTE C'est dans le Perche ("Pertica" en latin), sa région d'origine, que le chef trouve les fruits et légumes qui agrémenteront ses créa- tions. Il décline une cuisine dynamique et inventive, mâtinée de touches asiati- ques, en jouant sur les textures et les saveurs. On opte parmi trois menus "mystère"... puis on se laisse porter !

Menu 32/70 € ⫯

15 pl. de la République – ☎ 02 54 23 72 02 – www.restaurantpertica.com – Fermé 2 semaines en fév., 1 semaine en sept., mardi midi, dim. et lundi

Le St-Georges

TRADITIONNEL · MODERNE En centre-ville, le meilleur hôtel du secteur, fonc- tionnel et confortable (certaines chambres avec baignoire balnéo). Surprise côté restaurant, avec un beau décor ethnique ; quant au bar, il joue la carte cubaine !

27 chambres – †79/120 € ††84/120 € – ⌁ 10 € – ½ P

14 r. de la Poterie – ☎ 02 54 67 42 10 – www.hotel-saint-georges-vendome.com

Mercator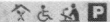

FAMILIAL · ACTUEL Près d'un rond-point (mais bordé d'espaces verts), cet hôtel se révèle, malgré les apparences, sympathique et chaleureux. L'accueil familial et l'entretien très poussé ajoutent encore à l'intérêt de l'étape.

57 chambres – ♦69/87 € ♦♦79/95 € – ☑12 € – ½ P

rte de Blois, 2 km – ℰ 02 54 89 08 08 – www.hotelmercator.fr
– Fermé 24 déc.-3 janv.

Le Vendôme

FAMILIAL · SIMPLE À deux pas de la vieille ville, un hôtel à la fois coquet et cosy (mobilier chiné, mansardes au dernier étage, piano à queue dans le salon, etc.), entièrement rafraîchi en 2014. On apprécie particulièrement l'accueil, très aimable.

31 chambres – ♦95/165 € ♦♦105/190 € – ☑15 €

15 fg Chartrain – ℰ 02 54 77 02 88 – www.hotelvendomefrance.com

VENOSC

✉ 38520 (Isère) – 790 hab. – Alt. 1 000 m – Carte régionale n° **45**-C2
▶ Paris 633 km – Gap 105 km – Grenoble 66 km – Lyon 166 km
Carte Michelin 333-J8 – Guide Vert Michelin Alpes du Nord

Château de la Muzelle

TRADITIONNEL · FONCTIONNEL De pimpants volets rouges égayent la sobre façade de ce petit château du 17°s. Chambres fonctionnelles et bien tenues, mansardées au deuxième étage. Ambiance familiale. Bonne cuisine traditionnelle mettant à profit les légumes du potager.

21 chambres – ♦66/74 € ♦♦74/104 € – ☑10 € – ½ P

946 rte du Bourg – ℰ 04 76 80 06 71 – www.chateaudelamuzelle.com
– Ouvert 28 mai-18 sept.

Petit déjeuner compris ? La tasse ☑ suit directement le nombre de chambres.

VENTABREN

✉ 13122 (Bouches-du-Rhône) – 4 646 hab. – Alt. 210 m – Carte régionale n° **40**-B3
▶ Paris 746 km – Aix-en-Provence 14 km – Marseille 33 km – Salon-de-Provence 27 km
Carte Michelin 340-G4 – Guide Vert Michelin Provence

La Table de Ventabren (Dan Bessoudo)

CUISINE MODERNE · RUSTIQUE ✗✗ Au cœur d'un village pittoresque, une belle occasion de faire une pause gourmande sur une terrasse dominant la vallée. Le chef, un amoureux des bons produits, se fournit notamment chez les meilleurs producteurs locaux ; sa cuisine est fraîche, parfumée et met en relief de franches saveurs.

→ Fleur de courgette farcie à la mousseline de volaille, sauce anchois et thon, œuf mimosa revisité. Pigeon aux figues de Provence, panisse, carotte et jus tranché. Parfait caramel au beurre salé, déclinaison autour de l'abricot.

Formule 39 € ♚ – Menu 65/92 €

– ℰ 04 42 28 79 33 (réservation conseillée) – www.latabledeventabren.com
– Fermé 1 semaine en oct., 23 déc.-31 janv., merc. soir et dim. soir d'oct. à avril, mardi midi de mai à sept. et lundi

VENTRON

✉ 88310 (Vosges) – 909 hab. – Alt. 630 m – Carte régionale n° **27**-C3
▶ Paris 441 km – Épinal 56 km – Gérardmer 25 km – Mulhouse 51 km
Carte Michelin 314-J5

à l'Ermitage-du-Frère-Joseph 5 km au Sud par D43 et D43E –
✉ 88310 Ventron

Les Buttes

TRADITIONNEL · COSY Cadre montagnard chic, chambres douillettes (certaines avec jacuzzi) égayées d'images d'Épinal et salon cossu tapissé de dessins de Claudon : un chalet bien agréable ! Restaurant chaleureux et élégant, face aux pistes. Carte traditionnelle souvent renouvelée.

27 chambres – ♦149/260 € ♦♦149/260 € – 1 suite – ⌷18 € – ½ P

Ermitage Frère-Joseph
– ℰ 03 29 24 18 09 – www.ermitage-resort.com
– *Fermé 8 nov.-15 déc.*

VERDUN

✉ 55100 (Meuse) – 18 327 hab. – Alt. 198 m – Carte régionale n° **26**-A1
▶ Paris 263 km – Bar-le-Duc 56 km – Châlons-en-Champagne 89 km – Metz 78 km
Carte Michelin 307-D4

aux Monthairons 13 km au Sud par D34 – ✉ 55320 – 390 hab. – Alt. 200 m

⁜○ Hostellerie du Château des Monthairons ⫷ 🛏🍴 P

CUISINE MODERNE · CLASSIQUE ✗✗✗ Éminçé de canette au verjus de mira-belle ; parfait glacé à la dragée de Verdun : cette table châtelaine, tenue en famille, permet d'apprécier une cuisine mêlant joliment bases classiques et touches plus actuelles. Et, comme on l'imagine, le cadre est superbe : moulures, vieux parquet, tentures épaisses...

Formule 28 € ▼ – Menu 47/102 € – Carte 63/79 €

26 rte de Verdun
– ℰ 03 29 87 78 55 – www.chateaudesmonthairons.fr
– *Fermé 2 janv.-2 fév., mardi midi, dim. soir et lundi de mi-nov. à Pâques*

Hostellerie du Château des Monthairons 🏠 ⫷ 🛏 ⬚

CHÂTEAU · CLASSIQUE La Meuse forme un joli méandre au   🚿 🔑 P bord du parc qui entoure ce château (19ᵉ s.). Il règne ici un esprit évidemment aristocratique, et les chambres, suites et duplex sont élégants et confortables. Pour la détente : hammam, sauna, jacuzzi, etc.

22 chambres – ♦110/250 € ♦♦110/250 € – 3 suites – ⌷17 € – ½ P

26 rte de Verdun
– ℰ 03 29 87 78 55 – www.chateaudesmonthairons.fr
– *Fermé 2 janv.-2 fév., dim. et lundi de mi-nov. à Pâques*

⁜○ **Hostellerie du Château des Monthairons** – voir les restaurants ci-dessus

à Charny-sur-Meuse 8 km au Nord par D38 – ✉ 55100 – 564 hab.
– Alt. 197 m

Les Charmilles

FAMILIAL · PERSONNALISÉ L'ancien café et hôtel du village est désormais une accueillante maison d'hôtes... Les chambres, pimpantes et impeccables, sont idéa-les pour une étape sereine. Au petit-déjeuner, la propriétaire vous prépare des pâtisseries maison !

3 chambres ⌷ – ♦50 € ♦♦60 €

12 r. de la Gare
– ℰ 03 29 86 93 49 – www.les-charmilles.com
– *Fermé janv.*

VERDUN-SUR-LE-DOUBS

✉ 71350 (Saône-et-Loire) – 1 151 hab. – Alt. 180 m – Carte régionale n° **7**-B3

▶ Paris 332 km – Beaune 24 km – Chalon-sur-Saône 24 km – Dijon 65 km

Carte Michelin 320-K8 – Guide Vert Michelin Bourgogne

⅋○ **Hostellerie Bourguignonne** 🕸 🔁 🛒 🖫 🎧 🅿

CUISINE TRADITIONNELLE · RUSTIQUE ✕✕ Une charmante bâtisse champêtre, au cœur d'un joli jardin fleuri. À la carte, une superbe sélection de bourgognes, qui accompagnent à merveille les belles assiettes traditionnelles et régionales du chef. Ne manquez pas la spécialité locale : la pôchouse verdunoise (une matelote de poissons de rivière).

Formule 38 € – Carte 74/99 €

9 chambres – 🛏110/120 € 🛏🛏120/145 € – ⚌ 14 €

2 av. du Président-Borgeot – 𝒞 03 85 91 51 45

– www.hostelleriebourguignonne.com – Fermé vacances de fév. et de la Toussaint, dim. soir hors saison, mardi sauf le soir de mai à sept. et merc. midi

VERFEIL

✉ 31590 (Haute-Garonne) – 3 312 hab. – Alt. 225 m – Carte régionale n° **29**-C2

▶ Paris 695 km – Albi 63 km – Montauban 71 km – Toulouse 26 km

Carte Michelin 343-H3

⅋○ **La Promenade** 🛒 🎧 🅿

CRÉATIVE · CONVIVIAL ✕ Le chef, ancien violoncelliste professionnel, a quitté le monde de la musique pour… un piano de cuisson ! Dans cette belle bâtisse toulousaine, il propose une cuisine du marché empreinte de simplicité, réalisée avec de bons produits locaux. Des plats colorés, soignés, goûteux, pour une jolie Promenade culinaire.

Formule 19 € – Menu 24 € (déj. en semaine), 50/80 €

2 promenade Jean-Jaurès – 𝒞 05 34 27 85 42 – www.la-promenade.net – Fermé dim. soir, lundi et mardi

VERGONCEY

✉ 50240 (Manche) – 209 hab. – Alt. 70 m – Carte régionale n° **32**-A3

▶ Paris 352 km – Caen 120 km – Saint-Lô 86 km – Saint-Malo 60 km

Carte Michelin 303-D8

🏠 **Château de Boucéel** 🕸 🛒 ☒ 🧼 🅿

CHÂTEAU · HISTORIQUE En pleine campagne normande, un très beau château (1763) au cœur d'un parc à l'anglaise. Pour les âmes romantiques, rien de tel qu'une balade autour des étangs avant de regagner la quiétude raffinée des chambres… Mobilier ancien, superbe parquet, portraits d'ancêtres : du style !

5 chambres ⚌ – 🛏175/195 € 🛏🛏175/195 €

lieu-dit Boucéel, 4 km à l'Est par D108, D40 et D308 – 𝒞 02 33 48 34 61

– www.chateaudebouceel.com – Fermé janv.

VERGONGHEON

✉ 43360 (Haute-Loire) – 1 857 hab. – Alt. 440 m – Carte régionale n° **6**-C2

▶ Paris 470 km – Clermont-Ferrand 60 km – Le Puy-en-Velay 72 km – St-Flour 51 km

Carte Michelin 331-B1

😊 **La Petite École** 🎧 🧼

CUISINE MODERNE · RÉTRO ✕ Ce restaurant a remplacé l'ancienne école du village voilà quelques années. La cuisine, fine et savoureuse, mérite un A sans hésitation. Copie parfaite pour cet agneau à la courgette, pois blonds et anchois, tout comme pour ce filet de lieu jaune à la cuisson précise. Une cantine de choix, sans fausse note !

Menu 32/40 €

à Rilhac, 3 km au Sud-Est par D174 – 𝒞 04 71 76 97 43 (réservation conseillée) – www.restaurant-lapetiteecole.com – Fermé 2 semaines en juin, de mi-sept. à début oct., 2 semaines en janv., mardi midi, sam. midi, dim. soir et lundi

VERN-D'ANJOU

✉ 49220 (Maine-et-Loire) – 2 311 hab. – Alt. 50 m – Carte régionale n° **35**-C2
▶ Paris 327 km – Angers 36 km – Laval 68 km – Nantes 77 km
Carte Michelin 317-E3

☺ ### Le Pigeon Blanc ⛱ A/C ⚐ 🅿

CUISINE MODERNE • À LA MODE XX Créé en 1962, ce Pigeon Blanc n'a pas fini de voltiger… Avec Sylvain, c'est aujourd'hui la troisième génération de la famille Belouin qui en prend la tête. Le jeune homme est tombé du nid très tôt pour aller se former chez les plus grands (Troisgros, Coutanceau) : sa cuisine, créative et généreuse, séduit !

Formule 21 € – Menu 31/65 € – Carte 46/66 €

13 r. de l'Église – ✆ 02 41 61 41 25 – www.lepigeonblanc.com – Fermé 17 juil.-4 août, 24 janv.-11 fév., dim. soir, mardi et merc.

VERNET-LES-BAINS

✉ 66820 (Pyrénées-Orientales) – 1 415 hab. – Alt. 650 m – Carte régionale n° **22**-B3
▶ Paris 904 km – Mont-Louis 36 km – Perpignan 57 km – Prades 11 km
Carte Michelin 344-F7

🏨 ### Princess ⛱ 🪑 ⇕ ♿ 🚫🐕 🏋 🚗

FAMILIAL • FONCTIONNEL Au pied du vieux Vernet, cette bâtisse dévoile un intérieur chaleureux et coloré… Les chambres, récemment rénovées et joliment décorées, ont presque toutes un balcon donnant sur la montagne.

38 chambres – 🚹57/69 € 🚻69/130 € – ☕ 11 € – ½ P

r. des Lavandières – ✆ 04 68 05 56 22 – www.hotel-princess.fr – Ouvert 18 mars-20 nov.

VERNEUIL-SUR-AVRE

✉ 27130 (Eure) – 6 215 hab. – Alt. 155 m – Carte régionale n° **33**-C3
▶ Paris 114 km – Alençon 77 km – Argentan 77 km – Chartres 57 km
Carte Michelin 304-F9 – Guide Vert Michelin Normandie Vallée de la Seine

🍴 ### Le Clos 🍇 🌳 ⛱ 🅿

CUISINE MODERNE • ÉLÉGANT XXX Parquets anciens, tapis persans, moulures, trompe-l'œil, tables dressées dans les règles de l'art, etc. : le classicisme le dispute à l'élégance en ce Clos où la gastronomie se dédie au terroir normand comme aux recettes plus audacieuses.

Formule 35 € – Menu 63/98 € – Carte 78/98 €

Hôtel Le Clos, 98 r. de la Ferté-Vidame – ✆ 02 32 32 21 81 – www.leclos-normandie.com – Fermé le midi sauf dim. et fériés

🍴 ### Le Madeleine Ⓝ ♿

CUISINE TRADITIONNELLE • AUBERGE XX Cette Madeleine vous évoquera-t-elle la recherche du temps perdu ? Voilà en tout cas une auberge chaleureuse, où l'esprit maison n'est pas un vain mot, et qui ne lésine pas sur la fraîcheur des produits. Ne manquez pas les pâtes maison !

Formule 21 € – Menu 29/67 € – Carte 49/82 €

206 r. de la Madeleine – ✆ 02 32 37 91 81 – www.lemadeleine.fr – Fermé merc.

🏰 ### Le Clos ⛱ 🌳 🏋 Spa A/C 🅿

LUXE • PERSONNALISÉ Un petit bijou d'élégance et de raffinement… Ce castel normand cultive, derrière sa belle façade en briques polychromes, un luxe discret jusque dans les détails. L'esprit bourgeois du décor (meubles anciens, tissus signés, etc.), la qualité de l'accueil, la quiétude du superbe parc : tout garantit un séjour d'exception.

10 chambres – 🚹200/330 € 🚻200/330 € – 5 suites – ☕ 27 € – ½ P

98 r. de la Ferté-Vidame – ✆ 02 32 32 21 81 – www.leclos-normandie.com

🍴 **Le Clos** – voir les restaurants ci-dessus

VERNON

✉ 27200 (Eure) – 24 112 hab. – Alt. 32 m – Carte régionale n° **33**-D2
▶ Paris 77 km – Beauvais 66 km – Évreux 34 km – Mantes-la-Jolie 25 km
Carte Michelin 304-I7 – Guide Vert Michelin Normandie Vallée de la Seine

⑩ L'Envie

CUISINE MODERNE • COSY ✗ À la tête de cette Envie, un jeune couple qui a su inverser les rôles traditionnels : c'est madame qui œuvre en cuisine, et monsieur en salle. La déco aussi joue une carte contemporaine – d'esprit lounge –, comme les recettes proposées, inspirées par le marché et généreuses. Tout est fait maison, des entrées aux glaces !
Formule 20 € – Menu 25 €
Plan : BX-a – 71 r. Carnot – ℰ 02 32 51 16 80 – Fermé 4-24 janv., dim. et lundi

⑩ Le Bistro des Fleurs   ✿✿ ✿

CUISINE TRADITIONNELLE • BISTRO ✗ Un ancien bistrot de campagne, avec un beau comptoir où s'accoudent les clients pressés et une incontournable ardoise du jour. Courte, traditionnelle et alléchante, celle-ci atteste le parti pris du chef : rien que du frais, au gré du marché et de ses envies ! Dernière fleur : un excellent choix de vins au verre...
⊜ Menu 20 € ☐/36 € ☐ – Carte 23/38 €
Plan : BX-b – 73 r. Carnot – ℰ 02 32 21 29 19 – Fermé 24 juil.-18 août, 24-31 déc., dim. et lundi

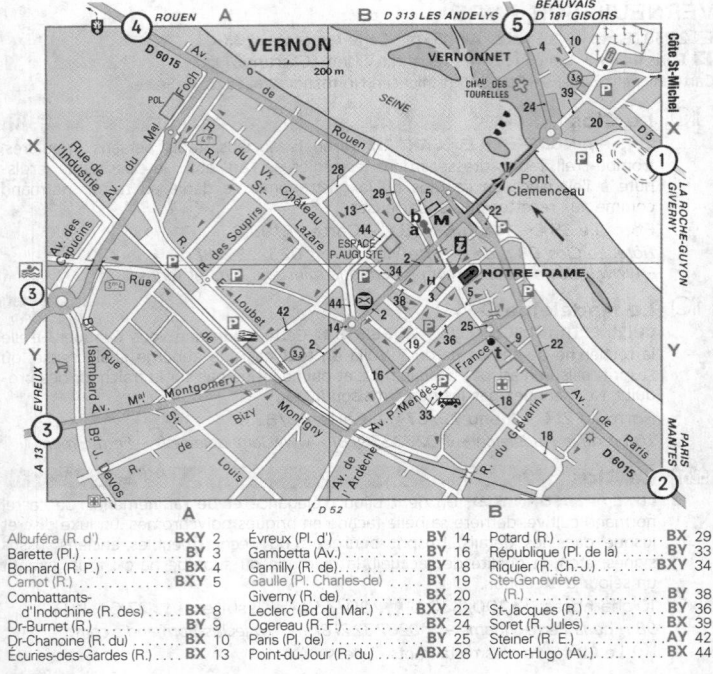

Albuféra (R. d')	**BXY** 2	
Barette (Pl.)	**BY** 3	
Bonnard (R. P.)	**BX** 4	
Carnot (R.)	**BXY** 5	
Combattants-d'Indochine (R. des)	**BX** 8	
Dr-Burnet (R.)	**BY** 9	
Dr-Chanoine (R. du)	**BX** 10	
Écuries-des-Gardes (R.)	**BX** 13	
Évreux (Pl. d')	**BY** 14	
Gambetta (Av.)	**BY** 16	
Gamilly (R. de)	**BY** 18	
Gaulle (Pl. Charles-de)	**BY** 19	
Giverny (R. de)	**BX** 20	
Leclerc (Bd du Mar.)	**BXY** 22	
Ogereau (R. F.)	**BX** 24	
Paris (Pl. de)	**BY** 25	
Point-du-Jour (R. du)	**ABX** 28	
Potard (R.)	**BX** 29	
République (Pl. de la)	**BY** 33	
Riquier (R. Ch.-J.)	**BXY** 34	
Ste-Geneviève (R.)	**BY** 38	
St-Jacques (R.)	**BY** 36	
Soret (R. Jules)	**BX** 39	
Steiner (R. E.)	**AY** 42	
Victor-Hugo (Av.)	**BX** 44	

Normandy ⌂ ⊡ ⟟ ⚐ ⎈

BUSINESS · FONCTIONNEL Dans le centre-ville, un hôtel aux chambres plutôt spacieuses et confortables. Pratique à l'occasion d'une visite de la cité ou de Giverny et de la maison de Claude Monet, à moins de 5 km.

50 chambres – †78/98 € ††88/116 € – ☲ 11 € – ½ P

Plan : BY-t – *1 av. Pierre-Mendès-France* – ℰ *02 32 51 97 97*
– www.normandy-hotel.fr

VERNOUILLET – 28 (Eure-et-Loir) ➜ voir Dreux

VERQUIÈRES – 13 (Bouches-du-Rhône) ➜ voir St-Rémy-de-Provence

VERS

✉ 46090 (Lot) – 418 hab. – Alt. 132 m – Carte régionale n° **29**-C1
▶ Paris 575 km – Cahors 15 km – Montauban 84 km – Toulouse 135 km
Carte Michelin 337-F5

⌂ **La Truite Dorée** ⌂ ⥲ ⟟ AC P

FAMILIAL · FONCTIONNEL En bord de Vézère – où fraie peut-être quelque truite dorée –, l'adresse bénéficie d'un cadre très mignon... Les chambres sont confortables, et certaines d'entre elles jouissent même d'une terrasse au bord de la rivière. Charmant !

28 chambres – †70/84 € ††79/93 € – ☲ 10 € – ½ P
r. de la Barre – ℰ *05 65 31 41 51* – *www.latruitedoree.fr* – *Fermé mi-déc. à mi-fév.*

VERSAILLES – 78 (Yvelines) ➜ voir Autour de Paris

VERS-PONT-DU-GARD – 30 (Gard) ➜ voir Pont-du-Gard

VERT-BOIS – 17 (Charente-Maritime) ➜ voir Île d'Oléron

VERTOU – 44 (Loire-Atlantique) ➜ voir Nantes

VERTUS

✉ 51130 (Marne) – 2 456 hab. – Alt. 85 m – Carte régionale n° **13**-B2
▶ Paris 139 km – Châlons-en-Champagne 30 km – Épernay 21 km – Montmirail 39 km
Carte Michelin 306-G9 – Guide Vert Michelin Champagne Ardenne

à **Bergères-les-Vertus** 3,5 km au Sud par D9 – ✉ 51130 – 588 hab. – Alt. 108 m

⑩ **Hostellerie du Mont-Aimé** ⅗ ⥲ ⟟ AC P

CUISINE TRADITIONNELLE · CLASSIQUE ⅩⅩ Un cadre cossu et bourgeois, pour une cuisine traditionnelle généreuse qui valorise notamment les produits nobles. Autre plaisir, la belle carte des vins et ses nombreuses références de champagne.

Menu 30 € (semaine), 45/90 € – Carte 60/80 €
4-6 r. de Vertus – ℰ *03 26 52 21 31* – *www.hostellerie-mont-aime.com* – *Fermé 24 déc.-4 janv. et dim. soir de nov. à mars*

 Hostellerie du Mont-Aimé ⌂ ⥲ ▢ ⌕ ⊡ ⟟ AC ⚐ P

TRADITIONNEL · FONCTIONNEL Une étape que l'on a toutes les raisons... d'aimer ! En plein cœur du vignoble champenois, un hôtel en deux parties (le Mont-Aimé et les Dames de Champagne), aux chambres spacieuses, confortables et bien tenues, pour un maximum de confort. Les plus : une piscine couverte et un espace détente.

61 chambres – †90/110 € ††125/170 € – ☲ 14 € – ½ P
4-6 r. de Vertus – ℰ *03 26 52 21 31* – *www.hostellerie-mont-aime.com* – *Fermé 24 déc.-4 janv. et dim. de nov. à mars*

⑩ **Hostellerie du Mont-Aimé** – voir les restaurants ci-dessus

LES VERTUS – 76 (Seine-Maritime) ➜ voir Dieppe

VESC

✉ 26220 (Drôme) – 286 hab. – Alt. 601 m – Carte régionale n° **44**-B3

▶ Paris 628 km – Lyon 165 km – Marseille 183 km – Valence 66 km

Carte Michelin 332-D6

🍽️○ **Chez Mon Jules**   ⇦ 🐷 🏡 ♿

> **TERROIR · BISTRO** 🏠 Au cœur du village, voilà une sympathique adresse ! Dans la salle où objets chinés, vieilles affiches, tables et chaises en bois font bon ménage, on se régale d'une savoureuse cuisine du terroir. Aux beaux jours, on profite de la terrasse à l'ombre des canisses. On passerait bien la bague au doigt de ce Jules-là !
> Formule 19 € – Menu 24 € (déj. en semaine), 29/50 € – Carte 40/60 €
> 4 chambres 🛏 – 🛏80/100 € 🛏🛏80/100 €
> *5 r. Etienne-de-Vesc – ℰ 04 75 04 20 74 – www.chezmonjules.com*
> *– Fermé janv., dim. soir et lundi de nov. à mars, mardi et merc. sauf juil.-août*

VESCOUS – 06 (Alpes-Maritimes) ➜ voir Gilette

VESOUL

✉ 70000 (Haute-Saône) – 15 637 hab. – Alt. 221 m – Carte régionale n° **16**-B1

▶ Paris 360 km – Belfort 68 km – Besançon 47 km – Épinal 91 km

Carte Michelin 314-E7 – Guide Vert Michelin Franche-Comté Jura

🍽️○ **Le Caveau du Grand Puits**   🏡

> **CUISINE TRADITIONNELLE · CONVIVIAL** 🏠 Dans cet ancien relais de diligence, nul besoin de voyager pour être le bienvenu ! Entrez donc dans la salle voûtée ou faufilez-vous dans la cour intérieure pour apprécier la goûteuse cuisine traditionnelle du chef. Accueil chaleureux.
> 🍽 Menu 20 € (semaine), 25/38 € – Carte 25/40 €
> *r. Mailly – ℰ 03 84 76 66 12 – Fermé 1 semaine en mai, 12 août-2 sept.,*
> *24 déc.-3 janv., merc. soir, sam. midi, dim.*

à Épenoux 5 km au Nord rte de St-Loup-sur-Semouse et D10 –

✉ 70000 Pusy et Epenoux – 552 hab.

🏠 **Château d'Épenoux**   🌳 🛏 ⚒ 🐾 **P**

> **CHÂTEAU · CLASSIQUE** Petit château du 18ᵉ s. dans un parc planté d'arbres centenaires. Dans les chambres, à la tenue irréprochable, rien ne semble avoir changé depuis le Siècle des lumières : parquet, boiseries, moulures... La quintessence d'un cadre bourgeois.
> 5 chambres 🛏 – 🛏112/120 € 🛏🛏128/164 €
> *5 r. Ruffier-d'Épenoux – ℰ 03 84 75 19 60 – www.chateau-epenoux.com – Fermé*
> *1ᵉʳ-8 janv.*

VEUIL – 36 (Indre) ➜ voir Valençay

VEULES-LES-ROSES

✉ 76980 (Seine-Maritime) – 539 hab. – Alt. 15 m – Carte régionale n° **33**-C1

▶ Paris 188 km – Dieppe 27 km – Fontaine-le-Dun 8 km – Rouen 57 km

Carte Michelin 304-E2 – Guide Vert Michelin Normandie Vallée de la Seine

🍽️○ **Les Galets**   🐝 🆊 ⇔

> **CUISINE MODERNE · ÉLÉGANT** 🏠🏠 Pour un joli moment gastronomique, arrêtez-vous dans cette maison en brique toute proche d'une plage... de galets. Dans la salle ou la véranda, élégantes et lumineuses à souhait, on déguste des recettes bien dans l'air du temps pour lesquelles le chef privilégie les produits locaux. Cave judicieuse.
> Formule 30 € – Menu 39/80 € – Carte 52/78 €
> *3 r. Victor-Hugo, (près de la plage) – ℰ 02 35 97 61 33 (réservation conseillée)*
> *– www.restaurant-lesgalets-veuleslesroses.com – Fermé janv., mardi sauf juil.-août*
> *et merc.*

Douce France

HISTORIQUE · COSY Sur les bords de la Veules, cet ancien relais de poste (17e s.), restauré dans les règles de l'art par des Compagnons, est absolument charmant. Dans les chambres, mobilier chiné et confort sont au rendez-vous. Et l'après-midi, on profite du joli salon de thé.

20 chambres – ♥99/239 € – ♥♥99/239 € – 5 suites – ☲ 13 €

13 r. Dr. Pierre-Girard – ℰ 02 35 57 85 30 – www.doucefrance.fr – Fermé 10 janv.-3 fév.

VEUVES

 41150 (Loir-et-Cher) – 213 hab. – Alt. 62 m – Carte régionale n° **11**-A1
▶ Paris 205 km – Bourges 135 km – Orléans 84 km – Poitiers 137 km
Carte Michelin 318-D7

⅋○ L'Auberge de la Croix Blanche

CUISINE TRADITIONNELLE · RUSTIQUE ⅋ Point de voitures à cheval devant cet ancien relais de poste (1888), mais un décor suggestif qui n'est pas sans évoquer les folles équipées d'antan... On y déguste une généreuse cuisine traditionnelle, avec des produits de saison. Terrasse au jardin.

Formule 17 € – Menu 26/37 € – Carte 30/53 €

2 av. de la Loire – ℰ 02 54 70 23 80 – www.auberge-delacroixblanche.fr – Fermé merc. midi de Pâques à oct., merc. soir de nov. à Pâques, mardi soir de janv. à mars, dim. soir et lundi

VEYNES

 05400 (Hautes-Alpes) – 3 149 hab. – Alt. 827 m – Carte régionale n° **40**-B1
▶ Paris 660 km – Aspres-sur-Buëch 9 km – Gap 25 km – Sisteron 51 km
Carte Michelin 334-C5 – Guide Vert Michelin Alpes du Sud

⅋○ La Sérafine

CUISINE TRADITIONNELLE · CONVIVIAL ⅋⅋ Dans un hameau, cette jolie bergerie tout en pierre, datée du 18e s., conserve le nom de sa propriétaire... Ici, on fait profession de tradition ! Pour preuve, la cuisine est composée chaque jour au gré du marché. Agréable terrasse sous les arbres.

Menu 29/38 €

Les Paroirs, 2 km à l'Est par rte de Gap et D20 – ℰ 04 92 58 06 00 (réservation conseillée) – www.restaurantserafine.com – Fermé 1 semaine en nov. et en déc., 6 janv.-6 fév., mardi et merc. sauf fériés

VEYRIER-DU-LAC – 74 (Haute-Savoie) ➔ voir Annecy

VÉZAC – 15 (Cantal) ➔ voir Aurillac

VÉZELAY

 89450 (Yonne) – 434 hab. – Alt. 285 m – Carte régionale n° **7**-B2
▶ Paris 221 km – Auxerre 52 km – Avallon 16 km – Château-Chinon 58 km
Carte Michelin 319-F7 – Guide Vert Michelin Bourgogne

⅋○ Poste et Lion d'Or

CUISINE TRADITIONNELLE · CLASSIQUE ⅋⅋ Vézelay demeure un haut lieu de pèlerinage spirituel... où l'on sait aussi cultiver une nourritures bien terrestres ! Ainsi cet ancien relais de poste, posé au pied de la colline, où l'on savoure une cuisine originale, fort bien ficelée et aux prix mesurés. Formule bistrot en semaine.

⅋⅋ Formule 17 € – Menu 20 €

Hôtel Poste et Lion d'Or, pl. du Champ-de-Foire – ℰ 03 86 33 21 23 – www.hoteldelaposte-vezelay.com

ⅼ○ Le Bougainville

CUISINE TRADITIONNELLE · RUSTIQUE ✗ Dans une maison ancienne sur la rue principale menant à la basilique, le type même du restaurant familial indémodable, tenu de longue date par un couple de sérieux professionnels. Au milieu des compositions florales de la maîtresse des lieux, on savoure une généreuse cuisine du terroir, réalisée dans les règles.

Menu 27/33 € – Carte environ 41 €

28 r. St-Etienne – ℰ 03 86 33 27 57 – Ouvert de mi-fév. à mi-nov. et fermé mardi et merc.

ⅼ Poste et Lion d'Or ☆ ⌂ ☐ 丞 AC ⚄ ⚐ P

HÔTEL DE VACANCES · CLASSIQUE Au pied de la colline de Vézelay, cet ancien relais de poste accueille les voyageurs depuis plus de 200 ans ! Bon niveau de confort dans les chambres, dont certaines – très prisées – donnent sur la campagne.

39 chambres – †65/130 € ††75/170 € – ⚄ 12 €

pl. du Champ-de-Foire – ℰ 03 86 33 21 23 – www.hoteldelaposte-vezelay.com

ⅼ○ **Poste et Lion d'Or** – voir les restaurants ci-dessus

à Fontette 5 km à l'Est par D957 – ⊠ 89450 St Pere

ⅼ Crispol ☆ ⚄ ⚄ ⌂ 丞 ⚄ 🚗

HÔTEL DE VACANCES · PERSONNALISÉ Maison en pierre à l'entrée du village, avec la Colline éternelle en toile de fond. L'annexe abrite de vastes chambres, datant des années 1990 et bien tenues. Au restaurant, les baies ménagent une belle vue sur la basilique. Plats de tradition.

12 chambres – †87 € ††87 € – ⚄ 12 €

rte d'Avallon – ℰ 03 86 33 26 25 – www.crispol.com – Ouvert mars-nov.

à Pierre-Perthuis 6 km au Sud-Est par D957 et D958 – ⊠ 89450

– 138 hab. – Alt. 220 m

ⅼ○ Les Deux Ponts ⚄ 🍴 丞 ⚄ P

CUISINE MODERNE · AUBERGE ✗✗ Les murs sont anciens, mais le cadre est épuré et original : notez les amusants lustres hollandais en verre... Côté saveurs, priorité au terroir de l'Yonne, avec quelques ponts jetés vers les dernières tendances. Les chambres sont calmes, simples et bien tenues.

Formule 23 € – Menu 29 € – Carte 35/44 €

7 chambres – †65 € ††65 € – ⚄ 10 €

1 rte de Vézelay – ℰ 03 86 32 31 31 (réservation conseillée)
– www.lesdeuxponts.com – Ouvert 15 mars-15 nov. et fermé mardi hors saison et merc.

VIADUC DE GARABIT

⊠ 15100 (Cantal) – Carte régionale n° **5**-B3

▶ Paris 520 km – Aurillac 84 km – Mende 74 km – Le Puy-en-Velay 90 km

Carte Michelin 330-H5 – Guide Vert Michelin Auvergne

ⅼ○ Beau Site ⓝ ⚄ 🍴 丞 AC 🚗

CUISINE TRADITIONNELLE · FAMILIAL ✗✗ Au pied du célèbre viaduc – la salle panoramique offre une vue imprenable sur l'édifice –, le chef compose une bonne cuisine revisitant la tradition : suprême de volaille en croûte de moutarde de Charroux, filet de sandre en écaille de pomme de terre et sauce au saint-pourçain blanc...

Formule 18 € – Menu 24/48 € – Carte 32/50 €

N9 – ℰ 04 71 23 41 46 – www.beau-site-hotel.com
– Ouvert de mi-mars à mi-nov.

Beau Site 　　　　　　　　　⚐ ⬅ 🛏 ⚒ 🍴 📶 🚗

FAMILIAL · PERSONNALISÉ Le célèbre ouvrage de Gustave Eiffel, le lac ou le jardin : à vous de choisir la vue ! Les chambres, coquettes et confortables, osent une déco moderne et colorée. Pour le reste, c'est cuisine régionale, tennis, piscine et aire de jeux pour les enfants.

19 chambres – ♦70/88 € ♦♦78/118 € – 5 suites – ⌑ 13 €

N9 – ℰ 04 71 23 41 46 – www.beau-site-hotel.com – Ouvert de mi-mars à mi-nov.

🍴○ **Beau Site** – voir les restaurants ci-dessus

VIBRAC – 16 (Charente) → voir Jarnac

VIC-EN-BIGORRE

✉ 65500 (Hautes-Pyrénées) – 5 071 hab. – Alt. 216 m – Carte régionale n° **28**-A2
▶ Paris 775 km – Aire sur l'Adour 53 km – Auch 62 km – Pau 47 km
Carte Michelin 342-M4

🍴○ Le Réverbère 　　　　　　　　　⬅ 📶 🛏 ⅋ 🆎

CUISINE TRADITIONNELLE · CONVIVIAL XX Venez vous régaler à la lumière de ce plaisant Réverbère, dont l'intérieur –entièrement relooké – se révèle moderne et lumineux. On vient y profiter des créations du chef, au plus près du terroir : il travaille avec de nombreux producteurs locaux pour un résultat généreux et goûteux, plein de saveurs.

🍸 Menu 16 € (semaine), 25/35 € – Carte 40/48 €

10 chambres – ♦65/77 € ♦♦68/80 € – ⌑ 8 €

29 bd d'Alsace – ℰ 05 62 96 78 16 – www.hotellereverbere.com – Fermé 3-24 janv., sam. sauf le soir de juin à août et dim. soir

VIC-FEZENSAC

✉ 32190 (Gers) – 3 622 hab. – Alt. 110 m – Carte régionale n° **28**-A2
▶ Paris 778 km – Auch 32 km – Bordeaux 182 km – Toulouse 106 km
Carte Michelin 336-D7

à Préneron 6 km au Sud-Ouest par N124, D157 et rte secondaire – ✉ 32190 – 144 hab. – Alt. 173 m

🍲 Auberge La Baquère 　　　　　　　　　📶 🛏 🅿

CUISINE TRADITIONNELLE · SIMPLE X Cette ferme-auberge a beau être isolée en pleine campagne, les clients sont nombreux. Et pour cause : canard, ramier, truite et anguille y sont cuisinés avec style.

🍸 Menu 18/53 € – Carte 33/51 €

lieu-dit la Baquère – ℰ 05 62 06 42 75 – www.aubergelabaquere.com – Fermé 1 semaine vacances de Noël, lundi, mardi et merc.

VICHY

✉ 03200 (Allier) – 25 315 hab. – Alt. 340 m – Carte régionale n° **6**-C1
▶ Paris 353 km – Clermont-Ferrand 55 km – Montluçon 99 km – Moulins 57 km
Carte Michelin 326-H6 – Guide Vert Michelin Auvergne

✿ Maison Decoret (Jacques Decoret) 　　　　　　🍷 ⬅ 📶 🛏 🆎

CRÉATIVE · DESIGN XXX Une bâtisse du 19ᵉs., une grande véranda cubique jouant sur la transparence : tel est le décor voulu par Jacques Decoret. Recherche esthétique et finesse sont au rendez-vous dans l'assiette, autour de très beaux produits. Et quelques chambres style maison d'hôtes rappelle l'esprit contemporain du lieu.
→ Foie gras de canard des Landes poêlé, consommé de pommes vertes et verveine. Truite du moulin Piat étuvée, duxelles et sabayon de champignons. Dans un tube en sucre, mousse de pastilles Vichy, extrait de fraises mara des bois.

Formule 42 € – Menu 71/119 €

5 chambres – ♦170/230 € ♦♦170/230 € – ⌑ 23 €

Plan : BZ-b – *15 r. du Parc – ℰ 04 70 97 65 06 – www.maisondecoret.com – Fermé vacances de fév., 16 août-9 sept., mardi et merc.*

BELLERIVE-SUR-ALLIER

Auberger (Av. F.)	A 2
Jean-Jaurès (Av.)	A 16
Ramin (R. G.)	A 28
République (Av.)	A 30

VICHY

Alquié (R.)	BY 15
Belgique (R. de)	BZ 3
Besse (R.)	CZ 20
Briand (Av. A.)	BZ 4
Casino (R. du)	BZ 5
Clemenceau (R. G.)	BZ 6
Colombier (R. Hubert)	BZ 23
Coulon (Av. P.)	BZ 7
Foch (R. Mar.)	BZ 8
Glénard (Pl. Frantz)	BY 9
Gramont (Av. de)	A 10
Hôpital (Bd de l')	A 13
Hôtel des Postes (R.)	CY 14
Lattre-de-T. (Bd Mar.-de)	A 17
Lucas (R.)	BY 18
Lyautey (R. du Mar.)	A 19
Parc (R. du)	BZ 22
Paris (R. de)	CY
Poincaré (Av.)	A 24
Porte-Verrier (R. de la)	BZ 31
Prés.-Eisenhower (Av. du)	BY 25
Prés.-Wilson (R.)	BZ 26
Prunelle (R.)	BZ 27
République (Av.)	A 29
Tour (R. de la)	BZ 32

L'Alambic

CUISINE MODERNE · CLASSIQUE XX Jean-Jacques et Marie-Ange se l'étaient promis : dans leur restaurant, il y aurait peu de couverts, pour pouvoir mieux régaler les clients. Pari réussi ! Sur une base traditionnelle, le chef marie les produits de saison avec gourmandise. C'est goûteux, parfumé et généreux... sans être alambiqué.

Menu 30/72 € ♈ – Carte 40/53 €

Plan : CY-u – 8 r. Nicolas-Larbaud – ℰ 04 70 59 12 71 (réservation conseillée) – Fermé 15 fév.-4 mars, 1ᵉʳ-24 août, 22 déc.-4 janv., dim. soir, lundi et mardi

La Table d'Antoine

CUISINE MODERNE · ÉLÉGANT XX Voyageur invétéré, le chef aime manier les épices et livre une cuisine gourmande et parfumée. On sent la générosité du passionné... Quant au décor, entre pierre de Volvic, verrière incrustée de motifs végétaux et cuir de Salers, il joue sur une évocation contemporaine de l'Auvergne. Original !

Formule 24 € – Menu 27 € (déj. en semaine), 32/70 € – Carte 52/77 €

Plan : BZ-d – 8 r. Burnol – ℰ 04 70 98 99 71 – www.latabledantoine.com – Fermé 10-25 fév., 1 semaine en juin, 19-26 oct., jeudi soir d'oct. à avril, dim. soir et lundi sauf fériés

La Table de Marlène

CUISINE MODERNE · DESIGN XX Une soucoupe posée sur un lac, voilà qui n'est pas banal ! À fleur d'eau, dans un décor de verre et d'acier, on se régale d'une cuisine dans l'air du temps. Les bons produits sont préparés avec justesse et les saveurs au rendez-vous. L'été, on peut même profiter de la terrasse. Alors, prêt pour le décollage ?

Menu 32/66 € – Carte 66/80 €

Plan : BY-a – bd de Lattre-de-Tassigny, La Rotonde – ℰ 04 70 97 85 42 – www.restaurantlarotonde-vichy.com – Fermé 1 semaine en nov., janv., lundi et mardi

Brasserie du Casino

CUISINE TRADITIONNELLE · BRASSERIE XX Face à l'opéra, cette brasserie a conservé son cadre 1920 tout en boiseries et miroirs. On y retrouve toutes les spécialités du genre, auxquelles le chef ajoute sa propre patte : marbré de foie gras au torchon, sole meunière, filet de bœuf aux morilles, etc.

Menu 25 € (semaine)/32 € – Carte 33/63 €

Plan : BZ-a – 4 r. du Casino – ℰ 04 70 98 23 06 – www.brasserie-du-casino.fr – Fermé 15 fév.-2 mars, mardi en été et merc.

L'Hippocampe

POISSONS ET FRUITS DE MER · ÉLÉGANT XX Près du parc des Sources, cet Hippocampe-là est un digne représentant de la mer ! Homard breton, médaillon de lotte, bouillabaisse... Tout est frais et bien préparé. Joli décor contemporain avec vue directe sur les cuisines.

Formule 22 € ♈ – Menu 30/40 € – Carte 33/68 €

Plan : BZ-z – 3 bd de Russie – ℰ 04 70 97 68 37 – Fermé 20 juin-12 juil., 28 nov.-13 déc., mardi midi, dim. soir et lundi

L'Escargot qui Tette

CUISINE TRADITIONNELLE · CONVIVIAL XX À la table de l'hôtel Chambord, l'escargot est la vedette d'une carte qui privilégie les recettes traditionnelles. Que les plus pressés se rassurent : le service tout comme les saveurs ne sont pas à la traîne... Une bonne adresse, au décor chaleureux, et quelques chambres pour l'étape.

Formule 23 € – Menu 33/50 € – Carte 38/60 €

27 chambres – †51/60 € ††60/74 € – ⬜ 10 €

Plan : CY-k – 82 r. de Paris – ℰ 04 70 30 16 30 – www.hotel-chambord-vichy.com – Fermé 1 semaine en été et 3 semaines en hiver, dim. soir et lundi

❚❘○ L'Etna   🚫 AC

ITALIENNE · SIMPLE ✗ Tout près de la gare, n'hésitez pas à venir vous réchauffer à la chaleur de cet irrésistible Etna ! Carpaccio di caprino, morue pochée dans un bouillon de tomate, tiramisu al panettone : une cuisine transalpine pleine de saveurs ensoleillées, que l'on dévore dans un intérieur spacieux... Une belle découverte !

Formule 19 € – Menu 27/40 € – Carte 43/53 €

Plan : CY-f – 65 r. de Paris – ℰ 04 70 98 47 85 – www.etna-vichy.com – Fermé 1 semaine en juin, 1er-19 déc., lundi et mardi

❚❘○ Le Pyl-Pyl   🚫 AC ⊡

CUISINE MODERNE · CONVIVIAL ✗ Ici, pas question de jouer à Pyl ou face avec les saveurs ! Dans sa cuisine ouverte sur la salle, assez design, le chef – dont les initiales sont "Pyl" – concocte des recettes canailles, goûteuses et parfumées... Un conseil : pensez à réserver, c'est souvent complet.

Menu 26 € – Carte 29/48 €

Plan : CY-p – 1 pl. de la Gare – ℰ 04 70 97 51 74 – www.pylpyl.fr – Fermé dim. soir

🏨 Vichy Spa Hôtel Les Célestins   ⚘ 🛎 💠 🅿 🚫 AC 🛗 🚗

LUXE · MODERNE Hôtel moderne, au milieu du parc des Sources, à recommander aux curistes pour son accès direct au spa Vichy. Chambres très spacieuses et piscine panoramique. Gastronomie et diététique sont à l'honneur au N 3, qui bénéficie d'une jolie terrasse. Plats traditionnels et grillades au Bistrot.

126 chambres – 🛏140/447 € 🛏🛏140/447 € – 5 suites – 🍽 25 € – ½ P

Plan : BY-e – 111 bd des États-Unis – ℰ 04 70 30 82 00 – www.vichy-spa-hotel.fr

🏨 Aletti Palace   ⚘ 🛗 ⊡ 🅿 AC 🛗

TRADITIONNEL · ART DÉCO Face au Grand Casino-Théâtre, cet hôtel élégant fut construit en 1906. Avec ses chambres spacieuses, ses décors classiques, ses grands salons pour les séminaires et les banquets, l'ensemble dégage une impression de luxe cossu.

122 chambres – 🛏125/175 € 🛏🛏140/250 € – 7 suites – 🍽 15 € – ½ P

Plan : BZ-u – 3 pl. Joseph-Aletti – ℰ 04 70 30 20 20 – www.hotel-aletti.fr

🏨 Mercure Thermalia   ⚘ 🛗 ⊡ 🅿 AC 🚗

BUSINESS · ACTUEL Entièrement réhabilité, cet hôtel attenant aux thermes accueille désormais sa clientèle dans de beaux espaces épurés ; aux étages, les chambres offrent tout le confort attendu (mobilier en bois brun, literie, etc.).

78 chambres – 🛏87/150 € 🛏🛏87/150 € – 🍽 15 €

Plan : AY-h – 1 av. Thermale – ℰ 04 70 30 52 52 – www.mercure.com

🏨 Pavillon d'Enghien   ⚘ 🛗 ⊡ 🍽 🛗

BUSINESS · COSY Sympathique adresse dans un bâtiment du début du 20e s. disposant de chambres tendance, décorées avec beaucoup de goût. On est conquis par le joli petit jardin avec piscine, et la terrasse où l'on déguste les tajines de la patronne... Un endroit accueillant et plein de charme !

20 chambres – 🛏71/120 € 🛏🛏71/120 € – 🍽 12 €

Plan : BY-b – 32 r. Callou – ℰ 04 70 98 33 30 – www.pavillondenghien.com – Fermé 20 déc.-1er fév.

🏨 Les Nations   ⚘ ⊡ 🛗

TRADITIONNEL · FONCTIONNEL Situation centrale pour ce bel immeuble 1900 à la façade ouvragée. Le hall et les salons sont confortables ; les chambres sont spacieuses et bien tenues.

71 chambres – 🛏73/121 € 🛏🛏73/121 € – 🍽 12 € – ½ P

Plan : BZ-c – 13 bd de Russie – ℰ 04 70 98 21 63 – www.lesnations.com – Ouvert 9 avril-16 oct.

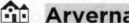 Arverna

FAMILIAL · FONCTIONNEL Un petit hôtel bien pratique, situé dans une rue calme du centre-ville. Les chambres sont sobres mais chaleureuses, et le service se révèle attentionné ; on apprécie également la présence d'un parking (à 200 m).

23 chambres – ♥62/95 € ♥♥70/120 € – ☲ 9 €

Plan : CY-g – *12 r. Desbrest* – ☎ *04 70 31 31 19* – *www.arverna-hotels-vichy.com* – *Fermé 13-28 fév. et 29 déc.-2 janv.*

à **Creuzier-le-Vieux** 4 km au Nord – ✉ 03300 – 3 315 hab. – Alt. 400 m

ⅼO La Fontaine

CUISINE TRADITIONNELLE · RUSTIQUE XX Voilà une sympathique petite auberge, à 10mn de Vichy, où il fait bon s'arrêter quelle que soit la saison. L'été on y mange au bord d'un ruisseau, sous une jolie glycine. Et l'hiver, on s'installe au coin du feu pour savourer viandes grillées et autres recettes traditionnelles. Ambiance conviviale.

Formule 18 € – Menu 29/59 € – Carte 42/66 €

16 r. de la Fontaine, (Z.I. Vichy-Rhue) – ☎ *04 70 31 37 45* – *www.lafontainevichy.fr* – *Fermé 26 juin-7 juil., 26 août-4 sept., vacances de Noël, dim. soir, mardi soir et merc.*

à **Bellerive-sur-Allier** 3,5 km au Sud par D1093 – ✉ 03700

⊛ Château du Bost

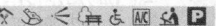

CUISINE MODERNE · COSY X La table du Château du Bost nous accueille dans un cadre épuré, où de jolies toiles colorées attirent le regard. On s'y délecte d'une cuisine classique et parfaitement maîtrisée. Ravioles de plat de côtes, fondue de poireaux et émulsion de foie gras ; carré d'agneau au jus réduit à la menthe... Délicieux !

Menu 23 € (déj. en semaine), 32/80 € – Carte environ 54 €

27 r. de Beauséjour – ☎ *04 70 59 59 59* – *www.chateau-du-bost.com* – *fermé dim. soir et lundi*

⌂ Château du Bost

BUSINESS · ACTUEL À l'extérieur de Vichy, dans un parc très paisible, ce château avec tours et douves en eau (15e-19e s.) a été restauré dans un esprit contemporain original, à l'image des grandes verrières qui ont été percées dans ses murs. On y trouve des chambres élégantes, zen et nature, offrant tout le confort nécessaire. Une réussite !

8 chambres – ♥80/180 € ♥♥80/180 € – ☲ 12 € – ½ P

27 r. de Beauséjour – ☎ *04 70 59 59 59* – *www.chateau-du-bost.com*

⊛ **Château du Bost** – voir les restaurants ci-dessus

VICQ

✉ 03450 (Allier) – 324 hab. – Alt. 350 m – Carte régionale n° **5-B1**
▶ Paris 391 km – Clermont-Ferrand 52 km – Guéret 110 km – Moulins 59 km
Carte Michelin 326-F6

⌂ Sur le Chemin des Buvats

AUBERGE · MODERNE En pleine nature, cette ferme du 19e s respire la quiétude ! Sa transformation en maison d'hôtes est l'œuvre d'un chef qui souhaitait se reconvertir et de sa compagne. Une réussite : la maison a été remarquée dans plusieurs magazines de déco (esprit zen, belle piscine, bain norvégien, etc.) et sa table d'hôte, avec les légumes du jardin, est très gourmande !

5 chambres ☲ – ♥95/105 € ♥♥110/120 €

8 chemin des Buvats – ☎ *04 70 41 26 75* – *www.chemindesbuvats.com*

VIC-SUR-CÈRE

✉ 15800 (Cantal) – 1 974 hab. – Alt. 678 m – Carte régionale n° **5**-B3

▶ Paris 549 km – Aurillac 19 km – Murat 29 km

Carte Michelin 330-D5 – Guide Vert Michelin Auvergne

🏠 Beauséjour   ☆ 🛏 ⌇ 🖭 🕭 🛇 🅿

BUSINESS · SIMPLE Parfait pour se mettre au vert, même si on est là pour affaires. Bien que datant des années 1830, ce grand établissement est toujours aussi pimpant, avec des chambres et des suites spacieuses et impeccablement tenues. Le parc est bien agréable.

42 chambres – ♦68/75 € ♦♦95/110 € – 4 suites – ⌇ 12 € – ½ P

4 av. André-Mercier – ℰ 04 71 47 50 27 – www.beausejour-vic.fr
– Ouvert 15 mai-30 sept.

au Col de Curebourse 6 km au Sud-Est par D54 – ✉ 15800 St Clement
– Alt. 994 m

🍴 Hostellerie Saint-Clément   ≤ 🛏 🎇 🕭 🛇 🅿

CUISINE CLASSIQUE · ÉLÉGANT ✕✕ Aucun bandit de grand chemin ne rôde autour de cet établissement posé sur le col de Curebourse. Pressé de porc et lentilles, marmite du pêcheur (rouget, lotte, daurade, crevettes) : père et fils concoctent une cuisine pleine de goût et de saveurs, précise et gourmande, où les cuissons sont toujours justes.

Menu 29/65 € – Carte 55/95 €

– ℰ 04 71 47 51 71 – www.hotelstclementcantal.com – Ouvert 15 avril-2 nov. et fermé dim. soir et lundi soir hors saison et lundi midi en été

🏠 Hostellerie Saint-Clément   ☆ 🕉 ≤ 🛏 🕭 🛇 🛇 🅿

FAMILIAL · FONCTIONNEL Il faut aller à 1 000 m d'altitude pour trouver cette grande bâtisse dans le style du pays. Depuis les chambres – certaines avec un balcon en bois –, on jouit d'une vue plongeante sur la vallée ou sur le jardin. Bien loin des bruits de la ville...

21 chambres – ♦65/85 € ♦♦65/85 € – ⌇ 9 € – ½ P

– ℰ 04 71 47 51 71 – www.hotelstclementcantal.com – Ouvert 15 avril-2 nov. et fermé dim. soir et lundi hors saison, lundi midi en été

🍴 **Hostellerie Saint-Clément** – voir les restaurants ci-dessus

VIDAUBAN

✉ 83550 (Var) – 10 908 hab. – Alt. 60 m – Carte régionale n° **41**-C3

▶ Paris 841 km – Cannes 63 km – Draguignan 19 km – Fréjus 29 km

Carte Michelin 340-N5

🍴 La Bastide des Magnans   ⇦ 🎇 🛇 🅿

PROVENÇALE · RUSTIQUE ✕✕ Malgré la proximité de la route, comment résister à cette charmante bastide du 18ᵉ s. et à sa terrasse, où l'on s'attable à l'ombre de platanes ? L'esprit de la région habite également la carte (telle cette tartelette de rouget façon pissaladière) et le choix de vins ! N'hésitez pas à profiter des chambres, bien confortables.

Formule 20 € – Menu 33/89 € – Carte 66/105 €

5 chambres – ♦80/90 € ♦♦90/100 € – ⌇ 10 €

32 av. Galliéni, rte de La Garde-Freinet – ℰ 04 94 99 43 91
– www.bastidedesmagnans.com – Fermé 27 juin-4 juil., 23-31 déc., dim. soir et merc. soir sauf juil.-août et lundi

VIEILLEVIE

✉ 15120 (Cantal) – 112 hab. – Alt. 220 m – Carte régionale n° **5**-B3

▶ Paris 600 km – Aurillac 45 km – Entraygues-sur-Truyère 15 km – Figeac 44 km

Carte Michelin 330-C7 – Guide Vert Michelin Auvergne

La Terrasse 🍴 🚗 ⛺ P

CUISINE MODERNE · AUBERGE X Au menu de cette auberge, une cuisine en mouvement, qui fait la part belle au poisson, flirte avec les épices et les légumes méditerranéens, et n'oublie pas le terroir auvergnat. Chevreau à l'oseille, filet de sandre rôti au lard, risotto de pomme de terre... C'est généreux et savoureux, plein d'imagination !

Formule 19 € – Menu 28/48 € – Carte 31/49 €

Le Bourg – 𝒞 04 71 49 94 00 – www.hotel-terrasse.com
– Ouvert de fin mars à mi-nov. et fermé dim. soir sauf juil.-août et lundi

La Terrasse 🏡 🚗 ⛵ ✗ P

FAMILIAL · SIMPLE En été, la terrasse face à la piscine embaume du parfum des glycines sur la treille. Dans cet hôtel familial (depuis 1870) sur les rives du Lot, les chambres ne sont pas toutes jeunes mais quelle vue sur les vertes collines !

19 chambres – 🛏56/80 € 🛏🛏56/80 € – ⛱ 10 € – ½ P

Le Bourg – 𝒞 04 71 49 94 00 – www.hotel-terrasse.com
– Ouvert de fin mars à mi-nov.

ⓒ **La Terrasse** – voir les restaurants ci-dessus

VIENNE

✉ 38200 (Isère) – 29 077 hab. – Alt. 160 m – Carte régionale n° **44**-B2
▶ Paris 486 km – Grenoble 89 km – Lyon 31 km – St-Étienne 49 km
Carte Michelin 333-C4 – Guide Vert Michelin Lyon et sa région

✿✿ La Pyramide (Patrick Henriroux) 🎐 🍴 🚗 AC P &

CUISINE MODERNE · ÉLÉGANT XXXX Une institution sur la route du Midi, en son temps fief du célèbre Fernand Point ! Pas de nostalgie pour autant : dans un décor très design et extrêmement élégant, Patrick Henriroux fait preuve d'un savoir-faire aussi discret qu'imparable. Justesse, invention, subtilité...

➔ Crème soufflée de crabe dormeur au caviar, émietté de tourteau, croquant d'artichaut comme en Provence. Déclinaison de homard en trois services. Piano au chocolat praliné "Jazz à Vienne".

Menu 64 € 🍷 (déj. en semaine), 132/162 € – Carte 135/220 €

14 bd Fernand-Point, cours de Verdun, Sud du plan – 𝒞 04 74 53 01 96
– www.lapyramide.com – Fermé 1er fév.-4 mars, 11-17 août, mardi et merc.

🍴 Le Bec Fin 🚗 AC ✗

CUISINE TRADITIONNELLE · CLASSIQUE XX Si ce n'est pas de la passion ! Voilà 35 ans que le chef, Roger Jolivet, régale sa clientèle de délicieuses recettes traditionnelles. Pieds paquets, terrine maison aux foies de volailles... Cette cuisine généreuse s'inscrit dans la grande tradition gastronomique de la région lyonnaise. Salutaire !

Menu 28 € (semaine), 40/65 € – Carte 40/68 €

Plan : AY-r – 7 pl. St-Maurice – 𝒞 04 74 85 76 72
– Fermé mardi soir, merc. soir, jeudi soir, dim. soir et lundi

🍴 L'Espace PH3 🚗 AC

CUISINE MODERNE · COSY XX Voici la dernière création de la maison Henriroux, au sein même de La Pyramide. Le décor ? Chic et contemporain, feutré et intime. En cuisine règnent le wok et la plancha, et tout est mené tambour battant par une équipe dont la motivation est communicative... Que d'énergie, que de saveurs !

Formule 25 € – Carte 45/50 €

Hôtel La Pyramide, 14 bd Fernand-Point, cours de Verdun, Sud du plan
– 𝒞 04 74 53 01 96 – www.lapyramide.com
– Fermé 1er fév.-4 mars et 1er-8 août

STE-COLOMBE

Briand (Pl. A.)	**AY**
Cochard (R.)	**AY**
Égalité (Pl. de l')	**AY**
Garon (R.)	**AY**
Herbouville (Q. d')	**AY**
Joubert (Av.)	**AY**
Nationale (R.)	**AY**
Petits Jardins (R. des)	**AY**

VIENNE

Allmer (R.)	**BZ**	2
Allobroges (Pl. des)	**AZ**	
Anatole-France (Quai)	**BCY**	
Aqueducs (Ch. des)	**CY**	
Asiaticus (Bd)	**AZ**	
Beaumur (Montée)	**BCZ**	
Boson (R.)	**AZ**	
Bourgogne (R. de)	**BY**	
Brenier (R. J.)	**BY**	
Briand (Pl. A.)	**BY**	3
Brillier (Cours)	**ABZ**	
Capucins (Pl. des)	**BCY**	
Célestes (R. des)	**CY**	4
Chantelouve (R.)	**BY**	5
Charité (R. de la)	**BCY**	6
Cirque (R. du)	**CY**	7
Clémentine (R.)	**BY**	8
Clercs (R. des)	**BY**	9
Collège (R. du)	**BY**	10
Coupe-Jarret (Montée)	**BZ**	
Éperon (R. de l')	**BY**	12
Gère (R. de)	**CY**	
Jacquier (R. H.)		
Jean-Jaurès (Q.)	**AYZ**	
Jeu-de-Paume (Pl. du)	**BY**	15
Jouffray (Pl. C.)	**AZ**	
Juiverie (R. de la)	**BZ**	16
Lattre-de-Tassigny (Pont de)	**ABY**	
Laurent (R. Florentin)	**AZ**	
Marchande (R.)	**BY**	
Miremont (Pl. de)	**BY**	18
Mitterrand (Pl. F.)	**BY**	19
Orfèvres (R. des)	**BY**	20
Pajot (Quai)	**BY**	22
Palais (Pl. du)	**BY**	23
Peyron (R.)	**BZ**	24
Pilori (Pl. du)	**BY**	25
Pipet (R.)	**CY**	
Pompidou (Bd Georges)	**AZ**	
Ponsard (R.)	**BY**	28
République (Bd et Pl.)	**ABZ**	29
Riondet (Quai)	**AZ**	
Rivoire (Pl. A.)	**CY**	
Romanet (R. E.)	**ABZ**	
Romestang (Cours)	**BZ**	
St-André-le-Haut (R.)	**CY**	34
St-Louis (Pl.)	**BY**	
St-Marcel (Montée)	**CYZ**	
St-Maurice (Pl.)	**AY**	
St-Paul (Pl.)	**BY**	
St-Pierre (Pl.)	**AZ**	
Schneider (R.)	**CZ**	37
Sémard (Pl. P.)	**BZ**	
Table-Ronde (R. de la)	**BY**	38
Thomas (R. A.)	**CY**	
Tupinières (Montée des)	**CZ**	
Ursulines (R. des)	**CY**	39
Verdun (Cours de)	**AZ**	
Victor-Hugo (R.)	**BCYZ**	
11-Novembre (R. du)	**AZ**	43

❍ **Saveurs du Marché**

CUISINE TRADITIONNELLE · BISTRO X Un bistrot joliment moderne et très vivant... tout au service des saveurs du marché, bien entendu ! On aurait tort de se priver de cette cuisine très fraîche, soignée et savoureuse, rehaussée par une belle carte de vins de la vallée du Rhône. Et le couple de propriétaires est charmant...

⌨ Menu 16 € (déj. en semaine), 28/43 € – Carte 50/63 € dîner
34 cours de Verdun – ☎ 04 74 31 65 65 – www.lessaveursdumarche.fr
– Fermé 5-8 mai, 2 juil.-9 août, 17 déc.-3 janv., sam., dim. et fériés

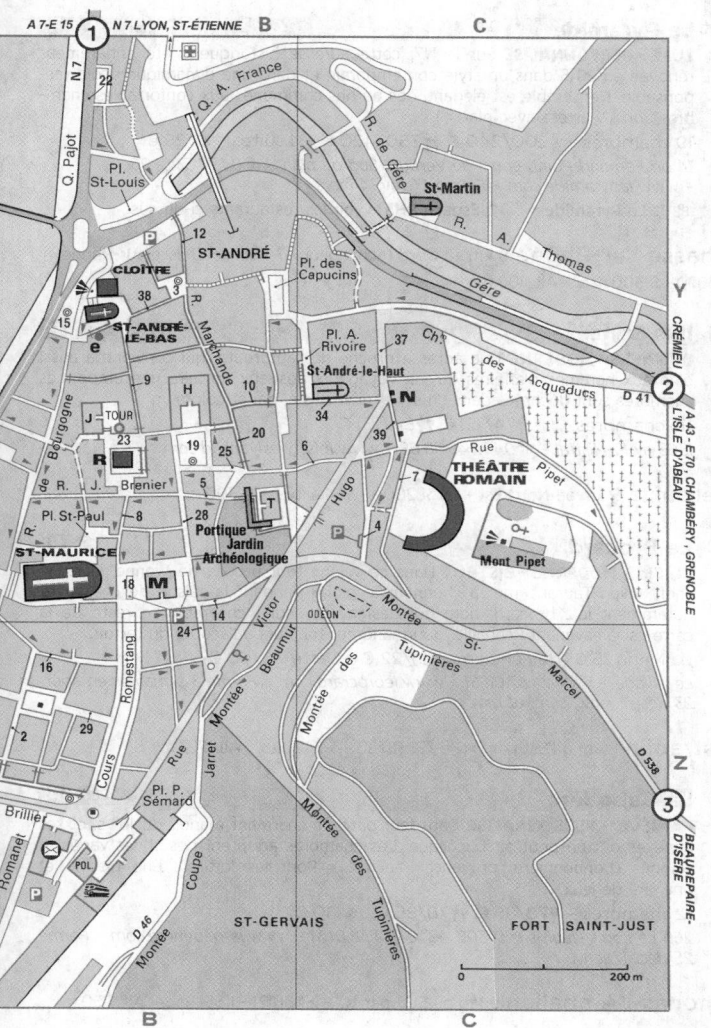

ⅡⒸ **L'Estancot**   ⅰ

CUISINE TRADITIONNELLE · BISTRO Ⓧ Une valeur sûre en ville que ce bistrot contemporain sympathique et généreux ! Les habitués apprécient les criques – des galettes de pommes de terre –, spécialités de la maison, garnies par exemple de foie gras poêlé ou de noix de Saint-Jacques et gambas.

Formule 19 € – Menu 25/34 € – Carte 29/50 €

Plan : BY-e – *4 r. Table-Ronde*
– ℰ *04 74 85 12 09*
– *Fermé 1ᵉʳ-16 sept., de Noël à mi-janv., dim., lundi et fériés*

🏨 **La Pyramide**   ♿ ✿ 🛅 AC ⚒ P

LUXE · PERSONNALISÉ Sur la N7, cette adresse historique a été entièrement rénovée en 2015 dans un style contemporain et dans une dynamique écolo-responsable. L'ensemble est élégant, des parties communes aux confortables chambres : on s'y arrête avec plaisir !

19 chambres – 🛏200/240 € 🛏🛏350/420 € – 4 suites – ☲ 25 €

14 bd Fernand-Point, cours de Verdun, Sud du plan – 𝒞 *04 74 53 01 96 – www.lapyramide.com – Fermé 1ᵉʳ fév.-4 mars*

⛁ ⛁ **La Pyramide •** ⦿ **L'Espace PH3** – voir les restaurants ci-dessus

à Chasse-sur-Rhône 8 km au Nord (échangeur A7 - sortie Chasse-sur-Rhône) – ✉ 38670 – 5 500 hab. – Alt. 180 m

🏨 **Ibis Styles**   ✿ ⊟ ♿ AC ⚒ P

BUSINESS · MODERNE Une adresse proche de l'autoroute, qui conviendra aussi bien aux hommes d'affaires qu'aux voyageurs désireux de faire une étape. Les chambres sont décorées dans un style minimaliste, gai et coloré.

115 chambres ☲ – 🛏74/151 € 🛏🛏84/161 €

1363 av F.-Mistral – 𝒞 *04 72 49 58 68 – www.ibisstyleslyonsud.com*

à Serpaize 5 km au Nord-Est – ✉ 38200 – 1 564 hab. – Alt. 300 m

⦿ **Le Brocard**   🍽 P

CUISINE MODERNE · BISTRO 🗙 Dans ce village tout proche de Vienne, le jeune chef, Julien Taurant, met à l'honneur le gibier pendant la saison de chasse, et notamment le... brocard, nom qui désigne un jeune chevreuil. Le reste de la carte est à l'avenant : canaille, gourmande et toujours à l'écoute du terroir.

⊜ Menu 15 € (déj. en semaine)/22 € – Carte 30/60 €

Le Village – 𝒞 *04 74 57 04 51 – www.lebrocrard.com – Fermé 3 semaines en août, 23 déc.-2 janv., sam. et dim.*

à Estrablin 8 km à l'Est par D41 – ✉ 38780 – 3 242 hab. – Alt. 223 m

🏨 **La Gabetière**   🛅 ⛲ ⚒ P

FAMILIAL · PERSONNALISÉ Dans leur parc, ce charmant manoir du 16ᵉ s. et ses annexes ont un petit air bucolique. Les chambres adoptent des styles variés et soignés (bonbonnière, provençal, ancien...). Pour les loisirs : une piscine et une aire de jeux.

12 chambres – 🛏78/85 € 🛏🛏78/85 € – ☲ 10 €

269 Le Logis Neuf, sur D 502 – 𝒞 *04 74 58 01 31 – www.la-gabetiere.com – Fermé 25 déc.-17 janv.*

à Chonas-l'Amballan 9 km au Sud par N7 – ✉ 38121 – 1 551 hab. – Alt. 250 m

⛁ **Domaine de Clairefontaine** (Philippe Girardon)   ⛀ 🛅 🍽 AC ✿ P

CUISINE MODERNE · ÉLÉGANT 🗙🗙🗙 Cette élégante demeure du 18ᵉ s., nichée dans un parc de trois hectares, fut jadis une villégiature pour les évêques de Lyon. C'est dans un cadre chaleureux que l'on déguste une cuisine raffinée et subtile, qui révèle toute la saveur de produits de qualité. Belle partition !

➜ Soupière de grenouilles à l'ail des ours. Pigeonneau des terres froides de l'Isère et foie gras de canard, jus au vin de griotte. Soufflé chaud à la Chartreuse et chocolat pur Caraïbes.

Menu 52/128 €

Hôtel Les Jardins de Clairefontaine, chemin des Fontanettes – 𝒞 *04 74 58 81 52 – www.domaine-de-clairefontaine.fr – Fermé 19 déc.-19 janv., lundi et mardi*

⅋○ Le Cottage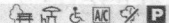

CUISINE TRADITIONNELLE · BRANCHÉ 🛇 Le restaurant du Cottage est le nouveau repaire de Philippe Girardon, chef dont la passion et l'expérience sont incontestables ; il réalise ici une cuisine bistrotière à base de beaux produits frais, que l'on dévore dans la grande salle à manger ou en terrasse, à l'ombre des platanes...

Formule 22 € 🍷 – Menu 26 € (déj. en semaine)/28 € – Carte 30/52 €

Hôtel le Cottage, 616 chemin du Marais – 𝒞 *04 74 58 83 28*
– www.domaine-de-clairefontaine.fr – Fermé 9-22 fév.

🏠 Les Jardins de Clairefontaine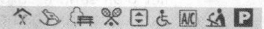

TRADITIONNEL · PERSONNALISÉ Tranquillité, espace et verdure : un environnement de choix pour ces chambres aménagées dans les anciennes écuries du domaine. Charme champêtre et atmosphère apaisante font leur effet...

18 chambres – 🛏140/180 € 🛏🛏140/180 € – 🍽 15 €

105 chemin des Fontanettes – 𝒞 *04 74 58 81 52*
– www.domaine-de-clairefontaine.fr – Fermé 19 déc.-19 janv.

❁ **Domaine de Clairefontaine** – voir les restaurants ci-dessus

🏠 Le Cottage de Clairefontaine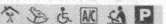

BUSINESS · ACTUEL Ce Cottage – en fait une ancienne ferme – est niché dans le calme d'un petit hameau sur les hauteurs du Rhône. Passé le grand hall de réception, on découvre des chambres bien agencées, décorées dans les tons blanc et gris, avec du mobilier contemporain.

11 chambres – 🛏95/180 € 🛏🛏95/180 € – 1 suite – 🍽 13 €

616 chemin du Marais – 𝒞 *04 74 58 83 28 – www.domaine-de-clairefontaine.fr*

⅋○ **Le Cottage** – voir les restaurants ci-dessus

VIENNE-EN-VAL

✉ 45510 (Loiret) – 1 969 hab. – Alt. 112 m – Carte régionale n° **12**-C2
▶ Paris 157 km – La Ferté-St-Aubin 22 km – Montargis 57 km – Orléans 23 km
Carte Michelin 318-J5

⅋○ Auberge de Vienne

CUISINE CLASSIQUE · RUSTIQUE 🛇🛇 Dans cet ancien relais de poste du 19ᵉ s., aux portes de la Sologne, on se régale d'une bonne cuisine classique qui évolue au gré des saisons. La spécialité de la maison : le feuilleté de poires flambées à l'alcool de poire d'Olivet. Cadre feutré, avec feu de cheminée l'hiver.

Formule 20 € – Menu 29 € (semaine), 38/70 € – Carte 52/72 €

2 rte d'Orléans – 𝒞 *02 38 58 85 47 – www.aubergedevienne.com*
– Fermé 15 fév.-8 mars et 22 août-6 sept.

VIENNE-LE-CHÂTEAU

✉ 51800 (Marne) – 534 hab. – Alt. 129 m – Carte régionale n° **14**-C2
▶ Paris 236 km – Châlons-en-Champagne 52 km – Saint-Memmie 50 km – Verdun 49 km
Carte Michelin 306-L7

rte de Binarville 1 km au Nord par D63 – ✉51800 Vienne-le-Château

🏠 Le Tulipier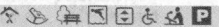

TRADITIONNEL · FONCTIONNEL Sur les hauteurs du village, les amateurs de calme et de nature apprécieront cet hôtel bordant la forêt d'Argonne. En plus de sa piscine couverte, c'est un bon point de chute pour des activités de plein air. Une bonne adresse !

35 chambres – 🛏84 € 🛏🛏95 € – 🍽 11 € – ½ P

r. St-Jacques – 𝒞 *03 26 60 69 90 – www.letulipier.com – Fermé le week-end de déc. à mars*

VIERZON

⊠ 18100 (Cher) – 27 081 hab. – Alt. 122 m – Carte régionale n° **12**-C2
▶ Paris 207 km – Bourges 39 km – Châteauroux 58 km – Orléans 84 km
Carte Michelin 323-I3 – Guide Vert Michelin Limousin Berry

Les Petits Plats de Célestin

CUISINE TRADITIONNELLE • BRASSERIE XX "Des petits plats réconfortants, qu'on aime retrouver" : voilà ce que défend ce Célestin ! La terrine et le saumon fumé comptent parmi les incontournables de la maison, et l'on peut aussi se régaler d'un sandre au beurre rouge, d'une duxelles d'escargots ou d'une terrine de campagne aux champignons... Épatant.

Formule 20 € – Menu 25/29 € – Carte 36/46 €

20 av. Pierre-Sémard, (face à la gare) – ℰ 02 48 83 01 63
– www.lespetitsplatsdecelestin.com – Fermé 15-24 fév.,
10-19 avril, 15-30 août, 3-11 janv., dim. et lundi

à Méreau 4 km au Sud par D918, rte d'Issoudun – ⊠ 18120 – 2 491 hab. – Alt. 106 m

Château le Briou d'Autry

FAMILIAL • PERSONNALISÉ Cette gentilhommière du 19ᵉ s. cultive l'esprit maison de famille. "Rodin", "George Sand"... chaque chambre honore la mémoire d'un artiste. Aux beaux jours, on profite du parc.

5 chambres ☲ – ♥92/124 € ♥♥92/124 €

31 r. d'Autry – ℰ 06 88 49 98 98 – www.lebrioudautry.fr – Fermé 2 semaines en août

rte de Tours 2,5 km au Nord-Ouest – ⊠ 18100 Vierzon :

Le Champêtre

CUISINE TRADITIONNELLE • AUBERGE XX Une petite maison sympathique à la sortie de la ville. On y apprécie de savoureuses recettes du terroir dans un cadre un rien champêtre. Une adresse familiale où se restaurer à prix raisonnables.

Formule 18 € – Menu 23 € (semaine), 28/36 € – Carte 35/50 €

89 rte de Tours – ℰ 02 48 75 87 18 – wwwlechampetre.com – Fermé 1 semaine en fév., 20-30 août, dim. soir, lundi soir, mardi soir et merc.

VIEUX-MOULIN – 60 (Oise) → voir Compiègne

VIEUX-VILLEZ – 27 (Eure) → voir Gaillon

VIGNOUX-SUR-BARANGEON

⊠ 18500 (Cher) – 2 144 hab. – Alt. 157 m – Carte régionale n° **12**-C3
▶ Paris 215 km – Bourges 26 km – Cosne-Cours-sur-Loire 69 km – Gien 70 km
Carte Michelin 323-J3

Le Prieuré

CUISINE MODERNE • CONVIVIAL XxX Dans cet ancien presbytère du 19ᵉs., la gourmandise est loin d'être un péché ! On y apprécie une cuisine dans l'air du temps : râble de lapin au romarin et son caviar d'aubergines, meringue glacée à l'arabica et mousse vanille... À déguster dans un décor clair, presque monacal. Belle terrasse.

Formule 20 € – Menu 26 € (déj. en semaine), 30 € ♥/66 €
– Carte 37/47 €

6 chambres ☲ – ♥70/90 € ♥♥70/90 €

r. Jean Graczyk – ℰ 02 48 51 58 80 – www.le-prieure-hotel.com – Fermé vacances de fév., 1 semaine en août, vacances de la Toussaint, mardi et merc. hors saison

VIGOULET-AUZIL

✉ 31320 (Haute-Garonne) – 930 hab. – Alt. 290 m – Carte régionale n° **28**-B2

▶ Paris 693 km – Albi 89 km – Montauban 69 km – Toulouse 14 km

Carte Michelin 343-G3

Château d'Arquier

HISTORIQUE · CAMPAGNARD Sur un coteau arboré, cette bâtisse typiquement toulousaine recèle le charme bourgeois des maisons de famille (mobilier de style, peintures murales de Marc Saint-Saëns...). Sur l'arrière, on profite d'une belle vue sur le vaste parc. Quel calme !

3 chambres ⊡ – ♦95/100 € ♦♦100/105 €

17 av. des Pyrénées – ℰ 05 61 75 80 76 – www.arquier.com

VILLARD-DE-LANS

✉ 38250 (Isère) – 4 051 hab. – Alt. 1 040 m – Carte régionale n° **45**-C2

▶ Paris 584 km – Die 67 km – Grenoble 34 km – Lyon 123 km

Carte Michelin 333-G7 – Guide Vert Michelin Alpes du Nord

🍴 La Doline

CRÉATIVE · CONVIVIAL ✗ Sous l'égide d'un jeune chef autodidacte, une petite table qui invente et s'invente. Le décor allie montagne et modernité, de même la carte : pièce de veau bio et ses ravioles de Romans, "cèpes du Vercors" (ces délicieuses meringues), etc.

Menu 40 € (dîner) – Carte 42/59 €

Hôtel La Roseraie, 309 av. Nobecourt – ℰ 04 76 95 11 99 – www.ladoline.com
– Fermé 3-29 avril, 25 sept.-15 déc.

🏠 La Roseraie

HÔTEL DE VACANCES · ALPIN Un joli rendez-vous à l'écart du village... Dans les étages, la vue sur le Vercors est une invitation à la promenade. On aime autant les chambres, cosy et bien décorées, que le restaurant, qui invite à la gourmandise.

18 chambres – ♦80/154 € ♦♦98/154 € – ⊡ 13 €

309 av. Nobecourt – ℰ 04 76 95 11 99 – www.hotellaroseraie.com
– Fermé 3-16 avril et 5 nov.-15 déc.

🍴 **La Doline** – voir les restaurants ci-dessus

au Sud-Ouest par D215 et rte du col du Liorin

🍴 La Ferme du Bois Barbu

CUISINE TRADITIONNELLE · FAMILIAL ✗ Non loin des pistes de ski de fond et des chemins de randonnée, dans un environnement préservé – que la région est pittoresque ! –, une adresse sympathique, montagnarde mais nullement rude : au cœur de l'hiver, par exemple, le bon feu de cheminée va si bien à la cuisine du terroir...

🍂 Menu 16 € (semaine), 21/29 €

8 chambres – ♦72 € ♦♦72 € – ⊡ 10 €

à Bois-Barbu, 3 km – ℰ 04 76 95 13 09 – www.fermeboisbarbu.com
– Fermé 17 oct.-2 nov. et merc. midi

au Balcon de Villard 4 km au Sud-Est par D215 et D215ᴮ –

✉ 38250 Villard-de-Lans :

🏠 Les Playes

FAMILIAL · FONCTIONNEL Un grand chalet avec des chambres coquettes, fidèles à l'esprit local, sous la houlette de deux frères ayant repris l'affaire à la suite de leurs parents. L'un d'entre eux, passionné de marche, peut même vous donner de bons conseils de rando !

20 chambres – ♦80/115 € ♦♦98/140 € – ⊡ 12 € – ½ P

Les Pouteils Côte 2000 – ℰ 04 76 95 14 42 – www.hotel-playes.com
– Ouvert 8 mai-25 sept. et 10 déc.-8 avril

à Corrençon-en-Vercors 6 km au Sud par D215 – ⊠ 38250
– 358 hab. – Alt. 1 105 m

⅋O **Palégrié**   𝕓 ≤ ⌂ ⌂ ⅋ 🅿

CRÉATIVE · INTIME ⅩⅩ Une page se tourne ! Guillaume Monjuré et Chrystel Barnier, propriétaires du Palégrié de Lyon, ont pris leurs quartiers ici en décembre 2015. Lui concocte une carte actuelle, où les menus sont réglés sur les saisons ; elle, originaire de la région, s'occupe de dénicher de bons crus. Une affaire qui roule !

Menu 40/85 € – Carte 55/95 €

*Hôtel du Golf, Les Ritons – 𝒞 04 76 95 84 84 – www.hotel-du-golf-vercors.fr
– Ouvert 1er mai-24 oct. et 20 déc.-28 mars et fermé le midi sauf sam., dim. et fériés*

🏠 **Hôtel du Golf**   ⌂ 𝕓 ≤ ⌂ 𝐼 🆂 🅿

FAMILIAL · PERSONNALISÉ Quelle métamorphose pour ce qui n'était il y a cinquante ans qu'une minuscule auberge... L'œuvre de trois générations successives, qui ont créé un bel établissement sans perdre l'esprit de famille (aujourd'hui, le benjamin de la fratrie, menuisier, assure le travail du bois !). Espace, calme, grand confort, prestations variées : on quitte les lieux à regret...

17 chambres – ♦102/127 € ♦♦125/230 € – 5 suites – ⌑ 14 € – ½ P

*Les Ritons – 𝒞 04 76 95 84 84 – www.hotel-du-golf-vercors.fr
– Ouvert 1er mai-24 oct. et 20 déc.-28 mars*

⅋O **Palégrié** – voir les restaurants ci-dessus

🏠 **Les Clarines**   ⌂ 𝐼 🕾 🔲 🆂 🅿

TRADITIONNEL · ALPIN L'ambiance est chaleureuse dans ce petit hôtel situé au centre du village, à deux pas de l'église. Dans un décor montagnard actuel et élégant, on se prélasse au coin du feu ou dans l'espace spa, moderne et confortable (avec sauna, hammam et jacuzzi).

18 chambres – ♦100/185 € ♦♦100/185 € – ⌑ 14 € – ½ P

*Les Ravauds – 𝒞 04 76 95 81 81 – www.lesclarines.com
– Fermé 4-30 avril et 11 nov.-18 déc.*

LE VILLARS – 71 (Saône-et-Loire) → voir Tournus

VILLARS

⊠ 84400 (Vaucluse) – 794 hab. – Alt. 330 m – Carte régionale n° **42**-E1
▣ Paris 739 km – Aix-en-Provence 96 km – Avignon 58 km – Marseille 112 km
Carte Michelin 332-F10

🍴 **La Table de Pablo**   ⌂ 🆂 ⅋ 🅿

CUISINE MODERNE · CONVIVIAL Ⅹ Pour goûter une cuisine délicate et volontiers créative, à base de beaux produits régionaux, ce restaurant entre vignes et cerisiers est tout trouvé : joue de porc du Ventoux confite au parfum de réglisse, loup en croûte de sel... Mention spéciale pour la paisible terrasse bercée par le chant des cigales !

Menu 31/40 € – Carte 41/51 €

*Hameau des Petits-Cléments – 𝒞 04 90 75 45 18 (réservation conseillée)
– www.latabledepablo.com – Fermé 3 janv.-12 fév., sam. midi, jeudi midi et merc.*

VILLARS-LES-DOMBES

⊠ 01330 (Ain) – 4 430 hab. – Alt. 281 m – Carte régionale n° **43**-E1
▣ Paris 433 km – Bourg-en-Bresse 29 km – Lyon 37 km – Villefranche-sur-Saône 29 km
Carte Michelin 328-D4 – Guide Vert Michelin Lyon et sa région

à Bouligneux 4 km au Nord-Ouest par D2 – ⊠ 01330 – 310 hab. – Alt. 282 m

Ⅱ○ Le Thou

CUISINE TRADITIONNELLE · AUBERGE X Dès l'entrée de cette ancienne auberge de village superbement fleurie, on est séduit par sa charpente vitrée. La carte célèbre les terroirs de la Bresse et de la Dombes (cuisses de grenouilles fraîches, quenelles de volaille aux morilles). Une table appréciée dans les environs.
Menu 29/59 € – Carte 40/55 €
Le Village – ☎ 04 74 98 15 25 – www.lethou.com – Fermé dim. soir et lundi de janv. à sept. et mardi de janv. à avril

---

LA VILLE-BLANCHE – 22 (Côtes-d'Armor) → voir Lannion

VILLECHAUD – 58 (Nièvre) → voir Cosne-Cours-sur-Loire

VILLECOMTAL-SUR-ARROS
⊠ 32730 (Gers) – 824 hab. – Alt. 177 m – Carte régionale n° **28**-A2
▶ Paris 760 km – Aire-sur-l'Adour 67 km – Auch 48 km – Pau 70 km
Carte Michelin 336-D9

Ⅱ○ Le Rive Droite

CUISINE MODERNE · CLASSIQUE XXX George Sand séjourna dans cette élégante chartreuse (18ᵉ s.) située au bord de la rivière. L'ancien et le contemporain s'y mêlent avec brio, et la cuisine honore la tradition autant qu'elle ose une audacieuse créativité. Une adresse de grande qualité.
Formule 25 € ♈ – Menu 40/44 €
1 chemin Saint-Jacques – ☎ 05 62 64 83 08 – www.lerivedroite.com – Fermé 1ᵉʳ-15 nov., merc. midi, lundi et mardi sauf du 15 juil. au 21 août

VILLECROZE
⊠ 83690 (Var) – 1 349 hab. – Alt. 300 m – Carte régionale n° **41**-C3
▶ Paris 835 km – Aups 8 km – Brignoles 38 km – Draguignan 21 km
Carte Michelin 340-M4 – Guide Vert Michelin Côte d'Azur

au Sud-Est 3 km par rte de Draguignan et rte secondaire – ⊠ 83690 Salernes

⌂ Au Bien Être

FAMILIAL · ACTUEL Un agréable pied-à-terre provençal, au grand calme, tenu par une famille accueillante. Les chambres sont fraîches et bien entretenues, et l'on profite d'une piscine dans le jardin. Simplicité et confort !
8 chambres – †49/92 € ††49/92 € – ⊇ 10 € – ½ P
chemin du Bien-être – ☎ 04 94 70 67 57 – www.aubienetre.com – Ouvert mars-oct.

VILLE-D'AVRAY – 92 (Hauts-de-Seine) → voir Autour de Paris

VILLEDIEU-LES-POÊLES
⊠ 50800 (Manche) – 3 759 hab. – Alt. 105 m – Carte régionale n° **32**-A2
▶ Paris 314 km – Alençon 122 km – Avranches 26 km – Caen 82 km
Carte Michelin 303-E6 – Guide Vert Michelin Normandie Cotentin

☺ Manoir de l'Acherie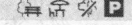

CUISINE TRADITIONNELLE · RUSTIQUE XX Au cœur du bocage, on se réfugie avec plaisir dans la chaleur de ce manoir du 17ᵉ s. Les plats du terroir régional sont à l'honneur, comme les grillades au feu de bois dans la grande cheminée en pierre... Un vrai moment gourmand, version pomme et crème fraîche !
Formule 18 € – Menu 23/50 € – Carte 32/82 €
Hôtel Manoir de l'Acherie, 37 r. Michel-de-l'Épinay, à Ste-Cécile, 3,5 km à l'Est par D975 et D554 (sortie 38 sur A84) – ☎ 02 33 51 13 87 – www.manoir-acherie.fr – Fermé 8-22 fév., 14 nov.-6 déc., dim. soir d'oct. à avril et lundi

❚❙○ **La Ferme de Malte**   ⇔ ⊗ ⇛ 🛏 ⊡ 🕭 **P**

CUISINE TRADITIONNELLE · INDIVIDUEL XxX Cette ancienne ferme de l'ordre de Malte abrite des salles chaleureuses donnant sur une terrasse. Cuisine traditionnelle et quelques préparations dans l'air du temps. Chambres calmes et confortables pour prolonger l'étape.

Menu 23/43 € – Carte 34/53 €

4 chambres – ♦80/100 € ♦♦80/100 € – ☲ 12 €

11 r. Jules-Tétrel – ℰ 02 33 91 35 91 – www.lafermedemalte.fr – Fermé 24-26 déc., 1ᵉʳ-15 janv., dim. soir, merc. soir et lundi

🏠 **Manoir de l'Acherie**   ⚡ ⊗ ⇛ 🕭 ⊗ 🛏 **P**

TRADITIONNEL · RUSTIQUE Non loin de Villedieu-les-Poêles, ce manoir du 17ᵉ s. accueille les voyageurs dans une ambiance familiale et rustique : le bois des poutres et des meubles se mêle à la paille des chaises et à la pierre d'une grande cheminée... Jolie étape dans le bocage normand !

18 chambres – ♦70/120 € ♦♦70/120 € – ☲ 10 € – ½ P

37 r. Michel-de-l'Épinay, à Ste-Cécile, 3,5 km à l'Est par D975 et D554 (sortie 38 sur A84) – ℰ 02 33 51 13 87 – www.manoir-acherie.fr – Fermé 8-22 fév. et 14 nov.-6 déc.

🍽 **Manoir de l'Acherie** – voir les restaurants ci-dessus

VILLEDIEU-SUR-INDRE

✉ 36320 (Indre) – 2 755 hab. – Alt. 135 m – Carte régionale n° **11**-B3
▶ Paris 280 km – Bourges 80 km – Châteauroux 14 km – Orléans 155 km
Carte Michelin 323-F5

⊛ **La Gourmandine**   ⇔ 🕭

CUISINE MODERNE · ÉLÉGANT XX Quinze ans passés dans le Puy-de-Dôme, puis retour au pays natal pour créer ce lieu chaleureux, feutré et élégant. Le patron donne beaucoup et concocte une cuisine très alléchante. Une carte volontairement courte, de beaux produits : on ne manque pas d'appétit ! Trois jolies chambres fonctionnelles pour l'étape.

🍴 Formule 14 € – Menu 17 € (déj. en semaine), 28/38 € – Carte 31/51 €

3 chambres – ♦45/65 € ♦♦50/70 € – ☲ 10 €

1 av. de la Gare – ℰ 02 54 29 87 91 – www.lagourmandine36.fr – Fermé 2 semaines en mars, 2 semaines en août, 1 semaine en janv., merc. soir, dim. soir et lundi

VILLE-DU-PONT – 25 (Doubs) → voir Montbenoît

VILLEFRANCHE-DE-CONFLENT

✉ 66500 (Pyrénées-Orientales) – 229 hab. – Alt. 435 m – Carte régionale n° **22**-B3
▶ Paris 898 km – Mont-Louis 31 km – Olette 11 km – Perpignan 51 km
Carte Michelin 344-F7

⊛ **L'Odyssée**   🕭 🅰🅲 ⊗

CUISINE MODERNE · BISTRO X Tel Ulysse retrouvant l'île d'Ithaque, on retourne avec plaisir à l'Odyssée, ce restaurant situé dans la ville fortifiée. Un jeune couple y concocte des recettes à quatre mains, colorées et fortes en goût. L'été, on profite du patio : paisible Odyssée !

Menu 25/46 €

44 r. St-Jacques – ℰ 04 34 52 93 51 (réservation conseillée) – www.restaurantlodyssee.com – Ouvert mai-sept., mardi en mai et sept., dim. soir et lundi

VILLEFRANCHE-DE-ROUERGUE

✉ 12200 (Aveyron) – 11 712 hab. – Alt. 230 m – Carte régionale n° **29**-C1
▶ Paris 614 km – Albi 68 km – Cahors 61 km – Montauban 80 km
Carte Michelin 338-E4

Côté Saveurs   ⅋ AC ⇕

CUISINE MODERNE · COSY XX Un lieu dans l'air du temps, cosy et contemporain (pierres apparentes, touches pop). La cuisine, colorée, fraîche et goûteuse, sait mettre en valeur le terroir aveyronnais : langoustine sur un condiment aux huîtres, bouillon aux agrumes ; porcelet de la ferme de Py cuit à basse température... un régal !

Menu 21 € (déj. en semaine), 31/60 € – Carte 54/69 €

5 r. Belle-Isle
– ℰ 05 65 65 83 64 – www.cote-saveurs.fr
– Fermé 3-18 juil., dim. et lundi

Univers ⓃO

CRÉATIVE · À LA MODE X À deux pas du centre-ville, au bord de la rivière, cette table ne désemplit pas... et c'est bien mérité ! Deux anciens de Top Chef, Quentin Bourdy et Noémie Honiat, s'y partagent les tâches : lui, côté salé, compose des assiettes spontanées et créatives ; elle, pâtissière de formation, imagine de savoureux desserts.

Formule 17 € – Menu 21/49 € – Carte 40/56 €

2 pl. de la République
– ℰ 05 65 45 15 63 – www.lunivers-villefranche.com
– Fermé 5-19 janv., 2-8 juil., dim. hors saison et lundi

⅋O L'Épicurien   ⌂ ⅋ AC

CUISINE MODERNE · CONVIVIAL XX Réinterprétation d'une soupe aveyronnaise ; pied de cochon revisité au foie gras ; vacherin à l'orange sanguine... Terroir et tradition revisitée sont à la carte de ce restaurant pour le moins chaleureux. Les amateurs de fraîcheur apprécieront la terrasse abritée, idéale en fin de journée.

Menu 21 € (semaine), 31/60 € – Carte 45/60 €

8 bis av. Raymond-St-Gilles
– ℰ 05 65 45 01 12 – www.restaurant-lepicurien-villefranche.fr
– Fermé jeudi soir, dim. soir et lundi

Les Fleurines   ⅃⅋ ⊟ ⅋ AC

BUSINESS · MODERNE À deux pas de la chapelle des Pénitents-Noirs, une engageante bâtisse en pierre, avec des chambres contemporaines – dont une partie plus haut-de-gamme. Sobre et design, mais néanmoins très cosy : le meilleur hôtel du centre-ville.

28 chambres – †69/159 € ††69/159 € – 2 suites – ⅀ 11 €

17 bd Haute-Guyenne
– ℰ 05 65 45 86 90 – www.lesfleurines.com

Univers ⓃO ☆

FAMILIAL · FONCTIONNEL Après avoir goûté la cuisine de Noémie et Quentin, pourquoi ne pas passer la nuit dans cet agréable hôtel-restaurant ? Un grand escalier mène aux quinze chambres, bien tenues et décorées dans des tons rouges et noirs ; l'accueil est chaleureux et prévenant.

15 chambres – †59 € ††69 € – ⅀ 8 € – ½ P

2 pl. de la République – ℰ 05 65 45 15 63 – www.lunivers-villefranche.com
ⓧ **Univers** – voir les restaurants ci-dessus

Les Terrasses de la Maison Pago ⓃO

FAMILIAL · PERSONNALISÉ Installée dans une ancienne conserverie de champignons et huile de noix, cette maison d'hôtes en a conservé l'atmosphère (rouages, monte-charge traversant le salon) ; l'ensemble est résolument contemporain et ne manque pas de charme, jusqu'aux chambres, joliment décorées.

3 chambres ⅀ – †74 € ††86 €

29 r. Montlauzeur
– ℰ 05 65 81 59 26 – www.maisonpago.fr
– Fermé 25 déc.-15 janv.

au Farrou Nord 4 km par D1E – ✉ 12200 Villefranche de Rouergue

⭑○ Relais de Farrou
                                                    🍴 🛋 🏠 👶 AC P

CUISINE MODERNE · ÉLÉGANT ✕✕ Cette maison est chargée d'histoire : c'était autrefois un relais de poste, c'est désormais un relais gourmand ! Demi-homard grillé à la mousseline de pommes de terre aux truffes, veau de l'Aveyron à l'aligot et caviar d'aubergine : on se régale de jolis petits plats accompagnés de vins bien choisis.

Formule 18 € – Menu 25 € (semaine), 40/59 € – Carte 45/58 €

– ☎ 05 65 45 18 11 – www.relaisdefarrou.com – Fermé 1er-14 nov., 19-26 déc., sam. midi, dim. soir et lundi midi sauf juil.-août

🏠 Relais de Farrou
                                           🌳 🛋 ⚒ ✕ 🖥 👶 AC ⛳ 🚗

FAMILIAL · PERSONNALISÉ Entre route et rivière, ce relais de poste né en 1792 a su rester jeune et frais ! Les chambres sont contemporaines et confortables, et tout invite à se détendre : le tennis, le minigolf, la piscine, ou encore le fitness...

26 chambres – ▪72/106 € ▪▪84/122 € – ☲ 11 €

– ☎ 05 65 45 18 11 – www.relaisdefarrou.com – Fermé 1er-15 nov., 19-26 déc.

    ⭑○ **Relais de Farrou** – voir les restaurants ci-dessus

VILLEFRANCHE-SUR-MER

✉ 06230 (Alpes-Maritimes) – 5 443 hab. – Alt. 30 m – Carte régionale n° **42**-E2

▶ Paris 932 km – Beaulieu-sur-Mer 3 km – Nice 5 km

Carte Michelin 341-E5 – Guide Vert Michelin Côte d'Azur

Accès et sorties : Voir plan de Nice

⭑○ La Mère Germaine
                                                 < 🏠 👶 🦞

POISSONS ET FRUITS DE MER · RUSTIQUE ✕✕ Poisson frais et fruits de mer depuis 1938 : la Mère Germaine une institution locale, où Cocteau avait notamment ses habitudes. En été, la jet-set presse ses yachts à l'abordage du restaurant ; attablé en terrasse face au port, on passe effectivement un agréable moment... si l'on n'est pas trop regardant sur le prix !

Menu 48 € – Carte 62/124 €

Plan : -a – 9 quai Courbet – ☎ 04 93 01 71 39 – www.meregermaine.com – Fermé mi nov.-25 déc.

🏠 Welcome
                                                        < 🖥 AC

HÔTEL DE VACANCES · PERSONNALISÉ Welcome : un nom tout trouvé pour cet hôtel accueillant et confortable, jadis fréquenté par Jean Cocteau, qui décora la chapelle St-Pierre voisine. L'emplacement est idéal : face aux flots, chaque chambre dispose d'un balcon envahi par le soleil...

33 chambres – ▪149/239 € ▪▪169/539 € – 2 suites – ☲ 18 €

Plan : -n – 3 quai Amiral-Courbet – ☎ 04 93 76 27 62 – www.welcomehotel.com – Fermé 14 nov.-16 déc.

🏠 Versailles
                                            🌳 < ⚒ 🖥 AC P

HÔTEL DE VACANCES · MODERNE Quelle vue idyllique sur le golfe ! Dans cet agréable hôtel familial, les chambres – de style contemporain – ont toutes un balcon ou une terrasse donnant sur la rade. Pour un séjour au rythme de la Grande Bleue...

46 chambres – ▪150/180 € ▪▪170/320 € – ☲ 19 €

Plan : -k – 7 bd Princesse-Grace-de-Monaco – ☎ 04 93 76 52 52 – www.hotelversailles.com – Ouvert d'avril à oct.

🏠 La Fiancée du Pirate
                                                        < ⚒ AC P

HÔTEL DE VACANCES · MÉDITERRANÉEN À l'écart de l'agitation portuaire, un hôtel familial des plus sympathiques : les chambres jouent la carte contemporaine, la vue sur la baie est ravissante et, pour l'anecdote, le propriétaire est un ancien footballeur professionnel !

15 chambres – ▪110/160 € ▪▪110/160 € – ☲ 12 €

Plan : -b – 8 bd de la Corne-d'Or – ☎ 04 93 76 67 40 – www.fianceedupirate.com – Fermé 10 janv.- 5 fév. et de mi-nov. à fin déc.

VILLEFRANCHE-SUR-MER

Cauvin (Av. V.) 2
Corderie (Quai de la) 3
Corne d'Or (Bd de la) 5
Courbet (Quai Amiral) 6
Église (R. de l') 7
Foch (Av. du Maréchal) 8
Gallieni (Av. Général) 9
Gaulle (Av. Général-de) 10
Grande-Bretagne (Av. de) 12
Joffre (Av. Maréchal) 14
Leclerc (Av. Général) 15
Marinières (Promenade des) . . 16
May (R. de) 18
Obscure (R.) 19
Paix (Pl. de la) 20
Poilu (R. du) 22
Pollonais (Pl. A.) 24
Ponchardier (Quai Amiral) 25
Poullan (Pl. F.) 26
Sadi-Carnot (Av.) 28
Settimelli-Lazare (Bd) 30
Soleil d'Or (Av. du) 31
Verdun (Av. de) 32
Victoire (R. de la) 34
Wilson (Pl.) 35

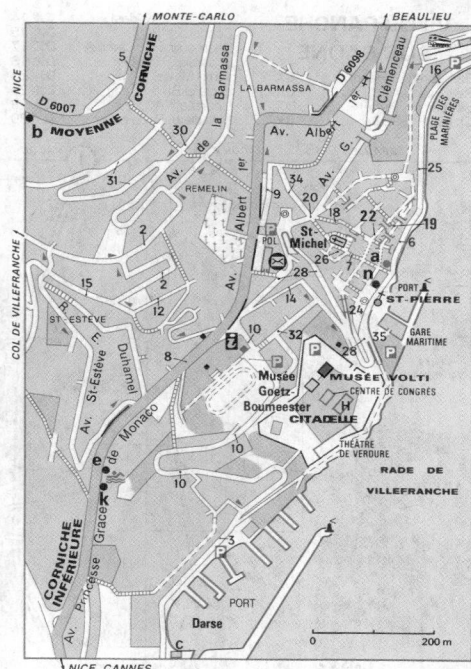

VILLEFRANCHE-SUR-SAÔNE

✉ 69400 (Rhône) – 36 241 hab. – Alt. 190 m – Carte régionale n° **43**-E1
▶ Paris 432 km – Bourg-en-Bresse 54 km – Lyon 33 km – Mâcon 47 km
Carte Michelin 327-H4 – Guide Vert Michelin Lyon et sa région

✿ Le Juliénas - Fabrice Roche 　　　　🖨 🛏 ♿ A/C

CUISINE MODERNE · À LA MODE X Du nom d'un cru du Beaujolais bien connu, cette table honore les produits de la région... et la bonne cuisine en général. Le chef concocte des plats actuels et épurés, d'une belle finesse, où les arômes se marient harmonieusement. Un vrai plaisir ! Décor contemporain, avec une agréable terrasse côté jardin.

➜ Carottes multicolores, en plusieurs textures, safran, passion et coriandre. Saint-pierre, aubergines, menthe, raisin, sucs de vin de Fleurie à la cardamome. Chocolat noir... et rien que du chocolat.

Menu 29 € (déj. en semaine), 42/79 € – Carte 71/83 €

Plan : BZ-v – 236 r. d'Anse – ℰ 04 74 09 16 55 – www.restaurant-lejulienas.com
– Fermé 3 semaines en août, 1er-7 janv., sam. midi, lundi soir et dim.

ⅠⅠ◯ La Ferme du Poulet 　　　　⇦ 🛏 ⊟ 🍴 🅿

CUISINE CLASSIQUE · ÉLÉGANT XXX Joli endroit que cette ferme du 17e s. tout en pierre, transformée en hôtel-restaurant. L'établissement est le repaire d'un couple de professionnels, qui a modernisé le décor et propose une cuisine de tradition fraîche et bien tournée, dans la lignée de la réputation des lieux.

Menu 26 € (déj. en semaine), 36/80 € – Carte environ 63 €

9 chambres – †108/128 € ††128/150 € – � 16 €

Plan : DX-s – 180 r. Georges-Mangin, Z.I. Nord-Est – ℰ 04 74 62 19 07
– www.lafermedupoulet.com – Fermé août, 1 semaine en déc., dim. soir et lundi

2001

VILLEFRANCHE-SUR-SAÔNE

Barbusse (Bd Henri) . . . . **CX** 2
Beaujolais (Av. du) . . . . **CX** 3
Berthier (R. Pierre) . . . . **DX** 7
Chabert (Ch. du) . . . . **CX** 12

Charmilles (Av. des) . . . . **CX** 14
Condorcet (R.) . . . . **DX** 15
Desmoulins (R. Camille) . . . **DX** 17
Écossais (R. de l') . . . . **DX** 18
Joux (Av. de) . . . . **DX** 25
Leclerc (Bd du Gén.) . . . . **CX** 27
Libération (Av. de la) . . . . . **CX** 28
Maladière (R. de la) . . . . . **CX** 30

Nizerand (R. du) . . . . **CX** 35
Paradis (R. du) . . . . **CX** 37
Pasquier (Bd Pierre) . . . . . **DX** 39
Plage (Av. de la) . . . . **DX** 40
St-Roch (Montée) . . . . . . **CX** 43
Salengro (Bd Roger) . . . . . **CX** 46
Savoye (R. C.) . . . . **DX** 48
Tarare (R. de) . . . . **CX** 54

ⅢO Beelooga 🎍 & AC ⅜ 🚗

CUISINE TRADITIONNELLE · BRASSERIE ⅩⅩ Une brasserie chic et contemporaine, supervisée par les chefs Hervé Raphanael et Guy Lassausaie. Tout y est fait maison, des amuse-bouche aux desserts, et le menu change chaque semaine. Cuisses de grenouilles en persillade, entrecôte de bœuf charolais à la plancha et jus corsé au brouilly, poire Belle-Hélène : savoureux !

Formule 23 € - Menu 29/65 € - Carte 40/65 €

Plan : BZ-a - *Hôtel Ici & Là, 384 bd Louis-Blanc -* ℰ *04 37 55 09 09 - www.hotelicietla.com*

🏠 Ici & Là 🏊 ⅃ ⅓ 🖂 & AC ⅜ 🚗

URBAIN · DESIGN Un hôtel récent, créé à deux pas du centre-ville. Le bâtiment, très contemporain, répond aux normes Haute Qualité Environnementale ; les chambres se révèlent spacieuses, fonctionnelles et bien insonorisées. Une adresse agréable, ici et nulle part ailleurs.

78 chambres - ♦100/185 € ♦♦160/250 € - ⌑ 15 €

Plan : BZ-a - *384 bd Louis-Blanc -* ℰ *04 37 55 09 09 - www.hotelicietla.com*

ⅢO **Beelooga** - voir les restaurants ci-dessus

Un symbole passé en rouge désigne une maison particulièrement charmante, comme par exemple : 🏠.

Arts (Pl. des) . . . . **AZ** 49	

Belleville (R. de) . . . . **BY** 5	Nationale (R.) . . . . **BYZ**
Carnot (Pl.) . . . . **BZ** 9	République (R. de la) . . . . . **AZ** 41
Faucon (R. du) . . . . **BY** 19	Salengro (Bd Roger) . . . . . . **AY** 46
Fayettes (R. des) . . . . **BZ** 20	Savigny (R. J.-M.) . . . . **AZ** 47
Grange-Blazet (R.) . . . . **BZ** 23	Sous-Préfecture (R.) . . . . . **AZ** 50
Marais (Pl. des) . . . . **BZ** 32	Stalingrad (R. de) . . . . **BZ** 52

à Jassans-Riottier 4 km à l'Est par D904 – ✉ 01480 – 6 306 hab. – Alt. 180 m

🙂 L'Embarcadère
🌳 🛴 AC

CUISINE TRADITIONNELLE · BRASSERIE ✗ "Cuisine de campagne au bord de l'eau" : voilà le credo de cette adresse griffée Georges Blanc, au bord de la Saône, entre guinguette chic et brasserie contemporaine. Œuf de la ferme croustillant à la fondue d'oignons mauves, poulet de Bresse à la crème : une tradition très tendance… Embarquement immédiat !

Formule 23 € 🍷 – Menu 29/55 € – Carte 41/63 €

15 av. de la Plage – 📞 04 74 07 07 07 *– www.lespritblanc.com*

VILLEGENON
✉ 18260 (Cher) – 229 hab. – Alt. 297 m – Carte régionale n° **12**-C2
▶ Paris 190 km – Bourges 49 km – Nevers 83 km – Orléans 82 km
Carte Michelin 323-L2

⫪◯ La Récréation Gourmande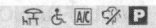

CUISINE TRADITIONNELLE · CONVIVIAL ⫪ Dans cette ancienne école, où trône un vieux poêle surmonté d'un bonnet d'âne, les mauvais élèves ne sont pas mis au pain sec et à l'eau ! Quel que soit le niveau de la classe, tout le monde se régale d'une cuisine de produits généreuse et goûteuse. Une agréable Récréation Gourmande...

Formule 12 € – Menu 21/27 € – Carte 26/39 €

Le Bourg – ⌀ 02 48 73 45 36 – www.la-recreation-gourmande.com – Fermé 1ᵉʳ-18 juil., 24 déc.-8 janv., lundi soir, mardi soir et merc.

VILLEMAGNE-L'ARGENTIÈRE – 34 (Hérault) → rattaché à Bédarieux

VILLEMONTAIS

✉ 42155 (Loire) – 985 hab. – Alt. 466 m – Carte régionale n° **44**-A1
▶ Paris 404 km – Lyon 95 km – Roanne 13 km – Vichy 77 km
Carte Michelin 327-C4

⌂ Domaine du Fontenay

FAMILIAL · COSY Au cœur de ce domaine viticole de la Côte Roannaise, entre les ceps, une belle maison de métayer (1869), confortable et parfaitement tenue : on y pose ses valises avec plaisir. Les propriétaires aiment partager avec leurs hôtes leur passion de la vigne !

4 chambres ⌂ – 🛏73 € 🛏🛏83 €

Lieu-dit Fontenay – ⌀ 04 77 63 12 22 – www.domainedufontenay.com

VILLEMOYENNE

✉ 10260 (Aube) – 755 hab. – Alt. 130 m – Carte régionale n° **13**-B3
▶ Paris 184 km – Troyes 21 km – Bar-sur-Aube 46 km – Châtillon-sur-Seine 51 km
Carte Michelin 313-F4

⫪◯ Caffè Cosi

ITALIENNE · CONVIVIAL ⫪ Un ancien café de village transformé en trattoria italienne, ce n'est pas banal... mais quand, en plus, il est tenu par la même famille depuis trois générations, on tient là une véritable saga ! Les spécialités de la Botte sont revisitées avec soin et fraîcheur ; le plat du jour est à prix doux : une adresse qui sort du lot.

Menu 38 € – Carte 28/43 €

30 r. Marcellin-Lévêque – ⌀ 03 25 43 68 68 – Ouvert vend. et sam.

VILLENEUVE-DE-BERG

✉ 07170 (Ardèche) – 2 871 hab. – Alt. 320 m – Carte régionale n° **44**-B3
▶ Paris 628 km – Aubenas 16 km – Largentière 27 km – Montélimar 27 km
Carte Michelin 331-J6 – Guide Vert Michelin Ardèche Drôme

⫪◯ Auberge de Montfleury

CUISINE MODERNE · À LA MODE ⫪⫪ Le chef, un véritable passionné, compose de très belles assiettes entre terroir et modernité ; les produits sont de qualité et les recettes témoignent d'une véritable envie de faire plaisir. Son épouse n'est pas en reste, assurant, dans l'élégant cadre contemporain de la salle, un service à la fois efficace et chaleureux !

Formule 19 € – Menu 36/75 € – Carte 43/60 €

à la gare, 4 km à l'Ouest par N102, rte d'Aubenas – ⌀ 04 75 94 74 13 – www.auberge-de-montfleury.fr – Fermé 18-26 janv., 14-22 mars, 14-22 nov., dim. soir, lundi et mardi

☒○ La Table de Léa   🕭 🕭 ♿ AC P

CUISINE MODERNE · INTIME XX Dans cette ancienne grange, la chef élabore une cuisine du marché assez personnelle. Pendant ce temps-là, on profite de la belle terrasse sous les marronniers...

Menu 27/64 € – Carte environ 58 €

Le Petit Tournon, 1,5 km au Sud-Ouest par D 558 – ✆ 04 75 94 70 36 (réservation conseillée) – www.restaurant-table-lea.com – Fermé nov., merc. soir et le midi du lundi au jeudi

VILLENEUVE-LA-SALLE – 05 (Hautes-Alpes) → voir Serre-Chevalier

VILLENEUVE-LÈS-AVIGNON
✉ 30400 (Gard) – 12 232 hab. – Alt. 23 m – Carte régionale n° **23**-D2
▣ Paris 678 km – Avignon 8 km – Nîmes 46 km – Orange 28 km
Carte Michelin 339-N5 – Guide Vert Michelin Provence

Voir Plan d'Avignon

✿ Le Prieuré   ❀ 🕭 🕭 ♿ AC P

CUISINE MODERNE · ÉLÉGANT XxX Une seule prière pour cette table bucolique : des produits de saison, mis en valeur au fil du calendrier... Les préparations sont fines et délibérément simples. Entre rosiers et glycine séculaire, la terrasse se révèle charmante.
→ Émietté de tourteau à l'huile de fenouil sauvage, gelée de sucs de crustacés. Pigeon des Costières rôti en cocotte, radicchio aux herbes fraîches et ricotta. Confit de pommes, crémeux vanille-gingembre, bouillon thaï.

Formule 40 € – Menu 80/145 € – Carte 110/125 €

Plan : AV-t – *Hôtel Le Prieuré, 7 pl. du Chapitre – ✆ 04 90 15 90 15 – www.leprieure.com – Ouvert mi-fév. à nov. et fermé dim. soir, mardi midi et lundi sauf de mai à sept.*

☒○ La Magnaneraie   🕭 🕭 ♿ AC 🚗

CUISINE TRADITIONNELLE · ÉLÉGANT XxX La Provence s'invite à la table de ce bel établissement des environs d'Avignon ! Terrine de foies de volaille, pavé de thon grillé et sa ratatouille, autant de préparations goûteuses et soignées que l'on déguste dans une salle élégante, éclairée par un puits de jour.

Formule 19 € – Menu 26 € (déj.)/54 € – Carte 36/70 €

Plan : AV-b – *Hôtel La Magnaneraie, 37 r. Camp-de-Bataille – ✆ 04 90 25 11 11 – www.magnaneraie.najeti.fr – Ouvert 4 mars-29 oct. et fermé lundi midi et dim. en mars-avril et sam. midi*

🏨 Le Prieuré   ✿ 🕭 🍴 ❄ 🖻 ♿ AC 🛁 P

LUXE · PERSONNALISÉ Le palais des Papes n'est pas si loin... Au cœur de la cité médiévale de Villeneuve, ce prieuré du 14ᵉ s. distille un je-ne-sais-quoi d'exclusivité. Vieilles pierres, dernier chic contemporain, superbe jardin... à l'écart du monde.

25 chambres – ♦150/600 € ♦♦250/900 € – 13 suites – ☐ 27 € – ½ P

Plan : AV-t – *7 pl. du Chapitre – ✆ 04 90 15 90 15 – www.leprieure.com – Ouvert de mi-fév. à nov.*

✿ **Le Prieuré** – voir les restaurants ci-dessus

🏨 La Magnaneraie   ✿ 🅿 🕭 ❄ ♿ AC 🛁 🚗

TRADITIONNEL · ÉLÉGANT Cette élégante demeure du 15ᵉ s. propose des chambres contemporaines (styles romantique, colonial...). Bar ouvert sur une terrasse ombragée de platanes, jardin fleuri.

32 chambres – ♦105/269 € ♦♦105/269 € – 2 suites – ☐ 16 €

Plan : AV-b – *37 r. Camp-de-Bataille – ✆ 04 90 25 11 11 – www.magnaneraie.najeti.fr – Ouvert 4 mars-29 oct.*

☒○ **La Magnaneraie** – voir les restaurants ci-dessus

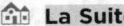 La Suite

URBAIN · PERSONNALISÉ Au cœur de la ville, ce petit hôtel de charme se niche dans une ancienne biscuiterie du 17ᵉ s. Les chambres et les suites ont chacune leur univers : ethnique, années pop, urbain... Bel espace détente et joli jardin. Une adresse à croquer !

6 chambres – †129/360 € ††129/360 € – 3 suites – � 10 €

Plan : AV-a – *65-67 r. de la République* – *℘ 04 90 21 51 07* – *www.hotellasuite.fr* – *Ouvert de mi-avril à mi-oct.*

VILLENEUVE-LÈS-BÉZIERS – 34 (Hérault) ➜ voir Béziers

VILLENEUVE-LOUBET

✉ 06270 (Alpes-Maritimes) – 14 814 hab. – Alt. 10 m – Carte régionale n° **42**-E2
🚗 Paris 915 km – Antibes 12 km – Cannes 22 km – Grasse 24 km
Carte Michelin 341-D6 – Guide Vert Michelin Côte d'Azur

Voir plan de Cagnes-sur-Mer

à Villeneuve-Loubet-Plage – ✉ 06270

⃝ La Flibuste-Martin's

POISSONS ET FRUITS DE MER · ÉLÉGANT ✗✗✗ Le Flibustier en chef, méridionnal, gouailleur et partageur, vous accueillera dans ce nouveau décor élégant et feutré. On continue d'y déguster les produits de la pêche du jour : loup, turbot, chapon, saint-pierre... Et, cerise sur le gateau, la bourride est bien entendu toujours à la carte.

Formule 28 € – Menu 33 € – Carte 47/103 €

Plan : AY-e – *chemin de la Batterie, (port Marina Baie-des-Anges)* – *℘ 04 93 20 59 02* – *www.restaurantlaflibuste.fr* – *Fermé dim. soir de nov. à mars et lundi en nov. et en déc.*

Villa Azur

VILLA · MODERNE Tout près de la célèbre marina Baie des Anges – complexe hôtelier labellisé "Patrimoine du 20ᵉ s." –, cette villa accueille les vacanciers dans des chambres claires et lumineuses, avec balcon. Le soir, on dîne sur la terrasse, en profitant d'une magnifique vue sur le littoral...

24 chambres – †80/260 € ††95/290 € – ☕ 12 €

Plan : AZ-v – *1399 av. de la Batterie* – *℘ 04 93 73 08 88* – *www.villa-azur.com*

VILLENEUVE-SUR-LOT

✉ 47300 (Lot-et-Garonne) – 23 377 hab. – Alt. 51 m – Carte régionale n° **4**-C2
🚗 Paris 622 km – Agen 29 km – Bergerac 60 km – Bordeaux 146 km
Carte Michelin 336-G3 – Guide Vert Michelin Aquitaine

✿ La Table des Sens (Hervé Sauton)

CRÉATIVE · TRADITIONNEL ✗✗ Dans cette rue commerçante, entre deux achats, arrêtez-vous dans ce restaurant ! Le chef a un joli parcours derrière lui et cela se sent : il travaille de beaux produits du terroir en les agrémentant d'épices et aromates venus d'ailleurs... Il en résulte une cuisine subtile et personnelle, qui célèbre les sens !

➜ Escargots de Denis Petit au jus de persil. Ris de veau entier caramélisé aux champignons de saison. Soufflé chaud au Grand Marnier.

Menu 26 € (déj. en semaine), 39/78 € – Carte 58/96 €

Plan : BY-a – *8 r. de Penne* – *℘ 05 53 36 97 04* – *www.latabledessens.com* – *Fermé 1 semaine en mai-juin, 2 semaines en sept.-oct., 1 semaine en janv.-fév., dim. soir, lundi et mardi*

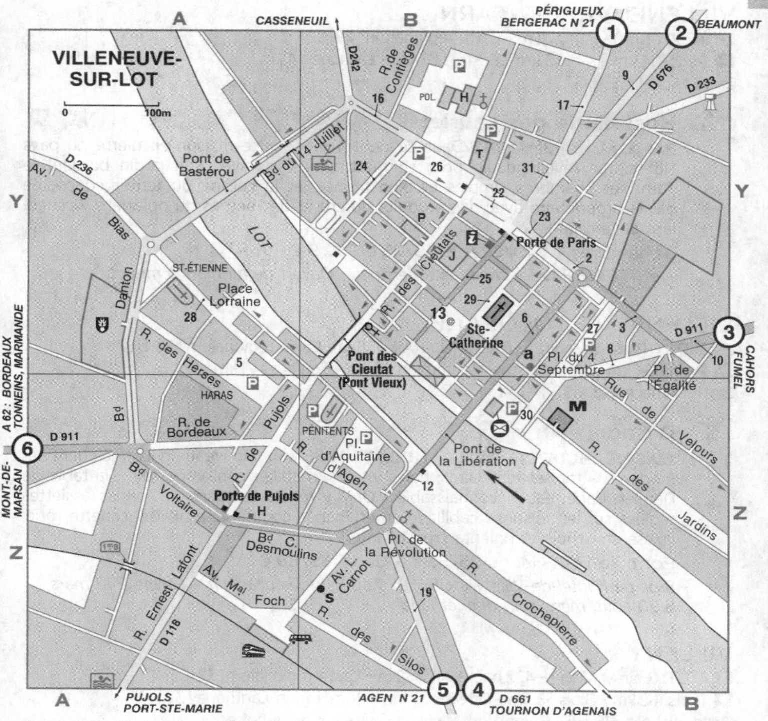

VILLENEUVE-SUR-LOT

Bernard-Palissy (Bd) ...... **BY** 2	Goudounèche (Av. A.) ..... **BY** 10	Paris (R. de) .... **BY** 25
Darfeuille (R.) .... **BY** 3	Jeanne-de-France (Av.) .... **BZ** 12	République (Bd de la) ..... **BY** 26
Droits-de-l'Homme	Lamartine (Allée) .... **BY** 16	Ste-Catherine (R.) .... **BY** 29
(Pl. des) .... **AYZ** 5	Lattre-de-T. (Av. Mar.-de) .. **BY** 17	St-Cyr-Cocquard
La-Fayette (Pl.) .... **BY** 13	Leclerc (Av. Gén.) .... **BZ** 19	(Bd) .... **BY** 27
Fraternité (R. de la) ...... **BY** 6	Leygues (Bd G.) .... **BY** 22	St-Etienne (R.) .... **AY** 28
Gambetta (Av.) .... **BY** 8	Libération (Pl. de la) ...... **BY** 23	Valmy (Allées de) .... **BZ** 30
Gaulle (Av. Gén.-de) ..... **BY** 9	Marine (Bd de la) .... **BY** 24	Victor-Hugo (Cours) ...... **BY** 31

🏚 Le Moulin de Madame   ⛲ ⟨ 🕙 ⤶ 🛗 AC 🛋 P

VILLA · ACTUEL Un hôtel atypique, ouvert en 2012 dans un ancien moulin. Les chambres, confortables, sont toutes dotées d'une terrasse privative ; quant à celles du rez-de-chaussée, elles disposent d'un carré de pelouse donnant sur le Lot. De quoi vous donner envie de rester !

33 chambres – ♦102/119 € ♦♦129/151 € – ⌑ 12 € – ½ P
rte de Casseneuil, 2 km au Nord par D242 – ℰ 05 53 36 14 40
– www.lemoulindemadame.fr – Fermé 13 déc.-15 janv., dim. et lundi hors saison

à Pujols 4 km au Sud-Ouest par D118 – ✉ 47300 – 3 608 hab. – Alt. 180 m

‖○ La Toque Blanche   ⬥ ⟨ 🏡 AC ⟷ P

CUISINE TRADITIONNELLE · CLASSIQUE XXX À l'écart de ce pittoresque village, une auberge au décor classique et cossu, où l'on savoure une cuisine traditionnelle fort bien troussée. Jolie terrasse panoramique sur les vallons environnants.

Formule 23 € – Menu 39/85 € ⾕
– ℰ 05 53 49 00 30 – www.la-toque-blanche.com – Fermé dim. et lundi

VILLENEUVE-SUR-TARN

✉ 81250 (Tarn) – Alt. 272 m – Carte régionale n° **29**-C2

▶ Paris 714 km – Albi 33 km – Castres 67 km – Lacaune 44 km

Carte Michelin 338-G7

🏠 Hostellerie des Lauriers ✿ 🏠 🔆 ⌘ 🅿

FAMILIAL · MINIMALISTE Dans ce petit village, cette maison en pierre du pays (18ᵉ s.) se révèle idéale pour se mettre au vert, avec son jardin bordant le Tarn, ses chambres simples et bien tenues, et la cuisine du terroir concoctée par la propriétaire avec des produits du cru et des herbes du potager... Accueillant et familial !

9 chambres – ♦49/62 € ♦♦59/78 € – ⌑ 9 € – ½ P

– ☏ 05 63 55 84 23 – www.leslauriers.net – Ouvert de mi-mars à mi-oct.

VILLENEUVE-TOLOSANE

✉ 31270 (Haute-Garonne) – 8 854 hab. – Alt. 158 m – Carte régionale n° **28**-B2

▶ Paris 694 km – Auch 78 km – Montauban 69 km – Toulouse 21 km

Carte Michelin 343-G3

🍴○ D'Cadei 🎴 🔆 🄰🄲 ⇔ 🅿

CUISINE MODERNE · À LA MODE ✕✕ Avec son nouveau décor élégant et moderne – tapisseries claires, baies vitrées, mobilier contemporain –, la table de Damien Cadei est méconnaissable ! On s'y régale toujours de bonnes assiettes réglées sur les saisons : cabillaud en effilochée comme une rillette, canette rôtie, cuisse en raviole et polenta croustillante...

Formule 17 € – Menu 25/55 € – Carte 39/69 €

8 pl. de l'Hôtel-de-Ville – ☏ 05 61 92 72 68 – www.dcadei.fr – Fermé 1ᵉʳ-7 mars, 8-20 août, merc. soir, dim. et lundi

VILLENY

✉ 41220 (Loir-et-Cher) – 432 hab. – Alt. 132 m – Carte régionale n° **12**-C2

▶ Paris 162 km – Blois 38 km – Orléans 37 km – Romorantin-Lanthenay 32 km

Carte Michelin 318-H6 – Guide Vert Michelin Châteaux de la Loire

🍴○ Auberge de Villeny 🎴 🔆 ⇔

CUISINE TRADITIONNELLE · CONVIVIAL ✕ Une coquette maison solognote à deux pas de l'église du village... logique puisqu'il s'agit de l'ancien presbytère ! Le chef fait plaisir avec sa cuisine assez savoureuse, qui mêle tradition, terroir, idées originales et générosité. Accueil et service aux petits soins.

Formule 13 € – Menu 25/35 € – Carte 31/52 €

6 Grand-Rue – ☏ 02 54 83 60 73 – www.villeny.com – Fermé merc.

VILLEREST – 42 (Loire) ➔ voir Roanne

VILLERS-BOCAGE

✉ 14310 (Calvados) – 3 072 hab. – Alt. 140 m – Carte régionale n° **32**-B2

▶ Paris 262 km – Argentan 83 km – Avranches 77 km – Bayeux 26 km

Carte Michelin 303-I5 – Guide Vert Michelin Normandie Cotentin

🍴○ Les Trois Rois ⇔ 🎴 🅿

CUISINE MODERNE · CLASSIQUE ✕✕ Dans cette maison familiale, plutôt classique et discrètement bourgeoise, le chef, véritable passionné, ose une cuisine recherchée, en phase avec la tendance du moment. Avis aux gourmands qui voudraient prolonger l'étape : les chambres ont été entièrement rénovées.

Formule 19 € – Menu 26 € (déj. en semaine), 34/48 € – Carte 59/72 €

12 chambres ⌑ – ♦83/101 € ♦♦106/124 €

2 pl. Jeanne-d'Arc – ☏ 02 31 77 00 32 – www.trois-rois.fr

VILLERS-COTTERÊTS

✉ 02600 (Aisne) – 10 669 hab. – Alt. 126 m – Carte régionale n° **37**-C3
▶ Paris 81 km – Compiègne 32 km – Laon 61 km – Meaux 41 km
Carte Michelin 306-A7

🏠 Le Régent

TRADITIONNEL · PERSONNALISÉ Relais de poste du 18ᵉ s., organisé autour d'une cour pavée où trône un bel abreuvoir. Chambres au charme d'antan (meubles anciens) agrémentées de petites touches contemporaines.

30 chambres – ♦83/90 € ♦♦105/135 € – � 8 €

26 r. du Gén.-Mangin – ℰ 03 23 96 01 46 – www.hotel-leregent.com
– Fermé 9-16 août et 20-27 déc.

VILLERSEXEL

✉ 70110 (Haute-Saône) – 1 456 hab. – Alt. 287 m – Carte régionale n° **17**-C1
▶ Paris 386 km – Belfort 41 km – Besançon 59 km – Lure 18 km
Carte Michelin 314-G7 – Guide Vert Michelin Franche-Comté Jura

🍴 La Terrasse

CUISINE TRADITIONNELLE · FAMILIAL 🗙🗙 Comment résister à l'agréable terrasse ombragée de ce restaurant ? D'autant qu'on y déguste une goûteuse cuisine traditionnelle où les beaux produits ont la part belle. Et par mauvais temps, installez-vous dans la chaleureuse salle rustique.

🍴 Formule 13 € – Menu 15 € (déj. en semaine)/37 € – Carte 26/55 €

1 r. du quai Militaire, rte de Lure – ℰ 03 84 20 52 11
– www.laterrasse-villersexel.com

🏠 La Terrasse

AUBERGE · FONCTIONNEL À deux pas de l'office de tourisme, cette coquette maison appartient à la même famille depuis 1921. Les chambres, simples et parfaitement tenues, se parent de mille couleurs... Comme autant de rayons de soleil résistant au mauvais temps !

10 chambres – ♦52/59 € ♦♦64/85 € – ⊐ 8,50 €

1 r. du quai Militaire, rte de Lure – ℰ 03 84 20 52 11
– www.laterrasse-villersexel.com

🍴 **La Terrasse** – voir les restaurants ci-dessus

VILLERS-LE-LAC

✉ 25130 (Doubs) – 4 569 hab. – Alt. 730 m – Carte régionale n° **17**-C2
▶ Paris 471 km – Basel 116 km – Besançon 68 km – La Chaux-de-Fonds 18 km
Carte Michelin 321-K4 – Guide Vert Michelin Franche-Comté Jura

❀ Le France (Hugues Droz)

CUISINE MODERNE · ÉLÉGANT 🗙🗙 Maîtrise technique, justesse des associations de saveurs, terroir et invention : Hugues Droz délivre une jolie leçon de cuisine. En salle, son épouse assure un accueil des plus charmants. Une valeur sûre.
➔ Huîtres tièdes au champagne. Pluma ibérique bellota au savagnin, patates douces et navets marteau. Palette de sorbets, abricot-carotte, framboise-poivron et menthe-petit pois.

Menu 22 € (déj.), 37/90 € – Carte 40/80 €

8 pl. Cupillard – ℰ 03 81 68 00 06 – www.hotel-restaurant-lefrance.com
– Fermé vacances de la Toussaint, 23 déc.-23 janv., mardi midi d'oct. à mai, dim. soir et lundi

🏠 Le France

FAMILIAL · FONCTIONNEL Cet établissement accueillant perpétue la tradition familiale : quatre générations s'y sont succédé depuis 1900 et l'adresse continue de vivre avec son temps. Espace bien-être avec des soins d'inspiration asiatique. Les prix sont mesurés.

12 chambres – ♦58/78 € ♦♦68/108 € – ☲ 11 € – ½ P

8 pl. Cupillard – ℰ 03 81 68 00 06 – www.hotel-restaurant-lefrance.com
– Fermé vacances de la Toussaint et 23 déc.-23 janv.

❀ **Le France** – voir les restaurants ci-dessus

VILLERS-SUR-MER

✉ 14640 (Calvados) – 2 702 hab. – Alt. 10 m – Carte régionale n° **32**-A3
▶ Paris 208 km – Caen 35 km – Deauville 8 km – Le Havre 52 km
Carte Michelin 303-L4 – Guide Vert Michelin Normandie Vallée de la Seine

🏨 Domaine de Villers

BUSINESS · PERSONNALISÉ Une situation idéale entre Deauville et Cabourg, sur les hauteurs, avec vue sur la baie... Ce manoir récent abrite des chambres luxueuses, déclinant différents styles : contemporain, marin, Art déco... Et pour se détendre encore davantage, on fait un petit détour au spa !

17 chambres – ♦170/295 € ♦♦170/295 € – ☲ 21 €

chemin du Belvédère – ℰ 02 31 81 80 80 – www.domainedevillers.fr – Fermé 24-26 déc.

VILLERVILLE – 14 (Calvados) ➔ voir Honfleur

VILLESÈQUE-DES-CORBIÈRES

✉ 11360 (Aude) – 382 hab. – Alt. 140 m – Carte régionale n° **22**-B3
▶ Paris 816 km – Carcassonne 61 km – Montpellier 121 km – Perpignan 47 km
Carte Michelin 344-I4

🍽 Place des Marchés

CUISINE MODERNE · RUSTIQUE Dans ce village perdu des Corbières, une maison jaune abrite le bistrot d'Éric Delalande, passionné de fraîcheur, de produits locaux... et de vins de Corbières ! L'assiette se laisse porter par les humeurs du chef et du marché. Rustique, convivial : bref, très recommandable.

Formule 14 € – Menu 22 € – Carte 25/45 €

8 av. de la Mairie – ℰ 04 68 70 09 13 – www.placedesmarches-restaurant.com/fr
– Fermé 1ᵉʳ-10 janv., lundi et mardi sauf du 15 juin au 15 sept.

🏠 Château Haut Gléon

DOMAINE VITICOLE · PERSONNALISÉ Dans la vallée du paradis, ce domaine de 260 hectares (dont 35 de vignes) s'offre au visiteur comme un havre de paix absolu. Le château (fondé au 13ᵉ s.) et la demeure des vendangeurs abritent des chambres confortables. Profitez de la piscine et de la vue splendide sur les vignes !

5 chambres ☲ – ♦90/190 € ♦♦100/210 €

Gléon-le-Haut, 7 km au Nord-Est par D611 rte de Portel-des-Corbières
– ℰ 04 68 48 85 95 – www.hautgleon.com

VILLETOUREIX

✉ 24600 (Dordogne) – 879 hab. – Alt. 67 m – Carte régionale n° **4**-C1
▶ Paris 510 km – Angoulême 59 km – Bordeaux 119 km – Périgueux 35 km
Carte Michelin 329-D4 – Guide Vert Michelin Périgord Quercy

Le Moulin de Larcy

MAISON DE CAMPAGNE · PERSONNALISÉ Le murmure de la rivière, la végétation luxuriante, l'intérieur élégant mis en scène par un propriétaire décorateur : ce moulin du 18ᵉs. est un havre de paix ! Chambres avec salon et cuisine privée. Table d'hôte sur demande.

3 chambres ☲ – ♦205/275 € ♦♦205/275 €

– ℰ 05 53 91 23 89 – www.le-moulin-de-larcy.com

VILLEURBANNE – 69 (Rhône) ➔ voir Lyon

VILLIÉ-MORGON

✉ 69910 (Rhône) – 2 013 hab. – Alt. 262 m – Carte régionale n° **43**-E1
▶ Paris 412 km – Lyon 54 km – Mâcon 23 km – Villefranche-sur-Saône 22 km
Carte Michelin 327-H3 – Guide Vert Michelin Lyon et sa région

à Morgon 2 km au Sud par D68 – ✉ 69910

Le Morgon

CUISINE TRADITIONNELLE · RUSTIQUE Gras double, sabodet à la Beaujolaise, blanquette de veau... Un repas ancré dans le terroir et la tradition : voilà ce que propose cette sympathique auberge à l'intérieur rustique, située au cœur de ce village viticole du Beaujolais. L'hiver, réservez donc une table au coin du feu !

Menu 21/45 € – Carte 27/47 €

– ℰ 04 74 69 16 03 – www.restaurantlemorgon.fr – Fermé 15 déc.-1ᵉʳ fév., fériés le soir, dim. soir, mardi soir et merc.

VILLIERS-LE-MAHIEU

✉ 78770 (Yvelines) – 695 hab. – Alt. 127 m – Carte régionale n° **18**-A2
▶ Paris 53 km – Dreux 37 km – Évreux 63 km – Mantes-la-Jolie 18 km
Carte Michelin 311-G2

Château de Villiers-le-Mahieu

CHÂTEAU · PERSONNALISÉ Cerné de tours et de douves en eau, ce château du 17ᵉ s. (fondations du 13ᵉ s.) mêle charme du passé et goût du confort. Belles prestations dans les chambres (plusieurs annexes aux styles variés), spa de 700 m². Ambiance lounge au restaurant, cuisine actuelle.

95 chambres – ♦245/445 € ♦♦245/445 € – ☲ 21 €

r. du Centre – ℰ 01 34 87 44 25 – www.chateauvilliers.com – Fermé 23 déc.-2 janv.

VILLIERS-SUR-MARNE

✉ 52320 (Haute-Marne) – Carte régionale n° **14**-C3
▶ Paris 282 km – Bar-sur-Aube 41 km – Chaumont 31 km – Neufchâteau 52 km
Carte Michelin 313-K4

 La Source Bleue

CUISINE MODERNE · AUBERGE On peut aimer les retours aux sources sans pour autant rejeter son époque ! Ici, les gourmands savourent une cuisine traditionnelle revisitée. Les recettes sont bien maîtrisées et accompagnées d'un joli choix de vins. Aux beaux jours, profitez de la terrasse les pieds dans l'eau. Service prévenant.

Formule 22 € – Menu 32/50 € – Carte 56/63 €

2 km au Sud par D194 – ℰ 03 25 94 70 35 – www.hotelsourcebleue.com – Fermé vacances de la Toussaint et de Noël

🏠 La Source Bleue   � 🐾 🛏 ⚐ 🅿

RURAL · MODERNE Un joli moulin à eau du 18ᵉ s. dans un grand parc baigné par une rivière... Les chambres se trouvent dans une bâtisse plus récente ; décorées dans un esprit Art déco, spacieuses et bien tenues, elles jouissent d'une terrasse privative face à l'étang ou la verdure... En prime : une belle roulotte pour les amateurs !

12 chambres – ♦80/140 € ♦♦80/140 € – 1 suite – ☑ 12 €

2 km au Sud par D194 – ℰ 03 25 94 70 35 – www.hotelsourcebleue.com – Fermé vacances de la Toussaint et de Noël

🍽○ **La Source Bleue** – voir les restaurants ci-dessus

VINAY – 51 (Marne) → voir Épernay

VINCELOTTES – 89 (Yonne) → voir Auxerre

VINCENNES – 94 (Val-de-Marne) → voir Autour de Paris

VINCEY – 88 (Vosges) → voir Charmes

VINON-SUR-VERDON

✉ 83560 (Var) – 4 199 hab. – Alt. 280 m – Carte régionale n° **40**-B2
▶ Paris 775 km – Aix-en-Provence 47 km – Brignoles 52 km – Digne-les-Bains 70 km
Carte Michelin 340-J3

🍽○ Relais des Gorges   ⟵ 🌳 🅿

CUISINE TRADITIONNELLE · RUSTIQUE ✗ Une auberge bien nommée au cœur de ce village situé aux portes des gorges du Verdon. Avant de partir à la découverte de cette grandiose œuvre de la nature, on fait le plein de saveurs traditionnelles, en toute simplicité : carré d'agneau en croûte persillée, soufflé au Grand Marnier, etc. Quelques chambres pour passer la nuit.

🍴 Menu 19/44 € – Carte 49/62 €

9 chambres – ♦50 € ♦♦60/70 € – ☑ 8 €

230 av. de la République – ℰ 04 92 78 80 24 – Fermé vacances de la Toussaint, 20-30 déc. et dim. soir

VIOLAY

✉ 42780 (Loire) – 1 317 hab. – Alt. 830 m – Carte régionale n° **44**-A1
▶ Paris 439 km – Clermont-Ferrand 119 km – Lyon 56 km – St-Etienne 69 km
Carte Michelin 327-F4

🙂 Loïc Picamal   🅰🅲 ⌀

CUISINE TRADITIONNELLE · CONVIVIAL ✗✗ Un jeune couple a eu la bonne idée de reprendre cet ancien bar-tabac, et de le transformer en restaurant convivial. On y déguste des préparations franches, soignées, avec des saveurs bien marquées. On conseille notamment d'opter pour la volaille, que le chef achète à la ferme du coin : une merveille...

Formule 14 € – Menu 25/48 € – Carte 36/60 €

pl. du Monument – ℰ 04 74 63 95 74 – www.loic-picamal.com – Fermé 1ᵉʳ-11 mai, 2 semaines en août, 1 semaine en sept., lundi soir de sept. à mai, mardi soir, dim. soir et merc.

VIRE

✉ 14500 (Calvados) – 11 562 hab. – Alt. 275 m – Carte régionale n° **32**-B2
▶ Paris 296 km – Caen 64 km – Flers 31 km – Laval 103 km
Carte Michelin 303-G6 – Guide Vert Michelin Normandie Cotentin

🏨 Hôtel de France

🀫 📶 👌 🔱

URBAIN · FONCTIONNEL Extérieurement, cette bâtisse en pierre du centre-ville a tout d'une maison de tradition. Néanmoins, les chambres, contemporaines et épurées, sont résolument dans l'air du temps. Idem au restaurant... où l'andouille de Vire est toutefois toujours à l'honneur !

20 chambres – ♦60/70 € ♦♦60/70 € – ☑ 9 € – ½ P

4 r. d'Aignaux – ℰ 02 31 68 00 35 – www.hoteldefrancevire.com
– Fermé 1er-15 août, 19 déc.-4 janv., lundi midi, vend. soir et dim. soir

rte de Flers 2,5 km par D524 – ✉ 14500 Vire

😊 Manoir de la Pommeraie

🚄 🔭 🅿

CUISINE MODERNE · AUBERGE XX Non loin de Vire, une maison du 18e s. rustique en apparence, délicate en réalité, avec sa belle véranda qui ouvre sur le parc... Aux fourneaux œuvre un couple à la scène comme à la ville : Masako, japonaise et pâtissière, et Julien, formé comme elle dans plusieurs grandes maisons. Salée et sucrée, une bonne table !

Formule 25 € – Menu 31/55 € – Carte environ 45 €

L'Auverre – ℰ 02 31 68 07 71 – www.manoirdelapommeraie.com – Fermé 11-19 avril, 1er-18 août, 2-13 janv., merc. soir, dim. soir et lundi

VIRÉ

✉ 71260 (Saône-et-Loire) – 1 119 hab. – Alt. 225 m – Carte régionale n° **8**-C3
▶ Paris 378 km – Cluny 23 km – Mâcon 20 km – Tournus 19 km
Carte Michelin 320-J11

🍽 Frédéric Carrion Cuisine Hôtel

🎭 👌 🆎

CUISINE MODERNE · ROMANTIQUE XX Dans ce lieu très chic (drapés, lustres en verre de Murano), le chef travaille les beaux produits régionaux et revisite les saveurs traditionnelles, rehaussées ici et là de quelques notes acidulées. Le tout accompagné d'une riche sélection de vins, en particulier de viré-clessés.

Menu 30 € (déj. en semaine), 61/94 € – Carte 80/115 €

pl. André-Lagrange – ℰ 03 85 33 10 72 – www.hotel-restaurant-carrion.fr
– Fermé 31 août-5 sept., 11-29 janv., sam. midi, mardi midi et lundi

🏨 Frédéric Carrion Cuisine Hôtel

🀫 📶 👌 🆎 🔱

DESIGN · PERSONNALISÉ Au cœur de ce village connu pour son vin blanc, une élégante bâtisse en pierre. Les neuf chambres et la grande junior suite charment par leur décoration pop ou baroque, parfois acidulée, toujours authentique. Agréable espace bien-être (hammam et jacuzzi) ; vélos à disposition.

10 chambres – ♦150/290 € ♦♦150/290 € – ☑ 22 €

18 pl. André-Lagrange – ℰ 03 85 33 10 72 – www.hotel-restaurant-carrion.fr
– Fermé 11-29 janv.

🍽 **Frédéric Carrion Cuisine Hôtel** – voir les restaurants ci-dessus

VIRY-CHÂTILLON – 91 (Essonne) → voir Autour de Paris

VISCOS

✉ 65120 (Hautes-Pyrénées) – 43 hab. – Alt. 800 m – Carte régionale n° **28**-A3
▶ Paris 880 km – Pau 75 km – Tarbes 50 km – Argelès-Gazost 17 km
Carte Michelin 342-L7

🍽 La Grange aux Marmottes

≼ 🚄 👌

CUISINE TRADITIONNELLE · ÉLÉGANT X La déco de ce restaurant est adorable ! Des objets en faïence, des fleurs séchées, du chêne massif ; pas de doute on est bien à la montagne. À table, la Gascogne épouse la Bigorre en noces gourmandes.

Formule 17 € – Menu 23/36 € – Carte 30/60 €

au village – Fermé 11 nov.-20 déc.

🏠 La Grange aux Marmottes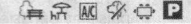

FAMILIAL · PERSONNALISÉ À la recherche du calme absolu ? Vous serez séduit par cette ancienne grange en pierre située aux portes du parc national des Pyrénées. Les chambres sont douillettes et mignonnes : idéal pour dormir comme une marmotte en pays toy.

15 chambres – ♦74/180 € ♦♦74/180 € – ☲ 12 € – ½ P
au village – 𝒞 05 62 92 88 88 – www.grangeauxmarmottes.com
– Fermé 11 nov.-20 déc.

🍴○ **La Grange aux Marmottes** – voir les restaurants ci-dessus

VITERBE

✉ 81220 (Tarn) – 354 hab. – Alt. 141 m – Carte régionale n° **29**-C2
▶ Paris 693 km – Albi 62 km – Castelnaudary 52 km – Castres 31 km
Carte Michelin 338-D8

🍴○ Les Marronniers

CUISINE TRADITIONNELLE · AUBERGE 🅇 À la sortie du village, cette maison est idéale pour une étape gourmande. On est accueilli deux salles sobres et agréables, dont une en véranda, ou sur la terrasse ouvrant sur la campagne. On en oublierait presque de parler de la cuisine du chef, traditionnelle et bien ficelée !

Formule 13 € – Menu 21 € (semaine), 28/48 € 🍷 – Carte 30/48 €
– 𝒞 05 63 70 64 96 – www.lesmarronniers-viterbe.com
– Fermé 5-11 sept., 2-18 nov., lundi soir d'oct. à mai, mardi soir et merc.

VITRAC

✉ 24200 (Dordogne) – 885 hab. – Alt. 150 m – Carte régionale n° **4**-D3
▶ Paris 541 km – Brive-la-Gaillarde 64 km – Cahors 54 km – Périgueux 85 km
Carte Michelin 329-I7

🍴○ La Treille

CUISINE TRADITIONNELLE · FAMILIAL 🅇🅇 En toute logique, la maison est recouverte de vigne vierge et une treille orne sa terrasse... mais le nom de l'établissement vient du nom des propriétaires, les Latreille ! On y apprécie une copieuse cuisine traditionnelle.

Formule 19 € – Menu 31/60 € – Carte 50/70 €
8 chambres – ♦51/57 € ♦♦49/72 € – ☲ 9 €
Le Port – 𝒞 05 53 28 33 19 – www.latreille-perigord.com – *Fermé de mi-nov. à mi-fév., lundi et mardi sauf le soir en saison*

🏠 Plaisance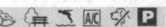

FAMILIAL · SIMPLE Dans cette bâtisse régionale construite en 1808 à flanc de rocher, le long de la Dordogne, l'accueil de la propriétaire est un modèle de gentillesse et d'attention. Les chambres sont confortables et plutôt élégantes ; sept d'entre elles se trouvent dans un ancien moulin voisin.

40 chambres – ♦72/80 € ♦♦78/125 € – ☲ 10 €
lieu-dit Le Port – 𝒞 05 53 31 39 39 – www.hotelplaisance.com
– Ouvert 25 mars-11 nov.

🏠 Le Clos Roussillon

FAMILIAL · FONCTIONNEL Sur les hauteurs de Vitrac, un hôtel des années 1980 au milieu d'un parc. Les chambres sont fonctionnelles et confortables, offrant une vue agréable sur les alentours verdoyants ; certaines ont une kitchenette. Parfait pour un séjour en famille.

31 chambres – ♦62/78 € ♦♦68/100 € – ☲ 9 €
1 km à l'Ouest par D703 et rte secondaire – 𝒞 05 53 28 13 00
– www.closroussillon-perigord.com – Ouvert 8 avril-31 oct.

VITRAC

✉ 15220 (Cantal) – 269 hab. – Alt. 490 m – Carte régionale n° **5**-A3
▶ Paris 561 km – Aurillac 26 km – Figeac 44 km – Rodez 77 km
Carte Michelin 330-B6

Auberge de la Tomette

FAMILIAL · COSY Une agréable auberge appréciée pour ses chambres claires et actuelles, son environnement fleuri, ses jeux pour enfants et son espace relaxation (sauna, hammam). Ne manquez pas la chambre dans une roulotte au fond du jardin, et la superbe cabane dans les arbres sur deux étages... avec jacuzzi !

17 chambres – †69/109 € ††74/149 € – ☑ 11 € – ½ P

– ℰ 04 71 64 70 94 – www.auberge-la-tomette.com – Ouvert 1er avril-31 oct.

VITRÉ

 35500 (Ille-et-Vilaine) – 17 177 hab. – Alt. 106 m – Carte régionale n° **10**-D2

▶ Paris 310 km – Châteaubriant 52 km – Fougères 30 km – Laval 38 km

Carte Michelin 309-O6 – Guide Vert Michelin Bretagne Sud

 Le Petit Bouchon ㅤ &

TERROIR · CONVIVIAL ℤ Non loin du centre historique, cette ancienne forge en pierre est devenue le rendez-vous des gastronomes locaux. On les comprend : le chef s'attache à travailler les bons produits du pays (volaille de Janzé, andouille du Coglais...), qu'il met en valeur dans des créations soignées et savoureuses. Le tout à prix doux !

Formule 15 € – Menu 25/34 € – Carte 33/62 €

37 r. du Petit-Rachapt – ℰ 02 99 74 52 01 – www.lepetitbouchon.com – Fermé 1er-14 août, le soir du lundi au jeudi, sam. midi et dim.

 Ibis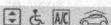

HÔTEL DE CHAÎNE · FONCTIONNEL Non loin du centre médiéval, un hôtel récent proposant des chambres fonctionnelles et bien tenues. Préférez celles situées sur l'arrière, plus au calme.

62 chambres – †60/105 € ††60/105 € – ☑ 10 €

1 bd de Châteaubriant, 1 km par rte de Châteaubriant et Redon – ℰ 02 99 75 51 70 – www.ibis.com

VITRY-LE-FRANÇOIS

 51300 (Marne) – 13 065 hab. – Alt. 105 m – Carte régionale n° **13**-B2

▶ Paris 181 km – Bar-le-Duc 55 km – Châlons-en-Champagne 33 km – Verdun 96 km

Carte Michelin 306-J10 – Guide Vert Michelin Champagne Ardenne

 **La Poste**

TRADITIONNEL · CLASSIQUE Bien situé face à la collégiale Notre-Dame (17e-18e s.), cet hôtel-restaurant traditionnel propose des chambres avant tout fonctionnelles et bien tenues. Une étape utile.

27 chambres – †62/82 € ††70/92 € – ☑ 9 €

1 r. Ste-Croix – ℰ 03 26 74 02 65 – www.hotellaposte.com

VITTEL

 88800 (Vosges) – 5 318 hab. – Alt. 347 m – Carte régionale n° **26**-B3

▶ Paris 342 km – Belfort 129 km – Chaumont 84 km – Épinal 43 km

Carte Michelin 314-D3

 L'Appart ㅤ AC

TERROIR · BISTRO ℤ Dans ce restaurant, créé par deux autodidactes – aujourd'hui rompus au métier –, le terroir se décline au pluriel. Charcuteries corses et italiennes, foie gras du Sud-Ouest, sardines de Bretagne... On est embarqué dans un véritable tour de France de la gourmandise. Un conseil : réservez, vous ne serez pas seul !

Formule 26 € – Menu 29/44 € – Carte 35/75 €

227 r. de Verdun – ℰ 03 29 08 42 91 (réservation conseillée) – Fermé 20-31 déc., mardi soir, merc. et sam.

à l'Ouest 3 km par r. de la Vauviard – ⊠88800 Vittel

🏨 L'Orée du Bois   ✿ 🛏 🖥 🌐 ✕ ⊡ ᴴ 🛁 🅿

BUSINESS · MODERNE Face à l'hippodrome, dans un environnement arboré, un grand établissement conçu pour la détente : balnéothérapie, massages, hammam, soins esthétiques... et agréables chambres régulièrement rénovées, dont une vingtaine avec terrasse.

52 chambres ⊊ – †75/107 € ††95/117 €
– ✆ 03 29 08 88 88 – www.loreeduboisvittel.fr

VIUZ-EN-SALLAZ

⊠ 74250 (Haute-Savoie) – 3 947 hab. – Alt. 670 m – Carte régionale n° **46**-F1
▶ Paris 561 km – Annecy 51 km – Genève 27 km – Lyon 170 km
Carte Michelin 328-L4 – Guide Vert Michelin Alpes du Nord

🍽 La Table d'Emilie ⓝ   �& ᴬᴵᶜ

CRÉATIVE · SIMPLE ✕ À la barre de ce sympathique restaurant, on trouve un jeune couple bien décidé à mettre en valeur de beaux produits – dos de cabillaud poêlé, légumes printaniers, chorizo ibérique... À déguster, par beau temps, sur l'agréable jardin-terrasse !

Formule 16 € – Menu 35/60 €

1069 av. de Savoie – ✆ 04 50 36 67 84 – www.latabledemilie.fr – Fermé dim. soir et lundi

VIUZ-LA-CHIÉSAZ

⊠ 74540 (Haute-Savoie) – 1 285 hab. – Alt. 585 m – Carte régionale n° **46**-F1
▶ Paris 575 km – Annecy 16 km – Bourg-en-Bresse 143 km – Chambéry 43 km
Carte Michelin 328-J6 – Guide Vert Michelin Alpes du Nord

🏡 Domaine du Chainet   ✿ ⅋ 🛏 ⅂ ✕ 🅿 ⊟

MAISON DE CAMPAGNE · PERSONNALISÉ Au bout d'un petit chemin au cœur des prés et des bois – où l'on peut parfois apercevoir des biches –, cette grande ferme en pierre se révèle confortable et douillette. Piscine chauffée, espace bien-être et accueil charmant... Que demander de plus ?

5 chambres ⊊ – †80/115 € ††80/115 €

1421 rte du Chainet – ✆ 06 60 67 18 92 – www.domaine-du-chainet.fr

LE VIVIER – 36 (Indre) → voir Argenton-sur-Creuse

VIVY

⊠ 49680 (Maine-et-Loire) – 2 457 hab. – Alt. 29 m – Carte régionale n° **35**-C2
▶ Paris 311 km – Angers 57 km – Nantes 144 km – Saumur 12 km
Carte Michelin 317-I5

🏡 Château de Nazé   ⅋ 🛏 ⅂ 🅿 ⊟

CHÂTEAU · PERSONNALISÉ Voilà un bel exemple de néogothique angevin, entouré de douves soit, mais avec piscine. Le parc est très fleuri. Chambres spacieuses et petit-déjeuner maison.

5 chambres ⊊ – †115 € ††130 €
– ✆ 02 41 51 80 91 – www.chateau-de-naze.com

VOIRON

⊠ 38500 (Isère) – 19 925 hab. – Alt. 290 m – Carte régionale n° **45**-C2
▶ Paris 546 km – Chambéry 43 km – Grenoble 29 km – Lyon 85 km
Carte Michelin 333-G5 – Guide Vert Michelin Alpes du Nord

près échangeur A 48 3 km par sortie n° 10

🏨 Palladior   ☆ ⅃₅ ⬚ 🚫 Ⓐ🅒 ⅃₄ 🅿

BUSINESS · MODERNE À proximité de l'échangeur autoroutier, ce bâtiment récent – et cubique – abrite des chambres contemporaines, fonctionnelles et très bien équipées. Quant au restaurant, il met le terroir à l'honneur !

82 chambres – ♦79/99 € ♦♦79/119 € – ☖ 13 €

4 r. A.-Bouffard-Roupé – ℰ 04 76 06 47 47 – www.hotel-voiron.fr

---

VOISINS-LE-BRETONNEUX – 78 (Yvelines) → voir Autour de Paris (St-Quentin-en-Yvelines)

VOLLORE-VILLE

✉ 63120 (Puy-de-Dôme) – 746 hab. – Alt. 540 m – Carte régionale n° **6**-C2
▶ Paris 408 km – Clermont-Ferrand 58 km – Roanne 63 km – Vichy 52 km
Carte Michelin 326-I8

🏯 Château de Vollore   ⊘ ≤ ⬚ ⌁ ✕ 🐾 🅿

CHÂTEAU · HISTORIQUE Bienvenue dans la demeure du général de La Fayette ! Aujourd'hui propriété de ses descendants, le château offre une belle vue sur le Sancy. Salons en enfilade, plafond vertigineux et chambres avec lits à baldaquin... Les historiens, chevronnés ou non, apprécieront.

5 chambres ☖ – ♦150/230 € ♦♦200/300 €

– ℰ 04 73 53 71 06 – www.chateauvollore.com – Fermé déc. et janv.

VOLMUNSTER

✉ 57720 (Moselle) – 844 hab. – Alt. 250 m – Carte régionale n° **27**-D1
▶ Paris 431 km – Metz 106 km – Strasbourg 87 km
Carte Michelin 307-P4

😊 L'Argousier   🏡

CUISINE MODERNE · ÉLÉGANT ✕✕ Dans ce restaurant contemporain, la cuisine du jeune chef valorise joliment les produits de saison et se révèle très convaincante. Les cuissons et assaisonnements sont justes, les présentations soignées ; quant au service, il est aux petits oignons !

Formule 19 € – Menu 24 € (déj. en semaine), 32/60 € – Carte 50/60 €

1 r. de Sarreguemines – ℰ 03 87 96 28 99 (réservation conseillée)
– www.largousier.fr – Fermé 1 semaine vacances de fév., lundi soir, mardi et merc.

VONNAS

✉ 01540 (Ain) – 2 850 hab. – Alt. 200 m – Carte régionale n° **43**-E1
▶ Paris 409 km – Bourg-en-Bresse 23 km – Lyon 69 km – Mâcon 21 km
Carte Michelin 328-C3 – Guide Vert Michelin Bourgogne

🌸🌸🌸 Georges Blanc   🐾 ⬚ Ⓐ🅒 🅿

CRÉATIVE · ÉLÉGANT ✕✕✕✕ Sa propre grand-mère avait été sacrée "meilleure cuisinière du monde" par Curnonsky. La tradition reste reine à Vonnas, sans être figée ! L'inspiration de Georges Blanc, c'est la Bresse et sa poularde, les sauces aux goûts profonds, les cuissons savantes qui révèlent les saveurs... Le plaisir de manger, tout simplement.

→ Éclaté de homard au vin jaune, fine raviole à l'oseille et morilles. Poularde de Bresse dans tous ses états, en deux services. "Architexture" de chocolat pabaïano, crème glacée cacao et fleur de sel légèrement fumée.

Menu 160/270 € – Carte 205/325 €

Hôtel Georges Blanc, pl. du Marché – ℰ 04 74 50 90 90 (réservation conseillée)
– www.georgesblanc.com – Fermé janv., merc. midi, jeudi midi, lundi et mardi

❚❍ La Terrasse des Étangs ⓝ 🛏 🛁 ⅙ ✥ 🅿

CUISINE TRADITIONNELLE · CONVIVIAL XX Au sein du château du 13ᵉ s. aux allures toscanes, situé entre deux étangs, le restaurant propose de jolis plats bien ficelés, à l'instar de ce mignon de veau mimosa à la ventrèche de thon, à déguster sous la véranda ou en terrasse. Côté hôtellerie, les chambres sont spacieuses et confortables.

Menu 25 € (déj. en semaine)/31 €

rte de Mezeriat – www.georgesblanc.com – Fermé dim. soir, lundi et mardi

❚❍ L'Ancienne Auberge 🛁 ✥

CUISINE TRADITIONNELLE · AUBERGE X Un décor rétro à la mémoire de l'auberge – ex-fabrique de limonade – ouverte par la famille Blanc à la fin du 19ᵉ s. Photos d'époque, affiches anciennes, etc. Ici, on cultive une certaine nostalgie... qui sied à merveille aux spécialités bressannes proposées par le chef.

Formule 25 € – Menu 38 € (semaine), 42/60 € – Carte 47/74 €

pl. du Marché – 𝒞 04 74 50 90 50 – www.georgesblanc.com

🏨 Georges Blanc 🌲 🐾 🛏 ⅉ 🏊 🌐 ⅙ ❌ 🔲 ⅙ 🅰🅲 ⛵

GRAND LUXE · ÉLÉGANT D'une génération à l'autre, Vonnas est devenu... Blanc. Cette hôtellerie de grande tradition cultive l'art de recevoir à la bressane ! Luxe sans ostentation, bois, pierre, superbe parc : une image du terroir qui sait vivre avec son temps.

30 chambres – ♦195/800 € ♦♦195/800 € – 13 suites – ⌑ 30 € – ½ P

pl. du Marché – 𝒞 04 74 50 90 90 – www.georgesblanc.com – Fermé janv.

❀❀❀ **Georges Blanc** – voir les restaurants ci-dessus

🏨 Hôtel du Bois Blanc ⓝ 🌲 🐾 🛏 ⅉ ⅙ 🅰🅲 ⅙ 🅿

VILLA · MODERNE Au sein du domaine d'Epeyssoles, sur un parc de 16 ha, ce château du 13ᵉ s. aux allures toscanes abrite des chambres spacieuses avec terrasses privatives, réparties dans trois villas autour de la piscine chauffée. Joli restaurant (fresques et plafonds à la française) et terrasse. La nuit, le château s'illumine !

18 chambres – ♦140/300 € ♦♦140/300 € – ⌑ 20 €

rte de Mezeriat – 𝒞 04 74 42 42 42 – www.georgesblanc.com – Fermé dim. soir, lundi et mardi

❚❍ **La Terrasse des Étangs** – voir les restaurants ci-dessus

🏨 Résidence des Saules 🔲 ⅙ 🅰🅲

TRADITIONNEL · CLASSIQUE Cette très jolie maison fleurie de géraniums est un peu l'annexe de l'hôtel Georges Blanc situé de l'autre côté de la place. Au-dessus de la boutique, les chambres sont confortables et ont même un balcon tandis que celles situées à l'arrière, plus récentes, sont résolument contemporaines.

16 chambres – ♦99/280 € ♦♦99/280 € – 4 suites – ⌑ 30 €

pl. du Marché – 𝒞 04 74 50 90 90 – www.georgesblanc.com – Fermé janv.

VOSNE-ROMANÉE

✉ 21700 (Côte-d'Or) – 380 hab. – Alt. 242 m – Carte régionale n° **8**-D1
▶ Paris 330 km – Chalon-sur-Saône 49 km – Dijon 21 km – Dole 71 km
Carte Michelin 320-J7 – Guide Vert Michelin Bourgogne

🏨 Le Richebourg 🌲 🌐 ⅙ 🔲 ⅙ 🅰🅲 ⅙ 🅿

BUSINESS · MODERNE Au cœur de ce village aux crus si célèbres, un hôtel actuel avec des chambres spacieuses et sobres. Il y a même une salle de séminaire. Et côté détente, rien ne manque : institut de beauté, sauna, hammam... et caviste.

24 chambres – ♦189/349 € ♦♦189/349 € – 2 suites – ⌑ 19 €

ruelle du Pont – 𝒞 03 80 61 59 59 – www.hotel-lerichebourg.com – Fermé 20-25 déc.

VOUGEOT

✉ 21640 (Côte-d'Or) – 181 hab. – Alt. 239 m – Carte régionale n° **8**-D1
▶ Paris 325 km – Beaune 27 km – Dijon 17 km
Carte Michelin 320-J6 – Guide Vert Michelin Bourgogne

Le Clos de la Vouge ☆ 🚗 ⬙ 🌿 🦺 🅿

FAMILIAL · PERSONNALISÉ Une ancienne ferme à l'entrée du village. Les chambres, petites mais coquettes, sont toutes différentes (rustique, orientale, savane, fleur bleue) et donnent de plain-pied sur la cour ; l'atmosphère est familiale et l'entretien soigné.

10 chambres – 🛏65/120 € 🛏🛏65/120 € – ⌑ 10 €

1 r. du Moulin – ℰ 03 80 62 89 65 – www.hotel-closdelavouge.com – Fermé 7 déc.-1ᵉʳ mars

à Gilly-lès-Cîteaux 2 km à l'Est par D251 – ✉ 21640 – 646 hab. – Alt. 227 m

⬤○ **Clos Prieur** 🦫 🚗 🍴 🌿 🅿

CUISINE MODERNE · ÉLÉGANT XxX Dans cette belle salle voûtée d'ogives – jadis cellier des moines (14ᵉ s.) –, on savoure une agréable cuisine gastronomique et l'on se sent vite d'humeur romantique et châtelaine.

Menu 32 € (déj. en semaine), 60/82 € – Carte 50/75 €

Hôtel Château de Gilly – ℰ 03 80 62 89 98 – http://www.restaurant-closprieur.fr/ – Fermé dim. soir et lundi du 17 nov. au 9 mars

🏰🏰 **Château de Gilly** ☆ 🦫 🚗 🍴 🍴 ▣ 🦺 🅿

CHÂTEAU · PERSONNALISÉ Dans cet ensemble cistercien des 14ᵉ-17ᵉ s. règne la plus grande quiétude ! On musarde dans le parc à la française, on fait quelques brasses, puis on paresse près du bassin à truites... avant de trouver un parfait repos dans l'une des chambres – charmantes et raffinées – ou même les somptueuses suites.

36 chambres – 🛏130/495 € 🛏🛏130/495 € – 12 suites – ⌑ 25 € – ½ P

2 pl. du Château – ℰ 03 80 62 89 98 – www.chateau-gilly.com

⬤○ **Clos Prieur** – voir les restaurants ci-dessus

🏠🏠 **L'Orée des Vignes** 🦫 🚗 🦽 🗚 🦺 🅿

TRADITIONNEL · FONCTIONNEL Dans cette ferme du 16ᵉ s. entièrement rénovée, les chambres sont assez spacieuses, fonctionnelles et bien tenues, à prix doux... Et il y a même un bar à vins dans le caveau.

26 chambres – 🛏80/195 € 🛏🛏80/195 € – ⌑ 12 €

6 rte d'Épernay – ℰ 03 80 62 49 77 – www.oreedesvignes.com – Fermé 18 déc.-18 janv.

à Flagey-Échezeaux 3 km au Sud-Est par D971 et D109 – ✉ 21640 – 473 hab. – Alt. 227 m

⬤○ **Simon** 🦫 🚗 🗚 🌿 ⬠

CUISINE MODERNE · À LA MODE XX Dans cette sympathique auberge au cœur du village, on mange bien et à bon compte. Le chef concocte une appétissante cuisine actuelle à base de beaux produits, qui ravit touristes et fidèles. On accompagne ces assiettes d'une belle sélection de vins de la côte de Nuits ; l'été, on profite de la jolie terrasse.

🍤 Menu 20 € (déj. en semaine), 40/75 € – Carte 57/81 €

12 pl. de l'Église – ℰ 03 80 62 88 10 (réservation conseillée) – www.restaurant-simon.fr – Fermé 15 fév.-29 mars, 1ᵉʳ-15 août, 22-28 déc., dim. soir, mardi soir en hiver et merc.

🏠🏠 **Losset** 🦫 🦽 🗚 🌿 🅿

TRADITIONNEL · CLASSIQUE Face à l'église, un hôtel familial avec des chambres confortables, dans un style rustique et chaleureux (poutres, mobilier d'ébéniste, parquet...). Note gourmande : le petit-déjeuner est très copieux... avec des confitures faites maison !

7 chambres – 🛏88/140 € 🛏🛏88/140 € – ⌑ 12 €

10 pl. de l'Église – ℰ 03 80 62 46 00 – www.hotel-losset-bourgogne.com

VOUGY – 74 (Haute-Savoie) → voir Bonneville

VOUHÉ

✉ 17700 (Charente-Maritime) – 655 hab. – Alt. 22 m – Carte régionale n° **38**-B2
🚩 Paris 444 km – Niort 35 km – Poitiers 111 km – La Rochelle 36 km
Carte Michelin 324-F3

🏠 La Villa Cécile   🐾 🛏 ⚙ 🅿

VILLA · MODERNE Dans un sympathique petit village, une belle maison d'architecte, respectueuse du style local et très cosy... Béton ciré, mobilier contemporain
et grand confort dans les chambres, sauna et jacuzzi dans le jardin : idéal pour se
ressourcer !

3 chambres ☷ – ♦105/145 € ♦♦105/145 €

1 r. de Puyravault – 𝒞 05 46 00 61 50 – www.lavillacecile.fr

VOUILLÉ

✉ 86190 (Vienne) – 3 678 hab. – Alt. 118 m – Carte régionale n° **39**-C1
🚩 Paris 345 km – Châtellerault 46 km – Parthenay 34 km – Poitiers 18 km
Carte Michelin 322-G5

🏠 Le Cheval Blanc & Clovis   🕊 🔲 🚿 ⚙ 🅿

AUBERGE · FONCTIONNEL En bordure de rivière, un hôtel-restaurant où l'on est
accueilli comme en famille ! On y dort dans des chambres fonctionnelles et bien
tenues, réparties entre le Cheval Blanc et le Clovis, à une centaine de mètres de
là. Cuisine de tradition au restaurant.

41 chambres – ♦62 € ♦♦62/78 € – ☷ 8,50 €

*3 r. de la Barre – 𝒞 05 49 51 81 46 – www.cheval-blanc-clovis.fr – Fermé 15-28 fév.
et 26 juin-10 juil.*

VOUVRAY

✉ 37210 (Indre-et-Loire) – 3 046 hab. – Alt. 55 m – Carte régionale n° **11**-B2
🚩 Paris 240 km – Amboise 18 km – Blois 51 km – Château-Renault 25 km
Carte Michelin 317-N4 – Guide Vert Michelin Châteaux de la Loire

🍽 Les Gueules Noires ⓝ   🏠 🅿

CUISINE CLASSIQUE · RUSTIQUE ✕ La salle à manger troglodytique, la cheminée
crépitante en hiver, la terrasse sous la glycine aux beaux jours : on succombe
tout de suite au charme discret de cette adresse. Au menu : une cuisine franche
et goûteuse, basée sur les produits du terroir tourangeau et accompagnée de
bons vins de Loire. Réservation conseillée.

Carte 32/50 €

*66 r. de la Vallée-Coquette, 2 km au Nord-Ouest par rte de Tours D952 et rte
secondaire – 𝒞 02 47 52 62 18 (réservation conseillée) – http://
gueulenoirevouvray.wix.com/les-gueules-noires- – Fermé 3 semaines en janv., 2
semaines en sept., dim. soir, lundi et mardi*

🏠 Domaine des Bidaudières   🐾 ≤ 🕊 🏊 🎱 🔲 🅰 ⚙ 🅿

CHÂTEAU · PERSONNALISÉ Quel charme ! Ce beau castel en tuffeau du 18ᵉ s.
domine la vallée de son parc somptueux. Toile de Jouy et meubles chinés dans
les chambres, belle piscine et orangerie.

5 chambres ☷ – ♦110/140 € ♦♦120/150 €

*r. de Peu-Morier, rte de Vernou-sur-Brenne, par D46 – 𝒞 02 47 52 66 85
– www.bidaudieres.com*

VOVES

✉ 28150 (Eure-et-Loir) – 3 091 hab. – Alt. 146 m – Carte régionale n° **12**-C1
🚩 Paris 99 km – Ablis 36 km – Bonneval 23 km – Chartres 25 km
Carte Michelin 311-F6

Le Quai Fleuri

FAMILIAL · PERSONNALISÉ Bonne surprise, ce village verdoyant tranche au milieu de la plaine beauceronne, si uniforme... On y trouve cet hôtel récent, flanqué d'un moulin reconstitué, emblème de la région, et son restaurant. Pour plus d'espace et un accès sur le parc, préférez les chambres de l'annexe.

16 chambres – ♦76/136 € ♦♦86/146 € – 6 suites – � 14 €

15 r. Texier-Gallas – ☏ 02 37 99 15 15 – www.quaifleuri.com

VRON

✉ 80120 (Somme) – 844 hab. – Alt. 15 m – Carte régionale n° **36**-A1
▶ Paris 211 km – Abbeville 27 km – Amiens 76 km – Berck-sur-Mer 17 km
Carte Michelin 301-D6

L'Hostellerie du Clos du Moulin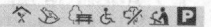

TRADITIONNEL · PERSONNALISÉ Un beau jardin, des poutres et des vieilles pierres... du cachet ! Les chambres de ce joli domaine allient douceur champêtre et confort moderne. Pour rêver, comme le faisait Montand, "de la Picardie et des roses qu'on trouve là-bas"...

13 chambres � – ♦90/109 € ♦♦120/139 € – ½ P

3 r. du Mar.-Leclerc – ☏ 03 22 23 74 75 – www.leclosdumoulin.fr – Fermé 21-30 déc.

WAHLBACH – 68 (Haut-Rhin) ➜ voir Altkirch

WAILLY-BEAUCAMP

✉ 62170 (Pas-de-Calais) – 1 018 hab. – Alt. 39 m – Carte régionale n° **30**-A2
▶ Paris 214 km – Amiens 86 km – Arras 89 km – Lille 139 km
Carte Michelin 301-D5

La Prairière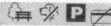

MAISON DE CAMPAGNE · PERSONNALISÉ Une ancienne ferme (18ᵉ s.) réhabilitée avec goût. On s'y repose dans de jolies chambres mêlant mobilier ancien et contemporain. En fin de journée, il fait bon se détendre dans le salon feutré où trône une superbe cheminée en brique et pierre. Au petit-déjeuner, on savoure les confitures maison.

4 chambres � – ♦110/115 € ♦♦110/120 €

– ☏ 03 21 81 02 99 – www.laprairiere.com – Fermé 15 nov.-20 fév.

WANGENBOURG

✉ 67710 (Bas-Rhin) – 1 365 hab. – Alt. 452 m – Carte régionale n° **1**-A1
▶ Paris 469 km – Molsheim 30 km – Sarrebourg 36 km – Saverne 19 km
Carte Michelin 315-H5

 Parc Hôtel

TRADITIONNEL · CLASSIQUE Cette grande maison vosgienne se dresse dans un parc peuplé d'arbres centenaires, propice à la sérénité... Accueil chaleureux, chambres spacieuses et confortables (modernes ou de style). Cuisine traditionnelle dans un cadre cossu.

28 chambres – ♦84/116 € ♦♦84/116 € – � 12 €

39 r. du Gén.-de-Gaulle – ☏ 03 88 87 31 72 – www.parchotelalsace.com – Ouvert 25 mars-5 nov.

LA WANTZENAU – 67 (Bas-Rhin) ➜ voir Strasbourg

WENGELSBACH – 67 (Bas-Rhin) ➜ voir Niedersteinbach

WESTHALTEN

✉ 68250 (Haut-Rhin) – 981 hab. – Alt. 240 m – Carte régionale n° **1**-A3
▶ Paris 480 km – Colmar 22 km – Guebwiller 11 km – Mulhouse 28 km
Carte Michelin 315-H9

🍴○ **Auberge du Cheval Blanc**　　　　🐾 ⇆ 🕙 🖻 ⅙ 🕮 ⅍ 🅿

CUISINE CLASSIQUE · COSY 🟬🟬🟬 Une maison cossue, tenue par la même famille depuis 1785. Dans la belle salle contemporaine, le repas s'accompagne évidemment de beaux vins d'Alsace, dont ceux de la propriété. Chambres pour l'étape.
Formule 26 € – Menu 41/89 € – Carte 63/91 €
11 chambres – †95/150 € ††110/175 € – ⌷ 14 €
20 r. de Rouffach – ℰ *03 89 47 01 16* – *www.auberge-chevalblc.com*
– Fermé 4-28 janv., 4-14 juil., lundi et mardi

🍴○ **Auberge au Vieux Pressoir**　　　　🐾 🍴 🅿

CUISINE TRADITIONNELLE · RUSTIQUE 🟬🟬 Au cœur du vignoble, une véritable maison de vigneron qui nous plonge dans une belle atmosphère d'autrefois, attachante et pleine de cachet. Cuisine du terroir et dégustations de vins de la propriété.
Menu 29 € 🍷 (semaine), 40/80 € 🍷 – Carte 28/77 €
Domaine de Bollenberg, à Bollenberg – ℰ *03 89 49 60 04* – *www.bollenberg.com*
– Fermé 4-31 janv., dim. soir de fin-nov. à début-mars et lundi

WETTOLSHEIM – 68 (Haut-Rhin) ➜ voir Colmar

WEYERSHEIM

✉ 67720 (Bas-Rhin) – 3 353 hab. – Alt. 140 m – Carte régionale n° **1**-B1
▶ Paris 486 km – Haguenau 18 km – Saverne 49 km – Strasbourg 21 km
Carte Michelin 315-K4

☺ **Auberge du Pont de la Zorn**　　　　🍴 🍴 🌂 🅿

TERROIR · AUBERGE 🟬 Reproductions de dessins signés Hansi, objets anciens, spécialités régionales et tartes flambées servies le soir : un concentré d'Alsace ! Bucolique terrasse en bord de Zorn.
Menu 30/41 € – Carte 30/48 €
2 r. de la République – ℰ *03 88 51 36 87 (réservation conseillée)*
– www.pontdelazorn.fr – Fermé 15-29 fév., 16 août-1er sept., merc. soir et le midi sauf dim.

WIERRE-EFFROY

✉ 62720 (Pas-de-Calais) – 775 hab. – Alt. 28 m – Carte régionale n° **30**-A2
▶ Paris 262 km – Abbeville 88 km – Boulogne-sur-Mer 14 km – Calais 29 km
Carte Michelin 301-D3

☺ **La Ferme du Vert**　　　　🍴 🌂 ⇔ 🅿

CUISINE MODERNE · RUSTIQUE 🟬 Dans le cadre de cette ancienne ferme du 19e s., sous l'égide de trois frères, une fromagerie artisanale en activité (vente à emporter) et cet agréable restaurant où l'on déguste des petits plats traditionnels soignés et savoureux : le tout à prix prix.
Formule 20 € – Menu 30/58 € – Carte 35/58 €
Hôtel La Ferme du Vert, r. du Vert – ℰ *03 21 87 67 00* – *www.fermeduvert.com*
– Fermé 3 janv.-5 fév., sam. midi, lundi midi et dim.

🏠 **La Ferme du Vert**　　　　🌳 🐾 🍴 🌂 ⅍ 🅿

AUBERGE · PERSONNALISÉ Le calme et la campagne réunis dans ce corps de ferme typiquement boulonnais. Les chambres sont décorées avec goût et simplicité : idéal pour un séjour au vert. À noter pour les amateurs : on y vend la production de la fromagerie voisine !
15 chambres – †78/115 € ††135/155 € – 1 suite – ⌷ 14 € – ½ P
r. du Vert – ℰ *03 21 87 67 00* – *www.fermeduvert.com* – *Fermé 3 janv.-5 fév.*
☺ **La Ferme du Vert** – voir les restaurants ci-dessus

WIHR-AU-VAL – 68 (Haut-Rhin) ➜ voir Munster

WILLGOTTHEIM
✉ 67370 (Bas-Rhin) – 1 085 hab. – Alt. 240 m – Carte régionale n° **1**-A1
▶ Paris 463 km – Metz 138 km – Saarbrücken 94 km – Strasbourg 33 km
Carte Michelin 315-J4

⅄○ La Cour de Lise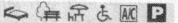
CUISINE CLASSIQUE · **ROMANTIQUE** 🟂🟂 Une auberge devenue ferme, puis retournée à ses premières amours. Dans une salle coquette, on savoure une cuisine plutôt classique : soufflé aux champignons et beurre blanc, foie gras d'oie, mignon de veau aux girolles... Pour l'étape, des chambres tout en pierre apparente et mobilier chiné, romantiques et accueillantes.
Menu 22 € (déj. en semaine), 55/60 € – Carte 31/60 €
5 chambres 😐 – †80/95 € ††125/135 €
26 r. Principale – 𝒞 03 88 64 93 36 (réservation conseillée)
– www.lacourdelise.fr – Fermé 1 semaine en janv., 1 semaine en sept., lundi et mardi

WILLIERS
✉ 08110 (Ardennes) – 51 hab. – Alt. 277 m – Carte régionale n° **14**-C1
▶ Paris 277 km – Arlon 44 km – Châlons-en-Champagne 174 km –
Charleville-Mézières 57 km
Carte Michelin 306-N4

⌂⌂ Chez Odette
TRADITIONNEL · **DESIGN** Odette tenait autrefois cette auberge, devenue aujourd'hui un hôtel plein de charme. Luxueuses, design, embellies d'objets chinés, les chambres surprennent dans ce petit village. À noter : au restaurant et au café, on sert les mêmes plats et boissons qu'à l'époque d'Odette...
13 chambres – †185/275 € ††185/275 € – 😐 19 €
18 r. de l'Ancien-Lavoir – 𝒞 03 24 55 49 55 – www.chez-odette.com
– Fermé 2 semaines en mars, 2 semaines en oct., lundi, mardi sauf juil.-août, merc. et jeudi

WIMEREUX
✉ 62930 (Pas-de-Calais) – 7 161 hab. – Alt. 7 m – Carte régionale n° **30**-A2
▶ Paris 269 km – Arras 125 km – Boulogne-sur-Mer 7 km – Calais 33 km
Carte Michelin 301-C3

⅄○ La Liégeoise
CUISINE MODERNE · **À LA MODE** 🟂🟂🟂 En étage, sur la digue : impossible d'échapper au panorama sur la mer ! L'élégant décor contemporain, tout en gris et vert, rappelle les tons de la Manche... On y apprécie huîtres chaudes, turbot grillé ou poché, bar à la plancha, etc.
Menu 40/75 € – Carte 51/83 €
digue de mer – 𝒞 03 21 32 41 01 – www.atlantic-delpierre.com
– Fermé 17 janv.-25 fév., dim. soir et lundi

⅄○ Épicure
CUISINE MODERNE · **TRADITIONNEL** 🟂🟂 La façade blanc et bleu a des airs de cabine de plage, la salle se révèle intime et bourgeoise... Côté cuisine, priorité aux produits de la mer – d'une belle fraîcheur –, à l'unisson de la Côte d'Opale.
Menu 27 € (semaine)/34 € – Carte 43/71 €
1 r. Georges Pompidou – 𝒞 03 21 83 21 83 (réservation conseillée)
– Fermé merc. soir et dim.

🏠 Atlantic Hôtel　　　　　　　　　　令 ⟨ 🖹 ⬧ ❀ 🏊 P

TRADITIONNEL · MODERNE Sur la digue du front de mer, cet hôtel toise la Manche ! On observe les flots à loisir depuis toutes les chambres, qu'elles soient romantiques, de style balnéaire chic ou très contemporaines. Restaurant et brasserie de la mer ; espace bien-être (sauna, hammam).

18 chambres – 🛏150/250 € 🛏🛏150/250 € – 🍽 16 €

digue de mer – ✆ 03 21 32 41 01 – www.atlantic-delpierre.com
– Fermé 17 janv.-25 fév.

　🍽 **La Liégeoise** – voir les restaurants ci-dessus

🏠 Saint-Jean　　　　　　　　　　　　　　　　⬧ AC

TRADITIONNEL · FONCTIONNEL À 300 m de la digue et de sa promenade, cet hôtel permet de prendre un grand bol d'air au bord de la mer ! Les chambres sont fonctionnelles et de bon confort. Petit espace détente (sauna, jacuzzi) et bar cosy où il fait bon se reposer.

24 chambres – 🛏80/115 € 🛏🛏85/115 € – 🍽 12 €

1 r. Georges-Romain – ✆ 03 21 83 57 40 – www.hotel-saint-jean.fr

WINGEN-SUR-MODER

✉ 67290 (Bas-Rhin) – 1 562 hab. – Alt. 220 m – Carte régionale n° **1**-A1
▶ Paris 443 km – Metz 118 km – Strasbourg 59 km
Carte Michelin 315-I3

✿✿ Villa René Lalique ⓝ　　　　⟸ ⟨🚲 ⬧ AC P

CRÉATIVE · LUXE XxxX Parti de l'Arnsbourg, son fief historique, Jean-Georges Klein est venu déployer son talent dans le cadre hyper-luxueux de cette villa bâtie par l'industriel René Lalique en 1920. Les saisissantes assiettes qu'il y propose, tout en contrastes et en subtilité, montrent qu'il n'a rien perdu en chemin !

→ Émulsion de pomme de terre et truffe. Côte de veau de lait en transparence, pommes de terre fondantes et girolles acidulées. Opéra revisité façon Lalique, glace à l'orge torréfié.

Menu 78 € (déj. en semaine), 98/180 € – Carte 110/240 €

4 chambres – 🛏350/750 € 🛏🛏350/750 € – 2 suites – 🍽 25 €

18 r. Bellevue – ✆ 03 88 71 98 98 – www.villarenelalique.com – Fermé 23 août-7 sept., 5-25 janv., sam. midi, mardi et merc.

WINKEL

✉ 68480 (Haut-Rhin) – 331 hab. – Alt. 575 m – Carte régionale n° **1**-A3
▶ Paris 466 km – Altkirch 23 km – Basel 35 km – Belfort 50 km
Carte Michelin 315-H12

🍽 Au Cerf　　　　　　　　　　　　　　⟸ 🏊

CUISINE TRADITIONNELLE · FAMILIAL XX À deux pas de la source de l'Ill, cette auberge accueillante prend des allures de winstub cossue. On y savoure une agréable cuisine traditionnelle ; pour l'étape, les chambres, situées sous les combles, sont plaisantes.

Formule 15 € – Carte 44/73 €

7 chambres – 🛏58/79 € 🛏🛏62/79 € – 🍽 8 €

3 r. Principale – ✆ 03 89 40 85 05 – gkoller.cerf@gmail.com
– Fermé 8-25 fév., dim. soir, lundi et jeudi

WISSEMBOURG

✉ 67160 (Bas-Rhin) – 7 757 hab. – Alt. 157 m – Carte régionale n° **1**-B1
▶ Paris 512 km – Haguenau 33 km – Karlsruhe 42 km – Sarreguemines 80 km
Carte Michelin 315-L2

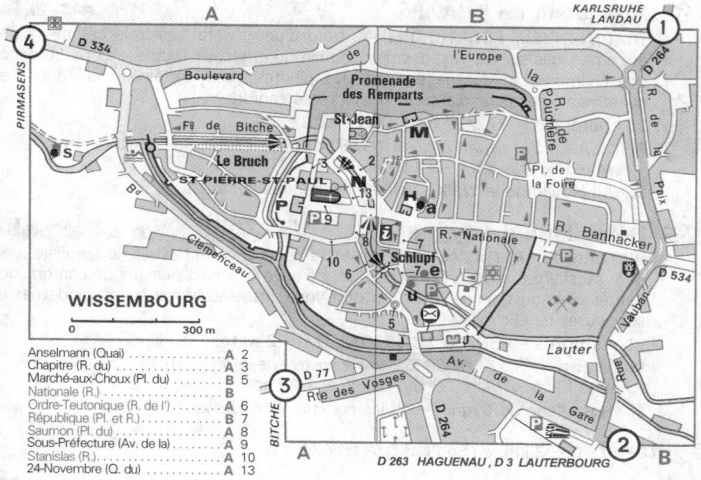

WISSEMBOURG

0   300 m

Anselmann (Quai) . . . . A 2
Chapitre (R. du) . . . . A 3
Marché-aux-Choux (Pl. du) . . . . . B 5
Nationale (R.) . . . . B
Ordre-Teutonique (R. de l') . . . . . A 6
République (Pl. et R.) . . . . B 7
Saumon (Pl. du) . . . . A 8
Sous-Préfecture (Av. de la) . . . . . A 9
Stanislas (R.) . . . . A 10
24-Novembre (Q. du) . . . . A 13

D 263   HAGUENAU , D 3 LAUTERBOURG

℄ Hostellerie du Cygne   A/C

CUISINE TRADITIONNELLE · ÉLÉGANT XX Une winstub d'un côté, une salle de style alsacien Renaissance de l'autre, et dans les deux cas, une savoureuse cuisine traditionnelle. Une chose est sûre, le chant du cygne n'est pas près de se faire entendre... et ce ne sont pas les gourmands qui s'en plaindront.

Formule 15 € – Menu 35/70 € – Carte 39/71 €

Plan : B-a – Hostellerie du Cygne, 3 r. du Sel – 𝄢 03 88 94 00 16
– www.hostellerie-cygne.com – Fermé 17 fév.-3 mars, 29 juin-15 juil., 7-21 nov., jeudi midi, dim. soir et merc.

℄ L'Ange   🏠

TERROIR · RUSTIQUE XX Spécialité de cette maison de 1617 ? Les recettes du terroir local... revues et corrigées à la mode contemporaine ! En revanche, le cadre joue la carte de la tradition, entre esprit alsacien et classicisme.

Menu 32/45 € – Carte 38/52 €

Plan : B-u – 2 r. de la République – 𝄢 03 88 94 12 11 – www.restaurant-ange.com
– Fermé dim. soir, lundi et mardi

℄ Au Moulin de la Walk   🏠 🕭 A/C P

CUISINE TRADITIONNELLE · ÉLÉGANT XX Dans ce restaurant élégant, avec ses grandes baies vitrées et son poêle en faïence, on n'hésite pas à décliner le foie gras sous toutes ses formes et à honorer la cuisine traditionnelle (côte de veau et spaetzle, saumon, käseknepfle et beurre blanc, etc.). Bon appétit !

Menu 38/55 € – Carte 37/61 €

Plan : A-s – Hôtel Au Moulin de la Walk, 2 r. de la Walk – 𝄢 03 88 94 06 44
– www.moulin-walk.com – Fermé 3-28 janv. et 1ᵉʳ-15 juil., vend. midi, dim. soir et lundi

℄ Au Pont M   🏠 A/C

CUISINE MODERNE · CONVIVIAL XX Au cœur du quartier de la "Petite Venise", l'ancienne boucherie du coin est devenue un bistrot chic où l'on se presse pour profiter des trouvailles du chef, un véritable amoureux du produit. Le nec plus ultra ? Prendre son repas sur la terrasse, au bord de l'eau, avec vue sur l'église St-Pierre-et-St-Paul...

Formule 15 € – Menu 29/55 € – Carte 37/54 €

Plan : B-e – 3 r. de la République – 𝄢 03 88 63 56 68 – www.aupontm.com
– Fermé dim. soir, lundi et mardi

🏚 Au Moulin de la Walk   ☂ 🐾 🛁 🛗 🚗 **P**

TRADITIONNEL · FONCTIONNEL Au bord d'une rivière, ces trois bâtiments ont été aménagés sur les vestiges d'un moulin dont la roue tourne encore. Le décor des chambres se décline en boiseries peintes, pour certaines, ou en teintes contemporaines pour d'autres ; une adresse confortable.

25 chambres – 🛏72/87 € 🛏🛏87 € – ☒ 11 €

Plan : A-s – *2 r. de la Walk* – *ℰ 03 88 94 06 44* – *www.moulin-walk.com*
– *Fermé 3-28 janv. et 1ᵉʳ-15 juil.*

🍽 **Au Moulin de la Walk** – voir les restaurants ci-dessus

🏚 Hostellerie du Cygne   ☂ 🛗 **P**

HISTORIQUE · RÉTRO Au cœur de Wissembourg, cette hostellerie familiale a de quoi satisfaire tous les voyageurs ! On y trouve plusieurs niveaux de confort, des petites chambres simples et rétro du Cygne, jusqu'aux deux suites modernes et spacieuses de l'Écrevisse.

21 chambres – 🛏60/200 € 🛏🛏70/220 € – 2 suites – ☒ 12 €

Plan : B-a – *ℰ 03 88 94 00 16* – *www.hostellerie-cygne.com*
– *Fermé 17 fév.-2 mars, 29 juin-15 juil. et 7-20 nov.*

🍽 **Hostellerie du Cygne** – voir les restaurants ci-dessus

à Altenstadt 2 km au Sud par D3 – ✉ 67160

🍽 Rôtisserie Belle Vue   🍴 🆎 **P**

CUISINE TRADITIONNELLE · CLASSIQUE XX Dans cette grande maison familiale, on est reçu chaleureusement et on savoure une cuisine traditionnelle dans une atmosphère cossue. Plats du jour servis au bar-winstub.

Menu 30/65 € – Carte 39/65 €

1 r. Principale – *ℰ 03 88 94 02 30* – *www.bellevue-wiss.fr*
– *Fermé 15 fév.-3 mars, 1ᵉʳ-25 août, dim. soir, lundi et mardi*

WISSOUS – 91 (Essonne) → voir Autour de Paris

XONRUPT-LONGEMER – 88 (Vosges) → voir Gérardmer

YERRES – 91 (Essonne) → voir Autour de Paris

YERVILLE

✉ 76760 (Seine-Maritime) – 2 414 hab. – Alt. 156 m – Carte régionale n° **33**-C1
▶ Paris 164 km – Dieppe 44 km – Fécamp 48 km – Le Havre 69 km
Carte Michelin 304-F4

🍽 Hostellerie des Voyageurs   🛁 **P**

CUISINE TRADITIONNELLE · RUSTIQUE XX Une authentique hostellerie de tradition, que cette belle maison à colombages, ancien relais de diligences fondé en 1875. Dans un cadre rustique et chaleureux, le chef concocte une cuisine traditionnelle goûteuse et généreuse : sauté de veau aux petits légumes, tourte normande... Un vrai travail de cuisinier !

🍃 Menu 18 € (déj. en semaine), 28/41 € – Carte 49/58 €

3 r. Jacques-Ferny – *ℰ 02 35 96 82 55* – *www.hostellerie-voyageurs.com*

YEU (ÎLE D') – 85 (Vendée) → voir Île d'Yeu

YGRANDE

✉ 03160 (Allier) – 777 hab. – Alt. 333 m – Carte régionale n° **5**-B1
▶ Paris 310 km – Clermont-Ferrand 111 km – Moulins 34 km – Montluçon 41 km
Carte Michelin 326-E3 – Guide Vert Michelin Auvergne

Château d'Ygrande

MODERNE • ÉLÉGANT XX Du style ! Directoire pour être exact et... vraiment élégant. Le chef réalise une cuisine dans l'air du temps, valorisant le terroir. Pour l'anecdote : les légumes proviennent du potager du château. Un bon moment en perspective.

Menu 36/81 € – Carte 48/98 €

Le Mont, 4 km à l'Est par D192 et rte secondaire – ✆ 04 70 66 33 11 – www.chateauygrande.fr – Fermé janv., fév., mardi midi, dim. soir et lundi sauf juil.-août

Château d'Ygrande

CHÂTEAU • PERSONNALISÉ Charme et élégance règnent dans ce château des années 1830. Des séjours à thème sont proposés (équitation, randonnée) et le panorama sur la campagne est exquis.

19 chambres – 🚹159/305 € 🚻159/305 € – ☕ 16 €

Le Mont, 4 km à l'Est par D192 et rte secondaire – ✆ 04 70 66 33 11 – www.chateauygrande.fr – Fermé janv., fév., mardi midi, dim. soir et lundi sauf juil.-août

Château d'Ygrande – voir les restaurants ci-dessus

YSSINGEAUX

✉ 43200 (Haute-Loire) – 7 101 hab. – Alt. 829 m – Carte régionale n° **6**-C3

▶ Paris 565 km – Ambert 73 km – Privas 98 km – Le Puy-en-Velay 27 km

Carte Michelin 331-G3 – Guide Vert Michelin Lyon Drôme Ardèche

Le Bourbon

TERROIR • TRADITIONNEL XX Passé par de belles maisons – dont celle de Michel Chabran à Pont-de-l'Isère –, Rémy Michelas propose ici une carte alléchante, qui fait la part belle aux producteurs auvergnats et célèbre le gibier en saison. Deux univers au choix (gastronomique, ou bistrot le midi) et un seul mot d'ordre : le plaisir !

Formule 15 € – Menu 18 € (déj. en semaine), 26/80 € – Carte 45/65 €

11 chambres – 🚹70/86 € 🚻70/86 € – ☕ 12 €

5 pl. de la Victoire – ✆ 04 71 59 06 54 – www.le-bourbon.com – Fermé 1 semaine en janv., 1 semaine en juin, 1 semaine en oct., 1 semaine en déc., mardi midi de mai à sept., sam. midi d'oct. à avril, dim. soir et lundi

YVETOT

✉ 76190 (Seine-Maritime) – 11 644 hab. – Alt. 147 m – Carte régionale n° **33**-C1

▶ Paris 171 km – Dieppe 57 km – Fécamp 35 km – Le Havre 58 km

Carte Michelin 304-E4 – Guide Vert Michelin Normandie Vallée de la Seine

L'OH

FAMILIAL • TRADITIONNEL En plein centre-ville, un grand bâtiment traditionnel et engageant abrite cet hôtel familial. On s'y sent bien : les chambres, traditionnelles ou contemporaines, sont bien tenues et toutes personnalisées.

23 chambres – 🚹65/72 € 🚻65/84 € – ☕ 12 €

2 r. Guy-de-Maupassant – ✆ 02 35 95 16 77 – www.hotel-du-havre.fr

Le Manoir aux Vaches

TRADITIONNEL • PERSONNALISÉ Normande, Limousine, Charolaise... De belles chambres avec une mezzanine, toutes décorées avec originalité sur le thème de la vache ! Un soin particulier est apporté aux détails, tant au niveau de la décoration que de l'entretien.

9 chambres ☕ – 🚹96 € 🚻106/116 €

8 r. Felix-Faure – ✆ 02 35 95 65 65 – www.lemanoirauxvaches.com

au Sud-Est 5 km sur D5 – ✉ 76190 Yvetot :

⅋○ Auberge du Val au Cesne   ⅋ 🛏 🚗 ⅋ 🅿

CUISINE TRADITIONNELLE · RUSTIQUE X En pleine campagne, cette ravissante auberge normande du 17ᵉ s. propose, dans six petites salles rustiques (meubles anciens, cheminées, etc.), une bonne cuisine traditionnelle inspirée par les produits frais : terrine maison, canette à l'orange, turbot à l'oseille... Les chambres, tendues de tissus à motifs anciens, sont douillettes à souhait.

Menu 29/60 € 🍷 – Carte 46/63 €

5 chambres – 🛏90 € 🛏🛏90 € – 🍽11 €

140 Route Départementale 5 – ✆ 02 35 56 63 06 – www.valaucesne.fr

à Motteville 9 km à l'Est par D929 et D20 – ✉ 76970 – 787 hab. – Alt. 160 m

⅋○ Auberge du Bois St-Jacques   ⅋ ⅋ 🅿

CUISINE TRADITIONNELLE · RUSTIQUE XX Ancien buffet de gare (1850), ce restaurant traditionnel est une vraie affaire de famille : le patron œuvre aux fourneaux avec un fils (spécialisé dans les macarons !) tandis que son épouse assure le service avec un deuxième, sommelier et... peintre à ses heures, comme les œuvres exposées l'attestent.

🍽 Formule 13 € – Menu 19 € (déj. en semaine), 28/50 € – Carte environ 48 €

à la gare – ✆ 02 35 96 83 11 – www.aubergebsj.fr – Fermé 1 semaine en avril, 3 semaines en août, dim. soir, lundi soir et mardi

YVOIRE

✉ 74140 (Haute-Savoie) – 884 hab. – Alt. 380 m – Carte régionale n° **46**-F1

▶ Paris 563 km – Annecy 71 km – Bonneville 41 km – Genève 26 km

Carte Michelin 328-K2 – Guide Vert Michelin Alpes du Nord

🏵 Les Jardins du Léman ⓝ   🏠 ✧

CUISINE MODERNE · ÉLÉGANT XX Au cœur de la cité médiévale, cette vénérable auberge propose des plats gourmands et joliment travaillés, comme cette ballotine de lapin au lard fumé parfumé au Savagnin et farcie au foie gras de canard. Le plus ? Une somptueuse terrasse panoramique sur le lac Léman, où vous vous attablerez les soirs d'été.

Menu 23 € (semaine), 32/43 € – Carte 45/70 €

Grande-Rue – ✆ 04 50 72 80 32 – www.lesjardinsduleman.com – Fermé 22 nov.-5 fév. et merc. hors saison

⅋○ Le Pré de la Cure   ⪡ 🛏 🏠 ⅋ 🅿

CUISINE TRADITIONNELLE · CONVIVIAL XX Une plongée dans le Léman ! Évidemment, il y a la vue, superbe, mais pas seulement... Le chef réalise une cuisine axée sur les produits de la pêche du lac et concocte des petits plats régionaux bien gourmands – tel ce filet de féra à la chair tendre et moelleuse et ses tagliatelles de carotte. Un régal !

🍽 Menu 20 € (semaine), 29/54 € – Carte 38/57 €

Hôtel Le Pré de la Cure, pl. de la Mairie – ✆ 04 50 72 83 58 – www.pre-delacure.com – Ouvert 3 mars-30 oct.

⅋○ Vieille Porte   🛏 🏠

CUISINE TRADITIONNELLE · RUSTIQUE XX Maison du 14ᵉ s. appartenant à la même famille depuis 1587. Tomettes, poutres et pierres, terrasse à l'ombre des remparts : rien ne manque, et tout cela accompagne à merveille la sympathique cuisine traditionnelle et régionale du chef. Belle sélection de bordeaux à prix raisonnable.

Formule 20 € – Menu 29/40 € – Carte 42/64 €

2 pl. de la Mairie – ✆ 04 50 72 80 14 – www.la-vieille-porte.com – Fermé 11 nov.-10 fév. et lundi sauf juil.-août

YVOIRE

Villa Cécile

VILLA · ÉLÉGANT Non loin de la cité médiévale, une villa agréable et cossue. Piscines, jacuzzi, sauna, hammam et sympathique restaurant : détente assurée et... repos mérité dans l'une des très confortables chambres (lits king size) d'esprit marin. Merci Cécile !

15 chambres – ♦160/440 € ♦♦160/440 € – ☲ 19 €

156 rte de Messery, par D25 – ✆ 04 50 72 27 40 – www.villacecile.com
– Fermé 4-25 janv.

Le Jules Verne

TRADITIONNEL · MODERNE Vue imparable sur le lac Léman, terrasse ou balcon, raffinement (parquet, mobilier en bois), équipements et confort au top : les chambres de cet hôtel élégant ne manquent pas d'atouts. Au restaurant, filet de perche et féra sont à l'honneur !

17 chambres – ♦160/190 € ♦♦160/340 € – ☲ 18 €

r. du Port, (au port de plaisance) – ✆ 04 50 72 80 08 – www.hoteljulesverne.com

Le Pré de la Cure

TRADITIONNEL · MODERNE À l'entrée de la cité médiévale, cet établissement familial dispose de chambres spacieuses, contemporaines et épurées ; toutes ont vue sur le lac ou le jardin. Et pour se détendre on profite de la piscine couverte, du jacuzzi, du sauna ou du hammam !

25 chambres – ♦78/125 € ♦♦78/125 € – ☲ 12 €

pl. de la Mairie – ✆ 04 50 72 83 58 – www.pre-delacure.com
– Ouvert 3 mars-30 oct.

🍴 **Le Pré de la Cure** – voir les restaurants ci-dessus

YVOY-LE-MARRON

✉ 41600 (Loir-et-Cher) – 607 hab. – Alt. 129 m – Carte régionale n° **12**-C2
▶ Paris 163 km – Blois 45 km – La Ferté-St-Aubin 13 km – Orléans 35 km
Carte Michelin 318-I6

🍴 Auberge du Cheval Blanc

CUISINE TRADITIONNELLE · RUSTIQUE XX Après une balade en forêt solognote, installez-vous à la table du Cheval Blanc... Tomettes, poutres, trophées de chasse et bois sombre : tout un idéal champêtre ressuscité ! Terrine de foie gras de canard, fricassée de rognons de veau à la berrichonne : le patron rend hommage à la tradition avec un soin tout particulier.

Menu 31/52 € – Carte 42/89 €

1 pl. du Cheval-Blanc – ✆ 02 54 94 00 00 – www.aubergeduchevalblanc.com
– Fermé 1er-19 mars, 20 déc.-7 janv., mardi midi, merc. midi et lundi

Auberge du Cheval Blanc

TRADITIONNEL · COSY Au cœur de ce village solognot, un hôtel-restaurant à l'architecture locale, fort bien tenu. Les chambres sont chaleureuses et confortables, dans une veine classique soignée. Une bonne adresse.

15 chambres – ♦78 € ♦♦100/105 € – ☲ 14 €

1 pl. du Cheval-Blanc – ✆ 02 54 94 00 00 – www.aubergeduchevalblanc.com
– Fermé 1er-19 mars et 20 déc.-7 janv.

🍴 **Auberge du Cheval Blanc** – voir les restaurants ci-dessus

 Une bonne table sans se ruiner ? Repérez les Bib Gourmand ⊛.

YZEURES-SUR-CREUSE

⊠ 37290 (Indre-et-Loire) – 1 436 hab. – Alt. 74 m – Carte régionale n° **11**-B3
◘ Paris 318 km – Châteauroux 72 km – Châtellerault 28 km – Poitiers 65 km
Carte Michelin 317-O8

🏠 Relais de La Mothe   ✿ ⅃☲ ⅃ ⅏

TRADITIONNEL · PERSONNALISÉ Nouveau départ pour ce relais de poste de
1880 récemment rénové. Les chambres sont spacieuses et confortables, et il fait
bon se ressourcer à l'espace détente ou prendre un verre dans le salon au coin de
la cheminée. Idéal pour un séjour au vert.

22 chambres – ♦72/85 € ♦♦76/90 € – ☲ 10 €

1 pl. du 11-Novembre – ℰ *02 47 91 49 00 – www.relaisdelamothe.com*

ZELLENBERG – 68 (Haut-Rhin) → voir Riquewihr

ZIMMERBACH

⊠ 68230 (Haut-Rhin) – 877 hab. – Alt. 300 m – Carte régionale n° **2**-C2
◘ Paris 491 km – Belfort 78 km – Colmar 14 km – Épinal 137 km
Carte Michelin 315-H8

🕸 Au Raisin d'Or   ⌂ 🅿

CUISINE TRADITIONNELLE · CONVIVIAL Ⅹ Dans cette sympathique auberge "à la
bonne franquette", les habitués sont nombreux et ne tarissent pas d'éloge sur
les propositions du jour et les classiques du chef (tête de veau, quenelles de
foie, bœuf gros sel, etc.). Généreux et délicieux !

Formule 13 € – Menu 25/42 € – Carte 34/50 €

1 r. de l'Église – ℰ *03 89 71 05 69 – www.raisindor.fr – Fermé 27 déc.-9 janv., mardi
et merc.*

ZIMMERSHEIM – 68 (Haut-Rhin) → voir Mulhouse

ZONZA – 2A (Corse-du-Sud) → voir Corse

ZOUFFTGEN

⊠ 57330 (Moselle) – 1 006 hab. – Alt. 250 m – Carte régionale n° **26**-B1
◘ Paris 341 km – Luxembourg 20 km – Metz 48 km – Thionville 18 km
Carte Michelin 307-H2

🌸 La Lorraine (Marcel et Lucien Keff)   🕸 ⇦ 🌀 🛬 🛋 🆒 🅿

CUISINE MODERNE · ÉLÉGANT ⅩⅩⅩ Agréable moment dans cette belle maison
bourgeoise : sous la grande véranda aux airs de jardin d'hiver, dont le sol vitré
laisse apparaître la cave à vin, on apprécie une cuisine fine et joliment ciselée,
qui tire notamment le meilleur du terroir lorrain. Petits plats du terroir dans l'annexe, La Stuff.

→ Escargot de Cleurie, coulis de persil plat et émulsion de pommes de terre.
Cochon de lait du pays rôti sur sa peau et galette de pommes de terre au lard.
Œuf au chocolat noir et sabayon au rhum.

Menu 45/99 € – Carte 85/110 €

3 chambres – ♦120/150 € ♦♦150/180 € – ☲ 21 €

80 r. Principale – ℰ *03 82 83 40 46 – www.la-lorraine.fr – Fermé lundi et mardi*

Principauté de MONACO

MONACO

36 950 hab. – Carte régionale n° **42**-E2
Carte Michelin 341-F5 et 115-37 – Guide Vert Michelin Côte d'Azur

MONACO **Capitale de la Principauté**

✉ 98000 (Monaco) – 36 950 hab. – Alt. 163 m
▶ Paris 949 km – Menton 11 km – Nice 23 km – San Remo 41 km

à Fontvieille

¶○ **Beefbar** ← 🅰🄲 ✗

VIANDES ET GRILLADES · À LA MODE ✗✗ Un "bar à viandes"... de bœuf (en provenance d'Europe, d'Amérique du Sud ou des États-Unis) réservé aux carnivores. Cadre tendance, très prisé de la clientèle locale.
Formule 19 € ♀ – Carte 42/151 €
Plan : AV-a – *42 quai Jean-Charles-Rey* – *𝒞 (00-377) 97 77 09 29* – *www.beefbar.com*

MONTE-CARLO **Centre Mondain de la Principauté**

(Monaco) – 15 507 hab. – Carte régionale n° **42**-E2
▶ Paris 947 km – Menton 9 km – Monaco 2 km – Nice 20 km
Carte Michelin 341-F5

✿✿✿ **Le Louis XV-Alain Ducasse** ❀ 🏡 🅰🄲 ✗ 🍽 🚗

MÉDITERRANÉENNE · LUXE ✗✗✗✗ Un décor mirifique – rafraîchi début 2015, dans le cadre de la rénovation de l'Hôtel de Paris qui se poursuivra au cours de l'année – pour une cuisine d'exception ! C'est ici qu'Alain Ducasse a forgé sa signature, imposant son nouveau classicisme culinaire, fait d'exigence et de maestria, toujours guidé par la vérité du produit. La Méditerranée est sublimée, même la simplicité devient émotion...
➔ Gamberonis de San Remo, fine gelée de poissons de roche, caviar. Loup de Méditerranée au fenouil et agrumes d'ici. Baba au rhum de votre choix, crème mi-montée.
Menu 240/330 € – Carte 210/310 €
Plan : DY-y – *Hôtel de Paris, pl. du Casino* – *𝒞 (00-377) 98 06 88 64*
– www.alain-ducasse.com – Fermé fév., déc., janv., merc. sauf juil.-août, mardi et le midi

✿✿ **Joël Robuchon Monte-Carlo** ❀ 🅰🄲 ✗ 🍽

CUISINE MODERNE · ÉLÉGANT ✗✗✗ La luxueuse salle à colonnades offre une vue sur les cuisines. À la carte, associations de saveurs inventives basées sur des produits nobles.
➔ Œuf de poule mollet et friand au caviar et au saumon fumé. Riz bomba dans un bouillon aux saveurs de paella. Chariot de desserts.
Menu 56 € (déj.), 75/199 € – Carte 70/265 €
Plan : DX-z – *Hôtel Métropole, 4 av. de la Madone* – *𝒞 (00-377) 93 15 15 10*
– www.metropole.com – Fermé 17 fév.-1ᵉʳ mars, merc. de sept. à juin et le midi du 13 juil. au 23 août

✿ **Vistamar** ← 🏡 🅰🄲 ✗ ♻ 🚗

CUISINE MODERNE · ÉLÉGANT ✗✗✗ Votre plat idéal ? Produits, cuissons, garnitures : ici, le chef et sa brigade vous composent une assiette "sur mesure"... et savent exaucer vos souhaits ! Beau décor moderne : teintes douces et terrasse regardant le port.
➔ Fleur de courgette farcie à la marmelade de sole, tartare de couteaux et marinière de tomate en fine gelée. Bouillabaisse du Vistamar en trois services. Soufflé au Grand Marnier.
Formule 49 € – Menu 68/130 € – Carte 100/125 €
Plan : DY-r – *Hôtel Hermitage, square Beaumarchais* – *𝒞 (00-377) 98 06 98 98*
– www.montecarloresort.com – Fermé le midi en août

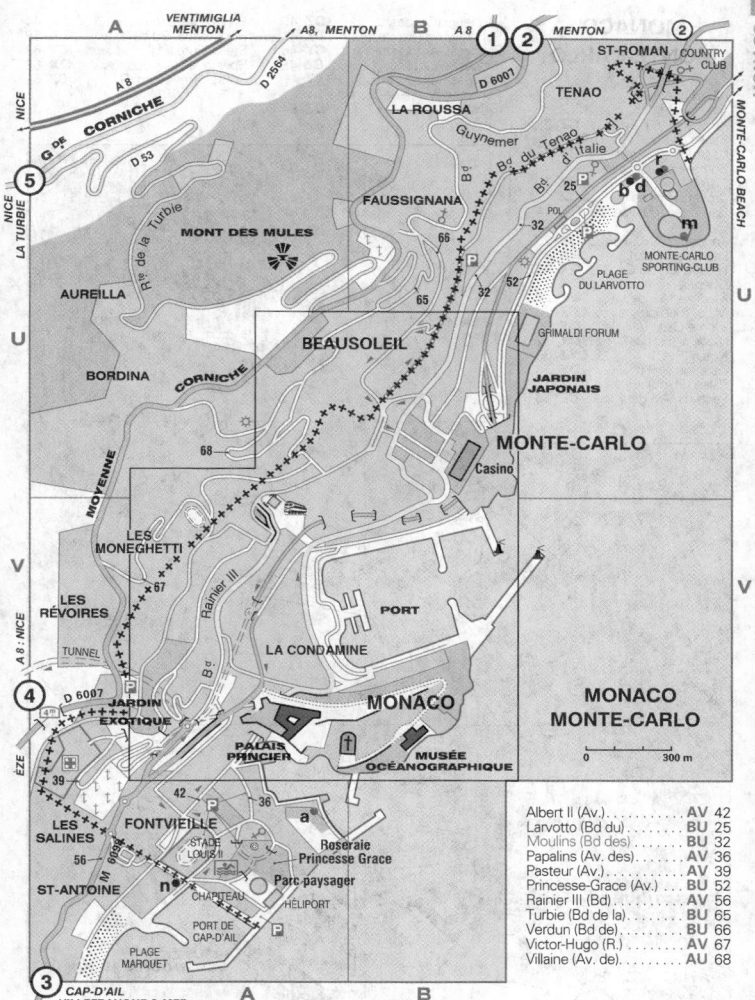

Albert II (Av.)	**AV**	42
Larvotto (Bd du)	**BU**	25
Moulins (Bd des)	**BU**	32
Papalins (Av. des)	**AV**	36
Pasteur (Av.)	**AV**	39
Princesse-Grace (Av.)	**BU**	52
Rainier III (Bd)	**AV**	56
Turbie (Bd de la)	**BU**	65
Verdun (Bd de)	**BU**	66
Victor-Hugo (R.)	**AV**	67
Villaine (Av. de)	**AU**	68

Le Blue Bay

CRÉATIVE · DESIGN XXX Dans le cadre contemporain et élégant du Monte Carlo Bay Hotel and Resort, avec une terrasse ouvrant grand sur la mer... Un superbe horizon pour la cuisine du chef, Marcel Ravin, dont les recettes, soignées et parfumées, sont particulièrement marquées par les origines martiniquaises. Une véritable ode au métissage culinaire !

➔ Souskaï de la mer aux feuilles de poivrier, trois textures de légumes. Agneau de lait des Alpilles boucané, citronnelle et bois d'inde. Soufflé à l'avocat, coco, citron vert et macis.

Menu 88/108 € – Carte 85/145 €

Plan : BU-r – Monte Carlo Bay Hotel and Resort, 40 av. Princesse-Grace – ℰ (00-377) 98 06 03 60 – www.montecarlobay.com – Fermé 15 fév.-8 mars, 20 nov.-10 déc., dim. et lundi hors saison et le midi

MONACO
MONTE-CARLO

Albert II (Av.) . . . . **CZ** 42
Albert I (Bd) . . . . **CYZ**
Armes (Pl. d') . . . . **CZ** 2
Basse (R.) . . . . **CDZ** 3
Castro (R. Col.-de) . . . . **CZ** 7
Comte-Félix-Gastaldi
 (R.) . . . . **DZ** 10
Crovetto-Frères (Av.) . . **CZ** 12
Gaulle (Av. du Gén.-de) **DX** 14
Grimaldi (R.) . . . . **CYZ**
Kennedy (Av. J.-F.) . . . . **DX** 23
Larvotto (Bd du) . . . . . **DX** 25
Leclerc (Bd du Gén.) . . **DX** 26
Libération (Pl. de la) . . **DX** 27
Madone (Av. de la) . . . **DX** 28
Major (Rampe) . . . . . . **CZ** 29
Monte-Carlo (Av. de). . **DY** 30
Moulins (Bd des) . . . . **DX** 32
Notari (R. L.) . . . . **CYZ** 33
Ostende (Av. d') . . . . . **DY** 34
Palais (Pl. du) . . . . **CZ** 35
Papalins (Av. des) . . . . **CZ** 36

Pêcheurs (Ch. des) . . . . **DZ** 40
Porte-Neuve (Av. de la) . . . . **DZ** 41
Princesse-Antoinette (Av.) . . **CY** 46
Princesse-Caroline (R.) . . . . **CZ** 48
Princesse-Charlotte (Bd) . . **DXY**
Princesse-Marie-de-Lorraine
 (R.) . . . . **DZ** 54

Prince-Pierre (Av.) . . . . **CZ** 44
République (Bd de la) . . . . . **DX** 58
Ste-Dévote (Pl.) . . . . **CY** 63
Spélugues (Av. des) . . . . . . **DX** 62
Suffren-Reymond (R.) . . . . **CZ** 64

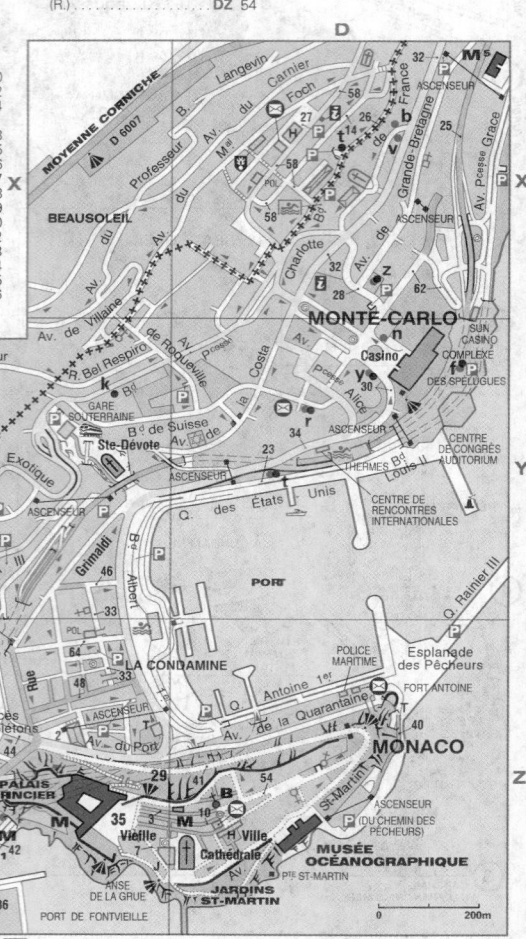

☆

Yoshi

🏵 ⚓ AC ♻

JAPONAISE · DESIGN XX La seconde table de Joël Robuchon au Métropole rend hommage à la cuisine nippone. Bouillons parfumés, sushis et makis y sont traités avec Yoshi ("bonté").

➜ Boulette de crevette au kombu. Black cod mariné et cuit. Blanc-manger à la crème de pistache.

Menu 35 € (déj.), 55/199 € – Carte 70/230 €

Plan : DX-z – Hôtel Métropole, 4 av. de la Madone – ☎ (00-377) 93 15 13 13 – www.metropole.com – Fermé 9-24 fév., lundi, mardi et le midi du 13 juil. au 25 août

ⅡO La Marée 🕳 ⪬ 🕳 AC 🕉

CUISINE MODERNE · ÉLÉGANT XXX Au 6e étage de l'hôtel Port Palace, la salle, bordée de grandes baies vitrées et par une agréable terrasse, offre une vue imprenable sur le bassin et ses yachts. Cuisine au goût du jour.

Menu 29 € (déj.) – Carte 70/120 €

Plan : DY-t – *Hôtel Port Palace, 7 av. J.-F.-Kennedy –* ℰ *(00-377) 97 97 80 00* – *www.portpalace.com*

ⅡO Maya Bay 🕳 🕭 AC ⟺

THAÏLANDAISE · DESIGN XX Dans un même lieu, un restaurant japonais au cadre inventif et ultramoderne, et un restaurant thaïlandais, plus cosy, décoré de kimonos et d'orchidées. Une même gamme de prix et de qualité ; il ne reste qu'à choisir entre le parfumé et l'épure.

Formule 18 € – Carte 35/197 €

Plan : BU-d – *24 av. Princesse-Grace –* ℰ *(00-377) 97 70 74 67* – *www.mayabay.mc – Fermé nov., dim. et lundi*

ⅡO La Trattoria 🕳 AC 🥢

ITALIENNE · À LA MODE XX Les atouts de cette trattoria chic montée sous la houlette d'Alain Ducasse ? Sa terrasse face à la mer bien sûr, et ses antipasti, pâtes fraîches et poissons, cuisinés à la toscane.

Carte 62/106 €

Plan : BU-m – *Sporting d'été - 26 av. Princesse-Grace –* ℰ *(00-377) 98 06 71 71* – *www.alain-ducasse.com – Ouvert 5 mai-24 sept. et fermé le midi*

ⅡO Café de Paris 🕳 AC

CUISINE TRADITIONNELLE · BRASSERIE XX Un lieu mythique sur la place du casino. Le décor est Belle Époque et l'on y inventa la recette des crêpes Suzette ! Cuisine de brasserie inspirée par la Méditerranée.

Formule 35 € ⦆ – Carte 45/105 €

Plan : DY-n – ℰ *(00-377) 98 06 76 23 – www.montecarloresort.com*

ⅡO La Romantica 🕳 AC

ITALIENNE · FAMILIAL XX En plein cœur de l'animation monégasque, la famille Grossi tient cette table conviviale, dans laquelle on célèbre l'Italie du Nord... Tout un programme ! Les plats – artichauts frits, loup de mer aux olives, pannacotta aux olives – sont frais et bien réalisés : on passe un très bon moment.

Menu 39 € – Carte 45/65 €

Plan : DX-b – *3 av. Saint-Laurent –* ℰ *(00-377) 93 25 65 66* – *Fermé 15 fév.-1er mars et dim.*

ⅡO Nobu ⪬ 🕳 AC 🕉

FUSION · BRANCHÉ XX Furieusement tendance, Nobuyuki Matsuhisa s'est rendu célèbre à travers le monde grâce à une cuisine fusion ambitieuse, rencontre des saveurs latines et de la tradition japonaise. Son adresse monégasque tient cette promesse : les saveurs sont à la fête dans des créations d'une belle maîtrise.

Menu 95/150 € – Carte 44/125 €

Plan : DY-f – *Hôtel Fairmont Monte-Carlo, 12 av. Spélugues –* ℰ *(00-377) 97 70 70 97 – www.fairmont.com/montecarlo – Fermé le midi sauf dim. de nov. à mars*

ⅡO La Chaumière ⪬ 🕳 🕭 AC

PROVENÇALE · CONVIVIAL X Entre le Jardin exotique et le Musée national, un sympathique restaurant offrant une vue à couper le souffle sur Monaco et Monte-Carlo. Le chef concocte une jolie cuisine bistrotière aux accents de Provence : frais et savoureux !

≋ Menu 20 € ⦆ – Carte 30/50 €

Plan : CZ-a – *rond-point du Jardin-Exotique –* ℰ *(00-377) 97 70 04 92* – *www.la-chaumiere.mc – Fermé le soir, sam. et dim.*

ⅠO **La Montgolfière-Henri Geraci** 🌡 🅰

CUISINE MODERNE · FAMILIAL X Dans une ruelle piétonne du rocher, à deux pas du palais princier, ce petit restaurant familial est un parfait contrepied à toutes les adresses branchées et "bling-bling" de Monaco ! En toute simplicité, le chef signe une cuisine soignée et goûteuse, parfois mâtinée d'influences asiatiques. Accueil charmant.

Menu 45 € (dîner)/52 € – Carte 65/79 €

Plan : CDZ-t – *16 r. Basse*
– 𝒞 *(00-377) 97 98 61 59 (réservation conseillée)* – *www.lamontgolfiere.mc*
– *Fermé 30 janv.-13 mars, dim. et merc.*

ⅠO **Loga** 🌡 🅰

CUISINE TRADITIONNELLE · FAMILIAL X Une bonne petite adresse familiale proposant au déjeuner salades, pâtes et suggestions du jour, tandis que la carte est plus étoffée le soir – avec en particulier une escalope milanaise succulente ! Salon de thé l'après-midi.

Formule 22 € ▼ – Menu 38 € ▼ (dîner) – Carte 36/70 €

Plan : DX-v – *25 bd des Moulins*
– 𝒞 *(00-377) 93 30 87 72* – *www.loga.mc*
– *Fermé 13-22 fév., 10-25 août, merc. soir et dim.*

🏨 **Hôtel de Paris** 🛎 ⟨ 🔲 🅰 🔼 🅰 🆓 🚗

GRAND LUXE · CLASSIQUE Des aménagements somptueux, un luxe sans fausse note, un espace bien-être fabuleux : voilà ce qui a fait la légende du plus prestigieux des palaces monégasques ! Un ambitieux programme de rénovation est prévu pour 2016, entraînant la fermeture d'une partie des chambres. Ainsi perdurera le mythe de ce fleuron de la Côte d'Azur...

47 chambres – ♦630/1165 € ♦♦630/1975 € – 15 suites – ☲ 44 €

Plan : DY-y – *pl. du Casino*
– 𝒞 *(00-377) 98 06 30 00*
– *www.montecarlosbm.com/luxury-hotels/hotel-de-paris/*

❀❀❀ **Le Louis XV-Alain Ducasse** – voir les restaurants ci-dessus

🏨 **Hermitage** 🛎 ⟨ 🔲 🅰 🔼 🅰 🆓 🚗

LUXE · GRAND STYLE Derrière une foisonnante façade 1900, une coupole signée Eiffel, un déluge de mosaïques, moulures, pampilles... Confort extrême, à la pointe de l'élégance contemporaine dans les deux ailes rénovées. Beaux équipements pour séminaires. Petite restauration et salon de thé au Limun Bar.

244 chambres – ♦435/750 € ♦♦435/2660 € – 34 suites – ☲ 41 €

Plan : DY-r – *square Beaumarchais*
– 𝒞 *(00-377) 98 06 40 00* – *www.montecarloresort.com*

❀ **Vistamar** – voir les restaurants ci-dessus

🏨 **Monte Carlo Bay Hotel and Resort** 🛎 ⟨ 🔲 🅰 🔼 ⬇ 🅰 🆓 🚗

LUXE · MODERNE Né en 2005, ce palace monégasque s'étend sur quatre hectares gagnés sur la mer... Un univers en soi, avec une extraordinaire "piscine-lagon" (bassin à fond de sable), des jardins méditerranéens, de superbes chambres contemporaines, plusieurs restaurants et un casino !

312 chambres – ♦229/1340 € ♦♦229/1340 € – 22 suites – ☲ 34 €

Plan : BU-r – *40 av. Princesse-Grace*
– 𝒞 *(00-377) 98 06 02 00* – *www.montecarlobay.com*

❀ **Le Blue Bay** – voir les restaurants ci-dessus

Métropole 🏨🏨🏨🏨

GRAND LUXE · PERSONNALISÉ Luxe et raffinement à tous les étages de ce palace (1886) situé tout près du casino et relooké par Jacques Garcia. Les beaux salons, le décor cossu et volontiers baroque des chambres, le magnifique spa, le bar feutré, le restaurant Odyssey imaginé par Karl Lagerfeld : les superlatifs manquent !

69 chambres – †320/790 € ††670/1900 € – 64 suites – ☲ 43 €

Plan : DX-z – *4 av. de la Madone* – *ᗕ (00-377) 93 15 15 15* – *www.metropole.com*
❀❀ **Joël Robuchon Monte-Carlo** • ❀ **Yoshi** – voir les restaurants ci-dessus

Méridien Beach Plaza 🏨🏨🏨🏨

HÔTEL DE CHAÎNE · MODERNE Grand hôtel de style moderne avec sa plage privée. Les chambres les plus agréables sont panoramiques et donnent sur la mer. Superbes suites design, belles piscines et centre de conférences. Cuisine méditerranéenne à L'Intempo (ouvert 24 h/24). Espace plein air et ambiance balnéaire au Muse.

391 chambres ☲ – †179/1549 € ††179/1549 € – 12 suites – ½ P

Plan : BU-b – *22 av. Princesse Grace, (à la plage du Larvotto)* – *ᗕ (00-377) 93 30 98 80* – *www.lemeridienmontecarlo.com*

Fairmont Monte-Carlo 🏨🏨🏨🏨

LUXE · MODERNE Un immense complexe hôtelier avec centre de conférences, galerie marchande, spa, restaurants et casino. Toutes les chambres sont parées de couleurs fraîches, avec une vue superbe côté mer.

576 chambres – †329/859 € ††329/859 € – 26 suites – ☲ 38 €

Plan : DY-f – *12 av. Spélugues* – *ᗕ (00-377) 93 50 65 00* – *www.fairmont.com/montecarlo*
🍽️ **Nobu** – voir les restaurants ci-dessus

Port Palace 🏨🏨🏨🏨

LUXE · MODERNE Hôtel intime et luxueux, en face du port et de ses yachts. Grandes chambres élégantes (cuir piqué, tissus italiens, teintes apaisantes). Au sixième étage, les baies vitrées offrent une vue imprenable sur le bassin !

41 chambres ☲ – †272/425 € ††272/425 € – 9 suites

Plan : DY-t – *7 av. J.-F.-Kennedy* – *ᗕ (00-377) 97 97 90 00* – *www.portpalace.com*
🍽️ **La Marée** – voir les restaurants ci-dessus

Novotel 🏨🏨🏨

BUSINESS · FONCTIONNEL Sur les hauteurs de la principauté, les anciens studios de RMC ont laissé place à cet hôtel contemporain. Préférez les chambres côté jardin, plus calmes. Solarium au 7e étage et, pour la détente, un espace loisir avec fitness et piscine...

218 chambres – †145/560 € ††145/560 € – 10 suites – ☲ 20 €

Plan : CY-k – *16 bd Princesse-Charlotte* – *ᗕ (00-377) 99 99 83 00* – *www.novotel.com/5275*

Hôtel de France 🏨

FAMILIAL · FONCTIONNEL Non loin du port et de son animation, dans une ruelle au calme, cet immeuble ancien accueille de petites chambres fonctionnelles et très bien tenues. L'endroit parfait pour découvrir la principauté à des prix raisonnables !

26 chambres ☲ – †85/115 € ††95/155 €

Plan : CZ-a – *6 r. de la Turbie* – *ᗕ (00-377) 93 30 24 64* – *www.horeldefrance.mc*

à Monte-Carlo-Beach (France Alpes-Mar.) 2,5 km au Nord-Est (Plan : BU)
– ✉ 06190 Roquebrune-Cap-Martin

❀ Elsa 🍴 🆎 🖤 🅿

MÉDITERRANÉENNE · DESIGN ✕✕ On se noie dans les yeux de cette Elsa-là, qui offre une vue superbe sur la mer... et honore avec grande finesse la cuisine méditerranéenne. Le chef mise sur des produits 100 % bio et des poissons de première fraîcheur : ses recettes se révèlent très parfumées, sans fioritures ; le repas est un vrai plaisir.

→ Crevettes rouges et crues de San Remo, mini fenouil, fragrance d'agrume et œuf d'esturgeon. Rougets de roches rôtis tradition Riviera, purée de brocoletti et petits légumes du jardin. Soufflé Elsa aux amandes de Sicile.

Menu 45 € 🍷 (déj. en semaine), 98/145 € – Carte 85/155 €

Hôtel Monte-Carlo Beach, av. Princesse-Grace – ☎ 04 93 28 66 57
– www.monte-carlo-beach.com – Ouvert 4 mars-23 oct.

🏨 **Monte-Carlo Beach** 🎿 🐕 ≼ 🛁 🕸 🍸 🍽 🔲 🖤 🆎 🖤 🧖 🅿

LUXE · PERSONNALISÉ Ce luxueux hôtel né dans les années 1930 dresse toujours sa belle façade couleur terracotta au-dessus de la mer... L'atmosphère des chambres, ouvertes sur les flots, évoque l'esprit des croisières (tons bleu et blanc, mobilier marin), et l'on peut profiter de l'impressionnant complexe balnéaire pour la détente.

31 chambres – 🛏370/1350 € 🛏🛏370/1350 € – 9 suites – ☕ 40 €

av. Princesse-Grace – ☎ 04 93 28 66 66 – www.monte-carlo-beach.com
– Ouvert 4 mars-23 oct.

❀ **Elsa** – voir les restaurants ci-dessus

*Voir aussi ressources hôtelières à **Beausoleil** et **Cap d'Ail***

Index thématiques

Thematic Index

2016
LES CHIFFRES :
26 ✿✿✿
82 ✿✿
493 ✿
655 🙂

Carte des tables étoilées 2016 ....**2054**
Map of locations with stars 2016

Les tables étoilées 2016 ....**2058**
Starred establishments

Bib Gourmand...**2070**
Bib Gourmand

Hôtels & maisons d'hôtes de charme........**2083**
The most pleasant accommodation

Les spas **2101**
Accommodation with Spa

Les Tables étoilées 2016

Boulogne-sur-Mer • Boeschepe
Le Touquet-Paris-Plage •
Montreuil • **Busnes**
La Madelaine-sous-Montreuil • Laventie
Le Bourg-Dun • Dieppe
Caudebec- en-Caux • Valmont • Offranville • Dury
Cherbourg-Octeville • **Le Havre** • Frichemesnil • Étouy
Honfleur • Caen • **Rouen** • Lyons- la-Forêt
Carteret • Bayeux • Les Damps • **Chantilly**
Trébeurden • Beuvron-en-Auge • Giverny • **Paris**
Carantec • Blainville-sur-Mer • Argentan
Roscoff • La Ville Blanche • Tréguier • A
St-Pol-de-Léon • St-Malo • Cancale
Porspoder • Plouider • Plérin • La Gouesnière • La Ferrière-aux-Étangs
Brest • St-Brieuc • Plancoët • St-Servan-sur-Mer • Bagnoles-de-l'Orne
Plomodiern • St-Grégoire • Mayenne • Chartres • Les Bézards
Quimper • Noyal- sur-Vilaine • Montargis
Ste-Marine • Pont-Aven • Rennes • Le Mans • Orléans
Raguenès- Plage • Hennebont • St-Avé • Loiré • La Flèche • Amboise • Montlivault • Gien
Lorient • Billiers • Briollay • Rochecorbon • Blois • Sancerre
Port-Louis • Vannes • Missillac • Angers • Tours • Romorantin- Lanthenay
Portivy • St-Joachim • Saumur • Chenonceaux • Bourges
La Plaine-sur-Mer • Nantes • **Haute-Goulaine**
L'Herbaudière • Le-Petit-Pressigny • St-Valentin
St-Sulpice-le-Verdon
Brétignolles-sur-Mer • St-Benoît
Les Sables-d'Olonne • Curzay-sur-Vonne
La Rochelle
Breuillet • Bourg- Charente • Massignac
St-Émilion • La Roche-l'Abeille
Champagnac- de-Belair • Champcevinel
Pauillac • Chancelade • Varetz
Lormont • Périgueux • Brive-la-Gaillarde
Bordeaux • Sarlat-la-Canéda • St-Céré • Sousceyrac
Bouliac • Bergerac • Trémolat • Lacave • **Laguiole**
Arcachon • **Martillac** • Monestier • Ste-Sabine • Conques
Langon • **Puymirol** • St-Médard • Bozouls
St-Jean-de-Blaignac • Belcastel • Rodez
Villeneuve-s-Lot • Agen • Sauveterre-de-Rouergue
Mont-de-Marsan • Moirax
Bayonne • Condom • Rouffiac-Tolosan
Biarritz • **Magescq** • **Pujaudran** • Fonsegrives
Bidart • Arcangues • **Eugénie- les-Bains** • **Colomiers** • Lastours
St-Jean-de-Luz • Ainhoa • **Toulouse** • Pezens • **Carcassonne**
Guéthary • St-Jean- Pied-de-Port • Bosdarros • Aureville • **Fontjoncouse**
St-Pée-sur-Nivelle • Castanet-Tolosan • Bélesta
La Pomarède • Montner

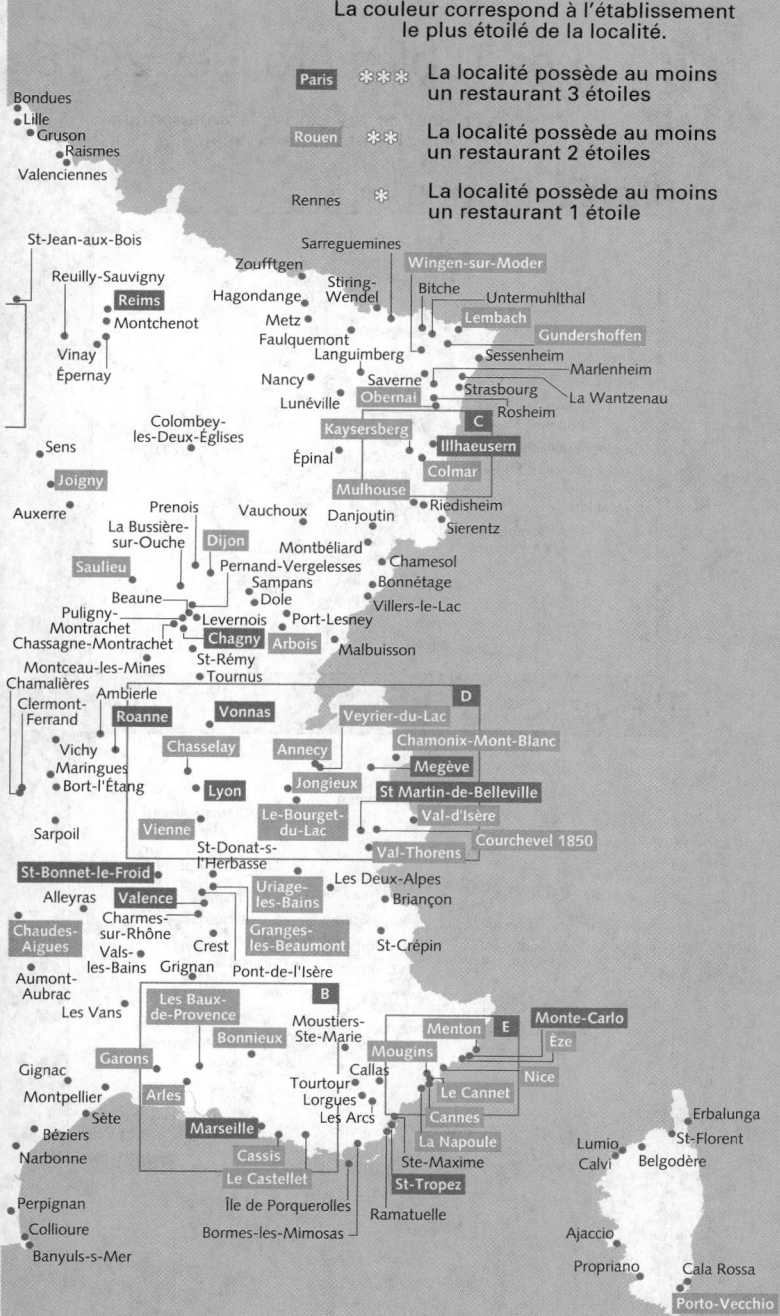

La couleur correspond à l'établissement le plus étoilé de la localité.

Paris ✱✱✱ La localité possède au moins un restaurant 3 étoiles

Rouen ✱✱ La localité possède au moins un restaurant 2 étoiles

Rennes ✱ La localité possède au moins un restaurant 1 étoile

Bondues
Lille
Gruson
Raismes
Valenciennes

St-Jean-aux-Bois
Reuilly-Sauvigny
Reims
Montchenot
Vinay
Épernay

Sarreguemines
Zoufftgen
Stiring-Wendel
Wingen-sur-Moder
Hagondange
Bitche
Untermuhlthal
Metz
Lembach
Gundershoffen
Faulquemont
Languimberg
Sessenheim
Nancy
Saverne
Marlenheim
Lunéville
Obernai
Strasbourg
La Wantzenau
Rosheim

Colombey-les-Deux-Églises
C
Sens
Kaysersberg
Illhaeusern
Joigny
Épinal
Colmar
Auxerre
Mulhouse

Prenois
Vauchoux
Danjoutin
Riedisheim
La Bussière-sur-Ouche
Dijon
Sierentz
Saulieu
Montbéliard
Pernand-Vergelesses
Chamesol
Beaune
Sampans
Bonnétage
Dole
Villers-le-Lac
Puligny-Montrachet
Levernois
Port-Lesney
Chassagne-Montrachet
Chagny
Arbois
Montceau-les-Mines
St-Rémy
Malbuisson
Chamalières
Ambierle
Tournus
Clermont-Ferrand
Roanne
Vonnas
Veyrier-du-Lac
Chasselay
Annecy
Chamonix-Mont-Blanc
Vichy
Megève
Maringues
Jongieux
St Martin-de-Belleville
Bort-l'Étang
Lyon
Le-Bourget-du-Lac
Val-d'Isère
Vienne
Courchevel 1850
Sarpoil
St-Donat-s-l'Herbasse
Val-Thorens
St-Bonnet-le-Froid
Les Deux-Alpes
Alleyras
Valence
Uriage-les-Bains
Briançon
Charmes-sur-Rhône
Chaudes-Aigues
Vals-les-Bains
Crest
Granges-les-Beaumont
St-Crépin
Aumont-Aubrac
Grignan
Pont-de-l'Isère
Les Vans

B
Gignac
Les Baux-de-Provence
Menton
E
Monte-Carlo
Montpellier
Bonnieux
Moustiers-Ste-Marie
Mougins
Èze
Sète
Garons
Callas
Nice
Béziers
Arles
Tourtour
Le Cannet
Narbonne
Lorgues
Cannes
Marseille
Les Arcs
La Napoule
Perpignan
Cassis
Ste-Maxime
Collioure
Le Castellet
St-Tropez
Banyuls-s-Mer
Île de Porquerolles
Ramatuelle
Bormes-les-Mimosas

Erbalunga
Lumio
St-Florent
Calvi
Belgodère
Ajaccio
Propriano
Cala Rossa
Porto-Vecchio

Les Tables étoilées 2016

La couleur correspond à l'établissement
le plus étoilé de la localité.

Île-de-France

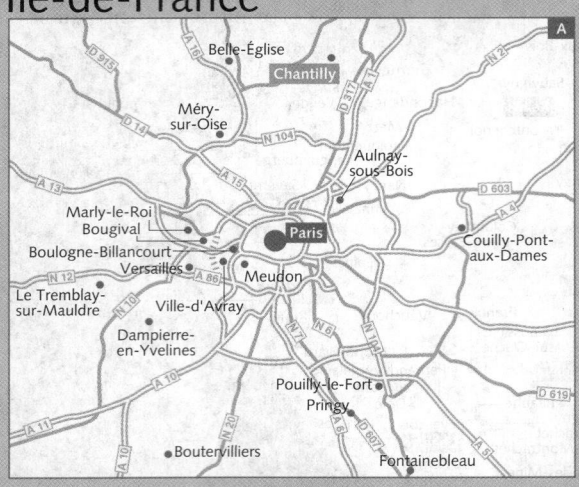

Provence

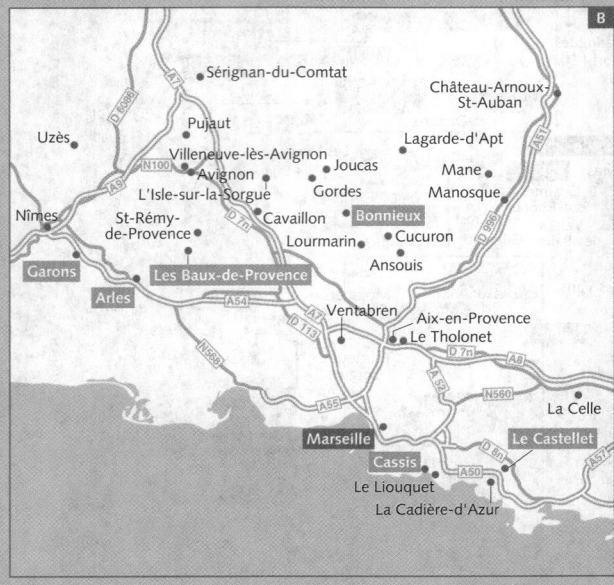

Alsace

C

Rhinau

La Vancelle

N 59

Zellenberg
Riquewihr

Illhaeusern

Xonrupt-
Longemer

Kaysersberg

Colmar

D 415

Bas-Rupts

Wihr-au-Val

N 66

D 83

Rhône-Alpes

D

Mirande

Charolles

Thonon-les-Bains

Chaintré

Pont-de-Vaux

Douvaine

St-Amour-
Bellevue

Montrevel-
en-Bresse

Machilly

Mâcon

Vonnas

Péronnas

Bossey

Chamonix-Mont-Blanc

Vaux-
en-Beaujolais

Ambronay

**Veyrier-
du-Lac**

Bagnols

Villefranche-
sur-Saône

Annecy

St-Gervais-les-Bains

Tarare

Chasselay

Jongieux

Talloires

Megève

Charbonnières-
les-Bains

Lyon

Albertville

Bourgoin-
Jallieu

Le-Bourget-du-Lac

Le Praz

Val-d'Isère

Vienne

Chambery

La Tania

Méribel

Chonas-
l'Amballan

St-Martin-sur-la-Chambre

Courchevel 1850

St-Martin-de-Belleville

Val-Thorens

Côte-d'Azur

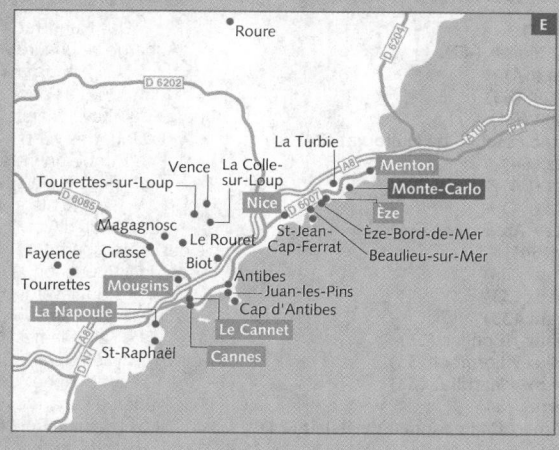

E

Roure

D 6202

La Turbie

Menton

Vence

La Colle-
sur-Loup

Monte-Carlo

Tourrettes-sur-Loup

Nice

Èze

Magagnosc

Le Rouret

St-Jean-
Cap-Ferrat

Èze-Bord-de-Mer

Fayence

Grasse

Biot

Beaulieu-sur-Mer

Tourrettes

Mougins

Antibes

Juan-les-Pins

La Napoule

Cap d'Antibes

Le Cannet

St-Raphaël

Cannes

LES TABLES ÉTOILÉES
STARRED RESTAURANTS

ALSACE

Colmar (68)	L'Atelier du Peintre ✿
Colmar (68)	JY'S ✿✿ **N**
Gundershoffen (67)	Le Cygne ✿✿
Illhaeusern (68)	Auberge de l'Ill ✿✿✿
Kaysersberg (68)	64° Le Restaurant ✿✿
Lembach (67)	Auberge du Cheval Blanc ✿✿
Lièpvre / La Vancelle (67)	Auberge Frankenbourg ✿
Marlenheim (67)	Le Cerf ✿
Mulhouse (68)	Il Cortile ✿✿
Mulhouse / Riedisheim (68)	La Poste ✿
Mulhouse / Rixheim (68)	Le 7ème Continent ✿
Munster / Wihr-au-Val (68)	La Nouvelle Auberge ✿
Obernai (67)	Le Bistro des Saveurs ✿
Obernai (67)	La Fourchette des Ducs ✿✿
Rhinau (67)	Au Vieux Couvent ✿
Riquewihr (68)	La Table du Gourmet ✿
Riquewihr / Zellenberg (68)	Maximilien ✿
Rosheim (67)	Hostellerie du Rosenmeer ✿
Saverne (67)	Kasbür ✿
Sessenheim (67)	Auberge au Bœuf ✿
Sierentz (68)	Auberge St-Laurent ✿
Strasbourg (67)	Buerehiesel ✿
Strasbourg (67)	Au Crocodile ✿ **N**
Strasbourg (67)	Esprit Terroir ✿
Strasbourg (67)	Gavroche ✿
Strasbourg (67)	1741 ✿
Strasbourg (67)	Umami ✿
Strasbourg / La Wantzenau (67)	Relais de la Poste ✿
Wingen-sur-Moder (67)	Villa René Lalique ✿✿ **N**

AQUITAINE

Agen (47)	Mariottat ✿
Agen / Moirax (47)	Auberge Le Prieuré ✿
Ainhoa (64)	Ithurria ✿
Arcachon (33)	Le Patio ✿
Bayonne (64)	Auberge du Cheval Blanc ✿
Bergerac / Moulin de Malfourat (24)	La Tour des Vents ✿
Biarritz (64)	L'Impertinent ✿
Biarritz (64)	La Villa Eugénie ✿
Biarritz (64)	Les Rosiers ✿
Biarritz / Arcangues (64)	Le Moulin d'Alotz ✿
Bidart (64)	Table des Frères Ibarboure ✿
Bordeaux (33)	La Grande Maison-Joël Robuchon ✿✿ **N**
Bordeaux (33)	Le Pavillon des Boulevards ✿
Bordeaux (33)	Le Pressoir d'Argent-Gordon Ramsay ✿ **N**
Bordeaux / Bouliac (33)	Le Saint-James ✿
Bordeaux / Lormont (33)	Le Prince Noir - Vivien Durand ✿
Bordeaux / Martillac (33)	La Grand'Vigne ✿✿
Bosdarros (64)	Auberge Labarthe ✿
Brantôme / Champagnac-de-Belair (24)	Le Moulin du Roc ✿

Eugénie-les-Bains (40)	Les Prés d'Eugénie - Michel Guérard ❀❀❀
Guéthary (64)	Brikéténia ❀
Langon (33)	Claude Darroze ❀
Magescq (40)	Relais de la Poste ❀❀
Monestier (24)	Les Fresques ❀
Mont-de-Marsan (40)	Les Clefs d'Argent ❀
Pauillac (33)	Château Cordeillan Bages ❀❀
Périgueux (24)	L'Essentiel ❀
Périgueux / Champcevinel (24)	La Table du Pouyaud ❀
Périgueux / Chancelade (24)	L'Oison ❀
Puymirol (47)	Michel Trama ❀❀
Saint-Émilion (33)	Les Belles Perdrix de Troplong-Mondot ❀ N
Saint-Émilion (33)	Hostellerie de Plaisance ❀
Saint-Jean-de-Blaignac (33)	Auberge St-Jean ❀
Saint-Jean-de-Luz (64)	Le Kaïku ❀
Saint-Jean-Pied-de-Port (64)	Les Pyrénées ❀
Saint-Pée-sur-Nivelle (64)	L'Auberge Basque ❀
Sainte-Sabine (24)	Étincelles - La Gentilhommière ❀
Sarlat-la-Canéda (24)	Le Grand Bleu ❀
Trémolat (24)	Le Vieux Logis ❀
Villeneuve-sur-Lot (47)	La Table des Sens ❀

AUVERGNE

Alleyras (43)	Le Haut-Allier ❀
Chaudes-Aigues (15)	Serge Vieira ❀❀
Clermont-Ferrand (63)	Apicius ❀
Clermont-Ferrand (63)	Fleur de Sel ❀
Clermont-Ferrand (63)	Jean-Claude Leclerc ❀
Clermont-Ferrand (63)	Le Pré - Xavier Beaudiment ❀
Clermont-Ferrand / Chamalières (63)	Radio ❀
Issoire / Sarpoil (63)	La Bergerie ❀
Lezoux / Bort-l'Étang (63)	Château de Codignat ❀
Maringues (63)	le Carrousel ❀
Saint-Bonnet-le-Froid (43)	Régis et Jacques Marcon ❀❀❀
Vichy (03)	Maison Decoret ❀

BOURGOGNE

Auxerre (89)	L'Aspérule ❀
Beaune (21)	Le Bénaton ❀
Beaune (21)	Le Jardin des Remparts ❀
Beaune (21)	Le Carmin ❀ N
Beaune (21)	Loiseau des Vignes ❀
Beaune / Levernois (21)	Hostellerie de Levernois ❀
Beaune / Pernand-Vergelesses (21)	Le Charlemagne ❀
La Bussière-sur-Ouche (21)	1131 ❀
Chagny (71)	Maison Lameloise ❀❀❀
Chaintré (71)	La Table de Chaintré ❀
Chalon-sur-Saône / Saint-Rémy (71)	L'Amaryllis ❀
Charolles (71)	Frédéric Doucet ❀
Chassagne-Montrachet (21)	Ed.Em ❀
Dijon (21)	Loiseau des Ducs ❀
Dijon (21)	La Maison des Cariatides ❀ N
Dijon (21)	Stéphane Derbord ❀
Dijon (21)	William Frachot ❀❀
Dijon / Prenois (21)	Auberge de la Charme ❀
Fleurville / Mirande (71)	La Marande ❀
Joigny (89)	La Côte St-Jacques ❀❀

Mâcon (71)	Pierre ✿
Montceau-les-Mines (71)	Jérôme Brochot ✿
Puligny-Montrachet (21)	Le Montrachet ✿
Saint-Amour-Bellevue (71)	Auberge du Paradis ✿
Saint-Amour-Bellevue (71)	Au 14 Février ✿
Saulieu (21)	Le Relais Bernard Loiseau ✿✿
Sens (89)	La Madeleine ✿
Tournus (71)	Aux Terrasses ✿
Tournus (71)	Greuze ✿
Tournus (71)	Meulien ✿
Tournus (71)	Quartier Gourmand ✿

BRETAGNE

Bénodet / Sainte-Marine (29)	Les Trois Rochers ✿ **N**
Billiers (56)	Domaine de Rochevilaine ✿
Brest (29)	L'Armen ✿
Brest (29)	Le M ✿
Cancale (35)	Le Coquillage ✿
Cancale (35)	La Table de Breizh Café ✿
Carantec (29)	Patrick Jeffroy ✿✿
La Gouesnière (35)	La Gouesnière ✿ **N**
Hennebont (56)	Château de Locguénolé ✿
Lannion / La Ville Blanche (22)	La Ville Blanche ✿
Lorient (56)	Henri et Joseph ✿
Lorient (56)	L'Amphitryon ✿✿
Névez / Raguenès-Plage (29)	Ar Men Du ✿
Plancoët (22)	Maison Crouzil et Hôtel L'Écrin ✿
Plomodiern (29)	L'Auberge des Glazicks ✿
Plouider (29)	La Butte ✿
Pont-Aven (29)	Le Moulin de Rosmadec ✿
Porspoder (29)	Le Château de Sable ✿ **N**
Port-Louis (56)	Avel Vor ✿
Quiberon / Portivy (56)	Le Petit Hôtel du Grand Large ✿
Quimper (29)	Allium ✿ **N**
Quimper (29)	L'Ambroisie ✿
Rennes (35)	Aozen ✿
Rennes (35)	La Coquerie ✿
Rennes / Noyal-sur-Vilaine (35)	Auberge du Pont d'Acigné ✿
Rennes / Saint-Grégoire (35)	Le Saison ✿
Roscoff (29)	Le Brittany ✿
Roscoff (29)	Rackham ✿ **N**
Saint-Brieuc (22)	Aux Pesked ✿
Saint-Brieuc (22)	Youpala Bistrot ✿
Saint-Brieuc / Plérin (22)	La Vieille Tour ✿
Saint-Malo (35)	Le Chalut ✿
Saint-Malo / Saint-Servan-sur-Mer (35)	Le St-Placide ✿
Saint-Pol-de-Léon (29)	Auberge La Pomme d'Api ✿
Trébeurden (22)	Manoir de Lan-Kerellec ✿
Tréguier (22)	Aigue Marine ✿
Vannes (56)	La Gourmandière - La Table d'Olivier ✿
Vannes (56)	Roscanvec ✿
Vannes / Saint-Avé (56)	Le Pressoir ✿

CENTRE-VAL-DE-LOIRE

Amboise (37)	Château de Pray ✿
Les Bézards (45)	Auberge des Templiers ✿
Blois (41)	Assa ✿

Blois (41)	L'Orangerie du Château ❀
Bourges (18)	Le Cercle ❀
Chartres (28)	Le Grand Monarque ❀
Chenonceaux (37)	Auberge du Bon Laboureur ❀
Gien (45)	Côté Jardin ❀
Issoudun / Saint-Valentin (36)	Au 14 Février ❀
Montargis (45)	La Gloire ❀
Montlivault (41)	La Maison d'à Côté ❀
Onzain (41)	Domaine des Hauts de Loire ❀❀
Orléans (45)	Le Lièvre Gourmand ❀
Le-Petit-Pressigny (37)	La Promenade ❀
Romorantin-Lanthenay (41)	Grand Hôtel du Lion d'Or ❀
Sancerre (18)	La Tour ❀
Tours (37)	La Roche Le Roy ❀
Tours / Rochecorbon (37)	Les Hautes Roches ❀

CHAMPAGNE-ARDENNE

Colombey-les-Deux-Églises (52)	Hostellerie la Montagne ❀
Épernay (51)	Les Berceaux ❀
Épernay / Vinay (51)	Hostellerie La Briqueterie ❀
Reims (51)	L'Assiette Champenoise ❀❀❀
Reims (51)	Le Foch ❀
Reims (51)	Le Millénaire ❀
Reims (51)	Le Parc Les Crayères ❀❀
Reims / Montchenot (51)	Le Grand Cerf ❀

CORSE

Ajaccio (2A)	Palm Beach ❀
Belgodère (2B)	I Salti ❀ N
Calvi (2B)	La Table by la villa ❀
Erbalunga (2B)	Le Pirate ❀
Lumio (2B)	Chez Charles ❀
Porto-Vecchio (2A)	Casadelmar ❀❀
Porto-Vecchio (2A)	La Table de Cala Rossa ❀
Propriano (2A)	Le Lido ❀
Saint-Florent (2B)	La Roya ❀

FRANCHE-COMTÉ

Arbois (39)	Jean-Paul Jeunet ❀❀
Belfort / Danjoutin (90)	Le Pot d'Étain ❀
Bonnétage (25)	L'Étang du Moulin ❀
Chamesol (25)	Mon Plaisir ❀
Dole (39)	La Chaumière ❀
Dole / Sampans (39)	Château du Mont Joly ❀
Malbuisson (25)	Le Bon Accueil ❀
Montbéliard (25)	Le St-Martin ❀
Port-Lesney (39)	Château de Germigney ❀
Port-sur-Saône / Vauchoux (70)	Château de Vauchoux ❀
Villers-le-Lac (25)	Le France ❀

ÎLE-DE-FRANCE

Aulnay-sous-Bois (93)	Auberge des Saints Pères ❀
Bougival (78)	Le Camélia ❀
Boulogne-Billancourt (92)	MaSa ❀
Cergy-Pontoise / Méry-sur-Oise (95)	Le Chiquito ❀
Couilly-Pont-aux-Dames (77)	Auberge de la Brie ❀

Dampierre-en-Yvelines (78)	La Table des Blot - Auberge du Château ✿
Étampes / Boutervilliers (91)	Le Bouche à Oreille ✿
Fontainebleau (77)	L'Axel ✿
Marly-le-Roi (78)	Le Village ✿
Meudon (92)	L'Escarbille ✿
Paris 1er	Le Baudelaire ✿
Paris 1er	Carré des Feuillants ✿✿
Paris 1er	La Dame de Pic ✿
Paris 1er	Le Grand Véfour ✿✿
Paris 1er	Jin ✿
Paris 1er	Kei ✿
Paris 1er	Le Meurice Alain Ducasse ✿✿
Paris 1er	Sur Mesure par Thierry Marx ✿✿
Paris 1er	Yam'Tcha ✿
Paris 2e	Le Céladon ✿
Paris 2e	Goust d'Enrico Bernardo ✿
Paris 2e	Passage 53 ✿✿
Paris 2e	Pur' - Jean-François Rouquette ✿
Paris 2e	Saturne ✿ **N**
Paris 4e	L'Ambroisie ✿✿✿
Paris 4e	Benoit ✿
Paris 5e	Itinéraires ✿
Paris 5e	Sola ✿
Paris 5e	La Tour d'Argent ✿
Paris 5e	La Truffière ✿
Paris 6e	Guy Savoy ✿✿✿
Paris 6e	Hélène Darroze ✿
Paris 6e	Relais Louis XIII ✿
Paris 6e	Le Restaurant ✿
Paris 6e	Ze Kitchen Galerie ✿
Paris 7e	Aida ✿
Paris 7e	Arpège ✿✿✿
Paris 7e	L'Atelier de Joël Robuchon - St-Germain ✿✿
Paris 7e	Auguste ✿
Paris 7e	Les Climats ✿
Paris 7e	David Toutain ✿
Paris 7e	ES ✿
Paris 7e	Les Fables de La Fontaine ✿
Paris 7e	Garance ✿
Paris 7e	Gaya Rive Gauche par Pierre Gagnaire ✿
Paris 7e	Il Vino d'Enrico Bernardo ✿
Paris 7e	Le Jules Verne ✿
Paris 7e	Nakatani ✿ **N**
Paris 7e	Sylvestre ✿✿ **N**
Paris 7e	Le Violon d'Ingres ✿
Paris 8e	Alain Ducasse au Plaza Athénée ✿✿✿ **N**
Paris 8e	Apicius ✿
Paris 8e	L'Arôme ✿
Paris 8e	L'Atelier de Joël Robuchon - Étoile ✿
Paris 8e	114, Faubourg ✿
Paris 8e	Le Chiberta ✿
Paris 8e	Le Cinq ✿✿✿ **N**
Paris 8e	Le Diane ✿
Paris 8e	Dominique Bouchet ✿
Paris 8e	Épicure au Bristol ✿✿✿
Paris 8e	Le Gabriel ✿✿ **N**
Paris 8e	Le Grand Restaurant - Jean-François Piège ✿✿ **N**
Paris 8e	Helen ✿

Paris 8ᵉ	Il Carpaccio ❁
Paris 8ᵉ	Lasserre ❁
Paris 8ᵉ	Laurent ❁
Paris 8ᵉ	Lucas Carton ❁ **N**
Paris 8ᵉ	Okuda ❁
Paris 8ᵉ	Pavillon Ledoyen ❁❁❁
Paris 8ᵉ	Penati al Baretto ❁
Paris 8ᵉ	Pierre Gagnaire ❁❁❁
Paris 8ᵉ	La Scène ❁
Paris 8ᵉ	La Table du Lancaster ❁❁
Paris 8ᵉ	Le Taillevent ❁❁
Paris 8ᵉ	Le 39V ❁
Paris 11ᵉ	Qui plume la Lune ❁
Paris 11ᵉ	Septime ❁
Paris 12ᵉ	Au Trou Gascon ❁
Paris 14ᵉ	Cobéa ❁
Paris 15ᵉ	Neige d'Été ❁ **N**
Paris 15ᵉ	Le Quinzième - Cyril Lignac ❁
Paris 16ᵉ	L'Abeille ❁❁ **N**
Paris 16ᵉ	Akrame ❁
Paris 16ᵉ	Antoine ❁
Paris 16ᵉ	Astrance ❁❁❁
Paris 16ᵉ	La Grande Cascade ❁
Paris 16ᵉ	Hexagone ❁ **N**
Paris 16ᵉ	Hiramatsu ❁
Paris 16ᵉ	Mathieu Pacaud - Histoires ❁❁ **N**
Paris 16ᵉ	Pages ❁ **N**
Paris 16ᵉ	Le Pergolèse ❁
Paris 16ᵉ	Le Pré Catelan ❁❁❁
Paris 16ᵉ	Relais d'Auteuil ❁
Paris 16ᵉ	St-James Paris ❁
Paris 16ᵉ	Shang Palace ❁
Paris 16ᵉ	Les Tablettes de JL Nomicos ❁
Paris 17ᵉ	Agapé ❁
Paris 17ᵉ	La Fourchette du Printemps ❁
Paris 17ᵉ	Frédéric Simonin ❁
Paris 17ᵉ	Jacques Faussat ❁
Paris 17ᵉ	Maison Rostang ❁❁
Paris 18ᵉ	La Table d'Eugène ❁
Pouilly-le-Fort (77)	Le Pouilly ❁
Pringy (77)	L'Inédit ❁
Le Tremblay-sur-Mauldre (78)	Numéro 3 ❁
Versailles (78)	L'Angélique ❁
Versailles (78)	Gordon Ramsay au Trianon ❁
Versailles (78)	La Table du 11 ❁ **N**
Ville-d'Avray (92)	Le Corot ❁

LANGUEDOC-ROUSSILLON

Aumont-Aubrac (48)	Cyril Attrazic ❁
Banyuls-sur-Mer (66)	Le Fanal ❁
Bélesta (66)	La Coopérative ❁
Béziers (34)	Octopus ❁
Carcassonne (11)	La Barbacane ❁
Carcassonne (11)	Domaine d'Auriac ❁
Carcassonne (11)	Le Parc Franck Putelat ❁❁
Carcassonne / Pezens (11)	L'Ambrosia ❁
Collioure (66)	La Balette ❁

Fontjoncouse (11)	Auberge du Vieux Puits ✿✿✿
Gignac (34)	Restaurant de Lauzun ✿
Lastours (11)	Le Puits du Trésor ✿
Montner (66)	Auberge du Cellier ✿
Montpellier (34)	Mia ✿
Montpellier (34)	La Réserve Rimbaud ✿
Narbonne (11)	La Table Saint-Crescent ✿
Nîmes (30)	Jérôme Nutile - Le Mas de Boudan ✿ **N**
Nîmes / Garons (30)	Alexandre ✿✿
Perpignan (66)	La Galinette ✿
La Pomarède (11)	Hostellerie de la Pomarède ✿
Pujaut (30)	Entre Vigne et Garrigue ✿
Sète (34)	La Coquerie ✿
Uzès (30)	La Table d'Uzès ✿
Villeneuve-lès-Avignon (30)	Le Prieuré ✿

LIMOUSIN

Brive-la-Gaillarde (19)	La Table d'Olivier ✿
Brive-la-Gaillarde / Varetz (19)	Château de Castel Novel ✿
La Roche-l'Abeille (87)	Le Moulin de la Gorce ✿

LORRAINE

Baerenthal / Untermuhlthal (57)	L'Arnsbourg ✿ **N**
Bitche (57)	Le Strasbourg ✿
Épinal (88)	Les Ducs de Lorraine ✿
Faulquemont (57)	Toya ✿
Forbach / Stiring-Wendel (57)	La Bonne Auberge ✿
Gérardmer / Bas-Rupts (88)	Les Bas-Rupts ✿
Gérardmer / Xonrupt-Longemer (88)	Les Jardins de Sophie ✿
Hagondange (57)	Quai des Saveurs ✿
Languimberg (57)	Chez Michèle ✿
Lunéville (54)	Château d'Adoménil ✿
Metz (57)	Le Magasin aux Vivres ✿
Nancy (54)	La Maison dans le Parc ✿
Sarreguemines (57)	Auberge St-Walfrid ✿
Zoufftgen (57)	La Lorraine ✿

MIDI-PYRÉNÉES

Aureville (31)	En Marge ✿
Belcastel (12)	Vieux Pont ✿
Bozouls (12)	Le Belvédère ✿
Condom (32)	La Table des Cordeliers ✿
Conques (12)	Hervé Busset ✿
L'Isle-Jourdain / Pujaudran (32)	Le Puits St-Jacques ✿✿
Lacave (46)	Château de la Treyne ✿
Lacave (46)	Pont de l'Ouysse ✿
Laguiole (12)	Bras ✿✿✿
Rodez (12)	Goûts et Couleurs ✿
Saint-Céré (46)	Les Trois Soleils de Montal ✿
Saint-Médard (46)	Le Gindreau ✿
Sauveterre-de-Rouergue (12)	Le Sénéchal ✿
Sousceyrac (46)	Au Déjeuner de Sousceyrac ✿
Toulouse (31)	Michel Sarran ✿✿
Toulouse (31)	PY-R ✿ **N**
Toulouse (31)	Stéphane Tournié - Les Jardins de l'Opéra ✿
Toulouse / Castanet-Tolosan (31)	La Table des Merville ✿ **N**

Toulouse / Colomiers (31)	L'Amphitryon ✿✿
Toulouse / Fonsegrives (31)	En Pleine Nature ✿
Toulouse / Rouffiac-Tolosan (31)	Ô Saveurs ✿

NORD-PAS-DE-CALAIS

Béthune / Busnes (62)	Le Château de Beaulieu ✿✿
Boeschepe (59)	Auberge du Vert Mont ✿
Boulogne-sur-Mer (62)	La Matelote ✿
Laventie (62)	Le Cerisier ✿
Lille (59)	La Laiterie ✿
Lille (59)	La Table ✿ N
Lille / Bondues (59)	Val d'Auge ✿
Lille / Gruson (59)	L'Arbre ✿
Montreuil (62)	Château de Montreuil ✿
Montreuil / La Madelaine-sous-Montreuil (62)	La Grenouillère ✿
Le Touquet-Paris-Plage (62)	Westminster ✿
Valenciennes (59)	Le Musigny ✿
Valenciennes / Raismes (59)	La Grignotière ✿ N

NORMANDIE

Argentan (61)	La Renaissance ✿ N
Bagnoles-de-l'Orne (61)	Le Manoir du Lys ✿
Barneville-Carteret / Carteret (50)	La Marine ✿
Bayeux (14)	Château de Sully ✿
Beuvron-en-Auge (14)	Le Pavé d'Auge ✿
Blainville-sur-Mer (50)	Le Mascaret ✿
Le Bourg-Dun (76)	Auberge du Dun ✿
Caen (14)	Initial ✿ N
Caen (14)	Ivan Vautier ✿
Caen (14)	Stéphane Carbone ✿
Caen (14)	À Contre Sens ✿
Caudebec-en-Caux (76)	G.a. au Manoir de Rétival ✿ N
Cherbourg-Octeville (50)	Le Pily ✿
Clères / Frichemesnil (76)	Au Souper Fin ✿
Dieppe (76)	Les Voiles d'Or ✿
Dieppe / Offranville (76)	Le Colombier ✿
Flers / La Ferrière-aux-Étangs (61)	Auberge de la Mine ✿
Giverny (27)	Le Jardin des Plumes ✿
Le Havre (76)	Jean-Luc Tartarin ✿✿
Honfleur (14)	SaQuaNa ✿✿
Lyons-la-Forêt (27)	La Licorne Royale ✿
Pont-de-l'Arche / Les Damps (27)	L'Auberge de la Pomme ✿
Rouen (76)	Gill ✿✿
Rouen (76)	L'Odas ✿
Rouen (76)	Origine ✿
Valmont (76)	Le Bec au Cauchois ✿

PAYS-DE-LA-LOIRE

Angers (49)	Le Favre d'Anne ✿ N
Angers (49)	Une Île ✿
Brétignolles-sur-Mer (85)	J.-M. Pérochon ✿
Briollay (49)	Château de Noirieux ✿
La Flèche (72)	Le Moulin des Quatre Saisons ✿
Île de Noirmoutier / L'Herbaudière (85)	La Marine ✿✿
Loiré (49)	Auberge de la Diligence ✿
Le Mans (72)	Le Beaulieu ✿

Mayenne (53)	L'Éveil des Sens ❀
Missillac (44)	Le Montaigu ❀
Nantes (44)	L'Atlantide 1874 ❀
Nantes / Haute-Goulaine (44)	Manoir de la Boulaie ❀❀
La Plaine-sur-Mer (44)	Anne de Bretagne ❀❀
Les Sables-d'Olonne / à l'anse de Cayola (85)	Cayola ❀
Saint-Joachim (44)	La Mare aux Oiseaux ❀
Saint-Sulpice-le-Verdon (85)	Thierry Drapeau ❀❀
Saumur (49)	Le Gambetta ❀

PICARDIE

Amiens / Dury (80)	L'Aubergade ❀
Belle-Église (60)	La Grange de Belle-Église ❀
Chantilly (60)	La Table du Connétable ❀❀
Clermont / Étouy (60)	L'Orée de la Forêt ❀
Pierrefonds / Saint-Jean-aux-Bois (60)	Auberge à la Bonne Idée ❀
Reuilly-Sauvigny (02)	Auberge Le Relais ❀

POITOU-CHARENTES

Breuillet (17)	L'Aquarelle ❀
Curzay-sur-Vonne (86)	La Cédraie ❀
Jarnac / Bourg-Charente (16)	La Ribaudière ❀
Massignac (16)	Dyades ❀ **N**
Poitiers / Saint-Benoît (86)	Passions et Gourmandises ❀
La Rochelle (17)	Christopher Coutanceau ❀❀

PROVENCE-ALPES-CÔTE D'AZUR

Aix-en-Provence (13)	L'Esprit de la Violette ❀
Aix-en-Provence / Le Tholonet (13)	Le Saint-Estève ❀
Ansouis (84)	La Closerie ❀
Antibes (06)	Le Figuier de St-Esprit ❀
Antibes / Cap d'Antibes (06)	Bacon ❀
Antibes / Cap d'Antibes (06)	Les Pêcheurs ❀
Les Arcs (83)	Le Relais des Moines ❀
Arles (13)	L'Atelier de Jean-Luc Rabanel ❀❀
Arles (13)	La Chassagnette ❀
Avignon (84)	Christian Étienne ❀
Avignon (84)	Le Diapason ❀
Les Baux-de-Provence (13)	L'Oustaù de Baumanière ❀❀
Beaulieu-sur-Mer (06)	Restaurant des Rois ❀
Biot (06)	Les Terraillers ❀
Bonnieux (84)	La Bastide de Capelongue ❀❀
Bormes-les-Mimosas (83)	La Rastègue ❀
Briançon (05)	Le Péché Gourmand ❀
La Cadière-d'Azur (83)	Hostellerie Bérard ❀
Callas (83)	Hostellerie Les Gorges de Pennafort ❀
Cannes (06)	La Palme d'Or ❀❀
Cannes (06)	Le Park 45 ❀
Cannes / Le Cannet (06)	Villa Archange ❀❀
Cassis (13)	La Villa Madie ❀❀
Le Castellet / Circuit Paul Ricard (83)	Christophe Bacquié ❀❀
Cavaillon (84)	Prévôt ❀
La Celle (83)	Hostellerie de l'Abbaye de la Celle ❀
Château-Arnoux-Saint-Auban (04)	La Bonne Étape ❀
La Ciotat / Le Liouquet (13)	La Table de Nans - Auberge le Revestel ❀
La Colle-sur-Loup (06)	Alain Llorca ❀

Cucuron (84)	La Petite Maison de Cucuron ✿
Èze (06)	La Chèvre d'Or ✿✿
Èze-Bord-de-Mer (06)	La Table de Patrick Raingeard ✿
Forcalquier / Mane (04)	Le Cloître ✿ **N**
Fayence (83)	Le Castellaras ✿
Gordes (84)	Les Bories ✿
Gordes (84)	Pèir ✿ **N**
Grasse (06)	La Bastide St-Antoine ✿
Grasse / Magagnosc (06)	Au Fil du Temps ✿
Ile de Porquerolles (83)	Le Mas du Langoustier ✿
L'Isle-sur-la-Sorgue (84)	Le Vivier ✿
Joucas (84)	Hostellerie Le Phébus et Spa ✿
Juan-les-Pins (06)	La Passagère ✿ **N**
Lagarde-d'Apt (84)	Le Bistrot de Lagarde ✿
Lorgues (83)	Bruno ✿
Lourmarin (84)	Auberge La Fenière ✿
Mandelieu / La Napoule (06)	L'Oasis ✿
Manosque (04)	Dominique Bucaille ✿
Marseille (13)	Alcyone ✿
Marseille (13)	AM par Alexandre Mazzia ✿
Marseille (13)	L'Épuisette ✿
Marseille (13)	Michel - Brasserie des Catalans ✿
Marseille (13)	Le Petit Nice ✿✿✿
Marseille (13)	Une Table au Sud ✿
Menton (06)	Mirazur ✿✿
Mougins (06)	Le Mas Candille ✿
Mougins (06)	Paloma ✿✿ **N**
Moustiers-Sainte-Marie (04)	La Bastide de Moustiers ✿
Nice (06)	L'Aromate ✿
Nice (06)	Chantecler ✿✿
Nice (06)	Flaveur ✿
Nice (06)	JAN ✿ **N**
Orange / Sérignan-du-Comtat (84)	Le Pré du Moulin ✿
Ramatuelle (83)	La Voile ✿
Roure (06)	Auberge le Robur ✿
Le Rouret (06)	Le Clos St-Pierre ✿
Saint-Crépin (05)	Les Tables de Gaspard ✿
Saint-Jean-Cap-Ferrat (06)	Grand Hôtel du Cap Ferrat ✿
Saint-Raphaël (83)	Archange ✿
Saint-Rémy-de-Provence (13)	La Maison de Bournissac ✿
Saint-Tropez (83)	La Vague d'Or ✿✿✿
Saint-Tropez (83)	Villa Belrose ✿
Sainte-Maxime (83)	La Badiane ✿
Tourrettes (83)	Faventia ✿ **N**
Tourrettes-sur-Loup (06)	Clovis ✿
Tourtour (83)	Les Chênes Verts ✿
La Turbie (06)	Hostellerie Jérôme ✿
Vence (06)	Les Bacchanales ✿
Ventabren (13)	La Table de Ventabren ✿

RHÔNE-ALPES

Albertville (73)	Million ✿
Ambierle (42)	Le Prieuré ✿
Ambronay (01)	Auberge de l'Abbaye ✿
Annecy (74)	La Ciboulette ✿
Annecy (74)	Le Clos des Sens ✿✿
Annecy (74)	L'Esquisse ✿ **N**

Location	Restaurant	
Annecy / Veyrier-du-Lac (74)	Yoann Conte ❀❀	
Bagnols (69)	1217 ❀	N
Bourg-en-Bresse / Péronnas (01)	La Marelle ❀	
Le-Bourget-du-Lac (73)	Atmosphères ❀	
Le-Bourget-du-Lac (73)	Auberge Lamartine ❀	
Le-Bourget-du-Lac (73)	Le Bateau Ivre ❀❀	
Bourgoin-Jallieu (38)	Domaine des Séquoias ❀	
Chambéry (73)	Côté Marché ❀	
Chamonix-Mont-Blanc (74)	Albert 1er ❀❀	
Charmes-sur-Rhône (07)	Le Carré d'Alethius ❀	
Chasselay (69)	Guy Lassausaie ❀❀	
Courchevel / Courchevel 1850 (73)	Le Chabichou ❀❀	
Courchevel / Courchevel 1850 (73)	Cheval Blanc ❀❀	
Courchevel / Courchevel 1850 (73)	Le Kintessence ❀❀	
Courchevel / Courchevel 1850 (73)	Le Strato ❀	
Courchevel / Courchevel 1850 (73)	Pierre Gagnaire pour les Airelles ❀❀	
Courchevel / Courchevel 1850 (73)	La Table du Kilimandjaro ❀	
Courchevel / Le-Praz (73)	Azimut ❀	
Courchevel / La Tania (73)	Le Farçon ❀	
Crest (26)	Kléber ❀	
Les Deux-Alpes (38)	Le P'tit Polyte ❀	N
Douvaine (74)	Ô Flaveurs ❀	
Grignan (26)	Le Clair de la Plume ❀	
Jongieux (73)	Les Morainières ❀❀	
Lyon (69)	L'Alexandrin ❀	
Lyon (69)	Au 14 Février ❀	
Lyon (69)	Auberge de l'Île Barbe ❀	
Lyon (69)	Le Gourmet de Sèze ❀	
Lyon (69)	Les Loges ❀	
Lyon (69)	Maison Clovis ❀	
Lyon (69)	Mère Brazier ❀❀	
Lyon (69)	Le Neuvième Art ❀❀	
Lyon (69)	Le Passe Temps ❀	N
Lyon (69)	Pierre Orsi ❀	
Lyon (69)	Prairial ❀	N
Lyon (69)	La Rémanence ❀	
Lyon (69)	Takao Takano ❀	
Lyon (69)	Les Terrasses de Lyon ❀	
Lyon (69)	Les Trois Dômes ❀	
Lyon (69)	Têtedoie ❀	
Lyon / Charbonnières-les-Bains (69)	La Rotonde ❀	
Lyon / Collonges-au-Mont-d'Or (69)	Paul Bocuse ❀❀❀	
Machilly (74)	Le Refuge des Gourmets ❀	N
Megève (74)	Flocons de Sel ❀❀❀	
Megève (74)	1920 ❀❀	N
Megève (74)	La Table de l'Alpaga ❀	
Méribel (73)	L'Ekrin ❀	
Montrevel-en-Bresse (01)	Léa ❀	
Pont-de-Vaux (01)	Le Raisin ❀	
Roanne (42)	Troisgros ❀❀❀	
Romans-sur-Isère / Granges-les-Beaumont (26)	Les Cèdres ❀❀	
Saint-Donat-sur-l'Herbasse (26)	Chartron ❀	
Saint-Gervais-les-Bains (74)	Le Sérac ❀	
Saint-Julien-en-Genevois / Bossey (74)	La Ferme de l'Hospital ❀	
Saint-Martin-de-Belleville (73)	La Bouitte ❀❀❀	
Saint-Martin-sur-la-Chambre (73)	Le Clocher des Pères ❀	N
Talloires (74)	L'Auberge du Père Bise ❀	
Tarare (69)	Jean Brouilly ❀	

Thonon-les-Bains (74)	Raphaël Vionnet ✿ **N**
Uriage-les-Bains (38)	Les Terrasses d'Uriage ✿✿
Val-d'Isère (73)	L'Atelier d'Edmond ✿✿
Val-d'Isère (73)	Les Barmes de l'Ours ✿
Valence (26)	La Cachette ✿
Valence (26)	Flaveurs ✿
Valence (26)	Pic ✿✿✿
Valence / Pont-de-l'Isère (26)	La Grande Table ✿
Vals-les-Bains (07)	Le Vivarais ✿
Val-Thorens (73)	L'Épicurien ✿
Val-Thorens (73)	Jean Sulpice ✿✿
Les Vans (07)	Likoké ✿
Vaux-en-Beaujolais (69)	Auberge de Clochemerle ✿
Vienne (38)	La Pyramide ✿✿
Vienne / Chonas-l'Amballan (38)	Domaine de Clairefontaine ✿
Villefranche-sur-Saône (69)	Le Juliénas - Fabrice Roche ✿
Vonnas (01)	Georges Blanc ✿✿✿

PRINCIPAUTÉ DE MONACO

Monte-Carlo (MC)	Joël Robuchon Monte-Carlo ✿✿
Monte-Carlo (MC)	Le Blue Bay ✿
Monte-Carlo (MC)	Le Louis XV-Alain Ducasse ✿✿✿
Monte-Carlo (MC)	Vistamar ✿
Monte-Carlo (MC)	Yoshi ✿
Monte-Carlo / Monte-Carlo-Beach (MC)	Elsa ✿

BIB GOURMAND

ALSACE

Altwiller (67)	L'Écluse 16
Bergheim (68)	Wistub du Sommelier
Berrwiller (68)	L'Arbre Vert
Birkenwald (67)	Au Chasseur
Blienschwiller (67)	Le Pressoir de Bacchus
Colmar (68)	Côté Cour
Colmar / Ingersheim (68)	La Taverne Alsacienne
Eguisheim (68)	La Grangelière
Feldbach (68)	Cheval Blanc
Fouday (67)	Julien
Hattstatt (68)	L'Altévic
Hegeney (67)	Belle Vue
Itterswiller (67)	Winstub Arnold
Kaysersberg (68)	La Vieille Forge
Kaysersberg (68)	Winstub
Kruth (68)	Les Quatre Saisons
Labaroche (68)	La Rochette
Lembach (67)	D'Rössel Stub
Leutenheim (67)	Auberge Au Vieux Couvent
Mulhouse / Illzach (68)	La Bistronomie
Natzwiller (67)	Auberge Metzger
Niedersteinbach (67)	Au Cheval Blanc
Obernai / Ottrott (67)	À l'Ami Fritz
La-Petite-Pierre / Graufthal (67)	Au Cheval Blanc
Ribeauvillé (68)	Au Relais des Ménétriers
Ribeauvillé (68)	Auberge du Parc Carola **N**
Riquewihr (68)	Au Trotthus
Rosenau (68)	Au Lion d'Or
Saint-Hippolyte (68)	Winstub Rabseppi-Stebel
Saulxures (67)	Côté Bistrot
Sélestat (67)	La Vieille Tour
Strasbourg (67)	Au Pont du Corbeau
Strasbourg (67)	Le Bistrot du Boulanger
Strasbourg (67)	Colbert **N**
Strasbourg / Entzheim (67)	Steinkeller
Strasbourg / Illkirch-Graffenstaden (67)	Estaminet à l'Agneau
Weyersheim (67)	Auberge du Pont de la Zorn
Zimmerbach (68)	Au Raisin d'Or

AQUITAINE

Agen (47)	L'Atelier
Agen (47)	Le Margoton
Bayonne (64)	François Miura
Bergerac (24)	Le Repaire de Savinien «Nouvelle Ère»
Bergerac (24)	Le Vin'Quatre
Biarritz (64)	Le Clos Basque
Bidart (64)	Ahizpak Le Restaurant des Sœurs
Blaye (33)	Le Gavroche **N**
Bordeaux (33)	L'Air de Famille
Bordeaux (33)	Dan **N**

Bordeaux (33)	Julien Cruège
Bordeaux (33)	Miraflores **N**
Bordeaux (33)	Racines by Daniel Gallacher **N**
Bordeaux (33)	La Table du Quai
Briscous (64)	Maison Joanto
Casteljaloux (47)	La Vieille Auberge
Coirac (33)	Le Flore
Daglan (24)	Le Petit Paris
Dax (40)	L'Amphitryon
Domme (24)	Cabanoix et Châtaigne
Guiche (64)	Le Gantxo
Langon / Saint-Macaire (33)	Abricotier
Libourne (33)	Chez Servais
Milhac-d'Auberoche (24)	La Vieille Forge
Ossès (64)	La Ferme Gourmande
Pau (64)	Café Anaïak
Périgueux (24)	Le Grain de Sel
Périgueux (24)	Nicolas L
Périgueux (24)	Un Parfum de Gourmandise
Périgueux / Chancelade (24)	La Verrière
Pouillon (40)	L'Auberge du Pas de Vent
Puymirol (47)	La Poule d'Or
Roquefort (40)	Le St-Vincent
La Roque-Gageac (24)	La Belle Étoile
Saint-Étienne-de-Baïgorry (64)	Arcé
Saint-Julien-de-Lampon (24)	La Gabarre
Saint-Laurent-des-Combes (33)	L'Atelier de Candale **N**
Saint-Pée-sur-Nivelle (64)	Ttotta
Salies-de-Béarn (64)	Restaurant des Voisins
Sauternes (33)	Saprien

AUVERGNE

Aurillac (15)	Quatre Saisons
Boudes (63)	Le Boudes La Vigne
Bouzel (63)	L'Auberge du Ver Luisant
Clermont-Ferrand (63)	Bath's
Clermont-Ferrand (63)	Le Comptoir des Saveurs
Clermont-Ferrand (63)	L'Écureuil
Clermont-Ferrand / Lempdes (63)	B2K6
Clermont-Ferrand / Orcines (63)	Auberge de la Fontaine du Berger
Clermont-Ferrand / Orcines (63)	Auberge de la Baraque
Dunières (43)	La Tour
Issoire (63)	L'Atelier Yssoirien
Mazaye (63)	Auberge de Mazayes
Le Mont-Dore (63)	La Golmotte
Montsalvy (15)	L'Auberge Fleurie
Pailherols (15)	L'Auberge des Montagnes
Pontgibaud / La Courteix (63)	L'Ours des Roches
Le Puy-en-Velay (43)	Bambou et Basilic
Le Puy-en-Velay (43)	Tournayre
Reugny (03)	La Table de Reugny
Saint-Bonnet-le-Froid (43)	André Chatelard
Saint-Bonnet-le-Froid (43)	Bistrot la Coulemelle
Saint-Bonnet-le-Froid (43)	Le Fort du Pré
Saint-Julien-Chapteuil (43)	Vidal
Sauxillanges (63)	Restaurant de la Mairie
Vallon-en-Sully (03)	Auberge des Ris

Vergongheon (43)	La Petite École
Vichy (03)	L'Alambic
Vichy (03)	La Table d'Antoine
Vichy (03)	La Table de Marlène
Vichy / Bellerive-sur-Allier (03)	Château du Bost
Vic-sur-Cère / Col-de-Curebourse (15)	Hostellerie Saint-Clément
Vieillevie (15)	La Terrasse
Yssingeaux (43)	Le Bourbon **N**

BOURGOGNE

Autun (71)	Le Chapitre
Avallon / Valloux (89)	Auberge des Chenêts
Beaune / Ladoix-Serrigny (21)	Les Terrasses de Corton
Bourgvilain (71)	Auberge Larochette **N**
Chablis (89)	Au Fil du Zinc
Chagny (71)	Pierre et Jean
Chalon-sur-Saône (71)	Auberge des Alouettes
Chalon-sur-Saône / Saint-Loup-de-Varennes (71)	Le Saint-Loup
Chambolle-Musigny (21)	Le Millésime
Cosne-Cours-sur-Loire / Villechaud (58)	Le Chat
Le Creusot (71)	Le Restaurant
Le Creusot / Montcenis (71)	Le Montcenis
Dijon (21)	DZ'envies
Dijon (21)	So
Gevrey-Chambertin (21)	Chez Guy
L'Isle-sur-Serein (89)	Auberge du Pot d'Étain
Mâcon (71)	Le Poisson d'Or
Meursault (21)	Le Chevreuil
Montbard / Saint-Rémy (21)	La Mirabelle
Montceau-les-Mines / Blanzy (71)	Le Plessis
Nuits-Saint-Georges (21)	La Cabotte
Quarré-les-Tombes (89)	Le Morvan
Romanèche-Thorins (71)	Rouge et Blanc
Saint-Germain-du-Bois (71)	Hostellerie Bressane
Saint-Julien-du-Sault (89)	Les Bons Enfants
Saint-Maurice-de-Satonnay (71)	Auberge des Grenouillats
Saint-Romain (21)	Les Roches
Tournus / Ozenay (71)	Le Relais d'Ozenay
Venarey-les-Laumes / Alise-Sainte-Reine (21)	Auberge du Cheval Blanc

BRETAGNE

Baden (56)	Le Gavrinis
Cancale (35)	Côté Mer
Concarneau (29)	Le Flaveur **N**
Crozon (29)	Le Mutin Gourmand **N**
Crozon / Le Fret (29)	Hostellerie de la Mer
Dinard / Saint-Lunaire (35)	Le Décollé
Fouesnant / Cap-Coz (29)	La Pointe du Cap Coz
La Guerche-de-Bretagne (35)	La Calèche
Guidel (56)	La Table D'eux - Laurent Le Berrigaud **N**
Guilliers (56)	Au Relais du Porhoët
Guilvinec (29)	Le Poisson d'Avril **N**
Guingamp (22)	Le Clos de la Fontaine
Lorient (56)	L'Alto
Lorient (56)	Le Tire Bouchon
Lorient (56)	Le Yachtman
Morlaix (29)	L'Estaminet

Perros-Guirec (22)	La Clarté **N**
Perros-Guirec (22)	Le Manoir du Sphinx **N**
Ploubalay (22)	Restaurant de la Gare
Pont-Scorff (56)	L'Art Gourmand
Quiberon (56)	La Chaumine
Quimper / Ty-Sanquer (29)	Auberge de Ti-Coz
Rennes (35)	Le Cours des Lices
La Roche-Bernard (56)	Auberge des Deux Magots **N**
Saint-Brieuc (22)	Ô Saveurs
Saint-Brieuc / Cesson (22)	La Croix Blanche
Saint-Guénolé (29)	Sterenn
Saint-Suliac (35)	La Ferme du Boucanier
Vannes / Séné (56)	Le Puits des Saveurs

CENTRE-VAL-DE-LOIRE

Aubigny-sur-Nère (18)	La Chaumière
Azay-le-Rideau (37)	L'Aigle d'Or
Azay-le-Rideau (37)	Auberge Pom'Poire
Bléré (37)	La Boulaye
Bonny-sur-Loire (45)	Restaurant des Voyageurs
Bourges (18)	Le Beauvoir
Bracieux (41)	Le Rendez-vous des Gourmets
Brou (28)	L'Ascalier
Châteaudun (28)	Aux Trois Pastoureaux
Châteauroux (36)	Jeux 2 Goûts **N**
Chilleurs-aux-Bois (45)	Le Lancelot
Chinon (37)	Au Chapeau Rouge
Chinon (37)	L'Océanic
Chisseaux (37)	Auberge du Cheval Rouge
Dreux (28)	Le Saint-Pierre
Dreux / Cherisy (28)	Le Vallon de Chérisy
Gien (45)	Le P'tit Bouchon
L'Île-Bouchard (37)	Auberge de l'Ile
Langeais (37)	Au Coin des Halles
Luynes (37)	Le XII de Luynes
Lys-Saint-Georges (36)	Auberge La Forge
Ménestreau-en-Villette (45)	Le Relais de Sologne
Nérondes (18)	Le Lion d'Or
Neuillé-le-Lierre (37)	Auberge de la Brenne
Orléans (45)	La Dariole
Orléans (45)	Eugène
Orléans (45)	La Parenthèse
Orléans / La Chapelle-Saint-Mesmin (45)	Côté Saveurs
Oucques (41)	Le Commerce
Plaimpied-Givaudins (18)	Aux Marais
Reuilly (36)	Les 3 Cépages **N**
Saint-Benoît-sur-Loire (45)	Grand St-Benoît
Sancerre (18)	La Pomme d'Or
Savonnières (37)	La Maison Tourangelle
Semblançay (37)	La Mère Hamard
Tours (37)	L'Arche de Meslay
Tours (37)	Le Bistrot de la Tranchée
Tours (37)	Casse-Cailloux
Tours (37)	Le Chien Jaune
Tours (37)	Le Saint-Honoré
Tours / Fondettes (37)	Auberge de Port Vallières
Valençay / Veuil (36)	Auberge St-Fiacre **N**

Vierzon (18)	Les Petits Plats de Célestin
Villedieu-sur-Indre (36)	La Gourmandine **N**

CHAMPAGNE-ARDENNE

Bar-sur-Aube (10)	La Toque Baralbine
Bar-sur-Seine (10)	Le Val Moret
Charleville-Mézières (08)	La Table d'Arthur «R»
Charleville-Mézières / Montcy-Notre-Dame (08)	L'Auberge du Laminak
Épernay (51)	Cook'in **N**
Épernay (51)	Le Théâtre **N**
Matignicourt-Goncourt (51)	Ô Délices des Papilles **N**
Nogent-sur-Seine (10)	Beau Rivage
Reims (51)	Le Pavillon CG **N**
Troyes / Pont-Sainte-Marie (10)	Bistrot DuPont **N**

CORSE

Ajaccio (2A)	Auberge du Prunelli
Ajaccio (2A)	U Licettu
Bastia (2B)	La Corniche
L'Île-Rousse (2B)	A Mandria di Pigna **N**
Levie (2A)	La Pergola
Oletta (2B)	A Magina
Solenzara (2A)	A Mandria

FRANCHE-COMTÉ

Arbois / Pupillin (39)	Le Grapiot
Belfort (90)	Les Capucins **N**
Bonlieu (39)	La Poutre
Combeaufontaine (70)	Le Balcon
Dole (39)	Grain de Sel
Dole (39)	Iida-Ya **N**
Foussemagne (90)	Le Relais d'Alsace
Ornans (25)	Le Courbet
Ornans / Saules (25)	La Griotte
Port-Lesney (39)	Le Bistrot Pontarlier
Sochaux / Étupes (25)	Au Fil des Saisons

ÎLE-DE-FRANCE

Bois-Colombes (92)	Le Chefson
Châtillon (92)	Barbezingue
La Garenne-Colombes (92)	Le St-Joseph
Maisons-Alfort (94)	La Bourgogne
Paris 1er	Au Rendez-vous des Camionneurs **N**
Paris 1er	Café des Abattoirs
Paris 1er	Mee **N**
Paris 1er	Zen
Paris 2e	Circonstances
Paris 2e	Pascade
Paris 3e	Atelier Vivanda - Marais **N**
Paris 5e	Aux Verres de Contact
Paris 5e	Bistro des Gastronomes
Paris 5e	Kokoro
Paris 6e	Atelier Vivanda - Cherche Midi
Paris 6e	La Maison du Jardin
Paris 6e	La Marlotte
Paris 6e	Le Timbre **N**

Paris 7ᵉ	Au Bon Accueil
Paris 7ᵉ	Café Constant **N**
Paris 7ᵉ	Chez les Anges
Paris 7ᵉ	Le Clos des Gourmets
Paris 7ᵉ	Les Cocottes - Tour Eiffel
Paris 7ᵉ	La Laiterie Sainte-Clotilde
Paris 7ᵉ	Pottoka
Paris 8ᵉ	Chez Cécile - La Ferme des Mathurins
Paris 8ᵉ	Mandoobar
Paris 8ᵉ	Pomze
Paris 9ᵉ	Bistrot Papillon **N**
Paris 9ᵉ	Braisenville
Paris 9ᵉ	Le Caillebotte **N**
Paris 9ᵉ	Les Canailles
Paris 9ᵉ	I Golosi **N**
Paris 9ᵉ	L'Office
Paris 9ᵉ	Oka
Paris 9ᵉ	Le Pantruche
Paris 9ᵉ	Richer **N**
Paris 10ᵉ	À mère **N**
Paris 10ᵉ	Chez Marie-Louise
Paris 10ᵉ	Chez Michel
Paris 11ᵉ	Auberge Pyrénées Cévennes
Paris 11ᵉ	Clamato **N**
Paris 11ᵉ	Mansouria
Paris 11ᵉ	Tintilou
Paris 11ᵉ	Villaret
Paris 11ᵉ	Yard **N**
Paris 12ᵉ	Il Goto
Paris 13ᵉ	Impérial Choisy
Paris 13ᵉ	Pho Tai
Paris 13ᵉ	Tempero
Paris 14ᵉ	Aux Enfants Gâtés **N**
Paris 14ᵉ	Bistrotters **N**
Paris 14ᵉ	Le Cornichon
Paris 14ᵉ	Nina **N**
Paris 15ᵉ	L'Atelier du Parc
Paris 15ᵉ	Beurre Noisette
Paris 15ᵉ	Le Casse Noix
Paris 15ᵉ	L'Os à Moelle **N**
Paris 15ᵉ	Le Pario
Paris 15ᵉ	Le Troquet
Paris 15ᵉ	Le Vitis **N**
Paris 16ᵉ	Atelier Vivanda - Lauriston
Paris 16ᵉ	La Causerie-Chez Géraud **N**
Paris 17ᵉ	L'Entredgeu
Paris 17ᵉ	Graindorge
Paris 17ᵉ	Le Petit Verdot du 17ème
Paris 18ᵉ	L'Esquisse **N**
Sainte-Geneviève-des-Bois (91)	La Table d'Antan
Tremblay-en-France (93)	La Jument Verte
Vincennes (94)	La Rigadelle

LANGUEDOC-ROUSSILLON

Agde (34)	Le Bistrot d'Hervé
Argelès-sur-Mer (66)	La Bartavelle **N**
Berlou (34)	Le Faitout

Bizanet (11)	La Table du Château
Cruzy (34)	Le Terminus
Florac (48)	L'Adonis
Florac / Cocurès (48)	La Lozerette
Font-Romeu-Odeillo-Via (66)	La Chaumière
Gaujac (30)	La Maison
Générac (30)	L'Instant du Sud
Lamalou-les-Bains / Combes (34)	Auberge de Combes
Laroque-des-Albères (66)	Côté Saisons
Leucate (11)	35 B
Mende (48)	Restaurant de France N
Mende / Chabrits (48)	La Safranière
Montpellier (34)	L'Artichaut
Montpellier (34)	Prouhèze Saveurs
Nîmes (30)	Aux Plaisirs des Halles
Nîmes (30)	Tendances Lisita
Palavas-les-Flots (34)	Le St-Georges
Perpignan (66)	Le Garriane
Pézenas (34)	L'Entre Pots
Pézenas (34)	Le Pré St-Jean
Port-Vendres (66)	Le Cèdre N
Prats-de-Mollo-la-Preste (66)	Bellevue
Rasiguères (66)	Le Relais de Sceaury
Rivesaltes (66)	La Table d'Aimé N
Saint-André (66)	La Table de Cuisine
Saint-Chély-d'Apcher / La Garde (48)	Le Rocher Blanc
Sérignan (34)	L'Harmonie
Sète (34)	Paris Méditerranée
Sète (34)	Le Petit Bistrot
Thuir (66)	Arbequina N
Villefranche-de-Conflent (66)	L'Odyssée

LIMOUSIN

Brive-la-Gaillarde (19)	En Cuisine
Brive-la-Gaillarde (19)	La Toupine
Chénérailles (23)	Le Coq d'Or
Limoges (87)	Le Cheverny N
Limoges (87)	Chez Alphonse N
Limoges (87)	Le Vanteaux
Montgibaud (19)	Le Tilleul de Sully
La Roche-l'Abeille (87)	La Table du Moulin
Saint-Junien (87)	Le Relais de Comodoliac N
La Souterraine / Saint-Étienne-de-Fursac (23)	Nougier
Tulle (19)	Les 7 N

LORRAINE

La Bresse (88)	Le Clos des Hortensias
La Bresse (88)	La Table d'Angèle
Col de la Schlucht (88)	Le Collet
Delme (57)	A la XIIe Borne
Écouviez (55)	Les Épices Curiens N
Metz (57)	La Brasserie Christophe Dufossé
Nancy (54)	La Toq' N
Nancy (54)	V Four
Saint-Quirin (57)	Hostellerie du Prieuré
Sarreguemines (57)	Pascal Dimofski N
Vagney (88)	Les Lilas

Le Valtin (88)	Auberge du Val Joli
Volmunster (57)	L'Argousier

MIDI-PYRÉNÉES

Albi (81)	La Table du Sommelier N
Argelès-Gazost / Saint-Savin (65)	Le Viscos
Aulon (65)	Auberge des Aryelets
Ax-les-Thermes (09)	Le Chalet
Bach (46)	Auberge Lou Bourdié
Bagnères-de-Bigorre (65)	Le Jardin des Brouches
Bozouls (12)	À la Route d'Argent
Cahors (46)	L'Ô à la Bouche
Cajarc (46)	Jeu de Quilles
Castéra-Verduzan (32)	Le Florida
Castres (81)	La Part des Anges N
Castres / Les Salvages (81)	Les Mets d'Adélaïde
Caussade / Monteils (82)	Le Clos Monteils
Dunes (82)	Les Templiers
Espalion (12)	Le Méjane
Gramat (46)	Le Relais des Gourmands
L'Isle-Jourdain (32)	L'Échappée Belle
Laguiole (12)	Gilles Moreau
Lectoure (32)	L'Auberge des Bouviers
Martres-Tolosane (31)	Le Castet
Montauban / Montech (82)	Bistrot Constant N
Montréal (32)	Daubin
Mur-de-Barrez (12)	Auberge du Barrez
Pamiers (09)	Deymier
Puy-l'Évêque / Anglars-Juillac (46)	Clau del Loup
Rodez (12)	Café Bras
Rodez (12)	Isabelle Auguy
Rodez (12)	Les Jardins de l'Acropolis
Saint-Girons / Lorp-Sentaraille (09)	La Petite Maison
Tarascon-sur-Ariège (09)	Saveurs du Manoir
Tarascon-sur-Ariège /	
Rabat-les-Trois-Seigneurs (09)	La Table de la Ramade
Tarbes (65)	Le Petit Gourmand
Toulouse (31)	Le Bibent N
Toulouse (31)	La Cantine de l'Opéra N
Toulouse (31)	Monsieur Marius N
Toulouse (31)	Les Sales Gosses N
Toulouse / Auzeville-Tolosane (31)	La Table d'Auzeville N
Toulouse / Lacroix-Falgarde (31)	Le Bellevue N
Toulouse / Montrabé (31)	L'Instant... N
Valady (12)	Auberge de l'Ady
Vic-Fezensac / Préneron (32)	Auberge La Baquère
Villefranche-de-Rouergue (12)	Côté Saveurs
Villefranche-de-Rouergue (12)	Univers N

NORD-PAS-DE-CALAIS

Aire-sur-la-Lys / Isbergues (62)	Le Buffet
Béthune / Busnes (62)	Le Jardin d'Alice N
Boulogne-sur-Mer (62)	L'Îlot Vert
Calais (62)	Au Côte d'Argent
Calais (62)	Histoire Ancienne
Condette (62)	L'Orée du Bois
Douai / Brebières (62)	Air Accueil

Dunkerque / Coudekerque-Branche (59)	Le Soubise
Godewaersvelde (59)	L'Estaminet du Centre
Liessies (59)	Le Carillon
Lille (59)	La Cense
Lille (59)	Gabbro N
Nœux-les-Mines (62)	L'Atelier des Saveurs
Wierre-Effroy (62)	La Ferme du Vert

NORMANDIE

Aumale (76)	Villa des Houx
Bagnoles-de-l'Orne (61)	Ô Gayot
Bayeux (14)	L'Angle Saint-Laurent
Bayeux (14)	La Rapière
Bellême / Nocé (61)	Auberge des 3 J
Cabourg / Dives-sur-Mer (14)	Chez le Bougnat
Caen (14)	ArchiDona
Caen (14)	Le Bouchon du Vaugueux
Caen (14)	Le Dauphin N
Caen / Fleury-sur-Orne (14)	Auberge de l'Île Enchantée N
Caen / Hérouville-Saint-Clair (14)	L'Espérance
Chandai (61)	L'Écuyer Normand
Clères (76)	Auberge du Moulin
Deauville (14)	La Flambée
Dieppe (76)	Bistrot du Pollet
Évreux (27)	La Gazette
Falaise (14)	La Fine Fourchette
Falaise (14)	Ô Saveurs N
Flers (61)	Au Bout de la Rue
Gasny (27)	Auberge du Prieuré Normand
Hambye (50)	Auberge de l'Abbaye
Le Havre (76)	La Petite Auberge
Heugueville-sur-Sienne (50)	Athome N
Honfleur (14)	Le Bréard N
Honfleur (14)	La Fleur de Sel
Houlgate (14)	L'Éden
Lisieux / Coquainvilliers (14)	Sogni D'Italia
Louviers / Saint-Étienne-du-Vauvray (27)	La Ferme de la Haute Crémonville
Mortagne-au-Perche / Le Pin-la-Garenne (61)	La Croix d'Or
Nonancourt (27)	Relais du Vieux Château
Ouistreham (14)	La Table d'Hôtes
Rouen (76)	Le Saint-Hilaire N
Saint-Vaast-la-Hougue (50)	France et Fuchsias N
Servon (50)	Auberge du Terroir
Villedieu-les-Poêles (50)	Manoir de l'Acherie
Vire (14)	Manoir de la Pommeraie

PAYS-DE-LA-LOIRE

Aizenay (85)	La Sittelle
Ancenis (44)	La Toile à Beurre
Angers (49)	Autour d'un Cep
Angers (49)	Le Petit Comptoir
Beauvoir-sur-Mer (85)	Auberge des Étiers N
La Bernerie-en-Retz (44)	L'Artimon
Challans / La Garnache (85)	Le Petit St-Thomas
Cholet (49)	Le Pouce Pied
Le Croisic (44)	Le Saint-Alys

Doué-la-Fontaine (49)	Auberge Bienvenue
Évron (53)	La Toque des Coëvrons
La Ferté-Bernard (72)	Restaurant du Dauphin **N**
Fontenay-le-Comte / Velluire (85)	Auberge de la Rivière
Geneston (44)	Le Pélican
Île de Noirmoutier / L'Herbaudière (85)	La Table d'Élise
Île de Noirmoutier / Noirmoutier-en-l'Île (85)	Le Grand Four
Mesquer (44)	La Vieille Forge
Nantes (44)	La Divate
Nantes (44)	L'Instinct Gourmand **N**
Nantes (44)	L'Océanide
Nantes / Château-Thébaud (44)	Auberge La Gaillotière
Nantes / Couëron (44)	Le François II
Nozay (44)	La Pierre Bleue
Pontchâteau (44)	Le 11
Les Sables-d'Olonne (85)	La Pilotine
Les Sables-d'Olonne / Château-d'Olonne (85)	La Ferme de Villeneuve
Saint-Gilles-Croix-de-Vie / Coëx (85)	Le Balata
Varades (44)	La Closerie des Roses
Vern-d'Anjou (49)	Le Pigeon Blanc

PICARDIE

Argoules (80)	Auberge du Coq-en-Pâte
Beauvais (60)	La Baie d'Halong
Laon (02)	Zorn - La Petite Auberge

POITOU-CHARENTES

Angoulême (16)	Agape
Bonneuil-Matours (86)	Le Pavillon Bleu
Châtelaillon-Plage (17)	Les Flots
Cognac (16)	Le P'tit Yeuse
Coulon (79)	Le Central
Montbron (16)	Moulin de la Tardoire **N**
Montendre (17)	La Quincaillerie
Montmorillon (86)	Le Lucullus
Mornac-sur-Seudre (17)	Les Basses Amarres
Poitiers (86)	Les Archives **N**
Pons (17)	Bordeaux
La Rochelle (17)	La Cuisine de Jules
Royan (17)	Les Filets Bleus
Saint-Palais-sur-Mer (17)	Les Agapes
Saint-Palais-sur-Mer (17)	Restaurant de la Plage
Saintes (17)	L'Adresse
Thouars (79)	Hôtellerie St-Jean

PROVENCE-ALPES-CÔTE D'AZUR

Aix-en-Provence / Le Canet (13)	L'Auberge Provençale
Arles (13)	Bistro À Côté
Avignon (84)	L'Agape
Avignon (84)	L'Essentiel
Avignon (84)	Hiély-Lucullus
Bandol (83)	L'Espérance
Le Beausset (83)	Auberge La Cauquière
Cairanne (84)	Coteaux et Fourchettes
Cannes / Le Cannet (06)	Bistrot des Anges
Cannes / Le Cannet (06)	Bistrot St-Sauveur

Caseneuve (84)	Le Sanglier Paresseux
Castellane / La Garde (04)	Auberge du Teillon
Château-Arnoux-Saint-Auban (04)	La Magnanerie
Courmes (06)	Auberge de Courmes **N**
Draguignan / Flayosc (83)	L'Oustaou
Fayence (83)	La Table d'Yves
Fontaine-de-Vaucluse (84)	Philip
Fréjus (83)	L'Amandier
Gassin (83)	Bello Visto **N**
Gassin (83)	La Verdoyante
Gémenos (13)	Les Arômes
Golfe-Juan / Vallauris (06)	Café Llorca **N**
Hyères (83)	La Colombe
L'Isle-sur-la-Sorgue (84)	La Balade des Saveurs
Les Issambres (83)	Chante-Mer
Laragne-Montéglin (05)	L'Araignée Gourmande **N**
Mandelieu / La Napoule (06)	Le Bistrot l'Étage
Manosque (04)	Sens et Saveurs
Marseille (13)	Axis
Marseille (13)	Bistro du Cours
Marseille (13)	La Cantinetta
Marseille (13)	L'Alchimie **N**
Marseille (13)	Le Malthazar
Mondragon (84)	La Beaugravière
Mougins (06)	L'Amandier de Mougins
Moustiers-Sainte-Marie (04)	Les Santons
Nice (06)	Au Rendez-vous des Amis
Nice (06)	Bar des Oiseaux **N**
Nice (06)	Bistrot d'Antoine
Nice (06)	Comptoir du Marché
Nice (06)	La Merenda
Nice (06)	Olive et Artichaut **N**
Orange (84)	Le Mas des Aigras - Table du Verger
Orange (84)	Le Parvis
Rayol-Canadel-sur-Mer (83)	Le Relais des Maures
Richerenches (84)	O'Rabasse
Le Rouret (06)	Bistro du Clos
Saint-Chamas (13)	Le Rabelais
Saint-Julien-en-Champsaur (05)	Les Chenets
Saint-Raphaël (83)	Les Voiles
Saint-Rémy-de-Provence / Maillane (13)	L'Oustalet Maïanen
Sainte-Cécile-les-Vignes (84)	Campagne, Vignes et Gourmandises
Sanary-sur-Mer (83)	La P'tite Cour
Serre-Chevalier / Le Monêtier-les-Bains (05)	La Table du Chazal
La Turbie (06)	Café de la Fontaine
Uchaux (84)	Côté Sud
Vaison-la-Romaine (84)	Bistro du'O
Vence (06)	La Farigoule
Villars (84)	La Table de Pablo

RHÔNE-ALPES

Aiguebelette-le-Lac / La Combe (73)	Chez Michelon
Aix-les-Bains (73)	Auberge St-Simond
Annecy (74)	Arômatik' **N**
Annecy (74)	Café Brunet
Annecy (74)	Contresens
Annecy (74)	Le Denti

Annecy (74)	Minami **N**
Anse (69)	Au Colombier
Aoste (38)	Au Coq en Velours
Aubenas (07)	M Restaurant
Bâgé-le-Châtel (01)	La Table Bâgésienne
Belleville (69)	Le Beaujolais
Bonneville / Vougy (74)	Le Bistro du Capucin
Bourg-en-Bresse (01)	La Fleur de Sel **N**
Bourg-en-Bresse (01)	Mets et Vins
Bourg-Saint-Maurice (73)	L'Arssiban
Bressieux (38)	Auberge du Château
Cevins (73)	La Fleur de Sel
Chamonix-Mont-Blanc (74)	Atmosphère
Chamonix-Mont-Blanc (74)	La Maison Carrier
Chamonix-Mont-Blanc (74)	Rèvolâ **N**
Cliousclat (26)	La Fontaine
Cliousclat (26)	La Treille Muscate
Cluses (74)	Le St-Vincent **N**
Coligny (01)	Au Petit Relais
Crest (26)	Len' K **N**
Les Deux-Alpes (38)	Brasserie l'Entracte **N**
Évian-les-Bains (74)	Au Jardin d'Eden **N**
Faverges (74)	Florimont
Grenoble (38)	Gillio **N**
Gresse-en-Vercors (38)	Le Chalet
Lent (01)	Auberge Lentaise
Lyon (69)	Alex
Lyon (69)	L'Art et la Manière
Lyon (69)	Balthaz'art
Lyon (69)	Le Bistrot des Voraces
Lyon (69)	Les Bonnes Manières
Lyon (69)	Daniel et Denise Croix-Rousse **N**
Lyon (69)	Daniel et Denise Saint-Jean
Lyon (69)	Daniel et Denise Créqui
Lyon (69)	Danton
Lyon (69)	Le Garet **N**
Lyon (69)	Imouto
Lyon (69)	Le Jean Moulin
Lyon (69)	Jour de Marché
Lyon (69)	Le Kitchen Café **N**
Lyon (69)	M Restaurant
Lyon (69)	L'Ourson qui Boit
Lyon (69)	Sauf Imprévu **N**
Lyon (69)	Les Saveurs de Py
Lyon (69)	La Table 101
Lyon (69)	33 Cité
Les Marches (73)	Le K'ozzie
Megève (74)	Flocons Village
Meillonnas (01)	Auberge Au Vieux Meillonnas
Menthon-Saint-Bernard (74)	Le Confidentiel
Méribel (73)	Le Cèpe
Montanges (01)	L'Auberge du Pont des Pierres
Montarcher (42)	Le Clos Perché
Neyrac-les-Bains (07)	Brioude
Notre-Dame-de-Bellecombe (73)	La Ferme de Victorine
Nyons (26)	La Charrette Bleue
Plaisians (26)	Auberge de la Clue
Polliat (01)	Téjérina-Hôtel de la Place

Renaison (42)	Jacques Cœur
Roanne (42)	Le Central **N**
Saint-Bonnet-le-Château (42)	La Calèche
Saint-Étienne (42)	Insens
Saint-Gervais-les-Bains (74)	Bistrotsérac **N**
Saint-Jean-sur-Veyle (01)	Le Grand Saint Jean-Baptiste
Servoz (74)	Les Gorges de la Diosaz
Tain-l'Hermitage (26)	Le Mangevins
Tain-l'Hermitage (26)	Le Quai
Tencin (38)	La Tour des Sens
Thonon-les-Bains / Port-de-Séchex (74)	Le Clos du Lac **N**
La Tour-du-Pin / Montagnieu (38)	Le Petit Dauphinois **N**
La Tour-du-Pin / Rochetoirin (38)	Le Rochetoirin
Treffort (01)	L'Embellie **N**
Uriage-les-Bains (38)	Le Bistrot des Terrasses **N**
Valence (26)	Le 7
Vaudevant (07)	La Récré
Vaulx (74)	Par Monts et Par Vaulx
Villefranche-sur-Saône / Jassans-Riottier (01)	L'Embarcadère
Violay (42)	Loïc Picamal
Yvoire (74)	Les Jardins du Léman **N**

LES HÉBERGEMENTS
LES PLUS AGRÉABLES

ALSACE

Colmar (68)	Hostellerie Le Maréchal 🏰
Colmar (68)	La Maison des Têtes 🏰
Colmar (68)	Quatorze 🏠
Colroy-la-Roche (67)	Hostellerie La Cheneaudière 🏰
Fouday (67)	Julien 🏰
Fréland (68)	La Haute Grange 🏡
Guebwiller / Murbach (68)	Le Schaeferhof 🏡
Gundershoffen (67)	Le Moulin 🏰
Illhaeusern (68)	Hôtel des Berges 🏰
Jungholtz (68)	Les Violettes 🏰
Lapoutroie (68)	Les Alisiers 🏰
Marlenheim (67)	Le Cerf 🏰
Mulhouse (68)	Villa Éden 🏡
Mulhouse / Rixheim (68)	La Grange à Élise 🏡
Obernai (67)	Le Parc 🏰
Obernai (67)	À la Cour d'Alsace 🏰
Obernai / Ottrott (67)	À l'Ami Fritz 🏰
Obernai / Ottrott (67)	Hostellerie des Châteaux 🏰
Osthouse (67)	À la Ferme 🏰
Ribeauvillé (68)	Le Clos St-Vincent 🏰
Riquewihr (68)	Le B. Espace Suites 🏡
Saint-Louis (68)	La Villa K 🏰
Sélestat (67)	Hostellerie Abbaye de la Pommeraie 🏰
Sélestat / Rathsamhausen (67)	Les Prés d'Ondine 🏰
Sélestat / Le Schnellenbuhl (67)	Hôtel de l'Illwald 🏰
Strasbourg (67)	Le Bouclier d'Or 🏰
Strasbourg (67)	Chut - Au Bain aux Plantes 🏠
Strasbourg (67)	Cour du Corbeau 🏰
Strasbourg (67)	Du côté de Chez Anne 🏡
Strasbourg (67)	Les Haras 🏰
Strasbourg (67)	Régent Contades 🏰
Strasbourg (67)	Régent Petite France et Spa 🏰

AQUITAINE

Agen / Pont-du-Casse (47)	Château de Cambes 🏡
Arcachon (33)	Ville d'Hiver 🏰
Auriac-du-Périgord (24)	Le Moulin de Mitou 🏰
Avensan (33)	Le Clos de Meyre 🏠
La Bastide-Clairence (64)	Maison Maxana 🏡
Bayonne (64)	Hôtel des Basses Pyrénées 🏰
Bazas / Bernos-Beaulac (33)	Dousud 🏡
Beaumont-du-Périgord (24)	Le Coteau de Belpech 🏡
Belvès (24)	Clément V 🏰
Bergerac / Saint-Nexans (24)	La Chartreuse du Bignac 🏰
Biarritz (64)	Beaumanoir 🏰
Biarritz (64)	Le Château du Clair de Lune 🏰
Biarritz (64)	Hôtel du Palais 🏰

Biarritz (64)	Nere-Chocoa 🏨
Biarritz (64)	Le Regina 🏨
Biarritz (64)	Hôtel de Silhouette 🏨
Biarritz (64)	Villa Le Goëland 🏨
Biarritz / Arcangues (64)	Les Volets Bleus 🏨
Biarritz / Lac de Brindos (64)	Château de Brindos 🏨
Bidarray (64)	Ostapé 🏨
Bidart (64)	Hostellerie des Frères Ibarboure 🏨
Bidart (64)	Villa L'Arche 🏨
Biron (24)	Le Prieuré 🏨
Biscarrosse / Biscarrosse-Plage (40)	Grand Hôtel de la Plage 🏨
Bordeaux (33)	Le Boutique Hôtel 🏨
Bordeaux (33)	Grand Hôtel de Bordeaux et Spa 🏨
Bordeaux (33)	La Maison Bord'Eaux 🏨
Bordeaux (33)	Mama Shelter 🏨
Bordeaux (33)	Yndo 🏨
Bordeaux / Bouliac (33)	Le Saint-James 🏨
Bordeaux / Martillac (33)	Les Sources de Caudalie 🏨
Brantôme (24)	Les Jardins de Brantôme 🏨
Brantôme (24)	Moulin de Vigonac 🏨
Brantôme (24)	Le Moulin de l'Abbaye 🏨
Brantôme / Bourdeilles (24)	Hostellerie Les Griffons 🏨
Brantôme / Champagnac-de-Belair (24)	Le Moulin du Roc 🏨
Carsac-Aillac (24)	La Villa Romaine 🏨
Eugénie-les-Bains (40)	La Maison Rose 🏨
Eugénie-les-Bains (40)	Les Prés d'Eugénie 🏨
Gensac (33)	Château de Sanse 🏨
Guéthary (64)	Arguibel 🏨
Guéthary (64)	Villa Catarie 🏨
Hossegor (40)	Les Hortensias du Lac 🏨
Libourne / La Rivière (33)	Château de La Rivière 🏨
Listrac-Médoc (33)	Les Cinq Sens 🏨
Lugon-et-l'Île-du-Carnay (33)	Manoir d'Astrée 🏨
Magescq (40)	Relais de la Poste 🏨
Marquay (24)	Maison de Marquay 🏨
Mauzac-et-Saint-Meyme-de-Rozens (24)	La Métairie 🏨
Monestier (24)	Château des Vigiers 🏨
Monestier (24)	Château des Baudry 🏨
Monpazier (24)	Edward 1er 🏨
Moulon (33)	5 Lasserre 🏨
Moumour (64)	Château de Lamothe 🏨
Nantheuil (24)	Domaine de la Brugère 🏨
Néac (33)	La Maison de Tournefeuille 🏨
Pauillac (33)	Château Cordeillan Bages 🏨
Périgueux / Annesse-et-Beaulieu (24)	Château de Lalande 🏨
Plazac (24)	Béchanou 🏨
Puymirol (47)	Michel Trama 🏨
Pyla-sur-Mer (33)	La Co(o)rniche 🏨
Sabres (40)	Auberge des Pins 🏨
Saint-Émilion (33)	Château Grand Barrail 🏨
Saint-Émilion (33)	Clos de la Barbanne 🏨
Saint-Émilion (33)	Hostellerie de Plaisance 🏨
Saint-Étienne-de-Baïgorry (64)	Arcé 🏨
Saint-Front-de-Pradoux (24)	Château la Thuilière 🏨
Saint-Jean-de-Luz (64)	Grand Hôtel Thalasso et Spa 🏨

Saint-Jean-de-Luz (64)	La Devinière 🏛
Saint-Jean-de-Luz (64)	Maison Tamarin 🏛
Saint-Jean-de-Luz (64)	Parc Victoria 🏛
Saint-Jean-de-Luz / Urrugne (64)	Château d'Urtubie 🏛
Saint-Quentin-de-Caplong (33)	La Girarde 🏛
Sainte-Nathalène (24)	La Roche d'Esteil 🏛
Sare (64)	Arraya 🏛
Sarlat-la-Canéda (24)	Clos La Boëtie 🏛
Sauternes (33)	Relais du Château d'Arche 🏛
Seignosse (40)	Villa de l'Étang Blanc 🏛
Trémolat (24)	Le Vieux Logis 🏛
Villetoureix (24)	Le Moulin de Larcy 🏛

AUVERGNE

Alleyras (43)	Haut-Allier 🏛
Bourbon-l'Archambault (03)	Grand Hôtel Montespan-Talleyrand 🏛
La Bourboule (63)	La Lauzeraie 🏛
Chaussenac (15)	La Fournio 🏛
Chavagnac (15)	Instants d'Absolu 🏛
Lezoux / Bort-l'Étang (63)	Château de Codignat 🏛
Meaulne (03)	Manoir du Mortier 🏛
Moulins (03)	Le Clos de Bourgogne 🏛
Royat (63)	Princesse Flore 🏛
Saint-Saturnin (63)	Château Royal de Saint-Saturnin 🏛
Saint-Urcize (15)	La Fontaine de Grégoire 🏛
Salers (15)	Le Bailliage 🏛
Salers (15)	Saluces 🏛
Vichy / Bellerive-sur-Allier (03)	Château du Bost 🏛
Vicq (03)	Sur le Chemin des Buvats 🏛
Vollore-Ville (63)	Château de Vollore 🏛
Ygrande (03)	Château d'Ygrande 🏛

BOURGOGNE

Aillant-sur-Tholon (89)	Domaine du Roncemay 🏛
Autun (71)	Moulin Renaudiots 🏛
Auxerre (89)	Le Parc des Maréchaux 🏛
Auxerre / Appoigny (89)	Le Puits d'Athie 🏛
Avallon / Vault-de-Lugny (89)	Château de Vault de Lugny 🏛
Beaune (21)	Le Cep 🏛
Beaune (21)	Hostellerie Le Cèdre 🏛
Beaune (21)	L'Hôtel 🏛
Beaune (21)	Les Jardins de Loïs 🏛
Beaune (21)	Maison Fatien 🏛
Beaune / Challanges (21)	Château de Challanges 🏛
Beaune / Levernois (21)	Hostellerie de Levernois 🏛
Beaune / Levernois (21)	Le Parc 🏛
Beaune / Montagny-lès-Beaune (21)	Le Clos 🏛
Beaune / Savigny-lès-Beaune (21)	Le Hameau de Barboron 🏛
La Bussière-sur-Ouche (21)	Abbaye de la Bussière 🏛
Céron (71)	Château de la Frédière 🏛
Chablis (89)	Hostellerie des Clos 🏛
Chablis (89)	Hôtel du Vieux Moulin 🏛
Chagny (71)	Maison Lameloise 🏛
Charolles (71)	Le Clos de l'Argolay 🏛

Charolles (71)	Hôtel de la Poste 🏚
Chassagne-Montrachet (21)	Château de Chassagne-Montrachet 🏚
Clessé (71)	Château de Besseuil 🏚
Courban (21)	Château de Courban 🏚
Joigny (89)	La Côte St-Jacques 🏚
Leugny (89)	La Borde 🏚
Louhans-Châteaurenaud / Bruailles (71)	La Ferme de Marie-Eugénie 🏚
Lusigny-sur-Ouche (21)	La Saura 🏚
Merry-sur-Yonne (89)	Le Charme Merry 🏚
Meursault (21)	Château de Cîteaux-La Cueillette 🏚
Nevers / Varennes (58)	Château du Four de Vaux 🏚
Pouilly-en-Auxois / Sainte-Sabine (21)	Château Sainte Sabine 🏚
Puligny-Montrachet (21)	La Chouette 🏚
Puligny-Montrachet (21)	Domaine des Anges 🏚
Puligny-Montrachet (21)	La Maison d'Olivier Leflaive 🏚
Saint-Amour-Bellevue (71)	Auberge du Paradis 🏚
Santenay (21)	Prosper Maufoux 🏚
Saulieu (21)	Le Relais Bernard Loiseau 🏚
Semur-en-Auxois (21)	La Côte d'Or 🏚
Solutré-Pouilly (71)	La Courtille de Solutré 🏚
Tournus (71)	Greuze 🏚
Tournus (71)	La Tour du Trésorier 🏚
Tournus / Jugy (71)	Le Crot Foulot 🏚
Viré (71)	Frédéric Carrion Cuisine Hôtel 🏚

BRETAGNE

Baden (56)	Lueur des Îles 🏚
Baden (56)	Le Val de Brangon 🏚
Bazouges-la-Pérouse (35)	Château de la Ballue 🏚
Belle-Ile / Bangor (56)	La Désirade 🏚
Belle-Ile / Port-Goulphar (56)	Castel Clara 🏚
Bénodet / Sainte-Marine (29)	La Ferme Saint-Vennec 🏚
Bénodet / Sainte-Marine (29)	Villa Tri Men 🏚
Billiers (56)	Domaine de Rochevilaine 🏚
Cancale (35)	Hostellerie de la Motte Jean 🏚
Cancale (35)	Les Maisons de Bricourt 🏚
Cancale (35)	Les Rimains 🏚
Carantec (29)	Hôtel de Carantec 🏚
Concarneau (29)	Sables Blancs 🏚
Dinan (22)	La Maison Pavie 🏚
Dinard (35)	Castelbrac 🏚
Dinard (35)	Grand Hôtel Barrière de Dinard 🏚
Dinard (35)	Royal Emeraude 🏚
Dinard (35)	Villa Reine Hortense 🏚
Dinard / Saint-Lunaire (35)	Villa Christilla 🏚
Dol-de-Bretagne / à Mont-Dol (35)	Château de Mont-Dol 🏚
Dol-de-Bretagne / à Mont-Dol (35)	Le Jardin des Simples 🏚
Douarnenez / Tréboul (29)	Ty Mad 🏚
La Gacilly (56)	Grée des Landes 🏚
Guidel (56)	Le Domaine de Kerbastic 🏚
Guingamp (22)	La Demeure 🏚
Hennebont (56)	Château de Locguénolé 🏚
Île de Groix (56)	Le Sémaphore de la Croix 🏚
Locquirec (29)	Le Grand Hôtel des Bains 🏚
Logonna-Daoulas (29)	Le Domaine de Moulin Mer 🏚

Moëlan-sur-Mer (29)	Manoir de Kertalg 🏚
Moëlan-sur-Mer (29)	Les Moulins du Duc 🏚
Perros-Guirec (22)	L'Agapa 🏚
Perros-Guirec (22)	Le Manoir du Sphinx 🏚
Perros-Guirec / Ploumanach (22)	Castel Beau Site 🏚
Planguenoual (22)	Manoir de la Hazaie 🏚
Plougrescant (22)	Manoir de Kergrec'h 🏚
Porspoder (29)	Le Château de Sable 🏚
Port-Manech (29)	Manoir Dalmore 🏚
Quiberon (56)	Sofitel Diététique 🏚
Quiberon (56)	Sofitel Thalassa 🏚
Rennes (35)	Balthazar Hôtel et Spa 🏚
Rennes (35)	Le Coq-Gadby 🏚
Rennes / Saint-Grégoire (35)	Les Patios 🏚
Roscoff (29)	Le Brittany 🏚
Roscoff (29)	Le Temps de Vivre 🏚
Saint-Malo (35)	Le Nouveau Monde 🏚
Sainte-Anne-d'Auray (56)	L'Auberge 🏚
Sainte-Anne-la-Palud (29)	La Plage 🏚
Trébeurden (22)	Manoir de Lan-Kerellec 🏚
Trébeurden (22)	Ti al Lannec 🏚
La Trinité-sur-Mer (56)	Le Lodge Kerisper 🏚
Vannes (56)	Villa Kerasy 🏚
Vannes / Arradon (56)	Le Parc er Gréo 🏚

CENTRE-VAL-DE-LOIRE

Amboise (37)	Château de Pray 🏚
Amboise (37)	Le Manoir Les Minimes 🏚
Amboise / Saint-Règle (37)	Château des Arpentis 🏚
Azay-le-Rideau (37)	Hôtel de Biencourt 🏚
Les Bézards (45)	Auberge des Templiers 🏚
Bourges (18)	Hôtel d'Angleterre 🏚
Bourges (18)	Villa C 🏚
Cangey (37)	Le Fleuray 🏚
Cerdon (45)	Les Vieux Guays 🏚
Chartres (28)	Jehan de Beauce 🏚
Chartres (28)	Maison Ailleurs 🏚
Chaumont-sur-Tharonne (41)	Le Mousseau 🏚
Chenonceaux (37)	Auberge du Bon Laboureur 🏚
Ennordres (18)	Les Chatelains 🏚
La Ferté-Beauharnais (41)	Château de la Ferté Beauharnais 🏚
Houx (28)	La Bergerie de l'Aqueduc 🏚
Langeais (37)	Domaine de Châteaufort 🏚
Langeais / Saint-Patrice (37)	Château de Rochecotte 🏚
Montbazon (37)	Domaine de la Tortinière 🏚
Noizay (37)	Château de Noizay 🏚
Oinville-sous-Auneau (28)	Moulin de Lonceux 🏚
Onzain (41)	Domaine des Hauts de Loire 🏚
Sully-sur-Loire (45)	La Closeraie 🏚
Tours (37)	Château Belmont 🏚
Tours / Joué-lès-Tours (37)	Château de Beaulieu 🏚
Tours / Rochecorbon (37)	Arthotel 🏚
Tours / Rochecorbon (37)	Les Hautes Roches 🏚

CHAMPAGNE-ARDENNE

Colombey-les-Deux-Églises (52)	Hostellerie la Montagne 🏨
Épernay (51)	Jean Moët et Spa 🏨
Épernay (51)	La Villa Eugène 🏨
Épernay / Avize (51)	Les Avisés 🏨
Épernay / Ay (51)	Le Manoir des Charmes 🏨
Épernay / Vinay (51)	Hostellerie La Briqueterie 🏨
Reims (51)	L'Assiette Champenoise 🏨
Reims (51)	Domaine Les Crayères 🏨
Les Riceys (10)	Marius 🏨
Troyes (10)	Le Champ des Oiseaux 🏨
Troyes (10)	La Maison de Rhodes 🏨
Troyes (10)	Le Relais St-Jean 🏨
Troyes / Moussey (10)	Domaine de la Creuse 🏨
Villiers-sur-Marne (52)	La Source Bleue 🏨
Williers (08)	Chez Odette 🏨

CORSE

Ajaccio (2A)	Dolce Vita 🏨
Ajaccio (2A)	Les Mouettes 🏨
Bastelica (2A)	Artemisia 🏨
Bonifacio (2A)	A Cheda 🏨
Bonifacio (2A)	Genovese 🏨
Bonifacio (2A)	U Capu Biancu 🏨
Bonifacio (2A)	Version Maquis 🏨
Calvi (2B)	La Signoria 🏨
Calvi (2B)	La Villa 🏨
Corte (2B)	Dominique Colonna 🏨
Erbalunga (2B)	Castel Brando 🏨
L'Île-Rousse (2B)	A Piattatella 🏨
L'Île-Rousse (2B)	Liberata 🏨
L'Île-Rousse (2B)	Palazzu Pigna 🏨
Levie (2A)	A Pignata 🏨
Muro (2B)	Casa Théodora 🏨
Oletta (2B)	U Palazzu Serenu 🏨
Olmeto (2A)	Marinca 🏨
Porticcio (2A)	Le Maquis 🏨
Porto-Vecchio (2A)	Le Belvédère 🏨
Porto-Vecchio (2A)	Casadelmar 🏨
Porto-Vecchio (2A)	Don Cesar 🏨
Porto-Vecchio (2A)	Grand Hôtel de Cala Rossa 🏨
Porto-Vecchio (2A)	La Plage Casadelmar 🏨
Propriano (2A)	Miramar Boutique Hôtel 🏨
Saint-Florent (2B)	Demeure Loredana 🏨
Saint-Florent (2B)	La Dimora 🏨
Sainte-Lucie-de-Porto-Vecchio (2A)	Le Pinarello 🏨
Solenzara (2A)	Maison Rocca Serra 🏨

FRANCHE-COMTÉ

Arbois (39)	Closerie les Capucines 🏨
Besançon (25)	Le Sauvage 🏨
Dole (39)	La Chaumière 🏨
Faverney / Breurey-lès-Faverney (70)	Château de la Presle 🏨
Goumois (25)	Taillard 🏨

Gray / Rigny (70)	Château de Rigny
Montbenoît / La Longeville (25)	Le Crêt l'Agneau
Port-Lesney (39)	Château de Germigney
Ronchamp (70)	La Maison d'Hôtes du Parc

ÎLE-DE-FRANCE

L'Isle-Adam (95)	La Villa de l'Écluse
Paris 1er	Le Burgundy
Paris 1er	Costes
Paris 1er	Le Crayon
Paris 1er	Le Crayon Rouge
Paris 1er	Hôtel Odyssey
Paris 1er	Hôtel du Continent
Paris 1er	Mandarin Oriental
Paris 1er	Le Meurice
Paris 1er	Thérèse
Paris 2e	Édouard VII
Paris 2e	La Maison Favart
Paris 3e	Jules et Jim
Paris 3e	Pavillon de la Reine
Paris 3e	Le Petit Moulin
Paris 4e	Bourg Tibourg
Paris 5e	Atmosphères
Paris 5e	La Dame du Panthéon
Paris 5e	Le Lapin Blanc
Paris 5e	Le Petit Paris
Paris 5e	Seven
Paris 6e	L'Abbaye
Paris 6e	Apostrophe
Paris 6e	La Belle Juliette
Paris 6e	Esprit St-Germain
Paris 6e	L'Hôtel
Paris 6e	Hôtel d'Aubusson
Paris 6e	Legend
Paris 6e	Odéon St-Germain
Paris 6e	Récamier
Paris 6e	Relais Christine
Paris 6e	Relais St-Germain
Paris 7e	Le Bellechasse
Paris 7e	Le Cinq Codet
Paris 7e	Duc de St-Simon
Paris 7e	Juliana
Paris 7e	St-Dominique
Paris 7e	Thoumieux
Paris 8e	Le A
Paris 8e	Le Bristol
Paris 8e	Le 123
Paris 8e	Chambiges Élysées
Paris 8e	Champs-Élysées Plaza
Paris 8e	Chateaubriand
Paris 8e	Chavanel
Paris 8e	Fouquet's Barrière
Paris 8e	Four Seasons George V
Paris 8e	François 1er
Paris 8e	Hôtel de Sers

Paris 8e	Hôtel du Ministère	🏛
Paris 8e	Intercontinental Avenue Marceau	🏛🏛
Paris 8e	Lancaster	🏛🏛🏛
Paris 8e	La Maison Champs-Élysées	🏛🏛
Paris 8e	Marignan	🏛🏛
Paris 8e	Marquis Faubourg Saint-Honoré	🏛🏛
Paris 8e	Le Mathurin	🏛🏛
Paris 8e	Le Pavillon des Lettres	🏛
Paris 8e	Pershing Hall	🏛🏛
Paris 8e	Plaza Athénée	🏛🏛🏛🏛
Paris 8e	Prince de Galles	🏛🏛🏛
Paris 8e	La Réserve	🏛🏛🏛
Paris 8e	Le Royal Monceau	🏛🏛🏛🏛
Paris 8e	Vernet	🏛🏛🏛
Paris 9e	Athénée	🏛🏛
Paris 9e	Banke	🏛🏛
Paris 9e	Hôtel de Nell	🏛🏛
Paris 9e	Meyerhold	🏛🏛
Paris 9e	Relais Madeleine	🏛
Paris 9e	The Chess Hotel	🏛🏛
Paris 11e	Angely	🏛
Paris 11e	Fabric	🏛🏛
Paris 11e	Gabriel Paris	🏛🏛
Paris 11e	Original	🏛
Paris 15e	Ares	🏛🏛
Paris 15e	Platine	🏛🏛
Paris 15e	Vice Versa	🏛🏛
Paris 16e	Dokhan's Radisson Blu	🏛🏛🏛
Paris 16e	Félicien	🏛🏛
Paris 16e	Keppler	🏛🏛🏛
Paris 16e	Molitor	🏛🏛🏛
Paris 16e	Peninsula	🏛🏛🏛🏛
Paris 16e	Raphael	🏛🏛🏛
Paris 16e	St-James Paris	🏛🏛🏛
Paris 16e	Sezz	🏛🏛🏛
Paris 16e	Shangri-La	🏛🏛🏛🏛
Paris 16e	Square	🏛🏛🏛
Paris 17e	Beauséjour Montmartre	🏛🏛
Paris 17e	Hidden	🏛🏛
Paris 17e	Hôtel de Banville	🏛🏛
Paris 17e	Les Jardins de la Villa	🏛🏛
Paris 17e	Mac Mahon	🏛🏛🏛
Paris 17e	Regent's Garden	🏛🏛🏛
Paris 18e	L'Hôtel Particulier Montmartre	🏛🏛
Paris 20e	Mama Shelter	🏛🏛
Provins (77)	Demeure des Vieux Bains	🏛🏛
Saint-Germain-en-Laye (78)	La Forestière	🏛🏛🏛
Saint-Germain-en-Laye (78)	Pavillon Henri IV	🏛🏛🏛
Saint-Prix (95)	Hostellerie du Prieuré	🏛
Le Tremblay-sur-Mauldre (78)	Les Chambres du Numéro 3	🏛🏛
Versailles (78)	Trianon Palace	🏛🏛🏛🏛
Ville-d'Avray (92)	Les Étangs de Corot	🏛🏛🏛
Villiers-le-Mahieu (78)	Château de Villiers-le-Mahieu	🏛🏛🏛

LANGUEDOC-ROUSSILLON

Aigues-Mortes (30)	Villa Mazarin 🏨
Alès / Saint-Hilaire-de-Brethmas (30)	Comptoir St-Hilaire 🏠
Argelès-sur-Mer (66)	Auberge du Roua 🏨
Argelès-sur-Mer (66)	Château Valmy 🏠
Barjac (30)	Le Mas du Terme 🏨
Bédarieux / Hérépian (34)	Le Couvent d'Hérépian 🏨
Bélesta (66)	Riberach 🏨
Béziers / Villeneuve-lès-Béziers (34)	La Chamberte 🏠
Le Boulou (66)	Relais des Chartreuses 🏨
Canet (11)	Château des Fontaines 🏠
Carcassonne (11)	Domaine d'Auriac 🏨
Carcassonne (11)	Hôtel de La Cité 🏨
Carcassonne (11)	Hôtel du Château 🏨
Carcassonne (11)	Pont Levis Hôtel 🏨
Céret (66)	Le Mas Trilles 🏨
Cucugnan (11)	La Tourette 🏠
Florac / Cocurès (48)	La Lozerette 🏠
La Garde-Guérin (48)	Auberge Régordane 🏠
Garrigues (34)	Château Roumanières 🏠
Le Grau-du-Roi / Port-Camargue (30)	L'Oustau Camarguen 🏨
Le Grau-du-Roi / Port-Camargue (30)	Spinaker 🏨
Ille-sur-Têt (66)	Les Buis 🏠
Lézignan-Corbières (11)	La Maison de Marthe 🏠
La Malène (48)	Château de la Caze 🏨
Martignargues (30)	La Maison du Passage 🏠
Mende (48)	Hôtel de France 🏨
Molitg-les-Bains (66)	Château de Riell 🏨
Molitg-les-Bains (66)	Le Grand Hôtel 🏨
Montpellier (34)	Aragon 🏨
Montpellier (34)	Baudon de Mauny 🏠
Montpellier (34)	Clos de l'Herminier 🏠
Montpellier / Castelnau-le-Lez (34)	Domaine de Verchant 🏨
Nasbinals (48)	La Borie de l'Aubrac 🏠
Nîmes (30)	Jardins Secrets 🏨
Nîmes (30)	La Maison de Sophie 🏠
Pont-du-Gard / Castillon-du-Gard (30)	Le Vieux Castillon 🏨
Pont-du-Gard / Vers-Pont-du-Gard (30)	La Bégude Saint-Pierre 🏨
Saillagouse / Llo (66)	L'Atalaya Bel-Encanto 🏠
Saint-Alban-sur-Limagnole (48)	Relais St-Roch 🏠
Saint-André-de-Roquelongue (11)	Demeure de Roquelongue 🏠
Saint-Chély-d'Apcher / La Garde (48)	Château d'Orfeuillette 🏨
Saint-Gilles (30)	Le Mas de l'Espérance 🏠
Saint-Laurent-des-Arbres (30)	Le Saint-Laurent 🏨
Sauveterre (30)	Château de Varenne 🏨
Uchaud (30)	Le Huit 🏠
Uzès (30)	Hostellerie Provençale 🏨
Uzès (30)	La Maison d'Uzès 🏨
Villeneuve-lès-Avignon (30)	Le Prieuré 🏨
Villeneuve-lès-Avignon (30)	La Suite 🏨
Villesèque-des-Corbières (11)	Château Haut Gléon 🏠

LIMOUSIN

Beaulieu-sur-Dordogne / Brivezac (19)	Château de la Grèze 🏰
Bonnat (23)	L'Orangerie 🏰
Brive-la-Gaillarde / Varetz (19)	Château de Castel Novel 🏰
Limoges / Saint-Martin-du-Fault (87)	Chapelle Saint-Martin 🏰
Lissac-sur-Couze (19)	Château de Lissac 🏰
Segonzac (19)	Pré Laminon 🏰
La Souterraine (23)	Château de la Cazine 🏰
Turenne (19)	Maison des Chanoines 🏰
Uzerche (19)	Joyet de Maubec 🏰

LORRAINE

Baerenthal / Untermuhlthal (57)	K 🏰
Épinal / Fontenay (88)	La Grange 🏰
Gérardmer (88)	Le Manoir au Lac 🏰
Gérardmer / Bas-Rupts (88)	Auberge de la Poulcière 🏰
Gérardmer / Bas-Rupts (88)	Les Bas-Rupts 🏰
Lunéville (54)	Château d'Adoménil 🏰
Nancy (54)	Hôtel d'Haussonville 🏰
Nancy (54)	Maison de Myon 🏰
Nancy (54)	La Villa 1901 🏰
Revigny-sur-Ornain (55)	La Maison Forte 🏰
Verdun / Les Monthairons (55)	Hostellerie du Château des Monthairons 🏰

MIDI-PYRÉNÉES

Albi (81)	La Réserve 🏰
Auch (32)	Château les Charmettes 🏰
Aujols (46)	Lou Repaou 🏰
Bagnères-de-Bigorre (65)	Les Petites Vosges 🏰
Barbotan-les-Thermes (32)	La Bastide 🏰
Cahors / Mercuès (46)	Château de Mercuès 🏰
Cahuzac-sur-Vère (81)	Château de Salettes 🏰
Cauterets (65)	Lion d'Or 🏰
Conques (12)	Hervé Busset 🏰
Cuzance (46)	Manoir de Malagorse 🏰
Gaillac (81)	Domaine de Perches 🏰
Gramat (46)	Moulin de Fresquet 🏰
Lacave (46)	Château de la Treyne 🏰
Lacave (46)	Pont de l'Ouysse 🏰
Lagrave (81)	Château de Touny 🏰
Laguiole (12)	Bras 🏰
Lascabanes (46)	Le Domaine de Saint-Géry 🏰
Marciac (32)	La Villa Toscane 🏰
Marsolan (32)	Lous Grits 🏰
Martel (46)	Relais Ste-Anne 🏰
Mazamet (81)	La Villa de Mazamet 🏰
Moissac (82)	Le Manoir St-Jean 🏰
Montcuq (46)	Four 🏰
Montesquiou (32)	Maison de la Porte Fortifiée 🏰
Puycelci (81)	L'Ancienne Auberge 🏰
Puylaurens (81)	Cap de Castel 🏰
Rocamadour (46)	Troubadour 🏰
Rodez (12)	Château de Labro 🏰
Rodez (12)	Ferme de Bourran 🏰

Saint-Cirq-Lapopie / Tour-de-Faure (46)	Le Saint-Cirq 🏠
Saint-Geniez-d'Olt (12)	Château de la Falque 🏠
Tarbes (65)	Le Rex Hôtel 🏨
Terraube (32)	Maison Ardure 🏠
Toulouse (31)	Le Grand Balcon 🏠
Toulouse (31)	La Cour des Consuls Hôtel et Spa 🏨
Viscos (65)	La Grange aux Marmottes 🏠

NORD-PAS-DE-CALAIS

Arras (62)	La Corne d'Or 🏠
Béthune / Busnes (62)	Le Château de Beaulieu 🏰
Béthune / Gosnay (62)	La Chartreuse du Val St-Esprit 🏨
Boulogne-sur-Mer (62)	La Matelote 🏨
Cassel (59)	Châtellerie de Schoebeque 🏨
Hardelot-Plage (62)	Les Jardins d'Hardelot 🏠
Hesdin / Gouy-Saint-André (62)	Le Clos de la Prairie 🏠
Lille (59)	Barrière Lille 🏨
Lille (59)	Clarance 🏨
Lille (59)	L'Hermitage Gantois 🏨
Montreuil (62)	Château de Montreuil 🏨
Montreuil / La Madelaine-sous-Montreuil (62)	La Grenouillère 🏨
Saint-Omer / Tilques (62)	Château Tilques 🏨
Le Touquet-Paris-Plage (62)	Westminster 🏨
Tourcoing (59)	Villa Paula 🏠
Valenciennes (59)	Le Grand Duc 🏠
Wailly-Beaucamp (62)	La Prairière 🏠

NORMANDIE

Bagnoles-de-l'Orne (61)	Bois Joli 🏠
Bagnoles-de-l'Orne (61)	Le Manoir du Lys 🏨
Barneville-Carteret / Carteret (50)	Hôtel des Ormes 🏠
Barneville-Carteret / Carteret (50)	La Marine 🏨
Bayeux (14)	Château de Sully 🏨
Bayeux (14)	Le Petit Matin 🏠
Bayeux (14)	Tardif Noble Guesthouse 🏠
Bayeux (14)	Villa Lara 🏨
Bayeux / Audrieu (14)	Château d'Audrieu 🏨
Bellême (61)	Hôtel de Suhard 🏠
Beuvron-en-Auge (14)	Le Pavé d'Hôtes 🏠
Caudebec-en-Caux (76)	Manoir de Rétival 🏠
Connelles (27)	Le Moulin de Connelles 🏨
Coutances (50)	Manoir de L'Ecoulanderie 🏠
Crépon (14)	Ferme de la Rançonnière-Manoir de Mathan 🏠
Deauville (14)	Manoir de Benerville 🏠
Deauville (14)	Les Manoirs de Tourgéville 🏨
Deauville (14)	Normandy-Barrière 🏨
Deauville (14)	Royal-Barrière 🏨
Deauville (14)	Villa Joséphine 🏠
Eu (76)	Manoir de Beaumont 🏠
Fécamp (76)	La Grande Maison 🏠
Fleury-sur-Andelle (27)	Château de Bonnemare 🏠
Fontaine-sous-Jouy (27)	Clos de Mondétour 🏠
Glanville (14)	Le Clos Devalpierre 🏠
Le Havre (76)	Vent d'Ouest 🏠

Le Havre (76)	Les Voiles 🏠
Honfleur (14)	À L'École Buissonnière 🏠
Honfleur (14)	La Chaumière 🏠
Honfleur (14)	Le Clos Bourdet 🏠
Honfleur (14)	L'Écrin 🏠
Honfleur (14)	La Ferme St-Siméon 🏠🏠🏠
Honfleur (14)	La Maison de Lucie 🏠
Honfleur (14)	Les Maisons de Léa 🏠
Honfleur (14)	La Petite Folie 🏠
Honfleur / Barneville-la-Bertran (14)	Auberge de la Source 🏠
Lyons-la-Forêt (27)	Le Grand Cerf 🏠
Lyons-la-Forêt (27)	Les Lions de Beauclerc 🏠
Lyons-la-Forêt (27)	La Licorne 🏠
Moutiers-au-Perche (61)	Villa Fol Avril 🏠
Négreville (50)	Château de Pont Rilly 🏠
Néville (76)	Nature et Lin 🏠
Notre-Dame-de-Livaye (14)	Aux Pommiers de Livaye 🏠
Port-en-Bessin (14)	La Chenevière 🏠🏠
Rouen (76)	Le Clos Jouvenet 🏠
Rouen (76)	Hôtel de Bourgtheroulde 🏠🏠🏠
Saint-Maclou (27)	Château de Saint-Maclou-la-Campagne 🏠
Surville (27)	Manoir de Surville 🏠
Trouville-sur-Mer (14)	Les Cures Marines 🏠🏠🏠
Trouville-sur-Mer (14)	St-James 🏠
Urville-Nacqueville (50)	Le Landemer 🏠
Vergoncey (50)	Château de Boucéel 🏠
Verneuil-sur-Avre (27)	Le Clos 🏠🏠
Veules-les-Roses (76)	Douce France 🏠
Yvetot (76)	Le Manoir aux Vaches 🏠

PAYS-DE-LA-LOIRE

Alençon / Saint-Paterne (72)	Château de Saint-Paterne 🏠
Andrezé (49)	Le Château de la Morinière 🏠
Angers (49)	21 Foch 🏠
La Baule (44)	Castel Marie-Louise 🏠🏠
La Baule (44)	Hermitage Barrière 🏠🏠🏠
Beaulieu-sur-Layon (49)	Château Soucherie 🏠
Beaurepaire (85)	Château de la Richerie 🏠
Briollay (49)	Château de Noirieux 🏠
Chambretaud (85)	Château du Boisniard 🏠🏠
Champigné (49)	Château des Briottières 🏠
Cholet (49)	Demeure l'Impériale 🏠
Le Croisic (44)	Le Fort de l'Océan 🏠🏠
Drain (49)	Le Mésangeau 🏠
La Flèche (72)	Le Gentleman 🏠
Fontenay-le-Comte (85)	Le Logis de la Clef de Bois 🏠
L'Île-d'Olonne (85)	Les Fermes de Terre Neuve - La Girardière 🏠
Missillac (44)	Domaine de La Bretesche 🏠🏠
Montsoreau (49)	La Marine de Loire 🏠
Nantes (44)	Sozo Hôtel 🏠
Nantes / Sucé-sur-Erdre (44)	Les Arbres Rouges 🏠
La Plaine-sur-Mer (44)	Anne de Bretagne 🏠🏠
Pornichet (44)	Château des Tourelles 🏠🏠
Pornichet (44)	Sud Bretagne 🏠🏠
Saint-Calais (72)	Château de la Barre 🏠

Saint-Michel-Mont-Mercure (85)	Château de la Flocellière 🏰
Saint-Sulpice-le-Verdon (85)	Thierry Drapeau 🏰
Saumur (49)	Château de Verrières 🏰
Saumur (49)	Manoir Plessis Bellevue 🏰
Saumur (49)	St-Pierre 🏰
Turquant (49)	Demeure de la Vignole 🏰

PICARDIE

Amiens (80)	Marotte 🏰
Chantilly (60)	Auberge du Jeu de Paume 🏰
La Chapelle-en-Serval (60)	Mont Royal 🏰
Compiègne (60)	Du Palais au Jardin 🏰
Courcelles-sur-Vesle (02)	Château de Courcelles 🏰
Danizy (02)	Domaine Le Parc 🏰
Fère-en-Tardenois (02)	Château de Fère 🏰
Neuville-Bosc (60)	Le Clos des Vignes 🏰
Omiécourt (80)	Château d'Omiécourt 🏰
Saint-Valery-sur-Somme (80)	Le Castel 🏰
Saint-Valery-sur-Somme (80)	Les Corderies 🏰
Sainte-Preuve (02)	Domaine de Barive 🏰
Sainte-Preuve (02)	Le Prieuré 🏰

POITOU-CHARENTES

Cognac (16)	François 1er 🏰
Cognac (16)	L'Yeuse 🏰
Curzay-sur-Vonne (86)	Château de Curzay 🏰
Fouras (17)	Le Grand Hôtel des Bains 🏰
Île de Ré / La Flotte (17)	Le Richelieu 🏰
Île de Ré / Saint-Martin-de-Ré (17)	La Baronnie Hôtel et Spa 🏰
Île de Ré / Saint-Martin-de-Ré (17)	Clos St-Martin 🏰
Île de Ré / Saint-Martin-de-Ré (17)	Hôtel de Toiras 🏰
Île de Ré / Saint-Martin-de-Ré (17)	Villa Clarisse 🏰
Ile d'Oléron / Dolus-d'Oléron (17)	Le Grand Large 🏰
Jarnac (16)	Château Saint-Martial 🏰
Jarnac (16)	Ligaro 🏰
Latillé (86)	La Gentilhommière 🏰
Massignac (16)	Le Domaine des Étangs 🏰
Nieuil (16)	Château de Nieuil 🏰
Niort (79)	La Chamoiserie 🏰
Poitiers / Aslonnes (86)	Le Moulin de Port Laverré 🏰
Pons / Mosnac (17)	Moulin du Val de Seugne 🏰
La Rochelle (17)	La Monnaie 🏰
La Rochelle (17)	Le Manoir 🏰
Saint-Claud (16)	Logis de la Broue 🏰
Saint-Sornin (17)	La Caussolière 🏰
Vouhé (17)	La Villa Cécile 🏰

PROVENCE-ALPES-CÔTE D'AZUR

Aix-en-Provence (13)	Cézanne 🏰
Aix-en-Provence (13)	Le Pigonnet 🏰
Aix-en-Provence (13)	Villa Gallici 🏰
Aix-en-Provence / Le Tholonet (13)	Les Lodges Sainte-Victoire 🏰
Alleins (13)	Domaine de Méjeans 🏰
Antibes / Cap d'Antibes (06)	Cap d'Antibes Beach Hôtel 🏰

Antibes / Cap d'Antibes (06)	Hôtel du Cap-Eden-Roc
Antibes / Cap d'Antibes (06)	Impérial Garoupe
Apt / Saignon (84)	Chambre de Séjour avec Vue
Arles (13)	Cloître
Arles (13)	Jules César
Arles (13)	L'Hôtel Particulier
Aups / Moissac-Bellevue (83)	Bastide du Calalou
Aureille (13)	Le Balcon des Alpilles
Avignon (84)	La Mirande
Avignon / Le Pontet (84)	Auberge de Cassagne et Spa
Bandol (83)	Île Rousse
Barcelonnette / Jausiers (04)	Villa Morelia
Le Barroux (84)	Aube Safran
Les Baux-de-Provence (13)	Baumanière
Les Baux-de-Provence (13)	Mas de l'Oulivié
Beaulieu-sur-Mer (06)	La Réserve de Beaulieu et Spa
Bonnieux (84)	La Bastide de Capelongue
Bonnieux (84)	Le Clos du Buis
Boulbon (13)	La Bastide de Boulbon
Bras (83)	Une Campagne en Provence
Briançon (05)	La Chaussée
La Cadière-d'Azur (83)	Hostellerie Bérard
Cagnes-sur-Mer (06)	Château Le Cagnard
Callas (83)	Hostellerie Les Gorges de Pennafort
Cannes (06)	Grand Hyatt Martinez
Cannes (06)	Majestic Barrière
Carpentras / Beaumes-de-Venise (84)	Le Clos Saint Saourde
Carpentras / Beaumes-de-Venise (84)	Les Remparts
Carpentras / Mazan (84)	Château de Mazan
Le Castellet / Circuit Paul Ricard (83)	Hôtel du Castellet
Cavalière (83)	Le Club de Cavalière et Spa
La Celle (83)	Hostellerie de l'Abbaye de la Celle
Château-Arnoux-Saint-Auban (04)	La Bonne Étape
Châteauneuf-Villevieille (06)	La Parare
La Colle-sur-Loup (06)	Alain Llorca
La Colmiane (06)	Le Green
Crillon-le-Brave (84)	Crillon le Brave
La Croix-Valmer (83)	Les Trois Îles
La Croix-Valmer / Gigaro (83)	Château de Valmer
Cucuron (84)	Le Pavillon de Galon
Draguignan (83)	La Source Saint-Michel
Eygalières (13)	Le Jardin de Tim
Eygalières (13)	Mas du Pastre
Èze (06)	Château de la Chèvre d'Or
Èze (06)	Château Eza
Èze / Col d'Èze (06)	La Bastide aux Camélias
Èze-Bord-de-Mer (06)	Cap Estel
Fontaine-de-Vaucluse (84)	Hôtel du Poète
Forcalquier (04)	Auberge Charembeau
Forcalquier (04)	La Bastide Saint Georges
Forcalquier / Mane (04)	Couvent des Minimes
Fréjus (83)	La Bastide du Clos des Roses
Gargas (84)	Coquillade - Provence Village
Gordes (84)	La Bastide de Gordes
Gordes (84)	Les Bories et Spa

Gordes (84)	La Ferme de la Huppe 🏠
Grasse (06)	La Bastide St-Antoine 🏰🏠
Grasse (06)	Moulin St-François 🏡
Graveson (13)	Le Cadran Solaire 🏠
Grimaud (83)	Le Verger Maelvi 🏰🏠
Guillestre / Mont-Dauphin (05)	La Maison du Guil 🏡
Ile de Porquerolles (83)	Le Mas du Langoustier 🏰🏠
L'Isle-sur-la-Sorgue (84)	Artishow 🏡
L'Isle-sur-la-Sorgue (84)	Le Clos Violette 🏡
L'Isle-sur-la-Sorgue (84)	Le Mas des Grès 🏠
L'Isle-sur-la-Sorgue (84)	La Maison sur la Sorgue 🏡
Joucas (84)	Hostellerie Le Phébus et Spa 🏰🏠
Juan-les-Pins (06)	Belles Rives 🏰🏠
Juan-les-Pins (06)	Juana 🏰🏠
Juan-les-Pins (06)	Mademoiselle 🏠
Juan-les-Pins (06)	Ste-Valérie 🏰🏠
Juan-les-Pins (06)	La Villa Cap d'Antibes 🏰🏠
Lorgues (83)	Château de Berne 🏰🏠
Marseille (13)	C2 🏰🏠
Marseille (13)	Intercontinental-Hôtel Dieu 🏰🏰🏠
Marseille (13)	Mama Shelter 🏠
Marseille (13)	Le Petit Nice 🏰🏠
Maussane-les-Alpilles / Paradou (13)	B design et Spa 🏰🏠
Maussane-les-Alpilles / Paradou (13)	Du Côté des Olivades 🏰🏠
Maussane-les-Alpilles / Paradou (13)	La Maison du Paradou 🏡
Ménerbes (84)	La Bastide de Marie 🏰🏠
Modène (84)	La Villa Noria 🏡
Mougins (06)	Le Mas Candille 🏰🏰🏠
Moustiers-Sainte-Marie (04)	La Bastide de Moustiers 🏰🏠
Moustiers-Sainte-Marie (04)	La Ferme Rose 🏠
Le Muy (83)	Château des Demoiselles 🏡
Nice (06)	Boscolo Exedra 🏰🏠
Nice (06)	Excelsior 🏰🏠
Nice (06)	Hi Hotel 🏰🏠
Nice (06)	Hyatt Regency Palais de la Méditerranée 🏰🏠
Nice (06)	La Pérouse 🏰🏠
Nice (06)	Le Negresco 🏰🏰🏠
Nice / Saint-Roman-de-Bellet (06)	Villa Kilauea 🏡
Orange (84)	Justin de Provence 🏡
Orgon (13)	Le Mas de la Rose 🏰🏠
Plan-de-la-Tour (83)	Mas des Brugassières 🏠
Ramatuelle (83)	La Bastide de Ramatuelle 🏰🏠
Ramatuelle (83)	La Réserve Ramatuelle 🏰🏰🏠
Ramatuelle (83)	La Vigne de Ramatuelle 🏰🏠
Rayol-Canadel-sur-Mer (83)	Le Bailli de Suffren 🏰🏠
La Roque-sur-Pernes (84)	Château La Roque 🏡
Le Rouret (06)	Hôtel du Clos 🏰🏠
Roussillon (84)	Le Clos de la Glycine 🏰🏠
Saint-Jean-Cap-Ferrat (06)	Grand Hôtel du Cap Ferrat 🏰🏰🏠
Saint-Jean-Cap-Ferrat (06)	Royal Riviera 🏰🏠
Saint-Jean-Cap-Ferrat (06)	La Voile d'Or 🏰🏠
Saint-Laurent-du-Verdon (04)	Le Moulin du Château 🏠
Saint-Paul-de-Vence (06)	Le Hameau 🏰🏠
Saint-Paul-de-Vence (06)	Le Mas de Pierre 🏰🏠
Saint-Paul-de-Vence (06)	Le Saint-Paul 🏰🏠

Saint-Raphaël / Boulouris (83)	La Villa Mauresque 🏚🏚
Saint-Rémy-de-Provence (13)	Le Château des Alpilles 🏚🏚
Saint-Rémy-de-Provence (13)	Hôtel de l'Image 🏚🏚
Saint-Rémy-de-Provence (13)	La Maison de Bournissac 🏚
Saint-Rémy-de-Provence (13)	La Maison du Village 🏚
Saint-Rémy-de-Provence (13)	Mas des Figues 🏚
Saint-Rémy-de-Provence (13)	Sous les Figuiers 🏚
Saint-Rémy-de-Provence (13)	Le Vallon de Valrugues et Spa 🏚🏚
Saint-Tropez (83)	La Bastide de St-Tropez 🏚🏚
Saint-Tropez (83)	Benkiraï 🏚🏚
Saint-Tropez (83)	Byblos 🏚🏚🏚
Saint-Tropez (83)	Château de la Messardière 🏚🏚🏚
Saint-Tropez (83)	La Ferme d'Augustin 🏚🏚
Saint-Tropez (83)	Hôtel de Paris Saint-Tropez 🏚🏚🏚
Saint-Tropez (83)	Kube 🏚🏚
Saint-Tropez (83)	Mas de Chastelas 🏚🏚
Saint-Tropez (83)	Muse 🏚🏚
Saint-Tropez (83)	Pan Deï Palais 🏚🏚
Saint-Tropez (83)	Pastis 🏚🏚
Saint-Tropez (83)	Le Pré de la Mer 🏚
Saint-Tropez (83)	Résidence de la Pinède 🏚🏚🏚
Saint-Tropez (83)	Sezz 🏚🏚🏚
Saint-Tropez (83)	La Tartane Saint-Amour 🏚🏚
Saint-Tropez (83)	Villa Belrose 🏚🏚🏚
Saint-Tropez (83)	Villa Marie 🏚🏚🏚
Saint-Tropez (83)	White 1921 🏚
Sainte-Maxime (83)	Royal Bon Repos 🏚
La Salle-les-Alpes (05)	Rock Noir et Spa 🏚
Le Sambuc (13)	Le Mas de Peint 🏚🏚
Sanary-sur-Mer (83)	Hostellerie La Farandole 🏚🏚
Seillans (83)	Hôtel des Deux Rocs 🏚
Serre-Chevalier / Le Monêtier-les-Bains (05)	Alliey 🏚
Théoule-sur-Mer / Miramar (06)	Tiara Miramar Beach Hotel et Spa 🏚🏚🏚
Théoule-sur-Mer / Miramar (06)	Tiara Yaktsa 🏚🏚
Le Thor (84)	La Bastide Rose 🏚
Tourrettes (83)	Terre Blanche 🏚🏚🏚🏚
Tourrettes-sur-Loup (06)	Les 4 Elements 🏚
Tourtour (83)	La Bastide de Tourtour 🏚🏚
Trigance (83)	Château de Trigance 🏚🏚
Uchaux (84)	Château de Massillan 🏚🏚
Vence (06)	Château Saint-Martin et Spa 🏚🏚🏚
Vence (06)	La Maison du Frêne 🏚

RHÔNE-ALPES

Allex (26)	Petite Aiguebonne 🏚
Alpe-d'Huez (38)	Au Chamois d'Or 🏚🏚
Annecy (74)	Le Clos des Sens 🏚🏚
Annecy / Veyrier-du-Lac (74)	Le Clos du Lac 🏚
Annecy / Veyrier-du-Lac (74)	Yoann Conte 🏚🏚
Aubenas (07)	Villa Elisa M 🏚
Avoriaz (74)	Les Dromonts 🏚
Bagnols (69)	Château de Bagnols 🏚🏚🏚
Banne (07)	Auberge de Banne 🏚
Belleville / Pizay (69)	Château de Pizay 🏚🏚
Bourg-en-Bresse (01)	Le Griffon d'Or 🏚

Le-Bourget-du-Lac (73)	Ombremont 🏨
Les Carroz-d'Arâches (74)	Les Servages d'Armelle 🏨
Chamonix-Mont-Blanc (74)	Grand Hôtel des Alpes 🏨
Chamonix-Mont-Blanc (74)	Hameau Albert 1er 🏨
Chamonix-Mont-Blanc (74)	Mont-Blanc 🏨
Chamonix-Mont-Blanc / Le Lavancher (74)	Les Chalets de Philippe 🏨
Châtillon-sur-Chalaronne (01)	La Tour 🏨
Chazey-sur-Ain / Sainte-Julie (01)	Les Chambres de la Renaissance 🏨
Cliousclat (26)	La Treille Muscate 🏨
La Clusaz (74)	Au Cœur du Village 🏨
La Clusaz (74)	Les Chalets de la Serraz 🏨
Coise-Saint-Jean-Pied-Gauthier (73)	Château de la Tour du Puits 🏨
Condrieu (69)	Hôtellerie Beau Rivage 🏨
Cordon (74)	Les Roches Fleuries 🏨
Courchevel / Courchevel 1850 (73)	Les Airelles 🏨
Courchevel / Courchevel 1850 (73)	L'Apogée 🏨
Courchevel / Courchevel 1850 (73)	Cheval Blanc 🏨
Courchevel / Courchevel 1850 (73)	Le K 2 🏨
Courchevel / Courchevel 1850 (73)	Le Kilimandjaro 🏨
Courchevel / Courchevel 1850 (73)	Le Lana 🏨
Courchevel / Courchevel 1850 (73)	La Sivolière 🏨
Courchevel / Courchevel 1850 (73)	Le Strato 🏨
Crest-Voland (73)	Le Caprice des Neiges 🏨
Crozet (01)	Jiva Hill Resort 🏨
Cruseilles (74)	Château des Avenières- La Maison des Écureuils 🏨
Les Deux-Alpes (38)	Chalet Mounier 🏨
Dieulefit (26)	La Bergerie de Féline 🏨
Divonne-les-Bains (01)	Le Grand Hôtel 🏨
Divonne-les-Bains / Grilly (01)	Les Lumières de Genève 🏨
Duingt (74)	Clos Marcel 🏨
Les Échelles / Saint-Christophe-la-Grotte (73)	La Ferme Bonne de la Grotte 🏨
Évian-les-Bains (74)	Ermitage 🏨
Évian-les-Bains (74)	Royal 🏨
Évian-les-Bains / Maxilly-sur-Léman (74)	La Maison de Mathilde 🏨
Les Gets (74)	Crychar 🏨
Le Grand-Bornand (74)	Le Chalet 1864 🏨
Le Grand-Bornand / Le Chinaillon (74)	Les Cimes 🏨
Grenoble (38)	Le Grand Hôtel 🏨
Grenoble (38)	Park Hôtel 🏨
Grignan (26)	Le Clair de la Plume 🏨
Grignan (26)	Le Pré de l'Aube 🏨
Hauteluce (73)	La Ferme du Chozal 🏨
Jongieux (73)	Château de la Mar 🏨
Lyon (69)	Carlton 🏨
Lyon (69)	Collège 🏨
Lyon (69)	Cour des Loges 🏨
Lyon (69)	Mama Shelter 🏨
Lyon (69)	Le Royal 🏨
Lyon (69)	Villa Florentine 🏨
Lyon / Charbonnières-les-Bains (69)	Le Pavillon de la Rotonde 🏨
Lyon / Écully (69)	Les Hautes Bruyères 🏨
Manigod (74)	Chalet Hôtel Croix-Fry 🏨
Megève (74)	Alpaga 🏨
Megève (74)	Chalet du Mont d'Arbois 🏨

Megève (74)	Chalet St-Georges	🏛🏛
Megève (74)	Flocons de Sel	🏛🏛
Megève (74)	Le Chalet Zannier	🏛🏛
Megève (74)	Le Fer à Cheval	🏛🏛
Megève (74)	Les Fermes de Marie	🏛🏛
Megève (74)	Lodge Park	🏛🏛
Megève (74)	M de Megève	🏛🏛
Megève (74)	Mont-Blanc	🏛🏛
Méribel (73)	Allodis	🏛🏛
Méribel (73)	Le Grand Cœur et Spa	🏛🏛
Méribel (73)	L'Hélios	🏛🏛
Méribel (73)	Le Kaïla	🏛🏛
Méribel (73)	Le Savoy	🏛🏛
Montélimar (26)	Le Domaine du Colombier	🏛🏛
Montmeyran (26)	La Grande Maison	🏛
Morzine (74)	Bergerie	🏛🏛
Nyons (26)	Une Autre Maison	🏛
Nyons / Montaulieu (26)	Les Terrasses	🏛
Pérouges (01)	Hostellerie du Vieux Pérouges	🏛🏛
La Plagne / Plagne-Bellecôte (73)	Carlina	🏛🏛
Roanne (42)	Troisgros	🏛🏛
Romans-sur-Isère (26)	L'Orée du Parc	🏛🏛
Saint-Didier-de-Formans (01)	Château de Tanay	🏛
Saint-Gervais-les-Bains (74)	La Ferme de Cupelin	🏛
Saint-Martin-de-Belleville (73)	La Bouitte	🏛🏛
Saint-Paul-Trois-Châteaux (26)	Villa Augusta	🏛🏛
Saint-Pierre-d'Albigny (73)	Château des Allues	🏛
Talloires (74)	Chalet Christine	🏛
Talloires (74)	L'Auberge du Père Bise	🏛🏛
Taluyers (69)	Château Talluy	🏛🏛
Tulette (26)	K-Za	🏛
Uriage-les-Bains (38)	Grand Hôtel	🏛🏛
Uzer (07)	Château d'Uzer	🏛
Valaurie (26)	Le Moulin de Valaurie	🏛🏛
Val-d'Isère (73)	Avenue Lodge	🏛🏛
Val-d'Isère (73)	Les Barmes de l'Ours	🏛🏛
Valence (26)	Pic	🏛🏛
Vals-les-Bains (07)	Château Clément	🏛
Val-Thorens (73)	Altapura	🏛🏛
Val-Thorens (73)	Fitz Roy	🏛🏛
Les Vans (07)	La Seigneurie de Naves	🏛
Vienne (38)	La Pyramide	🏛🏛
Viuz-la-Chiésaz (74)	Domaine du Chainet	🏛
Vonnas (01)	Georges Blanc	🏛🏛
Vonnas (01)	Hôtel du Bois Blanc	🏛🏛
Yvoire (74)	Villa Cécile	🏛🏛

PRINCIPAUTÉ DE MONACO

Monte-Carlo (MC)	Hermitage	🏛🏛
Monte-Carlo (MC)	Hôtel de Paris	🏛🏛
Monte-Carlo (MC)	Métropole	🏛🏛
Monte-Carlo (MC)	Monte Carlo Bay Hotel and Resort	🏛🏛
Monte-Carlo / Monte-Carlo-Beach (MC)	Monte-Carlo Beach	🏛🏛

SPAS

ALSACE

Birkenwald (67)	Au Chasseur 🏨
Colroy-la-Roche (67)	Hostellerie La Cheneaudière 🏨
Ensisheim (68)	Le Domaine du Moulin 🏨
Fouday (67)	Julien 🏨
Guebwiller / Murbach (68)	Le St-Barnabé 🏨
Jungholtz (68)	Les Violettes 🏨
Kaysersberg (68)	Chambard 🏨
Lembach (67)	Auberge du Cheval Blanc 🏨
Mittelhausen (67)	À l'Étoile 🏨
Molsheim (67)	Diana 🏨
Morsbronn-les-Bains (67)	La Source des Sens 🏨
Munster (68)	Verte Vallée 🏨
Niederbronn-les-Bains (67)	Hôtel du Parc 🏨
Obernai (67)	Le Parc 🏨
Obernai / Ottrott (67)	Hostellerie des Châteaux 🏨
La-Petite-Pierre (67)	Au Lion d'Or 🏨
La-Petite-Pierre (67)	La Clairière 🏨
Rouffach (68)	Château d'Isenbourg 🏨
Saint-Hippolyte (68)	Le Parc 🏨
Strasbourg (67)	Athéna Hôtel Spa 🏨
Strasbourg (67)	Le Bouclier d'Or 🏨
Strasbourg (67)	Régent Petite France et Spa 🏨
Strasbourg / Ostwald (67)	Château de l'Ile 🏨
Thannenkirch (68)	Le Clos des Sources 🏨
Wangenbourg (67)	Parc Hôtel 🏨

AQUITAINE

Anglet (64)	Atlanthal 🏨
Biarritz (64)	Hôtel du Palais 🏨
Biarritz (64)	Le Regina 🏨
Biarritz (64)	Sofitel Le Miramar Thalassa Sea et Spa 🏨
Bordeaux (33)	Grand Hôtel de Bordeaux et Spa 🏨
Bordeaux / Martillac (33)	Les Sources de Caudalie 🏨
Dax / Saint-Paul-lès-Dax (40)	Sourcéo 🏨
Eugénie-les-Bains (40)	Les Prés d'Eugénie 🏨
Les Eyzies-de-Tayac (24)	Les Glycines 🏨
Hendaye / Hendaye-Plage (64)	Serge Blanco 🏨
Magescq (40)	Relais de la Poste 🏨
Pau (64)	Parc Beaumont 🏨
Le Pian-Médoc (33)	Golf du Médoc Hôtel et Spa 🏨
Saint-Émilion (33)	Château Grand Barrail 🏨
Saint-Jean-de-Luz (64)	Grand Hôtel Thalasso et Spa 🏨
Saint-Jean-de-Luz (64)	Hélianthal 🏨
Villeneuve-sur-Lot (47)	Le Moulin de Madame 🏨

AUVERGNE

Châtel-Guyon (63)	Spa Thermalia 🏨
Moulins (03)	Hôtel de Paris 🏨
Pailherols (15)	L'Auberge des Montagnes 🏠
Saint-Bonnet-le-Froid (43)	Clos des Cimes-Découverte et Spa 🏨
Salers (15)	Le Bailliage 🏨
Salzuit (43)	Domaine St Roch 🏨
Vichy (03)	Vichy Spa Hôtel Les Célestins 🏨

BOURGOGNE

Chalon-sur-Saône (71)	Le St-Georges 🏨
Courban (21)	Château de Courban 🏨
Joigny (89)	La Côte St-Jacques 🏨
Leugny (89)	La Borde 🏨
Meursault (21)	Château de Cîteaux-La Cueillette 🏨
Saulieu (21)	Le Relais Bernard Loiseau 🏨
Vosne-Romanée (21)	Le Richebourg 🏨

BRETAGNE

Arzon / Port du Crouesty (56)	Miramar Crouesty 🏨
Belle-Ile / Port-Goulphar (56)	Castel Clara 🏨
Billiers (56)	Domaine de Rochevilaine 🏨
Carnac (56)	Carnac Thalasso et Spa Resort 🏨
Carnac (56)	Celtique 🏨
Dinard (35)	Novotel Thalassa 🏨
La Gacilly (56)	Grée des Landes 🏨
Locquirec (29)	Le Grand Hôtel des Bains 🏨
Moëlan-sur-Mer (29)	Les Moulins du Duc 🏨
Paimpol / Pointe-de-l'Arcouest (22)	Les Terrasses de Bréhat 🏨
Perros-Guirec (22)	L'Agapa 🏨
Ploërmel (56)	Le Roi Arthur 🏨
Plouider (29)	La Butte 🏨
Quiberon (56)	Sofitel Diététique 🏨
Quiberon (56)	Sofitel Thalassa 🏨
Rennes (35)	balthazarhoteletspa 🏨
Rennes (35)	Le Coq-Gadby 🏨
Rennes (35)	Novotel Centre Gare 🏨
Roscoff (29)	Le Brittany 🏨
Saint-Malo (35)	Grand Hôtel des Thermes 🏨
Saint-Philibert (56)	Le Galet 🏠
Trébeurden (22)	Ti al Lannec 🏨

CENTRE-VAL-DE-LOIRE

Amboise / Saint-Ouen-les-Vignes (37)	L'Aubinière 🏨
Chartres (28)	Le Grand Monarque 🏨
La Châtre / Pouligny-Notre-Dame (36)	Les Dryades 🏨
Montbazon (37)	Château d'Artigny 🏨
Mosnes (37)	Domaine des Thômeaux 🏨
Saint-Aignan (41)	Les Jardins de Beauval 🏨
Tours / Joué-lès-Tours (37)	Château de Beaulieu 🏨

CHAMPAGNE-ARDENNE

Épernay (51)	Jean Moët et Spa 🏚
Épernay / Vinay (51)	Hostellerie La Briqueterie 🏚
Étoges (51)	Le Château d'Étoges 🏚

CORSE

Bastia (2B)	Ostella 🏚
Calvi (2B)	La Signoria 🏚
Calvi (2B)	La Villa 🏚
Olmeto (2A)	Marinca 🏚
Porticcio (2A)	Radisson Blu 🏚
Porticcio (2A)	Sofitel Thalassa 🏚
Porto-Vecchio (2A)	Casadelmar 🏚
Porto-Vecchio (2A)	Don Cesar 🏚
Porto-Vecchio (2A)	Grand Hôtel de Cala Rossa 🏚

FRANCHE-COMTÉ

Besançon / Geneuille (25)	Château de la Dame Blanche 🏚
Bonnétage (25)	L'Étang du Moulin 🏚
Lons-le-Saunier / Chille (39)	Parenthèse 🏚

ÎLE-DE-FRANCE

Barbizon (77)	Les Pléiades 🏚
Enghien-les-Bains (95)	Le Grand Hôtel 🏚
Enghien-les-Bains (95)	Hôtel du Lac 🏚
Longjumeau / Saulx-les-Chartreux (91)	L'Orée 🏚
Marne-la-Vallée / Magny-le-Hongre (77)	Dream Castle 🏚
Marne-la-Vallée / Magny-le-Hongre (77)	Radisson Blu at Disneyland 🏚
Paris 1er	Le Burgundy 🏚
Paris 1er	Grand Hôtel du Palais Royal 🏚
Paris 1er	Mandarin Oriental 🏚
Paris 1er	Le Meurice 🏚
Paris 1er	Renaissance Paris Vendôme 🏚
Paris 1er	The Westin Paris 🏚
Paris 2e	Park Hyatt 🏚
Paris 6e	Le Six 🏚
Paris 8e	Le Bristol 🏚
Paris 8e	Fouquet's Barrière 🏚
Paris 8e	Four Seasons George V 🏚
Paris 8e	L'Hôtel du Collectionneur 🏚
Paris 8e	Le Mathurin 🏚
Paris 8e	Plaza Athénée 🏚
Paris 8e	La Réserve 🏚
Paris 8e	Le Royal Monceau 🏚
Paris 9e	Intercontinental Le Grand 🏚
Paris 9e	Scribe 🏚
Paris 16e	Molitor 🏚
Paris 16e	Peninsula 🏚
Paris 16e	Shangri-La 🏚
Paris 16e	Square 🏚

Paris 16e	Villa et Hôtel Majestic 🏨🏨
Provins (77)	Aux Vieux Remparts 🏨🏨
Roissy-en-France (95)	Novotel Convention et Wellness 🏨🏨
Rolleboise (78)	Le Domaine de la Corniche 🏨🏨
Rueil-Malmaison (92)	Le Relais de la Malmaison 🏨🏨
Versailles (78)	Trianon Palace 🏨🏨🏨
Ville-d'Avray (92)	Les Étangs de Corot 🏨🏨
Villiers-le-Mahieu (78)	Château de Villiers-le-Mahieu 🏨🏨

LANGUEDOC-ROUSSILLON

Agde / Le Cap-d'Agde (34)	Palmyra Golf Hôtel 🏨🏨
Argelès-sur-Mer (66)	Le Cottage 🏨🏨
Bédarieux / Hérépian (34)	Le Couvent d'Hérépian 🏨
Canet-en-Roussillon / Canet-Plage (66)	Les Flamants Roses 🏨🏨🏨
La Grande-Motte (34)	Les Corallines 🏨🏨
Le Grau-du-Roi / Port-Camargue (30)	Les Bains de Camargue 🏨🏨
Molitg-les-Bains (66)	Le Grand Hôtel 🏨🏨
Montpellier / Baillargues (34)	Golf Hôtel de Massane 🏨🏨
Montpellier / Castelnau-le-Lez (34)	Domaine de Verchant 🏨🏨🏨
Nîmes (30)	Jardins Secrets 🏨🏨
Nîmes (30)	Vatel 🏨🏨
Pézenas (34)	Distillerie de Pézenas 🏨
Saint-Cyprien (66)	L'Île de la Lagune 🏨🏨
Saint-Cyprien (66)	La Lagune 🏨🏨
Saint-Laurent-de-Cerdans (66)	Domaine de Falgos 🏨🏨
Uchaud (30)	Le Huit 🏨
Uzès (30)	Artemise 🏨
Uzès (30)	La Maison d'Uzès 🏨

LORRAINE

Contrexéville (88)	Cosmos 🏨🏨
Épinal (88)	La Fayette 🏨🏨
Gérardmer (88)	Beau Rivage 🏨🏨
Gérardmer (88)	Le Grand Hotel 🏨🏨🏨
Gérardmer (88)	La Jamagne 🏨🏨
Gérardmer / Xonrupt-Longemer (88)	Les Jardins de Sophie 🏨🏨
Vittel (88)	L'Orée du Bois 🏨

MIDI-PYRÉNÉES

Barbotan-les-Thermes (32)	La Bastide 🏨🏨
Laguiole (12)	Le Relais de Laguiole 🏨🏨
Marsolan (32)	Lous Grits 🏨
Moissac (82)	Le Moulin de Moissac 🏨🏨
Montagudet (82)	Le Belvédère 🏨🏨
Montauban (82)	Abbaye des Capucins Spa et Resort 🏨🏨🏨
Revel / Garrevaques (81)	Le Pavillon du Château 🏨🏨
Saint-Geniez-d'Olt (12)	Château de la Falque 🏨🏨
Terraube (32)	Maison Ardure 🏨
Toulouse / Purpan (31)	Palladia 🏨🏨

NORD-PAS-DE-CALAIS

Lille (59)	L'Hermitage Gantois 🏨
Le Touquet-Paris-Plage (62)	Westminster 🏨

NORMANDIE

Beuzeville (27)	Le Petit Castel 🏠
Cabourg (14)	Les Bains de Cabourg 🏨
Caen (14)	Ivan Vautier 🏨
Deauville (14)	Manoir de Benerville 🏨
Granville / Donville-les-Bains (50)	Hôtel de la Baie 🏨
Le Havre (76)	Pasino 🏨
Honfleur (14)	La Ferme St-Siméon 🏨
Honfleur (14)	Le Manoir des Impressionnistes 🏨
Honfleur / Cricquebœuf (14)	Manoir de la Poterie et Spa 🏨
Honfleur / La Rivière-Saint-Sauveur (14)	Antarès 🏨
Jumièges (76)	Domaine Le Clos des Fontaines 🏨
Lyons-la-Forêt (27)	La Licorne 🏨
Ouistreham / Riva-Bella (14)	Riva Bella 🏨
Pont-l'Évêque (14)	Le Lion d'Or 🏨
Port-en-Bessin (14)	Mercure 🏨
Rouen (76)	Hôtel de Bourgtheroulde 🏨
Surville (27)	Manoir de Surville 🏨
Trouville-sur-Mer (14)	Les Cures Marines 🏨
Verneuil-sur-Avre (27)	Le Clos 🏨
Villers-sur-Mer (14)	Domaine de Villers 🏨

PAYS-DE-LA-LOIRE

La Baule (44)	Le Royal Barrière 🏨
La Baule (44)	Lutetia et Spa 🏨
Chambretaud (85)	Château du Boisniard 🏨
Missillac (44)	Domaine de La Bretesche 🏨
Montsoreau (49)	La Marine de Loire 🏨
Pornic (44)	Alliance 🏨
Pornichet (44)	Château des Tourelles 🏨
Les Sables-d'Olonne (85)	Atlantic Hôtel 🏨
Les Sables-d'Olonne (85)	Mercure Côte Ouest Thalasso et Spa 🏨
Saint-Brevin-les-Pins (44)	Hôtel du Beryl 🏨
Saint-Jean-de-Monts (85)	Atlantic Thalasso 🏨

PICARDIE

Chantilly (60)	Auberge du Jeu de Paume 🏨
Château-Thierry (02)	Île de France 🏨
Fère-en-Tardenois (02)	Château de Fère 🏨
Saint-Valery-sur-Somme (80)	Les Corderies 🏨
Sainte-Preuve (02)	Domaine de Barive 🏨

POITOU-CHARENTES

Île de Ré / La Flotte (17)	Le Richelieu 🏨
Île de Ré / Saint-Martin-de-Ré (17)	La Baronnie Hôtel et Spa 🏨
Île de Ré / Saint-Martin-de-Ré (17)	Clos St-Martin 🏨

Île de Ré / Sainte-Marie-de-Ré (17)	Atalante 🏨
Ile d'Oléron / Saint-Trojan-les-Bains (17)	Novotel 🏨
Royan (17)	Cordouan 🏨

PROVENCE-ALPES-CÔTE D'AZUR

Aix-en-Provence (13)	Renaissance 🏨
Aix-en-Provence / Le Tholonet (13)	Les Lodges Sainte-Victoire 🏨
Antibes (06)	Baie des Anges - Thalazur 🏨
Antibes (06)	Royal 🏨
Antibes / Cap d'Antibes (06)	Hôtel du Cap-Eden-Roc 🏨
Arles (13)	Jules César 🏨
Arles (13)	Le Calendal 🏨
Avignon (84)	Novotel Centre 🏨
Avignon / Le Pontet (84)	Auberge de Cassagne et Spa 🏨
Bandol (83)	Île Rousse 🏨
Les Baux-de-Provence (13)	Baumanière 🏨
Les Baux-de-Provence (13)	Domaine de Manville 🏨
Beaulieu-sur-Mer (06)	La Réserve de Beaulieu et Spa 🏨
La Cadière-d'Azur (83)	Hostellerie Bérard 🏨
Cannes (06)	Eden Hôtel et Spa 🏨
Cannes (06)	Five Seas 🏨
Cannes (06)	Grand Hyatt Martinez 🏨
Cannes (06)	Majestic Barrière 🏨
Cannes (06)	Montaigne et Spa 🏨
Cannes (06)	Radisson Blu 1835 Hotel et Thalasso 🏨
Le Castellet / Circuit Paul Ricard (83)	Hôtel du Castellet 🏨
Cavalière (83)	Le Club de Cavalière et Spa 🏨
Chorges (05)	Ax'Hôtel 🏨
La Croix-Valmer / Gigaro (83)	Château de Valmer 🏨
Embrun (05)	Les Bartavelles 🏨
Èze-Bord-de-Mer (06)	Cap Estel 🏨
Forcalquier (04)	La Bastide Saint Georges 🏨
Forcalquier / Mane (04)	Couvent des Minimes 🏨
Fréjus (83)	Mercure Thalassa Port Fréjus 🏨
Gargas (84)	Coquillade - Provence Village 🏨
Gordes (84)	La Bastide de Gordes 🏨
Gordes (84)	Les Bories et Spa 🏨
Joucas (84)	Hostellerie Le Phébus et Spa 🏨
Lorgues (83)	Château de Berne 🏨
Lourmarin (84)	La Bastide de Lourmarin 🏨
Mallemort (13)	Moulin de Vernègues 🏨
Marseille (13)	Intercontinental-Hôtel Dieu 🏨
Marseille (13)	Sofitel Vieux Port 🏨
Maussane-les-Alpilles / Paradou (13)	B design et Spa 🏨
Menton (06)	Riva 🏨
Mougins (06)	Le Mas Candille 🏨
Mougins (06)	Royal Mougins Golf Resort 🏨
Nice (06)	Boscolo Exedra 🏨
Nice (06)	Hi Hotel 🏨
Ramatuelle (83)	La Réserve Ramatuelle 🏨
Saint-Jean-Cap-Ferrat (06)	Grand Hôtel du Cap Ferrat 🏨

Saint-Paul-de-Vence (06)	La Vague de St-Paul 🏨
Saint-Paul-de-Vence (06)	Le Mas de Pierre 🏨
Saint-Raphaël / Valescure (83)	Golf Hôtel de Valescure 🏨
Saint-Rémy-de-Provence (13)	Le Vallon de Valrugues et Spa 🏨
Saint-Saturnin-lès-Apt (84)	Domaine des Andéols 🏨
Saint-Tropez (83)	Byblos 🏨
Saint-Tropez (83)	Château de la Messardière 🏨
Saint-Tropez (83)	Hôtel de Paris Saint-Tropez 🏨
Saint-Tropez (83)	Sezz 🏨
Saint-Tropez (83)	Villa Marie 🏨
Saintes-Maries-de-la-Mer (13)	Mas de la Fouque 🏨
La Salle-les-Alpes (05)	Rock Noir et Spa 🏨
Sanary-sur-Mer (83)	Hostellerie La Farandole 🏨
Serre-Chevalier / Le Monêtier-les-Bains (05)	Alliey 🏠
Théoule-sur-Mer / Miramar (06)	Tiara Miramar Beach Hotel et Spa 🏨
Tourrettes (83)	Terre Blanche 🏨
Valbonne / Sophia-Antipolis (06)	Sophia Country Club 🏨
Vence (06)	Cantemerle 🏨
Vence (06)	Château Saint-Martin et Spa 🏨

RHÔNE-ALPES

Aix-les-Bains (73)	Golden Tulip 🏨
Aix-les-Bains (73)	Mercure Domaine de Marlioz 🏨
Alpe-d'Huez (38)	Au Chamois d'Or 🏨
Alpe-d'Huez (38)	Royal Ours Blanc 🏨
Annecy (74)	Les Trésoms 🏨
Autrans (38)	La Poste 🏠
Avoriaz (74)	Les Dromonts 🏨
Bagnols (69)	Château de Bagnols 🏨
Belleville / Pizay (69)	Château de Pizay 🏨
Chambéry / Barberaz (73)	Altédia Lodge 🏨
Chamonix-Mont-Blanc (74)	Hameau Albert 1er 🏨
Chamonix-Mont-Blanc (74)	L'Héliopic 🏨
Chamonix-Mont-Blanc (74)	Le Morgane 🏨
Chamonix-Mont-Blanc (74)	Mont-Blanc 🏨
Chamonix-Mont-Blanc (74)	Park Hotel Suisse 🏨
Chamonix-Mont-Blanc / Les Tines (74)	Excelsior 🏨
La Chapelle-d'Abondance (74)	Les Cornettes 🏨
Châtel (74)	Macchi 🏨
La Clusaz (74)	Au Cœur du Village 🏨
Courchevel / Moriond (73)	Le Portetta 🏨
Courchevel / Moriond (73)	Manali 🏨
Courchevel / Courchevel 1850 (73)	Les Airelles 🏨
Courchevel / Courchevel 1850 (73)	Aman Mélézin 🏨
Courchevel / Courchevel 1850 (73)	Annapurna 🏨
Courchevel / Courchevel 1850 (73)	L'Apogée 🏨
Courchevel / Courchevel 1850 (73)	Le Chabichou 🏨
Courchevel / Courchevel 1850 (73)	Cheval Blanc 🏨
Courchevel / Courchevel 1850 (73)	Hôtel des Trois Vallées 🏨
Courchevel / Courchevel 1850 (73)	Le K 2 🏨
Courchevel / Courchevel 1850 (73)	Le Kilimandjaro 🏨

Courchevel / Courchevel 1850 (73)	Le Lana 🏨🏨
Courchevel / Courchevel 1850 (73)	Saint-Roch 🏨🏨
Courchevel / Courchevel 1850 (73)	La Sivolière 🏨🏨
Courchevel / Courchevel 1850 (73)	Le Strato 🏨🏨
Courchevel / Courchevel 1850 (73)	Les Suites de la Potinière 🏨🏨
Crozet (01)	Jiva Hill Resort 🏨🏨
Les Deux-Alpes (38)	Chalet Mounier 🏨🏨
Les Deux-Alpes (38)	Côte Brune 🏨🏨
Divonne-les-Bains (01)	La Villa du Lac 🏨🏨
Évian-les-Bains (74)	Ermitage 🏨🏨
Évian-les-Bains (74)	Hilton 🏨🏨
Évian-les-Bains (74)	Royal 🏨🏨
Les Gets (74)	Crychar 🏨
Les Gets (74)	La Marmotte et La Tapiaz 🏨🏨
Grenoble / Eybens (38)	Château de la Commanderie 🏨🏨
Lyon (69)	Cour des Loges 🏨🏨
Lyon (69)	Lyon Métropole 🏨🏨
Lyon / Charbonnières-les-Bains (69)	Le Pavillon de la Rotonde 🏨🏨
Megève (74)	Alpaga 🏨🏨
Megève (74)	Chalet du Mont d'Arbois 🏨🏨
Megève (74)	Flocons de Sel 🏨🏨
Megève (74)	Le Chalet Zannier 🏨🏨
Megève (74)	Le Fer à Cheval 🏨🏨
Megève (74)	Les Fermes de Marie 🏨🏨
Megève (74)	Lodge Park 🏨🏨
Megève (74)	M de Megève 🏨🏨
Megève (74)	Mont-Blanc 🏨🏨
Les Menuires (73)	Chalet Hôtel Kaya 🏨🏨
Méribel (73)	Allodis 🏨🏨
Méribel (73)	Le Grand Cœur et Spa 🏨🏨
Méribel (73)	L'Hélios 🏨🏨
Méribel (73)	Le Kaïla 🏨🏨
Méribel / Méribel-Mottaret (73)	Alpen Ruitor 🏨🏨
Morzine (74)	Champs Fleuris 🏨🏨
Morzine (74)	La Clef des Champs 🏨🏨
Morzine (74)	Le Samoyède 🏨🏨
La Plagne / Plagne-Bellecôte (73)	Carlina 🏨
Roanne / Villerest (42)	Château de Champlong 🏨🏨
Saint-Martin-de-Belleville (73)	La Bouitte 🏨
Sallanches (74)	Les Prés du Rosay 🏨
Tignes (73)	Les Campanules 🏨🏨
Tignes (73)	Les Suites du Montana 🏨🏨
Tignes (73)	Village Montana 🏨🏨
Tignes / Val-Claret (73)	Les Suites du Nevada 🏨🏨
Uriage-les-Bains (38)	Grand Hôtel 🏨🏨
Val-d'Isère (73)	Avenue Lodge 🏨🏨
Val-d'Isère (73)	Les Barmes de l'Ours 🏨🏨
Val-d'Isère (73)	Le Blizzard 🏨🏨
Val-d'Isère (73)	La Table des Neiges 🏨🏨
Val-Thorens (73)	Altapura 🏨🏨
Val-Thorens (73)	Fitz Roy 🏨🏨
Val-Thorens (73)	Koh-I Nor 🏨🏨

Val-Thorens (73)	Le Val Thorens
Villard-de-Lans / Corrençon-en-Vercors (38)	Les Clarines
Vonnas (01)	Georges Blanc
Yvoire (74)	Villa Cécile

PRINCIPAUTÉ DE MONACO

Monte-Carlo (MC)	Fairmont Monte-Carlo
Monte-Carlo (MC)	Hermitage
Monte-Carlo (MC)	Hôtel de Paris
Monte-Carlo (MC)	Métropole
Monte-Carlo (MC)	Monte Carlo Bay Hotel and Resort
Monte-Carlo (MC)	Port Palace
Monte-Carlo / Monte-Carlo-Beach (MC)	Monte-Carlo Beach

LÉGENDE DES PLANS

Curiosités

● Hôtels
● Restaurants

Bâtiment intéressant
Édifice religieux intéressant : catholique • protestant

Voirie

Autoroute • Double chaussée de type autoroutier
Echangeurs numérotés: complet, partiels
Grande voie de circulation
Rue réglementée ou impraticable
Rue piétonne • Tramway
Parking • Parking Relais
Tunnel
Gare et voie ferrée
Funiculaire
Téléphérique

Signes divers

Office de tourisme
Mosquée • Synagogue
Tour • Ruines • Moulin à vent
Jardin, parc, bois • Cimetière
Stade • Golf • Hippodrome
Piscine de plein air, couverte
Vue • Panorama
Monument • Fontaine
Port de plaisance • Phare
Aéroport • Station de métro • Gare routière
Transport par bateau :
passagers et voitures, passagers seulement
Bureau principal de poste restante
Hôpital • Marché couvert
Police cantonale (Gendarmerie) • Police municipale
Hôtel de ville • Université, grande école
Bâtiment public repéré par une lettre :
Musée – Hôtel de ville
Gouvernement Provincial – Théâtre

M   H
P   T

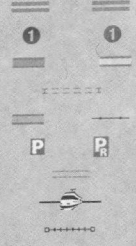

TOWN PLAN KEY

- Hotels
- Restaurants

Sights

Place of interest
Interesting place of worship

Roads

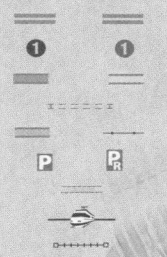

Motorway, dual carriageway
Junction: complete, limited
Main traffic artery
Unsuitable for traffic; street subject to restrictions
Pedestrian street • Tramway
Car park • Park and Ride
Gateway • Street passing under arch • Tunnel
Station and railway
Funicular
Cable car, cable way

Various signs

Tourist Information Centre
Mosque • Synagogue
Tower or mast • Ruins • Windmill
Garden, park, wood • Cemetery
Stadium • Golf course • Racecourse
Outdoor or indoor swimming pool
View – Panorama
Monument • Fountain
Pleasure boat harbour • Lighthouse
Airport • Underground station • Coach station
Ferry services: passengers and cars/passengers only
Main post office with poste restante
Hospital • Covered market
Town Hall • University, College
Police (in large towns police headquarters)
Public buildings located by letter:

M	H
P	T

Museum – Town Hall
Provincial Government Office – Theatre

Crédits photos page 1 : Michelin.Michelin.Paul Hill/Fotolia.com.Michelin

Michelin Travel Partner
Société par actions simplifiées au capital de 11 288 880 €
27 Cours de l'Ile Seguin - 92100 Boulogne Billancourt (France)
R.C.S. Nanterre 433 677 721

© **Michelin, Propriétaires-Éditeurs**

Dépôt légal : 12-2015

Imprimé en Belgique, 12-2015

Sur du papier issu de forêts gérées durablement

Compogravure : JOUVE, Saran (France)

Impression : CASTERMAN, Tournai (Belgique)

Façonnage/reliure : LEGO SPA (Vicenza) italie / AGM (Forges les Eaux) France

L'équipe éditoriale a apporté le plus grand soin à la rédaction de ce guide et à sa vérification. Toutefois, les informations pratiques (formalités administratives, prix, adresses, numéros de téléphone, adresses Internet...) doivent être considérées comme des indications du fait de l'évolution constante de ces données : il n'est pas totalement exclu que certaines d'entre elles ne soient plus, à la date de parution du guide, tout à fait exactes ou exhaustives. Avant d'entamer toutes démarches (formalités administratives et douanières notamment), vous êtes invités à vous renseigner auprès des organismes officiels. Ces informations ne sauraient de ce fait engager notre responsabilité.